German – English
Dictionary of Idioms

Idiomatik
Deutsch – Englisch

German – English
Dictionary of Idioms

Idiomatik
Deutsch – Englisch

Hans Schemann
Paul Knight

Centre for Modern
Languages
Plymouth Campus

London and New York

First published 1995
by Routledge
11 New Fetter Lane, London EC4P 4EE

Simultaneously published in the USA and Canada
by Routledge
a division of Routledge, Chapman and Hall, Inc.
29 West 35th Street, New York, NY 10001

British Library Cataloguing in Publication Data
A catalogue record for this book is
 available from the British Library

 ISBN 0–415–14199–0

Library of Congress Cataloging-in-Publication Data
A catalogue record is available for this book on request

CONTENTS

PREFACE

The GERMAN-ENGLISH DICTIONARY OF IDIOMS was first published on the German-speaking market by the ERNST KLETT VERLAG FÜR WISSEN UND BILDUNG (Stuttgart/Dresden) as part of a project in which major idiomatic dictionaries appear in the PONS series. This series will include all major WEST EUROPEAN languages. (The GERMAN-FRENCH DICTIONARY OF IDIOMS has already been published and the GERMAN-ENGLISH will be followed by GERMAN-PORTUGUESE, GERMAN-SPANISH and GERMAN-ITALIAN.) All these dictionaries are based on the same GERMANN corpus, that of the GERMAN DICTIONARY OF IDIOMS, also published by KLETT.

A considerable part – approximately two thirds – of this German corpus also forms the basis of the SYNONYMWÖRTERBUCH DER DEUTSCHEN REDENSARTEN, which also appears in the PONS series.

The linking of the entries in the target languages – i.e. French, English, Portuguese, Spanish and Italian idiomatic expressions – to an identical German corpus, coupled with semantic connections via the SYNONYMIK, will make it possible to locate and to compare idiomatic expressions in all major West European languages.

Readers who wish to find out what characterises and defines an idiomatic expression are referred to the *wissenschaftliche Einführung* of the DEUTSCHE IDIOMATIK, in which I have attempted to present all the esential aspects of theoretical and practical idiomatics in their context and in an accessible manner.

The DEUTSCHE IDIOMATIK also contains an exhaustive *bibliography* in which the reader will find all the principal articles on idiomatics, whether theoretical or practical in their scope.

I wish to take this opportunity to thank Herrn *Bernd Kohrmann* and in particular Frau *Andrea Unseld* for their work with the computer. After the initial input, Frau Unseld checked all the English equivalents for formal correctness and also checked the accuracy of the cross-references – a true marathon in which she stayed the course thanks to iron discipline. Without this discipline the GERMAN-EMGLISH DICTIONARY OF IDIOMS could not have been completed in time. I would also like to thank Herrn *Reiner* and Frau *Ott* of *pagina* for their commitment to the project which, as always, was exemplary, even in the so-called holidays; the publication of a comprehensive series of bilingual dictionaries such as those in the PONS series would not have been possible without close and trusting cooperation between *pagina* and the editor.

I am greatly indebted to the banking house *Reuschel & Co.* (Munich) for granting me a generous loan which enabled me to finance a large part of the project. I would like to mention Herrn *Betz* in particular, whose sympathy for the »difficulties« of the philologist was greater that that of most of his colleages . . .

VORWORT

Die IDIOMATIK DEUTSCH-ENGLISCH ist zunächst für den deutsch-sprachigen Markt im ERNST KLETT VERLAG FÜR WISSEN UND BILDUNG (Stuttgart/Dresden) erschienen, und zwar innerhalb eines Projekts von idiomatischen Großwörterbüchern für die PONS-Reihe, die alle wesentlichen westeuropäischen Sprachen präsentieren werden (erschienen ist bereits die IDIOMATIK DEUTSCH-FRANZÖSISCH; nach DEUTSCH-ENGLISCH werden erscheinen DEUTSCH-PORTUGIESISCH, DEUTSCH-SPANISCH und DEUTSCH-ITALIENISCH) und die alle von demselben deutschen Ausgangskorpus ausgehen – von der ebenfalls bei KLETT erschienenen DEUTSCHEN IDIOMATIK.

Ein großer Teil – etwa zwei Drittel – dieses deutsche Corpus liegt auch dem – ebenfalls in der PONS-Reihe erschienenen – SYNONYMWÖRTERBUCH DER DEUTSCHEN REDENSARTEN zugrunde.

Durch den Bezug aller zielsprachigen Einheiten – d.h. der französischen, englischen, spanischen, italienischen und portugiesischen idiomatischen Ausdrücke – auf ein identisches deutsches Ausgangscorpus und durch die semantische Verklammerung über die SYNONYMIK wird es möglich sein, die idiomatischen Ausdrücke aller europäischen Hauptsprachen miteinander zu vergleichen und in Beziehung zu setzen.

Der Leser, der daran interessiert ist zu erfahren, was einen idiomatischen Ausdruck charakterisiert und definiert, sei auf die *wissenschaftliche Einführung* der DEUTSCHEN IDIOMATIK hingewiesen; ich habe dort versucht, alle wesentlichen Gesichtspunkte der theoretischen und praktischen Idiomatik in ihrem Zusammenhang allgemeinverständlich darzustellen.

Ebenfalls bringt die DEUTSCHE IDIOMATIK eine ausführliche *Bibliographie*, in der der Leser wohl alle wesentlichen Arbeiten zur Idiomatik findet – ganz gleich, ob sie mit praktischer oder theoretischer Zielsetzung verfaßt wurden.

Herrn *Bernd Kohrmann* und vor allem Frau *Andrea Unseld* danke ich für die Computerarbeit. Frau Unseld hat alle englischen Entsprechungen nach der ersten Einspeicherung noch einmal auf ihre korrekte Form und alle Verweise auf ihre Stimmigkeit geprüft – ein Marathonlauf, der nur mit eiserner Disziplin durchzuhalten war. Ohne diese Disziplin hätte die IDIOMATIK DEUTSCH-ENGLISCH nicht rechtzeitig fertiggestellt werden können. Herrn *Reiner* und Frau *Ott* von der Firma *pagina* danke ich für ihr wie immer außergewöhnliches Engagement – auch in den sog. Ferien; die Edition einer so umfassenden Serie, wie sie die zweisprachigen Phraseologien der PONS-Reihe darstellen, wäre ohne die vertrauensvolle Zusammenarbeit zwischen der Firma *pagina* und dem Herausgeber gar nicht denkbar.

Großen Dank schulde ich dem Bankhaus *Reuschel & Co.* (München), das es mir durch einen großzügigen Kredit ermöglichte, den Hauptteil des Projekts vorzufinanzieren. Erwähnt sei hier insbesondere das Verständnis von Herrn *Betz*, der für die »Nöte des Philologen« mehr »Sinn« entwickelte als die meisten Fachkollegen . . .

Despite the exceptional support given by the *Reuschel-Bank*, the project threatened to exceed the editor's financial resources during a critical phase. I would like to take this oppurtunity gratefully to acknowledge my debt to *Dr. Hans-Diethard Klünker* for his timely support.

Finally I wish to record my gratitude to the *Ernst-Klett-Verlag für Wissen und Bildung* (Stuttgart/Dresden). This project would not have been possible without the many years of trusting and sympathetic cooperation and continuing wholehearted support by the publishers even in less lucrative phases.

I would like to express my gratitude to ROUTLEDGE for the interest it has shown in this dictionary from the outset, and in particular to Mr *Simon Bell* for his determination to include the dictionary in its programe.

I have Mrs *Wendy Morris* to thank for the idea of proposing this dictionary to ROUTLEDGE. I am very grateful for her selfless and competent support. – I am also greatly indebted to Mrs *Veronika Schnorr* (Büro für Lexikographie, Stuttgart) who has supported the project from the beginning and who first suggested the idea of offering the dictionary to an English publisher.

I would like to thank *Dr. Ben Paflin* for his painstaking revision of the equivalents and of stylistic-rhetorical labels. Particular thanks to my colleague *Paul Knight*, who for many years worked conscientiously, with equanimity and with enviable humour on the English equivalents. The final judgement on the result of our years of unclouded cooperation we leave to the users of the dictionary, from whom we would, of course, welcome constructive criticism.

Munich, August 1995   Hans Schemann

Trotz der ungewöhnlichen Unterstützung durch die *Reuschel-Bank* drohte das Projekt den dem Herausgeber zur Verfügung stehenden finanziellen Rahmen in einer kritischen Phase fast zu sprengen. Herrn *Dr. Hans-Diethard Klünker* sei daher auch an dieser Stelle noch einmal ganz besonders gedankt für seine komplikationslose Hilfe.

Großer Dank gilt schließlich dem *Ernst-Klett-Verlag für Wissen und Bildung* (Stuttgart/Dresden). Ohne die langjährige vertrauens- und verständnisvolle Zusammenarbeit und ohne die auch in wirtschaftlich weniger lukrativen Zeiten unvermindert engagierte Förderung durch den Verlag wäre ein solches Projekt gar nicht durchzuführen.

Dem Verlag ROUTLEDGE danke ich aufrichtig für das Interesse, das er dem Buch vom ersten Augenblick an, an dem es ihm vorgelegt wurde, entgegengebracht hat; Herrn *Simon Bell* für das Engagement, es für den englisch-sprachigen Markt in das Verlagsprogramm aufzunehmen.

Ohne die Vermittlung von Frau *Wendy Morris* hätte ich mich möglicherweise nicht an den Verlag ROUTLEDGE gewandt. Ich kann Frau *Wendy Morris* für ihre zugleich selbstlose und kompetente Unterstützung gar nicht dankbar genug sein. – Aufrichtig gedankt sei auch Frau *Veronika Schnorr* (Büro für Lexikographie, Stuttgart), die das Idiomatik-Projekt von Anfang an begleitet und gefördert hat und die mir die erste Anregung zu den Kontakten nach England gab.

Für die Revision der Entsprechungen und die stilistisch-rhetorische Markierung danke ich Herrn *Dr. Ben Paflin*, der sich mit dieser Arbeit sehr viel Mühe gemacht hat. – Mein Kollege *Paul Knight* hat die langjährige Arbeit an der IDIOMATIK DEUTSCH-ENGLISCH fachlich mit größter Gewissenhaftigkeit und menschlich mit beispielhafter Ausgeglichenheit und beneidenswertem Humor durchgeführt; ihm sei hier besonders herzlich gedankt. Das Urteil über das Ergebnis unserer ungetrübten Zusammenarbeit über lange Jahre fällt der Wörterbuchbenutzer. Für jede konstruktive Kritik sind wir beide jederzeit dankbar.

München, im August 1995   Hans Schemann

SIGNS AND ABBREVIATIONS USED IN THIS DICTIONARY

Abbreviations

j.	s.o.	*e-r S.*	to s.th.
js.	of s.o.	*Imp.*	imperative
jm.	to s.o.	*Sing.*	singular
jn.	s.o.	*Plur.*	plural
etw.	s.th.	*Subst.*	noun
e-e S.	s.th.	*Gen.*	genitive

For the English:

dated		*neg*	negative
freq	used frequently	*para*	paraphrase
hum	humorous	*pos*	affirmative
jur	legal	*prov*	proverb
mil	military	*tr*	translated
mod	modern		

After stylictically marked idiomatic expressions the following abbreviations are used in italics but without brackets:

lit	literary	*coll*	colloquial
elev	elevated	*sl*	slang
n	normal	*vulg*	vulgar
form	formal, formulaic	*iron*	ironic

All other lexicographical indicators are also in italics, e.g.:

euphem	euphemistic	*Neol*	neologism etc.

ZEICHENERKLÄRUNG UND BENUTZERHINWEISE

Abkürzungen

j.	jemand	*e-r S.*	einer Sache
js.	jemandes	*Imp.*	Imperativ
jm.	jemandem	*Sing.*	Singular
jn.	jemanden	*Plur.*	Plural
etw.	etwas	*Subst.*	Substantiv
e-e S.	eine Sache	*Gen.*	Genitiv

Für das Englische noch:

dated	veraltend	*neg*	negativ, verneint
freq	häufig	*para*	Paraphrase (s.u.)
hum	scherzhaft, Scherz	*pos*	positiv, bejaht
jur	juristisch, rechtlich	*prov*	Sprichwort, sprichwörtlich
mil	militärisch	*tr*	übersetzt, Übersetzung
mod	modern, Modernismus		

Nach stilistisch markierten Redensarten können folgende Abkürzungen in Kursivdruck, aber ohne Klammern stehen:

lit	literarisch	*vulg*	vulgär
geh	gehoben	*iron*	ironisch
ugs	umgangssprachlich	*form*	formell, formelhaft, formal
sal	salopp	*path*	pathetisch

Alle übrigen lexikographischen Zusätze stehen, ebenfalls kursiv gedruckt, z. B.:

euphem	euphemistisch	*Neol*	Neologismus usw.

Signs used

( )   Round brackets

1. Optional constituents of the idiomatic expression; elements that may be omitted:
   »küß' die Hand (gnädige Frau)«; »um (wieder) auf (den) besagten Hammel zurückzukommen«; »jm. (völlig) freie Hand geben«.
2. Optional additions; i.e. the idiom can be used without this addition:
   »keine Hand rühren (für jn./etw.)«; »jn. hängen lassen (mit etw.)«.
3. Normal, typical syntactic complements:
   »es liegt klar auf der Hand (daß. . .)«.
4. Explanations; »said by/about«:
   »die schöne Hand« (*Kindersprache*), »jm. unter den Händen zerbrechen« (*Gläser*).
5. After an oblique stroke: a less common alternative:
   »es liegt klar/(glatt) auf der Hand (daß. . .)«.

//   Oblique strokes

1. Alternatives:
   »eine feste Hand fühlen/spüren müssen«; »eine lockere/lose Hand haben«.
2. Information about construction patterns, especially with expressions that are restricted ('speech act restrictions'):
   »dafür/(daß etwas geschieht/j. etw. tut) lege ich/legt Karl/. . . die Hand ins Feuer«. (One cannot say: »*Karl legte für seine Frau die Hand ins Feuer«; it would therefore be incorrect to list this expression under the infinitive form).

/. . .   Oblique strokes with suspension points

1. Open paradigm of possible idiomatic constituents; i.e. other constituents with similar constituents may be inserted instead of the constituents in the entry:
   »aus erster/zweiter/dritter/. . . Hand kaufen/. . .«.
2. Elements which suggest the possible context, i.e. which are exemplary for the lexemes or lexeme combinations to be inserted:
   »einem Arzt/. . . unter den Händen sterben«; »ein Kind/. . . bei den Händen nehmen«; »mit eiserner Hand regieren/. . .«.

. . .   Suspension points

Indication of a previous, following or inserted context:
». . ., um (wieder) auf (den) besagten Hammel zurückzukommen, . . .«; i.e. the idiom is preceded by a context which led to the idiomatic expression and which is separated from it by a comma, for example: (people are speaking about an appliance which has numerous drawbacks; they then start to talk about something else, after which the speaker continues:) »Und dann ist der Apparat, um wieder auf besagten Hammel zurückzukommen, für das, was er leistet, auch viel zu teuer.«

Benutzte Zeichen

( )   Runde Klammern

1. Fakultative Konstituenten des idiomatischen Ausdrucks; Elemente, die wegfallen können:
»küß' die Hand (gnädige Frau)«; »um (wieder) auf (den) besagten Hammel zurückzukommen«; »jm. (völlig) freie Hand geben«.
2. Fakultative Ergänzungen; d. h. das Idiom ist auch ohne Ergänzung möglich:
»keine Hand rühren (für jn./etw.)«; »jn. hängen lassen (mit etw.)«.
3. Normale, typische syntaktische Ergänzung:
»es liegt klar auf der Hand (daß . . .)«.
4. Erklärungen; »gesagt von«:
»die schöne Hand« (*Kindersprache*) »jm. unter den Händen zerbrechen« (*Gläser*).
5. nach Schrägstrich: weniger gebräuchliche Alternative:
»es liegt klar/(glatt) auf der Hand (daß . . .)«.

//   Schrägstriche

1. Alternativen:
»eine feste Hand fühlen/spüren müssen«; »eine lockere/lose Hand haben«.
2. Angabe von Konstruktionsmustern, besonders bei Ausdrücken, die nur beschränkt verwendbar (restringiert) sind (›Sprechaktrestriktionen‹):
»dafür/(daß etw. geschieht/j. etw tut) lege ich/legt Karl/. . . die Hand ins Feuer«.
(Man kann nicht sagen: »*Karl legte für seine Frau die Hand ins Feuer«; eine Angabe des Ausdrucks im Infinitiv wäre also inkorrekt).

/. . .   Schrägstrich mit Fortsetzungspunkten

1. Offenes Paradigma möglicher Idiomkonstituenten; d. h. es können statt der angegebenen auch noch andere Glieder mit ähnlicher Bedeutung eingesetzt werden:
»aus erster/zweiter/dritter/. . . Hand kaufen/. . .«.
2. Elemente, die den möglichen Kontext andeuten, also für die einzusetzenden Lexeme oder Lexemverbindungen beispielhaft stehen:
»einem Arzt/. . . unter den Händen sterben«; »ein Kind/. . . bei den Händen nehmen«; »mit eiserner Hand regieren/. . .«.

. . .   Fortsetzungspunkte

Andeutung eines vorhergehenden, folgenden oder auch eingeschobenen Kontextes:
». . ., um (wieder) auf (den) besagten Hammel zurückzukommen, . . .«; d. h. es geht ein Kontext voraus, der zu dem idiomatischen Ausdruck überleitet und von ihm durch ein Komma getrennt ist, etwa: (Man sprach von einem bestimmten Apparat, der verschiedene Nachteile hat, und danach von etwas anderem; dann fährt der Sprecher fort:) »Und dann ist der Apparat, um wieder auf besagten Hammel zurückzukommen, für das, was er leistet, auch viel zu teuer.«

Indicators used only in the English equivalents:

para – »paraphrase«

We are unable to find an equivalent – even an approximate one – and have therefore decided to provide an equivalent which in certain circumstances, but by no means in every case, can be used in place of the German idiomatic expression; the dictionary user will therefore have to adapt the suggested solution, which in fact is merely a paraphrase, to the text or context in question.

+   cross

»Syntactic structure deviates from the German«

This sign means that the English equivalent deviates from the syntactic structure of the German expression (in the sentence). In most cases, the German subject corresponds to the English object or the English subject corresponds to the German object. In other cases the sign indicates a more specific replacement of the German subject in the English equivalent. As an aid to the user, we have used a cross »+« before the equivalent wherever this phenomenon occurs.

Für das Englische:

»Paraphrase«

Wir haben keine Entsprechung – nicht einmal eine annähernd passende – gefunden und uns daher dazu entschließen müssen, einen Satz zu bilden, der unter Umständen an die Stelle des deutschen idiomatischen Ausdrucks treten kann, doch ihn keinesfalls immer trifft; der Wörterbuchbenutzer wird also die Lösung, die wir vorschlagen und die realiter nur eine »Paraphrase« darstellt, jeweils an seinen Text oder Kontext anpassen müssen.

+   Kreuz

»Syntaktisch vom Deutschen abweichende Struktur«

Dieses Zeichen gibt an, daß das englische Äquivalent von der syntaktischen Struktur des deutschen Ausdrucks (im Satz) abweicht. In den meisten Fällen entspricht das deutsche Subjekt dem englischen Objekt oder das englische Subjekt dem deutschen Objekt. In anderen Fällen zeigt das Kreuz eine spezifische Wiedergabe des deutschen Subjekts in der englischen Entsprechung an. Um den Wörterbuchbenutzer auf dieses Phänomen aufmerksam zu machen, haben wir prinzipiell in all diesen Fällen vor die Entsprechung das Kreuz »+« gesetzt.

INTRODUCTION

The German Corpus

The German corpus of the GERMAN-ENGLISH DICTIONARY OF IDIOMS is identical with that of the DEUTSCHE IDIOMATIK which also appeared in the PONS series in 1993. The DEUTSCHE IDIOMATIK was the first in a series of monolingual and bilingual dictionaries which have been produced over the past 25 years in conjunction with numerous German and non-German collaborators of all age groups. The material is based on:

– a critical examination of a large number of contemporary and a certain number of older texts (works of 'literary merit' and of a more popular nature).

The principal works studied include among others: the (available) prose works of A. Andersch, St. Andres, H. Böll, W. Borchert, G. Gaiser, P. Handke, H. Hesse, W. Hildesheimer, E. Kästner, A. Lindgren; Fr. Dürrenmatt, *Grieche sucht Griechin, Der Richter und sein Henker*; H. Fichte, *Die Palette*; M. Frisch, *Mein Name sei Gantenbein, Homo faber, Stiller*; G. Grass, *Die Blechtrommel, Hundejahre*; H. v. Hofmannsthal, the short stories; U. Johnson, *Das dritte Buch über Achim*, Fr. Kafka, *Der Prozeß, Das Schloß*, the short stories; S. Lenz, *Die Deutschstunde, Das Vorbild*; H. Mann, *Prof. Unrat*; Th. Mann, the essays and theoretical writings, *Die Buddenbrooks, Der Zauberberg*; R. Musil, *Der Mann ohne Eigenschaften*; Chr. Ransmayr, *Die letzte Welt*; M. Walser, *Eiche und Angora*; C. Zuckmayer, *Der Hauptmann von Köpenick, Herr über Leben und Tod*.

– regular reading of a variety of newspapers and magazines

including: *Die Frankfurter Allgemeine, Die Südddeutsche Zeitung, Die Zeit, Merian, Bravo, Der Spiegel*; and in addition perusal of a variety of magazines and reviews in the fields of literature, literary theory and linguistics.

– continuous observation of the spoken language

– critical analysis and evaluation of contemporary general and idiomatic dictionaries of German

V. bibliography of the DEUTSCHE IDIOMATIK. Among these works the following are particularly worthy of mention: *Brockhaus-Wahrig*. Wahrig undoubtedly has the distinction of having played a pioneering role in the meticulous compilation of the contemporary idiomatic inventory in Germany; *der Duden*, which in recent years has included and updated an increasing number of idiomatic expressions in its corpus (also *Duden, Redewendungen und sprichwörtliche Redensarten*); W. Friedrich, *Deutsche Idiomatik*.

– the principal scholarly works and preparatory studies on idioms and related fields (see the above-mentioned bibliography).

EINLEITUNG

Die Materialbasis

Das deutsche Corpus der IDIOMATIK DEUTSCH-ENGLISCH ist identisch mit der DEUTSCHEN IDIOMATIK, die 1993 in derselben Reihe (PONS) erschienen ist und eine Serie von ein- und zweisprachigen idiomatischen Wörterbüchern eröffnet, die – in Zusammenarbeit mit zahlreichen deutschen und nicht-deutschen Mitarbeitern (aller Altersstufen) – im Laufe der letzten 25 Jahre erarbeitet wurden. Das Material geht zurück auf

– eine kritische Durchsicht einer großen Zahl zeitgenössischer und auch einiger älterer Texte (der sog. ›höheren‹ und ›weniger hohen‹ Literatur)

Berücksichtigt wurde u. a.: das (zugängliche) Prosawerk von A. Andersch, St. Andres, H. Böll, W. Borchert, G. Gaiser, P. Handke, H. Hesse, W. Hildesheimer, E. Kästner, A. Lindgren; Fr. Dürrenmatt, *Grieche sucht Griechin, Der Richter und sein Henker*; H. Fichte, *Die Palette*; M. Frisch, *Mein Name sei Gantenbein, Homo faber, Stiller*; G. Grass, *Die Blechtrommel, Hundejahre*; H. v. Hofmannsthal, alle Erzählungen; U. Johnson, *Das dritte Buch über Achim*, Fr. Kafka, *Der Prozeß, Das Schloß*, alle Erzählungen; S. Lenz, *Die Deutschstunde, Das Vorbild*; H. Mann, *Prof. Unrat*; Th. Mann, alle Essays und theoretischen Schriften, *Die Buddenbrooks, Der Zauberberg*; R. Musil, *Der Mann ohne Eigenschaften*; Chr. Ransmayr, *Die letzte Welt*; M. Walser, *Eiche und Angora*; C. Zuckmayer, *Der Hauptmann von Köpenick, Herr über Leben und Tod*.

– eine ›gemischte‹ Lektüre von Zeitungen und Zeitschriften

regelmäßig u. a. *Die Frankfurter Allgemeine, Die Süddeutsche Zeitung, Die Zeit, Merian, Bravo, Der Spiegel*; in buntem Wechsel literarische, literaturwissenschaftliche und linguistische Zeitschriften.

– eine kontinuierliche Beobachtung der mündlichen Sprache

– die Auswertung der aktuellen allgemeinen und idiomatischen Wörterbücher des Deutschen

s. Bibliographie der DEUTSCHEN IDIOMATIK – Besonders zu nennen sind der *Brockhaus-Wahrig* – Wahrig dürfte für die sorgfältige Erfassung des aktuellen Idiombestandes in einem allgemeinen Wörterbuch in Deutschland die Pionierrolle zukommen – ; *der Duden* – der in den letzten Jahren die idiomatischen Ausdrücke immer umfangreicher und aktueller eingearbeitet hat (neuerdings auch: *Duden, Redewendungen und sprichwörtliche Redensarten*); W. Friedrich, *Deutsche Idiomatik*.

– die wesentlichen wissenschaftlichen und vorwissenschaftlichen Materialien zur Idiomatik und ihren Grenzgebieten (s. die erwähnte Bibliographie).

The definition of the term »idiom« used in this dictionary

We have consciously decided to define »idiomatics« widely. »Idiomatic expressions« are expressions which are restricted to a specific context. By »context« we mean the so-called linguistic context (the lexematic environment of the idiomatically modified elements), the situational context (the situations in which the expressions are used), the social context (current modes of thought, clichés, etc. in so far as they find expression in language), the historical context (the social context of historical periods in so far as this is still relevant for contemporary German) and the linguistic patterns constituted by so-called speech act restrictions. This definition of the »idiomatic« is based on the fact that all previous dictionaries, whether idiomatic or general, define and include idiomatic expressions in different ways and according to different criteria, taking account of some, but not all, context forms: this dictionary therefore defines the term 'idiomatic' systematically on the basis of the principles of general linguistics. It is our hope that by this means it will be possible to close the gulf that frequently separates lexicological and lexicographical compilation of idiomatic expressions on the one hand and the scientific study of idioms on the other.

The marking of the expressions

– Usage, style, attitude of the speaker

The German corpus of the GERMAN-ENGLISH DICTIONARY OF IDIOMS contains 33,000 expressions and is probably the richest source of contemporary German idioms. As a counter-weight to this wealth of material, the dictionary attempts to provide precise guidance in every case about the degree of currency or the rarity of an idiomatic expression.

An idiomatic expression may be rare because it is (or sounds) dated or because it is a neologism which has not yet become fully established (diaphasic rarity); or because it is used only by certain classes or groups of users (diastratic rarity); or because usage differs according to region (diatopic rarity). Finally it may be rare because – for intralinguistic or extralinguistic reasons, depending on the specific case – it belongs to the marginal zones of the language.

The evolution of language in the lexical field, as in so many other areas of life, is extraordinarily rapid. Idioms provide clear example of this. Differences in the command and use of idioms between the 'older' generation – especially speakers who are now 55 and older – and the younger generation – those aged up to 25 – are huge. Older people are frequently surprised by the large numbers of 'perfectly normal' expressions which are unfamiliar to younger people, i.e. of which they either have no knowledge or only an inadequate ('passive', imprecise) knowledge. Young people in turn are amazed at the older generation's ignorance of modern expressions.

On the diastratic level, the (normative) importance of (quality) literature has declined considerably. On the other hand the language of the mass media plays a far more significant role than in the past.

Der Begriff der Idiomatik

Der Begriff der ›Idiomatik‹ wurde bewußt weit gefaßt: als ›idiomatisch‹ gelten alle Einheiten, die kontextgebunden sind. Dabei wird unter ›Kontext‹ verstanden der sog. sprachliche Kontext (die lexematische Umgebung der idiomatisch modifizierten Elemente), der situative Kontext (die Situationen, in denen die Ausdrücke gebraucht werden), der soziale Hintergrundkontext (die heutigen ›Denkmuster‹, Klischees o. ä., insofern sie sich sprachlich niederschlagen), der historische Kontext (der soziale Kontext vergangener Epochen, insofern er für das Deutsch von heute noch relevant ist) und die durch die sog. Sprechaktrestriktionen konstituierten sprachlichen Muster. Dieser Begriff von ›idiomatisch‹ zieht aus der Tatsache, daß alle bisherigen (idiomatischen und nicht-idiomatischen) Wörterbücher die idiomatischen Wendungen, uneinheitlich, zwar nach mehreren, aber nicht nach allen Kontextformen definieren bzw. aufnehmen, die konsequente Folgerung und bezieht den Begriff ›idiomatisch‹ damit gleichzeitig systematisch auf Grundprinzipien der Allgemeinen Linguistik. Auf diesem Weg – so ist zu hoffen – wird es möglich sein, die Kluft zu schließen, die die lexikologische und lexikographische Erfassung der idiomatischen Ausdrücke auf der einen, die wissenschaftliche Beschäftigung mit den Problemen der Idiomatik auf der anderen Seite zu trennen pflegt.

Die Markierung der Ausdrücke

– Gebrauch, Stil, Sprechereinstellung

Die IDIOMATIK DEUTSCH-ENGLISCH – deren deutsches Corpus mit seinen 33.000 Redewendungen die reichste Fundgrube für den Idiombestand des heutigen Deutsch darstellen dürfte – sucht, gleichsam als Gegengewicht zur Fülle des Materials, den Leser in jedem einzelnen Fall zu informieren, inwieweit ein idiomatischer Ausdruck gebräuchlich ist oder aber nur selten verwandt wird.

Selten kann eine Redewendung sein, weil sie entweder veraltend ist (oder wirkt) oder aber einen Neologismus bildet, der sich nur teilweise durchgesetzt hat (diaphasische Seltenheit), weil sie nur von bestimmten Schichten oder Sprechergruppen benutzt wird (diastratische Seltenheit), weil sie regional unterschiedlich gebräuchlich ist (diatopische Seltenheit) oder weil sie – aus sprachinternen oder -externen, im Einzelfall jeweils unterschiedlichen Gründen – eher zu den Randzonen des Wortschatzes gehört.

Auf lexikalischem Gebiet ist die Sprache heute ähnlich schnellebig wie so vieles andere. Die Idiomatik zeigt das überdeutlich. Die Unterschiede in der Beherrschung und im Gebrauch von Redewendungen zwischen der ›älteren‹ Generation – insbesondere der Sprecher, die heute 55 Jahre und älter sind – und der Jugend – der Sprecher bis zu etwa 25 Jahren – sind gewaltig. Ein ›Älterer‹ ist immer wieder überrascht, wie viele für ihn ›ganz normale‹ Ausdrücke die ›jungen Leute‹ nicht oder nur unzureichend (›passiv‹, ungenau) kennen, ein ›Jüngerer‹, was die ›Älteren‹ an ›modernen‹ Wendungen nicht beherrschen.

Auf der diastratischen Ebene ist das (normgebende) Gewicht der (höheren) Literatur, vor allem für die jüngere Generation, sehr zurückgegangen; dafür spielt die Sprache der Massenmedien eine ungleich wichtigere Rolle als früher.

Even today the German language is difficult to classify in terms of diatopic structure. Although the GERMAN-ENGLISH DICTIONARY OF IDIOMS, like all leading general and idiomatic dictionaries of recent decades, does not include regionalisms (i.e. expressions which are used only in certain regions), the 'classical' antithesis between North German and South German remains significant, although increasing fluctuation and the spread of the mass media have eroded this antithesis more rapidly than a generation ago.

All expressions which for the above-mentioned reasons are considered rare are marked as such; moreover whenever possible indications of the relative degree of rarity are given in the case of synonymous or quasi-synonymous expressions in the numerous cross-references: one expression is more frequent than another.

With the aid of these indications the GERMAN-ENGLISH DICTIONARY OF IDIOMS aims to avoid one of the deficiencies found in previous dictionaries: that the user, confused by the enormous wealth of idioms before him, uses rare expressions as if they were common or fails to use common idioms. The GERMAN-ENGLISH DICTION-ARY OF IDIOMS attempts by this method to combine a maximum of completeness with a maximum of topicality.

In addition to indications of style level – where distinctions are made between »literarisch« (literary), »gehoben« (elevated), »normal (umgangssprachlich)« (normal (colloquial)), »familiär« (familiar), »salopp« (slang) and »vulgär« (vulgar) – the GERMAN-ENGLISH DICTIONARY OF IDIOMS also marks the expressions in terms of general stylistic and rhetorical criteria. The indicators common in lexicographical practice are of course found here, for example »veraltet« (obsolete), »veraltend« (dated), »Neologismus« (neologism), »ironisch« (ironic), »scherzhaft« (humorous), »pathetisch« (emotive), »euphemistisch« (euphemistic), »pejorativ« (pejorative), »Märchensprache« (language of fairy tales), »gesagt von Kindern« (used of children) etc. More importantly the dictionary indicates whether or not an expression should be regarded as normal or unmarked. It is well known that many idiomatic expressions sound slightly clichéd, stereotyped or formal, although it is not possible reliably to differentiate these features in the specific instance. The GERMAN-ENGLISH DICTIONARY OF IDIOMS indicates this by means of the label *form*. In the relatively frequent cases where various features overlap, several markings are given: »ugs – form«, etc..

A large number of the terms most commonly used to designate »idiomatic expressions« reflect this »formulaic« effect (see Introduction to DEUTSCHE IDIOMA-TIK, p. XXVII). The GERMAN-ENGLISH DICTIONARY OF IDIOMS therefore uses *form* = »formulaic«, »formal« as a generic term.

It is important to bear in mind when using the indicators of style that the common practice of differentiating between *style level* and *stylistic-rhetorical indicators* does not do justice to the use of the living language. *Salopp* (slang) for example does not simply – or even primarily – mean that the speaker uses a more or less »improper« expression – *are you taking the piss?*, *you can stick it up your arse* – but rather that he behaves in a more or less »improper« way – *you know what you can do with your new articles, Mr. Schulze!*. *Salopp* (slang) then is primarily a pragmatic phenomenon – which can, but does not have to, express itself in a certain choice of vocabulary.

Nicht leicht zu erfassen ist für das Deutsche auch heute noch die diatopische Gliederung. Auch wenn man – wie es die IDIOMATIK DEUTSCH-ENGLISCH in Übereinstimmung mit fast allen maßgebenden allgemeinen und idiomatischen Wörterbüchern der letzten Jahrzehnte tut – alle Regionalismen (d. h. solche Einheiten, die nur in bestimmten Gegenden gebräuchlich sind) ausschließt, ist doch der ›klassische‹ Gegensatz zwischen nord- und süddeutsch nach wie vor von Bedeutung – obwohl der Ausgleich durch die weit stärkere Fluktuation und die allgemeine Verbreitung der Massenmedien dynamischer und rascher ist als noch vor einer Generation.

Alle Wendungen, die aus einem der angegebenen Gründe als selten anzusehen sind, werden dementsprechend gekennzeichnet; und außerdem wird bei den – überaus zahlreichen – Querverweisen unter den synonymen oder quasisynonymen Redewendungen, wo eben möglich, ein relationaler Seltenheitsfaktor angegeben: der eine Ausdruck wird eher gebraucht als der andere.

Mit diesen Angaben sucht die IDIOMATIK DEUTSCH-ENGLISCH einen Mangel der bisherigen Wörterbücher zu beheben: daß der Wörterbuchbenutzer, durch den ungeheuer reichen Idiombestand verunsichert, seltene Redewendungen benutzt, als wären sie gebräuchlich, oder gebräuchliche meidet. Die IDIOMATIK DEUTSCH-ENGLISCH sucht auf diesem Weg ein Höchstmaß an Vollständigkeit mit einem Höchstmaß an Aktualität zu verbinden.

Zusätzlich zu den Stilebenen – bei denen zwischen *literarisch, gehoben, normal (umgangssprachlich), familiär, salopp* und *vulgär* unterschieden wird – zeichnet die IDIOMATIK DEUTSCH-ENGLISCH die Redewendungen nach allgemeinen stilistischen und rhetorischen Kriterien aus. Neben den in der lexikographischen Praxis üblichen Markierungen wie *veraltet, veraltend, Neologismus, ironisch, scherzhaft, pathetisch, euphemistisch, pejorativ, Märchensprache, gesagt von Kindern* u. a. m. wird vor allem angegeben, ob eine Wendung als normal, unmarkiert anzusehen ist oder nicht. Sehr viele idiomatische Ausdrücke wirken bekanntlich leicht klischeehaft, geronnen, formelhaft, formell – ohne daß sich diese Merkmale im Einzelfall zuverlässig sondern ließen; die DEUTSCH-ENGLISCHE IDIOMATIK macht dies durch die Kennzeichnung *form* deutlich. – In den – nicht seltenen – Fällen, in denen sich verschiedene Merkmale überlappen, werden mehrere Markierungen zusammengezogen: *ugs – form* usw.

Die formelhafte Wirkung spiegelt im übrigen auch ein großer Teil der gebräuchlichen Termini für einen ›idiomatischen Ausdruck‹ wieder (vgl. die Einleitung der DEUTSCHEN IDIOMATIK S. XXVII). Die IDIOMATIK DEUTSCH-ENGLISCH benutzt *form* = ›formelhaft‹, ›formal‹ also als Oberbegriff.

Wichtig für das Verständnis der stilistischen Angaben ist es, sich vor Augen zu halten, daß die übliche rigorose Trennung von *Stilebene* und *stilistisch-rhetorischen Markierungen* die lebendige Sprache nicht trifft. *Salopp* etwa bedeutet nicht nur – und nicht einmal in erster Linie –, daß der Sprecher einen mehr oder weniger ›ungehörigen‹ Ausdruck verwendet – *du willst mich wohl verarschen?, das kannst du dir in den Hintern stecken!* –, sondern daß er sich mehr oder weniger ungehörig verhält – *Sie können mir mit Ihren neuen Artikeln gestohlen bleiben, Herr Schulze!*. *Salopp* ist also in erster Linie eine pragmatische Erscheinung – die sich in einer bestimmten Wortwahl äußern kann, aber nicht muß.

The GERMAN-ENGLISH DICTIONARY OF IDIOMS, by combining several indicators, tries to bring the stylistic indicators as close as possible to the living language.

A further complicating factor is the fact that many groups of speakers – at least in many situations or contexts – no longer respect the traditional stylistic distinctions. *Scheiße, Arsch* and a whole range of expressions relating to sexual matters, slangy expressions can be heard and read everywhere. The so-called style levels merge into one another so frequently or can be broken down into as many sub-divisions as the »population strata« or »classes« of traditional sociology. But not in the same way in all situations and contexts and not for all groups of speakers – that is what makes the problem so complex.

In view of this linguistic (and sociological) variety, the lexicographer today more than ever before is obliged to resort to a certain 'style' or a certain sense of style as the criterion for defining a certain stylistic norm. Just as the style of an author or of a literary work is to a large extent an 'immanent' phenomenon which cannot or cannot adequately be described or classified from outside, so also the style-markers of a dictionary must first and foremost be homogeneous and consistent *in themselves*. The reader will rapidly become familiar with these distinctions and will soon come to understand what is meant by *ugs, form, sal, ugs-path, geh-form*, etc..

Furthermore even if a slang or vulgar expression is used everywhere it remains slang or vulgar as the expression of an attitude. The style labels *fam, sal, vulg* do not mean that the expressions so marked should not be used – normative lexicography nowadays is of no more use than normative grammar – nor do they mean that the expression is rarely heard or used in writing. The style labels mean simply that the linguistic behaviour that manifests itself in the use of these expressions is in the author's opinion and in his experience of the language *fam, sal, vulg* etc. and that in this function the expressions are available to all users of the language. Besides, a mixing of styles seems to be far more widespread and appropriate today than in the past. – The same applies to the style labels »veraltend«, »Neologismus«, »Jugendsprache« etc.: there too one hears and reads the most heterogeneous elements – often used by one and the same speaker (or 'author') but the style labels for these entries nonetheless remain valid.

With the aid of all these indications the user of the GERMAN-ENGLISH DICTION-ARY OF IDIOMS can easily judge whether an expression is appropriate or not in the (oral or written) text that he is producing or reproducing. In addition the GERMAN-ENGLISH DICTIONARY OF IDIOMS uses a system – designed especially for this purpose – by which the restrictions based on lexicalised speech acts and the contextual restrictions are clearly and briefly indicated.

This clarity is further enhanced by the fact that the GERMAN-ENGLISH DICTION-ARY OF IDIOMS uses bold type to differentiate the necessary elements of an idiomatic expression from the optional constituents and from other contextual elements.

Die IDIOMATIK DEUTSCH-ENGLISCH versucht also – durch Koppelung mehrerer Auszeichnungen –, die Stilangaben so nahe wie möglich an die lebendige Sprache heranzuführen.

Ein weiterer Faktor, der dabei erschwerend ins Spiel kommt, ist die Tatsache, daß heute von vielen Sprechergruppen die traditionellen stilistischen Unterscheidungen – zumindest in zahlreichen Situationen oder Kontexten – nicht mehr beachtet werden. *Scheiße*, *Arsch*, eine große Bandbreite von Ausdrücken, die den sexuellen Bereich betreffen, ›saloppe Sprüche‹ u. a. m. hört und liest man ›überall‹. Die sog. Stilebenen gehen heute genauso ineinander über bzw. lösen sich genauso in zahlreiche ›Unterteilungen‹ auf wie die von der traditionellen Soziologie unterschiedenen Bevölkerungsschichten oder ›Klassen‹. – Doch nicht, und das macht das Problem so komplex, in allen Situationen (und Kontexten) in gleicher Weise und nicht bei allen Sprechergruppen.

Der Lexikograph kommt angesichts dieser sprachlichen (und soziologischen) Vielfältigkeit heute also weniger denn je daran vorbei, einen bestimmten ›Stil‹ bzw. ein bestimmtes Stilgefühl als Maß oder Meßlatte zu ›setzen‹ oder ›anzusetzen‹. Genauso wie der Stil eines Autors bzw. eines literarischen Werks zumindest weitgehend eine immanente Größe ist, die sich nicht – oder nur unzureichend – von außen beschreiben oder klassifizieren läßt, genauso haben die Stilangaben eines Wörterbuchs zunächst einmal *in sich* homogen und konsistent zu sein. Der Leser wird sich in die Auszeichnungen ›einlesen‹ – und versteht dann sehr bald, was mit *ugs*, *form*, *sal*, *ugs* – *path*, *geh* – *form* usw. gemeint ist.

Des weiteren gilt: Auch wenn ein salopper oder vulgärer Ausdruck ›überall‹ gebraucht wird, bleibt er als Ausdruck einer Haltung *salopp*, *vulgär* usw., d. h. die Auszeichnungen *fam*, *sal*, *vulg* usw. besagen nicht, daß man die entsprechenden Ausdrücke nicht gebrauchen sollte – eine normative Lexikographie ist heute so wenig sinnvoll wie eine normative Grammatik – und sie besagen ebensowenig, daß man den Ausdruck wenig hört oder wenig liest. Sie besagen lediglich: das sprachliche Verhalten, das sich im Gebrauch dieser Ausdrücke manifestiert, ist – nach Auffassung des Autors bzw. seiner sprachlichen Erfahrung – *fam*, *sal*, *vulg* usw. –, und in dieser Funktion stehen die Ausdrücke jedem Sprachbenutzer zur Verfügung. Im übrigen dürfte die Stilmischung heute viel stärker als früher der zeitgemäße Umgang mit der Sprache sein. – Entsprechendes gilt für die Auszeichnungen *veraltend*, *Neologismus*, *Jugendsprache* usw.: auch hier liest und hört man heute die heterogensten Elemente – oft bei ein und demselben Sprecher (oder ›Autor‹) –, ohne daß die Einheiten damit aufhören, in der einen oder anderen Weise qualifiziert zu sein.

Mit all diesen Angaben kann sich der Benutzer der IDIOMATIK DEUTSCH-ENGLISCH mühelos ein Urteil bilden, inwieweit eine Redewendung in den (mündlichen oder schriftlichen) Text, den er produziert oder reproduziert, paßt oder nicht. Außerdem benutzt die IDIOMATIK DEUTSCH-ENGLISCH ein eigens entwickeltes System, mit dem die Beschränkungen, die auf lexikalisierte Sprechakte zurückgehen, und die Kontextrestriktionen zugleich übersichtlich und knapp wiedergegeben werden.

Diese Übersichtlichkeit wird noch dadurch verstärkt, daß die IDIOMATIK DEUTSCH-ENGLISCH alle notwendigen Glieder einer Redewendung durch Fettdruck von den fakultativen Konstituenten und den (übrigen) Kontextelementen abhebt.

The structure and function of the examples

The full meaning of a lexeme can be understood only when it is used in its overall contextual constellation. This is true even for a non-idiomatic 'word'; it is doubly true for a phraseological expression. It has become widely accepted, especially in recent years, that an idiomatic dictionary must include examples. All too often, however, – particularly in small collections of idioms – these examples amount to a mere »syntactic prolongation« of the expression into a sentence. In short, they are the opposite of what an example should be: the placing of the idiom in its full contextual constellation, in which its semantic, its pragmatic and its stylistic function appear as a tangible whole.

If an expression has several meanings then obviously several examples are necessary. This too is an aspect which has not been sufficiently taken into account in most dictionaries of idioms (Friedrich is a notable exception here). Most such dictionaries, if they give any examples at all, give only one or, if they give more, they do not distinguish precisely enough the differences of meaning (or the nuances of meaning).

The 'source' of the examples chosen is a controversial subject: should the lexicographer produce the examples? Or should they be documented by existing texts (quotations)? In answering this question, it is necessary to treat practical and theoretical considerations separately. From the practical viewpoint it must be borne in mind that to date no collection of quotations and examples for the entire corpus of idioms has been produced for any language. Indeed the material available to the lexicographer as a rule constitutes only a small fraction of the overall corpus. The result is that the lexicographer must produce the examples, even though he may be reluctant to do so on methodological grounds, because the task of finding 33,000 (suitable!) examples is beyond the capacity of any one individual and even of a team. – Those dictionaries of idioms which attest examples by quotations are, therefore, without exception selective dictionaries.

There is also a theoretical side to this question. Quotations are invariably taken from written texts. The documentation of idiomatic expressions by means of recordings of spoken language would be an even more complicated task than providing written examples. However a number of expressions are used primarily in the spoken language.

A more important aspect is this: the aim of the example is to illustrate the core meaning of the expression and thus to enable the user to use the expression in the appropriate contextual framework. It is not the function – or at least it should not be the primary function of the dictionary – to illustrate the stylistic and other finesses of certain authors or to show what possibilities are inherent in a given expression. For this reason it is preferable in methodological terms to produce a – well-chosen! – example than to refer to an existing example which is less appropriate for a dictionary. – The ideal solution of course would be for the lexicographer to do both – to produce an example and to cite an existing text. To my knowledge there is only one dictionary of idioms which adopts this ideal method: Lafleur 1979. Even here, the author can do this only because he restricts himself to a selection of less than 10 % of the total idiomatic inventory of French (2,000 entries).

Struktur und Funktion der Beispiele

Nur vor dem Hintergrund der gesamten Kontextkonstellation realisiert ein Le-
xem seine volle Bedeutung. Das ist schon für ein nicht-idiomatisches ›Wort‹ der
Fall; es gilt doppelt für einen phraseologischen Ausdruck. Die Erkenntnis, daß zu
einem idiomatischen Wörterbuch Beispiele gehören, hat sich denn auch gerade in
den letzten Jahren zunehmend durchgesetzt. Allerdings sind sie oft – insbesondere
in den kleineren Phraseologien – kaum mehr als eine Art syntaktischer Verlängerung des Ausdrucks zum Satz, kurz: das Gegenteil von dem, was ein Beispiel sein
soll: eine Situierung des Idioms in seine gesamte Kontextkonstellation, in der seine
semantische, seine pragmatische und seine stilistische Funktion als Einheit anschaulich greifbar wird.

Hat der Ausdruck mehrere Bedeutungen, sind selbstverständlich mehrere solche Beispiele erforderlich – auch dies ein Gesichtspunkt, der nach wie vor in nur
wenigen Phraseologien (u. a. Friederich) genügend berücksichtigt wird. Die meisten geben, wenn überhaupt, nur ein Beispiel; oder aber die Beispiele werden nicht
präzis genug in Übereinstimmung gebracht mit den zu unterscheidenden Bedeutungen (oder auch Bedeutungsnuancen).

Eine vieldiskutierte Frage betrifft die ›Herkunft‹ der Beispiele: kann oder soll
der Lexikograph sie bilden? Oder müssen sie durch vorliegende Texte (Belege)
dokumentiert werden? Bei der Antwort sind praktische und theoretische Erwägungen auseinanderzuhalten. Unter praktischem Gesichtspunkt gilt zunächst: in keinem einzigen Land gibt es bisher eine Belegsammlung mit Beispielen für den gesamten Idiombestand; ja, das für den Lexikographen greifbare Material macht in
aller Regel nur einen sehr kleinen Bruchteil des Gesamtbestandes aus. Folge: der
Lexikograph muß die Beispiele selbst bilden, sogar wenn er es methodisch nicht
vorzieht: denn 33.000 (passende!) Belege zu suchen übersteigt die Leistungskraft
eines einzelnen und auch eines Teams. – Bei den Phraseologien, die die Idioms mit
Beispielen ›belegen‹, handelt es sich denn auch ausnahmslos um Auswahlwörter-
bücher.

Die Frage hat aber auch eine theoretische Seite. Zum einen: Belege findet man
nur in geschriebenen Texten – aus der mündlichen Rede mittels Aufnahmen den
Idiombestand zu ›belegen‹ wäre ein noch komplizierteres Unternehmen als der
schriftliche Beleg. Ein Teil der Ausdrücke erscheint aber vorzugsweise in der gesprochenen Sprache.

Wichtiger noch ist ein anderes: das Beispiel soll die Kernbedeutung des Ausdrucks illustrieren und den Wörterbuchbenutzer in die Lage setzen, von dieser
Kernbedeutung aus die Redewendung in dem ihr gemäßen Kontextrahmen zu benutzen; nicht aber soll ein Wörterbuchbeispiel stilistische (u. a.) Finessen bestimmter Autoren belegen oder zeigen, was sich mit einem Ausdruck alles machen läßt –
oder zumindest soll es das nicht in erster Linie. Aus diesem Grund ist es methodisch vorzuziehen, wenn der Lexikograph ein – gutes! – Beispiel bildet, als wenn er
einen (für ein Wörterbuch) weniger geeigneten Beleg angibt. – Das Optimale ist
natürlich: der Lexikograph macht beides, er bildet ein Beispiel und gibt einen
Beleg. Diese optimale Lösung bietet, soweit ich sehe, nur ein einziges phraseolo-
gisches Wörterbuch: Lafleur 1979. Es kann dies, weil es sich auf eine Auswahl von
weniger als 10% des frz. Idiombestands beschränkt (2.000 Einheiten).

For every expression which appears in the dictionary – and for each different meaning – the GERMAN-ENGLISH DICTIONARY OF IDIOMS provides a detailed example – as far as constraints of place allow – which places the expression in its environment, exemplifies the attitude of the speaker – often by means of dialogues – and, wherever appropriate, further paraphrases the core meaning by quasi-synonyma in the text of the example.

The system of cross-references

When an expression can be used in an example given for a different expression, i.e. when it is an contextual synonym, we use a cross-reference to the expression concerned instead of giving a (new) example. This system of cross-references saves a great deal of space as well as establishing links between synonymous and quasi-synonymous expressions. These links are explored and developed exhaustively in the *Synonymwörterbuch der deutschen Redensarten* (which also appears in the PONS series).

Whenever possible, the cross-reference is supplemented by relational statistical information indicating that one expression (at least in the specific context) is more common than another.

It follows of this principle that identity or close similarity of meaning is the criterion for cross-references. It may of course be the case that stylistic differences conflict with this semantic affinity. In such cases this dissimilarity is ignored as long as it is possible to use idiom A in the context of the example B to which the cross-reference refers.

The alphabetical arrangement of the idioms (alphabetization system)

The GERMAN-ENGLISH DICTIONARY OF IDIOMS is the first dictionary to list German idiomatic vocabulary according to a rigorous alphabetization scheme, based on the following principles:

1. If the idiomatic expression contains a *noun*, the noun determines the alphabetization: »freie *Hand* haben«; »mit freier *Hand* geben«.

2. If the idiom does not contain a noun but has a *verb*, then the verb is the decisive element: »sich einen *antrinken*«.

   In the case of a verbal group – a so-called *verbal syntagma* –, then the entry will be found under the verb that constitutes the core (of the meaning) of the syntagma. As a rule in these cases the idiom contains a verb with full lexical meaning, whereas the accompanying verbs are either auxiliary verbs or other functional verbs which determine or modify the meaning of the (verbal) core of the syntagma. *Example:* »es nicht *abwarten* können, bis . . .«; »lieber/eher läßt sich j. *hängen*, als daß er . . .«.

3. If the expression contains neither a noun nor a verb, then it will be found under the *adjective*, if there is one: »*fertig* sein«; »*todmüde* sein«.

Die IDIOMATIK DEUTSCH-ENGLISCH gibt zu jeder im Wörterbuch aufgeführten Redewendung – und für jede ihrer zu unterscheidenden Bedeutungen – ein (soweit möglich – Platzgründe!) ausführliches Beispiel, das den Ausdruck in ›seiner‹ Umgebung situiert, die Sprecherhaltung – häufig anhand von Dialogen – exemplifiziert und, wo es geraten scheint, den Bedeutungskern zusätzlich durch Quasisynonyma im Beispieltext paraphrasiert.

Das Verweissystem

Wenn der Ausdruck in einem Beispiel, das zu einem anderen Ausdruck gegeben wurde, einsetzbar ist (Kontext-Synonymität), wird statt eines (neuen) Beispiels ein Verweis auf jenen Ausdruck gegeben. Mit diesem Verweissystem wird einmal (sehr viel) Platz gewonnen; zum anderen wird so unter den synonymen und quasisynonymen Redewendungen eine Verbindung hergestellt – eine Verbindung, die das (ebenfalls in der PONS-Reihe erschienene) *Synonymwörterbuch der deutschen Redensarten* ausführlich und detailliert entfaltet.

Wenn möglich, wird der Verweis durch eine relationale statistische Angabe ergänzt: der eine Ausdruck ist (zumindest in dem gegebenen Kontext) gebräuchlicher als der andere.

Leitend für die Verweise ist also die gleiche oder fast gleiche Bedeutung. Zu dieser semantischen Affinität können natürlich stilistische Differenzen im Gegensatz stehen; sie treten indessen so lange zurück, wie sie die Einsetzung der Redewendung A in den Beispielkontext zu B, auf den verwiesen wird, nicht unmöglich macht.

Die alphabetische Anordnung der Redewendungen
(Alphabetisierungsschema)

Die DEUTSCH-ENGLISCHE IDIOMATIK bringt den idiomatischen Wortschatz zum ersten Mal in einer streng alphabetischen Anordnung. Dabei gelten folgende Prinzipien:

1. Hat der idiomatische Ausdruck ein *Substantiv*, bestimmt dieses die alphabetische Einordnung: »freie *Hand* haben«; »mit freier *Hand* geben«.

2. Hat das Idiom kein Substantiv, aber ein *Verb*, so zählt dieses: »sich einen *antrinken*«.

   Gibt es eine Verbgruppe – ein sog. *verbales Syntagma* –, zählt das Verb, das den Kern (der Bedeutung) des Syntagmas ausmacht. In der Regel handelt es sich in diesen Fällen um ein Verb mit einer im vollen Sinn lexikalischen Bedeutung, während die dieses Verb begleitenden Verben Hilfsverben oder sonstige Funktionsverben darstellen, die die Bedeutung des (verbalen) Syntagma-Kerns näher bestimmen und modifizieren. – Beispiel: »es nicht *abwarten* können, bis . . .«; »lieber/eher läßt sich j. *hängen*, als daß er . . .«.

3. Hat der Ausdruck weder Substantiv noch Verb, gilt, falls vorhanden, das *Adjektiv*: »*fertig* sein«; »*todmüde* sein«.

The verbs *sein* and *haben* do not count for alphabetization purposes if their function is purely grammatical (v. 10).

4. If there is no noun, no verb and no adjective, the entry will be found under the *adverb*.

   Here, too, the same principle applies as in 2: if the expression contains several adverbs, the entry will be found under the adverb which forms the core of the adverbial syntagma or of the adverbial group. Example: »immer *sachte* voran«; »*langsam* aber sicher«.

5. If the idiomatic expression does not contain any of the above-mentioned categories, then *pronouns, interjections, particles* etc. determine the alphabetization. Here, too, the determining element of the idiomatic expression is that which forms the core of the meaning: »an und für *sich*«; »per *se*«.

   The criteria of alphabetization are therefore based both on a categorial and on a functional principle.

   The *noun* and the *verb* are the two *principal categories of the language*. They are the general and most frequent realisation of the *argumentum*, i.e. of the *subject of the sentence*, or of the *predicate*, i.e. of *that which is stated in the sentence*. These elements constitute the logical-categorical basis of every sentence – a basis which is realised differently only in specific contextual conditions.

   The *noun* – or the noun complex ('noun phrase') – is determined or modified by an *adjective* (or an adjective complex) or in marginal cases by an adverb (or adverbial complex) or by another unit (for example an apposition). Example: »der große Junge«.

   The *verb* or the verbal complex ('verb phrase') explicates (or explains), as predicate, the *noun* or more precisely the »subject« of the sentence (»(ein) Vogel – singt« – »(a) bird – sings«). The verb – or rather the predicate – acquires meaning only when the noun – or to be more precise the argumentum – is already »given« (either explicitly or implicitly).

   Verbs – or verb phrases – can be determined or modified by other *verbs* (verb phrases), by *adverbs* (adverbial complexes, adverbial expressions) and in special cases by adjectives (or adjective phrases) and by other elements. Example: »gehen können«; »schnell gehen«.

   Adjectives – or adverbial complexes – are more closely determined or modified by *adverbs* (or adverbial complexes, adverbial expressions) or by other elements. Example: »(ein) sehr fleißiger (Junge)«.

   Adverbs – or adverbial expressions – may in turn be determined and modified by *adverbs* – or adverbial expressions. Example: »(Er arbeitet) sehr hart«.

   An *adverb* may therefore more closely determine or modify an *adverb* (*sehr hart*), an *adjective* (*sehr fleißiger* (Junge)) or a *verb* (*schnell gehen*). It may also refer to an entire sentence (*Er verließ fluchtartig das Lokal*) or to the speaker (*Leider singt sie miserabel*: »I/he/. . . i.e. the speaker says/states/thinks: it is a regrettable fact that she sings dreadfully«). (The term ›ad-verb‹ is therefore particularly inappropriate in such instances).

Sein und *haben* zählen bei der Alphabetisierung nicht, wenn sie lediglich eine grammatikalische Funktion ausüben (vgl. 10).

4. Gibt es auch kein Adjektiv, zählt das *Adverb*.

Auch hier gilt (analog zu 2): wenn es mehrere Adverben gibt, die zusammengehören, zählt das Adverb, das den Kern des (adverbialen) Syntagmas bzw. der Adverbialgruppe bildet. – Beispiel: »immer *sachte* voran«; »*langsam* aber sicher«.

5. Fehlen alle angeführten Kategorien, zählen *Pronomina, Interjektionsformen, Partikel* usw., und zwar wiederum jeweils diejenige Konstituente des idiomatischen Ausdrucks, die den Kern der Bedeutung bildet: »an und für *sich*«; »*per se*«.

Die Alphabetisierungskriterien folgen also zugleich einem kategorialen und funktionalen Prinzip.

Die beiden *Hauptkategorien der Sprache* bilden *Substantiv* und *Verb* – als generelle und häufigste Realisierung des *argumentums*, des *Satzgegenstandes* bzw. des *Prädikats*, der *Satzaussage*, welche zusammen die logisch-kategoriale Basis eines jeden Satzes bilden – eine Basis, die nur unter spezifischen Kontextbedingungen anders realisiert wird.

Das *Substantiv* – oder der Substantivkomplex (›Nominalphrase‹) – wird von einem *Adjektiv* (oder einem Adjektivkomplex), im Grenzfall auch von einem Adverb (oder einem Adverbialkomplex) oder einer anderen Einheit (etwa einer Apposition) näher bestimmt oder modifiziert. – Beispiel: »der große Junge«.

Das *Verb* bzw. der Verbalkomplex (›Verbalphrase‹) expliziert, als Satzaussage, das *Substantiv* – oder besser: den Satzgegenstand (»(ein) Vogel – singt«). Das Verb – oder besser: das Prädikat – hat erst Sinn, wenn das Substantiv – oder besser: das argumentum – schon (explizit oder implizit) ›gegeben ist‹.

Verben – oder Verbalphrasen – können von anderen *Verben* (Verbalphrasen), von *Adverbien* (Adverbialkomplexen, adverbialen Ausdrücken) und im Grenzfall auch von Adjektiven (oder Adjektivkomplexen) und anderen Einheiten näher bestimmt und modifiziert werden. – Beispiel: »gehen können«; »schnell gehen«.

Adjektive – oder Adjektivkomplexe – werden von *Adverben* (oder Adverbialkomplexen, adverbialen Ausdrücken) oder auch von anderen Einheiten näher bestimmt und modifiziert. – Beispiel: »(ein) sehr fleißiger (Junge)«.

Adverben – bzw. adverbiale Ausdrücke – können wiederum von *Adverben* – oder adverbialen Ausdrücken – näher bestimmt und modifiziert werden – Beispiel: »(Er arbeitet) sehr hart«.

Ein *Adverb* kann (also) ein *Adverb (sehr hart)*, ein *Adjektiv (sehr fleißiger (Junge))* oder ein *Verb (schnell gehen)* näher bestimmen und modifizieren; es kann sich aber auch auf einen ganzen Satz (*Er verließ fluchtartig das Lokal*) oder auf den Sprecher (*Leider singt sie miserabel:* »Ich/er/. . ., d. h. der Sprecher sagt/äußert/meint: es ist zu bedauern: sie singt miserabel«) beziehen. (Der Terminus ›Ad-verb‹ ist daher besonders unglücklich).

Among the categories of the language there is a hierarchy which in principle manifests itself in the same way in the sentence – or in the utterance – as a whole and in a part of the sentence, i.e. also in an idiomatic expression. Just as our intuition grasps the rank of a category in a given utterance accurately and surely, so too it grasps the rank of idiomatic constituents.

A detailed discussion of the exact rank of all the categories including pronouns, interjections, particles etc. would confuse rather than help the user of the dictionary. Besides, the number of expressions that do not contain a noun, a verb, an adjective or an adverb is comparatively small.

Our alphabetization scheme is (therefore) based on the hierarchy of linguistic categories and thus conforms both to principles which can be made explicit and to the intuition of each language user, which invariably grasps the rank of these categories within an idiom.

6. The decision as to where to find an *idiom containing two or more constituents of the same category* follows from what was said above: if there is no *hierarchical structure* among these constituents, i.e. no relation of precedence or subordination – then *the first constituent determines the alphabetization; otherwise the core of the categorial complex, the higher category is decisive.* – When there are *two or more nouns* only the *first one* counts – e.g. »*Hand* und Fuß haben«; »*hoffen* und harren«; »*langsam*, aber sicher«; »*voll* und ganz«; in all these cases, the double constituents are of equal rank. But note: »es nicht *abwarten* können«; »lieber/eher läßt sich j. *hängen*, als daß er . . .«; »immer *sachte* voran«; »per *se*«; because in theses instances *abwarten, hängen, sachte* and *se* form the core of each categorial complex or of the idiomatic expression as a whole.

7. When *several idiomatic expressions have the same alphabetical headword, the other constituents* determine alphabetization, here again in the categorial sequence *noun – verb – adjective – adverb*. I.e.: if there is a second noun, this determines alphabetization, if not then it is the verb etc.: »jm. in die Hand *fallen*«, »Hand und *Fuß* haben«; »mit erhobener Hand *schwören*«.

   Idioms with alphabetically relevant elements *before* this headword take precedence over these with alphabetically relevant elements *after* the headword. If such elements are found before and after the headword, only these that follow it count: »eine *leichte* Hand haben«; »jm. in die Hand *fallen*«; »jm. leicht von der Hand *gehen*«.

8. Idiomatic expressions with the auxiliary verb *sein* are always found at the beginning of a group with the same headword; then come idioms with the verb *haben*. This means that »in js. Hand sein«, »js. rechte Hand sein«, »jm. zur Hand sein« come before »eine leichte Hand haben«, »eine lockere Hand haben«, »eine lose Hand haben«. – Within these groups containing *sein* and *haben* as auxiliaries the next alphabetically relevant elements determine the alphabetical order: »in js. Hand sein« comes before »js. rechte Hand sein«; »eine lose Hand haben« comes before »immer eine offene Hand haben« etc.

9. Difficulties arise with the alphabetization of expressions which do not have fixed secondary constituents but only variants (separated by oblique strokes).

Es gibt also unter den Kategorien der Sprache eine Hierarchie, die sich prinzipiell identisch im Satz als ganzen – bzw. in der Äußerung als ganzer – und in einem Satzteil, d. h. (auch) in einem idiomatischen Ausdruck, manifestiert. Genau so nun, wie die Intuition den Rang einer Kategorie in einer gegebenen Äußerung durchweg zutreffend und sicher erfaßt, erfaßt sie auch den Rang von Idiomkonstituenten.

Eine explizite Diskussion aller möglichen Rangordnungen unter allen Kategorien, d. h. unter Einschluß der Pronomina, Interjektionsformen, Partikel usw., würde den Wörterbuchbenutzer eher verwirren als fördern. – Im übrigen ist die Zahl der Redensarten, die weder Substantiv noch Verb, weder Adjektiv noch Adverb haben, begrenzt.

Unser Alphabetisierungssystem stützt sich also auf die Hierarchie der Kategorien der Sprache und folgt damit zugleich explizit darzulegenden Prinzipien wie der Intuition eines jeden Sprachbenutzers, der die Rangordnung dieser Kategorien auch innerhalb eines Idioms durchweg sicher erfaßt.

6. Zwanglos ergibt sich aus dem Gesagten daher auch die Entscheidung für die Fälle, in denen ein *Idiom zwei oder mehrere Konstituenten gleicher Kategorie* hat: wenn unter ihnen keine *hierarchische Struktur* vorliegt – d. h. keine Relation Ober- Unterordnung –, *zählt die erste Konstituente; sonst zählt der Kern des jeweiligen kategorialen Komplexes* bzw. *die höhere Kategorie*; bei *zwei oder mehreren Substantiven* zählt nur *das erste.* – Also: »*Hand* und Fuß haben«; »*hoffen* und harren«; »*langsam*, aber sicher«; »*voll* und ganz« – in allen Fällen sind die Doppelglieder gleichrangig –, aber: »es nicht *abwarten* können«, »lieber/eher läßt sich j. *hängen*, als daß er . . .«; »immer *sachte* voran«; »per *se*«; denn *abwarten, hängen, sachte* und *se* bilden den Kern des jeweiligen kategorialen Komplexes bzw. des gesamten idiomatischen Ausdrucks.

7. Haben *mehrere Redensarten dasselbe alphabetische Leitwort*, entscheiden *die übrigen Konstituenten* über ihre Reihenfolge, und zwar wiederum in der kategorialen Abfolge *Substantiv – Verb – Adjektiv – Adverb.* Gibt es also ein zweites Substantiv, entscheidet dieses, sonst das Verb, usw.: »jm. in die Hand *fallen*«; »Hand und *Fuß* haben«; »mit erhobener Hand *schwören*«.

Dabei rangieren jene Idioms, die alphabetisch relevante Konstituenten *vor* diesem Leitwort haben, vor solchen mit alphabetisch relevanten Konstituenten *nach* dem Leitwort; gibt es vor und nach dem Leitwort solche Konstituenten, zählen nur die nachfolgenden: »eine *leichte* Hand haben«; »jm. in die Hand *fallen*«; »jm. leicht von der Hand *gehen*«.

8. Die mit dem Hilfsverb *sein* gebildeten idiomatischen Ausdrücke rücken immer an den Beginn einer Gruppe mit identischem Leitwort; danach kommen die Idioms mit *haben*; also »in js. Hand sein«; »js. rechte Hand sein«; »jm. zur Hand sein« vor: »eine leichte Hand haben«; »eine lockere Hand haben«; »eine lose Hand haben«. – Innerhalb dieser Gruppen um *sein* bzw. *haben* bestimmen, wie man sieht, wiederum die nächstfolgenden, zur Alphabetisierung geeigneten Konstituenten die Reihenfolge: »in js. Hand sein« steht vor »js. rechte Hand sein«; »eine lose Hand haben« vor »immer eine offene Hand haben« usw.

9. Eine gewisse Schwierigkeit entsteht beim Einsortieren der Wendungen, die keine festen sekundären Konstituenten haben, sondern nur (durch Schrägstriche

This difficulty becomes especially pronounced when many expressions have the same headword, e.g. *Hand*. In such cases we can distinguish two possibilities:

a) The variants form a *closed group* (closed paradigm), i.e. the number of variants is strictly limited: *eine feste Hand fühlen/spüren müssen* – and not **empfinden müssen* or *ein Kind/. . . bei der Hand fassen/nehmen* but not **greifen*.

b) The variants form an *open group* (open paradigm), i.e. strictly speaking we are confronted not with a lexical context but with a semantic context which can be realised with appropriate lexemes in each case: e.g. »etw. aus erster/zweiter/dritter/. . . Hand kaufen/. . .«. Here one could replace *erster*, *zweiter*, *dritter* with another ordinal number; the decision as to whether this is possible or not depends more on what is possible or reasonable in the »world« referred to in the expression than on an (intra-)linguistic regularity. The same applies for example to »mit fester Hand regieren/. . .«, where *durchgreifen, sich durchsetzen, sein Volk beherrschen* and other variants could be inserted.

In the first instance, that of the *closed paradigm*, only the *first of the variants given* counts for the purposes of alphabetization. The fact that the expression contains variants is therefore irrelevant for the alphabetical order. Thus »eine feste Hand fühlen/spüren müssen« comes before »einem Kind/. . . die Hand führen« and after »jm. (regelrecht/sozusagen/. . .) aus der Hand fressen«.

In contrast the *open group* of variants (the open paradigm) forms *a separate idiomatic group* for purposes of alphabetization among idioms with the same headword. This group comes before expressions with fixed secondary constituents. This means that when *open paradigms* come before the headword they are followed by expressions with *fixed constituents* which also come before the headword. If the open paradigms come after the headword, they are followed by expressions with fixed constituents which appear after the headword.

10. The *definite and the indefinite articles* and *complements* are *irrelevant* for the purposes of alphabetization whether they are labelled grammatically: j., js., etw. etc. or suggested by a »key term«: »einem Kind/. . . die Hand führen«. The function of the open paradigm *einem Kind/. . .* here is to help the user to understand the meaning of the expression and to limit the field of its use. Also irrelevant for the purposes of alphabetization are the verbs *sein, haben, tun, machen*, except where *sein* and *haben* form separate idiomatic groups (cf. 8). It should be noted, however, that all these elements are irrelevant only when they indicate grammatical function or stand for other elements that could be inserted. When they are *constituents of the idiomatic expression* and have an idiomatic function, they are relevant for the purposes of alphabetization e.g.: »es ist jm. darum zu *tun*, daß . . .«

11. *For purposes of alphabetization* both for the headword and for the other constituents of the idiomatic expression, the form that counts is *that which actually appears in the idiomatic expression*, and not a »basic form« which does not exist for idiomatic purposes. If the headword is in the plural, the genitive, the dative etc. then this is the form that counts; expressions containing the word *Hand*

getrennte) Varianten. Diese Schwierigkeit wird besonders dort spürbar, wo viele Wendungen dasselbe Leitwort haben, z. B. eben *Hand*. Hier sind zwei Möglichkeiten zu unterscheiden:

a) Die Varianten bilden eine *geschlossene Gruppe* (geschlossenes Paradigma), d. h. es kann nur eine eng begrenzte Zahl von Varianten eingesetzt werden: »*eine feste Hand fühlen/spüren müssen*« – und nicht: **empfinden müssen* oder »ein Kind/. . . bei der Hand *fassen/nehmen*«, aber nicht **greifen*.

b) Die Varianten bilden eine *offene Gruppe* (offenes Paradigma), d. h. es handelt sich im strengen Sinn gar nicht um einen lexikalischen, sondern um einen semantischen Kontext, den man jeweils mit den geeignetsten Lexemen anzudeuten versucht: z. B. »etw. aus erster/zweiter/dritter/. . . Hand kaufen/. . .«. Statt *erster, zweiter, dritter* könnte auch eine andere Ordnungszahl stehen – über diese Möglichkeit oder Unmöglichkeit entscheidet eher das, was in der (mit diesem Ausdruck angedeuteten) »Welt« möglich oder sinnvoll ist, als eine (inner-)sprachliche Regularität. Ähnlich: »mit fester Hand regieren/. . .», wo statt *regieren durchgreifen, sich durchsetzen, sein Volk beherrschen* und andere Varianten auftreten können. –

Für die Alphabetisierung zählt im ersten Fall, beim *geschlossenen Paradigma, nur die erste der angegebenen Varianten*; die Tatsache, daß die Redewendung Varianten enthält, spielt bei der Einordnung dann also keine Rolle; so steht »eine feste Hand fühlen/spüren müssen« vor »einem Kind/. . . die Hand führen« und nach »jm. (regelrecht/sozusagen/. . .) aus der Hand fressen«.

Die *offene Gruppe* der Varianten (das offene Paradigma) dagegen bildet bei der Alphabetisierung *eine eigene Idiomgruppe* innerhalb der Redensarten mit identischem Leitwort. Diese Gruppe kommt jeweils vor den Ausdrücken mit festen sekundären Konstituenten. Stehen also die *offenen Paradigmen* vor dem Leitwort, kommen nach ihnen die Ausdrücke mit *festen Konstituenten* vor dem Leitwort; stehen die offenen Paradigmen nach dem Leitwort, folgen auf sie die Redensarten mit festen Konstituenten nach dem Leitwort.

10. *Irrelevant* für die Alphabetisierung sind der *bestimmte* und *unbestimmte Artikel* sowie *Ergänzungen*, sei es, daß sie grammatisch angegeben werden: j., js., etw. usw.; sei es, daß sie durch einen semantischen »Schlüsselbegriff« angedeutet sind: »einem Kind/. . . die Hand führen«; das offene Paradigma *einem Kind/. . .* soll helfen, die Bedeutung der Redewendung zu erfassen und ihren Verwendungsbereich einzugrenzen. Irrelevant sind ferner die Verben *sein, haben, tun, machen*, abgesehen von der Bildung eigener Idiomgruppen mit *sein* und *haben* (vgl. 8). Doch all diese Elemente sind natürlich nur dort irrelevant, wo sie nur grammatische Angaben bzw. Platzhalter darstellen; *wenn sie Konstituenten des idiomatischen Ausdrucks sind* und dementsprechend idiomatische Funktion übernehmen, *zählen sie* selbstverständlich; z. B. »es ist jm. darum zu *tun*, daß . . .«

11. *Für die Alphabetisierung* gilt sowohl beim Leitwort wie bei den übrigen Konstituenten *die Form, die im idiomatischen Ausdruck tatsächlich erscheint*, und nicht eine – idiomatisch gar nicht vorliegende – »Grundform«; steht also das Leitwort im Plural, Genitiv, Dativ usw., so zählt eben diese Form; die Ausdrücke mit *Hand* stehen vor denen mit *Hände*, diese wiederum vor denen mit

come before those with *Hände* and these in turn before *Händen*. This can result in other expressions coming between those with (»basically«) identical head-words. This means that between expressions with *Hände* and those with *Händen* we find others with *Handel, Händel* etc. This is a drawback that has to be accepted because if semantic relationships, associative perspectives etc. were to be taken into account this would throw all alphabetization schemes into confusion: these cases, often considered as »exceptions«, are not in fact exceptions at all but constitute a large number of expressions.

This method is also perfectly consistent with and deducible from the basic principles of idiomatics. The idiomatisation of lexemes – in so far as an identical non-idiomatic form exists (*Hand*) – consists precisely in the fact that, in a given context and/or in a given form, the meaning of one or more lexemes differs from that of the so-called basic form. On closer consideration the idiomatic form *Hand* is not identical with the non-idiomatic form *Hand*. The differences or distances between the »basic meaning« and the idiomatic meaning are marked by innumerable shades and nuances which not only escape classification but to a large extent cannot be grasped intuitively. An alphabetization scheme which fails to make sharp distinctions in this field – even though these distinctions may on occasion (e.g. *Hand – Händen*) seem counter-intuitive – defeats its own purpose. This is one of the principal reasons why to date not even one alphabetization scheme has been devised – and no proposals for such a scheme have been put forward – which solves all the problems in the way that users expect 'normal', non-idiomatic dictionaries to solve them. After all, in normal dictionaries the alphabetical order is not interrupted by semantically related units, except in the case of certain (mostly recent) dictionaries with alphabetization schemes which, despite certain advantages of detail, have not become generally accepted and are unlikely to become accepted in lexicographical practice. The dictionary user needs a clear, objectively valid system of alphabetization which applies without exception throughout the dictionary.

12. In the case of *expressions* which appear *only in certain tenses, modes, persons etc.* the relevant form for alphabetization purposes is whenever possible the *3rd person singular* of the corresponding tense, mode etc. or the *singular imperative form.* – Speech act restrictions are also taken into account. For example *aufgeschmissen sein* does not appear under a (hypothetical) **aufschmeißen, etw. ausgefressen haben* does not appear under a (hypothetical) **ausfressen.* When we put entries in the following alphabetical order: *er kann/Herbert kann/. . . mir/meinem Vater/. . . gestohlen bleiben* this means that one can say: *du kannst/ihr könnt/Herbert und du, ihr könnt/diese Leute können/. . . mir/ihm/Onkel Fritz/der Regierung/. . . gestohlen bleiben* but not: **Helmut Kohl blieb dem Parlament gestohlen,* nor can one say: **Dieses Parlament rutscht mir schon zwei Jahre den Buckel herunter.* These idioms are restricted to the speech act of »rejection« or »aversion«. Predicative statements cannot be formulated by means of these expressions. Hence the corresponding formal restrictions.

These criteria also follow the principles explained in (5) and (11): here, too, there is a wide range of nuances between the so-called basic meaning and the

Händen. – Das kann dazu führen, daß sich zwischen die mit einem (›an sich‹) identischen Leitwort gebildeten Ausdrücke andere Redensarten schieben. So stehen zwischen den Ausdrücken mit *Hände* und denen mit *Händen* andere mit *Handel, Händel* usw. Dieser Nachteil muß in Kauf genommen werden; denn würde man auch im Alphabet semantische Zusammengehörigkeit, assoziative Schwerpunktsetzung u. a. m. berücksichtigen, würde dies jedes Alphabetisierungsschema sprengen; denn es handelt sich bei diesen oft als »Ausnahmen« betrachteten Fällen keineswegs um Ausnahmen, sondern um eine äußerst große Zahl von Einheiten.

Im übrigen läßt sich auch diese Entscheidung von Grundprinzipien der Idiomatik leiten: die Idiomatisierung der Lexeme liegt – soweit eine nicht-idiomatische identische Form vorliegt (*Hand*) – ja gerade darin, daß sich ein oder mehrere Lexeme in einem gegebenen Kontext und/oder in einer gegebenen Form in der Bedeutung von der sog. Grundbedeutung unterscheiden. Idiomatisch *Hand* ist also (genau besehen) eben nicht nicht-idiomatisch *Hand*. – Die Differenzen oder Abstände zwischen der »Grundbedeutung« und der idiomatischen Bedeutung haben unzählige Grade, die sich nicht nur der Klassifizierung, sondern weitgehend auch der Intuition sperren. Eine Alphabetisierung, die auf diesem Gebiet keine klaren Grenzen zieht – welche (wie u. U. bei *Hand* – *Händen*) der Intuition auch einmal zuwiderlaufen kann –, hebt sich selbst auf. – Nicht zuletzt aus diesem Grund gibt es bisher kein einziges Alphabetisierungssystem und keinen einzigen Vorschlag zu einem solchen System, mit dem alle Fälle gelöst wurden – wie man es doch von einem ›normalen‹, ›nicht-idiomatischen‹ Wörterbuch seit jeher verlangt; dort wird das Alphabet auch nicht durch semantisch zusammenhängende Einheiten durchbrochen – abgesehen von einem kleinen Teil von (meist neueren) Wörterbüchern, deren Alphabetisierungsprinzipien sich indessen trotz bestimmter Vorteile im Detail nicht in allgemeiner Form durchgesetzt haben und sich in der Lexikographie wohl auch nicht durchsetzen können. Der Wörterbuchbenutzer braucht eine klare, eindeutig objektivierbare und im ganzen Wörterbuch durchgehaltene Ordnung.

12. Bei *Ausdrücken, die nur in bestimmten Tempora, Modi, Personen* usw. vorkommen, ist, soweit möglich, die *3. Pers. Sing.* des entsprechenden Tempus, Modus usw. für die Alphabetisierung leitend bzw. der Imp. Sing. – Einschränkungen, die auf Sprechaktrestriktionen zurückgehen, sind ebenfalls berücksichtigt. – *Aufgeschmissen sein* erscheint also nicht unter einem (hypothetischen) *aufschmeißen*, etw. *ausgefressen haben* nicht unter einem (hypothetischen) *ausfressen*. – Wenn in der folgenden Weise alphabetisiert wird: *er kann/Herbert kann/... mir/meinem Vater/... gestohlen bleiben*, dann bedeutet das, man kann sagen: *du kannst/ihr könnt/Herbert und du, ihr könnt/diese Leute können/... mir/ihm/Onkel Fritz/der Regierung/... gestohlen bleiben*, aber nicht: *Helmut Kohl blieb dem Parlament gestohlen*, ebensowenig wie: *Dieses Parlament rutscht mir schon zwei Jahre den Buckel herunter*. Diese Ausdrücke sind auf den Sprechakt der »Ablehnung« oder »Zurückweisung« beschränkt; »Aussagen« lassen sich mit ihnen nicht formulieren; daher die entsprechenden formalen Restriktionen.

Auch diese Kriterien folgen den in (5) und (11) dargelegten Prinzipien: auch hier gibt es zwischen der sog. Grundbedeutung und der idiomatischen Bedeu-

idiomatic meaning. It is not possible for the dictionary user (or even several lexicographers) to make clear »logical« or »intuitive« distinctions of general validity between these innumerable nuances.

13. *The assignment of a lexeme to a category depends on its function in the idiom.*

14. *The elements in parentheses, i.e. the optional elements in an idiomatic expression, are, of course, irrelevant for purposes of alphabetization.*

The criteria of alphabetization may at first sight appear extensive. This is inevitable given the extremely large number of types of idiomatic expressions. As they conform as far as possible to linguistic intuition, the user of the GERMAN-ENGLISH DICTIONARY OF IDIOMS will rapidly and effortlessly become familiar with these criteria. We hope that a consistent and easy-to-use alphabetization scheme for idiomatic expressions will in future make it easier to discover the treasure of idiomatic expressions in German and in other languages so that the user will increasingly be spared the time-consuming process of locating the entry he seeks.

tung die mannigfachsten Abstufungen, bei denen sich ›logisch‹ oder ›intuitiv‹ kein verallgemeinerungsfähiger – d. h. vom Wörterbuchbenutzer (oder auch von mehreren Lexikographen) schlüssig nachvollziehbarer – Schnitt ziehen läßt.

13. *Die Bestimmung der Kategorie eines Lexems erfolgt nach seiner Funktion im Idiom.*

14. *Die eingeklammerten, d. h. fakultativen Elemente der Redewendung zählen für die Alphabetisierung* selbstverständlich *nicht.*

Die Kriterien der alphabetischen Anordnung mögen auf den ersten Blick umfangreich erscheinen. Bei der äußerst großen Vielfalt von Idiomtypen läßt sich das nicht vermeiden. Da sie der sprachlichen Intuition indessen soweit wie eben möglich folgen, dürften sich die Benutzer der IDIOMATIK DEUTSCH-ENGLISCH einigermaßen mühelos und rasch mit ihnen vertraut machen. Hinter dieser Erwartung steht die Hoffnung, daß sich mit einer konsequenten und leicht handhabbaren Alphabetisierung der idiomatischen Redensarten der überreiche Schatz an Ausdrücken – im Deutschen wie in anderen Sprachen – in Zukunft ungleich leichter erschließen und überschauen läßt und daß die zeitraubende Suche in den Wörterbüchern zunehmend entfällt.

GERMAN-ENGLISH DICTIONARY OF IDIOMS

IDIOMATIK DEUTSCH-ENGLISCH

A

A: das A anschlagen/angeben *Musik* · to hit a

Mein Gott, ist die Geige verstimmt. Es scheint, du hast nicht das A angeschlagen, sondern das H!

wer A sagt, muß auch B sagen · you can't have one without the other, if you/... take the first step, you/... have to take the second, if you/... start s.th., you/... have to go through with it, in for a penny, in for a pound *prov*

Er hat dir doch ausdrücklich die Genehmigung gegeben, über alle Einkäufe zu entscheiden, nicht wahr? – Ja! – Dann muß er auch damit einverstanden sein, wenn du mit den einzelnen Firmen persönlich verhandelst. Wer A sagt muß auch B sagen.

à la Poe/Dickens/E. T. A. Hoffmann/... · à la Poe/Dickens/..., in the style/manner of Poe/Dickens/...

... eine von diesen Gruselgeschichten, à la Poe. – Ich habe von Poe nichts gelesen. Kannst du mir den Stil – oder die 'Machart' – näher erklären?

das A und O/(das A und das O) · the be-all and end-all, the essential thing

Nein, auf den Preis kommt es in dieser Sache gar nicht so sehr an, meinte er. Das A und O ist die Haltbarkeit. Darum geht es. Denn bei der Entfernung Portugal-Deutschland können wir nicht alle paar Monate Ersatzteile kommen lassen.

von A bis Z · (to read s.th.) from beginning to end, (to read s.th.) from A to Z

Hast Du das ganze Buch gelesen? – Von A bis Z, vom ersten bis zum letzten Buchstaben.

etw. von A bis Z kennen/beherrschen/... – jn./etw. bis ins **letzte** kennen/(...) (3) · to know s.th. inside out

von A bis Z Unsinn/erlogen/erfunden/... sein – von **vorn(e)** bis hinten falsch/Unsinn/gelogen/... sein · it/the trial is a farce from start to finish, s.th./it is a pack of lies from A to Z

Aa: Aa machen *Kinderspr* – ein großes **Geschäft** machen (müssen) · to have to do big jobs

Aal: glatt wie ein Aal sein · to be as slippery as an eel, to be a slippery customer

Nun, wie war die Verhandlung mit dem Versicherungsvertreter? – Nicht ganz einfach. Der Mann ist nicht zu packen – glatt wie ein Aal. Er läßt sich nicht auf klare Richtlinien und eindeutige Aussagen festnageln.

sich (drehen und) winden/sich krümmen **wie ein Aal** · to wriggle like an eel, to squirm, to twist and turn like an eel

Hat sie nun endlich zugegeben, daß sie mich handfest belogen und betrogen hat? – Sie wand sich wie ein Aal, suchte immer wieder nach neuen Ausflüchten; aber schließlich habe ich sie so in die Enge getrieben, daß sie es einfach zugeben mußte.

aalglatt: aalglatt (sein) – glatt wie ein **Aal** sein · to be glib, to be slippery

Aas: ein (gemeines) Aas (sein) *sal* · to be a nasty bitch *fem*, to be a nasty piece of work

Nein, mit diesem gemeinen Aas will ich nichts mehr zu tun haben. Dieses Weibsbild kann mir für immer gestohlen bleiben.

ein faules Aas (sein) *ugs* · to be a lazy bugger *male vulg*, to be a lazy sod *male vulg*, to be a lazy bitch *fem*, to be a lazy cow *fem*

Ist das ein faules Aas, diese Doris! Jetzt sage ich ihr schon seit einer ganzen Woche, sie soll ihr Zimmer aufräumen, und jedesmal antwortet sie »heute abend« – und jeden Tag fliegt alles wie vorher da herum. Dieses Kind drückt sich vor jeder Arbeit!

kein Aas *ugs* – (eher:) kein **Mensch** · not a bloody soul

ein Aas auf der Baßgeige (sein) *sal selten* – ein **As** auf der Baßgeige sein · to be an ace on the bass *para*, to be a real ace

ab: ab nach Hause/ins Zimmer/... · off home/off you go to your room/off to bed with you

Mein lieber Rudi, es ist jetzt zehn Uhr! – Laß mich doch noch ein bißchen fernsehen, Papa! – Nichts da! Ab, in die Falle! – Mensch! ...

(so) ab und an · from time to time, now and then

Was macht dein Französisch? Sprichst du noch viel? – So ab und an spreche ich noch mit ehemaligen Kollegen vom Institut, mit ein paar Geschäftsfreunden aus Frankreich ... Aber häufig ist es leider nicht.

und ab damit nach/in/... · and off he ran/shot/... with it into the .../to the .../...

... Das hättest du sehen sollen: der kleine Kerl schleicht sich in die Küche, schnappt sich ein Stück Kuchen – und ab damit in den Garten, wo er es in aller Gemütsruhe auffuttert.

(so) ab und zu (mal) · now and then, now and again, from time to time

Gehen deine Eltern oft ins Theater? – Ab und zu. So ein über den anderen Monat. Es könnte öfter sein, aber sie haben halt wenig Zeit.

abbekommen: viel/nichts/... **abbekommen** · 1. 2. (not) to cop it, 1. (not) to be injured, (not) to be hurt, 2. (not) to be damaged

1. ... Der Otto, sagst du, war auch bei der Demonstration? Er hat doch bei der Prügelei nichts abbekommen? – Keine Sorge, Ute; ihm ist nichts passiert.

2. ... Wenn (bei dem Unfall) nur der Wagen was abbekommen hat, aber kein Personenschaden entstanden ist, dann habt ihr ja nochmal Glück im Unglück gehabt. – Das schon. Aber der Wagen ist ziemlich lädiert ...

abberufen: (von Gott) abberufen werden *rel veraltend selten* – **Gott** ruft jn. zu sich · to be called home

Abbitte: jm. Abbitte leisten (für etw.) *form* · to make apologies (to s.o.), to apologise to s.o.

Was willst du hier? Warum erscheinst du hier, wenn alle Leute schon schlafen? – Komm, Karin, reagier' nicht so schroff! Ich gebe zu, ich habe Unrecht. Ich habe da Sachen behauptet, die nicht stimmen und die dich bei den anderen in ein schiefes Licht rücken mußten. Ich muß dir Abbitte leisten.

abblitzen: bei jm. abblitzen *ugs* · 1. to be sent packing, to be sent off with a flea in one's ear, 2. to get the brush-off, to be turned down

1. vgl. – sich eine (geharnischte) **Abfuhr** holen

2. vgl. – einen **Korb** bekommen (3)

jn. abblitzen lassen *ugs* · 1. to send s.o. away with a flea in his ear, 2. to give s.o. the brush-off, to send s.o. packing

1. So, der Karl wollte sich beim Chef über mich beschweren?! Und was hat der Alte gesagt? – Der hat ihn ganz schön abblitzen lassen. Die Unterredung dauerte genau zwei Minuten. Kaum hatte Karl begonnen: »Der Herr Meyer kommt schon seit zwei Wochen jeden Tag zu spät«, da unterbrach ihn der Chef und sagte: »Kümmern Sie sich um Ihre eigenen Angelegenheiten, das mit dem Herrn Meyer werde ich selbst regeln« – und entließ ihn.

2. Ist sie auf seine Annäherungsversuche eingegangen? – Nein. Sie hat ihn abblitzen lassen. Als er sie fragte, ob sie nicht mal mit ihm tanzen gehen wollte, hat sie ihm schroff einen Korb gegeben.

abbrechen: sich einen abbrechen *oft: j. bricht sich noch ... sal oft iron* · 1. 2. to bust a gut, 1. to go to a lot of bother *coll*, to bust one's arse, 2. to put o.s. out *coll*, to make heavy weather of s.th. *coll*, 3. don't make such a song and dance about it *coll*

1. ... Der Junge ist nun einmal handwerklich nicht begabt! Ich weiß nicht, warum er absolut den Schrank reparieren soll, warum das kein Schreiner machen kann! – Ja, ja, dein Söhnchen bricht sich noch einen ab! Sobald es ans praktische Arbeiten geht, stellt er sich an, als ob er den Kölner Dom umzubauen hätte.
2. ... Die Christa tut ihr Bestes, Paul, aber der Text ist einfach zu schwer für sie. – Und wenn sie sich einen abbricht: der wird jetzt übersetzt!
3. vgl. – **brich** dir/**brecht euch**/... (man) (nur/bloß) keinen/nichts ab!

sich keinen abbrechen *ugs* – sich kein **Bein** ausreißen · not to bust a gut, not to kill o.s., not to over-exert o.s.

Abbruch: etw. **auf Abbruch kaufen**/verkaufen/... *form selten* · to sell/to buy/... a house/property/... at demolition value, to sell/... for demolition
... Wenn der Heinz das Haus auf Abbruch gekauft hat, hat er höchstens ein Drittel oder Viertel des eigentlichen Werts bezahlt! Da kann er sich doch jetzt nicht beschweren, wenn das Haus in der Tat abgerissen werden soll. – Aber man hatte ihm bei der Stadt gesagt, die Straße würde nicht ausgebaut, das Viertel bliebe so, wie es ist ...

auf Abbruch heiraten *sal selten* · to marry s.o. knowing he hasn't got long to go *para*
... Verstehst du, wie eine 40-jährige Frau einen 75-jährigen Mann heiraten kann? – Die Antje heiratet auf Abbruch, Mensch! – Wie bitte? – Die geht davon aus, daß der Herr Kreuder nur noch ein, zwei Jährchen lebt! – Du meinst ...

einen warmen Abbruch machen *ugs* – heiß **renovieren** · to set fire to a building to get the insurance money *para*

e-r S. **keinen Abbruch tun** *form* · not to harm s.th., not to be detrimental to s.th., not to damage s.th., not to be prejudicial to s.th.
Es gibt in der Tat nicht wenige Zeichensetzungsfehler in dem Text. Das tut aber der Übersetzung keinen Abbruch – eine ausgezeichnete Leistung, die durch diese Äußerlichkeiten nicht im geringsten geschmälert wird.

ABC: noch **beim ABC** (e-r S.) **sein** *form selten* · to be still learning the basics of s.th., to be still learning the rudiments of s.th.
Unterhält er sich schon auf Portugiesisch? – Nein! Er ist noch beim ABC. Kürzere Sätze formuliert er schon, leichtere Texte versteht er, aber ein Gespräch hält er noch nicht durch.

das ABC e-r S. **beherrschen/lernen**/... *form selten* · to learn/to know/to have mastered the basics of s.th.
Der Franz ist in der Tat unsicher in den Finanzen. – Das ist er. Er hat das ABC der Sache nicht gelernt. Es fehlen ihm die Grundkenntnisse, das Verständnis für die inneren Zusammenhänge.

ein **ABC-Schütze** *Schulspr* · a child just starting school *para*, a school-beginner *para*
Dein jüngster Sohn geht noch in den Kindergarten, nicht wahr? – Nein, seit vorgestern ist er stolzer ABC-Schütze. Er ist jetzt in der ersten Klasse der Karl-Duisberg-Grundschule.

abdichten: sich abdichten *ugs* – sich **vollaufen** lassen · to get paralytic, to get tanked up, to get canned, to get rat-arsed, to get pissed

abdrücken: einen abdrücken *sal* – einen **fahren** lassen · to let one go, to let off, to drop one's gut

abdüsen: abdüsen *Jugendspr* · to split, to shoot off, to be off, to zoom off
Also, Willi, ich düs' ab. Es ist elf Uhr und ich muß morgen früh raus ... – Du willst schon abhauen? – Ja, ich geh'. Tschüß! ...

Abend: einen **bunten Abend** machen/... (ein bunter Abend) *Jugendgruppen* · to have/to plan/to organize/... a social evening
Mutti, am kommenden Mittwoch komme ich erst gegen 12 Uhr nachts vom Heimabend nach Hause. – Warum das denn? – Wir machen einen bunten Abend. Es wird getanzt, es gibt eine Tombola, es werden Volkslieder gesungen ... Es dürfte ganz lustig werden.

j. **kann mich**/uns (mal) **am Abend besuchen**/mir/... **begegnen** *ugs selten* – (euphem für:) j. soll/kann mich/uns am/(im) **Arsch** lecken (1; u. U.. 2) · he/... can get stuffed, he/... can bugger off, he/... can piss off

im Abend des Lebens stehen *geh* – (eher:) im **Herbst** des Lebens stehen/(sein) · in the autumn of one's life

Abendmahl: ..., darauf will ich das Abendmahl nehmen *path veraltend selten* · I swear to God that it is true
(Bei Gericht in einem Provinzstädtchen:) Was ich hier sage, Herr Richter, ist die Wahrheit, die reine Wahrheit. Darauf will ich das Abendmahl nehmen! – Ich glaube Ihnen ja, Fräulein Schreiber. Nur, daß ...

Abenteuer: auf Abenteuer ausziehen *selten* · 1. to go in search of (amorous) adventures, to be out to make a conquest, 2. to go off in search of adventure
1. Wohin geht denn der Albert so geschniegelt und gebügelt? – Er zieht auf Abenteuer aus. – Der und seine Mädchen! *iron*
2. Nein, so ein bürgerlicher Lebenswandel, das sagt dem Klaus nichts. Das ist ein Mensch, der in der Weltgeschichte umherfahren, auf Abenteuer ausziehen muß ...

Aber: bei etw. **ist** (nur/...) **ein Aber**/etw. hat (nur/...) ein Aber *selten* – (nur/...) einen **Haken** haben · there's only/... one snag

aber, aber! *form* – *path* · now now, tut tut, come come
Aber, aber, Christa, was erlaubst du dir denn da für einen Ton gegenüber deiner Mutter? Das hätte ich aber nicht gedacht von dir.

aber- und abermals *path* · again and again, over and over (again), time and again
Ich habe dir doch aber- und abermals gesagt, du sollst dich mit dem neuen Kleid in acht nehmen. Aber dir kann man tausend Mal dasselbe sagen, es nützt gar nichts.

abfahren: (voll) **auf** jn./etw. **abfahren** *ugs* · 1. 2. to be mad/crazy about s.o./s.th., to really/... fancy s.o./s.th. 1. to really/... get off on s.th., to really/... go for s.th., to be really into s.th., to dig s.th.
1. Der David hört seit Jahren nur noch Hardrock-Musik! – Ich weiß auch nicht, warum er die so toll findet. Ich selbst kann sie schon gar nicht mehr hören, aber er fährt immer noch voll darauf ab.
2. Der Georg ist in der letzten Zeit nur noch mit der Stefanie zusammen. – Ja, die beiden sind wirklich ganz schön ineinander verliebt. Schon als er mir das erste Mal von ihr erzählte, habe ich gemerkt, daß er voll auf sie abfährt!

bei jm. (ganz schön/...) **abfahren** *ugs selten* – sich eine (geharnischte) **Abfuhr** holen · to be sent packing, to be sent off with a flea in one's ear

jn. **abfahren lassen** *ugs selten* – jn. **abblitzen** lassen (1) · to send s.o. away with a flea in his ear

abfertigen: jn. (ganz) **kurz abfertigen** · to be short with s.o., to deal with s.o. peremptorily *fem*, to get rid of s.o. unceremoniously, to give s.o. short shrift
Hat er dich denn gar nicht angehört, was du ihm zu sagen hattest? – Nein. Er hat mich ganz kurz abgefertigt. Kaum hatte ich erklärt, ich käme wegen der Rente, sagte er: »Unter Ihren Bedingungen gibt es keine Rente! Hier haben Sie ein Merkblatt, da steht alles Erforderliche drin«. Dann stand er auf und entließ mich.

Abflug: den Abflug machen *ugs* – den **Abgang** machen (1) · to snuff it, to pop off, to turn up one's toes

abfrieren: sich einen abfrieren *sal* – sich den **Arsch** abfrieren/(zufrieren) · to freeze one's arse off, to freeze one's balls off

Abfuhr: jm. **eine** (geharnischte) **Abfuhr erteilen** *form* · to send s.o. packing *coll*, to rebuff s.o., to turn s.o. down flat
Ich fand den Ton zwar nicht erbaulich, doch da angeschlagen war. Aber vielleicht ist es ganz gut, dem Fritz einmal eine Abfuhr zu erteilen; der meint nämlich, er brauchte nur im richtigen Moment zu bitten, zu fragen oder vorzusprechen und schon bekäme er, was er will.

sich eine (geharnischte) **Abfuhr holen** · + to be sent packing, to be sent off with a flea in one's ear

War der Karl bei Direktor Fischer, um zu fragen, ob die Firma einen Zuschuß zu unserer Karnevalsfeier gibt? – Ja! – Und? – Wie es scheint, hat er sich eine (geharnischte) Abfuhr geholt. Wütend hat ihn der Fischer angefahren, ob er glaube, daß die Firma in der schwierigen Wirtschaftssituation auch noch Geld für Karnevalsspäße herausschmeißen könnte.

sich gegen jn./eine andere Mannschaft/... **eine Abfuhr holen** *ugs* · to get/to be/... taken to the cleaners by one's opponents/..., to get trounced

... Das war keine Niederlage, das war eine Abfuhr, was die sich da in Hamburg geholt haben! 7 : 2! Mann! Die Hamburger haben die regelrecht auseinandergenommen.

abführen: jn. **abführen** · to clear/to evacuate s.o.'s bowels, to empty s.o. out *coll*

(Im Krankenhaus:) Wann hatten Sie zum letzten Mal Stuhlgang, Frau Peters? – (Patientin:) Vor fünf Tagen! – Na, dann müssen wir Sie aber gleich abführen, bevor Sie noch einen Darmverschluß bekommen! Ich mache Ihnen einen Einlauf.

abfüllen: jn. **abfüllen** *ugs Neol* – jn. blau **machen** · to get s.o. drunk

Abgang: einen **Abgang haben** *ugs* · to have a miscarriage

Im wievielten Monat ist die Andrea Gärtner jetzt eigentlich? – Bitte, frag' mich nicht! Das ist ein trauriges Kapitel! Sie hatte (vor drei Wochen) einen Abgang – Sie hat ihr Kind vorzeitig verloren?

einen unheimlich/... starken Abgang haben *Neol* · to make a really/... impressive/... exit, to go out/to sign off/... in style

Ehe der Erwin, unser bisheriger Vorstand, aus dem Verein ausschied, hat er nochmal einigen Leuten so richtig die Meinung gegeigt. Er hatte einen richtig starken Abgang.

einen guten/schlechten/... **Abgang haben/finden** *Kaufmannsspr* – (eher:) (einen) reißenden/(guten/schlechten/ blendenden/...) **Absatz** haben/(finden) · to sell like hot cakes/well/poorly/...

den Abgang machen *Jugendspr sal* · to snuff it, to pop off, to cop it, to turn up one's toes

Der Hannes hat gestern den Abgang gemacht. Er ist sturzbesoffen gegen einen Baum gefahren. Er war auf der Stelle tot.

einen Abgang machen *Jugendspr Neol mst: los mach'/macht 'nen Abgang!* · 1. 2. 3. to split, to buzz off, to be off

1. ... Also, Leute, ich mach' jetzt mal 'nen Abgang, ich geh' nach Hause.
2. Merkst du denn gar nicht, daß du störst? Wie wäre es wenn du jetzt endlich gehst? ... Bist du eigentlich taub? Mach' 'nen Abgang!
3. ... Also, dieser Junge geht mir wirklich auf die Nerven! Ich hoffe, daß er bald geht und uns in Ruhe läßt! – Ich würde mich auch freuen, wenn der endlich 'nen Abgang macht.

jm. **einen** guten/... **Abgang verschaffen** *selten* · to help s.o. to make a good exit

Kollege Zimmermann versuchte noch, dem Krause einen guten Abgang zu verschaffen, indem er gleichsam beiläufig bemerkte: notfalls kann man die Angelegenheit ja auch in der Urlaubszeit zuendeführen. Aber der Krause verstand gar nicht, daß ihm da jemand eine goldene Brücke baute, und verabschiedete sich mit beleidigter Miene. – Er hat also einen denkbar schlechten Eindruck hinterlassen? – Natürlich.

sich einen guten/... **Abgang verschaffen** · 1. 2. to make a good/grand/... exit

1. Mit seiner Bemerkung, notfalls werde er die Sache in den Ferien zuendebringen, hat er sich natürlich den bestmöglichen Abgang verschafft. Kaum hatte er die Tür hinter sich zugemacht, meinte der Chef: ein pflichtbewußter und dynamischer Mann, dieser Krause!
2. Mit den Steuererleichterungen versucht der Finanzminister natürlich, sich einen guten Abgang zu verschaffen. – Du wirst sehen: kaum ist er nicht mehr im Amt, dann werden die Erleichterungen rückgängig gemacht.

abgeben: jm. **was/eins/**(etwas) **abgeben** *mst: wenn ..., dann werd' ich dir/.../dann geb' ich ... selten* · 1. there'll be trouble, 2. there will be hell to pay

1. vgl. – wenn ..., dann **gibt's/**(gibt es) was!
2. vgl. – es gibt/(setzt) ein **Donnerwetter**

abgebrannt: (völlig/...) **abgebrannt sein** *ugs* · to be stony/ completely/... broke, to be flat/dead/... broke

Du, Karl, könntest du mir vielleicht zwei-, dreihundert Mark leihen? – Bist du mal wieder abgebrannt? – Ja, erst die Reise nach München, dann die Unkosten mit dem Umzug ... Ich hab' keinen Pfennig mehr.

abgebrochen: ein abgebrochener Jurist/Mediziner/... *ugs selten* · to be a failed lawyer/doctor/..., to have given up one's studies of law/medicine/...

... Der Dieter soll seinen Mund halten! Was versteht so ein abgebrochener Mediziner schon von Nierenkrankheiten? Nicht einmal das Physikum hat er bestanden! Und da will er jetzt große Diagnosen stellen!

abgedreht: völlig/total/... **abgedreht sein** *Jugendspr Neol* · 1. to be out of touch with things/the real world/..., to be/to live/... in a world of one's own, 2. to have one's head in the clouds, to be spaced out, to be high

1. Seitdem der Georg auf der Kunstakademie studiert, ist er völlig abgedreht. Man sieht ihn überhaupt nicht mehr. Er steht nur noch in seinem Atelier. Das ist ein richtiger Kauz geworden. *ugs*
2. vgl. – **abgehoben** sein (1, 2)

abgefahren: völlig/... **abgefahren sein** *ugs Neol* · 1. 2. to be real cool, to be ace, to be brill

1. Die neue Scheibe von 'Genesis' ist völlig abgefahren. Der Sound kommt total gut. – Stimmt, die Platte ist astrein!
2. ... Deine Hose ist ja total abgefahren! Mit dem extravaganten Schnitt fällst du auf wie ein bunter Hund.

ein total/... abgefahrener Typ/... **sein** *ugs Neol* · to be a total wreck

Der Hannes ist ein total abgefahrener Typ, der pfeift sich schon zum Frühstück Schnaps rein.

abgefuckt: völlig/... **abgefuckt sein** *sal Neol* · 1. 2. to be beat-up, to be wrecked, to be fucked-up *vulg*

1. ... Mit der abgefuckten Karre würde ich nicht mehr nach Spanien fahren, das Ding fällt doch schon auseinander, wenn man es nur scharf anguckt.
2. ... Schon gehört, der Achim hat 'ne Freundin? – Ich weiß! Ich möcht' mal wissen, was er an der findet? Die Frau ist doch völlig abgefuckt. Das ist doch 'ne regelrechte Fregatte.

abgegessen: schon/... **abgegessen haben** *ugs Neol* · to be really/totally/... pissed off *sl*, to be really/totally/... browned off

... Was machst du denn schon wieder für ein Gesicht, Gerd? Ist dir eine Laus über die Leber gelaufen? – Also, mir reichts heute! Jetzt bin ich ein einziges Mal fünf Minuten zu spät gekommen, und schon labert mich der Chef vor allen Leuten blöd an. Da hatte ich heute Morgen schon wieder abgegessen.

abgehen: reißend abgehen *ugs* – (eher:) (einen) reißenden/ (guten/schlechten/blendenden/...) **Absatz** haben/(finden) · to sell like hot cakes

abgehoben: abgehoben sein *Jugendspr* · 1. to have one's head in the clouds, 2. to be spaced out, to be high *drugs etc.*

1. Hast du den Dietrich mal wieder gesehen? – Ja, aber seit er Philosophie studiert, ist er völlig abgehoben. Mit dem kann man nicht mehr normal reden.
2. ... Komm, laß den Typen doch in Ruhe! Du siehst doch, daß der unter Drogen steht! Der weiß doch gar nicht, was er tut. Der ist völlig abgehoben.

abgekartet: abgekartet sein *mst: das/die Sache/... ist ...* – ein abgekartetes **Spiel** sein · it was all rigged in advance, it was a put-up job, it was all pre-arranged, it was a pre-arranged affair

abgemeldet: bei jm. **abgemeldet sein** *ugs* – bei jm. **ausgeschissen** haben · s.o. is finished as far as s.o. is concerned *n*

abgenervt: völlig/... **abgenervt sein** (von jm./etw.) *ugs Neol* ·
1. 2. to be completely/... pissed off with/about s.o./s.th. *sl*
1. Meinst du, ich könnte den Peter mal fragen, ob er mir seinen Wagen leiht? – Besser nicht. Der Peter ist völlig abgenervt. Diese Woche ist nicht ein Tag vergangen, an dem nicht jemand gekommen ist und ihn gefragt hat: »Kannst du mir dieses, kannst du mir jenes leihen?«
2. ... Hoffentlich ist diese Vorlesung bald rum. Ich bin von diesem ganzen Theoriegeschwätz völlig abgenervt.

abgerissen: völlig/... **abgerissen** aussehen/herumlaufen/daherkommen/... · to look scruffy/shabby/..., to go around in rags
Der Jupp läuft immer total abgerissen durch die Gegend. Der ist angezogen wie der letzte Landstreicher.

abgeschlagen: weit **abgeschlagen sein** *Sport* · to be well-beaten, to be well/... out of it, to be completely/... out of the running
(aus einer Reportage über einen Langstreckenlauf:) Vorne die beiden Favoriten des Rennens, Martin Hägele und Bernd Rose, dahinter das Mittelfeld – sehr groß diesmal – und dann, weit abgeschlagen, vier Läufer, für die das vorgelegte Tempo offensichtlich zu schnell ist; 50, 60 Meter hinter dem Mittelfeld, Gerd Reichmann ...

abgeschrieben: **abgeschrieben sein** *ugs* · to be out of contention, to be written off
... Nein, in dieser Firma kann der Hartmann keine Karriere mehr machen. Seit dem Fiasko mit dem Brasilien-Geschäft ist er da abgeschrieben. Auf den setzt da kein Mensch mehr.

abgesehen: es **abgesehen haben auf** jn./etw. · 1. 2. to be after s.th., 3. to have one's eyes on s.o./s.th., 4. 5. to have got it in for s.o.
1. Was rennt denn der Karl-Heinz wie wild da quer über das Feld? Ist er hinter einem Tier her? – Nein, er hat es auf die Pflaumen dort drüben abgesehen. Wenn der reife Pflaumen sieht, vergißt er seine ganze Erziehung und jede Angst, beim Klauen erwischt zu werden. Er kennt dann nur noch eins: rauf auf den Baum!
2. Hat er es auf eine Gehaltserhöhung abgesehen? Oder warum geht er zum Abteilungsleiter? – Nein, um eine Gehaltserhöhung geht es ihm nicht. Er will, daß man seine Arbeit anerkennt und ihm mehr Vollmachten gibt.
3. Hast du schon gemerkt, der Paul hat es auf die Petra abgesehen. Andauernd flirtet er mit ihr herum. Ich bin gespannt, ob er bei ihr etwas erreicht.
4. Papa, du mußt mal mit Studienrat Schranz sprechen. – Warum? – Der hat es auf mich abgesehen: dauernd ruft er mich auf, bei den schwersten Stellen muß ich übersetzen; wenn die Klasse nicht vorbereitet ist, hält er mir eine Standpauke. Seit zwei Monaten hat er mich richtig auf dem Zug.
5. Paß auf, Peter, der hat es auf dich abgesehen! Er hat dir jetzt zum dritten Mal eine tückische Frage gestellt und scheint nur darauf zu warten, daß du eine Blöße gibst, um dir einen Prozeß anzuhängen. Paß auf, was du sagst, der will dich in die Pfanne hauen.

abgetan: mit etw. **ist** etw. (noch nicht/...) **abgetan** · + that/s.th. settles/does not settle the matter, + that is (not) the end of the matter
... Aber wenn der Junge sich entschuldigt hat, ist die Sache doch erledigt! – Ach, du meinst, der fährt mir den halben Wagen kaputt und das wäre dann mit einer Entschuldigung abgetan?! Du bist wirklich herrlich, Petra! ...

abgewinnen: e-r S. **nichts**/wenig/... **abgewinnen können** – e-r S. (keinen) **Geschmack** abgewinnen (können). · + s.th. does not appeal to s.o., + s.th. does not do anything for s.o. *coll*

abgewirtschaftet: **abgewirtschaftet haben** · to have run the economy into the ground, to have bankrupted/ruined/... the state/economy/...
... Ach, diese sozialistischen Staaten haben doch alle abgewirtschaftet!, schimpfte er. Nach unseren Maßstäben hier sind die alle bankrott.

Abgewöhnen: zum **Abgewöhnen (schlecht) sein** *ugs* · it/s.th. is the pits, it/s.th. is bloody/... awful/foul/..
... Dieser Wein ist zum Abgewöhnen! Der ist so sauer, daß ich ihn kaum runterkriege.

noch einen zum **Abgewöhnen** (trinken) *ugs iron* · to have just one more, to have one for the road
Noch einen zum Abgewöhnen, Herbert? – Ich hab' eigentlich genug getrunken heute. Aber meinetwegen, ein Bier nehm' ich noch. Aber es ist wirklich das letzte.

abgrooven: so richtig/... **abgrooven** *Jugendspr selten* – so richtig/... einen **abrocken** · to really/... rock it up

abhaben: (ganz schön/...) **einen abhaben** *ugs selten* – (ganz schön) einen in der **Krone** haben · to be well-oiled, to have had a drop too much

etw./jn. **nicht abhaben können** *ugs Neol* · 1. 2. not to be able to stand s.o./s.th.
1. Ich kann es absolut nicht ab(haben), wenn ich jemandem etwas leihe und dann meinen Sachen hinterherlaufen muß.
2. Den Frank Fischer kann ich echt nicht ab(haben)! Wenn ich den schmierigen Typ nur sehe, kommt mir schon die Galle hoch!

abhaken: das/die Angelegenheit/... **kannst** du/kann er/... **abhaken** *ugs* – (eher:) das/die Angelegenheit/... kannst du/kann er/... **vergessen** · you/he/... can forget it/the whole thing/...

abhanden: jm. **abhanden kommen** – (jm.) abhanden **kommen** · + to mislay s.th.

Abhilfe: **Abhilfe schaffen** *form* · to remedy s.th., to put things right
Das Wasser reicht einfach nicht zu einer regelmäßigen Bewässerung der Felder. Wenn wir da nicht bald vernünftige Abhilfe schaffen, werden wir niemals vernünftige Ernten haben. – Und wie sollen wir den Wassermangel beheben?

für **Abhilfe sorgen** *form* – **Abhilfe** schaffen · to remedy s.th., to put things right

abhotten: so richtig/anständig/... **einen abhotten (gehen)** *ugs Jugendspr* · to rave it up, to go for a real rave-up, to really/... rock it up
Heute abend muß ich mal wieder einen abhotten gehen. Ich hab' so richtig Bock, mal wieder tanzen zu gehen.

abkauen: jm. **einen abkauen** *vulg* · to gobble s.o., to suck s.o. off, to give s.o. a blow job, to go down on s.o.
'Am liebsten hatte er es, wenn sie ihn fellationierte' – was soll das denn bedeuten? – Tu nicht so naiv, Mensch! Oder muß ich dir auf die Sprünge helfen?: er verspürte die größte Lust, wenn sie ihm einen abkaute. – Was? – Ja! ...

abklappern: die ganze Stadt/... **nach** etw./jm. **abklappern** (ablaufen) *ugs* · to scour the town/... looking for s.o./s.th., to do the rounds looking for s.o./s.th., to comb the town/...
Das halbe Dorf haben wir nach ihm abgeklappert – er ist nicht zu finden.

abkönnen: jn./etw. **gut**/schlecht/überhaupt nicht/... **abkönnen** *ugs Neol* – etw./jn. nicht **abhaben** können · not to be able to stand s.o./s.th.

abkupfern: etw. **von** jm. **abkupfern** *ugs Neol* · to copy s.th. from s.o.
(Der Lehrer:) Es tut mir leid, Andreas, aber ich muß Ihnen eine 'Fünf' auf Ihre Facharbeit geben! Ich kann da keine Eigenleistung erkennen. Sie haben doch fast alles aus der Sekundärliteratur abgekupfert.

ablästern: über jn./etw. **ablästern** *ugs* · to slag s.o. off, to run s.o. down
... Na, seid ihr hinter meinem Rücken wieder dabei, über mich abzulästern? – Klar, du weißt doch, ohne ein bißchen Klatsch und Tratsch ist es langweilig.

ablaufen: jn. **ablaufen lassen** *ugs selten* · to send s. o. packing, to send s. o. about his business, to snub s. o.
... Der Hubert will sich beim Chef beschweren?! Das soll er mal machen! Er wird schon sehen, wie der ihn ablaufen läßt! Ganz kühl wird er ihm sagen: »Wenden Sie sich in der Sache an Herrn Schröder!« – und schon ist der Hubert wieder bei mir.

ablinken: jn. **ablinken** *ugs Neol* – jn. **reinlegen** · to put one over on s. o., to pull a fast one on s. o., to trick s. o., to take s. o. for a ride, to swindle s. o.

ablutschen: jm. **einen ablutschen** *vulg* – jm. einen **abkauen** · to gobble s. o., to suck s. o. off, to give s. o. a blow job, to go down on s. o.

Abmachung: **eine Abmachung treffen** (mit jm.) · to come to an agreement (with s. o.), to come to an arrangement (with s. o.)
... Aufgrund der Abmachung, die wir getroffen haben, zahlt Paul die Hälfte und ich die Hälfte. – Na, gut, wenn ihr das so vereinbart habt ...

abmurksen: jn. **abmurksen** *sal* – jn. **kaltmachen** · to do s. o. in, to bump s. o. off

Abonnement: eine Zeitung/... **im Abonnement beziehen** *form* · 1. 2. to have a subscription to a newspaper/magazine/...
1. to subscribe to an newspaper/magazine/...
1. Liest du eigentlich auch die 'Süddeutsche Zeitung' oder nur das Lokalblatt von Reutlingen? – Ich lese regelmäßig die 'Süddeutsche'. Ich beziehe sie im Abonnement; sie liegt jeden Morgen auf dem Frühstückstisch.
2. vgl.-(häufiger) **abonniert** haben

abonniert: eine Zeitung/... **abonniert haben** · to have a subscription to a newspaper/magazine/...
... Wenn du die 'Frankfurter Allgemeine' abonniert hast, brauchst du doch nicht noch weitere Tageszeitungen zu kaufen! – Ich lese gern verschiedene Zeitungen. – Täglich? – Ja.

abquetschen: sich ein paar Tränen/(...) **abquetschen** *ugs* · to squeeze out a few tears, to turn on the tears
Meine liebe Christl, du kannst dir so viele Tränen abquetschen, wie du willst, du gehst heute abend nicht mit dem Friedel ins Kino! Und wenn du hier herumflennst wie ein Schloßhund – du bleibst heute zu Hause!

Abrahams: hier/bei/... **wie in Abrahams Schoß sitzen/**(sein) *ugs selten* · to be in Abraham's bosom here/..., to be safe and sound *n*
... Hier bist du sicher, hier kann dir nichts passieren. Hier sitzt du wie in Abrahams Schoß.

noch in Abrahams Wurstkessel sein *ugs selten* · + that was before you/he/... were/was even thought of, + that was before you/he/... were/was even a gleam in my/his dad's/... eye
In der Tat, das war eine schwierige Zeit damals nach dem Krieg, fuhr der Vater fort, man hatte kaum etwas zu essen .... – Ach, Papa, so schlimm war das doch auch wieder nicht, unterbrach ihn Philipp, ihr seid doch nicht verhungert. – Was erzählst du da, du Knirps? Du warst doch damals noch in Abrahams Wurstkessel. Wie kannst du denn beurteilen, wie schwer die Zeiten vor deiner Geburt waren?

Abrechnung: etw. **in Abrechnung bringen** *form Handel selten* · to deduct s. th. (from s. th.), to take s. th. in part payment for s. th.
... Wenn Sie ein neues Gerät kaufen, werden wir den Zeitwert ihres alten Geräts in Abrechnung bringen. Konkret bedeutet das: Sie bekommen das Gerät für 3.500,– statt für 4.300,Mark.

in Abrechnung kommen *form Handel selten* · to be discounted against s. th.
... Kommt denn wenigstens der Zeitwert des alten Geräts in Abrechnung, wenn ich bei Ihnen jetzt einen neuen Fernseher kaufe? – Die Hälfte könnten wir Ihnen abziehen, Herr Klose.

Abrede: etw. **in Abrede stellen** *form* · to deny s. th.
Gibt dein Bruder denn nicht zu, daß er meinen Wagen kaputtgemacht hat? – Er stellt sogar in Abrede, daß er überhaupt damit gefahren ist.

Abreibung: jm. **eine Abreibung geben/verpassen** *ugs* – jm. den **Buckel** vollhauen/vollschlagen · to beat the shit out of s. o. *sl*, to beat the daylight out of s. o. *sl*

eine Abreibung kriegen/(bekommen) *ugs* – den **Buckel** vollkriegen · to get a good thrashing, to be done over, to get a good hiding

abrocken: so richtig/anständig/... **einen abrocken (gehen)** *sal Jugendspr* · to really/... rock it up
Geht ihr heute abend mit in die Disco? Ich hab' so richtig Lust, mal wieder anständig einen abzurocken. – Anja, da komm' ich mit. Heute wird getanzt, daß die Fetzen fliegen!

Abruf: Chef/Leiter/Kanzler/... **auf Abruf (sein)** · to be subject to recall, to be interim/caretaker/... prime minister/...
Wer leitet denn eure Abteilung zur Zeit? – Immer noch Herr Kaufmann. Aber er ist Direktor auf Abruf, weißt du. – Wieso? – Der Nachfolger ist schon ernannt; er macht das nur noch bis zum Ende des Monats.

auf Abruf bereitstehen/sich zur Verfügung halten/.../etw. auf Abruf kaufen/... *form* · to be available on call
... Was stellen diese Leute sich eigentlich vor?: hier steht alles – Menschen wie Dinge – auf Abruf bereit – sie brauchen nur anzurufen, dann springen wir schon – und sie selbst zahlen mit Monaten Verspätung!

absahnen: anständig/... **absahnen** *ugs* · to really/... make a killing, to really/... rake it in
Mit dem Auftrag von VW, die Formteile für den G-Lader zu gießen, hat der Willi ganz gut abgesahnt. Da sind für ihn mindestens drei Millionen unter'm Strich hängen geblieben.

Absatz: (einen) **reißenden/**(guten/schlechten/blendenden/...) **Absatz haben/**(finden) *Kaufmannsspr* · + to sell like hot cakes/well/poorly/...
Verkauft ihr eure neuen Meßgeräte gut? – 'Gut' ist gar kein Ausdruck. Sie haben geradezu reißenden Absatz. Schon in der ersten Woche haben wir nicht weniger als 35.000 von den Dingern verkauft.

auf dem Absatz kehrtmachen/sich auf dem Absatz umdrehen und wieder weggehen/... *ugs* · to turn on one's heels and leave
... Nicht eine einzige Minute hat er sich da aufgehalten. Er kam an, stellte fest, daß man über seinen Besuch nicht gerade begeistert war, drehte sich auf dem Absatz um und haute wieder ab.

sich die Absätze nach etw. ablaufen/abrennen/schieflaufen – (eher:) sich die **Hacken** nach etw. ablaufen/abrennen/wundlaufen · to wear o. s. out looking for s. th.

abschalten: (mal so) (richtig/...) **abschalten** (können) · 1. 2. to really/... switch off
1. Ich freue mich schon riesig auf meinen Urlaub in der Karibik. Den ganzen Tag nur Sonne, Meer, Strand ... – weit weg von dem grauen Alltag und der Firma ... Da kann ich dann endlich mal so richtig abschalten
2. ... Jetzt hör' mir doch endlich mal zu, Gerd! Es reicht mir langsam! Jedesmal, wenn ich mit dir über meine Probleme reden will, schaltest du ab! Meine Sorgen interessieren dich offensichtlich gar nicht! *ugs*

Abschaum: **zum Abschaum der Menschheit gehören** *path veraltend selten* · to be the scum of the earth
Diese ..., man sollte sie alle dahin zurückjagen, wo sie hergekommen sind! Die gehören doch zum Abschaum der Menschheit. Die sind faul wie Mist, dreckig, stehlen wie die Raben ... – Du hast ja eine feine Vorstellung von diesen Leuten. Kennst du denn wenigstens einen einzigen von ihnen persönlich, um dich in so einem Ton über einen ganzen Volksschlag auszulassen?

Abschied: **seinen Abschied einreichen** *form* · to tender/to hand in/... one's resignation
... General Krings, höre ich, hat seinen Abschied eingereicht? – Ja. Er ist mit der neuen Verteidigungspolitik nicht einverstanden. – Wird der Minister den Abschied annehmen? – Keine Ahnung.

Abschied nehmen (von jm./etw.) · 1. to say goodbye to s.o., to take one's leave of s.o. *form,* 2. to give s.th. up, to get out of the habit of doing s.th.

1. Nun gilt's Abschied zu nehmen, bis zum nächsten Sommer! Kinder, sagt Oma und Opa auf Wiedersehen, bis zum nächsten Mal.

2. Von dem Gedanken, daß Systeme die Menschen glücklich machen, müssen wir Abschied nehmen, wenn wir wirklich Fortschritte machen wollen in der Gestaltung der Gesellschaft, erklärte er. Von solchen Vorstellungen – sie sind vielen nur allzulieb geworden – müssen wir uns ein- für allemal trennen.

seinen Abschied nehmen *form* · to resign

Was, der General hat seinen Abschied genommen? Warum das denn? – Er hat in einem Zeitungsinterview eine Kritik an der letzten Entscheidung des Verteidigungsministers anklingen lassen, und da die Beziehungen zwischen dem Minister und ihm ohnehin nicht zum besten standen, wurde er vor die Alternative gestellt, das Interview zu widerrufen oder seinen Hut zu nehmen. Da hat er sich dann für das Letzte entschieden

auf französisch Abschied nehmen *iron selten* – sich auf französisch/englisch **verabschieden** · to leave without saying goodbye

Abschießen: zum Abschießen sein *sal* · s.o. is a real pain in the neck, s.o. is a waste of space

… So ein unsympathisches Geschöpf wie diese Frau Börner hab' ich selten gesehen! Zum Abschießen, dieses Weibsbild!

zum Abschießen aussehen/sein *sal iron selten* – wie ein **Hampelmann** aussehen/dahergehen/… (1) · to look like a harlequin *n*

Abschlag: etw. auf Abschlag kaufen *form selten* – etw. auf **Raten** kaufen · to buy s.th. in instalments, to buy s.th. on hire purchase

abschleppen: jn. abschleppen *ugs* – mit jm. **abziehen** · to get off with a girl/woman/…

Abschluß: etw. zum/zu einem Abschluß bringen *form* · 1. 2. to finish s.th., to see s.th. through the end

1. Wenn du die Arbeit jetzt nicht zum Abschluß bringst, wird sie nie mehr fertig. Denn im nächsten Jahr hast du dafür keine Zeit mehr. Also, halt' dich jetzt dabei, daß du in aller Kürze fertig bist.

2. Was man anfängt, sollte man auch zum Abschluß bringen.

zum Abschluß kommen/gelangen *form* · to be completed

Sind die Verhandlungen endlich zum Abschluß gekommen? – Sie wurden gestern beendet.

abschminken: das/(die Hoffnung/…) kann ich mir/kann der Peter sich/… abschminken *ugs* · you/he/Peter/… can forget the idea/your/his/… hopes/… (of doing s.th.), you/he/Peter/… can get that idea out of your/his/… head

Die Karin und dir helfen?! Das kannst du dir abschminken! Du hilfst auch niemandem.

abschneiden: gut/schlecht/günstig/… abschneiden (bei einem Examen/…) · to do well/badly/… (in an examination/…), to score/to perform well/badly/…

Nun, Petra, hast du bei der Aufnahmeprüfung zur Musikhochschule gut oder schlecht abgeschnitten? – Es geht. Bei den Stücken, die ich vorbereitet hatte, bin ich im Verhältnis zu den anderen gut weggekommen. Aber als ich vom Blatt spielte, flüsterte einer der Prüfer seinem Nachbarn gut hörbar zu, das sei wohl nicht gerade meine Stärke.

abschreiben: jn./etw. abschreiben können *ugs* · 1. 2. s.o. can write s.o. off, s.o. can forget about s.o., 1. s.o. can count s.o. out

1. Jetzt fehlt der Klaus doch schon wieder! Will er bei den Proben zu unserem Theaterstück nicht mehr mitmachen? – Ich glaube, den können wir abschreiben. Vor ein paar Tagen hat er dem Dieter erzählt, die Proben machen ihm keinen Spaß mehr. Auf den können wir wohl nicht mehr zählen.

2. Deine monatliche Unterstützung durch Onkel Martin kannst du abschreiben. Er hat mir gesagt, er hätte den Eindruck, inzwischen lebtest du besser als er. Der zahlt dir nichts mehr. Den Wechsel kannst du also in den Mond schreiben.

Abschuß: das/etw. ist/… der Abschuß *sal* · 1. 3. it/s.th. is the pits, 2. it/s.th. is super/great/fantastic/… *n*

1. Das Konzert gestern abend war echt der Abschuß! So eine miserable Musik habe ich schon lange nicht mehr gehört.

2. Gestern abend ist der Peter mal wieder zu seiner vollsten Form aufgelaufen. Er hat wirklich einen Witz nach dem anderen erzählt, das war echt der Abschuß.

3. Die Klausur war ja wohl der Abschuß! Es kam nichts, aber auch gar nichts von dem dran, was ich vorbereitet hatte. Das ging voll in die Hose!

(absolut/…) **den Abschuß bringen** *sal Neol* · to (really/…) come up trumps, to do really well for o.s.

Die Johanna hat absolut den Abschuß gebracht. Sie hat die Propädeutik-Klausur ohne Vorbereitung auf Anhieb bestanden.

jn./etw. zum Abschuß freigeben *sal* · to throw s.o. to the wolves *elev,* to give s.th. the thumbs down

Was höre ich da – den Außenminister haben sie zum Abschuß freigegeben? – Den Minister wohl nicht – sein Projekt für die Nahostkonferenz, das soll kaputtgemacht werden. – Ob er das politisch überlebt? – Weiß ich!

Abschußliste: jn. auf die Abschußliste setzen *ugs* · to be planning to get rid of s.o., to be planning to give s.o. the heave-ho, to blacklist s.o.

Wie es scheint, haben sie den Herrn Brauer auf die Abschußliste gesetzt. In der nächsten Sitzung schicken sie ihn in die Wüste.

(bei jm.) (schon/…) **auf der Abschußliste stehen** *ugs* · to be about to get the heave-ho, to be on the black list, s.o.'s days are numbered

Nominell ist Herr Brauer zwar noch Leiter der Kommission. Aber er steht schon auf der Abschußliste. In der nächsten Vollversammlung setzen sie ihn ab.

abschwirren: abschwirren *mst schwirr' ab! sal Neol* · 1. to split, to buzz off, to be off, 2. to make o.s. scarce, to beat it, to clear off, to slope off

1. vgl. – einen **Abgang** machen

2. vgl. – sich aus dem **Staub(e)** machen

abschwitzen: sich einen abschwitzen *sal* · to sweat like mad, to sweat like hell/like a pig, to sweat like buggery *vulg*

… Bei dieser Sonne das ganze Brennholz da in die Garage schaffen … – da schwitzt man sich ja einen ab! – Schwitzen ist gesund. – Dann mach' du das doch! Wenn du dann schweißgebadet da stehst, erzähl' ich dir was von Gesundheit.

abseilen: sich abseilen *ugs Neol* · to skedaddle, to be off

… So, Leute, ich seil' mich jetzt ab. Ich geh' jetzt und hau' mich auf's Ohr. Morgen muß ich um sechs Uhr aufstehen.

abseits: abseits sein/stehen *Fußball u.ä.* · to be offside

… Die Fernsehbilder zeigen doch ganz klar: der Schuster stand wenigstens einen halben Meter abseits. Wo hat der Linienrichter denn seine Augen, wenn er so was nicht sieht?

jn. ins Abseits drängen *ugs Neol* · to push s.o. into the cold, to marginalise s.o. *n*

Die Mehrheit der Partei versucht ganz offensichtlich, den Baumann ins Abseits zu drängen. Er ist ihnen zu unabhängig; also darf er keinen Einfluß haben …

ins Abseits geraten *ugs Neol* · to be pushed out into the cold, to be marginalised *n*

Eine gewisse Unabhängigkeit kannst du dir wohl bewahren. Aber du mußt immer aufpassen, daß du nicht ins Abseits gerätst. Du weißt, wie das ist in so Parteien: wenn jemand zu sehr von den anderen abweicht, läßt man ihn links liegen; er zählt dann nicht mehr.

im Abseits stehen *Fußball u.ä.* – (eher:) **abseits** sein/stehen · to be offside

Absicht: etw. mit (voller) Absicht tun · to do s.th. quite deliberately, to do s.th. on purpose, to do s.th. intentionally, to do s.th. with the best of intentions/with malicious intent/…

… wenn es aus Versehen geschehen wäre! Aber ich habe genau gesehen, daß er sie mit voller Absicht ins Gesicht gestoßen hat.

etw. **in guter**/bester/böser/... **Absicht tun** · to do s.th. with good/the best of/... intentions, to do s.th. with evil intentions/malicious intent

Ich gebe zu, sie hat dir mit ihrer Bemerkung geschadet. Aber sie hat das doch nicht in böser Absicht getan ...

nicht die Absicht haben, sich etw. bieten zu lassen/... · not to intend to allow s.o. to do s.th.

... Ich habe nicht die Absicht, mich von Ihnen beleidigen zu lassen! Entweder Sie ändern Ihren Ton oder Sie gehen!

die ernste Absicht haben, etw. zu tun · to be seriously thinking of doing s.th.

Der Herbert hat die ernste Absicht auszuwandern. Er sagt, von diesem Entschluß brächte ihn niemand mehr ab.

(nicht) in js. Absicht liegen, zu ... · s.o. does not intend to do s.th., it is not s.o.'s intention to do s.th.

Es lag nicht in meiner Absicht, Sie zu kränken, Frau Schmidt. Nehmen Sie mir daher bitte nicht übel, was ich gesagt habe.

sich mit der Absicht tragen, zu ... *form selten* – sich mit dem/(den) **Gedanken** tragen, zu ... · to be seriously considering doing s.th., to entertain the idea of doing s.th.

böse/schlechte/... **Absichten haben** – (eher:) etwas/nichts Gutes/Böses/(...) im **Schilde** führen (2) · to be up to no good

ernste Absichten haben (auf jn.) · to have serious intentions

Das ist doch wohl nur ein Flirt zwischen Sabine und Jörg? Oder wie soll ich das verstehen? – Hm, ich weiß nicht. Es würde mich nicht wundern, wenn Jörg ernste Absichten hätte. Daß Sabine in dem Verhältnis mehr als etwas Vorübergehendes sieht, scheint allerdings auch mir zweifelhaft.

absitzen: seine Strafe/Zeit **absitzen** (müssen) · to (have to) serve one's (full) sentence

Mußte er seine ganze Strafe absitzen oder haben sie ihn vorzeitig (aus dem Gefängnis) entlassen?

Absolution: jm. **die Absolution erteilen** *rel selten* · to give s.o. absolution

Kommt es eigentlich heute noch vor, daß der Priester jemandem der beichtet, am Ende die Absolution nicht erteilt? – Ich weiß nicht.

abspenstig: jm. jn./etw. **abspenstig machen** – jm. jn./etw. abspenstig **machen** · to get/to persuade s.o. to part with s.th., to lure s.o./s.th. away from s.o./s.th.

Abstand: mit Abstand besser/dicker/schwärzer/... (mit Abstand weniger fleißig/klug/...) · far better/thicker/higher/..., by far the best/thickest/highest/..., nothing like as good/thick/high/... as ...

1. vgl. – bei **weitem** besser/dicker/schwärzer/...
2. vgl. – bei **weitem** weniger fleißig/klug/...
3. vgl. – bei **weitem** nicht so gut/dick/fleißig
4. vgl. – bei **weitem** der größte/beste/dickste/... (1, 2, 3)

von etw. **Abstand gewinnen** · to get distance from s.th.

... Laß die Sonja von der ganzen Scheidungsgeschichte erstmal ein bißchen Abstand gewinnen, dann wird sie das schon anders beurteilen! Jetzt steckt sie in der ganzen Sache noch drin – wie soll sie da ein objektives Urteil haben?!

Abstand nehmen von etw./davon, etw. zu tun *form* · to refrain from doing s.th., to decide not to do s.th., to relinquish a claim

Eigentlich wollte ich ihn wegen der Verleumdung vors Gericht bringen. Aber dann habe ich doch davon Abstand genommen. Im Grunde tut mir dieser arme Tropf leid.

(den nötigen) Abstand wahren/halten · to keep the proper/necessary/... distance

»Die meisten Leute«, so dozierte er, »haben es nicht gern, wenn man mit ihnen auf zu vertrautem Fuße umgeht. Es empfiehlt sich daher, im gesellschaftlichen Leben Abstand zu wahren. Man braucht nicht gerade ostentativ auf Distanz zu gehen; doch eine gewisse natürliche Reserve kann nur nützlich sein«.

in regelmäßigen Abständen · (to do) s.th. at regular intervals

... Ja, Frau Meisel, eine Blutuntersuchung sollten Sie schon in regelmäßigen Abständen machen! Ich würde sagen, so alle zwei Monate.

abstechen: gegen jn./vor jm. **vorteilhaft abstechen** · to contrast favourably with s.o.

Wenn man den Gerd so sieht ..., er sticht gegen seine Kameraden wirklich vorteilhaft ab! – Warum meinst du das? – Er ist viel ernster als sie, macht einen viel reiferen Eindruck.

Abstecher: auf Abstecher gehen/fahren/sein *Theaterspr* · to be on the road, to be touring

So ein Leben möchte ich auch haben: das halbe Jahr auf Abstecher ... – Da macht man mal ein paar Tourneen, und schon seid ihr neidisch!

einen Abstecher machen zu/nach/... · 1. 2. to make a detour to, 1. to drop in and see s.o. on the way

1. Wenn wir nach München fahren, könnten wir einen Abstecher zu Onkel Herbert machen. Der wohnt in Rosenheim, das ist ein Katzensprung von München. Da könnten wir mal eben vorbeifahren.
2. Die Fahrt hat etwas länger gedauert, als wir gerechnet hatten, weil wir noch einen Abstecher an den Titisee gemacht haben. Wer weiß, wann Richard wieder in den Schwarzwald kommt. Der See liegt kaum 30 km von der Route ...

abstehen: davon abstehen, etw. zu tun *form selten* – **Abstand** nehmen von etw./davon, etw. zu tun · to refrain from doing s.th., to decide not to do s.th., to relinquish a claim

Abstellgleis: jn. **auf ein**/(aufs/auf das) **Abstellgleis schieben/abschieben** *ugs* · to push s.o. aside, to kick s.o. upstairs, to shunt s.o. to one side, to put s.o. out of harm's way

Stimmt es, daß Onkel Albert nicht mehr als Abteilungsleiter im Verkauf arbeitet? – Ja, Junge. Man hat ihn auf ein Abstellgleis geschoben. Er arbeitet jetzt im Archiv. Seit seiner Operation war er nicht mehr der alte; auf einem verantwortlichen Posten konnte er daher nicht bleiben.

Abstimmung: einen Antrag/... **zur Abstimmung stellen** *form* · to put a motion/... to the vote

... Wenn kein einziger Antrag im Parlament/... zur Abstimmung gestellt wird, kann keiner Gesetzeskraft erlangen, das ist doch klar! Gesetze werden nun einmal durch Abstimmung im Parlament beschlossen.

Abstrich: einen Abstrich machen *med* · to take a swab/a smear

... Hat Dr. Moser bei der Annemarie überhaupt schon mal einen Abstrich machen lassen – du weißt, was das ist: eine Entnahme von Schleimhaut ...? – Ich glaub', ja – das machen die Frauenärzte doch dauernd ...

Abstriche machen · to cut back/down/... on s.th., to make cuts in s.th., to lower one's sights

Wenn man den ganzen Luxus, den man sich so angewöhnt hat, nicht mehr zahlen kann, dann muß man halt Abstriche machen. Das fällt natürlich niemandem leicht, aber da führt kein Weg dran vorbei. – Mach' das dem Heinz mal klar, daß er mit weniger auskommen muß.

absurdum: etw./(jn./sich) **ad absurdum führen** *form* · to reduce s.th. to absurdity

Wenn sich jemand derart in Widersprüche verstrickt wie der Biermann, fällt es nicht schwer, seine Behauptungen ad absurdum zu führen.

Abtrag: e-r S. **(keinen) Abtrag tun** *form selten* – e-r S. (keinen) **Eintrag** tun · to do s.th. no harm, not to affect s.th.

abträglich: jm./e-r S. **abträglich sein** *form* – ≠ jm./e-r S. nicht **zuträglich** sein · s.th. is not healthy for s.o., s.th. is not salubrious for s.o., not to be beneficial to s.th./s.o.

abtun: etw. **kurz abtun** · to dismiss s.th., to pooh-pooh s.th., to brush s.th. aside

Der Chef versuchte zunächst, die Forderungen der Vertreter der Belegschaft kurz abzutun. Doch die ließen nicht locker, sodaß es doch zu einer ausführlichen Diskusssion aller Probleme kam.

abwarten: es (gar/überhaupt) **nicht abwarten können** (bis ...) · 1. 2. (just simply/...) not to be able to wait for s.th./until s.th. happens/...
1. Unser Peter kann es gar nicht abwarten, bis endlich die Ferien beginnen. Er hat eine Reise nach Norwegen geplant, mit Freunden ...
2. Du kannst es mal wieder nicht abwarten, bis du an die Reihe kommst. Sei doch nicht immer so ungeduldig!

Abwasch(en): alles/mehrere Dinge/... in einem Abwasch/ **(Abwaschen) erledigen/...** *ugs* · to deal with two/several/... things at the same time *n*, to kill two birds with one stone
Wo ich ohnehin in die Stadt zur Firma Heller muß, bringe ich gleich die Ersatzteile und die neuen Pumpen mit. Wenn ich das alles in einem Abwasch erledige, komme ich mit der Arbeit bis Samstag vielleicht noch durch.

Abwechslung: die Abwechslung lieben *ugs* · to enjoy variety
Der Hartmut, höre ich, hat schon wieder eine neue Freundin? – Warum nicht? Der Hartmut liebt die Abwechslung.

Abwege: jn. auf Abwege führen *form* · to lead s.o. astray
Mein Vater sieht es nicht gern, wenn ich dauernd mit euch in eine Bar gehe. Er hat Angst, ihr führt mich auf Abwege. – Du hast wohl kein Vertrauen in dich selbst; in eine Bar gehen und einen schlechten Lebenswandel beginnen sind doch wohl verschiedene Dinge.

auf Abwege geraten *form* · to go astray *n*, to stray from the straight and narrow
Der Peter ist auf Abwege geraten. Den sieht man nur noch mit Dirnen, Alkoholikern, Spielertypen ... – In der Tat! Obwohl ich sonst nicht kleinlich bin, was den Lebenswandel meiner Angehörigen betrifft: bei Peter geht es zu weit.

auf Abwegen sein *form selten* – (res. zu:) **auf Abwege** geraten · to go astray *n*, to stray from the straight and narrow

Abwesenheit: in meiner/deiner/... Abwesenheit/in ... des Chefs/von ... · in my/his/John's/... absence, in the absence of the boss/...
... Der Chef hat absolut nichts dagegen, wenn man seine Entscheidungen offen kritisiert. Aber wer in seiner Abwesenheit dagegen Stimmung zu machen sucht, ist bei ihm ein für allemale unten durch.

durch Abwesenheit glänzen *iron* · to be conspicuous by one's absence
Wie war der Vortrag? – Ausgezeichnet. – Euer Kulturattaché war sicherlich auch da? – Mitnichten! Der glänzte einmal wieder durch Abwesenheit.

jn. in Abwesenheit verurteilen *jur* · to sentence s.o./to condemn s.o. in his absence
Aber er ist doch untergetaucht! Wie können sie ihm denn da den Prozeß machen und ihn verurteilen? – Sie haben ihn in Abwesenheit verurteilt.

abwichsen: sich einen abwichsen *vulg selten* · to wank/to jerk/ to toss/... o.s. off
...... komm mir bloß nicht mit diesem Scheiß Reuter, diesem elenden Arschloch, der nichts anderes kann als sich einen abzuwichsen und ... – Halt die Klappe, Karl! Meinst du etwa, Leute die zugukken, wie jemand masturbiert, wären besser?

Abwinken: etw. bis zum Abwinken tun *ugs* · 1. 2. to do s.th. ad nauseam *n*, 1. to eat/to drink/... o.s. stupid/sick/..., 2. to do s.th. till one is blue in the face
1. Ich muß mit dem Essen mal wieder ein paar Tage kürzer treten. Über die Feiertage haben wir gefuttert bis zum Abwinken.
2. vgl. – etw. bis zur **Bewußtlosigkeit** tun

Abzahlung: etw. auf Abzahlung kaufen – etw. auf **Raten** kaufen · to buy s.th. in instalments, to buy s.th. on hire purchase

abziehen: jn. abziehen *ugs* · 1. 2. to whip/to skin/to thrash/... s.o., to give s.o. a real/... hiding/drubbing/...
1. Wie war's denn gestern beim Pokern, Gerhard? – Super! Ich habe die ganze Zeit gewonnen. Diesen Mirko habe ich ausgenommen wie eine Weihnachtsgans. Du kannst dir nicht vorstellen, wie ich den abgezogen habe!

2. Na, Wulf, hat eure Mannschaft nun auf den Bundesjugendspielen im Zehnkampf gewonnen? – Nein, leider nicht. Wir haben gegen die Mannschaft vom Max-Weber-Gymnasium sang- und klanglos verloren. – Das ist ja schade, daß die euch so abgezogen haben. Wo ihr doch so fleißig für die Meisterschaft trainiert hattet.

mit jm. **abziehen** *ugs* · to get off with a girl/woman/...
Unglaublich, dieser Uli Steiner hat gestern abend in der Disco schon wieder ein Mädchen angemacht! Stell' dir vor, die sind schon nach einer Stunde zu ihr nach Hause gegangen. – Ja, ja, dieser Uli zieht echt mit einer nach der anderen ab. Mann, hat der Erfolg bei den Frauen!

da mußt du/da müssen wir/da muß man/... einiges/allerhand/... abziehen *ugs* · to (have to/...) take s.th. with a pinch of salt, not to believe in every word s.o. says, to (have to/...) allow for exaggeration
Nun, das darfst du nicht so wörtlich nehmen, was der Franz über die Margot sagt. Da mußt du einiges abziehen. Ich habe von dem Mädchen jedenfalls den besten Eindruck gehabt und kann nicht glauben, daß alles so stimmt, wie der Franz es erzählt. Sicherlich übertreibt er mal wieder.

abzocken: jn. abzocken *sal Neol* – jn. **abziehen** (1) · to whip/ to skin/to thrash/... s.o., to give s.o. a real/... hiding/drubbing/...

Abzug: etw. in Abzug bringen *form* · to deduct s.th. from s.th.
Und dann müssen Sie meine Vorleistungen noch in Abzug bringen. – Was Sie im voraus bezahlt haben, ziehen wir von der Rechnung ab; das ist doch klar.

Ach: mit Ach und Krach etw. schaffen/... *ugs* · to scrape through an examination/..., to get through s.th. by the skin of one's teeth
Der Heinz und Medizin studieren! Der hat doch nur mit Ach und Krach sein Abitur geschafft. Für Medizin braucht man jetzt einen Durchschnitt von 1,2. Leute, die nur mit größter Mühe durchs Abitur kommen, haben in Fächern wie Medizin keine Chance.

ach, was! · 1. of course not, 2. you're joking
1. Hat er das Buch überhaupt gelesen, von dem er redet? – Ach, was! Nicht eine einzige Zeile! Der redet über alles so eloquent daher.
2. Hast du schon gehört? Klaus Berger ist Ministerialrat geworden. – Ach, was! Das hätte ich ihm nicht zugetraut! Alle Achtung!

Ach und Weh schreien *path veraltend selten* – **Zeter** und Mordio schreien (2) · to scream blue murder, to cry blue murder, to raise a hue and cry

Achillesferse: etw. ist js. **Achillesferse/die Achillesferse bei** jm. *geh selten* · s.th. is s.o.'s Achilles heel
Wenn du ihn packen willst, mußt du die Verhandlung auf das Thema der Kreditbedingungen bringen. Das ist seine Achillesferse, da kennt er sich nicht aus. Dann kann es dir u.U. gelingen, ihn dahin zu bringen, wo du ihn hinhaben willst. In allen übrigen Dingen ist er firm.

jn. an der Achillesferse treffen *geh selten* · to hit s.o.'s Achilles heel, to find/hit/... s.o.'s weak spot *n*
Mit der Frage, ob seine Kinder alle gut in der Schule sind, traf Margreth ihn an der Achillesferse! Nichts schmerzt ihn so sehr wie die Schulprobleme seiner Kinder. Das ist sein wunder Punkt.

Achse: per Achse *ugs selten* · (to send s.th./...) by road *n*
Werdet ihr den Granit mit dem Schiff nach Deutschland transportieren lassen? – Nein, per Achse – mit einem Speziallaster.

ständig/immer/... auf Achse sein/liegen *ugs* · 1. 2. to be constantly/always/... on the move, 2. to be constantly/always/... on the go
1. Die Zigeuner, erklärte die Mutter, haben keine feste Bleibe. Sie sind immer auf Achse. Sie ziehen von Ort zu Ort, von Land zu Land, sommers wie winters. Immer unterwegs.
2. Der Bertolt ist doch nie zu Hause! Da kann man hingehen oder anrufen, wann man will: er ist immer auf Achse. Den lieben langen Tag von einem Kunden zum andern. So ein gehetztes Leben möchte ich nicht führen.

Achsel: jn. **über die Achsel ansehen** *selten* – jn. über die **Schulter** ansehen (1, 2) · to look down one's nose at s.o.

etw./(Ratschläge/Warnungen/... **auf die leichte Achsel nehmen** *selten* – etw./(Ratschläge/Warnungen/...) auf die leichte **Schulter** nehmen · to pooh-pooh warnings/advice/..., not to take warnings/... seriously, to make light of an injury/a threat

etw. **auf seine Achseln nehmen** *selten* – etw. auf seine (eigene) **Kappe** nehmen (2) · to take the responsibility for s.th.

auf beiden Achseln (Wasser) tragen *veraltend selten* – auf beiden **Schultern** Wasser tragen · to have a foot in both camps

die Achseln zucken/mit den Achseln zucken · to shrug one's shoulders
Aber Sie haben mir doch versprochen, das Buch zu edieren! Deshalb habe ich Ihnen das Manuskript so lange überlassen, ohne etwas zu sagen! – Der Verleger zuckte die Achseln. Tut mir leid, Herr Kruse, aber bei dem augenblicklichen Buchmarkt kann ich das Risiko nicht eingehen, auf Ihrem Opus sitzen zu bleiben.

Achselzucken: etw. **mit einem Achselzucken abtun/über etw. ... hinweggehen** · to just/... shrug one's shoulders at s.th.
Sie können doch nicht einfach mit einem Achselzucken abtun, was Frau Kayser sagt. Sie hat zwei Kinder in Ihrer Schule, die täglich unter den Mißständen, die sie schildert, zu leiden haben. Da können Sie doch nicht einfach so drüber hinweggehen.

mit einem Achselzucken zur Tagesordnung übergehen · 1. 2. to shrug s.th. off 1. to dismiss s.th. with a shrug of the shoulders
1. Die Vollversammlung scheint heute ja heiter zu werden – der Bierbaum läßt mal wieder kein gutes Haar an der Geschäftsleitung. – Du wirst sehen, der Vorsitzende geht gleich mit einem Achselzucken zur Tagesordnung über!
2. Die Leute können so viel protestieren, wie sie wollen, das interessiert die Verantwortlichen überhaupt nicht. Die gehen mit einem Achselzucken zur Tagesordnung über.

acht: etw. **auf halb acht haben** *Hose, Hut/... sal* · to have one's trousers/... at half-mast
Ich versteh' nicht, wie ein Professor so herumlaufen kann! Allein die Hose – die hat der doch immer auf halb acht! – Ich find das witzig, wie die seinen Schmerbauch hängt und doch nicht runterfällt. – Ich find' das nicht witzig, sondern schlampig und sonst nichts.

Acht: jn./etw. **in Acht und Bann tun** *geh veraltend selten* · to outlaw s.o./s.th. *n*, to proscribe s.o., to ostracise s.o., to place s.o./s.th. under a ban *n*
Es ist nach wie vor beeindruckend, wie die Regierungen mit gefährlichen Kritikern umgehen. Früher tat man sie, so hieß es, in Acht und Bann, heute überwacht man sie mit Computern, isoliert sie durch Meinungsmache in der Presse, bringt sie vors Gericht, steckt sie ins Gefängnis ...

etw. **außer acht/(außer aller Acht) lassen** · to leave s.th. out of consideration, to disregard s.th., not to take account of s.th., to ignore s.th.
Wenn wir in unserem Urteil über die heutigen Methoden der Ärzte gerecht sein wollen, erklärte sie, dürfen wir nicht außer acht lassen, daß die meisten Menschen einen schwachen Willen und wenig Zeit haben – oder zu haben glauben. Wir müssen also berücksichtigen, daß die Ärzte in den meisten Fällen rasch für Heilung sorgen, die Menschen rasch wieder fit machen und Medikamente rezeptieren müssen, wenn sie Patienten nicht verlieren wollen.

etw. **in acht nehmen** *veraltend selten* · to be careful with s.o./s.th., to take care with s.th.
... So einen hochsensiblen Apparat muß man natürlich in acht nehmen. Wenn man damit nicht schonend umgeht, ist er im Nu kaputt.

sich vor jm./etw. **in acht nehmen** · to be wary of s.o./s.th., to beware of s.o.
Nimm dich vor dem Schulz in acht! Die anderen Lehrer sind dir gut gesonnen, aber der Schulz wird dir sofort eins auswischen, wenn er eine günstige Gelegenheit findet. Sei also vorsichtig!

achtgeben: achtgeben (auf jn./etw.) · 1. to take care of s.o./s.th., to keep an eye on s.o./s.th., 2. to look after s.o./s.th., 3. to pay attention to s.o./s.th.
1. Gib auf die Rosi acht, wenn wir weg sind, hörst du! – Ich paß schon auf sie auf. Macht euch mal keine Sorge.
2. Wenn du mehr auf die Pflanzen achtgeben würdest, dann würden sie auch nicht eingehen. Aber du kümmerst dich ja gar nicht darum!
3. Er muß in der Schule mehr achtgeben, das ist alles! Wenn man nicht aufpaßt, kann man natürlich auch keine guten Noten haben.

da/bei .../... muß man/(j.) **höllisch achtgeben** – (eher:) da/bei .../... muß man/(j.) höllisch **aufpassen** · to be dead/terribly/... careful (with s.o./s.th.)

achthaben: achthaben (auf jn./etw.) – (eher:) **achtgeben** (auf jn./etw.) (1; a. 2) · to take care of s.o./s.th., to keep an eye on s.o./s.th., to look after s.o./s.th.

Achtung: alle Achtung! · well done!, hats off to him/her/them/..., good for him/you/Peter/...!
Hat es unsere Mannschaft also doch geschafft! Alle Achtung! Das hätte ich nicht geglaubt!

alle Achtung vor jm./etw.! · 1. hats off to Smith/him/his courage/..., you've got to hand it to him/Smith/..., 2. well done!, congratulations on your/... translation/...
1. Alle Achtung vor dem Kellermann! In Anwesenheit des Chefs offen seine Meinung zu sagen und die Kollegen gegen Vorwürfe des Vorstands energisch in Schutz zu nehmen, ohne dabei scharf oder ungerecht zu werden: das erfordert Mut und Umsicht. Der Mann verdient Respekt.
2. Alle Achtung vor deiner Übersetzung! Das ist eine großartige Leistung.

Achtung, fertig, los! *Wettlauf u.ä.* · ready, steady, go!
... Das ist schon beeindruckend, wie die 5, 6 und mehr Läufer so auf das Startzeichen, so auf die einzelnen Worte, auf den Rhythmus eingespielt sind, daß sie haargenau bei 'los!' wie aus der Pistole geschossen losrennen.

in js. **Achtung sinken** – in js. **Meinung** sinken · to go down in s.o.'s estimation

in js. **Achtung steigen** – in js. **Meinung** steigen · to go up/to rise in s.o.'s opinion/estimation

achtzig: auf achtzig sein *ugs* · to be hopping mad, to be livid
Der Beitz war auf achtzig. Selten habe ich den so wütend gesehen. Der hat dem Wolters die Meinung geblasen, da war alles dran.

jn. **auf achtzig bringen** *ugs* · to make s.o. hopping mad, to make s.o.'s blood boil, to make s.o. flip his lid
Der Wolters hat den Beitz mit seiner ewigen Kritisiererei und seinen ewigen Forderungen mal wieder auf achtzig gebracht. So wütend und erregt habe ich den lange nicht mehr gesehen.

auf achtzig kommen *ugs* · 1. 2. to blow one's top
1. vgl. – außer sich **geraten**
2. vgl. – (u.U.) in die **Luft** gehen

ächzend: ächzend und stöhnend/(ächzen und stöhnen) *path* · grunting and groaning
Ächzend und stöhnend kam er mit dem Mehl die Treppe herauf. Mensch, Fredi, schalt seine Frau, stell dich nicht so an! Du brauchst doch nicht zu schnaufen, als bekämst du keine Luft mehr!

acta: etw. **ad acta legen** *geh* · 1. to shelve (plans/...) *n*, to drop (plans/...) *n*, 2. to file s.th. away *n*
1. Die Vorschläge für die neue Agrargesetzgebung sind für das erste ad acta gelegt worden. Zur Zeit gibt es keine Möglichkeit, sie im Parlament durchzubringen. Hoffentlich sind sie nicht für immer vom Tisch, denn die meisten vorgesehenen Regelungen sind für unser Land goldrichtig.
2. vgl. – (u.U.) etw. zu den **Akten** legen. (1)

ad-hoc: eine ad-hoc-Lösung/-Bildung/... *form* · an ad-hoc solution/...
... Wenn die hier in einer Nachtsitzung einen Zuschuß für den Hopfenanbau beschließen, dann ist das lediglich eine ad-hoc-Lösung: die Erzeuger kommen jetzt so eben durch, aber die niedrigen Preise – und damit die eigentlichen Probleme – bleiben.

Adam: einen neuen Adam anziehen *geh path selten* – den alten Adam ausziehen/(ablegen) · to cast off the old Adam *elev*, to turn over a new leaf *n*

den alten Adam ausziehen/(ablegen) *geh path selten* · to cast off the old Adam *elev*, to turn over a new leaf *n*

Wir müssen den alten Adam ausziehen und einen neuen Adam anziehen, unsere verderblichen Gewohnheiten bezwingen und uns wieder auf wesentliche Dinge besinnen, mahnte der Pfarrer eindringlich. Ohne eine sittliche Erneuerung ist unser Volk, sind alle Völker verloren!

seit Adam und Eva *ugs* · since the year dot, since the beginning of time *n*

Rege dich nicht auf, Hans, das war immer so! Seit Menschengedenken ist die Justiz ein zweischneidiges Schwert. Seit Adam und Eva hört man Klagen, die Richter seien nicht besser als die Angeklagten.

von Adam und Eva abstammen/(noch von Adam und Eva stammen) *ugs – path selten* · s. th. is out of the ark *coll*, s. th. is antediluvian *lit*

(Ein Enkel zu seiner Großmutter:) Mein Gott, Oma, was hast du denn hier für einen uralten Radioapparat stehen? Der stammt bestimmt von Adam und Eva ab, was?! – Den hat der Opa vor 45 Jahren gekauft ...

bei Adam und Eva anfangen (etw. zu erzählen/...) *ugs* · to start from the beginning/at the very beginning/right at the beginning *n*

Peter, wie war das genau mit dem Unfall? – Paß auf, Tante Rosa. Du weißt, seit drei Jahren fahre ich mit dem Rad zur Schule. Im ersten Jahr trug ich noch immer den roten Anorak, dann wechselte ich ... – Hör', Junge, fang' nicht bei Adam und Eva an (zu erzählen). Mich interessiert jetzt nur der Unfall. Deine Kleidung tut da nichts zur Sache.

nach Adam Riese (macht das/...) *ugs* · by my reckoning that makes/comes to/adds up to DM 700,—/..., the way I learnt it at school, that makes/comes to/adds up to DM 100,—/..., according to my arithmetic that makes/comes to/adds up to DM 100,—/...

Wenn wir 600 Exemplare zu 15,– Mark das Stück absetzen, macht das nach Adam Riese 9.000,– Mark. Da wir sozusagen keine Vertriebskosten haben ... – Mathematisch stimmt die Rechnung; die Frage ist, ob wir 600 Exemplare verkaufen.

seit Adams Zeiten ... *ugs selten* – seit **Adam** und Eva · since the year dot, since the beginning of time

Adamskostüm: im Adamskostüm *iron* · in one's birthday suit *hum*

... und als ich oben ankam, erzählte die kleine Renate ihrem älteren Bruder, stand Karins Vater da gerade in der Tür zum Badezimmer – hm, hm ... – Ja, wie, was? – Ja, so ohne was an, ohne Hemd, ohne Hose ... – Oben und unten ohne, lachte der Bruder. Im Adamskostüm ...

ade: jm. ade sagen *süddt* · to say goodbye to s. o., to bid adieu to s. o. *lit*

(Eine Frau ruft ihren Mann:) Gerd! Gerd! Kommst du eben runter, meiner Mutter ade sagen? Sie muß gehen. – »Tschüß, Mutter. Bis Samstag, nicht? ...«

e-r S. ade sagen können/müssen/... *süddt* · s. o. can/has to/... say/kiss goodbye to s. th.

... Nein, Alfons, diesen Wagen kriegst du nicht nochmal durch den TÜV; dem wirst du wohl oder übel ade sagen müssen. – Mal sehen! Schon vor zwei Jahren sagten alle, den könnte ich auf den Schrottplatz bringen ...

Adel: Adel verpflichtet – (eher:) **noblesse** oblige · noblesse oblige

Adelsstand: jn. in den Adelsstand erheben/(versetzen) *form* · to raise s. o. to the peerage, to ennoble s. o.

Ist das immer noch eine hohe Ehre, wenn man in den Adelsstand erhoben wird? – Aber natürlich! Und eine bei weitem größere Ehre, als wenn man als Adeliger auf die Welt kommt!

Ader: eine dichterische/musikalische/poetische/politische/... **Ader haben** · to have a (natural) bent for s. th., to have a talent for s. th., to have a feeling for s. th.

Ich wußte gar nicht, daß euer Peter eine musikalische Ader hat! Er spielt wirklich gut Klavier, und was er zu dem letzten Beethovenkonzert sagte, zeugt von großem Verständnis und Einfühlungsvermögen.

eine Ader für Musik/Malerei/Handwerk/... **haben** · to have a musical/poetic/... streak, to have a feeling for music/painting/..., to have a musical/artistic/... bent

Ich habe ihr das Lied nur ein einziges Mal vorgesungen, und schon singt sie es völlig richtig! – Ja, sie hat eine Ader für Musik. Sie faßt die Melodien rasch auf, hört die rhythmischen Eigenarten heraus und kann sie meist mühelos wiedergeben.

eine leichte Ader haben · to be happy-go-lucky, to have a happy-go-lucky attitude

Manche Leute haben doch eine leichte Ader! Meinem Bruder sagte der Arzt gestern, er hätte Nierensteine. »Gut, dann nehmen wir sie eben heraus«, antwortete er ungerührt. Auf mir würde so etwas wie Blei lasten, aber ihn beschwert das offensichtlich gar nicht.

jn. zur Ader lassen *geh selten* · to milk s. o. *coll*, to bleed s. o. *coll*

... Glaubt ihr denn wirklich, der Staat wird, wenn es wirtschaftlich schlechter geht, seine Bürger weniger zur Ader lassen? Wie soll er seine steigenden Kosten denn anders decken als dadurch, daß er den Leuten immer mehr Geld abnimmt?

sich die Adern öffnen/aufschneiden · to slash one's wrists

Wußtest du, daß sich der Hartmann die Adern geöffnet hat? Mit einer Rasierklinge ... – Was, der Hartmann hat sich das Leben genommen?

adieu: jm. adieu sagen *eher süddt selten* – jm. **ade** sagen · to say goodbye to s. o., to bid adieu to s. o.

Adleraugen: Adleraugen haben · 1. 2. to have eagle eyes

1. vgl. – **Augen** haben wie ein Luchs

2. vgl. – **Argusaugen** haben

Adonis: kein/nicht gerade ein Adonis sein *geh iron selten* · not to be exactly an Adonis

Den Klaus heiraten?! So einen häßlichen Mann! – Ich gebe zu, Christl, er ist nicht gerade ein Adonis. Aber so häßlich, wie du ihn machst, ist er auch nicht.

Adresse: (mit etw.) (bei jm./da) an die richtige/(rechte) Adresse kommen/(geraten)/(an der richtigen/(rechten) Adresse sein) *ugs* · 1. 2. 3. to come/to have come to the right/wrong person/place with s. th.

1. Was, bei Gerhards wollen Sie Geld für die Blindensammlung lockermachen? Bei denen kommen Sie an die richtige Adresse! Diese Geizkragen haben doch noch keinen Pfennig für irgendeine Sammlung ausgegeben. *iron*

2. Wenn du meinst, du kannst mit Drohungen bei mir etwas erreichen, kommst du gerade an die richtige Adresse! Wer so anfängt, ist für mich von vornherein erledigt.

3. Wenn Sie für die Blinden sammeln, gehen Sie zu Frau Mayer. Bei ihr/da kommen Sie an die richtige Adresse. Frau Mayer unterstützt solche Sammlungen immer mit hohen Summen; ihr Mann war in den letzten Lebensjahren blind. *seltener*

(mit etw.) (bei jm./da) **an die falsche/**verkehrte/(unrichtige/unrechte) **Adresse kommen/**geraten *ugs* – (mit etw.) (bei jm./da) an die richtige/(rechte) **Adresse** kommen/geraten/ (an der richtigen/(rechten) Adresse sein) (2) · to come/to have come to the right/wrong person/place with s. th.

eine Warnung/... **an** js. **Adresse richten** *form* · to address
an appeal/a warning/... to s.o.

(Aus einer Bundestagsrede:) Wenn die Regierung glaubt, mit der
Umverteilung des Vermögens ungestraft fortfahren zu können, ist sie
schwer im Irrtum. Ich richte in diesem Zusammenhang einen ernsten
Appell an die Adresse der CDU: werfen Sie das Steuer herum, ehe es
zu spät ist! ...

sich (mit etw.) **an die richtige Adresse wenden** · to get/to go
to the right place/department/person (with s.th.)

... Wenn du dich mit dem Antrag nicht an die richtige Adresse wendest, erreichst du natürlich nichts. Du mußt dich ans Baudezernat
wenden; das Verkehrsamt hat mit der Sache nichts zu tun.

advocatus: den advocatus diaboli spielen/(machen) *geh* · to
play the devil's advocate

Gestern hat er noch gesagt, er wäre in der Sache für Amerika, und
jetzt, wo Peter in der Diskussion von dieser Position ausgeht, verteidigt er die Haltung Rußlands. – Ja, aber das ist nicht seine wirkliche Meinung. Er spielt nur den advocatus diaboli. Damit in der
Diskussion alle Punkte von Interesse herauskommen, hält er es für
die beste Taktik zu widersprechen – auch und besonders dann, wenn
er derselben Ansicht wie der andere ist oder gar keine Ansicht hat:
nur strategisch das Gegenteil verteidigen!

Affäre: sich aus der Affäre ziehen · to get out of it/s.th.

Die Zeitungen schreiben, du hättest 10.000,– Mark veruntreut. Ich
möchte wissen, wie du dich jetzt aus der Affäre ziehst. Wenn sie
beweisen können, was sie behaupten, bist du dein Mandat los.

Äffchen: wie ein Äffchen auf dem Schleifstein da/... **sitzen** *ugs
scherzh selten* · to look a right berk (sitting there), to sit there
like a monkey on a stick, to look like a right Charlie

Nichts ist köstlicher, als den August auf dem Motorrad zu beobachten! Der sitzt da wie ein Äffchen auf dem Schleifstein: seinen dicken
Po ganz nach hinten gestreckt, den Oberkörper gedrungen nach
vorn, die Ellenbogen nach außen ... Urkomisch diese Haltung.

Affe: ein blöder/dämlicher/dummer/... **Affe** sein *sal* · to be
an ass *coll*, a twit, a berk

Welch ein blöder Affe, dieser Sattler! Dumm, ohne jede Phantasie,
eingebildet. Selten habe ich so einen Einfaltspinsel gesehen!

ein eitler/eingebildeter/... **Affe sein** *ugs* · to be a conceited
ass

Hast du schon gemerkt: seitdem der Karl verliebt ist, läuft er nur
noch geschniegelt und gebügelt herum: pikfeiner Anzug, neues Modell, Hemd mit seidener Krawatte, Lackschuhe ... – Für mich ist der
Mann ein eitler Affe und weiter nichts!

ich denk'/dacht', mich laust der Affe! *ugs* · well I'll be damned, well I'll be blowed, I thought – Christ Almighty!, I'll be a
monkey's uncle

Da sehe ich doch die Karin quietschvergnügt Arm in Arm mit dem
Bertolt! Ich denk', mich laust der Affe! Da läßt die mich sitzen, um
mit so einem Blödmann zu gehen!

klettern (können) **wie ein Affe** *ugs* · to be able to climb like
a monkey

Der Robert klettert die Bäume rauf, da ist alles dran! Im Nu ist er
oben, und so sicher und so elegant, daß es eine Wonne ist, ihm
zuzuschauen. Der Junge klettert wie ein Affe.

wie ein Affe auf dem Schleifstein sitzen *ugs scherzh selten* ·
(eher:) wie ein **Äffchen** auf dem Schleifstein da/... sitzen ·
to look a right berk (sitting there), to sit (there) looking like a
right berk, to sit there like a monkey on a stick

Affekt: im Affekt handeln/etw. tun *form* · to act/to do s.th. in
the heat of the moment

Er wurde nicht wegen Mordes, sondern nur wegen Totschlags verurteilt. Es scheint, er hat seinem Cousin in einer hitzigen Diskussion
einen Kinnhaken gegeben, sodaß er die Treppe rückwärts hinunter-
fiel und unglücklich mit dem Hinterkopf aufstieß. Er wollte ihn also
nicht töten, nicht einmal ernstlich verletzen. Er hat im Affekt gehandelt.

Affen: einen Affen (sitzen) haben *ugs selten* – schwer/ganz
schön einen **geladen** haben · to be (well) tanked up

du bist/der Karl ist/... **wohl vom blauen Affen gebissen!** *sal*
· you're/... off your/... head *coll*

Was, du willst schon wieder zehn Mark?! Du bist wohl vom blauen
Affen gebissen! Jeden Tag und jeden Tag kommst du und willst Geld.
Du bist wohl verrückt, was?!

wie vom wilden Affen gebissen da herumtoben/...; da her-
umtoben/... als wäre ... *ugs* · to jump around/... like a
raving loony

Er brüllt da herum, als wäre er vom wilden Affen gebissen. Was ist
denn los? – Das darfst du nicht so ernst nehmen. Der markiert halt
manchmal den Verrückten.

einen Affen an jm./(etw.) **gefressen haben** *ugs selten* – einen
Narren an jm./(etw.) gefressen haben (1; u.U. 2) · to dote
on s.o., to be dotty about s.o., to be mad about s.o.

sich einen Affen gekauft haben/einen Affen sitzen haben *ugs
selten* – schwer/ganz schön einen **geladen** haben · to be
(well) tanked up

jn. **zum Affen halten** *ugs selten* – jn. (tüchtig/anständig/so
richtig/...) auf den **Arm** nehmen · to have s.o. on, to pull
s.o.'s leg

(für) jn.(jm.) **den Affen machen** *ugs* · 1. to play the fool/
clown/... for s.o. *n*, 2. to make a fool of oneself *n*, to make
o.s. look foolish/... *n*

1. Kann ich mitkommen, wenn ihr ins Kino geht? – Ja, aber nur,
wenn du vorher wieder diese lustigen Grimassen machst! – Ihr seid
wirklich gemein! Ständig muß ich für euch den Affen machen.
2. vgl. – (eher:) sich **lächerlich** machen (mit etw.)

sich zum Affen machen *ugs Neol* · 1. 2. to make a fool of
o.s. *n*

1. Hast du gesehen, wie der Huber seine Tochter angebrüllt und
geohrfeigt hat, nur weil sie ein Glas Cola umgestoßen hat? – Lächerlich, wegen solch einer Kleinigkeit ein derartiges Theater auf-
zuführen! Der macht sich doch vor allen Leuten zum Affen, dieser
Korinthenkacker!
2. ... Ich halt' das nicht mehr aus! Immer, wenn mein Mann betrunken ist, macht er sich zum Affen. Auf der Party gestern hat er wieder
angefangen, den Frauen auf den Hintern zu tätscheln und seine langweiligen Witze zu erzählen, über die schon niemand mehr lachen
kann.

seinem Affen Zucker geben *ugs* – (eher:) sein **Steckenpferd**
reiten · to ride one's hobby horse, to go on about one's
hobby horse

Affenhitze: eine Affenhitze sein *ugs* · to be a real scorcher
coll

Ist das eine Affenhitze heute! Nicht zum Aushalten! Das sind bestimmt 38 Grad im Schatten.

**Affenkäfig: es geht hier/dort/in/... zu/... wie in einem Affen-
käfig** *sal selten* – es geht hier/dort/in .../... zu/... wie in
einem/im **Irrenhaus** · it's bedlam in here/..., it's like a mad-
house/monkey house/... in here/...

es stinkt hier/dort/in/... **wie in einem Affenkäfig** *sal selten* ·
it smells like a sewer here/in here/..., it stinks to high heaven
here/over there/...

... Mein Gott, das stinkt ja hier im Keller wie in einem Affenkäfig! –
Das Abflußrohr der Toilette ist undicht. Ich hab' den Installateur
schon angerufen.

Affenkommödie: eine (richtige/...) Affenkommödie auffüh-
ren/aufstellen/sein *sal selten* – ein (richtiges/...) **Affentheater** aufführen/aufstellen/sein (1, 2) · to make a fuss, to kick
up a fuss, to cause a to-do

Affenschande: eine Affenschande (sein) *sal* · it's a crying
shame *n*

(Es ist) eine Affenschande! So ein intelligenter Kerl, aus guter Familie, mit den besten Chancen für eine blendende Karriere – er fällt,
nur aus Faulheit, zum dritten Mal im Examen durch. Er sollte sich
schämen!

Affentempo: (mit) ein(em) Affentempo (daherrasen/...) *sal* – (mit) eine(r) affenartige(n)/(affenartiger) **Geschwindigkeit** (daherrasen/...) · to do s.th. at break-neck speed, to go like the clappers

Affentheater: ein (richtiges/...) **Affentheater** aufführen/aufstellen/sein *sal* · 1. 2. to make a fuss *coll*, to kick up a fuss *coll*, to cause a to-do *coll*

1. Wie hat sie es denn geschafft, von ihrem Vater nochmal 1.000,– Mark zu bekommen? – Sie hat ein richtiges Affentheater aufgestellt. Wenn ich das nicht kriege, bin ich allen anderen gegenüber im Nachteil! Ich habe sowieso schon viel weniger als sie! Dann gehe ich von der Schule ab und arbeite ... eine Szene, in der man nicht wußte, wieweit das schauspielerische Talent, wieweit die Hysterie ging. Der Vater konnte das Spektakel nicht weiter mit ansehen und zückte die 1.000,– Mark.
2. Wenn der Klaus einmal krank ist, führt er ein richtiges Affentheater auf. Ich kenne niemanden, der sich wehleidiger anstellt und mehr herumschreit, wenn es irgendwo mal wehtut.

Affenzahn: (mit) ein(em) Affenzahn (daherrasen/..) *sal* – (mit) eine(r) affenartige(n)/(affenartiger) **Geschwindigkeit** (daherrasen/...) · to do s.th. at break-neck speed, to go like the clappers

einen Affenzahn draufhaben *sal* · 1. 2. to go at break-neck speed *coll*, to go like the clappers, 3. to race through s.th. *coll*, to go like the clappers

1. Schau dir den Karl da auf dem Rennmotorrad an! Der hat vielleicht einen Affenzahn drauf! Mit 230, 240 Sachen fährt er an den Personenwagen vorbei, als ob sie stünden.
2. Mensch, du hast ja einen Affenzahn drauf! Wenn du in diesem Tempo »spazieren gehen« willst, laß mich in Zukunft zu Hause.
3. Der behandelt den Stoff in letzter Zeit im Eiltempo. Er hat so einen Affenzahn drauf, um die Zeit wieder wettzumachen, die er gefehlt hat.

Affenzirkus: einen (regelrechten/...) **Affenzirkus veranstalten** – (eher:) ein (richtiges/...) **Affentheater** aufführen/aufstellen/sein · to make a fuss, to kick up a fuss, to cause a to-do

Aftersausen: du hast wohl/kriegt bloß kein/der Peter hat/... Aftersausen *sal* · to be shit-scared, to have (got) the shits

Warum geht sie denn nicht weiter? Sie hat wohl Aftersausen? – Nun sei mal nicht so grob. So einen steilen Berg runter, da kann ein Mädchen schon Angst kriegen.

Ägide: unter js. **Ägide (stehen/**...) *geh selten* · to be under the aegis of s.o., to be under s.o.'s patronage

(Der Leiter eines Forschungsinstituts:) Früher unterstanden wir der hiesigen Universität; da funktionierte hier nichts, denn es wurde an allen Ecken und Enden gespart. Das ist seit vier Jahren anders: unter der Ägide der Max-Planck-Gesellschaft/des Wissenschaftsministers/... haben wir optimale Forschungsbedingungen.

Agonie: in (der)/in tiefer Agonie liegen *geh path selten* · to be in one's death-throes, to be in the throes of death

(Ein Krankenhausarzt:) Ihre Schwester, Herr Gräber, liegt, wie Sie wissen, seit gestern abend in Agonie. Das einzige, was wir nach dem neuerlichen Nierenversagen noch tun können, ist, die Schmerzen zu lindern ...

Agrément: (einem Botschafter) das Agrément entziehen *form* · to refuse an agrément to an ambassador, to withdraw an ambassador's agrément

Einem Botschafter oder Gesandten das Agrément entziehen heißt im Grunde: ihn zur persona non grata erklären, oder nicht? – Ich denke auch, daß es das sonst kaum gibt.

einem Botschafter **das Agrément erteilen** *form* · to grant agrément to an ambassador, to indicate/to intimate/... that an ambassador is acceptable *para*

Hat die spanische Regierung Herrn Karsten inzwischen das Agrément erteilt? – Nein. Inzwischen weiß zwar schon jeder, daß der neue Botschafter ist, aber die offizielle Bestätigung steht noch immer aus.

aha: (der) aha-Effekt *ugs* · the 'now I see'/'now I get it'/... experience, sudden realisation/understanding/...

... Ah, jetzt hat er endlich begriffen! Jetzt ist der Groschen gefallen! Der berühmte aha-Effekt – endlich!

ahnen: das/... konnte ich/der Paul/... nicht ahnen! *ugs* · I/ Paul/... could not be expected to know that/s.th./..., I/ Paul/... had no way of knowing that/s.th./..., how is he/am I/... supposed to know that ...?

Daß er dich mit seiner Bemerkung über die Sachsen beleidigen würde, konnte er nicht ahnen. Wie sollte er vermuten, hier in Paris in einem offiziellen Vertreter der Bundesrepublik einen waschechten Sachsen vor sich zu haben?

nichts ahnend etw. tun · to do s.th. unsuspectingly/perfectly innocently/...

... Da nehme ich nichts ahnend die Einladung an, und plötzlich werde ich von allen Seiten angegriffen! Bei diesen Körbers muß man immer auf alles gefaßt sein.

ähnlich: jm./sich (täuschend) ähnlich sein · to look/to be/... (deceptively/...) alike/similar/...

Die Ursel und die Karin sind sich täuschend ähnlich! Unser Klassenlehrer konnte sie nach drei Monaten noch nicht unterscheiden.

Ähnlichkeit: eine täuschende Ähnlichkeit mit jm. **haben** *form* · to look remarkably/deceptively/... like s.o.

Der Klaus Breibach hat eine täuschende Ähnlichkeit mit einem Freund von mir aus Nürnberg. Seltsam, wie sich Menschen, die familiär nichts miteinander zu tun haben, so ähnlich sehen können!

ahnst: ach, du ahnst es nicht! *ugs* · 1. would you believe it?, 2. oh no!, God Almighty! (2)

1. Ach, du ahnst es nicht! Da fließt doch schon wieder das Wasser aus dem Abflußrohr auf die Erde! Du lieber Gott, das ist aber auch dauernd kaputt!
2. Hast du schon gehört? Der Peter ist dabei erwischt worden, wie er einen Scheck fälschte. – Ach, du ahnst es nicht! Das fehlte noch, daß zu all den anderen Sorgen auch das noch kommt! Verdammt noch mal!

Ahnung: hast du/hat der/... (du hast/der hat/...) eine/'ne Ahnung! *ugs* · a lot you know/he knows/... about it!, that's what you think/he thinks, a fat lot you/he/... know/... about it/...

Da gibt's doch keinen Grund zur Aufregung, die Arbeit ist doch schnell gemacht! – Hast du 'ne Ahnung! Schnell gemacht! Das dauert wenigstens ein halbes Jahr, bis man da einigermaßen zuverlässige Ergebnisse in der Hand hat.

keine Ahnung! *ugs* · no idea!, I haven't got a clue/the foggiest idea/...

Wieviel verdient denn so ein Feinmechaniker in der Schweiz? – Keine Ahnung! 1.900, 2.300, 2.700/... Franken. Ich weiß nicht.

du hast/er hat/... keine Ahnung, wie/was/... · you/... have/... no/not the slightest/... idea what s.th. is like/...

35 Stunden, das ist keine zu lange Arbeitszeit, Erika, da hast du keinen Grund zur Klage! – Du hast keine Ahnung, was da los ist die 35 Stunden. Nicht an Arbeit – an Ärger, Intrigen, Geschrei, Verstellung ... Du machst dir kein Bild, welch eine entsetzliche Arbeitsatmosphäre auf diesem Konsulat herrscht!

von etw. Ahnung haben · to know a lot about s.th.

Von Autos hat er Ahnung, das muß man ihm lassen! Im allgemeinen ist er ein Strohkopf, aber von Autos versteht er was, da macht ihm so leicht keiner was vor.

von etw. viel/allerhand/... Ahnung haben · to know a great deal/a lot/... about s.th.

Von Autos hat er allerhand Ahnung. Im allgemeinen ist er ein Strohkopf, aber von Autos versteht er ziemlich viel.

keine blasse/nicht die leiseste/mindeste Ahnung haben (von etw.) · 1. 2. not to have the faintest/slightest/foggiest/... idea about s.th., not to have a clue about s.th.

1. Vom griechischen Alphabet habe ich nicht die leiseste Ahnung! Davon versteh' ich wirklich nichts.
2. Ich habe nicht die leiseste Ahnung, was sie ausgemacht haben.

(von etw.) **keine**/... **Ahnung** haben · 1. not to have a clue about s.th., not to have the faintest/slightest/foggiest/... idea about s.th., 2. not to have any idea about s.th.
1. Vom Portugiesischen hat er keinerlei Ahnung. – Wie, er hat romanische Sprachen studiert und kann nicht wenigstens etwas Portugiesisch?
2. Hast du eine Ahnung, was sie vereinbart haben? – Nein, ich bin nicht im geringsten informiert.

so **die leise Ahnung haben, daß**/**als ob**/... *ugs* · to have a strange/funny/... feeling that ...
Karin? – Ja? – Du, ich hab' so die leise Ahnung, daß aus unserer Weihnachtsfeier nichts wird. – Wieso? – Deine Mutter hat eben angerufen und machte so Andeutungen, daß sie über Weihnachten herkommen möchte ...

so **eine** (dunkle/unbestimmte/undeutliche) **Ahnung haben** – so die leise **Ahnung** haben, daß/als ob/... · to have a vague/... idea/notion of s.th.

von etw. **wenig Ahnung haben** · not to know much about s.th.
Von Autos versteht er wenig. Von manchen Dingen haben halt auch kluge Leute wenig Ahnung.

keine Ahnung von Ackerbau und Viehzucht haben *sal* – von **Tuten** und Blasen keine Ahnung haben (1) · not to have a bloody idea/clue/... about anything

keine Ahnung von Tuten und Blasen haben *sal* – (eher:) von **Tuten** und Blasen keine Ahnung haben · not to have a bloody idea/clue/... about anything

Air: sich ein Air von Mann von Welt/... **geben**/zu geben suchen/... *geh selten* · to (want to/...) put on the air of a man of the world
Der gibt sich so ein Air von Mann von Welt! Ich möchte ihn einmal in einer wirklich feinen Gesellschaft sehen! Ich bin sicher, von seinem grandseigneurialen Gehabe würde da wenig übrigbleiben.

Akazien: es ist/das ist (ja), **um auf die Akazien zu klettern** *ugs* · it's enough to drive one/you/... up the wall
Das ist ja, um auf die Akazien zu klettern! Jetzt erkläre ich zum 20. oder 30. Mal den Unterschied zwischen Imperfekt und Passé simple, und ihr wißt es immer noch nicht. Zum Davonlaufen ist das!

Akklamation: jn. per/durch **Akklamation wählen** *form* · to elect s.o. by acclamation
Er wurde weder in geheimer noch in offener Abstimmung, sondern per Akklamation gewählt. – Einfach so durch eine (gemeinsame) Zustimmung des Parlaments?

Akkord: im Akkord arbeiten/stehen/(...) *form* · to do piecework
Hast du einen festen Lohn oder arbeitest du im Akkord? – Ich habe noch nie im Akkord gearbeitet. Ich finde das unmenschlich, jede und jede Minute möglichst viel fertigzukriegen, nur um mehr zu verdienen.

Akten: über etw. **sind**/waren/... **die Akten (noch nicht) geschlossen** *form* · + the matter has (not) been finalised/settled/decided/..., + the question is still open
Schade, daß die Olympiade in Moskau nicht stattfindet. Meinst du nicht auch? – Darüber sind die Akten noch nicht geschlossen, scheint mir. Darüber wird es noch manche Verhandlung geben, noch manches Hin und Her.

etw. **zu den Akten legen** *form* · 1. to file s.th., to put s.th. on file, 2. to shelve (plans/...), to drop (plans/...), to file s.th. away
1. Und was machen wir mit den Fotokopien über die Durchschnittslöhne, Herr Wanger? – Die können wir zu den Akten legen, die brauchen wir vorläufig nicht. Ordnen Sie sie aber alphabetisch ein; wenn sie wieder einmal nötig sind, haben wir sie rasch zur Hand.
2. vgl. – (u. U.) etw. ad **acta** legen (1)

über etw. **die Akten schließen** *form* · to close the file on s.th.
(Ein Richter zu einem seiner Mitarbeiter:) Nachdem nun endlich der letzte Gläubiger sein Geld bekommen hat, können wir über den Pro-

zeß Heinemann wohl die Akten schließen. – Gott sei Dank! Die Sache schien ja nie zu einem Ende zu kommen.

Aktien: wie stehen die Aktien? *ugs* · 1. what are the chances/prospects/..., 2. how are tricks, how are things?
1. (Bei einer Begegnung zweier Freunde:) Tag, Robert. Wie geht's? Wie ich höre, hast du dich um eine Stelle an der Universität Bamberg beworben. Wie stehen die Aktien? – Hm, ich glaub', da hab' ich kaum Chancen ...
2. vgl. – (u. U.) was macht die **Kunst?**

die Aktien stehen gut/schlecht *ugs* · prospects are looking good/bad/bleak/...
Nun läuft deine Bewerbung schon fast ein halbes Jahr. Was meinst du: Wie stehen die Aktien? – Mir scheint, sie stehen gut. Gestern noch sagte mir der Chef am Telefon, nach seiner Auffassung seien die Aussichten blendend.

die Aktien steigen/fallen · 1. share prices are rising/falling, 2. s.o.'s prospects/chances/... are improving/looking up/looking poor/...
1. Seit der Autokrise vom vergangenen Jahr sind die Aktien von Opel kontinuierlich gefallen. Sie dürften zur Zeit etwa die Hälfte von dem wert sein, was sie vorher waren.
2. Wie steht es mit deiner Bewerbung bei Schultheiß? – Die Aktien steigen/meine Aktien steigen. Bis zur vergangenen Woche hatte ich mir im Grunde keine Chance ausgerechnet; doch nach der Unterhaltung mit dem Personalchef habe ich den Eindruck, daß die Aussichten jetzt bei weitem besser sind, als sie waren. *ugs*

Aktion: beständig/... **in Aktion sein** *ugs* · to be constantly/... in action, to be constantly/... on the go
... Deine Frau muß aber auch ständig in Aktion sein! Wenn die mal drei Tage wenig zu tun hätte, würde sie sterben!

(gerade/...) **in voller Aktion sein** *ugs* · to be in action (just now/at the moment/...)
... Nein, die Petra können wir nicht stören, die ist gerade in der Küche in voller Aktion. Du wirst schon sehen, was die uns für ein Abendessen auf den Tisch zaubert.

eine Institution/(jn.) **in Aktion setzen** *ugs* · to get s.o./an organisation/... on to s.th.
... Wenn der Hauswirt auf meinen Brief absolut nicht reagiert, muß ich den Mieterbund mal in Aktion setzen. Ich bin da seit fast zwanzig Jahren Mitglied; da kann ich die ja wohl mal einspannen ...

in Aktion treten *ugs* · 1. 2. to go/to move/... into action, 1. to do something about s.th.
1. Heinz, wenn du jetzt nicht in Aktion trittst, kommen die Kinder nicht mehr zur Ruhe. Wenn ich ihnen etwas sage, ist ihnen das egal.
2. 'Verband für Reihenhausgeschädigte' ... kenn' ich gar nicht. Ist er schon mal in Aktion getreten? Oder existiert er nur auf dem Papier? – Ich glaube, so richtig unternommen haben die bisher noch nichts ...

Aktionsradius: einen großen/kleinen/... **Aktionsradius haben** · (not) to have a lot of/a great deal of/... scope for action
In so einer abgelegenen Filiale hängst du in allem, was du tust, natürlich von dem Ort oder Viertel ab, wo du nun einmal bist; weiter reicht dein Einfluß nicht. In der Zentrale dagegen hast du einen ganz anderen Aktionsradius. Da hast du es mit ganz Deutschland und zahlreichen anderen europäischen Ländern zu tun.

Akzent: den Akzent auf etw. **legen**/(setzen) · to bring s.th. out, to emphasize/to stress/... s.th., to put the stress/emphasis/... on s.th.
In seiner Inszenierung legte er den Akzent auf die politische Seite des Stücks. – Leider. Dadurch, daß er sie mehr als alles andere herausstrich, bekam das Drama, wie ich meine, einen völlig entstellten Sinn.

der Akzent liegt auf ... · the stress/accent/... is on ...
(Aus einer Kritik:) In seiner neuen Inszenierung des 'Hamlet' geht Ackermann völlig neue Wege. Der Akzent liegt nicht auf der Hauptperson, er liegt auf den Glaubens- und Wahnvorstellungen der Zeit ...

neue Akzente setzen · to set new trends, to move in new directions, to revolutionize things
... Ganz egal, wie die Dinge ausgehen, erklärte er, in der Weltpolitik hat Gorbatschow völlig neue Akzente gesetzt. Alle Länder müssen

sich heute anders orientieren als noch vor fünf Jahren – nicht nur Rußland.

die **Akzente anders setzen/(legen)** · 1. 2. to shift the emphasis, 1. to stress/to emphasize/... a different aspect/... of s. th., 2. to switch/to change/... the emphasis

1. Ich sehe das nicht so wie du, d. h. ich würde die Akzente anders setzen: nicht das Verhältnis zwischen dem Helden und seiner Geliebten ist für mich der Angelpunkt, sondern die gesellschaftliche Lage, die sich in diesem Verhältnis spiegelt.

2. vgl. – die **Akzente** verlagern

die **Akzente verlagern** · to switch/to change/to shift/... the emphasis

Wir müssen die Akzente verlagern, wenn wir weiterhin beim Publikum auf Interesse stoßen wollen. Die politische Seite der Texte ist jetzt lange genug herausgestellt worden; jetzt müssen wir andere Aspekte betonen, anderen Dingen den Vorrang geben.

Alarm: das/etw. ist **blinder Alarm** · 1. 2. to be a false alarm

1. Gott sei Dank war es blinder Alarm! Ich hatte schon Angst, es gäbe in unserem Wald ein Feuer. Zum Glück ein Irrtum.

2. Wieder einmal war ein Attentat auf den greisen Monarchen angedroht. Glücklicherweise erwies sich die Information als blinder Alarm.

Alarm schlagen *form* · 1. to raise/to sound/... the alarm, 2. to kick up a fuss *coll*, to make a fuss *coll*

1. Jetzt heißt's Alarm schlagen! Los! Sofort alle Leute mit den Sirenen wecken!

2. vgl. – (eher:) **Krach** schlagen

Alarmbereitschaft: in **Alarmbereitschaft stehen** *form* · to be on alert, to be standing by

Während der Zeit der großen Trockenheit stand die Feuerwehr Tag und Nacht in Alarmbereitschaft. Bei dem kleinsten Waldbrand war sie sofort einsatzbereit.

die Feuerwehr/Polizei/... in **Alarmbereitschaft versetzen/ (setzen)** *form* – (trans. zu:) in **Alarmbereitschaft** stehen · to be on the alert, to be standing by

Alkohol: Sorgen/... im/(in) **Alkohol ertränken** *path* · to drown one's sorrows

Der Kaufmann trinkt ja verdammt viel Bier und Schnaps in den letzten Monaten! – Er sucht den Tod seiner Frau im Alkohol zu ertränken.

jn. **unter Alkohol setzen** *ugs* · to get s. o. drunk *n*

Nur dadurch, daß sie ihn unter Alkohol setzten, konnten sie ihn dazu bringen, das Geheimnis zu verraten. Widerlich, die Leute betrunken zu machen, um sie dann auszunehmen.

(ständig/...) **unter Alkohol stehen** *ugs* · to be (constantly/...) under the influence of alcohol/drink/... *n*

War der Kurt bei dem Autounfall betrunken? – Höchstwahrscheinlich. Der steht doch dauernd unter Alkohol.

alle: alle sein · 1. 2. the butter/milk/... is gone, there is no butter/milk/... left

1. Die Butter ist alle. – Wenn keine Butter mehr da ist, müssen wir halt neue kaufen.

2. vgl. – (eher:) zu **Ende** sein (1)

bald **alle sein** – zu **Ende** gehen (1; a. 2) · + we/you/... will be out of milk/... soon

sie (wohl) **nicht alle haben** *ugs* – nicht (so) (ganz/(recht)) bei **Trost** sein (1) · to have a screw loose, to have bats in the belfry

alledem: trotz **alledem** – **nichtsdestoweniger**/(nichtsdestominder) · nevertheless, nonetheless

zu **alledem** (auch noch/dann noch/...) – zu allem **Überfluß**/ (zum Überfluß) (auch noch/dann noch/...) (1, 2) · 1. 2. to cap it all, on top of all this, to make matters worse

allein: (ganz) **von allein(e)** · 1. 2. by oneself/by itself

1. vgl. – (ganz) von **selbst** (etw. tun)

2. vgl. – (eher:) (ganz) aus eigenem/(freiem) **Antrieb**

für sich allein sein (wollen) – für **sich** (allein) sein (wollen) · to (want to) be on one's own

allein und gottverlassen *path veraltend* · to live all on one's own, to live alone and in isolation *para*

Nach dem Tod seiner Frau hat sich der Herr Hartmann von allem und von allen zurückgezogen. Er lebt allein und gottverlassen in einem Fleckchen, wo sich die Hasen und Füchse gute Nacht sagen. Wie ein Eremit.

Alleingang: im **Alleingang** ... · 1. to go on a solo run, 2. to do s. th. on one's own

1. ... Stell' dir das vor: fast von der Mittellinie aus steuert der Brode da im Alleingang auf den gegnerischen Strafraum zu, läßt drei oder vier Gegenspieler einfach stehen und feuert dann aus 18, 19 Metern einen Schuß in den linken Torwinkel ...

2. Er hat den Eindruck: wenn der Kanzler könnte, wie er wollte, würde er den ganzen Wiedervereinigungsprozeß im Alleingang machen. Es scheint ihn fast zu stören, daß es so etwas wie einen Außenminister gibt, diplomatische Vertretungen. ... Er reißt alles an sich ...

allem: vor **allem** · especially, most of all, first and foremost

Vor allem interessiert mich, was Onkel Karl zu der Sache sagt. Da er davon am meisten versteht, interessiert mich sein Urteil besonders.

allemale: (noch) **allemal(e)** etw. hinkriegen/... *ugs* · to do s. th. no problem/no bother

... Natürlich ist das viel: 45 Seiten. Aber bis zum Ende des Monats schaff' ich das noch allemale.

allen: es allen recht machen (wollen) · to try to please everybody (all the time)

Man soll es nicht unbedingt allen recht machen wollen, denn dann werden klare Entscheidungen unmöglich. Man muß den Mut zu eindeutigen Stellungnahmen haben und damit auch Kritik und Gegnerschaft ertragen können.

aller-: der/die/das **aller**-größte/-schönste/-dickste/... *path* · the best/biggest/... of all

(Der Vater zu seinen beiden Töchtern:) Der Boris ist natürlich der beste Tennisspieler, das ist klar. Aber der allerbeste, das bin ich! – Ach, du! ...

allerhand: das ist (aber) **allerhand** (für jn.)! · 1. it/that is quite something (for s. o.), 2. it/that tops it all!, it/that takes the biscuit! *coll*

1. Eine so schwere Übersetzung so gut zu machen – das ist allerhand für so einen kleinen Jungen!

2. Er hat die Stirn zu behaupten, ich hätte von der Angelegenheit genau so gut Bescheid gewußt wie er? Das ist (aber) allerhand! Wo er doch ganz genau weiß, daß ich erst vor wenigen Stunden informiert wurde. Das ist wirklich stark. *ugs*

Allerletzte: etw. **ist** (aber/doch/wirklich/...) **das Allerletzte** *ugs* – *path* – etw. ist (aber/doch/wirklich/...) das **Letzte** · that really is the limit, that's the last straw, that really takes the biscuit, it's hopeless

Allerneueste: das ist ja das **Allerneueste!** *ugs* · that really is news/something new!

Die Ursel meint, am schönsten seien doch die Ferien mit den Eltern. – Was? Das ist ja das Allerneueste! Sie, die immer so auf ihre Unabhängigkeit bedacht war, predigt jetzt den Familienurlaub?

Allerwertesten: auf seinen **Allerwertesten** fallen/hinplumpsen/... *ugs iron* – auf seine vier **Buchstaben** fallen/ (hinplumpsen/...) · to fall/to sit/... on one's bottom, to fall/ to sit/... on one's backside

sich auf seinen **Allerwertesten** setzen *ugs iron* – sich auf seine vier **Buchstaben** setzen · to sit down

alles: aber auch alles ... · everything – and I mean everything

Der muß aber auch alles kontrollieren, kritisieren, verändern ... Entsetzlich! Nichts gefällt ihm, nichts findet seine Zustimmung.

daß j. **nicht …, ist** (aber auch) **alles!** *ugs* · it's as much as s.o. can do not to …

Mein Gott, hat der August ein Benehmen! Unmöglich! Daß er nicht mitten beim offiziellen Essen laut rülpst, ist aber auch alles! Den kann man nicht vorzeigen, den Jungen!

das ist alles?/ist das alles? – weiter **nichts?** · is/was that all?

jn./etw. **über alles** lieben/verehren/schätzen/… *path* · 1. 2. to love/to honour/to treasure/… s.o./s.th. above everything else

1. Ja, ihren älteren Bruder liebt sie über alles! Auf den läßt sie nichts kommen. Wenn du es mit ihr verderben willst, brauchst du nur eine negative Bemerkung über ihn zu machen.

2. Nichts geht ihr über Blumen. Die schätzt sie über alles.

alles in allem · all in all

Nun, einige schwache Kapitel hat die Arbeit, das läßt sich nicht leugnen; doch alles in allem ist es eine gelungene und wertvolle Untersuchung, die wichtige neue Aufschlüsse zu der Person Bismarcks liefert.

da hört (sich) **doch** (einfach) **alles auf!** *sal* – da **hört** (sich) doch (einfach) alles auf! · that's the bloody limit

alles und jedes *path* – (eher:) aber auch **alles** · everything – and I mean everything

alles mögliche · all kinds of things, everything you can imagine/…

Was hat er gefragt? – Alles mögliche. Landeskunde, Literatur, Musik, Geschichte – die verschiedensten Dinge.

alles oder nichts · all or nothing

Immer dieses alles oder nichts! Er muß lernen, Kompromisse zu schließen, sich mit Teilerfolgen zufrieden zu geben …

für alles und für nichts · for/because of every little thing

Für alles und für nichts weint der Junge. Aus dem nichtigsten Anlaß kommen ihm die Tränen.

sich **über alles und nichts** ärgern/aufregen/… – sich über jeden **Dreck** ärgern/aufregen/… · to get worked up/to get annoyed/to make a fuss/… about every piddling little thing

da/es hilft (nun) **alles nichts**, man muß/…/man muß/…, da hilft (nun) alles nichts · there's nothing for it, we/… have to …

Wir müssen aufbrechen, Gerda, da hilft nun alles nichts. Ich würde auch gern noch länger bleiben, aber morgen geht der Alltag wieder los. Also: auf und …!

alles versuchen · to do everything one possibly can

Er hat alles versucht, um seine Frau zu retten. Vergeblich. Es war nichts mehr zu machen.

jd./etw./**das ist alles, was du willst**/ihr wollt/…, aber nicht/kein/… *ugs* · 1. 2. s.o./s.th./that/… is anything you like/… but not a translator/a church/… *tr*

1. Der Gerd ist alles, was du willst, aber kein Übersetzer! Er hat Sinn für Dichtung, er versteht, worum es geht, er kann die Dinge historisch einordnen – alles zugegeben. Aber übersetzen kann er nicht.

2. Diese Jacke mag praktisch sein, leicht, widerstandsfähig – alles, was du willst, aber schön ist sie nicht.

allgemein: ganz allgemein · 1. in general terms, 2. on the whole, all in all

1. Warum haben Sie Herrn Busch nicht eingestellt? – Hm …, um es ganz allgemein zu sagen: seine fachlichen Qualitäten schienen uns nicht auszureichen. Genaueres würde ich Ihnen leider nicht sagen.

2. Du sagst, der Bericht überzeugt dich nicht? Welche Teile genau? – Ich mein' das (nur) (so) ganz allgemein. Das Ganze überzeugt mich irgendwie nicht. Ich weiß selbst nicht genau, warum nicht.

im allgemeinen · usually, generally

Im allgemeinen kann man auf sein Urteil vertrauen, aber in diesem Fall würde ich persönlich anders denken …

Allotria: Allotria (treiben) *veraltend selten* · to fool around, to skylark, to make a racket

Morgens arbeiten, nachmittags Allotria (treiben) – das wäre ein Leben, was? – Mir sagt so ein lärmender Unfug nicht viel; das erinnert mich immer an einen Jahrmarkt.

Alltag: der graue Alltag · the daily round/grind/…, the dull routine of everyday life

Der Urlaub war vorüber, der graue Alltag fing wieder an – das tägliche Einerlei in Familie und Beruf.

Allüren: Allüren haben wie eine Primadonna *ugs* · to behave like a prima donna, to put on airs and graces

Mir gehen Leute auf den Geist, die nur, weil sie ein bißchen bekannt sind, Allüren haben wie eine Primadonna und ständig eine Extrawurst gebraten haben wollen.

Alpdruck: wie ein Alpdruck/(Alp) **auf** jm. **lasten** *path* – jm. wie ein **Alpdruck** auf der Seele liegen · it/s.th. preys on s.o.'s mind (that …), the thought of s.th. oppresses s.o.

jm. **wie ein Alpdruck auf der Seele liegen** *path* · it/s.th. preys on s.o.'s mind (that …), the thought of s.th. oppresses s.o.

Es lag ihm wie ein Alpdruck auf der Seele, daß er seinen Vater belogen hatte. Er mußte mit ihm sprechen, möglichst bald, alles erklären, um sich erleichtert zu fühlen, unbeschwert von Gewissensbissen, frei.

Alpha: das Alpha und Omega *geh selten* – das **A** und O/(das A und das O) · the be-all and end-all, the essential thing

also: na, also! *ugs* · there you are!, you see!, told you, didn't I?

Los, ran, das wirst du doch noch schaffen! – Ich habe Angst! – Blödsinn! Los! … Na, also! Hab' ich nicht gesagt, du kommst herüber? Welch ein Unsinn, Angst vor so einem leichten Sprung zu haben!

alt: alt und gebrechlich (sein) *path* · (to be) old and infirm, (to be) old and frail

… Alt ist eine Sache, alt und gebrechlich eine andere, Friedel! Wenn man Kraft hat und sich mühelos bewegen kann, hat das Alter natürlich sehr schöne Seiten. Aber wenn nicht …

alt und grau werden (bei/über etw.) *path od. iron* · 1. 2. to become/… old and grey, 2. to spend years and years doing s.th., 3. I'll be dead by the time they/… finish

1. Wie geht es Onkel Paul? – Er ist alt und grau geworden. Von seiner früheren Kraft und Vitalität merkt man kaum noch etwas. Ein vom Alter gezeichneter Mann – fast ein Greis!

2. Über seine Studien zu den Lurchen ist er alt und grau geworden. 36 Jahre über Lurche arbeiten – stell' dir das vor!

3. Bei dieser Arbeit kannst du alt und grau werden. Sie kann dich zehn Jahre und mehr kosten!

alt und jung · 1. 2. young and old

1. vgl. – (eher:) **jung** und alt

2. vgl. – **groß** und klein

alt und morsch (sein) *path selten* · (to be) old and rotten

… Auf diese Zeder darfst du nicht raufklettern, Udo! Die ist alt und morsch. Hör' nur, wie sie knarrt! Bei jedem Sturm bricht irgendein Ast ab …

alt und mürrisch (werden/…) · (to become/…) old and grumpy/old and morose/…

Der Herr Klaßmann war früher so heiter und liebenswürdig; man unterhielt sich so gern mit ihm … Aber jetzt … – Da hast recht, er ist alt und mürrisch geworden. Wer ihn nicht von früher kennt, vermutet in dem griesgrämigen Greis nie einen frohgemuten jungen Mann.

alt und siech *path selten* · (to be) old and infirm/old and ailing/…

So alt und siech, da macht das Leben doch gar keinen Spaß mehr! – Wer will schon sterben, Erich? Wir wollen mal sehen, was du sagst, wenn du so ein Tattergreis bist.

alt und verbraucht (sein) *path* · (to be) old and past it

Wenn ich alt und verbraucht bin, brauche ich keine Gehaltserhöhung mehr; dann kann ich mit dem Geld sowieso nichts mehr anfangen. Jetzt, wo ich noch kräftig und unternehmungslustig bin, brauch' ich die Pfennige.

alt und verknöchert (sein) *path* · (to be) old and fossilised

… Seltsam: wenn ein Mann mit den Jahren so alt und verknöchert wird wie der Herr Rausch, wirkt er auf mich wie ein Pendant zu einer alten Jungfer: hart, teilnahmslos, ichbezogen, steril.

alt und weise (sein) *form selten* · (to be) old and wise

... Dein Großvater ist wirklich ein interessanter Mensch. Was der schon alles erlebt hat und was der alles weiß! Und erzählen kann der! Er ist wirklich alt und weise.

nicht alt werden in/.../bei jm. *ugs* · 1. 2. s.o. will not stay/last/... long in Munich/in this job/..., it/s.th. is not my/... scene, 3. we/... are/... not going to stay long, we/... do not intend to stay long *n*

1. In München werde ich nicht alt. Da bleibe ich drei Jahre; dann geht's zurück nach Hamburg.

2. In dieser Firma werde ich nicht alt, das sehe ich schon. Am liebsten würde ich sofort wieder kündigen.

3. Bei den Meyers werde ich heute abend nicht alt. Wir sind für 20 Uhr eingeladen, Punkt 21.30 Uhr gehe ich wieder. Ich habe nicht die geringste Lust, da länger zu bleiben als unbedingt nötig.

heute (auch) **nicht mehr alt werden** *ugs* · I/... won't last/stay/... long here/today/...

Gute Nacht, Karl, ich lege mich schlafen. – Ich werde heute auch nicht mehr alt. Noch eine halbe Stunde, dann gehe ich auch ins Bett.

Altar: die Braut/ein Mädchen/... **zum Altar führen** *path – spielerisch od. iron* · to lead a bride/a woman to the altar

... Ja, Kinder, und da habe ich eure Mutti denn zum Altar geführt, nach anderthalb Jahren Verlobungszeit. Das war damals so: man verlobte sich – das war schon eine ganz schöne Bindung, auch gesellschaftlich – und einige Zeit später führte man seine Holde stolz in die Ehe.

jn./etw. **auf dem Altar des Vaterlandes opfern** *path veraltend selten* · to sacrifice s.o./s.th. for the sake of one's country/fatherland/motherland

... Nicht nur in den dauernden Kriegen wurden – und werden – Menschen, Dörfer, Städte und Landschaften auf dem Altar des Vaterlandes geopfert, Junge! Auch eine 'national' motivierte Politik läuft auf solche Opfer hinaus.

alte: (noch) **ganz der/die alte sein/ganz der alte geblieben sein** *ugs* · 1. 2. s.o. is just the same, s.o. is just the same as ever, s.o. is the same old John/Mary/...

1. Trotz der 30 Jahre, die er in Argentinien war, ist er doch noch ganz der alte. Derselbe Humor, dieselbe Herzlichkeit, alles wie eh und je.

2. Hast du den Kurt nach der Operation schon einmal getroffen? – Ja. – Und? Was macht er für einen Eindruck? – (Er ist) ganz der alte. Frisch, kräftig, gut gelaunt. Ich habe keinerlei Veränderung feststellen können.

nicht/nie mehr der alte sein · 1. 2. s.o. is not the same any more/as before/..., s.o. is not the same person any more/as before/...

1. Nach seiner Operation war er nie mehr der alte. Nie mehr war er so kräftig, so gut aufgelegt, so lebensfroh wie vorher.

2. Nach der Scheidung von seiner Frau ist er nicht mehr der alte. Während er früher immer zuversichtlich und guter Dinge war, neigt er jetzt sehr zu Pessimismus und Grübelei.

wieder ganz der alte sein *ugs* · s.o. is his old self again

Eine Zeitlang sah es in der Tat so aus, als ob der Rainer durch die familiären Probleme seinen ganzen Frohsinn verloren hätte. Aber das schien Gott sei Dank nur so. Inzwischen ist er wieder ganz der alte. – Läuft denn zu Hause auch wieder alles gut?

ganz der alte geblieben sein *ugs* · s.o. is the same old John/Mary/...

Trotz seiner 15 Jahre im Ausland: der Fritz ist ganz der alte geblieben. Er hat sich kein bißchen verändert.

mein(e)/dein(e)/unser(e) Alte/Alter/Alten *Jugendspr* · 1. 2. 3. my/his/... old man/lady

1. Wahnsinn! Der Stefan hat wirklich dauernd Ärger mit seiner Alten. Sie hat ihm heute schon wieder verboten, mit uns ins Kino zu gehen. – Ja, er hat mir sein gestern am Telefon erzählt, daß ihn seine Mutter momentan sehr kurz hält.

2. Meine Alte nervt mich in der letzten Zeit tierisch ab. – Ich würde mich an deiner Stelle nicht so gängeln lassen und der Braut den Laufpass geben. Es gibt schließlich noch andere Frauen außer der Petra.

3. Ich versteh' mich zur Zeit super mit meinen Alten! – Hast du ein Glück! Meine Eltern machen seit kurzem nur noch Ärger.

alten: es bleibt alles beim alten · it's as you were, nothing has changed

Zwei Tage lang beriet sich der Betriebsrat mit der Direktion. Erreicht wurde nichts. Es bleibt alles beim alten. Keine einzige Änderung!

(sehr) am alten hängen/zu sehr am Alten hängen/kleben · to be (very/...) attached to tradition, to be (very/...) fond of tradition

... Gut, konservativ bin ich auch, und wenn jemand sehr am Alten hängt, verstehe ich das nur zu gut. Aber so stark am Alten kleben, daß man alles Neue abwertet, verhindert – das geht doch zu weit.

alles beim alten lassen/(belassen) *form selten* · to leave everything as it is, to leave everything unchanged, not to change anything

Wenn ihr alles beim alten lassen wollt, braucht ihr gar keine Untersuchungen zu starten. Solche Studien sind doch nur sinnvoll, wenn man Folgerungen daraus ziehen, d.h. etwas ändern will!

Altenteil: jn. **aufs/(auf das) Altenteil setzen/(schicken)** *form selten* · to kick s.o. upstairs *coll*, to retire s.o., to send s.o. into retirement, to put s.o. out to grass

Ich gebe zu, Robert ist nicht mehr jung. Aber er ist noch rüstig und hat noch mehr Arbeitskraft als zahlreiche jüngere Kollegen. Um von seiner Erfahrung gar nicht zu sprechen. Ihn nun nicht mehr jung. Aber er ist noch rüstig und aufs Altenteil zu setzen ist also nicht nur unschön, es ist auch dumm: einen solchen Mann läßt man auf einem verantwortungsvollen Posten.

auf dem Altenteil sitzen *form selten* · to draw one's pension, to have retired, to be/to have been a pensioner

... Wie lange sitzt dein Vater eigentlich schon auf dem Altenteil? – Vor elf oder zwölf Jahren hat er sich zur Ruhe gesetzt.

sich aufs Altenteil zurückziehen/(setzen) *form selten* · to retire

Dein Vater, habe ich gehört, hat sich aufs Altenteil zurückgezogen? – Ja, er hat unserem Klaus die Leitung der Firma übertragen und sich zur Ruhe gesetzt.

Alter: im besten/(in seinem besten) **Alter** sein/(stehen) – in der **Blüte** seines/des Lebens stehen · to be in the prime of life, to be in the prime of one's life

ein biblisches Alter (haben/erreichen/...) · to live to/to reach/... a grand old/ripe old age

Wie alt ist der Körtner eigentlich geworden? – Der hat es zu einem biblischen Alter gebracht. Er ist mit 93 Jahren gestorben.

in gereiftem Alter ... *path od. iron* · at a mature age

Wenn man jung ist, will man sich austoben, das ist klar. Aber in gereiftem Alter ... – Ach, du meinst, der Ernst wäre mit seinen 42 Jahren schon in gereiftem Alter? Hm, hm!

im gesegneten Alter (von 82/... Jahren) sterben/sich von allem zurückziehen/... *path* · to die/to retire/... at the ripe old/the venerable/... age (of 72/... years)

... Mein Gott, Marta: der Ulrich hat sein ganzes Leben nur geschuftet und Sorgen gehabt! Wenn der sich im gesegneten Alter von 72 Jahren von allem Geschäftlichen zurückzieht und sich ein wenig die Welt anguckt, wirst du ihm das doch wohl noch gönnen!

in reifem/reiferem Alter *path od. iron selten* – in gereiftem **Alter** ... · at a mature age

in vorgerücktem/(vorgeschrittenem) Alter (sein/stehen) · (to be) at an advanced age

... aber in vorgerücktem Alter ... – d.h. mit wieviel Jahren? – na, sagen wir, ab 60 ...

im zarten Alter von ... *form – path* · at the tender age (of 16/...)

... Mit wieviel Jahren, sagst du, hat deine Urgroßmutter geheiratet? – Im zarten Alter von 16. Das war damals in Brasilien keine Seltenheit, daß die Mädchen so früh heirateten.

zunehmen an Alter und Weisheit *ugs mst iron* · to grow older and wiser

Der Junge nimmt ja doch zu an Alter und an Weisheit! – Warum? – Nun, früher redete er nur dummes Zeug, wenn man ihn nach ernsten Dingen fragte, und war leichtsinnig wie nur etwas in seinen Entscheidungen. Wie ich sehe, ist er jetzt vernünftiger in seinem Lebenswandel und ausgewogener in seinem Urteil.

alters: von/(seit) alters her *selten* · from time immemorial

Von alters her trinkt man in dieser Gegend doch Wein, oder? – Ja, seit römischer Zeit.

vor alters *path veraltend selten* · ages ago, a long time ago, in days of yore *lit*

… Vor alters stand an dieser Stelle doch ein Kloster, oder? – Wann? – Na, vor drei, vier Jahrhunderten. – Vielleicht … Keine Ahnung.

Altersschwäche: an Altersschwäche sterben/eingehen · to die of old age

… Welchen Tod ich mir wünsche? Schritt für Schritt der engen Pforte entgegengehen – so wie Pflanzen, gesund, an Altersschwäche eingehen …

Althergebrachte: am Althergebrachten festhalten/(…) *form* · to stick to/… traditions

Peters Eltern sind stockkonservativ. Die halten nur am Althergebrachten fest. Die sind nicht in der Lage, ihre eingefahrenen Bahnen zu verlassen und mal was Neues auszuprobieren oder unbekannte Wege zu gehen.

am Althergebrachten hängen *form* · to be (very/…) attached to tradition, to be (very/…) fond of tradition

… Der von Bühl ist nun einmal sehr konservativ eingestellt, hängt am Althergebrachten … Es muß ja nicht jeder die jeweils neueste Mode für die beste halten. – Man muß aber auch nicht nur das Alte schätzen.

Ameise: emsig/fleißig wie eine Ameise/die Ameisen (sein) *ugs* – emsig/fleißig wie eine **Biene** (sein) · as busy as a bee

Ameisenhaufen: es geht in/bei/… durcheinander/… wie in einem Ameisenhaufen *ugs selten* · it/s.th. is like bedlam, it/s.th. is like a madhouse

Du willst zum Flohmarkt? – Ja, gehst du mit? – Nein, danke. Ich war vorige Woche da. Das hat mir für immer gereicht. Das ist ja ein Durcheinander da wie in einem Ameisenhaufen. Meine Güte!

Amen: sein Amen (zu etw.) geben *ugs oft iron selten* · to give one's blessing to/for s.th.

Eigentlich müßten wir schon längst geantwortet haben. Aber wir brauchen die Genehmigung des Alten, und ehe der mal sein Amen dazu gibt, das dauert eine halbe Ewigkeit.

so sicher sein/kommen **wie das Amen in der Kirche** *ugs* · it/s.th. is a dead certainty, + you can bank on it, + you can bet your bottom dollar on it, to be as sure as death/fate/…, it/s.th. is as sure as eggs is eggs/…

Heute mittag kommen die Wolken, heute nachmittag regnet es. Du wirst sehen. Das ist jetzt seit drei Wochen so. Das kommt so sicher wie das Amen in der Kirche. Da ist leider gar kein Zweifel möglich.

so wahr sein **wie das Amen in der Kirche** *ugs selten* · to be the gospel truth

Sie wissen, daß jede Lüge bei Gericht schärfstens geahndet wird? – Was ich sage, ist so wahr wie das Amen in der Kirche. Sie können mir jedes Wort glauben.

Ammenmärchen: (mal wieder/…) Ammenmärchen erzählen/… *ugs* · to tell fairy tales

Komm', erzähl' doch keine Ammenmärchen! Als wenn dir das einer glauben würde – zwei Tage Vorbereitung und das Examen mit 'sehr gut'!

Amok: Amok fahren *selten* · to run amok

… Ja, wenn jemand wie ein Verrückter mit dem Auto, dem Motorrad daherbraust, Menschen und Dinge – und nicht zuletzt sich selbst – gefährdet, dann kannst du sagen: er 'fährt Amok'. Aber geläufig ist der Ausdruck nicht.

Amok laufen · to go/have gone to pieces, to go berserk, to run amok

Die Christine läuft Amok, seitdem der Gert mit der Tänzerin durchgebrannt ist. Sie ruft alle Welt an, redet wirres Zeug, droht, sich das Leben zu nehmen … Sie hat völlig den Kopf verloren, und man kann nicht mehr sicher sein, daß sie nicht eine ernste Dummheit macht.

Amors: von Amors Pfeil getroffen sein *geh mst iron selten* · to be smitten by Cupid's arrow/dart

So ausgelassen und fidel heute, der Wolfgang! – Er ist von Amors Pfeil getroffen! – Was ist er? – Du kennst den Ausdruck natürlich wieder nicht. Er hat Feuer gefangen. Die Ursula …

Ampulle: ein Kind/Sohn/… aus der Ampulle *ugs Neol selten* · a test-tube baby/child/…

Wenn wir keine Kinder haben sollten, dann wäre das traurig, sehr traurig. – Hm, du könntest ja heute auch ein Kind aus der Ampulle … – Komm', hör' auf! Entweder krieg' ich Kinder auf natürlichem Weg oder ich krieg' eben keine. Aber so eine künstliche Besamung …, nein, nein …

Amt: sein Amt antreten (als …/in …/…) *form* · to take up office as …/in …/…

Wann tritt der neue Rektor eigentlich sein Amt an? – Die offizielle Rektoratsübergabe ist am 17. Oktober.

(schon) in Amt und Würden sein/stehen *form oft iron* · to hold a responsible, well-paid job, to be a man/woman of position and authority, to be in an exalted position

Euer Karl studiert doch noch, oder? – Unser Karl noch studieren?! Der steht seit Jahren in Amt und Würden. Er hat 1976 sein Assessorexamen gemacht und wurde sofort anschließend in den Staatsdienst übernommen. Inzwischen hat er eine gute und sichere Position.

kraft seines/… Amtes *form od. iron* · by virtue of one's office

… Kraft seines Amtes gelang es ihm dann, seinen Sohn im Außenministerium unterzubringen. – Klar, als Bundestagsvizepräsident …

das/etw. zu tun ist nicht meines/… Amtes *form selten* · it is not my/his/… duty/responsibility/… to do s.th.

Ihnen in persönlichen Dingen Ratschläge zu geben oder gar Vorschriften zu machen – das ist nicht meines Amtes. Meine Funktion ist es, dafür zu sorgen, daß die Unterlagen in Ordnung sind, Frau Maier. Warum ihr Sohn nicht zu Hause lebt, ob das richtig ist oder nicht …, damit habe ich nichts zu tun.

jn. seines Amtes entheben *form* · to remove s.o. from office, to remove s.o. from his post

Warum haben sie ihn seines Amtes enthoben? – Weil er Gelder veruntreut hat. – Sie haben ihm also fristlos gekündigt? – Ja.

seines Amtes walten *form oft iron* · to do one's duty, to carry out one's responsibility

So leid es mir tut, ich muß Ihnen eine Strafe geben – 85 auf einer Straße, auf der 50 erlaubt sind … – Walten Sie Ihres Amtes, Herr Wachtmeister! Ich bin der Letzte, der Sie daran hindern will zu tun, was Sie für eine offiziell festgelegte Pflichtübung halten müssen!

von Amts wegen bekanntgeben/irgendwo erscheinen/… *form* · to be announced/… officially

Von Amts wegen haben sie bekanntgegeben, daß Fälle von Cholera aufgetreten sind. – Von Amts wegen? – Jawohl, ganz offiziell. Das Gesundheitsamt hat die Meldung herausgegeben.

Amtsmiene: eine Amtsmiene aufsetzen *oft iron* · to put on a solemn/pompous/… official expression

Also, erklärte der Beamte, indem er eine Amtsmiene aufsetzte, also, ich würde Ihnen persönlich gerne die Bescheinigung geben, aber ohne die erforderlichen Nachweise, Sie wissen … – Schon gut, meinte Robert und flüsterte seiner Frau deutlich hörbar zu: hast du schon mal jemanden gesehen, der unpersönlicher und offizieller in die Gegend guckt als dieser Esel?

Amtsschimmel: dem Amtsschimmel zu Leibe rücken *iron* · to combat/… bureaucracy/red tape

Jetzt reden sie, so schimpfte er, seit zig Jahren davon, dem Amtsschimmel zu Leibe zu rücken – alles, was Bürokratie ist, so weit wie möglich zu reduzieren und zu vereinfachen –, und geändert hat sich nichts! Gar nichts! Ganz im Gegenteil!

den Amtsschimmel reiten *iron* · to get bureaucracy/red tape off to a fine art, to insist on bureaucratic procedures
Diese Deutschen! Die müssen doch immer den Amtsschimmel reiten. – Wie, meinst du, es wäre typisch deutsch, die bürokratischen Vorschriften bis zum Exzeß auszuführen?

der Amtsschimmel wiehert *iron* · bureaucracy/red tape/officialdom/... is on the rampage, bureaucracy/red tape/officialdom/... rears its ugly head, there's bureaucracy for you
... Hast du schon mal den Amtsschimmel wiehern hören? – Du willst mich wohl verarschen, was? – Wenn du hier in unserem Nest auf ein Amt gehst, dann siehst du doch nur verstaubte Papiere – 'Schimmel!', wenn auch keinen, der wiehert. ...

Amtsweg: auf dem Amtsweg *form* · through official channels
Ach, auf dem Amtsweg erreichst du da gar nichts. Wenn du da weiterkommen willst, dann nur durch private Beziehungen. Einen normalen Antrag stellen, ihn auf der zuständigen Behörde einreichen ... – das ist verlorene Zeit.

an: (so) an die ... Personen/Kilo/... · 1. 2. roughly/round about ... people/kilos/...
1. Wieviel Zuschauer waren denn da wohl? – An die 100.000. – 100.000? – Viel fehlte bestimmt nicht daran.
2. Wie hoch wird die Ernte denn wohl sein? – Hm, an die 3.000 Kilo müßten wir schon haben.

ohne etwas an *ugs* · with nothing on, in the buff
... Aber Doris, du kannst doch nicht einfach so ohne etwas an die Haustür aufmachen. – Das ist die Carlota! Die darf mich doch wohl noch nackend sehen, oder?

an sein · to be on
Warum ist denn im Wohnzimmer das Licht/der Fernseher/das Bügeleisen/... noch an? – Ach, hab' ich vergessen, das/den auszumachen/das abzustellen/...?

etw. **an haben** – etw. an **haben** · to have s.th. on

an-ge-rannt/ge-stürmt/-gestürzt/-getrabt// -gewackelt/-gewatschelt/-getorkelt//-gezischt/-geturnt/-gepest/-geschlichen// -gereist/-gefahren//-gerauscht/-geturnt/-gezwitschert/...-geschissen kommen · to come rushing/running/storming/waddling/... up
Weißt du, wer das ist, Christa, der da wie ein Verrückter mit dem Fahrrad um die Kurve angerast kommt? Das ist dein holder Enkel Kurt-Georg. – Was? So groß ist der schon? ...

anbaggern: jn./eine Frau/einen Typen/... anbaggern *sal Neol* · 1. 2. to chat s.o. up, 1. to try to get off with s.o.
1. Die Sandra läßt nichts anbrennen. Die baggert jeden Typ an, der ihr über den Weg läuft.
2. vgl. – jn. **anmachen**

Anbeginn: von Anbeginn (an) *form veraltend selten* – von **Anfang** an · from the beginning, from the start

Anbeißen: zum Anbeißen sein *sal* · to look/to be/... nice enough to eat *coll*
Schau mal diesen Backfisch da drüben, ein köstliches Früchtchen – Mensch, so richtig zum Anbeißen! – Karl, seit wann redest du denn von jungen Mädchen wie von Äpfeln oder Birnen?

anbelangt: was mich/die Religion/... anbelangt *form* – was jn./etw. **angeht** · as far as I am/religion is/... concerned

Anbetracht: in Anbetracht des/der/... seines Verdienstes um/... *form* · in view of s.o.'s efforts/..., in consideration of s.o.'s efforts/...
... Und als er 60 wurde, haben sie ihm in Anbetracht seines Verdienstes um die Förderung der deutschen Sprache im Ausland sogar das Bundesverdienstkreuz verliehen.

in Anbetracht der Tatsache, daß ... *form od. iron* · 1. in view of the fact that ..., 2. in view of s.th.
1. In Anbetracht der Tatsache, daß du schon 27 Jahre alt bist, gehen wir jetzt langsamer! – Herzlichen Dank! Es ist nett von euch, auf mein Alter Rücksicht zu nehmen.

2. In Anbetracht seiner hervorragenden Leistungen ...

anbetrifft: was jn./etw. anbetrifft *form selten* – was jn./etw. **angeht** · as far as s.o./s.th. is concerned

anblasen: jn. tüchtig/... anblasen *sal* · 1. to bawl s.o. out *coll*, to give s.o. a good talking-to *coll*, 2. to give s.o. a rocket
1. Den mußt du mal tüchtig anblasen, diesen faulen Gesellen! – Was meinst du, wie oft ich dem schon den Marsch geblasen habe? Das nützt alles nichts.
2. vgl. – jm. den **Marsch** blasen

Anblick: ein Anblick für (die) Götter (sein) *ugs* · it/s.th. is a sight for sore eyes, it/s.th. is a real sight
Das hättest du sehen sollen: unser Peter, ein Kerl von 1,85 m, mitten auf dem Strand beim Umziehen. Da kommt ein Windstoß, fegt seinen Umhang weg, und unser Peter steht da, umringt von seinen Freundinnen, im Adamskostüm, die Hände ausgestreckt nach dem fortsegelnden Umhang – ein Anblick für die Götter!

anbrennen: nichts anbrennen lassen *ugs Neol mst auf Beziehungen zu Frauen (oder Männern) bezogen* · not to hang about, to go straight for it, to go straight for the kill
Der Gregor Steiner läßt wirklich nichts anbrennen! Sobald der ein weibliches Wesen sieht, ist er hinterher. Dieser Schürzenjäger läßt nichts unversucht, um eine Frau rumzukriegen!

andere: alles andere sein als ... · to be anything but stupid/lazy/..., to be far from stupid/lazy/...
Es ist mir wirklich ein Rätsel, wie eure Monika in der Schule so viele Schwierigkeiten haben kann. Sie ist doch nicht dumm. – Dumm? Sie ist alles andere als dumm! Aber faul, das ist sie! Und wie!

alles andere verdienen/haben wollen/... als · to deserve/to want to have/... anything but ..
Wenn jemand so unehrlich und unehrenhaft vorgeht wie der Albert, dann verdient er alles andere als eine Belohnung. Ganz egal, ob die Firma dabei viel Geld verdient hat oder nicht! Was sind denn das für Maßstäbe!

... und viele(s) andere mehr · ... and a lot more besides
Was gab's denn da auf der Naturstein-Messe alles zu sehen? – Die verschiedensten Granit- und Marmorsorten, alle möglichen Maschinen und Werkzeuge, Bücher, Zeitungen u.a. über Abbaugebiete und Abbaumethoden und vieles andere mehr.

anderem: unter anderem · among other things
Was hast du denn gegen seinen Vorschlag? – Das ist gar nicht so leicht zu resümieren. Es gibt eine ganze Reihe von Dingen, die mir daran nicht gefallen. Unter anderem scheint mir ...

ander(e)n: jn. eines ander(e)n belehren – jn. eines ander(e)n **belehren** · to put s.o. right, to teach s.o. otherwise

sich eines ander(e)n besinnen · to change one's mind
Eigentlich wollte er zum Skifahren nach Tirol. Aber dann besann er sich eines anderen und fuhr nach Schweden.

anderer: kein anderer als ich/er/Karl/... – **niemand** ander(e)s als ich/er/Karl/... · no one else but me/him/Karl/..., none other than me/him/Karl/...

das ist/dahinter steckt/dahinter verbirgt sich/... kein anderer als ... – das ist/dahinter steckt/dahinter verbirgt sich/... **niemand** anders als ... · behind it all/... is none other than ...

manch anderer ... · many others
... Du machst dir vielleicht doch nicht die richtige Vorstellung, Christoph, wieviel Kraft, Energie, Ausdauer, Mut es erfordert, so ein langjähriges Projekt gegen alle Hindernisse durchzuziehen. Manch anderer hätte längst aufgegeben. – Die meisten hätten längst aufgegeben! Das mein' ich nicht! Der Ludwig ...

anderes: das ist (schon) etwas anderes · that is different, that is a different matter
Ach so, du bist ihm noch nie begegnet. Das ist etwas anderes; dann kannst du ihn freilich nicht beurteilen. Ich dachte, du hättest ihn schon mehrmals getroffen.

das ist etwas ganz anderes · that's something quite/... different, that's a completely/... different matter
Sagten Sie nicht, bei ledigen Personen ... – Herr Schulz, Sie sind nicht ledig, Sie sind geschieden. Das ist etwas ganz anderes, das sind zwei völlig verschiedene Dinge.

(aber) ob .../..., **(das) ist etwas ganz anderes** · ..., that's a different matter altogether, ..., that's a different kettle of fish
Gut, daß er die Fahrt durchführt, halte auch ich für sicher. Aber ob er gerade nach Paris und London fährt, (das) ist etwas ganz anderes! – Ja, du hast recht, das steht – leider! – auf einem anderen Blatt.

jetzt/da/... kann man nichts anderes tun/machen/unternehmen als ... · now/... we/one/... can do nothing but pray/wait/..., now/... we/one/... can only pray/wait/...
In so einer Lage kann man nichts anderes tun als beten, meinte Tante Elfriede. Ich jedenfalls weiß keinen Rat mehr.

anderes zu tun haben als (ausgerechnet/...) ... – **Besseres** zu tun haben, als etw. zu tun · to have better things to do (than/...)

... und anderes/andere mehr · ... and (various/...) other things, ... and more besides
Was hast du denn in Paris alles zu tun? – Ich muß einen Vortrag halten, ein paar Sachen in der Bibliothéque Nationale nachschlagen, Kollegen besuchen und anderes mehr. – Und anderes mehr? Du meinst, dann läßt du dir die Pariser Luft noch ein wenig um die Nase wehen, was?

andern: **zum andern** – zum **einen** ... und zum andern/zum einen ..., zum andern · on the one hand ..., on the other hand ...

ändern: das/etw. **ist nicht zu ändern/läßt sich nicht ändern/daran läßt sich nichts ändern** · it can't be helped, nothing can be done about it
Er hat ein für allemal negativ entschieden? – Ja! Die Entscheidung ist definitiv gegen uns ausgefallen. Da ist nichts zu ändern.

anders: **wer/was/wo/ ... anders als ...** · who/what/where/... else but ...
Was, ich soll damals dagegen gewesen sein? Ich? – Natürlich, du! Wer anders als du hat denn in der Abstimmung in der Kellerkneipe als einziger dagegengestimmt? Jetzt tu doch nicht so! Du weißt doch ganz genau, daß niemand sonst dagegen war.

ganz anders sein als früher/sonst – ein (ganz) anderer **Mensch** (geworden) sein/ein (ganz) anderer Mensch sein als früher/sonst/... · to be a completely/... different man/woman/person, to be changed completely

etw. anders herum anziehen/halten/... (müssen) – etw. anders **herum** anziehen/halten/... (müssen) · to (have to) put s.th. on/to hold s.th./... the other way round, to put s.th. on back to front, to hang a picture upside down

Andeutung: **nicht die Andeutung eines** Lächelns/Entgegenkommens/... *geh* · not a trace/shimmer/... of a smile/amiability/... *n*
Immer eiskalt, nicht das geringste Entgegenkommen, völlig neutrales Verhalten, nicht die Andeutung eines Lächelns – das ist Onkel Phillip.

andröseln: sich einen andröseln *ugs* – sich einen **saufen** · to get well tanked up, to get pissed out of one's head

aneinandergeraten: (heftig/...) (mit jm.) **aneinandergeraten** *ugs* · to quarrel with s.o., to have a row/words/... with s.o. *n*, to get in one another's hair
Was ist das denn da im Nebenzimmer für eine Schimpferei? – Der Herr Daume und Fräulein Wörtz sind mal wieder aneinandergeraten. – Schon wieder? Was gibt's denn diesmal? – Ich glaube, sie streiten sich wegen der Reiseabrechnungen. – Und das muß so laut sein?

aneinanderprallen: aneinanderprallen *ugs* – *path* – (heftig/...) (mit jm.) **aneinandergeraten** · to quarrel with s.o., to have a row/words/... with s.o., to get in one another's hair

Anerkennung: jm. **seine Anerkennung aussprechen** *form* · to express one's appreciation to s.o.
In zwei Jahren so eine glänzende Arbeit – ich spreche Ihnen meine Anerkennung aus, Herr Braun. Das macht Ihnen so schnell keiner nach. – Herzlichen Dank, Herr Albers. Sie wissen, wie sehr ich gerade Ihr Urteil schätze ...

(allgemeine) Anerkennung genießen *form* · to be well/highly/... thought of (by all and sundry/by everyone), to be greatly appreciated (by all and sundry/by everyone)
Wenn hier jemand allgemeine Anerkennung genießt, dann ist es der Herr Barth. Ich wüßte sonst niemanden zu nennen, der so geschätzt wäre.

anfahren: jn. (ganz schön/...) **anfahren** *ugs* · to (really/...) bawl s.o. out, to snap at s.o.
Als ich den Huber gestern auf die Probleme mit seinen Kindern angesprochen habe, hat er mich ganz schön angefahren! Er hat mich regelrecht angeschrien: ich solle mich gefälligst aus seinen Problemen raushalten und nicht überall meine Nase reinstecken.

Anfälle: j. **hat/bekommt** (mal) **wieder seine Anfälle** *ugs* · s.o. is having one of his fits again, s.o. is throwing a wobbly again
Was brüllt der Kurt denn da so herum? – Der hat mal wieder seine Anfälle. Das ist bei dem so: plötzlich brüllt er wie ein Verrückter hier herum – und dann ist wieder für einige Zeit Ruhe.

Anfang: **ein neuer Anfang/**(einen neuen Anfang machen) · to make a fresh start, turn over a new leaf
... Versöhnt! Versöhnt! ... Die beiden haben sich schon oft wieder versöhnt – um sich nur allzubald wieder zu zerstreiten. Die müssen einen neuen Anfang machen! Wenn es ihnen nicht gelingt, mit frischen Kräften nochmal von vorn anzufangen, geht ihre Ehe über kurz oder lang endgültig in die Brüche.

genau so weit wie am Anfang sein · to be back where one started, to have made no progress/headway/... at all
Mir scheint, wir sind im Verständnis des Gedichts noch kein einziges Stück weiter gekommen. – Du meinst doch nicht, wir sind genau so weit wie am Anfang? – Doch! Genau das meine ich.

von Anfang an · from the beginning, from the start
Von Anfang an hatte ich Zweifel gegenüber der Methode, die er vertritt; vom ersten Augenblick an, wo er davon sprach.

von Anfang bis Ende/(vom Anfang bis zum Ende) · 1. 2. from start to finish
1. Ich habe das Buch von Anfang bis Ende gelesen.
2. Der Kurs wurde vom Anfang bis zum Ende einsprachig geführt, von der ersten bis zur letzten Stunde.

etw. ist der Anfang vom Ende (e-r S.) · s.th. is the beginning of the end (of s.th.)
Ja, erläuterte der Geschichtslehrer, die Niederlage in Stalingrad 1943 war der Anfang vom Ende. Nachher ging es nur noch bergab, folgte Niederlage auf Niederlage, bis zum bitteren Ende, zum völligen Ruin unseres Landes.

den Anfang machen (bei etw.) · 1. 2. to start s.th. off, 1. to start, to make a start, 2. to form the prelude to s.th.
1. So, und jetzt lesen wir, einer nach dem andern, den Französischtext von oben bis unten durch. Du, Peter, machst den Anfang, dann kommt die Ursel, dann deren Nachbarin usw.
2. vgl. – den **Auftakt** machen (bei etw.) (1, 2)

seinen Anfang nehmen · to start, to begin, to commence
Ich versteh' das gar nicht. Früher haben sie immer so glänzend zusammengearbeitet. Und jetzt soll das einfach nicht möglich sein? – Ach, weißt du, nach dem Streit um die Firmenleitung ist ihr Verhältnis sehr belastet. Wenn solche Zerwürfnisse erst einmal ihren Anfang nehmen, ist kaum noch etwas zu machen ...

wehret den Anfängen! *form – path* · it/s.th. has to be nipped in the bud, it/s.th. has to be stamped out before it gets out of hand, it/s.th. must be stopped at the outset
(Ein Chef:) Nichts! Wer zu spät kommt, dem wird das am Lohn abgezogen! Auch, wenn bisher nur wenige Leute zu spät zum Dienst erscheinen. Solche Unsitten darf man nicht einreißen lassen. Wehret den Anfängen! Nachher ist es zu spät ...

(sich) aus kleinen/bescheidenen Anfängen (hocharbeiten/...) · (to work one's way to the top/up/...) from humble beginnings

... Den Herrn Fuchs bewundere ich! Wie der sich aus bescheidensten Anfängen bis zu einem der angesehensten Industriellen der ganzen Gegend heraufgearbeitet hat ... – das macht ihm so schnell keiner nach!

anfangen: etw. **geschickt**/dumm/... **anfangen** · to go about s.th. cleverly/stupidly/..., to set about s.th. cleverly/stupidly/...

Hat er denn den Paß immer noch nicht? – Nein. – Mir scheint, er hat das auch denkbar dumm angefangen! Er weiß doch, daß man in diesem Land auf offiziellem Weg nichts erreicht. Wie konnte er denn den Antrag auf dem zuständigen Amt einreichen, ohne seine Beziehungen spielen zu lassen? Dummer konnte man gar nicht vorgehen.

das/etw. **schlau**/... **anfangen** · to go about s.th. cleverly/...

Hat der Herr Röder seinen Kandidaten für seine Nachfolge durchgebracht? – Ja. Er hat das aber auch wirklich schlau angefangen. – Wie denn? – Es würde zu weit führen, dir das im einzelnen auseinanderzulegen. Ich kann dir nur sagen: er hätte die Sache nicht besser einfädeln und durchführen können.

klein anfangen · to start small

Ja, heute ist er Leiter einer über 500 Mann starken Fabrik. Wenn man denkt, daß er ganz klein angefangen hat – als einfacher Angestellter in der Personalabteilung ...

(nochmal/noch einmal/...) von vorn(e) anfangen – (nochmal/noch einmal/...) von **vorn(e)** anfangen/... · to start all over again from the beginning, to start from scratch

viel/allerhand/... **anfangen können mit** jm./etw. – ≠ nichts **anfangen** können mit jm./etw. (1, 2) · s.th. is no good/no use to s.o., s.o. is no good/no use (to s.o.), not to be able to get on with s.o., not to have anything in common with s.o.

nichts/... **anfangen können mit** jm./etw. · 1. + s.th. is no good/no use to s.o., 2. + s.o. is no good/no use (to s.o.), 3. not to be able to get on with s.o., not to have anything in common with s.o.

1. Kurt, mit dem Schraubenzieher, den du mir gebracht hast, kann ich nichts anfangen. Er ist zu groß. Bringe mir einen kleineren, dieser nützt mir nichts.
2. Mit dem neuen Lehrling können wir hier nichts anfangen. Er ist faul, eingebildet, schlecht erzogen. Am besten schicken wir ihn gleich morgen wieder nach Hause.
3. Mit der Erika kann ich einfach nichts anfangen. Ja, sympathisch mag sie sein – aber ich finde mit ihr keine gemeinsame Sprache, ich weiß nicht, wie ich bei ihr reagieren soll. Sie lebt in einer anderen Welt als ich.

Anfänger: ein blutiger **Anfänger** sein *ugs* · to be a complete/... beginner *n*

So kritisch darfst du den Artikel nicht lesen, Heribert. Der Junge ist als Journalist ein blutiger Anfänger. Wenn er erst einmal Erfahrung hat, wird er schon flüssiger und packender schreiben. Alles will gelernt sein!

Anfangsgründe: jn. **in die Anfangsgründe** der Musik/einer Sprache/... **einführen**/jm. die Anfangsgründe ... beibringen *path od. iron* · to teach/... s.o. the basics/rudiments/essentials/... of a subject/language/...

Wenn ich jemanden hätte, der den Jungen in die Anfangsgründe des Griechischen einführen könnte! Nur in die Grundlagen. Das andere macht er dann schon allein.

Anfangsstadium: noch im **Anfangsstadium stehen/stecken** · 1. 2. it/s.th. is still in the initial stages

1. Der Bau des städtischen Krankenhauses steckt noch im Anfangsstadium. Bisher stehen lediglich die Grundmauern.
2. Die Organisation des Kurses steckt noch im Anfangsstadium. Über das Für und Wider der neuen Methode können wir Ihnen daher erst etwas Genaueres sagen, wenn wir mehr Erfahrung gesammelt haben.

anfassen: alles/die Dinge/die Probleme/... **falsch/verkehrt anfassen** – alles/die Dinge/die Probleme/... am/(beim) falschen/(verkehrten) **Ende** anpacken/anfassen · to go about s.th. the wrong way, to tackle a problem from the wrong end

jn. **hart anfassen** · to be strict with s.o.

Den Bernd mußt du hart anfassen. Natürlich: freundlich, gut erzogen ..., aber nicht mit Milde und Entgegenkommen; dann meint er, er kann machen, was er will.

alles/die Dinge/die Probleme/... **richtig anfassen** – alles/die Dinge/Probleme/... am/(beim) richtigen **Ende** anpacken/anfassen · to tackle s.th./things/problems/... the right way

jn. **scharf anfassen** · to be tough with s.o., to be severe with s.o.

Scharf sollte man Kinder eigentlich nicht anfassen, meinte er. Sicher, sie brauchen Autorität, eine sichere Hand, manchmal auch Härte. Aber all das ist etwas anderes als Schärfe. Sie müssen immer spüren, daß man sie versteht und gern hat.

ein Papst/Kanzler/... **zum Anfassen** *ugs Neol* · a flesh-and-blood Pope/king/..., a real live Pope/king/..., a hands-on Pope/king/...

So einen Papst wie diesen haben wir noch nicht gehabt, so einen zum Anfassen! – In den letzten Jahrhunderten war Nähe zum Volk nicht gefragt, das stimmt.

anfechten: sich eine Kritik/eine Niederlage/... **nicht anfechten lassen** *oft: sich das nicht anfechten lassen* · not to let criticism/a defeat/... worry one, not to let criticism/a defeat/... bother one

Wenn der Holzmann dein Referat auch in Grund und Boden kritisiert hat: laß dich das nicht anfechten, Paul. Der ist so, der nimmt kein Blatt vor den Mund. Aber das heißt nicht, daß du jetzt für alle Zeit bei ihm erledigt bist. Verliere jetzt bloß nicht den Mut!

Anflug: im **Anflug sein** *form Flugzeug* · 1. to be approaching, to be about to land, 2. to be on its way

1. ... Die Maschine ist bereits im Anflug. Sie wird in ca. 10 Minuten landen.
2. ... Seit gestern hab' ich so ein Kratzen im Hals, eine verstopfte Nase und dann noch leichte Kopf- und Gliederschmerzen! Ich glaube, da ist mal wieder eine richtige Grippe im Anflug

sich einen **Anflug von** Mann von Welt/... **geben**/zu geben suchen/... *form selten* – sich ein **Air** von Mann von Welt/... geben/zu geben suchen/... · to (want to/...) put on the air of a man of the world

Anforderungen: hohe/(große/...) **Anforderungen an** jn./etw. **stellen** · to make great demands on s.o./s.th.

... So ein Granitabbau, meinte er nachdenklich, stellt natürlich hohe Anforderungen sowohl an die Arbeiter wie an die Maschinen. Nur wenn alles perfekt funktioniert, kann so ein Unternehmen sich auf Dauer halten.

die **Anforderungen des Tages**/(den ... nicht gewachsen sein/...) *form* · (not to be able to keep up with) the demands of the times

Wenn du den Anforderungen des Tages gewachsen sein willst, Paul, dann mußt du dich in deinem Beruf ständig auf dem Laufenden halten – so mühsam das auch ist. Heute kommt kaum noch einer mit dem durch, was er einmal in der Schule oder auf der Universität gelernt hat.

anfreunden: sich nicht **anfreunden können mit** dem Gedanken/der Vorstellung/..., zu ... · not to be able to reconcile o.s. to the idea of doing s.th., not to be able to get to like the idea of doing s.th.

Mit der Vorstellung, von München wegziehen zu müssen, kann er sich offensichtlich nicht anfreunden. Obwohl er genau weiß, daß es sein muß, sträubt er sich innerlich nach wie vor dagegen.

Anführungsstrichelchen: etw. in **Anführungsstrichelchen setzen** *form* · to put s.th. in inverted commas, to put s.th. in quotation marks

»Betrüger« hat er geschrieben? – Er hat das Wort in Anführungsstrichelchen gesetzt. Da sieht doch jeder, daß das nicht wörtlich gemeint ist.

Anführungszeichen: ich sage das in Anführungszeichen *ugs* · to say s.th. in inverted commas

Dieser Minister – das ist ein Betrüger. Ich sage das in Anführungszeichen, klar; denn ich habe keine Lust, mich mit dem Mann am Gericht herumzuschlagen. Aber wenn ich das auch nicht sagen darf: genau das ist meine Meinung.

Angabe: Angabe haben *Tennis/Tischtennis/Kartenspiele/...* · 1. to deal, 2. to serve

1. Wer hat Angabe? – Jetzt gibst du, Walter; eben habe ich gegeben/ (gemischt). *Karten*

2. Wer soll zuerst Angabe haben? – Das ist mir egal. Fang' du ruhig an. *Tischtennis/...*

angebunden: kurz angebunden sein · to be curt, to be abrupt, to be snappy

Der Großmann ist aber kurz angebunden! – Warum? – Ich habe ihn gebeten, mir den Hintergrund des Romans ein wenig zu erklären, worauf er lakonisch antwortet: »Können Sie im Kindler resümieren nachlesen!«

angedeihen: jm. viel Unterstützung/eine gute Erziehung/... angedeihen lassen *form* · to provide s.o. with s.th., to give s.o. support/a good education/...

Wer seinen Kindern eine derart gute Erziehung und Ausbildung angedeihen lassen kann wie die Familie Hübscher, kann natürlich davon ausgehen, daß sie auch einen vernünftigen Beruf finden. Aber wer ihnen lediglich eine normale Ausbildung zuteil werden lassen kann, der muß heute leider Sorge haben, daß sie später auf der Straße liegen.

Angedenkens: ... seligen Angedenkens *form veraltend* · 1. my/his/... the lamented wife/..., the late president/... of blessed memory, 2. Salazarism/... of blessed memory

1. Ach, wenn das mein Gatte seligen Angedenkens noch hätte erleben dürfen, Herr Direktor! Aber er ist ja schon in so frühen Jahren verstorben ...

2. ... Der Salazarismus seligen Angedenkens ... *iron*

... unseligen Angedenkens *form – iron* · ... seligen **Angedenkens** (2) · the late unlamented Salazar/..., the late President Salazar/... of unhappy memory

angefangen: angefangen von ... (über ...) bis zu ... · starting from/with ... (through ...) to ...

Die ganze politische Linie der letzten 150 Jahre paßt ihm nicht. Angefangen von Bismarck und der Vorherrschaft Preußens über die Nazizeit bis zu den restaurativen Tendenzen der Adenauerzeit – das scheint ihm alles verfehlt.

Angeführte: der Angeführte sein *ugs selten* · to be taken for a ride, to be the victim of a practical joke, the joke is on him/ you/...

Der Otto spielt den anderen nur zu gerne einen Streich. Aber wenn er selbst mal der Angeführte ist, reagiert er sofort beleidigt.

angegossen: sitzen/passen wie angegossen *Kleidung* · to fit like a glove

Bei welchem Schneider hast du den Anzug machen lassen? Der sitzt ja wie angegossen! toll!

angegriffen: nervlich/seelisch/... (sehr) angegriffen sein · s.o.'s nerves are strained/frayed/on edge/...

Wenn der Herr Lohrmann den einen oder anderen mal etwas brüsk behandelt, dürft ihr ihm das nicht so übelnehmen. Er ist bei der ernsten Krankheit seiner Frau nervlich sehr angegriffen. Wer weiß, wie wir uns verhalten würden, wenn ein solcher Druck auf uns lasten würde.

angehalten: angehalten sein, etw. zu tun *form* · to be instructed/required/... to do s.th.

(In einer Ausländerbehörde:) Ich verstehe sehr gut, daß Sie verbittert sind; aber ich kann da leider gar nichts machen. Wir sind angehalten, niemandem eine Aufenthaltserlaubnis zu geben, der keine gesicherte Arbeit hat. Das sind die Bestimmungen/Richtlinien. An die sind wir leider gebunden.

angehaucht: (leicht) romantisch/rot/... angehaucht (sein) *iron* · to have romantic/... leanings/tendencies, to be romantically/... inclined, to have a touch of romanticism/...

Ach, die Gerda Bachmann kennst du auch? – Ja. So ein leicht romantisch angehauchtes Mädchen, nicht? – Ein bißchen gefühlsselig ist sie vielleicht. Aber hochsympathisch – und schön!

angeheitert: (leicht/...) angeheitert sein · to be merry/tipsy/...

... Nein, betrunken war der Rudi gestern wirklich nicht, Mutter! – War er etwa nüchtern?! – Angeheitert, etwas angeheitert. Er hatte drei, vier Gläser Wein getrunken und war ein wenig ausgelassen, weiter nichts.

angeheiratet: ein angeheirateter Onkel/Cousin/... · to be a cousin/... by marriage

... Dein Cousin sagte mir gestern ... – Mein Cousin? Wer? – Der Fritz Breuer – das ist doch ein Cousin von dir, oder? – Ein angeheirateter ... –, er ist mit einer Cousine von mir, die ich nie sehe, verheiratet ...

angehen: jn. etwas/viel/wenig/nichts/... angehen · 1. it's/s.th. is none of s.o.'s business, 2. to concern s.o., to have s.th. to do with s.o.

1. ... Und wieviel will Onkel Karl bei dem Geschäft verdienen? – Das geht dich nichts an, mein Junge. Wieviel Onkel Karl verdienen will, ist seine Sache.

2. ... Und wieviel wird er da verdienen? – Geht Sie das etwas an, Herr Baumgärtner? – Ich bitte Sie! Das geht mich sogar sehr viel an. Er ist schließlich mein Sohn.

mit etw. (voll/...) angehen *ugs Neol* · to have really/... been had (with s.th.), to have been (well and truly/...) taken for a ride/conned

Mit meinem neuen Wagen bin ich voll angegangen. Ich war jetzt innerhalb von sechs Wochen viermal wegen der verschiedensten Defekte in der Werkstatt.

es kann doch nicht angehen, daß ... *form* · 1. 2. it is unacceptable that ..., it is out of order that ...

1. ... Es kann doch nicht angehen, daß die Besserverdienenden ständig Steuererleichterungen gewährt bekommen, während uns Fließbandarbeitern unterm Strich bald gar nichts mehr übrig bleibt! – Nein, das muß aufhören!

2. vgl. – es **geht** (doch) nicht an, daß .../das/(etw.) geht doch nicht an

etw. langsam/... angehen lassen · to play o.s. gently/slowly/... in, to take it easy at first/to begin with/...

Ich laß das Semester jetzt erstmal langsam angehen. Ich hab' keinen Bock, mich schon in die Arbeit zu stürzen!

angehend: ein angehender Arzt/Rechtsanwalt/Lehrer/... · a prospective lawyer/doctor/..., a lawyer/doctor/... to-be

... Wie kann ein angehender Rechtsanwalt so einen juristischen Unfug behaupten? – Der Gerd ist kein angehender Rechtsanwalt – der studiert Jura und ist gerade im fünften Semester. – Na, also! ...

angeht: was jn./etw. angeht · 1. 2. as far as s.o./s.th. is concerned, as for s.o./s.th.

1. ... Bei dem Peter habe ich nicht die geringsten Zweifel. Aber was den Paul angeht – da bin ich mir nicht so sicher.

2. Auf seine Hilfsbereitschaft kann man immer bauen/rechnen. Aber was sein Fachwissen angeht – da möchte ich mich eigentlich nicht äußern.

angeknackst: (etwas) angeknackst sein *ugs* · to be in a bad way, to be in bad shape, to be poorly *n*

... Seit dem Unfall im vergangenen Jahr ist der Otto Brachthäuser etwas angeknackst. – Physisch? – Auch psychisch ist er nicht mehr so belastbar wie früher!

angelegen: sich etw. angelegen sein lassen *mst im Perf./ Plusq. u. Futur/Konditional form* · to concern o.s. with s.th., to take care of s.th.

Also, ich kümmere mich um den Wein und Gert um die Rauchwaren, einverstanden? – Ja, du kannst beruhigt sein, Gert wird sich in jedem Fall die Rauchwaren angelegen sein lassen.

Angelegenheit: in eigener Angelegenheit kommen/reden/... *form* – (eher:) in eigener **Sache** kommen/reden/... · to come/speak/... on one's own account

j. soll sich um seine eigenen Angelegenheiten kümmern *ugs* · s.o. should mind his own business

Diese ständige Moralisiererei an anderen und über andere! Kümmert euch um eure eigenen Angelegenheiten und laßt die der anderen deren Sorge sein!

angelegt: es darauf angelegt haben, zu …/es darauf anlegen, zu … · 1. to make a point of doing s.th., 2. to go out of one's way to do s.th.

1. Hat er es darauf angelegt, den Chef zu verärgern, oder was ist los? Er macht alles, um ihn zu reizen.

2. Was, die Gertrud beschwert sich, daß Karl sie verführen wollte? Das ist aber stark. Sie legt es doch seit Jahren darauf an, den Karl zu fangen, mit allen Finessen und Tricks(chen).

angeln: sich jn./ein Mädchen/einen Mitarbeiter/… **angeln** ugs · to hook a husband/man/…, to catch o.s. a husband/man/…, to recruit an employee/colleague/… n

Also, der Dr. Huber ist nicht nur ein guter Chef, er betreibt auch eine vorausschauende Personalpolitik. Während die Abteilung von Herrn Dittmann total unterbesetzt ist, hat er sich schon wieder zwei neue Mitarbeiter geangelt!

Angeln: etw. aus den Angeln heben · 1. to get rid of s.o., 2. to cut the ground from under s.o./s.th., to leave s.o. without a leg to stand on

1. Die Opposition versucht, die Regierung aus den Angeln zu heben, indem sie den Haushaltsgesetzen die erforderliche parlamentarische Mehrheit verweigert. Ohne Haushalt, das ist ihre Kalkulation, kann die Regierung nicht lange regieren.

2. Die Stellungnahmen zur Überseepolitik sind Eckpfeiler seines Vortrags. Wenn Sie ihn ad absurdum führen, können sie den ganzen Vortrag aus den Angeln heben. Dann fehlt ihm die Basis.

angenagelt: wie angenagelt dastehen/stehenbleiben/… path – (eher:) wie **angewurzelt** dastehen/stehenbleiben/… · to be rooted to the spot

Angenehme: das Angenehme mit dem Nützlichen verbinden · to combine business with pleasure

Wir verbanden das Angenehme mit dem Nützlichen und sammelten bei unserem letzten Ausflug ein paar Pinienzapfen für unseren Kamin.

angerichtet: j. hat (da) (ja)/(vielleicht) **was/**(etwas) Schönes/Nettes/Herrliches/(…) **angerichtet** ugs – j. hat sich (da) etwas/was **Nettes** geleistet · to put one's foot in it, to do s.th. brilliant

angesagt: heute/… ist/… Linguistik/Soziologie/… **angesagt** ugs Neol · to be in, to be in fashion

… Ach, Karin, mit Geschichte kannst du heute nichts werden. Heute ist Informatik und so was angesagt! – Alles eine Frage der Mode!

angeschissen: herrlich/… angeschissen sein mit etw. vulg · to have been well and truly taken for a ride sl, to have been well and truly conned coll, to be in dead stuck coll

Mit dieser Volvo bist du ja herrlich angeschissen, was?! Da funktioniert nichts richtig – weder der Motor noch das Getriebe noch sonstwas. – Tja …! Gebrauchte Maschinen kaufen, das ist halt so eine Sache. – Die haben dich nach Strich und Faden übers Ohr gehauen, Mensch!

angeschlagen: (schwer) **angeschlagen sein** · 1. to be (seriously) weakened, to be groggy, to be shattered, 2. to be well-oiled, to have had a drop too much

1. Seit seinem Autounfall ist der Paul physisch wie psychisch nicht mehr der alte. – Du hast Recht, er ist in der Tat schwer angeschlagen, und wer weiß, ob er sich von dem Schreck jemals wieder ganz erholt.

2. vgl. – (ganz schön) einen in der **Krone** haben ugs

Angeschmierte: der Angeschmierte sein ugs – der **Dumme** sein · to be left holding the baby, to (have to) carry the can, to have to take the rap, to be the loser

angeschossen: (wie ein Wilder/…) **angeschossen kommen** ugs · to come racing/rushing/belting/… up to s.o. (like a lunatic/…)

Kaum hatte der Junge gehört, seine Mutter wäre aus Brasilien zurück, da kam er wie ein Wilder angeschossen. Er flog ihr geradezu in die Arme.

wie ein angeschossener Löwe/Tiger/… jn. anfahren/… ugs path · to go for s.o./… like a raving lunatic

… Ich hatte das gar nicht böse gemeint, als ich von nervlicher Überlastung sprach. Aber der Willi muß ihn in den falschen Rachen

gekriegt haben. Wie ein angeschossenes wildes Tier fuhr er mich an: »Meinst du etwa, du wärst ein Muster an Ausgeglichenheit …«

angeschrieben: bei jm. **gut angeschrieben sein** ugs · to be in s.o.'s good books, to be well in with s.o.

Es scheint, du bist bei eurem Meister gut angeschrieben. – Warum? – Ich habe ihn gestern im Stadtcafé getroffen, und ohne daß sich ein rechter Anlaß erkennen ließ, fing er sogleich an, dich über alle Maßen zu loben.

bei jm. **schlecht/**(schwarz) **angeschrieben sein** ugs · to be in s.o.'s bad books, to be out of favour with s.o.

Was, das Justizministerium unterstützt den Rektor nicht? Hat er da eine schlechte Nummer? – Der Rektor gehört zur Opposition, und alle Mitglieder der Opposition sind beim Justizminister(ium) schlecht angeschrieben – auch wenn es hochanständige und äußerst fähige Leute sind.

Angesicht: jm./sich **von Angesicht zu Angesicht gegenüberstehen** path selten · to stand face to face with s.o.

Hintenherum ist es leicht, den Chef zu kritisieren. Aber ich möchte sehen, was du tun würdest, wenn du ihm wie ich gestern von Angesicht zu Angesicht gegenüberstündest und er dich nach deiner ehrlichen Meinung fragte …

jn. **von Angesicht** (zu Angesicht) **kennen** selten – jn./sich (nur) von/(vom) **Ansehen** (her) kennen · to know s.o. (only/…) by sight

angespannt: ziemlich/sehr/… **angespannt sein** · to be tense, to work all-out/at full stretch

… Eine Zeitlang mal etwas angespannt sein – das macht nichts. Aber der Winfried arbeitet jetzt seit Jahren unter Hochdruck. Das kann auf die Dauer nicht gutgehen.

angesprochen: sich nicht angesprochen fühlen · not to feel/to be/… concerned by s.th., not to be involved

Na, was sagst du jetzt? Was der Albert erzählt, ist doch genau dasselbe, was ich immer gesagt habe! – Na und? Ich fühle mich da nicht angesprochen. Ganz egal, ob das stimmt oder nicht, was der Albert erzählt – i c h bin für die Dinge nicht verantwortlich. Ihr müßt euch an die Leute halten, die es betrifft, nicht an Dritte!

angestellt: fest angestellt/ein fest(er) Angestellter sein (bei/…) · to have a position with tenure, to have a permanent position

… Ach, diese Leute hier, schimpfte er, verstehen doch überhaupt gar nicht mehr, was es heißt, ständig in der Luft zu hängen, nie sicheren Boden unter den Füßen zu haben! – Ein Land, das fast nur noch aus Beamten und fest(en) Angestellten besteht, bringt für solche Situationen wenig Verständnis auf, das stimmt.

angestochen: wie angestochen schreien/brüllen/… sal – schreien/brüllen/…, als ob man am **Messer** steckte/stecken würde/(stäke) · to squeal/scream/… like a stuck pig

angetan: von etw. (ganz) **angetan sein** · to be (quite/…) taken with s.o./s.th.

… Ja, ja, von der neuen Apfelsorte ist er ganz angetan. Sie wächst gut, hat kaum Krankheiten, ist früh reif … Wollen mal sehen, wielang seine Zufriedenheit anhält.

es jm. **angetan haben** · to have made quite an impression on s.o.

Brasilien hat es dem Heinz angetan! Er fährt zu Karneval schon wieder nach Rio! – Also haben es ihm wohl die 'cariocas' angetan, vermute ich; die 'Schönheiten' von Rio haben ihn wohl in ihren Bann geschlagen …

etw./(j.) **ist nicht/**ganz/… **dazu/**(danach) **angetan** zu …/jn. zu veranlassen/etw. zu bewirken/… · not to be such as to persuade s.o./…, s.th. is not/… calculated to persuade s.o./…

Seine Rede ist nicht dazu angetan, mich für seine Meinung zu gewinnen. Wenn es ihm darum gegangen sein sollte, mich für sich zu gewinnen, hätte er anders sprechen müssen.

angetrunken: leicht angetrunken sein – nicht mehr/(…) (ganz) **klar** sein · to be a bit/slightly/… befuddled

angewiesen: angewiesen sein auf jn./etw. · 1. to have to rely on s.o./s.th., 2. to be dependent on s.th.

1. Da ich hier nur eine einzige deutsche Zeitung bekomme, bin ich in meinem Urteil über Deutschland auf die wenigen Nachrichten, die sie bringt, und mein Fingerspitzengefühl angewiesen, erklärte er. Andere Möglichkeiten habe ich hier nicht.

2. Wenn er seine Meinung oft nicht zu erkennen gibt, dann deshalb, weil er auf die Arbeit hier im Konsulat angewiesen ist. Als Ausländer ohne Arbeitserlaubnis hat er keinerlei Alternativen, wenn er in diesem Land bleiben will. Er hängt voll und ganz vom Konsulat ab.

auf sich selbst angewiesen sein · to have to fend for o.s., to be left to one's own devices

… Sie hat keinerlei Unterstützung, niemanden, der ihr hilft? – Nein, sie ist ganz auf sich selbst angewiesen.

angewurzelt: wie angewurzelt dastehen/stehenbleiben/… (vor Schrecken/…) path · to be rooted to the spot

Vor Schrecken stand er da wie angewurzelt. Wer ihn von ferne beobachtete, mußte ihn für ein Standbild halten, so regungslos stand er da.

angezogen: halb angezogen · half-naked, half-dressed

Da hat's geschellt, Karin, mach mal eben auf! – Die Brigitte hat schon aufgemacht. – Was, im Unterrock und Strümpfen? … – Brigitte, so halb angezogen geht man doch nicht an die Tür!

von jm./etw. (gleichsam) magisch angezogen werden/sich … fühlen path · to be irresistibly attracted to s.o./s.th.

… Was das genau ist, weiß die Iris selbst nicht. Sie fühlt sich von Lateinamerika gleichsam magisch angezogen. Das ist eine Art Rausch. Erklärungen stimmen da immer nur halb.

angraben: eine Frau/ein Mädchen/einen Mann **angraben** sal eher Jugendspr · 1. to get off with s.o., 2. to chat s.o. up coll

1. Die Vanessa hat gestern im Schwimmbad schon wieder einen neuen Typen angegraben. – Ja, ich weiß. Hinter dem Peter war sie schon länger her.

2. vgl. – jn. **anmachen**

Angriff: etw. in Angriff nehmen Arbeit u. ä. · to tackle s.th., to get cracking on s.th., to get down to it

Hast du mit der Arbeit schon angefangen? – Nein, bisher hatte ich keine Zeit. Aber nächste oder übernächste Woche werde ich sie energisch in Angriff nehmen. – Wenn du dich mit einigem Schwung dar ranmachst, müßtest du sie schnell fertig haben, denn schwer ist sie nicht.

Angriffsfläche: jm./(e-r S.) **keine**/(eine) **Angriffsfläche bieten** form · (not) to provide s.o. with a target, to keep one's nose clean, (not) to reveal any chinks in one's armour

… Du weißt doch ganz genau, daß der Juniorchef dir gegenüber voller Ressentiments steckt und dich am liebsten herausekeln würde. Du mußt dich also fachlich wie persönlich in jeder Weise korrekt verhalten. Die geringsten Angriffsflächen, die du ihm bietest, nutzt so ein Mann erbarmungslos aus.

(jm.) (keine) Angriffsflächen bieten form · (not) to leave o.s. open to attack, (not) to expose o.s. to attack, (not) to give s.o. a target, (not) to provide s.o. with a target

In der Diskussion im Anschluß an den Vortrag mußt du aufpassen. Da darfst du den Leuten keine Angriffsflächen bieten. Also vorsichtig sein; auf Nummer sicher gehen! Im Publikum gibt's immer Leute, die nur darauf warten, daß du dir irgendeine Blöße gibst, um da einzuhaken, dich bloßzustellen …

Angriffspunkte: jm. (keine) Angriffspunkte bieten – (eher:) (jm.) (keine) **Angriffsflächen** bieten · (not) to leave o.s. open to attack, (not) to expose o.s. to attack, (not) to give s.o. a target, (not) to provide s.o. with a target

Angst: umkommen vor Angst · to be scared to death, to be scared stiff

Du hättest die Jutta sehen sollen, als wir die Nachtwanderung durch den Wald machten. Die kam um vor Angst.

jm. wird angst und bange bei etw./wenn/… path · to become worried/anxious/frightened/… when one thinks of s.th./…

Wenn ich an die möglichen Folgen einer noch schärferen Ölkrise denke, wird mir angst und bange. Arbeitslosigkeit, Verteilungskämp-

fe, Radikalisierung, Krieg … – Nun, zu viel Furcht sollte man nicht haben, auch bei diesen Dingen nicht.

jm. angst und bange machen (mit …) path od. iron · to frighten s.o., to make s.o. worried/anxious/…, to put the wind up s.o. coll

Jürgen! Laß das Grollen da in der Dunkelheit! Du kannst einem ja angst und bange machen. – Renate, laß den Jungen doch gewähren. Du weißt doch, daß das kein Löwe ist, der da neben dir grollt. Oder hast du etwa vor deinem sechsjährigen Filius Angst?

Angst vor der eigenen Courage haben ugs · to be afraid/… that one went too far, to get cold feet

… Wenn der Klaus schon einmal lauthals verkündet hat, daß er gegen die ungerechte Behandlung durch den Bürgermeister offiziell und juristisch vorgehen wird, muß er das auch tun. Oder hat er jetzt Angst vor der eigenen Courage?

vor Angst gebeutelt werden path selten – vor **Angst** geschüttelt werden · to quake/quiver/… with fear

vor Angst geschüttelt werden path selten · to quake/quiver/… with fear

… Mein Gott, ist die Laura ängstlich! Wenn die im Dunkeln einen Spaziergang macht, wird sie geradezu vor Angst geschüttelt. Sie kann einem richtig leidtun.

jm. Angst machen · to frighten s.o., to scare s.o.

Nun mach' dem Kind doch nicht noch Angst! Die Lage ist doch schon so schwer genug, da brauchen wir sie durch unnötige Ängste nicht noch zu komplizieren!

die Angst sitzt jm. im Nacken form path · + to be in the grip/clutch/clutches/… of fear

Seit dem Überfall auf die Bank, der der Gruppe '5. März' zugeschrieben wird, sitzt dem Alfred die Angst im Nacken. Er hat jahrelang zu dieser Gruppe gehört. Obwohl er sich von ihr lossagte, als sie sich radikalisierte, muß er jetzt fürchten, daß die Polizei ihn festnimmt …

jn. in Angst und Schrecken setzen/(versetzen) path selten – jn. in **Schrecken** setzen · to terrify s.o., to put the wind up s.o.

es mit der Angst zu tun bekommen · to get frightened/scared/…, to get the wind up coll

Als sie wiederum die Schritte hinter sich hörte, bekam sie es mit der Angst zu tun. Ihr Herz begann zu pochen, sie schnappte nach Luft … »Du hast dich doch wohl nicht gefürchtet«, sagte plötzlich Dieters Stimme ganz ruhig neben ihr …

mehr Angst als Vaterlandsliebe haben ugs iron · s.o. is a chicken, s.o. is a scaredy cat

… Der Herbert soll ein unabhängiges Gutachten abgeben?! Daß ich nicht lache! Eher beißt der sich doch ein Monogramm in den Bauch, als daß er den Vorstellungen seiner Kollegen widerspricht. Der Gute hat doch mehr Angst als Vaterlandsliebe.

tausend Ängste ausstehen path · to undergo/to suffer/… terrible anxiety/worries, to be plagued by/to be a prey to/… terrible anxiety/worries

Weil uns der Arzt gesagt hatte, eine Fehlgeburt sei bei den Medikamenten leider nicht auszuschließen, standen wir die letzten Monate meiner Schwangerschaft tausend Ängste aus. Wenn nur alles gutgehen würde! …

in Ängsten und Nöten schweben path veraltend selten – tausend **Ängste** ausstehen · to undergo/to suffer/… terrible anxiety/worries, to be plagued by/to be a prey to/… terrible anxiety/worries

in tausend Ängsten schweben path veraltend selten – (eher:) tausend **Ängste** ausstehen · to undergo/to suffer/… terrible anxiety/worries, to be plagued by/to be a prey to/… terrible anxiety/worries

Angsthase: ein Angsthase (sein) ugs – ein **Hasenfuß** (sein) · s.o. is chicken/a coward

angucken: jn. **groß angucken**/(anblicken) · to gape/stare/... at s.o., to look at s.o. in amazement

... Als der alte Herr dann plötzlich sagte: »Nächste Woche fahre ich nach Rio«, guckte sein Sohn ihn groß an. Hatte sein Vater plötzlich einen Reisefimmel? Oder hatte es ihm in seinen alten Tagen eine schöne Brasilianerin angetan? ...

anhaben: jm. **etwas**/viel/nichts/... **anhaben können** · 1. (not) to harm s.th., (not) to damage s.th., 2. 3. (not) to be able to touch s.o., 3. (not) to be able to criticise s.o., (not) to be able to point the finger at s.o.

1. Das Gift kann den Pflanzen jetzt nichts anhaben, sie sind dagegen resistent.
2. Dem kannst du nichts anhaben: egal, was du machst, er findet immer einen Ausweg.
3. Dem Karl kann keiner etwas anhaben. Er hat sich in den schwierigsten Situationen immer sauber verhalten.

jm. **etwas anhaben wollen**/(...) *selten* · to try to dig up the dirt on s.o., to try to get s.th. on s.o.

... Weil er selbst keine reine Weste hat, möchte der Riedbach natürlich auch den anderen Mitarbeitern hier nur zu gern etwas anhaben. – Da hat er Pech: die Leute sind alle korrekt; denen ist nichts vorzuwerfen.

Anhalter: per **Anhalter** (fahren/...) · to hitch-hike, to hitch

Bis Portugal bist du per Anhalter gefahren? – Bis Portugal. – Und wie lange hast du gebraucht? – Das Trampen hat solange gedauert wie die Zugfahrt: 35 Stunden.

anhand: **anhand von** – an **Hand** von · (by) using, on the basis of

anhängen: jm. **etwas**/allerhand/einiges/... **anhängen**/jm. (immer/...) etwas anhängen wollen *ugs* – jm. etwas am/(ans) **Zeug** flicken (1, 2) · to find fault with s.o., to be always picking at s.o., to pick holes in what s.o. does/...

anheimstellen: jm. eine Entscheidung/... **anheimstellen**/es jm. anheimstellen, ob ... *form veraltend* · to leave it to s.o./to s.o.'s discretion/... to decide whether/..., to leave it up to s.o. to decide ...

(Ein Professor zu einem Doktoranden:) Ihre Arbeit ist in ihren Grundgedanken überzeugend, hat aber noch eine Reihe gravierender Mängel. Ob sie in dieser Fassung bei den Koreferenten durchgeht, kann ich nicht sagen. Ich stelle es Ihnen anheim, ob Sie sie so einreichen oder erst nochmal eine gründliche Revision vornehmen wollen.

Anhieb: auf **Anhieb**/(auf den ersten Anhieb) · straight-off, first go, at the first attempt

Auf Anhieb tippte er auf die richtige Nummer, sofort beim ersten Versuch.

anhören: sich schon **anders anhören** *ugs* – das ist (schon) etwas **anderes** · that is different, that is a different matter

etw. **nicht** (mehr) **mit anhören können**/(wollen/...) · I/he/... can't listen to this any longer

... Wenn die Streiterei zwischen euch jetzt nicht aufhört, hau' ich ab. Das kann man ja nicht mehr mit anhören!

Animus: j. **hat da so einen Animus** *ugs selten* – etw. (so) im **Urin** haben/(spüren) · to have a gut feeling about s.th., to feel s.th. in one's bones

Anker: vor **Anker gehen** *Schiff* · 1. to drop anchor, to cast anchor, 2. to drop into a pub/...

1. Das Schiff soll vor dem Hafen vor Anker gehen? Warum denn das?
2. Nach den strapaziösen Verhandlungen ging er im 'Röschen' vor Anker, einer Bar, in der er sich schon häufiger wieder Mut für den nächsten Tag geholt hatte. *iron*

sich vor **Anker legen** *Schiff* · to drop anchor

... War es schon dunkel, als sich die 'Augusta' gestern abend vor Anker legte? – Als sie in den Hafen einfuhr, fing es gerade an zu dämmern.

die **Anker lichten** *Schiff* · 1. to weigh anchor, 2. to make a move

1. Wann hat das Schiff die Anker gelichtet? – Um 6.15 Uhr. Um sieben Uhr fuhr es schon aufs offene Meer.
2. (In einer Kneipe:) So, ich werde jetzt langsam die Anker lichten! – Was, du gehst jetzt schon nach Hause? – Ja, ich muß morgen sehr früh aufstehen.

vor **Anker liegen**/(treiben) *Schiff* · to lie at anchor, to ride at anchor

Das Schiff liegt vor dem Hafen vor Anker. Warum denn das?

Anker werfen *Schiff* · to drop anchor

Ist die 'Augusta' schon in den Hafen eingefahren? – Sie fährt nicht ein. Der Kapitän hat Order gegeben, etwa zwei Kilometer vor der Hafenmauer Anker zu werfen. – Warum denn das?

Anklage: **Anklage erheben** (gegen jn.) *form* · to bring charges against s.o., to prefer charges against s.o.

... wird der Bundesstaatsanwalt gegen diese Vereinigung Anklage erheben ...

unter **Anklage stehen** *jur selten* · to be charged with s.th., to be accused of s.th.

... Wer steht denn nun unter Anklage, der Präsident des Vereins oder der Kassierer? – Soweit ich informiert bin, ist gegen die ganze Vereinsführung Klage erhoben worden.

jn. **unter Anklage stellen** *jur selten* – jn./etw. vors/vor/(vor das) **Gericht** bringen · to sue s.o., to take s.o. to court

Anklagebank: jn. **auf die Anklagebank setzen**/(bringen) *selten* – (inch. zu:) auf der **Anklagebank** sitzen · to take s.o. to court, to haul s.o. up before court

auf der **Anklagebank sitzen** · to be in the dock *lit*, to be under fire

Wenn ihr alle über mich herfallt und mir Vorwürfe macht, haue ich ab. Ich habe doch keine Lust, hier auf der Anklagebank zu sitzen. Wenn ihr den Richter spielen wollt, müßt ihr euch einen anderen Angeklagten suchen.

Anklang: (keinen/großen/starken/...) **Anklang finden** (bei jm.) · to meet with a good/... response, to be well/... received, to go down well/badly with s.o.

Die Portugiesische Musikwoche fand bei den Einwohnern sehr starken Anklang. Selbst die größten Optimisten hatten nicht mit einem so positiven Echo gerechnet.

anklopfen: bei jm. (kurz/mal eben/...) **anklopfen** *ugs* – bei jm. (kurz/...) **vorbeigehen** (1) · to drop in on s.o., to call in on s.o., to stop by at s.o.'s house, to drop by at s.o.'s house

bei jm. **mal leise/sachte/... anklopfen** *ugs* · to raise a matter/... with s.o., to bring up a subject/..., to sound s.o. out (gently/...) about s.th.

... Na, Georg, hast du unseren Chef schon auf eine Gehaltserhöhung angesprochen? – Nein, aber wenn ich heute mit ihm in die Kantine gehe, werde ich deswegen mal bei ihm anklopfen und ihm meine finanzielle Lage darlegen!

Anknabbern: zum **Anknabbern sein**/aussehen *sal* – zum **Anbeißen** sein · to look/to be/... nice enough to eat

ankommen: (gut/schlecht/...) (bei jm./in/...) **ankommen** (mit etw.) · 1. to go down well, to catch on, 2. (not) to get anywhere, 3. to hit it off with s.o., to be a success with s.o.

1. Ist sein Vortrag gut angekommen? – Ausgezeichnet! Die Leute waren begeistert.
2. Mit solch einem Thema kommen Sie in Spanien nicht an. Das interessiert die Leute dort nicht. Wenn Sie Echo haben wollen, müssen Sie ein anderes Thema wählen.
3. Er kommt bei den Leuten einfach nicht an. Ich kann dir auch nicht sagen, warum nicht. Es gibt da irgendeine Wand zwischen ihm und den Schwaben; da ist nichts zu machen. Echo wird er hier nie finden.

(mit etw) bei jm./da/... übel/schön/... **ankommen** · to make a big/fine/... impression *iron*, to get nowhere with s.th.

Mit so einem Thema wirst du herrlich ankommen! Die werden dich auspfeifen.

nicht **ankommen gegen** jn./etw. · 1. to be a/(no) match for s.o., 2. (not) to be able to compete with s.o., to be no match for s.o., to be powerless against s.o., 3. not to be able to do anything about s.th.
1. Eure Mannschaft mag ja zur Zeit gut in Form sein, gegen unsere kommt sie trotzdem nicht an. Wir sind immer noch stärker.
2. Gegen den Meyer kommst du nicht an. Der findet immer einen Weg, um sich durchzusetzen.
3. Gegen die allgemeinen Mißbräuche kommst du nicht an. Da kannst du machen, was du willst, es nützt alles nichts.

jn. **hart ankommen** · to be hard for s.o., to be tough for s.o., to be a blow for s.o.
Daß seine Frau ihn in dieser Notlage auch verließ, kam ihn hart an. – Ja, das zu überwinden, kostete ihn mehr Kraft als alles andere.

jn. **sauer ankommen** *ugs selten* · to be hard for s.o. to take *n*
Bei den anderen hatte er ja mit dieser Reaktion gerechnet. Aber daß Karl genau so reagierte, kam ihn sauer an. Bei seinem besten Freund hatte er etwas anderes erwartet. »Aber was soll's?«, sagte er sich, »damit werde ich auch noch fertigwerden«.

bei jm. **mit** etw. **nicht ankommen können** · not to be able to get anywhere with s.o. *oft fut*, not to cut much ice with s.o.
Ach, mit solch lächerlichen Argumenten kannst du doch beim Chef nicht ankommen! Der lacht sich kaputt, wenn er das hört. Als wenn der auf solch einen Unsinn einginge!

es auf einen Kampf/... **ankommen lassen** · to be prepared to risk ..., to be prepared to risk a fight/trial/...
Wenn es nicht anders geht, laß ich es auch auf einen Prozeß ankommen. – Bist du dir im klaren, was dich da u. U. erwartet? – Das ist mir ganz egal.

es d(a)rauf ankommen lassen · to be prepared to to take the risk
Ich laß es drauf ankommen. Wenn sie mir den Prozeß machen – gut, ich werde mich wehren. Ich gebe jedenfalls nicht nach. Wenn sie einen Skandal wollen – meinetwegen. Mir ist die Sache das Risiko wert.

und/aber/... **wenn**/... **es drauf/(darauf) ankommt**, ... · but/... when it comes to the crunch, but/... when it counts, but/... when it matters
... Sie wissen ja: ich schreibe nicht viel. Aber wenn es drauf ankommt, bin ich für Sie da! – Ich weiß, Herr Bitzer. Im Ernstfall kann man immer auf Sie rechnen.

ankönnen: (nicht) **ankönnen gegen** jn./etw. – (nicht) **ankommen** gegen jn./etw. (2, 3; u. U. 1) · to be a/(no) match for s.o., (not) to be able to compete with s.o., to be no match for s.o., to be powerless against s.o., not to be able to do anything about s.th.

ankreiden: jm. etw. **übel/dick/schwer ankreiden** *ugs* · to hold s.th. against s.o. *n*
Der Herr Holzmann ist auf den Hanspeter immer noch schlecht zu sprechen, nicht? – Ja, leider. Er hat es ihm offenbar dick angekreidet, daß er ihn damals belogen hat. – So ein Verhalten würde ich einem Angestellten von mir auch übelnehmen. – Und auch so schnell nicht wieder vergessen?

ankümmeln: sich einen **ankümmeln** *ugs selten* – sich einen **saufen** · to get plastered

anlabern: jn. (dumm/blöd/...) **anlabern** *sal* · 1. to chat s.o. up *coll*, to get at s.o. *coll*, to knock s.o. *coll*, 2. to sidle up and make a stupid remark to s.o. *n*
1. vgl. – jn. (blöd/...) **anmachen**
2. vgl. – jn. (dumm/blöd/...) von der **Seite** anreden

anlangt: was jn./etw. **anlangt** *form* – (eher:) was jn./etw. **angeht** · as far as s.o./s.th. is concerned

Anlaß: das/etw. **gibt zu denken Anlaß** *path* · it/s.th. is a cause for concern, it/s.th. makes one think, it/s.th. provides food for thought
Was, der Herr Hartmann hat schon viermal nicht an den Sitzungen teilgenommen? Das gibt zu denken Anlaß. Da stimmt was nicht.

aus gegebenem Anlaß *form* · for reasons you/we/... all know, because of the circumstances you/we/... know
(In einem Rundschreiben:) Aus gegebenem Anlaß weisen wir darauf hin, daß die Bewerbungen um ein Auslandsstipendium bis spätestens zum 15. Juli in der Botschaft eingehen müssen.

(keinen) **Anlaß haben**, etw. zu tun · to have (no) reason to believe/to do/... s.th., to have (no) grounds for thinking/believing/... s.th.
... Natürlich ist mir bekannt, Herr Breuer, daß verschiedene Mitarbeiter den jungen Breitbach im Verdacht haben, Gelder zu veruntreuen. Wenn Sie mich fragen: ich habe bisher keinerlei Anlaß, an der Ehrlichkeit des Jungen zu zweifeln.

allen Anlaß haben, etw. zu tun – allen **Grund** haben, etw. zu tun · to have every reason to do s.th.

(jm.) **Anlaß** (dazu) **geben**, zu .../daß ... · to give s.o. reason/grounds/... for doing s.th.
Ich weiß nicht, warum ihr alle so sauer reagiert. Ich habe zu dieser Feindseligkeit jedenfalls keinen Anlaß gegeben. Oder doch? Dann rückt mal raus mit der Sprache: habe ich etwas gemacht, was euch verärgert hat?

das/etw. **ist Anlaß genug** (für jn.), (um) zu ... – (das/etw. ist) **Grund** genug (für jn.), (um) zu ... · it/s.th. is reason enough for s.o. to do s.th.

etw. **zum Anlaß nehmen**, etw. zu tun · to take the opportunity to do s.th., to take advantage of the opportunity to do s.th., to avail o.s. of the opportunity to do s.th.
Ich werde die Preisdiskussion zum Anlaß nehmen, den Leuten meine Vorstellungen zur weiteren Entwicklung des Hopfens vorzutragen. Das ist eine gute Gelegenheit, diese Problematik anzuschneiden, ohne daß es jemand übelnehmen kann.

allerhand/viel/... Anlaß zu reden geben · to cause a lot of talk, to give rise to scandal/...
Die Scheidung des Außenministers hat allerhand Anlaß zu reden gegeben. Alle Welt spricht darüber. Als ob es ein Skandal wäre, daß sich ein Minister scheiden läßt.

anlassen: sich gut/schlecht/... **anlassen** *ugs* · 1. 2. to get off to a good/bad/... start 1 + to start off well/badly/... *n*
1. Wie steht's mit deiner Bewerbung bei der Stadt? – Die Sache hat sich gut angelassen. Wenn die Dinge so weiter laufen, werde ich die Stelle bald antreten können.
2. vgl. – gut/schlecht/... **anlaufen**

Anlauf: (sofort/...) beim/(im) ersten Anlauf etw. schaffen/... · to (manage/... to) do s.th. at the first attempt, to (manage/... to) do s.th. at the first go
Sofort beim ersten Anlauf gelang es ihm, in den Vorstand gewählt zu werden. Die meisten müssen sich drei-, viermal und öfter zur Wahl stellen, bis sie es schaffen.

einen Anlauf nehmen · 1. to take a run-up, 2. to make a big effort to do s.th.
1. Wenn du über den Graben springen willst, Heinz, mußt du einen längeren Anlauf nehmen. Geh' also weiter zurück, die paar Meter genügen nicht.
2. Jetzt bin ich 25. Wenn ich noch mal einen anständigen Anlauf nehme, kann ich den Übergang von der Schule in die Universität vielleicht doch noch schaffen. Aber nur, wenn ich die Sache mit Elan anpacke.

anlaufen: gut/schlecht/... **anlaufen** · to get off to a good/bad/great/... start
Die Arbeit an unserem neuen Projekt ist gut angelaufen. Die Arbeitsvoraussetzungen sind hervorragend, und unser Team ist optimal besetzt.

(über und über) **rot anlaufen** · to go red (all over)
Es ist einfach taktlos, Fred, in Gegenwart des Mädchens solche Witze zu erzählen. Ist es doch ganz klar, daß sie rot anläuft. Selbst deine Frau wäre rot geworden.

(mit etw.) **bei** jm./da/... **übel anlaufen** *ugs selten* – (mit etw.) bei jm./da/... übel/schön/... **ankommen** · to make a big/fine/... impression *iron*, to get nowhere with s.th.

Anlehnung: in/(unter) **Anlehnung an** … *form* · following s.o./s.th., following s.o.'s example

… Wenn jemand in Anlehnung an Goethe einen Briefroman schreibt, muß das doch kein 'reaktionärer Autor' sein, verdammt nochmal! Man kann doch auf die Klassiker zurückgreifen und trotzdem hochmodern sein. Oder was heißt für dich 'Tradition'?

anleiern: etw. **anleiern** *ugs* · 1. to make a start with/on s.th. n, to get cracking with/on s.th., 2. to set s.th. up n, to arrange s.th. for s.o. n

1. … Wenn du im Frühjahr mit deinem Hausbau beginnen willst, dann solltest du so langsam den ganzen Formalkram anleiern. Auf der hiesigen Baubehörde arbeiten sie ziemlich lahmarschig. Das dauert ewig, bis da ein Genehmigungsverfahren durch ist.

2. Du hast doch als Kulturdezernent gute connections, könntest du für uns nicht mal ein paar Konzerte anleiern? – Ich werd' mal sehen, was sich machen läßt.

Anleihe: eine **Anleihe bei** Schiller/… **machen** *iron* · to borrow from Schiller/Goethe/…

So hin und wieder mal eine Anleihe bei Goethe, Schiller oder sonst einem bekannten Autor machen, das ist wohl vertretbar. Aber Paul übertreibt. Bei ihm erscheint auf jeder Seite irgendetwas, was nicht auf seinem Mist gewachsen ist. Und ohne daß das kenntlich gemacht wäre.

anlügen: … jn. **anlügen, daß er blau wird** *ugs selten* – lügen, daß sich die **Balken** biegen · to tell a pack of lies, to lie one's head off

Anmache: bei einem Mädchen/einer Frau/einem Typen **die Anmache starten** *sal Jugendspr* · to give the come-on to a boy/girl/woman/… coll, to try to chat up a boy/girl/woman/… coll

Der Jörg scheint bei der Vera ja voll die Anmache gestartet zu haben. Der geht ja ran wie Blücher!

anmachen: jn. (blöd/…) **anmachen** *ugs Neol* · 1. to chat s.o. up, 2. 3. to get at s.o., to knock s.o.

1. Paß mal auf, Elly: wenn du mit der Absicht hierher gekommen bist, die anderen Männer anzumachen, hau' ich ab. Ich hatte angenommen, du wolltest mit mir hier tanzen. Aber wie ich sehe, würdest du es vorziehen, dich mit anderen zu amüsieren.

2. Warum hat dich der Typ gestern abend in der Disco so aggressiv angemacht? – Ich glaube, denn hat es nicht gepaßt, daß ich an der Bar mit seiner Freundin geredet habe. Denn kurz danach hat er mich angerempelt und mir zugezischt, ich soll die Finger von der Kleinen lassen, sonst würde er mir ein paar reinhauen. *sal*

3. … So langsam stinkt es mir in dieser Abteilung! Wenn man den kleinsten Fehler macht oder auch nur fünf Minuten zu spät kommt, wird man gleich blöd angemacht. Diese doofen Sprüche wie:»Na, Frau Kollegin, heute wieder mal 'nen gesunden Schlaf gehabt?« und ähnliche Nettigkeiten gehen mir allmählich gehörig auf den Geist!

Anmarsch: im **Anmarsch sein** *form od. iron* · 1. to be advancing, to be on the march, 2. to be on one's way, 3. to be on its way

1. Die Truppen sind schom im Anmarsch. Sie müssen in spätestens einer Stunde die Stadtgrenze erreichen.

2. Kommt der Rolf denn jetzt endlich oder kommt er nicht? – Beruhig' dich, er ist schon im Anmarsch. – Wie, kommt er zu Fuß? – Ja, sein Wagen ist kaputt.

3. vgl. – im **Anflug** sein

anmerken: sich etw. (nicht)/**nichts anmerken lassen** · not to show anything, not to show one's feelings, not to give o.s. away

Die Bemerkung seiner Frau, als Ehemann sei er leider nicht so kompetent wie als Abteilungsleiter, hatte ihn zutiefst getroffen. Aber er ließ sich nichts anmerken. Hätte er gezeigt, wie getroffen er sich fühlte, hätte seine Frau nur triumphiert.

anmotzen: jn. **anmotzen** *sal* · to yell at s.o. n, to bawl s.o. out coll

… Was heißt denn da: »He, weg da!«? Du hast ja vielleicht einen Ton an dir! Motzt du die Leute immer so an?

Annahme: der **Annahme sein, daß** … *form* · to assume that …

(Ein Anrufer:) Guten Morgen, Herr Schreiber. Ich bin überrascht, daß Sie da sind. Ich war der Annahme, sie wären noch verreist. Ihr Abteilungsleiter hatte mir gesagt …

(wohl/…) **nicht fehlgehen in der Annahme, daß** … *form od. iron* · to be (probably/…) correct in assuming that …

Wenn die Fa. Schuckert auf unser Angebot trotz mehrmaliger Erinnerungen nicht reagiert, gehe ich wohl nicht fehl in der Annahme, daß sie an unseren Artikeln nicht interessiert ist.

Annalen: in die **Annalen** (der Stadt/…) **eingehen** *geh eher iron selten* · to go down in the annals of the town/…

… Du kennst meinen Großvater, Dr. Kurt Köppers, nicht, Manfred? Eure Familie ist doch von hier, oder? – Ja, natürlich! – Mit dem Bau der ersten Zeche ist der doch in die Annalen der Stadt eingegangen. Den Namen kennt doch jeder, der hier die Volksschule besucht hat …

annehmen: das **kannst du** (wohl) **annehmen!** *ugs* · you bet l/ they/… will do/…!

Wenn du den Brandstifter erwischst, wirst du ihn anzeigen? – Das kannst du wohl annehmen! So ein Schurke darf doch nicht frei herumlaufen.

sich von etw. **nichts annehmen (wollen)** *form veraltend* · not to want to accept responsibility for s.th.

… Wenn seine Sekretärin den Fehler gemacht hat, ist er als Firmenleiter doch dafür verantwortlich – und nicht etwa der Kunde! Er will sich zwar jetzt von der Sache nichts annehmen; aber mein Vater wird ihn zwingen, zu seiner Verantwortung zu stehen. Notfalls gerichtlich.

Anno: **Anno dazumal** *ugs veraltend* – **Anno** Leipzig einundleipzig · yonks ago, ages ago, in the year dot

von Anno dazumal sein *ugs veraltend* – von **Anno** Tobak sein · in the dim and distant past, yonks ago, ages ago

Anno Domini 1525/… *geh selten* · in the year of Our Lord 1525/…, in 1525/… A.D.

… Die Kaiserkrönung Karls des Großen war … – Anno Domini 800. – Bravo!

Anno dunnemals *ugs scherzh selten* – **Anno** Leipzig einundleipzig · yonks ago, ages ago, in the year dot

Anno Leipzig einundleipzig *ugs scherzh veraltend selten* · yonks ago, ages ago, in the year dot

Wann war die Schlacht von Königgrätz? – Meinst du, ich wüßte das? So Anno Leipzig einundleipzig – irgendwann, vor längerer Zeit.

Anno Schnee *ugs scherzh österr* – **Anno** Leipzig einundleipzig · yonks ago, ages ago, in the year dot

von Anno Tobak sein *ugs* · in the dim and distant past, yonks ago coll, ages ago

Das sind ja Gesichtspunkte von Anno Tobak, Fritz! Ein unterschiedliches Wahlrecht für die einzelnen Bevölkerungsschichten als stabilisierender Faktor der Gesellschaft? Schon zur Zeit unserer Großväter galt so etwas als maßlos veraltet.

von/(aus) Anno Tobak stammen *ugs* · it/s.th. is/comes from/… way back when

Wo hast du denn der Hut ausgegraben? Der stammt ja von Anno Tobak! – Ich habe ihn in dem Schrank aufgestöbert, in dem die Kleidung meiner Großmutter aufbewahrt wird. Meinst du wirklich, so etwas kann man heute nicht mehr tragen?

anpacken: alles/die Dinge/die Probleme/… **falsch/verkehrt anpacken** – alles/die Dinge/die Pobleme/… am/(beim) falschen/(verkehrten) **Ende** anpacken/anfassen · to go about s.th. the wrong way, to tackle a problem form the wrong end

alles/die Dinge/die Probleme/… **richtig anpacken** – alles/die Dinge/die Probleme/… am/(beim) richtigen **Ende** anpacken/anfassen · to go about s.th. the right way, to tackle s.th. the right way

wie man's anpackt, man macht's falsch/verkehrt/… – wie man's (auch) **macht,** macht man's falsch/verkehrt/ist es falsch/verkehrt · whatever way l/we/they/… do it, it's wrong

anpicheln: sich einen **anpicheln** *ugs* – sich einen **ansäuseln** · to get tanked up, to go on the booze

anpinkeln: ich laß mich/er/der Peter läßt sich/... **von** jm. **(doch) nicht anpinkeln** *sal* · I/he/Peter/... won't let s.o. treat me/him/... like dirt *coll*

Wenn der Körber mir was zu sagen hat, dann soll er das in einem anständigen Ton tun! Der meint wohl, ich wär' sein Hausdiener! Ich laß mich von diesem Mann doch nicht anpinkeln!

anpöbeln: jn. **anpöbeln** *ugs* · to be rude to s.o. *n*, to call s.o. names *n*

(Eine alte Dame:) Da haben mich doch gestern zwei junge Kerle angerempelt und dann haben die auch noch einen dummen Spruch abgelassen. – Ja, ja, die Jugend von heute wird immer schlimmer! Alte Leute anpöbeln, das das können die!

anrechnen: jm. etw. **hoch anrechnen** · to think highly of s.o. for doing s.th.

Ganz uneigennützig hat er mich zu einer Zeit unterstützt, als ich noch völlig unbekannt war und als es ihm selbst gerade nicht rosig ging. Das rechne ich ihm hoch an. – Ein solches Verhalten verdient in der Tat größte Anerkennung.

Ansatz: etw. **im Ansatz ersticken**/(abtöten) *form – path* · to nip s.th. in the bud

»Den aufkeimenden Rechtsradikalismus muß man im Ansatz ersticken!«, sagte er scharf. »Diese Leute dürfen in Deutschland auf keinen Fall Fuß fassen!«

im Ansatz stecken bleiben · not to get beyond the early stages, to get bogged down at the outset/beginning/..., not to get beyond the drawing board

Die Projekte zur Erschließung des Boritals sind angelaufen und dann nicht weiter verfolgt worden? Seltsam. – Ja, sie sind im Ansatz stecken geblieben. Warum, weiß ich auch nicht.

ansaufen: sich einen **ansaufen** *sal* – sich einen **saufen** · to knock back a few *coll*, to go for a drink/a few jars *coll*, to go out and crack tubes *Neol*, to go out on the booze/piss/...

ansäuseln: sich einen **ansäuseln** *ugs* · to get tipsy

Sich so hin und wieder mal einen ansäuseln, na ja, dagegen ist nicht viel zu sagen. Solange das nicht in Saufereien ausartet!

Anschaffe: auf (die) **Anschaffe gehen** (für jn.) *sal* – (für jn.) anschaffen **gehen** (1) · to work as a prostitute (for s.o.), to go on the game (for s.o.)

(für jn.) **anschaffen gehen** *sal* – (für jn.) anschaffen **gehen** · to work as a prostitute (for s.o.), to go on the game (for s.o.)

Anschaffungen: Anschaffungen machen · to buy things, to make purchases

Er hat derart viele Anschaffungen gemacht, daß er jetzt aus den Schulden nicht herauskommt. – Was hat er denn alles gekauft?

anschauen: jn. **schief anschauen** – jn. schief **ansehen** · to look askance at s.o.

Anschauung: etw. **aus eigener Anschauung wissen**/bestätigen können/... · to know/to be able to confirm/... s.th. from personal experience/from one's own experience

Wenn der Rudi sagt, die meisten Seminarbibliotheken würden höchstens zu zehn Prozent genutzt, kann ich das nur bestätigen. Ich kenne ein halbes Dutzend von diesen Bibliotheken aus eigener Anschauung; da war das überall so.

die Anschauung vertreten, daß ... *form* – die **Überzeugung** vertreten, daß ... · to be convinced that ..., to be of the firm conviction that ...

Anschein: es hat den **Anschein** (daß ...) · it looks like ..., it looks as if ...

Die Sozialisten scheinen die Wahl in der Tat zu gewinnen, was? – Es hat den Anschein. Sicher ist es zwar noch nicht, doch es sieht sehr danach aus.

es hat allen Anschein, (daß ...) *path* · there is every likelihood that ..., it is on the cards that ...

Es hat allen Anschein, daß sie in der Tat den Hausmann zum neuen Direktor des Instituts machen. – Woraus schließt du das? – Aus den verschiedensten Indizien. Offiziell ist natürlich noch alles in der Schwebe; aber für mich ist das so gut wie sicher.

den Anschein erwecken, daß ... *form* · to give the impression of being ...

Er sucht immer den Anschein zu erwecken, daß er Spezialist auf dem Gebiet der Hochfrequenztechnik ist. In Wirklichkeit versteht er davon kaum mehr als du oder ich.

sich den Anschein geben, zu .../eines ... *form* – sich das **Ansehen** geben, zu .../eines ... · to give the impression of being ...

allem Anschein nach ... · apparently, to all appearances

Der Klaus ist krank? – Ja. Und allem Anschein nach ist es etwas Ernstes. Seine Frau sagte mir am Telephon, er liegt jetzt schon seit fast zwei Monaten im Bett ...

anscheißen: jn. (ganz schön/...) **anscheißen** *vulg* · 1. to pull a fast one on s.o., to fiddle s.o., to take s.o. for a ride, to put one over on s.o., 2. to throw dust in s.o.'s eyes, to tell s.o. a pack of lies, to pull the wool over s.o.'s eyes, 3. to yell at s.o., to bawl s.o. out

1. vgl. – jn. (ganz schön/mächtig/anständig/...) übers **Ohr** hauen

2. vgl. – (eher:) jm. (mal wieder/...) blauen **Dunst** vormachen

3. vgl. – (eher:) jn. **anmotzen**

Anschiß: jm. **einen Anschiß verpassen** *sal* · to give s.o. a bollocking

Ich glaube, unserem neuen Lehrling müssen wir mal einen Anschiß verpassen. Der gute Florian ist bisher fast keinen Tag pünktlich gekommen.

Anschlag: in Anschlag sein/(liegen) *Jagd* · to have one's rifles at the ready, to be lying in wait

Die Jagd ist eröffnet, die Jäger liegen in Anschlag ..., jetzt fehlen nur noch ein paar anständige Böcke.

einen weichen/harten/... **Anschlag haben** *Klavier* · to have a light/heavy/... touch

Er spielt gut, sehr gut sogar, und trotzdem höre ich ihn nicht gern. Ich finde, er hat einen viel zu harten und zu wenig nuancierten Anschlag.

ein Gewehr/eine Pistole/(...) in/im Anschlag haben *form* · to have one's rifle/pistol/... in firing position, to have one's rifle/pistol/... at the ready

Ich krieg' jedesmal zuviel, wenn die Bullermänner/(Polizisten) bei einer stinknormalen Verkehrskontrolle die Maschinenpistolen im Anschlag haben!

es steht jm. **bis zum Anschlag** *sal Neol* · + to be sick to death of s.o./s.th. *coll*, + to have had it up to here with s.o./s.th. *coll*

... Ich hab' diese Firma so satt, das kannst du dir nicht vorstellen! – Mir steht dieser Scheißladen echt bis zum Anschlag!

etw. in Anschlag bringen *form* · to take s.th. into account, to allow for s.th.

Also, 25.000,– Mark kostet der Ausbau des Hauses, nicht? – Ja. – Dann müssen wir aber noch das Material in Anschlag bringen, das ich selbst gekauft habe. So um die 7 – 8.000,– Mark wären also wohl noch abzuziehen. – Nein. Diese Materialien habe ich bei der Berechnung schon berücksichtigt.

ein Gewehr/(...) in Anschlag bringen · to present a rifle/..., to put a rifle/... in aiming position

(Ein Vater zu seinem Jungen auf einer Jagd:) Wenn die Jäger ihr Gewehr bereits in Anschlag gebracht haben, rechnen sie natürlich mit Wild. – Sie werden also gleich schießen? – Wollen mal sehen.

in Anschlag gehen *Jagd* – in **Anschlag** sein/(liegen) · to have one's rifles at the ready, to be lying in wait

einen Anschlag auf jn./js. Leben **machen/verüben** – (eher:) ein **Attentat** auf jn. ausüben. (1) · to make an attempt on s.o.'s life, to try to assassinate s.o.

Anschluß: (unmittelbar) **im Anschluß an** ... · 1. 2. following, immediately after

1. Im Anschluß an den Vortrag gibt es ein gemütliches Beisammensein im Hotel 'Hirsch'.

2. ... und unmittelbar im Anschluß an seine Spanienreise fuhr er nach London? – Ja, direkt danach.

Anschluß haben/suchen/finden/... – **Anschluß kriegen/bekommen (3)** · to make friends

Anschluß kriegen/bekommen · 1. to get a connection *n*, 2. to get through, 3. to make friends
1. Du mußt sehen, daß du in Göttingen den Anschluß nach Bielefeld bekommst. Es gibt zwar nur fünf Minuten Zeit, aber wenn dein Zug pünktlich ist, reicht das. Der Anschlußzug hält auf demselben Bahnsteig gegenüber. *form*
2. Ist das Telephon kaputt? Ich kriege gar keinen Anschluß. *form*
3. Nein, für einen alleinstehenden Mann ist es hier nicht einfach, Anschluß zu bekommen. – Du meinst, Mädchen, Frauen zu finden ... – Nicht nur das. Überhaupt engere Kontakte zu kriegen. *ugs*

Anschluß suchen · to want to/... make friends/contacts/...
(Der Vater zu seinen Kindern über einen auswärtigen Jungen, der zu Gast ist:) Findet ihr es denn nicht ganz normal, daß der Georg Anschluß sucht? Wenn ihr bei ihnen zu Gast wärt, würdet ihr doch auch die Jungen und Mädchen dort kennenlernen wollen.

den Anschluß verpassen · 1. to miss one's connections, 2. to have lost touch, to be left behind, 3. to be left on the shelf, 4. to have to repeat a class, 5. to get/to fall behind, to lose touch
1. Paul kam heute etwa zwei Stunden zu spät zur Sitzung, weil er in Köln den Anschluß verpaßt hatte. Sein Zug von Frankfurt hatte etwa dreiviertel Stunde Verspätung, und der Anschlußzug in Köln wartete nicht. *form*
2. Du hast recht, der Bertolt ist ein wenig zurück, nicht nur in seinen Anschauungen oder in seinem Briefstil, in allem. Er war etwa 15 Jahre in Afrika, da hat er ein bißchen den Anschluß verpaßt. Die Entwicklung der mitteleuropäischen Industrieländer ist ihm ein wenig davongelaufen.
3. Wenn du jetzt nicht aufpaßt, meine Liebe, verpaßt du den Anschluß! Weißt du, wenn man über dreißig ist, wird es für eine Frau nicht gerade leichter zu heiraten. Wenn du also kein sitzen gebliebenes Mädchen abgeben willst, solltest du dich so langsam ranhalten. *ugs seltener*
4. Stimmt es, daß Karlchen den Anschluß verpaßt hat? – Leider! Er ist in der Tat sitzen geblieben. *ugs seltener*
5. Halt dich dabei, Junge! Wenn du in Mathematik den Anschluß einmal verpaßt hast, ist es schwer, den Rückstand wieder aufzuholen. Da verstehst du nachher gar nichts mehr. *ugs*

anschreiben: (bei jm./im Laden/...) **anschreiben lassen** *ugs veraltend* · 1. 2. to put s.th. on the slate, to pay for s.th. on tick
1. Nein, Rolf, anschreiben lassen, das gibt's in meinem Lokal nicht. Hier zahlt jeder sofort, was er trinkt.
2. Wenn Sie kein Geld bei sich haben, Frau Mertens, können Sie anschreiben lassen. Das ist doch selbstverständlich. Bei unseren Stammkunden wissen wir, daß wir unser Geld bekommen.

anschwafeln: jn. **anschwafeln** *sal* – jn. (dumm/blöd/...) von der **Seite** anreden · to sidle up and make a stupid remark to s.o.

anschwärzen: (bei jm.) **anschwärzen** *Schülerspr* – jn. (bei jm.) **verpetzen** · to tell/to sneak/to snitch/... on s.o.

ansehen: jn. **groß ansehen** · to stare at s.o. in surprise
Als sie den 1,80 m langen Stutenkerl mit in den Kindergarten brachte, sahen die Kleinen sie groß an. War der wirklich für sie gedacht? Und war so ein Riesenkerl wirklich zum Essen?

jn. **nur noch/... von hinten ansehen** *selten* · to give s.o. the cold shoulder
Nach dem Betrug, den sich der Paul da geleistet hat, sieht ihn der Karl-Heinz nur noch von hinten an. – Hm, der Karl-Heinz ist auch nicht gerade ein Muster an Ehrlichkeit. Er könnte in seiner Verachtung anderen gegenüber ein bißchen zurückhaltender sein.

jn. **krumm ansehen** *ugs* · to give s.o. a dirty look
Warum hat dich der Werner so krumm angesehen, als wir im Flur an ihm vorbeigingen? – Der ist sauer auf mich. Der meint, meine Krankheit wäre fingiert, und ich würde dauernd aus Faulheit fehlen.

jn. **von oben (herab) ansehen** · 1. to look down one's nose at s.o., 2. to treat s.o. condescendingly, to be condescending to s.o.
1. Warum sieht der Karl unseren Gast denn so von oben herab an? Ich kann diese arrogante Art einfach nicht ausstehen.
2. vgl. – jn. von **oben** (herab) behandeln/.../mit jm. von **oben** (herab) sprechen/umgehen/...

jn. **von oben bis unten ansehen** · 1. 2. to look s.o. up and down
1. Der Zollbeamte sah mich von oben bis unten an. Weil mein Wagen so verschmutzt war? Weil ich ihm nicht vertrauenswürdig schien? Ich weiß es nicht – aber er stierte mich vom Kopf bis zu den Füßen in einer Weise an, als ob er ein Reitpferd auf seine Tauglichkeit abzuschätzen hätte.
2. vgl. – jn./etw. von **oben** bis unten mustern/prüfen/kontrollieren/...

ohnmächtig mit ansehen (müssen), wie/... *ugs* – ohnmächtig **zusehen** (müssen), wie/... · to have to stand by and watch s.th. happen, to look on helplessly as/while/... s.th. happens

jn. **scheel ansehen** *ugs* · to look askance at s.o. *n*, to look at s.o. enviously *n*, to give s.o. a dirty look
... Leute, die neidisch sind, läßt man gewähren, Junge, und beachtet sie nicht weiter! Wenn die Christa dich scheel ansieht, weil sie dir das neue Rad nicht gönnt, dann laß sie!

jn. **schief ansehen** *ugs* · to look askance at s.o. *n*
Warum sieht der Erich den Karl denn so von der Seite an? – Ich weiß nicht. Wahrscheinlich ist er neidisch, weil der Karl die Aufmerksamkeit der Leute ganz auf sich zieht und den Erich dadurch ein wenig in den Schatten stellt. Warum sollte er ihn sonst schief ansehen?

jn. **voll ansehen** – (eher:) jm. fest/(voll) ins **Gesicht** sehen · to look s.o. (right/...) in the eye

jn. (nicht) **für voll ansehen** *sal* – (eher:) jn. (nicht) für voll **nehmen** · not to take s.o. seriously

sich jn./etw. **von vorn(e) und hinten ansehen** *selten* · to look s.o./s.th. over carefully
Er sah sich das Pferd von vorn und hinten an. Dann sagte er: »Als Rennpferd kommt es nicht in Frage.«

sich (vielleicht) **ein Ansehen geben** *form selten* · to give o.s. airs, to put on airs
Mein Gott, der gibt sich ein Ansehen! Als ob er wer weiß was wäre! – In der Tat! Es stünde ihm besser an, bescheidener aufzutreten.

sich **das Ansehen geben**, zu .../eines ... *form selten* · to give the impression of ...
Ständig versucht er, sich das Ansehen eines hochanständigen Menschen zu geben, so zu tun, als wüßte er gar nicht, was Lüge oder Betrug ist. Aber wer ihn kennt ...

(ein) hohes/(großes) Ansehen genießen (bei/in ...) *form* – in (sehr) hohem **Ansehen** stehen (bei ...) · to be held in high regard at/in/..., to be highly respected at/in/...

jn./sich (nur) **von/vom Ansehen** (her) **kennen** · to know s.o. (only/...) by sight
Sie kennen Herrn von Orlotz, nicht wahr? – Nur von Ansehen. Gesprochen habe ich noch nie mit ihm, persönlich hatten wir bisher nichts miteinander zu tun. Doch so alle fünf bis sechs Monate sehen wir uns von Ferne auf irgendeinem Empfang.

etw. **nicht** (mehr (länger)) **mit ansehen können** · not to be able to stand it (any more), not to be able to stand by and watch ... (any more)
Ich kann das einfach nicht mehr länger mit ansehen, wie der Otto seine Frau behandelt. Das nächste Mal, wo er sie so anfährt, kriegt von mir eins drauf. Das kann man nicht hinnehmen, so was!

ohne Ansehen der Person (urteilen/vorgehen/...) *form* · to judge/to act/... without fear or favour
Diese Angelegenheit muß rasch und gründlich geklärt werden. Die Bevölkerung erwartet, daß die Behörden ihre Untersuchungen zügig und ohne Ansehen der Person durchführen. – Man wird darauf gespannt sein dürfen, ob die Behörden de facto so objektiv vorgehen werden ...

in (sehr) **hohem Ansehen stehen** (bei ...) · to be held in high regard (at/in/...), to be highly respected (at/in/...)

Dein Schwager steht da bei Schuckert & Co. ja in sehr hohem Ansehen. – Wie kommst du dadrauf? – Ich habe gestern per Zufall mit dem Generaldirektor zusammen zu Abend gegessen. Der hat den Detlef in den höchsten Tönen gepriesen.

Ansehung: in Ansehung des/der .../seines Verdienstes um .../... *veraltend selten form* – in **Anbetracht** des/der/... seiner Verdienste/seines Verdienstes um .../... · in view of s.o.'s efforts/..., in consideration of s.o.'s efforts/...

ohne Ansehung der Person (urteilen/vorgehen/...) *form* – (eher:) ohne **Ansehen** der Person · to judge/to act/... without respect of persons

Ansicht: etw. zur Ansicht bestellen/... · to order/... s.th. on approval

Ich habe mir das Lexikon zur Ansicht bestellt, aber ich bin mir noch sehr unschlüssig, ob ich es in der Tat kaufe. Erst muß es mir mal gründlich ansehen.

der Ansicht sein, daß ... – der **Meinung** sein, daß ... · to take the view that ..., to be of the opinion that ...

derselben/der gleichen Ansicht sein (wie j.) – derselben/der gleichen **Meinung** sein (wie j.) · to share s.o.'s opinion, to agree with s.o. that ...

anderer Ansicht sein (als j.) – anderer **Meinung** sein (als j.) · to be of a different opinion (from s.o.), to hold a different view (from s.o.)

ganz js. **Ansicht sein** – ganz js. **Meinung** (sein) · to agree entirely with s.o.

nach meiner/deiner/... Ansicht/meiner/... Ansicht nach – nach meiner/deiner/... **Meinung**/meiner/... Meinung nach · in my/his/John's/... opinion, in my/his/John's/... view

Ansichten von gestern (haben/vertreten/...) *ugs* · old-fashioned views/ideas/opinions/notions/..., outmoded views/ideas/opinions/notions/..., out-of-date views/ideas/opinions/notions/...

Es hat doch keinen Sinn, Erika, solche Probleme mit Tante Wilfriede zu diskutieren. Mit ihren Ansichten von gestern kann sie dir doch gar nicht helfen. – In der Tat sind ihre Vorstellungen etwas altmodisch ...

die Ansichten sind geteilt (in/(über) etw.) – die **Meinungen** sind geteilt (in/(über) etw.) · opinion is divided on this/... subject/issue/...

ansichtig: js./e-r S. ansichtig werden *form selten* – js./e-r S. ansichtig **werden** · to set eyes on s.o./s.th., to catch sight of s.o./s.th.

Ansichtssache: das/etw. ist Ansichtssache · it/s.th. is a matter of opinion

... Hm, das ist Ansichtssache, weißt du, das kann man so und anders beurteilen.

Anspannung: unter Anspannung aller Kräfte ... *path* · 1. 2. by exerting/mustering/summoning up/... all one's energies, 2. by making a supreme effort

1. (In einem Autoren-Team:) Wenn wir alle an einem Strick ziehen und unter Anspannung aller Kräfte versuchen, das Wörterbuch bis Ende des Jahres fertigzuhaben, müßte das doch zu schaffen sein. – Wir können doch nicht immer auf Hochtouren arbeiten, Richard! 2. vgl. – (häufiger) unter **Einsatz** aller Kräfte versuchen/...

Anspruch: (keinen) Anspruch erheben auf etw./etw. zu dürfen/... *form* · 1. to claim s.th., to make a claim to s.th., 2. to claim to do s.th., to lay a claim to be/do/... s.th.

1. Erhebt Gerd Baumann denn auch Ansprüche auf Beteiligung an der Leitung der Firma? – Das wäre ja noch schöner! Es gibt doch gar keinen Grund, ihn zu beteiligen. 2. Die Untersuchung erhebt keinerlei Ansprüche auf Vollständigkeit. Die Autoren wollten lediglich anhand ausgewählter Beispiele auf die Problematik aufmerksam machen, die ...

den Anspruch erheben, etw. zu tun *form* · 1. 2. to claim to be/do/... s.th., to lay a claim to doing s.th.

1. Herr Robert Klaßmann erhebt den Anspruch, die Firma Klaßmann & Co. nach außen allein zu vertreten. Doch Frau Erna Klaßmann behauptet, ihr Sohn Walter habe aufgrund der testamentarischen Verfügungen das gleiche Recht wie Herr Robert Klaßmann. Stellt dieser seine Forderungen zu Unrecht? Steht ihm nicht zu, was er verlangt? 2. Er erhebt den Anspruch, der einzige in Portugal zu sein, der von der Sache etwas versteht. Ich bin aber keineswegs sicher, ob das stimmt.

sehr/stark/völlig/... **in Anspruch genommen sein** (von etw./jm.) · to be very/... busy (with s.o./s.th.), to be very/... preoccupied (with s.o./s.th.)

... Onkel Franz würde ich jetzt um gar nichts bitten! Er ist zurzeit derart stark von den Vorbereitungen zum Kongreß in Anspruch genommen, daß er für nichts anderes Zeit hat.

jn./etw./js. Zeit/... in Anspruch nehmen · 1. 2. to make a heavy demand on s.o./s.th., 1. to take up s.o.'s time/..., 2. to take up s.o.'s time/energy/..., to preoccupy s.o., to be a strain on s.o./s.th.

1. Ich möchte Ihre Zeit nicht zu sehr in Anspruch nehmen, Herr Direktor Fischer, wenn Sie mir nur eben sagen könnten, ob ... 2. Diese Übersetzung nimmt mich mehr in Anspruch, als ich gedacht hätte. Sie kostet mich außerordentlich viel Zeit und Energie. *seltener*

für sich in Anspruch nehmen, richtig gehandelt zu haben/... · to claim to have behaved/acted/... correctly/...

... Die Sache ist verfahren, sehr verfahren sogar, und es gibt da eine Menge Leute, die sich ziemlich seltsam verhalten haben. Für mich nehme ich allerdings in Anspruch, absolut korrekt vorgegangen zu sein ...

hohe/(große) Ansprüche stellen · to make (high/...) demands, to have high expectations, to be demanding

»Die Leute stellen Ansprüche heute, das ist einfach unglaublich«, rief er. »Wenn ich denke, wie bescheiden und zurückhaltend man hier noch vor einer knappen Generation war! Heute geht jeder davon aus, daß er gar nicht genug fordern kann.«

Anstalten: keine/keinerlei/nicht die geringsten Anstalten machen, etw. zu tun · (not) to make a move to do s.th., not to show any sign of doing s.th.

Jetzt hat er doch schon zum dritten Mal eine Klassenarbeit in den Sand gesetzt, und trotzdem macht er nicht die geringsten Anstalten, etwas zu tun, um seine Noten zu verbessern. Wenn er doch wenigstens ein Mal im Leben zeigen würde, daß er sich auch anstrengen kann, wenn es nötig ist!

Anstalten treffen, etw. zu tun *form* · to take measures to ensure/...

Was für Anstalten habt ihr getroffen, um zu verhindern, daß sich dieses Mißgeschick wiederholt? – Man kann da vorab nicht viele konkreten Maßnahmen ergreifen. Man kann die Leute nur dazu erziehen, im Moment der Gefahr diese oder jene Schritte zu unternehmen, und zwar unverzüglich.

Anstand: sich seiner Aufgabe/... **mit Anstand entledigen** *form* · to carry out one's task/... to the best of one's ability/creditably/...

Sieh zu, daß du dich deiner Aufgabe mit Anstand entledigst. Mehr kannst du nicht tun. Ob das ein Erfolg wird oder nicht, das liegt nicht in deiner Hand. Tu, was du kannst, sodaß du dir nachher keine Vorwürfe zu machen hast!

etw. **mit Anstand ertragen** · to accept/... s.th. with a good grace

Was, man hat dich aus politischen Gründen entlassen? Welch eine Ungerechtigkeit! Ertrag es mit Anstand, Ulrich! Laß dich nicht unterkriegen! Was kümmert's die deutsche Eiche ...!

keinen Anstand im Leib haben *ugs* · s.o. hasn't got an ounce of decency in him/in his body, s.o. has no sense of decency *n*

Das ist ja nicht gerade schön, was der Herr Kolb da gemacht hat: seinen ehemaligen Lehrer öffentlich so bloßstellen! – Ach, dieser Kolb hat überhaupt keinen Anstand im Leib! Das ist nicht das erste Mal, daß er sich derart unmöglich verhält.

(keinen) **Anstand nehmen an** etw. *form selten* – (keinen) **Anstoß** nehmen an etw. · not to object to s.th., not to be offended by s.th.

keinen Anstand nehmen, etw. zu tun *form selten* · not to hesitate to do s.th., not to object to doing s.th.
Wenn Sie nicht gesagt haben, was man mir berichtet hat, Herr Brahmkamp, nehme ich keinen Anstand, mich bei Ihnen zu entschuldigen.

Anstand und Sitte beachten *form selten* · to observe the proprieties *elev*, to show good breeding, not to offend against decorum *elev*
... Die Kaisers haben nun einmal nicht gern Leute bei sich zu Besuch, die Anstand und Sitte nicht beachten. Ich hätte auch nicht gern jemanden länger zu Gast, der mir alle drei Tage mit einer anderen Frau ins Haus kommt.

Anstand und Sitte verletzen *form selten* · to offend against decency
Wer dauernd Anstand und Sitte verletzt, wie der Krumm, wird von diesen kreuzbraven Leuten hier gemieden, das ist doch klar!

Anstandshappen: ein(en) Anstandshappen (übriglassen/...) *ugs* · to leave s.th. for manners, to leave the last piece out of politeness *para*
(Die Dame des Hauses:) Nun, das letzte Stückchen Kuchen wird doch wohl auch noch jemand essen. Oder wollt ihr da so einen Anstandshappen zurücklassen?

Anstandswauwau: den Anstandswauwau spielen/abgeben *ugs* · to act as chaperone *form*, to play gooseberry
... Ein gut erzogenes Mädchen aus einer wohlanständigen Familie, meine gute Irmgard, ging in diesem Land noch vor wenigen Jahren nur in Begleitung eines Älteren heraus. – Ah, irgendeine Oma oder Tante spielte da den Anstandswauwau? – So kannst du das nennen!

anstänkern: jn. **anstänkern** *sal* – (stärker als:) jn. (blöd/...) **anmachen** · to lay into s.o., to nag at s.o., to keep going on at/moaning at/... s.o.

anstecken: sich eine (Zigarette/Zigarre/...) **anstecken** · to light (up) a cigarette/cigar/...
... Da steckt er sich schon wieder eine an! Das ist ja ein richtiger Kettenraucher geworden!

anstehen: es würde jm. **besser/(gut) anstehen,** zu .../wenn ... als zu .../statt zu .../und ... *form* – es würde jm. besser zu **Gesicht** stehen, zu .../wenn ..., als zu .../statt zu ... · s.o. ought to ..., s.o. would be better employed doing s.th.

nicht anstehen, etw. zu tun *geh selten* – (keinen) **Anstand** nehmen, etw. zu tun. · to have no hesitation in saying/doing s.th.

etw. **anstehen lassen** *form* · to put s.th. off, to defer s.th., to leave s.th. up in the air *n*
... Die Probleme mit Schuckert müssen wir jetzt endlich klären, das können wir unmöglich noch länger anstehen lassen.

anstelle: anstelle von jm./etw. – an **Stelle** von jm./etw. · in place of s.o., instead of s.o./s.th.

anstellen: das/etw. schlau/... anstellen · to go about s.th. cleverly/clumsily/...
Hat der Herr Röder seinen Kandidaten für seine Nachfolge durchgebracht? – Ja. Er hat das aber auch wirklich schlau angestellt. Ich kann dir das jetzt nicht im einzelnen auseinanderlegen; aber er hätte nicht geschickter vorgehen können.

sich anstellen, als ob/wenn .../sich dumm/.../gelehrig/... **anstellen** · 1. to act as if/..., to behave as if/..., 2. to prove to be..., to turn out to be...
1. Mein Gott, wenn der Karl mal krank ist, dann stellt er sich an, als wenn die Welt unterginge. – Sein Vater machte auch immer so ein Theater! *ugs*
2. Na, hat sich Otto an seine neue Arbeit gewöhnt? – Ja, sehr rasch sogar. Der Junge stellt sich wirklich sehr gelehrig an. Es genügt, ihm die Sachen ein, zwei Mal zu erklären, damit er sich zurechtfindet.

alles/... **mit sich anstellen lassen** – alles/... mit sich **aufstellen** lassen · to let s.o. do anything to/with one

anstinken: jn. (gewaltig/...) **anstinken** *sal* · to piss s.o. off (no end/...), to get s.o.'s goat
Die Schule geht mir momentan total auf die Nerven! Die Lehrer mögen mich nicht, und auch mit meinen Mitschülern habe ich nichts als Ärger. Und dann die Noten! ... So langsam stinkt mich dieses Gymnasium gewaltig an.

gegen jn./etw. **nicht anstinken können** *sal* · 1. 2. one/you/... can't do anything about s.th./it/s.o. *n*, to be powerless against s.o./s.th. *n*, 3. s.o. cannot hold a candle to s.o. *lit*, 4. s.o. is no match for/not as good as/not in the same league as him/her/Smith/..., he can't be compared with s.o., he can't compete with s.o. *coll*
1. Nein, gegen diesen Angeber kannst du nicht anstinken! Den mußt du ganz einfach reden lassen. Sich mit ihm auseinanderzusetzen ist sinnlos.
2. Gegen diese Intrigenwirtschaft kann man nicht anstinken. Da kommt kein Mensch gegen an!
3. ...Mit deinen bescheidenen EDV-Kenntnissen kannst du gegen den Uwe nicht anstinken. Der ist ein absoluter Experte in dieser Materie.
4. vgl. – jm. nicht das **Wasser** reichen können

Anstoß: Anstoß haben/(bekommen/ausführen/...) *Fußball* · to kick off
(Zu einem Fußballneuling:) Wenn die Bayern zuerst Anstoß haben, fangen die Bremer nach der Halbzeit an.

den (ersten) Anstoß zu etw. **bekommen** · s.th. is initiated by s.o./s.th., the first/original/... impetus comes from ...
... Den ersten Anstoß zu dieser Arbeit bekam ich von einem Sozialwissenschaftler aus Hamburg. Er fragte mich vor rund zehn Jahren, ob es sich nicht lohnen würde, der Verbindung von Mentalität, Geschichte und Wirtschaft in Portugal nachzugehen. Weitere Anregungen kamen dann von ...

Anstoß erregen (mit etw.) (bei jm.) · to cause/to give offence (to s.o.) (by/with/... s.th.)
Mit seinen äußerst abfälligen Bemerkungen über den Präsidenten hat der Herbert einmal wieder Anstoß erregt. – Bei wem? – Bei allen, die eingeladen waren. Ganz gleich, welche politische Meinung die einzelnen vertreten, ein jeder war über die Art schockiert, wie Herbert den Präsidenten kritisierte.

(jm.) **den (ersten) Anstoß geben** zu etw. · 1. to initiate s.th., to get s.th. started, 2. to get s.th. going, to start the ball rolling
1. Den ersten Anstoß zu dieser Aktion gab der Bürgermeister dieser Stadt. Ohne seine Initiative wäre der Stein nicht ins Rollen gekommen. Er hat zuerst den Gedanken gehabt, die ersten Schritte eingeleitet.
2. Den ersten Anstoß zur Entdeckung des Verbrechens gab ein gewisser Toni Bart. Er fing plötzlich an, ein auffällig luxuriöses Leben zu führen, sodaß man auf ihn aufmerksam wurde und ...

Anstoß nehmen an etw. · to object to s.th.
Insgesamt war er mit der Arbeit zufrieden. Inhaltlich und stilistisch. Doch an den paar Rechtschreibfehlern hat Anstoß genommen. Er meint, so etwas dürfte von einem gewissen Alter oder Niveau an nicht mehr passieren.

anstoßen: auf jn./etw. **anstoßen** · to drink to s.o./s.th.
(Auf einer Hochzeitsfeier:) Laßt uns auf das frisch vermählte Brautpaar anstoßen! Also, auf Rudi und Susanne. Hoch soll'n sie leben!

anstreichen: jm. etw. **dick anstreichen** *ugs selten* – jm. etw. übel/dick/schwer **ankreiden** · to hold s.th. against s.o.

Anstrengungen: verzweifelte Anstrengungen machen, zu ... · to make desperate efforts to do s.th., to try desperately hard to do s.th.
Der Peter macht verzweifelte Anstrengungen, von seinen Schulden herunterzukommen. Ob es ihm gelingt ..., ich weiß es nicht.

Anstrich: bei jm./... **hat alles einen feinen/seltsamen/... Anstrich** *form selten* · (with s.o.) everything has a touch of refinement/gentility/..., (with s.o.) everything has a tinge of refinement/elegance/...

Bei dem Professor Maier hat alles so einen feinen Anstrich, da fühlt man sich direkt unwohl. – Warum unwohl? Du kommst doch aus einem weit besseren Haus als er. – Sicher! Aber bei uns zu Hause ging alles immer völlig ungezwungen zu.

e-r S. **einen vornehmen/gelehrten/feinen/... Anstrich geben** *form selten* · to give s.o. an elegant/refined touch, to give s.o. a touch of elegance/refinement/...

Kann man einer solchen Jubiläumsfeier keinen feineren Anstrich geben? Das Institut muß doch an einem solchen Tag nicht unbedingt so schmuddelig wie an einem x-beliebigen Arbeitstag aussehen; die Leute könnten sich ein wenig besser kleiden ...

sich einen (leichten) **Anstrich geben von** ... *form selten* · to put on an air of erudition/..., to give o.s. the air of ...

Ja, so einen leichten Anstrich von Gelehrsamkeit gibt er sich schon! Er versteht das sogar sehr gut, weiß genau, bis zu welchem Punkt er gehen kann, ohne daß es unangenehm auffällt ...

antanzen: bei jm. **antanzen/angetanzt kommen** *sal* · to turn up *n*, to show up *n*

Das ist schon lustig: der Generaldirektor braucht nur kurz zu bemerken: 'Am Sonntag möchte ich die Vertreter mal alle zusammen sprechen' – und schon kommen aus allen Ecken des Landes die Leute antgetanzt. Menschen, die sonst den Sonntag für heilig erklären, machen dann ganz brav eine Wallfahrt in die Firma ...

jn **antanzen lassen** *sal* · to make s.o. turn up, to order s.o. to turn up

... Hat der Chef den Briegel in der Tat am Sonntag morgen in der Firma antanzen lassen? – Ja, um 10.40 Uhr. Seine Geduld mit diesem Mann ist wohl am Ende; denn sonst bestellt der niemanden außerhalb der Dienstzeit zu sich.

Anteil: Anteil haben an etw. · to play a part in s.th., to contribute to s.th., to make a contribution to s.th.

Du hast an diesem Erfog den geringsten Anteil, denn du hast dich von uns allen am wenigsten eingesetzt!

(großen/regen) **Anteil nehmen/**(zeigen) (an etw.) · 1. to sympathise with s.o.'s problems/..., 2. to show an interest in s.th.

1. Er hat an meinen Sorgen echten Anteil genommen. Ich habe gemerkt, daß es ihm wirklich naheging, und das hat mir gutgetan.
2. Franz nimmt an der Entwicklung der Firma überhaupt keinen Anteil. Wenn er pünktlich sein Gehalt bekommt, ist er zufrieden. Ob es dem Unterrnehmen gut geht oder nicht, ist ihm schnurzegal.

Anteilnahme: jm. **seine** (aufrichtige/...) **Anteilnahme aussprechen** *form* · to express one's sincere/... sympathy/condolences to s.o.

»Zum Tode Ihres verehrten Gatten darf ich Ihnen, sehr verehrte gnädige Frau, unsere aufrichtige Anteilnahme aussprechen. Sein Tod hat uns zutiefst getroffen; das Gedenken an ihn wird uns unser Leben hindurch begleiten.«

Antenne: keine/(eine) **Antenne für** jn./etw. **haben** *ugs* – (viel/wenig/keinen/...) **Sinn für** jn./etw. **haben** (1, 2, 3) · (not) to get on with children/..., (not) to have a way with children/..., (not) to have a feeling for music/art/..., to have an appreciation of s.th./to have no appreciation of s.th./s.o.

seine Antenne(n) (mal/...) **ausfahren** *sal Neol* · to put out feelers

Du, Georg, ich suche einen neuen Job! Kannst du bei dir in der Firma mal nachfragen, ob die solche Leute wie mich gebrauchen können und wie die Aufstiegschancen bei euch sind? – Ja, gern! Ich werde meine Antennen mal ausfahren.

seine Antenne(n) (weit) **ausfahren** *ugs Neol* – die **Ohren** auf Empfang stellen. · to 'switch on' *para*, to start listening

Antrag: (einen) **Antrag auf Geschäftsordnung/...** (stellen) *form* · (to propose/...) a motion on a point of order

... Erst müssen wir den Antrag zur Geschäftsordnung behandeln, dann können wir die anderen Punkte besprechen ...

einem Mädchen/... **einen Antrag machen/**(stellen) *form veraltend* – (eher:) einem Mädchen/... einen **Heiratsantrag** machen/(stellen) · to make a proposal of marriage to a woman/...

jm. **einen unsittlichen Antrag machen/**(stellen) *mst irreell: als wenn ... ugs* · to make an improper/indecent suggestion to s.o., to proposition s.o.

Mein Gott, was ist denn dabei, Dietlinde, wenn der Paul dich fragt, ob er dich zur Tanzstunde begleiten kann? Du stellst dich ja an, als ob er dir einen unsittlichen Antrag gemacht hätte!

Antrieb: (ganz) **aus eigenem/**(freiem) **Antrieb** · on one's own initiative, off one's own bat *coll*

Hat sie sich aus eigenem Antrieb so gründlich vorbereitet, oder hat ihr da jemand geraten oder sie sogar gezwungen?

etw. **aus innerem Antrieb** tun · to do s.th. from inner compulsion, to do s.th. from an inner urge, to be driven from within to do s.th.

Entweder man macht Musik aus innerem Antrieb oder man läßt es. Es hat doch keinen Sinn, da jemanden zu zwingen, bei dem gar kein innerer Impuls vorhanden ist.

jm. **neuen Antrieb geben**, etw. zu tun · to give s.o. a new/fresh/... impetus to do s.th.

Wenn der alte Herr Röder nicht gewesen wäre, hätte ich meine Doktorarbeit in der Tat nicht zuendegeführt. Es gab da derart viel sachliche und menschliche Probleme ... Aber er munterte mich auf und gab mir immer wieder neuen Antrieb, die vielen Vorarbeiten sinnvoll zu nutzen und durchzuhalten.

antrinken: sich einen **antrinken** *ugs* – sich einen **saufen** · to get plastered/sloshed/...

antun: jm. **etwas antun** (wollen) *euphem* · 1. 2. to do s.th. with/to s.o., 2. to hit s.o., to hurt s.o.

1. Ja, natürlich kannst du die Christl mit dem Herbert wegfahren lassen. Warum denn nicht? Der Junge wird ihr doch nichts antun. – Man weiß nie ...
2. vgl. – (u. U.) jm. etwas **tun** (wollen)

sich etwas antun *euphem* · to do away with oneself

Vater, Vater, komm schnell! Der Karl ... – Was ist los? Hat er sich etwas angetan? – Komm, schnell! Er will sich umbringen ...

sich mit etw./jm. **was/**etwas **antun** *ugs – path* · to saddle o.s. with s.o., to do o.s. a bad turn *para*

Also, mit dieser (Ehe-)Frau hat sich der Gerd Hauser ja was angetan! Das ist doch der letzte Besen! Wie die den vor allen Leuten schikaniert!

Antwort: jm. **keine Antwort schuldig bleiben** – jm. nichts/keine Antwort/(...)/die Antwort nicht schuldig **bleiben** (2) · to give as good as one gets

jm. etw. **zur Antwort geben** *form* · to answer/to reply to/... s.o., to retort

Wenn der Junge dem Chef auf dessen Kritik in der Tat zur Antwort gegeben hat: »Ich komme auch ohne Schuckert durchs Leben«, hat der Alte ihn völlig zu Recht an die Luft gesetzt.

Anwandlungen: so seine/zuweilen seltsame/... **Anwandlungen haben** – (so) seine **Launen** haben (1) · to be moody, to have one's moods, to be subject to moods

Anwartschaft: seine **Anwartschaft auf** etw. **anmelden** *form* · to stake one's claim to s.th., to say/announce/... that one is in contention for s.th.

... Als es uns dreckig ging, wollte keiner von den Erben die Firma weiterführen. Aber jetzt, wo wir aus dem Schlamassel heraus sind und gute Geschäfte machen, melden sie plötzlich alle ihre Anwartschaft an. Der eine behauptet, er habe die besten fachlichen Qualifikationen, der andere, der verstorbene Inhaber habe ihn schon vor Jahren zum Nachfolger ausersehen ... Jeder hat plötzlich irgendwelche Gründe, die für ihn sprechen.

Anwendung: etw. **zur/**(in) **Anwendung bringen** *form selten* · to apply s.th., to put s.th. into effect

Sind die neuen Verkaufsrichtlinien eigentlich ab sofort in Anwendung zu bringen oder gelten sie erst ab nächstem Jahr?

zur Anwendung kommen/(gelangen) *form selten* · to come into force, to become valid, to apply
... Es ist nur zu meinem Vorteil, wenn die neuen Steuergesetze noch dieses Jahr zur Anwendung kommen.

Anwesenheit: in meiner/deiner/... Anwesenheit/in ... des Chefs/von ... – ≠ in meiner/deiner/... Abwesenheit/in ... des Chefs/von ... · in the presence of his/... boss/..., in my/your/John's/... presence

anzaubern: jm. etw. (doch) nicht anzaubern können *sal selten* – etw. (doch) nicht **herbeizaubern** können · not to be able to conjure s. th. up

Anzeichen: wenn nicht alle Anzeichen trügen, ... · if all the signs are to be believed, if appearances do not deceive us, all the signs are that ...
... In der Tat, mit den Sozialisten geht's in den letzten Jahren ständig bergab. Wenn nicht alle Anzeichen trügen, werden die bei der nächsten Wahl sang- und klanglos eingehen.

Anzeige: etw./(jn.) **zur Anzeige bringen** *form selten* · to take s. o. to court, to go to court over s. th., to report s. th. to the police/the authorities/...
... Diese Leute hier bringen alles zur Anzeige, Ulrich! Du brauchst nur ein Stündchen am Tag Klavier zu spielen, dann stehst du schon vor Gericht.

(eine) **Anzeige erstatten** (gegen jn.) *form* · to report s. th. to the police, to start legal proceedings (against s. o.), to sue s. o., to take s. o. to court
Wenn die Meyers absolut nicht verstehen wollen, daß abends ab zehn Uhr Ruhe zu herrschen hat, müssen wir halt (eine) Anzeige erstatten. – Aber Otto! Du wirst doch die Leute nicht wegen solch einer lächerlichen Sache verklagen!

zur Anzeige kommen *form selten* · to lead to legal proceedings/a court case, to be the object of legal proceedings
... Wie kann man sich in einem Viertel wohlfühlen, Ulrich, in dem ein Stündchen Klavierspielen am Tag zur Anzeige kommt? Mit Querulanten ist nun mal kein Umgang.

Anzeige gegen Unbekannt (erstatten) *form* · (to start/...) proceedings against a person/persons unknown, (to bring a) charge against a person/persons unknown
Wo kein Kläger ist, ist auch kein Richter. Wenn Sie also wollen, daß die Polizei nach den Einbrechern sucht, müssen Sie Anzeige gegen Unbekannt erstatten.

anziehen: j. muß sich warm anziehen (um eine Auseinandersetzung zu bestehen/...) *ugs* · s. o. will really/... have to be on his toes against ...
... Wenn ihr in Turin gewinnen wollt, müßt ihr euch warm anziehen. Die kämpfen wie die Löwen, und das Publikum unterstützt seinen Club mit allen Mitteln.

Anziehungskraft: eine magische Anziehungskraft auf jn. **ausüben** *path* – von jm./etw. (gleichsam) magisch **angezogen** werden/sich ... fühlen · to exert a powerful attraction on s. o.

eine **starke Anziehungskraft auf** jn. **ausüben** · 1. 2. to exert a strong/powerful/... attraction on s. o., to attract s. o. strongly/powerfully/..., 2. to appeal strongly/... to s. o.
1. Der Kanzler übt auf die Leute eine äußerst starke Anziehungskraft aus. Deshalb wählen ihn viele, ohne für das Programm seiner Partei zu sein.
2. vgl. – einen starken/... Sog auf jn. ausüben

anzischen: sich einen anzischen *sal* – sich einen **saufen** · to get plastered/sloshed/...

anzufangen: mit jm. **ist** (heute/in letzter Zeit/...) **nichts/einiges/**viel/allerhand/... **anzufangen** · not to know what to do with s. o., I/... don't know what to do with him
Ich weiß nicht, was mit dem Fritz los ist. Mit dem ist in letzter Zeit aber auch nichts anzufangen. – Seine Tochter ist schwer krank. – Ah, deshalb! Jetzt versteh' ich, warum er zu nichts zu gebrauchen ist.

nichts/... anzufangen wissen mit jm./etw. – (eher:) nichts/... **anfangen** können mit jm./etw. (3; a. 2) · s. o. is no good/not much use (to s. o.), not to be able to get on with s. o., not to have anything in common with s. o.

Anzug: im Anzug sein *Gefahr/Gewitter/...; Truppen/... form* · 1. 2. to be advancing, to be approaching, 3. to be in the offing
1. Die feindlichen Truppen sind schon im Anzug. Hörst du den Lärm in der Ferne? Es wird keine Stunde dauern, dann sind sie hier.
2. Hörst du das Grollen in der Ferne? Da ist ein Gewitter im Anzug. Du wirst sehen: in einer halben Stunde donnert und blitzt es hier.
3. Klar, wenn alles sicher ist, hält er große Reden. Aber sobald Gefahr im Anzug ist, macht er sich aus dem Staub.

j. **schlägt/haut/boxt** jn. **aus dem Anzug** *ugs selten* · to beat the living daylights out of s. o. *n*, to beat the shit out of s. o. *sl*
Wenn du jetzt nicht die Klappe hältst, schlag' ich dich aus dem Anzug! Verflucht nochmal! Ich hab' schon lange vor, dir mal eine anständige Tracht Prügel zu verpassen ...

aus dem Anzug fallen, als ... *sal* · to be/to have got as thin as a rake *coll*
Mein Gott, ist der Heribert aus dem Anzug gefallen! Was hat er denn, daß er so abgemagert ist?

(ganz/vielleicht/...) **blöd/**stumpfsinnig/dumm/... **aus dem Anzug gucken** *sal von Männern* – **Augen** machen wie ein gestochenes Kalb (1) · + s. o.'s eyes nearly pop out of his head

j. **wäre fast/beinahe aus dem Anzug gekippt**, als ... *sal* – j. hätte sich fast/beinahe auf den **Arsch** gesetzt (1, 2) · s. o. was almost knocked sideways when he heard ..., s. o. was knocked for six when he heard ...

jn. **tüchtig aus dem Anzug schütteln** *sal selten* – jm. den **Marsch** blasen · to give s. o. a rocket

anzwitschern: sich einen anzwitschern *ugs* – sich einen **saufen** · to get plastered/sloshed/...

Apfel: (wohl oder übel) **in den sauren Apfel beißen müssen** · to bite on the bullet, to grasp the nettle, to have to swallow the bitter pill
Wer soll nun diese schwierigen Verhandlungen führen? – Nun, Herr Kollege, es ist keiner in die Materie so eingearbeitet wie Sie. Ich fürchte, Sie werden in den sauren Apfel beißen müssen. Ich bin überzeugt, Sie werden sich der Aufgabe mit Anstand entledigen.

Äpfel und Birnen zusammenzählen/(Äpfel mit Birnen addieren/vergleichen) *ugs selten* · to lump completely different things together
... Nun zähl mir nicht Äpfel und Birnen zusammen! Die Ausgaben für dein Studium ist eine Sache, die Ausgaben für deine Reisen eine andere. Das eine hat nichts mit dem anderen zu tun.

etw. **für einen Apfel und Ei** hergeben/verkaufen/... *ugs selten* – (eher:) etw. für'n/(für einen) **Appel** und Ei verkaufen/hergeben/... · to sell/... s. th. for next to nothing, to sell/... s. th. for peanuts

etw. **für einen Apfel und Ei** kaufen/bekommen/... *ugs selten* – (eher:) etw. für'n/(für einen) **Appel** und Ei kaufen/bekommen/... · to buy/to get/... s. th. for a song, to buy/to get/... s. th. for next to nothing, to buy/to sell/... s. th. for peanuts

einen **Apfel und Ei** kosten *ugs selten* – (eher:) 'n/(einen) **Appel** und Ei kosten · to cost next to nothing

so voll sein/..., **daß kein Apfel zur Erde fallen kann** *ugs selten* – brechend **voll** sein · to be packed, to be jam-pakked, to be chock-a-block

frisch wie ein Apfel/Appel im März sein/aussehen *ugs selten* · to be as fresh as a daisy
Wie alt ist die Stefanie eigentlich? – Warum? – Die sieht immer frisch wie ein Apfel im März aus. Ich weiß nicht, wie sie das macht. Sie wirkt immer so rosig, daß man ihr kaum zwanzig Jahre gäbe.

der Apfel fällt nicht weit vom Pferd/(Pflaumenbaum) *ugs scherzh* – der **Apfel** fällt nicht weit vom Stamm · like father like son, it is in the blood, the apple doesn't fall far from the tree, what's bred in the bone will come out in the flesh

der Apfel fällt nicht weit vom Stamm *ugs* · like father like son, it is in the blood, the apple doesn't fall far from the tree, what's bred in the bone will come out in the flesh
Der Sohn hat schon dieselben Allüren wie der Vater. Ganz wie der Volksmund sagt: 'Der Apfel fällt nicht weit vom Stamm.'

der Apfel der Zwietracht sein *geh* · to be the bone of contention between ... *n*
Seit fast zwanzig Jahren ist bei ihnen das Erbe ihrer Eltern der Apfel der Zwietracht. Wie werden sich wohl bis an ihr Lebensende darum streiten.

Apfelmus: gerührt sein wie Apfelmus *ugs selten* · to be deeply moved *n*, to be deeply touched *n*
Als mein Vater sah, was meine Schwester alles für ihn tat, war er ganz gerührt. – Der und gerührt! – Doch! Wenn ich dir das sage! Gerührt wie Apfelmus.

Äpfeln: jn. mit faulen Äpfeln bewerfen/beschmeißen *selten* – jn. mit faulen **Eiern** bewerfen/beschmeißen · to pelt s.o. with rotten eggs, to throw rotten eggs at s.o.

Apostelpferd: auf dem Apostelpferd reiten/(...) *scherz veraltend selten* – per *pedes* apostolorum · on foot

Appel: jn. rund machen wie 'nen Appel *sal Neol selten* · to give s.o. a real/... bollocking/telling-off *n*/dressing-down/.. *coll*
Nachdem der Michael viermal hintereinander zu spät gekommen war, hat der Chef ihn rundgemacht wie 'nen Appel. Der hat ihn nach allen Regeln der Kunst zusammengestaucht.

etw. für 'n/(für einen) Appel und Ei kaufen/bekommen/... *ugs* · to buy/to get/... s.th. for a song, to buy/to get/... s.th. for next to nothing, to buy/to get/... s.th. for peanuts
Es ist kaum zu glauben, zu welch einem Spottpreis er das Grundstück gekauft hat – für 'n Appel und Ei!

'n/(einen) Appel und Ei kosten *ugs* · to cost next to nothing
Was kostet diese Jacke? – 'N Appel und Ei! 40,– Mark. – 40,– Mark ist in der Tat billig. – Mein Herr, das ist geschenkt!

etw. für 'n/(für einen) Appel und Ei verkaufen/hergeben/... *ugs* · to sell/... s.th. for next to nothing, to sell/... s.th. for peanuts
Was hat er für sein altes Fahrrad genommen? – Es scheint, er hat es für 'n Appel und Ei hergegeben. Für 20,– Mark oder so was. – 20,– Mark? Da hätte er es auch gleich verschenken können!

Appell: zum Appell antreten *form* · to line up for roll-call, to fall in for roll-call
Jeden Morgen um 6 hatte die ganze Kompanie zum Appel anzutreten.

Appetit: guten Appetit! · enjoy your meal, bon appetit
Guten Appetit, Christl! – Danke, Onkel Herbert, den hab' ich. Ich hab' seit heute morgen um sieben nichts mehr gegessen.

jm. vergeht der Appetit bei etw. (für etw.) · 1. 2. a row/an accident/... has put s.o. off his food, a row/an accident/... has made s.o. lose his/has ruined s.o.'s/... appetite
1. Möchtest du noch etwas von dem Braten? – Nein, danke, bei der Schilderung dieses Unfalls ist mir der Appetit vergangen.
2. Kommst du mit zum Schwimmen? – Nein! Bei diesem entsetzlichen Streit ist mir der Appetit für alles vergangen/ist mir der Appetit vergangen, heute noch irgendetwas zu unternehmen. *seltener*

jm. an etw. den Appetit verderben *ugs* · to put s.o. off s.th. *n*, to spoil s.th. for s.o. *n*
... Natürlich habe ich mich da in München beworben, weil ich mir da gute Arbeitsbedingungen versprach. Aber die Intrigen, die ich da schon jetzt erlebe – bevor ich überhaupt da bin! – haben mir an der Stelle total den Appetit verdorben. Ich werde meine Bewerbung zurückziehen.

Applaus: Applaus spenden (für etw.) *form* – (eher:) jm. **Beifall** (für etw.) spenden (1) · to applaud

April: launisch wie der April sein · to be as capricious as can be, to be as changeable as April weather
Die Ursel ist launisch wie der April – heute heiter, morgen mürrisch ...; jeden Tag anders.

jn. in den April schicken · to make an April fool of s.o.
Morgen werden wir den Blüher mal in den April schicken! – Ach, du hast recht, morgen ist ja der 1. April. Ja, und was hast du dir ausgedacht für unseren herrlichen Musiklehrer? – Wir sagen ihm, eine jüngere Frau warte unten auf dem Schulhof auf ihn, worum es ginge, wüßten wir nicht ... und wenn er zurückkommt, fragen wir, was sie wollte ...

Aprilscherz: das/(etw.) ist (doch) wohl ein Aprilscherz *ugs* – das darf/kann (doch) nicht wahr sein · it/that can't be true, you/he/... must be joking!, you're having me on!

Arbeit: ran an die Arbeit! *ugs* · (come on) get down to work!
Ihr wollt bis sieben Uhr fertig sein? Dann: ran an die Arbeit!

auf der Arbeit sein · to be at work
Wenn man jeden und jeden Tag von 8 bis 4 auf der Arbeit ist, freut man sich natürlich, wenn man die Fabrik eine Zeitlang mal nicht sieht.

in Arbeit sein · + work on s.th. has started, + work on s.th. is in progress, to be (already) working on s.th.
Ein bißchen Geduld mußt du schon haben. Wie ich dir sage: der Vorhang ist bereits in Arbeit. Ende der Woche wird er fertig sein.

bei jm. in Arbeit sein/stehen *veraltend* · to be in s.o.'s employ, to work for s.o.
Ist der Heinz immer noch beim Schreinermeister Linke in Arbeit? – Da ist er schon 15 Jahre beschäftigt und da wird er, so Gott will, auch bleiben.

(doch) (gar/überhaupt/...) keine Arbeit sein · 1. it's no trouble at all, 2. it's dead easy *coll*, it's a cinch *sl*
1. ... Ob ich dir eben den Brief zum Postkasten bringen kann? Natürlich kann ich das. Das ist doch gar keine Arbeit, komm', gib her!
2. Mir ist nicht klar, warum er derart über die Übersetzung lamentiert. 40 Seiten, das ist doch gar keine Arbeit/(40 Seiten sind doch gar keine Arbeit). Das ist in einer Woche gemacht.

ohne Arbeit sein – ohne **Stelle** sein · to be out of work/without a job, to be between jobs, to be unemployed

etw. in Arbeit haben · to be working on s.th., to be producing/making/... s.th.
Tut mir leid, Frau Waidmann, wir haben zur Zeit derart viele Gardinen in Arbeit, daß wir bis auf weiteres keine neuen Aufträge annehmen können.

keine Arbeit haben – ohne **Stelle** sein · to be out of work, to be without a job

seine Arbeit aufnehmen (bei ...) *form* · to start work (at ...)
Hat er seine Arbeit bei Schuckert eigentlich schon aufgenommen? – Nein, er fängt am nächsten Ersten an.

Arbeit und Brot (für viele/...) schaffen/... *path veraltend selten* · to create jobs for s.o.
Die Industrie wird viel zu viel unterstützt! Das geht zu Lasten anderer Berufe! – Sie schafft Arbeit und Brot. Wenn man die Arbeitslosen von der Straße weghaben will, muß man die Industrie fördern.

j. hat die Arbeit auch nicht erfunden *ugs* · not to be the world's hardest worker, not to be very fond of work, s.o. is not exactly a workaholic
Mensch, Klaus, du hast die Arbeit aber auch nicht erfunden! An so einem kleinen Keller über zwei Wochen herumzumauern – das macht jeder vernünftige Maurer in wenigen Tagen! Du hast wohl mehr geschlafen und Bier getrunken als gearbeitet, was?

etw. in Arbeit geben *form selten* · to have s.th. made, to have s.th. done
Hast du den Vorhang schon in Arbeit gegeben? – Ja. Er soll kommenden Freitag fertig sein.

an die Arbeit gehen – sich an die **Arbeit** machen · to get down to work

zur/(auf) Arbeit gehen · to go to work
Um wieviel Uhr geht der Fritz zur Arbeit? – Er fängt um halb acht an; das heißt, er geht um Punkt sieben aus dem Haus.

ganze Arbeit leisten/machen/(tun) · 1. to make a good job of it, to do a good job, 2. to do s.th. properly
1. vgl. – (eher:) gründliche/solide **Arbeit** leisten/(tun)
2. vgl. – ganze **Sache** machen

gründliche/solide Arbeit leisten/(tun) · 1. to make a good job of it, to do a good job, 2. to do s.th. properly
1. Den ganzen Wagen haben die ausgeraubt. Nicht einmal die Wolldecken haben sie liegen lassen. Verdammt nochmal, die Schurken haben ganze Arbeit geleistet. *iron*
2. vgl. – (eher:) ganze **Sache** machen

schöpferische Arbeit leisten · to work creatively, to do creative work
Wenn du schöpferische Arbeit leisten willst, Junge, dann mußt du ausgeschlafen sein! Nur wer sein Lebenlang Routinearbeiten macht, kann jeden zweiten Abend bis in die Puppen da herumhängen.

nur halbe Arbeit machen · to do things by halves, to do only half of the job, (not) to do s.th. by halves
Wenn man immer nur halbe Arbeit macht, darf man sich nicht wundern, wenn nichts klappt! Was man macht, macht man gründlich!

seine Arbeit (gut/...) machen · to do one's job (well/thoroughly)
Ich weiß nicht, was du noch willst. Der Junge macht seine Arbeit ganz vorzüglich. Dann laß ihn doch in seiner Freizeit machen, was er will!

sich an die Arbeit machen · to get down to work
So! Nun haben wir lange genug geredet! Jetzt müssen wir uns wieder an die Arbeit machen. Dann mal los! Hand ans Werk!

etw. **in Arbeit nehmen** *form selten* · to start working on s.th.
... Haben sie in der Schreinerei die Regale, die wir bestellt haben, eigentlich schon in Arbeit genommen? – Soviel ich weiß, fangen sie damit erst gegen Ende des Monats an.

bei einer Arbeit sitzen (über etw.) · to be working on s.th.
Zur Zeit sitzt er bei einer Arbeit über die deutsch-spanischen Beziehungen im 16. Jahrhundert. Das wird ihn bestimmt noch zwei, drei Jahre beschäftigen.

arbeiten: für drei/fünf/zehn arbeiten *ugs* · to do the work of three/five/..., to do enough work for three/five/...
So einen Angestellten findest du so schnell nicht wieder! Der arbeitet für drei. – Hoffentlich bleibt er so. Leute, die so rangehen, sind heute dünn gesät.

sich dumm und dämlich arbeiten *ugs – path* – (eher:) sich **kaputtarbeiten** · to work o.s. into the ground

sich kaputt arbeiten *ugs* – sich **kaputtarbeiten** · to work o.s. into the ground

sich krumm und bucklig arbeiten *ugs* – (eher:) sich **kaputtarbeiten** · to work o.s. into the ground

schwarz arbeiten · 1. 2. to moonlight *coll*, to work on the side *coll*, to do illicit work
1. Wenn jemand Arbeitslosengeld bezieht und daneben schwarz arbeitet, verdient er natürlich bei weitem mehr, als wenn er 'nur' einem 'normalen' Beruf nachgeht.
2. Wenn er schwarz arbeiten will bzw. die Möglichkeit dazu sieht, mag er einreisen. Eine Arbeitserlaubnis kriegt er als Vietnamese zur Zeit jedenfalls nicht.

Arbeitspferd: ein (richtiges/...) Arbeitspferd sein *ugs – path* · to be a (real/...) workhorse, to be a (really/...) hard worker
Klaus Mertens? Das ist ein richtiges Arbeitspferd. Außer arbeiten kennt der nichts. – Sei doch froh, daß er so fleißig ist!

Arbeitstier: ein (richtiges/...) Arbeitstier sein *ugs – path* – ein (richtiges/...) **Arbeitspferd** sein · to be a (real/...) workhorse, to be a (really/...) hard worker

Arche: die Arche (Noah) *selten* · a huge/massive/... car
... Was willst du mit einem so riesigen Wagen wie dem Buik in der Stadt? So eine Arche Noah kannst du doch nirgends parken! – Dafür fühlt man sich in dem Auto aber wie in einem Wohnzimmer!

Arena: in die Arena steigen (und ...) *path od. iron* · to enter the arena, to step into the arena, to enter the fray
Also, Bernd, jetzt mußt du etwas sagen. Alle Welt wartet darauf, daß du jetzt Stellung nimmst. – Ich wollte mich eigentlich zu der Sache nicht äußern. Aber wenn die Dinge so stehen, muß ich ja wohl in die Arena steigen und meine Meinung sagen.

Arg: es ist kein Arg an jm./(ohne Arg sein) *path veraltend selten* – an jm. ist kein **Falsch** · there is no guile in s.o.

argen: es liegt mit etw. (bei jm./in/...) **im argen** *form* · + s.th. is in a sorry state, + s.th. is in a bad way
Mit der Ausbildung in den Fremdsprachen liegt es wirklich im argen in diesem Land. Es ist eigentlich kaum zu verstehen, daß ein so hochspezialisierter Industriestaat so wenig für die Fremdsprachen tut. Eine miserable Situation!

Ärger: j. könnte schwarz werden vor Ärger *ugs – path* – j. könnte sich schwarz **ärgern** · I/... could kick myself/... for (not) doing/...

seinen Ärger an jm. **auslassen** – seine Wut/seinen Zorn/Ärger/... an jm. **auslassen** · to take out one's anger/frustration/... on s.o., to vent one's anger/frustration/... on s.o.

(nichts als/...) Ärger und Verdruß (haben) (mit jm./etw.) *path* · to have (nothing but/...) trouble and worry (with s.o./s.th.)
Mit diesem Jungen hat man nur Ärger und Verdruß. Wirklich nichts als Sorgen hat man mit dem Kerl!

j. könnte sich schwarz ärgern *ugs – path* · I/... could kick myself/... for (not) doing/...
Ich könnte mich schwarz ärgern, wenn ich daran denke, was für eine Riesendummheit ich gemacht habe, das Angebot abzulehnen. Steinreich hätte ich da werden können.

Ärgernis: Ärgernis erregen (mit etw.) (bei jm.) *geh* · to cause annoyance, to cause offence, to create a public nuisance
Was für ein Land, in dem man mit Klavierspielen bei allen möglichen Nachbarn Ärgernis erregt! – Meinst du, das ist nur hier so, daß die Leute sich ärgern, wenn jemand andauernd übt?

öffentliches Ärgernis erregen *form* · to create a public nuisance
Solange sich nur eure Nachbarn links beschweren, ist das keine Sache des Ordnungsamtes! – Du meinst ... – Nur wenn der Junge öffentliches Ärgernis erregt, d.h. wenn er die Allgemeinheit stört, dann tritt das Ordnungsamt in Aktion.

Ärgernis nehmen an etw. *geh selten* – **Anstoß** nehmen an etw. · to object to s.th.

Ärgste: das/etw. ist (noch lange/...) (nicht) das Ärgste *form selten* – das/etw. ist noch (lange/...) nicht das **Schlimmste** · it/that is not the worst of it, there's (far/...) worse to come

auf das/aufs Ärgste gefaßt sein (müssen) *form selten* – (eher:) auf das/aufs **Schlimmste** gefaßt sein (müssen) (2; u.U. 1) · to be prepared for the worst

sich auf das/aufs Ärgste gefaßt machen (müssen) *form selten* – (eher:) auf das/aufs **Schlimmste** gefaßt sein (müssen) · to have to be prepared for the worst

es kommt zum Ärgsten *form selten* – (eher:) es kommt zum **Schlimmsten** · if the worst comes to the worst

aus dem Ärgsten herauskommen *form selten* – aus dem ärgsten/gröbsten/schlimmsten **Dreck** herauskommen · to get over the worst, to get through the worst

aus dem Ärgsten heraussein *form selten* – aus dem ärgsten/gröbsten/schlimmsten **Dreck** heraussein · to be nearly out of the wood, to be over the worst

Argusaugen: Argusaugen haben *geh selten* · to have eagle eyes, to be eagle-eyed, to be Argus-eyed
Paß auf bei dem Bertram! Es ist gefährlich, bei dem abzuschreiben. Der hat Argusaugen. Dem entgeht nichts.

jn./etw. **mit Argusaugen beobachten**/verfolgen/... *geh selten* · to watch s.o./s.th. like a hawk
Seiner Tochter fällt es schwer, ganz natürlich zu teilen. Mit Argusaugen beobachtet sie die anderen, wieviel sie essen, und vergleicht genau, wieviel sie selbst bekommt. So einen scharf kontrollierenden Blick habe ich bei einem Kind noch nie gesehen.

Argwohn: Argwohn schöpfen/(fassen) *geh* – (eher:) **Verdacht** schöpfen · to become suspicious

Arm: der **tote Arm** (eines Flusses) · a backwater, a dead branch/arm/... of a river
Fließt der Fluß überall so langsam? – Das ist nicht der eigentliche Fluß, das ist ein toter Arm. Er versandet nach etwa zwei Kilometern.

js. **rechter Arm sein** – js. rechte **Hand** sein · to be s.o.'s right-hand man/woman

js. **verlängerter Arm sein** · to be the instrument/tool/... of s.o./s.th.
Der Staatssekretär Maurer, scheint mir bald, ist hier im Ministerium nichts andres als der verlängerte Arm von Mercedes! Alles, was die hier durchbringen wollen, läuft über den.

einen langen Arm haben *selten* · to have a lot of/far-reaching influence, to have a lot of pull/clout *coll*
Es ist immer wieder erstaunlich, wieviele Stellen hier in Politik und Verwaltung mit Bertolts Anhängern besetzt werden! – Ja, der Bertolt hat einen langen Arm. Überall hat er seine Finger drin, und alle Welt hat Angst, etwas zu tun, was ihm nicht recht sein könnte.

den längeren Arm haben *selten* – am längeren **Hebel** sitzen · to have the whip hand

Arm in Arm · (to go) arm in arm (with s.o.)
Ich wußte gar nicht, daß Peter und Karin so eng befreundet sind. Gestern gingen sie Arm in Arm über die Königstraße. – Die gehen oft eingehakt. Aber ich weiß nicht, ob das bei ihnen ein Zeichen intimer Freundschaft ist.

jm. **in den Arm fallen** · 1. to stay s.o.'s hand *lit*, to grab s.o.'s arm, 2. to put a spoke in s.o.'s wheel, to throw a spanner in the works
1. Wenn ich ihm nicht im letzten Moment in den Arm gefallen wäre, hätte er die Ursel in der Tat geschlagen. – Der Richard ist zu allem fähig. Diesmal warst du dabei und hast ihn hindern können, aber ...
2. Es gibt Leute, die können einfach nicht sehen, wenn andere konstruktiv arbeiten. Die müssen beständig jemandem Hindernisse in den Weg legen, Knüppel zwischen die Beine werfen. Es ist ihnen einfach nicht gegeben, irgendjemanden etwas ausführen zu lassen, ohne (zu versuchen,) ihm in den Arm zu fallen. Geborene Saboteure.

jn. **am Arm führen** · to lead s.o. by the arm
Wer ist die alte Dame, die der Karl da am Arm führt?

per Arm gehen *selten* – (eher:) **Arm** in Arm (gehen) · to walk/... arm in arm

der Arm des Gesetzes *form od. iron* · the long arm of the law
Eine Zeitlang mag das ja durchgehen, Heinz, hier ohne Genehmigung Sprengungen vorzunehmen. Doch über kurz oder lang wirst du auch in diesem abgelegenen Nest den Arm des Gesetzes zu spüren kriegen.

ein Kind/... **im Arm halten** – (eher:) ein Kind/... in den **Armen** halten · to hold a child/... on one's arm/in one's arms

sich ein Buch/... **unter den Arm klemmen (und ...)** *ugs* · to stick/tuck/... a book/... under one's arm
(In einer Universitätsbibliothek:) Du hast auch nicht zufällig den Dr. Mertens gesehen? – Doch. Der war gerade noch hier. Er hat sich rasch zwei oder drei Bücher unter den Arm geklemmt und ist rausgehastet. Wahrscheinlich zu seinem Oberseminar.

jm. **seinen Arm leihen** *selten* · to lend s.o. a helping hand
Die Lage schien für mich aussichtslos damals, bei meiner üblen Krankheit ... Aber dann hat der Fischer mir seinen Arm geliehen, mir mit seinen Beziehungen und seinem Ansehen den Weg geebnet. Ohne den Fischer wäre ich nicht wieder auf die Beine gekommen. – Du bist nicht der einzige, den dieser Mann tatkräftig unterstützt hat.

jn. (tüchtig/anständig/so richtig/...) **auf den Arm nehmen** *ugs* · to have s.o. on, to pull s.o.'s leg, to (really/...) take the mickey out of s.o., to (really/...) take the piss out of s.o. *vulg*
Beherrsch' deine Spottsucht, Franz! Der Herbert läßt sich nicht gern auf den Arm nehmen. Also: keine ironischen Fragen, spitzfindigen Antworten, schalkhaften Kommentare, hörst du?!

jn./etw. **unter den Arm nehmen** · 1. to take s.o.'s arm, to take s.o. by the arm, 2. to take s.th. under one's arm
1. Wenn du Mutter unter den Arm nimmst, wird sie die Treppe vielleicht hinaufkommen. Auf der einen Seite stützt sie sich mit ihrem Stock, auf der anderen Seite stützt du sie. Versuch' mal!
2. ... Ohne ein Wort zu sagen, nahm er das Paket unter den Arm und brachte es zur Post.

den Arm in der Schlinge tragen · to have one's arm in a sling
Der Werner trägt den Arm in der Schlinge. Was ist los? – Er ist mit dem Rad gestürzt und hat sich den Arm ausgekugelt. – Was der nicht alles anstellt!

den Arm (in die Höhe) strecken *Schule* – (eher:) die **Finger** in die Höhe strecken · to put up one's hand (to answer a question)

jm. **am** ausgestreckten/**steifen Arm verhungern lassen** *selten* · to put the screws on s.o. *coll*, to put the squeeze on s.o. *sl*
Das einzige Mittel, den Georg gefügig zu machen, ist es, ihn am steifen Arm verhungern zu lassen. Entzieht ihm auf unbestimmte Zeit den Wechsel. Ihr werdet sehen, wie schnell er klein beigibt.

arm: arm an etw. · to be lacking/poor/... in s.th., to be short of s.th.
... Ein Land, das derart arm an Rohstoffen ist wie Portugal, kann doch keine führende Industrienation sein! Ganz abgesehen von anderen Faktoren!

arm, aber ehrlich (sein) *ugs veraltend* · (to be) poor but honest *n*
Hallo! Hallo! Sie haben mir zehn Mark zuviel gegeben. – Oh! Danke! Das ist aber nett. Nicht alle Verkäufer sind so. – Arm, aber ehrlich – das war immer mein Grundsatz.

arm und reich · 1. 2. rich and poor (alike)
1. Ich möchte, daß jeder, der will, die Veranstaltung besuchen kann, arm und reich, hoch und niedrig. Also: die Eintrittspreise werden zivil sein, hört ihr? Sodaß sie jeder bezahlen kann, ob er viel Geld hat oder wenig.
2. Arm und reich lief auf den Marktplatz, um die Königin zu sehen; aus allen Bevölkerungsschichten kamen sie angeströmt ...

Ärmchen: jn. **aufs Ärmchen nehmen** *scherzh* – jn. (tüchtig/anständig/so richtig/...) auf den **Arm** nehmen (1, 2) · to have s.o. on, to pull s.o.'s leg, to (really/...) take the mickey out of s.o., to (really/...) take the piss out of s.o.

Arme: der/die **Arme** · 1. 2. the poor thing/fellow/girl/...
1. Der Peter ist durchgefallen? Der Arme! – Der Arme? Ein Faulpelz ist das. Es geschieht ihm ganz recht!
2. Hat man ihn in der Tat entlassen? – Ja. Der Arme weiß gar nicht, wovon er jetzt leben soll.

die/seine Arme (weit) ausbreiten · to stretch out one's arms
»Eins, zwei und ... drei«!, rief der Vater, und Udi rannte los. Schneller! Schneller! ... Der Vater breitete seine Arme weit aus, Udi kam angesaust, und schon hob ihn der Vater in die Höhe und – rrumm! – drehte sich mit ihm ein paarmal um die eigene Achse ...

die Arme vor der Brust verschränken *form od. iron* · to stand there with one's arms folded, to sit back and do nothing

Wenn der Heinz-Otto da wie ein Generaldirektor die Arme vor der Brust verschränkt und die Arbeit der Leute begutachtet, hätte ich Lust, ihm einen kräftigen Tritt in seinen Allerwertesten zu geben, damit er auch mal mit anpackt.

jm./sich in die Arme fallen · 1. to rush into s.o.'s/one another's arms, 2. to stay s.o.'s hand *lit*, to grab s.o.'s arm, to put a spoke in s.o.'s wheel, to throw a spanner in the works

1. Fast fünf Jahre waren sie getrennt gewesen. Als sie sich auf dem Flughafen endlich wiedersahen, fielen sie sich spontan in die Arme. Mochten die Leute, die umherstanden, ruhig glauben, die beiden, die sich da so heftig umarmten, wären zwei junge verliebte Backfische ...

2. vgl. – jm. in den **Arm** fallen

jm./sich in die Arme fliegen *ugs* – jm./sich in die **Arme** fallen (2) · to rush into s.o.'s/one another's arms

wir können hier/... **(noch) zwei starke/kräftige Arme gebrauchen/(brauchen)** · we could use/do with a/(another) strong pair of hands here

Du willst uns helfen, den Stein auszugraben? Das ist wirklich nett von dir. Wir können in der Tat noch zwei starke Arme gebrauchen. Die Arbeit ist alles andere als leicht. Und zu dritt geht's besser als zu zweit.

jm. unter die Arme greifen · to help s.o. out

Ich habe mir einen neuen Wagen kaufen müssen – der alte tat es nicht mehr –, und gestern schickte mir der Hausbesitzer zu allem Überfluß eine saftige Mieterhöhung ins Haus. Kannst du mir für zwei, drei Monate unter die Arme greifen? Für länger ist es bestimmt nicht. Wenn du mir für die Zeit helfen könntest, würde ich diese Durststrecke hinter mich bringen, ohne die Familie in Mitleidenschaft zu ziehen.

die Arme um js. **Hals schlingen** · to hug s.o., to wrap one's arms around s.o.

... Sie schlang die Arme um seinen Hals und vergaß alles um sich her ... Endlich war er wieder da!

die Arme in die Hüften stemmen/(stützen) · to put one's hands on one's hips, to stand with arms akimbo

... »Nein!«, schrie sie, indem sie die Arme in die Hüften stemmte, »und wenn Sie mir hundertmal mit Entlassung drohen, ich mache keine Nachtschichten!«

jm. (direkt) in die Arme laufen · to bump into s.o., to run into s.o.

Ein einziges Mal in diesem Jahr kam ich verspätet zum Dienst. Es war vergangenen Montag. Und ausgerechnet da bin ich auf dem Gang meinem Chef in die Arme gelaufen. Ausgerechnet an diesem Tag mußte er mir am Eingang direkt entgegenkommen!

jn. in seine/(die) Arme schließen/(nehmen) · to clasp s.o. to one, to clasp s.o. in one's arms

Sie weinte und weinte ... Der Vater schloß sie in seine Arme. »Das nächste Mal bereitest du dich auf die Aufnahmeprüfung besser vor, dann wird schon alles gutgehen. Verlier' jetzt nicht den Mut ...« Wie ein kleines Kind fühlte sie sich geborgen in den Armen ihres Vaters; der Trost tat ihr gut ...

die Arme um jn. **schlingen** – die **Arme** um js. Hals schlingen · to hug s.o., to wrap one's arms around s.o.

die Arme um js. **Schulter legen** · 1. to put one's arms around s.o.'s shoulders, 2. to hug s.o., to wrap one's arms around s.o.

1. Als mir der Karl-Heinz erzählte, daß ihn seine Freundin verlassen hat, legte ich die Arme um seine Schulter und sagte: »Komm, Alter, das schaffst du schon! Jetzt gehen wir erstmal zusammen aus, damit du auf andere Gedanken kommst!« – Ich glaube das hat ihm wirklich geholfen.

2. vgl. – die **Arme** um js. Hals schlingen

die Arme auf den Tisch stützen · to prop/put/... one's elbows on the table

... Junge, das ist doch einfach kein Benehmen, beim Essen beide Arme auf den Tisch zu stützen!

jn. jm. **in die Arme treiben** · to drive s.o. into s.o.'s arms

Wenn du nicht damit einverstanden bist, daß die Christa mit den jungen Leuten vom Ballisberg umgeht, mußt du ihr Alternativen bieten, sie für andere Dinge interessieren. Wenn du nur kritisierst und nichts für sie tust, treibst du sie diesen jungen Männern doch nur in die Arme!

jn. dem Verbrechen/dem Laster/... **in die Arme treiben** *path* · to drive s.o. to crime/vice/...

Wenn du die Kinder dem Verbrechen in die Arme treiben willst, brauchst du nur so weiterzumachen: nichts für sie tun, ihnen ein schlechtes Beispiel geben, ihren Umgang mit ungeeigneten Freunden durch leichtsinnige Bemerkungen noch unterstützen ... Du wirst sehen, was dabei herauskommt: Verdorbenheit, wenn nicht Kriminalität!

sich jm./(einem Laster/...) **in die Arme werfen/schmeißen** *ugs* · to throw o.s. at s.o., to throw o.s. into s.o.'s arms, to throw o.s. into a life of vice/crime/...

Kein Wunder, daß sie sich dem jungen Firmenchef in die Arme geworfen hat. Sie lebt allein, beruflich ist sie nicht ausgelastet, und zu allem Überfluß hatte sie vor nicht langer Zeit eine herbe Enttäuschung mit einem jungen Mann aus ihrem Viertel. Da kam der Juniorchef mit seinem Charme und seinem Geld gerade richtig ...

Armee: zur großen Armee abberufen werden *path* – *iron veraltend selten* – ins **Gras** beißen (müssen) · to bite the dust, to join the great majority, to meet one's maker

zur Armee gehen *form* · to join the army

Was will dein Bruder werden? – Er geht zur Armee. Er sagt, heute ist es nicht mehr gefährlich, Soldat zu werden, da es doch keinen Krieg gibt.

Ärmel: leck' mich am Ärmel! *selten* – (euphem für:) leck' mich am/(im) **Arsch!** · get stuffed!, fuck me!, fucking hell!, Christ!

(sich) die Ärmel hochkrempeln/(aufkrempeln/aufrollen) · to roll up one's sleeves

Los, jetzt werden wir uns die Ärmel hochkrempeln und den verdammten Stein zusammen wegwälzen. Das wäre doch gelacht, wenn wir das nicht schafften! Also: »eins, zwei ... drei«! Seht ihr! Man muß nur anständig anpacken.

j. kann mich/uns (mal) **am Ärmel küssen/(lecken)** *selten* – (euphem für:) j. soll/kann mich/uns am/(im) **Arsch** lecken (mit etw.) · he/... can get stuffed, he/... can bugger off, he/... can piss off

jm. sagen/..., er **kann einen** (mal) **am Ärmel küssen/(lecken)** *selten* – (euphem. für:) jm. sagen/..., er **kann einen** am/(im) **Arsch** lecken · to tell s.o. to get stuffed/to bugger off/to piss off/...

sich etw. nicht aus dem Ärmel leiern können *sal* · not to be able to produce s.th. just like that, not to be able to produce s.th. out of thin air, not to be able to do s.th. off the cuff/off the top of one's head

... Es tut mir leid, wir haben nichts mehr zu trinken im Keller. Die Geschäfte sind schon zu, und ich kann mir auch nichts aus dem Ärmel leiern.

etw. (doch) (nicht) aus dem Ärmel/(den Ärmeln) **schütteln (können)** · 1. 2. (not to be able to) do s.th. just like that, 1. (not to be able to) rattle s.th. off, (not to be able to) produce s.th. out of a hat, (not to be able to) come up with s.th. just like that, 2. (not to be able to) produce s.th. out of thin air, (not to be able to) do s.th. off the cuff

1. Die Ursula schüttelt die Antworten nur so aus dem Ärmel! Kaum hat der Lehrer auf französisch die Frage gestellt, da meldet sie sich und rasselt die richtige Antwort herunter.

2. »Für die Lösung dieser Schwierigkeiten kann kein Mensch feste Rezepte aus den Ärmeln schütteln«, rief er verärgert. »Glauben Sie etwa, solche komplizierten Dinge ließen sich exakt vorhersehen, sodaß man nur einen Computer braucht, um die Lösungen abzurufen?«

jn. **am Ärmel zupfen** · to tug (at) s.o.'s sleeve, to pluck s.o.'s sleeve

Hast du gesehen, wie der Staatssekretär den Minister am Ärmel zupfte und ihm anschließend etwas ins Ohr flüsterte?

Armen: mit verschränkten/gekreuzten Armen dastehen/da herumstehen/... · to stand there/to stand around/... with one's arms folded

Pack' mit an, statt mit verschränkten Armen dabei zu stehen und fromme Ratschläge zu erteilen!

jn. **mit offenen Armen empfangen/aufnehmen** · to go up to s.o./to welcome s.o./... with open arms

Das war eine schlimme Zeit nach dem Krieg. Ohne etwas zu essen, ohne Wohnung ... Da war es ein Segen, daß uns Onkel Herbert und Tante Berti mit offenen Armen aufnahmen, als wir kamen und fragten, ob wir für einige Zeit bei ihnen bleiben könnten.

ein Kind/... **in den Armen halten** · to hold a child/... in one's arms

... Schau mal, wie liebevoll der Rudolf seine jüngste Tochter in den Armen hält! Ein schönes Bild!

sich in den Armen liegen · to lie in each other's arms

... Jetzt liegen sie sich wie zwei Neuvermählte in den Armen – und eine viertel Stunde später zanken sie sich wieder wie die Kesselflikker! Das ist schon ein drolliges Paar, die Ursel und der Peter!

mit den Armen in der Luft herumfahren – mit den **Händen** in der Luft herumfahren/herumfuchteln · to wave one's arms/hands about

mit offenen/ausgebreiteten Armen auf jn. **zugehen** · to welcome s.o. with open arms

Der Ulrich ist wirklich sehr offenherzig und aufgeschlossen! Auch auf Leute, die er gar nicht kennt, geht er mit offenen Armen zu.

ärmer: um eine Illusion/... **ärmer sein** · to have lost one/another of one's illusions/..., to have one/another illusion/... less

... Na, leiht dir der Onkel Franz die 1.000,– Mark? – Nein. Er sagt, die sähe er dann sowieso nicht wieder. – Siehst du, da sind wir wieder um eine Illusion ärmer. Wir hatten immer gedacht, in der Not könnten wir wenigstens auf ihn zählen ...

um ein paar Mark/hübsches Sümmchen/(einige Illusionen/...) **ärmer werden** ugs – um ein paar Mark/ein hübsches Sümmchen/... ärmer **werden** · to be a few marks/illusions/... poorer

Ärmste: der/die Ärmste – der/die **Arme** (1, 2) the poor thing/fellow/girl/...

Armut: die nackte Armut path – (eher:) das nackte **Elend** · sheer/utter misery/destitution/poverty/...

die neue Armut Neol · the new poverty

Der Herr Meier hat kaum seine Arbeit verloren, da hat der Vermieter ihn und seine Familie schon auf die Straße gesetzt. Jetzt leben die Leute von der Sozialhilfe. – Ja, ja, die neue Armut greift um sich. Es ist unglaublich, wievielen früher gut gestellten Leuten es heute schlecht geht!

Armut und Elend ... path · poverty and misery, poverty and distress, abject poverty

Kein Haus, nur Hütten! Kein ordentlich bestelltes Feld! Kaum etwas zu essen ... Nichts als Armut und Elend weit und breit.

Armutszeugnis: etw. **ist ein Armutszeugnis für** jn. · it/s.th. shows s.o. up, it/s.th. is a sign of s.o.'s incompetence/inadequacy/...

Nur weil er nicht will, daß du auf dem Vorspielabend besser herauskommst als er selbst, hat er euer Musiklehrer versetzt, auf dem Schulflügel zu üben? Das ist ein Armutszeugnis für den Mann. Daß der sich nicht schämt!

sich/(jm.) **ein Armutszeugnis ausstellen** (mit etw.) · to show o.s./(s.o.) up, to show one's own/(s.o.'s) shortcomings/narrow-mindedness/...

Was, der Dr. Blach hat dir verboten, auf dem guten Flügel in der Schule zu spielen? Damit hat er sich ein Armutszeugnis ausgestellt.

Nur weil er neidisch ist und nicht will, daß du auf dem Vorspielabend besser herauskommst als er selbst, reagiert er so! Welch ein Mangel an Niveau!

Arsch: leck' mich am/(im) Arsch! vulg · 1. get stuffed! sl, 2. fuck me!, fucking hell!, Christ!

1. Heinz, gehst du mit ... – Leck' mich am Arsch! – Immer noch sauer? Wir hatten gemeint ... – Leck' mich am Arsch, hab' ich gesagt. Du kannst mir gestohlen bleiben mit all deinen Meinungen. Hau ab und laß mich zufrieden!
2. Eine verflixt gute Übersetzung! Leck' mich am Arsch! Das hätte ich dem nicht zugetraut. Verdammt nochmal! Wirklich eine Leistung. Hut ab! seltener

das/(etw.) **ist/... für den Arsch** sal · it/s.th. is a washout coll, it/s.th. is all for nothing n

Den diesjährigen Besuch auf der 'größten Computermesse der Welt' hätte ich mir schenken können, es gab praktisch nichts weltbewegend Neues zu sehen. Oder drastischer ausgedrückt: der ganze Aufwand war für den Arsch.

im Arsch sein vulg · 1. it/s.th. is fucked, it/s.th. is smashed n, it/s.th. has gone to pot coll, 2. it/s.th. is fucked up/finished n

1. Verflucht nochmal, jetzt ist mir doch die Uhr hingefallen! – Und? – Sie ist im Arsch! Das Glas ist gesprungen, die Zeiger sind gebrochen, die Feder scheint kaputt ... Verdammt nochmal!
2. Du bist doch mit dem Christoph befreundet. Frag' ihn doch mal ... – Die Freundschaft mit Christoph ist längst im Arsch. Die ist wegen der Anette in die Brüche gegangen.

jn. **am Arsch haben** vulg selten · 1. 2. to have got s.o. by the balls, to have got s.o. by the short and curlies

1. Meinst du, du hättest es in dieser Scheißbude besser als ich? Dich haben sie ja genauso am Arsch wie mich. In so einem Saftladen geht jeder vor die Hunde, egal, was er macht.
2. (Zu jemandem, der zu einer Gefängnisstrafe auf Bewährung verurteilt wurde:) Ich würde mir an deiner Stelle nichts zuschulden kommen lassen. Wenn du während der Bewährungszeit ein krummes Ding drehst, dann haben sie dich am Arsch. Dann wanderst du in den Bau.

vielleicht/... ein Benehmen/eine Rücksichtslosigkeit/... **am Arsch haben** vulg – (vielleicht/...) ein Benehmen/eine Rücksichtslosigkeit/... am **Leib(e)** haben · s.o. is bloody/... impolite/inconsiderate/...

schon einen kalten Arsch haben vulg selten · to have kicked the bucket sl, to have turned up one's toes sl

Wir waren entschlossen, alles zu tun, um ihn zu retten. Vergeblich. Als wir uns endlich bis zur Unfallstelle durchgearbeitet hatten, hatte er schon einen kalten Arsch.

der/... **ist der letzte Arsch** vulg · s.o. is a real/lousy/... bastard coll

Der Bernhard ist der letzte Arsch! Kürzlich hat er mich wegen einer Kleinigkeit beim Chef angeschwärzt.

sich etw. am Arsch abfingern können vulg – sich etw. an den fünf/(zehn) **Fingern** abzählen können · + it is obvious (that ...), + it stands out a mile (that ...)

sich den Arsch abfrieren/(zufrieren) vulg · to freeze one's arse off, to freeze one's balls off

Bei dieser Kälte friert man sich ja den Arsch zu! Verflucht nochmal! So kalt haben wir es seit Jahren nicht mehr gehabt.

sich den Arsch nach/(für) etw. **ablaufen** selten – sich die **Hacken** nach etw. ablaufen/abrennen/wundlaufen · to wear o.s. out looking for s.th.

du **hast/**der Karl hat/... **(ja) den Arsch auf!** oft scherzh Antwort des Angeredeten: nein, ich habe ihn gerade zugekniffen! vulg · s.o. is out of his tiny mind coll, s.o. is off his rocker sl

Du, ich gehe heute nachmittag schwimmen. – Schwimmen, bei diesem Wetter? Du hast ja den Arsch auf! – Denkste! Ich hab' ihn gerade zugekniffen! – Wirklich, du bist verrückt, bei dieser Kälte schwimmen gehen

jm./**dir**/dem ... **steht** (wohl/ja/...) **der Arsch auf!** *vulg* · s.o. is round the twist *coll*

... Sag' mal, dir steht wohl der Arsch auf! Du kannst doch nicht den Motor starten, während ich an der Zündung hantiere! Willst du mich umbringen?

jm. **den Arsch aufreißen** *vulg* · to put s.o. through it *coll*, to make s.o. jump to it *coll*, to make s.o. sweat blood *coll*

... Die werden diesem zimperlichen Kerl beim Militär hoffentlich anständig den Arsch aufreißen! Sonst bin ich ja kein großer Freund vom Drill. Aber bei solchen Typen ist er mehr als angebracht.

sich für jn./etw. **den Arsch aufreißen** *sal* · to work one's balls off for s.o./s.th. *vulg*

Dieser Ulrich Steckert reißt sich für die Firma wirklich den Arsch auf! Er macht dauernd Überstunden und erarbeitet eine neue Verkaufsstrategie nach der anderen. Das ist unser bester Mann.

sich (für jn./etw.) **nicht den Arsch aufreißen** *vulg* – sich kein **Bein** ausreißen · not to kill o.s. (for s.o./s.th.), not to bust a gut (for s.o./s.th.), not to over-exert o.s. (for s.o./s.th.)

ich könnte mich/der Paul könnte sich/... **in den Arsch beißen**, weil/... *vulg* – ich könnte mich/der Paul könnte sich/... in den **Hintern** beißen, weil/... · I/he/John/... could kick myself/himself/...

den Arsch voll bekommen *vulg* – jm. den **Hintern** versohlen · to get a good hiding/spanking/...

jm. etw. **in den Arsch blasen** *sal* · to have everything handed to one on a plate *coll*

Der Franz bekommt von seinen Eltern alles in den Arsch geblasen. Der Typ hat noch nie für etwas schaffen müssen; der bekommt alles hinterhergeworfen.

jm. **in den Arsch kriechen und den Eingang verteidigen** *vulg selten* – jm. in den **Arsch** kriechen · to lick s.o.'s arse, to suck up to s.o.

ein Auto/... **in den Arsch fahren** *vulg* · to drive a car/motor-bike/... into the ground *n*

Keine vierzehn Tage war das Motorrad alt, und schon hat der Junge es in den Arsch gefahren! – Sei froh, daß nur die Maschine kaputt ist und der Peter keine größeren Verletzungen davongetragen hat.

(mit etw.) auf den Arsch fallen *vulg selten* · to come unstuck (with s.th.) *coll*, to fall flat on one's face (with s.th.) *lit*

... Laß ihn ruhig schadenfroh sein, diesen elenden Wörner! Der wird mit seinem Teppichhandel noch früh genug auf den Arsch fallen. Du wirst sehen: in spätestens zwei, drei Jahren ist diese Flöte pleite.

das/etw. **schmeckt wie Arsch und Fried(e)rich** *sal* · to taste fucking/bloody/... awful *vulg*, to taste vile *coll*

... Dieser Kantinenfraß schmeckt heute mal wieder wie Arsch und Friederich! Das Zeug ist absolut ungenießbar! Es schmeckt einfach widerlich!

j. **wäre/ist fast/beinahe auf den Arsch gefallen**, als .../vor Schreck/vor Überraschung/... *vulg* – j. hätte sich/hat sich fast/beinahe auf den **Arsch** gesetzt ... · he was almost knocked sideways when he heard ..., you could have knocked me/him/... over with a feather when I/he/... heard ...

in den Arsch gekniffen sein (mit etw.) *vulg* · + that's a fart up s.o.'s arse *vulg*, s.o. has had the wind taken out of his sails

Jetzt bist du aber schön in den Arsch gekniffen, was?! Da hast du gedacht, du könntest den Chef reinlegen, und, bums, hat er dich drangekriegt. Jetzt kannst du zusehen, wie du aus dieser Sache herauskommst!

am Arsch gepackt sein (mit etw.) *vulg* – in den **Arsch** gekniffen sein (mit etw.) · s.o. has had the wind taken out of his sails

j. **hätte sich/hat sich fast/beinahe auf den Arsch gesetzt**, als .../vor Schreck/vor Überraschung/... *vulg* · I/he/... was/... knocked for six when I/he/... heard ... *coll*, you could have knocked me/him/... over with a feather when I/he/... heard ... *coll*

Als er hörte, der Chef würde ihn für den Schaden zur Verantwortung ziehen, hat er sich vor Schreck fast auf den Arsch gesetzt. Kein Wort brachte er mehr heraus.

j. **wäre** jm. (vor Wut/...) **fast/beinahe/am liebsten mit dem (nackten) Arsch ins Gesicht gesprungen** *vulg* – j. wäre jm. (vor Wut/...) fast/beinahe/... ins **Gesicht** gesprungen · s.o. could have strangled s.o.

jm. **geht der Arsch auf/(mit) Grundeis** *vulg* · s.o. is scared shitless, s.o. is shitting himself

Den Emil mußt du heute mit Samthandschuhen anfassen. Dem geht der Arsch mit Grundeis, seit er erfahren hat, daß der Chef ihn für den großen Reparaturschaden zur Verantwortung ziehen will. Der hat einen Schiß, das kannst du dir gar nicht vorstellen!

mit dem Arsch umwerfen/umschmeißen/..., **was man mit den Händen aufbaut** *vulg* – (eher:) mit dem **Hintern** umwerfen/umschmeißen, was man mit den Händen aufbaut · to spoil/destroy/... one's own handiwork

seinen Arsch (mal wieder/...) **nicht hochkriegen** *vulg* · not to get up off one's arse, not to get one's finger out *sl*

Ich möchte es einmal erleben, daß die Karin ihren Arsch hochkriegt, statt den ganzen Tag nur in der Bude zu sitzen.

mit einem Arsch auf zwei Hochzeiten tanzen (wollen/...) *vulg* – auf zwei **Hochzeiten** (auf einmal/...) tanzen (wollen/...) · you/he/(John)/... can't have your/his/... cake and eat it

jn. **am/beim Arsch und Kragen packen/fassen/nehmen und ...** *vulg* · to grab/take s.o. by the scruff of the neck (and ...) *n*

Und was habt ihr mit den Radaubrüdern gemacht, als sie wieder mit ihrem Lärm anfingen? – Wir haben sie am Arsch und Kragen gepackt und rausgeschmissen.

jm. **in den Arsch kriechen** *vulg* · to lick s.o.'s arse, to suck up to s.o. *sl*

... Hör'auf von dem Gerd! – Warum? Ist er dir wieder in den Arsch gekrochen wegen der Stellung bei euch? – Natürlich! Jetzt versucht er doch schon seit Monaten mit den plumpsten Schmeicheleien, mich dazu zu bewegen, ihn bei uns einzustellen.

jn. **am Arsch kriegen** *vulg selten* · to nab s.o. *sl*

Der soll mal gar nicht so sicher tun, der Friedel! Den werden sie auch noch am Arsch kriegen! Meinst du, der kann sein Lebenlang Giftstoffe exportieren, ohne irgendwann aufzufallen?!

einen kalten Arsch kriegen *vulg* – den **Arsch** zukneifen · to snuff it, to kick the bucket, to croak

j. **soll/kann mich/uns am/(im) Arsch lecken** (mit etw.) *vulg* · s.o. can get stuffed *sl*, s.o. can bugger off, s.o. can piss off *sl*

Da ist der August und sagt ... – Der August kann mich am Arsch lecken! – Aber Bruno, du kannst doch nicht ... – Ich sage dir: der Kerl soll bleiben, wo der Pfeffer wächst. Ich will ihn nicht sehen, jetzt nicht und in Zukunft nicht, hörst du? Der soll mich ein für allemal zufrieden lassen.

du hast/der Karl hat/... **(ja) den Arsch offen!** *vulg* – (eher:) du hast/der Karl hat/... (ja) den **Arsch** auf! · you're out of your tiny mind, you're off your rocker

ein Arsch mit Ohren sein *vulg* – für keine zwei **Pfennige** Verstand haben/nachdenken/aufpassen/... (1) · to be a right berk, to be as thick as two short planks

jn. **am Arsch packen** *vulg* – jn. am **Arsch** kriegen · to nab s.o.

den (halben) Arsch riskieren *vulg* · to risk one's life *n*, to risk one's neck *n*

Wie der Robert da die Piste runterrast! Er riskiert mal wieder den halben Arsch! Wenn das gutgeht!

den ganzen Arsch voller Schulden haben *vulg* – bis an den/ (über den) **Hals** in Schulden stecken · to be up to one's neck in debt

du kannst dir/er kann sich/... etw. **in den Arsch stecken/** (schieben) *vulg* – du kannst dir/er kann sich/... etw. **einsalzen** · you/he/... can shove it up your/... arse

sich alles an den Arsch tragen lassen *vulg selten* · to have everything done for one *n*, to be waited on hand and foot *n*
Mein Bruder ist stinkfaul und absolut unselbständig. Er läßt sich immer alles an den Arsch tragen.

jn. **in den Arsch treten** *vulg* – jm. einen **Tritt** in den Arsch geben (1; u. U. 2, 3) · to give s.o. a kick up the arse, to give s.o. a kick up the backside

jn. **brauchen/**(...), **der einen** (ab und zu/...) (richtig) **in den Arsch tritt** *vulg* · to need s.o. to give s.o. a good kick up the behind (now and then/...) *coll*
... Die Claudia ist absolut nicht dumm, ganz im Gegenteil! Sie ist nur stinkfaul. Die braucht jemanden, der ihr regelmäßig einen Tritt in den Arsch gibt, sonst lernt sie überhaupt nichts für die Schule.

du würdest/der Peter würde/... (aber) (auch) **noch deinen/** seinen/... **Arsch vergesssen, wenn er nicht angewachsen wäre** *vulg* – (aber auch) ein **Gedächtnis** wie ein Sieb haben · you/ she/John/... would forget your/... head if it wasn't screwed on

jm. **den Arsch versohlen** *vulg* – jm. den **Hintern** versohlen · to tan s.o.'s hide

j. (würde/möchte) **seinen Arsch darauf verwetten, daß** ... *vulg* · I/he/... bet you/... anything that ... *n*
Ich möchte meinen Arsch darauf verwetten, daß die Dortmunder heute abend verlieren!

jm. **den Arsch vollhauen** *vulg* – jm. den **Buckel** vollhauen/ vollschlagen (1, 2) · to bent the shit out of s.o., to beat the daylight out of s.o.

den Arsch vollkriegen *vulg* – den **Buckel** vollkriegen · to get a good thrashing, to be done over, to get a good hiding

sich (mal wieder/...) **den Arsch vollsaufen** *vulg* · to get completely/... plastered *sl*/ratarsed/legless *sl*/pissed *sl*/...
Hat sich der Udo gestern mal wieder den Arsch vollgesoffen? Oder warum liegt er jetzt um zehn Uhr immer noch im Bett? – Die hatten gestern Vereinsjubiläum ... – Der findet immer einen Grund, um sich vollaufen zu lassen.

das/etw. **geht** jm. (völlig/...) **am Arsch vorbei**/(lang) *vulg* – sich einen **Dreck** um j./etw. kümmern · s.o. is not (at all/...) bothered about s.th., s.o. cannot be bothered/ arsed/... to do s.th., s.o. doesn't give a damn about s.th.

am Arsch der Welt (sein) *vulg* · to live/to be/... in the back of beyond/out in the sticks/in the middle of nowhere *n*
Untereisenhausen? Wo ist denn das? – Am Arsch der Welt. Erst fährst du mit dem D-Zug nach Stuttgart, dann mit der S-Bahn nach Backnang; da nimmst du den Bus und an der Endstation vom Bus mußt du noch etwa dreiviertel Stunde laufen – wenn du kein Taxi nehmen willst. – Mein Gott! Ich wußte gar nicht, daß es so entlegene Kaffs in Deutschland noch gibt.

am Arsch der Welt wohnen *vulg* · to live/to be/... in the back of beyond/out in the sticks/in the middle of nowhere *n*
Nun, das ist nicht so einfach, den Onkel Albert Sonntag zu besuchen. Der wohnt am Arsch der Welt, weißt du. – Wo? – Hm, das ist ganz schön weit, abgelegen wie nur etwas ...

den Arsch zukneifen *vulg* · to snuff it *sl*, to kick the bucket *sl*, to croak *sl*
Jetzt, wo der Alte den Arsch zugekniffen hat, habt ihr (eine) große Schnauze. Aber als er noch lebte, habt ihr den Mund nicht aufgemacht und seid nach seiner Pfeife getanzt.

arsch: arsch-klar/-kalt/-fahl/(...) *vulg* · bloody freezing/obvious/... *sl*
... Mensch, das ist ja arschkalt hier in der Meseta! Das hätte ich mir nicht träumen lassen. – Im Sommer brüllend heiß, im Winter eisig kalt – das ist das Klima hier.

Arschfinger: jm. **den Arschfinger zeigen** *vulg Geste mit beleidigender Konnotation* · to give s.o. the finger
... Die Sitten unter den Autofahrern in diesem Lande sind leider ziemlich rüde geworden. Jemandem den Arschfinger zu zeigen ist mittlerweile zu einer alltäglichen Geste geworden.

Arschrunzeln: das/(etw.) kostet jn. (nur/...) **ein müdes Arschrunzeln** *vulg* · it's no trouble for s.o. to do s.th. *n*, s.o. can do s.th. – no sweat *coll*
Was macht deine Promotion? – Im Moment hänge ich fest, weil mir ein paar Studien über die Jackson-Epilepsie fehlen, an die ich nicht rankomme. – Ich glaube, da kann ich dir helfen. Ich werde deswegen mal meinen Vetter ansprechen. Der ist der Leiter der Anfallsambulanz in Erlangen. Den kostet es nur ein müdes Arschrunzeln, dir das Material zu besorgen, das du brauchst.

Art: eine Art (von) ... · a kind of ..., a type of ..., a sort of ...
Was für ein Material, sagst du, ist das? – Eine Art Plastik. Nicht genau Plastik, aber sehr ähnlich.

nach Art von · à la française/...
... Fleisch und Gemüse getrennt, nach Art der Franzosen ...

ein Gauner/Lügner/Dieb/... der übelsten Art *path* · to be a liar/thief/... of the worst/nastiest/... kind
Halt mir den Wiele vom Hals! Das ist ein Lügner und Verleumder der übelsten Art. Mit diesem elenden Schurken will ich nichts zu tun haben.

es ist (nicht) **meine**/deine/... **Art** (etw. zu tun) · it/that/s.th. is not my/your/... way, it/that/s.th. is not like him/her/John/...
Warum hat er nicht für Ferdi Partei ergriffen, als er angegriffen wurde? – Es ist halt nicht seine Art, sich in anderleuts Dinge zu mischen. Das entspricht nicht seinem Naturell.

es ist keine Art, etw. zu tun · it/that is no way to behave!
So eine Antwort zu geben ist keine Art! Ganz gleich, ob du recht hast oder unrecht, so antwortet man nicht.

in seiner Art ist j. **gut/**... · in his way s.o. is good/...
In ihrer Art ist sie sehr sympathisch, das stimmt. Aber du mußt zugeben: sie ist etwas seltsam, anders als die andern ... – Ja, man muß auf sie eingehen, sie nehmen, wie sie ist ...

(vielleicht) **eine Art haben,** etw. zu tun · 1. 2. to have a way of doing s.th.
1. Der hat eine Art, die anderen zu dominieren, das ist wirklich unangenehm. – In der Tat: er behandelt die Leute, als wären es seine Hausdiener.
2. Der hat eine Art, seine Gesprächspartner dahin zu bringen, wo er sie hinhaben will, das ist wirklich gekonnt. – Ja, gegen sein Vorgehen ist kein Kraut gewachsen.

keine rechte Art haben *form selten* · s.o. has no manners, s.o. does not know how to behave
Es tut mir leid, Herr Hess, Ihnen das sagen zu müssen, aber Ihr Sohn hat keine rechte Art. Er weiß einfach nicht, wie man sich im gesellschaftlichen und beruflichen Leben zu benehmen hat.

in einer Art hat j. **recht/**... · in a way s.o. is right, in a sense s.o. is right
... In einer Art hat die Ursel ja recht: wenn sie sich die ganze Woche in ihrem Tagesrhythmus nach dem Willy richtet, dann kann der sich am Wochenende ja mal nach ihr richten. – So gesehen, schon. Aber du mußt bedenken, daß sich der Willy am Wochenende ausruhen muß – er hat einen schweren Beruf.

einzig in seiner Art sein *path* · to be unique, to be the only one of its/... kind
Meine Damen und Herren, die versteinerten Fische, die Sie hier sehen, sind einzig in ihrer Art. Es gibt davon auf der ganzen Welt keine weiteren Exemplare.

jm. **die Meinung sagen/jn. ausschimpfen/**..., **daß es nur so seine Art hat** *selten* – nach **Strich** und Faden regnen/jn. anschnauzen/verhauen/... (2) · to give s.o. a real/thorough/... dressing-down, to really/... lay into s.o., to really/... tear strips off s.o.

jn. **verprügeln/…/(lügen/…), daß es nur so seine Art hat** *selten* – rennen/rasen/…/draufschlagen/…/lügen/stehlen/… wie nur **etwas** (2; a. 3) · to tell whoppers, to beat the daylights out of s.o., to run like mad, to go like the clappers

ein Essen/… **nach Art des Hauses** *form Gastronomie* · a dish/… à la maison
(Der Ober in einem Restaurant:) Und wie wünschen Sie den Fisch? Nach Art des Hauses? – Wie bereiten Sie ihn denn zu? …

**(auch) nicht (gerade) die Art des feinen Mannes sein/das ist … ** *ugs iron* · it's/s.th. is not (very/…) refined
Die Kirschkerne einfach in die Gegend zu spucken, sodaß sie den anderen Leuten ins Gesicht fliegen können – das ist ja auch nicht gerade die Art des feinen Mannes! – Der Albert meint, er könnte sich das leisten. Wo er ein so bekannter Mann ist …

(ganz) aus der Art schlagen · to be different from the rest of the family, not to run true to type, to go a different way
Die Familie Merkel hat doch seit Generationen nur Kaufleute hervorgebracht, oder irre ich mich? – Nein, du hast vollkommen recht. Rudolf ist der erste Musiker, den sie haben. Er ist halt aus der Art geschlagen.

in js. **Art schlagen** *selten* · to take after s.o.
… Ja, du hast recht, unser Dieter ist ganz anders als seine Geschwister. Im Grunde schlägt er eher in eure Art – mit seiner Ruhe, seiner Bedächtigkeit … Für eure Familie ist das doch typisch, oder?

die Art und Weise · in this way
Natürlich, auf diese Art und Weise schafft das jeder! – Was wollen sie damit sagen? – Ich will damit sagen, Herr Kollege: wenn man so vorgeht wie Sie, ist es kein Kunststück, zu erreichen, was Sie erreicht haben.

Artigkeiten: jm. Artigkeiten sagen *oft iron* – jm./sich **Nettigkeiten** sagen · to exchange pleasantries with s.o., to say nice things to one another

Arzt: dem Arzt/den Ärzten/… unter den Händen sterben/wegsterben – einem Arzt/… unter den **Händen** sterben/wegsterben · to die during an operation

As: ein As sein *ugs* · to be an ace
Wer ist eigentlich in eurer Mannschaft der beste Spieler? – Der Klaus Berger. Das ist ein As, sag' ich dir. Der würde in jedem Bundesligaklub eine gute Figur abgeben.

ein As auf der Baßgeige sein *sal selten* · to be an ace on the bass *para*, to be a real ace
… Der Rolf? Der ist tüchtig und mit allen Wassern gewaschen – ein As auf der Baßgeige.

asbach: das/der/etw./… ist asbach(uralt)/asbachuralte Technologie/… *iron Neol* · 1. 2. it's/s.th./s.o. is bloody ancient
1. Einen gebrauchten Computer mit einem 80186er Prozessor würde ich mir nicht kaufen. Das ist asbachuralte Technologie!
2. … Der Karl Schröder, der ist doch schon asbach, der muß über 80 sein.

Asche: sich Asche aufs Haupt streuen *geh selten eher scherzh* · to strew one's head with ashes
Nun unterbrich den Herbert mal nicht, wo er gerade dabei ist, sich Asche aufs Haupt zu streuen! – Du meinst, er bereut … – Ich meine gar nichts. Aber er gibt sich zumindest sehr zerknirscht.

Aschenbrödel: (das) Aschenbrödel sein (in …) *veraltend selten* · to be the Cinderella in …
Als wir ankamen, putzte Gisela gerade den Flur. – Klar! Sie ist (das) Aschenputtel da im Haus. Jede Dreckarbeit ist für sie.

das Aschenbrödel spielen *veraltend selten* · to play Cinderella, to be a drudge
Ich habe keine Lust, hier noch länger Aschenbrödel zu spielen. Ich habe eine vernünftige Ausbildung und verlange, dementsprechend beschäftigt zu werden. Für die Dreckarbeiten bin ich mir zu schade.

Aschenbrödeldasein: ein Aschenbrödeldasein führen/(haben) *veraltend selten* · to lead a Cinderella existence
Seitdem seine Frau so schwer krank ist, führt er nur noch ein Aschenbrödeldasein: säubern, waschen, einkaufen … alles bleibt an ihm hängen; für etwas anderes hat er kaum noch Zeit.

Aschgraue: bis ins Aschgraue (etw. tun) *ugs selten* – etw. bis zum **es-geht-nicht-mehr** tun · to repeat/… s.th. ad nauseam, to say/… s.th. till one is blue in the face

Aspekt: unter diesem/… Aspekt – unter diesem/… **Gesichtspunkt** · from this point of view/standpoint

Ast: einen Ast haben *ugs selten* – einen **Buckel** haben · to be a hunchback, to have a hunchback

sich den eigenen Ast absägen – (eher:) sich/sich selbst (mit etw.) den **Ast** absägen, auf dem man sitzt · to saw off the branch one is sitting on

sich/sich selbst (mit etw.) den Ast absägen, auf dem man sitzt · to saw off the branch one is sitting on
Ich verstehe nicht, wie der Rolf sich noch brüsten kann, daß seine persönlichen Beziehungen zum Finanzminister schon einmal besser waren. Er sägt sich mit solchen Bemerkungen doch selbst den Ast ab, auf dem er sitzt. Eine Exportfirma wie seine ist doch auf gute Beziehungen zur Regierung angewiesen.

sich auf dem absteigenden Ast befinden/(auf … sein) – es **geht** bergab mit jm./etw. (1, 2, 3) · to be going downhill

sich auf dem aufsteigenden Ast befinden/(auf … sein) - es **geht** bergauf mit jm./etw. (1, 2, 3) · to be looking up, to be getting better

einen Ast durchsägen *ugs* · to saw wood rare, to snore loudly/like a pig
Mein Gott, der Onkel Willi sägt mal wieder einen Ast durch. Ich habe noch nie einen Menschen gesehen, der so schnarcht wie er. Da wird ja das ganze Haus von wach.

sich einen Ast lachen *ugs* · to double up with laughter, to split one's sides with laughter, to laugh like a drain
Hast du gesehen, wie der Karl den Baum als erster heraufkletterte, einen falschen Tritt machte und drei, vier Meter den Stamm herunterpurzelte? – Ja, und die anderen standen da und haben sich einen Ast gelacht. Nicht umsonst heißt es: 'Wer den Schaden hat, braucht für den Spott nicht zu sorgen'.

astrein: das/etw. ist astrein *ugs* · it's/s.th. is fantastic/great/super/…
Das Konzert vom 'Polnischen Jazz-Ensemble' gestern war astrein! So einen guten Jazz habe ich seit langem nicht mehr gehört.

nicht (ganz) astrein sein *ugs* · not to be on the level, not to be straight, + there is s.th. fishy about s.th.
Ich würde dir raten, dich aus diesem Geschäft herauszuhalten. Der Vertreter des Bochumer Unternehmens scheint mir nicht ganz astrein und die Sache auch nicht. Irgendwas stimmt da nicht.

Atem: etw. benimmt jm. (fast) **den Atem** *form* · to take s.o.'s breath away
Mein Gott, diese Kälte benimmt einem fast den Atem. Der Brustkorb schnürt sich regelrecht zusammen.

(ganz) außer Atem sein/ankommen/… · to be/to arrive/… out of breath
… Wir sind fast den ganzen Weg gerannt und kamen natürlich zu Hause ganz außer Atem an.

einen kurzen Atem haben · not to have much staying-power, not to have much stamina
Nach drei Stunden hast du den Kurs auf der Volkshochschule schon aufgegeben? – Ja. Es lohnt sich nicht. – Das sagst du immer, mein Lieber. Du hast einen kurzen Atem, nichts hältst du bis zu Ende durch.

einen langen Atem haben · 1. 2. to have great/a lot of/… staying-power/stamina/…
1. Hast du gehört? Der Rolf hat es doch noch geschafft, sein Abitur zu machen. Über Abendschulen und Sonderkurse. – Er hat einen langen Atem. Wenn er sich etwas in den Kopf setzt, führt er es auch durch, ganz gleich, wie lange es dauert.
2. Seid nicht zu siegessicher! Diese Leute aus China haben einen langen Atem. Wenn wir glauben, die Partie sei zu unseren Gunsten entschieden, fangen die oft erst richtig an.

den längeren Atem haben · to have more staying power/ stamina/...

... Das ist ein Kampf auf Leben und Tod zwischen diesen beiden Unternehmen. Jeder weiß, daß der Markt für beide zusammen nicht groß genug ist. – Und wer wird diesen Kampf für sich entscheiden? – Wer den längeren Atem hat.

mit angehaltenem Atem etw. **verfolgen/**... *path* · to follow s.th./... with bated breath

Mann, das war vielleicht eine riskante Rettungsaktion! Mit ange-haltenem Atem verfolgten die Leute, wie die Männer in das bren-nende Haus stiegen, Frauen und Kinder die Feuerwehrleiter her-untertrugen ...

in einem/im selben/gleichen Atem *selten* – in einem/im sel-ben/gleichen **Atemzug** · all at once, in one breath, in the same breath, in the (very) next breath, at the (very) next moment

den Atem anhalten · to hold one's breath, to listen/watch/... with bated breath

Bei der Szene, wo der Richter den Angeklagten fragte: 'Wie können Sie beweisen, daß Sie zur Tatzeit zu Hause waren'?, hielten alle Leute den Atem an. Selten habe ich so eine Spannung im Raum erlebt.

jm. **geht der Atem aus** · 1. s.o. is running out of steam, s.o. can't/won't last the distance, s.o. has given up, 2. s.o. has run out of money/funds/...

1. Mir scheint, der Gertrud ist der Atem schon ausgegangen bei ihrem Ballett. – Wieso? – Seit einer Woche übt sie nicht mehr. – Ich hatte sie immer für ein Mädchen gehalten, das Ausdauer hat und zuendeführt, was sie anfängt.
2. Der Ernst hat sein Haus an der Ostsee aufgegeben? – Dem ist der Atem ausgegangen. Auf die Dauer wird ihm eine Zweitwohnung zu teuer.

seinen Atem aushauchen *selten* – jm. brechen die **Augen** · to give up the ghost

jn. (immer) **in Atem halten** · 1. to keep s.o. on the go, to keep s.o. at it, to keep s.o. busy, 2. to keep s.o. in suspen-se, to keep s.o. on tenterhooks

1. Dies Kind hält einen immer in Atem! Dauernd fällt es hin oder kippt etwas um oder reißt etwas herunter. Keine Minute, in der man Ruhe hätte.
2. Der Wahlkampf hält die Bevölkerung jetzt schon fast ein halbes Jahr in Atem! – Das ist ja der Sinn der Übung: die Leute sollen am besten an nichts anderes mehr denken als an die Partei, die den meisten Wirbel macht.

Atem holen · to catch one's breath, to take a breather, to get one's breath back

War das eine Rennerei! Jetzt muß ich erst einmal Atem holen. Mensch, ich bin völlig außer Puste. So gerannt bin ich lange nicht mehr.

(ganz) außer Atem kommen/(geraten) · to get out of breath

Jetzt muß ich erstmal verschnaufen. Bei dieser Kletterei bin ich ganz außer Atem gekommen. – Meine Güte, so ein Hügelchen nimmt dir schon die Puste?

nicht zu Atem kommen · to hardly have time to breathe, to be on the go all the time

Seit März kommen die Mitarbeiter der Beratungsstelle nicht zu Atem: ein Besucher nach dem anderen, der Rat sucht.

wieder zu Atem kommen · to get one's breath back

Jetzt laß den Bernd zufrieden! Nach der pausenlosen Konferenz heu-te morgen muß er erst einmal wieder zu Atem kommen. Nachher, in ein, zwei Stunden kannst du ihm dann dein Anliegen vortragen.

(mühsam) nach Atem ringen · to struggle for breath

Mühsam rang die alte Frau nach Atem. Bei jedem Atemzug hatte man den Eindruck, sie würde keine Luft mehr kriegen.

(endlich/...) (wieder) Atem schöpfen (können/...) · to (be able to) get one's breath back (again), to take it easier, to have a breathing space

»Nach den Anstrengungen der Probezeit sollten die Kinder erst ein-mal wieder Atem schöpfen«, erklärte der verantwortliche Lehrer. »In den nächsten Wochen werden wir es daher langsamer gehen lassen. Es werden kaum Klassenarbeiten geschrieben ...«

jm. **den Atem verschlagen** – jm. die **Rede** verschlagen · to take s.o.'s breath away, to leave s.o. speechless, to leave s.o. gasping for breath

Atemzug: in einem Atemzug · 1. in one breath, all at once, 2. in one go

1. In einem Atemzug hat er das ganze Gedicht aufgesagt – ohne ein einziges Mal zu stocken und ohne jede Pause.
2. Den Aufsatz habe ich in einem Atemzug heruntergeschrieben. Die Gedanken flossen mir nur so aus der Feder.

in einem/im selben/gleichen Atemzug · 1. 2. all at once, in one breath, 2. in the same breath, 3. in the (very) next breath, at the (very) next moment

1. Im selben Atemzug fragte er den Portier nach dem Stockwerk, drückte auf den Aufzugsknopf und bat den Mann am Nachtschalter, ihn um fünf Uhr zu wecken. – Das war immer seine Art: viele Dinge auf einmal und sozusagen im Fluge zu erledigen.
2. Zuerst erzählt er mir, daß er seit drei Wochen vor lauter Arbeit nicht aus dem Haus komme, und im gleichen Atemzug fragt er mich, ob ich mit ihm über's Wochenende nach Paris fahre! Also, das wi-derspricht sich nun wirklich.
3. vgl. – (gleich/...) im nächsten **Atemzug**

bis zum letzten Atemzug *path* · to one's last breath, to the last gasp

Bis zum letzten Atemzug werde ich darauf bestehen, daß die alten Sachen gepflegt werden. Wenn ich tot bin, könnt ihr sie meinetwegen wegschmeißen.

(gleich) im nächsten Atemzug · in the (very) next breath, at the (very) next moment

Jetzt behauptet er, die Richter seien durchweg ehrlich, und gleich im nächsten Atemzug behauptet er genau das Gegenteil!

den letzten Atemzug tun – jm. brechen die **Augen** · to brea-the one's last

atmen: (endlich/...) (wieder) frei atmen können · to be able to breathe freely again (at last/...)

... Gut, wirtschaftlich geht's den Leuten nach wie vor miserabel. Vielen geht es sogar schlechter als unter dem Diktatur. Aber sie kön-nen doch wieder frei atmen.

Atmosphäre: man glaubt/..., die Atmosphäre knistern zu hö-ren · one could feel the tension, + the atmosphere is/... tense/charged/...

... Als der Richter den Angeklagten dann fragte, ob er die ermordete Frau vorher schon einmal gesehen hatte, meinte man, die Atmo-sphäre im Gerichtssaal knistern zu hören. War das nun seine ehe-malige Geliebte? Was würde er antworten? ...

die Atmosphäre ist mit Spannung geladen *path* · the atmos-phere is tense, the atmosphere is full of/laden with/charged with tension

Selten habe ich in einer derart mit Spannung geladenen Atmosphäre verhandelt! Man hat den Eindruck hier, wenn jemand auch nur ein einziges falsches Wort sagt, explodiert alles.

Attacke: eine Attacke gegen jn./etw. **reiten** *oft iron* · to launch an attack on s.o./s.th.

Da hat er doch schon wieder eine Attacke gegen den Regierungschef geritten. Er läßt aber auch keine Gelegenheit aus, den Kanzler scharf anzugreifen!

Attentat: ein Attentat auf jn. **ausüben** · 1. to make an attempt on s.o.'s life, to make an assassination attempt on s.o., 2. (want to) ask s.o. a favour

1. Jetzt haben sie auf den chilenischen Botschafter bereits das dritte Attentat ausgeübt. *form*
2. Fritz hat mal wieder ein Attentat auf mich ausgeübt. – Und du hast dich breitschlagen lassen? – Was blieb mir anderes über? Sechshundert Mark hab' ich ihm diesmal geliehen. *ugs*

ein Attentat auf jn. **verüben** *form* – ein **Attentat** auf jn. aus-üben. (1) · to make an attempt on s.o.'s life, to make an assassination attempt on s.o.

ein Attentat auf jn. **vorhaben** *ugs* · 1. 2. to (want to) ask s. o. a favour

1. Fritz, ich habe ein Attentat auf dich vor. – So? Dann sag' schon: wieviel brauchst du? Genügen 1.000 Mark?

2. Ich sehe schon, du hast wieder ein Attentat auf mich vor. Du brauchst also schon wieder Geld, obwohl du erst vor fünf oder sechs Tagen dein Taschengeld bekommen hast?

auch: wie so mancher andere/so viele andere/so mancher Amerikaner/Professor/... **auch** · like many other Americans/teachers/...

Der Josef hat ja schon einen harten Beruf! – Hm, wie so mancher andere auch. Er meint immer, er wäre schlechter dran als alle anderen. Ich sehe das nicht so.

so dumm/einfältig/begriffsstutzig/... **möchte ich auch mal sein** *ugs* – so dumm/einfältig/begriffsstutzig/... möchte ich auch mal **sein** · how can anyone be so stupid/naive/...?

so ein Glück/... **möchte ich auch mal haben** *ugs* – so ein Glück/... möchte ich auch mal **haben** · I wish I had s. o.'s luck, I should be so lucky

auf: auf sein – ≠ **zu** sein (1, 2) · to be open

noch/schon auf sein · to be still/already up, to be still/already up and about

... Sieben Uhr morgens, und der Georg ist schon auf? Ist der Junge krank? – Du Spötter! Der steht jeden Morgen um sechs Uhr auf – im Gegensatz zu dir!

schon wieder/... **auf sein** · to be up and about again/...

... Wenn die Ursel schon wieder auf ist, kann die Krankheit ja nicht so schlimm gewesen sein! – Hm, 14 Tage im Bett – das genügt doch wohl!

auf haben – ≠ **zu** haben · to be open

viel/wenig/... **auf haben** *Schule* · (not) to have a lot of homework

(Der Vater zu seinen Kindern:) Gut, wenn ihr heute nichts auf habt, dann machen wir heute mal alle zusammen einen freien Tag. Dann tu ich heute auch mal nichts. ...

einen Hut/eine Mütze/... **auf haben/halten**/(...) · to have a hat/cap/... on, to be wearing a hat/cap/...

... Was, der hat die ganze Zeit die Mütze aufgehabt?! Zwei Stunden Unterhaltung im Wohnzimmer mit Mütze?! – Ja, so ist der, euer Jupp!

das Auf und Ab (des Lebens/...) · the ups and downs (of life/...)

... Ja, sagte er, das Leben ist nun einmal so, es ist ein ständiges Auf und Ab. Bald geht es uns gut, bald schlecht, bald haben wir Erfolg, bald will uns nichts gelingen ...

auf und ab flattern/... · to flutter up and down

... und die Fahnen wehten im Winde auf und ab ...

auf und ab gehen/wandeln/spazieren/... · to walk/to stroll/... up and down

Nein, geh' du allein herein. Ich gehe in der Zeit vor der Klinik ein wenig auf und ab. Es tut mir nur gut, wenn ich mir die Füße ein wenig vertrete.

auf und davon sein · to have made off, to have escaped, to have taken to one's heels

Wir hörten es ganz deutlich in den Apfelbäumen rascheln. Wieder so ein paar Obstdiebe. Aber als wir herauskamen, waren sie auf und davon. Sie hatten bestimmt die Tür aufgehen hören und das Licht gesehen und hatten dann sogleich das Weite gesucht.

auf- und davonlaufen – sich aus dem **Staub(e)** machen (1; u. U. 2) · to make o. s. scarce, to beat it, to clear off, to slope off

sich auf- und davonmachen – sich aus dem **Staub(e)** machen (1; a. 2) · to make o. s. scarce, to beat it, to clear off, to slope off

auf Wochen/Monate/Jahre/... **hinaus** · to be booked up/... for weeks/months/... to come/in advance/...

... Im freien Verkauf eine Karte fürs Ballett? Unmöglich! Die kriegst du nie! Die sind auf Wochen und Monate hinaus ausgebucht! Nur mit einem Abonnement oder guten Beziehungen – sonst kommst du da nicht rein.

etw. **auf lassen/machen/**... – etw. **zu** lassen/-machen/-knallen/... (1) · to open s. th., to leave s. th. open, to open s. th. with a bang/pop/...

auf und nieder flattern/... *form selten* – **auf** und ab flattern/... · to flutter up and down

Aufbewahrung: etw. in Aufbewahrung geben *form* · to hand s. th. in at the left-luggage office

... Kann man seine Koffer da am Bahnhof in Aufbewahrung geben? – Eine Gepäckaufbewahrung gibt es nicht, aber Schließfächer. Wenn eins frei ist ...

Aufbietung: unter Aufbietung aller Kräfte versuchen/... *path* · to manage s. th. with the utmost effort, to manage s. th./... by summoning up all one's strength, to manage s. th. by mustering all one's strength

Unter Aufbietung aller Kräfte gelang es ihnen, das Klavier die Treppe hinaufzuschleppen. Aber das war vielleicht eine Strapaze! Die Leute waren nachher völlig fertig.

aufbinden: jm. **eins aufbinden** – (eher:) jm. einen **Bären** aufbinden · to have s. o. on, to pull s. o.'s leg

Aufbruch: (gerade) im Aufbruch sein *form* · to be on the point of departure, to be just about to leave/set off/...

Ach, da kommt ja der Klaus. ... Da kannst du Onkel Herbert und Tante Christine ja wenigstens noch guten Abend sagen. Sie sind gerade im Aufbruch. – Wie, ihr wollt schon gehen?

zum Aufbruch blasen *ugs* · to say that it's time to go *n*, to get ready to go/set off/leave/... *n*

... Wir müssen uns fertig machen. Vater hat schon zum Aufbruch geblasen. – Der hat's immer so eilig! Warum sollen wir denn schon gehen?

(sich) zum Aufbruch rüsten *ugs* · to get ready to go *n* /set off *n* /leave/... *n*

... So allmählich müssen wir uns zum Aufbruch rüsten. Der Zug fährt um 20.10 Uhr ... – Du hast Recht, Gerd, wir müssen uns fertigmachen ...

aufbrummen: jm. etw. **aufbrummen** *ugs* – jm. etw. aufs **Auge** drücken · to lumber s. o. with s. th., to saddle s. o. with s. th.

aufdrücken: jm. **einen aufdrücken** *sal selten* · to give s. o. a kiss *n* /a quick peck *coll* /..., to plant a kiss/... on s. o. *coll*

... Bevor er sie dann mit den übrigen Mitgliedern der Gruppe am Strand zurückließ, mußte er ihr natürlich noch einen aufdrücken – so einen richtigen schmatzenden Kuß, der den Abschied erleichterte und die Verhältnisse klärte ...

Aufenthalt: in München/im Hotel Ritz/... **seinen Aufenthalt nehmen** *form veraltend selten* · to reside in Munich/at the Ritz/...

... So, so, unsere Tante Lisbeth nahm während ihres dreitägigen Besuchs in Lissabon im Hotel Ritz ihren Aufenthalt!

Auferstehung: (fröhliche) Auferstehung feiern *iron selten* · to be/to have been resurrected, to make a comeback

... Diese Hüte, die manche Frauen heute tragen, sehen genau so aus wie die Hüte, die meine Großmutter trug. – Manche Moden feiern halt von Zeit zu Zeit fröhliche Auferstehung, Klaus. Es kann nicht immer was Neues kreiert werden.

auffallen: angenehm auffallen – ≠ unangenehm **auffallen** · to make a good impression (on s. o.)

unangenehm auffallen · to make a bad impression (on s. o.)

Den Klaus kann man einfach nicht mitnehmen. Der hat überhaupt kein Benehmen; der fällt überall unangenehm auf.

auffassen: etw. **persönlich auffassen** – etw. persönlich **nehmen** · to take s. th. personally

etw. **übel auffassen** – jm. etw. **übelnehmen** · to hold it against s. o. that …, to resent the fact that …, to take it amiss that …

Auffassung: anderer Auffassung sein (als j.) – anderer **Meinung** sein (als j.) · to disagree with s. o., to be of a different opinion (from s. o.)

derselben/der gleichen Auffassung sein (wie j.) – derselben/der gleichen **Meinung** sein (wie j.) · to share s. o.'s opinion, to agree with s. o. that …

Auffassungsgabe: eine gute/leichte/… **Auffassungsgabe haben** · to be quick on the uptake *coll*
Der Junge hat eine blendende Auffassungsgabe. Er versteht im Nu, worum es geht.

Auffassungssache: das/etw. ist Auffassungssache – das/etw. ist **Ansichtssache** · it/s. th. is a matter of opinion

auffressen: der/die/der Peter/… **wird dich/**ihn/den Emil/… schon nicht/**nicht gleich auffressen** *ugs* – der/die/der Peter/… wird dir/ihm/dem Emil/… nicht gleich/(sofort) den **Kopf** abreißen · I/he/Mary/… am/is/… not going to bite your/… head off

aufführen: sich vielleicht/… **aufführen** · 1. 2. 3. to make a fuss
1. vgl. – vielleicht/… ein **Theater** inszenieren
2. vgl. – **Theater** machen (2)
3. vgl. – (eher:) **Krach** schlagen

Aufführung: ein Stück/… **zur Aufführung bringen** *form selten* – ein Stück/… auf die **Bühne** bringen · to stage a play/…, to put on a play/…

Aufgang: vom Aufgang bis zum Niedergang der Sonne *form veraltend selten* · from sunrise to sunset, from dawn to dusk, from morning to night
… Noch heute, meinte er nachdenklich, arbeiten in manchen abgelegenen Gebieten Europas die Leute auf dem Land vom Aufgang bis zum Niedergang der Sonne. Von wegen, 35– oder 40-Stunden-Woche!

aufgeblasener: ein aufgeblasener Kerl/Narr/Geselle/… (sein) *ugs* – ein aufgeblasener **Frosch** sein · a jumped-up/conceited/puffed-up/big-headed character/oaf/…

Aufgebot: das Aufgebot bestellen *form* · to put up the banns *for marriage in church*, to give notice of an intended marriage *at the registry office*
Habe ich dir schon erzählt, daß Rita und ich uns dazu entschlossen haben zu heiraten? – Nein! Das ist ja toll! Ihr kennt euch ja auch schon recht lange. Und, habt ihr das Aufgebot schon bestellt? – Nein! Noch weiß niemand von unserem Entschluß.

aufgedreht: ganz/richtig/… **aufgedreht sein** *ugs* · to be in high spirits *n*, to be worked up, to be all excited/… *n*
Der Friedhelm ist heute ganz aufgedreht, was ist denn los? – Seine Freundin kommt heute aus Spanien zurück. – Ach so, jetzt versteh' ich. Ich denk' schon, der läuft doch sonst nicht so hastig hier herum, redet nicht so fahrig …

aufgehoben: bei jm. gut/… **aufgehoben sein** – bei jm. in guten/(besten) **Händen** sein (1, 2) · to be in good hands

aufgeknöpft: heute/… (ja) **(sehr) aufgeknöpft sein** *ugs* · to be chatty, to be open and communicative *n*
… Mann, so aufgeknöpft habe ich den Chef ja noch nie erlebt! Sonst bringst du aus dem Mann kein Wort heraus! – Ach ja? Mit mir ist er immer so offenherzig und locker.

aufgekratzt: ziemlich/… **aufgekratzt sein** *ugs* · to be in high spirits *n*
(Zwei Mädchen:) Für meinen Geschmack war der Rudi gestern auf dem Ball nicht gut gelaunt, sondern richtig aufgekratzt. – Du meinst, ausgelassener, als es seinem Temperament eigentlich entspricht? – Vielleicht.

aufgelegt: stets/… **zu etw. aufgelegt sein** *iron krit* · to be always in the mood for (doing) s. th., to be always ready for (doing) s. th.
Dieser Junge ist stets zu Streichen aufgelegt. Es vergeht kein Tag, an dem er nicht irgendetwas anstellt.

gut/blendend/… **aufgelegt sein** – (in) guter/blendender/bester/… **Laune** sein · to be in a good/great/… mood

schlecht/miserabel/… **aufgelegt sein** – schlechter **Laune** sein/(bei schlechter Laune sein)/schlechte Laune haben · to be in a bad mood

aufgelößt: ganz/(…) **aufgelöst sein** *ugs* · 1. to be distraught *n*, to be upset *n*, to be in tears *n*, 2. to be shattered, to be drained
1. Was ist denn los, die Ute ist ja ganz aufgelöst? – Ihr Mann hat einen Unfall gehabt und liegt im Krankenhaus. Es scheint etwas Ernstes zu sein … – Da braucht sie eigentlich doppelt Kraft und Nerven! – Herbert!
2. Diese ständige Arbeiterei an der Staatsarbeit macht einen total kaputt! Ich bin in den letzten Tagen richtig aufgelöst. – Dann mach' doch mal eine Woche Pause!

aufgeräumt: ganz aufgeräumt sein – guter **Dinge** sein (2) · to be in good spirits, to be cheerful

aufgeschlossen: e-r S./jm. **gegenüber** (immer/…) **aufgeschlossen sein** – (immer/…) für etw. **offen** sein · to be open/receptive to s. th., to be open/receptive to new/… ideas/suggestions/…

aufgeschmissen: aufgeschmissen sein *ugs* · 1. to be up the creek, 2. to be stuck, to be in a real/… fix, to be stymied
1. vgl. – übel **dran** sein
2. vgl. – (aber) schön dumm **dran** sein (mit jm./etw.) (1)

aufgeschossen: ein hoch aufgeschossener Junge/… *form* · a tall gangling youth/…, a tall lanky youth/…
… Gut, einen hoch aufgeschossenen jungen Mann, meinte er lachend, laß ich mir ja gern gefallen; aber eine Frau sollte für meinen Geschmack nicht zu sehr in die Höhe schießen. – Die Geschlechter gleichen sich halt auch darin an, Heinz-Peter.

aufgesessen: j. ist jm. tüchtig/anständig/gehörig/… **aufgesessen** · to be (well and truly) swindled/conned/taken in/had/… by s. o.
Unser Karl ist dem Herbert Diekmann ja gestern ganz schön aufgesessen. – Wieso? – Der hat ihm seinen alten Opel für 6.000,– Mark angedreht, mit dem Argument, der wäre stabiler als die neuen Modelle …

aufhaben: einen Hut/eine Brille **aufhaben** · to have a hat/glasses on
Das ist aber ein witziger Hut, den der Gerd da aufhat!

viel/wenig/allerhand/… (Schularbeiten) **aufhaben** *Schule* · to have a lot/only a little/… homework to do
Habt ihr viel auf, heute? – Stell' dir vor, wir haben nichts auf, Mutti, gar nichts.

jm. Mühe/Unannehmlichkeiten/… **aufhalsen** – jm. Mühe/Unannehmlichkeiten/… auf den **Hals** laden · to saddle s. o. with something unpleasant/a tough job/…

aufhalsen: sich Mühe/Unannehmlichkeiten/… **aufhalsen** *ugs* – sich Mühe/Unannehmlichkeiten/… auf den **Hals** laden · to saddle o. s. with s. th.

aufhalten: sich nicht (mehr) lange aufhalten (können) **mit** jm./etw. · 1. 2. not (to be able) to spend a long time/a lot of time/… on s. o./s. th., not (to be able) to spend a long time/a lot of time/… dealing with s. o./s. th.
1. Mit diesem Querulanten kann ich mich beim besten Willen nicht mehr lange aufhalten. Das ist vertane Zeit.
2. Ich kann mich wirklich nicht mehr lange mit der Sache aufhalten; ich habe Wichtigeres zu tun.

Aufheben: ohne großes Aufheben ... *form selten* · without much/any great/... fuss

... Peters Eltern sind absolut in Ordnung. Als er mit seiner Freundin zu Hause übernachten wollte, konnten sie beide ohne großes Aufheben in seinem Zimmer pennen.

ohne jedes Aufheben ... *form selten* · without any fuss, without a great deal of fuss

... Nach dem Betriebsunfall hat die Firma den Angehörigen der Opfer ohne jedes Aufheben sofort und unbürokratisch geholfen

Aufhebens: (nicht) **viel/kein Aufhebens um** jn./etw./von jm./ etw. **machen** *form* · not to make a lot of fuss about s.th., not to make a big fuss about s.th.

Mein Gott, der macht vielleicht viel Aufhebens um seine Beförderung zum Einkaufsleiter. Als wenn das so ein toller Posten wäre!

viel/(wenig/...) Aufhebens von sich machen *form* · to hog the limelight *coll*, to (always/...) want to be the centre of attention, to try to grab centre stage

Findest du nicht auch, daß der Günther viel Aufhebens von sich macht? – Ja, er neigt in der Tat zu stark dazu, sich in den Mittelpunkt zu drängen, von sich selbst zu reden ... Ein bißchen mehr Bescheidenheit täte ihm gut.

aufhorchen: aufhorchen lassen *form* · to make s.o. sit up and take notice, to arouse interest/curiosity/...

... Der Autor hatte kaum seinen ersten Lyrikband veröffentlicht, da ließ schon sein nächstes Werk aufhorchen. Er erregte mit dem 'Pfaffenlehrling' beträchtliches Aufsehen.

Aufkommen: kein Aufkommen sein gegen jn. · 1. 2. 3. to have no chance against s.o./s.th.

1. Gegen den Meyer ist kein Aufkommen. Egal, wie du auftrittst und welche Argumente du bringst, er ist dir immer um ein paar Nasenlängen voraus.

2. Gegen diese Mannschaft ist kein Aufkommen. Sie ist für jede andere aus der Gruppe einfach zu stark.

3. vgl. – kein **Ankommen** sein gegen jn./etw.

aufkommen: nicht aufkommen gegen jn. – (eher:) nicht **ankommen** gegen jn./etw. (1) · to be a/(no) match for s.o.

niemanden/... neben sich aufkommen lassen *selten* – niemanden/... neben sich **hochkommen** lassen · not to tolerate competition/competitors/..., to want to rule the roost

aufladen: jm. Arbeit(en)/Mühe(n)/... **aufladen** *ugs – path selten* – jm. Mühe/Unannehmlichkeiten auf den **Hals** laden · to saddle s.o. with s.th.

sich Arbeit(en)/Mühen()/... **aufladen** *ugs – path selten* – sich Mühe/Unannehmlichkeiten auf den **Hals** laden · to saddle o.s. with s.th.

auflaufen: jn. (mit etw.) **auflaufen lassen** *ugs* · to let s.o. (get on with it and) run into trouble, to body-check/to obstruct/... s.o. *sport*

... Wenn der Mann keinen Rat annimmt und meint, er käme mit seinem Eigensinn immer durch, mußt du ihn halt mal auflaufen lassen! Das nächste Mal, wo er wieder so eine unmögliche Sache durchboxen will, läßt du ihn einfach gewähren. – Dann stoppt ihn die Geschäftsleitung. – Eben! Und dann steht er ganz schön blamiert da.

auflösen: sich in nichts auflösen · 1. 2. to go up in smoke, 1. to burst like soap-bubbles, 2. to vanish into thin air, to be gone, to come to nothing

1. vgl. – wie **Seifenblasen** zerplatzen/(platzen)

2. vgl. – sich in **Wohlgefallen** auflösen (3; u.U. 1.)

Auflösung: in (voller) **Auflösung begriffen sein** *form* · to be in complete disarray

... Die Armee war in voller Auflösung begriffen, sie bestand nur noch aus mehr oder weniger ungeordneten Haufen ...

sich aufmachen · to set off, to be on one's way

... Ich mach' mich dann mal auf. Es sind immerhin noch 400 Kilometer, die ich heute fahren muß. – O.k., dann mach's gut, bis zum nächsten Mal!

Aufmachung: in großer Aufmachung erscheinen/... – in **Gala** erscheinen/kommen/... · to appear in full/formal/evening/gala/... dress

eine ganze Armee, alle sechs Kinder/... aufmarschieren lassen *ugs* · 1. to parade/assemble/array/... (the) troops, 2. to parade/assemble one's family/...

1. Muß man eigentlich zu jedem zweiten Staatsempfang wer weiß was für Ehrenkompanien aufmarschieren lassen?

2. Was hast du dagegen, daß der Minister zu seinem 65. Geburtstag seine ganze Familie aufmarschieren läßt? Wenn er schon eine so große Familie hat, kann er sie bei einem solchen Anlaß auch präsentieren.

aufmischen: jn. (mal) (ordentlich/...) **aufmischen** *ugs Neol* · to (really/...) do s.o. over *sl*

Der Karl-Heinz ist vor ein paar Tagen im Jugendzentrum von Rokkern richtig aufgemischt worden. Die haben ihn krankenhausreif geprügelt.

aufmotzen: sich (ziemlich/übertrieben/...) **aufmotzen** *ugs Neol* · to doll up o.s., to tart o.s. up *pej*

Ich mag es, meinte mein Buder, wenn Mädchen dezent geschminkt sind. Ich kann es nicht ausstehen, wenn eine Frau sich derart mit Schminke aufmotzt, daß sie aussieht, als wäre sie in einen Tuschekasten gefallen.

Aufnahme: Aufnahme finden in/bei/... *form* · to be taken in by s.o., to be offered refuge/hospitality/... by s.o., to be put up by s.o.

... »Ihr könnt euch nicht vorstellen«, meinte er, »wieviele Leute damals in der Nazizeit alleine in Portugal Aufnahme gefunden hatten«.

aufnehmen: es mit jm. **aufnehmen (können)** · 1. 2. to be a match for s.o., to be able to take s.o. on

1. Mit dem Robert kann es in der Klasse niemand aufnehmen, weder in den geisteswissenschaftlichen noch in den naturwissenschaftlichen Fächern. Er ist allen turmhoch überlegen.

2. Mit dem Engelbert kann ich es auch aufnehmen. Was der kann, kann ich auch.

aufpassen: da/bei .../... muß man/(j.) **höllisch aufpassen** *ugs* · 1. 2. one has/you have/... to be dead/terribly/... careful (with s.o./s.th.), to have to watch out (with s.o./s.th.)

1. Bei diesen Verhandlungen muß man höllisch aufpassen! Wenn man auch nur einen Augenblick abschaltet, hat man den Faden verloren.

2. Wenn du bei diesen Leuten nicht höllisch aufpaßt, dann bist du verloren. Dann drehen die dir die unmöglichsten Sachen für wer weiß was für Preise an.

aufrechthalten: sich prima/erstaunlich/... aufrechthalten · to take s.th. really/surprisingly/...well/...

... Also, was der Dr. Huber in der letzten Zeit an Schicksalsschlägen hinnehmen mußte, das ist unglaublich. Aber er läßt sich nichts anmerken! – Stimmt! Dafür, daß er soviel mitgemacht hat, hält er sich erstaunlich aufrecht.

sich kaum noch/(...) aufrechthalten können – sich nicht/ kaum noch/... auf den **Beinen** halten können · not/hardly/... to be able to stand

aufregen: sich künstlich aufregen *oft: reg' dich nicht ...! sal* · to get worked up unnecessarily about s.th. *coll* , to get excited/upset/... about s.th. unnecessarily *n*

Mein Gott, was macht der Alte da für ein Theater! Nur, weil der Schröder vergessen hat, den Brief an Schuckert abzuschicken. – Der regt sich mal wieder künstlich auf. – Laß ihn. Er wird sich schon wieder beruhigen.

aufreißen: jn. **aufreißen** *sal Neol* – jn. **anmachen** · to chat s.o. up

Aufreißer: ein (richtiger/...) **Aufreißer sein** *sal Neol* · a (real/...) womanizer *coll*, a (real/...) goat

Der Hans ist ein richtiger Aufreißer. Der macht eine Frau nach der anderen an. – Mir braucht der nicht zu kommen. Wenn er eine Frau erst flach gelegt hat, ist sie für ihn nicht mehr interessant. Auf einen solchen Möchtegern-Casanova kann ich verzichten.

Aufruhr: in Aufruhr sein *selten* · to be up in arms, to be in turmoil, to be in commotion, to be in uproar, to be in revolt
… Eine regelrechte Rebellion, das ganze Volk war in Aufruhr!

in Aufruhr geraten *selten* · to be up in arms, to be in revolt
Wenn ein ganzes Volk einmal in Aufruhr geraten ist, dann ist es ohne Gewalt kaum noch möglich, Ruhe und Ordnung wiederherzustellen.

jn. in Aufruhr versetzen · to stir s.o. up, to throw s.o. into turmoil
Mit seinem Gerede von der kommenden politischen Krise hat er alle möglichen Leute in Aufruhr versetzt. So ein Unsinn, die Menschen derart durcheinander zu bringen und nervös zu machen!

aufs: aufs/(auf das) beste/schönste/überzeugendste/… gelingen/gemacht sein/… · everything/s.th. is done most satisfactorily/perfectly/lavishly/…, s.th. could not have gone off/succeeded/… better
… Das Fest war aufs beste vorbereitet. Besser kann man so eine Jubiläumsfeier gar nicht vorbereiten.

aufsagen: etw. vorwärts und rückwärts aufsagen können *ugs* · to know s.th. inside out
… Natürlich, die Bestimmungen kennt er aus dem eff-eff, die kann er schon vorwärts und rückwärts aufsagen.

Aufschluß: jm. Aufschluß über etw. geben *form* · to give s.o. information about s.th.
(Auf einem Amt:) Können Sie mir denn wenigstens darüber Aufschluß geben, welche Abteilung für diese Sache zuständig ist? – Nein, das weiß ich auch nicht. Fragen Sie mal meinen Kollegen dort, der kann Ihnen das vielleicht sagen.

Aufschub: keinen Aufschub dulden/(leiden) *form* · the matter/it will brook no delay *lit*, the matter cannot be put off
… Die Angelegenheit, Gerd, muß sofort bearbeitet werden; sie duldet keinen Aufschub. Noch heute müßt ihr euch daranmachen.

Aufschwung: jm./(e-r S.) (wieder) neuen Aufschwung geben *selten* – jm./e-r S. (wieder neuen) **Auftrieb** geben · to give s.o. a new lease of life/new impetus/a lift, to give the economy/… a boost

einen gewaltigen/… Aufschwung nehmen *form* · to experience a spectacular/… upswing
In den fünfziger Jahren nahm die deutsche Wirtschaft einen gewaltigen Aufschwung. Heute, dreißig Jahre später, kommt das Wachstum an seine Grenzen.

einen neuen Aufschwung nehmen *form* · to experience an upturn/upswing/…, to get a lift/boost/fresh stimulus
… Irgendwann wird die Wirtschaft schon wieder einen neuen Aufschwung nehmen. Es geht doch nicht immer bergab!

Aufsehen: Aufsehen erregen (mit etw.) · 1. 2. to cause a sensation/a stir/… (with s.th.)
1. Mit so einem Khaki-Anzug erregt er natürlich Aufsehen. Aber das will er wahrscheinlich auch, daß alle Leute sich nach ihm umdrehen.
2. Mit seiner Untersuchung über die Judenverfolgung in Frankreich hat er Aufsehen erregt. In allen Zeitungen wurde das Buch monatelang diskutiert.

Aufsicht: unter Aufsicht stehen *form* · to be under police surveillance, to be under police guard
Seitdem die Fabrik mehrere Male terroristischen Anschlägen ausgesetzt war, steht sie unter ständiger Aufsicht. Tag und Nacht patrouilliert dort eine Wache.

ein Unternehmen/jn. unter Aufsicht stellen *form* · to put/place s.o./a company under police surveillance, to put/place s.o./a company under police guard
Wer hat das Unternehmen unter polizeiliche Aufsicht stellen lassen, die Besitzer oder der Staat? – Nach den mehrmaligen Terroranschlägen haben die Besitzer um eine ständige Polizeikontrolle gebeten.

aufsitzen: jn. (gehörig/tüchtig/anständig/…) aufsitzen lassen *selten* · to play tricks on s.o.
Es ist doch keine Art, so einen alten, gutmütigen Mann immer wieder auf den Arm zu nehmen! Wenn ihr eure jungen Lehrer mal tüch-

tig aufsitzen laßt – meinetwegen; aber euren alten Religionslehrer – nein, das ist nicht schön!

aufstehen: wenn du/… willst/…, mußt du/… (schon) früher aufstehen *ugs* · if you/… want to …, you'll have to be sharper/wilier/… than that!, if you/… want to …, you'll have to do better than that!
Wenn du mich reinlegen willst, mußt du früher aufstehen! Die Tricks kenne ich, weißt du, die haben wir schon gemacht, da drücktest du noch die Schulbank.

nicht mehr/nicht wieder aufstehen *sal* · s.o. has had it *coll*, s.o. is a goner, s.o. has had his chips *coll*
… Nein, da ist nichts mehr zu machen! Du wirst sehen: der Albert steht nicht wieder auf. – Wie, du meinst, er … – Um ehrlich zu sein: nach diesem Rückfall rechne ich mit dem Schlimmsten.

aufstellen: mit jm. alles/alles mögliche/… aufstellen können *ugs* · to get up to all kinds of tricks with s.o., to (be able to) get away with murder with s.o.
Mit diesem Lehrer können die alles aufstellen. Fürchterlich! Sie tanzen ihm regelrecht auf dem Kopf herum!

alles/… mit sich aufstellen lassen *ugs* · to let s.o. do anything with one *n*
Der Klaus läßt aber auch alles mit sich aufstellen. Seine Frau so gut wie seine Kinder machen mit ihm, was sie wollen. Das ist doch kein Mann, so was!

Aufstellung: Aufstellung nehmen *form* · to line up, to take up position
… Zwei Ehrenkompanien haben da auf dem Flugplatz Aufstellung genommen? Warum lassen sie nicht gleich die ganze Bundeswehr hier antanzen und strammstehen, wenn so ein afrikanischer Potentat hier aufkreuzt?

Aufstieg: ein kometenhafter Aufstieg *path* · a meteoric rise
Vor einem halben Jahr kannte ihn niemand, heute ist er der erste Mann eines Unternehmens von Weltrang – ein kometenhafter Aufstieg.

aufstoßen: jm. sauer aufstoßen *sal* · to leave a nasty taste in the mouth
Da hilft man dem Mann über Jahre und Jahre und am Ende hört man dann solche Kritik! – Das ist mir auch sauer aufgestoßen. Er kann in der Sache gegen dich sein, das ist sein gutes Recht. Aber er könnte wenigstens schweigen. Diese Kritik hat mich auch sehr unangenehm berührt.

Auftakt: den Auftakt machen (bei etw.) · to form the prelude (to s.th.), to start s.th. off
Wer macht den Auftakt heute bei eurem Klavierspielabend? – Bert spielt zuerst. Eine Sonate von Chopin, glaube ich.

Auftrag: etw. in Auftrag geben *form* · 1. to order s.th. (from s.o.), 2. to commission s.th. from s.o.
1. Heinz, wir haben keine Gummieinlagen mehr, wir müssen wieder welche in Auftrag geben. Ehe sie fertig sind … – Du hast recht, ich werde sie heute noch bestellen.
2. Nein, die Gummieinlagen machen wir nicht selbst, die geben wir in Auftrag. – Welche Firma macht die für Sie?

etw. in Auftrag nehmen *form* · to accept/to take on/… an order/commission for s.th./to do s.th.
Hat die Firma Schuckert die Gummiplättchen in der Tat noch in Auftrag genommen? – Natürlich. Warum sollten sie die denn nicht mehr machen?

auftragen: dick/(faustdick/knüppeldick) auftragen *ugs* · to lay it on thick, to lay it on with a trowel, to pile it on thick
Er schätzt es nun einmal, bei der Schilderung von Krisen und ähnlichem dick aufzutragen. Wir müssen also von allem, was er so dramatisch erzählt, einiges abziehen, wenn wir uns ein zutreffendes Urteil bilden wollen.

zu dick auftragen *ugs* · to lay it on too thick, to overdo it
Einverstanden, die Situation ist nicht gerade rosig. Aber Peter hat zu dick aufgetragen in seinem Rechenschaftsbericht. So nimmt ihm das niemand ab. Die Leute merken doch, daß es so dramatisch nicht ist, wie er es darstellt.

auftreten: groß auftreten (als/wie ein/...) · to show off, to put on a big show, to give o.s. airs
Ich weiß nicht, woher er den Mut nimmt, so groß aufzutreten. Er ist weder intelligent noch reich noch hat er eine einflußreiche Stellung!

großartig auftreten (als/wie ein/...) · 1. 2. to swagger about, to make an impressive entrance
1. Wenn man ihn so großartig auftreten sieht, könnte man ihn für den größten Crack halten. Leider ist er alles andere als das.
2. Er trat großartig auf – wie ein Stardirigent. Einfach glänzend.

leise auftreten ugs · to keep a low profile, to behave modestly/unassumingly/...
Diese Großtuerei von dem Jürgen ist unerträglich! Wenn man in seinem ganzen Leben nie etwas Vernünftiges geleistet hat, sollte man etwas leiser auftreten.

Auftrieb: (wieder) Auftrieb bekommen · to get a lift, to get a fillip, to get a new lease of life
Dank der Erfolge der Regierung in der Außenpolitik bekommt die Kanzlerpartei in der letzten Zeit wieder Auftrieb. Der Abwärtstrend scheint endgültig gestoppt.

jm./e-r S. (wieder neuen) Auftrieb geben · 1. to give s.o. a new lease of life, to give s.o. new impetus, to give s.o. a lift, to give s.o. a fillip, 2. to give the economy/... a boost
1. Nach der erfolglosen Operation hatte die Monika die Hoffnung wohl schon aufgegeben, jemals wieder richtig gesund zu werden. Aber das neue Medikament, das der Arzt ihr jetzt verschrieben hat und das so gut wirkt, hat ihr wieder (neuen) Auftrieb gegeben. Seit einigen Tagen blickt sie wieder mit Vertrauen in die Zukunft.
2. Wenn der Export der Konjunktur nicht bald neuen Auftrieb gibt, müssen wir uns auf eine sehr lange Durststrecke gefaßt machen.

Auftritt: einen Auftritt mit jm./etw. **haben** (wegen e-r S.) *form* · 1. to make a scene about s.th., to have a row about s.th., 2. to have one's big/... moment/moment of glory/big day/...
1. Der Hölscher und der Maier haben gestern auf dem Flur einen Auftritt gehabt, der war nicht so ganz heiter! – Wie, die haben sich angeschnauzt? – Sozusagen. Ein Wortwechsel, der es in sich hatte ...
2. ... Du, Georg, wann hältst du denn dein Referat? – Morgen hab' ich meinen großen Auftritt. Ich bin mal gespannt, wie es bei der Klasse ankommt.

Aufwand: (viel/allerhand/...) Aufwand treiben *form* · to be extravagant, to (really/...) splash out *coll*
Der Walter Bergmann treibt ja allerhand Aufwand: er fährt einen dicken Mercedes, führt ein großes Haus, gibt häufig Feste, reist viel ... – Er kann es sich leisten. Seine Frau ist steinreich ...

aufwarten: damit kann ich/können wir/... ihm/ihnen/(dem) Karl/... **aufwarten** – das/den/die/... kann er/könnt ihr/(kann der Karl) **haben** (3; u. U. 1) · you/she/John/... can have it if that is what you/... want/...

Aufwartung: jm. **seine Aufwartung machen** *form od. iron* · to make a courtesy call on s.o., to pay s.o. a courtesy visit
Kaum hat so ein Kanzler seine Wahl gewonnen, da macht er dem amerikanischen Präsidenten seine Aufwartung. – Ja natürlich, so ein Höflichkeitsbesuch ... – Höflichkeitsbesuch! ... Mir wäre ein wenig mehr Selbstständigkeit und Rückgrat lieber.

Aufwasch: das/(etw.) **ist ein Aufwasch/**(Aufwaschen) *sal* · we can/... kill two birds with one stone *n*, we can/... do it all in one go *coll*
Wenn wir schon in die Stadt müssen, um unsere Pässe in Ordnung zu bringen, dann können wir auch gleich die Sachen auf der Bank erledigen. Das ist ein Aufwasch.

alles/mehrere Dinge/... in einem Aufwasch/(Aufwaschen) **erledigen/**... *sal* – alles/mehrere Dinge/... in einem **Abwasch/**(Abwaschen) erledigen/... · to deal with two/several/... things at the same time, to kill two birds with one stone

Aufwind: im Aufwind sein – **Aufwind haben** · to be on the up, to be on an upward curve

Aufwind haben · to be on the up *coll*, to be on an upward curve
Bis vor kurzer Zeit schien es, als ob die Liberalen endgültig unter die 5%-Grenze fallen würden. Aber in den letzten Wochen haben sie Aufwind. Von Tag zu Tag sprechen sich wieder mehr Bürger für diese Partei aus.

(durch etw.) (neuen) Aufwind bekommen/(erhalten) · to get/receive/be given/... a new impetus, to get a new lease of life
Durch den Zusammenbruch des Kommunismus bekommen natürlich alle Theorien/(Politiker) neuen Aufwind, die die Privatinitiative betonen. – Gott sei Dank. Die Leistung des Einzelnen muß doch auch wieder stärker honoriert werden. – Wenn es um Einzelne geht und nicht um Riesenunternehmen ...

aufzählen: jm. welche/ein paar/zwanzig/... **aufzählen** ugs selten · to give s.o. a good beating/hiding/..., to give s.o. four/six/... of the best, to give s.o. four/six/... lashes *whip*
... Wenn dein Vater eurem Rolf mal anständig den Hintern versohlt hat, dann hat er mehr als Recht. Der Rudi hat schon lange eine Tracht Prügel verdient. Soll er ihm ruhig mal ein paar Dutzend aufzählen!

Aufzug: in so einem/(einem solchen) **Aufzug** (kann sich j. irgendwo nicht sehen lassen/...) ugs · (s.o. cannot turn up/...) in a get-up like that/wearing that kind of gear
Nein, meine Liebe, entweder ziehst du dich vernünftig an oder du bleibst zu Hause. In so einem Aufzug nehme ich dich nicht mit. Ich mache mich bei den Mertens doch nicht lächerlich! – Was gefällt dir denn nicht an meinem Kostüm?

in feierlichem/... Aufzug erscheinen/kommen/... ugs · to appear/... in formal dress
... Nein, da brauchst du nicht in feierlichem Aufzug zu erscheinen. Ganz normaler Anzug, das genügt. Das ist doch kein Gala-Empfang.

aufzuweisen: gute Noten/hervorragende Leistungen/Bücher/... **aufzuweisen haben** – (eher:) gute Noten/eine langjährige Erfahrung/... **vorzuweisen** haben · to have good marks/an excellent record/... to show for o.s.

Aug': Aug'/(Auge) um Auge, Zahn um Zahn *geh path* · an eye for an eye, a tooth for a tooth
Du solltest deine Rachegelüste aufgeben, Robert. 'Aug' um Auge, Zahn um Zahn', das ist nicht der beste Grundsatz, um Konflikte zu lösen. Man muß auch nachgeben, Kompromisse schließen können.

Augapfel: jn./etw. **wie seinen Augapfel hüten** *path* · 1. + to be the apple of s.o.'s eye, 2. + to be s.o.'s most treasured possesion
1. Er hütet seine jüngste Tochter wie seinen Augapfel. Er kontrolliert alles, was die Kleine betrifft, und widmet ihr jede freie Minute.
2. Seine Bücher hütet er wie seinen Augapfel. Da darf keiner dran, selbst seine Frau nicht. Jedes Stäubchen entfernt er sofort, die Zimmertemperatur wird immer exakt auf 21 Grad gehalten ...

Auge: ein blaues Auge (haben) · to have a black eye
Du hast ein blaues Auge. Habt ihr euch wieder geschlagen? – Wir haben geboxt, aber richtig! – Man sieht's!

mit bloßem Auge sehen/erkennen/... (können) · 1. 2. to (be able to) see s.th. with the naked eye
1. Kannst du mit bloßem Auge sehen, wieviel Uhr es auf der Bahnhofsuhr ist? – Nein, ohne Brille sehe ich sogar die Uhr kaum.
2. Mit bloßem Auge kann man die Bakterien nicht sehen, Kinder; dazu braucht man ein sogenanntes Mikroskop.

mit einem lachenden und einem weinenden Auge reagieren/etw. aufnehmen/etw. beobachten/... · to accept/observe/... s.th. with mixed feelings
Wie hat Harry das Angebot, die Zweigstelle in Regensburg zu übernehmen, aufgenommen? – Mit einem lachenden und einem weinenden Auge. Auf der einen Seite ist die Stellung als Zweigstellenleiter natürlich ungleich besser als sein jetziger Posten; auf der anderen Seite müßten wir aber dann aus München wegziehen, und der Entschluß hierzu fällt uns sehr schwer.

etwas fürs Auge sein · to be a feast for the eyes, to have visual appeal
Na ja, satt wird man davon ja nicht. Aber es ist etwas fürs Auge. – Ja, es ist wirklich appetitlich hergerichtet ...

ganz Auge sein *path od. iron selten* · 1. 2. to be all eyes
1. Jetzt paß auf – aber guck genau hin! – Ich bin ganz Auge.
2. Eine berauschende Frau! Als sie auftrat, war auch der letzte im Publikum ganz Auge! *seltener*

jn./etw. (immer/...) im Auge haben · 1. 2. to keep s.o./s.th. in sight, 1. to (constantly/...) keep an eye on s.o./s.th., 3. to keep sight of s.th.
1. Die Kleine mußt du beständig im Auge haben, sonst läuft sie auf die Straße und es gibt einen Unfall.
2. Seien Sie unbesorgt, ich habe das Karrussel immer im Auge. Da passiert nichts, was ich nicht sofort bemerke.
3. Wenn du den Kerngedanken der Sache nicht immer im Auge hast, verlierst du dich in Einzelfragen.

jn. scharf im Auge haben – ein wachsames/(scharfes) **Auge** auf jn./(etw.) haben · to keep a watchful/beady/... eye on s.o./s.th.

ein Auge auf jn./etw. **haben** *oft: wenn ..., könnten Sie ... u.ä.* · 1. to keep an eye on s.o., 2. to have one's eyes on s.th., 3. to be out for s.th., to have an eye to s.th.
1. Könnten Sie so gut sein und einen Moment ein Auge auf die Kleine haben? Ich muß eben rasch einen Schlüssel holen ... – Seien Sie unbesorgt, ich paß auf, es passiert dem Mädchen schon nichts.
2. ... Weißt du denn schon, was für ein Modell du willst? – Ja, ich habe da ein ganz bestimmtes Kleid im Auge, das ich vor etwa drei Wochen dort im Schaufenster gesehen habe. Wenn sie das noch haben, das würde mich reizen.
3. Der Heinz hat immer nur seinen (eigenen) Vorteil im Auge. Ob die anderen dabei geschädigt werden oder nicht, ist ihm völlig gleichgültig.

ein/kein Auge für etw./(jn.) **haben** · (not) to have an eye for s.th.
Es ist schade, daß er so gar kein Auge hat für die Schönheiten der Natur.

ein sicheres Auge für etw. **haben** · to have a good eye for s.th.
Der Albert schleift mit einer Präzision! Es ist eine wahre Freude, ihm bei der Arbeit zuzuschauen. – Ja, er hat ein sicheres Auge für die feinsten Unterschiede.

ein wachsames/(scharfes) Auge auf jn./(etw.) **haben** · to keep a watchful/beady/... eye on s.o./s.th.
Ich würde Ihnen raten, Herr Kollege, bei den Klassenarbeiten auf den Schüler in der vorletzten Bank links ein wachsames Auge zu haben. Er läßt keine Gelegenheit aus abzuschreiben.

jm./sich Auge in Auge/Aug' in Aug' gegenüberstehen *path* – jm./sich von **Angesicht** zu Angesicht gegenüberstehen · to stand face to face with s.o.

Auge um Auge, Zahn um Zahn *geh path* – Aug'/(Auge) um Auge, Zahn um Zahn · an eye for an eye, a tooth for a tooth

jn./etw. im Auge behalten · 1. to keep an eye on s.o./s.th., 2. to keep s.th. in mind, to bear s.th. in mind, 3. to keep sight of s.th.
1. Birgitt, behalt' mir den Jungen im Auge! Daß er mir nicht auf die Straße läuft! – Keine Sorge, Tante Gertrud, ich werde gut aufpassen.
2. Im Augenblick kann ich mich zwar um die Angelegenheit nicht kümmern, aber ich werde Ihr Anliegen im Auge behalten. Sie werden in drei, vier Wochen von mir hören.
3. Du mußt den Kerngedanken der Sache im Auge behalten. Dann verlierst du dich auch nicht in Einzelheiten.

das Auge beleidigen *path* – *iron* · to offend s.o.'s eye *elev*
Ein grüner Hut zu dem hellblauen Kostüm? Das beleidigt das Auge!

mit einem blauen Auge davonkommen · to have a lucky escape, to get off lightly
Uff! Da hatten wir aber Glück! Da sind wir nochmal mit einem blauen Auge davongekommen! Das hätte schlimm ausgehen können!

jm. etw. aufs Auge drücken *ugs Neol* · 1. 2. to force s.th. on s.o. *n*, to impose s.th. on s.o. *n*
1. Es war den reichen Nationen einmal wieder gelungen, den Entwicklungsländern Importbegrenzungen aus Fernost aufs Auge zu drücken.
2. Zwangsweise will man den Genossen eine Zeitung aufs Auge drücken?

(jm.) ins Auge fallen – (eher:) jm. in die **Augen** springen/(fallen) · to stick out a mile, to leap to the eye

etw. ins Auge fassen · 1. to be thinking of doing s.th., to be contemplating doing s.th., 2. to have s.th. in mind
1. Für den Sommer haben wir eine Griechenlandreise ins Auge gefaßt. Es ist zwar noch nicht sicher, weil mein Urlaubstermin noch nicht genau feststeht. Aber wir planen die Reise schon einmal vor.
2. Und was habt ihr für den Jungen nach der Schule ins Auge gefaßt? – Er soll mit einer Lehre als Mechaniker beginnen.

jn. scharf ins Auge fassen *selten* · to look at s.o. sternly/severely/...
»Hör mal, Utz« – der Lehrer faßte ihn scharf ins Auge, – »hast du dem Willi den Füller gestohlen?« – Der Junge fühlte sich durch den strengen Blick des Lehrers ganz verunsichert ...

etw. könnte ins Auge gehen/hätte ins Auge gehen können/wäre fast/beinahe ins Auge gegangen · 1. 2. s.th. could go wrong/could have gone wrong/almost went wrong, s.th. could backfire/could have backfired/almost backfired
1. Da hast du nochmal Glück gehabt. Das nächste Mal stoppst du bei gelb. Das hätte ins Auge gehen können. Denk dir, das Mädchen wäre nicht so flink zurückgesprungen, du hättest sie totfahren können.
2. Einfach behaupten, daß du in der fraglichen Zeit im Ausland warst, das würde ich nicht tun. Das könnte ins Auge gehen. Es genügt, daß dich irgendein Zeuge zufällig in München gesehen hat, und schon ist deine Glaubwürdigkeit bei Gericht für immer dahin.

mit einem Auge ins Gerstenfeld, mit dem andern in den Kleeacker gucken/(schauen) *sal veraltend selten* – (stärker als:) um die **Ecke** gucken/(sehen) können · to be able to see round corners, to have a squint

jm. zu tief ins Auge gesehen/(geblickt) haben *mst iron* · to have looked too deep into s.o.'s eyes *para*
Berta? – Ja? – Du hast wohl dem Franz zu tief ins Auge gesehen, was? – Warum? – Ich meine ... Du siehst so verliebt aus, wenn er in deiner Nähe ist ...

das Auge des Gesetzes (wacht/...) *mst iron path* · the law/the police (is/are/... watching over ...)
Das Auge des Gesetzes wacht einmal wieder über unsere Sicherheit. – Indem an jeder dritten Ecke ein Polizist mit offenen Augen schläft, meinst du? – Nein! Indem der Staat alle möglichen Daten seiner Bürger mithilfe von Computern speichert.

ein Auge auf jn./etw. **geworfen haben** · 1. 2. to have an eye on s.o./s.th.
1. Ich habe schon lange das Gefühl, daß er auf die neue Sekretärin ein Auge geworfen hat. Sieh nur, wie er sie hofiert!
2. Sie hat ein Auge auf den Ring geworfen, scheint mir. – Mir auch. Ehe sie ihn nicht hat, wird sie keine Ruhe geben.

sein Auge über etw. **gleiten lassen** – (eher:) den/seinen **Blick** über etw. gleiten lassen · to let one's eyes wander over the bay/..., + s.o.'s gaze wanders/roams/... over the bay/...

jm. nicht/nicht mehr/... (klar) ins Auge gucken (sehen/blicken) können – (eher:) jm./anderen/... nicht/nicht mehr/... (klar) in die **Augen** gucken/(sehen/blicken) können · not to be able to look s.o. straight in the eye

das Auge ißt mit · + a meal has to look nice, too, + a meal has to appeal to the eye

(Ein Chefkoch zu seinem Küchengehilfen:) Richten Sie den Vorspeisenteller doch etwas netter her! Wie wär's, wenn Sie den Teller noch etwas mit Salatblättern und sternförmig geschnittenen Tomatenscheiben garnieren? Sie wissen doch: das Auge ißt mit.

kein Auge von jm. lassen · not to take one's eyes off s.o.

Schau mal, wie er sie anstiert! Seit einer halben Stunde läßt er kein Auge von ihr.

jn. nicht aus dem Auge lassen (können) – (eher:) jn. nicht aus den **Augen** lassen (können) · one cannot take one's eyes of s.o. for a second/...

ganz Auge und (ganz) Ohr sein · to be all eyes and all ears *para*

Nicht nur seine Reden faszinieren seine Zuhörer, sondern auch sein Auftreten, seine Gestik. Sie sind ganz Auge und ganz Ohr, wenn er loslegt.

soweit das Auge reicht/(geht) · as far as the eye can see

Du glaubst gar nicht, wie herrlich diese Fahrt in den portugiesischen Frühling ist: Mimosen- und Mandelblüten, soweit das Auge reicht!

etw. vor seinem inneren Auge Revue passieren lassen – etw. vor/(an) seinem inneren/(geistigen) **Auge** vorbeiziehen lassen · to go over s.th. in one's mind, to relive s.th. in one's mind

ein Auge riskieren · to steal a glance at s.o./s.th.

Erich! Guck' mal, die Frau da drüben! Phantastisch! – Beruhig'dich, Kurt! Im übrigen: nimmt dir die Helga nicht übel, wenn du in ihrer Gegenwart so ein Auge riskierst? – (Helga:) Daran bin ich gewöhnt.

jm. scharf ins Auge schauen/sehen/blicken – jn. scharf ins **Auge** fassen · to look at s.o. sternly/severely/...

auf/mit einem Auge schielen · to have a squint in one eye, to squint

... Kann man das denn nicht heilen, wenn jemand auf einem Auge schielt? – Der Junge will einfach keine Brille tragen. Und zu einer Operation können sich die Eltern nicht entschließen.

(noch) ein Auge voll Schlaf nehmen *selten* – (noch) eine **Mütze** voll Schlaf nehmen · to take a nap, to go for a nap, to take forty winks

einer Gefahr/... **ins Auge sehen** (schauen/blicken) · to face up to danger/..., to look danger/... in the face

Es hilft nichts, die Augen vor den Gefahren und unangenehmen Seiten des Lebens zu verschließen. Im Gegenteil: wenn man ihnen mutig ins Auge sieht, sind sie oft nur noch halb so schlimm.

(jm.) **förmlich/... ins Auge springen** – jm. in die **Augen** springen/(fallen) · to stick out a mile, to leap to the eye

vor meinem/deinem/... **inneren Auge steht** etw. *form* · + to see an image/... in one's mind's eye

... Als man mich dann nach meiner Kindheit fragte, stand vor meinem inneren Auge plötzlich das Bild meiner Mutter: wie sie Stunde um Stunde an unserem Bettrand saß, wenn wir krank waren, uns vorlas ...

da/dabei/bei etw./wenn/... **bleibt kein Auge trocken** *scherzh* · when ... there isn't a dry eye in the place, when ... everyone laughs till they cry, when ... everyone laughs till the tears run down their faces

Sein Humor ist unwiderstehlich. Wenn er anfängt, seine Schau abzuziehen, bleibt kein Auge trocken. Die Leute weinen vor Lachen.

mit sehendem Auge in sein Unglück/Verderben/(...) **rennen/(laufen)** *path selten* · to walk into disaster/... with one's eyes open

Es ist selbstverständlich, daß man Fehler macht. Auch schädigt man sich im Leben nicht selten selbst, weil man Dinge nicht durchschaut. Aber daß jemand mit sehendem Auge in sein Unglück rennt, wie die Lisbeth jetzt, das ist wirklich nicht alltäglich.

jn./etw. **aus dem Auge verlieren** – (eher:) jn./etw. (ganz/...) aus den **Augen** verlieren · to lose sight of s.o., to lose touch with s.o.

etw. **vor/(an) seinem inneren/(geistigen) Auge vorbeiziehen lassen** · to go over s.th. in one's mind, to relive s.th. in one's mind

Er ließ alles nochmal an seinem inneren Auge vorbeiziehen: den Lauf, die Anspannung auf der Zielgeraden, den Applaus, die Verleihung der Medaille – er vergegenwärtigte sich das alles noch einmal ganz genau.

kein Auge von jm. wenden – kein **Auge** von jm. lassen · not to take one's eyes off s.o.

mit dem linken Auge in die rechte Westentasche gucken/(sehen) können *sal* – um die **Ecke** gucken/(sehen) können · to be able to see round corners, to have a squint

ein Auge zudrücken (bei jm./etw.) · 1. 2. to turn a blind eye to s.o./s.th., 1. to stretch a point (with s.o.)

1. Um das Dienstmädchen bei Laune zu halten, mußt du hin und wieder ein Auge zudrücken und nicht schimpfen, wenn sie etwas falsch macht oder zu lange mit ihrem Freund spazieren geht.

2. Bei dieser Arbeit muß man schon mal ein Auge zudrücken; sie ist wirklich schwer und unangenehm. Da kann man von den Leuten nicht permanent den vollen Einsatz verlangen.

kein Auge zumachen/zutun · not to sleep a wink, not to get a wink of sleep

... Ich habe mir solche Sorgen um dich gemacht! Die ganze Nacht habe ich kein Auge zugemacht.

vor aller Augen · in full view of everybody, in front of everybody

Mitten im Kaufhaus, so vor aller Augen, den Ring einfach einstecken und davonrennen – das ist doch ein starkes Stück!

in js. Augen · in s.o.'s eyes

In meinen Augen ist er ein Schurke. Du magst anderer Meinung sein, für mich gibt es da gar keinen Zweifel.

unter meinen/deinen/... **Augen** (spielt sich etw. ab/...) *path selten* · (s.th. happens/...) right under s.o.'s nose/before s.o.'s very eyes/right in front of s.o.'s eyes

Stell' dir vor, unter meinen Augen reißt der Junge ein, zwei Kilo Äpfel von den Bäumen. Direkt vor meiner Nase!

unter vier Augen (jm. etw. anvertrauen/...) · (to tell s.o. s.th./...) confidentially, (to tell s.o. s.th./...) in private, just between us/them/...

Unter vier Augen vertraute er mir an, daß er im Examen durchgefallen war. Es wußte sonst niemand und es sollte auch keiner wissen.

wo hast du/hat er/... (denn) **deine**/seine/... **Augen?!** · is he/ are you/... blind?

Sie hat den Minister nicht bemerkt, als wir hineingingen? Wo hat sie denn ihre Augen?! Er stand doch direkt am Eingang und unterhielt sich mit dem Bürgermeister, keine drei Schritte von ihr entfernt.

doch hinten keine Augen haben · not to have eyes in the back of one's head

Mensch, Erna, paß doch auf, du kippst die ganzen Flaschen um! – Wenn du sie hinter mir auf den Boden stellst, seh' ich sie natürlich nicht. Ich hab' doch hinten keine Augen.

schon/... ganz kleine Augen haben · to be hardly able to keep one's eyes open

(Zu einem Kind:) Nein, du bist nicht müde, Christl! Überhaupt nicht! Deshalb hast du auch so kleine Augen! – Ich hab' keine kleine Augen! Ich kann meine Augen wunderbar offen halten. ...

nur Augen für jn./etw. haben · to have eyes only for s.o./s.th.

Wenn der Richard eine Stadtbesichtigung macht, hat er nur Augen für die Architektur/die Menschen/... Die Stadtanlage als ganze, den Verkehr, die Geschäfte ... – das nimmt er alles gar nicht zur Notiz.

ganz rote Augen haben *Weinen/zu viel Lesen/...* · + s.o.'s eyes are red from crying/reading/...
Was ist denn mit der Uschi los? Die hat ja ganz rote Augen. – Ihre Mutter liegt mit Krebs im Krankenhaus.

scharfe Augen haben · to have keen eyesight
Was, du hast den Trick gemerkt? Hast du scharfe Augen! Ich habe die Karten schon 1.000 Mal so hin und her gesteckt; bei der Schnelligkeit hat bis heute kein Mensch gemerkt, wie ich das mache.

schwere Augen haben – die **Augen** (schon/bereits) nicht mehr/kaum noch aufkriegen/aufhalten können · s.o. can (hardly/...) keep his eyes open

schräg stehende Augen haben *selten* · to have slanting eyes, to have slanty eyes
... Der Junge hat schräg stehende Augen, sagst du?! Das heißt also: er schielt? – Ja, hm ...

jn. (immer/...) **unter den Augen haben** – jn./etw. (immer/...) im **Auge** haben (1) · to keep an eye on s.o., to keep s.th. in mind

ganz verquollene Augen haben · to have swollen eyes
Die Helga hat ja ganz verquollene Augen! Was ist denn los? – Ihr Vater hat einen Autounfall gehabt und liegt im Krankenhaus. Die Arme weint den ganzen Tag ...

(noch) **ganz verschlafene Augen haben** · to be sleepy-eyed
Du hast ja noch ganz verschlafene Augen! Bist du wieder so spät ins Bett gegangen? – Ganz im Gegenteil: ich habe zu lange geschlafen. Deshalb werde ich heute überhaupt nicht mehr wach.

ganz verweinte Augen haben · to have eyes red with tears, to have eyes red from crying
Was ist denn mit dem Hansgert? Der hat ja ganz verweinte Augen! – Seine Tochter ist gestern bei einem Unfall ums Leben gekommen.

etw. (noch/nicht mehr/...) **vor Augen haben** · 1. to (still/...) have a mental picture of s.th., to be able to see s.th. in one's mind, 2. to face death/...
1. ... Ich weiß nicht, ob du das Bild noch vor Augen hast, ich meine die drei Figuren unten links ... – Ja, ich erinnere mich noch genau, ich sehe diese Dreiergruppe noch ganz deutlich vor mir ...
2. Ach, weißt du, wenn man den Tod vor Augen hat, dann ist einem dieses Streiten um Nichtigkeiten ganz unverständlich ...

jm. **brechen die Augen** · + to pass away *euphem*, s.o.'s eyes grow dim *euphem*
... Und wenn es Tage dauert, bis der Tod sie erlöst – ich bleibe hier. Ich will nicht, daß sie allein ist, wenn ihr die Augen brechen.

jm. **dreht sich alles vor den Augen** · s.o.'s head is spinning
Nein, mit dieser Achterbahn fahre ich nicht mehr. Wenn man herauskommt, dreht sich einem alles vor den Augen. Man kann kaum laufen, so schwindelig ist man.

geh' mir/geht uns/... (bloß/nur/ja) **aus den Augen!** · (just/...) get out of my/... sight!
Geh mir bloß aus den Augen, du Lügner! Wenn du dich hier noch ein Mal sehen läßt, schmeiß ich dich achtkantig raus.

jm. **wird grün und gelb/(blau) vor den Augen** · to see stars
Nie mehr eine solche Bootsfahrt! Mir war so übel, daß mir grün und gelb vor den Augen wurde.

jm. **schaut/sieht der Haß/(...) aus den Augen** · + s.o.'s eyes are full of hate
Der Doris schaut richtig der Haß aus den Augen. Was muß die unter dem Rolf zu leiden haben, daß sie ihn derart haßt!

(es scheint/...) j. **hat hinten Augen** · (it seems/...) that s.o. has eyes in the back of his head
Wie konnte er denn sehen, daß ich dir Äugschen knippste? Er stand doch mit dem Rücken zu uns. Es scheint, er hat hinten Augen was?! – Hast du nicht gemerkt, daß vorn links im Raum ein Spiegel steht?

komm'/kommt/... mir/uns/... (bloß/nur/ja) **nicht mehr vor/ unter die Augen!** *path* – geh' mir/geht uns/... (bloß/nur/ja) aus den **Augen!** · keep out of my/... sight!

das Glück/(...) **leuchtet** jm. **aus den Augen** · + s.o.'s eyes are shining with joy/happiness/...
Daß der Rainer bis über beide Ohren verliebt ist, könnte er auch dann nicht leugnen, wenn er es wollte. Man braucht ihn nur anzugucken – das Glück leuchtet ihm doch aus den Augen.

schaff' mir/schaffe unserem Vater/... jn./etw. **aus den Augen!**/(jm. jn./etw. ... schaffen) *path selten* · 1. get it/ s.th./s.o. out of my/his/... sight!, 2. get rid of s.th. for s.o.
1. Wenn du mir den Kerl nicht sofort aus den Augen schaffst, blitzte er seine Tochter an, dann knallt's! – Dieser Kerl ist mein Freund, Vater! – Ich will den hier nicht mehr sehen! Hast du das immer noch nicht kapiert?
2. ... Tut eurer Mutter doch endlich mal den Gefallen, Kinder, und schafft ihr dieses abscheuliche Bild aus den Augen! Dieses Ding verschandelt doch das ganze Wohnzimmer.

jm. **wird** (ganz) **schwarz vor den Augen** · + everything is going black, to black out
Was ist mit dir? – Ich weiß nicht. Mir wird ganz schwarz vor den Augen. – Du wirst mir doch nicht hier mitten auf der Straße in Ohnmacht fallen. Komm', häng' dich bei mir ein!

jm. **schwebt** (so) **vor Augen, daß** .../(etw. schwebt jm. vor Augen) · to have s.th. in mind *often: what I/... have/... in mind is...*
Weißt du noch, wieviel wir für die neue Schreibmaschine bezahlt haben? – Mir schwebt so vor Augen, daß wir die alte in Zahlung gegeben und dann noch 900,– Mark gezahlt haben. Aber genau weiß ich es auch nicht mehr.

es schwimmt jm. **vor den Augen** · 1. 2. + to feel giddy, + to feel dizzy, + everything/s.o.'s head is spinning
1. Axel, läßt du mich bei dir einhaken? Ich kippe gleich um, wenn es so weitergeht. Mir schwimmt es vor den Augen, das ist fürchterlich. So elendig habe ich mich seit langem nicht mehr gefühlt. Mir scheint, ich falle jeden Augenblick in Ohnmacht.
2. vgl. – jm. dreht sich alles vor den **Augen.**

jm. **wird** (ganz) **schwindlig vor den Augen** · + to feel dizzy, + to feel giddy
Da wird einem ja ganz schwindlig vor den Augen, bei dem Blick in diese Tiefe!

jm. **tanzt alles vor den Augen** – jm. dreht sich alles vor den **Augen.** · s.o.'s head is spinning

jm. **verschwimmt alles vor den Augen** · 1. 2. + everything/ s.o.'s head is spinning, 2. + to feel giddy, + to feel dizzy
1. vgl. – jm. dreht sich alles vor den **Augen**
2. vgl. – es schwimmt jm. vor den **Augen**

(es scheint/...) j. **hat vorn und hinten Augen** · (s.o. seems/...) to have eyes in the back of his head, (it seems/...) that s.o. has eyes in the back of his head
Unser Meister sieht alles. Da kann der eine Lehrling in der einen Ecke und der andere in der anderen etwas falsch machen oder einen Unsinn aufstellen, der kriegt alles mit. Es scheint, der hat vorn und hinten Augen.

die Augen essen mit – (eher:) das **Auge** ißt mit · + a meal has to look nice, too, + a meal has to appeal to the eye

mit anderen Augen sehen/beurteilen/... · to see/judge/... s.th. differently
... Heute sieht er die Sache mit anderen Augen. Damals hatte für ihn Gisela die ganze Schuld für das Scheitern ihrer Ehe; heute erkennt er an, daß ein gehöriges Maß an Fehlern und Unzulänglichkeiten auf sein Konto ging.

mit bloßen Augen sehen/erkennen/... (können) – mit bloßem **Auge** sehen/erkennen/... (können) · to (be able to) see s.th. with the naked eye

mit seinen eigenen Augen sehen/beobachten/... *oft Perf* · to see s.th. with his own eyes
Was, der Karl hat die Stirn zu leugnen, daß er das Geld hier weggenommen hat? Ich hab es mit meinen eigenen Augen gesehen! Natürlich kannst du ihm das sagen. Der wird doch nicht behaupten, ich wäre blind.

mit nassen Augen Abschied nehmen/... *path* · to say good-bye/... with tears in one's eyes
Ihre Trennung fiel ihnen schwerer, als sie zugeben wollten. – Wie kommst du dadrauf? – Wenn man so mit nassen Augen Abschied nimmt ... – Ach ja, hatten Sie Tränen in den Augen? Das habe ich gar nicht gemerkt.

mit verbundenen Augen herumlaufen/... · to be/to run around/... blindfold
... Mit verbundenen Augen kann man die anderen natürlich nur dann finden, wenn sie an ihrem Versteck/Platz bleiben müssen. Bei diesem Spiel darf also keiner pfuschen.

jm. etw. **an den Augen ablesen/(absehen) (können)** · to be able to tell what s.o. is thinking from his eyes
... Meine Mutter las uns unsere Gefühle und Wünsche an den Augen ab. Ich habe nie einen Menschen gesehen, der nur am Gesichtsausdruck so sicher erkannte, was andere dachten und wollten, wie meine Mutter.

jn./etw. **mit anderen Augen ansehen/(sehen)** · to see s.th./things/... differently/in a different light/...
... Damals habe ich überhaupt nicht verstanden, wie sich ein 55-jähriger Mann nach 30 Jahren Ehe scheiden lassen kann. Heute sehe ich das alles/meinen Vater mit andern Augen. Heute akzeptiere ich ...

jn. **mit großen Augen ansehen/(angucken/anblicken)** – jn. groß **angucken/(anblicken)** · to gape/to stare/... at s.o., to look at s.o. in amazement

jn. **mit scheelen Augen ansehen/(anschauen/anblicken)** · to look askance at s.o., to give s.o. a dirty look
Die Doris schaut mich mal wieder mit scheelen Augen an. Die kann einfach nicht sehen, daß andere etwas bekommen und sie nicht.

seine Augen (sehr/fürchterlich/...) **anstrengen** · to strain one's eyes (badly/terribly/...)
Ich kann meine Augen nicht lange so anstrengen; sie fangen sonst an zu tränen.

Augen auf! · watch out!, pay attention!
... Augen auf, Jungs, jetzt kommt der Salto mortale von Udo! Wenn ihr jetzt nicht aufpaßt, verpaßt ihr den gewagtesten Sprung des Jahres!

jm. **gehen die Augen auf** · s.o.'s eyes have been opened, to see the light, to see the truth of s.th., it/s.th. becomes clear to s.o.
Erst als er merkte, wie sehr er sich selbst geschädigt hatte, gingen ihm die Augen auf. Der Vater hatte ihn zwar immer gewarnt, aber er hatte nie richtig verstanden, warum.

dem/ihm/dem Peter/... werden die Augen noch aufgehen – du wirst dich/er/der Peter wird sich/... (noch) **umgucken** · you/they/John/... are/... in for a shock

die Augen (schon/bereits) **nicht mehr/kaum noch aufkriegen/aufhalten können** · s.o. can (hardly/...) keep his eyes open
Kurt, wir müssen gehen. Sabine kriegt die Augen kaum noch auf. Noch eine halbe Stunde, und sie schläft hier vor versammelter Mannschaft ein.

die Augen **aufmachen/(auftun)** · to open one's eyes, to keep one's eyes open
Das Auto habe ich gar nicht gesehen ... – Du mußt die Augen aufmachen, wenn du über die Straße gehst!

die Augen (weit) **aufreißen** · to open one's eyes wide
... Plötzlich schien ihm, der Tiger bräche aus. Er riß die Augen vor Entsetzen weit auf ...

die Augen (weit) **aufsperren** · to open one's eyes wide
Als Onkel Eberhard anfing, von der Löwenjagd in Afrika zu erzählen, sperrten die Kinder die Augen auf. Was, Löwen hast du gejagt? War das nicht gefährlich? Wieviele habt ihr getötet ... Wie gebannt saßen sie da und verfolgten mit offenem Mund jedes Wort, das der Onkel sprach.

am liebsten hätte j. jm. die Augen **ausgekratzt/(auskratzen mögen)** *path* · l/... would have liked to scratch/l/... would have scratched his/... eyes out
Bei ihrer gehässigen Bemerkung über Peter bekam ich vielleicht eine Wut auf diese Lästerzunge. Am liebsten hätte ich ihr die Augen ausgekratzt.

sich (fast/beinahe) **die Augen nach** jm. **ausgucken/(ausschauen)** – (eher:) sich (fast/beinahe) die Augen aus dem Kopf gucken/(schauen/sehen) nach jm. · s.o.'s eyes are (almost) popping out of his head

sich **die Augen nach** jm. (fast/beinahe) **ausweinen** *path* – sich die Augen (nach jm.) (fast/beinahe) aus dem Kopf weinen · to cry one's eyes out about s.o./s.th.

(ganz) **feuchte/(nasse) Augen bekommen** · + s.o.'s eyes fill with tears, + tears come to s.o.'s eyes
Als sie hörte, daß Karl auf dem Weg zum Krankenhaus mehrere Male gesagt hatte, man sollte seine Frau auf keinen Fall von dem Unfall benachrichtigen, bekam sie ganz feuchte Augen. Sie hatte ihm Unrecht getan, wenn sie ihn für gleichgültig ihr gegenüber hielt. Gerührt ...

mit den Augen blinzeln · to wink (at s.o.)
... Natürlich hat er mit den Augen geblinzelt – das hab' ich auch gesehen. Aber ich habe nicht verstanden, ob das wegen der starken Sonne war oder weil er der Klara Äugschen knipsen wollte. – Bist du naiv – starke Sonne! ...

js. **Augen schießen/(sprühen) Blitze** *path* · s.o.'s eyes flash
Die Alexandra war vielleicht wütend, sag' ich dir. Ihre Augen schossen Blitze, da war alles dran!

die Augen zu Boden schlagen · to cast one's eyes down, to cast one's eyes to the ground, to look down
»Gerda, nun rück' mal raus mit der Sprache! Wie war das mit eurem nächtlichen Bummel durch die Pariser Nachtclubs?« Gerda schlug die Augen zu Boden, dann murmelte sie: »Ich hab' dem Freddy versprochen, nichts zu erzählen ...«

jm. etw. **vor Augen führen** · to point s.th. out to s.o., to stress s.th. to s.o., to make s.o. aware of s.th.
Obwohl ihm sein Vater immer wieder vor Augen führte, wie wichtig heute ein qualifizierter Schulabschluß ist, war er nicht dazu zu bewegen, bis zum Abitur auf dem Gymnasium zu bleiben.

sich etw. **vor Augen führen** · to bear s.th. in mind
... »Vielleicht«, so meinte er, »sollten wir uns alle häufiger vor Augen führen, daß der 'Mensch' nicht nur 'der Mensch der zehn Industriestaaten' oder 'der Mitteleuropäer' ist ...«

js. **Augen sprühen Funken** *path* – js. **Augen schießen/sprühen Blitze** · s.o.'s eyes flash

js. **Augen sind gebrochen** *geh* · + s.o. has passed away, + s.o. has gone
... Ihre Augen sind gebrochen. Wir kommen zu spät. Monate haben wir an ihrem Krankenbett verbracht, und gerade in der Stunde, in der sie stirbt, sind wir nicht bei ihr.

alle(r) Augen sind (erwartungsvoll) auf jn./etw. **gerichtet** *path* · all eyes are on him (expectantly/...), all eyes are riveted on him (expectantly/...)
... »Nun, wenn die Dinge so stehen«, sagte der Chef plötzlich mit scharfer Stimme in den überfüllten Raum, »dann muß ich Ihnen eine sehr unangenehme Mitteilung machen, meine Damen und Herren.« – Alle Augen waren erwartungsvoll auf ihn gerichtet. Was würde jetzt kommen? ...

jm. **zu tief in die Augen gesehen/(geblickt) haben** *oft iron* – jm. zu tief ins **Auge** gesehen/(geblickt) haben · to have looked too deep into s.o.'s eyes

seine Augen **über** etw. **gleiten lassen** – (eher:) den/seinen **Blick** über etw. gleiten lassen · to let one's eyes wander over the bay/..., his gaze wanders/roams/... over the bay/...

kaum noch/nicht/... aus den Augen gucken/(sehen/schauen) können · to be (hardly/...) able to keep one's eyes open
Wo seid ihr denn heute nacht gewesen? Ihr könnt ja kaum aus den Augen gucken! Habt ihr überhaupt geschlafen? Oder habt ihr die ganze Nacht durchgefeiert?

jm./anderen/... **nicht/nicht mehr/... (klar) in die Augen gucken/(sehen/blicken) können** · 1. 2. (not) (to be able to) to look s.o. (straight/...) in the eye
1. Ich kann Leute nicht leiden, die anderen nicht klar in die Augen gucken (können). Für mich hat ein ehrlicher Mensch auch einen klaren Blick.

2. Seit einiger Zeit guckt sie ihrem Vater nicht mehr klar in die Augen. Was mag da vorgehen? Bis vor kurzer Zeit noch schwärmte sie für ihn und hatte vor ihm keinerlei Geheimnisse.

meiner/deiner/... schönen Augen halber *iron* – (eher:) um meiner/deiner/... schönen **Augen** willen · (s.o. is not doing s.th.) out of the goodness of his heart

jm. etw. (eindringlich/...) vor Augen halten *selten* – jm. etw. vor **Augen führen** · to point s.th. out to s.o., to stress s.th. to s.o., to make s.o. aware of s.th.

sich etw. vor Augen halten · to bear s.th. in mind
»Wenn du dir ein zutreffendes Urteil über die augenblickliche Wirtschaftslage bilden willst«, dozierte er, »dann mußt du dir u.a. vor Augen halten, daß alle größeren Länder in der Welt ökonomisch voneinander abhängig sind. Viele Leute machen sich immer noch nicht klar, daß heutzutage kein Land seine Probleme allein lösen kann.«

die Augen in die Hand nehmen *selten* · to press one's nose to the page
Wenn man diese Worte entziffern will, muß man die Augen buchstäblich in die Hand nehmen. Sie tun einem fast weh, so genau muß man hingucken.

die Augen mit der Hand gegen die Sonne/... schützen · to shield one's eyes with one's hand
Er mußte die Augen mit der Hand gegen die Sonne schützen, so grell war das Licht.

js. Augen hängen an jm./(etw.) *path selten* · s.o.'s eyes are fixed on s.o./s.th.
... Die ganze Zeit, die der gute Mann redete, hingen Giselas Augen an ihm. Ob die das gar nicht merkt, wenn sie jemanden so unverwandt ansieht? – Wenn man so schwärmt, merkt man nicht mehr viel.

die Augen (fest) auf jn./etw. heften/richten – (eher:) den **Blick** (fest) auf jn./etw. heften/richten · to fix one's eyes on s.o./s.th., to rivet one's eyes on s.o./s.th.

jn./etw. in den Augen anderer/der anderen/... herabsetzen · to knock s.o./s.th., to run s.o./s.th. down
Dauernd muß sie ihre Kollegen in den Augen anderer herabsetzten. Selbst vor dem Chef macht sie verächtliche Bemerkungen. Als ob sie einen Vorteil davon hätte, wenn ihre Kollegen in Mißkredit geraten!

js. Augen liegen tief in den Höhlen *path selten* · s.o.'s eyes are deep in their sockets
... Wie Gespenster sahen diese Leute aus: abgemagert bis auf die Knochen, die Augen tief in den Höhlen, der Bauch aufgedunsen ... Daß es so etwas heute noch gibt ...

Augen haben wie ein gestochenes Kalb *sal* · to look popeyed *coll*, to look dumb *n*
Den Kerl willst du bei uns einstellen? Der hat Augen wie ein gestochenes Kalb! Kannst du dir vorstellen, daß so ein stumpfsinnig dreinschauender Mensch von irgendeinem Beruf etwas versteht?

Augen machen wie ein gestochenes Kalb *sal* · 1. 2. + s.o.'s eyes nearly pop out of his head *coll*
1. Was hat denn dieser Idiot gesagt, als er erfuhr, daß man ihn wegen Inkompetenz entlassen hat? – Gar nichts! Er stand auf und machte Augen wie ein gestochenes Kalb. Noch nie habe ich jemanden so blöd, so stumpfsinnig dreinschauen sehen.
2. Als wir mit unserem neuen Mercedes auf dem Dorf ankamen, machte der Jüngste der Bauernfamilie Augen wie ein gestochenes Kalb. Er stierte den Wagen an, als käme er direkt vom Mond.

mit den Augen klappern *ugs selten* · to flutter one's eyelashes
Mein Gott, die Gertrud klappert mit den Augen, das ist einfach nicht mehr schön! Kokett sollte ein junges Mädchen vielleicht sein, aber nicht so aufdringlich und gewollt.

js. Augen funkeln/leuchten wie glühende Kohlen *path* · s.o.'s eyes gleam like burning coals *lit*
Mein Gott, das Mädchen hat Augen, die funkeln wie glühende Kohlen!

jm. ganz aus den Augen kommen · to have lost touch with s.o., to have lost track/sight/... of s.o.
Ja, der Ludwig ist mir ganz aus den Augen gekommen. Bestimmt 15 Jahre habe ich ihn nicht mehr gesehen, nichts mehr von ihm gehört.

wenn/... j. jm. nochmal/wieder/... vor die Augen kommt, dann .../... · if I/... set eyes on s.o. (again), I'll/... ...
Sag' dem Matthias, es ist in seinem eigenen Interesse, wenn er sich hier nicht mehr blicken läßt. Denn wenn er mir nochmal vor die Augen kommt, werd' ich ihm ganz was anderes erzählen. Von wegen hier die Leute verleumden und dann noch frech werden!

j. hat doch/... Augen im Kopf *ugs* · s.o. is not blind, s.o. has eyes in his head
Daß die Leute sich die halbe Zeit unterhalten statt zu arbeiten, brauchst du mir nicht zu sagen, Marta! Ich hab' schließlich Augen im Kopf! Schwieriger ist die Entscheidung, wie man am besten dagegen vorgeht.

hast du/hat er/... (denn) keine Augen im Kopf? *ugs* – wo hast du/hat er/... (denn) deine/seine/... **Augen?** · is he/are you/... blind?

jm. quellen/fallen fast die Augen aus dem Kopf *selten* · + s.o.'s eyes are (almost) popping out of his head *coll*
Dem Karlheinz quollen fast die Augen aus dem Kopf, so gierig stierte er nach dem Schokoladenpudding.

sich (fast/beinahe) die Augen aus dem Kopf gucken/ (schauen/sehen) nach jm. · to have been looking for/... s.o. high and low, to have been looking for/... s.o. all over the place
Wir haben uns die Augen nach euch aus dem Kopf geguckt. Wo wart ihr denn? Über eine Stunde haben wir auf dem Marktplatz nach euch herumgesucht.

sich die Augen aus dem Kopf schämen *path selten* – sich zu **Tode** schämen · to be utterly ashamed, s.o. almost died of shame

sich die Augen (nach jm.) (fast/beinahe) aus dem Kopf weinen *path* · to cry one's eyes out about s.o./s.th.
Sie weinte sich die Augen nach ihm fast aus dem Kopf. Wie lange würde der Krieg noch dauern? ...

jm. gehen die Augen über Kreuz, wenn/... *ugs* – *path selten* · s.o.'s eyes nearly pop out of his head when/...
Unseren lieben Nachbarn sind fast die Augen über Kreuz gegangen, als sie das erste Mal unseren neuen Wagen vor der Tür stehen sahen.

die Augen nicht von jm. lassen · 1. 2. not to take one's eyes off s.o., one cannot take one's eyes off s.o. for a second/...
1. vgl. – kein **Auge** von jm. lassen
2. vgl. – jn. nicht aus den **Augen** lassen (können)

jn. nicht aus den Augen lassen (können) · 1. 2. one cannot take one's eyes off s.o. for a second/..., not to take one's eyes off s.o.
1. Der Junge ist in einem schrecklichen Alter. Man kann ihn keine Minute aus den Augen lassen. Kaum fühlt er sich unbeobachtet, da macht er irgendeinen Unsinn.
2. vgl. – (eher:) kein **Auge** von jm. lassen

in js. Augen lesen (können) (was ihn bewegt/...) · to see s.th. in s.o.'s eyes
... Bei meiner Mutter brauchten wir nichts zu sagen. Die guckte uns nur an, dann wußte sie, was uns bewegte. Sie las in unseren Augen! ...

Augen (haben) wie ein Luchs · 1. to have eyes like a lynx/ hawk, 2. to be eagle-eyed, to be Argus-eyed *rare*
1. Was, auf der Uhr, die da bestimmt 500 Meter weit weg hängt, kannst du die Zeit sehen? Du hast ja Augen wie ein Luchs!
2. vgl. – **Argusaugen** haben

er/die Frau Mitner/... wird Augen machen (wenn ...) *ugs* – er/die Frau Mittner/... wird schön **gucken** (wenn ...) · s.o. will get quite a shock/the shock of his life/... when ...

große Augen machen · to be wide-eyed, to open one's eyes wide, to gape, to stare

Als ich mit fünf Kilo Bonbons ankam, haben die Kinder vielleicht große Augen gemacht. So viel brachte ihnen selbst die Großmutter nicht mit!

schon/… ganz kleine Augen machen *ugs* – schon/… ganz kleine **Augen** haben · to be hardly able to keep one's eyes open

(ganz) runde Augen machen · to open one's eyes wide (with astonishment), to be wide-eyed

… Vor lauter Überraschung machten die Kinder ganz runde Augen. Das sah geradezu komisch aus …

jm. **schöne Augen machen** · to make eyes at s.o.

Es ist beinahe rührend zu sehen, wie sie ihrem neuen Kollegen schöne Augen macht. Wollen wir hoffen, daß der nicht schon eine Freundin hat …

jm. (ganz) **verliebte Augen machen** · to make eyes at s.o.

Wenn die Uschi nicht in den Manfred verschossen ist, dann weiß ich es nicht! – Wie kommst du dadrauf? – Die hat vielleicht verliebte Augen gemacht, gestern, als er hier war. Deutlicher kann man kaum zeigen, daß man verliebt ist.

js. **Augen sind größer als der Magen** · s.o.'s eyes are bigger than his belly *hum*

Erst machst du dir den Teller wer weiß wie voll und dann läßt du die Hälfte stehen. Deine Augen waren mal wieder größer als der Magen!

etw. (nur) **mit den Augen messen** *selten* · to (just/…) measure s.th. by eye

… Er ist natürlich nicht mit dem Zollstock über die Felder spaziert! Aber aus langer Erfahrung weiß ich: wenn der Holtkamp eine Fläche auch nur mit den Augen mißt – auf fünf oder zehn Meter stimmen die Maße.

js. **Augen sind auf Null gestellt**/(die Augen auf Null stellen) *sal selten* · to have snuffed it, to have been pushing up daisies

… Ach, Jupp, der Krämer ist schon ewig tot – der steht schon bald wieder auf! Wenigstens seit 15 Jahren sind dessen Augen auf Null gestellt.

die Augen offenhalten/(offen haben) · to keep one's eyes open, to keep one's eyes peeled *coll*

Wenn du die Augen offenhältst, wird dir so ein Mißgeschick nicht nochmal passieren. Nur nicht verschlafen durch die Welt spazieren!

jm. **die Augen** (über/für etw.) **öffnen** · 1. 2. to open s.o.'s eyes to s.th.

1. Das kann man doch nicht so hingehen lassen, daß sie so große Stücke auf ihn hält. Man muß ihr die Augen öffnen, ihr zeigen, was für ein Schurke er ist.

2. Der Herbert hat mir die Augen geöffnet für die Schönheiten der Malerei. Ohne ihn hätte ich ihre Ausdruckskraft nie erkannt.

(die) **Augen und Ohren aufhalten** · to keep one's eyes and ears open, to keep one's eyes open, to keep one's eyes skinned/peeled/… *coll*

… Nein, der Doris brauchst du nicht zu sagen, daß sie die Augen und die Ohren aufhalten soll. Wenn sie ins Theater geht, folgt sie allem so gebannt, daß ihr auch nicht die unbedeutendste Kleinigkeit entgeht.

gucken/schauen/…, **daß einem die Augen (fast) rausfallen** *ugs* – *path* · 1. 2. + s.o.'s eyes nearly pop out of his head *coll*

1. … Wenn unsere Nachbarn, die Meiers, heute nachmittag unser neues Schwimmbad im Keller sehen, dann werden ihnen die Augen rausfallen. – So einen Luxus kennen die halt nicht.

2. … Hast du das gesehen? Die Meiers haben geguckt, daß ihnen fast die Augen rausgefallen sind! Damit haben sie nicht gerechnet, daß wir ein so tolles Schwimmbad im Keller haben. – Sie schienen auch etwas neidisch zu sein.

die Augen quellen jm. **(fast) über** (bei/als/…) *path* – jm. gehen (fast/beinahe/…) die **Augen** über (bei/als/…) · the eyes almost popped out of s.o.'s head (when …)

Augen rechts/(links)! *mil* · eyes right/left!

Einer brüllt: Augen rechts! – und Hunderte von Leuten drehen ihren Kopf wie eine Drahtpuppe – ruck, zuck! – nach rechts. Was man mit den Menschen nicht alles aufstellen kann!

sich die Augen reiben · 1. 2. to rub one's eyes

1. Schau mal, wie sie sich die Augen reibt! Sie ist todmüde. Wenn wir jetzt nicht gehen, schläft sie gleich hier ein.

2. Was? … Er rieb sich die Augen. Sehe ich richtig? Ursel Bach? Ursel, du bist's? Wirklich? Welch eine Überraschung, dich hier zu treffen! …

die/(mit den) **Augen rollen** (vor Wut/…) · 1. 2. 3. to roll one's eyes

1. Du brauchst gar nicht so die Augen zu rollen, du machst mir doch keine Angst!

2. Als der Uli am Stammtisch zum vierten Mal den gleichen Witz erzählte, rollte Gerda die Augen. Sie konnte diesen Blödsinn nicht mehr hören.

3. vgl. – die **Augen** verdrehen

jm. (offen/…) **in die Augen schauen**/(blicken/gucken/sehen) · 1. 2. to look right/straight/… into s.o.'s eyes

1. Wenn man mit jemandem spricht, schaut man ihm in die Augen, Karin!

2. Wer einem so offen in die Augen schaut wie der Rudi, der betrügt einen doch nicht!

jm. **tief in die Augen schauen/blicken/gucken**/sehen *path* · to gaze deep into s.o.'s eyes

»Gertrud, Gertrud« – er schaute ihr tief in die Augen –, »niemals habe ich eine Frau so geliebt wie dich«.

(noch) **ein paar Augen voll Schlaf nehmen** *ugs seltener* – noch eine **Mütze** voll Schlaf nehmen · to take a nap, to go for a nap, to take forty winks, to lie down for a while, to get one's head down for a while

mit offenen Augen schlafen *ugs* · to daydream *n*, to be daydreaming *n*

Ulli! … Ulli!! Du schläfst mal wieder mit offenen Augen! Was habe ich gerade gesagt? – Die Römer … Peleponnes … – Die Klasse brach einmal wieder in ein schallendes Gelächter aus.

die Augen für immer schließen/zutun/(zumachen) *form* · to pass away *euphem*, to fall asleep *euphem*

… Heute nacht hat sie die Augen für immer geschlossen. Wie alt? 76! … Ja, sie war lange krank; es war eine Erlösung – für sie wie für uns.

seine Augen über etw. **schweifen**/(spielen) **lassen** – den/seinen **Blick** über etw. schweifen/(streifen) lassen · to let one's eyes wander over the bay/…, his gaze wanders/roams/… over the bay/…

etw. **mit anderen Augen sehen** · to see s.th. differently, to see s.th. in a different light

… »Ja, wenn man selbst verheiratet ist«, meinte er ironisch zu seiner Tochter, »dann sieht man die Ehe mit anderen Augen.«

jn./etw. (wieder/…) **mit frischen/neuen Augen sehen** · to see s.o./s.th. in a new/fresh/… light

Du mußt unbedingt mal für einige Zeit weg aus diesem Nest, um den ganzen Kram – und auch die Menschen hier – wieder mit frischen Augen zu sehen.

niemandem/keinem/… (klar/direkt/…) **in die Augen sehen/ schauen/gucken können** – niemandem/keinem/… (klar/direkt/…) ins **Gesicht** sehen/schauen/gucken können · not to be able to look s.o. (straight) in the face

vier Augen sehen mehr als zwei · two people see better than one

Mir wäre schon lieb, wenn du mitgingst. Vier Augen sehen mehr als zwei. Wenn wir uns beide zusammen die Anlagen genau ansehen, werde ich bei meinem Bericht hoffentlich nichts Wesentliches vergessen.

in js. Augen sinken – ≠ in js. **Augen** steigen · to go down in s.o.'s estimation

aus den Augen, aus dem Sinn · out of sight, out of mind
Seltsames Mädchen! Der Kurt ist noch nicht ganz weg, da hat sie ihn schon vergessen. Aus den Augen, aus dem Sinn!

jm. **in die Augen springen/(fallen)** · to stick out a mile, to leap to the eye
Ihr könnt das Hilton-Hotel gar nicht übersehen. Es ist ein riesiger Kasten, der einem schon von weitem in die Augen springt.

in die Augen stechen · to offend the eye *elev*, to be garish, to catch s.o.'s eye, to be eye-catching
Dies knallige Rot sticht in die Augen. Die Monotonie der grauen Häuser aufzulockern ist mehr als richtig; aber muß das durch einen so knallroten Bau geschehen?

jm. **immer/(...) vor Augen stehen** · + to (always/...) keep s.th. in mind
Wenn ich in einer schweren Lebenslage war, stand mir immer das Beispiel meines Vaters vor Augen. Der pflegte zu sagen: ohne Schwierigkeiten wäre das ganze Leben nur die Hälfte wert, also ran! Dieser Satz ging mir dann immer durch den Kopf.

vor meinen/deinen/... inneren Augen steht etw. – vor meinem/deinem/... inneren **Auge** steht etw. · to see an image/... in one's mind's eye

in js. Augen steigen · to go up in s.o.'s estimation
Früher hielt ich eigentlich wenig von dem Alexander Brauer. Aber in den letzten Jahren hat er eine Kraft, ein Durchhaltevermögen, eine moralische Integrität bewiesen, die ich ihm nie zugetraut hätte. Er ist in meinen Augen sehr gestiegen.

jm. etw. **vor Augen stellen** *selten* – jm. etw. vor **Augen** führen · to point s.th. out to s.o., to stress s.th. to s.o., to make s.o. aware of s.th.

etw. (ganz/einzig und allein/...) **auf zwei Augen stellen** *selten* · to blame s.th. entirely on one person, to put the responsibility entirely on one person
Ich weiß nicht, es ist richtig ist, Heinz, die ganze Verantwortung für das Geschäft auf zwei Augen zu stellen. – Besser die ganze Verantwortung in einer Hand als eine Zersplitterung unter vielen Leuten, die sich alle nur bekämpfen.

js. **Augen funkeln/leuchten wie (zwei) Sterne** *path* · s.o.'s eyes sparkle/gleam/twinkle/... like stars
Die Klara hat Augen, wie man sie wirklich nur selten sieht. Die funkeln wie Sterne. – Ja, und besonders, wenn sie begeistert ist, jemandem lebhaft zustimmt ...

js. **Augen füllen sich mit Tränen** *form* – *path* – (ganz) feuchte/(nasse) **Augen** bekommen · s.o.'s eyes fill with tears, tears come to s.o.'s eyes

js. **Augen schwimmen in Tränen** *path* – (eher:) js. **Augen** stehen voller Tränen · s.o.'s eyes are brimming with tears

js. **Augen stehen voller Tränen** *path* · s.o.'s eyes are full of tears
Hast du gemerkt: als wir von Vater sprachen, standen ihre Augen voller Tränen. Obwohl er schon zehn Jahre tot ist, weint sie immer, wenn die Rede auf ihn kommt.

seinen (eigenen) **Augen nicht/kaum trauen** (wollen) · not/hardly/... to be able to believe one's eyes
Ich wollte meinen eigenen Augen nicht trauen, als ich ihn mit seiner ersten Frau im Kino sah. Das konnte doch nicht wahr sein!

mit offenen Augen träumen *ugs* · to daydream, to be daydreaming
Karin? – Hm ... – Karin? – Hm ... – Du träumst mal wieder mit offenen Augen, was? – Was soll man schon bei dieser endlosen Zugfahrt anderes tun als seinen Gedanken nachhängen – halb in dieser Welt, halb in unserer eigenen ...

jm. **nicht** (mehr) **unter die Augen treten/**(kommen) (können/dürfen/...)/es nicht (mehr) wagen/..., jm. unter die Augen zu treten/(kommen) · not to dare to face s.o./to go near s.o./to show one's face/...
Seitdem er sein ganzes Geld mit seinen Freundinnen durchgebracht hat, statt zu arbeiten, wagt es der Detlev nicht mehr, seinem Vater

unter die Augen zu treten. Er hat ein derart schlechtes Gewissen, daß er sich nicht mehr getraut, zu Hause zu erscheinen.

jm. **gehen** (fast/beinahe/...) **die Augen über** (bei/als/...) *path* · s.o.'s eyes almost pop out (in amazement/...) *coll*
Bei dem herrlichen Weihnachtsbaum, der neuen Puppenstube, dem strahlenden Roller gingen der Kleinen die Augen über. Sie konnte sich gar nicht fassen vor Glück und Staunen.

seine Augen überall haben · to see everything that goes on, to have eyes in the back of his head
Der neue Vorarbeiter ist ein sehr tüchtiger und gewissenhafter Mann. Er übersieht nichts; er hat seine Augen überall.

js. **Augen sind** (leicht/tief) **umschattet** *form selten* · s.o. has rings/shadows/... around his eyes
Ich weiß nicht, ob es Müdigkeit ist, die schweren Monate mit Luisas Krankheit oder sonst was ...: die Augen von dem Herbert sind in den letzten Wochen umschattet wie nie. Manchmal wirkt der Junge wie ein alter, matter, verbrauchter Mann.

mit offenen/(sehenden) **Augen in sein Unglück/Verderben/**(...) **rennen/**(laufen) – mit sehendem **Auge** in sein Unglück/Verderben/(...) rennen/(laufen) · to walk into disaster/... with one's eyes open

jm. **die Augen verbinden** · to blindfold s.o.
(Vor einem Versteckspiel:) Wenn wir dem, der die anderen suchen muß, die Augen verbinden, dann darf keiner sein Versteck wechseln. Sonst findet der die anderen ja nie.

sich die Augen verderben · to ruin one's eyes
Junge, lies doch nicht immer bei so einem elenden Licht! Du verdirbst dir die Augen! Wenn du so weiter machst, brauchst du über kurz oder lang eine Brille.

die Augen verdrehen · 1. 2. 3. 4. to roll one's eyes
1. Warum verdreht denn die Frederike die Augen so seltsam, wenn sie von ihrem Vater spricht? – Das ist ein Tick! Jedesmal, wenn sie von etwas spricht, was ihr nahe geht, macht sie Augenverrenkungen, als wäre sie nicht ganz bei Trost.
2. Als der Ulrich anfing, von dem gemeinsamen Urlaub mit seiner Freundin Susi zu erzählen, schauten alle gespannt zu Susi. Aber Susi verdrehte genervt/entnervt die Augen. Da wußten alle, daß Ulrich mal wieder maßlos übertrieb.
3. Als Herr Meier seinen Sohn weckte, verdrehte dieser noch vor Müdigkeit die Augen. *selten*
4. vgl. – die/mit den **Augen** rollen

jn. **mit den Augen verfolgen** · to follow s.o. with one's eyes
... und als sie sich verabschiedete und die endlose Sraße hinunterging, verfolgte er sie noch lange mit den Augen.

jn./etw. (ganz/...) **aus den Augen verlieren** · 1. to lose touch with s.o., 2. to lose sight of s.th., to forget about s.th.
1. Seit wir in verschiedenen Städten leben, habe ich den Helmut ganz aus den Augen verloren. Ich weiß nicht, was aus ihm geworden ist.
2. Seien Sie unbesorgt, ich habe die Angelegenheit nicht aus den Augen verloren. Ganz im Gegenteil: wir haben das Projekt intensiv studiert. In zwei, drei Wochen kann ich ihnen konkrete Vorschläge unterbreiten.

die/seine Augen vor etw. **verschließen** · to close one's eyes to s.th., to be blind to s.th.
Du mußt den Mut haben, auch den unangenehmen Dingen ins Auge zu sehen. Es nützt nichts, vor den Problemen des Lebens die Augen zu verschließen. Davon verschwinden sie nicht.

jn./etw. **mit den/seinen Augen verschlingen** · 1. 2. to devour s.o./s.th. with one's eyes, to ogle s.o./s.th.
1. So etwas Unbeherrschtes wie den Herbert habe ich mein ganzes Leben noch nicht gesehen: vor aller Augen – selbst vor dem Ehemann – verschlang er die Christa regelrecht mit den Augen. Für alle Teilnehmer an der Feier war sonnenklar, daß er sie am liebsten sofort verführt hätte.
2. Schau dir die Christine an! Wie sie den Pudding mit den Augen verschlingt! Für sie geht nichts über Schokoladenpudding. Du wirst sehen, in zwei Minuten hat sie ihn eingeatmet.

seine Augen vorn und hinten haben/(da muß man ...) · you/one/... needs to have/has to have/... eyes in the back of your/one's/... head

... Dieser Junge ist unmöglich! Bei dem muß man seine Augen vorne und hinten haben. Sonst stellt er im Nu die Bude auf den Kopf.

js. Augen stehen voller Wasser *path selten* – js. **Augen** stehen voller Tränen · s.o.'s eyes are full of tears

meiner/**deiner**/... **schöner Augen wegen** *iron* – um meiner/deiner/... schönen **Augen** willen · (s.o. is doing s.th.) out of the goodness of his heart

seine Augen an etw. **weiden können** *path selten* – eine (richtige/...) **Augenweide** sein · to be able to feast one's eyes on s.th.

sich die Augen rot weinen · to cry one's eyes out

Seitdem der Kurt in Kanada ist, weint sich die Helga die Augen rot. – Mein Gott, der Kurt kommt doch wieder! – Das sag' ich ihr auch. Aber sie ist untröstlich.

in den Augen der Welt (nicht gelten/...) *form* · (not to count/...) in the eyes of the world

Moralisch handeln, Paul, das heißt das Gute um des Guten willen tun, und nicht, auf die Reaktion der anderen schielen. Im übrigen zählen in den Augen der Welt gute Taten sowieso kaum – oder erst viel später.

mit offenen Augen durch die Welt gehen · to walk about with one's eyes open

Wenn du mit offenen Augen durch die Welt gingst, würdest du nicht so ein haltloses Zeug reden. Siehst du denn nicht, was um dich herum geschieht? Manche Leute haben mit sechzig Jahren so viel gesehen und verstanden wie andere mit fünf!

Augen werfen *Würfel selten* · to throw a 1/2/..., to throw a number *dice*

Was heißt schon: »Siehst du, ich habe dreimal hintereinander eine 6 geworfen!« Der Würfel hat dreimal sechs Augen geworfen, nicht du! Es ist Glück, nichts weiter.

um meiner/**deiner**/... **schönen Augen willen** *iron* · (s.o. is not doing s.th.) out of the goodness of his heart

Glaubst du etwa, der Peter arbeitet in unserer Werkstatt um meiner – oder deiner – schönen Augen willen? Er verdient sich bei uns sein Brot, und wenn wir in Schwierigkeiten kommen, wird er sich einen anderen Arbeitsplatz suchen. Das ist doch klar.

sich die Augen wischen · to wipe (a tear from) one's eyes

Hast du gemerkt, wie sich der Neugebauer ganz verlegen die Augen wischte, als seine Tochter ihm sagte, wenn er krank werden sollte, wäre sie immer für ihn da. Vor Rührung waren dem alten Mann die Tränen in die Augen getreten.

jm. fallen (schon/bereits) **die Augen zu** – die **Augen** (schon/bereits) nicht mehr/kaum noch aufkriegen/aufhalten können · s.o.'s eyelids are drooping

Augen zu, und durch! · take a deep breath and on you go!, grit your teeth and press on!

... Die letzten drei Wochen vor der Prüfung werden jetzt nochmal stressig. Aber es hilft alles nichts! Jetzt heißt es, Augen zu und durch!

jm. die Augen zudrücken *form* · to close s.o.'s eyes

Nach langer Krankheit ist er heute nacht gestorben. Seine älteste Tochter drückte ihm die Augen zu.

die Augen zudrücken (bei jm./etw.) · to turn a blind eye (to s.o./s.th.)

Bei so jungen Schülern muß man bei manchem Streich die Augen zudrücken. Da kann man nicht immer so genau sein und bei jeder Gelegenheit schimpfen.

beide Augen zudrücken (bei jm./etw.) · to turn a blind eye (to s.o./s.th.)

Bei dem Georg mußt du schon einmal ein Auge zudrücken, er ist noch sehr jung ... – Ein Auge zudrücken?! Bei dem muß man beide Augen zudrücken, und zwar permanent, wenn man nicht dauernd ermahnen und schimpfen will.

mit den Augen zwinkern *selten* – mit den **Augen** blinzeln · to wink (at s.o.)

Augenaufschläge: seine (üblichen/...) **Augenaufschläge machen** *ugs* · to do one's eye-flashing act *para*

Wenn die Petra anfängt, ihre Augenaufschläge zu machen, weiß ich nicht, ob ich lachen oder weinen soll. – Hm, du mußt aber zugeben: sie versteht etwas vom Koketterie. Nicht umsonst hält sie im Club die Männerwelt auf Trab.

Augenblick: im Augenblick ... – im **Moment** ... · at the moment

im entscheidenden Augenblick ... – im entscheidenden **Moment** ... · at the crucial/critical/decisive/... moment, when it comes to the crunch

im ersten Augenblick · at the first moment, at first

Im ersten Augenblick dachte ich, der Mann wäre ein Einbrecher. Aber als ich näher hinsah, merkte ich, daß er ein Bettler war.

im gegebenen Augenblick (kommen/...) – (eher:) (genau) im richtigen **Augenblick** (kommen/...) · (to arrive/...) just at the right moment

jeden Augenblick ... · ... at any moment

Ist Gerd schon da? – Nein, noch nicht. Aber er muß jeden Augenblick kommen.

im nächsten Augenblick ... · at the next moment ...

Erst dachte er, das wäre genau das Richtige. Aber im nächsten Augenblick zweifelte er schon wieder ... So ging es hin und her ...

(genau) **im richtigen Augenblick** (kommen/...) · (to arrive/...) just at the right moment

Du kommst genau im richtigen Augenblick! Wir wollten dich gerade anrufen, um dich zu bitten, zu uns zu kommen, um uns bei der Übersetzung zu helfen.

in einem schwachen Augenblick · in a moment of weakness

Ihr Vater hat ihr wirklich erlaubt, allein mit ihrem Freund in Ferien zu fahren? – Ja, in einem schwachen Augenblick hat er sich bewegen lassen, ihren Plänen seinen Segen zu geben.

in einem unbeobachteten/(unbewachten) **Augenblick** · when no-one is looking, at a quiet moment

Der Ralf Mertens ist ja gestern von dem Empfang ziemlich früh wieder weggegangen. – Ja, in einem unbeobachteten Augenblick hat er sich davongeschlichen. Ich glaube, außer mir hat ihn niemand weggehen sehen.

einen lichten Augenblick haben · 1. 2. to have a moment of lucidity

1. Ah, er scheint genau zu verstehen, was du sagst. Offensichtlich hat er mal einen lichten Augenblick. Du hast Glück gehabt. Vorgestern reagierte er auf alle Fragen, die man ihm stellte, völlig verstört.

2. Endlich hast du mal einen lichten Augenblick! Sonst bist du in letzter Zeit ja einfach nicht ansprechbar. Wenn du immer so vernünftig reagieren würdest wie heute, gäbe es nicht halb so viel Probleme hier zu Hause!

keinen Augenblick Ruhe haben · not to have a moment's peace

Bei diesem Jungen hat man keinen einzigen Augenblick Ruhe. Er hält einen unaufhörlich in Atem.

alle Augenblicke ... – (eher:) jeden **Augenblick** ... · ... at any moment

lichte Augenblicke haben · 1. 2. to have moments of lucidity

1. Ja, lichte Augenblicke hat er, aber leider sehr selten. Meist sitzt er da völlig apathisch herum und versteht nichts von dem, was man ihm sagt und was um ihn herum vorgeht.

2. Seine Frau scheint wirklich äußerst schwer zu nehmen zu sein. So alle paar Wochen, sagt er, hat sie ein paar lichte Augenblicke. Aber sonst ist sie ein Querkopf sondergleichen, uneinsichtig wie nur etwas.

Augenbrauen: die Augenbrauen in Falten ziehen/hochziehen · to knit one's brows, to frown

Hast du gesehen, wie Richard die Augenbrauen in Falten zog, als ihm der Chef sagte, daß er eine Dienstreise nach England zu machen hat? – Ja, er war ganz sauer. Er haßt England.

Augendeckeln: mit den Augendeckeln klappern *ugs selten* – seine (üblichen/...) **Augenaufschläge** machen · to do one's eye-flashing act

Augenlicht: jm. wird (durch einen Unfall/...) **das Augenlicht geraubt** *form* – *path selten* · to lose one's eyesight (in an accident/...)

... Nein, ob jemand allmählich das Augenlicht verliert – etwa durch starken Diabetes – oder ob es ihm plötzlich geraubt wird – etwa durch einen Unfall –, das scheint mir nicht dasselbe.

das Augenlicht verlieren *geh veraltend selten* · to lose one's eyesight

Stimmt es, daß Frau Schneider in den letzten Jahren ihres Lebens blind war? – Ja, mit 56 Jahren hat sie das Augenlicht verloren.

jm. **das Augenlicht wiedergeben** *geh veraltend selten* · to restore s.o.'s eyesight

... Nein, Frau Schneider, da ist leider keine Rettung mehr! Jemandem, der aufgrund einer Netzhautauflösung blind geworden ist, kann niemand das Augenlicht wiedergeben.

Augenmaß: nach Augenmaß · by eye, as judged by the eye

... Nach Augenmaß dürfte das Feld an die 100 Meter lang und knapp 40 Meter breit sein. Aber wir werden es natürlich noch genau vermessen, bevor wir mit dem Besitzer wegen des Kaufs sprechen.

ein gutes/schlechtes/... Augenmaß haben · to have a good/no/... eye for distances

Wenn der Otto sagt, das Feld ist 150 Meter lang und 130 breit, dann dürfte das auf 5 Meter stimmen. Denn ich kenne niemanden, der so ein gutes Augenmaß hat wie er.

Augenmaß beweisen/zeigen/haben(in/(für) etw.) · to show/to demonstrate/... (a) good/sound/... judgement

Auf das richtige Maß kommt es an, Axel! Nicht zu hoch gehen und nicht zu ängstlich sein, das ist die Kunst. Augenmaß beweisen – darin zeigt sich der geborene Manager. – Wenn du das sagst, Albert ...

Augenmerk: ein besonderes Augenmerk auf jn./etw. haben *form* · to pay special/particular/... attention to s.o./s.th.

... Wenn man nicht immer ein besonderes Augenmerk auf ihn hat, schaltet er ab. Ich weiß nicht, ob es Kontrolle ist, die er braucht, oder Zuwendung – oder beides –; ich kann nur sagen, daß man ihn ständig beobachten, sich ständig mit ihm beschäftigen muß.

sein Augenmerk auf jn./etw. richten/lenken *form* · to focus on s.th./s.o., to pay attention to s.th./s.o.

Wie wär's, wenn ihr euer Augenmerk mehr darauf richtet, was ihr selbst macht, und weniger auf das achtet, was die anderen machen?

jm./e-r S. **sein Augenmerk zuwenden** *form* · to pay attention to s.o./s.th., to give s.th. more attention, to turn one's attention to, to give a matter more attention

Deinem Patenjungen könntest du ruhig mal mehr dein Augenmerk zuwenden! Wenn das so weitergeht, verlierst du ihn bald ganz aus den Augen.

Augenpaare: 30/100/... Augenpaare sind auf jn./etw. gerichtet/auf sich gerichtet sehen/... *path* · 30/100/... pairs of eyes are on s.o.

... Aber als er da so 32 Augenpaare erwartungsvoll auf sich gerichtet sah, fühlte er plötzlich das ganze Gewicht der Verantwortung, die er für diese jungen Menschen übernommen hatte ...

Augenpulver: ein Augenpulver sein *ugs* · tiny illegible handwriting, handwriting/small print/... that tires/strains/... the eyes

... Mein Gott, ist diese kleine Schrift ein Augenpulver! Das kann ja keiner lesen, ohne sich eine Lupe vor die Nase zu halten. Als wenn es heute nicht auch glänzend lesbare Kleinschriften gäbe!

Augenschein: dem Augenschein nach ... · to all appearances, by all appearances

... In der Tat, dem Augenschein nach läuft die Fabrik nicht nur gut, sondern glänzend. Aber um ein sicheres Urteil zu haben, genügt natürlich so eine kurze Besichtigung nicht.

etw. **in Augenschein nehmen** *form* · to have/to take a close look at s.th., to inspect s.th.

... Erst müssen wir den Schaden in Augenschein nehmen, dann können wir den Zahlungsmodus besprechen. – Gut. Aber wenn Sie sich den Wagen genau ansehen und ...

sich durch (den) Augenschein von etw. überzeugen *form* · to convince o.s. by inspection of s.th.

... Sie sind sicher, daß die Wagentür nicht mehr zu reparieren ist? – Ich habe mich durch Augenschein davon überzeugt. Sie können ja selbst an den Unfallort fahren und sich den Wagen ansehen ...

Augenschmaus: ein (richtiger/...) **Augenschmaus sein** *ugs* – *path* – eine (richtige/...) **Augenweide** sein · to be a feast for the eyes, to be a pleasure to look at

Augenschondienst: Augenschondienst haben *ugs Neol* · s.o. is (already/...) in the land of Nod *elev*, s.o. is (already/...) comatose *hum*

Hallo, Elke, ist dein Mann da? – Der schläft schon. – Was, um acht Uhr hat er schon Augenschondienst? – Er ist um sechs todmüde von einer Geschäftsreise zurückgekommen und hat sich gleich schlafen gelegt.

Augenweide: eine (richtige/...) **Augenweide sein** *path* · to be a feast for the eyes, to be a pleasure to look at

Schau dir diese Landschaft an, Karl! Eine richtige Augenweide. Die Weite, das Grün, das Spiel der Sonnenstrahlen ... man kann sich gar nicht daran sattsehen.

Augenwinkeln: jn./etw. aus den Augenwinkeln beobachten/verfolgen/... · to look at/to observe/... s.o./s.th. out of the corner of one's eye/eyes

Hast du bemerkt, wie mein Großvater uns die ganze Zeit aus den Augenwinkeln beobachtete? Der hat genau verstanden, daß wir uns mögen, sagt aber nichts.

Augenwischerei: Augenwischerei sein/betreiben/... · 1. 2. it/s.th. is eyewash, it/s.th. is baloney

1. (Eine Mutter zu ihrem Sohn:) Jetzt hast du den ganzen Abend vor dem Fernseher gesessen, statt für die bevorstehende Biologiearbeit zu lernen! – (Der Sohn:) Der Film handelte von der Tierwelt der Sahara, da habe ich auch etwas für das Fach Biologie gelernt. – Komm, Peter, das ist doch Augenwischerei. Der Film hat doch nichts mit dem Thema eurer Klassenarbeit zu tun.

2. ... Das neue Gesundheitsstrukturgesetz ist doch nichts als Augenwischerei! Es geht von falschen Voraussetzungen und Bezugsgrößen aus. Kosten werden sich auf diese Weise nicht einsparen lassen.

Auges: sehenden Auges in sein Unglück/Verderben/(...) rennen/(laufen) *path selten* – mit sehendem **Auge** in sein Unglück/Verderben/(...) rennen/(laufen) · to walk into disaster/... with one's eyes open

(nicht) trockenen Auges zusehen/zuschauen/zugucken können, wie/... *path selten* · (not) to be able to watch/... dry-eyed as s.th. happens, (not) to be able to watch s.th. without shedding a tear

Verstehst du, wie jemand trockenen Auges zugucken kann, wenn man Kinder und Frauen niedermetzelt? – Auch die Rührung hat ihr Maß, Werner. Was dieses Maß übersteigt, verfolgen wir ungerührt. – Ach so ...

Augiasstall: den Augiasstall ausmisten/(reinigen) *lit* · to clean out the Augean stables *rare*, to create order out of chaos, to tidy up a terrible mess

So, jetzt wollen wir den Augiasstall mal ausmisten! – Was willst du damit sagen? – Guck' dir das Durcheinander und den Schmutz in diesem Zimmer mal an! Ich versteh' gar nicht, wie man sich in einem solchen Tohuwabohu wohlfühlen kann!

Äugschen: jm. Äugschen knipsen *ugs* · to wink at s.o. *n*

... Wie konnte er denn sehen, daß ich dir Äugschen knipste? – Wie, hat er gemerkt, daß du mir zugezwinkert hast? Du lieber Gott! ...

August: den dummen August spielen/markieren *sal selten* · to make a fool of o.s., to act/to play/... the fool/clown/...

... Wenn du Lust hast, auf der kommenden Sitzung den dummen August zu spielen, dann brauchst du da nur unvorbereitet zu erscheinen. Der Vorstand hat nämlich vor, dich vor versammelter Mannschaft so lächerlich wie möglich zu machen.

Aus: im Aus sein *Sport* · to be out (of play)

Das ist doch ganz eindeutig, der Ball war im Aus; er war wenigstens 10 cm über der Seitenlinie.

jn. ins Aus befördern *Boxenl...* *iron* · to knock s. o. out

Na, wie war der Kampf? – Kurz und schmerzlos! Schon in der dritten Runde beförderte Ali seinen Gegner durch einen Kinnhaken ins Aus. – K. o. in der dritten Runde!

ins Aus fliegen/rollen/... *Sport* · to go/to roll/... out of play *sport*

Paß auf, der Paul schießt den Ball wieder ins Aus. Der zieht heute jede Flanke zu weit nach links. Du wirst sehen, der Ball geht wieder über die Linie.

aus: aus!/(aus damit!) *selten* – **Schluß!** · it is over and done with

von mir aus · 1. 3. yes, as far as I'm concerned/ if you ask me, 2. I don't mind

1. Von mir aus kannst du den Wagen am Wochenende haben. Ich habe nichts dagegen.

2. Darf ich heute abend ins Kino, in die Spätvorstellung? – Von mir aus. Aber am besten fragst du auch die Mama, ob sie einverstanden ist.

3. Von mir aus kann er machen, was er will. Aber mir scheint, er müßte sich in solchen Dingen mit seinem Vater einig werden.

es ist aus mit jm./etw. (für jn.) · 1. + the good/... life/... is over, 2. + s. o.'s patience/... is at an end, 3. + I/... am/... finished with s. o., 4. 5. it's all up with s. o., 4. + s. o. has had it

1. Mit dem schönen Leben ist es jetzt aus. Ab morgen geht's wieder ins Büro, einen Tag wie den anderen.

2. Mit meiner Geduld ist es aus, endgültig aus. Meine Geduld ist am Ende, verdammt nochmal!

3. Für mich ist es mit dem Kerl aus! Ihr könnt meinetwegen noch weiter mit ihm umgehen, ich will nichts mehr mit ihm zu tun haben!

4. Hast du schon gehört: mit dem Fritz ist es aus. Man hat ihn bei der Firma an die frische Luft gesetzt, und jetzt weiß er nicht, wovon er leben soll. *ugs*

5. Ich fürchte, mit Karl ist es aus. – Was sagst du da? – Ich fürchte, seine Krankheit ist ... – Du meinst, er stirbt? *sal*

aus sein – ≠ **an** sein · to be off

aus sein – zu **Ende** sein (6; a. 2, 3; u. U. 1, 4, 5) · to be over

etw. **aus haben** – etw. aus **haben** · to have taken off one's clothes/..., to have the light off, to have the light out

auf jn./etw. **aus sein/**darauf aus sein, etw. zu tun · 1. 2. to be after s. o./s. th., 2. to be out for s. th., 3. to be out to do s. th.

1. Der Erich und arbeiten! Auf Mädchen ist er aus! Sonst interessiert den nichts!

2. Er ist nur auf gute Noten aus. Der Stoff interessiert ihn nicht im geringsten.

3. Der Herbert ist lediglich darauf aus, mehr zu verdienen. Ob das, was er macht, Sinn hat oder nicht, das interessiert ihn gar nicht. Um die Pfennige geht es ihm.

es ist aus zwischen A und B · 1. it is over between A and B, A and B have split up, 2. A and B are finished

1. Erika und Paul haben Schluß gemacht, sagt Ursel? – Ja, zwischen denen ist es aus. Nach dem Streit vom Montag haben sie sich endgültig getrennt.

2. Zwischen uns ist es aus, mein Lieber! Endgültig aus! Ich habe doch keine Lust, mich mit dir immer und immer wieder über dieselben Sachen zu streiten. Mach', was du willst, aber laß mich zufrieden, ein für allemal, klar?

aus und vorbei sein *path* · it/s. th. is over and done with, it/s. th. is finished

Ist das wirklich endgültig negativ entschieden? Kann man da nichts mehr machen? – Nein, das ist aus und vorbei. Es hat gar keinen Sinn, noch weiter daran zu denken. Die Sache ist erledigt.

es ist aus und vorbei zwischen A und B *sal* – es ist **aus** zwischen A und B · it is over between A and B, A and B have split up

aus- und eingehen bei jm. · to be a regular visitor at s. o.'s place/house/..., to be (always) in and out of s. o.'s place

... Kennt denn der Karl Bambeck den Albert Schmidt überhaupt? – Natürlich! Der Albert geht doch bei den Bambecks aus und ein. Es vergeht keine Woche, ohne daß er nicht wenigstens ein Mal dort zu Abend ißt. Die Eltern der beiden sind dick befreundet.

ausbaden: etw./**das ausbaden müssen/sollen/können/dürfen** *ugs* · 1. 2. to (have to) carry the can for s. th., to have to take the rap for s. th. *sl*, to have to take the flak for s. th., 2. to be left holding the baby

1. Wer so eine Dummheit macht, muß das auch ausbaden! Wenn er vorher alle guten Ratschläge in den Wind geschlagen hat, muß er jetzt selbst sehen, wie er mit den Problemen, die er sich eingebrockt hat, fertig wird

2. Du machst das Dummheiten und ich soll das jetzt ausbaden?! Nein, sieh' selber zu, wie du aus der Sache herauskommst!

ausbleiben: das/es/(etw.) kann ja **nicht ausbleiben/**(bei ...) kann es (ja) nicht ausbleiben, daß ... · 1. 2. it/s. th. is inevitable, it/s. th. is bound to happen

1. Wenn man einen derart ungesunden Lebenswandel führt wie der Kurt, ist man halt irgendwann kaputt. Das kann ja nicht ausbleiben.

2. ... Klar, bei so einem Lebenswandel kann es (ja) nicht ausbleiben, daß man irgendwann am Ende ist.

Ausbruch: zum Ausbruch kommen *form selten* · to break out, to explode, to boil over

... Plötzlich kam ihr lang angestauter Ärger über seine Affären zum Ausbruch. – Das heißt, sie schimpfte ihn aus? – Und wie!

ausbügeln: etw./**das ausbügeln müssen/sollen/können/dürfen** (was ein anderer falsch gemacht hat/...) *ugs* · to (have to/...) make good (s. o. else's mistakes), to have to/... clear up s. o. else's mess, to have to/... iron s. th. out

Du machst das Unsinn und ich soll das jetzt ausbügeln, was? – Ich dachte, du könntest das vielleicht wieder geradebiegen ... – Ich will mal sehen, was sich machen läßt. Aber das nächste Mal paßt du vorher auf!

Ausbund: ein Ausbund an Tugend *iron* · a model of virtue, a paragon of virtue

Du bist gerade der Richtige, mir Vorhaltungen zu machen! Denn du bist ja ein Ausbund an Tugend, ein Muster an Anstand und Ehrlichkeit ...

ausdenken: wenn ..., dann/... mußt du dir/muß sich Karl/... (schon) **etwas/was anderes ausdenken** *ugs* · you/he/John/... will have to think of s. th. better than that, you/he/John/... will have to come up with s. th. better than that

Mein lieber Rolf, wenn du mich davon überzeugen willst, daß du unbedingt 15.000,– Mark brauchst, dann kannst du mir nicht mit vagen Heiratsplänen kommen. Dann mußt du dir schon was anderes ausdenken.

Ausdruck: ... ist gar kein Ausdruck · it/that isn't the word for it, that's putting it mildly

Sie ist etwas träge, nicht? – Träge ist gar kein Ausdruck! Sie ist faul wie Mist!

etw. **zum Ausdruck bringen** *form* · to express s. th., to voice s. th.

Im Grunde wollte er mit seiner Rede wohl zum Ausdruck bringen, daß wir uns alle auf magere Jahre einzustellen haben. So direkt kann er das natürlich nicht sagen; aber der Sinn war doch wohl der.

seiner Meinung/Erwartung/seinem Dank/... **Ausdruck geben** *form* · to express one's hope/expectation/gratitude/...

... Und was schreibt der Paul? – Er gibt seiner Hoffnung Ausdruck, daß sich seine geschäftliche Lage bald zum Besseren wendet und er uns dann auch mal wieder besuchen kann ...

zum Ausdruck kommen · to be expressed

Im Grunde kam in seiner Rede die Enttäuschung über die mangelnde Zusammenarbeit unter den Kollegen zum Ausdruck, findest du nicht? – Ja, so habe ich sie auch verstanden.

sich im Ausdruck vergreifen · to use the wrong expression, to choose the wrong expression

Stell' dich doch nicht so an, Willy! Wenn der Junge gesagt hat: »das ist gelogen«, dann wollte er sagen, daß das nicht stimmt – er wollte dich nicht als Lügner hinstellen. Er hat sich im Ausdruck vergriffen, das kann doch jedem passieren!

e-r S. Ausdruck verleihen *form* · to express s.th.

Sollte er seinem in Jahren aufgestauten Ärger doch einmal Ausdruck verleihen? Oder sollte er weiterhin schlucken und immer eine nichtssagende Rede halten, wieder alle Probleme ausklammern …?

vielleicht/… **Ausdrücke am Arsch haben** *vulg* – vielleicht/… **Ausdrücke** an sich haben/(gebrauchen/…) · s.o. uses some nice/choice/fine/… language

vielleicht/… **Ausdrücke an sich haben**/(gebrauchen/…) *ugs* · s.o. uses some nice/choice/fine/… language

… Dieser Junge hat vielleicht Ausdrücke an sich! »Diese Bullen können uns am Arsch lecken!« – so etwas sagt man doch nicht, so mitten auf der Straße!

ausdrücken: sich gewählt/… ausdrücken · to express o.s. elegantly

»… Die Bande ihrer Freundschaft haben sich halt gelockert«, sagte er – er drückte sich sehr gewählt aus! – »Gewählt« nennst du das? Ich nenne das kitschig.

auseinander: auseinander sein · to have split up, to have separated

Sind der Gerd und die Ursel wirklich definitiv auseinander? – Es scheint, sie haben sich definitiv getrennt, ja.

auseinanderdividieren: sich nicht auseinanderdividieren lassen *ugs* · not to allow s.o. to drive a wedge between A and B/us/them/…

… Lieber Herr Berger, Ihre Taktik, mich zu loben und meinem Bruder die Schuld an den aufgetretenen Problemen anzulasten, kann nie zum Erfog führen. Mein Bruder und ich, wir lassen uns nicht auseinanderdividieren. In unserem Geschäft steht der eine für den anderen ein …

auseinandergehen: auseinandergehen · 1. to get fat, to fill out, 2. our/their/… opinions differ, 3. to split up

1. Mann, die Gaby ist ja schön auseinandergegangen! Die wiegt doch bestimmt 4 kg mehr als im vergangenen Jahr! *ugs*

2. In außenpolitischen Fragen gehen ihre Meinungen sehr auseinander, aber in der Innenpolitik stimmen sie fast immer überein.

3. Hast du schon gehört?: der Gerd und die Ursel sind auseinandergegangen. – Sie haben sich definitiv getrennt? – Ja.

auseinanderhalten: mein und dein nicht auseinanderhalten können *ugs* – mein und dein nicht **unterscheiden** können · not to be able to distinguish mine and thine/yours and mine *n*

mir und mich nicht auseinanderhalten (können) *ugs* – mir und mich **verwechseln** · not to know one's grammar, to make basic grammatical mistakes *para*

auseinanderklamüsern: jm. etw. auseinanderklamüsern *ugs* · to explain the ins and the outs of s.th. to s.o.

… Ja, sie haben den Antrag nach langen Diskussionen abgelehnt. – Warum das denn? – Du, wenn ich dir das (alles) auseinanderklamüsern wollte, würden wir morgen früh noch hier stehen. Das ist eine hochkomplizierte Geschichte.

auseinanderleben: sich auseinanderleben · to drift apart from one another, to grow apart

… Wenn man ständig divergierende Interessen verfolgt, lebt man sich halt irgendwann auch innerlich auseinander. Ich versteh' das also schon, daß sich die Ursel und der Gerd nicht mehr viel zu sagen haben.

auseinandernehmen: jn. (regelrecht/…) auseinandernehmen *sal* · 1. to take s.o. apart, to tear s.o. to pieces *coll*, 2. to beat the shit out of s.o.

1. Eine sachliche und faire Kritik – gut, das hätte ich akzeptiert. Aber den Mann da vor versammelter Mannschaft regelrecht auseinanderzunehmen ist einfach unerzogen. – Du kannst doch an solche Kommissionen nicht mit Erziehungskriterien herangehen! Das sind reine Zyniker.

2. … Meine Freundin hat mich mit dem Georg Seltzer betrogen. Wenn ich den Typ in die Finger bekomme, werde ich ihn auseinandernehmen, daß er sich selbst nicht mehr erkennt. Den werde ich mal ordentlich aufmischen.

auseinanderpflücken: etw. (genußvoll/…) auseinanderpflücken *ugs* · to take fiendish pleasure in/… tearing s.th. to pieces

… Nichts macht so einem Kritikaster wie dem Brenner ein größeres Vergnügen, als einen Roman eines jungen Autors nach allen Regeln der Kunst auseinanderzupflücken. Das ist der negativistische Analyse-'Geist' in Reinkultur.

ausfallen: gut/schlecht/lang/kurz/… ausfallen · 1. to turn out to be good/bad/…, 2. how did the test/exam/… go?, what were the results like?

1. … Der Mann kann doch nicht immer einfach drauflos reden! Sei dem, wie dem wolle: wenn seine Festrede heute wieder so lang ausfällt wie die letzte, stehe ich in der Mitte auf und hau ab.

2. (Ein Vater zu seinem Sohn nach Rückgabe einer Klassenarbeit:) Wie ist die Arbeit denn ausgefallen? – Miserabel. 72 Prozent der Arbeiten liegen unter dem Strich. Der Pauly muß sich die Arbeit deshalb sogar vom Direktor genehmigen lassen.

klein ausfallen *iron* · to be a titch

… Der Junge von drüben ist aber klein ausgefallen! – Hör auf, dich ständig über andere lustig zu machen! Dafür, daß er klein ist, kann niemand etwas.

Ausfertigung: in einfacher/doppelter/dreifacher/… Ausfertigung *form* · to make a single draft of s.th./a draft in duplicate/in triplicate/four copies/…

Wir schicken Ihnen die Unterlagen in dreifacher Ausfertigung zu. Die ersten beiden Kopien schicken Sie uns bitte ausgefüllt wieder zurück, die dritte ist für Ihre Unterlagen bestimmt.

ausfindig: jn./etw. ausfindig machen – jn./etw. ausfindig **machen** · to find s.o./s.th., to get hold of s.o./s.th., to discover s.o./s.th.

ausflippen: total/… ausflippen *ugs Neol* · 1. 2. 3. to freak out, 1. to flip one's lid, 2. to go overboard about (s.th.)

1. Als ich meinem Vater erzählt habe, daß ich schon wieder eine Mathe-Arbeit versaut habe, ist er total ausgeflippt. 'Fauler Sack' und 'unfähiger Nichtsnutz' sind nur zwei der 'Nettigkeiten', die er mir an den Kopf geworfen hat.

2. Wenn die Vera auf ein Rockkonzert geht, flippt sie immer total aus. Dann benimmt sie sich direkt teeniemäßig.

3. Vorgestern sah ich unseren Mathepauker mit 'nem Porsche und 'ner fetzigen Frau an seiner Seite durch die Stadt kurven. Ich dacht' echt, ich flipp' aus. Denn das hätte ich dem steifen und verknöcherten Typ nicht zugetraut.

ausfressen: etw./das ausfressen müssen/sollen/können/dürfen *ugs* – etw./das **ausbaden** müssen/sollen/können/dürfen (1; u. U. 2) · to (have to) carry the can for s.th., to have to take the rap for s.th., to have to take the flak for s.th., to be left holding the baby

Ausführlichkeit: in aller Ausführlichkeit berichten/… · to report/describe/… s.th. in great detail, to report/describe/… s.th. at great length

In seinen Ausführungen zu Südamerika beschränkt er sich auf einige wesentliche Punkte, aber über Afrika berichtet er in aller Ausführlichkeit – vielleicht sogar zu ausführlich.

Ausführung: Entscheidungen/… zur Ausführung bringen *form selten* · to implement s.th., to carry s.th. out, to put s.th. into effect

»Pläne lassen sich leicht machen«, meinte er. »Schwerer ist es, sie zur Ausführung zu bringen«.

zur Ausführung kommen/(gelangen) *form selten* · to be implemented, to be carried out

… Von den zig Beschlüssen, die der Stadtrat im letzten Jahr gefaßt hat, sind doch keine 20% zur Ausführung gekommen, oder?

seinen Ausführungen nichts mehr hinzuzufügen haben · to have nothing to add (to one's comments/remarks/...)
... »juristische Schritte einleiten« .... Sie meinen also, Herr Schulte, wenn die Konkurrenz weiterhin ... – Ich habe meinen Ausführungen nichts mehr hinzuzufügen. Ich denke, was ich gesagt habe, genügt, daß jeder von Ihnen die Folgerungen selbst ziehen kann.

Ausgabe: eine Ausgabe letzter Hand *Lit* · the final/most recent/... edition selected and approved by the author *para*
Haben Sie eine kritische Ausgabe von ... Werken? – Wir haben die Ausgabe letzter Hand, d.h. die letzte vom Autor revidierte Fassung seiner Werke.

Ausgang: Ausgang haben *Dienstmädchen/Heimbewohner/... form* · 1. to have a day off, 2. to have time off
1. Nein, unser Dienstmädchen ist nicht da; sie hat heute Ausgang. Mittwoch ist ihr freier Tag.
2. Ihr müßt immer im Heim sein, ihr habt nie Ausgang? – Wenn wir aus dem Heimgelände herauskommen, dann nur in Begleitung einer Aufsichtsperson.

einen guten/schlechten/... **Ausgang nehmen** *form* – (eher:) gut/schlecht/noch einmal glimpflich/... **ausgehen** · to end well/badly/..., to turn out well/badly/...

seinen Ausgang von etw. **nehmen** *form* · + the starting point for s.th. was ..., s.th. originated in ...
Die spanische Einigung hat ihren Ausgang von der Vereinigung zwischen Asturien und Leon genommen. Damit hat alles angefangen.

ausgeben: jm. einen ausgeben *ugs* · to buy s.o. a drink *n*, to buy a round of drinks *n*, to stand a round
Heinz, heute kannst du mir mal einen ausgeben. Wo du so ein gutes Geschäft gemacht hast. – Na ja, ich will mal nicht so sein. »Herr Ober, bringen Sie für uns beide mal ein anständiges Bier!« Oder willst du lieber Sekt? ...

ausgebeten: das möchte ich mir (auch) ausgebeten haben *ugs iron* – da möchte ich (doch) (sehr) drum **gebeten** haben/ darum möchte ich (doch) (sehr) gebeten haben · I should hope so, I would appreciate that, yes

ausgebrannt: (völlig) ausgebrannt sein · 1. 2. to be burnt out
1. ... In diesem Turnier bringt der nichts mehr; der Mann ist ausgebrannt – physisch und psychisch am Ende. – Unterschätz' die Reserven und die Regenerationsfähigkeit von Boris nicht!
2. ... Der Lundel ist am Ende! Der wird in seinem Leben kein Turnier mehr gewinnen. – Du meinst, der ist ausgebrannt? – Aus dem ist nichts mehr rauszuholen!

ausgebufft: (ein) ausgebufft(er) (Mann/...) **sein** *sal* · to be a shrewd/crafty/fly/... character/customer/..., to be a wide boy, to be a crafty devil, to be a sly fox, + there are no flies on me/ you/Peter/...
... Gegen diese ausgebufften Strolche hat der Kürschner doch nicht die geringste Chance! Die machen den in den Verhandlungen nach Strich und Faden fertig. Du machst dir keine Vorstellung, mit welchen Tricks und Methoden die arbeiten ...

Ausgeburt: eine Ausgeburt der Hölle *path veraltend selten* · a fiend from hell, a fiendish monster, the spawn of hell
... Ein Monstrum bist du, dieses Frau – eine Ausgeburt der Hölle! – Wie kannst du so von deiner Großmutter reden, Paul?! – Wer sich verhält, wie die sich verhalten hat, über den kann man nicht anders reden.

ausgedient: ausgedient haben · it/s.th. has had it, it/s.th. is worn out, it/s.th. has outlived its usefulness
... Deine Jacke kannst du nicht mehr tragen, Petra, die hat ausgedient. – Kann man die nicht mehr flicken? – Nein!

ausgeflippter: ein total/... **ausgeflippter** Kerl/... **sein** *ugs Neol* · to be a really/... freaky/flipped-out/... person/...
Die Bärbel Janske ist ein total ausgeflipptes Huhn. Die läuft immer mit ausgefallenen Frisuren und völlig abgefahrenen Klamotten in den schrillsten Farben durch die Gegend. – Die Bärbel mag es eben etwas extravagant. Mit dem konventionellen Kram hat sie es nicht so sehr.

ausgeflogen: ausgeflogen sein *ugs* · he/Mary/... is out *n*
... Seit ihr in Ulm bei der Berti vorbeigefahren? – Ja. Aber sie war mal wieder ausgeflogen – genau wie das letzte Mal. Es scheint, die ist nie zu Hause.

ausgefressen: etwas ausgefressen haben *ugs* · to have been up to s.th., to have gone and done s.th. *often question*
Na, Raul, was hast du denn wieder ausgefressen? Du stehst doch bestimmt nicht ohne Grund hier so stumm herum! Mal heraus mit der Sprache! Hast du Tante Berta mal wieder einen Streich gespielt oder was für einen Unsinn hast du angestellt?

ausgegoren: noch nicht ausgegoren sein · not to be fully/properly/... worked out (yet), (the matter) hasn't been properly worked out/thought out
Die Verlängerung der Autobahn wird also morgen entschieden? – Nein. Die Sache ist noch nicht ausgegoren. Da gibt es noch eine ganze Reihe von Punkten, die noch ausführlich diskutiert werden müssen.

ausgehakt: bei jm. **hat es ausgehakt** *ugs* · 1. + that's it, 2. + my/his/... patience/... is at an end, + I've/he has/... had enough, 3. + to have a mental blackout
1. ... Nein, wenn jemand nicht einmal für seine alte und kranke Mutter etwas tut, dann hat es bei mir ausgehakt. Irgendwo hört das Verständnis auf!
2. Was den Udo Schlösser angeht, ist meine Geduld ein für allemale zu Ende. Nachdem er mich jetzt zum dritten Mal draufgesetzt hat, hat es bei mir ausgehakt. Der kriegt von mir keinen einzigen Auftrag mehr.
3. vgl. – bei jm. ist der **Film** gerissen (1)

ausgehen: gut/schlecht/noch einmal glimpflich/... **ausgehen** · to end well/badly/..., to turn out well/badly/...
Die Sache ist gut ausgegangen; es lohnt sich also nicht, noch lange darüber zu reden, was geschehen wäre, wenn ... – Es hätte aber auch schlecht enden können ...

dumm/... **ausgehen** *ugs* · to end badly/disastrously/... *n*
Hast du die Baugenehmigung bekommen? – Ja. Aber die Sache wäre beinahe dumm ausgegangen. Die Stadt wollte plötzlich auf dem Gelände ein Schwimmbad bauen. Gott sei Dank sind sie im letzten Moment dann doch von dem Plan wieder abgekommen.

leer **ausgehen** · 1. 2. to be/to come/to be left/... empty-handed
1. Für alle haben die Großeltern etwas mitgebracht, nur Ulrike ist leer ausgegangen. – Sie soll das nächste Mal ein besonders großes Geschenk bekommen.
2. Ihr bekommt eine Gehaltserhöhung und ich gehe wieder leer aus, was? Von wegen! Diesmal will ich auch eine haben.

straffrei/(frei) **ausgehen** · to be unpunished, to get off scot-free
... Da sehen Sie die unterschiedlichen Maßstäbe unserer Justiz. Der eine bekommt drei Monate Gefängnis, weil er eine ihm unbekannte Frau geschlagen haben soll; der andere schlägt einen 60-jährigen Mann nieder, raubt ihm sein Geld, schießt auf einen Polizisten – und geht straffrei aus.

darauf **ausgehen, zu** ... – es darauf **angelegt** haben, zu .../es darauf anlegen, zu ... (1) · to set out to do s.th., to intend to do s.th.

ausgekochter: ein ausgekochter Betrüger/... (sein) *ugs* · to be an out-and-out-swindler/..., to be a downright swindler/...
Ein ausgekochter Schurke, dieser Behrend! Vor dem kannst du dich gar nicht genügend in acht nehmen!

ausgelassen: ganz/(...) **ausgelassen sein** · to be in high/ good/... spirits, to be cheerful, to be chirpy *coll*
Was ist denn los? Der Heinz ist ja ganz ausgelassen heute. Sonst ist er so still und ich sehe ihn kaum gekehrt. – Die Petra hat die Aufnahmeprüfung fürs Gymnasium bestanden.

ausgeliefert: jm. (bedingungslos) **ausgeliefert sein** – (eher:) jm. auf **Gnade** und/(oder) Ungnade ausgeliefert sein · to be completely/... at s.o.'s mercy

e-r S. schutzlos/wehrlos ausgeliefert sein *path* · to be completely/... at the mercy of s.o./s.th.

... Wie sollst du dich gegen solche Kommissionen schon zur Wehr setzen? Deren Entscheidungen/Macht/... ist man schutzlos ausgeliefert. Nicht einmal Einspruchsmöglichkeiten hast du da.

ausgelitten: ausgelitten haben *form* · + s.o.'s sufferings are over

Die Frau Schneider ist gestorben, habe ich gehört? – Ja, die arme Frau hat ausgelitten. Sie wissen ja, daß sie an Krebs erkrankt war und in den letzten Monaten unsägliche Schmerzen hatte.

ausgemacht: soviel ist ausgemacht: ... · so that's settled ...

... Also, soviel ist ausgemacht: du bekommst das Haus, ich das Geld. – Ja, darauf haben wir uns jetzt geeinigt. Über den Rest des Erbes müssen wir uns nochmal unterhalten.

(ein) ausgemachter Dummkopf/Strolch/Filou/Unsinn/... **(sein)** · 1. a downright/out-and-out/complete and utter/... idiot/rogue/..., 2. s.th. is complete and utter nonsense/...

1. Dieser Rudi, das ist ein ausgemachter Schurke, weißt du! Halt' mir den in Zukunft bloß vom Hals. Ein Erzgauner!

2. Das ist doch ausgemachter Quatsch, was der da erzählt!

ausgeschissen: bei jm. ausgeschissen haben *vulg* · s.o. is finished/s.o. has had it/... as far as s.o. is concerned *n*, s.o. has gone too far

Bleib mir bloß mit dem Blumenberg vom Hals! Der hat bei mir restlos ausgeschissen! Seitdem er die letzten Verhandlungen hinter meinem Rücken geführt hat, kann er bei mir nichts mehr werden.

ausgeschlagen: das/die Sache/(etw.) ist gut/günstig/(schlecht)/zu js. Vorteil/Nachteil **ausgeschlagen** · it/s.th. (has) turned out well/favourably/badly/... for s.o., it/s.th. went against s.o.

Nachdem es lange Zeit so aussah, daß der Bodo bei der Bewerbung in München eine gute Chance hätte, ist die Sache jetzt doch zu seinem Nachteil ausgeschlagen. Die Kommission will die Auslandserfahrung besonders stark werten – und da haben mehrere andere Kandidaten viel mehr vorzuweisen.

ausgesorgt: für sein Leben/Alter/... **ausgesorgt haben** · to have earned enough to live comfortably for the rest of one's life *para*

... Der Onkel Heinrich?! Der hat für sein Alter ausgesorgt. Wenn der noch arbeitet, dann weil er das will; nötig hat er das schon lange nicht mehr.

ausgespielt: bei jm. ausgespielt haben *ugs* – bei jm. **ausgeschissen** haben · s.o. is finished/s.o. has had it/... as far as s.o. is concerned, s.o. has gone too far

ausgesprochener: (ein) ausgesprochener Dummkopf/Strolch/Filou/Unsinn/... (sein) – (ein) **ausgemachter** Dummkopf/Strolch/Filou/Unsinn/... (sein) · a downright/out-and-out/complete and utter/... idiot/rogue/..., s.th. is complete and utter nonsense/...

ausgestanden: das/etw. ist ausgestanden *ugs* · it/s.th. is all over, that's knocked it on the head, it/s.th. is all over and done with, it/s.th. has been knocked on the head

So, diese Jubiläumsfeier wäre auch ausgestanden. Endlich! Endlich ist dieses dumme und verlogene Gequatsche vorbei!

ausgestorben: (wie) ausgestorben sein *path* · + it's like a ghost town, + it's deserted

... Mein Gott, in dieser Stadt ist nachts aber auch gar nichts los! Die ist ja wie ausgestorben! Kein Mensch auf den Straßen, keine Nachtlokale – nichts!

ausgewechselt: (plötzlich/...) wie ausgewechselt sein *ugs* · he's a changed man, to be a changed man/woman/...

Was ist denn mit dem Kurt los? Der ist ja wie ausgewechselt. Sonst war er immer so mürrisch und plötzlich ist er die Heiterkeit in Person!

aushalten: sich von jm. aushalten lassen · to be kept by s.o.

Wenn sie den Oswald nicht liebt, sollte sie auch nicht mit ihm zusammenleben! – Hm, so braucht sie nicht zu arbeiten ... – Das ist's! Sie läßt sich von dem Mann aushalten. Die Franzosen nennen so etwas eine 'femme entretenue'.

Aushängeschild: Aushängeschild sein für .../jn. als Aushängeschild benutzen/... · to be/to be used as an advertisement for s.th.

Ach, der Peter hat doch in dieser Partei überhaupt keinen Einfluß. Den benutzen sie lediglich als Aushängeschild. Damit die Leute glauben, ökologische Probleme wären ihnen ein Anliegen, lassen sie ihn schöne Reden halten. Ihm als Fachmann bringt man natürlich Vertrauen entgegen.

ausholen: weit (in der Vergangenheit/...) **ausholen** · 1. to go back a long way/... into the past, 2. to go far afield

1. Könnten Sie uns erklären, wie es zu dem Zerwürfnis in der Ehe kam? – Wenn Sie mir gestatten, etwas weiter auszuholen ... Vor sechs, ja bald sieben Jahren ...

2. Vielleicht solltest du nicht so weit ausholen. Ich jedenfalls würde schneller auf den Kern des Themas zu sprechen kommen. Du breitest in der Arbeit zunächst einmal alles aus, was bisher dazu geschrieben worden ist ...

Auskommen: mit jm. ist kein Auskommen · s.o. is impossible to get on with

Mit der Ursula ist einfach kein Auskommen! Wenn die keinen Streit hat, ist sie nicht zufrieden.

sein Auskommen haben · to have more than enough to live on

... Ich weiß gar nicht, was er will. Er hat sein Auskommen ... – Das schon. Aber die Arbeit ist hart ... – Gut, aber finanziell braucht er sich keine Sorgen zu machen.

auskotzen: sich bei jm. auskotzen *sal Neol* – (stärker als:) seinen **Frust** bei jm. abladen · to have a good moan to s.o.

Auslangen: das/sein Auslangen finden/haben *österr* – sein **Auskommen** haben · to have more than enough to live on

auslassen: seine Wut/seinen Zorn/Ärger/... **an** jm. **auslassen** · to take out one's anger/frustration/... on s.o., to vent one's anger/frustration/... on s.o.

... Und was hat der Müller mit der Sache zu tun? Warum hat der Chef gerade den angeschnauzt? – Der arme Kerl war halt der erste, der dem Alten nach der fatalen Nachricht über den Weg lief. – Und da hat er seine Wut an ihm ausgelassen?

Auslieferung: zur Auslieferung kommen/(gelangen) *form selten* · to be delivered

Wenn die Bücher schon gedruckt sind, wie Sie sagen, dürften sie ja auch bald zur Auslieferung gelangen. – Ab Mai werden sie in allen Fachbuchhandlungen zu kaufen sein.

auslöffeln: (etw./das) auslöffeln müssen, was man sich eingebrockt hat *ugs* – etw./das **ausbaden** müssen/sollen/können/dürfen (1) · s.o. has made his bed and now he must lie in it, s.o. asked for it and now he has to face the music

ausmachen: jm. nichts/wenig/nicht viel/viel/... **ausmachen** · not to bother s.o. much/at all/...

Schwierigkeiten machen ihm nichts aus; daran ist er gewöhnt.

das/ob ..., das/... muß j. mit sich selbst/selber ausmachen · to have to sort s.th. out for oneself/whether to .../...

... Ob er es für ehrenhaft hält oder nicht, das ist seine Sache. Das muß er mit sich selbst ausmachen. Dazu will ich mich als Außenstehender gar nicht äußern. Aber was mich betrifft ...

ausmalen: (jm.) etw. rosig ausmalen *ugs* – (eher:) (jm.) etw. in rosigen/rosaroten **Farben** ausmalen/(schildern/...) · to paint s.th. in glowing colours

Ausmaß: ein Ausmaß/Ausmaße annehmen, daß .../ein entsetzliches/... Ausmaß annehmen/... *path* · to take on horrifying/alarming/... dimensions, to assume horrifying/alarming/... dimensions

Überfälle auf Frauen nehmen in dieser Stadt ein erschreckendes Ausmaß an. Allein in diesem Monat wurden hier an die hundert Frauen überfallen.

Ausnahme: eine rühmliche Ausnahme sein · to be a notable exception

So einen schwachen Abitursjahrgang haben wir seit Jahren nicht mehr gehabt! – Aber der Peter Bachmann war doch kein schwacher

Schüler. Er hat sein Abitur mit 1,3 gemacht. – Der Peter Bachmann ist eine rühmliche Ausnahme.

eine Ausnahme von der Regel sein/machen/... · to be an/the exception, to be the exception that proves the rule
... Es müssen doch nicht alle Ärzte hier geldgierig sein, Mensch! – Du meinst, der Dr. Kopp ist eine Ausnahme von der Regel? – Ich weiß nicht, ob er eine Ausnahme ist. Schon deswegen nicht, weil ich keine Regel sehe.

Ausnahmen bestätigen die Regel · the exception proves the rule
In der Regel sind italienische Autos ganz schöne Blechbüchsen, findest du nicht? – Meinen Alfa Romeo fahr' ich schon ewig und ich bin nach wie vor mit dem Auto sehr zufrieden. – Ja, ja, Ausnahmen bestätigen bekanntlich die Regel!

Ausnahmezustand: den Ausnahmezustand erklären *form* · to declare a state of emergency
Bei einer Rebellion eines Teils der Armee bleibt dem Präsidenten gar keine andere Wahl als den Ausnahmezustand zu erklären. Das ist in aller Welt so.

den Ausnahmezustand über ein Land/... verhängen *form* · to declare a state of emergency in a country/...
Hast du gehört, daß in Nigeria geputscht wird? – Ja. Die Regierung hat bereits den Ausnahmezustand über das Land verhängt. Es darf keiner herein und keiner heraus.

ausnehmen: sich gut/nicht schlecht/anders/seltsam/... ausnehmen · 1. 2. to look good/different/strange/...
1. In dieser Atmosphäre nimmt sich dein Kleid wirklich gut aus! – Nicht? Finde ich auch. Hier kommt es so richtig zur Wirkung.
2. Unter all diesen kreuzbraven Spießbürgern nimmt sich die Petra mit ihren viven Äuglein und ihrem Temperament direkt exotisch aus.

auspacken: (kräftig/ordentlich/...) auspacken *ugs* · to talk/to spill the beans, to squeal, to blow the lid on s.th.
Wenn ihr meint, ihr könnt mir noch Vorwürfe machen, dann werd' ich mal ordentlich auspacken. Ihr habt offensichtlich überhaupt keine Vorstellung von dem, was wirklich vorgeht. Ich werde euch also mal klipp und klar sagen, wer und was dahintersteckt: ...

ausrangieren: Kleider/... ausrangieren *ugs* · to throw out *clothes etc.*, to scrap *car etc.*
... Mein Kleiderschrank quillt über! Ich muß mal wieder die ganzen alten Klamotten, die total aus der Mode sind, ausrangieren. Ich geb' diese Sachen dann immmer in die Altkleidersammlung vom Roten Kreuz.

ausrasten: total/... ausrasten *ugs Neol* · 1. 2. to freak out, 1. to do one's nut, to blow one's top, to flip out, 2. to flip one's lid, to go overboard about s.th.
1. Als unser Ulrich die Hildegard mit einem anderen Mann erwischt hat, ist er total ausgerastet. Erst hat er beide verprügelt und dann den Typen hochkant aus der Wohnung rausgeschmissen.
2. vgl. – total/... **ausflippen**

ausrechnen: das/die Folgen/... kann sich j. (doch) ausrechnen · s.o. can work out for himself what happens/..., s.o. can imagine/... what happens/... if ...
... Wenn einer Jahre und Jahre Steuern hinterzieht – da kannst du dir doch ausrechnen, was dann irgendwann passieren muß. Ich versteh' gar nicht, wie du dich über den Prozeß jetzt wundern kannst.

Ausrede: eine faule Ausrede (sein) *ugs* · (to be) a feeble/lame excuse
Er konnte die Arbeit nicht machen, weil seine Schwester krank war? Daß ich nicht lache! Eine faule Ausrede – und dazu eine schlechte!

eine windige Ausrede (sein) – (eher:) eine faule **Ausrede** (sein) · a feeble/lame excuse

um Ausreden nicht verlegen sein · not/never/... to be at a loss for an excuse, not/never/... to be short of an excuse
Wenn es darum geht, sich vor Arbeit zu drücken, ist dieser Junge um Ausreden nicht verlegen. Mal muß er zum Arzt, mal ist seine Schwester krank, mal muß er dringend zu einem Freund ... – irgendetwas erfindet er immer.

ausreden: jn. (nicht) ausreden lassen · (not) to let s.o. finish what he has to say
... Du hast noch gar nicht zu Ende gehört, was die Leute sagen wollen, da redest du schon dagegen. Laß die Leute doch erst mal in Ruhe ausreden! Diese Manie, ständig zu unterbrechen ...!

Aussage: Aussage steht gegen Aussage *form* · it is/it's one person's word against another's
Nun, hat sie das Kind getötet oder hat sie es nicht getötet? – Man weiß es nicht. Aussage steht gegen Aussage. Der Mann behauptet, ja; der Geliebte, nein; und beide wollen dem Gericht Beweise vorlegen.

eine/keine Aussage machen *form* · (not) to give evidence, (not) to make a statement
Da es sich um enge Verwandte handelt, will der Junge natürlich keine Aussage machen. – Das Gesetz erlaubt es in solchen Fällen ja auch ausdrücklich, die Aussage zu verweigern.

Aussätzigen: jn. wie einen Aussätzigen behandeln *ugs selten* · to treat s.o. like a leper
Warum schneiden die Leute den Willi eigentlich alle so? – Ach, das hab' ich noch gar nicht gemerkt. Wird er von allen gemieden? – Und wie! Die behandeln den geradezu wie einen Aussätzigen.

Ausschau: Ausschau halten nach jm./etw. *form* · 1. 2. to look out for s.o./s.th., to keep a look-out for s.o./s.th., 2. 3. to keep one's eyes open for s.o./s.th.
1. So angestrengt wir auch nach den beiden Ausschau hielten, wir konnten sie nicht finden. Der Kirmesplatz war einfach zu voll.
2. Wir müssen nach kompetenteren Mitarbeitern Ausschau halten. Wenn wir uns nicht bald danach umsehen, ist es zu spät.
3. Sie müssen nach anderen Lösungen Ausschau halten, Herr Meyer. Auf diesem Weg werden Sie in einer Sackgasse landen.

Ausschlag: den Ausschlag geben · to tip the scales, to swing it *coll*, to be the decisive factor
Bis zum Schluß stand die Wahl zwischen den beiden Kandidaten auf des Messers Schneide. Für die Entscheidung zugunsten von Prof. Strothmann gab dann seine langjährige Erfahrung als Verwaltungsfachmann den Ausschlag. Das Wahlgremium hielt diese Erfahrung für das entscheidende Kriterium.

ausschlagen: jm. etw. ausschlagen · to turn s.th./s.o.'s offer/... down
Also, jetzt reicht's mir! Ich wollte mich mit dem Andreas versöhnen und habe ihn zu meiner Geburtstagsfete eingeladen. Und wie reagiert er? Er schlägt meine Einladung aus.

zum Guten/Bösen/(...) ausschlagen · to have good/bad/... consequences, to turn out to s.o.'s advantage/disadvantage
Charaktereigenschaften wie Hartnäckigkeit u. ä. können zum Guten und zum Bösen ausschlagen. Wenn sie sich mit Augenmaß und vernünftigen Zielsetzungen paaren, gut; aber wenn sie zu reiner Sturheit entarten ...

Ausschluß: unter Ausschluß der Öffentlichkeit *form* · to take place/to be held/... in camera, to be closed to the public
Die Gerichtsverhandlung fand unter Ausschluß der Öffentlichkeit statt. – Warum? – Der Staatsanwalt hatte beantragt, alle am Prozeß nicht unmittelbar beteiligten Personen auszuschließen, da Tatsachen zur Sprache kämen, die die Sicherheit des Landes berührten.

unter Ausschluß des Rechtsweges *form* · + there is no recourse to the courts, + there can be no appeal against the decision, + the judge's decision is final
Vater, was heißt »Die Verlosung findet unter Ausschluß des Rechtsweges statt«? – Daß niemand gegen das Ergebnis juristisch vorgehen kann.

Ausschüttung: zur Ausschüttung kommen *Lotterien* · to be distributed, to be paid out
Ich möchte doch mal wissen, wieviel Prozent von den Einnahmen der staatlichen Lotterien zur Ausschüttung kommen. – Das kann ich dir sagen. Das Gesetz schreibt vor, daß mindestens die Hälfte als Gewinn ausgeschüttet werden muß.

aussehen: (da/in einer Sache) (ziemlich/(ganz) (schön) *alt* aussehen *ugs* · to cut a (pretty/rather/...) poor figure, to perform (pretty/rather/...) badly, to be struggling
Bei den mathematischen Fragen machte er eine gute Figur. Aber als sie ihn dann nach den chemischen Prozessen fragten, die bei der

Eisenverhüttung ablaufen, sah er ganz schön alt aus. – Steigst du denn da durch?

wie ausgekotzt/(ausgeschissen) aussehen *vulg* · to look bloody awful, to look like death warmed up
Mein Gott, Junge, du siehst ja wie ausgekotzt aus! Warst du krank? Oder hast du die letzten Tage und Nächte durchgefeiert?

wie schon mal gegessen aussehen *sal* · it's/s.th./food/... looks like it's been regurgigated
(In einem Restaurant:) Mensch, dieser Eintopf sieht ja wie schon mal gegessen aus! Nein, das Zeug rühr' ich nicht an. Komm', wir zahlen und hauen ab.

kriminell aussehen *ugs* – verboten **aussehen** · to be a sight for sore eyes, to look a real sight, to look atrocious/dreadful/...

wieder/... (so einigermaßen) menschlich aussehen *ugs* · to look more or less human/presentable/... (again)
(Nach einer Dusche und dem Wechsel der Kleidung in einem Hotel:) So, jetzt sehen wir wieder menschlich aus, was, Paul?! Die Leute müssen uns ja für Räuber gehalten haben, als wir hier ankamen. – Hm, du sahst doch ordentlich aus, Christa! – Na ja, ordentlich ...

nach nichts/etwas/(einigem/wenig) aussehen *ugs* – nichts/etwas/(allerhand/viel/einiges/wenig/...) **vorstellen** (1) · not to look anything/something special, to be nondescript
Wieder so ein Minister, der nach nichts aussieht! Es ist unglaublich, wieviele sogenannte 'führende Politiker' ein regelrechtes Babygesicht haben!

verboten aussehen *ugs* · 1. 2. to look a real sight, 1. to be a sight for sore eyes, 2. to look atrocious/dreadful/...
1. Euer kaufmännischer Leiter sieht einfach verboten aus. Wenn jemand behauptete, er wäre Chef der Londoner Unterwelt, würde man das ohne weiteres glauben.
2. Bei der Erika, da sieht es direkt verboten aus, weißt du. So ein Durcheinander und so ein Dreck wie in ihrer Wohnung habe ich noch nicht gesehen.

aussehen wie gemästet *path* · to look as fat as a pig, to look plumped up, to look as if one is being fattened up for the kill
Wenn sie noch weiter zunimmt, sieht sie bald aus wie gemästet.

e-r S. ein **vornehmes/nettes/frisches/... Aussehen geben/** (verleihen) *form* – e-r S. einen vornehmen/gelehrten/feinen/... **Anstrich** geben · to give s.o./s.th. an elegant/refined touch, to give s.o./s.th. a touch of elegance/refinement/...

aussein: auf jn./etw. aussein – auf jn./etw. **aus** sein · to be after s.o./s.th., to be out for s.th., to be out to do s.th.

außen: nach außen (hin) so tun/... · 1. 2. to seem/(...) on the outside, outwardly, to act as if...
1. Nach außen gibt er sich freundlich, gut erzogen, hilfsbereit – alles, was du willst. Aber du müßtest ihn mal zu Hause erleben, in seinen eigenen vier Wänden. Da ist er geradezu unmöglich.
2. Nach außen tut er so, als hätte er nichts dagegen, daß seine Tochter einen Spanier heiratet. Aber in Wirklichkeit ist er todunglücklich!

außer: außer sich sein (vor Wut/...) · to be beside o.s. (with rage/...)
Ich war außer mir, als ich heimkam und feststellte, daß unser Sohn eine volle Stunde von Deutschland nach Portugal mit seiner Freundin telefoniert hatte. Ich hätte ihm links und rechts ohrfeigen können.

außerstande: sich (heute/...) außerstande fühlen/sehen, etw. zu tun *form* · to be unable to do s.th. (for s.o.), to be incapable of doing s.th. (for s.o.)
Und der Koppmann, kann er dir nicht helfen? – Er sagt, wenn bei Gericht etwas gegen mich vorläge, sähe er sich zu seinem größten Leidwesen außerstande, etwas für mich zu tun.

äußerste: aufs äußerste erregt/... sein · to be strained/... to the outmost/to the breaking-point, to be extremely excited/...
Seine Nerven waren aufs äußerste angespannt; nur mit größter Mühe gelang es ihm, sich zu beherrschen, nicht einfach loszuschreien ...

das Äußerste versuchen/wagen/... *path selten* · to go to the last extreme, to risk everything
Wenn alle normalen Mittel nicht helfen, dann müssen wir das Äußerste versuchen. – Und das wäre? – Eine Petition beim Bundespräsidenten.

auf das/aufs Äußerste gefaßt sein (müssen) – (eher:) auf das/aufs **Schlimmste** gefaßt sein (müssen) · to be prepared for the worst

das Äußerste aus sich herausholen – (eher:) das **Letzte** aus sich herausholen · to give everything one has got, to give one's all, to give all one has, to dig very/... deep

bis zum Äußersten gehen *path* · 1. to go to the last extreme (to do s.th.), 2. to go to extremes (to do s.th.)
1. Um die Ordnung im Land wiederherzustellen, ging die Regierung bis zum Äußersten. Noch ein Schritt weiter, und man hätte gesagt, die Grundrechte der Demokratie seien außer Kraft gesetzt.
2. Hast du alles versucht, um deinen Bruder bei euch in der Firma unterzubringen? – Mutter, ich bin bis zum Äußersten gegangen. Ich habe dem Chef sogar gesagt, Karl spreche prima Englisch – obwohl er nur ein paar Brocken kann –, sei die Zuverlässigkeit in Person – obwohl er, wie du weißt, alles andere als das ist ... Mehr konnte ich wirklich nicht tun.

zum Äußersten greifen *path selten* · to resort to extreme measures/..., to go to extremes
Um die Gefangenen zum Reden zu bringen, griffen sie zum Äußersten: sie drohten, die Frauen und Kinder zu foltern, wenn sie nicht sagten, was sie wüßten.

es/die Dinge/... (nicht) bis zum Äußersten kommen lassen *path* · to let it/things/... get to this stage, to let the worst come to the worst
Jetzt, wo die Dinge derart verfahren sind, daß man keinen Ausweg mehr sieht, beschwert ihr euch! Warum habt ihr es bis zum Äußersten kommen lassen? Schon vor zwei, drei Jahren sah man doch ganz klar, daß die Entwicklung einen immer ungünstigeren Verlauf nahm! Wenn ihr da eingegriffen hättet ...

zum Äußersten schreiten *path selten* · to go to the last extreme
Um einen letzten Versuch zu machen, die Stelle doch noch zu kriegen, schritt er zum Äußersten: er bot an, ein halbes Jahr auf Probe ohne Entgelt zu arbeiten. – Na, weiter konnte er ja nun wirklich nicht gehen ...

es/die Dinge/eine Auseinandersetzung/... bis zum Äußersten treiben *path* – es/die Dinge/eine Diskussion/... auf die **Spitze** treiben · to go to extremes

jn. (bis) zum Äußersten treiben/(bringen) *path* · to push s.o. to the limit, to drive s.o. to extremities
Zynisch, wie sie sind, haben sie den Schulte bis zum Äußersten getrieben – bis er, außer sich vor Wut und Entrüstung, auf den Tisch schlug und schrie: »So, ich werfe die Klamotten hin, ihr könnt euren Dreck alleine machen«.

sein Äußerstes geben *path* – (eher:) sein **Letztes** geben/(hergeben) (1, 2) · to give everything one has got, to give one's all, to give all one has, to dig very/... deep

sein Äußerstes tun *path* – (eher:) sein **Möglichstes** tun (um etw. zu erreichen/...) · to do one's utmost (to achieve s.th./...), to do everything in one's power (to achieve s.th./...)

Aussicht: etw. in Aussicht haben/Aussicht auf etw. haben) · to have the prospect of s.th., to have s.th. in prospect
Hast du endlich eine Stelle gefunden? – Ich habe eine in Aussicht. Bei Mercedes. Es ist zwar noch nicht ganz sicher, aber doch sehr wahrscheinlich, daß ich dort angenommen werde.

etw. in Aussicht nehmen *form* – etw. ins **Auge** fassen (1) · to be thinking of doing s.th., to be contemplating doing s.th.

in Aussicht stehen *selten* · s.th. is in prospect
Es steht eine bessere konjunkturelle Entwicklung für das nächste Jahr in Aussicht – sagen die Wirtschaftsinstitute. Ob sie wirklich selbst glauben, daß eine solche Besserung zu erwarten ist?

jm. etw. **in Aussicht stellen** · to hold out the prospect of s.th. to s.o., to promise s.th. to s.o.

Obwohl sie ihm ein hohes Gehalt und verschiedene Vergünstigungen in Aussicht stellten, nahm er die Stelle nicht an. Er vertraute den Zusagen nicht.

das sind ja/... (schöne/herrliche/...) **Aussichten!** *ugs* · that's a fine prospect *iron*

Gerade ruft der Alfons an und sagt, er könnte auch nicht kommen. Er hat Grippe. – Das sind ja herrliche Aussichten. Schließlich machen wir beide die ganze Arbeit alleine.

aussiehst: du bist/er ist/... gar **nicht so dumm/**..., **wie du aussiehst/**er aussieht/... *ugs* · you are/they are/... not as stupid as you/... look/...

... Wenn du mir den Wechsel zwei, drei Tage eher zahlen könntest ... – Ah, ich verstehe. Du willst ab Mitte der Woche nicht mehr zur Uni, sondern die Osterferien einläuten und wegfahren. Du bist gar nicht so dumm, wie du aussiehst!

es/das ist halb so schlimm, wie es aussieht *ugs* · it isn't as bad as it seems

(Nach einem Unfall:) Mein Gott, der Wagen ist ja eine richtige Ziehharmonika! – Das ist halb so schlimm, wie es aussieht! Alles nur Blechschaden. Die Teile kaufe ich bei einem Gebrauchtwagenhändler, und mein Bruder baut sie mir umsonst wieder ein.

Aussprache: eine feuchte Aussprache haben *scherzh* · to splutter when speaking, to sprinkle one's audience

Mann, hast du immer so eine feuchte Aussprache? Du spuckst ja hierum! – Entschuldige ...

Ausstand: im Ausstand sein *form* · to be on strike

Die Bergarbeiter 'sind im Ausstand' – d.h. sie streiken, oder? – Für längere Zeit und gezielt.

seinen Ausstand geben *selten* – ≠ seinen **Einstand** geben · to treat one's colleagues/to buy one's colleagues a round of drinks/... when leaving a job/when retiring

in den Ausstand treten *form* · to go on strike *n*, to down tools *coll*

... Wenn die Arbeitgeber jetzt nicht nachgeben, treten die Metallarbeiter in den Ausstand! – Das wäre der dritte Streik in diesem Jahr.

ausstehen: jn./etw. **nicht ausstehen können** · 1. 2. not to be able to stand s.o./s.th., not to be able to bear s.o./s.th., 1. not to be able to stand the sight of s.o./s.th.

1. Gleich am Anfang habe ich ihn nicht gemocht und kann ihn nach wie vor nicht ausstehen!
2. Biete ihm heute abend bloß keinen Cognac an! Er kann Cognac nicht ausstehen.

Ausstellungen: Ausstellungen machen an etw./(jm.) *form selten* · to find faults with s.th., to make critical notes/observations/... on s.th.

Hast du schon mal erlebt, daß Professor Kruselmann an einer Seminararbeit keine Ausstellungen macht? Der hat doch an allem und an jedem etwas auszusetzen. – Ich finde es nicht so schlimm, wenn in einer Seminararbeit ein paar Bemerkungen am Rand stehen.

Aussterbeetat: jn./etw. **auf den Aussterbeetat setzen** *ugs scherzh selten* · 1. to kick s.o. upstairs, to pension s.o. off, 2. to be being phased out, to be scrapped, to be abolished *n*

1. Stimmt es, daß Onkel Albert nicht mehr als Abteilungsleiter im Verkauf arbeitet? – Ja, Dieter. Man hat ihn auf den Aussterbeetat gesetzt. Er arbeitet jetzt in der Statistikabteilung. – Soll die nicht geschlossen werden? – Es scheint so. Nach seiner Operation wird er ohnehin nicht mehr lange arbeiten können ...
2. 'Zeichnen' – oder überhaupt 'Kunst', scheint mir, haben sie an vielen Schulen auf den Aussterbeetat gesetzt. Irgendwann wird das gar nicht mehr gelehrt. – Das liegt doch nicht an den Schulen! ...

auf dem Aussterbeetat stehen/sein/(sich befinden) *ugs scherzh* · to be out, to be out of date *n*, to be old-fashioned *n*

... Rollschuhlaufen? – das steht doch auf dem Aussterbeetat! Wer macht das denn noch? – Das kann genauso schnell wieder in Mode kommen, wie es aus der Mode gekommen ist!

Austrag: eine Meinungsverschiedenheit/... zum Austrag bringen *form* · to settle a dispute/...

Die Nachbarn wollen ihren ewigen Streit nun gerichtlich zum Austrag bringen. – Besser ein Ende mit Schrecken als ein Schrecken ohne Ende. So wird die Sache endlich offiziell entschieden.

zum Austrag kommen (Streit/...) *form* · to be settled, to be solved

Irgendwann muß ihr Streit doch mal zum Austrag kommen! Besser, sie kämpfen das jetzt offen miteinander aus, als daß sie ewig und ewig feindselig nebeneinander herlaufen.

austreten: mal eben/... austreten gehen – mal eben/... **austreten** (gehen) müssen · to have to pay a call, to have to go to the loo/John/... *coll*, to have to see a man about a dog

mal eben/... austreten (gehen) **müssen** · to have to pay a call, to have to go to the loo/John/... *coll*, to have to see a man about a dog

... Ich muß mal eben austreten, ich bin gleich wieder da. – Wo ist denn die Toilette hier? ...

Auswachsen: das ist zum Auswachsen (mit etw./jm.) *ugs* – das ist zum **Bebaumölen** (mit etw./jm.) · it's enough to drive you/one/... up the wall

Auswahl: zur Auswahl stehen · + to have a choice of ..., + to have s.th. to choose from

... Für den Gewinner stehen sechs Preise zur Auswahl. Er kann wählen zwischen einem BMW 600, einer Weltreise von 18 Tagen ...

jm. etw. **zur Auswahl stellen** · to present s.o. with the choice of ..., to give s.o. a choice between x things, to give s.o. x things to choose from

Der Chef hat ihm drei verschiedene Maschinen zur Auswahl gestellt. Ich weiß nicht, für welche er sich entschieden hat.

eine Auswahl treffen · to choose, to make a choice/selection

Es ist gar nicht so leicht, unter den zahlreichen Kandidaten eine Auswahl zu treffen.

Ausweg: einen/keinen Ausweg (mehr) **sehen/wissen** – nicht mehr aus noch ein/nicht mehr ein noch aus/(weder aus noch ein/weder ein noch aus/nicht aus und ein/nicht ein und aus) **wissen** (1, 2) · to be at the end of one's tether

auswendig: (daß ..), **das weiß/**(kenn') **ich/**wissen/(kennen) wir/... **schon auswendig** *ugs* · to know s.th. backwards, to know s.th. by heart

Daß ich nichts tauge, faul bin, lüge, ..., das weiß ich schon auswendig, das hast du mir schon tausendmal gesagt. Jetzt würde mich nur eins interessieren: was habe ich gestern bei der Bank falsch gemacht, ganz konkret?

etw. **auswendig können/**(wissen) – etw. auswendig **können** · to know s.th. by heart

auswischen: jm. **eins auswischen** *ugs* · to get one over on s.o., to get a dig in at s.o., to get one's own back on s.o. *sl*

Bei seiner Rede zur Lage der Nation ließ sich der Kanzler natürlich die Gelegenheit nicht entgehen, der Opposition eins auszuwischen. Beiläufig bemerkte er, wenn der Abgeordnete Weilmann in Hagen den einen und der Kollege Burger in Dortmund den entgegengesetzten Standpunkt vertrete, sei es für den Bundesbürger natürlich schwierig auszumachen, was die Opposition wolle.

Auszeichnung: (ein Examen) mit Auszeichnung machen/bestehen *form* · to pass an examination with distinction

Die beste Note, mit der man früher sein Abitur machen konnte, war »mit Auszeichnung«.

auszudenken: nicht auszudenken (sein) *path* · it does not bear thinking about

... Nein, bei den Abrechnungen müssen wir 100%ig korrekt sein. Wenn die beim Finanzamt dahinterkämen, daß da etwas nicht stimmt – nicht auszudenken.

nicht auszudenken (sein), was/wie schlimm/... *path* · it/ s.th. does not/doesn't bear thinking about (what s.o. would say if ...), I/he/... dread/... to think what he would say if ...

Wie kannst du die Berta denn allein mit dem Friedel fortfahren lassen, Otto?! Nicht auszudenken, was ihr Vater uns für Vorwürfe macht, wenn da was passiert! ...

auszusetzen: nichts/wenig/allerhand/... **auszusetzen sein an** jm./etw. · 1. + to have no complaints about s.o./s.th., 2. 3. there is nothing/not a lot/not much/... wrong with s.th.

1. An ihm ist nichs auszusetzen. Sein Verhalten ist absolut einwandfrei.

2. An seiner Bemerkung ... ist doch gar nichts auszusetzen! Ich weiß nicht, warum ihr ihn deswegen kritisiert.

3. An Ihrem Manuskript ist noch allerhand auszusetzen. Wir müssen uns ausführlich darüber unterhalten. Ich werde Ihnen dann die einzelnen Punkte angeben, die umzuarbeiten sind.

etwas/nichts/wenig/allerhand/... **auszusetzen haben an** jm./ etw. · 1. to find fault with s.o./s.th., 2. not/... to be satisfied with s.th., 3. not to have any complaints about s.o.

1. Unser Chef ist ein ausgemachter Pedant. An allem und jedem hat er etwas auszusetzen. Nichts, aber auch gar nichts kann er ohne Kritik zur Kenntnis nehmen.

2. Ich habe an Ihrem Manuskript noch allerhand auszusetzen. Die Einzelheiten sage ich Ihnen noch. Das Ganze müßten Sie noch einmal gründlich überarbeiten.

3. An Ihrem Sohn habe ich nichts auszusetzen. Er ist ein vorbildlicher Schüler und ein guter Kamerad.

Auto: gucken/dreinschauen/jn. angucken/anstarren/... **wie ein Auto** *sal* – **Augen** machen wie ein gestochenes Kalb · to look pop-eyed, to look dumb

Autofahrergruß: jm. **den Autofahrergruß bieten**/(entbieten) *ugs scherzh selten* · to tap one's forehead, to give s.o. a V sign

Er hat dir den Autofahrergruß geboten, nicht? – Ja. Es ist übrigens der fünfte, der mir heute in diesem wohlerzogenen Land den Vogel zeigt.

Autogramm: j. **beißt sich** (doch) **lieber/eher ein Autogramm in den Bauch** (als daß er ...) *sal* – j. beißt sich (doch) lieber/ eher ein **Monogramm** in den Bauch/(Hintern/Arsch), als daß er ... · + wild horses wouldn't make s.o.lend you the money/...

Avancen: jm. **Avancen machen** · to make advances to s.o.

Deutlichere Avancen konntest du dem Mädchen ja kaum machen! Hatte sie denn bisher nie gemerkt, daß du ein Auge auf sie geworfen hast?

Axt: die Axt an Mißstände/... **legen** *ugs – path selten* · to eradicate evils/abuses/..., to set an axe to (the root of) evils/ abuses/... *rare*

... Was unsere Politiker können, ist große Reden schwingen. Wenn es aber darum geht, die Axt an die Mißstände im eigenen Apparat zu legen, dann versagen sie auf der ganzen Linie.

sich benehmen/ein Benehmen haben/... **wie die Axt im Walde** *ugs* – sich benehmen/ein Benehmen haben/(...) wie eine offene **Hose** · to behave/... like a boor/peasant/tramp/pig, to behave/... boorishly

die Axt an die Wurzel legen *geh* · to set the axe to the root of an evil *rare*, to tackle s.th. at its roots *n*

Wenn das Land nicht die Axt an die Wurzel legt und die Infrastruktur von Grund auf verbessert, nützen alle Wirtschaftspläne und Wirtschaftshilfen nichts.

B

Baby: kein Baby mehr sein *ugs* · not to be a baby (any more)
Du kannst doch wohl allein von München nach Augsburg fahren, Anneliese! Mit elf Jahren ist man doch kein Baby mehr!

babyleicht: das/etw. ist babyleicht *eher Kinderspr* – ein **Kinderspiel** sein (für jn.) (1, 2) · it's/s.th. is child's play/a doddle/ a cinch/...

Bacchus: (dem) Bacchus opfern/(huldigen) *geh selten* · to imbibe *hum*
... Ja, wenn er nicht so häufig Bacchus opfern würde, könnte er allerhand leisten, denn er ist hochbegabt. Aber da ihm der Wein mehr bedeutet als die Arbeit ...

Bach: den Bach runtergehen *ugs* – **schiefgehen** (2, 3; u. U. 1) · to fail, to go wrong, to misfire; it will be OK, it will be all right, things will turn out all right

Bächlein: (ein) Bächlein machen *Kinderspr* – ein kleines **Geschäft** machen (müssen) · to do small jobs, to do number one, to do a wee-wee

Backbord: nach Backbord drehen *Schiffahrt* · to steer/... to port, to port
Das Schiff dreht nach Backbord. Sind wir schon in der Nähe des Hafens? – Liegt der links von uns?

Backe: au, Backe! *sal selten* · 1. 2. oh dear *n*,! my goodness *n*,! 1. oh heck!
1. Au, Backe, tut mir das Knie weh! Verdammt noch mal!
2. Au, Backe, redet die einen Unsinn! Meine Güte!

eine Gefängnisstrafe/... **auf einer Backe absitzen** *sal* · to serve a prison sentence in no time *n*
Wie lange haben sie dir gegeben? – Drei Jahre. – Das ist doch gar nichts! Die sitzt du auf einer Backe ab. Ich muß 15 Jahre brummen.

das/die Hoffnung/... kann ich mir/kann sich der Peter ... von der Backe putzen/kratzen *sal selten* – das/(die Hoffnung/...) kann ich mir/kann der Peter sich/... **abschminken** · you/he/Peter/... can forget the idea/your/his/... hopes/... (of doing s. th.), you/he/Peter/... can get the idea of s.th./doing s.th. out of your/his/... head

au, Backe, mein Zahn! *sal selten* · 1. 2. my goodness! *n*
1. Tut mir mein Knie weh, au, Backe, mein Zahn!
2. Redet die ein Blech! Au, Backe, mein Zahn!

jm. **eins/ein paar auf die Backen geben/(hauen/...)** *ugs* · to clout s.o., to slap s.o. in the face, to belt s.o.
... Wenn du jetzt noch mal pampig wirst, hau' ich dir ein paar auf die Backen! – Immer das Gleiche! Wenn dir die Argumente ausgehen, wirst du gewalttätig.

mit vollen Backen kauen · to eat with bulging cheeks, to munch away
Den Gerd Äpfel futtern zu sehen ist ein Vergnügen. Der kaut mit vollen Backen, wie ein Junge von 15 Jahren, der gar nicht genug auf einmal in den Mund kriegen kann.

etw./**ein paar auf die Backen kriegen/bekommen** *ugs* · to get a punch in the face *n*
... Wie sieht denn der Peter aus? – Der hat gestern abend in einer Kneipe versucht, 'nem Typen seine Freundin anzugraben. Da hat er 'n paar auf die Backen gekriegt.

über beide Backen strahlen *sal* – über alle vier **Backen** strahlen (2) · to be all smiles, to beam all over one's face/from ear to ear/...

über alle vier Backen strahlen *sal* · 1. 2. to be all smiles *coll*, to beam all over one's face/from ear to ear/... *coll*
1. 'Karlchen' strahlt mal wieder über alle vier Backen. Irgendjemand sagt ihm, er sei ein großer Romanist, und schon ist er die geschmeichelte Eitelkeit in Person.

2. Was hat Christine zum Geburtstag bekommen? – Ein riesiges Puppenhaus. Sie strahlte über alle vier Backen, als sie es sah. Nie habe ich ihre Augen so glänzen sehen.

backen: jm. muß man/... jn./(etw.) backen *ugs iron* · we'll have to bake one for her/them/... *para*
... Die Gerda ist noch immer solo und wartet auf ihren Traumprinzen? – Der ist keiner gut genug. Ich glaube, der muß man einen backen.

Backenbremse: die Backenbremse ziehen (müssen) *sal* · to brake with one's backside/behind/..., to apply the bum brakes
... Na, wie war's Skilaufen? – Nicht so toll. So einige Male mußte ich die Backenbremse ziehen, soll heißen: ich habe mich auf den Hintern gesetzt.

Backobst: danke für Backobst *ugs selten* · no thanks!, thanks, but no thanks
Ich hab' hier noch einen Schwung Bücher, die ich bei dem Umzug nicht mitnehmen will. Wenn du die willst ...? – Danke für Backobst! Ich weiß jetzt schon nicht, wohin mit meinen Büchern.

Backofen: in/auf/... ist es/(so) heiß wie in einem Backofen/etw. ist ein richtiger ... *ugs* – *path* · it's like an oven in here/...
... Diese nach Süden gehenden Räume mit den großen Glasfenstern sind im Sommer ein richtiger Backofen! Was die Architekten sich bloß dabei gedacht haben! Die müßten selbst mal darin schmoren!

Backpfeife: jm. eine Backpfeife geben *ugs* – jm. eine **Ohrfeige** geben · to give s.o. a clip round the ears

Backpfeifengesicht: ein Backpfeifengesicht haben *sal* – ein **Gesicht** zum Reinhauen/Reinschlagen haben · a face that one just itches to punch

Backschaft: Backschaft machen *Seemannsspr* · to do the dishes for the mess, to do the washing up for the mess
... Wenn der Rudi das Wort 'Back' nicht kennt – das die Seeleute für die Gruppen gebrauchen, die zusammen am Tisch sitzen –, dann weiß er natürlich auch nicht, daß 'Backschaft machen' so viel heißt wie 'Geschirrdienst für die Back haben'.

Bad: ein Bad in der Menge nehmen · to mix with the crowds, to go on a walkabout
Solche Wahlreden sind natürlich ein Schlauch! Aber im Grund tun sie dem Körner gut. Er liebt es, ein Bad in der Menge zu nehmen.

ein Bad nehmen · to have/to take a bath
So, jetzt werde ich erstmal ein Bad nehmen. Das Badezimmer ist ja wohl frei?

ein unfreiwilliges/(kaltes) Bad nehmen · to take an unintended bath
Hat die Karin bei eurem Spaziergang am See gestern wirklich ein unfreiwilliges Bad genommen? – Ja, sie stolperte über einen Stein am Seerand und, plumps, lag sie im Wasser.

baden: baden gehen (mit etw.) · 1. to go swimming, 2. 3. to come a cropper (with s.th.)
1. Wie oft gehst du normalerweise baden? – Im Sommer gehe ich ein bis zwei Mal in der Woche an den Strand, im Winter ein bis zwei Mal ins Hallenbad.
2. Mit seinem Versuch, sich selbstständig zu machen, ist der Scheible baden gegangen. Seine Kollegen machten offensichtlich nicht so mit, wie er sich das gedacht hatte. Es scheint, er ist mehr oder weniger ruiniert. *ugs*
3. Mit seinem Versuch, die Leute zu erpressen, ist er ganz schön baden gegangen. Es hat mich gefreut, daß dieser Zyniker einmal richtig reingefallen ist. *ugs*

baff: (ganz) (einfach) **baff sein** *ugs* · 1. 2. to be flabbergasted, to be dumbfounded *n*

1. Als er sah, wie mutig seine Schwester der Operation entgegensah, war er baff. Das hatte er ihr nicht zugetraut.

2. Als wir hörten, wie der Karl die Sozialisten kritisierte, waren wir baff. Vor zwei Monaten noch hatte er sie in den höchsten Tönen gelobt.

Bahn: **auf der rechten Bahn sein** – (eher:) auf dem richtigen/rechten/... **Weg** sein (2) · to be on the right path, to be going the right way

auf der schiefen Bahn sein *selten* · to be on the slippery slope, to have gone astray, to have gone off the rails
Das kann nicht so weitergehen mit dem Fritz! Er ist auf der schiefen Bahn! Gegen ein Bier oder einen Schnaps am Abend habe ich nichts und ich bin auch nicht dagegen, daß er eine Freundin hat. Aber diese Gruppe um den Mertens, mit der er jetzt umgeht – das gefällt mir nicht ...

(endlich/...) **freie Bahn haben** · 1. to have a clear road ahead (at last/...), 2. to have a free hand (at last/...), 3. efficency earns opportunity, clear the way for the dynamic/capable/... *para*
1. Endlich hören die Bauarbeiten und die Umleitungen auf, endlich haben wir freie Bahn. – Hoffentlich! Hoffentlich ist nicht bald wieder irgendwo gesperrt.
2. Nach dem Rücktritt des letzten Konkurrenten hat er jetzt freie Bahn! Jetzt ist er einziger Kandidat für den Parteivorsitz, und es kann ihm auf seinem Weg zur Macht kaum noch einer den Weg versperren.
3. »Freie Bahn dem Tüchtigen«, heißt es; dem Tüchtigen soll man keine Hindernisse in den Weg legen.

von der rechten Bahn abkommen *form selten* – auf die schiefe/(abschüssige) **Ebene** geraten/(kommen) · to go astray, to get into bad ways

e-r S. **Bahn brechen** *selten* – für etw./e-e S. den **Weg** bahnen (1, 2) · to pave the way for s.o./s.th., to clear the way for s.o./s.th.

sich Bahn brechen · to make headway, to establish itself/oneself
Es dauert einige Zeit, ehe sich neue Erkenntnisse Bahn brechen, denn die meisten Menschen verharren nun einmal gern bei liebgewonnenen Vorstellungen ...

sich Bahn brechen (durch unwegsames Gelände/eine Menge/...) · to clear a path through difficult terrain/a crowd/...
Nur unter großen Schwierigkeiten gelang es ihnen, sich durch den Urwald Bahn zu brechen.

jn. **auf die richtige/(rechte) Bahn bringen** · 1. 2. to put s.o. on the right track, to put s.o. on the straight and narrow
1. Wenn ihr den Walter nicht bald wieder auf die richtige Bahn bringt, ist es zu spät. Ein, zwei Jahre kann man verlieren. Aber wenn er jetzt den Anschluß nicht kriegt, ist sein weiteres Studium, sein weiterer Lebensweg verpfuscht.
2. Versuch' du doch mal, Ursula, ob du den Willi nicht wieder auf die rechte Bahn bringen kannst. Sein Umgang mit diesen Leuten um Mertens verdirbt ihn. Ihr versteht euch doch so gut ...

etw. **in die richtige/(rechte) Bahn bringen** – (eher:) etw. in die richtigen **Bahnen** lenken · to direct s.th. to the right channels

jm. **die Bahn ebnen** – (eher:) jm./e-r S. den **Weg** ebnen (1) · to smooth the way for s.o.

jm./e-r S. **die Bahn freimachen** *selten* – jm./e-r S. den **Weg** ebnen (1, 2) · to smooth the way for s.o., to pave the way for s.th.

aus der Bahn geraten *selten* · to go off the rails, to go astray
Ich weiß nicht, warum er aus der Bahn geraten ist – wegen der Unzufriedenheit an der Uni, der Enttäuschung mit Uschi, den Schwierigkeiten mit den Eltern ... Wie dem auch sei: seit einem Jahr etwa hat er die innere und äußere Orientierung völlig verloren.

auf die schiefe/(abschüssige) Bahn geraten/(kommen) – (eher:) auf die schiefe/(abschüssige) **Ebene** geraten/(kommen) · to go astray, to get into bad ways

aus der Bahn geschleudert werden · 1. to be thrown/blown/... off course, to be thrown/kicked/... sideways, 2. to be led off the straight and narrow
Wie ist der Unfall denn passiert? – Durch einen mächtigen Windstoß wurde unser Wagen aus der Bahn geschleudert und prallte auf der gegenüberliegenden Fahrbahn gegen einen entgegenkommenden Bus.
2. Unser Erich war immer die Zuverlässigkeit und Regelmäßigkeit in Person. Aber plötzlich ... – ich weiß auch nicht, wodurch er aus der Bahn geschleudert wurde, ob es der Umgang mit der Gruppe um den Waltman war, die Enttäuschung mit Helga ... Wie dem auch sei: seit einigen Monaten ist er innerlich völlig durcheinander, führt er einen sehr unregelmäßigen Lebenswandel ...

wieder auf die richtige Bahn kommen · 1. 2. to get back on the right track
1. Nun mach' dir mal keine Sorgen, Herta, der Junge wird schon wieder auf die richtige Bahn kommen. Ein Semester kann jeder mal vertun.
2. Ja, die zwei, drei Jahre, als er mit der Gruppe um Mertens umging – das war wirklich übel; besonders auch moralisch. Aber dann ist er doch wieder auf die richtige Bahn gekommen. Seit sechs oder sieben Jahren führt er einen geradezu exemplarischen Lebenswandel.

etw. **in die richtige Bahn lenken** – (eher:) etw. in die richtigen **Bahnen** lenken · to direct s.th. to the right channels

freie Bahn dem Tüchtigen! – (endlich/...) freie **Bahn** haben · to have a clear road ahead (at last/...), to have a free hand (at last/...), efficency earns opportunity, clear the way for the dynamic/capable/...

jn. **aus der Bahn werfen/(schleudern/bringen)** · 1. 2. to throw s.o. off course, to throw s.o. off balance
1. Es war alles so gut angelaufen – er hatte ein gutes Abitur gemacht, die Aufnahmeprüfung zur Kunstakademie bestanden ... und dann mußte diese verdammte Parteigeschichte ihn aus der Bahn werfen! Ohne diese Geschichte wäre sein Leben weiterhin geradlinig verlaufen.
2. Die Gruppe um den Mertens hat ihn aus der Bahn geworfen! Bevor er diese Gruppe kennenlernte, hat er immer anständig gearbeitet, war sein Familienleben in Ordnung ...

Bahnbrechendes: **Bahnbrechendes leisten/**(wirken) (auf einem Gebiet/...) *path* · to do pioneering work
... Wenn einer in diesem Institut Bahnbrechendes geleistet hat, dann ist das der Schondorf! Der hat in der Meeresforschung doch völlig neue, wegweisende Erkenntnisse und Methoden erarbeitet. – Und die anderen, meinst du, sind alle nicht mehr als gute Routiniers?

Bahnen: **sich in gewohnten Bahnen bewegen** *form* · 1. 2. to stick to/to follow/... the usual/familiar/... paths, 1. 2. 3. to follow/... well-trodden paths 3. to continue/... in the same old ways, to be stuck in the same old rut
1. Unsere Projekte bewegen sich in gewohnten Bahnen. Wir halten uns an unsere Erfahrung und gehen keine unnötigen Experimente ein.
2. Sein Denken bewegt sich in gewohnten Bahnen. Neue Theorien, neue Ansätze suchst du bei ihm vergeblich.
3. Die Leute hier bewegen sich alle nur in gewohnten Bahnen! Wir brauchen Innovationen, Menschen, die die Dinge ändern wollen!

sich in/(auf) **neuen Bahnen bewegen** *form* · 1. 2. to break new ground
1. Sein Denken bewegt sich in neuen Bahnen. Er geht von völlig anderen Grundvoraussetzungen aus als die bisherige Forschung auf diesem Gebiet.
2. »Die Leute hier werden sich nie in neuen Bahnen bewegen«, tobte er, »die werden ewig so leben wie ihre Groß- und Urgroßväter!«

etw. (wieder) **in geordnete Bahnen bringen** *form* – jn./etw. (wieder) ins (rechte) **Lot** bringen (5; u. U. 4) · to put s.th. right again etw. **in die richtigen Bahnen lenken** *form* · to direct s.th. to/ into the right channels

Nein, auf diesem Weg wird der Antrag nie Erfolg haben. Lassen Sie ihn meinem Kollegen von der Finanzabteilung hier. Er wird die Sache in die richtigen Bahnen lenken. Er weiß, welche Instanzen zuständig sind, und kennt die einschlägigen Leute. Sie werden sehen, die Sache läuft dann ...

in die gewohnten Bahnen zurückkehren *form selten* · to return to its/one's/... usual ways

Hat die Revolution die Mentalität der Menschen verändert? – Eine Zeitlang schien es so. Aber jetzt hat man eher den Eindruck, daß die Leute in die gewohnten Bahnen zurückgekehrt sind, wieder wie früher leben und denken.

Bahnhof: jm. **einen großen Bahnhof bereiten** *ugs* · to put out the red carpet for s.o., to give s.o. the red carpet treatment

Von wem wurde er bei seiner Ankunft begrüßt? – Sie haben ihm einen großen Bahnhof bereitet: fünf Kabinettsmitglieder, zig Abgeordnete, Vertreter der Stadt, der Wirtschaft und ich weiß nicht wer noch alles erwarteten ihn auf dem Flughafen.

mit großem Bahnhof empfangen werden *ugs* · to get/to be given/... the red carpet treatment

Er wurde mit großem Bahnhof empfangen: alles, was Rang und Namen hat, hatte sich auf dem Flughafen/am Bahnhof/... eingefunden, um ihn zu begrüßen.

(immer) **nur Bahnhof verstehen** *sal* · + it's all Greek to me *coll*, I can't make head or tail of it *coll*

Was sagt er? Ich verstehe (immer) nur Bahnhof! – Er spricht bayrisch. Moment. Ich übersetz' dir alles.

Baisse: auf (die) Baisse/(á la baisse) **spekulieren** *Börse* · to speculate on/for a fall in the market, to speculate on/for a bear market

... Wenn so viele kompetente Leute auf Baisse spekulieren, dann fallen die Kurse natürlich auch! – Nein, so einfach ist das nicht. Es gibt doch Gründe dafür, daß die Leute mit einem Fallen der Kurse rechnen!

Bajonette: die Bajonette aufpflanzen *hist mil* · to fix bayonets

... Und dann gab der alte Fritz Order, die Bajonette aufzupflanzen. – Was, der König nahm selbst an der Schlacht teil? – Oder irgendein General Friedrichs des Großen – ich erinnere mich nicht mehr genau. Jedenfalls ging es dann an den Nahkampf, der zu der Zeit unter anderem mit Bajonetten geführt wurde ...

Balance: die Balance halten · 1. to keep one's balance, 2. to keep/to maintain a balance between ...

1. Wie kann man nur auf einem so dünnen Seil in schwindelnder Höhe so sicher die Balance halten? Ich würde da sofort das Gleichgewicht verlieren und herunterfallen.
2. »Wir befinden uns in der Tat«, erklärte der Wirtschaftsminister, »in einer höchst schwierigen Situation. Man muß ständig die Balance halten zwischen vernünftigen Einsparungen auf der einen Seite und gezielten Ausgaben auf der anderen. Sobald man zur einen oder anderen Seite hin übertreibt, gerät der ganze Haushalt aus den Fugen.«

die Balance verlieren · to lose one's balance

Ich versteh' nicht, wie jemand in der art schwindelnder Höhe über ein Seil gehen kann, ohne die Balance zu verlieren. Diese Leute müssen ein Gleichgewicht haben, eine Körperbeherrschung!

Balanceakt: ein (richtiger/...) **Balanceakt** (sein) · 1. 2. to be a (real/...) balancing act

1. »Ja, das stimmt«, erklärte der Minister, »die Haushaltsführung ist zur Zeit ein richtiger Balanceakt: auf der einen Seite müssen wir sparen, auf der anderen durch gezielte Ausgaben der Wirtschaft neue Impulse geben. Da immer das richtige Maß zu halten, ist alles andere als einfach.«
2. Zwischen diesen beiden Kampfhähnen sitzen, mit beiden auskommen, vermitteln, sie zu konstruktiver Zusammenarbeit ermuntern ..., das ist ein regelrechter Balanceakt, sage ich dir. Nach zwei, drei Stunden Verhandlungsdauer ist man völlig erledigt.

bald: bis bald! · see you!, bye bye!

... Also, bis bald! – Ja, tschüß! Bis nächste oder übernächste Woche in Mannheim.

möglichst bald · as soon as possible

Sie bringen mir die Unterlagen möglichst bald, nicht wahr? Wenn wir noch mehr Zeit verlieren, ist die Gelegenheit verpaßt.

bald so, bald anders · now this way, now that

Wir verstehen auch nicht, was die wirklich wollen. Bald entscheiden sie so, bald anders. Wir erkennen auch keine Linie, keinen inneren Zusammenhang.

so bald wie/(als) möglich · as soon as possible

Also, Sie bringen mir die Unterlagen so bald wie möglich, nicht? – Natürlich. Ich habe selbst das größte Interesse daran, daß keinerlei Verzögerungen eintreten.

bald so, bald so *ugs* – **bald** so, bald anders · now this way, now that

Bälde: in Bälde ... *form selten* – binnen **kurzem** · soon, shortly, in a short while

Balg: ein kleiner/süßer Balg sein *ugs* · a nice little fellow

Der kleine Sohn von Herrn Meier ist wirklich ein süßer Balg! – Was, ich wußte gar nicht, daß der Kinder hat!

jm **den Balg abziehen** *ugs selten* – jn. (ganz schön/mächtig/ anständig/...) übers **Ohr** hauen · to pull a fast one on s.o., to fiddle s.o., to take s.o. for a ride, to put one over on s.o., to fleece s.o.

jm. **was/etwas auf den Balg geben** *sal* – jm. den **Buckel** vollhauen/vollschlagen (2) · to beat the shit out of s.o., to beat the daylights out of s.o.

was/etwas auf den Balg kriegen *sal* – den **Buckel** vollkriegen (2) · to get a good thrashing, to be done over, to get a good hiding

jm. **auf den Balg rücken** *sal selten* · 1. to squeeze up to s.o., to get too close to s.o., 2. to pester s.o., to go on at s.o.

1. Komm', mach dich nicht so breit hier, ich hab' das nicht so gern, wenn man mir immer so auf den Balg rückt! Die Bank gehört dir doch nicht allein!
2. vgl. – jm. auf den **Leib** rücken (2)

sich den Balg vollschlagen/(vollfressen/vollstopfen) *sal selten* – sich den **Bauch** vollschlagen/(vollfressen) · to stuff o.s., to pig o.s.

Balken: den Balken im eigenen Auge nicht sehen, aber den Splitter im fremden *bibl* · not to see the beam in one's own eye but the mote in another's

Ich gebe zu, Herr Bracht, wir haben einige Dinge falsch gemacht. Aber Ihr Unternehmen hat sich bei weitem schwerwiegendere Schnitzer geleistet. Ihre Kritik ist daher in dieser Form nicht berechtigt. Wie heißt es noch in der Bibel: den Balken im eigenen Auge nicht sehen, aber den Splitter im fremden ...

lügen, daß sich die Balken biegen *ugs path* · to tell a pack of lies, to lie one's head off

Der Susanne kannst du kein Wort glauben. Die lügt, daß sich die Balken biegen.

Ball: am Ball sein (bei jm.) *ugs* · to be (well) in with s.o., to be in s.o.'s good books

... Ja, das geb' ich schon zu: im Augenblick ist der Röder beim Chef am Ball. Wollen mal sehen, wielange. Du weißt, wie der Chef ist – der kann schon nächste Woche wieder einen anderen 'Spezi' haben.

den Ball abstauben *Fußball* · to steal a goal/possession, to score a fluky goal

... In der 31. Minute gelang es Hacker, von seinem Gegenspieler Holzer den Ball abzustauben und das Tor zum Ausgleich und dem 2 : 2 – Endstand zu schießen.

am Ball bleiben *ugs* · 1. 2. 3. to stick at it, to keep at it, to stay on the ball, 3. to keep plugging away

1. Er hat dir also zugesagt, die Angelegenheit zu prüfen und sich mit dir nochmal darüber zu unterhalten? – Ja. – Dann kannst du das jetzt nicht einfach (so) laufen lassen. Jetzt mußt du am Ball bleiben. Ende der Woche rufst du ihn an, sagst ihm, du hättest noch neue interessante Daten, fragst, wann er Zeit hat ...

2. (Zwei Zuschauer bei einem Fußballspiel:) Noch zehn Minuten. Wenn die Bayern jetzt nicht am Ball bleiben und mit aller Macht stürmen, ist nichts mehr drin. – Die schießen kein Tor mehr.

3. Die Wosa-Techniker sehen sich zurzeit durch die Konkurrenz ein wenig zurückgeworfen. Aber das Unternehmen wird bei der Konstruktion von Saugmotoren auch in Zukunft am Ball bleiben und hofft, schon im nächsten Jahr Systeme auf den Markt zu bringen, die ...

bei jm. **am Ball bleiben** *ugs* · to keep in with s.o.
... Ich bin doch kein Sklave der Parteiführung! Sonntag gehe ich nicht zu der Sitzung! – Wenn du bei diesen Leuten am Ball bleiben willst, Erich, dann wirst du wohl tun müssen, was sie erwarten. Sonst lassen sie dich natürlich fallen.

hart am Ball bleiben *ugs* · to keep plugging away, to stick at it, not to let up
... Jetzt, wo die dir gesagt haben, u.U. würden sie dir die Lizenz geben, mußt du hart am Ball bleiben! Immer wieder nachbohren, immer wieder das 'öffentliche Interesse' der Sache betonen! Der Vorgang muß denen immer präsent sein.

einen Ball machen *Billard* · to pocket a ball
Hast du gezählt, wieviel Bälle der Rolf schon gemacht hat? – Zwei links und drei rechts auf deiner Seite, glaub' ich.

(jm.) **den Ball ins Netz schießen/werfen/jagen** *Sport* – (jm.) den Ball/das Ei/das Ding ins **Netz** schießen/werfen/jagen/ legen (2) · to kick/to ram/to hammer/to throw/... the ball into the net

den Ball reinmachen/reinhauen/reindreschen/... *Fußballjargon* · to stick the ball in the net, to put it away, to bang it in
... Zuerst hat er den Verteidiger ausgedribbelt und dann den Torwart getäuscht ... – Und weiter? – Ja, und dann hat er den Ball reingemacht. – Hat er noch mehr Tore geschossen?

jm. **den Ball zuspielen** *ugs* · to feed s.o. his lines, to prompt s.o.
... Wenn der Schreiber dem Peter Bausch nicht blitzschnell den Ball zugespielt hätte, hätte der auf die Fangfrage des Anwalts keine Antwort gewußt. Aber die Bemerkung von dem Schreiber: »Der Herr Bausch war zu der Zeit mit mir in München«, gab der ganzen Verhandlung eine neue, günstige Wendung.

balla: balla balla sein *sal* – nicht (so) (ganz/(recht)) bei **Trost** sein · to be gaga

Ballast: (allen/...) **Ballast über Bord werfen/abwerfen** · to shed/to get rid of/... ballast, to get rid of encumbrances, to get rid of burdens, to cut the frills
In unserer Lage können wir uns nicht mehr mit Nebensächlichkeiten aufhalten. Wir müssen jetzt allen Ballast über Bord werfen. Nur wenn wir uns auf die wesentlichen Fragen beschränken und diese zügig angehen, können wir hoffen, in der uns gesetzten Frist doch noch fertigzuwerden.

Ballbesitz: im Ballbesitz sein *Sport* · to be in possession (of the ball)
... Der 1. FCK enttäuschte. Die roten Teufel vom Betzenberg waren in dieser Begegnung nur selten im Ballbesitz. Die Gäste aus Hamburg dominierten überlegen.

im Ballbesitz bleiben *Sport* · to keep possession, to hold on to the ball
... Selbst, wenn es den Borussen gelingen sollte, die letzten Spielminuten im Ballbesitz zu bleiben, am Spielstand von 3 : 1 werden sie kaum noch was ändern können.

in (den) Ballbesitz kommen *Sport* · to gain possession, to get possession, to get hold of the ball
... In der letzten Spielminute gelang es den Stuttgartern nochmal, in Ballbesitz zu kommen und den Ausgleichstreffer zum 2 : 2 – Endstand zu erzielen.

Bälle: jm. **die Bälle zuspielen** *ugs* · to feed s.o. lines, to give s.o. cues
Hast du gemerkt, wie der Schreiber dem Peter die Bälle zugespielt hat? Wirklich geschickt, dieser Mann: er lenkte die Argumentation immer wieder in eine bestimmte Richtung, sodaß Peter nur die richtigen Worte aufzugreifen brauchte, um die Sache zu seinem Vorteil zu entscheiden.

sich (gegenseitig/einander) **die Bälle zuspielen**/(zuwerfen) *ugs* · 1. to feed each other lines, 2. to work hand in hand
1. Die spielen sich gegenseitig die Bälle zu, das ist eine Wonne. Kein Wort, das der eine sagte, ohne daß es dem anderen nützte!
2. Wenn sich zwei so mächtige Unternehmen in allen wichtigen Fragen die Bälle zuspielen, haben Dritte kaum noch eine Chance. Irgendwie hat eines der beiden bei jedem Geschäft die Finger drin, sodaß eine stille Zusammenarbeit sozusagen in allen Bereichen entscheidende Vorteile bringt.

ballern: einen ballern *sal selten* · to knock it/them back
Habt ihr da gestern in der Stehpinte wieder einen geballert? – Hm, sechs oder sieben Steinhäger hab' ich getrunken. Das ist doch nichts.

jm. **eine ballern** *sal* – jm. eine **Ohrfeige** geben · to give s.o. a clip round the ears

jm. **ein paar ballern** *sal* – jm. ein paar **Ohrfeigen** geben · to give s.o. a clip round the ears

Ballon: jm. **eins/einen auf den Ballon geben** *sal* – jm. eins/ (einen) auf/(über) die **Birne** geben · to crack s.o. on the nut

einen (hoch-) (roten) **Ballon kriegen** *sal* – (über und über) rot **anlaufen** · to go red (all over)

eins/(einen) auf den Ballon kriegen/(bekommen) *sal* – eins/ (einen) auf/(über) die **Birne** kriegen/(bekommen) · to get a crack on the nut

Balsam: Balsam auf js. **Wunde/(auf** js. **wundes Herz) sein** *form – path* · to be balm to s.o.'s wounds/wounded soul/...
Daß sein Erzfeind genau so schlecht abgeschnitten hatte wie er, war Balsam auf seine Wunde. Einen besseren Trost als diese Nachricht hätte man ihm gar nicht geben können.

Balsam auf/in die/js. **Wunde(n) gießen** *form – path* · to pour balm on s.o.'s wounds
Deine Bemerkung, die Ursel sei alles andere als leicht, hat dem Karl sichtlich gutgetan. – Deshalb habe ich sie ja gemacht. Er leidet entsetzlich daran, daß alle Welt ihn dafür verantwortlich hält, daß die Ehe auseinandergegangen ist. Irgendeiner muß da ja mal Balsam auf seine Wunden gießen.

Balsam auf/in js. **Wunde(n) träufeln** *path oft iron* · to pour balm on s.o.'s wounds, to ease s.o.'s pain
Sein Vater versuchte zwar, Balsam auf seine Wunden zu träufeln, indem er sagte, er wäre in seiner Jugend auch schon mal durchgefallen und hätte es im Leben trotzdem zu etwas gebracht. Aber es war alles vergebliche Liebesmüh'. Er war untröstlich. In Mathematik durchfallen ...

Balz: auf die Balz gehen · to hunt during the animals' pairing/ coupling season *para*
Wenn sich die Vögel paaren, sollte man sie doch nicht jagen, Vater! Wie kann ein Jäger also 'auf die Balz gehen'?

Bammel: (vielleicht) **einen Bammel vor** jm./etw. **haben** *ugs* · to be scared stiff of s.th., to be (dead/terribly/...) nervous about s.th.
Die Karin hat vielleicht einen Bammel vor dem Examen! Du machst dir keine Vorstellung. – Seltsam, je besser die Kandidaten, um so größer die Angst!

Banane: (es ist) **alles Banane** *ugs Neol* – (es ist) alles **paletti** · everything is O.K./just dandy/...

(das/(etw.) ist) alles Banane *Neol ugs* – es ist alles in (bester) **Butter** · everything is fine, everything is O.K., everything is hunky-dory/just dandy

warum ist die Banane krumm? *ugs* · why is the sky so high?, why is a banana bent?
Mutti, warum hat der Onkel eine gelbe Mütze auf? ... Mutti, warum ist die Katze dort schwarz? ... Mutti, warum ...? – Warum ist die Banane krumm? Weißt du das? – Nee! – Siehst du, wenn wir alles wüßten, was du fragst ...

dich/die Christa/... haben sie wohl/... mit der Banane aus dem Urwald gelockt? *sal* · 1. you/he/...'ll believe anything, you/... think the moon is made of green cheese, 2. s.o. must be out of his mind, s.o. must have taken leave of his senses, s.o. is not all there

... Du hast wirklich geglaubt, Ute, der Hansgert hätte bis heute noch nie eine andere Freundin gehabt? Dich haben sie wohl mit der Banane aus dem Urwald gelockt, was? So was Naives, das gibt's doch gar nicht!

2. vgl. – nicht (so) (ganz/(recht)) bei **Trost** sein

ausgerechnet Bananen! *sal* · bananas of all things *para*, you have asked for what we haven't got! *para*

Was ist los? Warum bist du so sauer? – Die wollen gerade den Gewindetyp kaufen, den wir nicht auf Lager haben. – Ausgerechnet Bananen! ... Na ja, laß dich nicht aufregen, Karl!

Band: **am laufenden Band** · 1. 2. non-stop nonsense/...,invitations/... galore

1. In letzter Zeit hast du Einladungen am laufenden Band. So kann das nicht weitergehen. Es vergeht ja kein Tag, an dem du nicht auf irgendeinem Fest wärst!

2. Er hat mal wieder am laufenden Band Unsinn erzählt.

auf Band aufnehmen · to tape s.th., to tape-record s.th.

... Würdest du denn als Professor zulassen, daß deine Studenten deine Vorlesungen auf Band aufnehmen? – Nein! Wenn jedes Wort von allen möglichen Leuten auf Tonband festgehalten wird, spricht man nicht mehr frei.

vom Band laufen *form* · to come off the conveyor belt, to come off the production line

... Wenn die ganzen Kisten vom Band laufen würden – ja, dann wäre der Wagen im Nu geladen. Aber unser Fließband sind unsere Hände; das dauert also seine Zeit.

auf Band sprechen/diktieren *form* · to dictate s.th. on to tape

(Eine Sekretärin zu einem Professor:) Wenn Sie die ganze nächste Woche in München auf dem Kongreß sind, wäre es wohl das Beste, wenn Sie die Briefe an den Dekan und an die Universität Augsburg noch vor Ihrer Abreise auf Band diktieren könnten. Ich könnte sie dann schon am Montag schreiben und wegschicken.

das letzte Band zwischen A und B ist zerrissen/(gerissen) *path* · the last ties between A and B have been broken

Nachdem der Heinz den Arbeitsplatz gewechselt hat, ist auch das letzte Band zwischen ihm und der Ursel zerrissen. – Nun, versöhnt hätten die sich wohl sowieso nicht mehr.

Bandagen: **mit harten Bandagen kämpfen** · to fight with the gloves off, to fight with no holds barred

Wenn du in Wirtschaft und Politik Erfolg haben willst, mußt du mit harten Bandagen kämpfen. Wenn du diese Ellebogen nicht zu gebrauchen weißt, suchst du dir besser einen anderen Job.

Bandbreite: eine Darstellung/... von großer/erstaunlicher/... **Bandbreite** · a work/novel/... of extraordinary/amazing/... range

... Kein Mensch hätte diesem jungen Autor einen solchen Roman zugetraut. Das ist ein Werk von geradezu erstaunlicher Bandbreite: historische Gegebenheiten, soziologische Strukturen, typische Verhaltensformen verschiedener Schichten, der Kampf der Geschlechter in den verschiedenen Altersstufen – dieses und vieles andere mehr wird lebendig und naturgetreu dargestellt.

Bande: **die ganze Bande** *ugs* – der ganze **Verein** (1) · the whole lot of them/us/...

die Bande des Blut(e)s *form* · (the) ties of blood, blood ties
Früher hieß es immer, die Bande des Blutes seien stärker als alle anderen Bindungen. Wenn man sich die Familien von heute anguckt, kann man das wohl nicht mehr behaupten.

die Bande der Ehe/(durch eheliche Bande verbunden sein/...) *form* · the marriage tie, the bonds of matrimony
»Heutzutage«, meint meine Schwester, »fühlen sich viele Paare durch die Bande der Ehe nicht mehr so gefesselt wie früher«.

die Bande der Freundschaft (sind unauflöslich/enger knüpfen/...) *form* · bonds of friendship/the ties of friendship (are indissoluble/...)
Die beiden Jubilare, seit ihrem zehnten Lebensjahr befreundet, haben die Bande der Freundschaft im Laufe ihres langen Lebens immer enger geknüpft. Kein privates oder berufliches Ereignis, bei dem sie sich nicht vertrauensvoll besprochen, engagiert unterstützt, uneigennützig füreinander eingesetzt hätten ...

zarte Bande knüpfen *path oft iron* · to start a romance
»Ich knüpfte manche zarte Bande«, zitierte er übermütig, in seliger Erinnerung an seine Studentenzeit und seine zahllosen Liebschaften.

jn. **in Bande schlagen** *veraltend selten* – jn. in **Ketten** legen · to put s.o. in chains, to clap s.o. in irons

die letzten Bande zwischen A und B sind zerrissen/(gerissen) *path* – das letzte **Band** zwischen A und B ist zerrissen/(gerissen) · the last ties between A and B have been broken

Bände: **das**/(etw.) **spricht Bände** · that/s.th. speaks volumes
Warum gibt er denn nicht zu, daß er bei der Verhandlung dabei war? Das spricht doch Bände! – Meinst du wirklich? – Nach meiner Meinung sagt das alles!

über etw. **könnte** j. (jm.) **Bände erzählen/schreiben**/... · I/he/... could write a book about s.th./s.o., I/he/... could write volumes about s.th./s.o.
Erinnere mich nicht an meine Schulzeit in diesem Internat! Ich könnte Bände erzählen über die verheerenden Zustände, die dort herrschten.

mit etw. **könnte** j. **Bände füllen** *path* · s.o. could write volumes about s.th.
... Wenn mein Vater alles aufschreiben würde, was er in diesem Laden an Intrigen und Schweinereien erlebt hat, könnte er damit Bände füllen. Eine halbe Bibliothek gäbe das!

Bändel: jn. **am Bändel haben** *ugs selten* · 1. 2. to have (got) s.o. on a string, to have got s.o. twisted around one's little finger
1. Ich weiß nicht, wodurch, aber Tatsache ist: der Breitner hat den Jochen seit Jahren am Bändel. Der macht nur, was der Breitner will, widerspricht nie, folgt ihm in allem ...
2. Wieviel Mädchen hat der denn eigentlich am Bändel? Gestern sah ich ihn mit einer Blondine, heute mit einer Brünetten. – Er ist der Don Juan am Ort.

bang(e): jm. **wird bang und bänger** *ugs* – *path* · + to get more and more worried about s.th.
... Als die Klara abends um elf (Uhr) immer noch nicht zu Hause erschien, wurde es uns aber doch bang und bänger. Sie blieb doch sonst nie so lange fort. War was passiert?

(nur) keine Bange (nicht)! *ugs* – keine **Sorge!** (1, 2) · don't worry!

Bange haben (vor jm./etw.) *ugs* – *path selten* – (vor jm./etw.) **Manschetten** haben · to be scared of s.o./s.th.

jm. **wird bange** bei etw./wenn/... *ugs* – (weniger stark als:) jm. wird **angst** und bange bei etw./wenn/... · + to become worried/anxious/frightened/... when one thinks of s.th./...

jm. **ist bange um** jn./etw. *form* · + to be worried about s.o., + to be anxious about s.o.
... Nein, um den Bertold ist mir nicht bange! Der kommt immer durch! Bei der Gisela, da hab' ich schon mehr Angst. – Ach, um die Gisela brauchst du dir keine Sorgen zu machen.

bange machen gilt nicht! *ugs scherzh* – bange **machen** gilt nicht! · no trying to scare me/him/...

Bank: (alle) **durch die Bank** *ugs* · 1. 2. every single one of you/them/... 1. the whole lot of you/them/...
1. Ihr habt euch (alle) durch die Bank im Examen gut geschlagen. Gott sei Dank! Keiner hat versagt.
2. Die Nachrichten über das Land waren durch die Bank einseitig. Ausnahmslos!

die Bank halten *form* · to hold the bank, to be banker
(Im Spielkasino an einem Spieltisch; Herbert erklärend zu seiner Frau:) Der Herr da mit der hellen Weste hält die Bank; d.h. er spielt gegen alle anderen.

etw. auf die lange Bank schieben · to put s.th. off
Mit ihm fruchtbar zu arbeiten ist einfach unmöglich. Er schiebt alles auf die lange Bank. Nichts, was er sofort und zügig erledigen würde!

auf der Bank sitzen *Fußball u. ä.* · to be on the bench, to be (a) substitute/reserve
(Ein Zuschauer:) Was, der Folkerts sitzt auf der Bank? Warum das denn? – Der ist immer noch leicht verletzt. Der Trainer hat schon recht, den zunächst nur als Reservespieler einzusetzen.

die Bank sprengen *Roulette* · to break the bank
Gestern wurde die Bank hier gesprengt. Zwei Amerikaner setzten mehrere Male hintereinander mit sehr hohen Einsätzen auf die richtige Nummer. Es war das erste Mal in der Geschichte dieser Spielhölle, daß der Gewinn nicht sofort ausbezahlt werden konnte und vorübergehend geschlossen werden mußte.

die Bank übernehmen *Roulette* · to take over as banker
(Im Spielkasino an einem Spieltisch; Herbert erklärend zu seiner Frau:) Ah, es scheint, die haben gewechselt. Der Herr mit der hellen Weste hat aufgegeben und der junge Mann mit dem grünen Schlips hat die Bank übernommen. Mal sehen, gegen wen er jetzt alles spielt.

vor leeren Bänken predigen · to preach to an empty church
Also, über die Gefahren des Drogenmißbrauchs hat er gesprochen, sagst du. Wieviel Leute waren denn bei dem Vortrag? – Vielleicht 15, maximal 20. – Du lieber Gott! Er hat also sozusagen vor leeren Bänken gepredigt.

vor leeren Bänken spielen · to play to empty benches, to play to an empty theatre
… Der Mißerfolg dieser Theatergruppe in unserer Stadt war katastrophal. Drei Abende mußte sie vor leeren Bänken spielen.

Bankfach: im Bankfach tätig sein *form* · to be in banking, to work in the banking profession
Wo arbeitet eigentlich euer Peter? – Er ist im Bankfach tätig. – Bei welcher Bank ist er denn, wenn ich danach fragen darf?

Bankrott: Bankrott machen *ugs* · 1. to go bankrupt *n*, 2. to come a cropper (with s.th.)
1. Hast du gehört: der Erich hat Bankrott gemacht. – Was? Der Erich Mollenhauer? – Ja. Seine Firma muß Konkurs anmelden.
2. vgl. – (eher:) **baden** gehen (mit etw.) (2)

Bankrotterklärung: das/etw. ist eine Bankrotterklärung *ugs – path* · 1. it/s. th. is an admission of failure, 2. it/s. th. is an admission of incompetence/defeat/…
1. … Wenn die Polizei es nicht schafft, die Geiseln aus der Hand dieser beiden Verbrecher zu befreien, dann ist dies eine Bankrotterklärung des Staates! Dann stellt sich die Polizei ihr eigenes Unfähigkeitszeugnis aus.
2. … Was, du bist nicht in der Lage, solch einen einfachen Text zu übersetzen? Das ist ja wohl eine Bankrotterklärung! Du solltest dich schämen!

Bann: jn. mit dem Bann belegen *form hist* – den **Bann** über jn. verhängen/aussprechen/(jn. in den Bann tun) · to excommunicate s.o.

den Bann brechen · 1. to break the ice, 2. to break the spell, to end the hoodoo
1. Ulrikes unbefangene Unterhaltung mit Paul über seine Erfahrungen als Maler brach den Bann. Bis dahin saßen alle ziemlich befangen da, nippten ein wenig an ihren Gläsern, eine Unterhaltung wollte nicht aufkommen … Aber von da an wurde die Atmosphäre von Minute zu Minute lockerer.
2. Seine gute Mathematikarbeit brach den Bann. Bis zu dieser Arbeit hatte er Angst vor der Schule, vor den Lehrern. Aber von dem Augenblick an verlor er jede Angst und zeigte durchweg gute Leistungen.

der Bann ist gebrochen · the hoodoo is over, our/… run of bad luck is over
Endlich ein Sieg! Ein klarer Sieg! Der Bann ist gebrochen! Nach fünf vergeblichen Versuchen haben wir es endlich geschafft, ein Ergebnis zu erzielen, das unserem Können entspricht! Jetzt wird es aufwärts gehen.

in js. **Bann geraten** *path selten* · to fall under s.o.'s spell
Wenn man derart in den Bann einer Frau gerät wie der Franz, gibt man sich auf. Die Ute macht doch mit dem, was sie will.

jn. in/(im) Bann halten *form* · to fascinate s.o., to enthral s.o.
Eine ganze Woche lang hielt das Turnier die halbe Stadt in Bann. Man sprach von nichts anderem mehr als von Tennis, Boris Becker …

jn. vom Bann lösen *form hist* · to re-admit s.o. to the church, to withdraw a sentence of excommunication (from s.o.)
… Wenn der Papst jemanden wieder vom Bann gelöst hatte, konnte er ihn nicht gut sofort danach aufs neue in den Bann tun; das wirkte dann nicht mehr. Auch dies wußten sich viele Herrscher natürlich zunutze zu machen.

jn. in seinen Bann schlagen *path* · 1. to captivate s.o., 2. to be spellbound by s.o./s.th.
1. Sie schlägt die ganze Gesellschaft in ihren Bann, mit ihrem Charme, ihrer spritzigen Unterhaltung, ihrer Natürlichkeit – und nicht zuletzt mit ihrer Schönheit. Niemand kann sich ihrer Faszination entziehen.
2. Da saß die ganze Familie am Fernsehen und ließ sich von einem James-Bond-Film in Bann schlagen. Fasziniert von …

(noch/…) (ganz) im Bann von jm. **stehen** *path* · to be (still/…) under s.o.'s spell
Hat er sich innerlich immer noch nicht von ihr lösen können? Nach zwei Jahren? – Nein, er steht immer noch ganz in ihrem Bann. Es genügt, daß sie ihn einmal anruft, schon glaubt er, es wird wieder alles wie früher sein.

den Bann über jn. **verhängen/aussprechen/(jn. in den Bann tun)** *hist* · to excommunicate s.o.
Wie war es doch, welcher Papst hat über Heinrich IV. den Bann verhängt?

jn. in seinen Bann ziehen · to captivate s.o., to fascinate s.o.
Das Ballett zog sie von Jahr zu Jahr mehr in seinen Bann. Schließlich hatte sie nichts anderes mehr im Kopf als Ballett.

jn. in seinen Bann zwingen *selten* · to cast one's spell over s.o., to gain influence over s.o.
Es ist wirklich unerhört, mit welchen Mitteln er versucht, Robert in seinen Bann zu zwingen. Daß er sich bemüht, ihn unter seinen Einfluß zu bringen, ist ja verständlich. Aber mit solchen Mitteln, quasi mit Gewalt …

Bannfluch: den Bannfluch schleudern gegen jn. *path hist selten* – den **Bann** über jn. verhängen/aussprechen/(jn. in den Bann tun) · to excommunicate s.o.

Bannkreis: in js. **Bannkreis geraten** *form path* · to come under s.o.'s spell
… Wenn man einmal in den Bannkreis dieser Sekte geraten ist, kann man sich offenbar nur schwer wieder davon lösen …

in js. **Bannkreis stehen** *form path* · to be under the spell of s.o., to be under the influence of s.o./under s.o.'s influence
… Wer einmal im Bannkreis solcher Sekten steht, in denen sich Religion, Rausch, Sexualität untrennbar mischen, kann sich davon offensichtlich nur sehr schwer wieder lösen …

Bannstrahl: jn. trifft der/js. Bannstrahl *path hist* – den **Bann** über jn. verhängen/aussprechen/(jn. in den Bann tun) · s.o. is excommunicated

bar: gegen bar · in cash, for cash
Ich kann Ihnen den Wagen leider nur gegen bar verkaufen. Wenn Sie auf Überweisung oder sogar auf späterer Bezahlung bestehen, muß ich ihn einem Interessenten verkaufen, der heute morgen hier war und mir den Betrag sofort auf die flache Hand zahlt.

in bar *form* · in cash
Ich kann Ihnen den Betrag doch überweisen oder mit Scheck bezahlen, nicht wahr? – Nein! Wir nehmen nur Zahlungen in bar entgegen.

jeden Gefühls/… bar sein *form – path* · to be completely without feeling/compassion/…, to be devoid of feeling/compassion/…
… Hat dieser Mann denn mit seiner kranken Frau überhaupt kein Mitleid? Mir scheint manchmal, der ist jeden menschlichen Gefühls bar! – Ein Rohling ist das, dieser Förster!

Bär: ein (richtiger/rechter) **Bär sein** *ugs* · to be a hulking great brute of a man, to be a real/... bear of a man
Der Willibald ist ein richtiger Bär: groß, breitschultrig, ausladende Gesten ... Und dann seine tiefe ruhige Stimme!

hungrig wie ein Bär sein *ugs* – (eher:) einen **Bärenhunger** haben · to be famished, to be starving, I/he/... could eat a horse

stark wie ein Bär sein *ugs* – **Bärenkräfte** haben · to be as strong as an ox

ein ungeleckter Bär sein *ugs selten* · to be a rough and ready character, to be an unlicked cub *tr*
Das ist doch ein ungeleckter Bär, der Willibald! Breit und ungeniert antwortete er auf die Frage, wann er mit Ursel in der Bar gewesen sei: »Wir haben von 7 Uhr abends bis 4 Uhr morgens durchgetanzt. Wollen Sie auch wissen, was wir anschließend gemacht haben?« Die Leute lachten nur.

brummen wie ein Bär *ugs selten* · to growl like a bear
Was brummt der da wie ein Bär? Will er sich beschweren oder so was? – Das darfst du nicht so ernst nehmen! Mürrisch, wie er ist, knurrt er sich dauernd solche Bemerkungen in den Bart.

schlafen wie ein Bär *ugs* · to sleep like a log
Kein Wunder, daß ich von dem Sturm in der letzten Nacht nichts gemerkt habe! Nach dem anstrengenden Tag gestern habe ich geschlafen wie ein Bär.

schwitzen wie ein Bär *ugs* · to sweat like a pig
Nachdem ich das ganze Brennholz in die Garage geschafft hatte, schwitzte ich wie ein Bär.

in/... ist/... der Bär los *ugs Neol* · it is all happening in ...
Im Jazzclub war gestern abend der Bär los. So voll hab' ich den Laden ewig nicht mehr erlebt.

schwitzen wie die Bären *ugs* · to sweat like pigs
Nachdem wir das ganze Brennholz in die Garage geschafft hatten, schwitzten wir wie die Bären.

jm. **einen Bären aufbinden** *ugs* · to have s.o. on, to pull s.o.'s leg
Und das hast du geglaubt, daß der Peter zum Professor ernannt wurde? – – Warum nicht? – Hast du denn nicht gemerkt, daß er dir einen Bären aufgebunden hat? Wie kannst du nur so naiv sein und dich von allen Leuten so verkohlen lassen?

sich einen Bären aufbinden lassen *ugs* · to have fallen for a lie, to have been had on, to have had one's leg pulled
Der Heinz Petersen sagt, sein Vater sei für den Nobelpreis für Chemie vorgesehen worden. – Und du hast das geglaubt? Da hast du dir aber einen Bären aufbinden lassen.

Bärendienst: jm. einen Bärendienst erweisen/leisten · to do s.o. a disservice, to do s.o. a bad turn
... Ja, sie hat den Text übersetzt – aber alles falsch. Mit der Verbesserung der Fehler habe ich mehr Arbeit, als wenn ich die Übersetzung selbst gemacht hätte. – Dann hat sie dir also einen Bärendienst erwiesen.

Bärenfell: das Bärenfell verkaufen, ehe/(bevor) man den Bären hat/ehe/(bevor) man den Bär(en) erlegt hat *ugs selten* – das **Fell** des Bären verkaufen/(vertreiben), ehe man ihn erlegt hat/(ehe/bevor man den Bären hat/ehe/bevor man ihn gefangen hat) · to count one's chickens before they're hatched

Bärenführer: (den) Bärenführer spielen *ugs* · to be a (tourist) guide, to act as a guide
Auf dieser Reise spielte ein gewisser Dr. Maltzahn den Bärenführer. Ein sympathischer, beschlagener Reiseleiter, der uns sowohl in Rom wie in Florenz alles zeigte, was sich zu sehen lohnt.

Bärengesundheit: eine Bärengesundheit haben *ugs* · to be as fit as a fiddle
Ich habe Tante Margot noch nie krank gesehen, Mutti. – Tante Margot und krank! Die hat eine Bärengesundheit. Selbst ich habe sie noch nie krank gesehen.

Bärenhaut: sich auf die Bärenhaut legen *ugs selten* – sich auf die faule **Haut** legen · to (lie down/sit back/... and) do nothing, not to lift a finger, not to do a hand's turn

auf der Bärenhaut liegen/(sich auf die ... legen) *ugs selten* – sich auf die faule **Haut** legen (1) · to (lie down/sit back/... and) do nothing

die Bärenhaut verkaufen, ehe/(bevor) man den Bären hat/ ehe/(bevor) man den Bär(en) erlegt hat *ugs selten* – das **Fell** des Bären verkaufen/(vertreiben), ehe man ihn erlegt hat/ (ehe/bevor man den Bären hat/ehe/bevor man ihn gefangen hat) · to count one's chickens before they're hatched

Bärenhunger: einen Bärenhunger haben *ugs* · to be famished, to be starving, I/he/... could eat a horse
Wenn er nach dem langen Dienst nach Hause kommt, hat er immer einen Bärenhunger. Seine Frau macht sich schon ernstliche Gedanken um ihre Figur.

Bärenkonstitution: eine Bärenkonstitution haben *ugs* · to have an iron constitution
Wenn man so eine Bärenkonstitution wie der Ernst hat, hält man diesen mörderischen Rhythmus vielleicht durch. Ein normaler Mensch ist da nach 14 Tagen kaputt.

Bärenkräfte: Bärenkräfte haben *ugs* · to have the strength of an ox
Kein Wunder, daß er solche Bärenkräfte hat! Er ißt auch für drei.

Bärennatur: eine Bärennatur haben *ugs* · to be tough *n*
In sechs Jahren habe ich kein einziges Mal erlebt, daß er wegen Krankheit nicht zur Arbeit erschienen wäre. Er hat eine Bärennatur, eine Kraft ...!

Bargeld: in Bargeld *form selten* – in **bar** · to pay/... cash

Barmherzigkeit: Barmherzigkeit üben *kirchl – form* · to show mercy to s.o., to show compassion towards s.o.
Eure Hartherzigkeit den Kindern gegenüber ist alles andere als christlich. Christlich wäre, Barmherzigkeit zu üben, ihnen ihre Fehler nachzusehen ...

Barometer: das Barometer steht hoch/tief *form* · the barometer is showing/pointing to fine/bad/... weather
An Regen ist weiterhin nicht zu denken. Das Barometer steht nach wie vor hoch.

das Barometer steht auf Sturm bei jm./in .../... *ugs* · things look stormy in/with/..., the barometer is pointing to 'storm'
Tag, Erich. Pst – komm', wir gehen hier ins Nebenzimmer. Am besten, es bemerkt uns gar keiner. Das Barometer steht hier heute auf Sturm. Mein Vater hat uns eben alle nach Strich und Faden angeschnauzt, wegen der Zeugnisse, und harte Strafen in Aussicht gestellt. Es genügt, daß er jemanden von uns sieht, um aufs neue loszubrüllen.

Baron: ein Baron von Habenichts sein *ugs iron* · not to have a penny to one's name, to be Baron hardup *rare*
Der Manfred gibt mal wieder mit seinen Beziehungen an! Dabei weiß doch jeder, daß er ein Baron von Habenichts ist. Selbst die Miete für seine kümmerliche Wohnung zahlt er unregelmäßig und unter größten Schwierigkeiten.

Barras: beim Barras (sein) *sal* – beim **Militär** (sein) · to be in the armed forces, to be doing one's military service

zum Barras gehen *sal* – zur **Armee** gehen · to join the army

Barrikaden: auf die Barrikaden steigen/(gehen) *ugs* · to be up in arms, to go to the barricades, to be on the warpath
Die Arbeiter sind mit der Lohnpolitik gar nicht zufrieden. Es brodelt wieder. Über kurz oder lang werden sie wieder auf die Barrikaden steigen, ihre Forderungen mit allen Mitteln durchzusetzen suchen.

Bart: so'n Bart! *ugs* · it's an oldie, it's as old as the hills, it's a real old chestnut
Habt ihr den Witz von dem Franzosen, dem Engländer und dem Deutschen gehört, von denen jeder ein Buch über das Leben der Elephanten schreiben muß? – So'n Bart! Den Witz hören wir jetzt zum sechsten oder siebten Mal.

(schon) **einen** (langen/endlosen) **Bart haben** *ugs* · to be as old as the hills

… Ich kann über diesen Witz beim besten Willen nicht mehr lachen. Die Geschichte hat schon so einen Bart …!

(so,) **der Bart ist ab** *ugs selten* · that's that!, that's the end of that!

So, der Bart ist ab! Ich wurde dem Personalchef heute endlich vorgestellt – die Firma nimmt mich nicht. Sie sagen, ich hätte zu wenig Erfahrung im Exportgeschäft.

(wenn …) **dann ist der Bart ab** *ugs* · (if …) then that's it, (if …) then you/… can forget your/… holiday/…

Wenn du mir nochmal eine 'Vier' in Englisch nach Hause bringst, dann ist der Bart ab. Dann kannst du deine Reise nach Frankreich vergessen.

einen Bart mit Dauerwellen haben *ugs iron selten* – (schon) einen (langen/endlosen) **Bart** haben · to be as old as the hills

jm. **um den Bart gehen**/(streichen) *ugs* · to butter s.o. up, to make up to s.o., to soft-soap s.o.

Guckt euch nur an, wie der Müller dem Chef um den Bart geht! Was er sich von seinem kriecherischen Verhalten wohl verspricht?

(sich) etw. **in den/seinen Bart knurren/brummen/murmeln/nuscheln** *ugs* · to mumble s.th. (into one's beard), to mutter s.th. (into one's beard)

Was knurrst du dir da in den Bart? Sprich deutlicher! Ich verstehe nicht! Du meinst, es ist ungerecht …

beim Bart(e) des Propheten! *ugs iron selten* · 1. 2. cross my heart, I swear to God

1. Beim Bart des Propheten! Ich versichere dir, die Sache hat sich genau so abgespielt, wie ich es dir sage.
2. Beim Bart des Propheten! So einen blühenden Unsinn habe ich lange nicht mehr gehört. Wirklich: seit Jahren wird mir so ein Quatsch nicht mehr erzählt.

beim Bart(e) des Propheten schwören *ugs iron selten* – **Stein und Bein** schwören · to swear blind that … *n*, to swear by all that's holy that …

sich einen Bart stehen/wachsen lassen · to grow a beard

Jetzt sag' bloß, daß der Kurt sich auch noch einen Bart stehen läßt! – Hast du was dagegen, Christa? – Mit Bart wird er aussehen wie eine Schießbudenfigur.

sich nachdenklich/zufrieden/… **durch den Bart streichen** · 1. 2. to stroke one's beard thoughtfully/…

1. »Ich weiß nicht, ob ich dir das erlauben kann«, sagte der Großvater, indem er sich nachdenklich durch den Bart strich. »Ich bin mir nämlich nicht sicher, ob dein Vater dir die Genehmigung gäbe. Ich für meinen Teil …«
2. »Tja«, sagte er, indem er sich voller Zufriedenheit durch den Bart strich, »tja, weißt du, man darf natürlich nicht auf der faulen Haut liegen, wenn man so etwas erreichen will. Aber wie du siehst: es geht!«

Barthel: wissen, wo Barthel (den) Most holt *selten* – (eher:) mit allen **Wassern** gewaschen sein (1) · to know what's what *n*, to know the ropes *n*, to know one's onions *coll*, to know every trick in the book

jm./… **zeigen, wo (der) Barthel den Most holt** *selten* · to tell s.o. where to get off, to tell s.o. what the score is *coll*

(Ein Unteroffizier zu seinem Vorgesetzten:) Der Gefreite Schulz ist in der letzten Zeit sehr aufmüpfig geworden. Er stiftet Unruhe unter seinen Kameraden. – Den werd' ich mir mal vornehmen und ihm zeigen, wo (der) Barthel den Most holt.

Basiliskenblicken: jn./etw. **mit Basiliskenblicken ansehen/(mustern)**/… *lit selten* · to give s.o./(s.th.) a withering stare/look/… *elev*

… Wenn dieser Mann einen mit seinem Basiliskenblick ansieht, dann … – Mit was für einem Blick? – Seinem stechenden, bösen, gleichsam vernichtenden Blick, dann …

baß: baß erstaunt/(verwundert) **sein** (über jn./etw.) *path* – baß erstaunt sein (über jn./etw.) · to be greatly/absolutely/utterly/most/(…) amazed/astonished/taken aback by s.o./s.th.

basta: … **und damit basta!** *ugs* · 1. 2. … and that's that, … and that's all there is to it

1. Du kriegst jetzt keinen Kaugummi mehr, und damit basta! Jetzt wird kein Wort mehr darüber verloren!
2. Ich gebe ihm eine '6', und damit basta! Dann bleibt er endlich einmal sitzen. Vielleicht gewöhnt er sich dann endlich an, die Schule ernstzunehmen. Schluß mit dem Hin- und Herüberlegen!

Batzen: einen schönen Batzen Geld ausgeben/kosten/verdienen/… *ugs* – eine schöne/hübsche/(ganze) **Stange** Geld ausgeben/verdienen/kosten/… · to spend/to earn/to cost/… a tidy sum, to spend/to earn/to cost a small fortune, to cost a pretty penny

Bau: auf dem Bau sein/arbeiten · to work on a building site, to be a building worker

Arbeitet euer Helmut immer noch auf dem Bau? – Jawohl, mein Lieber, und immer noch bei derselben Baufirma. Sie bauen gerade am Goetheplatz ein Hochhaus.

im/(in) **Bau sein**/(sich … befinden) · s.th. is being built, s.th. is under construction

… Wielange ist diese Autobahn jetzt schon im Bau? – Ah, daran arbeiten sie bestimmt schon acht, neun Jahre.

vom Bau sein *sal selten* – vom **Fach** sein · + it/s.th. is s.o.'s subject, it/s.th. is s.o.'s speciality, + it/s.th. is s.o.'s profession, + it/s.th. is s.o.'s line of business

auf den Bau gehen *ugs* · to get a job on the building site, to go into a building trade, to work on a building site

Wenn ich nichts anderes finde, gehe ich auf den Bau. Als Bauarbeiter findet man immer einen Job.

in den Bau kommen/(gehen) **müssen** *ugs selten* – in den **Knast** (gehen) müssen · to have to do time, to have to go to clink *sl*, to have to do bird *sl*

nicht aus dem Bau (heraus-)kommen *ugs* – nicht aus der **Bude** (heraus-)kommen (1, a. 2) · to be stuck at home, not to get out of the house

… Monate/Jahre/… **Bau kriegen**/(bekommen) *ugs* · to get … months/years/… porridge, to get … month/years/… stir

Wieviel Jahre Bau hat er denn gekriegt? – Er ist noch glimpflich davongekommen. Er muß nur für neun Monate ins Gefängnis.

Bauch: einen Bauch haben · 1. 2. to be filling out

1. Was sagst du, ich hab' einen Bauch? Du bist ja verrückt! Du, du hast einen Bauch – das ist richtiger Speckbauch sogar!
2. In welchem Monat ist die Uschi jetzt? – Warum fragst du? – Weil sie schon einen Bauch hat. *sal*

einen dicken Bauch haben *sal* – (stärker als:) einen **Bauch** haben · to be highly/… pregnant

noch/seit/… **nichts im Bauch haben** *ugs* · not have had anything to eat (yet/since/…)

Nun laß den Jungen erst einmal essen, Hermann! So eine ernste Unterhaltung mit nüchternem Magen …, laß ihn sich erst einmal stärken! Er hat noch nichts im Bauch.

eine Wut/einen Zorn/(einen Ärger) **im Bauch haben** (auf jn./über etw.) *ugs* · to be livid with s.o. about s.th., to be hopping mad about s.o./s.th.

Ich habe eine Wut im Bauch auf diesen Hartmann, das kannst du dir gar nicht vorstellen. Wenn ich den Kerl jetzt vor der Flinte hätte, würde ich ihn links und rechts ohrfeigen. So eine Gemeinheit, über Marta zu verbreiten …

einen schlauen Bauch haben *ugs iron selten* – du bist/der/die/der Peter/…, das ist (mir) ein ganz **Schlauer** (1, u. U. 2) · you are/he is/… a slyboots

etw. (so) **aus dem hohlen Bauch** beantworten/darlegen/... (hinkriegen/...) *ugs* · to answer s.th. off the top of one's head

... So aus dem hohlen Bauch kann ich dir diese Frage auch nicht beantworten. Da muß ich erst mal in der Fachliteratur nachschlagen, nachdenken ... In der nächsten Woche komme ich darauf zurück.

(schon) **einen Bauch bekommen** – einen **Bauch** kriegen/(bekommen) (2) · to be filling out

auf den Bauch fallen (mit etw.) *sal* – auf die **Nase** fallen (mit etw.) (2) · to come a cropper (with s.th.)

vor jm. **auf dem Bauch(e) kriechen/(liegen)** *path veraltend selten* · to crawl to s.o., to grovel to s.o.

Hier führst du das große Wort und vor dem Chef kriechst du auf dem Bauch! Du bist mir der Richtige! Vielleicht gewöhnst du dir erstmal die Servilität im Büro ab, ehe du hier große Moralpredigten hältst!

einen Bauch kriegen/(bekommen) · 1. to get a stomach, to put on a pot-belly, 2. to be filling out

1. Wenn du so weiter frißt, dann kriegst du bald einen Bauch. – Wenn ich dick bin, ist es immer noch früh genug, um zu fasten.
2. Die Uschi kriegt schon einen Bauch. In welchem Monat ist sie jetzt? *sal*

sich den Bauch halten vor Lachen *ugs* · to split one's sides (laughing), to laugh till one's sides ache

Er war in einer tollen Stimmung gestern abend. Nachdem er den fünften Whisky intus hatte, wurde er umwerfend komisch und erzählte die drolligsten Witze. Wir haben uns den Bauch gehalten vor Lachen.

jm. **einen dicken Bauch machen** *vulg* – jn. dick **machen** · to put/to stick/... a woman/girl/... in the club

den Bauch nicht vollkriegen (können) *ugs selten* – den **Hals** nicht vollkriegen/(voll genug kriegen) (können) · to be never satisfied, + he/John/... can't get enough

sich den Bauch vollschlagen/(vollfressen) *ugs* · to stuff o.s., to gorge o.s. *n*, to pig out

Als wir studierten, sind wir übers Wochenende immer nach Hause gefahren, um uns anständig den Bauch vollzuschlagen. Wir aßen dann für die halbe Woche im voraus, um das miserable Mensaessen besser auszuhalten.

sich lieber den Bauch verrenken als dem Wirt was schenken (**lieber den Bauch verrenkt als dem Wirt was geschenkt**) *ugs* · it is better to force o.s. to eat than to leave food on the plate, it is better to burst your stomach than to leave anything uneaten *para*

Los, Bernd, ein bißchen kriegst du noch herunter; ich esse auch noch was, dann ist die Portion weg. – Nein, ich bin satt. Ich stehe nicht auf dem Standpunkt: 'lieber den Bauch verrenken als dem Wirt was schenken'. Ich habe keine Lust, mir den Magen zu verderben, nur um etwas, was ich bezahle, auch zu essen.

sich einen Bauch zulegen *ugs* · to put on a gut, to develop a paunch/a pot belly *n*

Hast du den Karl-Heinz Gröber in der letzten Zeit mal gesehen? – Warum? – Der hat sich einen ganz schönen Bauch zugelegt. So um die sieben, acht Kilo dürfte er zugenommen haben.

Bauchlandung: eine Bauchlandung (machen) *ugs* · 1. to make a belly-landing *n*, 2. to do a belly-flop *n*, 3. 4. to come a cropper with s.th., to fall flat on one's face with s.th.

1. Die Maschine hat eine Bauchlandung gemacht, sagst du? Das heißt, beim Aufsetzen auf die Landebahn war das Fahrwerk nicht draußen? Das ist doch nicht möglich!
2. Das war doch kein Kopfsprung, das war eine glatte Bauchlandung! – Wollen wir mal sehen, wie du jetzt springst, ob du besser ins Wasser kommst.
3. Na, ist der Schröder mit seinem Marketing-Konzept auf der Vorstandssitzung durchgekommen? – Nein, er hat eine ganz schöne Bauchlandung gemacht. Sein Vorschlag wurde von der Mehrheit der Vorstandsmitglieder abgelehnt.

4. Mit seinem neuen Marketing-Konzept hat der gute Schröder ja eine ganz schöne Bauchlandung gemacht. Der Umsatz ist in den letzten beiden Monaten drastisch zurückgegangen.

Bauer: sich benehmen/ein Benehmen haben/... wie ein Bauer *sal* – sich benehmen/ein Benehmen haben/(...) wie eine offene **Hose** · to behave/... like a boor/peasant/tramp/pig, to behave/... boorishly

Bäuerchen: (ein) Bäuerchen (machen) *von Babys* · to burp, to bring up wind

So, jetzt muß ich erstmal absetzen, jetzt muß die Christl erstmal ein Bäuerchen machen. Danach kann sie die Flasche weitertrinken.

Bauernfang: auf Bauernfang ausgehen *ugs selten* – auf **Dummenfang** ausgehen/aussein · to be looking out for s.o./some poor fool/some poor sod/... to dupe

Bauklötze: Bauklötze staunen *sal* · to gape in astonishment *n*, to be flabbergasted *coll*, to be staggered *n*

Was, da staunst du Bauklötze – das Schlußexamen mit 'eins'!

Baum: groß/stark/kräftig/... wie ein Baum sein *path selten* · to be as strong as an ox

Wirklich sympathisch, dieser Junge! Und kräftig ist er, wie ein Baum!

zwischen Baum und Borke sein/sitzen/stecken/stehen *selten* · to be in two minds, to be caught between the devil and the deep blue sea

Ihr Mann will hü, ihr Vater hott – da steht sie natürlich zwischen Baum und Borke. Und solange die beiden sich so schlecht verstehen, wird sie aus dieser Zwickmühle auch nicht herauskommen.

zwischen Baum und Borke geraten *selten* · to be caught between the devil and the deep blue sea

Du willst zugleich für die Firma Schuckert arbeiten und für die Wosa – AG? Dann paß auf, daß du nicht zwischen Baum und Borke gerätst. Denn in manchen Artikeln sind die beiden Unternehmen schärfste Konkurrenten.

vom Baum der Erkenntnis essen *bibl selten* · to eat of the tree of knowledge

... Wenn man einmal vom Baum der Erkenntnis gegessen hat, sich seiner Geschlechtlichkeit bewußt geworden ist, ...

es ist noch kein Baum in den Himmel gewachsen – die **Bäume** wachsen nicht in den Himmel (für jn.)/es ist dafür gesorgt/nun einmal so/..., daß die Bäume (für jn.) nicht in den Himmel wachsen · one can't always achieve one's ambition, one can't get one's own way all the time, there is a limit to everything

j. **meint/...**, **er könnte Bäume ausreißen** *ugs* · 1. 2. to feel up to anything, to feel full of beans, to feel full of energy *n*

1. Er fühlt sich in den letzten Monaten voller Energie, so als könnte er Bäume ausreißen. – Dann beschäftigt ihn dementsprechend! Gebt ihm schwere Aufgaben, die Kraft, Mut, Ausdauer erfordern!
2. Er traut sich verdammt eine Menge zu, er scheint seine Kräfte und seinen Einfluß für grenzenlos zu halten. – Seit jeher meint er, er könnte Bäume ausreißen.

(in/bei/...) (auch) **keine Bäume ausreißen können** *ugs* · of course he/you/... can't set the world on fire in/at/...

Natürlich, Bäume können Sie auf diesem Posten nicht ausreißen, das nicht! Aber Sie können für Ihre Landsleute hier allerhand Nützliches tun. Es gibt also keinerlei Grund zu resignieren – auch wenn Sie keine Wunder wirken können.

noch keine Bäume ausreißen können *ugs* · not to be in top form yet, not to be overflowing with energy yet

Nun, wie geht's? Wieder auf dem Damm? – Bäume ausreißen kann ich zwar noch nicht, aber es geht wieder; ich führe wieder ein halbwegs normales Leben.

die Bäume wachsen nicht in den Himmel (für jn.)/(es ist dafür gesorgt/nun einmal so/..., daß die Bäume (für jn.) nicht in den Himmel wachsen) · one can't always achieve one's ambition, there is a limit to everything

Mit 63 ist er Amtsgerichtsrat. Und er wäre gern Oberstaatsanwalt geworden. Resigniert pflegt er zu äußern: die Bäume wachsen nicht in den Himmel.

das/es ist (ja), **um auf die Bäume zu klettern** (mit etw./jm.) *sal selten* – das ist zum **Bebaumölen** (mit etw./jm.) (1, 2) · it's enough to drive you/one/... crazy/mad/wild/..., it's enough to drive you/one/... up to the wall

(ganze) Bäume werden wie Strohhalme geknickt/fallen wie ... um/... *ugs – path* · trees are blown down like matchsticks/pieces of straw/...
... So einen Orkan hat es hier noch nicht gegeben! Auf dem Hügel gegenüber von unserem Haus knickten ganze Bäume wie Strohhalme um!

baumeln: jn. **baumeln lassen** *sal* · to string s.o. up, to hang s.o. *n*, to let s.o. swing
... Lassen sie eigentlich nur in den Filmen die Leute massenhaft baumeln oder landete da früher im 'Wilden Westen' wirklich jeder zweite am Galgen?

Bäumen: vor lauter Bäumen den Wald nicht (mehr) sehen *ugs* · not (to be able) to see the wood for the trees, to get bogged down in/to be blinded by/... details
Paß auf, Rudi, die Verdauung fängt im Mund an, beim Kauen; der Speichel ...; als nächstes kommt der Magen: die Magensäfte – bei deren Wirkung du die Flüssigkeiten nicht vergessen darfst, die die Leber ... – Aber Hermann, du kannst einem zehnjährigen Jungen doch nicht so die Verdauung klarmachen. Der sieht doch vor lauter Bäumen den Wald nicht mehr! – Aber in der Schule müssen wir das so wissen, Mama. – Ach du lieber Himmel! Wenn das so weitergeht, weißt du bald 1.000 Einzelheiten über die Verdauung, nur nicht, wo der Magen ist.

Bausch: etw. in Bausch und Bogen ablehnen/zurückweisen/... *path* · to reject s.th. wholesale/completely/...
Was sagt der Griesbach zu unseren Vorschlägen? – Er hat sie in Bausch und Bogen abgelehnt. Er meint, bei den unmöglichen Gesichtspunkten, von denen wir ausgingen, lohne es sich erst gar nicht, die Einzelheiten zu diskutieren.

etw. in Bausch und Bogen verdammen *path* · to reject s.th. wholesale/completely/lock, stock and barrel/..., to condemn s.th. wholesale/completely/lock, stock and barrel/...
... Hin und wieder ein Gläschen trinken hat noch niemandem geschadet. Man braucht den Alkohol doch nicht unbedingt in Bausch und Bogen zu verdammen!

Baustein: einen Baustein (zu .../zum Gelingen von ...) **(beisteuern)/(mit einem Baustein beitragen)** *form selten* – ein kleines **Scherflein**/sein/... Scherflein beisteuern/mit einem ... beitragen · to make one's little/modest/... contribution to s.th.

beachten: jn. (gar/überhaupt) **nicht beachten** · not to take any notice (at all) of s.o., not to take a blind bit of notice of s.o. *coll*
Was die Ursel meint oder nicht meint, interessiert den Klaus nicht im geringsten. Die beachtet der überhaupt gar nicht.

Beachtung: (keine/große/...) Beachtung finden *form* · (not) to receive (any)/a lot of/... attention, (not) to be ignored, (not) to go unnoticed
... Klar, ein Kunstwerk, das keine Beachtung findet, ist keine Werbung für die Kunst, Paula. – Aber das heißt doch nicht, daß man nur deshalb schreibt, malt und musiziert, damit man damit groß rauskommt.

Beamtenverhältnis: im Beamtenverhältnis stehen/((einen) den) Beamtenstatus haben) *form* · to be a (permanent) civil servant
... Bist du hier Angestellter auf Zeit oder hast du Beamtenstatus? – Leute, die nur befristet vertreten, bekommen grundsätzlich keine Beamtenrechte.

ins Beamtenverhältnis übernommen werden *form* · to be given permanent status as a civil servant
... Ins Beamtenverhältnis werden doch, soweit ich unterrichtet bin, grundsätzlich nur Leute übernommen, die die deutsche Staatsangehörigkeit haben, oder?

Bebaumölen: das ist zum Bebaumölen (mit etw./jm.) *sal selten wohl reg* · 1. 2. it's enough to drive you/one/... crazy/mad/wild/..., it's enough to drive you/one/... up the wall
1. Jetzt erscheint sie doch schon wieder nicht! Das ist ja zum Bebaumölen! Wenn wir uns viermal verabreden, erscheint sie dreimal nicht.
2. Das Licht brennt nicht! – Schon wieder nicht? Das ist ja zum Bebaumölen mit dieser verdammten Lichtmaschine.

Becher: zu tief in den Becher geschaut/geblickt/geguckt/(gesehen) **haben** *ugs selten* – einen über den **Durst** trinken · to have had one too many, to have had one over the eight

den Becher des Leidens bis zur Neige leeren (müssen) *geh path selten* – den (bitteren) **Kelch** bis zur Neige/(bis auf den Grund) leeren (müssen) · to (have to) drain the (bitter) cup of sorrow to the dregs

den Becher nehmen/(trinken/leeren) *hist selten* – den **Schierlingsbecher** trinken/(nehmen/leeren) · to drink/to take/... the cup of hemlock

den Becher der Freude/der Schande/... **bis zur Neige leeren** *geh path selten* · to drain the cup of pleasure/shame/..., to drink the cup of pleasure/shame/... to the dregs/the last drop
Er hat sich über den Bankrott der anderen immer aufs zynischste mokiert, jetzt ist er selber pleite. Und man wird ihm seinen Zynismus heimzahlen, sei sicher! Er wird den Becher der Schande bis zur Neige leeren müssen.

den/die Becher schwingen *path veraltend selten* – den/die **Humpen** schwingen · to knock back the beer

bechern: einen bechern *ugs* – einen **saufen** · to knock back a few, to have a good few jars/drinks/...

Becken: ein fruchtbares Becken haben *ugs scherzhaft* · to have fertile loins
... Mann, die Ursel hat aber ein fruchtbares Becken! Jetzt ist sie doch schon wieder schwanger!

bedacht: (immer nur/...) auf seinen Vorteil/Ruf/auf sich selbst/... **bedacht sein** · to be (always/...) intent on one's advantage/..., to be (always/...) concerned about one's reputation
Sie ist doch nur auf ihren Vorteil bedacht! Oder bildest du dir ein, sie macht um deiner schönen Augen willen dabei mit? Sie hat ihre weitere Karriere im Auge und sonst nichts!

Bedacht: etw. nicht ohne/mit/mit viel Bedacht tun *form* · to do s.th. deliberately, to do s.th. with care/circumspectly/...
Das war doch nicht aus Versehen, das hat er mit Bedacht getan! – Du meinst, er hat absichtlich ...? – Das war vorsätzlich und geplant!

ohne Bedacht etw. tun *form selten* · to do s.th. without thinking, without forethought
So ohne Bedacht jeden mitnehmen, der an der Straße steht und winkt – das ist ein bißchen leichtsinnig. Man sollte sich die Leute schon genau ansehen, genau überlegen, wie man am besten reagiert.

voll Bedacht etw. tun *form selten* · to act/... circumspectly/warily/carefully/cannily/...
... Voll Bedacht hatte der Albert schon ein Fachwörterbuch mitgebracht. Er hatte die Schwierigkeiten, die der Text uns macht, genau vorhergesehen.

auf etw. **(keinen) Bedacht nehmen** *form selten* · (not) to take care to do s.th., (not) to make a point of doing s.th., (not) to take the trouble to do s.th.
Wenn ihr keinen Bedacht darauf nehmt, die Fachtermini genau zu klären, kann die Übersetzung natürlich nicht gut werden. Bei einer Fachübersetzung muß man darauf ganz besonders achten.

bedanken: j. wird sich bedanken! · s.o. will love that, s.o. will be pleased about that, s.o. will love you/... for that
Die Karin soll die Betten machen? Die Karin wird sich bedanken. Sie hat mehr zu tun als für dich mitzuarbeiten.

Bedarf: über Bedarf vorhanden sein/... *form* · + to have more than enough of s.th., + to have a surplus of s.th.

Äpfel gibt es in diesem Jahr weit über Bedarf. Die Hälfte der Ernte würde reichen, damit alle genug haben.

den Bedarf an etw. **decken** *form* · to satisfy one's needs/requirements/..., to provide for one's needs, to meet one's needs

Haben Sie Ihren Bedarf an Holz für dieses Jahr schon gedeckt? – Wir sind sogar bis zum Ende des nächsten Jahres mit Holz versorgt.

js. **Bedarf** (nach/(von) etw.) **ist gedeckt** *ugs* · 1. 2. to have had enough of s.th.

1. Also, ich hau' ab. Mein Bedarf ist gedeckt. So viel habe ich lange nicht mehr gegessen. Ich krieg' keinen Bissen mehr herunter.

2. Mit dem Willi könnt ihr in den Diskussionsrunden nicht mehr rechnen. Sein Bedarf nach Aufklärung über 'Sozialismus', 'Kommunismus', 'Kapitalismus' ist restlos gedeckt.

Bedarfsfall: für den Bedarfsfall *form selten* · in case of need, if required, if the need arises

... Ein paar Kerzen sollten wir eigentlich immer im Haus haben, Gertrud. Für den Bedarfsfall. Es kann doch immer mal der Strom ausfallen ... Man weiß nie. Sie können doch mal aus irgendeinem Grund nötig sein.

Bedenken: keine Bedenken haben/(tragen), etw. zu tun *form* · to have no qualms about doing s.th., to have no scruples about doing s.th.

Wir haben überhaupt keine Bedenken, die Sache vor Gericht zu bringen. Geben Sie sich keinen Illusionen hin: wenn Sie eine gütliche Einigung ablehnen, zögern wir keinen Augenblick, das Gesetz sprechen zu lassen.

Bedenken anmelden *ugs* · to express reservations (about s.th.) *n*, to have/to express/... one's doubts about s.th. *n*

(In einem Ingenieurbüro:) Herr Schwarz, gegen Ihren Vorschlag, die Behälterwandung aus Kostengründen dünner zu machen, muß ich Bedenken anmelden. Denn bei dem hohen Betriebsdruck der Anlage kann das Probleme aufwerfen.

(jm.) **zu bedenken geben**, daß ... *form* · to ask s.o. to consider that ..., to ask s.o. to bear in mind that ...

Selbstverständlich sind Sie in Ihrer Entscheidung frei, Herr Meyer. Ich gebe Ihnen allerdings zu bedenken, daß von dieser Entscheidung u.U. die ganze Zukunft Ihres Sohnes abhängt.

bedeuten: das/(etw.) hat (weiter) **nichts/nicht viel/... zu bedeuten** · 1. it/s.th. is nothing to worry about, 2. it/s.th. doesn't mean anything

1. Und diese Rötung hier, Herr Doktor, ist das nicht schlimm? – Nein, das hat nichts zu bedeuten, Frau Meier, das geht von selbst wieder weg.

2. ... Aber wenn er schon mit solchen Anspielungen anfängt ... – Das hat nichts zu bedeuten. Er ist wütend, das ist alles. Wenn seine Wut verflogen ist, dann ist alles wieder wie vorher.

jm. **viel/allerhand/wenig/nichts/... bedeuten** · 1. 2. to mean a lot/not much/nothing/... to s.o.

1. Aber die viele Freizeit, die du bei dem Job hast, bedeutet die dir nichts? – Wenn ich kein Geld habe, nützt mir die viele Freizeit auch nichts. Und in dem Job verdient man doch nichts.

2. Musik bedeutet ihr viel, sehr viel. Ohne Musik käme ihr das Leben leer vor.

Bedeutung: in bildlicher Bedeutung *form* – (eher:) im übertragenen **Sinn** · in a/the figurative sense, in a/the metaphorical sense

in eigentlicher Bedeutung *form* – im wörtlichen **Sinn** · literally, in the literal sense

in enger Bedeutung *form* – im engen **Sinn** · in the narrow sense, in the strict sense

in übertragener Bedeutung *form* – im übertragenen **Sinn** · to mean/to interpret/... s.th. in the figurative sense, to mean/to interpret/... s.th. figuratively

in weiter Bedeutung *form* – ≠ im engen **Sinn** · in the wider sense (of the word/phrase/...)

in wörtlicher Bedeutung *form* – im wörtlichen **Sinn** · literally, in the literal sense

es ist von Bedeutung, ob/daß ... · to be of (any) importance that ..., to be of the essence that ...

Ich weiß nicht, ob es von Bedeutung ist, ob er Russisch kann oder nicht ... – Das ist sogar ganz entscheidend. Wenn er kein Russisch kann, braucht er sich für die Stelle erst gar nicht zu bewerben.

jm./e-r S. (viel/wenig/keinerlei/...) **Bedeutung beimessen/(zumessen)** · to attach a lot of/little/no/... importance to s.o./s.th.

Sicher, mit den langen Haaren schockieren viele jungen Leute heute die Älteren. Aber man sollte dieser Äußerlichkeit weniger Bedeutung beimessen, als viele Menschen das tun.

ein ... in der wahren Bedeutung des Wortes (sein) · 1. (to be) a performer/... in the best sense of the word, 2. (to be) a performer/... in the true sense of the word

1. vgl. – (eher:) ein ... im besten **Sinn** des Wortes (sein)
2. vgl. – (eher:) ein ... im wahrsten **Sinn** des Wortes (sein) (1)

bedienen: sich hinten und vorne bedienen lassen *ugs* · to be waited on hand and foot

So etwas Bequemes wie den Günther habe ich noch nicht gesehen. Der rührt keinen Finger. Den ganzen Tag läßt der sich hinten und vorne bedienen. – Ja, das ist die Gefahr, wenn man Dienstmädchen hat.

bedient: gut/schlecht/... bedient sein *ugs* · to get good/poor/... value

Wenn ihr im August in Portugal Ferien machen wollt, seid ihr schlecht bedient. Da ist doch alles voll und teuer. Ihr wärt besser beraten, wenn ihr da im Juni oder September hinführt.

mit jm./etw. **gut/schlecht/... bedient sein** *ugs* · to be well/badly/... off with s.th., to be well/badly/... served with s.th., to get good/poor/... value with s.th. *n*, to be lucky/unlucky with s.o.

... Ihr könnt euch doch nun wirklich nicht beklagen, Herbert! Mit dem Körber und dem Vennemann seid ihr doch glänzend bedient. Bessere Schreibkräfte könnt ihr doch gar nicht finden.

j. **ist** (von etw.) (ein für allemale/...) **bedient** *ugs* · to have had enough of s.o./s.th., to have had all one can take of s.o./s.th.

So, jetzt reicht mir's! Aber endgültig! – Was reicht dir? – Die Faulheit von Petra. Ich bin von diesen ewigen Schulschwierigkeiten ein für allemale bedient! Wenn sie jetzt nicht vernünftig arbeitet, kommt sie in die Lehre. Jetzt ist Feierabend!

Bedingung: unter der Bedingung, daß ... · on condition that ...

Unter der Bedingung, daß du mich abholst, fahre ich mit. Sonst bleibe ich zu Hause.

jm. etw. **zur Bedingung stellen/**(jm.) zur/als Bedingung stellen, daß ... *form* · to stipulate that, to make s.th. conditional on s.th.

Sie geben ihm die Stelle nur, wenn er nach Offenbach umzieht. Das haben sie ihm zur Bedingung gestellt. – Wird er diese Bedingung akzeptieren?

Bedrängnis: in (großer/arger) **Bedrängnis sein/**(sich in ... Bedrängnis fühlen) *path* · 1. 2. to be in great difficulties, to be in desperate straits

1. Als dann am Monatsende noch eine unerwartet hohe Stromrechnung kam, war sie in arger Bedrängnis. Sie wußte nicht, wie sie mit dem Geld auskommen sollte.

2. Als sogar sein eigener Rechtsanwalt anklingen ließ, der Tatbestand sei vielleicht nicht genau so, wie er ihn geschildert habe, fühlte er sich in großer Bedrängnis. Wie sollte er aus dieser Situation, die ausweglos schien, herauskommen?

jn. **in** (große/arge)/**arg in Bedrängnis bringen** *path* · 1. 2. to cause s.o. great distress, to push s.o. to the wall, 1. to cause s.o. great difficulties, 2. to put s.o. under intense/great/... pressure *sport*, to have s.o. under the cosh *coll*

1. Die lange Krankheit seiner Frau hat ihn auch finanziell arg in Bedrängnis gebracht. Er überlegt schon, ob er sein Haus hypothekieren läßt.

2. ... In den letzten zehn Minuten (des Spiels) brachten die Hamburger uns dann doch noch in arge Bedrängnis. Aber dank der ausgezeichneten Leistung unserer Abwehr konnten wir das 2 : 1 halten.

in (große/arge/...) **Bedrängnis kommen** *path* – (inzeptiv zu:) in (großer/arger) **Bedrängnis sein**/(sich in ... Bedrängnis fühlen) · to get into great difficulties

Bedürfnis: ein (menschliches) **Bedürfnis haben/**(empfinden) *ugs iron* – ein **Bedürfnis** befriedigen/verrichten müssen · to have to pay a call, to have to see a man about a dog

ein Bedürfnis befriedigen/verrichten müssen *ugs euphem iron* · to have to pay a call, to have to see a man about a dog

Warum läuft denn der Franz plötzlich mitten in den Wald? – Der muß mal eben ein Bedürfnis befriedigen. – Ach so!

bedürftig: e-r S./(js.) **bedürftig sein** *form selten* · to be in need of s.th.

... Was der Junge braucht, ist Anerkennung – weiter gar nichts. Er ist der Achtung und der Anerkennung bedürftiger als des Geldes!

Beeilung: Beeilung bitte! *form* · hurry up please! *n*

... Beeilung bitte! Bitte, meine Damen und Herren, ein bißchen schneller ...!

Beerdigung: auf der falschen Beerdigung sein *sal selten* · 1. 2. to be in the wrong place *n*, to have come to the wrong place *n*, 2. to be in the wrong job *n*, to be out of place *n*, to be inappropriate *n*, to be uncalled for *n*, 3. you're/...dead wrong *coll*, you've/...got another think coming *coll*

1. Ach, der Vortrag ist gar nicht hier, der ist in der Kongresshalle? Dann sind wir ja auf der falschen Beerdigung.

2. vgl. – (u.U.) fehl am **Platz** sein (3)

3. vgl. – (u.U.) wenn du glaubst/er meint/..., (dann) bist du/ist er/... schief **gewickelt**

befangen: in dem Glauben/... **befangen sein,** (daß ...) *form* · to labour under the misapprehension that ... *lit*, to be under the impression that ... *n*

Seinem anspruchsvollen Auftreten nach zu schließen scheint er nach wie vor in dem irrigen Glauben befangen zu sein, der Markt wäre günstig für seinen Artikel. Vielleicht klärt ihr ihn mal über die wahre Sachlage auf.

befaßt: mit etw. **befaßt sein** *form selten* · to deal with s.th., to be dealing with s.th.

(In einem Amt:) Seit Monaten sind wir jetzt schon mit den statistischen Erhebungen des Ausländeramtes in unserer Stadt befaßt. Irgendwann machen wir überhaupt nichts anderes mehr.

Befehl: zu Befehl! · 1. 2. yes sir!, aye, aye sir!

1. Flieger Schrubbendorf! – Zu Befehl, Herr General! – Melden Sie Herrn Unteroffizier ... *form*

2. Renate! – Zu Befehl, Chef! – Ich gebe dir gleich, zu Befehl, Chef! Du wirst doch deinen Vater hier nicht durch den Kakao ziehen. *iron*

auf höheren Befehl *form* · (on) orders from above

Flieger Germann, Sie haben für die Verteilung der Munition zu sorgen. – Ich? – Sie! Auf höheren Befehl! – Auf höheren Befehl? Wer hat das denn angeordnet? – Ich! Das hörst du doch! – Nun laß mal deine Witze!

den Befehl haben über ... *mil* · to have command of ... *mil*, to be in command of ... *mil*

Den obersten Befehl über die Kompanie hat General Reuschner ...

unter js. **Befehl stehen** *mil* · to be under s.o.'s command

Unter wessen Befehl steht die 6. Panzerdivision?

befehlen: jm. (gar) **nichts zu befehlen haben** *path* – jm. (gar/überhaupt) nichts zu **sagen** haben · to have no right to boss s.o. around/to give (s.o.) orders/...

über etw. (nicht) **zu befinden haben** *ugs – form* · (not) to decide on s.th., (not) to make a decision on s.th., + it is (not) for me/him/... to decide on s.th.

(Ein Schüler zu einem anderen:) Wer nächste Woche Tafeldienst hat, darüber hast du nicht zu befinden; das entscheidet der Herr Hoffmeister.

beflissen: (geradezu) (ängstlich) **beflissen sein**, etw. zu tun *path od. iron* · to be over-anxious to do s.th., to be keen to do s.th.

... Einen willigeren und eifrigeren Assistenten als den Lauffer kannst du dir gar nicht vorstellen! Der ist geradezu ängstlich beflissen, für seinen Herrn und Meister alles so gut und so schnell zu machen, wie es eben geht. – Ohne Unterwürfigkeit?

befreundet: mit jm. (aufs engste/fest/dick) **befreundet sein** · to be friends with s.o., to be a (close/...) friend of s.o., to be friendly with s.o.

Seit wann ist der Kurt mit dem Engelhard befreundet/sind der Kurt und der Engelhard befreundet?

Befund: ohne Befund *med* · the results (of a medical eximination) are negative

... Fünf Untersuchungen hat sie machen lassen – alle ohne Befund. Und jetzt hat sie plötzlich Krebs?! Wozu macht man denn dann alle möglichen Analysen, wenn die alle nichts ergeben?!

befürchten: es steht zu befürchten, daß ... *form* · it is to be feared that ...

... Und leider steht zu befürchten, daß die Arbeitslosenzahl noch weiter steigt ...

begeistern: sich für etw./(jn.) **nicht begeistern können** *ugs* · not to be keen on s.o./s.th., not to be wild about s.o./s.th.

Und du gehst nicht zu dem Eishockeyspiel, Heinz? So eine Gelegenheit kommt so schnell nicht wieder. – Hm, für Eishockey kann ich mich nicht begeistern. – Im Normalfall sagt mir das auch nichts. Aber bei solchen Spitzenmannschaften ...

Begeisterung: sprühen vor Begeisterung · to bubble over/to be bursting/... with enthusiasm (for s.th.), to be full of enthusiasm

Die Kathrin sprüht ja heute regelrecht vor Begeisterung. So lebendig und munter kenne ich sie gar nicht. – Wenn es einen Ball gibt, ist sie nicht mehr zu halten.

etw. **mit wahrer/einer wahren Begeisterung** tun *oft iron* · to do s.th. enthusiastically, to really enjoy doing s.th.

Putzen, das macht sie wohl mit einer wahren Begeisterung, was? Sie hört ja gar nicht mehr auf. – Begeisterung ... Du hättest den Dreck in dieser Wohnung mal sehen sollen.

begießen: das/(den .../die ...) **müssen wir begießen** *ugs* · + it/s.th. calls for a drink, we must drink to that

Was, du hast vorgestern deinen Assessor gemacht? Meinen herzlichen Glückwunsch! Das müssen wir begießen. Hast du kommenden Freitag Zeit? Da werden wir dann zu Ehren des frischgebackenen Assessors mal wieder anständig einen zusammen saufen.

Beginn: von Beginn an *selten* – von **Anfang** an · from the beginning, from the start

begraben: laß dich/laßt euch/... **begraben** (mit etw.)! *ugs* · 1. 2. you/he/... may as well give up (with s.th.)

1. Nicht einmal 4 Meter hast du geschafft im Weitsprung? Laß dich begraben! Das schafft doch jeder gesunde Junge!

2. Laßt euch begraben mit eurem Französisch! Ihr versteht genau so viel wie ich: nichts!

Hoffnungen/Pläne/... begraben (müssen) *ugs* · to (have to) bury/give up/... one's plans/hopes/...

Meine Griechenlandpläne muß ich begraben. Die Finanzen reichen mal wieder nicht.

in ... **lebendig begraben sein** *path selten* · to be buried alive in ...
Wo wohnt er? In einem winzigen Nest an der polnischen Grenze? Da ist er wohl lebendig begraben, was? – Hm, ich weiß nicht. Er sagt, die Ruhe sei himmlisch ...

j. **möchte in ... nicht begraben sein** *ugs* · I/... wouldn't like to be stuck in that hole/dump, I wouldn't (want to) live there/ in/... if you paid me
In diesem Nest möchte ich nicht begraben sein! Da ist aber auch gar nichts los! – Ja, es muß totlangweilig sein, hier zu leben.

j. **läßt sich lieber/eher begraben, als** daß er ... *bes.: ich lasse mich ... ugs* · I would rather kill myself/top myself/... than... s/
Unsere Eltern mahnen uns immer zu einem ruhigeren Lebenswandel. Aber lieber lasse ich mich begraben, als daß ich jeden Abend zu Hause hocke.

sich in ... lebendig begraben fühlen *path* · to feel as if one were buried alive in ...
Mein Gott, in diesem Nest ist aber auch gar nichts los. Hier fühlt man sich ja lebendig begraben.

du kannst dich/er kann sich/... (**mit** etw.) **begraben lassen** *ugs* · you/he/... may as well give up *n*
Mit seinen kaufmännischen Kenntnissen kann er sich begraben lassen! Um so viel zu wissen wie er, genügt es, einen Kurs von zwei bis drei Wochen zu machen.

begrabschen: jn./ein Mädchen/eine Frau **begrabschen** *ugs* · to make a grab at a girl/woman/..., to try to touch a girl/ woman/... up
(In einer Discothek:) Hast du gesehen, wie dieser Typ da drüben der Blondine im roten Kleid einfach in den Ausschnitt gefaßt hat? – Ja, es ist nicht zu fassen, manche Typen begrabschen alle Frauen, die ihnen über den Weg laufen.

begreife: das begreife, wer will! · that's/it's beyond me, that/it beats me
... Der Peter verdient mehr als 10.000,– Mark im Monat und kommt mit seinen Pfennigen nicht aus? Das begreife, wer will! – Das ist doch gar nicht schwer zu verstehen, Anton. Bei dessen finanzieller Belastung durch seinen Hausbau.

Begriff: j./etw. **ist** jm. **ein Begriff** · 1. 2. s.o./s.th. is well-known, a name/s.o./s.th./... means something to s.o., 2. to be a by-word
1. Sie gehen am besten damit zu Dr. Kruse. Der ist Ihnen doch ein Begriff, nicht? – Nein. Dr. Kruse ist mir kein Begriff. – Was, Sie kennen Dr. Kruse nicht, den großen Herzspezialisten hier am Ort? Den kennt doch alle Welt!
2. Diese Marke ist jeder Hausfrau ein Begriff! Jede Hausfrau weiß, daß nichts über Pribola geht. Pribola – das extraweiße Waschpulver der modernen Hausfrau!

zum Begriff für Qualität/Eleganz/... **werden/ein Begriff ... sein** *form* · to be a by-word for quality, to be the hallmark/ essence/... of quality/elegance/..., to be the epitome of qua-lity/...
Kamisa, das Hemd für den gepflegten Herrn! Kaufen Sie Kamisa – ein Begriff für Eleganz!

(gerade/eben) **im Begriff sein/stehen,** etw. zu tun · to be just about to do s.th., to be on the point of doing s.th.
Ich war gerade im Begriff, das Haus zu verlassen, um ihn abzuholen, als er anrief und mir sagte, er könne nicht kommen.

schnell von Begriff sein *ugs* · ≠ schwer/langsam von **Begriff** sein · to be quick on the uptake

schwer/langsam von Begriff sein *ugs* · 1. 2. to be slow on the uptake
1. Du bist wirklich schwer von Begriff! Ich habe dir nun schon drei-mal erklärt, daß ich keine Lust habe, bei diesem Wetter eine Segel-tour zu machen.
2. Sie hat die Mathematikaufgabe immer noch nicht verstanden. – Sie ist eben schwer von Begriff. Aber irgendwann wird sie sie schon kapieren.

einen Begriff haben, wie etw. ist/... *selten* – eine **Vorstellung** haben von etw./wie etw. ist/... · to have an idea of s.th., to be able to picture s.th., to be able to form an idea of s.th.

sich keinen Begriff machen von jm./etw./**wie** etw. ist/... – (eher:) sich keine **Vorstellung** machen von etw./wie etw. ist/... · to have no idea of s.th., not to be able to imagine s.th., not to form an impression of s.th.

für meine/deine/... **Begriffe** · 1. 2. in my/... view, in my/... opinion, in my/... estimation
1. Das ist billig, sagen Sie. Für meine Begriffe ist 680,– Mark für ein Fahrrad eine ganz hübsche Summe. Von 'billig' kann da für mich nicht mehr die Rede sein.
2. ... Für Ihre Begriffe ist sie eine gute Schülerin, für meine eine mittelmäßige.

das geht über meine/deine/... **Begriffe** · 1. it/that is beyond me/him/..., it/that is beyond my/... comprehension, 2. to be above s.o.'s head
1. Er nimmt Herrn Kaufmanns Angebot nicht an, in seiner Firma zu arbeiten? Das geht über meine Begriffe! Wirklich, das kapier' ich nicht. Wenn man seit einem halben Jahr auf der Straße liegt, dann nimmt man doch so ein Angebot an!
2. vgl. – (eher:) jm./für jn. zu **hoch** sein (1, 2)

etw. **übersteigt alle Begriffe** *path selten* – über alles **Maß** hinausgehen · to exceed/to go beyond/(...) all bounds

über alle Begriffe schön/... **sein** *path selten* – über alle Ma-ßen schön/... sein · to be beautiful/... beyond compare, to be beautiful/... beyond measure

begriffen: (noch) in der Planung/im Wachstum/in der Ent-wicklung/... **begriffen sein** *form* · to be (still) growing, to be still developing, to be in the process of development/...
Nein, seinen Höchststand hat der wirtschaftliche Aufschwung wohl immer noch nicht erreicht. Er ist immer noch im Wachstum begrif-fen.

Begriffsvermögen: das geht über mein/dein/... **Begriffsver-mögen** *form* · 1. it/that is beyond me/him/..., it/that is beyond my/... comprehension, 2. to be above s.o.'s head
1. vgl. – (eher:) das geht über meine/deine/... **Begriffe** (1)
2. vgl. – (eher:) jm./für jn. zu **hoch** sein (1, 2)

begründet: in etw. **begründet sein/liegen** · to be caused by ..., to be the result of ...
Seine Schwierigkeiten liegen in seiner Faulheit begründet und in nichts anderem. Wenn er mehr – und vor allem regelmäßiger – ar-beitet, wird er auch keine finanziellen Schwierigkeiten mehr haben.

behalten: nichts bei sich behalten (können) *form* · not to be able to keep anything down *food*
Der Arme hat eine fürchterliche Last mit Magen und Darm. Oft kann er wochenlang nichts bei sich behalten ...

etw. **für sich behalten** · to keep s.th. to oneself
Was ich dir jetzt sage, behältst du für dich, hörst du?! Das erzählst du niemandem, auch deinen Geschwistern nicht!

nichts für/(bei) sich behalten können – (nicht) dicht **halten** (können) (2) · not to be able to keep mum, not to be able to keep s.th. to o.s.

behandeln: jn. **von oben (herab) behandeln** · to treat s.o. con-descendingly/patronisingly
Ich weiß gar nicht, warum er sich einbildet, er könnte alle Welt so von oben herab behandeln. Ich sehe nicht die geringste Berechtigung für einen solchen Hochmut.

jn./(etw.) **stiefmütterlich behandeln** · to neglect s.o./s.th., not to pay much attention to s.o./s.th., to treat s.o./s.th. as second best
Sie fühlt sich von dir etwas stiefmütterlich behandelt. Sie meint, du könntest ihr mehr Beachtung, mehr Aufmerksamkeit schenken.

etw. **vertraulich behandeln** · to treat s.th. confidentially
... Behandeln Sie das, was ich Ihnen gesagt habe, bitte vertraulich, Herr Gerhardt. – Aber selbstverständlich, Herr Thomas; das bleibt unter uns.

Behandlung: sich in ärztliche Behandlung begeben (müssen/...) *form* · to (have to) have medical treatment
... Wenn die Magenbeschwerden absolut nicht weggehen, muß sich der Alfons halt doch mal in ärztliche Behandlung begeben! – Der und zum Arzt gehen! Da muß er schon totkrank sein!

behaupten: steif und fest/(felsenfest) behaupten · to swear blind that ...
Sie behauptet steif und fest, er hätte ihr versprochen, mit ihr im Sommer nach Griechenland zu fahren. – Und er? – Er bestreitet das ebenso energisch.

beheimatet: in ... beheimatet sein – in ... zu **Hause** sein (1) · to come from London/..., to hail from London/...

beherrschen: ich kann mich beherrschen *ugs* · not likely,no thanks, I can resist the temptation,I'd rather not, thank you very much/...
Könntest du nicht mal mit dem Chef sprechen und zusehen, daß der Zwist mit dem Betriebsrat geregelt wird? – Ich kann mich beherrschen! Ich habe mit der Sache nichts zu tun und sehe keinen Grund, warum ich mir da die Finger verbrennen soll.

Beherrschung: seine/die Beherrschung verlieren – außer sich **geraten** (2) · to blow one's top, to lose one's rag, to lose one's temper

Behuf: zu diesem Behuf *form veraltend selten* · to this end
... Und zu diesem Behuf ... – Zu diesem was? Du meinst wohl: zu diesem Zweck, oder? Übrigens: woher hast du diese Floskel überhaupt? – In der amtlichen Mitteilung stand ...

beibringen: jm. etw. vorsichtig/schonend/... beibringen *ugs* – jm. etw. sachte **beibringen** · to break it gently to s.o. (that ...), to get s.th. across to s.o.

jm. etw. **sachte beibringen** *ugs* · to break it gently to s.o. (that ...), to get s.th. across to s.o.
Bringen Sie Ihrem Vater doch sachte bei, daß er so langsam an seine Pensionierung denken sollte. So allmählich sollte er sich mit diesem Gedanken vertraut machen. Aber sagen Sie es ihm schonend, regen Sie ihn nicht auf ...

jm. etw. **tröpfchenweise/(tropfenweise)/häppchenweise beibringen/beibiegen/**(erzählen/...) *ugs* – jm. etw. in kleinen **Dosen** beibringen/beibiegen/(erzählen/...) · to break it/the news/... to s.o. gently, to administer s.th. in small doses (to s.o.)

Beichte: die Beichte ablegen *form rel* – zur **Beichte** gehen · to go to confession

jm. **die Beichte abnehmen/(hören)** *form rel* · to hear s.o.'s confession
Der reuige Sünder beichtet, und der Priester nimmt ihm die Beichte ab, ist es nicht so? – So ist es. – Siehst du, wie gut ich Bescheid weiß.

zur Beichte gehen *rel* · to go to confession
Als praktizierender Katholik solltest du ja eigentlich auch regelmäßig zur Beichte gehen, oder nicht?

beides: beides tun – (eher:) **eins** tun und das andere nicht lassen · to do both

beieinander: gut/schlecht/nicht recht **beieinander sein** *ugs* · 1. to be in good shape, 2. to be in good form, to be in a good mood
1. Hat sich der Friedrich einigermaßen von seinem Unfall erholt? – Ja, er ist wieder gut beieinander. Man merkt ihm kaum noch an, daß er so krank war, weder physisch noch psychisch.
2. Ei, die Klara ist ja heute gut beieinander! Sonst ist sie immer so mißmutig. – Sie hat eben eine riesige Puppe geschenkt bekommen.

nicht (so) ganz beieinander sein *ugs* · 1. (not) to be in good shape, 2. not to be (quite/...) with it
1. So ganz beieinander ist der Junge doch noch nicht. Krank kann man es zwar nicht mehr nennen; aber gesund ist er auch nicht.
2. Wie geht's, Herr Walcher? – An sich habe ich keinen Grund zur Klage. Bei meinem Alter! Gerade heute allerdings bin ich nicht so ganz beieinander. Aber das gibt sich schon wieder.

sie (wohl) nicht alle beieinander haben *sal* – nicht (so) (ganz/recht)) bei **Trost** sein (1) · not to be all there

Beifall: unter rauschendem/... Beifall ... · to thunderous/tumultuous/... applause
... Eine glänzende Rede, die die Zuhörer buchstäblich von den Stühlen riß. Unter rauschendem Beifall verließ der Präsident die Bühne.

js. **Beifall finden/**Beifall finden (bei ...) · 1. 2. to meet with s.o.'s approval, 3. + to go down well with s.o., s.th. is well received
1. Ganz egal, ob meine Entscheidung den Beifall des Chefs findet oder nicht, ich hab' sie nun einmal in diesem Sinn getroffen und ändere sie nicht mehr.
2. Seine Ausführungen über die Rüstungskontrolle haben bei den Delegierten viel Beifall gefunden. Die große Mehrheit von ihnen denkt da genauso wie er.
3. Das Brahms-Konzert fand beim Publikum viel Beifall.

(jm.) **Beifall spenden** (für etw.) · 1. to applaud s.o., 2. to give s.o. credit for s.th., to have to give s.o. his due
1. ... Am Ende des Konzerts spendete das Publikum begeistert Beifall.
2. vgl. – (eher:) jm. (seinen) **Beifall** zollen (für etw.)

jm. **(seinen) Beifall zollen** (für etw.) *form* · to give s.o. credit for s.th., to have to give s.o. his due
Für eine solch selbstlose Unterstützung kann man ihr doch nur Beifall zollen! Mir ist völlig unbegreiflich, wie der Klaus da noch Kritik üben kann!

beigeben: klein beigeben *ugs* · to give in *n*, to knuckle under, to climb down
Zuerst hattest du lauthals verkündet, du würdest diese Erklärung niemals unterschreiben, und als der Chef das dann von allen verlangte, hast du klein beigegeben. Ein bißchen mehr Standvermögen hätte ich dir ja doch zugetraut.

Beigeschmack: einen unangenehmen/bitteren Beigeschmack haben/hinterlassen/bei jm. zurücklassen/... · to leave a nasty taste in the mouth/in s.o.'s mouth
Wir haben erreicht, was wir wollten, das ist wahr, aber die Sache hat einen bitteren Beigeschmack hinterlassen. Die lange Auseinandersetzung hat die menschlichen Beziehungen vergiftet.

Beil: jn. durch das Beil hinrichten *veraltend* · to execute s.o. by beheading, to behead s.o.
Dazu gehört schon etwas, einen Menschen durch das Beil hinzurichten ... ganz egal, ob er schuldig ist oder nicht. – Das kann man wohl sagen. – Deshalb erfüllte der Beruf des Henkers die Leute ja auch immer mit Grauen.

beileibe: beileibe nicht ... *ugs* – *path* – beileibe **nicht** ... · s.o./s.th. certainly is not ..., s.o./s.th. is by no means ..., s.o./s.th. is anything but/far from/...

Beileid: jm. sein (herzliches/aufrichtiges/...) Beileid aussprechen *form* – jm. seine (aufrichtige/...) **Anteilnahme** aussprechen · to express one's sincere/... sympathy to s.o.

Bein: jn. am Bein haben *sal* · 1. 2. to have s.o. round one's neck, to be lumbered with s.o.
1. Jetzt hat der Franz auch noch seine Schwester am Bein. – Ach, du lieber Himmel! Schon bisher kam er mit seinem Geld nicht aus. Wenn er jetzt auch noch für seine Schwester aufkommen muß ...
2. Nein, sie kann nicht mitkommen, auch diesmal nicht. Seitdem sie ihre kranke Tante am Bein hat, kommt sie sozusagen nicht mehr aus dem Haus.

(alles mögliche/...) **am Bein haben** *sal* · to have all kinds of things/a lot/... on one's plate
... Was der Klaus im Club alles macht! Die Finanzen, den Schriftverkehr, die Verhandlungen wegen neuer Spenden ... – was weiß ich, was der da noch alles am Bein hat.

von einem Bein aufs andere treten · to shift from one leg to the other, to tread one's feet
Seit vier Stunden stehen wir hier und warten, stellen Sie sich das vor! – Ja, ich hab' schon gemerkt: Sie treten schon von einem Bein aufs andere; Ihre Geduld scheint sich dem Ende zu nähern.

mit dem linken/(verkehrten) Bein zuerst aufgestanden sein · 1. 2. to have got out of the wrong side of bed/out of bed on the wrong side
1. vgl. – mit dem linken/(verkehrten) **Bein** zuerst aus dem Bett gestiegen sein.
2. vgl. – mit dem linken **Fuß** zuerst aufgestanden sein.

sich kein Bein ausreißen *ugs* · not to kill o.s., not to bust a gut *sl*, not to overexert o.s.
Unser neues Dienstmädchen tut, was man ihr sagt, das schon, aber sie reißt sich kein Bein aus. 'Immer langsam voran' ist ihre Devise.

mit dem linken/(verkehrten) Bein zuerst aus dem Bett gestiegen sein · to have got out of the wrong side of bed/out of bed on the wrong side
Du bist aber heute verflixt griesgrämig! Du bist wohl mit dem linken Bein zuerst aus dem Bett gestiegen?

sich Mühe/Unannehmlichkeiten/.../(jn.) **ans Bein binden** *sal selten* – sich Mühe/Unannehmlichkeiten/.../(jn.) auf den **Hals** laden · to saddle o.s. with s.th.

soundsoviel Mark/... **ans Bein binden** *ugs selten* · to fork out ... DM/..., to shell out ... DM/...
Für einen Abend in dieser Bar mußt du wenigstens 300,– Mark ans Bein binden. Wenn du die nicht dransetzen willst, bleibst du besser zu Hause.

jm. etw. **ans Bein binden (wollen)** *sal* · to (try to) saddle s.o. with s.th., to (try to) lumber s.o. with s.th.
... Wenn die mir jetzt auch noch die Korrespondenz ans Bein binden wollen, trete ich aus! Die Verpflichtungen, die ich bereits übernommen habe, sind mehr als genug.

bei jm./da/... **kein Bein auf die Erde kriegen** *ugs* · not to get anywhere with s.o./s.th./at ...
... Ich würde an deiner Stelle bei Schuckert kündigen. Solange der Rauter den Verkauf leitet, kannst du da nichts werden. Bei dem kriegt doch kein Mensch ein Bein auf die Erde. Der will nur Kreaturen um sich, keine Mitarbeiter.

jm. **ans Bein fahren** *sal selten* – jm. an den **Karren** fahren/ (führen/schieben) (1; a. 2) · to tell s.o. where to get off

mit einem Bein im Gefängnis stehen *ugs* · to have a good chance of ending/winding/... up in prison, to be likely to end up in jail
Zugegeben, sein Handel mit Schmuggelwaren blüht. Du darfst aber nicht vergessen, daß er dabei immer mit einem Bein im Gefängnis steht. Es genügt, daß man ihn ein Mal erwischt, und schon sperren sie ihn ein.

mit einem Bein im Grab(e) stehen *ugs* · to have one foot in the grave
Seit seiner letzten schweren Operation ist er nur noch ein halber Mensch. Man sieht ihm an, daß er schon mit einem Bein im Grabe steht.

jm. (mit etw.) **am Bein hängen** *sal* · + s.o.'s lessons/... are a drain on s.o.'s resources, + his father/... is saddled with the costs/...
... Du mußt denken, der Junge hängt seinem Vater nach wie vor mit seinen Klavierstunden am Bein. Was meinst du, was das für Unkosten sind! Und das bei den Belastungen, die der Vater sowieso schon hat.

jm./sich etw. **ans Bein hängen/(binden)** *sal* · to saddle o.s./s.o. with s.th., to lumber o.s./s.o. with s.th.
Mit der Adoption dieses Jungen hat sie sich vielleicht was ans Bein gehängt! Sie kommt aus dem Haus ja überhaupt gar nicht mehr heraus! – Wenn sie vorher gewußt hätte, welche Last und Beschränkung das mit sich bringt, hätte sie das wohl kaum gemacht.

ein langes Bein machen *Fußball* · to trip s.o. up
... Jeder, der ein langes Bein macht und den Gegenspieler umlegt, müßte vom Platz gestellt werden.

mit einem Bein in etw. stehen · to have one foot in s.th., to be as good as in s.th.
Nach dem Sieg über die Düsseldorfer stehen die Stuttgarter jetzt mit einem Bein in der Bundesliga. Noch zwei Siege, und der Aufstieg ist geschafft.

auf einem Bein kann man nicht stehen! *ugs* · you/... can't stop at one drink *n*
Komm, ein Glas trinken wir noch! Auf einem Bein kann man nicht stehen! – Meinetwegen. Aber dann ist Schluß. Zwei Gläser genügen

jm. **ein Bein stellen** *ugs* – jm. (ein) **Beinchen** stellen (2) · to catch s.o. out, to stymie s.o.

Beinbruch: das ist (doch) kein Beinbruch! · it could be worse, it's not the end of the world *coll*
Meine Güte, Susi, eine '5' in einer Klassenarbeit ist doch kein Beinbruch! Da brauchst du doch nicht gleich zu weinen! Die nächste Arbeit schreibst du '2', und dann ist alles wieder gut.

Beinchen: jm. (ein) Beinchen stellen *ugs* · 1. to trip s.o. up, 2. to catch s.o. out, to throw a spanner in s.o.'s works
1. Hast du gesehen, wie der Oswald dem Hansi schon zum dritten Mal (ein) Beinchen gestellt hat? Und der Schiedsrichter sieht das nicht? Warum, meint der, stolpert und fällt der Hansi dauernd?
2. Paß auf, daß dir der Obermaier kein Beinchen stellt! – Warum? – Der will mit allen Mitteln verhindern, daß deine Position in der Geschäftsleitung noch stärker wird, und wartet nur auf eine günstige Gelegenheit, um dir eine Falle zu stellen oder dich sonstwie reinzulegen.

Beine: jüngere/noch junge Beine haben *ugs* · your/... legs are younger than mine/...
Einkaufen unten im Supermarkt – das könnt ihr heute einmal machen, ihr habt jüngere Beine. Ich bereite in der Zeit das Essen vor. – Ist gut, Mutti.

alles, was Beine hat *ugs* · everyone who possibly can/ could/..., everything on two legs *para*
War das ein Auflauf gestern! Von nah und fern kam alles, was Beine hat, um den alten Kriegshelden zu sehen. Ich erinnere mich nicht, die Innenstadt schon einmal derart überlaufen gesehen zu haben.

sich die Beine nach etw. ablaufen/abrennen/wundlaufen *ugs* – (eher:) sich die **Hacken** nach etw. ablaufen/abrennen/ wundlaufen · to wear o.s. out running round looking for s.th.

die Beine unter den Arm/die Arme nehmen *ugs* · to get a move on, to step on it, to take to one's heels
Wenn ihr den Zug noch kriegen wollt, müßt ihr die Beine unter den Arm nehmen. Es ist zehn vor acht. – Dann los, Frederike! Da wollen wir diesen jungen Leuten doch mal zeigen, daß wir noch hurtig gehen können und in zehn Minuten am Bahnhof sind.

sich die/sämtliche Beine ausreißen (für jn./wegen etw.) *ugs* · to kill o.s. for s.o./s.th., to bend over backwards to help s.o.
Ich werde mir doch für den Baumann nicht die Beine ausreißen! Wenn ich die Maschinen rechtzeitig bekomme, liefere ich sie ihm rechtzeitig. Wenn nicht, eben nicht. Hat sich etwa für mich schon mal besonders bemüht?

sich die Beine in den Bauch/Leib stehen *ugs* · to cool one's heels, to stand around waiting for ages/until one is fit to drop/...
Mit der Lebensmittelversorgung, ja, das war schlimm nach dem Krieg. Vor allen Geschäften gab es riesige Schlangen. Für Brot, Butter, Wurst, ja, für alles und für nichts mußte man sich die Beine in den Bauch stehen.

etw. hat (wohl/bestimmt/...) Beine bekommen/gekriegt *ugs dir. Rede selten* – etw. hat sich (wohl/bestimmt/...) selbständig **gemacht** · to grow legs (and disappear)

jn./etw. **wieder auf die Beine bringen** *ugs* · 1. 2. to get s.o. back on his feet again, 3. to get s.th. back on its feet again
1. »Wir werden ihn schon wieder auf die Beine bringen«, sagte der Klinikchef. »Nach der Operation macht er eine Kur von zwei, drei Monaten, dann ist er wieder wohlauf.«
2. Die Medikamente haben ihn körperlich wieder auf die Beine gebracht, die Reise nach Brasilien seelisch.
3. Er weiß nicht, wie er das Geschäft jetzt wieder auf die Beine bringen soll, nachdem die Brüder es jahrelang heruntergewirtschaftet haben.

soundsoviel Menschen/Geld/… **auf die Beine bringen** ugs · 1. 2. to get hold of people/money/…, 1. to drum up people/money/…, 2. to collect money/… n
1. Wenn ihr 20 Leute oder mehr auf die Beine bringt, bekommen wir einen Zuschuß von der Stadt. Wenn ihr das nicht schafft, sich also nur weniger auftreiben lassen, müßt ihr den vollen Betrag selbst bezahlen.
2. Stellen Sie sich vor, in dieser armen Gemeinde haben wir 15.000,– Mark für die Kinder in Biafra auf die Beine gebracht.

jm. **in die Beine fahren** Schreck – (eher:) jm. in/durch die/alle **Glieder** fahren · to make s.o. shake all over, to go right through s.o.

über seine eigenen Beine fallen ugs · to fall/to trip/… over one's own feet
Junge, paß doch auf! Du fällst noch über deine eigenen Beine, wenn du so dahertrottest wie ein Urgroßvater!

(immer) **wieder auf die Beine fallen** ugs · to fall on one's feet (again and again/…)
Er ist ein Glückskind. Es können ihm noch so viele Mißgeschicke passieren, er fällt immer wieder auf die Beine.

in die Beine gehen · to be hard on the legs, + to take it out of one's legs, it's/s.th. is rough/hard on the legs
So eine Bergwanderung/dieser Wein geht in die Beine! – Wie, kriegst du die Beine nicht mehr hoch?

die Beine in die Hand nehmen ugs – (eher:) die **Beine** unter den Arm/die Arme nehmen · to get a move on, to step on it, to take to one's heels

jm. **wieder auf die Beine helfen** ugs · 1. 2. to help s.o. to get back on his feet
1. Wir müssen dem Heinz wieder auf die Beine helfen. Ohne Hilfe kommt er aus seiner Krankheit so wenig wie aus seinen Schulden heraus.
2. Wenn wir dem August nicht wieder auf die Beine helfen, wird er über kurz oder lang Pleite machen. Ohne Hilfe wird es ihm nicht gelingen, seine Schulden zu bezahlen.

laufen/rennen/…, was die Beine hergeben ugs – laufen/rasen/…, was das **Zeug** hält · to run/… like mad/crazy/…, to run for all one is worth

wieder auf die Beine kommen ugs · 1. 2. to get back on one's/its feet again
1. Wie lange ist er jetzt krank? – Fast zwei Jahre. – Wenn er nicht bald wieder auf die Beine kommt, sehe ich schwarz für seine weitere berufliche Laufbahn.
2. Er war drei Jahre arbeitslos, sagst du, hatte Schulden, faulenzte herum? Und wie ist er wieder auf die Beine gekommen? – Ein Cousin hat ihm eine Stelle in seiner Fabrik angeboten. Das war eine Grundlage, auf der ein neues Leben beginnen konnte.

etw. **auf die Beine kriegen/(bekommen)** ugs selten · to get s.th. done n
Nein, so nebenbei kriegst du kein Wörterbuch auf die Beine. Wenn du ernsthaft vorhast, eine 'Idiomatik' zu verfassen, mußt du über Jahre regelmäßig daran arbeiten.

sich die Beine aus dem Leib rennen ugs · to run like mad, to run one's legs off
… Und wenn ihr euch die Beine aus dem Leib rennt, Kurt, den Zug kriegt ihr nicht mehr. Der fährt in sieben Minuten, und von hier bis zum Bahnhof sind es drei Kilometer.

sich die Beine in den Leib stehen ugs – (eher:) sich die **Beine** in den Bauch/Leib stehen · to cool one's heels, to stand around for ages/until one is fit to drop/…

sich auf die Beine machen ugs oft dir. R selten · it's time to be/we were/… going/moving/…, it's time to make a move
So, nun haben wir lange genug geplaudert. Jetzt wird es Zeit, daß wir uns auf die Beine machen. Komm, Elsa, wir müssen gehen.

j. **wird** jm. **Beine machen** ugs · to put a bomb under s.o., to give s.o. what for
»Ich werde dir Beine machen!«, rief er dem Burschen zu und lief mit erhobener Hand hinter ihm her. »Von wegen, hier Äpfel zu klauen!«

soll ich/(ich werde) dir/euch/… **Beine machen!** (selten: soll er/mein Vater …?!) ugs · do I have to/shall I/… make you/… move?, do I have to/shall I/… kick you/… to make you move?
Soll ich dir Beine machen?! Verdammt nochmal, du weißt doch, daß ich die Sachen sofort brauche! Also los! Beeil' dich! Jetzt hast du eine Gelegenheit zu zeigen, wie schnell du laufen kannst.

etw. **auf die Beine stellen** ugs · 1. to set s.th. up, to establish s.th., 2. to achieve s.th., to get s.th. done
1. Wer hat denn die Fabrik auf die Beine gestellt, ihr oder ich? Nun also: wenn sie zu Vaters Lebzeiten gegründet und hochgebracht habe, werdet ihr doch bei der Erbschaft jetzt nicht den Rahm abschöpfen!
2. Sie haben in den letzten drei Jahren ja allerhand auf die Beine gestellt, Herr Volkert – Ihre Doktorarbeit, die Zweigniederlassung der Firma …

jn. **wieder auf die Beine stellen** ugs selten – jn./etw. wieder auf die **Beine** bringen (1; u. U. 2) · to get s.o. back on his feet again

sich auf eigene Beine stellen selten · 1. 2. to become independent 1. to stand on one's own two feet, 2. to establish o.s.
1. Sein Compagnon ist aus dem Geschäft ausgetreten. Er wollte sich schon lange auf eigene Beine stellen. Jetzt hat er ein eigenes Geschäft im Osten der Stadt.
2. Der Klaus lebt nicht mehr bei euch? – Nein. Er hat sich auf eigene Beine gestellt. Er verdient jetzt selbst; da ist es nur sinnvoll, daß er auch in allem anderen sein eigener Herr ist.

über seine/die eigenen Beine stolpern ugs – über seine eigenen **Beine** fallen · to fall over one's own feet

(behaglich/…) **die Beine von sich strecken** · to stretch out one's legs
… Wie dieser Mann sich da in den Sessel haut, die Beine lang von sich streckt … – köstlich! Wie so 'n Amerikaner!

Beine so dünn wie Streichhölzer haben ugs selten · to have matchstick legs
(Ein Mann auf einem Spaziergang zu seiner Frau:) Schau mal, Ute, die Frau da drüben hat Beine so dünn wie Streichhölzer! – Na, und? Was interessiert dich das?

die Beine (behaglich/…) unter den Tisch strecken ugs · to stretch out one's legs under the table
Ja, das ist das Richtige, Holger, nicht?: die Beine behaglich unter den Tisch strecken, sich das Kotelett und das Bier schmecken lassen und dann über die Wirtschaftsprobleme der armen Länder diskutieren. Das lob' ich mir!

die Beine unter js. **Tisch stecken/strecken** – die **Füße** (noch) unter js./Vaters/einen fremden Tisch stecken/strecken · to live off s.o., to eat/to live/… at s.o. else's expense

die Beine übereinanderschlagen · to cross one's legs
Guck' dir das mal an, wie der Ullrich da in dem Sessel sitzt! Wie sein Vater: weit zurückgelehnt, mit über(einander)geschlagenen Beinen …

die Beine unter Vaters Tisch stecken/strecken – die **Füße** (noch) unter js./Vaters/einen fremden Tisch stecken/strecken · to live off s.o., to eat/to live/… at s.o. else's expense

sich die Beine (ein wenig/…) **vertreten** · to stretch one's legs a (bit/…)
Nach dieser endlosen Diskussion muß ich mir die Beine ein wenig vertreten. Dieses ewige Sitzen … – Ich gehe mit. Auch mir tut es gut, ein wenig herumzuschlendern.

Beine-Ausreißen: es/das ist zum Beine-Ausreißen sal selten – das ist zum **Bebaumölen** (mit etw./jm.) · it's enough to drive one up the wall/round the bend/…, it makes one want to tear one's hair out

Beinen: nicht wissen, wohin mit seinen Beinen · not to know where to put one's legs
… Bei diesen niedrigen und schmalen Tischen weiß man nicht, wohin mit seinen Beinen. – Wenn man so lange Beine hat wie du …

die halbe Stadt/das ganze Dorf/... **ist auf den Beinen** · half the town/the whole village/... is on the move, half the town/... is astir, half the town/... is out and about

Gestern konnte man mit dem Wagen nicht hierdurch. Die halbe Stadt war auf den Beinen, um zum Fußballplatz zu pilgern. Es ist beeindruckend, welche Menschenmassen sich bei solchen Anlässen durch die Straßen zwängen.

wie geht's, wie steht's, immer noch auf zwei Beinen? *sal* · still around?, still going strong?

Hallo, Fred, lange nicht gesehen! Wie geht's, wie steht's, immer noch auf zwei Beinen? – Wie du siehst, bin ich immer noch gesund und munter. Und wie geht's dir?

schon/noch/... auf den Beinen sein · to be already up and about

Fünf Uhr morgens, und Sie sind schon auf den Beinen, Frau Briegel? – Ich stehe immer um halb fünf auf; mein Mann geht um viertel nach fünf aus dem Haus ...

von früh auf/immer/... auf den Beinen sein · to be on the go all the time/from morning to night/...

Dieser Mann ist unermüdlich. Vom frühen Morgen bis zum späten Abend ist er auf den Beinen und verkauft seine Zeitschriften. Ich möchte wissen, wieviel Kilometer er so am Tag abklopft.

gut/(...) auf den Beinen sein · to be a good/... walker, to be (still) sprightly

Mein Großvater ist schon 80 Jahre. Aber er ist noch sehr gut auf den Beinen. Jeden Tag macht er seinen Spaziergang von zwei Stunden oder mehr durch den Wald, nicht selten ohne Stock.

(sehr) schwach auf den Beinen sein · to be (very/...) unsteady on one's feet

Muß er noch im Bett liegen? – Nein, er darf schon wieder aufstehen. Aber er ist noch sehr schwach auf den Beinen. Selbst im Haus fällt ihm das Gehen schwer.

(sehr/...) sicher auf den Beinen sein – ≠ (sehr/...) wackelig/(unsicher) auf den **Beinen** sein · to be (very/...) steady on one's legs

(sehr/...) wackelig/(unsicher) auf den Beinen sein · to be (very/...) wobbly/unsteady on one's feet

Sag' mal, du bist aber wackelig auf den Beinen! In deinem Alter müßte man doch einen Baumstamm balancieren können. – Ich hatte nie einen sehr sicheren Schritt. Aber seit dem letzten Jahr, da hast du leider recht, wirke ich manchmal wie eine alte Oma.

(schon/...) wieder auf den Beinen sein · to be up and about (again/...), to be back on one's feet (again/...)

Wie geht es Monika? Muß sie noch im Bett liegen? – Nein, sie ist schon wieder auf den Beinen. Sie darf zwar noch nicht heraus, aber im Haus kann sie schon wieder herumlaufen.

mit den Beinen baumeln/herumbaumeln/(...) · to swing/to dangle/... one's legs

Rudi, setz' dich anständig hin und baumel' nicht so mit den Beinen da herum. Wir sind doch hier nicht auf dem Kinderspielplatz.

mit beiden Beinen auf der Erde bleiben *oft dir. R* · to keep one's feet on the ground

Gut, Karl, es ist schön, wenn du Vertrauen in dich selbst hast. Aber das ist eine Sache. Eine andere ist es, alles rosarot zu sehen und sich in Illusionen zu verlieren. Du mußt mit beiden Beinen auf der Erde bleiben.

mit beiden Beinen (fest) auf der Erde stehen · to have both feet firmly on the ground

Was mir besonders an ihm gefällt, ist, daß er bei allem Erfolg so sachlich und nüchtern geblieben ist. Er ist ein Mensch, der mit beiden Beinen auf der Erde steht. Bei allem Idealismus verliert er nie den Boden unter den Füßen; er weiß genau, was er will, was er kann, was möglich ist.

sich nicht/kaum noch/... auf den Beinen halten können · 1. 2. not/hardly/... to be able to stand, 2. s.o. can hardly keep on his feet

1. Komm, wir gehen nach Hause. Ich falle um vor Müdigkeit. Ich kann mich kaum noch auf den Beinen halten.

2. Gerda, stütz' die ältere Dame dort, rasch! Sie ist mit dem Kopf gegen eine Laterne gestoßen und muß eine Art Schock bekommen haben. Sieh, wie wackelig sie geht. Sie kann sich kaum noch auf den Beinen halten.

mit beiden Beinen hineinspringen *ugs selten* · to really/... get stuck into s.th., to go into s.th. with a will

Sein neuer Job macht ihm riesigen Spaß. Er ist gleich zu Anfang mit beiden Beinen hineingesprungen. Von der ersten Minute an hat er mit aller Kraft gearbeitet, sich voll eingesetzt.

mit beiden Beinen im Leben stehen · to have both feet on the ground

Die Frau Engelhardt ist eine ungewöhnlich tüchtige Frau, die mit beiden Beinen im Leben steht und mit allen Problemen fertig wird. Egal, welche Aufgaben an sie herantreten, sie weiß sich zu helfen.

mit gekreuzten/übergeschlagenen/untergeschlagenen Beinen da/... sitzen · to sit with one's legs crossed

... Der Herr, der da drüben auf der Couch mit übergeschlagenen Beinen sitzt – das ist Direktor Spieß ...

auf eigenen Beinen stehen · to stand on one's own two feet

Stimmt das, euer Klaus lebt nicht mehr bei euch zu Hause? – Ja, er steht jetzt auf eigenen Beinen. Seitdem er selbst verdient, will er auch alles andere in eigener Verantwortung und selbständig regeln.

auf schwachen Beinen stehen *selten* – auf schwachen **Füßen** stehen (1) · to be built on weak foundations, to lack a sound basis

auf wack(e)ligen Beinen stehen *selten* – auf tönernen **Füßen** stehen (1) · to be shaky, to be based on shaky foundations

nicht wissen, wohin mit seinen Beinen/mit seinen Beinen nicht wissen, wohin/nicht wissen mit seinen Beinen, wohin · not to know where to put one's feet

Dieter, jetzt trittst du mich schon zum dritten Mal! – Gerda, das darfst du nicht so übel nehmen! Der Junge weiß nicht, wohin mit seinen Beinen, an diesem kleinen Tisch, bei so vielen Personen ...

beinhart: beinhart sein *ugs* · to be as hard as nails

Wer an einem Marathonlauf teilnimmt, der muß wirklich beinhart sein. Denn eine Strecke von 42 km zu laufen verlangt eine eiserne Kondition und ein enormes Durchhaltevermögen.

beisammen: gut beisammen sein *ugs selten* – gut/schlecht/ nicht recht **beieinander** sein (2) · to be in good form, to be in a good mood

nicht (so) ganz beisammen sein *ugs selten* – nicht (so) ganz **beieinander** sein · (not) to be in good shape, not to be (quite/...) with it

(sie) nicht alle beisammen haben *ugs* – nicht (so) (ganz/ (recht)) bei **Trost** sein (1) · to be a bit soft in the head, not to be all there

(sie) nicht mehr alle beisammen haben *ugs* – nicht (so) (ganz/ (recht)) bei **Trost** sein (2) · to be a bit soft in the head, not to be all there

Beisein: im Beisein von/in js. **Beisein** *form* · in the presence of s.o.

Die Feierlichkeiten fanden im Beisein des Bundespräsidenten statt, der seine Reise nach Südamerika vorzeitig abbrach, um rechtzeitig in München zu sein.

ohne Beisein von/ohne js. **Beisein** *form* · in the absence of s.o., without s.o. being present

Ohne Beisein des Vorsitzenden kann die Jury nicht tagen. Seine Präsenz ist vom Gesetz vorgeschrieben.

Beispiel: etw. ist ohne Beispiel! *path selten* – da **hört** (sich) doch (einfach) alles auf · that really is the limit!

Beispiel: wie zum Beispiel ... · such as your/... sister/... for example

... Ein aufgewecktes junges Mädchen – wie zum Beispiel deine Schwester – ... – Schön, daß du meine Schwester für aufgeweckt hältst, Albert! Aber ich wollte dich nicht unterbrechen ...

(jm.) **ein gutes/schlechtes/... Beispiel geben** · to set a good/bad/... example

»Wenn die Erwachsenen ein schlechtes Beispiel geben«, wetterte der Pastor, »dürfen sie sich nicht wundern, wenn die Jugend auf Abwege gerät.«

(jm.) **ein warnendes Beispiel geben/sein** · to be a warning to s. o.

Seid vorsichtig an diesem Strand, Kinder! Der Peter ist ein warnendes Beispiel. Ihr wißt, er wäre dort fast ertrunken.

sich ein Beispiel nehmen an jm./dem Verhalten/... · 1. to take a leaf out of s. o.'s book, 2. to take s. o./s. o.'s behaviour as an example

1. Nehmt euch ein Beispiel an dem Jürgen – er ist fleißig, strebsam; er gibt nicht an mit seinen guten Noten ... – Herr Mayer, halten Sie uns doch nicht immer den Jürgen als Muster vor! Es können doch nicht alle so sein wie er.
2. ... Sie nahmen sich an der Willenskraft ihres Vaters ein Beispiel und ...

mit gutem Beispiel vorangehen · to set a good example

... Wenn die Erwachsenen mit gutem Beispiel vorangehen, werden auch die jungen Leute ein vernünftiges Leben führen ...

beißen: der/die/der Peter/... **wird dich**/ihn/den Emil/... **schon nicht**/nicht gleich/(sofort) **beißen** sal selten – der/die/der Peter/... wird dir/ihm/dem Emil/... nicht gleich/(sofort) den **Kopf** abreißen · I/he/John/... am/... not going to bite your/his/... head off

an etw. **zu beißen haben** ugs · 1. 2. 3. it/s.th. is s.th. to get your teeth into, it/s.th. is s.th. to chew on

1. Er hat sich da ein ganz schönes Problem aufgehalst. Daran wird er lange zu beißen haben – wenn er es überhaupt löst!
2. An der Aufgabe 4 habt ihr zu beißen. Wer sie schafft, bekommt 8 Punkte extra.
3. vgl. – an etw. zu **knabbern** haben

nichts mehr zu beißen haben path veraltend selten · to have nothing left to eat n

Die Warnings sind völlig verarmt. Wenn es so weiter geht, haben sie bald nichts mehr zu beißen. – Hoffen wir, daß es nicht so weit kommt und sie wenigstens immer zu essen haben.

nichts/(nicht viel) **zu beißen und zu brechen haben** path veraltend selten · to be starving, not to know where the next meal is coming from coll

So ein Elend wie in diesem Land hatte ich noch nicht gesehen. Zahllose Familien, die nichts zu beißen und zu brechen haben! – Während die einen im Überfluß leben, verhungern die anderen.

das/(etw.) **beißt sich** · 1. to clash, not to go together, 2. to be incompatible

1. Schnelligkeit und Genauigkeit, das beißt sich, denn gute Arbeit braucht normalerweise ihre Zeit.
2. ... Martina und Technik, das beißt sich. Da treffen zwei Welten aufeinander.

Beistand: jm. **Beistand leisten** form · to come to s. o.'s aid

Wenn ihm wenigstens seine Freunde ein wenig Beistand geleistet hätten, dann hätte er trotz aller Schwierigkeiten und Intrigen schon durchgehalten. Aber so ohne jede Unterstützung, völlig auf sich gestellt ...

beisteuern: ein paar Pfennige/... (zu etw.) **beisteuern** – ein paar Pfennige/... (zu etw.) **zusteuern** · to contribute a few pence/... to s. th.

Beitrag: seinen **Beitrag leisten** form · to make a contribution to s.th., to contribute to s. th.

Wenn jeder seinen Beitrag leistet, dann kommen wir prima durch. Aber wenn die einen meinen, daß die anderen die Arbeit für sie mitmachen, dann wird es natürlich schwer.

bekannt: mit jm. **bekannt sein** form · to know s. o., to be acquainted with s. o.

Du bist doch mit dem Hörster bekannt, nicht? – Ja, ich kenne ihn ganz gut. Warum? ...

sattsam bekannt sein ugs · to be only too well-known n, to be notorious n

... Ja, ja, natürlich, seine Beschwerden sind hier sattsam bekannt. Er hat sich bestimmt schon zehn Mal bei uns über irgendwelche Nachbarn beschwert.

dafür bekannt sein, daß ... · s. o. is well-known for doing s. th.

... Eine solche Schlamperei wäre unter dem ehemaligen Chef nicht möglich gewesen. – Unter dem Fraube? Nein, auf keinen Fall! Der war ja überall dafür bekannt, daß er schon bei der kleinsten Unregelmäßigkeit schärfstens durchgriff.

mit jm./etw. **bekannt werden** form · to become acquainted with s. o./s. th., to get to know s. o./s. th.

Vom Ansehen kenne ich den Hörster schon sehr lange. Aber bisher hat sich nie die Gelegenheit ergeben, näher mit ihm bekannt zu werden.

Bekanntenkreis: einen großen/... **Bekanntenkreis haben** · to have a large/wide/... circle of friends

Er hat einen großen, ja riesigen Bekanntenkreis, das stimmt; hier in der Stadt und in der näheren Umgebung kennt er und kennt ihn alle Welt. Aber er hat nur wenige, ganz wenige Freunde.

Bekanntschaft: in js. **Bekanntschaft** ... · among s. o.'s acquaintances, among s. o.'s friends

Wie, du hast noch nie jemanden gesehen, der Drogen genommen hat? – Natürlich nicht. So was kommt in meiner Bekanntschaft nicht vor. Von meinen Freunden und Bekannten nimmt niemand Drogen.

eine große/... Bekanntschaft haben – (eher:) einen großen/... **Bekanntenkreis** haben · to have a large/wide/... circle of friends

Bekanntschaft machen mit jm./(etw.)/die Bekanntschaft eines Malers/... **machen** · 1. 2. 3. to get to know s. o./s. th., 1. 3. to make s. o.'s acquaintance, 3. to have been in trouble with the police, 3. to have come into contact with the police/water/...

1. Gestern auf dem Ball habe ich Bekanntschaft mit einem interessanten jungen Maler gemacht. Ich hatte ihn zwar schon vorher irgendwo gesehen, wußte aber nicht, wer er war. Ich würde mich freuen, wenn ich ihn in Zukunft häufiger träfe. form
2. Als Soldat im Zweiten Weltkrieg machte der Walter zum ersten Mal Bekanntschaft mit der Not und der Armut. ugs
3. ... Ach, mit der Kriminalpolizei hat der Brumert bestimmt schon zehn Mal Bekanntschaft gemacht. Das ist dem völlig wurscht. Solange sie ihm nichts nachweisen können ... iron

mit jm. **nähere Bekanntschaft machen** form · to get to know s. o. better, to get better acquainted with s. o.

Bisher kannte ich den Finanzminister nur vom Ansehen. Der Cocktail gestern abend beim französischen Botschafter gab mir endlich Gelegenheit, mit ihm nähere Bekanntschaft zu machen.

bekennen: sich schuldig bekennen form · to plead guilty

... Herr Angeklagter, bekennen Sie sich schuldig? – Nein, Herr Richter, ich lehne jede Schuld an den Ereignissen kategorisch ab.

bekommen: etw. ge-schenkt/ge-liehen/übergeben/.../(erfüllt) **bekommen** · to get s. th. as a present/on loan/..., to be given/lent/... s. th.

... Na, Ulli, was hast du denn alles zum Geburtstag geschenkt bekommen? – Meine Eltern haben mir ein Fahrrad geschenkt, mein älterer Bruder ...

es fertig bekommen und etw. **tun** – (eher:) es fertig **bringen**, etw. zu tun/und ... (1) · to actually/... manage to do s. th.

nicht/nie genug bekommen (können) **von** etw. – nicht/nie genug **kriegen** (können) von etw. · not/never (to be able to) get enough of s. th.

jn./etw. **satt bekommen** ugs – (eher:) jn./etw. leid **werden**/es leid werden, etw. zu tun (2; u. U. 1, 3) · to get fed up of/with s. o./s. th.

das/etw. zu tun/ein solcher …/… **wird dir**/ihm/der Petra/… **schlecht bekommen** *ugs* · s.th. will not do him/you/Mary/… any good, + he/you/Mary/… will not like that
Der Herbert will dem jungen Erben ohne Umschweife erklären, daß die Geschäftsleitung vor den schwierigen Aufgaben völlig versagt und das so nicht weitergehen kann. – Das wird ihm schlecht bekommen. – Er sagt, das wäre ihm egal! Sogar wenn man ihn entlassen würde: er würde es als seine Pflicht empfinden, dem Besitzer klaren Wein einzuschenken.

es nicht über sich bekommen, etw. zu tun – (eher:) es fertig **bringen**, etw. zu tun/und … (2) · not to be able to bring o.s. to do s.th.

wohl bekomm's! *form* · your health!
Zum Wohl, Herr Mertens! Wohl bekomm's, Herr Dr. Bast! – Ein vorzüglicher Wein …

Belagerungszustand: den Belagerungszustand über eine Stadt/ein Land/… **verhängen** *form* · to declare a state of siege in …
Stimmt es, daß die Israelis den Belagerungszustand über Beirut verhängt haben? – Ich weiß nicht, ob das offiziell so ist. De facto herrscht dort jedenfalls das Militär.

belämmert: (noch) **ganz belämmert sein** (von …) *sal* · to be (still/…) dispirited *elev*, to be (still/…) downcast/miserable *tr*, to be (still/…) stunned and depressed *n*
Ich kann es immer noch nicht fassen, daß ich in der Englisch-Fachübersetzung durchgefallen sein soll. Ich bin noch total belämmert.

Belang: ohne Belang (sein) *form* · to be of no importance, to be of no interest
Was sagt er? – Das ist völlig ohne Belang, was er sagt, das interessiert niemanden. – Das laß mich mal entscheiden, ob das von Bedeutung ist oder nicht. Also, was sagt er?

(nicht) **von Belang** (sein) *form* · (not) to be of importance
Ist es denn überhaupt von Belang, was dieser Mensch sagt? – Natürlich nicht. Es interessiert niemanden.

nichts von Belang *form* · nothing of any importance, nothing of any note
Was hat der Kohlmann eigentlich gestern in der Rede alles gesagt? – Nichts von Belang. Du hast nichts verpaßt. Die üblichen nichtssagenden Floskeln.

belangen: jn. **gerichtlich belangen** *form* · to prosecute s.o. (for s.th.), to take s.o. to court (for s.th.)
Wenn du gegen die Hausordnung verstößt, kannst du gerichtlich belangt werden. Das ist nun einmal so, ob es dir paßt oder nicht. – In diesem Land machen sie einem noch den Prozeß, nur weil man nach zehn Uhr zu laut hustet.

belangt: was jn. **belangt** *form selten* – was jn./etw. **angeht** (1) · as far as s.o. is concerned

belassen: es bei etw. **belassen** *oft: es dabei belassen form* · 1. to leave it at s.th., to let it rest at s.th., 2. to leave it at that
1. Sollen wir es bei dem Kompromißvorschlag, den sie uns machen, belassen oder sollen wir weiterverhandeln?
2. Dabei können wir es belassen. Es hat keinen Zweck, noch mehr Zeit und Energie in die Sache zu investieren. Was wir jetzt erreicht haben, soll genügen.

belastet: erblich belastet sein *oft iron* · 1. 2. + it's inherited, + it's in the blood, + it runs in the family *coll*
1. Was der Ferdinand Koberg macht, dürft ihr nicht so ernst nehmen. Er ist erblich belastet. Sein Vater war notorischer Säufer, seine Mutter hochgradig hysterisch. *form*
2. Das mußt du nicht so ernst nehmen, was der Emil sagt. Er hat keine Schuld – er ist erblich belastet. – Ich geb' dir gleich erblich belastet! Meinst du, du kannst mit solchen Witzchen einer ehrlichen Diskussion aus dem Weg gehen?! *ugs*

familiär belastet sein *oft iron* – (eher:) **erblich belastet** sein · + it/s.th. runs in the family

belehren: jn. **eines anderen belehren** *form od. iron* · 1. to put s.o. right, to teach s.o. otherwise, 2. to correct s.o., to enlighten s.o. (about s.th.)
1. Natürlich ist in Portugal das Wetter besser als in Deutschland. Aber wenn du meinst, da schiene das ganze Jahr über die Sonne, dann muß ich dich leider eines anderen belehren. Es kann dort Monate hintereinander regnen.
2. vgl. – (eher:) jn. eines **Besseren** belehren

sich eines anderen belehren lassen müssen *form* · to learn otherwise, to be taught otherwise
Der Willi hatte angenommen, er könnte in seinem neuen Beruf so viel reisen, wie er für richtig hält. Aber er mußte sich eines anderen belehren lassen. Jede einzelne Reise muß vom Chef genehmigt werden.

beleidigen: jn. **tödlich beleidigen**/tödlich beleidigt (sein) *path* · to terribly/deeply/mortally/… offend/wound/insult/… s.o., + to be terribly/deeply/mortally/… offended/wounded/insulted/…
Mit deiner Bemerkung 'eine Fremdsprache können und sich in ihr verständigen können sind zwei völlig verschiedene Dinge' hast du Manfred tödlich beleidigt. Er bildet sich auf seine Französischkenntnisse immer so viel ein! Und jetzt gibst du ihm zu verstehen, daß er im Grunde ein Anfänger ist.

Beleidigung: eine Beleidigung für das Auge sein *path od. iron* – das **Auge** beleidigen · to offend s.o.'s eye

Belieben: nach Belieben (etw. tun können/…) · as much as I/you/… like, as much as I/you/… want
Hier könnt ihr nach Belieben Radio hören, Musik machen, tanzen, hier hört und sieht euch niemand. – Ach, herrlich, so tun und lassen zu können, was man will!

es steht (ganz) **in** js. **Belieben, wie** er etw. macht/… *form* · it is (entirely/…) up to him/you/… whether …
Ob er zu dem Vortrag kommt oder nicht, das steht nun einmal ganz in seinem Belieben. – Hat er als Universitätsprofessor keinerlei Verpflichtungen in diesem Sinn? – Nein. Das kann er halten, wie er will.

etw. (ganz) **in** js. **Belieben stellen** *form* · to leave it (entirely/…) up to you/him/John/…
Ich stelle es ganz in Ihr Belieben, Herr Dr. Wörner, ob Sie zu der Konferenz kommen wollen oder nicht. Fühlen Sie sich durch unsere Einladung in keinster Weise verpflichtet zu kommen.

beliebige: jede(r) beliebige Frau/Mann/Sache · 1. 2. any man/woman/thing, any old thing *coll*
1. Glaubst du, ich lasse jeden beliebigen Menschen, der schellt, sofort in die Wohnung? Erst muß ich wissen, wer es ist.
2. Es kann doch nicht jeder beliebige Mensch annehmen, er verstünde mehr von Politik als die Regierung!

(irgend) **ein x-beliebiger** (Mann/…)/(irgend) eine x-beliebige (Frau/…)/eine x-beliebige Sache *ugs* · 1. 2. any man/woman/thing/… you like
1. Irgendein x-beliebiger Leser behauptet, das Buch sei schlecht, und du betest diese Meinung nach? So ein Urteil hat doch nur Wert, wenn man weiß, wer es fällt.
2. Irgendeine x-beliebige Farbzusammenstellung ist Ihnen recht? – Ja. Meinetwegen grün-violett-gelb. Sie muß nur auffallen, knallig sein.

beliebt: (ganz) **wie/**(wo/wann/…) es jm. **beliebt** *ugs* · as you/… wish, as you/… like
Margot, ich will wirklich ein Zimmer nach vorne heraus. – Wie es dir beliebt! Aber beschwer' dich nachher nicht, es sei zu laut gewesen!

Bemerkung: eine Bemerkung über jn./etw. **fallen lassen** · 1. 2. to make a remark about s.o./s.th.
1. Sie hat da eben eine Bemerkung über unsere Mutter fallen lassen. Wie war das? – Ich habe es nicht verstanden. Es war aber auch nur ganz beiläufig.
2. Hüten Sie sich, eine Bemerkung über unsere Beziehungen zur Firma Hueber fallen zu lassen! – Ich werde das Thema nicht berühren, seien Sie unbesorgt!

bemessen: kurz/knapp bemessen (sein) *form* · our/... time/... is limited

Komm, beeil' dich, unsere Zeit ist kurz bemessen. Um 11 muß ich im Geschäft sein – spätestens!

(sehr) reichlich bemessen sein *form* · it/s.th. was generous

... Drei Monate für eine solch kurze Übersetzung – die Zeit war doch sehr reichlich bemessen! Da hätte er eigentlich fertig werden müssen.

bemühen: sich krampfhaft/... bemühen, etw. zu erreichen/... *ugs* · to try desperately to do s.th.

So krampfhaft er sich auch bemüht, Bundestagsabgeordneter zu werden, es wird ihm nicht gelingen. Es fehlt ihm in der Partei dafür der nötige Rückhalt.

bemüßigt: sich (nicht) **bemüßigt fühlen/**(sehen/finden), etw. zu tun *form – iron* · (not) to feel inclined to do s.th., (not) to feel obliged to do s.th., (not) to feel called upon to do s.th. *elev*

... Wenn dein Bruder dir in Notfällen nie zur Seite gestanden hat, dann brauchst du dich jetzt doch auch nicht bemüßigt zu fühlen, ihm zu helfen! – Ich kann so nicht denken! Wenn es ihm dreckig geht, fühle ich mich verpflichtet, etwas für ihn zu tun.

Bendel: jn. (fest) **am Bendel haben** *ugs selten* · to have (got) s.o. under one's thumb, to have (got) s.o. on a string

... Der Kerber hat seine Arbeiter fest am Bendel. Da wagt keiner, groß herumzudiskutieren oder gar gegen seine Anordnungen zu verstoßen ...

benehmen: sich daneben benehmen · to make an exhibition of oneself, to blot one's copybook *coll*, to put one's foot in it *coll*

Den Fritz kann man beim besten Willen nicht mitnehmen, wenn man eingeladen ist. – Warum? Hat er sich wieder daneben benommen? – Gleich drei Mal. Erst kippt er beim Essen ein Glas Rotwein auf die weiße Tischdecke, dann kritisiert er ...

Benehmen: das ist (doch) **kein Benehmen!** · that's no way to behave

Setzt euch anständig hin beim Essen und tut die Ellebogen vom Tisch! Das ist doch kein Benehmen, da so wie ein Urgermane zu sitzen, der einen Bären zerlegt!

js. **Benehmen/... ist völlig/... nebendran/daneben** *ugs* · s.o.'s behaviour is out of order, s.o.'s behaviour is offensive/coarse/tasteless/boorish/...

... Jörgs Benehmen ist völlig daneben. Mir scheint, er hat keine Kinderstube gehabt.

sich mit jm. **ins Benehmen setzen** (wegen ...) *form selten* · to get in touch with s.o. (about ...), to contact s.o. (about ...)

Ich nehme an, Herr Walter, Sie haben sich wegen der Fräsen bereits mit der Firma Umbrecht ins Benehmen gesetzt? – Noch nicht, Herr Direktor Maier. Ich werde da aber heute noch anrufen und versuchen, so rasch wie möglich zu einer Absprache zu kommen.

Bengel: den Bengel zu hoch/weit werfen *ugs schweiz* · to push one's luck too far, to overreach o.s.

... Er hat den Bengel zu hoch geworfen! Wer derart übertriebene Ansprüche stellt, muß damit rechnen, daß man ihn in seine Schranken verweist.

Benimm: Benimm haben *ugs* · to have good manners *n*, to know how to behave *n*

Wenn du in der sog. guten Gesellschaft verkehren willst, mußt du Benimm haben! – Und du meinst, ich kann mich nicht benehmen? ...

keinen Benimm haben *ugs* · to have no manners *n*

Herr des Lebens, du hast aber auch gar keinen Benimm! Man erscheint doch zu einem Vorstellungsgespräch nicht in Jeans! Na ja, Benehmen ist Glückssache.

Benjamin: der Benjamin der Familie (sein) · to be the baby of the family

Der Hans ist der Benjamin der Familie. Er hat noch einen älteren Bruder und zwei ältere Schwestern.

beraten: gut/schlecht/... beraten sein bei/wenn/... *form* · to be ill-/well-advised to do s.th.

... Ja, Frau Dr. Kerschner wollte ich zu dem Gespräch eigentlich auch hinzuziehen. – Ich weiß nicht, ob Sie da gut beraten sind. Wie Sie wissen, ist Frau Kerschner im Grund gegen das Projekt. Vielleicht wäre es besser, sie zunächst einmal nicht direkt einzuschalten.

berauschend: nicht (sehr) **berauschend sein** *ugs* · not to be up to much, not to be much to write home about

... Nein, seine Übersetzung ist in der Tat nicht sehr berauschend! Die hat er bestimmt hastig und unkonzentriert gemacht.

berauscht: (ganz) **wie berauscht** (sein) (von jm./etw.) *path* · to be intoxicated/(drunk) with s.o./s.th., to be enraptured with s.o./s.th.

Wie berauscht von der Musik und den schönen Frauen überließ er sich ganz der Atmosphäre des Balls und tanzte wie in seinen besten Tagen bis zum frühen Morgen durch ...

Berechtigung: seine Berechtigung haben · to be justified

Ich finde, daß die Geschwindigkeitsbegrenzung auf dieser Küstenstraße ihre Berechtigung hat. Es ist zwar nicht angenehm, so langsam zu fahren; aber auf dieser Straße kann man nicht rasen.

Bereich: im Bereich e-r S. **liegen** *form* · to be in s.o.'s frame of reference, to be in s.o.'s remit, to be in s.o.'s province

Die Regelung der Marktzeiten liegt nicht im Bereich unserer Aufgaben.

im Bereich des Möglichen liegen *form* · to be within the bounds of possibility

Liegt es im Bereich des Möglichen, daß Benzin schon dieses Jahr rationiert wird? – Möglich ist alles! Aber es ist äußerst unwahrscheinlich.

bereit: allzeit bereit! *Spruch der St.-Georgs-Pfadfinder* · be prepared!

Peter, kannst du dich noch an unseren Pfadfinderspruch erinnern? – Ja, warte mal! 'Allzeit bereit'.

zu allem bereit sein · 1. to be game for anything, 2. to be prepared to take all/any/... measures (that are necessary/...)

1. ... Wir haben seinen Vater gefragt, ob er uns das Geld gibt – Sein Vater ist aber auch zu allem bereit! Erst geht er mit euch Fußball spielen, dann fährt er mit euch an den Strand, nachher leiht er euch seinen Wagen und zum Schluß ist er auch noch der Karnevalsfeier.

2. ... Auf die Frage des Reporters, wie denn die USA auf die Provokationen des irakischen Außenministers reagieren werde, meinte der amerikanische Verteidigungsminister, »das Weiße Haus sei zu allem bereit, um die Probleme am Golf zu lösen.«

etw. **bereit haben** · to have s.th. ready

... Mit der Firma Küppers gibt es Ärger. Wir müssen noch heute nachmittag nach München fahren. – Meinetwegen sofort. Ich habe meinen Reisekoffer immer bereit.

bereitfinden: sich bereitfinden, etw. zu tun *form* – **sich dazu verstehen,** etw. zu tun · to be prepared to do s.th., to (be able to) bring o.s. to do s.th.

Bereitschaftsdienst: Bereitschaftsdienst haben *Ärzte u.ä.* · to be on call *doctor*, to be on rota duty *chemist*

... Gibt's denn in diesem Nest am Wochenende keinen einzigen Zahnarzt, der Bereitschaftsdienst hat? – Nein! Bei Zähnen gibt's keine Notfälle! – Ach, so!

Berg: mit etw. **über den Berg sein** · 1. to be over the worst, to be on the mend, 2. to be out of the wood

1. Wie geht's mit Bert? – Jetzt ist er über den Berg. Bis vergangene Woche war es gefährlich, wir mußten auf das Schlimmste gefaßt sein. Aber jetzt ist es nur noch eine Frage der Zeit, bis er wieder gesund ist.

2. Geht es Walter finanziell besser? – Wie es scheint, ist er über den Berg. Die Anfangsphase im Geschäft war sehr schwierig. Er hat sich aber tapfer geschlagen. Jetzt geht es aufwärts.

einen Berg Geld anhäufen *selten* · to make/to amass/... a pile of money

... Also, dieser Makler Strasser ist ja wirklich stinkreich! Was glaubst du, was für einen Berg Geld der im Laufe seiner Karriere schon angehäuft hat.

mit etw. (nicht) **hinter dem/hinterm Berg (zurück-)halten** · 1. 2. (not) to keep quiet about s.th., (not) to keep s.th. to oneself, to make no secret of one's views, to speak one's mind

1. Der Herbert hält ja mit seiner Kritik nicht hinter dem Berg. Er macht kein Hehl aus dem, was er denkt. Auch, wenn er Nachteile davon hat.

2. Es hat keinen Sinn, hier mit kritischen Einwänden und Vorschlägen hinter dem Berg zu halten: wir wollen und müssen wissen, wie jeder von euch zu der Sache steht. Sagt also ehrlich eure Meinung!

jm. **über den Berg helfen** · to give s.o. a helping hand, to help s.o. out

Dem Onkel Rainer werde ich immer dankbar sein, er hat mir über den Berg geholfen. – Das ist wahr! In der schwierigsten Phase des Unternehmens war er der einzige, der dich unterstützte. Ohne seine Hilfe hättest du schließen müssen.

der Berg kreißt und gebiert eine Maus *geh selten* · the mountain laboured and brought forth a mouse

Seit drei Jahren reden sie nun von der Schulreform; heute morgen erschien der Text. – Und? – Wie sagt man?: 'Der Berg kreißt und gebiert eine Maus.' Außer einigen Änderungen in Einzelheiten bleibt alles beim alten. – Also wieder einmal viel Lärm um nichts!

wenn der Berg nicht zum Propheten kommt, muß der Prophet wohl zum Berge kommen *selten* · if the mountain won't come to Muhammad then Muhammad must go to the mountain

Na, das hätte ich nicht erwartet, daß du uns besuchst! – Wenn der Berg nicht zum Propheten kommt, muß der Prophet wohl zum Berge kommen. Da du uns mit Sicherheit nie besuchen kommst, muß ich mich zu dir bequemen, wenn wir uns überhaupt einmal sehen wollen.

einen Berg von Schulden haben/(vor sich herschieben) *selten* – bis an den/(über den) **Hals** in Schulden stecken · to be up to one's neck in debt

über Berg und Tal wandern/... *veraltend selten* · to walk/ wander/... up hill and down dale/over hill and dale/...

Erst war der Weg eben, aber die letzten beiden Stunden ging es über Berg und Tal, bis wir das Kreisstädchen vor uns liegen sahen. Immer rauf-runter, rauf-runter.

bergab: es geht bergab (mit jm./etw.) – es **geht** bergab (mit jm./etw.) · to be going downhill

bergauf: es geht bergauf (mit jm./etw.) – es **geht** bergauf (mit jm./etw.) · to be looking up, to be getting better

es geht/... **bergauf und (berg-)ab** · 1. to go/... uphill and downhill, 2. there are (so many/...) ups and downs in life/...

1. Mann, hier geht es aber bergauf und bergab! Keine zehn Kilometer, die man über eine ebene Straße fährt!

2. Ach, Udo, mach' dir nichts aus deiner momentanen Krise! Im Leben geht's immer bergauf und bergab. C'est la vie! Du wirst sehen, bald geht es wieder besser!

Berge: (schon/...) über alle Berge sein *ugs* · 1. 2. he is/they are/... miles away (by now/...)

1. Natürlich haben wir den Bobby bellen hören. Aber ehe wir an der Tür waren, war der Dieb schon über alle Berge. Der Rudi rannte noch ein Stück über den Weg in die Richtung, in die er geflohen sein mußte; aber in der Dunkelheit war er natürlich nicht einzuholen.

2. Sie wollten mit den Müllers fahren? Die sind schon über alle Berge. Sie sind heute morgen gegen fünf Uhr abgefahren; jetzt dürften sie schon in Nordfrankreich sein.

(schon/...) **weg/fort und über alle Berge** (sein) *ugs* – (schon/...) über alle **Berge** sein (1; 2 selten) · he is/they are/... miles away (by now/...)

sich über alle Berge machen *ugs* · to make off, to make o.s. scarce, to disappear *n*

Der Peter Bambeck läßt sich nirgends mehr sehen, nicht? – Nein. Der hat sich nach dem Bankrott der Firma über alle Berge gemacht. Kein Mensch weiß, wo er untergetaucht ist.

Berge versetzen wollen/können *path* · to (want/be able/...) to move mountains

Sein Glaube an sich selbst ist von der Art, von der man sagt, er könne Berge versetzen. So unerschütterlich, daß er möglich macht, was unmöglich scheint.

jm. **goldene Berge versprechen** *path selten* · to promise s.o. the moon/a fortune/...

Goldene Berge hat er uns versprochen, wenn wir mitmachen würden. Und was haben wir bekommen? Einen miserablen Durchschnittslohn! – Das Geschäft lief nicht so, wie er sich das vorgestellt hatte; er konnte euch nicht mehr geben. – Dann soll er im Anfang den Mund nicht so voll nehmen!

Bergnot: in Bergnot sein *form selten* · to be in difficulties while climbing in the mountains

... Da, noch ein Hubschrauber! Da sind bestimmt Leute in Bergnot. Guck, die suchen das ganze Gelände unter dem Gipfel dort ab. Hoffentlich können sie die Leute noch retten!

in Bergnot geraten *form selten* · to get into difficulties while climbing in the mountains

Trotz aller Warnungen und Mahnungen geraten immer wieder Leute in Bergnot. – Bergsteiger? – Bergsteiger auch, ja; aber viel häufiger sind es Laien, Leute, die sich beim Bergsteigen zu viel zutrauen, die Gefahren der Berge nicht kennen ...

jn. **aus Bergnot retten** *form selten* · to rescue s.o. who has got into difficulties (while) climbing/ski-ing/mountaineering/...

... Heute, meinte er, können in kritischen Fällen auch Hubschrauber die Leute aus Bergnot retten. Wenn man früher vom Unwetter überrascht wurde oder sonstwas passierte, gab's nur die Bergwacht – zu Fuß!

Bericht: Bericht erstatten (über) *form* · 1. 2. to give/to make a report to s.o. on/about s.th.

1. Mußt du über diese Reise auch Bericht erstatten? – Da es eine offiziell angeordnete Dienstreise ist, werde ich wenigstens mündlich meine Eindrücke formulieren müssen.

2. Der Herr Botschafter ist leider nicht im Haus, er ist nach Bonn, um Bericht zu erstatten. – Ach, wegen der neuesten polnischen Vorschläge zur Rüstungskontrolle?

berieseln: sich von seichter Musik/inhaltsleeren Reden/... **berieseln lassen** *ugs* · to listen to/to be exposed to/... a constant stream of canned/background/... music/...

... Kein Essen ohne Fernsehen, kein Abend ohne Fernsehen! Mein Gott, wie die Leute sich den halben Tag von diesem Schmus berieseln lassen können!

Berserker: schuften/arbeiten/... wie ein Berserker *ugs* · to work/... like mad, to work like billy-o

Der Bursche schuftet wie ein Berserker. Einen Mann, der mit solch einer Kraft, solch einer Ausdauer und solch einer Einsatzbereitschaft arbeitet wie der, wirst du heute selten finden.

toben wie ein Berserker *ugs selten* – toben/sich gebärden wie ein **Wilder** · to rant and rave like a lunatic

Bersten: (bis) zum Bersten voll sein *geh path* · 1. 2. to be full to bursting, to be bursting at the seams

1. vgl. – (eher:) **brechend** voll sein

2. vgl. – brechend **voll** sein

Berücksichtigung: unter Berücksichtigung e-r S./von etw. *form* · in view of the circumstances/..., in view of the fact that ...

... Unter Berücksichtigung der Tatsache, daß der Angeklagte Reue zeigt, sehen wir von einer weiteren Strafverfolgung ab und ...

Beruf: z. Zt. ohne Beruf (sein) *form selten* · to be out of work at the moment/...

... Ihr Beruf, Herr Kehl? – Ich bin z. Zt. ohne Beruf; ich bin arbeitslos ...

von Beruf ... sein/... von Beruf sein · to be a baker/teacher/... by profession

Hat er das Schneiderhandwerk von der Pike auf gelernt? – Nein, von Beruf ist er Bäcker. Aber er hat schon in jungen Jahren gewechselt ...

aus dem Beruf scheiden *geh* – in **Pension** gehen · to retire

im Beruf stehen *form* · to be working, to go to work
… Nein, nein, eine Frau, die im Beruf steht und – Was heißt: 'im Beruf steht'? Meinst du, für eine große Familie zu sorgen wäre kein Beruf? …

seinen Beruf verfehlt haben · to be in the wrong job, to have chosen the wrong job
… Ein Arzt ist doch kein Kaufmann, verflucht nochmal!, brüllte er plötzlich. Dieser Mann hat seinen Beruf verfehlt. Wenn es ihm in erster Linie um die Pfennige geht, hätte er in die Wirtschaft gehen sollen.

berufen: zu etw. **berufen sein (müssen)** · to (have to) have a vocation/calling/… to do s.th./for s.th.
… Es gibt Berufe, sagte mein Vater plötzlich ganz ernst, zu denen muß man berufen sein. Sonst läßt man lieber die Finger davon. Priester, Arzt, Lehrer – wer das wird, um Geld zu verdienen, ist da fehl am Platz.

sich (nicht) (dazu) berufen fühlen etw. zu tun/zu sein/… · (not) to feel one has a mission to do s.th., (not) to consider o.s. competent/qualified/in a position/(…) to do s.th.
Ich fühle mich offengestanden nicht dazu berufen, immer die Fehler auszubügeln, die meine lieben Kollegen machen.

Berufs: von Berufs wegen *form* · because of/on account of/… my/… job, for professional reasons
Das ist nicht nur ein persönliches Interesse, das interessiert mich auch von Berufs wegen. Ich bin in der Textilbranche tätig, da werden mir laufend solche Fragen gestellt …

Berufsleben: im Berufsleben stehen *form* · to be working
… Du hast gut reden, Klara, du kannst jeden Morgen aufstehen, wann du willst. Wenn du im Berufsleben stehen würdest, wie Kurt oder ich, und jeden Morgen um 6 Uhr raus müßtest …

Berufung: Berufung einlegen *jur* · to appeal (against s.th.)
… Aber ihr könnt gegen das Urteil doch Berufung einlegen. – Natürlich. Beim Landgericht. Aber ich glaube nicht, daß das was nützt. Die werden die Entscheidung des Amtsgerichts nicht revidieren.

in die Berufung gehen *jur* · to appeal
(Ein Klient zu einem Anwalt:) Aber wenn das Urteil in der ersten Instanz nach Ihrer Auffassung falsch ist, müssen wir in die Berufung gehen. – In der zweiten Instanz gewinnen wir höchstens zu 25 Prozent; ein neues Verfahren lohnt sich also nicht.

beruhen: die Sache/es/… **auf sich beruhen lassen** · to let the matter/it/… rest
Willst du in dem Streitfall mit dem Hausbesitzer nicht klären, wer recht hat, du oder er? – Ach, weißt du, wenn er jetzt nichts mehr sagt, laß ich die Sache auf sich beruhen. Diese ewigen Auseinandersetzungen sind derart lästig …

Beruhigungspille: jm. **eine Beruhigungspille verabreichen** *ugs* · to give s.o. a sop, to say s.th. to reassure s.o./to keep s.o. quiet/…
Der Herr Ungeheuer meint, so genau würden die Abrechnungen nicht kontrolliert. Unsere Fehler würden also sicherlich nicht auffallen. – Hat er dir eine Beruhigungspille verabreicht? Na ja, hoffen wir, daß er recht hat. Im übrigen hat es jetzt auch wenig Sinn, sich wer weiß wie aufzuregen.

berühmt: nicht (gerade) **berühmt (sein/arbeiten/…)** *ugs* · (to be) nothing to write home about, not (to be) brilliant, to be no big deal
Wie arbeitet er? – Nicht berühmt. Ich will nicht gerade sagen: 'schlecht', aber es könnte besser sein.

berühmt und berüchtigt sein (wegen …) *path* · to be notorious (for …)
… Den Kulischeck kennt doch hier jeder. Der ist geradezu berühmt und berüchtigt – wegen seiner Finanzskandale. Hast du nie davon gehört?

Berühmtes: nichts Berühmtes sein *ugs* · to be nothing special
Dieser Stoff ist nichts Berühmtes. Wenn du einen Anzug zum Ausgehen willst, würde ich dir raten, einen besseren Stoff zu wählen. Für jeden Tag, gut, da würde er reichen …

Berühmtheit: eine traurige/(triste) Berühmtheit erreichen/(erlangen/…) (durch …) · to become notorious, to become infamous
Ich weiß nicht, ob dir der Name 'Eichmann' etwas sagt? Der Mann hat durch die Judenverfolgungen eine traurige Berühmtheit erreicht. – Ich weiß, ich weiß. Der Name ist sattsam bekannt.

berührt: peinlich/(unangenehm) berührt sein (von etw.) *form od. iron* · + s.th. makes an unpleasant impression on s.o., + s.th. makes s.o. feel embarrassed
Von der Kälte und Rücksichtslosigkeit, mit der er seine Frau behandelt, war ich doch etwas peinlich berührt, das kann ich leider nicht anders sagen. Ein Mann, der menschlich Niveau hat, geht mit seiner Frau anders um. So etwas schockiert.

Berührung: in Berührung mit jm./etw. **kommen** · 1. 2. to come into contact with s.o./s.th.
1. Mit Engländern ist er in seinem Leben nie in Berührung gekommen. Seine Urteile über sie stammen also nicht aus eigener Erfahrung.
2. Auf seiner Reise nach Afrika mit dem Studententheater ist er zum ersten Mal mit der Kultur der Maconden in Berührung gekommen. Als Soldat hat er sie dann später genauer kennengelernt.

Berührungspunkte: keine/nur wenig(e)/… Berührungspunkte mit jm. **haben** *form* · to have some/few/many/… things in common with s.o.
Mit seinem ehemaligen Klassenkameraden Hans Fröhlich hat euer Peter gar keinen Kontakt mehr, nicht? – Nein, schon lange nicht mehr. Er hat halt doch wenig Berührungspunkte mit ihm, weißt du. Er hat andere Interessen, eine andere Art, das Leben zu sehen, andere Freunde …

besagen: das/(etw.) hat (weiter) **nichts/nicht viel/… zu besagen** *form* – (eher:) das/(etw.) hat (weiter) nichts/nicht viel/… zu **bedeuten** · it's nothing to worry about, it doesn't mean anything about

besaitet: zart besaitet (sein) *oft iron* · to be highly sensitive, to be touchy
… Zart besaitete junge Damen, wie die Annette, mußt du ein wenig vorsichtig anfassen, sonst wird es wohl bei der flüchtigen Bekanntschaft von gestern abend bleiben …

beschaffen: mit js. **Gesundheit/Leistungskraft/… ist es gut/ glänzend/… beschaffen** *selten* · his health/form/… is excellent/fine/…
… Mit Karls Gesundheit ist es glänzend beschaffen, da brauchst du dir keinerlei Gedanken zu machen. Der strotzt geradezu vor Gesundheit.

Beschäftigung: (z. Zt.) ohne Beschäftigung sein *euphem* – z. Zt. ohne **Beruf** (sein) · to be out of work/unemployed (at the moment)

Bescheid: jm. **Bescheid geben** (von etw.) · to let s.o. know (about s.th.), to inform s.o. (of/about s.th.)
Hast du der Verwaltung Bescheid gegeben, daß du morgen nicht kommst? Wenn nicht, teile es ihr jetzt noch rasch mit. Du kannst einen Zettel hier liegen lassen, das genügt.

jm. **Bescheid sagen** · to let s.o. know (that …), to tell s.o. (that …)
Hast du Mutti Bescheid gesagt, daß du nicht zum Essen kommst? – Du hast recht, ich hätte es fast vergessen. Lauf schnell hoch und sag es ihr!

jm. **(einmal/mal) (gehörig/anständig/ordentlich/…) Bescheid stoßen/sagen** *ugs* – jm. (gehörig/…) die **Meinung** sagen · to give s.o. a piece of one's mind

jm. **Bescheid tun** · 1. to inform s.o., 2. to answer s.o.'s toast/…, to respond to s.o.'s toast
1. (In einem Amt:) Wenn wir Ihnen auf Ihren Antrag noch nicht Bescheid getan haben, dann deswegen, weil die Umweltkommission da ein Wort mitzureden hat. In der nächsten Woche bekommen Sie aber einen definitiven Bescheid. *form selten*
2. (Auf einer Jubiläumsfeier, B zu C:) Da, der Herr Aumann trinkt dir ganz offiziell zu, dem mußt du Bescheid tun. – – (A zu C:) Auf Ihr Wohl, Herr Kiefer! – Auf das Ihre, Herr Aumann! *geh selten*

damit du Bescheid weißt/ihr Bescheid wißt/... *ugs* · so that you know/he knows/... the score in future/from now on/...
Wenn Sie sich so etwas noch einmal leisten, fliegen Sie raus, damit Sie Bescheid wissen! – Aber Herr Mertens, ich wollte doch nicht ... – Wir brauchen jetzt nicht lange zu diskutieren. Sie wissen jetzt, womit Sie zu rechnen haben, wenn zu etwas nochmal vorkommt.

Bescheid wissen (in etw./über etw.) · 1. 2. 3. to know (about) s. th., 2. 3. to be informed about s. th.
1. Weißt du schon Bescheid? Wir fahren morgen nach Frankreich. – Mutter hat es mir schon gesagt.
2. Man kann nicht in allem Bescheid wissen; aber in den Angelegenheiten, die einen betreffen, soll man genau orientiert sein.
3. Wissen Sie Bescheid über die neue Regelung wegen der ... – Nein, ich habe nichts davon gehört oder gelesen.

bescheiden: jn./etw. **abschlägig bescheiden** *form* · 1. 2. to reject s. o./s. th., to turn s. o./s. th. down
1. Wie, er hat mit seinem Gesuch keinen Erfolg gehabt? – Nein, man hat ihn abschlägig beschieden, ihm erklärt, man könnte seinem Antrag nur dann stattgeben, wenn eine echte Notlage vorläge.
2. Sein Antrag wurde abschlägig beschieden? – Ja. Rundweg abgelehnt.

bescheißen: jn. (anständig/...) **bescheißen** *sal* – jn. (ganz schön/mächtig/anständig/...) über's **Ohr** hauen · to rip s. o. off, to screw s. o., to fiddle s. o., to swindle s. o.

Bescherung: das ist (ja) **eine schöne Bescherung!** · that's great!, that's marvellous!, that's made my day!
Was, die Brigitte ist sitzengeblieben? Das ist ja eine schöne Bescherung! Das verdirbt mir die ganzen Ferien.

da haben wir/habt ihr/... die Bescherung! · I told you so!, what did I tell you?
Mutti, das Wandregal mit den Büchern ist heruntergefallen. Der Plattenspieler, der darunter stand, ist kaputt! – Da haben wir die Bescherung! Ich habe doch immer gesagt, die Schrauben sind zu schwach und zu kurz. Aber es wollte ja niemand auf mich hören.

das gibt eine schöne Bescherung! · 1. there will be hell to pay!, 2. it will be great/marvellous/... (if ...)
1. Wenn das der Papa erfährt, daß ihr das Bild vom Großvater kaputtgemacht habt! Das gibt eine schöne Bescherung! Eine gesalzene Tracht Prügel ist das Mindeste, auf was ihr euch gefaßt machen könnt.
2. Das gibt eine schöne Bescherung, wenn es so weiterregnet! Noch zwei Tage solche Wolkenbrüche, und die Ernten sind hin!

beschieden: jm. **ist nicht beschieden, zu** ... *form* · it is not granted to s. o. to see/...
... Leider war es ihm nicht mehr beschieden zu erleben, auf welch ein breites und begeistertes Echo seine Arbeiten stießen. – Er ist zehn Jahre zu früh gestorben.

Beschiß: das/(etw.) **ist der reinste/... Beschiß** *sal* · to be a complete/... swindle, to be a complete/... con
Die Bewerberauswahlverfahren der meisten Firmen sind der reinste Beschiß. Die Jobs bekommen letzendlich doch nur die Leute, die Beziehungen haben.

Beschlag: jn./etw. **mit Beschlag belegen** · 1. 2. to monopolise s. o./s. th. *coll*, 1. to have s. o. to oneself, 2. to hog s. th. *sl*
1. Hör mal, Fritz, jetzt hast du den Gerd zwei Stunden mit Beschlag belegt. Jetzt mußt du ihn auch mal mit den anderen spielen lassen. Er ist ja nicht nur deinetwegen gekommen.
2. Sie haben das ganze Abteil mit Beschlag belegt? Das geht nicht. Es sind sechs Sitzplätze, Sie sind fünf Personen; bitte machen Sie dieser Dame einen Platz frei!

etw. in Beschlag halten · to monopolise s. th. *coll*, to keep s. th. for oneself
Warum haltet ihr das Werkzeug so lange in Beschlag, wenn ihr es nicht mehr braucht? – Wenn wir es zurücklegen, reißen es sich andere unter den Nagel, kann wir kommen nie mehr dran.

auf jn./etw. **Beschlag legen** *form selten* · 1. 2. to keep s. th. for oneself, 1. 2. 3. to hog s. th. *sl*, 2. 3. to monopolise s. th. *coll*, to have s. o. to oneself
1. vgl. – (eher:) etw. in **Beschlag** nehmen

2. vgl. – (eher:) etw. in **Beschlag** halten
3. vgl. – jn./etw. mit **Beschlag** belegen (2; u.U. 1)

etw. in Beschlag nehmen · to keep s. th. for oneself, to hog s. th. *sl*
Es scheint, die Ursel hat auch meinen neuen Rock in Beschlag genommen. Das geht wirklich zu weit: ich bekomme neue Sachen, und sie zieht sie mir nicht nur an, sondern nimmt sie mir sozusagen weg, so als gehörten sie ihr!

beschlagen: in etw. (sehr/äußerst/...) **beschlagen sein** – in etw. (sehr/äußerst/...) **bewandert** sein · to be well-versed in s. th.

beschleicht: jn. **beschleicht/überfällt ein ungutes Gefühl/eine Sorge/...** · a feeling of anxiety/... comes/creeps over s. o. *coll*
Wenn ich an das Schlußexamen unseres Jungen denke, beschleicht mich ein ungutes Gefühl. Ich werde den Eindruck nicht los, daß er da mit Pauken und Trompeten durchfällt.

beschlossen: in etw. **beschlossen liegen/sein** *form* · to be contained in s. th.
... Im 'Glasperlenspiel', erläuterte er, liegt die ganze Weltsicht des Dichters beschlossen. Man muß das Werk nur sorgfältig lesen und interpretieren, um genau zu wissen, wie Hesse dachte und fühlte.

Beschluß: einen **Beschluß fassen** *form* · to come to a decision, to pass a resolution
Irgendein Beschluß muß auf der heutigen Sitzung gefaßt werden. Denn wenn wir die Entscheidung noch länger hinauszögern, gehen die Leute natürlich zur Konkurrenz; länger warten die nicht mehr.

beschränkt: (geistig (etwas)) **beschränkt sein** *ugs* · 1. to be (a bit/...) limited, 2. to have limited horizons
1. ... Hm, nein, direkt geistesgestört ist sie nicht, das würde ich nicht sagen; aber geistig beschränkt – sehr beschränkt. – Ja, so ganz bei Trost ist sie in der Tat nicht ...
2. vgl. – (eher:) einen engen/beschränkten/begrenzten/(kleinen) **Horizont** haben (1, 2)

Beschreibung: jeder/aller **Beschreibung spotten** *ugs* – *path* · to defy description, to be beyond description
Wie das Spiel war? Besser, wir reden nicht davon. Was die sich da geleistet haben, spottet jeder Beschreibung. So ein säumbiges Fußballspiel habe ich in meinem ganzen Leben noch nicht gesehen.

Beschuß: unter **Beschuß geraten** *ugs* · to come under fire
Seit einiger Zeit gerät die Regierung mit ihrer Steuerpolitik zunehmend unter Beschuß. Nicht nur die Opposition, auch die neutrale Presse kritisiert sie immer heftiger.

unter Beschuß liegen – (eher:) unter **Beschuß** stehen (1) · to be under fire

jn./etw. unter Beschuß nehmen *ugs* · 1. 2. 3. to attack s. o./s. th. *n*, 3. to fire at s. o./s. th. *n*, to bombard s. o./s. th. *n*
1. Im kommenden Wahlkampf wird die Opposition vor allem den Verteidigungsminister unter Beschuß nehmen. Man ist allgemein gespannt, wie er sich gegen die Angriffe zur Wehr setzen wird.
2. Die Opposition hat wieder einmal die Außenpolitik unter Beschuß genommen.
3. ... Die Serben nahmen gestern abend ein kleines Dorf an der bosnischen Grenze unter Beschuß. *mil*

unter Beschuß stehen · 1. 2. to be under fire, 3. to be under attack
1. Seit zwei Monaten steht die Festung unter Beschuß. Doch bisher hält sie der Belagerung stand. Man fragt sich, wielange noch. *mil*
2. Die Regierung steht wieder einmal unter Beschuß. Diesmal vor allem die Sozialpolitik angegriffen. *ugs*
3. Der neue Bürgermeister ist noch keine zwei Wochen im Amt und steht schon unter Beschuß. *ugs*

Beschwer: jm. **Beschwer machen** *form veraltend selten* · 1. to give s. o. a lot of trouble, 2. s. th. took s. o. a lot of/a great deal of/... trouble, + it is an effort for s. o. to do s. th.
1. vgl. – jm. viel **Mühe** machen
2. vgl. – jn. viel **Mühe** kosten

Beschwerde: Beschwerde einlegen (gegen etw. bei …) *form* ·
to lodge a complaint (with s.o. about s.th./s.o.)
… Gegen eine solche Ungerechtigkeit würde ich beim Prüfungsausschuß Beschwerde einlegen! – Das ist doch sinnlos. Glaubst du etwa, die geben einem Studenten gegen einen Professor Recht?

(eine) **Beschwerde einreichen** (gegen etw. bei …) *form* – **Beschwerde** einlegen (gegen etw. bei …) · to lodge a complaint (about s.th./s.o.)

Beschwerde führen (gegen etw. bei …) *form* · 1. 2. to lodge a complaint (about s.th./s.o. with s.o.)
1. Natürlich ist das nicht gerecht, natürlich müßte man dagegen vorgehen! Aber man kann doch nicht dauernd Beschwerde führen!
2. vgl. – (eher:) **Beschwerde** einlegen (gegen etw. bei …)

(keine/…) **Beschwerden haben** · (not) to have trouble with s.th.
Wielange nehmen Sie die Medikamente jetzt, Frau Kaiser? – Sechs Wochen, Herr Doktor. – Und Sie haben immer noch Beschwerden, sagen Sie? – Ja. Es ist eigentlich kaum besser geworden.

Beschwerdeweg: den Beschwerdeweg gehen *form selten* – **Beschwerde** führen (gegen etw. bei …) (2; u.U. 1) · to lodge a complaint (about s.th./s.o.)

der Beschwerdeweg steht jm. **offen** *form selten* · s.o. is free to lodge a complaint
Wenn Sie mit ihrer Note nicht einverstanden sind – der Beschwerdeweg steht Ihnen offen! – Aber Herr Professor, es liegt mir fern, Beschwerde einzulegen. Ich wollte die Sache mit Ihnen persönlich klären.

besehen: genau besehen – von nahem **betrachtet** (2) · on closer inspection

genauer besehen *selten* – von nahem **betrachtet** (1) · on closer inspection

Besen: ein richtiger Besen sein *ugs Frauen/Mädchen* · 1. to be snappy/prickly/…, 2. to be a battle-axe
1. vgl. – eine (richtige …) **Kratzbürste** sein
2. vgl. – **Haare** auf den Zähnen haben

ich freß einen Besen, wenn … *ugs* · 1. 2. I'll eat my hat if …
1. Der Baldur hat geheiratet?! Ich freß einen Besen, wenn das stimmt! So ein eingefleischter Junggeselle und heiraten! Du willst mich wohl zum Narren halten, was?
2. So gegen zehn Uhr müßte Kurt eigentlich wieder hier sein. – Gegen zehn Uhr? Ich freß einen Besen, wenn er vor vier Uhr in der Frühe erscheint. Von einer Party ist er noch nie früher nach Hause gekommen.

mit eisernem/(eisernen) Besen/(mit einem Besen) auskehren/ kehren · to make a clean sweep
Als die beiden Söhne die Firma übernahmen, haben sie mit eisernem Besen ausgekehrt. Nach den langen Jahren, in denen alles drunter und drüber ging, war es dringend nötig, einmal energisch durchzugreifen und für Ordnung zu sorgen.

unter dem Besen getraut sein *ugs selten* – eine wilde **Ehe** (mit jm.) führen/in wilder Ehe (zusammen-)leben · to live in sin, to live together *n*, to cohabit *n*

mit eisernem Besen kehren · to rule with a rod of iron
In dieser Abteilung gibt's keine Schlamperei. Da wird mit eisernem Besen gekehrt: wer nicht zügig und ordentlich arbeitet, fliegt raus.

neue Besen kehren gut · a new broom sweeps clean *prov*
… Der neue Chef greift ja wirklich knallhart durch. – Du weißt doch, neue Besen kehren gut.

jn. **auf den Besen laden** *ugs selten* – jn. (tüchtig/anständig/so richtig/…) auf dem **Arm** nehmen · to take the mickey out of s.o.

mal anständig/… den Besen schwingen in/auf/… *ugs* · to have a good clean-out in/at …
(Eine Mutter zu ihren Kindern:) Wenn ihr in dem Gartenhaus nicht bald mal richtig den Besen schwingt, kommt ihr noch um vor Dreck. – Sonntag, Mutter, Sonntag wird sauber gemacht.

(so) dasitzen/dastehen/sich verbeugen/…, als hätte man einen Besen verschluckt *ugs* – (eher:) (so) dasitzen/dastehen/sich verbeugen/…, als hätte man einen **Stock** verschluckt · to sit/stand/… bolt upright

Besenstiel: dürr wie ein Besenstiel sein *ugs selten* · to be as thin as a rake
Der Heinz ist dürr wie ein Besenstiel. – Fleisch hat er wenig, das ist richtig. Aber er ist zäh, und er hat eine Kraft, da machst du dir keine Vorstellung.

steif wie ein Besenstiel (sein) *ugs* – (so) steif wie ein **Brett** (sein) · to be as stiff as a poker

(so) dasitzen/dastehen/sich verbeugen/… als hätte man einen Besenstiel verschluckt *ugs* – (eher:) (so) dasitzen/dastehen/ sich verbeugen/…, als hätte man einen **Stock** verschluckt · to sit/stand/… bolt upright, to sit/stand/… as if one had swallowed a ramrod, to sit/stand/… there as stiff as a poker

Besessener: schreien/brüllen/… wie ein Besessener *ugs* – *path* · 1. to scream/… like a maniac, 2. to shout one's head off
1. vgl. – (eher:) schreien/brüllen/… wie ein **Wahnsinniger**
2. vgl. – (eher:) sich (fast) die **Kehle** aus dem Hals schreien (nach jm.)

besinnen: sich eines besseren/anderen besinnen · 1. to think better of s.th., 2. to change one's mind
1. vgl. – sich eines **Besseren** besinnen
2. vgl. – sich eines **ander(e)n** besinnen

Besinnung: nicht/schon/wieder/… bei Besinnung sein – (nicht/ schon wieder/…) bei **Bewußtsein** sein (1) · (not) to have come to (again/…), (not) to be fully conscious (again/…)

bei voller Besinnung sein/etw. mitmachen – bei vollem **Bewußtsein** (sein) · to be fully conscious

ohne Besinnung sein · to be unconscious
… Ist der Kranke immer noch ohne Besinnung? – Nein, er ist schon vor einer Stunde wieder zu Bewußtsein gekommen.

bei Besinnung bleiben · to remain conscious, to be conscious
… Nein, bei einer solchen Operation leg' ich überhaupt keinen Wert darauf, bei Besinnung zu bleiben. Denn ganz egal, ob man bei Bewußtsein ist oder nicht: auf den Gang der Dinge hat man sowieso keinen Einfluß.

jn. (wieder) **zur Besinnung bringen** · 1. to bring s.o. round, 2. to bring s.o. to his senses
1. Wielange versucht ihr schon, den Mann wieder zur Besinnung zu bringen? – Etwa zehn Minuten. – Dann gibt's noch eine Chance. Es sind schon Ertrunkene erst nach mehr als einer halben Stunde zu sich gekommen
2. Mir scheint, der Junge weiß gar nicht so richtig, was er sich einbrockt. Kannst du ihn nicht zur Besinnung bringen? – Ich habe schon zwei Mal mit ihm gesprochen. Er versteht nicht, worum es geht. Er ist noch zu unreif.

(wieder) **zur Besinnung kommen** · 1. to regain consciousness, to come to round, 2. to come to one's senses
1. Du hast einen Unfall gehabt? – Ja. Einen ziemlich schweren. Ich war sofort ohnmächtig. Als ich wieder zur Besinnung kam, lag ich im Marienhospital.
2. Ist die Doris zur Besinnung gekommen oder geht sie nach wie vor mit dieser entsetzlichen Gruppe um? – Gerd hat den Eindruck, ihr ist endlich klar geworden, wie sehr sie sich damit selbst schädigt. *seltener*

die Besinnung verlieren · to lose consciousness, to pass out
Der Schlag war so heftig, daß er die Besinnung verlor. Erst nach zwei Stunden kam er wieder zu sich.

Besitz: im Besitz von etw. **sein/etw. in Besitz haben** · to have s.th. in one's possession, to be in possession of s.th.
Der Kurt ist im Besitz eines Briefes, der beweist, daß der Wolters lügt. Er kann ihn dir jederzeit zeigen, wenn du willst.

etw. **in seinen Besitz bringen** *form* · to gain possession of s.th.

Der Walter Schubert hat doch noch vier Geschwister! Wie kann er das Landgut da auf seinem Namen (eingetragen) haben? – Ich weiß auch nicht, wie es ihm gelungen ist, das ganze Erbe in seinen Besitz zu bringen. Aber Tatsache ist, daß er der einzige Eigentümer ist.

von etw./jm. **Besitz ergreifen** · 1. to take possession of s.th., 2. to take hold of s.th., to occupy s.th., 3. to take possession of s.o.'s mind

1. Wie Sie wissen, meine Damen und Herren, haben im 15. Jahrhundert die Franzosen diese Gegend besetzt und von dem Schloß Besitz ergriffen. Später haben sie es den alten Besitzern allerdings zurückgegeben. *form*

2. Schau dir das an, von dem ganzen Platz/dem ganzen Abteil/von allen Flaschen/… hat diese Gruppe Besitz ergriffen! Da bleibt kein Eckchen/kein einziger Platz/nicht eine Flasche/… für jemand anders!

3. … Trägheit ergriff Besitz von ihm, eine unsägliche Trägheit, gegen die er nicht ankonnte … *path*

in js. **Besitz gelangen/kommen** *form* – (eher:) in js. **Besitz übergehen** · to come into s.o.'s possession

in den Besitz e-r S. **kommen** *form* · + s.th. comes into s.o.'s possession

Bist du aus Zufall in den Besitz dieses alten Tischs gekommen oder hast du ihn gekauft?

etw. **in Besitz nehmen** *form od. iron* · to take possession of s.th.

Wo ist mein Füller? – Während du im Krankenhaus warst, hat Detlev ihn in Besitz genommen. – Von wegen! Das war mein Füller und das bleibt auch mein Füller!

von etw. **Besitz nehmen** *form selten* · to take possession of s.th.

Vor einem Jahr schon hat er von diesem Landgut Besitz genommen, das er von einem Onkel geerbt hat. Doch man merkt ihm nach wie vor an, daß es mehr oder weniger zufällig auf ihn übergegangen ist.

sich in den Besitz e-r S. **setzen** *form selten* – (eher:) etw. an sich **bringen** · to get one's hands on s.th., to get hold of s.th.

nicht im Besitz seiner fünf Sinne sein/(du bist/er/der Heinz/… ist … wohl …?!) *ugs* – nicht (so) (ganz/(recht)) bei **Trost** sein (1; u.U. 2) · not to be quite/… right in the head

in js. **Besitz übergehen** · to pass into s.o.'s possession, to come into s.o.'s possession

Nach dem Tod des Vater ging das Haus in den Besitz der drei Kinder über. – Und was machten sie damit?

besitzen: etw. **schwarz auf weiß besitzen** · to have it in black and white (that …)

Können Sie beweisen, daß Ihnen der Stein gehört und nicht Ihrer Schwester? – Natürlich! Das besitze ich schwarz auf weiß. Hier, lesen Sie – ein Brief meines Vaters, in dem er mir den Stein ausdrücklich als Teil meines Erbes vermacht.

Besitzer: den **Besitzer wechseln** · to change hands

Ich weiß gar nicht, wie oft dieses Haus den Besitzer gewechselt hat. Allein in den letzten 10 Jahren ist es vier oder fünf Mal verkauft worden.

besoffen: wie **besoffen** daherrasen/… *sal* · to rush around/… like a lunatic/madman/nutter/headcase/…

Wie besoffen rast dieser Kerl mit seinem Motorrad durch die Innenstadt! Den Führerschein müßte man ihm abnehmen, für immer!

besonderen: im **besonderen** *form* · particularly, in particular, especially

… und dann ist da noch die Eigentumsfrage zu klären. Im besonderen geht es da um einige Gemälde, auf die mehrere Söhne des Verstorbenen Anspruch erheben.

vom Besonderen aufs/auf das das Allgemeine schließen · to draw general conclusions from a particular case/example/…, to proceed from the particular to the general

Gut, ich gebe dir recht, in diesem Einzelfall stimmt, was du sagst. Aber du kannst hier nicht vom Besonderen auf das Allgemeine

schließen. Es gibt Tausende von Fällen, in denen deine Theorie nicht zutrifft.

Besonderes: nichts Besonderes sein *ugs* – nichts **Berühmtes** sein · to be nothing special, to be nothing to write home about

meinst du/meint er/…, **du wärst**/er wär/… **was**/etwas **Besonderes?!** *ugs* · you think/he thinks/… you/… are/… something special

Also, Kinder, heute abend spült ihr zunächst das Geschirr, dann … – Ich spüle nicht! – Du spülst nicht?! Warum nicht? Meinst du, du wärst etwas Besonderes? Du spülst genau so wie die anderen auch.

(immer/wieder einmal/…) **etwas Besonderes sein wollen**/meinen, man wäre etwas Besonderes *ugs* · (always/…) to think one is something special, to think one is the cat's whiskers

Der Dieter wollte mal wieder nicht mitspülen. – Der Dieter will immer etwas Besonderes sein/meint immer, er wäre etwas Besonderes. Ich möchte hoffen, daß er sich diese Manie schleunigst abgewöhnt. Er hat sich genau an dieselben Spielregeln zu halten wie alle anderen auch.

besonders: nicht besonders (sein/arbeiten/…) *ugs* – nicht (gerade) **berühmt** (sein/arbeiten/…) · (to be) nothing to write home about, not (to be) brilliant, to be no big deal

besorgen: es jm. **besorgen** *sal selten* – jm. (gehörig/…) die **Meinung** sagen · to give s.o. a rocket/a piece of one's mind/…

es einer Frau/… **besorgen**/einer Frau eins besorgen *sal selten* · to give her/Mary/… one, to give s.o. one

Die Ute gibt sich derart geil heute, der muß man es wohl mal besorgen! Willst du mit ihr ins Bett steigen und ihre Gelüste befriedigen?

besorgt: besorgt sein um jn./etw. – sich um jn./etw. **Sorgen machen** (1; u.U. 2) · to be worried about s.o./s.th.

Besorgung: eine Besorgung (für jn.) **machen** *form* · to do some shopping/an errand/… (for s.o.)

Kommst du mit zum Schwimmen? – Jetzt kann ich nicht, aber in einer Stunde etwa. Ich muß für meine Mutter noch zwei Besorgungen machen. Etwas einkaufen in der Stadt und bei der Schneiderin etwas bestellen. Aber das geht schnell. Also bis gleich.

besser: um so/desto besser! · so much the better!, all the better!

Er versichert, er habe … – Karl sagt auch, daß er … – Um so besser! Wenn sich beide einig sind, kann ich auf ihre Zusammenarbeit zählen.

das wäre ja noch besser! *ugs* – (eher:) das wäre ja noch **schöner!** · that's too much!, that's pushing your/his/… luck too far!

besser ist besser · better safe than sorry, better to be on the safe side

Lieber machst du jetzt eine Kontrolluntersuchung (auf Krebs/…), und es ist nichts, als du machst keine, und nachher ist es zu spät, um etwas dagegen zu tun. Ich jedenfalls würde jetzt eine machen lassen. Besser ist besser!

nicht besser und nicht schlechter (sein) **als** … · to be no better and no worse than …

Ist der Schäfer ein guter Historiker? – Ach, der ist nicht besser und nicht schlechter als die meisten anderen auch. Ein solider Arbeiter. Also nicht gerade eine weltbekannte Koryphäe, aber auch keine Niete.

Besseren: jn. eines Besseren belehren · to correct s.o., to enlighten s.o. (about s.th.)

Schalldämpfende Maßnahmen sind rein physikalisch zu berechnen, nicht psychologisch! – Ich muß Sie da leider eines Besseren belehren, Herr Doktor: Man hat psychologische Untersuchungen durchgeführt, die Rückschlüsse auf die Möglichkeit von Messungen auch auf dieser Basis zulassen.

sich eines Besseren belehren lassen müssen · to have to accept that one is wrong, to have to/to be forced to/... realise that one is wrong

Der Verkaufsleiter unserer Firma hatte sich immer in dem Glauben gewogen, die Konkurrenz könnte dem Unternehmen sowieso nichts anhaben – ganz gleich, wie die Preise aussehen. Aber er mußte sich eines Besseren belehren lassen. Im letzten Jahr hatte die Firma einen Auftragsrückgang von 10%, während die Konkurrenz 15% zugelegt hat.

sich eines Besseren besinnen · to think better of it, to change one's mind

Erst hatte sie vor, völlig unvorbereitet ins Examen zu gehen und alles dem Zufall zu überlassen. Aber dann besann sie sich doch eines Besseren und studierte die Materie, die drankommen sollte.

sich zum Besseren wenden *form* – **eine Wendung** zum Guten/Besseren nehmen · to take a turn for the better

besserer: ein besserer Hilfsarbeiter/Koch/... (sein) · 1. 2. to be just/... a glorified messenger/clerk/tea boy/labourer/... *coll*

1. (Der) Paul Gärtner arbeitet jetzt auch bei eurem Projekt mit? – Was man so mitarbeiten nennt. Um ehrlich zu sein: er ist ein besserer Hilfsarbeiter. Er macht Fotokopien, sorgt für die Post, übernimmt Botengänge ... – kurz, er macht die Dinge, für die keine Fachkenntnisse nötig sind.

2. An deiner Stelle würde ich bei Schuckert kündigen, und zwar sofort. In dem Laden wirst du nie etwas Vernünftiges. Die werden dich immer als besseren Hilfsarbeiter/Briefträger/... verschleißen. Eine verantwortungsvolle Arbeit geben die dir nie.

Besseres: meinst du/meint er/... **du wärst**/er wär'/... **etwas Besseres?!** – meinst du/meint er/..., du wärst/er wär'/... **was/etwas Besonderes?!** · do you/does he/... think you are/... something special?

(immer/wieder einmal/...) **was/etwas Besseres sein wollen**/meinen, man wäre was/etwas Besseres – (immer/wieder einmal/...) etwas **Besonderes** sein wollen/meinen, man wäre etwas Besonderes · (always/...) to think one is something special, to think one is the cat's whiskers

Besseres zu tun haben, als etw. zu tun *ugs* · to have better things to do (than/...)

Fährst du mit mir zum Bahnhof, um Tante Frieda abzuholen? – Ich habe Besseres zu tun, als Tante Frieda abzuholen! Ich komme mit meiner Arbeit ohnehin kaum durch; da verlier' ich meine Zeit doch nicht mit so läppischen Dingen!

nichts Besseres verdient haben · not to deserve any better, to deserve no better

Hast du schon gehört, Gerds Vater kommt nicht zur Hochzeit. – Wer seinen Vater jahrelang rücksichtslos behandelt hat, wie der Gerd, hat nichts Besseres verdient.

Besseres vorhaben, als ausgerechnet/... *ugs* · to have better things to do than ...

Hast du Lust, Sonntag mit uns zu Petersens zu fahren? – Ich habe am Sonntag Besseres vor, als bei Petersens Skat zu spielen. Ich fahre mit der Ursel an den Tegernsee.

(immer/wieder einmal/...) **etwas Besseres sein wollen** – (immer/wieder einmal/...) etwas **Besonderes** sein wollen/meinen, man wäre etwas Besonderes · (always/...) to think one is something special, to think one is the cat's whiskers

Besserung: gute Besserung! · get well soon!

Na, Frau Maler, sind Sie Ihre Grippe wieder los? – Leider noch nicht! – Ich hoffe sehr, Sie sind bald wieder auf dem Damm. Also, gute Besserung! Bis Montag im Büro, hoffe ich.

Bestand: der eiserne Bestand · s.o.'s iron rations, s.o.'s emergency rations, s.o.'s emergency stock

Gut, wenn wir kein Gemüse mehr in der Gefriertruhe haben, müssen wir den Vorrat im Keller angreifen. – Nichts da! Das ist unser eiserner Bestand! Der wird nicht angebrochen, es sei denn, in wirklich ernsten Notfällen.

(keinen) Bestand haben/(nicht von (langem) Bestand sein) *form* · not to last long

»Diese ganzen Theorien«, schimpfte er, »das sind alles Eintagsfliegen! Die haben überhaupt keinen Bestand. Da ist heute diese in Mode und morgen jene. Keine einzige, die auch nur zwei, drei Jahre überdauerte!«

Bestandteil: ein integrierender Bestandteil von etw. **sein** *form* · to be an integral part of s.th.

... Natürlich behauptet die Regierung, daß die Überseegebiete integrierender Bestandteil des Landes sind. Die Widerstandsbewegung versichert naturgemäß das Gegenteil: daß es sich um gewaltsam annektierte Gebiete handelt, die, wie jede Kolonie, nur durch historische Zufälle zum Mutterland gehört und jederzeit wieder davon getrennt werden kann.

sich in seine Bestandteile auflösen *ugs* · to be falling to pieces, to be coming apart

Der Stuhl fängt an, sich in seine Bestandteile aufzulösen. Er muß unbedingt neu geleimt werden. Schau mal, wie locker die Beine sind; die Querleisten fallen heraus ...

jn./etw. in seine Bestandteile zerlegen *form od. iron* · to dismantle s.th. completely, to take s.th. apart, to take s.th. to pieces

... Ein guter Mechaniker müßte eine solche Maschine in ihre Bestandteile zerlegen und wieder zusammenbauen können. – Das kann mein Bruder auch!

den zerleg' ich/**die wird** der Klaus/... **in seine**/**ihre Bestandteile zerlegen** *sal* · to tear s.o. to pieces

Wenn ich den Kerl erwische, mit dem meine Freundin mich betrügt, zerleg' ich ihn in seine Bestandteile.

beste: der/die/das erste beste *Person/Sache*/... – (eher:) der/die/das **erstbeste** *Person/Sache* · the first person/thing who/that/... comes along

aufs beste geregelt/vorgesorgt/... · to have planned/done/... s.th. in the best possible way, to have planned s.th./... very well/as well as one could/...

... Wirklich, Kurt, er hatte alles aufs beste vorbereitet! Und trotzdem fehlten nachher einige Artikel. – Dann hatte er eben nicht alles so gut vorbereitet, wie es möglich ist!

das Beste für sich absahnen *ugs* – den **Rahm** abschöpfen (1, 2) · to take the lion's share for o.s.

(nur/...) das Beste/mein/dein/... Bestes **im Auge haben** · to have s.o.'s best interests at heart, to suggest s.th./... for s.o.'s own good

Kind, wenn ich dir rate, nicht vor dem Abitur von der Schule abzugehen, habe ich doch nur dein Bestes im Auge. Du übersiehst jetzt noch nicht, wie wichtig solche Zeugnisse sind. Aber später wirst du mir dankbar sein.

(nur/...) das Beste vom Besten haben/wollen/kaufen/... · to have/to want/to buy/... (only) the very best

Du brauchst gar nicht erst zu versuchen, ihn wegen des Anzugs ins Kaufhaus zu schleppen. Er läßt sich mit Sicherheit wieder einen englischen Anzug nach Maß schneidern. Er kauft doch nur das Beste vom Besten.

das Beste ist für jn. **gerade gut genug** · only the best will do for s.o., only the best is good enough for s.o.

Bei dem Essen für ihre Kinder spart sie an nichts. Da ist für sie das Beste gerade gut genug. Sie meint, in anderen Dingen könne man sich auch einmal mit weniger guter Qualität begnügen; aber die Kinder müsse man so gut ernähren, wie es eben geht.

das Beste aus etw. **machen** · to make the best of s.th.

In der Tat, die Arbeitsbedingungen sind nicht gerade glänzend. Aber du darfst den Mut nicht sinken lassen. Versuch doch, das Beste daraus zu machen! – Das ist leicht gesagt. Na ja, ich werde mich bemühen, so gute Arbeit zu leisten, wie es halt geht.

von jm. **nur das Beste sagen können** · to have nothing but good to say of s.o.

... Was halten Sie von dem Andreas Schlüter? – Ich kann von dem Jungen nur das Beste sagen. Er ist ehrlich, fleißig und zuverlässig. Wenn alle meine Lehrlinge so wären wie er ...

(nur/...) **das Beste von** jm./**für** jn./mein/dein/... Bestes **wollen** – (nur/...) das **Beste**/mein/dein/... Bestes im Auge haben · to have s.o.'s best interests at heart, to suggest s.th./... for s.o.'s own good

Bestechendes: etwas Bestechendes haben · to have s.th. winning/charming/captivating/... about it, to have a winning/charming/captivating/... quality
Seine Art, eine Diskussion zu leiten, hat etwas Bestechendes. Man ist immer wieder fasziniert von dem Charme und dem Geschick, mit dem er die Gesprächspartner aufeinander zuführt.

besteht: j. besteht nur noch aus Arbeit/Sorgen/... *ugs* · with s.o. it is nothing but work work work, with s.o. it's nothing but worry
... Dies Jahr ist entsetzlich! Der Herbert besteht nur noch aus Arbeit. Jeden Tag, den der liebe Gott kommen läßt, vom frühen Morgen bis zum späten Abend: Schufterei. In diesem Rhythmus kann das nicht mehr lange weitergehen.

bestellen: nichts/nicht viel zu bestellen haben bei jm./in .../... *ugs* – nichts/nicht viel/(...) zu **melden** haben bei jm./in .../... · to have no influence/say, to have no/little/not much/... say (with s.o./here/...)

bestellt: es ist gut/glänzend/... **um** etw./(jn.)/(mit etw./jm.) **bestellt** *form selten* · 1. + s.o.'s prospects are excellent, + s.o.'s future looks bright/rosy/..., 2. + this area/... is well-off for wine/..., + the wine/... here is excellent/..., 3. + s.o. is well-off, + s.o. is in an excellent position/...
1. Um seine Zukunft ist es gut bestellt. Seine Eltern haben für alles vorgesorgt.
2. Um guten Wein ist es in dieser Gegend glänzend bestellt. Sie finden hier eine Fülle ausgezeichneter Sorten zu zivilen Preisen.
3. Um Hans ist es doch gut bestellt! – Ja, das stimmt. Er braucht sich keine Sorgen zu machen. *selten*

um etw./(jn.)/(mit etw./jm.) **ist es nicht gut**/... **bestellt** *form selten* · 1. the situation is difficult for s.o./s.th., 2. it is difficult to find s.o./s.th., 3. it does not look too good for s.o., it does not look too promising for s.o., 4. + s.th. is in a sorry state, + s.o. is in a bad way
1. In dieser Branche ist es um vernünftiges Arbeitsmaterial sehr schlecht bestellt. Du machst dir keine Vorstellungen, wie schwer es ist, gutes Material zu bekommen.
2. Um Facharbeiter ist es hier nicht gut bestellt. Die finden Sie hier nicht, und wenn Sie sie finden, dann sind sie anspruchsvoll und teuer.
3. vgl. – (selten) mit jm./etw. steht es nicht zum **besten**
4. vgl. – es liegt mit etw. (bei jm./in ...) im **argen**

wie bestellt und nicht abgeholt da herumstehen/da herumsitzen/aussehen/... *ugs* · to stand/to sit/... there/around like a little boy/girl lost, to stand/to sit/... there/around like orphan Annie, to stand/to sit/... there/around like a spare prick at a wedding *vulg*
Was stehst du denn da die ganze Zeit wie bestellt und nicht abgeholt herum? Es gibt doch wahrlich genug zu tun hier! Warum packst du nicht mit an?

Besten: etw. ist/geschieht (nur/bloß) **zu deinem**/seinem/... **Besten** *form* · it/s.th. is for your benefit, it/s.th. is for your own good, it/s.th. is in your best interests
Ich versteh' gar nicht, warum du dich so dagegen wehrst! Das ist doch alles nur zu deinem Besten! – Daran zweifle ich gar nicht, Vater, daß ihr nur mein Bestes im Auge habt. Aber ich finde das alles übertrieben ...

etw./**alles**/... **kehrt sich zum Besten** *form* – eine **Wendung** zum Guten/Besseren nehmen · everything turns out for the best

mit jm./etw. **steht es nicht zum besten** *form* · 1. it does not look too good for s.o., it does not look too promising for s.o., 2. s.th. is in a sorry state, s.th. is in a bad way
1. Mit dem Karl steht es nicht zum besten. – Warum? – Er ist sehr krank/hat schwere finanzielle Sorgen/...

2. vgl. – es liegt mit etw. (bei jm./in ...) im **argen**

zum Besten der Armen/Geschädigten/... **erfolgen**/... *form* · to hold a collection/... for the benefit of the poor/the wounded/...
»Die Kollekte«, erklärte der Pfarrer, »erfolgt zum Besten der durch das Erdbeben Geschädigten. Ich bitte Sie, unsere Sonderaktion zugunsten dieser hart getroffenen Menschen durch Ihr Opfer zu unterstützen.«

jn. **zum besten haben/(halten)** – (eher:) jn. (tüchtig/anständig/so richtig/...) auf den **Arm** nehmen · to take the mickey out of s.o., to have s.o. on

Gemeinplätze/Bemerkungen/Witze/... **zum besten geben** · 1. to produce clichés/jokes/..., to come up with clichés/jokes/..., 2. to tell jokes
1. Hat er etwas Neues, Aufschlußreiches zur aktuellen Lage gesagt? – Nein. Er gab nur Allgemeinplätze zum besten. Ich hatte mehr von ihm erwartet.
2. Heinz, die Stimmung unter den Leuten ist miserabel. Du mußt mal ein paar Witze zum besten geben.

etw./**alles**/... (doch noch/...) **zum Besten kehren** – etw. (doch noch/...) zum **Guten** wenden/lenken · to move s.th. in a positive direction, to guide s.th. into a positive direction

Bester: na/nein/..., **mein Bester/meine Beste!** *ugs* · 1. my dear fellow, my dear chap, old chap, 2. my friend, my good man
1. Na, mein Bester, lange nicht mehr gesehen. Was macht die Kunst? Immer noch so munterer Dinge wie damals auf dem Turnfest?
2. Bist du wirklich nicht der Meinung? – Nein, mein Bester, wirklich nicht. Ich müßte lügen, wenn ich dir etwas anderes sagen würde.

als Bester wegkommen – (eher:) den **Vogel** abschießen (1, 2) · to get the best deal, to come off best

Bestes: sein Bestes geben · to do one's best, to give one's best
Sie hat immer ihr Bestes gegeben. Kein Mensch kann behaupten, sie hätte sich nicht stets mit ganzer Kraft eingesetzt.

sein Bestes tun/(versuchen) · to do one's best, to do the best one can
... Vertritt deine Älteste deine Frau gut? – Nun, sie hat wenig Erfahrung und macht daher manche Fehler, aber sie tut ihr Bestes, um ihre Mutter voll zu ersetzen. – Mehr zu tun als man kann ist niemandem zuzumuten.

bestgehaßte: der bestgehaßte Mann des Landes/Abteilungsleiter der Firma/... · to be the most hated professor/... in ...
Der Schroer? Das ist der bestgehaßte Dozent der ganzen Universität! Den kann kein Mensch ausstehen.

Bestie: eine Bestie (in Menschengestalt) (sein) *path* · to be a beast in human form
»Nero, Hitler, Eichmann ...«, schrie er, »das sind Bestien in Menschengestalt. Die sind schlimmer als Raubtiere, diese Verbrecher!«

bestimmen: in/bei/... **zu bestimmen haben** – (eher:) in/bei/... zu **sagen** haben · + it is up to s.o. to decide, s.o. has the say

nichts zu bestimmen haben in .../bei .../... – (eher:) nichts/etwas/allerhand/... zu **sagen** haben in/bei/... (1) · s.o. has no/little/... say in ...

Bestimmung: seiner Bestimmung folgen *form selten* · to follow one's destiny
... Na, Gerd, wie geht's? ... Was macht euer Sohn eigentlich? Der müßte mit seinem Studium doch langsam fertig sein! – Ja, er ist vor einem halben Jahr seiner Bestimmung gefolgt und Pfarrer geworden.

etw. **seiner (natürlichen) Bestimmung zuführen** *form od. iron* · to consign s.th. to its fate, to direct s.th. to its natural purpose
... »So«, sagte er in einem Anfall von Heiterkeit zu seinen Kindern, »jetzt wollen wir diesen herrlichen Kuchen mal seiner natürlichen Bestimmung zuführen: wir fressen ihn gemeinsam auf.«

Bestmögliches: sein Bestmögliches tun (um etw. zu erreichen/...) *path* – sein **Möglichstes** tun (um etw. zu erreichen/...) · to do everything in one's power/everything one possibly can/... to achieve s.th., to do one's very best to achieve s.th.

bestrebt: bestrebt sein, etw. **zu tun** *form* · to endeavour to do s.th.
(In einer Sozialstation:) Wir sind natürlich bestrebt, den ärmeren Bevölkerungsgruppen so weit wie möglich zu helfen. Aber leider sind unsere Mittel sehr begrenzt, sodaß wir sehr häufig nicht tun können, was wir tun wollen.

bestreiten: die ganze Unterhaltung/den ganzen Abend/... allein bestreiten · to provide all the entertainment/to dominate the entire evening/party/..., to do all the talking
Ein geborener Conferencier, dieser Otto Bracht. Der kann einen ganzen Abend allein bestreiten. – Wie kommst du da jetzt drauf? – Na, gestern, das war wieder so ein Abend. Da hat er die ganze Gesellschaft stundenlang unterhalten.

Besuch: zu Besuch sein bei/in/... · to be visiting s.o., to be staying with s.o.
Wer ist denn da bei euch zu Besuch? – Warum? – Da steht so ein toller Mercedes vor eurer Haustür.

Besuch haben · to have/to be having visitors, to be expecting visitors
Heute kannst du nicht bei uns zu Abend essen, Uschi. – Warum nicht? – Wir haben Besuch. Ein Geschäftsfreund meines Vaters kommt mit seiner Frau und einem weiteren Kollegen.

jn. **zu Besuch haben** · to have s.o. staying with one
Heute kann ich nicht kommen, ich habe zwei meiner Cousins zu Besuch und muß mich um sie kümmern.

jm. **einen Besuch abstatten** *form* – jm. einen **Besuch** machen · to pay s.o. a visit, to visit s.o.
Und dann solltest du, bevor du wegfährst, Tante Anna noch einen Besuch machen. – Ist das wirklich nötig, daß ich die auch noch besuche?

jm. **einen Besuch machen** · to pay s.o. a visit, to visit s.o.
Und dann solltest du, bevor du wegfährst, Tante Anna noch einen Besuch machen. – Ist das wirklich nötig, daß ich die auch noch besuche?

besucht: stark/schwach besucht sein · to be well/poorly/... attended
Die Vorlesung von Prof. Heinzen ist immer sehr schwach besucht. Mehr als zehn Leute sitzen da nie.

beten: da hilft/half nichts als beten *ugs* – jetzt/da/... kann man nichts **anderes** tun/machen/unternehmen als ... · all one can do now is pray

beteuern: hoch und heilig beteuern – hoch und heilig **versichern** · to solemnly assure s.o. that ..., to give s.o. one's word of honour that ...

Betracht: außer Betracht bleiben *form* · not to take s.th. into consideration, to discount s.th., to ignore s.th.
... Und das Alter berücksichtigen Sie nicht? – Das Alter spielt in diesem Zusammenhang keine Rolle, das kann also außer Betracht bleiben.

(nicht) in Betracht kommen *form* · + to consider s.th., not to be worth considering, to be out of the question
Was für eine Krawatte wünschen Sie zu diesem blauen Anzug? Welche Farbe? Eine grüne kommt ja wohl nicht in Betracht. – Grün? Auf keinen Fall!

etw. **außer Betracht lassen** *form selten* – etw. außer **acht/** (außer aller Acht) lassen · to leave s.th. out of consideration, not to take account of s.th., to disregard/to ignore/... s.th.

jn. **in Betracht ziehen** *form* · to consider s.o., to take s.o. into consideration
... Aber euer Klaus hatte sich da doch auch beworben! Hat er keine Einladung zu einem Vortrag bekommen? – Den Klaus ziehen die gar nicht in Betracht, Richard. Der kennt niemanden aus der Kommission; also zählt er für die gar nicht.

etw. **in Betracht ziehen** *form* · to take s.th. into account/ consideration/..., to consider s.th.
Bei unserer Überlegung müssen wir auch in Betracht ziehen, daß die Mark im Verhältnis zum Escudo weiterhin steigen wird. Das ist ein wichtiger Gesichtspunkt, den wir nicht außer acht lassen dürfen.

betrachten: etw. von vorn und hinten betrachten – sich jn./ etw. von vorn(e) und hinten **ansehen** (1) · to look s.o./s.th. over carefully

betrachtet: im großen und ganzen betrachtet – (eher:) **alles** in allem · all in all, by and large

von nahem betrachtet · on closer consideration/examination/inspection/...
Auf den ersten Blick verspricht das Geschäft viel Gewinn; von nahem betrachtet stellt sich aber heraus, daß es allerhand Pferdefüße hat.

beträchtliches: um ein beträchtliches größer/kleiner/besser/ schlechter/... als ... *form* · to be considerably bigger/ smaller/better/worse/... than
»Ihre Arbeit«, erklärte der Professor, »ist jetzt um ein beträchtliches besser als die erste Version. In dieser Fassung können Sie sie als Staatsarbeit einreichen. Die erste Version, weit schlechter, hätte niemand angenommen.«

um ein beträchtliches vorwärtskommen/... *form veraltend selten* · to make considerable progress/headway/...
... In den letzten Wochen sind wir um ein beträchtliches vorwärtsgekommen. Wenn die Fortschritte weiterhin so gut sind, sind wir mit der Arbeit spätestens im Dezember fertig.

Betrachtung: bei näherer Betrachtung ... *form* · on closer consideration/examination/inspection/...
... Auf den ersten Blick sieht es natürlich so aus, daß der Zusammenbruch des Kommunismus ein Sieg des Kapitalismus ist. Bei näherer Betrachtung stellt sich der Tatbestand indessen viel komplizierter dar. ...

Betreff: in Betreff *form veraltend selten* – was jn./etw. **angeht** (3; u. U. 2) · as far as s.o./s.th. is concerned

betreffen: jn. (nicht) betreffen · (not) to affect s.o., (not) to concern s.o.
... Diese Bestimmungen betreffen uns nicht. Es kann dir egal sein, was sie verbieten oder nicht verbieten.

Betreiben: auf js. Betreiben (hin) *form* · (to do s.th.) at s.o.'s instigation/insistence/at the instigation/insistence of s.o.
... Ich habe die Maschine auf sein Betreiben gekauft! Ich selbst wäre nie auf die Idee gekommen. Er sagte mir immer wieder: wir brauchen ...

Betrieb: außer Betrieb sein · 1. 2. not to be operating, not to be running
1. Es scheint, die Anlage ist außer Betrieb. – Heute ist Samstag. Samstags wird nicht gearbeitet; da ist alles abgestellt.
2. Die Zeche ist außer Betrieb? – Es wird hier schon seit Monaten nicht mehr gearbeitet. Man spielt offensichtlich mit dem Gedanken, sie stillzulegen.

in Betrieb sein · 1. 2. to be running, to be in operation
1. Vorsicht! Die Anlage ist in Betrieb! Fassen Sie die Kabel nicht an, Sie können einen Schlag kriegen.
2. Seit wann ist diese Zeche in Betrieb? – Seit 55 Jahren. Die erste Kohle wurde hier 1935 gefördert.

ein müder Betrieb sein *ugs* – ein müder **Laden** sein · to be a dead hole, to be a lifeless place

etw. **in Betrieb haben** · + to be running, + to be in operation, + to be working
... Wieviel Maschinen habt ihr da in eurer Textilfabrik denn wohl in Betrieb? – Hm, insgesamt dürften da zurzeit schon um die 25 laufen.

es ist/herrsch viel/allerhand/wenig/kein/... **Betrieb in/** bei/... · 1. 2. 3. 4. (not) to be (so) busy
1. Selbst um acht Uhr abends ist in der Innenstadt noch (viel) Betrieb. – Bis um neun etwa, dann wird es ruhiger.

2. Nein, ich ziehe ein Leben in der Kleinstadt vor. Da ist nicht so viel Betrieb wie hier in Hamburg, da kommt man mehr zur Ruhe und zu eigener Arbeit.

3. Laß den Jungen ruhig mit dem Rad in die Stadt fahren! Heute ist Samstag, da ist wenig Betrieb. Die meisten Leute sind rausgefahren ...

4. Ist das ein Betrieb in den Kaufhäusern! Die Massen wälzen sich nur so dadurch!

den (ganzen) Betrieb aufhalten *ugs* · to be holding everyone up

Nun beeil' dich doch mal endlich, Walter! Merkst du nicht, daß du den ganzen Betrieb aufhälst? Wir stehen alle hier und warten nur darauf, daß Ihre Exzellenz fertig wird.

in Betrieb gehen · to start running/working/operating, to go into operation

(In einer Druckerei:) Wann gehen die beiden Druckpressen, die wir bei Schuckert gekauft haben, in Betrieb? – So schnell wie möglich. Der Chef möchte schon nächste Woche damit arbeiten.

eine Maschine/... in Betrieb nehmen *form* · to start operating a machine/...

Du sagtest mir doch, solche Decken zu fertigen sei nicht mehr rentabel. – Jetzt lohnt es sich wieder für uns. Wir haben zwei neuartige Maschinen in Betrieb genommen, die dies Muster serienmäßig in großer Zahl und ohne großen Aufwand herstellen. – Seit wann arbeitet ihr mit diesen Maschinen? – Seit knapp einem Jahr.

den Betrieb satt haben/sein *sal* – (eher:) **den Laden** satt haben/sein · to be sick to death of the joint/place/...

eine Maschine/Anlage/(Fabrik/...) außer Betrieb setzen *form* · to stop a machine/..., to switch off a machine/..., to close down/to shut a factory/...

Habt ihr die Maschine außer Betrieb gesetzt? – Ja. Sie funktioniert nicht so, wie es sein soll. Es ist besser, wir führen jetzt eine Revision durch, als daß wir sie kaputtmachen. Eine Woche, dann läuft sie wieder.

eine Maschine/... (wieder/...) ... in Betrieb setzen *form selten* · to start a machine/... up (again/...)

Wenn es uns nicht gelingt, die neuen Maschinen rasch in Betrieb zu setzen, werden wir den Auftrag der Firma Krupp nicht rechtzeitig ausführen können. – Ich hoffe, spätestens übermorgen werden wir die gesamte Anlage wieder anstellen können.

den (ganzen) Betrieb stören *ugs* · to mess things up, to put a spanner in the works, to hold everyone up

... Mit seinen dauernden Kontrollen und Verbesserungsvorschlägen stört der Mann doch nur den Betrieb! Die Leute werden von der Arbeit abgelenkt, werden mißmutig, fangen an, sich miteinander zu unterhalten ...

betrifft: was jn./etw. **betrifft** – was jn./etw. **angeht** (1, 2, 3) · as far as s.o./s.th. is concerned

Betrug: ein frommer Betrug (sein) *ugs* · to be a pious fraud, to be a well-meaning deception *para*

Ach, diese Heilungsmöglichkeiten, von denen du da immer redest – das ist doch alles ein frommer Betrug! Du weißt doch ganz genau, daß da gar nichts mehr zu machen ist. – Aber das kann man der Christa doch nicht sagen, Gerd! – Das muß man ihr sagen. oder willst du sie bis zu ihrem Tod im Ungewissen lassen?

Bett: ein Kind/(...) ins/(zu) Bett bringen · 1. 2. to put a child/... to bed

1. ... Warte, ich muß eben die Uschi ins Bett bringen. Wenn ich nicht zu ihr rauf gehe und ihr nicht den Gute-Nacht-Kuß gebe, schläft sie nicht ein.

2. vgl. – ein Kind/(...) ins **Bett** legen

(erschreckt/...) aus dem Bett fahren · to leap out of bed (with fright/terror/...)

Ich wurde mit einem entsetzlichen Schrei wach, fuhr aus dem Bett und hastete nach unten, um zu sehen, was los war. Aber da war schon wieder alles ruhig.

ins Bett fallen (vor Müdigkeit) · to fall into bed (with exhaustion/...)

Heute nacht bin ich vor Müdigkeit buchstäblich ins Bett gefallen!

morgens/... **nicht aus dem Bett finden** *selten* – morgens/... nicht aus dem **Bett** kommen/können/kommen können · not to be able to get up in the morning/..., not to like getting up in the morning/...

abends/... **nicht ins Bett finden** *selten* – abends/... nicht ins **Bett** kommen/können/kommen können · not to go to bed (in the evening/...)

ans Bett gefesselt sein/(jn. ans Bett fesseln) *path* · to be confined to bed, to be bed-ridden

Ob er jemals wieder auf die Beine kommt, ist eine Frage. Leider Gottes ist nicht auszuschließen, daß er bis an sein Lebensende ans Bett gefesselt sein wird.

ins Bett gehen · 1. 2. to go to bed

1. Wann gehst du gewöhnlich ins Bett? – Ziemlich spät. Gegen Mitternacht. Und du, wann pflegst du dich hinzulegen?

2. So, ich geh' ins Bett. Mit mir ist nichts mehr anzufangen. Gute Nacht, allerseits!

zu Bett gehen *form* – ins **Bett** gehen · to go to bed

mit jm. ins Bett gehen/zusammen ins Bett gehen *ugs* · to go to bed with s.o.

Hast du schon gemerkt: die Helga und der Manfred gehen neuerdings immer zusammen aus. – Nicht nur das. Wie mir der Wolfgang erzählte, gehen die auch zusammen ins Bett. – Woher will denn der Wolfgang das wissen?

sich ins Bett hauen *ugs* – in die **Falle** gehen · to hit the hay/sack

jn. aus dem Bett holen · to get s.o. out of bed

... Das ist ja auch kein schöner Beruf, wenn der Minister einen mitten in der Nacht aus dem Bett holen lassen kann, nur weil da ein paar Daten fehlen! – In der Politik mußt du mit solchen Dingen rechnen!

das Bett hüten (müssen) *form* · to have to stay in bed

Muß die Karin immer noch das Bett hüten? – Noch gut eine Woche, dann wird sie hoffentlich wieder aufstehen dürfen. Es war halt doch eine ziemlich ernste Krankheit.

morgens/... **nicht aus dem Bett kommen/können/kommen können** · not to be able to get up in the morning/..., not to like getting up in the morning/...

Das ist einfach zum Heulen mit diesem Jungen! Abends bleibt er wer weiß wie lange auf und morgens kann er nicht aus dem Bett. Du machst dir keine Vorstellung, was das für ein Theater ist, wenn er morgens vor sieben Uhr aufstehen muß.

abends/... **nicht ins Bett kommen/können/kommen können** ... · not to go to bed in the evening/..., not to like going to bed in the evening/...

Dieser Junge kommt einfach nicht ins Bett! Jetzt ist es schon wieder elf Uhr. »Also los, Herbert! In drei Minuten liegst du in der Falle, hörst du?!«

in ein gemachtes/ins gemachte Bett kommen · to get s.th. on a plate, to have everything handed to one on a plate

Als er heiratete, wußte er, daß er in ein gemachtes Bett käme: er sollte die Zahnarztpraxis seines Schwiegervaters übernehmen.

ein Kind/(...) ins Bett legen · to put s.o. to bed

Einen Augenblick noch, dann können wir Abend essen. Ich muß eben noch die Ute ins Bett legen.

sich ins Bett legen – ins **Bett** gehen (2; u. U. 1) · to go to bed

sich in ein gemachtes/ins gemachte Bett legen *selten* – in ein gemachtes/ins gemachte **Bett** kommen · to get everything on a plate, to have everything handed to one on a plate

(noch) ins Bett machen/(das Bett naß machen) · to still (wet) the bed

Eure Kleine ist doch sauber, sie macht nicht mehr ins Bett? – Nein, schon lange nicht mehr. Schon seit einem halben Jahr geht sie ganz allein auf den Topf.

ein Kind/(...) **ins Bett packen** *ugs* – ein Kind/(...) ins **Bett** legen · to pack s.o. off to bed, to put s.o. to bed

jn. **aus dem Bett schmeißen** *ugs* · to drag s.o. out of bed, to get/throw s.o. out of bed
Gestern hat mich der Fritz doch tatsächlich um drei Uhr nachts aus dem Bett geschmissen. Unsere Christel hatte 41,5° Fieber, und ich mußte zur Apotheke, um Medikamente zu holen.

ins Bett sinken (vor Müdigkeit) *path* – ins **Bett** fallen (vor Müdigkeit) · to fall into bed (exhausted/...)

aus dem Bett steigen *ugs* · to get up n, to get out of bed n
(Die Mutter:) Sieh da, unser Ernst! Elf Uhr morgens, und er steigt schon aus dem Bett! – (Der Vater:) Laß den Jungen doch sein Abitur feiern und sich dann anständig ausschlafen, Hilde!

mit jm. **ins Bett steigen/zusammen ins Bett steigen** *sal* – mit jm. ins **Bett** gehen/zusammen ins **Bett** gehen · to go to bed with s.o.

das Bett mit jm. **teilen** *form selten* – mit jm. ins **Bett** gehen/zusammen ins **Bett** gehen · to go to bed with s.o.

sich ins Bett verkriechen *ugs* · to retreat to one's bed, to creep off to bed
(Abends neun Uhr, Winter, die Frau:) Uh, ist das eine feuchte Kälte heute! Ich verkriech' mich ins Bett. – (Der Mann:) Ich werd' heute auch nicht mehr alt; nur noch der Brief hier ...

Bettel: den (ganzen) **Bettel hinschmeißen/(hinwerfen)/**jm. **vor die Füße werfen/schmeißen** *ugs veraltend selten* – die **Fleppen** hinschmeißen/hinwerfen · to chuck the whole thing in, to jack it/everything in

betteln: betteln gehen (für jn.) · to go begging (for s.o.)
Es scheint, daß man heute wieder auf alles gefaßt sein muß; notfalls muß man für seine Kinder betteln gehen. – Nun übertreib' mal nicht! Unser Brot werden wir schon noch verdienen können.

Bettelstab: j./etw. **bringt** jn. **noch an den Bettelstab** *außer 1. Pers path veraltend* · 1. 2. to reduce s.o. to beggary/penury/..., to make a beggar of s.o.
1. Du bringst mich noch an den Bettelstab mit deinen dauernden Reisen, deinen ewigen neuen Kleidern und all den anderen Ausgaben! – Natürlich! Ich bringe dich an den Bettelstab! Und du bist der genügsamste Mann von der Welt, der für sich keinen Pfennig ausgibt! Köstlich!
2. Seine Verschwendungssucht wird ihn noch an den Bettelstab bringen.

j. **wird noch an den Bettelstab kommen**/kommt noch ... *path veraltend* · s.o. will be reduced to beggary/penury/... (yet/...)
Wenn es dem Peter nicht gelingt, die Verschwendungssucht seiner Tochter zu bremsen, kommt die ganze Familie noch an den Bettelstab! – Na, so schlimm wird's wohl nicht werden.

betten: sich weich betten *ugs selten* · to have got it made, to have found a cushy little number, to be laughing
Seine Heirat hat ihm viele soziale und materielle Vorteile verschafft. Er hat sich wirklich weich gebettet. Bessere Bedingungen für ein sorgloses und bequemes Leben kann er gar nicht haben.

Bettkante: j. **würde** jn. **nicht gerade/... von der Bettkante stoßen** *ugs Neol* · I/he/... wouldn't kick her/Susi/... out of bed
Gerd, wie findest du eigentlich die Susi Wunderlich? – Die Susi ist ganz o.k./ganz nett, die würde ich nicht gerade von der Bettkante stoßen.

Bettschwere: die nötige Bettschwere haben *ugs* · to be ready for one's bed
Willst du noch ein Bier, Friedhelm? – Nein, danke. Ich gehe jetzt nach Hause. Ich hab' die nötige Bettschwere. – Ich trink' noch eine Flasche, dann leg' ich mich auch hin.

Bettzipfel: schon/... nach dem Bettzipfel schielen *ugs selten* · to yawn, to be longing for one's bed
Der Junge schielt schon nach dem Bettzipfel, leg' ihn hin! – Es ist schon nach neun. Sonst geht er um sieben ins Bett. Kein Wunder, daß er müde ist und gähnt.

sich nach dem Bettzipfel sehnen *ugs selten* – schon/... nach dem **Bettzipfel** schielen · to yawn, to be longing for one's bed

der Bettzipfel winkt *ugs scherzh selten* – (eher:) schon/... nach dem **Bettzipfel** schielen · to yawn, to be longing for one's bed

betucht: (gut) **betucht sein** *ugs* · to be (pretty/...) well-off/well-to-do, to be loaded *sl*
... Ach, der Maier ist gut betucht, der kann sich das leisten; bei dem kommt es auf ein paar tausend Mark mehr oder weniger nicht an.

Beute: eine leichte Beute für jn. **sein** · 1. 2. to be an easy prey for s.o.
1. Nachdem sie die Haustür einmal aufgebrochen und den Wachhund unschädlich gemacht hatten, waren die Ringe für sie eine leicht Beute: sie lagen direkt am Eingang in einem Schrank, der nicht einmal abgeschlossen war.
2. Das Mädchen war für ihn eine leichte Beute: reich, elegant, sympathisch, wie er ist, konnte es ihm nicht schwerfallen, so ein junges Ding, das sich in diesem Nest tödlich langweilte, zu verführen ...

eine Beute der Flammen/des Feuers/der Diebe/Einbrecher/... **werden** *path* · to be consumed by the flames, to be stolen by thieves/burglars/...
Das Haus ist noch das Wenigste, viel wertvoller war der Inhalt. Denk' nur an die unschätzbaren alten Möbel. – Wie, die wurden auch alle eine Beute der Flammen? – Alle. Nicht ein einziges Stück wurde gerettet.

auf Beute ausgehen · 1. to go plundering, 2. to go in search of prey
1. In zahlreichen Kriegen gingen die Truppen systematisch auf Beute aus. So schleppten beispielsweise die napoleonischen Armeen einen unermeßlichen Schatz an Kunstwerken fort.
2. Löwen, Panther, Tiger ..., alle Raubtiere gehen auf Beute aus.

Beute machen · to capture booty, to make a haul
In zahlreichen Kriegen gingen die Truppen systematisch darauf aus, Beute zu machen. So schleppten zum Beispiel die napoleonischen Armeen einen unermeßlichen Schatz an Kunstwerken fort.

Beutel: seinen Beutel füllen *ugs veraltend selten* · to fill one's purse, to make money n
Der Peter ist ganz auf Draht. – Der wittert ein gutes Geschäft. Und wenn er die Chance sieht, anständig seinen Beutel zu füllen, dann ist er hellwach.

an den Beutel gehen *veraltend selten* – ins **Geld** gehen · to cost a packet/a pretty penny, s.th. goes into the funds, to be a drain on s.o.'s resources

tief in den Beutel greifen (müssen) – (eher:) einen tiefen **Griff** ins Portemonaie tun (müssen) · to (have to) shell out a lot of money, to (have to) dig into one's pocket, to (have to) pay through the nose for s.th.

js. **Beutel ist leer** *veraltend selten* · s.o. is broke, s.o. is skint *coll*
Frag' doch mal euren Herbert, ob der uns ein paar Mark leihen kann. – Den brauchen wir erst gar nicht zu fragen. Er hat mir gestern abend noch erklärt, sein Beutel wäre leer. – Mensch, der hat aber auch nie Geld.

jm. **den Beutel spicken** *veraltend selten* · to grease s.o.'s palm, to line s.o.'s pocket, to pay s.o. a back-hander
... Das wird schon stimmen, daß der Görner seinen Parteifreunden den Beutel gespickt hat. Oder meinst du, die Staatsanwaltschaft behauptet ohne Grund, den Leuten wären Hunderttausende von Mark an öffentlichen Geldern zugeflossen?

sich den Beutel spicken *veraltend selten* – seinen **Beutel** füllen · to fill one's purse, to make money

den/seinen Beutel ziehen/(zücken) *veraltend selten* · 1. 2. to get out one's wallet, to flash one's wallet *coll*
1. Ich wollte schon meinen Beutel ziehen, um zu bezahlen, als Onkel Alfred sagte: »Behalt' mal deine paar Pfennige! Das übernehm' ich.«

2. Wenn man sich gern von anderen einladen läßt, dann muß man auch selbst mal seinen Beutel zücken!

den Beutel (einmal wieder/...) **zuhalten/(festhalten)** *veraltend selten* · 1. to keep the purse-strings tight, 2. to be tight-fisted

1. Dieser Geizkragen hält den Beutel wieder einmal zu! Ich möchte doch ein Mal erleben, daß er zu seinem Geburtstag genauso eine Runde spendiert, wie alle anderen das auch tun.
2. Den Gerd brauchst du gar nicht erst um Hilfe anzugehen. Er hat zwar satt und genug Geld, aber er pflegt den Beutel zuzuhalten. Er zahlt nichts, wenn er nicht gezwungen ist.

Beutezug: der nächtliche Beutezug/(auf nächtlichen Beutezug gehen/...) *ugs Neol* · to go on a nocturnal thieving spree *para*, to go on a nocturnal thieving raid *para*

... In Süddeutschland treibt seit drei Monaten eine Einbrecherbande ihr Unwesen. Auf Ihren nächtlichen Beutezügen hat sie bislang einen Schaden von 300.000,– Mark verursacht.

auf Beutezug durch die Geschäfte gehen/... *ugs* · to go on a spending spree

... Klar, nichts schöner für ein junges Mädchen, als mit einem so generösen Freund wie dem Werner auf Beutezug durch die Geschäfte zu marschieren! Überlegt sich die Hilda überhaupt, was das kostet, was sie da alles kauft?!

Bewährung: mit/ohne Bewährung/(Bewährungsfrist) *form* · + a prison/custodial/... sentence, a suspended sentence

Was heißt das, Vater, neun Monate Gefängnis mit Bewährung? – Wenn der Verurteilte sich soundsolange bewährt – d. h. den Gesetzen entsprechend verhält –, braucht er nicht ins Gefängnis. – Und ohne Bewährung ist das Gegenteil? – Jawohl, dann kommt man sofort ins Gefängnis.

bewandert: in etw. (sehr/äußerst/...) **bewandert sein** · to be well-versed in s. th.

Von der englischen Literatur versteht sie nichts, aber in der zeitgenössischen französischen Literatur ist sie äußerst bewandert.

Bewandtnis: es hat eine besondere/seine eigene Bewandtnis mit jm./etw. *form* · + it/that is a long story, + it/that is a special case/story

Wie war das mit seiner Reise nach Polen? – Damit hat es eine besondere Bewandtnis. Du weißt, daß er im Krieg zwei Jahre bei Warschau als Soldat war. Da hat er eine junge Polin kennengelernt ...

mit jm./etw. **hat es folgende Bewandtnis** *form* – was für eine **Bewandtnis** hat es mit jm./etw. · + the story behind it is this ..., + the reason for it is this, + it/the story behind it/... is as follows

es hat eine seltsame Bewandtnis mit jm./etw. *form selten* · there is s. th. particular/special/unusual/... about s. th./s. o.

Mit dieser Frau hat es eine seltsame Bewandtnis: sie verbrachte ihre ganze Jugend in Spanien; dann kam sie nach Frankreich, wo sie fast drei Jahrzehnte lebte, und – stellen Sie sich vor – mit gut 50 Jahren verliebt sie sich in einen Deutschen ...

was für eine Bewandtnis hat es mit jm./etw.**?** *form* · is it true that ...?, what is the story behind it/this?, do you/... know what the facts of the matter are?

Ich höre, Karl soll entlassen werden. Was hat es damit für eine Bewandtnis? – Damit hat es folgende Bewandtnis: der Junge kam monatelang alle zwei Tage zu spät zum Dienst, ...

bewegen: sich frei bewegen können · to be a free agent, to be able to do as one pleases

... Es kann schon sein, daß ich bei Schuckert & Co. mehr verdienen würde. Aber ich wäre da von allen möglichen Leuten abhängig, während ich jetzt mein eigener Herr bin. Mich frei bewegen zu können ist mir wichtiger, als etwas mehr oder weniger Geld zu verdienen.

bewegtes: ein bewegtes Leben/eine bewegte Vergangenheit/bewegte Jahre/... (gehabt) **haben** · to have had an eventful life/...

... Das ist eine erfahrene Frau, die hat ein bewegtes Leben hinter sich. Sie hat in verschiedenen Ländern gewohnt, eine ungemein abwechslungsreiche Karriere als Tänzerin gehabt, war dreimal verheiratet ...

Bewegung: jn./(etw.) in Bewegung bringen *ugs selten* · to get s. o./s. th. moving *n*

... Der Chef ist für den Jungen einfach zu weich! Der wird den nie in Bewegung bringen. – Wenn sein Vater ihn nicht ans Arbeiten gebracht hat, wird man es von einem fremden Mann noch weniger erwarten können.

in Bewegung kommen/(geraten)/es kommt Bewegung in Verhandlungen/... Handlungen/... · to get going

... Mit dem Vorschlag des italienischen Außenministers, bei den Zuschüssen in der Landwirtschaft einen Kompromiß anzusteuern, der zwischen der französischen und deutschen Position liegt, ist endlich Bewegung in die Konferenz gekommen. Bisher war das ja der reinste Immobilismus!

ein Auto/... **in Bewegung setzen** · to set s. th. in motion, to get s. th. moving

... Verflucht nochmal, es kostet einige Mühe, diese Kiste in Bewegung zu setzen! Fährt der Wagen immer so schlecht an?

sich in Bewegung setzen · 1. to start moving, to begin to move, 2. to get going, to make a move

1. Eh' dieser Trauerzug sich mal in Bewegung setzt! Jetzt stehen wir schon eine halbe Stunde hier herum und treten von einem Bein aufs andere!
2. Bis diese Beamten sich mal in Bewegung setzen! Unausstehlich ist das auf diesen Ämtern! Wenn die könnten, wie sie wollten, würden sie sich den ganzen Tag nur unterhalten. *ugs*

beweihräuchern: sich (selbst) beweihräuchern *ugs* · to blow one's own trumpet, to sing one's own praises

Hast du schon mal Politiker gesehen, die sich nicht selbst beweihräuchern? Alles, was positiv ist, haben sie geleistet, und alles, was Kritik verdient, sind andere schuld. Auf diese Weise kann man immer sein eigenes Loblied singen.

Beweis: jm. einen Beweis schuldig bleiben *form* · not to have proven to s. o. that ..., to have failed to prove s. th./that ...

Ihre Ausführungen, Herr Kollege, sind zwar sehr wortreich und elegant, aber den Beweis dafür, daß Ihre Schlußfolgerungen stimmen, sind Sie uns schuldig geblieben. – Bitte? – Nun, man kann die Zusammenhänge auch ganz anders erklären als Sie, zum Beispiel, indem man davon ausgeht, daß ...

Beweis erheben *jur* · to hear/to take evidence

... Bevor bei Gericht kein Beweis erhoben ist, kann man zur Schuld oder Unschuld des Angeklagten gar nichts sagen. Und selbst nach diesem sogenannten Beweisverfahren sind die Dinge meistens alles andere als klar.

bis zum Beweis des Gegenteils · until there is proof of the contrary

Gut, ich gebe zu, die Angelegenheit ist ziemlich seltsam. Aber bis zum Beweis des Gegenteils glaube ich nicht, daß er gelogen hat. Es müssen andere Umstände verantwortlich sein

den Beweis liefern/(antreten/führen) (für etw.) · 1. 2. to provide proof of s. th./that ..., to prove s. th.

1. Können Sie den Beweis liefern, daß diese Behauptung stimmt? – Jawohl, Herr Richter, das kann ich beweisen. Erstens: ...
2. Können Sie den Beweis für Ihre Behauptung liefern? ...

etw. unter Beweis stellen *Fähigkeiten* · to demonstrate/to show one's ability/...

Da hat euer Franz ja wieder sein Organisationstalent unter Beweis gestellt! Alle Achtung! Wie der den Kongreß aufgezogen hat, das war Klasse!

Beweiskette: eine Beweiskette schließen *form* · to complete a chain of evidence

So, jetzt haben sie auch die Pistole gefunden, mit der die Frau erschossen wurde. Damit ist die Beweiskette geschlossen. – Lückenlos? – Lückenlos. Sie können dem Täter Schritt für Schritt nachweisen, wie der Mord verübt wurde.

Beweiskraft: (keine) Beweiskraft haben *form* – (eher:) (nicht) **beweiskräftig (sein)** · (not) to be admissible as evidence, (not) to be of probative value, (not) to be conclusive

beweiskräftig: (nicht) **beweiskräftig (sein)** *form* · (not) to be admissible as evidence, (not) to be of probative value, (not) to be conclusive

So leid uns das tut: die Aussagen deines Bruders sind nicht beweiskräftig. Er stand zur fraglichen Zeit unter Alkoholeinfluß. Was er sagt, mag zwar stimmen, es gilt aber nicht als Beweis.

Bewenden: und damit/mit e-r S. **soll es/mag es/wird es/... sein Bewenden haben** *form* · that is the end of the matter, that is enough

Er hat mich monatelang betrogen! Aber gut, er wird entlassen, und damit soll es/mag es sein Bewenden haben. Von gerichtlichen Schritten werden wir absehen.

bewenden: es dabei/bei/(mit) etw. **bewenden lassen** · to leave it at that

Da er mit dem Jahr, das er durch die Verletzung verliert, schon genügend bestraft ist, wollen wir es dabei bewenden lassen. Eigentlich müßte er ja wegen der Schießerei noch gerichtlich belangt werden.

bewilligen: jm. **eine/(eins) bewilligen** *sal selten* – jm. eine **Ohrfeige** geben · to clout s.o.

jm. **eins bewilligen** *sal selten* · I'll/... give you/... one

Wenn du jetzt nicht ruhig bist, werd' ich dir mal eins bewilligen. – Was denn? Eine Ohrfeige, einen Tritt in den Hintern, oder was? – Das wirst du dann schon sehen!

bewirten: jn. **fürstlich/(ausgezeichnet/...) bewirten** · to entertain s.o. lavishly/handsomely/royally/...

... Solche Freunde möchte ich auch haben – die einen ans Meer einladen, einen wochenlang fürstlich bewirten ... Wenn man dich reden hört, hat man den Eindruck, du hast da in der Algarve gelebt wie weiland Lukullus.

Bewußtlosigkeit: etw. **bis zur Bewußtlosigkeit tun** *ugs* – *path* · to do s.th. ad nauseam, to do s.th. till one is blue in the face

Auch wenn er diese Behauptung bis zur Bewußtlosigkeit wiederholt: sie bleibt unwahr. Und wenn er sie den ganzen Tag hinunterleiert!

Bewußtsein: es kommt jm. **zu/zum Bewußtsein, daß** ... · + to become aware that ..., + to begin to realise that ...

So allmählich kam ihr zu Bewußtsein, daß sie ihrem Freund Unrecht getan hatte. Es wurde ihr klar, daß er nur wegen ihrer Mutter nicht mitgekommen war ...

(nicht/schon wieder/...) **bei Bewußtsein sein** · 1. to be conscious, 2. to be (fully/...) aware of s.th./what one is doing/...

1. Die Kranke ist aber doch nicht mehr ohnmächtig? – Nein, nein, sie ist wieder bei Bewußtsein.
2. Man fragt sich, ob er bei Bewußtsein war, als er diese Entscheidung traf. So einen Unsinn kann jemand, der bei Verstand ist, eigentlich gar nicht entscheiden. *seltener*

bei vollem Bewußtsein (sein) · to be fully conscious

War er bei vollem Bewußtsein, als er den Selbstmordversuch machte? – Daran gibt es leider nicht den geringsten Zweifel. Er hat sich mit seinem Bruder, nachdem er die Tabletten schon genommen hatte, unterhalten und war völlig luzid.

bei Bewußtsein bleiben – bei **Besinnung** bleiben · to remain conscious, to be conscious

jn. wieder **zu Bewußtsein bringen** *form* · to bring s.o. round

Und wie haben sie den wieder zu Bewußtsein gebracht? – Ich weiß es nicht genau. Ich glaube, mit einer scharf riechenden Flüssigkeit. Jedenfalls roch ich so ein Zeug, als ich aus der Ohnmacht aufwachte.

jm. etw. **zu Bewußtsein bringen** *form selten* · to make s.o. (fully/...) conscious/aware of s.th.

Mir scheint, die Ursel weiß gar nicht so recht, was sie da tut. Man muß ihr all die Konsequenzen, die das haben kann, einmal deutlich zu Bewußtsein bringen. Kannst du nicht einmal mit ihr sprechen, Heribert?

(wieder) **zu Bewußtsein kommen** *form* – (wieder) zur **Besinnung** kommen (1) · to regain consciousness, to come round

jm. (erst spät/...) **zu/(zum) Bewußtsein kommen** *form* · to realize (too late/...) that ...

Offensichtlich ist ihr erst jetzt so richtig zu Bewußtsein gekommen, was für verheerende Auswirkungen ihre Handlungsweise haben kann. Bisher hatte sie sich das wohl noch nie durch den Kopf gehen lassen.

bei vollem Bewußtsein eine Operation/... **mitmachen** · to be operated on/... while fully conscious

Er hat die Operation bei vollem Bewußtsein mitgemacht. Er wollte keine Narkose.

jm. etw. **ins Bewußtsein rufen** *form selten* · to make s.o. aware of s.th., to draw s.o.'s attention to s.th.

... Es scheint, die Margreth merkt überhaupt gar nicht, daß sie den Klaus mit ihren dauernden Kleiderwünschen wirklich belastet. – Dann muß man ihr das mal ins Bewußtsein rufen!

ins Bewußtsein treten *form selten* · + to become aware of s.th.

... So allmählich, scheint es, treten dem Robert auch seine eigenen Fehler und Irrtümer ins Bewußtsein. Bisher hatte er das völlig verdrängt und immer nur von den Schwächen der Annemarie geredet ...

das Bewußtsein verlieren *form* – die **Besinnung** verlieren · to lose consciousness, to pass out

das Bewußtsein wiedererlangen *form* – (wieder) zur **Besinnung** kommen (1) · to regain consciousness, to come round

sich etw. **ins Bewußtsein zurückrufen** *form* – sich/jm. etw. ins **Gedächtnis** zurückrufen (2) · to remember s.th., to cast one's mind back to s.th., to call (s.th.) to mind

bezahlen: etw. **in bar bezahlen** · 1. to pay s.th. (in) cash, 2. to pay cash on the nail *coll*/cash down/...

1. vgl. – in **bar**
2. vgl. – etw. in klingender **Münze** zahlen/bezahlen/...

etw. **teuer bezahlen (müssen)** – (ganz) (schön) **bluten** müssen (für etw.) (1) · to have to pay through the nose for s.th.

voll bezahlen (müssen) · to (have to) pay the full price

Müßt ihr da voll bezahlen oder kriegt ihr eine Ermäßigung, weil ihr noch Studenten seid?

bezahlt: ..., (und) **damit bist du/ist (der) Karl/... bezahlt!** *ugs* · and that's all there is to say about/...

Komm, nun laß mich zufrieden mit diesem Holtkamp! Das ist ein Geizkragen, (und) damit ist er bezahlt. – Geizig ist er, das gebe ich zu. Aber er ist auch fleißig, tüchtig ... – Wenn einer derart geizig ist wie der, dann interessiert mich der Rest nicht mehr.

reden/laufen/..., **als ob/wenn er/sie/... 's/(es) bezahlt kriegte/(bekäme)** *ugs* · to do s.th. like there was no tomorrow

... Du läufst ja, als ob du's bezahlt kriegtest! Was ist denn los? Warum diese Hast?

essen/fressen/..., **als ob/wenn er/sie/... 's/(es) bezahlt kriegte/(bekäme)** *ugs* · 1. 2. to eat/... like there was no tomorrow, to eat/... like mad/crazy/hell

1. Mein Gott, schling' die Sachen doch nicht so herunter, Klaus! Du frißt ja, als ob du's bezahlt bekämst! Laß dir doch Zeit. Es nimmt dir doch keiner was weg.
2. vgl. – fressen/(essen) wie ein **Scheunendrescher**

sich bezahlt machen – sich bezahlt **machen** · to be worth it, to pay off, to pay dividends

beziehen: etw. **auf sich beziehen** · to take/to interpret/... s.th. as if it were aimed/directed at/referred to/... one, to take s.th. to refer to one

Ich weiß gar nicht, was der Heinz plötzlich gegen mich hat. – Das ist bestimmt wegen deiner Bemerkung neulich über den 'in der Luft liegenden Sozialismus', der die Leute dazu führt, immer mehr vom Staat und von den anderen zu fordern, statt selbst etwas zu leisten. – Ach, das hat er auf sich bezogen? Das war doch ganz allgemein gemeint.

(immer) alles auf sich (selbst) beziehen · to (always/…) see everything from one's own point of view, to take everything personally, to relate everything to o.s.

… Herrgott, Junge, denk' doch auch mal von den andern aus! Du mußt die Situationen als ganze sehen und nicht immer alles auf dich beziehen! Eine solche Ichbezogenheit ist in deinem Alter eigentlich nicht mehr erlaubt!

Beziehung: in dieser Beziehung · in this respect

Bei dem dauernden Regen in diesem Land müssen die Leute doch auf ihre Wohnung viel mehr Wert legen als in den südlichen Ländern, denn sie verbringen schließlich fast das ganze Jahr im Haus. – In dieser Beziehung hast du recht. Aber ist das unterschiedliche Wetter für die unterschiedlichen Lebensformen und die verschiedenen Mentalitäten eine ausreichende Erklärung?

in gewisser Beziehung · to some extent, to a certain extent

In gewisser Beziehung hat Klara wohl recht. – In welcher Beziehung? Könntest du mir genauer erklären, was du meinst? – Zum Beispiel, wenn sie sagt, daß …

in jeder/keiner/mancherlei/…. Beziehung · 1. in every/no/… way, 2. in some respects/ways, 3. 4. in every respect/way

1. Es ist in keiner Beziehung zu rechtfertigen, daß er seine Frau so lange belogen hat. Bei den anderen Dingen mag man anderer Meinung sein – hier scheint mir keine andere Meinung möglich.

2. In mancher Beziehung gebe ich dir recht; doch in vielen Punkten muß ich Klara zustimmen.

3. Der Vertrag ist falsch angelegt. – Inwiefern? – In jeder Beziehung! Unter juristischem Gesichtspunkt, unter dem Aspekt der weiteren Geschäftsverbindungen, rein vom Sprachlichen her … – wie man es auch nur sieht!

4. Dieser Mann ist in jeder Beziehung ein Blödmann. Er verdirbt uns das Geschäft, die guten Verbindungen, die Laune …!

**mit Beziehung auf … ** *form* · with reference to …

(In einem Geschäftsbrief:) Mit Beziehung auf unser Schreiben vom 27. des Monats teilen wir Ihnen noch ergänzend mit …

eine feste Beziehung (zu jm.) **haben** · 1. to have/be having/…a long-standing relationship (with s.o.), to be going steady with s.o. *coll*, 2. to have a steady boyfriend *coll*, to be spoken for s.o. *form*

1. Der Karl-Ludwig hat nun schon seit Jahren eine feste Beziehung. – Wieviele Jahre ist er denn eigentlich schon mit der Birgit zusammen?

2. vgl. – in festen **Händen** sein

keine Beziehung zur Kunst/… **haben** – (viel/wenig/keinen …) **Sinn** für jn./etw. haben (2; u.U. 1, 3) · to have no feeling for art/…

zwei/mehrere Dinge/… in Beziehung zueinander bringen · to relate two/several things/… to one another

Der Angeklagte ist Deutscher. Zur Tatzeit war er in Luxemburg. Eine Woche vorher war er in Belgien. Wenn wir diese Tatsachen miteinander in Beziehung bringen, sind sie aufschlußreich: die Komplizen sitzen in Belgien; das Manöver fand in Luxemburg statt; Organisation und Gewinn werden in Deutschland gesteuert.

etw. zu etw. in Beziehung setzen *form* · to relate s.th. to s.th.

Du mußt die Dinge des Lebens, deine Erfahrungen zueinander in Beziehung setzen, dann kannst du fast immer fruchtbare Schlußfolgerungen daraus ziehen! Auf die Relationen, die Gegenseitigkeitsbezüge kommt es an!

in Beziehung zu etw. **stehen** *form* · to be related to s.th., to be connected with s.th.

… Das Problem steht in Beziehung zur Währungspolitik. Ohne den Zusammenhang der beiden Fragen genauer zu untersuchen, kann ich dazu nichts sagen.

mit einer Firma/… in Beziehung(en) treten *form selten* · to establish relations with a company/…

Wenn du auf deinem Sektor, Hans, hier geschäftlich Erfolg haben willst, mußt du mit Schuckert in Beziehung treten. An diesem Unternehmen kann hier keiner vorbeigehen. Ich weiß nicht, warum es dir so schwerfällt, Kontakt zu denen aufzunehmen.

(gute) Beziehungen haben · to know people in high places, to be well-connected, have good contacts

Wenn du etwas werden willst im Leben, mußt du viele einflußreiche Leute kennen. Schau dir Onkel Anton an: der hat (gute) Beziehungen. Er kennt die halbe Welt.

dicke Beziehungen haben *ugs selten* – gute **Beziehungen** im **Rücken haben** · to have good connections behind one

enge Beziehungen zu jm. **haben/(unterhalten)** · 1. 2. to have close connections with s.o., 2. to be on good terms with s.o.

1. Wenn du in diese Firma willst, sprich mit Onkel Herbert. Er hat enge Beziehungen zum Vorsitzenden des Aufsichtsrats. Sie arbeiten geschäftlich zusammen, treffen sich zum Golf, spielen zusammen Bridge. Onkel Herbert soll seine guten Verbindungen für dich ruhig einmal nutzen.

2. Er hat enge Beziehungen zur Hochfinanz/zum Handel/…

gute Beziehungen zu jm./einem Land/… **haben/(unterhalten)** · to have good relations with s.o./s.th., to be on good terms with s.o.

Wenn du willst, verhandle ich mit der Geschäftsführung. Ich habe immer gute Beziehungen zu den Leuten dieses Unternehmens gehabt. – Wenn du das gut mit ihnen stehst und das für mich tun willst, bin ich dir dankbar.

intime Beziehungen mit jm. **haben** *euphem – form* · to have intimate relations with s.o.

Du, mir scheint, der Klaus und die Gisela haben intime Beziehungen miteinander, oder? – Das weiß ich doch nicht, und es geht mich auch nichts an. Genau so wenig wie du, übrigens. Oder erzählst du den beiden auch, mit wem du schläfst oder nicht schläfst?

die Beziehungen zu jm. **abbrechen** *form* · to break off relations with s.o.

Ich weiß nicht, wie es Familie Meyer geht. Wir haben die Beziehungen zu dieser Familie abgebrochen. Schon seit einigen Jahren gehen wir nicht mehr miteinander um.

die diplomatischen/geschäftlichen/… Beziehungen zu jm./einem Land/… **abbrechen** *form* · to break off diplomatic relations with a country

Hat Amerika wirklich die diplomatischen Beziehungen zu Persien abgebrochen? – Ja. Die USA werden jetzt in Teheran durch die kanadische Botschaft vertreten.

Beziehungen zu jm. **anknüpfen** *form* · to establish contacts with s.o.

Wenn wir in diesem Land Erfolg haben wollen, müssen wir zunächst zu den Beamten Beziehungen anknüpfen, die in den Ministerien für den Ex- und Import zuständig sind. Ohne gute Kontakte zu ihnen erreichen wir gar nichts.

diplomatische/geschäftliche/… **Beziehungen zu** jm./einem Land/… **aufnehmen** *form* – ≠ die diplomatischen/geschäftlichen/… **Beziehungen** zu jm./einem Land/… abbrechen · to establish diplomatic/commercial/… relations with s.o./a country/…

die Beziehungen zu/(mit) jm. **aufrechterhalten** *form* – die **Verbindung** zu/(mit) jm. aufrechterhalten · to keep in touch with s.o., to keep in contact with s.o.

gute Beziehungen im Rücken haben *selten* · to have good connections behind one

Kein Wunder, daß er geschäftlich so viel Erfolg hat und sich auch manche weniger saubere Sachen leisten kann! Er hat eben gute Beziehungen im Rücken.

seine Beziehungen spielen lassen *ugs* · to pull strings, to bring one's connections into play *n*

… Mach' dir mal keine Sorgen, Erich, du wirst die Baugenehmigung schon kriegen. Wenn der Rolf Michaelis erstmal seine Beziehungen spielen läßt … – Hat der denn so gute Beziehungen? – Der kennt hier jeden, der Rang und Namen hat, und weiß das zu nutzen.

in engen/freundschaftlichen/kameradschaftlichen/… Beziehungen zu jm. **stehen** *form* · to be on good friendly/… terms with s.o.

Kannst du den Franz in der Sache nicht einmal fragen? Du stehst zu ihm doch in freundschaftlichen Beziehungen. Da kannst du doch ein solches Thema anschneiden, ohne dich unwohl zu fühlen.

gute Beziehungen zu einem Land/einer Organisation/jm. **unterhalten** *form* · to maintain good relations with a country/organization/s. o.

Vielleicht gelingt es ihm, in diesem Streit zu vermitteln. Er unterhält gute Beziehungen zum Vatikan. Vielleicht nützen diese engen Kontakte jetzt.

nichteheliche Beziehungen zu jm. **unterhalten** *form* · to have an extra-marital relationship with s. o., to cohabit with s. o., to live together with s. o.

... In der Tat, Mutter: wenn die Christa mit dem Heinz-Gerd nicht verheiratet ist, werden es wohl nichteheliche Beziehungen sein, die sie zu ihm unterhält. Ich weiß allerdings nicht, ob sie das stört. – Mich stört es aber!

die diplomatischen/geschäftlichen/... Beziehungen zu jm./einem Land **wiederaufnehmen** *form* · to re-establish diplomatic/... relations with s. o./a country, to resume diplomatic/... relations with s. o./a country

Während der Revolutionszeit hatten wir die geschäftlichen Beziehungen zu Kuba abgebrochen. Aber schon bald danach nahmen wir sie wieder auf.

Beziehungskiste: eine Beziehungskiste (mit jm. **haben/...)** *ugs Neol* · 1. 2. to go out with s. o., to have a relationship/a boyfriend/girlfriend situation/a thing with a boy/a girl/... (with s. o.)

1. Ich versteh' nicht, daß sich die Jugendlichen heutzutage schon unheimlich früh eine Freundin oder einen festen Freund suchen. Manchmal habe ich das Gefühl, die haben noch nicht gerafft, daß eine Beziehungskiste oftmals ganz schönen Streß bedeutet.
2. Den Stefan sieht man kaum noch. – Es ist immer das gleiche mit den Leuten! Kaum haben sie eine Beziehungskiste am laufen, und schon vergessen sie ihre alten Freunde.

Bezug: in Bezug auf ... *form* – was jn./etw. **angeht** (1; u. U. 2) · as far as s. o./s. th. is concerned

mit/(unter) Bezug auf ... *form* – mit **Beziehung** auf ... (1, 2) · with reference to ...

Bezug nehmen auf etw. *form* · to refer to s. th. *usu: with reference to our/... letter/telephone conversation/...*

(In einem Geschäftsbrief:) Wir nehmen Bezug auf unsere telephonische Unterhaltung vom 10. ds. Monats und teilen Ihnen ergänzend mit ...

in Bezug zu etw. **stehen** *form* – (eher:) in **Beziehung** zu etw. stehen · to be related to s. th., to be connected with s. th.

Bezugnahme: unter Bezugnahme auf ... *form* – mit **Beziehung** auf ... (1, 2) · with reference to ...

Bibel: js. Bibel sein *ein Buch/Text* · to be s. o.'s Bible

Was, du hast ihr gesagt, das Buch taugt nichts? Welch eine Dummheit! Dies Buch ist ihre Bibel. Was darin steht, ist für sie ein Evangelium.

Biege: eine Biege drehen *sal selten* – eine **Runde** machen · to go for a spin *car*, to go for a walk

eine Biege fahren *sal selten* – die/eine **Runde** machen (2) · to go for a spin

eine Biege fliegen *sal selten* · to go for a spin *lit*

Eine kleine Biege über Rio de Janeiro fliegen – das ist schon was! Das ist was anderes als ein Rundflug über Bonn.

Biegen: es geht/(ist) auf Biegen oder Brechen · it's do or die, it's all or nothing

War das ein Kampf! Es ging auf Biegen oder Brechen. Beide Mannschaften gaben ihr Letztes und spielten nach dem Motto: 'entweder siegen oder untergehen!'. Erst drei Minuten vor dem Ende gelang unserem Mittelstürmer das entscheidende Tor.

es geht/(ist) auf Biegen und/oder Brechen · it's all or nothing

Wer wird dieses Match gewinnen, was meinst du? – Keine Ahnung! Du siehst ja, es geht auf Biegen oder Brechen. Wer auch nur einen Moment nicht voll dabei ist, verliert.

auf Biegen und/oder Brechen etw. **durchsetzen wollen/...** · to get s. th. through by hook or by crook, to try/.. to get s. th. through/... at all costs/come what may/...

Der Gerd will sein Sanierungsprojekt für die Altstadt auf der nächsten Gemeinderatssitzung auf Biegen oder Brechen durchbringen. Er sagt, er setzt dafür seine ganze politische Karriere aufs Spiel.

biegen: es mag biegen oder brechen (j. geht nicht von etw. ab/...) *path selten* · whatever happens (s. o. will not waver/...), come what may (s. o. will not waver/...)

... Mit dieser Meinung kommt der Richard auf der Sitzung doch nie durch. – Das weiß er auch. Aber du kennst doch den Richard: es mag biegen oder brechen, wenn der sich einmal etwas in den Kopf gesetzt hat, dann bleibt er dabei. Egal, wie es weitergeht.

Biene: emsig/fleißig wie eine Biene (sein) *ugs v. Frauen* · as busy as a bee

Der Erfolg ist ihr zu gönnen. Sie war fleißig wie eine Biene. Monatelang hat sie sich keine Rast gegönnt.

eine kesse/flotte Biene (sein) *ugs* – ein netter/reizender/süßer/flotter/kesser/... **Käfer** (sein) · to be a nice/tasty/... piece, to be a nice bit of stuff

eine Biene drehen/machen *sal selten* – sich aus dem **Staub(e)** machen · to make o. s. scarce, to beat it, to clear off, to slope off

Bier: das/etw. **ist** (nicht) **mein/**dein/Vaters/... **Bier** *ugs Neol* · that/s. th. is (not) my/his/John's/... business/problem

Ich hab' für die pünktliche Auszahlung der Beträge zu sorgen, weiter nichts. Ob die einzelnen Leute auch den richtigen Betrag kriegen oder nicht, das ist nicht mein Bier. Damit hab' ich nichts zu tun.

beim Bier sitzen/etw. **besprechen/...** · 1. 2. to sit/to discuss s. th./to agree on s. th./... over a glass of beer/a few beers

1. Ja, ja, wenn man so gemütlich beim Bier sitzt und über Politik redet, mag sich die Weltgeschichte erträglich ausnehmen.
2. Paß mal auf, mein Lieber, was ihr da so beim Bier vereinbart, das interessiert mich einen Dreck. Für mich zählt, was offiziell ausgemacht wurde und schriftlich niedergelegt ist, und sonst nichts.

etw. wie sauer/saures Bier anpreisen *ugs veraltend selten* · to praise s. th. to the skies to get rid of it, to talk a product up

Wenn er sein Zeug wie saures Bier anpreist, wird es wohl nötig haben. Für Sachen, die gut sind, braucht man nicht so viel Reklame zu machen; die kaufen die Leute auch so.

Bierbauch: einen Bierbauch haben/kriegen/... *ugs* · to get/to be getting/to put on/... a beer-gut

Der Schorsch kriegt einen richtigen Bierbauch! – Kein Wunder, wenn man sich jeden Abend fünf, sechs Halbe in den hohlen Kopp/(Kopf) haut!

Bierlaune: etw. in einer Bierlaune/(aus ... heraus) tun *ugs* – etw. in einer **Weinlaune** tun · to do s. th./to promise s. th./... after a few beers/when one is in one's cups/...

Bierruhe: eine (regelrechte/...) **Bierruhe haben** *ugs* · s. o. never loses his cool, nothing can shake s. o. *n*

Euer Paul ist aber auch durch nichts durcheinanderzubringen, was? Der hat eine richtige Bierruhe – immer dieselbe Gemütlichkeit, ja Lässigkeit ...

Bierseidel: sich mit dem Bierseidel durchs Studium schlagen *ugs veraltend selten* · to spend all one's time drinking (as a student) *para*

Nichts kann der, gar nichts! Ich weiß gar nicht, wie dieser Mann studiert hat. Der hat sich bestimmt mit dem Bierseidel durchs Studium geschlagen! – Nur gesoffen wird er wohl nicht haben, dann hätte er ja wohl sein Examen nicht mit '1' bestanden.

Bierverschiß: (jn.**) in den Bierverschiß (tun)** *ugs Studentenverbindungen* · 1. 2. to force s. o. to/to make s. o. down a beer in one go

1. (Der Leiter eines offiziellen Teils einer Studentenkneipe/einer Kneipe einer Studentenverbindung zu jemandem, der mit seinem Nachbarn redet:) Alter Herr Heinemann, in den Bierverschiß! Ein Halbes ex! (Der Alte Herr Heinemann trinkt gehorsamst seinen halben Liter ex und hält für den Rest des offiziellen Teils den Mund.)

2. ... Es ist ja doch ein starkes Stück von so einem jungen Kerl, einen Alten Herrn in den Bierverschiß zu tun, nur weil er seinem Nachbarn ein paar Worte zuflüstert! – Was heißt 'starkes Stück'? Das sind die Sitten.

Biest: ein kleines Biest *ugs* – eine kleine **Kröte** (sein) (2) · (to be) a little bitch, (to be) a little beast

bieten: allerhand/etwas/viel/nichts/... zu bieten haben · 1. 2. to have s.th./a lot/not much/... to offer

1. Na, meinetwegen, gehen wir also in den Zirkus! Wollen wir mal sehen, was er zu bieten hat – ob sein Programm besser ist als das von Krone oder Hagenbeck.

2. Gehst du heute abend auch in den Vortrag von Prof. Herrmann? – Meinst du, der hat etwas zu bieten? Ich hab' den Namen noch nie gehört und fürchte, das ist wieder ein verlorener Abend.

sich unerzogenes/unanständiges/... Verhalten/... **nicht bieten lassen** · not to stand for ignorant/cheeky/... behaviour/..., not to put up with ignorant/cheeky/... behaviour/...

Wenn du dir solche Frechheiten von deinen Untergebenen bieten läßt, darfst du dich nicht wundern, wenn sie dich nach einiger Zeit nicht mehr ernst nehmen. Du mußt ihnen von Anfang an klarmachen, daß sie sich bei dir so etwas nicht erlauben können.

Bilanz: Bilanz machen – **Kassensturz** machen · to carry out a check/audit/... of the cash accounts, to tot up one's cash

Bilanz ziehen · 1. 2. to take stock of s.th.

1. Jetzt warst du fast zwei Jahre in Frankreich und hast die verschiedensten Erfahrungen gesammelt. Wenn du nun Bilanz ziehst: sind diese Erfahrungen positiv? – Alles in allem ja.

2. Er war jetzt fast siebzig Jahre, hatte viel erlebt, war viel gereist, hatte manche gesellschaftlichen Änderungen mitgemacht und auch mitgestaltet. Er suchte Bilanz zu ziehen: hatte sich das alles gelohnt? ...

Bild: ein lebendes Bild *Theater u. ä. form* · a tableau vivant

... Diese Kreuzigungsszene – das war schon beeindruckend. Eine Personengruppe von 35, 40 Leuten, die große Bühne ausfüllt, das Kreuz im Hintergrund, an dem Christus wie ein Verbrecher hängt ... – ein lebendes Bild, das man so schnell nicht wieder vergißt!

schwaches Bild! *ugs* · it's a poor show, it's a poor performance

Nee, weißt du, was du da geleistet hast, das war nicht viel. Nee! Schwaches Bild! – Schwaches Bild? Stell' du dich mal dahin und mach' es besser, eh' du so darumkritisierst!

es bietet sich jm. **ein seltsames/überraschendes Bild** (wenn/als ...) *form oft imp* · + a strange/surprising/... sight meets/greets/our/... eyes (when ...), + a strange/surprising/... sight confronts us/... (when ...)

Als wir in die Halle traten, bot sich uns ein seltsames Bild: etwa 70, 80 Personen, in schwarz gekleidet, geradezu andächtig einer Lesung lauschend, die ...

(schon/...) **im Bild(e) sein** · to be (already/...) in the picture *coll*, to (already/...) know the score *coll*

Ja, ja, ich weiß schon! Du brauchst mir nichts zu sagen. Ich bin schon im Bilde. Ich weiß genau Bescheid – Frau Müller hat mir alles haarklein erzählt.

damit du im Bild(e) bist/Sie im Bild(e) sind/... *ugs* · to put you/... in the picture *coll*, to let you/... know what's going on/...

Damit du im Bild(e) bist, wird dir der Krone rasch erklären, was der Chef in der Sache denkt. Wenn du nicht Bescheid weißt, wird er die Dinge in der Verhandlung so steuern, daß wir alle nur Nachteile davon haben.

über jn./etw. **im Bild(e) sein** · to know about s. o./s. th., to be informed about

Sind Sie im Bilde über die letzten politischen Ereignisse? – Ja. – Wenn Sie auf dem Laufenden sind, könnten Sie mir vielleicht sagen ...

schön wie ein Bild (sein) *path selten* · (to be) as pretty as a picture

Selten habe ich so eine Frau gesehen: schön wie ein Bild! Eine Schönheit, weißt du, vom Frauentyp der italienischen Rennaisance ...

ein Bild von einem Mädchen/einer Frau/... *path* – schön wie ein **Bild** (sein) · (to be) as pretty as a picture

ganz/genau das Bild seines Vaters/seiner Mutter/... **sein** *form selten* – jm. (wie) aus dem **Gesicht** geschnitten sein · to be the spitting image of s. o. *n*

ein schiefes Bild von jm./etw. **haben** · 1. 2. to have a false/distorted/... image/impression of s. o./s. th.

1. Wenn ich dich so von Gerd reden höre, werde ich den Eindruck nicht los, daß du von dem Jungen ein schiefes Bild hast. Er ist viel ehrlicher und gewissenhafter, als du glaubst, und auch viel fleißiger.

2. Du hast ein schiefes Bild von der ganzen Sache, Grete. Deine Vorstellungen und dein Urteil gründen sich auf einseitige Informationen und auf falsche Vorannahmen!

das Bild bestimmen · to dominate the scene, to characterize the occassion

Die Messe war in jeder Beziehung sehenswert. Tagsüber ging man den Geschäften nach, abends bestimmte Eleganz das Bild: ein Fest jagte das andere ...

ein hübsches/abscheuliches/seltsames/... **Bild bieten** *form* · to be a strange/disgusting/... sight

Die beiden bieten schon ein seltsames Bild: der Paul mit seinen 1,87, die Ursel mit ihren 1,55 oder so etwas ... Das sieht schon komisch aus.

ein schwaches Bild bieten/(abgeben) *ugs* · to put up a poor performance, to be weak *n*

Die Münchener bieten in der letzten Zeit ein ziemlich schwaches Bild. Wenn die so weitermachen, dann werden sie nicht nur kein Meister, dann rutschen sie in die Mitte der Tabelle ab.

im Bild(e) bleiben *oft: um ... zu ... form* · ... to use the same metaphor/image/..., ... to extend the metaphor

... Gut, der Reuter ist ein Blutsauger, sagst du. Aber hat er dir, um im Bilde zu bleiben, schon einmal das Blut aus den Adern gesogen? Dir persönlich?

ein Bild des Elends/Grauens **bieten** *path* · to be a picture of misery/desolation

Das früher so blühende Dorf bot jetzt ein Bild des Elends: die Kinder mit verhungerten Gesichtern, die Älteren bis auf die Knochen abgemagert, die Häuser ohne Scheiben an den Fenstern, ohne Dächer, die Felder unbebaut ... – Armut und Not, wo man nur hinschaute.

von etw. **ein Bild entwerfen** *form* · to draw/to sketch/... a picture of s. th., to give an outline of s. th.

Von uns hier kennt niemand Syrien. Es fällt uns daher schwer, zu dem Projekt so Knall auf Fall Stellung zu nehmen. Könnten Sie von den Verhältnissen dort vielleicht kurz ein Bild entwerfen, Herr Kraus? Einen kurzen Überblick ...

jn./etw. **im Bild festhalten** *form* · to capture s. o./to record s. th. on film/on a photocopy/...

... Das Fernsehen hat die ganze Szene im Bild festgehalten. Wir werden also irgendwann das Vergnügen haben, die Auseinandersetzung auf dem Bildschirm präsentiert zu kriegen.

ein Bild für die Götter sein – ein **Anblick** für die Götter sein · to be a sight for sore eyes

ein Bild des Jammers bieten *path* · to be a picture of misery/desolation/..., to present a sorry/depressing/... sight

Die ganze Familie bot ein Bild des Jammers: der Vater todkrank, die Mutter abgehärmt und verzweifelt, die fünf jungen Kinder fast stumpfsinnig vor Entbehrung und Leid ...

sich ein/kein Bild machen von etw./**wie** etw. ist/.../(von jm.) – sich eine/keine **Vorstellung** machen von etw./wie etw. ist/.../(von jm.) · to have an/no idea how/what/..., not to be able to imagine *often: you can't imagine how ...*

sich ein schiefes Bild von jm./etw. **machen** · (eher:) ein schiefes **Bild** von jm./etw. haben · to have a false/distorted/... image/impression of s. o./s. th.

jn. (über etw.) **ins Bild setzen** *form* · to put s.o. in the picture (about s.th.) *coll*, to inform s.o. (about s.th.)
Bevor du nach Hause gehst, mußt du deinen Kollegen noch über unsere Entscheidung von gestern ins Bild setzen. Er war nicht da, muß aber Bescheid wissen, wegen morgen früh …

…, **um mit einem/**(im) **Bild zu sprechen** … *form* · … to speak metaphorically …, … metaphorically speaking …, … to use a metaphor …
… Ich werde den Eindruck nicht los, Ursel, der Paul betrachtet unsere Firma – um mit einem Bild zu sprechen – wie eine Milchkuh: ein bißchen Nahrung genügt, dann kann man melken.

in Bild und Text (berichten/…) *form* · to report (on) s.th. in words and pictures
(Aus einer Zeitungsnotiz:) Wir beziehen uns nochmal auf die Reise des Papstes nach Brasilien – die Presse hat dazu in Bild und Text berichtet. Wie bereits gesagt, …

ein düsteres Bild (von etw.) **zeichnen** · to paint a gloomy/sombre/… picture of s.th.
(Aus einer Pressemeldung:) Die wirtschaftliche Lage in Rußland verschlechtert sich von Monat zu Monat. Selbst die Fachleute, die bis vor kurzem an eine baldige Wende zum Besseren glaubten, zeichnen inzwischen ein düsteres Bild. …

Bilderbuch: … **wie aus dem/**(im) **Bilderbuch** *path* · (to look) like a picture
… Du machst dir keine Vorstellung, wie schön diese Bergketten sind – wie aus dem Bilderbuch!

eine Herzoperation/Flugzeuglandung/… **wie im Bilderbuch** *path* · an ideal/perfect/… patient/…, a textbook landing/…, a copybook goal/…
… Ein Tor, sage ich dir, wie im Bilderbuch! Flanke von links, der Ball senkt sich dir zu, wie im Bilderbuch! Fallrückzieher von Martini direkt in den rechten Winkel. Schöner geht's gar nicht.

Bildfläche: (plötzlich/…) **auf der Bildfläche erscheinen** *ugs* · to (suddenly/…) appear on the scene
Eine ganze Zeitlang stritten sich die drei Jungen ziemlich heftig. Plötzlich erschien ein älterer Junge auf der Bildfläche, und der Streit war wie weggeblasen. Wer war das, der da so unvermittelt erschien?

(plötzlich/…) **von der Bildfläche verschwinden** *ugs* · (suddenly/…) to disappear from the scene
Seit einiger Zeit habe ich den Peter Baumann nicht mehr gesehen. – Er ist von der Bildfläche verschwunden. Kein Mensch weiß, wo er steckt.

bildhübsch: bildhübsch **(sein)** – schön wie ein **Bild** (sein) · (to be) as pretty as a picture

über den Bildschirm flimmern – über den **Bildschirm** gehen · to be shown on TV, to flicker across the TV screen

Bildschirm: über den Bildschirm gehen *form od. iron* · to be shown on TV, to be on all our screens
Das Buch 'Exodus' kennen wir alle, zu dem Inhalt brauche ich also nichts zu sagen – es ist ja über den Bildschirm gegangen. Oder gibt es jemanden, der die Sendungen im Fernsehen nicht gesehen hat?

bildschön: bildschön **(sein)** – schön wie ein **Bild** (sein) · (to be) as pretty as a picture

billig: das ist/war aber billig! *ugs* · it is/was/… cheap, it is/was/… uncalled-for *elev*
… Wenn ich geschäftlich versage, versagst du als Ehemann! – Das war aber billig! Wenn wir geschäftlich zusammenarbeiten, geht mich deine Arbeit direkt etwas an. Mit meiner Ehe dagegen hast du nicht das geringste zu tun. Dein Ausweichmanöver ist also völlig abwegig – und häßlich.

Bimbam: (ach) **(du) heiliger Bimbam!** *ugs* – (eher:) (ach) du liebes **bißchen!** · holy smoke!, holy cow!, holy Moses!, hell's bells!

Bimse: Bimse kriegen *ugs selten* – den **Buckel** vollkriegen · to get a good thrashing, to be done over, to get a good hiding

Binde: eine Binde vor/(über) **den Augen haben** *selten* – einen **Schleier** vor den Augen haben · to have a veil before one's eyes

es fällt jm. (plötzlich) **die/eine Binde von den Augen** *path selten* – (eher:) es fällt jm. (plötzlich) wie **Schuppen** von den Augen · the scales fall from s.o.'s eyes

jm. **die Binde von den Augen reißen/**(nehmen) *path selten* – jm. den **Schleier** von den Augen reißen · to make s.o. see the truth, to reveal the truth to s.o.

sich einen hinter die Binde gießen/kippen *sal* – einen **saufen** · to knock back a few, to have a good few jars/drinks/…

den Arm/… **in der Binde tragen/**(haben) · to have one's arm in a sling
Er trägt den Arm in der Binde. Ist er gestürzt? – Ja. Er hat sich den Ellbogen angebrochen.

Bindfäden: es regnet Bindfäden *ugs* – es regnet in **Strömen** · it's bucketing down, it's tipping (it) down

Bindung: eine (feste) **Bindung eingehen/**die Bindung der/einer Freundschaft/Ehe/… eingehen *form* · 1. to enter a relationship, 2. to take on the commitment of marriage/…
1. »Wer eine Bindung eingeht, muß fähig sein, sich in entscheidenden Situationen selbst zurückstellen zu können«, dozierte er. »Wer das nicht kann, lebt besser allein oder läßt es bei lockeren Bekanntschaften bewenden.«
2. Was, der Junge will die Bindung der Ehe eingehen? Er kann sich doch noch nicht einmal selbst ernähren, für weniger Frau und Kinder.

Binsen: in die Binsen gehen *sal* – (eher:) kaputt **gehen** (1, 2) · to go for a burton, to come to grief

Birke: zwischen Birke und Borke stehen *selten* – zwischen **Baum** und Borke sein/sitzen/stecken/stehen · to be caught between the devil and the deep blue sea

Birne: eine dicke Birne haben *sal* · to have a sore head
Mensch, habe ich eine dicke Birne! – Sauf' nicht so viel, dann brummt dir auch am nächsten Tag nicht der Schädel!

(ganz schön) **einen in der Birne haben** *sal* – (eher:) (ganz schön) einen in der **Krone** haben · to have had a drop too much

eine weiche Birne haben *sal* – (stärker/schroffer als:) nicht (so) (ganz/(recht)) bei **Trost** sein (2; a. 1) · to be soft in the head

jm. **eins/**(einen) **auf/**(über) **die Birne geben** *sal* · to give s.o. a crack on the nut, to hit s.o. on the head *n*
Sie beobachteten den Dieb genau, wie er sich heranschlich. Und als er sich über den Zaun schwang, gaben sie ihm eins auf die Birne – bum, mit einer Schüppe einen kräftigen Schlag auf den Hinterkopf …

eins/(einen) **auf/**(über) **die Birne kriegen/**(bekommen) *sal* – eins/(einen) auf/über den **Kopf** kriegen · to hit s.o. on the head, to bang s.o. over the head

sich (dauernd/…) **die Birne zuknallen** *sal* · 1. 2. to (constantly/…) get/to keep getting plastered/legless/pissed/blotto/tanked up/rat-arsed/…, 2. to get paralytic
… Ich verstehe das nicht, wie man sich permanent die Birne zuknallen kann! – Ich weiß auch nicht, was so toll daran ist, sich ständig zu besaufen.
2. vgl. – sich **vollaufen** lassen

Biß: Biß haben/mit/ohne Biß *ugs Neol* · (not) to have bite/pep/punch/…, to do s.th. with/without bite/pep/punch
Kreditbeamte mit Biß: die Kategorie der Erfolgreichen wurde um eine neue Gattung erweitert, den Beamten, der Biß hat. Er besorgt Ihnen auch unter schwersten Bedingungen schnellstens den so dringend benötigten Kredit und …

bißchen: ein bißchen (...) · 1. 2. a (little) bit
1. Hast du heute wieder in deinem Roman gelesen? – Ein bißchen. – Das heißt? – So ein gutes Dutzend Seiten.
2. Ein bißchen entgegenkommender könnte er schon sein. Ich sage: ein bißchen; denn viel erwarte ich von ihm ja schon gar nicht.

kein bißchen/(nicht ein bißchen) (...) · 1. 2. not a bit, not at all, not the least bit
1. Hast du heute wieder in deinem Roman gelesen? – Kein bißchen. Nicht eine einzige Seite.
2. Du bist aber auch kein bißchen vernünftig. Wirklich! Ein wenig könntest du doch auf deinen Mann eingehen. Wenigstens ein bißchen!

ein kleines bißchen – ein klein **wenig** (1, 2) · a little bit

ein ganz kleines bißchen – (weniger als:) ein klein **wenig** (1, 2) · a tiny bit, a teeny-weeny bit

(ach) **du liebes bißchen!** · 1. 2. good heavens!, goodness me!, good grief!
1. Ach, du liebes bißchen, jetzt habe ich mein Portemonnaie vergessen! Dann muß ich eben schwarz fahren. Hoffentlich kommt kein Kontrolleur.
2. Mama, Papas Brille ist hingefallen, ein Glas ist kaputt. – Ach, du liebes bißchen!

ein winziges bißchen *path* – ein ganz kleines **bißchen** · a tiny bit, a teeny-weeny bit

..., **aber ein bißchen schnell/**rasch/hurtig/flott/(flink)/(...)! *sal* · 1. and look lively!, jump to it!, 2. make it snappy!, at/on the double!, get a move on!, look smart!
1. (Der Vater zu seinem Sohn:) Und jetzt holst du mir mal alle deine Französischhefte her – aber ein bißchen flott! Wir wollen doch mal sehen, ob wir keinen Zug in dein Arbeiten kriegen!
2. vgl. – **dalli**, dalli!

Bissen: ein fetter Bissen (sein) *ugs selten* – ein fetter **Braten** (sein) · it's/s.th. is a big killing

ein harter Bissen (sein) *ugs selten* – (eher:) eine harte **Nuß** sein · it is a tough nut to crack

keinen Bissen anrühren · not to eat/to touch a thing
Unsere Christa macht uns Sorgen. Seit vier Tagen rührt sie keinen Bissen an. – Vielleicht geht ihr mal mit ihr zum Arzt. Tage und Tage nichts essen – das geht ja nicht.

jm. **keinen Bissen Brot gönnen** *ugs veraltend selten* – (eher:) jm. nicht das **Schwarze** unter dem Nagel/den Nägeln gönnen · to begrudge s.o. the air he breathes

sich keinen Bissen gönnen *ugs path* · to do without, to go without (food)
Es ist beeindruckend, wie er sich um seine Familie sorgt. Er gönnt sich keinen Bissen, nur damit es den Kindern an nichts fehlt.

jm. **bleibt der Bissen im Hals(e) stecken** *ugs path* · the food sticks in s.o.'s throat
Beim gemeinsamen Mittagessen eröffnete er mir, daß mein Gehalt um 30% gekürzt würde. Mir blieb der Bissen im Halse stecken.

keinen Bissen hinunterkriegen/runterkriegen/(hinunterbekommen/...) (vor Aufregung/...) *ugs* · not to be able to eat a thing (out of excitement/nervousness)
Gisela, nun iß doch! – Laß sie, Martha. Das Mädchen ist nervös. Das ist normal, so direkt vor dem Examen. Ich würde da auch keinen Bissen hinunterkriegen.

sich den letzten/(jeden) **Bissen vom Mund(e) absparen** (für jn./etw.) *path* · to scrimp and scrape for s.th., to scrimp and save for s.o., to pinch and scrape for s.o.
Um ihren Sohn auf die Universität schicken zu können, sparten sie sich den letzten Bissen vom Munde ab. Sie lebten geradezu spartanisch.

jm. (sozusagen) **die/**(jeden) **Bissen im/in den Mund zählen** *ugs path selten* · to count every morsel s.o. puts in his mouth *para*
Viele Kinder, um nicht zu sagen, alle, passen auf, ob die anderen beim Essen mehr bekommen als sie selbst. Aber bei dem Erich geht das zu weit. Er gönnt den anderen nichts. Er zählt seinen Geschwistern die Bissen im Mund. Und wehe, sie haben mehr als er, dann ist der Teufel los.

einen Bissen zu sich nehmen/(...) · to have s.th./a bite to eat
Wenn ich jetzt keinen Bissen zu mir nehme, fall' ich um. Also jetzt wird eine kleine Pause gemacht und eine Kleinigkeit gegessen!

an den/an einem Bissen würgen *selten* · to have to force s.th. down
... Wenn ich den Heribert da an den Bissen würgen sehe, schmecken mir diese sogenannten 'Spezialitäten' auch nicht mehr.

bitte: na bitte! *ugs* · there you are!, I told you so!
Uff, der Kurt ist doch nicht durchgefallen. – Na bitte! Hab' ich nicht gleich gesagt, der Junge ... – Klar, du hast das natürlich schon immer gewußt!

(aber) **ich bitte dich/Sie/...!** *form* · not at all!, I/... wouldn't hear of it!
Ich kann Ihnen die Bücher heute abend persönlich vorbeibringen, Herr Büchner. – Aber ich bitte Sie! Sie werden doch den weiten Weg nicht nur der Bücher wegen machen. Wenn Sie sie Ihrem Sohn morgen mitgeben – er kommt ja wohl in die Stadt –, reicht das durchaus.

Bitten: auf Bitten von (Herrn/Frau/Minister/...) *form* · at the request of s.o.
Wenn ich auf Bitten von Herrn Baumgärtner heute ein, zwei Stunden länger im Büro bleibe, dann heißt das nicht, daß mir das Spaß macht. Aber Herr Baumgärtner hat mir so oft einen Gefallen getan, daß ich ihm ungern eine Bitte abschlage.

da hilft kein Bitten und kein Betteln *path* · it's no good begging and pleading
... Nein, du fährst nicht nach Frankreich! Da hilft kein Bitten und kein Betteln. Und wenn du jetzt die Quälerei nicht drangibst, sperr' ich dir obendrein noch das Taschengeld.

bitten: darf ich (Sie um einen Tanz/...) **bitten?** *form* · may I have the pleasure of the next dance?
(Auf einem Ball:) Darf ich bitten? – Ja. Vor allem Walzer tanze ich besonders gerne.

Herr .../der Minister/Frau Gräfin/... **läßt bitten** *geh od. iron* · to ask s.o. to come in *n*
Herr Präsident läßt bitten. Hier links, bitte. – »Herr Generaldirektor Assenbach!« – Guten Tag, Herr Assenbach. Es tut mir leid, daß Sie haben warten müssen ...

da muß ich (aber) **doch/**(aber) **ich muß doch sehr bitten!** *path od. iron* · + how could you/he say/... such a thing, I must protest! *form*
Was sagt er? Ich soll ihm die antike Truhe zu teuer verkauft haben? Da muß ich aber doch sehr bitten! Ich habe sogar weniger genommen als den Listenpreis. – Herr Walter, erregen Sie sich nicht, Herr Schramberg hat das sicher nicht so gemeint ...

jn. **zu sich bitten** *form* · to ask s.o. to come and see one
Herr Mertens, der Chef bittet Sie zu sich. – Ist was Besonderes los? Oder warum soll ich zu ihm?

bitten und betteln *ugs path* · to beg and plead
... Der Junge kann so viel bitten und betteln wie er will, er bekommt kein Fahrrad – höchstens eine Tracht Prügel, wenn mir die Quälerei zu bunt wird.

wenn ich bitten darf! *form* · may I ask you to come and sit down/...?
Wenn ich bitten darf: das Essen steht bereit. Wenn Sie so gut sein und ins Eßzimmer hinübergehen wollen ...

blabla: blabla! *ugs* – so ein **Blech**! · what a pile of rubbish/crap/...!, what a load of nonsense!, what a load of baloney!

Blackout: einen Blackout haben · to have a blackout
... Und plötzlich war der Film gerissen. Ich spielte zwar weiter, aber ich hatte keine einzige Note mehr präsent. – Daß ein Pianist einen Blackout hat, dürfte wohl alltäglich sein.

blamieren: sich unsterblich blamieren (mit etw.) *ugs* – etw. **durch** und durch sein/ein durch und durch ... sein/ein ... durch und durch sein (8) · to make a complete and utter fool of o.s.

blank: blank sein *ugs* · to be broke, to be skint *sl*

Kannst du mir das Geld für die Kinokarte leihen? Ich bin blank; ich habe gestern die letzten Pfennige für Karins neuen Rock ausgegeben.

(eine Farbe) blank haben *Kartenspiel* · to have only one card of a suit left

Was, du bedienst Herz auch nicht? Pik und Karo hast du schon nicht bedient. Dann hast du ja Kreuz blank! Nur Kreuz? Das ist doch unmöglich!

Blanken: jm. anständig was/welche/ein paar/... auf den Blanken geben/etwas/... auf den Blanken bekommen/... *ugs euphem selten* – jm. (anständig/...) was/welche/ein paar/... auf den (blanken) **Hintern** geben/etwas/... auf den (blanken) Hintern kriegen · + to get a good/... hiding, + to get a good/... spanking

Blankoscheck: jm. einen Blankoscheck ausstellen · to give s.o. carte blanche to do s.th., to give s.o. power/authority/... to do s.th.

Du hast dem Bergmann erlaubt, die Verhandlungen in eigener Verantwortung zu führen und den endgültigen Preis allein festzusetzen? – Ja. – So einen Blankoscheck darfst du dem Bergmann nicht ausstellen. Dem mußt du haargenaue Richtlinien geben, sonst kannst du dich auf böse Überraschungen gefaßt machen.

Blase: die/seine/ihre ganze Blase *sal selten* · 1. 2. the whole lot of them *coll*, the whole mob/crew/bunch

1. Ach, da kommt die ganze Blase wieder und sammelt für den Martinszug. – Wieviel Kinder stehen denn da an der Tür? – Sieben Jungen und fünf Mädchen.
2. Es hat geschellt. – Es ist Onkel Ferdinand. – Allein? – Natürlich nicht. Er erscheint mal wieder mit seiner ganzen Blase. Mensch, wie die alle wieder aussehen! Als ob sie sich vor vierzehn Tagen zum letzten Mal gewaschen hätten!

er und seine ganze Blase/ihn und seine .../sie und ihre ganze Blase/... *sal selten* · s.o. and his mob, s.o. and his whole crew, s.o. and the rest of his bunch/crew/pals/cronies/...

... Das ist der Erich, er will mit dir sprechen. – Der und seine ganze Blase können mir gestohlen bleiben! Ich will von dieser Familie keinen mehr sehen!

sich eine Blase (am Fuß) laufen · to get blisters from walking

... Was, nach diesem Stündchen hast du dir schon eine Blase gelaufen, Erna?! – Meine Schuhe ... – Deine Schuhe! ... Deine Füßchen, scheint mir, sind keine Anstrengung mehr gewohnt.

blasen: einen blasen *sal* – einen **saufen** · to knock back a few, to have a good few jars/drinks/...

jm. **einen blasen** *vulg* – jm. einen **abkauen** · to give s.o. a blow-job, to gobble s.o.

jm. **was/(etwas/eins) blasen** *sal selten* – jm. was/etwas/(eins) **husten** · to tell s.o. where to get off

blasen müssen *ugs* · to have to take a breathalyser *n*, to have to blow into a breathalyser *n*

Als ich gestern von Sandras Fete heimfuhr, hat mich die Polizei angehalten, und ich hab' blasen müssen. Aber ich hatte Glück. Das Alkoholmeßgerät hat nur 0,6 Promille angezeigt.

Blasen: Blasen werfen(schlagen) *Teig/Wasser/...* · 1. to become aerated, 2. to form bubbles

1. Der Teig fängt an zu kochen, er schlägt schon Blasen ...
2. ... Und dann sah man von dem Mann nichts mehr; nur noch ein paar Blasen, die das tückische Moor schlug ...

Blasen ziehen *ugs selten* · it/s.th. is getting out of hand

Seine Arroganz fängt an, Blasen zu ziehen. Eine der Folgen ist zum Beispiel, daß die Professoren ihn kaum noch unterstützen ...

Blatt: ob .../..., (das) steht auf einem (ganz) anderen Blatt – (aber) ob .../..., (das) ist etwas ganz **anderes** · that's something quite/... different, that's a completely/... different matter

ein unbeschriebenes Blatt (für jn.) sein · 1. 2. 3. to be an unknown quantity, to be unknown, to be a dark horse

1. Zu Karl Bergmann kann ich dir gar nichts sagen. Er ist für mich ein unbeschriebenes Blatt. Ich habe keine Vorstellung, ob er tüchtig ist oder nicht, wie er denkt, was ihn interessiert ... Wie ich dir sage: ich weiß im Grund nichts von ihm.
2. Von wem ist das Buch, sagst du? – Von Werner Krähdorf. – Den Namen habe ich nie gehört. – Ein unbeschriebenes Blatt. Außer diesem Büchlein ist er wohl noch nichts publiziert. Ich kannte den Namen bisher auch nicht.
3. (Auf einer Polizeiwache:) Ist dieser Andreas Dalahm schon einschlägig bekannt? – Nein, er ist noch ein unbeschriebenes Blatt. In unserer Kartei kann ich ihn jedenfalls nicht finden. *seltener*

ein gutes/... Blatt haben *Kartenspiel* · to have a good hand

Der Gerd hat aber auch dauernd ein gutes Blatt. Mit drei Ässern und sieben Trümpfen kann jeder gewinnen.

ein neues Blatt im Buch(e) der Geschichte/Weltgeschichte aufschlagen *path selten* – ein neues **Blatt** der Geschichte aufschlagen/(umdrehen) · to turn a new page in history

ein neues Blatt der Geschichte aufschlagen/(umdrehen) *path selten* · to turn a new page in history

Mit diesem Vertrag werden wir ein neues Blatt der Geschichte aufschlagen. Die amerikanisch-französischen Beziehungen werden damit auf eine neue Basis gestellt, und das wird die gesamte Politik, nicht nur unserer Länder, in eine neue Richtung lenken ...

kein Blatt vor den Mund nehmen · not to mince one's words, not to pull any punches, to speak one's mind

Bei dem Kirchmann brauchst du kein Blatt vor den Mund zu nehmen. Dem kannst du unverblümt erzählen, was du von der Sache hältst. Er schätzt es, wenn die Leute geradeheraus sind und ohne Umschweife ihre Meinung sagen.

in js. Blatt passen *Kartenspiel* · that is just what I/he/John need/... *cards*

Was lag im Stock? – Pik As und Pik 7. – Mensch, das paßte genau in mein Blatt. – Dann hättest du weiter reizen müssen. Wer nicht wagt, der gewinnt nicht.

(etw.) vom Blatt singen · to sight-read (s.th.), to sing (s.th.) at sight

Die Ursel ist ein Phänomen! Sie sieht die Noten von einem Lied – und schon singt sie es, so vom Blatt, ohne jede Übung. Und ohne Fehler.

(etw.) vom Blatt spielen · to sight-read (s.th.), to play (s.th.) at sight

Hast du die Sonate vom Blatt gespielt? – Ja. Ich hatte das Stück zwar schon häufiger gehört, die Noten aber nie gesehen.

ein neues Blatt der Weltgeschichte aufschlagen/(umdrehen) *path selten* – ein neues **Blatt** der Geschichte aufschlagen/(umdrehen) · to turn a new page in history

das Blatt wenden · to turn a situation/... round, to change a situation/... for the better

Die Lage ist wirklich sehr schwierig. Ich weiß nicht, ob wir das Blatt noch wenden können. Wenn noch eine Chance dazu besteht, dann nicht mehr lange.

das Blatt wendet sich/wird sich (wieder) wenden/... · the tables are turned, things change

Bis zur Halbzeit war unsere Mannschaft ja noch gleichwertig, aber dann wendete sich das Blatt völlig: in der zweiten Halbzeit wurde sie regelrecht an die Wand gespielt.

schwanken wie das Blatt im Wind(e) *path selten* · to chop and change, to shilly-shally

... Heute hü und morgen hott. Dieser Mann schwankt mal wieder wie ein Blatt im Winde. Seine Zuverlässigkeit ist genauso groß wie die einer wetterwendischen Primadonna.

fliegende Blätter *Romane/...* *veraltend selten* · broadsheets, loose leaves

In dieser Gegend verkaufen sie noch Fortsetzungsromane auf fliegenden Blättern – diese Woche fünf Seiten, die nächste Woche die nächsten fünf, usw.

Blätterwald: es rauscht/(raunt) im Blätterwald *scherzh* · there are murmurings in the press, there are rumblings in the press, + the newspapers are making a meal of s. th.

Es rauscht mal wieder im Blätterwald. Der Finanzskandal des Verteidigungsministeriums ist ein gefundenes Fressen für die Presse. Da kann jetzt auch der dümmste Journalist groß tönen …

blau: blau sein *ugs veraltend (eher) die Blauen* · to be a Protestant

Der Kurt ist blau, sagst du, der hat doch gar nichts getrunken. – Nicht in diesem Sinn. Wir sprachen von der religiösen und politischen Farbe. Der gehört halt zu den Blauen – den Protestanten, wie du zu den Schwarzen – oder den 'Schwatten', wie mein Vater die Katholiken nannte. – Wozu gehörst du denn? – Zu den Roten. – Aber Erich! – Immer noch besser als zu den Gelben zu gehören. – Hast du was gegen Chinesen?

(ganz schön) blau sein *ugs* – (ganz schön) einen in der **Krone** haben · to be well-oiled, to have had a drop too much

blau machen *ugs* – blau **machen** · to take a day off (work), to skip (off) work, to bunk off, to skip school

jn. blau machen *ugs* – jn. blau **machen** · to get s. o. drunk

Blaue: eine Fahrt/(…) ins Blaue · to set off/… with no definite goal, to go on a mystery tour, to set off and see where one ends up

Sonntag machen wir eine Fahrt ins Blaue. – Ins Blaue? Warum überlegt ihr euch nicht vorher, wo ihr hinfahrt?

das Blaue vom Himmel (herunter-)lügen *ugs* – lügen, daß sich die **Balken** biegen · to tell a pack of lies, to lie one's head off

das Blaue vom Himmel herunterreden/herunterschwätzen/reden/schwatzen/quasseln *ugs* · s. o. has a great line in patter, s. o. has the gift of the gab, s. o. could talk the hind legs off a donkey

Der Erich ist ein ausgesprochener Schönredner! Wenn er sich durch seine Umgebung animiert fühlt, schwatzt er das Blaue vom Himmel herunter. Er hört dann mit seinen Phantastereien überhaupt nicht mehr auf.

jm. das Blaue vom Himmel (herunter) versprechen *ugs* – jm. goldene **Berge** versprechen · to promise s. o. the moon

ins Blaue hinein handeln/planen/… · to do s. th./… at random, to act/… haphazardly

Seine Vorstellungen vom Geschäft sind ziemlich unrealistisch. Man hat immer das Gefühl, er plant ins Blaue hinein. Ich jedenfalls kann bei ihm keine definierbaren Zielvorstellungen entdecken.

ins Blaue hinein reden/schwatzen/quasseln/… · to blather about s. th., to prattle on about s. th.

Nimmst du wirklich ernst, was der da so ins Blaue hinein schwätzt? Er hat doch vom Geschäftlichen überhaupt keine Ahnung.

ins Blaue hinein schießen · to take random shots, to fire into the air, to take pot shots

Zuerst schossen wir einfach ins Blaue. Aber als sie uns immer herausfordernder zu einem Wettschießen aufforderten, gingen wir schließlich darauf ein. In etwa fünfzig Metern Entfernung wurden einige Zielscheiben aufgestellt …

blaugefroren: (richtig/…) blaugefroren sein · to be blue with cold

Eiskalt war das da. Meine Finger waren regelrecht blaugefroren.

Blech: so ein Blech! *ugs* · what a pile of rubbish/crap/…!, what a load of nonsense!, what a load of baloney!

… Also: die Relation Amerika-Rußland ist in ihrer Substanz eine Variable der ökonomischen Nachkriegsverhälnisse … – So ein Blech! Komm', wir gehen nach Hause! Ich habe keine Lust, mir diesen Unsinn noch länger anzuhören.

Blech reden/verzapfen *ugs* · to talk rubbish/crap/nonsense/drivel/…

Mein Gott, verzapft der ein Blech! So viel Unsinn über den Strukturalismus haben wir lange nicht gehört.

Blechnapf: wer einmal aus dem Blechnapf frißt … *Fallada Romantitel veraltend selten* · once you've been in prison, once you've done time …, once you've eaten from the metal bowl *para*

Jetzt ist der Christian doch schon zwei Jahre aus dem Gefängnis heraus, und immer noch schneiden ihn die Leute. – Ja, ja, wer einmal aus dem Blechnapf frißt … Es stimmt schon: wer einmal im Gefängnis gesessen hat, dem wird die Rückkehr in ein normales Leben nachher von allen Seiten erschwert.

Blei: heute/gestern/… Blei in den Füßen/Beinen/Gliedern/Knochen haben/gehabt haben/mir scheint, ich habe/… Blei in den Füßen/… *ugs – path* · js. **Glieder** sind (schwer) wie Blei · s. o.'s legs/limbs/feet/… feel like lead

etw. liegt jm. wie Blei in den Knochen/(Gliedern) *nach Anstrengung; u. U. a. Schrecken ugs – path* · s. th. makes my/his/… limbs feel like lead, + s. o.'s whole body aches with tiredness *n*

… Mensch, nach dieser Gartenarbeit gestern fällt mir jede Bewegung schwer! Die Müdigkeit liegt mir wie Blei in den Knochen. – Du bist halt nichts mehr gewöhnt, Anton.

wie Blei auf jm. lasten *path* · 1. + to feel as heavy as lead *coll*, + to ache with tiredness, 2. to weigh heavily on s. o., to be a great burden for s. o.

1. Die Müdigkeit lastete wie Blei auf ihm, jeder einzelne Schritt kostete ihn eine gewaltige Anstrengung.

2. Ich möchte die Verantwortung nicht haben! – Meinst du, Peter hätte sich danach gedrängt? Ganz im Gegenteil. Sie lastet wie Blei auf dem Jungen. Du glaubst nicht, wie ernst er geworden ist, wie oft er einen bedrückten Eindruck macht …

etw. liegt jm. wie Blei im Magen *ugs – path selten* · 1. to be like a stone in s. o.'s stomach, s. th. lies heavy on s. o.'s stomach, 2. to prey on s. o.'s mind, to weigh on s. o.'s mind

1. … Dieser Tintenfisch liegt mir immer noch wie Blei im Magen! – Dann trink ein paar anständige Schnäpse, die fördern die Verdauung.

2. vgl. – (u. U. stärker als:) jm. im **Magen** liegen (2, 3)

etw. liegt wie Blei in den Regalen *Waren Neol* · + not to be able to shift/to sell/… a product, a product/… cannot be sold

Die Digital-Recorder liegen bei den Händlern wie Blei in den Regalen. Sie sind kaum verkäuflich.

Bleibe: eine/keine Bleibe haben *form* · (not) to have somewhere/(anywhere) to stay

(Die Mutter zu einer Gruppe von Freunden der Tochter, die von auswärts kommen:) Gut, zwei, u. U. auch drei können hier bei uns übernachten. Hat denn bisher niemand von Ihnen eine Bleibe? – Nein. – Hm … Dann wollen wir mal sehen, wo wir die restlichen zwei unterbringen.

bleiben: außen vor bleiben *ugs Neol* · 1. not to get a look in, to have no chance, 2. to be overlooked *n*, not to be considered *n*

1. … Ich versteh' nicht, Albert, warum du dich da überhaupt noch bewirbst?! Du weißt doch ganz genau, daß da nur Freunde der Kommissionsmitglieder eine Chance haben und alle anderen Kandidaten von vornherein außen vor bleiben.

2. … »Ob die Interessen der sog. breiten Masse außen vor bleiben oder nicht«, donnerte er plötzlich los, »ist mir schnurzegal. Mir geht es nur um meine eigenen Interessen; die muß die Regierung, die ich wähle, berücksichtigen«.

dabei bleiben (daß …) · 1. 2. I/… stick to what I/… said/…, I/… insist that …

1. Trotz der anderslautenden Aussagen der Polizei bleiben Sie dabei, daß Sie nicht bei rot, sondern bei gelb über die Ampel gefahren sind? – Ich halte meine Aussagen in vollem Umfang aufrecht.

2. Ich bleibe dabei, daß er ein Lügner ist, ganz egal, welche Meinung ihr über ihn habt. Für mich war und ist er ein Lügner.

dahingestellt bleiben (müssen), ob/wie/wann/… *form* · it is an open question whether …, it remains to be seen whether …

Solange keine Beweise vorliegen, muß dahingestellt bleiben, ob sie schuldig ist oder nicht. Das müssen wir einstweilen völlig offen lassen.

eisern (bei etw.) **bleiben** *ugs* · to be/to remain inflexible/resolute *n*

So sehr der Sohn auch bat, der alte Herr blieb eisern: er bestand darauf, daß erst das Schlußexamen gemacht würde und dann eine Griechenlandreise – und nicht umgekehrt.

sich gleich bleiben · to remain the same, to always remain oneself

Was ich an ihm schätze: er ist sich immer gleich geblieben. Als junger Assistent, als angesehener Professor, als einflußreicher Politiker – er war immer derselbe. Nie hat er sich von der Stellung oder von den Umständen in seinem Verhalten bestimmen lassen.

hart bleiben *ugs* · to remain inflexible *n*

Der Chef hat dem Holtkamp 20.000,– Mark angeboten, wenn er von seiner Forderung, die Firma Schuckert u. Co. an dem Auftrag zu beteiligen, Abstand näme. – Und? Ist der Holtkamp darauf eingegangen? – Nein. Er blieb hart. Seine Antwort: entweder wird die Firma Schuckert beteiligt oder aus dem Geschäft wird nichts.

kalt bleiben (bei einer Bitte/...) · to be unmoved (by pleas/...), to remain cold (in response to s.o.'s pleas/...)

Und? Ist er auf deine Bitte eingegangen? – Mitnichten. Er blieb völlig kalt. Genau so ungerührt wie mein Spazierstock, wenn ich den um etwas bitten würde.

offen bleiben (müssen), **ob/wie/wann/...** · it will have to remain open wether..., it has not yet been decided when/whether/...

Heute wurden die neuen Richtlinien zur reformierten Oberstufe in der endgültigen Fassung vorgelegt. Offen geblieben ist allerdings, wann sie in Kraft treten sollen.

ruhig bleiben · to keep calm, to remain cool

Bleiben Sie ruhig, meine Damen und Herren! Es hat jetzt keinen Sinn, die Situation weiter zu verschärfen, indem sie sich aufregen ...

jm. **nichts/keine Antwort/(...)/die Antwort nicht schuldig bleiben** · 1. 2. to give as good as one gets

1. War das ein fesselnder Kampf! Immer wieder kam der Boller mit seiner gefürchteten linken Geraden! Aber der Raupner ist ihm nichts schuldig geblieben.
2. Bei der kannst du sagen, was du willst, die bleibt dir keine Antwort schuldig. – Ja, ja, die hat immer eine Widerrede. – Hm, Widerrede ... Sie weiß sich zu verteidigen.

immer schön senkrecht bleiben! *ugs selten* – immer schön **senkrecht** (bleiben)! (1,2) · to stay on one's feet, to stay upright, to keep one's end up, chin up!, keep smiling!, keep your pecker up!

unter sich bleiben · to be by ourselves/yourselves/themselves/...

Willst du Herrn Alberts auch zur Geburtstagsfeier übermorgen einladen? – Nein, ich ziehe es vor, wir bleiben unter uns. Deshalb habe ich nur die Familie und die engsten Freunde eingeladen.

auf alle Fragen/alles Nachbohren/... **stumm bleiben** *path* · to stay/to remain/... silent/... in response to questions/...

... Soviel sie auch in das Mädchen drangen, ihnen zu sagen, wer die Jungen waren, die sie in den Wald geschleppt hatten: sie blieb stumm.

jm./seinen Vorsätzen/seinen Versprechen/Prinzipien/... **treu bleiben** · to remain true to one's principles/...

Unser Kurt ist in den schwersten Situationen seinen Prinzipien immer treu geblieben. Keinen Millimeter ist er von seinen Grundsätzen abgewichen.

sich (selber) **treu bleiben** · to remain true to oneself

Bei allem Einfluß, allen Ehren, allen Vorteilen, die ihm seine Bestseller eingebracht haben: er ist sich treu geblieben. Er schreibt heute im Grunde denselben Stil wie zu Beginn, hat dasselbe Engagement, dieselbe moralische Überzeugungskraft. Nur ist alles reifer, durchdachter, abgeklärter.

über bleiben · 1. 2. to be left, 2. to be left over

1. Da sitzen ja immer noch so ein paar Figuren im Festzelt. – Ja, die sind von der Feierei von gestern über geblieben. Laß sie, irgendwann ziehen die auch ab.

2. vgl. – (eher:) übrig **bleiben** (1, 2)

übrig bleiben · 1. 3. to be left over, 2. 3. to be left

1. Heute brauchst du nicht zu kochen, Rosa. Von der Feier gestern ist noch so viel übrig geblieben. Das reicht noch für heute und für morgen mittag.
2. Wir sind zu sieben Personen, das Spiel können aber höchstens sechs spielen. Da bleibt einer übrig.
3. vgl. – (eher:) über **bleiben**

ungerührt bleiben (bei einer Bitte/...) – kalt **bleiben** · to remain unmoved (by s.o.'s pleas/...)

etw. **darf nicht unwidersprochen bleiben** *form* · a claim/an argument/a statement/... cannot be allowed to go unchallenged

Die Behauptungen des Ministers, die Demonstanten spielten das Spiel Moskaus, dürfen nicht unwidersprochen bleiben. Es wäre dasselbe zu behaupten: wer gegen Moskau ist, ist für die Regierung. Solch eine verfälschende Schwarz-Weiß-Malerei muß auf das schärfste zurückgewiesen werden.

un-angetastet/**un**-beachtet/-beantwortet/-behelligt/-berücksichtigt/-beschädigt/-erwidert/... **bleiben** *form* · to remain untouched/undamaged/unanswered/..., to be ignored, to go unanswered, not to receive a reply

Ich weiß nicht, wie oft ich dem Rolf Färber schon Grüße habe ausrichten lassen. Sie sind immer unerwidert geblieben. Und jetzt beschwert sich dieser Mann, ich würde nichts von mir hören lassen! ...

ungenannt bleiben wollen/... · to wish/... to remain anonymous

... Der edle Spender möchte ungenannt bleiben.

(nicht) ungerächt/ungesühnt/(...) bleiben (dürfen) *form* · s.th./a misdeed/... does not/must not go unavenged, s.th./a misdeed/... does not/must not remain unavenged

... Nein, eine solche Gemeinheit darf nicht ungerächt bleiben, da hast du Recht, Klaus. In einem solchen Fall würde ich auch mit allen mir zu Gebote stehenden Waffen zurückschlagen.

ungeschoren bleiben – (eher:) (nicht/nicht ganz/nicht völlig/völlig/...) ungeschoren **davonkommen** · to get off scot-free

j. **will ungestört bleiben** · s.o. does not want to be disturbed

(Die Mutter:) Kinder, wenn Vater heute Nachmittag ungestört bleiben will, dann hat er seine Gründe, dann müßt ihr ihn auch in Ruhe lassen.

jm./(**allen/...**) **unvergessen bleiben** *form – path* · + we/they/... all remember s.o., s.o. remains unforgotten

Erinnerst du dich noch an den kleinen Franzosen aus Marseille, der vor drei oder vier Jahren für ein paar Monate hier an der Schule war? – Klar! Dieser quicklebendige, schelmische Kerl ist doch allen hier unvergessen geblieben. Wie kommst du jetzt auf den Jungen? ...

von keinem Schicksalsschlag/... **unverschont bleiben** *form – path* · not to be spared a single blow of fate

... Diese Frau hat zwei ihrer drei Söhne im Krieg verloren, ist mit 43 Jahren Witwe geworden, hat die unangenehmsten finanziellen Situationen allein durchstehen müssen ... – kurz, sie ist von keinem Schicksalsschlag unverschont geblieben.

unverwundet bleiben *form* · to remain uninjured

... Wer den ganzen Krieg im Osten mitgemacht hat und dabei gesund und unverwundet geblieben ist, kann dem lieben Gott nur Dank sagen.

von etw./jm. **verschont bleiben** *form* · to be spared s.th.

(Aus einer historischen Darstellung:) Eine Pest, wie sie das Königreich noch nicht erlebt hatte! Kaum ein Landstrich, der von ihr verschont blieb. Insgesamt wurde mehr als ein Drittel der Bevölkerung dahingerafft.

jm. **vorbehalten bleiben** *form od. iron* – jm. **vorbehalten** sein · it is left to s.o./up to s.o. to do s.th. *n*, + s.o. has the privilege of doing s.th.

es bleiben lassen *ugs oft dir. R* · (to) forget s.th., to give s.th. a miss, to leave it

Nein, ich mache diese Übungen heute nicht, Mutti! – Dann laß es bleiben, meinetwegen! Aber wenn du den Arm nachher nicht wieder ganz normal bewegen kannst, dann komm mir nicht und sage, du hättest nicht gewußt, wie wichtig diese Übungen sind!

das/... (ganz) schön bleiben lassen *ugs oft dir. R* · you/...ll do nothing of the sort!, + it would be better not to!, + I wouldn't if I were you!

Du willst den Leuten ironisch antworten? Das laß mal/man ganz schön bleiben! – Warum soll ich nicht ironisch sein? – Die werden dir zeigen, wer die Macht hat, du oder sie.

namenlos bleiben wollen *form* · to wish to remain anonymous

(Aus einem Dankschreiben für Spenden:) Und dann gilt mein Dank den vielen Spendern, die namenlos bleiben wollen – getreu dem Bibelwort: 'was ihr mit der Rechten gebt, soll die Linke nicht wissen' ...

hier/da/... ist meines (deines/seines/...) Bleibens nicht länger *form od. iron* · I/you/he/... can't stay/remain/... here any longer, I've/you've/... outstayed my/... welcome

Nein, hier ist meines Bleibens nicht länger! Wie kann ich länger bei Leuten wohnen, die sich hintenherum über die Arbeit, die ihnen ihr Gast verursacht, beschweren?

es bleibt dabei (daß ...) · 1. that's settled, 2. that's that, that's final

1. Also, es bleibt dabei: wir treffen uns heute abend um neun Uhr, nicht? – Ja, wie gestern ausgemacht.

2. Ihr macht die Aufgaben, bevor ihr nach draußen spielen geht, und dabei bleibt's! Jetzt wird kein Wort mehr darüber verloren!

das bleibt sich (für jn.) **gleich** · it makes no difference, it comes to the same thing, it doesn't matter either way

Sollen wir zuerst die Grammatik oder zuerst die Übersetzung machen? – Das bleibt sich gleich. Da beide Teile unabhängig voneinander sind, könnt ihr genauso gut mit dem einen wie mit dem anderen anfangen.

es bleibt sich gleich (für jn.) (ob ... oder ob .../...) · it's all the same to s.o. (whether ...)

Im Grunde bleibt es sich für ihn völlig gleich, ob er Humanmedizin oder Zahnmedizin studiert. Sein Vater hat eine Praxis als Arzt für innere Krankheiten, sein Onkel als Zahnarzt. Er kommt also in jedem Fall in ein gemachtes Bett.

es bleibt jm. **(nur) (noch) zu hoffen**/wünschen/..., **daß/...**/ abzuwarten, ob/... *form* · + we/... can only hope that ..., it is to be hoped that ...

(Der Chef:) Was, der Rottmann ist schon wieder krank?! Das ist jetzt das vierte Mal, daß der in diesem Jahr krankfeiert! Da bleibt nur zu hoffen, daß es diesmal nichts Ernstes ist und er nach ein paar Tagen wieder im Dienst erscheint.

jm. bleibt nichts weiter zu tun, als etw. zu tun *form* · there is nothing for me/him/... to do but ..., nothing remains for s.o. to do but ...

Wenn Ihre Entscheidung, mich nicht weiter zu beschäftigen, endgültig ist, bleibt mir nichts weiter zu tun, als meine Sachen zusammenzupacken und zu gehen.

jm. bleibt nichts (anderes) über (als etw. zu tun) – jm. **bleibt nichts (anderes) übrig** (als etw. zu tun) · + to have no choice/alternative (but to do s.th.)

jm. bleibt nichts (anderes) übrig (als etw. zu tun) · + to have no choice/alternative (but to do s.th.)

Für uns war die Rallye schnell zu Ende. Schon nach wenigen Kilometern hatten wir einen Platten, und es blieb uns nichts anderes übrig als aufzugeben.

es bleibt unausgemacht (ob .../...) *form* · to be unclear/ uncertain/... whether ..., to be hard to tell whether ...

Nach den bisherigen Spielen bleibt unausgemacht, ob die Hamburger oder die Münchner die besseren Chancen haben, diesjähriger Deutscher Meister zu werden. Das wird sich frühestens in einigen Wochen herausstellen.

es bleibt jm. **unbenommen,** etw. zu tun *form* · + s.o. remains at liberty to ..., + s.o. is (perfectly) entitled to ...

Aber wenn die Firma die Reisekosten nicht übernehmen kann ... – Herr Rendler, es bleibt Ihnen unbenommen, die Fahrt wieder ab-

zusagen. Wie Sie wissen, fahren Sie in erster Linie in Ihrem eigenen Interesse.

das/das ... was .../... bleibt unter uns · it/what I've told you/... remains between ourselves

Was ich dir jetzt erzähle, bleibt unter uns! Hörst du?! Das erzählst du niemandem, auch deinem besten Freund nicht!

Bleiente: schwimmen (können) wie eine Bleiente *ugs* – (eher:) schwimmen wie eine bleierne **Ente** (auf trockener Landstraße) · to swim like a stone

Bleifuß: mit Bleifuß fahren/(...) *ugs selten* · to keep one's foot down when driving

... Gut, über die Autobahn kannst du meinetwegen mit Bleifuß fahren. Wenn der Wagen das mitmacht ...! Aber du kannst doch nicht hier auf der Landstraße dauernd mit Vollgas daherrauschen! ...

Bleikugeln: jm. **ein paar Bleikugeln in den Leib schicken** *iron veraltend selten* – jm. ein **Stück** Blei in den Leib schicken · to fill s.o. with/full of/... lead

Bleisoldat: da stehen/marschieren/... wie ein Bleisoldat/wie die Bleisoldaten *ugs* · to stand/walk/... like a tin soldier *rare*/like a wax dummy

Wenn ich den Helmut Mertens bei offiziellen Empfängen sehe, muß ich immer lachen. Der steht da immer wie ein Bleisoldat: ganz gerade, ohne sich zu rühren ... – so wie eine Figur aus dem Wachsfigurenkabinett in London.

Blick: auf den ersten Blick · 1. 2. 3. at first sight, at first glance

1. Auf den ersten Blick hat man den Eindruck, es ist blau. Aber wenn man genauer hinschaut, merkt man, daß es ein grüner Grundton ist, der bei bestimmtem Licht bläulich schimmert.

2. Auf den ersten Blick erkannte er ... – sofort!

3. Er war mir auf den ersten Blick sympathisch. Und dieser spontane Eindruck hat sich immer wieder bestätigt.

auf den zweiten Blick *eher iron* · at second glance, looking at it again/a second time/..., when one looks at it again/a second time/..., on closer consideration

... Gut, auf den ersten Blick sieht es in der Tat so aus, als ob der Jürgen in diesem Streit Recht hätte. Aber auf den zweiten Blick nicht! Wenn man sich die Hintergründe klarmacht, erkennt man sehr rasch, daß Direktor Fischer gar nicht anders handeln konnte.

ein Zimmer/... mit Blick auf etw. · a room with a sea view, a room with a view of the valley/river/...

'Zimmer mit Blick aufs Meer – drei Wochen – Vollpension – 912,– Mark'

einen (guten/sicheren/...)/keinen Blick für jn./etw. **haben** · 1. 2. 3. to have no/an eye for s.o./s.th., to have a good/sure/... eye for s.o./s.th.

1. Unser Personalchef ist wirklich ein guter Psychologe. Er beweist immer wieder, daß er einen Blick für Talente hat.

2. Der Gerd hat einen Blick für Frauen! Im Nu hat er unter Hunderten die interessanteste erwischt ...

3. Sie hat einen Blick für den Aufbau einer Kurzgeschichte. Sie braucht den Text nur zu überfliegen, um die Struktur zu erfassen.

den bösen Blick haben *Märchenspr* · to have the evil eye

Papa, was heißt eigentlich 'den bösen Blick haben'? – Den Ausdruck findest du oft in Märchen. Früher glaubten die Leute, Hexen oder Zauberer könnten die Menschen dadurch, daß sie sie ansähen, in ein Tier, eine Pflanze, einen Stein verzaubern oder sonst irreleiten. Heute hält man das für Aberglauben.

einen gläsernen Blick haben · to have a glassy look

Mein Gott, hat der Franz heute einen gläsernen Blick! Wieviel Bier hat der denn getrunken?

einen klaren Blick haben · to see things clearly, to be levelheaded

... Die läßt sich weder von dem Hin und Her ihrer Kinder noch von den Illusionen ihrer Mutter durcheinanderbringen. Sie hat einen klaren Blick; ihr Urteil über Menschen und Dinge ist nüchtern und sachlich.

einen/keinen offenen Blick haben · (not) to have an honest look, (not) to have an open look

... Das ist nichts Persönliches – die Leute haben hier fast alle keinen offenen Blick! – Heißt das, daß dieser Menschenschlag auch unehrlich ist? Hinterfotzig?

den richtigen Blick für jn./etw. **haben** · to have a good eye for s.o./s.th.

Frag' den Paul Boschmann, ob das Gelände für eine Ziegelfabrik geeignet ist oder nicht. Der sagt dir das sofort; der hat für so etwas den richtigen Blick.

einen wissenden Blick haben *form* · to have a knowing look

... Der Junge hat mit seinen 15 Jahren einen wissenden Blick – das ist beeindruckend. So, als lägen die Haltungen der Menschen gleichsam offen vor ihm.

mit einem/auf einen Blick erkennen/(...) · to tell/to realise/... at a glance that ...

... Der Alte war noch keine fünf Minuten auf der Sitzung, da wußte er, daß das Projekt nur schwer durchzubringen war. – Das ist ein erfahrener Mann. Der erkannte natürlich mit einem Blick, daß die allgemeine Stimmung gegen ihn war.

jn./etw. (nur) mit einem halben Blick sehen/wahrnehmen/... *selten* · to catch (only) a quick/brief/... look at s.o./s.th., to get (only) a quick/brief/... glance at s.o./s.th., to get (only) a quick/brief/... look at s.o./s.th.

Ob die Gertrud ein blaues Keid anhatte oder ein grünes, kann ich dir nicht sagen. Ich war vollauf mit dem Dolmetschen beschäftigt und habe die ganze Festgesellschaft nur mit einem halben Blick wahrgenommen.

mit sicherem Blick erkennen/erfassen/... · to have an unerring eye for s.th.

Während für einen Außenstehenden alles drunter und drüber zu gehen schien, erkannte er mit sicherem Blick sofort, worum es ging.

den Blick (nicht) von jm./etw. **abwenden** · not to take one's eyes off s.o./s.th.

Es war fast peinlich, wie sie fixierte! Den ganzen Abend wandte er den Blick nicht von ihr ab.

js. Blick begegnen – (eher:) js. **Blicken** begegnen · to meet s.o.'s eyes

js. Blick entschwinden *form od. iron* – (eher:) js. **Blicken** entschwinden · to disappear from s.o.'s view

den/seinen Blick über etw. gleiten lassen – den/seinen **Blick** über etw. schweifen/(streifen) lassen · to let one's eyes wander over s.th.

ein Blick für die Götter (sein) *ugs* – ein **Anblick** für (die) Götter sein · it/s.th. is a sight for sore eyes

den Blick heben *form* – ≠ den **Blick** senken · to look up, to raise one's eyes

den Blick (fest) auf jn./etw. **heften/richten** · to fix one's eyes on s.o./s.th., to rivet one's eyes on s.th.

Fast instinktiv heftete er den Blick auf den Anästhesisten, als er in den Operationssaal gefahren wurde. Vor der Narkose hatte er die meiste Angst; so schaute er dem dafür Verantwortlichen fest in die Augen ...

jn. einen Blick in sein Inneres tun lassen *form* · to give s.o. a glimpse of what is going on in one's mind/heart/...

... Der Kreuder hat dir erzählt, warum er von Schuckert zu Siemens gewechselt hat, was zwischen ihm und dem alten Schuckert vorgefallen ist, wie er sich die letzten Monate gefühlt hat ...? Erstaunlich! Der Mann läßt sonst nie einen Blick in sein Inneres tun.

einen Blick hinter die Kulissen tun/werfen · to take a look behind the scenes

»Gut«, meinte er, »wer seine Informationen nur aus der Zeitung bezieht, mag daran glauben, daß diese Leute das Wohl des Volkes im Auge haben. Aber wer jemals einen Blick hinter die Kulissen getan hat, weiß, daß es ihnen nur um ihr eigenes Wohl geht. Man braucht nur ein einziges Mal die Dinge von innen gesehen zu haben ...«

den Blick auf jn./etw. **lenken** *selten* – den **Blick** auf jn./etw. richten · to direct one's gaze at s.o./s.th.

jm. den Blick (für etw.) öffnen *form* – (eher:) jm. die **Augen** (über/für etw.) öffnen (2) · to open s.o.'s eyes to s.th.

soweit der Blick reicht/(geht) – (eher:) soweit das **Auge** reicht/(geht) · as far as the eye can see

den Blick auf jn./etw. **richten** *form* · to direct one's gaze at s.o./s.th.

Als er den Gerichtssaal betrat, richtete er den Blick auf den Staatsanwalt. Von diesem Mann konnte sein ganzes weiteres Leben abhängen. Forschend schaute er, was das wohl für ein Mensch war ...

einen Blick riskieren *ugs* · to venture a glance at s.o.

Warum sollten wir Pantoffelhelden nicht auch einmal zu den hübschen Mädchen ins 'Casino' gehen und einen Blick riskieren?

seinen/den Blick für etw. schärfen · to sharpen one's perception of s.th., to increase one's awareness of s.th.

»Ein Handwerker«, meinte er, »sollte seinen Blick ständig für die Qualität seines Materials schärfen, ein Arzt für die unterschiedlichen Krankheitsbilder, ein Philologe für die Eigenheiten eines Textes ..., ein jeder sollte versuchen, auf seinem Gebiet immer genauer zu erfassen, worum es geht.«

jm. den/js. Blick für etw. schärfen · to sharpen s.o.'s perception of s.th., to increase s.o.'s awareness of s.th.

Seine schlechten Erfahrungen hatten ihm den Blick geschärft für die Raffinesse, mit der diese Leute arbeiten. Jetzt durchschaute er jeden Trick sofort ...

jm./e-r S. keinen Blick schenken *form* – (eher:) jn./etw. keines **Blickes** würdigen · not to so much as/not to deign to/... look at s.o.

den/seinen Blick über etw. schweifen/(streifen) lassen · to let one's eyes wander over the bay/..., + his gaze wanders/ roams/... over the bay/...

... Bevor er von dem herrlichen Strand endgültig Abschied nahm, ließ er vom Balkon seines Hotelzimmers nochmal den Blick über die Bucht schweifen, den Pinienwald, in dem er ...

den Blick senken *Verlegenheit/Scham/Scheu/...* *form* · to lower one's eyes, to look down, to lower one's gaze

(Der Vater zu seinem Sohn:) Und als der Lehrer dich dann fragte, ob du den Text auswendig wußtest oder aus dem Lehrbuch abgeschrieben hast, da hast du ihm ins Gesicht gelogen? – – Der Junge senkte den Blick ...

jn./etw. (nur/...) mit einem Blick streifen · to (just/...) glance at s.o./s.th., to (just/...) cast a glance at s.o./s.th.

Als er den Saal betrat, hatte er seine Frau nur mit einem Blick gestreift. Aber dieser flüchtige Blick hatte genügt, um ihm zu zeigen, in welch einer Aufregung sie sich befand.

js. Blick ist von Tränen verschleiert *form* – *path* · + s.o. can hardly see through his tears, s.o.'s vision is blurred by tears

... Hatte sie geweint? Ihr Blick schien ihm von Tränen verschleiert. Hatte ihr holder Ehemann sie wieder betrogen? ... Wie konnte er seiner Schwester helfen? ...

jm. den Blick trüben (für etw.) · to blind s.o. to s.th., to cloud s.o.'s perception of s.th.

Seine wiederholten Enttäuschungen in diesem Land hatten ihm den Blick getrübt für die Liebenswürdigkeit, mit der die Menschen miteinander umgingen. Er nahm das nur noch undeutlich wahr, wie durch eine Nebelwand.

sich (durch/von etw./durch jn./von jm.) den Blick (nicht) trüben lassen · not to allow s.th. to blind one to s.th.

Laß dir durch diese ewigen Diskussionen den Blick nicht trüben für das, worauf es dir ankommt!

(kurz/rasch/noch eben/...) einen Blick in ein Buch/eine Abhandlung/... tun *form* · to have a quick look/glance/... at a book/essay/...

Ich muß noch schnell einen Blick ins Französischbuch tun, dann komme ich raus. Nur fünf Minuten ...

sich (von etw.) **den Blick nicht verstellen lassen** (für etw.) · not to lose sight of s.th., not to allow s.th./s.o. to obstruct one's view of s.th.

Laßt euch durch diese ganze Politisiererei den Blick nicht verstellen für die moralische Dimension der Problematik! – Keine Sorge, diese Dimension steht uns nur allzu deutlich vor Augen!

einen Blick in ein Buch/einen Text/... **werfen** · to have a quick look/glance/... at a book/article/..., to skim through a book/article/...

Haben Sie schon einen Blick in meine Arbeit geworfen? – Nur einen sehr flüchtigen. Genaueres kann ich Ihnen daher noch nicht sagen.

einen (kurzen/flüchtigen) **Blick werfen auf** jn./etw. · to glance at s.o./s.th., to take a quick look at s.o./s.th.

... Plötzlich warf er einen flüchtigen Blick auf die Uhr, sagte: »Wir müssen uns ranhalten, wenn wir mit dem Thema fertigwerden wollen«, und fuhr dann gleich mit den Erklärungen fort, die ...

den Blick (eisern) **aufs Ziel gerichtet** (etw. tun) · (to do s.th.) with one's gaze fixed firmly on one's goal, (to do s.th.) with one's sights set firmly on one's goal

Den Blick eisern aufs Ziel gerichtet, schrieb sie jeden Tag ihr Pensum. Und genau zum festgesetzten Termin war die Arbeit fertig.

jm. **einen** (verstohlenen/verständnisvollen/...) **Blick zuwerfen** · to cast a furtive/sidelong/... glance at s.o., to steal a glance at s.o.

... »Und dann haben wir für die jüngeren Teilnehmer an dem Fest« – er warf seiner Tochter einen verstohlenen Blick zu – »noch eine Überraschung parat.« – Die Kleine war ganz gespannt. Was mochte das sein, wenn ihr Vater sie unbemerkt so ansah? ...

jm. **einen kurzen Blick** (des Einverständnisses/...) **zuwerfen** · to give s.o. a quick/brief/... look of agreement/assent/..., to give s.o. a glance of agreement

»Natürlich hat sie recht«, hörte sie auf der letzten Bank sagen und an der Stimme erkannte sie, daß es Albert war, der sie mit dieser Bemerkung vor weiteren kritischen Einwänden des Publikums in Schutz nehmen wollte. Sie warf ihm einen kurzen Blick zu und fuhr dann gleich mit dem Vortrag fort.

jm. **einen schiefen Blick zuwerfen** – (eher:) jn. schief **ansehen** · to give s.o. a dirty look

js. **Blicke hängen an** jm. · s.o.'s eyes are fixed on s.o.

Wenn du gesehen hättest, wie Karins Blicke während der ganzen Rede an dem Christoph Rothmann hingen ...! Der muß es ihr wirklich angetan haben.

alle Blicke auf sich lenken · to attract everyone's attention, to draw all eyes, + all eyes are on s.o.

Mit ihrem engsitzenden Kleid und dem tiefen Ausschnitt lenkte sie einmal wieder alle Blicke auf sich. Die einen schauten sie fasziniert an, die anderen entrüstet.

wütende/... Blicke schießen auf jn. *path* · to give s.o. an angry/dirty/... look, to scowl at s.o.

Als jemand aus dem Hintergrund fragte, wie das mit dem Radikalenerlaß sei, schoß er wütende Blicke auf den Mann. Immer wieder diese Fangfragen, die die Aufmerksamkeit vom Thema ablenken sollten!

die/seine Blicke über etw. **schweifen/**(streifen) **lassen** – den/seinen **Blick** über etw. schweifen/(streifen) lassen · to let one's eyes/one's gaze wander over s.th.

wenn Blicke töten könnten! *ugs* · if looks could kill!

Wenn Blicke töten könnten! Hast du gesehen, mit welch einer Wut die Kleine ihren Bruder ansah? Ihre Augen funkelten vor Zorn.

seine Blicke an etw. **weiden** *path selten* · to feast one's eyes on s.th.

Wie kann man nur seine Blicke an einer Hinrichtung weiden! Welch eine Perversion! – Wenn du so willst! ... Was ist nicht für die Menschen gerade heute alles eine Augenweide! ...

einige/wütende/strafende/finstere/ein paar kurze/... **Blicke werfen auf** jn./in etw./... · to cast an angry/hostile/... glance at s.o., to scowl at s.o., to give s.o. a black look

... Aufs höchste erregt, warf er ein paar finstere Blicke in die Familienrunde, schrie: »Ihr versteht überhaupt gar nichts«, stand auf, riß die Tür auf und verschwand.

alle Blicke auf sich ziehen – alle **Blicke** auf sich lenken · to attract everyone's attention, to draw all eyes, + all eyes are on s.o.

jm. **finstere Blicke zuwerfen** · to give s.o. a black look, to scowl at s.o.

Mann, der Heinz hat der Uschi vielleicht ein paar finstere Blicke zugeworfen! Der ist stocksauer. Und mit Recht. Sie hat in der Schule ein paar sehr unschöne Bemerkungen über ihn gemacht.

jm. **schmachtende Blicke zuwerfen** *oft iron* · to gaze/... yearningly/soulfully at s.o., to cast yearning/languishing/soulful/... looks at s.o.

Komm', wirf der Ursel nochmal so schmachtende Blicke zu! Die sinkt dir dann sofort in die Arme. – Idiot!

jm. **verliebte Blicke zuwerfen** · to glance amorously at s.o., to send s.o. amorous glances, to glance lovingly at s.o., to send s.o. amorous glances

Wenn der Friedel der Anette schon dauernd verliebte Blicke zuwirft, könnte er das wenigstens ein bißchen diskreter machen. – Warum? Es weiß doch sowieso alle Welt, daß er in sie verschossen ist.

blicken: weder (nach) **links noch** (nach) **rechts blicken und ...** – nicht nach links und nicht nach rechts/nicht nach rechts und nicht nach links/(weder nach rechts noch nach links/ weder nach links noch (nach) rechts) **gucken** · to be single-minded

laß dich/laßt euch/... **hier/**... (bloß/nur/) **nicht mehr blicken!** *ugs* – laß dich/laßt euch/... hier (bloß/nur/) nicht mehr **sehen!** · don't show your face here again!

scheel blicken *ugs selten* · to look enviously/suspiciously/ jealously/...

Ich möchte doch mal einen einzigen sehen hier, der nicht scheel blickt, wenn der Kuchen aufgeteilt wird. Mein Gott, was sind die Kinder hier mißgünstig und neidisch!

sich (nicht/nicht mehr/...) **blicken lassen** in/bei/... – sich (nicht/nicht mehr/(mal) wieder/...) **sehen** lassen (in/bei/...) (2, 3; a. 1) · don't show your face here again!

tief blicken lassen · s.th. is/that's very/... revealing

Was, er hat gesagt, er kommt morgen doch? Das läßt tief blicken. – Warum? – Er geht nie zu solchen Veranstaltungen. Wenn er also morgen kommt, hat er ganz besondere Gründe.

sich mal wieder blicken lassen (in/bei/...) · to show one's face again at/in/...

Hat sich der Andreas eigentlich bei euch mal blicken lassen, seitdem er in München wohnt? – Kein einziges Mal. Du weißt doch, daß er keine Familienangehörigen besucht.

Blicken: jn. **mit scheelen Blicken ansehen/anschauen** *ugs* – (eher:) jn. mit scheelen **Augen** ansehen/(anschauen/anblicken) · to look askance at s.o.

jn. **mit verzehrenden Blicken ansehen** *path selten* · to stare/ to gaze/... at s.o. with languishing/pining/passionate/... looks

... Mit verzehrenden Blicken, sagst du, hat die Karin den Christoph Rothmann angesehen, während er seine Rede hielt? Ist sie von ihm derart hingerissen? – Schmachtend, sage ich dir, war das!

eine Frau/... mit den/seinen Blicken ausziehen *ugs* · to undress s.o. with one's eyes

Wie der die Fadosängerin anschaut! Als ob er sie mit seinen Blicken ausziehen wollte. Was für ein schamloser Geselle!

js. **Blicken begegnen** · to meet s.o.'s eyes

... und als er ins Zimmer trat, begegnete er ihren melancholischen Blicken. Es war wie aus Zufall und nur ganz kurz, aber es genügte, um ihn für den ganzen Abend traurig zu stimmen.

jn. **mit seinen Blicken durchbohren** *path* · to look at s.o. penetratingly/piercingly/...

Es war ein heftiger Streit. Der Haß sprach aus seinem ganzen Gesicht. Mit seinen Blicken durchbohrte er die Frau, die ihn so lange getäuscht hatte ...

js. **Blicken entschwinden** *form od. iron* · to disappear from sight, to disappear from view, to vanish

Langsam entschwand das Schiff unseren Blicken. Bevor es endgültig hinter dem Horizont wegtauchte, winkten wir noch einmal kräftig mit unseren Fähnchen und Tüchern.

jn. **mit den Blicken messen** *form selten* · to look s. o. up and down

Hast du bemerkt, wie der Rolf den Alten eine ganze Zeit mit den Blicken maß, ehe er anfing, mit ihm zu verhandeln? Als ob der Mann ein Reitpferd wäre, dessen Wert er abzuschätzen hätte!

jn. **mit seinen Blicken umfangen** *path* · to envelope s. o. with one's gaze *para*

Wenn der Kurt die Petra mit seinen Blicken so gleichsam umfängt, weiß man nie, ob das eher Liebe oder Wollust ist! Der hüllt sie mit seinen Augen regelrecht ein.

jn. **mit den Blicken verfolgen** – jn. mit den **Augen** verfolgen · to follow s. o. with one's eyes

jn./etw. **mit den/seinen Blicken verschlingen** *path* – jn./etw. mit den/seinen **Augen** verschlingen · to devour s. o./s. th. with one's eyes, to ogle s. o./s. th.

jn. **mit seinen Blicken verzehren** *path* – (eher:) jn./etw. mit den/seinen **Augen** verschlingen (1) · to devour s. o. with one's eyes, to ogle s. o./s. th.

jn. **unverwandten Blickes ansehen/anstieren/...** *form* · to look at s. o. intently, to stare fixedly/steadfastly/... at s. o., not to take one's eyes off s. o., to rivet one's gaze on s. o.

Unverwandten Blickes stierte sie ihn an! Bestimmt zehn Minuten wandte sie die Augen nicht von ihm. War das möglich, daß dieser Mann ihre Mutter entführt hatte? ...

jn.(etw.) **keines Blickes würdigen** *path* · not to deign to look at s. o./(s. th.)

Durch Hüsteln und Kichern suchte sie ihn auf sich aufmerksam zu machen, doch er würdigte sie keines Blickes. Nein, eine Frau, die ihn so lange hintergangen hatte, hatte bei ihm ausgespielt.

Blickfang: der/ein Blickfang sein *selten* · to be a landmark, to serve as a landmark, to catch the eye, to be an eye-catcher

Eure Pappel vor dem Tor ist ein richtiger Blickfang. Egal, aus welcher Richtung man kommt – sie springt einem in die Augen, und man weiß: man ist am Schlohof.

als Blickfang dienen *selten* · to catch the eye, to serve as a landmark

Eure Pappel vor dem Tor dient allen als Blickfang. Egal, aus welcher Richtung man kommt, sie fällt einem sofort auf, und man weiß, wo man ist.

im Blickfang stehen *selten* · to catch the eye

Der Granitposten am Eingang des Gutshofes steht so richtig im Blickfang. Jeder, der das Gut betritt, muß diesen Posten einfach sehen.

Blickfeld: ein enges Blickfeld haben – (eher:) einen engen, beschränkten/begrenzten/(kleinen) **Horizont** haben · to be narrow-minded

in js. **Blickfeld rücken/(geraten/kommen)** *form* · to become the focus of (s. o.'s) attention, to come into s. o.'s field of vision

Afrika ist erst in den letzten Jahren verstärkt in unser Blickfeld gerückt. Noch vor drei Jahrzehnten widmeten nur Spezialisten diesem Kontinent eine erhöhte Aufmerksamkeit.

aus js. **Blickfeld verschwinden** *form* · to disappear from sight/view, to drop out of the picture

Nein, mit dem Jürgen Wonnemann haben wir keinerlei Kontakt mehr. Seit mehr als einem Jahr ist er ganz aus unserem Blickfeld verschwunden. – Ihr wißt also nicht einmal, wo er jetzt wohnt?

Blickpunkt: in den Blickpunkt rücken *form* · to enter the limelight, to become the focus of attention

Wer redete vor 30, 40 Jahren schon von den afrikanischen Staaten?! Für die große Mehrheit der Europäer sind diese Länder erst in den letzten Jahrzehnten in den Blickpunkt gerückt. – Dafür stehen sie in den letzten Jahren immer stärker im Brennpunkt des Interesses.

im Blickpunkt des Interesses/der Aufmerksamkeit/... stehen *form* · to be the centre of attention, to be in the limelight

Im Blickpunkt der Aufmerksamkeit steht heute das Nord-Süd-Gefälle. Alle Politiker reden davon, daß der krasse Gegensatz zwischen den armen und den reichen Ländern überwunden werden muß.

Blickwinkel: etw./jn. aus/von einem anderen Blickwinkel betrachten/sehen · to see s. th. from a different viewpoint/perspective/angle/...

Die Inder, meinte der Franz, sind wirklich arm dran! In Indien möchte ich nicht leben, das muß doch grauenhaft sein! – Du mußt das auch aus einem anderen Blickwinkel sehen, antwortete unser Heinz. Die Inder bemessen Lebensqualität nicht nur an materiellen, sondern an ideellen Werten. Viele von ihnen sind sicherlich genauso glücklich und zufrieden wie wir Westeuropäer.

blind: blind sein (für jn./etw.) · 1. to be blind (to s. th.), 2. to be blind to s. o.'s qualities/merits/..., 3. to be oblivious of s. o.

1. Bist du blind? – Warum? – Der Kranke stand doch direkt vor deiner Nase. Da kann man doch ein wenig aufpassen und vermeiden, ihn fast umzurennen.

2. Jahre hindurch war er blind für seine Frau, für ihre Geduld und ihre Opferbereitschaft. Erst als sie wegging, sah er, was sie ihm bedeutete.

3. ... Sie ist blind für die Gefahren der Psychiatrie. Sie kann sich gar nicht vorstellen, daß psychiatrische Behandlungen auch sehr negative Folgen haben können.

bist du/ist er./... blind oder was ist los? *ugs* – **blind** sein (für jn./etw. · are you/is he/... blind or what?

Blinde: wie der Blinde/ein Blinder von der Farbe (über/von etw.) **reden** *ugs* · s. o. doesn't know the first thing about it, s. o. doesn't know what he is talking about *n*

... Nein, er hat mich absolut nicht überzeugt. Er redet von der Sache wie der Blinde von der Farbe. Er versteht überhaupt gar nicht, worum es bei der ganzen Problematik geht.

das fühlt (doch) (selbst) **der Blinde mit dem Krückstock**/das kann (doch) (selbst) der Blinde mit dem Krückstock fühlen *sal* – das fühlt (doch) (selbst) ein **Blinder** mit dem Krückstock/das kann (doch) (selbst) ein Blinder mit dem Krückstock fühlen · anyone can see that, you/... can see that with half an eye

unter (den) Blinden ist der Einäugige König · in the land of the blind the one-eyed man is king

Ist der Martins eigentlich ein guter Germanist? – Für unsere Begriffe vielleicht nicht, für hiesige Verhältnisse mit Sicherheit. Unter den Blinden ist der Einäugige König.

das fühlt/sieht doch (selbst) **ein Blinder** *sal* – das fühlt (doch) (selbst) ein **Blinder** mit dem Krückstock/das kann (doch) (selbst) ein Blinder mit dem Krückstock fühlen · anyone can see that, you/... can see that with half an eye

wie ein Blinder (in e-r S.) **im dunkeln tappen** · to grope in the dark

Ich habe den Eindruck, er findet sich in dieser Materie immer noch nicht zurecht. Er tappt, so scheint mir, noch immer wie ein Blinder im dunkeln.

wie ein Blinder von der Farbe (über/von etw.) **reden** *ugs* – wie der **Blinde**/ein Blinder von der Farbe (über/von etw.) reden · s. o. doesn't know the first thing about it, s. o. doesn't know what he is talking about

das fühlt (doch) (selbst) **ein Blinder mit dem Krückstock**/das kann (doch) (selbst) ein Blinder mit dem Krückstock fühlen *sal* · anyone can see that *n*, you/... can see that with half an eye

Was, du merkst nicht, was mit den beiden los ist? Aber das fühlt doch ein Blinder mit dem Krückstock! Sogar unsere fünfjahrige Doris meinte gestern: »Der Karl hat die Sieglinde sehr gern, nicht?«

das kann doch ein Blinder sehen und ein Ochs verstehen *sal veraltend selten* – das fühlt (doch) (selbst) ein **Blinder** mit dem Krückstock/das kann (doch) (selbst) ein Blinder mit dem Krückstock fühlen · anyone can see that, you/... can see that with half an eye

Blindfisch: ein Blindfisch sein *ugs Neol* – ein absoluter/(der absolute) **Blindgänger sein** · to be a dead loss, to be a total wanker, to be bloody useless

Blindgänger: ein (absoluter)/(der absolute) **Blindgänger sein** *ugs Neol* · to be a dead loss, to be a total wanker *vulg*, to be bloody useless *sl*
Unser neuer Lehrling ist ein absoluter Blindgänger. Der ist zu nichts zu gebrauchen.

Blindheit: (wie) mit Blindheit geschlagen sein *path veraltend selten* · to be struck blind, to be struck with blindness
Was hat er gesagt? Der Mertens spielt in der Angelegenheit keine Rolle? Ist er denn mit Blindheit geschlagen? Der Mertens ist geradezu die Schlüsselfigur in der ganzen Sache, auch wenn er sich aus taktischen Gründen im Hintergrund hält.

blink: blink und blank sein *ugs veraltend selten* · to be sparkling clean, to be spick and span
Es kostete einige Mühe, ja; aber nach zwei Tagen war das Besteck blink und blank. Jedes Messer, jede Gabel, jeder Löffel – alles glänzte geradezu vor Sauberkeit.

Blitz: potz Blitz! *ugs veraltend selten* · 1. 2. bloody hell! *sl*, damn it!
1. vgl. – leck' mich am/(im) **Arsch**! (2, 3)
2. vgl. – (verdammte) **Scheiße**!

einschlagen wie ein Blitz *ugs Nachrichten usw.* – wie der/ein **Blitz** aus heiterem Himmel einschlagen/kommen/... · to be/to come like a bolt from the blue, to be a bombshell

(so) (schnell) wie der Blitz davonrennen/wegsein/irgendwohin rasen/... *ugs* – *path* · to run/... like lightning, to run/... as fast as lightning
Heinz, wir brauchen ganz schnell ein Medikament, aber ganz schnell, sonst stirbt die Oma. – Wie der Blitz rannte der Junge zur Apotheke und in fünf Minuten war er mit dem Medikament zur Stelle.

wie ein geölter/(der geölte) Blitz davonsausen/davonrasen/... *sal* · to run/... like greased lightning/like a hare/...
Heinz, wir brauchen ganz dringend ein Medikament ... – Wie ein geölter Blitz sauste der Junge zur Apotheke.

wie vom Blitz gerührt/getroffen dastehen/dasitzen/sein (als/...) *path* · to be thunderstruck
Wie vom Blitz getroffen stand die arme Frau da, unfähig, irgendetwas zu tun. Sie konnte sich nicht fassen: eben noch hatte sie sich mit ihrem Mann unterhalten, jetzt war er tot.

wie vom Blitz getroffen/(gerührt) zu Boden stürzen/... *path* · to fall to the ground/... as if thunderstruck
Plötzlich durchzuckte es seinen Körper, und wie vom Blitz getroffen stürzte er zu Boden. »Herzinfarkt«, stellte der Arzt wenig später fest.

wie der/ein Blitz aus heiterem Himmel einschlagen/kommen/... *ugs Nachrichten usw.* · to be/to come like a bolt from the blue, to be a bombshell
Die Nachricht, daß er nach Brasilien umzog, schlug in der Familie wie ein Blitz aus heiterem Himmel ein. Kein Mensch war darauf gefaßt gewesen. Noch wenige Tage vorher hatte er erklärt, zum Leben sei Lissabon eine herrliche Stadt.

Blitzableiter: jn. als Blitzableiter benutzen/brauchen/... *ugs* · to take it out on s.o., to vent one's anger on s.o., to use s.o. as a punchbag
Warum schnauzt er den Bierwe denn so an? Der ist an der ganzen Sache doch gar nicht schuld. – Natürlich nicht. Aber das ist immer so: wenn irgendwas nicht klappt, schimpft der Alte den Bierwe aus. Den benutzt er als Blitzableiter. Eine Stunde später ist alles wieder in Ordnung.

jm. als Blitzableiter dienen *ugs* – jn. als **Blitzableiter** benutzen/brauchen · to be (used) as s.o.'s punchbag

blitzeblank: blitzeblank sein – **blink** und blank sein · to be squeaky clean

Blitzesschnelle: in/(mit) Blitzesschnelle *path selten* – im **Nu**/ (in einem Nu) · to do s.th. in a flash

bloc: etw. en bloc ablehnen/akzeptieren/verurteilen/... *form selten* · to accept/to reject/... s.th. en bloc
... Der Alte hat doch Recht: es ist eine Brüskierung, die Vorschläge einfach so in Bausch und Bogen abzulehnen. – Einverstanden. Aber wenn der Schuckert sie en bloc akzeptiert hätte, würde der Alte das nicht kritisieren!

Blockade: eine Blockade brechen *mil* · to run a blockade
... Wenn es den Franzosen gelingt, die Blockade ein paar Monate zu halten, haben sie den Krieg gewonnen. Aber du wirst sehen: den Angolanern wird es gelingen, sie zu brechen. Das Gebiet ist einfach zu groß.

eine Blockade verhängen (über eine Stadt/ein Land) *form* · to impose a blockade (on a town/country)
... Sie haben über die Stadt eine Blockade verhängt, da kann keiner herein und keiner heraus.

Blöcke: eine Gruppe/Partei/... ist in zwei/mehrere/verschiedene/... **Blöcke gespalten**/sich in ... Blöcke spalten – eine Gruppe/Partei/... ist in zwei/mehrere/verschiedene/... **Lager** gespalten/sich in ... Lager spalten · a group/party/... is split into two/several/different/... blocks

Blocksberg: jn. auf den Blocksberg wünschen *ugs path veraltend selten* – j. könnte jn. auf den **Mond** schießen · s.o. could kill s.o., s.o. could wring s.o.'s neck *often: I could wring his/... neck ...*

blöd: du bist/er/der Peter ist/... schön blöd, daß du/er/... *sal* – du bist/er/der Peter ist/... schön **dumm**, wenn/daß du/er/... · you are/John is/... a bloody fool to .../if ...

Blödsinn: das/etw. ist höherer Blödsinn *ugs* · it/s.th. is pompous nonsense/eyewash/rubbish/..., it/s.th. is high-flown nonsense
Das hört sich zwar sehr gelehrt an, was er da erzählt, aber das ist alles höherer Blödsinn. Wortkram, der die Leute blendet.

(etw. ist) lauter Blödsinn *ugs* – (etw. ist) lauter **Unsinn** (1, 2) · it/s.th. is absolute nonsense

nur/nichts als/... Blödsinn im Kopf haben *ugs* – nur/nichts als/... **Dummheiten** im Kopf haben · + s.o.'s head is full of mischief/nonsense/...

Blödsinn machen *ugs* – **Unsinn** machen · to mess about/around, to fool about/around

Blödsinn verzapfen/reden/... *ugs* – (viel/...) dummes **Zeug** reden/... (1, 2) · to talk nonsense/rubbish/...

bloß: wenn j./etw. bloß ... – wenn j./etw. **nur** ... · if s.o./s.th. only/even/so much as/...

wenn j./etw. bloß nicht ...! – wenn j./etw. **nur** nicht ...! · + let's hope s.o. doesn't...!, as long as s.o. doesn't...!

bloß das nicht! – bloß/nur das **nicht**! · anything but that!, oh no!

Blöße: seine Blöße bedecken *euphem selten* · to put one's clothes on, to cover one's nakedness
Und ehe ich noch Zeit hatte, meine Blöße zu bedecken, war die junge Gehilfin des Arztes schon im Untersuchungszimmer und sagte ganz erregt, er müsse dringend zu einem Unfall. – Ach, weißt du, diese Mädchen sind an nackte Patienten gewöhnt; die sehen das gar nicht mehr.

dem Gegner/... eine Blöße bieten *form* – (eher:) dem Gegner/... eine/keine schwache **Stelle** bieten/(zeigen) · to reveal/... a weakness/weak point/a chink in one's armour

sich eine Blöße geben · to lay o.s. open to attack, to expose one's weak point, to show a weakness
Bei den Verhandlungen hat er sich ganz unnötig eine Blöße gegeben. Wenn jemand einmal zugibt, daß die Preise nicht richtig durchkalkuliert waren, lassen die anderen nicht mehr locker, das ist doch klar.

sich die Blöße geben, etw. zu tun · to expose o.s. to attack by admitting/... s.th., to lay o.s. open to attack by admitting/... s.th.

Er hätte sich nicht die Blöße geben sollen, allen von seinem Ehekrach zu erzählen. Das war ein faux pas, von dem er sich so leicht nicht wieder erholen wird.

bloßstellen: jn. bloßstellen · to compromise s.o., to show s.o. up

Er hätte diese intimen Dinge für sich behalten sollen. Seine Frau hat er mit seinem Gerede ganz unnötig bloßgestellt. Wie soll sie denn den anderen jetzt noch gegenübertreten können, ohne sich zu schämen?

Blücher: ran wie Blücher! *sal veraltend selten* · straight into the attack!, go for it!, go for the jugular *lit*, go hard at it! *coll*

Jungens, wenn ihr das Spiel gewinnen wollt, dann hilft nur eins: ran wie Blücher! Dann müßt ihr kämpfen bis zum Umfallen.

rangehen wie Blücher *sal veraltend selten* · to go hard at it *coll*, to really get stuck in, not to hang about *coll*

Mensch, die greifen an heute, das ist eine wahre Wonne! Die gehen ran wie Blücher! So angriffslustig, energisch, ja wild habe ich die Mannschaft noch nie erlebt.

blüht: wer weiß/..., was mir/deinem Onkel/... noch (alles) **blüht!** *ugs* · who knows ... what is/lies in store for him/them/ Mary/... *n*

Ach, weißt du, den Kindern gegenüber bin ich sehr großzügig. Die Welt sieht so bedrohlich aus, wer weiß, was denen noch alles blüht! Je mehr schöne Erlebnisse sie jetzt haben, um so besser! Sorgen und Gefahren werden später nicht auf sich warten lassen.

Blümchen-rühr-mich-nicht-an: ein Blümchen-rühr-mich—nicht-an sein *ugs selten* – ein **Kräutchen-/(Kräutlein)-rühr—mich-nicht-an** sein · to be very touchy, to be over-sensitive

Blume: jm. etw. durch die Blume sagen/beibringen/... · to tell s.o. s.th. in a roundabout way, to tell s.o. s.th. in veiled language

Hat sie ihm denn offen gesagt, sie hielte ihn für einen Lügner? – Nein, offen nicht; aber durch die Blume. Umständlich ließ sie sich über den Wert von Anstand und Ehrlichkeit im Geschäftsleben aus, gerade heute, wo alles so unberechenbar geworden sei. Er hat bestimmt verstanden, daß er damit gemeint war.

eine Blume sein, die im Verborgenen/(Dunklen) blüht *path selten* – j. blüht wie ein **Veilchen** (im Moose/im Verborgenen) · to hide one's light under a bushel, to be self-effacing, to be shy and retiring, to blush unseen

von einer Blume zur anderen flattern *path od. iron selten* · to flit from flower to flower

Dein Cousin flattert von einer Blume zur anderen. Um Weihnachten traf ich ihn mit der Marlies; im Sommer war er mit Marlene befreundet, und jetzt ist es die Waltraud. Drei Geliebte in einem Jahr – da soll einer sagen, er wäre kleinlich!

vielen Dank/danke für die Blumen! *ugs oft iron* · thanks for nothing! thank you very much!

Ja, und was eure Granitplatten betrifft, sie sind wirklich sehr schön – vielleicht ein bißchen matt in der Farbe, aber ... – Vielen dank für die Blumen! Wenn die Platten dir nicht gefallen ... – Ich habe nicht gesagt, daß sie mir nicht gefallen. Ich habe von der Farbe gesprochen. – Von der fehlenden Farbe. Nun gut ...

jm. Blumen auf den Weg streuen *path selten* · 1. 2. to strew s.o.'s path with flowers, 2. to welcome s.o. with open arms, to go out of one's way to help s.o. *n*, to make things easy/easier for s.o. *n*

1. Er hat die Härte des Lebens nie kennengelernt. Da sein Vater in dem Städchen seit langen Jahren eine führende Rolle spielt, hat man ihm immer und überall Blumen auf den Weg gestreut. Überall wurde er sofort herzlich empfangen, unterstützt, gefördert ...

2. Glaubst du denn wirklich, wenn du in der neuen Firma anfängst, wird man dir Blumen auf den Weg streuen?! Ganz im Gegenteil! Du mußt mit den größten Schwierigkeiten rechnen, mit den stärksten Widerständen und Hindernissen.

Blumentopf: mit etw. (bei jm.) keinen Blumentopf gewinnen können *sal* · s.o. won't get anywhere with that/... *coll*, s.o. won't win any prizes with s.th.

Um einen guten Auftrag mit nach Hause zu nehmen, versprach er uns, in Zukunft würden wir dann einen Sonderrabatt bekommen. Doch wir machten ihm klar, daß er mit solchen Versprechungen bei uns keinen Blumentopf gewinnen kann. Für uns zählen nur die Qualität der Ware und klare Vertragsbedingungen.

bei jm. keinen Blumentopf mehr gewinnen können *sal* – bei jm. **ausgeschissen** haben · s.o. is finished as far as s.o. is concerned

Bluse: ganz schön/... was in/unter der Bluse haben *sal* · to be well-stacked, to be well-endowed, to have a nice pair

... Nein, der Egon hat nicht viel übrig für die modernen schmalbrüstigen Mädchen. Der bevorzugt Frauen, die anständig was unter der Bluse haben.

Blut: ein junges Blut *path veraltend selten* – ein junges/freches/fesches/... **Ding** · to be a young woman

(nur immer) **ruhig Blut!** *ugs* · keep your shirt on!, keep your hair on!, keep your cool!

Mann, ich hab' eine Angst! Wenn der mich über das Mittelalter prüft! Da weiß ich nichts! – Ruhig Blut, Fredi! Irgendetwas wirst du schon antworten! Bloß nicht aufregen! Im Examen ist noch keiner gestorben!

es fließt viel Blut bei einem Kampf/in einem Krieg/... · there is a lot of bloodshed in a battle/war/...

Wenn man sich vorstellt, wieviel Blut in diesem Krieg geflossen ist! Man fragt sich, wie die Menschheit so viele Tote verkraftet, ohne an sich selbst zu verzweifeln.

etw. geht ins Blut *path selten* · 1. to get into one's blood, to pass straight into the bloodstream, 2. to really/... get s.o. going

1. ... Mein lieber Mann, dieser Wein geht ins Blut! Wenn man davon drei, vier Gläser getrunken hat, ist man halb 'hinüber'.
2. (In einer Disco:) Wahnsinn! Der Sound geht echt ins Blut. Da könnt' ich glatt die Nacht durchtanzen.

es liegt jm./bei jm. im Blut, etw. zu tun/etw. liegt jm./bei jm. im Blut · 1. 2. 3. it/s.th. is in s.o.'s blood

1. Er ist wirklich ein begabter Tänzer. Der Rhythmus liegt ihm im Blut.
2. Schau mal, wie gelenkig diese Türken tanzen! Sie haben eine Agilität in den Hüften! Sogar die Kinder, die kaum in ihrer Heimat waren und diese Volkstänze fast nie getanzt haben. – Das liegt bei ihnen im Blut. Kaum fangen sie an, da können sie es.
3. Muß er denn immer lügen? – Das scheint bei ihm im Blut zu liegen. Man hat den Eindruck, er kann einfach nicht anders.

etw. steckt/(sitzt) jm./bei jm. im Blut – es liegt jm./bei jm. im **Blut**, etw. zu tun/etw. liegt jm./bei jm. im Blut (2; a. 1) · it/s.th. is in s.o.'s blood

rot wie Blut sein *path selten* · to be as red as blood/blood-red

Sieh mal, diese Tulpe! Rot wie Blut! So ein volles, saftiges, tiefes Rot sieht man selten.

jm./sich treu bis aufs Blut sein *path selten* · to be absolutely faithful to s.o./to each other

Sie war ihm treu bis aufs Blut. Und er? Genau das Gegenteil. Unter dem Deckmantel eines braven Ehemannes führte er das Leben eines Don Juan.

feuriges Blut haben *path* · to be hot-blooded

Paß auf, daß du deine Zunge im Zaume hältst und nichts sagst, was er als Kritik oder Beleidigung auffassen könnte! Er hat feuriges Blut. Bei dem geringsten Anlaß erregt er sich, wird zornig, tobt herum.

heißes Blut haben *path* · to be hot-blooded

Dieser Volksstamm hat heißes Blut. Ob im Krieg, auf der Jagd, in der Liebe: immer geht es leidenschaftlich, hitzig zu.

die Musik/den Tanz/... **im Blut haben** – es liegt jm./bei jm. im **Blut**, etw. zu tun/etw. liegt jm./bei jm. im Blut (1, 2) · s.o. has music/dancing/... in his blood

leichtes Blut haben *form selten* · to be light-hearted, to be easy-going

... Ist es nicht ein bißchen leichtsinnig, eine Vereinbarung über so hohe Summen nur mündlich zu treffen? – Natürlich. Aber der Peter ist so, der hat leichtes Blut. 'Da passiert schon nichts!' das ist seine Devise.

schweres Blut haben *form selten* · 1. to be serious-minded, 2. to be sluggish, to be slow-moving

1. ... Ich glaube, Helga, am bedrückendsten ist das für den Betreffenden selbst, wenn jemand schweres Blut hat. – Du meinst, ein so schwermütiger Mensch wie der Franz macht es sich in erster Linie selbst schwer? – Das meine ich, ja.
2. Ich bin noch nicht dahintergekommen, ob der Bollmann schweres Blut hat oder ob der nur aus Berechnung so bedächtig vorgeht.

unruhiges Blut haben *path* · to be a rolling stone, to be restless

Der Reinhard hat wirklich unruhiges Blut! In keiner Firma hält er es länger als ein halbes Jahr aus; keine Freundschaft oder Liebe überdauert ein Jahr; in keiner Wohnung, keiner Gegend fühlt er sich zu Hause. Ein unsteter Mensch, den es stets weiterdrängt, fortreibt!

jn. **bis aufs Blut peinigen/quälen/reizen/(ärgern/hassen/...)** *path* · to torment s.o. mercilessly, to torture s.o. till he can take it no more, to hate s.o.'s guts/...

Unglaublich, wie dieser Mann mit seiner Frau umgeht! Er peinigt sie bis aufs Blut. Vor ihr prahlt er anderen gegenüber von seinen Geliebten, behandelt sie, ob Besuch da ist oder nicht, wie ein Dienstmädchen, kritisiert sie in Grund und Boden, spottet über ihre Dummheit. Man versteht nicht, daß sie sich das alles gefallen läßt.

jm. **Blut abnehmen/(abzapfen/ablassen)** *med* · to take a blood sample, to have a blood sample taken

So von Zeit zu Zeit muß man schon eine richtige Kontrolle machen. – Das heißt, da läßt du dir beim Arzt Blut abnehmen und den Zucker genau bestimmen?

das **Blut erstarrt/gefriert/stockt/gerinnt** jm. **in den Adern** *path* · my/his/... blood freezes

Aus einer Entfernung von etwa fünfzig Metern sah ich, wie mein kleiner Sohn im Begriff war, unter der Absperrung am Rand des Felsens hindurchzukriechen. Mir erstarrte das Blut in den Adern. Ich war unfähig, auch nur eine einzige Bewegung zu machen.

das **Blut kocht** jm. **in den Adern** *path* – außer sich sein (vor Wut/...) · s.o.'s blood boils (with rage/...)

das **Blut pocht** jm. **in den Adern** *path* · s.o.'s blood is pounding, s.o.'s blood is throbbing

Selten war er so nervös gewesen! Vielleicht noch nie! Das Blut pochte ihm in den Adern ...

feuriges Blut pulst in js. **Adern** *path* – (stärker als:) feuriges **Blut haben** · + s.o. has fiery blood, + s.o. is hot-blooded

jm. **weicht das Blut aus den Adern** *oft: jm. ist/war das Blut aus den Adern gewichen path* · the blood drains from s.o.'s face

Er war blaß vor Schrecken, das Blut war ihm aus den Adern gewichen. Das Kind war die Steilküste hinuntergestürzt und in den Wellen verschwunden. Lange noch stand er wie erstarrt da.

blaues Blut in den Adern haben *veraltend selten* · to have blue blood in one's veins

Er gibt sich sehr vornehm. Offensichtlich, weil er blaues Blut in den Adern hat. Sein Großvater mütterlicherseits war ein angesehener Baron in Ostpreußen.

immer kalt Blut und warm angezogen! *sal selten* – (nur immer) ruhig **Blut!** · keep your shirt on!, keep your hair on!, keep your cool!

jn. **bis aufs Blut aussaugen** *path* · to bleed s.o. white

Erst hat er seine Eltern bis aufs Blut ausgesaugt – die armen Leute haben ihren letzten Pfennig für seine Ausbildung ausgegeben – und als er dann eine blendende Stelle als Anwalt hatte, vergaß er sie. So etwas von Egoismus, Habgier und Kälte dürfte selten sein.

jn. **bis aufs Blut bekämpfen** *path* – (eher:) jn. bis aufs **Messer** bekämpfen · to fight s.o. to the bitter end

etw. **mit seinem Blut besiegeln** *geh veraltend selten* – (sich) etw. mit seinem **Blut** erkaufen · to seal s.th. with one's blood

ruhig'/(kaltes) Blut bewahren · to keep calm

Jetzt müßt ihr ruhig Blut bewahren! Die Nerven verlieren, euch aufregen, herumschreien, tausend Pläne machen – das alles ist jetzt das Dümmste, was ihr machen könnt. Jetzt heißt es, in aller Ruhe die ganze Lage nüchtern analysieren und dann mit Umsicht entscheiden, was zu tun ist.

Blut und Boden *mst Pol neg veraltend selten* · blood and soil *rare*

... Wenn jemand an seiner Heimat, an seinem Haus, an seiner Familie hängt, heißt das doch nicht, daß er frei nach den Nazis eine Blut-und-Boden-Politik befürwortet! Das muß man doch unterscheiden können, Richard!

(sich) etw. **mit seinem Blut erkaufen/mit dem Blut der Soldaten/...** erkaufen *path* · to pay for s.th. with one's blood/life

Ihren Sieg über die Aufständischen erkauften die Truppen mit dem Blut zahlreicher Soldaten. Es fielen mehr als 5.000 Mann.

etw. **in (js.) Blut ersticken** *geh path* · to put down/to suppress an uprising/... with bloody/savage/... violence

Die Militärregierung hat den Aufstand der Stadt in Blut erstickt. Nicht weniger als 3.000 Zivilisten wurden niedergemetzelt.

j. **hat Blut geleckt** *path* · to have tasted blood, to have got a taste for s.th.

Paß auf, der Breitmann hat Blut geleckt. Er hat mit euch ein glänzendes Geschäft gemacht und von dem Gewinn herrlich und in Freuden gelebt. Jetzt versucht er mit allen Mitteln, nochmal dieselben Bedingungen herauszuholen.

jm. **schießt das Blut ins Gesicht** *path* · 1. + s.o. flushes (with shame/anger/...), 2. the blood rushes to s.o.'s head

1. vgl. – das **Blut** schießt jm. in den Kopf (vor Scham/Zorn/...)
2. vgl. – jm. steigt das **Blut** (schnell/rasch/leicht) in den Kopf (2)

jm. **steigt das Blut** (schnell/rasch/leicht) **ins Gesicht** – jm. steigt das **Blut** (schnell/rasch/leicht) in den Kopf · the blood rushes (quickly/...) to s.o.'s head

jm. **das Blut ins Gesicht treiben** *path Scham/Zorn/...* · to make the blood rush to s.o.'s face

... Die abfällige Bemerkung, die sein Bruder da vor allen anderen über seine Freundin gemacht hatte, trieb ihm das Blut ins Gesicht. Er war drauf und dran, seinen Bruder zu ohrfeigen. So eine Gemeinheit!

Blut klebt an js. **Händen/Fingern** *path* – an js. **Händen** klebt **Blut** · + to have blood on one's hands

das **Blut schießt** jm. **in den Kopf** (vor Scham/Zorn/...) · the blood rushes to s.o.'s head (with shame/anger/...), + to flush (with shame/anger/...)

Als er hörte, wie der Wallmann von seinem Vater sprach, schoß ihm vor Zorn das Blut in den Kopf. Wenn er gekonnt hätte, wie er wollte, er hätte diesen Wallmann kurzerhand niedergeknallt ...

jm. **steigt das Blut** (schnell/rasch/leicht) **in den Kopf** · 1. 2. the blood rushes (quickly/...) to s.o.'s head

1. Er war diesen scharfen Schritt nicht mehr gewohnt. Als es den Berg in demselben Rhythmus hinaufging, fühlte er, wie ihm das Blut in den Kopf stieg.
2. Als er hörte, was da über seine Freundin gesagt wurde, stieg ihm vor Zorn und vor Scham das Blut in den Kopf.

nach Blut lechzen/(dürsten) *path selten* · to thirst for blood

Wenn so ein Raubtier nach Blut lechzt, macht es natürlich auch vor dem Menschen nicht halt.

jm. **im Blut liegen** – es liegt jm./bei jm. im **Blut**, etw. zu tun/etw. liegt jm./bei jm. im Blut · it's/s.th. is in s.o.'s blood

in seinem Blut liegen *path* · to lie in a pool of blood
Wieder so ein entsetzlicher Unfall auf dieser berüchtigten Kreuzung!
Eine Frau und ein fünfjähriger Junge liegen da in ihrem Blut.

böses Blut machen/(schaffen) · to cause bad blood (between … and …)
Mit seiner versteckten Kritik an den Bayern hat er hier böses Blut
gemacht. Die Leute sind an sich sehr umgänglich. Aber wenn jemand
ihre bayrischen Eigenarten ironisiert, werden sie bitterböse.

js. Blut schreit nach Rache *path* · s.o.'s blood cries out for
vengeance
Das werden sie büßen! Das haben sie nicht umsonst getan! Das Blut
meines Vaters schreit nach Rache. Ich werde diese Verbrecher verfolgen und ihnen zeigen, daß sie nicht ungesühnt morden können!

das Blut hämmert jm. in den Schläfen *path* · the blood is
throbbing in s.o.'s temples, to have a throbbing at one's temples
Was war bloß los? Das Blut hämmerte ihr regelrecht in den Schläfen.
Der Kreislauf war mal wieder völlig durcheinander. Weswegen? Sie
konnte es sich nicht erklären …

das Blut pocht jm. in den Schläfen *path* – (schwächer als:)
das **Blut** hämmert jm. in den Schläfen · the blood is throbbing in his temples

im/in seinem Blut schwimmen *path selten* – sich in seinem
Blut wälzen · to welter/to wallow in one's own blood

Blut schwitzen *path* · to sweat blood
Als sich plötzlich drei Finanzbeamte bei ihm ansagten, schwitzte er
Blut. Hatte man von seinen Steuermanipulationen Wind bekommen
und suchte nun nach Beweisen? Er sah sich im Geiste schon im
Gefängnis. Noch nie war er so aufgeregt und ängstlich gewesen.

kein Blut sehen können · not to be able to stand the sight of
blood
… Wenn der Junge kein Blut sehen kann, kann er nicht Arzt werden,
Erna! Welch ein Gedanke!

Blut sehen wollen · to want to see blood
»Eine Regierung, die Menschen nur deswegen hinrichten läßt, weil
die erregte Menge Blut sehen will« – entrüstete er sich –, »ist nicht
viel besser als eine Mörderbande«.

(sich) etw. mit dem Blut der Soldaten erkaufen *path veraltend selten* – (sich) etw. mit seinem **Blut** erkaufen · to pay
for s.th. with the blood of soldiers/…

Blut spenden *med* · to donate blood, to give blood
Gäbe es nicht doch immer wieder viele Menschen, die bereit sind,
(ihr) Blut zu spenden, wüßten die Krankenhäuser nicht, wie sie den
Kranken helfen sollten …

das Blut stillen *med* · to stop the bleeding, to stanch blood
… Natürlich weiß ich, daß man in einem solchen Fall sofort das Blut
stillen muß, wenn der Verletzte nicht verbluten soll. Aber ich weiß
nicht, wie man das macht, welche Adern man abdrückt …

wie mit Blut übergossen (dastehen/…) *path selten* – (res.
zu:) (über und über) rot **anlaufen** · to go bright red, to go
red in the face

von Blut überströmt … *path selten* – **blutüberströmt** ·
streaming with blood, covered in blood

mit Blut unterlaufen sein *eher: blutunterlaufen form selten* ·
+ s.o.'s eyes are bloodshot, + s.o.'s face/… is suffused with
blood
… Sind die Augen von dem Peter nicht mit Blut unterlaufen? – Ja.
Er wurde gestern in der Innenstadt in eine Schlägerei verwickelt, und
einer der Gesellen hat ihm, wie es so schön heißt, mit einem Boxhieb
ein 'blaues Auge' verpaßt.

Blut vergießen/das Blut von … Menschen/… vergießen
path · to shed/to spill/… blood/the blood of … people/…
Ein Widersinn, so viel Blut zu vergießen, nur weil sich einige Dörfer
gegen die herrschende Partei aufgelehnt haben! Das Blut all dieser
Getöteten schreit auch wieder nach Rache, und so ist des Blutver-
gießens kein Ende.

(kein) **unschuldiges Blut vergießen** (wollen/…) *path* · (not)
(to want/wish/…) to shed innocent blood
… In jedem Krieg, fuhr er fort, wird unendlich viel unschuldiges Blut
vergossen, werden unzählige Menschen getötet, die für die Feindseligkeiten nicht die geringste Verantwortung tragen …

js. Blut gerät in Wallung *iron* · s.o.'s blood starts to seethe,
s.o.'s blood starts to boil, s.o.'s blood is up
Nimm deine Zunge in acht! Wenn Kurts Blut in Wallung gerät, hast
du nichts zu lachen. Ich warne dich: so ruhig und umgänglich er
sonst ist – wenn er zornig wird, kennt er kein Maß.

sich in seinem Blut wälzen *path* · to welter/to wallow in
one's own blood
Ein entsetzliches Gemetzel. Ich weiß nicht, wieviele Menschen sich
da in ihrem Blut wälzten – Soldaten und Zivilisten, Männer, Frauen
und Kinder. – Und warum zeigt das Fernsehen so eine Schlachterei?

Blut und Wasser schwitzen *path* – **Blut** schwitzen · to sweat
blood

im Blut (der Getöteten/…) **waten** *path veraltend selten* · to
wade in s.o.'s blood
Mir ist dieser Film zu grausig. Ich habe nichts übrig für diese Lein-
wand- Superkiller, die mit jedem Schuß drei Menschen niederstrek-
ken und im Blut ihrer Opfer waten.

Blutbad: ein Blutbad (unter einer Bevölkerung/…) **anrichten**
· to cause a bloodbath (among/in a group of people/…)
Beim Kampf um die Besetzung der Grenzhügel richteten die feind-
lichen Truppen ein Blutbad unter der Bevölkerung an. Mehr als 150
Zivilisten wurden niedergeschossen, in der Mehrzahl Frauen und
Kinder.

Blutbild: ein Blutbild machen *med* · to take a blood picture, to
have a blood picture taken, to analyse a blood sample, to
have a blood sample analysed
… Es könnte sein, daß das Kind zu wenig Eisen hat. Vielleicht lassen
Sie einmal ein Blutbild machen.

Blüte: eine neue Blüte erleben *form* · to have/experience/… a
revival
(Ein Verleger zu einem Autor:) Wenn die Essayistik in der Tat eine
neue Blüte erleben sollte, wird Ihr Portugal-Essay mit Sicherheit ein
Erfolgsbuch werden. – Und Sie glauben, daß Essays wieder zu Ansehen kommen werden?

von einer Blüte zur anderen flattern *path od. iron* – von einer
Blume zur anderen flattern · to flit from flower to flower

in der Blüte seiner Jahre stehen *path* – in der **Blüte** seines/
des Lebens stehen · to be in the prime of (one's) life

in der Blüte seines/des Lebens stehen *path* · to be in the
prime of (one's) life
Wie alt ist Karl? – Noch nicht alt. Er steht in der Blüte seines Lebens. Er ist im Februar 42 geworden.

in Blüte stehen · to be in blossom
Nicht im Sommer mußt du in die Algarve fahren, sondern im Früh-
ling, wenn die Mandelbäume in Blüte stehen. Du machst dir kein
Bild, wie schön das ist. Die ganze Landschaft wie ein riesiger weißer
Teppich.

in hoher Blüte stehen *form* · to flourish, to be at its peak/its
prime
… Nein, erklärte er, wenn man die Geschichte unbefangen betrachtet, läßt sich nicht feststellen, daß Zeiten erfolgreicher Machtpolitik
mit den Epochen parallellaufen, in denen Kunst, Literatur, Musik in
hoher Blüte stehen.

in voller Blüte stehen *path selten* · to be flourishing
Jahrelang hatten wir mit größten Schwierigkeiten zu kämpfen, aber
dann ging es ständig aufwärts, und heute steht das Unternehmen
endlich in voller Blüte da.

seltsame/wunderliche/wundersame/üppige/(…) **Blüten treiben** (Phantasien/Manien/…) · to take strange/bizarre/
weird and wonderful/… forms
Engelberts Großmannsucht treibt inzwischen wunderliche Blüten. Er
ist nicht mehr damit zufrieden, daß er blendend verdient und das

Leben eines Neureichen führt. Er meint jetzt, er müßte alle drei Monate nach Afrika oder Asien reisen, könnte sich überall die tollsten Extravaganzen leisten ...

üppige Blüten treiben (Phantasien/...) · to produce bizarre/weird/extravagant/... results

Die Erfindungsgabe dieses jungen Autors treibt immer üppigere Blüten. Jetzt hat er ein Stück auf die Bühne gebracht, in dem die Frauen die Männerrollen und die Männer die Frauenrollen übernehmen und ...

Blüten in Umlauf bringen/... *Ganoven-/Polizeispr* · to circulate dud/forged/counterfeit notes/bills

... Die Polizei warnt vor falschen Hundertmarkscheinen. In letzter Zeit sind im Ruhrgebiet verstärkt Blüten in Umlauf gebracht worden. Die falschen Geldscheine sind wie folgt zu erkennen: ...

bluten: (ganz) (schön/...) **bluten müssen** (für etw.) *ugs* · 1. 2. to have to pay through the nose for s. th., to have to fork out a lot of money for s. th.

1. Für meine Unvorsichtigkeit, angetrunken mit dem Auto zu fahren, mußte ich ganz schön bluten. Erst hielt mir mein Vater eine Strafpredigt und dann schickte mir die Polizei ein Brieflein ins Haus: 500,– Mark Geldstrafe, 10 Stunden Schulungskurs, 1 Monat Führerscheinentzug.

2. Seine Frau und seine Töchter gehen auf Reisen, und er muß bluten. – In der Tat: in den letzten Jahren zahlt er ungeheure Summen für das aufwendige Leben seiner Frau und seiner Kinder.

Blütenträume: nicht alle Blütenträume reifen (jm./für jn.) *geh veraltend selten* · not all youthful dreams come true *para*

Ich halte das hier nicht mehr aus hier! Nichts von dem, was ich anstrebte, kann ich hier verwirklichen! – Nun mal ruhig Blut! Mir sind hier auch nicht alle Blütenträume gereift – so wenig wie den meisten anderen Kollegen. Du bist kein Jüngling mehr und mußt dich allmählich mit den Möglichkeiten und Grenzen abfinden, die jedem gesetzt sind.

Blutgruppe: das/(etw.) **ist meine/**(...) **Blutgruppe** *ugs selten* · 1. he/she/... is just my type, 2. s. th. is right up my street, it/that is just the job

1. ... Das glaub' ich gern, daß die Ursel Heitkamp deine Blutgruppe ist. Nur ist die leider schon vergeben.

2. Mann, ist das ein Brandy! Das ist meine Blutgruppe. Wie heißt der? Die Marke werd' ich mir merken.

dieselbe Blutgruppe haben *ugs selten* · to be two of a kind, to be like-minded

(Über ein junges Ehepaar:) Ja, man hat den Eindruck, daß die beiden dieselbe Blutgruppe haben. – Das ist doch wunderbar! Wenn man sich in den grundsätzlichen Dingen versteht, wird doch alles leichter.

blutjung: blutjung (sein) *path* · (to be) very young

... Wie alt ist denn die neue Freundin eures Sohnes? – Ach, die ist noch blutjung; in meinen Augen zu jung für ihn. Sie ist gerade mal 15.

Blutschuld: eine Blutschuld auf sich laden *path veraltend selten* · to incur blood-guilt

Wenn jemand eine Blutschuld auf sich lud –, d. h. jemanden ermordete –, dann konnte das auch nur mit dem Blut – d. h. mit dem Tod – gesühnt werden ... – Im Mittelalter? Oder wann?

Blutsenkung: eine Blutsenkung (machen) *med* · to do/have/... a sedimentation test, to test the sedimentation rate of the blood

... Haben Sie schon eine Blutsenkung machen lassen? – Ja. Die Blutwerte sind völlig normal. – Seltsam. Sollten Ihre Beschwerden auf Allergien zurückgehen?

Blutstropfen: jn./etw. bis zum letzten Blutstropfen verteidigen *path* · to defend s. o./s. th. to one's last drop of blood

Die Widerstandskämpfer waren fest entschlossen, die Stadt zu halten, koste es, was es wolle, und ihre Angehörigen bis zum letzten Blutstropfen zu verteidigen.

blutüberströmt: blutüberströmt *path* · to be streaming with blood, to be covered in blood

... Stell' dir das vor, da kommt der Junge blutüberströmt nach Hause! Eine Schlägerei in der Stadt ..., er will schlichten ..., einer der Gesellen haut ihm eins auf die Nase ... Zeiten sind das!

Blutzoll: Blutzoll fordern *path veraltend selten* · to take a toll of lives

1. (In den Nachrichten:) Die kriegerischen Auseinandersetzungen zweier verfeindeter Stämme in Namibia haben mal wieder Blutzoll gefordert. Bei den gestrigen Kämpfen kamen 15 Menschen ums Leben, 18 wurden zum Teil schwer verletzt.

Bock: stinken wie ein Bock *sal veraltend selten* – aus dem **Hals** riechen/stinken wie die/('ne) Kuh aus dem Arsch · to stink to high heaven

jn. stößt der Bock *ugs selten* · 1. s. o. is being contrary *rare*, 2. s. o. is being awkward/difficult

1. Die Ursel schluchzt und heult wie verrückt; sie will ihren Willen mit allen Mitteln durchsetzen. – Ja, ja, die stößt mal wieder der Bock! Aber so erreicht sie bei mir gar nichts.

2. Der Hartmann gibt sich mal wieder störrisch wie ein Esel. Wenn den der Bock stößt, ist einfach nichts zu machen. Das ist geradezu pathologisch.

(so) **dumm wie ein Bock sein** *vulg selten* – für keine zwei **Pfennige** Verstand haben/nachdenken/aufpassen/... (1) · to be as thick as two short planks

ein geiler Bock sein *sal* · to be a randy old goat

Den Schreiber mag ich nicht. – Warum nicht? – Das ist ein geiler Bock. Eine Sache ist, charmant und faszinierend auf die Frauen zu wirken, eine andere, sich fast – ja fast wie ein brünstiges Tier zu benehmen.

ein sturer Bock sein/stur wie ein Bock sein *sal* · to be a stubborn (old) devil

Es hat überhaupt keinen Sinn, mit dem Werner weiter über diese Dinge zu verhandeln. Du weißt doch, was für ein sturer Bock das ist. Wenn er nicht will, dann will er nicht; dann bringen ihn keine zehn Pferde dahin, seine Meinung zu ändern.

einen Bock haben *fam selten* · to get into/to be in/... one of one's stubborn/... moods

Wenn dieser Trotzkopf einen Bock hat, ist nichts zu machen. Dann benimmt er sich genauso wie ein fünfjähriges widerspenstiges Kind.

(keinen) **Bock auf etw. haben** *ugs Neol* · (not) to feel like doing s. th./anything/..., (not) to fancy doing s. th./anything

Gehst du mit, ein Bierchen trinken? – Nein, heute hab' ich keinen Bock auf Bier. Ich hab' die ganze Woche so viel gesoffen.

null Bock auf etw. haben *ugs Neol* · not to feel like doing s. th./anything/..., not to fancy doing s. th./anything

... Sie werden ja nun bald eingezogen. Wie stehen Sie zum Militärdienst? – Ich hab' absolut null Bock auf den Bund. Was da gelernt wird, ist doch alles nur Scheiß. Die verarschen uns doch alle nur ...

Bock haben, etw **zu tun** *ugs Neol* · to fancy doing s. th., to feel like doing s. th.

... Wenn er Bock hat, die Übersetzung zu machen, macht er sie; wenn er keinen Bock hat, macht er sie nicht. So ist der Freddy nun einmal: bei dem entscheiden Lust und Laune.

etw. aus Bock tun *sal selten* · to do s. th. because one feels like it, to do s. th. (just) for the crack *coll*, to do s. th. for fun

Ich weiß auch nicht, warum er das macht. Wahrscheinlich aus Bock – weil es ihm gerade in den Kopf kommt. Einen auch nur halbwegs plausiblen Grund kann ich jedenfalls genauso wenig wie du erkennen.

null Bock auf (gar)nichts/gar nix/... haben *sal Neol* · 1. 2. to be pissed off with s. th./everything *coll*

1. ... Ich fühl' mich heute richtig schlapp. Irgendwie hab' ich null Bock auf gar nichts.

2. Viele Jugendlichen haben null Bock auf nichts. – Wen wundert's bei den miserablen Perspektiven, die wir heute haben?

jetzt/wenn ... dann/(...) **ist der Bock (aber) fett** *sal Neol* · if..., that's it! *coll*

... Was, die Manuela hat schon wieder eine 'Mathematik-Fünf' nach Hause gebracht? Jetzt ist der Bock aber fett! Ab heute werde ich bei dem Mädchen andere Saiten aufziehen. Jetzt wird jeden Tag mindestens eine Stunde Algebra geübt.

den Bock zum Gärtner machen *ugs* · to set the fox to keep the geese *rare*
Jetzt frage ich schließlich noch diesen Börner, was wir am besten tun, einen Mann, der von nichts Ahnung hat? So machen wir den Bock zum Gärtner und ruinieren uns in heiterer Unbefangenheit!

null Bock auf nichts *sal Neol* · to have no interest in anything *n*, to be pissed off with everything *coll*
(Ein Studienrat:) Wenn das so weitergeht, dann tut ihr irgendwann überhaupt nichts mehr! Glaubt ihr denn, die andern arbeiten aus purer Freude?! Euch geht es zu gut! Deshalb habt ihr null Bock auf nichts. Hungern müßtet ihr! Dann würde euch diese trostlose Lustlosigkeit und Langeweile rasch vergehen!

einen (groben/gewaltigen/kapitalen**) Bock schießen** *ugs* · to make a (dreadful/terrible/…) boob, to drop a (dreadful/terrible/…) clanger
Da hast du aber einen gewaltigen Bock geschossen! Picasso ist erstens kein Grieche, sondern Spanier, zweitens kein Dichter, sondern Maler, und schließlich unser Zeitgenosse und kein Vertreter der Klassik.

die Böcke von den Schafen sondern/trennen/scheiden *ugs* · to separate the sheep from the goats
Das ist nun einmal so im Leben: wenn Restriktionen einmal einsetzen, treffen sie alle ohne Unterschied. Dann ist es nicht möglich, die Böcke von den Schafen zu trennen. Dann müssen die Tüchtigen und die Dummen, die Fleißigen und die Faulen in gleicher Weise leiden.

Bockmist: Bockmist machen/bauen *sal* · to make a balls-up *vulg*/cock-up (of everything) *vulg*, to make a mess (of things) *coll*, to do s.th./everything wrong *n*
Diesen Engelmann kann ich nicht mehr brauchen. Der macht nur Bockmist. Einen Mitarbeiter, der derart viele Fehler macht und derart wenig Urteilsvermögen besitzt, kann man auf die Dauer einfach nicht halten.

Bockshorn: jn. ins Bockshorn jagen · to put the wind up s.o. *coll*, to stun and scare s.o., to browbeat s.o., to intimidate s.o.
Du hast ihn mit deiner überscharfen Drohung ganz schön ins Bockshorn gejagt. Er war völlig perplex und wußte überhaupt nicht, wie er reagieren sollte.

Boden: auf deutschem/…Boden *path veraltend selten* · on German/… soil
Was erzählt der da? 'Auf deutschem Boden kommt so was nicht vor?' Quatschkopf! Das habe ich gestern noch erlebt, in Mühlheim. Und Mühlheim liegt doch in Deutschland, oder?

(Koffer/…/Moral) mit doppeltem Boden · 1. a suitcase/… with a false bottom, 2. to have/… double standards
1. Haben die an der Grenze das denn nicht gesehen? Du sagtest doch, du mußtest den Koffer aufmachen. – Natürlich. Aber mein Koffer ist eben ein ganz besonderer Koffer, einer mit doppeltem Boden.
2. Mein Lieber, du denkst zu einlinig! – Jetzt sag' bloß noch, zu simpel! – So weit würde ich nicht gehen. Zu linear. Du solltest mehr Thomas Mann lesen, da würdest du verstehen, was das heißt: Moral mit doppeltem Boden. So gesehen – so, und anders gesehen – anders; und beides mit seinem Recht …

total/…am Boden sein *ugs Neol* · 1. 2. to be shattered
1. Seit ihn seine Freundin verlassen hat, ist der Klaus total am Boden. Er hat ständig verweinte Augen und geht kaum noch aus dem Haus … Er fühlt sich hundsmiserabel.
2. … Als er seine Englischarbeit zurückbekam, war er ganz am Boden. Eine 'Fünf', damit hatte er nicht gerechnet.

auf dem blanken/(nackten) **Boden schlafen/…** · to sleep on the floor
Wenn es euch nichts ausmacht, auf dem blanken Boden zu schlafen, könnt ihr gern bei mir übernachten. Nur Betten sind halt keine mehr frei.

den Boden aufsuchen (müssen) *Boxen* · to go down, to be knocked down, to hit the floor
Wie oft hat der Louis den Boden aufgesucht, sagst du? – Das konnte man gar nicht mehr zählen. In den letzten beiden Runden lag er mehr am Boden, als daß er stand. Aber er ging eben k.o..

sich auf schwankenden/unsicheren Boden begeben *form* · to get out of one's depth, to be on shaky ground
Er sollte zu diesem Thema schweigen, weil er nicht informiert ist. Er begibt sich da auf schwankenden Boden; mit jedem Wort, das er sagt, geht er ein Risiko ein.

jm./e-r S./für etw. den Boden bereiten/vorbereiten *form* · to prepare the ground for s.o./s.th., to pave the way for s.o./s.th.
Der neue Geschäftsführer hat es gut. Sein Vorgänger hat in langer Arbeit den Boden für den Absatz der Produkte vorbereitet. Er braucht nur zuendezuführen, was blendend eingefädelt ist.

sich auf unsicherem/schwankendem Boden bewegen (mit etw.) *form* · to be out of one's depth (with s.th.)
Er bewegt sich da mit seinen Annahmen auf schwankendem Boden. Er ist nicht ausreichend informiert und sollte sich deshalb mit seiner Meinung zurückhalten.

der/dieser/…Boden ist mit Blut getränkt *path* · the/this/… soil is soaked in blood, the/this/… soil is drenched with blood
Das ist eine unselige Gegend hier, erklärte er, als sie in Verdun ankamen; der Boden hier ist mit Blut getränkt. Im ersten Weltkrieg fielen hier in einem endlosen Stellungskrieg mehr als eine halbe Million Menschen.

jn. zu Boden drücken *path selten* · to weigh s.o. down, to crush s.o., to get s.o. down, to get on top of s.o. (worries)
Die sozialen Mißstände unter dem Regime des Sonnenkönigs waren gewaltig. Die Landpächter zum Beispiel waren durch steuerliche Belastungen dermaßen zu Boden gedrückt, daß sie kaum eine Chance hatten, jemals aus ihren Schulden herauszukommen.

jm./e-r S./für etw. den Boden ebnen *form* – jm./e-r S./für etw. den **Boden** bereiten/vorbereiten · to prepare the ground for s.o./s.th., to pave the way for s.o./s.th. *n*

e-r S. den Boden entziehen *form* · to cut the ground from under s.o.'s feet, to make s.th. unnecessary/irrelevant
Die neuen Gesetze haben unserer Diskussion den Boden entzogen. Sie nehmen vorweg, was durch die Diskussion erst geklärt werden sollte.

auf fruchtbaren Boden fallen · to fall on fertile ground
Seine Erklärungen und Ratschläge zu den Problemen der Gastarbeiterkinder fielen auf fruchtbaren Boden. Man kommt ihnen jetzt mit mehr Verständnis entgegen als bisher.

einen gemeinsamen Boden (für etw.) finden – (eher:) eine gemeinsame **Plattform** (für etw.) finden · to find a joint/common platform for s.th.

(einen) günstigen Boden für etw. **finden/vorfinden** · to find fertile ground for s.th.
Das war die Chance für diesen radikalen Politiker! In dem abgewirtschafteten Land voller Arbeitsloser fand er für seine extremistischen Ideen einen günstigen Boden vor.

(wieder) festen/sicheren Boden unter die Füße bekommen · 1. to be on terra firma (again), to be on the ground (again), 2. to establish o.s. again, to find one's feet again
1. Fliegen ist die angenehmste Form des Reisens. Trotzdem bin ich nach jedem Flug froh, wenn ich wieder festen Boden unter die Füße bekomme.
2. Nach seinem langen Auslandsaufenthalt wird er es in Deutschland schwer haben, festen Boden unter die Füße zu bekommen, sowohl beruflich als auch privat.

jm. brennt der Boden unter den Füßen – der **Boden** wird jm. zu heiß (unter den Füßen) · + things are getting too hot for s.o.

jm. schwankt/(wankt/weicht) **der Boden unter den Füßen/** (der Boden schwankt unter js. Füßen) · the ground is rocking/moving/shaking under s.o.'s feet
Wieviel Gläser habe ich eigentlich getrunken? – Das weiß ich doch nicht. Fünfzehn waren es bestimmt. Warum? – Mir schwankt der Boden schon unter den Füßen. – Das merkt man. Du wankst daher wie eine Oma.

festen/sicheren Boden unter den Füßen haben · 1. to be back on dry land, to be back on terra firma, 2. to be established, to be secure, to be sure of one's ground

1. Endlich haben wir nach dieser langen Schiffsreise wieder festen Boden unter den Füßen.

2. Hat sich der Karl-Heinz hier gut eingelebt? – Ich weiß nicht. Er hat wohl immer noch keinen festen Boden unter den Füßen. Beruflich fehlt ihm eine sichere Stellung und auch privat hängt er noch immer in der Luft.

den Boden unter den Füßen verlieren · to get out of one's depth

Er hat sich so sehr in seine hochfliegenden Pläne verstiegen, daß er dabei den Boden unter den Füßen verloren hat.

jm. **den Boden unter den Füßen wegziehen** *selten* · to cut the ground from under s.o.'s feet

Mit dieser neuen Gesetzesregelung haben sie ihm den Boden unter den Füßen weggezogen. Wenn er seine Produkte nicht mehr exportieren darf, ist er ruiniert, denn einen einheimischen Markt dafür gibt es nicht.

zu Boden gehen *Boxen* · to go down, to be knocked out

Das hättet ihr sehen sollen: umständlich zog er sich seine Lederhandschuhe an, visierte den Kerl, der seine Frau belästigt hatte, und versetzte ihm dann wie Cassius Clay in seinen besten Tagen einen Kinnhaken. – Und der andere? – Er ging schulgerecht zu Boden. K. o.

wie aus dem Boden geschossen/gewachsen/(gestampft) (plötzlich/...) **vor** jm. **stehen** *ugs* · to (suddenly/...) appear out of nowhere

Stell' dir vor, wen ich auf dem Cocktail getroffen habe: den Manfred Brauer. Wie aus dem Boden geschossen stand er plötzlich vor mir: »Hallo, Ursel, wie geht's dir ...?« – »Mensch, Manfred, wo kommst du denn her? Was machst du auf diesem Cocktail? ...«

an Boden gewinnen · 1. 2. to gain ground, 2. to make headway, to make progress

1. Die Truppen kämpften sich langsam, aber sicher vorwärts. Täglich gewannen sie gegenüber dem Feind an Boden.

2. Bis vor kurzem schien es, als hätten die Rechten in dieser Wahl gar keine Chance. Aber durch die Wirtschaftskrise haben sie stark an Boden gewonnen, und es ist nicht auszuschließen, daß sie die Wahl gewinnen.

keinen Boden gewinnen (können) (in/bei/...) *form selten* · not (to be able) to get anywhere/make any headway with s.o./s.th./in .../at ...

... Solange der Rauter den Verkauf leitet, Herbert, kannst du bei Schuckert keinen Boden gewinnen. Der duldet nur Sklaven neben sich.

(verlorenen) **Boden gutmachen** · to make up (lost) ground, to catch up, to close the gap

... Unsere Partei hat in den letzten beiden Jahren sehr an Ansehen eingebüßt. Wenn wir jetzt nicht mit aller Macht versuchen, verlorenen Boden gutzumachen, werden wir den nächsten Wahlkampf mit Sicherheit nicht gewinnen.

der Boden wird jm. **zu heiß (unter den Füßen)** · + things are getting too hot/hotting up too much (for s.o.) *coll*

Klar, daß sich der Leineweber aus dem Staub gemacht hat! Der Boden wurde ihm hier zu heiß. Seine Verbrechen sprechen sich immer mehr herum, und er mußte damit rechnen, über kurz oder lang von der Polizei geschnappt zu werden.

j. **könnte** jn. **un(an)gespitzt in den Boden rammen/(hauen)** *ugs* – *iron Neol* · s.o. could wring s.o.'s neck, s.o. could strangle s.o.

... Den Oliver könnte ich unangespitzt in den Boden rammen! Weil er sich so dämlich angestellt hat, ist uns ein ganz fetter Auftrag flöten gegangen.

jn. **zu Boden rennen**/reiten/... *selten* · to knock s.o. down, to knock s.o. over

... Paß doch auf, was du machst, Karli. Jetzt rennst du heute schon zum zweiten Mal die kleine Christl zu Boden. – Die spielt aber auch immer direkt hinter mir! ...

aus dem Boden schießen *ugs* · to sprout up, to spring up, to shoot up

... Das mußt du dir mal angucken: ganze Viertel schießen da in wenigen Monaten aus dem Boden. Wenn diese Bauwut so weitergeht, wird man die Stadt in zwei, drei Jahren nicht wiedererkennen.

jn. **zu Boden schlagen** · to knock s.o. to the ground, to floor s.o.

Sie können doch nicht einfach einen Passanten zu Boden schlagen! – Wenn er sich erlaubt, meine Frau zu belästigen, muß er sich gefallen lassen, daß ich ihm einen anständigen Schlag verpasse. Wenn er dann zu Boden geht, ist das sein Vergnügen.

etw. **zu Boden schmettern** *path* · to fling s.th. on to the ground, to send s.th. smashing to the ground

Außer sich vor Wut, riß er die Vase vom Tisch und schmetterte sie mit aller Gewalt zu Boden, sodaß sie in tausend Stücke zersprang. »So, jetzt brauchen wir uns über das verdammte Ding nicht mehr zu streiten ...«

der Boden ist mit dem Schweiße ganzer Generationen/zahlreicher Geschlechter/unzähliger Menschen/... **getränkt** *path veraltend selten* · the earth/soil/... is soaked with the sweat of entire/countless/... generations

Das ist eine karge, dürre Gegend hier, in der die Menschen immer äußerst hart arbeiten mußten, um nur das Nötigste zu haben. – Der Boden ist mit dem Schweiße von Generationen getränkt, wie man sagt, nicht?

beschämt/verlegen/... **zu Boden sehen/schauen** (...) *form* · to look down in shame/embarrassment/...

»Ist das nun deine Unterschrift oder nicht?« – Der Junge schaute beschämt zu Boden. In seiner Not hatte er die Unterschrift des Vaters gefälscht. Aber wie sollte er dem Vater jetzt klarmachen, daß er keinen anderen Ausweg gesehen hatte, daß er das jetzt bereute ..?

(langsam/...) **zu Boden sinken** · to sink (slowly/...) to the ground

Als sie die beiden Autos aufeinanderprallen sah, verlor sie die Besinnung und sank zu Boden. Ein älterer Herr hob sie mühsam auf und stützte sie, bis sie wieder zu sich kam.

auf den Boden stampfen *ugs* · to stamp one's feet (on the ground)

»Nein«, brüllte er und stampfte trotzig auf den Boden, »nein, ich will nicht mit zu Tante Gerda!«

etw. **regelrecht**/... **aus dem Boden stampfen** *ugs* · 1. to build/construct/... s.th. in no time, to build/produce s.th. as if by magic, 2. to produce s.th. out of thin air, to produce s.th. out of a hat

1. Das neue Viertel wurde regelrecht aus dem Boden gestampft. Vor drei Jahren war das ganze Gelände noch eine riesige Grünfläche.

2. Zu einer solch schwierigen Übersetzung braucht man Zeit und Ruhe. Die kann man nicht so einfach aus dem Boden stampfen!

auf festem Boden stehen – festen/sicheren **Boden** unter den Füßen haben (1) · to be back on dry land, to be back on terra firma

(wieder) **auf festem/sicherem Boden stehen**/(sein) – festen/ sicheren **Boden** unter den Füßen haben · to be back on dry land, to be back on terra firma

auf schwankendem Boden stehen *selten* – auf schwachen **Füßen** stehen (1) · to be built on weak foundations, to lack a sound basis

(nicht) **auf dem Boden des Gesetzes/der Verfassung/... stehen** *form* · to be within the constitution/Basic Law, to conform to the constitution/Basic Law, to be constitutional

Steht die kommunistische Partei auf dem Boden der Verfassung? – Die Juristen diskutieren gerade, ob sie verfassungskonform ist oder nicht.

auf dem Boden einer Theorie/Lehre/... stehen *form* · to be based on a theory/doctrine/...

Stehen diese Kapitalisten, wenn man es streng nimmt, eigentlich noch auf dem Boden des Christentums? – Wie meinen Sie das? – Beispielsweise das Zinssystem – die Tatsache also, daß jemand allein durch Kapital an anderen Menschen verdient –, ist das mit der christlichen Lehre vereinbar?

jn. zu Boden strecken *Boxen* · to knock s. o. down/to the floor, to floor s. o.
… Er stürzte auf ihn und streckte ihn mit einem gezielten Faustschlag zu Boden. Wie im Film!

zu Boden stürzen *form* · to fall over, to pass out
… Wie kann dieser Junge denn da so mir nichts dir nichts zu Boden stürzen? Das war doch wohl kein Ohnmachtsanfall?

auf dem Boden der Tatsachen bleiben *form* · to stick to the facts
Was Sie da sagen, Herr Kollege, stimmt leider nicht. Sie können selbstverständlich anderer Meinung sein als wir, aber Sie sollten auf dem Boden der Tatsachen bleiben. Was hat es für einen Sinn, wenn wir uns hier gegenseitig Märchen erzählen.

(nicht) auf dem Boden der Tatsachen stehen *form* · (not) to be based on facts
Er steht nicht auf dem Boden der Tatsachen! Seine Behauptungen gründen sich auf Hypothesen, Illusionen, ja auf Entstellungen und Lügereien.

sich auf den Boden der Tatsachen stellen *form* · to acknowledge (the) facts, to face facts
Erst einmal muß er sich auf den Boden der Tatsachen stellen, dann diskutiere ich mit ihm. Solange er auf seinen Fiktionen, Illusionen und auch Entstellungen verharrt, sehe ich keine vernünftige Basis für eine Unterhaltung.

(an) Boden verlieren *form selten* – an **Terrain** verlieren · to lose ground

j. wäre am liebsten in den Boden versunken/hätte in den Boden versinken mögen *Scham/Verlegenheit/...* *path* – j. wäre am liebsten in den **Erdboden** versunken/hätte in den **Erdboden** versinken mögen · s. o. wishes/wished the ground would open up and swallow him

den Boden für etw. **vorbereiten** *form* · to prepare the ground for s. o./s. th., to pave the way for s. o./s. th.
… Man kann so richtig merken, wie die Regierung mit ihrem Konjunkturprogramm den Boden für die nächste Wahl vorbereitet. – Die Opposition versucht doch auch ganz geschickt, die Leute auf ihre Linie einzustimmen.

jn. zu Boden werfen · to throw s. o. to the ground
Wir spielten da lustig und vergnügt miteinander, und plötzlich, ganz unvermittelt, warf mich der Klaus zu Boden. Ich weiß auch nicht, warum. Zack – ehe ich mich versah, lag ich da auf der Erde! Und er lachte, lachte …

(verlorenen) Boden wettmachen – (verlorenen) **Boden** gutmachen · to make up ground

jn. restlos/(völlig) am Boden zerstören/am Boden zerstört sein *sal* · 1. to beat s. o. to a pulp, 2. to wipe the floor with s. o., to run rings round s. o. *coll*, + to be shattered *coll/ knackered/...*
1. Gestern riß ihm der Geduldsfaden. Er hat den Peter endlich einmal verprügelt. Aber wie, sag' ich dir! Er hat ihn restlos am Boden zerstört.
2. Mit dieser Rede hat er seinen Kontrahenten restlos am Boden zerstört. Von dem armen Kerl ist nichts übriggeblieben, und ich glaube auch nicht, daß er sich von diesem Schlag jemals wieder erholt.

bodenlose: (das ist/...) (doch) **eine bodenlose** Unverschämtheit/Frechheit/... *path* · an outrageous/incredible/colossal/... cheek
Das ist doch eine bodenlose Unverschämtheit, mir in Gegenwart von Zeugen einen Rabatt von 5% zu versprechen und dann, wenn das Geschäft vereinbart ist, zu behaupten, davon wäre nie die Rede gewesen.

ins Bodenlose fallen *form* – *path* · to fall into an abyss
… Was macht denn so ein Mann, der nichts gelernt und in seinem Leben nie etwas anderes als Politik gemacht hat, wenn die Partei ihn fallen läßt?! Er fällt ins Bodenlose – ins Nichts!

Bogen: einen Bogen fahren *Ski u. ä.* · to do/to execute/... a turn
… Ob der die Piste gerade heruntergesaust ist oder einen Bogen gefahren hat, Rudolf, das ist mir völlig wurscht. Bei so einem Wetter läuft ein vernünftiger Mensch nicht Ski!

den Bogen (fein) **heraushaben/spitzhaben** (wie man etw. macht) *ugs selten* – den (richtigen) **Dreh** (fein) heraushaben/(weghaben) (wie man etw. macht) · to have (got) the knack of doing s. th., to have got the hang of s. th.

in hohem Bogen herausfliegen/(...) *ugs* · 1. to fly in a high arc, 2. to be thrown out on one's ear, to be sent flying out, to be chucked out, to be slung out
1. … Und in hohem Bogen flog der Ball aus dem Fenster.
2. Ich habe gehört, du bist in hohem Bogen hinausgeflogen, als du wegen der Gehaltserhöhung zum Chef gingst? – Ja. Kaum hatte ich die Tür geöffnet, da brüllte er: »Raus! So eine Unverschämtheit …« *ugs*

jn./etw. in hohem Bogen herauswerfen/(...) *ugs* · 1. to throw a ball/... in a high arc *para*, 2. to chuck s. o. out, to send s. o. flying out, to sling s. o. out
1. »Und jetzt stört ihr mich nicht mehr mit diesem verdammten Ball in diesem Zimmer«, schrie er, ergriff den Ball und warf ihn in hohem Bogen aus dem Fenster.
2. Und hat er dich freundlich empfangen, als du wegen der Gehaltserhöhung bei ihm vorsprachst? – Freundlich empfangen? In hohem Bogen hat er mich herausgeschmissen. »So eine Unverschämtheit … Raus!«, brüllte er, kaum daß ich die Tür geöffnet hatte.

einen Bogen machen *Fluß u. ä.* · to make a bend
… Und kurz vor der Mündung macht der Fluß dann noch einen großen Bogen (nach rechts). Wenn man dieses letzte Stück begradigen würde, wäre das ein enormer Gewinn für die Schiffahrt.

einen (großen) **Bogen um** jn./etw. **machen** · 1. 2. to keep (well) clear of s. th., 1. 3. to steer clear of s. th., 2. to give s. o. a wide berth
1. Der Weg ist völlig aufgeweicht. Vorsicht bei dieser Wasserlache. Mach' einen Bogen um die Stelle, sonst bleibt der Wagen noch stecken.
2. Wie geht's dem Wilfried? – Ich weiß gar nicht so recht. Seit unserer Auseinandersetzung vom vergangenen Februar macht er immer einen großen Bogen um mich.
3. Im ganzen war die Rede nicht schlecht. Aber um alle Themen, die hier umstritten sind, hat er einen Bogen gemacht. – Klar! Heiße Eisen umgeht der Ingo immer.

einen Bogen um etw. **schlagen/(machen)** · to make a detour around s. th.
Es war noch früh. Sie gingen deshalb noch nicht direkt zu dem Landhaus, sondern schlugen noch einen großen Bogen um das ganze Gut. Nach einer Stunde etwa kamen sie von der entgegengesetzten Seite auf das Haus zu.

den Bogen überspannen · 1. 2. to overstep the mark, to go too far, to overdo s. th.
1. Kinder, jetzt habe ich euch schon erlaubt, eine Stunde länger auf zu bleiben als gewöhnlich. Ihr dürft den Bogen auch nicht überspannen, sonst kann man bei euch keine Ausnahmen machen.
2. Unsinn kann man schon mal machen. Aber mit Maßen! Man darf den Bogen nicht überspannen.

große Bögen spucken *sal* – (eher:) große/(dicke) **Töne** spucken/(schwingen) · to talk big, to shoot one's mouth off

Bohne: nicht die Bohne (von etw.) **verstehen/begreifen/...** *ugs* · 1. 2. not to understand/... a bit/the least bit
1. Hast du was verstanden? – Nicht die Bohne! Mathematik ist für mich ein Buch mit sieben Siegeln.
2. Die beiden reden vielleicht ein Kauderwelsch! Wenn sie sich unterhalten, verstehe ich nicht die Bohne!

nicht die Bohne wert sein *ugs* · 1. 2. 3. not to be worth a light, not to be much cop, 3. not to hold water
1. Unser neuer Kollege macht zwar viel Wind, aber beruflich ist er nicht die Bohne wert. Da taugt er nicht das Geringste.

2. Dies Buch ist nicht die Bohne wert; es lohnt sich nicht, auch nur eine Zeile davon zu lesen.

3. Dies Argument ist nicht die Bohne wert, das brauchst du für deine Entscheidung gar nicht zu berücksichtigen.

Bohnen im Kopf haben *sal selten* – keine/(wenig) **Grütze** im Kopf haben · to have no brains, to be thick/dim

jm. **blaue Bohnen in den Leib schicken** *ugs iron veraltend selten* – jm ein **Stück** Blei in den Leib schicken · to fill s. o. with lead, to shoot s. o.

Bohnen in den Ohren haben *ugs* – **Knöpfe** auf/in den Ohren haben · to be deaf

Bohnenstange: eine (richtige) **Bohnenstange sein**/(lang wie eine Bohnenstange sein) *ugs* · to be a real beanpole
Meine Güte, euer Franz ist ja eine richtige Bohnenstange! Wie groß ist er genau? – 1,86 m.

dürr wie eine Bohnenstange (sein) *ugs* – dürr wie eine **Hopfenstange (sein)** · to be as thin as a beanpole, to be as thin as a rake

Bohnenstroh: (so) **dumm wie Bohnenstroh sein** *sal* – für keine zwei **Pfennige** Verstand haben/nachdenken/aufpassen/... (1) · to be as thick as two short planks

Bombe: wie eine Bombe einschlagen *Nachrichten usw. ugs* – *path* · 1. to be/to come like a bolt from the blue, to be a bombshell, 2. to come as a bombshell
1. vgl. – wie der/ein **Blitz** aus heiterem Himmel einschlagen/kommen
2. Das war vielleicht eine Sensation. Die Nachricht schlug wie eine Bombe ein: die olympischen Spiele in Südafrika.

die Bombe platzen lassen *ugs* – *path* · to drop a bombshell
... Ein Journalist der AZ hat die Bombe endlich platzen lassen. Er hat die Vermutungen um Irregularitäten bei der Beschaffung des Jäger 195 bewiesen und veröffentlicht.

die Bombe platzt *mst Perf ugs* – *path* · the news breaks, the secret is leaked, the news comes out
Es ist ihnen ja lange gelungen, die Affäre geheimzuhalten. Aber gestern ist die Bombe geplatzt. Irgendein Journalist hat von der Sache Wind bekommen und in der 'Münchener' einen Artikel darüber geschrieben. – Und jetzt? – Jetzt laufen hier alle herum wie aufgeregte Hühner.

mit Bomben und Granaten durchfallen/durchrauschen/durchsegeln *ugs veraltend selten* – mit **Pauken** und Trompeten durchfallen/(durchrauschen) · to fail resoundingly/spectacularly/dismally/miserably/...

Bombenanschlag: einen Bombenanschlag machen/verüben auf ... *form* · to make/to launch a bomb attack on a building/..., to make a bomb attempt on s. o.'s life
Hast du gehört, daß sie auf die spanische Botschaft einen Bombenanschlag gemacht haben? Am hellichten Tag, mittags gegen 1 Uhr gehen da plötzlich zwei Molotowcocktails in die Luft.

Bombenbesetzung: in/(mit) einer Bombenbesetzung laufen *Stück ugs* · to have an all-star cast, to have a fantastic/superb/... cast
... Der Film läuft mit einer Bombenbesetzung: Gründgens als Mephisto, die Flickenschild als Gretchen ... jede Rolle ein Spitzenschauspieler.

Bombendrohung: eine Bombendrohung ist eingegangen/... *form* · there is/... a bomb threat
Am letzten Samstag konnten im Neckarstadion keine Spiele stattfinden, da bei der Polizei eine Bombendrohung eingegangen war.

Bombenerfolg: ein Bombenerfolg (sein) *Stück/Aufführung/... ugs* · to be a smash hit, to be a huge success
Der 'Don Carlos' im Schillertheater war ein Bombenerfolg. Zuschauer, Presse, Fachleute – alle waren einhellig begeistert.

Bombengeschäft: ein Bombengeschäft (sein) *ugs* · to be a gold mine, + to do a roaring trade
Ein Bombengeschäft, der Verkauf dieser neuen Modelle. Daran verdienen wir bestimmt 100.000,– Mark, wenn nicht mehr.

Bombenidee: das/(etw.) **ist eine Bombenidee!** *ugs* · 1. 2. it/that is a great n/super n/fantastic n/cracking idea
1. Es war eine Bombenidee, die letzten Tage vor dem Examen nochmal wegzufahren.
2. vgl. – das/(etw.) ist eine **Idee** von Schiller!

Bonbon: ein Bonbon sein *ugs Neol* · 1. 2. it/s. th. is a special treat
1. ... Vorab gibt es Parmaschinken. Als Hauptgericht servieren wir ein Steak mit Salat und als Bonbon gibt es Vanilleeis mit heißen Himbeeren.
2. ... Zu Beginn unserer Arabischen Nacht bieten wir Ihnen zunächst Musik von Habib Mahmoud und eine Darbietung der Theatergruppe 'Fatah'. Als Bonbon und Krönung des Abends wird die orientalische Tänzerin Rana auftreten.

mach dir/macht euch/... (doch) kein/(keinen) Bonbon ins Hemd *sal selten* · keep your hair on, don't get your knickers in a twist
Mensch, mach dir doch kein Bonbon ins Hemd! Meinst du, du vergibst dir was, wenn du mal ohne Schlips ins Theater gehst? Du kannst dich vielleicht anstellen!

jm. **ein/einen Bonbon ans Hemd kleben** *sal selten* – jn. (tüchtig/anständig/so richtig/...) auf den **Arm** nehmen · to have s. o. on, to pull s. o.'s leg

Boot: alle/die ganze Gruppe/... **sitzen**/sitzt **in einem/demselben/in dem gleichen/im selben/im gleichen Boot** · we/they/... are all in the same boat
Selbst wenn ich anderer Meinung bin als er, werde ich das nicht zu erkennen geben. Wir sitzen schließlich alle im selben Boot; was den einen trifft, trifft auch den anderen. Da müssen wir in der Stunde der Gefahr mehr denn je zusammenhalten.

mit jm./anderen/... in demselben/im selben/im gleichen/in dem gleichen/in einem Boot sitzen · we/they/... are all in the same boat
Nein, nein, ich werde nichts sagen, was ihn schädigen könnte. Einmal aus Loyalität nicht. Und dann auch im eigenen Interesse nicht. Ich sitze mit ihm im selben Boot. Alles, was ihn trifft, trifft mich auch, im Guten wie im Bösen.

Bord: an Bord (sein/mitgehen/haben/...) *Schiff/Flugzeug/...* · 1. 2. (to be/go/...) on board
1. Du, wenn du den Heinz noch sprechen willst ... – das Schiff muß jeden Augenblick abfahren. – Er ist also schon an Bord? – Natürlich.
2. Wieviel Personen hat so ein Dampfer wohl an Bord?

frei an Bord (sein) *selten* · to have a free passage on a ship
(Auf einem Ozeandampfer, ein Tourist:) Wenn es hier in der Tat, wie Sie sagen, Leute gibt, die frei an Bord sind, dann dürfte das besondere Gründe haben. – Ich weiß nicht, welche Gründe jemanden berechtigten sollten, von Hamburg nach Rio umsonst zu fahren.

etw. an Bord bringen *Schiff/Flugzeug/...* · 1. to put s. th. on board, 2. to accompany s. o. on board
1. Die müssen das Gepäck noch an Bord bringen; dann geht die Maschine los.
2. Nein, du kannst uns nicht an Bord bringen, Christa; du hast keine Fahrkarte, dich lassen sie nicht aufs Schiff.

über Bord fallen/gehen *Schiff* · to fall overboard
Nun laß mal schön diese Spielerei, Herbert. Wenn du über Bord fällst, ist das Theater groß. Was meinst du, wie schwer das ist, dich da wieder aus dem Wasser herauszufischen.

an Bord gehen *Schiff/Flugzeug/...* · 1. 2. to go on board, to board
1. Willst du schon an Bord gehen? Das Schiff fährt doch erst in anderthalb Stunden ab.
2. Ehe wir an Bord gehen, vergeht bestimmt noch eine gute Stunde. Vielleicht setzen wir uns in das Flughafenrestaurant und trinken ein Bierchen ...

über Bord gehen · to fall overboard, + to be lost overboard
Genau weiß man wohl immer noch nicht, wieviele Leute bei dem Seesturm über Bord gingen. Offiziell spricht man von 16 Toten. In Wirklichkeit dürften mehr als doppelt so viele von der 'Augusta' ins Meer gespült worden sein.

von Bord gehen · 1. 2. to leave the ship
1. Wielange hat das Schiff hier Aufenthalt? – Eine Stunde. – Ach, da lohnt es sich ja kaum, von Bord zu gehen … *Schiff*
2. Was meinst du, tritt der Kanzler zurück? – In der brenzligen Situation, wie sie momentan herrscht, auf keinen Fall. In schwieriger Lage geht der Kapitän/(geht man) nicht von Bord – das ist seine Einstellung. *selten*

von Bord kommen · to disembark, to leave a ship/an aircraft/…
… Das Schiff muß vor 5 oder 10 Minuten angelegt haben. Die Leute kommen gerade von Bord …

jn./etw. **an Bord nehmen/mitnehmen** *Schiff/Flugzeug/…* · to take s. th. on board
Kannst du den Hund mit an Bord nehmen? – Warum denn nicht? Ich kann doch eine Schiffsreise mit einem Schäferhund unternehmen.

jn./etw. **über Bord spülen** *Schiff* · + to be washed overboard
Bei dem Orkan wurden sechs Passagiere über Bord gespült. – Aber sie konnten gerettet werden?

alle Sorgen/alle Vorsicht/… **über Bord werfen** *path* · to cast one's worries overboard *rare*, to abandon/to forget one's worries, to throw caution to the winds *elev*
So, jetzt werden wir mal alle Sorgen über Bord werfen und anständig Ferien machen. Wer von Arbeit, Beruf, Geldsorgen und ähnlichem redet, wird sofort nach Hause geschickt.

alles/… **über Bord werfen** *path* · to throw everything/s. th. overboard, to throw caution/one's principles/… to the winds *elev*
Er hat hier alles über Bord geworfen – Beruf, Familie, Freunde, alles aufgegeben – und ist ausgewandert. – Ein radikaler Entschluß.

Borg: auf Borg kriegen/(bekommen) *ugs selten* – etw. auf **Pump** kriegen/(bekommen) · to get/to buy s. th. on tick

auf Borg leben *ugs selten* – auf **Pump** leben · to live on credit, to live on tick

Born: aus dem Born seiner Erfahrung schöpfen *path veraltend selten* – aus dem (reichen) **Schatz** seiner Erfahrung(en) schöpfen · to draw on a wealth/a rich fund/a rich store/… of experience

Börse: eine dicke Börse haben *ugs veraltend selten* – ein dickes **Portemonnaie** haben · to have a bulging wallet *para*, to have loads of money

seine Börse zücken/ziehen (müssen) (und …) *ugs veraltend selten* – sein **Portemonnaie** zücken/(ziehen) (müssen) (und …) · to (have to) pay the bill, to (have to) pick up the tab

Borsten: seine Borsten zeigen/(aufstellen/hervorkehren) *ugs selten* · to bristle, to show one's bristles
Er meint mal wieder, er muß seine Borsten zeigen, um seine Unabhängigkeit unter Beweis zu stellen. Widerspenstige Leute verwechseln halt andauernd Trotz und innere Freiheit.

böse: böse sein (auf jn.) · 1. 2. to be cross with s.o., 1. to be mad at s.o., 2. to be annoyed with s.o.
1. Bist du immer noch böse auf mich, Papa, weil ich gestern die Schularbeiten nicht gemacht habe? – Nein, Beatrix, das ist jetzt vergessen; jetzt ist alles wieder gut.
2. vgl. – (eher:) **sauer** sein (auf jn.) (2)

böse werden (auf jn.) · to get mad (at s.o.), to get cross (with s.o.), to get angry (with s.o.)
Wenn ihr jetzt nicht mit dem Unsinn aufhört, Kinder, werde ich böse. Habt ihr gehört? Beschwert euch nachher nicht, wenn ihr eine saftige Strafe kriegt!

Bösen: jn. nur/… im Bösen gewinnen/kriegen/… können *form selten* · + s.o. can only/… be persuaded/made/… to do s. th. by tough/drastic/nasty/… methods/…
Mit Ratschlägen, gutem Zureden, mit Güte und Liebe ist bei dem Jungen nichts zu machen. Der ist nur im Bösen zu gewinnen. Bei dem mußt du schimpfen, drohen, strafen – dann macht er, was er zu machen hat.

etw. **nur/… im Bösen lösen/regeln/… können** *form selten* · s. th. can only be solved/sorted out/… by tough/drastic/severe/… methods
Nein, auf Kompromisse werden diese Leute nicht eingehen und auf Verständnis und Nachgiebigkeit schon gar nicht. Diese Sache ist nur im Bösen zu regeln: durch Härte und durch resolute Ausschöpfung der juristischen Möglichkeiten.

im Bösen auseinandergehen *form* · 1. 2. to part on bad terms
1. Die beiden haben sich den ganzen Nachmittag gestritten. – Aber sie sind doch nicht im Bösen auseinandergegangen, oder doch? – Doch, leider! Ich fürchte, es wird einige Zeit dauern, ehe sie wieder vernünftig miteinander umgehen.
2. Sind die beiden nach diesen langen Ehejahren in der Tat im Bösen auseinandergegangen? – Wie ich höre, ja. Es scheint, daß sie sich in den letzten Monaten unversöhnlich verfeindet hatten.

zum Bösen ausschlagen *form selten* · to turn out badly, to have bad/negative/… consequences
Sein übergroßes Entgegenkommen ist in der Tat zum Bösen ausgeschlagen: sie macht nur noch, was sie will, geht von Tag zu Tag unerzogener mit ihm um. Die beiden sind ein gutes Beispiel dafür, daß man auch in guten Dingen nicht übertreiben soll.

etw. (nur/…) **im Bösen erreichen/(…)** (können) *form selten* · (only/… (to be able) to achieve s. th. by tough/drastic/… methods
Im Bösen erreicht ihr da gar nichts! Wenn euch das Amt entgegenkommt, dann höchstens, wenn ihr euch von der besten Seite gebt. Mit Druck und Gewalt ist in solchen Fällen nichts zu machen.

im Bösen wie im Guten/im Bösen und im Guten/im Bösen so gut wie im Guten – im **Guten** wie im Bösen/im Guten und im Bösen/im Guten so gut wie im Bösen · through good (times) and bad, in the good and in the bad

sich im Bösen trennen *form selten* – (eher:) im **Bösen** auseinandergehen · to part on bad terms

sich zum Bösen wenden *form selten* – eine schlimme/böse/unheilvolle/… **Wendung** nehmen · events/things/(…) take a nasty/an unpleasant/… turn

Böses: (paß auf/…) der/die Helga/… will dir/euch/… Böses *ugs* · (be careful/…) he/Mary/… has got it in for you, (be careful/…) he/Mary/… is out for your blood
Nimm den Bormann in acht, der will dir Böses! – Was hat er gegen mich vor?

nichts Böses ahnen · to do s. th. without suspecting anything/unsuspectingly, not to suspect anything wrong
Nichts Böses ahnend, nahm er die Einladung zu der Diskussion über die Probleme der Dritten Welt an. Wie groß war seine Überraschung, als er merkte, daß man ihn nur eingeladen hatte, um seine Bücher zu verreißen.

jm. (viel/…) **Böses antun** *form selten* – (eher:) jm. etwas/viel/… **zuleide** tun (1, 2) · to harm s.o., to do a great deal/a lot of/… harm to s.o.

Böses mit Bösem vergelten/(erwidern) – Böses mit Bösem/Gutes mit Gutem/Böses mit Gutem/Gutes mit Bösem/Gleiches mit Gleichem **vergelten** · to return evil for evil, to retaliate, to return good for good, to repay good with evil, to return like for like, to give measure for measure

nichts/etwas Böses dabei/(daran) finden (etw. zu tun/wenn …/…) *form selten* – nichts/etwas dabei/daran **finden** (etw. zu tun/wenn …/…) · not to see anything wrong with s.o. doing s. th., not to see any harm in s.o. doing s. th.

Böses mit Gutem erwidern/(vergelten) *geh* · to repay evil with good
Warum hast du ihm denn nicht dieselben Bedingungen gewährt wie den anderen? – Er hat mich Jahre hindurch geschädigt. Soll ich ihm dafür etwa noch dankbar sein? – Man soll Böses mit Gutem erwidern. Auch heute gilt dieses christliche Gebot noch.

Böses im Schilde führen *form* · to be up to no good, to be up to s. th. *n*
Nehmt euch vor dem Bormann in acht, der führt mal wieder Böses im Schilde. – Was hat er denn jetzt schon wieder gegen uns vor? Und auf wen hat er es diesmal abgesehen?

niemandem/... (etwas) **Böses tun/antun** (können) *form selten* – niemandem/keinem ein/jm. nie ein/kein **Härchen** krümmen (3) · s. o. wouldn't hurt a fly

jm. **nichts Böses wollen** · not to mean s. o. any harm, not to mean s. o. ill
(Der Vater zu seiner Tochter:) Der Herr Büttner will dir doch nichts Böses, Ute! Ganz im Gegenteil! Wenn der dich so scharf anfährt, dann deswegen, weil er überzeugt ist, daß du dir mit deiner Faulheit in der Schule nur selbst schadest!

Bosheit: mit konstanter Bosheit/(Boshaftigkeit) etw. tun *ugs* · to persistently and maliciously insist on/keep on/... doing s. th. *para*
Mit konstanter Boshaftigkeit versucht dieser Mann, mir nachzuweisen, ich hätte den Text geändert. Obwohl ich ihm schon drei Mal das Gegenteil bewiesen habe, läßt er mit seinen Attacken nicht locker.

Bote: der hinkende Bote kommt nach *lit veraltend selten* – das dicke **Ende** kommt noch! (1, 2) · the worst is still to come, we haven't seen the worst yet, the sting is in the tail

ein Bote des Todes (sein) *path veraltend selten* · (to be) a portent *elev*/sign/... of death
Wenn diese Lungenentzündung nur nicht ein Bote des Todes ist! Die Oma ist so schwach. Hoffentlich hält sie das noch aus.

Bouletten: (dann/mal) **ran an die Bouletten** *sal veraltend selten* – ran an die **Gewehre**! · get down to it!, get cracking!

Brabbelwasser: Brabbelwasser getrunken haben *ugs scherzh selten* · to blabber, to blather, to jabber, to have/suffer from/... verbal diarrhoea
Der Gerd hat heute Brabbelwasser getrunken: er redet und redet und redet ...

Brachialgewalt: mit Brachialgewalt gegen jn./etw. **vorgehen** *path* · 1. 2. to do s. th./to proceed against s. o./s. th./... with brute force, to use brute force against s. o.
1. Wenn die Regierung gegen diese Banden nicht mit Brachialgewalt vorginge, wäre die Bevölkerung ihnen ewig schutzlos ausgeliefert. Gegen die hilft leider nichts anderes als schonungslose Gewalt.
2. Mein Gott, muß man da mit Brachialgewalt vorgehen? Kann man die Tür nicht aufbrechen, ohne das halbe Haus dabei zu zerstören?

brachliegen: brachliegen · to be unused, to be unexploited, not to be used, to lie fallow
... Wofür gehen die Leute denn 13 Jahre zur Schule, lernen alle möglichen und unmöglichen Sachen – wenn nachher 90 Prozent des Gelernten völlig brachliegen?! – 90 Prozent? – Jawohl! 90 Prozent von dem, was die Schüler heute lernen, brauchen sie in ihrem Leben nie mehr!

Brand: in Brand geraten *form* · to burst into flames, to catch fire
... Aber so ein Wald gerät doch nicht ohne Grund in Brand. Da hat einer Feuer gelegt!

seinen Brand löschen *selten* · 1. to quench/... a thirst caused by too much drinking *para*, 2. to quench one's thirst
1. Mein Gott, der Klaus trinkt jetzt die vierte Flasche Sprudelwasser! – Der muß seinen Brand löschen. Die haben gestern Rainers Geburtstag gefeiert, da hat er wohl anständig einen über den Durst getrunken. Das ist jetzt der Nachdurst.
2. vgl. – seinen **Durst** stillen (1)

etw. **in Brand stecken/**(setzen) · to set s. th. on fire, to set fire to s. th.
Jahrelang steckten sie hier aus politischen Gründen die Wälder in Brand. Im Sommer sahst du hier ein Feuer nach dem anderen.

in Brand stehen · to be on fire, to be in flames
Mein Gott, da steht doch schon wieder der Wald da drüben in Brand! Den haben sie jetzt schon drei- oder viermal angezündet.

Brand stiften · to set fire to s. th., to commit arson
Jahrelang steckten sie hier aus politischen Gründen die Wälder in Brand. – Eine blödsinnige Mode, aus politischen Motiven Brand zu stiften!

Brandbrief: einen Brandbrief bekommen/erhalten/kriegen *ugs Studenten u. ä.* · to receive/... a letter with an urgent request for money
Heute habe ich mal wieder einen Brandbrief von unserem Sohn erhalten. Ich möchte doch einmal einen einzigen Monat erleben, in dem der mit seinem Geld auskommt!

jm. **einen Brandbrief schicken/schreiben** *ugs Studenten u. ä.* · to send s. o. a letter with an urgent request for money
Wenn ich meinem Vater jetzt wieder einen Brandbrief schicke, wird er sauer. – Hast du denn noch jemand anders, den du dringend um Geld bitten kannst?

Braten: ein fetter Braten (sein) *ugs* · it/s. th. is a big killing
Das war ein fetter Braten! Ein Auftrag über 500.000,– Mark, bei 6% Provision. Jetzt haben wir für die nächste Zeit keine Geldsorgen mehr.

das macht den Braten (auch) **nicht fett** *ugs* · that isn't going to improve things/matters/..., it/that doesn't help much
Selbst wenn ich jetzt noch eine '1' im Deutschen bekomme: das macht den Braten auch nicht fett. Der Durchschnitt im Abiturzeugnis reicht in keinem Fall für ein Medizinstudium. Es lohnt sich also im Grunde gar nicht, mich für die Deutschnote noch anzustrengen.

ich habe/er/der Peter hat/... **den Braten geschmeckt/**(den Braten schmecken) *ugs schweiz* · to smell a rat
(Ein Deutscher zu einem Schweizer während einer Diskussion:) Was heißt: »ich habe den Braten geschmeckt?« – Das hab' ich kommen sehen, daß Ihre Firma im letzten Moment noch mit Sonderwünschen an uns herantritt. Ihre ganze Verhandlungstaktik lief darauf hinaus.

den Braten (schon) **riechen** *ugs* · 1. to get wind of s. th., to sense s. th. in the air, 2. to smell a rat, to sense that s. th. is up
1. Unser lieber Alexander kommt genau richtig, um seinen Anteil in Empfang zu nehmen. Als wir wüßte, daß wir das Geld gerade heute bekommen haben! – Er hat den Braten gerochen! Wenn es was zu verdienen gibt, hat unser Alexander einen siebten Sinn.
2. Heute liegt Gefahr in der Luft; heute erscheint er nicht. – Er hat den Braten gerochen. *seltener*

dem Braten nicht (recht) **trauen** *ugs* · to think that there's s. th. fishy about s. th.
Ich traue dem Braten nicht! Der Mann bietet den Whisky für 1750 Escudos an, da stimmt was nicht. Wahrscheinlich ist es gefärbtes Wasser.

Bratkartoffelverhältnis: ein Bratkartoffelverhältnis mit jm. **haben** *ugs veraltend selten* · to be more interested in s. o.'s cooking than anything else (in a relationship) *n*, to be together with s. o. mainly because he/she cooks so well *para*, to treat s. o. as one's meal ticket
Hast du schon gehört, daß die Elfriede mit dem Brächter ein Bratkartoffelverhältnis hat/daß die Elfriede und der Brächter ein Bratkartoffelverhältnis haben? – Bei dem Temperament der beiden ist so ein lockeres Verhältnis – bei dem auch das Essen nicht zu kurz kommt – wahrscheinlich genau das Richtige.

braucht: es braucht hier/da/... **nicht vieler Erklärungen/...** *form* · there's no need here for long/... explanations/...
Es braucht hier nicht langer Erläuterungen, die Sache ist evident: ...

braun: braun sein *eher: die Braunen* · to be a Nazi
Nannte man die Nazis nicht die Braunen? – Ja, warum? – Dann war der Kegler bestimmt braun. Er hat heute noch Nazi-Anschauungen.

Braunbier: wie Braunbier und Spucke aussehen *ugs veraltend selten* – wie **Buttermilch** und Spucke aussehen · to look terribly pasty

Brause: (eben rasch/...) **unter die Brause gehen** · to take a quick/... shower, to have a quick/...shower
Du, ich bin so verschwitzt, ich geh' schnell noch unter die Brause. Aber ich bin gleich unten. Ihr könnt ja schon anfangen zu essen.

Braut: eine dralle/lässige/coole/... **Braut** *sal Neol* · a tasty/cool/... girlfriend, a tasty/cool/... bird *coll*
Gestern habe ich den Tobias schon wieder mit 'ner coolen Braut gesehen.

die Braut über die Schwelle tragen · to carry the bride over the threshold
... Na, Hannes, wie war deine Hochzeit? – Ganz lustig. Schon als ich meine Braut, wie es bei uns Tradition ist, über die Schwelle unseres Hauses tragen wollte, bin ich ausgerutscht und auf den Appel gefallen.

Brautschau: auf Brautschau sein *ugs veraltend selten* · to be looking (out) for a wife
... Ach, sieh da! Da treffen wir den Aloys Hörster schon wieder auf einem Ball. Der ist wohl permanent auf Brautschau, was? – Wenn der uns sieht, meint er womöglich auch, wir suchten eine Frau.

auf (die) **Brautschau gehen/(wollen)/Brautschau halten** *ugs iron veraltend* · to be looking for a wife, to be looking out for a wife, to be out to make a kill
Seit er auf Brautschau geht, erscheint er immer sehr gepflegt. Er meint wohl, so geschniegelt und gebügelt findet er leichter ein Mädchen.

Bravo: Bravo rufen · to cheer, to shout 'bravo', to shout 'well done'
Jedesmal, wenn die Marcia auf die Bühne trat, gab es Beifall auf offener Szene; einige Leute riefen Bravo, andere pfiffen ...

brechen: nichts (mehr)/nicht viel **zu brechen und zu beißen haben** *form veraltend selten* – nichts/(nicht viel) zu **beißen** und zu brechen haben · to be starving, not to know where the next meal is coming from

Brechen: zum Brechen voll sein *path selten* – brechend **voll** sein · to be packed, to be jam-packed, to be chock-a-block

brechend: brechend voll sein – brechend **voll** sein · to be packed, to be jam-packed, to be chock-a-block

Brechmittel: j. ist ein richtiges/regelrechtes/wahres **Brechmittel** *sal path selten* · s.o. makes me want to puke, s.o. makes me sick
Dieser Schubart, das ist ein richtiges Brechmittel! – Aber Otto, seit wann redest du so von anderen Leuten? – Tut mir leid, Doris, wenn ich den Kerl sehe, wird mir schlecht.

Brechstange: mit der Brechstange vorgehen/... *bes. Sport ugs* · to go about it with a sledgehammer
Das ist kein Fußballspiel, das ist ein Rugby-Kampf! Guck' dir das an! Mit der Brechstange gehen die vor. Daß sie sich nicht sofort den Schädel einschlagen, ist alles.

Bredouille: in der Bredouille sein/(sitzen) *veraltend selten* – in der **Patsche** sitzen · to be in trouble, to be in a tight spot, to be in a (real/...) fix, to be in dire straits

jn. in die Bredouille bringen *veraltend selten* · 1. 2. to get s.o. into trouble, to get s.o. into a mess/fix/...
1. Seine Lage ist nun schon unangenehm genug, und wir werden ihn nicht noch weiter in die Bredouille bringen. Im Gegenteil: wir müssen alles tun, um ihn aus dem Schlamassel zu ziehen.
2. Die Krise in der Stahlindustrie hat ihn in die Bredouille gebracht. Hoffentlich hat er genug finanzielle Reserven, um die Flaute durchzustehen.

in die Bredouille geraten/(kommen) *veraltend selten* · 1. 2. to get into (real) trouble, to get into a mess, to get into a fix
1. Da sind wir aber in die Bredouille geraten, verdammt nochmal! Hier mitten in der Provinz, weitab von jedem Ort, abends spät ein Motorschaden! Wer wird uns zu dieser Stunde hier aus der Patsche ziehen?
2. Ohne jede Schuld ist er in die Bredouille geraten! Was kann er dafür, wenn die die Stahlindustrie von einem Tag auf den anderen in Schwierigkeiten gerät und deshalb keine Aufträge mehr hereinkommen?

Brei: (alles) ein Brei sein *sal selten* – ein und derselbe/ein und dieselbe/ein und dasselbe + *Subst* (2) · one and the same thing

den Brei auslöffeln können/sollen/müssen/dürfen *ugs selten* – etw./das **ausbaden** müssen/sollen/können/dürfen · to (have to) carry the can for s.th., to have to take the rap for s.th., to have to take the flak for s.th.

jm. Brei um den Bart schmieren/streichen *ugs veraltend selten* – jm. **Honig** um den Bart schmieren/streichen · to butter s.o. up

um den heißen Brei herumreden *ugs* · to beat about the bush
Hast du abgeschrieben, Hansi, oder nicht? – Ich habe den Stoff ganz genau gewußt. Sogar mein Vater hat gestern abend gesagt: »So gut warst du schon lange nicht mehr vorbereitet.« – Rede nicht um den heißen Brei herum! Ich habe nicht gefragt, was dein Vater gesagt hat und ob du vorbereitet warst oder nicht; ich habe gefragt, ob du abgeschrieben hast.

jm. Brei ums/(um das) Maul schmieren/(streichen) *ugs veraltend selten* – jm. **Honig** ums Maul/um das Maul schmieren/(streichen) · to butter s.o. up

jm. Brei um den Mund schmieren/(streichen) *ugs veraltend selten* – (eher:) jm. **Honig** um den Mund schmieren/(streichen) · to butter s.o. up

jn. zu Brei schlagen *sal* · to beat s.o. to a pulp
Hier ruht der Mops der Möpse, er stahl dem Koch ein Ei. Da nahm der Koch den Löffel und schlug den Mops zu Brei. Da kamen viele Hunde und gruben ihm ein Grab und setzten drauf ein Denkmal, auf dem geschrieben stand: 'hier ruht ...'.

breit: total/absolut/... breit sein *sal Neol* · to be absolutely/... legless/pissed/plastered/...
(In einer Kneipe:) Bestellt dem Karl mal ein Taxi, der ist so breit, daß er nicht mehr fahren kann. – Stimmt, so besoffen wie heut' hab' ich den schon lange nicht mehr gesehen.

so breit wie hoch (sein) *iron* · to be as wide as one is tall, to be as broad as one is tall
Mein Gott, wenn die Gisela so weiter zunimmt, bricht sie bald den Weltrekord. Sie ist schon jetzt so breit wie hoch. – Fritz!

Breite: etw. in aller Breite erklären/darlegen/schildern/... *form* · to explain s.th. in great/... detail
Da hab' ich euch extra in aller Breite erklärt, wie man den Apparat an- und abstellt, und ihr macht es trotzdem falsch! Warum erzähl' ich euch das denn so ausführlich, wenn ihr nicht zuhört?

etw. in epischer/behaglicher/großer/... **Breite** schildern/... *form* · to describe/... s.th. in great/... detail
Der Vortrag war interessant und aufschlußreich. Vor allem die sozialen Schwierigkeiten des Landes kamen in großer Breite zur Sprache. Darüber hat er bestimmt eine gute halbe Stunde gesprochen.

in die Breite gehen · 1. to put on weight, to fill out, 2. to go into detail
1. Die Doris ist ja mächtig in die Breite gegangen. – Sie platzt aus allen Nähten.
2. Sie brauchen bei den Erklärungen nicht so in die Breite zu gehen wie das letzte Mal. Kurz und knapp das Wesentliche, das genügt!

auf 30°/40°/... **nördlicher/südlicher Breite liegen** *geogr* · to be at 30°/40°/... latitude
Wie hoch liegt München? – Genau weiß ich das nicht. Auf 50° nördlicher Breite?

der Breite nach ... *form* · ... in width
Wie groß ist der Raum? – Ausgemessen habe ich ihn nicht. Der Breite nach dürften es etwa 8 Meter sein.

in unseren/eueren/... **Breiten** *ugs* · in our/... parts, in our/... climes, in our/... latitude
Im Süden unterhalten sich die Leute stundenlang vor dem Haus. Überhaupt spielt sich das Leben viel mehr auf der Straße ab als in unseren Breiten.

breiten: des breiten darlegen/erklären/... *form* · to explain s.th. at length/in detail/...

Ich habe doch extra ausführlich – in extenso! – erklärt, wie das gemacht wird ... – In extenso? Hm ... – Des breiten, wenn du das besser verstehst! ...

breiter: breiter wie/als hoch (sein) *iron* – so **breit** wie hoch (sein) · to be broader/wider than one is tall

breitmachen: sich breitmachen · 1. to take up so much room, 2. to be spreading, to go around

1. Mach dich nicht so breit, Herbert! Die anderen möchten auch noch ein bißchen Platz haben. Die Bank ist doch wohl lang genug für alle.
2. Heutzutage machen sich Ansichten breit, das ist unglaublich! Jeder Blödsinn findet Echo.

breitschlagen: jn. (mal wieder/...) breitschlagen (wollen/...) *ugs* · to (try to/want to/...) talk s.o. into doing s.th.

Da ist der Otto Lenz und will mit dir sprechen. – Schon wieder?! Der will mich unbedingt breitschlagen, an dem Schachturnier teilzunehmen. Aber der kann so lange reden, wie er will – ich nehme nicht daran teil.

sich breitschlagen lassen *ugs* · to let s.o. talk one into doing s.th., to let s.o. talk one round

Das nächste Mal sagst du 'nein', hörst du? Du kannst dich doch nicht immer und immer wieder breitschlagen lassen, die Übersetzung für die Anneliese mitzumachen. Ich weiß, die redet dann wie ein Missionar. Aber du hast schließlich genug eigene Arbeit.

Breitseite: eine Breitseite auf jn. abgeben *path od. iron* – eine Breitseite/einige/... Breitseiten auf jn. abgeben/abfeuern · to fire broadsides at s.o.

eine Breitseite abkriegen *path* · to be given a broadside, to be on the receiving end of s.o.'s broadside

Der Alte hat mal wieder alle möglichen Leute attackiert. Selbst sein engster Mitarbeiter, der Röder, hat eine Breitseite abgekriegt. – Nicht nur eine! Er stand ein paar Mal unter Beschuß.

Breitseite um Breitseite auf jn. **abgeben/abfeuern** *path* · to launch attack after attack on s.o., to attack s.o. again and again

Seine Rede war eine einzige Folge von Attacken gegen die Regierung. Breitseite um Breitseite gab er auf den Bundeskanzler ab, und auch der Außenminister kam nicht ungeschoren davon, auch er geriet anständig unter Beschuß.

eine Breitseite/einige/... Breitseiten **auf** jn. **abgeben/abfeuern** *path od. iron* · to fire a few/several/... broadsides at s.o.

In seiner Stellungnahme zum vergangenen Geschäftsjahr hat er ein paar Breitseiten auf dich abgegeben. – Das Allerschönste ist: ich weiß gar nicht, worauf ich diese Attacken zurückzuführen habe.

breittreten: etw. breittreten · to go on about s.th., to flog a subject/topic/... to death

... Und was die Vorwürfe angeht, die da in den letzten Wochen gegen meinen Kollegen erhoben wurden, so möchte ich nur ein paar klärende Worte dazu sagen. Die Angelegenheit ist ohnehin schon breitgetreten worden, so daß man sich scheut, das Thema überhaupt noch einmal zu berühren ...

breitwalzen: etw. breitwalzen *ugs* · to flog a subject to death, to go on and on about s.th.

Dieses Jahr walzen sie eine Theorie breit, das nächste ergehen sie sich aufs weitschweifigste über eine andere. Manchmal scheint es, wir leben im Zeitalter des allgemeinen Weltgeschwätzes.

Bremse: auf/(in) die Bremse(n) latschen *sal* – auf/(in) die **Bremse(n)** treten · to put on/to apply the brakes

auf/(in) die Bremse(n) steigen *ugs* – auf/(in) die **Bremse(n)** treten · to put on/to apply the brakes

auf/(in) die Bremse(n) treten · to put on/to apply the brakes, to slam on the brakes

Wenn ich nicht sofort mit aller Kraft auf die Bremse getreten hätte, hätte ich die Frau glattweg überfahren. Sie überquerte ganz plötzlich die Straße und lief mir direkt vor den Wagen.

bremsen: jn. bremsen (müssen) *ugs* · to (have to) rein s.o. in, to (have to) keep s.o. on a tight rein, to (have to) restrain s.o., to (have to) check s.o., to (have to) apply the brakes with s.o., to (have to) whistle s.o. back

(Der Vater zur Mutter:) Den Peter müssen wir mal wieder etwas bremsen. Der hat zur Zeit nur Mädchen im Kopf. Wenn wir ihn nicht etwas zügeln, tut er gar nichts mehr für die Schule.

ich kann/werd' mich bremsen *ugs* – ich kann mich **beherrschen** · not likely, no thanks, I can resist the temptation

sich bremsen (müssen), um nicht ausfallend zu werden/... *ugs* · to (have to) restrain o.s. to avoid offending s.o./..., to (have to) make an effort not to do s.th.

Wie der die Tante Emilie auf die Schüppe nahm – das war eine Wonne! Wir mußten uns alle bremsen, um nicht lauthals zu lachen. Du weißt, wie empfindlich die ist ...

nicht zu bremsen sein *ugs* · 1. 2. there is no stopping s.o.

1. Wenn er mal in Fahrt ist, dann ist er nicht mehr zu bremsen, dann erzählt er unter Umständen die ganze Nacht hindurch Witze.
2. Der hat eine Energie, der Mann, der ist überhaupt nicht zu bremsen. – Hoffentlich macht er mit seiner ganzen Energie nicht mehr kaputt als ganz.

brennen: lichterloh brennen *path* · to blaze fiercely, to be ablaze

... Wenn die Regierung fünfzehn Jahre lang sozusagen nichts gegen die Brandstifter unternommen hat, darf man sich nicht wundern, wenn heute im Sommer Tausende von Hektaren Wald lichterloh brennen! Das ist für viele zu einer Art Feuerwerk geworden.

darauf brennen, etw. zu tun/(auf etw. brennen) *path* · to be dying to do s.th., to be longing to do s.th., to be dead keen on (doing) s.th.

Er brennt darauf, sich mit dir über das Problem zu unterhalten. Er hat mich bestimmt schon vier- oder fünfmal gefragt, wann du endlich Zeit hättest.

Brennesseln: sich (mit etw.) (bei jm.) (ganz) (schön) in die Brennesseln setzen *oft Perf ugs veraltend selten* – sich (mit etw.) (bei jm.) (aber) (ganz) (schön) in die **Nesseln** setzen · to get into hot water, to put o.s. in a spot, to land o.s. in it, to put one's foot in it

Brennpunkt: im Brennpunkt stehen – im **Mittelpunkt** (des Interesses/...) stehen (3; u. U. 4) · to be the focus of interest/attention/...

brennt: so tun, als ob/... es brennt *ugs* · to act/behave/... as if s.th. is (terribly/...) urgent *n*

Erst lassen sie ein halbes Jahr überhaupt nicht von sich hören, und dann tun sie, als ob es brennt; dann sollen wir die Dinge von einem Tag auf den anderen erledigen.

wo brennt's (denn)? *ugs* · 1. 2. what's up?, 1. what's the panic?, where's the fire, 2. what's the matter? *n*

1. So früh ein Besuch von dir?! Da stimmt doch etwas nicht. Wo brennt's denn? – Vater, ich brauche unbedingt 5.000,– Mark. Aber sofort! ...
2. Du machst einen so kleinlauten Eindruck, mein Junge, was ist los, wo brennt's? Nun mal heraus mit der Sprache! – Hm, hm, der Peter, die Erika, die Marlies und ich wollen in den Osterferien nach Frankreich fahren. Die Mutti sagt, ich soll dich fragen ...

Bresche: eine Bresche schlagen in eine Gruppe von Leuten/... *path* · 1. 2. to breach/to make a breach in enemy lines/..., 3. to break into/to find a gap in/... a/the market/...

1. Es gelang ihnen, eine Bresche in die feindliche Kavallerie zu schlagen, und der Durchbruch an dieser Stelle sollte das Zeichen sein zu einer Wende des ganzen Gefechts.
2. Ob es der Opposition gelingen wird, in die geschlossene Formation der Regierungsmannschaft eine Bresche zu schlagen, erscheint mehr als fraglich. Der Ausgang des Wahlkampfs könnte davon abhängen.
3. Durch seine vielseitigen und umweltfreundlichen Eigenschaften gelang es dem UPA-Motor, auch in den Handwerkermarkt eine Bresche zu schlagen. Besonders bei den Schreinern findet er immer mehr Anklang.

für jn./etw. eine Bresche schlagen *path* · to stand up for s.o., to give s.o. one's backing

Wenn der Hausmann nicht bei der Firmenleitung eine Bresche für den Einsatz der neuen Maschinen geschlagen hätte, wäre doch kein Mensch hier auf die Idee gekommen, die alten Dinger zu ersetzen. Der Hausmann ist zuerst mit dem Gedanken gekommen und hat sich dann tatkräftig dafür eingesetzt.

(für jn./etw.) in die Bresche springen/(treten) *path* · 1. to breach a gap, 2. to stand in for s.o.

1. Die Reihen vor uns wurden niedergemetzelt, und wenn wir nicht in die Bresche gesprungen wären, hätte der Feind die Kavallerie an dieser Stelle durchbrochen.

2. Der Paul ist erkrankt? Dann muß der Anton für ihn in die Bresche springen. Er kennt sich in der Materie genau so gut aus und wird die Angriffe der Opposition genau so gut parieren wie der Paul.

sich für jn. in die Bresche werfen/(legen) *path* · to stand up for s.o., to speak out on s.o.'s behalf, to throw o.s. into the breach for s.o. *rare*

Nein, für den Droofs werde ich mich nie mehr in die Bresche werfen. Nachdem ich ihn überall verteidigt habe – oft zu meinem eigenen Nachteil –, läßt er mich bei den ersten Attacken im Stich. Es ist immer wieder dasselbe: man hat nur Ärger, wenn man sich für andere einsetzt.

Brett: das/(etw.) **ist ein (ganz schönes) Brett** *ugs* · 1. it's a real/... slog, it's shattering, 2. it/that is pretty/... steep, + they/... don't mess around/..., 3. it/s.th. is s.th. to get your teeth into, it/s.th. is s.th. to chew on

1. Eine vierstündige Examensklausur, das ist ein ganz schönes Brett! Danach bist du völlig fertig.

2. Vierhundert Mark für das Überfahren einer roten Ampel, das ist ein ganz schönes Brett!

3. vgl. – an etw. zu **beißen** haben

flach wie ein Brett sein *Frauen sal* · to be flat-chested

Kapierst du, was der Werner an der Berta findet – einem Mädchen, das (so) flach wie ein Brett ist? – Hm, die eine will's dick, der andere dünn. Jedem Tierchen sein Pläsierchen.

platt wie ein Brett sein *Frauen sal* – an einer Frau/(einem Mädchen) ist etwas/nichts **dran** (1) · to be flat-chested

(so) steif wie ein Brett (sein) *ugs* · to be as stiff as a poker

Schau dir den Winkels an! Der sitzt da so steif wie ein Brett. Wie eine Figur aus Holz oder Stein.

(etw. am) schwarzen Brett (anschlagen/...) *Schule/Uni usw.* · to put s.th. up on a notice-board

Hast du den Hinweis am schwarzen Brett nicht gesehen? Die Versammlung findet morgen um 20 Uhr statt. So stand es jedenfalls da angeschlagen.

etw. auf einem Brett bezahlen *ugs selten* · to pay for s.th. cash down/on the nail

Das wäre natürlich schön, wenn ich Ihnen die 35.000,– Mark für die Maschine auf einem Brett bezahlen könnte – 35 Tausender auf die flache Hand ...

das Brett bohren, wo es am dünnsten ist/an der dünnsten Stelle bohren *ugs* · to take the line of least resistance, to take the easy way out, to take the easy option

Meine Mutter ist natürlich gegen diese Reise zu viert – zwei Jungen, zwei Mädchen. Aber sie kann nicht leugnen, daß ich nach der langen Krankheit unbedingt Sonne und Meerluft brauche. Mit diesem Argument versuche ich, ihre Erlaubnis doch noch zu bekommen. – Du hast recht, man muß das Brett da bohren, wo es am dünnsten ist. Vielleicht geht es auch über deinen Vater!

ein Brett vor dem Kopf haben *ugs* · not to be able to think straight

... Also, was kommt da heraus? – Hm, hm ... – Nun denk doch mal nach! – Das tu' ich! Aber ich versteh' nicht! – Ja, hast du denn ein Brett vor dem Kopf?! Du hast doch dieselbe Aufgabe schon x-mal gelöst, nur mit anderen Zahlen.

jm. ein ganz schönes Brett verpassen *ugs selten* · to give it to s.o. straight, to sock it to s.o.

In der russischen Fachschaft herrschen rauhe Sitten. Einer unserer Dozenten hat dem Uli kürzlich ein ganz schönes Brett verpaßt. So

nach der Devise: »Vergeuden Sie nicht Ihre und meine Zeit, wechseln Sie die Fachrichtung!« Und das nur, weil er mal 'ne 'Vier' geschrieben hatte.

über die Bretter gehen *path Theater selten* · to be staged, to be performed

Im letzten Monat ist 'Kabale und Liebe' in Hamburg über die Bretter gegangen. Hast du es gesehen? – Nein, aber ich habe das Stück schon in mehreren anderen Aufführungen gesehen.

jn. (für drei/fünf/... Sekunden) auf die Bretter schicken *sal Boxen* · to floor s.o. (for three/five/... seconds), to knock s.o. down (for three/five/... seconds)

(Nach einem Boxkampf:) Ich versteh' nicht, wie das ein Unentschieden sein kann. Der Rocky war doch viel besser. Allein fünf oder sechs Mal hat er den Forster auf die Bretter geschickt, und einmal rettete den nur der Gong vor dem k.o..

die Bretter, die die Welt bedeuten *path veraltend* · (on) the stage, (on) the boards

... Hier, auf den Brettern, die die Welt bedeuten, ist uns die Problematik des Terrorismus wieder einmal überzeugend veranschaulicht worden ...

(nicht mehr/noch nicht/...) sicher auf den Brettern sein/stehen *Ski* · (not/no longer/...) to be steady on skis/on the planks *coll*, to be a bit shaky on the skis/planks *coll*

Ich habe zwar einen Skikurs gemacht, aber ich bin noch nicht sicher auf den Brettern.

auf den Brettern stehen *ugs* · 1. to be on the stage, 2. to ski

1. ... Wielange ist die Marlene eigentlich schon Schauspielerin? – Ah, die steht schon mehr als 20 Jahre auf den Brettern.

2. ... Ob der Schorsch nach seinem schweren Unfall jemals wieder auf den Brettern stehen kann, ist sehr fraglich. – Wie, du meinst, der kann nie mehr Ski laufen?

Brezelbacken: das/(etw.) **geht wie's/(wie das) Brezelbacken** *ugs veraltend selten* · it/s.th. goes like greased lightning

Hast du gesehen, wie die Christiane die Pfannkuchen macht? Das geht wie's Brezelbacken: einer nach dem anderen – ruck-zuck – fertig!

brich: brich dir/brecht euch/... (man) (nur/bloß) keinen/ nichts ab! *ugs* · don't make such a song and dance about it

Komm, brich dir bloß nichts ab! Als wenn du nicht mit uns durch diesen Wald spazieren könntest! Das bißchen Nässe macht doch nun wirklich nichts aus! Du kannst dich anstellen!

bricht: plötzlich/... bricht/brach es aus jm. **heraus** *path* · + suddenly/... s.o. blurts out

Monate, Jahre hatte sie sich beherrscht, hatte nie etwas gesagt. Aber dann, an einem Weihnachtsabend, brach es aus ihr heraus: alles Lüge, die Kinder waren nicht ihre ...

Brief: ein offener Brief · (to write) an open letter (to s.o.)

Der Professor Jungherz hat wegen der Afghanistan-Krise einen offenen Brief an den Außenminister geschrieben. Hast du gesehen? – Nein. In welcher Zeitung?

platt sein wie ein Brief *ugs selten* – (ganz) (einfach) **baff** sein · to be flabbergasted, to be dumbfounded

einen blauen Brief bekommen/(erhalten)/schreiben/schicken *Schule* · to receive/send/... a letter of warning (telling parents that a child may have to repeat a year)

Ich bin nicht der einzige, der Fred hat auch einen blauen Brief bekommen. – Ob der Fred sitzen bleibt oder nicht, ist nicht meine Sache. Aber in unserer Familie ist es das erste Mal, daß jemand so eine Mitteilung bekommt, daß die Versetzung gefährdet ist ...

jm. einen Brief in die Feder/Maschine diktieren · to dictate a letter for typing/onto a dictating machine/...

Ich muß meiner Sekretärin noch eben einen Brief in die Maschine diktieren, dann mach' ich Schluß; dann können wir irgendwo gemeinsam essen gehen.

jm. Brief und Siegel geben (auf etw.)/daß ... *mst: ich/wir geben dir/euch/... path* · to promise solemnly/faithfully/... to do s.th., to give one's word (that one will ...), to solemnly/... assure s.o. that ...

Ich gebe euch Brief und Siegel, daß ich das Geld nur für die Rückzahlung des Kredits verwende und ich euch alles in acht Wochen zurückbekommt. – Gut, wenn wir davon mit Sicherheit ausgehen können, kriegst du die Pfennige.

Briefkasten: ein lebender Briefkasten *ugs selten* · a letterbox
Wußtest du, daß man einen Kontaktmann zwischen einem Geheimdienst und seinem Agenten einen lebenden Briefkasten nennt? – Nein, den Ausdruck hab' ich nie gehört.

ein toter Briefkasten *ugs selten* · a letterbox
(Bei einer Entdeckung eines Schlupflochs von Geheimagenten; ein Polizist:) Ach, und diese Wohnung diente der Stasi und ihren Agenten als toter Briefkasten? – Der Nachrichtenaustausch, der den Bezirk Cottbus betraf, scheint teilweise hier deponiert worden zu sein.

Briefmarke: platt sein wie eine Briefmarke *sal selten* – (ganz) (einfach) **baff** sein · to be flabbergasted, to be dumbfounded

Brieftasche: eine dicke Brieftasche haben *ugs* – (eher:) ein dickes **Portemonnaie** haben · to be loaded, to have loads of money, to have a bulging wallet

seine Brieftasche zücken/ziehen (müssen) (und …) *ugs* – sein **Portemonnaie** zücken/(ziehen) (müssen) (und …) · to (have to) pay the bill, to (have to) pick up the tab

Briefwechsel: einen Briefwechsel mit jm. **führen** *form* · to correspond with s. o., to become engaged/to be in correspondence with s. o.
… Mein Gott, diese Kleinigkeit kann man doch telephonisch regeln! Ich werde doch jetzt mit Schuckert u. Co. keinen großartigen Briefwechsel führen, nur weil wir 15 Düsen brauchen!

in/(im) Briefwechsel mit jm. **stehen** (wegen …) *form* · to be in correspondence with s. o. (about s. th.), to be corresponding with s. o. (about s. th.)
Du hast ganz recht, die Sache muß geklärt werden, und zwar möglichst bald. – Ich steh' mit Dr. Herrmann schon in Briefwechsel deswegen. – Darf ich wissen, was er schreibt? Deine Meinung kenn' ich ja …

in Briefwechsel mit jm. **treten** *form selten* – **Korrespondenz** mit jm. aufnehmen · to enter into correspondence with s. o.

Brille: das sieht man doch ohne Brille/dazu braucht man doch keine Brille/um das zu merken/sehen/…, braucht man doch keine Brille *sal* – das fühlt (doch) (selbst) ein **Blinder** mit dem Krückstock/das kann (doch) (selbst) ein Blinder mit dem Krückstock fühlen · anyone can see that, you can see that with half an eye

etw. **durch eine andere**/fremde/seltsame/… **Brille sehen**/(ansehen/…) *ugs selten* · to see s. o. from a new/different/strange/… perspective/angle/viewpoint/…
Das, was er da sagt, paßt überhaupt nicht zu seinen Grundüberzeugungen. – Wer weiß, durch welche Brille er das neuerdings sieht. – Mit Sicherheit nicht durch seine eigene. – Wenn durch eine andere, dann noch am ehesten durch die seiner Frau. Von deren Urteil macht er sich am schwersten frei.

alles/etw. **durch seine/die eigene Brille sehen**/(betrachten) *ugs* · to look at/to see/to consider/… s. th. from one's own point of view *n*, to look at/to see/… s. th. subjectively *n*
… Wenn es dem Hubert doch nur ein einziges Mal gelänge, die Dinge nicht durch seine eigene Brille zu sehen, sondern durch die Augen eines anderen, dann wäre viel gewonnen. Die Ichbezogenheit von diesem Mann ist einfach unglaublich!

alles/etw. **durch eine gefärbte Brille sehen** *ugs* · to see/… s. th./everything from one's own point of view *n*
… Ich werde doch darüber mit dem Uwe nicht diskutieren. Du weißt doch, daß das zu nichts führt. Der sieht doch alles durch eine gefärbte Brille. Oder hast du schon einmal erlebt, daß er irgendetwas objektiv beurteilt?

alles durch eine/(die) rosa/rosarote/(rosige) Brille sehen *ugs* · to see everything through rose-tinted spectacles
Seitdem der Kurt verlobt ist, sieht er alles durch eine rosarote Brille. – Laß ihn. Realistisch oder gar pessimistisch wird man immer noch früh genug.

alles durch eine/(die) schwarze/(düstere) Brille sehen *ugs* · to take a pessimistic/gloomy/bleak/… view of things/the world/…
Der Mann sieht aber auch alles durch eine schwarze Brille. Er ist ein heilloser Pessimist, der immer mit dem Schlimmsten rechnet.

Brillenschlange: (eine) **Brillenschlange** (sein) *sal* · (a) four-eyes
Mit dieser Brillenschlange spiele ich nicht! – Marta, so etwas sagt man nicht! Du hättest auch nicht gern, wenn du eine Brille tragen müßtest und die anderen dich so nennen würden.

Brimborium: (nicht) viel/ein großes **Brimborium um** jn./etw. **machen** *sal* – (nicht) viel/kein **Aufhebens** um jn./etw./von jm./etw. machen · (not) to make a big/… hoo-ha about s. o./s. th.

bring: bring' dich/… (nur/…) **nicht um!**/er bringt sich/… noch um *ugs* · + it/s. th. will be the death of s. o., s. o. will kill himself if he goes on like that, don't kill yourself!
Mein Gott, was ihre Tochter angeht, bringt die Helga sich noch um. Als ob es schlimm wäre, wenn ein 16jähriges Mädchen mal bis fünf Uhr morgens durchtanzt!

bringen: an Miete/Einnahmen/… 1.000,– Mark/einen stattlichen Betrag/… **bringen** · to bring in/to make/to earn/… 1000 DM per month (in rent/…)/a substantial sum/…
Wieviel bringt sein Haus denn monatlich an Miete? – Ich denke, so etwa 3.000,– Mark.

es auf 80/90/… Jahre/ein stattliches Alter/… **bringen** · to reach the age of 80/85/…, to reach a ripe old age/…
… Mit wieviel Jahren ist Ihr Vater gestorben? – Mein Vater? Der ist sehr alt geworden. Er hat es auf 87 Jahre gebracht.

es zu allerhand/viel/nichts/… **bringen** · 1. to achieve something/great things/…, to get far, to do very well for oneself, to get on, 2. not/never to get anywhere, not/never to achieve anything
1. Der Karl hat es zu allerhand gebracht, das läßt sich nicht leugnen. Ministerialrat im Finanzministerium und Mitglied des Aufsichtsrats bei Stinnes – und das bei einem Mann, dessen Eltern nicht einmal das Geld für die Höhere Schule hatten! Alle Achtung, das ist eine Leistung.
2. Wenn du dir die Faulenzerei nicht abgewöhnst, bringst du es zu nichts. Oder glaubst du, im Leben flögen einem die gebratenen Tauben nur so in den Mund?

es bis zum Oberst/Kapitän/Regierungsrat/… **bringen** · to make it to (the rank of) colonel/captain/…
Es ohne Gymnasium, als einfacher Volksschüler, bis zum Regierungsrat zu bringen, das heißt schon etwas. – Allerdings. Heute würde er ohne Abitur nicht mehr so weit kommen, und wenn er noch so tüchtig wäre.

jn. **auf** achtzig/hundert **bringen** *ugs* – jn. auf **achtzig** bringen · to make s. o. hopping mad, to make s. o.'s blood boil

jn. **dahin bringen,** zu …/daß … – jn. so weit **bringen,** zu …/daß … (2, a. 1) · to force s. o. to do s. th., to push s. o. so far that …, to get s. o. to the stage where …

es dahin bringen, daß … – es so weit **bringen,** daß … · to make s. o. do s. th., to drive s. o. to do s. th.

jn. **darauf bringen,** zu …/jn. auf … **bringen** · 1. 2. to put the idea of doing s. th. into s. o.'s head, to inspire s. o. to do s. th. *iron*
1. … Wie bist du denn eigentlich auf die Idee gekommen? Wer hat dich dadrauf gebracht?
2. … Wer hat ihn denn darauf gebracht, im Sommer nach Griechenland zu fahren? Von selbst würde er so einen Plan nie fassen.

etw. **beiseite bringen** *selten* – jn./etw. auf die **Seite** schaffen (3) · to stash s. th. away, to hide s. th. away, to have s. th. stashed/hidden/… away

jn./etw. **durcheinander bringen** · 1. to get s. th. into a mess, 2. to confuse s. o., 3. to confuse s. o., to disorientate s. o.
1. Was habt ihr das Zimmer durcheinander gebracht! Das werdet ihr mir noch, bevor ihr ins Bett geht, wieder in Ordnung bringen!

2. Meine Güte, Sie haben den Jungen mit dieser vielen Fragerei völlig durcheinander gebracht. So verwirrt war er noch nie.

3. Die dauernden Umzüge, das ewige Hin und Her – auch in der Schule – haben das Kind ganz durcheinander gebracht. Es hat jede Orientierung verloren.

alles durcheinander bringen · 1. to get s.th. mixed up, to get s.th. muddled up, 2. to throw s.th. into confusion, to throw s.th. into disorder, to mess s.th. up

1. Dieser Junge bringt aber auch alles durcheinander: Karl der Große im 19. Jahrhundert, Ludwig XIV. im 11., Pombal ein englischer Lord – er verwechselt wirklich alles.

2. Es war alles gut vorbereitet für die Verhandlungen. Aber mit seiner plötzlichen Forderung nach Rückzahlung aller Beiträge der Jahre 1976 – 1980 hat er alles durcheinander gebracht.

es zu etwas bringen – es zu allerhand/viel/nichts/... **bringen** (1) · to achieve something/great things/..., to get far, to do very well for oneself, to get on

es fertig bringen, etw. zu tun/und ... *ugs* · 1. to be (quite) capable of doing s.th., 2. (not) to be able to bring o.s. to do s.th.

1. Bei diesem Hartmann würde ich vorsichtig sein. Dem würde ich nicht so viel erzählen. Der bringt es fertig, alles dem Chef weiterzuerzählen/... fertig und erzählt dem Chef alles weiter

2. Er ist genau derselben Meinung wie wir: der Chef hat Unrecht. Aber er bringt es nicht fertig, dem Chef das auch zu sagen. Ich weiß nicht, ob aus Takt, Scheu oder Furcht. Er kann es einfach nicht.

allerhand/viel/nichts/... **fertig bringen** *selten* – etw. zustande **bringen** (3) · (not) to achieve s.th./(much), to get somewhere

etw. wieder hoch bringen – jn./etw. wieder in die **Höhe** bringen (2 a. 3) · to put s.th. back on its feet, to (get) put a country/... back on its feet

jn. auf hundertachtzig bringen *ugs* – jn. auf **achtzig** bringen · to make s.o. hopping mad, to make s.o.'s blood boil

das kannst du/kann der Peter/... **nicht bringen** *ugs* · + that is not on

Komm, Peter, das kannst du nicht bringen! Du hast uns versprochen, beim Umzug zu helfen; du kannst uns doch jetzt nicht hängen lassen!

etw. knallhart bringen *ugs* · not to mess around, not to pull any punches

Gestern hat der Peter dem Geschäftsführer ja ganz schön Kontra gegeben, als der ihn etwas hart ansprach. – Der Peter bringt das knallhart, der fürchtet sich vor niemandem.

etw. knüppelhart bringen · not to mess around *coll*, not to pull any punches *coll*

Der Jürgen hat heute morgen zum Chef gesagt, er soll ihn nicht immer so schräg von der Seite anreden. – Das wundert mich nicht. Der Jürgen bringt so was knüppelhart. Der kennt da nichts.

jn. auf neunundneunzig bringen *ugs* – jn. auf **achtzig** bringen · to make s.o. hopping mad, to make s.o.'s blood boil

jm. etw. näher bringen – jm. etw. **näherbringen** · to deepen s.o.'s understanding of s.th., to make s.th. more real to s.o.

etw. an sich bringen · to get/to lay/... one's hands on s.th., to get hold of s.th.

Wir wissen auch nicht, wie er es geschafft hat, die ganze Korrespondenz unbemerkt an sich zu bringen. Tatsache ist: alle Briefe, die in der Sache von irgendwelcher Bedeutung sind, sind in seiner Hand.

jn. außer sich bringen *selten* · to drive s.o. mad, to drive s.o. wild, to drive s.o. up the wall

... Dieser Junge bringt doch mit seiner stundenlangen Telefoniererei den geduldigsten Vater außer sich! – Klar! Aber der Herr Teubner tobt dann nur. Mein Vater hätte mir das Telefonieren schon längst verboten.

jn. hinter sich bringen · 1. 2. to win s.o. over, to get s.o. on one's side

1. vgl. – jn. auf seine **Seite** bringen (1)

2. vgl. – jn. auf seine **Seite** ziehen (1)

eine Strecke/... **hinter sich bringen** *form selten* · to cover a distance

(Abends, nach einer Wanderung:) Wieviel Kilometer sind wir heute wohl gelaufen? – So um die 20, 25 werden wir wohl hinter uns gebracht haben.

Verpflichtungen/Arbeit/Aufgaben/... **hinter sich bringen** · to get s.th. over and done with, to get s.th. behind one

Erst muß ich das Examen hinter mich bringen, dann kann ich ans Reisen denken.

etw. mit sich bringen · to involve s.th., + it/that is all part of marriage/...

Ich habe das Gefühl, überhaupt keine Freiheit mehr zu haben! – Ja, mein Lieber, das bringt die Ehe so mit sich!

es nicht über sich bringen, etw. zu tun *form selten* – es fertig **bringen,** etw. zu tun/und ... (2) · not to be able to bring o.s. to do s.th.

jn. (wieder) zu sich bringen · 1. to make s.o. aware/conscious of s.th., 2. to make s.o. listen to reason, to make s.o. see sense

1. vgl. – jn. wieder zu **Bewußtsein** bringen

2. vgl. – jn. (wieder) zur **Räson** bringen

jn. um etw. bringen · to deprive s.o. of s.th., to take s.th. away from s.o.

Wenn dieser Mann könnte, wie er wollte, dann brächte er seine Arbeiter noch um ihren verdienten Lohn! Dann ließe er sie für sich glattweg umsonst arbeiten!

es weit bringen – es zu allerhand/viel/nichts/... **bringen** (1) · to achieve great things

jn. so weit bringen, zu .../daß ... · to push s.o. so far that ..., to get s.o. to the stage where ...

Mit ihrer ständigen Kritik hat sie ihn so weit gebracht, daß er ihr gar nichts mehr erzählt. – Irgendwann mußte es dahin kommen.

es so weit bringen, daß ... · to make s.o. do s.th., to drive s.o. to do s.th., to get/to drive/... s.o. to the point where ...

Mit ihrer dauernden Eifersucht wird sie es noch so weit bringen, daß ihr Mann sich eine Geliebte zulegt, nur um ihr recht zu geben!

jn. zu etw. bringen/jn. dazu bringen, zu/daß ... · 1. 2. to get s.o. to do s.th.

1. Ich bin davon überzeugt, daß man ihn nie zu einem Geständnis bringt, ganz egal, wie man vorgeht. Dieser Mann läßt sich von niemandem beeinflussen.

2. Wenn man immer und immer wieder auf ihn einredet, ihn ständig kontrolliert, ihm droht .., dann bringt man ihn vielleicht dazu, wenigstens halbwegs vernünftig zu arbeiten. Vielleicht ...

es (bis) zum Minister/Millionär/... **bringen** · to make it to millionaire/director/...

... Der Mann hat als Laufbursche bei Krupp angefangen, sich dann selbständig gemacht und es in weniger als zehn Jahren bis zum Millionär gebracht.

etw. zustande bringen · 1. to manage to do s.th., 2. to get s.th. going, to organise s.th., to bring s.th. about, 3. to achieve great things/a great deal/...

1. Wenn Vater und Onkel Heribert das nicht geschafft haben, wirst du es auch nicht zustande bringen. Oder meinst du, du wärst tüchtiger als die beiden?

2. Wer hat die Konferenz schließlich doch zustande gebracht? – Ich glaube, das verdanken wir der Geduld und dem Geschick unseres Herrn Schreiber. Ihm ist es schließlich gelungen, uns alle an einen Tisch zu bringen.

3. Doch, der Lachmann hat hier allerhand zustande gebracht! Er hat hier mehr Projekte realisiert als irgend jemand vor ihm auf dem Posten.

nichts/... **zustande bringen** · not to achieve anything, not to get anything done, not to do anything properly

Nichts bringt dieser Junge zustande, gar nichts. Auf dem Gymnasium war er von Anfang bis Ende eine Niete; das Abitur hat er nicht geschafft; eine kaufmännische Lehre hat er abgebrochen; und jetzt gibt es in der Wirtschaftsoberschule auch schon wieder Schwierigkeiten.

etw. zuwege bringen *form veraltend selten* – etw. zustande **bringen** (1; a. 2, 3) · to manage to do s.th., to get s.th. going, to organise s.th., to bring s.th. about, to achieve great things/a great deal/...

nichts/... zuwege bringen *veraltend selten* – (eher:) nichts/... zustande **bringen** · not to achieve anything, not to get anything done, not to do anything properly

bringst: so etwas/das bringst nur/bloß du/bringt nur/bloß er/... **fertig!** *ugs* · 1. 2. only he/John/you/... could do s.th. like that
1. Was, er hat ein Buch von gut 200 Seiten in einer Woche aus dem Chinesischen ins Portugiesische übersetzt? Das bringt nur er fertig! Kein anderer Übersetzer würde das schaffen.
2. Da fragt Dieter den Dr. Bertmann doch allen Ernstes, ob die Ärzte heute nicht als verschleierte Kaufleute anzusehen sind! – So etwas bringt nur der Dieter fertig. Wer ihn kennt, nimmt ihm das schon gar nicht mehr übel, denn er leistet sich andauernd solche Bemerkungen.

bringt: bring'/bringt/(...) mir ihn/sie/den Mann/... **lebend oder tot**/lebendig oder tot/tot oder lebendig! *path* · bring him/her/John/... to me dead or alive
Bringt mir diesen Kidnapper, sag' ich euch, lebend oder tot! Ihr müßt ihn erwischen! Und wenn er versucht, euch wieder durch die Lappen zu gehen, dann knallt ihn ab, ehe ihr ihn wieder entwischen laßt.

j./etw./das bringt es/bringt's nicht/total/(...) · 1. it's/s.th. is great/super/fantastic/..., 2. it's/s.th. is no use, it's/s.th. is a drag *coll*, 3. s.o. is not up to much *coll*, s.o. has not got it *coll*, s.o. is past it *coll*
1. ... Ich sage dir, Windsurfen, das ist wirklich super! Das bringt's total.
2. Fußballspielen bringt's nicht! Das find' ich stinklangweilig!
3. ... Der Jürgen bringt's irgendwie nicht, mit dem Typ kann man echt nichts anfangen.

das bringt (doch) **nichts!** *ugs* · it/that/s.th. is pointless, it/that/s.th. is no use, there's no point in doing s.th.
Den Leuten einen Prozeß machen? Das bringt doch nichts. Die nehmen sich einen knallharten 'Linksanwalt', und dann liegst du mit denen ewig und einen Tag am Gericht. Das gibt nur Ärger!

etw. bringt jn. (noch) **um** *path* · s.th. will be the death of me/them/...
Diese ewigen Konflikte hier im Betrieb bringen mich noch um! – Nur ruhig Blut, Herr Dietrich! Mit Geduld und Ausdauer übersteht man die schwierigsten Situationen.

es bringt jn. (noch) **um, zu ...**/daß ... *path* · + s.th./having to do s.th./... will be the death of s.o.
Es bringt mich noch um, daß ich dauernd auf diesen Esel Rücksicht nemen muß! Er zerstört mir die besten Projekte! – Lassen Sie sich nicht aus der Ruhe bringen, Herr Jansen! Auch damit werden Sie noch fertig werden. So schnell läßt man sich nicht kaputtmachen.

Brisanz: ein Thema/... von großer/größter/... Brisanz *path* · to be a highly/extremely/... explosive/... topic/subject/...
... Seltsam, über die Atombombenversuche verlieren die Kirchen kein Wort; aber wenn das Gesetz zum Schwangerschaftsabbruch geändert werden soll, meint jeder Pfarrer, die Welt ginge unter. – Liebe, Sexualität – das war für die immer ein Thema von äußerster Brisanz.

Bröckchen: Bröckchen husten/(lachen) *ugs selten* – Kotzebues Werke studieren · to throw up, to toss one's cookies

Brocken: ein dicker Brocken *ugs* · 1. to be a big fat lump, 2. s.th. is tough, s.th. is a tough nut to crack
1. Mensch, ist das ein dicker Brocken geworden! – Wieviel wiegt er denn jetzt? – So um die 85 Kilo. Und das bei 1,65 m.
2. An sich war das Examen nicht zu schwer. Nur die Übersetzung, das war ein dicker Brocken.

ein fetter Brocken (sein) *ugs* – ein fetter **Braten** sein · it/ s.th. is a big killing

gelehrte Brocken *ugs* · a smattering of learning/erudition/..., a few scraps of learning/erudition/...
Mit ein paar gelehrten Brocken, die er in seine Rede einflocht, gab er sich den Anschein wissenschaftlicher Bildung. Als wenn ein paar wissenschaftliche Ausdrücke und hochtrabende Wendungen den Wert einer Rede ändern könnten!

ein gesunder Brocken (sein) *ugs* – *path* · (to be) a picture of health *n*, to be bursting with health
Dieser Junge ist wirklich ein gesunder Brocken: groß, stark, unverwüstlich ...

ein harter Brocken sein (an dem man zu würgen/kauen/ (knacken) hat) *ugs* · 1. to be a tough customer/cookie/..., 2. it is a tough nut to crack
1. Unser Abteilungsleiter ist wirklich ein harter Brocken. Mit dem ist nicht gut Kirschen essen. Als ich ihm mein neues Konzept vorstellen wollte, hat er sofort abgewiegelt. – Es ist wirklich schwer, ihn von etwas zu überzeugen oder ihn umzustimmen.
2. vgl. – eine harte **Nuß** sein

jn. mit (so) ein paar/einigen Brocken abspeisen *ugs selten* · to fob s.o. off with a few scraps (of information)
Nun gaben Sie mir bitte eine genaue Erklärung, warum ich die Genehmigung nicht bekommen soll! Sie glauben doch nicht etwa, daß ich mich mit so ein paar Brocken abspeisen lasse? Bitte: wie sieht die gesetzliche Regelung aus und welches sind Ihre Gründe?

die Brocken hinschmeißen/hinwerfen *sal* – (eher:) die **Fleppen** hinschmeißen/hinwerfen · to hand in one's cards, to pack a job in, to jack a job in

jm. ein paar/(einige) Brocken hinwerfen *ugs* · to throw s.o. a few scraps of information
Unser Mathematiklehrer ist wirklich hochmütig und unangenehm. Wenn man ihn nach etwas fragt, wirft er einem so ein paar Brocken hin, statt einem die Dinge vernünftig zu erklären, und sagt: »Der Rest versteht sich ja von selbst«.

an einem harten Brocken zu kauen haben *ugs* · to have a tough job to do, to have a tough job on one's hands
Der Anton? Der hat in dieser Woche keine Zeit, der hat an einem harten Brocken zu kauen. – Wieso? Was ist denn los? – Er muß ein Gutachten für den Finanzminister schreiben – wegen der konjunkturellen Lage, – das ist eine verdammt harte Nuß.

ein paar Brocken Russisch/Griechisch/... **können** · to have a smattering of Russian/French/..., to have/to know/... a few scraps of Russian/French/...
Kannst du Russisch? – Ein paar Brocken. Es reicht gerade, um sich auf einer Reise über die notwendigsten Dinge zu verständigen.

jm. (ein paar) harte Brocken zu schlucken geben *ugs selten* – jm. (mal) ein paar/einige unangenehme **Wahrheiten** sagen (müssen) · to (have to) tell s.o. a few home truths

sich die besten/fetten Brocken aus der Suppe fischen *ugs* · to choose the best bits for oneself
Er ist nur auf seinen Vorteil bedacht! Wo immer er kann, fischt er sich die besten Brocken aus der Suppe. Das Beste ist für ihn. Die anderen sollen sich mit den weniger guten Dingen begnügen.

mit gelehrten Brocken um sich werfen *ugs* · to bandy erudite/... terms/... about, to pepper one's talk with erudite/... references
Er meint, weil er mit gelehrten Brocken um sich wirft, hielten die Leute ihn für gebildet. Als ob nicht jeder merkte, daß er im Grunde nichts richtig weiß! Daß alles nur Wortkram ist!

an einem harten Brocken zu würgen/kauen/knacken haben *ugs* – *path* · to have a tough task, to have a tough nut to crack
... Da hat der Robert an einem harten Brocken zu würgen! Der Text ist ungewöhnlich schwer. Wenn er den in ein gutes Deutsch bringt, hat er etwas geleistet.

Brot: mein/dein/… **alltägliches/täglich(es) Brot sein** *path iron* · 1. 2. to be quite normal for s.o., to be standard behaviour for s.o.

1. Meine Güte, geht der Konrad heute rücksichtslos mit seiner Mutter um! – Heute? Ständig! Diese Rücksichtslosigkeit ist unser tägliches Brot. Weil er seine Mutter Tag für Tag so behandelt, merken wir es kaum noch.

2. … Sie kennen sich aber in Theater- und Inszenierungsfragen sehr gut aus? – Das ist mein tägliches Brot. Ich bin schließlich schon seit zehn Jahren Theater- und Literaturkritiker bei der 'Zeit'.

ein hartes/schweres/saures Brot (für jn.) **sein**/(etw. zu tun/zu sein) *path veraltend selten* · it/that/s.th. is a hard way (for s.o.) to earn a living

So Jahr um Jahr tief unter der Erde Kohle losschlagen – das ist schon ein hartes Brot. – Obwohl ich es einige Male mit großem Interesse mitgemacht habe, würde ich auch nicht gern ständig 'unter Tage' und 'vor Ort' arbeiten, wie man sagt. Das Geld ist sauer verdient.

(so) **nötig sein wie das tägliche Brot** *path* · to be as necessary as the air we breathe *para*

Medikamente sind hier nötig wie das tägliche Brot. Bei dem Klima und den Massen, die hier untergebracht sind, müssen wir mit den schlimmsten Seuchen rechnen, wenn Medikamente fehlen.

etw. (so) **nötig haben**/(so nötig) **brauchen wie das tägliche/(liebe) Brot** *path* · to need s.th. as much as the air one breathes *para*

… Kinder brauchen die Liebe ihrer Eltern wie das tägliche Brot. Sie können sie nicht entbehren, ohne in ihrer Entwicklung schweren Schaden zu nehmen. …

(so) **wichtig sein wie das tägliche Brot** *path* · to be vital, to be essential, to be indispensable

… Eine gute medizinische Betreuung, Junge, das ist in einem so gefährlichen Beruf so wichtig wie das tägliche Brot! Wenn die nicht gesichert ist, kann man doch gar nicht vernünftig arbeiten.

nicht einmal das liebe Brot haben *path veraltend selten* – (so) arm wie **Job** sein (1, 2) · to be as poor as Job, to be as poor as a church mouse

das Brot brechen *rel* · to break bread

Wie Christus das Brot brach, erklärte er den Kommunionskindern, so bricht der Priester das Brot in jeder Messe …

jn. **ums Brot bringen** *path veraltend selten* · to cost/to lose s.o. his job, to deprive s.o. of his livelihood *elev*

Seine Betrügereien haben ihn ums Brot gebracht und nicht irgendwelche Ungerechtigkeiten oder Härten der Firma. Wenn mich jemand Jahre hindurch so betrügen würde, würde ich ihn auch an die Luft setzen.

sein eigen(es) Brot essen *geh veraltend selten* · to be one's own boss *coll*

Du bist nicht mehr bei Siemens? – Nein, ich eß jetzt mein eigenes Brot. Ich habe ein Elektrikergeschäft aufgemacht.

mehr können als Brot essen *ugs veraltend selten* · to know a thing or two

Seht ihr, der Albert kann mehr als Brot essen. Was ihr alle vergeblich versucht habt, er hat es hingekriegt: er hat den Motor wieder zum Laufen gebracht.

nur trocken(es) Brot zu essen haben *veraltend selten* · to live on dry bread *rare*

Ihr müßt mal nur trockenes Brot zu essen haben, wie wir nach dem Krieg, da würdet ihr weniger wählerisch, bescheidener werden!

überall sein Brot finden *geh veraltend selten* · to be able to earn one's living anywhere *n*, to be able to earn a crust anywhere *coll*

Wegen dem Günther braucht ihr euch doch nun wirklich keine Gedanken zu machen. Der findet überall sein Brot. In seinem Fach werden doch andauernd Leute mit seiner Ausbildung und seinen Fähigkeiten gesucht.

ans Brot gewöhnt sein *ugs veraltend selten* · to be used to one's home comforts

Nein, länger als drei, vier Tage bleibt der Heinz bestimmt nicht weg. Der ist ans Brot gewöhnt; er kommt immer wieder rasch nach Hause.

wes Brot ich eß/esse, des Lied ich sing(e) *selten* · you/… don't bite the hand that feeds you/…, to know what side one's bread is buttered on, + whoever pays the piper calls the tune

Das ist doch klar, daß er in der Auseinandersetzung 'Mercedes' verteidigt. Wes Brot ich eß, des Lied ich sing. Hast du schon mal erlebt, daß jemand öffentlich an seinem Brötchengeber Kritik übt?

jm. **aufs Brot schmieren, daß** …/jm. das aufs Brot schmieren – (eher:) jm. aufs **Butterbrot** schmieren/(streichen), daß …/jm. das aufs Butterbrot schmieren (1, 2, 3) · to keep rubbing s.th. in, to keep rubbing in the fact that …

(sich) **sein Brot im Schweiße seines Angesichts verdienen** *path veraltend selten* – (sich) sein **Brot** sauer/(bitter) verdienen (müssen) · to earn a living by the sweat of one's brow

(sich) **sein Brot verdienen** *path veraltend selten* · to earn a/ one's living, to get by

Ich gehe Weihnachten von der Schule ab und werde Schauspieler. – Und wenn du keine Stelle am Theater findest? – Das macht nichts. Dann warte ich. – Und wie willst du dir dein Brot verdienen? Ganz konkret: wovon willst du leben während der Zeit?

(gerade/nur/…) **sein täglich(es) Brot verdienen** *path veraltend selten* · to earn (just) enough to live on, to (just/…) (manage to) make ends meet

In dem Job, den er jetzt hat, verdient er gerade sein tägliches Brot. Sparen kann er von seinem Gehalt keinen Pfennig.

(sich) **sein Brot sauer/(bitter) verdienen** (müssen) *path veraltend selten* · to (have to) work hard to earn a living

Viele beneiden ihn um das, was er sich geschaffen hat. Dabei vergessen sie, daß er drei Jahrzehnte lang hart gearbeitet, sich sein Brot sauer verdient hat.

(sich) **sein Brot selbst verdienen müssen** *path veraltend selten* · to have to pay one's own way, to have to earn one's own living

Mein Vater zahlt für mich schon seit Jahren nichts mehr. Ich muß mir mein Brot selbst verdienen.

jn. **auf Brot und Wasser setzen** *veraltend selten* · to put s.o. on bread and water, to jail s.o.

Den Ulli haben sie eingesperrt und auf Brot und Wasser gesetzt. – Daß er hinter schwedischen Gardinen sitzt, wußte ich, aber nicht, daß er nur die jämmerlichste Gefängnisnahrung bekommt.

Brötchen: wie frische Brötchen abgehen/(weggehen) *ugs* · to sell like hot cakes

Die neuen Diskoroller gehen ja ab wie frische Brötchen! Obwohl sie erst in der vergangenen Woche auf den Markt kamen, sind sie in zahlreichen Geschäften schon ausverkauft. Einen Artikel, der einen so reißenden Absatz hat, gab es lange nicht mehr.

seine eigenen Brötchen backen *ugs selten* – sein eigen **Brot** essen · to be one's own boss

kleine/kleinere Brötchen backen (müssen) *ugs* · 1. to (have to) set one's sights lower, 2. to sing small *rare*

1. Große Konzertreisen, einen aufwendigen Lebensstil … das können wir uns fürs erste nicht leisten. Fürs erste müssen wir kleine Brötchen backen: bescheidene Wohnung, Stunden geben …

2. Gestern hat er Mutter angeschnauzt wie nur etwas, die Eltern hätten die Pflicht, den Kindern eine Spezialausbildung zu finanzieren. Jetzt, bei Vater, backt er kleine Brötchen. Ganz bescheiden erkundigt er sich, ob er noch mit einer Unterstützung rechnen könne … – Klar! Er weiß ganz genau, daß er sich ins Unrecht gesetzt hat und daß er sich bei Vater solch einen Ton nicht leisten kann. Deshalb ist er jetzt so kleinlaut. *seltener*

(sich) **seine Brötchen verdienen** *ugs mst iron* – (sich) sein **Brot** verdienen · to earn a living/a crust/…

Brötchengeber: js. **Brötchengeber sein** *ugs* · to be s. o.'s employer *n*
Kennst du die Firma 'Fummel & Bastel'? – Klar, Mann, das ist mein Brötchengeber! Dort arbeite ich schon seit sechs Jahren.

Broterwerb: etw. **zum/(als) Broterwerb betreiben/(machen)** *form veraltend selten* · to do s. th. for a living, to do s. th. to earn a living
... Ob der alte Herr Fischer das zum Broterwerb betreibt? ... Aber natürlich! Meinst du, der übt solch einen schmutzigen und harten Beruf aus Spaß und Dollerei aus?! Du kannst aber auch Fragen stellen!

Brotkorb: jm. **den Brotkorb höher hängen** · to keep s. o. short, to put the squeeze on s. o. *sl*, to put s. o. on short rations
(Ein Freund von Klaus' Vater:) Eurem Klaus müßt ihr den Brotkorb mal höher hängen. Der meint, das Leben bestünde nur aus Essen und Trinken. Von Arbeit und Pflichterfüllung hat er dagegen wohl noch nichts gehört! – Was, der Junge ist faul? Selbstverständlich wird er dann jetzt kurz gehalten.

Brotneid: **das/(etw.) ist (reiner/...) Brotneid** *form selten* · that/(s. th.) is (just/...) envy of other people's jobs/salaries/positions/... *para*
Ist die Ausländerfeindlichkeit wirklich rassistisch begründet? Oder ist das reiner Brotneid? – Beides. Die Leute fürchten um ihren Arbeitsplatz und wenden sich deshalb gegen 'die anderen'.

Brotstudium: ein **Brotstudium** (betreiben/machen/absolvieren) *veraltend selten* · to study s. th. because it will provide/guarantee/... a well-paid job *para*
Früher sagte man, wenn jemand ohne Neigung für die Wissenschaft und ohne Engagement studierte: er betreibt ein Brotstudium. Heute hat man manchmal den Eindruck, es geht der Mehrheit nur noch ums Brot, oder besser, um ein dickes Portemonnaie.

Brotzeit: **Brotzeit machen** *bayr* · to have a tea/coffee/... break, to have a break for tea and rolls
So, jetzt wollen wir Brotzeit machen. Eine halbe Stunde ist jetzt Pause. Ihr habt ja wohl alle was zum Essen und Trinken mitgebracht ...

Bruch: du hebst dir/der Karl hebt sich/... **noch/(...) einen Bruch** *ugs* · to rupture o. s., to give o. s. a hernia *n*, to do o. s. a mischief
Christine, du hebst dir noch einen Bruch! Der Koffer ist doch viel zu schwer für dich. Laß den mal für den Walter, der hat doch viel mehr Kraft als du.

es kommt zum/(zu einem) Bruch (zwischen zwei oder mehreren Personen) · John/... and Mary/... break up, John/... and Mary/... fall out, John/... and Mary/... break off their friendship
Wegen der Karin ist es zwischen Paul und Dieter zum Bruch gekommen. – Was, die beiden haben sich entzweit? Und sie waren so dicke Freunde.

zu Bruch fahren · to smash s. th. (up)
Wenn man sein Rad alle paar Tage zu Bruch fährt, werden es die Eltern natürlich irgendwann leid, es reparieren zu lassen.

zu Bruch gehen *selten* – kaputt **gehen** (2; u. U. 1) · to break, to bust, to get broken

sich einen Bruch lachen *sal veraltend selten* – sich einen **Ast** lachen · to double up with laughter, to split one's sides with laughter, to laugh like a drain

Bruch machen *Flugzeuge bei Landung selten* · to crash, to crash-land
Die Maschine hat Bruch gemacht, sagst du? Aber es ist doch nichts passiert? – Den Insassen Gott sei Dank nicht. Aber das Flugzeug ist arg beschädigt.

in die Brüche gehen *ugs* – kaputt **gehen** (2; a. 1) · to break, to break-up

Bruchlandung: eine **Bruchlandung machen/(verursachen/...)** *ugs* – **Bruch** machen · to crash, to crash-land

Bruchteil: ein **Bruchteil des Ganzen** *form* · (only/a mere/...) fraction of the whole (thing)
... Nur Kap. VII und XI sollen wir übersetzen und alles andere wird einfach weggelassen? Wie soll sich der Leser denn anhand von so einem lächerlichen Bruchteil des Ganzen ein zutreffendes Bild von dem Roman machen?

im Bruchteil einer Sekunde (geschehen/...) *path* · to happen/... in a fraction of a second
Wenn dich ein Polizist anhält und fragt: »Haben Sie getrunken?«, mußt du dir im Bruchteil einer Sekunde klarwerden, was du antwortest. Denn sobald du zögerst, weiß er Bescheid. Blitzschnell muß das gehen.

Brücke: jm. **eine Brücke bauen** · to meet s. o. half-way, to make things easier for s. o., to build s. o. a golden bridge *rare*
Ihr habt euch ernsthaft gestritten, aber ihr wollt euch doch nicht trennen, oder? – Ich jedenfalls nicht. – Gut. Du kennst den Ötz. Du weißt, daß er nicht von selbst einlenkt. Wenn du willst, daß er dir entgegenkommt, ohne daß er dabei sein Gesicht verliert, mußt du ihm eine Brücke bauen. Ruf' ihn doch an und sag' ihm, du hättest mich zufällig getroffen und ich hätte euch beide zum Abendessen eingeladen.

jm. eine goldene Brücke bauen – jm. goldene **Brücken** bauen (1, 2) · to meet s. o. half-way, to make things easier for s. o., to build s. o. a golden bridge *rare*

(über etw.) **eine Brücke zu** jm./etw. **schlagen** *selten* · 1. to establish contacts with s. o./s. th., 2. B takes/picks up where A left off
1. Ja, mir läge auch sehr daran, in der Sache Kontakt zu Herrn Braun zu bekommen. Aber wie? – Vielleicht läßt sich über eure gemeinsamen Interessen im Brasiliengeschäft eine Brücke zu ihm schlagen.
2. ... Der neue COBY-7 schlägt eine Brücke zu seinem vor fünf Jahren eingestellten Vorgänger, dem COBY-3. Mit analogen, aber weit verbesserten Starteigenschaften ausgestattet, ...

alle/(die) Brücken hinter sich abbrechen/(abreißen) · to burn one's bridges
Ich verstehe sehr gut, daß Sie für ein paar Jahre aus Mitteleuropa herauswollen. Aber ich rate Ihnen dringend, hier nicht alle Brücken hinter sich abzubrechen. Sehen Sie zu, daß Sie nachher wieder in Ihrer Firma einsteigen können; brechen Sie die persönlichen Kontakte nicht ab; halten Sie sich über das, was hier passiert, auf dem Laufenden. Sie wissen nicht, was Sie in Venezuela erwartet. Vielleicht wollen oder müssen Sie eines nicht zu fernen Tages wieder zurück.

jm. goldene Brücken bauen · to meet s. o. half-way, to make things easier for s. o., to build s. o. a golden bridge *rare*
Nein, ich habe ihm jetzt genug goldene Brücken gebaut. Onkel Berni hat uns auf meine Bitte zu einem gemeinsamen Essen eingeladen; ich selbst habe ihm am Telefon gesagt, ich hätte natürlich auch manches falsch gemacht; unser gemeinsamer Freund Robert Bayer hat mit ihm in der Angelegenheit gesprochen ... Jetzt reicht's! Wenn er auf all diese Versuche, uns zu versöhnen, nicht eingeht und eigensinnig auf seinem Standpunkt beharrt, dann müssen wir uns eben scheiden lassen. Ich werde doch nicht vor ihm zu Kreuze kriechen!

Brücken schlagen (unter den Völkern/...) *form – path* · to forge links between A and B, to bridge the gap between A and B
... Der Studenten- und Schüleraustausch soll Brücken schlagen unter den europäischen Völkern, das Verständnis und die Zusammenarbeit fördern, den Frieden sichern ...

Brückenkopf: einen **Brückenkopf bilden** *mil* · to build a bridgehead
Ich weiß gar nicht, ob die Alliierten am Rhein noch Brückenköpfe gebildet haben. Ich glaube nicht. Die deutsche Armee leistete kaum noch Widerstand, da brauchten sie die Flußübergänge wohl nicht für solche Befestigungen zu bilden.

Bruder: der **große Bruder** *Neol* · Big Brother
Für uns ist Amerika der große Bruder, für die DDR Rußland. Hier diktiert die eine Supermacht, da die andere.

ein lustiger Bruder (sein) *ugs* · (to be) an amusing charac-ter/fellow/chap/...

Der Rolf ist ein lustiger Bruder. Immer voller Humor, immer zu Späßen aufgelegt. Es scheint, er nimmt nichts ernst und lebt so rich-tig fidel in den Tag hinein. – Hm, das scheint vielleicht nur so.

ein warmer Bruder *sal* · a poof, a queer

Ein warmer Bruder, Petra, das ist ein Homosexueller. Kanntest du den Ausdruck nicht?

(ein) Bruder Leichtfuß (sein) *veraltend selten* · (to be) a happy-go-lucky fellow/character/...

Das würde ich nicht machen, so viel Geld in ein so riskantes Unter-nehmen stecken! – Unser Jürgen ist ein Bruder Leichtfuß. Im Finan-ziellen wie in allen anderen Dingen. Er handelt, wie es ihm gerade in den Kopf kommt. Wenn es schief geht, dann geht es eben schief! ...

(ein) Bruder Liederlich (sein) *veraltend selten* · (to be) an untidy/slovenly/... character/fellow/...

Der Kurt und sein Zimmer in Ordnung halten! Der hält überhaupt nichts in Ordnung! Das ist ein Bruder Liederlich, wie mein Vater zu sagen pflegte.

(ein) (richtiger) Bruder Lustig (sein) *veraltend selten* – ein lustiger **Bruder** (sein) · (to be) an amusing character/fellow/ chap/...

(ein) Bruder Saufaus (sein) *sal veraltend selten* · (to be) a boozer, (to be) a tosspot

Komm, Bruder Saufaus, wir gehen! – Ich geb' dir gleich Bruder Saufaus! Meinst du, wenn ich mal ein Bierchen trinke, wäre ich gleich ein Trunkenbold? – Das war doch nicht so gemeint, man ...

wie feindliche/(die feindlichen) Brüder miteinander umgehen/ miteinander sein/... *veraltend selten* · to behave/... like hostile brothers *para*

Dauernd liegen diese beiden Jungen miteinander im Streit. Sie sind wie feindliche Brüder. – Warum spielen sie dann immer wieder zu-sammen? – Das ist bei 'feindlichen Brüdern' ja auch so, oder nicht?

Brüder und Schwestern im Herrn *path rel* · brothers and sisters in the Lord, my dear brethren

»Brüder und Schwestern im Herrn«, begann er die Predigt – und schon schalteten die jungen Leute ab. War das die Welt, in der sie lebten – unter 'Brüdern' und 'Schwestern', inspiriert vom 'Herrn'?

unter Brüdern (ist etw. ... wert/...) *ugs* · let's say 100 DM/... between friends *two*, let's say 100 DM/... among friends *more than two*

Und was verlangst du für den Wagen? – Nun, sagen wir, unter Brü-dern ist er 800,– Mark wert. Der normale Preis bewegt sich so um die 12/1.300,– Mark.

Bruderschaft: jm. (die) **Bruderschaft antragen/anbieten** *form selten* · to offer to use the familiar 'du' form of address, to offer to be on first-name terms with s.o.

Ich war gar nicht so glücklich über seinen Einfall, mir die Bruder-schaft anzutragen. Du weißt: ich duze mich gar nicht gern mit so vielen Leuten. Aber wenn er mir das so halboffiziell vorschlägt, bleibt mir nichts anderes übrig als anzunehmen.

Bruderschaft schließen (mit jm.) *form selten* · to decide to use first names, to be on first-name terms with s.o.

Der Klaus und der Heinz Kaufmann duzen sich seit neustem? – Ja, die haben auf dem letzten Betriebsausflug Bruderschaft geschlossen. An sich lag das ja nahe, wo sie jetzt ständig zusammenarbeiten ...

(mit jm.) (auf) Bruderschaft trinken/anstoßen *form selten* · to drink to close friendship (with s.o.)

So, jetzt werden wir mal auf Bruderschaft anstoßen. Ich heiße Erich! – Ich Friedhelm. – Also, prost Friedhelm! – Prost Erich! – Ein ausge-zeichnetes Bier, dieses Löwenbräu, und gut gezapft heute ...

Brühe: eine **lange Brühe um** etw. **machen** *ugs selten* – einen langen **Salm** machen (1) · to go into a rigmarole, to go into a long-winded palaver about s.th.

in der Brühe sitzen/stecken *ugs selten* – (ganz schön/...) im **Dreck** stecken · to be in a (right/real/...) mess, to be up shit creek

brühwarm: etw. **brühwarm weitererzählen/...** *ugs* · to spread the news about s.th./s.o. straight away

Aber die Sitzung war doch geheim, da sollte ... – Du kennst doch den Schröder. Kaum war er draußen, da mußte er seinen Par-teifreunden brühwarm erzählen, was da drin beschlossen worden war.

Brüllen: das/(etw.) **ist** (ja) **zum Brüllen** *sal* · it/s.th. is a scream, it/s.th. is a hoot, it/s.th. is hilarious *n*

Guck' dir das an, wie der daherläuft. Das ist ja zum Brüllen. Wie Charly Chaplin. Ich könnte mich amüsieren vor Lachen!

brummen: brummen (müssen) *sal* · to (have to) do/to get 3 or 4/... years/... (in prison) *coll*

Wenn es stimmt, daß er die Frau da im Wald überfallen hat, wird er wohl ein bis zwei Jahre brummen müssen. – Das glaube ich auch, daß sie ihn früher nicht wieder laufen lassen; mit ein, zwei Jahren Gefängnis wird er wohl rechnen müssen.

j./der Georg/... **ist so hohl, daß er brummt** *sal selten* – ein **Hohlkopf** sein · to be empty-headed/dumb/dim/brain-less/...

Brummschädel: einen Brummschädel haben *ugs* · 1. 2. to have a thick/sore/... head

1. ... Oh Gott, hab' ich heute einen Brummschädel! Ich hab' gestern abend wohl ein Gläschen zuviel zuviel gepichelt.

2. vgl. – eine dicke **Birne** haben

Brunnen: den Brunnen (erst) **zudecken/zumachen, wenn das Kind** (schon) **hereingefallen/hineingefallen ist** *selten* · to lock the stable door after the horse has bolted

Was rennst du so aufgeregt da herum? Ist etwas passiert? – Der Toni ist die Treppe heruntergefallen. Ich hab' doch immer gesagt, daß da ein Geländer dran muß! – Was? Hat er sich was verletzt? ... Jetzt werd' ich den Handwerker aber sofort rufen, wegen der Treppe ... – Jetzt brauchst du nicht mehr anzurufen. Was nützt es, den Brunnen zuzudecken, wenn das Kind (schon) hereingefallen ist?

Brunnenvergiftung: Brunnenvergiftung treiben *path* · to stir shit *sl*, to poison the atmosphere by calumniating *rare*/goss-iping about/... colleagues/club members/...

... Nein, Leute, die hier Zwietracht säen, die Dritten gegenüber schlecht über den Verein sprechen, über bestimmte Mitglieder Nach-teiliges verbreiten u. a. m., kurz, Leute, die Brunnenvergiftung trei-ben, können wir nicht brauchen ...

Brust: mit geschwellter Brust *path* · as proud as Punch, as proud as a peacock, as pleased as Punch

... Und mit geschwellter Brust erzählte er mir dann, wie er seine Firma aufgebaut hat. – Ja, darauf bildet er sich allerhand ein.

von hinten durch die Brust (ins Auge) etw. **machen** *scherzh selten* · 1. to do s. th. in a roundabout way, to make a meal of s. th., 2. to try to get hold of s.th. under the counter

1. Warum schichtet er nicht erst alle Steine an den Bauplatz, ehe er mit dem Hausbau anfängt? Das wäre doch viel einfacher. – Der Walter macht nun einmal gern alles von hinten durch die Brust – nach der Devise: 'warum einfach, wenn es auch umständlich geht?' 2. vgl. – (etw.) **hintenherum** bekommen/... versuchen/kritisieren/... (2)

jm. **schwillt die Brust** (vor Stolz/(Freude)/...) *path* · s.o.'s breast swells with pride

Als er hörte, daß sein Sohn den ersten Preis im Klavierwettbewerb für Jugendliche gemacht hatte, schwoll ihm die Brust. »Der Junge ist eben hochbegabt«, meinte er und schaute dabei in die Gesprächs-runde, als hätte er den Preis gewonnen.

schwach auf der Brust sein · 1. to have a weak chest, 2. to be low on funds, to be short of money

1. Du meinst, er schafft das? – Ich glaube kaum. Er hat zu wenig Luft. Für eine solche Bergwanderung ist er einfach nicht kräftig ge-nug. – Kurz: er ist zu schwach auf der Brust?

2. Alle zahlen ihren Teil, nur du bist einmal wieder schwach auf der Brust, nicht? – Aber laß den Ötz doch, Erich! Wenn er doch kein Geld hat! – Der hat nie Geld! *ugs*

es auf der Brust haben *form* · to be short of breath, to have a weak chest, to have a touch of bronchitis

Vor allem in den feuchten Übergangszeiten geht es meinem Vater immer sehr schlecht. Er hat es auf der Brust und leidet deshalb natürlich besonders unter feuchter und kalter Luft.

sich an js. **Brust ausweinen/(...)** *path* · to weep/cry/... on s.o.'s shoulder, to weep out one's sorrows/... on s.o.'s breast *para*

Der Alfred ist ja ein prächtiger Kerl. Aber nervenstark ist er nicht. Wenn er die Karin nicht hätte ... Allein würde er sein Leid nicht tragen können. – Seien wir froh, daß er sie hat, daß er sich an ihrer Brust ausweinen und neue Kraft schöpfen kann. Wer weiß, ob wir mit solchen Belastungen besser fertigwürden.

jn. an seine/(die) Brust drücken *path* · to press s.o. to one's breast, to clasp s.o. to one's breast, to hug s.o.

Voller Tränen drückte er seine Tochter an seine Brust. »Endlich bist du wieder da. Wie war es denn? Hoffentlich ist dir die lange Trennung nicht schwergefallen! ...«

(dem Säugling/...) die Brust geben/(reichen) · to breast-feed a baby

Gibt deine Frau dem Baby die Brust oder ernährt ihr es mit der Flasche?

(einen Säugling) an die Brust legen – (dem Säugling/...) die **Brust** geben/(reichen) · to breast-feed a baby

die Brust nehmen *Säugling* · to be breast-fed

Mein Sohn hat fast ein Jahr lang nur die Brust genommen. Erst dann habe ich ihm zusätzlich die Flasche bzw. Brei gegeben.

einen zur Brust nehmen *ugs* – einen **saufen** · to knock back a few, to have a good few jars/drinks/...

sich jn. **zur Brust nehmen** *ugs selten* – sich jn. **vorknöpfen** · to give s.o. a good/proper/... talking-to, to take s.o. to task, to put s.o. on the carpet

sich (reuevoll/schuldbewußt/...) an die/vor die Brust schlagen *path selten* · to beat one's breast (in contrition), to be (genuinely/truly/...) sorry for s.th.

Wenn er sich schuldbewußt an die Brust schlägt, können wir ihm die Sache nicht länger verübeln. – Ja, er bekennt sich rückhaltlos zu seinem Fehler und schwört, so etwas werde nicht wieder vorkommen.

aus voller Brust singen/(schreien/...) *path selten* – aus vollem **Hals(e)** lachen/schreien/singen/... · to roar with laughter, to sing at the top of one's voice

sich jm. **(weinend/zerknirscht/...) an die Brust werfen** *path* · to throw o.s. into s.o.'s arms weeping/in remorse/...

Als Vater ihr auf dem Flur entgegenkam, warf sie sich ihm weinend an die Brust. »Ich danke dir, ohne dich wäre ich nach diesem entsetzlichen Unfall von Rolf jetzt mit dem Kind allein.«

sich in die Brust werfen · 1. 2. to puff o.s. up, to draw o.s. up to one's full height, to puff oneself/to stick out/... one's chest

1. »Was, ich kann das nicht?!« – er warf sich in die Brust –, »das wollen wir doch mal sehen!«

2. Es steht uns nicht an, uns jetzt in die Brust zu werfen und zu sagen 'Das hätten wir besser gemacht!'. Vielmehr dürfen unsere Verbündeten von uns Mitgefühl erwarten für die schwierige Lage, in die sie das gescheiterte Unternehmen gebracht hat.

an den Brüsten der Weisheit saugen *geh iron selten* · to drink from the well of wisdom, to drink from the fount of wisdom

»Wer heute meint«, schimpfte er, »er gehe auf die Universität, um dort an den Brüsten der Weisheit zu saugen, ist schiefgewickelt. Von wegen Weisheit! Quasselbuden sind das!«

Brustton: im Brustton der (tiefsten) Überzeugung von etw. **reden**/etw. von sich geben/etw. verteidigen/... *path – krit* · to speak/... with utter conviction, to intone (that ...)

Die da glauben, im Brustton der Überzeugung von Demokratie reden zu können, während sie zehnmal so viel verdienen wie 95% der arbeitenden Bevölkerung ...

Brutkasten: das ist (ja) **ein** (richtiger/...) **Brutkasten** (hier/...)/(hier/...) ist es (ja) wie im Brutkasten *path* · it's like an oven in here/..., it's stifling in here/...

Uff, das ist ja ein richtiger Brutkasten hier! Das ist ja nicht auszuhalten. Kann man denn nicht wenigstens für eine kurze Zeit die Fenster aufmachen? So eine heiße, stickige Luft ...

Buch: ein offenes/(aufgeschlagenes) Buch sein für jn./in dem jeder lesen kann/... *geh selten* · + one can read John/... like an open book

Er ist eine ganz und gar unkomplizierte und offene Natur – ein aufgeschlagenes Buch, in dem ein jeder lesen kann.

reden wie ein Buch *ugs* · 1. to talk nineteen to the dozen, 2. to talk like a book, to be silvery-tongued/glib/eloquent/...

1. Deine Frau redet ja wie ein Buch heute. Ich habe sie nie so erlebt. Sie hört gar nicht mehr auf. – Sie ist halt ein wenig angeheitert.

2. Gegen diesen Anwalt ist schwer anzukommen. Der redet wie ein Buch. Elegant, gewieft, permanent ...

das Buch der Bücher *geh selten* · the Book of Books

Viele unserer bildhaften Ausdrücke stammen aus dem Buch der Bücher. – Aus der Bibel? Das hätte ich nicht gedacht!

über etw. **Buch führen** *form* · to keep a record of s.th., to keep (an) account of s.th.

In den ersten Monaten unserer Ehe führten wir über alle Ausgaben genau Buch. Alles wurde fein säuberlich aufgeschrieben und festgehalten.

im Buch der Geschichte blättern *geh selten* · to study/... the annals of history

»Es belehrt nicht nur«, erklärte er, »es erhebt auch, im Buch der Geschichte zu blättern! Die Freuden und Leiden der Menschen vergangener Zeiten und anderer Länder an seinem geistigen Auge vorbeiziehen zu lassen führt aus der Enge des Ichs und der Epoche heraus.«

sich ins Buch der Geschichte eintragen (mit ...) *path veraltend selten* · to go down in history, to earn o.s. a place in history, to write one's name in the annals of history

Mit diesem Abkommen hat sich der Kanzler ins Buch der Geschichte eingetragen. Davon wird man in 100 Jahren noch reden. – Wenn du das sagst ...

(selten/oft/...) ein Buch zur/in die Hand nehmen · to pick up a book, to open a book

Willst du nicht endlich einmal wieder ein Buch zur Hand nehmen und etwas tun? Jetzt hast du 14 Tage gefaulenzt, das genügt doch eigentlich.

im Buch des Lebens lesen *geh veraltend selten* · to study/... the book of life, to study/to observe/to learn from/... (real) life *n*

Ich würde dir raten, weniger psychologische Abhandlungen zu studieren und stattdessen mehr im Buch des Lebens zu lesen. Das ist eine zuverlässige Erfahrungsquelle.

in js. **Gesicht/Augen/(...) wie in einem offenen Buch lesen** *geh* · one can read s.o.'s face/eyes/... like an open book *n*

Die Olga etwas verheimlichen? Unmöglich! In deren Gesicht liest man doch wie in einem offenen Buch.

Buch machen *Pferderennen* · to place a bet

... Hast du schon Buch gemacht? – Nein! Ich wette grundsätzlich zum letztmöglichen Zeitpunkt. Je länger man wartet, um so mehr weiß man.

im Buch der Natur lesen *geh veraltend selten* · to read/to study/... the book of nature

Statt dauernd über seinen Kompendien zu hocken, sollte er lieber im Buch der Natur lesen. Da würde er mehr lernen.

(wie) ein Buch mit sieben Siegeln für jn. **sein** · 1. to be a complete mystery to s.o., 2. to be a closed book to s.o., to be beyond me/him/...

1. Dieser Mann ist für mich ein Buch mit sieben Siegeln! Nie werde ich begreifen, was ihn bewegt, was nicht, nach welchen Kriterien er seine beruflichen Entscheidungen trifft, welche Maßstäbe er privat hat ...

2. Höhere Mathematik ist für ihn ein Buch mit sieben Siegeln, davon versteht er nicht die Bohne.

bei jm. im schwarzen Buch stehen *selten* – bei jm. schlecht/ (schwarz) **angeschrieben** sein (1, 2) · to be in s.o.'s bad books

zu Buche schlagen *form* · to pay off, to pay dividends
Sein Fleiß schlägt endlich zu Buche. Obwohl er nicht gerade klug ist, rechnet der Lehrer es ihm hoch an, daß er immer sorgfältig mitgearbeitet hat.

mit ... Mark/... zu Buche stehen *kaufm* · to be valued at 1000/... DM/..., to have a book value of 1000/... DM/...
... Und dann, Herr Bolz, steht hier noch Ihre Dreschmaschine mit rund 12.000,– Mark zu Buche. – Ach, Gott, die ist auch noch nicht ganz bezahlt, Sie haben recht ...

ein ... sein, wie er im Buche steht *ugs* · to be a typical salesman/... *n*, to be a classic example of a salesman/...
Karl ist ein Kaufmann, wie er im Buche steht. Er kennt seine Materie, weiß mit Leuten umzugehen, sieht die Dinge in ihrem Zusammenhang – ein blendender Kaufmann, sage ich dir.

jm. die Bücher führen *form* · to keep s.o.'s accounts, to keep s.o.'s books
Seine Frau führt (ihm) die Bücher? Ist die denn ausgebildet in Buchführung? – Sie hat so einen Schnellkurs gemacht. Er will nicht, daß eine fremde Person Einblick in seine Finanzen erhält.

sich hinter seine/die Bücher klemmen *ugs* · to get one's nose into one's books, to really start studying/ to study hard *n*
Wenn du dich jetzt nicht endlich hinter die Bücher klemmst, Susanne, wirst du wohl sitzen bleiben! – Ich arbeite doch schon den ganzen Tag, Vater. Mehr kann ich wirklich nicht tun.

(jm.) die Bücher prüfen *form* · to examine the accounts, to audit the accounts
Vom Finanzamt, sagen Sie, sind zwei Leute da und wollen die Bücher prüfen? Sagen Sie doch bitte dem Chef Bescheid ...

über den/seinen Büchern hocken/sitzen · to pore over one's books
Schlecht vorbereitet? Vor dem Examen saß er nächtelang über seinen Büchern. – Und vorher hat er monatelang nichts getan.

sich in seinen/hinter seinen Büchern vergraben · to bury one's nose in one's books
Den Wittmann sieht man nie! Es scheint, er vergräbt sich hinter seinen Büchern und interessiert sich für nichts anderes. – Er hat in 14 Tagen sein Schlußexamen. – Er war immer so!

Büchse: mit der Büchse herumgehen/klappern *Kirche usw. ugs* · to shake/to rattle/to pass round *n*/... the collection plate
Ob man in der Kirche herumgeht und mit der Büchse klappert oder ob man global Kirchensteuern eintreibt, kommt doch im Grunde auf dasselbe heraus, oder nicht? – Ich weiß nicht. Am besten, man macht beides.

die Büchse der Pandora *lit selten* · Pandora's box
Hoffentlich ist das Geschenk, das der Krüger uns da mitgebracht hat, nicht wie die Büchse der Pandora. – Wieso? – Etwas, womit er uns nur betören will und das uns nichts als Unheil bringt. – Traust du dem Mann nicht?

Buchstabe: etw. Buchstabe für Buchstabe durchlesen/durchgehen/... · to get through s.th./to read s.th./... word for word
Bevor der Klaus den Mietvertrag unterschrieben hat, hat er ihn Buchstabe für Buchstabe durchgelesen. – Recht hat er! Verträge soll man ja nicht blind unterschreiben.

nach dem Buchstaben (des Vertrages/...)/**dem Buchstaben** (des Vertages/...) nach *form* · according to the letter of the contract
Nach dem Buchstaben des Vertrags haben Sie recht; doch der Sinn der Sache ist ein anderer.

etw. dem Buchstaben nach/(nach dem Buchstaben) erfüllen *form* · to honour/to fulfil/... the letter of a contract/...
Gut, Sie haben die Klauseln des Vertrags dem Buchstaben nach erfüllt; aber den Sinn unserer Abmachung haben Sie damit nicht getroffen.

seine Verpflichtungen/Pflichten/... **bis auf den letzten Buchstaben erfüllen** · to carry out one's duties/to fulfil one's obligations/... to the letter
... Er hat sich nie etwas zuschulden kommen lassen, seine Pflichten immer bis auf den letzten Buchstaben erfüllt, sich immer kollegial verhalten – er war für uns alle immer ein Vorbild.

auf seine vier Buchstaben fallen/(hinplumpsen/...) *ugs* · to fall/to sit/... on one's bottom *n*, to fall/to sit/... on one's backside
Schau mal – bums, da ist der Onkel Alfred auf seine vier Buchstaben gefallen! Er ist halt doch nicht mehr der Jüngste! Schon lustig, einen 'älteren Herrn' beim Fußballspielen so auf sein verlängertes Rückgrat plumpsen zu sehen!

(zu sehr/...) nach dem Buchstaben gehen – sich (sehr/zu stark/...) an den **Buchstaben halten** · to stick/to adhere/... (too closely/...) to the letter of s.th.

auf den Buchstaben genau erfüllen/... *form* – *path* · to observe/to fulfil/... a contract/... to the letter, to observe/fulfil/... a contract/... punctiliously
Der hat den Vertrag auf den Buchstaben genau eingehalten, obwohl zahlreiche Klauseln ungerecht waren und es gar kein Druckmittel gegen ihn gab. Ohne jeden Abstrich hat er erfüllt, was er zugesagt hatte.

den Buchstaben des Gesetzes erfüllen *form* · to fulfil/to observe/to adhere to/... the letter of the law
Diese Beamten haben kein anderes Ziel vor Augen als den Buchstaben des Gesetzes zu erfüllen! Der Sinn ist ihnen völlig egal!

sich (nur/zu sehr/...) an den Buchstaben des Gesetzes halten *form* · to stick/to adhere/... (too closely/slavishly/...) to the letter of the law
Auch wenn er sich an den Buchstaben des Gesetzes hält: den Sinn der Bestimmungen hat er nicht verstanden und den Menschen tut er keinen Gefallen damit.

sich (sehr/zu stark/...) an den Buchstaben halten *form* · to stick/to adhere/... (too closely/...) to the letter of s.th.
Gut, das steht da! Das leugne ich ja auch gar nicht. Aber du mußt dich nicht nur an den Buchstaben halten. Auf den Sinn der Sache kommt es an!

sich an den Buchstaben klammern · to stick to the literal meaning of s.th., to cling to the literal meaning of s.th.
Du mußt dich nicht an den Buchstaben klammern, sondern an den Sinn des Ganzen halten.

am Buchstaben kleben · to stick to the literal meaning of s.th., to take s.th./everything literally
Mit dem Fredi kommt man in der Diskussion nicht weiter. Er klebt immer am Buchstaben. Auf den Sinn der Problematik kommt er überhaupt nicht. Er kann sich einfach nicht von den Worten lösen.

sich (zu sehr/...) nach dem (toten) Buchstaben richten – sich (sehr/zu stark/...) an den **Buchstaben halten** · to stick/to adhere/... (too closely/...) to the letter of s.th.

sich auf seine vier Buchstaben setzen *ugs* · to plonk o.s. on one's posterior
Jetzt setzt euch auf eure vier Buchstaben und hört auf mit den Streitereien! Immer diese Diskussionen! Los, jeder an seinen Platz, und dann wird gegessen!

jn. (nur/...) nach dem (toten) Buchstaben verurteilen *form selten* · to condemn s.o. according to the letter of the law
... Sie haben ihn nach dem Buchstaben (des Gesetzes) verurteilt. Im moralischen Sinn schuldig war er auf keinen Fall.

Buckel: dir/euch/(ihm/...) juckt wohl der Buckel?! *ugs selten* – dir/euch/(ihm/...) juckt wohl das **Fell** · he/you/... is/are asking for it/a good hiding

einen Buckel haben · to be a hunchback, to have a hunchback
Wen meinst du? Den Kleinen da drüben? – Genau den! Er hat einen Buckel, siehst du nicht? – Wenn du mich nicht darauf aufmerksam gemacht hättest, hätte ich es nicht gemerkt. Mit dem flauschigen Pullover verdeckt er die Mißbildung sehr geschickt.

etw. **auf dem Buckel haben** *ugs selten* – jn./etw. am **Hals** haben (3) · to have s.th. on one's plate

schon genug/... **auf dem/(seinem) Buckel haben** *ugs selten* – schon genug/... am **Hals** haben · to have enough on one's plate as it is

schon/... ... Jahre/Jahrzehnte/... **auf dem Buckel haben** *ugs* · to be (already/...) over 60/70/... *n*
Du darfst Großmutter nicht mehr zu sehr mit dem Kochen belasten! Sie hat schließlich mehr als sieben Jahrzehnte auf dem Buckel.

einen breiten Buckel haben *ugs* · s.o. can take a lot, s.o. has a broad back, s.o. is thick-skinned
An ihm prallt jede Kritik ab. Er hat einen breiten Buckel. Was immer man ihm vorwirft, er nimmt es gelassen hin – wenn er sich überhaupt darum kümmert.

sich den Buckel freihalten *ugs selten* – sich den **Rücken** freihalten · to cover o.s., to leave o.s. a way out

es läuft jm. **kalt/eiskalt den Buckel herunter/hinunter** *ugs* – es läuft/rieselt jm. kalt/eiskalt/(heiß und kalt) über den **Rücken**/den Rücken herunter/(hinunter) · a cold shiver ran down my/... spine, a shudder ran down my/... spine

j. **kann/soll mir/uns/...** (ihm/ihnen/...) **den Buckel** (mit etw.) **herunterrutschen**/(heraufsteigen/entlangrutschen/rauf- und runtersteigen/rauf- und runterrutschen) *sal* – j. soll/kann mich/uns am/(im) **Arsch** lecken (mit etw.); jm. sagen, er soll/kann einen am/(im) Arsch lecken (mit etw.) · s.o. can get stuffed, s.o. can take a running jump, s.o. can take a flying fuck

den/seinen Buckel hinhalten (für die Fehler/Dummheiten/... (mehrerer/anderer)) *ugs* · to carry the can (for the mistakes of others), to take the blame *n*
Wir haben alle Fehler gemeinsam gemacht, und ich soll allein den Buckel dafür hinhalten? Nur ich soll büßen für das, was wir alle falsch gemacht haben? Auf keinen Fall!

sich einen Buckel lachen *sal veraltend selten* – sich einen **Ast** lachen · to double up with laughter, to split one's sides with laughter, to laugh like a drain

einen Buckel (vor jm.) **machen** · to bow and scrape to s.o., to kowtow to s.o.
Dieser Kellner ist widerlich. Bei jeder Bitte eines Gastes macht er einen Buckel und nickt beflissen. – In der Tat: er ist servil.

einen krummen Buckel machen *ugs veraltend selten* – einen krummen **Rücken** machen · to cringe to s.o., to fawn upon s.o., to kowtow to s.o., to grovel to s.o.

etw. **auf seinen Buckel nehmen** *ugs* · to take responsibility for s.th. *n*
Und wer übernimmt die Verantwortung für den Brief? Wenn der Chef kommt, muß ja irgendeiner ... – Ach, das nehm' ich auch noch auf meinen Buckel. Während der vier Wochen jetzt, die der Chef nicht da ist, hab' ich so viele wichtige Sachen entscheiden müssen, da kommt es auf eine mehr oder weniger auch nicht mehr an.

du kannst mir/er kann uns/... (er kann ihnen/...) **den Buckel runterrutschen!**/(rutsch/rutscht/... mir den Buckel runter!) *sal* – leck' mich am/(im) **Arsch** (1) · s.o. can get stuffed, s.o. can take a running jump, s.o. can take a flying fuck

den Buckel voll(er) Schulden haben *ugs selten* – (eher:) bis an den/(über den) **Hals** in Schulden stecken · to be up to one's neck in debt

jm. **den Buckel vollhauen/vollschlagen** *ugs* · 1. 2. to beat the shit out of s.o. *sl*, to beat the (living) daylights out of s.o.
1. ... Wenn ich den Karl treffe, haue ich ihm den Buckel voll, da kannst du Gift drauf nehmen. Ich gerb' ihm das Fell, daß er sein Leben lang daran zurückdenkt.
2. Als man seiner Vater die Lügereien entdeckte, hat er ihm den Buckel vollgehauen, da war alles dran. – Wer so lügt, hat eine anständige Tracht Prügel verdient.

den Buckel vollkriegen *ugs* · 1. 2. to get a good thrashing, to get a good hiding 1. to be done over
1. Wenn du deine Spielkameraden immer ärgerst, darfst du dich nicht wundern, wenn du den Buckel vollkriegst.
2. Der hat vielleicht den Buckel vollgekriegt, als seine Lügereien herauskamen. – Wenn mich mein Vater beim Lügen erwischen würde, würde er mich genauso übers Knie spannen.

sich den Buckel vollachen *sal selten* – sich einen **Ast** lachen · to double up with laughter, to split one's sides with laughter, to laugh like a drain

jm. **den Buckel vollügen** *ugs selten* · to tell s.o. a pack of lies, to lie one's head off
Es ist einfach keine Art, den Eltern so den Buckel vollzulügen! Selbst wenn man im Recht ist! Eine kleine Notlüge – nun gut! Aber so handfest drauflos lügen ...!

jm. **den Buckel zudrehen/zukehren/zuwenden** *ugs* – (eher:) jm. den **Rücken** zukehren/zuwenden (1, 2) · to turn one's back on s.o.

buckeln: nach oben buckeln und nach unten treten *ugs mst im Inf* · to bow to superiors and kick underlings *para*, to brown nose and to kick arse *sl*
... Du weißt nicht, was eine Radfahrernatur ist? Ein Mensch, der nach dem Motto handelt: nach oben buckeln und nach unten treten.

Bückling: einen Bückling (vor jm.) **machen** *form (eher) von Männern veraltend selten* · to bow to s.o.
... So einen Bückling vor hochgestellten Leuten machen – wie es früher etwa am Königshof üblich war – erscheint heute mehr oder weniger servil ...

Bude: heute/... sturmfreie Bude haben *ugs* · to have the place all to o.s. today/... *n*, to have the whole house/... to o.s. today/... *n*, to have a place where one can do as one likes *n*
Kommt ihr heute abend zu mir, ich habe sturmfreie Bude? – Wo sind deine Eltern denn hin? – Zu einer Geburtstagsfeier. Bis Mitternacht wenigstens können wir machen, was wir wollen; es hört und sieht uns niemand.

jm. **die Bude einrennen/(einlaufen)** (mit etw.) *sal* · to keep knocking on s.o.'s door and pestering s.o. *n*
Diese Zeitschriftenvertreter rennen einem die Bude ein! Jeden Tag kommt hier ein anderer! Man kann doch nicht dauernd seine Zeit damit verlieren, den Leuten lang und breit zu erklären, warum man keine Zeitschrift abonnieren will!

jm. **(unverhofft/...) in die Bude geschneit kommen** *sal* · to drop in (unexpectedly/out of the blue/...) *coll*, to call by/round/in (unexpectedly/out of the blue/...) *coll*, to (just/...) turn up on the doorstep *coll*
Weißt du, wer mir gestern unverhofft in die Bude geschneit kam? Der Peter Schumacher. Mit allem hatte ich gerechnet, nur nicht damit, daß der mich mal besuchen würde.

immer/... in der Bude hocken *ugs* – immer/... in der **Bude** sitzen · to be (always/...) stuck at home

nicht aus der Bude (heraus-)kommen *sal* · to be (always/...) stuck at home *coll*, not to get out of the house *coll*
Seit 5 Wochen bin ich jetzt nicht aus der Bude herausgekommen! Diese verdammte Examensarbeit fesselt mich regelrecht ans Haus.

jm. **fällt die Bude auf den Kopf** *sal* · I/he/John/... am/... going mad cooped up/shut up/... in here/... *para, coll*
So, Bettina, heute fahre ich raus, irgendwohin. Mir fällt die Bude auf den Kopf! Immer in den eigenen vier Wänden, das hält man in der Tat nicht aus! – Ich fahre mit; ich bin in den letzten Tagen auch kaum aus dem Haus gekommen.

die Bude auf den Kopf stellen *sal* · 1. 2. to turn the place/... upside down, 1. to wreck the place
1. Müßt ihr denn immer die Bude auf den Kopf stellen, wenn wir nicht da sind, Kinder? – Papa, heute sieht es doch nicht schlimm aus. – Nicht schlimm? Du willst mich wohl auf den Arm nehmen! Die Wohnung sieht aus wie eine Räuberhöhle!

2. Ich hab' die ganze Bude auf den Kopf gestellt, ich kann den Schlüssel nicht finden. Weiß der Henker, wo ich ihn hingelegt habe!

jm. **auf die Bude rücken/(steigen)** *sal* · to go round to s. o.'s place *n*, to pay s. o. a visit *n*
Was, der will dir die 500 Mark nicht zurückgeben? Dem würde ich mal auf die Bude rücken. – Das habe ich auch vor. Wenn ich das Geld bis zum Ende des Monats nicht wiederhabe, spreche ich bei ihm vor – mit dem nötigen Nachdruck!

immer/... in der Bude sitzen *ugs* · to be (always/...) stuck at home
Junge, geh' an die Luft. Ein junger Mensch wie du braucht frische Luft, Bewegung! Du kannst doch nicht den ganzen Tag in der Bude sitzen und immer nur lesen, lesen! Also, raus!

die Bude zumachen (können) *sal* – den **Laden** dicht machen (können) (1; u. U. 2) · to (have to) shut up shop, to (have to) close down

Budenzauber: Budenzauber veranstalten *ugs bes Studenten* · to have a knees-up, to have a rave-up
Was hast du denn da gestern für einen Budenzauber veranstaltet? Das war ja ein Lärm in deinem Zimmer bis ein Uhr nachts. – Wir haben meinen Geburtstag gefeiert. Einige Studienkollegen und – kolleginnen waren da, zwei ehemalige Klassenkameraden. Es ging hoch her. – Allerdings. Man hat es gehört.

Büfett: das kalte Büfett · a cold buffet
Nein, warmes Essen gab es auf der Cocktail-Party natürlich nicht; es gab kaltes Büfett.

das Büfett abräumen *ugs selten* · to clear the buffet counter *tr*
Gestern war ich mit Elke ganz feudal Frühstücken im Café Journal. Es war zwar ziemlich teuer, aber wir haben das Büfett abgeräumt und uns ordentlich satt gegessen.

Bug: jm. eins/einen (Schuß) vor den Bug knallen/feuern/schießen · 1. to give/to fire a (warning) shot across s. o.'s bows, 2. to really/... give s. o. stick
1. Einen Warnschuß abgeben gegen ein Schiff oder auch ein Flugzeug, um es zum Halten oder Landen zu zwingen, nennt man ihm eins vor 'den Bug schießen'?
2. Wenn er dir das Geld nicht zurückgeben will, mußt du ihm mal eins vor den Bug knallen. Wenn du ihn hart anschießt, dann versteht er – das ist leider die einzige Sprache, die er kapiert. *sal*

Bügelbrett: wie ein Bügelbrett aussehen *Frauen sal selten* – an einer Frau/(einem Mädchen) ist etwas/nichts **dran** (1) · to be flat-chested *woman*

Buhei: (vielleicht/...) einen Buhei machen (wegen e-r S.) *ugs selten* · to make a (big/huge/...) fuss about s. th. *n*
... Mensch, macht der Ulrich ein Buhei wegen seiner Beförderung zum Einkaufsleiter! Er kommt sich offensichtlich vor wie ein Generaldirektor von Siemens.

Bühne: Beifall/... auf offener Bühne *form* · to be cheered/applauded/... during the performance/play/...
Die Marcia ist einfach eine hinreißende Tänzerin. Das Publikum war völlig weg gestern. Ich weiß gar nicht, wie oft sie Beifall auf offener Bühne gekriegt hat. Alle paar Minuten klatschten die Leute wie wild los.

(endlich/...) über die Bühne sein *ugs* · to be over *n*, to be finished *n*
(In einem Kolloquium an der Universität:) Na, ist der Kongreß über die Bühne? – Ja. Gestern waren die letzten Vorträge und dann ein Abschlußessen. Gott sei Dank haben wir das hinter uns.

von der Bühne abtreten/(verschwinden) *form* · 1. to make one's exit, to exit, 2. to retire, 3. to depart the stage
1. Erst wenn der Hauptdarsteller von der Bühne abtritt, fangt ihr mit eurem Dialog an. Klar? Nicht bevor er die Bühne verläßt.
2. Der Biermann ist von der Bühne abgetreten? – Ja. Er hat sich in den bayrischen Wald zurückgezogen. – Er hat lange genug im Rampenlicht der Öffentlichkeit gestanden. Aber es hatte eigentlich niemand für möglich gehalten, daß er überhaupt leben könnte, ohne für seine Äußerungen immer sofort ein großes Forum zu haben. *seltener*

3. Nein, der Kanzler tritt nicht zurück. Er tritt noch nicht von der Bühne ab, dafür ist er noch viel zu vital und engagiert. Diese Rücktrittsdrohungen, das ist alles nur Strategie.

ein Stück/... auf die Bühne bringen *form* · to stage a play/..., to put on a play/...
Jetzt bringen sie in X nur noch hochmoderne Stücke auf die Bühne. – Warum auch nicht? – Ich meine, man sollte nicht so einseitig sein und sowohl klassische wie moderne Stücke aufführen.

etw. über die Bühne bringen · to get s. th. done, to manage s. th.
Ah, mach' dir mal keine Sorgen, das werden wir auch noch über die Bühne bringen. Es wäre doch gelacht, wenn wir diesen letzten Schritt nicht auch noch hinkriegen würden.

zur Bühne gehen/gehen wollen/wollen *form* · to (want to) go on the stage, to (want to) go into the theatre
Und euer Peter, was macht der nach dem Abitur? – Er will zur Bühne. – Er will Schauspieler werden? Von wem hat er denn diese Ader?

(reibungslos/glatt/...) über die Bühne gehen *ugs* · 1. to be staged, to be put on, to be performed, 2. to go smoothly/..., to go off smoothly/..., to go off without a hitch
1. Jetzt ist in München 'Don Carlos' über die Bühne gegangen. – So? In der Tat hatten sie das Stück sehr lange nicht mehr aufgeführt. *Theater selten*
2. Wir brauchten zwar unheimlich viele Papiere für diesen Antrag, aber es ist alles reibungslos über die Bühne gegangen. *ugs*

seit Jahren/... auf der Bühne stehen · to be/to have been on stage for 15/... years/..., to be/to have been an actor for 15/... years/...
... Wenn jemand seit 15 Jahren auf der Bühne steht, dürfte er doch kein Lampenfieber mehr haben! – Der Paul sagt: je besser und engagierter der Schauspieler, um so größer die Erregung vor jeder Vorstellung.

die Bühne verlassen *form* – von der **Bühne** abtreten/(verschwinden) · to make one's exit

sich von der Bühne zurückziehen *form* · to retire from the stage
Der (Schauspieler) Schafstall hat sich vor knapp einem Jahr von der Bühne zurückgezogen. – Das wußte ich nicht. Er ist doch noch nicht so alt! – Nein. Aber er will nicht mehr spielen.

über alle Bühnen gehen *Theaterstück path* · to be staged in all theatres, to be put on/staged/performed/... everywhere/all over the place/...
Was, du kennst den 'Don Carlos' nicht? Der ist doch in den letzten Monaten über alle Bühnen gegangen. – Hier in Essen ist das Stück nicht gespielt worden.

Buletten: ran an die Buletten! *ugs veraltend selten* – ran an die Gewehre! · get down to it!, get cracking!

Bummel: einen Bummel durch die Stadt/das Dorf/die Umgebung/... machen · to go for a stroll through the town/village/...
... und am späten Nachmittag machen wir dann einen Bummel durch das Städtchen. – Aber nicht zu lange! Denn nach dem Vortrag haben bestimmt viele Kollegen keine Lust mehr, wer weiß wie lange durch die Straßen zu schlendern.

Bummerang: ein Bummerang für jn. sein · to boomerang on s. o.
... Die harsche Kritik, die du an Professor Blubberkopf geübt hast, könnte zum Bummerang für dich werden. Hoffentlich läßt er dich deswegen im Examen nicht durchfallen, denn er ist ja sehr nachtragend.

Bund: beim Bund (sein) *ugs* – beim **Militär** (sein) · to be in the armed forces, to be doing one's military service

den Bund der Ehe schließen/eingehen *form* – den **Bund** fürs/ (für das) Leben schließen · to enter into the bond of marriage, to take marriage vows

zum Bund gehen *ugs* – zur **Armee** gehen · to join the army

den Bund fürs/(für das) Leben schließen *form selten* · to enter into the bond of marriage, to take marriage vows
Überlegt euch lieber zehnmal zuviel als ein Mal zu wenig, ob ihr für immer zusammenpaßt und gemeinsam alle möglichen Opfer auf euch nehmen wollt, bevor ihr den Bund fürs Leben schließt! Eine Ehe hat heute so viele Belastungen auszuhalten!

zum Bund müssen *ugs* – zum **Militärdienst** einberufen werden. · to be called up, to be drafted, to be conscripted

einen Bund schließen *path selten* · to form an alliance
Wenn sich mehrere Länder zusammentun und einen Bund schließen, heißt das noch lange nicht, daß alle Mitglieder dieses Bundes immer dieselben Interessen haben oder immer an einem Strang ziehen.

mit jm. im Bunde sein/stehen *form selten* · 1. to collaborate/to be collaborating with s.o., to be associated with s.o., 2. to be in league with s.o., to be in cahoots with s.o.
1. Stimmt es, daß euer Unternehmen mit der Auto-Firma Rodel im Bunde ist? – Ja, wir arbeiten mit denen eng zusammen und unterstützen sie insbesondere auf dem Auslandsmarkt.
2. vgl. – unter einer **Decke** stecken (mit jm.) (1)

der Dritte/(Vierte/...) **im Bunde sein** *scherzh* · the third one/person/... in the trio, the fourth/... person in the group
Kann ich mit euch fahren? – Hm ..., ach komm', fahr' ruhig mit. Eigentlich wollten Klaus und ich die Radtour allein machen. Aber dann bist du der Dritte im Bunde. Warum nicht?

Bündel: nur noch ein Bündel Nerven sein · to be a bundle of nerves
Verschone die Erna mit diesem Problem! Du siehst doch, wie nervös sie ist. Sie ist nur noch ein Bündel Nerven. Der geringste Anlaß bringt sie durcheinander, und nicht selten läuft sie regelrecht wie ein aufgeregtes Huhn durch die Gegend.

sein Bündel schnüren/(packen)/(wir müssen ...) *ugs veraltend selten* · to pack one's bags *n*
Laßt uns unser Bündel schnüren und auf Wanderschaft gehen! In diesem Laden ist nicht gut sein. – Wenn das ginge, die Klamotten einfach hinschmeißen und losziehen ...!

sein Bündel zu tragen haben (jeder hat ...) – sein **Kreuz** zu tragen haben · to have one's cross to bear

bunkern: etw. bunkern *sal ugs* · 1. to stash s.th. away, 2. to refuel, to stock up on food *n*
1. Der Georg bunkert, was er in die Finger kriegt. Der hortet wirklich alles, ob er es braucht oder nicht.
2. (Der Kapitän eines Schiffes:) Wenn wir den nächsten Hafen anlaufen, müssen wir unbedingt Treibstoff, Wasser und Lebensmittel bunkern. Unsere Vorräte gehen zur Neige.

bunt: es/das ist jm. **zu bunt** (hier/in .../...) *ugs* · to be (getting) too much (for s.o.), it/that is going too far
Was, schon wieder so eine Streiterei, diesmal, weil die Barbara ihr Portemonnaie nicht finden kann? Das ist mir allmählich zu bunt hier! Wenn das ewige Durcheinander nicht bald aufhört, werde ich mal mit einer saftigen Strafe dazwischenfahren.

es/das wird jm. **zu bunt** · 1. 2. to be getting too much (for s.o.) *coll*, to be going too far (for s.o.) *coll*
1: Jetzt wird es mir aber zu bunt! Ihr wolltet vernünftig zusammen spielen und nun stellt ihr die ganze Wohnung auf den Kopf. Jetzt ist Schluß, hört ihr? Jetzt habe ich genug vom Theater!
2. Die dauernden Intrigen hier werden mir wirklich zu bunt! Können die Leute einfach nicht anständig miteinander umgehen? Das ist ja nicht auszuhalten.

Bürde: unter der Bürde des Alters leiden *path* – unter der **Last** des Alters/... leiden · to be weighed down by the burden of age

jm./sich mit etw. **eine große Bürde aufladen** *path* · to impose a heavy/... burden on s.o.
Und jetzt soll Tante Helga für die Erziehung der kleinen Doris verantwortlich sein? Damit hat das Gericht ihr aber eine schwere Bürde aufgeladen. – Natürlich. Aber wer sollte es sonst sein? Für die anderen wäre die Last noch größer.

eine **Bürde auf sich nehmen**/die Bürde auf sich nehmen, etw. zu tun *path* – (eher:) eine **Last** auf sich nehmen/die Last auf sich nehmen, etw. zu tun · to take on the task of doing s.th., to take on the responsibility of/for doing s.th.

eine schwere **Bürde zu tragen haben** *geh* · to have a heavy burden to bear
Mit seiner todkranken Frau und seinen beiden kleinen Kindern hat er eine schwere Bürde zu tragen. Ich bin immer wieder beeindruckt, wie souverän er mit dieser Last fertig wird.

unter der Bürde (der Verantwortung/...) **zusammenbrechen** *path* – (eher:) unter der **Last** (der Verantwortung/...) zusammenbrechen · to be crushed by/to break down under/... the burden of responsibility

Bürgersteige: in ... werden um zehn Uhr (abends)/... **die Bürgersteige hochgeklappt** *ugs* · there's nothing doing in ... after 10 o'clock/..., there's no nightlife in ... after 10 o'clock/...
Abends um zehn Uhr ist da Sense in Oberunterhinterhausen; dann werden da die Bürgersteige hochgeklappt. Auf deutsch: dann ist nichts, aber auch gar nichts mehr los in diesem Nest.

Bürgschaft: Bürgschaft leisten (für jn./etw.) *form* – (die) **Bürgschaft** übernehmen (für jn./etw.) · to stand surety for s.o.

(die) Bürgschaft übernehmen (für jn./etw.) *form* · to stand surety for s.o.
Wenn jemand für die Summe die Bürgschaft übernimmt, können wir Ihnen den Kredit selbstverständlich gewähren. Ohne Bürge ... Sie verstehen, Sie haben keine Sicherheiten ...

Buridan: dastehen/(...) wie Buridans Esel *ugs veraltend selten* · not to be able to choose *n*/to make up one's mind *n*/...
(Der Vater:) Na, was willst du denn nun lieber, Herbert, zum Strand fahren oder das Fußballspiel ansehen? – – Unser Herbert stand da wie Buridans Esel. Er konnte sich einfach nicht entscheiden ...

Bürokratius: (ach/...) du heiliger Bürokratius *geh* – *scherzh veraltend selten* · blessed bureaucracy!
Was, noch ein Dokument? Wir haben doch schon drei ausgefüllt. Ach du heiliger Bürokratius, das nimmt ja gar kein Ende mehr. – Das ist eben die Sorgfalt unserer Bürokratie, mein Lieber!

Bürschchen: ein ausgekochtes Bürschchen sein *sal* · (to be) a crafty fellow/lad/... *coll*, (to be) a wide boy
Der Paul? Der ist mit allen Wassern gewaschen! Das ist ein ausgekochtes Bürschchen, sage ich dir. Raffiniert wie nur etwas.

ein ausgeschlafenes/aufgewecktes Bürschchen sein *sal* · to be wide-awake, to be a wide boy, + there are no flies on John/..., s.o. doesn't miss a trick
Der Kurt? Das ist ein ausgeschlafenes Bürschchen. Dem macht so schnell keiner was vor!

ein gewieftes/gewief' Bürschchen (sein) *sal* – ein gerissener **Kopf** sein · to be crafty, to be a crafty fellow/person/...

du bist/er ist/... mir (vielleicht) **ein sauberes/nettes Bürschchen** *ugs iron* – ein sauberer **Bursche** sein · you're/he's/... a right one

Bürschchen, Bürschchen! *ugs* · sonny!, laddy!, matey!, my boyo!
Bürschchen, Bürschchen, nimm dich in acht! Wenn ich dich nochmal erwische, bist du am dransten!

Bursche: ein geriebener/ausgekochter/durchtriebener Bursche (sein) *ugs* – ein ausgekochtes **Bürschchen** sein · (to be) a crafty fellow/lad/..., (to be) a wide boy

ein sauberer Bursche sein *sal* · to be a nasty piece of work, to be a good-for-nothing, to be a sharp customer, to be a spiv
Was, der hat dem Chef während dessen Abwesenheit 500,– Mark aus der Kasse geklaut? Das ist ja ein sauberer Bursche! Und er macht so einen seriösen Eindruck!

ein windiger Bursche (sein) *ugs* – ein fauler **Kunde** sein · to be a dodgy customer, to be a shady customer/character/…

Bürstenbinder: lügen wie ein Bürstenbinder *ugs selten* – lügen, daß sich die **Balken** biegen · to lie like a trooper, to lie one's head off, to lie through one's teeth

schuften/arbeiten/… wie ein Bürstenbinder *ugs veraltend selten* – schuften/arbeiten/… wie ein **Berserker** · to work/… like mad, to work like billy-o

saufen wie ein Bürstenbinder *sal veraltend selten* – saufen wie ein **Loch** · to drink like a fish

Bus: ich glaub', mich streift 'n Bus *ugs Neol* · I don't believe it!, + you're kidding!
… Was, die Vera und der Alexander heiraten? Ich glaub, mich streift 'n Bus! Die beiden sind die letzten, von denen ich das gedacht hätte.

Busch: es ist etwas im Busch *ugs selten* · 1. 2. s. th. is up, s. th. is brewing/going on *n*/afoot *n*
1. Dreimal in der Woche eine Vorstandssitzung. Da ist etwas im Busch. Hoffentlich brüten die da nichts aus, was zu unseren Lasten geht.
2. Da ist etwas im Busch, weißt du. Ich hab' zwar noch nicht ganz genau heraus, was, aber ich bin der Sache auf der Spur.

mit etw. hinter dem Busch (zurück-)halten *selten* – mit etw. (nicht) hinter dem/hinterm **Berg** (zurück-)halten · to make a/no secret of one's views, (not) to speak one's mind

(bei jm.) auf den Busch klopfen *ugs* · to sound s. o. out (about s. th.), to put out feelers (about s. th.)
Ich habe bisher nicht gewagt, den Chef direkt zu fragen, wann eine Gehaltserhöhung zu erwarten ist. Doch bei der nächsten Unterredung mit ihm werde ich einmal auf den Busch klopfen. So ganz sachte nachhören …

sich seitwärts in die Büsche schlagen *ugs* · to go behind a tree, to disappear into the bushes
Wo ist Karl? – Er hat sich seitwärts in die Büsche geschlagen. – Er ist vom Weg abgegangen? Warum das denn? – Ja, Tante Emma, rat' mal! Vielleicht, um etwas sehr Nötiges zu erledigen …

Busen: ein Geheimnis/… in seinem Busen bewahren/wahren/verschließen *path* – ein Geheimnis/… locked in one's heart *lit*, to keep a secret/… deep in one's heart *elev*
… Und ihr ganzes Leben hindurch bewahrte sie das Geheimnis, das ihr Vater ihr auf dem Totenbett anvertraut hatte, in ihrem Busen, ohne auch nur irgend jemandem gegenüber die leiseste Andeutung zu machen.

am Busen der Natur (ruhen/…) *path od. iron selten* · to sleep/… in the bosom of nature *lit*
Und wie wär's, wenn wir im Freien übernachteten – am Busen der Natur? – Ich verbring' die Nacht am einem anderen Busen. – Du mußt natürlich wieder alles ins Lächerliche ziehen!

jm. seinen Busen öffnen *path od. iron selten* – jm. sein **Herz** öffnen/(eröffnen/aufschließen) · to open one's heart to s. o.

einen Brief/… in den Busen stecken · to put a letter/note/… in one's bosom
Wohin hat sie den Brief gesteckt, in den Busen? – Ja, sie hatte keine Handtasche bei sich, und es sollte niemand merken, daß sie mit einem Brief nach Hause kam; da hat sie ihn eben in ihren Ausschnitt gestopft.

ein Geheimnis/… in seinem Busen verschließen *path veraltend selten* · to keep a secret/… deep in one's heart *elev*
… und sie verschloß das Geheimnis in ihrem Busen und erzählte niemandem auch nur ein Wort von dem, was Onkel Willy ihr da in einer schwachen Stunde anvertraut hatte …

Busenfreund: ein/js. Busenfreund sein *ugs* · to be s. o.'s bosom friend, to be s. o.'s bosom buddy, to be s. o.'s bosom pal
Mit wem war der Georg eigentlich in Urlaub? – Mit wem schon? Mit seinem Busenfreund Gregor. Die beiden sind doch unzertrennlich.

Buße: Buße tun *rel* · to do penance (for one's sins), to atone for one's sins
Es mag sein, daß es nicht mehr üblich ist, für seine Sünden Buße zu tun. Das ändert nichts daran, daß es nach christlichem Glauben von uns verlangt wird …

büßen: das wird er/sie/… mir büßen! *ugs* · he/you/…'ll pay for that!
Der Karl hat behauptet, ich hätte ihn geschäftlich geschädigt?! Das wird er mir büßen! Jetzt werd' ich ihn wirklich schädigen! Der soll mich kennenlernen!

(ganz) (schön/…) büßen müssen (für etw.) – (ganz) (schön/…) **bluten** müssen (für etw.) · to have to pay through the nose for s. th., to have to fork out a lot of money for s. th.

doppelt und dreifach büßen (müssen) (für etw.) · to (have to) pay dearly for s. th.
Er hat seine ganze Schulzeit hindurch gefaulenzt. Aber er wird dafür doppelt und dreifach büßen. Jetzt, wo sein Vater gestorben ist, wird das Leben für ihn ohnehin schon sehr schwer, und ohne Schulbildung, ohne ein Abschlußzeugnis ist es doppelt schwer.

Bütt: in die Bütt steigen *Karneval* · to mount the speaker's platform (and give a humorous speech)
… Es gibt Leute, die scheinen dafür geboren zu sein, in die Bütt zu steigen. Solch ein Mann ist unser Rudi Fleischer. Wenn der seine Karnevalsrede hält, können sich die Leute nicht mehr halten vor Lachen.

Butter: es ist alles in (bester) Butter *ugs* · 1. 2. everything is fine, everything is O. K., everything is hunky-dory/just dandy
1. Haben die Streitereien zwischen euch nun endlich aufgehört? – Ja, es ist schon längst alles in bester Butter. Wenn wir uns einmal streiten, ist es nur für ein paar Minuten. Das darfst du nicht so ernst nehmen. Sofort nachher ist alles wieder in bester Ordnung.
2. Sind die Papiere nun alle zusammen? – Mach dir keine Sorgen, es ist alles in bester Butter. Ab Anfang nächsten Monats bekommst du deine Rente.

weich wie Butter sein *ugs* · to be soft-hearted *n*, to be as soft as butter
Uns gegenüber war sie ungemein widerspenstig. Aber jetzt, wo ihr Vater da ist, ist sie weich wie Butter. So sanft und gefügig kannst du sie dir überhaupt nicht vorstellen.

nicht die Butter zum Brot haben *path veraltend selten* – nicht das **Salz** zur Suppe/(zum Brot) haben · not to be able to make ends meet, to have next to nothing

aussehen/…, als wäre einem die Butter vom Brot gefallen *sal selten* · 1. 2. to look as if the bottom has dropped out of one's world, to look as if one had lost a shilling and found sixpence *lit*
1. Was ist los mit dir? Du siehst ja aus, als wäre dir die Butter vom Brot gefallen! – Ich möchte mal sehen, wie du aussähst, wenn du zur Arbeit kämst und man dich mit den Worten begrüßte: »Suchen Sie sich etwas Neues, Herr Werner, dieser Betrieb wird in fünf Wochen geschlossen«. Du würdest wahrscheinlich noch hilfloser und tumber in die Gegend gucken als ich!
2. Du siehst aus, als wäre dir die Butter vom Brot gefallen. Warum so mißmutig?

aussehen/…, als hätte man/hätten sie einem die Butter vom Brot genommen *sal selten* – aussehen/…, als wäre einem die **Butter** vom Brot gefallen · to look as if the bottom has dropped out of one's world

jm. nicht die Butter aufs/auf dem Brot gönnen *ugs veraltend selten* – (eher:) jm. nicht das **Schwarze** unter dem Nagel/den Nägeln gönnen · to begrudge s. o. the air he breathes

sich nicht die Butter aufs Brot gönnen *ugs veraltend selten* – sich keinen **Bissen** gönnen · to stint o. s.

sich nicht die Butter vom Brot nehmen lassen *ugs selten* – sich den **Käse** nicht vom Brot nehmen lassen · s. o. does not let anyone put one over on him, s. o. won't let himself be done out of his rights (nun/...) (mal/...) **Butter bei die Fische!** *sal* – (nun/...) (mal/...) heraus/raus mit der **Sprache!** · come on, out with it!

Butter auf dem Kopf haben *ugs österr süddt selten* · to have a guilty conscience *n*

... Sie hat Butter auf dem Kopf, weiter gar nichts. Wenn sie ein reines Gewissen hätte, würde sie persönlich mit mir sprechen ...

(dahin-) **schmelzen wie Butter an der Sonne** *ugs* · to disappear/... in no time/in next to no time/in a flash, to vanish into thin air

Wir hatten gedacht, 10 kg Obst für drei Tage wären mehr als genug. Aber die Kinder hauten rein, als hätten sie drei Wochen gefastet, und die Vorräte schmolzen dahin wie Butter an der Sonne. Am zweiten Tag abends war nichts mehr da.

weich wie Butter werden *ugs* – weich wie **Wachs** werden · to turn as soft as wax, to become as good as gold, to become amenable

Butterbrot: etw. **für/(um) ein Butterbrot kaufen/bekommen/ verkaufen/hergeben/...** *ugs veraltend selten* · 1. to buy/to get/... s.th. for a song/for peanuts/for next to nothing, 2. to sell/... s.th. for a song/for peanuts/for next to nothing

1. vgl. – etw. für'n/(für einen) **Appel** und Ei kaufen/bekommen/...
2. vgl. – etw. für'n/(für einen) **Appel** und Ei verkaufen/hergeben/...

für ein Butterbrot arbeiten/(...) *ugs veraltend selten* – für einen **Hungerlohn** arbeiten/(...) · to pay s.o./to work for/... starvation wages

jm. **aufs Butterbrot schmieren/**(streichen), daß .../jm. das aufs Butterbrot schmieren *sal* · to keep rubbing s.th. in *coll*, to keep rubbing in the fact that ... *coll*, to keep ramming s.th. down s.o.'s throat

Klar, daß er sauer ist! Wenn ihr ihm immer wieder aufs Butterbrot schmiert, daß er sitzen geblieben ist, weil er keinen Sinn für Sprachen hat. Kein Mensch läßt sich solche Vorwürfe gern machen, und noch viel weniger in einem so besserwisserischen Ton.

Buttermilch: wie Buttermilch und Spucke aussehen *sal* · to look terribly pasty *coll*

Dieser Junge hat überhaupt keine Farbe! Wie Buttermilch und Spukke sieht der aus – lebloser, blasser, käsiger als Gerda, die auch nie an die Luft kommt, aber schließlich dreißig Jahre älter ist.

sein ganzes Geld/... **in** etw. **buttern** *ugs* – sein ganzes Geld/... in etw. **hineinbuttern** · to put/to pour/... all one's money/... into a project/...

Butterseite: auf die Butterseite fallen *ugs selten* · to fall on one's feet, to land on one's feet

Er hat eine bessere Stelle gefunden als die, die er vorher hatte, nicht? – Ja, er ist mal wieder auf die Butterseite gefallen. Das ist ein richtiger Glückspilz, der Karl-Heinz.

butterweich: butterweich sein *ugs* – weich wie **Butter** sein · to be soft-hearted, to be as soft as butter

Buxtehude: in/aus/nach/... Buxtehude *ugs selten* · to come from/... the back of beyond, to come from/... a backwater/ out in the sticks/the boondocks, to be a hill-billy

... Wenn man da so weit vom Schuß in Buxtehude wohnt, muß einem Bonn natürlich wie eine Weltstadt vorkommen. – Wo wohnt er denn? – Irgendwo im Bergischen Wald.

C

calendas: etw. **ad calendas graecas verschieben** *geh selten* – etw. so lange/immer wieder/... aufschieben/verschieben, bis **Ostern** und Pfingsten/(Weihnachten) auf einen Tag fällt/fallen/zusammenfallen · to keep putting s.th. off, to postpone s.th. ad calendas graecas

Canossa: nach Canossa gehen (müssen) *lit selten* – den **Gang** nach Canossa tun/gehen/antreten (müssen) · to have to eat humble pie

capo: da capo spielen/singen/(rufen)/... *form* · to play/sing/... s.th. da capo, to play/sing/... s.th. again from the beginning
Da capo, das heißt? – Nochmal von vorn. Das ist ein terminus technicus der Musik.

carte: ein Essen/(...) à la carte · to eat à la carte
(Eine Frau über ihren Mann:) Der Wolfgang ist einfach verwöhnt! Wenn man jeden zweiten Tag in einem Luxusrestaurant à la carte ißt, kann man sich irgendwann nicht mehr vorstellen, daß man zu essen hat, was auf den Tisch kommt.

Cassa: per cassa *kaufm selten* – in **bar** · in cash

(ganz schön/...) **Cassa machen** *ugs selten* · to be raking it in, to be making a bomb *sl*
Wie läuft's im Geschäft? – Hervorragend! Wir machen ganz schön Cassa, unser Umsatz ist zur Zeit traumhaft.

casus: (ein) **casus belli** (sein) *lit form selten* · to be a casus belli
Ist Beleidigung des Staatsoberhaupts ein casus belli? – Früher erklärte man deswegen manchmal den Krieg.

cathedra: ex cathedra sprechen *v. Papst* – ex **Kathedra** sprechen · to speak ex cathedra

cetera: et cetera (et cetera) *geh selten* – und so **weiter** (und so fort/weiter) · and so on and so forth, et cetera et cetera

et cetera pp *geh selten* – und so **weiter** (und so fort/weiter) · and so on and so forth, et cetera et cetera

Chamäleon: ein (richtiges/wahres/...) **Chamäleon sein** · 1. 2. 3. to be changeable, to be fickle, to be like a chameleon
1. Wie steht denn Christa zu der ganzen Sache? – Ach, Christa! Du weißt doch, daß sie ein wahres Chamäleon ist. Heute so und morgen so/anders. In Gegenwart von X ist sie dafür, von Y dagegen.
2. Die Jutta ist ein wahres Chamäleon! Kaum meinst du, du hättest sie verstanden, da ist sie schon wieder ganz anders. Die ist nicht zu packen.
3. ... Der Fischer ist ein richtiges Chamäleon. Er paßt seine politische Einstellung immer den Ansichten seines Chefs an. *seltener*

sich wie ein Chamäleon verändern · 1. to change like a chameleon, 2. to be changeable, to be fickle, to be like a chameleon
1. Diese Tiere verändern sich wie ein Chamäleon: je nach der Farbe der Umgebung nehmen sie eine andere Farbe an; immer so, daß man sie nur sehr schwer erkennen kann.
2. vgl. – ein (richtiges/wahres/...) **Chamäleon** sein

Chance: bei jm. keine Chance haben/Chancen haben *ugs* · to have/to stand no chance with s.o.
Vielleicht kann ich die Barbara doch ... – Die Barbara? Bei der hast du nicht die geringste Chance. Mach dir da bloß keine Illusionen! Die wird auf deine Avancen nie eingehen. – Avancen? ...

jm. (noch/...) **eine Chance geben** · to give s.o. a/another/one more/... chance
(Ein Professor zu einer Studentin:) Sie haben jetzt zum zweiten Mal den Abgabetermin für Ihre Seminararbeit nicht eingehalten, Frau Ellermeier! Aber ich gebe Ihnen noch eine Chance: Sie nehmen am Ende des Semester an der Klausur teil, die ich im Parallelkurs stellen werde. Wenn Sie diese Klausur bestehen, gebe ich Ihnen den Seminarschein.

seine Chance nutzen – die **Gelegenheit** beim Schopfe fassen/(packen) · to snap at a/the chance to do s.th., to seize an opportunity with both hands

(bei jm.) **(keine) Chancen haben** · 1. 2. (not) to stand a chance with s.o.
1. Solange der Müller hier Chef ist, kann der Richard in diesem Laden nichts werden. Bei dem hat er keine Chancen. – Mag der Müller den Richard nicht leiden? – Er hält fachlich von ihm nichts.
2. ... Als wenn der Rudi bei der Carmen auch nur die geringsten Chancen hätte! – Vielleicht gefällt ihm die Rolle des unglücklichen Liebhabers.

die Chancen stehen gut/schlecht/... · + to have a good chance, + not to have much of a chance, the odds are (not) in my/his/... favour, the odds are against me/him/...
Wenn der Betzi die Prüfungsklausur stellt, stehen die Chancen, daß ich durchkomme, nicht allzu günstig.

die Chancen stehen zehn zu eins/100 zu eins/eins zu zehn/... *ugs* · the odds are ten/... to one/..., the chances of doing s.th. are ten/... to one/...
... Nach diesem blendenden Vortrag wird der Alfons in der Kommission auch gewählt – davon bin ich jedenfalls fest überzeugt. – In solchen Kommissionen gibt es immer Unwägbarkeiten/Imponderabilien. ... – Gut/Einverstanden. Aber diesmal stehen seine Chancen zehn zu eins; diesmal müßte es mit dem Teufel zugehen, wenn er nicht gewählt würde.

Charakter: einen bösartigen Charakter annehmen *med Geschwulst; (eher) degenerieren od. bösartig werden* · to become malignant
Solange die Geschwulst keinen bösartigen Charakter annimmt, brauchen wir den Knochen nicht zu operieren.

Charakterstärke: Charakterstärke zeigen – **Rückgrat** zeigen · to show strength of character

checkt: der/die/... checkt das nicht *ugs Neol* · 1. not to get it, 2. not to twig s.th., not to cotton on to s.th.
1. Analysis ist für Martina ein Buch mit sieben Siegeln. Das checkt die nie!
2. Mir scheint, der Ralf hat's immer noch nicht gecheckt, daß seine Freundin fremdgeht.

Checkung: (absolut/...) **keine Checkung haben** *sal Jugendspr* · not to have a clue
... Der Charlie will dein Auto reparieren? Der hat doch in Technik absolut keine Checkung. Der blickt technisch doch überhaupt nix.

Chemie: die Chemie stimmt (zwischen mehreren Menschen) *ugs Neol* · things (have to) gel (between several people), the chemistry is/(has to be/...) right
... Ob man will oder nicht, Erich: wenn die Chemie nicht stimmt, hat so ein Team auf die Dauer auch keinen Erfolg. Nur die geschäftlichen Pläne machen es nicht; die Leute müssen sich auch menschlich verstehen.

chinesisch: das/etw. ist für jn. chinesisch *ugs* · it's all Greek to me/..., it's all Chinese to me/...
Wie ist das mit den Strahlengesetzen, von denen er redet? – Frag' mich bitte nicht, Dieter, das ist für mich chinesisch, ich verstehe davon nichts.

Chor: im Chor antworten/einfallen/... · to shout/answer/... in chorus, to chorus
»Wollt ihr wirklich lieber schwimmen als in der Halle turnen?«, fragte der Sportlehrer die Klasse. »Ja«, brüllten alle im Chor.

mit in den Chor (der Kritiker/…) einstimmen · to join in the chorus (of critics/…)

Früher hat der Handorf unseren Franz verteidigt, wenn die Kollegen ihn wegen seiner bedächtigen Arbeitsweise kritisierten. Aber seit einiger Zeit stimmt er mit in den Chor der Kritiker ein. Ich weiß auch nicht, warum …

Christbaum: (sie) **nicht alle auf dem Christbaum haben** *sal* – nicht (so) (ganz/(recht)) bei **Trost** sein (1) · to be (a bit/…) do-lally/soft in the head/gaga, not to be all there

(sie) **nicht mehr alle auf dem Christbaum haben** *sal* – nicht (so) (ganz/(recht)) bei **Trost** sein (2) · to be (a bit/…) do-lally/soft in the head/gaga, not to be all there

Christkindchen: ach, du liebes Christkindchen *ugs* – (ach) du liebes **bißchen** · good heavens!, goodness me!, good grief!

Christum: (im Jahre 500/750/…) **ante Christum (natum)**/a. Chr. (n.) *geh selten* – im Jahre 500/750/… vor **Christus/** (Christi Geburt) · B. C.

(im Jahre 500/750/…) **post Christum (natum)** *geh selten* – im Jahre 500/750/… nach **Christus/**(Christi Geburt) · A. D.

Christus: im Jahre 500/750/… nach **Christus/**(Christi Geburt) *abgek.: n. Chr.* – ≠ im Jahre 500/750/… vor **Christus/**(Christi Geburt) · A. D.

im Jahre 500/750/… **vor Christus/**(Christi Geburt) *abgek.: v. Chr.* · before Christ, B. C.

Wann war der gallische Krieg? – Ich glaube, 48 bis 41. – Vor oder nach Christus? – Vor Christus.

circulus: ein circulus vitiosus *geh* · a vicious circle

Wenn ich keine ruhige und geräumige Wohnung habe, kann ich in meinem Beruf nicht vernünftig arbeiten. Wenn ich nicht vernünftig arbeiten kann, verdien' ich nichts. Wenn ich wenig verdiene, kann ich keine ruhige Wohnung mieten … Ein richtiger circulus vitiosus!

Clinch: (bei jm.) **in den Clinch gehen** *Neol* · to take s.o. on, to start quarrelling with s.o., to get stuck into s.o.

… Ach, statt bei dem Mann in den Clinch zu gehen, gibst du besser nach! Du kannst hundertmal Recht haben: glaubst du, das Prüfungsamt und ein eventueller Zweitgutachter entscheiden gegen einen Ordinarius? Das wird eine Streiterei/(ein 'Nahkampf') ohne Ende.

mit jm. **im Clinch liegen** *Neol* · to be involved/locked/… in a dispute with s.o., to be at loggerheads with s.o.

… Ich weiß nicht, wielange der Rainer mit seinem Hauswirt schon im Clinch liegt; ich weiß nur, daß aus der ganzen Kämpferei weder für den einen noch für den anderen was herauskommt. Vertanenes Geld, vertanene Zeit, vertanene Nerven!

sich aus dem Clinch lösen/(den Clinch lösen) *Neol* · to break a clinch, to break out of a clinch

… Nein, direkt bankrott ist Schuckert noch nicht, aber völlig in der Hand der Banken. – Und du meinst, der wird sich aus dem Clinch nicht mehr lösen? – Wenn die Auftragslage sich nicht ganz schnell verbessert, nicht.

jn. **in den Clinch nehmen** *Neol* · to go into a clinch with s.o., + to get stuck into s.o. *coll*, to put s.o. under pressure

… Seit der Auseinandersetzung vom vergangenen Jahr schickt uns der Hauswirt bei jeder noch so geringfügigen Unregelmäßigkeit über seinen Anwalt eine Abmahnung oder Drohung ins Haus. – Klar, der versucht, euch in den Clinch zu nehmen. Irgendwann, das ist wohl seine Überlegung, gebt ihr den juristischen Kleinkrieg auf und zieht aus.

Clique: zu derselben Clique gehören *ugs* · to be part of the same set/crowd/clique/group/…

Sagt denn der Büttner nichts, wenn sich der Farthmeier solche Stückchen leistet? – Nein, der sagt nichts. Die gehören doch alle zu derselben Clique. Auch wenn es manchmal anders aussieht: im Grunde tut keiner aus diesen Kreisen dem anderen weh.

Clou: das ist doch gerade/… der Clou (des Ganzen) *ugs* – (genau) das/etw. ist der **Witz** der Sache · that's the whole point, that's just it

der Clou des Ganzen (ist …) *ugs* · the main point about the whole thing is …, the whole point of it is …

Steuerhinterziehung, Betrug, Anstiftung zum Betrug … das wird ihm natürlich alles zur Last gelegt. Aber der Clou des Ganzen (ist): Der Senatspräsident persönlich soll hinter diesen ganzen Machenschaften gestanden haben.

comme: comme ça comme ça *selten* – so la la (2; a. 1) · comme ci comme ça

conditio: eine conditio sine qua non *geh* · a sine qua non

Muß jemand, wenn er Beamter werden will, eigentlich Deutscher sein? – In der Regel ja; aber eine conditio sine qua non ist das nicht. – D. h. es gibt Ausnahmeregelungen? – Ja.

Contenance: jn. **aus der Contenance bringen** *geh veraltend selten* – jn. aus der **Fassung** bringen · to make s.o. lose his composure

die Contenance verlieren *geh veraltend selten* – die/(seine) **Haltung** verlieren (2; a. 1) · to lose one's composure

die Contenance wahren *geh veraltend selten* – die **Fassung** bewahren · to maintain one's composure, to keep calm

Contra: sein Contra geben *form* · to say no, to give s.th./s.o. the thumbs down

Und der Bodo? Hat der wieder sein Contra gegeben? – Aber natürlich. Wie üblich hat er dagegen gesprochen.

contradictio: eine contradictio in adjecto *geh* · a contradiction in terms

… Ein 'brauner Schimmel', Willi? Das geht doch wohl nicht! So was nennt man eine contradictio in adjecto. 'Schimmel' bedeutet 'weißes Pferd'; das kann nicht braun sein.

corpus: das **corpus delicti** *jur od. iron* · the corpus delicti

Wenn die Polizei die Terroristen auf frischer Tat erwischt hat, muß sie doch die Pistolen sichergestellt haben, mit denen die den Kassierer bedrohten! – Du meinst: das corpus delicti? Aber die haben ja gar nicht geschossen. Also können die Pistolen auch nicht der Gegenstand sein, mit dem das Verbrechen begangen wurde.

Countdown: der Countdown läuft *ugs Neol* · 1. 2. 3. the countdown has started/begun/…

1. … In genau zehn Minuten findet der Start des ersten deutschen Raumgleiters statt. Der Countdown läuft.

2. … Jetzt ist es noch genau eine Woche bis zur mündlichen Prüfung. Der Countdown läuft.

3 … Nachdem der Mann mit der Unterschriftsfälschung aufgefallen ist, sind seine Tage als Minister gezählt. Du wirst sehen: man wird ihn Stück für Stück demontieren. Mit dem Artikel gestern in der 'Allgemeinen' über 'mangelnde Integrität so vieler Politiker' hat der Countdown schon begonnen.

Coup: einen (großen) **Coup landen** (gegen jn.) *ugs* · to pull off a (big/major) coup, to land a coup

Es scheint, sie haben gegen die Terroristen einen großen Coup gelandet. Jedenfalls, wenn man den Zeitungen glauben soll. Da steht, zwei der Hauptanführer seien gefangen genommen, wichtige Geheimpläne entdeckt, ein ganzes Nest ausgehoben worden …

Cour: jm./(e-r Frau) **die Cour machen**/(schneiden) *geh veraltend selten* – jm. (e-r Frau) den **Hof** machen · to court s.o.

Courage: jm. **die Courage abkaufen** *veraltend selten* – jm. den **Mut** abkaufen · to get s.o. down, to discourage s.o., to intimidate s.o.

crème: la crème de la crème *iron* – die **Crème** der Gesellschaft · the crème de la crème

die Crème der Gesellschaft *mst iron* · the cream of society

Meinst du etwa, du würdest zur Eröffnung des neuen Theaters auch eingeladen? Da kommt doch nur die Crème der Gesellschaft hin – die 4 oder 500 einflußreichsten Familien unseres 'Ländle'.

Crux: das ist/war/… (ja) (eben) **die Crux** *ugs* · that's the point, that's the problem/trouble, that's just it

… Und wenn sie den anderen eine Gehaltserhöhung geben, dir aber nicht, kannst du nicht einmal viel sagen, denn die anderen haben viel mehr Dienstjahre als du. – Das ist ja die Crux. Sonst wäre ich schon bisher viel schärfer aufgetreten.

D

D-Zug: im D-Zug durch die Kinderstube gebraust/gesaust/gerauscht/(gefahren)/… **sein** *sal selten* · s.o. must have been dragged up, s.o. was never taught any manners *n*
(Nachdem ein jüngerer Gast weggegangen ist:) Mein Gott, dieser Junge ist bestimmt im D-Zug durch die Kinderstube gebraust. Der weiß ja überhaupt nicht, wie man sich benimmt.

da: wenn j. nicht da wäre/der/… **ist ja auch noch da**/… · 1. there's always/still/… …, 2. if I/… didn't have s.o., if s.o. were not there
1. Wenn sie dir wirklich keine Rente geben sollten: (der) Onkel Karl ist ja auch noch da, der hilft dir bestimmt.
2. Wäre unsere Anneliese nicht da, ich wüßte überhaupt gar nicht, was ich machen sollte. Ganz allein käme ich bei dieser Krankheit überhaupt gar nicht durch.

gleich/morgen/in einer Woche/… **wieder da sein – zurück sein** (in etw.)/(mit etw.) · to be back soon/tomorrow/in a week/…

dafür da sein, daß …/etw. zu tun – **dazu da sein**, daß …/etw. zu tun · to be there to do s.th.

dazu da sein, daß …/etw. zu tun · 1. it/that/… is what s.o. is there to do, the purpose/job of a … is to do s.th., 2. that/it/… is what s.th. is there to do, the purpose/job of a … is to do s.th.
1. Ein Automechaniker ist dazu da, Autos zu reparieren, und nicht, Versicherungsfragen zu klären. Wenn du da Ratschläge brauchst, gehst du zu einem Versicherungsfachmann.
2. Eine Kartoffelschälmaschine ist dazu da, Kartoffeln zu schälen – und Schluß! Das braucht kein Kleinod zur Verschönerung der Küche zu sein.

nicht mehr so ganz da sein *ugs* – nicht (so) (ganz/(recht)) bei **Trost** sein (2) · s.o. is not all there, s.o. is soft in the head/gaga/…

von da an · from then on
Bis zu der Sandmann-Affäre habe ich immer großes Vertrauen in ihn gehabt. Von da an habe ich ihn mir genauer angesehen und gemerkt, daß er vorzüglich zu bluffen versteht. Aber erst von dieser Affäre an, vorher nicht.

da und da *selten* – **hier** und da/dort · here and there

da und dort/(da) – **hier** und da/dort · here and there

dabei: dabei sein, etw. zu tun · 1. 2. to be (just) doing s.th.
1. Wir waren gerade dabei, zu Abend zu essen, als das Telephon schellte und …
2. Was macht Ernst? – Er ist dabei, sich auf seinen neuen Beruf in Paris vorzubereiten. Wie du weißt, wechselt er im November. Er muß sich in allerhand neue Probleme einarbeiten.

(immer/sofort/mit Sicherheit/…) (mit) dabei sein (wenn …) · 1. 2. to be always/definitely/… there (whenever …)
1. Wenn gefeiert wird, ist Peter bestimmt dabei. Er läßt kein Fest aus.
2. Wenn's ans Kassieren geht, ist er sofort dabei. Aber beim Zahlen ist er der Letzte.

immer/sofort/… **dabei sein**, etw. zu tun · to be always/… ready/very quick/… to do s.th.
Du bist immer sofort dabei, die anderen zu kritisieren! Warte doch erst einmal ab, welche Gründe Klaus angibt! Vielleicht konnte er gar nicht anders handeln.

fix dabei sein *ugs* · to be straight there, to be quick to be/… there, to be there like a shot
Wenn es ums Vergnügen geht, ist der Peter immer fix dabei. Beim Arbeiten sieht es dann schon etwas anders aus.

wenn/wo wir/ihr/… schon einmal dabei sind/seid/… · while we/you/… are at it, while we/you/… are on the subject
… Wenn wir schon einmal dabei sind, können wir auch sofort den Hausverkauf mitregeln. Dann haben wir nur ein Mal die Arbeit, uns über das Erbe zu verständigen.

ich bin dabei/du bist/… dabei *ugs* · I'm/we're/(…) game, + (you can) count me/us in!
Wir wollen im Sommer nach Kreta und suchen noch ein Mädchen, das mitfährt. Hast du Lust? – Ich bin dabei. – Prima. Dann sind wir vier Mädchen und vier Jungen.

es ist nichts dabei (wenn …/daß …) *ugs* · 1. there is nothing wrong with s.o. doing s.th., there is no harm in doing s.th., 2. there is nothing to it
1. Warum regst du dich denn so auf, Mutti, wenn ich mit dem Klaus in Ferien fahren will? Ist denn was dabei? – Nein, nichts ist dabei, absolut nichts, wenn ein 15jähriges Mädchen und ein 16jähriger Junge allein im Ausland Ferien machen. Das ist die natürlichste Sache der Welt!
2. Was, du kannst das nicht übersetzen/den Koffer nicht heben?! Da ist doch gar nichts dabei! Das/der ist doch ganz leicht.

was ist (denn) (schon) **dabei** (wenn …/daß …)?! *ugs* · what is wrong with s.o. doing s.th.?, what harm is there in s.o. doing s.th.?
Was ist denn dabei, wenn der Klaus und ich zusammen in Ferien fahren? Sag mir doch mal ganz genau, was du daran für falsch hälst!

dabeihalten: sich dabeihalten *ugs* – sich dran **halten**/dranhalten (3) · to get down to s.th.

dabeisein: (gar/überhaupt) **nicht** (voll/ganz) **dabeisein** – (nicht) bei der **Sache** sein · s.o. is not with it, s.o. is not concentrating

Dach: unterm Dach (wohnen/(…)) · (to live/…) in an attic room, (to live/…) on the top floor
So direkt unterm Dach, das ist doch sehr heiß im Sommer, weißt du. – Ach, du hast eine Mansardenwohnung? – Ein Mansardenzimmer!

unter Dach und Fach sein · to be settled, to be in the bag *coll*, to be signed and sealed
Ist der Vertrag mit Siemens unter Dach und Fach? – Noch nicht ganz, Herr Direktor Mende. Es müssen noch einige Detailklauseln ausformuliert werden, und natürlich müssen ihn beide Seiten auch noch unterschreiben.

etw. unter Dach und Fach haben · to have s.th. in the bag *coll*, to have s.th. signed and sealed
Den Vertrag mit Siemens haben wir unter Dach und Fach. Das ist endlich geschafft!

etw. unter Dach und Fach bringen · to have s.th. signed and sealed, to have s.th. settled/completed/…
Wir müssen noch in dieser Woche den Vertrag mit Siemens unter Dach und Fach bringen. Bevor ich nach Südamerika fahre, will ich diese Angelegenheit erledigt haben.

jm. eins aufs Dach geben *sal* · 1. 2. to tell/to show s.o. what's what, to give s.o. a good talking-to *coll*
1. Der Hubert spielt sich hier vielleicht auf, das ist ja gar nicht mehr schön! Dem müssen wir mal eins aufs Dach geben.
2. … Nimmt der Brachthäuser sich immer so viel heraus? Dem müßt ihr mal eins aufs Dach geben! Sonst meint er bald, er ist euer Chef.

unterm Dach, juchhe *ugs* · right under the roof *n*, right under the eaves *n*, right at the top of the house *n*
Vier Wochen Paris, so unterm Dach, juchhe, das war doch bestimmt eine tolle Sache? – Das schon. Aber die Mansardenzimmer in diesen hohen alten Häusern haben im Sommer auch ihren Nachteil: sie sind warm, stickig.

vom Dach bis zum Keller · from top to bottom

... Aber du wirst das Haus doch nicht vom Dach bis zum Keller renovieren! – Wenn schon, denn schon, Herbert! Das Haus wird ganz renoviert – oder gar nicht.

kein/(ein) (schützendes) Dach über dem Kopf haben *ugs* · (not) to have a roof over one's head

Wie war das eigentlich mit der Regelung der Bezahlung der Überstunden nach dem Krieg? – Da kümmerte sich keiner um solche Probleme, Junge. Da sorgte jeder zunächst einmal dafür, daß er ein Dach über dem Kopf und etwas zu beißen hatte.

jm. das Dach überm Kopf anzünden · to set fire to s.o.'s house while he is in it

... Aber die Honigs waren doch zu Hause, als ihr Haus anfing zu brennen! – Du meinst also, denen hat einer das Dach überm Kopf angezündet? – Na, selbst werden sie ihr Haus wohl nicht in Brand gesteckt haben.

eins aufs Dach kriegen/(bekommen) *sal* · to get a good talking-to *coll*, to get a right bollocking *sl*, to get a right/proper ticking off *coll*

Warum hat er vom Chef eins aufs Dach gekriegt? – Weil er sich den Kollegen und selbst dem Abteilungsleiter gegenüber zuviel herausnimmt, so tut, als sei er der Chef.

unter einem/(und demselben) Dach leben/wohnen (mit jm.) · to live under the same roof as s.o.

Seit kurzem wohnen Herbert und Ilse unter einem Dach. Beide in der Ferdinand-Braun-Str. 46; er in der dritten Etage, sie Parterre.

bei jm. ist es unterm Dach nicht ganz richtig *ugs selten* – nicht (so) (ganz/(recht)) bei **Trost** sein (1; a. 2) · s.o. is soft in the head/(a bit/...) gaga/..., s.o. has bats in the belfry

jm. aufs Dach steigen *sal* · to get on to s.o. (about s.th.) *coll*, to haul s.o. over the coals *n*

Was, der Manfred will dir die 1.000,– Mark nicht zurückgeben? Das gibt's doch nicht! Dem mußt du mal aufs Dach steigen. – Das meine ich auch. Dem werd' ich was ganz anderes erzählen! Von wegen sich Geld leihen und dann nicht zurückgeben!

ein schützendes Dach suchen *form* · to look for shelter

Du, das gibt ein Gewitter! Wir müssen schleunigst ein schützendes Dach suchen.

das Dach der Welt *form* – *path* · the roof of the world

... Ach, weißt du, in einem südlichen Land empfindet man den Himmel nicht (so) als Dach der Welt. – Du meinst, weil er transparent, grenzenlos, offen ist? – Genau!

Dachdecker: das kann j. halten wie ein Dachdecker *sal* · + it makes no difference *coll*, it doesn't matter one jot/a bit/at all *coll*, whatever you like, please yourself, s.o. can do it however he/... likes

Und nach welchen Kriterien soll der Biermann die Bücher ordnen? – Das ist mir schnurzegal, die liest sowieso kein Mensch mehr. Das kann er halten wie ein Dachdecker.

Dachs: schlafen wie ein junger Dachs *ugs* – schlafen wie ein **Bär** · to sleep like a log

ein frecher Dachs (sein) *ugs* · 1. (to be) a cheeky (little) devil/pup/..., 2. (to be) a cheeky little thing/fellow/girl/...

1. Mein Junge ist vielleicht ein Frechdachs/(ein frecher Dachs) geworden! Aber man kann ihm nichts übelnehmen. – Wie meine jüngste Tochter! Die ist frech wie der Deubel und nimmt doch jeden für sich ein.

2. vgl. – (eher:) **Frechdachs**

(noch/...) **ein junger Dachs sein** *ugs* · to be a young whippersnapper *hum*

Hast du schon unseren neuen Abteilungsleiter gesehen? Du wirst überrascht sein: ein ganz junger Dachs. Kaum älter als 25.

Dachschaden: einen (kleinen) **Dachschaden haben** *sal* – nicht (so) (ganz/(recht)) bei **Trost** sein · to be not quite right in the head, to have a screw loose

Dachstübchen: bei jm. ist es im Dachstübchen nicht ganz richtig *ugs selten* – nicht (so) (ganz/(recht)) bei **Trost** sein (1; a. 2) · + to be not quite right in the head, + to have a screw loose

dacht': dacht' ich mir's doch! *ugs* · I knew it!, I thought so!

Renate, du könntest mir mal eben eine Packung Zigaretten holen. – Dacht' ich mir's doch! Als du in die Tasche griffst und eine leere Zigarettenschachtel hervorzogst, habe ich mir gleich gedacht: »Jetzt schickt er mich los.«

dafür: dafür sein (daß ...) · 1. 2. to be in favour of doing s.th., 2. to be for doing s.th.

1. Wer ist dafür, daß wir einen Protestmarsch machen, wer dagegen? ... Zehn dafür, 17 dagegen. Also, wir machen keinen Protestmarsch.
2. Ich bin dafür, daß wir morgen schon um sechs Uhr aufbrechen. Ist einer von euch dagegen? – Nein. – Also, abgemacht: Punkt sechs Uhr hauen wir ab.

Dafürhalten: nach meinem/(deinem/...) Dafürhalten *form* – (eher:) nach meiner/deiner/... **Meinung**/meiner/... Meinung nach · in my/his/... opinion, in my/his/... view

dafürkönnen: nichts/etwas/viel/... dafürkönnen (daß/wenn/...) – nichts/etwas/viel/... dafür/(dazu) **können** (daß/wenn ...) · not to be able to do (much/...) about it if ..., not to be able to help it if ...

dagegen: dagegen sein, (daß ...) · 1. 2. to be against doing s.th.

1. Wer ist dafür, daß wir eine Protestaktion starten, wer dagegen? Hebt bitte die Arme hoch! ... Zehn dafür, 17 dagegen. Also, wir machen keine Aktion.
2. Ich bin dagegen, daß man den Regierungen die Schuld an den Mißständen in die Schuhe schiebt. Die Völker oder Nationen als ganze sind verantwortlich.

dagegenhalten: (j. möchte/muß aber doch/...) dagegenhalten, daß ... *form* · to counter that ..., to reply by pointing out that ...

... So viele internen Gründe auch für eine baldige Wiederbelebung der Konjunktur sprechen, Herr Schuckert: jeder Exportfachmann wird dagegenhalten, daß die allgemeinen Rahmenbedingungen der Weltwirtschaft ungünstiger werden. – Könnten Sie mir dieses Gegenargument näher erläutern, Herr Fischer?

dagegensetzen: etw./etwas/nichts/... dagegensetzen (können/...) · to put s.th. forward, (not) to come up with s.th., to produce counter-arguments against s.th. *form*

(Während des Prozesses:) Das Belastungsmaterial, das der Staatsanwalt da vorgebracht hat, ist fast erdrückend. Mal gespannt, was der Verteidiger dagegenzusetzen hat.

dagewesen: (das ist) alles schon mal dagewesen · + we've heard it all before, it's all been done before

... Ach, das ist doch alles nichts Neues, was du da erzählst. – Betrug und Verleumdung dem eigenen Vater gegenüber? – Alles schon mal dagewesen! Ich erinnere mich an ...

so etwas/sowas/... ist noch nicht dagewesen *path* · + I've/... never seen/known/heard/... the like (of it), + I've/... never seen/known/heard/... anything like it

So eine Unverschämtheit! Nein, sowas ist noch nicht dagewesen! Sie können sich gar nicht vorstellen, Dr. Hartmann ... – Beruhigen Sie sich doch, Schwester Inge! ...

Dagewesene: alles bisher Dagewesene übertreffen/in den Schatten stellen/(etw. schlägt ...) *path* · to put all previous performances/achievements/... in the shade

Ich habe schon viele sehr gute Aufführungen erlebt, viele Schauspieler, die ausgezeichnet spielen. Aber diese Truppe stellt alles bisher Dagewesene in den Schatten.

dahergelaufene: jeder/jede/jedes dahergelaufene Mann/Frau/Mädchen/... · anybody who comes along, every Tom, Dick and Harry

Jemand, der bei uns eingestellt werden will, muß die entsprechenden Zeugnisse und Referenzen vorweisen, das ist doch klar! Wir werden doch nicht jeden dahergelaufenen Mann einstellen.

daherreden: (nur/bloß/einfach/...) **so daherreden**/daherquasseln/... *ugs* · to blather away, to talk away, to talk rubbish, to talk without thinking *n*
Du mußt nicht einfach so daherreden, Junge! Du mußt überlegen, was du sagst.

groß daherreden *ugs* · to talk big, to shoot one's mouth off
Der Udo redet so groß daher. Versteht er wirklich so viel von moderner Physik? – Ach! Alles nur Getue! Im Grunde weiß er gar nichts. Er gibt halt gern ein bißchen an mit dem, was er sich so angelesen hat.

hochtrabend/hochgestochen daherreden *ugs* · to talk pompously
»Zu Hause auszuhelfen, das lag nicht auf meinem Lebensweg ...« – Mensch, red' doch nicht so hochtrabend daher, Christa. Das war dir zu beschwerlich, da hättest du Opfer bringen müssen, den Egoismus ein bißchen hintanstellen – das ist alles. Von wegen, Lebensweg ...

weise daherreden *ugs* · to pontificate about s.th., to mouth off (about s.th.), to sound off (about s.th.)
Er geht mir wirklich auf die Nerven. Das einzige, was dieser Mann kann, ist weise daherreden. Wenn's ans Handeln geht, ja, schon ans Denken, ist er eine Null.

dahin: **bis dahin** ... · till then, until then
Also, wir sehen uns dann am nächsten Mittwoch wieder, nicht? Bis dahin viel Spaß bei deiner Übersetzung! – Die werde ich bis Mittwoch hoffentlich fertig haben.

dahin sein *path* – (eher:) **hin** sein (2; u. U. 1) · s.o.'s hopes are dashed, to be up the spout, to be ruined, s.th. is fucked, to be up the spout *not for clothing*, to be bust *products*

etw. **einfach**/nur/(bloß) **so dahin** sagen/plappern/(behaupten/...) · 1. to say/... s.th. without thinking, to just come out with s.th., 2. to blather away *coll*, to talk away *coll*, to talk rubbish *coll*,·to talk without thinking
1. ... Aber er hat das doch gar nicht so ernst gemeint! – Er kann doch nicht einfach so dahin sagen, die Petra schliefe mit jedem zweiten Jungen, den sie kennt. Nur weil ihm das gerade in den Kopf kommt.
2. vgl. – (eher:) (nur/bloß/einfach/...) **so daherreden**/daherquasseln/...

dahin und dorthin laufen/... – **hierhin** und dorthin laufen/... · to run/... here, there and everywhere, to run/... all over the place

dahindämmern: **so dahindämmern** · to be semi-conscious, to be in a stupor
(Nach einem Autounfall:) Hat er das Bewußtsein inzwischen wiedererlangt? – So halb. Er dämmert so dahin. Was er mitkriegt und nicht mitkriegt, was er denkt oder nicht denkt, weiß kein Mensch.

dahingegangen: j. **ist früh/jung/... dahingegangen** *path* · s.o. passed away/died/... young/at an early age/... *euphem*
Der Karl ist schon tot? – Schon lange! Er ist früh dahingegangen. Er war gerade 43, als er starb.

dahingehend: sich **dahingehend äußern**/seine Meinung dahingehend ändern/..., daß ... *form* · to say s.th. to the effect that ...
Was sagt denn der Chef zu der ganzen Affäre? – Gestern auf der Vertretertagung hat er sich dahingehend geäußert, daß er die bisherigen Stellungnahmen der Juristen nicht ganz teilen könne. – Der Holtkamp hat sich genau in demselben Sinn geäußert.

dahingestellt: **dahingestellt bleiben** (ob ...) *form* · it is an open question whether ..., it is a moot point whether ...
Gut, du verdienst weniger, aber ich bin stärker gebunden und habe wohl auch mehr Arbeit. Wer es besser hat von uns beiden, bleibt dahingestellt.

(es) dahingestellt sein lassen (ob ...) *form* · to leave aside the question/issue/... whether
Das neue Medikament wirkt rasch und sicher. Allerdings müssen wir es bis zu den genaueren Untersuchungen dahingestellt sein lassen, ob es Nebenwirkungen hat oder nicht. Dazu können wir einstweilen nichts sagen.

dahinleben: **so dahinleben** · 1. 2. to vegetate, to go on existing
1. Wie geht's? – Ach, nicht gut und nicht schlecht. Man lebt so dahin.
2. Wie geht's Paul? – An sich nicht schlecht. Aber ich finde, er hat keinen richtigen Lebensinhalt. Er lebt so dahin ... – Er hat immer so in den Tag hineingelebt, ohne viel nach einem tieferen Sinn zu fragen.

dahinraffen: jn. **dahinraffen** *path* · to carry s.o. off
... Ich weiß nicht, wieviel Tausende – oder Hunderttausende – die Pest damals dahingerafft hat. Ich weiß nur, daß ganze Dörfer und Städte nachher sozusagen entvölkert waren.

dahinstehen: (noch/...) **dahinstehen, ob** .../... *form* – es **steht** (noch/...) dahin, ob .../... · it is still/... uncertain whether ...

dahinter: bei jm. (immer/...) **dahinter sein** (müssen) *ugs* · to (always) (have to) keep on at s.o.
Bei der Christa muß man aber auch immer dahinter sein! Von selbst macht sie nichts, gar nichts.

nichts/nicht viel/wenig/(viel)/... **dahinter sein** *ugs* · there is nothing/not much/little/... behind s.th., there is no/not much/little/... substance to it
Er hat einen längeren Aufsatz über die aktuelle Lage in Argentinien geschrieben, mit dem er sich als Spezialist für dieses Land empfehlen möchte. Aber wenn man genauer hinsieht: es ist nicht viel dahinter. Sowohl die Daten als auch die Schlußfolgerungen kannst du in jedem besseren Reiseführer nachlesen. Eine Kompilation ohne großen Wert.

dahintergucken: **dahintergucken** *ugs* · to find out what is going on/what s.o. is up to/...
Was diese Politiker in der Europapolitik wirklich vorhaben, weiß doch kein Mensch! Man guckt doch nicht dahinter. – Ich hab' den Eindruck, die kommen selbst nicht mehr durch. Wenn man dahintergucken würde, würde man auch nicht schlauer.

dahinter her: (sehr) **dahinterher sein, daß** etw. geschieht/... *ugs* – (sehr) dahinter **hersein**, daß etw. geschieht/... · to be on to s.o. to do s.th., to check/to make sure/... that s.o. does s.th., to be after s.o.

dahinterklemmen: sich **dahinterklemmen** *ugs* · 1. 2. to get down to it, to pull one's finger out *sl*
1. Wenn du das Klassenziel noch erreichen willst, mußt du dich dahinterklemmen! – Ich bleibe also nicht unbedingt sitzen? – Wenn du dich jetzt tüchtig anstrengst, kannst du es noch schaffen.
2. Wenn Sie die Baugenehmigung bekommen wollen, müssen Sie sich dahinterklemmen. Da dürfen Sie nicht lockerlassen; sonst bewegen die sich in diesem Amt nicht.

dahinterknien: sich **dahinterknien** *ugs* – sich **dahinterklemmen** (1; a. 2) · to get down to it, to pull one's finger out

dahinterkommen: **dahinterkommen** *ugs* – dahinter **kommen** · to find out

dahintermachen: sich **dahintermachen** *ugs* – (eher:) sich **dahinterklemmen** · to get down to it, to pull one's finger out

dahintersetzen: sich **dahintersetzen** *ugs* – sich **dahinterklemmen** (1) · to get down to it, to pull one's finger out

dahinterstecken: **dahinterstecken** · to be behind s.th.
... Nein, ich kann dir auch nicht sagen, wer oder was dahintersteckt! Ob der Kanzler das veranlaßt hat, ob es innerhalb der Fraktion Kräfte gibt, die in diese Richtung steuern ... Ich kenn' die Hintergründe nicht.

dahinterstehen: **dahinterstehen** *ugs* – hinter jm./etw. **stehen** (2) · to be behind s.o./s.th., to back s.o./s.th.

Dalles: den Dalles haben *ugs selten* – keinen **Pfennig** mehr haben (1) · to be stony broke/skint/...

dalli: **dalli, dalli!** *ugs* · make it snappy!, at/on the double!, get a move on!, look smart!
Los, zieht euch um, und ab ins Bett! Los, dalli, dalli! In drei Minuten seid ihr fertig!

Dame: meine/deine/... **Alte Dame** *iron selten* · · my/your/... old lady

die große Alte Dame e-r S. *path* · the grand old lady (of s.th.), the grande dame of (s.th.)
... Du kennst Gertrud von Schondorf nicht, die große Alte Dame des deutschen Journalismus? Unmöglich! Anläßlich ihres 80. Geburtstages stand ihr Name doch vor wenigen Tagen noch in allen Zeitungen!

eine Dame der Gesellschaft · a society lady
Ich weiß gar nicht, was das sein soll heute, eine Dame der Gesellschaft – wo es eine 'Gesellschaft' in dem alten Sinn überhaupt nicht mehr gibt.

die Dame des Hauses *form od. iron* · the lady of the house, the hostess
Ich könnte mir vorstellen, daß die Dame des Hauses gar nicht so glücklich ist, wenn statt vier plötzlich sieben Personen da zum Abendessen erscheinen. – Ach, der Rosa macht das nichts aus, die hat leidenschaftlich gern Besuch.

die Dame seines/... **Herzens** *iron* · the queen/lady of his heart
... Du, sag' so etwas nicht, damit beleidigst du die Dame seines Herzens! – Die Dame seines Herzens? Ist der Hans-Peter in die Ursel Häckel verliebt? – Hm ..., also wenn du mit dem Hans-Peter weiterhin gut auskommen willst, sagst du besser nichts gegen die Ursel.

die feine Dame spielen/markieren/mimen · to play/... the fine lady
Ach, die Ursel kann beim Spülen nicht helfen, weil sie schon das Abendkleid anhat! Sie spielt mal wieder die feine Dame. Warum zieht sie sich schon mittags um 12 das Abendkleid an? Sie ist sich wohl zu schade zum Spülen.

eine Dame von Welt *geh* · to be a poised/cultured lady
Die Frau Meyerdinck kannst du doch nicht mit Eva Lang vergleichen. Die eine ist eine Dame von Welt, die andere eine Provinzdame. Die Frau Meyerdinck weiß jeden Künstler, Wisssenschaftler, Minister zu bewirten, sich mit ihnen zu unterhalten; Die Frau Lang fühlt sich schon unwohl, wenn sie ein Mitglied unseres elenden Gemeinderats zu Gast hat.

Damenbekanntschaft: eine Damenbekanntschaft machen *form od. iron* · to make the acquaintance of a lady
So, so, unser Emil, sagst du, hat eine Damenbekanntschaft gemacht. Und was ist das für eine Dame, die er da kennengelernt hat?

Damm: wieder/noch nicht/nicht/nicht (so) richtig/... **auf dem Damm sein** *ugs* · 1. 2. not/not yet/... to be in form 1. not/not yet/... to be back to normal (again) *n*, 2. not/not yet/... to be (quite) up to the mark *elev*
1. Er war lange krank, nicht? Ist er wieder auf dem Damm? – Noch nicht so ganz. Aber es geht ihm schon viel, viel besser.
2. Ich bin heute nicht so ganz/nicht so richtig auf dem Damm. Mir scheint, irgendetwas stimmt da mit dem Magen nicht.

jn. wieder auf den Damm bringen *ugs* · 1. to put s.o. back on his feet, to set s.o. up (again), 2. to set s.o. right
1. Er war wirklich ernsthaft krank, und wir fürchteten schon das Schlimmste. Eine längere Kur hat ihn dann aber doch wieder auf den Damm gebracht. – Er ist also voll und ganz wiederhergestellt? – Ja.
2. »Wenn Ihr Wohlbefinden zu wünschen übrigläßt, bringt Sie Yxopilo wieder auf den Damm. Schon wenige Stunden nach Einnahme dieses Elixiers fühlen Sie sich wie neugeboren. Nehmen Sie Yxopilo!«

Willkürmaßnahmen/... **einen Damm entgegensetzen** *form selten* – einen **Damm** gegen etw. errichten/(aufrichten) (2) · to put a stop to s.th., to stem the tide of s.th.

einen Damm gegen etw. **errichten**/(aufrichten) *form* · 1. 2. to put a stop to s.th., to stem the tide of s.th.
1. Wenn wir gegen den zunehmend ansteigenden Mißbrauch von Drogen keinen Damm errichten, kann er zu einer unkalkulierbaren Gefahr für die Gesellschaft werden.
2. Gegen weitere Willkürmaßnahmen müssen wir einen Damm errichten. Alle Mittel, die uns zur Verfügung stehen, müssen wir dagegen einsetzen.

wieder/... **auf den Damm kommen** *ugs* · to get back on one's feet again, to get back to normal again *n*, to be fighting fit again
... Frau Petersen, der Eingriff war zwar eine ziemlich Belastung für Ihren Mann. Aber machen Sie sich keine Sorgen! Er wird wieder auf den Damm kommen. In einer Woche hat er das Schlimmste überstanden.

wenn ..., (dann)/... **werden alle Dämme brechen** *path* · if ..., the floodgates will open wide
... Selbst, wenn sie wollte: die Regierung kann den Forderungen der Gewerkschaften unter den augenblicklichen Bedingungen gar nicht nachgeben. Wenn sie sich dem Druck beugt, werden alle Dämme brechen. Dann haben wir hier wilde Streiks, die Herrschaft der Straße ..., dann ist es mit der Ordnung im Staate vorbei! – Ach! ...

dämmern: vor sich hin dämmern · to doze
Ist sie von der Operation schon aufgewacht? – Sie dämmert so vor sich hin. Es wird sicher noch einige Stunden dauern, bis sie richtig wach/ganz da ist.

bei jm. **dämmert's** (endlich/plötzlich/...) *ugs* – jm. wird (endlich/plötzlich/...) etw. **klar**/es wird jm. (endlich/plötzlich/...) etw. klar · it (finally/...) dawns on s.o. that ...

Dämmerstunde: eine Dämmerstunde/ein Dämmerstündchen **halten** *ugs veraltend selten* · to have an early evening rendezvous/get-together/..., to have a rendezvous/get-together/... at the twilight hour
... »Na, das möchte ich auch«, meinte der alte Lohmeier schmunzelnd zu seinem Sohn, »da jeden zweiten Abend mit einer anderen Schönen ein Dämmerstündchen halten.« – Was ist denn dabei, wenn wir uns abends unterhalten? – Nichts, sag' ich doch! Nichts ist wohltuender und belebender als ein Plauderstündchen, wenn der Tag zur Neige geht.

Damoklesschwert: (ständig/...) ein Damoklesschwert über sich haben/über sich fühlen/.../das Damoklesschwert schwebt über jm. *geh selten* · to have the sword of Damocles (hanging) constantly/... above one's head
Wenn die Betrügereien herauskämen, erklärte man ihr, könne ihr Mann ins Gefängnis kommen. Von da an fühlte sie ein Damoklesschwert über sich. Ihr Frohsinn war ein für allemale dahin. – Entsetzlich, immer so eine Drohung im Nacken zu haben.

Dampf: (vielleicht) einen Dampf vor jm./etw. **haben** *ugs selten* – (vielleicht) einen **Bammel** vor jm./etw. haben · to be scared stiff of s.o./s.th., to be absolutely/... terrified of s.o./s.th.

(nun/jetzt/...) laß mal/laßt mal/... **Dampf ab!** *sal* – (eher:) **(nun/jetzt/...) laß mal**/laßt mal/... **Luft ab!** · come on, calm down!, come on, relax!

j. **muß mal Dampf ablassen** *oft Imp sal* – (eher:) j. muß mal **Luft** ablassen · s.o. has to let off steam now and then/...

(vielleicht/...) Dampf draufhaben *ugs selten* – (vielleicht/...) ein **Tempo** draufhaben/vorlegen · to be really moving, to be really motoring

einen Kessel/... **unter Dampf halten** *techn* · to keep s.th. under steam
Es wird in jedem Fall weitergeheizt, egal ob morgen Streik ist oder nicht? – Natürlich, die Kessel müssen alle unter Dampf gehalten werden.

jm. **Dampf machen** *ugs* · to make s.o. get a move on, to hurry s.o. up/along
Der Herr Alt hat den Wagen immer noch nicht repariert? Dem müssen wir mal Dampf machen. Wenn man den nicht anständig antreibt, steht das Auto noch in einem Monat da.

da/(aus etw.) **ist der Dampf raus** *ugs* – (eher:) da/aus etw. ist die **Luft** raus · + it/s.th. has lost momentum

Dampf dahinter setzen/(machen) *ugs* · to get s.o. to get a move on, to chivvy s.o. along, to get things moving
Ist denn Ihr Paß immer noch nicht fertig? – Nein. – Dann müssen Sie Dampf dahinter setzen! – Aber wie? – Passen Sie auf, ich rufe mal den Stadtdirektor an – er ist mit uns befreundet –, er wird den Laden in Schwung bringen.

unter Dampf stehen *Schiff/Lokomotive/... veraltend* · to have steam up, to be under steam

Das Schiff steht unter Dampf, es muß gleich abfahren.

dampfen: eine dampfen *ugs Neol* · to smoke *n*, to puff away

... Jörg, bitte rauche nicht im Zimmer! Wenn du unbedingt eine dampfen mußt, geh' bitte auf den Balkon!

Dampfer: auf dem falschen Dampfer sein/sitzen *ugs* · 1. to have got the wrong end of the stick *n*, to have the wrong idea *n*, 2. to have another think coming, to be barking up the wrong tree *n*

1. Du bist auf dem falschen Dampfer, Herbert: die honorieren dir deinen Einsatz nie. Wenn du meinst, diese Leute hier würden so etwas wie Dankbarkeit kennen, bist du schwer im Irrtum.

2. vgl. – (eher:) wenn du glaubst/er meint/..., (dann) bist du/ist er/... schief **gewickelt**

Dämpfer: jm./(e-r S.) einen Dämpfer aufsetzen/verpassen · 1. to take s.o. down a peg or two, 2. to dampen s.o.'s spirits, to put a damper on s.th.

1. Sie wird mir einfach zu frech und zu vorlaut. Wir müssen ihr mal einen Dämpfer aufsetzen. – Das meine ich auch. Man muß ihr zügelloses Temperament ein wenig drosseln.

2. Die Nachricht, daß man nur mit sehr guten Zeugnissen angenommen würde, hat seinen Hoffnungen einen Dämpfer aufgesetzt. Seine Zeugnisse waren nicht gerade glänzend ...

einen Dämpfer brauchen/(...) · to need/... to be taken in hand, to need/... to be kept on a tighter rein

... Der Frank braucht mal wieder einen Dämpfer. Er macht in der letzten Zeit kaum was für die Schule und hängt nur auf dem Sportplatz rum. Ich glaube, wir müssen ihn mal wieder etwas fester an die Kandare nehmen.

einen Dämpfer kriegen/(bekommen) · 1. to have a setback, to have a bit of a come-down, + s.th. puts a damper on s.o.'s enthusiasm, s.o. is taken down a peg or two, to get a good talking-to *coll*, 2. to get a right bollocking *sl*, to get a right/proper ticking off *coll*

1. Wenn man ständig Erfolg hat, wird man leicht übermütig. Vielleicht tut es dem Christian ganz gut, daß er mal einen Dämpfer gekriegt hat. – Er ist so niedergeschlagen über sein mißlungenes Konzert ...

2. vgl. – (u. U.) eins aufs **Dach** kriegen/(bekommen)

Dampfnudel: aufgehen wie eine Dampfnudel *sal* · to fill out like a balloon

Mein Gott, die Karin geht in den letzten Monaten auf wie eine Dampfnudel . Wenn die so weitermacht, ist sie bald so breit wie hoch.

Dampfwalze: eine richtige/... Dampfwalze sein *sal* · to be a mountain of flesh, to be a hulk

Die Frau Müller ist eine richtige Dampfwalze! Groß, dick, mächtig ... Wenn die so herumrauscht ...

danach: (auch) danach sein *ugs eher norddt* · (it is cheap/... and) it tastes/sounds/looks/smells/... like it (too) *para*

... Die Kiwis waren verhältnismäßig billig, das stimmt; aber sie sind auch danach. – Wie, schmecken sie dir nicht? – Offengestanden: nein.

Danaergeschenk: ein Danaergeschenk sein *lit selten* · to be a Greek gift *rare*, to be a two-edged/treacherous/... offering *para*

Hat er deiner Frau wirklich einen Ring zum Geburtstag geschenkt? – Ja. Aber ich fürchte, es ist ein Danaergeschenk. – Warum? – Er will uns abhängig von sich machen, und das kann uns nur Unglück bringen.

Danaidenfaß: ins Danaidenfaß schöpfen *lit selten* – das **Faß** der Danaiden füllen wollen · to perform a hopeless/endless/... task, to perform a Sisyphean labour/labour of Sisyphus, to fill the sieve/vessel/... of the Danaids

daneben: ganz/völlig/ziemlich/... daneben sein *ugs* · 1. 2. to be badly/completely/... off form, 3. to be completely/... out of order, to be completely/... out of place *elev*

1. Heute komme ich nicht zum Rudern. Ich bin ziemlich daneben. Ich weiß nicht, was es ist, aber ich fühle mich ziemlich elend.

2. Der Rudi ist heute völlig daneben. Er hat noch keine einzige richtige Antwort gegeben, und sonst ist er der Beste von allen. Er ist völlig verstört.

3. ... Georgs Bemerkung, der Herr Peters sei kleinkariert, war in jeder Beziehung völlig daneben! Sie war sowohl taktlos als auch unzutreffend.

danebengehen: danebengehen · 1. 2. to misfire, to be a flop, 2. to go badly, to be a failure, to go wrong, not to work out

1. Der Versuch von Siemens, noch in diesem Jahr einen 64-Megabit—Chip herauszubringen, ist danebengegangen! – Dann haben die ja in puncto Chip-Produktion endgültig den Anschluß verpaßt.

2. vgl. – **daneben gehen**

danebengeraten: danebengeraten – daneben **gehen** (2) · to go wrong, to misfire, not to work out, to fail

danebengreifen: danebengreifen (im Ton/in den Verhaltensformen/...) · to put one's foot on it (with a tactless remark/...)

... Wenn du Diplomat werden willst, darfst du im Ton nicht danebengreifen – ganz egal, was passiert. Die Kunst der Diplomatie beruht geradezu auf der Fähigkeit, in jeder Lage den richtigen (Umgangs-) Ton zu treffen.

danebenhauen: danebenhauen *ugs* · 1. + to get s.th. wrong *n*, 2. to be wrong *n*, to be wide of the mark

1. Wenn du im Mündlichen zwei-, dreimal danebenhaust, bist du bei dem Grundmann durchgefallen. – Wie, bei zwei, drei falschen Antworten läßt der einen schon durchrasseln? Das sind ja heitere Aussichten.

2. (Kreuzworträtsel:) Wie sehr er auch versuchte, die richtige Antwort/Lösung zu finden – er haute immer wieder daneben

danebenliegen: (mit einer Meinung/...) (völlig/total) **danebenliegen** *ugs* – (mit einer Meinung/einer Annahme/...) (völlig/...) richtig/falsch **liegen** (2, 3) · s.o.'s opinion/assumption/... is wide of the mark, s.o.'s opinion/assumption/... is wrong/incorrect/...

Dank: tausend Dank (für ...) *path* · many thanks (for ...), thanks a lot (for ...)

Tausend Dank für das Buch! – Nichts zu danken! Es ist eine kleine Anerkennung für ihre Geduld und Mühe.

vielen (herzlichen) Dank für die Blumen *iron* · thanks for nothing *sl*, thank you very much, thanks for the bouquet

Vielen Dank für die Blumen, Willi! – Ich hoffe, Kurt, du nimmst mir meine Kritik nicht übel. Wenn sie auch ein wenig ironisch formuliert war.

jm. (für etw.) Dank sagen *form* · to say thank you to s.o. for s.th., to thank s.o. for s.th.

Hast du den Meyers schon für die Blumen Dank gesagt, die sie zu Vaters Geburtstag geschickt haben? – Nein. Aber ich gehe morgen sowieso bei denen vorbei; dann danke ich Ihnen – auch in Vaters und deinem Namen.

jm. (für etw.) Dank schulden *form* · to owe s.o. a debt of gratitude *tr*

... Wenn dein Vater dich unter Opfern hat studieren lassen, schuldest du ihm dafür Dank, Gert – ganz egal, wie du sonst zu ihm stehst. – Ich bin ihm ja auch dankbar. Aber ich mag es nicht, wenn jemand dauernd Dank erwartet.

der Dank des Vaterlands ist euch/(dir) gewiß *Zit früher eher path, heute iron* · the fatherland owes you a debt of gratitude *tr*

... Siehst du, so ist das: erst schicken sie die Leute an die Front, damit sie die 'Ehre der Nation', die 'abendländischen Werte' und die 'freiheitlich – demokratische Grundordnung' verteidigen, und wenn die Aufgabe erledigt ist, erinnert sich keiner mehr an sie. Wie heißt es doch so schön: 'der Dank des Vaterlands ist euch gewiß'.

jm. zu (großem) Dank verpflichtet sein *form* · to be (deeply/greatly) indebted to s.o. for s.th., to owe a (great) debt of gratitude to s.o. for s.th.

(Aus dem Vorwort zu einer Dissertation:) Für die unermüdliche Unterstützung bin ich meinem Lehrer, Herrn Prof. Dr. Hubert Schramm, sehr zu Dank verpflichtet. Ohne diese Unterstützung ...

sich jm. **zu** (großem) **Dank verpflichtet fühlen** *form* · to feel a debt of gratitude to s.o. for s.th.

Der Herr Dr. Schramm hat mich in sehr schweren Situationen immer wieder selbstlos unterstützt. Ich fühle mich ihm zu großem Dank verpflichtet und würde mich freuen, wenn ich ihm auch einmal dienlich sein könnte.

jm. **Dank wissen** (für etw.) *form* · to be grateful to s.o. for s.th.

Damals habe ich geschimpft, als mein Vater mich zwang, jeden Tag zwei Stunden Schularbeiten zu machen, um nach unserem Umzug den Anschluß nicht zu verlieren. Heute weiß ich ihm Dank …

mit bestem Dank zurück! *dir. R* · many thanks, thank you very much

… Hier ist die spanische Grammatik, die du dem Ulrich geliehen hattest. Er hat sie mir in der Uni gegeben, mit der Bitte, sie an dich weiterzureichen. Ich glaub', es liegt ein Zettel bei. – Laß mal sehen. … 'Mit bestem Dank zurück, Ulli' – lakonischer geht's nicht. …

danke: (na) **ich danke/**(wir danken)! *iron* · no thank you!

Das ist doch eine wunderbare Arbeit, ständig im Freien, bei dieser herrlichen Sonne! – Na, ich danke! Bei 40° im Schatten, 90% Luftfeuchtigkeit, elender Nahrung zehn Stunden schuften – da vergeht dir der Sinn für die herrliche Sonne!

nein, danke! *iron* · no thank you!

… Eine enge Zusammenarbeit zwischen Herrn Fährmann und mir? Nein, danke! Mit diesem Herrn arbeite ich nicht zusammen, weder eng noch sonstwie!

danke, gleichfalls/(ebenfalls) *form* · thank you – the same to you

Guten Appetit! – Danke, gleichfalls.

danken: bestens danken *iron* · thanks a million, thanks for nothing, thanks a bunch

Wenn du willst, kannst du bei uns als Sekretär anfangen. – Ich danke bestens. – Warum so spitz? Paßt dir die Atmosphäre bei uns nicht?

nichts zu danken! *form* · not at all, don't mention it

Und: nochmals vielen Dank für das Buch über Mexiko! – Nichts zu danken, nichts zu danken, Herr Breuer. Sie haben für unseren Jungen so viel getan. Wir haben zu danken.

es jm. **schlecht danken, daß** … *form* · to show no thanks for what s.o. has done, to repay s.th. with ingratitude

… Nicht nur die Älteste, alle drei Kinder haben es dem Herrn Kreuder sehr schlecht gedankt, daß er das halbe Leben für die Kinder gearbeitet hat. Seit dem Tod seiner Frau ist der Mann völlig vereinsamt. Die Kinder kommen ihn nicht einmal besuchen.

dann: bis dann *ugs* · see you then

Also, Gerd, bis dann! – Ja, Tschüß. Bis Montag oder Dienstag beim Schwimmen, nicht?

und dann?! *ugs* – na, **und**?! (1; u.U. 2, 3) · so what?, what about it?

und was dann? *ugs* · (and) then what?

Gut, du wirst dich über deinen Abteilungsleiter offiziell beschweren. Und was dann? Was willst du danach tun? Was meinst du, werden die Folgen sein? … Laß das man schön sein! Das führt zu nichts!

von dann bis dann *selten* · from then to then

… Ja, der Kurt führt ein sehr wechselhaftes Berufsleben. Von 1975 – 78 hat er in Bayern gearbeitet, von dann bis dann – ich weiß nicht genau – in Hamburg; Mitte der achtziger war er in Köln …

dann und dann *selten* · then and then

In den letzten Jahren hatte sie eine schwere Krankheit nach der anderen: 1982 Tuberkulose, dann und dann – ich erinnere mich nicht genau – eine Darmgeschichte, im letzten Jahr Magengeschwüre …

dann und wann – (eher:) (so) **ab** und zu (mal) · now and then, now and again

dannen: von dannen ziehen/eilen/gehen/… *oft iron veraltend* · 1. 2. to depart/to hasten away, to go away, to hurry off

1. Sobald Schluß ist, eil' ich von dannen. Oder meinst du, ich verlier' hier noch mehr Zeit, als ich mit diesem blödsinnigen Vortrag sowieso schon verliere?

2. Statt daß sie sich den Vortrag anhören, ziehen sie von dannen? – Wir haben eine Seminararbeit vorzubereiten und … – Ja, ja, ist gut …

daran: nahe daran sein, etw. zu tun · to be on the point of doing s.th., to be on the verge of doing s.th., to be just about to do s.th.

Dieser Vortrag war vielleicht langweilig. Ich war nahe daran, aufzustehen und zu gehen. – Mir ist es genauso gegangen. Ich wäre auch fast abgehauen.

es ist nichts daran(wenn …/daß …) *ugs* – (eher:) es ist nichts **dabei** (wenn …/daß …) · there is nothing to it if…

was ist (denn) (schon) **daran** (wenn …/daß …) *ugs* – (eher:) was ist (denn) (schon) **dabei** (wenn …/daß …)?! · what is wrong with s.o. doing s.th., what harm is there in s.o. doing s.th.?

darangeben: alles/(…) **darangeben,** um … *form selten* · to do everything in one's power to do s.th.

… Die Christa Fliedner ist durch und durch idealistisch gesinnt. Wenn die hier leben würde, würde sie alles darangeben, um die Lebensbedingungen der Leute hier zu verbessern. – Das sagen alle, die irgendwoher kommen, wo es ihnen gutgeht. Aber wenn es dann zum Schwur kommt … – Nein, die Christa hat schon oft genug bewiesen, daß sie vor schweren Opfern und langwierigem Engagement nicht zurückschreckt.

darangehen: darangehen, etw. zu tun – sich daran **machen,** etw. zu tun/sich an etw. machen (1) · to set about doing s.th., to get down to s.th.

daranmachen: sich daranmachen, etw. zu tun – sich daran **machen,** etw. zu tun/sich an etw. machen (1) · to set about doing s.th., to get down to s.th.

daransetzen: alles daransetzen, (um) (etwas zu tun/zu erreichen/…) – alles **dransetzen/**(daransetzen), (um) (etwas zu tun/zu erreichen/…) · to do everything one can to achieve s.th., to do one's level best to achieve s.th.

dareinfinden: sich dareinfinden *form* – sich **dreinfinden** (etw. zu tun) · to get used to doing s.th., to resign o.s. to s.th.

dareinsetzen: seinen ganzen/(…) Ehrgeiz/(…) **dareinsetzen,** etw. zu tun *form* – seinen (ganzen/…) **Ehrgeiz** in/an etw. setzen/dreinsetzen, etw. zu tun/dareinsetzen/daran setzen, etw. zu tun · to make it a point of honour to do s.th., to set one's heart on doing s.th.

darf: was darf es/darf's **sein** *form* · can I help you?, what is it to be?

(In einem Lebensmittelgeschäft:) Guten Morgen, Frau Lamprecht. Was darf es sein? – Ein Pfund Aufschnitt, bitte, dann …

Darm: einen kurzen Darm haben *sal selten* · to have to tell s.o. s.th. *n*/to spread the news/… as soon as one hears it *n*, not to be able to keep anything to o.s. *n*

… Mein Gott, hat die einen kurzen Darm. Alles, was sie hört, muß sie sofort weitererzählen, ohne richtig zu verstehen, worum es überhaupt geht.

sich in den Darm stechen *sal selten* – einen **fahren** lassen · to let one go, to let off, to drop one's gut

darstellen: nichts/etwas/(allerhand/viel/einiges/wenig) **darstellen** · 1. to look the part, to be someone, to be/to look/… impressive, to cut a fine figure, 2. not to look anything/something special, to be nondescript

1. vgl. – nichts/… **vorstellen** (1)
2. vgl. – nach nichts/etwas/(einigem/wenig) **aussehen** (1)

darüberhinaus: darüberhinaus/(darüber hinaus) · what is more, furthermore, moreover

… Der Prof. Schondorf, mein Lieber, gehört in seinem Fach zu den ganz Großen! Darüberhinaus ist er auch menschlich in jeder Weise ein Vorbild.

darüberstehen: darüberstehen *ugs* · 1. to be above things, 2. to be above such/these/... (petty) things

1. vgl. – über den **Dingen** stehen

2. vgl. – (a.) über diesen/solchen/... **Dingen** stehen

darum: (warum?) **darum!** *ugs* – **warum?** darum! · why? that's why!

darum-stehen/-liegen/-sitzen/... *ugs* – da/... **herum-stehen**/-liegen/-sitzen · to sit/stand/lie/... around

das: das und das – **dies** und jenes/dieses und jenes (1) · some things

(genau) **das ist es!** · that's (just) it!, that's (just) the point!

Ja, sie ist ordentlich, anständig, fleißig, liebenswürdig – aber es fehlt ihr ein Schuß Einfühlungsvermögen! – Das ist es! Sie hat zu wenig Verständnis dafür, daß andere anders denken und fühlen können als sie. Genau das ist der Punkt!

auch das noch! · that's all I needed!, that tops the lot! *coll*

... Und dann muß ich Ihnen leider noch sagen, Herr Brinkmann, daß Ihr Sohn einem Klassenkameraden 30,– Mark entwendet hat. – Auch das noch! Nicht nur schlechte Noten und Disziplinschwierigkeiten, auch noch ein Diebstahl! Den Burschen werd' ich mir verknöpfen! ...

Dasein: ein elendes/trauriges/tristes/... **Dasein** (führen) *path* · to lead a miserable/sad/depressing/... existence

So ein tristes Dasein wie die Gisela möchte ich nicht führen: immer nur allein für die Kinder da sein, mit einem Mann verheiratet, der ihr nur Sorgen und Kummer macht, dann die Geldschwierigkeiten ... Nein, ein elenderes Leben kann man kaum haben.

sein Dasein fristen *path* · to scrape by, to barely manage to survive, to eke out an existence

... Es ist bedrückend zu sehen, wie diese Leute unter den elendesten Bedingungen ihr Dasein fristen, während keine 500 Meter von diesen Armenvierteln entfernt die reiche Oberschicht in Saus und Braus lebt ...

etw. **ins Dasein rufen** *path selten* – etw. ins **Leben** rufen · to bring s.th. into being, to establish s.th., to found s.th.

ins Dasein treten *path selten* · to come into being

... Und ehe der Mensch – so fuhr er fort – ins Dasein tritt, sein Leben in dieser Welt beginnt, lebte er nach platonischer Anschauung in einer anderen Welt ...

dasein: (nur/...) für jn. **dasein** *path* · to live (only/...) for s.o./s.th., to devote all one's time for s.o./s.th.

... Ich weiß, Heinz, ich weiß, die Gabriela ist nur für den Willy da; sie lebt nur für ihren Mann ... – ich kenn' das Lied. Aber ich bin nunmal anders; ich möchte auch mein eigenes Leben haben.

gar/(überhaupt) **nicht ganz dasein**/(nicht) voll dasein *ugs* · not to be all there, not to be with it

... Was ist mit dir heute, Peter? – Wieso? – Man hat den Eindruck, du bist gar nicht ganz da. Hast du schlecht geschlafen – oder bewegt dich etwas, sodaß du mit den Gedanken immer ganz woanders bist?

Daseinsberechtigung: seine/keine Daseinsberechtigung haben *oft path* · 1. (not) to have a right to exist, 2. it/they/... should not be allowed

1. Jedes Volk hat seine Daseinsberechtigung, genau wie jeder einzelne Mensch. Dadurch, daß es ist, hat es ein Recht zu sein ... – Welch ein Unsinn, diese hochtrabenden Begründungen evidenter Dinge!

2. Diese pornographischen Zeitschriften haben doch gar keine Daseinsberechtigung, schimpfte er, die dürfte es doch gar nicht geben!

dasselbe: es/das ist (für jn.) **dasselbe** (ob ... oder ob .../... · 1. it makes no difference, it comes to the same thing, it doesn't matter either way, 2. it's all the same (to s.o.) whether ...

1. vgl. – das **bleibt** sich (für jn.) gleich

2. vgl. – es **bleibt** sich gleich (für jn.) (ob ... oder ob .../...)

es ist immer dasselbe mit jm./etw. · 1. it's always the same with him/John/..., 2. it's always the same with this machine/...

1. Wo ist denn der Klaus? Jetzt sind alle da, nur er fehlt mal wieder. Das ist immer dasselbe mit diesem Jungen, der kann einfach nicht pünktlich sein!

2. Das ist aber auch immer dasselbe mit dieser Maschine: wenn es darauf ankommt, funktioniert sie nicht. Das ist jetzt bestimmt schon das vierte oder fünfte Mal, daß das passiert!

dastehen: gut/glänzend/... **dastehen** *ugs* · to be in a good/excellent/... position *n*

Vor einem Jahr sah es in der Tat fast so aus, als würde er pleite machen. Aber nach den Aufträgen aus Brasilien und einigen Erfolgen im Inland ist die Lage völlig anders. Heute steht er geradezu glänzend da.

(ganz) **allein**/ohne jede Hilfe/... **dastehen** *oft path* · to be all alone in the world, to be all on one's own

Wieviele Alte und Kranke in dieser modernen Gesellschaft allein dastehen, ganz allein ... – diese Tatsache allein genügt, diesem platten Fortschrittsoptimismus entgegenzutreten. – Aber sie haben doch eine Rente, werden versorgt ... – Sicher, sicher, und haben als Unterhaltungspartner ihren Fernsehapparat.

(ganz/völlig) **anders dastehen** *ugs* · + look where he/... is now, + look at him/... now

Als er hier einzog, hatte er kein Geld, um sich anständige Möbel zu kaufen. Aber heute steht er anders da: reich, angesehen, von allen geschätzt ...

einzig dastehen (unter anderen) *ugs* · to be unique (among one's colleagues/...), to be in a unique position

Der Huger? Der steht in diesem Institut einzig da (unter seinen Kollegen). Kein anderer hat so viele Projekte realisiert, so viele Sympathien bei den Mitarbeitern, so gute Perspektiven für die Zukunft wie er.

date: up to date sein *Neol* · to keep up to date, to be up to date

In diesem Beruf muß man up to date sein, weißt du. Da kannst du es dir nicht leisten, nicht informiert zu sein über das, was in der Welt vor sich geht, Ansichten von gestern zu haben, ohne Rücksicht auf die Mode angezogen zu sein. In allem auf der Höhe der Zeit – so wollen das die Mitarbeiter.

dato: bis dato *form* · to date, up to now

Wir haben Herrn Ballinger die Rechnung bereits vor drei Monaten geschickt, aber bis dato hat er nicht bezahlt. – Und warum hat er bis jetzt nicht bezahlt?

Datum: unter dem heutigen/gestrigen/... **Datum**/unter dem Datum des 25. 7./... *form veraltend* · under today's/yesterday's/... date, under the date of 25 July 1983/...

(Aus einem Geschäftsbrief:) ... Unter dem Datum des 25. 7. 83 teilten wir Ihnen bereits mit, daß ...

neueren Datums (sein) *form* · (to be) a recent article/work/..., (to be) a work/... of recent date

Eine Arbeit neueren Datums? – Sie muß so vor drei, vier Monaten erschienen sein. Also nicht brandneu – aber älter als ein halbes Jahr ist sie jedenfalls nicht.

Dauer: auf Dauer (etw. haben/sein/...) *form* · to have s.th. for good, to have a permanent job/..., to have tenure (in a job/...)

... Aber das ist doch eine befristete Stelle, die die Charlotte dort hat, oder? – Nein, sie hat den Posten auf Dauer. Sie kann da bis zu ihrem Lebensende bleiben.

auf die Dauer · in the long term, in the long run

Unser Junge braucht ein neues Bett. Er schläft zwar auf der Couch in meinem Arbeitszimmer nicht schlecht, aber auf die Dauer ist das keine Lösung.

(nicht) **von Dauer sein**/von geringer/kurzer Dauer sein *form* · that/it/... will not last long

Sie haben sich wieder versöhnt, sagst du? – Ja. Aber das ist bestimmt wieder nicht von Dauer. Du wirst sehen: nach kurzer Zeit fangen die alten Streitereien von neuem an.

Dauerbrenner: ein Dauerbrenner *ugs* Film/Theaterstück/... · a long-running success *film*, an evergreen *song*, an argument/... that always goes down well

Mein Gott, jetzt läuft 'Spiel mir das Lied vom Tod' schon fünf Monate, stell' dir das vor! – Ja, das ist ein Dauerbrenner.

Däumchen: (dastehen/dasitzen/... und) **Däumchen drehen** *ugs* · to (stand around/sit there/... and) twiddle one's thumbs, to stand around/sit there/... twiddling one's thumbs

Statt etwas zu tun, damit die Arbeit schneller fertig ist und wir endlich abfahren können, steht ihr da herum und dreht Däumchen!

Daumen: seinen/(den) Daumen auf etw. haben *ugs Neol* · to have s.th. under (one's) control *n*

... Die Sparkasse dürfte von dem Konkurs der Firma Schuckert kaum geschädigt werden, denn die Banker haben bereits ihren Daumen auf dem Firmengelände. Und was die mal unter ihre Kontrolle bringen, lassen sie bekanntlich nicht wieder los.

auf etw. den Daumen haben/halten *ugs selten* · to keep a careful eye on s.th./expenditure/... *n*, to watch over expenditure/... *n*

Wer für Tausende von Menschen verantwortlich ist, muß natürlich den Daumen auf die Pfennige halten. Ein Unternehmen, das mit dem Geld leichtsinnig umgeht oder allzu freigebig ist, wird dem Konkurrenzdruck nicht lange gewachsen sein.

jm. **den Daumen aufs Auge setzen**/(drücken/halten) *ugs selten* · to force s.o. to do s.th., to put the screws on s.o., to breathe/keep down breathing s.o.'s neck

Eigenartig, daß er nur auf Zwang reagiert. Nur wenn man ihm den Daumen aufs Auge setzt, spurt er, nur wenn man ihn handfest zwingt.

(dastehen/dasitzen/... **und)** (die) **Daumen drehen** *ugs selten* – (dastehen/dasitzen/... und) **Däumchen drehen** · to (stand around/sit there/... and) twiddle one's thumbs

jm./(für jn.) **die/(den) Daumen drücken**/(halten) *ugs* · to keep one's fingers crossed for s.o.

Viel Glück in eurer Prüfung! Wir drücken euch den Daumen. – Na, dann läuft bestimmt alles gut.

jm. **beide/alle verfügbaren Daumen drücken**/(halten) *ugs* – (stärker als:) jm./(für jn.) die/den **Daumen** drücken/(halten) · to keep one's fingers crossed for s.o.

(so) über den Daumen gepeilt *ugs* · at a rough estimate ... *n*

Wieviel kostet der Wagen, was schätzt du? – Ich weiß nicht genau. So über den Daumen gepeilt: zwischen 16 und 17.000,– Mark. – Gut geschätzt: 16.850,– Mark.

(am) Daumen lutschen *Kinder* · to suck one's thumb

Lutscht euer Peterle noch Daumen? – Die Frage meinst du doch nicht ernst? Ein Junge von sieben Jahren noch Daumen lutschen! – Man kann nie wissen ...

am Daumen lutschen *ugs selten* · 1. to starve *n*, 2. to go hungry *n*

1. vgl. – **Hunger** leiden (müssen)
2. vgl. – **Kohldampf** schieben (1)

etw. **nur so**/einfach so/... **über den Daumen peilen** *ugs* · to make a rough estimate of s.th., to work s.th. out roughly

Die Lohnkosten, die in dem Artikel stecken, müssen wir schon genau berechnen. Die können wir nicht einfach so über den Daumen peilen. Denn wenn wir sie nur so ungefähr kennen, haben wir auf präzise Fragen unserer Geschäftspartner keine präzisen Antworten.

Daumenschrauben: jm./**bei** jm. **die Daumenschrauben anlegen**/(anziehen/ansetzen/aufsetzen) *path selten* · to put the screws on s.o. *coll*

Hat der Peter wirklich verraten, was in der geheimen Sitzung beschlossen wurde? – Man hat ihm die Daumenschrauben angelegt. Um ihn zum Reden zu bringen, drohten sie ihm, ihn sofort zu entlassen, wenn er nichts sage, und seine Frau von seinem lockeren Lebenswandel zu unterrichten.

Daunen: (in .../...) **wie auf Daunen schlafen** *path selten* · + it is like sleeping on down feathers *tr*

... Natürlich kann ich dich hier für eine Nacht unterbringen. Die Schwierigkeit ist das Schlafen. Wie du weißt, hab' ich nur die alte Couch ... – Na, auch wenn ich darauf nicht wie auf Daunen schlafe: für eine Nacht braucht man doch nicht so wählerisch zu sein ...

Daus: ei der/was der **Daus!** *ugs veraltend selten* – **sieh** mal an! · well I never!

davon: genug davon *path od. iron* · enough of that!, that's enough!, I've/... heard enough!

... Und dann muß ich dir noch erzählen, wie die Krankenkasse reagiert hat. – Genug davon! Was ich bisher gehört habe, reicht mir. Das ist ja unglaublich, wie die Leute hier behandelt werden, wenn sie sich nicht mehr wehren können.

das nächste Mal/morgen/... **mehr davon** · more tomorrow, more next time

... Ja, und dann hat die Kasse noch Schwierigkeiten gemacht. Ach, das war eine Geschichte! Morgen mehr davon! Jetzt bin ich eilig. Morgen erzähl' ich dir noch ausführlich, wie das weiterging ...

nichts mehr davon! · 1. 2. that's enough, 2. enough of that!, I've/... heard enough

1. Papa, laß uns doch nach Frankreich fahren! – Nichts mehr davon! Ich hab' nein gesagt, und dabei bleibt's! Ich will kein Wort mehr davon hören!
2. vgl. – genug **davon**!

nicht weit/(...) **davon** · not far away (from it) ...

... ja, da war ein Fußballplatz, und nicht weit davon gab es einen Kinderspielplatz ... – Wie weit wohl von dem Fußballplatz? ...

davon-eilen/-rasen/–(stieben)/... *oft iron* – von **dannen** ziehen/eilen/gehen/... (1) · to rush/to hurry/... off, to rush/to hurry/... away

davonbleiben: j. soll/... **davonbleiben**/(von etw. bleiben) *ugs* · s.o. had better/... stay away from s.th., s.o. had better/... keep away from s.th.

Kinder, ich hatte euch gesagt, ihr sollt von dem Kuchen bleiben! – Aber wir sind doch gar nicht dadran gegangen, Mama. – Es fehlt doch ein Stück! Das war Papa!

davongehen: auf und davongehen *path* · to up sticks and go, to walk off, to pack up and go

Der Walter Henrichs arbeitet nicht mehr auf diesem Landgut? – Schon fast ein Jahr nicht mehr. Er hat Streit mit dem Besitzer gehabt. Wie es scheint, hatte er sich etwas zuschulden kommen lassen. Jedenfalls ist er eines guten Morgens auf und davongegangen – ohne ein Wort zu sagen. Es war fast wie eine Flucht.

davonkommen: nochmal/noch einmal/noch soeben/... **davonkommen** · to have a narrow escape, to escape by the skin of one's teeth

Wir sind noch einmal davongekommen! Aber da haben wir wirklich Glück gehabt. Schließlich hatten sie schon lange vor, alle Teilnehmer an dem Protestmarsch zu bestrafen. Daß sie es dann in letzter Minute doch sein ließen, war wirklich Schwein.

(nicht/nicht ganz/nicht völlig/völlig/...) **ungeschoren davonkommen** · (not) to get off scot-free

Alle Teilnehmer an der Demonstration wurden von der Polizei verhört, kontrolliert, zum Teil eingesperrt; nur der Willy kam ungeschoren davon. Ich weiß gar nicht, warum.

(nicht/nicht ganz/nicht völlig/völlig/...) **ungestraft davonkommen** · (not) to get off scot-free, (not) to get away (completely/...) with s.th.

Wenn der Holtkamp meint, er könnte die Leute nach Strich und Faden betrügen und käme ungestraft davon, ist er schief gewickelt! Eine Klage auf Schadenersatz läuft schon gegen ihn, andere werden nicht auf sich warten lassen.

jn. **davonkommen lassen** · to let s.o. get away/escape/...

... Wurde der Bankräuber gefaßt? – Nein, die Polizei hat sich mal wieder 'supergeschickt' angestellt. Sie haben ihn davonkommen lassen.

davonlaufen: das/es ist zum Davonlaufen (mit jm./etw.) *ugs* · it's enough to drive you up the wall/round the bend/mad/..., it makes you want to weep

Das ist doch wirklich zum Davonlaufen! Tausendmal habe ich dem Mädchen erklärt, sie soll das Bügeleisen nicht zu heiß stellen, und jetzt verbrennt sie mir die Hälfte der Wäsche.

davonmachen: sich (eilends/…) **davonmachen** ugs · to take to one's heels, to skip/sneak/… off/away, to make off, to skedaddle

Klar, in dem Augenblick, als die Diskussion kritisch wurde, hat er sich davongemacht. Das ist immer so: sobald er fürchtet, Farbe bekennen zu müssen, macht er sich so schnell wie möglich aus dem Staub.

sich davonmachen euphem selten – sich aus der **Welt** stehlen · to steal out of the world, to die

davonstehlen: sich **davonstehlen** · 1. to steal away elev, to slink off, 2. to steal out of the world lit

1. … Er meint wohl, wenn es ungemütlich wird, kann er sich wieder davonstehlen – wie das letzte Mal, als er still und heimlich verschwand, als die Diskussion für ihn kritisch wurde.
2. vgl. – sich aus der **Welt** stehlen

dazu: noch **dazu,** wenn/wo/… · especially as/when/if/…

Es ist einfach eine Unverschämtheit von dem Hausbesitzer, die Miete um 200,– Mark erhöhen zu wollen, noch dazu, wo ich zahlreiche Reparaturen auf eigene Kosten habe durchführen lassen!

dazukönnen: nichts/etwas/viel/… **dazukönnen** (daß …/wenn …) eher norddt – nichts/etwas/viel/… dafür/(dazu) **können** (daß …/wenn …) · (not) to be able to do much/anything/… about it if …

Dazutun: ohne mein/dein/… **Dazutun** geschieht etw./… form od. iron · s.th. happens/is done/… without me/you/him/… doing anything, s.th. happens/is done/… without my/his/… involvement

(Bei Schuckert:) Schon beeindruckend, wie der Alte so in aller Stille den Exportmarkt in Südafrika aufgebaut hat! – Das ist ohne sein Dazutun passiert, mein lieber Richard. Den Südafrikaexport hat der Kellermann aufgebaut, und zwar ganz allein.

dazwischen: jn. anständig/… **dazwischen haben** ugs selten · 1. 2. to give s.o. a good/real/… grilling, to give s.o. a roasting

1. Der Chef hat den Baier einmal wieder anständig dazwischen gehabt. Meine Güte, hat der ihm die Meinung geblasen! – Ich weiß gar nicht, warum er sich immer den Baier aufs Korn nimmt. Mit demselben Recht könnte er sich doch eine ganze Reihe anderer Mitarbeiter vorknöpfen.
2. Der Burger hat den Peter wieder anständig dazwischen gehabt: erst hat er ihn die Vokabeln abgefragt, dann den schwersten Teil übersetzen lassen, und zum Schluß hat er ihn noch nach den historischen Querverbindungen des Textes ausgequetscht.

dazwischenfahren: **dazwischenfahren** (in etw.) · to step in (and sort things out) coll

Diese Schlamperei kann so nicht weitergehen. Da muß einer mal anständig dazwischenfahren und für Ordnung sorgen.

dazwischenfunken: (dauernd/…) **dazwischenfunken** ugs · to keep butting in, to butt in, to put one's oar in

Dauernd und dauernd muß dieser Kerl dazwischenfunken! Unausstehlich, diese ständige Einmischerei!

jm. **dazwischenfunken** ugs · to butt in, to keep butting in

Wenn einem dauernd jemand dazwischenfunkt, kann man nicht vernünftig arbeiten. Wenn die Leute Ergebnisse sehen wollen, müssen sie einen auch in Ruhe arbeiten und verantwortlich entscheiden lassen!

dazwischenhauen: **dazwischenhauen** ugs · 1. to wade in, to pile in with fists flying, 2. to step in (and sort things out)

1. vgl. – dazwischen **schlagen**
2. vgl. – (u. U.) **dazwischenfahren** (in etw.)

dazwischenkommen: **dazwischenkommen** – (jm.) dazwischen **kommen** · to butt in, to interrupt s.o.

dazwischennehmen: jn. (anständig/nach Strich und Faden/…) **dazwischennehmen** ugs – jn. (anständig/nach Strich und Faden/…) dazwischen **nehmen** · to (really/…) put a rocket under s.o., to give s.o. a good talking to/dressing down/…

dazwischenreden: **dazwischenreden** · 1. to interrupt s.o., 2. to tell s.o. how to run his life, to meddle, to interfere

1. Jetzt laß Tante Berta erst einmal ausreden, Karl, und rede wenigstens fünf Minuten mal nicht dazwischen!
2. Das hab' ich zu entscheiden und niemand sonst! Da laß ich mir von keinem dazwischenreden. Das wäre ja noch schöner: ich bin krank und hab' die Folgen zu tragen, und die Ärzte und die Kasse entscheiden, wie ich meine privaten Dinge regeln soll!

dazwischenschlagen: **dazwischenschlagen** ugs · 1. to wade in, to pile in with fists flying, 2. to step in (and sort things out)

1. vgl. – dazwischen **schlagen**
2. vgl. – (u. U.) **dazwischenfahren** (in etw.)

dazwischentreten: **dazwischentreten** · to intervene

Wenn mein Bruder nicht dazwischengetreten wäre, hätten der Peter und der Robert sich noch geprügelt. Wenn du gesehen hättest, wie die sich angebrüllt haben!

Debatte: zur **Debatte stehen** · to be the point/issue/…

Ob du 14 oder 16 Fehler gemacht hast, steht gar nicht zur Debatte. Worum es geht, ist die Frage, wie du in so einem lächerlich einfachen Diktat mehr als ein Dutzend Fehler machen kannst.

etw. **zur Debatte stellen** · to put a problem/… forward for discussion, to open up s.th. to debate

Die wesentlichen Probleme und Entscheidungen stellen die Parteien, meinte er, gar nicht zur Debatte. Die werden hinter verschlossenen Türen entschieden. Das Volk läßt man dann über Nebensächlichkeiten diskutieren.

Argumente/… **in die Debatte werfen** · to introduce s.th./a point/… into the debate, to throw in an idea/suggestion/…

… meinst du das ehrlich oder wirfst du das Argument jetzt nur in die Debatte, um von kritischen Punkten abzulenken? Dann können wir die Diskussion gleich abbrechen!

Debüt: sein **Debüt geben** oft iron · to make one's debut

… Wann, sagst du, gibt eure Bettina in der Company ihr Debüt? – Übernächsten Freitag ist ihr großer Tag. – Und? Hat sie Angst vor dem ersten öffentlichen Auftritt?

Deck: wieder/noch nicht/nicht/nicht (so) richtig/… **auf Deck sein** ugs selten – wieder/noch nicht/nicht/nicht (so) richtig/… auf dem **Damm** sein · not/not yet to be back to normal (again), not/not yet to be (quite) up to the mark, not/not yet to be in form

an Deck gehen · to go on deck

(Auf einem Passagierdampfer:) Du, Vater, ich geh' ein bißchen an Deck. Ich beobachte die Möwen so gern aus der Nähe. – Paß auf, daß du von dem Wind nicht über die Reling/ins Meer gefegt wirst!

von Deck gehen selten – (eher:) vom Deck (herunter-)gehen · to leave the deck

Decke: an die **Decke gehen** (vor Zorn/…) ugs – in die **Luft** gehen · to hit the roof, to blow one's top

etw. **unter der Decke halten** ugs Neol selten · to keep the lid on news/information/…, to hush s.th. up

Etwa 14 Tage ließ sich die Nachricht von der Veruntreuung des Ministers unter der Decke halten. Doch dann sickerte durch, daß gegen den Mann ein Haftbefehl vollstreckt worden war.

jm. **fällt die Decke auf den Kopf** ugs – jm. fällt die **Bude** auf den Kopf · + I/he/John/… am/… going mad cooped up/shut up/… in here/…

(vor Freude/…) (bis) **an die Decke springen** ugs path · to jump for joy, to be over the moon

Als unsere Karin hörte, daß sie auf die Ballettakademie aufgenommen würde, sprang sie vor Freude bis an die Decke. – Bei unserer Ursel war es genauso. Sie war auch ganz aus dem Häuschen.

unter einer Decke stecken (mit jm.) · to be in league with s.o., to be in cahoots with s.o.

Der Einbrecher steckte mit einem Türken unter einer Decke, der schon lange von der Polizei gesucht wurde. Die beiden machen schon seit Jahren ihre Einbrüche zusammen oder planen sie gemeinsam.

sich nach der Decke strecken (müssen) · to (have to) cut one's coat according to one's cloth
Nach dem frühen Tod ihres Mannes lebte sie ausschließlich von einer knapp bemessenen Rente. Sie mußte sich also nach der Decke strecken. Sie litt zwar keine Not, das nicht, aber sie mußte soviel wie möglich sparen.

Deckel: jm. **eins/einen auf den Deckel geben** *sal* – jm. eins aufs **Dach** geben · to give s.o. a clip round the earhole, to give s.o. a clout

Konflikte/... **unterm Deckel halten** *sal Neol selten* · to keep the lid on conflicts/...
Wenn's genug Geld gibt, hält das nicht selten Familienkonflikte unterm Deckel. Wenn aber zusätzlich Geldschwierigkeiten herrschen, brechen diese Konflikte um so leichter auf.

eins/einen auf den Deckel kriegen/(bekommen) *sal* – eins aufs **Dach** kriegen/(bekommen) · to get a clout

decken: die Stute/... **decken lassen** *form* · to have a mare served, to have an animal covered
Wann habt ihr die Stute das letzte Mal decken lassen? – Vor acht Wochen. – Und ist sie trächtig?

Deckmantel: unter dem Deckmantel der Freundschaft/Liebe/... *form* · under the guise of friendship/love/..., under the cloak of friendship/love/...
Unter dem Deckmantel der Freundschaft sucht er mich dazu zu bewegen, mich an dem Finanzprojekt zu beteiligen. Als ob ich mein Geld in unsichere Geschäfte steckte, nur weil er mir damit kommt, wir müßten freundschaftlich zusammenarbeiten.

Decknamen: unter einem Decknamen operieren/(arbeiten/...) · to operate under a code name, to operate/go/... under the code name of ...
(Aus einem Zeitungsartikel:) Vorige Woche wurde ein im Außenministerium tätiger Dr. Weinhard als KGB-Agent überführt. Er versorgte seit ca. einem Jahr den russischen Geheimdienst, wo er unter dem Decknamen Pjotr geführt wurde, mit Informationen.

Deckung: volle Deckung! *mil od. iron* · take cover!, duck!
... Dieser Berni ist total verrückt! Wenn der Ernst nicht 'volle Deckung!' gebrüllt und ich mich nicht sofort der Länge nach auf die Erde geschmissen hätte, hätte mir dieser jähzornige Kerl mit seinen Steinen ein Loch in den Kopf geschmissen.

verschiedene Interessen/Aussagen/... **zur Deckung bringen** · to make statements/... agree, to make viewpoints/... coincide, to reconcile interests/... *form*
(Bei Gericht; zwei Zuhörer:) Gelingt es dir, die unterschiedlichen Zeugenaussagen zur Deckung zu bringen? – Nein! Da gibt es Widersprüche und Ungereimtheiten, die sich beim besten Willen nicht auflösen lassen.

jm. **Deckung geben** *form selten eher: jn.* **decken** · to give s.o. one's backing, to give s.o. one's support
... An sich sollte ein Chef seinen Leuten in kritischen Situationen Deckung geben, da hast du völlig Recht. Aber wenn sich jemand unehrenhaft oder gar kriminell verhält, kann man ihn/das schlecht decken – und das ist hier der Fall. Für die Veruntreuungen, die sich der Schubert geleistet hat, muß er schon selbst geradestehen.

in Deckung gehen · 1. 2. to take cover
1. Gott sei Dank bin ich sofort in Deckung gegangen, als es knallte; sonst hätte mich erwischt. Die Kugel flog haarscharf über meinen Kopf hinweg. *mil*

2. Das hättest du sehen sollen, wie der Burger auf den Peter losschoß, um ihn links und rechts zu ohrfeigen. – Und der Peter? – Er ist in Deckung gegangen und hat von den Schlägen kaum etwas gemerkt.

volle Deckung nehmen *mil* · to take cover, to run for cover
Kaum ertönte das Signal, da nahmen alle Mann volle Deckung. Es sah lustig aus, wie sie sich alle auf einmal der Länge nach auf den Boden warfen und sich gleichsam in der Erde vergruben. – Bei solchen Übungen mag es lustig aussehen. Aber wenn es ernst wird ...

Defensive: aus der Defensive heraus spielen *Fußball o. ä.* · to play from defence, to play from the back
... Die deutsche Elf war durch die aggressive Taktik der Engländer von Anfang an gezwungen, aus der Defensive heraus zu spielen.

definitionem: per definitionem ... *geh* · by definition n, per definitionem *form*
... Die 'Sagen', meinte er, beziehen sich per definitionem auf eine halb historische, halb mythische Vergangenheit der Völker, die frühen Kämpfe und Auseinandersetzungen, in denen sie zu dem wurden, was sie sind oder zu sein glauben. Das steckt in dem Begriff 'Sage'. Zeitgenössische Sagen gibt es also nicht.

Defensive: in der Defensive sein/sich in der Defensive befinden · to be on the defensive
Und wie beurteilen Sie die Chancen der Sozialisten bei den Wahlen? – Die Sozialisten befinden sich seit längerer Zeit in der Defensive. Sie sind froh, wenn sie die bisherige Position halten können.

jn. **in der Defensive haben** *form* · to force s.o. on to the defensive
Wenn dich der Klaus in einer Diskussion einmal in der Defensive hat, dann bist du verloren. Bei ihm mußt du immer offensiv argumentieren und darfst dich nie einschüchtern oder verwirren lassen.

jn. **in die Defensive drängen** · to force s.o. on to the defensive
Wenn du dich bei ihm in einer Diskussion einmal in die Defensive drängen läßt, bist du verloren. Bei ihm mußt du immer offensiv argumentieren.

Degen: jm. **den/einen Degen durch/in den Leib bohren/rennen/ stoßen/jagen** *path veraltend* · to run s.o. through with a sword
Das waren noch Zeiten, wo man in offener Feldschlacht kämpfte, Kraft und Mut beweisen mußte, dem Gegner den Degen durch den Leib rannte. Heute ist alles nur noch Technik, Kopfarbeit! – Findest du das wirklich so großartig, anderen Leuten den Bauch aufzuschlitzen?

den Degen (wieder) **in die Scheide stecken** *veraltend* – ≠ den **Degen** (aus der Scheide) ziehen · to sheathe one's sword

den Degen (aus der Scheide) **ziehen** *veraltend* · to draw one's sword (from its sheath)
»Die Zornesröte im Gesicht, riß er sein Pferd herum, zog den Degen und stürzte auf die Männer los, die ...« – Aus welchem Buch liest du da? – Rat' mal!

dehnen: sich dehnen und recken/strecken *form* · to stretch
Ach, tut das gut, sich mal so richtig zu dehnen und zu recken und den ganzen Körper zu entspannen!

Dehors: die Dehors wahren *geh selten* · to keep up decorum, to observe the proprieties
Sich mögen oder nicht mögen ist eine Sache, anständig miteinander umgehen eine andere. Wenigstens in Gegenwart Dritter könntet ihr die Dehors wahren, ihr Streithähne! – Warum legst du eigentlich einen solchen Wert darauf, den äußeren Schein zu wahren, selbst wenn alle genau wissen, daß es nur äußerliches Getue ist?

Deibel: pfui Deibel! *ugs* – pfui **Teufel!** · ugh!, yuck!, it's disgusting!

deichseln: etw. deichseln *ugs* – etw. **hindeichseln** · to wangle it (somehow/...)
2.vgl. – etw. **hinkriegen** ·

deinesgleichen: du und deinesgleichen/er und seinesgleichen/... *pej* · you and your ilk/him and his ilk/..., you and your like/him and his like
... Mit dir und deinesgleichen will der Holzmann nichts zu tun haben, das ist alles! Oder was meinst du, warum er nicht mehr zum Kegeln kommt, seitdem du und Paul Mitglied sind? – Und was hat er gegen mich und meinesgleichen, wie du das so verächtlich ausdrückst?

déjà-vu-Erlebnis: ein déjà-vu-Erlebnis (haben) *geh* · (to have) a feeling/sense/... of déjà vu n
Bei unseren ausgedehnten Bergtouren in den Dolomiten hatte ich einige déjà-vu-Erlebnisse. Obwohl ich noch nie zuvor in dieser Ge-

gend war, schienen mir einige Ecken und Winkel merkwürdig vertraut und vermittelten mir das Gefühl, schon oft dort gewesen zu sein.

Dekorum: das Dekorum wahren *geh selten* – **den (äußeren) Schein** wahren/(aufrechterhalten) · to keep up appearances

Delle: (dem/dem Peter/... muß j. mal/...) **eine Delle ins Hemd treten** *sal selten* · to give s.o. a real/... dressing down *coll*, + s.o. needs to be given/to get/... a real/... dressing down *coll*
... Verflucht nochmal!', brüllte der Alte plötzlich, jetzt hat dieser Bokkelkamp die Artikel doch schon wieder falsch ausgezeichnet! Lassen Sie den Kerl mal raufkommen! Dem werden wir mal eine Delle ins Hemd treten. Ich bin gerade in der richtigen Laune dazu. Dem werden wir mal einen Anpfiff verpassen, den er sein Lebtag nicht vergißt.

demonstrandum: quod erat demonstrandum *lit: was zu beweisen war* · quod erat demonstrandum
(Ein Anwalt in einer Gerichtsverhandlung:) Ich komme zum Schluß meiner Ausführungen. Der Angeklagte war zu der fraglichen Zeit im Ausland; er kommt als Täter nicht in Frage. Quod erat demonstrandum. Alle anderen von der Staatsanwaltschaft aufgeworfenen Fragestellungen bedürfen natürlich auch der Klärung.

denk': ich denk', ich spinn'! *sal* – ich denk'/dacht', mich laust der **Affe!** · I am dumbfounded, I can't believe it

ich denk'/er denkt/unsere Eltern denken/... (gar) **nicht dran/ (daran)** *ugs* · 1. 2. I am/he is/... certainly not going to ..., I/ he/our parents/... certainly don't/... intend to ...
1. Könntest du mir erklären, warum du gestern gefehlt hast? – Ich denk' gar nicht dran! Was geht dich das denn an?
2. Mein Vater denkt gar nicht dran, die Entschuldigung nochmal zu schreiben. Wenn Sie sie verloren haben, ist das Ihre Sache. Deshalb wird er sich doch nicht hinsetzen und den ganzen Text nochmal fabrizieren! – Sehr entgegenkommend! Sehr entgegenkommend!

Denkanstöße: (jm.) **Denkanstöße geben** · to get s.o. thinking, to get s.o. to think, to give s.o. food for thought
... Die Funktion von (Universitäts-) Seminaren ist es nicht, jemandem etwas beizubringen/(beizubiegen), meinte er; Seminare sollen Denkanstöße geben. Ein Student, der nach dem Besuch eines Seminars keine neuen Ideen entwickelt, hat seine Zeit im Grunde vergeudet.

denke: ich denke nicht daran/dran/(er denkt .../...) *ugs* · certainly not, not on your life *coll*, no way! *coll*
Kannst du mir nicht noch ein Mal helfen? – Ich denke nicht dran! Das letzte Mal habe ich den ganzen Nachmittag dafür geopfert, und nachher hast du geschimpft, ich täte mehr für dich. Nein, nein, von mir kannst du keine Hilfe mehr erwarten.

denken: der/die/... **wird**/werden/.../**soll**/sollen/... **nochmal an mich**/sie/... **denken!** *ugs* · I/we/(...) will tell him/... a thing or two, s.o. will have me/... to reckon with
Der wird nochmal an mich denken! Von wegen, mich da beim Chef anschwärzen und meinen, zwei Tage später wär' alles wieder gut! Irgendwann wird sich eine Gelegenheit finden, wo ich ihm seine Gemeinheit heimzahlen kann. Dann kriegt er's, da kann er Gift drauf nehmen!

das läßt sich denken/ließ sich denken/...! *oft jovial* · I should think so/not/..., that's hardly a surprise
Sie meint, sie würde sich auf einen solchen Handel nicht noch einmal einlassen. – Das läßt sich denken! Wer einmal so hereingefallen ist, wird sich hüten, ein zweites Mal sein Geld für so etwas zu riskieren.

an etw. **ist** (im Augenblick/zur Zeit/...) (gar/überhaupt) **nicht zu denken** · + s.th. is (completely/...) out of the question (at the moment/...)
In diesem Jahr sind wir froh, wenn wir den Umsatz der vergangenen Jahre halten können. An eine Umsatzsteigerung ist gar nicht zu denken.

daran ist gar/überhaupt nicht zu denken/(es ist gar/überhaupt nicht daran zu denken) – (gar/überhaupt) kein **Denken** dran/(daran) · + to be (completely/...) out of the question

immer (nur/bloß/...) **an sich** (selber) **denken** · to think only of oneself, to think only of number one
Dieser elende Egoismus ... – Ja, ja, Karl, das ist so, wie mein Vater immer sagte: »Alle denken nur an sich. Nur ich, ich denk' an mich.«

an sich selber/selbst zuerst denken · to put oneself first, to think of oneself first
Wer im Geschäftsleben nicht zuerst an sich selber denkt, der geht kaputt; der wird von den anderen rücksichtslos ausgenommen! – Eine herrliche Philosophie!

bei sich denken *mst 3. Pers* · to think to oneself
Meinst du, er reagiert sauer, wenn er das hört? – Wahrscheinlich wird er sich nichts anmerken lassen. Aber bei sich wird er denken: »Welch ein Schussel, dieser Klaus!«

er/du/mein Onkel/... **soll**/sollst/... **nicht soviel denken** *ugs* · he/you/John/... shouldn't think so much!
Hast du denn die Prozentsätze der einzelnen Artikel nicht zusammengestellt, wie ich dir gesagt habe? – Ich habe gedacht, für heute wäre es ... – Gedacht, gedacht! Du solltest nicht soviel denken! Tu, was man dir sagt!

weit/weiter denken · 1. 2. to take a long-term/more long-term perspective, to take a longer view of s.th.
1. Hat er das alles wirklich vorhergesehen? – Ja. Der Klaßmann denkt weit. Der verliert sich nicht in eine Handvoll von Gesichtspunkten, die gerade naheliegen oder in Mode sind.
2. Alle Welt erklärt rasch, man dürfe nicht nur für den nächsten Tag, man müsse weiter denken. Aber wer von den Verantwortlichen tut das wirklich?

nicht/nicht im geringsten daran denken, etw. zu tun – keine/ keinerlei/nicht die geringsten **Anstalten** machen, etw. zu tun · not to have the least intention of doing s.th.

sich(gar/überhaupt/absolut/...) **nichts denken bei** etw./dabei daß .../wenn/... *ugs* · 1. to think (absolutely/...) nothing of doing s.th., 2. + to strike s.o. (as odd/strange/...), + to occur to s.o.
1. Er denkt sich absolut nichts dabei, wenn er an einem Nacktstrand badet. Das ist für ihn das Natürlichste von der Welt.
2. Hast du der denn nichts dabei gedacht, als sie so viele Fragen stellten? – Nein. Daß sie dabei Hintergedanken haben könnten, ist mir nicht in den Kopf gekommen.

gut/schlecht/gering/häßlich/(nicht gering/...) **von** jm./js. Arbeit/... **denken** *form* · to have a high/low/poor/... opinion of s.o./s.th.
Bis zum Beweis des Gegenteils soll man von den Leuten gut denken, meine ich. – Das hab' ich früher auch gemeint. Mittlerweile bin ich zu dem Ergebnis gekommen, daß es umgekehrt der Wirklichkeit näher kommt: bis zum Beweis der Gegenteils soll man davon ausgehen, daß es sich bei unserem lieben Nächsten um einen Schurken handelt.

klein von jm./(js. Arbeit/...) **denken** *form selten* · to have a low/poor/... opinion of s.o./s.th., not to rate s.o./s.th. highly
... Nein, von dem Walter Häufner hat mein Bruder nie klein gedacht – obwohl ihm dessen Ansichten oft ein wenig schrullig vorkamen. Er hat den Häufner immer für einen Mann gehalten, der menschlich und fachlich Niveau hat.

niedrig von jm./(js. Arbeit/...) **denken** *form selten* · to have a low opinion of s.o./s.th.
... Wer prinzipiell niedrig von den anderen denkt, kann sich doch nicht wundern, wenn er von den andern – bis zum Beweis des Gegenteils – auch als Strolch angesehen wird!

wunders denken, was für .../welch ein ... *ugs* · 1. s.o. thinks he's it, s.o. thinks he is something great, s.o. thinks he is the cat's whiskers, 2. s.o. thinks he is extremely intelligent/... *n*
1. Der Bernhard denkt wunders, was er ist! Als ob das etwas Besonderes wäre: 'Oberprostrat'! – Der hatte schon immer etwas eigenartige Vorstellungen von seiner eigenen Person!
2. Herr Hermann denkt wunders, was für ein intelligenter Kerl er ist. Dabei gibt es im Geschäft Dutzende von Leuten, die weit klüger sind als er!

(gar/überhaupt) **kein Denken dran**/(daran)! · (to be) (completely/...) out of the question

Macht ihr nun im Sommer eure geplante Afrikareise? – Kein Denken dran! Die Reparatur an unserem Haus hat unsere gesamten Ersparnisse verschlungen.

(jm.) **zu denken geben** · 1. 2. to give s.o. food for thought, to start s.o./to set s.o./... thinking

1. Der plötzliche Sinneswandel bei ihrem Mann gab ihr zu denken. Hatte sie etwas falsch gemacht? Verstand sie ihn nicht richtig? Oder liebte er eine andere Frau?

2. Die hohe Wahlniederlage muß uns allen zu denken geben! Wenn wir nicht ganz entscheidende Maßnahmen ergreifen, werden wir die kommenden Auseinandersetzungen nicht bestehen. Nach dieser Niederlage können wir nicht einfach zur Tagesordnung übergehen.

seit/(solange) **ich denken kann** – solange ich mich **erinnere**/er sich erinnert/... · for as long as I can remember/recall

das hätte ich mir/du dir/... (auch/doch/...) **denken können**! · I/you/... might/should have known, I/you/... might/should have realised

Der Hubert hat es rundweg abgelehnt, sich an dem Projekt zu beteiligen? – Ja. – Eigentlich hätte ich mir das (auch) denken können. Er war der Sache gegenüber von Anfang an skeptisch eingestellt. Aber ich hatte angenommen, er würde ...

das Denken mußt du/muß er/... **den Pferden überlassen** (die haben einen größeren Kopf/dickere Köpfe!) *sal* – er/du/mein Onkel/... soll/sollst/... nicht soviel **denken**! · he/you/John/... shouldn't think so much!

Denkmal: jm. **ein Denkmal setzen** *path* · to honour the memory of s.o., to ensure that s.o.'s name will live on

Mit dieser Darstellung hat er den Widerstandskämpfern gegen das Unrechtsregime ein Denkmal gesetzt. Jeder, der sich mit dieser Epoche auseinandersetzt – jetzt oder später –, wird das tapfere Verhalten dieser Männer und Frauen vor Augen haben.

sich mit etw./(durch etw.) **ein Denkmal setzen** *path* · the solution/... will be a permanent memorial to s.o., the solution/... will ensure that s.o.'s name lives on

Mit der Lösung der Kriegsgefangenenfrage hat er sich ein Denkmal gesetzt. – Ja, es wird unvergessen bleiben, was er mit dieser Lösung für unser Land geleistet hat.

Denkmalschutz: unter Denkmalschutz stehen *form* · s.th. is a listed building, s.th. is classified as a historical building, s.th. is under a preservation order

Nein, dieses Haus dürfen sie nicht abreißen und auch nicht umbauen. Das steht unter Denkmalschutz.

etw. **unter Denkmalschutz stellen** *form* · to put s.th. under a preservation order, to classify s.th. as a historical monument

... Natürlich muß die Stadt das Geburtshaus ihres bekanntesten Sohnes unter Denkmalschutz stellen. Es ist ganz unbegreiflich, daß sie das nicht schon längst getan hat. Schließlich kommt jemand und reißt das Haus ab oder baut es um! ...

Denkpause: eine Denkpause einlegen *iron* · to take a break to think things over, to have to take/... a pause for thought

(Der Leiter einer Diskussion unter Jugendlichen:) Wir haben jetzt mehr als eine Stunde hart diskutiert – und das ist gut so. Vielleicht sollten wir jetzt eine kleine Denkpause einlegen, in der jeder seine Position nochmal überdenkt. Nach einer Viertelstunde fahren wir mit der Aussprache dann fort.

denkst: was denkst du dir/denkt er/der Peter sich/... **eigentlich?!** *ugs* · what does he/John/... think he is up to?, what does he/John/... think he is doing *n*, what does he/John/... think he is playing at?

Was denkt der Paul sich eigentlich? Es ist einfach eine Frechheit, jedesmal, wenn wir uns zu einer wichtigen Sitzung treffen, anrufen und erklären zu lassen, er sei krank – und am nächsten Tag gesund und munter hier zu erscheinen! Ich weiß gar nicht, was der für Vorstellungen hat!

wo denkst du/denkt er/... **hin?!** *ugs* · whatever are you thinking of?, what do you take me/him/Mary/... for?

Können Sie denn die Arbeit nicht einfach unbenotet lassen? – Wo denkst du hin? Eine Arbeit muß zensiert werden, bei dir so gut wie bei den anderen. Ich kann doch nicht einfach über die Bestimmungen hinweggehen.

denkste: denkste! *sal* · 1. like hell I/... will, the hell I/... will, that's what you think!, 2. you're joking!, no way!

1. Du kannst mir doch nochmal 200,– Mark leihen? – Denkste! Ich werde doch mein Geld nicht Leuten leihen, die es mir grundsätzlich nicht zurückgeben. Du hast vielleicht Ideen!

2. vgl. – von **wegen** (1, 2)

Denkzettel: jm. **einen Denkzettel geben/verpassen** *ugs* · to teach s.o. a good lesson, to give s.o. a lesson, to give s.o. what for

Der Kurt wird zu frech! Er meint, er könnte tun und lassen, was er will. Und ihm nur etwas sagen hilft gar nichts. Wir müssen ihm schon einen handfesteren Denkzettel verpassen. – Ich schlage vor, wir sprechen ihm auf der nächsten Versammlung offiziell das Mißtrauen aus. Das wird ihm zu denken geben!

einen Denkzettel kriegen/(bekommen/erhalten) *ugs* · to get/to be given/... a warning, to get a good dressing down

... Und? Hat man ihn wegen seiner inkorrekten Geschäftsführung endlich an die Luft gesetzt? – Das nicht. Aber er hat einen Denkzettel gekriegt. Man hat ihm in aller Form gesagt, wenn sich der Stil der Geschäftsführung nicht grundlegend ändere, müsse er im Herbst gehen.

denn: auf denn! *ugs* · let's go then!, off we go then!

Na, wenn's schon sein muß: auf denn! Dann wollen wir die Gipfeltour mal beginnen! – Du scheinst ja eine herrliche Lust für unsere Kletterpartie zu haben.

nun denn! *ugs* · all right then!

Eigentlich bin ich mit dieser Regelung nicht einverstanden. Nun denn! Ich will die Weiterarbeit nicht komplizieren. Das nächste Mal würde ich aber bitten, mich vorher zu konsultieren.

es sei denn, (daß) ... · unless ...

Ich bin fest überzeugt, mit der Arbeit bis Ende des Monats fertigzuwerden – es sei denn, ich werde krank/es sei denn, daß ich krank werde.

... denn auch ... · and it really was/wasn't/...

Er hatte mich ja schon vorher gewarnt, der Text wäre verdammt schwer, und es war denn auch nicht gerade ein Vergnügen, ihn zu übersetzen. Aber ... – du hast es trotzdem geschafft, nicht?

länger/höher/dicker/schlechter/... **denn je** · bigger/higher/fatter/... than ever

Die Christl will abgenommen haben? Das glaubst du doch selbst nicht. Die ist heute dicker denn je. – Nein, sie wog schon mal mehr.

der: der und der ... *ugs* · so-and-so/such and such a person

Gestern bei dem Vortrag hat dich alle Welt vermißt! – Jetzt kommst du auch noch! Gerade hat mir die Gerda schon vorgehalten, als Institutsleiter hätte ich unbedingt da erscheinen müssen, der und der wäre auch dagewesen – Kollege Schumann wohl, Frau Mertens und was weiß ich, wer noch – ...

nach der und der Zeit/an dem und dem Ort/... · at such and such a place/time/...

Er hatte alles bis ins kleinste aufgeschrieben: an der und der Kreuzung müßte man links abbiegen, an dem und dem Ort würde man sich in der und der Kneipe treffen ... Und trotzdem hat nichts geklappt.

dergleichen: und/noch/und noch/... **mehr dergleichen** *form* · and suchlike

Was habt ihr in dem Fortbildungskurs denn gemacht? – Neue Methoden der Buchführung gelernt, neue Steuergesetze kennengelernt, die einschlägige Gerichtspraxis diskutiert und mehr dergleichen.

nichts dergleichen *form* · nothing of the kind/sort

Habt ihr in dem Fortbildungskurs auch die neuen Steuergesetze und die einschlägige Gerichtspraxis kennengelernt? – Nichts dergleichen. Wir haben uns die ganze Zeit nur mit betriebswirtschaftlichen Problemen auseinandergesetzt.

nichts dergleichen tun *form od. iron selten* · to do nothing of the kind/sort, to do no such thing

Wir hatten den Toni gebeten, in der Bibliothek ein paar Bücher für uns auszuleihen. Aber er hat nichts dergleichen getan. Kein einziges Buch hat er mitgebracht.

derjenige: derjenige, welcher/diejenige, welche **sein** *ugs* · he/she/... is the one

(Ein Angestellter halblaut zu einem Besucher einer Firma, während der für die infragestehende Angelegenheit zuständige Mitarbeiter die Treppe herunterkommt:) »Das ist derjenige, welcher. An den müssen Sie sich wenden. Wenn der Ihren Antrag unterstützt, dann läuft die Sache ...«

das ist also/... derjenige, **welcher**/diejenige, welche *ugs* · (so) he/she/... is the one

... »Ah, das ist also derjenige, welcher«, platzt unser Ulli heraus, als der Werner auf dem Flur (in der Universität) auf einen Herrn zeigte und sagte »Prof. Wehrhahn«. »Dann weiß ich ja, an wen ich mich wenden muß ...«

derselbe: immer derselbe sein · he's/... the same old Fritz/..., he's/... exactly the same, he's/... the same as ever

Was macht der Fritz Trautner? – Der ist immer derselbe, das weißt du doch. Ruhig, gemütlich, zufrieden mit sich und der Welt – in den 20 Jahren, die ich ihn jetzt kenne, habe ich ihn nie anders erlebt.

Detail: en détail · to buy/to sell/... s.th. retail

... Es ist doch etwas anderes, Christa, ob du die Sachen en gros oder en détail kaufst! Daß Onkel Herbert als Grossist die Apparate für die Hälfte des Geldes kriegt, das wir dafür bezahlen, ist evident.

im Detail – en détail · to buy/to sell/... s.th. retail

bis ins (kleinste) Detail untersuchen/prüfen/erzählen/... · 1. to go into the smallest detail, to give a detailed account of s.th., to relate s.th. at great length, 2. to check/go over/... s.th. right down to the last detail to examine s.th. with a fine-tooth comb

1. Der Polizeipräsident forderte seine Mitarbeiter auf, ihm den Hergang der Sache bis ins kleinste Detail zu berichten. Auch die auf den ersten Blick unbedeutendste Kleinigkeit war ihm wichtig.
2. vgl. – (eher:) bis ins **Kleinste** prüfen/untersuchen/...

ins Detail gehen · to go into details

Als Überblick über die Weltschuldenkrise ist Ihr Artikel gut. Aber wenn sie ihn als wissenschaftlichen Beitrag veröffentlichen wollen, müßten Sie doch mehr ins Detail gehen. Vor allem die sozialen Probleme der Dritten Welt verlangen meiner Ansicht nach eine stärker ins Einzelne gehende Analyse.

Deubel: wie der Deubel/(Deibel) **rasen**/reiten/... *ugs* – wie der **Teufel** rasen/reiten/... · to drive/... like a maniac

ein (richtiger/regelrechter/...) **Deubel sein** *ugs* · to be a real/right/proper/... little devil

Dieser/diese Kleine ist ein richtiger Deubel! Der/die ärgert die anderen bis zur Weißglut, hat nur Unsinn im Kopf, heckt einen Streich nach dem anderen aus ... Aber man kann ihm/ihr nichts übelnehmen.

auf Deubel/(Deibel) **komm' heraus/raus** reden/Geld ausgeben/Aktien zusammenkaufen/... *ugs* – auf **Teufel** komm' heraus/raus reden/Geld ausgeben/Aktien zusammenkaufen/... · to spend money/to work/... like mad/like crazy/like there was no tomorrow/..., to be hell-bent on doing s.th., to say the first thing that comes into one's head, to lump things together

Deus: Deus ex machina *geh Theater u. ä.* · deus ex machina

... Ja, das Stück ist nicht schlecht. Aber der Schluß überzeugt nicht. Dem bedrohten Helden kommt ein vorher nie gesehener reicher Onkel zu Hilfe, der plötzlich wie ein Deus ex machina auf der Bühne erscheint und sowohl Geld wie Ratschläge verteilt. ...

Deut: keinen Deut besser/schlechter/fleißiger/anders/... **sein als** j. *ugs* · not to be a bit/jot/whit/... better/worse/... than s.o./s.th.

Du bist der letzte, der dem Peter Vorwürfe machen kann! Denn du bist keinen Deut besser als er. – Nicht einmal ein bißchen besser? – Nicht einmal ein bißchen, mein Lieber!

sich keinen Deut bessern/... *ugs* – sich nicht um ein **Haar** bessern/... · not to improve a bit

sich um keinen Deut verändern/... · not to change a bit

Obwohl der Daniel jetzt fünf Monate in Australien war, hat er sich um keinen Deut verändert.

keinen Deut an etw. ändern *ugs* · not to change a single comma (in a document)

An diesem Vetragsentwurf wird kein Deut mehr geändert! Der bleibt genau so – haargenau so –, wie er jetzt ist!

nicht einen/keinen Deut von sich geben *ugs selten* – keinen **Laut** von sich geben · not to make a sound

sich keinen/(nicht einen) Deut um jn./etw. **kümmern** *ugs* – sich einen **Dreck** um jn./etw. kümmern · not to care a damn about s.o./s.th., not to give a stuff about s.o./s.th.

keinen/nicht einen Deut verstehen (von etw.) *ugs* – keine blasse/nicht die leiseste/mindeste **Ahnung** haben (von etw.) · not to understand a word, not to understand a thing

keinen Deut wert sein *ugs* – nicht die **Bohne** wert sein (4; u. U. 2, 3) · not to be worth a light

deuteln: an etw. ist/gibt es nichts zu deuteln – an etw. gibt es nichts zu **rütteln** · there are no ifs and buts about it

deutlich: das war (aber/...) **deutlich!** · that was clear enough, that was plain enough, that was plain speaking

Wie sagte der Chef: »Herr des Lebens, können Sie denn wirklich nicht präziser arbeiten, Herr Krause? Manchmal habe ich den Eindruck, Sie schlafen noch halb, wenn Sie die Bestellungen aufsetzen!« Das war deutlich! Das ließ an Klarheit nichts zu wünschen übrig.

sehr/ziemlich/... deutlich werden · 1. 2. to put s.th. (very/quite/...) clearly, to speak (very/quite/...) bluntly

1. Wenn du willst, daß die Hedwig in Zukunft sorgfältiger und korrekter arbeitet, mußt du schon deutlicher werden. Mit allgemeinen Bemerkungen und Anspielungen erreichst du bei ihr gar nichts; die überhört sie.
2. Hat der Willi ihr wirklich so energisch die Meinung geblasen, wie der Karl sagt? – Hm, er ist ziemlich deutlich geworden, ja. Im Ton war er zwar sehr zurückhaltend, aber in der Sache hat er ihr schonungslos klargemacht, was er von ihren dauernden Unregelmäßigkeiten hält.

Deutlichkeit: (jm.) etw. mit/in aller Deutlichkeit sagen/zu verstehen geben/... · to make it perfectly clear that ...

Er hat ihm mit aller Deutlichkeit zu verstehen gegeben, daß er ihn für unfähig hält. Klarer konnte er sich kaum ausdrücken, ohne unerzogen zu werden.

nichts an Deutlichkeit zu wünschen übriglassen · 1. 2. + to make one's meaning perfectly clear, + not to mince one's words

1. Seine Rede ließ nichts an Deutlichkeit zu wünschen übrig. Jetzt weiß jeder, woran er bei ihm ist. In allen wesentlichen Punkten hat er unzweideutig Stellung bezogen.
2. Ihre Ausführungen lassen an Deutlichkeit nichts zu wünschen übrig. – Wie, finden Sie die Formulierungen zu scharf? – Zu scharf vielleicht nicht! Aber ich hätte mich doch etwas diplomatischer ausgedrückt.

deutsch: auf (gut) deutsch · to put it plainly/in plain English

Die Arbeit ist nicht so recht, wie sie sein soll? ... Könntest du dich etwas präziser ausdrücken? – Ach, Bernd, auf gut deutsch: sie ist Scheiße.

du verstehst wohl/er versteht wohl/... kein Deutsch?! *ugs* · don't you/doesn't he/... understand English?

Gerd? – Ja? – Wasch' dir die Hände vor dem Essen. ... ... Gerd? – Ja? – Wasch' dir die Hände vor dem Essen. ... ... Gerd!! Verdammt nochmal! Du verstehst wohl kein Deutsch, was? Jetzt sag' ich dir zum dritten Mal, du sollst dir die Hände waschen vor dem Essen.

mit jm. (mal) **Deutsch reden**/(sprechen) (müssen) *ugs* – mit jm. (mal) **Fraktur** reden (müssen) · to (have to) do some straight talking with s.o., to (have to) be blunt with s.o.

Dez: jm. **eins/(einen) auf/über/vor den Dez geben/hauen** *sal* ·
1. to hit s.o. on the bonce, to whack s.o. on the bonce, 2. to
tell/show s.o. what's what, to give s.o. a good talking-to *coll*
1. Warum weint sie denn so? – Der Hubert hat ihr eins auf den Dez
gegeben. – Mit der Faust? – Mit einem Holzlöffel. – Was, der Hubert
schlägt kleine Mädchen mit dem Holzlöffel auf den Kopf?
2. vgl. – jm. eins aufs **Dach** geben

eins/(einen) auf/über den Dez kriegen *sal* · 1. to get a good
talking-to *coll*, to get a right bollocking, to get a right/proper
ticking off, 2. to get a smack, to get thrashed, to get a thrashing, to get massacred
1. vgl. – eins/(einen) auf/über den **Kopf** kriegen
2. vgl. – (eher:) eins **draufkriegen** (1; u. U. 2)

Dezkasten: jm. **eins/(einen) auf/über den Dezkasten geben** *sal*
– jm. eins/(einen) auf/über/vor den **Dez** geben (1) · to hit
s.o. on the bonce, to whack s.o. on the bonce

eins/(einen) auf/über den Dezkasten kriegen *sal* – eins/(einen) auf/über den **Kopf** kriegen · + to hit s.o. on the head,
+ to bang s.o. over the head

Diagnose: eine Diagnose stellen (auf ...) *med* · to make a
diagnosis, to diagnose cancer/...
Wenn ein Fachmann wie Dr. Herrmann eine Diagnose auf Darmkrebs stellt, können wir davon ausgehen, daß es Darmkrebs ist. Ein
so kompetenter Mann dürfte sich da kaum irren.

diagonal: etw. **diagonal lesen/durchgehen/...** *Neol* · to skim
through (a book/...)
Es ist etwas anderes, dozierte er, ob Sie ein Buch mit Muße und
konzentriert durcharbeiten oder ob Sie es diagonal lesen, wie das
heute heißt und wie es schon gelehrt wird: eine Seite drei Sekunden ...

Diamant: hart wie Diamant sein *selten* – hart wie **Kruppstahl**
sein · to be as hard as steel

(wie) ein ungeschliffener Diamant (sein) *form* · to be (like) a
rough diamond
... Der junge Pianist Aurelius Blaubart ist wie ein ungeschliffener
Diamant. In dem Jungen schlummern ungeahnte Fähigkeiten, die es
gezielt zu fördern und zu verbessern gilt.

die schwarzen Diamanten *selten* · black diamonds
Die sog. schwarzen Diamanten geben uns heute mehr Probleme als
Geld, scheint mir. – Du hast recht: der Steinkohlenbergbau ist in
einer argen Strukturkrise ...

Diät: die Diät einhalten · to keep to a diet, to stick to a diet
Wenn du die Diät nicht einhältst, die der Arzt dir verordnet hat,
brauchst du dich nicht zu wundern, wenn du nicht wieder gesund
wirst.

(eine) (strenge) Diät halten *form* · to observe a strict diet
Muß Ihr Mann Diät halten? – Natürlich. Bei Diabetes kann man
nicht essen, was man will.

dicht: (total/...) **dicht sein** *sal* · to be totally pissed, to be
legless
Mein Gott, der Klaus bringt ja kein vernünftiges Wort mehr heraus.
Der ist ja total dicht! – Nach 17 Halben, da ist auch ein trinkfester
Mann wie der Klaus stockblau.

nicht ganz dicht sein *sal* · 1. not to be toilet-trained *form*, 2.
s.o. must be out of his mind *coll*, s.o. must have taken leave
of his senses *coll*
1. Was, die kleine Ursel ist immer noch nicht ganz dicht? – Nein. So
ein über den anderen Tag macht sie noch immer in die Windeln. *iron
seltener*
2. vgl. – nicht (so) (ganz/(recht)) bei **Trost** sein (1; a. 2)

dicht dabei/dahinter/davor/daneben/... · close by
... Ja, und ziemlich im Zentrum des Viertels ist ein Supermarkt, und
dicht dabei bauen sie einen Kinderspielplatz. – Wie weit weg vom
Supermarkt? – Direkt dabei/ganz nah' dabei – vielleicht 60, 70 Meter.

dicht an dicht stehen/sitzen/... *form selten* · to stand/to
sit/... close together
... Dicht an dicht standen die Menschen vor dem Podium und
lauschten der Rede des Kanzlerkandidaten. Einen solchen Mas-
senauflauf hatte es im Stadtpark seit Jahren nicht gegeben ...

Dichten: js. **ganzes Dichten und Trachten ist es,** zu .../ist darauf gerichtet, zu .../... *geh path selten* · all s.o.'s thoughts
and endeavours are directed towards s.th., s.o.'s whole
mind is set on (doing) s.th. *n*
Engagiert sich der Roland immer noch so für die Probleme Afrikas?
– Ja. Sein ganzes Dichten und Trachten ist darauf gerichtet, für einige Jahre dorthin zu gehen, um die Mentalität und Lebensweise der
Schwarzen genau kennenzulernen. Darüber ein paar fundierte Bücher zu schreiben, das ist sein Lebenssanliegen.

Dichterroß: das Dichterroß besteigen *lit selten mst iron* – den
Pegasus/(Pegasos) besteigen/(satteln/reiten) · to mount/to
ride/... Pegasus

dichthalten: (nicht) **dichthalten** (können) *ugs* – (nicht) dicht
halten (können) · (not) (to be able) to keep mum, not to
blow the gaff

dichtmachen: dichtmachen *sal* – den **Laden** dicht machen
(können) (1, 2) · (to be able to) shut up shop

Dichtung: Dichtung und Wahrheit · »Poetry and Truth« *Goethe*, fact and fiction, fact and fantasy
... Nicht nur in Goethes autobiographischem Werk mit diesem Titel,
erklärte er, in der übergroßen Mehrzahl der Romane sind Dichtung
und Wahrheit untrennbar vermischt.

dick: dick sein *sal* · to be in the club/up the spout
Wenn man sich vor Augen hält, wieviel Kinder die Frauen früher in
die Welt setzten! Mein Gott, die Hälfte ihres Lebens waren sie dick! –
Karl, das kann man auch anders sagen!

es nicht so dick haben *ugs selten* – ein/kein **Krösus** sein · not
to be made of money

jn./etw. **dick haben/es dick haben, etw. zu tun** *sal selten* · 1.
to be sick to death of s.o., 2. to be sick and tired of s.th., to
be fed up with s.th.
1. vgl. – jn. dick **sitzen** haben
2. vgl. – etw. **leid** sein/es leid sein, etw. zu tun (1; a. 3)

dick und fett/rund (sein) *ugs* · to be round and fat *n*
So, jetzt wird eine rigorose Diät gemacht! Und wenn sie Monate
harter Überwindung kostet! Verdammt nochmal! Ein bißchen kor-
pulent laß ich mir ja noch gefallen; aber so dick und fett wie du seit
einiger Zeit – das geht zu weit!

dick ist gemütlich *ugs* · fat people are contented/good-
natured, chubby is comfy *tr*, fat means friendly *tr*
Wieviel wiegt der Werner jetzt eigentlich? – Nun laß den Mann doch!
Wenn er sich wohl fühlt! Dick ist gemütlich, hast du das nie gehört?

dicke: jn./etw. **dicke haben** *sal* – jn./etw. **dick** haben/es dick
haben, etw. zu tun · to be sick and tired of doing s.th., to be
fed up to the teeth of doing s.th.

dicketun: sich dicketun (mit etw.) *sal* – sich dick **machen** (mit
etw.) (2) · to boast/to brag/... about s.th.

Dickkopf: ein Dickkopf sein/(einen Dickkopf haben) *ugs* ·
to be stubborn *n*, to be pigheaded
Wenn der Peter sich einmal in den Kopf gesetzt hat, dies oder das zu
tun oder zu lassen, bringen ihn keine zehn Pferde dazu, seine Meinung zu ändern. Das ist ein Dickkopf, wie er im Buche steht.

seinen Dickkopf aufsetzen *ugs* · s.o. is being pigheaded
again, s.o. remains obstinate *n*/stubborn *n*/pigheaded
... nein, ich geh' nicht mit! – Du hast doch gestern gesagt, du gingst
mit! – Ich geh' aber nicht! – Komm', Mathilde, laß ihn! Der setzt mal
wieder seinen Dickkopf auf.

(immer/mal wieder/...) seinen Dickkopf durchsetzen (müs-
sen/wollen) *ugs* · to (always/...) want to/have to/... get
one's way
Der Paul sagt, wenn wir nicht morgens früh gegen 6 Uhr abfahren,
fährt er nicht. – Aber alle anderen wollen doch erst gegen 8 Uhr

abfahren. – Ja, aber er stellt uns seinen Wagen dann nicht zur Verfügung. – Der Paul will mal wieder seinen Dickkopf durchsetzen. Alle sollen immer tun, was er will. Schluß! Dann bleiben wir eben hier.

Dickschädel: ein Dickschädel sein/(einen Dickschädel haben) *sal* – (eher:) ein **Dickkopf** sein/(einen Dickkopf haben) · to be stubborn, to be pigheaded

(immer/mal wieder/...) **seinen Dickschädel durchsetzen** (müssen/wollen) *sal* – (immer/mal wieder/...) seinen **Dickkopf** durchsetzen (müssen/wollen) · to (always/...) want to/have to/... get one's way

dicktun: sich dicktun (mit etw.) *sal selten* – sich dick **machen** (mit etw.) (2) · to boast/to brag/... about s.th.

dictu: horribile dictu *geh selten* · horribile dictu
... Und dann handelt es sich doch bei diesem Mann, fuhr der Ankläger pathetisch fort, um einen – horribile dictu – notorischen Säufer! – Ich weiß nicht, unterbrach ihn sein Gegenspieler, ob dieser Terminus ... – Ich hab' ja gesagt: es ist schlimm, das so ausdrücken zu müssen. Aber es ist der einzige zutreffende Terminus.

mirabile dictu *geh selten* · mirabile dictu, amazingly *n*, surprisingly *n*
... Und dann, erklärte der Arzt, ist die junge Frau – mirabile dictu – im dritten Monat. – Sie konnte doch nach allen früheren ärztlichen Zeugnissen keine Kinder mehr bekommen, warf deren Vater ein. – Es ist wirklich kaum zu glauben – ich sagte es ja; aber es ist die Wahrheit, unbezweifelbar ...

die: die und die ... *ugs* – **der** und der ... · so-and-so/such and such a person

Dieb: haltet den Dieb! *form* · stop thief!
Wie sagt man im Deutschen für au voleur, au voleur? – Haltet den Dieb! Haltet den Dieb!

sich wie ein Dieb davonschleichen *path* · to sneak away/to slink away/... like a thief in the night *lit*
(Auf einer Jubiläumsfeier:) Aber Dieter, du wirst dich doch jetzt nicht wie ein Dieb davonschleichen, du wirst doch dem Jubilar und seiner Familie 'auf Wiedersehen' sagen – wenn du partout schon gehen willst ...

wie ein Dieb in der Nacht *path selten* · like a thief in the night *lit*
Das ist doch einfach keine Art, da nach Feierabend wie ein Dieb in der Nacht zu erscheinen und die Baustelle auszumessen. Was geht ihn das an, wie groß mein neues Büro ist?

dienen: damit/mit ... **kann ich**/... **Ihnen**/... (nicht) **dienen**/womit kann ich/... Ihnen/... dienen? *form* · I've got just the thing/the very thing/just what you/... need, I'm afraid I can't help you there
(Ein Kunde in einem Fachgeschäft:) Haben Sie Reinigungsmittel für diese Lederjacke? Ich habe da einen Flecken ... – Damit kann ich Ihnen leider nicht dienen. Aber fragen Sie doch mal bei Fischer, 100 m weiter.

zu nichts (mehr) **dienen** · to be (of) no use (any more), to be of no further use
Diese alte Vase mit dem Loch im Boden können wir wirklich wegwerfen. Sie dient zu nichts.

von unten auf dienen *mil* · to come up through the ranks
Der Karl ist jetzt Leutnant, oder? – Ja, Leutnant. Und er hat als Schütze Arsch angefangen! – Hm. Das ist zwar mühsam, so von unten auf zu dienen, aber es hat auch Vorteile: man kennt dann jeden einzelnen Rang aus eigener Anschauung.

Diener: ein treuer Diener seines Herrn *oft iron* · to be a loyal servant
Der Generalsekretär den Präsidenten kritisieren? Unmöglich! Das ist ein Mann aus der alten Schule – ein treuer Diener seines Herrn. Selbst wenn er mit dem, was der Präsident macht, überhaupt nicht übereinstimmen würde, käme nie ein Wort der Kritik über seine Lippen.

einen Diener machen *form* · to bow, to make a bow, to touch one's forelock
Junge, wenn man eine Dame oder einen älteren Herrn begrüßt, macht man einen Diener! – Papa, das ist doch heute nicht mehr Mode!

Dienst: im Dienst (sein) *form* · 1. 2. to be on duty
1. Im Dienst müssen Soldaten oder Polizisten Uniform tragen. Wenn sie nicht im Dienst sind, können sie in Zivil herumlaufen
2. (Morgens um 6.30 Uhr:) Mathilde, ich bin heute ein wenig eilig, ich muß schon um acht Uhr im Dienst sein. Bis heute abend also ...

nicht mehr im Dienst sein *form* · to be retired, not to be working (for a company/...) any more, to have left the service *mil*
... Seit wann, sagen Sie, ist Herr Dr. Brodler pensioniert? – Er ist schon über ein halbes Jahr nicht mehr im Dienst.

Dienst haben *form* · to be on duty, to be at work, to be on call *doctor*
(In einem Krankenhaus:) Wer hat eigentlich heute abend Dienst, Schwester Gerlinde oder Schwester Marta? – Heute abend ist Schwester Marta dran.

... außer Dienst (Abkürzung: a.D.) *form* · to be retired, to be a retired colonel/doctor/... (abbr.: ret.)
... Generaloberst a.D. Kurz – d.h. er ist nicht mehr im Dienst? – Ja, er ist pensioniert.

Offizier/Arzt/Chef/... vom Dienst *form* · 1. 2. 3. the doctor/... on duty, the duty officer/nurse/...
1. (Am Telefon in einer Kaserne:) Ja, hier Unteroffizier vom Dienst Schulze. – Hier spricht Mertens, ich hätte gern mit Flieger Möllemann gesprochen. – Einen Augenblick bitte ...
2. Heute ist Samstag, der Leiter der Klinik wird nicht im Haus sein. Wer ist der Chef vom Dienst? – Oberarzt Dr. Pienhorst.
3. vgl. – (eher:) der **diensthabende** Offizier/Arzt/Oberst/Chef/... sein

etw. tut (noch/...) **seinen Dienst** · to (still/...) serve its purpose, to (still/...) do its job
Solange der Wagen noch seinen Dienst tut, werf' ich ihn nicht weg. Wie er aussieht, interessiert mich nicht. Er muß fahren und darf nicht zu viele Reparaturen haben, alles andere ist nebensächlich.

die/js. Füße/finger/Augen/... versagen den Dienst · s.o.'s voice fails him, s.o.'s fingers/feet/... are no longer up to it *coll*
... Die Oma kann nicht mehr, ihre Füße versagen den Dienst. Wir müssen den Spaziergang abbrechen. Ihr setzt euch hier auf die Bank und ich hol' den Wagen; wir fahren dann alle zusammen zurück.

seinen Dienst antreten (als/...) (in/bei ...) (am/zum 1. Juni/...) *form* · to take up one's position (as/...) (in/at/...), to take up one's duties (as/...) (in/at/...)
Morgen tritt hier der neue Chefarzt seinen Dienst an, Schwester Marta, morgen müssen also alle Schwestern da sein. – Ach, Herr Dr. Möller beginnt morgen? ...

Dienst ist Dienst (und Schnaps ist Schnaps) *ugs* · 1. 2. one/you/... shouldn't mix business with pleasure, there is a time for everything
1. Ihr könnt meinetwegen solange feiern, wie ihr wollt! Meinetwegen durchfeiern, bis morgen früh! Aber Punkt acht seid ihr im Geschäft! Dienst ist Dienst und Schnaps ist Schnaps! Klar?
2. Nichts da, ich zahl' den offiziellen Preis, wie alle anderen auch. Dienst ist Dienst und Schnaps ist Schnaps. Ich will mir doch nicht nachsagen lassen, daß ich eure Artikel billiger kriege, nur weil ich mit dir befreundet bin.

in den diplomatischen Dienst eintreten *form* · to enter the diplomatic service
Wenn du in den diplomatischen Dienst eintreten willst, darfst du nicht älter als 32 Jahre sein.

jm. einen nützlichen/unschätzbaren/... **Dienst erweisen** *form* · to do s.o. a good turn, to do s.o. a great/... service
Mit seinem Gutachten hat er dir einen unschätzbaren Dienst erwiesen. Dieses Gutachten ist für dich Gold wert.

jm. (mit etw.) **einen schlechten Dienst erweisen** *form* · to do s.o. a disservice, to do s.o. a bad turn

Mit seiner Erklärung, Gisela wäre auf unabsehbare Zeit arbeitsunfähig, hat uns Dr. Mertens einen denkbar schlechten Dienst erwiesen. Jetzt wird die Kasse ihr das Tagegeld natürlich streichen.

zum Dienst gehen *form* · to go to work

… Nach dem alten Herrn Schörner kann man seine Uhr stellen: Morgen für Morgen kommt er Punkt 7.45 Uhr aus dem Haus, um in aller Ruhe die 800 Meter zum Dienst zu gehen.

Dienst am Kunden *Wirtschaft* · customer service

Eine Firma wie die unsere kann es sich nicht leisten, die Zahl der Vertreter einzuschränken, die Abteilung für die Wartung der Maschinen zu reduzieren o.ä. Der Dienst am Kunden steht bei uns an vorderster Stelle.

jm. **den Dienst kündigen** *form selten* – jn. an die (frische) **Luft** setzen/(befördern) (1) · to give s.o. his notice, to dismiss s.o.

jn. **in Dienst nehmen**/(stellen) *form selten* · to appoint s.o., to take s.o. on, to engage s.o.

Wie lange arbeitet der Brachmann jetzt bei dir als Einkaufsleiter? – Laß mal überlegen! Hab' ich den nicht schon vor fünf Jahren in Dienst genommen? Ja, genau, im Mai 1985 habe ich ihn eingestellt.

den Dienst quittieren *form selten* · to resign one's post

… Ist der Botschafter nach dem Skandal (vom Dienst) suspendiert worden oder hat er den Dienst freiwillig quittiert?

im Dienst einer guten/(schlechten) **Sache** (stehen/arbeiten/…)/(es ist/geschieht/… im Dienst einer guten Sache) *form* · to be in a good cause, to work for/to devote o.s. to/… a good cause

Wenn man im Dienst einer guten Sache arbeitet, wie euer Manfred, dann braucht man nicht wer weiß wie viel zu verdienen, um mit seinem Beruf zufrieden zu sein. Das Gefühl, für etwas Wertvolles zu arbeiten, entschädigt für viele Nachteile.

sich in den Dienst der Sache stellen *form selten* · to devote o.s. to a good cause

… Ob er da viel verdient oder wenig, ist dem Jungen egal. Er stellt sich in den Dienst der Sache. Es geht ihm darum, durch die Mitarbeit in diesem Verband dazu beizutragen, das Bewußtsein in der Bevölkerung für die Not in Afrika zu stärken.

aus dem Dienst scheiden/(ausscheiden) *form* · to resign one's post

… Ich weiß gar nicht, wie das werden soll, wenn der Dr. Korff im nächsten Jahr aus dem Dienst scheidet. – Wann wird er denn pensioniert? …

im Dienst einer Firma/… **stehen** *form* · to be in s.o.'s employ

… Wenn ich im Dienst der Firma Engelhart stehe, dann arbeite ich für die Firma Engelhart – und nicht dafür, daß du ein gutes Geschäft machst. Das muß dir doch einleuchten.

in js. Dienst stehen *form* · to be in s.o.'s employ

Das Detektivbüro, das euer Georg da aufgebaut hat, ist ja inzwischen ein riesiges Unternehmen. Wieviel Leute stehen jetzt eigentlich in seinem Dienst? – Zur Zeit beschäftigt er 34 Mann.

im Dienst von etw. **stehen** *form* · to work for s.th., to embrace the cause of s.th.

Der Rolf macht aktiv bei Greenpeace mit, sagst du? – Er steht schon seit fast zehn Jahren im Dienst der Friedensbewegung. Bevor er bei Greenpeace anfing, hat er in Schweden in einem Friedensinstitut gearbeitet.

im diplomatischen Dienst stehen *form* · to be in the diplomatic service

Euer Peter, hab' ich gehört, steht im diplomatischen Dienst? – Ja, er ist Konsul in Nigeria.

etw. **außer Dienst stellen** *form selten* · to take s.th. out of commission, to take s.th. out of service

Den alten VW würde ich an deiner Stelle außer Dienst stellen. Der kostet mehr an Reparaturen, als er einbringt.

etw. **in Dienst stellen** *form selten* · to put s.th. into service

Selbst wenn wir noch drei Lastwagen in Dienst stellen, können wir nicht alle Aufträge annehmen; da müßten wir wenigstens sieben oder acht anschaffen.

sich in den Dienst von etw. **stellen** *form* · to devote o.s. to the cause of s.th.

… Wer sich heutzutage in den Dienst der Kirche, der Seelsorge, der religiösen Unterweisung stellt, erklärte er, kann vielleicht nicht auf das Verständnis der breiten Masse rechnen. Wer sein Leben solchen Idealen weiht, dem geht es auch nicht um die Zustimmung der Masse, sondern …

sich in den Dienst einer guten Sache stellen/… *form selten* · to work for/to devote o.s. to/… a good cause

Laß den Jungen doch zum Roten Kreuz gehen, wenn er will. Da stellt er sich in den Dienst einer guten Sache! Es gibt so wenige Berufe heute, die dem Menschen wirklich nützen und helfen.

in js. Dienst treten *form* · to enter s.o.'s employ/employment

… Nein, in den Dienst einer Firma, die derart gefährliche Chemikalien herstellt, würde ich nie treten! – Und wenn du keine andere Arbeit finden würdest?

Dienst tun (bei/als) *form selten* · to work

… Ob die Elfriede im Krankenhaus oder in einem Pflegeheim Dienst tut, finde ich nebensächlich, Paul. Entscheidend ist, daß sie für kranke Menschen arbeitet.

noch seinen Dienst tun – etw. tut (noch/…) seinen **Dienst** · to do its job, to serve its purpose

den Dienst an der Waffe tun/leisten *form* · to do one's military service

… Will euer Sohn eigentlich zum Bund gehen oder wird er verweigern? – Er hat sich entschlossen, den Dienst an der Waffe zu tun.

den Dienst an der Waffe verweigern *form* – ≠ **den Dienst an der Waffe tun/leisten** · to refuse to do military service, to be a conscientious objector

jm. **seine Dienste anbieten** *oft iron* · to offer one's services to s.o.

Ich höre, du suchst einen Mitarbeiter bei deinem Wörterbuchprojekt. Kann ich dir meine Dienste anbieten? Ich bin zurzeit ohne feste Stelle und mich würde eine solche Arbeit sehr interessieren.

jm. **gute Dienste leisten** · 1. 2. to render *often: to have rendered* good service, 1. to do *often: to have done* good service, to serve s.o. well, 2. to have done good work (for s.o.)

1. Der Wagen hat mir gute Dienste geleistet, sehr gute Dienste! Wie lange habe ich ihn gefahren? Bestimmt sechs Jahre. Ich hab' die ganze Zeit kaum Reparaturen gehabt, und was habe ich den strapaziert …

2. Der Mann hat uns so gute Dienste geleistet, den können wir doch nicht entlassen! *seltener*

(jm.) **gute Dienste tun** · to be good (for a while yet), to be (still) in good working order

Warum willst du den Staubsauger wegwerfen? Der tut doch noch gute Dienste!

(noch/…) **seine Dienste tun** – etw. tut (noch/…) seinen **Dienst** · to serve its purpose, to do its job

Diensteid: den Diensteid leisten *form* · to be sworn in, to swear an oath of office, to swear an oath of service/allegiance

Hat eigentlich heute noch jeder Beamter den Diensteid zu leisten?

einen auf den Diensteid nehmen *ugs iron* · to have a drink

… So, Herr Schäffer, jetzt haben wir lange genug über die neuen Agrarregelungen geredet, jetzt wollen wir mal einen auf den Diensteid nehmen. Was kann ich Ihnen anbieten: einen Schnaps, einen Whisky, ein Bier?

etw. **auf seinen Diensteid nehmen** *form selten* · to take responsibility for s.th.

Sie sind letzlich für die ganze Angelegenheit verantwortlich, Herr Minister. – Selbstverständlich, Herr Richter. Und ich nehme deswegen auch alle damit verbundenen Dinge auf meinen Diensteid. Ich bin also bereit, unter Eid auszusagen, daß ...

Diensten: stets/**immer zu Diensten!** *form od. iron* · (always) at your service
... Wenn Sie mir nochmal helfen könnten ... – Immer zu Diensten, Herr Adams! Wann soll ich kommen?

in js. **Diensten sein** *form* – in js. **Dienst** stehen · to be in s.o.'s employ

jm. **zu Diensten sein** *form* · to serve s.o./s.o.'s interests/...
... Wenn ich in diesen Verband eintrete, fördere ich damit u.a. auch einen Teil der Mafia, sagen Sie? Nein, solchen Leuten möchte ich unter keinen Umständen zu Diensten sein. Dann ziehe ich also meinen Antrag zurück.

in js. **Diensten stehen** *form* – in js. **Dienst** stehen · to be in s.o.'s employ

zu js. **Diensten stehen**/jm. zu Diensten stehen/(sein) *form* · to be at s.o.'s service
Wenn ich Ihnen beim Umräumen der Möbel helfen kann, gnädige Frau – ich stehe zu ihren Diensten. – Herzlichen Dank, Herr Brauer. Wenn Sie so gut wären, bei dem Schrank mit anzupacken ...

jm. **zu Diensten stehen** *form* · to be at s.o.'s disposal
... Wenn ihm täglich zwanzig Mann zu Diensten stehen, kann er schon allerhand machen. – Heute ja. Im Anfang hat er ganz allein mit seiner Frau die alten Leute in diesem Städtchen betreut. Von Jahr zu Jahr fand er dann mehr Mitarbeiter ...

Dienstes: jn. **seines Dienstes entheben** *form* · to dismiss s.o. from office, to relieve s.o. of his office
Wie ich höre, läuft gegen den Landesgerichtspräsidenten ein Verfahren? – Man spricht sogar davon, daß er seines Dienstes enthoben wird. Es wäre das erste Mal, daß hier ein Mann in solcher Stellung entlassen wird.

diensthabende: der **diensthabende** Offizier/Arzt/Oberst/Chef/... **sein** *form* – der Offizier/Arzt/Oberst/Chef/... vom **Dienst** sein · the doctor/... on duty, the duty officer/nurse/...

Dienstjubiläum: das bronzene/silberne/goldene/eiserne/diamantene **Dienstjubiläum** (feiern/haben/...) *form* – das bronzene/silberne/goldene/eiserne/diamantene **Jubiläum** feiern/haben · to celebrate one's golden/diamond/silver/... anniversary

Dienstschluß: nach Dienstschluß *form* · after working hours, after work
... Nach Dienstschluß können wir uns gern ausführlicher über diese Fragen unterhalten, Herr Lohre; während der Dienstzeit habe ich beim besten Willen dafür keine Zeit.

dienstverpflichten: jn. **dienstverpflichten** *form soz. nur im Inf. u. Part. Wehrdienst u.ä.* · to conscript s.o.
... Wenn sie die Leute brauchen, wird nicht lange gefragt, Junge! Dann wird man die Zahl von Soldaten, Helfern usw., die fehlen, dienstverpflichten. Konkret heißt das: die und die Alters- und Berufsgruppen kriegen dann eine Nachricht, daß sie sich dann und dann da und da einzufinden haben ...

Dienstweg: den Dienstweg einhalten/sich an den Dienstweg halten *form* · to go through the proper channels, to go through the official channels
Nein, Herr Schuster, als Beamter können Sie sich nicht direkt an den Kultusminister wenden. Sie müssen den Dienstweg einhalten. Als Lehrer müssen Sie jede Information, jeden Brief an übergeordnete Instanzen leiten; Sie müssen über den Leiter Ihrer Schule gehen.

etw. **auf dem Dienstweg erledigen**/... *form* · to do s.th. officially/through the official channels/...
... Am besten wäre vielleicht, Herr Staatssekretär, wenn Sie mit Herrn Baumann ein paar persönliche Worte wechseln würden; die Sache wird sich bestimmt regeln lassen. – Nein, das erledige ich auf dem Dienstweg. Ich werde eine Anordnung erlassen, die ...

dies: dies und das *ugs* – (eher:) **dies** und jenes/dieses und jenes · this and that

dies und jenes/dieses und jenes + *Subst* · 1. some things, 2. this and that
1. Auch wenn mir dies und jenes nicht bei ihm gefällt: im ganzen finde ich ihn sympathisch. – In einzelnen Punkten gibt es bei jedem etwas auszusetzen.
2. Was hat ihm denn an der Reise nicht gefallen? – Ich weiß auch nicht so richtig. Die Fahrt war ihm zu lang, der Bus zu alt, der Reiseleiter zu jung, und dies und jenes ... – Als junger Mensch sollte man nicht an allen möglichen Einzelheiten so herumkritisieren!

dies: dies academicus *Univ.* · an open day at a university, a dies academicus
... Ein Mal im Semester oder im Jahr einen dies academicus veranstalten, an dem Fachleute zu allgemeineren und aktuellen Fragen sprechen und an dem die Universität für jeden Interessierten geöffnet ist – das ist doch eine schöne Sache. Ich weiß nicht, was du dagegen hast.

dieser: mal/(bald) **dieser,** mal/(bald) **jener** · sometimes one person/..., sometimes another, one here, one there
... Unter derart ungünstigen Arbeitsbedingungen sind Krankheiten geradezu die Regel! Mal erkrankt dieser, mal jener – vier, fünf Leute fehlen immer.

dieser oder jener · 1. 2. some people, someone or other
1. ... Dieser oder jener mag da anders denken – ich bin überzeugt, die überwiegende Mehrheit ist meiner Meinung, und Ausnahmen gibt es immer.
2. Wenn ich dir sage, das ist so, dann ist das so! Da kann ruhig dieser oder jener erklären, er hätte das anders gehört oder gelesen. – Aber es war schließlich nicht irgendein x-beliebiger Bundesbürger, der mir das erklärt hat ...

dieser und jener · some people, a few people
... Das wichtigste Argument für meine These: unsere langjährigen Erfahrungen mit diesem Medikament! Ich weiß, daß dieser und jener in unserem Kreis anderer Ansicht ist als ich. Aber auch wenn verschiedentlich andere Stimmen laut werden: niemand hat so viele konkrete Erfahrungen ...

différence: la petite différence *iron* – der kleine **Unterschied** · la petite différence

Differenzen: Differenzen mit jm. **haben** (wegen ...)/es gibt/... Differenzen zwischen ... · to have differences of opinion with s.o., to have disagreements with s.o., to disagree with s.o.
Früher verstanden sich die beiden Institutsleiter ausgezeichnet. Aber seit einiger Zeit gibt es Differenzen zwischen ihnen wegen der Verteilung der Gelder.

Diktat: jm./einem Volk/... **ein Diktat auferlegen** *form veraltend selten* · to impose a dictate on s.o.
Sie wissen ja, wie das nach dem Ersten Weltkrieg mit den Unruhen begann. Die Siegermächte legten Deutschland ein Diktat auf. Unter anderem sah dieses Diktat die Zahlung von Reparationen in riesigen Ausmaßen vor. – Es ist richtig, daß die Klauseln des Vertrags einseitig diktiert wurden, aber ...

Dilemma: in einem Dilemma stecken/sein · to be in a dilemma, to be on the horns of a dilemma
... Er steckt in einem Dilemma: entscheidet er sich für die Annahme des Projekts, kommt es mit Sicherheit zu einem Streik der Arbeiter; entscheidet er sich dagegen, muß er sich auf größte Schererein mit dem Aufsichtsrat gefaßt machen. Du siehst: egal, was er tut, es kann nur Schwierigkeiten geben.

Dimensionen: ungeheure/... Dimensionen annehmen · to assume gigantic/... proportions
Die Verwüstung der Natur hat in den letzten Jahrzehnten weltweit ungeheure Dimensionen angenommen. Die Schäden sind kaum noch übersehbar.

Ding: das war ein Ding! *ugs* · it was really something, it was quite something
Erst haben wir bei den Nachbarn eine Leiter geklaut, sie dann ganz leise an die Hauswand im Garten angelehnt und dann sind wir, einer

nach dem andern, zu ihrem Fenster hochgestiegen. Das war ein Ding, das hättest du sehen müssen: fünf Leute, nachts um zwei, oben auf einer Leiter …

das ist aber ein Ding! *ugs oft iron* · + you don't say!, now there's a thing!

Ich hatte gar nichts mit der Sache zu tun, und trotzdem haben die Polizisten den Ausweis von mir verlangt. – Das ist aber ein Ding! Das gibt's doch gar nicht. Einfach einen Ausweis verlangen, und dann von einem Mädchen, das so unschuldig aussieht wie du!

das ist ja ein Ding! *ugs* · 1. 2. wow!, that's amazing!, + you don't say!, that's really something!

1. … Der Kruse hat gekündigt?! Das ist ja ein Ding! Mit allem hätte ich gerechnet, nur damit nicht.

2. … Die haben die Steuern um zwölf Prozent erhöht?! Das ist ja ein Ding! Irgendwann arbeiten wir nur noch für den Staat! Einfach unglaublich!

das arme Ding *path veraltend* · the poor thing, the poor creature

So ein zehnjähriges Mädchen kann man doch nicht so ausschimpfen. Das arme Ding wußte gar nicht, woran es war. Von einem fremden Mann auf offener Straße so angeschnauzt zu werden …

das ist ein dickes Ding *ugs selten* – das/(etw.) ist ein starkes **Stück** · it/that is a real sickener

du dummes Ding! *ugs Mädchen/junge Frauen veraltend* · you silly thing!

Halt' du doch deinen Mund, du dummes Ding! Was verstehst du denn davon? – Ich werd' doch noch meine Meinung sagen dürfen. – Wenn du nicht mehr so grün hinter den Ohren bist. Bis dahin hältst du hübsch deinen Schnabel!

mit jm/etw./**um** jn./etw., **das ist** (so) **ein eigen(es) Ding** *form selten* · it's peculiar, it's a peculiar thing, it's funny with s.o./s.th.

Auf eurem Landgut läuft alles gut? – Mit diesem Gut, weißt du, das ist so ein eigenes Ding. Manches läuft blendend, anderes gar nicht; bei wieder anderen Sachen weiß man gar nicht so recht, wie man urteilen soll. Wie gesagt, dieses Gut ist so eine Sache für sich.

ein junges/freches/fesches/… **Ding** *ugs* · a young/cheeky/… thing

Das kannst du doch dem Mädchen nicht übelnehmen. Sie ist noch ein junges Ding. In dem Alter warst du auch nicht vernünftiger, Erika. Mit 16 ist man eben so!

ein kleines Ding *ugs Mädchen veraltend* · a little thing, a little mite

Du kannst doch einem achtjährigen Mädchen nicht übelnehmen, wenn es der Mutter bei einer schwereren Krankheit nicht hilft. So ein kleines Ding weiß doch noch gar nicht, was eine schwere Krankheit ist.

das/(etw.) **ist nicht mein/**dein/js./… **Ding** *ugs selten* · it/s.th. is not my cup of tea, it/s.th. is not my thing

Skifahren, das ist nicht mein Ding. Dem kann ich irgendwie nichts abgewinnen.

jm. **ein Ding bewilligen** *sal selten* · 1. to give s.o. a clip round the ears, 2. to give s.o. a kick up the arse, to give s.o. a kick up the backside

1. vgl. – jm. eine **Ohrfeige** geben
2. vgl. – jm. einen **Tritt** in den Arsch geben (1)

ein Ding drehen *ugs* · 1. to get up to s.th., 2. to land a coup, to pull s.th. off, 3. to pull a job *sl*

1. Eben hat die Polizei hier angerufen. Was habt ihr denn da wieder für ein Ding gedreht? Nun mal heraus mit der Sprache! – Nichts Schlimmes, Vater! Wir sind nur mit 80 oder 90 durch die Innenstadt gefahren.

2. Der hat mal wieder ein Ding gedreht! Obwohl es gesetzlich verboten war, hat er für knapp 30 Millionen Mark nach Afrika exportiert. Jetzt sind sie ihm alle dankbar, klar! Wo die Sache geklappt hat … – Dieser Kerl macht die tollsten Sachen.

3. Wenn wir hier bald wieder ein Ding drehen, werden wir wohl verhungern. – Also gut: morgen nacht, zwischen zwölf und ein Uhr, Gut Aschhof! Da werden wir den PKW klauen und einen Schwung Schmuck mitgehen lassen …

ein krummes Ding drehen *sal* – ein **Ding** drehen (3; u. U. 2) · to pull a job, to land a coup, to pull s.th. off

j. **hat sich (da)** (vielleicht) **ein Ding geleistet** *ugs* – j. hat sich (da) etwas/was **Nettes** geleistet · to put one's foot in it, to do s.th. brilliant *iron*

(jm.) **das Ding ins Netz schießen/werfen/jagen** *ugs* – (jm.) den Ball/das Ei/das Ding ins **Netz** schießen/werfen/jagen/legen · to slam/to ram/… the ball into the net *football*

ein Ding mit 'nem Pfiff sein *ugs* · it's got style, it's got something

Diese Zirkusshow mußt du sehen, das ist ein Ding mit 'nem Pfiff: voller Esprit, Vitalität, einem Schuß Erotik …

wir werden/(ich werd'/…) **das Ding schon schaukeln/schmeißen/**(drehen/deichseln) *ugs* · we'll/… pull it off somehow, we'll/… manage it somehow, we'll/… wangle it somehow

Aber hältst du es denn für möglich, diese Sache noch zu einem guten Abschluß zu bringen? – Mach' dir man keine Sorgen! Wir werden das Ding schon schaukeln! Es wäre doch gelacht, wenn wir das nicht hinkriegten!

ein Ding der Unmöglichkeit (sein) *ugs* · s.th./it/that is quite impossible

Der Schröder hat dir für das Referat nur eine 'Vier' gegeben? Das ist doch ein Ding der Unmöglichkeit! Das gibt's doch einfach nicht.

jm. **ein Ding verpassen** *sal selten* – jm. eins **auswischen** (1) · to get one over on s.o., to get a dig in at s.o., to get one's own back on s.o.

gut Ding will Weile haben · it takes time to do s.th. properly/well/right/…, Rome wasn't built in a day *prov*, these things take time

Wenn die Übersetzung gut werden soll, brauchst du Zeit, das liegt auf der Hand. Gut Ding will Weile haben.

die letzten Dinge *geh* · the last things

Über all den wirtschaftlichen Komfort vergessen die Menschen die letzten Dinge mehr denn je. – Vielleicht! Vielleicht haben sie aber auch früher weniger, als wir meinen, an ihre Verantwortung vor Gott, an den Tod und alles, was damit zusammenhängt, gedacht.

guter Dinge sein · 1. 2. to be in good spirits, to be cheerful

1. Die Erika ist ja heute guter Dinge. Das letzte Mal war sie so still, so in sich gekehrt. – Im allgemeinen ist sie so munter und heiter wie heute.

2. Dieser Junge ist immer guter Dinge. Er hat wirklich ein sonniges Temperament.

an tausenderlei Dinge (auf einmal) **denken müssen/**(…) – an **Tausenderlei** (auf einmal) denken müssen/(…) · to have to think of thousands of things (at once)

unverrichteter Dinge wieder umkehren/zurückkommen/… · to go away/to come back/… without achieving anything/what one set out to do

So ein Blödsinn! Fahre ich da extra 90 km, und der Kurt ist nicht zu Hause. – Und? Was hast du gemacht? – Nichts. Gar nichts. Ich bin unverrichteter Dinge wieder umgekehrt. Total umsonst, die Reise.

Versprechen und Halten/verstehen und Verständnis haben/… **sind zweierlei Dinge** – Versprechen und Halten/verstehen und Verständnis haben/… ist/(sind) **zweierlei** · to make and to keep a promise/… are two different things

alle(r) guten Dinge sind drei · all good things come in threes

Jetzt hast du es zwei Mal versucht, jetzt kannst du es auch noch ein Mal versuchen. Alle guten Dinge sind drei. Vielleicht hast du jetzt Glück. – Sonst geb' ich es endgültig auf!

sich (da/vielleicht/…) **in Dinge einlassen** · to get involved in things which may/could/…

Von ihrer Seite ist es mehr als verständlich, daß sie gern deine Stellungnahme dazu hätten. Aber an deiner Stelle würde ich mich da heraushalten. Was hast du davon, dich in Dinge einzulassen, die dir nachher nur Ärger und Verdruß bringen können?

über diese/solche/... **Dinge erhaben sein** · to be above these (petty) things

... Den Chef soll die Kritik dieses Herrn Hartmanns zutiefst getroffen haben? Welch eine absurde Vorstellung! Als wenn sich der Chef von der Kritik eines solchen Neidhammels beeindrucken ließe! Über solche Dinge ist er erhaben.

der Dinge harren, die da kommen (sollen) *path od. iron* · to await the things that are to be *form*, to see what happens/...

Mal gespannt, wie das Komitee jetzt entscheidet, ob wir nun an der Olympiade teilnehmen oder nicht. – Wir harren alle der Dinge, die da kommen sollen. Irgendetwas werden sie jetzt wohl entscheiden müssen. Morgen wissen wir, woran wir sind.

die Dinge an sich herankommen lassen · to wait and see how things turn out, to cross a bridge when one comes to it

... Es ist nicht meine Art, alles zwingen zu wollen. Ich ziehe es vor, die Dinge an mich herankommen zu lassen. Dann sieht man schon von selbst, was am sinnvollsten zu tun ist.

die Dinge (einfach) (so) **laufen/**(treiben/gehen) **lassen** · to (just/...) let things take their course

Ich werde mich doch nicht kaputtmachen in diesem Laden. Ich laß die Dinge laufen, und Schluß! Wenn sie gut gehen, gehen sie gut, wenn schlecht, dann schlecht!

(so) **wie die Dinge** (nun einmal) **liegen/**(stehen) · as things stand, as things are, as matters lie

Eigentlich ist sie nicht für eine Scheidung. Aber so wie die Dinge nun einmal liegen, gibt es für sie kaum einen anderen Ausweg. Er besteht auf einer Scheidung, und wenn sie nicht einwilligt, läßt er sie sitzen. Unter den gegebenen Umständen kann sie also gar nichts anderes tun.

jm. **zeigen/**erläutern/..., **wie die Dinge liegen** · to tell s.o./to explain to s.o./... how things stand, to tell s.o./explain to s.o./... what the score is *coll*

Wenn du ihm klarmachst, wie die Dinge liegen, wird er schon einsehen, daß es zwecklos ist, einen weiteren Versuch zu starten. Das will er nur, weil er die Zusammenhänge nicht sieht.

die Dinge beim (rechten)/(bei ihrem) **Namen nennen** · to call a spade a spade, to talk turkey *coll*

Was denken Sie von seinem Verhalten in der Sache? – Man könnte sagen, er hat sich da ein wenig verrannt, ein wenig an den Fragen vorbeigeredet, Auswege gesucht ... – Nennen wir die Dinge beim Namen: er hat gelogen, nicht wahr?

die Dinge sehen, wie sie sind · to see things as they are, to take things as they are/stand

Es ist doch völlig abwegig, Scheuklappen aufzusetzen und sich alle möglichen Illusionen zu machen. Wir müssen die Dinge sehen, wie sie sind – nicht, wie wir sie gerne hätten.

die Dinge stehen gut/schlecht/günstig/.../fragen/nicht wissen/..., **wie die Dinge stehen** · things are going well/badly/..., to ask/not to know/... how things are going/stand

Also: wie stehen die Dinge? Werden die Verhandlungen zu einem greifbaren Ergebnis führen oder werden sie im Sande verlaufen? – Im Augenblick sieht es wohl eher danach aus, daß man sich auf konkrete Resultate einigen wird.

der Dinge warten, die da kommen sollen *path od. iron selten* – der **Dinge** harren, die da kommen (sollen) · to await the things that are to be *form*, to see what happens/...

vor allen Dingen – vor **allem** · above all

den Dingen ihren (freien) **Lauf lassen** · to let things take their course

Jetzt haben wir alles getan, was wir von unserer Seite tun konnten. Jetzt müssen wir den Dingen ihren Lauf lassen. Wir hoffen natürlich, daß alles in unserem Sinn entschieden wird. Aber eingreifen können wir jetzt nicht mehr.

über den Dingen stehen · to be above things

Bei all der Aufregung zu Hause, all den Komplikationen mit den Krankheiten, den Eheproblemen der Kinder und anderem mehr hat er sich seine innere Ruhe und Heiterkeit nicht nehmen lassen. – Er steht über den Dingen. Er geht an alles mit Überlegenheit und Gleichmut heran.

über diesen/solchen/... **Dingen stehen** · to be above such/these/... (petty) things

Der Richard hat sich bei den Streitereien überhaupt nicht geäußert, nicht? – Nein. Er äußert sich auch in Zukunft nicht dazu. Er steht über diesen Dingen. Er findet, vernünftige Menschen lassen sich nicht von solch kleinlichen Sachen beherrschen.

es geht (in/bei/...) **nicht mit rechten/**(natürlichen) **Dingen zu** · there is something fishy/weird/strange/peculiar/... going on (in/at/...)

Mir scheint, es geht da nicht mit rechten Dingen zu. Jetzt habe ich schon vier Mal dort angerufen und nach dem Stand des Prozesses gefragt, und jedesmal erhalte ich eine völlig andere Antwort. Ich komm' zwar bisher nicht dahinter, wer oder was da nicht funktioniert, aber irgendetwas stimmt da nicht.

..., **es sei denn, es geht/ginge nicht mit rechten Dingen zu/**es müßte nicht mit rechten Dingen zugehen (wenn .../in/bei/...) · 1. unless there is something fishy/strange/peculiar/... going on, 2. it would be very strange if ..., the devil must have his hand in it if ... *rare*

1. Den Prozeß müßten Sie klar gewinnen – es sei denn, es ginge nicht mit rechten Dingen zu. – Also: wenn alles normal läuft, sehen Sie keine Gefahr? – Absolut keine.

2. Es müßte nicht mit rechten Dingen zugehen, wenn wir dies Jahr nicht aus den Schulden herauskämen!

Dinger: mach'keine Dinger! *ugs selten* – **Sachen** gibt's, die gibt's gar nicht · stop having me on!

vielleicht/... Dinger machen *sal* · to get up to all sorts of tricks *n*, the things s.o. gets up to! *coll*

Der Hubert macht vielleicht Dinger! Erst zieht er dem Lehrer den Stuhl unterm Hintern weg; dann installiert er hier in diesem Viertel ein elektrisches Gerät, das um Mitternacht das Gebrüll von einem Löwen imitiert ... Unmöglich!

krumme Dinger machen *ugs* – (eher:) krumme **Sachen** machen · to get up to crooked business, to pull jobs

Dings: das Dings da *ugs* · that what's it (over there), that thingumajig

Gib' mir mal eben das Dings da ... den ..., die ... – Das Dings da heißt Linse! – Ja, die Linse!

Dingsbums: der/die Dingsbums *ugs* · what's his name/what's her name?

Du könntest mal mit dem ... dem Dingsbums ... wie heißt er noch? – Du meinst den Schüller? – Ja, mit dem Schüller sprechen ...

Dingskirchen: (in/...) **Dingskirchen** *ugs* · (in/...) what's its name

... Also gut, wenn es da in ... wie hieß dieses Nest noch? – In Dingskirchen – – Haßloch, Herr Huber. – Danke. Also, wenn es in Haßloch keine Apotheke gibt ...

Diplom: sein Diplom machen *form* · to take a degree/diploma

In den Geisteswissenschaften macht man sein Staatsexamen, in den Naturwissenschaften sein Diplom. Beides sind Abschlußexamina des jeweiligen Studiums.

Diskussion: zur Diskussion stehen – zur **Debatte** stehen · to be the point/issue/...

etw. **zur Diskussion stellen** – etw. zur **Debatte** stellen (1; a. 2) · to put a problem/... forward for discussion, to make a problem/... a subject for discussion

Argumente/... **in die Diskussion werfen** – Argumente/... in die **Debatte** werfen · to introduce s.th./a point/... into the debate, to throw in an idea/suggestion/...

Disposition: sein Amt/seinen Posten/(...) **zur Disposition stellen** *form* – sein Amt/seinen Posten/(...) zur **Verfügung** stellen · to offer to give up one's post, to tender one's resignation

Distanz: auf Distanz gehen (jm. gegenüber/bei jm.) · to become distant (towards s. o.)

Ich weiß nicht, warum, aber in letzter Zeit geht der Paul mir gegenüber plötzlich auf Distanz. Na ja, falls er sich wohler fühlt, wenn wir nicht so eng miteinander umgehen, soll mir das nur recht sein.

Distanz zu etw. gewinnen · to distance o. s. from s. th., to get some detachment from s. th.

Nach meiner Scheidung muß ich erst einmal etwas Distanz zu den Dingen gewinnen, bevor ich daran denken kann, eine neue Beziehung einzugehen.

Distanz wahren (zu jm.) · to keep s. o. at arm's length

Zu dem Gerock würde ich an deiner Stelle eine gewisse Distanz wahren. – Warum das denn? – Der redet dir nur herein, wenn du zu vertraut mit ihm umgehst.

Disziplin: keine/... Disziplin in den Knochen haben ugs · to have (no) discipline

Kerls, ihr habt überhaupt keine Disziplin in den Knochen! Ein richtiger Sauhaufen ist das hier! Wenn ich schon die Haltung seh', in der ihr da steht! Von innerer Zucht gar nicht zu reden! Ein Sauhaufen, sag' ich!

(strenge) **Disziplin wahren** · to keep (strict) discipline, to behave in a disciplined way

Diese Leute können keine Disziplin wahren, schimpfte der Major. Ein regelrechter Kindergarten ist das, diese jungen Leute heute. Von Zucht und Ordnung keine Spur!

divide: divide et impera lit selten · divide and rule

Klar, jeder der beiden Machtblöcke versucht, einen Teil der arabischen Länder auf seine Seite zu ziehen. Wenn die alle zusammenhalten würden, hätten sie einen viel größeren Einfluß. – Im Grunde hält sich also Ost und West an die klassische Formel: divide et impera, d. h. die Feinde untereinander zu entzweien.

doch: also doch! · 1. 2. so he is/you are/... coming/... (after all)

1. ... Und dann geht noch die Christa mit ... – Also doch! Das hab' ich doch gesagt: Im letzten Moment besinnt sie sich eines anderen und geht doch mit.
2. Die Christa geht also doch mit? – Ja, sie hat heute morgen angerufen und zugesagt. – Siehst du, wenn's drauf ankommt, ist sie doch vernünftig.

(das war/...) **denn doch** (zu anstrengend/...) ugs · it was really too much/too tiring/... after all n

... Drei Bierkästen auf einmal, das war denn doch zu viel. Da mußte er, ob er wollte oder nicht, schon zweimal die Treppen hinaufsteigen.

gewiß doch! path od. iron · of course I do/he does/...!

Willst du auch mit ins Konzert? – Gewiß doch! – Ach, ich dachte, du wärst dir noch nicht schlüssig. Also dann ...

nicht doch! path od. iron · no don't, please don't

So, jetzt knall' ich dem Jungen eine. – Nicht doch, Albert! Ich bitte dich, tu das nicht! Der Rudi hat das doch nicht so gemeint.

o doch! path · oh yes I do/I am/he does/he is/...!

Du willst nicht mit ins Konzert, nein? – O doch! – Ach, ich dachte, du hättest etwas anderes vor. Also dann ...

Doktor: seinen Doktor machen/bauen (an einer Universität/..., bei einem Professor, in ...) ugs · to do one's Ph. D. at a university/.../with a professor/in ...

Wo haben sie Ihren Doktorhut erworben? – Ich habe in Graz promoviert. Und Sie? – Ich habe meinen Doktor in München gemacht. Bei Karl Karoli.

Doktorarbeit: (sofort/...) **eine Doktorarbeit aus** etw. **machen** ugs · (not) to make a Ph. D. thesis out of s. th., (not) to make a thesis/dissertation/... out of s. th.

(Ein Chef zu seinem Abteilungsleiter:) Einen kurzen Bericht möchte ich schon gern von ihrem Sohn haben. Aber sagen Sie dem Werner, er soll um Gottes Willen keine Doktorarbeit daraus machen. Nur das Wesentliche!

Doktorhut: seinen/den Doktorhut erwerben (an einer Universität/..., in ...) path od. iron – seinen **Doktor** machen/bauen (an einer Universität/..., bei einem Professor, in ...) · to do one's Ph. D. (at a university/.../in ...)

Dolch: jm. **den Dolch auf die Brust setzen** path · to hold a pistol to s. o.'s head, to hold a knife to s. o.'s breast

... Er hatte wirklich keine andere Wahl. Mit unserer Drohung zu kündigen hatten wir ihm sozusagen den Dolch auf die Brust gesetzt.

Dolchstoß: jm. **einen** (richtigen/regelrechten) **Dolchstoß versetzen** (mit etw.) path · to wound s. o. deeply (with s. th./by doing s. th.), to wound s. o. to the core (with s. th.)

Sie versetzte ihrem Vater einen regelrechten Dolchstoß, als sie ihm gestand, daß sie diesen Hippie heiraten wollte.

Dolmetsch: sich zum Dolmetsch von jm./js. Sache **machen** geh veraltend · to appoint o. s. spokesman for s. o./of a group/... n

Was hat denn der Schrader mit der Sache zu tun? – Er ist Kollege von dem Köhler und meint ... – Ah, er will sich zum Dolmetsch dieses jungen Mannes machen? Na, meinetwegen. Ich an seiner Stelle würde einen solchen Faulpelz nicht so verteidigen ...

Domäne: das/etw. **ist** js. **ureigenste Domäne** path od. iron · to be s. o.'s special domain/field

Im Granitabbau kannst du dem Färber nichts vormachen. Das ist seine ureigenste Domäne. Er arbeitet auf dem Gebiet seit mehr als 20 Jahren und fühlt sich darin wie kaum jemand sonst zu Hause.

Domizil: in/bei/... sein Domizil aufschlagen ugs oft iron · 1. 2. to take up residence in .../with ...

1. Es scheint, der Herbert hat jetzt bei den Krones sein Domizil aufgeschlagen. Seit gut einer Woche ißt und schläft er nicht mehr zu Hause, sondern dort.
2. Hast du schon gemerkt, Ernst, in unserem Wald haben so ein paar Hippies ihr Domizil aufgeschlagen. – Reg' dich mal nicht auf, Uschi, die ziehen schon wieder ab.

domo: pro domo sprechen lit · to speak on one's own behalf, to argue a case out of self-interest

Für Äpfel sollte den Erzeugern eigentlich mehr gezahlt werden als für Birnen, wenn man denkt, wie ... – Sie sprechen pro domo, Herr Günther. Als Besitzer einer Apfelplantage wollen Sie natürlich mehr verdienen. Aber wenn Sie die Sache objektiv sehen ...

Donner: Donner und Blitz! ugs veraltend – leck' mich am/(im) **Arsch** (2 · by Jove

Donner und Doria! ugs veraltend selten – leck' mich am/(im) **Arsch!** (2) · by Jove

wie vom Donner gerührt dastehen/dasitzen/sein (als/...) path – wie vom **Blitz** gerührt/getroffen dastehen/dasitzen/sein (als/...) · to be thunderstruck

donnern: jm. **eine donnern** ugs – path – jm. eine **Ohrfeige** geben · to give s. o. a clip round the ears

jm. **ein paar donnern** ugs – path – jm. ein paar **Ohrfeigen** geben · to give s. o. a clip round the ears

Donnerschlag: wie vom Donnerschlag gerührt dastehen/dasitzen/sein/... ugs – (eher:) wie vom **Blitz** gerührt/getroffen dastehen/dasitzen/sein, (als/...) · to be thunderstruck

jn. **wie einen Donnerschlag treffen** Nachricht ugs – path · it/the news/... completely/absolutely/... stunned me/us/..., it/the news/... was like a bombshell for s. o.

Stimmt es, daß euer Vereinspräsident zurückgetreten ist? – Ja. Die Nachricht hat uns alle wie ein Donnerschlag getroffen. Der ganze Klub ist in Aufruhr.

Donnerwetter: Donnerwetter (nochmal)! ugs – leck' mich am/(im) **Arsch** (2) · pos. my word!, wow!, by Jove!, neg. damn!, damn it!, God Almighty!

zum Donnerwetter (nochmal)! ugs – leck' mich am/(im) **Arsch!** (2; a. 3) · damn it!

was/wer/wo/... zum Donnerwetter ...? ugs – (eher:) was/wer/wo/... zum **Teufel** ... · who/what/where/... the hell/the devil/... ?

es gibt/(setzt) ein Donnerwetter *ugs veraltend* · 1. there will be hell to pay, 2. + all hell is let loose/breaks loose
1. Wenn du heute wieder so spät kommst, gibt es ein Donnerwetter, hörst du?
2. vgl. – ein **Donnerwetter** geht auf jn. nieder/los

da soll doch (gleich) das (heilige) Donnerwetter dreinfahren/ dreinschlagen! *ugs veraltend* · + I'll raise the roof, + I'll come down on him/... like a ton of bricks
Jetzt hat er mir doch schon wieder meine Tasche weggenommen! Als wenn nur er eine Tasche bräuchte und die anderen nicht. Da soll doch gleich das Donnerwetter dreinfahren! Dem werd' ich aber was erzählen, wenn er nach Hause kommt!

(j. wird) ein Donnerwetter erleben *ugs* · + there will be hell to pay, she/...'ll have hell to pay, + all hell will be let loose *n*
(Der Vater zur Mutter:) Wenn die Karin nochmal so spät nach Haus kommt, wird sie ein Donnerwetter erleben.

ein Donnerwetter geht auf jn. **nieder/los** *ugs veraltend* · + all hell is let/breaks loose *n*
Als mein Bruder zum dritten Mal in diesem Monat erst um Mitternacht nach Hause kam, ging ein Donnerwetter auf ihn nieder. Ich habe meinen Vater noch nie so wütend gesehen, noch nie erlebt, daß er jemandem eine solche Wucht gibt.

ein Donnerwetter auf jn. **loslassen** *ugs veraltend* · to blow s.o. up, to give s.o. hell, to put s.o. through it, to give s.o. a terrible/... dressing-down
Gestern hat der Chef vielleicht ein Donnerwetter auf den Meyer losgelassen, da war alles dran. – Warum denn? – Er hatte einen wichtigen Termin vergessen. Der hat den vielleicht angeschnauzt, da machst du dir kein Bild.

doof: sich doof und dusselig suchen/verdienen/erzählen/reden/... *sal* – **sich dumm** und dämlich suchen/verdienen/abquälen/reden/... · to search high and low/to earn a fortune/ to talk till one is blue in the face/...

Doofi: (wie) klein Doofi mit Plüschohren (aussehen/...) *sal selten* · (to look like/...) a real dope, (to look like/...) a stupid bumpkin, (to look like/...) a nerd, (to look like/...) a dickhead *vulg*
... Du weißt nicht, was eine Unschuld vom Lande ist? Hm ... Aber klein Doofi mit Plüschohren kennst du doch? – Das ist ein einfältiger, gutgläubiger, ein bißchen doofer Mensch, nicht? – Ja – wie besagte Unschuld vom Lande, nur daß man den Ausdruck nur für ein (Bauern-) Mädchen brauchte.

Doppelehe: eine Doppelehe führen · to live bigamously
... In einem derart ordentlichen Land wie Deutschland dürfte es nicht ganz einfach sein, eine Doppelehe zu führen, mein Guter! Meinst du, du kriegst die Papiere für die zweite Ehe, wenn du die erste nicht auflöst? ...

Doppelgänger: einen Doppelgänger haben · to have a double
Weißt du schon, daß unser Klaus einen Doppelgänger hat? Und zwar hier in München! – Wirklich? – In Pasing wohnt ein Junge, der sieht genau so wie er, aber haargenau!

doppelgleisig: doppelgleisig vorgehen/zu Werke gehen/fahren/... · 1. to adopt a two-pronged approach/strategy/..., 2. to have a bit on the side *coll*
1. ... Das Beste ist vielleicht, wir gehen doppelgleisig vor: wir protestieren in unserem Namen offiziell bei der Stadt gegen die neue Straße und mobilisieren zugleich eine Bürgerbewegung. Wenn der eine Weg nicht zum Ziel führt, dann vielleicht der andere.
2. Ich bin mal gespannt, wie lange es dauert, bis Frau Müller merkt, daß ihr Mann doppelgleisig fährt und nebenher noch eine Geliebte hat.

Doppelleben: ein Doppelleben führen · to lead a double life
... Ja, ja, hier in Stuttgart gibt er sich als treuer Gatte und fürsorglicher Familienvater. Wer weiß schon, daß er Monate im Jahr in Paris wie ein Bohémien lebt? – Du willst also sagen, der Schröder führt ein Doppelleben? – So ist es.

Doppelspiel: (mit jm.)ein Doppelspiel spielen/treiben · to play a double game (with s.o.)
Spielt der Reinhold Habach nicht ein Doppelspiel? In manchen Dingen unterstützt er die Linie der Sozialisten; aber gleichzeitig scheint er mit den Kommunisten gemeinsame Sache zu machen ...

doppelt: doppelt und dreifach aufpassen/sich anstrengen/zubinden/zählen/wiegen/... *ugs* · 1. to double-wrap and pack s.th., 2. to be doubly attentive/..., to be twice as attentive/...
1. Schau dir dies Paket an! Erst mit Klammern zugeheftet, dann zugeklebt und schließlich noch mit einer Schnur gesichert! – Tante Grete war immer so. Sie hat immer alles doppelt und dreifach zugebunden.
2. Für so eine Verhandlung in einer Fremdsprache braucht man sowieso schon viel Konzentration. Aber wenn man dann merkt, daß die einen überlisten wollen, muß man doppelt und dreifach aufpassen, daß einem nichts entgeht.

doppelt gemoppelt *ugs* · + to do s.th. twice over *n*, it's better to be on the safe side
Schau dir dies Paket an! Erst mit Klammern zugeheftet, dann zugeklebt und schließlich mit einer Schnur gesichert! – Tante Grete meint: lieber doppelt gemoppelt als zu schlecht zugebunden.

doppelt gemoppelt hält besser *ugs* · better safe than sorry, it's better to be on the safe side
Schau dir dies Paket an! Erst mit Klammern zugeheftet, dann zugeklebt ... – Tante Grete meint: doppelt gemoppelt hält besser.

doppelt so groß/dick/... (wie etw. anderes) – **noch einmal** so groß/dick/... (wie etw. anderes) · twice as big/wide/... as ...

Dorf: aus/in jedem Dorf einen Hund haben *Skat* · to have an even distribution of cards
... Was, du paßt schon wieder sofort? – Soll' ich dir mal meine Karten zeigen? Aus jedem Dorf einen Hund. Keine vier Karten von einer Farbe. Wie willst du damit spielen?

böhmische Dörfer für jn. **sein** *ugs* · 1. 2. it's all Greek to me/ him/..., it's all double Dutch to me/him/..., 2. it's all Chinese to me/him/...
1. Hast du den Vortrag verstanden? – Nein, nichts. Mathematische Zusammenhänge sind für mich böhmische Dörfer.
2. vgl. – das/etw. ist für jn. **chinesisch**

etw. sind Potemkinsche Dörfer *lit selten* · s.th. is (just) a façade, s.th. is just window-dressing
Bei so vielen neuen Wohnvierteln hat man fast den Eindruck, daß die wirtschaftliche Lage des Landes blendend ist. Leider sind das alles Potemkinsche Dörfer. Die Häuser sind miserabel gebaut, die Leute können sie nicht bezahlen, die allgemeine Lage ist miserabel.

auf/über die Dörfer gehen *ugs selten* · to go all round the houses, to hop around, to jump from one point to a completely different one *para*
Nun bring' doch mal eine Linie in deine Erzählung, Junge. Wenn du so über die Dörfer gehst, versteht man überhaupt nichts mehr. Umständlicher geht's ja gar nicht.

über/auf die Dörfer gehen *Skat* · to lead the side suits
... Du hast doch Trümpfe, Felix! Warum gehst du denn immer über die Dörfer? Wenn du mal diese, mal jene Farbe aufspielst, weiß ich überhaupt gar nicht, wie ich reagieren soll.

Dorn: j./etw. ist jm. **ein Dorn im Auge** · it's/s.th. is a thorn in s.o.'s side, it's/s.th. is a thorn in s.o.'s flesh
Der Reichtum des Nachbarn war ihm ein Dorn im Auge. Das ging schließlich so weit, daß er seinen eigenen Reichtum gar nicht mehr richtig genießen konnte.

dort: etw. tun bis dort hinaus *ugs* · 1. to study/... like mad, to study/... like crazy, 2. to cheat s.o./... time out of number/ again and again *n*/like nobody's business
1. Er hat es doch noch geschafft! Das hätte ich nicht für möglich gehalten! – Er hat in den letzten Wochen aber auch gebüffelt bis dort hinaus. – Gerade einen solchen harten Arbeitsrhythmus hätte ich ihm nicht zugetraut.
2. Der hat mich betrogen bis dort hinaus! Du machst dir gar keine Vorstellung, welche Unehrlichkeiten er sich erlaubt hat! *seltener*

dorthinaus: frech/dreist/(dumm/eingebildet/...) bis dorthinaus · s.o. is lazy/cheeky/stupid/... as they come
... Der Axel ist ein bißchen schwierig in letzter Zeit: der lügt wie gedruckt, ist frech bis dorthinaus, faul wie Mist ... – 'Ein bißchen schwierig' nennst du das?

Dosen: jm. etw. **in kleinen Dosen beibringen/beibiegen/**(erzählen/...) · to administer s.th. in small doses, to break it/the news/... to s.o. gently

Nein, du darfst deinem Vater nicht alles auf einmal erzählen, dann wird er bestimmt nicht zustimmen. Du mußt ihm die Sache in kleinen Dosen beibringen. Erst ... ein paar Tage später ... und dann so allmählich ...

down: (sehr/völlig/ziemlich/...) **down sein** ugs Neol · to be (very/pretty/terribly/...) down

Wie geht's Berta? – Sie ist ziemlich down in letzter Zeit. Der Tod ihres Vaters und dann die unschönen Erbschaftsstreitereien haben sie doch sehr getroffen. Ich hoffe, sie findet ihren alten Lebensmut wieder!

Dragoner: **fluchen/**(schimpfen/...) **wie ein Dragoner** sal veraltend selten – (eher:) fluchen/(schimpfen/...) wie ein **Fuhrmann** · to swear like a trooper

ein richtiger/(wahrer) **Dragoner sein** sal selten Frau · to be a (real/right/right old/...) battle-axe

Ich verstehe überhaupt gar nicht, wie der Erich diese Frau heiraten konnte! Das ist doch ein richtiger Dragoner: wüst, äußerlich wie innerlich, draufgängerisch, ohne jeden Sinn für alles, was Feinheit ist ... Schon wie die da herumkommandiert!

Draht: eine Nachricht/... **per Draht übermitteln/**... form veraltend · to wire (a message/news/...), to cable (a message/news/...)

»Er hat ihm den Text per Draht übermittelt« – so sprach unser Urgroßvater! Er hat sie ihm telegraphisch übermittelt! Oder noch besser: er hat ihm dies oder das telegraphiert!

ein heißer Draht zwischen (Regierungen/...) form Neol · a hotline (between governments/...)

Manche Leute meinen, seitdem es einen heißen Draht zwischen Washington und Moskau gibt, kann kein Atomkrieg mehr ausbrechen. Als ob die Probleme deshalb gelöst wären, weil der Herr Carter und der Herr Breschnew zu jeder Stunde direkt miteinander sprechen können!

auf Draht sein ugs · to be on the ball, to know one's stuff

Sind Sie mit meinem Jungen zufrieden? – Ihr Junge ist auf Draht. Er ist aufgeweckt, versteht, was man ihm sagt, ist vif ... Ich hoffe, er macht so weiter.

heute/gestern/gerade/... (nicht) **auf Draht sein** ugs · (not) to be on the ball today/at the moment/..., (not) to be with it today/at the moment/..., (not) to be on form today/at the moment/...

Der Fritz war gestern nicht auf Draht. So schwach habe ich ihn noch nie Skat spielen sehen. Sonst stellt er sich auf jedes Spiel sofort ein, reagiert blendend, arbeitet mit Finessen ..., aber gestern ...

zu jm. **einen Draht haben** ugs · to have good contacts with s.o. n, to be well in with s.o. n

... Ja, da kann ich Ihnen helfen, ich habe einen Draht zu Herrn Balling. Ein guter Freund von mir ist mit ihm befreundet. Es ist leicht für mich, den Kontakt herzustellen. Ist die Sache eilig? ...

einen guten Draht zu jm. **haben** ugs · to have good contacts with s.o. n

... Wenn du so einen guten Draht zu dem alten Schuckert hast, könntest du doch mal nachfühlen, ob mir die Firma einen Preisnachlaß von 10 bis 15% gewähren kann. Ich selbst kenne da niemanden näher und erreiche daher in solchen Fragen gar nichts.

jn. **auf Draht bringen** ugs selten – jn./etw. in **Schwung** bringen (1) · to put life into s.o./s.th., to galvanise s.o., to liven s.o./s.th. up, to shake s.o./s.th. up

Drahtseilakt: ein (richtiger/...) **Drahtseilakt** (sein) ugs · s.th. is a real/... tightrope act

(Zu Beginn der Arbeit in einem neuen Granitsteinbruch:) Man weiß noch gar nicht genau, was da an brauchbarem Material, was an Krusch erscheint; die Investitionskosten sind gewaltig, genaue Rentabilitätsberechnungen unmöglich. ... Wenn der Hansgert vermögend wäre ... Aber er hat einen Kredit hier, einen anderen da ... Ein richtiger Drahtseilakt! Wenn das mal gutgeht!

Drahtzieher: der **Drahtzieher sein** · to be the brains behind the operation/business/..., to be the people operating behind the scenes

Die Polizei sucht seit Monaten angestrengt danach, wer die Drahtzieher in dem Drogenhandel sind. – Die werden sie wohl kaum finden, denn diese Leute dirigieren ihre Geschäfte bekanntlich sehr geschickt aus dem Hintergrund.

Drall: **einen Drall nach links/rechts haben** ugs · 1. 2. to tend/to veer/to drift/... to the left/right

1. vgl. – einen **Linksdrall** haben

2. vgl. – einen **Rechtsdrall** haben

dran: **dran sein** · to be s.o.'s turn, to be next

Wer ist jetzt dran? – Der Herr dort. Und dann komme ich an die Reihe.

jetzt/dann/wenn .../(dann/...) **ist** j. **dran** ugs · if ..., (then) s.o. is in for it, if ..., (then) s.o. is for the high jump

Wenn du damit auffällst, bist du dran! Betrunken am Steuer, das gibt heute eine saftige Strafe. – Aber erst muß ich auffallen.

gut/schlecht dran sein · 1. s.o. is well-off, s.o. is laughing coll, 2. to be in a bad way, 3. to be badly off

1. Der Paul hat gut reden: der ist gut dran. Er hat eine sichere Stelle, ihm kann nichts passieren. Aber bei uns ist das anders: wir sind nicht in einer so günstigen Lage.

2. Seit sie ihn bei Siemens entlassen haben, ist er schlecht dran. Ich möchte nicht in seiner Haut stecken. Mit drei Kindern, einer kranken Frau – und dann kein ausreichendes Einkommen.

3. Finanziell ist er schlecht dran, aber gesundheitlich geht es ihm gut.

..., **da ist/war alles dran** ugs · 1. 2. it's unbelievable/incredible/fantastic/...

1. Meine Mutter ist eine Köchin, da ist alles dran! Wenn sie Zeit genug hat, zaubert sie ein Essen auf den Tisch, wie du es sonst nirgends bekommst.

2. Du kannst lügen, da ist alles dran! Nie habe ich einen so dreisten Lügner gesehen!

arm dran sein ugs · 1. to be in a bad way, 2. to be in for it, to be for the high jump

1. vgl. – (eher:) gut/schlecht **dran** sein (2)

2. vgl. – (eher:) (aber) (schön) dumm **dran** sein (mit jm./etw.)

(aber) **(schön) dumm dran sein** (mit jm./etw.) ugs · to be in for it, to be for the high jump

Er hat im Büro verbreitet, der Chef wäre homosexuell, und der Chef hat von dieser Verleumdung Wind bekommen. Jetzt ist er dumm dran! Er muß damit rechnen, an die frische Luft gesetzt zu werden.

an Gerüchten/Behauptungen/... **ist etwas/nichts/**(...) **dran** · 1. 2. there is something in rumours/claims/..., there is some/no truth in rumours/claims/..., 2. there's nothing in it

1. Seit Monaten spricht man davon, daß diese Sendestation aufgelöst werden soll. Offiziell ist noch nichts gesagt worden; aber etwas muß an dem Gerücht schon dran sein.

2. Alle Leute behaupten, er sei homosexuell. Aber da ist nichts dran. Ich bin seit zehn Jahren eng mit ihm befreundet und kann dir sagen: alle diese Behauptungen sind reine Erfindungen.

an einer Frau/(einem Mädchen) **ist etwas/nichts dran** sal · 1. s.o. is nothing but skin and bones, 2. to have some/a bit of meat on her/...

1. Wie kann er sich nur in diese Frau verlieben? An der ist doch nichts dran. Das ist doch ein richtiges Gerippe!

2. Er meint, an einer Frau muß etwas dran sein. Dick und fett soll sie natürlich nicht gerade sein – aber auch nicht so mager, daß man andauernd die Knochen fühlt. Formen müßten schon da sein ...

an jm. **ist nichts dran** sal – dünn wie ein **Strich** sein (1) · to be as thin as a rake

an einem Huhn/... **ist nichts dran** ugs · there is no meat on it/the chicken/...

(In einem Restaurant:) Ich dachte, wir hätten ein Hähnchen bestellt und nicht einen Knochen! An diesem Ding ist ja nichts dran! – Die fördern hier unsere Abmagerungskur.

schlimm dran sein *ugs* · 1. to be in a bad way, to be badly off, 2. to be in for it, to be for the high jump

1. vgl. – gut/schlecht **dran** sein (2, 3)
2. vgl. – (eher:) (aber) (schön) dumm **dran** sein (mit jm./etw.)

übel dran sein *ugs* – (aber) (schön) dumm **dran** sein (mit jm./etw.) · to be in for it, to be for the high jump

(nicht) **wissen**/(nicht mehr) verstehen/..., **wo man mit** jm./ (etw.) **dran ist**/(bei jm./etw. dran ist) · 1. (not) to know where one is with s.o., 2. (not) to know what to think of s.o., (not) to know what to make of s.o.

1. Jetzt kenne ich den Bernd doch schon über zehn Jahre und weiß immer noch nicht, wo ich mit ihm dran bin/woran ich mit ihm bin! Wenn mich jemand fragen würde: nach welchen Kriterien lebt der Bernd, was ist letztlich von ihm zu halten – ich müßte antworten: ich habe es immer noch nicht begriffen.
2. Seine Aussagen zu der Sache sind sehr widersprüchlich. Erst sagte er, er hätte alles gesehen, dann, seine Freundin hätte es genau beobachtet und ihm sofort erzählt ... Ich weiß nicht mehr, wo ich mit ihm dran bin.

wenn j. **einmal dran ist** (zu reden/...), (dann hört er nicht mehr auf/findet er kein Ende mehr/...) · 1. 2. once s.o. gets going/starts talking/..., he can't stop

1. Meine Güte, der redet jetzt schon mehr als 50 Minuten. – Das ist noch nicht viel! Wenn er einmal dran ist, hört er nicht mehr auf. Auf zwei Stunden Redezeit mußt du dich schon einstellen.
2. Wenn er einmal dran ist zu übersetzen, findet er kein Ende mehr. Es kostet ihn eine gewisse Überwindung, sich an den Tisch zu setzen und anzufangen – aber dann ...

... und wenn wir schon einmal/mal dran sind, ... · 1. 2. ... and while we're on the subject ..., ... and while we're at it ...

1. (In einer Unterhaltung, ein Bruder zum andern:) ... Und wenn wir schon mal dran sind: was mir bei der ganzen Sache auch nicht gefallen hat, das ist die Tatsache, daß ...
2. (Bei einer Erbschaftsregelung:) ... Und das Haus am Meer? Sollen wir auch darüber sprechen heute? – Wenn wir schon mal dran sind, könnten wir eigentlich alles regeln. Dann haben wir die ganze Geschichte erledigt.

daran/... gibt's (doch) (gar) **kein Dran-vorbei** *ugs* – an etw. führt kein **Weg** vorbei/daran führt kein Weg vorbei/da führt kein Weg dran vorbei · there is no getting round it, there is no getting away from it

Drang: im Drang der Ereignisse untergehen/... *path selten* – im **Strudel** der Ereignisse untergehen/... · to be lost/to go unnoticed/... in the whirlpool of events

einem Drang nachgeben/einen Drang befriedigen *euphem* · to follow the call of nature, to obey a natural urge

... Warte einen Moment, ich muß mal einem Drang nachgeben! – Ich komm' mit, ich muß auch auf die Toilette.

(vielleicht/...) **einen Drang verspüren** *euphem* · to feel an/ the urge, to have to go

Ich hab'/verspüre vielleicht einen Drang! Ich muß echt dringend auf die Toilette!

drangeben: etw. **drangeben** · to give s.th. up

Schon wegen des anderen Alphabets ist Russisch im Anfang sehr schwer. Aber jetzt hast du schon eine Reihe Stunden hinter dir, ich würde das jetzt nicht drangeben. Du wirst sehen, das wird nachher leichter. Ich würde durchhalten an deiner Stelle.

drangehen: an etw. **drangehen** *ugs* – etw./die Sache/.../(die Leitung/...) (selbst/...) in die **Hand** nehmen (1) · to take matters in hand oneself, to get down to s.th. oneself

dranhalten: sich **dranhalten** (müssen, wenn ...) *ugs* · 1. to keep going, to keep at it, 2. to get a move on, to stick at it/ s.th., to keep plugging away at s.th.

1. Jetzt heult die Kleine doch schon fast eine Stunde! Die hält sich dran! – Wenn sie mal anfängt, hört sie nicht mehr auf. Das kennen wir schon.
2. Wenn du bis zum Abgabetermin fertig werden willst, mußt du dich dranhalten! Dann darfst du keine Stunde mehr verschenken!

drankommen: **drankommen** · 1. to be s.o.'s turn, 2. s.o.'s turn will come, 3. to get the chance to answer/to be chosen/..., 4. to come up, to be set

1. Wer kommt jetzt dran? – Jetzt bin ich an der Reihe. – Und dann? – Dann ist der Herr dort dran. Er kam direkt nach mir herein.
2. Ja, jetzt reiß dich mal schön zusammen, jetzt geht's in die Prüfung! – Mach dich nur nicht zu früh lustig! Du kommst auch noch dran!
3. Der Andreas kommt immer dran, wenn er sich meldet. Mich ignoriert der Lehrer immer. *Schule*
4. (Schüler:) Was kommt denn in der nächsten Arbeit dran? – (Lehrer:) Ich werde mich auf die in den letzten Wochen besprochenen Dinge beschränken. Die Arbeit ist auf jeden Fall machbar. *Schule*

drankriegen: jn. **drankriegen** (mit etw.) *ugs* · 1. to fool s.o. n, to take s.o. in, 2. to trick s.o. n, to catch s.o. out, 3. to catch s.o., to nab s.o. *sl*

1. Dieser Bettler versteht es, die Leute dranzukriegen. Jeden Morgen erscheint er hier mit Krücken – obwohl er blendend laufen kann –, stellt ein elendes Gesicht zur Schau, gestikuliert, als liege er im Sterben ... Es kostet einen eine enorme Selbstüberwindung, an dem Mann vorbeizugehen, ohne ihm etwas zu geben.
2. Die Klasse versucht dauernd, den Religionslehrer dranzukriegen. Gestern stellten sie ganz harmlos die Frage, welche Beweise es denn dafür gebe, daß alle Menschen von Adam und Eva abstammten. Und als der Mann erklärt, von naturwissenschaftlichen Beweisen könne man dabei nicht reden, bemerken sie ganz ironisch: aber danach sei leider gefragt worden. Klar, daß der Mann sich auf den Arm genommen fühlen muß!
3. (Kommissar Meier:) Der Gudowski wurde zwar diesmal mangels Beweisen freigesprochen. Aber den werde ich schon noch drankriegen. Irgendwann erwisch' ich ihn auf frischer Tat.

dranlassen: jn. **dranlassen** · 1. 2. to let s.o. have a go, 2. to let s.o. go first (in queue etc.), 3. to let s.o. have a chance, to give s.o. a chance

1. Komm', jetzt spielst du seit 20 Minuten an diesem Spielautomaten, jetzt laß die andern auch mal dran! Die haben den Apparat doch nicht nur für dich hierhin gestellt! – Noch ein Mal, dann kommt ihr dran.
2. Könnten Sie mich schon einmal dranlassen? Ich bin sehr eilig. – Tut mir leid, ich bin auch sehr eilig. Ich bin aber schnell fertig. Sie sind also gleich an der Reihe/dran.
3. Ach, in diesen Parteien hast du gar keine Chance, etwas zu erreichen! Die, die sind, lassen doch keinen dran, und schon gar keinen, der anders denkt als sie. – So negativ sehe ich das nicht. Es haben sich doch schon viele durchgestzt, die zunächst zurückgedrängt wurden.

dranmachen: sich **dranmachen**, etw. zu tun/(sich an etw. dranmachen) – sich daran **machen**, etw. zu tun/sich an etw. machen (1; a. 2) · to get down to (doing) s.th., to get down to it

drannehmen: jn. **drannehmen** · 1. to serve s.o., to let s.o. go next, to see to s.o., 2. to pick on s.o.

1. (In einem kleinen Geschäft, ein älterer Herr zu der Verkäuferin:) Wäre es möglich, daß Sie mich vorher drannehmen? Ich bin sehr eilig. – Wenn keiner der anderen Kunden etwas dagegen hat ...
2. (Ein Schüler zu einem anderen:) Jedes Mal, wenn ich nicht vorbereitet bin, nimmt mich der Schlosser dran. Ich weiß nicht, wie der das merkt.

dransetzen: alles **dransetzen**/(daransetzen) (etw. zu erreichen/...) · 1. 2. to give it everything one has got, to put everything one has got into doing s.th., to do one's level best to achieve/... s.th.

1. Wenn du alles dransetzt, kannst du die Hürde vielleicht noch nehmen. Aber wirklich nur, wenn du keine Anstrengung scheust.
2. Die Lage schien fast aussichtslos. Aber er hat alles drangesetzt – Zeit, Energie, Geld, an nichts wurde gespart – und er hat es geschafft.

dransten: jetzt/dann/wenn ... (dann/...) **ist** j. **am dransten** *sal iron* – jetzt/dann/wenn .../(dann/...) **ist** j. **dran** · if ..., s.o. is really for it, if ..., s.o. is really for the high jump

drauf: immer feste drauf!/(druff) *ugs* · let him have it!, get stuck in!

Gestern kommt unser Großvater auf einem Morgenspaziergang in einem Arbeiterviertel an einem Haus vorbei, wo die Frau – bei halboffenem Fenster! – den Besen schwingt, um ihren Mann zu schlagen. Und weißt du, was der alte Mann tut?: Er stößt das Fenster ganz weit auf und sagt: »Immer feste drauf! Was der Mensch braucht, muß er haben!«

wirklich/richtig/... **gut**/schlecht/... **drauf sein** *ugs* · 1. 2. 3. 4. to be (really/...) on form, to be in a (really/...) good mood *n*, 2. 3. 4. to be in (really/...) good form/spirits *n*

1. Wenn er gut drauf ist, kannst du dich mit ihm blendend unterhalten und die besten Geschäfte machen. Aber wehe, wenn er schlecht gelaunt ist; dann ist er unausstehlich.

2. Der Peter ist echt gut drauf. Er ist immer freundlich und ausgeglichen. Ich hab' noch nie erlebt, daß er schlechte Laune gehabt hätte.

3. ... Heute bin ich richtig gut drauf. Heute morgen hab ich mein Diplomzeugnis abgeholt. Als Gesamtnote habe ich eine 'Zwei'; das macht echt Laune.

4. ... Der Alex war gestern abend wieder richtig gut drauf. – Kein Wunder, er hatte ja auch schon einige Bierchen intus.

... **km**/(...) **drauf haben** *ugs* · 1. to be doing ... kms/... per hour, 2. + there are ... kms/miles/... on the clock

1. Wieviel hattest du denn drauf, als die Polizei dich anhielt? – So 90, vielleicht auch 100. – An der Stelle darf man aber nur 60 fahren!

2. Wieviel hat der Wagen drauf? – Der Tacho hat 150.000 drauf, der Motor 70.000 – es ist der zweite Motor. – Für einen Opelmotor ist das nichts.

etw. **drauf haben** *ugs Musik o. ä.* · to know s.th. by heart, to have s.th. off pat

Hast du dir schon mal überlegt, was es heißt, ständig 30, 40 Sonaten, ein paar Konzerte und was weiß ich noch draufzuhaben? Allein die Gedächtnisleistung, die so ein Pianist vollbringt, ist zu bewundern. – Hat der Kurt ständig so ein großes Repertoire?

nichts drauf haben *ugs* · to have no idea, not to have a clue

... Wie kann so ein Mann, der absolut nichts drauf hat, an der Uni unterrichten? Der wäre doch schon als Gymnasiallehrer überfordert.

drauf und dran sein, etw. zu tun *ugs* · 1. 2. to be just about to do s.th., 1. to be on the verge of doing s.th.

1. Ich war drauf und dran, ihm eine zu knallen, als er mir wieder mit diesem ironischen Ton kam. Aber im letzten Moment habe ich mich dann doch beherrscht.

2. Gestern war ich drauf und dran, dich zu besuchen. Aber dann kam unser Onkel Richard, und ich bin schließlich doch zu Hause geblieben.

draufbekommen: eins draufbekommen *ugs* – (eher:) eins **draufkriegen** (1, 2; u. U. 3) · to get a smack, to get thrashed, to get a thrashing, to get massacred, to get a good talking-to, to get a right bollocking, to get a right/proper ticking off

draufgeben: jm. **eins draufgeben** *ugs* – jm. eins drauf **geben** · to give s.o. one, to take s.o. down a peg or two

draufgehen: draufgehen (für etw./bei etw.) *ugs* · 1. to go on s.th., 2. to bust, to get broken *n*, to get busted, 3. to be killed *n*, to snuff it *sl*

1. Wieviel Geld ist für eure Reise nach Israel draufgegangen? – Um die 7.000,– Mark haben wir bestimmt ausgegeben. *ugs*

2. Wir haben den Stein in der Tat da weggekriegt. Aber mehrere Meißel, ein paar Schüppen und andere Werkzeuge sind dabei draufgegangen. – Sie sind völlig hin? *ugs*

3. Bei der letzten Schlacht sind mehrere Divisionen draufgegangen. – Wie? Ihr habt Tausende von Leuten verloren! *sal*

draufhaben: allerhand/etwas/viel/... **draufhaben** *ugs* · to really know one's stuff, to really know what one is talking about

Unser Geschichtslehrer hat wirklich was drauf! – Woran merkst du das? – Den kannst du fragen, wonach du willst, der gibt dir immer eine präzise Antwort. Und der sieht die Dinge im Zusammenhang! Ein Mann, der etwas weiß, und ein intelligenter Kopf!

das/etw. **gut**/schlecht/nicht/... **draufhaben** *ugs* · to be really good/... at s.th., to be shit-hot at s.th.

Das Skifahren hat der Herbert echt gut drauf. Wenn er es darauf anlegt, fährt er uns allen davon.

draufhalten: (auf jn./etw.) **draufhalten** *ugs* · to aim at s.o./s.th.

(Ein Zeuge zu einem Banküberfall:) Von den vier Eindringlingen zogen drei eine Pistole, schrien 'Hände hoch!' und hielten drauf – der eine auf den Kassierer, die beiden anderen auf die übrigen Angestellten und auf die Kunden. Währenddessen räumte der vierte die Kasse.

draufhauen: (mal richtig/...) **einen draufhauen** *ugs* · to go on a binge, to go on the razzle

So hin und wieder hat er das Bedürfnis, mal richtig einen draufzuhauen. – Bei seiner aufreibenden Arbeit tut es ihm nur gut, von Zeit zu Zeit mal anständig zu feiern. – Aber es könnte weniger wüst sein, mit weniger Alkohol ...

draufkriegen: eins draufkriegen *ugs* · 1. to get a smack, 2. to get thrashed, to get a thrashing, to get massacred, 3. to get a good talking-to, to get a right bollocking, to get a right/proper ticking off

1. Wenn du jetzt nicht mit dem Blödsinn aufhörst, kriegst du eins drauf. – Wodrauf, Mama? Auf den Kopf? Auf den Hintern? – Paß bloß auf! Das wirst du gleich merken!

2. Die haben vielleicht eins draufgekriegt! – Wieviel haben sie denn verloren? – 6 : 0! *seltener*

3. vgl. – (eher:) eins aufs **Dach** kriegen/(bekommen)

drauflegen: ein paar hundert Mark/... **drauflegen** *ugs* · to lay out an extra 100 DM/..., to fork out an extra 100 DM/...

Hat der Kredit für die Investitionen, die du da für den Granitabbau machen mußtest, gereicht? – Nein. Wir mußten noch rund 25.000,– Mark drauflegen.

drauflos: (nur) **immer feste**/munter/(frisch) **drauflos!** *ugs* – (eher:) immer feste **drauf!**/(druff) · get stuck in!, let him/... have it!, go to it!

(einfach) **drauflos** reden/schreiben/fahren/handeln/... · 1. to (just) start talking/writing/... without thinking, to talk/write/... away, 2. to (just) set off

1. Du mußt bei deinen Klassenaufsätzen nicht einfach drauflos schreiben, sondern erst überlegen, worauf du hinaus willst und wie du die Gedankenführung am besten auf dieses Ziel hin anlegst.

2. Er fährt einmal wieder einfach drauflos, statt zuerst auf der Karte die beste Route auszusuchen!

drauflosmachen: einen drauflosmachen *ugs selten* – einen drauflos **machen** · to live it up, to go on a binge, to go on a spree, to have a good time

draufmachen: (mal richtig/...) **einen draufmachen** *ugs selten* – (mal richtig/...) einen **draufhauen** · to go on a binge, to go on the razzle

draufsatteln: noch fünfzehn Prozent/ein paar Sondervergünstigungen/... **draufsatteln** *ugs* · to add 15 per cent/..., to throw in an extra 15 per cent/...

... Der Kloos ist mal wieder in Spendierlaune. Die Belegschaft hatte um eine Sonderzulage von 100,– Mark gebeten; er hat von sich aus noch 50,– Mark draufgesattelt.

draufsetzen: jn. **draufsetzen** · to let s.o. down, to stand s.o. up *coll*

Sie hatte doch fest versprochen, heute morgen zu kommen. Jetzt ist es schon 12 Uhr, und sie ist noch nicht da. – Das ist schon das vierte Mal, daß sie uns draufsetzt. Eine Putzfrau, die zu den vereinbarten Terminen nicht kommt, kann man nicht gebrauchen.

noch einen draufsetzen *ugs selten* · to go one better *n*, to go one step further *n*, to go further *n*

(Eine Frau zu ihrem Mann nach einer scharfen Auseinandersetzung, die er mit einem politischen Rivalen hatte:) Du hattest den Püschel mit ein paar blendenden ironischen Attacken doch schon ganz in der Defensive. War es da nötig, noch einen draufzusetzen und den Mann völlig lächerlich zu machen?

draufzahlen: (bei etw.) **draufzahlen** · to lose money on s.th., to lay out more/extra/... on s.th., to have to fork out/pay/... more than one received for s.th.

... Du hast bei dem Geschäft keinen Pfennig verdient? – Schlimmer als das, Erich – ich hab' dabei draufgezahlt. – Soll ich das glauben?

Drauskommen: sein **Drauskommen** haben *österr* – sein **Auskommen** haben · to (be able to) make a living

Dreck: kümmer' dich/kümmert euch/... um deinen/um euren/... eigenen **Dreck** *sal* – j. soll sich um seinen eigenen **Dreck** kümmern (kümmer' dich/kümmert euch/... um deinen/euren/... eigenen Dreck!) · mind your own business!

ein **Dreck** sein *sal* · 1. 2. to be the lowest of the low, 1. to be the scum of the earth/riff-raff/..., 2. to be as low as one can get, to be lower than the snake's armpits
1. vgl. – (eher:) zum **Abschaum** der Menschheit gehören
2. vgl. – (eher:) der letzte **Dreck** (sein) (2)

gegen etw./im Vergleich zu etw./... ein **Dreck** sein *vulg* · to be rubbish/worthless/nothing/... compared to ... *coll*
Der Rüdiger gibt immer so mit seinen Büchern an, mit ihrem Wert ... Gegen Kais Steinsammlung sind sie ein Dreck.

frech wie **Dreck** sein *sal* · to be a cheeky little monkey, to be a cheeky little pup, to be a cheeky so-and-so
Seitdem der Junge mit den beiden Walters umgeht, ist er frech wie Dreck. Ein Schuß Frechheit gehört zum Alter, gut, aber bei ihm geht es zu weit!

der letzte **Dreck** (sein) *sal* · 1. 2. to be the lowest of the low/..., to be as low as one can get, 1. to be the pits, 2. to be lower than the snake's armpits, to be the scum of the earth/riff-raff/...
1. Die Zeitschriften heute, polterte sie plötzlich los, das ist doch der letzte Dreck! – Nun übertreib' mal nicht, antwortete ihr Mann, es gibt auch eine ganze Reihe Zeitschriften, die wertvoll und sauber sind.
2. vgl. – zum **Abschaum** der Menschheit gehören

sich vorkommen/(fühlen) wie der letzte **Dreck** *sal* – *path* · 1. to feel/... absolutely filthy *coll*, 2. to feel like dirt, to feel like the lowest of the low
1. Ich brauche jetzt erstmal eine Dusche. Ich fühle mich wie der letzte Dreck. Zwei Stunden Holz hacken ist ganz schön schweißtreibend.
2. »In diesem unserem Lande«, erklärte er pathetisch, »fühlt man sich bei einer 'ganz normalen Verkehrskontrolle' manchmal wie der letzte Dreck. Die Herren Ordnungshüter behandeln unbescholtene Bürger bisweilen wie Schwerverbrecher«.

j. ist (doch/...) der letzte **Dreck** für jn. *sal* · to be (nothing but) the lowest of the low (in s.o.'s eyes/opinion/...), to be (nothing but) scum (in s.o.'s eyes/opinion/...)
... Ach, die Arbeiter sind doch für diese Leute bei Schuckert der letzte Dreck! Sklaven – nicht mehr und nicht weniger!

für/(um) jeden **Dreck** *sal* – für **alles** und für nichts · for nothing at all, for no reason at all

jeden **Dreck** behandeln/diskutieren/... *sal* · to discuss/... every little thing/every trifle/... *coll*
Der Ernst beschäftigt sich aber auch mit jedem Dreck! Egal, was auf ihn zukommt, er hält sich damit auf!

mach' deinen/macht euren/... **Dreck** alleine *sal* – du kannst deinen/er kann seinen/... **Dreck** alleine machen · you can/he can/... do it your/... (bloody) self

etw. geht jn. einen **Dreck** an *sal* · it's/that's/... got nothing to do with s.o. *coll*, it's none of s.o.'s damned business
Kümmere dich gefälligst um deine eigenen Angelegenheiten! Was ich in meiner Freizeit tu, das geht dich einen Dreck an! Damit hast du nicht das Geringste zu tun.

sich über jeden **Dreck** ärgern/aufregen/... *sal* · to get worked up/to get annoyed/to make a fuss/... about every piddling little thing
Du ärgerst dich in letzter Zeit aber auch über jeden Dreck. Das ist kein gutes Zeichen. Du solltest mal etwas ausspannen.

den alten **Dreck** aufrühren *sal* · to rake up the old muck, to drag up the old dirt
Ach, bitte, bleib' mir mit dieser alten Geschichte vom Hals! Ich habe es satt, immer wieder den alten Dreck aufzurühren.

Dreck in den Augen haben *ugs selten* – **Knöpfe** auf/(vor) den Augen haben · to be blind

jn. wie (den letzten) **Dreck** behandeln *sal* · to treat s.o. like dirt
Bei Schuckert und Co. behandeln sie die Angestellten wie den letzten Dreck. Ohne die mindeste Achtung, ohne die geringste Rücksichtnahme.

jn. mit **Dreck** bewerfen *sal* – (eher:) jn./etw. in/(durch) den **Dreck** ziehen (2; a. 1) · to drag s.th./s.o.'s name through the mud

einen **Dreck** danach fragen, ob ... *sal* · I/he/John/... don't/... give a damn if/whether ... *coll*
Ist denn die Uschi auch für deine Reise? – Ich frage einen Dreck danach, ob die Uschi dafür oder dagegen ist. Was hat die denn damit zu tun? Sie interessiert sich doch auch nicht im geringsten dafür, ob ich für oder gegen ihren Winterurlaub in Grenoble bin.

es scheint/..., j. hat **Dreck** in den Händen/(**Dreck** in den Händen haben) *sal selten* · s.o. seems/... to be a real butterfingers *coll*
Verflucht nochmal, es scheint, ich habe heute Dreck in den Händen. Jetzt laß ich doch schon den dritten Teller fallen/jetzt hau ich doch schon den vierten Nagel krumm.

aus dem ärgsten/gröbsten/schlimmsten **Dreck** herauskommen *ugs* · to get over the worst, to get through the worst
Papa, fahren wir im Sommer nach Griechenland? – Erst müssen wir hier aus dem ärgsten Dreck herauskommen, mein Junge. Wenn ich die schwierige und unangenehme Aufbauphase der Firma hinter mir habe, dann fahren wir nach Griechenland.

aus dem ärgsten/gröbsten/schlimmsten **Dreck** heraussein *ugs* · to be nearly out of the wood, to be over the worst
Geht's mit Gerds Firma besser? – Ja. Die Aufbauphase war sehr schwierig und sehr unangenehm. Aber inzwischen ist er aus dem ärgsten Dreck heraus. Noch ein, höchstens zwei Jahre, und er hat eine solide Grundlage für die Zukunft.

vor **Dreck** kleben *Kleidung ugs* – vor **Dreck** stehen · to be filthy, to be stiff with dirt

sich einen **Dreck** um jn./etw. kümmern *sal* · not to care a damn about s.o./s.th. *coll*, not to give a stuff/two hoots/... about s.o./s.th.
Läßt er seine Eltern denn in so einer schwierigen Lage einfach allein? – Der? Der kümmert sich einen Dreck um seine Eltern. Was mit ihnen geschieht, ist ihm völlig gleichgültig.

j. soll sich um seinen eigenen **Dreck** kümmern (kümmer' dich/kümmert euch/... um deinen/euren/... eigenen Dreck!) *sal* · s.o. should/... mind his own business (mind your own business) *coll*
Dein Junge sollte ... – Was mein Junge sollte oder nicht sollte, ist meine Sache und nicht deine, klar? Kümmer' dich gefälligst um deinen eigenen Dreck – zum Beispiel darum, wie deine Kinder sich verhalten, und steck' deine Nase nicht ständig in Dinge, die dich nichts angehen.

sich um jeden **Dreck** kümmern *sal* · to fuss/to worry/... about every trifle *coll*, to fuss/to worry/... about every little thing *coll*
Das beflissene Getue unseres Vizedirektors geht mir gehörig auf die Nerven. Er kümmert sich um jeden Dreck, versteht aber von nichts was.

sich um jeden **Dreck** selbst kümmern (müssen) *sal* · 1. 2. to (have to) deal with every piddling little thing oneself, to (have to) do every piddling little thing oneself
1. Die telephonischen Dinge könnte doch jetzt seine Sekretärin erledigen. – Seine Sekretärin? Du kennst den Wolf nicht! Der kümmert sich um jeden Dreck selbst.

2.In diesem Laden muß man sich um jeden Dreck selbst kümmern. Kein Mensch setzt sich hier dafür ein, daß die Dinge vernünftig laufen!

sich einen Dreck aus etw. **machen** *sal* · not to care a damn about s.o./s.th. *coll*, not to give a stuff about s.o./s.th. *coll*

Der Ernst? Der verbringt ganze Nächte in Bars und Wirtshäusern und macht sich einen Dreck aus seinem Studium und den Sorgen seiner Eltern. – Das glaub' ich. Für seine Eltern hat er noch nie das Geringste übrig gehabt.

du kannst deinen/er kann seinen/... Dreck alleine machen! *sal* · you can/he can/... do it your/... (bloody) self

Du Idiot, wenn du ... – Paß auf, Fritz, diesen Ton erlaube ich nicht! Wenn du diesen Ton nochmal anschlägst, kannst du deinen Dreck alleine machen! – Dann hau' doch ab, wenn du willst! Oder meinst du, ich wäre auf deine Hilfe hier angewiesen?

du hast wohl/er hat wohl/... Dreck in den Ohren? *sal* · are you/is he/... deaf, or what?

Karin ... Karin! ... Karin!! Verflixt nochmal! Du hast wohl Dreck in den Ohren, was?! Jetzt rufe ich dich zum dritten Mal auf, und du hörst nicht!

sich einen Dreck scheren um jn./etw. *sal* – sich einen **Dreck** um jn./etw. kümmern · not to care a damn about s.o./s.th., not to give a stuff about s.o./s.th.

jn. **wie Dreck am Schuh behandeln** *sal selten* – jn. wie (den letzten) **Dreck** behandeln · to treat s.o. like dirt

(ganz schön/...) **im Dreck sitzen** *ugs* – (ganz schön/...) im **Dreck** stecken · to be up shit creek, to be in a (right/real/...) mess

voll/(voller) Dreck und Speck *ugs path* · to be filthy, to be unwashed, to be stiff with dirt

Wie kann man denn so eine Hose anziehen, voller Dreck und Speck? ... – So dreckig ist die doch gar nicht, Mutter! – Nein, sie ist blitzblank. Schau mal hier, und hier ...!

durch Dreck und Speck mit jm. **gehen** *ugs path selten* – durch dick und dünn mit jm. **gehen** · to go through thick and thin with s.o.

vor Dreck und Speck stehen *ugs path selten* – vor **Dreck** stehen · to be filthy, to be stiff with dirt

vor Dreck starren *path selten* · to be stiff with dirt, to be absolutely filthy

... Wie siehst du denn aus, Albert?! Du starrst ja förmlich vor Dreck! – Der Wagen ist auf dem Waldweg da drüben im Schlamm steckengeblieben. Wir mußten ihn mehr oder weniger herausbuddeln ...

(ganz schön/...) **im Dreck stecken/(sitzen)** *ugs* · 1. 2. to be up shit creek *sl*, to be in a (right/real/...) mess

1. ... Die ganze Ware ist unterwegs verdorben. Ein Millionenschaden. Jetzt stecken wir im Dreck. Ich hoffe nur, daß unser Chef nicht Konkurs anmelden muß.

2. Dieser Fehlschlag hat uns gerade noch gefehlt. Jetzt stecken wir ganz schön im Dreck.

Dreck am Stecken haben *ugs* · to have a skeleton in the cupboard, to have blotted one's copybook

Der Dannhäuser ist so vorsichtig, hat eine solche Angst vor Kontrollen! – Klar; er hat Dreck am Stecken. Es weiß doch jeder, daß er sich schon mehrere schwere Vergehen hat zuschulden kommen lassen ...

vor Dreck stehen *Hose/Anzug/Kleidung/...* *ugs* · to be filthy, to be stiff with dirt

Du hättest unsere Kinder sehen sollen, als sie vom Spielen kamen! Ihre Kleider standen vor Dreck. So schmieriges Kleidungszeug habe ich seit Monaten nicht gesehen!

jn. **wie Dreck am Stiefel behandeln** *sal* – (eher:) jn. wie (den letzten) **Dreck** behandeln · to treat s.o. like dirt

sich an jedem Dreck stoßen *sal* · to find fault with every trifle/every little thing/... *coll*

Weil eine Zeile falsch ausgefüllt war, muß ich alle Formulare nochmal ausfüllen. – Diese Bürokraten hier stoßen sich an jedem Dreck.

einen Dreck von etw. **verstehen** *sal* · not to know a thing about s.th., not to have a clue about s.th., to know fuck-all about s.th. *vulg*

Mach'dich doch nicht so wichtig! Von der Sache verstehst du doch einen Dreck!

einen Dreck wert sein *sal* – nicht die **Bohne** wert sein (4, 3; a. 2) · not to be worth a light

im Dreck wühlen *ugs* – (eher:) im **Schmutz** wühlen · to rake up the dirt, to stir shit *sl*

jn./etw. **in/durch den Dreck zerren** *ugs* – jn./etw. in/(durch) den **Dreck** ziehen (2, 3; a. 1) · to drag s.th./s.o.'s name through the mud

jn. **aus dem Dreck ziehen** *ugs* – jn. aus der **Patsche** ziehen (2; u.U. 1) · to help s.o. out, to get s.o. out of trouble, to help/to get/... s.o. out of a tight spot

jn./etw. **in/(durch) den Dreck ziehen** *ugs* · 1. 2. to drag s.th./s.o.'s name through the mud

1. Der muß die Leute aber auch immer in den Dreck ziehen! Er ist nicht in der Lage, bei irgendjemand Anstand und Ehrenhaftigkeit anzuerkennen oder vorauszusetzen. Er muß einfach jeden schlecht machen.

2. Auch – und gerade! – über die Liebe, meine jungen Freunde, kann man anständig sprechen! Wer wird denn hier diese Dinge in den Dreck ziehen?

Dreckeimer: strahlen wie ein frischgeputzter Dreckeimer *ugs selten* – über alle vier **Backen** strahlen · to be all smiles, to beam all over one's face

dreckig: dreckig und speckig sein *ugs path* – vor **Dreck** stehen · to be filthy, to be stiff with dirt

Dreckschleuder: eine Dreckschleuder sein *sal* · 1. to be a real backbiter, 2. + to belch out/to dump/... filth *coll*, to be a terrible/... polluter *n*

1. ... Diese Bettina kann nichts anderes als kritisieren, lästern, verleumden! Eine elende Dreckschleuder ist das!

2. Dieses alte Kohlekraftwerk ist eine richtige Dreckschleuder. Was diese Anlage an Rauch ausstößt, ist unglaublich.

eine Dreckschleuder haben *sal selten* – ein grobes/ungewaschenes/(schandbares) **Maul** haben · to be foul-mouthed, to use foul language

Dreh: um den Dreh *ugs* · about 500/..., roughly 500/..., 500/... at a rough estimate

... Und wieviel Autos werden die im Schnitt in der Woche produzieren? 500? – Genau weiß ich das nicht. Aber so um den Dreh dürfte es sein.

den Dreh finden *ugs* – den (richtigen) **Dreh** herauskriegen/rauskriegen/(herausbekommen)/auf/hinter den (richtigen) Dreh kommen · to get the knack of s.th., to find out how to do s.th., to get the hang of it

den richtigen/(rechten) Dreh finden *ugs* · to get the knack of (doing) s.th., to get the hang of it

Der Otto arbeitet erst drei Wochen als Vertreter und muß deshalb noch den richtigen Dreh finden, wie er den Leuten am besten die Artikel schmackhaft macht. Bisher ist er ziemlich unbeholfen.

e-r S. **einen Dreh geben** *ugs* · to wangle s.th.

Vorgestern sagtest du mir doch noch, die Unterlagen seien nicht einwandfrei! – Ich weiß nicht, welchen Dreh der Alfons der Sache gegeben hat: jedenfalls sind heute plötzlich alle der Meinung, die Unterlagen seien durchaus ausreichend.

e-r S. **den richtigen/(rechten) Dreh geben** *ugs* · to know how to go about it/s.th., to know the right way of going about things, to go about it in the right way

Wenn man den Dingen den richtigen Dreh zu geben versteht, kann man in diesem herrlichen Ländchen alles erreichen.

auf den Dreh wäre j. **nicht gekommen** *ugs* · I/he/... would never have hit on that idea, I/he/... would never have thought of that one *n*

Wie hat der Braubach das denn hingekriegt, daß sein Geschäft eine Stunde länger auf sein darf als alle anderen? – Er hat damit argumentiert, in seinem Viertel wohnten die meisten Ausländer, die hätten einen späteren Tagesrhythmus ... – Auf den Dreh wäre ich nicht gekommen.

den (richtigen) **Dreh** (fein) **heraushaben/**(weghaben) (wie man etw. macht) *ugs* · 1. 2. to have (got) the knack of doing s. th.

1. Wie stellst du den Apparat ein ...? – Paß auf, ich erkläre es dir. Es ist zwar nicht ganz einfach, aber wenn du ein bißchen geschickt bist und ein wenig übst, hast du den Dreh bald heraus.
2. Der Beckmann hat den Dreh heraus, wie man den Leuten die unmöglichsten Sachen andreht. Ich habe noch keinen Vertreter kennengelernt, der so geschickt verkauft wie er.

den (richtigen) **Dreh herauskriegen/rauskriegen/**(herausbekommen)/**auf/hinter den** (richtigen) **Dreh kommen** *ugs* · 1. to get the knack of s. th., to find out how to do s. th., 2. to get the hang of it

1. Mensch, ist dieser Apparat schwer zu bedienen! – Du mußt erst noch den Dreh herauskriegen: ein kleiner Druck mit Daumen und Zeigefinger im gegebenen Moment, dann geht's ganz leicht.
2. Du bist aber nicht sehr geschickt in deiner Arbeit als Vertreter! – Ich muß noch den richtigen Dreh herauskriegen, wie man die Leute am besten anpackt und ihnen die Sachen schmackhaft macht.

Dreh- und Angelpunkt: der Dreh- und Angelpunkt von etw. sein · to be the crucial point, to be the key element

Wenn sich die Verhandlungspartner auf den Zinssatz einigen, dann wird auch alles andere geregelt werden. Sonst nicht. Der Zinssatz ist der Dreh- und Angelpunkt, von dem alles andere abhängt.

drehen: an etw. gibt es/ist nichts zu drehen und zu deuteln/(deuten) *path* · there are no two ways about it/s. th.

... Es ist aber doch fraglich, ob das eine Übertretung ist. – Ich bitte Sie! Daran gibt es nichts zu drehen und zu deuteln! Sie sind bei rot über die Ampel gefahren; das ist eine Übertretung. Die Tatsache ist sonnenklar.

an etw. kann man/j. drehen und deuteln/(deuten), **wie/so viel/so lange man/er will** – die Tatsache bleibt, wie sie ist/... *path* – etw./das kann j. **drehen** und wenden, wie/(so viel/so lange)/er will/... – die Tatsache bleibt, wie sie ist/... · whichever way you look at it – the fact remains that ...

sich drehen und wenden *geh mst Präs selten* – sich (drehen und) winden/sich krümmen wie ein **Aal** · to wriggle like an eel, to squirm, to twist and turn like an eel

etw./das kann j. drehen und wenden, wie/(so viel/so lange) **er will/...** – die Tatsache bleibt, wie sie ist/... *path selten* · s. o. can twist and wriggle as much as he likes – the fact remains that ...

... Er kann sich drehen und wenden, wie er will: Er wußte, daß es sich um eine Beitrittserklärung zu einer verbotenen Vereinigung handelte. Ob flüchtig oder nicht flüchtig, ob vorher bekannt oder nicht – oder was er sonst noch alles an Ausflüchten bringen mag –: er durfte das Papier nicht unterschreiben, und er wußte das.

sich drehen und winden *geh mst Präs path selten* – sich (drehen und) winden/sich krümmen wie ein **Aal** · to wriggle like an eel, to squirm, to twist and turn like an eel

dreht: alles dreht sich/es dreht sich alles um jn./etw. · it is all about s. o./s. th.

Ach, wissen Sie, im Grunde sind alle Themen auf diesem Parteitag nebensächlich – außer einem: wer wird Kanzlerkandidat, Schmude oder Kähler? Darum dreht sich alles, danach hat sich alles andere zu richten!

es dreht sich um jn./etw. · 1. it is about s. o./s. th., 2. it concerns s. o./s. th.

1. Nur vordergründig geht es in dem Prozeß um die Frage, ob der Holtkamp Steuerhinterziehung betrieben hat oder nicht. Im Kern dreht es sich darum, ob ein Beamter nebenher noch einen anderen Beruf ausüben darf.
2. vgl. – (u. U.) es **geht** um jn./etw. (1)

(bei) jm. dreht sich alles – (eher:) jm. dreht sich alles vor den **Augen** · everything is swimming before s. o.'s eyes

wie man/j. etw./das/es auch dreht und wendet – die Tatsache bleibt, wie sie ist/... – etw./es kann j. **drehen** und wenden, wie/(so viel/so lange) er will/... – die Tatsache bleibt, wie sie ist/... · whichever way you look at it – the fact remains that ...

Drehung: halbe Drehung rechts/links *form* · a half-turn to the right/left

Na, wie war die Tanzstunde? – Lustig. Wirklich lustig. Wenn der Schildberg mit seinem »halbe Drehung rechts, halbe Drehung links« anfängt und sich der ganze Kurs um seine eigene Achse dreht ... das ist wirklich zu drollig. – Halbe Drehung, das sind 180°? – Ja, ja, klar, wieviel denn sonst?

Drehwurm: den Drehwurm haben *ugs* · to feel giddy/dizzy, to be giddy/dizzy

Jetzt ist es doch schon mehr als eine Stunde her, daß wir aus der Achterbahn ausgestiegen sind, und immer noch habe ich den Drehwurm. – Wie, du hast immer noch das Gefühl, im Kreis herumzusausen? Du bist aber empfindlich!

den Drehwurm kriegen/(bekommen) *ugs* · to get giddy/dizzy

Bei der Arbeit an dieser Maschine, die immer im Kreis herumgeht, kriegt man ja den Drehwurm! Die Leute sind wirklich zu bedauern.

Dreieck: im Dreieck springen *ugs – iron* · to be hopping mad, to hit the ceiling, to blow one's top

Wenn der Chef erfährt, daß der Auftrag von Bauske & Schiffer geplatzt ist, dann springt er im Dreieck!

Dreier: keinen Dreier wert sein *ugs veraltend selten* – nicht die **Bohne** wert sein (3, 4; u. U. 1) · not worth a cent/tuppence/a light/...

Dreikäsehoch: (ein) Dreikäsehoch (sein) *ugs* · (to be) a nipper

Wie alt ist euer Ältester jetzt? – Daß du den Dreikäsehoch »Ältesten« nennst, gefällt mir – er ist gerade vier Jahre geworden. – Auch so ein Knirps kann schließlich der Älteste sein.

dreinfinden: sich dreinfinden (etw. zu tun) *form* · 1. to get used to (doing) s. th., to become resigned to (doing) s. th., 2. to resign o. s. to (doing) s. th.

1. (Ein Witwer:) ... Natürlich kostet es einen einige Mühe und Überwindung, sich dreinzufinden, selbst einzukaufen, selbst für die Wäsche zu sorgen ... Aber wenn es nicht anders geht, gewöhnt man sich auch daran.
2. vgl. – (u. U.) sich **dreinschicken**

dreinfügen: sich dreinfügen *form* – sich **dreinschicken** · to resign o. s. to (doing) s. th.

dreinschauen: sauertöpfisch dreinschauen/dreinblicken – aussehen/ein Gesicht machen/... wie drei/(sieben/acht) **Tage** Regenwetter · to look like a wet week, to look as miserable as sin, to look morose/sour/...

finster/grimmig/wütend/... **dreinschauen/**dreinsehen/dreinblicken/(dreingucken) *path od. iron* · to look angry/grim/furious/...

Was blickt denn der Schorsch heute so grimmig drein – als wenn er die Leute hier fressen wollte? – Er hat eine Auseinandersetzung mit dem Chef gehabt und ist stocksauer.

dreinschauen, als wären einem alle/alle Leute/... was/etwas schuldig/als schuldeten einem alle/... was/etwas *ugs* · to look as if one carried the world's cares on one's shoulders, to look as if s. o. has done one a bad turn *para*

Dieser Kerl schaut immer drein, als wenn ihm alle Leute etwas schuldig wären. Ich kann solche Menschen nicht ausstehen, die andauernd den Eindruck machen – ob absichtlich oder nicht –, daß sie vom Schicksal oder wer weiß von wem benachteiligt wurden und die anderen diesen Nachteil auszugleichen hätten!

dreinschicken: sich dreinschicken · to put up with s.th.
Wenn es partout keine Möglichkeit gibt, etwas gegen die Entscheidung des Gerichts zu unternehmen, muß er sich halt dreinschicken. Was man nicht ändern kann, muß man akzeptieren.

dreinschlagen: dreinschlagen *ugs* – (eher:) dazwischen **schlagen** · to lay into s.o.

dreinsetzen: seinen ganzen/(...) Ehrgeiz/(...) **dreinsetzen**, etw. zu tun *form* – seinen (ganzen/...) **Ehrgeiz** in/an etw. setzen/dreinsetzen, etw. zu tun/dareinsetzen/daran setzen, etw. zu tun · to make it one's great ambition to do s.th., to concentrate all one's efforts on doing s.th.

dreizehn: jetzt schlägt's aber dreizehn/13! *ugs* – es/das wird jm. zu **bunt** (2) · that's the limit!, that's going too far!

Dresche: Dresche kriegen/(bekommen/beziehen) *ugs* – den **Buckel** vollkriegen · to get a good hiding

dreschen: jn. windelweich dreschen *ugs* – jn. windelweich/grün und blau/(krumm und lahm/(braun und blau/grün und gelb)) **schlagen** · to beat the living daylights out of s.o., to beat the shit out of s.o., to beat s.o. black and blue

drin: drin sein (in/bei etw.) *ugs* · to be included *n*
Wieviel kostet die Maschine? – 35.000,– Mark. – Verpackung, Transport, Versicherung usw. – alles drin? – Ja, alles eingeschlossen.

gerade erst/erst gerade/... (so) (richtig/...) **drin sein** · 1. 2. to (really/...) get into s.th., to be (really/...) getting into s.th., to (really/...) get going, 1. to be in s.th., 3. to have mastered s.th., to be on top of s.th. (a job)
1. Nein, eine vernünftige Übersetzung kann man so nicht machen: heute eine Stunde, morgen eine Stunde ... Wenn man gerade richtig drin ist, muß man aufhören.
2. Kinder, wir müssen gehen! – Was, jetzt schon? Wir sind ja gerade erst richtig drin. Die Musik spielt doch erst seit einer Stunde, die Atmosphäre ist erst jetzt interessant ...
3. Ich habe lange gebraucht, mich in die neue Materie einzuarbeiten – und als ich endlich drin war, wurde ich versetzt. Da ging das Ganze von neuem los, da konnte ich mich wiederum einarbeiten.

noch nicht/nicht ganz/voll und ganz/... **drin sein in** etw. · 1. 2. (not) to have got (properly/...) into s.th. (yet)
1. Hat er sich in die Materie gut eingearbeitet? – Ausgezeichnet. Er ist voll und ganz drin. Es gibt keinen Unterschied mehr zwischen ihm und Kollegen, die seit zehn Jahren in der Sache arbeiten.
2. Hat er sich in die Materie gut eingearbeitet? – Er ist noch nicht ganz drin. Aber das wird noch kommen. Die Sache ist schließlich nicht einfach. Es dauert einige Zeit, ehe man mit allen Einzelheiten vertraut ist.

etw. **ist hier/**da/bei .../in .../... (vielleicht/durchaus/...) (nicht) **drin** *ugs* · 1. it is quite/... possible, it is on the cards, 2. it's quite/... possible with s.o., + I wouldn't put it past s.o.
1. Verdienst du denn in deinem neunen Job mehr als bisher? – Darüber habe ich noch gar nicht verhandelt. Aber das ist durchaus drin. Es ist durchaus möglich, daß ich nicht nur mehr Urlaub bekomme und bessere Arbeitsbedingungen habe, sondern auch mehr verdiene.
2. Jetzt ist es zehn Uhr, und er ist immer noch nicht auf. – Er ist wahrscheinlich gestern ausgegangen und erscheint gegen Mittag. – Das ist bei ihm durchaus drin, das würde mich gar nicht wundern.

da/es ist noch alles/nichts mehr/noch einiges/... **drin** (in/bei etw.) *ugs* · 1. everything is still open, there is still everything to play for (sport), 2. there isn't a hope, + I/... haven't got a chance/a prayer, 3. there isn't much of a chance
1. Wie stehen die Aktien bei deiner Berufung? – Es ist noch nichts entschieden, es läßt sich also noch nichts Konkretes sagen. Aber da ist noch alles drin.
2. Wie steht es mit deiner Bewerbung? – Offiziell ist zwar noch nichts entschieden. Aber da ist nichts mehr drin. – Wie, du hast keine Chance mehr? – Wie ich intern erfuhr: Nein.
3. Ich höre, du bewirbst dich immer noch um die Stelle. Bestehen denn nach der Entscheidung, keine Bewerber über 28 Jahre zu nehmen, für dich überhaupt noch Aussichten? – Viel ist nicht mehr drin, das stimmt, aber etwas vielleicht doch noch. Denn die Entscheidung trifft mich eigentlich nicht, da meine Auslandsjahre offiziell nicht gezählt werden.

bei jm. ist alles/(...) **drin/**das ist bei jm. alles/durchaus/(...) drin *ugs* · 1. 2. anything is possible with him/John/them/... *n*
1. ... Aber er wird sich doch wohl wenigstens im Ton beherrschen – auch wenn die Diskussion heftig werden sollte? – Das ist keineswegs sicher. Der Alfred ist in der Lage und tituliert den Alten vor versammelter Mannschaft 'Arschloch'. Bei dem ist alles drin.
2. ... Das halt' ich durchaus für möglich, daß der Alfred den Alten 'Arschloch' tituliert hat; das ist bei dem alles drin.

etw. (Unkosten/Auslagen/...) **wieder drin haben** *ugs* · to have recouped one's outlay/expenditure/... *n*
Hat er das ganze Geld, das er für die Maschinen bezahlt hat, denn schon wieder drin? – Nach zwei Jahren? Das ist doch unmöglich! Aber die Hälfte etwa dürfte er mittlerweile schon verdient haben.

(ganz schön/...) **einen drin haben** *ugs* – (ganz schön) einen in der **Krone** haben · to be well-oiled, to have had a drop too much

dringen: (nicht) **nach draußen dringen** (dürfen) – (eher:) an/(in) die **Öffentlichkeit** dringen · to get out *news*, to become public knowledge

drinnen: drinnen und draußen *form* · inside and outside
... Die Häuser sind doch alle nicht geheizt hier! Da ist es drinnen und draußen sozusagen gleich kalt.

drinsein: dick drinsein *ugs selten* – dick **drinsitzen** · s.o. is part of the (corrupt) system/clique/...

drinsitzen: drinsitzen *ugs selten* – in der **Patsche** sitzen · to be in a fix/in a jam/in a tight spot/...

dick drinsitzen *ugs* · s.o. is part of the (corrupt) system/clique/...
... Wenn sich der Körber nicht korrekt verhält, werde ich mich in aller Form beschweren. – Ach, der Körber steckt so dick drin, da kannst du gar nichts machen. Eine Beschwerde nützt da gar nichts. Das ist doch alles eine Clique; da deckt einer den andern.

drinstecken: in etw. (nicht) **drinstecken** *coll*
Was hältst du von den neuen Vorschlägen zur Afrikapolitik? – Ich stecke in dieser Materie zurzeit nicht drin – ich arbeite auf einem anderen Gebiet – und möchte daher gar nichts dazu sagen.

Dritte: der lachende Dritte sein · to be the third person who benefits from a dispute, to be the lucky bystander, to be the tertius gaudens *rare*
An sich sind der Peter und der Klaus besser als unser Karl-Heinz, und sie hatten auch viel mehr Aussichten, den ersten Preis zu bekommen. Aber sie haben sich monatelang bekämpft, sich das Leben gegenseitig schwer gemacht, sodaß der Karl-Heinz am Ende der lachende Dritte war.

der Dritte im Bunde sein *oft scherzh* · to make up a trio, to make up a threesome
Ich würde gern mit euch nach Rußland fahren. – An sich wollten Gerd und ich allein fahren. Aber gut, dann bist du der Dritte im Bunde. Wir werden uns alle drei bestimmt bestens verstehen.

Dritte/Dritten gegenüber/vor Dritten/... · in the presence of a third party *form*
Wenn wir unter uns sind, werden wir die Kreditschwierigkeiten natürlich nach wie vor frei und offenherzig besprechen. Aber Dritten gegenüber sollte man zu zurückhaltender sein/aber vor Dritten sollte man davon nichts verlauten lassen, Peter!

drüberbekommen: eins drüberbekommen *ugs* – (eher:) eins **draufkriegen** (1) · to get a belt/crack/... on the nut

drüberkriegen: eins drüberkriegen *ugs* – (eher:) eins **draufkriegen** (1) · to get a belt/crack/... on the nut

drüberrutschen: über eine Frau/... **drüberrutschen** *vulg* – jn. auf's **Kreuz** legen (2) · to lay/to shaft/to screw/... s.o.

drüberstehen: drüberstehen *ugs* · 1. to be above things, 2. to be above such/these/... (petty) things
1. vgl. – über den **Dingen** stehen

2. vgl. – (a.) über diesen/solchen/… **Dingen** stehen

Druck: auf den Druck der öffentlichen Meinung/des Präsidenten/… (hin) · in response to the pressure of public opinion/…

Von selbst hätten sie die Gesetzesvorlage nie zurückgezogen. Erst auf den Druck der öffentlichen Meinung hin haben sie sich zu der Bemerkung bequemt, die Vorlage sei noch nicht ganz ausgereift.

im Druck sein *form* · to be at the printer's, to be being printed

Arbeiten Sie noch an Ihrem Manuskript, oder ist es schon im Druck? – Ich habe es am vergangenen Donnerstag der Druckerei zugeschickt.

in/(im) Druck sein · 1. 2. to be under pressure

1. Kannst du mir heute oder morgen bei der Übersetzung helfen? – Es tut mir wirklich leid, aber in dieser Woche geht es nicht. Ich bin in dieser Woche sehr in Druck, weißt du. Ich habe bis Freitag in der Firma ein größeres Projekt vorzubereiten.

2. 1.000,– Mark Vorschuß – wenn das ginge? Ich bin zurzeit ein wenig in Druck. Unser Hausbau hat die letzten Reserven verschlungen; die Rückzahlungen für den Kredit haben schon begonnen.

etw. unter Druck tun · to do s.th. only when one is forced, to do s.th. only when one absolutely has to

Nur unter Druck setzt er sich ans Klavier und spielt. Völlig freiwillig übt er sozusagen nie.

Druck auf jn. ausüben · to pressurise s.o. to do s.th., to put pressure on s.o. to do s.th., to exert pressure on s.o. to do s.th.

Ständig sucht der Mertens Druck auf mich auszuüben, daß ich bei den Betriebsratswahlen für ihn stimme. Ich bin der Meinung, in solchen Dingen muß jeder tun und lassen können, was er für richtig hält. Diese dauernden Versuche, einen in diese oder jene Richtung zu zwingen …

jn. in Druck bringen · to put s.o. under pressure

An sich war die Zeit, die man mir für die Übersetzung gegeben hat, ausreichend. Die Krankheit meiner Frau hat mich in Druck gebracht. Damit habe ich fast einen Monat verloren, und der fehlt mir jetzt.

in/(zum) Druck geben · to take a manuscript/… to the printer's

Hast du das Manuskript schon in Druck gegeben?

in Druck gehen *form* · to go into print, to be printed

Wann geht das Manuskript/dein Buch/… in Druck? – Mit dem Satz müßten sie eigentlich im November beginnen können.

unter Druck geraten · to come under pressure

Die Regierung gerät mit ihren Steuerplänen zunehmend unter Druck. Die Opposition ist auf Konfrontationskurs gegangen, die Gewerkschaften legen sich quer, der Arbeitnehmerflügel der eigenen Partei will nicht mitziehen. Man ersieht eigentlich nicht, wie die Regierung bei diesen Gegebenheiten ihre Pläne durchbringen will.

jn. unter Druck halten *selten* · to keep breathing down s.o.'s neck *coll*

Ja, du hast es gut, du kannst tun und lassen, was du willst. Aber ich! – Du irrst dich! Mein Vater hält mich nach wie vor sehr unter Druck.

in Druck kommen (mit etw.) · 1. to be under pressure, to be hard pressed to do s.th., 2. to come under pressure

1. Zunächst schien es ihm, daß die Zeit, in der er seine Examensarbeit zu schreiben hatte, mehr als ausreichend wäre. Deshalb ließ er es langsam gehen – und das war sein Fehler. Denn nachher kam er ganz schön in Druck, und die letzten vier Wochen mußte er sozusagen Tag und Nacht arbeiten, um fertigzuwerden.

2. Mit seinem Hausbau hatte er sich übernommen. Als die Rückzahlungen der Kredite fällig wurden, kam er arg in Druck. Nur mit Mühe konnte er es vermeiden, das Haus wieder zu verkaufen.

bei jm. wegen etw. Druck machen · to put pressure on s.o. because of s.th., to apply pressure

Mein Antrag auf Anerkennung als Wehrdienstverweigerer wurde ewig nicht bearbeitet. Erst als ich beim Bundesamt für Zivildienst Druck gemacht hatte, tat sich etwas.

sich einen Druck setzen *Drogenszene* – (sich) einen **Schuß** setzen/(drücken/machen) · to give o.s. a fix, to shoot up

jn. unter Druck setzen · to put s.o. under pressure, to pressurise s.o.

Das letzte Kapitel der Arbeit habe ich in weniger als 14 Tagen geschrieben. Mein Doktorvater hatte mich unter Druck gesetzt: wenn ich die Arbeit nicht bis Ende des Semesters einreichte, würde er sie nicht mehr akzeptieren …

Druck dahinter setzen/(machen)/da Druck hinter setzen/ (machen) – (eher:) **Dampf** dahinter setzen/(machen) · to get s.o. to get a move on, to chivvy s.o. along

unter Druck stehen · to be under pressure

Wenn er entscheiden könnte, wie er wollte, würde er den Bau der Fabrik wohl genehmigen. Aber er steht unter Druck. Die Öffentlichkeit will zugleich Reichtum und ein ruhiges Gewissen, die Grünen wettern gegen die Pläne …

Drücker: (gerade noch) (so) auf den letzten Drücker *ugs* · at the very last minute *n*

Uff! Gerade noch so auf den letzten Drücker bin ich mit der Staatsarbeit fertig geworden. In den letzten 14 Tagen habe ich sozusagen durchgearbeitet. Der 20. dieses Monats, 24 Uhr, war letzte Einreichungsfrist; um 19 Uhr war ich fertig.

am Drücker sein/sitzen *ugs* · 1. to be in charge, 1. 2. to be in control, to be in power

1. Wie heißt noch der Mann, der bei euch in Portugal im Moment am Drücker ist? – Ich weiß nicht, wen du meinst. Die Regierung hat in den letzten Jahren alle paar Monate gewechselt, und richtig regiert hat bisher keiner.

2. Welche Partei ist da zurzeit am Drücker? – Die Sozialisten. Sie haben die absolute Mehrheit.

druff: immer feste druff! *ugs* – immer feste **drauf!**/(druff) · + let him have it!, + get stuck in!

drum: sei's drum! · what the hell! *coll*, never mind!, forget it!

Hm, eigentlich hätte ich von ihm noch 500,– Mark zu kriegen, oder? Na ja, sei's drum! – Wie, du willst auf 500,– Mark verzichten, die dir zustehen?

Drum und Dran: alles Drum und Dran *ugs selten* – das (ganze) **Drum** und Dran (einer Sache) · all the trimmings *meal*, all the paraphernalia, all the palaver, everthing that goes with it, all the trappings, all the frills

etw. mit allem Drum und Dran *ugs* · 1. with all the bits and pieces, lock stock and barrel, 2. with all the bits and pieces, with all the paraphernalia

1. Wieviel kostet das Landgut? – Zwei Millionen Mark. Mit allem Drum und Dran. Das heißt: mit den drei Hektar Wald ringsherum, dem Schwimmbad, den getrennten Garagen …

2. In einem Jahr müßtest du das Buch fertig haben. – Mit allem Drum und Dran dauert es länger. Du mußt die Beschaffung der Unterlagen rechnen, die ich noch brauche, dann den Satz und Druck … An so einem Buch hängt mehr, als man meint.

das (ganze) Drum und Dran (einer Sache) *ugs* · everything that goes with s.th., everything connected with s.th.

… Die eigentliche Arbeit ist interessant, aber das ganze Drum und Dran ist lästig. Dauernd Einladungen, Besuche und sonstige Verpflichtungen, bei denen gar nichts herauskommt …

etw. mit vielem Drum und Dran (sein) *ugs* · + there is a lot to it, + there are a lot of other things involved *coll*

Nein, das Projekt als solches wird Sie nicht zu sehr in Anspruch nehmen. Aber es ist eine Sache mit vielem Drum und Dran, wissen Sie. Es sind allerhand soziale Verpflichtungen damit verbunden, allerhand Nebenarbeiten …

was drum und dran ist *ugs* – (eher:) das (ganze) **Drum** und Dran (einer Sache) · everything that goes with it, everything connected with it

Drumherum: das Drumherum *ugs* · everything that goes with it, the trappings

… Die rein physikalischen Probleme sind interessant, hochinteressant sogar. Aber das Drumherum – die sozialen Implikationen, die ökologischen Folgen usw. – das finde ich doch eher langweilig; denn da geht es mehr um Politik und Ideologie als um Wissenschaft.

Drunter: das Drunter und Drüber *selten* · (the) confusion, (the) muddle, the chaotic state of things

(Ein Jahr nach einer sogenannten Revolution:) Die Revolution war nötig, einverstanden – sonst wären wir das alte Regime nie losgeworden. Aber so allmählich geht mir dieses permanente Drunter und Drüber doch auf die Nerven. Oder sehnst du dich etwa nicht nach geordneten Verhältnissen?

Du: mit jm. **per du sein**/miteinander per du sein *ugs* – mit jm. auf/(auf dem) **Duzfuß** stehen/miteinander auf Duzfuß stehen · to be on first-name terms with s.o.

jm. **das Du anbieten**/antragen – jm. (die) **Bruderschaft** antragen/anbieten · to offer to use the familiar 'du' form of address, to offer to be on first-name terms with s.o.

wie du mir, so ich dir! · 1. an eye for an eye, a tooth for a tooth, 2. tit for tat

1. vgl. – **Aug'**/(Auge) um Auge, Zahn um Zahn
2. Wenn er meint, er könnte mich dauernd beim Chef hereinlegen, ohne daß ich mich wehre, ist er schwer im Irrtum. Wie du mir, so ich dir. Morgen würg' ich ihm auch mal einen rein.

Duft: der Duft der großen, weiten Welt *iron* · the taste of the big wide world

... Ach, bei euch in Singen ... – Komm', sei ruhig, Paul! Ich weiß, du meinst, nur in München spürt man den Duft der großen, weiten Welt und alles andere ist Provinz ...

Dukatenesel: (leider/...) **keinen Dukatenesel (im Keller) (stehen) haben** *sal* · not to be made of money *coll*

... Petra, du kannst nicht mit vollen Händen Geld ausgeben! Wir haben schließlich keinen Dukatenesel.

dumm: wie dumm! · it's/that's too bad!, what a nuisance!, that's annoying!

Wie dumm! Jetzt habe ich extra den halben Morgen damit verbracht, für dich das Buch zu suchen, weil du mir gesagt hattest, du brauchtest es unbedingt – und da hast du es gestern schon selbst gekauft. Wirklich blöd!

es/das etw. **ist** jm. **zu dumm** · 1. + I've/... had enough of it/s.th., 2. it/this is going too far, it/this is getting a bit too much

1. Du hast mit dem Schreiber Streit gehabt, hör' ich? – Stell' dir vor, der will mir allen Ernstes erzählen, das Buch verkauft sich schlecht, er könne mir daher noch nichts zahlen. Dabei weiß ich zuverlässig, daß er allein 5.000 Exemplare nach England geliefert hat. Diese Redereien sind mir einfach zu dumm! Der meint, er könne mich mit dem größten Unsinn drankriegen.
2. vgl. – (eher:) es/das ist jm. zu **bunt** (hier/in .../...)

es/das etw. **wird** jm. **zu dumm** · 1. + s.o. has had enough of it/s.th., 2. it/this is going too far, it/this is getting a bit too much

1. Erst haben sie mir gesagt, ich wäre für alles verantwortlich, was die Beziehungen des Institutes mit Mexiko beträfe, und jetzt wollen sie mich mit Schreibmaschinenarbeiten verschleißen. Das wird mir allmählich zu dumm! Ich laß mich von den Leuten doch nicht mit solch läppischen Methoden drankriegen.
2. vgl. – (eher:) es/das wird jm. zu **bunt**

du bist/er/der Peter ist ... **schön dumm, wenn**/daß du/er/... *ugs* · you/he/Peter/... are/is/... a fool to do s.th.

Du bist schön dumm, daß du deinem Bruder immer wieder hilfst, wenn er Geldsorgen hat. Auf diese Weise ermunterst du ihn nur, noch mehr auszugeben und noch leichtsinniger zu sein.

sich dumm und dämlich suchen/verdienen/abquälen/reden/... *ugs* · 1. to search for s.th./to talk/... till one is blue in the face, to talk one's head off, 2. to earn a fortune, to earn money hand over fist

1. Drei Stunden habe ich mich dumm und dämlich gesucht, das halbe Haus habe ich auf den Kopf gestellt – ich habe den Schlüssel nicht gefunden.
2. In diesem Job kann er sich dumm und dämlich verdienen. So 25.000,– Mark im Monat sind da durchaus drin.

dumm, dreist und gottesfürchtig (sein) *ugs selten* · (to be) stupid, impudent and godfearing *tr*

Wie der sich da so einfach bedient, als gehöre er zum Haus, den Mädchen sagt, er brauche noch einen Teller, noch Besteck ... Wo er doch an sich hier gar nichts zu suchen hat! – Der gibt sich immer dumm, dreist und gottesfürchtig. Mit dieser Mischung von Frechheit, Naivität und scheinbarer Bescheidenheit erreicht er immer wieder, was er will.

Dummbach: aus Dummbach sein *ugs veraltend selten* – für keine zwei **Pfennige** Verstand haben/nachdenken/aufpassen/... (1) · to be a bit thick/dim/stupid/..., to be a bit of a booby/dunce/fuckwit/...

nicht aus Dummbach sein *ugs veraltend selten* – nicht auf den **Kopf** gefallen sein · s.o. is no fool/mug, + there are no flies on s.o.

Dumme: der Dumme sein · to be left holding the baby *coll*, to (have to) carry the can *sl*, to have to take the rap *sl*, to be the loser

Nein, ich kann dir beim besten Willen nicht bescheinigen, daß du unverheiratet bist. Denn wenn das auffällt, bin ich der Dumme, nicht du.

das Dumme (bei der Sache) **ist,** daß ... · the snag is that ..., the problem is that ...

Natürlich überlaß ich dir den Wagen gern. Das Dumme ist nur, daß unser Karl-Heinz für morgen schon eine Reise geplant hat. Ich weiß nicht, ob sich das noch ändern läßt ... Wirklich dumm! Wenn du mir das eher gesagt hättest ...

einen Dummen finden *ugs* · to find a mug/fool/sucker/... (to do s.th.)

Den neuen Wagen habe ich schon bestellt; jetzt muß ich nur noch einen Dummen finden, der mir die alte Kiste für 1.000,– Mark abkauft. – Für 1.000,– Mark? So blöd wird wohl keiner sein.

einen Dummen suchen *ugs* · to look for a fool/mug/sucker/... (to do s.th.)

Du brauchst einen Job? Melde dich bei Toni Bürgel. Der sucht einen Dummen, der für 500,– Mark im Monat all seine Schreibarbeiten erledigt. – Für 500,– Mark? Der ist wohl verrückt!

Dummenfang: auf Dummenfang ausgehen/aussein *ugs* · to try to con s.o., to be looking for s.o. to dupe

Der Martin schlägt vor, wir lassen die Ware schon einmal einschiffen, der endgültige Preis wird dann beim nächsten Treffen in Rio geklärt. – Der geht wohl auf Dummenfang aus! Wenn die Ware einmal auf dem Schiff ist, hat er uns doch völlig in der Hand.

dümmer: dümmer als dumm sein *ugs selten* – für keine zwei **Pfennige** Verstand haben/nachdenken/aufpassen/... (1) · to be as thick/stupid/dim/... as they come

Dummeren: sich einen Dummeren/Dümmeren suchen müssen (als jn.) *ugs* · you'll have to find some other mug/fool/sucker/...

Kannst du mir nicht 2.300,– Mark leihen? Ich hab' da so ein paar Verpflichtungen ... – Paß mal auf, wenn du auf anderleuts Kosten weiterhin so schön in Saus und Braus leben möchtest wie bisher, mußt du dir einen Dummeren suchen als mich.

Dummes: so was/etwas **Dummes!** *ugs* · what a nuisance! *n*, how annoying! *n*

... Mensch, jetzt hab' ich den Wagenschlüssel im Zündschloß stecken lassen und die Tür zugeschlagen! So was Dummes! Ich weiß gar nicht, wie wir den Wagen jetzt wieder aufkriegen.

etwas Dummes anstellen/... · to do s.th. stupid/foolish/idiotic/...

Mensch, da hab' ich doch vielleicht etwas Dummes angestellt, gestern! Der Schlüssel von unserem Wohnzimmerschrank war weg. Ich wollte eine Flasche Whisky aus dem Schrank holen und hab' mir deswegen an der Tür mit dem Schraubenzieher zu schaffen gemacht. Ein fester Ruck – und die ganze Tür bricht oben weg ...

Dummheit: eine Dummheit anstellen · to get up to foolish tricks, to do s.th. naughty, to get up to mischief

Du machst ein so seltsames Gesicht, Ulli, habt ihr da draußen wieder eine Dummheit angestellt? Mal heraus mit der Sprache! Was ist los? –

Wir haben da vor die Haustür bei Meiers ein paar Mülltonnen hingestellt ...

vor Dummheit brüllen/(schreien/brummen) *sal selten* – für keine zwei **Pfennige** Verstand haben/nachdenken/aufpassen/... (1) · to be so stupid/dim/thick/... that it hurts

für die Dummheit anderer büßen/(aufkommen) **müssen** · to (have to) pay the price for other people's mistakes
Durch seine Gutmütigkeit spielt er immer den Sündenbock, der für die Dummheiten anderer büßen muß.

mit Dummheit geschlagen sein *ugs selten* – für keine zwei **Pfennige** Verstand haben/nachdenken/aufpassen/... (1) · to be as thick/dim/stupid/... as they come

gegen Dummheit kämpfen Götter selbst vergebens *path od. iron* · how stupid/... can you get?, there's no cure for stupidity
... Was? Du hast zugegeben, daß du den Vorfall selbst beobachtet hast? Jetzt werden sie deinem Bruder den Führerschein wegnehmen. Gegen Dummheit kämpfen Götter selbst vergebens! Wirklich! So einen Schafskopf wie dich gibt's nicht noch einmal.

gegen Dummheit ist kein Kraut gewachsen – (eher:) gegen **Dummheit** kämpfen Götter selbst vergebens · there's no cure/remedy/... for stupidity/...

eine Dummheit machen/begehen · 1. to do s.th. foolish, to make a mistake, 2. to make an exhibition of o.s., to blot one's copybook *coll*, to put one's foot in it *coll*
1. Ich hätte ihm das Geld nicht leihen sollen, du hast recht. Da habe ich wirklich eine Dummheit gemacht! Ich wußte doch, daß er nicht ehrlich und nicht zuverlässig ist.
2. vgl. – sich danebenbenehmen

die Dummheit mit Schaumlöffeln/(Löffeln) gefressen/(gegessen) **haben** *sal* – für keine zwei **Pfennige** Verstand haben/nachdenken/aufpassen/... (1) · to be stupid/dim/thick/...

wenn Dummheit weh täte, würde j. den ganzen Tag schreien *sal selten* – für keine zwei **Pfennige** Verstand haben/nachdenken/aufpassen/... (1) · to be so stupid/dim/thick/... that it hurts

wenn Dummheit Warzen gäbe, sähe j. aus wie ein Streuselkuchen *sal* – für keine zwei **Pfennige** Verstand haben/nachdenken/aufpassen/... (1) · to be so stupid/dim/thick/... that it hurts

für die Dummheiten anderer büßen/aufkommen müssen – für die **Dummheit** anderer büßen/(aufkommen) müssen · to (have to) pay the price for other people's mistakes

nur/nichts als/... **Dummheiten im Kopf haben** · to have nothing but/... silly ideas/foolish ideas/foolish tricks/... in one's head
Was hat der Moritz gemacht? Er hat die Kaninchen von Frau Haubich in den Stadtpark laufen lassen? Der Junge hat aber auch nur Dummheiten im Kopf! Ich möchte doch mal einen einzigen Tag erleben, an dem der keinen Streich spielt, nicht irgendeinen Unsinn macht!

Dummschwätzer: ein Dummschwätzer sein *sal* · a blabberer, a prattler, a chatterer, a jabberer
Der Frederik ist ein Dummschwätzer ersten Ranges, der Typ faselt den ganzen Tag nichts als Blödsinn. Ich habe noch nie erlebt, daß dem ein vernünftiges Wort über die Lippen gekommen ist.

Dummsdorf: aus Dummsdorf sein *ugs veraltend selten* – für keine zwei **Pfennige** Verstand haben/nachdenken/aufpassen/... (1) · to be as thick as they come

nicht aus Dummsdorf sein *ugs veraltend selten* – nicht auf den **Kopf** gefallen sein · s.o. is no fool/mug/..., there are no flies on s.o., s.o. was not born yesterday

Dunkel: über etw. liegt ein geheimnisvolles Dunkel *path* · s.th. is shrouded in mystery
... Nicht nur die Ausführung des Putsches ist nach wie vor ungeklärt – über den ganzen Vorbereitungen, Machenschaften, Plänen liegt ein geheimnisvolles Dunkel. Es scheint, niemand hat Interesse daran, daß die Dinge aufgeklärt werden.

im Dunkel der Nacht *path* · in the darkness of the night
... Das war schon romantisch, da auf diesem abgelegenen Gut im Dunkel der Nacht ankommen, im Haus nur Kerzenbeleuchtung ...!

(sich) im Dunkel der Vorzeit (verlieren/...) *path selten* · to date back to/... the dim and distant past
... Ob es in dieser Gegend auch mal Mammute gegeben hat? – Keine Ahnung, Junge. Wenn ja, dann dürfte sich das im Dunkel der Vorzeit verlieren. – Da muß ich unseren Biologielehrer mal fragen. Der weiß bestimmt, vor wieviel tausend Jahren das war.

Dunkeln: im Dunkeln · in the dark
Mach' mal das Licht am Eingang an! Im Dunkeln findet man sich auf diesem Weg nicht zurecht.

im dunkeln bleiben · to remain a mystery
... Der sogenannte Untersuchungsausschuß hat natürlich auch alles Interesse daran, daß das, was sich (in der Affäre) wirklich zugetragen hat, im dunkeln bleibt. Denn wenn das rauskäme, würde die Hälfte dieses Ausschusses mitbelastet.

jn. (über etw.) im dunkeln lassen · 1. 2. to keep/to leave s.o. in the dark (about s.th.)
1. Wir könnten ihm sicher besser helfen, wenn er uns aufklären würde, statt uns über die Hintergründe der Affäre im dunkeln zu lassen.
2. vgl. – (eher:) jn. (über etw.) im **ungewissen** lassen

(noch/...) im dunkeln liegen · not to be clear, to be impenetrable
Seine Absichten liegen nach wie vor im dunkeln; da blickt bisher niemand durch.

im dunkeln tappen · to grope (around) in the dark, to be in the dark
Wie hast du dich in der Sache denn nun entschieden? – Noch gar nicht. Schon deswegen nicht, weil ich im Grunde noch im dunkeln tappe. Ich habe mir die Akten jetzt dreimal genau von vorne bis hinten durchgelesen und verstehe trotzdem nach wie vor nicht, worauf die Leute hinauswollen.

Dünnbrettbohrer: ein Dünnbrettbohrer (sein) *ugs* · (to be) a dabbler, (to be) someone who takes the easy way out, (to be) someone who takes the path of least resistance
... Ja, ja, diese Leute meinen in der Tat, mit einem Minimum an Aufwand und Anstrengung ließen sich die Herausforderungen meistern, die die kommenden Jahre uns bringen werden. Immer den leichtesten Weg gehen – das ist ihre Devise. – Das ist aber doch kurzsichtig! – Natürlich! Aber du kannst doch von diesen Dünnbrettbohrern nicht auch noch Einsicht und Intelligenz verlangen.

dünnemachen: sich dünnemachen *ugs selten* – sich aus dem **Staub(e)** machen · to make o.s. scarce, to beat it, to clear off, to slope off

Dünnen: den Dünnen haben *sal* – die **Scheißerei** haben · to have the runs *coll*, to have the shits *sl*

Dünnpfiff: Dünnpfiff haben *sal* – die **Scheißerei** haben · to have the runs *coll*, to have the shits *sl*

Dünnschiß: Dünnschiß labern *sal* · to jabber away
... Der Wilfried labert nur Dünnschiß! Ich möchte einmal erleben, daß diesem Typ ein vernünftiges Wort über die Lippen kommt.

Dünnschiß haben *vulg* – die **Scheißerei** haben · to have the runs *coll*, to have the shits *sl*

Dunst: keinen blauen/blassen Dunst haben von etw. *ugs* – keine blasse/nicht die leiseste/mindeste **Ahnung** haben (von etw.) (1) · not to have a clue about s.th., not to have the foggiest/faintest/... idea about s.th.

in Dunst aufgehen *selten* – sich in **Wohlgefallen** auflösen (3) · to vanish into thin air, to go up in smoke *plans hopes*

sich in Dunst auflösen *selten* – sich in **Wohlgefallen** auflösen (3) · to vanish into thin air, to go up in smoke *plans, hopes*

in Dunst und Rauch aufgehen *path selten* – sich in **Wohlgefallen** auflösen (3) · to vanish into thin air, to go up in smoke *plans hopes*

dem blauen Dunst (völlig/…) **verfallen sein** *ugs – path* · to be a heavy smoker *n*
Der Erwin ist völlig dem blauen Dunst verfallen. Er raucht pro Tag mindestens drei Schachteln Zigaretten.

jm. (mal wieder/…) **blauen Dunst vormachen** *ugs* · to throw dust in s.o.'s eyes (again/…), to tell s.o. a pack of lies (again/…), to pull the wool over s.o.'s eyes (again)
Mir scheint, mit seiner Erzählung über seine Vorbildung hat er uns blauen Dunst vorgemacht. Ich habe nie ein Zeugnis oder Diplom von ihm gesehen. – Natürlich hat er euch angeschwindelt. Er hat überhaupt keine Vorbildung.

dunsten: jn. **dunsten lassen** *österr ugs* – jn. **schmoren** lassen · to keep s.o. on tenterhooks, to let s.o. stew in his own juice, to let s.o. stew for a bit

Dunstglocke: **es steht/**wölbt sich/… **eine dichte/**undurchdringliche/… **Dunstglocke über** … – es steht/wölbt sich/… eine dichte/undurchdringliche/… **Rauchglocke** über … · + the town/… is wrapped/shrouded/… in a pall of haze/smoke/…

Dunstkreis: **im Dunstkreis Goethes/**Georges/… leben/wirken/… *path pej* · to move in s.o.'s orbit, to be a camp follower of s.o.
… All diese Leute, die da im Dunstkreis Adornos wirkten, finde ich unausstehlich! – Aber Adorno, das war doch ein großer Mann! – Vielleicht. Aber die vielen, die unter seinem Einfluß aufwuchsen, mit seinem Gedankengut hausieren gingen, in seinem 'Jargon' schrieben – all diese Mini-Adornos – verpesteten die geistige Landschaft! – Hm! …

durch: **quer durch gehen/**laufen/marschieren/… · to cut across a field/…
Gehen wir den Weg entlang oder gehen wir quer durch? – Der Wald ist zu dicht, da müssen wir schon über den Weg gehen.

da/durch diese Schwierigkeiten/durch diese schwere Periode/durch die Durststrecke/… **muß** j. **durch** · 1. 2. to have to go through difficulties/a difficult period/…, to have to see s.th. through
1. Natürlich ist das eine schwere Zeit für sie: das Examen vorbereiten, für die Kinder sorgen, die Geldsachen regeln … Aber sie hat gar keine andere Wahl, da muß sie durch! – Hoffentlich schafft sie's.
2. Durch diese Schwierigkeiten mußt du durch, Alfons, da hilft alles nichts.

durch sein · 1. to have crossed the line, 2. to have passed, 3. to be out of danger, 4. to be ripe, 5. to be worn out, 6. + to have gone right through s.th., 7. to be well done, 8. to be done with s.th., to be finished with s.th.
1. Ist Alfons auch schon durchs Ziel gelaufen? – Ja, er ist schon durch.
2. Ist das Mündliche schon zu Ende? – Ja, Gott sei Dank. – Sie ist also durch? – Ja, sie hat bestanden. Mit 3,6.
3. Dem Himmel sei Dank, jetzt ist sie durch! Sie hat keine Reaktionen gegen das Medikament gehabt. Jetzt brauchen wie keine Sorgen mehr zu haben, jetzt besteht keine Gefahr mehr.
4. Der Käse ist schön durch, so richtig schön reif und weich, wie er sein soll!
5. Die Sohlen sind durch, Herbert! Die Schuhe kannst du wegwerfen. – Wie, kann man da keine neuen Sohlen mehr druntermachen?
6. Nein, den Flecken kriegt keine Mensch mehr raus. Guck mal, der ist durch – den kannst du von links fast genauso gut sehen wie so.
7. Herr Ober, das Fleisch ist ja gar nicht durch. Das ist ja noch ganz roh und blutig!
8. … Na, hast du das Buch zu Ende gelesen? – Ja, ich bin (schon) durch!

bei jm. **unten/**(drunten) **durch sein** *ugs* – bei jm. **ausgeschissen** haben · s.o. is finished as far as s.o. is concerned *n*, s.o. has had it as far as s.o. is concerned

etw. **durch und durch sein/**ein durch und durch … sein/ein … durch und durch sein · 1. to be absolutely honest/…, to be honest/… through and through, 2. to be an out-and-out liar/…, 3. to be one hundred per cent Portuguese/…, 4. to be a musician/… through and through, 5. to be an out-and-out conservative/socialist/…, 6. to be a gentleman/… through and through
1. Der Junge ist durch und durch ehrlich. Selbst in den unbedeutendsten Dingen sagt er immer nur die Wahrheit. – Das ist ein durch und durch ehrlicher Junge …
2. Der Kerl ist durch und durch verlogen, dem glaube ich kein einziges Wort. – Das ist ein durch und durch verlogener Kerl …
3. Sie ist durch und durch portugiesisch; ich kenne niemanden, der in echterem Sinne portugiesisch wäre. – Sie ist eine Portugiesin durch und durch … *seltener*
4. Er ist ein Musiker durch und durch. Innerlich und äußerlich ist er genau das, was man sich unter einem Musiker vorstellt. – Er ist durch und durch musikalisch … *seltener*
5. Er ist durch und durch konservativ/sozialistisch/… (gesinnt). – Das ist ein Konservativer/Sozialist/… durch und durch.
6. Er ist ein Gentleman durch und durch. Noch in den äußerlichsten Gesten ist er elegant, kultiviert, adelig.

jm. **durch- und durchgehen** *path* · to go through s.o.
Der Schrei des Kindes ging ihr durch und durch. Mein Gott, entsetzlich dieser Schrei! Was war da bloß geschehen?

durchaus: **durchaus (nicht)** · 1. not to be at all happy/pleased/… about s.th., 2. s.o. is certainly not stupid/…, s.o. is by no means stupid/…, s.o. is far from stupid/…, 3. s.o. is extremely popular/…
1. Ich bin durchaus nicht beglückt/erfreut/beleidigt/verärgert/… über diese Sache. Absolut nicht!
2. Ihre Tochter ist durchaus nicht dumm. Wenn sie etwas tun würde, könnte sie die besten Noten haben.
3. … Der Haverkamp ist in seinem Institut durchaus beliebt. Ich weiß nicht, warum du den für 'diktatorisch' hältst.

durchbeißen: **sich durchbeißen** *ugs* · to fight one's way through *n*, to struggle through *n*
… Es ist wirklich nicht leicht für Albert, mit all diesen Schwierigkeiten fertigzuwerden. – Der beißt sich schon durch, mach' dir mal keine Sorgen. Bis heute hat der Albert noch jede Schwierigkeit überwunden. Er ist zielstrebig, geschickt – und vor allem zäh!

durchbleuen: jn. (**anständig/**…) **durchbleuen** *ugs* – jm. den **Buckel** vollhauen/vollschlagen · to beat s.o. black and blue, to give s.o. a good hiding, to beat the daylights out of s.o.

Durchblick: **den Durchblick haben** *ugs* · to know the score, to know exactly what is going on
… Ah ja, ich verstehe – die ganze Kommission kapiert nicht, worum es geht, aber du hast den Durchblick! – Gisela, ich meine … – Klar! Du weißt mal wieder ganz allein, was gespielt wird – wie immer! – Aber …

den Durchblick verlieren *ugs* · to lose track of what is going on, to lose track of things
… Daß du bei diesem ganzen Hin- und Her den Durchblick nicht verlierst! Ich weiß schon gar nicht mehr, welche Meinung die einzelnen Mitglieder der Kommission vertreten, was sie überhaupt wollen …

durchblicken: **durchblicken** *ugs* – den **Durchblick** haben · to know the score, to know exactly what is going on

etw. **durchblicken lassen** · to hint at s.th.
Hat er denn gesagt, ob die Examensarbeit nicht negativ? – So direkt nicht! Aber er hat durchblicken lassen, daß sie nicht gerade gut ist. Mit voller Absicht hat er mehrere Bemerkungen gemacht, die gar keine andere Deutung zulassen.

durchblitzen: etw. **durchblitzen lassen** *ugs* – (eher:) etw. **durchblicken** lassen · to hint, to intimate that …

durchbrennen: (mit jm./etw.) **durchbrennen** *oft Perf ugs* · 1. to run off with s.o., 2. to run off with the till
1. Stimmt es, daß die Olga durchgebrannt ist? – Ja, mit einem Italiener. – So mir nichts dir nichts von (zu) Hause abgehauen? – So ist es.

2. Der Kassierer – bravo! – ist mit der Kasse – bravo! – durchgebrannt – Oh!! Wir haben ihn – bravo! – um die Ecke – bravo! – flitzen/rennen seh'n – Oh!!

Durchbruch: zum Durchbruch gelangen/(kommen) *form* · to become generally accepted

Lange hat er gebraucht, um sich in der Fachwelt durchzusetzen. Aber jetzt ist seine Theorie endlich zum Durchbruch gelangt.

zum Durchbruch kommen *form* · 1. to emerge, to come out, to come to the fore, 2. to come through, to reveal itself

1. Lange Jahre wirkte sie eher schüchtern, und nur bei bestimmten Gelegenheiten merkte man, daß auch andere Züge in ihr steckten. In den letzten Monaten nun kommt zunehmend ihre heitere, ja ausgelassene Seite zum Durchbruch.

2. Lange schon schluckt der Erich seine Enttäuschung in sich hinein und sagt kaum etwas. Aber gestern kam doch seine Verbitterung zum Durchbruch. Als du ihn so direkt fragtest, wie er sich fühle, konnte er sie nicht verbergen.

den Durchbruch schaffen · to make a breakthrough

Fast zehn Jahre blieben seine Romane sozusagen unbeachtet. Aber mit dem 'Trommelwirbel' hat er dann – endlich – den Durchbruch geschafft. Das Buch war ein großer Erfolg, und heute zählt er zu dem knappen Dutzend anerkannter Schriftsteller im Lande.

e-r S. **zum Durchbruch verhelfen** *form* · to help to propagate s.o.'s ideas

Wir müssen seinen Ideen zum Durchbruch verhelfen! Wenn wir ihm nicht beistehen, werden sie sich nie durchsetzen, wird ihre Wirkung immer nur auf einige wenige Eingeweihte beschränkt bleiben.

durchdrehen: durchdrehen *ugs* · to crack up, to go to pieces, to go spare

Diesen Rhythmus, diese Sorgen, diesen Kampf hält er nicht ewig durch. Irgendwann dreht er durch. – Der Klaus verliert nicht so schnell die Nerven/den Kopf.

durchdrücken: einen Antrag/... **durchdrücken** *ugs* · to push/ to force a law/regulation/... through n

Ob es dem Halbeisen gelingt, den Plan durchzudrücken? ≐ Es wird ihm schon gelingen. – Bei all den Widerständen, die es gibt? – Er wird mit den Widerständen schon fertigwerden. Bis heute hat er noch jeden Plan durchgesetzt, den er durchsetzen wollte.

durcheinander: alles mögliche/... **durcheinander essen/**machen/erledigen/... · to do s.th. indiscriminately, to mix things up, to do things together

Herbert, du kannst doch nicht alles durcheinander machen – Französisch, Mathematik, Biologie ... Eine Sache nach der andern, Mann! Das ist doch kein vernünftiges Arbeiten, was du da machst.

(ganz/völlig/...) **durcheinander sein** · 1. to be mixed up, to be confused, 2. to be flustered, to be in a state *coll*

1. Seit ihrem Krankenhausaufenthalt ist sie ganz durcheinander. Und vorher war sie immer so ausgeglichen!

2. Nun, wie ist das Examen gelaufen? – Schlecht. Ich war ganz durcheinander und habe daher auf die einfachsten Fragen keine oder keine vernünftige Antwort gegeben. So konfus war ich wohl noch nie!

alles ist/steht/liegt/... **bunt/kunterbunt/(wirr) durcheinander in/bei/...** · everything is in a complete mess

Schau dir das Zimmer an, da ist alles durcheinander. Kein Gegenstand steht da, wo er hingehört.

ein babylonisches Durcheinander *path od. iron* · to be a complete/utter/total/... mess

Ihr hättet das babylonische Durcheinander sehen sollen, das nach der Party in unserer Wohnung herrschte.

es gibt ein (großes/...) **Durcheinander** · 1. to be a complete/ total/... mess *coll*, 2. there is bedlam, there is pandemonium

1. Wenn ich eine Woche lang alle Papiere und Unterlagen auf meinem Schreibtisch ablege, gibt das ein ganz schönes Durcheinander.

2. Das gab vielleicht ein Durcheinander, als der Redner anfing, scharf gegen den Wirtschaftsminister zu polemisieren. Ein paar Leute sprangen auf und fuchtelten mit den Armen in der Luft herum; mehrere machten Anstalten, nach vorn zu rennen ...

ein kunterbuntes Durcheinander/das gibt/... *ugs* · 1. 2. 3. to be a complete/utter/total/... mess, 2. there is bedlam n, there is pandemonium n, 3. + everything is all over the place n, + everything is all over the shop, it's terribly/... untidy n

1. vgl. – ein babylonisches **Durcheinander**
2. vgl. – es gibt ein (großes/...) **Durcheinander**
3. vgl. – ein **Durcheinander** wie Kraut und Rüben

ein Durcheinander wie Kraut und Rüben *ugs* · + everything is all over the place, + everything is all over the shop, it's a complete mess, it's terribly/... untidy

Mein Gott, das ist ja ein Durcheinander wie Kraut und Rüben hier, Karin! Findest du dich denn da überhaupt noch durch? – Ich weiß nicht, was du hast, Papa, das ist doch alles ganz ordentlich. Nur die Kleider da ...

durcheinanderbringen: jn./etw. (ganz/völlig/...) **durcheinanderbringen** · 1. to turn s.th. completely/... upside down, to make a complete/... mess of s.th., 2. to get (s.th.) mixed up, 3. to confuse s.o., to fluster s.o., 4. to disconcert s.o., to put s.o. off

1. Die Kinder haben einmal wieder das ganze Zimmer durcheinandergebracht. Jetzt kann ich wieder alles neu aufräumen.

2. Vor lauter Erregung hat er alle Paragraphen, alle früheren Entscheidungen, schließlich alle Ideen durcheinandergebracht, so daß am Ende kein Mensch mehr verstand, was er wollte – oder ob er überhaupt etwas wollte.

3. Die schlimme Nachricht hatte ihn völlig durcheinandergebracht. Er lief ganz konfus herum und redete zusammenhangloses Zeug.

4. ... Bitte, rede mir nicht ständig dazwischen, du bringst mich völlig durcheinander!

alles/... **durcheinanderbringen** · to get everything into a mess, to create chaos, to create havoc

Mit seinen widersprüchlichen Anordnungen hat er hier eine heillose Verwirrung gestiftet. Unter dem vorherigen Abteilungsleiter herrschte hier Ordnung und konstruktive Zusammenarbeit. Er hat es geschafft, hier innerhalb von fünf Wochen alles durcheinanderzubringen.

durcheinandergehen: durcheinandergehen *ugs* · 1. + to mix everything up n, + to muddle everything up n, + to get everything mixed up/muddled up/... n, 2. to be chaotic n

1. (Ein Schüler:) Doch, ich hatte den Stoff vorbereitet! Sehr gut sogar. Aber in meiner Nervosität ging mir alles durcheinander. – Das Beste in solchen Fällen ist es, erst einmal zu schweigen und Ordnung in seine Gedanken zu bringen. – Danke für den Ratschlag! Dafür brauchst du aber Ruhe, Mann! *seltener*

2. vgl. – es/alles **geht** (hier/dort/in .../bei ...) drunter und drüber (2)

durcheinandergeraten: (ganz)/(sehr/ziemlich/...) **durcheinandergeraten** – (ganz)/(sehr/ziemlich/...) **durcheinanderkommen** (mit jm./etw.) (1) · to get mixed up, to get muddled up, not to be able to make s.o. out, to be bewildered by s.o.

durcheinanderkommen: (ganz)/(sehr/ziemlich/...) **durcheinanderkommen** (mit jm./etw.) · 1. 2. to get mixed up, to get muddled up, 3. not to be able to make s.o. out, to be bewildered by s.o.

1. Bei dem dauernden Themenwechsel bin ich ganz durcheinandergekommen. Schließlich wußte ich gar nicht mehr, wonach er überhaupt fragte, so verwirrt war ich.

2. Ich komm' ganz durcheinander mit ihm. Wo arbeitet er jetzt – bei Siemens, an der Uni, noch bei AEG? Er wechselt derart häufig, daß man nicht mehr mitkommt.

3. Er kam ziemlich durcheinander mit ihr. Jahrelang hatte er ihr vertraut; aber seit ihren Seitensprüngen vom vergangenen Jahr wußte er nicht mehr, woran er bei ihr war.

durcheinanderliegen: durcheinanderliegen – alles ist/steht/ liegt/... bunt/kunterbunt/(wirr) **durcheinander** in/bei/... · everything is all mixed up

durcheinanderwerfen: alles/... **durcheinanderwerfen** · to get everything mixed up, to get everything muddled up

Er ist schwer zu prüfen. Er lernt zwar seinen Stoff, aber in seiner Nervosität wirft er immer alles durcheinander.

Durchfahrt: auf der Durchfahrt (sein) – auf der **Durchreise** (sein) · to be passing through

Durchfall: Durchfall haben *ugs* – die **Scheißerei** haben · to have the runs *coll*, to have the shits *sl*

durchfallen: durchfallen · to fail (an exam), to flunk (an exam)

Hat sie ihr Schlußexamen eigentlich schon gemacht? – Ja, gestern nachmittag. – Und? Hat sie bestanden? – Leider nicht. Sie ist durchgefallen.

durchfechten: einen Antrag/die Sache/... **durchfechten** *ugs* · to get an application/a deal/... through *coll*

Der Klose hat die Sache durchgefochten: an der Ecke Goethe-Str. – Hirschgraben wird ein Schwimmbad gebaut. Gestern hat der Gemeinderat sein Plazet gegeben. – Na, dann hat sich sein Einsatz und sein ständiges Nachbohren ja doch gelohnt!

sich durchfechten (müssen) *ugs* · 1. 2. to (have to) battle through, to (have to) struggle through *n*

1. Sich durchfechten – heißt das seinen Lebensunterhalt durch Betteln verdienen, Mutti? – Durch Betteln oder Handeln, das im Grunde nichts anderes ist als betteln.

2. Statt sie dauernd zu kritisieren, solltest du ihr lieber helfen. Ich möchte dich mal sehen, wenn du dich so durchfechten müßtest, ohne jede Unterstützung. Da wüßtest du, wie schwer es ist, sich so ganz allein durchs Leben zu schlagen.

durchfinden: sich durchfinden in/... *selten* – sich **zurechtfinden** in .../... · to find one's way around in/...

durchfliegen: durchfliegen *ugs* – **durchfallen** · to fail, to flunk

durchflutschen: durchflutschen *ugs* · to slip through

... So scharf eine Kontrolle auch ist, ein paar Leute/ein paar faule Birnen/... flutschen immer durch.

durchfressen: sich bei anderen/... **durchfressen** *ugs* · to live on s.o.'s hospitality *n*, to sponge off other people/...

Der Hans-Peter meint wohl, er könnte sich sein Leben lang bei Onkel Martin durchfressen, was? – Aber wenn er doch keinen Beruf hat ...! – Dann sollte er wenigstens alles versuchen, um einen zu finden! Man kann doch nicht ewig auf anderleuts Kosten leben!

Durchgang: auf Durchgang schalten *ugs* – auf **Durchzug** schalten · to let it go in one ear and out the other

durchgedreht: ganz/(...) durchgedreht sein *ugs* · to be really/... uptight

Was ist eigentlich mit dem Axel los in letzter Zeit? Er ist so durchgedreht! – Er hat im Geschäft sehr viel Sorgen. – Mit ihm kann man sich kaum noch in Ruhe unterhalten. So fahrig und nervös habe ich ihn sonst nie erlebt.

durchgehechelt: durchgehechelt werden *ugs* – in der **Leute** Mäuler sein · to be gossiped about, to be discussed, to be pulled to pieces, to be run down

durchgehen: etw. **durchgehen** · 1. to look through s.th., 2. 3. to go over s.th.

1. ... Ich werde die Zeitungsannoncen mal durchgehen. Vielleicht wird ja eine passende Wohnung angeboten.

2. ... Vor der Klausur werde ich den Stoff zur Sicherheit nochmal durchgehen.

3. ... Vor der Besprechung sollten wir die offenen Fragen nochmal miteinander durchgehen.

durchgehen vor Wut/... *ugs selten* · to blow one's top, to flip one's lid, to blow a fuse

Wenn der Chef erfährt, daß der Hartmann ausgerechnet jetzt, wo wir das ganze Personal dringend brauchen, krank feiert, geht er durch vor Wut. Er ist in der Lage und verlangt ein amtsärztliches Zeugnis, wenn er ihn nicht sogar an die frische Luft setzt.

mit jm./etw. **durchgehen** *oft Perf ugs selten* – mit jm./etw. **durchbrennen** · to run away with s.o., to elope with s.o.

etw./es **durchgehen lassen** · 1. 2. to turn a blind eye to s.th., 1. to overlook s.th., 2. to let s.o. get away with s.th., to stretch a point

1. Man kann nicht immer so genau sein! Man muß auch mal etwas durchgehen lassen – Fehler, Ungenauigkeiten, Lärm, ein wenig Faulheit ... Solange es nicht zu schlimm wird ...

2. Wir hatten Glück: der Zollbeamte sah zwar, daß wir zehn Flaschen Whisky mitführten, aber er ließ es durchgehen.

durchgerben: jn. (**anständig**/...) **durchgerben** *ugs selten* – jm. den **Buckel** vollhauen/vollschlagen · to tan s.o.'s hide, to give s.o. a good hiding

durchgreifen: (hart/scharf) **durchgreifen** · to take vigorous action, to take drastic measures

Eine Sache ist es, hart durchzugreifen, eine andere, kein Verständnis zu haben. Ein Chef, der weich ist, hat im Konkurrenzkampf verloren; ein Chef, der für die Probleme seiner Leute kein Verständnis hat, untergräbt seine Stellung im eigenen Haus.

durchgucken: durchgucken *ugs* – den **Durchblick** haben · to know the score, to know exactly what is going on

Durchhaltevermögen: Durchhaltevermögen haben/zeigen/ beweisen/... – **Stehvermögen** haben/zeigen/beweisen/... · to have/to show/... (a lot of/...) staying power/stamina/endurance/...

durchhängen: völlig/... **durchhängen** *ugs* · 1. to be washed out (to be drained), 2. to be strapped for cash, to be on one's uppers, 3. to be going through a bad/difficult/... phase, to be struggling

1. ... Gestern hing ich total durch. Ich war total müde.

2. ... Ich häng' im Moment finanziell völlig durch. Ich weiß echt nicht, wovon ich meine nächste Miete bezahlen soll.

3. ... Mein Sohn hängt zur Zeit völlig durch. Er weiß nicht, was nun werden soll, nachdem er seinen Job verloren hat.

Durchhänger: einen Durchhänger haben *ugs* · + a period/... in which one flags, + a period/... in which one does not work

Hast du die ganzen acht Monate hart an deiner Diplomarbeit gearbeitet? – So zwischendurch hab' ich mal einen Durchhänger gehabt – so zwei, drei Wochen. Aber sonst hab' ich mich in der Tat dabeigehalten.

durchhecheln: jn. **durchhecheln** *ugs* – sich das **Maul** (über jn.) zerreißen · to gossip maliciously about s.o., to spread scandal about s.o.

durchixen: etw. **durchixen** *ugs Neol* · to x out a typing error, to x s.th. out

Kennst du den Ausdruck 'etw. durchixen' – 'auf der Schreibmaschine einen oder mehrere Buchstaben durch ein X ungültig machen?'

durchjagen: Gesetze/... (in aller Eile/...) **durchjagen**/durch die Gremien/... jagen *ugs* · to push laws/... through *n*, to rush laws/... through *n*

Wie es scheint, will der Kanzler die neuen Steuergesetze noch vor der Sommerpause durchs Parlament jagen. – Er wird natürlich alle Leute unter Druck setzen. Aber ob die Zeit reicht ...

durchkauen: ein bestimmtes Kapitel/... (immer wieder/...) **durchkauen** *ugs* · to go over s.th. again and again *n*

Jetzt hab' ich in der 9 c die Kommaregeln doch bestimmt schon vier Wochen in allen Einzelheiten durchgekaut, und die können die immer noch nicht! – Immer wieder dasselbe: wenn man zu lange denselben Stoff behandelt, verlernt die Klasse mehr als sie lernt, Alfons!

durchkommen: (nicht mehr/...) **durchkommen** (mit etw.) (was/wie/wann/...) · 1. to be able to cope with s.th., to get through s.th., 2. to be able to fathom s.th., to be able to work s.th. out, 3. 4. to be able to cope with s.th., 5. to pull through, to make it, 6. 7. to just/... get through 6. to pass an examination

1. Das ist ein derartiger Papierkram, ich komm' nicht mehr durch. Insgesamt gibt es zu diesem Fall mittlerweile bestimmt hundertfünfzig Stellungnahmen. – Da kann ja keiner mehr durchkommen!

2. Ich komm' selbst nicht mehr durch, was ich damals geschrieben habe. Wie war das noch? Die Miete sollte um 20% erhöht werden ...?

3. Die Arbeit wird einfach zu viel, er kommt nicht mehr durch!

4. Kommt er mit seiner Arbeit denn noch durch? – Ich weiß es auch nicht, wie er das schafft. Aber bisher sagt er nichts.

5. (Ein Arzt im Krankenhaus:) Im Moment wissen wir noch nicht, ob Ihr Mann durchkommt, Frau Weber, denn er hat sehr schwere Verletzungen erlitten. Aber wenn er die nächsten beiden Tage übersteht, dürfte er es schaffen. *med*

6. ... Hat die Alexandra nun das Examen geschafft? – Ja, es ging alles ganz gut, nur in Französisch ist sie gerade so durchgekommen.

7. ... Auf der Autobahn bin ich so gerade nochmal durchgekommen. Hinter mir war ein Unfall. Dann war völlig dicht.

mit etw. (bei jm.) **durchkommen** · 1. 2. to succeed with s.th. (with s.o.), no get anywhere with s.o. with s.th., (not) to get away with s.th. with s.o.

1. Mit so einer dummen Entschuldigung kommst du bei dem Chef nicht durch! Der wird dir ganz was anderes erzählen. Von wegen, Medikamente für die Großmutter kaufen und deswegen nicht arbeiten gehen!

2. Ob er mit dem Antrag durchkommt? – Keine Ahnung! Auf jeden Fall wird es schwer werden, denn es gibt zahlreiche Abgeordnete, die strikt dagegen sind.

durchläuft: jn. **durchläuft es eiskalt/siedendheiß** *path selten* – (eher:) es läuft/rieselt jm. kalt/eiskalt/(heiß und kalt) über den **Rücken**/den Rücken herunter/(hinunter) · + a cold shiver runs down my/... spine, + a shudder runs down my/... spine

durchlügen: sich durchlügen *ugs* · to lie one's way through *tr*, to lie one's way out of trouble *n*

Der Alfons meint, er könnte sich immer und überall durchlügen! Irgendwann fällt er auf die Nase! Nur mit Unehrlichkeit und Gerissenheit ist noch keiner durchs Leben gekommen!

durchmachen: nichts/viel/allerhand/viel Leid/... **durchmachen** (müssen) – etw./viel/allerhand/nichts/... **mitmachen** (müssen) · to join in a lot of things, to do a lot of things, to put up with s.o., to go along with s.th., to go through s.th. (again/...), to have gone through s.th., to have had to put up with s.th.

die ganze Nacht/... **durchmachen** *ugs* · to make a night of it

... Wie lange ging denn euere Fete? – Wir haben durchgemacht. Von Samstag auf Sonntag haben wir überhaupt nicht gepennt.

Durchmarsch: einen Durchmarsch haben *ugs* – die **Scheißerei** haben · to have the runs

durchpauken: etw. **durchpauken** *ugs* · 1. to swot s.th./a lesson/... up, 2. to push laws/... through, to rush laws/... through

1. (Ein Schüler zu einem andern:) Wenn wir die letzten beiden Lektionen anständig durchpauken, können wir die Arbeit eigentlich gar nicht daneben schreiben/in den Sand setzen; denn es sollen doch nur diese beiden Lektionen drankommen.

2. vgl. – Gesetze/... (in aller Eile/...) **durchjagen**/durch die Gremien/... jagen

durchpeitschen: Gesetze/... (in aller Eile/...) **durchpeitschen**/ durch die Gremien/... peitschen *ugs* Gesetze/... (in aller Eile/...) **durchjagen**/durch die Gremien/... jagen · to push laws/... through, to rush laws/... through

durchplumpsen: durchplumpsen *ugs* – **durchfallen** · to fail, to flunk

durchrasseln: durchrasseln *ugs* – **durchfallen** · to fail, to flunk

durchrauschen: durchrauschen *ugs* – **durchfallen** · to fail, to flunk

Durchreise: auf der Durchreise (sein) · to be travelling through, to be passing through

Bleiben Sie lange in unserer Stadt? – Nein, nur heute nacht. Ich bin hier nur auf der Durchreise. Morgen früh geht's weiter 'gen Süden.

durchringen: sich dazu durchringen, etw. zu tun/sich zu etw. durchringen · to be able to bring o.s. to do s.th., to finally/... make up one's mind to do s.th.

Also gut, ich habe mich dazu durchgerungen, eurer Reise zuzustimmen und euch das Geld dafür zu geben. Es kostet mich zwar einige Überwindung, einen 16-jährigen Jungen mit seiner 15-jährigen

Freundin allein für 14 Tage losziehen zu lassen – aber gut, nach reiflicher Überlegung stimme ich doch zu.

durchrutschen: durchrutschen *ugs* · to scrape through (an examination), to slip through

... Hat die Ursel ihr Examen bestanden? – Sie ist noch soeben durchgerutscht. Der Prüfer hat offensichtlich beide Augen zugedrückt.

durchsausen: durchsausen *ugs* – **durchfallen** · to fail, to flunk

durchschlagen: durchschlagen · 1. to come through, to show through, 2. + one can see his father/mother/... in him, + s.o. takes after his father/mother/...

1. Na, manchmal schlagen bei ihr ja doch Neid und Mißgunst durch! Schade! Denn sonst ist sie wirklich sympathisch. Aber wenn sie sich plötzlich so neidisch zeigt ...

2. Bei dem Jungen schlägt immer stärker der Großvater durch, findest du nicht? – Das stimmt: er erinnert in der Tat in letzter Zeit sehr an den alten Herrn.

sich (so) **durchschlagen** *ugs* · 1. 2. to get by, to struggle along

1. Was macht er? Welchen Beruf hat er? – Och, er schlägt sich so durch. Heute macht er dies, morgen das. Aber irgendwie schafft er es.

2. Die Zeit nach dem zweiten Weltkrieg war für Millionen von Menschen schwer. Viele schlugen sich bei den verheerenden Wirtschaftsverhältnissen nur mit Mühe durch.

Durchschnitt: im Durchschnitt ... · on average

Natürlich, der eine verdient 5.000,– Mark, der andere 2.000,–, das ist klar. Mich interessiert, was die Leute hier im Durchschnitt verdienen.

Durchschnitt sein · to be average

Ist er gut in der Schule? – Hm, nicht gut und nicht schlecht – Durchschnitt!

guter Durchschnitt sein · to be a good average

... Mittelmaß würde ich nicht gerade sagen. Aber gut ist er auch nicht. Guter Durchschnitt.

(weit) über/unter dem Durchschnitt liegen · to be above average

Mit 358 Punkten liegt er weit über dem Durchschnitt. Der liegt bei 230 Punkten.

durchsegeln: durchsegeln *ugs* – **durchfallen** · to fail, to flunk

durchsein: bei jm. **unten**/(drunten) **durchsein** *ugs* – bei jm. **ausgeschissen** haben · to be finished as far as s.o. is concerned

durchsetzen: ein Projekt/... durchsetzen/es durchsetzen, daß ... (gegen jn./etw.) · 1. 2. to get s.th. through, 1. to push s.th. through, to get s.th. accepted, to carry s.th. through, 2. to push s.th. through

1. Hat der Chef das Projekt durchgesetzt? – Hast du schon mal erlebt, daß er etwas wirklich will und dann nicht durchsetzt?

2. Gegen alle Widerstände hat er es durchgesetzt, daß in Zukunft nur noch die einen Fahrzuschuß bekommen, die weniger als 1.000,– Mark netto verdienen und mehr als 10 km wegwohnen. Das ist jetzt die offizielle Regelung.

sich (mit etw.) (gegen jn./(etw.)) **durchsetzen** · 1. to assert one's authority over pupils/..., 2. to impose one's will on s.o., to get/to have/... one's way

1. Ein Lehrer, der sich nicht durchsetzen kann, kann fachlich noch so gut sein – er wird nicht viel erreichen.

2. ... Wo holt dieser Mann bloß die Kraft her, um sich gegen alle Widersacher, gegen alle politischen Gegner und nicht zuletzt auch gegen all die Intrigen und Machenschaften immer wieder durchzusetzen?

durchsichtig: glaubst du/glaubt ihr/..., **du wärst**, ihr wärt/... **durchsichtig**?! *sal* – (..., oder) ist/war dein/euer/... **Vater Glaser**?! · do you think you are invisible?, do you think I can see through you?

durchstarten: durchstarten · 1. to pull up out of a landing, to start climbing again, 2. to accelerate away/off, 3. to rev up (the engine)

1. … Die Maschine sollte gerade aufsetzen, da sah der Pilot, daß die Landebahn schwer beschädigt war. Im Bruchteil einer Sekunde entschloß er sich durchzustarten – und im Nu sahen die verdutzten Flughafengäste die Boeing wieder in den Wolken verschwinden.

2. (Vor einer Taxistation; ein Taxi nähert sich:) Was ist das denn? Statt ganz abzubremsen, startet der Fahrer plötzlich durch! – Da vorne hat ein anderer ein Zeichen gegeben. Das ist hier so: die Leute kennen keine Reihenfolge.

3. … Ist das denn gut für den Motor, morgens sofort so durchzustarten? – Nein, der Motor sollte warm sein, ehe man einen solchen Kavaliersstart dahinlegt.

durchstehen: das/etw. durchstehen · to get through it/s.th.

… Mir graust es vor dem Staatsexamen, das bedeutet ein halbes Jahr Pauken am Stück. Ich weiß noch gar nicht, wie ich das durchstehen soll.

durchsteigen: (da/in/durch etw.) (nicht) durchsteigen *ugs* · to get s.th., to catch on

In der Integralrechnung steigt sie einfach nicht durch. Das kann man ihr erklären, soviel man will, sie kapiert das einfach nicht.

durchwachsen: jm. geht's/… durchwachsen *sal* · + s.o. is feeling/… so-so *coll*

… Tag Albert! Wie geht's? – Danke, durchwachsen! – Wie, hast du Probleme? – Nein, nichts Besonderes. Ich sag' ja: man lebt.

durchwalken: jn. (anständig/…) durchwalken *sal* – jm. den **Buckel** vollhauen/vollschlagen · to give s.o. a good beating/thrashing/hiding/… *coll*

durchwamsen: jn. (anständig/…) durchwamsen *sal selten* – jm. den **Buckel** vollhauen/vollschlagen · to give s.o. a good beating/thrashing/hiding/… *coll*

durchwichsen: jn. (anständig/…) durchwichsen *sal selten* – jm. den **Buckel** vollhauen/vollschlagen · to give s.o. a good beating/thrashing/hiding/… *coll*

durchwitschen: (jm.) durchwitschen *sal selten* · to slip through *coll*

… Fünf Minuten später, und die Dealer wären geschnappt worden. – Es ist ihnen also wieder gelungen durchzuwitschen! – Ja, der Ring um das Viertel war noch nicht ganz geschlossen …

durchwursteln: sich (so) durchwursteln/(durchwurschteln) *ugs* · to muddle through

… Seit langem schon leistet diese Regierung keine konstruktive Arbeit mehr; seit langem wurstelt sie sich nur noch so durch.

Durchzug: Durchzug machen · to let some air in, to get the air moving, to create a draught

Mann, ist das eine Luft hier! Da kann man ja ersticken. Macht mal einen Moment Durchzug! Los, das Fenster da und die Tür hier auf, damit der Wind mal hier richtig durchfegt …

auf Durchzug schalten *ugs* · to let it go in one ear and out the other

… Sag mal, hörst du überhaupt zu oder hast du mal wieder auf Durchzug geschaltet? Was hab' ich jetzt gesagt? – Hm, der Onkel … Heizung … – Sag' ich doch: du hast mal wieder angestrengt weggehört!

im Durchzug sitzen/stehen/… – im **Zug** sitzen/stehen · to sit/to stand/… in a draught

keinen Durchzug vertragen – keinen **Zug** vertragen · not to be able to stand draughts, to be very/… susceptible to draughts

dürftig: mehr als dürftig sein · to be pretty poor, to be pretty feeble

… Nein, mit diesem Roman kann er keine Ehre einlegen. – Du findest ihn also nicht gut? – Er ist mehr als dürftig. Im Schuljargon: fast noch so eben kaum genügend.

Durst: seinen Durst stillen (nach Wissen/…) · 1. 2. to quench one's thirst (for knowledge/…)

1. Nach dieser langen Wanderung durch die Hitze müssen wir erst einmal unseren Durst stillen. Ich hole uns ein paar Flaschen Sprudel. Oder wollt ihr lieber ein Bier?

2. Dieser Lehrer kann Herberts Durst nach Wissen nicht stillen. Du mußt dem Jungen Fachbücher zur Physik kaufen, ihm Experimente hier zu Hause ermöglichen, sonst kommt er bei seinem Wissensdrang einfach nicht auf seine Kosten. *form*

einen über den Durst trinken *häufig: einen über den Durst getrunken haben ugs* · to have had one too many, to have had one over the eight

Warum bist du denn so heiter? Du hast wohl einen über den Durst getrunken, was? – Herr Breitner, nehmen Sie mir das heute bitte nicht übel! Ich werde gerade 18 Jahre. – Na, dann trink' meinetwegen weiter! Aber morgen bist du wieder arbeitsfähig zur Stelle!

Durststrecke: eine (längere) Durststrecke · a lean period, a barren period

… Nun, wenn der Heinz ein, zwei Jahre hart arbeiten muß und etwas weniger verdient, ist das schließlich auch kein Beinbruch! Wichtig ist, daß er nicht auf der Straße liegt und daß es wieder aufwärts geht. Solche Durststrecken hat man nun einmal im Leben.

Dusche: etw. ist eine kalte/eiskalte Dusche (für jn.) *ugs* · to be like a cold douche for s.o. *rare*, to bring s.o. down to earth with a bump

Er hat von seinem Chef immer nur in den höchsten Tönen gesprochen. Deshalb war dessen Bemerkung gestern, die Abteilungen müßten neu organisiert werden, eine kalte Dusche für ihn. Das konnte nur Schlimmes bedeuten … Eine herbe Enttäuschung.

(eben rasch/…) unter die Dusche gehen – (eben rasch/…) unter die **Brause** gehen · to take/to have/… a quick/… shower

eine kalte Dusche kriegen/(bekommen) (von jm.) *ugs* · to be brought down to earth with a bump

Da hat er von seiner Freundin aber eine kalte Dusche gekriegt! Sie erklärte ihm, daß sie eigentlich an einen anderen Mann gebunden ist. Er tut mir leid: er hatte immer so begeistert von ihr gesprochen!

Düse: jm. geht/… ganz schön/… die Düse *sal Neol* · + s.o. is dead scared/scared stiff/scared shitless, + s.o. is shit-scared, + s.o. gets quite a fright/shock/… *coll*, + s.o.'s heart skipped a beat *coll*

… Als Petras Hund plötzlich auf mich zustürzte, ging mir ganz schön die Düse. Irgendwie war's mir da ziemlich mulmig.

ich mach'/(der Peter macht/…) (dann) (mal) die Düse *sal Neol* · to split, to be off *coll*

Ich mach' dann mal die Düse, sonst komme ich zu spät nach Hause. Macht's gut, bis morgen.

Düsenjäger: mit dem Düsenjäger durch die Kinderstube gebraust/gerast/gerauscht/(gefahren)/… sein *sal selten* – im **D-Zug** durch die Kinderstube gebraust/gesaust/gerauscht/(gefahren)/… sein · to have been dragged up, not to have been taught any manners

Dusel: (noch/…) im Dusel sein *ugs selten* – (eher:) (noch/…) im **Tran** sein (1; a. 2) · to be in a daze, to be feeling muzzy, to be befuddled, to be in a fuddle

Dusel haben *ugs* – (vielleicht/…) (ein) **Schwein** haben (1; u. U. 2) · to be dead/… lucky

duselig: noch ganz/… dusselig sein *sal* – noch (ganz/halb/…) im **Tran** sein · to be in a daze, to be feeling muzzy, to be befuddled, to be in a fuddle

Dustern: im Dustern *ugs* – im **Dunkeln** · in the dark

Dutzend: davon/von etw. gehen zwölf auf ein/aufs Dutzend *veraltend selten* · + to be nothing special, + to be not much to write home about

Mensch, von diesen Schuhen gehen zwölf auf ein Dutzend. Damit brauchst du nur ein Mal durch ein unwegsames Gelände zu gehen, dann ist irgendetwas kaputt.

im Dutzend billiger · cheaper if you buy by/in bulk

Was kostet der Apparat? – 1.200,– Mark. Wenn du allerdings eine größere Menge kaufst, gewähren wir dir einen Preisnachlaß bis zu 30% – Nach dem Motto: im Dutzend billiger ... Nein, ich frage als Privatmann und brauche nur ein Gerät.

Dutzendgesicht: ein(e) Dutzendgesicht/-erscheinung/-ware/... · to be nondescript, to be run-of-the-mill

'Qualitätshemd' – welch ein Unsinn. Dutzendware ist das, ein Hemd von schlechter Qualität!

Duzfuß: mit jm. **auf/**(auf dem) **Duzfuß stehen/**miteinander auf Duzfuß stehen *ugs* · to be on first-name terms with s.o., to be pally with s.o.

Kennst du den Dr. Bach? – Den Egon Bach? Natürlich. Mit dem stehe ich auf Duzfuß. Wir kennen uns seit dreißig Jahren. Wir haben zusammen die Schulbank gedrückt.

E

Ebbe: jetzt/für heute/für diesen Monat/... **ist Ebbe** (bei jm.) *ugs selten* · that's enough!, + let's hear no more of that!
Mutti, ich brauche noch ein neues Kleid. – Jetzt ist Ebbe, hörst du?! Du hast jetzt schon vier neue Kleider gekriegt in diesem Frühjahr, das genügt doch wohl!

bei jm. **ist Ebbe** (mit etw.) *ugs selten* · that's enough!, + I/... don't/... want to hear any more of it!
Papa, kannst du mir nochmal den Wagen leihen? – Bei mir ist Ebbe! Seitdem ihr nach eurer Sauferei noch Auto gefahren seid, kannst du mir mit dieser Bitte nicht mehr kommen!

Ebbe und Flut · low tide and high tide, ebb and flow
Wie heißen die Gezeiten (des Meeres) – Ebbe und Flut – auf französisch, Peter?

bei jm. **ist/herrscht Ebbe in der Kasse**/im Portemonnaie/... *ugs* · + s.o. is strapped for cash, + s.o.'s funds are running low, + s.o. is hard up
Du, ich brauche unbedingt 1.500,– Mark. Kannst du mir aushelfen? – Leider nicht! Bei mir ist Ebbe in der Kasse. – Du hast aber auch wirklich nie Geld.

eben: mal eben ... · for a minute/second/moment
Kannst du mir mal eben deinen Stift leihen, nur für zwei Minuten?

so eben (noch) – (noch) **so eben** · only just, just about

(noch) **so eben** · 1. 2. 3. only just, just about
1. Er konnte den Unfall noch so eben vermeiden. Um ein Haar hätte es geknallt.
2. Sie ist noch so eben im Examen durchgekommen. Noch ein, zwei Fehler mehr, und sie wäre durchgefallen.
3. Sie kommen so eben mit ihrem Geld aus. Sie machen zwar keine Schulden, aber sie behalten auch keinen Pfennig übrig. Es reicht halt so gerade.

nicht eben viel/billig/... sein · not exactly a lot/cheap/...
1.350,– Mark für einen Mantel scheint mir ja nicht eben billig. – Das stimmt, billig ist es in der Tat nicht. Aber ...

eben erst · only just
Nun laß den Papa doch erst mal ein wenig verschnaufen, Ute! Er ist eben erst nach Hause gekommem – vielleicht vor fünf oder zehn Minuten.

Ebene: auf die schiefe/(abschüssige) **Ebene geraten/**(kommen) · to go astray, to get into bad ways
Die falsche Erziehung ist verantwortlich dafür, daß er auf die schiefe Ebene geriet. – Meinst du? Nicht wenige Leute geraten trotz einer guten Erziehung auf Abwege!

auf einer (ganz) **anderen Ebene liegen** · to be of a (completely/...) different order, to be on a (completely/...) different level
Wie kannst du die Frage nach der Schönheit mit der nach dem Nutzen verwechseln, Gerd?! Das eine liegt doch auf einer ganz anderen Ebene als das andere.

auf der gleichen/derselben Ebene stehen (wie j./mit jm.) · to be on the same level as s.o./s.th.
Warum soll ich bei dem Dr. Birkel Umstände machen? Er steht sowohl sozial als auch beruflich auf der gleichen Ebene wie ich. Wir beide sind Geschäftsführer eines größeren Unternehmens ...

jn./etw. **auf die gleiche/dieselbe Ebene stellen** (mit jm./etw./wie jn./etw.) · to put s.o./s.th. on a par with s.o./s.th.
Nach der Bemerkung von John X über Christus haben sich viele Menschen darüber aufgeregt, daß der junge Mann die Beatles und das Christentum auf dieselbe Ebene stellte.

auf gleicher/derselben Ebene mit jm. **umgehen/**... · to treat one another as equals
Obwohl der Prof. Herrmann eigentlich viel mehr darstellt als der Anton Dollinger, habe ich doch den Eindruck, daß sie auf gleicher Ebene miteinander umgehen.

Ebenholz: schwarz wie Ebenholz (sein) *geh selten* · to be as black as ebony
... und dann ihr Haar, schwarz wie Ebenholz! Allein in dieses tiefdunkle Haar könnte man sich verlieben.

Echo: (nur/...) js. **Echo sein**/das Echo sein von jm./(etw.) · to be (only/...) the echo of s.o., to be (only/...) s.o.'s echo
... Und der Peter sagt auch ... – Klar, wenn die Petra sagt, das Konzert war schlecht, sagt der Peter das auch. Der ist doch nur ihr Echo.

kein/nur geringes/... **Echo finden**/(ein) starkes/lebhaftes/schwaches/klägliches/... **Echo finden** (in .../bei .../...) · (not) to meet with a positive/lively/strong/weak/... response, to meet with no/a poor/not much of a/a weak response, to make/have no/not much of/a powerful/(...) impact
Während die Rede des Kanzlers in der Bevölkerung ein ziemlich starkes Echo fand, sprach von der des Oppositionsführers kein Mensch.

echt: das ist (mal wieder) **echt** Karl/Erika/... *ugs* · it's/that's typical of Karl/Erika/..., that's Karl/Erika/... all over
Was sagst du, der Karl ist vor versammelter Mannschaft in seinem Diplomatenanzug ins Schwimmbassin gesprungen? Das ist mal wieder echt Karl. Der muß immer so einen Blödsinn anstellen.

Eck: über(s) Eck · corner to corner, cornerwise, diagonally
Schau mal, wie die Christa ihr viereckiges Halstuch faltet: (so) übers Eck. Sie fängt an einer Ecke an und faltet das Tuch dann diagonal zu einem schmalen, langgezogenen Schal zusammen.

im Eck sein *ugs Sport selten* – nicht/schlecht/miserabel/... in **Form** sein · to be off form, to be in poor/weak/... form

Eckart: ein getreuer Eckart (sein) *path veraltend selten* · (to be) a faithful Eckart *tr*, (to be) a trusty/loyal friend
Der Detlev Kramm, wissen Sie, hält meinem Mann auch in den heikelsten Dingen unverbrüchlich die Stange. Wenn er den nicht hätte ...! So einen getreuen Eckart gibt's heute gar nicht mehr.

Eckchen: sich ein stilles Eckchen suchen · to look for a quiet corner
Und was machst du dann, nach deiner Pensionierung? – Ich suche mir ein stilles Eckchen im Bayrischen Wald und ruhe mich von dem hektischen Leben der letzten Jahre aus.

Ecke: (schon/...) **um die Ecke sein** *ugs selten* – schon/... unter der **Erde** liegen · to be six feet under

gleich um die Ecke wohnen/zu haben/(kaufen/...) sein/es gibt etw. gleich um die Ecke *ugs* · to live/to be/to be able to get s.th. just around the corner
Du hast mal wieder kein Schreibpapier zu Hause? – Ich hatte keine Lust, extra danach herumzulaufen? Das gibt's doch gleich um die Ecke. Das Schreibwarengeschäft ist doch gleich um die Ecke. Das Schreibwarengeschäft ist doch gleich dort drüben, nach 50 Metern links.

es gibt etw. **an jeder Ecke**/an jeder Ecke zu haben/(kaufen/...) sein *ugs* · one/you/... can get/buy/... s.th. all over the place *n*, one/you/... can get/buy/... s.th. everywhere one goes *n*
Muscheln und Krebse sind in Portugal – im Unterschied zu Deutschland – nichts Besonderes. Die gibt's an jeder Ecke.

jn. **um die Ecke bringen** *ugs selten* · to bump s.o. off *sl*, to do away with s.o., to get rid of s.o.
Haben sie den Regimegegner wirklich um die Ecke gebracht oder lebt er jetzt in der Verbannung? – Man raunt sich zu, er sei heimlich umgebracht worden.

etw. **um die Ecke bringen** *sal selten* – etw. **mitgehen** lassen/ (heißen) · to pinch s.th., to whiz s.th. *sl*, to lift s.th.

(sozusagen/...) **um die Ecke denken** *selten* · to think laterally

Die natürlichen Feinde dieser Schädlinge anlocken und sie so vernichten, statt durch direkte Vernichtungsmittel – das scheint mir eine ausgezeichnete Idee! Der Mann hat sozusagen um die Ecke gedacht. Sehr geschickt!

jn. **in die Ecke drängen** *ugs selten* · 1. to push s.o. into the background *n*, 2. to force s.o. on to the defensive *n*

1. ... Du hast Recht: in den vergangenen zwei Jahren stand in der Fraktion immer der Roeder im Vordergrund; aber seit einigen Monaten hört man nichts mehr von ihm. Wahrscheinlich haben ihn irgendwelche Rivalen in die Ecke gedrängt.

2. vgl. – jn. in die **Defensive** drängen

um die Ecke gehen *sal selten* · to kick the bucket, to snuff it

35 Leute sind bei diesem entsetzlichen Unfall um die Ecke gegangen! 35 Tote bei einem einzigen Unfall!

um die Ecke gucken/(sehen) können *sal iron* · to be able to see round corners, to have a squint *n*

Hast du schon gemerkt, der Rude kann um die Ecke gucken. – Gerd, wenn jemand schielt, soll man sich nicht darüber lustig machen.

Ecke stehen *sal selten* · to walk the streets

Ob 'Edelnutte' oder eine von denen, die Ecke stehen ...

an der Ecke/(den Ecken) (herum-)stehen *ugs* – (eher:) an den **Ecken** (herum-)stehen · to stand around on street corners

ein Kind/... **in die Ecke stellen** · to make a pupil/... stand in the corner

In meiner Jugendzeit stellten die Eltern und Lehrer die Kinder noch in die Ecke, wenn sie ungehorsam waren. – Welch ein Greuel, Oma!

jn. **in die linke/rechte/... Ecke stellen** · to pigeonhole s.o. as a leftist/extremist/...

»Es ist jedesmal das gleiche!«, schimpfte er, »wenn man mit fairen Mitteln nicht gegen den politischen Gegner ankommt, versucht man, ihn in die kriminelle oder extremistische Ecke zu stellen und dann fertigzumachen.«

jm. **nicht um die Ecke trauen** *ugs selten* – jm. nicht über den **Weg** trauen · not to trust s.o. an inch, not to trust s.o. as far as one could throw him

nicht wissen/sich fragen/..., **aus welcher Ecke der Wind weht/(pfeift)** · (not) to know/to wonder/... which way the wind is blowing

... Im Augenblick ist es in der Tat schwer zu sagen, aus welcher Ecke der Wind weht. Nicht die Linken und nicht die Rechten, nicht die Liberalen und nicht die Konservativen – keine der bekannten Gruppierungen scheint das Heft in der Hand zu haben.

es brennt an allen Ecken (und Enden) *selten* · everything is in turmoil/uproar/... all over the place

Zur Zeit brennt es an allen Ecken – ein Aufstand jagt den anderen, ein Freiheitskampf folgt auf den anderen ...

etw. **fehlt an allen Ecken und Enden**/es fehlt ... an etw. · 1. 2. there are shortages/... everywhere you turn/everywhere you look/wherever you look

1. Seit der Wiedervereinigung fehlt im Staatshaushalt das Geld an allen Ecken und Enden.

2. ... In dieser Schule fehlt's an allen Ecken und Enden. Zu wenige Lehrer, keine vernünftigen Lehrmittel, zu wenige und zu kleine Räume ...

an allen Ecken und Enden auseinanderfallen/(auseinandergehen/entzweigehen)/... *ugs* – (eher:) an allen **Ecken** und Kanten auseinanderfallen/(auseinandergehen/entzweigehen)/... · to be completely/... falling apart/coming apart/...

(in .../auf .../...) **an allen Ecken und Enden zu finden sein**/... *ugs* – (in .../auf .../...) an allen **Ecken** und Kanten zu finden sein/... · one can find/... s.th. all over the place, one can find/... s.th. everywhere, one can find/... s.th. at every turn

von allen Ecken und Enden herbeiströmen/herbeikommen/ erscheinen/... *ugs* · to come/to flock in/... from all over (the place)

Zum Endspiel um den Pokal strömten die Leute aus allen Ecken und Enden herbei. Aus allen Stadtteilen, aus den umliegenden Dörfern, von weither kam alles, was Beine hatte.

(in/.../an .../...) (etw.) **an allen Ecken und Enden prüfen**/... *ugs* – (in .../an .../...) (etw.) an allen **Ecken** und Kanten prüfen/... · to check/to inspect/... s.th. from top to bottom, to go over s.th. with a fine tooth comb

an allen Ecken und Kanten auseinanderfallen/(auseinandergehen/entzweigehen)/... *ugs* · to be falling apart at the seams

Die Hose kannst du doch nicht mehr anziehen! Die fällt doch an allen Ecken und Kanten auseinander. – Glaubst du, ich wüßte nicht, daß sie sich in Wohlgefallen auflöst? Aber ich habe keine andere, die ich draußen beim Fußballspielen anziehen könnte.

(in .../auf .../...) **an allen Ecken und Kanten zu finden sein**/... *ugs* · 1. 2. one can find/... s.th. all over the place, one can find/... s.th. everywhere, 2. one can find/... s.th. at every turn

1. An allen Ecken und Kanten gibt es in den letzten Jahren Revolutionen, Revolten, Kriege ... Wo man auch nur hinschaut: Aufruhr ...

2. In dieser Stadt sieht man ja an allen Ecken und Kanten Bettler. Die ganze Innenstadt und zahlreiche periphere Stadtviertel sind voll davon.

von allen Ecken und Kanten herbeiströmen/herbeikommen/ erscheinen/... *ugs* – von allen **Ecken** und Enden herbeiströmen/herbeikommen/erscheinen/... · to come/to flock in/... from all over (the place)

(in .../an .../...) (etw.) **an allen Ecken und Kanten prüfen**/... *ugs* · to check/to inspect/... s.th. from top to bottom, to go over s.th. with a fine tooth comb

Wir haben den Wagen an allen Ecken und Kanten geprüft. Sie können beruhigt sein: er ist nirgends defekt.

die Ecken und Kanten (seines Wesens) abschleifen/(abstoßen) **noch abschleifen**/(abstoßen) **müssen** *form* · to have to get rid of the rough edges

... Ein bißchen grobschlächtig ist der Junge, das gebe ich zu; aber er hat einen selten guten Kern, und wenn es ihm gelingt, in den nächsten Jahren die Ecken und Kanten (noch) ein wenig abzuschleifen, kann er ein sehr charmanter Mann werden.

an den Ecken (herum-)stehen *ugs* · to stand around on street corners

Junge, wenn du dich mit deiner Freundin unterhalten willst, dann tu das im Haus – bei ihr oder bei uns – oder macht einen Spaziergang oder sonstwas! Aber da an den Ecken herumstehen – das möchte ich nicht mehr sehen, das ist häßlich.

um ein paar/mehrere/sieben Ecken (herum) mit jm. **verwandt sein** *ugs* · to be s.o.'s second cousin twice removed *hum*, to be distantly related to s.o. *n*

Du bist mit dem Bert Trautner verwandt? – Um ein paar Ecken. Sein Großvater väterlicherseits war ein Cousin von einem angeheirateten Bruder meiner Großmutter mütterlicherseits. – Kannst du mir das nochmal erklären?

in allen Ecken und Winkeln suchen/... *ugs selten* · to look/ to have looked/... in every nook and cranny

... Ich kann den Füller einfach nicht finden, Vater. Ich hab' schon in allen Ecken und Winkeln gesucht – mein Zimmer durchgestöbert, das ganze Wohnzimmer durchsucht, in Werners Zimmer nachgeschaut. Ich weiß gar nicht, wo ich noch gucken soll.

Eckhaus: blau wie ein Eckhaus (sein) *sal selten* – blau wie ein **Veilchen** (sein) · to be plastered/sloshed/legless/canned/ pissed/..., to be as drunk as a lord

eff-eff: etw. **aus dem eff-eff beherrschen** *ugs* · 1. 2. to know s.th. inside out, to know one's onions *sl*

1. Er beherrscht seine Statistiken aus dem eff-eff. Du kannst ihn fragen, was du willst, er gibt dir sofort eine präzise Antwort.

2. Der Karl beherrscht sein Metier aus dem eff-eff. Wenn alle Leute die Grundlagen ihres Berufs so ausgezeichnet beherrschten, sähe die Welt anders aus.

etw. **aus dem eff-eff können** *ugs* · 1. 2. to be able to do s. th. blindfold, to be able to do s. th. standing on one's head/just like that, to know s. th. inside out

1. Paul kann das Gedicht aus dem eff-eff. Er schnurrt es von oben bis unten herunter, ohne auch nur ein Mal zu stocken oder sich zu vertun.

2. Die Lektion VII kann sie aus dem eff-eff. Wenn die in der Arbeit drankommt, schreibt sie eine 'Eins'.

Effekt: **Effekt haben/machen** · to have an effect

Ich weiß nicht, ob die Werbung den gewünschten Effekt gemacht hat oder nicht. Ich weiß nur, daß sie ungeheure Summen verschlungen hat. – Sie hat glänzend gewirkt.

Effekthascherei: **Effekthascherei betreiben/...** · to do s. th. just for show

Die neuen Gesetze zur Bekämpfung der Rauschgiftkriminalität sind, nach Auffassung unseres Direktors, doch nichts anderes als Effekthascherei. Sie dienen nur zur Beruhigung des Bürgers. An den Ursachen dieser Problematik wird sich nichts ändern.

egal: jm. **(ganz/völlig/...) egal sein** (ob/was/wie/...) · 1. 2. + not to care (a bit/at all/...) about s.o./s. th., + to be completely/... indifferent to s.o./s. th., + not to be (at all/...) interested in s.o./s. th., 3. 4. + s.o. couldn't care less how/whether/..., + s.o. doesn't care how/when/...

1. Seine Eltern sind ihm völlig egal! Er kümmert sich überhaupt nicht um sie.

2. Diese Menschen sind ihm egal, sie interessieren ihn nicht.

3. Natürlich kann unser Mädchen morgens später mit der Arbeit beginnen, wenn sie dafür abends länger bleibt. Mir ist das egal.

4. Mir ist (es) egal, wann das Mädchen arbeitet. Die Arbeit muß nur gemacht werden.

egal, wie/wo/wann/... · 1. 2. 3. no matter how/where/when/...

1. Ich muß das Ziel erreichen, egal wie!

2. Er will sie unbedingt treffen, egal wo!

3. Die Arbeit muß gemacht werden, egal, wie, wo und wann!

ego: mein/dein/... **alter ego** *geh selten* · 1. 2. your/my/the/... alter ego

1. (In einer Diskussion über die Freundschaft:) Wer hat schon einen Freund, mit dem er so vertraut ist, daß er ihn als sein alter ego ansieht? – Als was? – Als sein 'anderes oder zweites Ich'.

2. ... Ich weiß nicht, sagte sie plötzlich, ob alle Menschen zwei Seelen in ihrer Brust haben. Wie man auch sei: der Werner, scheint mir manchmal, das sind zwei Menschen: der eine – liebenswürdig, verständnisvoll, sensibel; und dann das – schreckliche – alter ego: ein harter, gefühlloser, kämpferischer Egoist.

Egotrip: (mal) **wieder auf seinem Egotrip sein** *ugs Neol* · to be on an ego trip again

Ist der Fritz immer so unkooperativ? – Nein, er ist nur mal wieder auf seinem Egotrip; da sind ihm alle anderen Leute egal.

eh: etw. **eh (nicht) tun/sein** · 1. not to be/to do s. th. anyway, 2. in any case, anyway, whatever happens

1. vgl. – etw. **sowieso** (nicht) tun/sein

2. vgl. – (a.) auf jeden **Fall** (2)

seit eh und je · for donkey's years *coll*, for ages, since the year dot *coll*

Eure Familie macht neuerdings in Portugal Ferien? – Neuerdings? Seit eh und je! Solange ich zurückdenken kann, fährt unsere Familie in den Ferien nach Portugal.

wie (seit) eh und je (etw. tun) · as it always has been, + the same old story *coll*, + the same as ever, to do s. th. in the same old way

Wie läuft ihre Ehe? – Wie eh und je. Da hat sich vom ersten Tag ihrer Hochzeit bis heute nichts geändert.

Ehe: **eine zerrüttete Ehe** *form* · a broken marriage, a marriage on the rocks, a wrecked marriage

... Ah, Gerda, du wirst doch noch eine Ehekrise von einer zerrütteten Ehe unterscheiden können. In dem einen Fall hofft man auf eine Wendung zum Guten, im anderen sind die Grundlagen zerstört, sodaß eine solche Hoffnung illusorisch ist.

einem Mädchen/... **die Ehe antragen** *form* – einem Mädchen/... einen **Heiratsantrag** machen/(stellen) · to propose to s.o., to make a proposal of marriage to s.o.

die Ehe brechen (mit jm.) *form* · to commit adultery

Wenn der Albert jeden dritten Monat mit einer neuen Schönheit die Ehe bricht, kann er sich doch nicht wundern, daß die Ursel das irgendwann leid ist und sich scheiden lassen will.

(mit) **in die Ehe bringen** · 1. 2. to bring children/money/... into the marriage

1. Wieviel Kinder hat er in die Ehe gebracht, vier? – Ja, er hat von seiner ersten Frau vier Kinder, die alle noch minderjährig sind.

2. ... Wer so ein Vermögen mit in die Ehe bringt, kann bei der Wahl seiner Frau natürlich Ansprüche stellen. – So, so, ihr wählt eure Frau wie ein Reitpferd?

Klugheit und Güte/Fleiß und Überlegung/... **gehen bei** jm. **eine glückliche/(gute) Ehe ein** *form* · + to be a happy combination of wisdom and kindness/...

Der Herr Martin ist wirklich ein guter Vater. Verständnis und Strenge gehen bei ihm eine glückliche Ehe ein.

eine Ehe eingehen *form* · to get married

'Wer heutzutage eine Ehe eingeht', dozierte er, 'nimmt damit überhaupt kein Risiko mehr auf sich. In einer Zeit, in der die Kinder geplant werden und die Scheidung in allen Klassen alltäglich geworden ist ...

eine wilde Ehe (mit jm.) **führen**/in wilder Ehe (zusammen-)leben *veraltend* · to live in sin (with s.o.) *coll*, to live together, to cohabit (with s.o.)

Die beiden sind verheiratet? – Nein. Sie leben in wilder Ehe zusammen – wie man zu sagen pflegte – oder: im Konkubinat.

eine Ehe zur linken Hand führen *veraltend selten* – eine wilde **Ehe** (mit jm.) führen/in wilder Ehe (zusammen-)leben · to live in sin (with s.o.), to live together, to cohabit (with s.o.)

die Ehe mit jm. **schließen** *form* · to marry s.o., to enter into marriage with s.o.

Am 14. 11. 1929 schloß der Kaufmann Fritz Lange, gebürtig aus Danzig, die Ehe mit Ursula Lange, geb. Breitbach, gebürtig aus derselben Stadt. Die kirchliche Trauung fand in der Gertrudiskirche statt ...

eine Ehe ohne Trauschein führen *selten* – (mit jm.) eine wilde **Ehe** führen · to live in sin with s.o., to cohabit with s.o.

die Ehe vollziehen *form* · to consummate a/the marriage

(Aus einer Diskussion über Kirche und Ehe:) Eine seltsame Vorstellung: die Kirche erlaubte ein Auseinandergehen, wenn die Ehe, wie es so schön heißt, 'nicht vollzogen wurde' – da wird der Geschlechtsakt also konstitutiv für das Sakrament. Aber wenn zwei verheiratete Liebende hundertmal was 'vollziehen', leben sie weiterhin 'in wilder Ehe'. – Na, allzu 'wild' soll man sich das auch nicht vorstellen.

Ehebruch: **Ehebruch begehen** *form veraltend* – einen **Seitensprung** machen/Seitensprünge machen/sich einen Seitensprung/Seitensprünge erlauben/leisten · to have an affair, to have a bit on the side

Ehehafen: **in den Ehehafen einlaufen** *iron selten* – in den **Hafen** der Ehe einlaufen · to enter the haven of matrimony

Ehejoch: **sich (nicht) ins Ehejoch spannen lassen** *path selten* – sich (nicht) ins/in das **Joch** der Ehe spannen lassen · (not) to submit to the yoke of marriage

Ehre: **auf Ehre!** *path selten* · on my oath!, on my honour!, word of honour!

Ich hab' das Geld wirklich nicht hier weggenommen, Heinz! Auf Ehre!

(ich) hab'/**habe die Ehre** *süddt österr veraltend* · pleased to meet you

... Tag Christoph! Ewig nicht gesehen. ... Darf ich dir hier einen Münchener Freund vorstellen? – Woitzel. Freut mich, Sie kennenzulernen. – Habe die Ehre. Mayr. ...

mit wem habe ich die Ehre (zu sprechen/...) *veraltend od. iron* · to/with whom do I have the pleasure of speaking?

(Zwei ältere Herren unterhalten sich angeregt in einem Café; plötzlich greift ein ihnen unbekannter Dritter ein:) Freundschaft – nein, das würde ich anders definieren ... – Entschuldigung, mit wem habe ich die Ehre ...? – Moritz ist mein Name. Ich wollte lediglich sagen ...

etw. **gereicht** jm. (nicht) **zur Ehre** *form* – (keine) **Ehre** einlegen können mit etw. (bei jm.) · to do s.o. (no) credit, to reflect (no) credit on s.o.

Herr Dr. Willi Hauff/... **gibt sich die Ehre**, Herrn Minister .../... einzuladen *form* · Mr. John Smith/... requests the pleasure of s.o.'s company

Antonio José da Silva Araújo, Generalkonsul von Portugal in Stuttgart, gibt sich die Ehre, Herrn Prof. Dr. Willibald Köller zu einem Empfang anläßlich des portugiesischen Nationaltages einzuladen ...

bei meiner Ehre! *path* · on my word!, word of honour!

Bei meiner Ehre, ich habe dem Wilfried nichts erzählt! – Nun gut, wenn du es auf Ehre und Gewissen versicherst, will ich dir glauben – obwohl alle Indizien dagegen sprechen.

was verschafft mir/uns die Ehre eines so hohen/dieses hohen Besuch(e)s/zu ... *geh – iron* – welch ein/(was für ein) **Glanz** in meiner/(unserer) (armen) Hütte · to what do I/we/... owe this honour/the honour of this visit/...?

jm. **die Ehre abschneiden/(besudeln)** *path* · to blacken s.o.'s name, to ruin s.o.'s reputation, to slander s.o.

Ständig versuchst du, anderen Leuten die Ehre abzuschneiden. – Was erzählst du da? Wenn ich sage: 'Deine Schwester geht mit älteren Männern in Nachtclubs', ist das erstens die nackte Wahrheit und zweitens will ich damit deine Schwester weder verleumden noch sie schlecht machen.

sich/jm. etw. **zur Ehre anrechnen** *form* · to give s.o. credit for doing s.th., to take the credit for doing s.th.

Ich rechne es meinem Kollegen Gerlitz zur Ehre an, daß er mich trotz unseres gespannten Verhältnisses vor den Intrigen eines Teils der Belegschaft gewarnt hat.

jm./e-r S. (mit etw.) **zuviel Ehre antun** · 1. 2. to overrate s.o./s.th., 1. to overvalue s.o., 2. to make too much of s.th.

1. ... Komm', verschon' mich mit diesem Petterson! Wenn man den als Schriftsteller bezeichnet, tut man ihm zuviel Ehre an. Ein Schreiberling ist das – weiter nichts.

2. ... Mit einer Aufführung im städtischen Theater tut man dem Stück zuviel Ehre an, Herr Münch! Ich sage nicht, daß sich da keine guten Stellen drin finden. Aber als ganzes ist es nicht ausgereift.

seine Ehre d(a)reinsetzen, etw. zu tun · to make it a point of honour to do s.th.

Er hat seine Ehre dreingesetzt, die Firma nach den revolutionären Wirren wieder auf Schwung zu bringen. Das war für ihn nicht so sehr eine Frage des Geldes, sondern eine der Achtung: mit einer halb ruinierten Firma fühlte er sich gleichsam gedemütigt.

(keine) Ehre einlegen können mit etw. (bei jm.) · to do s.o. (no) credit, to reflect (no) credit on s.o.

Nein, mit deinem Verhalten auf dem Diskussionsabend kannst du bei niemandem Ehre einlegen. Auch wenn man hundertprozentig Recht hat, ironisiert man seine Gesprächspartner nicht so, unterstellt ihnen keine unlauteren Motive. Ein anständiger Mensch tut so etwas nicht.

jm. **die letzte Ehre erweisen/(geben)** *form* · to pay one's last respects to s.o.

Der alten Witwe Lauer haben wir gestern die letzte Ehre erwiesen. – Wo ist sie beerdigt worden?

zu js. **Ehre sei gesagt/muß gesagt werden/...**, daß ... · to be fair to him/Mr. Smith/..., it must be said that ..., in all fairness to him/Mr. Smith/..., it must be said that ...

... Der Herr Seeheim hat sich in den letzten Wochen ein paar ganz schöne Schnitzer erlaubt. Zu seiner Ehre muß aber gesagt werden, daß die bestehenden Probleme wirklich nicht ohne sind. Ob ein anderer Einkaufsleiter geschickter agiert hätte, ist daher mehr als fraglich.

jm. etw. **auf Ehre und Gewissen erklären/versichern/...** *path* · to promise/swear/... on one's honour, to promise/swear/... in all conscience

Wenn er mir auf Ehre und Gewissen erklärt, daß die Unterschrift nicht imitiert hat, muß ich ihm das glauben; auch, wenn der Anschein dagegen spricht.

auf Ehre und Gewissen schwören/... *path* – (eher:) **Stein** und Bein schwören · to swear/to assure s.o./... on one's honour that ...

zur größeren Ehre Gottes *Kirche path veraltend* · to/for the greater glory of God, ad majorem Dei gloriam

... und zum Abschluß der Feier unseres Pfarrpatrons singen wir, zur größeren Ehre Gottes, das Lied 'Großer Gott, wir loben dich'.

jn. **in seiner/(js.) Ehre kitzeln** *ugs* · to tickle s.o.'s self-esteem/sense of honour/vanity/... *para*

... Wenn du auf eine private Unterstützung aus bist: du brauchst nur dafür zu sorgen, daß Onkel Robert erfährt, daß du an dem Wettbewerb aus finanziellen Gründen nicht teilnehmen kannst. Der würde nie 'zulassen', daß 'ein Grasberger' an einem Klavierwettbewerb nicht teilnimmt, nur weil er kein Geld hat. – Du meinst also, ich soll ihn in seiner Ehre kitzeln? – Genau das!

jn. **in seiner Ehre kränken**/sich ... gekränkt fühlen *form – path* · + to offend s.o.'s sense of honour, + to wound s.o.'s honour/to feel wounded in one's honour

... Nun, ich würde mich auch nicht gern vor anderen als 'unseriös' bezeichnen lassen. – Aber deshalb braucht man sich doch nicht gleich in seiner Ehre gekränkt zu fühlen. – Warum nicht? Wenn man Ehrgefühl hat ...

(keine) Ehre im Leib(e) haben *ugs – path* · (not) to have a shred/scrap/ounce of honour/decency in one

Erklärt der Mann in der Tat in aller Öffentlichkeit, wenn er sicher gehen könnte, daß es keiner merkte, würde er sich nichts daraus machen, eine Unterschrift zu fälschen, um an eine Million zu kommen. – Der Kerl war immer so. Er hat überhaupt keine Ehre im Leib. Für ihn zählt nur der Erfolg und der Eindruck, den etwas macht.

jm./e-r S. **Ehre machen** · 1. 2. to be a/to do credit to s.o./s.th.

1. Diese Arbeit macht ihrem Jungen Ehre, Herr Breitner. Eine solche Untersuchung schreibt nicht jeder! Alle Achtung!

2. Diese Übersetzung macht dem Sprachgefühl des Übersetzers Ehre! Rhythmus und Melodik des Textes dürften kaum weniger eindrucksvoll sein als im Original. *seltener*

jn. **bei seiner Ehre packen/(fassen)** · to appeal to s.o.'s sense of honour/self-respect

Er kann seine Tendenz zur Trägheit nicht überwinden, sagst du, und bereitet das Klavierstück nicht sorgfältig vor? Dann mußt du ihn bei seiner Ehre packen, ihm klarmachen, daß es für ihn eine große Blamage wäre, wenn er auf dem Vorspielabend einen schlechten Eindruck machte.

bei seiner Ehre schwören *path selten* · to swear on one's honour

Wenn ein Mann wie der Dr. Walter bei seiner Ehre geschworen hat, daß er niemanden von den Angeklagten persönlich kennt, dann kennt er niemanden. Denn der Dr. Walter ist einer der ganz wenigen Menschen hier, die Ehrgefühl haben.

seine Ehre in/(an) etw. setzen · to stake one's honour on s.th.

Er hat seine Ehre in diesen Brückenbau gesetzt. Wenn man ihm die Gelder dafür verweigert, tritt er als Oberbürgermeister zurück. Mit dem Bau dieser Brücke hat er seine Anerkennung als weitsichtiger Oberbürgermeister aufs engste verknüpft.

etw. (nur/...) **um der Ehre willen tun** · to do s.th. (just/...) for the honour of it

... wo findet man das heute noch, daß Menschen Wochen und Wochen allein um der Ehre willen arbeiten, helfen, sich einsetzen – ohne jeden Gedanken an Profit?

jm. **zu Ehren/zu Ehren von** ... *form* · (to do s.th.) in honour of s.o./in s.o.'s honour

(Auf einer Geburtstagsfeier; der älteste Sohn:) Jetzt schlage ich vor, wir singen unserem Vater zu Ehren das Lied 'Freude, schöner Götterfunken'. Das ist das Lieblingslied unseres Vaters. Wir singen es immer, wenn wir seinen Geburtstag feiern ...

j./(etw.) **in (allen) Ehren, aber**/doch/... · with all (due) respect to s.o./s.o.'s opinion/..., I/... still/... think ...

Mein Vater sagt auch ... – Dein Vater in Ehren, aber von den Rechtsvorstellungen der alten Römer versteht er nichts. Wenn ich eine andere Auffassung habe, hat das also nichts mit meiner Meinung über deinen Vater zu tun.

etw. **in allen Ehren tun** *form* · to do s.th. in all good faith

Wenn der Botschafter deine Tochter auf einem Empfang in allen Ehren zum Tanz auffordert, kannst du dich darüber doch nur freuen, Christa! Wenn der Mann Hintergedanken hätte, würde er anders vorgehen.

in Ehren alt geworden sein *form – path veraltend selten* · to have had/led a long and honourable life

... Nein, Junge, wenn man in Ehren alt geworden ist – wie der Herr Hörig –, dann wird man auch in seinen alten Tagen nicht auf unrechtmäßigem Weg zu Geld kommen wollen. Mit krummen Geschäften könnt ihr dem Herrn Hörig nicht kommen.

etw. **zu Ehren bringen** · to establish the reputation of a town/institution/..., to put a town/... on the map

Noch bis vor 30 Jahren sprach kein Mensch von dieser Stadt. Wer sie zu Ehren gebracht hat, war der Bürgermeister Maler. Mit der Organisation der 'Kunstausstellung Südost', der Erschließung der Umgebung für den Tourismus und der Hilfe bei der Sanierung einiger führender Unternehmen schuf er die Grundlagen für das Ansehen, das sie heute genießt.

es zu Ehren bringen *form* · to have got on in the world, to have achieved great things

Was ist eigentlich aus dem Klaus Löffelholz geworden? – Weißt du das nicht? Er hat es zu Ehren gebracht. Zur Zeit ist er Finanzminister im Saarland und daneben Aufsichtsratsmitglied mehrerer Großunternehmen.

jm. **mit** (allen) **militärischen Ehren empfangen** *form* · to receive/to welcome s.o. with full military honours

... Der Präsident wurde auf dem Flughafen von seinem Gastgeber mit militärischen Ehren empfangen. Nachdem die Nationalhymne beider Länder gespielt worden war, schritten beide Präsidenten die Ehrenkompanie ab ...

in Ehren ergraut sein *form – path veraltend selten* · to have had a long and honourable life

... Nein, zu einer Steuerhinterziehung wirst du einen in Ehren ergrauten Mann wie den alten Herrn Hamann nie bewegen können. Ein solches Ansinnen wird er entrüstet von sich weisen.

etw. **in Ehren halten** *form* · to treat s.th. with due respect/reverence, to cherish s.th.

Die Kette, die die Oma dir da gegeben hat, mußt du aber in Ehren halten. Eigentlich ist sie viel zu wertvoll für ein Mädchen in deinem Alter. Ich hoffe, sie ist noch in demselben guten Zustand, wenn du einmal Oma bist.

zu Ehren kommen/gelangen *form* – (eher:) es zu **Ehren** bringen · to have got on in the world, to have achieved great things

wieder zu Ehren kommen · to come back into favour, to come into one's own again

Eine ganze Woche fiel der Strom aus, stell' dir das vor! Da sind doch bestimmt wieder eure alten Petroleumlampen zu Ehren gekommen, oder? – Natürlich. Aber die Kinder konnten sich nur schwer daran gewöhnen.

etw. **in (allen) Ehren sagen/(tun)** *path* · to say/(to do) s.th. in all good faith

... Ich darf Ihnen in allen Ehren sagen, Herr Löffelholz, daß ich Ihren Kompromißvorschlag für den einzigen Ausweg halte. Ich hoffe, Sie nehmen es mir ab, daß ich keinerlei Hintergedanken habe, wenn ich Ihnen das sage ...

aller Ehren wert sein *path* · s.th. is a credit to s.o., s.th. does s.o./... credit

Deine Übersetzung, Klaus, ist aller Ehren wert. Ich kann nur hoffen, daß sie auch offiziell die Anerkennung findet, die sie verdient.

Ehrenbezeigung: jm. **die Ehrenbezeigung erweisen** *mil* · to salute s.o., to give s.o. a salute

... Und wenn da bei euch plötzlich ein General über den Kasernenhof läuft, mußt ihr ihm natürlich die Ehrenbezeigung erweisen, wie das so schön heißt? – Natürlich. – Das habt ihr also schön gelernt, wie man den Gruß ausführt? – Klar.

Ehrenmann: (auch nicht gerade) **ein Ehrenmann sein** · s.o. is a shady/dubious/... character *coll*/..., s.o. is (not exactly) a man of honour

... Der Möllemeier ist auch nicht gerade ein Ehrenmann. Der soll ganz ruhig sein, der hat selber keine blütenweiße Weste.

Ehrenrettung: **zu** js. **Ehrenrettung sei gesagt**/... *form* · in fairness to him/... it must be said that ..., in his/... favour it must be said that ...

Bei der Kontrolle der Schecks hat sich Herr Petersen sicherlich Nachlässigkeiten zuschulden kommen lassen. Aber zu seiner Ehrenrettung sei gesagt, daß niemand von der Geschäftsleitung auch nur einen Augenblick den Gedanken an 'Veruntreuung' erwogen hat.

Ehrenrunde: **eine Ehrenrunde drehen** *scherzh Schülerspr* · to have to repeat a year (school) *hum*, to do a lap of honour *lit*

... Wieviel Ehrenrunden hast du eigentlich schon gedreht, Herbert? – Ich? Keine. – Wie, du bist nie sitzengeblieben? ...

Ehrensache: das/etw. **ist (doch) Ehrensache** (für jn.)! · it's understood, it's a matter of honour (for s.o.)

Du bist in Druck, also leih' ich dir das Geld, das ist doch Ehrensache. Darüber brauchen wir kein Wort zu verlieren.

Ehrenwort: (auf mein) **Ehrenwort!** – jm. sein **Wort** geben (2) · to give s.o. one's word of honour

jm. **sein Ehrenwort geben** – (stärker als:) jm. sein **Wort** geben (1) · to give s.o. one's word of honour

großes Ehrenwort/jm. **sein großes Ehrenwort geben** *iron* · word of honour!, + cross my heart (and hope to die)!

Du kommst also ganz bestimmt morgen abend? – Großes Ehrenwort! – Na ja, wenn du mir das so feierlich versprichst, werd' ich ja wohl mit dir rechnen können.

Ehrgefühl: (kein) **Ehrgefühl im Leib(e) haben** *ugs – path* · (keine) **Ehre** im Leib(e) haben · not to have an ounce/a shred/... of honour/decency/... in one

Ehrgeiz: jn. **beim Ehrgeiz packen** · to appeal to s.o.'s ambition

... Wenn du Wert darauf legst, daß der Ulli sich bei dem Wettbewerb richtig anstrengt, mußt du ihn beim Ehrgeiz packen – ihm klarmachen, daß es doch eine Schande für ihn wäre, wenn die Karin Fischer besser abschneiden würde als er ...

seinen (ganzen/...) **Ehrgeiz in/an** etw. **setzen/dreinsetzen,** etw. zu tun/dareinsetzen/daran setzen, etw. zu tun · to make it a point of honour to do s.th., to set one's heart on doing s.th.

Sie hat ihren ganzen Ehrgeiz dreingesetzt, eine gute Schauspielerin zu werden. Diesem Ziel hat sie alles andere untergeordnet und wenn sie es nicht schafft, empfindet sie das als Scheitern.

ehrlich: (aber) **ehrlich!** *ugs* · 1. 2. honestly!, really!, really and truly!

1. Natürlich habe ich mich an unsere Abmachung gehalten. Ich habe doch mehrmals angerufen! Ehrlich! Aber es hat niemand geantwortet. Du kannst mir glauben, es ist genau, wie ich sage.

2. Das ist doch unmöglich, wie sich deine Frau da verhält! Aber ehrlich! So geht's einfach nicht.

mal ehrlich: ... *ugs* · (come on) be honest
Mal ehrlich: hast du den Text zu Hause wirklich vorbereitet? – Wenn ich ehrlich sein soll, Frau Klee: ich habe ihn jetzt zum ersten Mal gelesen!

Ei: das ist ein (dickes) Ei! *ugs selten* · it's a strange business
... Würdest du etwa bei so einem Unternehmen mitmachen? – Das ist ein dickes Ei, da geb' ich dir Recht. Ob ich nun persönlich bei so einer heiklen Geschichte mitmachen würde ...? Um ehrlich zu sein: ich weiß es nicht.

ach du dickes Ei! *ugs selten* – (ach) du liebes **bißchen** · good heavens!, my goodness!

empfindlich sein wie ein rohes Ei *ugs* · to be extremely touchy
Oh, bei dem Kroll, da mußt du aufpassen! Der ist empfindlich wie ein rohes Ei. Mit einem einzigen unbedachten Wort kannst du diesen Mann tödlich beleidigen.

jn. behandeln/anfassen wie ein rohes Ei *ugs* · to handle s.o. with kid gloves
Ich muß mit dem Koberger sprechen. So kann das einfach nicht weitergehen! – Aber sei vorsichtig, Werner! Wähle deine Worte! Sprich ruhig! Der Koberger ist ungeheuer empfindlich. Die natürlichsten Dinge nimmt der schon übel. Den mußt du behandeln wie ein rohes Ei.

mit jm. umgehen wie mit einem rohen Ei *ugs* – jn. behandeln/anfassen wie ein rohes **Ei** · to handle s.o. with kid gloves

sich gleichen/ähnlich sehen wie ein Ei dem andern · to be as like/alike as two peas (in a pod)
Jetzt kenne ich die beiden Mädchen doch schon drei Jahre und verwechsle sie immer noch! – Das geht nicht nur dir so! Die beiden gleichen sich eben wie ein Ei dem anderen – obwohl sie keine Zwillinge sind und schon gar keine eineiigen.

etw. für ein Ei und ein Butterbrot kaufen/bekommen/... verkaufen/hergeben/... *ugs selten* · 1. to buy/to get/... s.th. for a song/for peanuts/for next to nothing, 2. to sell/... s.th. for a song/for peanuts/for next to nothing
1. vgl. – etw. für'n/(für einen) **Appel** und Ei kaufen/bekommen/...
2. vgl. – etw. für'n/(für einen) **Appel** und Ei verkaufen/hergeben/...

j. ist gerade erst/... aus dem Ei gekrochen *ugs selten* – noch (sehr/ganz) grün hinter den **Ohren** sein · to be (still/...) wet behind the ears

aussehen/wirken/..., als wäre man kaum erst/gerade erst/... aus dem Ei gekrochen *ugs selten* · to look (still) wet behind the ears
Die Tänzerin da vorne rechts ist aber noch sehr jung! Sie sieht aus, als wäre sie gerade erst aus dem Ei gekrochen! – Ja, auch in ihren Gesten wirkt sie so! Babyhaft.

aussehen/(herumlaufen/...) wie aus dem Ei gepellt/geschält *iron* · to look smart/spruce, to be dressed up to the nines
Wo willst du denn hin? Du siehst ja aus wie aus dem Ei gepellt! Frisch gebadet, glatt rasiert, neue Frisur, dazu dunkler Anzug, weißes Hemd mit Fliege ... Kerl, du hast bestimmt etwas Großes vor!

das Ei will mal wieder klüger sein als die Henne · + you are trying to teach your grandmother to suck eggs
... Papa, das siehst du vollkommen falsch! – Aha, das Ei will mal wieder klüger sein als die Henne! Ich habe mich mit diesem Thema schon beschäftigt, Ulla, da warst du überhaupt noch nicht geplant.

das Ei unterm Huhn verkaufen müssen *ugs veraltend selten* · to have to sell one's goods/products/... as soon as they are produced *para*
... Du kannst doch von dem Friedel in der angespannten finanziellen Lage, in der er steckt, nicht verlangen, daß er auf Vorrat produziert! Der muß das Ei unterm Huhn verkaufen, wenn er durchkommen will. Der pfeift doch aus dem letzten Loch, der Arme!

etw. ist das Ei des Kolumbus/das Ei des Kolumbus finden · that's it!, that's just the thing, that's the solution/answer
Paß auf, all diese Schwierigkeiten lassen sich ganz einfach lösen. Man baut das alte Bassin oben auf dem Hang aus – das wird nicht einmal teuer –, führt das Wasser aus der Quelle im Wald dahinein ... – Mensch, du hast recht! Das ist das Ei des Kolumbus! Und ich dachte schon, wir kämen auf diesem Gut nie zu etwas!

(mal eben/...) ein Ei legen (müssen) · 1. to (have to) take a shit, 2. to (have to) do big jobs, to (have to) drop a heap
1. Mensch, der Kühmann hat mal wieder ein Ei gelegt, Mann, Mann, Mann! So eine hochgestochene Rede hab' ich lange nicht mehr gehört! Muß der immer die Festrede halten? *sal selten*
2. vgl. – ein großes **Geschäft** machen (müssen) *vulg*

jm. ein Ei ins Nest legen *sal selten* · to play a nasty trick on s.o.
Warum ist der Breuer denn so sauer auf den Einkaufsleiter? – Der hat ihm einmal wieder ein Ei ins Nest gelegt. Ohne ihn zu warnen, hat er ihm das ungünstige Angebot von Mannesmann ganz unverfänglich zwischen den übrigen Unterlagen mit der Bitte um Stellungnahme vorgelegt.

(jm.) das Ei ins Netz schießen/werfen/jagen *Sport sal* – (jm.) den Ball/das Ei/das Ding ins **Netz** schießen/werfen/jagen/legen (1, 2) · to put the ball in the back of the net, to score a goal

das Ei reinmachen/(...) *Fußball o.ä. sal* – das **Leder** reinmachen · to put the ball in the back of the net, to score a goal

Eichhörnchen: mühsam ernährt sich das Eichhörnchen *ugs* · give it time, all good things take time
Jetzt spielen wir doch schon drei Stunden Skat, und ich habe erst dreimal ein vernünftiges Blatt gekriegt. – Mühsam ernährt sich das Eichhörnchen. Immer mit der Geduld! Du wirst auch noch gute Spiele kriegen.

mühsam baut sich das Eichhörnchen sein/(das) Nest *ugs selten* – mühsam ernährt sich das **Eichhörnchen** · give it time, all good things take time

Eid: der hippokratische Eid *form* · the Hippocratic oath
... Wenn die Ärzte, so meinte er nachdenklich, den hippokratischen Eid leisten (müssen), dann verpflichten sie sich damit – wie es der Grieche Hippokrates getan haben soll –, den Menschen zu helfen und zu dienen. Mit kaufmännischen Gesichtspunkten, mit Reichtum u.ä. hat das wenig zu tun.

einen Eid (auf etw.) ablegen *form* · to swear an oath, to take an oath
... Muß ich darauf einen Eid ablegen? – Niemand kann dich zwingen zu schwören. Aber es ist natürlich überzeugender, wenn du deine Aussagen unter Eid machst.

den Eid ableiten *ugs* · to invalidate an oath (by pointing to the ground)
Ich schwöre, daß ich ... – Komm, hör' auf mit diesem Blödsinn, Dieter. Oder meinst du, ich merke nicht, daß du schon wieder den Eid ableitest? – Hast du doch gesehen, daß ich den linken Arm extra nach unten hielt und den rechten Zeigefinger nach oben ausstreckte? – So machten wir doch schon früher die Eidesfloskeln ungültig, mein Guter!

jm. den Eid abnehmen (auf) *form* · to swear s.o. in, to administer the oath (of office) to s.o.
Wer nimmt den Ministern den Eid auf die Verfassung ab? – Ich glaube, sie schwören vor dem Bundestagspräsidenten.

etw. unter Eid aussagen/bezeugen/... *form* – an **Eides** Statt erklären/(versichern/...) · to make a statement under oath, to give evidence on (one's) oath

den Eid auf die Fahne schwören *form path selten* – den **Fahneneid** leisten · to take the oath of allegiance

den Eid des Hippokrates schwören/leisten *form* – den hippokratischen **Eid** leisten · to take the Hippocratic oath

einen Eid leisten/(schwören) *jur* · to swear an oath
… Hast du schon mal einen Eid geleistet? – Natürlich. Schon mehrere Male. Bei Gericht, wenn ich als Zeuge vereidigt wurde.

Aussagen/Erklärungen/… unter Eid machen *form* – einen **Eid** (auf etw.) ablegen · to make a statement under oath, to give evidence on (one's) oath

etw. **auf seinen Eid nehmen** *form* · s.o. would swear to it, s.o. would take an oath on it
Können Sie beschwören, daß Sie das alles mit eigenen Augen gesehen haben? – Ja, ich nehme das auf meinen Eid.

jn. **in Eid und Pflicht nehmen** *path veraltend selten* – jm. den **Eid** abnehmen (auf) · to swear s.o. in, to administer the oath (of office) to s.o.

tausend/(drei) (feierliche/heilige) **Eide schwören** *path* · to swear by all that is holy/sacred that …
Er hat tausend feierliche Eide geschworen, er käme heute – und ist doch nicht erschienen. So ein Lügner!

an Eides Statt erklären/(versichern/…) *form* · to make a solemn affirmation (in lieu of an oath), to make a statutory declaration (in lieu of an oath)
… Aber wenn er doch an Eides Statt erklärt hat, daß … – Peter, es gibt leider nicht wenige Leute, die auch dann lügen, wenn sie unter Eid aussagen.

Eier: das/etw. hat seine Eier *vulg selten* · it's a chancy/tricky/dodgy business *sl*
Bei diesem Geschäft mußt du aufpassen, das hat seine Eier. – Ich habe schon viele knifflige Geschäfte gedeichselt, ich werde auch dies noch über die Bühne bringen.

(noch/…) **ungelegte Eier** (für jn.) **sein** *ugs* · + to count one's chickens before they're hatched, + to cross that bridge when one comes to it
… Also, wenn wir dann das Haus in Hamburg haben und ich dort studiere, werde ich… – Junge, das sind doch noch ungelegte Eier. Vorläufig wohnen wir in Hannover, und ob wir nach Hamburg umziehen und dort ein Haus kaufen können, steht noch in den Sternen. Jetzt sieh erstmal zu, daß du dein Abitur bestehst!

dicke Eier haben *vulg selten* · to have swollen balls (from syphilis)
Wenn du mal dicke Eier gehabt hättest, dann würdest du von Geschlechtskrankheiten auch anders reden, du Arschloch! Als wenn der Richard zu verdammen wäre, nur weil er mal die Syphilis gehabt hat.

über ungelegte Eier gackern/ungelegte Eier begackern *sal* – (eher:) sich um ungelegte **Eier** kümmern · we'll/let's/(…) cross that bridge when one comes to it

jm. (**mit etw.**) **auf die Eier gehen** *vulg selten* – jm. (mit etw.) auf die **Nerven** fallen/gehen · + s.th. gets on s.o.'s nerves, to get on s.o.'s nerves (with s.th.)

sich um ungelegte Eier kümmern *sal* · we'll/let's/(…) cross that bridge when we come to it
Ich habe heute nochmal den Makler angerufen, wegen der Grundstücks- und Häuserpreise in Hamburg. Wenn wir dahin umziehen … – Renate, warum mußt du dich immer um ungelegte Eier kümmern? Noch wohnen wir in Hannover; noch ist meine Versetzung nach Hamburg mehr als zweifelhaft; und wenn, kommt sie frühestens in drei Jahren …

Eier legen *sal* · to blanket-bomb a town/… *tr*
… Wenn da in einer einzigen Nacht eine halbe Stadt zerbombt wird, klingen Ausdrücke wie 'Eier legen' nicht mehr zynisch, sondern unmenschlich – meinst du nicht auch?

jm. **die Eier polieren** *vulg* – jm. den **Buckel** vollhauen/vollschlagen · to beat the shit out of s.o., to beat the daylights out of s.o.

jm. **die Eier schleifen** *mil* – *vulg* · to lick s.o. into shape
… Ob man die jungen Rekruten schleift oder ihnen die Eier schleift, Gerd, läuft in der Sache wohl auf dasselbe hinaus: man richtet sie wie Tiere auf ihr (Kriegs-)Handwerk ab.

jn. **mit faulen Eiern bewerfen/beschmeißen** *ugs* · to pelt s.o. with rotten eggs, to throw rotten eggs at s.o.
Es ist doch keine Art, schimpfte er, einen 60-jährigen Mann mit faulen Eiern zu bewerfen! Ganz egal, ob einem seine Rede politisch paßt oder nicht!

wie auf Eiern gehen *sal* · to walk/to tread as if on eggs, to walk/to tread gingerly *n*, to teeter along *n*, to look as if one is walking on ice *n*
Wie läufst du denn daher? Du gehst ja wie auf Eiern! Da du es nicht gewohnt bist, auf Pfennigabsätzen zu laufen, kannst du wahrscheinlich nur so dahertippeln.

Eierschalen: noch die Eierschalen hinter den Ohren haben *ugs selten* – noch (sehr/ganz) grün hinter den **Ohren** sein · to be (still/…) wet behind the ears

Eiertanz: einen (wahren/regelrechten/richtigen) **Eiertanz aufführen** *sal* · to kick up a (dreadful/…) fuss *coll*
Du machst dir kein Bild, was die hier für einen Eiertanz aufgeführt hat, nur weil man ihren letzten Brief kritisiert hatte. Sie wäre schließlich seit 20 Jahren Chefsekretärin; sie wüßte doch wohl, wie man einen Brief aufsetze …

Eifer: im Eifer des Gefechts · in the heat of the moment
Gut, gut, er hat dich in der Tat 'unsachlich' genannt in der Diskussion. Aber das hat er nicht so gemeint! Im Eifer des Gefechts fallen solche Ausdrücke schon einmal, ohne daß man sie zu ernst nehmen sollte.

eigen: jm. eigen sein *form* – es ist (nicht) meine/deine/… **Art** (etw. zu tun) · it/that is (not) s.o.'s way of doing s.th., it/that is (not) s.o.'s style

etw. **zu eigen haben** *form selten* · to own s.th. *n*
… drei Häuser, sagen Sie, hat der Herr Behrens zu eigen? – Von dreien weiß ich, daß er sie besitzt. Vielleicht hat er noch mehr.

Eigenart: es ist (nicht) js. **Eigenart**, etw. zu tun *form* – es ist (nicht) meine/deine/… **Art** (etw. zu tun) · it/that is (not) s.o.'s way of doing s.th., it/that is (not) s.o.'s style

Eigenbedarf: Eigenbedarf anmelden *form* – **Eigenbedarf** geltend machen · to notify/… a tenant/… that one needs a property for one's own use

Eigenbedarf geltend machen *form* · to show/to claim/… that one needs a property for one's own use
… Keine Sorge, Peter! – der Hausbesitzer kann euch nur rausschmeißen, wenn er Eigenbedarf geltend machen kann. Er hat doch noch zwei Häuser in der Stadt, deren Wohnungen nicht einmal alle vermietet sind. Da kann doch kein Mensch glauben, daß er unsere Wohnung selbst/für seine Familie braucht.

Eigendynamik: eine Eigendynamik entwickeln · to develop a momentum of its own
… Wenn solche Nachforschungen einmal eingesetzt haben, weißt du, dann entwickeln sie – wie alles, was einen 'Apparat' voraussetzt – nach einiger Zeit eine Eigendynamik. Dann werden die Leute auch 'beobachtet', ohne daß plausible Gründe dafür vorliegen, werden Berichte geschrieben, deren Sinn nicht mehr erkennbar ist …

Eigenhilfe: zur Eigenhilfe greifen *form* · to take matters/s.th. into one's own hands, to resort to self-help
Da die öffentliche Wasserversorgung wegen der Verseuchung ausfiel, mußten die Bewohner des Dorfes zur Eigenhilfe greifen: Sie legten Brunnen an, transportierten Wasser in Spezialwagen, gruben schmale Kanäle u.a. m.

Eigenschaft: es ist eine Eigenschaft + *Gen* · 1. to be a characteristic/feature of s.o. to do/be s.th., 2. to be a property of s.th.
1. Ist es wirklich eine Eigenschaft der Frauen, eitler zu sein als die Männer?
2. Es ist eine Eigenschaft reinen Alkohols, sich zu verflüchtigen.

in seiner Eigenschaft als … *form* · in one's capacity as …
In meiner Eigenschaft als Vorsitzender der Kommission muß ich dir leider sagen, Rolf, daß alle Erklärungen und Stellungnahmen der Kommissionsmitglieder vertraulich sind. – Deine Funktion zwingt dich, Anton, mich darauf hinzuweisen, klar! Aber …

Eigentor: ein Eigentor sein *ugs* · it/s.th. is an own goal

Seine Erklärung, der Anwalt der Gegenpartei sei ein Lügner, war natürlich ein Eigentor. Sogar wenn der Richter auch dieser Überzeugung ist: offiziell kann er das nicht durchgehen lassen. Mit solchen Attacken schädigt man sich nur selbst.

ein Eigentor schießen *ugs* · to score an own goal

Mit seiner Bemerkung »ich habe schon drei Brunnen gebaut, dann werde ich auch diesen bauen können« hat er ein Eigentor geschossen. Die Leute haben nämlich daraufhin die drei Brunnen geprüft: sie waren alle miserabel angelegt.

Eile: in Eile sein *form* – (eher:) es **eilig** haben · to be in a hurry, to be in a rush

Eile haben – (eher:) es **eilig** haben · to be in a hurry, to be in a rush

etw. **hat keine Eile**/es hat mit etw. keine Eile *form* · it/s.th. is not urgent, it/s.th. is not needed in a hurry, there is no rush

… Nein, Herr Bublitz, die Übersetzung hat überhaupt keine Eile! Wenn sie zurzeit überlastet sind, können Sie sich damit ruhig ein oder zwei Monate Zeit lassen.

in aller Eile etw. tun · to do s.th. in a rush/hurry, to dash s.th. off

Es ist doch klar, daß die Arbeit voller Fehler war! Er hat sie gestern zwischen Kaffeetrinken und Abendessen in aller Eile gemacht. So rasch, ja hastig kann man halt keine vernünftige Arbeit leisten.

in fliegender/rasender/(jagender) Eile etw. **tun** *path* · to do s.th. in a great hurry/a rush/great haste

Nachdem er in fliegender Eile zwei Stückchen Kuchen verschlungen hatte, raste er zum Auto und brauste davon. Jede Minute zählte …

sich in aller Eile davonmachen/aus dem Staub machen/… · to hotfoot it out of the place/…

Als er dem Gutsbesitzer kommen sah, machte er sich in aller Eile aus dem Staub. Im Nu war er weg.

Eile mit Weile · more haste less speed

An der alten Weisheit 'Eile mit Weile' ist wirklich was dran. Denn wenn man wenig Zeit hat oder glaubt, wenig Zeit zu haben, sollte man die Dinge wirklich mit Bedacht angehen und jegliche Hektik vermeiden. Sonst macht man nur unnötige Fehler, die letztlich genau das kosten, was man nicht hat – Zeit.

eilig: es eilig haben · to be in a hurry/rush

Hast du es eilig? Oder warum gehst du so schnell? – Unser Zug fährt in sieben Minuten ab, hast du das vergessen? Wir müssen uns sehr dabeihalten.

Eiligeres: j. hat nichts Eiligeres zu tun, als zu … · the first thing s.o. did was to …, s.o. had nothing better to do than to …

Obwohl ich der Uschi extra gesagt hatte, unsere Vereinbarungen gingen keinen Dritten etwas an, hatte Sie nichts Eiligeres zu tun, als dem Peter alles sofort weiterzuerzählen …

eilt: es/(etw.) eilt (nicht) · 1. 2. it/s.th. is (not) urgent, 2. it/s.th. is not needed in a hurry, there is no rush

1. … Ja, ich wäre Ihnen in der Tat dankbar, wenn Sie die Übersetzung sofort machen könnten. Es eilt.

2. vgl. – etw. hat keine **Eile**/es hat mit etw. keine Eile

Eiltempo: im Eiltempo angelaufen/… kommen/erledigen/… · to come rushing up to s.th., to deal with/… s.th. in a rush/in double-quick time

… Du gehst immer davon aus, Detlev, daß wir deine Sachen im Eiltempo übersetzen … Das kann nicht immer so sein! Wir haben schließlich auch noch andere Aufträge. Also, in Zukunft, würde ich sagen, gehen wir von normalen Fristen aus.

Eilverfahren: etw. im Eilverfahren erledigen/durchziehen/… *ugs* · to rush s.th. through *n*

Haben sie in der Kommission eigentlich die neuen Vorschläge des Ministeriums für die Magisterprüfung auch geprüft? – Hm, sie haben diesen Punkt im Eilverfahren durchgezogen. Als Punkt 9 der Tagesordnung wurde er in zehn Minuten erledigt. Von einer 'Prüfung' kann man also nicht gut sprechen.

Eimer: im Eimer sein *sal* – im **Arsch** sein (1, 3; a. 2) · to be bust, to be up the spout

in den Eimer gucken *sal selten* – leer **ausgehen** · to be left empty-handed

es gießt/schüttet wie aus/(mit) Eimern *ugs* – es regnet/gießt in **Strömen** · it is bucketing down, it is pelting down

ein: ein für allemal(e) · once and for all

Bitte, merken Sie sich ein für allemal, daß Sie hier pünktlich zu erscheinen haben! Ich hoffe, ich brauche das nicht zu wiederholen!

mein/dein/… ein und alles sein *path* · to be s.o.'s one and all, to mean everything to s.o., to be the apple of s.o.'s eye

Ich habe doch lediglich gesagt, seine Tochter wäre etwas träge. – Gegen seine Tochter darfst du nichts sagen. Sie ist sein ein und alles. Je älter er wird, um so mehr ist sie das einzige, an dem er hängt.

ein über den anderen Tag/eine über die andere Woche/ein über das andere Jahr/… · every other/second day/year/…, one day/week/… out of two

Läßt er sich oft bei dir sehen? – Ein über den anderen Tag. Die eine Woche kommt er sonntags, dienstags, donnerstags und samstags, die andere montags, mittwochs und freitags.

ein und derselbe/ein und dieselbe/ein und dasselbe + *Subst* · 1. one and the same person, 2. one and the same thing

1. Boris Borte und Erich Koch – das ist doch ein und dieselbe Person! Wußtest du das nicht? Das eine ist der bürgerliche Name, das andere ein Pseudonym.

2. 'Imagination' und 'Einbildungskraft', siehst du da einen Unterschied? Für mich ist das ein und dasselbe. – Genau dasselbe? – Haargenau.

ein-: ein- und ausgehen bei jm. · to be a regular visitor at s.o.'s house, to be always round at s.o.'s house/place

Kennt er den Manfred Warburg überhaupt? – Und ob! Er geht bei ihm ein und aus. Wenigstens zweimal in der Woche ißt er bei ihm zu Abend.

einbalsamieren: du kannst dich/er kann sich/… einbalsamieren lassen (mit etw.)/(jm.) *sal* – du kannst dich/er kann sich/… (mit etw.) **begraben** lassen · you/he/… may as well give up

einbilden: sich viel/allerhand/eine Menge/allerlei/etwas einbilden (auf etw.) *ugs* · to be very/terribly/… vain/conceited about s.th., to be very/terribly/… stuck up about s.th.

Er bildet sich viel auf seinen Doktor ein, was? – Allerdings. Wenn jemand zu ihm 'Herr Kolon' sagt, ist er bei ihm schon unten durch. – Na ja, wie sagt man noch: »wer angibt, hat mehr vom Leben«.

sich steif und fest einbilden, daß … *ugs* · to have got it into one's head that …, to insist that *n*, to persist in believing that *n*

Sie bildet sich steif und fest ein, sie hätte recht. Da kann man machen, was man will, von dieser Vorstellung bringt man sie nicht ab.

Einbildung: Einbildung ist auch eine Bildung *ugs* · s.o. is imagining things, s.o. is letting his imagination run away with him, if self-conceit constituted culture/a good education/… *para*, human vanity knows no bounds *para*

Ach, der Klaus meint, er besitze mehr Kenntnisse als die normalen Sterblichen? Einbildung ist auch eine Bildung. Es ist immer wieder amüsant zu beobachten, welch übertriebenen Vorstellungen die Leute von sich selber haben.

einbimsen: jm./sich etw. einbimsen *sal selten* · 1. to swot s.th. up, 2. to drum/to hammer/to beat s.th. into s.o.'s head *coll*

1. … Kerl nochmal, unregelmäßige Verben lernt man, indem man sie für sich selbst hundertmal hintereinander durchkonjugiert! Das ist doch nicht schwer! – Unser Rudi hat keine Lust, sich die Sachen so einzubimsen! – Wenn es nicht anders geht …

2. vgl. – jm. etw. mit dem **Holzhammer** (he-)reinhauen/eintrichtern/einbleuen/…

einbleuen: jn. etw. einbleuen *ugs* · 1. 2. to drum/to hammer/to beat s.th. into s.o.'s head, 1. to keep telling s.o. s.th. *n*, to tell s.o. s.th. time and time again

1. … Immer und immer wieder hat man den Leuten eingebleut, daß der Kapitalismus das einzige effektive Wirtschaftssystem ist. Und jetzt soll das plötzlich nicht mehr stimmen?

2. vgl. – jm. etw. mit dem **Holzhammer** (he-)reinhauen/eintrichtern/einbleuen/…

Einblick: jm. **einen Einblick in** etw. **geben** *form* · to give s.o. a chance/(…) to look at s.th.

Der Prüfungsvorsitzende hat dich die Stellungnahmen der Professoren lesen lassen? Das durfte er gar nicht. Er darf keinem Kandidaten Einblick in die Unterlagen geben.

in etw. **Einblick nehmen/(tun)** *form* · to look at/to study/to examine files/documents/…

… Hat der Minister denn persönlich in die einschlägigen Akten Einblick genommen? – Ja! Er hat sie sich gestern abend heraussuchen lassen und sie noch heute Nacht durchgelesen.

sich in etw. **Einblick verschaffen** *form* · to get/to gain access to and study files/documents/…

Erst muß ich mir Einblick in die einschlägigen Unterlagen verschaffen. Ehe ich die nicht gelesen habe, kann ich zu dem ganzen Prozeß kein Urteil abgeben.

einbrocken: jm. **etwas/allerhand einbrocken** (mit etw.) *ugs* – jm./sich etwas **Schönes** einbrocken (mit etw.) · to land o.s. in it/in the soup/…

einbuchten: jn. **einbuchten** *ugs Neol* – jn. hinter **Schloß** und **Riegel** setzen/(bringen) · to lock s.o. up, to put s.o. behind bars

Einbuße: (keine) Einbuße erleiden *form* · (not) to suffer/sustain losses, (not) to be out of pocket

Wenn Sie mit dem Verkauf der Restauflage die Unkosten wieder hereingeholt haben, haben Sie mit der Edition des Buches wenigstens keine finanziellen Einbußen erlitten. – Das stimmt. Aber verdient hat der Verlag keinen Pfennig.

js. Anerkennung/Achtung/… **schwere**/beträchtliche/(…) **Einbuße tun** *form selten* · to do serious damage to s.o.'s reputation/image/…

… Natürlich hat dieser Finanzskandal dem Ansehen des Innenministers schwere Einbuße getan! Und es dürfte nicht ganz einfach sein, den Schaden wieder gutzumachen.

Eindruck: den Eindruck haben, Blei in den Füßen/Gliedern/Knochen zu haben *path* – js. **Glieder** sind (schwer) wie Blei · to feel leaden-footed, s.o.'s limbs feel like lead

(bei jm.) **den Eindruck erwecken, daß** … · to give the impression that …, to create the impression that …

… Durch sein seriöses Aussehen erweckt der Toni natürlich immer den Eindruck, daß er aufrichtig und gradlinig vorgeht. Aber wer ihn näher kennt, weiß, daß er mit allen Wassern gewaschen ist.

mit etw./… **einen guten**/tollen/… **Eindruck hinterlassen** – mit etw. **einen guten/tollen/… Eindruck machen (auf jn.)** · to make a big/huge/… impression (on s.o.) (with s.th.)

(mit etw.) (einen tollen/…) **Eindruck machen** (auf jn.) · 1. 2. to cut no ice with s.o., to make an/no/a big impression on s.o. (with s.th.), 2. to be (only) out to impress, 3. to make an impression (on s.o.) (with s.th.)

1. Du brauchst gar nicht so scharf und laut zu reden, das macht auf mich gar keinen Eindruck. Wenn du ruhig und sachlich sprichst, erreichst du viel mehr.

2. Ach, er will nur Eindruck machen/das ist alles nur, um Eindruck zu machen. Alles nur, damit die anderen meinen, daß er ein toller Kerl ist, viel kann, viel weiß …

3. Mit ihrem neuen Kleid aus Paris machte sie auf dem Empfang in der Botschaft einen tollen Eindruck. Alle Welt drehte sich nach ihr um.

(mit etw.) **Eindruck schinden** (wollen) (bei jm./in …/…) – (mit etw.) (einen tollen/…) **Eindruck** machen (auf jn.) (2) · to show off with s.th., to do s.th. only for show, to try to/… make an impression on s.o.

noch/… (ganz) **unter dem Eindruck des** …/… **stehen** *form* · the impression of s.o.'s death/… is still fresh/vivid/… in one's mind

Sie stand noch ganz unter dem Eindruck des Todes ihrer Mutter, als ihr Vater schwer erkrankte. Da fürchtete sie natürlich auch sofort das Schlimmste.

seinen Eindruck nicht verfehlen · (not to fail) to make an impression, to achieve an effect

Die gestrige Rede des Parteivorsitzenden hat ihren Eindruck nicht verfehlt. Die Fraktion, die vorher ziemlich geknickt schien, schaut der weiteren politischen Entwicklung nun wieder mit mehr Zuversicht entgegen.

sich des Eindrucks nicht erwehren können, daß … · not to be able to help thinking that …

Ich bin ja nicht gut informiert und verstehe von der Sache auch nicht viel, aber ich kann mich des Eindrucks nicht erwehren, daß sich der Manfred da falsch verhält. – Das meinen alle, die als Außenstehende die Dinge verfolgen.

eine: der/die/das **eine,** der/die/das **andere** · some people (do it this way/…), others (do it another way/…)

… Nein, eine Regel kann man da nicht aufstellen! Der eine übersetzt schnell, der andere langsam; der eine arbeitet jeweils nur an einem Text, der andere an mehreren zugleich usw. Da hat jeder seine Art.

mal/(bald) **der eine,** mal/(bald) **der andere** – mal/(bald) **dieser,** mal/(bald) jener · sometimes one person/… sometimes another, one here one there

der/die/das eine oder der/die/das **andere** + *Subst* – dieser oder jener (1) · some people, someone or other

der eine und der andere – (eher:) dieser und jener · some people, someone or other

…, der eine wie der andere · every one of you/them/…, each and every one of you/them/…

… Lügner seid ihr, elende Lügner – der eine wie der andere! –, schrie er die Klasse schließlich an. – Wenn da drei, vier Leute mit kreuzbravem Gesicht feierlich die Unwahrheit sagen, kann man einen solchen Wutausbruch schon verstehen. – Aber wir sind doch nicht allesamt Lügner.

weder der/die/das eine + *Subst* **noch** der/die/das **andere** + *Subst* · 1. 2. neither (of them), 2. neither one nor the other

1. Wer hat denn nun die Wurst hier weggenommen, der Klaus oder der Peter. – Weder der eine noch der andere. Es war die Ursel.

2. Hast du den Opel oder den Mercedes lieber? – Ich habe weder die eine noch die andere/(weder die eine noch andere Marke) gern; ich bin für Ford.

weder das eine noch das andere (tun/sein) · to do neither

Er könnte natürlich ins Kino gehen oder sich ein Theaterstück ansehen. Er tut aber weder das eine noch das andere; er geht einfach spazieren.

der eine ist so gut/… wie der andere · one is much the same as another, + there's not much to choose between them

… Ist denn euer neuer Englischlehrer nicht viel besser als der, den ihr bisher hattet? – Ach, der eine ist so gut wie der andere. Diese Schule hat überhaupt nur Krampen als Lehrer, scheint mir bald.

das eine schließt das andere nicht/… aus · one thing does not rule out the other

Wenn man als Pianist eine glänzende Technik hat, braucht man deswegen doch nicht schlecht – oder mit wenig Tiefgang – zu interpretieren. Das eine schließt das andere doch in keinster Weise aus.

das eine wie das andere ist wichtig/… · both are important

Was zählt denn nun mehr, die gute Technik oder eine gute Interpretation? – Das eine wie das andere ist wichtig. Ohne eine gute Technik gibst du erst gar keine Konzerte; aber ohne eine gute Interpretation findest du kein Echo.

das macht/… der eine so und der andere so/der eine so, der andere so – **das macht/… der eine so und der andere so**/der eine so, der andere so · some do it one way, some do it another

das eine tun und das andere nicht lassen · to do both (things)

Was soll ich nun machen, viel Etuden üben oder mich an die klassischen Klavierwerke heranmachen? – Das eine tun und das andere nicht lassen. Du mußt versuchen, beides so miteinander zu verbinden, daß das eine das andere fördert.

jm. **eine bewilligen** *sal selten* · 1. to give s.o. a clip round the ears, 2. to give s.o. a kick up the arse, to give s.o. a kick up the backside
1. vgl. – jm. eine **Ohrfeige** geben
2. vgl. – jm. einen **Tritt** in den Arsch geben (1)

einem: in einem durch · right through
Hast du von sechs Uhr heute morgen bis jetzt in einem durch gearbeitet? – Ja, ohne jede Unterbrechung!

in einem fort/(weg) reden/quasseln/.../(behaupten/arbeiten/...) · to go on and on, to talk/... incessantly/nonstop/..., to rabbit on *coll*
Mein Gott, der redet in einem fort; er hört gar nicht mehr auf!

einen: zum einen ... und zum andern/zum einen ..., zum andern · on (the) one hand ... (and) on the other (hand)
Wenn ich mich trotz des guten Abiturzeugnisses nicht zum Medizinstudium entscheide, aus folgenden Gründen: zum einen kann ich kein Blut sehen, zum andern finde ich es lächerlich, daß jeder, der gute Noten hat, meint, aus Prestigegründen Medizin studieren zu müssen.

einer: das ist einer/eine *ugs* · he/... is/... a right one, he/... is/... a real character
Der Karl, das ist einer! Sagt der doch in Gegenwart des Landwirtschaftsministers, die ganze Regierungsmannschaft sei ein Verein von Krampen und Strolchen.

so einer bist du/ist das/...! *path od. iron* – **so** einer bist du/ist das/...! · that's the sort of person you are/she is/...

du bist/er/der Herr Glaser/... **ist mir vielleicht einer/**eine! *ugs* · she is/you are/... a fine one!
Die Karin? Die ist mir vielleicht eine! Gestern morgen stellt sie mir ihren neuen Freund Peter Neuffert vor, und gestern abend treffe ich sie im Theater Arm in Arm mit einem gewissen Herrn Karl Brand.

geschickt/... wie nur einer *selten* · j. kann arbeiten/singen/ Fußball spielen/... interpretiert ein Stück/versteht sein Handwerk/... wie kein **Zweiter** (3) · as no one else can, like nobody else, incomparably well, brilliantly

etw. **können/**sein Handwerk verstehen/... **wie kaum/(nur selten) einer** *selten* · s.o. has few equals in his profession/ field/...
Der Bierwe versteht es, französische Lyrik ins Deutsche zu übersetzen wie kaum einer. Ich wüßte nicht, wer ihm da zurzeit das Wasser reichen könnte.

und da soll einer (noch) ...! · and we are/I am/... meant to believe/... ...!
(Der Vater zu seiner Frau:) Das stimmt schon wieder nicht, sagst du, was der Erich uns feierlich versichert hat?! Und da soll einer dem Jungen noch ein einziges Wort glauben!

das sehe/(guck') **sich einer an!** *ugs* · would you believe it!, just look at it/that!
(Die Mutter nach der Geburtstagsfeier ihres jüngsten Sohnes:) Das sehe sich einer an! Mein Gott! Wie die Wohnung aussieht! Die haben ja gehaust wie die Vandalen!

sieh mal einer an! *ugs* – **sieh** mal an! · well I never!

einer/eine/eins nach dem/der anderen/ein/eine + *Subst* nach dem/der anderen · one after the other, one by one
Das war schon beeindruckend, als nach der Revolution die Gefängnistüren aufgesperrt wurden und einer nach dem anderen da herauskam – Hunderte von Gefangenen!

einer/eine/eins um den/die/das andere/ein/eine + *Subst* um den/die/das andere · 1. every other day/..., every second day/..., every second person/..., every second one/..., 2. one after the other, one by one
1. vgl. – jeder/jede/jedes **zweite** + *Subst* (1; a. 2)
2. vgl. – **einer/**eine/eins nach dem/der anderen/ein/eine + *Subst* nach dem/der anderen *selten*

..., **einer wie der andere** – der **eine** wie der andere · every one of you/them/..., each and every one of you/them/...

(nicht) einer unter Hunderten/Tausenden/Millionen/... *path* · not one in a hundred/thousand/million/...
... Aber wer ist schon bereit, fünfzehn und mehr Jahre dranzusetzen, um eine bestimmte Analyse zu verifizieren – (nicht) einer unter Hunderten!

einer unter vielen sein · to be one among many
Ich glaube, mit meiner Bewerbung bei Höchst bin ich nur einer unter vielen. Da dürfte ich keine großartigen Chancen haben.

Einerlei: das tägliche/ewige Einerlei/das Einerlei des Alltags · the daily trot/grind, the same old trot/grind day in day out
Unerträglich, dieses tägliche Einerlei! Ich werde mich ins Ausland bewerben – diese Monotonie, jeden Tag dasselbe, das halte ich nicht länger aus!

das tödliche Einerlei *path* · (the) deadly monotony
Das tödliche Einerlei in diesem Nest macht mich noch wahnsinnig. Wenn die doch wenigstens mal einen vernünftigen Film brächten! Von Musik, Theater usw. red' ich schon gar nicht. Aber nein: immer dieselbe Routine des Berufs- und Geschäftslebens!

einerlei: jm. (völlig/...) **einerlei sein** – jm. (ganz/völlig/...) **egal** sein (ob/was/wie/...) (1, 2) · to be all the same to s.o. whether/how/when/..., not to matter (a bit/in the least/...) to s.o. whether/how/when/...

einerseits: einerseits ..., andererseits – auf der einen **Seite** ..., auf der anderen Seite · on the one hand ..., on the other hand ...

einesteils: einesteils ..., ander(e)nteils *form selten* · 1. some were antiques/..., the others were/the rest was/... jewellery/..., 2. 3. on (the) one hand ... (and) on the other (hand)
1. ... Der ganze Raum war voll von antiken Sachen – einesteils Möbelstücke, anderteils Schmuck.
2. vgl. – (eher:) auf der einen **Seite** ..., auf der anderen Seite
3. vgl. – (eher:) zum **einen** ... und zum andern/zum einen ..., zum andern

einfach: (ganz) **einfach ...** · 1. 2. simply, 1. just plain, 2. just 3. just like that *coll*, without so much as a by-your-leave *form*
1. Gut, auch wenn ich mich nicht genau ausgedrückt habe ... – Mein lieber Kurt, was du gesagt hast, war nicht ungenau, es war einfach falsch. Daran gibt's gar nichts zu deuteln!
2. Wenn ihm der Kurs nicht gefällt, macht er einfach Schluß. Was gibt's denn da zu überlegen?
3. vgl. – (so) mir **nichts**, dir nichts ...(1, 2)

so einfach ... · 1. 2. just like that *coll*, 1. without so much as a by-your-leave *form*, 2. as simply as that
1. vgl. – (so) mir **nichts**, dir nichts ...(1, 2)
2. vgl. – (a.) (so) ohne **weiteres** (2)

so einfach ist das nicht!/so einfach ist es nicht, etw. zu tun · it's not as easy/simple as that
Er meint, weil er Französisch spricht, könne er ohne jede Mühe Portugiesisch lernen. Aber so einfach ist das nicht. Er wird trotzdem viel arbeiten müssen, bis er die Sprache beherrscht.

Einfachheit: der Einfachheit halber ... · for the sake of simplicity
Der Einfachheit halber runden wir alle Rechnungen auf volle Markbeträge auf; sonst kommen wir mit unseren Abrechnungen überhaupt nicht mehr durch.

einfädeln: alles/die (ganze) Sache/es/(etw.) **richtig/**gut/blendend/.../falsch/miserabel/... **einfädeln** *ugs* – die **Weichen** (für etw.) richtig/falsch stellen · to set things up for s.o./s.th. well/...

Einfahrt: (keine) **Einfahrt haben** *form* · (not) to have a green light to enter the station
Warum hält denn der Zug da plötzlich auf freier Strecke? – Er hat keine Einfahrt. – Seltsam! Das hab' ich noch nie erlebt, daß ein Zug da einen Kilometer vor dem Bahnhof stehen bleibt!

Einfall: auf den Einfall kommen, etw. zu tun – auf die **Idee** kommen, etw. zu tun/daß ... (1, 2) · to hit upon the idea of doing s. th.

auf den erlösenden/rettenden **Einfall** kommen · to hit on/to come up with the happy/brilliant/(...) idea of doing s. th.
Monatelang hatten wir hin und her überlegt, wie wir das Schwimmbad am besten anlegen sollten, ohne zu einem überzeugenden Ergebnis zu gelangen – bis Onkel Albert auf den erlösenden Einfall kam: am Ende des Gartens, unter Ausnutzung des Geländeanstiegs. Das war's! So würden wir es machen.

goldige/herrliche/köstliche **Einfälle** haben · to be full of bright/witty/scintillating/... ideas
Das ist wirklich ein köstlicher Kerl! Er hat herrliche Einfälle! Ich amüsiere mich immer wieder von neuem über die Lebendigkeit, den Witz und den Reichtum an Assoziationen, mit denen er jede Unterhaltung würzt.

du hast/er hat/... aber auch **Einfälle!** ugs – (eher:) du hast/der Karl hat/... aber auch **Ideen!** · the things you/... think of/come up with/dream up/...!

du hast/er hat/... vielleicht **Einfälle!** ugs – (eher:) du hast/der Karl hat/... aber auch **Ideen!** · the things you/... think of/come up with/dream up/...!

Einfälle haben wie ein alter Backofen/Ofen sal selten – **Einfälle** haben wie ein altes Haus · to have harebrained/crackpot/... ideas

Einfälle haben wie ein altes Haus sal · to have weird/strange/... ideas
Der Herr Baumann will portugiesisches Bier nach Bayern importieren, wo es an jeder Ecke eine Brauerei gibt? Einfälle hat der wie ein altes Haus.

Einfälle haben wie eine Kuh Ausfälle sal selten – **Einfälle** haben wie ein altes Haus · to have harebrained/crackpot/... ideas

einfallen: laß (es) dir/laßt (es) euch/... (ja/nur/bloß) nicht einfallen, etw. zu tun/(sich einfallen lassen, etw. zu tun) ugs · don't think of/don't try to do s. th.
Laß es dir bloß nicht einfallen, für die Ferien wieder eine Reise so weit weg zu planen! Keinen Pfennig gebe ich diesmal für eine so abwegige Idee aus!

jm. **siedendheiß einfallen** ugs – path · it suddenly hit me that ..., it suddenly occurred to me that ... n, + I suddenly realized that ... n
... Mensch, plötzlich fiel mir siedendheiß ein, daß ich meinem Vater versprochen hatte, mit ihm zusammen zu Mittag zu essen. Ich hatte das völlig verschwitzt. Schweißperlen traten mir auf die Stirn. Was sollte er von mir denken? ...

sich etw. **einfallen lassen (müssen)** · 1. to (have to) come up with s. th. (special/...), to (have to) think of s. th. (spectacular/unusual/...), 2. you/he ... had better not do s. th.
1. Das Schwimmbad hinter dem Haus so anlegen, daß es sich gut in die Gesamtanlage fügt – das ist in der Tat keine leichte Aufgabe. Da mußt du dir etwas Besonderes einfallen lassen. – Ich werde schon auf eine gute Idee kommen.
2. Laß dir bloß nicht einfallen, mit deinem Motorrad hier nochmal alle Leute um Mitternacht zu wecken!

Einfalt: (du) heilige **Einfalt!** ugs selten · what innocence! elev, + how naive/innocent can you get!
... Du heilige Einfalt! Hast du dir denn nicht überlegt, daß der Whisky gefälscht sein könnte, wenn er so billig ist?! Du bist aber auch allzu gutgläubig!

einfangen: sich etw./eine Null/einen Virus/... **einfangen** · 1. to catch a bug/a cold/..., 2. to have landed o. s. with an incompetent/... colleague/...
1. Ich fühle mich seit drei Tagen matt und schlapp. – Hoffentlich hast du dir keinen Virus eingefangen!
2. ... Mit unseren neuen Mitarbeiter haben wir uns eine absolute Niete eingefangen. Der Mann ist sowohl fachlich unfähig als auch menschlich daneben.

einfließen: etw. **einfließen lassen** · to drop a hint that, to slip in the remark/observation/... that
... und so ganz nebenbei ließ er dann einfließen, er hätte ein Angebot von der Konkurrenz. Der Chef stutzte. Wollte der Hartmann mit dieser Bemerkung zu verstehen geben, daß er die Absicht hatte zu kündigen?

Einfluß: **Einfluß nehmen** (auf etw.) · to influence s. th., to bring influence to bear on s. th.
... Auf die Abwicklung der Geschäfte mit Nigeria hat der Chef leider noch nie persönlich Einfluß genommen. Wenn Sie da irgendeine Kritik haben, müßten Sie sich an Herrn Wernicke wenden; dem hat der Chef die ganze Sache anvertraut.

unter js. **Einfluß stehen**/unter dem Einfluß e-r S. stehen · to be under s. o.'s influence
Die Waltraud steht derart unter dem Einfluß ihres Mannes, daß sie kaum noch einen eigenen Willen und einen eigenen Gedanken hat.

einführen: das wollen wir gar nicht erst **einführen** ugs · we/... don't want to start that kind of thing
Was sagst du: »die Belegschaft kann bei Nationalspielen Fernsehen gucken«? Nein. Das wollen wir gar nicht erst einführen! Nachher sehen die Leute hier nur noch fern, statt zu arbeiten.

Eingang: (keinen) **Eingang finden in** etw./(eine Gesellschaft/...) form · 1. to gain/to find acceptance, 2. to gain access to society/..., to be accepted in a group/clique/...
1. ... Die neuen philosophischen Gedanken der Aufklärer fanden dann Eingang in die Literatur, die politische Auseinandersetzung, schließlich in das Gedankengut des gesamten Volkes. Überall läßt sich ihr Einfluß mühelos nachweisen.
2. Wenn du in diese Kreise Eingang finden willst, mußt du reich sein und Einfluß haben. Sonst kommst du da nicht rein.

eingedeckt: reichlich **eingedeckt sein mit** etw. ugs · to be (well) supplied with s. th.
Mit Ersatzteilen sind wir noch reichlich eingedeckt. Fürs erste brauchen wir also keine nachzubestellen.

eingedenk: e-r S. **eingedenk sein/bleiben** form · to bear s. th. in mind, to be mindful of s. th.
Das ganze Leben hindurch war sie des Ratschlags ihres Vaters eingedenk, Liebe und Leidenschaft gut auseinanderzuhalten. Diesen Ratschlag beherzigte sie immer.

eingefahren: etw. hat sich (halt/eben) so **eingefahren** · it/s. th. has just become a habit (to do s. th.)
(In einer Stiftung:) Warum die Stipendienbeiträge von uns gerade am 22. eines jeden Monats überwiesen werden – und nicht am 1., 15. oder auch 20. –, das kann ich Ihnen auch nicht sagen. Das hat sich halt so eingefahren.

eingefallen: das wäre jm. nie **eingefallen**/es wäre jm. nie eingefallen, etw. zu tun · + s. o. would never have dreamt of doing s. th., it would never have occurred to s. o. to do s. th.
Es wäre dem Jungen doch nie eingefallen, sich über Sie zu beschweren, Frau Gerhard, wenn Sie ihm das nicht selbst nahegelegt hätten. Von selbst wäre er auf eine solche Idee nie gekommen.

eingefressen: etw. hat sich tief in jn. **eingefressen** ugs · to leave/to have left a deep scar on s. o., to eat/have eaten deep into s. o.'s heart
... Ihr Vater hatte sie damals geschlagen, fest und mehrmals geschlagen. Das Gefühl der Erniedrigung hat sich tief in sie eingefressen. Noch heute – Jahre danach – kann sie das nicht ganz überwinden – obwohl das Verhältnis zu ihrem Vater an sich wieder in Ordnung ist.

eingeführt: du hast dich/Peter hat sich/... (ja) gut/... **eingeführt** iron · to make a fine/great start, to get off to a fine/great start
Der Peter hat sich als neuer Abteilungsleiter bei Schuckert u. Co. prächtig eingeführt. Gleich am zweiten Tag hat er eine Auseinandersetzung mit dem Personalchef gehabt.

Eingemachte: ans **Eingemachte** gehen ugs · 1. to eat into one's reserves, 2. + to get down to business/brass tacks/the nitty-gritty, now comes the crunch
1. Nachdem wir für den Umbau der Fabrik unseren Gewinn bereits verbraucht haben, geht's jetzt ans Eingemachte. Jetzt müssen wir die Rücklagen und das Grundkapital anbrechen.

2. So, jetzt haben wir lange genug 'small talk' gehalten, jetzt geht's ans Eingemachte – an die Diskussion der kritischen Punkte, die unsere Beziehungen seit Jahren belasten.

eingenommen: **für** jn./etw. **eingenommen sein** · 1. to be well-disposed towards s.o., to be taken with s.o./s.th., to be prepossessed in s.o.'s favour, 2. to be in favour of s.o./s.th., to have a bias in favour of s.o./s.th.
1. Seit Professor Schubert öffentlich seine Doktorarbeit gelobt hat, ist der Kurt voll und ganz für den Mann eingenommen. Es braucht jemand nur eine leise Kritik zu äußern, dann wird er schon sauer.
2. Mit dem Klaus über Sozialpolitik zu diskutieren ist ziemlich unfruchtbar. Der ist und bleibt für ein patriarchalisches Arbeitsverhältnis eingenommen. Ganz egal, was man ihm für Gründe bringt: von den modernen Regelungen hält er nicht viel. *seltener*

gegen jn./etw. **eingenommen sein** – ≠ **für** jn./etw. **eingenommen sein** · to be prejudiced against s.o./s.th.

(sehr) von sich (selbst) **eingenommen sein** *ugs* – zu sehr/(zu stark) von sich (selbst) **überzeugt** sein · to be too full of o.s., to have too high an opinion of o.s., to be too sure of o.s.

eingeschnappt: **leicht eingeschnappt sein/(einschnappen)** *ugs* · to get into a huff at the slightest provocation, to get the sulks at the slightest provocation, to be very/... touchy
... Mein Gott, bist du leicht eingeschnappt, Uschi! Wenn ich mich so schnell beleidigt fühlen würde wie du, liefe ich den ganzen Tag mit griesgrämiger Miene herum. Wenn ich von 'Mangel an Erfahrung' spreche, meine ich das doch nicht negativ.

eingeschworen: **auf** jn./etw. **eingeschworen sein** *ugs* · 1. to swear by s.o./s.th., 2. to be committed to s.th., to be used to s.th., to swear by s.th.
1. ... Seit langen Jahren ist der Alte nun einmal auf die Frau Mertens eingeschworen. Auch wenn die nicht mehr so arbeitet wie früher: er würde nie eine andere Sekretärin nehmen.
2. (Bei Schuckert; zu dem Vertreter einer Bohrmaschinenfabrik:) Ihre Bohrmaschinen mögen ganz ausgezeichnet sein, Herr Fuchs – dazu kann und will ich mich nicht äußern. Aber wir sind hier nun einmal auf die Murtis-Maschinen eingeschworen und davon wollen wir auch nicht abgehen.

eingeschworenes: **ein eingeschworenes** Team/**eine eingeschworene Mannschaft/... sein** *ugs* · to be a close-knit team
Unsere Fußballmannschaft ist ein (aufeinander) eingeschworenes Team. Das Zusammenspiel klappt hervorragend.

eingespannt: **sehr eingespannt sein** *ugs* · to be fully/... booked up
... Im Moment bin ich wirklich sehr eingespannt, Frau Maier, im Moment kann ich Ihnen die Tür beim besten Willen nicht reparieren. Aber nach den Feiertagen ist weniger Betrieb; da werde ich mich für ein, zwei Stündchen freimachen können ...

eingestellt: **gut/schlecht/... eingestellt sein/auf etw. ... werden** · + to put a patient on a course of tablets/...
(In einem Arztbrief:) Der Patient wurde auf das Antiepileptikum Tranquilum eingestellt.

materiell/... eingestellt sein · to have a materialistic/... attitude, to be materialistic/..., to be materialistically minded
... Ob der Ronald ideell, materiell oder sonstwie eingestellt ist, Karin, interessiert mich nicht. Mich als Arbeitgeber interessiert nicht seine Gesinnung, sondern seine Arbeit – und die ist verheerend.

gegen jn./(etw.) **eingestellt sein** · 1. 2. to be against s.o./s.th., 1. to be set against s.th.
1. ... Warum sollte der Franz gegen den Herrn Huber eingestellt sein? Der hat ihm doch nie etwas zuleide getan. Er mag dessen politische Einstellung nicht – das ist ganz sachlich gemeint; mit seiner Haltung zu Herrn Huber persönlich hat das nichts zu tun.
2. ... Der Klaus ist prinzipiell gegen Demonstrationen eingestellt – das ist wahr. Er findet: demonstrieren gehört sich nicht.

positiv/negativ zu etw./jm. **eingestellt sein** · (not) to be well disposed to s.o./s.th., to have a positive/negative attitude to s.o./s.th.
Grundsätzlich ist mein Vater zu dem Projekt positiv eingestellt. Aber ehe er seine Einwilligung gibt, müssen noch eine Reihe Details geändert werden.

eingewurzelt: **bei** jm. **tief eingewurzelt sein** *Glaube/Überzeugung/... path selten* – tief in jm. **verwurzelt** sein · to be deeply rooted in s.o., to be ingrained in s.o.

wie eingewurzelt dastehen/stehenbleiben (vor Schrecken/...) *path selten* – wie **angewurzelt** dastehen/stehenbleiben/... · to be rooted to the spot (with fear/...)

einhacken: **auf** jn. **einhacken** *sal* – auf jn. **loshacken** · to (start to) pick holes in s.o./tear strips off s.o./...

Einhalt: e-r S. **Einhalt gebieten/(tun)** *form* · to put a stop/an end to s.th.
Dieser dauernden Unpünktlichkeit müssen wir Einhalt gebieten und ebenso den Diebstählen, die sich in letzter Zeit hier allzusehr häufen. Wir müssen also scharf durchgreifen, sonst hört das nie auf.

einhämmern: jm. etw. **einhämmern** *ugs* – jm. etw. **einbleuen** · to hammer it/s.th. into s.o., to beat/to knock/... it/s.th. into s.o.'s head

Einheit: eine geschlossene **Einheit bilden** *form* · to form/to be/... an integrated whole
... Sie können doch von diesem Gedicht nicht einfach ein paar Zeilen – oder sogar Strophen – weglassen! Das ist eine geschlossene Einheit. Wenn Sie da was weglassen, ist es nichts mehr.

einheizen: jm. tüchtig (/...) **einheizen** *ugs* – jm. (gehörig/...) die **Meinung** sagen · to give s.o. hell, to give s.o. a roasting

einig: **sich einig sein** · 1. to have agreed, to have reached/come to an agreement, 2. to be in cahoots with one another *coll*
1. Seid ihr euch schon einig? – Ja, wir haben alle Dinge geklärt. Es gibt keine Fragen mehr, in denen wir unterschiedlicher Meinung wären.
2. vgl. – sich **eins** sein

mit sich selbst nicht einig sein *form* – (eher:) mit sich selbst (nicht) **eins** sein · to be at odds with o.s.

(ganz) einig sein mit jm. (in etw.) · to agree with s.o. entirely/... about s.th.
... In diesem Punkt bin ich ganz mit ihm einig. Da gibt es zwischen uns nicht die geringste Meinungsverschiedenheit.

einig werden mit jm. – (eher:) sich **einig** werden (mit jm.) · to come to an agreement with (s.o.), to reach an agreement with s.o.

sich einig werden (mit jm.) · to come to an agreement (with s.o.), to reach an agreement (with s.o.)
Ja, ihr meint, der Gerd wird sich schon einig werden mit dem Mies. Aber ihr alle wißt nicht, wie. Keiner von euch kann sagen, auf welcher Grundlage sie sich verständigen sollen.

einige wenige – einige **wenige** · a few ..., a couple of ..., a handful of ...

einigen: **sich dahingehend einigen, daß** ... *form* – dahingehend **verbleiben,** daß ... · to agree to do s.th., to arrange to do s.th.

einiggehen: **mit** jm. **einiggehen/mit** jm. darin/... einiggehen, daß ... *form* · 1. to agree with s.o. about s.th./that ..., to be of the same opinion as s.o. about s.th., 2. to be in complete agreement with s.o. about s.th.
1. ... In der Frage, inwieweit man unter den gegebenen Umständen Asyl gewähren soll, inwieweit nicht, geht mein Vater hundertprozentig mit unserem Innenminister einig. Die Stellungnahmen der beiden sind in der Sache absolut identisch.
2. vgl. – (eher:) (ganz) **einig** sein mit jm. (in etw.)

einkaufen: **böhmisch einkaufen** *österr ugs selten* – lange/krumme **Finger** machen · to steal/to pinch/to lift/to swipe/... s.th.

Einkehr: in einem Gasthaus/... **Einkehr halten** *form* · to stop at an inn/a restaurant for a meal, to spend the night at an inn/in a hotel/...
(Auf einer Autoreise; der Vater zu den Kindern:) Was haltet ihr davon, wenn wir jetzt dort in dem 'Gasthof Krone' Einkehr halten? –

Eine blendende Idee, Vater. Wir haben alle Hunger und das Fahren sind wir auch leid. Wir sollten da also auch übernachten.

Einkehr bei sich halten *geh selten* · to commune with o.s., to search one's heart/soul

Was hat dein Mann im Urlaub vor? – Nach den Wirren der letzten Jahre hat er das Bedürfnis, wenigstens 14 Tage allein irgendwohin zu fahren, um wieder zu sich selbst zu finden. – Er will also Einkehr bei sich halten, wie man früher sagte, Ferien zum Ich machen.

Einklang: mit sich selbst (nicht) im Einklang sein *form* – mit sich selbst (nicht) **eins** sein · to be at odds with o.s.

mehrere Dinge (nicht) in Einklang (miteinander) bringen (können) · not to be able to reconcile different things

Du willst in die Berge, die Kinder ans Meer, ich in den Schwarzwald – ich weiß nicht, wie ich diese Ferienwünsche in Einklang miteinander bringen soll.

(nicht) in/(im) Einklang mit etw. stehen *form* · (not) to be at variance with s.th., to contradict s.th.

Was Sie jetzt vorbringen, Herr Kreuzer, steht nicht in Einklang mit dem, was Sie mir vor drei Wochen gesagt haben. Entweder stimmte das damals oder es stimmt jetzt; beides kann nicht stimmen.

einkriegen: sich gar nicht mehr einkriegen (können) (vor Freude/Lachen/(...)) *ugs* – *path* – sich nicht **halten** können vor Freude/Lachen/... · not to be able to stop laughing, not to be able to hold back one's delight/laughter/...

einladen: sich (nicht) selbst einladen (wollen) *ugs* · (not) to (want to) invite o.s.

Sie machen in Ihrem Garten einen Maskenball, Herr Werner? Hm, so eine Feier würde ich auch mal gern mitmachen. Aber ich will mich nicht selbst einladen – um Gottes willen! – Aber Herr Krauss! Wir rechnen doch selbstverständlich auch mit Ihrem Erscheinen ...

Einlauf: jm. einen Einlauf machen *med* · to give s.o. an enema

... Ach, das brauchst du eigentlich auch noch gar nicht zu wissen, Uschi, was das ist, 'jm. einen Einlauf machen'. Aber wenn du mich schon fragst: man flößt jemandem Flüssigkeit in den Darm, um ihn zu entleeren oder zu reinigen – oder auch, um jemandem, der nicht schlucken kann oder darf, künstlich zu ernähren.

einlegen: Gurken/Eier/Heringe/(...) (sauer) einlegen · to pickle herrings/onions/...

Hast du auf der iberischen Halbinsel schon einmal eingelegte Gurken gegessen? – Nein. Ich glaub', die kennen das gar nicht, so Sachen in einer sauren, würzigen Flüssigkeit haltbar zu machen.

Einleitung: keine große Einleitung machen · to dispense with the preliminaries, to come/to get straight to the point

Sie wollten mich sprechen? – Ja. Und ich will keine große Einleitung machen, es geht um folgendes;...

einlochen: jn. einlochen *ugs* – jn. hinter **Schloß** und Riegel setzen/(bringen) · to lock s.o. up, to put s.o. behind bars/ away/inside/...

einlullen: sich von jm. einlullen lassen *ugs* · to let s.o. get round one, to let s.o. talk one round

Hat die Vera ihren tyrannischen Macker immer noch nicht rausgeschmissen? Ich denke, sie wollte ihn an die Luft setzen, nachdem er sie das letzte Mal so verdroschen hat. – Wie ich sie kenne, hat sie sich bestimmt wieder von ihm einlullen lassen. Wahrscheinlich hat er ihr etwas vorgejammert und ist sie wieder auf seine Masche reingefallen.

einmachen: du kannst dich/die können sich/... einmachen lassen (mit etw. *ugs selten* – du kannst/die können/... **einpacken** (mit etw. · you/they/... can stick your/their/... excuses/ideas/..., you/they/... can keep your/their/... excuses/ideas/...

einmal: auf einmal · 1. suddenly, all of a sudden, 2. all at the same time, all at once, 3. all in one go, at one sitting

1. Wir gehen da ganz gemütlich durch den Wald; auf einmal gibt's einen Schrei ... – So ganz plötzlich? – Ja, völlig überraschend.

2. Auch ein Kotelett, Mutti! – Moment, Junge! Nicht alles auf einmal! Eins nach dem andern. Jetzt bin ich bei dem Gemüse, gleich kommt das Kotelett.

3. Er hat den ganzen Text auf einmal übersetzt und fertig getippt mitgebracht. – So? Ich hatte angenommen, er würde uns heute die Hälfte und die andere Hälfte morgen oder übermorgen bringen. Um so besser, wenn er das Ganze in einem Mal erledigt hat.

nicht einmal/mal – **nicht** einmal/mal · not even

nun einmal ... · simply/just/...

Ich verstehe sehr gut, daß es dir gar nicht zusagt, Uschi, morgens um sechs aus dem Bett zu steigen, um mit den anderen zu frühstücken. Aber die Sitten hier auf dem Land sind nun einmal so: man frühstückt um halb sieben mit den Gästen.

wenn ... nun einmal · now that I/John/... have/... started/..., seeing that I/John/... have/... started/...

(Der Chef:) Wenn wir das Projekt nun einmal angefangen haben – leicht ist uns die Entscheidung ja bei Gott nicht gefallen! –, dann müssen wir es auch beherzt durchführen. Sonst hätten wir es in der Tat nicht anfangen dürfen. – Sie meinen: Wer A sagt, muß auch B sagen. – Aber klar!

(na/...), wo/wenn ich/er/der Peter/... (schon) einmal dran bin/ist/angefangen habe/hat/..., etw. zu tun/etw. tu/tut/... · 1. now that I/John/... have/... started, 2. ... while we're on the subject ...

1. vgl. – (na/...), wo/wenn ich/er/der Peter/... schon einmal/mal dran bin/ist/angefangen habe/hat ..., etw. zu tun/etw. tu/tut/... (1, 2)

2. vgl. – ... und wenn wir schon einmal/mal **dran** sind, ...

wieder einmal · 1. 2. yet again, once more

1. Der Norbert hat uns wieder einmal in unserer Strandwohnung besucht. Das ist jetzt schon das fünfte Mal, er uns am Meer aufsucht. So ein über das andere Jahr erscheint er da, und wir rechnen schon mit ihm, ohne daß er sich ankündigt.

2. ... Da hat sich doch wieder einmal herausgestellt, was für ein Esel dieser Kruse ist! Natürlich wußten wir schon, daß der Mann ein Gehirn wie ein Spatz hat. Aber es ist immer wieder überraschend zu sehen, daß Dummheit keine Grenzen kennt. Sagt der dem Schuckert doch ...

einmal über das andere – (eher:) ein über das/übers andere **Mal** · time and time again, again and again

einmal ums andere – (eher:) ein über das/übers andere **Mal** · time and time again, again and again

noch einmal so groß/dick/... (wie etw. anderes) · twice as big/wide/... as ...

Unser Haus ist schon hoch, mit seinen sieben Etagen. Aber für Südamerika ist das gar nicht. Unser Bernd hat dort in einem Haus gewohnt, das war noch einmal so hoch – es hatte 14 Etagen.

einmal ..., einmal ... – (eher:) **mal** ..., mal ... · sometimes ... sometimes

einmal so (und) einmal anders/so – **bald** so, bald anders · now this way, now that

einmal mehr ... – (eher:) wieder **einmal** (2) · once more, once again, yet again

einmal und nie wieder! · once and never again, once will do me/... for a lifetime

Na, Herr Bergmann, sind Sie zufrieden mit Ihrer Entscheidung, den Urlaub diesmal statt in den Bergen am Meer verbracht zu haben? – Mann, hör'n Sie auf, Herr Burger. Einmal und nie wieder! Diese Menschenmassen, dieses Durcheinander, dann das wechselhafte Wetter ... – nein, ans Meer gehe ich im Leben nicht mehr.

einmotten: du kannst dich/er kann sich/... einmotten lassen/ laß dich/... einmotten (mit etw.) *sal* – du kannst/die können/... **einpacken** (mit etw.) · you/he/... can get lost

einnehmen: jn. (gleich/...) für sich einnehmen · to win s.o. over

... Wirklich ein charmantes Mädchen, die Uschi! Sie nimmt jeden sofort für sich ein!

einpacken: du kannst/die können/... einpacken (mit etw.) *sal* · you/they/... may as well pack up and go home, you/they/... may as well pack it all in

Nein, das guck' ich mir nicht länger an! So ein miserables Spiel! Die können einpacken (mit ihrem Fußball)! – Wer, unsere Mannschaft oder die anderen? – Beide! Sie taugen beide absolut nichts!

du kannst dich/er kann sich/... mit etw. einpacken lassen *sal* – du kannst/er kann sich/... (mit etw.) **begraben** lassen · you/they/... may as well pack it in/give up/...

einpendeln: sich (von selbst) (wieder) **einpendeln** · s.th. will even (itself) out automatically, s.th. will settle down, s.th. will level off
(Der Vater zur Mutter:) Laß den Jungen ruhig mal anständig reinhauen! Dann ißt er das nächste Mal weniger. Das pendelt sich alles von selbst wieder ein. Der Junge ist doch kein Vielfraß.

einpfeifen: sich einen Schnaps/ein paar Bier/einen Joint/... **einpfeifen** *ugs Neol* · to knock back a beer/a whisky/..., to have/to smoke/... a joint, to have a toke
... So, Leute! Ich geh' mir jetzt noch ein Bierchen einpfeifen. Kommt jemand von euch mit?

einpökeln: du kannst dich/er kann sich/... einpökeln lassen/ laß dich/... einpökeln (mit etw.) *sal selten* – du kannst/die können/... **einpacken** (mit etw.) · you/they/... know what you/they/... can do (with s.th.), you/they/... can get lost, you/they/... can go and boil your/... head

einrahmen: du kannst dir/er kann sich/... etw. einrahmen lassen *sal* – (eher:) du kannst dir/er kann sich/... etw. **einsalzen** · you/they/... can keep your/...

das/etw. würde ich mir/solltest du dir/sollte er sich/... einrahmen lassen *sal* · you ought to have it framed!
Mensch, hast du dir da einen schönen Ring gekauft, Christa! Den solltest du dir einrahmen lassen! – Gefällt er dir nicht? Findest du ihn so häßlich? ...

einreden: jm./sich (selbst) etw. **einreden** · 1. 2. to (try to) persuade o.s./s.o. that ...
1. ... Sag' mal, glaubst du das denn (eigentlich) selbst, daß uns ein Urlaub am Meer nicht bekommt? Oder willst du mir das nur einreden, damit wir in die Berge fahren?
2. ... Die Ursel scheint in der Tat zu glauben, daß 14 Tage am Meer zu viel für sie sind! – Die Ursel redet sich allerhand ein. Jetzt hat sie so oft für die Ferien in den Bergen und gegen einen Urlaub am Meer plädiert, daß sie schon selbst davon überzeugt ist, die Sonne am Meer wäre für sie ungesund.

auf jn. **einreden** · to keep on and on at s.o., to urge/try to persuade/... s.o. to change his mind
... Soviel sie auch auf den Schiedsrichter einredeten – er blieb bei seiner Entscheidung: Elfmeter.

einrenken: etw. **wieder einrenken** *ugs* – jn./etw. (wieder) in **Ordnung** bringen (4; a. 5) · to sort s.th. out, to straighten s.th. out

einrichten: sich bei jm./irgendwo **häuslich einrichten** – sich bei jm./irgendwo **häuslich** niederlassen/einrichten/(...) · to make o.s. at home with s.o./in a place/...

es/etw. (zeitlich/...) **so einrichten, (daß)** ... · to arrange things so that ..., to fix things so that ...
... Du Schatz, denk' bitte daran, daß wir heute abend bei Koch's eingeladen sind! – Ja, ich werd' s so einrichten, daß ich etwas früher von der Arbeit nach Hause komme.

einrücken: einrücken müssen *ugs* – zum **Militärdienst** einberufen werden · to be called up (for military service)

eins: das/(es) ist (doch/alles/...) **eins** – **ein** und derselbe/ein und dieselbe/ein und dasselbe + *Subst* (2) · one and the same thing

...., da gibt's nur eins: ... *ugs* · there is only one thing for it, there is only one thing to do *n*
In einer solchen Lage gibt's nur eins: kämpfen, kämpfen und nochmals kämpfen. Alles andere sind nur Ablenkungsmanöver, ist nur Selbstbetrug. Nur die stärkste Anstrengung hilft da weiter.

mit eins *ugs selten* – auf **einmal** (1) · suddenly, all of a sudden

(nur schnell/...) **noch eins:** · (just) one more thing
Ja, ja, ich stör' dich nicht mehr lange. Nur schnell noch eins: ... – Ich bin eilig, Ute. Du willst immer nur noch rasch eine Sache sagen – und dann noch eine – und ... Auf diese Weise verliere ich den halben Morgen. – Nein, Herbert, nur noch eins: ...

(dann) **noch eins:** ... · one more thing
Also, die Sache mit den Ferien ist erledigt. Dann noch eins, Willi: ich will nicht, daß ihr da oben immer so laut Musik macht; das stört die Nachbarn ...

nur eins ... · (but there is) just one thing ...
Ihr könnt hier machen, was ihr wollt. Nur eins erlaube ich nicht: daß ihr die halbe Nachbarschaft mit eurer Beatmusik verrückt macht.

e-e S. tun und eine andere S. tun war eins · seeing/... him/... and hitting/... him/... was the work of a moment, to see/... him/... was to hit/... him/...
Ihn sehen und ihn ohrfeigen war eins. Nie habe ich so etwas erlebt. Wir kommen an die Ecke, Karl sieht den Friedrich – und schon hat er ihm eine geknallt. Alles in derselben Sekunde.

dastehen/(...) wie eine Eins *sal* · to be/to stand there/... as straight as a ramrod
... Schau dir den Gerd an, wie der da neben dem Minister steht – wie eine Eins! – Ist doch schön, wenn jemand so eine gerade Haltung hat! – Ich finde, man kann auch übertreiben.

laufen/springen/singen/... wie eine/'ne eins *sal* · to run/to swim/to sing/... like a dream *coll*
Hast du den Jürgen Bergmann schon mal schwimmen sehen? – Nein. – Der schwimmt wie 'ne eins, sage ich dir. Wenn er so weitermacht, wird er bestimmt nochmal ein berühmtes Tier.

eins kann ich/kann er/... tun/(machen)/ich kann/du kannst/... nur eins tun/(machen)/da kann ich/kannst du/... nur eins tun/(machen) · there is only one thing he/you/John/... can do, there is only one thing to do
In dieser Situation könnt ihr nur eins tun: arbeiten, arbeiten, arbeiten. Alles andere ist Illusion, Selbstbetrug.

eins steht fest/ist gewiß/kann man schon sagen/... – **soviel** steht fest/ist gewiß/kann man schon sagen/... · one thing is clear/definite/...:, one thing is certain/...:

eins kann man (jm.) **nicht/läßt sich** (jm.) nicht **vorwerfen/** zum Vorwurf machen/ankreiden/übersehen/außer acht lassen/... · one thing you/we/... cannot overlook/accuse him of/... is ...
Eins läßt sich nicht übersehen – so gern man es auch täte: er hat seit Jahren sehr große Geldschwierigkeiten. Wir wissen nicht, ob wir in seiner Lage eine sympathischere Figur abgeben würden.

eins muß ich dir/euch/... sagen/ehrlich/... sagen//ihm/ihnen/den .../... nachsagen//eins muß man/müssen wir/... ihm/ihnen/den .../... zugutehalten/einräumen/...//eins muß man/müssen wir/... (bei ihm/ihnen/den .../...) verstehen/einsehen/... · one thing I/you/John/... must say/tell you/admit/...
Eins muß ich dir sagen: wenn du auch in der Sache recht hast, der Ton, in dem du mit deiner Frau umgehst, ist unmöglich. Wenn du mit mir in diesem Ton umgingst, würde ich mich sofort scheiden lassen.

eins will ich/willst du/will er/... tun/(machen) · (but) there is one thing I/he/... will do
Du weißt, ich mische mich nicht gern in anderleuts Dinge ein. Aber eins will ich tun – um dir zu helfen –: ich rufe den Herrn Kallmann an, sage ihm, daß du ein guter Freund von mir bist ... – Aber mehr verlang' ich ja auch nicht von dir!

eins greift ins andere · one thing affects another, everything is connected
Bei diesen Arbeiten greift doch eins ins andere: wenn eine schlecht durchgeführt wird, können die nächsten nicht mehr gut werden.

es/(das) ist eins wie das andere · it's all the same, it's one and the same, it's the same dogwash *coll*
Wenn dir die Arbeit als Verkäuferin nicht gefällt, bewirb dich doch als Sekretärin; die nötige Ausbildung dafür hast du doch. – Ach, es

ist eins wie das andere. Verkäuferin – Sekretärin, das ist im Grunde alles dasselbe.

... ist eins, ... ist ein anderes *form* – (eher:) ... ist eine **Sache,** ... ist eine andere · ... is one thing, ... is another

(hübsch) **eins nach dem andern** · one thing at a time
... Auch Kartoffeln, Mutti! – Moment, Junge! Nicht alles auf einmal! Eins nach dem andern! Jetzt bin ich beim Fleisch, gleich kommen die Kartoffeln.

es/da/... **kommt eins zum ander(e)n** · there are all kinds of reasons, there is a variety of reasons, there is one thing on top of/after another
Die Ursel hat sich von dem Günther scheiden lassen? Was hat denn zu solch einem drastischen Schritt geführt? – Hm, das war nicht ein Grund, weißt du. Da kam eins zum andern. Die Meinungsunterschiede in der Erziehung der Kinder, dann die Erbstreitigkeiten, die vielen Liebschaften von dem Günther – das hat sich so summiert ...

eins muß man/mußt du/müßt ihr/... **ihm**/den .../... **lassen:** *ugs* · I'll say this much for s.o., one thing I will give s.o., there's one thing to be said for s.o.
Sympathisch ist der Wohmann nicht! Aber eins muß man ihm lassen: er kann arbeiten, planen, organisieren! – Das hat ihm auch noch niemand abgesprochen.

eins tun und das andere nicht lassen · to do both
... Was soll ich nun machen, Vokabeln und Grammatik lernen oder freies Sprechen üben? – Das eine tun und das andere nicht lassen, Gerd. Du mußt beides so zu verbinden suchen, daß es sich ergänzt und das eine das andere fördert.

eins kann ich/kann er/... **tun/machen:** ... · there's one thing I/he/... can do
... Viel Einfluß habe ich da nicht, wissen Sie. Aber eines kann ich tun: ich kann den Herrn Wolters anrufen. Der ist Mitglied der Kommission. Vielleicht kann der was für Sie tun ...

ich kann/du kannst/... **nur eins tun/machen:** ... · there is only one thing I/you/... can do
Viele Möglichkeiten hat der Klaus da gar nicht, weißt du. Er kann nur eins machen: die persönlichen Beziehungen so gut wie möglich erhalten und hoffen, daß es den Brinkmanns bald besser geht, sodaß sie ihm das Geld zurückzahlen können.

da kann ich/kannst du/... **nur eins tun/machen:** ... · there's only one thing for it *coll*, there's only one thing I/you/... can do
... In einer solchen Situation kannst du nur eins tun: die Karten offen auf den Tisch legen und von allen Gesellschaftern eine klare Entscheidung verlangen. Das ist die einzige saubere Haltung, die du einnehmen kannst.

eins will ich ja/willst du ja/will er ja/... **gern tun/machen:** ... · there is one thing I/he/... will gladly do
... Nun gut, eins will ich gern tun: den Wolters anrufen und ihn bitten, sich für dich in der Kommission einzusetzen. Ob es viel nützt, das weiß ich nicht. Aber das kann ich machen.

eins sein mit jm. (über jn./in etw.) *form selten* – (eher:) (ganz) **einig** sein mit jm. (in etw.) · to agree completely/ wholeheartedly/... with s.o.

mit sich selbst (nicht) **eins sein** *form selten* · (not) to be at one with o.s.
Die Marlies ist so unzufrieden mit ihrem Beruf in letzter Zeit. – Nicht nur mit ihrem Beruf, auch persönlich. Sie ist in den letzten Monaten mit sich selbst nicht eins. Ich weiß nicht, was sich da abspielt; aber so eine innere Zwiespältigkeit habe ich bei dem Mädchen noch nie erlebt.

sich eins sein *form selten* · to be in cahoots with one another *coll*
Ach, die sind sich eins, das ist doch klar. Wir brauchen gar nicht zu versuchen, ob wir bei dem einen oder anderen mehr erreichen, das führt alles zu nichts. Wir müssen davon ausgehen, daß sie sich aufs genauste abgesprochen haben und gemeinsam handeln werden.

jm. (völlig/...) **eins sein** *form selten* – jm. (ganz/völlig/...) **egal** sein (ob/was/wie/...) (1, 2) · to be all the same to s.o. whether/how/when/..., not to matter (a bit/in the least/...) to s.o. whether/how/when/...

mit jm./etw. **eins werden** · 1. to become one, 2. to come to an agreement with s.o., to reach an agreement with s.o.
1. In der echten Liebe, heißt es, werden die Liebenden eins – verschmelzen zu einer unauflöslichen Einheit. *path*
2. vgl. – (eher:) sich **einig** werden (mit jm.) *form selten*

sich mit jm. **eins wissen/fühlen** *path* · to be in perfect agreement with s.o., to think alike
So sehr meine Frau und ich in vielen Punkten unterschiedlicher Meinung sein mögen: was die Erziehung der Kinder angeht, weiß ich mich mit ihr eins. Da haben wir absolut dieselben Anschauungen.

das/etw. **ist eins a (Ia)**/(etw. ... tun) *ugs* · 1. to be topnotch/A1/... in (doing) s.th., to be first class at s.th., 2. to be marvellous/terrific/fantastic
1. Der Peter, der spielt nicht gut Klavier, er spielt eins a. *selten*
2. vgl. – einfach **Klasse** sein (2)

Eins (zu) **Null für** mich/dich/Karl/... *ugs* · one – nil to/for me/...!
... Du sagst also, Caracas ist in Argentinien, ich sage, in Venezuela. Da wollen wir mal den Heinz fragen, der kennt Südamerika ... – Venezuela, siehst du. Eins Null für mich!

eins zwei drei gemacht sein/... *ugs* · it/s.th. can be done in a trice, it/s.th. can be done in next to no time
... Meine Güte, stellt euch doch nicht so an, Kinder, das ist doch eins zwei drei erledigt. Statt hier lange herumzudiskutieren, geht ihr besser an die Arbeit; dann seid ihr in einer Viertelstunde fertig!

einsalzen: du kannst dir/er kann sich/... etw. **einsalzen** *sal* · he knows/you know/... what he/you can do with his/your/...
Er meint, wenn er dir seinen Wagen zur Verfügung stellt, müßtest du ... – Er kann sich seinen Wagen einsalzen. Ich fahr' mit dem Zug.

du kannst dich/er kann sich/... **einsalzen lassen** (mit etw.) *sal* – du kannst dich/er kann sich/... (mit etw.) **begraben** lassen · he knows/you know/... what he/you can do with his/ your/...

einsam: einsam und allein (sein/leben/...) *path* · to be/to live all on one's own, to be/to live all by oneself
Eine Zeitlang ist das ja gut und schön, aber den ganzen Urlaub einsam und allein auf so einem verlorenen Kap verbringen – nein, danke! Man möchte schließlich mal andere Menschen sehen.

einsam und verlassen *path* · all on one's own, lonely and deserted
(Der Vater, der von der Arbeit kommt:) Was stehst du denn hier einsam und verlassen auf dem Spielplatz herum, Andrea? – Die anderen wollten nicht mehr draußen spielen. Sie meinen, es ist zu kalt. – Und da bist du ganz alleine hier geblieben?

einsargen: du kannst dich/er kann sich/... **einsargen lassen** (mit etw.) *sal* – (eher:) du kannst dich/er kann sich/... (mit etw.) **begraben** lassen · you/he/... can keep your/..., you know/he knows/... what you/he/... can do with your/his/...

Einsatz: im Einsatz sein/stehen *form* · to be in action
Obwohl die Feuerwehr rund um die Uhr im Einsatz war, bekam sie das Feuer nicht in den Griff. Der starke Wind machte jede wirksame Hilfe illusorisch.

zum Einsatz bringen *form selten* · to deploy, to use
Ob die im Ernstfall wirklich Atombomben zum Einsatz bringen, weiß man natürlich nicht. Aber bis heute ist noch jede Waffe, die der Mensch entwickelt hat, irgendwann eingesetzt worden.

zum Einsatz kommen *form* · to be deployed, to be used
Ob im Ernstfall in der Tat Atombomben zum Einsatz kommen – wer weiß das? Hoffen wir, daß diese Waffen vernichtet werden, ehe irgendjemand auf die wahnwitzige Idee kommt, sie einzusetzen.

unter Einsatz aller Kräfte versuchen/... *path* · to try to do s.th. (by) making a supreme effort, to try to do s.th. (by) summoning up all one's energy
Unter Einsatz aller Kräfte bemühten sie sich, das Unternehmen vor dem Zusammenbruch zu retten. Vergeblich. Die verzweifelten Anstrengungen kamen zu spät.

etw. **unter Einsatz seines Lebens** tun *path* · to do s.th. at the risk of one's life, + to risk one's life to do s.th./doing s.th.
... Ich zieh' dich hier unter Einsatz meines Lebens aus den Wellen und du sagst nicht einmal danke! – Nun behaupte auch noch, du hättest dein Leben dabei riskiert.

den Einsatz des eigenen Lebens nicht scheuen *path* · to be prepared to risk one's life for s.th./to do s.th.
... Schon beeindruckend, dieser Mann! Der experimentiert mit dem Stoff gegen AIDS zuerst an sich selbst! – Wenn es um das Leben anderer geht, sollte man ja eigentlich auch den Einsatz des eigenen Lebens nicht scheuen. – Gut! Aber wer tut das schon?!

einsatzfähig: **(noch) nicht (wieder) (ganz) einsatzfähig sein** *ugs* · not to be (yet) fit, not to be fit for action (again)
Wie geht's dem Walter? Ist er wieder fit? – Er ist zwar noch nicht wieder ganz einsatzfähig, aber die ärgsten Folgen des Unfalls hat er glücklich überstanden. Und wenn die Besserung so weitergeht, wird er in zwei, drei Monaten sicherlich wieder in die Vollen gehen können.

einschenken: jm. **eine/einen einschenken** *sal Neol* – jm eine **Ohrfeige** geben · to give s.o. a clip round the ear, to clout s.o.

jm. **einen/ein paar einschenken** *sal Neol* – jm. (gehörig/...) die **Meinung** sagen · to give s.o. a piece of one's mind

einschießen: sich auf jn./etw. **einschießen** *ugs* · to make s.o. the target of repeated attacks, to keep attacking s.o., to keep bombarding s.o., to be gunning for s.o.
(Kommentar zu einer Parlamentsdiskussion:) Da reitet doch schon wieder ein SPD-Abgeordneter eine Attacke gegen den Staatssekretär Springer/gegen die Exportpolitik nach Südafrika! – Die haben sich auf diesen Mann/auf diese Politik eingeschossen. Du wirst sehen: da werden noch manche Attacken in diese Richtung kommen.

Einschlag: **einen südländischen/autoritären/... Einschlag haben** · to have a hint of authoritarianism/the Mediterranean/... about it/him/..., to have an element of authoritarianism/... in it/him/..., to have a touch of the Mediterranean/...
... Nein, als direkt 'romanisch' empfinde ich den Schallert nicht – dafür ist er zu ernsthaft, zu 'philosophisch'; aber er hat einen romanischen Einschlag, so weit stimme ich dir gerne zu.

einschlagen: **gut/... einschlagen** · to go down well, to be a big hit, to be a huge/... success
Das neue Waschmittel hat ja hervorragend eingeschlagen. Es scheint, die Hälfte der Bevölkerung benutzt schon jetzt kein anderes mehr.

einschleimen: sich bei jm. **einschleimen** *sal* · to suck up to s.o.
Der Peter ist ein regelrechter Arschkriecher! Der versucht, sich bei allen Vorgesetzten einzuschleimen.

Einschluß: **mit/unter Einschluß von/der/des ...** *form* · 1. 2. including s.th.
1. ... Europa – und zwar ganz Europa, mit Einschluß der iberischen Halbinsel und der osteuropäischen Länder ...
2. ... Wenn wir uns schon mit der Problematik der Geburtenregelung beschäftigen, dann mit der ganzen Problematik, unter Einschluß der psychologischen Dimension ...

einschwenken: auf etw. **einschwenken** · to adopt a line/an approach/..., to go along with a line/an approach/..., to fall into line
... Den Grünen gebührt das Verdienst, die ökologischen Probleme zuerst massiv in die politische Diskussion eingebracht zu haben. Nachher sind ja dann mehr oder weniger alle großen Parteien auf diese Linie eingeschwenkt.

einschwören: jn. **auf etw. einschwören** · to swear s.o. to s.th., to try to/... persuade/force/... s.o. to adopt a policy/...
... Natürlich versucht der alte Hausberg mit aller Macht, seine Mitarbeiter auf die Linie einer konservativen, soliden und überschaubaren Finanzpolitik einzuschwören. Nur weiß ich nicht, ob ihm das so ganz gelingt. Es gibt bei den Leuten allerhand Widerstände gegen diese Linie, allerhand Originalitätssucht ...

Einsehen: **kein/ein Einsehen haben** · (not) to see sense/reason
Du kannst doch nicht immer und immer wieder nur von deinem Mann Entgegenkommen verlangen, selbst aber stur auf deinem Standpunkt verharren. Ich verstehe gar nicht, daß du kein Einsehen hast. Du bist doch sonst nicht so unvernünftig und bockbeinig.

Einsicht: **Einsicht in Unterlagen/... haben** *form* · to look at/to take a look at documents/files/(...)
Wie kann der Kurt über die Hintergründe des Prozesses so gut Bescheid wissen? Hat er Einsicht in die Unterlagen? – Als Richter am Landgericht dürfte er Zugang zu den einschlägigen Akten haben.

jn. **zur Einsicht bringen** · 1. to make s.o. see reason, to bring s.o. to his senses, 2. to make s.o. listen to reason, to make s.o. see sense
1. ... Aber einem 19-jährigen jungen Mann muß es doch einleuchten, daß ein Unternehmen nicht mit Eigensinn und Oppositionsgeist zu führen ist! Kann man den Jungen wirklich nicht zur Einsicht bringen?
2. vgl. – (eher:) jn. (wieder) zur **Räson** bringen

sich js. **besserer Einsicht fügen** *form* · to bow to s.o.'s better judgement/superior knowledge/...
... Ich bin zwar im Grundsatz anderer Anschauung als mein Vater, aber er versteht von der Sache viel mehr als ich. Ich füge mich also seiner besseren Einsicht und mache, was er für richtig hält.

jm. **Einsicht in** Unterlagen/Briefe/... **gewähren** *form* · to allow/to grant s.o. access to files/letters/..., to allow s.o. to look at files/letters/...
Du weißt immer so genau Bescheid, was sich bei Euch tut. Gewährt dir der Chef auch Einsicht in die eher vertrauliche Korrespondenz? – Ich kann in jeden Brief Einsicht nehmen, der ein- oder ausgeht.

zur Einsicht kommen · to come to one's senses, to see reason
Wenn der Albert derartig eigensinnig ist, wie du sagst, wird er wohl nie zur Einsicht kommen; da wird er immer und immer wieder denselben Fehler machen und dieselben irrigen Meinungen über sein eigenes Handeln entwickeln.

Einsicht nehmen in Unterlagen/Briefe/... *form* · to look at/to study/to inspect (official) documents/letters/...
Von unserem Hausbesitzer: »Der von Ihnen zu leistende Betrag beläuft sich auf 546,51 DM. Auf Wunsch bin ich gern bereit, Sie in die einschlägigen Unterlagen Einsicht nehmen zu lassen.« Als ob es mich interessierte, dessen Briefe und Unterlagen durchzugehen!

jm. etw. **zur Einsicht vorlegen** *form* · to present s.th. to s.o. for study/inspection
(Im Kanzleramt:) Hat der Kanzler (persönlich) diese Gesetzesvorlage schon gesehen, Herr Staatssekretär? – Nein. Aber ich werde sie ihm noch heute zur Einsicht vorlegen lassen und ich habe nicht den geringsten Zweifel, daß er damit einverstanden ist.

Einsiedlerdasein: **ein Einsiedlerdasein führen** · to lead the life of a recluse
Der Klaus Bockelkamp führt da auf seinem Landgut ein richtiges Einsiedlerdasein. Der besucht niemanden und wird von niemandem besucht, der ruft niemanden an ...

einspannen: jn. **(für etw.) einspannen** *ugs* · to rope s.o. into doing s.th., to use s.o. for one's own ends/for a certain purpose/cause/...
... Natürlich bin ich auch für die ökologischen Gedanken. Aber ich laß mich von euch (für eure politischen Pläne) nicht einspannen; ich will unabhängig und frei bleiben in meinen Handlungen und Entscheidungen. Im übrigen habt ihr ja schon mehr als genug 'Trabanten', die brav euren Vorgaben folgen.

Einspruch: Einspruch erheben/einlegen (gegen) *form* · to appeal against (a decision/…)
Hast du gegen das Urteil des Amtsgerichts Einspruch erhoben?

Einst: das Einst und (das) **Jetzt** *path selten* · (to compare/…) the olden days with the present/… *lit*
Früher, früher …! Das Einst und das Jetzt kannst du nicht miteinander vergleichen. Heute ist soz. alles anders als früher.

Einstand: seinen Einstand geben *ugs* · to treat one's colleagues when starting a new job *n*, to buy one's new colleagues a round of drinks *n*
Also, hier ist euer neuer Kollege Volker Winkich. – Angenehm! – Wann gibt er seinen Einstand? – Mensch, Winfried, hast du denn schon wieder Durst? – Der Mann ist doch gerade erst da! – Ich frag' ja nur. Man kann sich doch wohl noch erkundigen, wann er ein paar Runden spendiert, um sich bei uns vernünftig einzuführen!

Eintagsfliege: das/etw. **ist eine Eintagsfliege** *ugs* · to be a flash in the pan, to be a nine-day/seven-day wonder
Die 'Black Birds' waren, so scheint es, eine Eintagsfliege. Die haben einen einzigen Hit gelandet und sind danach wieder in der Versenkung verschwunden.

Eintracht: in brüderlicher/schwesterlicher Eintracht leben/handeln/etw. tun *path* · to live/to eat in brotherly/sisterly/… harmony
Das wäre schön, wenn die beiden in brüderlicher Eintracht das Gut gemeinsam verwalten würden! Aber dem ist leider nicht so. Wenn der eine A sagt, schreit der andere B …

Eintracht stiften unter/zwischen/… *path* · to establish/to bring about harmony, to sow concord
… Nein, nein, unter diesen Zankhähnen kannst du keine Eintracht stiften. Selbst wenn es mal zwei oder drei Tage so aussieht, als kämen sie gut miteinander aus … – das ist dann ein Waffenstillstand, kein Frieden.

Eintrag: e-r S. (keinen) Eintrag tun *oft: das tut der Sache keinen …* *form selten* · to do s. th. (no) harm, (not) to affect s. th.
Eine Sache ist das Geschäftliche, eine andere die persönlichen Beziehungen. Wenn sich unsere wirtschaftlichen Vorstellungen nicht miteinander in Einklang bringen lassen, tut das unserer Freundschaft keinen Eintrag.

Eintritt: bei Eintritt der Dunkelheit *form* · when it gets dark
Die Friedhofstore werden bei Eintritt der Dunkelheit geschlossen.

Einundfünfziger: den Einundfünfziger haben *nach 51 des StGB: Unzurechnungsfähigkeit sal* – nicht (so) (ganz/(recht) bei **Trost** sein (2) · to be (a bit/…) gaga

einverleiben: sich etw. **einverleiben** · to incorporate s. th./a company/…, to take a company/… over
… Dieser Konzern hat in den letzten Jahren ein Konkurrenzunternehmen nach dem anderen aufgekauft. Wenn es ihm gelingt, sich die VUBA auch noch einzuverleiben, ist seine marktbeherrschende Stellung überhaupt gar nicht mehr zu brechen.

Einvernehmen: in gutem/bestem/… Einvernehmen mit jm. **leben/stehen**/etw. regeln/… *form* · to live in perfect harmony/amity, to do s. th. by mutual agreement
Ihr habt euch doch nicht im Streit getrennt? – Aber nein. Wir haben alle strittigen Fragen in bestem Einvernehmen gelöst. Zu jedem einzelnen Punkt kann jeder von uns beiden mit bestem Gewissen innerlich ja sagen.

in beiderseitigem Einvernehmen (auseinandergehen/die Streitfragen beilegen/…) *form* · to do s. th. by mutual agreement
(Ein Freund zu zwei Ehepartnern, die sich scheiden lassen wollen:) Natürlich könnt ihr euch jetzt jahrelang am Gericht streiten. Aber vernünftiger – und billiger – wäre es natürlich, ihr würdet die Dinge in beiderseitigem Einvernehmen regeln. – Ich hab' der Ingrid schon mehrmals eine gütliche Trennung vorgeschlagen; aber …

in bestem Einvernehmen auseinandergehen/… *form* · to part/to leave on the best of terms, to part/to leave in perfect harmony
Es hat im Laufe der Verhandlungen an harten Diskussionen nicht gefehlt. Doch bei aller Gegensätzlichkeit der Interessen kam es nie zu

einer unsachlichen oder gar unfairen Auseinandersetzung, und die Teilnehmer sind in bestem Einvernehmen auseinandergegangen.

in gegenseitigem Einvernehmen auseinandergehen/… *form* · to part/to separate/… by mutual agreement
Die Parteien haben sich in gegenseitigem Einvernehmen darauf verständigt, in dem Verfahren einen außergerichtlichen Vergleich zu schließen.

sich mit jm. **ins Einvernehmen setzen** (wegen …) *form selten* – sich mit jm. ins **Benehmen** setzen (wegen …) · to get in touch with s. o. (about …), to contact s. o. (about …)

Einverständnis: in gegenseitigem Einverständnis (auseinandergehen/eine Abmachung ändern/…) *form* · to get divorced/to decide on s. th./… by mutual consent
(Ein Anwalt:) Nein, einseitig können Sie diesen Vertrag nicht mehr ändern. Wenn er wirklich geändert werden soll, dann nur in gegenseitigem Einverständnis. – Ich weiß nicht, ob sich die Zustimmung des Hauswirts dazu gewinnen läßt. …

in/mit/ … stillschweigendem Einverständnis · (to do s. th.) with s. o.'s tacit consent
Offiziell kann der Landwirtschaftsminister natürlich unseren Vorschlägen unmöglich zustimmen – das würde zu schwersten Konflikten mit dem Finanzministerium führen. Wir würden uns daher schon glücklich schätzen, wenn wir wenigstens mit seinem stillschweigenden Einverständnis rechnen könnten. – Ich glaube kaum, daß er etwas gegen ihre Vorschläge unternehmen wird …

Einwände: Einwände gegen etw./jn. **erheben**/vorbringen/haben/… · to object to s. o./s. th., to have/to raise objections to s. o./s. th.
… Hat jemand noch Einwände gegen diesen Vermittlungsvorschlag? … Gut, wenn niemand etwas dagegen sagt, ist er einstimmig akzeptiert. Dann …

einwecken: du kannst dich/die … können sich/… **einwecken lassen** (mit etw.) *ugs selten* – du kannst/die können/… **einpacken** (mit etw.) · you/they/… may as well pack up and go home, you/they/… may as well pack it all in

einwickeln: sich einwickeln lassen (von jm.) *sal* · to let o. s./to allow o. s. to be taken in by s. o. *coll*, to let o. s./to allow o. s. to be taken for a ride by s. o.
… Wie konnte der Walter bloß so einen Schund für einen Perserteppich halten? – Er hat sich von dem Verkäufer derart einwickeln lassen, daß er zum Schluß auch das abwegigste Zeug, das er erzählte, für bare Münze nahm.

Einzelheiten: (jm.) etw. **in allen Einzelheiten erklären**/auseinanderlegen/… · to explain s. th. in every detail, to go into all the details/particulars of s. th.
Muß ich Ihnen den Hergang in allen Einzelheiten erklären oder genügt das Wesentliche?

bis in die kleinsten Einzelheiten gehen/verfolgen/… · to go into all the details/particulars of s. th.
Die Untersuchung geht dem Verhalten der Lurche bis in die kleinsten Einzelheiten nach.

(nicht) auf Einzelheiten eingehen · (not) to go into details
Der Kanzler legte die Europapolitik der Regierung in ihren Grundzügen dar, ging aber bei den anschließenden Fragen der Journalisten nicht auf Einzelheiten ein.

einzelne: bis ins einzelne klären/bestätigen/… · to clarify/to sort out/… all the particulars/small print
Solange die Klauseln des Vertrages nicht bis ins einzelne geklärt sind, unterschreibe ich absolut gar nichts. Bisher kenne ich lediglich die Grundlinien, die mir der Egon vergangene Woche in großen Zügen skizzierte.

(bis) ins Einzelne gehen · to discuss/to go into s. th. in detail
Können wir uns in dem Bericht auf die Grundlinien beschränken oder ist es angebracht, ins Einzelne zu gehen?

einzelnen: im einzelnen · 1. in particular, to be exact, 2. in detail, in all particulars
1. Er hielt einen Vortrag über die USA. Im einzelnen sprach er über das Rassenproblem, die Arbeitslosigkeit und den Vietnamkrieg.

2. Er weiß nur, daß es etwas mit der Schalldämpfung zu tun hat. Im einzelnen kann er dir das auch nicht erklären.

im einzelnen besprechen/... · + the specific points discussed/dealt with/... are ...
Die Delegationen der verschiedenen Regierungen trafen sich in Madrid, um die Grundlinien einer gemeinsamen Währungspolitk festzulegen. Im einzelnen besprach man den freien Währungsaustausch, den Kreditverkehr ...

vom Einzelnen zum Allgemeinen/ins Ganze gehen *geh* · to go from the particular to the general
Konstruktive Erkenntnis, erklärt er, muß immer wieder vom Einzelnen zum Allgemeinen und vom Allgemeinen zurück zum Einzelnen gehen. Das entspricht der Komplementarität von Induktion und Deduktion.

Einzelteile: etw. in seine/hundert/... Einzelteile zerlegen – etw. in seine/hundert/... **Teile** zerlegen · to dismantle s.th., to take s.th. to pieces

jn. in seine Einzelteile zerlegen *sal* – jm. eine (gehörige/anständige/...) **Tracht** Prügel geben/verabreichen/verpassen · to beat the living daylights out of s.o., to give s.o. a good hiding/thrashing/...

einzig: einzig und allein · simply and solely, solely, entirely
Wenn die Ernte in diesem Jahr schlecht ist, liegt es einzig und allein am Wetter. Es gibt keinen anderen Grund als diesen.

die (ganze(n)) Verhandlung(en) war(en)/... eine einzige Betügerei/das (ganze) Spiel ist/war eine einzige Pfuscherei/... *ugs* · the entire negotiations were a complete farce/bluff/..., the game/... was nothing but a free-for-all, the game/... was a complete free-for-all
... Nein, zu so einem Eishockeyspiel geh' ich nicht mehr hin. Die ganze Partie war doch eine einzige Knüppelei. Erst legen die den Torwart um, dann den linken Verteidiger, dann ... – ein Foul nach dem andern!

einzubilden: das brauchst du dir/brauchen Sie sich/... (gar/überhaupt/...) nicht einzubilden! *ugs* · don't start thinking that ..., don't kid yourself that ..., don't run away with the idea that ...
Du meinst, ich nehme deine Launen ewig hin?! Das brauchst du dir gar nicht einzubilden! Ich denk' nicht dran!

Einzug: seinen Einzug halten *path* · to make its appearance
In der zweiten Maihälfte hielt endlich der Frühling seinen Einzug.

einzuwickeln: jn. einzuwickeln suchen/... *ugs selten* · to try to fool/trick s.o. *n*, to try to tie s.o. up in knots
So sehr sich der Anwalt der Gegenpartei auch bemühte, es gelang ihm nicht, meinen Mandanten einzuwickeln. Im Gegenteil: der Herr Kollege selbst verfing sich in Widersprüche.

Eis: das ewige Eis *selten* · the eternal ice *elev*
Wer war John Franklin? – Er war der Leiter der Forschungsgruppe, die als erste eine Expedition ins ewige Eis der Antarktis wagte.

kalt wie Eis sein *path selten* · to be frosty, to be as cold as ice
Du hättest den Franz in der Unterhaltung mit seinem Vater sehen müssen. Kalt wie Eis war der Junge. Ich habe so etwas von Gefühllosigkeit bei einem jungen Menschen noch nicht erlebt.

sich (da/...) auf brüchiges Eis begeben *form* · to be skating on thin ice, to move into a dangerous area
... Läßt dich wirklich kein anderer finden, der euch bei den Verhandlungen zur Regelung der Abwässerfragen vertritt? – Warum? – Du begibst dich da auf brüchiges Eis. Nicht nur die Konkurrenz, auch der Staat, die Städte und Gemeinden spielen mit gezinkten Karten. Das dürfte eine höchst verlogene und für alle Teile sehr riskante Auseinandersetzung werden.

das Eis brechen – (eher:) den **Bann** brechen (1) · to break the ice

das Eis ist gebrochen · the ice is broken
Zuerst unterhielten sich die Gäste höflich und steif. Erst nachdem Onkel Albert einige Anekdoten aus Südamerika zum besten gegeben hatte, war das Eis gebrochen.

etw. (erst einmal/...) **auf Eis legen** · to put s.th. on ice (for the moment/for the time being/...)
Da es zurzeit keine Mittel gibt, werden die Projekte fürs erste auf Eis gelegt. D. h. ein, zwei Jahre werden sie sich nicht damit befassen – wenn sie sie überhaupt wieder aufgreifen!

jn. auf Eis legen *sal selten* · to keep s.o. in reserve *n*
Nein, den Baumann machen wir noch nicht zum Abteilungsleiter, den legen wir auf Eis. – Welche Funktion haben Sie denn für später für ihn vorgesehen?

auf Eis liegen · to be on ice, to be shelved
Seit zwei Jahren liegen die Pläne für die Sanierung der Innenstadt auf Eis, und kein Mensch weiß, ob man sie jemals wieder aus den Schubladen hervorziehen wird.

(bei) Eis und Schnee · in ice and snow
... Fußballspiele im Winter, bei Eis und Schnee?

Eisbeine: Eisbeine haben *ugs* · + s.o.'s feet are turning to ice, + s.o.'s feet are freezing/frozen/turning blue/...
Komm', laß uns nach Hause gehen. Ich habe Eisbeine. – Meine Beine und Füße sind auch ganz durchgefroren. Ich habe also nichts dagegen, daß wir nach Hause gehen.

Eisbeine kriegen/(bekommen) *ugs* · + s.o.'s feet have turned/will turn/... to ice, + s.o.'s feet are freezing/frozen/turning blue/...
Bei der langen Steherei in der Kälte habe ich richtige Eisbeine gekriegt. – Ich war auch ganz durchgefroren, und nicht nur an den Beinen und Füßen.

Eisen: aus Eisen sein/(ein Mann/... aus Eisen) *ugs – path* · s.o. is made of iron/(a man of iron), an iron man
... Nein, den Kuhnert macht ihr nicht fertig, und wenn ihr monatelang auf den einschlagt! Der Mann ist aus Eisen! – Das wollen wir mal sehen. Wir haben schon manchen weich geklopft/mürbe gekriegt, der im Anfang 'hart wir Kruppstahl' war.

hart/fest wie Eisen sein/wie aus Eisen sein *ugs selten* · to be as hard as iron, to be as tough as nails
Den Rudi Ballmer machen die so schnell nicht fertig, der ist hart wie Eisen. – Gott sei Dank! Wer in diesem Job nicht Nerven wie Drahtseile hat, ist im Nu kaputt.

(doch/eben/...) nicht aus Eisen sein *ugs* · not to be made of iron (after all/...), not to be a machine (after all/...)
Diese Belastung hält man auf die Dauer nicht aus, weißt du. Man ist eben nicht aus Eisen. Irgendwann machen die Nerven nicht mehr mit.

ein heißes Eisen sein · to be a hot potato, to be a tricky/awkward problem
Worüber will er sprechen? – Über die Gedanken der Parteien zur Gesamtschule. – Das ist ein heißes Eisen. Wenn das mal keine unangenehmen Szenen gibt! Schon ohne Ideologisierung ist das Problem sehr heikel.

ein heißes Eisen anpacken/anfassen/(anrühren) · to tackle a tricky problem, to grasp the nettle
Hat denn dein Vater nicht mit dem Klassenlehrer gesprochen, wenn eure Katrin in der Schule so unfair behandelt wurde? – Das ist immer eine heikle Sache. Mein Vater scheut sich, solche heißen Eisen anzupacken.

zwei/mehrere/viele/... Eisen im Feuer haben · to have two/several/a lot of/... irons in the fire
Du hast dich bei drei Firmen auf einmal beworben? – Ja. – Das hätte ich in deiner Lage auch getan. Es ist immer gut, mehrere Eisen im Feuer zu haben.

zum alten Eisen gehören/(zählen) · to be (almost/...) on the scrapheap, to be over the hill *coll*
In der modernen amerikanisierten Industriegesellschaft gehört man mit 50 Jahren schon zum alten Eisen. Man zählt nicht mehr.

jn. in Eisen legen *veraltend selten* – jn. in **Ketten** legen · to put s.o. in chains, to clap s.o. in irons

man muß das Eisen schmieden, solange es (noch) **heiß ist** · (one must/…) strike while the iron is hot

Nachdem ihr nun stundenlang über deine neue Erfindung gesprochen habt, hättest du ihn gleich um den Zuschuß für deine Forschungsabteilung bitten sollen. Man muß das Eisen schmieden, solange es heiß ist. Nachher kannst du ihn nicht mehr gut darum bitten.

in die Eisen steigen/treten *ugs selten* – auf/(in) die **Bremse(n)** treten · to put on/to apply the brakes

durch das Eisen sterben *geh veraltend selten* · to be put to the sword

Wurde er erhängt oder starb er durch das Eisen? – Durch das Eisen: er wurde mit einem Schwert aus dem 19. Jahrhundert enthauptet.

etw./(jn.) **zum alten Eisen werfen/(schmeißen/**legen) (**können**) *ugs* · 1. you/he/John/… can dump/chuck/junk/bin s. th., to put s. th. on the scrapheap, 2. to kick s. o. upstairs

1. Diese englische Grammatik aus der Nachkriegszeit ist völlig überholt. Du kannst sie getrost zum alten Eisen werfen.

2. Stimmt es, daß sie Onkel Albert zum alten Eisen geworfen haben? – Ja, leider, Junge. Nach seiner Operation war er nicht mehr belastbar; da hat man ihn kurzerhand ins Archiv versetzt. Da vertut er jetzt seine Zeit mit dem Ordnen von Büchern, die sowieso keiner ließt. *selten*

jn. **in die Eisen zwingen** *ugs selten* – jn. zur **Vollbremsung** zwingen · to force s. o. to/to make s. o./… slam on the brakes, to force s. o. to/to make s. o./… put the brakes full on

Eisenbahn: es ist höchste/allerhöchste Eisenbahn, daß … *ugs* – es ist/wird höchste/allerhöchste **Zeit,** daß … · it is high time that …

es wird höchste/allerhöchste Eisenbahn, daß … *ugs* – es ist/wird höchste/allerhöchste **Zeit,** daß … · it is high time that …

eisern: aber eisern *ugs selten* · you bet!, of course!, absolutely

Glaubst du, daß du morgen wieder soweit bist, daß du mit uns Tennis spielen kannst? – Aber eisern! Schon heute fühle ich mich viel besser.

eisern sein (in etw./da/…) *ugs* · to be implacable (in s. th.) *n*, to be unwavering (in s. th.) *n*

Er läßt sich durch nichts von seiner Gewohnheit abbringen, morgens um fünf Uhr aufzustehen. Da ist er eisern.

Eiseskälte: es herrscht/… eine **Eiseskälte** – (es herrscht/…) eine sibirische **Kälte** · + conditions/temperatures/… are Arctic

eiskalt: eiskalt sein · to be cold as ice

… Der Billert? Der ist eiskalt und berechnend. Der denkt nur an Geld und Karriere; menschliche Regungen sind dem fremd.

jm. **wird eiskalt** *bei einem Gedanken/Anblick/…* *ugs* – *path* · + a cold shiver runs down my/… spine *at the sight/thought/… of s. th.*

… Würde seine Tochter wirklich mit dem Jugoslawen durchbrennen – wie sie gedroht hatte? Bei dem Gedanken wurde ihm eiskalt. Was konnte er jetzt noch tun? Hatte er die ganzen Jahre derart versagt? …

Eiskeller: ein richtiger/… Eiskeller (sein) *ugs* · to be like an icebox

Unser Wohnzimmer ist ein richtiger Eiskeller. Da kann man heizen, soviel man will, gemütlich wird das nie.

Eitelkeit: js. Eitelkeit kitzeln *ugs* · to tickle s. o.'s vanity, to appeal to s. o.'s vanity

Mit seiner Bemerkung über die gerade erschienene glänzende Biographie Leopardis wollte er natürlich die Eitelkeit des anwesenden Verfassers kitzeln. Der fühlt sich von solchen lobenden Erwähnungen immer sehr geschmeichelt.

Eiterbeule: (mit etw.) eine Eiterbeule aufstechen *ugs* – *path* · to open up a can of worms, to lance a boil

Mit den Nachforschungen im Hause des getöteten Call-Girls hat die Polizei offensichtlich eine Eiterbeule aufgestochen. Man fand Papie-

re über ein weites Netz von Leuten, die seit langem von der Polizei gesucht werden, von Verbindungen zu Drogenhändlern, Terroristen, was weiß ich.

Eklat: einen Eklat erregen/zu einem Eklat führen/treiben *form* · to cause a row, to bring about an eclat, to bring about a spectacular breakdown

Nach meiner Meinung ging die Taktik der englischen Delegation von Anfang an darauf aus, die Verhandlungen zu einem Eklat zu treiben. Das schien ihr offensichtlich der einzige Weg, dem heimischen Wählervolk das – gewollte – Scheitern noch als Erfolg zu verkaufen.

Ekstase: in Ekstase geraten *path* · to go into ecstasies, to go into raptures (about s. th.)

Es hat doch jetzt keinen Sinn, nur weil die eiserne Lady mal nachgibt, in Ekstase zu geraten. Nüchternheit und nochmals Nüchternheit – das ist der einzige Weg, auf dem man in den Verhandlungen mit dieser Regierung zu konstruktiven Ergebnissen kommen kann.

jn. **in Ekstase versetzen** *path* · to send s. o. into ecstasies, to make s. o. ecstatic

… Aber Musik muß die Leute doch nicht in Ekstase versetzen, Marlies! Sie muß das Herz, die Sinne, das Gemüt – den Geist! – ansprechen! Eine seltsame Vorstellung, die ihr da von Musik habt!

Elch: ich glaub'/denk', mich knutscht/küßt ein Elch! *sal Neol* · 1. I am flabbergasted *coll*, 2. I don't believe it! *coll*

1. … Plötzlich schellt's und wer steht vor der Tür – mein Bruder aus Brasilien. Ich dacht', mich knutscht ein Elch.

2. vgl. – ich glaub', ich **spinn'**

ich glaub', ich werd' zum Elch *sal Neol* – ich glaub', ich **spinn'** · I don't believe it!

Elefant: sich benehmen/verhalten/… wie ein Elefant im Porzellanladen *sal* · to behave/to act/… like a bull in a china shop

… Statt behutsam vorzugehen, benimmt er sich wie ein Elefant im Porzellanladen: ohne jeden Takt, ohne das Gespür, was möglich ist und was nicht – draufgängerisch und bullig!

Elefantengedächtnis: ein (richtiges/(…)) **Elefantengedächtnis haben** *ugs* · to have a memory like an elephant

Wenn den Rothmann mal jemand beleidigt hat, vergißt der dem das nie. Der Mann hat ein richtiges Elefantengedächtnis.

Elefantenhaut: eine Elefantenhaut haben *sal* – (eher:) ein dickes **Fell** haben · to be thick-skinned

Element: das nasse Element · the watery element, water

Nach diesen langen Wintermonaten fühlt man sich im nassen Element doppelt wohl, nicht? – Ja, es geht nichts über das Wasser und schon gar nichts über das Meer, wenn man sich wieder richtig auf Vordermann bringen will.

(sich) (so) (ganz/richtig/…) **in seinem Element sein/fühlen** · to be/to feel (thoroughly/absolutely/…) in one's element

Er ist ein Bergsteiger, wie er leibt und lebt. Wenn er in der Felswand hängt und sich mühsam Ader für Ader nach oben kämpft, fühlt er sich in seinem Element.

üble Elemente/ein übles Element (sein) *ugs* · an undesirable specimen/undesirable elements *n*

… Also, wenn du meine Meinung hören willst: wer stiehlt, sollte sofort aus unserem Klub herausgeworfen werden. Üble Elemente können wir hier nicht brauchen. Dasselbe gilt übrigens für Intrigen!

Elend: ein langes Elend sein *ugs* – eine (richtige) **Bohnenstange** sein/(lang wie eine Bohnenstange sein) · to be a beanpole, to be a long streak of piss

so ein Elend! *path* – (verdammte) **Scheiße** (2) · damn!, bugger it!, sod it!

das/es ist ein Elend (mit jm./etw.) *path* · 1. 2. s. o./s. th. is hopeless, s. o./s. th. makes you want to weep

1. Es ist ein Elend mit unserem Hausmädchen! Heute hat sie den fünften Teller von unserem neuen Service zerschlagen.

2. Ist das ein Elend mit diesem Feld! Jetzt bringt es schon das dritte Mal hintereinander nur 60 oder 70% des normalen Ertrags ein.

das/es ist immer/immer wieder/... **das alte/dasselbe/das gleiche Elend** (mit jm./etw.) *ugs* · it's (always) the same old story (with s. o.)

... Klar, alle sind wir jetzt hier, nur der Rudolf fehlt. Das ist doch immer dasselbe Elend mit diesem Mann. Der kann einfach nicht pünktlich sein.

das heulende/(graue) Elend haben *path* · to be really down in the dumps *coll*

Erst schiebt er ein ganzes Jahr eine ruhige Kugel und jetzt hat er das heulende Elend! Ich würde einen solchen Faulpelz in meiner Firma auch nicht dulden. Es ist doch ganz klar, daß er herausfliegen muß! Ich verstehe gar nicht, wie er sich jetzt so anstellen und so klagen kann!

das nackte Elend *path* · sheer misery, utter destitution/poverty

... Nein, in diesen Elendsvierteln um Rio oder Brasilia vergeht mir der Sinn für Romantik. Das ist doch das nackte Elend, Hanspeter!

wie das heulende/leibhaftige/(leibhafte) Elend aussehen *path* · to look like death warmed up

Hast du Tante Agnes nach der Operation schon einmal gesehen? – Nein. Warum? – Sie sieht aus wie das leibhaftige Elend: bis auf die Knochen abgemagert, die Augen ohne jeden Glanz, tief in den Höhlen ...

das heulende/(graue) Elend kriegen/(bekommen) *path* · to start weeping and gnashing one's teeth, to start moaning and groaning

Es ist immer das Gleiche mit unseren Schülern: das ganze Jahr über sind sie lässig und bequem; aber wenn dann das Ende des Schuljahres kommt und sie sitzenzubleiben drohen, dann kriegen sie das heulende Elend.

j. könnte das heulende Elend kriegen/(bekommen) *path* · + it's enough to make you/one weep, + it's enough to give you/one the horrors

In diesem Laden könnte man das heulende Elend bekommen! Wirklich! Die Situation als solche ist schon schwierig genug. Dazu noch diese dauernden Intrigen, die Schlamperei, die Faulheit! Man braucht hier Nerven wie Drahtseile, um nicht einfach wegzulaufen – oder zu schreien!

jn. ins Elend stoßen *path* · to plunge s. o. into misery, to reduce s. o. to poverty, to reduce s. o. to penury *elev*

... Natürlich wird die kapitalistische Wirtschaftsordnung die marode Wirtschaft dieses Landes modernisieren! Fragt sich nur, zu welchem Preis. Hast du dir schon mal überlegt, wieviel Hunderttausende, ja Millionen dieser brutale Konkurrenzkampf ins Elend stoßen wird?

Elfenbeinturm: in einem Elfenbeinturm sitzen/(leben) · to sit in one's ivory tower

... Du sitzt da in deinem Elfenbeinturm und brütest ein paar linguistische Theorien aus. Was die Welt bewegt, davon hast du keine Ahnung.

Elle: alles/verschiedene Dinge/... nach seiner Elle messen · to see everything in terms of oneself, to measure everything by one's own standards

Der Bitzer ist sehr 'egoistisch', wenn ich diesen Terminus einmal gebrauchen darf. Der mißt alles nach seiner Elle: nur seine Maßstäbe zählen, seine Interessen, seine Anschauungen von Dingen und Menschen ...

alles/verschiedene Dinge/... mit der gleichen Elle messen – (eher:) alles/verschiedene Dinge/(Menschen) ... über einen **Leisten** schlagen · to measure everything by the same yardstick

(so) **dasitzen/dastehen/sich verbeugen/..., als hätte man eine Elle verschluckt** *ugs selten* – (so) dasitzen/dastehen/sich verbeugen/..., als hätte man einen **Stock** verschluckt · to sit/to stand/... bolt upright, to sit/to stand/... as if one had swallowed a ramrod, to sit/to stand/... there as stiff as a poker

Ellenbogen: (keine) Ellenbogen haben *ugs selten* · (not) to use one's elbows

Wenn du als Politiker keine Ellenbogen hast, bist du verloren. Wer sich nicht hart durchzusetzen versteht, fällt.

die Ellenbogen frei haben (müssen) *ugs selten* · to (have to) have elbow room

Einen ganzen Tag an einer Wallfahrt teilnehmen? So eingekeilt zwischen den Menschenmassen, stunden- und stundenlang?! Nein! Ich muß die Ellenbogen freihaben, weißt du, muß mich frei bewegen können.

seine Ellenbogen zu gebrauchen wissen/(Ellenbogen haben) · to know how to use one's elbows, to elbow one's way ahead

Um den Karl-Heins Benda brauchst du dir keine Sorgen zu machen! Der weiß seine Ellenbogen zu gebrauchen. – Setzt er sich wirklich überall so rücksichtslos durch, wie man es ihm nachsagt?

die Ellenbogen auf den Tisch stemmen/stützen · to prop one's elbows on the table, to sit with one's elbows on the table

... Junge, wer stützt denn da beim Essen die Ellenbogen so auf den Tisch?! Willst du absolut nicht lernen, daß ein erzogener Mensch nur die Hand auf den Tisch legt?!

Ellenbogenfreiheit: (nicht) **genug Ellenbogenfreiheit (haben)** · (not) to have enough room to manoeuvre

Als Parteichef braucht er natürlich genügend Ellenbogenfreiheit. Wenn er nicht frei schalten und walten und seine Entscheidungen auch mit Härte durchsetzen kann, wird er bald abgewirtschaftet haben.

Elogen: jm. Elogen machen *path selten* · to sing s. o.'s praises

Machen Sie dem Jungen nicht zu viele Elogen, sonst meint er, er brauchte nichts mehr dazuzulernen. Lob – ja; zu viel Lobsprüche – nein.

Elster: eine diebische Elster (sein) *ugs* · to be a thief *n*, to be light-fingered

Die Marlies kann es einfach nicht lassen! Überall, wo sie arbeitet, muß sie etwas mitgehen lassen. Sie hat sich zu einer richtigen diebischen Elster entwickelt.

schnattern/(schwatzen)/... wie eine Elster *ugs selten* · to talk nineteen to the dozen, to chatter like a magpie, to babble, to jabber on/away

Hör' dir das Geschnattere von diesen Mädchen an! Besonders die Lange da drüben, die schwatzt wie eine Elster: ta-ta-ta ... Ob die den Mund überhaupt für zwei Minuten zuhalten kann? Und dieser Ton!

stehlen wie eine Elster *eher von Frauen ugs selten* – stehlen/(klauen) wie ein **Rabe**/wie die Raben · to pinch/to whiz/to steal/... anything one can lay one's hands on, to thieve like a magpie

Eltern: nicht von schlechten Eltern sein *Schläge/Prügel/Ohrfeigen/(Rüffel...)* *ugs* · + it was not bad, + it was a nice one/a cracker *sl*

Der Kurt hat dem Peter Lämmert gestern ein paar Ohrfeigen verpaßt, die waren nicht von schlechten Eltern! Mein Gott, hat der den geohrfeigt!

Elternhaus: im Elternhaus aufwachsen · to grow up/be brought up at home

... Ist er eigentlich im Elternhaus aufgewachsen oder hat er in einem Internat gelebt?

aus einem guten Elternhaus stammen · to come from a good home, to come from a good family

Daß ein Junge, der aus einem so guten Elternhaus stammt, derart auf Abwege geraten ist ...!

Emigration: (in die) innere Emigration (gehen) · to practise inner emigration *tr*, to withdraw into private life, to avoid revealing one's feelings and political/... convictions *para*

Was die Tagespolitik betrifft, da ist der Kurt in die innere Emigration gegangen: er kümmert sich um nichts mehr.

Emil: ich will Emil heißen, wenn ... *sal* – ich freß einen **Besen**, wenn ... · I'll eat my hat if ...

Eminenz: die graue Eminenz *geh* · to be the éminence grise

Sicher, unser Kanzler heißt Bausch. Aber wer die Politik eigentlich leitet, ist ein gewisser General namens Windig. Er hält sich im Hintergrund, zieht dort die Fäden; es ist unsere graue Eminenz.

Empfang: einen Empfang geben *form* · to give/to hold a reception (for s.o.)
Natürlich gibt auch der neue Konsul für die spanische Kolonie zu Weihnachten einen Empfang.

auf Empfang gehen *sal* – die **Ohren** auf Empfang stellen · to switch on *para*, to start listening

jn. am Flugplatz/... **in Empfang nehmen** *form* · to meet s.o./to welcome s.o./... at the airport/...
... Am Flughafen stand ein Trupp von der Kriminalpolizei, der unseren Dealer freundlichst in Empfang nahm und ihn ins nächste Gefängnis geleitete. So saß er eine Viertelstunde nach seiner Ankunft in München bereits hinter schwedischen Gardinen.

etw. **in Empfang nehmen** *Sendungen form* · to accept/to take delivery *goods*, to take s.th. for s.o. else *goods*
Haben Sie das Paket für mich in Empfang genommen? – Ja. Sie waren nicht zu Hause, und der Briefträger hat mich gefragt, ob ich es annehmen könnte.

empfehlen: sich auf französisch/(englisch) empfehlen *veraltend selten* – sich auf französisch/(englisch) **verabschieden** · to take French leave

empfinden: nichts für jn. **empfinden** *ugs* · not to feel anything for s.o.
Ich – den Herbert lieben? Welch eine Idee! Ich empfinde absolut nichts für ihn.

Ende: am Ende · 1. at the end, 2. in the end, 3. finally, ultimately
1. Am Ende der Vorstellung waren alle erschöpft, sowohl die Darsteller als auch das Publikum.
2. Lange hat er widersprochen, aber am Ende hat er doch zugegeben, daß wir recht haben.
3. Was schimpfst du denn jetzt mit mir? Was habe ich denn damit zu tun? Am Ende bin ich noch dafür verantwortlich, daß ihr so blödsinnige Entscheidungen trefft, was?

Regen/... **und kein Ende** – Regen/... ohne **Ende** · rain/... and no end to it *para*

Regen/... **ohne Ende** · non-stop rain/...
Regen, Regen ohne Ende! Ich frage mich, ob in diesem Jahr die Sonne nochmal durchkommt.

(etw.) **bis zu Ende** machen/durchführen/... · to see s.th. through/... to the end
Wenn du das Projekt angefangen hast, mußt du auch bis zu Ende durchhalten. Du kannst doch jetzt nicht alles so halb fertig liegen und stehen lassen!

(völlig/...) **am Ende sein** (mit etw.) · 1. to be (completely/...) shattered *coll*/whacked *coll*, 2. to be at the end of one's tether, 3. to be finished, 4. to be finished/ruined, 5. to be at an end, to be exhausted
1. Wäre die Strecke noch 50 Meter länger gewesen, wäre der Bollmann umgefallen. Schau dir das an, der ist völlig am Ende. – Er hat aber auch allen Grund, so erschöpft zu sein: er ist gelaufen, das war eine wahre Pracht.
2. Wenn sie jetzt nicht bald das Examen macht, wird sie das Studium aufgeben. Sie ist körperlich und nervlich am Ende/ist mit ihrer körperlichen und nervlichen Kraft am Ende. Die Belastung ist für sie einfach zu groß.
3. Den Brommel könnt ihr doch nicht mehr als Kandidaten aufstellen. Der ist doch am Ende. Von dem ist doch nichts mehr zu erwarten.
4. Einige Zeit sah es so aus, als könnte er die Firma noch retten. Aber es hat nicht geklappt. – Hat er wirklich keine Chance mehr? – Nein. Er ist (finanziell) am Ende.
5. vgl. – (eher:) zu **Ende** sein (2)

zu Ende sein · 1. 5. to be over, 2. 5. to be at an end, 2. to be exhausted, 3. 4. + to have run out of money/butter/..., there is no more money/butter/... left, 5. to be finished
1. Die Ferien sind zu Ende. Jetzt müßt ihr wieder pünktlich ins Bett.
2. Seine Geduld mit dem Jungen ist zu Ende. – Das ist mehr als verständlich bei diesem Lausbub. Mir wäre der Geduldsfaden schon viel früher gerissen.

3. Unser Geld ist zu Ende. *(eher) alle sein*
4. Die Butter ist zu Ende. *(eher) alle sein*
5. Sein Leben ist zu Ende. *(eher) zu Ende gehen (3)*

etw. **zu Ende lesen**/schreiben/übersetzen/... · to finish reading/writing/...
Hast du den Roman von Saramago eigentlich schon zu Ende gelesen? – Nein. Mir fehlen noch rund fünfzig Seiten.

ein gnädiges Ende haben *form* · to die peacefully, to have a peaceful end
Nach seinen vielen Leiden und Schmerzen hat er doch wenigstens ein gnädiges Ende gehabt. Die letzten Monate seines Lebens war er völlig schmerzfrei; er war innerlich ruhig und ist mit sich und der Welt in Frieden gestorben.

es muß (jetzt/...) **ein Ende haben mit** etw./etw. muß ein Ende haben · there must be an end/a stop to ...
Diese ewigen Querelen hier im Haus müssen jetzt ein Ende haben. Wenn die jetzt nicht aufhören, sieht sich die Geschäftsleitung gezwungen, mit eiserner Faust durchzugreifen.

das bittere Ende wird sein/... *path* – das **Ende** vom Lied ist/war/wird sein, daß ... · the upshot of it all is/was/will be ... that

etw. **bis zum bitteren Ende durchstehen**/aushalten/... (müssen) *path od. iron* · to see s.th. through to the bitter end, to go on to the bitter end
Wo du dich nun einmal entschlossen hast, an dem Parteikongreß teilzunehmen, bleibt dir nichts anderes übrig, als diese herrlichen Reden eine nach der anderen bis zum bitteren Ende über dich ergehen zu lassen.

es geht (mit jm.) **zu Ende** *euphem* · + s.o. is nearing his end, + s.o. hasn't got long to live
Ihr Großvater sieht in der letzten Zeit sehr schlecht aus. – Es geht zu Ende mit ihm. Und er weiß, daß er nicht mehr lange zu leben hat.

es ist (noch) **ein gutes/(ganzes) Ende (bis ...)** *form* · there is still a good way to go till ..., there is still quite a way to go till ...
Wie weit ist es noch bis zum Waldfriedhof? – Hm, das ist noch ein gutes Ende. Anderthalb bis zwei Stunden werden Sie noch gehen müssen.

bis an sein seliges Ende etw. tun *path veraltend* · to do s.th. to one's dying day
Bis an sein seliges Ende hat unser Vater vor dem Einschlafen die Bibel zur Hand genommen. Noch am Abend vor seinem Tode wollte er von dieser Gewohnheit nicht lassen.

das tote Ende eines Ganges/einer Straße/... *oft: am toten Ende ... (+ Gen)* · at the far end of a street, at the end of a corridor/street, where the street/corridor/... comes to an end
Unser Klassenraum ist im obersten Stock ganz links, am toten Ende des Flurs. – Ach, der Flur geht nicht weiter da oben?

es ist (noch) **kein Ende abzusehen/in Sicht**/ein Ende ist noch nicht ... · there is no sign/prospect of an end (to s.th.) (yet), there is no end in sight (yet)
Was meinen Sie, dauert der Krieg noch lange? – Bisher ist ein Ende noch nicht in Sicht.

von einem Ende bis zum andern · 1. from one end to the next/other, 2. from beginning to end, from cover to cover
1. Der Badestrand war von einem Ende bis zum andern belegt. Man übersah die Menschenmassen gar nicht mehr.
2. Ich habe das Buch von einem Ende bis zum andern gelesen, ohne auch nur ein einziges Mal die Lektüre zu unterbrechen; so interessant war es. *form*

(irgendwo) **von einem Ende bis zum andern herumlaufen/-fahren/...** (um etw. zu kaufen/besorgen/...) · to go from one end (of town/...) to the next (to buy/find/... s.th.), to go all over town (to buy/find/... s.th.)
Hast du immer noch keine passenden Schuhe zu diesem Jackenkleid? – Mutter, ich bin gestern extra deswegen in der Stadt von einem Ende bis zum andern herumgelaufen! Ich habe nirgends passende Schuhe gefunden.

alles/die Dinge/die Probleme/... **am/(beim) falschen/(verkehrten) Ende anpacken/anfassen** *form* · to go about s.th. the wrong way, to tackle a problem form the wrong end
Wie es scheint, kommt er mit seiner Klage gegen den Untermieter nicht durch. – Er hat die Sache auch am falschen Ende angefaßt! Statt sich konsequent an die juristisch relevanten Dinge zu halten, hat er angefangen, das Privatleben des Mannes zu kritisieren.

alles/die Dinge/die Probleme/... **am (beim) richtigen Ende anpacken/anfassen** *form* · to go about s.th. the right way, to tackle s.th. the right way
Was er auch unternimmt, er packt alles am richtigen Ende an. – Das ist das Geheimnis seines Erfolgs: die Dinge genau da anzufassen, wo man sie am besten/günstigsten anfaßt.

das Ende des Bartes ist im Keller *ugs iron selten* – so'n **Bart**! · it's an oldie, it's as old as the hills, it's a real old chestnut

das Ende des Bartes ist auf der 16. Sohle zu besichtigen *ugs iron selten* – so'n **Bart**! · it's an oldie, it's as old as the hills, it's a real old chestnut

e-r S. **ein Ende bereiten/machen/setzen** *form* – e-r S. ein **Ende** machen · to put an end to s.th.

etw. **zu Ende bringen** *form* · to finish off, to complete
Nur mit sehr viel Selbstüberwindung hat er die Juan die Übersetzung des Romans von Frisch zu Ende gebracht. Er konnte den Text am Schluß einfach nicht mehr sehen.

etw. **zu einem guten Ende bringen/(führen)** *form* · to finish s.th. properly, to see s.th. through to the end
Wir haben auch nicht mehr allzu viel Begeisterung, nicht nur du nicht! Aber wir finden: da wir schon mit der Sache angefangen haben, wollen wir sie auch zu einem guten Ende bringen.

das Ende davon war/wird sein/(ist), daß ... – das **Ende** vom Lied ist/war/wird sein, daß ... · the upshot of it all was/... that ...

dem Ende entgegengehen · to be drawing to a close, to be approaching its end
... Eine Zeitlang sah es in der Tat so aus, als würden diese Verhandlungen überhaupt nicht mehr aufhören. Aber jetzt gehen sie dem Ende entgegen. – Bist du sicher? – Ja. Heute morgen wurde der 31.10. offiziell als Abschlußtag festgesetzt.

das Ende der Fahnenstange ist erreicht/... *ugs* · + to have gone as far as one can go, that's as far as we/they/... can go
... In der sogenannten Strukturpolitik dürfte mit den letzten Regelungen ja wohl das Ende der Fahnenstange erreicht sein, oder? – Für weitere Modernisierungen ist doch kein Geld mehr da. – Eben!

ein jähes Ende finden *path* · to come to an abrupt/a sudden end
... Mit dem entsetzlichen Unfall fand der Klassenausflug ein jähes Ende. Denn selbstverständlich kehrte die ganze Klasse sofort nach Hause zurück.

kein Ende finden (können) (mit etw.) · he/... goes on and on, he/... just will not end/stop
Ach, du lieber Himmel, jetzt redet der Mann schon anderthalb Stunden über die Probleme Südafrikas. Da findet wieder kein Ende. Entsetzlich, diese Leute, die nicht aufhören können!

ein plötzliches/... Ende finden *form* · to come to a sudden end
Seine Reise in die Türkei hat ja ein rasches Ende gefunden. – Wieso? – Hast du das nicht mitgekriegt? Er hatte seinen Paß vergessen, und man hat ihn an der Grenze wieder nach Hause geschickt.

ein tragisches Ende finden *path* · to come to a tragic end, to end tragically
... Mit diesem entsetzlichen Absturz fand das Leben eines der größten Bergsteiger unseres Jahrhunderts ein tragisches Ende.

etw. **zu Ende führen** – etw. **zuendeführen** · to see s.th. through to the end

zu Ende gehen · 1. 4. to be drawing to a close, 1. to be coming to an end, 2. 3. + to be running out of s.th., 4. to be nearing its end
1. Die Ferien gehen langsam zu Ende. Noch eine Woche, und ihr müßt wieder in die Schule.
2. Die Butter geht zu Ende. Wir müssen neue kaufen.
3. Seine Geduld mit dem Jungen geht zu Ende. – Das ist mehr als verständlich. Der Junge leistet sich einfach zu viel.
4. vgl. – (eher:) sich dem/seinem **Ende** zuneigen

mit etw. (nicht) **zu Ende kommen** *form selten* – (mit etw./jm.) (nicht) **fertigwerden** (2) · not to be able to finish s.th.

das dicke Ende kommt noch! *ugs* · the worst is still to come *n*, + we haven't seen the worst yet, the sting is in the tail, + you haven't heard the worst yet
Wir geben ja zu: es war ein wenig riskant, die Verhandlungen allein zu führen. Aber du siehst: es ist bisher alles herrlich gelaufen! – Das dicke Ende kommt noch! Die Gegenseite hat ihre Trümpfe ja noch gar nicht ausgespielt; sie haben euch bisher nur 'kommen lassen'. Ich möchte nur hoffen, daß ihr in der heiklen Schlußphase nicht auf die Nase fallt.

am Ende seiner Kraft/Kräfte sein *path* – (völlig/...) am **Ende** sein (mit etw.) · to be shattered/whacked, to be at the end of one's tether, to be finished/ruined

das Ende vom Lied ist/war/wird sein, daß ... *ugs* · the upshot of it all is/was/will be that ..., the end of the story is/was/will be that ...
Seit gut einem Jahr tut er für sein Studium nichts mehr. Das Ende vom Lied ist natürlich, daß er im Winter im Schlußexamen mit Glanz und Gloria durchfällt.

e-r S. **ein Ende machen** · to put an end to s.th.
Wir haben den beiden jetzt lange genug zugesehen, ohne etwas gegen ihre unsauberen Methoden zu unternehmen. Wenn wir den Betrügereien aber jetzt kein Ende machen, ist es zu spät.

mit etw. **ein Ende machen** · to stop s.th., to put an end to s.th., to put a stop to s.th.
Wenn wir mit diesen sinnlosen Ausgaben nicht bald ein Ende machen, bringen wir das ganze Unternehmen noch in Schwierigkeiten!

sein Ende nahen/kommen fühlen *form* · to feel that one's end is nigh
Als unser Vater sein Ende nahen fühlte, rief er alle Kinder zu sich und sagte: »Wenn ich tot bin ...«

ein böses/(schlimmes/...) Ende nehmen *form* · to come to a bad end
Bisher sind die beiden mit ihren Betrügereien ja nicht aufgefallen! Aber sei sicher: das wird kein gutes/ein böses/(schlimmes) Ende nehmen! Sie meinen, sie könnten sich immer mehr leisten – und irgendwann kommt die Polizei dahinter.

ein unvorhergesehenes/glückliches/klägliches/... **Ende nehmen** *form* · to come to an abrupt/unexpected/sorry/sad/... end
... Unsere Reise nach Jugoslawien nahm in der Tat ein unvorhergesehenes, kümmerliches Ende: wir waren gerade zwei Tage am Badeort, da brach der Krieg aus; man bedeutete uns, das Beste wäre wohl, wir würden so schnell wie möglich nach Hause zurückfahren ... – und damit war unser Urlaub beendet.

ein gutes Ende nehmen *form* · ≠ ein böses/(schlimmes/...) **Ende** nehmen · to end well

kein Ende nehmen · to (just) go on and on
Diese Schlechtwetterperiode nimmt dies Jahr überhaupt gar kein Ende! Jetzt regnet es schon fast vier Monate hintereinander, und es sieht nicht danach aus, daß es bald besser würde.

das dicke Ende kommt zum Schluß/(nach) *ugs* · the sting is in the tail *n*, the worst part comes at the end *n*
Die ersten vierzig Seiten des Texts hast du ja im Nu übersetzt. Jetzt fehlt ja nicht mehr viel. – Das dicke Ende kommt zum Schluß, weißt du. Die letzten zehn Seiten sind ungeheuer schwer.

lieber ein Ende mit Schrecken als ein Schrecken ohne Ende
· better an end with terror than terror without end *lit*, better
to end it suddenly than let it drag/fester on/... forever, it's
best to get unpleasant things over with

... Wenn ich ihm zu erkennen gebe, daß ich nicht mehr hinter ihm
stehe, wird er gewisse Dinge ans Licht bringen, die mir sehr unangenehm sind. – Alles richtig. Und trotzdem mußt du da eingreifen.
Lieber ein Ende mit Schrecken als ein Schrecken ohne Ende. Auf
diesem Weg gehst du deinem sicheren Ruin entgegen.

so dumm wie das hinterste Ende vom Schwein sein *sal selten*
– für keine zwei **Pfennige** Verstand haben/nachdenken/auf-
passen/... (2) · to be as thick as pigshit

am falschen Ende sparen · to save/to make savings/... in
the wrong place

... Sparsam sein ist ja ganz gut, aber man muß wissen, woran man
spart. Viele Leute sparen am falschen Ende. Das wird dann nachher
teurer, als wenn sie das nötige Geld rechtzeitig ausgegeben hätten.

e-r S. **ein Ende setzen** *form* – e-r S. ein **Ende** machen · to
put an end to s.th.

bis ans Ende seiner Tage büßen/leiden/... **(müssen)** *path* · to
have to suffer/pay/... for it for the rest of one's life/for the rest
of one's days

Wer sich mit harten Drogen in seiner Jugend die Gesundheit ruiniert,
resümierte er die Diskussion ein wenig melancholisch, muß bis ans
Ende seiner Tage darunter leiden.

..., da ist/war das Ende von weg/(fort/ab) *ugs selten* – ..., da
ist/war alles **dran** (1) · it's unbelievable/incredible/fant-
astic/...

am Ende der Welt (sein) *ugs* – am **Arsch** der Welt (sein) · to
live/to be/... in/at the back of beyond

am Ende der Welt wohnen *ugs* – am **Arsch** der Welt wohnen
· to live/to be/... in/at the back of beyond

bis ans Ende der Welt laufen/fahren/... (um etw. zu bekom-
men/...) *ugs* – *path* · to (have to) go/drive/... to the ends of
the earth to get/... s.th.

Das war vielleicht eine Fabrik, diese Ersatzteile für den Traktor zu
bekommen. Wir sind bis ans Ende der Welt gefahren! Halb Portugal
haben wir durchquert, bis wir sie in einem Kleinbetrieb in der Provinz auftrieben.

dem/seinem Ende zugehen/entgegengehen · 1. 2. to be drawing to a close, 1. to be coming to an end, 2. to be nearing
its end

1. vgl. – zu **Ende** gehen (1)
2. vgl. – (eher:) sich dem/seinem **Ende** zuneigen

sich dem/seinem Ende zuneigen *form* · 1. 2. to be drawing to
a close, 1. to be nearing its end, 2. to be coming to an end

1. Sein Leben neigt sich dem Ende zu. – Ja, und er weiß, daß er bald
sterben muß.
2. vgl. – (eher:) zu **Ende** gehen (1, 2)

Endeffekt: im Endeffekt *ugs* · in the end *n*, in the final analysis *n*, when all is said and done *n*

... Die Verhandlungen waren schwierig und langwierig; aber im Endeffekt haben sie sich gelohnt. Die Beziehungen beider Länder werden
endlich normalisiert ...

enden: blind enden *Gänge*/*Straßen*/... *form* · to come to a
dead end

Meine Damen und Herren, dieser Gang endet blind; um zum Ausgang zu kommem, müssen wir deshalb wieder umkehren. Hier geht's
nicht weiter.

Enden: aus allen Enden der Welt herbeiströmen/kommen/...
path · to come/flood in/... from all four corners of the globe
Aus allen Enden der Welt kommen die Athleten zur Olympiade – aus
Europa, Amerika, Australien, dem fernen China ...

Endes: letzten Endes · 1. 2. after all, when all is said and
done, in the final analysis

1. Er soll mir doch mit seinen ewigen Ratschlägen gestohlen bleiben!
Letzten Endes habe ich für die Sache geradezustehen und nicht er!
Also entscheide ich auch, was gemacht wird, und nicht er!

2. Wir haben kein Recht, ihm Vorwürfe zu machen. Es ist letzten
Endes nicht einwandfrei geklärt worden, ob sein Verhalten inkorrekt
war oder nicht.

Endlose: und so weiter/... **bis ins Endlose** *path selten* · to go
on/... for ever, to go on/... ad infinitum

Erst wurde einer verhört, dann ein anderer, dann wieder ein anderer
und so weiter – bis ins Endlose.

Endspurt: zum Endspurt ansetzen *ugs* · to start the final spurt,
to get ready for the final spurt

... So, jetzt hab' ich noch genau zwei Monate bis zum Abgabetermin
(meiner Diplomarbeit). – Dann wirst du wohl jetzt zum Endspurt
ansetzen, was? – Worauf du dich verlassen kannst. Zwei Monate wie
wild arbeiten – dann ist es geschafft.

eng: jetzt wird's/dann wurde es/... **eng** *ugs* · + now s.o. is in a
tight spot *n*, + now s.o. is in trouble

... Die ersten beiden Sätze verloren und jetzt im dritten mit 2 : 0 im
Rückstand ... – jetzt wird's eng. Wenn ihm jetzt kein Break gelingt,
dürfte das Spiel kaum noch zu gewinnen sein.

Enge: in die Enge geraten · to be driven into a tight spot, to be
driven into a corner

Durch die vielen Nebenkosten und die Krankheit seiner Frau war er
finanziell schließlich derart in die Enge geraten, daß er zeitweise
kaum noch einen Ausweg sah.

jn. in die Enge treiben · to drive s.o. into a corner

Er behauptete immer wieder, er sei unschuldig. Doch als ihn der
Anwalt der Gegenseite mit gezielten Fangfragen in die Enge trieb,
blieb ihm nichts anderes übrig als zuzugeben, daß er den Diebstahl
begangen hatte.

Engel: ein gefallener Engel *form* · a fallen angel

'Teufel' bezeichnet man auch als 'gefallene Engel'? – Ja, in der religiösen Sprache, der biblischen Tradition entsprechend.

(auch) nicht gerade ein Engel sein *ugs* · to be no angel

... Nun, ich war in meiner Jugend auch nicht gerade ein Engel und
eigne mich daher schlecht für Moralpredigten. Aber was der Willy
sich leistet, geht wohl ein bißchen zu weit.

js. guter Engel sein *path* · to be s.o.'s good/guardian angel

Der Bollmer ist mein guter Engel! Jedesmal, wenn ich in Schwierigkeiten bin, steht er mir zur Seite. Ich weiß gar nicht, was ich in den
Aufbaujahren des Guts gemacht hätte, wenn er mir nicht immer
wieder geholfen hätte.

der rettende Engel (sein)/js. rettender Engel sein/als js. ret-
tender/als der rettende Engel erscheinen *path* – (der) **Retter**
in der Not (sein)/js. Retter in der Not sein/als js. Retter in
der Not erscheinen · to be s.o.'s guardian angel, to be
s.o.'s helper in an hour of need

schön wie ein Engel (sein) *path selten* – schön wie ein **Bild**
(sein) · to be as pretty as a picture

ein wahrer Engel sein *path* · to be a real/... angel

... Diese Frau ist ein wahrer Engel! Eine solche Güte und eine solche
Hilfsbereitschaft kennt man sonst nur aus Büchern.

ein Engel mit einem/(dem) **B davor sein** *ugs* *zu*/*von Kindern*
· to be a little scamp, to be a little scallywag, to be a little
rascal

Mama, ich bin doch brav, oder nicht? – Natürlich, mein Lieber! Du
bist ein richtiger Engel – ein Engel mit einem B davor. – Sag' mal
ehrlich: bin ich wirklich böse? – Junge, das sagt man so.

js./(ein) guter Engel bewahrt ihn vor .../davor, zu .../...
form – ein/js. guter **Stern** bewahrt ihn vor .../davor, zu
.../... · s.o.'s guardian angel saves me/him/John/... from
doing s.th.

das hat dir/das hat ihm/... **dein/sein/... guter Engel eingegeben** *ugs* · his/your/... guardian angel inspired him/you/...
to ...

Er hat in der Tat noch in den letzten Schultagen hart gearbeitet! –
Das hat ihm sein guter Engel eingegeben. Denn einen Tag vor den
Ferien kam die Arbeit, die für die Gesamtnote im Abitur entschei-
dend war, und da er gearbeitet hatte, konnte er natürlich alles.

als js. rettender/als der rettende Engel erscheinen *path* · to be s. o.'s good/guardian angel

… Ich weiß überhaupt gar nicht, wie ich aus dieser Lage wieder herausgekommen wäre, wenn mir der Toni Falser nicht als rettender Engel erschienen wäre. Er übernahm die Schulden, regelte die technischen Dinge …

ein Engel ist keiner/niemand! *ugs* · no one is perfect, none of us is perfect

Ich halte es für lächerlich, daß man ihm jetzt überall moralische Vorhaltungen macht. Ein Engel ist keiner! Jeder macht seine Fehler.

ein Engel in Menschengestalt sein *path* · to be an angel in human form

Diese Frau hilft, wo sie kann, ist immer voller Güte und Verständnis, scheut vor den größten Opfern nicht zurück … – Ja, sie ist ein Engel in Menschengestalt – fast könnte man meinen, zu gut für diese Welt.

die Engel (im Himmel) pfeifen/singen hören *ugs* · 1. 2. + it hurt like mad, to see stars

1. Ich hatte vielleicht Zahnschmerzen gestern, ich kann dir was erzählen. Ich habe die Engel im Himmel pfeifen hören!
2. Wenn du jetzt nicht ruhig bist, gebe ich dir eine Ohrfeige, daß du die Engel im Himmel pfeifen hörst.

ein Engel fliegt/(geht) durch die Stube/durchs Zimmer/ (durch den Raum) *selten* – es geht ein Engel durchs Zimmer/ durch die Stube/(durch den Raum) · an angel is passing overhead

es geht ein Engel durchs Zimmer/durch die Stube/(durch den Raum) *selten* · an angel is passing overhead

Gerd, du … – Karin, hm … – Manfred, Britta … – Es geht ein Engel durchs Zimmer! – Warum sind wir eigentlich alle plötzlich so stumm?

Engelchen: die lieben Engelchen pfeifen/singen hören *ugs* – (eher:) die **Engel** (im Himmel) pfeifen/singen hören · to see stars

Engeln: bei allen Engeln und Heiligen schwören/(versichern/ beteuern) *path* – **Stein** und Bein schwören · to swear by all the saints/all that is holy (that …)

Engelsgeduld: eine Engelsgeduld haben (mit jm.)/**brauchen** (für jn./etw.) · 1. to have/to need the patience of Job/of a saint with s.o./s.th., 2. to have endless patience with s.o./s.th.

1. Für diese Arbeit braucht man eine Engelsgeduld! – Allerdings! Wer hastig arbeitet und rasch fertig werden will, ist dafür nicht geeignet.
2. Wenn er woanders derart träge und mißmutig wäre, hätte man ihn schon an die Luft gesetzt. Aber unser Chef hat eine Engelsgeduld mit neuen Lehrlingen. Da muß schon etwas Außerordentliches passieren, ehe der mal einen rausschmeißt.

Engelsgesicht: ein (richtiges/…) **Engelsgesicht haben** *mst von Frauen und Mädchen path* · to have an angel-face, to have an angelic face

… Die Susi hat mit ihren weichen Gesichtszügen und ihrem blonden lockigen Haar ein richtiges Engelsgesicht.

ein (richtiges/…) **Engelsgesicht machen** *oft iron* – eine **Unschuldsmiene** aufsetzen · to put on an innocent face, to put on an innocent expression

Engelszungen: mit Engelszungen reden/auf jn. einreden *oft: da kannst du/kann er/… mit Engelszungen reden – ich werde/er wird/… (doch) (…) path* · to (try to) soft-soap s.o. *often: however much you/he/… try/tries to soft-soap me/…, I'm not going to buy/…,* to speak with the tongues of angels

Da kannst du mit Engelszungen reden – ich werde den Wagen nicht kaufen. – Du wirst es bereuen, du wirst sehen! – Du kannst so schön und so eindringlich reden, wie du willst, mir alle möglichen Folgen ausmalen – ich kaufe ihn nicht.

engherzig: engherzig sein – ein enges **Herz** haben · to be petty, to be mean-spirited

Englein: die Englein (im Himmel) pfeifen/singen hören *ugs* – die **Engel** (im Himmel) pfeifen/singen hören · to see stars

Engpaß: augenblicklich/… ein Engpaß sein · there is/… a shortage of s.th. at the moment/…, there is a bottleneck

Es scheint, daß Ersatzteile für die Schuckert-Maschinen augenblicklich ein Engpaß sind. Ich kann sie jedenfalls zur Zeit nirgendwo kriegen.

ent: ent oder weder! *ugs* – entweder … oder! · make up your mind!, one thing or the other

entblöden: sich nicht entblöden, zu … *sal* · to have the effrontery to do s.th. *elev*, to have the barefaced cheek to do s.th. *coll*

… und dieser Herr entblödet sich nicht zu behaupten, ich hätte den infragestehenden Passus sinnentstellend übersetzt! Dabei haben wir meine Übersetzung schriftlich festgehalten, so daß jeder den Passus nachlesen kann! Ein übler Geselle, dieser Kerl!

Entdeckung: auf Entdeckung(en) ausgehen/(gehen) *scherzh oft v. Kindern* · to go exploring

Da ist doch der Georg schon wieder verschwunden! – Ist der Kleine mal wieder auf Entdeckungen ausgegangen? Na ja, Kinder müssen nun einmal die nähere und weitere Umgebung erforschen.

Entdeckungsreisen: auf Entdeckungsreisen ausgehen/(gehen) *scherzh oft v. Kindern* – auf **Entdeckung(en)** ausgehen/ (gehen) · to go exploring

Ente: eine Ente (sein) *ugs* · (to be) a hoax/false report/canard

Der Präsident ist tot? – Quatsch! Eine Ente! Eine Zeitungsente. Ich habe ihn gestern noch gesund und munter zu seinem Amtssitz fahren sehen.

kalte Ente *Getränk* · white wine cup, champagne and lemon

Was habt ihr denn auf der Geburtstagsfeier gestern getrunken? – Kalte Ente. – Was ist denn das? – Ein Getränk aus Wein, Sekt, Zitrone und unter Umständen noch Sprudelwasser.

eine lahme Ente sein *sal* · 1. 2. to have no pep/go/zip *coll*/… (in one)

1. … Mein Gott, nee, so einen lächerlichen Hügel kann die Angela nicht raufsteigen?! Was ist das denn für eine lahme Ente?!
2. Der Christoph übersetzt gut, sehr gut sogar. Aber er braucht seine Zeit. Für Terminarbeiten ist das nicht der richtige Mann. – Du meinst, das ist eine lahme Ente? – Das hab' ich nicht gesagt! Er braucht Zeit und Ruhe zum Arbeiten. *seltener*

schnattern wie eine Ente *sal* – schnattern/(schwatzen)/… wie eine **Elster** · to jabber away, to chatter away

schwimmen wie eine bleierne Ente (auf trockener Landstraße) *ugs* · to swim like a stone

Warum geht die Karin bei dieser Hitze denn nicht ins Wasser? – In dem Becken kann man doch nicht stehen. – Wie, kann sie denn nicht schwimmen? – Sie schwimmt wie eine bleierne Ente auf trockener Landstraße.

(daher-)watscheln wie eine Ente *sal* · to waddle like a duck

Du mußt dir unbedingt einen anderen Schritt angewöhnen, Gerda! Du watschelst ja daher wie eine Ente. Aber echt! Ein junges Mädchen braucht nicht gerade durch die Gegend zu tänzeln. Aber so plump und plattfüßig wie du, das ist wirklich unschön!

warten, bis/daß einem die gebratenen Enten ins Maul fliegen *ugs selten* – warten, bis/daß einem die gebratenen **Tauben** in den Mund/ins Maul fliegen · to wait for things to fall into one's lap

hier/bei …/fliegen einem die gebratenen Enten nicht in den Mund *ugs* – (eher:) hier/bei …/… fliegen einem die gebratenen **Tauben** nicht in den Mund · things don't just fall into your/one's lap here (you have to work for them)

Entfaltung: etw. zur Entfaltung bringen *form* · to (help to) develop s.th., to bring out s.th.

Die neue Umgebung, die vielen Anregungen, die finanzielle Unabhängigkeit – alles trug dazu bei, die so lange in ihm schlummernde poetische Ader zur Entfaltung zu bringen. Er fing an, Gedichte zu schreiben, entwarf einen zeitgenössischen Roman …

zur Entfaltung kommen/(gelangen) *form* · to develop, to blossom

In diesen engen und unglücklichen Familienverhältnissen können ihre reichen Anlagen überhaupt nicht zur Entfaltung kommen. Sie muß von hier weg, und zwar bald, wenn sie, was in ihr steckt, entfalten will.

entfernt: weit/meilenweit/himmelweit davon entfernt sein, etw. zu glauben/jm. übel zu wollen/... · not to believe/... for a moment/second that ...

Sei ohne Sorge! Ich bin weit davon entfernt anzunehmen, daß du den anonymen Brief an unseren Direktor geschrieben hast, durch den ich denunziert wurde. So etwas würde ich dir nie zutrauen!

nur entfernt mit jm. **zu tun haben/**sich an etw. erinnern/... · to have only a remote connection with s.o., to remember s.o./s.th. only vaguely

... Ich nehme an, Sie kennen den Herrn Beutel auch persönlich? – Ich bin bisher nur entfernt mit ihm in Berührung gekommen. Wir haben vor ein paar Monaten gemeinsam an einem größeren Kongreß teilgenommen. Aber ich mache mir natürlich ein genaues Bild von ihm ...

entferntesten: nicht im entferntesten/(nicht entfernt) · not to believe/... for a moment/second/... that ...

Der Richard glaubt nicht im entferntesten daran, daß sie ihre Drohung wahrmachen und ihn entlassen könnten. – Er täte besser daran, die Drohung ernster zu nehmen.

entflammt: für etw. **entflammt sein** *ugs – path* · to be fired with enthusiasm for s.th., to be full of enthusiasm for s.th.

Ich weiß gar nicht, wer oder was sie darauf gebracht hat – aber seit zwei, drei Monaten ist unsere Bettina für die Friedensbewegung entflammt. – Na, ist ja nur gut, wenn sich ein junger Mensch für etwas Sinnvolles begeistert. – Das schon. Aber der kritische Sinn sollte dabei nicht verloren gehen ...

entgegengehen: seinem Ziel (seiner Vollendung) dem sicheren Untergang/... entgegengehen · to be approaching completion/its end/..., to be heading for destruction/ruin/...

... Na, geht dein Roman endlich seiner Vollendung entgegen? – Du Spötter! Aber ob 'vollendet' oder nicht – viel fehlt in der Tat nicht mehr.

entgehen: sich etw. **(nicht) entgehen lassen** · (not) to let a chance/opportunity/... go/slip/...

Am Sonntag spielt hier Bayern München gegen Werder Bremen. Dieses Spiel werde ich mir nicht entgehen lassen. Das müßte ein fußballerischer Leckerbissen werden.

sich nichts/(manches/einiges/...) **entgehen lassen** · (not) to miss s.th./quite a lot/..., not to miss out on s.th.

... So ein hochklassiges Turnier sieht man nicht alle Tage – und essen kann ich zu Hause auch. Nein, ich laß mir hier nichts entgehen. Geht ihr mal ruhig gemütlich Mittag essen; ich bleib' hier und guck' mir das nächste Spiel an.

enthalten: sich einer Bemerkung/(...) **nicht enthalten können** · to be unable to refrain from doing s.th., to be unable to resist doing s.th.

Als der Felix dann wieder davon anfing, die Politiker seien ja doch alles Lügner, konnte ich mich nicht enthalten, ironisch anzumerken, er hätte mir im Laufe unserer Geschäftsbeziehungen auch nur selten reinen Wein eingeschenkt.

Enthaltsamkeit: sich in Enthaltsamkeit üben *iron* · 1. to practise continence, to practise chastity, 2. to practise abstinence, to abstain from alcohol

1. ... Ich kann mir beim besten Willen nicht vorstellen, wie sich ein katholischer Priester sein ganzes Leben in Enthaltsamkeit üben kann. Für mich ist ein Leben ohne Sexualität nicht vorstellbar.
2. ... Der Max wird sich für den Rest seines Lebens wohl in Enthaltsamkeit üben müssen. Der Arzt hat ihm wegen eines chronischen Leberleidens jeglichen Alkoholgenuß untersagt.

entlassen: und damit war/(ist) j. **entlassen** *oft iron* · and that was/(is) that, and that was/(is) all there was/(is) to it *coll*

... Ich trat ein, der Chef begrüßte mich höflich, bemerkte trocken, in Zukunft übernähme ich die Verantwortung für die Werksbibliothek, machte eine nachlässige Handbewegung in Richtung Tür, und damit war ich entlassen.

Entlein: (ein) häßliches Entlein *ugs scherzh v. Frauen* · an ugly duckling

... Ihr Männer rennt ja immer nur hinter den schönen Frauen her; mich häßliches Entlein will keiner! – Komm, Uschi, mach bloß nicht in Depression!

Entscheidung: etw. drängt zur Entscheidung · + a decision about s.th. has to be made now/soon/urgently/...

... Die Sache drängt zur Entscheidung, Herr Baumann, wir können das unmöglich noch länger hinausschieben.

eine Entscheidung fällen/treffen · to make/to take a decision, to reach a decision

Wir müssen jetzt eine Entscheidung treffen – so oder so; dieser unsichere Zustand kann so nicht weitergehen.

vor der Entscheidung stehen, ob .../(entweder) zu ... oder zu ... · to have to decide whether to ... or to ..., to be facing a decision whether to ... or to ...

Meine Schwester steht vor der Entscheidung, ob sie eine gutdotierte Stelle als Chefsekretärin annehmen oder studieren soll. Er fällt ihr sehr schwer, sich für die eine oder andere Lösung zu entscheiden.

vor einer schwierigen/... Entscheidung stehen · to face/to be confronted with/... a difficult decision

Jedesmal, wenn mein Vater vor einer unangenehmen Entscheidung steht, macht er einen langen Spaziergang. Da läßt er sich dann alles noch einmal durch den Kopf gehen.

entscheidungsreif: noch nicht entscheidungsreif sein · not to be ready for a decision, + it's too early to decide (yet)

Die Probleme wurden ausgiebig diskutiert, das ist richtig; aber entscheidungsreif sind die Dinge noch nicht. Da brauchen wir noch eine ganze Reihe wichtiger Daten.

entschlafen: sanft/(sanft und selig) entschlafen *form* · to pass away peacefully *euphem*

Deine Großmutter ist gestorben? – Ja, sie ist heute morgen um vier Uhr sanft entschlafen. Ihr Leben ging zuende wie eine Kerze, die verlöscht.

entschlossen: zu allem entschlossen sein · to stop at nothing, to be prepared to do anything

In der kritischen Lage der Firma war der Kurt zu allem entschlossen: ungedeckte Schecks auszustellen, Lieferbedingungen einzugehen, die nicht zu halten waren, die Löhne drastisch zu kürzen ... – vor nichts schreckte er zurück.

kurz entschlossen etw. **tun** · to do/to decide/... s.th. straight away, to do/to decide/... s.th. without a moment's hesitation, to do/to decide/... s.th. on the spur of the moment/on the spot

Was hast du denn gemacht, um seinen Argwohn gegen dich auszuräumen? – Ich habe ihn kurz entschlossen angerufen und ihn um ein Gespräch in einem Café in der Stadt gebeten. In solchen Dingen gibt's nur eins: sofort und gezielt handeln.

Entschluß: schnell von Entschluß sein · to be quick to make up one's mind

Der Karl-Heinz ist immer sehr schnell von Entschluß. Bei manchen Fragen könnte er sich das Für und Wider ein bißchen gründlicher durch den Kopf gehen lassen.

schwer von Entschluß sein · to be indecisive, to find it hard to make decisions

Wer so schwer von Entschluß ist wie der Hansgert, eignet sich nicht zum Manager. Ein verantwortlicher Mann in der Wirtschaft muß entscheidungsfreudig sein.

sich zu einem Entschluß durchringen *path* · to make a decision (after long agonising)

Hat sich die Gertrud nun endlich zu einem Entschluß durchgerungen? – Ja, sie hat sich entschieden, Sozialpädagogik zu studieren.

einen Entschluß fassen *form* · to make up one's mind, to make a decision

Wenn du jetzt nicht endlich einen Entschluß faßt, ist es zu spät. Länger kannst du auf keinen Fall mehr zögern.

zu keinem Entschluß kommen · not to be able to make up one's mind

… Ich habe hin- und herüberlegt, ich komme zu keinem Entschluß.

(noch/…) **mit einem Entschluß ringen** *path* · to agonise about a decision, to be trying to make up one's mind, to be (still/…) agonising about s.th., to be still/… torn between … and …

Nimmt euer Walter die Stelle in Paris an? – Er ringt noch mit einem Entschluß. Paris ist natürlich verlockend für ihn. Aber für die Familie ist es nicht einfach, besonders für die Kinder, wegen der Schule. Er weiß also noch nicht, was er tun soll.

entschuldigen: entschuldige/entschuldigen Sie/…! – Entschuldigung! · excuse me!

durch/(mit) nichts zu entschuldigen sein · to be inexcusable, + there is no possible excuse (for s.th.)

Irrtümer und Fehler unterlaufen jedem, aber seine Schlamperei ist durch nichts zu entschuldigen.

Entschuldigung: Entschuldigung! · 1. excuse me, 2. I'm/… sorry

1. Entschuldigung, können Sie mir sagen, wieviel Uhr es ist?
2. Entschuldigung, das war nicht so gemeint! Ich hoffe, Sie nehmen mir meine Worte nicht übel.

jn. **um Entschuldigung bitten** · to apologise to s.o. for (doing) s.th.

Hör' mal, Peter, wenn man jemandem aus Versehen die Tür vor der Nase zuschmeißt, bittet man um Entschuldigung! Das dürftest du als 15jähriger Junge eigentlich wissen.

Entstehen: im Entstehen (begriffen) sein *form* · to be developing, to be in the process of formation, to be emerging, to be being built (up)

Die Firma ist doch gerade erst im Entstehen begriffen. Um uns ein Urteil zu bilden, ob sie auf soliden Grundlagen steht, müssen wir die weitere Entwicklung abwarten.

das Entstehen und Vergehen … *form* · the development and disappearance, the birth and the death, the emergence and disappearance

Es ist schon begeisternd, das Entstehen und Vergehen der großen Kulturen zu verfolgen, diese zyklischen Kreisläufe – dem Werden und Vergehen in der Natur vergleichbar …

enttäuscht: angenehm enttäuscht sein *ugs* · to be pleasantly surprised (at/by s.o./s.th.)

… Von dem Hirschmann bin ich angenehm enttäuscht! Der hat eine ganz vorzügliche Analyse der kirchlichen Stellungnahmen zum Asylantenproblem vorgelegt. – Hatten Sie das nicht erwartet? – Um ehrlich zu sein: nein; ich hatte ihm so eine Arbeit nicht zugetraut.

entweder: entweder … oder! · make up your mind!, one thing or the other

Entschließe dich, ob du reinkommen oder draußen bleiben willst. Entweder oder!

Entwicklung: eine überraschende/die erwartete/… Entwicklung nehmen *form* · to take the expected/a surprising/… course, to take an unexpected turn

… Nachdem die Anfangsschwierigkeiten mal überwunden waren, nahmen die Beziehungen zwischen den beiden Ländern die erwartete Entwicklung: die wirtschaftliche Zusammenarbeit nahm zu, der Kulturaustausch wurde gefördert …

Entwicklungsstufe: auf einer hohen/niedrigen Entwicklungsstufe stehen · to be at a high/low level of development

… Nein, nein, 'Entwicklungsländer' und 'Länder, die auf einer niedrigen Entwicklungsstufe stehen', das ist nicht dasselbe. Das eine betont die wirtschaftlich-industrielle Entwicklung, das andere zielt auf die gesamte kulturelle und zivilisatorische Entwicklung.

Entzug: auf Entzug sein *Alkohol/Drogen/… med* · s.o. is being dried out *alcohol*, s.o. is being treated for drug addiction

… Wenn er auf Entzug ist, darf er auf keinen Fall (Alkohol) trinken! Keinen einzigen Tropfen! Oder willst du die Verantwortung dafür übernehmen, wenn er schon während der Entwöhnungsphase rückfällig wird?

entzwei-: mitten entzwei – brechen/-platzen/… – (eher:) mittendurch – brechen/-platzen/-schneiden/-gehen/… (2) · to break/to snap/to cut/… in two

Epistel: jm. die Epistel lesen *iron selten* – jm. eine **Standpauke** halten · to give s.o. a good dressing-down, to give s.o. a roasting

Epoche: Epoche machen · to be epoch-making, to be a milestone

Wie wenige andere Ereignisse hat die Erklärung der Menschenrechte damals Epoche gemacht. Vorher waren diese Gedanken in kleineren Kreisen, in einzelnen Ländern diskutiert worden; jetzt beschäftigten sie ganze Völker, wurden allgemein anerkanntes Gedankengut.

Er: ein Er *ugs iron* · (is it) a he/a male

– Da steht draußen jemand und möchte dich sprechen. – Ein Er oder eine Sie? – Ein Er. – Das ist bestimmt der Manfred Krautbein. Sag', er soll hereinkommen!

ein Er und eine Sie *ugs iron* · a he and a she *tr*

Herbert! Herbert! – Ja? – Komm' mal eben runter! Da draußen sind zwei Herrschaften für dich, ein Er und eine Sie. – Ach, das ist bestimmt der Udo mit seiner Freundin. Sag', sie sollen hereinkommen.

erachten: es nicht/nicht einmal/… für wert erachten, etw. zu tun *form* – es nicht/nicht einmal/… für wert **halten**, etw. zu tun · not (even) to consider it worth doing s.th.

Erachtens: meines/… Erachtens – nach meiner/deiner/… **Meinung**/meiner/… Meinung nach · in my/… view, in my/… opinion, in my/… estimation

Erbarmen: das/etw. ist zum Erbarmen *path* · it/s.th. is pitiful/pathetic

Das ist zum Erbarmen, was der sich da zusammenübersetzt. Wenn der türkisch kann, dann kann ich chinesisch.

zum Erbarmen aussehen *path* – wie das heulende/leibhaftige/(leibhafte) **Elend** aussehen · to look like a bundle/picture of misery

kein Erbarmen kennen/haben (mit jm.) *path* · to know no mercy with s.o.

Seinen Freunden gegenüber ist er der verständnisvollste Mensch von der Welt; aber mit seinen Feinden kennt er kein Erbarmen. Da nutzt er jeden Vorteil eiskalt aus.

erbaulich: wenig erbaulich sein *iron* · to be not exactly edifying, not to be much to write home about

Seine Französischleistungen sind wenig erbaulich. Die meisten Schüler können nach zwei Jahren mehr als er jetzt nach vier.

erbaut: von etw. (nicht) (gerade) erbaut sein · (not) to be pleased/overjoyed/delighted at s.th.

… Und was sagt dein Vater zu der Entscheidung deiner Schwester? – Er ist davon natürlich nicht gerade erbaut! Würde dein Vater ein Loblied anstimmen, wenn deine Schwester ins Kloster ginge?

Erbe: ein (schweres/…) Erbe antreten · to take on a difficult legacy, to come into a difficult inheritance

… Der Nachfolger dieses Mannes ist nicht zu beneiden; er tritt ein äußerst schweres Erbe an. Die Staatsfinanzen sind zerrüttet, das Vertrauen in die Parteien ist zerstört, moralische Erwägungen sind zu Deklamationen verkommen … Ich würde die Leitung der Politik in einem solchen Land nicht gern übernehmen.

erben: bei jm. ist nichts (mehr) zu erben *ugs* · not to be able to get anything out of s.o. *often:* you/he/… won't get anything out of him/…

Bei mir ist nichts mehr zu erben, mein Lieber! Ich habe dir das Taschengeld schon im voraus und anschließend nochmal 50,– Mark gegeben. Jetzt ist Schluß. Jetzt mußt du sehen, wie du durchkommst.

Erben: die lachenden Erben *iron* · the laughing heirs *tr*

… Ja, ja, er arbeitet sich kaputt, bis er diesen jämmerlichen Laden zu einem vernünftigen Unternehmen entwickelt hat, und die lachenden Erben teilen nachher das Ganze genüßlich unter sich auf!

jn. **zum Erben einsetzen** *form* · to make s.o. one's heir, to appoint s.o. as one's heir

Da er keine Kinder hatte und es keine sonstigen erbberechtigten Personen gab, setzte er eine kulturelle Stiftung zum alleinigen Erben seines riesigen Vermögens ein.

Erbrechen: etw. **bis zum Erbrechen tun** *sal* – etw. bis zur **Bewußtlosigkeit** tun · to do s.th. ad nauseam

etw. **bis zum Erbrechen satt haben** *sal* – (eher:) jm. (schon) zum **Hals(e)** heraushängen/herausstehen/(herauswachsen/herauskommen) · to be sick and tired of s.o./s.th., to be sick to death of s.o./s.th.

Erbschaft: eine (schwere/...) **Erbschaft antreten** *form* – (eher:) ein (schweres/...) **Erbe** antreten · to take on a difficult legacy, to come into a difficult inheritance

Erbse: etwas an der Erbse haben *sal selten* – nicht (so) (ganz/(recht)) bei **Trost** sein · to be slightly touched, to be a bit gaga/do-lally/...

(j. ist mal wieder dabei/hat doch keine Lust/...) **Erbsen** (zu) **zählen** *sal selten* – (mal wieder/...) **Haarspalterei** treiben/betreiben · s.o. is splitting/s.o. does not feel like splitting/... hairs

Erbsenhirn: ein Erbsenhirn haben *sal* – für keine zwei **Pfennige** Verstand haben/nachdenken/aufpassen/... (1) · to be pea-brained

Erbsenprinzessin: eine Erbsenprinzessin sein *oft iron* · to be over-sensitive, to be like the princess on the pea-pod

So etwas Empfindliches wie die Rosemarie habe ich in meinem ganzen Leben noch nicht gesehen! Egal, ob ein Schuh drückt, ein Bett etwas hart ist, die Temperatur sinkt oder steigt ... – immer muß sie sich beklagen, sich gestört fühlen ... Eine richtige Erbsenprinzessin (ist das)!

Erdball: rund um den Erdball fliegen/reisen/... · to fly/to travel/... around the world

... Brasilien – USA – China ... – da bist du ja rund um den Erdball geflogen! – Ja, viel fehlte mir zu einer Weltreise in der Tat nicht mehr.

Erdboden: (einen Ort) **dem Erdboden gleichmachen** · to raze (a town/...) to the ground, to flatten (a town/...), to bomb (a town/...) flat

War eure Stadt im Krieg zerstört? – Und wie! Die Alliierten hatten sie dem Erdboden gleichgemacht. In den meisten Stadtvierteln standen noch ganze 20 – 25% der Häuser.

wie vom Erdboden verschluckt/verschwunden sein *ugs – path* · 1. 2. + it is as if the earth had swallowed s.o. up *n*, it is as if s.o. had disappeared into thin air *n*

1. Eben war er noch hier, tanzte da noch mit der Erika. Und plötzlich war er weg – wie vom Erdboden verschluckt. Ich möchte wirklich wissen, wo er hingegangen ist.
2. Seit wir uns zuletzt an unserem Urlaubsort in Italien trafen, ist er wie vom Erdboden verschwunden. Kein Mensch weiß, wo er steckt.

es ist, als hätte jn. **der Erdboden verschluckt/**j. scheint (gleichsam/...) vom Erdboden verschluckt/verschwunden zu sein *path* · it is as if he/... had disappeared from the face of the earth, s.o. seems to have disappeared from the face of the earth

Ich habe keine Ahnung, wo er sich aufhält. Es ist, als hätte ihn der Erdboden verschluckt. Für uns ist er weg – spurlos verschwunden!

j. **wäre am liebsten in den Erdboden versunken/**hätte in den Erdboden versinken mögen *path Scham/Verlegenheit/...* · s.o. wished the ground would open up and swallow him/...

Als seine Tochter da in aller Öffentlichkeit wegen ihres Lebenswandels Rede und Antwort stehen mußte, wäre er am liebsten in den Erdboden versunken. Im Gericht so vor allen Leuten bloßgestellt zu werden – wie sollte er als Vater da nicht vor Scham fast vergehen?

(einen Ort) **vom Erdboden wegrasieren** *sal selten* · 1. to raze (a town/...) to the ground *n*, 2. to wipe out (a town/...)

1. War eure Stadt im Krieg zerstört? – Zerstört?! Sie war vom Erdboden wegrasiert: es stand kein Stein mehr auf dem anderen.

2. Dieses verfluchte Widerstandsnest müssen wir vom Erdboden wegrasieren. Anders kriegen wir die Guerilla-Bewegungen nicht unter Kontrolle.

Erde: auf der bloßen/(blanken/nackten) **Erde schlafen/...** *form* · to lie/to sleep on the floor/ground

... Aber die Betten reichen nicht für euch alle. – Ah, mir macht es nichts aus, auf der bloßen Erde zu schlafen. Wenn ich nur ein Dach über dem Kopf habe ...

zu ebener Erde · at/on ground level

Da die Sitzung in einem Raum zu ebener Erde stattfand, konnten Neugierige durchs Fenster sehen, wer daran teilnahm.

jn. **deckt (schon/...) die kühle Erde** *path veraltend selten* – schon/... unter der **Erde** liegen · + s.o. has been dead for ... days/weeks/..., the cold earth covers s.o.

rund um die Erde reisen/fliegen/... – rund um den **Erdball** fliegen/reisen/... · to fly/to travel/... around the world

auf der Erde bleiben *oft Imp selten* · to keep one's feet on the ground

... Es hat doch keinen Sinn, sich da ständig in luftigen Spekulationen zu verlieren! Du mußt auf der Erde bleiben, Mädchen!

jn. **unter die Erde bringen** *ugs* · to bury s.o. *n*

Gestern haben wir den Detlev Ronders unter die Erde gebracht. – Wie alt ist er geworden? – 63. – Und wo wurde er beerdigt?

j. **wird** jn. **noch unter die Erde bringen** (mit etw.) *ugs* · s.o. will be the death of s.o.

Ihr bringt mich noch unter die Erde mit euren ewigen Geldstreitigkeiten! – Nun, so schlimm ist es doch wohl nicht, Papa, daß du daran stirbst!

schon/... unter der Erde liegen *ugs* · s.o. has been dead and buried for ... days/weeks/...

Wie lange ist deine Großmutter jetzt tot? – Sie liegt jetzt schon zehn Jahre unter der Erde.

schon/... in der kühlen Erde liegen *path veraltend selten* – schon/... unter der **Erde** liegen · s.o. has been dead and buried for ... days/weeks/...

in fremder Erde ruhen *form – path veraltend* · to lie/rest in foreign soil

Millionen deutscher Soldaten ruhen in fremder Erde, Junge. – In welchen Ländern sind denn die meisten gefallen? – In Rußland, dann in den anderen östlichen Ländern, in Frankreich, Italien, Afrika ...

die Erde ist mit dem Schweiße ganzer Generationen/zahlreicher Geschlechter/unzähliger Menschen/... **getränkt** *path* – der **Boden** ist mit dem Schweiße ganzer Generationen/zahlreicher Geschlechter/unzähliger Menschen/... getränkt · the earth/soil/... is soaked with the sweat of entire/countless/... generations/people/...

auf die Erde stampfen (Wut/...) *ugs* · to stamp (on the ground)

Du kannst da ruhig wie ein Verrückter auf die Erde stampfen, du kriegst deinen Willen nicht.

etw. **aus der Erde stampfen** – (eher:) etw. regelrecht/... aus dem **Boden** stampfen · to build/to construct/... s.th. in no time, to build/to produce s.th. as if by magic, to produce s.th. out of thin air, to produce s.th. out of a hat

(einen Toten) **der Erde übergeben** *form – path selten* – jn. zur letzten **Ruhe** betten/(bringen) · to lay s.o. to rest

j. **wäre am liebsten in die Erde versunken/**hätte in die Erde versinken mögen *path Scham/Verlegenheit/...* – (eher:) j. wäre am liebsten in den **Erdboden** versunken/hätte in den Erdboden versinken mögen · s.o. wished the ground would open up and swallow him/...

jn. **unter die Erde wünschen** *selten* · to wish for s.o.'s death, to wish (that) s.o. (was) dead

Mir scheint, wenn der Helmut sich selbst gegenüber ehrlich wäre, müßte er sich eingestehen, daß er die Ursel im Grunde unter die Erde wünscht. – Wie, du meinst, der will ihren Tod? – »Will« ...

(hier/…) **auf Erden** · (here/…) on earth, (here/…) in this world

Ja, da in der andern Welt ist vielleicht alles eitel Lust und Freude. Aber hier auf Erden sehen die Dinge anders aus. Da wird man aufgefressen, wenn man nicht aufpaßt.

Erdenbürger: ein (neuer) **kleiner Erdenbürger** *oft iron* · a new addition to the human race

(Ein Besuch:) Sieh da, ein neuer kleiner Erdenbürger! Wie alt ist unser Baby, Frau Schramm? – Gerade drei Wochen, Herr Schmidt.

Erdenkliche: alles Erdenkliche tun, um … *form – path* · to do everything conceivable to …, to do everything imaginable to …

… Mein Vater hat alles Erdenkliche getan, um unsere Anneliese zum Studium zu bewegen – ihr eine längere Reise finanziert, eine großzügige finanzielle Unterstützung in Aussicht gestellt, ihr vorgeführt, daß man im allgemeinen dann auch einen besseren Beruf findet … Es war alles vergeblich. – Wenn einer wirklich nicht will, dann nützen auch die schönsten Überlegungen, wohlmeinendsten Ratschläge und die nützlichsten Hilfen nichts.

Erdenkloß: ich/(…) **armer Erdenkloß** *path od. iron* · a mere lump of mortal clay

»Gegen Dummheit kämpfen Götter selbst vergebens«, heißt es so wahr. Und da soll ich armer Erdenkloß verhindern, daß diese Regierung einen Unsinn nach dem andern macht? – Sie als Außenminister …

Erdenrund: auf dem (ganzen) **weiten Erdenrund** *path selten* · in the whole wide world, on the entire planet

Auf dem ganzen weiten Erdenrund gibt's kein größeres Kamel als dich! – Danke!

Erdrücken: zum Erdrücken voll sein *selten* – brechend **voll sein** · to be jam-packed, to be chock-a-block

Erdteil: der schwarze Erdteil · the Black Continent

Der schwarze Erdteil … Sie meinen: 'Afrika'. – Natürlich.

Ereignis: ein freudiges/(frohes) **Ereignis** *form* · a/the happy event *euphem*

Gestern wurde unser jüngster Sohn Albert geboren. Das freudige Ereignis fand in der Theresien-Klinik statt. Mutter und Kind fühlen sich wohlauf.

von den Ereignissen überrascht werden/sich überraschen lassen/… · to be surprised by events

Ein guter Politiker läßt sich nicht von den Ereignissen überraschen, er bestimmt den Lauf der Ereignisse.

Eremitendasein: ein Eremitendasein führen *selten* – (auch) ein **Einsiedlerdasein** führen · to lead the life of a recluse/hermit

Erfahrung: aus eigener Erfahrung … · 1. 2. from my/his/… own experience

1. … Aus eigener Erfahrung weiß ich, wie das ist, wenn jemand in der Familie ernsthaft krank ist und einem keiner hilft. Sie brauchen mir das nicht zu erzählen …
2. … Es hat gar keinen Sinn, Albert, dem Jungen lange Predigten zu halten. Er muß aus eigener Erfahrung klug werden. Wir haben auch unsere Erfahrungen machen müssen.

etw. **in Erfahrung bringen** · to find (s. th.) out, to find out that …

Bevor wir uns endgültig entscheiden, müssen wir noch in Erfahrung bringen, was die Sozialisten zu dem Projekt zu sagen haben. – Nein, uns sollte weniger interessieren herauszubringen, was andere machen, als eine sachgerechte Entscheidung zu treffen.

seine eigenen Erfahrungen machen (müssen) · to (have to) learn from one's own experience, to (have to) learn things the hard way

Jeder muß im Leben seine eigenen Erfahrungen machen. Das Vorbild und die Ratschläge anderer sind wichtig, aber sie genügen nicht.

erfindlich: nicht erfindlich sein (warum …/…) *form* · it is a mystery to me/… (why/…)

Mir ist überhaupt gar nicht erfindlich, warum der Dr. Bertram hier immer Vorrechte genießt. Dafür gibt es doch nicht den mindesten objektiven Grund.

Erfolg: ein voller Erfolg (sein) · to be a great/complete/… success

Die Sammlung für die Flüchtlinge war ein voller Erfolg. Sie erbrachte die stattliche Summe von 52.184,– Mark.

(etw.) **mit wechselndem Erfolg** (tun) · to do s. th. with varying degrees of success

… Bevor ihm mit der 'Drehorgel' der Durchbruch gelang, hatte er zahlreiche kleinere Sachen veröffentlicht. Mit wechselndem Erfolg übrigens. Vieles blieb unbeachtet; aber zwei oder drei Erzählungen wurden in allen einschlägigen Zeitschriften und Zeitungen äußerst positiv besprochen …

e-r S. **ist kein Erfolg beschieden** *form* · s. th. is not a success/successful

Seinem Vorstoß beim Chef war kein Erfolg beschieden. Der Mann ist auf sein Anliegen überhaupt gar nicht eingegangen.

etw. (schon/…) **als Erfolg buchen können** · to (already/…) count/to consider/… s. th. (as) a success

(Bei einer Bewerbung um eine Professorenstelle:) Wenn der Alfred in die engere Wahl gekommen ist, kann er das doch schon mal als Erfolg buchen. – Bist du naiv! Eine Liste muß nun einmal drei Kandidaten haben. Aber wer genommen wird, ist doch nur der erste; die übrigen sind sogenannte Zählkandidaten.

von (keinem) **Erfolg gekrönt werden/**sein *path* · (not) to be crowned with success, (not) to be successful, (not) to bear fruit *form*

Seine langjährigen Bemühungen, das Verkehrsnetz des Landes zu verbessern, wurden endlich von Erfolg gekrönt: das Parlament beschloß gestern, die wichtigsten Städte durch Autobahnen zu verbinden.

der Erfolg bleibt jm. **versagt/will sich nicht einstellen** · + not to bring any success, + to bring no success

Jetzt arbeiten wir schon seit langen Jahren an der Umstrukturierung unseres Landguts. Aber der Erfolg will sich nicht einstellen. Immer wieder tauchen neue Hindernisse und Schwierigkeiten auf.

(keinen) **Erfolg versprechen** · to be promising

Ganz egal, ob das Unternehmen Erfolg verspricht oder nicht, es muß gewagt werden. Es gibt Situationen, da gibt's nur den Schritt nach vorn, und da ist alles nüchterne Abwägen von Erfolg und Mißerfolg schon Scheitern.

erfreut: sehr erfreut sein von jm./etw. *form* · to be pleased/delighted by s. o./s. th.

Ich bin sehr erfreut von dem Erfolg Ihrer Reisen und wünsche Ihnen bei Ihrer schwierigen Aufgabe auch weiterhin gutes Gelingen.

Erfüllung: in etw. (seine) **Erfüllung finden** *form – path* · to find fulfilment in s. th.

… Wenn der Junge in der Malerei seine Erfüllung findet, dann laß ihn doch, Georg! Was willst du denn noch mehr?!

in Erfüllung gehen · to come true *wish*, to be fulfilled

Wenn alle Wünsche in Erfüllung gingen, hätte das Leben nicht den geringsten Reiz; denn es gäbe keinerlei Anstrengung, Erwartung, Spannung, Glück.

erfunden: frei erfunden sein · to be fictitious

Die Geschichte, die hier erzählt wird, hat sich vor einigen Jahren in einem Städchen an der Ostsee haargenau so zugetragen. Die Namen der Personen und Orte dagegen sind natürlich frei erfunden.

glatt erfunden sein *ugs* · to be a complete fabrication, to be pure invention

Was der da erzählt, ist glatt erfunden. Ob er lügt oder ob er selber an diesen Unsinn glaubt, weiß ich nicht. Es ist jedenfalls kein Wort davon wahr.

ergeben: sich drein ergeben *path selten* · to resign o. s. to s. th.

Sie sagt, »wenn man nichts machen kann, will ich mich dem Schicksal fügen.« Ich weiß nicht, ob ich bei solch einer entsetzlichen Krankheit die Kraft hätte, mich so ohne jede innere Revolte drein zu ergeben.

jm. **treu ergeben sein** *path od. iron* · to be utterly/loyally/… devoted to s. o.

… Nein, der Juniorchef wird nie etwas gegen den alten Herrn entscheiden, der ist seinem Vater treu ergeben! – Muß das ein Nachteil sein? – Eine Idee unabhängiger (zu sein) wäre in dem Alter wohl doch angebrachter.

ergebener: Ihr sehr ergebener ... *Brief form* · respectfully yours, yours sincerely

... Ihnen und Ihren Mitarbeitern wünsche ich weiterhin viel Erfolg und Gelingen. Mit den besten Empfehlungen an Ihre Gattin und mit vorzüglicher Hochachtung Ihr sehr ergebener ...

Ergebnisse: keinerlei/keine Ergebnisse zeitigen *geh* · to produce no results/no results at all/whatever/... *n*

Die vielen Privatstunden für unseren Sohn zeitigten keinerlei Ergebnisse: er muß das Schuljahr wiederholen.

ergehen: laß es dir/laßt es euch/... gut/(wohl) ergehen *form selten* · + l/... hope all goes well in/with ...

... Tschüß, Petra, tschüß, Karl. Bis zum nächsten Mal. Laßt's euch gut ergehen in eurer neuen Wohnung!

etw./alles/... über sich ergehen lassen · (to have) to endure s.th./everything/..., (to have) to submit to s.th./everything/..., (to have) to put up with s.th./everything/...

Jetzt müssen wir doch in dieser Woche schon zum dritten Mal so eine entsetzlich lange und entsetzlich inhaltsleere Rede über uns ergehen lassen!

erhaben: über allen/jeden Zweifel/jede Kritik/(jede mögliche Beschuldigung/...) **erhaben sein** · 1. to be above/beyond reproach, 2. 3. to be above criticism

1. Die Ehrlichkeit unseres Kassierers ist über jeden Zweifel erhaben. Wenn in der Tat in der Kasse Geld fehlen sollte, muß der Grund woanders gesucht weren.

2. Das Buch ist über jede Kritik erhaben. Selbst wenn man daran diese oder jene Kleinigkeit auszusetzen haben sollte – das Ganze ist von einem Niveau und einer Überzeugungskraft, daß ihm keine Kritik etwas anhaben kann.

3. Diese Frau ist über jede Kritik erhaben. Es kann ihr völlig gleichgültig sein, was die anderen über sie erzählen.

sich über etw./(jn.) **erhaben fühlen** · to consider/to think o.s. above s.th.

Er fühlt sich über den ganzen Kleinkram, der hier diskutiert wird, erhaben. Die alltäglichen Probleme überläßt er – nicht ohne eine gewisse Verachtung – seinen sogenannten Mitarbeitern.

erhalten: jm. erhalten bleiben *path* · to be/to remain with us/... for a long time yet

Und wenn ich sterbe ... – Herr Direktor Kersten, der Herrgott gebe, daß Sie uns noch lange erhalten bleiben!

erheben: sich gern über andere erheben *form selten* · to like to place o.s. above others, to want to be superior to others

Der Klaus erhebt sich einfach zu gern über andere. Er meint offensichtlich, er wäre etwas Besseres. Es ist doch klar, daß sich die anderen gegen diese Überheblichkeit wehren.

erhoffen: nichts mehr/(...) von jm. **zu erhoffen haben** *form* · to have nothing more to expect/... from s.o. any more

Nach dieser Auseinandersetzung hast du von dem Chef nichts mehr zu erhoffen. Schlag dir jede Beförderung aus dem Kopf! Bei dem ist für dich nichts mehr drin.

Erholung: zur Erholung fahren · to go on/for a holiday/vacation, to go somewhere to recuperate/convalesce

Ich habe Sie so lange nicht mehr gesehen, Herr Glotz. – Ich bin vier Wochen zur Erholung gefahren – an die Nordsee. – Sie hatten in der Tat eine Erholung schon länger bitter nötig.

erinnern: solange ich mich erinnere/er sich erinnert/... · for as long as I/... can remember/recall

Solange ich mich erinnere, fährt diese Familie in den Ferien nach Dänemark.

sich (nur) (noch) **dunkel erinnern** · to have (only/...) a faint/dim/... recollection/memory of s.o./s.th., to (only/...) remember/recollect/recall s.o./s.th. vaguely/dimly/...

An die Jahre, in denen wir am Meer wohnten, erinnere ich mich nur noch dunkel. Ganz deutlich stehen mir dagegen noch die zwei Jahre vor Augen, die wir in Berchtesgaden verbrachten.

Erinnerung: die/js. **letzte Erinnerung an** jn. · s.o.'s last memory of s.o.

Die letzte Erinnerung an meinen Vater ist der Abschied am Bahnhof, als er das letzte Mal bei uns war. In den Jahren danach, die er noch lebte, habe ich ihn nicht mehr gesehen.

jm. **noch in angenehmer/bester/frischer/... Erinnerung sein** *form* – jn./etw. in angenehmer/bester/... **Erinnerung** haben · to have wonderful/pleasant/... memories of s.o./s.th.

jn./etw. **in angenehmer/bester/... Erinnerung haben** · to have wonderful/pleasant/... memories of s.o./s.th.

Erinnern Sie sich noch an Ihren Besuch bei uns in der Eifel, Herr Wolters? – Aber natürlich! Ich habe diesen Besuch in angenehmster Erinnerung, Herr Werners. Es waren herrliche Tage ...

jn./etw. **in guter/bester Erinnerung behalten** *form* · + to have pleasant/happy/... memories of s.o./s.th.

... Wir waren zwar nur ein einziges Mal da bei dem Dr. Kaulbach in Südspanien; aber ich habe den alten Herrn (und sein Gut) in sehr guter Erinnerung behalten. Gepflegt, zuvorkommend, feinsinnig – kurz: ein 'Herr', wie man ihn hierzulande nur selten antrifft – und den man natürlich auch so leicht nicht vergißt ...

sich (mit etw.) (bei jm.) **in Erinnerung bringen** · to remind s.o. of one's existence (by doing s.th.)

»Wenn du im Leben Erfolg haben willst«, meinte der Vater, »mußt du dich bei deinen Freunden und Bekannten in regelmäßigen Abständen in Erinnerung bringen. Nur so kannst du jeden zwanglos ansprechen, wenn du etwas brauchst.«

sich/jm. **etw. (wieder) in Erinnerung** (zurück-) **rufen/(bringen)** *form* · to recall/to recollect/... s.o./s.th., to remind s.o. of s.th.

Können Sie nicht wenigstens versuchen, sich den Vorfall wieder in Erinnerung zu rufen? – Das wäre völlig vergeblich, Herr Richter. Die ganze Lebensphase, in der sich der Unfall ereignete, ist seit langem aus meinem Gedächtnis gelöscht.

von seinen Erinnerungen leben · to live on one's memories, to dwell on the past

Daß mein Vater älter wird, merkt man am besten daran, daß er immer mehr von seinen Erinnerungen lebt. Immer stärker bewegt ihn das, was sich in seiner Kindheit, seiner Jugend, seinen frühen Berufsjahren ereignet hat.

in Erinnerungen schwelgen *path* · to wallow in memories/reminiscences/..., to indulge in reminiscences

... Es ist ja schön, daß der Lambert so gern an seine Jahre in Brasilien zurückdenkt. Aber um ehrlich zu sein: das Ganze ist mir zu einseitig, zu wenig verdaut, zu unreflektiert. Ein Mann von 45 Jahren kann doch nicht nur in Erinnerungen schwelgen!

von seinen Erinnerungen zehren · to live on/to get pleasure from/to sustain o.s. on one's memories

Was hat so eine alleinstehende kranke Frau wie die alte Frau Schulte noch vom Leben? Nur gut, daß sie von ihren Erinnerungen zehren kann. Denn ihre Kindheit und Jugend, ebenso wie die langen Jahre der Ehe, waren äußerst interessant und abwechslungsreich.

erkaufen: sich etw. teuer erkaufen müssen *path* · to have to pay dearly for s.th.

Die Stuttgarter Elf hat sich ihren Sieg teuer erkaufen müssen: ihr bester Spieler wurde schwer verletzt und wird für einige Monate aussetzen müssen.

erkennen: etw. (deutlich/...) zu erkennen geben – jm. etw. zu **verstehen** geben. · to give s.o. clearly/plainly/... to understand that ...

sich zu erkennen geben · to disclose/to reveal one's identity

Gut, er war verkleidet. Aber nach dem Tanz hat er sich doch zu erkennen gegeben?

Erkenntnis: zu der Erkenntnis kommen, daß ... · to realize that ..., to come to the realization that ...

... Ja, es dauerte seine Zeit, bis er zu der Erkenntnis kam, daß sein Vater doch Recht gehabt hatte mit seinen Warnungen. Aber es war gut, daß er aus eigener Erfahrung zu dieser Einsicht gelangte. Bei seinem Temperament ...

erklären: sich bankrott erklären *ugs* – (den) **Konkurs** anmelden · to declare o.s. bankrupt

sich (zu etw.) **bereit erklären** · 1. 2. to be prepared/willing to do s.th.
1. Hat sich dein Bruder zu der Unterschrift bereit erklärt? – Ja, er unterschreibt. Er akzeptiert die Erbschaftsregelung.
2. Hat sich der Rothmann eigentlich endlich bereit erklärt, die Übersetzung zu übernehmen? – Ja, er macht sie.

sich einverstanden erklären (mit etw.) · to say that one agrees to (do) s.th.
Hat sich dein Bruder mit deinen Vorschlägen einverstanden erklärt? – Ja, er akzeptiert den Vertrag.

für nichtig erklären *form* – für null und nichtig **erklären** · to declare s.th. null and void

für null und nichtig erklären *form path* · to declare s.th. null and void
Der Vertrag, auf den du dich da berufst, zählt doch überhaupt gar nicht. Er wurde im vergangenen Jahr vom Gericht für null und nichtig erklärt. – Es hat also einen Prozeß deswegen gegeben? – Ja, die Rammbergs haben seine Gültigkeit angefochten – mit Erfolg.

jn. für tot erklären *form* · to declare s.o. legally dead
Nicht wenige Vermißte des zweiten Weltkriegs – besonders solche, die im Osten gekämpft hatten – wurden für tot erklärt und erschienen dann Jahre später plötzlich zu Hause.

jn. e-r S. (für) verlustig erklären *form selten* · to declare s.o.'s inheritance/property/... forfeit
Wie es scheint, hat das Gericht ihn auf Antrag der Gläubiger seines Erbes für verlustig erklärt. – Das ganze Erbe haben sie ihm abgenommen.

jn. für vogelfrei erklären *veraltend selten* · to outlaw s.o., to declare s.o. an outlaw
Wenn jemand für vogelfrei erklärt wurde, hieß das dann, daß jeder ihn töten konnte? – Ja, er verlor jeden Rechtsschutz.

Erklärung: eine eidesstattliche Erklärung abgeben/(...) *form* · to make a statutory declaration
Können Sie eine eidesstattliche Erklärung abgeben, daß Herr Vogel zur Tatzeit in ihrem Haus war? – Aber natürlich kann ich das unter Eid aussagen. Wir haben zur fraglichen Stunde in meinem Privathaus zusammen Skat gespielt.

Erkundigung: jn. auf Erkundigung/Erkundung ausschicken *mil* · to send s.o. out on reconnaissance/to reconnoitre
Obwohl der Oberbefehlshaber der Armee eine stattliche Zahl von Leuten auf Erkundigung/Erkundung ausgeschickt hatte, konnten die Stellungen des Feindes nicht mit Sicherheit ausgemacht werden.

Erkundigungen einziehen/einholen *form* · to make enquiries about s.o./s.th., to gather information about s.o./s.th., to find out about s.o./s.th.
Haben Sie Erkundigungen eingezogen, wie die finanzielle Lage des Unternehmens aussieht? – Ja; ich habe sogar eine Auskunftei eingeschaltet.

erlauben: (na) erlauben Sie/(erlaube/...) mal! · do you mind?, mind what you're saying *coll*
Dieser Schwindel hier ... – Na, erlauben Sie mal, Sie können die Verhandlungen doch nicht einfach als 'Schwindel' bezeichnen! Sie beleidigen damit unsere Kollegen.

erleben: wenn ..., (dann) kann j. was/etwas erleben! *ugs* · 1. 2. if ..., (then) you/he/... will be in for it, if ..., (then) you/he/... will be for the high jump, 3. if ..., (then) there will be hell to pay
1. Wenn du nochmal so spät kommst, kannst du was erleben, das sage ich dir/das kann ich dir sagen! Dann kriegst du eine Tracht Prügel, die hat sich gewaschen!
2. vgl. – j. kann sich auf was/(etwas) **gefaßt** machen
3. vgl. – es gibt/(setzt) ein **Donnerwetter**

Erlebensfall: im Erlebensfall *form* · if the insuree survives until the policy falls due, in the event of survival
Nach den Klauseln des Vertrages wird mir die Kapitalsumme im Erlebensfall nach 25 Jahren ausgezahlt. Sollte ich vorher sterben, bekommen meine Kinder das Geld.

erlebt: hat man/haben Sie/hast du/... so etwas/was schon (mal/einmal) erlebt?! *path* · have you ever seen/heard the like (of it)?
Hat man so was schon mal erlebt?! Jetzt kommt dieser Beamte doch und behauptet, ich hätte das letzte Mal falsche Angaben gemacht! Dabei steht hier schwarz auf weiß, was ich gesagt habe. Eine solche Unverschämtheit ist mir in meinem ganzen Leben noch nicht vorgekommen.

erledigen: sich von selbst erledigen · it/the matter/the problem/... sorts itself out, it/the matter/the problem/... takes care of itself
Hast du auf die Anfrage des Gerichts eigentlich schon geantwortet? – Die Sache hat sich von selbst erledigt: der Nachbar hat seine Klage zurückgezogen.

erledigt: erledigt sein (für jn.) (mit etw.) *ugs* · 1. to be settled n, to be dealt with n, 2. to be shattered, 3. to be ruined n, 4. to have had one's chips, to be finished, not to exist for s.o. n
1. Diese Sache ist erledigt. Daran brauchen wir nicht mehr zu denken. Sie ist abgeschlossen.
2. Heute tu ich nichts mehr; ich bin völlig erledigt. So erschöpft, ja kaputt wie heute war ich seit Monaten nicht mehr.
3. Mit der Entscheidung der Bank, den Kredit nicht zu verlängern, ist die Firma von dem Mathias erledigt. – Das heißt, er muß dichtmachen? – Ja.
4. Nach seinen Betrügereien ist dieser Mann für mich erledigt. – Du hast recht: wer sich so etwas zuschulden kommen läßt, verdient keine Achtung. – Der Mann existiert für mich gar nicht mehr.

erleichtern: jn. um ein paar Mark/... erleichtern *ugs* – jn. um ein paar Mark/... leichter **machen** (1, 2) · to relieve s.o. of a few marks/...

sich erst mal/... erleichtern müssen *ugs euphem* · to (have to) relieve o.s.
Entschuldige, weißt du, wo hier die Toilette ist? Bevor die Sitzung beginnt, muß ich mich erst mal schnell erleichtern.

Erliegen: zum Erliegen bringen *form* · to bring s.th. to a standstill
Diese Überschwemmung hat den ganzen Verkehr zum Erliegen gebracht. In der Stadt fuhr kein Auto mehr.

zum Erliegen kommen *form* · to come to a standstill
Durch dieses blödsinnige Fußballspiel ist die ganze Innenstadt blockiert; der Verkehr kommt total zum Erliegen.

erlogen: erlogen und erstunken sein *sal* · it/s.th. is a pack of lies (from start to finish)
Das ist doch erlogen und erstunken, was er da behauptet. Kein Wort daran ist wahr – Lug und Trug, weiter nichts.

Ermang(e)lung: in Ermang(e)lung eines Besseren ... *form od. iron selten* · for lack/want of s.th. better
Habt ihr den teuren Einkaufspreis der Fräsen eigentlich akzeptiert? – In Ermangelung eines Besseren. Wir brauchten die Dinger dringend, und die anderen Hersteller hatten das Modell nicht auf Lager.

Ermessen: nach eigenem Ermessen handeln/... *form* · to act on/to use one's (own) discretion
Wenn untere Beamte zu sehr nach eigenem Ermessen entscheiden können, führt das nur zu Rechtsunsicherheit und Ungerechtigkeiten. – Aber das Gesetz kann nun einmal nicht jeden Einzelfall vorsehen ...

nach freiem Ermessen · 1. to let s.o. decide for himself, to leave it up to s.o. to decide whether to ..., 2. to act according to one's own discretion, to use one's own discretion
1. (Vor einem Konzert; zu dem Veranstalter:) Lassen Sie den jungen Mann nach freiem Ermessen entscheiden, welche Zugaben er geben will. Er muß besser wissen als wir, womit er das Publikum gewinnen will.
2. vgl. – (eher:) nach eigenem **Ermessen** handeln/...

nach menschlichem Ermessen *form* · as far as one/we can tell/judge, as far as it is humanly possible to tell/judge
Wie lange wird meine Frau bei dieser Krankheit noch zu leben haben? – Das ist sehr schwer zu sagen, Herr Kröners. Nach menschlichem Ermessen sind ihr noch drei bis vier Jahre vergönnt.

in js. **Ermessen liegen/stehen** *form* · to lie within s.o.'s discretion

... Es kann doch nicht im Ermessen eines Arztes liegen zu entscheiden, ob operiert wird oder nicht – selbst, wenn er die medizinischen Dinge weit besser beurteilt als der Patient. Das muß der Patient selbst entscheiden.

etw. in js. **Ermessen stellen** *form* · to leave s.th. to s.o.'s judgement/discretion, to leave it to s.o. to do s.th.

Ich stelle es in Ihr Ermessen, Herr Germann, ob Sie den Patienten operieren oder nicht. – Das ist eine sehr schwere Entscheidung, für die Sie als Chefarzt eigentlich die Verantwortung übernehmen sollten.

Ernst: im Ernst · seriously, really, + I/... mean it

So, Kinder, ab nächsten Monat bekommt ihr dreimal soviel Taschengeld wie bisher. – Im Ernst, Papa? Oder willst du uns nur wieder aufziehen?

das ist mein/dein/... **Ernst** · + I'm/... serious, in all seriousness

Wenn du dich jetzt nicht ordentlich benimmst, fährst du morgen nicht mit zum Königsee. Das ist mein Ernst, hörst du! Du bleibst dann wirklich allein hier.

es ist jm. (mit etw.) **ernst** · + to be serious about s.th.

Sagt sie das nur so dahin, daß sie ins Kloster gehen will, oder ist es ihr damit/mit diesem Gedanken ernst?

das/etw. **ist mein**/ihr/... **blutiger Ernst** *path* · he is/... deadly serious about it, he is/... in deadly earnest about it

Wenn der Chef dir sagt, daß er dich an die Luft setzt, wenn du nochmal unentschuldigt fehlst, dann ist das sein blutiger Ernst, mein Lieber. Du tätest gut daran, das nicht auf die leichte Schulter zu nehmen. Der macht, was er sagt.

etw. ist mein/dein/... **heiliger Ernst** *path* · I am/he is/... absolutely serious

Will er wirklich in die Politik gehen? – Das ist sein heiliger Ernst. Wir haben ihm alle davon abgeraten. Aber er ist davon überzeugt, für die Politik geboren zu sein, und läßt sich durch nichts und durch niemanden von dieser Idee abbringen.

tierischer Ernst *ugs* · deadly seriousness

Ach, dieser tierische Ernst hier! Das ist ja unausstehlich! Es gibt aber auch keine Spur von Humor in diesem Haus. Jedes Problem und Problemchen wird mit einer Ernsthaftigkeit behandelt, als wenn es dabei um die ewige Seligkeit ginge!

jetzt/dann/... **wird's ernst** · now/then/... it's getting serious

Die Firma Schuckert & Co. besteht auf einer vorherigen schriftlichen Fixierung der Verkaufsbedingungen. – Ah, dann wird's ernst. Dann können wir die nicht mehr länger mit vagen Formulierungen hinhalten, sondern müssen Farbe bekennen.

etw. mit Ernst betreiben · to take s.th. seriously, to do s.th. wholeheartedly

Alles, was der Hermann anpackt, betreibt er mit Ernst. Es liegt ihm nicht, die Dinge nur halbherzig zu machen.

es an dem nötigen Ernst fehlen lassen *form od. iron* · not to take matters/... seriously

Ihr Sohn, Herr Schrader, läßt es leider nach wie vor an dem nötigen Ernst fehlen. Er bereitet sich sehr schlecht vor und während des Unterrichts macht er nur selten aktiv mit. Die Schule interessiert ihn nach wie vor nur sehr am Rande.

der Ernst der Lage *form – path* · the seriousness of the situation

... Der Ernst der Lage, sagte der Redner dann fast beschwörend, verlangt es, daß wir alle Opfer bringen und alle an einem Strang ziehen. Sonst werden wir die schweren Probleme, die auf unserem Land lasten, nie und nimmer lösen.

der Ernst des Lebens *oft iron* · the serious side of life, the real world

Wenn ihr mal das Abitur habt und der Ernst des Lebens anfängt ... – Dann studieren wir erst mal, Herr Franke, ehe wir uns in das Getümmel des Lebenskampfes stürzen.

Ernst machen (mit etw.) · to do what one says/..., to carry out a threat/...

Jetzt hast du dem Jungen schon dreimal angedroht, du würdest ihn von der Schule nehmen, wenn er nicht anständig arbeitet. Und er tut nach wie vor nichts. Wenn du jetzt mit deiner Drohung nicht Ernst machst, kannst du dir in Zukunft deine Ermahnungen sparen.

etw. im Ernst meinen – (eher:) es/etw. ernst **meinen** (mit etw./(jm.)) (1) · to be serious when one says s.th., to be in earnest about s.th.

im Ernst sprechen · to be serious

... Nein, nein, ich spaße überhaupt nicht, ich spreche im Ernst!

allen Ernstes etw. behaupten/sagen/tun · to claim/maintain/(...) s.th. in all seriousness

Er behauptet doch allen Ernstes, ich hätte für ihn in den ganzen Jahren nie etwas getan. – Es ist unfaßlich, wie dieser Mann so etwas sagen und dann noch glauben kann, was er sagt.

Ernstfall: im Ernstfall · if it comes to it

Du drohst den Kindern dauernd, du wirst sie von der Schule nehmen, wenn sie sitzen bleiben. Würdest du das im Ernstfall auch tun?

für den/... **Ernstfall gerüstet sein**/... *form* · to be ready/prepared/armed/... for an emergency

... Wir müssen auf den Ernstfall vorbereitet sein! – Und das heißt? – Wenn uns jemand mit Atomwaffen angreift, müssen wir entsprechend antworten können.

ernstnehmen: jn./etw. **ernstnehmen** · 1. 2. to take s.o. seriously

1. Wenn er solch haarsträubende Geschichten erzählt, die er angeblich alle in Wirklichkeit erlebt hat, fällt es schwer, ihn ernst zu nehmen.

2. Nimmst du denn ernst, was er sagt? Da kann man doch nur lachen!

es mit etw. **ernstnehmen** – es mit etw. ernst **nehmen** · to take s.th. seriously

Ernte: der Tod/die Pest/... **hält furchtbare/grausame**/reiche **Ernte** *geh path* · death/the plague/... takes a heavy toll

Der Tod hat bei dieser Schlacht wieder furchtbare Ernte gehalten. – Wieviele Soldaten sind denn gefallen? – Über 15.000.

jm. **ist die** (ganze) **Ernte verhagelt** *ugs selten* · everything has gone wrong for s.o. *n*, s.o.'s hopes have been blighted/dashed *n*

In diesem Jahr ist dem Hans wirklich die ganze Ernte verhagelt. In der Universität ist alles schiefgelaufen, seine Frau ist schwer erkrankt, finanziell läuft es nicht ... Mißerfolge auf der ganzen Linie.

ernten: ernten, ohne gesät zu haben *form veraltend selten* · to reap without sowing, to reap the fruits of s.o. else's labour

Du mußt dein Gut modernisieren, wenn du die Probleme lösen willst. – Und woher soll ich das Geld dafür nehmen? Du hast gut reden. Du hast von deinem Großvater 100.000,– Mark geerbt – hast geerntet, ohne gesät zu haben. Ich muß mir jeden Pfennig, den ich ausgebe, erst einmal mühselig verdienen.

Eroberungen: eine Eroberung machen · to make a conquest

auf Eroberungen ausgehen · to be out to make conquests

Wenn man so eine prächtige Freundin hat wie der Günter, hat man es eigentlich nicht nötig, dauernd auf Eroberungen auszugehen. – Das ist nun einmal ein Don-Juan-Typ.

Eröffnung: jm. **eine Eröffnung machen** *path od. iron* · to have s.th. to tell s.o., to have an admission to make *iron*

Karl, ich muß dir eine Eröffnung machen. – Und die wäre? – Ich bin seit gestern verheiratet. – Herzliches Beileid!

erpicht: erpicht sein auf etw. *ugs* · to be keen on s.th. *n*, to be dead set on s.th.

Der Kröner ist vielleicht auf einen guten Notendurchschnitt erpicht! – Er will Arzt werden, und um Medizin studieren zu können, braucht man einen guten Durchschnitt in den Abiturnoten. Es ist also verständlich, daß er alles unternimmt, um diesen Durchschnitt zu bekommen.

Erregung: Erregung öffentlichen Ärgernisses *form* · to create a disturbance, to cause a public nuisance

Du kannst doch in diesem ordentlichen Land nicht einfach abends bei offenem Fenster Klavier spielen! Da wirst du wegen Erregung öffentlichen Ärgernisses angezeigt. – Nein, wegen ruhestörendem Lärm, Birgit!

Errungenschaft: js. neuste Errungenschaft *iron* · 1. s.o.'s latest acquisition, 2. s.o.'s latest conquest

1. Ist dieser grüne Mercedes vor der Tür deine neuste Errungenschaft? – Ja, ich habe ihn vor einem Monat gekauft.
2. Seine neuste Errungenschaft ist eine Schwedin. – So so! Die nächste Freundin ist bestimmt eine Schwarze.

ersättigen: sich/(nicht) an etw. **ersättigen können** *form selten* · (not) to be able to get enough of s.th.

An guter Musik kann sich die Erika nicht ersättigen. Die kann sie jeden Tag stundenlang hören.

Ersatz: Ersatz leisten (für etw.) *form* · to provide compensation for s.th., to make restitution for s.th.

… Wenn die Schiffahrt durch die Schuld der Schule ausfällt, muß die Schule dafür Ersatz leisten. Schließlich haben die Eltern sie schon bezahlt. Oder meinst du, die zahlen Reisen, die gar nicht stattfinden?

Ersatz schaffen (für jn./etw.) · 1. 2. to provide a replacement for s.o./s.th.

1. (In einer Musik-Agentur:) In drei Tagen kann man doch für jemanden, der erkrankt ist, keinen gleichwertigen Ersatz schaffen. Dann muß die Veranstaltung ausfallen.
2. Wenn der Rudi durch seine Unachtsamkeit den Apparat kaputtgemacht hat, muß er dafür Ersatz schaffen. – Aber Mutter! Ich werde doch von dem Rudi keinen neuen Apparat verlangen. Wie stellst du dir das denn vor? *seltener*

Ersatz stellen *form* · to provide/to find/… a replacement for s.o./s.th.

… Ob schnell oder nicht: wenn er die Vereinbarung nicht einhalten und an dem Abend nicht spielen kann, sollte er wenigstens Ersatz stellen. – Wie soll er so schnell einen Pianisten finden, der für ihn einspringt?

erscheinen: (gerade) wie gerufen erscheinen – (genau) im richtigen **Augenblick** (kommen/…) · (to arrive/…) just at the right moment

genau/(gerade) richtig erscheinen – (genau) im richtigen **Augenblick** (kommen/…) · (to arrive/…) just at the right moment

Erscheinung: eine stattliche Erscheinung (sein) · (to be) an imposing figure, (to be) a fine figure of a man/woman

… Wenn er auch groß und breit ist und einen sogenannten Charakterkopf hat: eine stattliche Erscheinung würde ich den Herrn Schönberg trotzdem nicht nennen; dafür tritt er zu linkisch auf. – Das sehe ich anders.

eine stolze Erscheinung sein · to be a fine figure of a man/woman

Der Herr Wernicke ist wirklich eine stolze Erscheinung: groß, mächtig, aufrechte Haltung, ein selten schöner Kopf – und dann das graumelierte Haar, das ihm mit seinen 55 Jahren bestens steht … Ein imposanter Mann!

in Erscheinung treten · 1. to appear, to manifest itself/…, to crop up, 2. to appear (in person), to show one's face

1. Bei der Premiere traten doch noch allerhand Mängel in Erscheinung, die wir bei den Proben nicht gemerkt hatten.
2. Was hat denn der Minister bei eurer Verhandlung dazu gesagt? – Der Minister ist überhaupt nicht in Erscheinung getreten. – Er war gar nicht anwesend? – Doch, anwesend war er; aber er hielt sich so sehr im Hintergrund, daß man ihn kaum bemerkte.

erschießen: jn. standrechtlich erschießen *form* · to execute s.o./to shoot s.o./… summarily

Noch kurz vor Kriegsende, als schon alles verloren war, wurden Tausende und Tausende von Soldaten, die sich von der Truppe absetzten, um ihre Haut zu retten, als Deserteure standrechtlich erschossen.

erschlagen: (wie) erschlagen sein/sich (wie) erschlagen fühlen (von etw.) *ugs – path* · to be shattered (by s.th.), to be thunderstruck *n*, to be aghast *n*

Er war wir erschlagen von der Nachricht: seine Mutter wollte sich scheiden lassen, seinen kranken Vater allein lassen. Er saß da zusammengekauert, ließ den Kopf hängen und brachte kein Wort hervor.

Erschöpfung: bis zur Erschöpfung arbeiten/… *path selten* · to work/… to the point of exhaustion

… Jetzt haben wir einen vollen Monat jeden Tag bis zur Erschöpfung an dem verdammten Text gearbeitet, und er ist immer noch nicht fertig übersetzt! Jetzt machen wir zwei, drei Tage Pause, und wenn die Firma noch so protestiert. Wir machen uns für diese Werbeleute doch nicht kaputt!

erschossen: erschossen sein *ugs* – **erledigt** sein (für jn.) (mit etw.) (2) · to be whacked/dead-beat/shattered/knocked-out/…

erschüttern: jn. kann nichts mehr erschüttern *ugs* · nothing can ruffle me/him/… any more, nothing can shake me/him/… any more

… Dein Vater ist doch bestimmt aufgeregt? – Nein! Seit dem Verlust seiner gesamten Aktien durch den Bankrott von Schuckert und Co. kann den nichts mehr erschüttern. Er führt diese unangenehmen Verhandlungen (daher) mit stoischem Gleichmut.

erspart: jm. bleibt etw. **erspart**/bleibt (aber auch) nichts erspart *path* · s.o. is spared nothing/s.th.

Der Renate bleibt aber auch nichts erspart. Im vergangenen Jahr ist ihr Vater gestorben, jetzt ist ihr Mann aufs schwerste erkrankt.

erst: gar nicht erst … – **erst gar nicht** … · not even

(etw.) (gar) **nicht erst zu tun brauchen**/(…) · you/… don't even need to ask/…

Mein Lieber, du brauchst gar nicht erst zu fragen, ob ich am Sonntag Zeit habe, ich gehe nicht mit zu diesem Rock-Konzert.

erst einmal – **erst** mal · first, for the moment, for the time being

erst mal · 1. 2. first, 3. for the moment, for the time being

1. Kann ich heute nachmittag wieder radfahren? – Erst mal machst du vernünftig deine Schularbeiten, und dann denkst du ans Radfahren.
2. Also, darf ich nun gehen oder nicht? – Laß mich doch erst mal überlegen, Junge, in Ruhe nachdenken. Dann werd' ich dir schon sagen, was ich dir zu sagen habe.
3. Sind die Probleme mit der Versicherung gelöst? – Nicht alle. Aber fürs erste bin ich mit der Entscheidung, die sie getroffen haben, zufrieden. Ich sage erst mal nichts mehr.

wenn … **erst mal** … · once you/… start earning/…

Wenn du erst mal anständig was verdienst, dann kannst du dir auch einen BMW kaufen. Bis dahin wirst du wohl mit einem billigeren Auto vorliebnehmen müssen.

wenn … **erst mal**/(nur erst) **wäre**/**hätte**/… · if he had/…

Wenn der Karl sein Abitur hat, dann … – Ja, wenn er das erst mal hätte! Wenn er so weitermacht wie bisher, wird er es wohl nie kriegen.

erstarrt: wie erstarrt sein/da stehen/… *path* – wie **versteinert** sein/da stehen/… · to be petrified (with fear), to be paralysed (with fear), to be rooted to the spot

Erstaunen: jn. in Erstaunen setzen/versetzen · to astonish/to amaze s.o.

Mit seiner Erklärung, im Grunde sei er kommunistisch gesinnt, setzte er alle Anwesenden in Erstaunen. Man hatte ihn immer für einen Sozialisten der Mitte gehalten.

erstaunt: baß erstaunt sein (über jn./etw.) *ugs – path* · to be greatly/absolutely/utterly/most/(…) amazed/astonished/taken aback *n* by s.o./s.th.

Wir waren alle baß erstaunt über Großvater: wie der auch die schwierigsten Wege mühelos hinaufging! Das war wirklich eine Überraschung, einen so alten Mann derart zügig wandern zu sehen.

erstbeste: der/die/das erstbeste *Person/Sachel...* · the first person/thing that you/... meet/that comes into your head/...
... Da kannst du nicht die erstbeste Farbe wählen, die dir in den Kopf kommt. Da mußt du schon ein wenig überlegen, was am besten zu Hermanns Kleidung paßt und was für den Abend am geeignetsten ist.

erste: fürs erste · 1. 2. for the moment, for the time being
1. Sind deine Probleme mit der Versicherung gelöst? – Nicht alle! Aber fürs erste bin ich mit der Entscheidung, die sie getroffen haben, zufrieden. Ich sage erst mal nichts mehr.
2. Wann geht ihr wieder ins Theater? Ich würde gern einmal mitgehen. – Ach, Peter, fürs erste haben wir die Nase voll. Das war so ein Reinfall gestern. Einige Wochen gehen wir jetzt bestimmt nicht.

der/die/das erste beste *Person/Sachel...* – (eher:) der/die/das **erstbeste** · the first person/thing/... that comes along

das ist das erste, was ich höre · that is the first I've heard of it
... Es gibt einen neuen ministerialen Erlaß in der Sache? Das ist das erste, was ich höre. Wann ist der denn herausgekommen?

Ersten: die Ersten unter Gleichen *form* · (to be) (the) first among equals
Wir wählen natürlich, wie jede andere offizielle Gesellschaft, einen Vorstand. Aber die Mitglieder dieses Vorstands haben keinerlei Sonderrechte; sie sind die Ersten unter Gleichen, nichts weiter.

zum ersten, zum zweiten, zum dritten *Versteigerung* · going, going, gone!
Meine Damen und Herren, das letzte Angebot waren 2.460,– Mark. Wer bietet mehr? Niemand? Niemand! Also: zum ersten, zum zweiten, zum dritten! Der Herr, der die 2.460,– Mark geboten hat, bekommt den Schrank.

erster: erster von hinten sein *iron* · to be first if you turn the table/league upside down/..., to be bottom of the table/league
... Und dein Lieblingsklub Schalke ist mal wieder erster von hinten? – Das nächste Spiel gewinnen sie und dann stehen sie nicht mehr am Tabellenende.

Ersticken: zum Ersticken sein *path* · to be suffocating/stifling
Mein Gott, diese Luft hier ist ja zum Ersticken. Kann man die Fenster nicht mal öffnen?

zum Ersticken heiß sein *path* · to be stiflingly hot
Es ist zum Ersticken heiß in diesem Tal! – Im Sommer. Im Winter hängt alles voller Nebel und Nässe.

zum Ersticken voll sein *path selten* · to be full to bursting, to be jam-packed, to be chock-a-block
Sich ein Fußballspiel ansehen macht Spaß, natürlich; aber nicht eingezwängt in Menschenmassen, in einem Stadion, das zum Ersticken voll ist.

Erstickungstod: den Erstickungstod (sterben) *form* · to die from/of suffocation
Den Erstickungstod (zu sterben) stelle ich mir von allen Todesarten am schlimmsten vor.

erstunken: besser erstunken als erfroren *sal* · s.o. would rather suffocate than die of cold *coll*, s.o. prefers a stuffy atmosphere to the risk of freezing to death *para*, s.o. would rather suffocate than freeze *coll*
... Ich versteh' nicht, wie jemand in einem solchen Mief arbeiten kann! Auch wenn es kalt ist, kann man mal lüften. – Der Otto steht auf dem Standpunkt: lieber erstunken als erfroren. Ich hab' mit ihm schon zig Auseinandersetzungen deswegen gehabt.

erstunken und erlogen sein *sal* – erlogen und erstunken sein · it/s.th. is a pack of lies (from start to finish)

ertappen: jn. in flagranti ertappen/(erwischen/schnappen/...) *geh* – (eher:) jn. auf frischer **Tat** ertappen/(erwischen/schnappen/...) · to catch s.o. in flagranti/in the act/(...)

Ertrag: (reichen) Ertrag abwerfen · to bring in a good/... return/good/... returns, to yield a high/... profit
Nach all den Umbauten und Änderungen wirft das Gut endlich reichen Ertrag ab. Drei, vier Familien können dort jetzt sorglos leben.

ertüchtigen: sich körperlich ertüchtigen *form – path veraltend* · to keep fit, to keep in good shape, to do physical training, to work out
... Es gibt Ausdrücke, da muß man einfach lachen. Etwa: sich körperlich ertüchtigen. Man wird doch nicht 'tüchtig', wenn man trainiert! – Vielleicht doch. Denk' an den lateinischen Spruch: mens sanus in corpore sano.

Erwachen: es gibt/(...) ein böses Erwachen *path* · + s.o. is going to have a rude awakening, + s.o. is going to have/get/... a nasty shock
... Der Junge scheint zu glauben, er kann die ganze Zeit faul und dazu noch frech sein, und die haben ihn trotzdem zu fördern. Wenn der so weitermacht, gibt das irgendwann ein böses Erwachen. Dann steht er ohne Kenntnisse da und hat niemanden mehr, der ihm hilft.

Erwägung: etw. in Erwägung ziehen *form* · 1. to consider, to take into consideration, 2. to be thinking of/considering doing s.th., to be toying with the idea of doing s.th.
1. Hast du bei deinen Hausbauplänen auch in Erwägung gezogen, daß wir aus beruflichen Gründen u. U. umziehen müssen? – Ja, auch daran habe ich gedacht.
2. vgl. – (u. U.) mit dem **Gedanken** spielen/(umgehen), zu ...

erwärmen: sich für jn./etw. (nicht) erwärmen können *ugs* · I/... can't work up any enthusiasm for s.th., + s.th. doesn't do anything for me/her/John/...
Nein, für Fußball kann ich mich nicht erwärmen. Tennis, ja, das sagt mir was.

erwarten: von jm. ist nicht viel/noch sehr viel/noch allerhand/nichts mehr/... zu erwarten · much/great things is/are expected of s.o./s.th., not much/little can be expected of s.o./s.th.
Von dem Richard ist noch allerhand zu erwarten. Wenn der weiter so Fortschritte macht wie bisher, wird das mal ein großer Pianist.

nichts mehr/(...) von jm. zu erwarten haben – nichts mehr/(...) von jm. zu **erhoffen** haben · to have nothing more to expect of/from s.o.

es (gar/überhaupt) **nicht erwarten können, bis/**(etw. kaum erwarten können) – es (gar/überhaupt) nicht **abwarten** können (bis ...) · (just simply/...) not to be able to wait for s.th./until s.th. happens/...

über (alles) **Erwarten gutgehen/...** · to exceed s.o.'s wildest hopes/expectations, to go far better than s.o. had hoped
Der alte Wagen war mal wieder überladen, und ich war ziemlich skeptisch, ob die Reise komplikationslos verlaufen würde. Aber Gott sei Dank ist alles über Erwarten gut gegangen.

wider (alles) **Erwarten klappen/...** · to work/succeed/(...) against/contrary to all expectations
... In der Tat, wir hatten uns schon auf einen Mißerfolg eingestellt. Aber wider Erwarten hat alles glänzend geklappt.

Erwartung: an etw. die Erwartung(en) knüpfen, daß .../... *form* · to expect s.th. from s.th.
Wir knüpfen an die hohen Investitionen die Erwartung, daß die Rentabilität des Guts verdrei- oder vervierfacht wird.

etw./j. übertrifft alle Erwartungen *path* · to exceed all expectations
Seine Leistungen in der Schule übertreffen in diesem Jahr alle Erwartungen. Noch vor zwei, drei Monaten hätte ihm kein Mensch solche Leistungen zugetraut.

zu hohen/großen/(den kühnsten)/... **Erwartungen berechtigen** *path* · to justify the highest/boldest/... expectations
Dein Sohn, Herbert, berechtigt zu den kühnsten Erwartungen. Wenn er so weitermacht wie bisher, wird das mal ein Starpianist.

die Erwartungen erfüllen *path* · to fulfil the hopes placed in one/s.o., to come up to s.o.'s expectations
... So begabt und so fleißig der Junge auch ist: ihr dürft auch nicht zu viel erwarten! – Du meinst: er wird die Erwartungen nachher nicht erfüllen? – Wenn ihr meint, er wird ein zweiter Bernstein, vielleicht nicht.

seine Erwartungen zu hoch spannen *path* · to pitch/to set one's expectations too high

Mein Vater hat im Prinzip nichts dagegen, wenn ich Schauspielerin werde. Aber er meint, ich sollte meine Erwartungen nicht zu hoch spannen. – Da hat er mehr als recht. Wer heutzutage vom Theater zu viel erwartet, wird mit Sicherheit bitter enttäuscht.

erwehren: sich e-r S. kaum/nicht erwehren können · not to be able to fend off s.o./s.th., not to be able to resist s.o./s.th., not to be able to keep s.o. at bay

… War das eine Begeisterung nach dem Vortrag! Der Richard konnte sich bei dem anschließenden Beisammensein der vielen Lobsprüche kaum erwehren. Jeder meinte, er müßte ihm doch noch mal ganz persönlich sagen, wie sehr er ihm aus der Seele gesprochen habe. …

erweichen: sich (nicht) erweichen lassen *ugs* · not to give in *n*, s.o. will not relent *n*

… Nein, diesmal kannst du so viel quälen, wie du willst, diesmal laß ich mich nicht erweichen. Du kriegst den Wagen heute nicht.

erwidern: Böses mit Bösem/Gutes mit Gutem/Böses mit Gutem/Gutes mit Bösem/Gleiches mit Gleichem erwidern/vergelten – **Böses mit Bösem/Gutes mit Gutem/Böses mit Gutem/Gutes mit Bösem/Gleiches mit Gleichem vergelten** · to return evil for evil, to retaliate, to return good for good, to repay good with evil, to return like for like, to return measure for measure

erwischen: jn. kalt erwischen *mst Perf sal* · 1. 2. + to be caught totally/… unprepared *n*

1. … Du machst dir gar kein Bild, wie gemein der Röttger mich da im Anfang behandelt hat. Ich war noch keine 14 Tage bei Schuckert, da hat es mich das erste Mal kalt erwischt. Wir bekamen eine Anfrage zu einer speziellen Qualität von Hartmetallplättchen – ich kannte die Dinger damals noch gar nicht. Was macht dieser Röttger? Er bemerkt in Gegenwart des Chefs: »Wie war das noch? Wie wollten Sie diese Anfrage beantworten?« Das stand ich da …

2. (In der Schule:) Die Französischarbeit hat mich in der Tat kalt erwischt: ich war nicht im mindesten vorbereitet.

erwischt: jn. erwischt's/hat's erwischt *ugs* · 1. + s.o. has got it/caught it (now), 2. + s.o. has been caught/nabbed *sl*, 3. + it/death comes to us all sooner or later, 4. + he/… has/… got it bad

1. Jetzt hat's den Klaus erwischt! – Wieso? – Jetzt hat der Scharlach. Vor einem Monat war es mein Bruder.

2. Den Meyer hat's erwischt! – Was ist denn mit ihm passiert? – Sie haben ihm nachgewiesen, daß er seit fünf Jahren Steuerhinterziehungen im Wert von mehreren hunderttausend Mark begangen hat.

3. Irgendwann erwischt's jeden. – Ja, am Tod kommt niemand vorbei …

4. Den Peter hat's erwischt! – Schon wieder? Der verliebt sich wohl alle vier Wochen!

Erz: wie aus Erz gegossen dastehen/… *path* · to stand there like a statue, to stand there like a brazen statue, to stand there as if carved out of rock

Du hättest den alten Gröber betrachten sollen: wie aus Erz gegossen stand der da inmitten des allgemeinen Tumults, ohne auch nur eine einzige Regung zu zeigen.

Erz-: ein Erz-halunke/-gauner/-schurke/-feind/(…) **sein** · an out-and-out villain/rogue/…, a consummate rogue/…, an arrant knave

Vertraue dem Ulrich keinen Pfennig an. Das ist ein Erzschurke. So einen Halunken gibt's nicht nochmal.

erzählen: jm. würde j. (aber) (an js. Stelle/…) was/etwas ganz anderes erzählen *ugs* · (if I/… were him/…/in his/… position) I/… would give s.o. a piece of my/… mind

Der Mertens schiebt eine ruhige Kugel und erlaubt sich dann noch obendrein, die Geschäftsleitung zu kritisieren? Dem würde ich an deiner Stelle etwas ganz anderes erzählen! Entweder er arbeitet anständig oder … Er bleibt draußen.

das/so etwas/… kann j. einem anderen/anderen erzählen (aber/doch/aber doch mir/uns/… nicht) *ugs* – das/so etwas/… kannst du/kann er/… mir/ihm/… doch nicht **erzählen** · don't give me that, he/… can't/… fool me

davon kann ich/kann er/… **(dir/ihm/…) etwas/was erzählen** *ugs* – davon kann ich/kann er/… (dir/ihm/…) ein **Lied** singen/(weiß … zu singen) · I/he/… can tell you/him a thing or two about s.th.

das/so etwas/… **kannst du**/kann er/… **jemand anders**/(jemand anderem)/**einem anderen erzählen** ((aber/…) nicht mir/ihm/dem Peter/…) – das/so etwas/… kannst du/kann er/… jemand anders/(jemand anderem)/einem anderen **weismachen** ((aber/…) nicht mir/ihm/dem Peter/…) · you don't expect me/him/… to believe that …, you want me/… to believe that …

das/so etwas/… kannst du/kann er/… **mir**/ihm/… **doch nicht erzählen** *ugs* · don't give me that, he/… can't/… fool me

Unser neuer Kollege, sagst du, will drei Jahre in Oxford studiert haben? Das kann er mir doch nicht erzählen! Dann könnte er doch wenigstens halbwegs vernünftig Englisch. Du wirst dir doch von diesem Mann nicht so einen Bären aufbinden lassen.

mir/ihm/… **kann j. das/so etwas/… nicht erzählen** *ugs* – das/so etwas/… kannst du/kann er/… mir/ihm/… doch nicht **erzählen** · don't give me that, he/… can't/… fool me, you/… must be kidding

jm. kann j. nichts erzählen *ugs* · + s.o. isn't going to fall for that, + s.o. isn't going to swallow that story/tale/(…)

Der Udo wollte dem Herrn Ottmann weismachen, die Maschinen der Firma Schuckert wären besser als die der Konkurrenz. Aber der hat nur gelacht. – Dem Ottmann kann er nichts erzählen, der kennt sich aus.

jm. kann j. (ja) viel/(allerhand) erzählen *ugs* · you/… can say what you like, you/… can tell me/them/… whatever you/… like

… Paß auf, Mutter, dann stehen noch 20.000,– Mark aus für die Fräsen … – Mir kannst du viel erzählen, Albert, ich habe keinen Überblick in den finanziellen Dingen. Sprich lieber mit Vater darüber; der kann beurteilen, ob deinen Kalkulationen stimmen oder nicht.

jm. wird j. (aber) was/(etwas) erzählen *ugs* · I'll/… give him/… a piece of my mind, I'll/… give him/… what for

Was, der Mertens hat dich vor allen Kollegen angeschnauzt? Dem werd' ich aber was erzählen! Von wegen! Dem werd' ich mal klarmachen, wie sich ein anständiger Lehrlingsmeister zu verhalten hat.

sich erzählen lassen, daß … · I/we/… have been told that …

… Ich hab' mir erzählen lassen, Sie haben den Ehrendoktor der Universität München bekommen. – Von wem haben Sie das gehört, wenn ich fragen darf?

sich nichts erzählen lassen *ugs* · s.o. is not going to fall for/ swallow that (story/…)

… Dem Kühnert kann er mit so einem Unsinn nicht kommen, der läßt sich nichts erzählen

Erziehung: sich auf seine gute Erziehung besinnen · to remember one's manners

Er wollte schon die Käseschnitte in die Hand nehmen und so richtig reinbeißen, wie zu Hause! Aber dann besann er sich doch auf seine gute Erziehung und nahm Messer und Gabel zur Hand. In einer so feinen Gesellschaft …

seine gute Erziehung vergessen *oft dir. R ugs* · I/you/Peter/… am/are/is forgetting my/your/his/… manners

Hermann, du vergißt mal wieder deine gute Erziehung? – Weil ich die Kartoffeln mit dem Messer zerschneide? Du hast Recht. Diese verdammten Dinger sind aber auch derart hart …

es-geht-nicht-mehr: etw. bis zum es-geht-nicht-mehr tun *ugs* – etw. bis zur **Bewußtlosigkeit** tun · to do s.th. ad nauseam, to do s.th. till one is blue in the face

Esau: ein haariger Esau sein *ugs scherzh selten* · to be as hairy as Esau *n*, to be as hairy as an ape *hum*

(Am Strand:) Schau mal Ingrid, dieser Mann da drüben, wäre das nichts für dich? – Du spinnst wohl, was? So ein haariger Esau?! – Was hast du gegen kräftig behaarte Männer?

Esel: ein (ausgemachter/...) **Esel sein** *ugs* – für keine zwei **Pfennige** Verstand haben/nachdenken/aufpassen/... (1) · to be an ass/dolt/clot/idiot/...

störrisch wie ein Esel (sein) *ugs* · to be as stubborn as a mule, to be refractory *n*
Wenn er nicht arbeiten will, arbeitet er nicht, da kannst du machen, was du willst; dann ist er störrisch wie ein Esel.

stur wie ein Esel (sein) *sal* · to be as stubborn as a mule
Die Doris ist stur wie ein Esel, sage ich dir. Eher machst du diesem Tisch klar, allein in die Ecke dort zu spazieren, als der Doris, etwas zu tun, was nicht haargenau zu dem paßt, was sie sich in den Kopf gesetzt hat!

jn. hat der Esel im Galopp verloren *sal veraltend selten* – für keine zwei **Pfennige** Verstand haben/nachdenken/aufpassen/... (1) · + to be an ass/dolt/clot/idiot/...

zu etw. passen wie der Esel zum Lautenschlagen *sal selten* · to be completely unsuited for s.th. *n*
Denk' dir nur, sie haben den Präsidenten von unserem Fußballclub zum Kultusminister gemacht! – Herrlich! Der paßt dazu wie der Esel zum Lautenschlagen! In Zukunft werden sie den erstbesten Preisboxer zum Kultusminister machen. Man sagt übrigens, er sei ein guter Verwaltungsmann. Dann ist er richtig für die Kultur von heute.

von etw. so viel verstehen wie der Esel vom Lautenschlagen *sal selten* – von etw. so viel verstehen wie die **Kuh** vom Sonntag · not to know the first thing about s.th.

ein Esel in der Löwenhaut (sein) *selten* · (to be) an ass in a lion's skin, (to be) a sheep in wolf's clothing
Du solltest dir von dem Rottmann nicht so viel Respekt einjagen lassen. Er macht zwar immer einen äußerst wichtigen und manchmal fast bedrohlichen Eindruck; aber er ist ein durchaus harmloser Mensch. Absolut ungefährlich – ein Esel in der Löwenhaut.

einen Esel nicht von einem Ochsen unterscheiden können *sal selten* – für keine zwei **Pfennige** Verstand haben/nachdenken/aufpassen/... (1) · to be stupid/thick/dim/pea-brained/...

zum Esel fehlen jm. **nur die Ohren, den Kopf hat er** *sal selten* – für keine zwei **Pfennige** Verstand haben/nachdenken/aufpassen/... (1) · to be stupid/thick/dim/pea-brained/...

einen Esel im Wappen führen *sal veraltend selten* – für keine zwei **Pfennige** Verstand haben/nachdenken/aufpassen/... (1) · to be stupid/thick/dim/pea-brained/...

ein Esel im Wolfspelz sein *selten* – ein **Esel** in der Löwenhaut (sein) · (to be) an ass in a lion's skin

bei den Eseln in die Schule gegangen sein *sal veraltend selten* – für keine zwei **Pfennige** Verstand haben/nachdenken/aufpassen/... (1) · to be stupid/thick/dim/pea-brained/...

Eselsbrücke: jm. **eine Eselsbrücke bauen** *ugs* · to give s.o. a clue *n*, to help s.o. to find the answer/solution *n*
Wenn er mir keine Eselsbrücken gebaut hätte, wäre ich auf die meisten Antworten nicht gekommen. – Der Professor Herrmann ist wirklich sympathisch. Der findet immer einen Weg, den Kandidaten durch irgendwelche Querverbindungen auf die Sprünge zu helfen.

sich eine Eselsbrücke bauen *ugs selten* · to think up/... a mnemonic *n*
Damit ich das Datum auf keinen Fall vergesse, kann ich mir ganz leicht eine Eselsbrücke bauen: es ist genau einen Monat später als der Geburtstag meiner Frau.

Espenlaub: zittern wie Espenlaub *geh selten* · to tremble like an aspen leaf
Die Angst stand ihnen ins Gesicht geschrieben. Sie zitterten wie Espenlaub.

Esse: das/das Geld/die Tasche/... **kannst du**/kann dein Bruder/... **in die Esse schreiben** *ugs selten* – das/das Geld/die Tasche/... kannst du/kann dein Bruder/... in den **Mond** schreiben · you/your brother/... can write the money/... off, you/your brother/... can forget the money/...

essen: jn. **(noch) arm essen** *selten* · s.o. will eat me/... out of house and home
Dieser Junge ißt mich noch arm! Unglaublich, was der verstauchen kann!

sich dick und rund/fett essen *ugs* – (eher:) sich dick und rund/fett **fressen** · to stuff o.s., to pig o.s., to gorge o.s., to balloon out from over-eating

draußen/(auswärts) essen · to eat/to dine/(...) out
... Nein, schön ist das nicht, wenn man immer draußen essen muß. Es geht nichts über die häusliche Küche.

für drei/vier/fünf/sieben essen – fressen/(essen) wie ein **Scheunendrescher** · to eat like a horse

sich buchstäblich krank essen *ugs* · to make o.s. ill from over-eating
Was die Uschi da verschlingt, ist einfach zu viel. Die ißt sich buchstäblich krank, wenn sie so weitermacht.

sich kugelrund essen *ugs* – sich dick und rund/fett **fressen** · to stuff o.s., to pig o.s., to gorge o.s., to balloon out from over-eating

sich an etw. satt essen · to eat one's fill, to eat as much as one can manage of s.th., to eat as much as one wants of s.th.
(Eine Tante zu ihrem Neffen:) Iß, Junge! Deshalb hab' ich den Kuchen doch gebacken, daß du dich daran satt ißt. Meinetwegen kannst du ihn ganz auffuttern. – Aber ich bin doch schon satt, Tante Helmi!

sie/... muß für zwei essen · she/... has/... to eat for two
Also, nehmen wir Platz. Ich denke, alle haben Hunger – besonders Renate, die muß ja schließlich für zwei essen. – Erwartest du was Kleines, Renate?

essen, als ob man's bezahlt kriegte/bekäme *ugs* – fressen/(essen) wie ein **Scheunendrescher** · to eat like a horse

Essen fassen *sal* · 1. come and get it!, 2. to have lunch/dinner *n*, to have something to eat *n*
1. (Ein Zugführer zu seinen Soldaten:) Der Versorgungswagen ist da. Alle Mann zum Essenfassen!
2. ... So, Leute, ich geh' jetzt erstmal in die Kantine zum Essenfassen. Die Arbeit läuft mir nicht davon.

zum Essen gehen (mit jm.) *form* · to go for a meal with s.o.
(Ein Besucher in einer Firma:) Herr Direktor Schirmer ist nicht da, höre ich? – Nein, er ist mit einem ausländischen Gast zum Essen gegangen.

das Essen fällt jm. **aus dem Gesicht** *sal scherzh* – **Kotzebues** Werke studieren · + to heave, + to puke one's ring, + to call on Hughie and Ralph

nichts (mehr) zu essen haben – nichts mehr zu **beißen** haben · to have nothing (left) to eat

nicht satt zu essen haben *selten* · (not) to get enough to eat
Hat der Junge nicht satt zu essen oder warum sieht er immer so schlecht aus?

im Essen herumstochern/(stochern) · to pick at one's food
Ist dir nicht gut? Oder was stocherst du da im Essen herum, statt anständig reinzuhauen?

essen und trinken · food and drink (keep body and soul together)
Wie sagte noch deine Großmutter: essen und trinken hält Leib und Seele zusammen? Ein sehr weiser Spruch. Dann mal ran!

Essen und Trinken *form* · food and drink
... Wir bitten, lediglich die Bettwäsche selbst mitzubringen. Für Essen und Trinken ist gesorgt. ...

Esser: ein unnützer Esser sein *form selten* · s.o. who eats but does not earn his keep *para*, an idle eater *tr*
Entweder du arbeitest, wie es all' deine Geschwister auch tun, oder ich setz' dich an die frische Luft! Meinst du, ich hätte Lust, hier mein Leben lang unnütze Esser zu verwöhnen?

Essig: mit etw. – **das ist Essig**/mit etw. ist es Essig *sal* · it's all off *coll*, it has fallen through *coll*

Mit unserer Reise nach Schweden, das ist Essig, weißt du? – Warum? – Ich muß im August den Einkaufsleiter vertreten, kann also nicht weg.

etw. **in Essig legen**/(einlegen) · to put s. th. in vinegar, to pickle s. th.

... Mein Großvater, fuhr er dazwischen, hat noch selbst geschlachtet, hat Fleisch in Essig gelegt, um es zu konservieren, hat seine Schinken im Keller gehabt. ... Von wegen, alles von den andern erwarten, alles schön fertig einkaufen. Ihr habt ja keine Ahnung wie das früher war!

zu Essig werden *sal selten* – zunichte **werden** · to come to nothing, to be dashed/shattered/...

Eßlust: die Eßlust anregen *iron* · to stimulate the appetite

Ein Aperitif, um die Eßlust anzuregen? – Danke. Um ehrlich zu sein, ich hab' schon so Hunger genug.

Etappenziel: das Etappenziel erreichen/... *scherzh* · to reach one's immediate goal, to reach one's immediate target

Heute haben wir den 28. Februar und die erste Etage ist fertig – wir haben das Etappenziel also erreicht. Wenn die zweite Etage in drei, vier Wochen gemacht ist, werden wir den Fahrplan für den Hausbau einhalten können.

Etat: über js. **Etat gehen** *oft iron* · to be beyond s. o.'s means, to be more than one can afford

Papa, kannst du uns nicht auch so einen Mercedes 400 kaufen? – Ein Mercedes 400 geht über meinen Etat, Junge. – Was soll das heißen? – Er ist zu teuer für mich.

(eigentlich/...) **in** js. **Etat nicht vorgesehen sein** *iron* · not (really/...) to be planned for/provided for in s. o.'s budget

In den Herbstferien würde ich gern nach Paris fahren, Papa. – Hm ... Eine Reise in den Herbstferien war eigentlich in meinem Etat nicht vorgesehen, Ute. Du scheinst anzunehmen, meine Finanzen wären unerschöpflich.

etc.: etc. pp. *geh selten* – und so **weiter** (und so fort/weiter) · and so on, and so forth

etwa: (so) etwa · about (three/... weeks/...)

So etwa in drei, vier Wochen ist die Arbeit fertig? – Ja, so in drei, höchstens vier Wochen.

(so) **in etwa** · about, roughly

So in etwa stimmt das, was er sagt. Es ist natürlich nicht exakt, aber in den Umrissen trifft es zu.

doch nicht etwa ... · you/... are not going to ..., are you/...?

Du wirst doch nicht etwa heute wieder spät nach Hause kommen, Petra? – Nein. Warum? – Ich finde, du übertreibst etwas in letzter Zeit.

nicht etwa, daß ... + *Konj. Irreal.* · it's not that ... +past tense

Was der Junge da erzählt, stimmt so nicht. Nicht etwa, daß er gelogen hätte. Nein, das nicht! Aber der Zusammenhang des Ganzen ist ein anderer.

dick – **(und) nicht etwa** vollschlank/verdreckt – (und) nicht etwa ungewaschen/... · hot/... – not just warm/...

... Heiß war das Wasser, regelrecht heiß – (und) nicht etwa (sehr) warm! Ich hab' in so einem heißen Wasser überhaupt noch nie geschwommen.

nicht etwa ..., **sondern**/... (wollen/...) · s. o. doesn't want to/..., he wants to/...

... Nein, nein, seien Sie unbesorgt! Meine Frau wollte Ihren Jungen nicht etwa schlagen, sondern nur von dem Blumenbeet wegziehen.

etwas: j. kann/weiß/... **etwas** · he/... really is/knows/represents/... something, s. o. knows his stuff

Der Kurt verdient viel, ja, aber er kann auch etwas. Wer viel leistet, verdient auch ein gutes Gehalt.

rennen/rasen/.../draufschlagen/.../lügen/stehlen/... **wie nur etwas** *ugs* · 1. 2. 3. to run/to lie/to steal/... like mad/like a madman/like you wouldn't believe/like a good one

1. Um noch rechtzeitig zum Zug zu kommen, rannte er los wie nur etwas. Wie ein Verrückter, sage ich dir.

2. Nimm dich vor diesem Jungen in acht, Karin! Wenn er wütend ist, schlägt er drauflos wie nur etwas. Er kennt dann keine Grenzen.

3. Der lügt wie nur etwas. Du machst dir keine Vorstellung, wie der lügen kann.

erregt/überrascht/... **wie nur etwas** *ugs* – aufs **höchste** erregt/überrascht/... · extremely surprised/excited/...

das ist schon etwas · 1. 2. that's quite a lot, that's not bad, 2. that's quite something *coll*

1. Was verdient euer Kurt jetzt? – Um die 3.700,– Mark brutto. – 3.700,– Mark für einen 28-jährigen Jungen, das ist doch schon etwas!

2. Ein solches Buch in zwei Jahren schreiben – das ist doch schon etwas! Wirklich! Eine beachtliche Leistung! Das macht dir so schnell keiner nach.

(nein) **so etwas!** *path* · well I never!

Jetzt erklären die doch wahrhaftig, die Unterlagen wären nicht vollständig – drei Tage vor meiner Abreise! Nein, so etwas! Unverständlich, wie die Leute da arbeiten.

na, so etwas! *ugs* – *path* – (eher:) na, **so was**/(etwas)! (1, 2) · well I never!

das ist doch wenigstens etwas *ugs* · it's something at least, at least it's something

Gut, du hast nicht die Note bekommen, die du haben wolltest, aber du hast bestanden – und das ist doch wenigstens etwas. Du hättest ja auch durchfallen können.

etwas sein · to be somebody

... Ach, was ist denn heute schon Universitätsprofessor?! Der Klaus, ja, der ist etwas. – So, was ist der denn? – Der ist Staatssekretär im Bundesfinanzministerium. – Das, meinst du, ist was? – Und ob!

schon etwas sein · 1. to be somebody, 2. to be something

1. Was ist er? Direktor bei Krupp? Das ist schon etwas! Da gehört man schon zu den Leuten, die zählen.

2. Dieser Klub ist ziemlich exklusiv. Wenn du da aufgenommen werden willst, mußt du schon etwas sein. Einfach 'Akademiker' genügt da nicht, und auch ein beliebiger Arzt kommt da nicht herein.

das/... **wäre etwas für** jn./etw. · it/s. th. would suit s. o., it/s. th. would be just right for s. o./s. th.

(Bei einem Blick in ein Schaufenster:) Schau mal, Helga, dieser Pullover hier, das wäre doch etwas für dich!/Wäre das nichts/nicht etwas für dich? – Oh ja, der ist wirklich schön, Papa. Gehen wir mal rein und fragen, was er kostet?

(so) **ein gewisses Etwas** (haben) · to have a certain something, to have something

Man kann beim besten Willen nicht sagen, daß die Ulrike schön ist und auch besonders intelligent ist sie nicht. Aber sie hat so ein gewisses Etwas, das sie interessant macht.

etwas mit jm. **haben** *ugs* · to have something going with s. o.

Der Gerd will natürlich auf dem Schiff mit der Waltraut zusammensitzen. – Warum? Hat er etwas mit ihr? – Wie, wußtest du das nicht? Die Waltraut ist sein letzter Schwarm.

etwas können/(...) · to be good, to be able

... Wenn man etwas kann, dann findet man auch eine Stelle! – Das sagst du so! Es kommt auf das Fach oder den Beruf an. Es gibt Leute, die sind auf ihrem Gebiet sehr tüchtig und finden trotzdem nichts.

so etwas von + *Subst (abstr) ugs* – *path* · such stupidity/...

Hat er den Text denn immer noch nicht begriffen? – Nein. – So etwas von Dummheit ist mir noch nicht begegnet.

so etwas wie ... · something like ...

Was ist das eigentlich, 'Pintscher'? – So etwas wie ein 'dummer einfältiger Mensch'. Eigentlich ist das Wort eine Hunderasse; aber als Schimpfwort hat es etwa die angegebene Bedeutung.

an Gerüchten/Behauptungen/... **ist etwas**/nichts/(...) **dran** – an Gerüchten/Behauptungen/... ist etwas/nichts/(...) **dran** · there is no/some/... truth in the rumours/claims/...

Eule: eine häßliche (alte) Eule (sein) *sal selten* – häßlich wie die **Nacht** sein · to be as ugly as sin

klug wie eine Eule sein *ugs selten* · to be clever/bright/ smart/... *n*

Die Helga ist nicht auf den Kopf gefallen! – Die, die ist klug wie eine Eule. Die läßt sich von niemandem und von nichts ins Bockshorn jagen.

etw. zu tun heißt/bedeutet/ist dasselbe wie/... Eulen nach Athen tragen *geh* · to do s.th./doing s.th. is like carrying coals to Newcastle *n*

Einem Schweizer großartig erklären, was Kuckucksuhren sind, das heißt doch, Eulen nach Athen tragen. Du kannst dir deine Ausführungen also ersparen – das weiß dort jedes Kind.

Eva: eine echte/richtige/(...) Eva sein *ugs* – eine richtige/(...) **Evastochter** sein · she's a real/true daughter of Eve, she's all woman

Evangelium: der 'Faust'/... ist js. Evangelium *ugs* · s.th. is s.o.'s gospel, s.o.'s works/writings are gospel for s.o.

Wo steht die Theorie, die der Kurt da vertritt? – Irgendwo bei Schiller, glaub' ich. – Ah, wenn Schiller das geschrieben hat, ist nichts zu machen. Schillers Opus ist sein Evangelium; da hört für ihn das eigene Denken auf.

(für jn.) ein/kein Evangelium sein (was j. sagt/irgendwo steht) *ugs* · 1. 2. what s.o. says/writes/... is (not) gospel for s.o., to take s.th. as gospel

1. Was in diesem Buch steht, ist für sie ein Evangelium. Das glaubt sie aufs Wort und danach richtet sie sich genau.

2. ... Gut, der Karl-Heinz hat das gesagt! Aber was der Karl-Heinz sagt, ist doch kein Evangelium. Man kann doch eine andere Meinung haben als der Karl-Heinz, zweifeln an dem, was er sagt.

js. Worten/jm./e-r S. lauschen wie einem/(dem) Evangelium *path selten* · to listen to s.o./s.th. religiously

Der Peter lauscht den Sportnachrichten wie dem Evangelium! – Du irrst: wenn da das Evangelium verkündet würde, wäre er längst eingeschlafen.

Evaskostüm: im Evaskostüm *iron* · in her birthday suit

Sie war gerade aus der Badewanne gestiegen, als das Telephon läutete. Ihren Bademantel hatte sie im Schlafzimmer hängen lassen. So lief sie eben im Evakostüm ans Telephon.

Evastochter: eine richtige/(...) Evastochter sein *ugs* · she's a real/true daughter of Eve *rare*, she's all woman

Eure Berta, das ist eine richtige Evastochter! Die wird noch manchen Mann verschleißen.

ewig: auf ewig *path* · for ever

Wenn du diese Beleidigung nicht zurücknimmst, sind wir auf ewig geschiedene Leute.

ewig dumm/nett/lustig/... **sein** *ugs Neol* · to be incredibly funny/nice/...

... Der David ist wirklich ewig nett! Mit dem kann man Pferde stehlen.

Ewiggestrigen: einer von den Ewiggestrigen (sein) ... *ugs* · 1. 2. (to be) an old reactionary, (to be) of the old school, (to be) a real diehard, (to be) a glorifier/praiser of the past

1. ... Nein, mit dem Schröder lohnt es sich nicht, über moderne Erziehungsprinzipien zu reden. Das ist einer von den Ewiggestrigen. Für den gilt: was der Vater sagt, ist richtig, und Schluß.

2. ... Der Schröder ist einer von den Ewiggestrigen. Der hängt immer noch dem braunen Gedankengut an. Wenn es nach ihm ginge, müßte man alle Ausländer in Lager stecken oder abschieben.

Ewigkeit: bis in alle Ewigkeit etw. tun *ugs* – *path* · to do s.th. for ever, to do s.th. for the rest of one's life/days/for all eternity/...

Du wirst doch nicht bis in alle Ewigkeit diese hohen Zinsen zahlen wollen. Also sieh zu, daß du von den Schulden herunterkommst. Sonst wirst du finanziell überhaupt nicht mehr frei.

für alle Ewigkeit (etw. tun) *ugs* – *path* · to do s.th. for ever

Nein, so einen langfristigen Vertrag unterschreibe ich nicht. Ich werde mich doch nicht für alle Ewigkeit an diese Firma und diese Stadt binden.

eine halbe Ewigkeit warten/dauern/... *ugs* · to wait ages (for s.th.), to take half a lifetime to do s.th.

Schau dir die Schlange an. Das dauert eine halbe Ewigkeit, bis wir drankommen. – Ein bis zwei Stunden werden wir rechnen müssen.

seit einer halben Ewigkeit/schon eine halbe Ewigkeit etw. tun/(warten/dauern/...) *ugs* · to have been waiting/expecting/... s.th. for ages/for an eternitiy

Jetzt warten wir schon eine halbe Ewigkeit auf die Unterlagen, Herr Baumann. Irgendwann müssen sie doch einmal fertigwerden.

in die Ewigkeit abberufen werden/(eingehen) *path veraltend selten* – **Gott** ruft jn. zu sich · + God calls/has called s.o. to him

jn./sich seit einer Ewigkeit/(eine Ewigkeit) nicht mehr sehen/ gesehen haben/... *ugs* · not to have seen s.o./each other for ages

Kerl nochmal, Heinz, wo kommst du denn her? Wir haben uns seit einer Ewigkeit nicht mehr gesehen – und laufen uns hier auf den Champs Elysees in die Arme!

etw. in (alle) Ewigkeit nicht tun *path selten* · he/... will never ever do s.th./it

Wenn der Alfons einmal 'nein' sagt, dann tut er es in alle Ewigkeit nicht. Dann ist nichts zu machen. Wenn er einmal entschieden hat, ändert er seine Entscheidung nie mehr.

in die Ewigkeit eingehen *rel od. sal* · to pass away *euphem*, to go to eternal rest *euphem*

Und wie geht es dem Seniorchef? – Wußtest du das nicht? Der alte Herr lebt nicht mehr. Er ist vor vier Monaten in die Ewigkeit eingegangen.

von Ewigkeit zu Ewigkeit *rel* · for ever and ever

Viele Gebete enden mit der Formel 'per saecula saeculorum'. Was heißt das eigentlich? – 'Von Ewigkeit zu Ewigkeit'.

von Ewigkeiten her ... *path selten* · for ever, since time immemorial

Diese Granitfindlinge scheinen von Ewigkeiten her auf diesem Berg zu liegen.

jn./sich seit Ewigkeiten nicht mehr sehen/gesehen haben/... *ugs* – jn./sich seit einer **Ewigkeit/(eine Ewigkeit)** nicht mehr sehen/gesehen haben/... · not to have seen s.o. for ages

ex: (längst/...) ex sein *ugs* · to be/to have been over for a while/some time/... *n*

Die Ute könnte den Peter mal fragen, ob ... – Peter?! Ihr Verhältnis mit dem Peter ist längst ex. Ihr neuer Schwarm heißt Ulrich.

(etw.) auf ex ((aus-)trinken) *ugs* · down the hatch!, to drink s.th. down in one *n*

... Prost, Andreas! Auf ex! – Auf ex? Ich schütt' mir doch nicht so einen Halben in einem Zug runter!

Examen: das/sein Examen bestehen · to pass an examination

Hat er sein Examen bestanden? – Ja, Gott sei Dank! Sogar mit 'gut'.

in einem Examen durchfallen – **durchfallen** · to fail, to flunk

durchs Examen fallen/rauschen – **durchfallen** · to fail, to flunk

ins Examen gehen/steigen *ugs* · to go in/for/to take an examination *n*

Wie war das noch, Gerd? Wann steigst du ins Examen? – Das Schriftliche beginnt im März.

durchs Examen rasseln *ugs* – **durchfallen** · to fail, to flunk

durchs Examen sausen *sal* – **durchfallen** · to fail, to flunk

im Examen stehen/sein · to be taking one's examinations, to be in the middle of one's examinations

Nein, die Ulrike können wir zurzeit um gar nichts bitten. Die steht gerade im Examen.

ein/js. Examen steigt um ... Uhr/.../j. steigt um ... Uhr/... ins Examen *ugs* – eine/js. **Prüfung** steigt um ... Uhr/.../j. steigt um ... Uhr/... in die Prüfung · + s.o. is taking his exam at 2 p.m./...

excellence: ein Musiker/Ritter/… **par excellence** · to be a musician/… par excellence

… Bernstein, ja, das war ein Dirigent par excellence. Einen solchen Dirigenten findest du in jeder Generation nur ein, zwei Mal – wenn überhaupt.

Exempel: etw. **zum Exempel nehmen** *form selten* – sich ein **Beispiel** nehmen an jm./dem Verhalten/… (2) · to take s.o./s.o.'s behaviour as an example

ein Exempel statuieren (an jm./etw.) *form – path* · to make an example of s.o., to punish s.o. as a warning to others

Das kannst du einfach nicht durchgehen lassen, daß deine Leute jeden zweiten Morgen zu spät kommen. Da mußt du ein Exempel statuieren: du suchst dir den aus, der am häufigsten zu spät erscheint, und läßt ihm eine Kündigung zustellen wegen Nachlässigkeit im Dienst. Du wirst sehen, das wirkt Wunder.

Exil: im Exil sein/leben · to live in exile

Wieviel Jahre, sagst du, hat er im Exil gelebt? – Im November 1961 hat ihn Salazar des Landes verwiesen, 1962 hat ihm Caetano die Rückkehr erlaubt.

ins Exil gehen · to go into exile

… und während der Frankozeit ging er freiwillig ins Exil. Er lebte in Paris, Buenos Aires und später in Lissabon. Erst 1981 kehrte er nach Spanien zurück.

jn. ins Exil schicken · to banish/exile s.o.

Schon die alten Römer schickten kritische Köpfe ins Exil. Denk an Ovid.

Existenz: eine dunkle Existenz/dunkle Existenzen *ugs* · a shady/dubious character/individual/…

Eine ziemlich dunkle Existenz, dieser Krautmann! Kein Mensch weiß so recht, was er treibt, wovon er lebt …

eine gescheiterte Existenz (sein) *path* · s.o. is/… a failure

Der Rolf hat im Leben nie etwas Vernünftiges zustandegebracht, im Beruf nicht, in der Ehe nicht, als Vater nicht! Das ist eine gescheiterte Existenz, dieser Mann.

(eine) verkrachte Existenz (sein) *ugs* · to be a failure/loser/wash-out

In diesem Lokal verkehren nur verkrachte Existenzen, scheint mir. Einen Menschen mit einem richtigen Beruf und einem ordentlichen Lebenswandel wirst du hier so leicht nicht treffen.

eine sichere Existenz haben · to have a secure livelihood

… Was kannst du von diesem Mann anderes erwarten? Beamtenmentalität! Hast du schon mal von diesen Leuten, die alle eine sichere Existenz haben, einen vernünftigen Satz gehört, wenn es darum geht, die Völker der Dritten Welt zu verstehen?

sich eine/seine Existenz aufbauen *form* · to build/to make a new life for o.s.

Die beiden müssen sich ihre Existenz erst aufbauen, während du bereits in Amt und Würden bist. Du kannst also euren finanziellen Spielraum gar nicht vergleichen.

sich eine neue Existenz aufbauen (müssen) *form* · to (have to) build/make a new life for o.s., to (have to) start a new life

… Auswandern, alles verlassen – um sich im Ausland eine neue Existenz aufzubauen: das ist nicht jedermanns Sache, weißt du. Dazu gehört Mut, Elan, auch Abenteuersinn! Das kannst du mit Hunger und Not nicht allein erklären!

(sich) eine Existenz gründen *form* · to establish o.s., to become financially independent, to earn a (decent) livelihood/living

Genügt es, gut Klavier spielen zu können, um eine Existenz zu gründen? – Um allein und unabhängig zu leben, vielleicht. Mit Frau und Kindern dürfte es schwer sein – wenn man nicht gerade eine Berühmtheit ist.

extenso: in extenso darlegen/erklären/… *geh selten* – des breiten darlegen/erklären/… · to explain s.th. at length/in detail/…

extra: es geht jm./… **nicht (gerade) extra** *ugs selten* · + not to be so/that brilliant, + not to be much to write home about

Tag Karl. Lange nicht gesehen. Wie geht's? – Hm …, nicht gerade extra. – Wie, krank? Doch nichts Ernstes?

Extratouren: sich (immer/…) **Extratouren leisten** (müssen) *ugs* · s.o. always/… wants something special *n*, s.o. always/… wants something extra *n*, s.o. always/… insists on doing things off his own bat/on his own initiative/…

Der Werner kann sich einfach nicht an die allgemeinen Normen und Spielregeln halten, der muß sich immer Extratouren leisten! – Was hat er denn jetzt schon wieder gemacht? – Jetzt will er statt am Freitag am Sonntag arbeiten. Weil er Freitag was vorhat …

Extrawurst: jm. keine/nicht immer eine/… **Extrawurst braten (können)** *ugs* – (eher:) meinen/glauben/…, j. würde einem eine **Extrawurst** braten · I/we/… can't (always) give s.o. special treatment, I/we/… can't (always) make an exception for s.o.

meinen/glauben/…, **j. würde einem eine Extrawurst braten** *ugs* · to think/to imagine/… that one is going to get special treatment *n*, to think/to imagine/… that an exception is going to be made for one *n*

Wenn alle mit diesem Schläger Tischtennis spielen können, kannst du das doch wohl auch. Oder meinst du, wir würden dir eine Extrawurst braten und eigens für dich andere Schläger kommen lassen?

(immer/…) eine Extrawurst gebraten haben wollen/(kriegen wollen) *ugs* · to (always) expect special treatment *n*, s.o. (always) wants special treatment *n*, s.o. (always) wants something special *n*, s.o. (always) wants something extra *n*, s.o. has got to be different *n*

… Der Gerd will nicht vor neun Uhr los, er will sich ausschlafen. – Der Gerd will immer eine Extrawurst gebraten haben. Wenn alle um sieben Uhr abfahren wollen, fährt er auch um diese Zeit – oder er bleibt zu Hause. So eine Manie, immer Ausnahmeregelungen für sich zu verlangen!

Extrem: von einem Extrem ins andere fallen · to go from one extreme to the other

Jahrelang hat er sozusagen nichts getan und jetzt arbeitet er sich kaputt. – Der Klaus war immer so: er fällt von einem Extrem ins andere. Ein vernünftiges Mittelmaß hat er nie einhalten können.

die Extreme berühren sich *form* · extremes meet

Findest du nicht auch, daß die extreme Linke und die extreme Rechte äußerst viel gemeinsam haben? – Natürlich. Das ist in der Politik wie in anderen Dingen auch: die Extreme berühren sich.

Exzeß: etw. bis zum Exzeß tun *ugs* – etw. bis zur **Bewußtlosigkeit** tun · to do s.th. ad nauseam, to do s.th. till one is blue in the face

etw. bis zum Exzeß treiben *ugs* · to take s.th. to extremes *n*, to carry s.th. to excess *n*

… Gut, die Leute ein wenig auf den Arm nehmen, das ist ja ganz in der Ordnung. Aber man muß das nicht gerade bis zum Exzeß treiben! Der Paul, der macht die andern ja nur noch lächerlich. Das geht beim besten Willen zu weit.

F

Fabrik: das/(etw.)/**ist/war** (vielleicht) **eine/'ne Fabrik** *ugs selten* · it/s.th. is tough/back-breaking/a real grind/...

Mann, das Klavier die Treppe heraufzutragen, das war vielleicht 'ne Fabrik, sag' ich dir! Daß das ganze Gebäude dabei nicht zertrümmert wurde, war alles.

Fach: vom Fach sein *form* · + s.th. is s.o.'s subject, + s.th. is s.o.'s speciality, + s.th. is s.o.'s profession, + s.th. is s.o.'s line of business

Mit diesem medizinischen Problem wendest du dich am besten an Herrn Neumann. Der ist vom Fach. Er hat Medizin studiert und versteht etwas davon.

(nicht) **in** js. **Fach schlagen** *form* · that/it/... is (not) s.o.'s department/field, that/it/... is (not) s.o.'s line of country *coll*

... Es tut mir leid, da muß ich Sie an Herrn Grasmann verweisen. Das ist ein medizinisches Problem, das schlägt nicht in mein Fach. Diese Dinge habe ich nicht gelernt und davon verstehe ich nichts.

sein Fach verstehen · to know one's stuff *coll*, to know what one is about *coll*

Hast du gesehen, wie schnell er den Fehler an der Spülmaschine fand und ihn behob? Der Mann versteht sein Fach. Der hat seine Ausbildung nicht umsonst gemacht.

Fackel: brennen wie eine Fackel *path* · to burn like a torch

(Von einem Autorennen:) Ja, der Wagen kam von der Bahn ab, überschlug sich und fing Feuer. Im Nu brannte er wie eine Fackel: lichterloh. – Und der Fahrer?

die Fackel des Krieges ins/in das/über das Land tragen *path selten* · to carry the torch of war through the land

... Die Revolutionäre kamen in großen Scharen und trugen die Fackel des Krieges über das Land. Kein Landstrich, in dem nicht gekämpft wurde.

fackeln: nicht (erst) **lange fackeln** (mit jm.) (bei/mit etw.) *ugs* · 1. not to waste time *n*, not to shilly-shally, 2. not to mess around with s.o./s.th., to waste time with s.o./s.th. *n*

1. Ich fackel' nicht lange, meine Lieben: entweder ihr macht jetzt, was ich sage, oder es gibt eine saftige Strafe.

2. »Mit solchen Verbrechern«, tobte er, »darf man nicht lange fackeln. Sie gehören ins Zuchthaus, und zwar sofort«.

Fackelzug: für jn. **einen Fackelzug veranstalten/organisieren/**.../jm. **einen Fackelzug bereiten/**(machen) *ugs selten* · to hold/to organise a torchlight procession for s.o.

Ich finde, man würde seinen Verdiensten gerecht, als man ihm einen Fackelzug bereitete. – Abgesehen davon ist so ein Marsch von vielen Hundert Studenten durch die Straßen zu Ehren eines ihrer Lehrer ganz einfach menschlich schön.

facto: ipso facto *geh form selten* · ipso facto, by that very fact

... Da brauchen wir doch keine Nachforschungen mehr durchzuführen und Beweise zu liefern! Der Mann hat den ganzen Text gelesen und ihn unterschrieben. Ipso facto hat er die Bedingungen anerkannt – ganz egal, ob er sich darüber besondere Gedanken gemacht hat oder nicht.

Fädchen: an einem (dünnen/seidenen) **Fädchen hängen** *selten* – an einem seidenen/dünnen **Faden hängen** · to hang from a (thin/silken) thread

Faden: dünn wie ein Faden sein *ugs selten* – dünn wie ein **Strich** sein · to be as thin as a rake

nur noch ein Faden sein *ugs selten* – dünn wie ein **Strich** sein (2) · to be as thin as a rake, to be all skin and bones

der rote Faden in/von etw. **sein** – (eher:) sich wie ein roter **Faden** durch etw. (hindurch-)ziehen · to be the thread in/of s.th.

die Fäden (zu jm.) **wieder anknüpfen** · to renew contacts with s..o.

Während seines langjährigen Auslandsaufenthalts hatte er die Verbindungen zu seinen Schul- und Studienfreunden fast ganz verloren. Nach seiner Rückkehr machte er sich daher zunächst daran, die Fäden wieder anzuknüpfen. Denn diese Kontakte waren ihm wichtig.

die Fäden (einer Diskussion/...) **entgleiten** jm. · + to lose the thread of a discussion/...

Das war vielleicht ein Durcheinander bei dieser Podiums-Diskussion! – Aber gab es denn keinen Diskussionsleiter? – Natürlich. Aber die Fäden sind dem völlig entglitten. Schon nach kurzer Zeit redete jeder, wie und was er wollte; einen roten Faden konnte man auch bei besten Willen nicht mehr entdecken.

den Faden (eines Gesprächs/...) **fortspinnen/weiterführen** · die **Fäden** (eines Gesprächs/...) fortspinnen/weiterführen · to pick up the thread where one left off

die Fäden (eines Gesprächs/...) **fortspinnen/weiterführen** · to pick up the thread where one left off, to resume a discussion

Es ist gut, daß wir beide uns hier treffen. So können wir die Fäden unseres gestrigen Gesprächs fortspinnen. Über einige Grundlagen waren wir uns bereits sehr nahe gekommen. Also, mir scheint, wenn ich auf unsere Überlegungen nochmal zurückkommen darf ...

der Faden war plötzlich gerissen/reißt/... · 1. + s.o. lost his thread, 2. + to lose/to go off/... *form*

1. ... Die erste halbe Stunde des Examens verlief geradezu glanzvoll. Aber plötzlich – keiner verstand so richtig, warum – war der Faden gerissen. Die Konzentration war weg und das Gedächtnis ließ ihn im Stich ... – kurz gesagt, er hangelte sich von einer Antwort zur andern.

2. ... Seltsam, daß auch bei den besten Spielern der Welt plötzlich der Faden reißen kann. Während eben noch alles gelang, läuft mit einem Mal nichts mehr.

graue Fäden im Haar haben · to have a few grey hairs, to have the odd grey hair, to have a few grey streaks in one's hair

Ich weiß gar nicht, warum der Albert so sauer ist, wenn man ihm sagt, daß ein leicht ergrautes Haar ihm gut steht. – Er meint, wenn jemand graue Fäden im Haar hat, wird er alt.

alle/die Fäden in der Hand haben/halten · to pull the strings, to hold the reins, to be (completely/...) in control

Es hat gar keinen Sinn, sich hier gegen den Mayer zu wehren! Der hat alle Fäden in der Hand. Wen du auch ansprichst, was du auch tust – die Sache wird irgendwann und irgendwie an ihn herangetragen, er hat sie letztlich zu entscheiden.

die/alle Fäden fest in der Hand haben/halten · to pull the strings, to hold the reins, to be completely in control

Der Vorweg hat hier alle Fäden fest in der Hand. Hier kann niemand auf eigene Faust oder nach Gutdünken drauflos handeln – der Vorweg dirigiert das Ganze, und jeder hat so zu arbeiten, wie er das für richtig hält.

die Fäden (einer Diskussion/...) **in der Hand haben/halten** · to direct the course of a discussion/..., to control a discussion/...

Es gelingt dem Hubert in den Kommissionssitzungen immer ganz ausgezeichnet, die Fäden der Diskussion in der Hand zu halten. Ganz unauffällig dirigiert er den Ablauf der Stellungnahmen.

die Fäden (der Diskussion/...) **in der Hand behalten** · to keep the discussion/... on the right track, to stay in control of the discussion/...

Aber paß auf, daß du die Fäden der Diskussion in der Hand behältst! Wenn die Leute anfangen, drauflos zu reden, versteht nachher kein Mensch mehr, worum es geht, oder versuchen bestimmte Leute, ihr eigenes Süppchen zu kochen. Sieh also zu, daß du das Ganze – möglichst unauffällig – dirigierst.

alle/die Fäden laufen in js. Hand/Händen zusammen · + to pull all the strings

Der Hackmann ist die Schlüsselfigur des ganzen Unternehmens. Alle Fäden laufen in seiner Hand zusammen. Was du auch machst hier: über irgendeinen Weg wird die Entscheidung an ihn herangetragen.

die Fäden der Handlung entwirren *Romane usw. a. übertr* · 1. 2. to disentangle/to unravel the threads of the plot/action

1. ... Das Stück ist sehr kompliziert gebaut. Selbst einem erfahrenen Interpreten fällt es nicht leicht, die einzelnen Fäden der Handlung zu entwirren.
2. ... Kann ein Richter in einem solchen Mammutprozeß überhaupt durchsteigen und die verschlungenen Fäden der Handlung entwirren, die zu dem Mord geführt haben? *path*

die Fäden der Handlung sind (kunstvoll/...) (miteinander) **verschlungen** *Romane usw.* · the threads of the action/plot are cleverly/... interwoven

... Ein äußerst kompliziert gebautes Stück! Die Fäden der Handlung sind derart verschlungen, daß die Mehrheit der Zuschauer am Ende nicht weiß, wer wen liebt, haßt, verfolgt und warum.

an einem seidenen/dünnen Faden hängen · 1. 2. + it is touch and go with s.o./in s.th., 1. s.o.'s life is hanging by a thread

1. Nach seinem Autounfall befand er sich mehrere Tage in einer äußerst kritischen Situation. Sein Leben hing an einem seidenen Faden.
2. Die Verhandlungen hängen an einem seidenen Faden. Kein Mensch weiß, ob sie noch zu einem Erfolg führen oder ob sie von einem Tag auf den anderen abgebrochen werden.

keinen guten Faden an jm. **lassen** *selten* – kein gutes **Haar** lassen an jm./etw. (1) · not to have a good word to say about s.o./s.th., to pull s.o./s.th. to pieces

alle/die Fäden laufen in/bei/... zusammen · 1. 2. + to be the hub/the nerve centre of a country/a region/an operation..., 2. + to be in control of everything

1. In diesem Land laufen alle Fäden in der Hauptstadt zusammen. Dort wird alles geplant, geregelt, entschieden, abgelehnt ...
2. ... Die Fäden des Konzerns laufen in der Wiesbadener Zentrale zusammen. Dort werden alle wesentlichen Entscheidungen getroffen.

keinen trockenen Faden mehr am Leib(e) haben – etw. **durch und durch sein/ein durch und durch ... sein/ein ... durch und durch sein** · to be wet through, to be soaked to the skin

der Faden (eines Gesprächs/...) **reißt** (plötzlich/...) **(ab)** · the thread suddenly/... breaks, the conversation stops/ breaks off/...

... Die beiden unterhielten sich blendend, eine Stunde oder länger – und plötzlich riß der Faden (des Gesprächs). Ich habe nicht verstanden, warum.

einen/keinen guten Faden miteinander spinnen *selten* · (not) to get on well together

Die beiden spinnen einen guten Faden miteinander. Sie gehen sympathisch miteinander um und verstehen sich offensichtlich blendend; nie erlebt man sie uneins.

die/alle Fäden im Verborgenen spinnen · to pull all the strings behind the scenes

Weil man den Gerhards wenig zu Gesicht bekommt, weiß kaum einer, daß er es ist, der die Fäden hier im Verborgenen spinnt. – Ach, der Gerhards dirigiert die Dinge hier im Hintergrund? Das wußte ich auch nicht.

(in einer Diskussion/...) den Faden verlieren · to lose the thread of a discussion/...

Man sah ihm an, wie übermüdet er war. Zum wiederholten Mal verlor er den Faden und sah mit leerem Gesichtsausdruck über unsere Köpfe hinweg. – Aber er ist erfahren und diszipliniert genug, um den Zusammenhang immer wieder herzustellen.

den Faden (eines Gesprächs/...) **wiederaufnehmen** · to pick up the thread of a conversation/... again

Wir unterbrachen unsere Unterhaltung, um die Nachrichten im Fernsehen zu verfolgen. Danach brauchten wir eine Weile, bis es uns gelang, den Faden unseres Gesprächs wiederaufzunehmen.

die Fäden ziehen · 1. to take out the stitches, 2. to pull the strings

1. »Unangenehmer noch«, meinte sie, »als das Nähen einer Wunde ist es, wenn die Fäden gezogen werden. Das ist ein richtig ekelhaftes Gefühl«.
2. ... Offiziell hat der Seniorchef die Geschäftsführung seinem Sohn übertragen. Aber er zieht nach wie vor die Fäden aus dem Hintergrund.

Fäden ziehen *Teig u. ä.* · to get stringy, to string

»Wenn der Teig heiß ist, geben Sie soviel Mehl und Zucker zu, bis er Fäden zieht«. Was heißt das? – Wenn du beispielsweise mit dem Löffel einen Teil aus dem Topf nimmst, den Löffel umdrehst und den Teig heruntergehen läßt, zieht er sich wie ein mehr oder weniger dünner Faden in die Länge – daher der Ausdruck.

die Fäden ziehen *dirigieren* · to be in control, to call the shots

Offiziell hat der Seniorchef die Geschäftsführung seinem Sohn übertragen. Aber er zieht nach wie vor die Fäden aus dem Hintergrund.

sich wie ein roter Faden durch etw. **(hindurch-)ziehen** · to run through/to recur throughout/... s.o.'s work/conversation/..., to be a central theme in s.o.'s work/conversation/...

... Die Anschauung von der Verlogenheit der Menschen zieht sich wie ein roter Faden durch das Werk dieses Dichters. Man findet sie in den verschiedensten Gestaltungen, in den verschiedensten Zusammenhängen.

Fadenkreuz: jn./etw. im Fadenkreuz haben *selten* · 1. 2. to have s.o./s.th. in one's sights

1. ... Wen hast du denn im Fadenkreuz? – Warum (sagst du das)? – Du betrachtest doch jemanden da hinten mit aller Schärfe ... Ach, den jungen Mann, der da in euren Apfelgarten geht. Das ist ein Cousin von mir, Landwirt; der will ...
2. (Bei einem physikalischen Versuch:) Beobachte genau, ob die Flüssigkeit in den beiden Reagenzgläsern exakt auf dem gleichen Niveau bleibt oder nicht! Hast du die Gläser im Fadenkreuz?

Fähnchen: sein Fähnchen nach dem Wind(e) hängen/drehen/ (richten) · to trim one's sails to the wind

Es ist erschreckend zu sehen, wie opportunistisch der Kurt sich verhält. Er hängt sein Fähnchen immer nach dem Winde, steht immer auf seiten derer, die gerade dran sind, und vertritt die Meinung, die gerade herrscht.

Fahne: eine Fahne haben *sal* · + s.o.'s breath reeks of alcohol, + s.o.'s breath smells of booze, s.o. smells like a brewery

Meine Güte, hat dieser Mann eine Fahne! Der stinkt ja 10 Meter gegen den Wind nach Bier!

bei der Fahne bleiben *selten* – bei der **Stange** bleiben · to stick at it, to keep at it

die Fahne einholen/einziehen *form* – die **Flagge** einholen/ einziehen · to take down the flag, to lower the flag

die Fahne der Völkerverständigung/des Kampfes gegen den Atomtod/des Katholizismus/... **hochhalten** *path* · to keep the flag of Christianity/... flying, to hold aloft the flag of Christianity/...

Während die öffentliche Meinung immer nationalistischer und rassistischer wurde, hielt er die Fahne des Christentums hoch. Darauf schwor er, daran glaubte er und er machte aus seinem Glauben kein Hehl.

unter js. **Fahne kämpfen**/(fechten) *form veraltend selten* · to fight/... under s.o.'s flag

... Diese Söldnerheere kämpfen heute unter dieser, morgen unter jener Fahne. Soldat sein ist für die ein Job, um Geld zu verdienen; die Nation oder das Land, für das sie kämpfen, interessiert die nicht.

etw. **auf seine Fahne schreiben** *path* – den Kampf für etw./… auf seine **Fahnen** schreiben · to take up the cause of s. th.

auf die Fahne schwören *form path selten* – den **Fahneneid** leisten · to take the oath of allegiance

unter der Fahne stehen *form selten* · to be on active service, to be in the army
Gegenwärtig stehen in unserem Land etwa 1.000.000 Männer unter der Fahne. – Wir haben in Friedenszeiten nur knapp eine halbe Million Soldaten.

die Fahne nach dem Wind(e) hängen/drehen/(richten) *selten* – sein **Fähnchen** nach dem Wind(e) hängen/drehen/(richten) · to trim one's sails to the wind

die weiße Fahne zeigen/hissen *form* · to show/to hoist/to wave/… the white flag
Das Feuer eingestellt! Sofort! Die Feinde zeigen die weiße Fahne. Sie ergeben sich – endlich! Kein Schuß mehr!

zu den Fahnen eilen *path veraltend selten* · to hasten to the colours, to rush to join up
Gut, 1939 wollten die Leute keinen Krieg, das ist richtig. Aber 1914 war das anders. Da eilten die Soldaten, die einberufen wurden, begeistert zu den Fahnen, zogen begeistert in den Krieg, um für das Vaterland zu kämpfen …

unter js. **Fahnen kämpfen/(fechten)** *form veraltend selten* – unter js. **Fahne** kämpfen/(fechten) · to fight/… under s. o.'s flag

Fahnen lesen *Druck* – **Korrektur** lesen · to proof-read, to read proofs

jn. **zu den Fahnen rufen** *path veraltend selten* · to call (s. o.) up
Als man die Leute 1914 zu den Fahnen rief, erlebte man, daß sie begeistert Soldaten wurden, um für das bedrohte Vaterland zu kämpfen.

den Kampf für etw./… **auf seine Fahnen schreiben** *path* · to take up the cause of s. th.
… Und was tut Ihre Frau nebenbei? – Sie hat den Kampf für die politisch Verfolgten auf ihre Fahnen geschrieben und arbeitet deshalb bei amnesty international mit.

die Fahnen stehen/(wehen) auf halbmast *form* · the flags are (flying) at half-mast
Warum stehen die Fahnen an den offiziellen Gebäuden hier alle auf halbmast? Weißt du das? – Der Alt-Bundespräsident Klamm ist heute nacht gestorben.

mit fliegenden Fahnen zu jm. **übergehen/überlaufen** *path* · suddenly/from one moment to the next/… to go over to the other side
… Am Vortage noch hatte er verkündet, er würde dem Verhandlungsergebnis nicht zustimmen. Aber als dann der Burckard in aller Schärfe erklärte, es gebe gar keine andere Wahl, ging er mit fliegenden Fahnen zu dessen Partei über. Ganz eilfertig erklärte er, er sehe die Lage jetzt anders als vorher …

mit wehenden Fahnen zum Feind/… übergehen/überlaufen *path selten* · to go over to the enemy with colours flying
Als sich der Sieg des Gegners immer deutlicher abzuzeichnen begann, gingen immer mehr Soldaten mit wehenden Fahnen zum Feind über. – Klar, um ihre Haut zu retten. Wenn sie nicht in aller Eile übergelaufen wären, hätten die feindlichen Truppen sie vernichtet.

mit fliegenden/wehenden Fahnen untergehen *path* · to go down with all flags flying, to go down fighting
(Aus einer histor. Darstellung:) So tapfer sie sich auch verteidigten: mit 50 Mann war die Burg gegen den übermächtigen Feind nicht zu halten. Der Ruhm, der ihnen blieb: aufrecht, mit fliegenden Fahnen unterzugehen.

Fahneneid: den Fahneneid leisten *form path* · to take the oath of allegiance
Der Bertold war einer der letzten, die am Ende des Zweiten Weltkrieges den Fahneneid leisteten. Nur ein paar Tage war er noch Soldat.

Fähnlein: wie ein Fähnlein im Wind(e) (auf dem Dach) sein *ugs* – wie ein (schwankendes/wankendes) **Rohr** im Wind(e) sein · to be like a reed before the wind, to be indecisive, not to know one's mind

fahren: dazwischen fahren (in etw.) · 1. to come along and …, 2. to butt in *coll*, 3. 4. to put one's foot down, 4. to lay down the law
1. Die vier kleinen Kinder bauten am Strand friedlich ihre Sandburgen, als plötzlich eine Horde Halbwüchsiger dazwischen fuhr und alles zerstörte.
2. Er erklärte seiner Schwester, was eine Aktiengesellschaft ist, als ihr Bruder mit der brüsken Bemerkung dazwischenfuhr: »Das verstehen Mädchen sowieso nicht!«
3. Wenn ihr jetzt den Lärm nicht drangebt, muß/werd' ich mal dazwischenfahren.
4. Erst als er anständig dazwischenfuhr, nahm die dauernde Schlamperei ein Ende.

mit/(bei) jm./etw. **gut fahren** · 1. 2. to be satisfied with s. o./s. th., to be lucky with s. o./s. th., 2. to do well to do s. th.
1. Wir können wirklich sagen, daß wir mit den Neuerwerbungen in unserem Fußballklub bisher gut gefahren sind. Denn alle haben das Niveau der Mannschaft wesentlich verbessert.
2. Mit der Befolgung seines Ratschlags, zuerst das Schlußexamen zu machen und dann eine längere Reise – und nicht umgekehrt –, bin ich sehr gut gefahren. Ich habe ein gutes Examen gemacht und dann als freier Mensch die Reise so richtig genossen.

hochtourig fahren – ≠ untertourig **fahren** · to drive at high speed, to drive at/with high revs

ein Auto/… **sauer fahren** *ugs* · to drive a car into the ground, to ruin the engine (of a car) *n*
Das hättest du sehen sollen: der BMW und der Audi um die Wette die Geislinger Steige 'rauf. Die beiden kommen oben an, der Audi macht 'puff' – und sagt nichts mehr. Der Mann hatte den total sauer gefahren.

mit/(bei) jm./etw. **schlecht fahren** · 1. it works/things work out well/badly with s. o./s. th., to get on badly with s. o./s. th., to be unlucky with s. o./s. th., 2. to come to any harm, to have a bad experience
1. Man kann nie wissen, ob man mit den neuen Angestellten gut oder schlecht fährt. Das ist eine Frage des Glücks.
2. Tun Sie, was der Herr Doktor Ihnen rät. Damit ist noch keiner schlecht gefahren!

einen Wagen/(…) **schrottreif fahren** *ugs* – einen Wagen/(…) zu **Schrott** fahren · to write a car off

schwarz fahren *ugs* · to dodge paying the fare, to travel without paying the fare *n*, to fare-dodge
Wer schwarz fährt, muß eine Strafe zahlen, das ist doch ganz in Ordnung! Ich weiß gar nicht, was du dagegen einzuwenden hast. – Wer absichtlich schwarz fährt – gut! Aber wenn ein Kind seinen Fahrausweis vergißt oder ihn in der Eile nicht löst, kann man doch nicht sofort 40,– Mark verlangen.

untertourig fahren · to drive with/at low revs
… Wenn du langsamer fährst, mußt du auch einen niedrigeren Gang einlegen, Klaus! Du fährst andauernd untertourig.

einen Wagen/… **zuschanden fahren** *ugs selten* – einen Wagen/… **zuschandenfahren** · to wreck a car

zweigleisig fahren *ugs* – **doppelgleisig** vorgehen/zu Werke gehen/fahren/… · to adopt a two-pronged approach/strategy/…, to have a bit on the side

eine Gelegenheit/Pläne/… **fahren lassen** *ugs* – (eher:) eine Gelegenheit/Pläne/… **sausen** lassen · to let an opportunity/… slip, to abandon plans/… to let s. o./s. th. go

alle Hoffnung/Hoffnungen/… **fahren lassen** (müssen) *path* · to (have to) abandon/give up one's hopes/…
Jahrelang hatte er den Plan gehabt, für einige Jahre ins Ausland zu gehen. Aber als seine Frau dann ernstlich erkrankte, mußte er alle Hoffnung fahren lassen, aus dem Städtchen noch einmal herauszukommen.

einen fahren lassen *sal* · to let one go, to let off, to drop one's gut, to gruff, to blow off
Wir fuhren alle zusammen, als er plötzlich völlig ungeniert einen fahren ließ. »Du bist wohl verrückt, was«, rief dann mein Bruder, halb belustigt, halb verärgert, »hier vor versammelter Mannschaft so herumzufurzen!«

Fahrerflucht: Fahrerflucht begehen *form* · to fail to stop after being involved in a car accident, to fail to stop after causing an accident, to commit a hit-and-run offence
... Leider sind das gar nicht so wenige, wie du glaubst, die Fahrerflucht begehen! Auch in Deutschland nicht! – Wieviel Prozent machen es denn aus dem Staub, wenn was passiert/(wenn es einen Unfall gibt)? Was meinst du?

Fahrkarte: eine Fahrkarte schießen *ugs selten* · to miss the mark/the target/... *n*, to be wide of the mark/the target/... *n*
... Ach, dieser Meisner! Der schießt doch eine Fahrkarte nach der anderen! Bei zehn Schüssen trifft der nicht ein Mal die Ringe und schon gar nicht ins Schwarze!

Fahrplan: jm. den (ganzen) Fahrplan verderben *ugs selten* – jm. das (ganze) **Konzept** verderben · to spoil/to mess up/... (all) s.o.'s plans

Fahrt: in rasender Fahrt · at breakneck speed, like a blue streak
In rasender Fahrt rauschte der Intercity durch den Bahnhof des kleinen Städtchens. Mit Höchstgeschwindigkeit.

in voller Fahrt · at full speed
Der Intercity rauschte in voller Fahrt durch den Bahnhof des kleinen Städtchens. Er hatte kein bißchen abgebremst.

(so) (richtig/...) in Fahrt sein (mit/bei etw.) *ugs* · 1. to (really) get going, to get into one's stride, 2. to be/get in a temper *n*
1. Wenn der Onkel Walter mal so richtig in Fahrt ist bei seinen Erzählungen, dann kann ihn keiner mehr bremsen. – Ja, und die Leute hängen an seinen Lippen.
2. Mit ihren patzigen Bemerkungen reizte meine Schwester meinen Vater solange, bis er die Geduld verlor. Und wenn er erstmal richtig in Fahrt ist, dann ist mit ihm nicht gut Kirschen essen. Das hast du ja gesehen ...

freie Fahrt haben *Zug/...* · to have the 'go' signal, to have/to get the green light
Warum fährt der Zug denn nicht ab? – Es scheint, er hat keine freie Fahrt. – Das ist jetzt schon das vierte Mal auf dieser Reise, daß die Strecke nicht frei ist und wir herumstehen und warten.

die letzte Fahrt antreten *euphem* · to go on one's last journey
Ist diese Krankheit wirklich unheilbar, Herr Doktor? Gilt es, die letzte Fahrt anzutreten? – Auch diese Fahrt werden Sie bestehen. Einmal kommt das Ende für uns alle.

jn. (so) (richtig/...) in Fahrt bringen *ugs* · to (really/...) get s.o. going, to (really/...) wind s.o. up
Sicher, schon vor dem Treffen war mein Cousin nicht gut auf den Herbert zu sprechen. Aber es hätte ohne einen besonderen Anlaß keinen Streit gegeben. Erst die politische Diskussion hat ihn in Fahrt gebracht, und einmal erregt, konnte er seinen Groll gegen den Herbert nicht mehr beherrschen.

(einem Zug/...) freie Fahrt geben · to give (a train/...) the green light
... Jetzt stehen wir doch schon glatt eine halbe Stunde hier in der Landschaft, weil der Zug keine Einfahrt hat! Mal gespannt, wann dem endlich freie Fahrt geben.

auf Fahrt gehen *Jugendgruppen* · to go on a cycling/walking tour, to go hiking
In den Pfingstferien werden unsere beiden ältesten Söhne mit ihrer Jugendgruppe auf Fahrt gehen. Sie fahren mit dem Rad in den Schwäbischen Wald. – Und wo werden sie übernachten? – Sie wollen zelten oder in der Jugendherberge übernachten.

(erst) (einmal) (richtig/...) in Fahrt kommen/(geraten) *ugs* · 1. to get going, to be in full flow, 2. to get started, to get warmed up, 3. to get in a temper *n*
1. Wenn er erst einmal richtig in Fahrt kommt, gewinnt er jedes Spiel. Dann reagiert er blitzschnell, schmettert einen Ball nach dem anderen, läßt dem Gegner keine Atempause.
2. ... Bisher ist seine Rede ziemlich langweilig. – Ja, er muß erst in Fahrt kommen. Paß auf, wenn er erstmal von der kommunistischen Weltgefahr redet, Zwischenrufe kommen, Buh-Schreie ertönen – dann wirst du sehen, was der für ein Temperament entwickelt und die Leute mitreißt.
3. Paß auf, wenn der richtig in Fahrt kommt, knallt er dir eine. Es hat nicht viel Sinn, seinen Zorn noch zu steigern.

volle Fahrt voraus! *Naut* · full speed ahead!
(Auf einem Dampfer:) Schon lustig, diese Ausdrücke der Seeleute! 'Volle Fahrt voraus' – das ist die Order an die Maschinisten, daß es losgeht.

Fährte: auf richtiger/falscher Fährte sein/auf der richtigen/falschen Fährte sein · to be on the right/wrong track
Bisher sehe ich nicht, wer die vertraulichen Nachrichten an die Konkurrenz geliefert haben könnte. Ich habe den Herrn Möllers in Verdacht, aber ... – Ich glaube nicht, daß Sie da auf der richtigen Fährte sind/Ich möchte glauben, daß Sie da auf der falschen Fährte sind. Herrn Möllers halte ich für absolut sauber.

jn. auf die richtige Fährte bringen · to put s.o. on the right track
Von selbst wäre ich nie darauf gekommen, daß ausgerechnet meine Sekretärin vertrauliche Daten an die Konkurrenz weitergibt. Ich hatte schon alle möglichen Leute in Verdacht, aber an sie hätte ich nicht gedacht. – Wer oder was hat Sie denn auf die richtige Fährte gebracht?

der Fährte von jm./js. **Fährte folgen** – den **Spuren** (von jm.) + *Gen*/js. Spuren folgen (3, a. 2; u.U. 1) · to follow s.o.'s tracks, to follow s.o.'s trail, to follow up leads, to follow up clues, to follow an animal's trail

jn. auf eine/die falsche Fährte führen/locken · 1. 2. to throw s.o. off the scent, to put s.o. on the wrong track, to mislead s.o.
1. Wenn es uns gelingt, die Polizei auf eine falsche Fährte zu locken, sind wir gerettet. Wenn sie auch nur einen Tag verliert, indem sie in falsche Richtungen nachforscht, sind wir über alle Berge.
2. Seltsam, ich habe immer nur den Möllers verdächtigt, die Nachrichten weiterzugeben zu haben, und niemanden anders. – Hat Sie jemand auf die falsche Fährte geführt? – Ja, meine Sekretärin. Sie ließ wie aus Zufall mehrere Male in diesem Zusammenhang den Namen Möllers fallen.

sich an js. Fährte heften *selten* · 1. to follow an animal's trail, to follow s.o.'s tracks, to follow s.o.'s trail, to follow up leads, to follow up clues, 2. to stick/stay close to s.o.'s heels, to keep right behind s.o.
1. vgl.- den **Spuren** (von jm.) + *Gen*/js. Spuren folgen
2. vgl.-(u. U.) sich an js. **Fersen** heften/(hängen)

auf die Fährte von jm./auf js. **Fährte stoßen** – (eher:) auf die **Spuren** (von jm.) stoßen + *Gen* · to come upon/across s.o.'s tracks

die Fährte/von jm./js. **Fährte verfolgen** – (eher:) die **Spuren** (von jm.) verfolgen + *Gen* · to follow an animal's trail, to follow s.o.'s tracks, to follow s.o.'s trail, to follow up leads, to follow up clues

js. Fährte wiederaufnehmen *form* · to pick up the scent again, to get back on s.o.'s trail
... Wenn man die Fährte einmal verloren hat, ist es natürlich schwer, sie wiederaufzunehmen. Ich bin wirklich gespannt, ob es der Polizei gelingt, dieser Rauschgiftbande wiederum auf die Spur zu kommen.

Fahrwasser: (ganz) im Fahrwasser sein/(schwimmen/segeln) von jm./(etw.) · to be (completely/...) under s.o.'s influence
Der Eggebert ist in letzter Zeit ganz im Fahrwasser von Prof. Mertin. Alles, was der denkt und von sich gibt, ist für ihn Richtschnur.

(ganz) in seinem Fahrwasser sein *ugs* · to be in one's element *n*, to be on familiar ground *n*
(Kommentar unter den Zuhörern während einer öffentlichen Prüfung:) Von Geschichte versteht er nicht viel. Die bisherigen Fragen waren daher für ihn ungünstig. Aber jetzt ist er ganz in seinem Fahrwasser. Jetzt geht's über den Strukturalismus; da kann er stundenlang reden.

(ganz/genau/…) im richtigen Fahrwasser sein (bei jm.) (mit etw.) *ugs* · to be on the right track (with s.th./s.o.)
Liegt er denn mit seiner Vorliebe für den Strukturalismus richtig, wenn er bei Prof. Mertin promovieren will? – Ja, er ist bei dem damit genau im richtigen Fahrwasser. Für Prof. Mertin ist der Strukturalismus 'die' linguistische Methode.

(ganz) in js. Fahrwasser geraten *ugs* · to get in with s.o., to fall in with a certain group/crowd/clique/…, to come (completely/… under s.o.'s sway *elev*
Die Carola gerät in letzter Zeit immer mehr in das Fahrwasser der Clique da vom Muckensturm. Das gefällt mir nicht. Kann man sie von deren Einfluß nicht wieder ein bißchen lösen?

in ein gefährliches Fahrwasser geraten *ugs* · to get on to dangerous ground *n*
… Nein, mit solchen Drogenhändlern kann man den Kontakt beim besten Willen nicht dulden! Da würde die Carola in ein sehr gefährliches Fahrwasser geraten.

Faible: ein Faible für jn./etw. **haben** *geh* – eine **Schwäche** für jn./etw. haben (1, a. 2, 3) · to have a soft spot for s.o./s.th., to be partial to s.o./s.th., to have a weakness for s.o./s.th.

Fakultät: (ein Kollege/…) von der ander(e)n Fakultät (sein) *sal* · 1. to be one of them, 2. to be of the other persuasion
1. Wenn wir den Meißner schon einladen, sollten wir ja eigentlich seine Frau oder Freundin mit einladen. – Frau oder Freundin? Der Meißner ist (ein Kollege) von der andern Fakultät. – Ach, der ist schwul?! Das wußte ich nicht.
2. Ist der Schröder nicht auch katholisch? – Nein, der ist von der anderen Fakultät. Die ganze Familie ist seit eh und je stockprotestantisch.

Fall: im ander(e)n Fall · otherwise, if not, …
… Ich denk' schon, daß der Richard heute nachmittag, wie vereinbart, kommt. Im andern Fall müßten wir zu ihm gehen; denn wir müssen die Übersetzung unter allen Umständen heute ein gutes Stück weiterbringen.

im äußersten Fall · 1. 2. if the worst comes to the worst, in the last resort, 3. if all/everything else fails
1. … Ich hab' zwar wenig Zeit auf dieser Reise, aber ich komme unter allen Umständen bei euch vorbei. Im äußersten Fall komm' ich abends nach dem Abendessen und schlaf' dann bei euch – wenn es euch recht ist.
2. Eigentlich sind die Arbeiten bis zum 31. dieses Monats abzuliefern. Aber im äußersten Fall – wenn sehr wichtige Gründe vorliegen – nimmt der Prof. Hartmann sie auch noch bis zum 15. des nächsten Monats an.
3. vgl. – wenn alle **Stricke** reißen (dann/…)

im besten Fall · at best
Was kann ich im besten Fall noch für eine Gesamtnote bekommen? – Eine 'drei'. Mehr kannst du nicht mehr erreichen, selbst wenn jetzt alles optimal läuft.

der freie Fall *phys* · free fall
… Nein, der 'freie Fall', Schorsch, das ist kein 'Fall, in dem du die Freiheit hast, zu machen, was du willst'! Das ist ein physikalischer Terminus für das Fallen eines Körpers, auf den nur die Schwerkraft der Erde einwirkt und sonst nichts.

für den Fall eines/einer …/daß … *form* · 1. in case it rains/…, 2. in case of a refusal/…
1. Für den Fall, daß es wieder anfängt zu regnen, solltest du einen Schirm mitnehmen.
2. … Für den Fall seiner Absage müssen wir einen anderen haben. Und da es leider gut möglich ist, daß er (in der Tat) absagt, schreibe ich von vorn herein zwei Leute an.

gesetzt den Fall, daß … *form* · supposing/assuming (that) you were/…
… Gesetzt den Fall, du wärst Richter, wie würdest du da entscheiden? – Das weiß ich nicht. Aber da ich nun einmal kein Richter bin, braucht mich das nicht zu beschäftigen.

im Fall(e) des/der/…/(von …) *form* · in the event of his resignation/…
… Ob der Außenminister in der Tat zurücktritt oder nicht, ist bisher offen. Im Falle seines Rücktritts dürfte eine Regierungskrise unvermeidlich sein. Bleibt er dagegen doch …

das/(etw.) ist (bei etw.) (nicht) **der Fall** · it/that is (not) the case (with s.th.)
Wenn Sie mit dem Angeklagten verwandt wären, könnten Sie die Aussage natürlich verweigern. Aber das ist ja wohl nicht der Fall, oder?

auf jeden Fall · 1. 2. whatever happens, 1. in any event, 2. 3. 4. definitely, 2. 4. no matter what 3. certainly, absolutely
1. Ich weiß noch nicht, ob ich heute mittag nach Hause kommen kann oder nicht; aber auf jeden Fall gehen wir um drei Uhr zu Kirschfelders. Ich rufe vorher noch an.
2. Er wird sich auf jeden Fall scheiden lassen, ganz egal, wie sie sich jetzt verhält.
3. Du bist doch auch für diese Gesetzesvorlage, oder? – Auf jeden Fall.
4. … Was der Kurt dazu denkt oder nicht denkt, weiß ich nicht. Ich bin auf jeden Fall dagegen.

in jedem Fall – auf jeden **Fall** (1, 2) · whatever happens, in any event, definitely, no matter what

auf keinen Fall · 1. + there is no way I/he/John/… can do s.th., I/he/John/… definitely cannot do s.th., 2. s.o. should/must .. on no account do s.th., 3. definitely not, certainly not
1. Ob ich heute mittag zu Hause essen kann oder nicht, weiß ich noch nicht. Aber auf keinen Fall kann ich um drei Uhr am Kaiserplatz sein.
2. Wenn wir abends nicht da sind, läßt du auf keinen Fall jemanden ins Haus, hörst du?! – Nein, egal, was passiert, ich lasse niemanden herein.
3. Du bist doch nicht für diese Gesetzesvorlage, oder? – Auf keinen Fall.

in keinem Fall – auf keinen **Fall**(1) · no way, definitely not, on no account, certainly not

klarer Fall *ugs* · you bet, sure, of course
Du kommst doch heute abend? – Klarer Fall! Hattest du etwa daran gezweifelt?

im schlimmsten Fall · at the (very) worst
Und wenn ich das Mündliche versaue? – Hör zu: deine Zulassungsarbeit ist 'drei', der Durchschnitt der schriftlichen Klausuren 'zwei bis drei'; im schlimmsten Fall kannst du jetzt noch auf eine 'vier' kommen – mehr/etwas Schlimmeres kann dir nicht mehr passieren.

setzen wir/(setz'/setzt/…) (einmal/…) den Fall … *form* – **nehmen** wir/nimm/nehmt/… einmal an …! · let us assume that …

das ist der Fall bei jm./etw. · it/that is the case with s.o.
Wenn ein Kind eine rasche und sichere Auffassungsgabe hat, aber Schwierigkeiten, abstrakt zu denken, kann es bei dem herrschenden Schulsystem, so erläuterte er, schon in den Anfangsjahren große Schwierigkeiten haben. – Das ist der Fall bei unserer Gertrud, bemerkte der Vater. Sie ist nach meiner Meinung ausgesprochen intelligent, aber sie hat eine kindliche Intelligenz …

(nicht) mein/dein/… Fall sein *ugs* · 1. 2. s.o./s.th. is not my/his/… cup of tea, 1. + s.o. is not my type, 2. + s.o. is not keen on s.th.
1. Was hat er denn gegen die Mädchen? Sie sind doch alle sympathisch. – Blondinen sind nun einmal nicht sein Fall. Vier blonde Mädchen auf einmal verderben ihm offensichtlich die Laune.
2. Nein, danke, ich nehme lieber den kalten Braten; Schnecken sind nicht mein Fall.

ein hoffnungsloser Fall (sein) *ugs* · 1. 2. 3. to be a hopeless case

1. Kann er das Examen noch bestehen, wenn jetzt alles gut laufen sollte? – Nein. Das ist ein hoffnungsloser Fall. Er hat bereits zu viele Arbeiten verhauen, um noch durchkommen zu können.

2. Meinst du nicht, daß eine Operation den Mann noch retten kann? – Nein, der Mann ist ein hoffnungsloser Fall. Da gibt's keine Rettung.

3. Der Herbert ist ein hoffnungsloser Fall – er wird immer viel zu viel rauchen, viel zu viel trinken, sich ruinieren ... Der wird sich nie bessern.

nehmen wir/nimm/nehmt/... einmal den Fall an ...! – (eher:) **nehmen wir/nimm/nehmt/... einmal an ...!** · let us assume that ...

jn./etw. zu Fall bringen *form* · 1. to bring down a government, 2. to defeat a bill, to kill a bill *coll*

1. Die Gesetzesvorlage zur Verlängerung des Wehrdienstes hat den Kanzler/die Regierung/... zu Fall gebracht. Für diese Vorlage war im Grunde niemand; so wurde er/sie überstimmt und damit gestürzt.

2. Wenn Sie dieses Gesetz zu Fall bringen, meine Damen und Herren, wird die Regierung eine Vorlage präsentieren, die noch schärfer ist.

(ein) typischer Fall von denkste! *sal selten* · how wrong can one/you be, that's what he/you/... thinks/think!

Er hat gedacht, es wäre das beste, wenn er uns den Bericht schon fix und fertig mitbrächte, sodaß wir nur noch darüber abzustimmen brauchten. – Ein typischer Fall von denkste. Er müßte doch allmählich wissen, daß keiner von uns ein solches Vorgehen mitmacht. Der Bericht muß gemeinsam erarbeitet werden!

**etw. von Fall zu Fall entscheiden/regeln/... ** · to decide/... in each case, to decide/... from case to case

Und wie werden wir es mit den gemeinsamen Besprechungen halten, wo werden sie stattfinden? – Das brauchen wir jetzt nicht ein für allemale zu regeln; das können wir von Fall zu Fall entscheiden.

im Fall(e) des/(eines) Falles *ugs* · if it comes to it, if the worst comes to the worst *n*, if push comes to shove

... Wie, du meinst, das Unternehmen kann pleite machen? – Ich meine gar nichts. Aber im Falle des Falles muß ich eine andere finanzielle Basis haben. Daher meine Ausschau nach Alternativen.

zu Fall kommen *form* · 1. to fall over, 2. to meet one's downfall, to be brought down

1. Der Onkel Albert hat sich den Fuß gebrochen? – Ja, er ist bei einer Bergwanderung zu Fall gekommen. – Bloß so gefallen, oder ...?

2. ... Der eine kommt durch einen Skandal zu Fall, der andere wird aus marktpolitischen Gründen gestürzt ...

**der Fall liegt so:/anders/... ** · 1. it's like this, 2. it's a (quite/totally/...) different case/situation/(...)

1. ... Paß auf, der Fall liegt so: der Krieger hat den Rautner verklagt, weil ...; der Rautner ...

2. ... Aber den Prozeß gegen den Rößner kannst du doch mit dieser Affäre gar nicht vergleichen! Der Fall liegt doch ganz anders.

auf alle Fälle · in any case, anyway, at all events

... Ob wir bei dem Geschäft viel verdienen werden oder wenig, weiß ich nicht. Auf alle Fälle kriegen wir dadurch interessante neue Geschäftsbeziehungen ...

für alle Fälle · just in case, (just) to be on the safe side

Das Wetter ist zwar im Augenblick nicht gerade gut, aber für alle Fälle nehme ich das Badezeug mit. Man kann nie wissen ...

Falle: ab, in die Falle! *ugs* · 1. 2. off to bed!

1. So, Kinder, jetzt lese ich noch eine Seite, und dann, ab, in die Falle!

2. vgl. – los, in die **Falle**

los, in die Falle! *ugs* · off to bed!

So, Kinder, los, in die Falle! Jetzt habe ich euch eine Stunde lang vorgelesen, jetzt ist Schluß. Also: ab, ins Bett!

sich in der eigenen Falle fangen *ugs selten* – sich im eigenen Netz/im Netz der eigenen Lügen/Heucheleien/Intrigen/... verstricken/(verfangen) · to be caught/to become entangled/... in one's own web of lies/intrigues/...

in die Falle gehen *ugs* · to hit the hay/sack

Ich bin todmüde heute, ich geh' in die Falle. – Was, du gehst schon um neun Uhr ins Bett?

jm. in die Falle gehen · 1. 2. to walk/to fall/... into a trap, to get caught in a trap

1. Monatelang hatte der Tiger die Farm in Furcht und Schrecken gehalten. Jetzt ist er endlich in die Falle gegangen. – Nun, sie haben ihn derart oft in einen Hinterhalt gelockt; irgendwann mußte es ihnen gelingen, ihn zu überlisten und ihn einzufangen.

2. Lange Zeit schon versucht der Minister, den ungeliebten Staatssekretär hereinzulegen, um Argumente für seine Versetzung zu haben. Heute ist er ihm in die Falle gegangen. Er hat ein Schriftstück unterschrieben, das er nie hätte unterschreiben dürfen – und das ihm der Minister zugespielt hatte. *seltener*

in eine Falle geraten · to fall into a trap

Er ist von seinem Posten als Chef der Auslandsabteilung entfernt worden? – Ja. Er ist in eine Falle geraten. Ein Konkurrent, der seinen Posten seit Jahren anstrebte, hat ihm einen Vertrag zu Unterschrift untergeschoben, der für die Firma sehr schädlich ist; er merkte es nicht, unterschrieb ...

sich in die Falle hauen *sal* – in die **Falle** gehen · to hit the hay/sack

sich in die Falle legen *ugs* – in die **Falle** gehen · to hit the hay/sack

(noch) in der Falle liegen *ugs* · to be (still) in bed, not to be up yet

Um 12 Uhr mittags liegt der Karl noch in der Falle? – Der steht heute wahrscheinlich überhaupt nicht auf. Er fühlt sich nicht gut.

jn. in eine Falle locken · 1. 2. to lure s.o. into a trap

1. Wochenlang waren die Jäger hinter dem Tiger her, um ihn für einen Zoo einzufangen. Endlich gelang es ihnen, ihn in eine Falle zu locken.

2. Wie hat die Polizei den Schmuggler denn gefaßt? – Sie hat ihn in eine Falle gelockt: auf gefälschtem Briefpapier lud sie ihn zu einer vermeintlichen Geheimsitzung von Schmugglern aus verschiedenen Gegenden ein.

in der Falle sitzen · to be in a trap, to be in a spot, to have been robbed

... Der Lohre hat immer geglaubt, er könnte alle Gesetze und Regelungen straflos umgehen, man würde ihm sowieso nicht auf die Schliche kommen. ... Jetzt sitzt er in der Falle! – Was ist denn passiert? – Die Behörden haben ihn offenbar seit längerer Zeit schon beobachtet, aber nichts merken lassen, ehe das Belastungsmaterial reichte. In der vergangenen Woche haben sie nun zugeschlagen.

jm. eine Falle stellen · 1. to set a trap for (an animal/...), 2. to set a trap for s.o., to trick s.o., 3. to set/to ask trick questions

1. Die Jäger stellten dem Fuchs eine Falle: ein paar Hühner, nicht weit von seinem Bau ...

2. Der Gottfried ist von seinem Posten als Chef der Kreditabteilung entfernt worden? – Ja, ein Mitarbeiter hat ihm eine Falle gestellt: er hat ihm einen Kreditantrag in Millionenhöhe, der mit gefälschten Unterlagen gestützt war, zur Unterschrift untergeschoben; er hat es nicht gemerkt, unterschrieben ...

3. Es gibt Lehrer, die stellen in jeder Arbeit mehrere Fallen – nur, damit die Schüler viele Fehler machen.

(jm.) Fallen stellen · 1. to set traps for an animal, 2. to set traps to s.o.

1. Wie werden Tiger eigentlich gejagt? Indem man Fallen stellt?

2. ... Paß bloß auf, daß der Bundesnachrichtendienst euch keine Fallen stellt! Wenn die jemanden in Verdacht haben, arbeiten die doch wahrscheinlich mit allen Mittelchen/Tricks. – Keine Sorge. Uns können sie nichts anhaben.

fallen: durch eine Prüfung/ein Examen fallen – (eher:) **durchfallen** · to fail an exam

jm. beschwerlich fallen *form selten* · to be a burden/inconvenience to s.o., to make a nuisance of o.s.

... Nein, nein, Frau Kirchner, drei Tage sind mehr als genug. Ich will Ihnen doch nicht beschwerlich fallen. – Aber Herr Krauss, wenn Sie bei uns eine Zeitlang Ferien machen, werden Sie uns doch nicht lästig!

jm. **lästig fallen** (mit etw.) – (eher:) jm. zur **Last** fallen (mit etw.) · to be a burden on s.o. (with s.th.)

jm. **leicht fallen** – jm. **leichtfallen**/es fällt jm. leicht, etw. zu tun · + s.o. finds it easy to do s.th.

jm. **schwer fallen** (etw. zu tun) – ≠ jm. **leichtfallen**/es fällt jm. leicht, etw. zu tun (1, 2, 3, 4; u. U. 5 · + s.o. finds it difficult to do s.th., + s.o. has difficulties doing s.th.

tief fallen · to fall a long way
… Was war das für ein geachteter Mann, der Dr. Wörth! Vorstandsmitglied bei Siemens, Leiter eines Industrieverbands … Und jetzt ist er arbeitslos, wird von allen gemieden wie die Pest – nur weil er sich in den Skandal der Parteifinanzierungen hat hineinziehen lassen. Wie tief man doch fallen kann! – Und wie schnell das manchmal geht.

jn./etw. **fallen lassen** · 1. to drop a plan/…, 2. to drop s.o., 3. to (make a) remark/… in passing, to (make a) remark/… casually
1. Hat er den Plan, bei München ein Haus zu bauen, in der Tat fallen lassen? – Ja, als ihm klar wurde, daß bis zu seiner Versetzung nach München noch einige Jahre ins Land gehen können, hat er den Plan aufgegeben.
2. Hast du gehört?: nachdem er sich durch eine Affäre in Mißkredit gebracht hatte, ließ ihn die Parteiführung von einem Tag auf den anderen fallen. – Das ist doch mehr als verständlich, daß sich eine Partei nicht hinter einen Kandidaten stellt, der ihren Aussichten bei der Wahl schadet.
3. Nur so ganz beiläufig ließ er die Bemerkung fallen, er werde nicht mehr lange bei der Firma arbeiten.

fällig: bei jm. **ist** mal wieder/… eine Tracht Prügel/… **fällig** ugs · 1. s.o. is asking for it, s.o. is for the high jump, 2. 3. s.o. is for it, 4. s.o. is going to get a slap/…
1. … Heribert, bei dir ist wohl wieder eine gehörige Tracht Prügel fällig, was?! Oder wirst du dich auch so endlich anständig benehmen?
2. … Der Becker hat gestern schon wieder Werkzeuge mitgehen lassen. – Jetzt reicht's, jetzt ist er fällig! Der Typ kann sich morgen seine Papiere abholen, der fliegt raus.
3. … Wenn du mir nochmal dazwischenredest, Junge, ist eine Ohrfeige fällig. Ich warne dich! Das war jetzt das letzte Mal!
4. (Der Vater zu seinem Sohn:) Wenn du noch mal deine kleine Schwester ärgerst, bist du fällig. Dann gibt's was auf den Hosenboden! *seltener*

Fallstricke: jm. **Fallstricke legen** *form selten* · to set traps/ snares for s.o.
Man hat wiederholt versucht, diesem Politiker Fallstricke zu legen. Aber er hat sich nie hereinlegen lassen. – Er ist viel zu intelligent, um jemandem in die Falle zu gehen.

fällt: was fällt dir/ihm/… **ein?!** ugs · what do you/does he … think you're/he's … doing!
Was fällt Ihnen ein?! Sie können doch nicht einfach mein Auto wegschieben, um selbst einen Parkplatz zu haben. So eine Unverschämtheit!

(plötzlich/…) **fällt** jm. **ein**, etw. zu tun/jm. fällt schon nicht ein, etw. zu tun/… – auf die **Idee** kommen, etw. zu tun/daß … · to (suddenly) hit on the idea of doing s.th., to (suddenly/…) get the idea of doing s.th.

jm. **fällt alles**/etw. (regelrecht) (so) **zu** · 1. 2. everything (just/simply/…) drops into s.o.'s lap
1. … Ich weiß nicht, wie der Uli das macht: er ist jeden Abend auf Tour und trotzdem Klassenbester. – Der ist halt helle im Kopf. Er braucht nicht lange zu pauken, dem fällt's halt so zu.
2. … Die Welt ist ungerecht. Ich muß mich abstrampeln, damit ich über die Runden komme, und andern fällt's einfach so zu, ohne daß sie groß arbeiten müssen.

falsch: etw./(alles) **falsch herum machen**/(tun) – etw./(alles) verkehrt/falsch **herum** machen/(tun) · to do s.th./(everything) the wrong way round/back to front/…

etw. **falsch herum** anhaben/anziehen/halten/… – etw. verkehrt/falsch **herum** anhaben/anziehen/halten/… · to have/ to wear/… s.th. the wrong way round

Falsch: an jm. **ist kein Falsch** *form – path* · there is no guile in s.o.
Ich habe die Rotraut wirklich gern, an ihr ist kein Falsch. Sie ist durch und durch echt. In ihrer Seele kannst du wie in einem offenen Buch lesen.

ohne Falsch sein *form – path* – an jm. ist kein **Falsch** · to be guileless/without guile

Falschen: (mit etw.) (bei jm./da) **an den Falschen kommen/ geraten** – (eher:) (mit etw.) (bei jm./da) an die richtige/ (rechte) **Adresse** kommen/(geraten)/(an der richtigen/(rechten) Adresse sein · to come/to have come to the right/ wrong person/place with s.th.

Falschgeld: da/… herumlaufen/… **wie Falschgeld** ugs – in/ auf/…/da/… wie falsch(es) **Geld** herumlaufen · to go/to run around like a spare prick at a wedding, to go/to run around like a pork pie at a bar mitzvah

Falten: **Falten schlagen** *form* · to fall in folds, to fall in pleats
… Geschickt gewählt, diese Mode, Gerda! Dadurch, daß der Rock (so elegant) Falten schlägt, wirkt dein ganzer Unterkörper viel schmaler.

jn. **bis in die geheimsten Falten seiner Seele kennen** *form – path* · to know the deepest/innermost recesses of s.o.'s heart/soul
… Nein, nein, was die Ute angeht, kannst du mir nichts erzählen. Die kenn' ich bis in die geheimsten Falten ihrer Seele. Sie wäre zu einer solchen Unehrlichkeit absolut unfähig!

Falten werfen *form* · to crease, to get creased
Wirft die Jacke doch schon wieder Falten! Sie ist doch gerade erst gebügelt worden! – Sie sitzt einfach nicht, Ernst. Die hast du falsch gekauft. Schön glatt (he-) runterfallen wird die schon.

die Stirn/das Gesicht **in Falten ziehen**/(legen) – die **Stirn** in Falten ziehen/(legen) · to frown, to knit one's brow *form*

Familie: das/(etw.) **bleibt in der Familie** ugs · + to keep s.th. to o.s., + to keep s.th. in the family
Wir müssen alle dafür sorgen, daß dieses Geheimnis in der Familie bleibt. Hört ihr, Kinder, Maria: keiner von euch sagt einem Außenstehenden etwas davon!

etw. **liegt in der Familie** · s.th. runs in the family
Ja, der Sohn fängt jetzt auch schon an, jeden Abend ins Wirtshaus zu gehen. Das liegt offenbar in der Familie. Der Vater, drei Brüder und sogar eine Schwester sind genau so.

(schon/…) **zur Familie gehören** · to be (already/…) one of the family
Stört Sie das nicht, wenn unsere Ute Tag für Tag zu Ihnen kommt? – Wir empfinden sie nicht mehr als Besuch. Sie gehört schon zur Familie. Ich merke es kaum noch, wenn sie mit uns ißt oder mit uns ausgeht.

das kommt in den besten Familien vor/(das kann in den besten Familien vorkommen) ugs · these things (can) happen in the best families
Da habe ich doch gestern bei den Brauers ein Glas Rotwein quer über die Decke gekippt. – Das kommt in den besten Familien vor! Mach' dir deswegen keine übertriebenen Vorwürfe! – Na, angenehm ist es schon!

Familienkreis: im engsten **Familienkreis** · in the close family circle
Die Geburtstagsfeier fand im engsten Familienkreis statt. Nicht einmal seine Freunde hatte er eingeladen.

Familienunterhalt: den **Familienunterhalt verdienen** *form* – (eher:) den **Unterhalt** für die Familie/(…) verdienen · to earn enough to support one's family/…, to earn a livelihood, to earn a living

Familienzuwachs: **Familienzuwachs bekommen**/erwarten/… ugs · to get/to have/to be expecting/… an addition to the family
… Klar, fürs erste reicht die Wohnung. Aber wenn ihr Familienzuwachs bekommt … – Ach, so schnell kriegen wir keine Kinder – das haben wir jedenfalls nicht vor …

Fang: zum Fang auslaufen *Fischdampfer form* · to put to sea (to fish)

… Ja, abends, wenn es dunkel wird, laufen die Schiffe zum Fang aus. Morgens, in aller Herrgottsfrühe, kommen sie dann mit ihrem Fang/ (mit den Fischen) wieder in den Hafen zurück.

(einem Tier) den Fang geben *form* – (einem Tier) den **Fangschuß** geben · to give (an animal) the coup de grâce (with a gun), to put an animal out of its misery

auf Fang gehen · to go hunting/fishing/…

… Ja, Holger, wer geht schon auf Fang?: Jäger, Fischer – im Grunde auch Angler –, Robbenfänger … – alle, die irgendwelche Tiere fangen. – Also, keine Wildwestler, die Indianer einfangen? – Aber nein, Junge! – Hier steht: '…'

einen guten Fang machen/(tun) (mit jm./etw.) · 1. to catch a big fish, to make a good catch, 2. 3. to have been lucky with s.o./s.th., to have struck it lucky with s.o./s.th. 2. to make a good catch *hum*

1. Die Polizei hat gestern einen guten Fang gemacht: sie haben den Chef der Verschwörerbande von Mirschbach geschnappt.
2. Mit der Elisa haben wir wirklich einen guten Fang gemacht. Ein so gutes Dienstmädchen haben wir noch nie gehabt. – Wo habt ihr sie eigentlich entdeckt?
3. … Mit der Heidrun hat der Hans wirklich einen guten Fang gemacht. Die Frau ist nicht nur witzig und intelligent, sie sieht auch sehr gut aus.

Fangball: Fangball mit jm. **spielen** *ugs selten* · 1. to be able to do what one likes with s.o. n, to be able to twist s.o. around one's little finger n, 2. to play cat and mouse with s.o. n

1. vgl. – mit jm. **machen**, was man will
2. vgl. – (u. U.) **Katze** und Maus mit jm. spielen (2)

Fänge: jm. **in die Fänge geraten** *path selten* · 1. 2. to fall/to get into s.o.'s clutches

1. … Unsere Tochter ist in die Fänge der Scientologen geraten. – Dann müßt ihr alles daransetzen, sie wieder von diesen Typen wegzuholen. Das sind die reinsten Verbrecher.
2. vgl. – jm. in die **Finger** fallen (1)

jn. **in seinen Fängen haben** *ugs selten* – in js. **Klauen** stecken · to be in s.o.'s clutches

nicht mehr hergeben/…, was man einmal in seinen Fängen hat *ugs* – (eher:) nicht mehr hergeben/herausrücken/loslassen/…, was man einmal in seinen **Klauen** hat · not to release/let go off/… what one has got in one's clutches

fangen: Fangen spielen · to play tag, to play catch

… Habt ihr als Kinder eigentlich viel Fangen gespielt? – Oh ja, sehr viel sogar!

mit etw. **kannst du/kann er/…** jn. **nicht fangen** *ugs* · you/… won't catch/fool s.o. with that/that way

Du willst wohl etwas von mir und deshalb bist du so freundlich, was? Aber damit kannst du mich nicht fangen! Oder meinst du, ich fiele auf solche Schliche herein?

sich (wieder) **fangen** · to regain one's composure, to pull o.s. together

… Plötzlich war sie ganz durcheinander und gab die unsinnigsten Antworten. Aber Gott sei Dank hat sie sich dann relativ schnell wieder gefangen, sodaß sie die Prüfung mit einer '2' abschloß.

sich eine/(einen) fangen *ugs* – eine **Ohrfeige** kriegen/(bekommen) · to get a slap on the face, to get a clip round the ears

sich ein paar fangen *ugs* – ein paar **Ohrfeigen** kriegen/(bekommen) · to get a clip round the ears, to get a slap on the face

jn. **zu fangen suchen/…** *ugs* · to try to win s.o. over n, to try to curry favour with s.o. n

… Natürlich, er sucht den Chef durch Freundlichkeiten gegenüber seiner Frau zu fangen. Aber darauf fällt der Alte nicht herein. Er wird den Albert immer völlig nüchtern und distanziert behandeln.

Fangschuß: (einem Tier) **den Fangschuß geben** *form selten* · to give (an animal) the coup de grâce (with a gun), to put an animal out of its misery

Komm', gib dem Reh den Fangschuß. Sofort. Ich kann das nicht sehen, wenn sich ein Tier da so schwer verletzt herumquält.

far: il dolce far niente · dolce far niente

Das ist ein Leben, was?! Den ganzen Tag am Strand, abends getanzt, am nächsten Tag sich ausruhen von den Anstrengungen des Vortags … – il dolce far niente oder das süße Nichtstun des bundesrepublikanischen Touristen.

Farbe: die Farbe dick auftragen *selten* – dick/(faustdick/knüppeldick) **auftragen** · to lay it on thick, to lay it on with a trowel, to pile it on thick

Farbe bekennen *Kartenspiel eher: (Kreuz/Herz/Karo/Pik) bedienen* · to follow suit

… Beim Skat mußt du Farbe bekennen – das ist eine Grundregel. Wenn Kreuz aufgespielt wird und du Kreuz hast, mußt du auch Kreuz spielen.

Farbe bekennen (müssen) · to (have to) show one's true colours, to (have to) put one's cards on the table

Jahrelang ist es ihm gelungen, uns über seine Haltung im Ungewissen zu lassen. Aber heute mußte er Farbe bekennen: auf die Frage des Chefs gab es als Antwort nur ein klares Entweder – Oder.

Farbe bekommen · to get some colour

Könntest du mit dem Jungen nicht mehr spazieren gehen, damit er wieder ein wenig Farbe bekommt? Er sieht doch noch sehr blaß und mitgenommen aus von seiner Krankheit.

einer Darstellung/… **mehr Farbe geben** · to give s.th. colour

Inhaltlich finde ich Ihren Essay nicht schlecht. Aber Sie sollten der Darstellung mehr Farbe geben. – Auch andere haben mir schon gesagt, meine Schilderungen seien nicht lebendig und anschaulich genug, sie seien zu blaß.

jm. **weicht die Farbe aus dem Gesicht** *form* – die **Farbe** wechseln (1) · + to turn pale, the blood drains from s.o.'s cheeks

die Farbe verlieren · 1. 2. to change colour 1. to fade
1. Mein Gott, was sieht dieser Rock aus! Der hat ja völlig die Farbe verloren. War der mal orange? Oder gelb?
2. vgl. – die **Farbe** wechseln (1)

die Farbe wechseln · 1. 2. to change colour, 3. to change sides, to switch one's allegiance

1. »Ich weiß, wer das Buch aus dem Büro gestohlen hat«, sagte ich. Bei diesen Worten wechselte Fred die Farbe – ausgerechnet Fred, der sonst nie bleich wird!
2. vgl. – (eher:) (über und über) rot **anlaufen**
3. Was, er ist Sozialist, sagst du? Er war doch vor einem Jahr noch ein Anhänger der Rechten. – Ach, der wechselt doch die Farbe, wie ihm das gerade paßt, das weißt du doch. Heute ist er links, morgen rechts, übermorgen gemäßigt-liberal. *seltener*

(jm.) etw. **in grellen/den grellsten Farben ausmalen/(schildern/…)** – (jm.) etw. in den krassesten **Farben** ausmalen/(schildern/…) · to describe/to paint/… s.th. in the harshest/most drastic/… colours

(jm.) etw. **in rosigen/rosaroten Farben ausmalen/(schildern/…)** · to paint a rosy picture of s.th. (to s.o.)

Er hatte ihr die Zukunft in rosigen Farben ausgemalt. Um so enttäuschter mußte sie sein, als sie schon kurz nach der Hochzeit die unangenehmsten Schwierigkeiten erwarteten.

(jm.) etw. **in den leuchtendsten/in rosaroten/in den schönsten/ (in den goldigsten) Farben ausmalen/(schildern/…)** · to paint/… s.th. in the most glowing/rosy/… colours (to s.o.)

Er malte ihr das Leben in Brasilien in den leuchtendsten Farben aus. Würde es wirklich so schön werden, wie er meinte, so sorglos und heiter? Voller schöner Erlebnisse?

(jm.) etw. **in den krassesten Farben ausmalen/**(schildern/…) · to describe/to paint/… s.th. in the harshest/most drastic/… colours (to s.o.)

In den krassesten Farben malte er dem Publikum die Gefahren aus, die dem Land bei einer Wahl seines Konkurrenten bevorstünden. Man hätte den Eindruck gewinnen können, es drohe dem Land der Untergang.

(jm.) etw. **in den schwärzesten/dunkelsten/**(schwarzen)/(dunklen) **Farben ausmalen/**(schildern/…) · to paint the blackest/gloomiest/… picture of s.th. (to s.o.), to depict/to describe/… s.th. in the blackest/gloomiest/… colours (to s.o.)

Sie malte ihnen die Schwierigkeiten, die die Familie in Afrika erwarten würden, in den dunkelsten Farben aus. Wenn man ihr glaubte, würde die Familie vor lauter Schwierigkeiten dort fast umkommen.

(jm.) etw. **in den schwärzesten/dunkelsten/**(schwarzen)/(dunklen) **Farben schildern/**(darstellen/…) · to paint a very black/gloomy/… picture of s.th. (to s.o.)

Wie gut, daß euer Unfall nicht gar so schlimm war, wie Dagmar uns erzählt hatte. Sie hatte uns das ganze Geschehen in den dunkelsten Farben geschildert. Wir hatten schon das Schlimmste befürchtet.

in allen/(den verschiedensten/…) **Farben schillern** · to be all the colours of the rainbow

Meine Güte, was muß der Baumann unsern Kurt mit Fäusten bearbeitet haben! Dessen Backe schillert ja in allen (Regenbogen-) Farben. Und so ein herrliches blaues Auge habe ich lange nicht mehr gesehen.

in allen Farben spielen/(leuchten) *Diamanten/Meereswellen/…* · to sparkle/to glitter/to flash/… in all colours

(Spätnachmittags am Meer:) Bei diesem Licht spielt das Meer in allen Farben – wie ein Edelstein!

die Farben einer Studentenverbindung/(eines Vereins) **tragen** *veraltend* · to wear the colour of a students' association

… Wenn man die Farben einer christlichen Verbindung trägt, könnte man sich ja auch christlich benehmen! – Du stellst aber auch Ansprüche!

die Farben des FC Bayern/… **vertreten** *path selten* · to wear the colours of Liverpool F.C./…, to represent a club/ country

Bei den Leichtathletikwettbewerben vertritt diesmal unser Robert die Farben des Arndt-Gymnasiums. – Alle Achtung! Das ist wirklich eine Ehre für den Jungen, die (ganze) Schule zu repräsentieren.

Faser: **mit jeder Faser seines Herzens/Wesens an** jm./etw. **hängen** *path* – mit **Leib** und Seele an etw. hängen · to be attached to s.o./s.th. with every fibre of one's being

keine trockene Faser mehr am Leib(e) haben *path selten* – etw. **durch** und durch sein/ein durch und durch … sein/ein … durch und durch sein · to be wet/soaked through, not to have a dry stitch on one

bis in die letzten Fasern seines Herzens/(Wesens) etw. **sein** *path* – etw. **durch** und durch sein/ein durch und durch … sein/ein … durch und durch sein · to be s.th. with all one's heart/with one's heart and soul/with every fibre of one's being

etw. **mit allen Fasern seines Herzens/**(Wesens) **ersehnen/ wünschen/**… *path* · to wish for s.th. with every fibre of one's being

Mit allen Fasern ihres Wesens hatte sie sich einen Jungen gewünscht – und sie hat Glück gehabt: es ist ein Junge. – Es wäre grausam von der Natur gewesen, wenn ihre innerste Sehnsucht nicht gestillt worden wäre.

mit allen Fasern seines Herzens/(Wesens) **an** jm./etw. **hängen/**… *path* · 1. 2. to be attached heart and soul to s.o./s.th., to be attached to s.o./s.th. with every fibre of one's being

1. Man kann sich wohl kaum eine Vorstellung davon machen, wie schwer ihn der Verlust seines einzigen Sohnes getroffen hat. Er hing an ihm mit allen Fasern seines Herzens.

2. Er hängt an seinem Arztberuf mit allen Fasern seines Herzens. Der Etymologie des Wortes entsprechend kann man von ihm wirklich sagen: er ist aus Berufung Arzt geworden, denn er ist mit Leib und Seele Arzt.

bis in die letzten Fasern seines Wesens etw. **sein** *path* – etw. **durch** und durch sein/ein durch und durch … sein/ein … durch und durch sein (1, 3, 4, 7, 9) · to be s.th. with all one's heart/with one's heart and soul/with every fibre of one's being

fasernackt: fasernackt *ugs* – (eher:) **splitternackt** · to be stark naked

Faß: **saufen wie ein Faß** *sal* – (eher:) saufen wie ein **Loch** · to drink like a fish

dick wie ein Faß sein *sal selten* – blau wie ein **Veilchen** (sein) · to be as pissed as a newt, to be legless, to be as drunk as a lord

rund wie ein Faß sein/werden *sal* · to be/to become/… like a barrel/roly-poly *coll*, to be/to become/… as fat as a pig

Der Hans-Otto hat ja ganz schön zugenommen. – Ganz schön zugenommen? Der ist rund wie ein Faß geworden!

voll wie ein Faß sein *sal* – blau wie ein **Veilchen** (sein) · to be as pissed as a newt, to be legless, to be as drunk as a lord

ein Faß aufmachen · to open a barrel/keg

Hast du Lust, heute abend in unserer Kellerkneipe ein paar Bierchen zu trinken? Ich mach' ein Faß auf …

das/(etw.) **ist ein Faß ohne Boden** · it/s.th. is a bottomless pit

Jetzt zahle ich schon acht Jahre immer neue Anlagen, damit dieses Gut bessere Erträge abwirft! Ohne jeden Erfolg! Die Erträge bleiben niedrig, die Kreditverpflichtungen hoch. Das ist ein Faß ohne Boden. Ich kann hier so lange zahlen, wie ich will, das wird nie ein wirtschaftlich gesundes Unternehmen.

das/(etw.) **schlägt dem Faß den Boden aus** *path* · that beats everything! *coll*, that takes the biscuit *coll*, that puts the lid on it *coll*

Was hat er behauptet? Seine Zensur sei nicht gerecht? Das schlägt dem Faß den Boden aus! Erst faulenzt er wie lange. Und jetzt, wo ich ihm trotzdem keine negative Note gebe, hat er die Stirn zu sagen, er hätte eine bessere Note verdient. So eine Unverschämtheit!

das Faß der Danaiden füllen wollen *lit selten* · to (try to) fill the vessel/sieve/tub of the Danaides *rare*, to (try to) perform a Sisyphean labour/a labour of Sisyphus

Zehn Jahre versuche ich jetzt, dies Gut auf die Beine zu stellen. Aber hier etwas bessern zu wollen ist dasselbe, wie das Faß der Danaiden füllen zu wollen. Ich weiß nicht, ob die Menschen nicht wollen oder nicht können, aber eins steht fest: Fortschritte sind hier nicht zu machen.

das Faß zum Überlaufen bringen *ugs – path* · to push one's luck too far, to go too far, that/it/s.th. puts the tin lid on it

… Hin und wieder kann man sein Konto überziehen, meinetwegen; aber doch nicht immer, Jupp! Obwohl die Bank dich schon drei oder vier Mal gemahnt hat, stehst du doch immer in den Miesen. Da werden die natürlich sauer. Irgendwann bringst du das Faß zum Überlaufen und die kündigen dir das Konto.

Fassade: **das/**etw. **ist** (alles) (nur/…) **Fassade** · it/s.th. is (all) (just) a façade

Ich weiß, er kann ungeheuer höflich und entgegenkommend wirken. Aber das ist alles nur Fassade. In Wirklichkeit ist er ein rücksichtsloser Egoist.

fassen: (ein Edelstein) **in Gold/Silber/**… **fassen** · to have a jewel/… set in gold/silver/…

Du willst den Achat in Gold fassen lassen? Meinst du, dann sieht er besser aus als so, ganz natürlich und ohne jede Fassung?

(das/etw. ist) nicht/kaum zu fassen · it's unbelievable/incredible *coll*
Er läßt seine kranke Mutter völlig allein? Nicht zu fassen!

sich kurz fassen · to be brief
'Fasse dich kurz', steht hier wie in zahlreichen anderen Telephonzellen. Also sage der Erika in wenigen Worten, was du ihr zu sagen hast.

etw. schriftlich fassen *form* · to put s.th. down in writing
Im Kopf sind mir die Zusammenhänge jetzt völlig klar. Jetzt muß ich das Ganze nur noch schriftlich fassen.

jn. zu fassen kriegen · 1. 2. to get hold of s.o. 1. to lay/to get one's hands on s.o.
1. Wenn ich diesen Kerl zu fassen kriege, knall' ich ihm ein paar. Das ist jetzt das vierte Mal, daß er mir die Blumen zertritt. Ich muß ihn nur erwischen!
2. Ich muß in der Sache unbedingt mit dem Chef sprechen. – Ich weiß nicht, ob du den in dieser Woche zu fassen kriegst. Er hat einen Termin nach dem anderen. – Irgendwo und irgendwann werde ich schon mit ihm sprechen können.

Fasson: jeder nach seiner Fasson *veraltend* · each in his way, everyone according to his own style
… Meinetwegen, du kommst im Pullover, ich mit Schlips und Kragen. Jeder nach seiner Fasson. Warum soll der eine dem andern seine Vorstellungen aufzwingen?

(ein bißchen/…) aus der Fasson geraten · 1. to lose (its) shape, to go out of shape, 2. to lose one's figure
1. Der Anzug ist bei dem Regen völlig aus der Fasson geraten. Der sieht aus wie ein Sack, den kannst du nicht mehr tragen.
2. Die Tante Anna war doch noch viel dünner! – Ja, sie ist ein wenig aus der Fasson geraten. – Ein wenig? Ich hab' den Eindruck, die wiegt das Doppelte wie früher. *ugs*

jeden nach seiner Fasson selig werden lassen/jeder muß/soll nach seiner Fasson selig werden/… *veraltend* · everyone has to find his own path to happiness, everyone has to find his own salvation, we/… should let everyone/people/… live in their own way, we/… should let everyone/people … work out their own life/lives
Ich würde an seiner Stelle etwas aufpassen mit dem Trinken, bei den gesundheitlichen Schwierigkeiten, die er hat. Aber er muß selbst wissen, was er tut. Jeder muß nach seiner Fasson selig werden. Wenn er es vorzieht, jetzt anständig zu saufen und dafür später zu leiden, ist das seine Sache.

Fassung: (ganz) außer Fassung sein · to be shaken, to be stunned
… Das hättest du erleben müssen, wie der seine Mutter angefahren hat! Ich bin immer noch ganz außer Fassung. Ich wußte gar nicht, daß es so was gibt. – Nun beruhig' dich doch mal! …

die Fassung bewahren · 1. to maintain one's composure, to keep one's cool, to keep calm, 2. to contain o.s.
1. In dieser Lage gilt es, die Fassung zu bewahren! Jede Aufregung kann die Dinge nur verschlimmern.
2. Es hat uns einige Mühe gekostet, die Fassung zu bewahren, als wir sie in diesem entsetzlichen Kostüm antanzen sahen. Aber ich glaube, es ist uns gelungen, durch keine Reaktion zu verraten, wie lächerlich wir sie in diesem Aufzug fanden. *seltener*

jn. aus der Fassung bringen · to shake s.o., to rattle s.o., to make s.o. lose his composure
Ich bewundere seine Ruhe und Gelassenheit, seine Selbstbeherrschung. Er läßt sich durch nichts aus der Fassung bringen.

einem Stück/… eine andere/… Fassung geben *form* · to write/… a new version/several versions/… of a script/play/…
… Der Autor hat diesem Theaterstück drei- oder viermal eine völlig andere Fassung gegeben. – Ist er denn mit der letzten Version jetzt endlich zufrieden?

(ganz/…) außer/(aus der) Fassung geraten/(kommen) · to (completely/…) lose one's composure
Es gehört wahrhaftig nicht viel dazu, bei derart provozierenden Zwischenrufen aus der Fassung zu geraten.

nach/(um) Fassung ringen *path* · to struggle to maintain/retain/… one's composure
… Was sagte man ihm da von der Bank?: die Monika hatte 25.000,– Mark vom Konto abgehoben und war damit in Ferien gereist? … Unser Gottlieb rang mühsam nach Fassung. Er war ja allerhand gewohnt. Aber das ging ja nun doch zu weit. Er legte den Hörer auf, setzte sich erst mal in seinen Lieblingssessel …

etw. mit Fassung tragen · to bear s.th. with equanimity *elev* calmly, not to take s.th. to heart
… Ach, Ursel, es hat doch keinen Zweck, sich immer wieder über dieselbe Sache aufzuregen. Trag es mit Fassung! Irgendwann wird der Karl schon zur Einsicht kommen und dir recht geben.

(völlig/…) die Fassung verlieren · 1. 2. to (completely/…) lose one's self-control
1. Als er sah, wie brüsk der Polizist mit seiner Tochter umging, verlor er die Fassung. Wie ein Verrückter schimpfte er auf den Beamten ein.
2. Hat sie denn nicht überlegt, was sie sagte? – Die Belastung war für sie zu groß! Als das Gericht dann noch auf ihr zerrüttetes Eheleben zu sprechen kam, verlor sie völlig die Fassung. Sie begann zu weinen und zu schluchzen und antwortete auf alle Fragen ohne jede Überlegung, was ihr schaden oder nützen würde.

die/seine Fassung wiedergewinnen · to regain one's composure
Ja, einen Augenblick war sie erschreckt, als sie die dumpfe Stimme hinter sich hörte. Aber sie gewann sofort ihre Fassung wieder. Kalt fragte sie in das Dunkel zurück: »Darf ich fragen, wer mit mir spricht?«

Fassungskraft: das/etw. geht über meine/seine/… Fassungskraft *path od. iron* – jm./für jn. zu **hoch** sein · to be beyond s.o.'s comprehension/ken, it's/s.th. is beyond me/him/…, to be above s.o.'s head

fassungslos: fassungslos (sein) (vor Staunen/Schrecken/…) *path* · (to be) stunned (with shock, grief), (to be) beside o.s. (with grief, anger), (to be) astonished, (to be) thunderstruck
… Sein Sohn war zum Staatssekretär ernannt worden?! Damit hätte er im Traum nicht gerechnet. Fassungslos (vor Staunen) griff er zum Telefon und …

Fassungsvermögen: js. Fassungsvermögen überschreiten *path od. iron* – jm./für jn. zu **hoch** sein · to be beyond s.o.'s comprehension/ken, it's/s.th. is beyond me/him/…, to be above s.o.'s head

Fatzke: ein eingebildeter Fatzke (sein) *sal* · a pompous/conceited/… fool/ass, a stuck-up twit
Ich kann diesen eingebildeten Fatzke nicht riechen! Schnöselig allein reicht, aber dazu noch dumm wie Bohnenstroh, das ist wirklich zu viel!

faul: (und) er/sie/mein Onkel/… nicht faul, sagte/erwiderte/… · (and) smart/quick as you like, he/she/John/… answered/…
»Jetzt könnt ihr mal woanders Fußball spielen, das macht weniger Lärm«, meinte der Nachbar. Und unsere Renate, nicht faul, antwortete wie aus der Pistole geschossen: »Dann könnten Sie Ihren Hund woanders bellen lassen. Dann wäre es hier ruhiger!«

etw. ist faul an etw. *ugs* – etw. **stimmt** nicht mit/bei jm./an/mit/bei etw./da/… (2) · there is something wrong with s.o./s.th.

Faulbett: sich aufs Faulbett legen *ugs veraltend selten* · to lie on one's bed of ease
… Von wegen, sich die ganze Zeit aufs Faulbett legen, statt zu arbeiten, wie es sich gehört. Der werd' ich ganz was anderes erzählen! Ich finanziere doch keine Schlafmützen und Faulpelze!

Faulfieber: das Faulfieber haben *ugs veraltend selten* · to take it easy, to doss, not to do a tap
Jetzt fehlt sie den dritten oder vierten Tag! Die hat wohl mal wieder das Faulfieber, was? – Vielleicht ist sie krank. – Die Brigitte und krank! Faul ist sie und nichts anderes!

Faulheit: vor Faulheit stinken *sal* · to be bone-idle, to be as lazy as they come

Sehr fleißig scheint die Doris ja nicht zu sein! – So kann man es auch ausdrücken! Ich würde eher sagen: die stinkt vor Faulheit! Die tut buchstäblich nichts.

Faust: auf eigene Faust handeln/etw. tun/... · 1. to do s.th. off one's own bat, 2. to do s.th. on one's own initiative

1. Wenn mich keiner unterstützt, muß ich es eben auf eigene Faust versuchen. Die Sache muß nun einmal gemacht werden, und je schneller und energischer, um so besser! – Paß nur auf, daß nichts schiefgeht. Denn du bist nachher für alles verantwortlich.

2. Er hat schließlich auf eigene Faust die langen Reisen unternommen. Er hat niemanden vor uns jemals gefragt. Wenn er jetzt mit der Zeit und dem Geld nicht durchkommt, hat keiner von uns damit etwas zu tun. Das ist jetzt genauso seine Sache wie die langen Reisen.

passen wie die Faust aufs Auge *ugs* · 1. that's/s.th. suits us/... fine, that's just the job, 2. that's/th. is absurd *n*

1. Die Schierses wollen im Juni nach Portugal. – Das paßt ja wie die Faust aufs Auge! Wir wollen nach Spanien. Da können sie uns mitnehmen. Da haben wir das Fahrgeld gespart und sind im Nu da.

2. Deine Frau will im Juni nach Portugal? Und du? – Nach Schweden. – Das paßt ja wie die Faust aufs Auge. Da nimmt einer den Mercedes und rast nach Süden, und der andere rauscht mit dem Anhänger nach Norden.

etw. mit eiserner Faust durchsetzen · to force s.th. through with a mailed/iron fist

Wenn niemand diese Reformpläne mit eiserner Faust durchsetzt, bleibt das alles nur auf dem Papier. Demokratisch, durch Überzeugung geht das nicht – das geht hier nur mit Schärfe, mit Druck, wenn nicht mit Gewalt.

etw. aus der Faust essen · 1. 2. to eat s.th. with one's hands, 1. to eat s.th. as one goes along

1. (Der Sohn zur Mutter:) Ich bin eilig, ich muß um zwei wieder in der Schule sein. Mach' mir rasch ein Brötchen, das ess' ich dann unterwegs aus der Faust.

2. vgl. – (a.) etw. mit/aus der **Hand** essen

passen wie Faust aufs Gretchen *scherzh* – passen wie die **Faust** aufs Auge · that's/s.th. suits us/... fine, that's just the job, that's/s.th. absurd

jm. **eine Faust machen** *selten* – jm. die **Faust** zeigen · to shake one's fist at s.o., to threaten s.o. with one's fist, to show s.o. one's fist, to wave one's fist (around)

die Faust im Nacken spüren *path* · to be under heavy pressure, to have s.o. breathing down one's neck

Wenn sie nicht die Faust im Nacken spürt, arbeitet sie nicht. Da muß einer gleichsam mit der Peitsche hinterstehen.

jm. **die Faust unter die Nase halten** *ugs* · to shake one's fist in s.o.'s face

Hast du die Szene beobachtet?: »Wenn du jetzt noch ein Mal den Ball gegen meine Garagentür schießt«, fauchte unser lieber Nachbar unseren Jürgen an und hielt ihm die Faust unter die Nase, »dann gibt's was! Dann kriegst du eine Ohrfeige, die sich gewaschen hat!«

ein Brötchen/... **auf die Faust nehmen** *ugs* · to grab a roll/sandwich/..., to eat a sandwich/a piece of cake/... as one goes along *n*

Wenn du keine Zeit mehr hast, nimmst du ein Stückchen von dem Kuchen auf die Faust und ißt ihn unterwegs. Der schmeckt nämlich herrlich, sag' ich dir.

mit eiserner Faust regieren · to rule with an iron hand

... Nicht nur Diktatoren regieren mit eiserner Faust, Mathilde! Ich kenne demokratische Parteiführer, die genau so hart durchgreifen.

die Faust/(Fäuste) in der Tasche ballen · to clench one's fist in one's pocket, to bottle up one's anger

Da wagt dieser Abteilungsleiter doch in der Tat, in Gegenwart des Chefs einen Brief zu kritisieren, den er selbst geschrieben hat und nicht ich. »Herr Friedrich, der Brief ist voller Fehler, den müssen Sie nochmal schreiben ...« – Und was hast du getan? – Ich habe die Faust in der Tasche geballt. Am liebsten hätte ich ihn links und rechts geohrfeigt. – Und gesagt hast du nichts?

mit der Faust auf den Tisch schlagen/(hauen) *ugs* · 1. to bang/to thump the table, to put one's foot down, 2. to show s.o. who is boss

1. »Verflucht nochmal«, schrie er und schlug mit der Faust auf den Tisch, »jetzt ist Feierabend! Jetzt laß ich mir diese Unverschämtheiten nicht länger bieten!«

2. Wenn du nicht willst, daß dir deine Herren Söhne völlig über den Kopf wachsen, mußt du einmal mit der Faust auf den Tisch hauen und deiner Familie klarmachen, wer der Herr im Hause ist.

mit der Faust gegen die Tür/... **trommeln** *ugs* – *path* – mit den **Fäusten** gegen die Tür/... trommeln · to bang on the door/... with one's fists

jn. **mit eiserner Faust unterdrücken** · to keep s.o. down with the mailed fist/with an iron hand

Ach wissen Sie, das ging hier früher nicht so demokratisch zu wie heute. Da wurde das sogenannte 'Volk' mit eiserner Faust unterdrückt. Eine Handvoll Adeliger hatte das Heft fest in der Hand und setzte die Macht rücksichtslos durch.

jm. **die Faust zeigen** · to shake one's fist at s.o., to threaten s.o. with one's fist, to show s.o. one's fist, to wave one's fist (around)

Schau dir das an, wie unser lieber Nachbar da herumtobt! Jetzt zeigt er dem Jungen noch die Faust! ... 'Herbert, was ist denn los?' – Der Herr Jaschke droht mir, wenn ich nochmal den Ball gegen seine Garagentür schieße, will er mir eine 'runterhauen.

Fäustchen: sich (eins) ins Fäustchen lachen · to laugh up one's sleeve

Ich habe die ganze Arbeit gehabt und er streicht den Gewinn ein! Klar, daß er sich ins Fäustchen lacht! Aber so dumm bin ich nicht noch einmal. Das nächste Mal machen wir einen richtigen Vertrag, da laß ich mich nicht mehr drankriegen.

Fäusten: mit geballten Fäusten dabeistehen/... · to look on in helpless anger/rage, to stand by in helpless/impotent anger/rage, to (have to) stand passively by

Stell' dir vor, in Gegenwart meines Mannes schnauzt der Chef mich an, ich könnte überhaupt nichts, wäre obendrein noch faul ... – Und dein Mann? – Er stand mit geballten Fäusten dabei. Wenn er gekonnt hätte, wie er wollte, hätte er den Kerl getötet.

mit geballten Fäusten zusehen (müssen)/... · to (have to) look on in helpless anger, to (have to) stand passively by

Mit geballten Fäusten mußte ich zusehen, wie die Polizei seine Freundin abführte. Genau merkte er sich die Gesichter der Beamten: wehe, wenn er einen von ihnen mal allein vor die Flinte kriegte!

jn. **mit Fäusten bearbeiten** *ugs* · to belabour s.o. with one's fists *hum*

Das ist doch kein Fußballspiel, das ist ein Boxkampf! Schau dir das an, wie die sich da gegenseitig mit den Fäusten bearbeiten! – Hoffentlich stellt der Schiedsrichter die beiden, die sich da so schlagen, wenigstens sofort vom Platz!

mit den Fäusten gegen die Tür/... **trommeln** *ugs* – *path* · to bang on the door/... with one's fists *n*

... Verzweifelt trommelte er mit den Fäusten gegen das Gefängnistor: »Macht auf!« – Du kannst klopfen, so viel du willst, hörte er draußen die höhnische Stimme; aus dem Loch kommst du nicht mehr raus.

faut: comme il faut *geh selten* · comme il faut

... Deinen Jungen kann man überall mit hinnehmen, Ludwig, der weiß sich zu benehmen. – Hat er sich auf dem Empfang gestern also vernünftig verhalten? – Vorbildlich! Oder wie dein Bruder zu sagen pflegt: comme il faut.

Fauxpas: einen Fauxpas begehen *geh* – eine **Dummheit** machen/begehen (2) · to make a faux pas

Faxen: die Faxen dicke haben *sal Neol selten* – die **Schnauze** voll haben von jm./etw./davon, etw. zu tun · to be fed up with s.o./s.th./doing s.th., to be sick to the teeth of s.o./s.th./doing s.th., I've/... had enough of s.o./s.th., to be sick and tired of s.o./s.th./doing s.th.

Faxen machen *ugs* · to mess around *n*, to play around, to fool around *n*

Kinder, jetzt hört endlich auf, Faxen zu machen, und setzt euch ordentlich an den Tisch! Ich kann dieses blöde Getue, diese Albernheiten jetzt nicht mehr vertragen. In eurem Alter kann man doch wohl wenigstens 15 Minuten vernünftig sein!

jm. Faxen schneiden *ugs selten* – (jm.) **Fratzen** schneiden · to pull/to make faces at s. o.

Fazit: das Fazit ziehen (aus etw.) · to take stock of s. th., to consider the net result of s. th., to sum (s. th.) up

Als er nach Jahren das Fazit aus seinen geschäftlichen Bemühungen zog, stellte er fest, daß er mit seiner Leistung durchaus zufrieden sein konnte.

fechten: fechten gehen *ugs selten* · to go around begging

Hier ist die Karin und fragt, ob wir etwas für ihre Jugendgruppe geben; sie wollen in den Osterferien auf Fahrt gehen. – Können die denn ihre Fahrten nicht machen, ohne vorher fechten zu gehen? Ich habe nicht allzu viel Sympathie für diese Bettelei.

Feder: ein Werk/... aus js. Feder *form* · a work/poem/... from the pen of ...

... Ein weiteres Werk aus seiner Feder: ein Roman über die Nachkriegsgeschichte unserer Stadt. Wir gratulieren dem Autor zu seinem Werk und wünschen ihm weiterhin eine ungebrochene Schaffenskraft.

die Reime/Worte/... fließen jm. **leicht/(...) aus der Feder** *form* · works/verses flow (effortlessly/...) from s. o.'s pen

... Tja, wenn mir die Worte so leicht aus der Feder flössen wie eurem Albrecht, dann wär' das eine Kleinigkeit. Aber dem ist leider nicht so. Ich brauche für die schriftliche Fassung des Referats bestimmt vierzehn Tage.

leicht wie eine Feder sein · 1. 2. to be as light as a feather, 1. there's nothing to her/... *coll*

1. Mein Gott, dieses Mädchen ist leicht wie eine Feder! Wieviel wiegst du, Ursel? – 32 Kilo. – Für ein Mädchen von 12 Jahren ist das nichts.

2. vgl. – (eher:) **federleicht** sein

etw. **unter der Feder haben** *form* · to be writing (s. th. about) s. th., to be working on s. th.

An was für einem Buch arbeiten Sie zurzeit – wenn man danach fragen darf? – Zurzeit habe ich einen Roman über das Leben der Gastarbeiter in unserem Land unter der Feder.

etw. **ist mit fliegender Feder geschrieben/...** *form selten* · to be written in a rush, to be dashed off *coll*

Er war noch nicht ganz im Haus, da saß er schon am Schreibtisch, um für die heftigen Diskussionen so rasch wie möglich die passenden Worte zu finden. – Genau diesen Eindruck hat man bei der Lektüre des Artikels: mit fliegender Feder geschrieben. Ein Artikel, in dem der Verfasser gleichsam hinter den ihn jagenden Gedanken hinterherhastet.

jm. etw. in die Feder diktieren *form* · to dictate s. th. to s. o. out of one's head

Das wär' was, so wie Goethe seinen Eckermann haben, dem man seine Gedanken und Einfälle, wie sie gerade kommen, im Zimmer auf- und abwandelnd in die Feder diktiert!

die Feder führen *form* · to be responsible for correspondence

Wie macht ihr das mit der Korrespondenz usw. in eurem Tennisverein? – Wir wählen jedes Jahr einen neuen Mann. In diesem Jahr führt ein Rechtsanwalt die Feder. – Und der jeweils Gewählte kann auch alle Probleme, die er behandelt, entscheiden?

eine kluge Feder führen *form selten* · to be an able writer

Hast du schon den Artikel von dem Malmberg im 'Tageblatt' über das Asylantenproblem gelesen? – Nein. – Den mußt du lesen. Das ist eine sehr ausgewogene Stellungnahme zu diesem heiklen Problem. – Das überrascht mich nicht. Der Malmberg führt eine kluge Feder.

eine scharfe Feder führen *form* · to have a scathing pen

Der führt aber eine scharfe Feder! Lies mal diesen Artikel, Klaus! – Der Ballert läßt selten ein gutes Haar an der Regierung. Er bekämpft sie fast immer frontal, rücksichtslos.

eine spitze Feder führen *form* · to wield a scathing pen

Dieser Journalist ist bei der Regierungs- und bei der Oppositionspartei gleichermaßen gefürchtet, weil er eine so spitze Feder führt. Er nimmt kein Blatt vor den Mund und verschont niemanden mit seiner herben Kritik.

die Feder zu führen wissen *form* · to know how to wield a pen, to know how to write (well)

Wie du aus so wenigen Daten einen so prächtigen Artikel zurechtzimmerst! Wenn man das liest, meint man, du wärst Spezialist auf diesem Gebiet. – Als Journalist muß man die Feder zu führen wissen. Wer nicht schreiben kann, darf kein Journalist werden.

zur Feder greifen *form* · to take up one's pen, to put pen to paper

Kaum kam er zu Hause an, da griff er schon zur Feder und schrieb seiner Freundin, wie dankbar er ihr für die gemeinsame Reise war.

schreiben/..., wie es einem in die Feder kommt *selten* · to write down one's thoughts/ideas/... just as they come

Am überzeugendsten wirken seine Schriften, wenn er schreibt, wie es ihm in die Feder kommt. Wenn er anfängt, nach Prinzipien, Regeln, Absichten – kurz: programmatisch – zu schreiben, wirkt er dagegen blaß. Er muß sich dem spontanen Fluß seiner Gedanken überlassen können, wenn er überzeugen will.

seiner Feder freien Lauf lassen · to give free rein to one's pen, to write without restraint

Wenn du wissen willst, was der Richard wirklich von diesen Dingen hält, liess diesen Artikel. Hier hat er endlich seiner Feder einmal freien Lauf gelassen. Sonst nimmt er immer auf alle möglichen Leute und Institutionen Rücksicht, wenn er sich schriftlich äußert.

von der Feder leben (können) *form* · to (be able to) earn/make a living from one's writing/pen

Wer kann heute schon von der Feder leben? Ein halbes Dutzend Leute! Alle andern sogenannten freien Schriftsteller haben doch einen 'Nebenberuf' – der nicht selten ihr 'Hauptberuf' ist.

eine gewandte Feder schreiben *form selten* – die **Feder** zu führen wissen · to know how to wield a pen, to know how to write (well)

aus js. **Feder stammen/(sein/**geflossen sein) *form* · to be from the pen of s. o., to be written by s. o.

Der heutige Leitartikel stammt aus der Feder des Chefredakteurs. Bei wichtigen Anlässen redigiert er selbst.

die/js. **Feder sträubt sich**, etw. **niederzuschreiben/...** *form* – *path* · + to be reluctant to write s. th. down/to put pen to paper/..., to hesitate to put pen to paper/...

... In dem Protokoll hatte ich alles festzuhalten, was im Laufe der Auseinandersetzung gesagt worden war. Aber bei manchem von dem, was mir dabei wieder in Erinnerung kam, sträubte sich mir die Feder, es niederzuschreiben. So häßlich war das, so kleinlich! Aber auch dies mußte schriftlich festgehalten werden.

Federball: auf den Federball gehen *scherzh selten oft zu Kindern* · off to bed!

So, meine Lieben, jetzt gehen wir auf den Federball. Es ist 9 Uhr. – Ach, Mama, laß uns doch noch eine halbe Stunde Fernsehen gucken!

federleicht: federleicht sein · to be as light as a feather

Du kannst diese Tasche nicht tragen? Die ist doch federleicht! Sie wiegt höchstens drei Kilo.

Federlesens: ohne viel Federlesens/(ohne langes Federlesen) jm. **die Meinung sagen/...** · to tell s. o. what one thinks without beating about the bush, to tell s. o. what one thinks straight out

Du nimmst viel zu viel Rücksicht auf seine Empfindlichkeiten! Der muß klar und deutlich hören, daß es so nicht weitergehen kann. Wenn du es nicht willst oder nicht kannst, werde ich ihm ohne viel Federlesens die Meinung sagen.

nicht viel Federlesens (mit jm.) **machen** · 1. he/John/... does not mess around, 2. not to mess around with s. o., not to waste time with s. o.

1. Unser Lehrer macht im allgemeinen nicht viel Federlesens, wenn wir unsere Hausaufgaben nicht gemacht haben. Er gibt uns zum nächsten Mal die doppelte Arbeit auf, und damit hat sich's.

2. Mit solchen Schurken macht man nicht viel Federlesens! Die gehören ins Gefängnis und Schluß!

zu viel Federlesens (mit jm.) **machen** *selten* · to be (far/...) too lenient with s.o., to make (far/...) too much of a fuss about s.o./s.th.

(Ein Polizeichef zu dem Innenminister:) Herr Minister, wenn man mit diesen Schlägertrupps fertigwerden will, muß man rücksichtslos durchgreifen. Die Regierung macht viel zu viel Federlesens mit diesen Leuten! – Wir leben in einem Rechtsstaat. Da kann man nicht – wie in einer Diktatur – mit den Gegnern einfach kurzen Prozeß machen.

Federn: ab in die Federn! *ugs* · off to bed!

Es ist fast neun Uhr, Kinder. Ab in die Federn! – Laß uns doch noch zehn Minuten aufbleiben!

raus aus den Federn! *ugs* · rise and shine!, up you get!

»Was?!«, rief sie, als sie gegen elf Uhr ins Schlafzimmer ging und ihren Manfred immer noch gemütlich im Bett liegen sah, »was?!, immer noch in der Falle? Raus aus den Federn! Es ist bald Mittag!«

schon/... aus den Federn sein *ugs* – ≠ noch/... in den **Federn** stecken/liegen/(sein) · to be already up and about

früh aus den Federn müssen/wollen/... · to (have to) get up early

So, es ist zwar erst acht Uhr, aber ich lege mich hin. Morgen muß ich früh aus den Federn. Um sieben Uhr muß ich schon in Mannheim sein.

jn. aus den Federn holen *ugs* · to get s.o. out of bed, to drag s.o. out of bed

Die Kleine hat über 40° Fieber. So leid es mir tut, da müssen wir den Dr. Brenner aus den Federn holen. Er ist schon so lange Jahre unser Kinderarzt, da kann er es doch nicht übelnehmen, wenn wir ihn in einem so dringenden Fall aus dem Bett läuten.

(morgens/...) nicht aus den Federn kommen/(finden/finden können/können) *ugs* · not to (be able) to get up in the morning/... *n*

Das hab' ich gern! Abends wollt ihr nicht ins Bett und morgens kommt ihr dann nicht aus den Federn. Ihr solltet euch schämen! Jetzt ist es zehn Uhr, und ihr liegt immer noch im Bett.

aus den Federn kriechen *ugs* · to crawl out of bed

Zehn Uhr, meine Liebe, und erst jetzt kriechst du aus den Federn? – Ich habe heute nacht bis drei Uhr an der Übersetzung gearbeitet; da werd' ich doch noch bis zehn Uhr im Bett bleiben dürfen.

in die Federn kriechen *ugs* · to hit the hay/sack, to slip between the sheets

So, noch ein Gläschen, und dann werde ich in die Federn kriechen. – Bleib' doch noch ein bißchen auf, es ist so gemütlich heute.

Federn lassen müssen · 1. to take a hammering, to have to concede defeat, to get mauled, 2. (to have to) suffer, (to have to) make sacrifices

1. Wie erwartet, war es ein äußerst hartes Spiel, und wie schon so manche Mannschaft vor uns, so mußte auch unsere Elf im Waldberg-Stadion Federn lassen. Wir können mit dem 1 : 2 sogar noch zufrieden sein, es hätte weit schlimmer kommen können.
2. Meine Damen und Herren, wenn die angekündigten Sparmaßnahmen nicht leere Worte bleiben sollen, muß jede Berufsgruppe Nachteile in Kauf nehmen. – Herr Minister, mir scheint, zunächst müssen die Federn lassen, die bisher am wenigsten Opfer gebracht haben.

sich mit fremden Federn schmücken · to adorn o.s. in borrowed plumes, to claim all the glory/kudos for o.s., to claim the credit (for s.th.) undeservedly

Also, meine lieben Freunde, wir haben entdeckt, daß ... – Wir?? Hast du da neuerdings auch mitgearbeitet? Hast du auch Entdeckungen gemacht? Diese Manie, sich mit fremden Federn zu schmücken!

noch/... in den Federn stecken/liegen/(sein) *ugs* · to be still in bed *n*

Was, die Christiane steckt immer noch in den Federn? Wann will sie denn aufstehen?

von den Federn aufs Stroh kommen *veraltend selten* – vom **Pferd** auf den Esel kommen · to come down in the world, to fall on hard times, to have seen better days

Federstrich: keinen Federstrich tun *selten* – keinen **Finger** krümmen/krumm machen (für jn./etw.) (1) · not to do a tap, not to do a stroke of work, not to lift a finger, not to do a hand's turn

etw. mit einem (einzigen)/(durch einen) Federstrich ändern/rückgängig machen/zunichte machen/auslöschen/... · to change/to cancel/... s.th. with a single stroke of the pen

Mit einem Federstrich machte der Generaldirektor die Entscheidung der Abteilungsleiter rückgängig, in Zukunft die Mittagspause um eine Viertelstunde zu verlängern. Das war eine Sache von einer Minute: er schrieb unter die entsprechende Hausmitteilung 'nicht genehmigt, Brodel', und damit war die Angelegenheit erledigt.

etw. kann man nicht/läßt sich nicht/... mit einem Federstrich aus der Welt schaffen/... · (not to be able) to abolish s.th. with a mere stroke of the pen

... Natürlich können wir gegen diese Unsitte eine Verfügung erlassen .... Aber das ist in diesem Land ein Übel, das sich seit Generationen tief eingefressen hat; das kann man nicht mit einem Federstrich aus der Welt schaffen. Da sind Anstrengungen von Jahren nötig.

mit ein paar Federstrichen skizzieren/... · to sketch s.th. with a few strokes of the pen

... Könnten Sie mir nicht mal mit ein paar Federstrichen die Grundlinien skizzieren? So auf zwei, drei Seiten? Damit ich eine Vorstellung davon gewinne, worum es bei der Sache im wesentlichen geht.

Feez: Feez machen *ugs* · 1. to lark around, to have a rave-up, to let it all hang out, 2. to mess about/around *n*, to fool about/around *n*

1. Auf, Leute, heute abend lassen wir mal wieder ordentlich die Sau raus! – Ich hätte Bock, mal wieder so richtig Feez zu machen und auf den Putz zu hauen.
2. vgl. – **Unsinn** machen

Fehde: eine (literarische/...) Fehde (mit jm.) **ausfechten** *form* · to carry on a literary/... feud with s.o.

Eine Sache ist es, eine literarische Fehde mit jemandem auszufechten, eine andere, sich über Wochen gegenseitig in der Zeitung zu beschimpfen.

in Fehde liegen (mit jm.) *form selten* – mit jm. im/(in) **Streit** liegen · to be at loggerheads with s.o., to have/to be having/... a feud with s.o.

Fehdehandschuh: den Fehdehandschuh aufnehmen/aufheben *lit* · to take up the gauntlet

... Sein Gegner hatte keine andere Wahl: er mußte den Fehdehandschuh aufnehmen. Das war der Anfang einer langjährigen blutigen Auseinandersetzung. – Mußte er wirklich auf die Provokation eingehen?

jm. den Fehdehandschuh hinwerfen/vor die Füße werfen/(ins Gesicht schleudern) *lit* · to throw down the gauntlet

Lange hatte der Konflikt zwischen den beiden geschwelt, bis der Gerd in einer Zornesaufwallung dem Rudolf den Fehdehandschuh vor die Füße warf. Er provozierte ihn mit dem Vorwurf, er sei ein verkappter Kommunist. Damit war die Auseinandersetzung offiziell geworden.

Fehl: ein ... ohne Fehl *form* – *path selten* – ein ... ohne **Fehl** und Tadel · a man/woman without blemish or blame

ein ... ohne Fehl und Tadel *form* – *path* · a man/woman without blemish or blame

Sage mir nichts gegen den Manfred! Ich kenne ihn nur als einen Menschen ohne Fehl und Tadel. Nie habe ich das Geringste an ihm auszusetzen gehabt.

Fehlanzeige: Fehlanzeige *dir. R ugs* · 1. 2. no go, 1. no luck, 2. nothing doing, no chance

1. ... Haben Sie schon mal versucht, ihn telefonisch zu erreichen? – Schon drei Mal! Jedesmal Fehlanzeige!

2. ... Und? Hat Vater die Genehmigung nun endlich bekommen? – (Wieder) Fehlanzeige! – Verdammt nochmal! Irgendwann müssen sie ihm die doch geben.

fehlen: an jm./e-r S. **soll es nicht fehlen** · 1. 2. 3. there will not be any shortage/lack of s.th./s.o., there will be plenty of s.th./s.o.

1. Wir brauchen für die Vorbereitung der Feier wenigstens sechs Mann. – An Leuten soll es nicht fehlen. Ich kann euch von der Firma ein Dutzend Mitarbeiter zur Verfügung stellen.
2. Sie brauchen für den Rest des Schwimmbeckens noch wenigstens 1.000 Sack Zement, sagen Sie? Nun, an Zement soll es nicht fehlen. Ich lasse die 1.000 Säcke morgen kommen. Ich hoffe, Ihre Leute arbeiten dann aber auch ein wenig zügiger als bisher, und das Becken ist zum vorgesehenen Termin fertig.
3. An Anstrengung soll es nicht fehlen. Wenn die Arbeitsbedingungen nicht allzu schlecht sind, wird also alles wie geplant fertigwerden. Wir werden jedenfalls tun, was wir können.

es fehlen lassen an etw. · 1. + to want for nothing (from s.o.), + to do everything for s.o., 2. to lack s.th.

1. Ich verstehe gar nicht, warum der Junge unbedingt von Zuhause fort will. Die Eltern lassen es doch gerade ihm gegenüber an nichts fehlen. – Ja, er hat alles, was er braucht, mehr als das. Aber es scheint, sie verstehen ihn nicht so richtig.
2. Was haben die Nußbaums denn neuerdings gegen den Meinhard? – Der Meinhard läßt es einfach zu häufig an Takt/Entgegenkommen/... fehlen. Schon mehrere Male hat er sich jetzt dort daneben benommen; und irgendwann geht ihnen natürlich die Geduld aus.

Fehler: ein (dicker) Fehler · a serious/glaring/disastrous/... mistake/error

Wenn du dir am Ende dieser Arbeit nicht noch diesen dicken Fehler geleistet hättest, wäre sie eine gute Note besser. Auch ein leichter Schnitzer hätte nicht viel verdorben – aber so ein schwerer Fehler ...

fehlgehen: (wohl) (nicht) fehlgehen in der Annahme/... (not) to be wrong in assuming/supposing/(...) that ...

Wenn die beiden schon eine gemeinsame Wohnung gemietet haben, gehe ich ja wohl nicht fehl in der Annahme, daß die Hochzeit nicht mehr lange auf sich warten läßt.

Fehlgriff: einen Fehlgriff tun *form* · to make a wrong/ bad/(...) choice

Mit dem Kellermann haben wir einen Fehlgriff getan. Der paßt nicht in unsere Equipe. – Ja, leider. Wo es so viele andere gute Bewerber gab ...

fehlschlagen: fehlschlagen · to fail, + to come to nothing, + to get nowhere, to go wrong

... Gut, ein Mal versuchen wir es noch, juristisch gegen diese Erpressung vorzugehen. Wenn dieser Versuch wiederum fehlschlägt, müssen wir es aufgeben und den Betrag zahlen – so ungerecht das auch ist.

fehlt: (jetzt) **fehlt nur noch, daß** ... noch/auch noch/.../es fehlt jetzt nur noch, daß ... noch/auch noch/... *ugs* · all I/we/... need now is ...

Mein Gott, nehmen diese Leute Preise! Jetzt fehlt nur noch, daß sie für ihre jämmerliche Arbeit auch noch eine Extraprämie verlangen!

bei dir/ihm/... fehlt oben etwas *sal selten* – nicht (so) (ganz/ (recht)) bei **Trost** sein (1; a. 2) · + s.o. has got a screw loose, + s.o. has bats in the belfry

wo fehlt's (denn)?/wo fehlt es (denn)? *ugs* · what's the problem?, what's the matter?

... Na, Frau Briesemeister, wo fehlt es denn? Das Atmen macht Ihnen Schwierigkeiten, sagen Sie. Da wollen wir die Lunge einmal gründlich untersuchen ...

woran fehlt's (denn)?/woran fehlt es (denn)? *ugs* · what's the problem?, what's the trouble?, what's wrong?, what's up?

... Sie haben mich gebeten, an der Sitzung teilzunehmen, da einige heikle Probleme zur Debatte stehen. Was kann ich für Sie tun? Woran fehlt's? – Herr Direktor Lange, das Essen in der Kantine ist in letzter Zeit einfach nicht mehr genießbar ...

bei dir/ihm/... fehlt's wohl im Kopf *sal selten* – nicht (so) (ganz/(recht)) bei **Trost** sein (1) · + s.o. must be round the twist/round the bend/..., + s.o. must be out of his mind

an jm./etw. **fehlt es nicht** – an jm./etw. ist kein **Mangel**/(gibt es keinen Mangel) (1, 2, 3, 4) · there is no shortage of s.th./s.o., there is no lack of s.th./s.o., there is/are plenty of s.th./s.o.

das fehlte (jm.) (gerade) **noch** (daß ...)! *ugs* · that's all I/ he/... need/needs (that ...)

Das fehlte gerade noch, daß ich dich für deine Faulheit noch belohne! Sonst hast du keine Wünsche mehr, was? Von wegen! Erst arbeitest du mir jetzt, wie es sich gehört, und dann kommst du mir mit Bitten um Geld!

das fehlte mir/uns/(ihm/...) **gerade noch!** *ugs* · that's all I/ we/he/... need(s)

Seit Monaten versuche ich, meine Schulden loszuwerden, und jetzt dieser Unfall mit den hohen Reparaturkosten. Das fehlte mir gerade noch!

es fehlte nicht viel, und j./etw. **wäre/hätte** ... · he almost hit/... him/...

... Ich habe den Alten wohl noch nie so wütend gesehen. Was hat der den Küppers angeschnauzt! Es fehlte nicht viel, und er hätte den Mann geohrfeigt.

es fehlte (nur) wenig, und j./etw. **wäre/**hätte ... – (eher:) es **fehlte** nicht viel, und j./etw. wäre/hätte ... · he almost hit/... him/...

Fehltritt: einen Fehltritt begehen/(tun) *form* · to make a slip, to commit an indiscretion

... Mein Gott, wenn so ein Mädchen mal einen Fehltritt begeht – darüber kann man doch hinwegsehen! Du warst doch in deinen jungen Jahren auch nicht gerade eine Heilige!

Fehlzündung: das/(etw.) war eine Fehlzündung (bei jm.) *sal* – falsch/(richtig) **geschaltet** haben (bei/als/...) · + s.o. did not (quite/...) catch s.th., + s.o. misunderstood s.th., + s.o. got the wrong end of the stick

Fehlzündung haben *sal* – bei jm. steht jemand/einer auf der **Leitung** · to be slow on the uptake, not to react

Feier: zur Feier des Tages ... *ugs* · to mark/to celebrate the occasion

Meine Damen und Herren, ein fünfzigjähriges Jubiläum hat man nicht alle Tage. Zur Feier des Tages stifte ich für die Belegschaft ein Faß Bier und 500 Flaschen Wein; außerdem ist um 12 Uhr Dienstschluß.

Feierabend: Feierabend! *ugs* – **Schluß!** · that's it for today

jetzt/dann/... **ist Feierabend** (mit etw.) *ugs* – jetzt/dann/... ist **Schluß** (mit etw.) · that'll be it, that's it, that's enough of this laziness/...!

(für heute/...) (mit etw.) **Feierabend machen** *ugs* – **Schluß** machen (mit jm./etw.) (1) · to stop work/...

feierlich: schon nicht mehr feierlich sein *ugs* · 1. 2. it's/s.th. is beyond a joke

1. Was sich der Schramberg in letzter Zeit an Unregelmäßigkeiten, ja an Frechheiten erlaubt, ist schon nicht mehr feierlich. Ich habe ja allerhand Verständnis für junge Leute; aber er treibt es wirklich zu weit.
2. Was die hier für Preise nehmen, ist schon nicht mehr feierlich. Ein Spezialgeschäft ist natürlich teurer als der Kaufhof, aber das hier geht doch zu weit.

feiern: krank feiern · 1. 2. to be off, to take a day/a week/... off sick

1. Nein, dem Erich ging es in den letzten beiden Jahren wirklich nicht gut. Er hat in dieser Zeit wenigstens sechs Monate krank gefeiert. – Und hat er keine Schwierigkeiten in der Firma, wenn er so lange fehlt?
2. Herr Schulze, warum feiern Sie eigentlich immer montags krank? Wenn Sie mal an anderen Tagen blau machen würden, fiele es weniger auf, daß Sie kerngesund sind.

Feiertagen: (nur) **an hohen (kirchlichen) Feiertagen** *iron selten* · to see s.o./... once in a blue moon

Siehst du deinen Bruder oft? – Nein, nur an hohen Feiertagen: an diesem oder jenem Geburtstag, Ostern oder Weihnachten, hin und wieder auch mal bei einem gemeinsamen Besuch irgendwo. Wie du siehst: nur selten und bei besonderen Anlässen.

Feigenblatt: ein Feigenblatt für etw. **sein/**jm. als Feigenblatt für etw. dienen *ugs – form selten* · to serve as a front for s.th. *n*, to serve as a cover for s.th. *n*

... Ach, wenn sich der Außenminister vor dem parlamentarischen Ausschuß bestätigen läßt, daß es sich in Brasilien um einen demokratischen Rechtsstaat handelt, dann dient ihm das doch lediglich als Feigenblatt für die Verhandlungen wegen des Atomkraftwerks. Die wirtschaftlichen und militärischen Interessen – die allein zählen! Sie sollen durch dieses demokratische Gerede getarnt werden.

Feile: (noch) **die letzte Feile anlegen** (müssen) (an etw.) *selten* – (noch) letzte **Hand** anlegen (müssen) · to (have to) put the finishing touches to s.th.

Feind: (dann/mal) **ran an den Feind!** *ugs* – ran an die **Gewehre!** · get down to it!, get cracking!

ein geschworener/(abgesagter) Feind von etw. **sein** *path selten* · to be an avowed/declared enemy of s.th.

Der Prof. Drecker ist ein geschworener Feind von großen Theorien. Wenn du ihm deine Staatsarbeit schreibst, mußt du alles, was du sagst, durch konkrete Analysen stützen.

das/etw. **wünsche ich/**wünscht er/... **meinem/**seinem/... **ärgsten Feind(e) nicht** *path* · I/you/one wouldn't wish it on my/... worst enemy

Die Schwierigkeiten, die ich in den letzten Jahren hatte, die Gemeinheiten, die ich erleben mußte, den Unverstand und die Härte – all das wünsche ich meinem ärgsten Feinde nicht.

sich Feinde machen · to make enemies

... Georg, jetzt reiß' dich mal etwas zusammen! Wenn du die Leute immer nur vor den Kopf stößt, machst du dir nur Feinde.

Feindeshand: in Feindeshand fallen *form* · to fall into the hands of the enemy

Besser in der Schlacht getötet werden als in Feindeshand fallen – das war die Devise zahlreicher Heere und Heerführer die ganze Geschichte hindurch.

Feindschaft: eine Feindschaft auf Leben und Tod *path* · it/s.th. is deadly enmity, it/s.th. is life and death hostility

Hat sich die Auseinandersetzung zwischen den beiden nicht wieder eingerenkt? – Nein, das kann sich auch nicht mehr einrenken, das ist eine Feindschaft auf Leben und Tod geworden. Wenn wir noch im 19. Jahrhundert lebten, hätte der eine den anderen längst zu einem Duell herausgefordert.

(dauernd/...) **in Feindschaft mit** jm. **liegen/leben** *form* · to live in (constant/...) enmity, to be (constantly/...) at enmity with s.o.

Ist es nicht besser, ihr trennt euch, als daß ihr ständig in Feindschaft miteinander lebt?

Feindseligkeiten: die Feindseligkeiten (auf beiden Seiten/...) **einstellen** · to cease hostilities on both sides/...

... Wenn die Feindseligkeiten auf beiden Seiten eingestellt würden ... – Ja, da liegt das Problem: keiner will den ersten Schritt tun; jeder hat Angst, der andere nutzt das aus.

feinmachen: sich feinmachen – sich fein **machen** · to get dressed up

Feinsten: vom Feinsten sein *path* · 1. to be the very best material/..., to be the best quality, 2. to be quality brandy/wine/..., to be superlative

1. Hallo! Maria, du trägst ja ein tolles Kleid heute! Das ist ja ein Stöffchen vom Feinsten!

2. ... Dieser Cognac ist wirklich vom Feinsten! Es ist lange her, daß ich so einen guten Tropfen getrunken habe.

Feld: ein geschlossenes Feld/das Feld ist geschlossen *Sport: Rennen* · the field is bunched up, + the runners/... are bunched up

(Aus einer Reportage über einen 10.000-Meter-Lauf:) Dritte Runde. Das Feld ist immer noch geschlossen. Vorne Pavlok, Nanni und Breitner; direkt dahinter eine Gruppe von neun Läufern ... Bisher hat es noch keinen Ausreißversuch gegeben. Das Rennen ist also noch völlig offen ...)

(..., aber/...) **das/**etw. **ist ein weites Feld** · but/... that/it is a big subject, but/... that/it is a wide field/too wide a field

... Wenn man ausführlicher über die Beziehungen Frankreichs zu den afrikanischen Ländern spricht, müßte man natürlich das Problem des Kolonialismus mit einbeziehen. Aber das ist ein weites Feld. Dazu wäre manches zu sagen. Heute abend will und kann ich darauf nicht eingehen ...

noch ein weites Feld für Entdeckungen/Vermutungen/... **sein** · there is still considerable/great scope for exploration/research/..., there is still a wide field for discoveries/breakthroughs/...

Man sagt, die Dermatologie sei noch ein weites Feld für Entdeckungen. – Also, dann mal ran! Wenn auf dem Gebiet noch so viel zu machen ist, muß es bei den glänzenden Arbeitsbedingungen in eurem Institut doch ein leichtes sein, etwas Schlüssiges herauszubringen.

übers freie Feld gehen/laufen/... · to go/to cut/... across country

Ist es erlaubt, einfach so übers freie Feld zu laufen? – Wenn wir nichts kaputtmachen ...

auf freiem Feld übernachten/campieren/... · to sleep out in the open, to camp out/...

Wo habt ihr denn übernachtet? – Wir hatten nichts vorbestellt und haben dann in der Tat kein Hotelzimmer mehr gefunden. So mußten wir auf freiem Feld schlafen. – Gab's denn keinen Wald in der Nähe?

das Feld behaupten/(behalten) · to win the day, to win the point, to stand one's ground

Habt ihr gestern noch lange weiterdiskutiert? – Bis zwei Uhr nachts. – Und wessen Meinung hat sich durchgesetzt? – Der Thorsten hat einmal wieder das Feld behauptet. Nach langem und erregtem Hin und Her haben sich endlich alle seiner Meinung angeschlossen; einer nach dem andern gab seinen Widerstand nach und nach auf.

das Feld beherrschen · to be in command of the field, to dominate

... Da wird ja heftig diskutiert, und wie es scheint, stehen sich fähige Opponenten gegenüber. – Das sieht aber nur so aus. Wenn du näher hinsiehst, merkst du, daß der Kanzler das Feld souverän beherrscht. Er ist die dominierende Figur, das merkt man bei jeder Kleinigkeit. Und er weiß die Diskussion in jedem Augenblick in seinem Sinn zu steuern.

auf dem Feld(e) der Ehre fallen *path veraltend selten* · to fall on the combat/field of honour, to be killed in combat/action

Die Zahl der Todesopfer im Zweiten Weltkrieg war horrend. Millionen und Millionen sind allein auf dem Felde der Ehre gefallen; Millionen starben als Zivilisten.

durch Feld und Flur streifen/(...) *form veraltend selten* · to roam/to rove/... over field and meadow *lit*

... Wodurch seid ihr gestreift? Durch Feld und Flur? Das ist aber schön! Du liest wohl zurzeit viele Bücher aus der Zeit der Romantik, was? – Wieso? – Na, ich streif' höchstens durch Wiesen und Felder ...

Argumente/Gründe/... **ins Feld führen** · to put forward arguments/..., to bring arguments/... to bear

Bei der Diskussion um das neue Schwangerschaftsgesetz wurden alle möglichen Argumente für oder gegen die sogenannte 'soziale Indikation' ins Feld geführt. Die einen gaben an ...

ins Feld gehen *path veraltend selten* – an die **Front** gehen/müssen/wollen · to go to the front

ins Feld hinausziehen *path veraltend selten* – an die **Front** gehen/müssen/wollen · to go to the front

das Feld hinter sich lassen *Rennen o. ä.* · to leave the rest of the field behind one

(Aus einer Reportage über einen 10.000-Meter-Lauf:) Zwei Mal schon hat Nanni einen Ausreißversuch gestartet, und ein Mal sah es so aus, als würde er das (übrige) Feld hinter sich lassen. Aber schon nach 100 Metern hatten die anderen aufgeschlossen. Es ist also noch alles offen ...

ein weites Feld liegt (noch) **vor** jm. *form* · there is (still) a wide field ahead of me/...

Sind deine Untersuchungen schon ziemlich weit fortgeschritten, siehst du schon ab, worauf sie hinauslaufen? – Nein, ich stehe noch im Anfangsstadium. Es liegt noch ein weites Feld vor mir. Die weiteren Forschungen können noch in die verschiedensten Richtungen gehen.

jm. **das Feld streitig machen** (wollen/...) *form* · to (try to) compete with s.o., to challenge s.o.'s position

Seit 20 Jahren arbeitet er über die sprachlichen Beziehungen zwischen Portugal und Brasilien, und seit langem gilt er als 'die' Autorität auf diesem Gebiet. Aber neuerdings suchen ihm zwei Nordamerikaner das Feld streitig zu machen: sie publizieren eine ganze Reihe guter Arbeiten zu dem Thema, und nicht nur das: sie attackieren seine Position mit gut dokumentierten Argumenten.

das Feld räumen (müssen) · 1. to (have to) beat a retreat, to (have to) quit the field, to (have to) withdraw, 2. to (have to) give way to, to (have to) back down

1. Ach, ihr habt das Heim ab 8 Uhr gemietet? – Ja. – Hm, dann müssen wir wohl oder übel das Feld räumen. Kommt, Peter, Monika, Gerda, ... wir müssen uns einen anderen Ort für unseren Diskussionsabend suchen.
2. Jetzt diskutiert ihr doch schon seit Wochen hin und her, und plötzlich sagst du: »meinetwegen können sie entscheiden, was sie wollen«? Nachdem du einmal so lange eine bestimmte Meinung verfochten hast, solltest du das Feld nicht so ohne weiteres räumen. Sonst meinen die, sie brauchten bloß lange genug zu diskutieren, um machen zu können, was sie wollen.

ins Feld rücken *path veraltend selten* – an die **Front** gehen/müssen/wollen · to go to the front

jn. **aus dem Feld(e) schlagen** *ugs* · to beat s.o., to drive s..o. from the field *mil*

Über 15 Leute haben sich um die Stelle beworben, aber der Moritz hat alle Konkurrenten aus dem Felde geschlagen. – Er hat sehr gute Zeugnisse, macht persönlich einen blendenden Eindruck, versteht es, seine Ansichten glänzend zu formulieren – kein Wunder, daß er sich gegen die anderen durchsetzt.

im Feld stehen *path veraltend selten* – an der **Front** (sein) (1) · to be at the front

jm. **das Feld überlassen** (müssen) · 1. 2. to (have to) leave the field to s.o., to (have to) give way to s.o., 3. to (have to) beat a retreat, to (have to) quit the field, to (have to) withdraw

1. Jetzt weiß ich, warum er seinem Rivalen das Feld überlassen hat: er wendet seine Aufmerksamkeit neuerdings einer anderen Schönheit zu.
2. Nachdem du so lange deine Meinung mit allen möglichen Argumenten verfochten und alle Aussichten hast, die Auseinandersetzung zu deinen Gunsten zu entscheiden, solltest du deinen Opponenten jetzt nicht das Feld nur deshalb überlassen, weil du keine Lust mehr hast weiterzukämpfen.
3. vgl. – (eher:) das **Feld** räumen (müssen) (1)

jn. **vom Feld weisen/stellen** *form selten* – jn. vom **Platz** stellen/(verweisen/weisen) · to send s.o. off

ins Feld ziehen *path veraltend selten* – an die **Front** gehen/müssen/wollen · to go to the front

ein Feld- Wald- und Wiesenarzt/-anwalt *ugs* · a common-or-garden doctor/lawyer/...

Mit diesem Problem solltest du nicht einen Feld-, Wald- und Wiesenarzt aufsuchen; damit solltest du zu einem kompetenten Mann gehen, zu einem Arzt, der sich auf diesem Gebiet spezialisiert hat.

zu Felde ziehen für/gegen etw. *path* · to crusade for/against s.th., to campaign for/against s.th.

Nein, er hat partout keine Lust, für oder gegen den Umweltschutz zu Felde zu ziehen. Er meint, bei der kommodistischen Verbrauchermentalität, die nun einmal herrsche, sei das sowieso aussichtslos. Aber wenn wir wollten, könnten wir ja für unseren Standpunkt kämpfen, Anhänger dafür zu gewinnen suchen ...

Feldpostnummer; von der ander(e)n Feldpostnummer sein *sal selten* – (ein Kollege/...) von der ander(e)n **Fakultät** (sein) · to be one of them, of the other persuasion

Fell: dir/euch/(ihm/...) **juckt wohl das Fell?!** *ugs* · he/you/... is/are asking for it/a good hiding

Dir juckt wohl das Fell, was?! Wenn du mich auch nur noch ein bißchen herausforderst, bekommst du deine Tracht Prügel, die du offenbar unbedingt haben willst.

ein dickes Fell haben *ugs* · to be thick-skinned

Was die dem alten Hutzel alles gesagt haben! Da wäre jeder andere beleidigt gewesen. Aber er hörte sich das alles ganz ungerührt an. – Ja, der alte Hutzel hat ein dickes Fell. Den bringt man so leicht nicht aus der Fassung.

nur sein eigenes Fell anhaben *ugs selten* – im **Adamskostüm/Evaskostüm** · to be wearing only one's birthday suit

sich ein dickes Fell anschaffen/zulegen *ugs* · to acquire/to grow a thick skin

Wenn du diesen Job lange durchhalten willst, mußt du dir ein dickes Fell zulegen. Wer ein schwaches Nervenkostüm hat und sich schnell aufregt, geht da sehr bald vor die Hunde.

das Fell des Bären verkaufen/(vertreiben)**, ehe man ihn erlegt hat/**(ehe/bevor man den Bären hat/ehe/bevor man ihn gefangen hat) · to count one's chickens before they're hatched

... Von dem Honorar kaufen wir uns dann einen neuen Wagen, machen eine Griechenlandreise ... – Erst mußt du das Buch mal fertigstellen und das Geld bekommen. Man soll das Fell des Bären nicht verkaufen, ehe man ihn erlegt hat.

jm. **das Fell gerben** *ugs* – jm. das **Fell** vollhauen · to beat s.o. up, to beat the living daylights out of s.o.

nur (noch)**/nichts als/**... **Fell und Knochen sein** *ugs selten* – nur (noch)/nichts als/... **Haut** und Knochen sein/nur noch aus ... bestehen · to be nothing but skin and bones

ein dickes Fell kriegen/(bekommen) *ugs* · to become thick-skinned

... Wenn du jeden dritten Tag einen Anschnauzer oder einen Rüffel bekommst, dann kriegst du ganz von selbst ein dickes Fell! Ein empfindlicher Mensch würde es in diesem Laden keine drei Wochen aushalten.

sein Fell für jn./(etw.) **zu Markte tragen** *ugs selten* – seine **Haut** für jn./(etw.) zu Markte tragen · to risk one's neck for s.o./s.th.

jm. **das Fell über die Ohren ziehen** *ugs* · to 'do' s.o., to fiddle s.o., to fleece s.o.

Wieviel hast du für diesen »Perserteppich« gezahlt? – 7.800,– Mark. – Da haben sie dir ja fein das Fell über die Ohren gezogen. – Wieso? – Das ist ein »Perserteppich« hier aus Offenbach; bei Holtkamps bekommst du genau denselben – als echten deutschen Markenteppich – für knapp die Hälfte.

das Fell versaufen *sal selten* · to see the corpse off and get pissed, to drink to s.o.'s memory *after the funeral n*

Also, seine Beerdigung war um 10 – und anschließend habt ihr das Fell versoffen, vermute ich. – Klar, das kannst du dir ja denken. Im Sinne des Verstorbenen haben wir uns anständig vollaufen lassen. Übrigens war das Essen auch nicht zu verachten. Seine Alte war da knauserig.

jm **das Fell versohlen** *ugs* · to tan s.o.'s hide

Wenn ihr euch weiterhin solche Frechheiten erlaubt, muß ich euch einmal das Fell versohlen. Wenn ihr euch jetzt nicht anständig benehmt, spanne ich euch übers Knie, da könnt ihr Gift drauf nehmen.

jm. **das Fell vollhauen** *ugs* · to beat s.o. up *n*, to beat the living daylights out of s.o.
Er ist furchtbar eifersüchtig auf jeden Verehrer seiner Schwester. Jedem droht er an, daß er ihm das Fell vollhaut, wenn er sie nicht in Ruhe lasse.

jm. **schwimmen die/alle Felle davon/weg** *ugs* · all his/... hopes are dashed *n*, all his/... plans fail *n*, all his schemes/... have come to nothing *n*
... Er hatte eine ganze Reihe glänzender beruflicher Chancen. Aber ihm sind alle Felle davongeschwommen – eine Sache nach der anderen zerschlug sich. Er war geradezu vom Pech verfolgt.

aussehen/..., **als wären einem alle Felle weggeschwommen/ davongeschwommen** *ugs selten* – aussehen/..., als wäre einem die **Butter** vom Brot gefallen · to look as if the bottom has dropped out of one's world

seine Felle davonschwimmen/wegschwimmen sehen *ugs* · to see (all) one's hopes dashed *n*, to see all one's schemes/... come to nothing *n*
... Er hatte sich Hoffnungen gemacht, als Nachfolger von dem Hübner Abteilungsleiter zu werden. Aber jetzt stellt er fest, daß die Firmenleitung die Stelle ausgeschrieben hat, und er sieht seine Felle davonschwimmen. Er hat schließlich kein Universitätsexamen, und bei einer Ausschreibung hat er nur geringe Aussichten.

Fels: fest wie ein Fels(sein) *path selten* · (to be) as solid as a rock
Den Walter kann auch die schrecklichste Situation nicht aus der Ruhe bringen. Er ist fest wie ein Fels. Selten sieht man so einen unerschütterlichen Charakter.

wie ein Fels (in der Brandung) **dastehen** *path* · to stand fast, to hold one's ground
Bei dem Ausbruch des Feuers suchten alle ihr Heil in wilder Flucht. Das Durcheinander war unbeschreiblich. Nur sein Vater stand da wie ein Fels. Unerschütterlich.

Fenster: bevor j. etw. tut/..., **springt er lieber aus dem Fenster** *ugs selten* – jn. läßt sich lieber/eher **begraben**, als daß er ... · s.o. would rather die/top himself/stick his head in the oven/... than do s.th.

weg vom Fenster sein *ugs Neol* · to be out of it
... Ja, mein Guter, hier mußt du mithalten, die Zeichen der Zeit erkennen, den neuen Strömungen Ausdruck verleihen, ehe sie da sind – sonst bist du im Nu weg vom Fenster. Wie der große Erich: gestern noch ein gefeierter Politiker, heute redet kein Schwanz mehr von ihm.

sich mit etw. (zu) weit aus dem Fenster hängen *ugs Neol* · to stick one's neck out too far, to take too big/... a risk *n*
... In dieser prekären Übergangsphase will natürlich jeder Vorschlag aufs sorgfältigste bedacht sein. Wer oder was heute zählt, kann schon morgen überholt sein. Es wird sich also jeder hüten, sich mit konkreten Vorschlägen/Plänen/Festlegungen (zu) weit aus dem Fenster zu hängen.

den Eindruck haben/sich vorkommen/..., **als redete/(spräche) man zum Fenster hinaus** *ugs* · + it is like/... talking to a brick wall
Verflixt nochmal! Wann hört ihr denn endlich zu?! Hier kommt man sich ja vor, als redete man zum Fenster hinaus/als ob/wenn man zum Fenster hinausspräche/hinausredete.

meinst du/meint ihr/... **denn**/glauben Sie etwa/... **ich**/er/... **redete/(spräche) zum Fenster hinaus?!** *ugs* · do you/they/... think I/he/... am/is/... talking to the wall?, do you/they/... think I/he/... am/is/... talking just for the fun of it?
Wenn ihr jetzt nicht zuhört und macht, was ich sage, gibt's eine saftige Strafarbeit. Glaubt ihr denn, ich redete hier zum Fenster hinaus?!

etw. **ist bei** jm. **zum Fenster hinausgeredet** *ugs* · + it is waste of breath talking to s.o.
Ich habe ihm geraten ... – Dem etwas raten?! Jeder Ratschlag ist bei dem zum Fenster hinausgeredet. Der hat noch nie einen Rat auch nur im geringsten beherzigt.

Ferien: in Ferien sein · to be on holiday/vacation/leave
(Am Telephon:) Ich würde gern mit Herrn Dr. Kruse sprechen. – Tut mir leid, Herr Dr. Kruse ist in Ferien. – Wann kommt er zurück?

in Ferien gehen/fahren · to go on holiday
Wann gehst du dies Jahr in Ferien, wieder im Juni?

Ferien zum Ich machen *geh selten* · to get away from it all and find o.s. *para*
Wo verbringst du deinen Urlaub in diesem Jahr? – Dies Jahr mache ich Ferien zum Ich. Ich fahre im Oktober, außerhalb der Saison, an eine abgelegene Ecke im Algarve, allein, schwimme, gehe spazieren, lese, meditiere – kurz: versuche, endlich mal wieder zu mir selbst zu kommen.

fern: das/etw. **sei fern von mir/uns/...!** *form* – *path* · far be it from me/... to ..., heaven forbid!, nothing is/could be further from my/... thoughts
Ich sage nicht, daß du mich hintergangen oder geschädigt hast. Das sei fern von mir! Aber du hättest mich von den Schritten, die du in der Erbschaftssache unternommen hast, wenigstens informieren können.

etw. **(nur/...) von fern verfolgen**/miterleben/... · to watch s.th./to follow s.th./... (only/...) from a distance
Da ich eine größere Terminarbeit fertigstellen mußte, habe ich die politischen Ereignisse in den letzten Wochen nur von fern verfolgt. Wie war das genau da in Prag? Kannst du mir das genau erzählen?

jm. **(innerlich) fern sein** *selten* – jm. (innerlich) fern **stehen** · to feel distant from s.o.

sich **(innerlich) fern sein** – sich (innerlich) fern **stehen** · not to be on close terms with each other, not to be/to feel/... close to each other

von/(aus) **fern und nah** kommen/... – (eher:) von/(aus) **nah** und fern kommen/... · to come from near and far

nicht von ferne etw. **beabsichtigen**/... *ugs* – *path* · not to have the remotest/least/... intention of doing s.th., + nothing could be further from s.o.'s mind than to do s.th.
Hattest du nicht im vergangenen Jahr einmal vorgehabt zu heiraten? – Nicht von ferne! Nein, diese Idee ist mir bis heute noch nie ernsthaft gekommen.

Ferne: (noch/noch immer/...) in unerreichbarer Ferne sein/ (liegen) (für jn.) *ugs* – *path* · s.th. is (still/...) a long way off *n*, s.th. is (still/...) far off in the distance *n*, s.th. is (still/...) a distant prospect *n*
... Ach, Lotte! Eine Professur ist für den Norbert in unerreichbarer Ferne! Ganz abgesehen von seiner viel zu schmalen Ausbildung: es fehlen ihm die nötigen Beziehungen. Ohne einflußreiche Leute im Rücken kannst du an der deutschen Universität nichts werden!

das/(etw.) liegt noch in grauer/(nebelhafter) Ferne *path* · it/ s.th. is in the dim and distant future, it/s.th. is a long way off
Wann wollen deine Eltern nach Portugal umziehen? – Das liegt noch in grauer Ferne – wenn überhaupt etwas daraus wird. Mit 65 Jahren oder so – wenn überhaupt.

das/(etw.) liegt noch in weiter Ferne · that/it is a long way off, that/it is in the distant future
Wann wollen deine Eltern denn nach Portugal umziehen? – Das liegt noch in weiter Ferne. In 10 – 15 Jahren. Sie wollen dort ihren Lebensabend verbringen.

in die Ferne gucken/... · to look into the distance
... Sinnend stand er da am Strand und schaute in die Ferne ...

aus der Ferne schreiben/... *path* · to write/... from distant places/parts
Wenn ihr nach Südamerika fahrt, schreibt unserer Ingrid. Wenn die Post aus der Ferne bekommt, ist sie immer ganz happy.

in weite/(nebelhafte) Ferne rücken · to be almost out of reach, (the prospects of) s.th.) recede into the distance *elev*
Nach den drastischen Stellenstreichungen ist eine Professur für ihn in weite Ferne gerückt. Wer weiß, ob daraus überhaupt noch etwas wird.

in die Ferne schweifen *Gedanken/Blicke/... form – path* · to roam/to wander/to rove in the distance *elev*, to roam/to wander/... far afield *elev*

... Ja, ja, nichts schöner, als seine Gedanken so in die Ferne schweifen zu lassen! Leider ruft einen die harte Realität hier immer wieder in die nahe Umgebung zurück. – Du hast es schwer, Otto, in der Tat!

sich in der Ferne verlieren · to fade in the distance, to be lost in the distance

Hör' mal dieses Echo in den Bergen: zuerst ganz deutlich, und dann verliert es sich langsam in der Ferne.

in die Ferne ziehen *form – path* · to travel/... to distant climes, to travel/... to far-off shores

... Ich fühl' mich in Deutschland wohl. Warum soll ich in die Ferne ziehen – wo ich nicht weiß, was mich erwartet? Und dann in ein so unsicheres Land wie Peru? ...

ferner: etw./j. rangiert/... **unter 'ferner liefen'** · to be an also-ran

Und unser Rudi Pott, als wievielter ging er durchs Ziel? – Er rangierte unter 'ferner liefen'. Ich glaub', er war 35. oder 37. oder so was.

fernliegen: jm. **fernliegen** · 1. that is the last thing s.o. wanted to do, 2. the last thing s.o. wants to do is ..., + s.o. certainly does not intend to ..., + s.o. would not dream of suspecting/insinuating/..., + far be it from s.o. to suggest/...

1. vgl. – es/das/etw. **liegt** jm. fern
2. vgl. – es **liegt** jm. (völlig) fern, etw. zu tun/anzunehmen/...

fernsehen: fernsehen – **Fernsehen** gucken · to watch TV/television *n*

Fernsehen gucken *ugs* · to watch TV/television *n*

... Wie in allen anderen Dingen auch, Petra, kommt es auf das Maß an! Fernsehen als solches ist natürlich nichts Negatives; ja, viele Sendungen sind sogar sehr gut. Aber jeden Tag stundenlang Fernsehen gucken – das kann niemandem guttun.

fernsein: jm. **(innerlich) fernsein** *selten* – jm. (innerlich) fern **stehen** · to be/to feel/... inwardly/mentally/... distant from s.o., to be/to feel/... inwardly/mentally/... detached from s.o.

fernstehen: jm. **(innerlich) fernstehen** – jm. (innerlich) fern **stehen** · to be/to feel/... inwardly/mentally/... distant from s.o., to be/to feel/... inwardly/mentally/... detached from s.o.

sich (innerlich) fernstehen – sich (innerlich) fern **stehen** · not to be on close terms with each other, not to be/to feel/... close to each other

Ferse: etw. **ist die Ferse des Achilles bei** jm. *lit selten* – etw. ist js. **Achillesferse**/die Achillesferse bei jm. · it/s.th. is s.o.'s Achilles' heel, it/s.th. is s.o.'s weak spot

jm. **(dicht/hart) auf den Fersen sein** · to be snapping at s.o.'s heels, to be hard on s.o.'s heels, to be close on s.o.'s heels

Ob die den Dieb noch schnappen? – Sie sind ihm hart auf den Fersen. Nur wenn sie ihn vor der Grenze nicht mehr einholen, hat er eine Chance, ihnen noch zu entwischen.

jn. **auf den Fersen haben** · + to be (close) on s.o.'s heels, + to stick to s.o.'s heels

... Haben wir die Bullen immer noch auf den Fersen, oder haben die die Verfolgung endlich aufgegeben? – Die sind natürlich nach wie vor hinter uns her, du Idiot. Kriegst du etwa kalte Füße?

jm. **auf den Fersen bleiben** · to stay close/hard on s.o.'s heels, to stick to s.o.'s heels

Wir müssen diesen Schurken auf den Fersen bleiben. Wenn es denen (in dieser Verfolgungsjagd) gelingt, uns abzuhängen, sind sie weg; dann schnappen wir die nie mehr.

jm. **(dicht/hart) auf den Fersen folgen** *path* · to be hard/close on s.o.'s heels, to follow hard/close on s.o.'s heels

War das ein 10.000-Meter-Lauf! Der Zamora war zwar in allen fünf letzten Runden vorn, aber die anderen folgten ihm hart auf den Fersen. Bis zum Ziel war der Ausgang dieser Verfolgungsjagd völlig offen.

sich an js. **Fersen heften/(hängen)** *path* · to stick/to stay close to s.o.'s heels, to keep right behind s.o.

Wenn der Zamora bei dem 10.000-Meter-Lauf nach einigen Runden wiederum versuchen sollte, auszubrechen und die Führung zu übernehmen, müßt ihr euch sofort an seine Fersen heften. Sofort hart hinter ihm her, daß er keinen Abstand gewinnt und mürbe wird!

jm. **auf den Fersen sitzen (sein)** · to be close/hard on s.o.'s heels

Wieder ein Einbruch in der City-Bank. Die Einbrecher flohen mit über zwei Millionen Mark. Die Polizei, heißt es, sitzt ihnen auf den Fersen und hofft stündlich, sie zu schnappen.

sich die Fersen nach etw. **wundlaufen/(ablaufen/abrennen)** *ugs selten* – sich die **Hacken** nach etw. ablaufen/abrennen/wundlaufen · to wear o.s. out looking for s.th.

jm. **die Fersen zeigen** *selten* · to show s.o. a clean pair of heels, to take to one's heels

Wer klaut dir denn eigentlich immer die Äpfel? – Keine Ahnung, wer diese Burschen sind. Mir zeigen sie immer die Fersen. Das sind Weltmeister im Davonlaufen, weißt du.

Fersengeld: Fersengeld geben · to take to one's heels

Als sie den Hund bellen hörten, gaben sie Fersengeld. – Und wie! Sie flohen davon, als säß ihnen der Teufel im Nacken!

fertig: (mit etw./jm.) **fertig sein** · 1. to have finished, 2. to be shattered *coll*/knackered *sl*, to be finished with s.th., 3. to be through with s.o.

1. Bist du mit der Übersetzung fertig? – Ja, ich habe sie gestern abgeschlossen.
2. Heute tu ich nichts mehr; ich bin völlig fertig. So erschöpft, ja kaputt war ich seit Monaten nicht mehr. *ugs*
3. Nach den Betrügereien, die er sich erlaubt hat, bin ich fertig mit diesem Mann/ist dieser Mann für mich erledigt. Der existiert für mich überhaupt nicht mehr. *ugs*

(ganz) fertig sein (vor etw.) *ugs* · 1. to be stunned about/at s.th., to be speechless about/at s.th., to be flabbergasted at/about s.th., + to take s.o.'s breath away, 2. to be shattered, to be sick (with fear/...)

1. Wie der Waldemar mit seiner Mutter umgeht! So etwas Ungezogenes habe ich noch nicht gesehen. Ich war fertig, als ich sah, was er sich ihr gegenüber erlaubt. Es blieb mir buchstäblich die Spucke weg.
2. Ich war fertig vor Schreck, als ich sah, wie das kleine Mädchen direkt vor dem Wagen über die Straße lief. *seltener*

immer schnell fertig sein mit etw./mit allem/allen Sachen/... schnell fertig sein · 1. 2. to finish s.th. quickly, to have finished s.th. quickly

1. Ist drei Uhr nicht zu früh? Um drei ist die Elly bestimmt noch nicht mit den Schularbeiten fertig. Vielleicht sollten wir lieber gegen vier od. fünf Uhr in die Stadt gehen. – Mit den Schularbeiten ist die Elly immer sehr schnell fertig. Mehr als eine halbe, höchstens dreiviertel Stunde arbeitet die sowieso nicht.
2. Nicht nur mit den Schularbeiten, mit allen Arbeiten ist dieser Junge (immer) schnell fertig. Die arbeitet überhaupt nichts in Ruhe und sorgfältig machen. Das muß immer hopp hopp gehen!

jetzt/da bin ich (aber) fertig/jetzt/da bist du/seid ihr/... (aber) fertig, was/...?! *ugs* · 1. 2. I'm/you're/... speechless/stunned/amazed/...

1. Jetzt bin ich aber fertig! Er hat sein Examen mit 'Eins' gemacht? Dieser Faulpelz, eine 'Eins'? Da bleibt mir die Spucke weg.
2. Da seid ihr aber fertig, was?! Eine 'Eins'! Mit allem hattet ihr gerechnet, nur damit nicht, was? So dumm, wie ihr meint, ist euer Fredi doch nicht!

fertigbekommen: es fertigbekommen, etw. zu tun *ugs selten* – es fertig **kriegen** und etw. tun · to be (quite) capable of doing s.th.

fertigbringen: allerhand/viel/nichts/... **fertigbringen** · 1. 2. to manage to do s.th., to bring s.th. about, 2. to get s.th. going, to organise s.th., to achieve great things/a great deal/...

1. vgl. – etw. **zustandebringen** (5)

2. vgl. – etw. zustande **bringen**

es fertigbringen, etw. zu tun – es fertig **bringen**, etw. zu tun/ und ... · to manage to do s.th., to succeed in doing s.th., to bring o.s. to do s.th.

fertigkriegen: etw. **fertigkriegen** *ugs* – etw. fertig **kriegen**/ (bekommen) · to get s.th. finished

es fertigkriegen, etw. zu tun *ugs* – es fertig **bringen**, etw. zu tun/und ... · to manage to do s.th., to succeed in doing s.th., to bring o.s. to do s.th.

fertigmachen: etw./jn. **fertigmachen** · 1. to finish s.th., 2. to get s.th. ready, to prepare s.th., 3. to fix s.th., to repair s.th., 4. 5. to take it out of s.o., 6. to exhaust s.o., to wear s.o. out, 7. 8. 9. to lay into s.o. *coll*, 7. 8. 9. 10. to make mincemeat of s.o., 8. to get on top of s.o., 10 to kill s.o.

1. Bevor wir baden gehen, muß ich die Übersetzung noch fertigmachen. – Kannst du die letzten Seiten nicht für morgen lassen? – Nein, sie muß heute fertig werden. Morgen früh muß ich sie abliefern.

2. Au, es ist schon 12 Uhr, ich muß das Essen fertigmachen. Um halb eins kommt mein Mann, da ist nicht mehr viel Zeit.

3. Die Maschine scheint kaputt zu sein. Kannst du sie wieder fertigmachen? – Nein, von diesen Maschinen verstehe ich gar nichts.

4. Dies Wetter macht einen ganz schön fertig. – Im Sommer ist es hier immer so heiß und feucht; man fühlt sich daher permanent down. *ugs*

5. Dieser Beruf macht ihn fertig: er hat nicht genug Kraft und Nerven, um eine solche Belastung durchzustehen. Er geht dabei kaputt. *ugs*

6. Die Kinder machen ihre Mutter richtig fertig. Wenn es dem Abend zugeht, ist sie mit ihrer Kraft, mit ihren Nerven am Ende. *ugs*

7. Wer führt die Verhandlungen mit den Kobi-Werken? – Der Wolters – der Chef hat keine Zeit. – Ach, du lieber Himmel! Der Wolters ist doch viel zu weich! Die Leute von den Kobi-Werken sind doch für ihren rücksichtslosen Verhandlungsstil bekannt. Die werden den Wolters ganz schön fertigmachen.

8. Unser Kollege Weber läßt sich von seinen Schülern nicht so leicht fertigmachen. Er weiß, wie man sich durchsetzt. *ugs*

9. Wenn du gesehen hättest, wie der Chef den Breitner gestern fertiggemacht hat! Mein Gott! Der hat ihn nach Strich und Faden heruntergeputzt, ihn, auf gut deutsch, so richtig zur Sau gemacht. Von dem armen Kerl blieb nichts übrig. *ugs*

10. Wenn ich den Typen erwische, der mein Fahrrad geklaut hat, mach' ich ihn fertig. Dem polier' ich erst die Fresse.

sich fertigmachen · 1. 2. to get ready (for s.th.), 3. to wear o.s. out (for s.o./s.th.), to kill o.s. for s.o./s.th.

1. Mach' dich fertig, Else, wir müssen gehen! – Ich bin fertig. Meinetwegen können wir sofort losgehen.

2. Wie lange brauchst du, um dich fertigzumachen, Christian? – Warum? – Wenn du in einer Viertelstunde angezogen bist, kannst du mit mir nach München fahren; ich habe dort geschäftlich zu tun.

3. vgl. – (eher:) sich (für jn./etw.) **kaputtmachen** *ugs*

fertigsein: mit jm. **fertigsein** *ugs* – mit (etw./jm.) **fertig** sein (3) · to be through with s.o., to be finished with s.o./s.th.

mit etw./jm. **schnell fertigsein** *ugs* – mit etw./jm. schnell **fertigwerden** · to put paid to s.o., to send s.o. packing

fertigwerden: (mit etw./jm.) (nicht) **fertigwerden** · 1. 2. to finish s.th., 2. 3. 4. 5. 6. (not) (to be able) to cope with s.th./s.o.

1. Wirst du heute mit der Arbeit fertig? – Ja, endlich! Heute abend ist alles geschafft.

2. Mit dieser Arbeit werde ich nicht fertig, Rainer. Kannst du mir da helfen?

3. Nichts kann sie trösten. Sie wird mit dem Verlust ihres Mannes nicht fertig. Das war zu viel für sie.

4. Die besten Fachkenntnisse nützen einem Lehrer nicht viel, wenn er mit seiner Klasse nicht fertig wird. – Wer sich nicht durchsetzen kann, darf kein Lehrer werden.

5. Sie wollen ihren Sohn in ein Internat geben, weil sie nicht mehr mit ihm fertig werden. – Er ist auch wirklich sehr schwierig, und ich weiß nicht, ob ich Kraft und Nerven genug hätte, um ihn richtig zu erziehen.

6. Seit dem Tod seiner Frau wird er mit dem Leben nicht mehr fertig. Im Grunde hat er resigniert, abgeschlossen. Es ist alles zu viel, sinnlos für ihn.

gut/glänzend/... **schlecht**/... **mit** etw./jm. **fertigwerden** · 1. 2. 3. 4. 5. (not) (to be able) to cope well/brilliantly/... with s.o./s.th.

1. Er wird mit der Arbeit gut fertig. Ich hatte gefürchtet, sie wäre zu schwer für ihn.

2. Er wird mit der Klasse nur sehr schwer fertig. – Das liegt an ihm. Er kann sich einfach nicht durchsetzen.

3. Die Eltern werden mit dem Jungen in letzter Zeit schlecht fertig. – Er ist auch sehr schwierig, verlangt ungemein viel Autorität, Nervenkraft. – Sein Onkel Albert wird aber glänzend mit ihm fertig.

4. Mit dem Verlust ihres Mannes wird sie nur schlecht fertig. Hoffen wir nur, daß sie nicht auch bald stirbt.

5. Du hast Schwierigkeiten mit ihm, nicht? Ich nicht. Ich werde mit ihm gut fertig. Wir verstehen uns sogar sehr gut.

mit jm. **noch fertigwerden** *ugs* · I'll/... (soon) put paid to s.o., I'll/... (soon) deal with s.o., I'll/... give him/... what for, I'll/... show him/... what's what

Der Schornau macht die Arbeit nicht so, wie Sie es ihm angeben? Schicken Sie ihn mir mal rauf! Mit dem werden wir noch fertigwerden. Sollen Sie mal sehen, wie brav der morgen seine Arbeit genau so macht, wie er sie zu machen hat!

mit etw./jm. **schnell fertigwerden** · 1. to finish s.th. quickly, 2. to put paid to s.o./s.th. soon, I'll/... soon give him/... what for!

1. Wirst du mit der Arbeit schnell fertig? – Im Nu. Höchstens eine halbe Stunde, dann ist alles erledigt.

2. Der Schornau widersetzt sich Ihren Anordnungen? Schicken Sie ihn mir mal rauf. Mit dem werd' ich schnell fertig. Entweder macht er, was er zu machen hat, oder er fliegt raus. Mit Leuten, die ihre Arbeit nicht anständig machen, wird hier kurzer Prozeß gemacht. *ugs*

mit jm. **schon fertigwerden** *ugs* · I'll/... put paid to s.o., I'll/... give s.o. what for, I'll/... deal with him/... (all right)

Der Junge benimmt sich dir gegenüber ungezogen, sagst du, Karin? Schick ihn mir mal rauf, wenn er von der Schule kommt. Mit dem werd' ich schon fertig. Wenn der meint, er könnte sich hier Frechheiten herausnehmen, ist er schief gewickelt. Damit kommt er bei mir nicht durch.

Fesseln: jm. **Fesseln anlegen** *form* · 1. to put s.o. in chains, 2. to tie o.s./s.o. down

1. Läßt du die Renate mit ihren 14 Jahren denn schon bis spät abends tanzen gehen? – Der kann man keine Fesseln anlegen – die platzt vor Vitalität.

2. Er sagt immer, er heirate nicht, weil er sich keine Fesseln anlegen lassen will. Er will so weit wie möglich frei sein in allem, was er tut und läßt.

sich von seinen Fesseln befreien *path selten* · to break one's bonds/chains/fetters, to free o.s. from one's chains

Wann wird sich dies Volk endlich von seinen Fesseln befreien? Seit mehr als hundert Jahren lebt es in Unterdrückung, ja, in halber Sklaverei.

sich von js. Fesseln befreien *path selten* · to free o.s. from one's bonds/chains/fetters

Wann wird sich dies Volk endlich von den Fesseln seiner Unterdrücker befreien?

jn. in Fesseln legen *path veraltend selten* – jn. in **Ketten** legen · to put s.o. in chains, to clap s.o. in irons

sich von js. Fesseln lösen *path selten* · to shake off one's chains/bonds, to rid o.s. of one's chains/bonds

Die Erika macht immer den Eindruck, als fühlte sie sich von ihrem Mann so richtig unterjocht. Warum löst sie sich nicht von seinen Fesseln, wenn sie sich so unglücklich fühlt?

jn. in Fesseln schlagen *form* – *path veraltend selten* · 1. 2. to put s.o. in chains, 1. to clap s.o. in irons, 2. to tie o.s./s.o. down

1. vgl. – jn. in **Ketten** legen

2. vgl. – (u. U.) jm. **Fesseln** anlegen

seine Fesseln sprengen/(ablegen) *path* · to throw off/to cast off one's chains, to shake off one's chains
Jetzt lebt dies Volk schon mehr als hundert Jahre unter der Diktatur weniger Großfamilien, in einem Zustand halber Sklaverei. Wann wird es seine Fesseln endlich sprengen?

festbeißen: sich an etw. **festbeißen** *ugs* · to get tied up over the question of … *n*, to get bogged down on the question of …
… In der Tat, seit fast einem Monat sieht man bei den Verhandlungen keinen Fortschritt mehr. Die haben sich offensichtlich an der Frage festgebissen, ob erst die Währungsunion oder erst die politische Union kommen soll. – Ob man in dieser Frage jemals zu einem Kompromiß kommt?

Feste: die Feste feiern, wie sie fallen/kommen *oft: man muß …* · one must celebrate when one has the chance/opportunity/…, one must make hay when the sun shines
Nächsten Mittwoch Abschlußball der Abiturienten, den Montag danach Karnevalssitzung, dann, noch in derselben Woche, der Opernball – das ist in der Tat viel. Aber was soll's? Man muß die Feste feiern, wie sie kommen. Danach ist dann eine längere Zeit nichts.

festfahren: sich festfahren · 1. to get stuck, to get bogged down *coll*, 2. to reach deadlock, to come to a standstill
1. Er hatte versucht, den Weg abzukürzen, und sich dabei in einem Acker hoffnungslos festgefahren. In keine Richtung ging es weiter.
2. Die Verhandlungen haben sich festgefahren. Die Konferenz wird wahrscheinlich vertagt, sodaß die Delegierten neue Richtlinien einholen können. Aber selbst so dürfte es sehr schwer sein, aus der Sackgasse herauszukommen.

festgenagelt: wie festgenagelt dastehen/… *selten* – wie **angewurzelt** dastehen/stehenbleiben/… (vor Schrecken/…) · to be rooted to the spot (with fear/…)

festlegen: sich festlegen · 1. 2. to commit o.s., to tie o.s. down
1. Wann kommst du denn nun, morgens oder nachmittags? – Ich würde gern schon morgens kommen, aber ich kann mich noch nicht festlegen; ich weiß nicht, was ich alles noch zu erledigen habe. Sagen wir also: nach Möglichkeit morgens, sonst nachmittags.
2. Hat der Kurt genau gesagt, wieviel er zu dem Projekt beisteuern will? – Nein, darin hat er sich nicht festgelegt. Aber er hat zugesagt, einen Teil zu bezahlen.

festmachen: einen Termin/ein Treffen/… **festmachen** · 1. 2. to fix a date, 1. to make a definite arrangement, 2. to agree on a date/time/…
1. Georg, was hältst du davon, daß wir uns am Freitag mal wieder zum Schachspielen treffen? – Das ist eine prima Idee! Laß uns das gleich festmachen!
2. … Wann könnten Sie denn zur Nachuntersuchung vorbeikommen? – Montag nachmittag würde mir gut passen. – Das paßt mir auch, den Termin können wir festmachen.

festnageln: jn. auf etw. **festnageln** *ugs* · to pin/to nail s.o. down (to a promise/commitment), to take s.o. as having committed himself to s.th.
Also, Sie stimmen dem Projekt zu, wenn die Einkaufsklausel geändert wird? Ich nehme Sie beim Wort, Herr Maier. – Sie können mich meinetwegen in der nächsten Sitzung auf diese Zusage festnageln, Herr Schröder. Ich stehe zu meinem Wort.

festsitzen: festsitzen · 1. to be ingrained in (s.th./s.o.), 2. 3. to be stuck
1. Was hast du denn mit dem Hemd gemacht, Junge? Der Dreck sitzt ja so fest, daß er nicht einmal in der Wäscherei herausgeht.
2. Der Traktor sitzt fest. – Es dürfte schwer fallen, ihn in dieser schlammigen Ecke wieder flottzumachen. Gibt es keine Ochsen in der Nähe?
3. … Nur weil die Eisenbahner streiken, sitzen wir jetzt wahrscheinlich ein paar Tage hier in Rimini fest.

festum: post festum *geh* · after the event *form*
Du hättest bei dem Prozeß doch auch angeben können, daß du für die Kinder fast zehn Jahre sozusagen allein aufgekommen bist. – Was nutzt es, mir jetzt post festum noch Ratschläge zu geben? Die Sache ist vorbei und damit für mich auch erledigt.

Fett: das Fett abschöpfen – (eher:) den **Rahm** abschöpfen · to skim the cream off s.th.

Fett ansetzen *selten* · to put on weight, to get fat
Die Marta war früher immer sehr mager, fast hager. Aber in den letzten Jahren hat sie Fett angesetzt. – Dick würde ich sie aber immer noch nicht nennen. – Vollschlank!

jm. **sein Fett geben** *ugs selten* · to give s.o. what is coming to him/her/…, to give s.o. his medicine
Seit Monaten erlaubt sich der Emil, die Kollegen bei den Krankheitsbeiträgen durch bestimmte Manipulationen zu benachteiligen. Aber heute haben sie ihm sein Fett gegeben. Sie haben ihn zunächst einmal anständig angeschnauzt und ihm dann gesagt: entweder zahlst du uns innerhalb der nächsten Woche das Doppelte der Fehlbeträge oder wir melden die Angelegenheit der Geschäftsleitung und der Versicherung.

sein Fett kriegen/(abkriegen/bekommen/abbekommen) *ugs* · 1. 2. to get what is coming to one, to be hauled over the coals, to get one's come-uppance
1. Seit Wochen kommt der Emil ungestraft zu spät zum Dienst, während alle anderen schön brav ihre normale Arbeitszeit abklopfen. Jetzt hat er aber endlich sein Fett gekriegt. Der Chef hat es gemerkt und ihn sehr scharf zur Rechenschaft gezogen.
2. Seit Monaten betrügt der Emil seine Kollegen, indem er die Versicherungsbeiträge zu seinen Gunsten manipuliert. Aber jetzt hat er endlich sein Fett gekriegt: die Versicherung ist dahintergekommen, und er muß das Mehrfache des Betrages als Strafe zahlen.

im eigenen/in seinem eigenen Fett schmoren *ugs selten* – im eigenen/in seinem eigenen **Saft** schmoren · to do one's own thing, to stew in one's own juice

jn. **in seinem eigenen/im eigenen Fett schmoren lassen**/j. soll in seinem eigenen/im eigenen Fett schmoren *ugs selten* – jn. in seinem eigenen/im eigenen **Saft** schmoren lassen/j. soll in seinem eigenen/im eigenen Saft schmoren · to let s.o. stew in his own juice

im Fett schwimmen/sitzen *ugs selten* · to be rolling in it, to be in clover, to be loaded *sl*
Nach dem Krieg waren sie ganz arme Leute. Heute schwimmen sie im Fett. Sie wissen kaum noch, daß man wirtschaftliche Sorgen haben kann.

sein Fett weghaben/(haben) *ugs* · 1. 2. to have got what was coming to one/one's come-uppance
1. Der Emil hat sein Fett weg, endlich! – Wieso? Was ist denn passiert? – Seit Wochen kommt er ungestraft zu spät zum Dienst, sodaß die Kollegen stundenlang für ihn mitarbeiten müssen. Aber jetzt hat ihn der Chef aus Zufall zweimal erwischt und ihm anständig die Leviten gelesen.
2. Jahrelang hat der Emil die Kollegen geschädigt, indem er die Versicherungsbeiträge zu seinen Gunsten manipulierte. Jetzt ist er aufgefallen und muß das doppelte der Beträge zurückerstatten. – Da hat er sein Fett weg!

Fettlebe: Fettlebe machen *ugs veraltend selten* · to live well *n*, to enjoy life *n*, to have a good time *n*
So, jetzt habe ich zwei Jahre geschuftet wie ein Berserker, jetzt werde ich ein paar Monate Fettlebe machen: essen, trinken, das Leben genießen.

Fettnäpfchen: (bei jm.) ins Fettnäpfchen treten *ugs* · 1. 2. to put one's foot in it
1. Der Herbert hat mal wieder ins Fettnäpfchen getreten. – Wieso? – Leutselig und feierlich begrüßt er den Herrn Botschafter mit »Guten Morgen, Herr Schmidt«. – Ach, du lieber Gott! Und das bei diesem Mann, der so viel Wert auf Titel und Konventionen legt!
2. Hast du die Frau von Walcher wirklich wegen ihrer Perücke gelobt? – Ja, warum? – Warum?! Merkst du denn nicht, daß du (bei ihr) ins Fettnäpfchen getreten hast? Nichts ist Frau von Walcher wichtiger als den anderen den Eindruck zu geben, ihre Haare wären echt.

Fettpolster: ein ganz schönes/… **Fettpolster haben** *ugs* – gut **gepolstert** sein · to be well-padded/well-upholstered/…

Fetzen: nur noch ein Fetzen sein *Kleidung path* · to be falling
to pieces *clothing*, to be in shreds/tatters/(...)
Das Kleid kannst du doch nicht mehr tragen, das ist doch nur noch
ein Fetzen, Christiane! – Meinst du? – Ich meine nicht, ich sehe: es
fällt doch geradezu auseinander.

in Fetzen sein *path selten* · to be in tatters, to be in shreds
(Die Mutter zur Tochter:) Monika, wie kannst du mit einem neuen
Kleid über einen Stacheldraht klettern?! Das Kleid kannst du wegschmeißen, das ist in Fetzen! – Kann man das nicht mehr nähen/
flicken? – Ach, das besteht doch nur noch aus Rissen!

in Fetzen gekleidet sein/herumlaufen/... *ugs path veraltend
selten* · to walk/to go/... around (dressed) in rags
Haben die Brunners viele Schwierigkeiten? – Warum? – Schau dir
den jüngsten Sohn an! Er läuft immer in Fetzen gekleidet herum. So
zerissene Hosen und Hemden, so zerlumpte Jacken trägt hier sonst
kein Mensch.

jn./sich verprügeln/schlagen/..., daß die Fetzen fliegen *ugs –
path* · to fight/... like mad/mad demons, to fight so that the
fur/feathers fly
Schau dir die beiden Jungen an! Die prügeln sich wieder, daß die
Fetzen fliegen. – Das sind fürchterliche Raufbolde; die schlagen jeden zweiten Tag so wild aufeinander ein.

nur/(bloß/...) ein Fetzen Papier (sein) · (to be) nothing but
a piece/scrap of paper
Was doch von so einem Zeugnis alles abhängt! Zunächst scheint es
nur ein Fetzen Papier zu sein; aber in Wirklichkeit entscheidet es oft
über lange Jahre im Leben eines Menschen.

etw. in Fetzen reißen/(zerreißen) · to tear s.th. to shreds, to
tear s.th. into little pieces
Was machst du denn da? Du reißt den Vertrag in Fetzen? – Das ist
doch von vorne bis hinten ein Versuch, mich hereinzulegen. – Aber
deswegen kannst du den Text doch nicht einfach in tausend Stücke
zerreißen!

fetzt: das/(etw.) fetzt *Neol Jugendspr* · + it is upbeat, + it/
s.th. has fast beat, + it is mind-blowing *music*
... Ein Stück, das nicht 'fetzt', wie das heute heißt, findet kein Echo.
Die Musik muß die Leute aus den Sitzen reißen – dann ist sie gut!
Von wegen, Klassik! – Ich weiß nicht, ob die Mehrheit der jungen
Leute wirklich so ist, Sigmund.

feuchtfröhlich: feuchtfröhlich zusammensitzen/... *ugs* · to
have a convivial evening/... *elev*, to have a boozy evening/
session/..., to have an evening of convivial drinking *elev*
... Aber Theo, du kannst doch nicht jedes Wort auf die Goldwaage
legen, das die da reden, wenn sie im 'Hirschgraben' feuchtfröhlich
tagen! Der Losbach hatte bestimmt fünf, sechs Bier intus, als er von
deiner 'leichtsinnigen Ader' sprach. Und das war doch nicht kritisch
gemeint.

Feuer: brennen wie Feuer *Wunden path* · it/s.th. burns, it/s.th.
stings like mad *coll*
... Hast du dir schon mal die Haut so aufgekratzt/aufgerissen? Das
brennt wie Feuer, sag' ich dir.

viel Feuer haben · 1. the horse/... has fire/mettle/..., the
horse/... is fiery/mettlesome/..., 2. to be full of fire/verve
1. ... Dieser Rappen hat Feuer. Guck' mal, sogar einem so erfahrenen Reiter wie dem Schorsch Giese fällt es schwer, das Tier zu
bändigen. *Pferde usw.; a. Wein*
2. vgl. – (u. U.) **Feuer im Hintern haben**

etw. am offenen Feuer braten/... · to roast s.th. over an
open fire
... So, am offenen Feuer gegrillt, das schmeckt doch anders, als
auf dem elektrischen Herd zubereitet!

etw. mit Feuer erzählen/vortragen/... *path selten* · to tell a
story/... with passion, to tell a story/... with verve
Wirklich interessant, wenn er von seinen Erlebnissen im afrikanischen Urwald erzählt! – Ja, er erzählt mit Feuer. – Wenn du von
unserem Betrieb genauso spannend erzählen würdest, würden dir die
Leute trotzdem nicht so gebannt zuhören: schon das Thema packt
einen.

auf offenem Feuer kochen/... · to cook (s.th.) on an open
fire
... Die haben da noch vor 20 Jahren auf offenem Feuer gekocht! Das
Feuer diente zugleich zum Heizen und zum Kochen. Der Topf hing
an einer Kette, die wiederum von einem Eisenhaken herunterhing ...

mit dem Feuer der Begeisterung reden/etw. erzählen/... *path*
· to speak with fervour/passion
... »Wenn ihr mitmacht, werden wir das Projekt durchbringen«, mit
dem Feuer der Begeisterung redete er auf sie ein, »Mensch, seid nicht
so kleingläubig! Seht ihr nicht, was in der Sache alles drinsteckt ...?!«

um Feuer bitten · to ask s.o. for a light
... Du hast auch kein Streichhölzer bei dir, nein? Dann werd' ich
den Herrn da drüben mal eben um Feuer bitten – der hat gerade
geraucht –, einen Moment bitte ...

Feuer unter dem/unterm Dach haben *ugs selten* · + there is
a row going on in the house/flat, + s.o. is rowing in the hou-
se/flat/...
... Mann, wenn ich geahnt hätte, daß ihr mal wieder Feuer unterm
Dach habt, wäre ich nicht gekommen. Mir reichen die ewigen Streitereien in unserer Familie.

Feuer einstellen! *mil* · to cease fire
(Ein Schießleiter/-ausbilder:) Nach dem Kommando 'Feuer einstellen'! entfernen Sie bitte das Magazin, öffnen den Verschluß und legen
die Waffe ab!

das Feuer eröffnen *Krieg* · to open fire
Um vier Uhr in der Frühe gab der General den Befehl, das Feuer zu
eröffnen. Aber wider Erwarten erwiderten die Feinde den Angriff
sofort.

Feuer fangen · 1. to catch fire, 2. to fall for s.o., to be smitten, to be fired with enthusiasm for s.o./s.th.
1. Verbrennt den Abfall ein bißchen weiter von den Häusern weg! Ich
hab' immer Angst, daß das Stroh in der Scheune Feuer fängt – es
genügen ein paar Funken.
2. vgl. – **Feuer gefangen haben**

gleich/sofort/... **Feuer und Flamme (für** etw.) **sein** · to
quickly/... get enthusiastic about s.th., to be dead keen on
s.th., to be all for s.th. immediately
Kaum hatte er gehört, daß wir beabsichtigen, am Sonntag eine
Sammlung für die Kranken in unserem Viertel durchzuführen, da
war er Feuer und Flamme für das Projekt. – Hoffentlich hält seine
Begeisterung bis zum Schluß.

Feuer frei! *mil* · fire!, open fire!
... Nach dem Kommando 'Feuer frei!' eröffneten die Soldaten das
Feuer auf die feindlichen Stellungen.

Feuer geben *mil* · to open fire
... Ich weiß nicht, welche der beiden Armeen zuerst Feuer gab. Tat-
sache ist, daß schon nach wenigen Minuten das riesige Tal von den
Schüssen widerhallte ...

jm. Feuer geben · to give s.o. a light
»Entschuldigung, könnten Sie mir Feuer geben?« – »Aber gern. Bitte.« Hastig steckte er sich seine Zigarette an. »Besten Dank.«

Feuer gefangen haben *ugs* · to fall for s.o., to be smitten, to
be fired with enthusiasm for s.o./s.th.
Jahrelang hatte er im Büro mit ihr als Kollegin zusammengearbeitet.
Aber erst neulich, als sie sich zufällig in der Bar beim Tanzen trafen,
hat er Feuer gefangen. Jetzt fühlt er sich im siebten Himmel.

für jn. **durchs Feuer gehen** · to go through fire and water for
s.o.
Da kann passieren, was will: sie steht zu ihrem Mann. Selbst wenn er
im Unrecht ist, selbst wenn sie schwerwiegende Nachteile davon hat:
sie geht für ihn durchs Feuer.

immer mehr/... in Feuer geraten *path* · to become impas-
sioned, to become excited, to get carried away
(Ein Tischtennisspiel zwischen Vater und Sohn:) Die Partie wurde
immer hitziger, die beiden Kontrahenten gerieten immer mehr in
Feuer – und schließlich brüllte der Sohn: »Du spielst immer nur stur
in die lange Ecke! Das ist unfair. Du weißt ganz genau, daß ich mit
meinen kurzen Armen da nicht rankomme.« – »Und du versuchst,

mich von einer Ecke in die andere zu hetzen, weil ich nicht so flink bin«, schimpfte der Vater, nicht weniger erregt, zurück.

zwischen zwei Feuer geraten/(kommen) *selten* · 1. 2. to be/ to get caught in (the) crossfire
1. Der Feind schoß zugleich von der Seite und den gegenüberliegenden Hügeln. Die vordersten Einheiten unserer Armee gerieten daher zwischen zwei Feuer und hatten sehr hohe Verluste zu beklagen.
2. Kaum hatte ich mich geäußert, da nahm der Gerd genauso scharf gegen mich Partei, wie es der Dieter schon vorher getan hatte. – Du bist also ganz schön zwischen zwei Feuer geraten. – In der Tat: nach kürzester Zeit richteten sich die Attacken von beiden nur noch gegen mich.

Feuer im Hintern haben *sal* · 1. 2. to be full of fire/verve
1. Du solltest die Katharina Samba tanzen sehen! Mensch, die hat Feuer im Hintern!
2. Dieses Mädchen hat Feuer im Hintern! So was von Kraft, Schwung, Vitalität! – Die wird noch manchem Mann den Kopf verdrehen.

jm. **Feuer unter dem/unterm Hintern/(Arsch) machen** *sal* – jm. **Dampf** machen · to make s.o. get a move on, to hurry s.o. up, to put a bomb under s.o.

Feuer (an etw.) **legen** · to set fire to s.th.
Um alle Spuren zu verwischen, hatte der Dieb an das Gebäude, in das er eingebrochen war, Feuer gelegt. – Kam die Feuerwehr noch rechtzeitig, um zu löschen?

Feuer im Leib haben *ugs* – (eher:) **Feuer** im Hintern haben · to be full of fire, to be full of verve

im feindlichen/unter feindlichem Feuer liegen *mil selten* · to be under enemy fire
Seit wann liegt die 3. Kompanie unter feindlichem Feuer? – Die Attacken begannen vor drei Stunden, Herr General.

Feuer machen *selten* · to light the fire, to build/make up/... a fire
Ich erinnere mich nicht, daß mein Großvater jemals später als fünf Uhr aufgestanden wäre. Und seine erste Tätigkeit morgens war Feuer machen. – Eine komplizierte Aktion damals! Man mußte Kohlen und Holz herbeischaffen, Papier oder Stroh bereithalten ...

Feuer dahinter/(hinter etw.) machen/da Feuer hinter machen *ugs* – **Dampf** dahinter setzen/(machen) · to get s.th. moving
eine Festung/... **unter Feuer nehmen** *mil* · to fire on/at a fortress/..., to open fire on enemy positions/...
... Obwohl der Feind die Burg eine ganze Woche lang Tag und Nacht unter Feuer nahm, ergaben sich die Verteidiger nicht. Sie setzten darauf, daß den Angreifern irgendwann die Munition ausgehen würde; außerdem mußten einige Truppen ihrer Verbündeten jeden Tag ankommen ...

den Feind/... **zwischen zwei Feuer nehmen** *mil* · to subject an enemy/... to cross-fire
... Wenn es gelänge, den Feind, der sich am Ende des Tals verbarrikadiert hatte, zwischen zwei Feuer zu nehmen, würde man ihn vielleicht zur Aufgabe zwingen können. Aber wie sollte man in den Rücken der feindlichen Truppen gelangen? Der Kommandeur überlegte hin und her ...

sich in Feuer reden *path* – (eher:) sich heiß **reden** · to get worked up

etw. **aus dem Feuer reißen** *path* · to pull s.o.'s chestnuts out of the fire *rare*, to get s.o. out of trouble
... Warum verfeindet sich der Albrecht auch andauernd mit seinen Geschäftspartnern?! Ich an Schuckerts Stelle hätte den Auftrag auch zurückgezogen. Jetzt soll der Krollmann die Sache wieder aus dem Feuer reißen! Als wäre der dazu da wäre, im letzten Moment die Kastanien aus dem Feuer zu holen, die dieser Dummkopf da mutwillig reinwirft!

Feuer schlagen *hist selten* · to strike fire, to strike a spark
Hat wirklich kein Mensch von euch Streichhölzer bei sich? Wir sollen wir dann unser Essen aufwärmen? – Da müssen wir halt die Indogermanen – oder wer war das noch? – nachahmen und Feuer schlagen. – Hol' schon mal ein paar anständige Steine, du Witzbold!

dann wollen wir mal sehen, ob du wenigstens einige Funken zustandebringst.

das Feuer schüren · to fan the flames, to stir things up, to add fuel to the flames
Es genügt doch wahrhaftig, wenn die beiden Streithähne schon wieder aufeinander losgehen, Elisabeth. Da brauchst du das Feuer mit deinen spitzen Bemerkungen doch nicht noch zu schüren!

jm. **Feuer unter dem/unterm Schwanz machen** *vulg* – jm. **Dampf** machen · to put a bomb under s.o.

(Menschen) **mit Feuer und Schwert ausrotten/(...)** *path selten* · to destroy people/... with fire and sword
Wir müssen diese Verbrecher mit Feuer und Schwert ausrotten. Wenn auch nur eine Handvoll überlebt, werden wir nie Ruhe haben.

mit Feuer und Schwert (gegen jn./etw.) **vorgehen** *path* · to persecute s.o. with fire and sword
Bei der Verfolgung der Christen gingen die römischen Soldaten mit Feuer und Schwert vor.

Feuer speien *Vulkane/Geschütze/Drachen/...* · to spew fire
Hast du schon einmal einen Vulkan Feuer speien sehen? – Ich habe überhaupt noch keinen Vulkan gesehen und schon gar keinen, der glühende Lava ausspuckt.

mit dem Feuer spielen · 1. 2. to play with fire, 1. to ride a tiger
1. Ich rate dir, dies heikle Thema nicht so ungeniert in aller Öffentlichkeit zur Sprache zu bringen. Du spielst mit dem Feuer. Sei vorsichtig, es können dir die größten Unannehmlichkeiten daraus entstehen/erwachsen.
2. Kein Wunder, daß sie schwanger ist. So unvorsichtig, wie sie immer war ...! Wer mit dem Feuer spielt, kommt darin um, sagt das Sprichwort.

unter Feuer stehen *Krieg selten* – unter **Beschuß** stehen (1) · to be under fire, to be under attack

dem Feuer überantworten *form* · to commit (s.th.) to the flames
Alle Bücher, die sich in dem Haus des ermordeten Dichters befanden, wurden dem Feuer überantwortet. Ohne Rücksicht auf ihren Wert. Die Regierung hatte die Parole ausgegeben: »Von dieser marxistischen Schundliteratur darf kein einziges Zeugnis übrigbleiben.«

(so verschieden) **wie Feuer und Wasser sein** · to be as different as chalk and cheese
Die Gerda und der Franzl müssen sich aber auch immer streiten, immer gegeneinander sein. – Die beiden sind wie Feuer und Wasser.

Feuereifer: mit Feuereifer an etw. **herangehen/...** *path* · to set about s.th./to start doing s.th./to tackle s.th./... enthusiastically/with enormous/... enthusiasm
Geradezu mit Feuereifer hat sich der Hansgert an die Übersetzung gemacht. Wenn dieser Schwung anhält, müßte er den Roman in zwei, drei Monaten übersetzt haben.

Feuern: zwischen zwei Feuern stehen *selten* · to be caught in the cross-fire, to be caught between the devil and the deep blue sea/between a rock and a hard place
(Bei einer scharfen Diskussion:) Jetzt greift der Willi mich auch noch an! Ich dachte, die dauernden Attacken von dem Reinhold reichten! – Siehst du, Herbert, jetzt stehst du zwischen zwei Feuern. Den Linken bist du zu rechts und den Rechten zu links – deswegen nehmen sie dich von beiden Seiten unter Beschuß.

feuern: jn. **feuern** *sal eher passiv: gefeuert werden* – jn. an die (frische) **Luft** setzen/(befördern) (1) · to fire s.o., to sack s.o.

jm. **eine feuern** *ugs* – jm. eine **Ohrfeige** geben · to clout s.o.

jm. **ein paar feuern** *ugs* – jm. ein paar **Ohrfeigen** geben · to clout s.o.

Feuerprobe: die Feuerprobe bestehen *selten* · to pass the acid test
Hast du nicht gestern eure Firma in den schwierigen Verhandlungen mit der Regierung allein vertreten? – Ja. – Und wie ist es gelaufen? War der Vorstand zufrieden? – Sehr zufrieden. – Na, dann hast du die Feuerprobe ja bestanden.

Feuertaufe: die Feuertaufe bestehen *selten* · to come through one's baptism of fire, to survive one's baptism of fire

Gestern mußte ich die Firma bei den schwierigen Verhandlungen mit der Landesregierung allein vertreten. Wie du dir denken kannst, haben die natürlich versucht, das rücksichtslos auszunutzen. – Und? Hast du dich gut aus der Affäre gezogen? – Ja. Der Chef war sogar ganz begeistert, als er dem Verlauf erfuhr. »Sie haben die Feuertaufe bestanden«, sagte er, »gratuliere!«.

die Feuertaufe erhalten *selten* · to go through one's baptism of fire, to have one's baptism of fire

Gestern hat er die Feuertaufe erhalten: er 'durfte' die Firma in den schwierigen Verhandlungen mit der Landesregierung in eigener Verantwortung vertreten. Wie es scheint, waren alle mit dem Ergebnis sehr zufrieden. Ab jetzt wird man ihm solche schwierigen Aufgaben also regelmäßig anvertrauen.

Feuertod: den Feuertod sterben *veraltend* · to be burnt, to die at the stake

Weiß man eigentlich, wieviele Menschen in den Autodafés der Inquisition den Feuertod gestorben sind?

Feuerwehr: wie die Feuerwehr daherrasen/daherbrausen/rennen/fahren/... *ugs* · to drive like the clappers

Es steht außer Zweifel, daß er gut Auto fährt. Trotzdem kann es nicht lange gut gehen, daß er immer wie die Feuerwehr daherrast. Irgendwann baut er bei dieser ewigen Raserei einen Unfall.

Feuerwerk: ein Feuerwerk geistreicher Einfälle/(blendender Bemerkungen/...) **abbrennen** *path* · to give a brilliant/cracking/... display of witty ideas *coll*

Brillant, brillant, dieser Wolsch. Wie der so einen langen Abend eine ganze Gesellschaft unterhält – das macht ihm hier so leicht keiner nach. – Worüber hat er denn parliert gestern? – Parliert? Der hat geradezu ein Feuerwerk geistreicher Einfälle abgebrannt. Zu den Regierungsmitgliedern und den Honoratioren am Ort ...

Fez: Fez machen *sal* – **Unsinn** machen · to mess about/around, to fool about/around

ff: etw. aus dem ff beherrschen *ugs* – etw. aus dem **eff-eff** beherrschen · to know s.th. inside out, to know one's onions

etw. **aus dem ff können** *ugs* – etw. aus dem **eff-eff** können · to be able to do s.th. blindfold

ficht: etw./das ficht jn. **nicht an** *form* · it/that/s.th. doesn't bother/affect s.o., it/that/s.th. leaves s.o. cold

... Ob sein Vater dagegen ist oder dafür, das ficht ihn nicht an. Er meint, das ist seine Sache, und im übrigen vestünde ihn sein Vater sowieso nicht.

fickfacken: fickfacken *mst im Inf sal* · to beat about the bush *n*, to mess about *n*

... Jetzt hör' endlich auf zu fickfacken, Hubert! Komm', Butter bei die Fische!: wo hast du die 10.000 Piepen gelassen? Keine Ausflüchte mehr! ...

fide: etw. bona fide tun *lit selten* – in gutem/im guten **Glauben** etw. tun · to do s.th. in good faith

etw. **mala fide tun** *lit selten* – ≠ in gutem/im guten **Glauben** etw. tun · to act/to do s.th. in bad faith

Fiedelbogen: gespannt sein wie ein Fiedelbogen *ugs selten* – gespannt sein wie ein **Flitzebogen** · to be on tenterhooks

fifty-fifty: sagen wir/ich schlage vor/...: **fifty-fifty!** *ugs* · let's say fifty-fifty

Wie sollen wir genau aufteilen? – Sagen wir fifty-fifty! Du die Hälfte, ich die Hälfte.

fifty-fifty ausgehen/enden *ugs* · things work out/it works out/... even

Wer hat denn nun bei dem Geschäft mehr verdient, ihr oder Schukkert & Co.? – Keiner. Die Sache ist fifty-fifty ausgegangen.

fifty-fifty (mit jm.) **machen (bei etw.)** *ugs* · to go halves with s.o., to go fifty-fifty with s.o.

Du hast eine halbe Million Mark im Roulette gewonnen? – 250.000,- Mark! Bei den Einsätzen wie bei den Gewinnen habe ich immer mit einem Freund fifty-fifty gemacht. Wir haben uns beides immer genau geteilt.

fifty-fifty stehen *ugs* · things are/it is fifty-fifty, things can go either way

Mal gespannt, wer bei diesen Verhandlungen den Kürzeren zieht. – Im Augenblick steht es fifty-fifty. Es läßt sich also noch gar nichts vorhersagen.

Figur: eine gute/schlechte/glänzende/klägliche/glückliche/... **Figur abgeben/machen** als ... · 1. 2. to cut a good/poor/sorry/... figure as a musician/politician/...

1. Als Musiker macht er eine gute Figur, als Politiker ist er ein Fiasko.

2. Man muß leider sagen, daß er im Examen eine klägliche Figur abgab. Einen schlechteren Eindruck konnte er kaum machen.

die Figur eines ... **abgeben** · to give/to create/... the impression of being a ...

Ich mag es gar nicht leiden an ihm, daß er in Gesellschaft immer versucht, die Figur eines Weltmannes abzugeben. Er ist kein Weltmann; also sollte er es auch lassen, so zu tun, als wäre er einer.

eine glückliche/unglückliche Figur machen · to cut a good/sorry/pitiful figure

Als Diskussionsleiter macht er wirklich eine unglückliche Figur. Das liegt ihm einfach nicht. Da wirkt er gehemmt, schüchtern, einfältig ...

eine traurige Figur spielen (bei etw.) · to cut a poor/sorry figure

Statt bei der Diskussion eine derart traurige Figur zu spielen, wäre er besser zu Hause geblieben! Der hat ja überhaupt keine Ahnung, dieser Mann! So eine triste Vorstellung ...!

Filetstück: das/etw. **ist das Filetstück von** ... *form selten* · it/s.th. is a choice object/item/...

Dieses Objekt ist eines der Filetstücke meines Immobilienbestandes. Es wird Ihnen sicherlich sehr zusagen. Es handelt sich um eine alte Villa mit ...

Film: beim Film sein · to work in films/movies/...

Deine Schwester ist beim Theater, sagtest du? – Beim Film. – Na, in jedem Fall Schauspielerin.

ich glaub', ich bin (hier) im falschen Film *ugs Neol* · 1. I must have come to the wrong place, I must be in the wrong film, 2. I don't believe it

1. ... Mein Gott, was ist denn hier los? Ich denke, ihr macht 'ne Fete. So was Ödes und Langweiliges habe ich nun schon lange nicht mehr erlebt. Bin ich hier im falschen Film oder was ist los?

2. vgl. – ich glaub', ich **spinn'**

jetzt/dann/... **rollt der Film ab** *ugs selten* · and now/then/... the film unwinds/unreels *tr*

Dieser Parteitag wirkt auf mich wie eine automatische Sprechmaschine. Man drückt auf einen Knopf, und die einzelnen Reden laufen ab. – So ist das auch. Die Bosse haben einen jeden zu bestimmter Zeit, mit einer bis ins kleinste Detail festgelegten Stellungnahme angesetzt, und dann rollt der Film ab.

zum Film gehen · to go/to get into the film/movie business

Stimmt es, daß deine Schwester zum Film gehen will? – Sie spielt mit dem Gedanken, ja. Wo es so schwer ist, am Theater anzukommen.

bei jm. **ist der Film gerissen** *ugs* · 1. + to have a mental blackout *n*, 2. s.o.'s memory/mind is going *n*

1. Hm ... – was hab' ich eben gesagt? – hm ... – Bei ihm ist der Film mal wieder gerissen; er erinnert sich mal wieder nicht.

2. Die Tante Lene hat in letzter Zeit doch sehr starke Gedächtnislücken. Selbst an unsere gemeinsame Reise nach Capri erinnert sie sich nur noch bruchstückhaft. – Tja, bei der ist der Film gerissen. Hochgradig verkalkt! *seltener*

zum Film wollen · to want to go into films/movies

Was will eure Uschi werden? – Sie will zum Film. – Bei ihrer Figur und ihrem dramatischen Talent hat sie als Filmschauspielerin bestimmt eine Chance.

Filmriß: (plötzlich/...) **einen Filmriß haben** *ugs selten* – bei jm. ist der **Film** gerissen · to have a mental blackout, + s.o.'s memory/mind is going

filzen: jn. **filzen** *ugs* · 1. 2. to frisk s.o. *coll*, to body-search s.o.

1. ... Als wir über die niederländische Grenze fuhren, haben sie uns gefilzt bis auf's Hemd. Die Zöllner haben jeden einzelnen von uns nach Rauschgift durchsucht.

2. vgl. – eine **Leibesvisitation** vornehmen

Fimmel: einen Fimmel haben *sal* – nicht (so) (ganz/(recht)) bei **Trost** sein (1) · s.o. must be crazy/mad/..., s.o. is a bit dotty, s.o. has a bee in his bonnet (about s.th.)

einen Fimmel für etw. **haben** *ugs selten* – eine **Schwäche** für jn./etw. haben (1; u.U. 2) · to have a soft spot for s.o./s.th., to be partial to s.o./s.th., to be fond of s.o./s.th., to have a weakness for s.o./s.th.

Finanzen: js. Finanzen stehen gut/... *ugs* · s.o.'s finances are in a good order/in good shape, s.o.'s finances are sound *n*

Sag' mal, Klaus, deine Finanzen stehen zurzeit gut – wenn ich danach fragen darf? – Brauchst du mal wieder Geld?

Finanzspritze: jm. **eine Finanzspritze geben** *ugs* · to give s.o. a cash injection, to give s.o. an injection of cash

Papa, könntest du mir mal eine Finanzspritze geben? Die Reparatur von meinem Wagen wird doch teurer, als ich dachte.

finden: sich bereit finden, etw. zu tun *form* – sich dazu **verstehen,** etw. zu tun · to be prepared to do s.th., to agree reluctantly to do s.th., to bring o.s. to do s.th.

es/das wird sich (alles) **finden!** · it will (all) sort itself out!

Ich kann dir wirklich noch nicht sagen, ob ich dich auf die Reise nach Helsinki mitnehmen kann. Das wird sich finden. Faß dich in Geduld: kommt Zeit, kommt Rat!

das/etw. wird sich (schon/...) **finden** · it will sort itself out

... Wie wir das später mit dem Transport lösen, das wird sich schon finden, das brauchen wir jetzt noch nicht zu entscheiden ...

nichts/etwas dabei/daran finden (etw. zu tun/wenn .../...) *ugs* · 1. not to see anything wrong with s.o. doing s.th. *n*, 2. not to see any harm in s.o. doing s.th. *n*

1. Natürlich können wir in dieser Kleidung auf der Party erscheinen. Ich jedenfalls finde nichts dabei.

2. Meine Eltern finden nichts dabei, wenn die Leute am Meer nackt baden, obwohl sie es selbst nicht gern tun. – Findest du etwas dabei?

an etw./(jm.) **nichts/(wenig/...) finden können** · 1. 2. not to see much/anything in s.o./s.th.

1. Ich weiß nicht, warum die Gertrud so für das neue Theater schwärmt. Ich kann an diesem Gebäude nichts finden.

2. (Ein Mädchen zu einem andern:) Kannst du an dem Gert Lubbe was finden? – Nein. – Ich auch nicht. Ich versteh' nicht, wie die Ursel sich in ihn verlieben kann.

Finessen: mit allen Finessen *ugs* · with all the refinements, with all the trimmings

Sie ist wirklich eine tolle Köchin. Den Fasan gestern hat sie doch wieder mit allen Finessen zubereitet.

Finger: der elfte Finger *iron* · the/his/... middle leg *coll*, one's third leg *coll*

... Tja, wenn die Christa das wüßte, was der elfte Finger ist! – Komm', sag schon, Udo! – Das ist etwas, was du (von Natur) genau so wenig hast wie die Christa. Na?! Denk' mal nach! – – Die Doris errötete leicht ...

jm./jn. **jucken die Finger nach** etw. *ugs* · + s.o. is dying to do s.th., + s.o. is itching to do s.th.

(Im Kaufhof:) Schau dir den Rudi an! Dem jucken geradezu die Finger nach diesen computergesteuerten Flugzeugen. Wenn du nicht aufpaßt, klaut der so'n Ding hier weg.

klebrige Finger haben *ugs* · + to be light-fingered, to have light fingers

Man muß darauf achten, daß nichts verschwindet, wenn er im Hause ist. Er hat nämlich klebrige Finger. – Hast du wirklich Beweise dafür, daß er dazu neigt zu stehlen?

etw./**es im kleinen Finger haben** (wie man etw. macht) *ugs* · to be able to do s.th. blindfold/with one's hands (tied) behind one's back

... Die Lampen anbringen – das ist für den Klaus eine Lappalie. Das hat er im kleinen Finger.

krumme Finger haben *ugs selten* – klebrige **Finger** haben · + to be light-fingered, to have light fingers

ungeschickte Finger haben · to be awkward/clumsy/...

Ich habe in meinem ganzen Leben noch niemanden gesehen, der so ungeschickte Finger hat wie mein Bruder. Der schlägt keinen Nagel in die Wand, ohne mit dem Hammer wenigstens fünf Mal auf den Daumen zu hauen.

keinen Finger breit von etw. **abweichen/**abgehen/... · not to budge an inch from s.th.

Wir haben alles versucht, um bestimmte Punkte in dem Vertragsentwurf noch zu ändern. Aber der Fuhrmann ist keinen Finger breit von den Richtlinien abgewichen, die man ihm gegeben hatte, und die lauteten: alles haargenau so lassen, wie es vorgesehen war.

den Finger am Abzug haben/(js. **Finger** liegt schon am Abzug) *Gewehr* · to have one's finger on the trigger

Wenn die nicht sofort stehen bleiben und sich ergeben, werden die Polizisten schießen. Die Finger liegen schon am Abzug. – Sie können diese Bankräuber schließlich nicht einfach laufen lassen.

der/die/... bricht sich den Finger noch im Arsch (ab) *vulg* – **der/die/... bricht sich den Finger noch in der Nase (ab)** · s.o. is a real/... butter-fingers, s.o. is hopelessly/... uncoordinated/awkward/...

die Finger nicht bei sich behalten können *ugs* – klebrige **Finger** haben · to be light-fingered, to have light fingers

js. **Finger sind mit Blut befleckt** *path* – an js. **Händen** klebt Blut · s.o. has blood on his hands

zwei Finger breit ... · two fingers wide

... Laß die Tür ein klein bißchen auf – nur einen Spalt, zwei Finger breit ...

seine Finger dazwischen haben *ugs* – (da/...) die **Finger** drin haben · to have a hand in s.th.

überall seine Finger dazwischen haben *ugs* – überall seine **Finger** drin haben · to have one's finger in every pie

den/seinen Finger darauf/drauf haben *ugs* · to keep a constant/... check on s.th. *n*

... Das Schlimmste sind die vielen Akten, weißt du. Wenn du da nicht immer den Finger drauf hast, wird die Hälfte falsch eingeordnet, gehen die Antworten zu spät raus ... Ständig muß man da kontrollieren.

(da/...) die Finger drin haben *ugs* · to have a hand in s.th.

Ich verstehe gar nicht, warum die Verhandlungen nicht weitergehen. – Wahrscheinlich will der Fischer das nicht. – Hat der Fischer da wieder die Finger drin? Das gehört doch gar nicht zu seinem Ressort. – Du weißt doch genau, daß er bei allen wichtigen Dingen mitmischt. Der hält sich doch aus nichts heraus.

überall seine Finger drin haben *ugs* · to have one's finger in every pie

Der Flock hat überall seine Finger drin! Bei allen Entscheidungen wirkt er direkt oder indirekt mit. Es gibt einfach nichts, wo er nicht seine Hände im Spiel hätte.

jm. **mit dem Finger drohen** *ugs* · to wag one's finger at s.o. *n*

... Ich kann dir was sagen, Bürschchen – er drohte dem Jungen mit dem Finger –, noch ein Mal so eine Antwort, und du kannst was erleben!

an jedem Finger eine/zehn haben *ugs* · to have a woman for every day of the week, to have a girl in every port

Gestern stellte mir der Utz ein dunkelhaariges – übrigens sehr interessantes – Mädchen als seine Freundin vor, und heute treffe ich ihn mit einer kessen Blondine. – Ach, der Utz! Ich würde mich nicht wundern, wenn er dir morgen mit einer Rothaarigen über den Weg liefe. Der hat doch an jedem Finger eine.

jm. **in die Finger fallen** *ugs* · 1. to fall/to get into s.o.'s clutches, 2. to fall into s.o.'s hands *n*

1. Sei vorsichtig mit diesem Brief! Gib ihn dem Chef nur persönlich. Wenn er dem Grundmann in die Finger fällt, gibt's einen Skandal. Da stehen Dinge drin, die der Grundmann auf keinen Fall erfahren darf.

2. Vermeide alles, was dich von dem Grundmann abhängig machen könnte! Wer dem in die Finger fällt, hat nichts zu lachen, den beutet er nach Strich und Faden aus.

jm. **eins**/was **auf die Finger geben/hauen** · to smack s.o. on the hand, to rap s.o. on/over the knuckles

Warum weint denn die Marlies so laut? – Vater hat ihr eins auf die Finger gegeben. Er hat ihr dreimal gesagt, sie soll nicht an das Brotmesser gehen, aber sie wollte nicht hören. Da hat sie eben eins auf die Finger gekriegt.

jm. **durch die Finger gehen** *ugs selten* – jm. durch die **Lappen** gehen · to get away, to slip through s.o.'s fingers

sich etw. **durch die Finger gehen lassen** *ugs selten* · to let s.th. slip through one's fingers

Diesen antiken Schreibtisch hättest du dir nicht durch die Finger gehen lassen dürfen. Der Preis war einmalig günstig. – Du hast recht, es war eine riesige Dummheit, ihn mir entgehen zu lassen.

jm. **in**/(zwischen) **die Finger geraten** *ugs* – jm. in die **Finger** fallen (1; a. 2) · to fall/to get into s.o.'s clutches, to fall into s.o.'s hands

die Finger in die Höhe strecken *Schule* · to put up one's hand

Wieviel ist 4 x 4? – Es gab keinen Schüler, der die Finger nicht in die Höhe streckte. So eine leichte Aufgabe konnten alle.

(du mußt/ihr müßt/... es ist nötig/angebracht/..., ihm/ihr/ dem Paul/... einmal/von Zeit zu Zeit/...) **auf die Finger** (zu) **klopfen** *ugs* · you have/it is time/... to rap s.o. on the knuckles

Euer Rolf ist wirklich ein ordentlicher Schüler. Man muß ihm zwar von Zeit zu Zeit auf die Finger klopfen; aber so hin und wieder braucht schließlich jeder Junge in seinem Alter einmal eine Ermahnung oder Zurechtweisung.

jm. **unter die Finger kommen**/(geraten) *selten* · + to get hold of s.th., + to come across s.th.

... Ich habe im Augenblick keine Zeit, nach diesem Buch zu suchen. Aber wenn es mir unter die Finger kommt, werde ich es lesen. – Nun, so zufällig wird es dir wohl nicht in die Hände fallen ...

im kleinen Finger haben, was andere/die ander(e)n nicht im Kopf haben *ugs selten* · to have more wit/sense/(...) in one's little finger than others (have) in their whole body

Der Rudi macht die Schule nicht nur ohne Schwierigkeiten, er macht sie glänzend. Das ist ein hochintelligenter Junge. Der hat im kleinen Finger, was die anderen nicht im Kopf haben. Mit einer halben Stunde Schularbeiten kann der mehr als die anderen mit zwei oder drei Stunden.

eins/ein paar auf die Finger kriegen *ugs* · to get a slap on the hand *n*, to get a rap on/over the knuckles

Wenn du jetzt nochmal an die Papiere gehst, Anabela, kriegst du ein paar auf die Finger, hörst du?!

wenn/... j. jn./etw. **in die Finger kriegt**/(bekommt), **dann** .../... *ugs* · 1. 2. 3. to get one's hands on s.o./s.th., to get hold of s.o./s.th.

1. Vorsicht mit dem Brief! Wenn der Grundmann den in die Finger kriegt, ist das Theater groß. Da stehen Dinge drin, die der Grundmann auf keinen Fall erfahren darf. Gib den Brief also nur dem Chef persönlich.

2. An deiner Stelle würde ich dem Fritz das Auto nicht leihen. Wenn der einen Wagen in die Finger kriegt, ist er völlig aus dem Häuschen.

3. Wenn ich den Karl in die Finger kriege, kann er was erleben! – Was willst du denn dann machen? – Dem werd' ich mal anständig die Meinung blasen! Ich muß ihn nur endlich mal zu fassen kriegen.

keinen Finger krümmen/krumm machen (für jn./etw.) *ugs* · 1. 2. 3. not to lift a finger (for s.o./s.th.)

1. Der Büchner will Gehaltserhöhung? Ausgerechnet der Büchner! Der ist wohl nicht gescheit! Der krümmt doch keinen Finger hier. So einen Faulpelz haben wir in unserem Büro doch noch nie gehabt.

2. Als der Chef auf Geschäftsreise war, saßen die beiden den ganzen Tag da herum, ohne einen Finger zu krümmen. So ein herrliches Leben möchte ich auch mal haben.

3. vgl. – keinen **Finger** rühren (für jn./etw.) (1; u.U. 2)

laß/laßt/... (lieber) **die Finger davon**/von dieser Sache/.../es ist besser/..., die Finger davon/... zu lassen/ich würde/wir würden/... die Finger davon/... lassen *ugs* · don't touch it/ it is better if you don't touch it/if I were you I wouldn't touch it, I'd leave well alone if I were you

Wenn wir so um die 100.000,– Mark für eine Modernisierung des Betriebes anlegen würden, könnte das ein lukratives Geschäft werden. – Ich würde an deiner Stelle die Finger davon lassen/laß lieber die Finger davon. Dieser Geschäftszweig ist heute sehr unsicher.

sich die Finger danach lecken, etw. zu kriegen/essen/.../ (sich die Finger nach etw. lecken) *ugs path* · to be dying to get/eat/... s.th., to give anything to get/eat/... s.th., to give one's eyeteeth to get/eat/... s.th., I/we/... could murder a steak/...

... Drollig, nicht? Aber in der Tat: ich lecke mir die Finger danach, einmal wieder so ein richtiges Eisbein zu vertilgen. Das habe ich seit gut zehn Jahren nicht mehr gegessen. Eisbein mit Sauerkraut!

sich alle/alle zehn Finger danach lecken, etw. zu kriegen/ essen/... *ugs path* – sich die **Finger** danach lecken, etw. zu kriegen/essen/.../(sich die Finger nach etw. lecken) · to be dying to get/eat/... s.th.

den/(die) Finger auf eine Wunde/einen wunden Punkt/einen entscheidenden Punkt/... **legen** *form* · 1. to touch (on) a sore point, 2. to (have) put one's finger on it *coll*

1. Als du nach dem Werdegang seines Sohnes fragtest, hast du den Finger auf einen wunden Punkt gelegt. Sein Sohn hat sein Studium ohne jedes Examen abgebrochen, und das schmerzt den Vater bis heute ungemein. Man kann daher das Thema nicht berühren, ohne ihm wehzutun.

2. ... Genau Herr Maier! Mit dieser Frage legen Sie den Finger auf den entscheidenden Punkt: wir müssen den Zinssatz klären, bevor wir alles weitere besprechen. Ich bin Ihnen sehr dankbar, daß Sie genau diese Frage anschneiden.

etw. **mit dem kleinen Finger machen** *ugs* · to (be able to) do s.th. with one's little finger, to (be able to) do s.th. blindfold

Du wirst sehen, diese Reparatur ist eine Kleinigkeit für ihn. So etwas macht er mit dem kleinen Finger.

lange/krumme Finger machen *ugs* · to help o.s. to s.th., to pinch s.th.

An deiner Stelle würde ich nicht den ganzen Schmuck herumliegen lassen, solange die Handwerker im Haus sind. Es könnte doch sein, daß einer lange Finger macht. – Mir scheinen die Leute alle so ehrlich, daß ich gar nicht auf die Idee kam, daß jemand etwas mitgehen lassen könnte.

sich die Finger (nicht) **dreckig machen** *ugs* – (eher:) sich die **Finger** (nicht) schmutzig machen · (not) to get one's fingers dirty with s.th., (not) to dirty one's hands with s.th.

sich die Finger (nicht) **schmutzig machen** *ugs* · 1. (not) to get one's fingers dirty with s.th., (not) to dirty one's hands with s.th., 2. (not) to (want to) get one's hands dirty, (not) to (want to) soil one's hands

1. Nein, mit eurer Intrige gegen den Ausschußvorsitzenden will ich nichts zu tun haben. Ich werde mir die Finger doch nicht schmutzig machen.

2. vgl. – (eher:) sich (mit etw.) die **Hände** (nicht) schmutzig machen (wollen)

mit dem Finger im Mund dastehen/in der Gegend stehen/da herumstehen/... · to stand around with one's finger in one's mouth

Warum steht denn der Kleine da mit dem Finger im Mund in der Gegend? – Er hat eine Tasse fallen lassen, und die Mutter hat mit ihm geschimpft; er ist ein wenig verlegen.

den/die Finger auf den Mund legen · to put one's finger to/ on one's mouth

»Pst«, machte er und legte den Finger auf den Mund, »sag' nichts, Christa, der Ring ist eine Überraschung für die Mama.«

der/die/... bricht sich den Finger noch in der Nase (ab) *sal selten* · s.o. is a real/... butter-fingers *coll*, s.o. is hopeless-ly/... uncoordinated *n*/awkward *n*/...

Warum schreit der Jupp denn da so herum? – Er hat sich mit dem Hammer auf den Daumen gehauen. – Herrgott nochmal, der Kerl bricht sich den Finger noch in der Nase! Jedesmal, wenn er irgendwelche handwerkliche Arbeit macht, gibt's Theater. So was von Ungeschicklichkeit habe ich in meinem Leben noch nicht gesehen!

jm. den kleinen Finger reichen (eigentlich: wenn man ihm/... den kleinen Finger reicht, will/nimmt er sofort/ gleich die ganze Hand) *ugs* · to give s.o. an inch and he wants a mile, to be mean about helping s.o., to give s.o. a tiny bit of help *n*

... Wenn du dem Peter in dieser heiklen Geschichte wirklich entgegenkommen willst, dann auch richtig! Ihm erst den kleinen Finger reichen und ihn dann, wenn es ernst wird, doch fallen lassen – das wäre sinnlos und gemein!

keinen Finger rühren (für jn./etw.) · 1. 2. 3. not to lift a finger (for s.o./s.th.)

1. Es ist sinnlos, ihn um Hilfe zu bitten. Er würde keinen Finger für uns rühren.
2. Er brauchte nur den kleinen Finger zu rühren, und du hättest den Job.
3. vgl. – (eher:) keinen **Finger** krümmen/krumm machen (für jn./ etw.)

der kleine Finger/mein/dein/... kleiner Finger **sagt** (es) **mir**/ ihm/.../hat (es) mir/ihm/... gesagt (daß ...) *ugs* · 1. a little bird (has) told me/... that ..., 2. + I/... can feel it in my/... bones

1. Meine Eltern wollten zwar erst morgen von ihrer Reise zurückkommen, aber mein kleiner Finger sagt mir, daß sie heute kommen. Du sollst sehen, um fünf, sechs Uhr sind sie da.
2. Du wirst sehen, das geht schief. Der kleine Finger hat es mir gesagt. – Deine Ahnungen können auch mal falsch sein, Karin.

jm. durch die Finger schlüpfen *ugs selten* – jm. durch die **Maschen** gehen · to slip through s.o.'s net

sich (gewaltig/...) **in den** (eigenen) **Finger schneiden** *oft: da hast du dir/er sich/... (aber) (gewaltig) in den Finger geschnitten! ugs* · to score an own goal, to harm o.s. *n*, to shoot o.s. in the foot

Von 'Merkurius' hatten sie dem Peter erklärt, da er so lange krank gewesen sei, könnten sie ihn leider nicht weiter beschäftigen. Sie hatten einen anderen Übersetzer in Aussicht, klar. Der aber sagte in letzter Minute ab, und sie standen fast ein halbes Jahr ohne kompetenten Mann fürs Russische da. Du kannst dir vorstellen, wieviel Aufträge dadurch verloren gingen. – Da haben sie sich ja ganz schön in den Finger geschnitten.

mit dem Finger schnellen *knackende Bewegung mit Daumen und Mittelfinger* · to snap one's fingers, to crack one's fingers

(Der Lehrer:) Wer schnellt denn da schon wieder mit dem Finger? Ihr wißt doch ganz genau, daß ich diese knackenden Geräusche nicht vertragen kann. Wenn ich den erwische, setzt's was!

sich die Finger wund schreiben *path* · to write one's fingers to the bone

Hast du das ganze Wochenende am Schreibtisch verbracht? – Ja, ich habe mir die Finger wundgeschrieben, so viel Korrespondenz hatte ich zu erledigen.

jm. (genau/...) auf die Finger sehen/gucken *ugs* · to keep a sharp/close eye on s.o.

Seid ihr mit dem neuen Dienstmädchen zufrieden? – Sie ist sympathisch. Aber man muß ihr beständig auf die Finger sehen, sonst macht sie alles nur oberflächlich.

es jm. durch die Finger sehen, daß/... *selten* · to turn a blind eye to s.th. if/when s.o. does s.th.

Ich habe es unserer Putzfrau immer durch die Finger gesehen, wenn sie etwas im Haus kaputt gemacht hat; aber es geht zu weit, wenn sie Kristalleuchter zerschlägt. Da muß man schon etwas sagen.

bei etw. die/seine Finger im Spiel haben *ugs* – (da/...) die **Finger** drin haben · to have a hand in s.th.

seine Finger in etw. stecken *ugs selten* – seine **Nase** in etw./ etw., was einen nichts angeht/etw., wo man nichts zu suchen hat/in anderleuts Dinge/... stecken · to stick one's nose into s.th.

den/die Finger strecken *Schule* – die **Finger** in die Höhe strecken · to put up one's hand

sich (gewaltig/ganz gehörig/...) **die Finger verbrennen** (an/ bei etw.) *ugs* · to burn one's fingers badly/(...), to get one's fingers badly/(...) burnt

Wie es scheint, hat sich der Lutz im Untersuchungsausschuß anständig die Finger verbrannt. – Inwiefern? – Er hat Informationen geglaubt, nach denen der Regierungschef persönliche Vorteile von dem Panzerkauf hatte, und den Kanzler deshalb angegriffen. Nachher stellte sich dann heraus, daß die Informationen auf falschen Quellen beruhten.

sich die Finger vergolden lassen können *selten* · 1. s.o. is rolling in it *coll*, s.o. has got money to burn, 2. s.o. has got an incredible knack *coll*, s.o. has a golden touch

1. Ob die Sonja Ziegler arm ist oder reich? – Die kann sich die Finger vergolden lassen, wenn sie will, so reich ist sie.
2. Das ist doch immer so: wenn der Fritz gibt, bekommt sein Mitspieler ein glänzendes Blatt. Der kann sich die Finger vergolden lassen, der Mann. Wie der die Karten gibt, das spottet aller Wahrscheinlichkeitsrechnung.

sich die Finger (nicht) verschmutzen *ugs* – (eher:) sich die **Finger** (nicht) schmutzig machen · (not) to get one's fingers dirty with s.th., (not) to dirty one's hands with s.o./s.th.

sich die Finger wund wählen *ugs* · to hurt one's fingers (from) dialling *n*, to work one's fingers to the bone dialling

... Von Spanien nach Deutschland kannst du dir die Finger wund wählen! Ich habe bestimmt schon zehnmal vergeblich versucht, zu Hause anzurufen.

sich (von jm./immer/...) **um den kleinen Finger wickeln lassen** *ugs* · to let s.o. twist one around his little finger

Unser Pappi ist so vernarrt in sein Töchterchen, daß er sich von ihr völlig um den kleinen Finger wickeln läßt. – Das habe ich auch schon beobachtet: die Kleine macht in der Tat mit dem Vater, was sie will.

nur mit dem kleinen Finger zu winken brauchen, dann macht j. schon .../... *ugs* · to just have to raise one's little finger and ...

Du machst dir gar keine Vorstellung, welch eine Machtstellung und welch ein Ansehen der alte Schuckert in seiner Firma hat. Der braucht nur mit dem kleinen Finger zu winken, dann sind die Leute schon zur Stelle.

den Finger auf die/(eine) Wunde legen *form* · to touch on a sore point

(Nach der Rede eines Oppositionspolitikers:) Endlich wagt es mal einer, den Finger auf die Wunde zu legen. Nicht das Haushaltsdefizit als solches ist beängstigend, und auch nicht die hohen Kredite, die man aufgenommen hat. Was zu Sorge Anlaß gibt, ist die Inkompetenz und die Leichtfertigkeit, mit der da mit Geld umgegangen wird. Das ist das eigentliche Übel!

mit dem Finger auf jn. zeigen/(weisen) – mit den **Fingern** auf jn. zeigen/(weisen) · to point at s.o.

Fingerabdruck: jm. einen Fingerabdruck/Fingerabdrücke **abnehmen**/(js. ... nehmen) *form* · to take s.o.'s fingerprints

... Wie soll die Polizei die Fingerabdrücke dieses Burschen verifizieren, wenn dem nie ein Fingerabdruck abgenommen wurde?! Darüber gibt's keine Unterlagen – aus!

Fingerbreit: keinen Fingerbreit von etw. **abweichen**/abgehen/... *form – path* – keinen **Finger** breit von etw. abweichen/abgehen/... · s.o. will not give/concede/... an inch, s.o. will not budge an inch

um keinen/nicht um einen Fingerbreit nachgeben/... *form – path* · s.o. will not give/concede/... an inch, s.o. will not budge an inch
... In diesem Punkt ist er einfach nicht ansprechbar. Da magst du noch so sehr in ihn dringen – er wird keinen Fingerbreit nachgeben.

Fingerchen: ein Fingerchen für etw. **haben**/dafür haben, etw. zu tun *ugs* · to have a knack for (doing) s.th.
Laß die Uschi man machen, die findet sich da schon durch. Die hat ein Fingerchen für die Auswahl geeigneter Personen als Reisebegleiter. In den Jahren, die sie das jetzt macht, hat sie kaum jemals daneben gegriffen. Aus zehn Bewerbern wählt sie mit instinktiver Sicherheit den richtigen.

Fingerhut: einen Fingerhut voll + *Subst Flüssigkeit ugs* · a thimbleful of *liquid*
Wie, du kommst durstig nach Hause? Haben die Witwers euch denn nichts zum Trinken angeboten? – Einen Fingerhut voll. Dem Franz haben sie ein Gläschen Likör vorgesetzt und mir einen halben Whisky. Und das für eine Verhandlung von vier Stunden.

Fingern: es juckt jm. **in den Fingern** (jn. zu schlagen/...) *ugs* · + to be itching to do s.th.
Als er diese unverschämte Bemerkung über meine Schwester machte, juckte es mir in den Fingern. Am liebsten hätte ich ihm eine schallende Ohrfeige gegeben.

es kribbelt jm. **in den Fingern** (jn. zu schlagen/...) *ugs* – es juckt jm. in den **Fingern** (jn. zu schlagen/...) · + to be itching to do s.th.

das Spiel von/... **in den Fingern haben** *selten* · to have a natural flair/gift/... for s.th.
Schon als Kind hatte er die Begabung für das Gitarrespielen in den Fingern. Heute spielt er dies Instrument virtuos.

es/das/(etw.) **läßt sich an den fünf Fingern abzählen** *ugs* · it sticks out a mile ..., it's obvious to everyone/anyone that ... *n*, + any fool can see that ...
Ich kenne diesen alten Säufer zur Genüge. Es läßt sich an den fünf Fingern abzählen, was er heute abend mit seiner Lohntüte anfängt.

sich etw. **an den fünf/(zehn) Fingern abzählen können** *oft: das/daß ... kannst du dir/kann er sich/... (doch) an den fünf Fingern abzählen ugs* · it is obvious (that...), it stands out a mile (that ...)
Du hast nicht damit gerechnet, daß das 17. Jahrhundert im Examen geprüft würde? Aber das konntest du dir doch an den fünf Fingern abzählen! Am Anfang des Semesters haben wir doch bestimmt sechs Wochen auf das 17. Jahrhundert verwandt. Es müßte also auch im Examen drankommen.

etw. (nur) **mit spitzen Fingern anfassen/anpacken** · to pick s.th. up gingerly
Nein, die Marta ist einfach keine Hausfrau. Schon Fisch packt sie mit spitzen Fingern an. Wieviel mehr wird sie sich davor ekeln, das Badezimmer, die Toilette usw. zu reinigen.

an js. **Fingern klebt Blut** *path* – an js. **Händen** klebt Blut · + to have blood on one's hands

bei jm. **zwischen den Fingern durchrinnen** *selten* – jm. zerrinnt etw./(Geld) unter/(zwischen) den **Fingern** · money runs through s.o.'s hands like water, money burns a hole in s.o.'s pocket

etw. **nicht** (mehr) **aus den Fingern geben** *ugs* – (eher:) etw. (nicht) (mehr) aus der **Hand** geben (1) · (not) to let go of s.th., (not) to let s.o. take s.th. with him/...

das/(etw.) **ist mit den Fingern zu greifen** – (eher:) mit (den) **Händen** zu greifen sein · to be clear, to be plain as day, + it's obvious

etw. **an den** (fünf) **Fingern hersagen**/... **können** *ugs selten* · to reel/to rattle s.th. off
Die Barbara kann die zehn Gebote nicht? Von wegen! Sie kann sie ruck-zuck! – an den fünf Fingern herzählen, vom ersten bis zum letzten. Das geht wie am Schnürchen.

etw. **nicht aus den Fingern lassen** *ugs* · not to part with s.th., not to let go of s.th.
(Der Vater:) Gibst du mir die Puppe auch mal, Uschi? – (Die Mutter:) Die läßt sie heute nicht mehr aus den Fingern.

auf zwei Fingern pfeifen · to whistle with two fingers
... Wie oft ich das als Junge versucht habe – lachte er –, auf zwei Fingern zu pfeifen! Ich hab' es nie hingekriegt. Und unser Friedel pfeift mit einer Leichtigkeit und einer Lautstärke, da ist das Ende von weg!

sich etw. **aus den Fingern saugen** *oft: das/daß ..., hat sich j. aus den Fingern gesogen ugs* · to make s.th. up *n*, to dream s.th. up *n*
Ich weiß nicht, wie sie auf die Idee kommt, der Bertolt wäre seiner Frau nicht treu. Das hat sie sich aus den Fingern gesogen. Einen objektiven Grund dafür, das anzunehmen, gibt es jedenfalls nicht.

(ungeduldig/nervös/...) **mit den Fingern auf die Tischplatte trommeln** · to drum one's fingers (nervously/impatiently/...) on the table
... »Aber meine Damen und Herren« – nervös trommelte er mit den Fingern auf die Tischplatte –, »können Sie mir nicht wenigstens fünf Minuten zuhören, ohne Einwürfe und Zwischenbemerkungen zu machen ...«?!

die Leute/... ließen sich/**konnte man an den Fingern (ab-)zählen** · + you could count the spectators/... on the fingers of one hand, + there was only a handful of spectators/...
... Voll?! Mitnichten! Die Leute, die da saßen, konnte man an den Fingern zählen. Das war der am schlechtesten besuchte Vortrag in diesem ganzen Semester.

mit den Fingern auf jn. **zeigen/(weisen)** · to point at s.o.
Du wirst dich verhalten, wie es sich gehört, hast du verstanden? Oder meinst du, ich legte Wert darauf, daß die Leute mit den Fingern auf dich zeigen und sagen: das ist die Doris Labrant mit ihrem achten Liebhaber?

jm. **zerrinnt** etw./(Geld) **unter**/(zwischen) **den Fingern** · money runs through s.o.'s hands like water, money burns a hole in s.o.'s pocket
Was, du hast dem Wolfgang 1.400,– Mark für seine Reise gegeben? Das kannst du doch nicht machen! Dem zerrinnt das Geld doch unter den Fingern. Du wirst sehen: der bringt keinen Pfennig wieder mit und weiß gar nicht, wofür er das Geld überhaupt ausgegeben hat.

Fingernägel: Fingernägel kauen *eher: an den Fingernägeln kauen ugs selten* · to bite one's nails/fingernails *n*
... Mit acht Jahren sollte man eigentlich nicht mehr Fingernägel kauen, das stimmt schon. Aber auf der anderen Seite sieht man sogar Erwachsene an den Nägeln herumkauen. – Gut! Aber die kauen die nicht so richtig ab! – Wer sagt (dir) das?

Fingerspitzen: ein Gentleman/... bis in die Fingerspitzen sein – etw. **durch** und durch sein/ein durch und durch ... sein/ein ... durch und durch sein (9) · to be a gentleman/... through and through

es juckt/kribbelt jm. **in den Fingerspitzen** (jn. zu schlagen/...) *ugs* – es juckt jm. in den **Fingern** (jn. zu schlagen/...) · to be itching to do s.th.

das/wie man etw. macht, **in den Fingerspitzen haben** *ugs* · to have s.th. at one's fingertips, to have a feel for s.th.
Wie man den Teig anrührt, was da alles hereinkommt und wieviel, das hat meine Großmutter in den Fingerspitzen. Dazu braucht sie keine Uhren, Meßbecher usw.

etw. **nur mit Fingerspitzen anfassen/anpacken** *selten* – etw. (nur) mit spitzen **Fingern** anfassen/anpacken · to pick s.th. up gingerly/with one's fingertips/...

Fingerspitzengefühl: (ein gewisses/viel/...) **Fingerspitzenge-fühl** für etw. **haben** · to have instinctive tact, to have tact and sensitivity, to have a fine instinct for s. th.

Ohne ein gewisses Fingerspitzengefühl für den Umgang mit Menschen (zu haben), sollte man wohl nicht in den diplomatischen Dienst eintreten – obwohl man da leider auch nicht wenige Leute antrifft, die sich benehmen wie der berühmte Elefant im Porzellanladen.

Fingerzeig: ein Fingerzeig Gottes/(des Schicksals) form · + to take s. th./to interpret s. th./... as a sign from God

... Man kann alles so und anders sehen, sagte die Mutter nachdenklich. Ich für mein Teil sehe in dieser Krankheit eine Warnung – wenn ich gläubiger wäre, würde ich sagen: einen Fingerzeig Gottes –, mich mehr zu schonen, mit meinen Kräften nicht länger Raubbau zu treiben. Wer weiß? Wenn ich nicht krank geworden wäre, wäre ich vielleicht eines Tages tot umgefallen.

Finstern: im Finstern – im **Dunkeln** · in the dark

im Finstern tappen ugs – (eher:) im **Dunkeln** tappen · to grope (around) in the dark, to be in the dark

Finsternis: (es herrscht/...) **eine ägyptische Finsternis** lit selten · it is pitch-dark

... Der nächtliche Himmel war wolkenverhangen. Auf den Straßen herrschte geradezu eine ägyptische Finsternis. Man sah die Hand vor den Augen nicht.

Firlefanz: Firlefanz machen ugs · to clown around n, to mess around n, to fool around n

Wie war eure Geburtstagsfeier? – Ach, wir haben eigentlich nur Firlefanz gemacht: Hippy-Platten gehört, geblödelt, uns gegenseitig durch den Kakao gezogen – nur dummes Zeug, weißt du. – Das ist auch mal nützlich; es entspannt.

Firma: von Firma Klau/Klemm und Lange kommen ugs scherzh selten · to be one of Mssrs. Pick and Pocket hum

... Wie, das wußtest du nicht? Das ist doch stadtbekannt, daß der Robert Reuter von der Firma Klau und Lange kommt. – Der Junge stiehlt? – Stiehlt ... Er läßt halt gern was mitgehen.

Fisch: ein dicker/(großer) Fisch ugs selten – ein hohes/(großes) **Tier** · a big noise, a big nob

kalt wie ein Fisch (sein) ugs · to be a cold fish

Uns ist nach wie vor unverständlich, wie der Joseph diese Frau überhaupt heiraten konnte; die ist doch kalt wie ein Fisch. – Nun, gefühlvoll ist der Joseph ja nun auch nicht gerade. – Aber doch auch nicht geradezu biologisch-kalt.

ein kleiner Fisch (sein) ugs · (to be) one of the small fry, (to be) a small fish

... Die machen vielleicht ein Theater um den 'Jocky' – als wenn ihnen mit dessen Festnahme wer weiß was für ein Coup gelungen wäre! In Wirklichkeit ist das ein ganz kleiner Fisch! Von diesen 'Handlangern' haben die Zigtausende herumlaufen.

schwimmen (können) **wie ein Fisch** ugs · to (be able to) swim like a fish n

Es ist eine Wonne, den beiden Mädchen beim Baden zuzuschauen. Sie schwimmen wie ein Fisch. Im Wasser fühlen sie sich offensichtlich so richtig in ihrem Element.

stumm wie ein Fisch (sein) ugs · to be as silent as a post n

Der Herr Holzapfel hat den ganzen Abend aber auch nicht einen einzigen Ton gesagt. – Der ist immer so, stumm wie ein Fisch.

der Fisch hat angebissen ugs selten · + s. o. has swallowed/taken the bait n

Endlich hat der Fisch angebissen! – Was willst du damit sagen? – Seit Monaten versuche ich, dem Miesbach den Vertreterposten in Schongau schmackhaft zu machen. Aber er tat immer so, als interessiere ihn diese Stelle nicht im geringsten. Gestern endlich erkundigte er sich nach den Wohnverhältnissen in Schongau ...

wie ein Fisch an der Angel zappeln ugs selten · to be kept in suspense n, to be kept on tenterhooks n

Unserem Französischlehrer macht es offensichtlich Spaß, uns auf die Folter zu spannen. Gestern kam er mit den zensierten Klassenarbeiten herein, legte die Hefte vorn auf den Tisch und fing ganz gemäch-

lich an, den Text zu besprechen – ohne uns die Noten zu sagen. Uns da wie ein Fisch an der Angel zappeln zu sehen machte ihm sichtlich Vergnügen.

weder Fisch noch Fleisch sein · to be neither fish nor fowl, to be neither one thing nor the other

Nein, in dieser Provinzstadt möchte ich nicht lange leben. So Provinzstädtchen sind weder Fisch noch Fleisch. Wenn schon in einer Stadt leben, dann in einer richtigen Großstadt; sonst lieber auf dem Dorf.

einen dicken Fisch an Land ziehen ugs selten · to land a big fish

Mit dem Auftrag für Brasilien hat der Maurer mal wieder einen dicken Fisch an Land gezogen. Bei dem Geschäft geht es doch bestimmt um Hunderte von Millionen. – Ja. Und es war nicht so einfach, der Konkurrenz das wegzuschnappen.

(der) Fisch will schwimmen Essen · fish has to be washed down with wine para, fish makes you thirsty (for wine) para

Kein Wunder, daß wir nach dieser Menge Schellfisch einen solchen Durst haben. Der Fisch will schwimmen. »Herr Ober, eine Flasche Rotwein, bitte.«

sich fühlen/... wie ein Fisch auf dem Trockenen ugs selten · to feel like a fish out of water n

Im vorigen Jahr mußte er seine Tabakplantage, an der er so sehr hing, aufgeben. Jetzt hat er ein Spielzeuggeschäft aufgemacht. Aber er fühlt sich wie ein Fisch auf dem Trockenen, und ich glaube kaum, daß er sich in diesem für ihn völlig fremdartigen Geschäftszweig jemals zu Hause fühlen wird.

stumm (sein) wie ein Fisch (im Wasser) ugs · to be as silent as a post n

... Wenn du den ganzen Abend stumm wie ein Fisch im Wasser bist, mußt du dich nicht wundern, wenn die Leute deine Gesellschaft nicht besonders interessant finden. Wenn man eingeladen ist, unterhält man sich. Wenn man den Mund nicht aufmachen will, bleibt man zu Hause!

sich (in/...) **wie ein Fisch im Wasser fühlen** ugs · to feel in one's element n, to be in one's element n

Seit er die Position hat, die er jahrelang anstrebte, fühlt er sich wie ein Fisch im Wasser. Immer gut aufgelegt, dynamisch, voller Einfälle – so richtig in seinem Element.

sich munter wie ein Fisch im Wasser fühlen ugs · to be in one's element n, to be as happy as Larry

Euer Kurt fühlt sich doch wohl hier bei uns auf dem Bauernhof? – 'Wohl' ist gar kein Ausdruck: er fühlt sich munter wie ein Fisch im Wasser. Wir haben den Jungen seit Jahren nicht so gut gelaunt, so frisch, so eins mit sich und der Umwelt erlebt.

Fischblut: Fischblut (in den Adern) **haben** selten · to be as cold as a fish, to be a cold fish

Mit der Doris komm' ich nicht zurande. Ich weiß überhaupt nie, was sie fühlt, was sie will. – Das ist halt so ihre Art. »Sie hat Fischblut in den Adern«, sagt mein Vater immer von ihr. Sie weiß offensichtlich selbst nie, was sie fühlt, was sie will – und ob sie etwas fühlt, etwas will.

Fische: faule Fische ugs selten – eine faule **Ausrede** (sein) · (to be) a feeble/lame excuse

das/(etw.) sind kleine Fische für jn. ugs · to be a trifle for s. o., to be a mere nothing for s. o., that's/it's child's play (for s. o.)

Mach' dir nur keine Sorgen! Diese Rede hat er in einer halben Stunde aufgesetzt. Das sind kleine Fische für ihn. Das macht er mit links.

(noch/...) ungefangene Fische (für jn.) **sein** ugs selten – (noch/...) ungelegte **Eier** (für jn.) sein · + to count one's chickens before they're hatched, + to cross that bridge when one comes to it

die Fische füttern ugs selten · to feed the fishes

Das üppige Essen auf dem Schiff war mir gar nicht bekommen. Als der Wind stärker wurde und die Wellen höher schlugen, wurde mir plötzlich ganz übel. Schließlich stand ich, fast ohne es zu merken, an der Reeling, klammerte mich fest und fütterte die Fische.

fischen: im trüben fischen · to fish in troubled waters

Der Braun versucht mal wieder, im trüben zu fischen. Statt die Bedingungen des Ein- und Verkaufs der Artikel klar festzulegen, hält er alles in der Schwebe und versucht, aus der unklaren Lage den größtmöglichen Vorteil zu ziehen.

Fisimatenten: die Fisimatenten lassen *ugs* · to stop messing about, to stop making a fuss

Komm', laß jetzt endlich die Fisimatenten und iß ordentlich. Schäm' dich, dich dauernd so anzustellen, wenn es Fisch gibt. Ein Mädchen in deinem Alter muß auch mal was essen, was es nicht so gern mag, ohne gleich so großes Theater zu machen.

Fisimatenten machen *ugs* · 1. 2. to mess about *n*, to make a fuss *n*, to carry on, to make a performance

1. Mach' nicht so viel Theater, wenn es einmal Hering gibt! – Der macht immer so viele Fisimatenten, wenn etwas auf den Tisch kommt, was er nicht gern ißt.
2. Mußt du wirklich immer so viele Fisimatenten machen, bevor du anfängst, ernsthaft zu arbeiten? Mein Gott, stellst du dich an, wenn du dich einmal anstrengen mußt!

fit: fit sein · to be fit

Meinst du in der Tat, er gewinnt das Turnier? Ist er (körperlich und seelisch) (schon wieder) (richtig) fit? – Er ist voll in Form.

Fittiche: jn. **unter seine Fittiche nehmen** *ugs* · to take s.o. under one's wing *n*

Mach' dir nur keine Sorgen um deine Schwester! Wir werden sie unter unsere Fittiche nehmen. – Da bin ich euch dankbar. Aber gebt ihr auf der anderen Seite nicht das Gefühl, daß sie nicht mehr frei ist; das kann sie nämlich nicht vertragen.

fix: fix und alle sein *sal* – **fix** und fertig sein (2) · to be shattered, to be whacked, to be knackered *coll*

fix und fertig sein *ugs* · 1. to be finished, to be completed, 2. to be shattered, to be whacked *sl*, to be knackered *sl*

1. Nur noch ein Schlußwort, und mein Buch ist fix und fertig. Dann bin ich wieder ein freier Mann – zwei Jahre habe ich wie ein Sklave daran gearbeitet.
2. Nach der sechsstündigen Konferenz waren alle fix und fertig. Wirklich: völlig erledigt, kaputt.

fix und foxi sein *Neol Jugendspr* – **fix** und fertig sein (2) · to be shattered *coll*, to be whacked *sl*, to be knackered *sl*

Flächenbrand: sich zu einem Flächenbrand ausweiten *path* · to spread like wildfire

… Ein kleiner Aufstand hier oder da – gut, das muß man nicht unbedingt ernstnehmen. Aber inzwischen hat sich das zu einem Flächenbrand ausgeweitet. Inzwischen dürfte es in der Hälfte der Provinzen zu Meutereien, Schießereien, Gefechten mit der Polizei oder der Armee und ähnlichem gekommen sein.

flachfallen: flachfallen *ugs* · to fall through, to come to nothing, to be off

Für den Sommer hatten wir uns eigentlich eine Englandreise vorgenommen. Dieser Plan/diese Reise fällt nun leider flach, weil uns während dieser Zeit unsere Eltern besuchen.

flachlegen: jn. **flachlegen** *sal* · 1. to flatten s.o. *n*, to floor s.o. *n*, 2. to go to bed with s.o. *n*, 3. to throw s.o. on his back, to shaft s.o. *n*, to pull a fast one on s.o., to fiddle s.o. *coll*, to take s.o. for a ride, to put one over on s.o.

1. … Du willst mit dem Walter Häuser einen Ringkampf machen? Welch eine Schnapsidee! In 30 Sekunden legt der dich flach. – Das wollen wir mal sehen! – Wetten? In spätesten 30 Sekunden liegst du da wehrlos auf dem Boden – wie eine Kröte.
2. vgl. – mit jm. zusammen ins **Bett** gehen
3. vgl. – (eher) jn. auf's **Kreuz** legen

sich (für eine kurze Zeit/…) **flachlegen** *sal* · to lie down (for a while/…), to flake out (for a while/…), to get one's head down for a while *coll*

… So, ich leg' mich für ein Stündchen flach! Jetzt ist zwei – Anneliese, um Viertel nach drei weckst du mich, wenn ich da noch auf bin, ja? – Gut! Schlaf gut!

flachliegen: flachliegen *sal* – (eher:) auf der **Nase** liegen · to be laid up

Flachmann: einen Flachmann bauen *sal selten* – den **Arsch** zukneifen · to snuff it, to kick the bucket, to croak

Flachs: Flachs machen *ugs selten* · to fool around *n*, to clown around, to kid around

Nun laß doch die Jungen! Nach den Anstrengungen des Examens ist es völlig normal, wenn sie anständig Flachs machen. Solange sie sich nur gegenseitig durch den Kakao ziehen, herumblödeln und ähnlichen Unsinn treiben, gibt es keinen Grund, ihnen einen Dämpfer aufzusetzen.

Fladusen: Fladusen machen *ugs selten* · to tell tall stories, to spin yarns

Der Emil meint, wenn er da alle möglichen Fladusen macht, könnte er bei dem Alten was werden. Als ob der nicht sofort merkte, daß er sich mit dem Geflunker nur wichtig tun und einschmeicheln will.

Flagge: die Flagge einholen/einziehen *form* · to take down the flag

Wir müssen die Flagge noch einziehen. – Du hast recht. Wenn sie über Nacht gehißt bleibt, kann sie naß werden. – Oder sie wird gestohlen.

unter falscher Flagge segeln *selten* · to sail under false colours, to live under a false name, to use an alias

Gestern haben sie den jungen Burschen oben in der 12. Etage verhaftet. Die Polizei behauptet, es sei ein Terrorist, der hier seit längerer Zeit unter falscher Flagge segele. – Wie hieß er noch? Manfred Krohler? – Das war eben nur sein Deckname.

unter fremder Flagge segeln *selten* · 1. to sail under a foreign flag, 2. to sail under false colours, to live under a false name, to use an alias

1. Vertrittst du hier nun deine eigenen Interessen oder segelst du unter fremder Flagge? – Glaubst du, wenn ich die Interessen anderer vertrete, ohne dir das vorher zu sagen, würde ich dir jetzt auf deine Frage reinen Wein einschenken?
2. vgl. – unter falscher **Flagge** segeln

die Flagge streichen *selten* – die **Segel** streichen (1) · to throw in the towel, to give in, to submit, to give up

Flagge zeigen (müssen) *ugs selten* – **Farbe** bekennen (müssen) · to (have to) show one's true colours, to (have to) put one's cards on the table

flagranti: jn. **in flagranti ertappen/(erwischen/schnappen)** *geh* – jn. auf frischer **Tat** ertappen/(erwischen/schnappen/…) · to catch s.o./… red-handed, to catch s.o./… in flagranti

Flamme: seine/ihre neue Flamme (sein) *ugs* · (to be) his/her new flame

… Wer ist denn die Frau, die bei dem Michael dort drüben steht? – Das ist Alexandra, seine neue Flamme.

seine alte Flamme wiedersehen/… *ugs* · to see one's old flame again/…

Stell' dir vor, nach 35 Jahren hat mein Onkel gestern seine alte Flamme wiedergetroffen. – Ach, seine Frau ist nicht seine erste große Liebe?

in Flammen aufgehen · to go up in flames

Irgend jemand muß wohl ein Streichholz dareingeworfen haben oder so, ich weiß auch nicht, jedenfalls ging die ganze Scheune plötzlich in Flammen auf. – Kam denn die Feuerwehr noch rechtzeitig, um zu löschen?

in Flammen geraten *form* · to catch fire, to burst into flames

Paßt hier auf mit den Zigaretten! Wenn das trockene Unterholz in Flammen gerät, gibt es einen richtigen Waldbrand. Und ehe die Feuerwehr in diese abgelegene Gegend kommt, ist alles abgebrannt.

etw. in Flammen setzen *path* – (eher:) etw. in **Brand** stecken/(setzen) · to set fire to s.th.

in (hellen) Flammen stehen · to be in flames, to be ablaze

Als ich gestern von Povoa zurückkam, stand der Wald gegenüber der Landstraße in Flammen. – Da hatten bestimmt wieder welche Feuer gelegt.

jn./etw. **den Flammen übergeben** *form – path* – (eher:) dem **Feuer** überantworten (1; u. U. 2) · to commit s. o./s. th. to the flames

Flammenmeer: ein einziges Flammenmeer sein *path* · it/s. th. is/... a sea of flames
... eine entsetzliche Feuersbrunst. Das ganze Städtchen war ein einziges Flammenmeer.

Flanke: den Feind/Gegner/... **in der Flanke angreifen/fassen**/... von der **Flanke** her *mil od. Fußball u. ä.* · to attack the enemy's flank
Nicht in der Mitte, nein, da kommen wir nicht durch, von der Flanke her müssen wir die gegnerische Armee angreifen, versuchen, sie von der Seite zu umfassen.

dem Gegner/... **in die Flanke fallen** *mil* · to flank s. o., to attack the enemy's flank
Nein, von vorne ist da nichts zu machen – in der Mitte kommen wir nie durch. Wir müssen der gegnerischen Armee in die Flanke fallen. Nur mit einem (Überraschungs-)Angriff von der Seite kann es uns gelingen ...

Flappe: eine Flappe ziehen *ugs selten* – eine **Schnute** ziehen/ (machen) · to pout, to pull a face

Flasche: eine Flasche (sein) *ugs* · (to be) a washout *sl*, (to be) a jerk, (to be) a wanker *vulg*, (to be) a berk *sl*
Nein, eine solche Flasche wie den Metzle brauchen wir hier nicht. Wir suchen einen kompetenten Mitarbeiter.

(einem Kind) **die Flasche geben** · to bottle-feed (a baby), to give a baby the bottle
Wieviel Mal gibst du der Kleinen die Flasche, vier oder fünf Mal am Tag?

zu tief in die Flasche geguckt/(geschaut/geblickt/...) **haben** *ugs* · to have had one too many, to have had a few too many
... Er hat gestern ein wenig zu tief in die Flasche geguckt. Darum war sein Redestrom nicht einzudämmen. – Das kommt wirklich selten vor, daß der Robert so angeheitert ist.

(oft/...) **zur Flasche greifen** · to take to the bottle
... Er wurde mit seinen Problemen nicht fertig. Immer häufiger griff er zur Flasche – ein paar Mal mußten ihn fremde Leute nach Hause schleppen, weil er nicht mehr fähig war, allein zu gehen, so betrunken war er ...

ein Junges/... **mit der Flasche großziehen/aufziehen** · to bottle-feed a young animal/...
... Und was machen die da im Zoo mit den neugeborenen Tieren – Rehen, Hirschen, Wölfen ... – was weiß ich –, wenn das Muttertier bei der Geburt stirbt? – Dann ziehen sie sie mit der Flasche auf. Das ist doch gar kein Problem.

der/einer Flasche (Sekt/Wein) **den Hals brechen** *ugs* · to crack open a bottle (of wine/champagne)
Wollen wir noch einer Flasche den Hals brechen? – Ich glaube, es genügt, Jürgen. Jetzt haben wir drei Flaschen Wein intus, zu zweit ...

eine Flasche Wein/Schnaps/... **köpfen**/... *ugs* – einer **Flasche** Sekt/Wein den Hals brechen · to crack open a bottle (of wine/champagne)

(Wein) **auf Flaschen ziehen** *form* · to put wine into bottles
... Nein, in Fässern wird heutzutage sozusagen nirgends mehr Wein verkauft! Der wird überall auf Flaschen gezogen. – In den Genossenschaften? – Nicht nur. ...

Flatter: die Flatter machen *oft Imp Neol sal* – **Leine** ziehen · to beat it

Flattermann: einen Flattermann haben *sal selten* · 1. to have butterflies (in one's stomach), to have stage-fright, 2. to have the runs *coll*, to have the shits *sl*
1. Ach, der Reinhard, der hat doch vor jedem Auftritt einen derartigen Flattermann ... – Was hat der? – Soviel Lampenfieber, daß er manchmal regelrecht zittert.

2. vgl. – die **Scheißerei** haben

flau: es wird jm. (ganz) **flau** *ugs* – es wird jm. **übel** (1) · + to feel queasy

Flausen: jm. **die Flausen austreiben** *ugs* · to knock the foolish/ stupid/... ideas out of s. o.'s head, to knock the nonsense out of s. o.'s head
Was will er? Nach Brasilien gehen und dort eine Kaffeeplantage aufziehen? Dem werd' ich die Flausen aber jetzt austreiben! Was der alles für blödsinnige Ideen entwickelt, nur um eine ehrliche Arbeit zu vermeiden!

nichts als/nur/... **Flausen im Kopf haben** *ugs* · s. o.'s head is full of fancy/fanciful ideas, s. o.'s head is full of whims *n*
Jetzt bist du 18 Jahre, Junge, und hast nach wie vor nichts als Flausen im Kopf. Du solltest dich schämen! In deinem Alter sollte man langsam anfangen, das Leben ernstzunehmen.

jm. **Flausen in den Kopf setzen** *ugs* · 1. 2. to put fancy ideas into s. o.'s head
1. Was willst du? Nach Australien auswandern und dort eine Wurstfabrik gründen? Wer hat dir denn die Flausen in den Kopf gesetzt?
2. Jetzt hör' endlich damit auf, Elisabeth, dem Jungen Flausen in den Kopf zu setzen! Es ist ja ganz schön, von einer glänzenden Zukunft zu träumen. Aber es ist sinnvoller, ihn dazu anzuhalten, anständig zu arbeiten.

Flausen machen *ugs selten* · (not) to spin s. o. yarns, (not) to give s. o. any nonsense/crap
Nun mach' mal keine Flausen! Wie war das genau? Ihr seid losgebraust, habt unterwegs getrunken ...? Nun mal heraus mit der Sprache! Deine Geschichtchen mit der Bewerbung in Schongau glaubt dir sowieso keiner! Also, wie war das?

Flaute: in eine Flaute geraten · 1. to be becalmed, 2. to enter/... a lull, to enter/... a slack period
1. ... Und wenn du bei einer solchen Regatta in eine Flaute gerätst? – Das ist natürlich dumm. Aber auf der anderen Seite ist ja nicht nur ein Schiff (plötzlich) von der Windstille betroffen, sondern alle; es ist also keiner im Vor- oder Nachteil.
2. ... Mit der Anfangsphase unseres Granitabbaus sind wir ganz offensichtlich in eine Flaute geraten: nach dem Boom der vergangenen beiden Jahre scheint der Markt übersättigt zu sein; kein Mensch bestellt.

fläzen: sich auf den Stuhl/**in den Sessel**/... **fläzen** *sal* – sich auf den Stuhl/in den Sessel/... **flegeln** · to flop on to an armchair/sofa/..., to lounge (around) in an armchair/sofa/...

Fleck: ein blauer Fleck(en) – ein blauer **Flecken** · a bruise

hier/da/... **am falschen Fleck** (sein) *ugs selten* – (eher:) hier/ da/... am falschen **Platz** sein · to be in the wrong place here/in .../..., to be out of place here/in .../...

am falschen Fleck etw. **sein** *ugs selten* · to be strict/lenient/... at the wrong time/in the wrong place *n*
Natürlich muß man als Chef scharf sein können. Aber man muß wissen, wann. Der Reichmann ist am falschen Fleck scharf.

etw. **nicht vom Fleck bringen**/(kriegen) · + s. th. cannot be budged/moved/shifted
Nein, dieser Stein ist einfach zu schwer; mit der Hand bringen wir den nicht vom Fleck. Hol' mal den Traktor, Peter; mit einer Kette können wir ihn dann vielleicht wegschaffen.

einen **Fleck auf der Ehre haben** *ugs* – (eher:) einen **Fleck(en)** auf der/seiner weißen/(blütenweißen) Weste haben · to have a blot on one's copybook, to have a skeleton in the cupboard

nicht vom Fleck gehen/(kommen) · not to get any further, not to make any headway
... Wir kommen und kommen nicht voran! Die Arbeit geht einfach nicht vom Fleck.

mach' dir/macht euch/... **nur keinen Fleck(en) ins Hemd** *sal selten* – j. scheißt sich noch in die **Hose**/(scheiß dir/scheißt euch/... nur/bloß/doch nicht in die Hose!) · keep your shirt/hair on!, don't get your knickers in a twist *hum*

nicht vom Fleck kommen (mit etw.) · 1. 2. not to be making any headway with s. th., not to be getting anywhere with s. th.
1. Die Arbeiten an dem Haus kommen ja gar nicht vom Fleck! – Es fehlen ein paar Materialien, deshalb geht es nicht weiter.
2. Wie geht es denn mit deiner Dissertation? – Ach, seit Wochen komme ich damit nicht genau an demselben Problem, über das ich mit dir damals sprach.

ein weißer Fleck(en) auf der Landkarte · a blank space on the map, a blank area on the map
Während es besonders in Afrika und Asien noch Ende des 19. Jahrhunderts zahlreiche weiße Flecken auf der Landkarte gab, ist heute fast jeder Winkel auf der Erde erforscht.

sich nicht vom Fleck rühren · not to move/budge/stir/(…), to stay put *coll*
Unser Junge war so gebannt vom Starten und Landen der Flugzeuge, daß er sich fast zwei Stunden nicht vom Fleck rührte. – Und sonst kann er nicht einmal zwei Minuten an derselben Stelle bleiben, nicht?

vom Fleck weg etw. tun *selten* · to do s. th. on the spot
Jahrelang hatten sie Sorgen, ihre Tochter würde keinen Mann finden. Da lernte sie zufällig einen jungen Gerichtsreferendar kennen, den sie vom Fleck weg heiratete.

einen Fleck(en) auf der/seiner weißen/(blütenweißen) Weste haben · to have a blot on one's copybook, to have blotted one's copybook, to have a skeleton in the cupboard
Er gilt allenthalben als Ehrenmann. Nur wenige wissen, daß er aus früherer Zeit einen argen Fleck auf der weißen Weste hat. – Was hat er sich denn damals zuschulden kommen lassen?

Fleckchen: ein schönes/anmutiges/… **Fleckchen Erde** *path* · a lovely/pretty/… spot
Mein Gott, ist das schön hier – ein herrliches Fleckchen Erde!

Flecken: ein blauer Flecken · a bruise
Schau, genau da, wo du mich gestern gekniffen hast, habe ich jetzt einen blauen Flecken. – Schrecklich!

einen Flecken auf der weißen Weste haben – einen Fleck(en) auf der/seiner weißen/(blütenweißen) Weste haben · to have a blot on one's copybook, to have a skeleton in the cupboard

flegeln: sich auf den Stuhl/**in** den Sessel/… **flegeln** *ugs* · to sprawl in a chair/… *n*, to loll in a chair/… *n*
Wie flegelst du dich denn da in den Sessel, Junge?! Wenigstens wenn Besuch da ist, könntest du eine halbwegs ordentliche Haltung einnehmen.

Fleisch: (Menschen/…) **von/(aus) Fleisch und Blut** (sein) · (to be) (people/characters/…) of flesh and blood
Die Gestalten seiner Romane sind von Fleisch und Blut. Es sind keine blutleeren, abstrakten Phantasieprodukte wie die so vieler Autoren, nein, sie sind aus dem Leben gegriffen.

aus Fleisch und Blut sein *path selten* – (schließlich/…) nicht aus **Stein** sein · to be made of flesh and blood, to be only/… human

js. **eigen' Fleisch und Blut** *path selten* · s. o.'s own flesh and blood
Hast du gehört: nach ihrer Affäre mit dem Engelbert hat der Vater sie aus dem Haus geworfen. – Unglaublich, sein eigen' Fleisch und Blut so hartherzig zu verstoßen.

jm. **in Fleisch und Blut übergehen** · to become second nature for s. o. (to do s. th.)
Umgangsformen müssen einem in Fleisch und Blut übergehen! Solange man noch überlegen muß, wie man sich zu verhalten hat, benimmt man sich mit Sicherheit linkisch.

weder Fleisch noch Fisch sein – (eher:) weder **Fisch** noch Fleisch sein · to be neither fish nor fowl, to be neither one thing nor the other

vom Fleisch gefallen sein *oft: du fällst!/… noch vom Fleisch! veraltend selten* · to be all skin and bones
Du fällst noch vom Fleisch, wenn du immer nur wie ein Spatz ißt. – Mach' dir man keine Sorgen, Vater. Selbst, wenn ich zwei, drei Kilo abnehme, bin ich noch alles andere als mager.

sich ins eigene Fleisch schneiden *ugs* – sich (gewaltig/…) in den (eigenen) **Finger** schneiden · to score an own goal, to harm o. s.

Fleisch werden *rel* · to be made flesh, to become flesh
… »Er ist Fleisch geworden und hat unter uns gewohnt …«: ein Mysterium! Gott, der Mensch wird und doch Gott bleibt …

straff im Fleische sein *path veraltend selten* · to be firm of flesh
… Ja, ja, nicht dick, aber kräftig, straff im Fleische, wie es so schön hieß, pralle Brust … – das scheint dein Schönheitsideal zu sein.

Fleischtöpfen: sich nach den Fleischtöpfen Ägyptens/den ägyptischen Fleischtöpfen **zurücksehnen** *lit veraltend selten* · to long for the fleshpots of Egypt *rare*, to long for the good life
… Und bekommt ihm das spartanische Leben im Busch oder sehnt er sich nach den Fleischtöpfen Ägyptens zurück? – Nein, er hat es noch keinen Augenblick bereut, sich entschieden zu haben, als Arzt in jenem abgelegenen Winkel für die Schwarzen zu arbeiten. Das bürgerliche Wohlleben, das er in Europa führte, übt keinerlei Reiz mehr auf ihn aus.

Fleischwolf: jn. **durch den Fleischwolf drehen** *sal selten* · 1. to put s. o. through the mill *coll*, to put s. o. through it *coll*, to give s. o. a hard time *coll*, 2. to pull s. o. to pieces *coll*, 3. to put meat/… through the mincer *n*
1. Ich hatte geglaubt, das wäre nur so ein allgemeines Vorstellungsgespräch. Aber weit gefehlt! Die haben mich da regelrecht durch den Fleischwolf gedreht. – Das hätte ich dir vorher sagen können. Sie nehmen jeden Kandidaten so auseinander.
2. Meine Güte, bei euch wird aber auch jeder durch den Fleischwolf gedreht! An keinem Menschen laßt ihr ein gutes Haar, jeder wird seziert und dabei von oben bis unten schlecht gemacht!
3. vgl. – Fleisch/Wurst/… durch den **Wolf** drehen

Fleppen: jm. **die Fleppen vor die Füße schmeißen/**(werfen) *sal selten* – jm. den (ganzen) **Kram** vor die Füße schmeißen/werfen · to chuck the whole thing in

die Fleppen hinschmeißen/hinwerfen *sal* · to hand in one's cards, to pack a job in, to jack a job in
Er arbeitet nicht mehr bei Schuckert? – Nein. Er war die Intrigen satt und hat die Fleppen hingeschmissen. – Wann hat er gekündigt?

Fliege: lästig wie eine Fliege sein *ugs selten* · to be a real/… pest, to be a real/… nuisance
(Eine Mutter zu einer Freundin:) Ach, jetzt quält der mich schon wieder, ich soll ihm ein Eis kaufen. Der Junge ist aber auch lästig wie eine Fliege! Man hat keine fünf Minuten Ruhe.

'ne/(die/eine) Fliege machen *oft: mach' Fliege!* *ugs Neol* – **Leine** ziehen · to push off, to clear off, to buzz off

keiner Fliege etwas zuleide tun (können) *ugs* · he/… would not hurt/harm a fly
Der Peter ist die Gutmütigkeit in Person, ein Mensch, der keiner Fliege etwas zuleide tut.

sich über jede Fliege an der Wand ärgern/(jn. stört jede Fliege an der Wand) *ugs* · + every piddling little thing irritates/annoys/bothers/(…) him/…
Warum schimpft denn deine Schwester schon wieder? Was ist denn los? – Ich weiß nicht. Es interessiert mich auch nicht. Die ärgert sich über jede Fliege an der Wand, weißt du. Ganz egal, was passiert, sie findet immer einen Grund, um herumzuschimpfen.

matt wie die Fliegen sein *ugs* · to feel like a limp rag
Nachdem wir allesamt drei Stunden in der Mittagssonne gesessen hatten, waren wir matt wie die Fliegen. Abgeschlafft wie nach der Sauna – nur nicht so wohlig müde.

zwei/(mehrere) Fliegen mit einer Klappe schlagen *ugs* · to kill two birds with one stone
Ich glaube, trotz meines vollen Terminkalenders fliege ich morgen nach London. Dann schlage ich nämlich zwei Fliegen mit einer Klappe: erstens kann ich das Geschäft mit Brown & Cie. definitiv abschließen und zweitens meinen alten Freund Freddy endlich mal wieder treffen.

zwei Fliegen auf einen Schlag/mit einem Schlag **treffen**/(schlagen) *ugs selten* – zwei/(mehrere) **Fliegen** mit einer Klappe schlagen · to kill two birds with one stone

wie (die) Fliegen sterben/(umfallen) *ugs* · to die like flies, to go down like flies
Wenn die Pest ausbrach, starben die Menschen im Mittelalter wie die Fliegen. Einer nach dem andern, ein Stadtviertel nach dem andern.

sich über die Fliegen an der Wand ärgern *ugs* – sich über jede **Fliege** an der Wand ärgern/(jn. stört jede Fliege an der Wand) · every little thing irritates/annoys/bothers/(…) him/…

fliegen: ich/er/mein Onkel/… **kann doch nicht fliegen!** *sal* · I/you/… haven't/… got wings
(Der Vater:) Mein Gott, wo bleibt der Junge denn mit den Briefbögen? (Die Mutter:) Aber Hubert, der Junge kann doch nicht fliegen! Er ist sofort losgegangen, als du es ihm gesagt hast. Aber bis zu dem Schreibwarengeschäft sind es halt 10 Minuten …

auf jn. **fliegen** *ugs* – (voll) auf jn./etw. **abfahren** (2) · to (really/…) go for s.o., to be mad/wild/crazy/… about s.th.

durch die Prüfung/… **fliegen** *sal* – **durchfallen** · to fail, to flunk

einen fliegen lassen *sal* – (eher) einen **fahren** lassen · to let one go, to let off, to break wind

Fliegenschiß: sich über jeden Fliegenschiß (an der Wand) **ärgern**/… *sal* – sich über jede **Fliege** an der Wand ärgern/(jn. stört jede Fliege an der Wand) · + every piddling little thing irritates/annoys/bothers/(…) him/…

fliegt: alles fliegt durcheinander (in/bei/…) *ugs* · everything is all over the place (in/at/…), everything is a jumble (in/at/…)
In dieser Schublade fliegt ja alles durcheinander. Da kann man doch nichts mehr finden!

…, darauf fliegt j. **sofort** *ugs* · to go for s.th. immediately/… *n*, to make a beeline for s.o./s.th. immediately/…
Einen frischen Krabbencocktail – darauf fliegt er sofort! Du brauchst nur das Wort kurz fallen zu lassen, schon wird er ihn bestellen.

jm. **fliegt alles/… nur so zu** – jm. nur so/(…) **zufliegen** · + everything comes easily to s.o.

Flinte: wenn/… j. jm. **vor die Flinte kommt (dann …)** *ugs* · if/… s.o. comes across s.o. *n*, he'll …, if/… s.o. gets hold of s.o., he'll …
… Wenn der Kerl mir vor die Flinte kommt, werd' ich ihm aber gehörig die Meinung blasen. Ich muß ihn nur erst mal zu packen kriegen!

die Flinte ins Korn werfen · to throw in the towel/sponge
… Warum will er denn die Flinte so schnell ins Korn werfen? Er hat doch noch gar nicht alles versucht. Unsinn, so schnell gibt man doch nicht auf!

jn./(etw.) **vor die Flinte kriegen**/(bekommen) *oft: wenn* j. jn. … *kriegt, dann* … *ugs* – wenn/… j. jm. **vor die Flinte** kommt (dann …) · if/… s.o. comes across s.o., he'll …, if/… s.o. gets hold of s.o., he'll …

Flitterwochen: in den Flitterwochen sein/nach Italien fahren/…/die … in … verbringen/… · to be on one's honeymoon, to go to Italy/… for one's honeymoon
(In einem Hotel:) Was sollen denn deine Ironien, Karl, über das junge/(neuvermählte) Ehepaar dort? Als die Bärbel und du in den Flitterwochen wart, seid ihr da nicht so verliebt miteinander umgegangen?

Flitzebogen: gespannt sein wie ein Flitzebogen *ugs* · to be on tenterhooks *n*
Schau dir die Kinder an, Else, die sind gespannt wie ein Flitzebogen, was ich für sie von der Reise mitgebracht habe. Wie sie in den Koffer, in die Tasche stieren!

Flocke: eine komische/seltsame/(sonderbare) **Flocke sein** *sal* – ein sonderbarer/komischer/wunderlicher **Heiliger** (sein) · a queer fish

Floh: jm. **einen Floh ins Ohr setzen** *ugs* · 1. 2. 3. to put (weird/fancy/…) ideas into s.o.'s head
1. Wie bitte? Er will hier ein Lokal mit indonesischer Küche aufmachen? Wer hat ihm denn nur den Floh ins Ohr gesetzt? Das ist doch eine regelrechte Schnapsidee! Als wenn es in diesem Viertel ein Publikum für solche exotischen Sachen gäbe!
2. Was willst du machen? Die Elfriede hat ihm den Floh ins Ohr gesetzt, er wäre ein toller Kaufmann; jetzt meint er, vom Verkaufen verstünde keiner etwas außer ihm. In Wirklichkeit ist seine Begabung auf diesem Gebiet mäßig bis saumäßig.
3. Jemand hat ihr den Floh ins Ohr gesetzt, ihr Mann würde sie betrügen. Jetzt kann sie ihm nicht mehr klar in die Augen schauen, weil sie von ihrem Mißtrauen nicht mehr loskommt.

Flohbeißen: angenehmes Flohbeißen! *sal selten* · sleep tight, mind the fleas don't bite, hope the fleas don't bite *coll*
Gute Nacht. Und angenehmes Flohbeißen! – Herzlichen Dank! Ich wünsche dir ebenfalls eine gute Nachtruhe.

Flöhe: ein paar Flöhe *ugs* · a few quid, a few bob
Kannst du mir ein paar Flöhe leihen? Ich will heute abend mit der Iris ausgehen und habe keinen Pfennig mehr in der Tasche. Übermorgen bekomme ich mein Gehalt, dann gebe ich dir das Geld wieder.

keine Flöhe mehr haben/(besitzen) *ugs* · to be cleaned out, to have no dough/readies/cash/bread, to be broke *n*, to be stony broke
Nein, Urlaub kann ich mir in diesem Jahr keinen mehr leisten, ich hab' keine Flöhe mehr. Ich bin völlig pleite.

die Flöhe husten/(niesen) **hören** *ugs* · to be imagining things *n*, to be hearing things *n*
Hör' mal, Gerd, da macht sich doch jemand an unserer Haustür zu schaffen. – Blödsinn, Elly! Du hörst mal wieder die Flöhe husten. – Aber hör' doch! – Es ist stürmisch draußen, da rappelt die Tür ein bißchen, das ist alles. Jetzt laß mich schlafen!

lieber Flöhe hüten als etw. tun *sal* – (eher:) lieber einen **Sack** Flöhe hüten als etw. tun (aufpassen usw.) · s.o. would rather do anything than …

jm. **Flöhe ins Ohr setzen** *ugs* · to (let s.o.) put (fancy/weird/…) ideas into s.o.'s head
… Du solltest dir von deinem Kollegen nicht so viele Flöhe ins Ohr setzen lassen. Seine Ideen sind samt und sonders wirklichkeitsfremd und undurchführbar.

Flop: etw. **ist ein Flop** *ugs Neol* – in die **Hose** gehen (1; a. 2) · s.th. is a flop

Flor: im Flor sein *form selten* – (in) **Mode** sein/es ist Mode, daß …/…, das ist Mode (1) · to be in fashion (to do s.th.), to be the fashion (to do s.th.), to be fashionable (to do s.th.)

in Flor stehen *form selten* · 1. to be in blossom, 2. to be flourishing
1. vgl. – in **Blüte** stehen
2. vgl. – (u. U.) in voller **Blüte** stehen

Floskeln: nicht viel Floskeln machen · not to waste time on fine phrases, to get straight to the point
Ich schätze seinen Redestil. Er macht nicht viel Floskeln. Er spricht nüchtern und hält sich ans Wesentliche.

Flosse: jm. **die Flosse geben/**(reichen) *sal* – jm. die **Hand** geben/reichen · to give s.o. one's mitt/paw *hum*

Flöte: eine Flöte (sein) *sal* · 1. to be a (real/right/…) wet blanket, to be a (real/right/…) drip, to be as dull as ditchwater, 2. (to be) a washout, (to be) a jerk, (to be) a wanker, (to be) a berk
1. vgl. – eine trübe **Tasse** (sein)
2. vgl. · eine **Flasche** (sein)

flötengehen: flötengehen *ugs* · 1. 2. to go for a burton, 3. to be dashed, to come to nothing *n*

1. Bei dem Ausflug ist meine Uhr flötengegangen. Wo kann ich die bloß gelassen haben?

2. Mühsam hatte er sich ein paar tausend Mark zusammengespart. Nun sind durch seinen Unfall die ganzen Ersparnisse flötengegangen.

3. Alle seinen kühnen Jugendträume gingen im Laufe der Jahre flöten.

Flötentöne: jm. die (richtigen) **Flötentöne beibringen/**(blasen) *ugs* · to show/to teach s.o. what's what

Von wegen, sich hier unmöglich aufführen! Das wird er sich nicht noch einmal leisten, da kannst du sicher sein! Dem werd' ich die Flötentöne schon beibringen. Auch der wird noch lernen, wie man sich zu benehmen hat.

flott: (ganz schön) **flott sein/ein flottes Mädchen/...** sein *ugs* · 1. 2. to be attractive/tasty/..., to be an attractive/a tasty/... girl/..., 3. to be speedy, to be swift, to be snappy

1. Die Petra ist echt ein flottes Mädchen! Sie ist charmant, sportlich und zudem ein helles Köpfchen.

2. ... Die Frau, die dort an der Bar sitzt, ist ganz schön flott. – Stimmt, die sieht zum Anbeißen aus.

3. ... Die Bedienung in diesem Lokal ist ganz schön flott. Die Frau ist wirklich auf Zack.

wieder flott sein *Schiff* · 1. 2. to be afloat again

1. Wir haben unser Segelboot repariert. Jetzt ist es wieder flott.

2. ... Wir waren auf eine Sandbank aufgelaufen, aber dann kam Gott sei Dank die Flut und wir waren bald wieder flott.

flottmachen: etw. wieder flottmachen – etw. wieder flott **machen** · to refloat a ship, to get a ship afloat again, to get s.th. going, to get s.th. under way

Fluch: (das ist) **der Fluch der bösen Tat** *mst iron* · it/that/s.th. is the wages of sin, it/that/s.th. is the curse of an evil deed

... Verdammt nochmal, was tut mir der Hals heute weh! – Das ist der Fluch der bösen Tat, Erich! Du hast gestern abend wieder so viel geraucht! – Jetzt komm' du mir auch noch mit deinen moralapostolischen Bemerkungen!

Fluchen: da/(hier/hierbei/bei etw./...) **hilft kein Fluchen und kein Beten** *sal selten* – da/(hier/dabei/bei etw./...) hilft kein **Jammern** und kein Klagen · it's no good moaning and groaning, it's no good whingeing

Flucht: in wilder/(heilloser) **Flucht davonjagen/**davonreiten/davonrennen/... *path veraltend selten* · to run away/to dash away/... in mad panic

(Ein älterer Herr, erbost:) Erst wer weiß wie unerzogen und brutal auftreten und die alten Leute hier belästigen – und wenn dann die Polizei kommt, in wilder Flucht davonrennen!: diese (jungen) Flegel aus diesem Viertel hier, das sind mir die Richtigen! Frech – und feige!

die Flucht in die Öffentlichkeit/(die Anonymität/...) **antreten** *path* · to take refuge in anonymity/illness, to make a public statement, to go public with s.th., to resort to publicity

... Was soll er machen, wenn von allen Seiten – hintenherum natürlich – der Verdacht geäußert wird, daß er der Firma seines Bruders staatliche Aufträge zugeschoben hat? – Ich würde mich nicht wundern, wenn er die Flucht in die Öffentlichkeit antreten würde. – Du meinst: er wird die Unterlagen offenlegen und dann Beweise für alle Anschuldigungen verlangen? Das glaub' ich nicht.

die Flucht nach vorn antreten · to take/to seize the bull by the horns

Statt zu warten, bis der Chef das negative Ergebnis seiner Verhandlungen mit der Konkurrenzfirma rügte, trat der Abteilungsleiter die Flucht nach vorn an: er kritisierte den ungenügenden Verhandlungsspielraum, den ihm die Geschäftsleitung gegeben habe, ihre Unkenntnis der Interessenlage der Konkurrenz ...

sich der Strafe/... durch die Flucht entziehen *form* · to avoid arrest by escaping/absconding/...

Der Verbrecher wollte sich der Strafe durch die Flucht entziehen, aber die Polizei hat ihn geschnappt.

die Flucht ergreifen *path* – sich aus dem **Staub(e)** machen (1) · to make a dash for it, to make a dash for freedom, to take to one's heels

jn. in die Flucht jagen · to put s.o. to flight

Gestern planten ein paar Leute einen Überfall auf unser Landgut. Aber der Hund fing an zu bellen, und ein paar Bauern strömten sofort zusammen und jagten die Eindringlinge in die Flucht.

eine Flucht machen *Jägerspr: Rehe u. ä.* · to make a leap, to make a bound

... Kaum näherten wir uns der Schonung, da machten die Rehe eine Flucht: in hohen, weiten Sprüngen rannten sie davon.

jn. in die Flucht schlagen · 1. 2. to put s.o. to flight, 1. to force s.o. to retreat

1. Die feindliche Armee wurde von unseren Soldaten in die Flucht geschlagen.

2. vgl. – jn. in die **Flucht** jagen

Flug(e): aus dem Flug der Vögel wahrsagen *veraltend* · to prophesy/to tell/... the future/... from the flight of birds

... Der eine will uns die Zukunft aus der Hand lesen, der andere will aus dem Flug der Vögel wahrsagen, wieder ein anderer versucht, aus dem Kaffeesatz wahrzusagen ... – Aus dem Kaffeesatz? – Was weiß ich, wo die Leute überall nach Zeichen suchen, die uns gestatten, unser Schicksal vorherzusehen.

im Fluge ... *form* · in a twinkling, in a flash, in a trice, quickly, rapidly

Nur für eine Viertelstunde kam mein Mann heute Mittag nach Hause, diktierte im Fluge einen Brief an unseren Hausbesitzer, aß hastig ein paar Bissen und verschwand wieder zu einer Sitzung im Landgericht.

etw. im Fluge auffangen/(erhaschen/...) · 1. to catch s.th. in mid-air/in the air, 2. to pick up/to snap up/to snatch up/... s.th. in passing

1. Das war aber Glück! Wenn Papa das Buch, das du einfach herübergeworfen hast, nicht im Fluge aufgefangen hätte, wäre es auf den Tisch gefallen und hätte bestimmt ein Glas, Geschirr oder so etwas kaputt gemacht.

2. Was sagt er? Ich hätte bei meinem Vortrag über Afrika die russische Politik dort verteidigt? Der Mann ist verrückt. Er war doch überhaupt nur 10 oder 15 Minuten anwesend. Der fängt so im Fluge ein paar Sätze auf und setzt dann die unmöglichsten Gerüchte in die Welt.

(wie) im Flug(e) vergehen *Zeit form* · the time/the holidays/... fly by

Jetzt sind die Ferien schon wieder fast um. Die Zeit ist im Fluge vergangen. Man hat den Eindruck, sie hätten gerade erst angefangen.

Flügel: der linke/rechte/(links-emanzipierte/...) **Flügel** (einer Partei/...) *Pol* · the left/right/progressive/... wing of a party

... Wenn du schon den Schmude dem rechten Flügel der Partei zurechnest – wo steht dann nach deiner Meinung der Kübel? – Der spielt Rechtsaußen. – Jetzt sag' bloß noch, das wär' ein Reaktionär!

Gedanken/Pläne/... **verleihen** jm. **Flügel** *path* · ideas/plans/... lend s.o. wings

Seit eurer Unterhaltung vom vergangenen Monat ist der Herbert ein anderer Mensch. Deine Pläne, mit ihm zusammen eine Filiale der Firma in Nordbrasilien zu gründen, haben ihm Flügel verliehen. Mit frischem Mut und heller Begeisterung arbeitet er an der Verwirklichung des Projekts.

die Flügel hängen lassen *selten* – den **Kopf** hängen lassen · to hang one's head, to be downcast/down-hearted

jm. die Flügel stutzen/(beschneiden) · to clip s.o.'s wings

Unsere Tochter wird in letzter Zeit ein bißchen arg kess. Ich fürchte, wir müssen ihr ein wenig die Flügel stutzen. Zu viel Freiheit und Ungebundenheit ist für sie offensichtlich doch nicht das Richtige.

sich die Flügel verbrennen *geh selten* · to burn one's wings *rare*

Der Kurt muß aufpassen, daß er sich bei seinen vielen großartigen Plänen nicht die Flügel verbrennt. Schon so mancher wollte hoch hinaus und hat sich am Ende damit nur selbst geschadet.

flügellahm: (etwas/...) **flügellahm (sein)** *ugs selten* · to be (somewhat/a bit/...) lacking in energy, to be out of sorts, to be down in the dumps

... Nachdem die Alexandra da in der Französischklausur durchgefallen ist, wirkt sie ein wenig flügellahm! Sonst war sie immer so munter und zuversichtlich ... – Sie hatte sich gerade auf diese Klausur besonders gut vorbereitet. – So was passiert. Das ist doch kein Grund, den Kopf hängen zu lassen.

Flügeln: **auf den Flügeln des Geistes**/der Phantasie/des Traumes/... **getragen werden**/dahineilen/... *path* · to be borne/carried along on the wings of fantasy/...

Dich so auf den Flügeln der Phantasie tragen zu lassen und großartige Pläne für die Zukunft zu schmieden ... tja, das glaub' ich, daß dir das Spaß macht. Mühsamer ist es, die Pläne in die Tat umzusetzen.

Flügelschlag: **den Flügelschlag der Zeit verspüren** *path selten* · to feel the pulse of history, to be in touch with the times

Meist fühlen wir uns in diesem Nest ein wenig abseits von allem, was die Welt bewegt. Aber neulich war der amerikanische Präsident mit dem Kanzler hier, und bei diesem Besuch haben wir, wenn auch nur kurz, den Flügelschlag der Zeit verspürt.

Flunder: **platt sein wie eine Flunder** *sal selten* · 1. 3. s.o./s.th. is as flat as a board, 2. s.th. is as flat as a pancake *coll*, s.th. is as flat as a flounder *coll*, 3. s.o. is flat-chested, 4. to be flabbergasted *coll*, to be dumbfounded *n*

1. ... Der Seitenwagen von der FJ 1200 ist platt wie eine Flunder. Da liegt man mehr drin, als daß man sitzt.

2. Holland ist wirklich platt wie 'ne Flunder. Da gibt's kaum Berge, oft nicht mal 'nen Hügel.

3. Die Barbara macht mich nicht sonderlich an, die ist ja platt wie eine Flunder.

4. vgl. – (ganz) (einfach) **baff** sein (1)

Flunsch: **einen Flunsch ziehen** *ugs selten* – eine **Schnute** ziehen/(machen) · to pull a face, to pout

Flur: **allein auf weiter Flur** sein/stehen/... · (to be) in the middle of nowhere, to be alone, to be out on a limb

Mensch, Gisela, der Wagen ist nicht in Schuß! Der Motor setzt aus. Das fehlt uns noch in dieser Wildnis! Ich weiß gar nicht, was wir da machen sollen, hier allein auf weiter Flur. Bis zum nächsten Ort sind es doch bestimmt an die hundert Kilometer.

Fluß: noch/... **im Fluß sein** · to be (still/...) in a state of flux

Eine Lösung des Problems ist noch nicht abzusehen. Die ganze Angelegenheit ist noch im Fluß. Wenn sich eine bestimmte Entwicklungstendenz oder eine Entscheidung abzeichnet, gebe ich Ihnen Bescheid.

etw. wieder/... **in Fluß bringen** *Verhandlungen/...* · to get s.th. moving/going (again/...)

Die Verhandlungen sind ins Stocken geraten, und es wird schwer halten, sie wieder in Fluß zu bringen.

Verhandlungen/... **in/(im) Fluß halten** · to keep s.th. going

Wenn es uns nicht gelingt, die Verhandlungen in Fluß zu halten, können wir nicht mit einem guten Ergebnis rechnen. Denn wir wissen aus der Vergangenheit, daß bei dem Temperament unserer Verhandlungspartner ein Stocken oder Unterbrechen sozusagen gleichbedeutend mit einem Scheitern ist.

wieder/... **in Fluß kommen**/(geraten) · 1. 2. + to get going (again/...), + to get started

1. Sind die Verhandlungen wieder in Fluß gekommen? Oder hat man sich nach der Unterbrechung ergebnislos beendet?

2. Lange Jahre wurde der Umweltschutz nicht ernst genommen. Doch nachdem verschiedene Bürgerbewegungen und Parteien immer stärker auf die Gefahren der Verschmutzung der Luft, des Wassers, der Landschaft hingewiesen haben, ist die Diskussion darüber endlich in Fluß gekommen. Heute wird fast zu viel darüber geredet.

flüssig: **flüssig sein** · to be in funds, to have money

Er könnte sich das Gemälde durchaus leisten, da er zurzeit ausnahmsweise flüssig ist. – Was zögert er dann noch, wenn er das Geld dafür zur Verfügung hat?

Geld/... **flüssig haben** · to have funds available, to have liquidity

Wenn du auf diesem Gut Fortschritte erzielen willst, mußt du es modernisieren, und das heißt, investieren. Wenn du dazu kein Geld flüssig hast, mußt du einen Kredit aufnehmen.

flüstern: ..., **das kann ich dir/euch/**(ihm/...) **flüstern!** *sal* · take it from me, I can tell you (that for free)

Gewöhn' dir schleunigst einen anderen Ton an! Sonst werd' ich mit dir mal andere Saiten aufziehen, das kann ich dir flüstern! Ich hoffe, du nimmst dir das zu Herzen!

dem/der/... **werde ich/**werden wir/... (aber) **was flüstern!** *sal* · I'll/we'll/... tell him/her/... a thing or two!

Was hat der behauptet? Ich hätte die Briefe geöffnet, die an ihn adressiert waren? Dem werd' ich was flüstern! Von wegen, solche Lügen in die Welt zu setzen! Dem werd' ich mal anständig die Meinung geigen.

Flut: **eine Flut von** Briefen/Protesten/Schimpfworten/... · a flood of letters/protests/insults/...

Gegen die Absicht der Regierung, das Kindergeld zu streichen, erhob sich eine Flut von Protesten. In den Zeitungen, im Radio, im Fernsehen wurde die Kritik von Tag zu Tag stärker und massiver.

Folge: viermal/sechs Wochen/... **in Folge** *form* · four times/six weeks/... in succession

... In einer Woche sechs Vorträge in Folge – jeden Tag einen –, nein, das ist wirklich zu viel!

in der Folge ... · later on, afterwards, after that, subsequently

Zunächst hatte ich einige Mühe, mich auf sein etwas seltsames Temperament einzustellen; doch in der Folge haben wir ausgezeichnet zusammengearbeitet. Jahrelang.

in bunter Folge (sah man Darbietungen/...) · (in) a varied/colourful/... succession

Der Zirkus hatte ein interessantes und abwechslungsreiches Programm. In bunter Folge sah man Artisten, Kunststücke von Tieren, Akrobaten, Clowns und vieles andere mehr.

in dichter Folge ... – (stärker als:) in rascher **Folge** ... · in quick succession

in rascher Folge ... · in quick succession

... Ein dichtes Programm! In rascher Folge sah man Artisten, Akrobaten, Clowns ... Eine Nummer jagte die andere.

in ununterbrochener Folge ... · uninterruptedly, non-stop, with no let-up, without a break

... Reden ... Reden ... Reden, in ununterbrochener Folge. Kaum auszuhalten!

in zwangloser Folge (erscheinen/...) · in no particular order

Das Programm war sehr vielseitig. In zwangloser Folge gab es musikalische Darbietungen, Diskussionen, Bücherbesprechungen und vieles andere mehr.

etw./daß ... **zur Folge haben** · it/this/s.th. results in ..., it/this/s.th. leads to ..., + the result (of this) is that ...

Die offene Auseinandersetzung zwischen den beiden auf dem Diskussionsabend hatte zur Folge, daß ihr Verhältnis nachhaltig gestört war/hatte eine lange Mißstimmung zur Folge.

Anordnungen/... **Folge leisten** *form* · to obey (an order/...), to comply with (an order/...)

Wenn Sie meinen Anordnungen nicht Folge leisten, kann ich Sie als wissenschaftlichen Mitarbeiter nicht gebrauchen. Wer nicht ausführen will oder kann, was ich sage, hat in unserer Firma keinen Platz.

nicht ohne Folgen bleiben (können) · (s.th. is bound) to have consequences

... Seine permanent falsche Ernährung konnte nicht ohne Folgen bleiben. Irgendwann mußte er krank werden.

die Folgen tragen (für etw.) · to take the consequences (of s.th.)

Sie haben die Erlaubnis zu diesem verrückten Unternehmen gegeben, Sie werden also auch die Folgen zu tragen haben, wenn etwas passiert.

seine Folgen nach sich ziehen · to have consequences
Seine dauernden sarkastischen Bemerkungen über die Stadt zogen natürlich Folgen nach sich. Die Leute begannen, sich von ihm abzusetzen, die Zeitungen lehnten seine Artikel immer häufiger ab ...

folgen: jm./e-r S. **(nicht) folgen können** · 1. 2. (not) to be able to follow s.o.
1. Also, die Quadratwurzel aus dem Produkt der ... – ich hoffe, sie können mir folgen; ich darf die einschlägigen mathematischen Grundlagen bei Ihnen doch mit Sicherheit voraussetzen?
2. Es tut mir leid, aber ich kann dir nicht folgen. Du mußt dich schon verständlicher ausdrücken, wenn du Wert darauf legst, daß man deine Gedanken nachvollzieht.

nicht folgen wollen *form* · not to do what one is told
... Kurt, ich habe dir nun schon x-mal gesagt, du sollst dein Geld nicht für Schundliteratur ausgeben. Wenn du nicht folgen willst, kürze ich dir dein Taschengeld.

folgenden: im folgenden ... *form* · below, in the following
(Aus einem Zeitungsbericht:) Es ist unmöglich, den Prozeßverlauf hier in allen Einzelheiten wiederzugeben. Wir gehen im folgenden daher nur auf die wichtigsten Punkte ein. ...

Folgerungen: Folgerungen ziehen (aus etw.) · to draw conclusions from s.th., to draw inferences from s.th. *form*
Wenn du da schlechte Erfahrungen gemacht hast, mußt du Folgerungen daraus ziehen: dich fragen, warum, und wie du das beim nächsten Mal vermeiden kannst.

Folgezeit: in der Folgezeit *form* · in the following/ensuing period, from then on
Der Tod seiner Tochter traf ihn im Innersten. In der Folgezeit sah man ihn nie mehr fröhlich.

folgt: ... **wie folgt** *form* · as follows
Die Regeln für den Gebrauch des Konjunktivs merken Sie sich am besten wie folgt: 1.: ..., 2.: ...

Folie: e-r S. **als Folie dienen** *form* · to serve as foil to s.th., to serve as a contrast to s.th.
Dem Elend und den vielen Schwierigkeiten der Bauern dient in dem Film das luxuriöse Landleben eines jungen Gutsbesitzers als Folie, vor der sich die Probleme des einfachen Volks natürlich um so wirkungsvoller abheben.

folio: recto folio *lit selten* · on the front (of a page)
'Recto folio' die Paragraphen, 'verso folio' die Ausführungsbestimmungen – zu deutsch: auf der Vorderseite die Paragraphen, auf der Rückseite die Erklärungen, wie sie in der Praxis anzuwenden sind.

verso folio *lit selten* · on the back (of a page)
Die Ausführungsbestimmungen zu den Paragraphen finden Sie auf derselben Seite 'verso folio'. – Aha, die Rückseite ist in diesem Manuskript also auch beschrieben.

Folter: jn. **auf die Folter spannen** · to keep s.o. on tenterhooks, to keep s.o. in suspense
Wer hat denn nun gewonnen? Ich bin ganz gespannt, es zu hören. Komm, jetzt spann' mich nicht noch lange auf die Folter! Sag' schon endlich: wer hat gewonnen?

fonds: à fonds perdu *lit selten* · 1. to pour money into s.th. à fonds perdu/ with no hope of any return *coll*, 2. to invest/... with no return, to invest/... with no prospect of return *form*
1. ... Aber die stellen euch diese Gelder doch nicht à fonds perdu zur Verfügung! Die müßt ihr doch zurückzahlen! – Nein! Das sind verlorene Zuschüsse. Egal, was aus den Projekten am Ende wird – zurückgezahlt wird nichts.
2. ... Aber du wirst doch nicht à fonds perdu da ewig weiterinvestieren! Das Geld muß doch wieder reinkommen!

fördern: etw. **zutage fördern** · 1. 2. to bring s.th. to light
1. Was die in dem Prozeß von seinem Privatleben zutage fördern! Kein Mensch hätte angenommen, daß da so viele Dinge herauskommen.
2. Die Revolution förderte doch manche Schattenseiten unseres Landes zutage, die besser nicht ans Licht gekommen wären.

fördern und fordern/sowohl ... als auch .../... *selten* · to support s.o. and to expect results from him
... Der Paul verlangt einiges von seinen Kindern! – Er meint, wenn die Eltern sie, so gut sie können, fördern, dann können sie auch fordern. – In vielen Familien ist es in der Tat schwierig heute, Anforderungen zu stellen – auch wenn man alles getan hat, was in seinen Kräften stand. Bei dem Paul ist das anders.

Forderung: die Forderung des Tages *form veraltend* · the dictates of the day, the demands of the day
(Ein Vater zu seinem Sohn:) Junge, ihr sollet nicht so viel allgemeinen Chimären nachjagen. Halte dich an die alte Losung, die Forderung des Tages zu erfüllen – dann liegst du richtig. – Erfüllen wir denn nicht unsere tägliche Pflicht?

Form: ... **in Form von** ... · in the form of tablets/...
Der Einfachheit halber werden wir die Nahrung in Zukunft in Form von Tabletten zu uns nehmen.

außer Form sein – (eher:) nicht/schlecht/miserabel/... in **Form sein** · to be out of sorts, to be off form, to be in poor/weak/... form

(gut/glänzend/blendend/...) **in Form sein** · to be in (good/brilliant/dazzling/...) form
Schon wieder ein hervorragender Zug! Der Schachmeister ist wieder einmal blendend in Form.

in guter/glänzender/bester/.../miserabler/elender/... **Form sein** · 1. to be in (good/brilliant/dazzling/...) form, 2. to be off form *coll*, to be in poor/weak/... form
1. vgl. – (gut/glänzend/blendend/...) in **Form** sein
2. vgl. – nicht/schlecht/miserabel/... in **Form** sein

nicht/schlecht/miserabel/... **in Form sein** · to be off form *coll*, to be in poor/weak/... form
Er ist heute nicht in Form. Zum fünften Mal hat er jetzt einen kinderleichten Ball verschlagen. Was ist bloß mit ihm los?

(keine) Form haben · to have (no) manners
Persönlich ist er sympathisch, und trotzdem macht er sich immer wieder unmöglich, weil er keine Form hat. – Woher sollte er auch Form haben? Seine Erziehung zu Hause war denkbar dürftig, und gesellschaftlich macht er jetzt seine ersten Erfahrungen.

etw. in aller Form tun · 1. formally, officially, in due form, 2. categorically
1. ... Er hat gestern in aller Form um deine Hand angehalten. – Und wie hat Vater auf seinen offiziell vorgebrachten Heiratswunsch reagiert?
2. ... Ich habe ihm in aller Form gesagt, was ich von seinen Intrigen und Unverschämtheiten halte. Er mußte es ja mal klar und deutlich hören und nicht nur in kurzen Bemerkungen oder Anspielungen. Unmißverständlich.

in scharfer/schärfster Form (jn. zurechtweisen/...) · to rebuke/to condemn/... s.o. in strong terms/in the strongest possible terms
... Du sagst, der Alte hat den Richard gestern in scharfer Form zurechtgewiesen. Aber doch nicht verletzend? – Nein, verletzend nicht. Aber scharf – ohne jede Konzilianz.

(feste) Form annehmen – feste/greifbare/konkrete **Formen** annehmen · to take shape

zu großer Form auflaufen · to hit top form, to hit peak form
(In einem Tennisspiel:) Die ersten beiden Sätze waren ausgesprochen mäßig. Aber dann lief Morris plötzlich zu großer Form auf und spielte seinen verdutzten Gegner regelrecht an die Wand.

in Form bleiben · to keep in form, to keep fit
(Zu einem älter werdenden Schwimmer:) Du trainierst nach wie vor alle zwei, drei Tage? – Wenn ich in Form bleiben will, muß ich jeden Tag trainieren. – Aber wenn du keine Wettbewerbe mehr mitmachst, brauchst du doch nicht in Topform zu sein.

js. Haar/Kleidung/... aus der Form bringen · to mess up, to ruin *hair*, to put out of shape *clothes*
Der verdammte Regen hat mein Haar völlig aus der Form gebracht. – Du und deine Haare! Am liebsten gingst du wohl jeden Nachmittag zum Frisör, was?

sich (gut/schlecht/glänzend/blendend/...) **in Form fühlen** · to feel in (fine/good/poor/brilliant/...) form

Heute fühlt er sich glänzend in Form. – Dann wird er das schwere Spiel gegen den Australier ja wohl gewinnen/sein Examen ja wohl bestehen/...

e-r S. Form geben *form selten* – e-r S. **Gestalt** geben · to shape s. th., to express s. th., to put s. th. on paper

aus der Form gehen *ugs iron* – in die **Breite** gehen (1) · to put on weight, to fill out

(nur/...) um der Form zu genügen *form* – (eher:) (nur/...) der **Form** halber · (to do s. th.) (only/...) for the sake of form/as a matter of form/for form's sake

aus der Form geraten · 1. to lose its shape, to go out of shape, 2. to lose one's figure

1. Schau dir diesen Anzug an, er ist bei dem Regen völlig aus der Form geraten. Er sieht aus wie ein Sack.
2. Sie hat aber ganz schön zugenommen in den letzten Monaten. – Sie ist ein wenig aus der Form geraten. – Ein ganz klein wenig, ja.

(nur/...) der Form halber · (only/...) for form's sake, (only/...) as a matter of form

Du willst den Bitzer noch extra anrufen und ihm sagen, daß du eine halbe Stunde später kommst? – Der Form halber. Einmal ist es in unserem Unternehmen üblich, Bescheid zu sagen, wenn man später kommt; und zum anderen finde ich das auch anständiger.

Form und Inhalt · form and content

... Von einem bestimmten Punkt an, führte er aus, lassen sich Form und Inhalt überhaupt gar nicht mehr klar voneinander trennen: die Form konstituiert den Inhalt (mit) – und der Inhalt führt, notwendig, zu einer bestimmten Form.

eine Kritik/... in eine höfliche/... Form kleiden · to couch/ to express criticism in a polite/... form

Fandest du seine Kritik wirklich so scharf? – Sie war in eine höfliche Form gekleidet; aber inhaltlich war sie scharf.

in Form kommen · 1. 2. to get into form

1. Der Rolf wird von Wechsel zu Wechsel besser. – Der kommt immer erst nach ein bis zwei Sätzen in Form. In der Regel macht er deshalb vor den Turnieren noch außer der Reihe ein Spiel.
2. Er scheint seine psychische Krise überwunden zu haben. Seine witzigen Bemerkungen in dem Gespräch von vorhin zeigen, daß er langsam wieder in Form kommt.

gegen die Form(en) verstoßen · to offend against good manners, to disregard the proprieties *form*

Ich habe noch nicht so richtig begriffen, warum er andauernd gegen die Formen verstößt – ob er nicht weiß, wie man sich benimmt, oder ob es ihm Spaß macht, die Leute zu provozieren.

die Form(en) wahren · to observe the proprieties *form*, + s. o.'s manners are impeccable

Man kann ihm vorwerfen, was man will, aber eins muß man ihm lassen: er wahrt immer die Form, selbst in den schwierigsten und hitzigsten Situationen. Unerzogen wirst du ihn nie erleben.

forma: (nur/...) **pro forma** *form* · (only/just/...) pro forma, (only/just/...) for form's sake

Er hat dich gefragt, ob er für eine Stunde weggehen kann? – Nur pro forma. Da ich nun einmal offiziell für diese Abteilung des Instituts verantwortlich bin, fragt er mich in solchen Dingen.

Format: ein(e) ... von Format sein · a man/woman/scholar/... of stature/calibre/distinction, a man/... with class

Es steht außer Frage: sie ist und bleibt eine Frau von Format. Eine Frau, wie es sie in unserer Stadt vielleicht keine zweite gibt.

Format haben · to have class, to be a man/woman/... of stature/calibre

Dieser Minister hat Format. Das ist nicht so ein Durchschnittspolitiker, wie man sie so häufig antrifft.

internationales Format haben · to be of international quality/ stature/...

... Der Schrauber? Das ist kein 'Heimatdichter', mein Guter! Der Mann hat internationales Format! Wenn der statt auf plattdeutsch

auf französisch schreiben würde, hätte der heute Weltgeltung. – Na, ja ...

Formation: in geschlossener Formation angreifen/vorgehen/... · 1. the entire/whole group acts/requests/... to a man, the group acts/... in close formation, 2. to march/to fight/... in close ranks

1. In geschlossener Formation ging die Klasse gegen eine Lehrerin vor, die eine Schülerin immer wieder ungerecht behandelte. Keiner zog sich zurück; alle zusammen brachten sie den Protest beim Direktor der Schule vor. *seltener*
2. vgl. – in geschlossenen **Reihen** kämpfen/marschieren/...

Formats: ... großen Formats *path* · a big-time ... *coll*, a large-scale ...

Tony gilt hier als Kavalier großen Formats. – So? Genügt ihm die Rolle als 'einfacher Kavalier' nicht? Muß er gerade auf diesem Gebiet außergewöhnlich sein?

Formel: etw. auf eine (einfache/kurze/lapidare/...) **Formel bringen** · to put s. th. simply/briefly/in a nutshell/..., to reduce s. th. to a formula

Auf eine lapidare Formel gebracht, bedeuten seine langen Ausführungen nichts anderes als: in den nächsten Jahren müssen wir sparen, sparen und nochmals sparen. Das will er sagen und nichts anderes.

etw. auf eine feste Formel bringen · to sum s. th. up in a telling/... phrase, to put s. th. in a nutshell

Wenn ich die vielfältigen Eindrücke, die das Land auf mich gemacht hat, auf eine feste Formel bringen soll: die Vergangenheit ist noch überall lebendig, die Zukunft schon überall spürbar.

etw. auf eine treffende Formel bringen · to express s. th. in an apt/telling/... phrase, to put s. th. well

Die Uschi hat sein seltsames, bald entgegenkommendes, bald kaltes Verhalten auf eine treffende Formel gebracht. Sie meint, er ist wie das diesjährige Juliwetter: bald heiter, bald wolkig, heute warm, morgen kalt.

eine gemeinsame Formel für etw. finden – einen gemeinsamen **Boden** (für etw.) finden · to find a common formula for s. th.

Formen: eine Auseinandersetzung/... nimmt unangenehme/ scharfe/... Formen an · a discussion/... turns nasty/unpleasant/..., a discussion/... assumes/takes on an unpleasant/personal/... character

... Nach einer halben Stunde etwa nahm die Diskussion unangenehme Formen an: die Redner wurden scharf, man beschuldigte sich gegenseitig der Lüge ...

feste/greifbare/konkrete Formen annehmen · to take shape

Unsere Pläne wegen des Hausbaus nehmen langsam feste Formen an. Ein Grundstück haben wir bereits gekauft, mit einem Architekten stehen wir in Verhandlungen, und die Finanzierung scheint gesichert.

sich über alle Formen hinwegsetzen · to disregard/to ignore (all) the conventions

Immer wieder versucht er, sich über alle Formen hinwegzusetzen und ausschließlich nach seinen Anschauungen und Kriterien zu handeln. Dabei ist es gerade am Gericht so wichtig, sich an Paragraphen, Vorschriften und Usancen zu halten.

Formsache: (nur/...) (eine) Formsache sein · 1. 2. (to be) a (mere/...) formality, (to be) (just/...) a matter of form

1. Der Vertrag zwischen den beiden Ländern ist so gut wie abgeschlossen. Der Rest ist nur noch eine Formsache: Paraphierung, Unterschrift, Austausch der Urkunden ...
2. Warum muß ich bei dieser Bewerbung auch das Abiturzeugnis vorlegen? Aus der Tatsache, daß ich studiere, geht doch hervor, daß ich das Abitur habe. – Das ist (nur) eine Formsache. Bei Bewerbungen wird das grundsätzlich dem letzte Schulzeugnis verlangt.

Formtief: in einem Formtief sein/stehen *form* · to go through a bad patch, to be off form *coll*

... Mein Gott, wenn die Leute mal ein paar Spiele weniger gut spielen, ist das doch kein Weltuntergang! Auch die besten Spieler – und Mannschaften – stecken mal in einem Formtief. Die werden da schon wieder herauskommen und wieder (so) gut spielen (wie früher).

fort: in einem fort reden/Unsinn machen/ die anderen ärgern/... *ugs* · to talk nonsense/to annoy s. o./... continuously/non-stop/... *n*

(Der Großvater über seinen Enkel:) Mein Gott, dieser Junge macht in einem fort Unsinn! Eben hat er die Tischdecke heruntergezogen, jetzt schmeißt er Eier gegen die Wand. Mal gespannt, was danach kommt.

nur immer so fort! – (eher:) nur immer so **weiter!** · keep it up!, keep up the good work!

... und so fort *selten* – und so **weiter** (und so fort/weiter) · and so on and so forth, et cetera et cetera

fort mit ...! · 1. away with him/it/..., take it/him/... away!, 2. away with/get rid of/... this dirt/rubbish/...!

1. Fort mit diesem Halunken! Wenn ich den noch fünf Minuten auf meinem Grund und Boden sehe, lasse ich die Polizei kommen. Dieser Mensch soll bloß nicht wagen, mir noch einmal unter die Augen zu treten!
2. vgl. – (eher:) **weg** mit ...! (1)

Fortfall: in Fortfall kommen *form selten* – in **Wegfall** kommen · to be abolished, to be dropped, to be discontinued

Fortgang: seinen Fortgang nehmen *form* · 1. 2. to continue, to go on, to progress

1. Obwohl man alles tat, um die Ausgaben des Staates einzuschränken, nahm die inflationäre Entwicklung munter ihren Fortgang. Sie ging weiter, weil die Maßnahmen zu spät ergriffen wurden.
2. Nach einer kurzen Unterbrechung gegen zehn Uhr nahmen die Verhandlungen ihren Fortgang; sie dauerten dann noch etwa vier Stunden.

fortgeblasen: wie fortgeblasen sein *ugs* – (eher:) wie **weggeblasen** sein · to have disappeared/vanished as if by magic

fortgeschritten: weit fortgeschritten sein/in einem weit fortgeschrittenen Zustand/Stadium/... sein · to have reached an advanced stage

... Wenn die Krankheit mal so weit fortgeschritten ist, daß man sie mit einer (lokalen) Operation nicht mehr ausmerzen kann, ist es zu spät. Solche Krankheiten muß man im Anfangsstadium bekämpfen.

fortkommen: ich/(er/Karl/...) muß sehen/schauen/machen, daß ich/(er/...) fortkomme/(fortkommt/...) *ugs* · I/(he/Karl/...) have/(has) to rush/hurry/be on my/(his/...) way

... Mann, 8 Uhr! Ich muß sehen, daß ich fortkomme. Um 8 Uhr 25 Min. geht mein Zug.

Fortschritte: Fortschritte machen (in etw.) (bei jm./etw.) · 1. 2. 3. to make progress

1. Im Französischen macht er Fortschritte, im Englischen nicht; da kann er heute nicht mehr als vor einem Jahr.
2. Macht er bei seinem fleißigen Üben auch Fortschritte?
3. Bei Herrn Krause hat die Klasse Fortschritte gemacht; bei Herrn Werner dagegen scheinen mir die Fortschritte gleich Null.

die/js. Fortschritte sind gleich Null *ugs* · 1. 2. to be making next to no progress, to be making practically no progress

1. Ich gebe zu, daß er sich in den letzten Wochen mehr anstrengt als vorher. Aber trotzdem sind seine Fortschritte gleich Null. Er hat halt zu lange nichts getan.
2. Die Fortschritte bei unserem Hausbau sind gleich Null. Wir sind immer noch genau an demselben Punkt, an dem wir vor einem Jahr auch schon waren.

fortstehlen: sich fortstehlen – sich **davonstehlen** · to steal away, to sneak away

Fortuna: Fortuna lächelt jm./**ist** jm. **hold** *lit selten* · luck is with s. o., fortune smiles on s. o.

Kauf' doch ein paar Lose! Warum soll Fortuna dir nicht auch einmal lächeln? – Ich habe in solchen Dingen kein Glück.

fortune: corriger la fortune *lit selten mst iron* · corriger la fortune *rare*

... Hm, 'unehrenhaft' oder gar 'Betrug' sollte man das vielleicht nicht nennen, wenn so ein armer Bauer seinem Gutsherrn einen falschen Preis nennt! – Ach, nein! Wie nennen Sie das denn? – Corriger

la fortune – frei nach Lessing. Der Mann korrigiert das ungerechte Schicksal ein bißchen.

fortzaubern: etw. (doch) nicht fortzaubern können *sal* – ≠ etw. (doch) nicht **herbeizaubern** können · not to be able to make s. th. disappear/vanish, not to be able to spirit s. th. away

Forum: etw. vor das Forum der Öffentlichkeit bringen *path* · to bring s. th. before the forum of public discussion, to bring s. th. into the public eye

Wenn der Pusch die Dinge nicht vor das Forum der Öffentlichkeit gebracht hätte, hätten das Abwässerproblem nie geklärt. Erst unter dem Druck der Bevölkerung kam es zu wirksamen Schritten.

Frack: jm. saust der Frack *ugs selten* – **Fracksausen** haben · to have the shits, to be shit-scared, to be in a funk

sich in den Frack machen/scheißen *vulg selten* · 1. 2. to be shitting/to shit o. s. *coll*

1. Mensch, der Koller macht sich mal wieder in den Frack! Und warum das ganze Theater? Bloß weil der Junior-Chef in 14 Tagen heiratet. Bald arbeitet die ganze Belegschaft nur noch für diese Hochzeit.
2. ... Der Hellmann scheißt sich doch in den Frack, wenn der Chef im Haus ist. Diese Liebedienerei ist schon peinlich.

jm. den Frack vollhauen/(vollschlagen) *ugs selten* – jm. den **Buckel** vollhauen/vollschlagen (1; u. U. 2) · to beat the shit out of s. o. *sl*, to beat the (living) daylights out of s. o. *coll*

sich den Frack vollachen *ugs selten* – sich einen **Ast** lachen · to double up with laughter, to split one's sides with laughter, to laugh like a drain, to be in stitches

Fracksausen: Fracksausen haben *ugs* · to have the shits, to be shit-scared, to be in a funk

Hast du Fracksausen? – Diese Rede ist mein erster Auftritt in der Öffentlichkeit. Ein bißchen Schiß hab' ich schon.

Frackschoßsausen: Frackschoßsausen haben *ugs selten* – **Fracksausen** haben · to have the shits, to be shit-scared, to be in a funk

frag: das frag' ich dich/Sie/... *ugs* · I could ask you the same

... Kannst du mir sagen, Peter, was wir morgen für Mathematik aufhaben? – Das frag' ich dich! Ich war doch in der letzten Stunde nicht da.

frag'/fragen Sie/... mich/(ihn)/... (lieber) nicht! · + I/he/... would rather you didn't ask me/him/... that

Was ich von Ihrem gestrigen Artikel halte? Fragen Sie mich lieber nicht! – Ist er so schlecht nach Ihrer Meinung? – Wie gesagt: es ist besser, ich verliere darüber kein Wort.

Frage: ..., das ist die Frage · ..., that is the question/problem

Soll ich meine Aktien jetzt schon oder erst im nächsten Jahr abstoßen, das ist die Frage. – Wenn du sie in jedem Fall in naher Zukunft verkaufen willst, würde ich dir raten, sie jetzt abzustoßen.

es ist die Frage (ob ...) – es **fragt** sich (ob ...) · it is debatable whether ...

ob/..., (das) ist eine (ganz) **andere Frage** – (aber) ob .../..., (das) ist etwas ganz **anderes** · ..., that's a different matter altogether, ..., that's a different kettle of fish

(ich habe mal/erlauben Sie/...) eine bescheidene Frage: *oft iron od. zynisch* · may I (venture to) ask a simple question?

(Ein Zuschauer, der einen Vortragenden unterbricht:) Mal eine bescheidene Frage, Herr Finker: glauben Sie eigentlich an die Praktikabilität der schönen theoretischen Grundsätze, die Sie uns hier darlegen?

das ist die große Frage – (stärker als:) das ist die **Frage** · it/ that is the big question

(daß .../...) das ist (gar/überhaupt) **keine Frage** · ..., there is no doubt/question about it

Er ist ein ausgezeichneter Übersetzer, das ist gar keine Frage. Nur fehlt es ihm an Ausdauer und Gewissenhaftigkeit. Aber ich wiederhole: an seinen sprachlichen Fähigkeiten gibt es überhaupt keinen Zweifel.

das ist noch (sehr) **die Frage** · it/that remains to be seen
Bei aller Unsicherheit der Ergebnisse solcher Projekte kann man in diesem Fall doch von einer außergewöhnlichen Qualifikation der Mitarbeiter ausgehen. – Das ist noch die Frage. Die Mitarbeiter sind zwar alle nicht mehr unbekannt, aber wirklich herausragende Qualitäten hat bisher niemand von ihnen unter Beweis gestellt.

eine offene Frage · outstanding problems, outstanding questions, unresolved problems
Meine Damen und Herren, auf der heutigen Sitzung müssen alle offenen Fragen gelöst werden. Sollten auch heute bestimmte Probleme nicht geklärt werden können, werden wir das Projekt aufgeben müssen.

ohne (jede) **Frage** · without (any) question, without (any) doubt
Das ökologische Problem ist heute ohne Frage 'das' Problem der Industriegesellschaften. – Natürlich!

eine schwebende Frage · 1. (to be) an unsettled/unsolved question, 2. outstanding questions, unresolved problems, outstanding problems
1. Noch ist es eine schwebende Frage, ob unsere Währung aufgewertet wird oder nicht. – Wann wird das denn endlich entschieden?
2. vgl. – eine offene **Frage**

das/eins/(etw.) **steht/**(ist) **außer Frage** _form_ · there is no doubt (at all) about it/that
Man mag zu Picasso stehen, wie man will, eins jedoch steht außer Frage: er hat die Malerei des 20. Jahrhunderts wie kaum ein anderer beeinflußt. Daran kann kein vernünftiger Mensch Zweifel äußern.

das/eins/(etw.) **steht** (doch/...) **sehr/... in Frage** _form selten_ · it/that/s.th. is quite another matter
Natürlich wünschen sich viele schon in den nächsten Jahren ein Europa ohne Grenzen. Aber ob sich das so schnell verwirklichen läßt, das steht doch sehr in Frage.

(ob ...) **was für eine Frage!** · ... – how can you ask?, ... – what a question?
Ob ich auch für die Verkürzung der Wochenstundenzahl bin? Was für eine Frage! Das ist doch ganz klar!

(daß/ob .../...) **das ist** (nur/...) **eine Frage der Zeit/**des Geldes/... · 1. 2. it is (just/only/...) a question/matter of time/ money/... (until/...)
1. Verlaß dich drauf, er wird seine Meinung noch ändern. Das ist nur eine Frage der Zeit.
2. ... Bis unser Verkehrsminister wegen seiner zahlreichen Affären zurücktreten muß, ist nur noch eine Frage der Zeit. Ich glaube kaum, daß seine Partei noch lange hinter ihm steht.

in der Frage der Religion/... · in the question of religion, in the matter of religion
Im Ausbildungs- und Erziehungswesen wird es immer Richtlinien geben müssen; doch in der Frage der Religion sollte ein moderner Staat jedem Bürger völlige Freiheit lassen.

eine Frage offen anfassen/anpacken/... · to tackle problems directly, to tackle problems head on
Der Belker hält nicht viel von sophistischen Winkelzügen in Verhandlungen. Er verfolgt eher die Taktik, die anstehenden Fragen offen anzupacken. Du kannst also auch deinerseits alle Probleme ohne Umschweife zur Sprache bringen.

(nicht) **in Frage kommen** · 1. 2. 3. (to be) out of the question
1. Was für eine Krawatte wünschen Sie zu diesem blauen Anzug? Eine grüne kommt ja wohl nicht in Frage. – Grün?! Auf keinen Fall!
2. Eine Vertragsänderung? Nein! Eine Vertragsänderung kommt nicht in Frage! Wir sind Ihnen in diesem Vertrag schon so weit entgegengekommen, wie wir eben konnten. Wir können daher keinerlei Änderungen zustimmen!
3. Du willst heute abend ausgehen? (Das) kommt gar nicht in Frage. Du hast morgen früh eine Klassenarbeit ... – Aber Vater ... – Kein Aber! Du bist heute abend pünktlich im Bett!

in Frage stehen _form_ – das/eins/(etw.) steht (doch/...) sehr/... in **Frage** · it is uncertain whether ...

eine Frage an jn. **stellen/richten** · to ask s.o. a question
... Möchte noch jemand von Ihnen an Herrn Dr. Pauli eine Frage stellen? Nein? Dann danke ich Ihnen, Herr Pauli, für Ihren äußerst lehrrreichen Vortrag ...

etw. **in Frage stellen** · 1. to question s.th., to query s.th., 2. + s.th. is in jeopardy
1. Es hat doch keinen Sinn, die einmal getroffenen Entscheidungen immer wieder in Frage zu stellen. Was entschieden ist, ist entschieden.
2. Noch ein solcher Rückschlag, meine Herren, und der Erfolg des ganzen Programms ist in Frage gestellt. Wir werden uns dann auf ein Scheitern gefaßt machen müssen.

in Fragen der Religion/... – in der **Frage** der Religion/... · in the question of religion, in the matter of religion

fragen: fragen kostet nichts! _ugs_ · there's no harm in asking!, why don't/you/... just ask?
Ich würde es an deiner Stelle einmal versuchen, mit dem Chef darüber zu sprechen. Vielleicht gibt er dir wenigstens eine geringfügige Gehaltserhöhung. Fragen kostet nichts. – Ich schäme mich, um solche Dinge zu bitten.

Fragezeichen: dasitzen/dastehen/... **wie ein Fragezeichen** _ugs_
– (eher:) dasitzen/dastehen/... wie ein krummgeschissenes **Fragezeichen** · to sit/to stand like the letter S, to sit/to stand like a corkscrew

dasitzen/dastehen/... **wie ein krummgeschissenes Fragezeichen** _vulg_ · to sit/to stand like the letter S, to sit/to stand like a corkscrew
Es ist eine Schande, wie dieser junge Mann am Tisch sitzt! Wie ein krummgeschissenes Fragezeichen! Man braucht ja nicht unbedingt kerzengerade dazusitzen, aber eine einigermaßen aufrechte Haltung kann man von einem jungen Menschen schon erwarten.

etw. **muß/... man mit einem** (dicken/...) **Fragezeichen versehen/...** dahinter muß/... man ... setzen _form_ · to (have to) take s.th. with a large/... pinch of salt _coll_
... Er behauptet das, klar. Aber ob das alles so abgelaufen ist, wie er es schildert, das muß man doch wohl mit einem dicken Fragezeichen versehen.

fragst: da fragst du/fragen Sie/(fragt er)/... **noch?!** · how can you/(he)/... ask?
Bist du dem Gerd böse, weil er dem Chef gegenüber diese kritische Bemerkung zu deiner Arbeit gemacht hat? – Da fragst du noch?! Dieser Mann kann bei mir nie mehr landen, der ist für mich ein für allemale erledigt.

da fragst du/fragen Sie/... **mich/uns zuviel!** · + I/we really couldn't say, you've got me/him/(...) stumped (there)
Welches sind die Tendenzen am Aktienmarkt in den nächsten Monaten, was meinst du? – Da fragst du mich zuviel. Ich hab' keine Vorstellung, wie sie sich entwickeln werden.

fragt: es fragt sich (ob ...) · it is debatable whether ...
In der Sache hast du recht: der Junge ist seit langer Zeit faul. Aber es fragt sich, ob man ihn deshalb von der Schule nehmen soll.

Fraktionszwang: unter Fraktionszwang stehen _Pol_ · to have to follow/to toe the party line, to have to vote in accordance with party policy
Seit wann stehen die Abgeordneten, wenn sie im Parlament abstimmen, eigentlich unter Fraktionszwang? – Keine Ahnung. – Eigentlich seltsam, daß eine demokratische Partei ihren Leuten vorschreibt, wofür oder wogegen sie zu stimmen haben.

Fraktur: mit jm. (mal) **Fraktur reden** (müssen) _ugs_ · to (have to) do some straight talking with s.o., to be blunt with s.o. _n_
... Frau Winter maßt sich in letzter Zeit immer mehr Kompetenzen an, die ihr nicht zustehen. Dabei habe ich ihr schon mehere Male zu verstehen gegeben, daß das nicht geht. Aber wie ich sehe, helfen so mehr oder weniger indirekte Bemerkungen bei ihr nicht. Ich werde also wohl oder übel mit ihr Fraktur reden müssen.

frank: frank und frei (sagen, was man denkt/fühlt/...) · to say frankly/openly (what one thinks)
Es ist ja schön, wenn jemand frank und frei sagt, was er denkt, mit seinen Ansichten nicht hinter dem Berg hält. Aber in diesem Fall mußt du vorsichtig sein ...

französisch: sich auf französisch empfehlen/verabschieden/ (verdrücken/...) *form – iron veraltend selten –* sich auf französisch/(englisch) **verabschieden** · to take French leave

Fraß: jm. etw./(jn.) **zum Fraß vorwerfen/hinwerfen** *sal* · 1. to buy s.o. off with a position/titles/... *n*, 2. to throw s.o. to the lions *n*, to throw s.o. on to the tender mercies of s.o. *iron n*
1. ... Ja, ja, klar, damit er ihnen immer ihren Willen tut und nicht querschießt, haben sie ihm einen Aufsichtsratsposten zum Fraß vorgeworfen. – Und er hat sich so ködern, fangen lassen?
2. ... So eine Gemeinheit, den Jungen nicht vorher zu warnen, daß in einem solchen Konzert Kritiker sitzen können, die nur darauf aus sind, andere Leute kaputtzumachen. Man wirft doch junge Menschen diesen Zeitungsleuten nicht zum Fraß vor.

Fratze: jm. **ein paar/... in die Fratze hauen** *sal* – jm. den **Buckel** vollhauen/vollschlagen (1) · to give s.o. a punch in the face/a dig in the gob/...

eine Fratze schneiden *ugs* · to pull/to make a face
Unser kleiner Sohn wollte unbedingt den Aperitif probieren, den wir ausnahmsweise tranken. Aber du hättest die Fratze sehen sollen, die er schnitt, als er den Wermuth auf der Zunge schmeckte.

(jm.) **Fratzen schneiden** *ugs* · to pull/to make faces (at s.o.)
Es ist doch keine Art, Kinder, älteren Leuten Fratzen zu schneiden.

Frau: schon/... **eine halbe Frau (sein)** *ugs* – schon/... eine **halbe** Frau/ein halber Mann/... (sein)/noch/... halbe Kinder/... (sein)/ein halber Jurist/... (sein) · to be almost a woman/man, to be almost qualified as a lawyer/doctor/..., to be still almost a child

die weise Frau *form veraltend selten* · 1. 2. a midwife
1. ... Natürlich, sagte sie, kommt der Terminus 'die weise Frau' aus einer Zeit, in der bestimmte Frauen bei der Geburt – zu Hause! – halfen; aus einer Zeit, in der es keine Ausbildung als Hebamme gab, sondern 'nur' die Erfahrung. In der Regel waren das ältere Frauen, klar ...
2. (In einem Universitätsseminar; eine Studentin:) Eine Frau, die illegal Abtreibungen vornimmt – ist das eine 'weise Frau'? – (Die Dozentin:) Keine Ahnung! Im übrigen kennen wir alle – auch ich – den Terminus nur aus dem Wörterbuch oder aus älteren Zeugnissen.

sich eine Frau angeln *ugs* · to pick up a woman
... Nein, ich hab' keine Lust, ich langweile mich in so einer Bar. – Blödsinn! Du angelst dir eine Frau und amüsierst dich. Komm, sei kein Frosch!

jn. **zur Frau begehren** *form veraltend od. iron* · to seek s.o.'s hand in marriage
... Und wen begehrt euer Albert zur Frau? – Er wartet noch auf die Richtige.

eine alte Frau ist doch kein D-Zug (mehr) *sal* · I/she/... can't sprint at my/her/... age, I'm/... too old to hurry/to rush/..., + you can't expect an old woman to motor/rush/...
(Eine Großmutter zu ihrem Enkel:) Junge, jetzt renn' hier nicht so schnell durch die Gegend! Eine alte Frau ist doch kein D-Zug!

Frau und Kind(er) (verloren haben/...) *path* · (to lose/have lost/...) wife and children
... Er hatte im Krieg Frau und Kinder bei einem Bombenangriff verloren und war dann immer mehr vereinsamt und verbittert ...

jn. **zu seiner Frau machen** *form veraltend od. iron* · to make s.o. one's wife, to marry s.o.
Ich weiß nicht, ob er seine Freundin auch zu seiner Frau zu machen gedenkt. Es ist mir, offengestanden, auch egal, wen er heiratet.

sich eine Frau nehmen *form veraltend selten* · to take a wife, to marry
... Aber er wird doch nicht ewig Witwer bleiben! Er wird sich doch wieder eine Frau nehmen! – Wenn er eine passende findet. Du weißt: mit dem Alter wird man wählerischer.

(ein Mädchen) **zur Frau nehmen** *form veraltend od. iron* · to take a wife
... Und dann konnte es – bei so einem langen Aufenthalt im Lande – nicht ausbleiben, daß ich eine Spanierin zur Frau nahm. – Und die Ehe war glücklich?

sich eine Frau suchen *form* · to look for a wife
Na, in Ihrem Alter werden Sie ja wohl nicht ewig Witwer bleiben. Sie werden sich doch sicherlich bald wieder eine Frau suchen?!

aussehen/..., als wäre einem seine Frau weggelaufen *ugs selten* – aussehen/..., als wäre einem die **Butter** vom Brot gefallen · to look as if the bottom has dropped out of one's world

zur Frau werden *form* · to become a woman
... Ein Mädchen wird doch heutzutage nicht durch die Heirat zur Frau, Mensch! – Sondern wie? – Muß ich dir das erklären?

Frechdachs: ein Frechdachs (sein) · (to be) a cheeky little thing/fellow/girl/... *coll*
Natürlich ist dein Sohn ein Frechdachs, Tina! Aber so frech er auch ist: man kann ihm nicht böse sein, denn hinterhältig oder boshaft ist er nicht.

Frechheit: die Frechheit haben, etw. zu tun · to have the nerve/gall/cheek to do s.th.
Zuerst kommt er zwei Stunden zu spät zum Dienst und dann hat er noch die Frechheit zu fragen, ob er eine Stunde früher gehen darf. Er müßte zum Zahnarzt ...

Fregatte: eine abgetakelte Fregatte (sein) *sal selten* · to be mutton dressed as lamb
Die Frau Renger jung und hübsch? Die war mal hübsch. Jetzt ist es eine abgetakelte Fregatte. Die geht an die 65.

aufgetakelt wie eine Fregatte (sein) *sal selten* · (to be) (all) tarted up *coll*, (to be) dressed up to the nines *n*, (to be) all togged up, (to be) all ponced up
Du hättest sie sehen sollen, wie sie angerauscht kam, aufgetakelt wie eine Fregatte. Ich habe mich richtig geschämt, mit einer derart aufgedonnerten Frau durch die Innenstadt gehen zu müssen.

frei: ich bin so frei *form* · may I?
Bitte, greifen Sie doch zu! – Ich bin so frei. Der rohe Schinken ist wirklich eine Delikatesse. Ich werde davon noch etwas nehmen – obwohl ich eigentlich längst satt bin.

frei Haus/Hafen/Bahnhof/... (liefern/...) *Handel* · delivery to company/port/station free/paid
Wir sind bereit, die Krupa-Maschine zu folgenden Bedingungen zu kaufen: Nettopreis 15.750,– Mark; bei Barzahlung 2% Diskont; Transport frei Haus/frei Bahnhof Lübeck/frei Hafen Hamburg/...

noch frei sein *ugs* – noch zu **haben** sein (1) · to be still available

heute/einen Tag/drei Monate/... **frei haben** *Schule/Berufl.* ... · 1. 2. to have the day/a day/three months/... off
1. Habt ihr heute keine Schule? – Nein, wir haben heute und morgen frei.
2. Du kommst schon nach Hause? – Ja. Da ich gestern bis zehn Uhr abends gearbeitet habe, habe ich heute schon mittags frei.

(in/bei/...) Zimmer/Bett/Verpflegung/Essen/... **frei haben** · to have free board and lodging (in/with/...)
Wenn du da Zimmer und Verpflegung frei hast, hast du ja wenig Ausgaben.

frei heraus etw. **sagen** – **geradeheraus** sein/jm. etw. sagen · to tell s.o. straight, to say s.th. straight out

frei und ledig *veraltend selten* · to be footloose and fancy-free
Natürlich hat das Nachteile, so frei und ledig durch die Welt zu laufen. Aber es hat auch den großen Vorteil, daß man niemandem Rechenschaft schuldig ist.

frei nach Goethe/Schiller/... · to adapt Goethe/Schiller/... (freely/...), as Goethe/Schiller/... didn't say
... Na, wie fühlst du dich in diesem Weinkeller? – Wenn du mich fragst, antworte ich dir frei nach Goethe: »(Ich fühl' mich) kannibalisch wohl wie 500 Säue« ... – »Als wie 500 Säue«, heißt das! – Ich sagte ja: »frei nach Goethe.«

mit jm. **frei und offen reden**/sprechen/... · to talk/speak/... frankly to s.o.

Wenn du in der Schule einen Rat brauchst, sprich mit dem Herrn Spieß. Mit dem kannst du frei und offen reden. Er kennt die Schwierigkeiten, weiß, wie du eingestellt bist; und er hat gar nichts dafür übrig, um die Dinge herumzureden.

Freibrief: kein Freibrief für etw. **sein** · it/s.th. is no/not an excuse for ..., it/s.th. is not a warrant for ..., it/s.th. does not give you/... the right to ..., it/s.th. is not an open invitation to ...

Wenn euer Professor sehr locker mit euch umgeht, dann ist das kein Freibrief für Unverschämtheiten. Eine Sache ist, locker, eine andere, unerzogen sein.

einen Freibrief für etw. **haben**/... (dafür) haben, etw. zu tun *form oft verneint* · (to believe/... that) one has carte blanche to do s.th., (to believe/... that) one has a warrant for doing s.th.

Der Herbert meint offensichtlich, er hätte allein den Freibrief, in Vaters Strandhaus Urlaub zu machen. Als ob die Geschwister weniger Rechte hätten.

jm. **einen Freibrief für** etw. **ausstellen/geben** *form* · to give s.o. carte blanche to do s.th., to give s.o. complete freedom to do s.th.

Hat der Chef ihm einen Freibrief dafür gegeben, die Verhandlungen so zu führen, wie er es für richtig hält? – Offensichtlich ja. Offensichtlich hat er völlig freie Hand.

etw. **für einen Freibrief halten**/(ansehen), etw. zu tun · to regard s.th. as a licence to do s.th.

(Die Mutter zum Vater:) Der Junge scheint deine Erlaubnis, Freunde im Haus übernachten zu lassen, für einen Freibrief dafür zu halten, jede dritte Nacht mit irgendwelchen Gestalten hier aufzulaufen.

Freie: ins Freie gehen/... · to go outdoors, to go out into the country, to go outside

Es hat aufgehört zu regnen; wir können wieder ins Freie gehen. Da haben wir auch mehr Platz als hier im Haus, mit so vielen Leuten.

jn. **ins Freie befördern** *sal selten* · jn. an die (frische) **Luft** setzen/(befördern) · to give s.o. the push, to show s.o. the door, to kick/throw/... s.o. out

(es gelingt jm.) **das Freie** (zu) **gewinnen** *selten* – (es gelingt jm.) das **Weite** (zu) **gewinnen** · to (manage to/...) get away/escape/...

im Freien · out in the open, outside, outdoors

Die letzte Nacht haben wir im Freien übernachtet. – Habt ihr kein Hotel gefunden? – Wir wollten die herrliche Luft, den sternklaren Himmel genießen.

da völlig/hier so/... **im Freien stehen** *ugs* · to stand/to be/... in the altogether, to be starkers, to be in one's birthday suit

(Ein Mädchen, das sich anzieht, zur jüngeren Schwester:) Jetzt laß mal schön die Badezimmertür zu, während ich hier im Freien stehe. – Entschuldige! Hast du Angst, Mutti oder Papa gucken dir was weg?

Freiersfüßen: auf Freiersfüßen gehen/(wandeln) *form selten* · to be courting

Du solltest sehen, wie schmuck er immer gekleidet ist, seitdem er auf Freiersfüßen geht. Keine Krawatte trägt er zweimal hintereinander. – Ich wußte gar nicht, daß er eine Frau sucht.

freihalten: die Kollegen/eine Gruppe/... freihalten · to pay for/to treat one's colleagues/friends/...

Der Dr. Wolters hat die ganze Klasse freigehalten? – Ja. Von uns hat keiner auch nur einen Pfennig bezahlt. Weder für das Essen noch für das Bier.

sich einen Tag/den 27./... **freihalten** · to keep a day free, to keep o.s. free of commitments on a certain day

Könntest du dir bitte den 10. März freihalten? Da feiere ich meinen Geburtstag nach.

Freiheit: jm. die Freiheit geben/schenken/zurückgeben · to give s.o. his freedom

Ein König oder Diktator 'gibt' einem Gefangenen 'die Freiheit zurück'; sonst wird er 'auf freien Fuß gesetzt'.

sich die Freiheit herausnehmen, etw. zu tun *ugs selten* – sich (einfach/...) **herausnehmen**, etw. zu tun · to take the liberty of doing s.th., to have the nerve to do s.th.

sich die Freiheit nehmen, zu ... *form od. iron* · to take the liberty of doing s.th.

Darf ich mir die Freiheit nehmen, mir noch ein Bier aus deinem Kühlschrank zu holen?

jn. **in Freiheit setzen** *form* – jn. auf freien **Fuß** setzen · to release s.o., to set s.o. free

sich allerhand/zu viele/... **Freiheiten** (gegen jn.) **erlauben**/**herausnehmen** · to take too many liberties with s.o.

Der Junge nimmt sich gegen seinen Vater einfach zu viele Freiheiten heraus. Bei aller Sympathie für einen lockeren Umgang: es ist schließlich sein Vater.

freilassen: jn. freilassen – jn. auf freien **Fuß** setzen · to release s.o., to set s.o. free

Freilauf: im Freilauf fahren/(...) · to coast

... Du wirst doch diesen langen Berg runter nicht im Freilauf fahren! Da werden doch die Bremsen ganz heiß! Davorne stand doch extra – mit Recht! –: »Sieben Prozent Gefälle. Mit dem Motor bremsen!«

freimachen: sich freimachen – sich (oben/unten/oben herum/unten herum) frei **machen** · to strip to the waist/from the waist (down), to strip off

Freiraum: (seinen) Freiraum brauchen · to need space, to need freedom

Wenn die Doris in ihrem Zimmer spielen will, laß sie in ihrem Zimmer spielen, und wenn sie in den Garten gehen will, laß sie in den Garten gehen. Kinder brauchen Freiraum – genau wie wir Erwachsene nicht atmen können ohne das Gefühl, auch mal frei schalten und walten zu können.

freischwimmen: sich freischwimmen – sich (noch) frei **schwimmen** (müssen) · to (have to) learn to stand on one's own two feet, to (have to) break free of s.o.'s influence

freisprechen: jn. (von etw.) **freisprechen** · to acquit s.o. of a charge

... Ob das Gericht den Richard von dieser Schuld freigesprochen hat oder nicht, interessiert mich nicht; mich interessiert, ob er moralisch schuldig ist oder nicht.

freistehen: jm. (völlig) **freistehen, ob**/wie/... – es **steht** jm. (völlig) frei/(offen), ob/wie/... · + s.o. is (completely/...) free to do s.th., + s.o. is at liberty to do s.th.

freistellen: jn. **freistellen** (für etw.) *form* · to release s.o., to give s.o. time off for s.th.

... Hat die Firma dich für den Fortbildungskurs freigestellt? – Ich hab' noch gar nicht gefragt. Aber da ihr das doch unmittelbar zugutekommt, hab' ich eigentlich keinerlei Zweifel, daß man mich für die Zeit vom Dienst dispensiert.

(es) jm. **freistellen**, zu ... · to leave it up to s.o. to do s.th.

Ich stelle es Ihnen frei, zuerst den theoretischen oder zuerst den praktischen Teil fertigzustellen. Das können Sie machen, wie Sie es für richtig halten.

Freistunde: eine Freistunde haben *form Schule u. ä.* · to have (got) a free period

Weißt du was, ich rufe dich gegen zehn Uhr morgen früh von der Schule aus an. Da habe ich eine Freistunde. – Du hast die erste und zweite und dann die vierte und fünfte Stunde Unterricht, nicht? – Ja.

Freite: auf die Freite gehen *form veraltend selten* – auf (die) **Brautschau** gehen/(wollen)/Brautschau halten · to go looking for a wife, to go in quest of a wife

Freitod: den Freitod wählen *geh veraltend selten* · to (choose to) take one's life, to commit suicide *n*

Du weißt, daß der Karl Hübner tot ist? – Nein. Woran ist er gestorben? – Er hat den Freitod gewählt. Er hatte schon lange keinen Sinn mehr im Leben gesehen ...

Freiwild: Freiwild sein (für jn.) *ugs* · to be/to consider s.o./... fair game

... Es scheint, daß die Typen nicht aussterben, die glauben, eine Frau, die alleine in eine Kneipe geht, sei Freiwild für sie.

Fremde: (sich) in der Fremde (aufhalten/...) *form* · to live/... abroad/..., to live in foreign parts

In der Fremde ist natürlich alles anders als im eigenen Land, nicht nur das Familien- und Berufsleben.

in die Fremde ziehen *form* · to go abroad, to go to distant lands/foreign parts

So mit 20 oder 25 ganz allein in die Fremde zu ziehen, ohne jeden Vertrag, ohne jede Rückendeckung – das erfordert schon Mut.

fremdgehen: fremdgehen *ugs* · to two-time (s.o.), to cheat (on s.o.)

Wenn ich ihn auch nicht sehr schätze: im Grunde ist der Hammelmann ein bedauernswerter Kerl. Die ganze Stadt weiß, daß seine Frau fremdgeht; nur er scheint keine Ahnung davon zu haben. – Und weißt du, warum sie mit anderen Männern umgeht?

Fremdwort: für jn. **ein Fremdwort sein** *ugs* · 1. 2. it/... is a word that means nothing to s.o. *n*

1. Anstand?! Der weiß doch gar nicht, was das ist. Das ist für den ein Fremdwort.

2. Liebe ist für die Christa ein Fremdwort. Die kennt nur Sex.

Fresse: (ach) **du meine Fresse!** *vulg selten* – (ach) du lieber **Gott**! · bloody hell!, Christ Almighty!, bugger me!, fuck a duck!

eine große Fresse haben *vulg* – einen großen **Mund** haben · to have a big mouth

die Fresse (immer/...) (zu sehr/so weit/...) **aufreißen** *vulg* – das **Maul** (immer/...) (zu sehr/so weit/...) aufreißen · to shoot one's mouth off, to be (always/...) shooting one's mouth off/bragging/...

wenn ..., dann ist ruck-zuck die Fresse dick *sal Neol* · in a flash you'll/... get a dig in the gob, in a flash you'll/... get a punch in the kisser/...

Mit dem Kurt Gessner würde ich mich an deiner Stelle nicht anlegen. Wenn du zu dem ein falsches Wort sagst, dann ist ruck-zuck die Fresse dick. – Der macht doch gar nicht so einen gewalttätigen Eindruck.

jm. **eins/eine vor die Fresse geben** *vulg* – jm. eins/eine aufs **Maul** geben · to give s.o. a smack in the kisser, to give s.o. a dig in the gob, to sock s.o. in the kisser/gob/mouth/...

die/seine Fresse halten *vulg* – den/seinen **Mund** halten · to shut one's gob/trap/cakehole/..., to shut it

jm. **eine/einen/eins in die Fresse hauen** *vulg* – jm. eine/einen/eins/(etw.) vor den **Latz** knallen/(hauen/ballern/donnern) (2) · to give s.o. a bollocking/a roasting/a dressing down

jm. **die Fresse polieren** *vulg* – jm. den **Buckel** vollhauen/vollschlagen (1) · to smash s.o. in the face, to punch s.o.'s face in, to give s.o. a dig in the gob

fressen: jn. (noch) **arm fressen** *sal* – j. frißt/(ißt) jm. (noch) die **Haare** vom Kopf · he/John/... will eat s.o. out of house and home (yet)

sich dick und rund/fett fressen *sal* · 1. 2. to stuff o.s., to pig o.s. *sl*

1. Den Urlaub in Österreich habe ich so richtig genossen. – Das sieht man: du hast dich dick und rund gefressen! – Ich habe fünf Kilo zugenommen, na ja.

2. Dieser Kerl frißt sich hier dick und rund, und unsereiner muß schuften und sparen. – Junge, ob der Onkel Fritz viel ißt oder wenig, ob er fleißig ist oder faul, das ist nicht deine Sache.

für drei/vier/(fünf/sieben) fressen *sal* – fressen/(essen) wie ein **Scheunendrescher** · to eat like a horse

etw. **in sich hinein fressen** *ugs* · to bottle s.th. up

Die Karin redet mit niemandem über ihre Probleme, die frißt alles in sich hinein. Dann wird natürlich alles doppelt so schwer.

ich/(er/die Marlies/...) könnte ein Kind/... fressen (so gern hab' ich es) *ugs – path selten* · he/Mary/... likes him/John/... so much that he/she/... could eat him/...

... Du glaubst gar nicht, wie gern ich meine jüngste Nichte habe! Ich könnte die Kleine fressen.

sich (buchstäblich) krank fressen *ugs* – sich buchstäblich krank **essen** · to make o.s. ill from over-eating

sich kugelrund fressen *sal* – sich dick und rund/fett **fressen** · to stuff o.s., to pig o.s. *coll*

j. **will dich/ihn/... doch nicht fressen!** *ugs* – j. wird dich/ihn/... doch/schon nicht (gleich) **fressen**! · s.o. is not going to eat you/him/...

j. **wird dich/ihn/... doch/schon nicht (gleich) fressen!** *ugs* · s.o. is not going to eat you/him/...

Ich habe Angst, Papa, mit Herrn Miesbach zu sprechen und ihm zu sagen, daß ich die Rechenaufgaben nicht gemacht habe. – Der Herr Miesbach wird dich doch nicht gleich fressen, Junge! Wenn du es ihm anständig sagst, schimpft er bestimmt nicht. Da brauchst du doch keine Angst zu haben.

sich toll und voll fressen *path selten* – **fressen**, bis man nicht mehr kann · to gorge o.s., to pig o.s., to stuff o.s.

jn. **ansehen/..., als wollte man ihn fressen** *sal* · to give s.o. a murderous look *n*, to look daggers at s.o. *n*

Es war ihm anzumerken, welch eine Wut er auf sie hatte. Er sah sie an, als wollte er sie fressen. – Sein wütender Blick schien ihr fast Angst zu machen.

Mädchen/Babys/Frauen sind (richtig/...) zum Fressen *ugs* · s.o. is good enough to eat

Mein Gott, ist dies Mädchen süß, so richtig zum Fressen!

ein gefundenes Fressen sein (für jn.) *ugs* · to be grist to s.o.'s mill *n*, + to play into s.o.'s hands *n*, to be just what s.o. is waiting for *n*

... Dieser Skandal war ein gefundenes Fressen für die Klatschblätter der Stadt. – Ja, genau, was sie suchten – und dann noch so unverhofft!

zum Fressen sein *sal selten* – zum **Anbeißen** sein · to look/to be/... nice enough to eat

nichts (mehr) zu fressen haben *sal* – nichts mehr zu **beißen** haben · to have nothing (left) to eat

ein Kind/... zum Fressen gern haben *ugs* · to think the world of s.o. *n*, to dote on s.o. *n*

Es ist nur allzu natürlich, daß sie ihren kleinen Sohn zum Fressen gern hat. Es ist wirklich ein entzückender kleiner Knirps. Sie muß nur aufpassen, daß sie ihn vor lauter Liebe nicht verhätschelt.

fressen, bis es oben und unten/zu den Ohren wieder herauskommt *vulg* – **fressen**, bis man nicht mehr kann · to gorge o.s., to pig o.s., to stuff o.s.

fressen, bis man nicht mehr kann *sal* · to gorge o.s. *coll*, to pig o.s., to stuff o.s.

Das Buffet war phantastisch! Wir haben alle gefressen, bis wir nicht mehr konnten. – Da habt ihr ja nicht gerade den Eindruck eines Gentleman hinterlassen.

fressen, als ob man's bezahlt kriegte/(bekäme) *sal selten* – fressen/(essen) wie ein **Scheunendrescher** · to eat like it is going out of fashion

sich ein Fressen aus etw. machen *ugs selten* · to revel in doing s.th. *n*, to take a fiendish delight in doing s.th. *n*

Der Rolf ist ein richtiger Satan. Der macht sich ein Fressen daraus, die Helga so lange zu reizen, bis sie aus der Haut fährt.

ich laß mich fressen, wenn ... *sal selten* – ich freß einen **Besen**, wenn ... · I'll eat my hat if ...

Fresser: ein unnützer Fresser (sein) *ugs selten* · to be a parasite/scrounger *sl*

Komm, rede mir nicht von dem Paul! Der tut doch nichts! Ein unnützer Fresser ist das, weiter nichts.

Freßleiste: jm. ein paar auf die Freßleiste hauen *sal Neol selten* – jm. den **Buckel** vollhauen/vollschlagen (1) · to give s.o. a smack in the kisser/a dig in the gob/...

Freud(e): jm. in Freud' und Leid zur Seite stehen *path* · to stand by s.o. in joy and in sorrow, to stand by s.o. in good times and bad/through thick and thin

Ich weiß nicht, ob sie ihren Mann im Innersten geliebt hat. Aber eins weiß ich: sie hat ihm die ganzen Ehejahre hindurch unerschütterlich in Freud' und Leid zur Seite gestanden. Sie war die treuste und hilfsbereiteste Lebensgefährtin, die man sich denken kann.

Freud' und Leid mit jm./miteinander teilen *path* · to share one's joys and sorrows with s.o.

... »Wenn man so viele Jahre immer zusammengehalten, Freud' und Leid miteinander geteilt hat«, erklärte er, »gehört der Partner gleichsam zu unserem eigenen Ich.«

in Freud' und Leid zusammenstehen/zusammenhalten *path* · to stick together through thick and thin, to stick together come rain come shine

Richtige Freunde müssen in Freud' und Leid zusammenstehen, Jungens, genau wie Eheleute. Zu dem anderen nur dann halten, wenn alles gut läuft, das ist keine Kunst, das kann jeder!

es war/ist (alles) eitel Freud' und Sonnenschein *path od. iron* – es war/ist (alles) eitel **Lust** und Freude · everything in the garden was/... lovely

ausflippen/ausrasten/verrückt werden/... **vor Freude** *ugs* – fast außer sich geraten vor **Freude** · to be overjoyed, to be beside o.s. with joy, to be over the moon

fast außer sich geraten vor Freude · to be overjoyed, to be beside o.s. with joy, to be over the moon

Als er hörte, daß er vom Militärdienst befreit war, geriet er fast außer sich vor Freude. Er tanzte da herum wie ein Verrückter und rief: »Was bin ich froh, daß ich diesen verdammten Dienst nicht machen muß!«

jauchzen/(jubeln) vor Freude *path* · to shout for joy, to jump for joy

Als der Rolf das neue Fahrrad da stehen sah, jauchzte er vor Freude. Er sang und sprang da herum, daß alle, die das sahen, sich mitfreuen mußten.

weinen vor Freude · to weep for joy

... Ihr Vater hatte auch in den schwierigsten Stunden der Not immer an sie gedacht ... Als ihr das klar wurde, weinte sie vor Freude.

seine Freude haben an jm./etw. · + s.o. will bring s.o. joy, + s.o. will be a source of joy to s.o., to have delight/pleasure/joy/... (in s.th.)

An diesem Jungen werdet ihr noch eure Freude haben, Richard. Bei der Begabung und dem inneren Frohsinn. Der wird euch noch viel Spaß machen.

eine/seine diebische Freude haben an etw./daran, etw. zu tun · to take a mischievous/an impish delight in doing s.th.

Er hat eine diebische Freude daran, die anderen hereinzulegen. Er kann sich dann überhaupt gar nicht mehr beherrschen, so einen unbändigen Spaß macht es ihm, wenn er jemandem eine Falle stellen kann.

seine helle Freude haben an etw./(jm.)/daran, etw. zu tun · to take great pleasure in s.th., to be delighted with s.th.

An den Fortschritten, die sein Sohn auf dem Klavier macht, hat er seine helle Freude. Er strahlt richtig, wenn er den Jungen spielen hört, und tut alles, um ihn zu fördern.

eine kindliche Freude haben an etw./daran, etw. zu tun · to take a childlike delight in (doing) s.th.

Der Karl hat eine geradezu kindliche Freude daran, seine Frau in Gegenwart anderer aufzuziehen. Das macht ihm einen unbändigen Spaß.

ich/(j.) könnte vor Freude an die Decke springen *path* · I/(s.o.) could jump for joy, I'm/s.o. is over the moon

Papa, ich habe in der Schlußprüfung eine 'Eins'. Ich könnte vor Freude an die Decke springen. Jetzt brauche ich keine Sorgen mehr zu haben wegen des numerus clausus. Mensch, bin ich froh!

sich vor Freude nicht halten/einkriegen können *ugs* – fast außer sich geraten vor **Freude** · to be overjoyed, to be beside o.s. with joy, to be over the moon

seine/keine Freude finden an etw./(jm.) · to get (no) pleasure out of doing s.th., (not) to enjoy doing s.th.

Er findet nun einmal keine Freude daran, stundenlang vor dem Fernsehen zu sitzen und sich anzusehen, was andere ihm vortischen.

sich vor Freude (gar/überhaupt) nicht zu lassen wissen – fast außer sich geraten vor **Freude** · to be overjoyed, to be beside o.s. with joy, to be over the moon

etw. aus Freude an der Sache tun – etw. aus **Liebe** zur Sache tun · to do s.th. for the love of it

jm. die/die ganze/(...) Freude verderben/(versalzen) (mit etw.) – (eher:) jm. den/den ganzen/(...) **Spaß** verderben (mit etw.) · to spoil s.o.'s pleasure, to spoil s.o.'s fun

etw. mit tausend Freuden (tun) *path* · 1. 2. (to do s.th.) with the greatest pleasure/with the greatest of pleasure *form*

1. Wollen Sie die Sylvesternacht mit uns verbringen, Herr Brauer? – Oh, mit tausend Freuden, Herr Werner. Ganz herzlichen Dank für die Einladung.

2. Mit tausend Freuden nahm er die Einladung zu ... an ...

herrlich und in Freuden leben · to lead the life of Riley, to live in the lap of luxury

Während die einen kaum wissen, wie sie das Notwendigste bezahlen sollen, leben die anderen herrlich und in Freuden. – Wenn man genauer hinsieht, sind es wohl doch relativ wenige, die im Geld schwimmen und das Leben in vollen Zügen genießen.

die Freuden und Leiden ... · the joys and the sorrows ...

Die Freuden und Leiden der ersten großen Liebe waren für sie etwas Neues. Sie hatte sich das anders vorgestellt – gemeint, der Himmel hinge immer voller Geigen ...

Freudenschrei: einen Freudenschrei ausstoßen *path* · to shout with joy, to give a shout of joy

Als sie hörte, daß ihr Bruder das Schlußexamen bestanden hatte, stieß sie einen Freudenschrei aus. Gott sei Dank! ...

Freudentanz: einen (regelrechten/...) Freudentanz aufführen/(vollführen) *path* · to dance with joy, to jump with joy

Als der kleine Utz sein neues Fahrrad da stehen sah, führte er einen regelrechten Freudentanz auf. Er hüpfte da herum, als hätte er sie nicht mehr alle zusammen.

(regelrechte/...) Freudentänze aufführen/(vollführen) *path* – einen (regelrechten/...) **Freudentanz** aufführen/(vollführen) · to dance with joy, to jump with/for joy

Freudentaumel: in einen Freudentaumel geraten *form* – *path* · to go into raptures, to get carried away

Bei allem Grund zur Freude und zum Feiern: wir sollten jetzt nicht in einen Freudentaumel geraten, der uns daran hindert, auch die weiteren Schritte nüchtern abzuwägen. Lassen wir die Erfolge feiern; aber vergessen wir nicht, daß noch vieles zu tun bleibt.

freuen: sich diebisch freuen an etw./wenn j. etw. tun kann/... – eine/seine diebische **Freude** haben an etw./daran, etw. zu tun · to take an impish/mischievous/fiendish/... delight in doing s.th.

sich zu früh freuen · to rejoice too soon, to count one's chickens before they are hatched, to get one's hopes up too soon

(Nach der vorletzten Klausur:) So, das Examen hab' ich in der Tasche. Jetzt kommt nur noch Altfranzösisch! – Freu' dich nicht zu früh, Helga! – Nein, in Altfranzösisch kann mir nichts passieren. – Sei vorsichtig! Man weiß nie ...

Freund: mein lieber Freund! *ugs iron* · 1. look here, my lad, 2. now then, my friend!, look here, pal!, look here, matey!

1. Mein lieber Freund, so geht das nicht! Ich möchte schon gefragt werden, wenn ihr meinen Wagen benutzt. Klar, nicht?!

2. vgl. – mein lieber **Freund** und Kupferstecher

js. **fester Freund/feste Freundin sein**/einen festen Freund/ eine feste Freundin haben – ein festes **Verhältnis** (mit jm.) (sein/haben) (2, 3) · to go to/to be/to be going steady with s.o., to have/to be having a serious relationship with s.o.

gut Freund sein mit jm. *form – veraltend selten* · to be good friends with s.o., to be on friendly terms with s.o.

… Wenn der Tiefenbach 'ja' gesagt hat, dann sagt der Börne auch nicht 'nein'. Die beiden sind gut Freund miteinander. Es ist ganz undenkbar, daß der eine dem anderen Schwierigkeiten macht.

kein Freund sein von etw./davon, etw. zu tun · 1. 2. not to be one for doing s.th., not to like doing s.th., 1. not to be keen on s.o./s.th., 2. not to believe in doing s.th.

1. Nein, danke, ich bin kein Freund von Schnecken. Ich ziehe ein Stück Fleisch vor.

2. … Er ist eigentlich kein Freund davon, den anderen bei jedweder Schwierigkeit sofort zu helfen. Er meint, jeder muß lernen, nach Möglichkeit allein mit den Tücken des Lebens fertigzuwerden …

kein großer Freund/nicht gerade ein Freund **sein von** etw./ davon, etw. zu tun – (stärker als:) kein **Freund** sein von etw./davon, etw. zu tun · not to be all fond of/keen on/… (doing) s.th.

j. **ist** js. **ganz spezieller**/(besonderer) **Freund** *iron* · s.o. is s.o.'s special friend, s.o. is a particular favourite of mine/ his/…, s.o. is a great pal of mine/his/…

… Wer will uns da bei Schuckert empfangen? – Der Dr. Irsenberg. – Ach du lieber Gott! – Wieso, kommst du mit dem nicht zurecht? – Das ist mein ganz spezieller Freund. – Das heißt, den hast du so gern wie Leibschmerzen, oder wie? – So ungefähr.

Freund und Feind *form* · friend and foe

Der Malbert geht mit allen Leuten gleich um, zu allen hat er dieselbe Distanz, dieselbe Nüchternheit. Es sieht manchmal so aus, als ob er Freund und Feind überhaupt gar nicht unterschiede.

bei/von Freund und Feind geachtet sein/… *form* · to be respected by friend and foe (alike)

… Daß er ein nicht ganz einfacher Kurator ist, leugnet keiner. Aber eins ist ebensowenig zu leugnen: er ist bei Freund und Feind geachtet.

Freund Hein *lit selten* · Death the Reaper, the Grim Reaper

… Onkel Lambert sagte: »Jetzt wird mich Freund Hein bald holen«. Was soll das heißen? – Junge, Onkel Lambert ist sehr krank. Er wollte sagen, daß er sicherlich bald stirbt.

mein lieber Freund und Kupferstecher *ugs veraltend* · now then, my friend!, look here, pal!, look here, matey!

Mein lieber Freund und Kupferstecher, so etwas erlaubst du dir nicht noch einmal! Es ist ja sehr schön, wenn man fröhlich, ja ausgelassen ist. Aber eine Sache ist, ausgelassen zu sein, eine andere, sich frech und ungezogen zu verhalten.

ein Freund auf Leben und Tod *path* · a friend for life

Wenn ich mich auf jemanden hundertprozentig verlassen kann, dann ist es der Toni. Er ist ein Freund auf Leben und Tod. Auf ihn kann ich in jeder Lage zählen.

gut Freund werden (mit jm.) *form* · to be/to become (good) friends with s.o., to be on friendly terms with s.o.

Wenn du mitgekriegt hättest, wie sehr sich die beiden anfänglich gestritten haben, hättest du nie gedacht, daß sie einmal gut Freund würden. – Das ist in der Freundschaft wie in der Liebe: die schönsten Beziehungen beginnen nicht selten mit einer gewissen Rivalität.

wieder gut Freund werden *form* · to become friends again, to make it up with s.o.

Es dürfte unwahrscheinlich sein, daß sie wieder gut Freund werden. Dazu ging das Zerwürfnis zu tief. Sich versöhnen, wieder zusammenarbeiten ist eine Sache, freundschaftliches Vertrauen haben eine andere.

dicke Freunde sein *ugs* · (to be) close friends n

Seit ihrer Studienzeit sind unsere Chefs dicke Freunde. Klar, daß sie zusammenarbeiten, wo es nur irgend geht.

Freunde fürs Leben sein · to be friends for life

Wenn wir uns schon nicht lieben – da hast du wohl recht –, so könnten wir doch Freunde fürs Leben sein, oder?!

unter Freunden (ist etw. … wert/…) *ugs* – unter **Brüdern** (ist etw. … wert/…) · between friends *two*, among friends *more than two*

Freundeshand: jm. die Freundeshand reichen *path selten* · 1. to offer to bury the hatchet, 1. 2. to offer to shake s.o.'s hand, to offer s.o. one's hand

1. – Komm! laß diese Geschichten vergessen sein, Christa – er reichte ihr die Freundeshand –, laß uns wieder vernünftig, freundschaftlich miteinander umgehen!

2. … Albert, darf ich dir die Freundeshand reichen? Auf mich kannst du immer zählen! – Danke, Heinz. Auf unverbrüchliche Freundschaft also!

Freundeskreis: im engsten Freundeskreis · among one's close friends

Eine solche Meinung würde ich im engsten Freundeskreis nicht äußern, geschweige denn, in der Öffentlichkeit.

einen großen Freundeskreis haben/besitzen · to have a wide circle of friends

Der Peter hat einen sehr großen Freundeskreis … – Sind das alles wirklich Freunde oder jene guten und nützlichen Bekannten, die man heute 'Freunde' nennt?

Freundin: js. feste Freundin sein/eine feste Freundin haben – ein festes **Verhältnis** (mit jm.) (sein/haben) (2, 3) · to have a steady girlfriend, to be going steady with a girl

freundlich: würdest du/würden Sie/… **so freundlich sein und** …?! *form* – bist du/seid ihr/… so **gut** und …?! · would you be so good as to …?, would you be so kind as to …?

Freundlichkeit: würdest du/würden Sie/… **die Freundlichkeit besitzen und** …? *form od. iron* · would you be so good as to …?, would you be so kind as to …?

… Würden die Herrschaften vielleicht die Freundlichkeit besitzen, mir ihr Ohr zu leihen, während wir die Lösung der Klausur besprechen?

Freundschaft: jm. in aller Freundschaft etw. **raten**/… · to advise s.o./… as a friend/in all friendliness

Darf ich Ihnen in aller Freundschaft den Rat geben, Herr Schäfer, in Ihrem Vertrauen Herrn Kahl gegenüber ein wenig vorsichtiger zu sein? Sie entschuldigen, aber …

jm. **die Freundschaft kündigen** *form – path* · to end one's friendship with s.o., to withdraw one's friendship from s.o., to break off a friendship with s.o.

Wenn der Joseph nochmal behauptet, ich hätte ihm die Freundin ausgespannt, dann kündige ich ihm die Freundschaft.

mit jedermann/… **in Freundschaft leben** · to live amicably/ on friendly terms/… with everybody/…

Man kann in dieser Welt nun einmal nicht mit jedermann in Freundschaft leben. Selbst der Papst hat seine Gegner.

(mit jm.) **Freundschaft schließen** · to make friends with s.o.

Nein, mit so einem Mann würde ich nie Freundschaft schließen. Dazu ist der mir einfach zu uninteressiert.

freut: (na ja/nun denn/…) das freut einen denn ja auch! *iron* · that's great, isn't it? *coll*, that's brilliant, isn't it? *coll*

… Einen Kredit von 100.000,– Mark habe ich beantragt, 25.000,– Mark wollen sie mir geben. Nun denn, das freut einen denn ja auch! – Wechsel doch die Bank, Mensch!

Fridolin: wenn …, dann will ich Fridolin heißen *sal selten* – ich freß einen **Besen**, wenn … · I'll eat my hat if …

Friede: Friede seiner/ihrer Asche! *path rel* · peace to his/her ashes, God rest his/her soul

Sie haben gehört? Der Herr Reimer ist bei einem Unfall ums Leben gekommen. – Ja. Sie wissen: der Herr Reimer war nicht gerade ein

Freund von mir. Aber er war ein grundanständiger Mann. Friede seiner Asche!

(er/sie) ruhe in Frieden! *path rel* · 1. 2. may he/she rest in peace
1. (In einer Rede auf einer Beerdigung:) Niemand hat sich für die Belange der Belegschaft so engagiert eingesetzt wie der Verstorbene. Wir werden ihn nicht vergessen. Er ruhe in Frieden!
2. Ist eigentlich 'ruhe in Frieden!' auch heute noch eine gebräuchliche Grabinschrift? – Sie wirkt schon ein bischen veraltet.

im tiefsten Frieden · in the middle of peacetime, in peacetime, in time of peace *elev*
Im tiefsten Frieden überfielen die Feinde das Land. – Ohne Kriegserklärung? – Ohne Kriegserklärung. Wie ich dir sage: mitten im Frieden.

zieh'/(ziehen Sie/…)/geh'/(gehen Sie/…) hin in Frieden *form – iron* · go in peace
Herr Prof. Moser, ich bitte um Entschuldigung für meine Äußerung gegen Sie in der Diskussion vorige Woche. Ich hatte das nicht so gemeint … – Ziehen Sie hin in Frieden, junger Freund. Es hat mich zwar getroffen, von einem meiner Studenten solche Bemerkungen zu hören; aber ich war nie nachtragend. Die Sache soll vergessen sein.

vor jm. **nie/… Frieden haben** *path* · never/… to have peace from s.o., never/… to be left in peace by s.o.
Vor diesem Mann wirst du nie Frieden haben, der wird dich immer belästigen!

in den ewigen Frieden eingehen *form – path selten –* sanft/(sanft und selig) **entschlafen** · to enter into eternal peace

(endlich/…) seinen Frieden finden *form* · to be at peace at last, to be released from one's sufferings *euphem*
Nach mehrmonatiger Krankheit ist der alte Herr Schröder gestern endlich seinen Frieden gefunden.

keinen Frieden finden können *form* · not to be able to find any peace of mind
Ich weiß nicht, was in letzter Zeit mit meinem Mann los ist. Seitdem er als Zeuge in dem Prozeß gegen den mutmaßlichen Kindesmörder ausgesagt hat, kann er keinen Frieden finden. – Er hat doch keine falschen Aussagen gemacht?

**in Frieden und Freiheit leben/… ** *path* · to live in peace and freedom
… Es hat doch kein Mensch was dagegen, Ulrich, wenn ihr in der Bundesrepublik in Frieden und Freiheit leben wollt. Nur könnt ihr nicht erwarten, wenn ihr mal zufällig eine Viertelstunde keinen Krieg führt, daß die ganze Welt das dann genauso halten muß. – Du bist und bleibst ein Zyniker, Tonio.

mit jm. **in Frieden und Freundschaft leben** *path* · to live in peace and harmony with s.o.
Es wäre natürlich schön, wenn in dieser Welt jeder mit jedem in Frieden und Freundschaft leben könnte. Dann hätten wir den Himmel auf Erden.

keinen Frieden geben (ehe … nicht/…) *form –* (eher:) keine **Ruhe** geben/(einem/jm. keine Ruhe geben/endlich/… Ruhe geben) (1) · not to give s.o. a moment's peace/any peace until …, to keep plaguing/pestering/… s.o. until …

seinen Frieden mit Gott machen *path rel* · to make one's peace with God
Und hat er vor seinem Tod noch seinen Frieden mit Gott gemacht? – Es scheint, ja. Er hat wohl sogar noch gebeichtet.

jn. in Frieden lassen (mit jm./etw.) *form –* (eher:) jn. in **Ruhe** lassen (mit jm./etw.) · to leave s.o. in peace (with s.th.), to leave s.o. alone (with s.th.), + don't talk to me about …

mit jm. **Frieden machen** *path* · to make up with s.o., to make peace with s.o.
Wollt ihr nicht endlich Frieden miteinander machen, Petra, Heiner? Es ist doch nicht schön, wenn Geschwister ewig miteinander rechten und streiten.

seinen Frieden mit jm. **machen** *path* · to make one's peace with s.o., to make it up with s.o.
Bevor wir hier wegziehen, möchte ich eigentlich auch mit den Hägeles noch meinen Frieden machen. Das sind zwar etwas schwierige Leute. Aber ich möchte nicht im Zwist von ihnen scheiden …

mit sich selber/selbst Frieden machen *form selten* · to come to terms with o.s., to get o.s. sorted out *coll*
Wenn du mit deiner Familie wieder vernünftig auskommen willst, mußt du zunächst mit dir selber Frieden machen. Bisher bist du mit dir selbst nicht im reinen, und dann ist klar, dann belastest du die anderen mit deiner inneren Unruhe, deinen Selbstzweifeln.

in Frieden ruhen *geh form selten* · 1. 2. to rest in peace 1. to have been dead/gone from us/… for years/days/…
1. Nun ruht Großvater schon fünf Jahre in Frieden. – Es ist unfaßlich, wie schnell die Zeit vergeht. Ich habe die Beerdigung noch so lebendig vor Augen, als wäre sie gestern gewesen.
2. (rel.): …»ruhe in Frieden!«… *rel*

(mit jm.) Frieden schließen · 1. to make/to conclude peace (with s.o.), 2. to make up (with s.o.)
1. Haben die beiden Länder Frieden geschlossen? – Im Augenblick herrscht Waffenstillstand. Die Friedensverhandlungen wurden bereits in die Wege geleitet. *form*
2. Es war wirklich Zeit, daß die beiden Frieden miteinander schlossen. Sie haben sich lange genug das Leben schwer gemacht. – Es war mehr als zweifelhaft, ob sie sich jemals wieder versöhnen würden.

Frieden stiften *form* · to make peace
(Ein Freund eines Ehepaars, das sich streitet:) Also ob ihr nun ins Theater geht oder nicht, das ist doch kein Grund, euch so zu streiten! Kommt, versöhnt euch! – Ja, du bist gerade der Richtige, um hier Frieden zu stiften. Du hast doch jede Viertelstunde eine Auseinandersetzung mit der Ute!

dem Frieden nicht (recht) trauen *ugs* · + there is something fishy/weird/strange going on, + to smell a rat
Seit ein paar Tagen ist unser Chef ungewöhnlich freundlich zu mir. Aber ich traue dem Frieden nicht. Da steckt bestimmt etwas dahinter. Ich möchte nur wissen, was. Hoffentlich erlebe ich nicht schon bald eine böse Überraschung.

um des lieben Friedens willen etw. tun *ugs* · to do s.th. for the sake of peace and quiet, to do s.th. for a quiet life
Um des lieben Friedens willen hat er jetzt zugestimmt, daß sein Nachbar seinen Wagen auf dem Grundstück abstellt, das zu seinem Haus gehört. – Bei dem Temperament der beiden hätten sie sich sonst wohl ewig gestritten.

Friedensfühler: Friedensfühler ausstrecken *selten* · to put out peace-feelers *tr*, to make tentative peace-moves
Schon zwei Jahre vor Kriegsschluß hat die Regierung über London Friedensfühler ausgestreckt. Aber die Bedingungen, die ihr die Gegner für einen Friedensvertrag stellten, waren unannehmbar.

Friedensfuß: mit jm. (wieder/…) **auf Friedensfuß stehen** *path selten* · to be on good terms (again/…) with s.o.
Stehst du mit deinem Kollegen Daus wieder auf Friedensfuß oder liegt ihr immer noch miteinander im Streit?

Friedenshand: die Friedenshand ausstrecken *form – path selten –* jm. die **Hand** (zur Versöhnung/(…)) reichen/(bieten/geben) · to hold out one's hand to s.o. (to make up a quarrel/…)

jm. **die Friedenshand reichen** *form – path selten –* jm. die **Hand** (zur Versöhnung/(…)) reichen/(bieten/geben) · to hold out one's hand to s.o. (to make up a quarrel/…)

Friedenspfeife: die Friedenspfeife rauchen *iron* · to smoke the pipe of peace with s.o.
So, Rudi, zu unserer Versöhnung rauchen wir jetzt wie die Indianer bei Karl May die Friedenspfeife. – Eine Zigarre geht auch?

Friedrich-Wilhelm: seinen Friedrich-Wilhelm unter etw. **setzen/druntersetzen/daruntersetzen** *ugs* · to sign one's name *n*, to put one's signature to s.th. *n*
So, jetzt brauchst du nur noch deinen Friedrich-Wilhelm darunterzusetzen, und der Vertrag ist perfekt. – Dann reich' den Text mal herüber; ich unterschreib' ihn sofort.

frier': ich frier' mir/der Karl friert sich/... **noch einen ab**/hier/da/... friert man sich ja einen ab *sal* · I/he/... am/is/... freezing to death *coll*, I/he/... am/is/... freezing my/his/... balls off *vulg*

Mensch, ist das kalt in dieser Bude! Da friert man sich ja einen ab!

Frikassee: jn. zu Frikassee verarbeiten *sal selten* – j. schlägt/haut/boxt jn. aus dem **Anzug** · to make mincemeat of s. o.

frisch: der/... ist wohl nicht mehr ganz frisch! *sal Neol* – nicht (so) (ganz/(recht)) bei **Trost** sein · s. o. is not quite right in the head, s. o. has got a screw loose

frisch, fromm, froh und frei/frisch, fromm, fröhlich, frei *ugs selten* · 1. cheerful *n*, merry *n*, 2. breezily *n*, cheerfully *n*, gaily *n*

1. Erst haben wir unser Tischtennisturnier gemacht und dann einen Tanz- und Unterhaltungsabend organisiert. Die Atmosphäre war wie immer frisch, fromm, froh und frei – unbeschwert und heiter.
2. Erst verspricht er, mir bei der Arbeit zu helfen, und dann erklärt er frisch, fromm, froh und frei, er hätte keine Zeit. Völlig ungeniert, weißt du, mit dem natürlichsten Ton von der Welt.

frisch und gesund (sein) *path* · (to be) fit and well

... Ich weiß nicht, wie der Charlie das macht! Der ist immer frisch und gesund. Oder hast du den schon mal matt oder gar krank gesehen? – Nein.

frisch und munter (sein) · (to be) bright and cheerful/cheery, (to be) bright and lively

Gestern fühlte sie sich noch ziemlich schlecht, aber heute ist sie wieder frisch und munter. – Und ob! So dynamisch und fidel wie eh und je!

Frische: morgen/nächste Woche/... in alter Frische! *ugs* · ... as always, ... in all one's old vigour *para*

... Also, schönen Weihnachtsurlaub! Bis zum neuen Jahr dann – in alter Frische!

in alter Frische wieder zu arbeiten anfangen/... *path* · to return to work/... as bright and chirpy as before

Nach diesem herrlichen Urlaub können wir wieder in alter Frische an unsere Arbeit gehen. – Entsetzlich, dieser Gedanke!

frischgebackener: ein frischgebackener Diplomingenieur/Malermeister/Assistenzarzt/... *ugs* · a newly qualified engineer/doctor/... *n*, a recently qualified engineer/doctor/... *n*

So, jetzt wollen wir unserem frischgebackenen Diplomingenieur mal einen anständigen Tropfen Sekt anbieten. Ihr müßt wissen: mein Sohn hat heute sein Abschlußexamen mit 'gut' bestanden. Da verdient er doch einen guten Schluck, oder?

Frist: auf kurze Frist leihen/... *form* · to lend s. o. s. th. for a short/brief period

Auf kurze Frist kann ich Ihnen das Buch ausleihen. Für ein paar Tage. Länger nicht, denn dann brauche ich es selbst.

in kürzester Frist · within a (very) short space of time, at (very) short notice

... In kürzester Frist hatte er alle Unterlagen beisammen, sodaß er die Bewerbung einreichen konnte. Keine drei Wochen hat das gedauert.

jm. eine Frist setzen/(stellen) (für etw.) *form* · to give s. o. a deadline (by which they have to ...), to set s. o. a (final) date (by which to pay/...)

Man hat ihm eine Frist von zehn Tagen gesetzt. Wenn er in diesem Zeitraum seine Behauptungen nicht öffentlich zurücknimmt, wird ihm der Prozeß gemacht.

Fritzen: für den Alten Fritzen *ugs veraltend selten* · to work/... for nothing *n*/just for the fun of it/just for the crack *sl*

Meinst du etwa, ich mache diesen ganzen Umbau für den Alten Fritzen? Da will ich schließlich noch etwas von haben.

Front: an der Front (sein) *Krieg* · to be at the front

Wieviele Jahre warst du im Zweiten Weltkrieg an der Front? – Ich war im ganzen vier Jahre Soldat. Gut zwei Jahre war ich an der Westfront, gut anderthalb Jahre an der Ostfront.

in Front sein *form veraltend selten* – in **Führung** liegen (1; u. U. 2) · to be in front

auf breiter Front gegen jn./etw. **vorgehen/...** · to attack/to combat s. th. on a broad front, to attack/to combat s. th. along a wide front

... Ein paar Proteste oder Artikel in der Zeitung nützen da nicht viel, und auch vereinzelte Strafen nicht! Wenn man die Ausländerfeindlichkeit wirklich reduzieren will, dann muß man auf breiter Front dagegen vorgehen. Dann muß man Aufklärungsarbeit leisten, Kontakte fördern, wo es nötig ist, Schutz gewähren ... und im letzten Fall natürlich auch durchgreifen, strafen ...

einer geschlossenen Front (von ...) gegenüberstehen/sich einer ... **gegenübersehen/...** *path* · to face a united front, to face united opposition

Er schlug vor, statt um acht Uhr schon um sieben Uhr mit der Arbeit zu beginnen und dafür eine Stunde früher aufzuhören. Aber zu seiner Überraschung sah er sich einer geschlossenen Front von Mitarbeitern gegenüber, die heftig gegen diesen Vorschlag protestierten. Es war wohl das erste Mal, daß sie alle so einig und so massiv gegen etwas vorgingen.

die Front einer Ehrenkompanie/... **abschreiten** *form* · to inspect a guard of honour

Gemeinsam schritten die beiden Präsidenten auf dem Flugplatz die Front der Ehrenkompanie ab ...

die Front der Truppen/... **abschreiten** *form* – die **Front** einer Ehrenkompanie/... abschreiten · to inspect a guard of honour

in Front gehen *Sport form veraltend selten* – in **Führung** gehen · to take the lead, to go into the lead

an die Front gehen/müssen/wollen *Krieg* · to have to/to want to go to the front/join up/...

Wenn man sich vorstellt, daß Tausende und Abertausende im Ersten Weltkrieg freiwillig an die Front gingen! – Auch heute werden junge Leute freiwillig Soldat. – Gut, im Frieden. Aber damals zogen sie in den Krieg.

in Front liegen *veraltend selten* – in **Führung** liegen (1, 3) · to be in front

Front machen gegen etw./jn. · to make a stand against s. o./s. th., to oppose s. o./s. th.

Warum machst du denn permanent gegen Herberts Pläne Front, in Zukunft die Arbeitsbereiche hier zu verändern? – Würdest du dich etwa nicht Plänen widersetzen, die nur zum Ziel haben, deinen Einfluß zu schmälern?

an der Front stehen *Krieg* · to be at the front

... Euer Karl-Heinz steht jetzt auch an der Front, nicht? – Ja, er wurde vor einem Monat eingezogen. Nach Rußland.

an/(in) vorderster Front stehen (im Kampf gegen/...) *path* · to be at the forefront (in the struggle for/against/...)

Im Kampf gegen den Nationalsozialismus stand Bischof D. immer an vorderster Front. Er hat in den dunkelsten Stunden unserer Geschichte den Mut und die Kraft gehabt, offen und an führender Stelle gegen das Unrecht und die Gewalt anzukämpfen.

die Fronten klären · to clarify the position, to say/to get to know where one stands

Wofür oder wogegen seid ihr denn nun eigentlich? Ich versteh' überhaupt nichts mehr. – Wir auch nicht. – Gut, dann schlag' ich vor, jeder legt endlich offen und ehrlich seine Meinung dar; dann sind die Fronten geklärt. Dann weiß jeder, woran er ist. Dieses vage Hin und Her ist unerträglich.

klare Fronten schaffen · to clarify one's position, to state one's position clearly

(Während einer Sondersitzung zur Regelung der Vereinsschulden; der Kassierer:) So, jetzt bin ich ja doch dafür, daß jeder von euch mal ganz genau sagt, was er von dem Problem denkt – daß wir klare Fronten schaffen! Ein paar scheinen ja mit der Linie der Vereinsführung nicht so ganz einverstanden zu sein ... Wie dem auch sei: wir müssen doch alle wissen, woran wir sind! ...

die Fronten versteifen/verhärten sich *form* · the fronts are hardening, the positons are hardening

Bis zum Wochenende hatten wir fest mit einem Kompromiß gerechnet, und das wäre ein vernünftiges Konferenzergebnis gewesen. Inzwischen haben sich die Fronten aber wieder versteift: beide Parteien beharren wieder auf ihrem alten Standpunkt, dem die andere nicht zustimmen kann, ohne das Gesicht zu verlieren.

Frontwechsel: einen Frontwechsel vornehmen *form selten* – einen **Kurswechsel** vornehmen · to change fronts

Frosch: sei kein Frosch! *ugs* · 1. 2. come on, be a sport!, don't be a spoilsport/a wet blanket

1. Du wirst doch wohl noch genug Mut haben, vom Dreimetersprungbrett zu springen! Sei kein Frosch! Also, los! Eins, zwei …
2. Ein Stündchen kannst du doch noch mit uns in die Hoopy-Bar gehen. Komm', sei kein Frosch! – Was heißt da: 'Sei kein Frosch!' Wenn ich nicht mitgehen will, hat das nichts mit Spielverderberei zu tun. Ich bin todmüde.

sich aufblasen wie ein Frosch *ugs* · to puff o.s. up like a frog

… Am unangenehmsten wirkt er, wenn er sich aufbläst wie ein Frosch und den Eindruck von größter Bedeutung und Wichtigkeit zu geben sucht.

ein aufgeblasener Frosch sein *sal* · to be a conceited oaf *coll*, to be puffed up *coll*, to be bumptious *n*

Ach, das ist doch alles nur Einbildung! Er tut, als sei er unentbehrlich. In Wirklichkeit ist er nichts als ein aufgeblasener Frosch. Ein Angeber, nichts weiter.

jm. ist/j. spricht/singt, als hätte er einen Frosch im Hals/(in der Kehle)/hast du/hat er/… einen Frosch-im Hals/(in der Kehle)? *ugs* · 1. 2. to speak/… as if one had a frog in one's throat

1. Der Chorleiter gab mir lächelnd den Einsatz, und ich brachte vor Nervosität kaum einen Ton heraus. Mir war, als hätte ich einen Frosch im Hals.
2. Mein Gott, diese Frau redet, als hätte sie einen Frosch im Hals. Sie könnte mal was gegen ihre Erkältung unternehmen. – Das hat nichts mit Erkältung zu tun, sie redet immer so rauh. *selten*

aussehen/ein Gesicht machen/…, als hätte man einen Frosch verschluckt/hast du/hat er/… einen Frosch verschluckt? *ugs* · to look/to make a face/… as if one has just swallowed a frog *para*

Du machst ein Gesicht, als wenn du einen Frosch verschluckt hättest. Magst du keine Schnecken? – Offen gestanden, nein; ich ekel' mich davor.

Froschaugen: Froschaugen haben *ugs selten* · to be pop-eyed

… Möchtest du solche Froschaugen haben wie der Junge dort? – Wer will denn schon so große und hervorstehende Augen haben, Inge?

Froschblut: Froschblut (in den Adern) haben *selten* – **Fischblut** (in den Adern) haben · to be as cold as a fish

Frösche: du kriegst/er kriegt/… (noch) Frösche in den Bauch/du wirst/er wird/… (noch) Frösche in den Bauch kriegen *ugs* · you/he/…'ll have frogs spawning in your stomach soon *para*

Trink' nicht so viel Wasser, Walter, sonst kriegst du noch Frösche in den Bauch! – Erzähl' den Kindern nicht so einen Unsinn, Liesel. Du jagst ihnen doch Angst davor ein, ein paar Gläser Wasser zu trinken.

Froschperspektive: (etw.) aus der Froschperspektive sehen/beurteilen/… *sal* · to take/to have a worm's-eye view of s.th. *n*, to take a blinkered view of s.th. *n*

Der Fritz meint, ob Deutschland an der Olympiade teilnimmt oder nicht, ist völlig gleichgültig; das Ganze sei sowieso nur ein Medaillenmarkt. – Der Fritz beurteilt die Dinge mal wieder aus der Froschperspektive. Es geht bei dieser Entscheidung doch nicht vorrangig um Sport.

Frostbeule: blau sein wie eine Frostbeule *sal selten* – blau wie ein **Veilchen** (sein) · to be as pissed as a newt

Frostbeulen haben/kriegen/bekommen · to have/to get chilblains

… Ja, heute ist überall geheizt. Auch im stärksten Winter kriegt heute kein Mensch mehr Frostbeulen – ihr wißt wahrscheinlich nicht einmal, was das ist …

Frucht: eine verbotene Frucht *form* · forbidden fruit

Das Abenteuer hätte sie nicht im geringsten gereizt, wenn es keine verbotene Frucht gewesen wäre. Denn im Grunde hatte sie für den Mann herzlich wenig übrig.

eine Frucht der Liebe sein *form selten* · (to be) a love child

Nein, sie war nie verheiratet. Jedes einzelne ihrer vier Kinder ist eine Frucht der Liebe. – Vier uneheliche Kinder – alle Achtung!

jm. wie eine reife Frucht in den Schoß fallen *path* · success/… falls into s.o.'s lap

Nachdem er Jahre und Jahre nur Arbeit und Geld investiert hatte, fiel ihm der Erfolg zu einem Zeitpunkt, zu dem er schon nicht mehr daran glaubte, wie eine reife Frucht in den Schoß. Was vorher unmöglich schien, lief plötzlich bestens …

reiche Frucht tragen *form – path* · to bear rich fruit

… Wie sie sehen, Herr Kuhnert, hat der jahrelange Fleiß Ihres Sohnes reiche Frucht getragen: er ist der jüngste Direktor, den Schuckert jemals hatte.

Früchtchen: du bist (mir)/er ist (mir)/… (vielleicht) **ein nettes/sauberes/(faules) Früchtchen** *ugs mst zu Kindern* · you're a right one, you're a fine specimen, you're a right little rascal

Du bist mir vielleicht ein nettes Früchtchen! Jedesmal, wenn du bei uns im Haus bist, verschwinden hier ein paar Kilo Äpfel. Du meinst wohl, du kannst sie mitgehen lassen, weil wir sowieso zuviel davon haben, was?

Früchte: die Früchte seiner Arbeit/Anstrengungen/… ernten *path* · to reap the fruits of one's labour/efforts/…

Wenn er nach zwanzigjährigem permanenten Einsatz endlich die Früchte seiner Arbeit erntet, ist ihm das nur zu gönnen. Da ist jede Mißgunst fehl am Platz.

reiche Früchte tragen *form – path* – reiche **Frucht** tragen · to bear rich fruit

seine Früchte tragen *Arbeit/Anstrengung/… form* · efforts/hard work/… bear fruit

Endlich tragen seine jahrelangen Anstrengungen Früchte. Man hat ihn gestern zum Vorsitzenden des Instituts gewählt; jetzt kann er seinen wissenschaftlichen Vorstellungen endlich ein breiteres Echo verschaffen.

früh: von früh auf – von **klein** auf · from childhood, from an early age

von früh bis spät (arbeiten/…) · from morning till night, from dawn to dusk

Wenn du wie der Peter jeden Tag von früh bis spät arbeiten würdest, kämst du nicht auf die Idee, jedes Wochenende große Partys zu organisieren. Dann würdest du dich ausruhen.

Frühaufsteher: (ein) Frühaufsteher (sein) – früh aus den **Federn** müssen/wollen/… (1) · to be an early riser

Frühe: (um vier/fünf/…) (Uhr) in der Frühe · early (in the morning), at 4/… o'clock in the morning

Morgens in der Frühe arbeitet er nun einmal besser als abends spät. Daher sein früher Rhythmus.

in aller Frühe aufstehen/abfahren/… – in aller **Herrgottsfrühe** · to get up/to leave/… at the crack of dawn

früher: jn. von früher her kennen/etw. … wissen/… · to know/… s.o./s.th. from the old days/from the old times

Kennst du eigentlich den Engelmann? – Oh ja, sehr gut! Von früher her – von unserer gemeinsamen Studentenzeit in München.

früher oder später · sooner or later

Früher oder später wird er schon einsehen, daß seine kompromißlose, unduldsame Art ihm keine Freunde verschafft. – Hoffen wir, daß es nicht zu lange dauert.

Frühling: seinen zweiten Frühling erleben *iron* · to have/to experience/to enjoy/... a second spring, to relive one's youth
Wie ich höre, hat sich dein Vater nach fünf Jahren Witwerdasein in eine ziemlich junge Frau verliebt? – Ja; mir scheint, der erlebt gerade seinen zweiten Frühling. – Du sagst das so sarkastisch. – Die Dame ist gerade so alt wie ich!

im Frühling seiner Jahre/des Lebens stehen *path selten* · in the springtime of one's life
Wenn man so im Frühling seines Lebens steht wie der Klaus ... – Ach, du nennst das Alter von bald 40 noch 'Frühling'? ...

Frühlingsgefühle: Frühlingsgefühle haben/bekommen *ugs selten* · to be/to feel/to get frisky
Hm, sich mit annähernd 65 nochmal zu verlieben ... ich weiß nicht! – Paß auf, daß du nicht auch noch so Frühlingsgefühle bekommst wie der Engelhardt. – Keine Sorge, Hilde!

frühstücken: rückwärts frühstücken *sal selten* · to puke (one's ring), to breakfast in reverse *para*
Warum sieht der Otto denn so blaß aus? – Der hat rückwärts gefrühstückt. – Ist ihm der Schnaps nicht bekommen, den er gestern abend getrunken hat, oder warum übergibt er sich am frühen Morgen?

Frust: seinen Frust bei jm. **abladen** *ugs Neol* · to vent one's frustration on s.o. *n*, to take it out on s.o.
... Langsam sieht mir die Silvia auf die Nerven! Sie kommt nur ab und zu bei mir vorbei, um ihren Frust abzuladen. Wenn es ihr gut geht, kennt sie mich überhaupt nicht.

Fuchs: ein Fuchs sein · to be a cunning/sly/crafty fox
Sei vorsichtig, wenn du mit ihm ein Geschäft abschließt; er ist ein Fuchs. Raffiniert wie nur etwas!

ein alter Fuchs sein *ugs* · to be a cunning old fox/devil
Es ist ihm also doch gelungen, dieses schauerliche Gemälde an den Mann zu bringen! Und noch dazu zu einem stattlichen Preis! Das ist doch ein alter Fuchs! Dem fällt immer wieder etwas ein, um die anderen dranzukriegen.

listig wie ein Fuchs sein · to be as cunning/crafty/sly as a fox
Vor dem Mann müßt ihr euch in acht nehmen, er ist listig wie ein Fuchs. – Das haben wir schon gemerkt, daß man bei ihm höllisch aufpassen muß. Aber wir sind ja auch nicht auf den Kopf gefallen. Wir werden uns von ihm schon nicht hereinlegen lassen.

rot wie ein Fuchs sein *ugs selten* · to be red-headed *n*, to be a red-head *n*
Welche Haarfarbe hat denn der Junge, den ich an der Ecke Lothar—Manfredstraße mitnehmen soll? – Den kannst du gar nicht verfehlen, Papa. Er ist rot wie ein Fuchs. – Ach, das ist dieser Rotfuchs, den wir neulich schon einmal mitgenommen haben? – Ja, genau der.

schlau wie ein Fuchs/ein schlauer Fuchs sein · to be as sly as a fox
Im eigentlichen Sinn intelligent ist er sicherlich nicht. Aber er ist schlau wie ein Fuchs. Vielleicht ist so eine Findigkeit, Schläue, Gerissenheit auch eine Form von Intelligenz.

wohnen/leben/..., wo sich Fuchs und Hase gute Nacht sagen – wohnen/leben/..., wo sich (die) **Füchse** und Hasen gute Nacht sagen · to live/... in the back of beyond, to live/... in the middle of nowhere

die Füchse brauen *form selten* · + the mist is thickening
Bist du schon mal im Spätsommer in aller Herrgottsfrühe durch den Schwarzwald gefahren? Wenn der Nebel aufsteigt – die Füchse brauen, wie manche sagen? ... Das ist fast gespenstisch, sag' ich dir.

wohnen/leben/..., wo sich (die) Füchse und Hasen gute Nacht sagen · to live/... in the back of beyond, to live/... in the middle of nowhere
Sie haben ein herrliches Haus gekauft. Es liegt nur ein wenig weit ab, abseits von einem kleinen Dorf in einem Tal, wo sich Füchse und Hasen gute Nacht sagen.

wohnen/leben/..., wo sich die Füchse einander gute Nacht sagen – (eher:) wohnen/leben/..., wo sich (die) **Füchse** und Hasen gute Nacht sagen · to live out in the sticks

Füchse prellen *ugs selten* · to dupe/to swindle/to trick/to fool a swindler/trickster/fox/... *n*
Füchse lassen sich nur sehr schwer prellen, das weißt du doch, und der Richard ist ein Fuchs. Der ist gerissener als wir alle zusammen; der läßt sich von uns so schnell nicht hereinlegen.

fuchsteufelswild: fuchsteufelswild werden *ugs* · to get hopping mad
Wenn du jetzt nicht endlich die Milch austrinkst, Berta, werde ich fuchsteufelswild. Aber wirklich wild, das sage ich dir. Muß man denn immer erst wütend werden, bis du endlich deine Milch trinkst?!

Fuchtel: jn. **unter der Fuchtel halten/(haben)** *ugs* · to keep/to hold s.o. under one's thumb *n*
Du hast es gut, du kannst tun und lassen, was du willst. Mich hält mein Vater unter der Fuchtel. Immer und überall kommandiert er, was ich darf und was ich nicht darf.

unter js. **Fuchtel kommen** *ugs selten* · to be taken in hand by s.o. *n*
Dein Bruder schläft morgens bis in die Puppen, arbeitet nicht richtig, macht, was er will ... Kann er sich das bei deinen Eltern denn leisten? Der müßte mal unter die Fuchtel meines Vaters kommen, der würde ihm die Flausen schon austreiben.

jn. **unter die Fuchtel nehmen** *ugs selten* · to take s.o. in hand *n*
Diesen Jungen mußt du mal unter die Fuchtel nehmen. Der muß doch endlich mal lernen, daß man im Leben nicht tun und lassen kann, was man will. Da er es leider in all den Jahren nicht gelernt hat, muß es ihm jetzt mit Strenge, wenn nicht mit Gewalt beigebracht werden.

unter js. **Fuchtel stehen/(sein)** *ugs* · to be under s.o.'s thumb *n*
Steht sie immer noch unter der Fuchtel ihres herrschsüchtigen Vaters oder führt sie inzwischen ein unabhängiges Leben? – Nein, ihr Vater kommandiert immer noch herum, was sie zu tun und zu lassen hat.

fuderweise: fuderweise Äpfel/Birnen/... verschlingen/... (können) *ugs – path selten* · to (be able to) eat/... loads of apples/pears/... *n*, to (be able to) eat/... tons of apples/pears/... *n*
... Mein Gott, das ist jetzt, glaub' ich, der siebte Apfelpfannkuchen, den der Jörg da vertilgt! – Pfannkuchen kann der Junge fuderweise essen. Ich würde mich nicht wundern, wenn er nochmal sieben einzieht.

fuffzehn: bei mir/(...) ist (jetzt aber) fuffzehn *sal selten* – bei jm./(was jn. angeht/...) ist **Schluß** (mit jm./etw.) (3) · + I've had enough of s.o./s.th., + I've had it up to here with s.o./s.th.

('ne) **Fuffzehn machen** *sal selten* · to take/have a break *n*/breather *coll*
So, jetzt haben wir vier Stunden an einem Stück gearbeitet, jetzt machen wir mal 'ne Fuffzehn. So eine Pause von einem Stündchen wird uns guttun.

kurze fuffzehn mit jm. **machen** *ugs* – nicht viel **Federlesens** (mit jm.) machen (3; a. 2; u. U. 1) · to give s.o. short shrift, not to waste time on s.o.

Fuffziger: ein falscher Fuffziger sein *ugs* – ein falscher **Fünfziger** sein · to be a dodgy customer, to be a shady customer, to be as bent as a nine-bob note *hum*

Fug: mit Fug und Recht (etw. tun) *path* · to say/do/... s.th. (quite) justifiably, with every/perfect/complete justification
... Und da behauptet er noch, er hätte völlig unnötig wer weiß wie viel Geld für den Rechtsanwalt ausgegeben. – Mit Fug und Recht behauptet er das. Ihr hättet euch doch gütlich einigen können.

Fugen: aus den Fugen geraten/(gehen) · 1. to fall apart, to come apart, to fall to pieces, 2. to go to pieces
1. Bei dem Transport der Baumstämme ist der Anhänger unseres Traktors aus den Fugen geraten. Die Arbeiter sind gerade dabei, ihn mit Kordeln, Nägeln usw. wenigstens notdürftig wieder instandzusetzen.

2. Die Belastung war für beide, sowohl für die Ursel wie für den Lutz, in den letzten beiden Jahren zu groß. Dabei ist offensichtlich ihre Ehe ein wenig aus den Fugen geraten. Ich möchte nur hoffen, daß sich bald alles wieder einrenkt.

aus allen Fugen geraten/(gehen) – (stärker als:) aus den **Fugen** geraten/(gehen) (1) · to be coming apart at the seams, to be falling to bits, to be going to rack and ruin

in allen Fugen krachen *ugs* · to creak in every joint
Dieser Bummelzug kracht in allen Fugen. – Der ist schließlich auch nicht mehr neu. Er dürfte vor mehr als zwei Generationen gebaut sein. Es ist also kein Wunder, wenn er den Eindruck macht, als fiele er bald auseinander.

Fügung: eine Fügung des Himmels/Schicksals (sein) *path* · (to be) an act of providence, to be a stroke of luck
Das war eine Fügung des Himmels! – Was? – Die Versetzung meines Mannes in diese Stadt. Die Anlagen unseres Jungen konnten sich auf dem Dorf überhaupt nicht entwickeln; er wäre dort verkümmert. Und von selbst wäre mein Mann nicht von dort weggezogen.

fühlen: sich gut/glänzend/ausgezeichnet/schlecht/miserabel/... **fühlen** · 1. 2. to feel good/fine/well/ill/poorly/...
1. Fühlst du dich nicht gut, oder was ist los? Du machst so einen elenden Eindruck. – In der Tat: mir ist nicht gut heute. Ich weiß auch nicht, was das ist. Irgendetwas stimmt mit dem Magen nicht.
2. Geht's besser oder fühlst du dich noch immer schlecht? – Danke, jetzt geht es besser. In der stickigen Luft da im Wohnzimmer war mir richtig übel.

sich (nicht) bemüßigt fühlen, zu ... *oft iron* · (not) to feel obliged to do s.th., (not) to feel called upon to do s.th.
... Könntest du nicht mal mit eurem Herbert sprechen, Ursel, ob er mir nicht bei der Englisch-Übersetzung helfen kann? – Du, um ehrlich zu sein, Carlota: ich fühl' mich nicht bemüßigt, dem Herbert irgendwelche Empfehlungen oder Ratschläge zu geben. Sprich du doch selbst mit ihm!

sich peinlich/(unangenehm) berührt fühlen (von etw.) *form* – peinlich/(unangenehm) **berührt** sein (von etw.) · + s.th. makes an unpleasant impression on s.o., + s.th. makes s.o. feel embarrassed

sich hundeelend fühlen *ugs* · to feel lousy, to feel bloody awful
Die Grippe nimmt mich diesmal ungewöhnlich stark mit. Ich fühle mich heute wirklich hundeelend.

sich wie neugeboren fühlen *ugs* · to feel like a new man/woman
Nach diesem herrlichen Tag am Meer gestern habe ich geschlafen wie ein Murmeltier. Heute fühle ich mich wie neugeboren. – Man merkt es dir an. Du bist munter und drahtig wie lange nicht mehr.

sich pudelwohl fühlen *ugs* – sich sauwohl **fühlen** · to feel really/bloody/... good/great

sich sauwohl fühlen *sal* · to feel really *n*/bloody *sl*/... good/great
Wir fühlen uns sauwohl hier, schlafen viel, essen noch mehr, tun nur, was uns Spaß macht. Besser hätten wir es gar nicht antreffen können als an diesem See. So ein Urlaub müßte dreimal so lange dauern.

sich wohl fühlen (in/bei/...) · 1. 2. to feel comfortable/at ease 1. to like it, to feel at home, 2. to be feeling well
1. Ich habe nicht vor, so schnell nach Hause zu gehen; ich fühle mich hier wohl.
2. Fühlst du dich wohl? – Warum? – Du machst so einen niedergeschlagenen, seltsamen Eindruck. Ist dir etwas nicht bekommen?

Fühler: die/seine Fühler ausstrecken *ugs* · to put out feelers
Wir müssen zunächst einmal herausfinden, wie unser Freund zu unserer Idee steht. Du bist doch morgen mit ihm zusammen; kannst du nicht einmal deine Fühler ausstrecken? – Gut, ich werde das Gelände sondieren.

fühlt: der/die/... fühlt sich aber/vielleicht/aber vielleicht *ugs* · to fancy o.s., to think one is great *n*, to think one is the cat's whiskers
Mensch, schau dir die Wilms an, die fühlt sich ja vielleicht! – Die führt sich immer so auf wie eine Primadonna.

Fühlung: mit jm. in Fühlung sein *form selten* – **Kontakt** haben zu/mit jm. · to be in contact with s.o.

mit jm./dem Feind/... Fühlung aufnehmen *form selten* · 1. 2. to make contact with s.o./the enemy/..., 2. to engage the enemy
1. vgl. – **Kontakt** aufnehmen zu/mit jm.
2. Erst in der offenen Hochebene dürfen wir mit der gegnerischen Armee Fühlung aufnehmen, auf keinen Fall hier in den engen Tälern. *mil*

mit jm. in Fühlung bleiben *form selten* – mit jm. in **Verbindung** bleiben · to keep in touch with s.o.

mit jm. in Fühlung stehen *form selten* – **Kontakt** haben zu/mit jm. · to be in contact with s.o., to be in touch with s.o.

die Fühlung mit dem Feind/... verlieren *mil* · to lose contact/touch with the enemy
Seit einer Woche hat die Truppe die Fühlung mit dem Feind wieder verloren. Es scheint, daß sich die gegnerische Armee in ein sicheres Gelände zurückgezogen hat.

führen: zu nichts führen · to lead nowhere, not to do any good, to get s.o. nowhere
Ich soll mit dem Vater sprechen, damit der Paul nach Deutschland fahren darf? Das führt zu nichts, Junge. Selbst wenn der Vater ja sagt, sagt die Mutter nein, und dann gibt der Vater nach.

wohin soll das (nur/bloß) **führen?** *path* · where is it (all) going to end?
Der Junge arbeitet nicht, er bekommt mit allen möglichen Leuten Streit, und ist immer verbitterter. Wohin soll das führen? Das kann nur mit einer Tragödie enden, wenn das so weitergeht.

etw. zuende führen – etw. **zuendeführen** · to see s.th. through to the end

Führerschein: den Führerschein machen · to learn to drive, to do one's/the driving test
... Kann man in der Tat schon mit 16 den Führerschein machen? – Wenn besondere Gründe vorliegen, ja. – Reicht da der Verantwortungssinn, um Auto zu fahren? – Der fehlt auch bei Älteren nicht selten.

Fuhrmann: fluchen/(schimpfen/...) wie ein Fuhrmann *sal veraltend* · to swear like a trooper
Was flucht der denn hier herum wie ein Fuhrmann? Wenn ihm was nicht paßt, soll er uns das in einem vernünftigen Ton sagen. Aber so laut und ungehobelt hier herumzuschimpfen, das ist doch keine Art!

führt: eins führt zum andern · one thing leads to another
... Natürlich führt da eins zum andern: sobald du als Chef selbst anfängst, nachlässig zu sein, beginnen auch deine Angestellten zu schlampen. Die Firma verliert ihren Ruf als zuverlässiges Unternehmen, die Aufträge gehen zurück ...

es/das führt zu weit, etw. zu tun/wenn/.../... · it would be going too far to explain/...
Es würde zu weit führen, Ihnen jetzt all die Theorien, die zur Erklärung herangezogen wurden, im einzelnen darzulegen. Ich will nur sagen: nicht weniger als 15 völlig unterschiedliche Erklärungsmodelle hat man in der Sache aufgestellt, eins komplizierter als das andere.

Führung: die innere Führung *mil* · »inner leadership«, those responsible for teaching recruits to do military service out of democratic conviction *para*
... Die innere Führung – das sind doch wohl die Leute in der Bundeswehr, die die jungen Soldaten zum 'Bürger in Uniform' erziehen sollen, oder? – Ja, im Gegensatz zur rein militärischen Führung.

in Führung sein – in **Führung** liegen (1; u. U. 2) · to be in the lead

in Führung gehen *Sport* · to take the lead, to go into the lead
Wie ist das Spiel gelaufen? – Der HSV ist drei Mal in Führung gegangen – 1 : 0, dann 2 : 1 und schließlich 3 : 2; aber die Bayern haben jedes Mal wieder aufgeholt. Es ist also unentschieden ausgegangen – 3 : 3.

in Führung liegen · 1. 2. 3. to be in the lead, to be in front, 1. 3. to be ahead
1. Wie steht das Spiel? – Der HSV liegt 2 : 1 in Führung. Aber die Stuttgarter können noch aufholen, es sind noch mehr als 20 Minuten zu spielen.
2. Wer steht an der Spitze in der Bundesliga? – Bisher liegt Bayern München in Führung.
3. Die Wahllokale sind erst seit drei Stunden geschlossen. Nach den ersten Hochrechnungen liegt die CDU mit 53% der abgegebenen Stimmen in Führung.

die Führung an sich reißen *Sport path* · to grab/to snatch the lead
Bis zur achten Runde war das Rennen völlig offen. Aber dann riß Hermes in einem Gewaltakt die Führung an sich und gab sie bis zum Schluß nicht mehr ab. Er gewann mit einem Vorsprung von etwa 12 Metern.

die Führung übernehmen *Sport* · 1. to go into the lead, to take the lead, 2. to grab/to snatch the lead
1. (Bericht über die Tour de France:) Nach verschiedenen Zwei-kämpfen an der Spitze des Feldes gelang es heute dem Australier Cane, die Führung zu übernehmen.
2. vgl. – die **Führung** an sich reißen

Fülle: etw. **in Fülle**/(die Fülle) **haben** *selten* – es gibt etw./ (jn.)/... in (die) **Hülle** und Fülle/(die Hülle und Fülle); jn./ etw. ... haben/finden/... · there are apples/... in abundan-ce, there are apples/... galore, there are plenty of apples/...

Fund: einen Fund machen (mit etw./(jm.)) · to make a find with s. th./s. o.
(Nach einem Besuch in einem Antiquariat:) Mensch, mit diesem La-rousse aus dem 19. Jh. hab' ich wirklich einen Fund gemacht. Da steht zu vielen Dingen mehr drin als in allen modernen Literatur-geschichten zusammen.

Fundament: das Fundament zu etw. **legen**/(für etw. schaffen) (mit etw.) *form* · to lay the foundations/groundwork for s. th.
In seiner langjährigen Übersetzertätigkeit hat er das Fundament ge-legt zu seinen späteren Arbeiten zum portugiesisch-französischen Sprachvergleich. Ohne diese solide Basis wären diese Arbeiten weder in ihrer Methode noch in ihrem Material denkbar.

fünf: (eine) **fünf gerade sein lassen** *ugs* · to turn a blind eye to s. th. *n*, to stretch a point *n*
Eigentlich hätte Prof. Hausberg die Arbeit nicht annehmen dürfen. Erstens hast du die Frist um mehr als eine Woche überschritten und zweitens hat dir dein Bruder bei einem Kapitel geholfen. – Ja, Gott sei Dank hat er eine fünf gerade sein lassen.

mal/eben für fünf müssen *sal* – (mal) (eben) **müssen** · to need to go to the bathroom/toilet/loo/..., to have to go to the bathroom/toilet/..., to have to spend a penny

alle Fünfe gerade sein lassen *ugs* · to stretch a point *n*
Hat er die Diplomarbeit denn noch angenommen? Einen guten Mo-nat nach Ablauf der Frist und dazu ungebunden? – Er hat alle Fünfe gerade sein lassen und sie angenommen. Er hat einfach das Datum geändert.

fünfzehn: kurze fünfzehn mit jm. **machen** *ugs* – nicht viel Fe-derlesens (mit jm.) machen (3; a. 1) · to give s. o. short shrift, not to waste time on s. o.

Fünfziger: ein falscher Fünfziger sein *ugs* · to be a dodgy customer, to be a shady customer, to be as bent as a nine-bob note *hum*
Der Schreiber will mit mir sprechen? Für den bin ich nicht da. Mit diesem Mann will ich nichts zu tun haben. Das ist ein falscher Fünf-ziger. Ich lege keinerlei Wert auf Kontakte zu Leuten, denen nicht über den Weg zu trauen ist.

Fünkchen: kein Fünkchen (von) Liebe/Hoffnung/Fleiß/... **ha-ben** *ugs* – keine **Spur**/(nicht die Spur) von Fleiß/Takt/Ener-gie/Humor/... haben · not to have a spark of decency/... in one, not to have a scrap/spark of humour/...

ein Fünkchen Wahrheit steckt in etw/... – (eher) ein **Körn-chen** Wahrheit steckt in etw./... · there is a grain of truth/... in s. th.

Funke: ein Funke (von) ... · a touch of..., a scrap/glimmer of...
Ein Funke Selbstsicherheit – ein ganz kleines bißchen, sage ich – hätte ihm mehr genützt als ...

der zündende Funke (war/...) *path* · the vital/igniting/... spark was/..., the spark that gets things going was/...
(Von einem Diskussionsabend über die Dritte Welt in der Universi-tät:) Das war eine sehr lahme Diskussion! Selbst die einführenden Gedanken von Prof. Scheuermann waren alles andere als mitreißend. Es fehlte halt der zündende Funke! Die Leute reden über das Thema, weil es auf dem Programm steht. Aber engagiert oder gar begeistert ist kein Mensch.

ein Funke im Pulverfaß sein *path* · the spark that triggers off a disaster/...
Der Albert sollte sich im Augenblick mit seinen extremen Ansichten und Forderungen ein wenig zurückhalten. In der gegenwärtigen an-gespannten Situation können seine Reden ein Funke im Pulverfaß sein.

der Funke(n) sein, der das Pulverfaß zum Explodieren bringt *path* – ein **Funke** im Pulverfaß sein · the spark that triggers off a disaster/...

den Funke(n) ins Pulverfaß schleudern/(werfen) (mit etw.) *path* · to trigger off a catastrophe/disaster, to set the powder keg alight
... Du kannst doch in dieser brisanten Situation keine Rede über 'das ewige Nazitum' halten. Damit würdest du den Funken ins Pul-verfaß schleudern. – Was würd' denn da passieren? – Na, handfeste Krawalle könnte es da schon geben!

ein Funke springt über (zwischen zwei/mehreren Menschen) · 1. something clicks between a and b, 2. something clicks
1. Wie es scheint, sind Andreas und Petra sich ineinander verliebt. – Merkwürdig! Sie sind seit Jahren in derselben Klasse; jahrelang lie-fen sie nebeneinander her, ohne daß der eine dem anderen etwas bedeutet hätte; und plötzlich springt der Funke über.
2. Monatelang schleppten sich die Verhandlungen mühsam dahin. Ich hatte den Eindruck, daß unsere Verhandlungspartner uns nicht und wir sie nicht verstanden. Doch in einer Sitzung im November – ich erinnere mich noch genau, es war ein Fischereiproblem – sprang der Funken über. Plötzlich war allen klar, worum es der eigenen wie der anderen Partei ging; plötzlich sprach man eine ge-meinsame Sprache.

der Funke der Begeisterung/(...) **springt über** · the spark of enthusiasm arouses them/..., s.o.'s enthusiasm infects me/ them/...
... Seltsam, wie man monatelang da lustlos über 'Kindererziehung' diskutieren kann und plötzlich – nur, weil jemand ein Baby mitbringt – der Funke der Begeisterung überspringen kann. Plötzlich waren alle hellwach, engagiert ...

bei jm. **ist der Funke(n) übergesprungen** *ugs selten* – bei jm. ist der **Groschen** gefallen · + he's/... got it, + he's/... got the idea

kein Funken Hoffnung/Liebe/Verstand/Leben/... *path* · not to have a scrap/glimmer/trace of hope/...
Wenn man keinen Funken Hoffnung hat, dann laufen die Sachen natürlich auch nicht. Ein bißchen muß man an das, was man macht, schon glauben.

keinen Funken Anstand/... haben/besitzen *path* – keinen **Funken** Anstand/Ehre/... im Leib haben · s.o. has not got a spark of decency/honesty/... (in him)

keinen Funken Anstand/Ehre/... im Bauch haben *ugs path* – keinen **Funken** Anstand/Ehre/... im Leib haben · s.o. has not got a spark of decency/honesty/... (in him)

arbeiten/schuften/..., **daß die Funken fliegen**/(sprühen) *ugs path selten* – arbeiten/schuften/..., daß/(bis) die **Schwarte** kracht · to work o.s. into the ground, to work o.s. to the bone, to sweat blood, to work like (the) buggery

keinen Funken Anstand/Ehre/... im Leib haben *ugs path* · s.o. has not got a spark of decency/honesty/... (in him) *coll*
Der Rolf hat seinem Vater 5.000,– Mark gestohlen und ist mit seiner Freundin durchgebrannt. – Der Rolf hat dauernd krumme Sachen gemacht. Der Junge hat keinen Funken Anstand im Leib. Er ist das genaue Gegenteil seiner Eltern, die die Ehrenhaftigkeit in Person sind.

Funken sprühen *Augen* · to flash
... Sie war derart erregt, daß ihre Augen Funken sprühten. – Nun übertreib' mal nicht, Peter. – Bestimmt! Die blitzten richtig.

davongaloppieren/mit dem Schwert dreinschlagen/..., daß die Funken stieben/(sprühen/fliegen) *lit selten* · to gallop off/... so fast that the sparks fly
Hier, die Szene aus dem historischen Roman, von der ich dir erzählte: »Ein Eilbote überbrachte die Nachricht, sein Sohn würde von einer Gruppe Banditen in einem nahen Wald festgehalten. Kaum hatte der Vater diese Worte vernommen, sprang er auf, stürzte in den Stall, schwang sich auf sein Pferd und galoppierte davon, daß die Funken stoben. Wie ein Pfeil entschwand er in der Dunkelheit ...«

ein Funken Wahrheit steckt in etw./... – (eher) ein **Körnchen** Wahrheit steckt in etw./... · there is a grain of truth/... in s.th.

funkelnagelneu: funkelnagelneu *path* – **nagelneu** · brand new

Funkstille: bei jm. **herrscht Funkstille** *sal* – **Schaltpause** haben/(es herrscht Schaltpause) · + s.o. is keeping quiet

funkt: bei jm. **funkt's/funkt es** *ugs* – bei jm. fällt der **Groschen** (endlich) · the penny has dropped at last

wenn ..., dann funkt's/funkt es *sal* · 1. 2. if ..., there'll be trouble *coll*, there'll be hell to pay
1. vgl. – wenn ..., dann **gibt's/**(gibt es) was
2. vgl. – es gibt/(setzt) ein **Donnerwetter**

Funktion: (nur/bloß) (eine) **beratende Funktion haben** (in .../ bei .../...) · to act (solely/only/(...)) in an advisory capacity
Da der Wallmann in dem Gremium nur eine beratende Funktion hat, ist er natürlich auch nicht stimmberechtigt.

jn./etw. **außer Funktion setzen** *form* · 1. to put s.o./s.th. out of operation, to stop s.th. working, 2. to stop a machine/..., to switch off a machine/..., to close down/to shut a factory/...
1. ... Die Neuregelung der Kompetenzen hat den Körber, was die Beziehungen mit Afrika angeht, sozusagen außer Funktion gesetzt! – Das war doch auch wohl der Sinn der Übung: man wollte ihn – zumindest in diesem Bereich – kaltstellen. *selten*
2. vgl. – (eher:) eine Maschine/Anlage/(Fabrik/...) außer **Betrieb** setzen

in Funktion treten *form* · to take up office, to assume one's duties, to start work
Natürlich, der neue Vorstand ist bereits gewählt. Er ist aber noch nicht in Funktion getreten. Er hat bisher in keinem einzigen Fall beraten oder gar entschieden.

für: für jn./etw. **sein** · 1. 2. to be for s.o./s.th., to be in favour of s.th.
1. (Bei einer Abstimmung:) Die Mehrheit ist ganz offensichtlich für den Dr. Breitner. Für den Gegenkandidaten haben nur sechs oder sieben Leute gestimmt.
2. Bist du für die Erlaubnis des Schwangerschaftsabbruchs oder dagegen?

Mann **für** Mann/Schritt **für** Schritt/Stück **für** Stück/Tag **für** Tag/Wort **für** Wort/Jahr **für** Jahr/Monat **für** Monat/Woche **für** Woche/... · 1. man for man, 2. step by step, 3. bit by bit, 4. day after day, day by day, 5. word by word, word for word
1. Mann für Mann haben sie sich durch das einzige Tor gezwängt.
2. Schritt für Schritt sind wir unserem Ziel nähergekommen.
3. Stück für Stück haben wir den Roman im Unterricht besprochen.
4. Einen ganzen Monat lang haben wir Tag für Tag dasselbe Problem diskutiert.
5. Sozusagen Wort für Wort habe ich mich durch dieses Gedicht durchgerungen.

alles/etw. hat sein Für und Wider – alles/etw. hat seine zwei **Seiten** · + there are two sides to everything

das Für und Wider (e-r S. abwägen/...) · (to weigh up) the pros and cons of s.th.
In ihrer Besprechung wogen sie das Für und Wider des Projekts sorgfältig gegeneinander ab. – Und welche Gründe sprachen mehr dafür, welche mehr dagegen?

Fürbitte: Fürbitte einlegen (für jn.) (bei jm.) *rel* · to intercede (with s.o.) (for s.o.) *form*
Fürbitte legen nach katholischer Lehre die Heiligen bei Gott für die Menschen ein ...

Furcht: in der Furcht des Herrn leben *iron* · to live in the fear of the Lord
... Guck' dir das doch an, was die Leute aus dieser herrlichen demokratischen Freiheit machen: Überfälle, Diebstähle, Vergewaltigungen, Drogen ... – Du meinst also, die Menschen benehmen sich nur anständig, wenn sie in der Furcht des Herrn leben?

zwischen Furcht und Hoffnung schweben *ugs iron* · to be torn between anxiety and hope *n*
Wenn man sich nicht vorbereitet, schwebt man natürlich vor jeder Klassenarbeit zwischen Furcht und Hoffnung, das ist ja klar.

die Furcht sitzt jm. **im Nacken** *path* – (eher:) die **Angst** sitzt jm. im Nacken · + to be scared/frightened out of one's wits

Furcht und Schrecken (um sich verbreiten/...) *path* · to spread/... fear and terror
... Wie ein Diktator, dieser Mann! Nichts als Furcht und Schrecken verbreitet er um sich her.

jn. **in Furcht und Schrecken setzen** *path* · to frighten/to terrify s.o.
Die Nachricht von dem Reaktorunfall setzte die ganze Bevölkerung in Furcht und Schrecken. Man rechnete mit dem Schlimmsten.

Fürchten: jn. **das Fürchten lehren** *oft: Drohung* · to put the fear of God into s.o. *coll*
(Der Vater zu seiner Tochter:) Was, euer Französischlehrer hat schon wieder eine Arbeit von dir unfair zensiert? Jetzt reicht's mir aber! Meld' mich für die nächste Sprechstunde an. Dem werd' ich ganz was anderes erzählen. Schon die letzte Arbeit reicht für eine Beschwerde beim Kultusministerium. Den werd' ich mal das Fürchten lehren.

Furie: eine (wahre/...) **Furie sein** *sal Frauen* · to be a real hellcat
Dieses Weibsbild ist eine wahre Furie! Wenn sie ihre Tobsuchtsanfälle hat, müßte man sie eigentlich links und rechts ohrfeigen.

fliehen/... wie von (den) **Furien gehetzt/**gejagt *path selten* · to run/to flee/... as if the furies were after one, to run/to flee/... as if the devil were after one
Sie flohen nicht, nein, sie stürmten davon wie von Furien gehetzt. Als wenn der Satan persönlich hinter ihnen her wäre.

wie Furien aufeinander losgehen *ugs – path* · to go for each other like wildcats
... Unerträglich, sag' ich dir, wenn diese beiden Weibsbilder sich in der Wolle haben! Wie die Furien gehen die aufeinander los.

fürliebnehmen: mit jm./etw. **fürliebnehmen (müssen)** *veraltend* – mit jm./etw. **vorliebnehmen** (müssen) (1, 2) · to (have to) be content with s.o./s.th., to (have to) make do with s.o./s.th.

Furor: Furor poeticus *geh od. iron* · furor poeticus *rare*
Was soll das heißen: 'Furor poeticus'. – Eigentlich: 'die Raserei des Dichters'; also: 'der – göttliche oder dämonische – Rausch des Dichters bei oder in seinem Schaffen'.

(der) **Furor teutonicus** *geh od. iron* · furor teutonicus *rare*
Seit die Römer vom 'Furor teutonicus' gesprochen haben, ist die 'germanische Wildheit' eigentlich immer sprichwörtlich geblieben, nicht?

Furore: Furore machen · 1. 2. to cause a sensation

1. Du kennst die Ina Milena nicht, den Porno-Star, der in dem Film 'Oben-unten-alles-ohne' Furore machte? Von der spricht doch in den letzten Wochen jede Zeitung.

2. Ja, der Film 'Die Trauminsel' hat auch bei uns Furore gemacht. Wie es scheint, hat er in ganz Europa Aufsehen erregt und war auch in Amerika ein Riesenerfolg.

Fürsprache: auf Fürsprache von jm. *form* · on the recommendation of s.o., at the intercession of s.o. *form*

... Na, auf Fürsprache von Frau Dr. Kühnert hat der Klassenlehrer dann doch von einer Benachrichtung der Eltern abgesehen. – Und warum hat sich seine Französischlehrerin so engagiert für ihn eingesetzt?

Fürsprache einlegen (für jn.) (bei jm.) *rel od. path* – **Fürbitte** einlegen (für jn.) (bei jm.) · to intercede (with s.o.) (for s.o.)

Fürst: jn. behandeln/bewirten/... wie einen Fürst(en) ugs · to treat s.o. like a lord/king *n*

... und bewirtet wurden wir wie ein Fürst: für jeden von uns ein eigenes Zimmer, beim Essen das Beste vom Besten ...

leben wie ein Fürst ugs · to live like a lord/king *n*

... Du hast gut reden! Du lebst wie ein Fürst, verglichen mit diesen Leuten. Wenn du jemals finanzielle Probleme gehabt hättest, dich jemals in irgendeiner Sache hättest einschränken müssen ...

der Fürst der Finsternis/(dieser Welt) *rel path* · the Prince of Darkness

Wir müssen dem Fürsten der Finsternis trotzen, alles tun, was in unserer Macht steht, um seinem verderblichen Wirken entgegenzutreten! Alles müssen wir daran setzen, daß der Teufel die Welt nicht noch mehr beherrscht!

Fürstenstand: jn. in den Fürstenstand erheben *veraltend* · to create s.o. prince, to make s.o. prince

... Was meinst du, von welchem König wurde Bismarck in den Fürstenstand erhoben? – Keine Ahnung! Er wurde also nicht schon als Fürst geboren?

Furz: einen Furz abdrücken *sal Neol* – einen **fahren** lassen · to break wind, to fart

aus einem Furz einen Donnerschlag machen *sal selten* – aus der **Mücke** einen Elefanten machen · to make a mountain out of a molehill

einen Furz in die Ecke stellen *sal* – einen **fahren** lassen · to let one go, to let off, to drop one's gut

hin- und herrasen/... wie ein Furz auf der Gardinenstange *vulg selten* · to rush around/... like a fiddler's elbow *n*

Jedesmal, wenn es einen Kongreß oder so was gibt, saust der Müller da herum wie ein Furz auf der Gardinenstange. – Er hat halt viel zu tun. – Gut. Aber deswegen braucht man doch nicht so hektisch hin- und herzurasen wie ein Verrückter.

einen Furz gefrühstückt/im Kopf haben *oft: du hast wohl/er hat wohl/...* *vulg selten* – nicht (so) (ganz/(recht)) bei **Trost** sein · s.o. must be out of his mind, s.o. must have taken leave of his senses, s.o. is not all there

einen Furz lassen *vulg* – einen **fahren** lassen · to let one go, to let off, to drop one's gut, to gruff

einen Furz querstecken haben *vulg* · 1. s.o. must have got out of the wrong side of bed *coll*, 2. to run to the doctor *n*/to complain/... about every piddling little thing *coll*

1. ... Der Heinz-Jürgen hat heute scheinbar mal wieder einen Furz querstecken, den stört schon die Fliege an der Wand. – Ich weiß auch nicht, was dem für eine Laus über die Leber gelaufen ist.

2. Der Holger ist ein richtiger Hypochonder, der rennt gleich zum Arzt, wenn er nur einen Furz querstecken hat.

Fuß: bei Fuß! *Kommando für den Hund, sich neben/... seinen Herrn/seine Herrin hinzusetzen* · heel!

... Ich kann dieses ewige 'bei Fuß!' überhaupt nicht mehr hören! Warum schafft sich der Mann keinen Hund an? Den kann er dann für ewig irgendwohin setzen.

auf freiem Fuß sein · to be free, to be at large

Es ist ein beunruhigendes Gefühl zu wissen, daß die beiden Verbrecher nach wie vor auf freiem Fuß sind. – Warum hat man sie eigentlich nicht eingesperrt?

gut zu Fuß sein · to be a good walker

Langsam, langsam, mein Sohn. Ich bin nicht mehr so gut zu Fuß wie vor 50 Jahren! – Entschuldige, Vater. Aber du läufst immer noch so prima, daß man ständig vergißt, wie alt du bist, und deshalb zu schnell geht.

schlecht zu Fuß sein · to be a poor walker, not to be so steady on one's feet

Nein, eine Wanderung können wir mit unserer Großmutter nicht mehr unternehmen. Dafür ist sie seit ihrer letzten Krankheit zu schlecht zu Fuß. Wir müssen uns etwas einfallen lassen, wo man nicht zu viel läuft.

zu Fuß gehen/kommen/... · to come/to go/... on foot, to walk

Kommt ihr zu Fuß oder mit dem Auto? – Du wirst lachen: mit dem Rad.

auf gleichem Fuß mit jm. **umgehen/...** · to treat s.o. as an equal/on an equal footing

Es war sehr vernünftig von den beiden, daß sie sich entschlossen haben, auf gleichem Fuß miteinander umzugehen. Hätte der Blaser auf seinem sozial weit höheren Status bestanden, wären die Verhandlungen mit Sicherheit im Sande verlaufen.

(vorsichtig/...) einen Fuß vor den ander(e)n setzen · to put one foot (carefully/...) in front of the other

Paß auf, Christl, das Gelände ist sehr uneben, es gibt überall Löcher; man sieht nichts ... – Keine Sorge, ich paß schon auf. – – Vorsichtig setzten sie einen Fuß vor den anderen ...

von einem Fuß auf den ander(e)n treten · to shift one's weight from one foot to the other

Ungeduldig trat er von einem Fuß auf den anderen: wie lange mußte er wohl hier noch stehen und warten?

mit dem linken Fuß zuerst aufgestanden sein – mit dem linken/(verkehrten) **Bein** zuerst aus dem Bett gestiegen sein · to have got out of the wrong side of bed

am Fuß(e) des Berges · at the foot of the mountain

... Am Fuße des Berges lag ein zauberhaftes mittelalterlich anmutendes Dörfchen. Wenn man aus dem Wald heraustrat, ging man direkt auf den kleinen Marktplatz zu.

mit dem linken Fuß zuerst aus dem Bett gestiegen sein – mit dem linken/(verkehrten) **Bein** zuerst aus dem Bett gestiegen sein · to have got out of the wrong side of bed

am Fuß(e) des Bettes · at the foot of the bed

Wo stand der Schemel, am oberen oder am unteren Ende des Bettes? – Ich sagte bereits: am Fuße des Bettes – und nicht am Kopfende!

den Fuß wieder/... auf die Erde setzen *form* · to set foot on (dry) land again

Schon nach einer längeren Schiffsreise ist es ein seltsames Gefühl, den Fuß wieder auf die Erde zu setzen. Wie muß es erstmal den Leuten ergehen, die wer weiß wie lange im Weltraum herumfliegen?

jn. **auf dem falschen/(linken) Fuß erwischen** ugs · 1. 2. to wrong-foot s.o., to catch s.o. on the wrong foot, 3. + to be caught totally/... unprepared

1. Mit deiner Bemerkung, eine Übersetzung vom Englischen ins Deutsche sei ja wohl nicht so schwer, hast du den Ansgar auf dem falschen Fuß erwischt. – Wieso denn? – Er ist gerade in der Fachübersetzung Englisch – Deutsch zum zweiten Mal durchgefallen.

2. Mit seinen Fragen zu Modus und Modalität hatte mich der Belz auf dem falschen Fuß erwischt. Darauf war ich nicht vorbereitet.

3. vgl. – jn. kalt **erwischen** (1)

(festen) Fuß fassen · 1. 2. 3. to settle down, to establish o.s., to gain a foothold

1. Es ist in diesem Land nicht einfach, Fuß zu fassen, aber wenn man einmal sicheren Boden unter den Füßen hat, fühlt man sich hier wohl.

2. Hast du in deiner neuen Firma Fuß gefaßt? – Ich glaube schon. Ich fühle mich nicht mehr unsicher, habe guten Kontakt zu den Kollegen, werde respektiert – kurz: ich fühle mich da schon richtig zu Hause.

3. Nach seiner Krankheit war er lange Zeit arbeitslos, und seine Zukunftsperspektiven waren denkbar ungünstig. Aber inzwischen hat er doch wieder Fuß gefaßt. Er hat eine neue Stellung gefunden, und in seinem Privatleben ist auch wieder alles in Ordnung.

jm./e-r S. auf dem Fuß(e) folgen *path* · 1. to follow close on s.o.'s heels, to be hot on the heels of s.o./s.th., 2. to follow hard/hot on the heels of …

1. Um neun Uhr stand der Michael plötzlich auf und sagte: »ich muß gehen«. Sagt's und haut ab. – Und die Gertrud? – Sie folgte ihm auf dem Fuß. Ohne einen Augenblick zu zögern, sprang sie auch auf und verschwand ebenfalls.

2. … Ja, das geschieht dir recht! Wie heißt es: 'Dem Verbrechen folgt die Strafe auf dem Fuße.' – Red' nicht so geschwollen daher, Mensch!

mit einem Fuß im Gefängnis stehen – mit einem **Bein** im Gefängnis stehen · to have a good chance of ending/winding/… up in prison, to be likely to end up in jail

mit einem Fuß im Grab(e) stehen – mit einem **Bein** im Grab(e) stehen · to have one foot in the grave

seinen/den Fuß nicht/nicht mehr/… in js. Haus setzen *path selten* – seine/(die) **Füße** nicht/nicht mehr/… über js. Schwelle setzen · I/he/… will not set foot in s.o.'s house (again), I/he/… will not cross s.o.'s threshold (again), not to darken s.o.'s door again *usu. imp.: do not/never/… darken my door again*

keinen Fuß vors/vor das Haus setzen/den Fuß nicht vors/ vor das Haus setzen *form* · not to go out of the house, not to leave the house

Drei Tage lang war das Wetter so abscheulich, daß man keinen Fuß vor das Haus setzen konnte.

den Fuß (wieder) ans Land setzen *form* · to set foot on land (again/…)

… Nach exakt zwei Monaten und drei Tagen auf ihrem Segelschiff setzten sie am Heiligabend in Lissabon den Fuß wieder ans Land …

jn. auf freiem Fuß lassen · to allow s.o. to walk around free/ to be at large

Ich finde es unverantwortlich, daß dieser Verbrecher auf freiem Fuß gelassen wird. – Solange sich keine Beweise für seine Verbrechen finden, kann man ihn nicht ins Gefängnis stecken.

auf freiem Fuß leben – (eher:) auf freiem **Fuß** sein · to be free, to be at large

auf großem Fuß(e) leben · 1. to live in great style, 2. to have big/… plates of meat *hum*

1. Ob die Möllers viel Geld haben? Sie leben hier seit Jahren auf großem Fuß. Reisen, Empfänge, Pferde, Tennis und anderes mehr gehört bei ihnen zum täglichen Lebensstil. Sie müssen also wohl ziemlich reich sein.

2. Welche Schuhgröße, sagst du, hat der Ernst? – 47 – Mann, der lebt ja auf großem Fuß. *ugs – iron*

jm. den Fuß in/(auf) den Nacken setzen *path selten* · to keep one's foot on s.o.'s neck *tr*, to keep s.o. down, to tyrannise s.o.

Seitdem sie dieses Abenteuer mit dem jungen brasilianischen Leutnant gehabt hat, versucht ihr Mann permanent, ihr den Fuß in den Nacken zu setzen. – Ich sehe die Sache eher umgekehrt: weil er sie vom Anfang ihrer Ehe an ständig zu ducken und zu demütigen suchte, wollte sie sich mit Hilfe eines anderen Mannes von diesem Joch befreien.

den Fuß schleifen lassen · to drag one's foot

… Ist das eigentlich nur eine schlechte Angewohnheit oder warum läßt der Willi den Fuß so schleifen? – Er kann ihn nicht (höher) anheben, da er einen Knieschaden hat.

seinen/(den) Fuß nicht/nicht mehr/… über js. Schwelle setzen *form – path* – seine/(die) **Füße** nicht/nicht mehr/… über js. Schwelle setzen · I/he/… will not set foot in s.o.'s house (again), I/he/… will not cross s.o.'s threshold (again), not to darken s.o.'s door again *usu. imp.: do not/never/… darken my door again*

jn. auf freien Fuß setzen · to release s.o., to set s.o. free

Ich finde es unverantwortlich, daß dieser Verbrecher auf freien Fuß gesetzt wird. – Wenn man keine handfesten Beweise für seine Verbrechen hat, kann man ihn nicht im Gefängnis halten.

den Fuß auf den Mond/den Mars/… **setzen** *form* · to set foot on the moon/Mars/…

Wird es wohl jemals einem Menschen vergönnt sein, den Fuß auf mehrere Gestirne zu setzen?

mit jm./miteinander auf freundschaftlichem Fuß stehen · to be on friendly terms with s.o.

… Ich spreche gern mit ihm über dein Anliegen. Ich stehe seit langer Zeit auf freundschaftlichem Fuß mit ihm.

mit jm. auf gespanntem Fuß stehen · to be on bad terms with s.o., to live in a state of tension with s.o.

Mit dem Walter Kaufmann kann ich leider nicht über dein Anliegen sprechen: ich stehe mit ihm seit einigen Monaten auf sehr gespanntem Fuß. – Wieso das denn? – Wir haben uns wegen eines Kredits für Venezuela zerstritten.

auf gutem Fuß mit jm. **stehen** · to be on good terms with s.o.

… Das beste ist, du gehst zu ihm. Niemand steht auf so gutem Fuß mit ihm wie du. – Also gut, ich spreche mit ihm. Aber ich gehe davon aus, daß ihr meine engen Beziehungen zu ihm nicht unfair ausnutzt und euch an das, was wir vereinbaren, auch haltet.

nicht auf gutem/(auf schlechtem) Fuß mit jm. **stehen** · not to be on good terms with s.o., not to get on with s.o., to be on bad terms with s.o.

Mit seinem Chef steht er wohl auf schlechtem Fuß? – Warum meinen Sie das? – Er sprach so reserviert von ihm, ließ manche Kritik anklingen …

mit jm. **auf vertrautem Fuß stehen** · to be on familiar terms with s.o.

Stehst du mit den Müllers auf vertrautem Fuß? – Warum? – Wenn eure Beziehungen gut sind, würde ich dich bitten, wegen unserer Christa einmal mit ihnen zu sprechen – ob sie da in der Firma nicht eine Stelle kriegen kann.

keinen Fuß vor die Tür setzen/den Fuß nicht vor die Tür setzen *form* – keinen **Fuß** vors/vor das Haus setzen/den Fuß nichts vors/vor das Haus setzen · not to set foot outside the door/house

den Fuß in/zwischen die Tür stellen · to put one's foot in the door

»Raus!«, schrie sie, und wollte die Tür zumachen. – »Dann mach' die Tür mal zu, wenn du kannst!«, antwortete er lachend, indem er den linken Fuß rasch in die Tür stellte.

jm. auf den Fuß treten *ugs selten* – jm. auf den **Schlips** treten · to tread on s.o.'s toes, to offend s.o.

(mit etw.) (schon mal) einen/den Fuß in die Tür bekommen *ugs* · to get/to have/to have got/… a foot in the door

Der Übersetzungsauftrag, den ich angenommen habe, ist zwar nicht gerade lukrativ, aber ich habe bei diesem Unternehmen immerhin schon mal einen Fuß in die Tür bekommen. Vielleicht bekomme ich Folgeaufträge.

sich den Fuß vertreten · to twist/to sprain one's ankle

Du humpelst? – Ich habe mir bei einer Wanderung gestern den Fuß vertreten; ich bin in eine Vertiefung des Weges bin ich so richtig weggeknickt. Eine Sehnenzerrung mit einem kleinen Bluterguß …

Fußangeln: jm. **Fußangeln stellen**/(legen) *form selten* – (eher:) jm. (ein) **Beinchen** stellen (2) · to catch s.o. out, to throw a spanner in s.o.'s works

Fußboden: (der Länge nach) den Fußboden messen *iron* – der **Länge** nach hinfallen/hinschlagen/(fallen)/... · to fall full length

Fußbreit: um jeden Fußbreit Land/Boden/... **kämpfen**/... *path* · to fight for every inch of ground
Nichts von 'Überrollung' der gegnerischen Armee, wie es der Generalstab geplant hatte. Ganz im Gegenteil: ein Kampf um jeden Fußbreit Boden – ein mörderischer Kampf, in dem unsere Truppen in einem Monat ganze zwei Kilometer vorwärtsdrangen.

um keinen/nicht um einen Fußbreit nachgeben/... *path* · not to yield an inch, not to give/budge an inch
Bisher hat er unseren Forderungen um keinen Fußbreit nachgegeben. – Nicht einmal ein bißchen ist er euch entgegengekommen?

keinen/(nicht einen) Fußbreit (von der Stelle) **weichen/zurückweichen** *path* · not to budge an inch
»Jetzt verschwindest du hier oder es gibt was!«, brüllte der Rainer plötzlich seinen Bruder an. – Und sein Bruder? – Er wich keinen Fußbreit von der Stelle. In aller Ruhe schaute er dem Rainer ins Gesicht und sagte: »Rühr mich mal an! ...«

Füße: (plötzlich/...) kalte Füße haben *ugs* · to get cold feet, to have cold feet
... Bernhard zögerte vor dem dunklen Höhleneingang. »Los, komm!«, zischte Walter, »oder hast du plötzlich kalte Füße?« – »Ich, keinen Mumm?! Los, rein!«

sich die Füße nach etw. **ablaufen** *ugs* – (eher:) sich die **Hakken** nach etw. ablaufen/abrennen/wundlaufen · to wear o.s. out looking for s.th.

kalte Füße bekommen *ugs* – kalte **Füße** kriegen · to get cold feet

Füße wie Blei haben *oft 1. Pers path selten* – js. **Glieder** sind (schwer) wie Blei · + my/... limbs/arms and legs feel like lead

js. Füße sind (schwer) **wie Blei** *oft 1. Pers path* – js. **Glieder** sind (schwer) wie Blei · my/... limbs/arms and legs feel like lead

js. Füße sind so schwer wie Bleigewichte *path selten* – js. **Glieder** sind (schwer) wie Blei (1, 2) · my/... limbs/arms and legs feel like lead

die Füße nicht auf dem Boden haben *selten* · not to have one's feet on the ground, to have (got) one's head in the clouds
Ach, laß dich nicht von seinen Phantastereien anstecken. Seine extravaganten Ideen zeigen ganz deutlich, daß er die Füße nicht auf dem Boden hat.

bei ... da schlafen einem ja die Füße ein *ugs selten* · + it's a drag in/at/..., + it's almost enough to send you to sleep in/at/... *n*
Hallo, Peter, wie war das Konzert? – Hör' mir auf damit! Die Combo war so lahm, da schliefen einem die Füße ein.

(immer) wieder auf die Füße fallen – (eher:) (immer) wieder auf die **Beine** fallen · to (always/...) fall on one's feet

seine/die Füße nicht/nicht mehr/... in js. Haus setzen *path selten* – seine/(die) **Füße** nicht/nicht mehr/... über js. Schwelle setzen · I/he/... will not set foot in s.o.'s house (again), I/he/... will not cross s.o.'s threshold (again), not to darken s.o.'s door again *usu. imp.: do not/never/... darken my door again*

jm. wieder auf die Füße helfen *ugs selten* – jm. wieder auf die **Beine** helfen · to help s.o. to get back on his feet

sich kalte Füße holen *ugs selten* · to come to grief *elev*, to fall flat on one's face, to fail *n*
(Bei Schuckert:) Wenn der Alte meint, er könnte in Peru Geschäfte machen, ist er schief gewickelt! Bisher hat sich noch jeder kalte Füße geholt, der dort ins Geschäft kommen wollte.

Füße haben wie ein Klumpen Eis/js. Füße sind wie/nur noch/... *ugs* – *path* · s.o.'s feet are like blocks of ice
Mensch, so gefroren wie heute habe ich selten. Meine Füße sind nur noch ein Klumpen Eis.

wieder auf die Füße kommen *selten* – wieder auf die **Beine** kommen (1) · to get back on one's/its feet again

kalte Füße kriegen *ugs* · 1. 2. to get cold feet
1. Zuerst war er begeistert, als ihm sein Freund anbot, in seinem Sportflugzeug mit ihm einen Ausflug zu machen. Aber als er in die kleine Maschine einsteigen sollte, kriegte er kalte Füße. »Ich muß heute abend pünktlich zu Hause sein, ich habe es Brigitte versprochen«, meinte er ...
2. Erst tönte er, er würde sich nichts daraus machen, die Unterschrift des Regierungspräsidenten auf dem Antrag zu imitieren. Aber als es dann soweit war, kriegte er kalte Füße.

jm. vor/über die Füße laufen *ugs selten* · to bump into s.o., to come across s.o. *n*
Weißt du, wer mir gestern in der Stadt direkt vor die Füße lief? Die Ursel Brackmann. Die hatte ich bestimmt schon vier, fünf Jahre nicht mehr gesehen. War schön, sie zu treffen.

sich die Füße nach etw. **wund laufen** *ugs* – (eher:) sich die **Hacken** nach etw. ablaufen/abrennen/wundlaufen · to wear o.s. out looking for s.th.

wie eingeschlafene Füße schmecken *sal selten* · to taste of nothing *n*
Mann, dieser Fisch schmeckt wie eingeschlafene Füße – genau nach nichts.

jm. etw. vor die Füße schmeißen *ugs* · to chuck/to throw s.th. at s.o.'s feet *n*
... Jetzt hab' ich den Vertrag schon dreimal neu geschrieben, und er ist immer noch nicht in Ordnung?! Hier kann man einfach nicht vernünftig arbeiten! Ich hau' in den Sack, und zwar sofort! ... Ich schmiß dem Kollegen die Papiere vor die Füße, stürzte aus dem Zimmer, schmiß die Tür zu und eilte aus dem Haus.

seine/(die) Füße nicht/nicht mehr/... über js. Schwelle setzen *path* · I/he/... will not set foot in s.o.'s house (again), I/he/... will not cross s.o.'s threshold (again), not to darken s.o.'s door again *usu. imp.: do not/never/... darken my door again*
Nein, zu dem Klaus Reiser begleite ich dich nicht. Ich setze die Füße nicht mehr über seine Schwelle. Dafür hat er meine Frau zu sehr beleidigt. – Das kann man doch wieder geradebiegen. – Dessen Haus betrete ich nicht mehr!

die Füße auswärts setzen · to turn one's feet outwards
Hat der Rauschner eigentlich so komische Beine, oder macht ihm das Spaß, die Füße so auswärts zu setzen und daherzulaufen wie Charlie Chaplin?

die Füße einwärts setzen · to walk pigeon-toed, to walk with one's toes turned in
Wenn der Junge die Füße so stark einwärts setzt, müssen wir ihm orthopädische Schuhe machen lassen. Sonst kriegt er später wer weiß was für Schwierigkeiten mit den Knochen.

jm. vor die Füße spucken *sal veraltend selten* · to spit at s.o.'s feet
... Aus der Literatur kannte ich die Geste, aber in natura hatte ich sie noch nie gesehen. Das sieht vielleicht aus, sage ich dir, wenn jemand da einem andern vor/voller Verachtung vor die Füße spuckt!

sich auf eigene Füße stellen *selten* – sich auf eigene **Beine** stellen · to stand on one's own two feet, to establish o.s., to become independent

über seine eigenen Füße stolpern – (eher:) über seine eigenen **Beine** fallen · to fall/to trip/... over one's own feet

die Füße behaglich unter den Tisch strecken – die **Beine** (behaglich/...) unter den Tisch strecken · to stretch out one's legs under the table

die Füße (noch) **unter** js./**Vaters/einen fremden Tisch stek-ken/strecken** *form* · to live off one's father/s.o., to eat/to live/... at one's father's/s.o. else's expense

... Nein, mit 25 Jahren muß man selbständig sein. Da kann man die Füße nicht mehr unter Papas Tisch strecken. In diesem Alter muß man sich sein Brot selbst verdienen.

laufen/gehen/... **so weit einen die Füße tragen** *form veraltend* · to run/to walk/... as far as one's legs will carry one

Ihr wollt einen 'kleinen Spaziergang' machen oder eine richtige Wanderung? – Hm, wir gehen, so weit uns die Füße tragen. – Dann bleib' ich lieber zu Hause. Ich weiß schon, wie das bei dir und Walter aussieht. Ihr werdet doch nie müde beim Laufen.

jm. **auf die Füße treten** *ugs* – jm. auf den **Schlips** treten · to tread on s.o.'s toes, to offend s.o.

jm./jn. (mal/...) (kräftig/...) **auf die Füße treten (müssen)** *ugs* · to (have to) give s.o. a kick in the pants, to (have to) take s.o. to task *n*

Ich fürchte, wir müssen dem Krause mal ordentlich auf die Füße treten. Er wird in letzter Zeit zu faul und dazu noch zu selbstbewußt.

die Füße nicht vor die Tür setzen *form* – (eher:) nicht **heraus-gehen** · not to set foot outside the door

sich die Füße (ein wenig/...) **vertreten** – sich die **Beine** (ein wenig/...) vertreten · to stretch one's legs (a bit/...)

jm. etw. **vor die Füße werfen** *ugs* – jm. etw. vor die **Füße** schmeißen · to chuck/to throw s.th. at s.o.'s feet

mit bloßen Füßen · barefoot, in bare feet

Lauft ihr schon wieder mit bloßen Füßen hier draußen herum? Ich hab' euch doch gesagt, bei dem Wetter dürft ihr nicht barfuß heraus-gehen. Zieht euch wenigstens die Turnschuhe an!

mit beiden/(den) Füßen (fest) **auf der Erde stehen** – (eher:) mit beiden **Beinen** (fest) auf der Erde stehen · to have one's feet/both feet firmly on the ground

jm. **zu Füßen fallen** *path selten* – sich vor jm. auf die **Knie** werfen · to go down on one's knees to s.o.

auf den/seinen letzten Füßen gehen *form veraltend selten* · to be on one's last legs

... Ja, die Oma geht wirklich sehr mühsam, da hast du leider Recht, Junge. Sie geht, wie man so sagt, auf ihren letzten Füßen – lange wird sie's nicht mehr machen, die Arme!

mit beiden Füßen hineinspringen – (eher:) mit beiden **Beinen** hineinspringen · to really/... get stuck into s.th., to go into s.th. with a will

mit beiden Füßen im Leben stehen – (eher:) mit beiden **Bei-nen** im Leben stehen · to have both feet on the ground

jm. etw. **zu Füßen legen** *form* – *path selten* · to lay s.th. at s.o.'s feet

Als er sie heiratete, wollte er ihr die halbe Welt zu Füßen legen. Inzwischen hat die Realität den Höhenflug seiner Absichten ein wenig gebremst.

jm. **zu Füßen liegen** *form* – *path selten* · 1. 2. to lie at s.o.'s feet, to idolise/to worship s.o.

1. ... Und als sie dann endlich oben auf dem Gipfel ankamen, lag ihnen die halbe Provinz zu Füßen. Welch ein großartiges Panorama!
2. Ich finde, die Verehrung seiner Braut geht bei ihm zu weit. Er liegt ihr förmlich zu Füßen.

mit den Füßen scharren · to shuffle (one's feet)

... Meine Damen und Herren, auch die Studenten – nein, gerade die Studenten – müssen in diesen schweren Zeiten mehr arbeiten als bis-her. Wenn einige bei diesen Ausführungen mit den Füßen scharren, beweisen sie damit, daß sie den Ernst der Stunde noch nicht begrif-fen haben ...

jm. **zu Füßen sinken** *form* – *path veraltend selten* · to go down on one's knees to s.o., to go down on bended knee before s.o.

... Man kann die Verehrung auch übertreiben, mein Guter! Wenn du so weitermachst, wirst du der Anneliese irgendwann vor versammel-ter Mannschaft zu Füßen sinken.

jm. **zu Füßen sitzen** *veraltend* · to study under s.o.

Ob wir den Prof. Häckelberg kennen? Aber natürlich. Dem haben wir Jahre hindurch zu Füßen gesessen. – Wie, ihr habt bei ihm in Berlin studiert? – Natürlich. Fünf Jahre.

auf eigenen Füßen stehen – (eher:) auf eigenen **Beinen** stehen · to stand on one's own two feet

auf festen Füßen stehen *selten* · to have solid foundations, to have a solid base

... Steht die Firma eigentlich auf festen Füßen? – Die materielle Basis ist nach wie vor sehr solide. Da liegt das Problem nicht. Das Problem ist der ständige Streit unter den Inhabern.

auf schwachen Füßen stehen · 1. to be built on weak founda-tions, to lack a sound basis, 2. to be based on shaky pre-mises

1. Diese Firma steht auf schwachen Füßen: weder die finanzielle Basis noch der Mitarbeiterstab bieten die geringste Gewähr für eine gesunde Entwicklung in den nächsten Jahren.
2. Der Beweis für die Unschuld des Angeklagten steht leider auf schwachen Füßen. Das Zeugnis von Herrn Bodelkamp, nach dem der Angeklagte zur Tatzeit im Betrieb war, kann nicht gewertet wer-den, seitdem feststeht, daß Herr Bodelkamp damals in Urlaub war. Stichhaltigere Argumente, Herr Anwalt, liegen nicht vor?

auf schwankenden/wackeligen **Füßen stehen** *selten* · 1. to be built on weak foundations, to lack a sound basis, to be based on shaky premises, 2. to be shaky, to be based on shaky foundations

1. vgl. – (eher:) auf schwachen **Füßen** stehen (2)
2. vgl. – (eher:) auf tönernen **Füßen** stehen (1)

sich selbst auf den Füßen stehen *selten* – (eher:) sich selbst im **Weg(e)** stehen · to be one's own worst enemy

auf tönernen Füßen stehen · 1. to be shaky, to be based on shaky foundations, 2. to be built on week foundations, to lack a sound basis, to be based on shaky premises

1. Die Regierung hatte versprochen, für die Behauptung, die Zah-lung der Renten sei gesichert, Beweise zu liefern. Aber diese Beweise stehen auf tönernen Füßen. Denn so gut wie alle Voraussetzungen, von denen sie ausgehen, sind mehr als unsicher.
2. vgl. – (eher:) auf schwachen **Füßen** stehen

sich jm. (flehend) **zu Füßen stürzen** *form* – *path veraltend* – sich jm. zu **Füßen** werfen · to throw o.s. at s.o.'s feet, to prostrate o.s. before s.o.

jn. **mit Füßen treten** *form* – *path* · to kick s.o. around, to trample on s.o., to treat s.o.like dirt

Jahrelang hat er seine Angestellten mit Füßen getreten. Er braucht sich daher nicht zu wundern, daß sie jetzt, wo seine Macht gebro-chen ist, den Spieß umdrehen und ihn mit aller Härte und Verach-tung behandeln.

js. Ehre/... **mit Füßen treten** *form* – *path selten* · to show contempt for s.o.'s honour/feelings/..., to trample on s.o.'s feelings/affections/...

Dieser Mann meint in der Tat, er könnte anderleuts Gedanken und Gefühle in den Dreck ziehen, ihre Ehre mit Füßen treten – und bliebe weiterhin geachtet.

sich jm. zu Füßen werfen *form* – *path veraltend* · to throw o.s. at s.o.'s feet, to prostrate o.s. before s.o. *form*

... Herr Graf, flehte er und warf sich ihm zu Füßen, Herr Graf, glauben Sie mir und lassen Sie sich von den Einflüsterungen anderer nicht beirren! Ich habe die Dokumente nicht entwendet; ich habe sie nie gesehen ...

er/der Peter/... **schleppte sich weiter/...**, **als hingen an seinen Füßen Zentnergewichte** *ugs* – *path selten* · to crawl forward/ to drag o.s. forward/... as if one had ton weights attached to one's feet *para*

(Aus einem Film:) Der Verletzte schleppte sich weiter, als hingen an seinen Füßen Zentnergewichte! In der Ferne sah man dann ein Feld-lazarett. – Als wenn es nach einer Schlacht einen einzigen Schwer-verletzten gäbe, der sich zu retten sucht. – Genau. Das Ganze ist auf den Eindruck hin, den es beim Zuschauer machen soll, durchgeplant.

Fußende: am Fußende des Bettes – am **Fuß(e)** des Bettes · at the foot of the bed

Fußes; eilenden Fußes aufbrechen/losgehen/... *path od. iron veraltend* · to bring news/to rush off/... hot-foot, to rush to do s.th.

Eilenden Fußes brachte er den Eltern in ihrem abgelegenen Gehöft die Nachricht, daß ihre Tochter einen Jungen geboren hatte; und kaum erfuhren es die alten Leute, da machten sie sich auch schon auf den Weg, um ihre Älteste in dem kleinen Krankenhaus zu besuchen.

leichten Fußes dahergehen/tanzen/... *selten* · to trip/... lightly, to glide over the dance floor/...

Es war ein hübsches Bild, wie die beiden leichten Fußes den Tanzsaal durchmaßen. Sie schwebten regelrecht über das Parkett.

stehenden Fußes zu jm. **eilen/...** *path veraltend* · to rush off/... immediately/without delay/there and then/straight away/at once

... Ein Diener kam aufs Feld gelaufen und rief dem alten Bauern zu, seine Tochter wäre gerade angekommen. Stehenden Fußes eilte der Mann seinem Haus zu – ohne auch nur noch einen einzigen Spatenstich zu tun –, um seine Älteste zu begrüßen. Drei Jahre schon hatte er sie nicht gesehen ...

(doch noch/...) trockenen Fußes nach Hause kommen/... *form selten* · to get home without getting wet

Da haben wir ja Glück gehabt, daß wir noch trockenen Fußes hier angekommen sind! Eine Viertelstunde später, und der ganze Weg wäre nur noch Wasser und Schlamm gewesen.

Fußfall: einen Fußfall vor jm. **machen/(tun)** *path form selten* – sich vor jm. auf die **Knie** werfen · to fall on one's knees before s.o., to throw o.s. at s.o.'s feet

fußlahm: fußlahm sein *form selten* · 1. to be lame, 2. to be lazy

1. ... So fußlahm wie nach dieser Bergwanderung war ich noch nie. Ich konnte die Beine kaum noch hochkriegen.

2. ... Komm', sei nicht so fußlahm, Christa. Zwei, drei Kilometer können wir doch wohl noch laufen! *seltener*

Fußschellen: jm. **Fußschellen anlegen** *form* · to put fetters on s.o.'s feet, to put shackles on s.o.'s feet

Hatte man den Gefangenen Schellen angelegt? – Fußschellen. An den Händen waren sie frei/die Hände hatten sie frei.

Fußspitzen: auf den Fußspitzen stehen/gehen/... – (eher:) auf den **Zehenspitzen** stehen/gehen/schleichen/... · to stand/to walk/... on tiptoe, to tiptoe

sich auf die Fußspitzen stellen – (eher:) sich auf die **Zehenspitzen** stellen · to stand on tiptoe

Fußstapfen: in js. **Fußstapfen treten** · to follow in s.o.'s footsteps

Der Karl-Heinz hat auch Medizin studiert? – Ja, er tritt in die Fußstapfen seines Vaters. Wie er hat er Medizin studiert, sich wie er in Histologie spezialisiert; zur Zeit arbeitet er als Assistent an der Medizinischen Klinik in München.

Fußtritt: jm. **einen Fußtritt in den Arsch/Hintern geben** *sal* – (eher:) jm. einen **Tritt** in den Arsch geben (1) · to give s.o. a kick up the arse, to give s.o. a kick up the backside

jm. **einen Fußtritt geben/versetzen** *form* – jm. einen **Tritt** geben · to kick s.o., to give s.o. a kick

einen Fußtritt kriegen/(bekommen) *form* – ≠ jm. einen **Tritt** geben · to get a kick

Fußvolk: unters Fußvolk geraten sein *ugs selten* · 1. to be lost *n*/gone *n*, to have disappeared *n*, 2. to go to the dogs *usu perf n*

1. vgl. – verloren **gehen**

2. vgl. – (a.) (nervlich/mit den Nerven/moralisch/...) auf den **Hund** kommen (2)

Fußzehe: jm. **auf die große Fußzehe treten** *sal selten* – jm. auf den **Schlips** treten · to tread on s.o.'s toes, to offend s.o.

jm./jn. (mal/...) (kräftig/...) **auf die Fußzehen treten (müssen)** *ugs selten* – jm./jn. (mal/...) (kräftig/..) auf die **Füße** treten (müssen) · to (have to) give s.o. a kick in the pants, to (have to) take s.o. to task

Futter: gut in/(im) Futter sein/(stehen) *ugs* · to be/to look/... well-fed

Na, du scheinst ja gut in Futter zu sein! – Wieso? Habe ich zugenommen? – Nein, gar nicht.

Futterkrippe: an die Futterkrippe kommen *ugs selten* · to get on the gravy train

... Daß die Parteien trotz der allgemeinen Mißachtung doch immer so viele Mitglieder haben! – Die Leute wollen an die Futterkrippe kommen. Oder glaubst du etwa, das wär' reiner Idealismus?

an der Futterkrippe sitzen *ugs selten* · to have a cushy number, to have a soft/cushy job

... Ihr sitzt hier an der Futterkrippe ... – Was willst du damit sagen? – Na, ihr braucht euch auf diesem herrlichen Parteiposten keinerlei Sorgen um eure Finanzen zu machen. Aber ihr müßt auch mal an die Millionen Menschen in unserem Land denken, die nicht einmal das Nötigste zum Leben haben.

G

Gabe: (um eine) **milde Gabe** (bitten) *form od. iron* · to ask for/... alms, to ask for/... a charitable gift, to ask for/... charity

»Bitte eine milde Gabe für die Hungernden in Äthiopien«, las sie auf dem Prospekt. »So ein kitschiger Stil,« kommentierte sie ...

das/etw. ist eine Gabe Gottes *form – path* · it/s.th. is a gift of God

... Gut reden können, mein Lieber, das ist eine Gabe Gottes! In unserer Gesellschaft ist deine Karriere damit schon zum guten Teil gesichert.

die Gabe der Rede/(des Worts) besitzen/haben *oft iron* · to have the gift of eloquence, to have the gift of speech, to have the gift of the gab *coll*

Als Politiker mußt du die Gabe der Rede besitzen, meinte er; denn deren Tätigkeit besteht doch nur aus Reden.

gäbe: j. **gäbe was/**(einiges/viel/so viel/...) **drum/**darum, **wenn** ... + *Konj. Irreal. form* · I/he/John/... would give anything to ...

Ich gäbe was drum, wenn ich jetzt 14 Tage Urlaub machen könnte. – Warum ist dir das denn gerade jetzt so wichtig?

Gabel: **mit der fünfzinkigen Gabel essen** *scherzh selten* · to use one's fingers

... Laß die Kleine mal mit der fünfzinkigen Gabel essen! Mit den Fingern schmeckt's halt am besten.

eine gute Gabel schlagen *scherzh selten* · to (really/...) get stuck into one's food *coll*, to (really/...) tuck in *coll*, to (really/...) pitch in

... Na, euer Heinz, der schlägt ja eine gute Gabel! – Wie, hat er bei dem Abendessen gestern bei euch wieder so unmäßig zugelangt?

gähnen: **gähnen, als ob/wenn man** jn. **verschlingen/auffressen/... wollte** *ugs* · to yawn one's head off, to yawn dreadfully/terribly/... *n*, to give a huge/vast/... yawn *n*

Mein Gott, Ute, du gähnst ja, als wenn du uns alle verschlingen wolltest. Geh' ins Bett, wenn du so müde bist!

zum Gähnen langweilig sein *sal* · it/s.th. is one big yawn, it/s.th. is deadly boring *n*

(Ein Student zu einem anderen:) Diese Seminarsitzungen über den 'Strukturalismus' sind wirklich zum Gähnen langweilig. Ich muß jedes Mal aufpassen, daß ich nicht einschlafe.

Gala: **in Gala erscheinen/**kommen/... *form od. iron* · to appear/... in formal/evening/gala dress

Zu dem Empfang beim Generaldirektor erschienen alle in Gala. – Wenn man bei solchen Gelegenheiten nicht seine besten Sachen trägt, wann sollte man sie dann tragen?

Gala tragen *form* · to wear formal/gala/evening dress

Zu dem Empfang beim Generaldirektor werden wohl alle Gala tragen? – Das möchte ich schon annehmen, daß da erst jeder in Schale wirft. Alle Welt kennt doch schließlich die Vorliebe des Chefs für hochoffizielle Kleidung.

sich in Gala werfen/(schmeißen) *ugs* – (eher:) sich in **Schale** werfen/(schmeißen) · to get all dressed up

Galeerensklave: **schuften/arbeiten/... wie ein Galeerensklave** *path selten* – schuften/arbeiten/... wie ein **Berserker** · to work like a Trojan, to work like mad

Galerie: **für die Galerie spielen/**(tanzen/...) *selten* · to play to the gallery

Nein, die Röther seh' ich nicht gerne. Der geht es nicht um den Text, um den Inhalt, um den Sinn ihrer Rolle; der geht's um den Applaus des Publikums. Die spielt•für die Galerie.

Galgen: **reif für den Galgen sein** *sal veraltend selten* · s.o. will end up on the gallows

... Was, die haben den Boß der Drogen-Mafia geschnappt? Dieser Kerl ist reif für den Galgen! – Na, am Galgen enden die Leute bekanntlich nicht mehr. Aber den werden sie wohl für den Rest seines Lebens einlochen.

(Vergehen/...) **bringen** jn. **noch an den Galgen/**werden ... bringen *ugs veraltend* · + he/John/... will end up on the gallows (with his crooked deals/...) *rare*

Deine dunklen Geschäfte werden dich noch an den Galgen bringen. – Wie du weißt, ist die Todesstrafe abgeschafft; so weit wird es also nicht kommen.

j. **endet noch/**nochmal/... **am Galgen/**wird ... enden (wenn ...) *ugs veraltend* · s.o. will end on the gallows *rare*, s.o. will wind up on the gallows *rare*, s.o. will swing for s.th.

Wenn er seinen Rauschgifthandel nicht aufgibt, wird er noch am Galgen enden. – Im Zuchthaus, Franz; den Galgen haben sie in Europa abgeschafft.

Galgenholz: **falsch wie Galgenholz sein** *ugs veraltend selten* – falsch wie **Judas** sein · to be treacherous through and through

Galimathias: **allen möglichen/... Galimathias daherreden/**zusammenschwätzen/... *sal* – (viel/...) dummes **Zeug** reden/... · to talk gibberish/pure nonsense/codswallop /...

Galle: **bei** jm. **regt sich die Galle** (wenn ...) *path selten* – jm. kommt/(geht/steigt) die **Galle** hoch (wenn ...) · + it/s.th. riles s.o./gets s.o.'s goat/... when ...

jm. **schwillt die Galle** (wenn ...) *path selten* – jm. kommt/(geht/steigt) die **Galle** hoch (wenn ...) · my/John's/... blood boils (when ...)

bitter wie Galle (sein) *path selten* · to be as bitter as gall, to be as bitter as wormwood, to be extremely/... bitter

Der Herbert ist in den letzten Wochen bitter wie Galle! Was ist denn los? – Er ist in der Zwischenprüfung durchgefallen. – Das ist doch kein Grund, derart verbittert zu sein und allen Leuten nur noch mürrisch gegenüberzutreten.

voller Galle sein *path selten* · to be very bitter (about s.th.), to be full of gall (about s.th.) *rare*

Ich rate dir, die Bettina heute nicht anzusprechen; sie ist wieder einmal voller Galle. – Warum ist sie denn so ungenießbar?

jn. **in Galle bringen** *path selten* – jn. auf **achtzig** bringen · to make s.o. hopping mad, to make s.o.'s blood boil

jm. **kommt/**(geht/steigt) **die Galle hoch** (wenn ...) *ugs* · my/John's/... blood boils (when ...), + it/s.th. gets my/his/... goat (when ...)

Wenn ich daran denke, wie mich dieser Gauner angeschmiert hat, kommt mir immer noch die Galle hoch. Dann empfinde ich immer noch das starke Bedürfnis, den Kerl zu ohrfeigen.

(bitter) wie Galle schmecken/(sein) *path selten* · to be/taste as bitter as gall

Diese Medizin schmeckt (bitter) wie Galle – noch weitaus bitterer als Lebertran.

jm. **läuft/geht die Galle über** *ugs* · + to be seething with rage *n*, + to blow one's top, + to lose one's rag

Hast du dem Manfred eine Ohrfeige gegeben? – Ja! Der Kerl hat mich eine geschlagene Stunde bei der Arbeit gestört und geärgert. Irgendwann muß einem dann ja die Galle überlaufen.

(seine) Galle verspritzen ugs – *path selten* · to pour out one's venom *n*, to give bitter vent to one's feelings *elev*, to dip one's pen in gall *elev*

Euer Albert ist ja ein prächtiger Kerl. Aber wenn der in Wut ist ... – Du willst sagen: wenn der seine Galle verspritzt ... Ja, dann kriegt man was zu hören.

Galopp: etw. **im Galopp tun** (müssen) *ugs selten* – alles/(etw.) **hopp** hopp machen · to (have to) gallop through s. th., to (have to) do s. th. in a rush

ein bißchen Galopp, bitte! *ugs selten* – **dalli!**, dalli! · make it snappy!, at/on the double!, get a move on!, look smart!

in vollem Galopp dahereilen/... *ugs selten* – im **Sturmschritt** daherkommen/zu ... eilen/... · to come rushing up/... at full gallop

im Galopp durch die Kinderstube geritten sein *ugs selten* · s. o. was dragged up and never learnt any manners *para*

... Nein, den Eduard kann man einfach nicht mit in (die) Gesellschaft nehmen; der blamiert einen nur. – Ja, ja, der ist im Galopp durch die Kinderstube geritten. Was hat er sich denn diesmal wieder geleistet?

(im) Galopp reiten · to gallop, to ride at a gallop

(Ein Reiter zu einem anderen:) Nein, so im Schritt durch den Schwarzwald zu zockeln, das macht mir keinen Spaß! Ich schlage vor, wir bleiben heute auf den Feldwegen der Umgebung; da können wir im Galopp reiten.

Gamaschen: vor jm./etw. **Gamaschen haben** *ugs veraltend selten* – (vor jm./etw.) **Manschetten** haben · to be scared of s. o./s. th.

Gang: ein toter Gang · a dead end

Hier laufen Sie sich fest, das ist ein toter Gang. Wenn Sie den Ausgang suchen, müssen Sie eine Etage tiefer in die gleiche Richtung gehen.

alles/(es/...) geht/nimmt seinen gewohnten/normalen/üblichen/... Gang · everything/it/... runs its usual/normal/... course

Du mußt Geduld haben! Wenn du erst einmal die Anfangsschwierigkeiten überwunden hast und alles seinen normalen Gang geht, dann kannst du auch ausspannen.

alles/(es/...) geht/nimmt (wieder/schon wieder/...) **seinen/(den) alten/gewohnten Gang** · to run its normal course, to get/go back to normal (again)

Zu Beginn des Schuljahres herrscht natürlich immer große Aufregung. Aber schon nach 14 Tagen geht alles wieder seinen gewohnten Gang.

(schon/bereits/seit .../...) im Gang(e) sein · to be (already/...) under way/in hand

Sei beruhigt, die Nachforschungen sind schon im Gang. – Wann haben sie begonnen? – Vor einer Woche.

es ist etwas/allerhand/... im Gang(e) (bei jm./in .../gegen jn./...) · 1. s. th. is up with Hubert/him/..., 2. s. th. is being plotted against s. o., + moves are being made against s. o.

1. ... Ich hab' zwar noch nicht genau begriffen, was los ist. Aber irgendwas ist bei dem Hubert im Gange. Seit einigen Wochen gibt er sich den Kollegen gegenüber distanziert komisch ...

2. ... Weißt du eigentlich, was da gegen den Georg Braun im Gange ist? – Nein, wieso? – Irgendetwas wird da im Vorstand gegen den ausgeheckt. ...

(schon/bereits/seit .../...) in vollem Gang(e) sein · 1. 2. to be (already/...) well under way/well in hand, to be (already/...) in full swing

1. Als wir ankamen, war die Verhandlung bereits in vollem Gang. Sie hatte eine halbe Stunde früher angefangen, als wir angenommen hatten.

2. Die Restaurierungsarbeiten sind in vollem Gang. – Gott sei Dank! Wenn man sich nicht endlich dazu entschlossen hätte, sie beherzt anzupacken, würde diese wunderbare Kirche völlig zerfallen.

einen leichten/aufrechten/schwerfälligen/... Gang haben · to be light on one's feet/to walk lightly/to have an upright gait/to have a clumsy gait/way of walking/...

Die Doris hat einen wunderbar leichten Gang! Es ist ein Vergnügen, sie so dahergehen zu sehen.

jn. **auf seinem letzten Gang begleiten** *form* – (eher:) jn. auf seinem letzten **Weg** begleiten · to accompany s. o. on his last journey

etw. **in Gang bringen/**(setzen) · 1. 2. 3. to get s. th. going, 2. to get s. th. under way

1. Gestern wollte die Maschine doch partout nicht angehen. Hast du sie wieder in Gang gebracht?

2. Das größte Verdienst unseres Außenministers ist es, daß er die Verhandlungen mit dem Ostblock in Gang gebracht hat. Ohne ihn wären sie erst Jahre später angelaufen.

3. Nachdem die Revolution die halbe Infrastruktur zerstört hat, wird es schwerfallen, die Wirtschaft wieder in Gang zu bringen. – Irgendwann wird die Entwicklung dort weitergehen, wo sie vor einem halben Jahr unterbrochen wurde.

den Gang nach Canossa tun/gehen/antreten (müssen) *lit selten* · (to have) to eat humble pie/crow

Er hatte seinem Vater den Vorwurf gemacht, er hätte ihn bei dem Erbe betrogen, der Alte hatte ihn deswegen aus dem Haus geworfen und das Erbe war in wenigen Monaten verpraßt? Dann wird ihm wohl nichts anderes übrigbleiben als den Gang nach Canossa anzutreten: den Vater reumütig um Verzeihung zu bitten und zu sehen, ob er ihn wieder wie einen Sohn behandelt, dem man in einer Notlage hilft.

dem Gang der Dinge seinen (freien) **Lauf lassen** – den **Dingen** ihren (freien) Lauf lassen · to let things take their course

einen schnelleren/anderen/... Gang einlegen *ugs* – eine schnellere/... **Gangart** vorlegen · to speed up, to step up the pace

gang und gäbe sein · to be common practice, to be quite usual, to be the done thing

Es ist wirklich eine Schweinerei, solchen Strohköpfen nur aus politischen Gründen einen solchen Posten zu geben! – Solche Dinge sind doch hier gang und gäbe. Es vergeht keine Woche, ohne daß die Presse davon berichtet.

seinen (geordneten) **Gang gehen/**(nehmen) · (to allow s. th.) to run its course

Jetzt müssen wir uns in Geduld fassen und die Verhandlungen ihren Gang gehen lassen. Eine ruhige Konferenzatmosphäre kann jetzt allen nur nützen.

seinen gewohnten/üblichen Gang gehen · to run its usual course, to be the same as ever

... Na, wie läuft's im Geschäft? – Normal. Es geht halt alles seinen gewohnten Gang ...

seinen ruhigen Gang gehen *form selten* · to take its normal course

... Wenn diese Journalisten die Verhandlungen nicht dauernd durch ihre deplazierten Pressemeldungen stören und sie ihren ruhigen Gang gehen lassen würden, wären wir mit Sicherheit schon ein gutes Stück weiter. Es scheint fast, die haben ihren Spaß daran, wenn sie einen geordneten Verlauf verhindern können.

etw. **in Gang halten** · 1. to keep a machine/... running, to keep a machine/... going, 2. to keep s. th. going

1. ... Und was hält die Maschinen in Gang, wenn der Strom mal ausfällt? – Nichts! Dann bleiben sie stehen.

2. ... Meine Aufgabe als Institutsleiter ist es nun einmal, die Arbeit an den verschiedenen Projekten in Gang zu halten. Jede Störung und erst recht jede Unterbrechung muß ich daher mit allen Mitteln zu verhindern suchen.

in Gang kommen · to get going, to get under way, to get started, to get off the ground

... Herr des Lebens, ehe diese Verhandlungen endlich mal in Gang kommen, das dauert eine Ewigkeit! Jetzt sind wir schon Monate bei den Plänen und Vorbereitungen. – Wann sollen sie denn jetzt beginnen?

etw. in Gang setzen · to start (a machine/...)

Vorsicht, die Maschine läuft schon! – Verdammt nochmal, wer hat denn angeordnet, sie in Gang zu setzen?

seinen letzten Gang tun *form selten* · to go on one's last journey *euphem*

Jahrzehntelang hat er den Menschen in unserem Dorf die Post zugestellt. Am vergangen Donnerstag, im Alter von 84 Jahren, hat er nun seinen letzten Gang getan. – Er wurde auf dem Waldfriedhof begraben, nicht?

einen schweren Gang tun/... (müssen/...) *form* · (to have) to perform an unpleasant task, (to have) to perform something difficult

Heute muß ich einen schweren Gang tun. Ich muß meinen Intimfeind aufsuchen und ihm erklären, daß unser Chef die Beziehungen zu seinem Geschäft intensivieren will.

einen Gang mit jm. **wagen** (können) *form* · to risk playing around with s.o.

Onkel Richard spielt doch nicht besser als du, Vater, mit dem kannst du doch einen Gang wagen.

einen Gang zulegen *ugs selten* – (eher:) einen **Zahn** zulegen (3) · to step on it, to speed up, to get a move on, to pull one's finger out

einen Gang zurückschalten *ugs selten* – es langsamer **gehen** lassen · to ease off, to slow down, to take things easier

Gangart: eine andere/härtere/... **Gangart anschlagen** *ugs* – (eher:) einen anderen/härteren/umgänglicheren/... **Ton** anschlagen (1) · to adopt a different/tougher/... tone

eine schnellere/... Gangart vorlegen *ugs* · to step up the pace *n*, to get a move on, to step on it

... Wenn wir in den vier Monaten, die wir noch haben, keine schnellere Gangart vorlegen als bisher, werden wir mit dem Projekt nicht zum vorgesehenen Termin fertig. – Ich glaube kaum, daß ein noch schnellerer Arbeitsrhythmus möglich ist, Herr Blumental.

Gange: hier/... ist etwas/was im Gange *ugs* · something's up, there's something going on *n*, there's something afoot, there's something in the air

Ich bin zwar noch nicht so richtig dahintergekommen, was hier gespielt wird. Aber etwas hier ist im Gange. Hoffentlich geht's nicht gegen uns.

es ist etwas/einiges/... gegen jn. **im Gange** *ugs* · there's a plot against s.o. *n*

Gegen den Rösner scheint ja einiges im Gange zu sein? – Wieso? – Hast du nicht gehört, daß der Brahmkamp ein Verfahren wegen Bestechung gegen ihn eingeleitet hat?

Gänge: endlich/(nicht)/... in die Gänge kommen *oft: los/auf, komm/kommt* (mal) (endlich) in die Gänge! *ugs Neol* · get your arse in gear *sl*, get a move on!

... Los, Leute, nun kommt mal in die Gänge! Beeilt euch mal ein bißchen! Wir müssen in einer Viertelstunde los, wenn wir den Zug um 10.17 Uhr noch erwischen wollen.

Gängelband: jn. **am Gängelband haben** *ugs* · to have s.o. tied to one's apron strings *n*, to lead s.o. by the nose *n*

Es ist deprimierend zu sehen, wie sehr seine Frau ihn am Gängelband hat. Ein Minimum an Selbständigkeit sollte man schon haben.

jn. **am Gängelband führen/halten** *ugs* · + to be tied to s.o.'s apron strings *n*

Es ist deprimierend zu sehen, wie er sich von seiner Frau am Gängelband führen läßt. Als wenn er überhaupt keinen eigenen Willen hätte.

am Gängelband gehen *ugs selten* · to have no will of one's own *n*, to have to be told everything *n*

Ach, geh' mir weg mit dem Willi! Der geht doch überall nur am Gängelband! Ob in der Ehe, im Beruf oder sonstwo: hast du schon mal erlebt, daß der einen eigenen Willen, eine eigene Meinung entwickelt?

Gans: eine dumme/blöde/alberne Gans (sein) *Frauen sal* · (to be) a silly/empty-headed/... goose

Was diese dumme Gans sagt, kannst du doch nicht ernstnehmen! Dieses blöde Geschöpf mußt du einfach reden lassen!

daherwatscheln/watscheln wie eine Gans *Frauen sal* – (daher-)watscheln wie eine **Ente** · to waddle like a duck

schnattern wie eine Gans/(die Gänse) *Frauen sal* – schnattern/(schwatzen/...) wie eine **Elster** · to cackle like a goose

dastehen/ein Gesicht machen/dreinschauen/... **wie eine Gans, wenn's blitzt/**(donnert) *sal* · to stand there/to look/... flabbergasted *coll*, to look like a dying duck in a thunderstorm *rare*

Schau dir den Rudi an, der steht da und macht ein Gesicht wie eine Gans, wenn's blitzt! – Der Arme! Er ist ganz verdattert, weil der Dr. Rausch ihn scharf zurechtgewiesen hat; er weiß gar nicht, warum.

Gänsefüßchen: ein Wort/... in Gänsefüßchen setzen *ugs* · to put s.th. in inverted commas, to put s.th. in quotation marks

... Also, ich halte den Mann für einen 'Betrüger'. Ich setze das Wort in Gänsefüßchen – sonst macht der mir schließlich noch einen Prozeß; aber du verstehst, was ich meine ...

Gänsehaut: eine Gänsehaut kriegen/(bekommen) · 1. 2. to get goose pimples/goose bumps

1. Was war das eine Kälte! Selten habe ich eine solche Gänsehaut bekommen wie an jenem Abend!

2. Der Film war stellenweise so grausig, daß wir eine Gänsehaut kriegten.

Gänsemarsch: im Gänsemarsch gehen (dahermarschieren/...) *ugs* · to walk in single file/Indian file

Am Schluß der Feier marschierten die Kinder mit ihren Lampions im Gänsemarsch durch Haus und Garten – 20 Jungen und Mädchen, einer hinter dem anderen.

ganz: nicht so ganz · ... not entirely, ... not quite

... Und? Sind Sie jetzt zufrieden, Herr Schröder? – Nicht so ganz. – Was, Sie sind mit dem Entwurf immer noch nicht zufrieden? – Einige Details finde ich immer noch verbesserungsbedürftig. Aber, na ja ...

(wieder/noch/...) ganz sein · to be mended, to be fixed, to be repaired

Ist der Schallplattenspieler schon wieder ganz oder ist er immer noch in Reparatur? – Nein, er läuft schon wieder.

das ist ganz Albert/Karin/Onkel Herbert/... · 1. 2. that's typical of s.o., that's just like s.o., that's John/Mary/... all over *coll*

1. Wie, sie hat beim Metzger die Hausschlüssel liegen lassen, sagst du? Das ist ganz Renate. Wenn der Kopf nicht angewachsen wäre, hätte sie den auch schon liegen lassen.

2. Als die Dinge nicht so liefen, wie er sich das vorgestellt hatte, fing er an, die Leute anzuschnauzen? Das ist ganz Freddy.

ganz in blau/grün/rot/... **gehalten sein/gekleidet sein/kommen/...** · to be/to appear/to be decorated/... all in blue/green/...

Warum erscheint die Berta denn heute ganz in weiß? – Was weiß ich? Vielleicht fühlt sie sich verjüngt in so einer Brautkleidung.

ganz und gar · 1. completely, utterly, totally, 2. to agree completely with s.o./to be completely satisfied with s.th./to fail completely/..., 3. to be absolutely honest/..., to be honest/... through and through, to be an out-and-out liar/..., to be one hundred per cent Portuguese/...

1. Er hat im Examen ganz und gar versagt. So eine schwache Prüfung hätte ich bei ihm nicht für möglich gehalten.

2. vgl. – (eher:) **voll** und ganz zufrieden/beschäftigt mit/einverstanden/... sein/Recht haben/versagen/... (1, 2)

3. vgl. – ein **durch** und durch sein/ein durch und durch ... sein/ein ... durch und durch sein (1, 2, 3)

ganz und gar nicht · 1. of course not, not at all, 2. to disagree/... totally/completely/utterly ...

1. Bist du mir böse? – Ganz und gar nicht.

2. Ich bin ganz und gar nicht einverstanden mit dem, was er sagt. Absolut nicht!

etw. entweder ganz oder gar nicht tun · to do s.th. properly or not at all
… Entweder mache ich eine Arbeit ganz oder ich mache sie gar nicht. Ich bin nicht für halbe Sachen.

ganze: ganze Tage/Nächte/Wochen …/Mal …/Monate an etw. gearbeitet/über etwas gesessen/gebrütet/… haben *path* · to have spent days/weeks/months/… on end doing s.th., to have worked on s.th. for days/weeks/months/… on end
… Ihr macht euch offensichtlich keine zutreffenden Vorstellungen über die Arbeit, die in einer solchen Umstrukturierung steckt. Ganze Monate haben wir allein darüber gebrütet, wie die Straßen und Wege am besten anzulegen sind.

noch ganze fünf Mark/drei Paar Socken/… (in der Tasche/ sauber/…) **haben**/… · to have all of 10/15/… marks/… in one's pocket/…, to have a mere 10/… marks/… in one's pocket, to have only 3/… clean/… pairs/… of socks/… (left), to have just 3/… marks/… left
Kannst du mir bis Montag 100 oder 200 Piepen leihen, Erich? Ich habe noch ganze zehn Mark im Portemonnaie; damit komme ich beim besten Willen nicht übers Wochenende.

die ganze Woche/das ganze Jahr/…/die ganze Zeit **über** *form* · the entire term/week/…, throughout the term/ week/…
Wenn die Susanne das ganze Semester über hart gearbeitet hat, dann laß sie doch in den Ferien vernünftig ausspannen! – Das ganze Semester?! Höchstens fünf, sechs Wochen hat sie wirklich was getan!

Ganze: es geht ums Ganze · 1. 2. it's all or nothing, + everything is at stake
1. Diesmal geht es ums Ganze. Wer heute gewinnt, ist Sieger des ganzen Wettbewerbs.
2. Bei dieser Wahl geht es ums Ganze. Entweder gewinnen die Linken – dann haben wir bald eine sozialistische Gesellschaft – oder die Rechten – dann genießen wir weiterhin die bürgerlichen Freiheiten. – Glaubst du wirklich an diese Wahlpropaganda? *path*

das große Ganze im Auge behalten/beachten/… *path od. iron* · to try to see things as a whole
Ihr dürft euch nicht in Einzelfragen verzetteln, ihr müßt das große Ganze im Auge behalten! – Und das wäre? – Mein Lieber: es geht um den Weiterbestand der deutschen Nation!

aufs Ganze gehen · to go all out, to risk all or nothing/everything
Nachdem er fast alles verloren hatte, nahm er sich vor, im letzten Spiel aufs Ganze zu gehen. Entweder – oder, sagte er sich. Entweder würde er eine wirklich hohe Summe verlieren – oder aber er würde alles, was er bisher verloren hatte, wiedergewinnen.

das Ganze halt! *ugs dir. R* · parade, halt!
(Zu einem Projektleiter:) Auch wenn da mal einer eine Zeitlang faulenzt oder nicht erscheint, werden sie doch nicht sagen: 'das Ganze halt!' – Solange es irgendwie geht, werde ich natürlich alles dransetzen, das Projekt bis zum Abschluß durchzuziehen.

Gänze: in seiner/ihrer Gänze *form selten* · in its/their entirety, to the letter
… Haben Sie keine Sorge, Herr Fischer, wir werden den Vertrag in seiner Gänze erfüllen. Wir werden keine einzige Klausel auch nur um ein Jota mißachten.

zur Gänze *form selten* · in its entirety, in full
Haben Sie die Akten zur Gänze gelesen? – Jawohl, Herr Kollege! Von vorne bis hinten.

ganzen: im ganzen (genommen) – **alles** in allem · all in all, on the whole, by and large

Ganzen: jm. einen Ganzen vorkommen *Studentenspr selten* · to down a pint in one, to knock back a full pint
»Prost Paul,« brüllte er durch den halben Saal und kam mir einen Ganzen vor. Ich griff zu meinem vollen Glas, prostete ihm ebenfalls zu, und gemeinsam zischten wir das Halbe ex herunter.

ganzer: ein ganzer Mann/Kerl/(…) sein *ugs* – (…) das ist ein ganzer **Mann** · he is every inch a man/…

Ganzes: ein geschlossenes Ganzes bilden/sein *form* – eine geschlossene **Einheit** bilden · to be/to form/… an integrated whole, to be/to form/… a self-contained unit

ein unteilbares Ganzes bilden *form – path* · to be/to form/… an indivisible whole *tr*
Seltsam: obwohl das Land nach der Verfassung ein unteilbares Ganzes bildet, wurde es im Laufe der Geschichte fünf oder sechs Mal unter feindliche Mächte aufgeteilt. – Das heißt nicht, daß auch der Anspruch aufgegeben worden wäre, daß es eine Einheit bildet, deren Teile untrennbar zusammengehören.

nichts Ganzes und nichts Halbes sein · 1. 2. (to be) neither one thing nor the other, (to be) neither fish nor fowl
1. So ein Abendkurs, um eine Fremdsprache zu erlernen, ist doch nichts Ganzes und nichts Halbes. Einmal ist man schon müde, wenn man dahin geht, macht also nicht mehr richtig mit; und zum andern reicht die Zahl der Wochenstunden einfach nicht, um die praktische Sprachfähigkeit zu schulen. Wenn schon ein Sprachkurs, dann ein richtiger.
2. vgl. – weder **Fisch** noch Fleisch sein

gar: nicht ganz gar sein *sal* – nicht (so) (ganz/(recht)) bei **Trost** sein · to be not all there

garantiere: ich garantiere/(er/der Karl/… garantiert/…) für nichts *ugs* – ich **stehe**/(er/der Karl/… steht/…) für nichts (1, 2) · I'm not/Karl isn't/… taking the responsibility

Garaus: jm./(e-r S.) den Garaus machen *path* · 1. to finish s.o. off, 2. to wipe s.o. out *coll*
1. … Und mit einem gezielten Beilhieb machte er dem Köter den Garaus.
2. Da hilft gar nichts: wir müssen den Banditen in dieser Gegend ein für allemale den Garaus machen. – Du bist aber radikal. Willst du sie allesamt umbringen?

Garde: (noch) (einer) von/(aus) der alten Garde (sein) · to belong to/to be part of/… the old guard
Er hat noch ein paar Anhänger aus der alten Garde – aus der Gruppe der 60-jährigen und Älteren, die die Partei gegründet haben. Von Jüngeren hält keiner mehr zu ihm.

Gardemaß(e): Gardemaß(e) haben *mil veraltend* · to be very tall and well-built, to be of the minimum height for belonging to the Prussian Guards
Wenn du sagst: der Onkel Willi hatte Gardemaße … – Dann meine ich: der war über 1,80 groß und breit wie ein Kleiderschrank. Welches im Kaiserreich offiziell genau die Gardemaße waren, weiß ich im Moment nicht.

Gardinen: hinter schwedische Gardinen kommen *ugs* – hinter **Schloß** und Riegel kommen/(gesetzt werden/wandern) · to be locked up

hinter schwedischen Gardinen sitzen *ugs* · to be behind bars
Stimmt es, daß der Bergmann hinter schwedischen Gardinen sitzt? – Ja. Er ist ins Gefängnis gekommen, weil er eine ältere Frau im Wald überfallen hat. Ein bis zwei Jahre wird er wohl brummen müssen.

Gardinenpredigt: jm. eine Gardinenpredigt halten *ugs selten* · to give s.o. an earful
Jetzt laß mich schlafen, Gertrud. Ich hab' doch keine Lust, mir jedes Mal, wenn ich eine Viertelstunde später vom Skatabend nach Hause komme, von dir eine Gardinenpredigt halten zu lassen.

Garn: jm. ins Garn gehen – jm. in die **Falle** gehen (2) · to walk/to fall/… into a trap, to get caught in a trap

jn. ins Garn locken *selten* · to lure s.o. into a trap/snare
Laß dich von ihm nicht ins Garn locken! Hinter seinen schönen Worten steckt eine betrügerische Absicht. – Sei unbesorgt, er wird mich schon nicht hereinlegen.

ein/(sein) Garn spinnen *ugs selten* – ein **Seemannsgarn** spinnen · to spin a yarn

Garnitur: (die) **erste**/zweite/... **Garnitur** (sein) *ugs* · to be second/third/... rate
Wie war das Konzert? – Alles zweite, wenn nicht dritte Garnitur. Kein einziger Solist, der wirklich Niveau hätte.

Garten: eine Gemüsesuppe/(Prüfung/...) **quer durch den Garten** *ugs* · (a vegetable soup containing) all kinds of vegetables *n*
Ich mag diese Gemüsesuppe nach italienischer Art: quer durch den Garten – von allen möglichen Gemüsesorten etwas.

ein (richtiger/..) **Garten Eden sein** (für jn.) *form selten* – ein/das reinste/ein richtiges **Paradies** sein (für jn.) · to be heaven for s.o., to be a (real/...) paradise for s.o.

nicht in js. **Garten gewachsen sein** *ugs selten* – nicht auf js. **Mist** gewachsen sein · + s.o. did not think it up himself, it/s.th. didn't come out of s.o.'s head

Gärung: in Gärung sein *eher: es gärt in/... path selten* · to be in a ferment, to be in turmoil
... Wenn da nicht bald eine Revolution ausbricht! Das ganze Land ist doch in Gärung! – Die Gemüter werden sich schon wieder beruhigen. – Nein! Dafür sitzt die Unzufriedenheit und der Geist des Aufruhrs zu tief.

Gas: Gas haben *sal selten* · 1. to be steamed up *coll*, to be canned *coll*, 2. to be (dead/...) lucky *n*
1. vgl. – (ganz schön) einen in der **Krone** haben
2. vgl. – (vielleicht/...) (ein) **Schwein** haben (1)

jm. **das Gas abdrehen** *ugs selten* · to squeeze s.o. out of business
Seine Konkurrenten haben ihm nun endgültig das Gas abgedreht. – Das heißt, er wird Bankrott machen? – Er hat keine Möglichkeit mehr, seine Artikel in der näheren und weiteren Umgebung zu verkaufen. Damit ist seiner Firma die Existenzgrundlage entzogen.

kein Gas im Ballon haben *sal Neol Jugendspr* – für keine zwei **Pfennige** Verstand haben/nachdenken/aufpassen/... (1) · to be stupid/dim/as thick a two short planks

Gas geben *Auto usw.* · to step on it *coll*
Los, gib Gas, sonst kommen wir von dieser Kreuzung nie weg! – Immer mit der Ruhe! Erst muß ich die Straße mal genau überblikken, ehe ich den Wagen beschleunige.

das Gas wegnehmen *Auto usw.* · to take one's foot off the pedal, to decelerate
Nein, der Lutz fährt nicht zu wüst. Vor jeder unübersichtlichen Kurve nimmt er sogar das Gas weg. – Das wäre ja auch noch schöner, wenn er nicht einmal in gefährlichen Kurven langsamer führe!

Gashahn: jm. **den Gashahn abdrehen** *ugs selten* – jm. das **Gas** abdrehen · to squeeze s.o. out of business

den Gashahn aufdrehen *ugs* · to put/to stick one's head in the gas oven, to gas o.s. *n*
In seiner Verzweiflung sah er keinen anderen Ausweg mehr, als den Gashahn aufzudrehen. – Merkten denn die anderen Hausbewohner nicht, daß es nach Gas roch? – Zu spät. Da war er schon tot.

Gasse: über die Gasse verkaufen/... *form selten* – Ausschank/Verkauf/... über die **Straße** · to sell s.th. to take away, to sell s.th. for consumption off premises

sich eine Gasse bahnen (durch ...) *selten* · 1. 2. to clear a path through difficult terrain/a crowd/... 1. to clear a way through a forest/...
1. vgl. – sich einen/den **Weg** bahnen (durch ...)
2. vgl. – sich **Bahn** brechen (durch unwegsames Gelände/eine Menge/...)

eine Gasse bilden *selten* · to form a guard of honour for s.o.
Am Eingang der Kirche bildeten seine Kollegen eine Gasse, durch die er mit seiner jungvermählten Frau mit etwas unsicheren Schritten hindurchging.

Gassendreck: frech wie Gassendreck sein *sal selten* – frech wie **Dreck** sein · to be a cheeky little monkey, to be a cheeky little pup, to be a cheeky so-and-so

Gassi: Gassi gehen (mit einem Hund) *Neol ugs form* · to go (for) walkies, to take a dog (for) walkies
... Ah, 21.45 Uhr, Frau Strothmann geht mit ihrem Dackel wieder Gassi. Rührend, die beiden! – Herbert ...! Der Hund muß sich doch auslaufen. – Natürlich. Und Frau Strothmann auch. Und sein Geschäftchen verrichten ...

Gast: du bist/Sie sind/... (heute) mein/unser Gast · (today/...) it's on me *coll*, (today/...) you are my guests
Nein, das kommt gar nicht in Frage! Du zahlst keinen Pfennig. Heute bist du mein Gast. Schließlich sind wir hier in meinem Stammlokal.

ein gern gesehener Gast sein (bei jm.) · to be a welcome guest everywhere, to be a popular guest everywhere one goes
Der Rolf kann sich vor Einladungen mal wieder nicht retten. – Kein Wunder. Bei seinem Humor, seinem Witz, seinem Temperament ist er natürlich ein überall gern gesehener Gast.

bei jm. **zu Gast sein** · to be s.o.'s guest, to be invited to s.o.
Vorgestern waren wir bei unserem Bürgermeister zu Gast. – Und wer war außer euch noch eingeladen?

dasitzen/(...) wie der steinerne Gast *lit selten* · to sit there like a stone statue
Was ist denn mit dem Franz los? Der saß da ja gestern abend bei dem Empfang wie der steinerne Gast! Kein Wort, kein Lächeln, wie eingesperrt in sich selbst.

Gastod: den Gastod sterben *form – path selten* · to be gassed to death, to die of gas poisoning
... Ich weiß gar nicht, wieviel Hunderttausende – wenn nicht Millionen – unschuldiger Menschen in den Konzentrationslagern den Gastod gestorben sind!

Gastrolle: eine Gastrolle geben (in/bei) *Theater usw. selten* · to make a guest appearance
Die Callas gab bei den diesjährigen Festspielen in unserer Stadt eine Gastrolle.

nur/... eine (kurze) Gastrolle geben/spielen (in/bei/...) · 1. to put in a brief appearance, 2. to work somewhere for a short while, to make a brief appearance
1. Herr Aderkamp ist dein neuer Mitarbeiter? – Nein, er spielt hier in unserer Firma nur eine Gastrolle. Er studiert Betriebswirtschaft und arbeitet in den Semesterferien bei uns, um ein wenig Praxis zu bekommen.
2. Wie lange hast du eigentlich bei der Firma Hütten gearbeitet? – Besser würdest du fragen: 'wie kurz'? Ich hab' dort nur eine Gastrolle gespielt. Nach diesen Wochen habe ich bereits gekündigt. Die Arbeitsbedingungen waren miserabel.

Gastspiel: nur/... ein kurzes Gastspiel geben (in/bei/...) *ugs* – nur/... eine (kurze) **Gastrolle** geben/spielen (in/bei/...) (eher 2) · to put in a brief appearance, to work somewhere for a short while, to make a brief appearance

Gäu: jm. **ins Gäu kommen** *schweiz österr* – jm. ins **Gehege** kommen/(geraten) (2; u.U. 1) · to trespass/to poach on s.o. else's territory

Gaul: (bei) jm. **geht der Gaul durch** *ugs selten* – (bei) jm. geht/brennt die **Sicherung**/gehen/brennen die Sicherungen durch · to blow one's top, to blow a fuse

einem geschenkten Gaul guckt/(schaut) man nicht ins Maul *ugs* · never look a gift horse in the mouth
Nun ja, viel taugt diese Platte ja nicht mehr. Aber sie ist schließlich ein Geschenk. Und wie sagt man: Einem geschenkten Gaul guckt man nicht ins Maul. – Und einem geschenkten Barsch guckt man nicht? – – in die Kiemen!

den Gaul beim/(am) Schwanz aufzäumen *ugs* – (eher:) das **Pferd** beim/(am) Schwanz aufzäumen · to put the cart before the horse

auf den falschen/(verkehrten) Gaul setzen *ugs selten* – auf die falsche **Karte** setzen · to back the wrong horse

auf den richtigen Gaul setzen *ugs selten* – auf die richtige **Karte** setzen · to back the winner, to back the right horse

das/etw. wirft den stärksten Gaul/(einen Gaul) um *sal* – (eher:) das/etw. wirft/haut den stärksten **Neger** um/(von der Palme) · it/s.th. has got a real kick in it, it/s.th. knocks you out/knocks you sideways/blows your head off/...

jm. **wie einem kranken/(lahmen) Gaul zureden** *ugs* · to try/ to do everything to bring s.o. round, to try/to do everything to persuade s.o.

Statt ein so hervorragendes Angebot mit Kußhand anzunehmen, fing er mit seinen 'wenn' und 'aber' an. Wir haben ihm zugeredet wie einem kranken Gaul – er hat nicht unterschrieben.

die Gäule gehen mit jm. **durch**/bei jm. gehen die Gäule durch *ugs selten* – (bei) jm. geht/brennt die **Sicherung**/gehen/brennen die Sicherungen durch · + s.o. blows a fuse, + s.o. blows his top

(mal wieder/...) **die Gäule scheu machen** *ugs selten* – (eher:) (mal wieder/...) die **Pferde** scheu machen · to put s.o. off (again/...), to alarm/to frighten/... s.o. (again/...)

Gaumen: etw. kitzelt (jm.) **den Gaumen** *ugs selten* · to tickle s.o.'s palate *n*

Donnerwetter, sieht das gut aus! Dieses kalte Buffet kitzelt mir schon beim Ansehen den Gaumen. – Du hast doch eben erst gegessen, Karl! – Glaubst du, ich lasse mir solche Leckerbissen entgehen?

was/etwas **für** js. **Gaumen sein** *ugs* · it/that/s.th. is (very much/...) to my/... taste, it/that/s.th. suits my/... palate

... Ihr habt portugiesischen Brandy im Haus? Das ist was für meinen Gaumen! Wann lädst du mich ein?

etwas für einen verwöhnten Gaumen sein · to be s.th. for a gourmet, to be fit for a gourmet

Dies Filet Mignon war etwas für einen verwöhnten Gaumen. – So ein zartes und würziges Filet bekommt man nicht alle Tage, in der Tat!

einen feinen Gaumen haben *form* · to have a fine palate, to be a gourmet

Auf seine Empfehlung kannst du dich verlassen. Er hat einen feinen Gaumen. Wenn er sagt, dies oder das schmeckt gut, dann schmeckt das gut.

geahnt: hab' ich's nicht geahnt?/das hab' ich (doch) gleich/ (...) geahnt! *ugs* · I thought so *n*, I thought as much

Das hab' ich doch gleich geahnt: der Paul kommt nicht. Als er fragte: 'Ist die Petra auch eingeladen?', dachte ich sofort: der erscheint nicht.

gearscht: ganz schön/... gearscht sein, wenn ... *sal* · I'm/ you're/you'll be/... up shit creek

... Wenn ich das Examen im dritten Anlauf nicht schaffe, dann bin ich ganz schön gearscht. Dann stehe ich trotz sechs Jahren Studium ohne Beruf da.

Gearschte: (mal wieder/...) **der Gearschte sein** *sal* · I'll/ he'll/...be left holding the baby *coll*, I'll/he'll/... have to carry the can, I'll/he'll/... have to take the rap/...

... Tut mir leid, ich leihe dir meinen Wagen nicht. Du fährst mir einfach zu oft, wenn du schon was gesoffen hast. Wenn dann was passiert, bin ich der Gearschte.

gebacken: jm. **ist nichts gebacken** *ugs selten* · + s.o. is (always/...) picking holes in everything, + s.o. is (always/...) bitching/finding fault/carping/... about s.o./s.th.

... Dem Jens-Peter ist aber wirklich nichts gebacken. Der hat an allem und jedem etwas auszusetzen. Wenn man den Typen hört, ist er nur am Nörgeln.

gebadet: dich/den/den Herrn Braun/... haben sie wohl zu heiß gebadet? *sal* – nicht (so) (ganz/recht)) bei **Trost** sein (1) · you/John/... must have been dropped on your/his/... head as a baby

Gebälk: es knistert/(knackt) im Gebälk *path* · there is trouble brewing

Schon lange vor dem politischen Umsturz hatte es allenthalben im Gebälk geknistert. Aber niemand wollte es wahrnehmen, niemand Folgerungen aus den drohenden Anzeichen ziehen.

geballert: eine geballert kriegen/(bekommen) *sal* · eine **Ohrfeige** kriegen/(bekommen) · to get clouted, to get a sock in the face, to get a dig in the gob

gebannt: wie gebannt jm. zuhören/jn. anstieren/... *path* · to be/to listen/... as if spellbound

... Wenn der Struß redet, hören die Leute wie gebannt zu. Die hängen geradezu an seinen Lippen.

gebauchkitzelt: sich gebauchkitzelt/gebauchpinselt **fühlen**/ ganz gebauchkitzelt sein *sal* · to be tickled pink *coll*, to be dead chuffed *coll*

Der Richard ist heute ganz happy. Der Chef hat vor versammelter Mannschaft seinen Briefstil gelobt. Das ist ihm wie Honig eingegangen. – Er fühlt sich ganz gebauchkitzelt und hält sich für einen zweiten Schiller, nicht?

gebaut: gut/stark/stabil/breit/... **gebaut sein** *ugs* · 1. 2. to be well/powerfully/solidly/... built

1. ... Wenn ich sage, der Junge ist stabil gebaut, heißt das nicht, daß er ein Kleiderschrank ist, Lotte! Er ist stark und kräftig – nicht mehr und nicht weniger!

2. Die Sandra ist echt gut gebaut! – Stimmt, aber leider weiß sie das nur allzugut. Sie nutzt die Wirkung ihrer weiblichen Reize schamlos aus.

so wie du/er/Frau Meier/... **gebaut bist**/ist/... (wirst du/ wird er/wird sie/... es schon schaffen/hinkriegen/.../ schaffst du/... es schon/...) *ugs* · + a man/woman of your/ John's calibre can handle it/..., + a man/woman like you/ Mrs. Jones/... can handle it/...

Das ist eine verflixt schwere Sache. Ich weiß nicht, ob ich mich daranwagen soll. – So wie du gebaut bist, wirst du das schon schaffen. – Hm, Selbstbewußtsein ist gut, aber man soll sich auch nicht zuviel zutrauen!

geben: acht geben auf jn./etw. – **achtgeben** (auf jn./etw.) · to take care of s.o./s.th., to keep an eye on s.o./s.th., to look after s.o./s.th., to pay attention to s.o./s.th.

jm. **eins drauf geben** *ugs* · 1. to give s.o. one, 2. 3. to take s.o. down a peg or two *n*

1. Wenn du jetzt nicht mit dem Blödsinn aufhörst, gebe ich dir eins drauf! Hörst du?! – Wodrauf, Mama? Auf den Hintern? Auf den Kopf? – Paß bloß auf! Das wirst du gleich merken!

2. Wir müssen dem Kerl mal eins drauf geben, um ihn zu dämpfen. Der hat ein derart lockeres Mundwerk! Das kann nicht so weitergehen. – Da stimme ich dir voll und ganz zu. Es ist wirklich nötig, daß man ihn anständig zurechtstutzt.

3. vgl. – jm./(e-r S.) einen **Dämpfer** aufsetzen (1) *selten*

nichts drauf/(darauf) **geben** (daß/wenn ...) · you/John/... shouldn't worry about it if/when/..., you/John/... shouldn't let it bother you/him/... (if/when/...)

Du solltest nichts drauf geben, wenn sie dir Steine in den Weg zu legen sucht. – Wenn man immer und immer wieder Knüppel zwischen die Beine geworfen kriegt, muß man das irgendwann ernstnehmen, ob man will oder nicht.

jm. **eins drüber geben** *ugs* – jm. eins drauf **geben** (1; a. 2) · to whack s.o., to thump s.o., to clout s.o.

nichts drum/(darum) **geben** (daß/wenn ...) – nichts drauf/ (darauf) **geben** (daß/wenn ...) · you/John/... shouldn't worry about it if/when/..., you/John/... shouldn't let it bother you/ him/... (if/when/...)

jm. etw. **zu eigen geben** *form selten* · to give s.o. s.th./ to bequenth s.th. to s.o.

Zwei Häuser hat der alte Herr ihr zu eigen gegeben – und trotzdem kritisiert sie ihren Vater! Nichts hätte der ihr vermachen dürfen, gar nichts. Sie verdient es nicht.

es jm. **aber** (gründlich/tüchtig/anständig) **geben** (dem/der/
dem Baumann/... werd' ich es (aber) geben!) *ugs* · 1. 2. 3.
to give s.o. what for, 2. 3. to (really) let s.o. have it
1. Warte nur, wenn der morgen erscheint! Dem werd' ich's geben!
Dem werd' ich ganz was anderes erzählen! Von wegen! Hier eine
ruhige Kugel schieben und dann noch eine groß Lippe riskieren!
2. Die hat es ihm (aber) gegeben, mein lieber Mann! – Nun, irgendwann mußte es ja knallen. – Er scheint diese Wucht schon erwartet
zu haben, denn er war stumm wie ein Fisch.
3. Der hat es dem Jungen (aber) (tüchtig) gegeben! Eine solche
Tracht Prügel hat er bestimmt im Leben noch nicht bekommen.

jm. **frei geben** *Schule/Beruf/...* · 1. to give s.o. the lesson
off, 2. to give s.o. time off, to give s.o. a holiday
1. Da unser Mathematiklehrer krank ist, hat uns der Direktor nach
der 4. Stunde frei gegeben.
2. Du kommst schon nach Hause? – Ja. Der Chef hat mir frei gegeben, da ich in der letzten Woche mehr als zehn Überstunden gemacht habe.

sich gefangen geben *mil* · to surrender, to give o.s. up
... Bei der erdrückenden Übermacht des Gegners hatte es wahrhaftig
keinen Sinn, weiterhin Widerstand zu leisten. Es gab gar keinen anderen Ausweg, als sich gefangen zu geben.

sich geschlagen geben – sich **geschlagen** geben · to concede
defeat, to admit defeat

jm. (**anständig**/...) **was**/welche/ein paar/... **hintendrauf ge-**
ben *ugs* – jm. (anständig/...) was/welche/ein paar/... auf
den (blanken) **Hintern** geben/etw./... auf den (blanken)
Hintern kriegen ... · to give s.o. a good spanking

..., **das kann ich dir**/euch/ihm/... **schriftlich geben!** *ugs* · ...,
I can tell you/him/... that for free
Wenn du nochmal so frech bist, bekommst du vor versammelter
Mannschaft eine Ohrfeige, das kann ich dir schriftlich geben!

jm./e-r S./an etw. **schuld geben** *form selten* – jm. die **Schuld**
(an etw.) geben · to blame s.o. for s.th.

das/(etw.) **wird sich** (schon) (wieder) **geben** – das **gibt** sich
(schon) (wieder) · it'll soon get better, it'll soon pass over,
it'll soon blow over

etwas/viel/nichts/... **auf sich geben** (wer etwas auf sich gibt,
(der) ...) – (eher:) etwas/viel/nichts/... auf sich **halten** · to
have a high/low/... opinion of o.s.

etw. **wieder von sich geben** – **Kotzebues** Werke studieren ·
to heave, to puke (one's ring), to call on Hughie and Ralph,
to pebbledash the porcelain

jn. **verloren geben** · 1. 2. to give s.o. up for lost
1. ... Haben sie die Besatzung der 'Augusta' in der Tat verloren
gegeben? – Offensichtlich. Sie sehen wohl keinen Weg mehr, wie sie
zu retten wäre.
2. ... Aber Sie werden den Kranken doch nicht verloren geben, Herr
Doktor?!

sich zufrieden geben (mit jm./etw.) · to accept s.th., to be
satisfied with s.th., to settle for s.th.
Hat er sich mit dem letzten Gehaltsangebot nun zufrieden gegeben
oder verlangt er noch mehr?

nichts/nicht viel/wenig/(viel/...) **geben auf** etw. (auf ...
darfst/mußt/kannst/... du/darf/... er/... nichts/... geben! ·
to take no/... notice of s.th., to pay no/not much/... attention
to s.th./s.o.
Auf seine Reden darfst du nicht viel geben! Nicht einmal die Hälfte
vom dem, was er sagt, ist wahr. Laß ihn schwätzen!

(gar/überhaupt/absolut) **nichts geben um** etw. · not to give/
care a damn about s.th. *coll*
Ich gebe nichts um dieses dumme Gerede. Es ist mir völlig gleichgültig, was er erzählt.

Geberlaune: (heute/...) **in Geberlaune sein** *ugs selten* – (heu-
te/...) die/seine **Spendierhosen** anhaben · to be in a generous mood

Gebet: jn. (scharf/eindringlich/...) **ins Gebet nehmen** *form od.*
iron · to take s.o. to task (about s.th.)
So geht das nicht weiter mit dem Anton: er arbeitet immer nachläs-
siger. Ich muß ihn nun doch einmal ins Gebet nehmen. – Ich hab' dir
ja schon oft geraten, ihn eindringlich zu ermahnen. Aber du wolltest
ja nie auf mich hören!

Gebetbuch: das falsche/(verkehrte) **Gebetbuch haben** *ugs* –
(eher:) das falsche/(verkehrte) **Gesangbuch** haben · to be
the wrong religion/denomination, to belong to the wrong re-
ligion/denomination

das richtige **Gebetbuch haben** *ugs* – (eher:) das richtige **Ge-**
sangbuch haben · to be the right religion/denomination, to
belong to the right religion/denomination

gebeten: da möchte ich (doch) (sehr) **drum gebeten haben**/
darum möchte ich (doch) (sehr) gebeten haben *sal* · I
should hope so *coll*, I would appreciate that, yes *coll*
Ob du mir das Buch zurückbringen mußt? Darum möchte ich doch
sehr gebeten haben! – Entschuldige die Frage. Morgen abend hast du
es hier.

gebettet: weich gebettet sein *form selten* · to have a cushy life
coll, to be feather-bedded
Es könnte einen fast neidisch machen, wenn man sieht, wie weich
gebettet sie ist. Keine finanziellen Sorgen, ein Mann, der ständig um
sie bemüht ist, ein herrliches Haus ...

gebeutelt: jn. hat es/hat's gebeutelt *ugs selten* · 1. + to have
got a hard knock, + to have taken a battering, 2. + s.o. bombed out, + s.o. got knocked back, 3. to really take it out of
s.o., to give s.o. a battering, to really shake s.o. *n*
1. Den Peter hat's beim Skifahren gebeutelt. Er liegt mit einem
Schienbeinbruch im Krankenhaus.
2. In der Mathe-Klausur hat's mich gebeutelt. Ich hab' 'ne 'Fünf'
geschrieben.
3. Diese Grippe hat mich ganz schön gebeutelt. Ich fühle mich immer
noch total schlapp.

Geblüt: von (adeligem/fürstlichem/...) **Geblüt** *geh veraltend*
selten · to be of noble blood *n*
... Die Frau von Raneben, das ist eine Dame von Geblüt. Ihre Vorfahren gehörten zu den reichsten Großgrundbesitzern Ostpreu-
ßens ...

ein Gentleman/ein Schauspieler/ein Franzose/eine Ballet-
tänzerin/... **reinsten Geblüts** (sein) *path* · etw. **durch** und
durch sein/ein durch und durch ... sein/ein ... durch und
durch sein (3; a. 4) · to be one hundred per cent Portugue-
se/..., to be a musician/... through and through, to be a gent-
leman/... through and through

gebongt: ist gebongt! *sal dir. R* · all right! *n*, fine! *n*, o.k. *n*
... Also, am kommenden Donnerstag treffen wir uns um sieben,
nicht? – Ist gebongt! – Bis dann also.

geboren: (nicht) zum Seelsorger/... geboren sein · (not) to be
born to be a preacher/..., (not) to be cut out to be a prea-
cher/...
... Du solltest vielleicht doch mal eindringlich mit deiner Schwester
sprechen, Gerhard! Was die macht, ist wirklich nicht in Ordnung. –
Ich bin nicht zum Pfarrer geboren, Ulrich. Sprich du mit ihr, wenn
du meinst, daß das was hilft.

(nicht) **dazu geboren sein**, etw. zu tun · 1. not to be cut out
for s.th./to do s.th., 2. + it's not my/his/... job to ...
1. Kannst du dich nicht um die Unterlagen für den Hausbau kümmern? – Nein, Lambert, das mußt du schon machen. Du weißt, ich
bin nicht dazu geboren, bürokratische Dinge zu erledigen. Ich habe
kein Geschick dafür.
2. Du mußt mal mit deinem Neffen sprechen, Bernd ... – Ich? Ich
denk' gar nicht daran. Ich bin doch nicht dazu geboren, alle möglichen Verwandten zu erziehen. Wenn du meinst, daß der Junge sich
falsch benimmt, sprich mit seinem Vater! Soll der ihm mal eine
Standpauke halten! *seltener*

dumm geboren sein und nichts dazugelernt haben *sal* – für keine zwei **Pfennige** Verstand haben/nachdenken/aufpassen/... (1) · to be an absolute idiot/berk/...

dumm geboren und dumm geblieben sein *sal selten* – für keine zwei **Pfennige** Verstand haben/nachdenken/aufpassen/... (1) · to be an absolute idiot/berk/...

der geborene Erfinder/Clown/(Übersetzer/...) **sein** · to be a born clown/inventor/...

... Euer Klaus hat gestern die ganze Gesellschaft mal wieder allein unterhalten! – Dieser Kerl ist der geborene Conférencier. Der landet bestimmt nochmal als Alleinunterhalter beim Fernsehen.

Gebot: es ist ein Gebot der Liebe/des Anstands/der Ehre/..., zu ... *form – path* · it is one of the requirements of love/decency/... that ...

... Wenn der Köller die Unterlagen korrekt bearbeitet, ist das ein Gebot des Berufsethos, weiter nichts! – Einverstanden! Aber wieviele Leute haben heute noch so ein Berufsethos, fühlen sich auch dann verpflichtet, korrekt zu sein, wenn eine Affäre die andere jagt?!

das Gebot der Stunde heißt/... *path* · + what we need to do now is ..., + what is needed/necessary now is ...

Sie wollen noch mehr Leute einstellen? Das kann doch nicht Ihr Ernst sein. Das Gebot der Stunde heißt doch: sparen, sparen und nochmals sparen. An Neueinstellungen ist bei dieser schlechten Konjunktur doch gar nicht zu denken.

dem Gebot(e) der Stunde gehorchen *path* · to obey the dictates of the moment

Ob ich will oder nicht: ich muß dem Gebot der Stunde gehorchen, und das heißt: exportieren, exportieren und nochmals exportieren. Wer sich bei der gegebenen Wirtschaftslage nicht an dies Erfordernis hält, wird über kurz oder lang in ernste Bedrängnis kommen.

jm. **die zehn Gebote ins Gesicht schreiben** *sal selten* · to hit s.o., to slap s.o. round the face

Wie hast du denn reagiert, als er deinen Vater einen Lügner nannte? – Ich habe ihm die zehn Gebote ins Gesicht geschrieben. – Du hast ihn auf offener Straße geohrfeigt? – Wer meinen Vater beleidigt, hat eine Ohrfeige verdient – ganz gleich, wo.

jm. **zu Gebote stehen** *form* · 1. + to have s.o. at one's command, 2. + to have/to possess/...

1. In seiner Stellung steht ihm natürlich eine ganze Heerschar von Mitarbeitern zu Gebote. – Sie steht ihm nicht nur zur Verfügung, er braucht sie auch.
2. Dem Mann steht eine Ausdruckskraft zu Gebote, wie man sie heute selten erlebt. – Schon als Junge verfügte er über einen ungemein großen Wortschatz und wußte auch schwierige Dinge präzis und bildkräftig auszudrücken.

geboten: es ist (dringend) **geboten**, etw. zu tun *form* · it is absolutely/... imperative to do s.th., it is absolutely/... necessary to do s.th.

»Angesichts der immer weiter um sich greifenden Epidemie ist es dringend geboten, die noch nicht gegen Meningitis geimpften Kinder ohne Verzögerung impfen zu lassen ...«

Gebratenes: Gebratenes und Gesottenes *Märchenspr* · the finest meat was served/..., a rich repast was served/...

... Und dann zog die ganze Hochzeitsgesellschaft an den Hof, wo der König zum Festmahl geladen hatte. Da gab es Gebratenes und Gesottenes in Hülle und Fülle ...

Gebrauch: in Gebrauch sein *form* · to be in use, to be used

... Wenn heute immer mehr Computer in Gebrauch sind – – Wieviele Leute werden in unserem Land denn wohl inzwischen so ein Ding benutzen, was schätzt du?

in/im Gebrauch haben *form* · to use/to be using s.th.

Was für einen Kompressor habt ihr in Gebrauch, einen elektrischen oder einen, der mit Öl arbeitet? – Wir benutzen nach wie vor einen mit Öl.

außer Gebrauch kommen *form* · to fall into disuse, no longer to be used, to fall/to drop/... out of use, to become rare

Die Kamine, die man mit Holz heizt, sind ganz außer Gebrauch gekommen. – Dafür legen sich aber sehr viele Leute einen Ölkamin zu.

in Gebrauch kommen · 1. 2. to come into use

1. Viele amerikanische Ausdrücke kamen in Deutschland nach dem Zweiten Weltkrieg in Gebrauch. Vorher kannte sie kein Mensch.
2. In zunehmendem Maße kommen heute in den verschiedensten Ländern Computer in Gebrauch.

fleißig(en)/sparsamen/... **Gebrauch machen von** etw. · to make frequent/little/... use of s.th., to use s.th. frequently/infrequently/...

»Von Synonymwörterbüchern, meine Damen und Herren, sollten Sie fleißig Gebrauch machen. Als Übersetzer können Sie die gar nicht zu viel benutzen.«

eine Maschine/... **in Gebrauch nehmen** *form* – (eher:) eine Maschine/... in **Betrieb** nehmen · to start operating a machine/...

außer Gebrauch setzen *form selten* · to take (a machine/...) out of commission

Es scheint, sie haben den alten Öl-Kompressor außer Gebrauch gesetzt? – Ja, sie haben einen neuen, elektrischen angeschafft. Der alte wird abgestoßen.

gebrauchen: zu allem zu gebrauchen sein · 1. to be able to turn one's hand to anything, 2. to be game for anything

1. Seine praktische Veranlagung ist erstaunlich. Er ist wirklich zu allem zu gebrauchen. Ganz gleich, was anfällt: Kurt löst das Problem.
2. Macht euer Onkel Bertram eine solche Wanderung denn überhaupt mit? – Onkel Bertram?! Welch eine Frage! Als ob der irgendetwas nicht mitmachte! Onkel Bertram, weißt du, ist zu allem zu gebrauchen – zu harter Arbeit, zum Tanzen, zum Wandern – und zum Pferdestehlen. Du wirst sehen, was das für ein Pfundskerl ist.

zu nichts zu gebrauchen sein · 1. 2. it/s.o. is no use to anyone, it/s.o. is absolutely useless

1. Was willst du mit diesem alten Apparat? Der ist doch zu nichts zu gebrauchen. Wirf ihn weg!
2. ... Dieser verzogene junge Mann ist wirklich zu nichts zu gebrauchen! Ganz egal, wo man ihn einsetzt – er versagt. Ich versteh' gar nicht, wie mir mein Schwiegervater so eine Niete empfehlen konnte.

gebügelt: (ganz einfach/...) **gebügelt sein** *sal selten* – (ganz) (einfach) **baff** sein · to be stunned/flabbergasted/...

Gebühr: (jn.) **nach Gebühr** (belohnen/...) *form* · to reward/to pay/... s.o. suitably/appropriately/properly/fairly/...

Wenn die Leute nach Gebühr bezahlt werden, arbeiten sie auch vernünftig. Wenn man natürlich keine angemessenen Löhne zahlt ...

(jn./(etw.)) **über Gebühr** (in Anspruch nehmen/...) *form* · to take up too much of s.o.'s time/..., to take up more of s.o.'s time than one has any right to

Nein, noch mehr Arbeit will ich Ihnen in der Sache auf keinen Fall machen. Ich habe Sie ohnehin schon über Gebühr damit belastet.

gebührt: ..., wie sich's gebührt *form veraltend selten* – wie es sich **gehört** · ... as is right and proper

gebumsfiedelt: sich gebumsfiedelt fühlen *sal* – sich **gebauchkitzelt**/gebauchpinselt fühlen/ganz gebauchkitzelt sein · to be tickled pink, to be dead chuffed

Geburt: eine schwere Geburt sein *mst: das war vielleicht/ja/... eine schwere Geburt!* *ugs* · 1. to take some doing, to be a struggle, to be a job and a half

1. Huh! Bin ich froh, daß ich diese Übersetzung hinter mir habe! Das war vielleicht eine schwere Geburt! Ich erinnere mich nicht, so lange an einem Text herumgedoktert zu haben wie an diesem verdammten Essay!
2. Ist die elektrische Leitung endlich installiert? Das war ja eine schwere Geburt, was? – Wenn du glaubst, es wäre leicht, hättest du sie ja anbringen können.

Geburtshilfe: Geburtshilfe leisten (bei etw.) *ugs selten* · to help s.o. out with s.th., to give s.o. a hand with s.th., to give s.o. the idea of doing s.th.

Hat Ihr Bruder bei dem Referat Geburtshilfe geleistet oder haben Sie das von Anfang an allein gemacht? – Um ehrlich zu sein: den Anstoß zu der Arbeit und die ersten Ideen hat mir mein Bruder gegeben; aber alles weitere ist von mir.

Geburtstag: Geburtstag haben · + it is s.o.'s birthday
... Wann hast du Geburtstag, am 29. August? – Ja, genau wie Goethe. – Alles klar.

(seinen) Geburtstag (zu Hause/...) **feiern** · 1. 2. to celebrate one's birthday (at home/...)
1. ... Was sagst du, in eurer Familie wurde nie Geburtstag gefeiert? – Nein. Wir feierten nur den Namenstag.
2. ... Nein, seinen Geburtstag feiert mein Vater grundsätzlich zu Hause; an dem Tag geht er nicht aus.

gedacht: das hast du dir/habt ihr euch/... **(so) gedacht!** (daß ...) *ugs* · no way!, no chance!, that's what you think
Du machst die Maschine kaputt, und ich soll sie jetzt in aller Eile reparieren, damit Vater nichts merkt, was? Das hast du dir gedacht, mein Lieber! Ich kümmere mich um gar nichts. Ich habe dir ausdrücklich gesagt, du sollst die Finger davon lassen.

das habe ich mir/das hat er sich/... **(gleich) gedacht!** *ugs* – **dacht'** ich mir's doch! · I/... knew it!

wer hätte das (von dem/...) **gedacht?** · who would have thought it of him/...?
Der Peter Kraus hat gestohlen?! Nein! Wer hätte so etwas von dem gedacht?

für jn./**als** etw. **gedacht sein** · to be intended for s.o./as s.th.
... Der Hut war eigentlich als Geburtstagsgeschenk für Mama gedacht. Aber gut, wenn er dir so gut gefällt, behalt' du ihn. Ich kauf' dann für Mama einen anderen.

Gedächtnis: jm. **noch frisch im Gedächtnis sein/**etw. ... haben *form* · + to be still fresh in s.o.'s mind
... Wenn du die ganzen Daten einen Tag vor dem Examen nochmal durchgehst, kann doch eigentlich gar nichts passieren! Dann hast du die noch frisch im Gedächtnis ...

ein kurzes Gedächtnis haben · to have a short memory
... Klar, noch vor drei Monaten haben sich alle Parteien zu der Frage völlig anders geäußert. Aber daran erinnert sich doch kein Mensch mehr. Die Leute haben halt ein kurzes Gedächtnis.

etw. **aus dem Gedächtnis hersagen/**... · to recite/to quote/... s.th. from memory
... und wie Goethe im Faust schreibt – ich zitiere aus dem Gedächtnis: »Was ihr den Geist der Zeiten heißt ...«

etw. **im Gedächtnis behalten** *form* · to remember s.th., to retain s.th., to keep track of s.th.
... Wie so ein Pianist so viele Noten überhaupt im Gedächtnis behalten kann!

sich (tief/...) in js. **Gedächtnis eingraben/**graben *form – path* · to be engraved in s.o.'s memory *elev*, to be engraved on s.o.'s mind *elev*, to have left an indelible impression on s.o.'s mind *elev*
(Bei einer Reiseerzählung von A; B zu C:) Wie sich da der Willi an jede Einzelheit erinnert! – Die erste Reise nach Mexiko hat sich derart tief in sein Gedächtnis eingegraben, weißt du, daß sie ihm auch noch kurz vor seinem Tod ganz plastisch vor Augen stehen wird.

ein Gedächtnis haben wie ein Elefant *ugs* – ein (richtiges/ (...)) **Elefantengedächtnis** haben · to have a memory like an elephant

jn./(jm.) **aufs Gedächtnis hauen** *sal selten* – jm. eins/(einen) auf/(über) die **Birne** geben · to give s.o. a crack on the nut, to hit s.o. on the head

etw./(jn.) **aus seinem Gedächtnis löschen/**(ausradieren/streichen) *form – path* · to erase s.th. from one's memory
... Nein, an diese Jahre will ich nicht mehr denken. Die hab' ich aus meinem Gedächtnis gelöscht.

js. **Gedächtnis** etw. **nachhelfen (müssen)** *mst iron* · to (have to) jog s.o.'s memory, to (have to) refresh s.o.'s memory
(In einer Gerichtsverhandlung:) Nun, Herr Schwarz, wenn Sie sich nicht mehr erinnern können, will ich Ihrem Gedächtnis etwas nachhelfen. Sie haben laut vorliegendem Protokoll vom ... bei der Polizei ausgesagt, daß ...

sich/(jm.) etw. **ins Gedächtnis rufen** – sich/jm. etw. ins Gedächtnis zurückrufen (2; u. U. 1 · to remind s.o. of s.th., to remember s.th., to cast one's mind back to s.th., to call (s.th.) to mind

(aber auch) **ein Gedächtnis haben wie ein Sieb** *sal* · to have a memory like a sieve
... Du hast aber auch ein Gedächtnis wie ein Sieb! Man erklärt dir etwas lang und breit – und drei, vier Stunden später erinnerst du dich an nichts mehr.

(aber auch) **ein Gedächtnis wie ein Spatz haben** *sal* – (aber auch) ein **Gedächtnis** wie ein Sieb haben · to have a memory like a sieve

jn./etw. **aus seinem Gedächtnis streichen** *form – path* · 1. 2. to erase s.o./s.th. from one's memory, to erase s.o./s.th. from one's mind
1. ... Komm', Hans, von dieser Reise will ich nichts mehr hören – die hab' ich aus meinem Gedächtnis gestrichen! – Aber, Gerda! – Nichts, Gerda! Diese unsere gemeinsame Reise nach Mexiko gibt es für mich nicht mehr!
2. ... Laß mich bloß mit diesem Ingo Meinert zufrieden! Den hab' ich aus meinem Gedächtnis gestrichen! Ein für allemale! – Du kannst doch nicht ... – Hörst du, Walter – der existiert für mich nicht mehr!

wenn mich/ihn/... **mein/**sein/... **Gedächtnis nicht trügt/**täuscht · if my/his/... memory serves me/him/... right *coll*, if my/... memory does not deceive me/... *coll*
Wenn mich mein Gedächtnis nicht trügt, hat sie am 28. August Geburtstag. Aber ich bin nicht ganz sicher, ob ich mich richtig erinnere.

jn./(etw.) (ganz/gänzlich/völlig/...) **aus dem Gedächtnis verlieren** *form selten* · to forget s.o. completely, to have forgotten all about s.o.
Ja, das ist wahr! Robert Pitsch – was macht der denn jetzt? Ich hatte ihn völlig aus dem Gedächtnis verloren. Ich wußte überhaupt nicht mehr, daß es den gibt!

sich/jm. etw. **ins Gedächtnis zurückrufen** · 1. to remind s.o. of s.th., 2. to remember s.th., to cast one's mind back to s.th., to call (s.th.) to mind
1. Müssen wir dir erst ins Gedächtnis zurückrufen, daß du uns feierlich versprochen hast, kein Wort mehr über die Sache zu verlieren? Es dürfte sich doch wirklich erübrigen, dich daran zu erinnern!
2. Rufen Sie sich ins Gedächtnis zurück, wie die ganze Sache angefangen hat: zuerst ...

Gedächtnisstütze: jm. **als Gedächtnisstütze dienen** · s.th. helps s.o. to remember s.th., s.th. serves as a mnemonic for s.o.
... Ja, der Geburtstag meiner Frau dient mir immer als Gedächtnisstütze: sein Geburtstag ist genau acht Tage später. – Nur gut, daß du wenigstens weißt, Otto, wann deine Frau Geburtstag hat.

Gedanke: der bloße Gedanke (daran, daß ...) **macht** jn. schon wütend/... · the mere thought (of/that ...) drives s.o. mad/...
(Ein Mann zu seiner Frau:) Der bloße Gedanke, mir das halbe Wochenende das dumme Gequatsche meiner Familie anhören zu müssen, macht mich schon kribbelig! – Aber Edgar, du kannst doch mal deine Eltern besuchen, ohne vorher schon schlecht gelaunt zu sein! – Eben nicht!

js. **erster und letzter Gedanke ist:** ... · 1. 2. s.o.'s first and only thought is ..., the only thing s.o. thinks of/cares about/... is ...
1. Ihr erster und letzter Gedanke ist: was fördert die Kinder am besten? Alles andere ist für sie nebensächlich.
2. Ihr erster und letzter Gedanke ist: Tennis. Tennis, Tennis und nochmals Tennis – was anderes kennt sie nicht.

(gar/überhaupt) **kein Gedanke dran/**(daran)! – (eher:) (gar/ überhaupt) kein **Denken** dran/(daran)! · + (to be) (completely/...) out of the question

es liegt jm. **der Gedanke fern/**jm. liegt der Gedanke fern, etw. anzunehmen/... – (eher:) es **liegt** jm. (völlig) fern, etw. zu tun/anzunehmen/... · + the last thing s.o. wants to do is

..., + s.o. certainly does not intend to ..., + s.o. would not dream of suspecting/insinuating/..., + far be it from s.o. to suggest/...

wo ist j. **nur**/bloß/... **mit seinen Gedanken**?! · 1. 2. what is s.o. thinking about?
1. ... Wo der Hanspeter bloß immer mit seinen Gedanken ist! Wenn man den anspricht, guckt er einen an, als würde er aus einem tiefen Traum erwachen.
2. vgl. – wo hat j. nur/bloß/... seine **Gedanken**?!

wo hat j. **nur**/bloß/... **seine Gedanken**?! · what is s.o. thinking about?
(In der Schule:) ... Ricky! Wo hast du denn schon wieder deine Gedanken? Kannst du denn nicht wenigstens mal fünf Minuten konzentriert zuhören?

(ganz) **in Gedanken sein** · to be lost in thought/in one's thoughts
Brigitte. ... Brigitte!! – Ja! Was ist los? – Warum antwortest du nicht, wenn man dich anspricht? – Ich war ganz in Gedanken. Bei so einer langen Zugfahrt träumt man so vor sich hin, denkt an alles mögliche ...

in Gedanken in/bei/... **sein** · + s.o.'s thoughts are with s.o./in Mexico/..., s.o. is with you/him/Mary/... in his thoughts
... Ja, physisch bin ich natürlich jetzt hier in München, Liebster, aber in Gedanken bin ich immer noch in Mexiko! – Hat dich die Reise so beeindruckt?

(ganz) **in Gedanken** etw. **tun** · to do s.th. while lost in thought, to do s.th. while one's thoughts are elsewhere
Hast du wirklich bei den Bohnenkamps die Vase umgeworfen? – Ja. Ganz in Gedanken ging ich während des Cocktails in der Eingangshalle auf und ab und plötzlich schlug ich mit dem Fuß gegen die Vase. – Du hast dich doch entschuldigt? – Natürlich. Ich habe sofort erklärt, daß ich ganz zerstreut war und die Vase selbstverständlich ersetze.

sich mit einem Gedanken anfreunden (müssen/können/...) · to (have to/be able to) get used to the idea/thought/...
Ich kann mich nur schwer mit dem Gedanken anfreunden, daß ich nächstes Jahr in diese Kleinstadt ziehen soll. – Du wirst dich an diese Idee gewöhnen müssen, Walter.

seine Gedanken (nicht) **für sich behalten** (können) ugs · (not) (to be able) to keep one's thoughts to o.s., n (not) (to be able) to keep one's counsel elev, (not) (to be able) to keep it to o.s. n
Schade, daß er seine Gedanken nicht für sich behalten kann! Es geht die Martina wahrhaftig nichts an, wie er seine Schwester denkt. – Manche Leute müssen eben alles weitererzählen ...

seine Gedanken nicht beisammen haben ugs – die/seine **Gedanken** nicht zusammenhalten (können) · (not to be able) to focus one's thoughts, (not to be able) to concentrate

jn. **auf den Gedanken bringen**, zu ... · to give s.o. the idea of doing s.th.
Wer hat dich eigentlich auf den Gedanken gebracht, statt Psychologie Sonderpädagogik zu studieren? – Keiner. Auf die Idee bin ich selbst gekommen.

jn. **auf andere Gedanken bringen** · to take s.o.'s mind off other things
In der nächsten Woche fahre ich in die Berge. Mal sehen, ob mich das Skilaufen auf andere Gedanken bringt. Immer nur Sozialpolitik, Sozialpolitik – das zermürbt einen auf die Dauer.

den Gedanken fassen, etw. zu tun form selten – den **Plan** fassen, etw. zu tun · to form the plan of doing s.th.

bei dem Krach/... **kann man**/... **keinen** (klaren) **Gedanken fassen** · one/... can't hear o.s. think with this noise/...
Herrgott, ist das ein Lärm und ein Durcheinander hier! Wie soll man denn da auch nur einen einzigen Gedanken fassen?

Gedanken sind frei! form · thoughts are free
Warum fährst du dem Jungen denn dauernd über den Mund, wenn er etwas sagt, was dir nicht paßt? Laß ihn doch reden. Gedanken sind schließlich frei.

jm. **seine/die Gedanken vom Gesicht ablesen** · to read s.o.'s mind/thoughts
Paß auf bei der Verhandlung! Beherrsche nicht nur deine Worte, sondern auch deine Gesten, dein Mienenspiel. Der alte Braukamp liest den Leuten die Gedanken vom Gesicht ab.

die/seine Gedanken (nicht) **zusammen**/(beisammen) **haben** ugs · (not) to concentrate n, your/... thoughts are all over the place
... Christa! Jetzt machst du zum dritten Mal denselben Fehler. Was hilft es, wenn ich dich verbessere, du aber im nächsten Augenblick denselben Fehler wieder machst, nur, weil du deine Gedanken nicht zusammen hast? Jetzt konzentriere dich endlich mal!

auf den Gedanken kommen – auf die **Idee** kommen · to hit on the idea of doing s.th.

auf andere Gedanken kommen · to get s.th. out of one's mind, + s.th. takes s.o.'s mind off things
In der nächsten Woche fahre ich in die Berge. Mal sehen, ob ich da auf andere Gedanken komme. Diese ewige Sozialpolitik macht mich auf die Dauer verrückt.

(immer nur/...) **auf dumme Gedanken kommen** ugs – nur/ nichts als/... **Dummheiten** im Kopf haben · to be (always/...) up to tricks

js. **Gedanken lesen (können)** · to (be able to) read s.o.'s mind
... Wenn du mir das auch nicht verraten willst – ich weiß ganz genau, was du denkst! – Ich weiß, Carla, du bist eine Superschlaue, du kannst anderleuts Gedanken lesen. Du liest sogar Gedanken, die es gar nicht gibt!

kannst du/kann er/... **Gedanken lesen?** ugs · to (be able to) read minds
Kannst du Gedanken lesen oder woher weißt du, daß ich dir eine neue Kette gekauft habe? – Ich habe es geahnt, als du dir gestern meine alte Kette so genau ansahst.

mit dem Gedanken liebäugeln, zu ... ugs · to be toying with the idea of doing s.th. n
... Ich höre, du willst im Sommer nach Griechenland? – Ich liebäugel' in der Tat mit dem Gedanken. Ob daraus/(aus diesem Wunsch) was wird, steht natürlich noch in den Sternen.

sich über jn./etw./(wegen jm./e-r S.) **Gedanken machen** · to be worried about s.o./s.th.
Der Karl wirkt ein wenig deprimiert. Er macht sich offensichtlich Gedanken über die Zukunft von Berti. Es scheint, daß sie nach ihrem abrupten Abgang von der Schule nicht mehr so richtig auf die Beine gefallen ist. Da ist er als Vater besorgt, das ist klar.

sich (so) **seine Gedanken machen** (über jn./etw.) · to have one's own thoughts/ideas/opinion (about s.o./s.th.)
Nein, gesagt hat Großvater nichts, als Gerd und Christel davon sprachen, daß sie nächsten Monat zusammenziehen wollen. Aber er macht sich natürlich so seine Gedanken.

schwarzen/düsteren/... **Gedanken nachhängen** form · to think gloomy thoughts, to be given to gloomy thoughts
Sei doch nicht so trübsinnig, Elfriede! Wenn du dauernd schwarzen Gedanken nachhängst, siehst du nachher gar nicht mehr, was es Schönes in der Welt gibt.

jn. **aus seinen Gedanken reißen** path · to interrupt s.o.'s thoughts, to interrupt s.o.'s train of thought, to awaken s.o. from his thoughts
Wie soll man hier vernünftig arbeiten, wenn man alle fünf Minuten durch dieses verdammte Telefon aus seinen Gedanken gerissen wird?! Keine drei Seiten kann man hier ungestört lesen!

seine Gedanken schweifen lassen (nach/...) · to let one's thoughts wander (to s.th.), to let one's thoughts roam (to s.th.)
... Statt konzentriert zu lesen, ließ er seine Gedanken nach Brasilien schweifen, dachte an die herrlichen Jahre in Bahia ... Das waren Zeiten! Ob er so schöne Jahre nochmal erleben würde?

Gedanken ziehen jm. **durch den Sinn** *form* · thoughts go through s.o.'s mind

Beim Ordnen ihrer Schubladen fiel ihr ein Bündel alter Briefe in die Hände. Bei ihrem Anblick zogen ihr allerhand Gedanken durch den Sinn: wie lange war das schon her, ihr Studium in Tours, die Freundschaft mit Jacques ... wie fern das alles war ... und wie lebendig doch noch ...

mit dem Gedanken spielen/(umgehen), zu ... · to be thinking of/considering doing s.th., to be toying with the idea of doing s.th.

Meine Frau spielt mit dem Gedanken, sich für ein Mal in der Woche eine Putzfrau zu besorgen. Mal sehen, ob sie sich wirklich dazu entschließt.

sich mit dem/(den) **Gedanken tragen**, zu ... *form* · to be seriously considering doing s.th., to entertain the idea of doing s.th.

Der Manfred trägt sich mit dem Gedanken, die Universitätslaufbahn an den Nagel zu hängen und in die Industrie zu gehen. – Hat er das wirklich im Ernst vor?

auf den Gedanken verfallen, etw. zu tun *form* · to hit upon the idea of doing s.th.

... Plötzlich verfiel er auf den Gedanken, sein Studium zu wechseln. Ich weiß auch nicht, wie er auf die Idee kam ...

ganz in Gedanken verloren sein – (ganz) in **Gedanken** versinken · to be lost in thought, to be in a brown study

(ganz) in Gedanken versinken *oft: (ganz) in Gedanken versunken (sein)* · to be lost in thought

Ach, du bist schon da? – Ja. Du warst ganz in Gedanken versunken und hast gar nicht gemerkt, daß ich hereinkam. Woran dachtest du denn, daß du alles um dich herum vergaßt?

(ganz) in Gedanken vertieft (sein) – (ganz) in **Gedanken** versinken · to be lost in thought

etw. **in Gedanken an sich vorüberziehen lassen** – etw. **Revue** passieren lassen · to go over s.th. in one's mind

mit seinen Gedanken (immer/ganz) **woanders sein**/seine ... haben · s.o. is miles away, + s.o.'s mind is on s.th. completely different

Leider muß ich Ihnen sagen, Frau Peters, daß Ihr Wolfgang im Unterricht nach wie vor nur selten mitmacht. Er ist mit seinen Gedanken immer woanders. Konzentriert zuhören kann er gar nicht.

Gedanken sind zollfrei! *ugs iron* – **Gedanken** sind frei! · thoughts are free

die/seine Gedanken nicht zusammenhalten (können) *ugs* · (not to be able) to focus one's thoughts, (not to be able) to concentrate

18 Fehler in einem so leichten Diktat! Wenn er nur ein bißchen aufgepaßt hätte, hätte er ein 'gut'. – Der Junge kann seine Gedanken nicht zusammenhalten. Er macht nichts konzentriert.

seine Gedanken zusammennehmen *ugs* · to collect one's thoughts, to concentrate *n*

Nimm deine Gedanken zusammen, Reinhard! Wenn du nicht bei der Sache bist und dich nicht konzentrierst, kriegst du die Aufgabe natürlich nie raus!

Gedankenübertragung: das ist/war **Gedankenübertragung** · it/s.th. is/was telepathy

... Mir fällt als Beispiel da nur gerade die Freundschaft zwischen Goethe und Schiller ein ... – Das war Gedankenübertragung. Daran mußte ich auch gerade denken, als die Rede auf 'Freundschaft' kam ...

Gedeih: auf Gedeih und Verderb von jm. **abhängig sein**/... *path* – jm. auf **Gnade** und/(oder) Ungnade ausgeliefert sein · to be entirely at the mercy of s.o.

jm. **auf Gedeih und Verderb ausgeliefert sein** *path* – jm. auf **Gnade** und/(oder) Ungnade ausgeliefert sein · to be at s.o.'s mercy

auf Gedeih und Verderb zusammenhalten/... *path* · to stick together/... for better or worse, to stick together/... come what may/through thick and thin

Die beiden Freunde waren unzertrennlich. Sie hatten sich geschworen, auf Gedeih und Verderb zusammenzuhalten.

Gedenken: im/zum Gedenken an jn./etw. *form* · 1. 2. in memory of s.o./s.th., in remembrance of s.o./s.th., to commemorate s.o./s.th.

1. (Aus einer Rede:) Wenn wir uns heute hier zum Gedenken an die Schlacht von Verdun treffen, dann sollte uns diese Erinnerung vor allem mahnen ...

2. ... Ja, die machen in dem Institut jedes Jahr eine Feier zum Gedenken an den (Instituts-) Gründer, Herrn Prof. Laue.

in stillem Gedenken *Schlußformel in Beileidsbriefen form* · + s.o. will be sadly missed

'Sehr verehrte Frau Stadelmeier, zum Tode Ihres Mannes möchte ich Ihnen im Namen unserer ganzen Familie unsere aufrichtige Anteilnahme aussprechen. In stillem Gedenken. Ihr Werner Laue.'

jn. **in gutem/bestem Gedenken behalten** *form selten* – jn./ etw. in guter/bester **Erinnerung** behalten · to have pleasant/happy/... memories of s.o./s.th.

Gedenkminute: eine Gedenkminute für jn. **einlegen** *form* · to observe a minute's silence for s.o.

(Auf einer Betriebsversammlung:) Und nun wollen wir uns erheben und eine Gedenkminute für unsere Verstorbenen einlegen!

Gedicht: etw. ist ein Gedicht *ugs* · to be pure/sheer poetry, to be superb, to be a dream

Diesen Wein mußt du probieren, Willy, das ist ein Gedicht. – Dann reich' mal ein Glas rüber! ... Oh, in der Tat! Ausgezeichnet!

(und) noch ein Gedicht *sal scherzh selten* · another one! *n*, one more!

(In einer Wirtschaft, zum Wirt:) ... Anton, noch'n Gedicht! – Meinst du nicht, du hast jetzt genug Doppelwacholder getrunken, Emil? – Noch einen. Den letzten.

gediehen: wie weit ist etw. **gediehen?**/wissen wollen/..., wie weit etw. gediehen ist *ugs* · 1. 2. how far have you/has John/... got (with the work/...) *n*, + to ask s.o. how far he/... has got with s.th. *n*

1. Wir waren länger nicht mehr auf der Baustelle und würden gern wissen, wie weit die Arbeit an unserem Haus gediehen ist. Hast du Lust, mit herauszufahren? – Ja, das interessiert mich, wie lange es bis zu eurem Umzug noch dauert.

2. Wie weit sind deine Afrikapläne bisher gediehen? – Noch nicht weit. Bisher sind das alles noch Vorüberlegungen.

gedient: mit etw. **ist** jm. **(nicht) gedient** · 1. 2. + s.th. is no good/use to s.o.

1. Nein, mit diesem einsprachigen Wörterbuch ist mir nicht gedient. Ich brauche ein zweisprachiges. Dies hilft mir nicht weiter.

2. Mit dieser miserablen Arbeit ist meiner Frau nicht gedient. Da kann sie auch gleich alles selber machen.

mit etw. **ist** jm. **nur halb gedient** · + s.th. is not a great deal of/much use to s.o.

Mit einer Gehaltserhöhung ist ihm nur halb gedient. Er hat zwar gewisse finanzielle Schwierigkeiten, aber viel wichtiger sind seine gesundheitlichen Probleme. Er müßte mal ein halbes Jahr aussetzen.

Gedinge: im Gedinge arbeiten *form veraltend selten* · to do piece-work at an agreed higher rate *para*

Gibt es das eigentlich heute noch, daß die Leitung einer Zeche o.ä. und die Untertagearbeiter einen Sonderlohn aushandeln, sodaß die Leute 'im Gedinge arbeiten', wie man das nannte? – Ich glaube kaum.

Gedränge: jn. ins Gedränge bringen · 1. to put s.o. under pressure, 2. to put s.o. in a tight spot/on the spot

1. Eine Touristengruppe, die plötzlich ins Lokal trat, brachte das Personal arg ins Gedränge. Es kam mit der Arbeit kaum noch durch.

2. Mit deiner Frage nach ihren persönlichen Beziehungen zu dem Ministerialrat hast du sie ganz schön ins Gedränge gebracht. – Wieso? – Weißt du nicht, daß sie vor zwei Jahren eine Liebesaffäre mit ihm hatte?

ins Gedränge kommen/(geraten) (mit etw.) · 1. to get into a fix, 2. to get into a tight spot

1. Als der Touristenschwarm in das Lokal strömte, kam das Personal ganz schön ins Gedränge. Obwohl alle Kellner jeden so zügig wie möglich bedienten, mußten viele Gäste über eine Stunde auf ihr Essen warten.

2. In der Diskussion widerlegten sie ihm ein Argument nach dem anderen, und er kam ziemlich ins Gedränge. Er wußte überhaupt nicht mehr, was er antworten, wie er seine Anschauungen rechtfertigen sollte.

sich im Gedränge verlieren · to disappear/to vanish in/into the crowd

... Bei diesen Menschenmassen, die da aus dem Stadion strömten, war eine Verfolgung aussichtslos. Die Diebe verloren sich im Gedränge ...

gedrängt: dicht gedrängt stehen die Zuschauer/... · the spectators are standing jam-packed

... Dicht gedrängt standen die Menschen da auf dem Rathausplatz und renkten sich den Hals nach dem berühmten Gast aus ...

gedreht: da muß (doch) einer/j. dran gedreht haben ugs · s.o. must have pulled some strings n, s.o. must have messed around with s.th. n

Monatelang haben die mir auf meine Bewerbung nicht einmal eine Antwort gegeben, und plötzlich, seit vierzehn Tagen etwa, bin ich der einzige ernstzunehmende Kandidat, eine Koryphäe auf meinem Gebiet und was weiß ich noch alles. Da muß jemand dran gedreht haben. – Ist dein Onkel da nicht im Aufsichtsrat? Vielleicht hat der da seine Finger drin.

gedrillt: auf etw. **gedrillt sein** · to be well-drilled in s.th., to be practised at s.th.

Der Schulze ist auf medizinische Texte gedrillt. Klar, daß er die im Nu und korrekt übersetzt. – Wo haben sie denn darauf getrimmt? – In einem Intensivkurs in Bochum.

Geduld: jm. **reißt die Geduld** · + to be losing one's patience with s.o., s.o.'s patience is wearing thin

Seid ihr immer noch nicht fertig? Jetzt reißt mir aber bald/langsam die Geduld. Wenn ihr in fünf Minuten nicht gewaschen seid, gibt's was!

sich in Geduld fassen (müssen) · to (have to) be patient, to (have to) practise the virtue of patience

Sie müssen sich mit Ihrem Gesuch noch etwas in Geduld fassen, der Sachbearbeiter ist noch in Urlaub. – Wie lange muß ich denn noch rechnen, bis der Antrag bearbeitet ist?

mit Geduld und Spucke ... (fängt man eine Mucke) ugs selten · patience and snare catch many a hare rare

... Halte durch, Otto! Mit Geduld und Spucke fängt man bekanntlich eine Mucke. – Mach dir keine Sorgen! So leicht bin ich nicht zu entmutigen. Langsam aber stetig dem Ziel entgegen – das war immer meine Devise.

die Geduld verlieren · to lose one's patience (with s.o./s.th.)

Nachdem er eine gute halbe Stunde vergeblich versucht hatte, dem Examenskandidaten eine richtige Antwort zu entlocken, verlor er die Geduld. Er schlug mit der Faust auf den Tisch und schrie ...

sich mit Geduld wappnen (müssen) ugs – sich in **Geduld** fassen (müssen) · to (have to) be patient, to (have to) practise the virtue of patience

Geduldsfaden: jm. **reißt der Geduldsfaden** ugs – jm. reißt die **Geduld** · + to be losing one's patience with s.o., s.o.'s patience is wearing thin

einen langen Geduldsfaden haben ugs selten · to be very patient n

Er hat einen langen Geduldsfaden und viel Verständnis. Aber wenn ihm dieser Geduldsfaden mal reißt, dann knallt's, und zwar richtig.

Geduldsprobe: jn. **auf eine (harte/arge) Geduldsprobe stellen** · to try s.o.'s patience sorely

Das monatelange Warten stellte den Klaus auf eine harte Geduldsprobe. Aber er hielt durch, und seine Ausdauer machte sich bezahlt: von 17 Bewerbern wurde er gewählt.

geeicht: auf etw. **geeicht sein** ugs · + it/s.th. is right up s.o.'s street, + it/s.th. is in s.o.'s line

Einen medizinischen Text übersetzt der Alois dir im Nu. Darauf ist er geeicht. Er hat doch jahrelang nichts anderes gemacht.

Gefahr: auf eigene Gefahr · at one's own risk

»Betreten der Baustelle auf eigene Gefahr!«

außer Gefahr sein form · to be out of danger

... Uff, hier kann uns nichts mehr passieren, hier sind wir außer Gefahr; so weit kommen die Strömungen nicht. Nie mehr wage ich mich so weit ins Meer heraus. Hab' ich eine Angst gehabt!

in Gefahr sein, zu ... · to be in danger of becoming/...

Der Karl-Heinz ist in Gefahr, sich in der Partei völlig zu isolieren. Er kann doch nicht immer und immer eine Extratour reiten.

Gefahr im Anzug form selten – **Hannibal** ad portas · danger is looming/imminent, there is danger ahead, danger is threatening

sich e-r **Gefahr aussetzen** form · to run the risk of doing s.th., to expose o.s. to a danger

Wenn der Karl-Heinz immer und immer wieder eine Extratour reitet, setzt er sich der Gefahr aus, sich völlig zu isolieren. Auch einem angesehenen Politiker verzeiht eine Partei das auf die Dauer nicht.

jn./etw. in Gefahr bringen · to put s.o./o.s. in danger

... Nein, nein, weiter heraus schwimmen wir auf keinen Fall. Da würden wir die Kinder – und u.U. auch uns selbst – in Gefahr bringen.

auf die Gefahr hin, daß ... · at the risk of doing s.th.

Auf die Gefahr hin, daß Sie mir meine Bemerkung übelnehmen, Herr Bollinger: ich kann Ihrer Einschätzung der politischen Lage im Osten nicht zustimmen.

Gefahr laufen, zu ... · to run the risk (of doing/... s.th.)

Nein, im Winter würde ich die Strecke mit dem Wagen nicht fahren. Da läufst du Gefahr, stecken zu bleiben. – Dann will ich das lieber nicht riskieren.

unter Gefahr des eigenen Lebens jn. retten/... path · to save s.o./... at the risk of one's life, to save s.o./... by risking one's life

... Wer, wie der Berthold, unter Gefahr des eigenen Lebens ein Kind vor dem Ertrinken rettet, hat eine offizielle Ehrung mehr als verdient.

ohne Gefahr für Leib und Leben etw. tun können/... form od. iron · to be able to do s.th. without risking life and limb

Kann man als Laie den Aufstieg hier wagen, ohne Gefahr für Leib und Leben? – Aber natürlich! Gestern noch ist ein 60-jähriges Ehepaar hier hinaufgegangen.

in Gefahr schweben · to be in danger, to be in jeopardy, to be in peril, to be menaced

Die Operation ist gut verlaufen? – Ja. – Und schwebt sie noch in Gefahr? – Die Ärzte sagen nein.

sich (unbedacht/...) in Gefahr stürzen form – path · to plunge (recklessly/...) into danger, to court danger

Welch ein Leichtsinn, sich bei diesem Sturm mit so einem kleinen Boot so weit aufs Meer hinauszuwagen! – Der Walter liebt es, sich in Gefahr zu stürzen. Er braucht das.

Gefahr im Verzug form jur · (there is) danger in delay

Wenn Gefahr im Verzug ist, das heißt, wenn eine konkrete drohende Gefahr besteht, darf nach den §§ 98 und 100 der Strafprozeßordnung eine Beschlagnahme auch durch die Staatsanwaltschaft durchgeführt werden. Im Normalfall ist es Sache des Richters, darüber zu entscheiden.

gefahren: was ist (denn) (plötzlich/...) in jn. gefahren? ugs · 1. 2. what has suddenly got into s.o.?

1. Was ist denn in den gefahren? Er schreit ja da herum wie ein Wilder! – Ich weiß auch nicht, was er plötzlich hat.

2. Was ist denn in dich gefahren? Du bist ja heute so munter. – Ich weiß auch nicht, warum – aber ich bin heute ganz aus dem Häuschen. seltener

Gefälle: ein gutes Gefälle haben *sal selten* – viel/wenig/... **vertragen** (können) · to be able to put a lot away

Gefallen: jm. **zu Gefallen sein** *form* · to be at s.o.'s service
Sie wissen, ich bin Ihnen immer gern zu Gefallen. Aber heute kann ich Ihnen beim besten Willen nicht helfen, ich bin den ganzen Tag über belegt.

jm. **zu Gefallen** etw. tun – (eher:) jm. **zuliebe** etw. tun · to do s.th. for s.o.'s sake

jn. **um einen Gefallen bitten** · to ask a favour of s.o., to ask s.o. to do one a favour
... Warum bittest du den Herrn Lohe nicht, dir das Buch mitzubringen? Er muß heute nachmittag sowieso in eine Buchhandlung. – Du weißt, daß ich die Leute hier nicht gern um einen Gefallen bitte. Das Buch kann ich morgen selbst holen.

bei jm. **(viel) Gefallen finden** *form* · to find favour with s.o., to appeal (greatly/...) to s.o.
... Die Rede, die du da auf dem 'Kongreß für Völkerrecht' gehalten hast, Richard, hat bei den einschlägigen Sachbearbeitern im AA (Auswärtigen Amt) viel Gefallen gefunden. Sie meinen, du hättest da einige ganz zentrale Punkte angesprochen ...

(keinen) **Gefallen finden an** etw./daran, etw. zu tun · (not) to get pleasure from s.th., (not) to derive pleasure from s.th.
Ich weiß nicht, welchen Gefallen man daran finden kann, anderen Menschen dauernd Knüppel zwischen die Beine zu werfen. – Du bist eben kein geborener Intrigant, wie dieser Abel. Diesem Typen macht das Spaß.

jm. **zu Gefallen reden** *form selten* · to say what s.o. likes/wants to hear, to say s.th. to please s.o.
Hat der Holger nicht lang und breit erklärt, er wäre auch für Barockmusik? – Das darfst du nicht so ernst nehmen. Er hat nur der Christiane zu Gefallen geredet. Er weiß, daß sie Barockmusik über alles schätzt.

jm. **einen Gefallen tun** · to do s.o. a favour
Würdest du mir einen Gefallen tun? Diesen Brief in den Kasten werfen, wenn du in die Stadt fährst?

allen zu Gefallen sein wollen *form selten* · to want/to try to please everybody
Du hättest ruhig unmißverständlich sagen sollen, wofür du bist – und wogegen. Dann hätte jeder gewußt, woran er ist. Es hat doch gar keinen Sinn, allen zu Gefallen sein zu wollen; das gibt nur Komplikationen.

gefallen: das könnte dir/ihm/dem Peter/... **so gefallen** *ugs* – das hast du/habt ihr/... **gern** was?! · + you/he/Mary/... would like that, wouldn't you/he/she/..., that would suit you/her/Mary/... down to the ground, wouldn't it?

das lasse/laß **ich mir gefallen**/(das läßt du dir/er sich/... gefallen, was?!) *ugs* · that's what I like!, that's just the job for me!, that's just what the doctor ordered!
Oh, noch Schokoladenpudding zum Nachtisch? Das laß ich mir gefallen! Sag' mal: kannst du mich nicht morgen mittag wieder zum Essen einladen?

sich darin gefallen, etw. zu tun · to like to play the part of ...
Statt bescheiden aufzutreten, gefällt er sich darin, den Weltmann zu spielen, und er merkt gar nicht, daß sich alle Leute über seine Großtuerei lustig machen.

sich etw. **gefallen lassen** (von jm.) · 1. (not) to put up with s.th. (from s.o.), 2. to (be able to) accept s.th., to tolerate s.th.
1. Was, Karlchen hat dich wieder geschlagen, Erna? Das darfst du dir nicht gefallen lassen! Du machst dich nicht wehren!
2. Daß er die Dinge in seinem Sinn zu lenken sucht, laß ich mir noch gefallen. Es ist zwar nicht schön, aber verständlich. Doch handfeste Unwahrheiten darf er sich nicht leisten. Das geht zu weit.

sich von jm. **alles/... gefallen lassen** · to put up with everything from s.o.
... Ja, du darfst dir von dem Werner nicht alles gefallen lassen, Doris! Wenn er dir dumm kommt, mußt du dich wehren. Sonst meint er natürlich, er kann mit dir machen, was er will.

gefällig: hier/da ist was/(etwas) **gefällig** *sal selten* · 1. it's really delightful/charming/... *coll*, 2. things are really/... humming *coll*, 3. it's a real/... mess *n*
1. Die Bude von dem Herbert müßtest du mal sehen! Da ist was gefällig, sag' ich dir. So ein babylonisches Durcheinander hab' ich noch nicht gesehen.
2. Bei dieser Karnevalsfeier war was gefällig. Mein lieber Mann! So hoch ging's hier schon lange nicht mehr her.
3. Auf diesem Amt ist was gefällig! Da herrschen geradezu unbeschreibliche Zustände.

Gefälligkeit: etw. (nur) **aus Gefälligkeit** tun · to do s.th. out of the kindness of one's heart, to do s.th. just to be obliging, to do s.th. just to oblige s.o.
... Hat sie dir den Text nur aus Gefälligkeit übersetzt oder hat sie dabei Hintergedanken, verspricht sich davon einen Vorteil ...?

jm. **eine Gefälligkeit erweisen** *form selten* · 1. 2. to do s.o. a (small) favour
1. ... Mein Gott, das ist doch gar nicht der Rede wert, wenn ich dem Dr. Laue da so eine kleine Gefälligkeit erweise! Ich war doch sowieso in der Buchhandlung; also konnte ich das Buch für ihn auch gleich mitkaufen. Ihr macht da ein Theater ...
2. vgl. – (eher:) jm. einen **Gefallen** tun

Gefangene: 100/140.000/keine/... **Gefangene machen** *mil* · to take 100/140000/no/... prisoners
... Eine unmenschliche Kriegsführung! Statt Gefangene zu machen, knallen sie die Leute einfach ab. Gefangene, sagen sie, stören ihre Kriegspläne.

gefangengenommen: ganz/völlig/... **gefangengenommen sein von** jm./etw. *path selten* · to be captivated by s.o./s.th.
.. Sie ist von diesem Mann nicht nur fasziniert, sondern regelrecht gefangengenommen.

Gefangenschaft: in **Gefangenschaft geraten** · to be taken prisoner
30.000 Soldaten sind gefallen – und wieviele sind in Gefangenschaft geraten?

Gefängnis: darauf/auf etw. **steht Gefängnis**/... Monate/Jahre Gefängnis *jur* · + an offence/a crime/perjury/... is punishable by imprisonment/by a prison sentence
Steht auf Meineid eigentlich Gefängnis? – Ich glaub' schon, daß sie einen deswegen einsperren können. Warum fragst du?

jn. **ins Gefängnis bringen** · to put s.o. into prison, to send s.o. down
(Ein Prozeßbeobachter:) Man hat den Eindruck, der Staatsanwalt will den Angeklagten unbedingt ins Gefängnis bringen ...

ins Gefängnis kommen – hinter **Schloß** und Riegel kommen/(gesetzt werden/wandern) · to be put behind bars, to be sent down

im Gefängnis sitzen – hinter schwedischen **Gardinen** sitzen · to be behind bars/in prison/doing time/bird/...

jn. **ins Gefängnis stecken**/(werfen) – jn. hinter **Schloß** und Riegel setzen/(bringen) · to put s.o. in prison/jail

gefärbt: kommunistisch/sozialistisch/... **gefärbt sein** *ugs* · to have communist/socialist/... leanings *n*
... Nein, ein 'Kommunist' war der Achtermann nie! – Aber kommunistisch gefärbt! – Vielleicht, ja ...; bestimmte Personen und Ideen in seinen Büchern stehen dem Kommunismus nahe, aber ...

gefaßt: auf etw. **gefaßt sein** · to be prepared for s.th., to reckon on with s.th.
... Aber da ich auf diese Kritik gefaßt war, fiel es mir nicht schwer, sie zu entkräften. – Und wieso hattest du mit dieser Kritik schon gerechnet?

auf alles gefaßt sein (müssen) · 1. 2. to (have to) be prepared for anything
1. Unser Freund Gerhard ist unberechenbar. Bei ihm muß man auf alles gefaßt sein.

2. In diesem Hafenmilieu mußt du auf alles gefaßt sein. – Was kann denn da alles passieren?

sich auf etw. **gefaßt machen** (müssen) · to (have to) be prepared for s.th., s.o. is in for s.th.
Nach den Wettervorhersagen der Amerikaner müssen wir uns auf einen langen und harten Winter gefaßt machen.

j. **kann sich auf was/**(etwas) **gefaßt machen!** *oft: wenn … dann kann sich j. …! ugs* · 1. if …, s.o. is going to get s.th. he hasn't bargained for!, 2. + there will be hell to pay, + all hell is let loose/breaks loose
1. Wenn er mich nochmal betrügt, (dann) kann er sich auf was gefaßt machen! – Was machst du denn dann? – Dann sorg' ich dafür, daß er seine besten Kunden verliert!
2. vgl. – es gibt/(setzt) ein **Donnerwetter**

Gefecht: (dann/mal) **auf ins Gefecht!** *ugs selten* – ran an die **Gewehre!** · get down to it!, get cracking

klar zum Gefecht(?) *ugs selten* · ready to go?, all set?
Alle klar zum Gefecht?/(Alles klar zum Gefecht?/(Seid ihr klar zum Gefecht?). Also raus auf den Platz, Jungens! Und daß ihr mir eine saubere Partie dahinlegt!

Argumente/… **ins Gefecht führen** *selten* – Argumente/ Gründe/… **ins Feld führen** (1) · to produce arguments/… to support one's ideas/…, to produce arguments in support of s.o.'s ideas

jn. **außer Gefecht setzen** · 1. 2. to put s.o./s.th. out of action
1. Durch einen gezielten Schlag an die Kinnlade konnte er seinen Gegner schon kurz nach Beginn des Boxkampfes außer Gefecht setzen.
2. Der Innenminister kann an der heißen Phase des Wahlkampfs nicht teilnehmen. Ein Herzanfall hat ihn für Wochen, wenn nicht für Monate außer Gefecht gesetzt.

gefehlt: das/(etw.) hat jm. (gerade) **noch gefehlt!** *ugs* · 1. 2. that is all I/we/… need!
1. Was, der Herr Breitner ist auch krank? Das hat mir gerade noch gefehlt! Gerade jetzt, wo der Verhandlungsabschluß mit Mannesmann vor der Tür steht.
2. Der Günther stellt 'Ansprüche'? Das hat uns gerade noch gefehlt! Gerade dieser Junge, für den wir seit Jahren die größten Opfer bringen! Wenn der sich nicht ganz schnell eines besseren besinnt, setz' ich ihn an die frische Luft!

weit gefehlt! · you're/… way out!, *coll*, you're/… dead wrong!
Sie meinen, er habe für dieses Häuschen die Ersparnisse von zehn Jahren aufgebraucht? Weit gefehlt! Er hat es von seiner Mutter geschenkt bekommen.

gefeit: gegen etw. **(nicht) gefeit sein** · (not) to be immune to s.th.
… Eine gute Krankenversicherung halte ich für unbedingt nötig. Gegen Krankheiten ist doch niemand gefeit! – Da hast du Recht; das kann jeden treffen …

gefesselt: ganz/völlig/… **gefesselt sein von** jm./etw. *path* – ganz/völlig/… **gefangengenommen** sein von jm./etw. · to be captivated/spellbound/entranced by s.o./s.th.

(jn.) **gefesselt und geknebelt** (liegenlassen/…) *path selten* · (to leave s.o.) tied up and gagged, (to leave s.o.) bound and gagged
(In einem Kriegszug gegen Partisanen:) Mein Gott, schaut euch das an – wieder ein Platz, wo diese Canaillen wer weiß wie viele unschuldige Leute gefesselt und geknebelt einfach da liegen lassen! Wenn wir hier nicht erschienen wären, wären die jämmerlich verreckt. Nicht einmal um Hilfe rufen können die!

gefeuert: eine gefeuert kriegen/(bekommen) *sal* – eine **Ohrfeige** kriegen/(bekommen) · to get clouted/belted/slapped/ whacked/…

ein paar gefeuert kriegen/(bekommen) *sal* – ein paar **Ohrfeigen** kriegen/(bekommen) · to get a clip round the ears

Gefilden: sich den heimatlichen Gefilden nähern *ugs oft iron* · to be approaching/… one's native skies *elev*/home pastures *lit*/the green grass of home *n*/…
Na, wie fühlst du dich jetzt, wo wir uns nach dieser langen Reise wieder den heimatlichen Gefilden nähern?

Gefolge: im Gefolge von … *form* · in the wake of s.th.
… Im Gefolge von übertriebenen Lohnerhöhungen kommt es zu Preissteigerungen, sagst du? Ist das so sicher? – Ich denke schon; ich denke, das ist eine geradezu zwangsläufige Folge.

etw. **im Gefolge haben** *form selten* · to bring s.th. in its wake, to lead to s.th.
Die Nachrichten von einer Choleraepidemie in diesem Land hatten natürlich einen starken Rückgang des Tourismus im Gefolge.

Gefolgschaft: jm. **Gefolgschaft leisten** *form oft hist* · to give s.o. one's allegiance, to owe s.o. allegiance
Im Mittelalter hatten die Ritter ihrem Lehnsherrn Gefolgschaft zu leisten. – Ah! Wie unsere Parteileute ihrem sog. Vorsitzenden.

gefolgt: (dicht) gefolgt von … *form* · 1. 2. (closely/…) followed by …
1. Gefolgt von fast allen Mitgliedern des Kabinetts, betrat der Kanzler den Festsaal.
2. (Von einer Fronleichnamsprozession:) Vorne der Erzbischof von München und Freising; dahinter verschiedene andere bayrische Bischöfe, dicht gefolgt von einem Heer an Würdenträgern, Ministranten, Musikkapellen … – bis dann die sogenannten einfachen Leute kamen …

gefragt: gefragt sein/(werden) · to be in demand
Gute Maschinenbauer sind hier sehr gefragt. Wenn der Klaus von seinem Fach was versteht, findet er hier bestimmt eine gute Stelle.

gefressen: jn. gefressen haben *sal* · to be sick and tired of s.o. *coll*, to be sick to death of s.o. *coll*, to be fed up with s.o., to have had all one can take of s.o. *coll*
… Den Kerl hab' ich vielleicht gefressen! Jedesmal, wenn ich ihn sehe, juckt es mir in den Fingern! Wenn ich könnte, wie ich wollte, würde ich ihm auf offener Straße eine knallen.

es/das/(etw.) (endlich/…) gefressen haben *sal* · 1. 2. to have got it (at last/…) *coll*, + the penny's dropped (at last/…) *coll*, to have twigged (at last/…) *coll*
1. Du machst das Bett morgens, nachdem du aufgestanden bist, und nicht nachmittags oder abends! Hast du das jetzt endlich gefressen oder muß ich dir das noch tausendmal erklären?
2. … Tut mir leid, aber ich mußte ihm das ja mal ein wenig deutlicher sagen. Ich hatte ihm wenigstens schon viermal erklärt, daß diese Maschine ein Spezialöl braucht; aber er hat immer wieder normales Öl benutzt. – Jetzt hat er das/es aber gefressen, oder?

Gefrierpunkt: js. Gefühle/Sympathien/… (für jn./etw.) **sinken auf/erreichen den Gefrierpunkt** *ugs* · s.o.'s feelings/… for s.o./s.th. hit rock-bottom/reach freezing point
Heiß und innig hat die Gaby den Gerd ja wohl nie geliebt. Aber inzwischen haben ihre Gefühle wohl den Gefrierpunkt erreicht …

die/js. Laune/Stimmung/die Atmosphäre/… **sinkt auf/unter den Gefrierpunkt** *ugs* – auf/unter den **Nullpunkt** sinken · s.o.'s mood reaches an all-time low, the atmosphere becomes very/… frosty

gefrühstückt: du hast/er hat/… **wohl schlecht gefrühstückt,** (was/oder)?/hast du/hat er/… schlecht gefrühstückt? (oder oder warum/…?) *sal* · s.o. probably got/s.o. must have got/ did s.o. get/… out of bed on the wrong side *coll*
Du lieber Himmel, hast du eine Laune heute! Hast du schlecht gefrühstückt, oder was ist los?

Gefühl: etw. **nach Gefühl tun** · 1. 2. to do s.th. on instinct/by intuition, to do s.th. by relying on one's instinct/intuition
1. Wieviel Essig muß man da hineinschütten? – Warte, ich tu das. Ich mach' das immer nach Gefühl. Wieviel es genau ist, kann ich daher nicht sagen.
2. Nach welchen Kriterien genau haben Sie die Sache dann entschieden? – Ich habe nach Gefühl entschieden, um ganz ehrlich zu sein.

(ein) **Gefühl für** etw. **haben** · to have a feeling for s.th.
Für Musik hat sie nicht nur Gefühl, sondern auch Verständnis.

das dunkle Gefühl haben, daß ... *ugs* · to have a vague feeling/notion/... that ...
Ich habe das dunkle Gefühl, das Geschäft, das er uns da vorschlägt, ist nicht ganz sauber. – Mir kommt die Sache auch nicht ganz geheuer vor. Wir sollten vielleicht doch noch zusätzliche Erkundigungen einziehen.

etw. **im Gefühl haben** · 1. to be able to tell instinctively, to know instinctively, 2. (to be able) to feel s.th. in one's bones *coll*
1. Meine Großmutter eine Waage beim Kochen benutzen? Die weiß gar nicht, was eine Waage ist. Die hat genau im Gefühl, wieviel Salz, Essig, Gewürze usw. die einzelnen Mahlzeiten brauchen.
2. Morgen gibt's Regen. – Woher weißt du das? – Das hab' ich im Gefühl. – Na, dann wollen wir mal sehen, ob dich dein Gefühl nicht trügt.

(schon) **so etwas im Gefühl haben** *ugs* · to have a feeling (that ...)
Ist deine Bewerbung tatsächlich abgelehnt worden? – Ja. Aber damit hatte ich gerechnet. – Wieso? – Ich weiß nicht. Aber ich hatte schon so etwas im Gefühl ...

kein Gefühl haben/(Gefühl haben) **für** etw. · 1. to have no feeling for s.th., to have an/no ear for music, 2. to have no feeling for the fact that ..., 3. to have no understanding of s.th., (not to be able) to appreciate s.th.
1. Der Junge hat absolut kein Gefühl für Musik. Die sagt ihm gar nichts.
2. Der Klaus ist unmöglich. Der hat überhaupt kein Gefühl dafür, daß jemanden bestimmte Dinge sehr verletzen können. Überhaupt keinen Takt.
3. An ihn brauchst du dich mit diesen Problemen gar nicht zu wenden. Er hat kein Gefühl für die Sorgen anderer. Das interessiert ihn nicht.

so ein komisches/(seltsames) Gefühl haben (daß ...) *ugs* · to have a strange/funny feeling that ...
Willst du den Vertrag nicht unterschreiben, Manuela? – Ich warte lieber noch ein, zwei Tage. – Warum denn das? Jetzt, wo alles geregelt ist. – Ich habe so ein komisches Gefühl, daß die Sache einen Pferdefuß hat. Ich kann nicht sagen, warum, aber ...

(so) **ein mulmiges Gefühl haben** (bei etw.) *ugs* · to feel uneasy (about s.th.) *n*, to feel funny (about s.th.), to feel queasy *n*
... Sie traut diesen Leuten nun einmal nicht. Jedesmal, wenn sie eine Einladung bekommt, hat sie so ein mulmiges Gefühl ... Sie hat immer den Eindruck, es steckt etwas dahinter, man stellt ihr eine Falle ...

(so) **ein ungutes Gefühl haben** (bei etw.) *ugs* · to have an uneasy feeling (about s.th.) *n*, to have a bad feeling (about s.th.) *n*
Was meinst du, hast du die Zwischenprüfung bestanden? – Ich glaub' nicht. Ich hab' so ein ungutes Gefühl ...

jn. **beschleicht/überkommt so ein** (beängstigendes/...) **Gefühl** (daß/als/...) *ugs oft iron* · + s.o. is beginning to get an uneasy feeling (that ...) *n*
... Es beschleicht mich das beängstigende Gefühl, daß wir in diesem Jahr überhaupt keine Gehaltserhöhung kriegen. Bei all diesen Andeutungen von oben ...

das Gefühl haben, Blei in den Füßen/Gliedern/Knochen zu haben *oft 1. Pers* – js. **Glieder** sind (schwer) wie Blei · my/... limbs/arms and legs feel like lead

seinem ersten Gefühl folgen · to act on one's first impulse
... Wenn Vater seinem ersten Gefühl gefolgt wäre und sofort zugegriffen hätte, hätten wir jetzt ein herrliches Haus. – Und wenn der erste Eindruck falsch gewesen wäre, wir einem Gauner in die Finger gefallen wären, würdest du jetzt auch Kritik üben.

so ein komisches/(seltsames/mulmiges) **Gefühl im Magen haben** (daß ...) *ugs* – so ein komisches/(seltsames) **Gefühl** haben (daß ...) *seltener* · to have a strange/funny feeling (that ...)

ein (unangenehmes/...) **Gefühl der Völle im Magen**/Leib/ (Bauch) **haben** *form selten* · to have a(n) unpleasant/... feeling of fullness in one's stomach, to have a(n) unpleasant/... feeling of repletion in one's stomach
... Irgendetwas stimmt da nicht – ich hab' immer so ein Gefühl der Völle im Magen. Dabei eß ich überhaupt gar nicht viel! – Vielleicht gehst du doch mal zum Arzt.

..., (das ist) ein Gefühl wie Weihnachten (nur nicht so feierlich) *sal* · it's a great feeling *n*, + one feels on top of the world *n*
(Jemand, der ein Turnier gewonnen hat:) Wenn du da so stehst – von allen geehrt – und die Siegesprämie in die Hand gedrückt kriegst – das ist ein Gefühl, sag' ich dir ... – wie Weihnachten (nur nicht so feierlich)! – Na, du genießt das doch, oder?!

etw. **ist** (für jn.) **das höchste der Gefühle** *ugs* – *path* · s.th. is the ultimate experience/... for s.o. *coll*
Die Sommerferien am Meer verbringen, das ist für die Karin das höchste der Gefühle. Etwas Schöneres kann sie sich gar nicht vorstellen.

das/(etw.) **ist nun aber**/... **das höchste der Gefühle!** *ugs iron* · + 100/... marks/... is as much as I/... am/... prepared to pay/... *n*, + 100/... marks/... is the most I/... am/... prepared to pay/... *n*, + s.o. won't get more than 100/... marks/... for s.th., + s.th. won't fetch more than ...
... also gut, sagen wir 5.000,– Mark! Aber das ist das höchste der Gefühle. Mehr zahl' ich auf keinen Fall. Schon 5.000,– ist eigentlich zu viel.

js. **Gefühle mit Füßen treten** *ugs* – *path* · to trample on s.o.'s feelings
An Ursels Stelle würde ich auch nicht mehr mit dir umgehen. Wer anderleuts Gefühle mit Füßen tritt, kann nicht erwarten, daß man ihm nicht entgegenkommt. Du weißt ganz genau, wie sehr sie ihren Vater verehrt. Da kannst du den alten Herrn doch nicht vor allen Leuten lächerlich machen.

js. **Gefühle für** jn. **erreichen den Gefrierpunkt** *ugs* – *path* · s.o.'s feelings for s.o. reach an all-time low *n*/reach freezing point *n*/...
Ihre Ehe ist am Ende, habe ich den Eindruck. Die Gefühle, die sie füreinander hatten, scheinen den Gefrierpunkt erreicht zu haben. Jedenfalls kann man nicht kälter miteinander umgehen, als die beiden es sind.

e-r S. **mit gemischten Gefühlen entgegensehen**/(etw. ... tun) · 1. 2. to view s.th. with mixed feelings, to have mixed feelings about s.th.
1. Es scheint, Herr Direktor Kieback, Sie sind von dem Verhandlungsangebot gar nicht so angetan? – Ich sehe den Verhandlungen mit gemischten Gefühlen entgegen. Auf der einen Seite kann es uns nur recht sein, wenn ... auf der anderen Seite ... Sie sehen, ich bin da noch ziemlich skeptisch.
2. Er sieht dem Schlußexamen mit gemischten Gefühlen entgegen. Er hat zwar viel gearbeitet in den letzten Monaten, doch die Materie ist sehr schwierig, und die Prüfer sind unkalkulierbar. Wenn da man nichts schief geht!

seinen Gefühlen (regelrecht/...) **Gewalt antun** (müssen) *ugs* · to have to force o.s. to do s.th. *n*
... Dieses seichte Zeug kann man doch gar nicht lesen. Man muß seinen Gefühlen regelrecht Gewalt antun, wenn man diese Käseblätter in die Hand kriegt.

seinen Gefühlen (keine) **Gewalt an(-zu-)tun** (brauchen) *ugs* – seinen **Gefühlen** kein Korsett an(-zu-)legen (brauchen) · not to bottle up one's feelings, to say what one feels straight out

seinen Gefühlen kein Korsett an(-zu-)legen (brauchen) *sal* · 1. not to bottle up one's feelings *n*, to say what one feels straight out *n*, 2. not to stand on ceremony *n*
1. Der Christian? Der legt seinen Gefühlen kein Korsett an. Was der zu sagen hat, das sagt er, und zwar unverblümt.

2. Du brauchst deinen Gefühlen hier kein Korsett anzulegen. Wenn du hier partout nackt baden willst, kannst du das tun.

seinen Gefühlen freien Lauf lassen (können) *ugs* · 1. to give way to one's feelings *n*, 2. to give free rein to one's feelings *n*
1. Wie, fühlst du dich nicht glücklich? – Glücklich?! Wenn ich meinen Gefühlen freien Lauf ließe, dann würde ich dem Werner klipp und klar sagen, was ich von ihm halte, und weggehen. Aber das kann ich den Kindern nicht antun.
2. Er kann seinen Gefühlen hier ruhig freien Lauf lassen. Wenn er unbedingt meint, gegen die Sozialisten vom Leder ziehen zu müssen, soll er das tun. Aber er muß dann natürlich damit rechnen, daß ihm andere ebenso ungeschminkt antworten.

jeden Gefühls bar sein *path* · to be devoid of all feelings, to have no feelings
Mein Gott, wie dieser Mann mit seiner alten Mutter umgeht! Ist er denn jeden Gefühls bar? – Das war schon als Junge ein Rohling.

Gefühlstube: auf die Gefühlstube drücken *path selten* · to get mushy with s.o. *coll*, to put on a/one's tear-jerking act
... Du mußt doch verstehen ..., mir geht es gerade gut ... – Jetzt mach' bloß nicht auf Mitleid, Gerda! Wenn du meinst, du erreichst bei mir was, wenn du auf die Gefühlstube drückst, bist du auf dem Holzweg. Gerade du ...

gefunkt: bei jm. **hat es gefunkt** *ugs* · 1. + to fall for s.o., + to be smitten, + to be fired with enthusiasm for s.o./s.th., 2. the penny has dropped
1. vgl. – (eher:) **Feuer** gefangen haben (1)
2. vgl. – (eher:) bei jm. ist der **Groschen** gefallen

gegangen: an jm. **ist ein** Maler/Musiker/Politiker/... **verloren gegangen** *oft iron* · + s.o. would have made a good painter/musician/politician/...
Schau dir mal dieses Bild an, das die Hildegard gemalt hat! Ist das nicht ganz ausgezeichnet? – Wunderbar! An der ist eine Malerin verloren gegangen! – Du mit deinen ewigen Spöttereien! Mal' du mal ein solches Bild!

(für immer) von uns gegangen sein *path* · s.o. has gone from us
(Auf einer Beerdigung:) Nun ist auch der letzte, der unseren Verband mit gegründet hat, von uns gegangen. Sein Andenken wird uns unser Leben hindurch begleiten ...

gegangen werden *ugs* · to be sacked/fired, to get the boot
Wenn er heute erklärt, er hätte freiwillig gekündigt, ist das einfach eine Lüge. Er ist gegangen worden. Nachdem er eine ganze Woche unentschuldigt gefehlt hatte, haben sie ihn kurzerhand an die Luft gesetzt.

gegeben: es ist jm. **(nicht) gegeben,** etw. zu tun *form* · it is (not) in s.o.'s nature to do s.th., + s.o. has/does not have the gift of doing s.th.
... Es ist der Gertrud nun einmal nicht gegeben, objektiv zu sein. Nicht, daß sie bewußt parteiisch wäre. Nein, sie kann Menschen und Dinge einfach nicht nüchtern und objektiv sehen.

Gegebene: das Gegebene wäre/(ist)/wäre, wenn ... · the obvious thing (to do) would be to ...
Das Beste für die Bearbeitung dieser Felder wäre ein Minitraktor mit den erforderlichen Einzelteilen. – Ein Minitraktor wäre natürlich das Gegebene. Aber ich weiß nicht, ob wir den hier kriegen.

gegebenenfalls: gegebenenfalls *form* · if necessary, if need be, if the need arises
(Der Chef:) An sich wollte ich Schuckert in diesem Jahr nicht persönlich besuchen, sondern das dem Herrn Degendorf überlassen. Na, (wir) wollen mal sehen, wie sich die Dinge entwickeln. Gegebenenfalls fahr' ich vor Weihnachten doch noch kurz dorthin ...

gegen: gegen jn./etw. **sein** – ≠ **für** jn./etw. sein · to be against s.o./s.th.

Gegenbeweis: den Gegenbeweis antreten/erbringen/... *form* · to produce evidence to the contrary, to produce counter-evidence, to produce evidence to counter s.th., to prove that the opposite is true/the case/...
(In einer Rede:) ... Aus all den Fakten folgt eindeutig: die Partei will die Besserstellung der Dritten Welt gar nicht. Kann einer von Ihnen etwa den Gegenbeweis erbringen?

Gegend: (es muß/...) **(so) in dieser Gegend** (sein/...) – (es muß/...) **hier** herum (sein/...) · it must be somewhere around here

in der Gegend von/des/... · in the Augsburg/... area
Sein gestohlenes Auto wurde in der Gegend von Augsburg wiedergefunden, 10, 15 Kilometer südlich etwa.

so/einfach so/... **durch die Gegend laufen**/fahren/... *ugs* · 1. to (just) drive around *n*, 2. to walk around *n*, to wander around *n*
1. Wo wollt ihr denn hin? – Wir fahren nur ein wenig durch die Gegend. Die Christl kennt Köln nicht – wir fahren also nur ein wenig herum, damit sie einen kleinen Eindruck bekommt.
2. Wer ist eigentlich der alte Herr, der jeden Morgen mit dem Spazierstock hier durch die Gegend läuft?

da/... (dumm/blöd/...) **in der Gegend herumstehen**/herumsitzen/... *ugs* · to (just) sit/stand/... around
Warum steht er da dumm in der Gegend herum und trägt seine Langeweile zur Schau? Hier gibt's doch genug zu tun.

da/... **in der Gegend** (herum-)**liegen**/(herum-)sitzen/... *ugs* · to lie around somewhere *n*, to be lying around somewhere *n*
Die Decke fliegt einmal wieder da draußen in der Gegend herum. Wenn ihr sie wenigstens wieder mit hereinnehmen würdet, wenn ihr sie schon draußen auf der Wiese gebraucht.

faul/untätig/... **in der Gegend herumschauen**/herumgukken/... *ugs* · to stare idly/... into space
Rühr' dich nicht, statt faul in der Gegend herumzustieren. Der Tag ist schon so kurz genug für die ganze Arbeit, die noch getan werden muß. Da brauchst du die Zeit nicht noch zu vertrödeln.

etw. einfach/einfach so/... **in die Gegend werfen**/spritzen/... *ugs* · 1. 2. 3. to (just) throw/squirt/... s.th. around any old where/place
1. Hör mal, Junge, man schmeißt die Bananenschalen nicht einfach so in die Gegend! Es gibt doch genug Papierkörbe hier in der Stadt.
2. Statt die Blumen zu sprengen, spritzt er mit seinem Schlauch in die Gegend. – Seine Mutter zwingt ihn zu dieser Arbeit; deshalb paßt er gar nicht auf, wo das Wasser hingeht.
3. Paß mal ein wenig auf und spritz' das Wasser nicht so in die Gegend! Du machst ja die ganzen Leute naß, die hier vorbeikommen!

faul/untätig/... **in die Gegend gucken**/schauen/... *ugs* – faul/untätig/... **in der Gegend** herumschauen/herumgukken/... · to stare idly/... into space

die Gegend unsicher machen *ugs* – die Gegend/... unsicher **machen** (2) · to go on the rampage, to cause a stir, to whoop it up, to run riot

(mal wieder/...) **nur so**/... **in die Gegend reden** *ugs* · to talk rubbish (again/...), to talk off the top of one's head (again/...)
Du brauchst nichts darum zu geben, was er da erzählt hat. Er hat mal wieder nur so in die Gegend geredet. Er redet halt öfter einfach so daher.

dummes Zeug/Unsinn/... in die Gegend reden *sal* · to stand round talking nonsense *n*
Da steht die doch schon wieder und redet dummes Zeug in die Gegend! Ich möchte doch nur ein einziges Mal in dieses Geschäft kommen, ohne daß diese Alte die Leute mit ihrem Gequatsche aufhält.

(ein bißchen/...) durch die Gegend schieben *sal selten* · to wander around *n*, to take a look around *n*, to look around *n*
(Eine Besuchergruppe in München; einer zu einem anderen:) Machen Sie einen kleinen Stadtbummel mit, Herr Figge? – Haben Sie bestimmte Ziele im Auge? – Nein! (Wir wollen) Nur ein bißchen durch die Gegend schieben – einen Eindruck von der Stadt kriegen, die Atmosphäre beschnuppern ...

(so) in der Gegend um Weihnachten/Pfingsten/.../fünf sechs Tonnen/... *ugs* · 1. round about Christmas/Whitsun/..., 2. in the region of 100 tons/...
1. ... Wann das genau war, weiß ich natürlich auch nicht mehr – so in der Gegend um Allerheiligen. Kurz danach kam der Altweibersommer, daran erinner' ich mich noch ...

2. ... Wieviel Tonnen habt ihr denn geerntet? – In der Gegend um 100. 107 – wenn ich die Zahl richtig im Kopf habe. – 107 Tonnen Äpfel? Wahnsinn!

Gegengewalt: (wenn j. Gewalt anwendet/...) **mit Gegengewalt antworten**/(Gegengewalt brauchen/...) – **Gewalt mit Gegengewalt beantworten** · to retaliate, to answer violence with counter-violence

Gegenkurs: einen Gegenkurs steuern/auf ... gehen · 1. to steer an opposite course, to go/to sail/... in the opposite direction, 2. to take an opposing course of action, to do the opposite

(In einem Krieg; ein Kapitän:) Wenn die Engländer uns in der Tat mit 50, 60 Schiffen entgegenkommen und zur Schlacht stellen wollen, müssen wir einen Gegenkurs steuern. – Fliehen? – Ja, wir werden doch nie gegen eine mehr als vierfache Übermacht kämpfen.

2. ... Wenn wir unsere Steuerpolitik ändern, wird die Opposition sie auch ändern! Sie wissen doch, daß der Oppositionsführer seit Jahren grundsätzlich einen Gegenkurs (zur Regierungspolitik) steuert.

Gegenliebe: bei jm. nicht auf/(auf keine) **Gegenliebe stoßen**/ bei jm. keine Gegenliebe finden (mit etw.) · not to be reciprocated (by s.o.)

Seit mehr als einem Jahr unterstützt mein Bruder den Heribert in seinen geschäftlichen Unternehmungen unaufhörlich. Aber dies Verhalten findet bei Heribert keine Gegenliebe/aber mit diesem Verhalten findet er bei Heribert keine Gegenliebe: der betrachtet ihn nach wie vor als seinen Konkurrenten, den man nach Möglichkeit schwächen muß.

Gegenpartei: die Gegenpartei ergreifen *form* · to take the other side

(In einer Diskussion:) Du hast doch die ganze Zeit unsere Meinung vertreten, Udo! Warum ergreifst du denn plötzlich die Gegenpartei? – Weil mich das Diskussion dazu überzeugt hat, daß ihr unrecht habt.

Gegenprobe: die Gegenprobe (zu etw.) **machen** *Math* · to work a sum out the other way round, to check back, to carry out a crosscheck, to crosscheck

... Was hast du herausgekriegt? – 72.635,– Mark. Aber ich muß noch die Gegenprobe machen. – Du willst die ganze Operation nochmal von hinten nach vorne durchführen? ...

Gegenrechnung: (jm.) **eine/die Gegenrechnung aufmachen** · to present one's own reckoning to s.o., to present one's own set of figures to s.o.

... Du machst dir vielleicht nicht die richtigen Vorstellungen, was ich bei der Sache alles für Nebenkosten gehabt habe. Computereingaben, Telefon, Reisen ... – Wenn du so argumentierst, dann werd' ich dir mal die Gegenrechnung aufmachen. Ich habe volle drei Monate nicht an meinem Buchprojekt arbeiten können – allein das bedeutet einen Verlust von 15 – 20.000,– Mark ...

Gegensatz: im Gegensatz zu jm./etw. · 1. 2. in contrast to s.o./s.th., 1. unlike you/him/her brother/..., 2. in comparison to s.o./s.th.

1. ... Im Gegensatz zu ihrem Bruder ist die Ingrid ja doch sehr sensibel! – Wie, hältst du den Klaus für einen Grobian?

2. Im Gegensatz zu der offiziellen Erklärung der Partei vom vergangenen Mittwoch nimmt sich Ihre Darstellung heute ja schon konzilianter aus! – Verstehen Sie mich nicht falsch! Prinzipiell ist unsere Partei nach wie vor strikt gegen die Regierungsvorlage. Wenn ich heute ...

sich in Gegensatz setzen zu jm. · to go against s.o./s.th., to contradict s.o./s.th.

Mit seiner scharfen Kritik am Kapitalismus hat er sich in Gegensatz zu allen offiziellen Parteimeinungen gesetzt. Damit dürfte seine politische Karriere beendet sein.

im Gegensatz stehen/sich befinden zu jm./etw. · to be in sharp contrast with s.o./s.th.

Mit seiner Auffassung, der Kapitalismus sei nicht besser als der Sozialismus, befindet er sich im Gegensatz zu allen offiziellen Parteimeinungen ...

Gegenschlag: zum Gegenschlag ausholen *path* · to prepare to hit back, to prepare to counter-attack, to prepare to retaliate

... Glaubst du denn wirklich, die Opposition kann permanent auf die Regierungspolitik einhämmern, ohne daß sich der Kanzler zur Wehr setzt? Irgendwann wird der schon zum Gegenschlag ausholen. Der wartet nur auf eine günstige Gelegenheit.

Gegenseitigkeit: (das ist/...) **ein** Abkommen/... **auf Gegenseitigkeit** · (it/s.th. is/...) a reciprocal agreement/...

... Wenn der Anton dem Hauswirt bei der Regelung der Bezahlung der Fassade usw. zur Seite steht, dann unterstützt der Hauswirt ihn, wenn es um Zwistigkeiten unter den Mietern geht. Die haben da so eine Vereinbarung auf Gegenseitigkeit.

das/etw. **beruht auf Gegenseitigkeit** · the feeling/... is mutual

Meine Güte, was äußert sich der Rolf negativ über seine Schwester! – Das beruht auf Gegenseitigkeit. Die äußert sich über ihn nicht positiver.

Gegenteil: ganz im Gegenteil · quite the contrary, on the contrary

... Ich will mit dieser Kritik nicht sagen, daß der Sozialismus in der Geschichte nicht auch sehr segensreiche Wirkungen gehabt hat. Ganz im Gegenteil! Ich meine nur ...

(das ist/...) **das gerade Gegenteil** *form* · (it/s.th. is/...) the exact opposite

... Was?! Die Erklärung der FDP stimmt im Kern mit der der CSU überein? Das ich nicht lache! Das ist das gerade Gegenteil! Wie immer ist der eine dagegen, wenn der andere dafür ist!

ins/(in sein) **Gegenteil umschlagen** · to swing to the oposite extreme

Seitdem sie seine geschäftlichen Machenschaften näher kennenlernte, schlug ihre Achtung für ihn ins Gegenteil um: sie hat jetzt nur noch Verachtung für ihn übrig.

etw. (genau) **ins**/(in sein) **Gegenteil verkehren** *form* · to change/to twist the meaning of a statement/... to the exact opposite

Sie haben unsere Aussage in ihrem Sinn genau ins Gegenteil verkehrt, Herr Kommissar. Wir hatten erklärt, daß wir die gesuchte Verbrechergruppe seit wenigstens einem Jahr nicht gesehen haben, und Sie lassen in der Zeitung schreiben, über einige junge Leute habe die Polizei endlich eine Spur.

sich ins/(in sein) **Gegenteil verkehren**/(wenden) *form* – ins/ (in sein) **Gegenteil** umschlagen · to swing to the opposite extreme, to become the (exact) opposite

gegenübersehen: sich e-r S. **gegenübersehen** *form* – sich e-r S. **gegenübergestellt sehen** · to face s.th., to be confronted with s.th.

gegenüberstehen: jm./e-r S. **feindlich**/kritisch/.../ohnmächtig/... **gegenüberstehen** · to be ill-disposed towards s.o./s.th., to be critical of s.o./s.th., to be powerless to prevent s.th., to be helpless in the face of s.th.

... Eine Welle von Gewalt, der die Polizei, wie es scheint, fast ohnmächtig gegenübersteht. – Wenn die Polizei wirklich wollte, könnte sie schon was dagegen tun. Aber ...

jm./e-r S. **wohlwollend gegenüberstehen** · to be well/favourably/... disposed to s.o./s.th.

Der Personalchef scheint der Ursel/ihrer Bewerbung ziemlich wohlwollend gegenüberzustehen. Aber der entscheidet nicht; es entscheidet der Chef persönlich. – Dann hoffen wir, daß der die günstige Einstellung seines Personalchefs teilt.

gegenwärtig: etw. (noch/...) **gegenwärtig haben**/jm. (noch/ ...) **gegenwärtig sein** *form* · to be able to recall s.th.

... Haben Sie die Daten noch gegenwärtig oder muß ich sie Ihnen ins Gedächtnis zurückrufen? ...

Gegenzug: im Gegenzug (zu etw.) etw. tun · to propose s.th./... as a counter-move to s.th., to propose s.th./... in response to s.th.

... Endlich kommt Bewegung in die Verhandlungen. Der italienische Delegationsleiter hat in der vergangenen Woche eine Preisreduktion von zwölf Prozent vorgeschlagen. Im Gegenzug machte der Leiter der deutschen Delegation heute das Angebot, die Lieferfristen variabler zu gestalten ...

gegessen: schon (gleich) wieder gegessen haben *sal Neol* · + that did it (straight away/...) *coll*

Heute morgen hat mich der Chef gleich zur Begrüßung angemotzt, nur weil ich ein paar Minuten zu spät dran war. Da hatte ich schon gleich wieder gegessen. Das ständige Gemecker von dem Alten geht mir allmählich auf die Nerven.

es wird nicht/nichts so heiß gegessen, wie (es) gekocht (wird) *ugs* · the meal is not eaten as hot as it's cooked *para*, let us not/do not/he should not make/... such a big drama out of it, things never turn out to be as serious as they first seem *n*

Der Möllers wird auf der Generalversammlung den Antrag stellen, mich als Geschäftsführer abzusetzen. – Nun warte erst mal ab! Auch hier wird nichts so heiß gegessen, wie es gekocht wird. Ob der Möllers offiziell und vor allen Leuten wiederholt, was er im Zorn privat geäußert hat, ist mehr als zweifelhaft.

gegriffen: das ist/(scheint) zu hoch gegriffen (zu sein) · it/the figure/... seems too high

500.000,– Mark wurde das Haus geschätzt? Ist das nicht zu hoch gegriffen? – Ich meine auch, das Haus ist nicht so viel wert; aber die Fachleute erklären ...

das ist/(scheint) zu niedrig gegriffen (zu sein) · it/the figure/... seems too low

300.000,– Mark für ein Haus scheint mir zu niedrig gegriffen, aber 500.000,– ist wohl zu hoch (geschätzt).

gegrüßt: sei/seid mir gegrüßt! *ugs* · hello

Sei mir gegrüßt, Karl! Wie geht's? – Danke. Und dir?

geh': geh'/geht/... da weg! *ugs* · (get) out of the way!

Geh' da weg, ich seh' ja nichts vom Spiel! – Das kann man auch anders sagen! Ich wußte doch nicht, daß ich dir die Sicht wegnehme.

geh'/geht/... mir (nur/bloß) weg mit jm./etw.! *ugs* · 1. 2. don't talk to me about ...

1. Geh' mir weg mit dem Peter! Weil du ihn in den höchsten Tönen gelobt hattest, habe ich ihm viel Vertrauen entgegengebracht. Er hat dieses Vertrauen gründlich zerstört. Laß mich also in Zukunft zufrieden mit diesem Mann.
2. Geht mir weg mit euren Investitionsplänen! Ich habe schon genug Geld verloren. Ich will von diesen Dingen nichts mehr hören!

gehab': gehab' dich/... wohl! *form veraltend selten* – laß es dir/ laßt es euch/... gut (wohl) **gehen!** · take care

gehabt: (alles) wie gehabt · the usual, the same old story

Und was hat er erzählt? – »Die Sozialisten gefährden den Staat, der Innenminister ist ein Risiko, die öffentlichen Schulden steigen ins Unkalkulierbare ...« – alles wie gehabt. – Wenn er nichts Neues gebracht hat, ist es ja gut, daß ich mir die Rede geschenkt habe.

gehalten: (in) rot/weiß/schwarz/... gehalten *form* · to be all red/white/..., to be decorated in red/white/...

... das ganze Zimmer in Weiß gehalten: Wände, Decken, Tischdecken, Geschirr, Blumenvasen – alles weiß ...

einfach/... gehalten sein *form* · to be simple/plain/unpretentious/..., to be kept simple/plain/unpretentious/...

... Gerade weil ich weiß, daß die Mosers steinreich sind, war ich überrascht, wie schlicht die ganze Dekoration bei der Hochzeit gehalten war. – Die haben es nicht nötig, ihren Reichtum zur Schau zu stellen. Und außerdem haben sie Geschmack.

gehalten sein, etw. zu tun/zu etw. *form* · to have been instructed/ordered to do s.th., to be required to do s.th.

Aufgrund der Flut von Anträgen auf eine Sozialwohnung in den letzten Monaten sind die Behörden gehalten, bis auf weiteres keine Anträge mehr entgegenzunehmen. Wie lange diese Richtlinien gelten, ist noch nicht abzusehen.

gehauen: das (etw.) ist nicht gehauen und nicht gestochen *veraltend selten* · it/s.th. is neither one thing nor the other, it/ s.th. is neither fish nor fowl

... Ich muß dir ehrlich sagen, Friedel, wenn ich Richter wäre, würde ich mich von so einem diffusen und widersprüchlichen Text, wie ihn

dein Anwalt da aufgesetzt hat, auch nicht beeindrucken lassen. Das ist nicht gehauen und nicht gestochen. Man hat ständig den Eindruck, dein Anwalt weiß überhaupt nicht, was er sagen und worauf er hinaus will.

bei der Sache/... weiß/... man/... nicht, was gehauen und gestochen ist *selten* · not to know where one stands with s.th./in this matter/...

... Und wie deutest du diese Paragraphen? – Dabei weiß ich auch nicht, was gehauen und gestochen ist. Auf der einen Seite verlangen sie eine schriftliche Einverständniserklärung vor einem Zeugen, auf der anderen Seite schließen sie jede juristische Relevanz eines Dritten aus ... Da wird kein Mensch draus klug.

Gehege: jm. ins Gehege kommen/(geraten) *ugs* · 1. 2. to trespass/to poach on s.o. else's territory

1. Natürlich, diese Gegend ist mit Sicherheit ein interessantes Absatzgebiet für unsere Firma. Aber sobald wir hier Reklame machen, kommen wir den Iboda-Werken ins Gehege. Die verkaufen hier seit Jahren regelmäßig und betrachten das Gebiet als ihr Revier!
2. Wenn er das Gefühl hat, daß du ihm bei der Angelika ins Gehege kommst, wird er bestimmt fuchsteufelswild. – Wenn er mit Angelika umgeht, ist das für mich kein Grund, meine Beziehungen zu ihr abzubrechen.

dem Gehege der Zähne entfleuchen/(entfliehen) *sal* · to pass the gate/fence/... of s.o.'s teeth *para, lit,* + to come out with s.th. *n*

Was für ein blühender Unsinn ist dem Gehege seiner Zähne mal wieder entfleucht? – Der Innenminister soll eine neue Mätresse haben. – Was der immer für einen Blödsinn in die Welt setzt!

geheilt: (nun/...) (für immer/...) (von etw.) geheilt sein *ugs* · to be cured of s.th. (for good/for ever/...), to have got over s.th.

Spekulierst du immer noch an der Börse? – Nein! Seitdem ich bei der Revolution da mehr als 50.000,– Mark verloren habe, bin ich davon für immer geheilt. »Nie wieder!«, habe ich mir damals geschworen.

geheimen: im geheimen tun/geschehen · to do s.th./to happen in secret/secretly

Nach außen hin tun sie so, als ob sie mit allem einverstanden sind. Aber im geheimen arbeiten sie bereits an Gegenentwürfen.

Geheimnis: ..., das ist/war das ganze Geheimnis *ugs* · that's all there is to it

Und wie hat sie es geschafft, so jung Professorin zu werden? – Sie hat jahrelang geschuftet wie ein Berserker – das ist das ganze Geheimnis. Da braucht ihr gar nicht wer weiß wie lange nach Erklärungen zu suchen – Fleiß, Fleiß und nochmals Fleiß, das ist alles.

das ganze Geheimnis dieser Steuerpläne/dieser groß angekündigten neuen Außenpolitik/... **ist/... ** *ugs* · all there is to it/the tax reforms/... is ...

Das ganze Geheimnis dieser sog. neuen Sozialpolitik besteht darin, daß der Rechtsstatus der Arbeiter dem der Angestellten möglichst weit angenähert werden soll. – Das ist alles?

ein offenes Geheimnis sein · to be an open secret

Es ist doch ein offenes Geheimnis, daß er seit einem Jahr in Scheidung lebt. Das weiß doch jeder hier.

ein/kein Geheimnis vor jm. **haben** · to have (no) secrets from s.o.

... Nein, vor der Christa hat der Kurt wohl keine Geheimnisse, das glaube ich auch nicht. Die Frage ist nur, ob die Christa dir auf die Nase bindet, was der Kurt vorhat.

ein süßes Geheimnis haben *ugs veraltend selten* · to be expecting a happy event *euphem*, to have a little secret *euphem*

Die Ursel, scheint es, hat ein süßes Geheimnis. – Was willst du damit sagen? – Sie erwartet ein Kind? – Ja.

in ein Geheimnis (nicht) eingeweiht sein · (not) to be in the know *coll*, (not) to have been let in on/initiated into/... a secret

... Und was halten Sie von den Plänen? – Bisher sind die Pläne streng geheim. Und da ich in das Geheimnis nicht eingeweiht bin, kann ich mich zu den Plänen nicht äußern. – Ach, man hat Sie nicht unterrichtet? ...

in das Geheimnis der Götter (nicht) **eingeweiht** (worden) **sein** *ugs* · (not) to have been initiated (into the secret)

Und was hat der Vorstand wegen der Vergrößerung des Schwimmbeckens beschlossen? – Ich bin leider in das Geheimnis der Götter nicht eingeweiht. – Wie, du bist nicht informiert worden? – Ich gehöre offiziell nicht zum Vorstand.

ein Geheimnis mit ins Grab nehmen · to carry/to take one's secret with one to the grave

Und warum hat Vater damals Mutter für ein Jahr verlassen? – Das Geheimnis hat er mit ins Grab genommen. Auch in seinen letzten Lebensjahren, in denen er ja manches erzählte, was er vorher nie berührte, hat er sich niemals darüber ausgelassen.

ein Geheimnis aus etw. **machen** · to make a secret of s. th., to keep s. th. secret

Hat es Sinn, aus den Plänen der Institutsleitung ein Geheimnis zu machen, wenn das halbe Institut ohnehin schon weiß, wohin die Reise gehen soll?

ein Geheimnis (gut/...) **wahren/**nicht zu wahren wissen/... · (not) to be able to keep a secret/to keep s. th. under one's hat/...

Ich bin sicher, daß du das Geheimnis zu wahren weißt. Sonst hätte ich dir das alles nicht erzählt. – Sei unbesorgt! Ich erzähle es niemandem weiter.

Geheimniskrämer: ein Geheimniskrämer sein *ugs* · to love to make a mystery of matters/things *n*

Ist das ein Geheimniskrämer! »Das kann ich nicht sagen, das ist vertraulich ...« Es ist doch lächerlich, aus jedem Kram ein Geheimnis machen zu wollen – selbst wenn die Spatzen schon von den Dächern pfeifen, worum es geht.

Geheimratsecken: Geheimratsecken (haben) *iron* · to be going bald at the temples, s. o. is/s. o.'s hair is receding

... Ach, Ernst, wenn man solch einen Haarausfall über den Schläfen Geheimratsecken nennt, zeigt das doch, daß sie sich bei einem ausdrucksvollen Gesicht gut machen. – Klar – nach dem Motto: 'Oh, das Kind hat einen Wasserkopf! ... Steht ihm aber gut!' Hör' auf! ...

Geheiß: auf js. **Geheiß** *form* · at s. o.'s bidding *elev*, at s. o.'s command, at s. o.'s behest

Auf Geheiß des Chefs sind alle Fernsehapparate aus dem Betrieb zu entfernen. – Wann hat er das angeordnet? – In der gestrigen Sitzung.

gehen: (in/bei/durch/...) **leicht/**mühelos/schwer/... **gehen** · 1. to be easy, to be done easily/effortlessly/with difficulty/..., 2. + to get s. th. through s. th. with difficulty/...

1. ... Wenn alle mithelfen, geht das leicht! Aber nur für den Klaus und den Hansgerd ist das eine Heidenarbeit!
2. ... Durch den Korridor dürfte das Klavier nur schwer gehen. Das Leichteste wäre wahrscheinlich, durchs Fenster.

an die vierzig/fünfzig/sechzig/... **gehen** · to be getting on for 40/50/...

... Wie alt ist er, Mitte fünfzig? – Er dürfte an die sechzig gehen – 57, 58 wird er schon sein.

in die Hunderte/Tausende/Millionen/... **gehen** · to go into the thousands/millions/...

... Wenn alle Schulden machen, 'darf' auch der Staat Schulden machen, meinst du. Gut – aber in bestimmten Grenzen! Inzwischen gehen die Schulden doch in die Zig-Milliarden.

nach vorn(e)/nach hinten (hinaus)/zur Straße (hin)/... **gehen** · to face the street/south/...

Dein Zimmer geht zur Straße oder nach hinten hinaus? – Nach hinten. Ich guck' aufs Meer.

über js. Kraft/Kräfte/... **gehen** – über js. **Kräfte** gehen · to be too much for s. o., to be beyond s. o.'s strength

jm. über alles gehen – es **geht** (jm.) nichts über etw./(jn.) · + you can't beat s. o./s. th., + nothing means more to s. o. than ...

unter die Säufer/... **gehen** *ugs* · to join the ranks of the drinkers/critics/...

... Ah so, wenn man als Künstler nichts werden kann, dann geht man unter die Kritiker, nicht?! Eine herrliche Philosophie! – Aber

von irgendetwas muß der Alfons doch leben. Wenn er jetzt als Kritiker arbeitet, heißt das doch nicht ...

gut/schlecht/falsch/richtig/... **gehen** · 1. (not) to work well/ brilliantly/..., 2. to be right/wrong

1. Und? Funktioniert der neue Apparat? – Er geht blendend.
2. Meine Uhr geht offensichtlich falsch. Wieviel Uhr haben wir jetzt genau?

(für jn.) **anschaffen gehen** *sal* · 1. to work as a prostitute (for s. o.) *n*, to go on the game (for s. o.) *coll*, 2. to pinch s. th. *coll*, to nick s. th.

1. ... Kinderarbeit, meinte sie, ist schon schlimm. Aber wenn da 13-/14-jährige Mädchen (für die Familie) anschaffen gehen – das geht einen doch nahe, weißt du. – Wie hoch ist denn die Kinderprostitution in Indien?
2. (In einer Jugendbande:) Was, es gibt keine 'Kohle' mehr. Dann müssen wir mal wieder anschaffen gehen. Wie wär's, wenn wir bei dem (Schmuckgeschäft) Klöckner mal ein paar Goldringe mitgehen lassen würden?

ata (ata) **gehen** *Kinderspr selten* – spazieren **gehen** · to go walkies

auf und ab gehen · to walk up and down

Wer ist der junge Herr dort, der auf dem Weg seit einer halben Stunde auf und ab geht? – Das ist der Holm Tiedke. Er wartet auf die Ursula.

betteln gehen – **betteln** gehen (für jn.) · to go begging for s. o.

bankrott gehen *ugs* – **Bankrott** machen (1) · to go bankrupt

beichten gehen *rel* – zur **Beichte** gehen · to go to confession

dahin gehen, daß ... *form* · his suggestions/... are to the effect that ...

... Was sagt denn der Franzbach zu unseren Gedanken? – Seine Vorschläge gehen dahin, daß man zuerst den Handel mit Brasilien ausweitet und dann an Afrika denkt. – Das läßt sich mit unseren Vorschlägen ja nun nicht vereinbaren ...

daneben gehen · 1. to go badly, to be a flop, to be a failure, 2. to go wrong, to misfire, not to work out

1. Was sagst du da? Das Examen ist daneben gegangen? – So ist es. Durchgefallen.
2. Mein Gott, Renate, wenn ein paar Dinge mal daneben gehen, braucht man doch nicht gleich aufzugeben! Meinst du, bei den anderen läuft immer alles gut?

von dannen gehen *veraltend oft iron* – von **dannen** ziehen/ eilen/gehen/... · to depart/to hasten away/..., to go away

daran gehen, etw. zu tun – sich daran **machen,** etw. zu tun/ sich an etw. machen (1) · to get down to (doing) s. th.

durch dick und dünn mit jm. **gehen** *ugs* · 1. 2. to go through thick and thin with s. o. *n*

1. Unzertrennlich, diese beiden! Wie selten sieht man ein Ehepaar heute, das so zusammenhält, wie Pech und Schwefel. Ganz gleich, was das Leben ihnen bringt: die beiden gehen durch dick und dünn miteinander.
2. Seine Frau geht mit ihm durch dick und dünn. Sie wird ihn nie verlassen und nie verraten, egal, was passiert.

drunter und drüber gehen (in/bei/...) · to be topsy-turvy in/ at/..., + everything is at sixes and sevens in/at/...

Unmittelbar nach der Wiedervereinigung ging es in Deutschland politisch drunter und drüber.

jm. **durch und durch gehen** *path* – jm. **durch-** und durchgehen · to go through s. o.

eingehakt gehen *ugs* – **Arm** in Arm · (to go) arm in arm (with s. o.)

eingehängt gehen *ugs* – **Arm** in Arm · (to go) arm in arm (with s. o.)

mit jm. **einig gehen/**mit jm. darin/... einig gehen, daß ... *form* · 1. 2. to agree with s. o. that ...

1. vgl. – mit jm. **einiggehen/**mit jm. darin/... einiggehen, daß ...

2. vgl. – (eher:) (ganz) **einig** sein mit jm. (in etw.)

einwärts gehen *selten* – über den (großen) **Onkel** gehen/ (laufen/latschen) · to walk pigeon-toed

ins einzelne gehen · to go into details
Genügt es, wenn ich euch die Problematik in groben Zügen darlege, oder wollt ihr, daß ich ins einzelne gehe?

munter/rüstig/voller Mumm/... **fürbaß gehen** *veraltend selten mst iron* – (eher:) munter/rüstig/voller Mumm/... fürbaß **schreiten** · to stride/... merrily/undaunted/... onwards, to carry on blithely/regardless/...

laß es dir/laßt es euch/... **gut/(wohl) gehen!** · take care! *n*
Also, tschüß Lígia! Laß es dir gut gehen! In einem Jahr sehen wir uns hoffentlich gesund und munter wieder. – Tschüß Utz. Halt die Ohren steif!

heidi gehen *sal selten* – verloren **gehen** · to be lost

hopp hopp gehen (müssen) (bei jm.) (bei dem/ihr/... muß immer alles hopp hopp gehen) *ugs* · 1. 2. + s.o. (always) has to do everything at the double/double quick
1. Es ist ja ganz klar, daß du keine vernünftigen Klassenarbeiten schreibst! Du bereitest ja nichts richtig vor. – Ich mache immer alles, was wir aufhaben. – Aber wie? Es muß immer alles hopp hopp gehen bei dir! Wenn du für alle Fächer zusammen mehr als eine halbe Stunde Schularbeiten machst am Tag, ist das doch schon viel. Bei so einer hastigen Arbeiterei kommt natürlich nichts heraus.
2. Der Herr Beyer sagt, er braucht die Unterlagen bis spätestens morgen abend. – Bis morgen abend? Bei dem muß es immer hopp hopp gehen! Die normale Bearbeitungszeit für solche Dinge ist bei uns eine Woche.

hops gehen *sal* · 1. to go, to disappear, 2. to break/bust/ smash/..., 3. to snuff it, to kick the bucket
1. vgl. – verloren **gehen**
2. vgl. – kaputt **gehen** (1)
3. vgl. – den **Arsch** zukneifen

kapores gehen *sal selten* – kaputt **gehen** (1) · to break, to break down

kaputt gehen *ugs* · 1. to break *n*, 2. to break down *n*
1. Der Wecker ist hingefallen? – Ja. – Und läuft er noch? – Nein. Er ist natürlich kaputt gegangen.
2. Bei seinem Lebenswandel mußte das Verhältnis zu seiner Frau ja kaputt gehen. Selbst die verständnisvollste Frau kann das, was er unter 'Liberalität' versteht, auf die Dauer nicht mitmachen.

klar gehen *ugs* – das/die Sache/(etw.) geht **klar** · it/s.th. will be all right/okay

mit jm. **konform gehen** (in etw.) · to agree with s.o. (about s.th.), to be in agreement with s.o. (about s.th.)
Wenn der Albert für den Anbau der Garage ist, hast du ja bestimmt auch nichts dagegen? – Wie kommst du denn darauf/dadrauf? – Ihr seid doch fast immer einer Meinung. – F a s t immer. Aber das heißt doch nicht, daß ich mit dem Albert immer und in jeder Einzelheit konform gehe! Ich bin g e g e n die Garage.

mit jm. **gehen** *ugs* · to go out with s.o., to be seeing s.o.
Kennst du den jungen Mann, mit dem die Heide seit ein paar Wochen geht? – Sie sind schon ein gutes halbes Jahr befreundet, nur ließen sie es vorher niemanden merken. Es ist Volker Heimann, ein Arbeitskollege von unserem Bernd.

miteinander gehen *ugs* · to go out (together)
Seit wann gehen die Heide und der Volker Heimann denn miteinander, seit ein paar Wochen? – Nein, sie sind schon ein gutes halbes Jahr eng miteinander befreundet. Aber erst seit einigen Wochen zeigen sie es offen.

es/etw. **muß gehen** (egal wie/ganz gleich wie) · it/s.th. has got to work, it/s.th. must be made to work
... Die Maschine aus Deutschland importieren ... Ich weiß nicht, ob das geht. – Es muß gehen! Wir müssen einen Weg finden – ganz egal, wie!

paterre gehen *sal Boxen u.ä.* – zu **Boden** gehen · to go down, to be knocked down

pleite gehen *ugs* – **Bankrott** machen (1) · to go bankrupt

recht gehen in der Annahme/... *eher: fragend oder auch einschränkend form* · 1. 2. to be right in assuming that ... *form*
1. Gehe ich recht in der Annahme, daß die Rosemarie nicht an der Reise teilnehmen will? – Ja, leider trifft diese Annahme zu.
2. In der Annahme, daß ..., gehe ich doch wohl recht, oder? *seltener*

mit einem Gedanken/Plan/... **schwanger gehen** *path – iron* · to be contemplating doing s.th., to be flirting with the idea/ plan/... of doing s.th., to be mulling s.th. over
Wie es scheint, geht der Ulrich mit dem Plan schwanger, nach Peru auszuwandern? – Ich weiß nicht, ob er schwanger ist. Aber den Plan hat er wohl.

in sich gehen · to examine one's conscience, to think things over
Renate, du behandelst den Günther wirklich sehr schroff, oft fast beleidigend. Wahrscheinlich ohne es zu merken oder zu wollen. Geh' mal in dich und frag' dich, was dich zu diesem Verhalten veranlaßt.

vor sich gehen · to be held, to take place, to be run
Die Seminare gehen hier sehr komisch vor sich. Mal kommt der Dozent zu spät, mal ein Teil der Studenten; mal haut ein Teil der Studenten früher ab, mal der Dozent. Zwischendurch führen sich ein paar Gelangweilte eine Cola oder ein Stück Kuchen zu Gemüte, während andere stricken. Wie gesagt: es läuft alles höchst drollig ab.

sicher gehen · to be sure that ..., to take it as it read that ... *coll*
Wenn ich sicher gehen kann, daß du auch wirklich kommst ... – Ich komm' ganz bestimmt. Du kannst 100%ig sicher sein.

spazieren gehen · to go for a walk
... Natürlich tut es gut, viel durch die frische Luft zu laufen, Elfriede! Aber ich kann doch nicht jeden Tag drei Stunden spazieren gehen! Das ist was für Pensionäre!

(bei jm.) **(nicht) sehr/... tief gehen** *Schmerz/Kummer/...* · 1. 2. (not) to go very/... deep with s.o.
1. ... Jahre braucht man, um über eine solche Krankheit, über einen solchen Tod hinwegzukommen! Lange Jahre! Ich wußte vorher gar nicht, daß Schmerzen so tief gehen können.
2. ... Ob den Willi die Strafe in der Tat so beeindruckt hat, wie du meinst, weiß ich nicht. Ich würde das aber eher bezweifeln; denn im allgemeinen gehen solche Dinge bei ihm nicht sehr tief. – Du meinst, das hat er im Nu wieder vergessen?

überquer gehen *österr* – **fehlschlagen** · to go wrong, to misfire

verloren gehen · to be lost/gone, to have disappeared
Wo ist der Hausschlüssel? – Er ist mal wieder verloren gegangen. – Hat Christiane ihn wieder irgendwo liegen lassen? – Wer ihn verloren hat, weiß ich nicht; er ist jedenfalls weg.

e-r S. verlustig gehen *form veraltend* · to lose s.th., to mislay s.th.
Achtung, Achtung, eine Durchsage: in der Schalterhalle ist eine Dame ihrer Handtasche verlustig gegangen. Der Finder wird gebeten ...

verschütt gehen *ugs* – **verschütt** gehen · to do a vanishing trick, to do a disappearing act, to go for a burton

in die Vollen gehen *ugs* – in die **Vollen** gehen · to go flat out, to (really/...) splash out, to (really/...) lash out

vonstatten gehen *form* · 1. to take place, to go ahead, to proceed, 2. to go off, to go (well)
1. Wann soll die Karnevalsfeier vonstatten gehen? – Sie findet voraussichtlich am nächsten Mittwoch statt.
2. Der ganze Kongreß ging sehr zügig vonstatten. Alle Achtung! Der war hervorragend geplant.

nicht vor und nicht zurück/nicht vorwärts und nicht rückwärts **gehen** – nicht vor und nicht **zurückgehen**/weder vor noch zurückgehen · to be deadlocked

so weit gehen, daß .../zu ... · to go so far as to do s.th., + it gets so bad/loud/... that
In seinem Haß auf die Nachbarn ging er so weit, sie zu verklagen, weil ihr Junge Klavier spielte. Das sei ruhestörender Lärm.

zu weit gehen – den **Bogen** überspannen · to go too far

unsere/... Ansichten/Meinungen/Vereinbarungen/... **gehen dahin, daß** ... *form* · it is my/his/... opinion/view that ..., + we/they/... have reached an agreement to the effect that ...
Habt ihr euch endlich geeinigt? – Ja. Und zwar gehen unsere Vereinbarungen dahin, daß der Karl die Zweigstelle in Ulm übernimmt und ich die in Augsburg.

zuende gehen – zu **Ende** gehen · to be drawing to a close, to be coming to an end, to be running out of s.th., to be nearing its end

(nicht) **wissen**/..., bis wohin/**wie weit man gehen kann** · to know/... where to draw the line
Ich habe nichts dagegen, wenn ihr hin und wieder anständig feiert. Das ist selbstverständlich in eurem Alter. Aber man muß wissen, bis wohin man gehen kann. Bis nachts um drei Uhr Lärm machen und der Wirtin vier oder fünf Gläser zerschlagen, (das) geht zu weit.

einen gehen lassen *sal selten* – einen **fahren** lassen · to let one go, to let off, to drop one's gut

es sich gut/(wohl) **gehen lassen** · to have a good time, to enjoy life
Na, du hast es dir ja gut gehen lassen in Brasilien, scheint es. Du siehst aus wie das ewige Leben. – Du hast recht: herrliches Wetter, ein wunderbarer Strand, wenig Arbeit, gutes Essen, interessante Gesellschaft – schöner konnte es nicht sein.

es langsam gehen lassen *ugs* · to take it slowly, to take it easy
Jetzt habe ich in diesem Betrieb 35 Jahre hart gearbeitet, jetzt laß ich es langsam gehen. Sollen die anderen sich mal anstrengen.

es langsamer gehen lassen *ugs* · 1. 2. to ease off, to slow down, to take things easier
1. Da ihr in den letzten Wochen weit mehr gemacht habt, als ich gerechnet hatte, ist das Projekt früher fertig als geplant. Ihr könnt es in den nächsten Wochen also meinetwegen ruhig langsamer gehen lassen.
2. Bei einer Führung von 4 : 1 eine halbe Stunde vor Schluß kann es unsere Mannschaft jetzt langsamer gehen lassen. Da kann nichts mehr passieren.

sich gehen lassen · to lose control, to lose one's temper, to let o.s. go
Hast du gesehen, wie nachlässig der Helmut bei der Unterhaltung mit Prof. Klunker in seinem Sessel hing? – Der läßt sich immer so gehen. Er hat keine Spur Selbstbeherrschung. Weder äußerlich noch innerlich. Du müßtest ihn erleben, wenn er da herumbrüllt, wenn ihm etwas gegen den Strich geht.

etw. **mit sich gehen lassen** *ugs selten* – etw. **mitgehen** lassen/(heißen) · to pinch s.th., to whiz s.th., to lift s.th.

alles unter sich gehen lassen *form* – nichts bei sich **behalten** (können) · not to be able to keep anything down

jn. **lieber gehen als kommen sehen** *ugs selten* – jn. lieber/am liebsten von hinten **sehen** · to be glad to see the back of s.o.

es/(etw.) **muß gehen, egal wie**/(ganz gleich, wie) · it must/has to be done – no matter how, it must work – no matter how
Ob ich das schaffe? Es muß gehen, egal, wie. Zweifeln und Zaudern hilft nicht weiter. Wo ein Wille ist, ist auch ein Weg.

sich (schon/...) **zum Gehen wenden** (als ...) · to turn to go, to be (already/...) turning to go
... Er hatte derart dezidiert abgelehnt, daß die Unterhaltung für mich beendet zu sein schien. Ich wandte mich schon zum Gehen, da

sagte er plötzlich: »Na, vielleicht können wir doch noch einen Modus finden ... Bleiben Sie noch einen Moment! ...«

geheuer: jm. **nicht** (ganz) **geheuer sein** – jm. nicht (ganz) geheuer **vorkommen**/(sein) · s.o./s.th. doesn't seem one hundred per cent kosher to s.o., + s.o. feels/... there is something weird/dodgy/funny/strange/... about s.o./s.th., + to feel uneasy about s.th., + to think/... that s.th. is strange/odd/weird/..., to seem suspect to s.o., to seem weird/strange/odd/... to s.o.

Gehirn: sein Gehirn (ein bißchen/...) **anstrengen** *sal* – sein **Hirn** (ein bißchen/...) anstrengen · to use one's loaf, to use one's head/grey matter/...

dem/der Christine/... **hat wohl jemand**/(hat man wohl) **ins Gehirn geschissen** (und vergessen umzurühren/abzuziehen) (was?!/oder?!) *vulg selten* – nicht (so) (ganz/(recht)) bei **Trost** sein (1) · + he/Mary/... must have taken leave of his/... senses, he/Mary/... must be round the twist

hast du/hat er/hat der Peter/... **denn kein Gehirn im Kopf?!** *sal selten* – bist du/ist er/ist der Peter/... noch zu **retten?!**/(nicht mehr zu retten sein) (1) · have you/has he/has Mary/... gone completely mad?, have you/has he/has Mary/... gone off your/... head?

(aber auch) **ein Gehirn wie ein Spatz haben** *sal* · s.o. is pea-brained
Herrgott, jetzt erklär' ich dir schon eine Viertelstunde den Unterschied zwischen 'intensivem und extensivem Anbau' und du hast das immer noch nicht kapiert. Du hast aber auch ein Gehirn wie ein Spatz!

sich das Gehirn (wegen/über etw./wegen jm./über jn.) **zergliedern** *ugs – path selten* – sich den **Kopf** (wegen/über etw./wegen jm./über jn.) zerbrechen · to rack one's brains over/about s.th.

Gehirnskasten: etw. **geht nicht in** js. **Gehirnskasten** *sal* – jm. nicht in den **Kopf** wollen (1; u.U. 2) · s.th. just will not go into s.o.'s thick head

seinen Gehirnskasten (ein bißchen/...) **anstrengen** *sal* – sein **Hirn** (ein bißchen/...) anstrengen · to use one's brain/loaf/head/...

Gehirnwäsche: jn. **einer Gehirnwäsche unterziehen** *sal* · to brainwash s.o. *n*
Der Krun hat doch noch vor zwei oder drei Jahren das Loblied des Kapitalismus gesungen! Und jetzt erzählt er uns hier, nur der Sozialismus könne uns retten! – Den haben sie in Ostberlin einer Gehirnwäsche unterzogen. Er hat da mehrere Monate an einer sogenannten 'Führungsakademie' teilgenommen. Wahrscheinlich darf er heute gar nicht mehr anders, wenn er sein Leben nicht riskieren will.

geholfen: mit etw. ist jm. **nicht**/wenig/(sehr) **geholfen** – mit etw. ist jm. (nicht) **gedient** · + it/s.th. is no/not much/... use/help to s.o.

gehopst: es/das ist (für jn.) **gehopst wie gesprungen** (ob ... oder ob/...) *ugs* · 1. it makes no difference *n*, it comes to the same thing *n*, it doesn't matter either way *n*, 2. it's all the same to s.o. whether ... *n*
1. vgl. – das bleibt sich (für jn.) gleich
2. vgl. – es bleibt sich gleich (für jn.) (ob ... oder ob .../...)

Gehör: ein absolutes/das absolute Gehör haben · to have absolute pitch, to have perfect pitch
Wer das absolute Gehör hat – d.h. die auf einem Instrument gespielten oder die gesungenen Töne unfehlbar bestimmen kann –, muß der auch besser interpretieren? – Nein.

um Gehör bitten (bei jm.) *form* · to ask for s.o.'s attention, to request a hearing
»Meine Herrschaften, darf ich Sie einen Augenblick um Gehör bitten? Ich möchte doch noch einige klärende Worte zu Sinn und Zweck unserer heutigen Veranstaltung sagen ...«

ein Musikstück/Gedicht/... **zu Gehör bringen** *form* · to play, to perform, to render, to sing *music*, to recite *poem*
... und dann wurde – als Umrahmung des Festaktes – (den Teilnehmern) noch die 'Pathétique' zu Gehör gebracht, gespielt von einem jungen Pianisten ...

Gehör finden bei jm./(unter mehreren Personen) *form* · to find a listening/sympathetic ear (in s.o.), to be given a hearing by s.o.
Was ich an dem Klaus so bewundernswert finde, ist, daß man mit menschlichen Problemen bei ihm immer Gehör findet. Er hat immer ein offenes Ohr für jeden, der sich mit Sorgen an ihn wendet.

zu Gehör kommen *form selten* · to be played, to be performed, to be rendered, to be sung *music*, to be recited *poem*
... aber wann kommen Schuberts Sonaten schon zu Gehör? Sie werden doch so selten gespielt ...

jm. **zu Gehör kommen** *form selten* – jm. zu **Ohren** kommen · it has come to my/his/... ears that ..., it has come to s.o.'s knowledge that ...

jm. **Gehör schenken** *form* · to listen to s.o., to pay attention to s.o.
»Sehr geehrte Damen und Herren! Darf ich Sie bitten, mir für ein paar Minuten Gehör zu schenken? Nur für ein paar Minuten – ich will keine große Rede halten.«

sich Gehör (zu) **verschaffen** (wissen) · to gain attention
Ich bin gespannt, ob er bei diesem Durcheinander hier seine Rede überhaupt halten kann. – Der Jupp? Der weiß sich Gehör zu verschaffen. Du wirst sehen: innerhalb von drei Minuten hört dem hier jeder andächtig zu.

gehören: dazu gehören zwei *ugs* · 1. 2. it takes two (to decide) *n*, it takes two to tango
1. (Er:) ... Natürlich wollen wir noch ein Kind haben. Wenigstens eins! – (Sie:) Du, dazu gehören zwei! – (Er:) Ja, willst du denn etwa keins mehr haben? – (Sie:) Das muß ich mir noch sehr überlegen.
2. Wenn die wirtschaftliche Lage weiterhin so kritisch bleibt, dann verkaufen wir unsere Wohnung und ziehen nach Spanien. – Du, Walter, dazu gehören zwei. – Siehst du, Ernst, die Gerda protestiert mal wieder. Aber irgendwann wird sie schon einsehen, daß ich recht habe, und mitmachen.

gehört: nie gehört! *dir. R ugs* · never heard of him/it/...!
... Ja, und dann hat da noch der Blattner einen Vortrag über die Früherkennung von Krebs gehalten. – Wie heißt der Mann – Blattner? – Nie gehört! – Du kennst Prof. Blattner nicht? Aus Regensburg? ...

ich habe/wir haben/... **gehört,** daß/... · I/we/... have/... heard that ...
Ich habe gehört, du bist seit einem Monat stolzer Vater? – Wer hat dir das erzählt? – Na, rate mal!

(so) **davon gehört haben** · to vaguely remember hearing/having heard s.th. about s.th.
... Ja, ich erinnere mich, (so) davon gehört zu haben. Ich weiß zwar nicht mehr ganz genau, worum es ging, aber irgend jemand hat davon gesprochen.

..., **wie es sich gehört** *form* · ... as is right and proper
(Der Vater zu seiner Tochter:) Du kommst sofort nach dem Abschlußball nach Hause – wie es sich gehört! Von wegen, anschließend da noch durch die Diskotheken zu ziehen! Ihr habt Vorstellungen heute ...!

es gehört viel/wenig/nichts/mehr als .../... zu etw./**dazu,** etw. zu tun · 1. 2. it takes a lot/it does not take much/it takes more than ... to do s.th.
1. Zur Übersetzung eines solchen Gedichts gehört mehr als die genaue Kenntnis zweier Sprachen. Man muß den historischen Hintergrund verstehen und vor allem: man muß ein sicheres ästhetisches Empfinden haben.
2. Es gehört doch nicht viel dazu, ein Auto zu reparieren! Was soll denn da schon bei sein? Ein Auto hat doch keine Geheimnisse. – Mit dem Mund ist es so einfach!

etw. **gehört in** den Schrank/auf die Couch/... · s.th. should be put/stored/... on the sofa/in the cellar/..., + the place for s.th. is the cellar/...
Sag' mal, Doris, warum stehen denn die Kartoffeln hier noch immer in der Küche herum? Die gehören in den Keller!

j. **gehört** (anständig) bestraft/verprügelt/... *ugs* · s.o. deserves a good hiding/..., s.o. needs a good hiding/...
... Wer sich seiner Mutter gegenüber einen solchen Ton erlaubt wie der Reinhardt, gehört geohrfeigt! – Ganz meiner Meinung! Rechts und links sollte man dem was hinter die Löffel hauen.

das/(eine bestimmte Propaganda/Reklame/... zu machen, das) **gehört dazu** – das/eine bestimmte Propaganda/Reklame/... zu machen/..., das gehört zum **Handwerk** · it/that is the done thing, it is the done thing to advertise/launch a publicity campaign/...

etw. **gehört sich nicht** (für jn.)/es gehört sich nicht (für jn.), zu ... *form* · it's not right for s.o. to do s.th., it's not done (for s.o. to do s.th.)
Es gehört sich nicht für ein 15-jähriges Mädchen, abends im Dunkeln draußen allein herumzulaufen. – Ach, Mutti, das sind veraltete Vorstellungen. Heute findet keiner mehr was dabei.

es/das **gehört zu** jm./etw., daß .../zu ... · 1. + a man/... should be able to ..., 2. dancing/... is an essential part of s.th.
1. Es gehört zu einem Mann, auch mal mit der Faust auf den Tisch schlagen zu können. Ein Mann, der nicht durchgreifen kann, ist kein Mann. – Da hast du von den Männern ja direkt klassische Vorstellungen.
2. Zu einer Sylvesterfeier gehört Tanzen, oder meinst du nicht? Ohne Tanz ist das keine richtige Sylvesterfeier.

geht: es geht · 1. 2. all right, O.K., 1. not bad, mustn't grumble
1. Tag Gerd, was macht die Kunst? – Danke, es geht. Es könnte besser sein – aber man soll nicht klagen.
2. Wie arbeitet der Philipp eigentlich? – Es geht. Er reißt sich zwar keine Beine aus, aber im ganzen sind wir mit ihm zufrieden.

es/das **geht**(nicht) · 1. to be possible, can you/he/John ... do it?, 2. it/this won't do
1. Könnten Sie mir den Paß bis morgen ausstellen? Geht das? – Ja, das ist möglich.
2. So geht es nun wirklich nicht, Kinder! Ein wenig Ordnung müßt ihr schon halten. Ich bin ja nicht kleinlich, aber was zu weit geht, geht zu weit.

ein Ort/Haus/Institut/..., **wo**/in dem/... (ständig) **alles drunter und drüber geht** · to be topsy-turvy
Das ist ein Land, in dem immer alles drunter und drüber gehen wird, egal, welches politische System herrscht. Ordnung wird da nie herrschen – die Hoffnung muß man leider aufgeben!

(und) **wie es/das so geht** · (you know) how things are
Du weißt ja, wie es so geht: gegen die allgemeine Mentalität kann man auf die Dauer nicht an; man paßt sich an, weil man nicht ständig in Streit leben will ... Das ist der Lauf der Dinge ...

es geht jm. **gut**/schlecht/ziemlich gut/glänzend/elend/ganz toll/beschissen/... · to be well/fine/quite well/in a bad way/...
1. Wie geht es Fritz? – Gut. Sowohl gesundheitlich wie psychologisch fühlt er sich prima in letzter Zeit.
2. Es geht ihm wohl ziemlich elend. Seine Frau hat ihn verlassen, gesundheitlich ist er offensichtlich nicht mehr auf der Höhe, seine Kinder sind weit weg ... Das alles scheint ihn doch ziemlich mitzunehmen.

bei/mit/... etw. **geht es** (zurzeit/...) **ganz gut**/ziemlich schlecht/prima/... · + s.o. is doing well/badly/..., + his work/things/... is/are/... going well/badly/...
... Was macht eigentlich der Hermann Schröder? Kommt er mit seiner Dissertation voran? – Mit der Doktorarbeit geht es momentan gut – sehr gut sogar; aber gesundheitlich hat er Schwierigkeiten.

es geht (jetzt/...) ans Arbeiten/Übersetzen/Lesen/... · + (now/...) you/we/... have to get down to work/the translation/..., + (now/...) you/we/... have to get started on the translation/our homework/...

(Die Mutter:) So, Christl, jetzt habt ihr lange genug telefoniert, jetzt geht's ans Arbeiten/(an die Schularbeiten) – und zwar sofort!

es geht nun einmal **nicht/...** **nach** mir/ihm/Tante Hanna/den Verkaufszahlen/... – wenn es nach mir/ihm/Tante Hanna/den Verkaufszahlen/... **ging(e)** (dann ...) · it is not up to me/Mary/..., it does not depend on the sales figures

es geht (gut/nichts/...**) ab** (in/bei/auf/...)/was geht ab (in/bei/auf/...)? *ugs* · 1. it was all happening at/in ..., 2. to be on, 3. there is nothing/a whole lot/... happening at/in ...

1. ... Auf Annes Fete ging's gestern echt gut ab. Es waren über 60 Leute da, die Stimmung war gut wie lange nicht mehr. Wir haben gefeiert bis in die Puppen.

2. ... Was geht'n ab heute abend? – Nix! Ich muß pauken für's Examen.

3. In diesem Kaff ist echt tote Hose, da geht aber auch rein gar nichts ab. Kein Kino, kein Theater, keine sonstigen Veranstaltungen, absolut nix.

es geht (leider/...) (nun einmal/...) (**nicht/...**) **ohne** etw. **ab** · 1. 2. + it is bound to end in a fight/row/..., + (unfortunately/...) fights/rows/... are inevitable

1. (Auf einer Geburtstagsfeier:) (A:) Ach, schon wieder Streit! Daß es auf den Geburtstagsfeiern dieser herrlichen Familie aber auch nie ohne Streit abgehen kann!

2. (A:) Ach, schon wieder Streit! – (B:) Auf den Geburtstagsfeiern unserer Familie geht es nun einmal nicht ohne Streit ab. Das weißt du doch. – Das nächste Mal bleib' ich zu Hause. Ich bin diese ewigen Streitereien satt.

es geht abwärts mit jm./etw. – sich auf dem absteigenden **Ast** befinden/(auf ... sein) · things are going downhill with s.o., + s.o. is in a bad way

etw./(j.) **geht** jm. **über alles** *path* – es **geht** (jm.) nichts über etw./(jn.) · + you/... can't beat s.th., nothing means more to s.o. than ...

jm. **geht** etw. **auf**/es geht jm. etw. auf *ugs* – jm. wird (endlich/plötzlich/...) etw. **klar**/es wird jm. (endlich/plötzlich/...) etw. klar · it (finally/suddenly) dawns on s.o. that ..., + s.o. (finally/suddenly) realises that ...

es geht aufwärts mit jm./etw. – sich auf dem aufsteigenden **Ast** befinden/(auf ... sein) · + s.o. is getting better, things are looking up with s.o./s.th.

es geht bergab mit jm./etw. · 1. 2. 3. it is going downhill with s.o./s.th.

1. Mit dem Strothmann geht es bergab, meinst du nicht auch? – Warum? – Ich finde, er hat früher viel bessere Sachen publiziert, und auch seine Vorlesungen hatten ein viel höheres Niveau.

2. Was macht Ihr Vater? – Ach, wissen Sie, es geht mit ihm bergab. Seine Kräfte lassen nach, auch der Lebenswille ... Er ist 78, man merkt es doch.

3. Wie geht es mit der Aktiengesellschaft? – Es geht bergab (mit ihr). Leider. Aber da ist nichts zu machen. Die Produkte laufen nicht mehr. Entweder wir stellen um oder wir müssen über kurz oder lang dichtmachen.

es geht bergauf mit jm./etw. · 1. 2. things are looking up with s.o., + s.o. is getting better

1. Kann man (die) Erika schon besuchen? – Besuch darf sie zwar noch nicht empfangen, aber es geht mit ihr bergauf. Letzte Woche sah es noch gefährlich aus. Aber jetzt braucht man schon keine Sorgen mehr zu haben, und nächste Woche werdet ihr sie bestimmt besuchen können.

2. Mit unserem Unternehmen geht es nach wie vor bergauf. Vor zwei Jahren hatten wir einen Umsatz von $1^1/_2$ Millionen; im letzten Jahr waren es knapp 2 Millionen, und dies Jahr geht es an die $2^1/_2$ Millionen.

es geht in/bei/auf/... **bunt zu/**(her)/hier/dort/... geht es bunt zu/(her) · 1. there is plenty of action in/at/... *coll*, 2. there is a lot going on here/there/...

1. Auf der Geburtstagsfeier meines Sohnes ging es bunt zu. Alle waren lustig und fidel, zum Witzeln aufgelegt; es wurde fleißig getanzt – auch gesoffen, klar ...

2. Seit der Geschäftserweiterung geht es hier ziemlich bunt zu. Andauernd fragt jemand nach etwas, ist etwas neu zu regeln, beschwert sich einer, kommt ein ungewohnter Auftrag ... Das ist ein wahnsinniger Betrieb hier jetzt. *seltener*

jm. **geht's danke** *ugs* · + to be fine/O.K. thanks

(Auf der Straße:) Ach, Ute! Wie geht's? – Mir geht's danke! Und dir? – Ich hab' in der letzten Zeit in der Firma ein bißchen Ärger gehabt. Aber sonst kann ich eigentlich auch nicht klagen ...

aber sonst/(ansonsten/im übrigen) **geht's dir/**ihm/... **danke** (was/oder)?! *sal* – nicht (so) (ganz/(recht)) bei **Trost** sein (1) · are you/is he/... in your/his/... right mind?, are you/is he/... kidding?

es geht jm. (nur/sehr/besonders/...) **darum,** etw. zu tun/um etw./daß .../... · 1. 4. I/... am/... particularly concerned that ..., 1. my/... point is that ..., 2. her/... only concern is ..., 3. all she/... is interested in is ..., 3. all she/... is interested in is money/...

1. (In einer Debatte um Jugendprobleme:) Und vor allem geht es mir darum – deshalb spreche ich hier –, daß die Jugend mehr Möglichkeiten hat, Sport zu treiben. Das halte ich für eine ganz wichtige Frage heute.

2. ... Ach, von Musik versteht die Frau Mertens überhaupt nichts. Es geht ihr nur darum, gesehen zu werden, als gebildete Dame zu gelten – deshalb geht sie alle paar Tage ins Konzert.

3. Der Anneliese geht es nur ums Geld. Alles andere interessiert die nicht.

4. ... Und ganz besonders geht es ihr darum, daß für die Kinder mehr Kinderspielplätze gebaut werden. Ich glaube, das Problem liegt ihr mehr als alles andere am Herzen.

es geht jm. **dreckig** *ugs* – es **geht** jm. gut/schlecht/ziemlich gut/glänzend/elend/ganz toll/beschissen/... (2) · s.o. is in bad way

es/alles **geht** (hier/dort/in .../bei ...) **drunter und drüber** · 1. 2. + to be chaotic 1. + to be bedlam/topsy-turvy

1. Als die Eltern von ihrer Einladung zurückkehrten, ging es zu Hause einmal wieder drunter und drüber. Die Kinder tobten wie wild in den Zimmern herum, einige Freunde und Freundinnen machten Boxkämpfe, andere hörten Jazz bei ohrenbetäubender Lautstärke ...

2. Es lag an der schlechten Organisation, daß auf unserem Ausflug alles drunter und drüber ging. So ein Durcheinander ...

es geht alles durcheinander in .../bei .../... – es/alles **geht** (hier/dort/in .../bei ...) drunter und drüber (2) · + to be bedlam/topsy-turvy, to be chaotic

jm. **geht einer ab** *sal* · + to come off, + to come one's load, + to shoot one's load, + to cream one's jeans, + to have a wet dream *coll*

... Mein Gott, da muß der Junge schließlich noch Angst haben, wenn da ein Flecken im Oberbett ist?! Als wenn er was dafür könnte, wenn ihm einer abgeht! Muß man dieser Frau noch beibringen, daß jeder junge Mann schon mal einen Samenerguß im Schlaf hat?!

j. **glaubt/**..., es **geht** ihm etwas **ab,** wenn ... · s.o. thinks/... he is missing out on s.th. if/...

Der Helmut glaubt immer, es geht ihm was ab, wenn er mal irgendwo nicht dabei ist. Er scheint permanent das Gefühl zu haben, etwas zu versäumen.

es geht (doch/...) **nicht an, daß** .../(das/(etw.) geht (doch) nicht an) *form* · it's not acceptable that ...

(Ein Professor zu den Studenten eines Seminars:) Meine Damen und Herren, es geht nicht an, daß einige von Ihnen mal später, mal überhaupt nicht kommen. Auf diese Weise ist ein geordnetes und kontinuierliches Arbeiten nicht möglich.

das/etw. geht (doch) eins, zwei, drei _ugs selten_ – das/etw. ist (doch) eins, zwei, drei **gemacht** · it/s. th. can be done in no time

so geht das/(es) in einem fort · s. th. has been happening/ happens/… non-stop/incessantly, it/s. th. never stops
Schon wieder das Telefon! So geht das in einem fort! Von morgens bis abends – keine fünf Minuten, ohne daß das Telephon klingelt!

das/es geht/(etw. geht) wie gehext _ugs_ · it goes like magic
Der Wagen ist schon fertig? Das ging ja wie gehext! Er ist doch noch keine Viertelstunde hier.

das/es geht/(etw. geht) wie geölt _sal_ – das/es **läuft**/(etw. läuft) wie geölt · it/everything/… is going like clockwork

das/es geht/(etw. geht) wie geschmiert _sal_ – das/es **läuft**/ (etw. läuft) wie geölt · it/everything/… is going like clockwork

meinst du/… es geht gut?/etw. geht schon gut/wird schon gut gehen/wenn etw./es/das nur/bloß/man gut geht! · 1. it/ s. th. goes/went/will be all right, 2. I hope/… it will be all right
1. Na, das ist ja nochmal gut gegangen! Du kannst wirklich von Glück reden, daß sie die Unterlagen noch angenommen haben.
2. Mit so einem alten Wagen und dann mit so viel Gepäck bis Jugoslawien? Wenn das nur gut geht! Habt ihr keine Angst vor einem Unfall?

aber sonst/(ansonsten/im übrigen) **geht's dir**/ihm/… **gut** (was/oder)?! _sal_ – nicht (so) (ganz/(recht)) bei **Trost** sein (1) · are you/is he/… in your/his/… right mind?, are you/is he/… kidding?

es geht hart auf hart (zu) (in/bei/…) · no punches are pulled at/…
Auf dem letzten Parteitag ging es hart auf hart zu. – Endlich einmal. Im allgemeinen werden die Gegensätze ja eher verschleiert. – Diesmal war es genau das Gegenteil. Ohne Rücksicht wurde da diskutiert, gekämpft …

es geht hoch/heiß **her** (in/bei/auf/…) · it is great fun in/ at/…, + everyone/we all/they all/… is/are having a whale of a time in/at/… coll, it is really swinging in/at/… coll, it's all happening in/at/… coll, there's plenty going on in/at/…, it's really/… humming in/at/… coll
Auf eurer Karnevalsfeier ging's ja hoch her! – Ja, es war eine Bombenstimmung, es wurde getanzt, gesungen, geflachst; der Wein war blendend, die Frauen blendender …

es geht über jn./etw. **her** · + they/… pull s.o. to pieces
Wenn alles gut läuft, dann sagt keiner was, dann sind sie alle mit dem Lohre zufrieden. Aber wehe, wenn es nicht läuft! Dann geht es über ihn her. – Kritisieren ist nun mal leichter als besser machen.

auf los geht's los _ugs_ · when I/… say go – go, when I/… give the word – go
… Wie sieht's aus, seid ihr reisefertig? – Na klar! – Na dann, auf los geht's los! Schmeißt euere Koffer ins Auto und dann ab in den sonnigen Süden!

es geht (jm.) **nichts über** etw./(jn.) · 1. + you can't beat s.o./s. th. coll, 2. nothing means more to s.o. than s.o./s. th.
1. Nichts geht ihm über ein Glas herben Mosel. Dafür läßt er den besten Sekt stehen – und das einträglichste Geschäft sausen.
2. Ihm geht nichts über seine Arbeit. Selbst seine Familie ist ihm weniger wichtig.

jm. geht alles quer/es geht (jm.) alles quer _ugs_ · + I/he/ John/… can't do a thing right (today)
Heute geht mir aber auch alles quer! – An einem Tag laufen die Dinge wie am Schnürchen, am nächsten geht alles schief – so ist das nun einmal im Leben.

es geht rückwärts (mit etw.) · + s.o. is getting worse at s. th., + s.o. is falling behind at s. th.
… Manchmal habe ich den Eindruck, die Gisela lernt in der Mathematik nicht nur nichts mehr dazu, sondern es geht rückwärts. Heute konnte sie nicht einmal mehr so eine läppische Dreisatzaufgabe lösen. So weit war sie doch eigentlich im vergangenen Jahr schon. …

es geht rund in/bei/auf/…/hier/dort/… geht es rund _ugs_ · 1. there is (going to be) a lot going on at n …, it's all (going to be) happening at …, things are really/… swinging at/in/…, 2. sparks are flying/are going to fly
1. Im 'Casino' geht es rund, sage ich dir. Da wird ein Rock' n' Roll getanzt, als ging' es um die ewige Seligkeit – oder um die ewige Verdammnis.
2. Meine Lieben, heute wird hier gekämpft, heute geht's rund, sage ich euch. – Du scheinst ja kampfeslustig gestimmt heute, Karl.

wenn …, dann geht's dir/ihm/… **schlecht!** _ugs_ · j. kann sich auf was/(etw.) **gefaßt** machen · if …, s.o. is really/… in for it

etw. geht so vor sich hin · it/s. th. is ticking over
Wie steht's um deine Arbeit? – Nun, die geht so vor sich hin. – Mit Energie scheinst du sie also nicht gerade voranzutreiben. – Bei dem Thema! Es reicht mir, wenn sie überhaupt weitergeht.

wie er/sie/… geht und steht _form selten_ · just as he/she/… is
… Plötzlich schellt es, und die Barbara, wie sie geht und steht, läuft zur Tür. – Ah, im Unterrock? – Noch besser. Oben ohne.

wo er/sie/… geht und steht _form_ · wherever he/she/… goes and whatever he/she/… does
Wo er geht und steht, trägt er eine Zeitung mit sich herum. Es fehlt nur noch, daß er auch mit einer Zeitung schwimmen geht.

es geht um jn./etw. · 1. it is about s. th., 2. s. th. is at stake
1. Hallo? – Ja, hier Frau Burgmann. – Schreiner hier. Guten Tag, Frau Burgmann, ich hätte gern mit Ihrem Mann gesprochen. – Darf ich fragen, in welcher Sache? – Sagen Sie ihm, es geht um den Versand der Ziehwerkzeuge nach Italien. Er weiß schon Bescheid.
2. In diesem Spiel geht es um die Tabellenführung. Wer gewinnt, ist Spitzenreiter.

jm. geht alles/(…) verquer/es geht (jm.) alles/(…) verquer _ugs selten_ – jm. **geht alles quer**/es geht (jm.) alles quer · + I/he/John/… can't do a thing right (today/…)

es geht nicht vor und zurück/weder vor noch zurück (mit etw.) – nicht vor und nicht **zurückgehen**/weder vor noch zurückgehen · + to be deadlocked

es geht (nicht) voran (mit etw./(jm.)) · + the work/… is (not) coming along very well, + the work/… is (not) making much/ very good/… progress
Mit dem Bau unseres Hauses geht es überhaupt nicht voran. Wenn das so weiter geht, werden wir das Haus nicht mehr fertig erleben.

etw. geht nicht spurlos an jm. **vorbei** · to leave its mark on s. o., to have an/its effect on s. o., to take its toll on s. o.
Eine Lungenentzündung geht nicht spurlos an dir vorbei, da hast du unter Umständen noch nach Wochen oder Monaten mit zu tun.

es geht (nicht) vorwärts (mit jm./(etw.)) – es geht (nicht) voran (mit etw./(jm.)) · + the work/… is (not) coming along very well, + the work/… is (not) making much/very good/… progress

(bei jm./mit etw.) **das geht zu weit** · 1. 2. that/it is going too far
1. Gut, ich habe Verständnis dafür, daß junge Leute nicht Tag und Nacht arbeiten wollen. Aber bei euch, das geht zu weit, ihr tut ja überhaupt nichts mehr.
2. Mit den Diebstählen in dieser Schule, das geht zu weit. So hin und wieder lasse ich mir mal eine kleine Entwendung gefallen. Aber hier kommt fast jeden Tag etwas weg, und oft sind es wertvolle Dinge.

etw. geht (immer) (so) weiter · to go on like this often: it cannot go on like this, to continue
Wenn das mit deiner Faulheit so weitergeht, mein Lieber, nehme ich dich von der Schule und stecke dich in die Lehre.

es geht stürmisch/… **zu (bei** einer Diskussion/…) · the sparks are really flying (in a discussion/…)
Bei der Diskussion gestern ging's ja recht stürmisch zu! – Der Peter und die Susanne diskutieren immer so heftig.

geht's: auf geht's! *ugs* · 1. up you get!, rise and shine!, look lively!, let's be having you!, 2. get down to it!, get cracking!
1. Acht Uhr. Auf geht's! Wenn wir gegen Mittag auf der anderen Seite des Sees ankommen wollen, müssen wir jetzt losmarschieren.
2. vgl. – ran an die **Gewehre**!

wie geht's? · how are you?, how is it going?
Tag Willi, wie geht's? Wir haben uns ja lange nicht gesehen.

jetzt/heute/… **geht's ans** Arbeiten/… + to get down to (one's) work now/today/…
Los, Kinder, jetzt geht's ans Arbeiten. Jetzt habt ihr lange genug gespielt.

mir/(ihm/…) geht's danke *ugs* · + I am/(he is/…) fine, thanks, + I am/(he is/…) all right, thanks
Tag Willy, wie geht's? – Mir geht's danke, und dir? Wir haben uns ja eine Ewigkeit nicht mehr gesehen.

(aber/doch) sonst geht's dir/euch/(dem Herrn Braun/…) **gut/(danke)?!** *sal* · + you/he/Mr. Smith/… need/needs your/ his/… head tested!, + you/he/… must be joking!
Was, ich soll Samstag nachmittag herkommen und den Vertrag tippen? Sonst geht's dir danke, was?! Da mußt du dir einen anderen Dummen suchen, der für so einen Kram sein Wochenende opfert.

… – besser geht's nicht/(nimmer) · it is A1 *coll*/top-notch *coll*/top-class, it couldn't be better
Der hat da ein Spiel hingelegt – besser geht's (gar) nicht! Traumtennis.

wie geht's, wie steht's? *ugs* – (eher:) was macht die **Kunst**? · how's tricks, how are tricks

geht-nicht-mehr: bis zum (es-)geht-nicht-mehr (etw. tun) *ugs* – *path* – etw. bis zur **Bewußtlosigkeit** tun · to do s.th. until one is fit to drop

gehupft: es/das ist (für jn.) **gehupft wie gesprungen** (ob … oder ob …/…) *ugs selten* · 1. 2. it's six of one and half a dozen of the other 1. it makes no difference, it comes to the same thing, it doesn't matter either way, 2. it's all the same to s.o. whether …
1. vgl. – das **bleibt** sich (für jn.) gleich
2. vgl. – es **bleibt** sich gleich (für jn.) (ob … oder ob …/…)

Geier: daß dich/ihn/… **der Geier!** *sal selten* – der **Teufel** soll dich/ihn/den/sie/… holen! · damn you/him/…!, to hell with you/him/…!, + you/he/… can go to hell!

hol' dich/(ihn …) **der Geier!** *sal selten* – der **Teufel** soll dich/ ihn/den/sie/… holen · damn you/him/…!, to hell with you/ him/…!, + you/he/… can go to hell!

hol's der Geier! *sal selten* – leck' mich am/(im) **Arsch** (2) · bloody hell! *sl*

weiß der Geier, wo/wie/wann/ob/… *ugs selten* – weiß der **Henker,** wo/wann/wie/ob/… · God only knows …, Christ knows …

geiern: alles mögliche/… **geiern** *sal Neol* · to grab every free item/… one can get hold of, to be on the look-out for s.th. *n*
Mit dem Brosch kann man nirgendwo hingehen. Gestern auf der Messe hat er alles an Werbegeschenken gegeiert, was er nur kriegen konnte.

(wer weiß wie/…) auf etw. **geiern/**darauf geiern, daß … *sal Neol* · to wait greedily/expectantly/… for s.th. *n*
Der Hansen hat sich auf dem Empfang mal wieder danebenbenommen. Er hat nur so darauf gegeiert, daß das Büffet eröffnet wurde. Dann hat er sich darauf gestürzt wie ein hungriger Wolf.

Geifer: (wieder einmal/…) seinen Geifer verspritzen *ugs* – *path selten* – (wieder einmal/…) sein **Gift** verspritzen · to vent one's spleen/rancour/… on s.o., to unleash/to discharge/… one's venom on s.o.

Geige: die erste/zweite/… **Geige spielen** (in/bei/…) *ugs* · 1. to set the tone, to call the shots, 2. to play second fiddle (to s.o.)
1. Wer spielt in eurem Verein die erste Geige, der Präsident oder der Trainer? – Offiziell ist der Präsident der Chef, aber inoffiziell gibt der Trainer den Ton an.
2. Sie hatte es satt, neben der Chefsekretärin immer nur die zweite Geige zu spielen. Darum hat sie gekündigt.

nach js. **Geige tanzen** *ugs selten* – nach js. **Pfeife** tanzen · to dance to s.o.'s tune

geigen: es jm. (aber/…) (gehörig) **geigen** *sal selten* – jm. (gehörig/…) die **Meinung** sagen · to give s.o. a real/… earful, to give s.o. a piece of one's mind

geil: das/etw. **ist echt/**total/absolut/… **geil** *ugs Neol* · 1. 2. it/ s.th. is magic/fabulous/super/fantastic/great/…
1. Die neue Platte von Guns 'n Roses is' echt geil! – Stimmt, die Platte ist absolut super, der Sound ist affenstark.
2. Freddies Fete am Samstag war echt geil, da ging's voll ab. – Mist, da schein' ich ja mal wieder was verpaßt zu haben!

(ganz) geil auf jn./etw. **sein** *sal* · 1. to lust for s.o./s.th., to be hot for s.o./s.th., 2. to be mad/crazy/wild/… about s.th., to be (very/dead/…) keen on s.th.
1. … Der Udo ist ganz geil auf junge Mädchen! Frauen über 30 beachtet er nicht; aber bei jedem zweiten Teenager verliert er den Kopf. – Das geht wohl auf Frust in seiner Jugend zurück, was?
2. vgl. – (ganz) **versessen** sein auf etw.

Geist: erhebe dich, du schwacher Geist! *ugs iron* · 1. rise and shine, you lazybones! *para*, 2. stand up! *n*
1. Du liegst immer noch im Bett?! – Ach, ich bin so müde … – Komm', erhebe dich, du schwacher Geist! Morgen ist Sonntag, da kannst du deine Müdigkeit pflegen.
2. Erhebe dich, du schwacher Geist! Wenn man einen älteren Herrn begrüßt, Ingor, steht man doch auf!

ein großer Geist (sein) · (to be) a great mind, (to be) a great thinker
Goethe, ja, das war ein großer Geist, oder Hegel – aber diesen Terminus auf diesen unbedarften Josef Ärmelings anzuwenden … Diese Journalisten!

der gute Geist in einem Haus/…/eines Hauses/… **sein** · to be the moving spirit in the house
Die älteste Tochter ist der gute Geist da im Haus. Mit ihrer versöhnlichen Art, ihrer Tüchtigkeit und ihrer Geselligkeit hält sie alle und alles zusammen. Wenn die mal nicht mehr im Haus ist, werden sich die Habichts bestimmt schwer tun.

jn. schickt/(sendet) **ein guter Geist** *ugs* · + s.o. is heaven-sent *n*, + s.o. is a godsend, + s.o. is just what s.o. needs
… Ah, Frau Bertram, Sie schickt ein guter Geist! Ich suche verzweifelt nach einer mitleidsvollen Dame, die mir einen Knopf an meiner Jacke annäht. – Ach, die Männer! Zeigen Sie die Jacke mal her …

bei jm. **erscheint der Heilige Geist** *ugs* · to be the victim of a prank at night by others dressed as ghosts
Bei dem Ulli ist heute nacht der Heilige Geist erschienen. – Warum haben die sich denn gerade den Ulli ausgesucht? Wenn sie schon jemanden um Mitternacht in Angst und Schrecken jagen wollen, könnten sie sich einen wählen, der die anderen immer ärgert.

ein kleiner Geist (sein) *eher:* **ein Kleingeist** *ugs selten* · (to be) a person of limited intellect *n*, (to be) a person of little wit
… Ach, der Willibald, das ist doch ein kleiner Geist! Mit dem kannst du doch nicht über die verschiedenen Interpretationsmöglichkeiten eines modernen Gedichts reden. Der weiß doch gar nicht, was ein Gedicht ist! – Sei nicht so boshaft, Paul!

ein rastloser Geist (sein) · (to be) a restless spirit
… ein rastloser Geist, dein Vater! Nie zufrieden mit dem, was er fertig hat, immer voller Pläne, immer auf Achse … Ob der jemals zur Ruhe kommen wird?

das stört doch keinen großen Geist! *ugs iron* · little things don't bother great minds *rare*
Jetzt hat mich der Friedhelm doch schon zum dritten Mal mit voller Absicht übersehen! – Laß ihn, Josef, das stört doch keinen großen Geist! Was dieser Friedhelm tut oder läßt, kann dir doch schnurzegal sein; da stehst du doch drüber.

der Geist einer Zeit/Epoche/... · the spirit of an/the age
Entspricht es dem Geist der Zeit, daß Entgegenkommen und Freundlichkeit abnehmen?

dieses Buch/... **atmet (ganz) den Geist** des Fortschritts/... *path* · to breathe the spirit of progress, to be full of the spirit of progress
... Dieser Roman, meine Damen und Herren, atmet ganz den Geist der Aufklärung. Das Hauptthema, die einzelnen Motive, die Charaktere – alles ist durch und durch von der Aufklärung geprägt ...

im Geist(e) bei jm. **sein**/... *path* · to be with s.o. in spirit
Diese Weihnachten können wir euch leider nicht besuchen. Aber im Geiste sind wir bei euch ...

(ganz) **im Geist(e)** Luthers/unseres Vaters/des Vertrags über gegenseitige Wirtschaftshilfe/... **handeln**/... *path* · to act (entirely/...) in the spirit of Luther/our father/..., to act in (complete/...) accordance with the intentions of our father/...
Wenn du, wie du immer behauptest, im Geiste unseres Vaters handeln würdest, würdest du das alte Haus nicht abreißen lassen. Das hätte Vater nie getan!

nach dem Geist des Vertrages/.../(dem Geist des Vertrages/... nach) – ≠ nach dem **Buchstaben** (des Vertrages/...)/dem Buchstaben (des Vertrages/...) nach · in/according to/... the spirit of the contract/treaty/...

seinen/den Geist aufgeben *bibl od. sal* · 1. 2. to give up the ghost
1. Habt ihr die alte Kaffeemaschine nicht mehr? – Die hat ihren Geist aufgegeben. – Ihr seid bestimmt zu wüst damit umgegangen, oder warum ist sie kaputt gegangen?
2. Nach langer Krankheit hat der Emil am vergangenen Samstag seinen Geist aufgegeben. *selten*

seinen/den Geist aushauchen *path od. sal selten* – seinen/den **Geist** aufgeben (2) · to give up the ghost

der Geist der Finsternis *rel path* · the Prince of Darkness
Laßt euch durch den Geist der Finsternis nicht vom Pfade der Tugend abbringen ...!

jm. (mit etw.) **auf den Geist gehen** *ugs* – jm. (mit etw.) auf die **Nerven** fallen/gehen · to get on s.o.'s nerves (with s.th.)

dies Buch/... **ist im**/in dem/(aus dem) **Geist** der Aufklärung/... **geschrieben** · the book/... is written in the spirit of the Enlightenment
... Wer von Ihnen die romantische Literatur auch nur ein wenig kennt, sieht sofort, daß dieses Gedicht ganz im Geist der Romantik geschrieben ist ...

jm. **den Heiligen Geist schicken**/(einjagen) *ugs* · to dress up as ghosts and play a prank on s.o. at night
Wenn er euch immer ärgert, müßt ihr ihm mal den Heiligen Geist schicken. – Was ist denn das? – Ihr streift euch ein Bettlaken über, so daß ihr aussieht wie ein Gespenst, erscheint um Mitternacht an seinem Bett und verabreicht ihm eine anständige Tracht Prügel oder sowas.

(mal wieder/...) **seinen Geist sprühen lassen** *oft iron* · to bubble over with wit (again/...), to turn on one's sparkling/scintillating/... wit (again/...)
Onkel Anton läßt mal wieder seinen Geist sprühen! – Wenn der ein paar hübsche Damen um sich hat, wird er zum vollendeten Conferencier.

(mal wieder/...) **viel Geist versprühen** *oft iron* – (mal wieder/...) seinen **Geist** sprühen lassen · to bubble over with wit (again/...), to turn on one's sparkling/scintillating/... wit (again/...)

js. **Geist hat sich verwirrt** *form selten* – den **Verstand** verlieren · s.o.'s mind becomes confused/clouded/...

der Geist ist willig (aber das Fleisch ist schwach) *ugs* · the spirit is willing (but the flesh is weak)
Er hat sich also wieder mit diesen leichten Mädchen eingelassen? Wo er doch hoch und heilig versprochen hatte, in Zukunft ein anderes Leben zu führen! – Nun ja, du weißt ja: Der Geist ist willig .../Der Geist ist willig, aber das Fleisch ist schwach.

(etw. mit) **Geist und Witz** (erzählen/...) · to tell a story with great wit and humour, to tell a story with sparkling/scintillating/... wit
... Dein Onkel hat wirklich Geist und Witz! Wenn der seine Erfahrungen in Brasilien zum besten gibt, könnte ich stundenlang zuhören.

eins im Geiste sein *path od. iron veraltend selten* · 1. 2. A and B are kindred spirits 1. A and B are of one mind, A and B think alike
1. Die Petra und der Werner sind zwar nicht miteinander verheiratet, ja, für die meisten hier wahrscheinlich nicht einmal miteinander 'befreundet' – aber ich habe immer den Eindruck, die beiden sind eins im Geiste. Ich habe jedenfalls so ein innerliches, 'selbstverständliches' Verständnis zwischen zwei jungen Menschen noch nicht erlebt.
2. ... Nein, der Paul und der Richard lassen sich nicht auseinanderdividieren – von dir nicht, von mir nicht – von niemandem! Die sind (immer) eins im Geiste, die beiden! Was der eine will, will der andre auch.

sich im Geiste (schon) **in**/bei/... **sehen** · to (already/...) imagine o.s. somewhere, (to be able) to see o.s. somewhere
Im Geiste sah er sich schon im Gefängnis, als er nach der Feier bei Bierwies von der Polizei angehalten wurde. Er hatte bestimmt anderthalb Flaschen Wein getrunken, ein paar Cognacs ... was würde jetzt passieren?

dienstbare Geister *ugs* · ministering angels *rare*, domestic servants *n*
Bei unserem Aufenthalt auf seiner Fazenda in Brasilien hatten wir natürlich alle möglichen dienstbaren Geister zur Verfügung: ein Dienstmädchen, einen Reitknecht, eine Art Bärenführer ...

die Geister beruhigen *ugs* – (eher:) die **Gemüter** beruhigen · to calm s.o. down

die Geister scheiden sich in dieser Frage/... *ugs* · opinions/... differ on this matter/point/... *n*
... Ja, ja, wie immer scheiden sich in Deutschland die Geister mal wieder an ideologischen Fragen. 'Freiheit' oder 'Sozialismus' – diese hochsinnvolle Alternative trennt die Leute.

Geisterhand: wie von/durch Geisterhand (geschlossen/geführt/...) *path selten* · (to open/to close/...) as if by magic, (to open/to close/...) as if by a magic/an invisible/... hand
... Wir erstickten schon fast in dem Mief – bei dieser Menge von Leuten ...! Aber wie von Geisterhand gingen plötzlich alle Fenster des Saales auf. – Was heißt, 'wie von Geisterhand'? – Ja, kein Mensch hat jemanden gesehen, der sie öffnete ...

Geistern: du bist/er ist/die Frau Meier ist/... **wohl von allen guten Geistern verlassen!** *sal* · have you/has he/Mrs. Smith/... taken leave of your/his/her/... senses?
Wie bitte, du hast meinen Smoking in der Waschmaschine gewaschen?! Du bist wohl von allen guten Geistern verlassen, was?! Das ist jetzt eine Ziehharmonika, den kann ich wegschmeißen!

Geistes: sehen/erkennen/wissen/es stellt sich heraus/..., **wes Geistes Kind** j. **ist** *ugs* · to see/to realize/to know/... what kind of a person s.o. is *n*
... An solchen geschmacklosen Äußerungen sieht man mal wieder, wes Geistes Kind der Wolters ist. Von dem Sohn eines Portiers ist vielleicht doch nicht mehr zu erwarten ...

Geiz: jm. sitzt der Geiz im Nacken *ugs* – *path selten* · + s.o. is really/... tight-fisted, + s.o. is a real/... penny-pincher, + s.o. is a real/... cheapskate
(A:) Wenn wir schon alle zusammen eine Wanderung machen, dann können wir auch alle zusammen draußen essen. – (B:) Hast du schon mal überlegt, was das kostet? – (C zu B:) Dir sitzt mal wieder der

Geiz im Nacken, Hermann, was?! Der Alfred hat Recht: wir genießen den Tag. Umsonst ist der Tod (und der kostet das Leben).

vor Geiz stinken *sal selten* · to be as mean as shit *rare*
Der Hubert ist geizig, sagst du? – Geizig ist gar kein Ausdruck: der
stinkt vor Geiz!

Geizkragen: ein richtiger/absoluter/... Geizkragen (sein) *ugs*
· to be a real/... miser, to be a real/... skinflint
Der Jürgen Schwab ist ein richtiger Geizkragen. Ich hab' z. B. noch
nie erlebt, daß der einen ausgibt.

gekauft: gekauft sein · to be corrupt, to be venal, to be fixed
match
... Ach, diese Leute sind doch alle gekauft! Kein einziger von denen
entscheidet frei.

**gekegelt: haben wir etwa zusammen gekegelt?!/wir haben
doch/... nicht zusammen gekegelt!/wir haben nicht zusammen gekegelt, oder/oder irre ich mich?!** *sal* · + you've got a
nerve to take liberties like that!, + none of your familiarities
please *elev*
... Wie reden Sie eigentlich mit mir? »Nun hör'n se mal, Herr Meyer
...« Haben wir etwa zusammen gekegelt?! Für Sie bin ich immer
noch der 'Herr Staatssekretär Dr. Meyer'!

gekehrt: in sich gekehrt sein · to be inward-looking/with-
drawn
Die Karin ist so in sich gekehrt. Ist etwas passiert? – Nein. Die war
immer so still und verschlossen. Sie hört zwar genau zu, was die
anderen sagen, nur sie selbst sagt nichts – stattdessen grübelt sie
dann später über das, was sie gehört hat, nach.

gekleidet: in Schwarz/Weiß/... **gekleidet** (sein) *geh* · to be
dressed in black/white/... *n*
Der Herr Kerner in Schwarz gekleidet? – Seine Frau ist gestorben.

geknallt: eine geknallt kriegen/bekommen *sal* – eine **Ohrfeige** kriegen/(bekommen) · to get a clip round the ears, to get a
slap on the face

ein paar geknallt kriegen/(bekommen) *sal* – ein paar **Ohrfeigen** kriegen/(bekommen) · to get a clip round the ears, to
get a slap on the face

geknickt: ganz/ziemlich geknickt sein *ugs* · to be pretty/...
glum *n*, to be very/... downcast *n*
Ganz geknickt kam die Beate von dem Vorstellungsgespräch zurück.
Sie hatte sich so viel Hoffnungen gemacht. – Man hat ihre Bewerbung also definitiv abgelehnt? – Ja.

gekommen: so weit ist es (also)/es ist ja weit/... **gekommen**
(mit jm./etw.) – so weit **kommen**, daß ... (2) · it has got to
the point/stage where ...

geistig zu kurz gekommen sein *sal* – für keine zwei **Pfennige**
Verstand haben/nachdenken/aufpassen/... (1) · to be a
bit/... retarded, to be a bit/... backward

gekonnt: etw. ist gekonnt/(wie j. etw. macht – das ist ge-
konnt) · it's/s.th./the way s.o. does s.th./... is clever/stylish/
neat/...
Diese Spielzüge unserer Mannschaft über den rechten Flügel sind
wirklich gekonnt. Das macht unseren Jungens so schnell keiner nach.

gekriegt: sie/... haben sich gekriegt *ugs* · boy gets girl
Na, haben sich die beiden (Liebenden) nun gekriegt oder nicht? – Ich
bin noch nicht so weit. Laß mich noch ein bißchen weiterlesen, dann
sag' ich dir, ob ihre Wege wieder auseinandergehen oder nicht.

gelacht: das/es wäre doch/ja gelacht, wenn (j. etw. **nicht** schaf-
fen/... würde/könnte/schaffte/...) *ugs* · it would be ridicu-
lous/laughable if s.o. could not/did not/... *n*
Es wäre doch gelacht, wenn wir den Wagen mit vereinten Kräften
nicht anschieben könnten. Wir sind doch keine Schlappschwänze.
Also: hau ruck! hau ruck! ... Na, seht ihr!

Gelächter: (in ein) ein homerisches Gelächter (ausbrechen) *lit
selten* · (to break out into) Homeric laughter *rare*
Wenn der Alfons in sein homerisches Gelächter ausbricht, muß man
einfach mitlachen. Der lacht so voll und breit, so unbefangen –
gleichsam unschuldig: das ist unwiderstehlich.

ein sardonisches Gelächter *lit selten* · sardonic laughter
Was ist denn das für ein sardonisches Gelächter hier? – Der Albert
hat versucht, einen Witz zu erzählen, und alle freuen sich wie Verrückte, daß ihm das wieder einmal nicht gelungen ist. Deshalb lachen
sie so höhnisch.

ein schallendes/tosendes/brüllendes **Gelächter** (in ein tosen-
des/... Gelächter ausbrechen) · to burst into/... loud/ring-
ing/... laughter
... Seine Stammtischbrüder brachen in ein tosendes Gelächter aus,
als er ihnen den neuesten politischen Witz erzählte.

jn. **zum Gelächter machen** *selten* – jn./etw. lächerlich **machen** (1) · to make a laughing stock of s.o.

dem Gelächter der anderen/... preisgeben *path* – jn./etw. lächerlich **machen** (1) · to expose s.o. to mockery/ridicule

gelackmeiert: (aber) gelackmeiert/der Gelackmeierte sein *sal*
· 1. to be in for it, to be for the high jump, 2. to be left
holding the baby, to (have to) carry the can, to have to take
the rap, to be the loser
1. vgl. – (aber) (schön) dumm **dran** sein (mit jm./etw.) (1)
2. vgl. – der **Dumme** sein

geladen: scharf geladen sein *Waffe* · to be loaded with live
ammunition
(Bei einer Verfolgung:) Paß auf mit dem Gewehr, Kurt! Du weißt,
das ist scharf geladen. Daß mir bloß kein Unfall passiert!

(vielleicht) geladen sein (auf jn.) *ugs* – sauer sein (auf jn.) (2;
a. 1) · to be furious/livid/... with s.o.

schwer/ganz schön **einen geladen haben** *sal* · to be (well)
tanked up
Was reden die denn da für ein wirres Zeug? – Das kannst du nicht
ernst nehmen. Die haben mal wieder schwer einen geladen – seit
heute morgen sitzen die hier und saufen.

gelagert: der Fall/die Sache/(...) ist anders/ähnlich/(...) **gelagert** · the case/situation/... is quite similar/different/...
... Wenn der Richard für seine schwerkranke Frau zu sorgen hat und
deshalb mit seiner Arbeit kaum noch durchkommt, dann ist die
Marlies überlastet, weil sie für ihre alte und kranke Mutter zu sorgen
hat! – Bei der Marlies, das ist doch etwas ganz anderes – Der Fall ist
nicht gleich, einverstanden – schon weil sie einen weniger aufreibenden Beruf hat als der Richard –, aber (er ist) ähnlich gelagert: über
Krankheiten in der Familie kommt es zu Berufsproblemen ...

gelähmt: halbseitig/ganzseitig gelähmt sein · to be paralysed
down one side of one's body/to be completely paralysed
... Wußtest du nicht, daß der Anton Schlick seit seinem Schlaganfall
halbseitig gelähmt ist? Das rechte Bein kann er überhaupt nicht mehr
bewegen ...

Gelände: das Gelände sondieren/(abtasten) · to see how the
land lies, to sound s.th. out
Ich würde vorschlagen, wir laden die Herren zu einem Vorgespräch
ein und sondieren erst einmal das Gelände. – Wenn es uns gelingt,
aus denen etwas herauszuholen ...

das Gelände vorbereiten (für etw.) · to prepare the ground
(for s.th.), to pave the way (for s.th.)
In seinen umfangreichen Geheimgesprächen mit verschiedenen Regierungsmitgliedern hat der Staatssekretär das Gelände für offizielle
Verhandlungen vorbereitet.

gelandet: bei einem Mädchen/... (endlich) gelandet sein *ugs*
· to get one's end away/to have it off (at last/...)
Na, ist der Kurt bei seiner Angebeteten endlich gelandet, oder stellt
sie sich immer noch spröde?

gelangt: eine gelangt kriegen/(bekommen) *sal* – eine **Ohrfeige**
kriegen/(bekommen) · to get a clip round the ears, to get a
slap on the face

ein paar gelangt kriegen/(bekommen) *sal* – ein paar **Ohrfeigen** kriegen/(bekommen) · to get a clip round the ears, to
get a slap on the face

Gelassenheit: stoische Gelassenheit/mit stoischer Gelassen-heit *lit* – (ein) stoischer **Gleichmut/mit** stoischem Gleichmut · stoic composure/equanimity/...

gelaufen: das/die Sache/(etw.) **ist gelaufen** *ugs* · 1. 2. it/s.th. is in the bag, 2. it/s.th. is settled *n*, it/s.th. is a sure thing

1. Uff! Die Sache ist gelaufen. Endlich! – – Sie haben dir die Lizenz also gegeben? – Ja. Ohne Einschränkungen.

2. ... Da brauchst du dir doch keine Sorgen mehr zu machen, die Sache ist doch gelaufen! – Hm, es kann im letzten Moment immer noch was dazwischen kommen ...

zwischen ... ist was/(noch) nichts/... gelaufen *ugs* · there is/ was something/nothing going on between them/... *n*

... Gestern abend nach der Disco ist die Ruth noch mit dem Horst nach Hause gegangen. Meinst du, da ist was gelaufen? – Nee, glaub' ich nicht, die sind doch beide viel zu schüchtern.

gelaunt: gut/blendend/schlecht/... **gelaunt sein** · (to be) in a good/an expansive/a bad/... mood, to be out of sorts *neg*

Ist der Franz immer so gut gelaunt? – Aber nein! Meistens ist er sogar ausgesprochen mürrisch.

(heute/...) **(nicht) dazu gelaunt sein**, etw. zu tun – (heute/...) nicht in der (richtigen) **Stimmung** sein, etw. zu tun/zum Tanzen/... · (not) to be in the mood to do/for doing s.th.

Gelbe: nicht (gerade) **das Gelbe vom Ei sein** *ugs* · it/s.th. is no great shakes, it/s.th. is not up to much/not much to write home about/...

Und wie beurteilst du seine Arbeit? – Hm, das ist nicht gerade das Gelbe vom Ei. – Aber eine gute Note kannst du doch geben?

Geld: (nur/kein/...) **großes Geld** (bei sich haben/...) · to have no/not many/... notes on one, to have larger denominations on/with one, not to have anything smaller

Könnten Sie mir vielleicht einen Zehnmarkschein wechseln? Ich brauche ein paar Münzen und habe nur großes Geld bei mir.

etw./**das nur kleines Geld** *ugs Neol* · it/s.th. is (only/just/...) small beer *n*

... Was der Professor Winkelberg da bringt, ist doch alles nur kleines Geld! Worum es wirklich geht, erfährt man bei dem nicht. Alles Kleinkram!

das liebe Geld *ugs* · money *n*, the money! *n*

... Wenn ich Geld genug hätte, würde ich das Haus in der Tat kaufen – das ist ein vorzügliches Angebot. – Ja, ja, das liebe Geld! Wenn man davon genug hätte ...

schade ums Geld! *ugs* · it is/was/... money down the drain/a waste of money/... *n*

... Nein, so leid es mir tut – aber wenn ich ehrlich sein soll: der Hut steht dir absolut nicht. Schade ums Geld!

scheffelweise Geld verdienen/(...) *path selten* – **Geld** wie Heu verdienen · to earn a packet/a fortune/heaps of money

ein sündhaftes Geld kosten/ausgeben/... *path* · to be outrageously expensive, to be wickedly expensive

... Die ganze Anlage ist in der Tat hervorragend: das Schwimmbad, der Golfplatz, der Hotelbezirk – alles aufs beste aufeinander abgestimmt ... Aber das hat auch ein sündhaftes Geld gekostet. – Wieviel denn so? – Über sieben Millionen.

etw. **zu kaufen/...** (das) **ist weggeworfenes/rausgeschmissenes Geld** *ugs* · to buy s.th./... is/would be/... money down the drain/a waste of money/...

... Ich werde doch so einen Unsinn nicht kaufen! Das wäre doch rausgeschmissenes Geld!

das kann j. halten/(machen), **wie er Geld hat** *sal selten* – das kann j. halten wie ein **Dachdecker** · s.o. can please himself, s.o. can do what he damn well likes

etw. **für teures Geld erstehen/**kaufen/... *form oft iron* · to pay a lot for s.th., to pay good money for s.th., to pay through the nose for s.th. *coll*

Nein, den Anzug darfst du nicht kritisieren. Den hat der Fred für teures Geld erstanden, der muß also gut sein.

(das/sein) Geld arbeiten lassen *form* · to let one's money work for one

Du hast dein Geld in günstigen Aktien angelegt, sagst du? – Geld muß man arbeiten lassen. Wenn es keine einträglichen Erträge bringt, kann man es auch gleich ausgeben.

essen, als ob man Geld dafür bekäme/kriegte *ugs selten* – fressen/(essen) wie ein **Scheunendrescher** · to eat like a horse

fressen, als ob man Geld dafür bekäme/kriegte *sal selten* – fressen/(essen) wie ein **Scheunendrescher** · to eat like a horse

mit Geld nicht zu bezahlen sein · 1. to be priceless, to be worth one's weight in gold, 2. + no money could ever/money could never repay what s.o. did for us/...

1. Unser Hausmädchen ist mit Geld nicht zu bezahlen. Sie ist die Seele unseres Haushalts.

2. Was er für uns getan hat, ist mit Geld gar nicht zu bezahlen. Ohne seine unermüdliche Hilfe wäre mein Mann für immer krank geblieben.

jm. zerrinnt das Geld wie Butter an der Sonne *ugs* · money runs through s.o.'s hands like water, money burns a hole in his/John's/... pocket

Hat der Emil schon wieder kein Geld mehr? Wofür hat er denn die 300,– Mark schon wieder ausgegeben? – Das weiß er selbst nicht. Dem zerrinnt das Geld wie Butter an der Sonne. Sobald er etwas in der Hand hat, muß er es ausgeben.

Geld wie Dreck haben *sal* – **Geld** wie Heu haben · to have stacks/piles/heaps/... of money, to be filthy rich

Geld wie Dreck verdienen *sal* – (eher:) **Geld** wie Heu verdienen · to earn a packet/a fortune/heaps of money

im Geld (fast) ersticken *ugs selten* – **Geld** wie Heu haben · to have stacks/piles/heaps/... of money, to be filthy rich

das/sein Geld zum Fenster hinauswerfen/hinausschmeißen *ugs* – das/sein **Geld** mit beiden/vollen Händen zum Fenster hinauswerfen · to spend money left, right and centre, to spend money as if it was going out of fashion

sein Geld nicht/kein Geld festhalten können *ugs* – jm. zerrinnt das **Geld** wie Butter an der Sonne · + money runs through s.o.'s hands like water, + money burns a hole in his/ John's/... pocket

das Geld rinnt jm. **nur so durch die Finger** *ugs* – jm. zerrinnt das **Geld** wie Butter an der Sonne · money runs through s.o.'s hands like water, money burns a hole in his/John's/... pocket

kein Geld in den Fingern halten/haben können *ugs* – jm. zerrinnt das **Geld** wie Butter an der Sonne · + money runs through s.o.'s hands like water, + money burns a hole in his/ John's/... pocket

Geld flüssig haben *form* – Geld/... **flüssig** haben · to have funds available, to have liquidity

Geld flüssig machen – Geld/einen Betrag/... flüssig **machen** · to get hold of money/of funds

ins Geld gehen · 1. 2. to cost a packet *coll*/a pretty penny *coll*, to eat into the funds

1. Er kommt mit seinem Gehalt nicht durch, sagst du? – Er muß jeden Tag im Restaurant essen, da er von seiner Frau getrennt lebt und wir in der Firma keine Kantine haben. – Ah so, ja, das geht ins Geld. Dann versteh' ich.

2. So eine Krankheit geht ins Geld, sag' ich dir. Die kostet Tausende und Tausende.

Geld ist Geld und Schnaps ist Schnaps *sal* · business is business *coll*

Ich finde es völlig in der Ordnung, daß er auf absolut korrekte Abrechnungen besteht. Geld ist Geld und Schnaps ist Schnaps. In Geldsachen kann man gar nicht zu korrekt sein.

für/mit Geld und Geldeswert *form – path selten* · for/with money and its equivalent, for money and valuables

… Hat der Klaus das Gut geerbt oder gekauft? – Er hat es sich für Geld und Geldeswert erarbeitet: einen Teil hat er sofort gekauft, einen anderen Teil hat er zunächst als Verwalter aufgebaut und dann gekauft und einen dritten Teil schließlich hat er durch Tausch mit anderem Besitz erworben.

Geld (allein) macht nicht glücklich (aber es beruhigt) *iron* · money isn't everything (but it helps)

Geld macht nicht glücklich, sagen die Leute – die keins haben! – Genau! Glücklich macht es nicht, das stimmt. Aber es beruhigt – wie man mit Recht hinzufügt.

nicht/sehr/… aufs Geld gucken/sehen · 1. 2. (not) to (have to) watch every penny 1. (not) to be a penny-pincher *coll*

1. Und wenn das mehr kostet, als wir annehmen? – Das ist bei Onkel Alois nicht wichtig. Der guckt nicht aufs Geld. Das ist dem völlig gleichgültig, wieviel das kostet.
2. … Ich bin auch nicht geizig, das brauchst du gar nicht zu insinuieren! Aber wenn man drei Kinder hat und nur anderthalbtausend Mark verdient, muß man aufs Geld gucken, ob man will oder nicht.

sein (ganzes) Geld durch die Gurgel jagen *sal* · to pour (all) one's money down one's throat *coll*, to piss (all) one's money up the wall

Wenn er nicht sein Leben lang soviel gesoffen hätte, wäre die Familie heute glänzend gestellt. Aber wenn er sein Geld durch die Gurgel jagt, kommt man natürlich zu nichts.

Geld und Gut *form* · (to lose one's) money and property/possessions

… (Sein) Geld und Gut hat er im Krieg verloren. Er konnte nur das nackte Leben retten.

das/sein Geld mit vollen Händen ausgeben · to spend money left, right and centre *coll*

Auf dieser Reise gibt er sein Geld mit vollen Händen aus, und sonst ist er immer so sparsam. – Du kennst den Onkel Alois nicht. Wenn ihm die Sache das wert ist, guckt er nicht aufs Geld.

das/sein Geld mit beiden/vollen Händen zum Fenster hinauswerfen *ugs* · to spend money left, right and centre, to spend money as if it was going out of fashion

Die Petra wirft ihr Geld mit vollen Händen zum Fenster hinaus. – Sie hat ja genug. – Aber es ist doch nicht nötig, für die unnötigsten Sachen Tausende von Marken zu verplempern!

sein Geld mit beiden Händen auf die Straße werfen *ugs – path selten* – **das/sein Geld** mit beiden/vollen Händen zum Fenster hinauswerfen · to spend money left, right and centre, to spend money as if it was going out of fashion

(sehr) am Geld hängen · to be very fond of money

Seltsam, er hängt zwar sehr am Geld, aber in anderen Dingen ist er ausgesprochen generös.

in/auf …/da/… wie falsch(es) Geld herumlaufen *sal selten* · to go/to run around like a spare prick at a wedding, to go/to run around like a pork pie at a bar mitzvah

Der Kurt läuft hier herum wie falsch Geld! – Ihr sagt ihm, er soll bei der Vorbereitung des Kongresses helfen – und wenn er dann kommt, stellt er fest, daß es für ihn gar nichts zu tun gibt. Da kommt er sich natürlich höchst überflüssig vor.

Geld wie Heu haben *ugs* · to have stacks/piles/heaps/… of money, to be filthy rich

Jedes und jedes Jahr fahren die Jakobs in exotische Länder in Urlaub. Die müssen Geld wie Heu haben.

Geld wie Heu verdienen *ugs* · to earn a packet/a fortune/heaps of money

Mit seinem Gebrauchtwagengeschäft hat er Jahre hindurch Geld wie Heu verdient. Tausende und Tausende von Marken im Monat.

sein (ganzes) Geld durch die Kehle jagen *sal* – sein (ganzes) **Geld** durch die Gurgel jagen · to pour all one's money down one's throat, to piss one's money up the wall

sich ans Geld klammern · 1. 2. to be tight with money *coll*, to cling to one's money *tr*

1. Die Alte klammert sich ans Geld, das ist schon gar nicht mehr schön. – Das ist Altersgeiz, mein Junge. – Aber so, daß man die geringste Ausgabe zu vermeiden sucht? Häßlich.
2. … Das muß man verstehen. Die Leute haben keine anderen Reserven – keine Felder, Häuser, Wertgegenstände. Da klammern sie sich ans Geld, um für ihr Alter gesichert zu sein.

zu Geld kommen · to get hold of money, to come into money

… Der Körner? Der ist ganz klein angefangen. Und lange Jahre hat er mit den größten Schwierigkeiten gekämpft. Erst mit dem Marmor-Import ist er zu Geld gekommen. – Reich geworden? – Ja.

zusehen/…, wie man (wieder) an sein/zu seinem Geld kommt *ugs* · s.o. will (just) have to try and get his money back himself *n*

… Gut, wenn du meinst, du brauchst meine Ratschläge nicht, dann sieh zu, wie du an dein Geld kommst! – So war das doch nicht gemeint. Du bist also der Überzeugung, wenn ich dem Maurer keinen Prozeß mache, zahlt der mir seine Schulden nicht? – So ist es.

Geld aus dem Kreuz leiern (bei jm.) *ugs iron selten* · to wheedle s.th. out of s.o., to persuade s.o. to part with (his) money *n*

… Komm', Erich, du kannst auch einmal etwas für unseren Gesangverein tun! 2 – 300,– Mark tun dir doch bestimmt nicht weh. – Ich bitte dich, Walter, hör' auf mit deinem Singsang. Du weißt doch ganz genau, daß es sinnlos ist zu versuchen, bei mir Geld aus dem Kreuz zu leiern. Entweder halte ich eine Sache für unterstützungswürdig, dann stifte ich etwas; oder ich halte sie nicht für unterstützungswürdig, dann nutzen auch Bitten und schöne Worte nichts.

Geld oder Leben! *path od. iron* · your money or your life!

Eine richtige Räuberpistole, dieser Film! Hör' dir das an: Geld oder Leben! …

das Geld muß unter die Leute (kommen) *ugs selten* · money has to be spread around *n*, money has to circulate *n*, money is meant to be spent *n*

Du kommst ja aus diesem Geschäft gar nicht mehr heraus! Willst du denn noch etwas kaufen? – Ach, Tante Lisbeth, »das Geld muß unter die Leute«, sagt Vater immer. Im Portemonnaie nützt es niemandem.

(meinen/…, daß man) sein Geld unter die Leute bringen (muß) *ugs* · (to think/… one has) to spread one's money around *n*

Der Walter will sich auch noch eine Lederjacke kaufen. Es scheint, der kauft den halben Laden hier auf. – Der meint mal wieder, er muß sein Geld unter die Leute bringen. Er kann einfach kein Geld in den Händen halten.

Geld (bei jm.) lockermachen *ugs* · … Mark/Francs/… (bei jm.) lockermachen · to get hold of money/…, to get s.o. to shell out money/…, to get s.o. to part with money/…

(viel) Geld machen (mit etw.) *ugs* · to make/to earn (a lot of) money *n*

Wo hat er eigentlich soviel verdient, daß er sich in München ein Haus kaufen kann? – Mit seinem Überseehandel hat er viel Geld gemacht. Das war viele Jahre hindurch ein äußerst einträgliches Geschäft.

aus etw. Geld machen *ugs selten* – etw. zu **Geld** machen · to make money from/out of s.th.

das große Geld machen *ugs* · to earn big money, to make a pile of money

… Wodurch sind die Pintos eigentlich so reich geworden? – Im Überseehandel haben die das große Geld gemacht.

leichtes Geld machen (mit etw.) *ugs selten* · to make easy money with s.th.

… 5.000,– Mark für die Reparatur des Wagens – das ist billig? Wenn der Georg seine Pfennige so sauer verdienen müßte wie wir, würde er anders reden! Aber der hat sein ganzes Leben mit seinem Strandhotel leichtes Geld gemacht. Der weiß den Wert des Geldes gar nicht zu schätzen.

etw. zu Geld machen *ugs* · 1. 2. to make money from/out of s.th. *n*

1. Diese alte Kommode braucht von uns niemand mehr. Die könnten wir eigentlich zu Geld machen. – Wir werden doch so ein kostbares Erbstück nicht verkaufen, Klaus!

2. Er versteht es ausgezeichnet, seine Ideen zu Geld zu machen. *seltener*

das Geld muß rollen *ugs* · money has to circulate *n*, money is there to be spent *n*

Du kommst ja von diesem Flohmarkt gar nicht mehr weg. Willst du denn noch etwas kaufen? – Ach, Oma, »das Geld muß rollen«, sagt Papa immer. Wenn alle Leute ihr Geld festhielten, würde keiner etwas verdienen.

Geld scheffeln *ugs* · to rake it in, to make a bomb

Der Christoph scheffelt als Grundstücksmakler ganz schön Geld.

das/sein Geld zum Schornstein hinausjagen/hinauswerfen/... *ugs – path* – (eher:) das/sein **Geld** mit beiden/vollen Händen zum Fenster hinauswerfen · to spend money left, right and centre, to spend money as if it was going out of fashion

im Geld schwimmen *ugs* – **Geld** wie Heu haben · to be rolling in it

aufs Geld sehen (müssen) · to (have to) be careful with one's money, to (have to) watch one's expenditure

... Der Rolf muß aufs Geld sehen, ob er will oder nicht. Er ist schließlich nicht mit Reichtümern gesegnet, wie du!

sich für Geld sehen lassen können *sal* · 1. 2. s.o. could go on stage *n*

1. Der Norbert Wunschel ist wirklich ein Original. Bei dem kommt man aus dem Lachen gar nicht mehr heraus. – Der Norbert, der kann sich für Geld sehen lassen. Amüsierdirektor, das wäre der richtige Beruf für den.

2. Mit seinem Matrosenkäppi sieht er einfach zu lustig aus. Damit kann er sich für Geld sehen lassen.

auf seinem Geld sitzen *sal* · to be stingy *n*/tight-fisted *n*

Mein Gott, der Alte hat wenigstens eine halbe Million auf der Bank, und der Sohn muß schuften wie ein Sklave. – Der sitzt auf seinem Geld, der Alte. Der dreht jeden Pfennig zehnmal um, ehe er sich dazu entschließt, ihn auszugeben.

nach Geld stinken *sal* – **Geld** wie Heu haben (1) · to be rolling in it, to be filthy rich

Geld stinkt nicht *sal* · + there's nothing wrong with money *n*, money has no smell *rare*

... Kein schöner Beruf ... – Aber man verdient gut dabei, und wie du weißt: Geld stinkt nicht. – Ist es dir völlig egal, wie du deine Flöhe verdienst?

in .../dort/... liegt das Geld auf der Straße *ugs* · + the streets of America/... are paved with gold

Hunderttausende von Europäern wanderten im 19. Jahrhundert nach Amerika aus, weil sie glaubten, dort läge das Geld auf der Straße. Aber so einfach, wie sie dachten, wurde man dort auch nicht reich.

j. findet sein/(das) Geld ja nicht/doch auch nicht/... auf der Straße *ugs* · + money does not grow on trees (after all/...)

Nein, noch ich ihm sein Studium schon finanziere, muß er das Geld auch zusammenhalten. Ich finde mein Geld doch auch nicht auf der Straße, verdammt noch mal! Ich muß hart dafür arbeiten.

das/sein Geld auf die Straße werfen *ugs – path* · to spend money like it was going out of fashion, to waste one's money, to splash out on unnecessary things, to spend money like water

... 80.000,– Mark für ein Auto?! Du bist wohl wahnsinnig, was?! Ich werf' mein Geld doch nicht auf die Straße! Als wenn es nichts Wichtigeres (im Leben) gäbe als das neueste Automodell!

(es verstehen) jm. das Geld aus der Tasche (zu) ziehen *ugs* · (to know how) to get money out of s.o.

Die jüngste Tochter versteht es immer wieder, ihrem Vater das Geld aus der Tasche zu ziehen. Ich weiß gar nicht, wie die das hinkriegt, daß der Alte immer wieder zückt – der ist doch sonst so knauserig.

sich nicht vom Geld trennen können *ugs* – (eher:) auf seinem **Geld** sitzen · to hate parting with one's money

hinter dem Geld hersein wie der Teufel hinter der armen Seele *ugs – path* · 1. 2. to be money-mad

1. Der Breuer ist hinter dem Geld her wie der Teufel hinter der armen Seele. Vor lauter Sucht zu verdienen vergißt er, seine Pfennige vernünftig auszugeben oder anzulegen.

2. Jetzt schicken mir die doch innerhalb von zehn Tagen schon die zweite Mahnung. Mein Gott, die sind ja hinter dem Geld her wie der Teufel hinter der armen Seele!

nicht mit Geld umgehen können · s.o. can't handle money, s.o. doesn't know how to handle money, s.o. can't manage his money

Der Alex verdient doch gut! Ich versteh' gar nicht, daß er dauernd Geldschwierigkeiten hat! – Der Mann kann einfach nicht mit Geld umgehen. Der kann so viel verdienen, wie er will, der wird immer Schwierigkeiten haben.

(sich) sein Geld sauer verdienen müssen – (sich) sein **Brot** sauer/(bitter) verdienen (müssen) · to (have to) work hard to earn a living

etwas für sein (gutes/teures) Geld verlangen (können) · to expect s.th. for one's money

Es ist sein gutes Recht, für sein Geld etwas zu verlangen. Wenn die ein derart hohes Eintrittsgeld nehmen, müssen sie auch etwas bieten – da hat der Paul recht.

mit Geld nur so um sich werfen/schmeißen/mit Geld um sich werfen/schmeißen, das ist schon gar nicht mehr schön/... *ugs* · to throw/to chuck one's money around, to flash one's money around

Seitdem der Bruno Vollmann Direktor geworden ist, wirft er mit Geld um sich, das ist schon gar nicht mehr feierlich. Er gibt große Gelage, spendiert allen möglichen Leuten eine Runde, richtet sich neu ein ...

sein Geld (nicht) wert sein · 1. s.th. is not worth the money, 2. s.o. is not worth his pay

1. Dieser neue Anzug ist sein Geld nicht wert. Jetzt bin ich zweimal damit in den Regen gekommen, und er sieht aus, als trüge ich ihn schon jahrelang.

2. Den Schultze kann ich Ihnen nicht als Mitarbeiter empfehlen. Dieser Mann ist sein Geld nicht wert. Er kann wenig und er tut noch weniger.

nicht für Geld und gute Worte zu bewegen sein, etw. zu tun *ugs* · I/he/John/... would not do s.th. for love or (nor) money

Nicht für Geld und gute Worte war sie dazu zu bewegen, die Übersetzung übers Wochenende zu tippen. »Das Wochenende«, erklärte sie, »ist für mich heilig, da arbeite ich nicht – ganz gleich, für wen und gegen welche Bezahlung.«

sein Geld (nicht) zusammenhalten (können) *ugs* – jm. zerrinnt das **Geld** wie Butter an der Sonne · + money runs through s.o.'s hands like water, + money burns a hole in his/John's/... pocket

Geldbeutel: an den Geldbeutel gehen *ugs* – (eher:) ins **Geld** gehen · to cost a packet/a pretty penny, to eat into the funds

tief in den Geldbeutel greifen (müssen) *form – path selten* – (eher:) einen tiefen **Griff** ins Portemonnaie tun (müssen) · to (have to) pay through the nose for s.th.

auf seinem/dem Geldbeutel sitzen *ugs selten* – auf seinem **Geld** sitzen · to be stingy/tight-fisted

seinen Geldbeutel zücken/(ziehen) (müssen) (und ...) *ugs* – (eher:) sein **Portemonnaie** zücken/(ziehen) (müssen) (und ...) · to (have to) pay the bill/to pick up the tab/...

Geldbörse: seine Geldbörse zücken/(ziehen) (müssen) (und ...) *ugs selten* – (eher:) sein **Portemonnaie** zücken/(ziehen) (müssen) (und ...) · to (have to) pay the bill, to pick up the tab

Geldfrage: (daß/ob/...) **das ist** (nur/...) **eine Geldfrage** – (daß/ob .../...) das ist (nur/...) eine **Frage** der Zeit/des Geldes/... · (whether/if/...) is (only/...) a question of money

Geldhahn: jm. **den Geldhahn zudrehen**/(zusperren/abdrehen) *ugs* · to cut off s.o.'s supply of money *n*
Wenn der Junge zu frech wird, dreh' ihm den Geldhahn zu: sperr' ihm den Wechsel! Du wirst sehen, das wirkt Wunder.

Geldsachen: in Geldsachen hört die Gemütlichkeit/(Freundschaft) **auf** *ugs* · business is business
Also los, wieviel hast du ausgegeben, genau? Und wieviel bleibt für Erich übrig? – Nun sei doch nicht gleich so scharf! – In Geldsachen hört die Gemütlichkeit auf! Jetzt kommst du mir schon zum zweiten Mal mit einer so konfusen Abrechnung. Das geht einfach nicht.

Geldsack: ein (richtiger/regelrechter) **Geldsack sein** *sal selten* – auf seinem **Geld** sitzen · to be a money-bags, to be a Croesus, to be a fat cat

auf seinem Geldsack sitzen *sal selten* – auf seinem **Geld** sitzen · to be stingy/tight-fisted, to be a real/right/... (old) skinflint/miser/scrooge/penny-pincher/...

Geldscheißer: keinen/einen **Geldscheißer (zuhause) haben** *sal* · 1. I am/we are/... not made of money *coll*, 2. s.o. must be made of money *coll*
1. Junge, du kannst doch nicht kaufen, kaufen und nochmals kaufen. Wir haben doch keinen Geldscheißer (im Keller).
2. Johannes, du hast ja wohl einen Geldscheißer zu Hause. Du hast doch gestern bestimmt hundert Mark da in der Kneipe gelassen.

Geldverlegenheit: (gerade/...) ein bißchen/... **in Geldverlegenheit sein** *form* – im Augenblick/... etwas/... in **Verlegenheit** sein · to be (a bit/...) strapped for cash/low on funds/ short of cash/... just now/...

geleckt: wie geleckt aussehen/(...) *iron selten* · to be all spruced up, to be dressed to kill, to look smooth *coll*, to look slick *coll*
Der Otto sieht mal wieder wie geleckt aus! Wenn der zu seiner Freundin marschiert, dann verbringt er erstmal eine Stunde im Badezimmer.

Geleerter: ein Gelehrter/Geleerter mit zwei e sein *Wortspiel aufgrund des Gleichklangs von Gelehrter und Geleerter* · to be an acadumbic *para*, to be a learned fool
Der Herr Prof. Meißner sagt auch ... – Der Herr Meißner?! Der Meißner, das weiß doch jeder hier, ist ein Gelehrter mit zwei e. Was so ein Dummkopf sagt, besagt gar nichts.

gelegen: jm. **ist sehr/viel/wenig/nichts/... an etw. gelegen**/daran gelegen, etw. zu tun/daß .../wenn ... könnte/... – (eher:) jm. **liegt** sehr/viel/wenig/nichts/... **an etw.**/daran, etw. zu tun/daß/.../wenn ... könnte/... · + s.o. attaches a great deal of/no/little/... importance to (doing) s.th.

jm. **(sehr/.../nicht/...) gelegen kommen** · (not) to suit s.o. (very well/...), not to be (very/...) convenient for s.o., (not) to come at the right time
Diese Reise nach München kommt mir gar nicht gelegen jetzt, gerade zur Zeit der Abschlußbilanz. – Wenn sie dir nicht in den Kram paßt, schiebe sie doch um ein, zwei Wochen auf!

Gelegenheit: bei der ersten (besten)/(erster/(bester) **Gelegenheit** · at the first opportunity I'll/..., + when I/... get the opportunity, I'll/...
Ich habe eine derartige Wut auf den Richard, daß ich dem bei der ersten besten Gelegenheit mal ganz gehörig die Meinung blasen werde.

j. versucht/... **bei jeder Gelegenheit** ... · s.o. tries whenever he gets the chance/at every opportunity ...
Dieser Mann versucht aber auch bei jeder Gelegenheit, die andern übers Ohr zu hauen!

bei nächster/der nächsten **Gelegenheit** · at the next opportunity/chance I/... get/...
Heute bin ich sehr eilig, aber bei nächster Gelegenheit werde ich dir die Zusammenhänge genau erklären. Wenn du willst, schon übermorgen, nach unserem Skatabend.

bei passender Gelegenheit · when a suitable opportunity arises, when the opportunity arises
Wir müssen dem Fritz bei passender Gelegenheit doch mal klarmachen, daß er sich den Schreiners gegenüber anders zu verhalten hat. – Aber wartet nicht zu lange!

j. **wird** etw. **bei Gelegenheit** tun · s.o. will do s.th. some time, s.o. will do s.th. some time or other/when he gets the chance/...
... Heute habe ich keine Zeit, aber bei Gelegenheit werd' ich dir sagen, was ich von dem Christoph halte. – Aber ich möchte es bald wissen ...

Gelegenheit macht Diebe · opportunity makes a thief
Schließ dein Rad ab, Junge! Selbst in einem so ruhigen Viertel läßt man ein Fahrrad doch abends nicht unabgeschlossen draußen stehen. Gelegenheit macht Diebe.

jm. **(noch/...) eine Gelegenheit geben** – (eher:) jm. (noch/...) eine **Chance** geben · to give s.o. one more chance

die Gelegenheit beim Schopfe fassen/(packen) *form* · to snap at a/the chance to do s.th., to seize an opportunity with both hands
Montag bist du zusammen mit dem Botschafter bei Prof. Rainers eingeladen? Da würde ich an deiner Stelle die Gelegenheit beim Schopfe fassen und den Botschafter auf dein Stipendium ansprechen. So ein Anlaß findet sich nicht so leicht wieder.

die Gelegenheit verpassen · to miss an opportunity, to let an opportunity slip, to let a chance go begging
... Doch! Er hatte Chancen. Aber er hat eine Gelegenheit nach der anderen verpaßt. – Durch Nachlässigkeit? – Vielleicht schuldlos, das weiß ich nicht; aber ...

die Gelegenheit versäumen · to miss an opportunity, to let an opportunity slip
Dieses Angebot ist eine einmalige Gelegenheit! Wenn du die versäumst, dann darfst du dich nachher nicht beschweren, man hätte dir beruflich keine Chancen gegeben.

die Gelegenheit wahrnehmen/ergreifen – die **Gelegenheit** beim Schopfe fassen/(packen) · to seize an opportunity with both hands

Gelehrten: darüber/über etw. **sind sich die Gelehrten nicht einig**/(uneins)/die Gelehrten sind ... einig ..., ob ... *ugs* · that/it is a moot point
Hilft denn das Medikament wirklich, das Übel zu beseitigen, oder lindert es nur die Schmerzen und bestimmte Nebenwirkungen? – Darüber sind sich die Gelehrten nicht einig. Einige behaupten ..., andere halten das für ...

Geleimte: der Geleimte sein *ugs selten* · to be the one who is taken for a ride *sl*, to be the one who fell for a trick, to be the one who was duped/conned/...
... Wer von euch beiden hat denn nun statt Whisky gefärbtes Sprudelwasser gekauft – der Peter oder der Ulrich? Ich hab' nicht so genau verstanden, was der Manfred mir da gestern erzählt hat. – (Ulrich:) Ich bin der Geleimte, Iris; ich hab' mich von dem verdammten Perser in der Tat drankriegen lassen ...

Geleise: jn. (ganz/...) **aus dem Geleise bringen** · 1. 2. to send s.o. off the rails
1. Die lange Krankheit hat ihn ganz aus dem Geleise gebracht. Seelisch ist er völlig durcheinander, und auch im Beruf hat er alle Mühe, sich wieder zurechtzufinden.
2. Der Umgang mit dieser Frau hat den Peter völlig aus dem Geleise gebracht. – Wieso? – Er ist unzuverlässig geworden, unordentlich ...

etw. **wieder ins Geleise bringen** – (eher:) etw. (wieder) ins (rechte) **Gleis** bringen · to put s.th./things right again

(ganz/...) **aus dem Geleise geraten** *selten* · 1. 2. to go off the rails
1. Sowohl persönlich wie in seinem Beruf ist er durch seine lange Krankheit ganz aus dem Geleise geraten. Er hat sehr viel Schwierigkeiten, sich im Leben wieder zurechtzufinden.
2. Durch den Umgang mit dieser Frau ist er völlig aus dem Geleise geraten. Er ist unzuverlässig, wie er es nie war, unordentlich, unehrlich ... Man kann nur hoffen, daß er sich bald wieder fängt.

geleistet: j. **hat sich** (da) (ja) (vielleicht) **was/**(etwas) **geleistet** *ugs* – j. hat sich (da) etwas/was **Nettes** geleistet · to have put one's foot in it, to have done something brilliant

Geleit: zum Geleit: *Überschrift über nachdenkliche Texte, mst mit moralischem Inhalt form* · »Please note«, »A note of advice«

(Bei der Besichtigung eines Doms; die Tochter, die eine der am Eingang liegenden Broschüren herausgreift:) Schau mal, was hier steht, Papa: »Zum Geleit: wenn Sie diesen Dom betreten, bedenken Sie, daß es sich nicht um ein Museum handelt, sondern um das Haus Gottes ...«

jm. **das Geleit geben** *form geh* · to give s.o. an escort, to escort s.o.

... Vom Flughafen ins Hotel muß man dem Ehrengast natürlich das Geleit geben, das ist doch klar; das ist in aller Welt so. – Und wen schicken wir zu seiner Begleitung?

jm. **sicheres/freies Geleit geben/**zusagen/... *geh form* · to give s.o./to grant s.o./... safe-conduct

... Wenn der Staatspräsident dem Mann persönlich freies Geleit zugesichert hat, wird ihm auch nichts passieren, wenn er das Schiff verläßt. – Wer garantiert uns, daß sich auch alle Widerstandsgruppen an diese Zusicherung halten? Es kann einen Überfall geben. – Der Staatspräsident wird schon für ausreichenden Schutz gesorgt haben.

jm. **das letzte Geleit geben** *form* – jn. auf seinem letzten **Weg** begleiten · to accompany s.o. on his last journey

jm. **freies/**sicheres **Geleit gewähren/**geben/zusichern/... *mil u.ä.* · to grant/to guarantee/... s.o. safe-conduct

Wenn Sie den Leuten freies Geleit bis zum Flughafen gewähren, werden sie sich bestimmt ergeben. – Wir können doch Terroristen nicht noch Schutz gewähren, damit sie unbehelligt entkommen.

Geleitschutz: jm. **Geleitschutz gewähren/**zusichern/... *Auto/ Flugzeug/Schiff/... mil u.ä.* · to promise/to guarantee/to provide/... an escort for s.o.

Stimmt es, daß die Regierung den Aufständischen Geleitschutz zugesichert hat? – Ja. Wenn sie sich ergeben, können sie unter dem Schutz unserer Luftwaffe nach Paraguay ausfliegen.

im Geleitschutz fahren/fliegen *mil u.ä.* · to be given a military/... escort into/...

Wie es scheint, ist das Schiff der Aufständischen im Geleitschutz in den Hafen eingefahren. – Sie haben sich also ergeben? – Sonst hätte der Präsident unsere Kriegsschiffe wohl nicht zu ihrem Schutz beordert.

gelernt: das/(etw.) **will gelernt sein** · it's/s.th. takes a lot of practice, it's/s.th. is something one has to learn

... Was heißt schon einfach?! Du würdest so eine Sonate nicht spielen wie der Albert. Auch so kleine Stücke wollen gelernt sein.

gelernt ist gelernt · once you've learnt something, you don't forget it

Mann, Sie machen das aber schnell, und mit einer Sicherheit! – Gelernt ist gelernt! Wenn du mal 25 Jahre Fliesen verlegt hast, kannst du das genau so gut, Junge.

Geliebte: sich eine Geliebte halten *iron* · to have/to keep a mistress

Wenn er sich neben seiner ihm angetrauten Ehefrau noch eine Geliebte hält, braucht er natürlich viel Geld. Das sind schließlich zwei 'Haushalte'.

geliefert: geliefert sein *ugs* – erledigt sein (für jn.) (mit etw.) (3) · to have had one's chips, to be finished, not to exist for s.o.

Gelingen: auf gutes Gelingen anstoßen/trinken · to drink to s.o.'s success, to drink to the success of a project

... Trinken wir dies Glas Wein auf gutes Gelingen: daß unsere Geschäftsbeziehungen für beide Seiten ein voller Erfolg werden.

gelitten: bei jm./bei allen/in/... **gut/**(wohl) **gelitten sein** *form* · to be well-liked by everyone/in .../...

(Der Vater zu seinem jüngeren Sohn:) Über den Rolf hat man noch nie Klagen gehört; der ist überall gut gelitten. Jeder, mit dem ich über den Jungen spreche, sagt mir: 'Ihr Ältester ist wirklich gewinnend ...'. An dem könntest du dir mal ein Beispiel nehmen!

Gelöbnis: ein Gelöbnis ablegen *geh form* · to make/to take a vow

... Müssen bei Euch die jungen Soldaten, wenn sie in die Armee eintreten, eigentlich immer noch ein Gelöbnis ablegen? – Du meinst, ein feierliches Versprechen, dem Vaterland als Soldat zu dienen? Nein, das gibt es nicht mehr.

gelten: bei jm. **etwas/**(viel/allerhand/...) **gelten** *form* · to carry a lot of weight with s.o.

Wenn der Klaus bei Prof. Krabe ein gutes Wort für die Christa einlegen könnte ...; – Woher weißt du, daß Prof. Krabe viel von dem Klaus hält?

etw. **gelten lassen** · to accept an argument/an objection/...

... Nein, diesen Einwand laß ich gar nicht gelten. Ob du in der letzten Woche krank warst oder nicht, spielt für die Staatsarbeit keine Rolle, denn du hattest schließlich einen Frist von acht Monaten.

von jm. **nichts/**kaum etwas/(...) **gelten lassen** · not to accept anything/... s.o. says or does

Was der Kurt sagt oder nicht sagt, dürfte für Vaters Entscheidung keine Rolle spielen, denn von dem Kurt läßt er doch überhaupt nichts mehr gelten.

Geltung: etw. **zur Geltung bringen** · 1. to show s.th. to advantage, to bring s.th. out, 2. to stress s.th., to make more of s.th.

1. Ihr neues Chiffon-Kleid bringt ihre Figur vortrefflich zur Geltung.

2. Du mußt deine Fremdsprachenkenntnisse besser zur Geltung bringen. Die müssen sehen, was du kannst. Wenn du dein Licht unter den Scheffel stellst, kommst du in dieser Welt nicht weit!

sich/etw. **zur Geltung zu bringen wissen** · 1. to know how to assert o.s., 2. to know how to show/use/... s.th. to full advantage

1. Der Bertolt weiß sich zur Geltung zu bringen, alle Achtung! Bei der Diskussion um Portugals Beitritt zur EWG ließ er ganz elegant seine Kenntnisse einfließen, die er auf diesem Gebiet hat. Nach einer halben Stunde hörten die Leute nur noch darauf, was er sagte.

2. Der Bertolt weiß nicht nur viel, er weiß seine Kenntnisse auch zur Geltung zu bringen. *seltener*

zur Geltung kommen · to count to s.o.'s advantage, to give s.o. credit for s.th., to come into one's own

Seine langjährige Auslandserfahrung kommt bei seinen Bewerbungen um eine Stelle an der Uni gar nicht zur Geltung. – Früher zählte eine solche Erfahrung sehr stark. – Heute interessiert sich dafür kein Mensch.

an Geltung verlieren · to lose importance, to become less important, to lose prestige

Was die Kirchen sagen, hat doch in Europa immer mehr an Geltung verloren; das zählt heute nur noch bei einer kleinen Minorität.

sich/(e-r S.) **Geltung verschaffen** (mit etw.) (in/bei/...) *form* · to win recognition (in/...), to establish a reputation (in/...), to acquire prestige/importance/... (in/with/...)

Der Herbert versteht es, sich in der Gesellschaft Geltung zu verschaffen. – Und wie macht er das? Wie kommt er zu Einfluß und Ansehen?

Gelübde: ein Gelübde/das Gelübde der Armut/Keuschheit/... **ablegen** *rel* · to take a vow of poverty/chastity/...

... Wenn deine Schwester Franziskanerin werden will, muß sie ja auch ein Gelübde ablegen, nicht? – Natürlich.

gelungen: ein gelungener Tag/Abend/... gelungene Ferien/... · a successful day/evening/...

... Das war ein gelungener Abend gestern, nicht? – Das kann man wohl sagen. So einen schönen Abend habe ich lange nicht mehr verbracht.

Gemächer: sich in seine Gemächer zurückziehen *iron* – sich in seine **Penaten** zurückziehen · to retire to one's private quarters

gemacht: das/etw. **ist** (doch) **eins, zwei, drei gemacht** *ugs* – *path* · s.th. can be done in no time, s.th. can be done in a few seconds *n*

... Wie kann man bloß so lange für eine so läppische Dreisatzaufgabe brauchen?! Das/eine solche Aufgabe ist doch eins, zwei, drei gemacht! – Wenn du das so schnell kannst, mach' du das doch für mich! – Du mußt das lernen/üben, nicht ich!

etw. hat sich (wohl/bestimmt/...) **selbständig gemacht!** *ugs* · s.th. has/must have grown legs

Seltsam! Jetzt such' ich doch schon eine halbe Ewigkeit nach der Uhr. Die hat sich selbständig gemacht. Ich habe sie doch gestern abend hierhin gelegt!

wird gemacht! *ugs* · will do!, O.K.!

Könntest du mir den Gefallen tun und das Fenster schließen. – Wird gemacht! – Danke.

für/(zu) etw. (nicht) gemacht sein/(nicht) dafür/(dazu) gemacht sein, etw. zu tun – (nicht) dazu **geboren** sein, etw. zu tun (1) · (not) to be cut out for s.th.

für jn. muß etw. hopp hopp gemacht sein *ugs* – *path* – (für jn.) **hopp** hopp gemacht sein (müssen) · s.th. has to be done in no time, (for s.o.) s.th. has to be done double quick

gemalt: wie gemalt aussehen *path selten* · to look a picture

In ihrem weißen Kleid sah sie wie gemalt aus. Wirklich: bildschön.

gemein: mehreren Menschen/Dingen **gemein sein** *form* · to be common to several people/things

In den meisten Dingen unterscheiden sich der Gerd und die Irmgard wie Tag und Nacht, das stimmt; aber ein guter Schuß Eigensinn ist beiden gemein.

etwas/manches/vieles/... **mit jm. gemein haben** *form* · to have something/a lot/... in common with s.o.

Hat die Irmgard mit ihrer Schwester überhaupt etwas gemein? Ich habe manchmal den Eindruck, die beiden haben charakterlich nichts miteinander zu tun und sich auch gegenseitig nichts zu sagen.

Gemeine: etw./alles/... **ins Gemeine ziehen** *form selten* – jn./ etw. in/(durch) den **Dreck** ziehen (2) · to reduce everything/... to a trivial/commonplace/... level *n*, to drag everything/... down to a trivial/commonplace/... level

gemeinsam: mehreren Menschen/Dingen **gemeinsam sein** *form selten* – mehreren Menschen/Dingen **gemein** sein · to be common to several persons/things/... *n*

etwas/manches/vieles/... **mit jm. gemeinsam haben** *form selten* – etwas/manches/vieles/... mit jm. **gemein** haben · to have something/a lot/... in common with s.o. *n*

gemeint: mit etw. **gemeint sein** – auf jn./(etw.) **gemünzt** sein · to be aimed/directed at s.o./s.th., to be meant for s.o./s.th.

etw. ist nur gut/nicht so/... **gemeint** · it's.th./a remark/... is not meant like that, it/s.th./a remark/... is well meant

... Herr des Lebens, sei doch nicht immer so empfindlich, Gisela! Wenn der Herr Scheufele von einer 'gewissen Verführbarkeit' spricht, ist das doch nicht so gemeint! – Ach, er will damit etwa nicht andeuten, daß ich mit jedem zweiten Jungen schlafe? – Nein, genau das will er nicht sagen. Er hält dich für zu vertrauensselig ...

Gemenge: ins Gemenge kommen/geraten *ugs selten* · to come to blows (with s.o.), to get into a scuffle (with s.o.)

Ich weiß auch nicht mehr richtig, wie das kam. Der Streit wurde immer heftiger, und plötzlich kamen die beiden ins Gemenge. – Die haben sich geschlagen? – Ja; sie wurden handgreiflich!

gemerkt: wohl gemerkt *dir.* *R oft iron* · please note, mind you

(Der Gastgeber auf einer Feier zu Freunden; A:) Bei dieser Flasche handelt es sich, wohl gemerkt, um einen mehr als 80 Jahre alten Portwein! – (B zu C:) Hast du gehört, Fritz?: mehr als 80 Jahre alt! Da kommst du mit deinem 'Mosel' von 1937 nicht mit. ... – (A:) So hab' ich das nicht gemeint ...

gemessen: j. **hat die Straße/den Bürgersteig/den Boden/...(der Länge nach) gemessen** *ugs iron* · s.o. fell flat on his face

Was hast du denn gemacht? Deine Nase ist ja ganz verschrammt. Bist du gefallen? – Ja. Ich bin da vorn in der Eberhardstraße über einen Stein gestolpert und habe (der Länge nach) den Bürgersteig gemessen.

gemessen an ... *form* · 1. 2. compared with s.o./s.th., in comparison with s.o./s.th.

1. Gemessen an dem Exportvolumen, der Industrieländer, nehmen sich die Exporte der Länder der Dritten Welt sehr bescheiden aus.
2. Gemessen an den Fähigkeiten und dem Geschick, das der Peter entwickelt, ist der Ralf doch ein ziemlicher Stümper – bei aller Anerkennung der Mühe, die er sich gibt.

gemischt: jetzt wird's/dann wurde es gemischt *sal selten* · things are getting out of hand, things are getting rough, things are getting a bit iffy

Komm Gerda, wir gehen. Wie du siehst: jetzt wird's gemischt! Wenn der Seppl anfängt, ist das ein Signal für alle, ihre schlechten Witze an den Mann zu bringen. – Ich bin doch kein 'Mann'. – Eben! Deshalb sage ich: laß uns gehen!

gemünzt: auf jn./(etw.) **gemünzt sein** · to be aimed/directed at s.o./s.th., to be meant for s.o./s.th.

Diese ewigen Sticheleien, diese dauernde Kritik hintenherum ... – Hör' mal, Günther, ist das etwa auf mich gemünzt? – Du weißt genau, mein lieber Fritz, wer damit gemeint ist.

Gemüse: junges Gemüse/das junge Gemüse *sal* · green young things

Ja, der Vortrag war nicht schlecht besucht. Viel junges Gemüse – so 18 – 20 jährige. – Wie du immer von den jungen Leuten redest. Als wären das alles noch Kinder!

Gemüsegarten: eine Suppe/(Prüfung/...) **quer durch den Gemüsegarten** *ugs* · 1. s.o. listens to/appreciates/... all sorts of things/a real mixture/..., 2. (a vegetable soup containing) all kinds of vegetables/an exam in which all kinds of questions are asked

1. ... Georg, was für Musik hörst du denn am liebsten? – Ach, eigentlich habe ich keine bestimmten Vorlieben. Ich höre alles mögliche: Klassik, Schlager, Rock- und Popmusik. Praktisch quer durch den Gemüsegarten.
2. vgl. – eine Gemüsesuppe/(Prüfung/...) quer durch den **Garten**

Gemüt: etwas fürs Gemüt *ugs* · something for the soul, something for the heart, s.th. that tugs at the heart-strings, something sentimental

(Auf einer pädagogischen Tagung:) Man kann die Kinder doch nicht nur mit hochwissenschaftlicher Literatur erziehen! Die brauchen auch etwas fürs Gemüt. – Die jungen Leute sind so nüchtern heute; die pfeifen auf das 'Gemüt'. – Das sieht nur so aus. Hinter der Schale der Nüchternheit steckt sehr viel Sehnsucht nach Wärme, Gefühl, Liebe ...

ein einfältiges Gemüt haben *ugs* · to be a simple soul

Man muß schon ein sehr einfältiges Gemüt haben, um an solche Märchen zu glauben. »Er will mit dieser Aktion dem Vaterland dienen ...!« Einen guten Ruf will er kriegen und damit Karriere machen, weiter nichts!

ein goldiges/(goldenes) **Gemüt haben** *ugs* · to have a sunny disposition/temperament

Die Christa hat ein goldiges Gemüt. Immer gut gelaunt, immer frisch; nichts nimmt sie übel, alles sieht sie von der besten Seite ...

ein kindliches Gemüt sein/haben *ugs* · to be an innocent/childlike soul

Merkt die Christl gar nicht, daß ihr die anderen immer die unangenehmsten Arbeiten überlassen? – Sie fühlt sich den Geschwistern viel zu sehr verbunden, um auf solche Gedanken zu kommen. – Wirklich ein kindliches Gemüt! Im Grunde beneidenswert!

ein sonniges Gemüt haben *ugs* · to have a sunny/cheerful disposition/temperament

In ihrer Gesellschaft herrscht immer frohe Stimmung. – Sie hat aber auch ein sonniges Gemüt!

du hast/der Onkel Peter hat/... vielleicht ein sonniges Gemüt! *sal* · the things you/John/... come/comes/... up with!, you've/he's/... got a sense of humour!

Mein Vater soll den Chef wegen eurer Gehaltserhöhung angehen? Ihr habt vielleicht ein sonniges Gemüt! Meint ihr, mein Vater hat Lust, sich euretwegen die Finger zu verbrennen?

etw. **drückt aufs Gemüt** *selten* – jm. schlägt/geht etw. aufs Gemüt (2) · s.th. weighs on s.o.'s mind

jm. **schlägt/geht** etw. **aufs Gemüt** · 1. to weigh on s.o.'s mind, 2. to get s.o. down *coll*
1. Die Nachricht von dem Unfall seiner Schwägerin ist ihm aufs Gemüt gegangen. – Es ist klar, daß ihm das nahe geht. Er mag seine Schwägerin sehr, und so ein Unfall ist immer eine dumme Sache.
2. Dieses neblige Wetter schlägt aufs Gemüt. Nichts ist trister als so ein Wetter!

ein **Gemüt wie eine Brummfliege haben** *sal selten* · to be (completely/…) unflappable/imperturbable
… Du kennst doch den Albert. Der läßt sich durch nichts aus der Ruhe bringen. In aller Seelenruhe beantwortete er eine Frage nach der anderen, und am Ende meinte er ganz jovial: »Hat jemand noch eine Frage?« Der hat ein Gemüt wie eine Brummfliege, wirklich.

ein **Gemüt wie ein Fleischerhund haben** *sal selten* · s.o. is a callous brute, s.o. is a cold-blooded/cold-hearted/… ruffian, s.o. is a cold-blooded/… character/fellow/…
Nie habe ich so einen gefühllosen, rohen Gesellen gesehen wie diesen Baumann. Der hat ein Gemüt wie ein Fleischerhund, dieser Kerl.

ein **Gemüt haben wie ein Schaukelpferd/**(Veilchen) *sal scherzh selten* · to be inconsiderate
Du kannst doch dem alten Herrn Kaufmann nicht zumuten, dir ein paar Sachen aus dem Kaufhof mitzubringen, Iris. Du hast aber auch ein Gemüt wie ein Schaukelpferd. – Er fand es ganz normal.

sich etw. **zu Gemüte führen** *ugs* · to treat o.s. to a glass of wine/…, to indulge in s.th., to get stuck into a book/…
Heute abend werd' ich mir mal ein anständiges Gläschen Wein zu Gemüte führen. Mal sehen: was haben wir da unten überhaupt noch stehen?

sich einen **zu Gemüte führen** *ugs* – einen **saufen** · to knock back a few, to have a good few jars/drinks/…

jm. (so richtig) **nach dem Gemüt(e) sprechen** (mit etw.) *form selten* – etw. ist jm. (so richtig/(recht)) aus der **Seele** gesprochen · to say exactly what s.o. feels/is thinking/…

die **Gemüter beruhigen** *ugs* · to calm s.o. down *n*
Der Diskussionsleiter hatte alle Mühe, nach der hitzigen Debatte die Gemüter wieder zu beruhigen.

die **Gemüter erregen** *ugs* · to cause a stir
Das Gerücht von der bevorstehenden Kurzarbeit hat die Gemüter ziemlich erregt. Gott sei Dank war es eine Ente, sodaß sich alle wieder schnell beruhigten

Gemütlichkeit: in aller Gemütlichkeit (etw. tun) *ugs* – in aller **Seelenruhe** etw. tun · to do s.th. as calm as you like, to do s.th. calmly

da hört (sich) (aber/doch) **die Gemütlichkeit auf!** *sal* · that's going too far!, that's the limit!, that's all I can take! *coll*
Jetzt hat der Mensch doch schon wieder mein Bier ausgetrunken! Da hört sich aber doch die Gemütlichkeit auf! … Mein lieber Willibald, wenn du nochmal mein Bier trinkst, sehe ich mich gezwungen …

Gemütsleben: ein reiches/(armes) **Gemütsleben haben** *oft iron* · (not) to have a rich emotional life
So, so, du meinst, der Heribert hätte ein reiches Gemütsleben. Weil er mehrere Freundinnen hat, viel liest, ins Theater geht, oder warum? – Warum, weiß ich nicht. Aber vergleich' ihn mal mit diesen nüchternen Berufs- und Wirtschaftsmenschen, mit denen wir es sonst zu tun haben …

Gemütsruhe: in aller Gemütsruhe (etw. tun) *ugs* – (eher:) in aller **Seelenruhe** etw. tun · to do s.th. calmly/with composure/…

Genasführte: der Genasführte sein *ugs selten* – der **Geleimte** sein · to be the one who is taken for a ride, to be the one who fell for a trick, to be the one who was duped/conned/…

genau: genau!/genau das!/ganz genau!/genau das ist es!/(ganz genau das ist es!) · that's just it!, that's exactly the point!, you've hit the nail on the head! *coll*
Er ist einfach zu empfindlich! – Genau das ist es! Deshalb werden die Verhandlungen mit ihm immer komplizierter – nicht wegen sachlicher Differenzen.

peinlich genau · (to be) scrupulously exact, (to be) punctilious
… In allem und jedem ist der Albert peinlich genau – geradezu akribisch.

Genaues: nichts Genaues weiß man nicht *ugs scherzh* · we/… don't know exactly *n*, we/… don't know nothing (about it) *hum*
… Und welche Ziele verfolgt die Regierung mit ihrer Ostpolitik? – Nichts Genaues weiß man nicht. Sie hüllt sich in Schweigen.

genaugenommen: genaugenommen – strenggenommen · strictly speaking

genehm: jm. (nicht) **genehm sein** *form selten* – jm. (nicht) (so) (ganz) **recht** sein · (not) to be agreeable to/convenient for/… s.o., (not) to be suitable for s.o.

genehmigen: sich einen genehmigen *ugs* – einen **saufen** · to allow o.s. a glass of wine/…

sich ein paar **genehmigen** *ugs* – einen **saufen** · to knock back a few, to have a good few jars/drinks/…

geneigt: jm./e-r S. **geneigt sein** *form selten* – jm./e-r S. wohlwollend **gegenüberstehen** · to be well-disposed towards s.o./s.th.

geneigt sein, etw. zu tun/zu etw. · to be inclined to do s.th., to be disposed to do s.th.
Der Chef dürfte kaum geneigt sein, deinen Vorschlägen zuzustimmen. Aber selbst, wenn er ihnen gern zustimmen würde: die Geschäftslage läßt das zur Zeit gar nicht zu.

Genick: jm./e-r S. **das Genick brechen** *ugs* · 1. 2. to be the end of s.o./s.th., to finish s.o./s.th. off
1. Warum ist er denn so plötzlich als Manager entlassen worden? – Er hat in seiner Rede vor den Arbeitern den Firmenchef persönlich angegriffen. Das hat ihm das Genick gebrochen.
2. … Gut, die finanziellen Probleme haben das Projekt sehr belastet, das ist schon richtig. Aber mit diesen Problemen allein wären sie wohl fertiggeworden. Was der Sache das Genick gebrochen hat, war die Erkrankung des Projektleiters. Das war das Aus, denn von dem Moment an hat sich keiner mehr richtig eingesetzt.

sich (nochmal/…) **das Genick brechen** *ugs* · s.o. will kill himself, s.o. will break his neck
Wenn der Albert weiter so wüst fährt, bricht er sich nochmal das Genick.

jm. (dauernd/…) **im Genick sitzen (müssen)** *ugs selten* – hinter jm./etw. **hersein** (6) · to (have to) constantly be breathing down s.o.'s neck

einem Huhn/… **das Genick umdrehen** – (eher:) einem Huhn/… den **Hals** umdrehen · to wring a chicken's neck

Genickstarre: Genickstarre (haben) · (to have/to suffer from) a stiff neck, (to suffer from) stiffness of the neck
… Hast du schon mal so eine Genickstarre gehabt? Das ist eine verdammt üble Sache, wenn du da mit völlig steifem Hals/Nacken herumsitzt!

Genie: ein verkanntes Genie (sein) *oft iron* · to be an unrecognised genius
Dieser eingebildete Kerl hält sich in der Tat für ein verkanntes Genie. Als wenn die Artikelchen, die der da schreibt, auch nur die geringste Bedeutung hätten!

genießbar: j. ist (heute/…) **nicht genießbar** *ugs* – j. ist heute/war gestern/… **ungenießbar** · s.o. is in a foul mood today/…

genießen: j. ist (heute/…) **nicht zu genießen** *ugs* – j. ist heute/war gestern/… **ungenießbar** · s.o. is in a foul mood today/…

Genießer: ein stiller Genießer sein *mst iron* · to enjoy life in one's own quiet way, to enjoy one's food and drink in a quiet way, to be discreet about one's love affairs
… Schau dir den Walter an! Jetzt führt der sich da in der Ecke schon das dritte oder vierte Gläschen Wein zu Gemüte! – Der Walter war schon immer ein stiller Genießer. Wußtest du das nicht?

genius: genius loci *path selten* · the genius loci, the spirit of the place

Eine Schiffahrtkonferenz in Lissabon – da dürfte schon der genius loci die Teilnehmer beflügeln. Der Geist der Stadt ist schließlich seit langen Jahrhunderten vom Schiffbau, von der Seefahrt geprägt.

genommen: im ganzen genommen *form* – **alles** in allem · all in all, on the whole

genau genommen – **strenggenommen** · strictly speaking

Genre: nicht js. **Genre sein** *iron selten* – nicht js. **Kragenweite sein** (1; a. 2) · it/he/... is not s.o.'s cup of tea

genug: das Beste/(...) ist für jn. **gerade gut/(...) genug** · only the best is good enough for s.o., only the best will do for s.o.

Für die Ute ist das Beste immer gerade gut genug, und ich soll mich mit den einfachen Sachen begnügen! – Die Ute ist schließlich ein Mädchen. – Und wer sagt, daß die Mädchen wählerisch sein dürfen und die Jungen nicht?

mehr als genug sein · to be more than enough

250,– Mark für dieses Gemälde? Das ist mehr als genug. Nach meiner Meinung ist es höchstens 200,– Mark wert – aber meinetwegen, 250,– kannst du ausgeben, doch keinen Pfennig mehr.

sich selbst genug sein *form selten* · to be content with one's own company, to be sufficient unto oneself *form*

Er behauptet immer von sich selbst, er sei sich selbst genug, er brauche keine Freunde; ein paar Bekannte, mit denen man plaudern könne, genügten ihm. In den wesentlichen Fragen könnte einem ohnehin keiner helfen ...

genug haben (von etw.) *ugs* · to have had enough of s.o./s.o.

Warum wird der Richard denn sofort so wütend? – Er hat einfach genug von der ständigen Kritisiererei. Wenn wenigstens einer einmal einen konstruktiven Vorschlag machte! Aber immer nur die negativen Seiten herausstellen – ich verstehe sehr gut, daß er das satt ist.

mit etw. **schon genug zu tun/kämpfen/... haben** · to have enough on one's plate with s.th. *coll*, to have enough to do to feed one's family/earn a living/...

Der Axel hat mit seiner eigenen Familie schon genug zu tun; er dürfte kaum begeistert sein, wenn du ihn auch noch um Rat und Hilfe bittest.

etw. **mehr als genug getan haben/tun** – etw. **zur Genüge** getan haben/tun · to have done s.th. more than enough/quite often enough/all too often

(und/aber/doch/...) **damit** (noch) **nicht genug,** .../((und/aber/doch/...) nicht genug damit, ...) *form* · ... as if that was not enough, ... and that wasn't all

... Zunächst kritisierte er die Form der Abrechnungen. Das verärgerte die Mitarbeiter schon ziemlich stark. Doch damit nicht genug, verlangte er dann auch noch zusätzliche Leistungen – ohne Entschädigung. Das brachte das Faß zum Überlaufen.

genug davon! · enough of that/this!

... In der Tat hat mich deine Schwester da sehr enttäuscht. Aber genug davon! Reden wir von was anderem! Was macht das Klavier?

genug und übergenug ((von) etw. haben)/((von) etw. kaufen/...)/(sein) *path* · 1. 2. (to have bought/...) more than enough of s.th.

1. Habt ihr genug Kartoffeln für den Winter? – Genug und übergenug. Ich glaube kaum, daß wir die alle essen können.

2. Reichen eure Kartoffeln für den Winter? – Dicke! Mein Vater hat genug und übergenug gekauft diesmal.

Genüge: jm./e-r S. **geschieht Genüge** *form veraltend selten* · + to be dealt with adequately/satisfactorily/..., + to be given a reasonable amount of attention

Sie meinen, die Nord-Süd-Problematik würde in letzter Zeit zu wenig beachtet? Nein! Dieser Problematik geschieht durchaus Genüge.

etw. **zur Genüge getan haben/tun** · to have done s.th. more than enough/quite often enough/all too often

Bei deiner jetzigen Tätigkeit darfst du keine Examina abhalten, nicht? – Nein. Aber in den vergangenen 10 Jahren habe ich Examina zur Genüge abgehalten, das reicht mir bis an mein Lebensende.

jm. **zur Genüge bekannt/**vertraut/... **sein** *mst iron* · + to be only too familiar with s.o./s.th., + to know s.o./s.th. only too well

Ist dir der Max Reichner bekannt? – Zur Genüge. Mit dem habe ich leider intensiver zu tun gehabt, als mir lieb war.

jn./etw. **zur Genüge kennen/...** *mst iron* · 1. 2. to know s.th./s.o. only too well

1. Kennst du Lebertran? – Uh, Lebertran kenne ich zur Genüge! Damit hat mich meine Mutter jahrelang gequält.

2. Was hältst du von dem Max Reichner? Du kennst ihn doch? – Den? Den kenn' ich zur Genüge. – Damit hast du meine Frage schon beantwortet.

an etw. **Genüge finden/**(haben) *form veraltend selten* · to be content/satisfied/... with s.th.

»Das findet man heute selten«, meinte sie, »daß ein junger Mensch an der Natur und an der Kunst Genüge findet. Die meisten wollen genießen und geben sich mit den sog. seelischen und geistigen Gütern nicht zufrieden«.

Forderungen/(Ansprüchen/...) **Genüge tun/**(leisten) *form* · to satisfy/to meet s.o.'s demands

Den Forderungen nach einem zusätzlichen Mutterschaftsgeld können wir leider nicht Genüge tun. Die augenblickliche Finanzlage läßt eine solche Zahlung nicht zu.

genugtun: sich nicht genugtun können, etw. zu tun *form selten* · not to be able to praise/compliment/... s.o./s.th. (highly/...) enough

Er konnte sich gar nicht genugtun, ihre Liebenswürdigkeit und Hilfsbereitschaft zu betonen. Immer wieder kam er darauf zu sprechen.

Genugtuung: Genugtuung fordern/verlangen *form* · to demand satisfaction (for s.th.), to insist that s.o. should make amends (for s.th.)

Wenn du ihn öffentlich beleidigt hast, fordert er mit Recht Genugtuung. Dann mußt du das auch öffentlich wieder in Ordnung bringen.

jm. **Genugtuung geben** *form selten* · to give s.o. satisfaction (for an insult), to make amends (for s.th.) (by apologizing)

Wenn er sie vor Dritten beleidigt hat, sollte er Ehrgefühl genug besitzen, ihr Genugtuung zu geben und das vor denselben Personen wieder in Ordnung bringen.

(jm.) **Genugtuung leisten** (für etw.) *form selten* · 1. 2. to make amends (for s.th.) (by apologizing), 2. to give s.o. satisfaction (for an insult)

1. ... Wer andere beleidigt, sollte wenigstens Genugtuung leisten – d. h. um Entschuldigung bitten und eventuellen Schaden bei Dritten wieder gutmachen.

2. vgl. – (eher:) jm. **Genugtuung** geben

sich Genugtuung verschaffen *form* · to obtain satisfaction (from s.o.), to obtain redress *jur*

... Wenn er dich beleidigt hat, mußt du dir Genugtuung verschaffen! – Was heißt das konkret? – Verlangen, daß er das, was er gesagt hat, vor denselben Personen wieder zurücknimmt und sich entschuldigt.

Genuß: in den Genuß einer Schiffsreise/eines Stipendiums/... **kommen/**gelangen *form od. iron* · to enjoy the benefits of a scholarship/a cruise/...

Wenn man in den Genuß eines Stipendiums kommt, sollte man dafür dankbar sein. Aber es gibt nicht wenige, die nutzen so ein Stipendium weidlich aus – und kritisieren die, die es geben.

gepachtet: so tun/... als hätte man den Platz/... **gepachtet/** meinst du/er meint wohl/... du hättest/er hätte/... den Platz/... **gepachtet** *ugs* · to act as if one owns s.th. *n*, to act as if one had a monopoly of s.th.

Nun laß die Karin auch mal sitzen, Junge, die steht jetzt schon über eine Stunde. – Nein, ich sitze hier ...! Du meinst wohl, du hättest den Platz (für dich) gepachtet! Jetzt stehst du auf!

so tun/..., als **hätte man** die Weisheit/die Intelligenz/(die Ausdauer/...) **für sich** (allein) **gepachtet/**j. hat nicht ... *sal* · to act/to behave/to talk/... as if one had a monopoly of wisdom/knowledge/intelligence/... *coll*, to act/to behave/to talk/... as if one were the only intelligent/clever/... person around *n*

(In einer Diskussion:) Albert, ehrlich – ich finde, du bist ein wenig zu arrogant in deinen Ausführungen. Die anderen haben doch auch alle eine langjährige Erfahrung auf dem Gebiet. Du tust so, als hättest du die Weisheit für dich allein gepachtet. Vielleicht hörst du dir auch mal an, was die anderen zu sagen haben.

gepfeffert: eine gepfeffert kriegen *sal* – eine **Ohrfeige** kriegen/(bekommen) · to get a clip round the ears, to get a slap on the face

ein paar gepfeffert kriegen *sal* – ein paar **Ohrfeigen** kriegen/(bekommen) · to get a clip round the ears, to get a slap on the face

geplättet: geplättet sein *sal – iron selten* – (ganz) (einfach) **baff** sein (2; u. U. 1) · to be flabbergasted

gepolstert: gut gepolstert sein *ugs* · to be well-padded/well-upholstered/...

... Für dich ist der Holzstuhl vielleicht nicht zu hart, Karl, du bist ja gut gepolstert. – Daß ich nicht gerade hager bin, war mir bekannt, aber nicht, daß du dich so gut auf Komplimente verstehst.

Gepräge: e-r S./einer Zeit/... **das Gepräge geben**/(verleihen) *form* · to give a century/a period/... its character, to leave its mark/stamp/... on a period/a decade/...

Wenn die Literatur dem 17. oder 18. Jahrhundert das Gepräge gegeben hat, dann wird unsere Epoche von der Industrie, der Wirtschaft, der Technik bestimmt.

eine Ballettänzerin/ein Gentleman/ein Kupferstecher/... **reinsten Gepräges** (sein) *path* – etw. **durch** und durch sein/ein durch und durch ... sein/ein ... durch und durch sein (3, 4, 6) · to be one hundred per cent Portuguese/..., to be a musician/... through and through, to be a gentleman/... through and through

geprüft: schwer geprüft sein/ein schwer geprüfter Lehrer/... *mst iron* · a sorely tried teacher/parent/..., a much-afflicted teacher/parent/...

(In einer Gruppe von Männern:) So eine Familie bringt schon große Belastungen mit sich ... – Hört euch den Theo an! So muß der gerade reden! – Was willst du damit sagen, Herbert? – Na, du, als schwer geprüfter Ehemann, hast unter der Familie natürlich besonders zu leiden. Vor allem, weil deine Frau dir fast alle Arbeiten und Sorgen abnimmt. – Die Helga ... – Die macht dir viel Kummer, nicht? ...

staatlich geprüft/ein staatlich geprüfter Dolmetscher/... *form* · a state-certified translator/interpreter/..., a state-registered nurse/...

... Wenn jemand staatlich geprüfter Übersetzer ist, Klaus, dann heißt das, daß er vor einer vom Staat festgesetzten Kommission ein Examen gemacht hat und berechtigt ist, offizielle Texte für das infragestehende Sprachenpaar zu übersetzen.

gequetschte: 100/5.000/... **und ein paar gequetschte** *ugs* – 100/5.000/... und ein paar **kleine** · 500/1,000/... and a few odd pennies/..., 500/1,000/... and a bit

gerade: nicht gerade viel/billig/heiß/... **sein**/... – nicht **eben** viel/billig/... sein · not exactly a lot/cheap/...

(noch) **so gerade** – (noch) so **eben** · only just, just about

so gerade (noch) – (noch) so **eben** · only just, just about

jetzt/nun/dann/... **gerade** (nicht) (etw. tun) – jetzt/nun/dann erst **recht** (nicht) (etw. tun) · ... but now more than ever, but now doubly so/even less so

gerade du/der/die Vera/... **mußt**/muß/... das/... sagen/tun! · you/Ursula/... of all people say/says/... that

Gerade die Ursel muß den anderen etwas von Fleiß erzählen, gerade die, der größte Faulpelz, den ich kenne.

gerade noch ... genug sein · to be (only) just young/... enough

Er ist gerade noch jung genug, um als Beamter angenommen zu werden. Wäre er nur zwei Monate älter, wäre es nicht mehr möglich.

gerade noch genug/(ausreichend) **sein/haben**/... · there is just about enough (s. th.), to have just enough of s. th.

Das Öl ist gerade noch genug/(ausreichend) für den Winter. Wenn die Heizperiode vorbei ist, wird der Tank bis auf den letzten Tropfen leer sein.

geradebiegen: etw. **geradebiegen** *ugs* · to straighten s. th. out, to sort s. th. out

Der Alfons hat offensichtlich ein paar unvorsichtige Bemerkungen gemacht. Jedenfalls scheint der Chef ziemlich sauer auf mich zu sein. Könntest du das nicht geradebiegen, du kennst den Chef doch gut?

geradeheraus: geradeheraus sein/jm. etw. sagen · to be forthright, to tell s. o. straight, to say s. th. straight out

Wenn er dir sagt, deine Entscheidung sei grundfalsch, meint er es nur gut. – Aber er hätte es mir auch anders sagen können! – Der ist immer so geradeheraus/sagt den Leuten immer ohne Umschweife/geradeheraus, was er denkt.

gerädert: wie gerädert sein/aufwachen/... · 1. 2. to be/to wake up/... dead beat/shattered/whacked *coll*

1. Nach diesem Gewaltmarsch durch den Wald bin ich wie gerädert. – Ein Mann in deinem Alter sollte doch so einen Marsch durchhalten, ohne daß ihm alle Glieder wehtun!

2. Heute bin ich wie gerädert wachgeworden. Die halbe Nacht habe ich mich im Bett herumgewälzt, wirres Zeug geträumt ..., ich fühle mich völlig erschöpft – müder als gestern, als ich ins Bett ging.

geradestehen: für jn. /etw. **geradestehen** – für jn./etw. **gradestehen** (müssen) · to (have to) answer for s. th. to s. o., to (have to) take the responsibility for s. o./s. th.

geradewegs: geradewegs von ... kommen/auf ... lossteuern/... · to come straight from .../to go straight up to s. o./...

Ich darf Ihnen meinen Freund Dr. Wolters vorstellen. Er kommt geradewegs aus Afrika. ... Wann bist du in Johannisburg abgeflogen? – Heute morgen um acht.

geraten: daneben geraten – daneben **gehen** (2) · to go wrong, to misfire, not to work out

außer sich geraten – in die **Luft** gehen · to blow one's top

völlig/... **daneben geraten sein** *form* · to turn out bad *person*, to go wrong *thing*

Der Sohn von Meyers ist völlig daneben geraten. Er tut nichts und treibt sich nur mit zwielichtigen Gestalten herum.

das möchte ich/(du/...) **dir**/ihm/dem Onkel Peter/... **aber auch** (nicht) **geraten haben** *sal* · you/he/... better had, you/he/... had better make sure you do/he does/...

... Ja, ja, ich fege den Dreck ja schon wieder auf. – Das möchte ich dir auch geraten haben, mein Lieber. Wenn du nicht willst, daß ich dich übers Knie spanne ...

Geratewohl: aufs Geratewohl etw. tun · 1. to do s. th. on the off-chance, 2. to trust to chance, to do s. th. just like that, 3. to trust to luck

1. Ich bin aufs Geratewohl zur Abendkasse gegangen und habe tatsächlich Glück gehabt: zwei Karten waren noch zu bekommen.

2. Es hat doch keinen Sinn, einfach aufs Geratewohl loszufahren. Sieh doch erst mal auf der Karte nach, welches die ideale Strecke ist. So auf gut Glück loszuschießen, das ist doch Unsinn.

3. Nach welchen Kriterien hat er die Angelegenheit denn entschieden? – Nach gar keinen Kriterien – aufs Geratewohl.

gerechnet: alles in allem gerechnet *form selten* – **alles** in allem · all in all

das ist zu hoch gerechnet/(scheint ... zu sein) – (eher:) das ist/(scheint) zu hoch **gegriffen** (zu sein) · it/the figure/... seems too high

das ist zu niedrig gerechnet/(scheint ... zu sein) – (eher:) das ist/(scheint) zu niedrig **gegriffen** (zu sein) · it/the figure/... seems too low

gerecht: jm./e-r S. **gerecht werden** · 1. to do justice to s. o./s. th., 2. to judge s. o./s. th. fairly, 3. to live up/to come up to a task, to meet all the requirements (of a job/…)

1. Dieses Urteil wird dem Moser nicht gerecht. Er hat sich jahrelang unter gefährlichsten Bedingungen für politisch Verfolgte eingesetzt – das berücksichtigt dieses Urteil gar nicht.
2. Um dieser Entscheidung gerecht zu werden, mußt du dich erst mal eingehend mit den verschiedenen Lösungsmöglichkeiten vertraut machen.
3. Er ist seinen beruflichen Anforderungen immer gerecht geworden, hat vor keiner Aufgabe versagt.

Gerechtigkeit: (das ist) **die ausgleichende Gerechtigkeit** · it/that/…is poetic justice *form,* that evens things up

(Beim Skatspiel:) Mensch, heute krieg' ich gegen euch kein Bein auf die Erde! – Das ist (die) ausgleichende Gerechtigkeit. Gestern hast du fast jedes Spiel gewonnen.

(das ist) die strafende Gerechtigkeit *mst iron* · it/that is punitive justice/retributive justice *form,* it/that serves you/… right

… Jetzt hab' ich mir doch auch den Kopf an diesem verdammten Querbalken gestoßen! Mensch, tut das weh! – Das ist die strafende Gerechtigkeit. Gestern hast du so gelacht, als ich mich gestoßen habe …

der Gerechtigkeit in den Arm fallen *form selten* · to impede justice, to interfere with the course of justice

… Laß die Gerichte urteilen! Der Gerechtigkeit soll man nicht in den Arm fallen.

der irdischen Gerechtigkeit überantworten/ausliefern *form – path selten* · to bring s. o. to justice, to hand s. o. over to the courts

Was haben die Leute mit dem Mörder gemacht, als sie ihn erkannten? – Sie haben ihn der irdischen Gerechtigkeit überantwortet. – Es gab also einen Prozeß? – Ja; er wurde zu lebenslänglichem Zuchthaus verurteilt.

jm./e-r S. **Gerechtigkeit widerfahren lassen** *form* · to be just to s. o./s. th., to do justice to s. o./s. th.

Seine Entscheidung, die Leute, die immer noch streiken, fristlos zu entlassen, ist hart, ja. Aber wir müssen ihm Gerechtigkeit widerfahren lassen. Während der turbulenten Jahre wurden ihm von diesen selben Leuten Todesdrohungen ins Haus geschickt; seine Firma stand kurz vor dem Ruin …

Gerede: **im Gerede sein** · to be the subject of gossip, to be talked/gossiped about

Der Kreuzer ist schon wieder im Gerede? – Diesmal wegen seiner Scheidung. – Vor vier Monaten redeten alle über ihn, weil bei seinen Steuererklärungen irgendetwas nicht stimmte.

ohne viel Gerede etw. tun *ugs* · to do s. th. without much ado, to do s. th. without any fuss

Dem Kanzler wäre natürlich lieb, wenn seine Vorschläge zur Energieversorgung von den Fachleuten ohne viel Gerede in die Tat umgesetzt würden. Er meint, wenn die Diskussionen darüber erst einmal anfangen, hören sie nicht mehr auf.

jn. **ins Gerede bringen** · to get s. o. talked about, to set tongues wagging

Seine vielen Mädchenbekanntschaften brachten ihn in diesem Nest natürlich ins Gerede.

ins Gerede kommen/(geraten) · to set tongues wagging, to get/start people gossiping

Wenn du weiterhin jeden zweiten Abend mit einem anderen Mann ausgehst, darfst du dich nicht wundern, wenn du ins Gerede kommst.

geregelt: etw. **nicht geregelt kriegen/bekommen** *ugs* · 1. 2. not to be able to manage s. th., not to be up to it

1. … Den Herrn Schwarz können wir die Verhandlungen mit Dröhner & Knauf wohl nicht alleine führen lassen. Ich glaube, er bekommt das nicht geregelt.
2. … Könntest du mir bitte helfen, den Vorhang aufzuhängen? Allein bekomme ich das nicht geregelt.

gereist: **weit gereist sein** · to be much travelled, to have travelled a lot

Die Petra ist weit gereist; die kennt fast ganz Südamerika, einige afrikanische Länder …

Gericht: **das Jüngste/Letzte Gericht** *rel* · the Last Judgement

»Beim Jüngsten Gericht wird der Herr die Gerechten von den Ungerechten scheiden …«

jn./etw. **vors/vor/(vor das) Gericht bringen** *form* · 1. 2. to sue s. o., to take s. o. to court, to take legal action against s. o.

1. Stell' dir vor, die Nachbarn wollen uns vors Gericht bringen, weil unser Junge nachmittags zwei Stunden Klavier spielt. – Ist denn das möglich? Jemandem den Prozeß zu machen, weil seine Kinder musizieren?!
2. Wenn sie nicht bereit sind, ihm den Schaden zu ersetzen, muß er die Sache wohl oder übel vors Gericht bringen.

jn. **vor Gericht fordern** *eher: jn. vorladen form selten* · 1. to summon s. o. to appear in court, 2. to sue s. o., to take s. o. to court, to take legal action against s. o.

1. Haben Sie dich auch als Zeugen vor Gericht gefordert?
2. vgl. – jn./etw. vors/vor/(vor das) **Gericht** bringen

vor (ans/zum) Gericht gehen *form* · to go to court, to take legal action

Wenn du dich mit ihm nicht friedlich einigen kannst, mußt du wohl vor Gericht gehen. – Ich hasse es, Prozesse zu führen.

mit jm. (hart/streng/scharf) **ins Gericht gehen** *form* · to take s. o. (severely/…) to task, to lecture s. o. severely on his behaviour

Gut, gut, der Junge hat nicht richtig gehandelt, das gebe ich zu. Aber da braucht man doch nicht gleich so scharf mit ihm ins Gericht zu gehen. Er hat doch nichts Unehrenhaftes getan. Das kann man ihm doch mit Güte und Verständnis sagen.

mit sich (selbst/selber) (hart/streng/scharf) **ins/(zu) Gericht gehen** *form* · to judge one's own behaviour/actions/… severely/harshly/…

Wie steht er denn selbst heute zu seinem Verhalten? – Er ist mit sich hart ins Gericht gegangen. Er macht sich heute schärfere Vorwürfe, als die Geschädigten sie ihm je machten.

über jn. **Gericht halten** *path selten* – (eher:) über jn./etw. zu **Gericht** sitzen · to sit in judgment upon s. o.

vors/vor Gericht kommen *Fall form* · to come to court *case*

… Wir können nur hoffen, Axel, daß die ganze Geschichte nicht vors Gericht kommt. Wenn die Staatsanwaltschaft das wirklich ans Gericht weiterleitet, sind wir dumm dran.

vors Gericht kommen *form selten* · to appear in court, to come before a/the court

… Aber du hältst es doch auch nicht für möglich, Karl, daß der Junge vors Gericht kommt? – Ich glaube nicht, Inge. Aber auszuschließen ist das natürlich nicht, daß die Unterlagen an die Justiz gehen und die ihm dann einen Prozeß machen.

jn. **vor Gericht laden** *eher: jn. vorladen form selten* · to summon/to call/… s. o. to appear in court, to subpoena s. o.

… Die haben den Axel als Zeugen vorgeladen/vor Gericht geladen – doch nicht als Angeklagten, oder? – Als Zeugen. Aber trotzdem paßt ihm das nicht, daß er dahin muß.

zum Gericht laufen *ugs* · to go to court, to take legal action n

… Sein Gerechtigkeitswahn nimmt groteske Formen an. Jetzt will er zum Gericht laufen, weil sein Nachbar einen Misthaufen an der Grenze zu seinem Garten aufgeschichtet hat.

mit jm./**miteinander am Gericht liegen** *ugs* · to be involved in litigation with s. o. *form,* to sue/to be suing s. o.

… Ein herrliches Viertel, wo die Hälfte der Leute mit ihren Nachbarn am Gericht liegen!

über jn./etw. **zu Gericht sitzen** *jur* · the jury is out in a murder/… trial/case

… Die Geschworenen sitzen gerade über einen Mörder/einen Mordfall zu Gericht. – Wie lange wird die Sitzung dauern?

vor Gericht stehen *form* · to be on trial, to stand trial, to be accused, to be in the dock
Es ist einfach unangenehm, vor Gericht zu stehen – ganz egal, ob man Recht oder Unrecht hat und den Prozeß gewinnt oder verliert. – Klar, besser ist natürlich, gar nicht erst angeklagt zu werden. Aber wenn es schon sein muß ...

jn. **vor Gericht stellen** *form* · to prosecute s.o.
... Einen Verbrecher hat man vor Gericht zu stellen! Wo kommen wir denn sonst hin?!

sich dem Gericht stellen *form* · to give o.s. up (to the police)
Sofort nach der Tat hat er sich dem Gericht gestellt. – Mal gespannt, ob ihm das im Prozeß zugute kommt.

jn. **bei Gericht verklagen** *form* – jn./etw. vors/vor/(vor das) **Gericht** bringen · to sue s.o., to take s.o. to court, to take legal action against s.o.

von Gerichts wegen *form* · to be decided/... by a court of law
... Wenn die Sache von Gerichts wegen für ungültig erklärt worden ist, kann man doch nichts machen, Ursel! Das Gericht ist nun einmal die Instanz, die entscheidet.

Gerichtstag: Gerichtstag halten *mst rel* · to hold judgment
... »und am Ende der Zeiten wird der Herr Gerichtstag halten über Gerechte und Ungerechte« ...

Gerichtstag über sich halten *path selten* – mit sich (selbst/selber) (hart/streng/scharf) ins/(zu) **Gericht** gehen · to judge one's own behaviour/actions/...

geringachten: etw./(jn.) **geringachten** *form* · 1. to disregard s.th., not to take s.th. seriously, to make light of s.th., 2. to have a low opinion of s.o.
1. ... Man soll natürlich nicht überängstlich sein, meinte er! Aber wo reelle Gefahren bestehen, sollte man sie auch nicht geringachten; sonst ist man nicht genügend gewappnet.
2. Wenn man seine Frau schon so geringachtet wie der Hubert, dann sollte man wenigstens so viel Ehrgefühl besitzen, keine Opfer von ihr zu verlangen. – Hält er von seiner Frau so wenig? (Das) wußte ich gar nicht.

Geringerer: kein Geringerer als Goethe/... hat geschrieben/... · no less a person/man/woman/... than ...
Kein Geringerer als Kant, schimpfte er, hat zu zeigen versucht, daß man die 'Sittlichkeit' oder 'Moral' nicht inhaltlich fassen kann. Aber diese ganzen Moralapostel, die heute diesen und morgen jenen 'verurteilen', wissen es natürlich besser als Kant.

Geringeres: es geht um/handelt sich um/... **nichts Geringeres als** (um) die Frage/(...) · it involves/... nothing less than ...
... Bei diesem Problem handelt es sich um nichts Geringeres als um die Frage: wer hat mehr 'Recht auf Leben', die Mutter oder das Kind? Eine vielleicht unlösbare Frage.

Geringfügigkeit: einen Prozeß/... **wegen Geringfügigkeit einstellen** *form* · to dismiss a complaint/... on the grounds of triviality
Das war vorherzusehen, daß man das Verfahren wegen Geringfügigkeit einstellen würde. Wegen solcher Lappalien sollte man erst gar keinen Prozeß beginnen!

geringschätzen: jn./(etw.) **geringschätzen** *form* – etw./(jn.) **geringachten** (2; u. U. 1) · to have a low opinion of s.o.

geringste: das/(etw.) **ist mein(e)/dein(e)/... geringste(r) Kummer/Sorge!** *ugs* – das/(etw.) ist meine/deine/... geringste **Sorge!** · it's/s.th. is the least of my/your/... worries

nicht das Geringste (von etw.) **wissen/verstehen/**(...) · not to know the first thing about s.th., not to have a clue about s.th., not to have the slightest/least/... idea about s.th.
Bei philosophischen Fragen sollte er schweigen, davon versteht er doch nicht das Geringste. – Du weißt doch: wovon man nichts weiß, darüber redet man am meisten.

nicht im geringsten · 1. 2. not at all, not in the least
1. Störe ich? – Nicht im geringsten.

2. Er hat sich nicht im geringsten um den verletzten Jungen gekümmert, keinen Finger gerührt, um ihm zu helfen.

Gerippe: ein dürres Gerippe (sein) *sal* · a bag/a bundle of skin and bones
... Nein, mit so einem dürren Gerippe möchte ich auch nicht verheiratet sein! – Ernst! Wenn eine Frau hager ist – oder wird –, ist sie die erste, die darunter leidet.

ein wandelndes Gerippe (sein) *sal* · to look like a walking skeleton
... Ein wandelndes Gerippe ist das, die Karin! – Ernst! Weißt du, warum die so abgemagert ist?!

zum Gerippe abmagern *ugs – path selten* · to have wasted away terribly
Mein Gott, der Bäumler ist ja zum Gerippe abgemagert! Was hat der denn?

geritzt: das/die Sache ist/wäre geritzt! *sal* · it's all settled *coll*, it's in the bag, it's all fixed up
(Nach einer Verhandlung:) So, die Sache wäre geritzt! Den Vertrag haben wir in der Tasche.

gern: ..., **das hab' ich/haben wir gern!** (das hast du/habt ihr/... gern, was?!) *ugs iron* · I/we like that!
Erst bittest und bettelst du, ich soll dir Geld leihen, und wenn du es in der Tasche hast, machst du mich bei den Kollegen schlecht. Das hab' ich gern!

aber gern! · of course!, certainly!
Könnten Sie mir einen Moment Ihren Stift leihen? – Aber gern!

herzlich gern! · (but) of course!, I/he/John/... would be delighted
... Kann ich morgen abend gegen 20 Uhr zu Ihnen kommen? – Herzlich gern! Bringen Sie Ihre Frau mit.

etw. **gern tun** · to be fond of/to like/to enjoy doing s.th.
Sie liest gern, sie hört gern Musik. ... Nur für Malerei hat sie nichts übrig.

etw. **liebend gern(e) tun** *ugs* · to simply/just/... love doing s.th. *n*, to delight in doing s.th. *n*
Der Bertram zieht die anderen doch nun einmal liebend gern durch den Kakao. Nichts macht ihm einen unbändigeren Spaß.

das hast du/habt ihr/... gern, was?! *ugs* · you/... like/enjoy (doing) that/..., don't you/...?
Das hast du gern, was, dem Peter so richtig eins auszuwischen? Du bist wirklich böse!

(nur) zu gern(e) etw. **tun wollen/**... · s.o. would dearly love to do s.th., s.o. would like nothing better than to do s.th.
Der Paul möchte natürlich zu gerne wissen, ob die Heidi ihr Examen bestanden hat oder nicht. Aber je neugieriger er sich zeigt, um so weniger sagt sie es ihm.

Gernegroß: ein kleiner Gernegroß sein *ugs* · to be a little show-off, to act/to talk big
... Ja, der Winfrid Wegeler gibt ein bißchen zu viel an, das stimmt, er ist ein kleiner Gernegroß – aber übel ist er nicht! – Nein, ganz im Gegenteil, er ist sogar sympathisch.

gernhaben: j. kann/(soll) **mich/uns gernhaben** (mit etw.) *sal* – j. soll/kann mich/uns am/(im) **Arsch** lecken (mit etw.) · s.o. can get stuffed, s.o. can bugger off, s.o. can piss off

Gerte: schlank wie eine Gerte (sein) *form* – *path selten* – schlank wie eine **Tanne** (sein) · to be slim and willowy

gertenschlank: gertenschlank/ein gertenschlankes Mädchen/... (sein) *form – path selten* – schlank wie eine **Tanne** (sein) · to be slim and willowy

Geruch: in einen schlechten Geruch kommen *form selten* – in einen schlechten **Ruf** kommen · to get/to acquire/... a bad reputation

in keinem guten Geruch stehen *form selten* – einen schlechten/keinen guten/einen miserablen/... **Ruf** haben · to have a bad/poor/terrible/... reputation

in dem Geruch eines ... **stehen** *form selten* – in dem **Ruf** eines ... stehen · to have a reputation for being ...

Gerücht: das/(...) **halt' ich/**(hält er/der Peter/...) **für ein Gerücht** *sal* · I/... can't believe that *n*, I/... have my/... doubts about that *coll*, you can't be serious *coll*
(Zu einem Dozenten:) Und nach dem Staatsexamen wird mein Bruder bei Prof. Moser promovieren; das Thema ist bereits vereinbart. – Das halt' ich für ein Gerücht! – Bitte? – Ihr Bruder promovieren? Es fällt mir, offengestanden, schwer, das zu glauben.

es geht das Gerücht, daß ... · rumour has it that ..., there is a rumour going/flying around that ...
Es geht das Gerücht, daß unser Oberbürgermeister zurücktreten will. – Ich habe auch davon gehört, aber was sich da die Leute so erzählen, muß nicht stimmen.

ein Gerücht/Gerüchte/(...) **in Umlauf setzen/**(bringen) *form* · to spread a rumour, to start a rumour
Man erzählt sich, du willst heiraten? – Ich weiß gar nicht, wer immer solche Gerüchte in Umlauf setzt! – Du hast also nicht die Absicht? – Natürlich nicht.

Gerüchteküche: die Gerüchteküche schüren/brodelt *ugs* · 1. to spread rumours, 2. rumours are flying around, the gossip factory is working overtime
1. ... Hast du schon gehört? ... – Komm, Hans, hör' auf, die Gerüchteküche zu schüren! Du weißt doch, daß ich auf Betriebsklatsch nichts gebe.
2. Seitdem bekannt wurde, daß der Wirtschaftsminister angeblich zurücktreten will, fing in Bonn natürlich die Gerüchteküche an zu brodeln.

gerufen: (gerade) **wie gerufen kommen/erscheinen** *ugs* – (genau) im richtigen **Augenblick** (kommen/...) · you are/... just the person I/we/... want, s.o. has come just at the right moment

jm. wie gerufen kommen *ugs* · it/s.th. is just what s.o. is waiting for, it/s.th. suits him down to the ground
Die Bitte der Bank um ein juristisches Gutachten zu den Investitionsplänen in Südamerika kam ihm wie gerufen. Endlich konnte er den Leuten seine kritischen Einwände detailliert darlegen. Auf solch eine Gelegenheit hatte er gewartet.

geruhen: gnädigst geruhen, etw. zu tun *iron* · to have the goodness to do s.th., to be so kind as to do s.th., to deign to do s.th., to condescend to do s.th.
Würdest du gnädigst geruhen, die Tür hinter dir zuzumachen? – Ach, Entschuldigung! – Bitte!

gerührt: leicht gerührt (sein)/**leicht gerührt,** ... *mst iron* · to be moved/touched
... Und wie hat er reagiert, als du ihm dann weiterhin gute Gesundheit gewünscht hast? – Leicht gerührt, hüstelte er zunächst ein wenig und meinte dann: Danke, Mädchen, herzlichen Dank. In meinem Alter kann man solche guten Wünsche gut gebrauchen.

geruht: wünsche, wohl geruht zu haben *iron* · I trust/hope you slept well
Guten Morgen! Wünsche, wohl geruht zu haben! – Guten Morgen. Danke. Ich habe geschlafen wie lange nicht mehr. Und du?

gerüstet: gut gerüstet sein (für) etw. · to be well prepared for s.th.
... Na, bist du für die mündliche Prüfung gut gerüstet? – Oh ja, ich denk' schon. Ich hab' den ganzen Stoff noch einmal gründlich durchgearbeitet. – Dann kann ja nichts schiefgehen.

gesagt: damit/(mit etw.) **ist alles/viel/wenig/nichts/**... **gesagt** · that says it all, that's saying a lot/not saying much, that doesn't mean anything
... Den Kredit bei der 'Vereinsbank' hat der also immer noch nicht zurückgezahlt? – Nein. – Damit ist alles gesagt. – Wieso? – Wenn dein Bruder nicht einmal so einen läppischen Kredit von 25.000,– Mark zurückzahlen kann, kann er kein Großunternehmen aufziehen.

beinahe/(fast) **hätte ich etwas anderes/was gesagt** *euphem* – *iron* · I almost said something else
(In einer erregten Auseinandersetzung:) Wenn du behauptest, ich wäre am Anfang für das Projekt gewesen, dann ... stellst du die Sache falsch dar. Beinahe hätte ich was anderes gesagt. – Du kannst mich ruhig 'Lügner' nennen, das macht mir nichts aus. Tatsache ist ...

..., **besser gesagt,** ... · ... to be precise
... Mein Bruder hat bisher noch bei jedem Examen eine gute – besser gesagt, eine blendende – Figur gemacht: er hat bisher jedesmal eine 'Eins' bekommen.

..., **deutlicher gesagt** ... · ... to be frank ..., to put it bluntly/plainly/...
... Wenn der Alfred diesmal wieder nicht zur Prüfung erscheint – deutlicher gesagt, sich wieder drückt/wieder kneift –, wird man wohl nicht mehr damit rechnen können, daß er sein Abschlußexamen jemals schafft.

auf (gut) **deutsch gesagt** · 1. 2. in plain English, 2. to put it plainly
1. ... Der Georg ist nicht so fleißig? – Der ist auf deutsch gesagt ein Faulenzer ersten Ranges.
2. vgl. – auf (gut) **deutsch**

(das/etw.) ist) **gelinde/**(milde) **gesagt,** unhöflich/... *oft iron* · it/s.th./... is, to put it mildly, impolite/...
Den Peter 'Arschloch' zu nennen ist, gelinde gesagt, unhöflich. – Das ist eine Beleidigung. Aber es stimmt.

kurz gesagt · in a word, to put it briefly, to cut a long story short
Die Angelegenheit ist ziemlich kompliziert. Ich kann daher auf die Einzelheiten nicht eingehen. Aber, kurz gesagt, handelt es sich um folgendes: .../aber es handelt sich, kurz gesagt, um ...

das ist leicht gesagt · it's all very well to say that
... Dann leih' dir das Geld, wenn du es nicht hast! – Das ist leicht gesagt. Aber von wem oder bei welcher Bank? Ich kann doch keine Sicherheiten bieten.

..., **nebenbei gesagt,** ... · ... incidentally ..., ... by the way ...
... Und der Rolf Schröder – nebenbei gesagt ein hochsympathischer Mann – wird die technische Organisation des Ganzen übernehmen. ...

es ist nicht/keineswegs gesagt, daß .../..., das ist nicht/keineswegs gesagt · it is by no means certain that ..., it/that is not necessarily so
Franz meint, der Regierungswechsel werde sich mit Sicherheit an der Börse bemerkbar machen. – Das ist nicht gesagt. Es ist durchaus möglich, daß die Kurse von den politischen Ereignissen unberührt bleiben.

(aber) **damit ist nicht gesagt, daß** .../(aber) ob .../daß .../..., ist damit nicht gesagt/(mit etw. ist nicht gesagt ...) · that/it/... doesn't mean to say that ..., that/it/... doesn't mean that ...
Gut, daß er die Fahrt genehmigt, halte auch ich für sicher. Aber ob er mit uns dann gerade nach Paris und London fährt, ist damit nicht gesagt. – Du hast recht, das steht – leider – auf einem anderen Blatt.

es ist noch nicht/keineswegs gesagt, daß .../..., das ist noch nicht/keineswegs gesagt · it is not (at all/by any means/...) certain/definite (yet/...) that ...
Nicht wahr, Vater, ich darf dieses Jahr eine Italienreise machen? – Das ist noch nicht gesagt. Erst wollen wir mal abwarten, was für ein Zeugnis du nach Hause bringst.

offen/ehrlich/offen und ehrlich/(frei und offen/frei heraus/geradeheraus/rundheraus) **gesagt** · to be honest/frank/blunt, to tell you the truth
Was halten Sie von meiner Kritik der Aufführung, Herr Intendant? – Offen gesagt, Herr Müller, ich finde sie etwas oberflächlich – Sie nehmen mir nicht übel, hoffe ich, wenn ich Ihnen ehrlich meine Meinung sage –, die Kritik geht am Kern der Sache vorbei ...

(oder) **richtiger gesagt** · (or) to be precise, (or) to put it more precisely/accurately

Dieser Rubin ist ein Strolch – oder richtiger gesagt: er ist ein gerissener Fuchs, vor dem man sich in acht nehmen muß.

unter uns gesagt – unter **uns** (gesagt) · between you and me

das/(etw.) wäre zu viel gesagt · that is going too far, that is putting it too strongly

… Aber hältst du den Isenberg denn für ein Sprachgenie? – (Sprachgenie –) das wäre wohl zu viel gesagt. Aber sprachbegabt ist er, daran gibt's keinen Zweifel.

wie (schon) gesagt · as I/you/… (have) said

… Also, wie gesagt, der Vertrag ist für uns nach wie vor rechtsgültig. – Sie haben das zwar schon einmal angeführt, aber bisher haben Sie uns keine Gründe für diese Auffassung gegeben.

es ist nicht zuviel gesagt, wenn man feststellt, daß …/… · it is no exaggeration to say that …

Der Herr Ballner hat jahrelang für das Unternehmen sein Bestes getan, ja, es ist nicht zuviel gesagt, wenn man feststellt, daß für ihn die Firma wichtiger war als die Familie. Und da will man jetzt …

gesagt, getan · no sooner said than done

15,6 Sek. für 100 Meter? Das ist doch kein Kunststück! Das schaff' ich mit meinen 38 Jahren noch … Gesagt, getan. Schon hatte er die Turnhose an und ging auf die Startlöcher zu …

das ist leichter gesagt als getan · that/it/… is easier said than done

An deiner Stelle würde ich hier eine Nelkenzucht aufziehen. – Das ist leichter gesagt als getan. Dafür braucht man sorgfältiges Personal, einen gesicherten Markt u. a. m. Wenn das so einfach wäre …

dann will ich/wollen wir (lieber) **nichts gesagt haben!/**(dann willst du/wollt ihr/… (doch) (lieber) nichts gesagt haben, was/oder/wie?!) *ugs* · then forget I/we/… said it

… Hat sie dir nicht versprochen, dir das Geld bis heute zurückzugeben? – Sie hat mich extra gefragt, ob sie es mir eine Woche später wiedergeben kann. – Ach so. Dann will ich nichts gesagt haben!

laß dir/laßt euch/… (es) dir/euch/… **gesagt sein** (daß …)/laß dir/… das gesagt sein *ugs* · you have to accept the criticism/… that … *n*, you have to accept that … *n*

Du taugst für diesen Posten nicht, laß dir das gesagt sein! Du hast viele Qualitäten, aber nicht die, die hier verlangt werden. Nimm mir nicht übel, daß ich dir das sage, aber … – – Laß dir gesagt sein: du taugst …/laß dir gesagt sein, daß du für … nicht taugst/laß es dir gesagt sein: du taugst …/daß du … nicht taugst.

das mußte (ja) mal/(einmal) **gesagt werden** *ugs* · it/that/s. th. needed/had to be said, it was about time s. o. said that

… Der Manfred Brahmberg hat doch bis heute noch nie sein Wort gehalten! … Entschuldige! … Aber das mußte ja mal gesagt werden. Die Leute kommen mir hier immer mit den Aufträgen, die der verspricht; dabei ist aus den Versprechungen noch nie etwas geworden.

gesamten: im gesamten *veraltend selten* – insgesamt · all together, all in all

Gesamtheit: in seiner/ihrer Gesamtheit *form* · in its/their entirety, as a whole

… Er sprach von der Menschheit in ihrer Gesamtheit, Peter, nicht von den Einzelnen.

Gesangbuch: das falsche/(verkehrte) **Gesangbuch haben** *ugs* · to be the wrong religion/denomination *n*, to belong to the wrong religion/denomination *n*

Der Kirchner kann in dieser Provinz nichts werden, er hat das falsche Gesangbuch. Hier leben sozusagen nur Protestanten, da hat ein Katholik in der Politik keine Chance.

das richtige Gesangbuch haben *ugs* · to be the right religion/denomination *n*, to belong to the right religion/denomination *n*

Seltsam, daß sie den Kerschenstein zum Vorsitzenden gewählt haben. Der Millner ist doch viel fähiger. – Ja, aber der Kerschenstein hat das richtige Gesangbuch. Hier ist alles katholisch, der Millner ist überzeugter Protestant …

gesät: dünn gesät sein (in …/bei einem Unternehmen/…) · to be thin on the ground (in a company/…), to be in short supply (in a company/…)

Als Spezialist für Tropenkrankheiten müßte er hier doch eine Zukunft haben. Solche Spezialisten sind hier dünn gesät. – Es gibt zwar sehr wenige, aber die Arbeitsbedingungen sind auch denkbar ungünstig …

… – **wie gesät!** *path selten* · masses of them/it/…, studded with them/…

(In einem Bericht von einem Ausflug:) Und Höhlen waren da – wie gesät! Eine Höhle nach der anderen!

gesattelt: für etw. gesattelt sein *path selten* · to be ready for s. th., to be well prepared for s. th.

… So, jetzt bin ich für den Vortrag gesattelt! Ich hab' nicht nur die ganze Rede nochmal völlig neu redigiert, ich habe mir auch alle möglichen Unterlagen besorgt, um auf Zwischenfragen antworten zu können und gegen kritische Einwände gewappnet zu sein. – Dann wirst du ja bestimmt groß rauskommen!

geschaffen: nicht dazu geschaffen sein, etw. zu tun – nicht dazu **geboren** sein, etw. zu tun · not to be cut out to do s. th./for s. th.

für etw. wie geschaffen sein · to be made for s. th.

Die Gertrud ist wie geschaffen für diesen Beruf/für diesen Beruf wie geschaffen! – Ja, sie ist eine Kinderärztin, wie man sie selten antrifft.

geschafft: geschafft sein *ugs eher süddt* – erledigt sein (für jn.) (mit etw.) (2) · to be shattered

(so/…) **das hätten wir/**(hättet ihr/…) **geschafft!** *ugs* · 1. we've made it, we've cracked it, that's done, that's that, 2. it's all settled, it's in the bag, it's all fixed up

1. So, das hätten wir geschafft! Der Paul gibt seine Zustimmung. War das eine Arbeit, den zu überzeugen!

2. vgl. – das/die Sache ist/wäre **geritzt**!

(so/…) **das wäre geschafft!** *ugs* · 1. 2. that's that, that's done, 2. we've made it, we've cracked it, it's all settled, it's in the bag, it's all fixed up

1. So, das wäre geschafft! Die Bücher sind eingepackt. War das eine Arbeit!

2. vgl. – (so/…) das hätten wir/(hättet ihr/…) **geschafft!**

Geschäft: ein/kein Geschäft (für jn.) **sein** · to be of (no) interest financially, to be a bad bit of business, to be a successful/an unsuccessful financial venture, (not) to be a success financially

… Hm, 5.000,– Mark könnte der August dabei schon verdienen. – 5.000,– Mark für einen Monat Arbeit? Das ist für den August kein Geschäft. Der rechnet in anderen Größenordnungen.

im Geschäft sein *selten* – im **Geschirr** sein · to be in a trade/job/business

das Geschäft mit der Angst *form* · trading/playing on people's/… fears

Immer und immer wieder dasselbe Vorgehen: das Geschäft mit der Angst. Widerlich, den Leuten Angst einzujagen, um seine Schäfchen ins Trockene zu bringen!

sein Geschäft erledigen/(verrichten) *eupem veraltend selten* – (eher:) sein **Geschäftchen** erledigen/machen/verrichten · to do a wee-wee *child's talk*, to go for a wee-wee *child's talk*

sein großes Geschäft erledigen *euphem* – ein großes Geschäft machen (müssen) · to do a big job/a number one

sein kleines Geschäft erledigen *euphem* – ein kleines Geschäft machen (müssen) · to do a little job/a number two

ins Geschäft gehen *form* · to go to work, to go to the office

(A zu B:) Morgen ist Fronleichnam, morgen wirst du ja wohl nicht arbeiten. – (C:) Der Otto geht auch sonn- und feiertags ins Geschäft. Der kann sich von dem Laden überhaupt nicht mehr trennen. – (B zu C:) Ich möchte, du hättest mal so viel zu tun!

Geschäft ist Geschäft · business is business
Sehr fair habt ihr euch bei der Verhandlung ja nicht gerade verhalten! – Stimmt. Aber was willst du: Geschäft ist Geschäft. Da zählt nur der Erfolg.

mit jm. **ins Geschäft kommen** · to do business with s.o.
Wenn du mit der Firma Schuckert ins Geschäft kommen willst, mußt du billiger sein als die Konkurrenz. Nur dann werden die mit dir einen Vertrag abschließen.

ein (gutes/feines/glänzendes/…) **Geschäft machen** · to make/to do a good/… deal
Du hast deinen alten Plattenspieler wirklich für 350,– Mark verkauft? Da hast du aber ein feines Geschäft gemacht.

das Geschäft mit der Lust/(Liebe/…) ugs · the sex industry
… Da mußt du mal hingehen, in dieses Viertel: ein Bordell neben dem anderen, eine Peep-Show nach der anderen … – Ja, ja, das Geschäft mit der Lust! …

aus etw. **ein Geschäft machen** · to make money/a profit out of s.th.
Aus allem muß dieser Mann ein Geschäft machen! Jetzt versucht er doch wahrhaftig, unserer Bärbel die Kleider, die seine Tochter nicht mehr trägt, zu verkaufen!

bei etw. **ein Geschäft machen** · to make a profit on s.th.
… Wenn du meinst, ich hätte bei dem ganzen Kiwi-Export ein Geschäft gemacht, bist du schwer im Irrtum! – Warum hast du dann in die Sache soviel Arbeit und Mühe investiert, wenn dabei nichts herausspringt?

mit jm. **ein Geschäft machen** · to do business with s.o.
Wenn du mit dem alten Schuckert ein Geschäft machen willst, dann unterhalt’ dich mit ihm erstmal übers Segeln; das ist sein Hobby. Dann wird alles leichter.

ein Geschäft mit etw. **machen** · to make a profit on s.th.
… Wenn du den alten Sessel gut gebrauchen kannst, nimm ihn mit! – Und was willst du dafür haben? – Herbert! Ich werde doch mit den alten Möbelstücken kein Geschäft machen. Den schenk’ ich dir.

ein dickes Geschäft machen ugs · to make a good/big/… profit n, to make a big/… killing
… Der Alte rieb sich vergnügt die Hände, der hat bestimmt wieder ein dickes Geschäft gemacht. – Laß ihn, Kurt! Je mehr er verdient, desto besser kann er seine Leute bezahlen.

ein großes Geschäft machen (müssen) euphem · to (have to) do a big job
Jetzt hast du schon zweimal zum Essen gerufen. Wo bleibt denn der Junge? – Er ist auf der Toilette. – So lange? – Egon! Er macht eine großes Geschäft, laß ihn doch in Ruhe …

ein kleines Geschäft machen (müssen) euphem · to (have to) do a little job
Warte, ich muß eben noch auf die Toilette. – Ach, ich seh’ schon, wir verpassen den Zug noch. – Ich mach’ nur eine kleines Geschäft, ich bin im Nu unten.

das Geschäft mit dem Tod pej · 1. 2. dealing in death, making money out of death
1. »Es ist nicht mehr als richtig«, meinte mein Bruder, »daß die Firmen, die Chemikalien und Anlagen für die Giftgasfabriken in den Irak geliefert haben, für ihr Geschäft mit dem Tod juristisch zur Verantwortung gezogen werden«.
2. … Der Baumgartner ist in den letzten Jahren unverschämt reich geworden. Sein Bestattungsunternehmen läuft sehr gut. – Er macht sozusagen sein Geschäft mit dem Tod.

(gerade/…) **ein Geschäft verrichten**/(noch eben/…) ein Geschäft verrichten müssen euphem · to do one’s business
Wartet, ich muß noch eben ein Geschäft verrichten, ich komme sofort. – Ach, jetzt muß der auch noch auf die Toilette. Da kommen wir überhaupt nicht mehr weg!

sein Geschäft verstehen/was von seinem Geschäft verstehen · to know what one is about, to be good at one’s job, to know one’s stuff coll, to know one’s onions coll
Der Kruse versteht sein Geschäft! Ein ausgezeichneter Handwerker!

Geschäftchen: sein Geschäftchen erledigen/machen/verrichten euphem ugs veraltend selten · 1. to go to the loo, to nip out/in to the loo, to do a wee-wee child’s talk, to go for a wee-wee child’s talk, 2. to (have to) do a big job
1. (A:) Ein Moment, ich muß eben noch mein Geschäftchen erledigen, dann können wir gehen. – (B zu C:) Jedesmal, wenn wir eilig sind, muß der Udo noch schnell pinkeln. – (C:) Christa! – (B:) Ist doch wahr!
2. vgl. – ein großes Geschäft machen (müssen)

Geschäfte: krumme/(dunkle) Geschäfte (machen) ugs · (to do) shady deals
Nein, auf krumme Geschäfte laß ich mich nicht ein. Entweder werden die Dinge korrekt abgewickelt oder gar nicht.

die Geschäfte blühen ugs – path · business is going very well, business is booming
… Und wie läuft’s mit/bei der Arbeit? – Super! Die Geschäfte blühen. Wir machen einen Wahnsinnsumsatz!

die Geschäfte für jn. **führen** form · to run a business (in s.o.’s absence)
Ich weiß gar nicht, wer für ihn die Geschäfte führt, seitdem er so schwer krank ist. Ich glaube, sein Schwiegersohn hat bis auf weiteres die Leitung der Firma übernommen.

Geschäftskosten: auf Geschäftskosten laufen/gehen/irgendwohin fahren · it/s.th./the lunch/… comes out of expenses, it/s.th. is on the expense account
Lassen Sie mich das Essen man übernehmen. Das geht sowieso auf Geschäftskosten. Warum wollen Sie das aus eigener Tasche bezahlen?!

Geschäftsreise: auf Geschäftsreise sein · to be (away/off/(…) on a business trip
… Jetzt hab’ ich doch bestimmt schon zehn Mal bei dem Friedel angerufen! Der ist nie da. – Der ist auf Geschäftsreise. – Ah! Wo ist er denn jetzt schon wieder hin? – Nach Ägypten. – Dahin würd’ ich auch mal gern auf Geschäftskosten/Firmenkosten fahren.

Geschäftsschluß: nach Geschäftsschluß · after working hours, after closing time
(Am Telefon:) Herr Direktor Fischer ist immer noch nicht zurück? Hm … Es ist jetzt halb sechs. Wann schließen Sie? – Um sechs. Sie können Herrn Fischer aber auch nach Geschäftsschluß noch erreichen. Er geht kaum einen Abend vor acht Uhr aus dem Haus.

Geschäftsverkehr: in Geschäftsverkehr mit jm./einem Unternehmen/… **stehen** form · to do business with a company/…, to have business dealings with a company/…
Steht ihr eigentlich auch in Geschäftsverkehr mit der Firma Schuckert? – Ja. Seit langen Jahren. Die kaufen bei uns ihren ganzen Bürobedarf.

geschallert: eine geschallert kriegen sal – eine **Ohrfeige** kriegen/(bekommen) · to get clouted/clattered/…

geschaltet: falsch/(richtig) geschaltet haben (bei/als/…) ugs · (not) to latch on, (not) to get it, (not) to twig to s.th., (not) to catch on
Ich bau’ dir da extra eine goldene Brücke, indem ich zu dem Kröner sage: ’Mein Freund Robert Leicht war in den letzten Wochen familiär stark angespannt’ – und du fährst dazwischen: ’Auch sonst hätte ich den Auftrag nicht fristgemäß durchgeführt’! – Da hab’ ich falsch geschaltet. Ich hatte das so aufgefaßt, als meintest du, an sich müßte ich die Texte so schnell übersetzen.

geschehen: geschehe, was da wolle form veraltend selten – **komme** was da wolle · come what may

(bitte) **gern geschehen!** form – keine **Ursache**! · don’t mention it, you’re welcome

es ist um jn./um js. Ruhe/… **geschehen** path · 1. he/… has had it, 2. that’s the end of our/… peace and quiet/…
1. Er hat sich dazu hinreißen lassen, dem Chef in aller Deutlichkeit seine Meinung zu sagen! Dann ist es um ihn geschehen – du wirst sehen, in spätestens vierzehn Tagen flattert ihm die Kündigung ins Haus.

2. Ach du lieber Gott! Jetzt ist es um unsere Ruhe geschehen! Brombergs kommen mit ihren drei Jungen. Macht euch auf einen Nachmittag mit anständigem Radau gefaßt!

es geschehen lassen *form veraltend* · to let s.th. happen, to allow s.th. to happen, to stand by and let s.th. happen
... Natürlich war mein Vater dagegen. Aber da er nicht die geringsten Einflußmöglichkeiten hatte, ließ er es geschehen. – Ohne jeden Einspruch?

alles/... mit sich geschehen lassen · to put up with everthing that is done to one
Nachdem sie sich mal entschieden hatte, in ein Krankenhaus zu gehen, ließ sie alles mit sich geschehen. Ohne Widerspruch, ja, ohne jede Nachfrage ließ sie auch die unangenehmsten Untersuchungen über sich ergehen.

was auch geschehen mag *form* · 1. 2. come what may, whatever happens
1. vgl. – **komme**, was da wolle
2. vgl. – (eher:) da kann/(mag) **kommen**, was will

gescheit: du bist/er ist/... (wohl) nicht (ganz) gescheit! *sal* – nicht (so) (ganz/(recht)) bei **Trost** sein (1) · you/he/... have/... got a screw loose

aus jm./etw. **nicht gescheit werden** *ugs* – (eher:) aus jm./etw. nicht **klug** werden · not to be able to make s.o./s.th. out

Gescheites: nichts Gescheites sein/werden/... *ugs* · to be no good, not to be up to much, not to turn out well
Ich habe versucht, die Figur aus Ton selbst zu formen. Aber es ist nichts Gescheites geworden. – Sonst gelingen dir solche Dinge doch so gut.

Geschenk: ein Geschenk des Himmels (sein) *path* · (to be) a godsend, (to be) a blessing from above
Dieser Gewinn im Lotto war wirklich ein Geschenk des Himmels. Ich weiß nicht, was wir sonst gemacht hätten, jetzt, wo du arbeitslos bist und ich so krank. Wir können dem lieben Gott für diese überraschende Hilfe gar nicht dankbar genug sein.

jm. etw. zum Geschenk machen *form* · to give s.o. s.th. as a present, to make s.o. a present of s.th.
Stimmt es, daß der Alte dem Dr. Krause zu Weihnachten ein Auto zum Geschenk gemacht hat?

geschenkt: das ist (ja/wirklich/geradezu) **geschenkt** · it/s.th. is a real give-away/bargain
15,– Mark für dies Buch? Das ist ja geschenkt! – Es ist so billig, weil es ein Restexemplar der alten Auflage ist.

j. hat sich nie etwas/nichts/(...) geschenkt *ugs* · not to spare o.s., not to have spared o.s.
(Die Mutter zu den Kindern:) Ihr könntet euren Vater ein wenig verständnisvoller beurteilen! Er hat sich nie etwas geschenkt. Er hat sich weder mit noch in seinem Beruf das Leben leicht gemacht. Das könntet ihr wenigstens anerkennen.

jm. wird (aber) (auch) (gar) **nichts geschenkt!** · 1. + to get nothing for nothing, to get nothing for free, 2. + to have a hard time of it
1. Junge, im Leben/in diesem Beruf/in dieser Firma/... mußt du arbeiten, dich anstrengen! Da wird dir nichts geschenkt. Da mußt du dich beizeiten drauf einstellen.
2. Wenn sie die Stelle nicht verlieren will, muß sie in Zukunft statt 20 Stunden 36 wöchentlich arbeiten. – Und das bei vier Kindern! Der Frau wird aber auch nichts geschenkt. Erst verliert sie mit 35 Jahren ihren Mann, dann erkrankt ihr Ältester ernst, jetzt hat sie Schwierigkeiten im Beruf ...

das/etw. **möchte/(will)** j. **nicht geschenkt haben** – das/etw. ist **geschenkt** zu teuer · I/... would not take it even as a gift, I/... would not take it if it was given to me/...

geschenkt ist geschenkt · a gift is a gift
... Wenn du so gemein zu mir bist, will ich auch den Ring, den ich dir zum Geburtstag geschenkt habe, zurückhaben. – Nee, den behalt' ich! Geschenkt ist geschenkt.

das/etw. **würde** j. **nicht geschenkt nehmen** – das/etw. ist **geschenkt** zu teuer · I/... would not take it even as a gift, I/... would not take it if it was given to me/...

das/etw. **ist geschenkt zu teuer** · I/... would not take it even as a gift, I/... would not take it if it was given to me
1.500,– Mark für so einen miserablen Apparat?! Das ich nicht lache! Das Ding ist geschenkt zu teuer. Ich verstehe gar nicht, wie die so ein Modell überhaupt noch loswerden.

gescheuert: eine gescheuert kriegen *sal* – eine **Ohrfeige** kriegen/(bekommen) · to get a clip round the ears, to get a slap on the face

ein paar gescheuert kriegen *sal* – ein paar **Ohrfeigen** kriegen/(bekommen) · to get a clip round the ears, to get a slap on the face

Geschichte: da haben wir/habt ihr/... **die Geschichte!** *ugs selten* – da haben wir/habt ihr/... die **Bescherung!** · I told you so, what did I tell you?

das/(es) ist die alte Geschichte *ugs* – (eher:) das/(es) ist (immer/immer wieder) das alte **Lied** · it's (always/...) the same old story

das/(es/etw.) ist immer dieselbe/(die gleiche) Geschichte *ugs* – das/(es) ist immer/immer wieder dasselbe/(das gleiche) **Lied** · it's always the same old story

das/(etw.) ist eine dumme/unangenehme/blöde Geschichte *ugs* · it/s.th. is a sad/depressing/... business/story
Was hat er denn? Karin deutete mir nur an, er sei ziemlich krank. – Ach, das ist eine dumme Geschichte. Die Nieren funktionieren nicht, und die Ärzte wissen nicht so recht, was sie machen sollen. Es scheint ernst ...

die ganze Geschichte ... *ugs* · the whole thing/business, the whole caboodle
Zehn Flaschen Sekt, zwei Kästen Bier, eine Flasche Whisky ... – was kostet die ganze Geschichte?

die ganze Geschichte ist die, daß/... *ugs selten* · what it boils down to is ...
... Die Einzelheiten kenn' ich nicht. Aber wie dem auch sei: die ganze Geschichte ist die, daß die Firma den gesamten Schaden ersetzen muß. Darauf läuft's hinaus.

eine gesalzene Geschichte *ugs* · a spicy story
Harmlos?! Von wegen! Das ist eine gesalzene Geschichte. Laß sie dir mal von dem Konrad erzählen, wenn du wieder bei ihm bist – aber deine Frau läßt du dann besser zu Hause, das ist nichts für Damen.

eine gesalzene und gepfefferte Geschichte *ugs path* – eine gesalzene **Geschichte** · a spicy story

das/etw. **ist eine traurige Geschichte** *ugs* · it/that is a sad story/business
Deine Schwester hat sich scheiden lassen? – Ach, sprich mir nicht davon! Das ist eine traurige Geschichte. ...

etw. gehört bereits der Geschichte an *form* · to be part of history, to belong to history
Die Weimarer Zeit gehört bereits der Geschichte an, das ist richtig; aber die Nazizeit wirkt nach wie vor weiter und ist in diesem Sinne noch immer aktuell.

jm. eine unglaubliche/... Geschichte auftischen *ugs* · to tell s.o. a cock-and-bull story
Was will der uns hier für eine Geschichte auftischen – die Mark soll um 35% abgewertet werden? Der meint wohl, wie lebten hinterm Mond!

jm. eine nette/schöne Geschichte (mit etw.) **einbrocken** *ugs* – jm./sich etwas **Schönes** einbrocken (mit etw.) · to (really) let o.s. in for s.th., to (really) land s.o. in it

in die Geschichte eingehen (mit etw.) *path* · to go down in history (with s.th.)
... Mit diesem Vertrag wird der Kanzler in die Geschichte eingehen, davon bin ich fest überzeugt. – Ach, weißt du: das interessiert mich

nicht mehr besonders. Die Geschichtsbücher sind voll von Stümpern.

j. hat sich (da) **eine nette/schöne Geschichte** (mit etw.) **geleistet** *ugs* – j. hat sich (da) etwas/was **Nettes** geleistet · to put one's foot in it, to do s. th. brilliant

etw. **hat Geschichte gemacht** *path* · s. th. made history
Dies Buch hat Geschichte gemacht, damals. Eine ganze Generation von Studenten hat danach Histologie gelernt.

eine (ganz) **große Geschichte aus** etw. **machen** *ugs* · to make a big thing out of s. th., to blow s. th. up out of all proportion
Will die Lieselotte sich wirklich scheiden lassen? – Ach, Unsinn. Ihr Mann hat auf der letzten Geschäftsreise eine Französin kennengelernt, und die Lieselotte hat mal wieder eine große Geschichte daraus gemacht. – Das ist also nichts Ernstes mit der Französin? – Natürlich nicht. Ein Flirt, weiter nichts.

das sind ja nette/schöne Geschichten (die du/er/... mir/ uns/... da erzählst/...) *ugs* · that's a nice state of affairs
Was, Onkel Meinhard hat Bankrott gemacht und ist nach Südamerika ausgewandert? Das sind ja schöne Geschichten, die du mir da zu berichten hast. Wann ist das denn passiert?

erzähl'/erzählt/... (jm.) **keine langen Geschichten!** *ugs* · don't give me that!, don't tell me all that stuff!
... Erzähl' mir keine langen Geschichten! Daß das Examen dort nicht leicht ist, weiß jeder; aber das heißt doch nicht, das du deshalb sang- und klanglos durchfallen mußtest.

mach'/macht/... (nur/bloß/ja) **keine Geschichten!** *ugs* · 1. don't do this to us!, don't go and (fall ill on us/...), 2. don't do anything silly
1. Was hustest du denn da dauernd herum? Mach' bloß keine Geschichten! Wir können auf dieser Exkursion keine Kranken gebrauchen!
2. Mach' bloß keine Geschichten heute abend, hörst du?! Du benimmst dich, wie es sich gehört. Ich will kein Theater heute! *seltener*

mach'/macht/... (doch) **keine Geschichten!** *ugs* · 1. 2. don't make such a fuss
1. Mach' doch keine Geschichten! Das kann gar nicht so weh getan haben. Du stellst dich mal wieder nur so an.
2. Komm', mach' keine Geschichten! Das glaubst du doch selbst nicht, daß dein Mann dich so schlecht behandelt, wie du da erzählst. Du mußt nicht immer so schrecklich übertreiben!

alte Geschichten (wieder) **aufwärmen** *ugs* · to rake up the past, to bring up old stories
... Und dann hat der Herr Hartmann mir gedroht, mich in eine andere Abteilung zu stecken ... – Aber Herr Rückert, diese Dinge sind doch längst vorbei. Sie sind doch jetzt nicht zu mir gekommen, um alte Geschichten aufzuwärmen.

j. will keine langen Geschichten hören *ugs* · not to want to hear a long story
Vater will keine langen Geschichten hören, Ingrid/ich will ... Er/ich will nur wissen, ob du gestern um 12 Uhr zu Hause warst, wie ausgemacht, oder nicht.

Geschick: etw. **wieder ins Geschick bringen** *selten* – jn./etw. (wieder) in **Ordnung** bringen · to put s. th. right again

sein Geschick selbst/selber in die Hand nehmen *path selten* – sein **Schicksal** selbst/selber in die Hand nehmen · to take control of one's own fate/destiny

geschieden: (für immer) **von uns geschieden sein** *path* – (für immer) von uns **gegangen** sein · s. o. has gone from us (for ever)

geschieden werden (von jm.) *form* · to get divorced, to be divorced
... Und wann wurden Sie von Ihrem Mann geschieden, Frau Ellert? – Am 15. 07. 79. – Dann müßten Sie von diesem Datum an in den Unterlagen als 'geschieden' geführt werden. Sie sind aber nach unseren Aufzeichnungen nach wie vor verheiratet.

geschieht: nicht wissen/(verstehen), **wie einem geschieht/** (noch ehe j. wußte, wie ihm geschah ...) · 1. 2. not to know what is going on (before s. o. knows what is going on)
1. Wie aus heiterem Himmel schnauzte er mich an: Ich hätte mit ihm immer ein falsches Spiel getrieben ... Ich wußte nicht, wie mir geschah. Vor Überraschung bekam ich keinen Ton heraus. Und ehe ich richtig zur Besinnung kam, hatte er die Tür zugeknallt und war weg.
2. ... Gewaltsam brachen sie die Haustür auf, und ehe wir wußten, wie uns geschah, lagen wir schon gefesselt am Boden. Später erfuhren wir dann ...

das geschieht jm. **recht/es geschieht** jm. **recht** (wenn .../zu ...) · 1. 2. it serves you/him/John/... right (if ...)
1. Endlich hast du auch mal eine »Fünf«. Das geschieht dir recht! Jetzt siehst du mal, wie das ist, wenn man eine schlechte Note hat und die anderen einen noch dazu verspotten.
2. Es geschieht ihm nur recht, wenn er auch einmal finanzielle Sorgen hat. Er hat immer so verächtlich über die 'armen Schlucker' geredet.

Geschirr: im Geschirr sein *veraltend selten* · 1. to have been in a trade/job/business, 2. to be tied up, to have so much on one's plate
1. Bis 1991 mach' ich noch weiter, dann tret' ich zurück. Ich bin jetzt 17 Jahre im Geschirr; ich denke, nach weiteren vier Jahren habe ich meine Pflicht für die Firma erfüllt.
2. Ich kann dir leider nicht bei der Renovierung deiner Wohnung helfen. Ich bin beruflich so sehr im Geschirr, daß ich kaum noch Zeit für mich habe.

(einem Pferd) **das Geschirr anlegen** *veraltend selten* · to harness a horse
(Der Vater zu seinen Söhnen:) Wißt ihr überhaupt, was das ist: einem Pferd das Geschirr anlegen? – Natürlich wissen wir das: die Riemen und so umtun, damit es einen Wagen und so was ziehen kann.

sich (ordentlich/anständig/...) **ins Geschirr legen** *veraltend selten* – sich anständig/ordentlich/...) ins **Zeug** legen · to get down to it, to go hard at it, to go flat out

aus dem Geschirr schlagen/(treten) *veraltend selten* · 1. to be different from the rest of the family, not to run true to type, to go a different way, 2. to have an affair, to have a bit on the side *coll*
1. vgl. – (ganz) aus der **Art** schlagen
2. vgl. – einen **Seitensprung** machen/Seitensprünge machen/sich einen Seitensprung/Seitensprünge erlauben/leisten

Geschiß: ein großes/... Geschiß um etw./(jn.) **machen** *vulg selten* · to make a huge/... fuss about s. th. *coll*, to kick up a huge/... ballyhoo about s. th. *coll*
(Der Verkaufsleiter zu einem befreundeten Kunden – nach einer erregten Diskussion mit einem Kollegen:) Was ist das immer für ein Theater hier in diesem Laden! Um die einfachsten und unbedeutendsten Dinge wird hier ein Geschiß gemacht! Als wenn dieser Auftrag auch nur eine Diskussion von fünf Minuten wert wäre!

geschlagen: sich geschlagen geben · to admit/to concede defeat
Gibst du dich geschlagen oder willst du noch weiterspielen? – Noch habe ich nicht verloren. Ich sehe also keinen Grund, schon aufzuhören.

Geschlecht: das dritte Geschlecht *oft iron* · homosexuals
(In einer Diskussion über Sex:) Du weißt ja, es gibt das schwache, das starke – und das dritte Geschlecht! – Ach ja? Was ist denn das? – Das sind die Kollegen von der anderen Fakultät. – Da bin ich mal wieder schlauer geworden.

das schöne Geschlecht *oft iron* · the fair sex
Er läßt sich seine Schwäche für das schöne Geschlecht etwas kosten. – Wie meinst du das? – Er macht seinen Freundinnen königliche Geschenke.

das schwache Geschlecht · the weaker sex
Es heißt immer: das schwache Geschlecht – viele Frauen sind weit robuster als die meisten Männer.

das starke Geschlecht · the stronger sex

Laß den Alfons den schweren Koffer tragen, Gerlinde; das sogenannte starke Geschlecht muß auch Gelegenheit haben, seine Stärke zu beweisen.

das zarte Geschlecht *oft iron* – das schwache **Geschlecht** · the gentle sex

Geschlechtsverkehr: regelmäßigen/... **Geschlechtsverkehr haben** *form* · to have regular/... sexual intercourse

... Als mich der Arzt dann fragte, ob ich regelmäßigen Geschlechtsverkehr hätte, war ich doch sauer. – Warum? – Ich empfand die Frage als unangemessen.

geschlossen: geschlossen irgendwohin gehen/zu jm. stehen/ protestieren/... · to vote for s.th./... unanimously, to protest/to walk out/... en masse

(Eine Lehrerin zu dem Direktor:) Was wollen Sie machen, wenn sich die (ganze) Klasse geschlossen weigert, die Klassenarbeit zu schreiben? – Wenn sich diese Kerle im Arbeiten so einig wären wie im Protestieren ...!

Geschmack: ich für meinen Geschmack · as far as I am concerned, as for me

(Touristen in der Türkei:) Wie ich feststelle, kannst du dich an diesen Bauchtänzen ja gar nicht sattsehen. Ich für meinen Geschmack finde sie ziemlich langweilig.

(ganz/genau) nach js. Geschmack sein · to be right up s.o.'s street *coll*, to suit s.o. down to the ground *coll*, to be to s.o.'s taste

Der Ausflug war genau nach seinem Geschmack: wenig laufen, viel trinken, keine Kontrolle ... So was gefällt ihm.

nicht nach js. **Geschmack sein** · not to be to s.o.'s taste

Nein, der Ausflug war gar nicht nach seinem Geschmack. Wenn es nach ihm gegangen wäre, wären wir jeden Tag wenigstens acht Stunden gewandert.

e-r S. (keinen) Geschmack abgewinnen (können) *form* · + s.th. does not appeal to s.o., + s.th. does not do anything for s.o. *coll*

Es tut mir leid, aber dieser Art von Musik kann ich keinen Geschmack abgewinnen. – Du magst keinen Jazz? Das verstehe ich nicht.

Geschmack an etw. **finden/(gewinnen)** · to acquire a taste for s.th., to (start to) appreciate s.th., to get to like s.th.

Früher hat er sich nichts aus Whisky gemacht. Aber während seines England-Stipendiums hat er offensichtlich Geschmack daran gefunden. Jedenfalls trinkt er seit der Zeit fast regelmäßig ein, zwei Gläser täglich.

auf den Geschmack kommen · 1. 2. to acquire a taste for s.th., to get to like s.th., 2. to (start to) appreciate s.th.

1. Zunächst wollte sie gar keinen Alkohol trinken. Aber nachdem sie erst einmal ein oder zwei Likör getrunken hatte, kam sie auf den Geschmack. Am Ende hatte sie bestimmt sieben oder acht Gläser getrunken.

2. vgl. – **Geschmack** an etw. finden/(gewinnen)

einen schlechten Geschmack im Mund haben · to have a nasty/bad/... taste in one's mouth

... Wenn du dauernd so einen schlechten Geschmack im Mund hast, solltest du doch mal einen Arzt aufsuchen. Da ist sicherlich was mit dem Magen nicht in Ordnung.

jm. **an** etw. **den Geschmack verderben** – (eher:) jm. an etw. den **Appetit** verderben · to put s.o. off s.th., to spoil s.th. for s.o.

Geschmacksache: es/das ist (reine) **Geschmacksache** (ob ...) · it is a matter of taste

Dir mag diese Plastik gefallen, mir sagt sie nichts. Nun ja, das ist Geschmacksache. Es hat keinen Sinn, darüber zu streiten.

Geschmacksverirrung: an Geschmacksverirrung leiden *ugs* · to suffer from a lapse of taste, to have a lapse of taste

(Touristen in der Türkei:) Was willst du dir heute abend ansehen – Bauchtänze? Du leidest wohl an Geschmacksverirrung, was? – Wieso? Bauchtänze gehören zur türkischen Kultur. Du hast keine Ahnung und weißt nicht, was Geschmack ist.

geschnackelt: (bei jm.) **hat's/(hat es) geschnackelt** *ugs selten* · 1. + s.o. has got it, + s.o. has got the idea, 2. to fall for s.o., to be smitten, to be fired with enthusiasm for s.o./s.th., 3. + she's expecting a baby, + she's expecting a little stranger, the stork has brought her/... a baby

1. vgl. – bei jm. ist der **Groschen** gefallen

2. vgl. – **Feuer** gefangen haben (1) *selten*

3. vgl. – eine Frau hat der **Storch** ins Bein gebissen *selten*

geschnappt: es hat bei jm. **geschnappt** *ugs selten* · 1. + to be losing one's patience with s.o., s.o.'s patience is wearing thin, 2. to fall for s.o., to be smitten, to be fired with enthusiasm for s.o./s.th., 3. + she's expecting a baby, + she's expecting a little stranger, the stork has brought her/... a baby

1. vgl. – jm. reißt die **Geduld**

2. vgl. – **Feuer** gefangen haben (1)

3. vgl. – eine Frau hat der **Storch** ins Bein gebissen *selten*

etw. **(endlich/...) geschnappt haben** *ugs selten* – bei jm. ist der **Groschen** gefallen · s.o. has got it

geschniegelt: geschniegelt und gebügelt herumlaufen/in ... erscheinen/... *path veraltend* · to be spruced up, to be all dressed up, to be ponced up *sl*

Wo will denn der Walter hin, so geschniegelt und gebügelt? – Er stellt sich bei Daimler-Benz vor; deswegen hat er sich so herausgeputzt.

geschoben: j. **muß** (immer/...) **geschoben werden** *ugs selten* · s.o. (always/...) has to be pushed

... Und der Manfred wird ja sicherlich schon von selbst dafür sorgen, daß wir die Karten rechtzeitig kriegen. – Der Manfred?! Der muß geschoben werden – von selbst tut der gar nichts! Wenn du sicher sein willst, daß du die Karten bekommst, mußt du ständig hinter ihm her sein.

Geschöpf: ein dummes/albernes/eingebildetes/... **Geschöpf (sein)** *sal* · (to be) a silly/daft/conceited/... creature

Mit der Annemarie Schill kann man gar nicht mehr reden. Das ist ein derart unsympathisches, eingebildetes Geschöpf geworden ... – Die wird genau wie ihre Mutter; das ist auch die Eitelkeit und Leere in Person.

jn. **zu seinem Geschöpf machen** *path selten* · to make s.o. one's creature

... Nein, diese Frau läßt sich nicht zu seinem Geschöpf machen! Die nicht! Die weiß sich zu wehren! Die wird immer eine eigenständige Person bleiben.

geschossen: um die Ecke/Kurve/... **geschossen kommen** *ugs* · 1. 2. to come shooting/tearing/... around the corner/bend/...

1. ... Plötzlich kam da ein Wagen mit 120, 130 Sachen um die Kurve geschossen und ...

2. Schau mal, wer da um die Ecke geschossen kommt! Dein Sohn Friedel. Wie ein Verrückter rast er daher.

Geschrei: (ein) großes **Geschrei erheben/**es erhebt sich .../... *ugs – path* · a great cry is raised *n*, there was uproar *n*

... und plötzlich erhob sich in der Halle ein großes Geschrei. Was war geschehen? Der Festredner hatte sich erlaubt, auch für die kommunistischen Arbeiter des Unternehmens ein gutes Wort einzulegen ...

ein/kein großes **Geschrei um** jn./etw. **machen** *ugs* – (nicht) viel/kein **Aufhebens** um jn./von jm./etw. **machen** · (not) to make a hullabaloo about s.o./s.th.

viel Geschrei um etw. **machen** *ugs* · to make a big/huge/... fuss about s.th., to make a big/... hullaballoo about s.th.

Lohnt es sich, so viel Geschrei um die Reform des Gesundheitswesens zu machen? Kommt bei diesem ganzen Theater wirklich etwas Konkretes heraus?

viel Geschrei um wenig Wolle *ugs selten* – viel **Lärm** um nichts · a lot of fuss about nothing

geschrieben: es steht (doch) nirgends geschrieben, daß .../es steht denn ... *form – path* – wo **steht** (denn) (geschrieben), daß .../es steht (doch) nirgends (geschrieben), daß ... · there is no law that says that ...

groß geschrieben werden – **großgeschrieben** werden · to be writ large, to be given pride of place, to come high on s.o.'s list of priorities, to be something to which great importance is attached

geschüttelt: vor Angst/Ekel/Fieber/Lachen/... **geschüttelt (werden/sein)** *ugs – path selten* · 1. 2. to shake with laughter/fear/..., to shudder with laughter/disgust/revulsion/..., 1. to shiver with fear, 2. to be filled with disgust/revulsion/...

1. Die Monika hat mir gestern abend auf dem Heimweg geradezu leidgetan. Als wir durch den Stadtpark gingen, war sie richtig von Angst geschüttelt. Ständig meinte sie, es wäre jemand hinter ihr her, hörte sie Stimmen flüstern, die es gar nicht gab ...

2. ... Wenn der Willibald da so von Lachen geschüttelt wird, muß man einfach mitlachen. Kerl nochmal, der lacht mit dem ganzen Körper!

Geschütz: (ein) schweres/(grobes) Geschütz auffahren (gegen jn.) *ugs* · to bring up the big guns (against s.o.)

Es ist ja richtig, die Leute zu kritisieren, wenn sie etwas falsch machen. Aber da braucht man doch nicht sofort so schweres Geschütz aufzufahren. Warum sogleich mit Entlassung drohen, Prozessen ...?

geschwängert: die Luft/(...) ist mit Rauch/(...) **geschwängert/**die Atmosphäre war mit unheilvollen Vorzeichen geschwängert/... *form – path* · the air is thick with smoke/the atmosphere is heavy with foreboding/...

... Was war die Luft da im Wohnzimmer – mit Rauch geschwängert! Solange du noch so gesuchte Vergleiche findest, dürfte der Qualm nicht so stark gewesen sein. – Das meinst du!

geschweige: geschweige denn · let alone..., never mind...

Er hat kaum eine Chance, nach diesem schweren Unfall wieder richtig laufen zu können, geschweige denn, Tennis zu spielen.

Geschwindigkeit: (mit) eine(r) affenartige(n)/(affenartiger) Geschwindigkeit (daherrasen/...) *sal* · to go tearing/belting/ screaming into/... s.th. at break-neck speed *coll*

Hast du diesen Idioten gesehen? Mit einer affenartigen Geschwindigkeit raste er um diese gefährliche Kurve.

(mit) (eine(r)) atemberaubende(r) Geschwindigkeit (etw. tun) *ugs – path* · to do s.th. at break-neck speed, to do s.th. in double-quick time

Die Übersetzung hat die Karin ja mit geradezu atemberaubender Geschwindigkeit gemacht. Wielange hat sie für die 200 Seiten gebraucht? Doch bestimmt nicht länger als 14 Tage.

Geschwindigkeit ist keine Hexerei! *ugs selten* · speed is no sorcery *tr*

Wir haben drei Tage Zeit für die Ernte. Das ist nicht gerade viel. Aber wenn wir alle anständig rangehen, reicht es. Also los! Geschwindigkeit ist keine Hexerei. Wir sind schließlich keine alten Opas.

geschworener: ein geschworener Feind/Gegner/(...) **von** jm./ etw. sein *path* · to be a sworn enemy/... of s.o./s.th.

Nein, eine offizielle Unterstützung werden wir von der Stadt nicht bekommen. Der zuständige Referent ist ein geschworener Gegner aller Zuschüsse zu Buchprojekten.

geschwungen: eine kühn geschwungene Stirn/ein ... Mund/ (...) *path selten* · a prominent forehead/mouth, an aquiline nose

Einen Mann mit einer so kühn geschwungenen Stirn wie den alten Herrn Brengel sieht man wirklich selten. Hat der eine hohe, edel geformte Stirn!

gesegnet: mit Gesundheit/Reichtümern/Geld/... **nicht (gerade) gesegnet sein** · 1. 2. not to be exactly blessed with good health/wealth/...

1. ... Mein Gott, der Fritz ist ja auch nicht gerade mit Gesundheit gesegnet! Jetzt hat er schon zum dritten Mal eine ernste Magengeschichte in diesem Jahr.

2. ... Natürlich muß der Kurt bei solchen Summen aufpassen! Er ist schließlich mit Reichtümern nicht gerade gesegnet. Wenn er so viel Geld hätte wie du – ja, dann könnte er einen solchen Vertrag ohne zu zögern unterschreiben.

gesehen: im großen und ganzen gesehen *form* – (eher:) **alles in allem** · all in all, on the whole

lange nicht gesehen! *ugs* · haven't seen you for ages!

Tag Erich! Lange nicht gesehen. was macht die Kunst?

hat man so was/etwas schon gesehen? *ugs – path* · have you ever seen/did you ever see anything like it?

In einem klassischen Museum ein echter Busen als Teil eines Gemäldes – hat man so etwas schon gesehen?! – Ja, mein Lieber, du mußt dich umstellen; du bist zurück!

bei jm. (immer/...) **gern gesehen sein** · to be (always/...) welcome/a welcome guest at s.o.'s house/...

Sag' deiner Schwester, daß sie bei uns jederzeit solange bleiben kann, wie sie will. – Sie weiß ja, daß sie bei euch immer gern gesehen ist. Trotzdem werde ich's ihr ausrichten.

(..., und) haste (hast du/hasse) **nicht gesehen, war er weg/** rannten sie davon/sausten alle fort/... *ugs selten* · in a flash/before you could say Jack Robinson/... he was gone/ they rushed off/...

Zunächst meinte er, in aller Ruhe die Kirschen da wegstibitzen zu können. Aber plötzlich hörte er in dem Garten das Gebell eines Schäferhundes. Vor Schreck spuckte er die Kirsche, die er noch im Mund hatte, weg und haste nicht gesehen, raste er davon/suchte er das Weite/...

Geselle: ein lustiger Geselle sein *ugs* – ein lustiger **Bruder** sein · a merry fellow/lad/...

Gesellschaft: da/... habe ich/hat Karl/... Gesellschaft · I/ Karl/... have/has/... company there

... Am Meer ist es vielleicht schöner; aber da wäre ich die meiste Zeit wohl allein. Deshalb ziehe ich das Hotel in der Toskana vor, wo wir schon öfter waren. Da hab' ich Gesellschaft ...

zur Gesellschaft ein Glas mittrinken/... · to have a drink/... to be sociable

(Zu einem Gast:) Ich hab' zwar keinen Durst und trinke auch vor dem Abendessen nur sehr selten etwas. Aber ja – zur Gesellschaft trink' ich einen Aperitif mit. Was willst du? Einen Portwein?

eine bunt zusammengewürfelte/(bunte) Gesellschaft · a mixed bunch

Vom Handlanger bis zum Oberbürgermeister war auf dem Richtfest alles anwesend. Ich habe selten eine so buntgewürfelte Gesellschaft gesehen.

die ganze Gesellschaft *ugs* – (eher:) der ganze **Verein** (1) · the whole bunch, the whole lot of them/us/...

eine geschlossene Gesellschaft/(Gruppe/...) *form* · a private party/function

In die hinteren Räume des Restaurants kann man heute nicht herein; da ist heute eine geschlossene Gesellschaft. – Feiert da heute der Tennisclub?

eine offene Gesellschaft *form* · an open society

Die Soziologie spricht von einer offenen Gesellschaft, wenn jedes Mitglied zu allen Ämtern Zugang hat. Wie sind dann die Restriktionen zu beurteilen, die etwa durch Parteien entstehen? – Da kann ja jeder eintreten.

sich in der Gesellschaft zu benehmen wissen/... · to know how to behave in (polite) society

Den Alexander kannst du getrost mit auf den Empfang nehmen. Er wird dir nur Ehre machen – der Junge weiß sich in der Gesellschaft zu benehmen.

jn. **auf einer Gesellschaft treffen/...** · to meet s.o. at a social gathering

Woher kennst du den Herrn, der uns da so höflich gegrüßt hat? – Ich habe ihn auf irgendeiner Gesellschaft kennengelernt. Bei dem Empfang auf der Botschaft, dem Ball bei Schlierses ... – ich weiß nicht mehr genau.

sich in guter/bester Gesellschaft befinden · to be in good company

Mensch, jetzt hab' ich doch wahrhaftig geschrieben 'des jungen Maiers' statt 'des jungen Maier'. – Da befindest du dich in bester Gesellschaft. Denk' an Goethes »Leiden des jungen Werthers.«

jn. **in die Gesellschaft einführen** *form* · to introduce s.o. into society

Die Sitte, ein Mädchen oder einen Jungen – oder auch einen Erwachsenen, der bis dahin nicht 'dazugehörte' – in die Gesellschaft einzuführen, ist wohl ziemlich passé, oder? – Ich weiß nicht. Diese Sitte war ja immer auf die relativ wenigen Familien beschränkt, die 'in der Gesellschaft' zählten'.

zur guten/besten Gesellschaft gehören · to be part of society/high society

Wer gehört in diesem Nest schon zur sog. guten Gesellschaft? Zwei oder drei 'Großagrarier', ein halbes Dutzend alteingesessener Kaufleute, ein paar Ärzte … – und damit hat es sich dann fast auch schon. Die anderen sind die Normalbürger.

in schlechte Gesellschaft geraten · to get into bad company

Früher hatte der Junge die besten Freunde. Aber dann ist er zunehmend – ich weiß gar nicht, warum und wieso – in schlechte Gesellschaft geraten. In dem Millieu, in dem er jetzt verkehrt, kommt er noch unter die Räder.

jm. **Gesellschaft leisten** · to keep s.o. company, to accompany s.o., to join s.o.

Ich werde einen kleinen Spaziergang durch unser Viertel machen. – Soll' ich dir Gesellschaft leisten, oder willst du lieber allein gehen?

in schlechter Gesellschaft verkehren/(…) · to keep bad company

Was den Jungen verdirbt, ist die schlechte Gesellschaft, in der er verkehrt. Hätte er Freunde, die etwas taugen, gäbe es gar keine Probleme, denn von Natur ist er anständig.

viel/… in Gesellschaften gehen *form* · to be clubbable, to be a member of several clubs

… Ja, der Onkel Albert geht in der Tat viel in Gesellschaften. Er ist Mitglied mehrerer Clubs, wird viel eingeladen …

Gesellschafter: ein guter/schlechter/… Gesellschafter (sein) · to be good/poor/excellent/… company, to be a good/poor/… mixer

Ein glänzender Gesellschafter, dein Bruder! So einen lebendigen Abend wie gestern habe ich lange nicht mehr verbracht. Der sprüht ja geradezu vor Witz und Einfallsreichtum. – Vor allem, wenn nette Damen dabei sind.

gesellschaftsfähig: nicht gesellschaftsfähig sein *form od. iron* · not to be presentable, not to be socially acceptable

Ah, Wolfgang! In diesem Anzug bist du beim besten Willen nicht gesellschaftsfähig. Guck' dich doch bloß mal an! Schon dieses Khaki-Hemd! Nein, so nehm' ich dich nicht mit. Ich mach' mich bei dem Botschafter doch nicht lächerlich.

gesessen: das/eine Bemerkung/… hat gesessen *ugs* · a remark/… hit home/the target

(Zu B:) Wenn ich ein Kommunist bin, dann sind Sie ein elender kapitalistischer Ausbeuter, der auf Kosten seines miserabel bezahlten Personals reich wird … (Zu C:) Das hat gesessen, siehst du! Statt zu antworten zieht er den Schwanz ein und geht.

Gesetz: (es ist) ein ungeschriebenes Gesetz (daß …) · (there is) an unwritten law (which states that …)

Juristisch können wir den Wechsel natürlich zu Protest gehen lassen, aber es gibt in unserer Branche ein ungeschriebenes Gesetz, nach dem man gegen einen Kollegen keinen Wechsel zu Protest gehen läßt.

nach dem Gesetz handeln/…, nach dem man angetreten ist *form* · to continue as one has started, to stick to one's original plan/intentions/…

Er hat nun einmal Geologie studiert und in diesem Fach jahrelang gearbeitet. Da kann er doch jetzt nicht plötzlich was ganz anderes machen. Von einem bestimmten Alter an muß jeder dem Gesetz folgen, nach dem er angetreten ist.

das Gesetz des Dschungels *path* · the law of the jungle

Keine Ellbogengesellschaft ist das, das ist eine Raufbold-, ja Raubtiergesellschaft, in der nur noch das Gesetz des Dschungels herrscht! – Komm', nun beruhig' dich!

das Gesetz des Handelns an sich reißen *path* · to take/to seize the initiative

Sehr geschickt, mit so einem Zehnpunkteprogramm das Gesetz des Handelns an sich zu reißen! Die anderen müssen jetzt dazu Stellung nehmen – die Richtung der weiteren Diskussion gibt er an.

mit dem Gesetz in Konflikt geraten/(kommen) *form* · to come into conflict with the law, to clash with the law

Was heißt, sie ist mit dem Gesetz in Konflikt geraten? Hat sie etwa etwas Gesetzwidriges getan? – Jawohl, Herr Ewald, genau das hat Ihre Tochter.

sich etw. zum Gesetz machen *form* · to make it a rule to do s.th.

Er hat es sich zum Gesetz gemacht, jeden Morgen spätestens um halb sechs aufzustehen – egal, wann er ins Bett kommt.

über dem Gesetz stehen *form* · to be above the law

… Diese Politiker nennen sich zwar alle demokratisch; aber bei vielen wird man das Gefühl nicht los, daß sie sich in der Praxis so verhalten, als wenn sie über dem Gesetz stünden.

sich unter das Gesetz stellen *form* · to put o.s. under the law, to acknowledge/to accept/… that one is subject to the law

… Zu seiner Zeit, erklärte er, war die Haltung Friedrichs des Großen ganz außergewöhnlich; denn zentral für die Auffassung des Absolutismus war ja gerade der Gedanke, daß der König über dem Gesetz stand. Wenn er sich unter das Gesetz stellte, brach er also mit einem Kerngedanken des Absolutismus.

dem Gesetz der Stunde gehorchen *path* – (eher:) **dem Gebot(e) der Stunde gehorchen** · to obey the dictates of the moment

Gesetzeskraft: Gesetzeskraft haben *form* · to have come into force, to have become law, to be on the statute books, to have the force of law, to be law

… Ja, ja, die Bestimmung gibt es, aber sie hat noch keine Gesetzeskraft. Das Parlament muß dazu noch seinen Segen geben.

einer Verordnung/… **Gesetzeskraft geben** *form* · to give a regulation/a decree/… legal force

… Nur das Parlament kann einer solchen Bestimmung Gesetzeskraft geben. Die Landesregierung kann weder Gesetze erlassen noch anordnen.

Gesicht: so/jetzt/… hat die Sache/(…) ein Gesicht! *ugs selten* · (now) that looks much better, (now) that's more like it

Die Blumen in die Mitte des Tischs, die Kerzen dorthin … und dorthin …: so, jetzt hat die Sache ein Gesicht! So gefällt mir die Tafel.

dasselbe Gesicht haben wie j. · to have the same face as s.o.

Der Junge hat dasselbe Gesicht wie sein Vater. Dieselbe Stirn, dieselbe Nase …

ein scharf geschnittenes Gesicht haben · to have clear cut/sharp features

Ganz im Gegensatz zu seinem Bruder, mit seinen rundlichen Zügen, hat der Oswald ein scharf geschnittenes Gesicht.

ein markantes Gesicht (haben) · (to have) a striking face

… Den erkennst du sofort! Er hat ein selten markantes Gesicht. Unter Hunderten von Leuten fällt er sogleich auf. Du brauchst bloß auf die riesige Stirn, die Adlernase, die tiefliegenden, funkelnden Augen zu achten …

das Zweite Gesicht haben *form* · to have second sight

Man sagt, sie hat das Zweite Gesicht. Das Verbrechen in der Mangold-Straße soll sie vorhergesehen haben.

das Blut/(…) **steigt** jm. **ins Gesicht** – jm. steigt das **Blut** (schnell/rasch/leicht) in den Kopf · the blood rushes to s.o.'s head

jm. seine/die Gedanken/… **vom/am Gesicht ablesen** (können) – jm. etw. an den **Augen** ablesen/(absehen) (können) · to (be able to) tell what s.o. is thinking from his face

mit einem langen Gesicht (wieder) abziehen/... *ugs* · to walk off with a long face

Nachdem ihm der Anwalt erklärt hatte, daß die Gesetzeslage eindeutig gegen ihn und daher wenig zu machen sei, zog er mit einem langen Gesicht wieder ab. Wozu gab es dann Anwälte, wenn sie einem doch nicht helfen? In seiner Enttäuschung ...

jm. etw. am Gesicht ansehen · to (be able to) tell/see s.th. from s.o.'s face

Wie konntest du denn wissen, daß ich gegen den Vorschlag von dem Werthmann bin? – Das habe ich dir am Gesicht angesehen, als wir drei darüber sprachen. Du schautest so kühl, so reserviert ..., so guckst du ja sonst nicht in die Gegend.

ein (un-)freundliches/... Gesicht aufsetzen *ugs* · to put on a friendly/unfriendly/... expression, to look friendly/unfriendly/...

Der Schäuble meint, er braucht nur ein unfreundliches Gesicht aufzusetzen, und schon ziehen die anderen ihre Bitte oder ihr Gesuch zurück. Als wenn ich Angst hätte vor dem Mienenspiel dieses Baudezernats-Komödianten!

jn./etw. zu Gesicht bekommen/kriegen · 1. 2. to set eyes on s.o./s.th., to see s.o./s.th., 3. + if/... s.o. comes across s.o., he'll ..., if/... s.o. gets hold of s.o., he'll ...

1. Haben Sie dem Herrn Müller gestern noch gesagt, daß er heute eine Stunde länger bleiben soll? – Ich habe ihn gestern nicht mehr zu Gesicht bekommen. Als ich aus Ihrem Zimmer ging, war er schon weg.

2. Was halten Sie von dem Vertrag? – Bisher nichts: ich habe ihn noch nicht zu Gesicht bekommen, und bevor ich ihn gelesen habe, kann ich natürlich nichts dazu sagen.

3. vgl. – (eher:) wenn/... j. jm. vor die **Flinte** kommt (dann/...)

ein (ganz/...) anderes Gesicht bekommen/kriegen (für jn.) · 1. + s.o.'s character/personality has changed (completely/...), 2. the matter/it/... takes on a different complexion, 3. to look (completely) different

1. Die Waltraud hat in den letzten beiden Jahren ein ganz anderes Gesicht bekommen. Damals wirkte sie heiter und ein wenig oberflächlich, jetzt hat sie einen fast übertrieben ernsten Ausdruck. Auch die äußerlichen Züge sind anders ...

2. Wenn das stimmt, was Sie sagen, kriegt die Sache für mich ein völlig anderes Gesicht. Ich hatte bisher immer angenommen, die PUBRAK habe den Vertrag gebrochen. Wenn gar kein Vertrag vorlag, wie Sie sagen, ändert das alles.

3. vgl. – (eher:) ein (ganz/...) neues **Gesicht** bekommen/kriegen (für jn.) (1)

ein freundliches/... Gesicht bekommen · to look friendly/amiable/relaxed/...

... Als dann der Anruf kam, daß die Entschädigung wahrscheinlich doch gezahlt würde, bekam der Alte schon ein viel freundlicheres Gesicht. Vorher schaute er regelrecht grimmig drein.

ein (ganz/...) neues Gesicht bekommen/kriegen (für jn.) *veraltend selten* · 1. to look (completely) different, 2. the matter/it/... takes on a different complexion

1. Durch den neuen Schrank hat das Wohnzimmer ein ganz neues Gesicht bekommen. Es scheint fast ein anderes Zimmer.

2. vgl. – (eher:) ein (ganz/...) anderes **Gesicht** bekommen/kriegen (für jn.) (2)

in js. Gesicht lesen (können) **wie in einem offenen Buch** *geh* · 1. 2. to be able to read s.o.'s face like a book *n*

1. Dieses Kind kann niemandem etwas verheimlichen: man sieht ihm sofort an, was es denkt und fühlt. Ja, man kann in seinem Gesicht lesen wie in einem offenen Buch.

2. Die Christl liest in Kurts Gesicht wie in einem offenen Buch. Selbst wenn er wollte, er könnte ihr nichts vormachen.

mit dem Gesicht in die Butter fallen *ugs selten* · to get off lightly, to fall on one's feet

... Na, da ist er ja (nochmal) mit dem Gesicht in die Butter gefallen! – Was ist er? – Er ist noch mal glimpflich davon abgekommen! Das hätte für ihn schlimmer ausgehen können, viel schlimmer.

aufs Gesicht fallen *Brötchen u. ä. ugs* · to fall on the buttered/sticky side/sunny side down

Vorsicht, Ute! Bums! Siehst du, da liegt das Brötchen auf dem Teppich. – Es macht nichts, Mutti, es ist mit der Kruste nach unter gefallen. – Es hätte aber genauso gut aufs Gesicht fallen können; dann hätten wir es wegwerfen können.

ein Gesicht wie ein Feuermelder haben (man könnte/möchte permanent reinschlagen) *vulg* – ein **Gesicht** zum Reinhauen/Reinschlagen haben · to have a face that one just itches to punch

ein Gesicht machen wie eine Gans, wenn's donnert *ugs scherzh* · to look flabbergasted, to be agog, to gape *n*

... Schau dir den Udo an! Der ist total baff! So was hat er in seinem Leben noch nicht gesehen. – Aber deshalb braucht er doch kein Gesicht zu machen wie eine Gans, wenn's donnert!

e-r S. ein (völlig/...) anderes/neues Gesicht geben *veraltend selten* · to put a (completely) different complexion on s.th.

In seinem Plädoyer verstand es der Anwalt, der ganzen Angelegenheit ein völlig anderes Gesicht zu geben. Bis dahin waren alle davon ausgegangen, daß ...; jetzt aber ... Sogar der Staatsanwalt konnte sich diesem neuen Gesamteindruck nicht entziehen.

e-r S. das richtige Gesicht zu geben verstehen/wissen *veraltend selten* · to present s.th. in the right light, to put the right complexion on s.th.

Meinst du, der Antrag hat Chancen, angenommen zu werden? – Wenn du der Sache das richtige Gesicht zu geben weißt, vielleicht. Es kommt alles darauf an, wie du den Fall präsentierst.

jm. (wie) aus dem Gesicht geschnitten sein · to be the spitting image of s.o.

Der Junge ist seinem Vater wie aus dem Gesicht geschnitten. Haargenau dieselben Züge!

jm. steht etw. im Gesicht geschrieben *form* · shyness/cunning/... is written all over s.o.'s face

Dem Robert steht die Gerissenheit im Gesicht geschrieben. Man braucht ihn nur zu sehen, dann weiß man: bei dem mußt du auf der Hut sein.

j. wäre jm. (vor Wut/...) fast/beinahe/... ins Gesicht gesprungen *sal* · to be about to go for s.o.'s throat (out of rage/...), to snap at s.o. (in anger/...), to almost/... go for s.o./fly at s.o./... (out of rage/...)

Als den Wolfram zu Hause nochmal fragte, ob er nicht vielleicht doch vergessen hätte, den Brief einzuwerfen, wäre er ihr beinahe ins Gesicht gesprungen: »Verdammt nochmal, ich habe dir jetzt schon dreimal gesagt, daß ich ihn eingeworfen habe!«, schimpfte er.

sein Gesicht zu einer Grimasse verziehen · to pull a face, to grimace

... Einfach zu schön, wie der Anton sein Gesicht regelrecht zu einer Grimasse verzog, als der Alte sagte, den Sonntag würden wir zur Hinfahrt nach Berlin nutzen. – Na, ich wüßte ja auch, was ich lieber täte am Sonntag. – Gut, aber du würdest kein Gesicht machen wie ein Sechsjähriger, dem man Lebertran einträufelt, oder?!

(über das)/übers ganze Gesicht grinsen *ugs* · to grin all over one's face

... Ja, ja, das hatte ich vorhergesehen, sagte Herr Hoberkiel zu seiner ihm angetrauten Gattin indem er übers ganze Gesicht grinste; ja, ja, gnädige Frau kauft sich für unser letztes Geld einen Pelzmantel und sieht darin aus wie eine richtige Miezekatze!

das Gesicht in den/(beiden) Händen verbergen · to hide/to bury one's face in one's hands

... »Wenn diese Frauen ihr Gesicht in den Händen verbergen,« tobte er, »weil sie nicht aufgenommen werden wollen, wenn sie über ihre ermordeten Männer und Söhne weinen, sagt das doch über diese Aasgeier-Fotografen mehr als genug!«

jm. (noch) (nicht) zu Gesicht (ge-)kommen (sein) · (not) (yet) to be/to have been seen by s.o., + s.o. has (not) (yet) set eyes on s.o./s.th.

... Nein, der Text ist mir noch nicht zu Gesicht gekommen. Wenn Sie ihn haben und mir eine Fotokopie machen könnten – ich würde ihn mir gern mal durchlesen.

jn./etw. **zu Gesicht kriegen** – jn./etw. zu **Gesicht** bekommen/kriegen · to set eyes on s.o./s.th.

jm. **ins Gesicht lachen** · to laugh in s.o.'s face

»Was …?« – sie lachte ihm ins Gesicht – »was, ausgerechnet du …?!« fragte sie.

jm. **frech/… ins Gesicht lachen** · to laugh insolently/cheekily/… in s.o.'s face

Du hattest mir doch gesagt, Peter, du brauchtest das Geld, um Medikamente zu kaufen. – Statt zu antworten, lachte er der Frau frech ins Gesicht. Wie sollte er auch schon rechtfertigen, daß er sie um Geld für seine kranke Mutter gebeten und das Geld dann in Wein umgesetzt hatte?

übers/(über das) ganze Gesicht lachen · to laugh all over one's face

Dieser Junge kann lachen, das ist eine wahre Wonne! Er lacht übers ganze Gesicht – ja, der ganze Kerl ist nur Lachen, wenn er mal anfängt.

ein Gesicht haben wie ein Lokusdeckel/(Scheißhausdeckel) *vulg selten* · to have a face like the back of a bus *sl*

Wen meinst du? Ach, den Kerl da, der ein Gesicht hat wie ein Lokusdeckel? – Kurt! – Ja, ist doch wahr! Hast du jemals eine so platte und breite Visage gesehen?

jm. **(direkt/…) ins Gesicht lügen** *path* · to lie to s.o.'s face, to tell a bare-faced lie

… Daß einem die Leute keinen klaren Wein einschenken, wenn man nach Schuldigen sucht – gut, das ist man ja gewohnt. Aber wenn jemand einem so direkt ins Gesicht lügt, ist man doch schockiert. Ich frage den Vollmer: »Sie kennen den Herrn Schmitz nicht näher?« – »Nein, Herr Direktor Knaur!« – und die beiden sind eng befreundet.

(vielleicht) ein Gesicht machen · 1. to go around with a long face, 2. to make/to pull a long face

1. Die Petra macht vielleicht ein Gesicht heute. Was ist denn passiert? – Ihr Mann hat sich auf seiner letzten Geschäftsreise eine neue Freundin angelacht.

2. Als die Angelika in aller Ruhe zu dem Heringsfilet einen Himbeersaft bestellte, machte der Heinz vielleicht ein Gesicht! Das hättest du sehen müssen.

ein mißmutiges/unzufriedenes/… Gesicht machen · to look grumpy/sour/…

Was machst du denn für ein brummiges Gesicht heute? Ist dir nicht gut? – Nein, nicht das. Ich denke an die ganze Post, die ich noch zu erledigen habe.

ein ernstes/(todernstes) Gesicht machen · 1. 2. to look (deadly) serious

1. Warum macht die Doris so ein ernstes Gesicht heute morgen? – Ihr Vater ist mit einer schweren Krankheit ins Krankenhaus eingeliefert worden.

2. Weil du dabei so ein ernstes Gesicht gemacht hast, haben sie dir den Schwindel geglaubt.

ein ganz dummes/… Gesicht machen · to look stupid, to put on a funny/strange/… expression

Als ich so ganz nebenbei bemerkte, so schwer sei ein Staatsexamen nun wieder auch nicht, machte sie ein ganz verlegenes Gesicht. – Sie ist dreimal durchgefallen. – Ach so! – Da ist doch klar, daß sie bei einer solchen Bemerkung nicht gerade erheitert dreinschaut.

ein langes Gesicht machen *ugs* · 1. 2. to make/to pull a long face

1. Er machte ein langes Gesicht, als er hörte, daß sie ohne ihn abgefahren waren. So eine Enttäuschung!

2. Du brauchst nicht immer gleich ein langes Gesicht zu machen, wenn man dich bittet, beim Einkaufen zu helfen. Herr des Lebens, du kannst doch wohl mal was tun, ohne sogleich mißmutig dreinzuschauen!

ein gequältes Gesicht machen · 1. 2. to have a pained expression (on one's face)

1. Der Tante Marta muß es sehr schlecht gehen, sie macht ein so gequältes Gesicht. – Ach, die stellt sich immer so an, wenn sie ein Wehwehchen hat.

2. …»Das Tisch??« – der Deutschlehrer machte ein gequältes Gesicht. – »Der Tisch«, verbesserte sich der junge Türke …

ein sauertöpfisches Gesicht machen *ugs selten* · 1. 2. to make/to pull a sour face, to sulk *n*

1. Was ist denn los mit der Renate? Warum macht sie denn so ein sauertöpfisches Gesicht? – Der Papa kauft ihr den Puppenwagen diese Woche doch nicht.

2. Mein Gott, muß man denn immer, wenn einem etwas nicht paßt, gleich so ein sauertöpfisches Gesicht machen?! Diese ewige Schmollerei ist ja nicht auszuhalten!

ein saures Gesicht machen *ugs selten* · to look sour

Was ist denn mit der Uschi los? Die macht ja vielleicht ein saures Gesicht! – Ihr Freund hat angerufen und ihr gesagt, er hätte übers Wochenende keine Zeit.

ein schiefes Gesicht machen *ugs* · to pull a face *n*

Das ist doch selbstverständlich, daß der Junge ein schiefes Gesicht macht! Wenn ihr ihm versprecht, übers Wochenende zum Baden herauszufahren und dann plötzlich beschließt, stattdessen ins Theater zu gehen, kann er doch nicht übers ganze Gesicht strahlen!

ein schmollendes Gesicht machen *ugs* · to have a sulky look on one's face *n*, to sulk *n*

Wenn du noch einmal ein so schmollendes Gesicht machst, wenn ich dich bitte, etwas für mich einzukaufen, gebe ich dir kein Taschengeld mehr und helfe dir auch nicht mehr bei den Schularbeiten. Ich bin diese dauernde Schmollerei einfach leid!

ein Gesicht machen, als ob …/… · to pull/to make a face as if …

Als die Gerda ihn fragte, ob er ihr für einen Monat 500,– Mark leihen könnte, machte er ein Gesicht, als ob er sich in den Finger geschnitten hätte.

js. **Gesicht erstarrt zur Maske** *form* – *path* · s.o.'s face froze, s.o.'s face froze into a mask

… »Und wo waren Sie an dem Abend?«, fragte der Richter plötzlich den Freund der Angeklagten. Sein Gesicht erstarrte zur Maske. »Das gehört nicht hierhin«, sagte er schließlich mit unbeweglicher Miene.

ein Gesicht machen, als ob einem die Petersilie verhagelt wäre/(sei) *sal* · 1. 2. to be down in the dumps *coll*, to look down in the mouth *coll*, to look upset *n*, to look as if one has lost a pound and found sixpence *n*

1. … »Da ist guter Rat teuer«, murmelte er vor sich hin und machte ein Gesicht, als ob ihm die Petersilie verhagelt wäre. So ratlos habe ich selten jemanden dreinschauen sehen.

2. Deine Anspielung – vor Detlev! – auf den Lebenswandel seiner Tochter mußte ihn verletzen! Ich finde es deshalb gar nicht angemessen, wenn du dich jetzt noch lustig machst und meinst, er hätte ein Gesicht gemacht, als ob ihm die Petersilie verhagelt wäre.

ein Gesicht zum Reinhauen/Reinschlagen haben *sal* · to have a face that one just itches to punch

Dieser Walter Boller hat ein Gesicht zum Reinschlagen: feist, frech, agressiv, gerissen, aber im Grunde dumm …

das/sein Gesicht retten *path selten* – den (äußeren) **Schein** retten · to save face

jm. etw. **(offen) ins Gesicht sagen** · to tell s.o. (straight) to his face

Hat der Kurt denn jemals behauptet, die Kollegen hätten ihn in der Sache hintergangen? – Das behauptet er nicht nur hintenherum, das hat er vor wenigen Tagen dem Herbert und dem Holm ins Gesicht gesagt! – Das ist in der Tat ein starkes Stück!

jm. etw. **glatt ins Gesicht sagen** · to tell s.o. straight to his face

Sie hat ihm doch glatt ins Gesicht gesagt, sie fühlte sich an ihn nicht gebunden – ganz egal, ob sie verheiratet wären oder nicht! So ohne jede Rücksicht – zack, da hast du's!

e-r S. **(geradezu/direkt/…) ins Gesicht schlagen** *path* · to be a (real/…) slap in the face for s.th.

Dieser spektakuläre Prozeß gegen die sogenannten 'kommunistischen Spione' schlägt dem erklärten Verständigungswillen mit den östlichen Ländern direkt ins Gesicht.

jm. Beleidigungen/... ins Gesicht schleudern *path* · to hurl (insults/accusations/...) in s.o.'s face

Würde der mir solche Beleidigungen ins Gesicht schleudern, ließe ich mich auf der Stelle scheiden. – Das ist leicht gesagt. Sie hat drei kleine Kinder. – Aber solche Beleidigungen kann man sich doch nicht bieten lassen.

(vielleicht/...) ein Gesicht schneiden *form* – (eher:) eine Fratze schneiden · to pull a face

jm. ein Gesicht schneiden *ugs selten* – (jm.) Fratzen schneiden · to pull/to make faces at s.o.

jm. (etw.) ins Gesicht schreien/brüllen *ugs* – *path* · to shout/ to scream into s.o.'s face

... Plötzlich marschierte er auf den Alten los und schrie ihm ins Gesicht: »Wenn Sie jetzt mit Ihren verlogenen Anschuldigungen nicht aufhören, bring' ich Sie vor Gericht, Sie Lügner!« Ich habe den Alfred noch nie so erregt gesehen ...

einer Gefahr/den Tatsachen/... (offen/...) ins Gesicht sehen/ (schauen/...) · to face facts

Du bist ein Illusionist! Wann lernst du endlich, den Tatsachen ins Gesicht zu sehen?

jm. fest/(voll) ins Gesicht sehen · to look s.o. (right/...) in the eye

»Mein lieber Herbert«, sagte er und schaute seinem Sohn fest ins Gesicht, »so etwas möchte ich nicht nochmal erleben!« Der Junge senkte die Augen und murmelte: »Ja, Papa ...«

niemandem/keinem/... (klar/direkt/...) ins Gesicht sehen/ schauen/gucken können · not to be able to look s.o. (straight) in the face

... Mein Bruder mag nun einmal Leute nicht, die niemandem klar ins Gesicht sehen können! – Das muß aber doch nicht Unehrlichkeit oder so etwas sein. Viele sehen den anderen aus Scheu oder Angst nicht in die Augen. Und das ist auch der Grund bei der Christl.

jm. nicht mehr (offen/gerade) ins Gesicht sehen/schauen/ gucken können · not to be able to look s.o. straight in the face any more

... Nein, einen solchen Betrug mache ich auf keinen Fall mit. Da kann ich dem Chef ja nicht mehr gerade ins Gesicht schauen.

(endlich mal/...) ein bekanntes Gesicht sehen (wollen) · 1. to (want to) see well-known faces/people, 2. 3. to (want to) see familiar faces (around one)

1. Auf dem Empfang der Botschaft konnte man viele bekannte Gesichter aus dem öffentlichen Leben sehen.
2. Hast du auf dem Empfang der Botschaft ein paar bekannte Gesichter gesehen? – Du meinst, Leute, die wir kennen? Nein.
3. So, jetzt bin ich das Herumreisen in der Fremde satt. Jetzt will ich mal wieder ein paar bekannte Gesichter sehen.

(jm.) ins Gesicht springen/fallen *selten* – jm. in die Augen springen/(fallen) · to stick out a mile, to leap to the eye

j. hätte jm. (vor Wut/...) ins Gesicht springen mögen *sal* – j. wäre jm. (vor Wut/...) fast/beinahe/... ins Gesicht gesprungen · to be about to go for s.o.'s throat (out of rage/...), to snap at s.o. (in anger/...), to almost/... go for s.o./fly at s.o./... (out of rage/...)

jm. ins Gesicht spucken/(speien) *path veraltend selten* · to spit into s.o.'s face

... Daß jemand voller Verachtung vor einem anderen ausspuckt, ist ja schon selten. Aber hast du schon einmal erlebt, daß jemand einem anderen ins Gesicht spuckt?

sich eine (Zigarette/Zigarre/...) ins Gesicht stecken *sal selten* · to stick a fag in one's mouth/gob/..., to light up *n*

... Kaum sitzt er im Auto, muß er sich schon wieder eine ins Gesicht stecken. – Eine Zigarre oder eine Zigarette?

jm. gut zu Gesicht stehen *Kleidungsstück; bes. Hut form* · to suit s.o.

Großartig, dieser Hut! Ganz großartig! Der steht dir wirklich gut zu Gesicht! – Meinst du das ernst? – Aber natürlich!

es würde jm. besser zu Gesicht stehen, zu .../wenn ..., als zu .../statt zu ... *form* · + s.o. would be better employed doing s.th.

Es würde dir besser zu Gesicht stehen, deinen kranken Eltern etwas mehr zu helfen, als/statt dauernd auf irgendwelchen Festen herumzutanzen.

übers/(über das) ganze Gesicht strahlen/(grinsen/...) *ugs* · to beam/to smile all over one's face/from ear to ear

Als wir unser Geburtstagsgeschenk endlich ausgepackt hatten, strahlte die Uschi über das ganze Gesicht. So eine Puppe hatte sie sich schon immer gewünscht.

ein Gesicht machen wie drei/(sieben/acht/vierzehn) Tage Regenwetter *ugs* · to look as if the bottom has fallen out of one's world *n*

Was sitzt der denn da in der Ecke und macht ein Gesicht wie drei Tage Regenwetter? – Er hat gerade einen Anruf aus Peru bekommen: seine Firma dort ist pleite. – Wirklich?

sein/(das) Gesicht verlieren · to lose face

Bisher hatte ich den Minister für einen ehrenwerten Mann gehalten. Aber bei der Affäre um die Grundstückspekulation hat er sein Gesicht verloren, meinst du nicht auch? Ein anständiger Mensch verhält sich nicht so.

jn./etw. aus dem Gesicht verlieren *selten* · 1. to lose sight of s.o., 2. to lose touch with s.o./s.th.

1. Wo war der Junge geblieben? Sie hatte ihn aus dem Gesicht verloren. Eben war er doch noch da vorne. »Bodo! Bodo!«, rief sie ...
2. vgl. – (u.U.) jn./etw. (ganz/...) aus den Augen verlieren (1)

das/sein Gesicht verziehen · 1. to pull a face, to grimace, 2. to wince

1. Nach dem ersten Schluck von dem sauren Wein verzog er vielleicht das Gesicht! Er war ja nicht zimperlich, aber so einen Fusel hatte er noch nicht getrunken.
2. ... Bei dieser Frage verzog er ganz seltsam das Gesicht: ach, jetzt wirft man mir auch noch Dinge vor, die mich persönlich gar nicht betreffen? ...

der/die Erna/... hat (ja/...) ein Gesicht – da braucht einer/ man 'nen Waffenschein *vulg* – ein Gesicht zum Reinhauen/ Reinschlagen haben · to have a face that one just itches to punch

(nach außen(hin)/...) das/sein Gesicht wahren *form* · to keep up appearances

Auch wenn sie versuchen, nach außen hin das Gesicht zu wahren, weiß man doch, daß ihre Ehe zerrüttet ist.

(ganz) grün im Gesicht werden · to go green about the gills

... Ich weiß nicht, ob es Neid war – auf den Erfolg seines Bruders – oder Mißmut – über den verunglückten Abend – oder ganz einfach Unwohlsein: der Peter wurde plötzlich ganz grün im Gesicht, rief nach dem Ober, zahlte und verschwand.

sein wahres Gesicht (offen) zeigen · to show one's true colours, to show one's true face

In der Diskussion um das Erbe unserer Eltern hat er endlich sein wahres Gesicht gezeigt. Ich habe euch ja immer gesagt, daß es ihm nur um die Pfennige geht. Jetzt hat er die Maske endlich fallen lassen.

das Gesicht seiner Zeit prägen *form* – *path* · to shape the course of history, to have a lasting influence on one's time/ period/...

... Dieser alte Kanzler hat das Gesicht seiner Zeit stärker geprägt als alle anderen Nachkriegskanzler dieses Landes.

(vielleicht/...) ein Gesicht ziehen *ugs* · 1. to go around with a long face, to make/to pull a long face, 2. to pull a face *n*

1. vgl. – (vielleicht/) ein Gesicht machen
2. vgl. – ein schiefes Gesicht machen

den Hut/... (tief/...) ins Gesicht ziehen · to pull one's hat down (into one's face)

Meinst du, wenn du den Hut so tief ins Gesicht ziehst, würdest du nicht erkannt?

ein langes Gesicht ziehen ugs – (eher:) ein langes **Gesicht** machen · to make/to pull a long face

ein sauertöpfisches Gesicht ziehen ugs selten – (eher:) ein sauertöpfisches **Gesicht** machen (1; u. U. 2) · to make/to pull a sour face, to sulk

ein saures Gesicht ziehen ugs selten – (eher:) ein saures **Gesicht** machen · to look sour

ein schiefes Gesicht ziehen ugs selten – (eher:) ein schiefes **Gesicht** machen · to pull a face

ein schmollendes Gesicht ziehen selten – (eher:) ein schmollendes **Gesicht** machen · to have a sulky look on one's face, to sulk

Gesichte haben · to have visions
So, die Rita hat Gesichte, sagst du. Und wer oder was erscheint ihr da in ihren Visionen – oder Halluzinationen?

zwei Gesichter haben · 1. 2. to have two sides to one's character/personality
1. ... Ja, ja, er hat zwei Gesichter. Er kann durch und durch ehrlich und anständig sein; er kann den anderen aber auch nach Strich und Faden das Fell über die Ohren ziehen.
2. Die Grete hat zwei Gesichter, in der Tat! Sie kann hinreißend nett sein, aber genauso gut unfreundlich wie nur etwas.

(vielleicht/...) **Gesichter schneiden** form selten – (jm.) **Fratzen** schneiden · to pull/to make faces at s. o.

(einmal/...) **andere Gesichter sehen wollen** · to want to have a change of scene, to want to see new faces (for a change)
So, jetzt bin ich diese ewigen Ferien in Bobenheim leid. Jetzt will ich mal andere Gesichter sehen. Es genügt mir, wenn ich schon im Büro immer dieselben Leute um mich habe.

Gesichtskreis: einen engen/beschränkten/begrenzten/(kleinen) **Gesichtskreis haben** – (eher:) einen engen/beschränkten/begrenzten/(kleinen) **Horizont** haben · to have a limited/... horizon

einen weiten/(großen) **Gesichtskreis haben** – (eher:) einen weiten/(großen) **Horizont** haben · to have a wide outlook

seinen Gesichtskreis erweitern – (eher:) seinen **Horizont** erweitern · to broaden one's horizon

jn. (ganz) **aus dem Gesichtskreis verlieren** – (eher:) jn./etw. (ganz) aus den **Augen** verlieren (1) · to lose touch with s. o.

Gesichtspunkt: das ist ein Gesichtspunkt! sal – iron · that's one point in its favour
Ich gebe zu, der Preis ist etwas zu hoch. Aber dafür haben Sie eine dreijährige Garantie. – Das ist ein Gesichtspunkt! Aber ob der ausreicht, daß ich mich dazu entschließe, diesen Apparat zu kaufen, weiß ich nicht.

das ist auch ein Gesichtspunkt! sal – iron · that's a strange argument, that's a strange way/one way of looking at it
... Wir sollten dem Jungen auch ein neues Rad kaufen. Damit macht er auf die Lehrer doch einen ganz anderen Eindruck. – Das ist auch ein Gesichtspunkt!

unter diesem/... Gesichtspunkt · from this point of view/standpoint
... Gut, unter diesem Gesichtspunkt ist sein Verhalten verständlich. Man kann das ganze aber auch unter einem anderen Aspekt sehen-...

Gesichtswinkel: unter diesem/... Gesichtswinkel betrachtet/... form – (eher:) unter diesem/... **Gesichtspunkt** · looked at/... from this angle/perspective/point of view/...

Gesichtszüge: jm. entgleisen sämtliche Gesichtszüge (wenn .../...) sal Neol · + s. o.'s face falls n
... Du hättest mal sehen sollen, wie der Jochen geguckt hat, als er erfuhr, daß die Claudia einen Freund hat. Dem Guten sind sämtliche Gesichtszüge entgleist.

Gesindel: das lichtscheue Gesindel/lichtscheues **Gesindel** sal · shady characters coll, riff-raff coll
In diesem Stadtviertel treibt sich viel lichtscheues Gesindel herum: Zuhälter, Drogenhändler und andere Leute, die von niemandem erkannt werden wollen.

gesinnt: jm. gut/feindlich/... gesinnt sein · to be well/favourably/ill/... disposed towards s. o.
Er ist dir doch gut gesinnt, oder? – Ich glaub' schon. Warum sollte er etwas gegen mich haben?

religiös/sozial/... gesinnt sein/anders gesinnt sein als j. · to be religious, to be socially/... minded, to think differently from s. o.
... Drei Jahre dransetzen – nur, damit es anderen besser geht? Nein, das würde ich nie machen! – Der Helmut ist eben anders gesinnt als du! Der hat noch Idealismus!

Gesinnung: seine Gesinnung wie sein/das Hemd wechseln ugs – (eher:) seine **Meinungen** wie sein/das Hemd wechseln · to change one's opinions as often as one changes one's clothes

gesonnen: jm. gut/schlecht/... gesonnen sein – (eher:) jm. gut/feindlich/... **gesinnt** sein · to be well/ill/... disposed towards s. o.

(nicht) **zu etw. gesonnen sein/**nicht gesonnen sein, sich etw. bieten zu lassen/... · (not) to feel disposed/inclined to do s. th.
Ich bin nicht gesonnen, Herr Baumann, mir Ihre Unverschämtheiten noch länger bieten zu lassen! Bei der nächsten ungezogenen Bemerkung geht die Sache an den Chef.

Gesottenes: Gesottenes und Gebratenes Märchenspr – (eher:) **Gebratenes** und Gesottenes · the finest meat was served/..., a rich repast was served/...

Gespann: ein gutes/unzertrennliches/... **Gespann sein/bilden/abgeben** · 1. 2. to make/to be a good team
1. Die Iris und der Mattes sind wirklich ein gutes Gespann. Ich kenne kaum ein Ehepaar, das so zusammenhält und sich so gut ergänzt.
2. Der Krone und der Mertens bilden ein gutes Gespann. Sie verstehen sich menschlich ausgezeichnet und ergänzen sich auch fachlich aufs beste.

gespannt: gespannt sein auf etw./wie/ob/was/... · 1. 2. to be dying to know s. th./how .../if ..., to be keen/anxious/eager to know s. th./to see ..., 3. l/... wonder/... how .../if .../what .../...
1. Seid ihr auch so gespannt auf den Ausgang der Wahlen? Ich jedenfalls kann das Ergebnis kaum erwarten.
2. Sie sind also auch gespannt, ob die Sozialisten gewinnen oder nicht? Mir ist das völlig gleichgültig.
3. Ich bin gespannt, wie er sich in dieser Stadt einleben wird.

Gespenst: aussehen wie ein Gespenst path – (eher:) aussehen wie eine (lebende/wandelnde) **Leiche** · to look like death warmed up

das Gespenst des Krieges/der Hungersnot/... **an die Wand malen/heraufbeschwören/**(...) path · to conjure up the spectre of famine/war/...
Er malt wieder einmal das Gespenst der Währungsreform an die Wand, um den Leuten Angst zu machen und damit Stimmen zu gewinnen. Seltsam, daß die Menschen immer wieder auf solche Wahnvorstellungen hereinfallen!

an Gespenster glauben sal · s. o. would fall for anything n/believe anything/swallow anything n, s. o. is easily taken in n
Der Staat und kein Geld?! Du glaubst doch wohl nicht an Gespenster. Was dieser Mann uns da weismachen will, ist einfach lächerlich.

(am hellichten Tag) **Gespenster sehen** sal · to see dangers that don't exist n, to be imagining things coll
Nun hör' doch endlich mal mit dieser ewigen Schwarzmalerei auf! »Inflation, Währungsreform, Krieg, Hunger ...« Du siehst Gespenster, mein Guter!

gespickt: ein Text/... **ist gespickt mit** Fehlern/Lügen/... *ugs* · a text/an exam paper/... is riddled with mistakes, a text/... is peppered with mistakes, an article/a statement/... is full of lies/quotations/mistakes
Seine schriftlichen Auslassungen zu dem Fall sind doch gespickt mit Lügen. Schon beim flüchtigen Durchlesen sind mir ein gutes Dutzend krasse Entstellungen aufgefallen.

eine gut gespickte Brieftasche/(ein gut gespicktes Portemonnaie/...) **haben** *ugs veraltend selten* – ein dickes **Portemonnaie** haben · to have a bulging wallet, to be rolling in it/ loaded/...

gespielt: js. Liebe/Freundschaft/Hilfsbereitschaft/Eifer/... **ist nur gespielt** · s.o.'s love/friendship/... is feigned, s.o.'s love/ friendship/... is (all) playacting
Alles war nur gespielt, alles nur gespielt, mein Guter! Diese Frau ist die reinste Komödiantin!

was wird hier/dort/in/... (eigentlich) **gespielt?/**wissen/verstehen/... was in .../... gespielt wird *ugs* · what are you/is he/John/... up to?, what is your/her/John's/... game?, to know/... what s.o. is up to
Was brütet ihr denn hier für Pläne aus? Man sieht euch direkt an, daß ihr irgendetwas gegen jemanden im Schilde führt. Nun mal heraus mit der Sprache: was wird hier gespielt?

mit gespielter Höflichkeit/mit gespieltem Entgegenkommen/... · with a pretence of politeness/interest/..., with feigned indifference/politeness/...
... Wenn wir uns da wirklich nicht einigen können, ist es wohl das Beste, wir lassen uns scheiden, meinte er. – Wenn du meinst, entgegnete sie mit gespielter Gleichgültigkeit. Sie fühlte, wie ihr Herz immer heftiger schlug ...

Gespinst: das **Gespinst von** (js.) Lügen/(Machenschaften/...) **zerreißen** *form* – ein/js. **Netz** von Lügen/Heuchelei/... zerreißen · to cut through a tissue of lies, to cut through a web of intrigue/deceit/...

Gespött: jn./etw./**sich zum Gespött der Leute/der Öffentlichkeit machen** *path* – jn./etw. lächerlich **machen** (1; u. U. 2) · to make a laughing-stock of s.o., to hold s.o. up to ridicule

zum Gespött der Leute werden *path selten* – sich lächerlich **machen** (mit etw.) (1) · to become a laughing stock (to s.o.)

zum Gespött der anderen/Klassenkameraden/Kollegen/... **werden** *path selten* · to become a laughing stock (to s.o.)
... Junge, du kannst doch nicht mit einem knallbunten und geflickten Hemd in die Schule gehen! Willst du zum Gespött der Lehrer werden? – Die Lehrer werden sich hüten, sich über unsere Kleidung lustig zu machen. Die haben schon so Konfliktstoff genug.

Gespräch: im **Gespräch sein** · 1. 2. to be being talked about, to be under discussion
1. Wer wird neuer Vorsitzender, was meinst du? – Im Gespräch sind der Axel Haupt und der Manfred Lausner.
2. Ein Politiker muß im Gespräch sein! Besser, man spricht schlecht über ihn als gar nicht. Über wen nicht geredet wird, der ist politisch tot. *seltener*

mit jm. **im Gespräch bleiben** · to keep in touch with s.o. about s.th., to maintain a dialogue with s.o. about s.th.
Du mußt mit der Firma Schuckert wegen der Werkzeugmaschinen im Gespräch bleiben. Bloß den Kontakt nicht abreißen lassen! Dann suchen die sich einen anderen Lieferanten.

das Gespräch auf jn./etw. **bringen** · to steer the conversation round to s.o./s.th.
Der Hermann wollte das Gespräch unbedingt auf die nächste Vorstandswahl bringen. Aber ich ging auf das Thema nicht ein.

mit jm. **ins Gespräch kommen** · 1. 2. to get into conversation with s.o., 3. to establish a dialogue with s.o.
1. Der Vollmer ist doch ein sympathischer Mann! – Wie kommst du jetzt darauf? Hast du mit ihm gesprochen? – Rein zufällig sind wir heute ins Gespräch gekommen. Wir warteten beide auf den Zug ...

2. Es ist nicht ganz einfach, mit dem Rolf Raumer ins Gespräch zu kommen. – Er ist sehr reserviert, nicht? – Nicht nur deswegen. Er hat auch immer eine Schar von Leuten um sich, die ihn gleichsam abschirmen.
3. Wir müssen unbedingt mit den führenden Leuten von der Waby-AG ins Gespräch kommen. Kennen Sie jemanden, der die ersten Kontakte herstellen könnte?

das Gespräch kommt auf ein Thema/... – die **Rede** kommt auf ein Thema/... · the talk turns to ..., the conversation comes around to ...

das Gespräch lenken auf – das **Gespräch** auf jn./etw. bringen · to steer the conversation round to s.th.

das Gespräch an sich reißen · to monopolise the discussion
Wenn ihr bei der Verhandlung etwas erreichen wollt, müßt ihr vor allem verhindern, daß der Dr. Drohmer wieder das Gespräch an sich reißt. Wenn der – wie gewöhnlich – das große Wort führt und dirigiert, wer worüber spricht, kommt ihr gar nicht zum Zuge.

das Gespräch des Tages (sein/bilden) *form* · s.th. is the topic of the hour, + everyone is talking about s.th.
Der Sieg bei der Fußballweltmeisterschaft ist natürlich das Gespräch des Tages. Selbst Leute, die vom Fußball nicht das mindeste verstehen, reden darüber.

das Gespräch auf das Thema '...' bringen – das **Gespräch** auf jn./etw. bringen · to steer the conversation round to the subject of ...

jn. **ins Gespräch ziehen** · to bring/to draw s.o. into the conversation
(Der Vater zu seinem Sohn:) Die werden (bei der Aussprache) bestimmt versuchen, dich auch ins Gespräch zu ziehen ... – Ich halt' mich da ganz raus! – Eben, das wollte ich sagen. Laß die reden und behalte deine Meinung für dich!

Gesprächsgegenstand: Gesprächsgegenstand Nummer eins *ugs* – (eher:) **Thema** Nummer eins/(Thema eins) · sex, the main/... subject of conversation, the main/... talking point

Gesprächsstoff: immer/... **Gesprächsstoff haben** · to (always/...) have topics to talk about, to always have topics/ subjects/... of conversation
Den Manfred bewundere ich immer wieder. Der kann bei so einer Einladung so lange bleiben wie nur möglich, der hat immer Gesprächsstoff. Ich weiß bei spätestens einer Stunde nicht mehr, worüber ich mit den Leuten reden soll.

jm. **geht der Gesprächsstoff aus** · + to run out of topics of conversation, + to run out of things to say
Na, so still, der Manfred! Ist ihm der Gesprächsstoff doch mal ausgegangen? Der redet doch sonst stundenlang über Gott und die Welt.

gesprochen: mild(e) gesprochen: ... *ugs* · to put it mildly
Was hältst du von dieser Arbeit? – Milde gesprochen: sie bringt wenig Neues. – Im Klartext heißt das: sie ist überflüssig? – So scharf würde ich das nicht unbedingt formulieren, aber ...

unter uns gesprochen *selten* – unter **uns** (gesagt) · between you and me, between you, me and the gatepost

Gestalt: eine schwankende Gestalt *ugs iron* · a staggering figure, a wavering shape *n*
Schau dir diese schwankenden Gestalten an, die da aus dem 'Bayerischen Löwen' kommen. Wieviel Halbe mögen die wohl drin haben? – Du Spötter! Du hast doch auch schon nach drei Bier Schlagseite

... **in Gestalt von** ... – (eher:) ... **in Form** von ... · in the form of tablets/...

(feste/greifbare) **Gestalt annehmen** – feste/greifbare/konkrete **Formen** annehmen · to take definite/... shape

e-r S. **Gestalt geben** *form* · to shape s.th., to express s.th., to put s.th. on paper
Versuch' mal, deinen Vorstellungen zur Verbesserung der Anlagen Gestalt zu geben. – Wie? – Indem du dich hinsetzt und einen Aufsatz schreibst, in dem du genau darlegst, wie du das meinst. Von deinen Andeutungen und vagen Hinweisen hat doch niemand etwas.

(feste) **Gestalt gewinnen** *form* – (eher:) (feste/greifbare) **Gestalt** annehmen · to take definite/… shape

e-r S. **Gestalt verleihen** *form* – e-r S. **Gestalt** geben · to give s.th. shape

sich in seiner wahren Gestalt zeigen *form* · 1. 2. to show one's true colours, 2. to show one's true face
1. Gestern hat sie sich in ihrer wahren Gestalt gezeigt. Bisher machte sie auf euch eher einen schüchternen Eindruck. Aber wie ihr gesehen habt: das ist nur die äußere Schale. Im Grunde ist sie sehr lebhaft, ja manchmal geradezu wild.
2. vgl. – sein wahres **Gesicht** (offen) zeigen

gestanden: offen gestanden – offen/ehrlich/offen und ehrlich/ (frei und offen/frei heraus/geradeheraus/rundheraus) **gesagt** · frankly, to be frank

Geständnis: ein Geständnis ablegen *form* · to make a confession, to confess to a crime/…
Der Angeklagte hat ein Geständnis abgelegt. Er hat offiziell zugegeben, das Geld gestohlen zu haben.

jm. **ein Geständnis machen** *oft: ich muß dir …* · to make a confession to s.o. (to have a confession to make to s.o.)
Du, Karl-Heinz, ich muß dir ein Geständnis machen. – Was ist denn los? Bist du mir untreu geworden? – Nein, das nicht. Ich muß dir sagen, daß ich dir vorige Woche 300,– Mark aus dem Portemonnaie genommen habe. – Ach, das warst du!

Geste: eine weit ausholende Geste *form* · with a sweeping gesture
Mit einer weit ausholenden Geste winkte der Bürgermeister dem französischen Ehrengast zu, an seiner Seite Platz zu nehmen. Es war, als ob er die ganze Versammlung mit seinem Arm umspannen und den Gast da hindurchgeleiten wollte.

mit großer Geste erklären/… · to declare grandly that …
Es ist natürlich leicht, mit großer Geste zu erklären, jeder Ausländer sei bei uns gern gesehen. Schwieriger ist es, in seiner Partei durchzusetzen, daß für die Leute konkret etwas getan wird. Große Erklärungen sehen gut aus und kosten nichts – sie bringen aber auch nichts ein.

mit großer Geste über etw. **hinweggehen/…** · to dismiss s.th. with a gesture, to sweep aside an objection/…, to wave an objection/… aside
Erst wer weiß was für Versprechungen machen und dann mit großer Geste darüber hinweggehen – nein, das ist keine Art. Wenn er nicht halten kann, was er versprochen hat, sollte er wenigstens erklären, warum nicht.

etw. **mit einer/durch eine Geste unterstreichen** *form* · to make a gesture to underline one's determination/intention/… to do s.th.
Seinen festen Willen, sich energisch für besseres Trinkwasser in unserer Stadt einzusetzen, hat der Gröber gestern auf der Gemeinderatssitzung durch eine Geste unterstrichen. Er hat dem Stadtrat erklärt, er werde die Analysen des Wassers auf eigene Kosten durchführen lassen und die Ergebnisse publik machen, wenn jetzt nicht endlich etwas geschehe.

Gestell: ein dürres Gestell (sein) *sal* – ein dürres **Gerippe** (sein) · (to be) a bag of bones, (to be) as thin as a rake

ein langes Gestell (sein) *sal* – eine (richtige) **Bohnenstange** sein/(lang wie eine Bohnenstange sein) · to be a real beanpole

gestellt: (finanziell/…) **gut gestellt sein** *form* · to be well/ comfortably off
Seit seine Frau mitarbeitet, sind sie, soweit wir das beurteilen können, recht gut gestellt. – Ja, sie brauchen sich finanziell keinerlei Sorgen zu machen.

(finanziell/…) **schlecht gestellt sein** *form* · to be badly off
Finanziell ist er in diesem Beruf ziemlich schlecht gestellt. Aber dafür hat er mehr Freizeit als fast alle anderen Berufstätigen.

(ganz/völlig/…) **auf sich**(selbst/selber) **gestellt sein** *form* · to have to fend for oneself, to have to rely (completely) on oneself
… Helfen ihr denn nicht wenigstens die Kinder? – Die sind weit weg. Nein, die alte Frau ist ganz auf sich selbst gestellt. Finanziell, in ihrem täglichen Lebensrhythmus – in allem muß sie allein für sich selbst sorgen.

sehr gestellt wirken/einen sehr gestellten Eindruck machen/… · to come across as posed, to give the impression of being posed
(Zu einer Aufnahme von einer Geburtstagsfeier:) Rein von der Bildqualität her ist die Aufnahme nicht schlecht. Aber das Ganze wirkt doch sehr gestellt! Einen solchen Gesichtsausdruck, eine so steife Haltung haben unsere Eltern doch sonst nie. Ausgesprochen künstlich, das ganze Arrangement!

gestern: (Wann muß das fertig sein/…?) »**am liebsten gestern**« *ugs iron* · yesterday if possible *para*, as soon as possible *n*
(In einem Radiogeschäft:) … Und wann wollten Sie das Gerät abholen? – Am liebsten gestern. – Ja, klar. So schnell geht es leider nicht. Ich notiere aber auf dem Bestellzettel: »so schnell wie möglich.«

Ansichten/(Meinungen/Ideen/…) **von gestern** (haben/vertreten/…) *ugs* – **Ansichten** von gestern (haben/vertreten/…) · old-fashioned views/ideas/opinions/notions/…, outmoded views/ideas/opinions/notions/…, out-of-date views/ideas/opinions/notions/…

nicht von gestern sein *ugs* · I/he/John/… was not born yesterday
Komm' mir doch nicht immer und ewig mit deinen 'schwierigen Arbeitsbedingungen'. Auch wenn ich nicht mehr im Berufsleben stehe: ich bin doch nicht von gestern! Deine Bedingungen sind genau so gut und genau so schlecht wie die der überwältigenden Mehrheit der Bundesbürger.

gestiefelt: (schon/…) **gestiefelt und gespornt** (dasitzen/warten/…) *ugs veraltend selten iron* · all ready to go, ready and waiting, ready for the off
'N Abend, Klaus, 'n Abend, Gerd. Wie geht's? Ihr steht da alle schon gestiefelt und gespornt! … – Ja, Mensch, es ist halb acht. Um acht geht die Sitzung los. Wir müssen gehen. – Aber ihr erlaubt mir doch, daß ich eben noch pinkel' – auch wenn ihr schon angezogen und startklar seid?

gestimmt: gut/schlecht/… **gestimmt sein** · 1. 2. to be in a good/bad/foul/… mood
1. vgl. – (in) guter/blendender/bester/… **Laune** sein
2. vgl. – schlechter **Laune** sein/(bei schlechter Laune sein)/schlechte Laune haben

Gestirn: js. **Gestirn ist im Aufgehen**/(geht auf) *selten* – js. **Stern** ist im Aufgehen/(geht auf) · s.o.'s star is on the rise

gestochen: wie gestochen schreiben/(…) – wie gestochen **schreiben** · to have clear/neat/careful/… handwriting, + s.o.'s handwriting is like copperplate

gestohlen: du kannst mir/er kann mir/…/(er kann ihnen/…) **gestohlen bleiben!** *ugs* – leck' mich am/(im) **Arsch!** (1) · you/he/… can get stuffed!

j. **soll/kann mir**/uns/… (ihm/ihnen/…) (mit etw.) **gestohlen bleiben** *ugs* – j. soll/kann mich/uns am/(im) **Arsch** lecken (mit etw.) · s.o. can get stuffed, s.o. can bugger off, s.o. can piss off

gestorben: an etw./von etw./**davon/daran ist noch keiner/… gestorben** *ugs* · + it/s.th. never killed anyone, + it/s.th. never did any harm to anyone
Ganz richtig, daß euch euer Französischlehrer mal ein bißchen mehr aufgibt! – Ein bißchen mehr? 20 Seiten lesen! – Na und? Dann tut mal was! An 20 Seiten ist noch keiner gestorben.

gestorben sein *ugs* · it/s.th. is off
… Was ist eigentlich aus eurer geplanten Griechenlandreise geworden? – Die ist gestorben – fürs erste jedenfalls! Der Udo und die Liesel haben dafür einstweilen weder Geld noch Zeit.

j. **ist für** jn. **gestorben** *ugs* · s.o. doesn't exist any more as far as I'm/... concerned

... Laß mich bloß mit dem Walter Köchler zufrieden! Nach dem, wie der sich gestern bei der Diskussion verhalten hat, ist der für mich gestorben! Der hat ja nicht einmal ein Minimum an Ehrgefühl! Der ist für mich für immer erledigt.

gestört: geistig/(psychisch) **gestört sein** *form* · to be mentally unbalanced, to be mentally disturbed

... Ja, seit dem Unfall ist er geistig gestört. Nicht immer. Aber zeitweise ist das, was er macht und redet, doch ziemlich konfus.

ein gestörtes Gefühlsleben/Sexualleben/Verhalten/... **haben** *form* – *med* · to have a troubled emotional life, to have a troubled relationship, to have sexual problems

... Der Heinz redet mir einfach zu viel – und vor allem zu erregt – von seinen 'vitalen Frauen'! – Das ist nichts anderes als Kompensation, Otto. Wahrscheinlich hat er ein gestörtes Sexualleben. – Jetzt komm' du auch noch mit diesem psychologischen Wortkram!

gestraft: mit jm./etw. (doch/...) **schon genug gestraft**/gestraft genug **sein** *path* · 1. 2. s.o. has been punished enough with s.o./s.th., s.o. has enough trouble already with s.o./s.th.

1. ... Den Schröder sollte man so wenig wie möglich belasten, der ist mit seiner Frau schon gestraft genug! – Du bist aber böse, Albert. Ist das so ein Besen? – Mensch! Der Arme kann einem leidtun.

2. ... Mein Gott, jetzt wollen die dem Unruh wegen dem Unfall auch noch den Prozeß machen. Als ob er mit seiner Verletzung nicht schon gestraft genug wäre!

Gestrigen: die ewig **Gestrigen** *form* · diehards, stick-in-the-muds, reactionaries

Dieser 'konservative Zirkel' – er ist auch nicht gerade mein Fall. Aber solche ewig Gestrigen gibt es ja nun einmal überall – Leute, die mit ihren Anschauungen immer an der Vergangenheit kleben.

gesucht: ein Ausdruck/Vergleich/... **ist sehr**/zu/... **gesucht** · an expression/a comparison/... is too/... contrived, an expression is too/... affected/far-fetched/laboured/...

... Ihr Stil ist mir einfach zu gesucht. Ich hab' solche unnatürliche Ausdrucksweise nun mal nicht gern.

sich gesucht und gefunden haben (die beiden haben sich .../ da haben sich zwei ...) *ugs* · to be made for each other

Es ist eine Freude, die Iris und den Tankred miteinander zu sehen. Die beiden haben sich gesucht und gefunden. Ein herrliches Paar!

gesund: das/etw. **ist für** jn. **ganz gesund** *sal* · that/... will do s.o. good, that/... will be good for s.o.

Du findest das zu scharf, daß der Chef ihm die Tage, die er ohne stichhaltige Entschuldigung gefehlt hat, vom Lohn abgezogen hat? Nein! Das ist für ihn ganz gesund! Er muß sich daran gewöhnen, daß er seine Pflicht zu erfüllen hat – wie alle anderen auch.

aber sonst/(ansonsten/im übrigen) **bist du**/ist er/... **gesund** (was/oder)?! *sal* – nicht (so) (ganz/(recht)) bei **Trost** sein (1) · are you/is he/... all right in the head?

gesund und munter (sein) · (to be) in fine spirits, (to be) in fine fettle

Wie geht's Großvater? – Er ist gesund und munter, wie immer. Gut bei Kräften, gut gelaunt ...

Gesundbrunnen: etw. **ist** (für jn.) **ein regelrechter**/wahrer/... **Gesundbrunnen** *path veraltend selten* · s.th. keeps s.o. young and healthy, s.th. is like a fountain of youth for s.o.

... Das Schwimmen – besonders das Schwimmen im Meer – ist für unseren Adalbert ein richtiger Gesundbrunnen. Wenn er das nicht hätte, würde er die ganzen familiären und beruflichen Belastungen wahrscheinlich gar nicht aushalten.

Gesundheit: bei guter/bester **Gesundheit sein** · to be in the best of health, to be in the pink *coll*

Der August krank? Wie kommst du denn dadrauf? Der ist bei bester Gesundheit.

mit jm. **auf** js. **Gesundheit anstoßen** *form* · to drink to s.o.'s health, to drink a toast to s.o.

... Nun laßt uns auf die Gesundheit unseres Geburtstagskindes anstoßen! Also: »Prost Alfred! Daß du noch viele Jahre so kräftig, gesund und gut gelaunt wie heute bist!«

eine Gesundheit wie ein Bär haben *ugs* – eine **Bärengesundheit** haben · to be as fit as a fiddle

sich bester Gesundheit erfreuen *form* – bei guter/bester **Gesundheit** sein · to be in/to enjoy the best of health, to be in the pink *coll*

sich bei (guter) Gesundheit erhalten *form* · to remain in good health

Wenn er sich auch in den nächsten Jahren weiterhin bei guter Gesundheit erhält, wird er die Umstrukturierung seines Guts mit Sicherheit bis zum Ende durchführen.

vor Gesundheit strotzen *ugs* – eine **Bärengesundheit** haben · to be as fit as a fiddle

gesundmachen: sich (an etw.) **gesundmachen** *ugs selten* – sich (an etw.) **gesundstoßen** · to make a pile (with s.th.), to make a packet (with s.th.), to make a load of money (with s.th.)

gesundschreiben: sich **gesundschreiben lassen**/gesundgeschrieben sein *form* · to get a clean bill of health from the doctor, to get the doctor's permission to return to work

Er ist doch nur bis zum 18. 2., d.h. gestern, krankgeschrieben; da braucht er sich jetzt doch nicht eigens gesundschreiben zu lassen, wenn er wieder arbeiten geht.

gesundstoßen: sich (an etw.) **gesundstoßen** *sal* · to line one's pockets, to make a killing with s.th., to do well out of s.th. *coll*

Wer sich an den politischen Differenzen im Vorderen Orient wieder einmal gesundgestoßen hat, das sind einige westliche Waffenfabrikanten. Die sind dabei reich geworden.

getan: es ist nicht mit etw. **getan** (in/bei e-r S.)/es ist nicht damit getan, zu ... · 1. 2. + advice/remittances/... is/are not enough, it is not enough to do s.th., 3. + s.th. alone is not enough/not the answer/not the solution

1. Hier ist es nicht mit einigen Ratschlägen oder einigen Überweisungen getan! Hier muß jeder von uns für längere Zeit Opfer bringen, wenn wir das Problem wirklich lösen wollen!

2. Es ist nicht damit getan, die Probleme zu diagnostizieren und darüber zu diskutieren; man muß auch die Kraft haben, die Dinge zu ändern. Nur reden – das hilft nicht weiter.

3. ... Nein, mit einer Haushilfe oder einem Dienstmädchen ist es nicht getan, Helga. Die ganze Familie muß sich umstellen, jeder einzelne mehr mit anpacken ...

es ist um jn. **getan** *path selten* – es ist um jn./um js. Ruhe/... **geschehen** (1) · + s.o. is finished, it is over with s.o.

getankt: zu viel/ganz schön/... **getankt haben** *sal* – einen über den **Durst** trinken · to be tanked up

geteilt: die Ansichten/Meinungen/(...) (in/über/zu etw.) **sind geteilt** · opinions/views/... on s.th. are divided

... Zu diesem Problem sind die Meinungen geteilt. Da hält der eine die eine Lösung für besser, der andere die andere.

getroffen: gut/schlecht/nicht/... **getroffen sein** (auf einem Bild) · it is a poor/good/fine/... photo/likeness/... of s.o./s.th.

... Sie ist bei weitem schöner, als es auf dieser Fotografie scheint. Sie ist hier miserabel getroffen.

sich tief getroffen fühlen/(tief getroffen sein) *path* · to be (deeply) hurt, to take s.th. very hard

Du hättest deine Bemerkung über ihre Scheidung nicht machen sollen. Hast du gemerkt, wie tief sie sich getroffen fühlte?

getrunken: einen zuviel **getrunken haben** *ugs* – einen über den **Durst** trinken · to have had one too many, to have had one over the eight

Getümmel: (dann/mal/...) **auf ins Getümmel!** *sal* – ran an die **Gewehre!** · get down to it!, get cracking!

sich ins Getümmel stürzen *sal* – in die **Arena** steigen (und ...) · to enter the fray

getürkt: etw./**das ist (doch) getürkt** *ugs* · a story/it/a report/... has been doctored, it/s.th. is/has been faked/falsified/made up/...

... Das Kernkraftwerk Krümmel mußte abgeschaltet werden. Es ist herausgekommen, daß Berichte über Störfälle getürkt worden sind, um die Öffentlichkeit hinters Licht zu führen und in Sicherheit zu wiegen. – Die haben allen Ernstes Untersuchungsberichte gefälscht? – Leider ja.

Gevatter: Gevatter stehen bei etw. *scherzh veraltend selten* – **Pate** stehen bei jm./etw. (2) · to sponsor s.th. *n*, to be the force behind s.th. *n*

gewachsen: einer Aufgabe/.../(jm.) **gewachsen sein** · to be up to (a task/...), + to be a match for s.o.

Meinst du, der Kurt ist den Anforderungen gewachsen, die seine Funktion als Delegationsleiter mit sich bringt? – Das glaube ich schon, daß er dazu die nötigen Fähigkeiten mitbringt.

Gewähr: jm. **(dafür) (eine) Gewähr geben, daß** ... *form* · to guarantee s.o. that ...

... Und wenn im nächsten Jahr die Zinsen weiterhin steigen ... – Aber können Sie mir Gewähr dafür geben, Herr Renner, daß sie wirklich weiterhin steigen? Denn sonst mach' ich ein wunderbares Verlustgeschäft. – Garantieren kann natürlich niemand, aber ...

gewähren: jn. **gewähren lassen** · to let s.o. go on doing s.th., not to intervene, not to stop s.o.

Du kannst den Jungen nicht einfach gewähren lassen, wenn er, statt Schularbeiten zu machen, Popmusik hört. Da mußt du schon eingreifen.

Gewahrsam: in Gewahrsam sein/sich ... **befinden** *form selten* – in **Haft** sein/sich ... befinden · to be in custody

etw. **in Gewahrsam haben**/(halten) *form selten* · to have s.th. in safekeeping

Der Hausmeister hat immer noch einen Ranzen in Gewahrsam, der vor zwei oder drei Monaten verloren wurde. Er wird ihn noch einen Monat aufbewahren; wenn sich bis dahin niemand meldet, verschenkt er ihn.

etw. **in Gewahrsam geben**/(bringen) *form* · to give s.th. to s.o. for safekeeping

Ein derart wertvolles Gemälde würde ich in Gewahrsam geben, wenn ich lange wegführe. – Kannst du mir sagen, bei wem oder wo es sicher aufgehoben ist?

jn./etw. **in Gewahrsam nehmen** *form* · 1. to take s.th. into safekeeping, 2. to take s.o. into custody

1. Da der Hausmeister nicht feststellen konnte, wem der Ranzen gehörte, hat er ihn in Gewahrsam genommen. Wer ihn verloren hat, soll also zum Hausmeister gehen.
2. vgl. – jn. in **Haft** nehmen

Gewalt: höhere Gewalt · an act of God

Die Versicherung geht also gegen Diebstahl, Einbruch, Brand ... Und was ist bei einem Erdbeben oder einem Krieg? – Das ist höhere Gewalt. Da wird keine Entschädigung geleistet.

mit aller Gewalt (etw. tun wollen/versuchen/...) · to (want to) do s.th. by hook or by crook

Er will mit aller Gewalt Abteilungsleiter werden. Koste es, was es wolle.

mit roher/nackter **Gewalt** etw. **durchsetzen** (wollen)/... · to (try to) force s.th. through by brute force/by the use of brute force/...

Nur mit roher Gewalt konnten die Soldaten den Sitz der Partei einnehmen: indem sie jeden, der sich ihnen in den Weg stellte, niederschlugen oder niederschossen.

(jn. **mit**) **sanfte(r) Gewalt** (zu etw. bewegen/...) · to persuade s.o./... gently but firmly to do s.th., to apply gentle force to persuade s.o. to do s.th.

... Nachdem die ganze Gruppe einmal zusammen losgezogen war, gab es kein Entrinnen mehr: mit sanfter Gewalt drängte die Mehrheit die Widerstrebenden in die Diskothek ...

es steht in js. **Gewalt**, etw. **zu entscheiden/**.../(die Entscheidung/... steht in js. Gewalt) – (eher:) es steht (nicht) in js. **Macht**, etw. zu entscheiden/.../(die Entscheidung/... steht (nicht) in js. Macht) · it is in s.o.'s power to decide s.th.

in js. **Gewalt sein** · to be in the hands of s.o.

... Die Kinder sind nun einmal in der Gewalt der Entführer. Wenn wir ihr Leben nicht gefährden wollen, müssen wir das Lösegeld bezahlen.

jn./etw. **in seiner Gewalt haben** · to have s.o. in one's hands

Die Entführer teilten mit, daß sie seinen Sohn in ihrer Gewalt hätten, und verlangten ein Lösegeld von drei Millionen Mark.

seine Beine/... (nicht) (mehr) **in der Gewalt haben** · (not) to have control over one's legs/...

Nach diesem verdammten Medikament, schimpfte der Kranke, hat man seine Extremitäten überhaupt gar nicht mehr in der Gewalt. Die Arme und Beine machen geradezu, was sie wollen.

sich (nicht) **in der Gewalt haben** · 1. (not) to have o.s. under control, 2. to have (no) self-control

1. Es verdient Bewunderung, wie sehr sich der Kruse auch in den heißesten Debatten in der Gewalt hat. Er verliert die Selbstkontrolle einfach nie.
2. ... Er war immer so unberechenbar und unbeherrscht. Schon als Junge hatte er sich nicht in der Gewalt.

über jn. **Gewalt haben**/(besitzen) *form* · to have power over s.o., to have control over s.o.

... Wenn die Kinder einmal 16, 17 sind, haben die Eltern nun einmal keine Gewalt mehr über sie! – Aber das heißt doch nicht, daß sie tun und lassen können, was sie wollen. – Juristisch nicht; in der Praxis weitgehend doch.

von jm./etw. **mit magischer Gewalt angezogen werden** *path* – von jm./etw. (gleichsam) magisch **angezogen** werden/sich ... fühlen · to be irresistibly attracted to s.o./s.th.

jm./e-r S. **Gewalt antun** *form* · 1. to use violence against s.o., 2. to do violence to s.th., to twist/to distort/... facts/...

1. Aber die Polizei hat den Demonstranten doch keine Gewalt angetan? – Wie es scheint, doch. In den Presseberichten ist jedenfalls von 'niederknüppeln' die Rede.
2. (Zu einem Prozeßverlauf:) Mit seiner Darstellung der Familienverhältnisse tut der Köhler den Tatsachen ja doch Gewalt an. Wer die Familie Köhler kennt, weiß, daß die Dinge ein wenig anders aussehen, als er sie schildert.

einer Frau/... **Gewalt antun** *euphem* · to rape/to violate/to ravish/... a woman/...

»Beginne deine Ehe nicht damit«, schreibt Balzac, »daß du deiner Frau Gewalt antust! Denn eine Frau, die ihre Ehe mit einer Vergewaltigung beginnt, wird ihren Mann nie richtig lieben können.«

sich Gewalt antun *path selten* – sich etwas **antun** · to commit suicide, to do violence to o.s.

sich (regelrecht/...) **Gewalt antun müssen, um** ... · to have to (really/...) force o.s. to do s.th., to (really/...) have to push o.s. to do s.th.

Der Klaus hat einen derartigen Widerwillen gegen das Buch, das er gerade übersetzt, daß er sich regelrecht Gewalt antun muß, um an der Übersetzung weiterzuarbeiten.

jn. **(wieder) in**/(unter) **seine Gewalt bringen** *form* · to gain control over s.o., to regain control over s.o.

... Plötzlich versuchte ein Teil der Gefängnisinsassen, die Wärter niederzuschlagen und zu fliehen. Nur mit Mühe gelang es dem Personal, die Leute wieder in seine Gewalt zu bringen.

Gewalt mit Gegengewalt beantworten · to counter violence with violence

... Wenn jemand Gewalt anwendet, sagte er nachdenklich, darf er sich nicht wundern, wenn der andere das mit Gegengewalt beantwortet! – So entstehen die Kriege. – Ja. Aber auf der anderen Seite kann man über eine bestimmte Grenze hinaus nicht mehr nachgeben, wenn man kein Sklave des anderen sein will.

in/(unter) js. **Gewalt geraten** *form* · to fall into s.o.'s hands
Die Leute sind doch nicht in die Gewalt der Terroristen geraten? – Der Himmel verhüte es, daß sie denen in die Finger fallen!

jn./etw. **in seine Gewalt kriegen/bekommen** *form* · 1. to get hold of s.th., to bring s.th. under one's control, 2. to overpower s.o.
1. Mit allen Mitteln versuchte die Partei, nach dem Umsturz so schnell wie möglich alle Geheimakten der Regierung in ihre Gewalt zu bekommen. – Und? Ist es ihnen gelungen? Haben sie sie an sich reißen können?
2. »Gott verhüte«, meinte er, »daß die Terroristen die Besatzung des Schiffs in ihre Gewalt bekommen. Die werden sie umbringen.«

Gewalt über Leben und Tod/(haben/...) *form – path* · to have power over life and death, to have the power of life and death over s.o.
Wenn da ein Mann befiehlt, wer weiß wie viel Bomben über der Zivilbevölkerung abzuwerfen, maßt er sich dann nicht Gewalt über Leben und Tod von Zigtausenden unschuldiger Menschen an?

in/(unter) js. **Gewalt stehen** *form* · to be in s.o.'s power, + to have power over s.o.
... Aber stehen die Kinder nach dem Gesetz denn nicht in der Gewalt der Eltern? – Was heißt Gewalt? Die Eltern haben die Erziehungsberechtigung. Aber das heißt doch nicht, daß sie mit den Kindern machen können, was sie wollen. – Das meinte ich auch nicht. ...

die **Gewalt über** etw. **verlieren** · to lose control of a car/...
Offensichtlich hat er bei der hohen Geschwindigkeit in der Kurve die Gewalt über den Wagen verloren. Er geriet von der Fahrbahn ab und stürzte einen Abhang hinunter.

Gewaltstreich: etw. **in/mit einem Gewaltstreich nehmen** *form* · to take s.th. by storm, to take s.th by/in a coup de force, to take s.th. by/in a coup de main
... und dann nahm das Militär mit einem Gewaltstreich den Sitz der Partei ein. Sie überfielen das Haus im Morgengrauen, als alles schlief ...

Gewand: sich in neuem Gewand zeigen *form* · to show itself/ to present itself/... in a new guise
... Wenn der Mann jetzt in der 'Süddeutschen' Artikel gegen die 'verfehlte Regierungspolitik' schreibt, zeigt sich sein Haß auf den Kanzler doch nur in neuem Gewand. Früher hat er ihn persönlich angegriffen, jetzt greift er ihn wegen seiner Politik an.

gewappnet: gegen etw. **gewappnet sein** · to be prepared for s.th., to be forearmed against s.th.
... Ja, inzwischen habe ich alle Unterlagen zusammen, sodaß ich beim nächsten Termin gegen seine Anschuldigungen gewappnet bin. – Vielleicht ändert der Kröger die Taktik und greift dich jetzt liebevoll – ironisch an. – Gegen Ironien weiß ich mich zu wehren

gewartet: auf jn./etw. **gerade noch gewartet haben** *sal* · 1. 2. that is all I/he/... need/needs *coll*
1. Wer ist da? Der Klaus? Auf den habe ich gerade noch gewartet! Ich werde schon so heute mit meiner Arbeit nicht fertig. Da habe ich keine Lust, meine Zeit mit so einem Blödmann zu vertun!
2. Auf so einen Brief hat mein Vater gerade noch gewartet! Jetzt reicht ihm die Unverschämtheit. Sag' ihr, er kann sich auf eine Antwort gefaßt machen, die sich gewaschen hat.

gewärtig: e-r S. gewärtig sein (müssen) *form selten* · to (have to) be prepared for the possibility of s.th., to (have to) expect s.th.
Bei der äußerst kritischen wirtschaftlichen Lage muß man einem politischen Umsturz eigentlich immer gegenwärtig sein. Viele rechnen damit schon für die nächsten Wochen.

gewärtigen: etw. gewärtigen müssen *form selten* – e-r S. **gewärtig sein** (müssen) · to (have to) be prepared for the possibility of s.th., to (have to) expect s.th.

gewaschen: eine Tracht Prügel/(eine Prüfung/...), die sich gewaschen hat *ugs* · a slap you'll really feel, a really tough exam/test, a bastard of a test
Wenn du jetzt nicht endlich mit dem Blödsinn aufhörst, bekommst du eine Tracht Prügel, die sich gewaschen hat!

Gewässer: ein fließendes Gewässer *form* · a stretch of running water
»... Nein, das ist kein See, das ist ein fließendes Gewässer«, erklärte er, »eine äußerst breite, ganz langsam dahintreibende Flußmündung«.

ein stehendes Gewässer *form* – ≠ ein fließendes **Gewässer** · stagnant water

Gewebe: das Gewebe von (js.) **Lügen/(Machenschaften/...) zerreißen** *form* – ein/js. **Netz** von Lügen/Heuchelei/... zerreißen · to disentangle a web/mesh/(...) of lies/hypocrisy/...

sich im Gewebe der/seiner (eigenen) **Lügen/Intrigen/... verstricken/(verfangen)** *form – path* – sich im eigenen **Netz**/im Netz der eigenen Lügen/Heucheleien/Intrigen/... verstricken/(verfangen) · to become entangled in the web/tissue of one's own lies/hypocrisy/...

Gewehr: (...?!) haben ein Gewehr! *sal selten* · you're joking!
... Dann schnappst du dir eben den Wagen und fährst kurz dahin ... – Wagen? Haben ein Gewehr! Ich besitze schon seit gut einem Jahr kein Auto mehr. So leicht, wie du meinst, ist das also nicht.

Gewehr bei Fuß stehen *mil* · to stand at order arms, to have arms at the ready
Während die Unruhen in der Innenstadt weitergingen, stand die Truppe Gewehr bei Fuß. Die politische Führung dachte zwar zunächst daran, sie einzusetzen; dann sah sie aber doch davon ab.

das Gewehr über! *mil* · shoulder arms!
... Wenn der Spieß brüllt: 'das Gewehr über!', dann mußt du das Gewehr schultern; da gibt's nichts zu diskutieren.

ran an die Gewehre! *sal selten* · get down to it!, get cracking!
Was zögert ihr noch?! Los, ran an die Gewehre! Wenn jeder anständig rangeht, sind die Säcke in einer halben Stunde aufgeladen.

Geweih: jm. ein Geweih aufsetzen *sal iron selten* – jn. zum **Hahnrei** machen · to cuckold s.o.

Gewerbe: das horizontale Gewerbe *ugs* · the horizontal profession
Worüber ging der Film? – Über das horizontale Gewerbe. – Worüber? – Über die Prostitution, Mensch.

aus allem/... ein Gewerbe machen *selten* · to make money out of everything n, to make a profit out of everything n
Mein Gott, du brauchst doch nicht aus allem ein Gewerbe zu machen! Laß den Wald doch, wie er ist! Du hast das Geld doch gar nicht nötig! Warum also die herrlichen Bäume auch noch vermarkten?!

sich ein Gewerbe bei jm. **machen** *form selten* · to establish contacts with s.o. n
... Wie es scheint, hat der Spion versucht, sich bei den Mitgliedern des Kanzleramts ein Gewerbe zu machen – D.h., Beziehungen zu ihnen anzuknüpfen? – Ja. Er wollte sogar da arbeiten ...

das älteste Gewerbe der Welt *iron* · the oldest profession
Warum nennt man die Prostitution eigentlich das älteste Gewerbe der Welt?

Gewese: vielleicht ein/viel Gewese von sich/etw. machen *form veraltend selten* · 1. to hog the limelight, to (always/...) want be the centre of attention, to try to grab centre stage, 2. to make a lot of fuss about s.th., to make a big fuss about s.th.
1. vgl. – viel/(wenig/...) **Aufhebens** von sich machen
2. vgl. – (nicht) viel/kein **Aufhebens** um jn./etw./von jm./etw. machen

gewesen: (und) dann/jetzt/... will es keiner/(niemand) gewesen sein! *ugs* · they all say »it wasn't me«
Erst stürzen sie sich alle wie die Wilden auf die Apfelbäume und klauen wie die Raben, und wenn man dann fragt, wer auf diese Idee gekommen ist, will es keiner gewesen sein.

gewettet: so haben wir nicht gewettet! *sal* · that wasn't part of the bargain *coll*
... Halt, mein Lieber, so haben wir nicht gewettet! Die Hälfte von dem Gewinn mußt du mir schon abtreten. Von wegen! Ein Geschäft

zu zweit machen und dann den Gewinn allein einstreichen! Diese Tour kannst du bei anderen versuchen, aber nicht bei mir!

gewichst: **eine gewichst kriegen** *sal* – eine **Ohrfeige** kriegen/(bekommen) · to get a clip round the ears, to get a slap on the face

ein paar gewichst kriegen *sal* – ein paar **Ohrfeigen** kriegen/(bekommen) · to get a clip round the ears, to get a slap on the face

Gewicht: Gewicht haben · to carry weight
… Sicher, er entscheidet die Dinge nicht, aber was er sagt, hat Gewicht. Da geht niemand so einfach drüber hinweg.

großes Gewicht haben · to carry a lot of weight
… Sein Wort soll im Vorstandsgremium großes Gewicht haben. – Das glaube ich gern. Auch bei den Kollegen zählt sehr, was er sagt.

e-r S./jm. (viel/wenig/keinerlei/…) **Gewicht beimessen/**(bei-legen) *form* – jm./e-r S. (viel/wenig/keinerlei/…) **Bedeutung** beimessen/(zumessen) · to attach a lot of/little/no/… importance to s.th.

((ein) (großes)) **Gewicht bekommen** *form* – (eher:) ((ein) (großes)) **Gewicht** erhalten · to gain significance

((ein) (großes)) **Gewicht erhalten** *form* · to give/lend credence to s.th. *elev*, to gain significance
Was er sagte, wurde von einem Zeugen bestätigt. Dadurch erhält seine Aussage natürlich Gewicht. – Würde sie sonst nicht zählen? – Schon, aber nicht so stark.

(nicht) ins Gewicht fallen · s.th. counts/does not count, s.th. makes a/does not make any difference
Diese 5.000,– Mark Sonderkosten fallen bei einem Projekt von über 300.000,– Mark doch gar nicht ins Gewicht!

((nicht) (so) **viel/**(wenig/keinerlei/…)) **Gewicht auf** etw. **legen** · (not) to attach (much/…) importance to s.th., (not) to set (much/…) store by s.th.
Man sollte auf seine Bemerkungen nicht so viel Gewicht legen. Er versteht von der Sache doch kaum etwas.

sein ganzes Gewicht in einen Schlag/… legen · to put one's whole weight into a punch/…
… Wenn so ein Zweizentnermann sein ganzes Gewicht in einen linken oder rechten Haken legt und der Gegner dann im letzten Moment ausweicht, droht er natürlich das Gleichgewicht zu verlieren, das ist doch klar …

sich mit dem ganzen Gewicht seiner Persönlichkeit für etw./jn. **einsetzen** *path* · to commit o.s. wholeheartedly to s.th., to put the full weight of one's personality behind s.th.
Wenn sich der Kanzler mit dem ganzen Gewicht seiner Persönlichkeit für die Sache einsetzt, dürfte der Auftrag wohl genehmigt werden. – Die Frage ist nur, ob er sich wirklich voll dafür einsetzt.

an Gewicht verlieren · to carry less weight, + s.o.'s influence dwindles/diminishes/…
… In den letzten Monaten hat sein Einfluß auf die Partei beträchtlich an Gewicht verloren/(hat der Kanzler in seiner Partei beträchtlich an Gewicht verloren). Es ist daher noch längst nicht gesagt, daß sie auch diesmal wieder seinen Empfehlungen folgt und …

sein ganzes Gewicht in die Waagschale werfen (damit etw. erreicht wird/…) *path* · to bring all one's influence to bear
Er hat sein ganzes Gewicht in die Waagschale geworfen, damit das Schwimmbad noch in diesem Jahr gebaut wird. – Hoffen wir, daß sein rückhaltloses Engagement von Erfolg gekrönt wird.

gewickelt: **wenn du glaubst/**er meint/…, (dann) **bist du/**ist er/… **schief gewickelt!** *sal* · if that's what you/… think/…, you're/… dead wrong, if that's what you/… think/…, you've/…got another think coming
Wenn du annimmst, daß ich deine Frechheiten weiterhin akzeptiere, bist du schief gewickelt! In Zukunft zahle ich dir jede Unverschämtheit mit gleicher Münze heim.

gewieft: **gewieft sein** *ugs* – mit allen **Wassern** gewaschen sein · to be really/… shrewd/crafty/cunning/artful/sly/astute/wily/canny/…

gewienert: **eine gewienert kriegen** *sal* – eine **Ohrfeige** kriegen/(bekommen) · to get clouted/slapped/…

gewiegt: (ganz schön/…) **gewiegt sein** *ugs selten* · to be shrewd *n*, to be wily *n*, to be canny *n*, to be crafty *n*, + there are no flies on s.o., to know the ins and outs
… Der Hölters ist seit über 30 Jahren in diesem Geschäft, dem kannst du nichts vormachen. Wenn einer in dieser Branche gewiegt ist, dann der.

gewillt: **(nicht) gewillt sein,** etw. **zu tun** *form* · 1. (not) to be willing to do s.th., (not) to be prepared to do s.th., 2. (not) to feel disposed/inclined to do s.th.
1. Ist er wirklich gewillt, sich zu bessern? – Er hat es hoch und heilig versprochen.
2. vgl. – (nicht) zu etw. **gesonnen** sein/nicht gesonnen sein, sich etw. bieten zu lassen/…

Gewinn: etw. **mit viel/großem Gewinn lesen/**besuchen/… · + s.o. gains a lot/a great deal/… from (doing) s.th., + s.th. is of great benefit to s.o.
Ganz herzlichen Dank für das Buch, Herr Mertens! Ich habe es mit großem Gewinn gelesen. – Nicht wahr?! Es bringt einen weiter.

Gewinn abwerfen *form* · + to make a profit
Wirft Ihre neue Firma schon Gewinn ab? – Nein, dafür müssen wir noch zu viel investieren. Aber schon jetzt kommen die Unkosten wieder herein.

Gewinn bringen · to make a profit (for s.o.)
Nach diesen hohen Investitionen hofft er natürlich, daß ihm das neue Unternehmen auch Gewinn bringt.

(seinen) **Gewinn aus** etw. (zu) **schlagen** (suchen) – (eher:) **Kapital** schlagen aus etw. · to (try to) capitalise on s.th., to (try to) make capital out of s.th.

Gewinn (zu) **ziehen** (suchen) **aus** etw. – (eher:) **Kapital** schlagen aus etw. · to (try to) capitalise on s.th., to (try to) make capital out of s.th.

gewinnen: jn. **für sich** (zu) **gewinnen** (suchen) · to (try to/…) win s.o. over
… Wenn es dem Hauff tatsächlich gelingen sollte, die Mehrheit der Partei in der Sache für sich zu gewinnen, hat unser Richard da keine Chance mehr. – Aber wird er die Mehrheit auf seine Seite kriegen?

es nicht über sich gewinnen (können), etw. **zu tun** *form* – (eher:) es fertig **bringen**, etw. zu tun/und … (2) · not to be able to bring o.s. to do s.th.

Gewinnerstraße: **auf der Gewinnerstraße liegen/**sein *u.a. Sport Neol* · to be heading for victory, to be heading for a win, to be set for victory
(Aus einer Reportage): … Ja, seit dem 4 : 2 im zweiten Satz liegt Boris eindeutig auf der Gewinnerstraße. Es wäre eine Sensation, wenn es Willander gelingen würde, das Blatt noch zu wenden und ihm den Sieg doch noch streitig zu machen.

gewischt: **eine gewischt bekommen/**(kriegen) *sal* – ≠ eine **gewichst** kriegen · to get a clip round the ears, to get clouted

Gewissen: **aussehen wie das böse Gewissen** *path selten* · to look as if one has a guilty conscience
Gut bekommen ist dem Walter dieser Steuerbetrug nicht! Guck' dir nur an, wie er aussieht! Wie das böse Gewissen! Allein der unsichere Ausdruck in den Augen zeigt, wie schuldbeladen er sich fühlt.

jm. **schlägt das Gewissen** *elev*, · + to have stirrings of conscience, + to be conscience-stricken
Na, hat er doch eingelenkt und seine Mutter für das Unrecht, das er ihr angetan hat, um Verzeihung gebeten? – Ja. Es schlug ihm wohl doch das Gewissen.

mit gutem Gewissen zu etw. **raten** können/etw. **sagen/tun** (können)/… · to be able to advise s.o. to do s.th./say s.th./… with a clear conscience
Wir können dir mit gutem Gewissen dazu raten, das Buch zu kaufen. Es ist teuer, ja, aber das Geld lohnt sich; es ist ein hervorragendes Werk.

(nur/...) mit schlechtem Gewissen zu etw. raten können/etw. sagen/tun (können)/... – ≠ mit gutem Gewissen zu etw. raten können/etw. sagen/tun (können)/... · not in all conscience to be able to advise/tell/... s. o. to do s. th.

das/js. Gewissen beschweren/belasten · to burden s. o.'s conscience *form*
... Nein, den Jungen halten Sie aus dieser Sache bitte ganz heraus! Wir werden doch das Gewissen eines jungen Menschen nicht mit einem derart unsauberen Prozeß belasten!

jn./etw. auf dem Gewissen haben · 1. 2. to have s. o./s. th. on one's conscience
1. Denk dir, man hat ihn zu lebenslänglichem Zuchthaus verurteilt. – Er hat drei oder vier Kinder auf dem Gewissen! – Ist es erwiesen, daß sie von ihm getötet wurden oder jedenfalls durch seine Schuld umkamen?
2. Dieser Mann hat den entsetzlichen Krieg, mit all seinen Grausamkeiten, auf dem Gewissen, und da wagt es noch jemand, ihn in Schutz zu nehmen?!

etwas auf dem Gewissen haben · to have s. th. on one's conscience
Der Meyer muß etwas auf dem Gewissen haben. Sonst wäre er nicht so übervorsichtig bei den Versammlungen. Irgendetwas, da bin ich sicher, hat er sich zuschulden kommen lassen.

ein enges Gewissen haben · to be too scrupulous/over-scrupulous
Für dieses Geschäft können wir den Waldemar nicht gebrauchen. – Warum nicht? – Er hat dafür ein zu enges Gewissen. – Wie, ist die Sache denn nicht ganz astrein?

ein gutes Gewissen haben – ein reines **Gewissen** haben (1) · to have a clear conscience

ein reines Gewissen haben · 1. 2. to have a clear conscience
1. Die können erzählen, was sie wollen, ich habe ein reines Gewissen. Ich habe meine Pflicht und Schuldigkeit getan.
2. Wenn er ein reines Gewissen hätte, würde er sich hier nach wie vor sehen lassen. Er weiß genau, daß er uns betrogen hat.

ein schlechtes Gewissen haben · to have a guilty conscience, to have a bad conscience
... Wenn der Robert kein schlechtes Gewissen hätte, hätte er sich gar nicht danach erkundigt, ob diese Auseinandersetzungen mit der Bank noch andauern. Er weiß ganz genau, daß er sich damals inkorrekt verhalten hat, daß seine Informationen einseitig waren.

ein weites Gewissen haben · not to be over-scrupulous
Können wir dem Maibaum diese Aufgabe zumuten? Hat er da keine moralischen Skrupel? – Das ist nicht anzunehmen. Der Maibaum hat ein weites Gewissen. Die Sache muß (von einem anständigen Menschen) gerade noch vertretbar sein – das ist für ihn das Kriterium.

an js. Gewissen appellieren *path* · to appeal to s. o.'s conscience
Meine Damen und Herren, ich appelliere an Ihr Gewissen: geht es an, unsere ausländischen Mitbürger weiterhin zu benachteiligen? Ist das mit unseren sittlichen Grundsätzen zu vereinbaren?

js. Gewissen aufrütteln *path* · to stir s. o.'s conscience
(In einer Diskussion um Greenpeace:) Diese ewigen Aktionen ... – Wenn man das Gewissen der Leute nicht permanent aufrüttelt, nehmen sie doch eine Unmenschlichkeit nach der anderen gelassen hin! Und wie will man das anders machen als durch Aktionen?

das/js. Gewissen einschläfern *ugs* · to soothe one's/s. o.'s conscience, to salve one's/s. o.'s conscience
So sehr sie auch versuchte, ihr Gewissen einzuschläfern – es gelang ihr nicht. Im Gegenteil, die Gewissensbisse wurden immer stärker.

sein Gewissen erforschen *form* · 1. 2. to examine one's conscience
1. Ich rate dir, einmal gründlich dein Gewissen zu erforschen. dann wird dir vielleicht doch klar, daß du da falsch gehandelt hast.
2. vgl. – eine **Gewissenserforschung** machen

sein Gewissen erleichtern · to appease/to calm one's conscience, to get s. th. off one's chest
Gestern habe ich mein Gewissen erleichtert und meinem Vater alles gestanden. – Du hast ihm gesagt, daß du die 200,– Mark aus seinem Portemonnaie genommen hast? – Ich hab' ihm alles gesagt – und es war gut so, jetzt fühl' ich mich viel freier.

Schuld/... auf sein Gewissen laden *path selten* · to incur guilt/...
Ob auch der Peter in der Sache Schuld auf sein Gewissen geladen hat – ich weiß es nicht. Aber es ist leider nicht auszuschließen, daß auch er sich schuldig gemacht hat.

(schwer) auf js. Gewissen lasten *form – path* · to weigh (heavily) on s. o.'s conscience
... Diese Jugendsünde lastet noch immer schwer auf seinem Gewissen.

jm. auf dem Gewissen liegen *path selten* · to weigh/be on one's conscience
Ich hatte dem Paul versprochen, die Übersetzung bis zum 1. abzuliefern. Jetzt haben wir den 15., und sie ist immer noch nicht fertig. Das liegt mir auf dem Gewissen.

sich kein Gewissen daraus machen, etw. zu tun/(sich kein Gewissen aus etw. machen) *form* · to have no scruples about doing s. th., not to hesitate to do s. th.
Der Schäfer macht sich kein Gewissen daraus, seine Angestellten jeden zweiten Tag bis abends acht Uhr arbeiten zu lassen. Ohne jede Entschädigung. Er nutzt ihre Abhängigkeit bedenkenlos aus.

etw. auf sein Gewissen nehmen *path selten* – etw. auf seine (eigene) **Kappe** nehmen · to take the responsibility for s. th.

jm. (ernsthaft/gründlich/anständig/...) ins Gewissen reden · to have a serious talk with s. o.
Wenn die Tochter schon zum wiederholten Mal wegen Faulheit eine schlechte Note bekommt, mußt du ihr mal ernsthaft ins Gewissen reden. In ihrem Alter hat ein junger Mensch zu arbeiten; das muß sie einsehen.

mit seinem Gewissen im reinen sein *form* – ein reines **Gewissen** haben · to have a clear conscience

sein/js. Gewissen zum Schweigen bringen *form – path* – das/js. **Gewissen** einschläfern · to soothe one's/s. o.'s conscience, to soothe one's/s. o.'s conscience

etw. vor seinem (eigenen) Gewissen verantworten (müssen) · to (have to) answer to one's own conscience for s. th.
Ob Sie es vor Ihrem Gewissen verantworten können, die Öffentlichkeit in einer so wichtigen Sache systematisch hinters Licht zu führen, ist Ihre Sache. Ich mach' da jedenfals nicht mit.

etw. vor seinem Gewissen nicht verantworten können *form* – etw. mit seinem Gewissen nicht vereinbaren können · not to be able to reconcile s. th. with one's conscience

es mit seinem Gewissen nicht vereinbaren können *form* · not to be able to square it with one's conscience, + to be against s. o.'s principles, + to be incompatible with s. o.'s conscience
Hast du gehört: der verantwortliche General hat um seinen Rücktritt gebeten. Er kann es mit seinem Gewissen nicht vereinbaren, Waffen gegen die Zivilbevölkerung einzusetzen.

js. Gewissen wachrütteln · to rouse s. o.'s conscience, to stir s. o.'s conscience
Wenn er sich einzureden sucht, er habe seiner Mutter mit seinem Verhalten kein Unrecht getan, dann muß man sein Gewissen mal wachrütteln. Du, der mit ihm befreundet ist, könntest doch mal ein klares Wort mit ihm sprechen.

guten Gewissens zu etw. raten können/etw. sagen/tun (können)/... – (eher:) mit gutem Gewissen zu etw. raten können/etw. sagen/tun (können)/... · to be able to advise s. o./to tell s. o./... with a clear conscience to do s. th.

Gewissensbisse: Gewissensbisse haben/(fühlen) · to have pangs of conscience, to have qualms of conscience
Hat er denn keine Gewissensbisse, wenn er solche Schurkereien begeht? – Der und Gewissensbisse! So ein abgebrühter Geselle!

Gewissensbisse bekommen · to get a guilty conscience

Uns will einfach nicht eingehen, daß der Richard keine Gewissensbisse bekommt. Wie kann ein Mensch seinen Vater derart unmenschlich behandeln und so weiterleben, als wäre nichts!

sich (über/wegen etw.) **keine Gewissensbisse** (zu) **machen** (brauchen) · not to (need to/…) have any qualms about (doing) s. th., not to (need to/…) have any scruples about (doing) s. th.

Nein, Frau Schubert, Sie brauchen sich wegen der Angelegenheit doch bei Gott keine Gewissensbisse zu machen. Sie trifft doch gar keine Verantwortung.

Gewissenserforschung: eine Gewissenserforschung machen *form selten* · 1. 2. to examine one's conscience

1. Vor einer Beichte macht man eine Gewissenserforschung. Denn erst mußt du wissen, was du falsch gemacht hast, wie und warum du falsch gehandelt hast – dann kannst du deine Sünden beichten.

2. vgl. – (eher:) sein **Gewissen** erforschen

Gewissensfrage: das/etw. ist eine Gewissensfrage · it's/s. th. is a question of conscience, it's/s. th. is a matter of conscience, it/s. th. is a matter for one's conscience

… Ob man da zustimmt oder nicht, ist eine Gewissensfrage. Das muß jeder mit sich selbst ausmachen.

jm. **eine Gewissensfrage stellen** *form* · to ask s. o. a question of conscience

Darf ich Ihnen eine Gewissensfrage stellen, Herr Ballmer? – Bitte! – Können Sie es verantworten, daß …

Gewissenswurm: der Gewissenswurm plagt jn. *iron selten* – jm. schlägt das **Gewissen** · the worm of conscience is preying on s. o., s. o.'s conscience is troubling him/…

Gewissenszwang: unter Gewissenszwang stehen/handeln *form* · to act/to do s. th./… under duress, to act/to do s. th./… under moral constraint

Der Schreiber behauptet, er habe die umstrittene Entscheidung nicht frei gefällt, sondern unter Gewissenszwang gestanden. – Inwiefern? – Man habe ihm zu verstehen gegeben, wenn er nicht gefügig sei, werde man gegen seinen Sohn vorgehen, der …

Gewisses: nichts Gewisses weiß man nicht *ugs scherzh selten* – nichts **Genaues** weiß man nicht · we/… don't know exactly, we/… don't know nothing (about it) *hum*

Gewißheit: zur Gewißheit reifen *form* – *path* – zur **Gewißheit** werden · to become a certainty

zur Gewißheit werden · to become a certainty

Was anfänglich noch dunkel gefürchtet wurde, ist inzwischen zur Gewißheit geworden: bei dem Angriff auf die Stadt fanden Tausende von Zivilisten den Tod.

Gewitter: (es gibt/…) ein häusliches Gewitter *ugs* · (to have/…) a domestic storm *para*, (to have/…) a family row *n*

Habt ihr so ein häusliches Gewitter oft? – Nein. Das ist sogar sehr selten. Aber wenn meinem Vater der Kragen einmal platzt, dann knallt's.

(wie) ein reinigendes Gewitter (wirken/…) *path* · to be like a storm which clears the air

Es ist gut, daß wir diese scharfe Diskussion hatten. Sie hat wie ein reinigendes Gewitter gewirkt. Jetzt sind die Mißverständnisse ausgeräumt, und wir können wieder vernünftig miteinander umgehen.

ein Gewitter geht/(bricht) **auf** jn. **los** *path selten* · a storm breaks over s. o.'s head

… Als der Chef das hörte, brach ein Gewitter auf den Günther los, das war schon gar nicht mehr schön. Außer sich vor Wut, hielt der Alte ihm alles vor, was in den letzten Monaten schief gelaufen war.

Gewitterwolken: Gewitterwolken zeigen sich/… auf js. **Stirn** *form* – *path* · (the) storm-clouds are gathering on s. o.'s brow *form*

Ich würde jetzt aufhören mit der Diskussion und Vater nicht noch mehr reizen. Ein Paar Gewitterwolken zeigen sich schon auf seiner Stirn. Wenn du jetzt nicht ruhig bist, platzt gleich ein Donnerwetter auf uns nieder.

gewitzigt: jetzt/… gewitzigt sein *ugs* · 1. 2. to have learnt from experience, to have been made wiser by experience

1. … Das letzte Mal ist es diesem Miesbach in der Tat gelungen, mich übers Ohr zu hauen – ich war einfach zu unerfahren und zu leichtgläubig. Aber jetzt bin ich gewitzigt, jetzt wird ihm das nicht mehr gelingen. – Ja, durch Schaden wird man klug.

2. … Durch langjährige Erfahrungen in diesem Geschäft gewitzigt, hatte er vorsorglich alle einschlägigen Unterlagen mitgebracht. Aus 'Mangel an konkreten Daten' sollte die Konferenz diesmal nicht scheitern …

gewogen: jm./(einer Sache) (gut/sehr/besonders/…) **gewogen sein** *form* · to be (very/…) well-disposed towards s. o./s. th.

Du kannst den Herbert getrost um den Gefallen bitten. Er ist dir doch gewogen. Er wird dir das sicher nicht abschlagen. – Warum meinst du, daß er mir so gut gesinnt ist?

gewogen und zu leicht befunden *Bibel oft iron* · weighed and found wanting

Haben sie ihn angenommen? – Nein! Abgelehnt. Gewogen und zu leicht befunden. Schon die Unterlagen, die er ihnen vorlegte, fanden sie unzureichend; und das Vorstellungsgespräch verlief dann auch nicht so, wie sie es von einem zukünftigen Abteilungsleiter erwarteten.

Gewohnheit: sich etw. **zur Gewohnheit machen** · to make a habit of doing s. th.

… Es mag ja ganz schön sein, wenn es sich der Peter zur Gewohnheit gemacht hat, sich früh hinzulegen und früh aufzustehen. Aber deswegen braucht doch jetzt nicht die ganze Familie jeden Tag früh ins Bett zu gehen!

jm. **zur lieben Gewohnheit werden/**etw. … machen *ugs* · to have become a habit with s. o. *n*, + to make a habit of s. th. *n*

Früher rauchte er mal hin und wieder eine Zigarre, bei besonderen Anlässen. Aber inzwischen ist es ihm zur lieben Gewohnheit geworden, sich nach jedem Essen und oft noch zwischendurch eine Brasil 'zu Gemüte zu führen'.

Gewohnheitstier: ein richtiges/… Gewohnheitstier sein *sal* · s. o. is a real creature of habit

Mein Vater ist ein richtiges Gewohnheitstier. Sein Tagesablauf, ja sein ganzer Lebensrhythmus ist genau festgelegt. Wenn etwas anders läuft als geplant, kommt er total durcheinander.

gewohnt: etw. **gewohnt sein** · to be used to doing s. th., to be accustomed to doing s. th.

Wir sind es hier nicht gewohnt, Herr Bausch, uns von neuen Mitarbeitern vorschreiben zu lassen, wie wir zu arbeiten haben. Ich denke, Sie gewöhnen sich an die Sitten, die hier herrschen – und nicht umgekehrt.

gewollt: gewollt oder ungewollt *form* · whether you like it or not

Gewollt oder ungewollt hatten sie der Erklärung zugestimmt. Im Grunde wußten sie selbst nicht, warum.

mit gewollter Höflichkeit/mit gewolltem Entgegenkommen/… – (stärker als:) mit **gespielter** Höflichkeit/mit gespieltem Entgegenkommen/… · with studied politeness/friendliness/…

gewonnen: mit etw. **ist viel/**wenig/… **gewonnen** · + it's/s. th. is not much use to s. o., + it's/s. th. is very useful/valuable/… for s. o.

Ja, der neue Röntgenapparat ist endlich gekommen. Aber leider ist damit bisher wenig für meine Klinik gewonnen; denn wir haben bislang niemanden, der mit dem Gerät vernünftig umgehen kann.

j. **hat sehr gewonnen/**(würde noch gewinnen, wenn …/…) · to have improved a lot/greatly/…, to have come on a lot/greatly/…

Im Vergleich zum vergangenen Jahr hat die Eva sehr gewonnen: sie ist 'frecher', nerviger, wacher als damals – und nicht zuletzt auch schöner.

wie gewonnen, so zerronnen · easy come, easy go

Wir hatten doch einen so schönen Überschuß Ende des vergangenen Jahres! Aber für die neuen Maschinen ist alles draufgegangen. – Wie gewonnen, so zerronnen – so ist das Leben, Herr Direktor Lang.

geworden: **was ist aus** jm. **geworden?**/aus jm. **ist ein guter** Techniker/... geworden · 1. what became of ...?, s.o. became a good technician/..., 2. s.o. will achieve great things/go places/make his mark, s.o. will get somewhere/will not get anywhere in life, s.o. did not achieve anything/get anywhere/... in life

1. Der Heinz Müller? Ich habe ihn ewig nicht gesehen. Was wohl aus ihm geworden ist? – Das kann ich dir sagen. Er ist glücklich verheiratet, hat zwei Söhne und eine Tochter und arbeitet als Abteilungsleiter bei Siemens in München.

2. vgl. – aus jm. **wird** nichts/etwas Bedeutendes/etwas/(allerhand/viel)/(...)

gewußt: (ja) **gewußt wie!** ugs · it's easy when you know how

Wie hast du denn das wieder geschafft? Das schien doch gestern noch aussichtslos. – Da staunst du, was? Gewußt, wie! Ich habe mich da an die Generalvertretung in Dortmund gewandt, und da ging es ganz plötzlich.

(ja) **gewußt wo!** ugs · it's easy when you know where to look!

Hast du die Angaben schon? – Natürlich! Gewußt, wo! Im Kindler—Lexikon gibt es doch einen zweispaltigen Artikel zu dem Buch.

gezeigt: **dem**/der/dem Herrn Schulze/... **habe ich**/(hat er/...) **es aber gezeigt!** ugs · we/... really showed them/gave it to them/..., you/... really gave him/... what for/showed him/...

Erst beantragt er die Papiere zu spät und dann will er uns für den Mißerfolg verantwortlich machen! Dem haben wir es aber gezeigt. Dem haben wir mal unmißverständlich klargemacht, daß wir uns seine Unverschämtheiten nicht länger bieten lassen.

gezielt: (ganz) gezielt antworten/fragen/nachfragen · to ask the right/specific questions/to give the right/specific answers/..., to answer/... to the point

... Wenn der Richter nach jeder zweiten Aussage des Angeklagten nicht ganz gezielt nachgefragt hätte, hätte er überhaupt nichts über den wirklichen Hergang der Sache erfahren. Aber der Mann versteht sein Handwerk; der weiß, wie und wonach man fragt ...

gezündet: **bei** jm. **hat es gezündet** ugs · 1. + s.o. has cottoned on to s.th., 2. + to fall for s.o., + to be smitten, + to be fired with enthusiasm for s.o./s.th.

1. vgl. – (eher:) bei jm. ist der **Groschen** gefallen

2. vgl. – (eher:) **Feuer** gefangen haben (1)

gib's: **gib es ihm/ihr/ihnen!** ugs – **gib's** ihm/ihr/ihnen/... · let him/her/them/... have it!

gib's ihm/ihr/ihnen! ugs · 1. 2. let him/... have it, 1. that's the boy, attaboy

1. Gib's ihm, gib's ihm! – Was schreit dieser Kerl? – Gib's ihm, gib's ihm! – Was hat denn der damit zu tun, wenn ich dir die Meinung geige?!

2. ... Plötzlich wurde der Manfred wütend und gab dem Rainer eine schallende Ohrfeige. – Und die anderen griffen nicht ein, um den Rainer zu schützen? – Im Gegenteil! Sie brüllten noch: gib's ihm, gib's ihm.

gibst: (..., und) **was gibst du, was hast du** war er weg/rannten sie davon/sausten alle fort/... ugs selten – (..., und) haste (hast du/hasse) nicht **gesehen**, war er weg/rannten sie davon/sausten alle fort/... · (...,) and before I/you/... knew where you/... were, they were off/they had run off/...

gibt: **was gibt's denn da zu** weinen/protestieren/.../da gibt's **doch nichts zu** weinen/protestieren ugs · 1. there is nothing to discuss/protest about/cry about/..., that's all there is to it, 2. there's no reason to cry/... n

1. ... Paß mal auf, Berta: wenn ich dir sage, das Zimmer wird aufgeräumt, dann wird das Zimmer aufgeräumt. Da gibt's doch nichts zu diskutieren!

2. ... Jedesmal, wenn du zum Arzt mußt, Kind, fängst du an zu weinen. Was gibt's denn da zu weinen? Der Dr. Böhler tut dir doch nichts!

j. **gibt** jm. **noch 2 Jahre/6 Wochen/...** ugs · to give s.o. 2 years/6 months/... (to live)

Wie es scheint, ist bei dem Erich nichts mehr zu machen. Im ganzen Körper Metastasen, da kann man nicht mehr operieren. Ihm gegenüber ist der Arzt zurückhaltend, aber mir hat er gestern anvertraut, daß er dem Erich höchstens noch sechs, sieben Monate gibt.

wer was auf sich gibt, der ... – etwas/viel/nichts/... **auf sich halten** (1, 2) · anyone who takes a pride in himself will/would/..., anyone who has a sense of his own worth will/would/...

es gibt etw. **à gogo** Galizismus selten · whisky/champagne/... galore, whisky/champagne/... à gogo

... Ob es da Sekt, Whisky oder Kaviar à gogo gibt, interessiert mich nicht, da ich mir nichts daraus mache. Lieber wäre mir, es gäbe viele gute Gesprächspartner/schöne Bücher/... in beliebiger Auswahl.

..., das gibt es nicht ugs – **..., das gibt's** nicht · it can't be true, I don't believe it

das gibt's (gar) nicht! ugs · 1. it can't be true n, 2. I don't believe it n

1. vgl. – das **gibt** es doch nicht! (1)

2. vgl. – hast du **Töne** (2; a. 1)

das gibt es doch nicht! ugs · 1. it can't be true n, 2. I don't believe it n

1. Erst bittet er dich um einen Vorschuß, und nachdem er ihn im Sack hat, macht er dich bei den Kollegen schlecht? Das gibt es doch nicht! – Ich hatte so was auch für unmöglich gehalten, aber ...

2. vgl. – hast du **Töne** (2; a. 1)

das hat j. **fein gemacht/prima hingekriegt/ausgezeichnet gelöst/das ist gut/...,** **da gibt es nicht:** das hat j. fein gemacht/prima hingekriegt/ausgezeichnet gelöst/das ist gut/..., da **gibt's** nichts! · s.o. did a great job/s.o. did well/... – there are no two ways about it

das gibt sich (schon) (wieder) · 1. it'll soon get better, it'll soon pass over, 2. it'll blow over

1. Mach' dir so viele Sorgen um das bißchen Fieber, das gibt sich wieder. Du wirst sehen: morgen früh fühlst du dich schon viel besser.

2. Solche Zwischenfälle sind doch kein Grund, sofort zu meinen, die Welt ginge unter! Das gibt sich schon wieder! Das ist bei einer Ehekrise wie bei anderen Krisen auch: sie kommen, aber sie gehen auch wieder.

... gibt es/gibt's **viel(e) (aber nur ein/eine/...)** · piano teachers/... are ten a penny (but try to find one who ...)

Klavierlehrer gibt es auch in diesem Städtchen natürlich eine ganze Menge! Aber finde mal einen, der die Kinder gut unterrichtet und ihnen vernünftig was beibringt! Das kann hier nur der Mehnert. Wenn du eure Andrea also wirklich fördern willst, kommt nur der in Frage.

das gibt was! ugs · there will be hell to pay

Wenn der Chef dahinterkommt, daß die Unterlagen weg sind – das gibt was! Sehen Sie zu, daß Sie sie möglichst schnell wiederfinden. Sonst können Sie Ihrer Arbeit hier nicht mehr sicher sein.

(entweder ...) oder es gibt was! ugs · (either ...) or there'll be trouble

Du hörst jetzt auf mit dem Unsinn, oder es gibt was! Ich warne dich. Beschwer' dich nachher nicht! Wenn du die Strafe weghast, ist es zu spät.

..., das gibt's nicht! ugs · it's just not on

Laß mich doch in den Weihnachtsferien nach Frankreich fahren, Papa! – Nein, über die Feiertage so weit weg, das gibt's nicht! Schlag' dir das aus dem Kopf!

das gibt's doch nicht! ugs – das **gibt** es doch nicht! · it can't be true

das hat j. **fein gemacht/prima hingekriegt/ausgezeichnet gelöst/das ist gut/..., da gibt's nichts!** ugs · there are no two ways about it

Das hätten wir der Marta wirklich nicht zugetraut, daß sie die ganzen Verhandlungen so geschickt führen würde. Das hat sie prima hingekriegt, da gibt's nichts!

da gibt's/(gibt es) **nichts als** Rache/Zähne zusammenbeißen/... *ugs* · there's nothing for it but to gain revenge/to grit one's teeth/...
In so einer Lage gibt's nichts als: ruhig Blut bewahren und durchhalten. Das ist die einzige Möglichkeit, damit fertigzuwerden.

(ja) gibt's/(gibt es) **dich/Sie/... auch noch!** *sal* · are you still around!? *coll*
Ah, Christa! Gibt's dich auch noch? Ewig nicht mehr gesehen! Wo wohnst du denn jetzt? – Tag, Toni! Ja, ...

wenn ..., dann gibt's/(gibt es) **was!** *ugs* · 1. if ..., there'll be trouble, 2. there'll be hell to pay
1. Wenn du nochmal so spät kommst, dann gibt's was! Darauf kannst du dich verlassen! Dann kriegst du eine Tracht Prügel, die sich gewaschen hat!
2. vgl. – es gibt/(setzt) ein **Donnerwetter**

(...) sonst gibt's/(gibt es) **was!** *ugs* · – or else!
Jetzt hörst du mit dem Unsinn auf, und zwar sofort! Sonst gibt's was! Ich warne dich!

wo gibt's denn so was?! *ugs* – das **gibt** es doch nicht! (1) · it can't be true

gicks: gicks und gacks kennen/.../gicks und gacks weiß doch/... *sal veraltend selten* – **Hinz** und Kunz kennen/... · to know everyone

weder gicks noch gacks wissen/verstehen/sagen *sal veraltend selten* · 1. not to understand/... a bit/the least bit *n*, 2. not to say a dicky-bird, not to give a peep
1. vgl. – nicht die **Bohne** (von etw.) verstehen/begreifen/...
2. vgl. – keinen **Laut** von sich geben (2)

Gießkanne: sich die Gießkanne verbiegen *sal selten* · to get/to catch/... a dose of clap
Wenn man derart wahllos Geschlechtsverkehr treibt wie der Anton, muß man sich ja irgendann die Gießkanne verbiegen! – Wie, hat er sich was zugezogen? Doch wohl hoffentlich keine ernste Geschlechtskrankheit?

Gießkannenprinzip: Zuschüsse/... nach dem Gießkannenprinzip verteilen/... *ugs* · to distribute goods/subsidies/... in a non-selective way *n*, to give everyone an equal slice of the cake
Was soll es – ökonomisch gesehen – für einen Sinn haben, nach dem Gießkannenprinzip jedem Landwirtschaftsbetrieb (dieselben) Zuschüsse zu gewähren? – Ökonomisch ist das sinnlos! Politisch ist die identische Verteilung leichter durchzusetzen und organisatorisch leichter zu handhaben.

Gift: das/etw. **ist** (das reinste) **Gift** (für jn.) *path* · 1. 2. it/s.th. is pure poison for s.o.
1. Seit seinem Herzinfarkt ist Rauchen Gift für ihn.
2. Er dürfte überhaupt keinen Alkohol mehr trinken! Und Schnaps schon gar nicht! Schnaps ist das reinste Gift für ihn, bei seinem Magenleiden. Aber er kann es einfach nicht lassen

ein blondes Gift (sein) *ugs path selten* · (to be) a peroxide blonde, (to be) a blonde out of a bottle, (to be) a blonde bombshell *sl*
Wer war denn dieses blonde Gift, wo ich dich gestern mit getroffen hab'? – Blondes Gift ...? Ach, die Iris! Das ist meine Cousine. – Ach, ja ...

etw. **brennt wie ätzendes Gift** (in der Seele) *path selten* · to rankle in s.o.'s mind, to work like poison in s.o.'s mind
Der Vorwurf, den er seiner Frau da in Wut gemacht hatte, brannte wie ätzendes Gift in seiner Seele. Am liebsten hätte er es zurücknehmen, noch heute – sonst würde er mehr daran leiden als sie.

das Messer/... schneidet wie Gift *path selten* · the knife/... cuts like a dream/beautifully/...
Mein Gott, dein Taschenmesser schneidet wie Gift! – Ja, freu' dich doch! Oder möchtest du lieber eines haben, auf dem du mit dem nackten Arsch bis Köln reiten kannst?

Gift und Galle spucken/(speien) *ugs path* · to spit venom *n*
Du hättest den Alten erleben sollen, als er hörte, daß der Müller nun doch zur Konkurrenz gegangen ist! Gift und Galle hat er gespuckt. So als wenn der Müller der letzte der Menschen wäre. Wir hätten nie gedacht, daß er so wütend, ja ausfällig werden kann.

jm. **Gift geben** · to give s.o. poison, to poison s.o.
Wie es scheint, haben sie ihm noch vor Beginn des Umsturzes Gift gegeben und gesagt: entweder er nimmt das, und zwar sofort, oder man wird einen Schauprozeß mit ihm veranstalten.

Gift nehmen · to take poison
... Nein, erschießen würde ich mich in keinem Fall. Dann schon lieber Gift nehmen.

..., darauf kannst du/kann er/... Gift nehmen! *ugs* – ..., das kann ich dir/euch/ihm/... schriftlich **geben**! · ..., I can tell you/him/... that for free

(wieder einmal/...) **sein Gift verspritzen** *path pej* · to spit venom (again/...), to make venomous remarks/comments/... (again/...)
Bei dem Treffen im Clubhaus am letzten Freitag hat sie wieder mal ihr Gift verspritzt. Niemanden hat sie verschont. Widerlich, ihre ewigen boshaften Redereien!

Giftbecher: den Giftbecher nehmen/(trinken/leeren) *hist selten* – den **Schierlingsbecher** trinken/(nehmen/leeren) · to drink the cup of hemlock, to drink the poison cup

giftgrün: giftgrün · a garish green dress/..., a vivid green dress/..., a bilious green dress/... *coll*
Hinreißend, die Alexandra, in diesem giftgrünen Kleid ...

Giftnudel: eine (ausgemachte/...) **Giftnudel** (sein) *sal* · (to be) a real/... vixen, (to be) a real/... shrew, (to be) a nasty bitch
Vor dem Gerritz mußt du dich in acht nehmen. Das ist eine ausgesprochene Giftnudel. Der ist zu jeder Gemeinheit fähig, zu jeder Intrige

Giftpfeile: seine Giftpfeile abschießen (gegen jn.) *ugs* – *path selten* · to fire poisoned darts (at s.o.) *rare*
Der Schmude schießt wieder einmal seine Giftpfeile gegen den Arbeitsdirektor ab. Wenn der wüßte, was für boshafte, ja tückische Bemerkungen der Schmude dauernd gegen ihn losläßt!

Giftzähne: jm. die Giftzähne ausbrechen/(ausziehen/ziehen) *ugs* – *path selten* · to draw s.o.'s fangs *rare*
Ich verstehe gar nicht, daß die Geschäftsleitung immer wieder auf diesen Tattler hört. Der stiftet jetzt schon seit Jahren Unfrieden unter den Leuten hier mit seinen ewigen Intrigierereien und boshaften Bemerkungen. Wenn man dem die Giftzähne nicht bald ausbricht, bringt er noch den ganzen Betrieb durcheinander

Giftzwerg: ein (ausgemachter/...) **Giftzwerg** (sein) *sal* – eine (ausgemachte/...) **Giftnudel** (sein) · (to be) a nasty little man/a spiteful little man/a venomous little man/an odious little runt

gilt: jetzt gilt/da galt es, abzuhauen/aufzupassen/... *form* · now it is a matter of doing s.th., now it is vital to do s.th./to watch out/...
... Da kommt der Alte. Jetzt gilt's aufzupassen! Wenn der dahinterkommt, daß wir hier einen Streik organisieren, dann gibt's was. Also seid bloß vorsichtig!

bange machen gilt nicht! *ugs* · panic-mongering is no good/is no solution/... *n*, + you/... can't scare me/... *n*, + you/... can't put the wind up me/...
Wenn ihr den Neubert wählt, ruiniert ihr den Klub. – Komm', bange machen gilt nicht! Du mußt schon objektive Argumente bringen.

was gilt's? *ugs selten* – was gilt die **Wette**? · + how much do you want to bet?

Gimpelfang: auf Gimpelfang ausgehen *ugs veraltend selten* – auf **Dummenfang** ausgehen/aussein · to set out to catch a mug, to go out to con simpletons/mugs/...

ging: wie er/sie ging und stand, ... *form veraltend selten* · just as he/she was

Als er von seiner Werkstatt nach Hause kam, erzählte ihm die Nachbarin aufgeregt, seine Frau hätte einen Anfall gehabt und liege in der Klinik. Er bekam einen Schrecken. So wie er ging und stand, eilte er ins Krankenhaus. Nicht einmal die Arbeitskleidung zog er aus.

wenn es nach mir/ihm/Tante Hanna/den Verkaufszahlen/... ging(e), (dann ...) · if he/Aunt Mary/... had his/... way, if it depended on/went according to/... the sales figure/...

Wenn es nach dem Verkaufsleiter ginge, würden wir unseren Export nach Afrika ein wenig drosseln. Aber das hängt nicht von ihm ab, das bestimmt der Firmeninhaber persönlich.

Gipfel: das (so etwas/...) **ist (doch) der Gipfel** (der Unverschämtheit/Frechheit/...) *path* · that's the height of ...

Was, höre ich recht?! Sie wollen den Tisch wegziehen, an dem wir hier sitzen?! Das ist doch der Gipfel der Unverschämtheit! So etwas ist mir noch nicht passiert. Glauben Sie etwa, damit Sie gemütlicher sitzen, essen wir vom Fußboden?!

auf dem Gipfel des Ruhms/seiner Macht/... stehen/angelangt sein *path* · to beat/to have reached/... the peak of one's fame/power/...

Ihre Karriere ist in den letzten Jahren steil aufwärts gegangen, aber so berühmt wie inzwischen auch ist: man hat den Eindruck, auf dem Gipfel ihres Ruhms ist sie immer noch nicht angelangt.

Gips: das Bein/... in Gips haben/tragen · to have one's leg/... in plaster

Du hast ein Bein in Gips? Was ist los? Skiunfall? – Genau.

das Bein/... in Gips legen · to put an arm/leg/... in plaster

Klar, nach der Operation müssen wir den Arm für ein paar Wochen in Gips legen.

in Gips liegen (mit einem gebrochenen Bein/...) · to be laid up in plaster (with a broken leg/...)

Der Kurt liegt im Krankenhaus, hör' ich, in Gips, mit angebrochenen Wirbeln? – Er hätte umkommen können bei dem Unfall ...

Gitter: jn. hinter Gitter bringen/stecken *ugs* – jn. hinter **Schloß** und Riegel setzen/(bringen) · to lock s.o. up

hinter Gittern sitzen/sein *ugs* – hinter schwedischen **Gardinen** sitzen · to be behind bars

Glacéhandschuhen: jn. mit Glacéhandschuhen anfassen *form path* · to handle s.o. with kid gloves

Die Helga ist wirklich sehr empfindlich. Die muß man mit Glacéhandschuhen anfassen. Sobald man sie in ganz normalem Ton darauf hinweist, was sie falsch macht, was nicht in Ordnung ist, spielt sie die beleidigte Leberwurst.

Glanz: sich mit Glanz aus der Affäre ziehen · to get out of it/out of a difficult situation/... brilliantly/cleverly/...

... Dieser Mann ist doch schon in die heikelsten Situationen geraten! Aber immer wieder hat er es verstanden, sich mit Glanz aus der Affäre zu ziehen. – Er ist halt ein kluger Kopf, ein Mann mit Geschick.

ein Examen/... mit Glanz bestehen *form path* · to pass an exam with flying colours

Unsere Älteste war immer eine ausgezeichnete Schülerin und auch die Universitätsexamina hat sie alle mit Glanz bestanden. Eine 'Zwei' war für sie immer eine schlechte Note.

e-r S. Glanz geben · 1. 2. to add a touch of brilliance/magic/flair/... to s.th., 1. to add lustre to s.th., 2. to polish s.th. up

1. Dieses herrliche Licht gibt den Dingen einen Glanz! Selbst die unscheinbarsten Gegenstände strahlen.

2. Du mußt deinen Ausführungen ein wenig mehr Glanz geben. Wenn du die Tatsachen so nüchtern und trocken zusammenstellst, wirst du die Leute nicht für dich einnehmen. *form*

vom trügerischen Glanz des Reichtums/... **geblendet sein/...** *path* · to be dazzled/... by the false glamour/lustre/brilliance/splendour/... of wealth

Vom trügerischen Glanz des Reichtums geblendet, hat er geradezu in Saus und Braus gelebt. Das konnte ja nicht gutgehen.

mit Glanz und Gloria ausziehen *ugs selten* · to walk out/to storm out/... in grand style

Die arabische Delegation war wohl mit dem Hotel nicht zufrieden? – Du meinst, weil sie mit Glanz und Gloria ausgezogen ist? – Ja. Das wirkte heute morgen wie der Auszug der alten Israeliten aus Ägypten.

mit Glanz und Gloria durchfallen/(durchrauschen) *ugs* · to fail miserably

Hat er sein Examen geschafft? – Schön wär's! Er ist mit Glanz und Gloria durchgefallen. – Kein Wunder bei seiner Faulheit.

mit Glanz und Gloria eingehen/(verlieren) *ugs path selten* · to be resoundingly defeated

In der Begegnung gegen den englischen Pokalmeister ist unsere Mannschaft mit Glanz und Gloria eingegangen. – Wieviel hat sie denn verloren? – 6 : 1.

mit Glanz und Gloria in die Stadt/... einziehen/.../seinen Einzug halten *path selten* · to enter the city/... triumphantly

Mit Glanz und Gloria zogen die Feinde in die Stadt ein. – Und wie nahm die Bevölkerung den triumphalen Einmarsch der Besetzer von gestern auf?

mit Glanz und Gloria hinausfliegen/hinausgeworfen werden/... *ugs selten* – in hohem **Bogen** herausfliegen /(...) (2) · to be thrown out on one's ear, to be sent flying out, to be chucked out, to be slung out

sich vom Glanz des Goldes blenden lassen/vom Glanz des Goldes geblendet werden/... *path selten* · to be dazzled by wealth

... Sie läßt sich zu sehr vom Glanz des Goldes blenden. – Wieso kommst du darauf? – Wer reich ist, Einfluß hat und sich einen prächtigen Lebensstil leisten kann, hat für sie Wert; wer bescheiden oder gar arm lebt, zählt nicht.

welch ein/(was für ein) Glanz in meiner/(unserer) (armen) Hütte *iron* · to what do I owe the honour of this/your/... visit?

Welch ein Glanz in meiner Hütte! – Komm', nun mach' keine Sprüche! – Im Ernst! Mit eurem Besuch habe ich nicht mehr gerechnet, seitdem ihr den Weg nun schon seit drei Jahren nicht mehr zu unserem Haus gefunden habt.

glänzen: sein Wissen/... glänzen lassen · to display one's knowledge/..., to show off one's knowledge/...

Hör' dir den Kruse an, der läßt sein Wissen mal wieder glänzen. Da fühlt er sich wohl, wenn er in so einer Runde mit seinen Kenntnissen aufwarten kann!

Glanzlichter: einem Text/einer Rede/... (noch) (ein paar) Glanzlichter aufsetzen *form path* · to add a few highlights to a text/a speech/...

Ich würde der Rede an deiner Stelle noch ein paar Glanzlichter aufsetzen: von den großen Exporterfolgen im letzten Jahr sprechen, die enge Zusammenarbeit mit der amerikanischen Firma Blaker herausstellen ... Auch stilistisch könntest du manches noch effektvoller darstellen.

Glanzstück: sein Glanzstück (mit etw.) **liefern** *path selten* · to produce/... a tour de force

Seine Übersetzungen sind immer gut, ja, aber mit diesem Gedicht hat er sein Glanzstück geliefert. Um ehrlich zu sein: ich halte seine Version für besser als das Original.

Glanzzeit: seine Glanzzeit haben/überschritten haben ... · to be at one's peak, to have had one's day/to be past one's best/to be over the hill

Natürlich ist der Krumpf immer noch ein großer Pianist. Aber seine Glanzzeit hat er längst überschritten. Die hatte er in den sechziger Jahren. Da hättest du ihn hören müssen ...

Glas: ..., du bist/ihr seid/... doch nicht aus Glas!/meinst du/meint ihr/..., du bist/wärst/ihr seid/wäret/... aus Glas?! *sal* · + I can't see through you, you're not transparent

He, geh' mal ein bißchen zur Seite! Oder meinst du, du wärst aus Glas?! – Entschuldige! Ich habe nicht gemerkt, daß ich dir die Sicht versperre.

ein Glas über den Durst trinken *häufig: ein Glas über den Durst getrunken haben ugs* – einen über den **Durst** trinken · to have (had) one too many, to have (had) one over the eight

zu tief ins Glas geschaut/geblickt/geguckt/(gesehen) haben *ugs* – einen über den **Durst** trinken · to have too many, to have one over the eight

ein Glas zu viel getrunken haben *ugs* – einen über den **Durst** trinken · to have had one too many

Glasauge: Glasauge, sei wachsam! *sal* · 1. be careful, keep an eye out, 2. be watchful, keep your eyes peeled

1. Glasauge, sei wachsam! Eine Stufe nach der anderen, hübsch vorsichtig! – Das ist ja vielleicht eine Treppe! Ein falscher Schritt, und man liegt im Keller, was?

2. Du weißt, die sind mit allen Wassern gewaschen. Sei vorsichtig! – Natürlich. Nach dem Motto: Glasauge sei wachsam! Ich werde aufpassen wie ein Luchs.

Gläschen: etw. mit einem Gläschen begießen *ugs* · + this/... calls for a drink, we/... must drink to this

Habt ihr schon gehört? Der Edi ist befördert worden. Kommt, Kinder, das wollen wir mit einem Gläschen begießen. – Hast du denn wenigstens einen guten Tropfen zu Hause?

sich ein Gläschen zu Gemüte führen *ugs* · to enjoy/to take a glass of wine *n*

... Nichts Gemütlicheres, als sich in so einer Salzburger Weinschenke ein Gläschen zu Gemüte zu führen!

auf etw. (müssen wir/...) ein Gläschen trinken *ugs* · to drink to s.th. *n*, + that calls for a drink

... Du hast gestern die Promotion abgeschlossen? Darauf müssen wir ein Gläschen trinken, Detlev! – Gern! Wann hast du Zeit? Kommenden Samstag? Komm' Samstag zu uns; ich mach' eine Bowle ...

Gläser: die Gläser klingen/erklingen lassen *path selten* · to clink glasses

Frohgemut ließen sie nach der Rede des Vorsitzenden die Gläser klingen. Sie stießen auf ein weiteres erfolgreiches Jahr des Vereins an.

(anständig/...) die Gläser schwingen *path veraltend selten* · to knock back a lot of beer/liquor/...

(Ein 'alter Herr':) Natürlich haben die Studenten in den Verbindungen anständig die Gläser geschwungen! Aber dafür hat sich keiner von ihnen vereinsamt gefühlt. – Wenn man ein Gemeinschaftsgefühl nur beim Saufen entwickeln kann, verzichte ich darauf. – Na ja, jede Generation hat ihre Anschauungen.

glatt: (wieder) glatt sein (mit jm.) *ugs selten* · to be quits

Wir sind glatt jetzt, nicht? Ich habe keinerlei Rechnung mehr zu bezahlen, oder? – Nein, es ist alles erledigt.

eine glatte 'Eins'/'Zwei'/... *Schule u.ä.* · a straight A/B/..., a straight 1/2/...

(Die Mutter:) Was hat der Kurt in der Französischarbeit? – (Der Vater:) Ich glaube, eine 'Zwei bis Drei' oder 'Zwei minus' oder so. – (Kurt:) Nichts, 'Zwei bis Drei' oder 'Zwei minus'! Eine 'glatte Zwei'!

das/etw. ist glatter Unsinn/eine glatte Lüge/... *ugs* · it/that/ s.th. is utter/complete/... nonsense, it/that/s.th. is a downright/barefaced/... lie

... Wenn der Christoph behauptet, mein Bruder und ich hätten ihn in der Diskussion nicht unterstützt, ist das eine glatte Lüge. – Lüge? ... – Eine ganz klare Lüge. Er weiß haargenau, daß das nicht stimmt.

Glatteis: sich da/... auf Glatteis begeben – sich (da/...) auf brüchiges **Eis** begeben · to move onto thin ice, to be skating on thin ice

jn. (ganz schön/...) aufs Glatteis führen · to catch s.o. out, to trip s.o. up

Paß auf, der will dich aufs Glatteis führen! – Meinst du, ich hätte das nicht gemerkt? Auf solche Trickschen falle ich doch nicht herein!

auf Glatteis geraten · to get into deep water, to get out of one's depth, to be skating on thin ice

Paß auf, daß du mit der Diskussion über die Ostpolitik nicht auf Glatteis gerätst! Der Scherer ist da viel bewanderter als du, und ich halte es für möglich, daß er dich nur reinlegen will.

glattgehen: glattgehen *mst: alles/.../(etw.) geht glatt mit jm./ etw. ugs* · to go smoothly

Meinst du, daß mit den Verhandlungen alles glatt geht? – Es würde mich überraschen, wenn es Komplikationen gäbe.

Glaube: der Glaube kann Berge versetzen/versetzt Berge · faith can move mountains

Er hat nie daran gezweifelt, seine Konkurrenten zu besiegen, und in der Tat: mit seinem Selbstvertrauen hat er es geschafft. – Da sieht man einmal wieder: der Glaube kann Berge versetzen.

glaube: ich glaube gar! *path selten* – da hört (sich) doch (einfach) alles auf · that's the bloody limit!

glauben: ..., das kannst du/können Sie/... mir/(uns) glauben! *ugs* · 1. you can take it from me/(...), 2. believe me/(...)

1. Ich werde dafür sorgen, daß so etwas nicht mehr vorkommt, das können Sie mir glauben! Nein, nie mehr!

2. Wir haben uns noch nie so beschämt gefühlt wie an diesem Abend, das kannst du uns glauben! Daß man mir vorhält, einer aus unserem Klub hätte den Diebstahl begangen ...

(das/etw. ist) kaum/(doch) nicht zu glauben *ugs* · it's/s.th. is incredible, it's/s.th. is unbelievable

... Eine derartige Verdrehung der Tatsachen! Kaum zu glauben! – Komm' beruhig' dich mal!

das soll einer glauben! *ugs* · you expect me/... to believe that?

Was, du hast den Text vergessen? Das soll einer glauben! Du hast ihn extra zu Hause liegen lassen, weil du ihn nicht vorbereitet hattest. – Nein, bestimmt nicht!

(und) das soll mir/uns einer glauben! *ugs* · they/... won't believe it!, nobody will/would believe me/us

Im Februar noch eine halbe Million Plus und jetzt in Zahlungsschwierigkeiten, das soll mir einer glauben! Ich weiß gar nicht, wie ich diesen Bankleuten das klarmachen soll.

er/der Peter/... will jn. glauben machen, daß ... · to try to make s.o. believe that ...

Der Anton will mich glauben machen, daß er bei dem Geschäft nichts verdient hat. Als ob ich so naiv wäre!

dran/(daran) glauben müssen *ugs* · 1. to cop it, to be topped, to get topped *sl*, to be bumped off *sl*, to peg out, to snuff it, 2. + to catch s.o. out, + to nab s.o., + not to let s.o. get away with s.th.

1. Hatte euer Schwein wirklich das afrikanische Fieber oder wie das heißt? – Ja, leider. Gestern mußte das arme Vieh dran glauben; es wurde geschlachtet.

2. Heute abend muß er dran glauben! Schon drei Mal ist es ihm gelungen, seinen Geburtstag zu verheimlichen und damit keine Runde zu spendieren. Heute werden wir ihn aber drankriegen, heute muß er bluten.

glauben, man wäre wer weiß was/wunders was *ugs* – (eher:) **meinen**, man wäre wer weiß was · to think/... one is it/the cat's whiskers/...

Glauben: in gutem/im guten Glauben etw. tun · in good faith

Ich habe ihm die Aufzeichnungen in gutem Glauben geliehen. Ich ahnte natürlich nicht, daß er Teile daraus zu unserem Nachteil verwerten würde. – Da siehst du mal wieder: lieber zu skeptisch als zu gutgläubig.

vom Glauben abfallen *rel hist* · to lapse from the faith, to become an apostate *form*, to renounce/to desert/to abjure one's faith/one's religion/... *form*

Wer vom Glauben abfiel ... – war ein Ketzer und wurde verbrannt.

(bei jm.) (keinen) Glauben finden (mit etw.) *form* · not to be believed by s.o., to have (no) credibility with s.o.

Der Peter kann zu Hause so viel erzählen, wie er will, der findet bei seinem Vater keinen Glauben mehr. – Das ist zwar nicht sehr schön. Aber wenn ich meinen Vater so oft belogen hätte wie der Peter, würde der mir auch nicht mehr glauben.

jn. in dem Glauben lassen, daß ... · to let s.o. go on believing that ..., to let s.o. keep his illusions

Laß den Willi doch in dem Glauben, daß er mehr verdient als du! Das schadet dir doch gar nicht. Im Gegenteil! Der braucht doch nicht alles zu wissen.

einer Erklärung/.../(jm.) Glauben schenken *form* · to believe s.o./s.th., to give credence to s.o./s.th.

Du solltest seinen Zusicherungen nicht so ungeschmälert Glauben schenken. – Warum? Ist er nicht ehrlich?

jm./js. Worten keinen (rechten) Glauben schenken *form* · not to believe s.o.'s words, to give no credence to s.o.'s words, not to believe what s.o. is saying

Wenn Sie meinen Worten doch keinen Glauben schenken, brauch' ich ja gar nicht weiterzureden.

den Glauben an jn./etw. verlieren · 1. 2. to lose faith in s.o./s.th.

1. ... Ich habe den Glauben an den Jungen völlig verloren. Ich kann mir nicht vorstellen, daß der in seinem Leben jemals etwas Vernünftiges leistet.
2. Mein Vater hat den Glauben an das Projekt verloren. Nach den letzten Verhandlungen hält er es für mehr als wahrscheinlich, daß daraus nichts wird.

sich in dem Glauben wiegen, daß ... *form* · to cherish the fond belief that ...

Die Uschi wiegt sich offensichtlich in dem Glauben, auch ohne Examen eine vernünftige Stelle zu finden. Ich fürchte, sie irrt sich da gewaltig; denn gerade in ihrer Sparte achtet man auf eine gute – und gut dokumentierte – Ausbildung.

des Glaubens sein, daß ... *form od. iron* · (to appear/...) to believe that ...

Er scheint des Glaubens zu sein, daß er mit mir machen kann, was er will. Da irrt er sich.

guten Glaubens etw. tun – (eher:) **in gutem/im guten Glauben etw. tun** · to do s.th. in good faith

Glaubenssache: das/etw. ist Glaubenssache · it's/s.th. is a matter of faith, it's/s.th. is a matter of belief

Ob man dem Kapitalismus noch eine lange Zukunft gibt oder nicht, ist Glaubenssache. Wie soll man so etwas entscheiden?

in Glaubenssachen ... · in matters of faith, in matters of religion, in matters of belief

In Glaubenssachen kann es keine Gewißheit geben. Dann wären es keine Glaubenssachen.

glaubst: das glaubst du/glaubt ihr/...! *ugs* · that's what you think!

... Und dann die Gelder, die der Staat gibt ... – mit allem zusammen müssen Sie doch glänzend auskommen! – Das glauben Sie! Ein Außenstehender macht sich keine Vorstellungen, welche Unsummen so ein Museum verschlingt.

was glaubst du/(glaubt ihr)?! *ugs* · what do you take me/them/... for?

... Natürlich habe ich den Betrag sofort ganz bezahlt. Was glaubst du?! – Du hättest die Maschine schließlich auch auf Raten kaufen können. – Du weißt doch, daß ich das nicht tu.

..., oder was glaubst du/glaubt ihr/...?! *ugs* · what do you think?, what do you take me for?

Natürlich habe ich dem anständig die Meinung geblasen, oder was glaubt ihr?! Ich laß mich doch nicht monatelang an der Nase herumführen.

du glaubst/ihr glaubt/... gar nicht, wie/welch ein .../... · you can't/wouldn't believe ...

Du glaubst gar nicht, welch ein Dreck da auf den Straßen liegt! So einen Dreck hält man überhaupt gar nicht für möglich!

das glaubst du/glaubt der Karl/... doch selbst nicht! *ugs* · you're/he's/... joking!, you/he/... can't be serious!

Was, der Wagen soll 18.000,– Mark gekostet haben? Das glaubst du doch selbst nicht! – Bestimmt! – Erzähl' mir doch keine Märchen!

glaubt: wer('s) glaubt, wird selig! *sal* · that's a likely story

Wie bitte? Der Anton will Bezirksmeister im Ringen gewesen sein? Wer glaubt, wird selig! – Er hat mir die Urkunde gezeigt. – Die war bestimmt gefälscht. – Herbert!

gleich: bis gleich · see you later

Bis gleich, also, um zwei bei Mario. – Tschüß, bis dann!

jm. (völlig/vollständig) gleich sein (ob/was/wie/...) – **jm. (ganz/völlig/...) egal sein (ob/was/wie/...)** (2; u. U. 1) · + not to care (a bit/at all/...) about s.o./s.th., to be completely/... indifferent to s.o./s.th., + not to be (at all/...) interested in s.o./s.th., + s.o. couldn't care less how/whether/..., + s.o. doesn't care how/when/...

das/(etw.) sieht dir/ihm/dem Peter/... gleich! *selten* – **das/(etw.) sieht dir/ihm/dem Peter/... ähnlich!** · it/that/s.th. is typical of you/him/John/..., that's you/John/... all over

warum nicht gleich so?! *ugs* · why didn't you/... say/do that in the first place?, why didn't you/... say/do that straight away?

(In der Schule; der Lehrer:) Sieben hoch drei? – 279. – Peter! – Nein, 313. – Immer noch nicht. Denk' doch mal nach! – 343. – Na endlich! Warum (denn) nicht gleich so?!

ganz gleich, wer/wann/wohin/... · 1. 2. wherever/whatever/whoever/... 1. no matter who/what/where/...

1. Ganz gleich, wohin wir fahren – nach Frankreich, Spanien oder Schweden –, wir brauchen in jedem Fall mehr als 3.000, Mark.
2. Ganz gleich, wie ich mich entscheide, man wird mich immer kritisieren.

von gleich zu gleich mit jm. sprechen/reden/umgehen/... *selten* · to speak to s.o. on equal terms, to treat s.o. as an equal

... Einfach gewinnend, der Prof. Meinert. Wie der so natürlich den jüngsten Studenten von gleich zu gleich behandelt. – Ohne deswegen an Autorität zu verlieren. – Genau! Wirklich schön!

Gleiche: etw. in die Gleiche bringen *form selten* – **jn./etw. (wieder) in Ordnung bringen** (4; u. U. 3) · to sort s.th. out, to fix s.th.

etw. (wieder) ins Gleiche bringen *form selten* – **jn./etw. (wieder) in Ordnung bringen** (4; u. U. 3) · to sort s.th. out, to fix s.th.

Gleiches: Gleiches mit Gleichem vergelten/(erwidern) *form* · to pay like with like, to give tit for tat *coll*

... Ein Kerngedanke dieser Morallehre besteht darin, daß sie darauf verzichtet, Gleiches mit Gleichem zu vergelten. Wer von anderen geschädigt oder beleidigt wird, stellt sich auf den Standpunkt: »Aug' um Auge, Zahn um Zahn«.

ein Gleiches tun *form od. iron* · to do the same

Der Peter ist schwimmen gegangen? Dann werd' ich ein Gleiches tun und mich ebenfalls in der Sonne aalen. Ich werd' doch nicht allein hier weiterarbeiten.

Gleichgewicht: (ein bißchen/...) aus dem Gleichgewicht sein *selten* · to be off balance, to be upset

... Kein Wunder, daß der Oswald bei den permanenten privaten und beruflichen Problemen ein bißchen aus dem Gleichgewicht ist! Aber er wird sich schon wieder fangen.

wieder im Gleichgewicht sein · to have regained one's equilibrium, to be better balanced again

... Ist der Paul wieder im Gleichgewicht – oder ist er immer noch so durcheinander? – Nein, er ist schon seit Wochen wieder prächtig in Schuß.

sich sein (inneres) Gleichgewicht bewahren · to maintain one's mental equilibrium, to maintain one's emotional balance

Sich in einem psychologisch derart schwierigen Beruf all die Jahre hindurch sein inneres Gleichgewicht zu bewahren – das ist eine Leistung, das macht dem Klaus so schnell keiner nach!

jn./etw. (ganz/völlig/...) **aus dem Gleichgewicht bringen** · 1. to shake s.o. (badly/...), to throw s.o. (completely/...) off balance, 2. to (completely/...) unbalance s.o./s.th.

1. Die Probleme mit seiner Frau haben ihn aus dem Gleichgewicht gebracht. Noch vor einem Jahr war er ruhig und selbstsicher; doch seitdem hat er zunehmend seinen inneren Halt verloren.

2. Die hohen Verschuldungen haben den Staatshaushalt völlig aus dem Gleichgewicht gebracht. Wir sind gespannt, ob es gelingen wird, ihn wieder ins Lot zu bringen.

das/etw. **(wieder) ins Gleichgewicht bringen** · to balance s.th. out more (again/...)

(Bei Schuckert:) In den letzten Monaten haben wir uns wohl doch zu sehr mit den Problemen des Afrika-Exports beschäftigt; darüber sind andere Dinge zu kurz gekommen. Das müssen wir jetzt wieder ins Gleichgewicht bringen.

(ganz/völlig/...) **aus dem Gleichgewicht geraten/kommen** · 1. + to be thrown (completely/...) off balance, to lose one's emotional balance, 2. the budget/... is not balanced

1. Seitdem er die Probleme mit seiner Frau hat, ist er ganz aus dem Gleichgewicht gekommen. Wenn er seinen inneren Halt nicht bald wiederfindet, wird man ihn als Schuldirektor absetzen müssen.

2. Aufgrund der Kostenexplosion ist der Haushalt der Bundesländer ziemlich aus dem Gleichgewicht geraten. Es dürfte schwer halten, ihn in nächster Zeit in Ordnung zu bringen.

das Gleichgewicht halten – die **Balance** halten (1) · to keep one's balance

das/ein vernünftiges/... **Gleichgewicht zwischen ... und ... halten** · to maintain a proper balance between ... and ...

Es ist für einen Sprachlehrer gar nicht so einfach, meinte der Direktor, zwischen einem dynamischen, möglichst spontanen Unterricht – auf französisch, englisch usw. – und der Grammatik, den Erklärungen u.ä. das Gleichgewicht/ein vernünftiges Gleichgewicht zu halten.

sich im Gleichgewicht halten · to be balanced, to be balanced out

Solange sich Ex- und Import einigermaßen im Gleichgewicht halten, gibt's natürlich keine Probleme. Erst wenn das eine oder andere ein zu starkes Übergewicht bekommt, wird's kritisch.

das Gleichgewicht der Kräfte *Pol* · the balance of forces, the equilibrium of forces

... Das Beste für die Engländer, dozierte der Historiker, war es immer, wenn auf dem Kontinent das sogenannte Gleichgewicht der Kräfte herrschte. Das besagte im Klartext: alle europäischen Nationen hielten sich gegenseitig in Schach, und England konnte den Schiedsrichter spielen.

das Gleichgewicht des Schreckens *Pol* · the balance of terror

... Wollen wir mal sehen, sagte er plötzlich, ob nach der Ära des Gleichgewichts des Schreckens – in der sich Rußland und die USA und ihre jeweiligen Trabanten gegenseitig in Schach hielten – die Ära des einseitig garantierten Friedens oder des einseitig verursachten Schreckens kommt.

das (innere) Gleichgewicht verlieren · to lose one's mental equilibrium

Daß er bei den permanenten privaten und beruflichen Schwierigkeiten das innere Gleichgewicht nicht verloren hat, ist bewunderungswürdig. Der muß eine innere Kraft haben ...

das Gleichgewicht (e-r S./zwischen ... und ...) **wiederherstellen** · to restore the balance between ... and ..., to restore the equilibrium between ... and ...

(Bei Schuckert:) Nach der Phase, in der wir uns fast nur/zu sehr um Afrika gekümmert haben, müssen wir jetzt unbedingt das Gleichgewicht zwischen unserem Afrika-Engagement auf der einen und den Verpflichtungen in Südamerika auf der anderen Seite wiederherstellen.

gleichgültig: jm. (völlig/vollständig) **gleichgültig sein** (ob/was/wie/...) – jm. (ganz/völlig/...) **egal** sein (ob/was/wie/...) · to be a matter of complete/... indifference to s.o. whether ..., not to matter to s.o. whether ...

Gleichmut: (ein) **stoischer Gleichmut**/mit stoischem Gleichmut *form* · stoicism, with stoicism/equanimity

Haben ihn die dauernden scharfen Angriffe der Opposition nicht nervös gemacht? – Überhaupt nicht. Mit geradezu stoischem Gleichmut ging er über ihre Attacken hinweg.

Gleichschritt: im Gleichschritt, Marsch! *mil* · forward march!, quick march!

... Soldaten! Rrrechts um! Im Gleichschritt, Marsch!

im Gleichschritt marschieren/... · to march in step

Nein, auf so einer Wanderung braucht die Klasse doch nicht wie die preußische Armee im Gleichschritt daherzumarschieren. Da geht jeder, wie er will.

gleichsetzen: zwei Dinge/... **gleichsetzen**/etw. mit etw. gleichsetzen · 1. 2. to equate two things, to equate s.th. with s.th., to put s.o./s.th. on a par with s.o./s.th.

1. ... »Manche Leute haben aber auch nicht das geringste Unterscheidungsvermögen!«, tobte er. Da setzt dieser Esel von Körner doch in der Tat die permanente Manipulation mit einer gelungenen Informationspolitik gleich.

2. vgl. – jn./etw. auf die gleiche/dieselbe **Ebene** stellen (mit jm./etw.) wie jn./etw.)

gleichstellen: jn. jm./(etw. e-r S.) **gleichstellen** · to put s.o. on an equal footing with s.o., to treat s.o. as equal to s.o.

... Bei allem Verständnis für Demokratie, Frau Schlosser: wir können doch nicht einen ungelernten Arbeiter, der keine oder kaum Verantwortung trägt, einem Meister gleichstellen, der die Arbeiten zu beurteilen, sie in die Wege zu leiten und für sie geradezustehen hat.

gleichtun: es jm. **gleichtun** (in/bei/... etw.) *form* · to emulate s.o. in s.th., to match s.o. in s.th.

... Natürlich hat der Peters mehrere umfangreiche Bücher zu dem Thema geschrieben. Wenn du es ihm gleichtun willst – wunderbar. Aber dann mußt du auch wie er Jahre und Jahre forschen.

Gleichung: eine/js. **Gleichung geht (nicht) auf** · this/... plan/... doesn't work out

Sie hatten sich vorgestellt: wenn wir der Konkurrenzfirma bei dem Vertrieb ihrer Röhren nicht in die Quere kommen, wird sie uns auch beim Verkauf unserer Schaltanlagen nicht stören. Aber diese Gleichung ging nicht auf. Die Konkurrenz hielt sich nicht an die Spielregeln ...

gleichziehen: gleichziehen (mit jm./(etw.)) · 1. 2. to catch up with s.o.

1. (In einem Rennen:) Lange Zeit 'keuchte' der Kaufmann ziemlich weit hinter den übrigen Läufern her, ja, er schien schon fast abgeschlagen; doch zur Überraschung aller hat er in der letzten Runde (mit den anderen) gleichgezogen.

2. ... Ob die Länder der Dritten Welt überhaupt jemals mit den hochentwickelten Industrienationen gleichziehen? – Nein, die hinken ewig hinterher.

Gleis: (wieder) **im Gleis sein** *selten* · to be all right (again/...), to be back to normal (again/...), to be straightened out (again/...)

Geht das in eurer Firma immer noch so durcheinander oder sind die Dinge wieder im Gleis? – Seitdem wir den neuen Chef haben, geht alles wieder seinen korrekten Gang. Auch der Ein- und Verkauf stimmen wieder.

jn. (ganz) **aus dem Gleis bringen** *selten* · to send s.o. off the rails, to throw s.o. *coll*, to put s.o. off his stroke *coll*

Die Krankheit hat ihn ganz aus dem Gleis gebracht. Innerlich wie beruflich.

etw. **(wieder) ins** (rechte) **Gleis bringen** *form selten* · to sort s.th. out (again/...), to straighten s.th. out (again/...)

Du bringst alles durcheinander, mit deiner Unfähigkeit, die Dinge zur rechten Zeit zu erledigen und mit den anderen Leuten zu koordinieren, und jetzt soll mein Bruder die Angelegenheit wieder ins Gleis bringen.

jn./etw. **(wieder) ins rechte Gleis bringen** *form selten* – (eher:) jn./etw. (wieder) ins (rechte) **Lot** bringen (2, 3, 4; u.U. a. 5) · to put s.o. on the right track again, to sort s.th. out, to patch up a quarrel/...

(völlig/…) **aus dem Gleis (geraten)/kommen** *form selten* – aus der **Bahn** geraten · to go off the rails, to go astray

aufs falsche Gleis geraten *form selten* – auf **Abwege** geraten · to go astray, to stray from the straight and narrow

wieder ins (rechte) **Gleis kommen** *form selten* · 1. to sort o. s. out (again), to get back to normal, to be all right again, 2. to get back on the right track
1. vgl. – (wieder) ins **Lot** kommen
2. vgl. – wieder auf die richtige **Bahn** kommen

jn. **auf ein totes/**(aufs/auf das tote) **Gleis schieben** *ugs* – (eher:) jn. auf ein/(aufs/auf das) **Abstellgleis** schieben/abschieben · to put s. o. out of harm's way, to kick s. o. upstairs

etw. **aufs tote Gleis schieben** *selten* – etw. ad **acta** legen (1) · to shelve (plans/…), to file s. th. away

aus dem Gleis springen *eher: entgleisen Zug u. ä. selten* – aus den **Gleisen** springen · to jump the rails, to be derailed

jn. **(ganz/…) aus dem Gleis werfen** *form – path* – (eher:) jn. (ganz/…) aus dem **Geleise** bringen · to send s. o. off the rails

sich in ausgefahrenen/(eingefahrenen) **Gleisen bewegen** *form* – sich in gewohnten **Bahnen** bewegen (2) · to stick to/to follow/… the usual/familiar/… paths, to follow/… well-trodden paths

aus den Gleisen springen *eher: entgleisen Zug u. ä. selten* · to jump the rails, to be derailed
… Daß so ein Zug bei diesen wahnsinnigen Geschwindigkeiten nicht aus den Gleisen springt! – Du hast Recht: wenn auch hin und wieder mal ein Zug – oder auch eine Straßenbahn – entgleist: an sich passiert bei Schienenfahrzeugen sehr wenig.

Gleiten: ins Gleiten kommen *selten* – ins **Rutschen** kommen/geraten (1; u. U. 2, 3) · to (start to) skid, to go into a skid, to get into difficulties, to (start to) slip, to drop off

Gleitflug: im Gleitflug landen/… · to glide-land
Schau mal, wie ein Flugzeug fliegt dieser Bussard da im Gleitflug daher. – Schöner! Weil er sich so richtig vom Wind tragen läßt.

Glied: bis ins dritte/vierte/… **Glied** *Generationen; in die Zukunft* · into the third/fourth/… generation
Nicht nur bis zu Söhnen und Enkelkindern suchten die sog. großen Familien früher die Lebensgrundlagen zu sichern, sondern bis ins 3., 4., 5. Glied – über Generationen.

bis ins 5./6./… Glied (seinen Stammbaum zurückverfolgen/…) *Generationen; zurück* · to trace one's family/ancestry/… back to the 5th/6th/… generation
Der Rainer behauptet, seine Familie hier im Fränkischen bis ins 11. Glied zurückverfolgen zu können. Das würde heißen, bis ins 17. Jahrhundert.

ein Glied in einer Kette sein *form* · a/one link in a chain (of tradition)
Ein Papst ist im Grunde nur ein Glied in einer Kette. Er steht in einer zweitausendjährigen Tradition und führt weiter, was die Vorgänger begannen, und die nachfolgenden Päpste führen sein Wirken ebenso fort.

das fehlende Glied in der Kette (sein/bilden) *form* · (to be/to form/…) the missing link (in a chain)
Um einen lückenlosen Beweis führen zu können, fehlt uns nur noch ein Element: wer von den – uns bekannten – Waffenbesitzern war zur Tatzeit am Tatort. Das ist das fehlende Glied in der Kette.

das schwächste Glied in der Kette (sein/bilden) *form* · (to be/to form/…) the weakest link (in the chain)
So schnell können wir nicht gehen, Fritz, da kommt die Tante Berta nicht mit. Das ist wie beim Militär: die ganze Truppe richtet sich nach dem schwächsten Glied in der Kette.

kein Glied mehr rühren können (vor Müdigkeit/Schreck/…) *form – path* · to be unable to move a muscle with tiredness/…, not to be able to move with terror/…
Vor lauter Schreck konnte er kein Glied mehr rühren. Wie versteinert stand er da.

kein Glied mehr rühren können *form – path* – js. **Glieder** sind (schwer) wie Blei · s. o.'s limbs/arms and legs feel like lead

aus dem Glied treten *form selten* – aus der **Reihe** treten (1) · to step forward, to step out of line

ins Glied zurücktreten *mil* · to step back into the ranks
… Schon lustig: da steht eine halbe Kompanie, alle in Reih' und Glied; einer tritt vor und macht eine Meldung – und nachdem er dann am Ende wie ein Bleisoldat gegrüßt hat, tritt er ganz brav ins Glied zurück.

js. **Glieder sind** (schwer) **wie Blei** *oft Bezug auf Sprecher path* · s. o.'s limbs/arms and legs feel like lead
Nach diesem Gewaltmarsch von gestern habe ich heute überall Muskelkater. Meine Glieder sind schwer wie Blei, ich kann die Füße kaum heben.

jm. **in/durch die/alle Glieder fahren** *Schreck path* · the shock/… goes right through me/…, + s. o. feels the shock/… in every limb
Als ich die Sirenen heulen hörte, fuhr mir der Schreck in alle Glieder. Die Erlebnisse aus dem Krieg kamen wieder hoch – der Alarm, die Bomben …

es schmerzt/zuckt/reißt/… jm. **in den/allen/… Gliedern** *form – path* · s. th. hurts in every joint, s. th. hurts all over
… Dieses verfluchte Rheuma! Inzwischen reißt es mir bei nassem Wetter in sämtlichen Gliedern!

jm. **(noch) in den/allen Gliedern sitzen/stecken** *path* · + s. o. is still shaking with shock/fright
Huh! Das ist noch einmal gutgegangen. Mir sitzt der Schreck noch in allen Gliedern. Wenn der wirklich auf uns draufgefahren wäre! Ich zittere noch richtig.

an allen Gliedern zittern/(schlottern) *path* · 1. s. o. is shivering all over, 2. s. o. is still trembling all over
1. Du zitterst ja an allen Gliedern! Zieh' dich sofort an, es ist einfach zu kalt heut, um im Meer zu schwimmen!
2. Ein paar Meter näher, und wir wären von der Explosion erfaßt worden. Da haben wir aber Glück gehabt! Ich zittere noch an allen Gliedern

Glocke: es steht/wölbt sich/… **eine dichte/**undurchdringliche/… **Glocke von Dunst über** … *path* – (eher:) es steht/wölbt sich/… eine dichte/undurchdringliche/… **Rauchglocke** über … · there is an impenetrable/… pall of smoke/… over the town/…, + the town/… is shrouded/enveloped/… in a pall of smoke/…

jm. **klarmachen/…, was die Glocke geschlagen hat** *form* – (eher:) jm. klarmachen/…, was die **Stunde** geschlagen hat · to tell/… s. o. what the score is, to tell s. o. what he is in for

wissen/verstanden haben/…, was die Glocke geschlagen hat *form* – (eher:) wissen/verstanden haben/…, was die **Stunde** geschlagen hat · to know/to understand/to realise/… what the score is

etw. **an die große Glocke hängen/**(bringen) · to broadcast s. th., to shout s. th. from the rooftops
Einen Fehler kann jeder einmal machen! Es war nicht anständig von Hans, den Fehltritt von Christa an die große Glocke zu hängen. So etwas behält man für sich, das erzählt man nicht überall herum!

an die große Glocke kommen · the news/word gets out, the story/… is the talk of the town
Die Vereinbarung bleibt unter uns! Wenn das an die große Glocke kommt, was wir besprochen haben, bekommen wir allerhand Scherereien. – Es kann niemand ein Interesse daran haben, die Dinge überall herumzuerzählen.

die Glocke läuten hören, aber nicht wissen/(ohne zu wissen), **wo sie hängt** *ugs selten* · for all his talk s. o. doesn't really know what's going on
… Das ist ein Neunmalkluger! Er weiß immer alles als erster und besser als alle anderen. Aber er hört die Glocke immer nur läuten, ohne zu wissen, wo sie hängt! – Ganz genau! Er schwatzt groß daher, aber wenn man genauer nachfragt, weiß er nichts.

es steht/wölbt sich **eine dichte**/undurchdringliche/... **Glokke von Rauch über** ... *path* – (eher:) es steht/wölbt sich/... eine dichte/undurchdringliche/... **Rauchglocke über** ... · there is an impenetrable/... pall of smoke over the town/..., + the town/... is shrouded/enveloped/... in a pall of smoke

Glockenschlag: mit dem/(auf den) **Glockenschlag kommen/ gehen/**... *form* · to arrive dead on time *coll*/on the dot *coll*/...
Punkt acht Uhr hatten wir ausgemacht, und er kam mit dem Glokkenschlag. – Er ist immer pünktlich wie ein Maurer.

Glorienschein: (von) **ein**(em) **Glorienschein** (umgeben/...) *path veraltend* · to have a halo around one's head
Der Kaufmann umgibt sich nun einmal gern mit einem Glorienschein. Das mußt du das nicht so ernst nehmen. – Aber hat es ein solcher Mann nötig, so ein unsichtbares Schild mit der Aufschrift »ich bin ein großer Mann« vor sich herzutragen?

Glossen: seine Glossen machen (über jn./etw.) *selten* · to make ironical comments (about s. o./s. th.)
Er findet es ungeheuer unterhaltsam, wenn er in Gesellschaft seine Glossen über alle aktuellen Ereignisse macht. Besonders, wenn er dabei die führenden Politiker mit seinen ironischen Kommentaren bedenken kann.

Glotzaugen: Glotzaugen machen *sal* · to gawp (at s. th.), to gawk (at s. th.), to gape (at s. th.)
Warum macht denn der Junge so Glotzaugen? – Er hat in seinem Leben noch nie ein Auto gesehen. – Ah, denn verstehe ich, daß er den Wagen so anstarrt.

Glück: viel Glück (bei/mit/in/... etw.)! · good luck!
Leb' wohl, und viel Glück im Examen! – Danke. Es wird schon klappen.

zum Glück ... · fortunately, luckily
In einem zufällig entdeckten Antiquitätengeschäft fiel uns ein besonders schöner Petroleumleuchter auf. Zum Glück hatte ich einen Scheck dabei; sonst hätte das Geld nicht gereicht.

das ist/war mein/dein/... **Glück** · lucky for him/you/John/... he/you/... did
... Gott sei Dank hatte er ein Alibi! – Das war sein Glück. Sonst hätten sie ihn eingesperrt.

j./etw. ist js. ganzes Glück *path* · s. o./s. th. means everything to s. o.
... Nein, gegen seine Tochter solltest du in seinem Beisein nichts sagen, Dietlinde! Seine Tochter ist sein ganzes Glück! – Aber sie kann wirklich unmöglich sein! – Ich weiß. Sag' ihr das, wenn er nicht da ist. Nach dem Tod seiner Frau hat er doch sonst nichts mehr im Leben. ...

jm. lächelt das Glück (zu) *form* · fortune smiles on s. o.
Schau, jetzt lächelt auch der Marlies mal das Glück! Einen sympathischeren Ehemann konnte sie doch gar nicht finden. – Nach so vielen schweren Jahren hat sie es mehr als verdient.

jm. lacht das Glück *path* · fortune favours s. o.
Diesem Mann lacht das Glück! Zuerst wählen sie ihn zum Vorsitzenden des Aufsichtsrats und jetzt bieten sie ihm sogar einen Ministerposten an.

es ist ein (wahres) **Glück, daß** ... *path* · it's a good thing/it's lucky for s. o. that ...
Es ist ein wahres Glück, daß er in den vergangenen Jahren Rücklagen gebildet hat. Sonst könnte er seine Firma jetzt schließen.

auf gut Glück (etw. tun) – **aufs Geratewohl** etw. tun · to do s. th. on the off-chance, to trust to chance, to do s. th. just like that, to trust to luck

(kein) Glück haben (bei jm.) (mit etw.) · 1. to be lucky (with s. o./s. th., 2. not to have any luck with s. th., 3. not to get anywhere with s. o.
1. Wir hatten Glück: die Sonne kam heraus, eine Brise kam auf ... – ein ideales Wetter für die Regatta.
2. Mit seinen neuen Thesen hatte er bei den Zuhörern kein Glück. Niemand ließ sich überzeugen.

3. Er gibt sich eine unendliche Mühe um Elisabeth. Aber er hat kein Glück bei ihr. – Nein, sie hat nicht allzu viel für ihn übrig.

Glück muß man/(der Mensch) **haben!** *ugs* · + my/your/... luck must be in, + this must be my/our/... lucky day
Guck', da kommt gerade ein Taxi. Glück muß man haben! – Das kann man wohl sagen! Normalerweise wartet man hier zu dieser Zeit wenigstens eine Stunde auf ein Taxi.

Glück ab! *Fliegergruß* · good luck!, happy landing!
Ob der Gruß 'Glück ab!' daher kommt, daß sich die Flieger 'eigentlich' ein glückliches – sicheres – Landen wünschen? – Wahrscheinlich.

noch nichts von seinem Glück ahnen/ahnt j. schon von ...? *mst iron* · s. o. doesn't know what's in store for him yet
... Woher weißt du denn jetzt schon, daß der Klaus im Examen durchgefallen ist? – Von Prof. Seifert; der ist Mitglied des Prüfungsausschusses. – Ahnt der Klaus schon was von seinem Glück? – Das glaub' ich kaum. Der meint doch immer, er weiß alles.

Glück auf! *Bergmannsgruß* · good luck!
Begrüßen sich die Bergleute heute immer noch mit 'Glück auf!'? – Natürlich.

auf sein Glück bauen *path selten* · to trust to one's good fortune, to rely on one's good fortune
Der Karl-Heinz ist nicht nur engagiert, er ist auch risikofreudig. – Er baut auf sein Glück. Er ist fest davon überzeugt, in fünf bis zehn Jahren ein bekannter Maler zu sein.

jm./einem Unternehmen/... **ist viel**/wenig/kein/... **Glück beschieden** *path* · + (not) to be blessed with good fortune
... Nein, seiner Mission war leider kein Glück beschieden. Die ganze Reise war ein einziger Fehlschlag.

(kein) Glück bei (den) Frauen haben *ugs* · (not) to be successful with women, (not) to be a success with women/ladies/...
(Beim Skatspiel:) (A:) Ich hab' doch heute noch kein Spiel gewonnen! – (B:) Pech im Spiel – Glück in der Liebe, heißt es. – (C zu A:) Stimmt das, Erich: hab' ich Glück bei den Frauen? – (B:) In der Liebe, hab' ich gesagt, nicht bei den Frauen! – (C:) Wo ist/liegt denn da der Unterschied?

alles/etw. **ist eitel Glück und Freude/**(Seligkeit) *form – path* · (to think/... that) s. th. is all roses/a bed of roses/roses all the way/...
Die Betti scheint zu glauben, so eine Ehe wäre nur eitel Glück und Freude. Wenn die wüßte, wieviele Schwierigkeiten einen da erwarten. – Laß sie! Die Ernüchterung kommt noch früh genug!

sein Glück mit Füßen treten *path* · to trample on one's own good fortune
Niemand hatte so große Chancen wie der Paul, um seine Lebenssituation zu verbessern. Aber er hat sein Glück immer mit Füßen getreten, und darum geht es ihm heute schlechter als uns allen.

du/der Wolters/... **hast/hat/**... **mir**/(ihm/...) **gerade noch zu meinem/**(deinem/...) **Glück gefehlt!** *sal* · you/Smith/... are/ is all I/(he/...) need(s) *coll*
... Wer ist da? Der Kräher? Der hat mir gerade noch zu meinem Glück gefehlt! Heute läuft aber auch alles schief!

das/diese Krankheit/... **hat mir/**(ihm/...) **gerade noch zu meinem/**(seinem/...) **Glück gefehlt!** *ugs* · that/this illness/... was all I/(he/...) needed
Diese verflixte Heiserkeit hat mir gerade noch zu meinem Glück gefehlt! Es genügte doch wahrhaftig schon, daß man mir die Redezeit eingeschränkt hatte. Mit dieser Stimme werde ich überhaupt kein Echo mehr haben.

Glück gehabt! *ugs* · that was lucky!, you were/he was/... lucky!
... Ein Punkt weniger, und ich wäre durchgefallen! – Glück gehabt! – Das kann man wohl sagen – mehr Glück als Verstand!

(es scheint/...) j. **hat das Glück gepachtet** *ugs* · (it seems that/...) s. o. has a monopoly on good luck, (it seems that/...) s. o. has all the luck
Mein Gott, dem gelingt aber auch alles! Es scheint, er hat das Glück gepachtet!

auf gut Glück geraten *form selten* · to be put together/cobbled together/... any old how *coll*, to be put together/... at random

Wie ist die Rede geworden, die der Raymund für morgen aufgesetzt hat? – Du kennst doch sein Temperament: sie ist auf gut Glück geraten. Er schrieb alles so, wie es ihm in den Kopf kam. Trotzdem: sie ist nicht schlecht; nur halt so hingeworfen.

(so) in sein Glück hineinstolpern *ugs* · to have the luck of the devil, to be incredibly lucky

Was hat er dafür getan, um eine so wunderbare Frau zu finden? Nichts! Er ist in sein Glück hineingestolpert.

das Glück ist jm. (nicht) **hold** *form od. iron* · fortune smiles/does not smile on s.o.

... Das Glück kann dir nicht immer hold sein, Junge! Man muß im Leben auch Fehlschläge ertragen können.

(kein) Glück in der Liebe haben *ugs* · (not) to be lucky in love, lucky in love – unlucky at cards

(Beim Skatspiel:) Mensch, wenn ich in Zukunft kein Glück in der Liebe habe, dann weiß ich es nicht! – Wie kommst du denn dadrauf, jetzt? – Ich hab' schon wieder so ein miserables Blatt. Du kennst doch den Spruch: 'Glück im Spiel, Pech in der Liebe' – oder umgekehrt.

j. wird sein Glück (schon/...) machen · s.o. will get by all right

Der Junge wird sein Glück schon machen, da mach' dir mal keine Sorge. Er kann etwas, weiß das Leben zu nehmen, ist kräftig ...; der kommt immer durch.

dem Glück ein bißchen nachhelfen · to assist one's/s.o.'s chances, to cheat a bit, to improve one's luck, to help one's luck

(Beim Würfeln:) Wenn jetzt wieder nicht die richtige Zahl kommt, muß ich dem Glück ein bißchen nachhelfen! – Aber Bertold! Du wirst doch jetzt nicht anfangen zu mogeln! – Ihr versteht aber auch gar keinen Spaß.

sein Glück probieren (wollen) – sein **Glück** versuchen(wollen) · to try one's luck

(noch) von Glück reden/(sagen) können, daß ... · s.o. can count/consider himself lucky, s.o. can thank his lucky stars *coll*

Der Wagen ist völlig kaputt! So ein Elend! – Du kannst noch von Glück reden, daß bei dem Zusammenstoß kein Personenschaden entstanden ist.

das Glück beim Schopfe fassen/(packen) *form selten* – die **Gelegenheit** beim Schopfe fassen/(packen) · to snap at a/the chance to do s.th., to seize an opportunity with both hands

jm. **Glück und Segen wünschen** *form* – *path* · to wish s.o. every good fortune

»Zu Ihrer Vermählung wünsche ich Ihnen, sehr verehrte gnädige Frau, Glück und Segen. Möge Sie wie Ihren Herrn Gemahl immer ein gütiges Schicksal begleiten!«

(das ist) das Glück des Tüchtigen · + s.o. made his own luck (through ability and hard work), + s.o. deserved a/the lucky break

(Über einen Vertreter:) Wenn der Bergmann nach Brasilien gefahren ist, hat er noch immer einen dicken Auftrag mitgebracht. – Er hat halt Glück! – (Das ist) das Glück des Tüchtigen, Werner! Der Mann kann arbeiten; er setzt sich ein ...

(noch) Glück im Unglück haben · + it could have been much worse for s.o., s.o. was quite lucky in the circumstances

Er hat einen Unfall gehabt? – Ja. – Schlimm? Ist der Wagen kaputt? – Völlig. Aber trotzdem: er hat Glück im Unglück gehabt. Es hätte Tote geben können.

in Glück und Unglück zusammenstehen/zusammenhalten *path* – in **Freud'** und Leid zusammenstehen/zusammenhalten · to stick together through thick and thin, to stick together come rain, come shine

sein Glück verscherzen · to throw away one's chance

... Als ihr der Posten angeboten wurde, zögerte sie – und damit hat sie ihr Glück verscherzt: inzwischen haben sie eine andere Bewerberin eingestellt. So eine Chance wird sich so schnell nicht wieder bieten.

mehr Glück als Verstand haben *sal* · to have more luck than brains, to have more luck than wit

Das Examen ist herrlich gelaufen! – Was?! Du warst doch gar nicht vorbereitet! – Es kamen genau die zwei Kapitel dran, die ich konnte. – Du hast aber auch mehr Glück als Verstand.

sein Glück versuchen (wollen) · to try one's luck

Du machst auch bei der Lotterie mit? – Ja, ich will auch mal mein Glück versuchen. Aber da kommt bestimmt nicht viel bei heraus; ich habe in solchen Sachen immer Pech.

woanders/bei .../in .../... sein Glück versuchen (wollen) *ugs* · to (want to) try (one's luck) elsewhere/in .../at ...

(Frau Nöbel zu einem Zeitschriftenvertreter:) Nein, wir können nicht noch eine weitere Zeitschrift abonnieren, wir beziehen schon drei. Vielleicht versuchen Sie Ihr Glück mal bei den Nachbarn.

mehr Glück als sonst was haben *ugs* – mehr **Glück** als Verstand haben · to have more luck than brains, to have more luck than wit

noch nichts von seinem Glück wissen/weiß j. schon von ...? *mst iron* · to (still/...) know nothing of one's good fortune

Wann haben sie den Rudi zum stellvertretenden Direktor ernannt? – Vorgestern. – Da weiß der womöglich noch gar nichts von seinem Glück? – Ah, da wird schon einer angerufen und ihn informiert haben.

jm. **Glück wünschen(zu/bei etw.)** · to wish s.o. good luck (in/with s.th.)

Ich wünsche dir viel Glück zu deinem Examen. – Danke! Das wird schon (nicht) schiefgehen.

niemanden/(keinen) zu seinem Glück zwingen können *oft: man kann ...* · you can take/lead a horse to water but you can't make it drink, some people don't know what's good for them *coll*

(Der Vater zu seinem Sohn:) Die wollen dich da bei Schuckert zum Zweigstellenleiter in Ulm machen? So ein Angebot wirst du doch wohl nicht fahren lassen?! – In Ulm möchte ich ja eigentlich nicht leben ... – Man kann bekanntlich niemanden zu seinem Glück zwingen. Aber wenn mir einer mit 28 Jahren so ein Angebot gemacht hätte, hätte ich mit Kußhand angenommen. Im übrigen: so eine Gelegenheit kommt so schnell nicht wieder.

herzliche Glück- und Segenswünsche (zu ...)! *path* · congratulations (on ...)

Herzliche Glück- und Segenswünsche zur Geburt eures ersten Sohnes! Möge der Junge in seinem Leben nur Gutes erfahren ...!

glücklich: wunschlos glücklich sein *ugs* · to be perfectly happy, s.o. could not wish for more

... Nein, danke, Mutter, wir brauchen wirklich nichts mehr, wir sind wunschlos glücklich. – Nicht einmal den Kartoffelsalat wollt ihr mit auf eure Wanderung nehmen?

Glücklichen: dem Glücklichen schlägt keine Stunde *geh selten* · those who are happy do not notice the passage of time *para*

Willst du nicht lieber gehen, Dietrich? Es ist drei Uhr morgens. – Du weißt doch, Liesel, dem Glücklichen schlägt keine Stunde. So jung – und so beschwingt – kommen wir nicht mehr zusammen.

Glücklichste: der Glücklichste unter der Sonne sein *path* · to be the happiest man/woman/... on earth

Seitdem er die Ulrike kennt, ist der Rolf der Glücklichste unter der Sonne. Er strahlt geradezu vor Glück.

Glücksache: das/etw. ist (reine/reinste) Glücksache · it/s.th. is a matter of luck, it/s.th. is sheer luck

... Ob man von so einer Kommission gewählt wird oder nicht, ist reinste Glücksache. Mit Leistung und Können hat das nicht das Geringste zu tun.

Glücksfall: im Glücksfall ... · if we/you/... are/... lucky

... Gut, wir kandidieren! Im Glücksfall kommen wir in die engere Auswahl; wenn wir kein Glück haben – und das wäre der Normalfall –, werden wir abgelehnt.

etw. ist ein seltener Glücksfall · s.th. is a rare/... piece of good fortune/luck, s.th. is a rare/... stroke of good fortune/luck

Daß jemand auf Anhieb zum ersten Vorsitzenden gewählt wird, ist ein seltener Glücksfall. Das kommt alle Jubeljahre einmal vor.

Glücksgriff: mit jm. einen Glücksgriff tun/j./etw. ist ein Glücksgriff *ugs* · 1. + s.o.'s choice/... of s.o. was a stroke of luck, 2. + s.o.'s purchase/... of s.th. was stroke of luck, 3. + s.o.'s choice/opportunity/... was a stroke of luck

1. Mit seiner Frau hat der Hans-Jürgen echt einen Glücksgriff getan. Ich glaube, besser hätte er es nicht treffen können.

2. ... Der Kauf dieses Wagens war ein Glücksgriff. Einen so zuverlässigen Gebrauchtwagen hatte ich noch nie.

3. Unsere neue Geschäftsführerin war ein Glücksgriff. Die Frau ist hochmotiviert und hat außerdem ausgezeichnete Beziehungen.

Glücksgüter: mit allen Glücksgütern gesegnet sein *path* – mit allen **Gütern** gesegnet sein · to be blessed with every conceivable good thing

Glückshaube: mit der Glückshaube geboren sein *veraltend selten* – ein **Kind** des Glückes/Glücks sein · to be born with a caul, to be born lucky *n*

Glückskind: ein Glückskind sein *ugs* – ein **Kind** des Glückes/Glücks sein · to be lucky, to be born lucky

Glückspfad: auf dem Glückspfad wandeln *form* – *path selten* · to lead a charmed life

Wenn man ständig auf dem Glückspfad wandelt wie du, kann man natürlich leicht optimistisch sein. Aber die meisten Menschen haben halt heute Glück und morgen Pech – wenn sie nicht sogar von Pechsträhnen verfolgt sind.

Glückspilz: ein (wahrer) **Glückspilz sein** *ugs* · a lucky beggar, a lucky devil

Dieser Junge ist ein wahrer Glückspilz. Der kann anpacken, was er will, da läuft immer alles nach Wunsch.

Glücksrad: das Glücksrad dreht sich/hatte sich gedreht/... *form selten* – das **Rad** des Glücks dreht sich/hatte sich gedreht/... · the wheel of fortune is turning/had turned/...

Glücksstern: unter einem Glücksstern geboren sein · to be born under a lucky star

Die Renate bewirbt sich am Theater – sie wird sofort angenommen; sie präsentiert sich unvorbereitet zum Examen – es kommen gerade die beiden Kapitel dran, die sie kann ... Bei der klappt alles! – Sie ist halt unter einem Glücksstern geboren.

Glückssträhne: eine (richtige/...) **Glückssträhne** (haben) · to have a lucky streak, to have a run of good luck

Fünf Mal hintereinander gewonnen! – Mann, du hast ja eine Glückssträhne! – Hoffentlich verlier' ich nachher nicht genau so oft.

Glückstopf: in den Glückstopf greifen (dürfen) *lit selten* · to have/to get a chance to try one's luck

Endlich darf unsere Alexandra auch mal in den Glückstopf greifen: sie gehört in diesem Jahr bei der Wahl zur Karnevalsprinzessin zur engeren Wahl. Mal gespannt, wie sie die große Chance nutzt.

Glücksumstand: durch einen besonderen/(...) Glücksumstand (gelang es jm./...) · as a result of/thanks to/... a fortunate circumstance, as a result of/thanks to/... a particular/... stroke of luck/piece of luck/...

... Im Grunde war das Tennis-Spiel für ihn schon verloren. Aber durch einen besonderen Glücksumstand gelang es ihm, das Blatt noch zu wenden: der Wind drehte sich und benachteiligte seinen Gegenspieler ganz entscheidend.

Gnade: (keine) Gnade bei jm./vor js. Augen finden (mit etw.) *path* · (not) to find favour with s.o. (with s.th.)

Mit so einer miserablen Arbeit findest du keine Gnade vor seinen Augen. – Und wenn ich erkläre, daß ich drei Wochen krank war? – Das wird dir nicht viel nutzen.

aus (lauter) **Gnade und Barmherzigkeit** *path* · out of the goodness/kindness of one's heart

Die Else ist doch nicht sitzen geblieben? Ich dachte, sie bekäme in Mathematik und Französisch eine 'Fünf'. – Da sie im Februar in den Beruf geht, hat ihr der Mathematiklehrer aus Gnade und Barmherzigkeit noch eine 'Vier' gegeben.

ohne Gnade und Barmherzigkeit *path* · pitilessly, ruthless, mercilessly

Das ist die 800. Hinrichtung nach der Revolution. Ohne Gnade und Barmherzigkeit befördern die jeden ins Jenseits, der ihre Vorstellungen von Politik und Religion nicht teilt.

vor jm./js. Augen/(...) keine Gnade finden *form* – *path* · to find no favour with s.o., to find no favour in s.o.'s eyes

(Über einen Lehrling, der gestohlen hat:) Der Meister mag ihm nochmal verzeihen – da hat er Glück; und auch die Kollegen sind vielleicht nachsichtig. Aber vor seinem Vater findet der Junge keine Gnade, das sag' ich dir jetzt schon. Wenn der das erfährt, ist der Junge ein für allemale unten durch.

Gnade vor/(für) Recht ergehen lassen *form* · to temper justice with mercy

Eigentlich müßte ich dir ja eine 'Fünf' geben, da würdest du sitzen bleiben. Und das hättest du bei deiner Faulheit auch verdient. Aber ich will nochmal Gnade vor Recht ergehen lassen und dir eine 'Vier' geben.

um Gnade für seine Sünden bitten *rel* · to ask for forgiveness for one's sins

(Ein Priester:) Wenn wir den Herrn um Gnade für unsre Sünden bitten, meine lieben Brüder und Schwestern, dann tun wir das in dem Bewußtsein, daß unsre eigene Kraft nicht reicht, daß wir der Hilfe und der Verzeihung des Herrn bedürfen.

jm. auf Gnade und/(oder) Ungnade ausgeliefert sein *path* · to be at s.o.'s mercy

So bald wie möglich werde ich meinen Job wechseln. Ich kann das Gefühl nicht mehr ertragen, in allem und jedem von meinem Abteilungsleiter abzuhängen, ihm soz. auf Gnade und Ungnade ausgeliefert zu sein.

sich jm. auf Gnade und Ungnade ausliefern *path* · to put o.s. completely at s.o.'s mercy

... Jetzt hat er dich in der Hand, klar! Wenn man sich durch einen so idiotischen Vertrag den anderen auf Gnade und Ungnade ausliefert, kann man nachher nicht damit rechnen, daß sie Rücksicht auf einen nehmen, einen schonen.

sich (jm.) **auf Gnade und Ungnade ergeben** *path* · to surrender unconditionally (to s.o.)

Es blieb dem jungen Fürsten gar nichts anderes übrig, als sich den Aufständischen auf Gnade und Ungnade zu ergeben. – Bedingungslos?

(bei/mit jm.) (nochmal/...) **Gnade walten lassen** *form od. iron* · to be lenient (with s.o.) (again/...)

(In der Schule:) Rainer, Sie wissen ja, eigentlich müßte ich Ihre Arbeit mit 'Ungenügend' bewerten, weil Sie abgeschrieben haben. Aber ich will nochmal Gnade walten lassen!

von js. Gnaden etw. (geworden) sein/... sein *form od. iron* · 1. to be/(to have become) s.th. by the grace of the Chancellor/..., 2. to be/(to have become) a country/... dependent on Moscow/...

1. ... Ach, dieser Mann ist doch nur ein Abgeordneter von des Kanzlers Gnaden! Beim nächsten Regierungswechsel endet auch sein Deputat.

2. ... Ein Land von Moskaus Gnaden. Wenn die russische Regierung ihre schützende Hand zurückzieht, bricht es zusammen.

jn. in Gnaden entlassen/aufnehmen/anhören/... *path veraltend od. iron* · to allow s.o. to go unpunished, to listen to s.o./to receive s.o./... graciously

... Hat der Chef den Alfons denn nicht an die frische Luft gesetzt, als der ihm da nach Feierabend erklärte, warum er unbedingt Geld braucht. – Nein, er hat ihn in Gnaden angehört und ihm versprochen zu helfen. Ich glaube, seitdem die Frau von dem Alfons gestorben ist, hat der Alte Mitleid mit ihm – und mit den Kindern.

von anderleuts/anderer Leute Gnaden leben *path selten* · to live on the charity of others
Ich verlasse mich lieber auf mich selbst, statt von anderer Leute Gnaden zu leben.

bei jm. in (hohen) **Gnaden stehen** *path selten* · to be in s.o.'s favour, to stand high in s.o.'s favour
Euer Friedrich steht beim Chef ja in hohen Gnaden! Der Alte hat gestern meinem Schwager gegenüber geäußert, er hätte in seinem ganzen Leben noch keinen so fähigen und vertrauenswürdigen Privatsekretär gehabt wie den Friedrich.

Gnadenbrot: das Gnadenbrot bei jm. **essen** *path veraltend selten* · to live on s.o.'s charity
… Der alte Mann ißt bei euch das Gnadenbrot, oder wie? – Wenn du es so nennen willst. Er hat meiner Mutter in ihrer Jugend sehr geholfen und ist später verarmt. Aus Dankbarkeit hat ihn meine Mutter bei uns aufgenommen.

jm. **das Gnadenbrot geben** *path veraltend selten* · to provide for s.o./to support s.o./… out of charity
… Wenn die arme Frau völlig unversorgt ist, werden wir ihr das Gnadenbrot geben. Sie hat uns so viel geholfen, als es uns schlechter ging. Was meinst du, Erich?

Gnadenfrist: (noch) **eine Gnadenfrist** (haben) *form selten* · to have/to be given/… extra time to do s.th., to be given one/two/… months'/… grace in which to do s.th.
Eigentlich hätte ich die Arbeit bis zum 15. Dezember abgeben müssen. Aber ich habe noch eine Gnadenfrist: bis Ende des Jahres nimmt mein Professor sie noch an.

jm. **eine Gnadenfrist geben** *form selten* · to give s.o. extra time to do s.th. *form*, to give s.o. one/two/… months'/… grace in which to do s.th. *form*, to give s.o. an extended deadline to do s.th.
Eigentlich war der 15. Dezember letzter Abgabetermin für meine Arbeit. Aber das Prüfungsamt hat mir noch eine Gnadenfrist bis zum Ende des Jahres gegeben.

Gnadengesuch: ein Gnadengesuch an jn. **richten** *form* · to present a plea for mercy/clemency to s.o., to present a petition for mercy
Warum richtet ihr kein Gnadengesuch an den Präsidenten, wenn juristisch nichts mehr zu machen ist? – Wir wollen keine Gnade! Wir wollen unser Recht.

Gnadenschuß: einem Tier/… **den Gnadenschuß geben** · to give an animal/… the coup de grâce
Der Jäger gab dem angefahrenen Reh den Gnadenschuß.

Gnadenstoß: den Gnadenstoß erhalten · 1. 2. to be put out of one's/its misery
1. Wo ist denn euer Schäferhund? – Er hat den Gnadenstoß erhalten. Er war unheilbar krank, und da es in dieser Gegend keinen Tierarzt gibt, mußte Toni sich dazu durchringen, ihn zu erschießen.
2. Hat der Verletzte in der Tat den Gnadenstoß erhalten? – Nein! Er flehte zwar darum, weil er die Schmerzen nicht mehr aushielt; aber man transportierte ihn in ein entferntes Militärlazarett. *selten*

jm./einem Tier/(e-r S.) **den Gnadenstoß geben** · 1. 3. to put s.o./an animal out of his/its misery, 2. to give a bull/… the coup de grâce, 3. to give s.o. the coup de grâce, 4. to be finishing s.th. off
1. Schau dir das an, wie sich dieser Hase da herumquält. Komm', mach's kurz, gib ihm den Gnadenstoß! – Diese sogenannten Jäger heute können überhaupt nicht schießen.
2. … Und dann, nach einem Trommelsignal, gab der Torero dem Stier den Gnadenstoß.
3. Der Verletzte flehte, man möge ihm den Gnadenstoß geben. Er hielt die Schmerzen einfach nicht mehr aus. *selten*
4. Die plötzlichen Marktveränderungen gaben dem alten Textilunternehmen, das schon seit Jahren mit den größten Schwierigkeiten kämpfte, dann endgültig den Gnadenstoß.

Gnadenweg: auf dem Gnadenweg *jur selten* · by a pardon form, by an appeal for pardon *form*
'Juristisch' ist jetzt nichts mehr zu machen, jetzt ist es nur noch auf dem Gnadenweg möglich, die Hinrichtung durch den elektrischen

Stuhl in eine Gefängnisstrafe zu verwandeln. Dazu muß ein Gnadengesuch an den Präsidenten gerichtet werden.

gnädig: du bist/… aber gnädig! *iron* · + that's really/… big of you *coll/*…, + that's damned decent of you/… *coll*
Also gut, 1.000,– Mark gebe ich dir schon mal. – Du bist aber gnädig! Du weißt doch genau, daß ich meinen Teil des Gewinns von 5.000,– Mark schon längst hätte, wenn du die Abrechnung nicht verschlampt hättest.

Goderl: jm. **das Goderl kratzen** *österr ugs* – jm. **schöntun** · to butter s.o. up

Gold: treu wie Gold (sein) *path selten* – treu wie ein **Hund** sein · to be completely/… faithful

das schwarze Gold *selten* · black gold
Papa, was versteht man eigentlich unter schwarzem Gold? – Das ist eine Bezeichnung für Kohle und auch für Erdöl. Denn diese Bodenschätze bescheren den Ländern oder den Regionen, wo sie gefördert werden, großen Reichtum.

nicht mit Gold aufzuwiegen sein/sich nicht mit Gold aufwiegen lassen *path* · 1. 2. s.o./s.th. is worth his/its weight in gold
1. Eine ständige Hilfe im Haus, Barbara, das ist mit Gold nicht aufzuwiegen. Da hast du trotz der beiden kleinen Kinder noch ein eigenes Leben, kannst deinem Beruf nachgehen, ausgehen, ohne das Gefühl, es geht zu Lasten der Kleinen.
2. vgl. – (eher:) mit **Gold** nicht zu bezahlen sein (1)

mit Gold nicht zu bezahlen sein *path* · 1. 2. s.o./s.th. is worth his/its weight in gold
1. Was für ein Segen, daß wir endlich diese Spülmaschine haben! Sie ist mit Gold nicht zu bezahlen! Welch eine Erleichterung! Jetzt liegt mir das Spülen endlich nicht mehr jeden Tag auf der Seele.
2. vgl. – nicht mit **Gold** aufzuwiegen sein/sich nicht mit Gold aufwiegen lassen (1)

es ist nicht alles Gold, was glänzt · all that glitters is not gold
Er machte bei der Vorstellung einen blendenden Eindruck! Aber wie sich bald herausstellte, täuschte dieser Eindruck. Er arbeitet schlecht und ist auch persönlich nicht zuverlässig. – Es ist halt nicht alles Gold, was glänzt.

sich mit Gold und Juwelen behängen *path* · to be dripping with gold and jewels, to be loaded with gold and jewels
Mein Gott, was behängt sich die Frau Busse bei solchen Empfängen immer mit Gold und Juwelen! Mit einem ganz schlichten Kleid und ganz ohne Schmuck sähe sie viel schöner aus!

Gold in der Kehle haben *ugs* – *path* · s.o.'s voice is his fortune/a goldmine/… *n*
Die Kleine hat Gold in der Kehle! Sie muß ihre Stimme ausbilden lassen; das wird eine zweite Callas!

Gold in der Kniekehle haben *ugs* – *path* · to have golden legs *para*
Der Junge hat Gold in der Kniekehle. Der holt bestimmt noch eine Goldmedaille im 100– oder 200-Meter-Lauf.

in/im Gold schwimmen *path selten* – **Geld** wie Heu haben · to have stacks/piles/heaps/… of money, to be filthy rich

Gold und Silber · gold and silver
… Ja, seit eh und je werden Gold und Silber zusammen genannt, wenn man Beispiele für besonders wertvolle Metalle anführt.

nicht für alles Gold der Welt *path selten* – nicht um alles in der **Welt** · not for love or money, not for all the tea in China

das/etw. ist Gold wert · it's/s.th. is invaluable
Der Kähler will sich beim Ausländeramt für den José einsetzen? Das ist hervorragend! Ein Wort von ihm ist Gold wert – er ist schließlich Privatsekretär des Oberbürgermeisters.

das/etw. ist Goldes wert *form* – *path selten* – das/etw. ist **Gold** wert · it's/s.th. is invaluable

Goldesel: (leider/doch/…) **keinen Goldesel haben**/hast du etwa einen Goldesel?/… *sal selten* · 1. 2. does he/do they/does your teacher/… think I am/we are/… made of money? *coll*, does he/… think money grows on trees? *coll*
1. … Ich weiß gar nicht, wie eure Lehrer sich das vorstellen! Wenn jemand drei Kinder hat und für jede Klassenfahrt fast 1.000,– Mark

zahlen muß, hat er 3.000,– Mark zu zücken. Meinen die, die Eltern hätten zu Hause einen Goldesel (der Münzen scheißt)?

2. vgl. – einen/keinen **Dukatenesel** (im Keller) (stehen) haben

Goldfisch: sich einen Goldfisch angeln/einen Goldfisch an Land ziehen *ugs iron selten* · to marry a rich sugar-daddy, to marry money, to make a good/rich/… catch, to marry a rich girl *n*

… Ja, Mädchen, wenn du das Leben genießen und nichts dafür tun willst, mußt du dir einen Goldfisch angeln – irgend so einen reichen Knopp/Knopf/Kerl, der nach einem hübschen jungen Mädchen Ausschau hält.

Goldgrube: etw. ist eine Goldgrube · it's th. is a goldmine
Dieses Gut ist eine Goldgrube, mein Lieber. Wenn du das richtig nutzt, kannst du steinreich werden.

goldig: ein goldiges Kind/Mädchen/Baby/goldiger Junge/… · a cute/sweet/lovely/… child/girl/baby/…
… Die Regina hat wirklich ein goldiges Kind! Ein richtiger Junge zum Knubbeln und Liebhaben.

Goldwaage: jedes Wort/… auf die Goldwaage legen · To take s.th. at face value/seriously/…, 2. to watch every word
1. Du kannst doch nicht jedes Wort, das die Ursel gesagt hat, auf die Goldwaage legen! Sie hat es doch nicht so gemeint! – Aber gesagt hat sie es, und zwar ganz genau so! Und wenn jemand einen solchen Vorwurf so ausführlich vorbringt, nehme ich das auch bei einem Kind sehr genau.
2. Bei dem Prof. Raschner muß man aber auch jedes Wort auf die Goldwaage legen. Mein Gott, ist der kleinlich/(pingelig)!

jedes Wort/… **mit der Goldwaage wägen** *form selten* – jedes Wort/… auf die **Goldwaage** legen · to take s.th. seriously, s.o. watches every word

Gönnermiene: (mit) **Gönnermiene** (für jn. bezahlen/…) · (to pay for s.o./…) with a patronising air/with a patronising expression on one's face/…
Du hättest sehen müssen, mit welch einer Gönnermiene der Barschel das Essen für die Ute bezahlt hat! Nein, lieber selbst zahlen – oder hungern –, als einen sog. Freund haben, der es einen derart unangenehm fühlen läßt, daß man auf seine Kosten lebt.

Gosse: jn. **aus der Gosse auflesen**/(holen) *sal selten* – jn./(js. Namen) aus der **Gosse** ziehen/(schleifen) · to pick s.o. up out of the gutter

in der Gosse enden *sal selten* – in der **Gosse** landen · to end up in the gutter

aus der Gosse kommen *sal selten* · 1. 2. to be/to come/… from the gutter 1. to be off the streets
1. … Ob die Ursel aus der Gosse kommt oder sonst woher, geht dich doch gar nichts an! Der Hanspeter muß mit ihr zurechtkommen und nicht du! – Ich würde jedenfalls keine Frau heiraten, die vorher auf den Strich gegangen ist.
2. … Was heißt 'die Monika kommt aus der Gosse'? Aus ärmlichen Verhältnissen kommt sie, ja! Aber seit wann sind ärmliche Verhältnisse entehrend?

in der Gosse landen *sal selten* · 1. 2. to end up in the gutter
1. … Von Hause aus war der Krone sogar ziemlich begütert. Aber bei seinem Lebenswandel mußte er ja irgendwann in der Gosse landen. Einen solchen Aufwand konnte kein Erbe finanzieren.
2. Wenn die Petra sich nicht bald umstellt und ihren Umgang mit diesen zwielichtigen Figuren einstellt, wird sie in der Gosse landen. Siehst du nicht, wie sie von Tag zu Tag stärker versumpft?

sich in der Gosse wälzen *sal selten* · to wallow in the mire, to wallow in the gutter
… Es ist mir mittlerweile völlig wurscht, ob die Ursel einen ganz sittlichen, halb sittlichen oder unsittlichen Lebenswandel führt! Meinetwegen kann sie sich in der Gosse wälzen, wenn es ihr Spaß macht!

jn./(js. Namen) **aus der Gosse ziehen**/(schleifen) *sal selten* · 1. 2. to take/to drag s.o. out of the gutter
1. Als die beiden später zu Ansehen und Vermögen gekommen waren und er anfing, sie zu betrügen, warf sie ihm oft vor, daß sie ihn aus der Gosse gezogen hatte. Ohne sie wäre er ewig ein armseliger Schlucker geblieben …

2. Eine schöne Frau! – Da würde niemand sagen, daß sie aus der Gosse gezogen hat, was?! – Aus der Gosse gezogen? – Sie ging auf den Strich, als er sie kennenlernte …

jn./(js. Namen) **durch die Gosse ziehen** *sal selten* – jn./etw. durch die **Scheiße** ziehen (1) · to run s.o./s.th. down, to knock s.o./s.th., to slag s.o./s.th. off/…

Gott: allmächtiger Gott! *path selten* · 1. my God! oh God! 2. good God!, 3. oh Lord!, oh no!
1. vgl. – bei **Gott** (1)
2. vgl. – gerechter **Gott!**
3. vgl. – (ach) du lieber **Gott!**

(ach) du barmherziger Gott! *path selten* – (ach) du lieber **Gott!** · oh Lord!, oh no!

behüt' dich/behüt' euch/behüt' Sie **Gott!** *eher süddt veraltend* · God be with you, God bless!
… Behüt' dich Gott, Karin! Tschüß! Und laß dich bald wieder sehn!

bei Gott *path* · 1. 2. my God!, oh, God!, 3. 4. God knows
1. Ihr Junge hat unserer Oma das Portemonnaie gestohlen! – Bei Gott, das ist doch nicht möglich!
2. Er hat das Portemonnaie gestohlen? – Bei Gott, gestohlen – das will ich nicht gesagt haben. Aber es ist weg, seitdem er in dem Zimmer war.
3. Ich habe mir bei Gott alle Mühe gegeben, den Text genau zu übersetzen. Wenn Fehler drin sind, ist es nicht meine Schuld – er ist einfach zu schwer.
4. Es ist schon möglich, daß unsere Firma da einige Fehler gemacht hat. Aber der Herr Hartmann hat da bei Gott keine Schuld. Er hat sein Bestes getan.

gerechter Gott! *path* · 1. good God!, 2. my God!
1. Gerechter Gott! Schon wieder eine Hausdurchsuchung! Was haben wir denn bloß gemacht, daß andauernd die Polizei Verdacht gegen uns schöpft!
2. Gerechter Gott, noch so eine Ernte, und wir sind ruiniert!

wenn/…, dann/… gnade dir/ihm/… **Gott!** *path* · if…, God help him/you/…!
Wenn der das Geld tatsächlich gestohlen hat, dann gnade ihm Gott! – Was willst du denn dann tun, Walter? Geh' nicht zu scharf mit dem Jungen ins Gericht, es ist dein Sohn!

großer Gott! *path* · 1. good God, 2. oh Lord!, oh no!
1. vgl. – (eher:) gerechter **Gott!**
2. vgl. – (eher:) (ach) du lieber **Gott!**

Grüß Gott! *süddt* · good morning, good evening
Grüß Gott, Herr Bracht. Wie geht's Ihnen?

sich fühlen/spielen/… wie ein junger Gott *ugs* · to play brilliantly/…
Mensch, der Sepp Obermaier spielt mal wieder wie ein junger Gott. Der Junge ist voll in Form. Schau dir das an, der spielt die anderen regelrecht gegen die Wand.

(ach) du lieber Gott! *ugs* · 1. 2. oh Lord!, oh no!
1. Ach, du lieber Gott! Da will der doch schon wieder Geld geliehen haben! Ich bin doch keine Sparkasse!
2. Du lieber Gott, jetzt hat er auch noch die Schale heruntergeworfen! Als ob die Tasse nicht genügt hätte! Was wird bloß die Oma sagen, wenn sie all die Scherben auf dem Boden sieht!

das/(etw.) **liegt** (ganz) **bei Gott** *form selten* · it(/s. th.) is in God's hands
Wird mein Mann wieder gesund, Herr Doktor? – Das liegt ganz bei Gott, Frau Riedler, das kann Ihnen kein Arzt sagen.

mein Gott! *ugs* · 1. oh God!, my God!, 2. oh Lord!, oh no!, 3. good God!
1.vgl. – bei **Gott!**
2. vgl. – (ach) du lieber **Gott!**
3. vgl. – gerechter **Gott!**

vergelt's Gott!/vergelt's euch Gott!/(vergelt's dir Gott!) *süddt veraltend* · thank you very much, God bless you
Diese Wäsche kann ich euch gern geben, Frau Maier. Unseren Kindern paßt sie nicht mehr, und den euren wird sie noch guten Dienst

tun. Sie ist noch gut erhalten. – Vergelt's euch Gott! Ich kann die Hilfe gut gebrauchen.

wahrhaftiger Gott! *path selten* – bei **Gott** (1) · good God!

das walte Gott! *path selten* – das walte **Hugo**! · let's hope so!, amen to that!/should coco!

weiß Gott *path* – bei **Gott!** (3, 4) · God knows

weiß Gott, wo/wie/wann/ob/... *path* · 1. 2. 3. God knows where/when/how/whether/...
1. Weiß Gott, wo er sich schon wieder herumtreibt! Er steckt doch jeden Abend woanders.
2. Weiß Gott, wann der Junge nach Hause kommt! Da darfst du mich nicht fragen! Mir sagt er das nicht.
3. vgl. – (eher:) **Gott** weiß, wo/wann/wie/wieviel/...

das wolle Gott! *form path selten* · please God!
Nun, ich hoffe doch, daß die Kriegsgefahr inzwischen vorüber ist. – Das wolle Gott!

js. Gott sein *path selten* · to be s.o.'s idol
Gegen den Albert darfst du nichts sagen, das ist ihr Gott! – Daß die Helga ihre Liebhaber immer derart abgöttisch verehren muß! Deshalb hält die Schwärmerei auch nie lange!

(schon/...) bei Gott sein *path veraltend selten* – js. **Seele** ist (schon/...) bei Gott · s.o. is with the Lord

etw. **für ein Vergelt's Gott tun** *form veraltend selten* · to do s.th. for nothing, to do s.th. without asking for/expecting/... payment
... Der Mann hat dir das ganze Zimmer für ein Vergelt's Gott gestrichen? – Ja, ob du es glaubst oder nicht: er wollte keinen Pfennig dafür haben/(annehmen).

jeder für sich, Gott für (uns) alle! · every man for himself (and God for all)
(Vor einer Prüfung:) ... Und Sie wissen, meine Damen und Herren: wer abschreibt, wird sofort vom Examen ausgeschlossen! Jeder für sich; Gott für uns alle!

das/(etw.) **sei Gott befohlen!** *form veraltend selten* · it/s.th. is in God's hands
Da wird doch nichts passieren bei der Operation? – Das sei Gott befohlen! Hier können wir nur warten und beten, daß alles gutgeht.

Gott behüte (jn. vor etw./davor, zu ...)! *path* · 1. God protect me/... from committing such an act of folly/..., 2. God protect me/... from disease/..., 3. God forbid, God forbid that ..., + let us pray that he/... does not ...
1. Gott behüte mich vor einer solchen Dummheit!
2. Gott behüte dich vor Krankheiten in diesem tropischen Land!
3. vgl. – (eher:) **Gott** bewahre (jn. vor etw./davor, zu ...)

von Gott berufen sein (etw. zu tun) *mst rel* · to be called by God (to do s.th.)
... Der Junge fühlt sich von Gott berufen, das Evangelium zu predigen, meinte er melancholisch. Also kann ich nicht dagegen sein, wenn er Priester werden will.

Gott bewahre (jn. vor etw./davor, zu ...)! *path* · 1. God forbid, 2. God forbid that ..., 3. + let us pray that he/... does not ...
1. Sag' mal, willst du wirklich das Mädchen heiraten, das du da in den Ferien kennengelernt hast? – Gott bewahre! Das ist doch keine Frau fürs Leben!
2. Gott bewahre ihn davor, diesem Erpresser in die Finger zu fallen! Das wäre das Schlimmste, was passieren könnte.
3. Gott bewahre ihn davor, einmal so undankbar zu sein, wie es seine Schwester ist. Abscheulich!

Gott sei Dank · 1. thank God, 2. thanks be to God
1. Gott sei Dank habe ich morgen meinen freien Tag. Da kann ich endlich ausschlafen.
2. Gott sei Dank! Er hat sein Examen bestanden. Ich hatte vielleicht eine Angst, er fiele durch! Welch eine Erleichterung!

dem lieben Gott danken/dankbar sein (müssen/sollen/können) **für** etw. *ugs* · 1. 2. s.o. can/should/... thank his lucky stars for s.th.
1. Er beschwert sich über seine Arbeit? Er kann dem lieben Gott dankbar sein, daß er überhaupt eine Arbeit gefunden hat. Tausende seines Alters liegen auf der Straße.
2. Du mußt dem lieben Gott dankbar sein, daß du wieder ganz gesund bist, und nicht die Monate beklagen, die du im Krankenhaus lagst. Denk' dir, das wäre nicht ausgeheilt!

Gott noch einmal! *ugs selten* – **Gott** nochmal/(noch einmal)! · God Almighty

in Gott entschlafen *form rel selten* – sanft/(sanft und selig) **entschlafen** · to die in the Lord

..., **daß** (es) **Gott erbarm'** *path veraltend selten* · s.o. looks/... so ill/... that it is truly pitiful
Meine Güte, schluchzte sie, der Junge sieht ja so hager und mitgenommen aus, daß (es) Gott erbarm'. Was muß der da in der Klinik durchgemacht haben!

laß dich/laßt euch/... (bloß/nur) **nicht vom lieben Gott erwischen!**/j. soll sich (bloß/nur) nicht vom lieben Gott erwischen lassen! *ugs* · 1. 2. (just) don't get caught!
1. Peter, was machst du denn da? Klaust du da wieder Äpfel in Nachbars Garten? Laß dich bloß nicht vom lieben Gott erwischen, du Strolch!
2. Nun, wir wollen ja nichts sagen. Aber der soll sich bloß nicht vom lieben Gott erwischen lassen! – Irgendwann fällt er bestimmt auf, wenn die Angaben immer falsch!

leben wie Gott in Frankreich *ugs selten* · to be in clover *n*, to lead the life of Riley *n*
... Um die beiden brauchst du dir doch nun wirklich keine Sorgen zu machen, Mutter! Die leben doch wie Gott in Frankreich! Sie führen ein großes Haus, haben ein hohes und gesichertes Einkommen, nicht viel Arbeit ...

Gott gebe/(möge geben), **daß** ... *path* · 1. 2. God grant that ...
1. Gott gebe, daß er bald wieder gesund wird!
2. Gott gebe, daß es so ist, wie du sagst. Leider kann ich es kaum glauben.

Gott sei's gedankt! *path veraltend selten* – **Gott** sei Lob und Dank! · praise be to God!

etw. tun, (so) **wie es Gott gefällt** *selten* · to do s.th. any old how/as it comes/any old way
Der redet, wie es Gott gefällt, einfach drauflos. – In seinem Alter könnte er etwas mehr nachdenken.

geh' mit Gott, aber geh'! *ugs iron* · go in peace but for God's sake go!, for God's sake go!, for goodness' sake, go!
... Sylvia, bitte! Geh' mit Gott, aber geh'! Du hast mich jetzt lange genug gequält! Keine Minute länger!

Gott sei's geklagt! *oft iron* · more's the pity, alas!
... Ich bin ja – Gott sei's geklagt! – ein paar Jährchen älter als du. Wenn ich dir einen Rat geben darf: ...

Gott sei gelobt! *ugs selten* – **Gott** sei gelobt, gepriesen und gebaßgeigt! · God be praised

Gott sei gelobt, gepriesen und gebaßgeigt! *sal selten* · God and all the saints be praised
Christiane hat die Mathematikaufgabe verstanden! Gott sei gelobt, gepriesen und gebaßgeigt! War das eine schwere Geburt!

dieser Mann/... ist von Gott gesandt! *rel – path veraltend selten* · this man/... is a godsend
(Der Sohn eines schwer kranken Vaters zur Mutter:) Da kommt der Herr Reuschel – er will bestimmt Vater besuchen. – Junge, dieser Mann ist von Gott gesandt! Der kann uns helfen! Der kennt den Leiter der Städtischen Klinik und wird uns bestimmt sofort einen Operationstermin besorgen können. Ich werde ihn sofort fragen ...

so wie ihn/sie Gott geschaffen hat *ugs* – im **Adamskostüm/ Evaskostüm** · in one's birthday suit *hum*

Gott sei's getrommelt und gepfiffen! *sal selten* – (eher:) **Gott sei gelobt, gepriesen und gebaßgeigt!** · God and all the saints be praised!

bei Gott und allen Heiligen schwören/versichern/beteuern *path* – **Stein** und Bein schwören · to swear blind that ... n, to swear by all that's holy that ...

so wahr mir Gott helfe! *path Eidesformel veraltend* · so help me God!
So wahr mir Gott helfe, was ich sage, ist die reine Wahrheit!

so wie ihn/sie Gott der Herr geschaffen hat *ugs selten* – im **Adamskostüm/Evaskostüm** · as naked as the day he/... was born, in one's birthday suit *hum*

Gott holt jn. **heim** *rel – form veraltend selten* – **Gott ruft** jn. zu sich · God calls s.o. to him

Gott im Himmel! *path* · 1. 2. my God!, 1. oh, God!, 2. good God!
1. vgl. – bei **Gott** (1)
2. vgl. – gerechter **Gott!**

Gott, ja, ...! *ugs* · my goodness!, my God!
Hast du schon gehört, der Fritz ist ohne Führerschein gefahren und hat Scherereien mit der Polizei bekommen. – Gott, ja, so etwas kann passieren! Da braucht man doch nicht gleich ein solches Theater zu machen.

du kannst/der Peter kann/... Gott auf den Knien dafür danken, daß ... *ugs – path* · you/Peter/... can go down on your/... knees and thank the Lord that..., you/Peter/... can thank your/... lucky stars that ...
(Sohn – Vater:) Das Gehalt ist zwar nicht gut, aber ... – Junge, das Gehalt spielt überhaupt keine Rolle! Du kannst Gott auf den Knien dafür danken, daß du überhaupt eine Stelle gefunden hast. Hast du schon mal überlegt, was es für deine Familie bedeuten würde, wenn du langfristig arbeitslos wärst?

jeden Tag/jede Stunde/... den/die der liebe Gott/den/die Gott kommen/(werden)/(erscheinen) läßt, ... *ugs* · 1. 2. every hour/... God sends
1. Jeden Tag, den der liebe Gott kommen läßt, geht dieser alte Mann hier spazieren. – Das ist sein Tagwerk jetzt, nach seiner Pensionierung.
2. Jeden Tag, den der liebe Gott kommen läßt, ins Büro, jeden Tag an die Schreibmaschine ..., immer dasselbe!

Gott sei Lob und Dank! *rel – path selten* · praise be to God!
Unser Vater hat die Operation glücklich überstanden! – Gott sei Lob und Dank! Was hatte ich eine Angst!

etw. **nur um Gottes Lohn tun** *veraltend selten* · to do s.th. for the love of God
... Wer tut schon heute noch was nur um Gottes Lohn – wie die nicht umsonst veraltete Redensart sagt? Die kleinste Kleinigkeit muß man bezahlen; sonst rührt keiner einen Finger.

jn. **zu seinem Gott machen** *path selten* · to worship s.o., to idolise s.o.
... Daß die Gisela aber auch jeden neuen Liebhaber zu ihrem Gott machen muß! Wenn man jemanden derart abgöttisch liebt, kann doch die Enttäuschung nicht ausbleiben.

den lieben Gott einen guten/(frommen) Mann sein lassen *ugs* · 1. 2. to live for the day
1. Er macht seine Arbeit und im übrigen läßt er den lieben Gott einen guten Mann sein und kümmert sich um nichts.
2. So unbekümmert wie der Bertolt möchte ich auch mal sein! Während sich alle hier Sorgen um ihre Zukunft machen, läßt der den lieben Gott einen guten Mann sein und genießt das Leben.

vor Gott und den Menschen seine Pflicht tun *path* · to do one's duty before/to man and God
Ob die dich kritisieren oder nicht, ist nebensächlich. Vor dir selbst mußt du bestehen können. Wenn du vor Gott und den Menschen deine Pflicht getan hast, brauchst du Vorwürfe nicht zu fürchten.

an Gott und den Menschen (ver-) zweifeln (können) *path* · to despair of everything
Wenn du diesen Egoismus hier siehst, die Lügen, die Manipulationen, dann kannst du an Gott und den Menschen verzweifeln. Sinnlos, das Ganze!

Gott sei mit dir/Ihnen/(ihm/...)! *rel – path* · God be with you/...!
(Abschied am Bahnhof:) Gott sei mit dir, Gerd! Ich weiß nicht, wann wir uns wiedersehen ... Alles, alles Gute! – Alles Gute, Monika. Tschüß!

bei Gott nicht (... können/falsch gehandelt haben/...) *path* · in all conscience s.o. is not to blame/...
... Der Junge hat bei Gott keine Schuld. Er hat getan, was er konnte.

j. **ist** (ja) **weiß Gott nicht/kein ..., aber/...** *path* · God knows s.o. is not petty/mean/... but/...
... Mein Vater ist ja bei Gott nicht kleinlich! Aber 1.500,– Mark für eine Klassenfahrt – das schien ihm doch ein bißchen happig. – Hat er beim Klassenlehrer Rabatz gemacht?

Gott nimmt jn. **zu sich** *form rel* – **Gott ruft** jn. zu sich · God calls s.o. to him

Gott nochmal/(noch einmal)! *ugs* · 1. God Almighty! 2. my goodness!, my God!
1. Gott nochmal! Wie oft muß ich noch sagen, ihr sollt keinen solchen Lärm machen!
2. vgl. – **Gott, ja ...!**

Gott ruft jn. **zu sich** *form rel* · God calls s.o. to him!
»Heute rief Gott unseren lieben Vater, Bruder, Großvater, Onkel Herbert Gralberg zu sich. Er starb in Frieden, versehen mit den Sakramenten der römisch-katholischen Kirche ...«

(schon/...) in Gott ruhen *rel* · 1. here lies/lie/... ..., 2. s.o. is in heaven
1. (Auf einem Grabstein:) Hier ruht in Gott Josephine Kindler, geb. ...
2. vgl. – js. **Seele** ist (schon/...) bei Gott

bei Gott schwören *rel – path selten* – **Stein** und Bein schwören · to swear to God that ...

Gott hab' ihn/sie selig! *form veraltend selten* · God/the Lord have mercy on him!
... Ganz korrekt hat unser Dietrich damals ja nicht gehandelt ... – Gott hab' ihn selig! – wir wollen ihm jetzt nicht nach seinem Tod Vorwürfe machen; er hat es sicher gut gemeint ...

(mal/...) **den lieben Gott spielen** *ugs* · to play God
... So, heute abend laßt ihr mich mal den lieben Gott spielen und alles allein organisieren und dirigieren! Morgen könnt ihr dann an dem Fest Kritik üben, wenn es euch nicht gefallen hat.

Gott steh' mir/uns bei! *path selten* – gerechter **Gott** (1) · good God!, my God!

Gott soll mich strafen, wenn ... (nicht) *path selten* – ich will des **Todes** sein, wenn ... · may I be struck dead if ...

dem lieben Gott den Tag/(die Tage/die Zeit) stehlen *ugs* · 1. to laze away the day, 2. to sit there/around/... twiddling one's thumbs
1. Was macht denn der Breitkamp bei euch auf dem Büro? – Der, der stiehlt dem lieben Gott den Tag! Nichts macht der. Ohne den würde alles genauso laufen. Wenn er nicht da wäre, würde man das gar nicht merken.
2. vgl. – (dastehen/dasitzen/... und) **Däumchen** drehen

Gott verdamm' mich! *sal selten* · (God) damn it!
Gott verdamm' mich! Jetzt hab' ich mich doch schon wieder in den Finger geschnitten! Verflucht nochmal!

das möge der liebe Gott verhüten! *path – jov* – das möge der **Himmel** verhüten · heaven forbid!

du bist/er ist/Onkel Bernd ist/... wohl ganz/(ganz und gar) von Gott verlassen *ugs* – nicht (so) (ganz/(recht)) bei **Trost** sein (1) · you/he/Uncle Joe/... have/... got a screw loose/...

da sei Gott vor! *path selten* · God forbid!, heaven forbid!
… Es ist schon so spät! Er kommt gar nicht! Da ist doch nichts passiert?! – Da sei Gott vor!

Gott weiß, wo/wann/wie/wieviel/… *path* · 1. 2. 3. God knows where/when/how/…
1. Er hat sich wieder Gott weiß wie angestellt. Da ist ja klar, daß die Leute ihn auf die Dauer nicht mehr ernstnehmen.
2. Sie hat den Paß wieder Gott weiß wohin gesteckt, und jetzt können wir ihn stundenlang suchen.
3. Er fährt in den Ferien immer Gott weiß wohin: nach Afrika, Südamerika. Irgendwann macht er sich nach China auf.

Gott und alle/(die)/die halbe Welt einladen/… *ugs* · to invite/… just about everybody
Zu seinem Geburtstag hat der Erich wieder Gott und alle Welt eingeladen. Bestimmt 45 Personen. Die Hälfte kannten wir kaum.

Gott und alle/(die)/die halbe Welt kennen/… *ugs* · to know everyone (there is to know)
Der Felix kennt aber auch Gott und die Welt. Wenn du mit dem durch die Stadt spazierst, kannst du alle zwei Minuten jemanden begrüßen.

vor Gott und der Welt seine Pflicht getan haben/… *path selten* · to have done one's duty before God and man *tr.*
… Meinetwegen können die ruhig einen Prozeß machen und auch meine Rolle in der ganzen Angelegenheit prüfen. Ich habe vor Gott und der Welt immer meine Pflicht getan und brauche mich vor niemandem zu verstecken.

über Gott und die Welt reden/… *ugs* · to talk/… about everything under the sun, to talk/… about everything and anything
… Ach, diese Reden von dem Kahl! Der quatscht über Gott und die Welt – nur über die Dinge, die den Leuten auf den Nägeln brennen und über die er unbedingt reden müßte, darüber sagt er nichts/verliert er kein Wort/schweigt er sich aus.

mit Gott und der (halben) **Welt verwandt sein** *ugs* · to be related to everyone under the sun, to be related to all and sundry, to be related to the world and his wife
Das letzte Mal wandte der Richard sich an einen Cousin, heute an einen Onkel … der scheint ja wohl immer einen in der Familie zu haben, der ihm helfen kann! – Er ist mit Gott und der halben Welt verwandt. Die Familie lebt seit Generationen hier …

so Gott will, … *path od. iron* · God willing
Wann machst du nun dein Schlußexamen? – So Gott will, Ende September. – Warum »so Gott will«? Wovon hängt das denn noch ab?

dem lieben Gott die Zeit stehlen *ugs* · 1. 2. to laze the day away, to waste one's time
1. vgl. – dem lieben **Gott** den Tag/(die Tage/die Zeit) stehlen
2. vgl. – (dastehen/dasitzen/… und) **Däumchen** drehen

Gott ist mein Zeuge, daß … *path* · as God is my witness
Gott ist mein Zeuge, daß ich an jenem Abend die ganze Zeit zu Hause war! Ich kann die Frau also nicht überfallen haben! Ich will auf der Stelle tot umfallen, wenn das nicht die reine Wahrheit ist, Herr Richter!

Gott zum Zeugen anrufen *path selten* · to swear to God that, to call God as his witness that …
So sehr er Gott auch zum Zeugen anrief, daß er an dem fraglichen Abend die ganze Zeit zu Hause war: das Gericht wollte ihm nicht glauben.

von Gott im Zorn erschaffen (worden) **sein/**jn. hat Gott im Zorn erschaffen *sal – path* · God must have had a bad day when he made s.o., God left something out when he put s.o. together
Meine Güte, diese Frau hat Gott im Zorn erschaffen. So etwas Häßliches und Unsympathisches ist mir in meinem ganzen Leben noch nicht über den Weg gelaufen.

darüber/über etw. streiten sich die Götter *ugs* – darüber/über etw. sind sich die **Gelehrten** nicht einig/(uneins)/die Gelehrten sind … einig …, ob … · + that/it is a moot point

wann/wo/wie/ob …, das wissen die Götter! *ugs* · only the gods can say/tell when/where/how/whether/…
Ob wir im nächsten Jahr wirklich aus den roten Zahlen herauskommen, das wissen die Götter. Da möchte ich keine Prognose wagen.

die Götter in Weiß *Krankenhaus(chef)ärzte ugs – path od. iron* · gods in white coats *tr*
… Lieber zu Hause in Ruhe sterben als diesen Göttern in Weiß ausgeliefert sein, das war seine Devise.

Gotterbarmen: zum Gotterbarmen sein/aussehen/spielen/… *path* · 1. 2. to play/to sing/… pitifully/abysmally/dreadfully/…, 2. to look dreadful/terrible/…
1. Ja, Klavier spielen kann er, aber frag' bloß nicht, wie! – Schlecht? – Zum Gotterbarmen!
2. Der Junge sieht ja zum Gotterbarmen aus! Was haben die mit dem denn bloß in der Klinik alles angestellt?!

Göttern: du bist/er ist/Onkel Bernd ist/… **wohl von allen Göttern verlassen** *ugs selten* – nicht (so) (ganz/(recht)) bei **Trost** sein · you/he/Uncle Joe/… must have taken leave of your/… senses

von den Göttern verwöhnt sein *ugs selten* – vom **Schicksal** verwöhnt sein · fate has made things easy for s.o., fate has smiled on s.o.

Gottes: leider Gottes etw. nicht tun können/tun müssen/… *form* · unfortunately s.o. cannot/… do s.th.
14 Tage dauert die Bearbeitung des Antrags? Das bedeutet für uns einen großen Schaden. – Das glaube ich gern, aber ich kann das leider Gottes nicht ändern. Selbst wenn wir ihn hier noch heute bearbeiten, geht es nicht schneller; die anderen Instanzen brauchen so lange. (Es) tut mir leid, aber …

(schon/…) in Gottes Erdboden ruhen *path selten* · to be in the grave, to have passed away *euphem*
Alle seine ehemaligen Klassenkameraden ruhen schon in Gottes Erdboden. Er ist der einzige, der noch lebt.

Kaiser/König/(…) von Gottes Gnaden *hist* · Emperor/King/… by the grace of God
… Das 'von Gottes Gnaden' gehörte im Grunde zum Titel, Albert, ja! Es drückte aus, daß der Kaiser oder König seine Macht nicht von den Menschen – etwa einem 'Rechtstand', einem Parlament o. ä. – verliehen bekam, sondern von Gott.

(ganz) in Gottes Hand liegen/das/(etw.) liegt (ganz) in Gottes Hand *form path* · 1. 2. to be in God's hands
1. vgl. – in **Gottes** Hand stehen/das/(etw.) steht (ganz) in Gottes Hand (2)
2. vgl. – das/(etw.) liegt (ganz) bei **Gott**

in Gottes Hand stehen/das/(etw.) steht (ganz) in Gottes Hand *form path* · 1. 2. 3. to be in God's hands
1. Wir können nur säen, düngen, bewässern … unsere tägliche Pflicht tun. Was daraus wird, das steht in Gottes Hand/der Erfolg steht in Gottes Hand.
2. Wir stehen alle in Gottes Hand. Niemand weiß, was ihn erwartet. *selten*
3. vgl. – das/(etw.) liegt (ganz) bei **Gott**

in Gottes Namen kann/soll/… j. etw. tun *ugs* · 1. 2. then in heaven's name/in God's name/… do s.th./s.o. should do s.th.
1. Laß mich doch mitfahren mit den anderen! – In Gottes Namen, fahr'! Ich bin zwar nach wie vor gar nicht dafür, aber du sollst mir nachher nicht sagen, du darfst nicht, was die anderen dürfen.
2. … Der Kurt will aber unbedingt an dem Wettbewerb teilnehmen! – Dann soll er in Gottes Namen teilnehmen! Er soll mir nur nachher nicht damit kommen, er käme mit seiner Zeit nicht durch, ich soll ihm helfen …!

Gottes freie Natur/in … freier … *path* · out in the open, under the vault of heaven *rare*
… Nein, wir zelten lieber. Wir finden es einfach schöner, in Gottes freier Natur zu übernachten als in so einem Hotel. Besonders in einer so wunderbaren Gegend! …

etw. **ist** (bestimmt/(…)) **in Gottes Rat** *rel – path selten* · it is God's will (that …)

(Eine alte Frau, deren Mann im Krankenhaus liegt:) Es ist in Gottes Rat, Herr Pastor, daß mein Mann stirbt. Ich fühle das. Und wenn es so bestimmt ist, wollen wir uns damit abfinden. Wir kennen den Sinn der Ratschlüsse des Himmels nicht.

nach Gottes unerforschlichem Ratschluß/Gottes unerforschlichem Ratschluß hat es gefallen/(…) *rel – path selten* · according to the unsearchable counsel of God, in accordance with the unfathomable will of God, according to God's inscrutable ways, according to God's inscrutable will

(Eine ältere Frau nach der Beerdigung ihres Mannes:) Wenn es Gottes unerforschlichem Ratschluß gefallen hat, unseren Richard zu sich zu nehmen, wollen wir jetzt nicht rechten und verbittert sein, sondern uns in den Willen Gottes fügen.

vor Gottes Richterstuhl treten (müssen) *rel – path* · 1. to (have to) appear before the seat of judgement, 2. to enter on one's last journey, to (have to) go to meet one's maker

1. (Der Pfarrer in der Predigt:) Und wie wollt ihr euch für die Ungerechtigkeiten verantworten, die ihr euren ausländischen Mitbürgern gegenüber begeht, wenn ihr einmal vor Gottes Richterstuhl tretet? Da gibt es keine Ausflüchte mehr, keinen Hinweis auf andere Sitten …

2. vgl. – die/seine letzte **Reise** antreten (müssen) (1)

unter/(in) Gottes Schutz stehen *rel selten* · to stand under divine protection, to stand under the protection of God

… Hier in die Kirche dringt die Polizei aber nicht ein, sagen Sie? – Nein! Hier stehen Sie sogar nach der Praxis – wenn auch nicht nach der Lehre – des Kommunismus unter Gottes Schutz. Aber man wird die Kirche natürlich umstellen. Ewig können wir ja nicht hier drin bleiben …

Gottes Segen auf jn./etw. **herabflehen** *rel – path selten* · to call down God's blessing on s.o./s.th.

(Ein Pfarrer:) Wenn die Ärzte nichts mehr tun können, bleibt mir nur noch, Gottes Segen auf die junge Frau herabzuflehen. Möge der Herr im Himmel lohnen, was sie hier auf Erden gelitten hat.

möge Gottes Segen auf jm./e-r S. **ruhen** *rel – path selten* · God's blessing be with you, God's blessing on it

(Eine alte Frau zu einem gerade getrauten jungen Ehepaar:) Möge Gottes Segen das ganze Leben hindurch auf euch ruhen, Kinder! Ich wünsche euch von Herzen alles Gute.

um Gottes willen (nicht) …! *path* · 1. 2. 3. 4. for God's sake!

1. Soll ich dem Briesel nicht doch mal anständig die Meinung sagen? – Um Gottes willen! Bloß nicht! Dann wäre alles verdorben.
2. Um Gottes willen, geh' mit deiner Zigarette von dem Benzinbehälter weg!
3. Paß um Gottes willen auf, wenn du mit den Kindern ans Meer gehst! Sie sind so unreflektiert …
4. Laß um Gottes willen den Kristallkrug nicht fallen!

Gotteserbarmen: zum Gotteserbarmen aussehen *path selten* · to look dreadful

Schau dir diesen alten Mann an, er sieht ja zum Gotteserbarmen aus. – Seitdem ihn sein Sohn verlassen hat, hungert er sich so durch.

Gottesgnade: das/etw. ist eine Gottesgnade *path* · it/s.th. is a god-given talent, it/s.th. is a divine gift

So malen zu können, das ist eine Gottesgnade!

Gotteslohn: für/(um) einen Gotteslohn arbeiten/etw. tun *form veraltend selten* · to work/to do s.th. for nothing

Jahrelang hat er nach dem Krieg auf einem Bauernhof für einen Gotteslohn gearbeitet. Aber er mußte froh sein, überhaupt eine Arbeit zu haben.

gottverlassen: eine gottverlassene Gegend/(…)//sich **gottverlassen** fühlen/…//wer ist/… denn so gottverlassen, … *ugs* · 1. a godforsaken area/region/hole/…, 2. to feel abandoned *n*, to feel godforsaken *tr*, 3. to be godless, to be wicked *n*

1. (Auf einer Reise nach Südspanien:) Das Benzin geht aus! Gibt es denn in dieser gottverlassenen Gegend keine einzige Tankstelle? – Du kannst nicht zugleich eine einsame Landschaft und zig Tankstellen haben, Ulrich! – Eine, Mensch! Eine genügt!

2. … Klar, wenn es einem gut geht, dann fehlen die Kontakte nicht. Aber wenn man in Not ist, sieht das leider anders aus. Ich habe mich in meinem Leben nie so gottverlassen gefühlt wie nach der Entlassung bei Schuckert. Da wirst du gemieden wie die Pest.

3. … Meinst du wirklich, es könnte jemand so gottverlassen sein und einen Atomkrieg beginnen? So etwas könnte doch nur ein Irrer tun!

Götz: (jm. den Ausdruck von) **Götz von Berlichingen** (an den Kopf werfen/…) *ugs selten* · to tell s.o. to eff off/to get stuffed/… *vulg*

… Und dann noch eins: das mit dem Götz von Berlichingen, das könntest du in Zukunft vielleicht ein bißchen einschränken! – Du meinst, weil ich gesagt habe: leck' mich am Arsch? Was ist denn dabei? Das sagt doch heute jeder. – Aber nicht zu Älteren …

Götzen: den falschen Götzen dienen *form – path* · to worship idols, to worship false gods

… Der letzte Grund für all die Mißstände in unserer Gesellschaft, meinte Herr Beinhauer, ist ganz einfach die Tatsache, daß wir alle den falschen Götzen dienen: Geld, Luxus, Auto, Zigaretten … Eine Gesellschaft kann nach seiner Überzeugung auf die Dauer nur bestehen, wenn die echten Werte auch an erster Stelle stehen.

Grab: jm. **treu sein bis ans Grab** *path* – jm. die Treue halten/ treu sein/(dankbar sein/…) bis übers/über das **Grab** hinaus · to be loyal/faithful/true to s.o. till death and after

verschwiegen sein/schweigen/stumm sein/(still sein) (können) wie ein Grab *path* · s.o. can keep absolutely mum *coll*

Bei dem Theo ist das Geheimnis gut aufgehoben. Er ist verschwiegen wie ein Grab.

j./etw. **wird** jn. **noch ins Grab bringen** (mit etw.) *path* – (eher:) j. wird jn. noch unter die **Erde** bringen (mit etw.) · s.o. will be the death of s.o.

ein Grab in fremder Erde gefunden haben *path selten* – in fremder **Erde** ruhen · to lie/to rest in foreign soil

ein feuchtes/nasses Grab finden *path selten* – sein **Grab** in den Wellen finden · to go to a watery grave

ein frühes Grab finden *path selten* · to die young, to die before one's time

Niemand hätte gedacht, daß ihr hoffnungsvoller Sohn ein so frühes Grab finden würde. – Wie alt war er, als er starb? – 27.

jm. **ins Grab folgen** *path* – jm. in den **Tod** folgen · to follow s.o. to the grave

sich selbst das/**sich das eigene/sein eigenes Grab graben** *path* – sich selbst das/sich das eigene/sein eigenes **Grab** schaufeln · to dig one's own grave

jm. die Treue halten/treu sein/(dankbar sein/…) **bis übers/ über das Grab hinaus** *path* · to remain true/loyal beyond death

Die Waltraud war erst 29, als ihr Mann starb, und wie du dir denken kannst, bekam sie noch manches Heiratsangebot. Aber sie hielt ihm die Treue bis übers Grab hinaus.

jn. **ins Grab legen** *form veraltend selten* · to bury s.o., to entomb s.o. *rare*

… Wie wollen die Menschen heute 'Christi Grablegung' richtig verstehen? Heute legt man die Toten doch nicht mehr ins Grab. Heute lassen Leute, deren Beruf das ist, den geschlossenen Sarg in die Gruft …

ein Geheimnis/… **mit ins Grab nehmen** *form* · to take a secret with one to the grave

Niemand hat je erfahren, wer der Vater ihres Sohnes gewesen ist. Sie nahm das Geheimnis mit ins Grab.

schon/… im Grab(e) ruhen *form selten* – schon/… unter der **Erde** liegen · s.o. has been dead and buried for … days/ weeks/…

sich selbst das/**sich das eigene/sein eigenes Grab schaufeln** *path* · 1. 2. to dig one's own grave

1. Wenn der Peter fortfährt, wie bisher nach allen Seiten beleidigende Äußerungen zu machen, schaufelt er sich das eigene Grab. In der

Politik braucht man Rückendeckung, auch in seiner Position. Er ruiniert sich damit selbst.

2. ... Mit seiner übertriebenen Raucherei und dem vielen Alkohol schaufelt er sich noch sein eigenes Grab. Das hält sein Körper nicht mehr lange aus.

ins Grab sinken *path selten* · to pass away *euphem*

... Er war völlig verbraucht, als er pensioniert wurde, und kaum ein Jahr später ist er ja dann auch ins Grab gesunken. Seine Frau überlebte ihn noch um gut zehn Jahre.

wenn j. wüßte/hörte/sähe/..., (dann) würde er sich (noch) im Grab(e) umdrehen *path* · s.o. would turn in his grave if he knew that ...

Wenn sein Vater wüßte, was er aus dem Geschäft gemacht hat, dann würde er sich noch im Grabe umdrehen! So eine Schande!

sein Grab in den Wellen finden *path selten* · to drown, to go to a watery grave

Euer Willy war der einzige von den acht Kindern, der früh gestorben ist? – Ja; er fand sein Grab in den Wellen. Er war Seemann, erst auf einem Handelsschiff, dann im Krieg, auf der 'Bismarck'. Du weißt, daß die 'Bismarck' mit rd. 2.000 Leuten untergegangen ist.

jn. zu Grabe läuten *form* · to toll the bells for s.o.'s funeral, to toll the bells for s.o., to sound s.o.'s funeral knell

(In einem kleinen Dorf:) Da läuten ja schon wieder Kirchenglocken! Wen läuten sie denn jetzt zu Grabe? – Der alte Herr Kerkermann ist gestorben.

jn. zu Grabe tragen *path selten* – jn. zur letzten **Ruhe** betten/(bringen) · to lay s.o. to rest

Hoffnungen/(Pläne/...) **zu Grabe tragen** (müssen) *path* – alle Hoffnung/Hoffnungen/... **fahren** lassen (müssen) · to (have to) abandon/give up one's hopes/...

Grabesrand: am Grabesrand stehen *path* – (eher:) am **Rand(e)** des Grabes stehen · to be on the verge of death, to have one foot in the grave

Grabesstimme: mit Grabesstimme sprechen/... *path* · to speak in/with a sepulchral/funereal/lugubrious/... voice

Wenn sich dein Vater da mit Grabesstimme am Telefon meldet und dann sagt: »Stören wir das Mädchen wieder ...«, hätte ich jedesmal Lust, sofort wieder einzuhängen.

Grabgeleit: jm. das Grabgeleit geben *form veraltend selten* – jn. auf seinem letzten **Weg** begleiten · to pay one's last respects to s.o., to go to s.o.'s funeral, to accompany s.o. on his last journey

Grabgesang: (nur noch/...) der Grabgesang für etw./e-r S. **sein** *path selten* · (to be nothing but/...) the death-knell for s.th.

... Ach, diese Reden über 'Idealismus' und 'Sozialismus'! Das Ganze ist doch nur der Grabgesang einer gescheiterten Politik. – Wie, meinst du, der Sozialismus wäre für immer erledigt/tot?

Grabmal: das Grabmal/Grab des Unbekannten Soldaten · the tomb of the Unknown Warrior/Soldier

Wenn ich auch an sich wenig Sinn für Krieg, Soldaten usw. habe, sagte er nachdenklich: es ist schön, den einfachen Soldaten, der für sein Vaterland gestorben ist, durch das Grab des Unbekannten Soldaten zu ehren.

Grabscher: ein (ekelhafter/(elendiger)) Grabscher (sein) *sal* · a nasty/... groper, a man who's always pawing/trying to touch up/... women/...

Der Christoph ist ein elender Grabscher! Immer, wenn ihm eine Frau gefällt, versucht er, sie gleich zu befingern und zu betatschen.

Grad(e): in gewissem Grad(e) · to a certain extent, to a certain degree

In gewissem Grad hat er recht, wenn er meint, das Hauptziel der Wirtschaftspolitik müsse die Vollbeschäftigung sein. – Aber das kann doch nicht das einzige Ziel sein!

bis zu einem gewissen Grad(e) · 1. 2. 3. to a certain extent, up to a certain point

1. Bis zu einem gewissen Grade hängt der Erfolg vom Glück ab; aber nicht nur, wie er meint.

2. Bis zu einem gewissen Grad hat er recht.

3. Bis zu einem gewissen Grad läßt er den Angestellten freie Hand. Aber in den wichtigen Sachen entscheidet er natürlich selbst.

im höchsten Grad (enttäuschend sein/...) · extremely/absolutely/... disappointing/inappropriate/...

... Ihre Antworten sind im höchsten Grade deplaziert!

in hohem Grad(e)/(im hohen Grad(e)/in einem hohen Grad(e)) · 1. to a large extent, 2. extremely

1. In hohem Grade hängt die Ernte natürlich vom Wetter ab.

2. Der Otto ist in hohem Grade verlogen. – Wirklich? Ein wenig unehrlich, das finde ich auch; aber so stark?

in einem so hohen Grad(e), daß/... · s.o. is so (extremely) lazy that/...

Der Willi ist in einem so hohen Grade faul, daß ihm auch seine überdurchschnittliche Intelligenz nicht viel nützt.

sich um 180 Grad drehen – (eher:) eine **Wendung** um/von 180/hundertachtzig Grad machen/vollziehen · to do a 180 degree turn

ein Übersetzer/Furzer/... **von hohen Graden** *mst iron* · a boozer/... of the first order/water/..., a translator/... of the first order/water/...

(Aus einer Buchrezension:) Der Held, ein Säufer von hohen Graden, ist gerade mal wieder volltrunken, da erhält er den Besuch einer Jugendfreundin ...

ein Verwandter **ersten/zweiten/dritten/... Grades** · a relative once/twice/... removed, a third cousin

... Ach Karl, was interessiert mich das, ob die Annette eine Cousine zweiten, dritten oder vierten Grades von uns ist!

gradestehen: für jn./etw. **gradestehen** (müssen) · 1. 2. to (have to) take the responsibility for s.o./s.th. 1. to (have to) answer for s.th. to s.o.

1. Wer muß denn vor der Geschäftsleitung für die Abteilung gradestehen, Sie oder ich? Also! Wenn ich zu verantworten habe, was hier gemacht wird, dann hab' ich auch das letzte Wort.

2. Für meine Kinder steh' ich grade! Dafür brauche ich den Staat oder die Kirche nicht.

Graf: Graf Koks (von der Gasanstalt) *sal iron selten* · (like) Lord Muck *coll*

Guck' dir unsern Robert an, in welchem Aufzug der da erscheint – gestreifter Anzug, Fliege, Strunztüchlein ... – und wie 'pfornehm' der auftritt – wie Graf Koks von der Gasanstalt!

Graf Rotz (von der Backe) *vulg – iron selten* · (like) Lord Muck *coll*

Guck' dir den Robert an, der benimmt sich mal wieder wie Graf Rotz: großsprecherisch, unverschämt, über die anderen weggehend, als wären sie Luft ...! Unmöglich, dieser Kerl.

angeben wie Graf Rotz *vulg selten* – angeben wie ein **Sack** Seife · to show off like nobody's business

gram: jm. gram sein *form veraltend selten* · to be cross/angry/annoyed/... with s.o. about s.th., to harbour a grudge against s.o. about s.th.

Bist du mir immer noch gram wegen meiner Bemerkung gestern, Christl? – Ach, Erich! Erstens bin ich nicht nachtragend, zweitens hast du das nicht so gemeint und drittens werde ich doch jetzt nicht mein halbes Leben mit einer mißmutigen, grollenden Miene herumlaufen.

Gram: von Gram gebeugt (sein) *path veraltend selten* · bowed down with grief/sorrow

(Erinnerungen eines Älteren:) Und wenn dann eine alte Frau, von Gram gebeugt, ins Zimmer wankt und dich um eine Hilfe für ihren kranken Sohn bittet – da kannst du nicht nein sagen; auch wenn du weißt, daß am nächsten Tag jemand kommt, vom Leid genau so geprüft, mit demselben schleppenden Schritt ...

Granate: voll wie eine Granate (sein) *sal selten* – blau wie ein **Veilchen** (sein) · to be totally/... pissed, to be pissed out of one's mind/head/...

Grand: einen Grand (aus der) **Hand haben/ausspielen** *Skatspiel* · to play a grand solo

… Wir brauchen gar nicht lang' zu reizen: 'Grand Hand'! – Ach du lieber Gott, hat der wieder alle Asse!

einen Grand mit Vieren spielen/haben *Skatspiel* · to have/ to play a grand solo with four aces

Was hast du gesagt? 'Grand', nicht? Hast du wieder alle Asse? – Nicht 'wieder'. Aber diesmal hab' ich tatsächlich einen Grand mit Vieren.

Granit: hart wie Granit sein *ugs* · to be as hard as granite

Den Steinmann machen die nicht fertig! Den nicht! Der ist hart wie Granit. Dem können sie so scharf zu Leibe rücken, wie sie wollen: der gibt nicht nach.

bei jm. auf Granit beißen (in/mit etw.) *ugs* · to bash/beat one's head against a brick wall (with/about s.th.)

Ihr wißt zur Genüge, daß ich prinzipiell zu Kompromissen bereit bin. Aber mit diesen Forderungen beißt ihr bei mir auf Granit. Sie sind erstens unberechtigt und zweitens übertrieben. Da erreicht ihr bei mir nichts. Gar nichts!

grano: etw. cum grano salis verstehen/auffassen/nehmen/… (müssen) *lit* · to (have to) take s.th. with a pinch of salt

Wenn der Onkel Peter sagt: »der Udo ist faul«, dann mußt du das cum grano salis nehmen. Er will damit nicht sagen, daß der Udo (absolut) nichts tut. Er meint, er könnte mehr tun – und dann würde er auch mehr erreichen.

Grant: einen Grant haben (wegen etw.) *österr ugs* – schlechter **Laune** sein/(bei schlechter Laune sein)/schlechte Laune haben · to be in a bad/foul/… temper, to be in a bad/foul/… mood

Gras: ins Gras beißen (müssen) *sal* · to bite the dust

Jetzt, wo seine Schulden endlich bezahlt sind, muß er ins Gras beißen. Das Schicksal ist doch grausam! – Das kann man auch anders sehen: wäre er vorher gestorben, hätten seine Kinder keine Zukunft gehabt.

über etw. ist (längst/…) **Gras gewachsen** *ugs* · it's all over and done with, it's all in the past, it's all dead and buried

… Über die unleidige Geschichte ist doch längst Gras gewachsen. Die alten Kamellen werden wir doch jetzt nicht wieder ausgraben! Wo niemand mehr daran denkt!

wo j. hinhaut/hinschlägt/hintritt/…, da wächst kein Gras mehr *sal* · + s.o. destroys everything he lays his hands on *n*, + one punch from him/… and you're out *n*

… Mein Gott, ich hatte gesagt, er sollte ein paar Nägel für die Bilder in die Wand schlagen, nicht: die Wand zertrümmern. – Das hättest du doch ahnen können, Albert! Du weißt doch: wo der Junge hinschlägt, da wächst kein Gras mehr.

schon/… das Gras von unten sehen/betrachten/wachsen hören (können) *sal* – schon/… unter der **Erde** liegen · s.o. is pushing up daisies

j. tut so, als hörte er das Gras wachsen/als könnte er das Gras wachsen hören *sal* – j. meint, er hört/(höre) das **Gras** wachsen/könnte/(könne) das Gras wachsen hören · s.o. thinks he knows all the answers

j. meint, er hört/(höre) das Gras wachsen/könnte/(könne) das Gras wachsen hören *sal* · s.o. thinks he knows all the answers *coll*

… Der Fritz hat schon wieder eine Lösung parat, nicht?! – Ja, klar! Das ist ein Neunmalkluger. Du meinst, er hört das Gras wachsen. Unausstehlich, diese Leute, die sich für superschlau halten und in Wirklichkeit nur Blech verzapfen.

über etw. Gras wachsen lassen · to let the dust settle (over s.th.)

… Ich würde da jetzt gar nichts tun. Denn was du auch machst, es ist immer falsch. Ich würde über die Sache Gras wachsen lassen. Und du wirst sehen: nach spätestens zwei, drei Monaten spricht kein Mensch mehr davon.

Gräten: sich die Gräten brechen *sal* – sich die **Knochen** brechen · to break one's bones

ich brech' dir/dem Peter/…/(mein Onkel bricht …) alle/die Gräten einzeln *sal selten* – du kannst dir/der Peter kann sich/… die **Knochen** (einzeln) numerieren lassen · I'll break every single bone in your/his/John's/… body

Gräten im Gesicht haben/mit … herumlaufen/… *sal selten* · to walk around/… with stubble on one's face *coll*, to walk around/… with designer stubble, to walk around/… with a four o'clock shadow

… Ach, du meinst den Kerl, der da immer mit Gräten im Gesicht herumläuft – unrasiert und fern der Heimat?

nur noch in den Gräten hängen *sal selten* · to be on one's last legs

Hast du den Klaus Bertram mal gesehen in der letzten Zeit? – Nein. Warum? – Der sieht aus wie jemand, der nur noch in den Gräten hängt: total ausgelaugt, abgemagert, leerer Augenausdruck …

gratis: gratis und franko *ugs scherzh selten* · free of charge, for free, buckshee, gratis and for free

… Die historische Grammatik brauchst du also nicht zu kaufen. Die geb' ich dir, gratis und franko. Ich hab' zwei Exemplare. Die kannst du also für immer behalten.

gratulieren: darf man (schon) **gratulieren?** *ugs* · 1. 2. may I/ we/… offer my/our/… congratulations?

1. Wie geht's Ihrer Frau? Darf man schon gratulieren? – Ja. – Und …? – Es ist ein Junge.

2. Darf man gratulieren? – Nein, noch nicht. Es fehlt noch eine schriftliche Klausur, dann ist alles überstanden.

sich gratulieren können, daß *ugs* · s.o. can count himself lucky that …

Du bist mit deinem Anfangsgehalt nicht zufrieden? Junge, du kannst dir gratulieren, daß du überhaupt eine Stelle gefunden hast. Ein etwas höheres oder niedrigeres Gehalt ist in deiner Lage doch wirklich nicht das Wichtigste.

Graupen: (große) Graupen im Kopf haben *ugs selten* – (große) **Rosinen** im Kopf haben · to have/to be full of/… big ideas

Graus: das/es ist ein Graus (mit jm./etw.) *path selten* – das/es ist ein **Elend** (mit jm./etw.) · + s.o. is hopeless, + s.o. makes you want to weep

Grausen: jn. packt das kalte Grausen *path* · a cold fear runs through s.o., + s.o. is scared out of his wits

… Als wir dann das Grollen des Erdbebens hörten, packte uns das kalte Grausen. In panischer Angst rannten wir zu unserem Wagen und fuhren ins Freie.

(da/bei etw./… kann man/…) das kalte/(große) Grausen kriegen *path selten* · + it's enough to scare one to death, + it's enough to scare the life out of you/one, + it's enough to give one the creeps *coll*, + it's enough to give one the willies *coll*

… Wenn man sich die Folgen solcher Atomkriege – oder auch der Reaktorunfälle – vor Augen hält, kann man schon das kalte Grausen kriegen!

Grazien: die Grazien haben nicht an ihrer Wiege gestanden *iron* · God overlooked her when he was giving out good looks, s.o. is no oil painting

… Ist sie denn wenigstens hübsch? – Nun, die Grazien haben wohl nicht an ihrer Wiege gestanden …

greifbar: im Moment/… nicht greifbar sein · not to be available at the moment *person*, not to be in stock at the moment *goods*

(Am Telephon:) Guten Tag, mein Name ist Herrmann. Ist Herr Direktor Fischer zu sprechen? – Einen Augenblick bitte. (Nach einer Pause:) Hören Sie? Herr Direktor Fischer ist zwar im Hause, aber er ist im Moment nicht greifbar. Kann er Sie zurückrufen?

greifen: tief in die Tasche/das Portemonnaie/den Geldbeutel/Säckel/… greifen (müssen) – einen tiefen **Griff** ins Portemonnaie tun (müssen) · to (have to) pay through the nose for s.th.

um sich greifen *Unsitten/...* · to spread, to become widespread

Die Unsitte, alles, was nicht klappt, dem Staat zur Last zu legen, greift immer mehr um sich. – Kein Wunder, wenn das ganze Leben immer politisierter wird und der Staat in immer mehr Dinge eingreift.

die/den Burschen/... werd'/werde ich mir (mal) **greifen**/werden wir uns .../mußt du dir .../müßt ihr euch ... *ugs selten* – die/den Burschen/... werd'/werde ich mir (mal) **kaufen**/ werden wir uns .../mußt du dir .../müßt ihr euch ... · I/ we/... will give them/John/... a piece of my/our/... mind

hinter sich greifen müssen *Fußball/Handball usw.* · to have to pick the ball out of the net

Sechs Mal mußte der Torwart unserer Gegner hinter sich greifen! Hörst du? Sechs Mal! Wir haben 6 : 1 gewonnen.

zum Greifen nahe sein *path* · to be within reach

Der Sieg war zum Greifen nahe – noch zehn Minuten länger, und wir hätten gewonnen.

etw. **zum Greifen nahe vor sich sehen/**(haben) *path* · to see s.th. within reach

Wenn man den Reichtum so zum Greifen nahe vor sich sieht, ist die Enttäuschung natürlich doppelt so groß. – Sein Onkel hätte ihm ja auch wenigstens einen Teil seines riesigen Vermögens vermachen können.

Grenze: (hart) **an der Grenze des** guten Geschmacks/des Möglichen/... **sein** *form* – (hart) an der **Grenze** des guten Geschmacks/des Möglichen/... liegen · to be close to the limits of good taste/the acceptable/...

bis (hart) **an die Grenze des** guten Geschmacks/des Möglichen/... **gehen** *form* · to go close to the limits of good taste/ the possible

... Mehr konnte ich ihm wirklich nicht sagen, ohne unhöflich zu werden. Schon so bin ich bis hart an die Grenze des Möglichen gegangen, ja, für viele Leute schon zu weit.

bis zur äußersten Grenze gehen – (eher:) bis zum **Äußersten** gehen · to go to the last extreme (to do s.th.), to go to extremes (to do s.th.)

über die grüne Grenze gehen – schwarz über die **Grenze** gehen · to cross the border illegally

schwarz über die Grenze gehen · to cross the border illegally

Tausende und Abertausende sind doch schwarz über die Grenze gegangen, ohne Kontrolle, ohne Paß, ohne Arbeitserlaubnis ...

(hart) **an der Grenze des** guten Geschmacks/des Möglichen/... **liegen** *form* · to be close to the bounds of good taste

Diese Inszenierung liegt hart an der Grenze des guten Geschmacks. – An der Grenze? Das ist reine Pornographie.

alles/(...) **hat seine Grenzen** · + one has to draw the line somewhere, there's a limit to everything, there are limits to everything

... Nein, nein, jetzt ist Schluß! Jetzt habe ich dir vier Monate hintereinander das Taschengeld erhöht, jetzt reicht's! Alles hat seine Grenzen!

etw. **überschreitet alle Grenzen** *path* · to be too much, to go beyond the limits of the acceptable/..., + s.o. goes too far *coll*

Dieser Mann ist einfach unmöglich! Seine Unverschämtheiten überschreiten alle Grenzen!

sich seiner Grenzen bewußt sein – seine **Grenzen** kennen · to be aware of one's limitations

innerhalb seiner/der einem gesteckten Grenzen bleiben *form* – (eher:) sich an die einem gesteckten **Grenzen** halten/sich innerhalb der ... halten · to remain/to stay/... within the limits one has set o.s.

die Grenzen einhalten *form* · to stay/to keep within limits

Kein Mensch hat etwas dagegen, daß ein junger Mensch ausgeht und Alkohol trinkt. Aber man muß die Grenzen einhalten! Es ist doch keine Art, sich jedes Wochenende derart vollaufen zu lassen, daß man die Treppe nicht hochkommt.

die Grenzen des Erlaubten überschreiten (mit etw.) *form* · to overstep the mark

... Mit dieser neugierigen Frage hast du wohl die Grenzen des Erlaubten überschritten. So etwas tut ein erzogener Mensch nicht.

js. Möglichkeiten/js. Entfaltung/den Entwicklungsmöglichkeiten/... **sind enge Grenzen gesetzt/**(gezogen) (durch jn./ etw.) *form* · s.o.'s possibilities/... are limited/restricted

... In diesem kleinen Nest, weißt du, sind seinen Entfaltungsmöglichkeiten sehr enge Grenzen gesetzt. Ein Mann mit seiner Begabung müßte in einer Filiale in München arbeiten oder Hamburg oder meinetwegen auch Köln. Da könnte er sich entfalten.

js. Hilfe/... **sind keine Grenzen gesetzt** *oft iron* – js. Hilfe/... sind keine **Schranken** gesetzt · + s.o. doesn't have to limit his assistance/...

die Grenzen meiner/seiner/... Geduld erreichen *form* · + my/his/... patience is exhausted, + the limits of my/his/... patience have been reached

Die Grenzen meiner Geduld sind erreicht! Wenn er jetzt nochmal mit Sonderwünschen kommt, muß er sich einen anderen Mitarbeiter suchen. Man kann es auch übertreiben!

sich in (engen) **Grenzen halten** · to be limited

... Manche behaupten, daß dieser Mißbrauch in der Tat äußerst verbreitet war; andere dagegen versichern, daß er sich in Grenzen hielt. Wie soll ich das beurteilen, ob er übertrieben war oder nicht?

sich an die einem gesteckten Grenzen halten/sich innerhalb der ... **bewegen** *form* · to keep (strictly/...) within one's limits/bounds

Der Hugo hält sich streng an die ihm gesteckten Grenzen. Bei dem wirst du nie erleben, daß er seine Kompetenzen überschreitet oder seine Möglichkeiten und Fähigkeiten überschätzt.

keine Grenzen kennen · 1. + there's no stopping s.o. *coll*, s.o. doesn't know when/where/... to stop, 2. to know no bounds

1. Ich hätte ja nichts dagegen, wenn er eine Schachtel Zigaretten pro Tag rauchte. Aber wenn er einmal anfängt, dann kennt er keine Grenzen.

2. Seine Dummheit kennt keine Grenzen. Beeindruckend!

seine Grenzen kennen · to know one's limitations

Wenn du deine Grenzen nicht kennst, kannst du sie auch nicht einhalten. Deshalb rate ich dir: frage dich bei allem, was du tust, ob du die psychischen und geistigen Fähigkeiten und die objektiven Möglichkeiten für die jeweilige Aufgabe hast.

jm./e-r S. **Grenzen setzen** *form* · 1. to impose limits on s.o./s.th., 2. to set limits to s.th.

1. Die Frist – acht Monate –, der maximale Umfang – 140 Seiten – und die Arbeitsbedingungen setzen dem Kurt natürlich Grenzen. Aber das Wesentliche wird er in der Arbeit schon sagen können.

2. ... setzen der Arbeit natürlich Grenzen. Aber das Wesentliche wird der Kurt ...

an Grenzen stoßen · 1. 2. to come up against limits, to reach limits, to come up against limiting factors

1. ... Er wird die Produktion nicht immer weiter steigern können, er wird da an Grenzen stoßen ... – Vorläufig sind keine Grenzen erkennbar; die Produktion nimmt weiterhin von Monat zu Monat zu.

2. ... Solche Entwicklungen stoßen an Grenzen – wie alles andere auch. Das Wirtschaftswachstum kann doch nicht ewig so weitergehen!

an die Grenzen seiner Möglichkeiten/Entwicklungsfähigkeit/... **stoßen/kommen/gelangen** *form* · to reach the limits of one's ability/...

Mit dem Posten als Justizminister ist der Mann wohl an die Grenzen seiner Möglichkeiten gestoßen, oder? – Du meinst: seiner geistigen Möglichkeiten? – Aller, der inneren wie der äußeren.

seine Grenzen überschreiten (mit etw.) *form* · to go beyond one's powers, to go beyond the limits of one's capacity

Mit dem Versuch, dem Kanzler Hindernisse in den Weg zu legen, hat der Präsident seine Grenzen überschritten. – Wieso? – Die Verfassung sieht vor, daß der Kanzler in politischer Eigenverantwortung entscheidet.

jn. **in seine Grenzen (ver-)weisen** *form* – (eher:) jn. in seine **Schranken** (ver-)weisen/(zurückweisen) · to put s.o. in his place

Gretchenfrage: (die) Gretchenfrage (stellen) · (to ask) the crucial question/the critical question

... Letztlich ist es wohl eine Frage des Gewissens, eine Frage der Religion ... Darf ich Ihnen die Gretchenfrage stellen: von welchen religiösen Überzeugungen lassen Sie sich in der Frage der Geburtenkontrolle leiten?

Greuel: etw. ist jm. ein Greuel *path* · + s.o. hates/loathes/detests/... (doing) s.th.

Kochen, sagst du, ist ihr ein Greuel? Dann bringt sie ja alle Voraussetzungen mit für eine blendende Hausfrau. – Du Spötter! Kochst du denn gerne? – Ich bin doch keine Hausfrau.

Greuelmärchen: Greuelmärchen erzählen/... *path* · to tell horror stories

Komm', erzähl' mal keine Greuelmärchen. Daß da ein paar Leute erschossen wurden, will ich ja gern glauben. Aber 4.000 Tote, Massengräber ... – das riecht mir zu sehr nach 'Bildzeitung'.

Griff: jm. bleibt nur noch der/j. entschließt sich zum/... Griff zur Tablette/zum Revolver/... *ugs – path* · the only way out was to shoot himself/to take sleeping pills/..., all that was left was to shoot himself/to take sleeping pills/...

... Was heißt, Boris, ihr blieb nur noch der Griff zu (den) Schlaftabletten?! Ich kann natürlich sehr gut verstehen, daß sich jemand aus Verzweiflung das Leben nimmt. Aber das so dahinstellen, als gäbe es in bestimmten Situationen gar keine andere Lösung ... – da stimmt doch was nicht!

jn./etw. **im Griff haben** *ugs* · 1. to have the knack of doing s.th., 2. 3. to have s.o. under control *n*

1. Hast du gesehen? Im Nu hat er den Deckel abgedreht und die einzelnen Haken ausgeklinkt. Wir haben es gestern eine Stunde vergeblich versucht. – Er hat das im Griff. Er macht das seit mehr als zehn Jahren jeden Tag; da sitzt jede Bewegung.

2. In dieser Abteilung macht jeder, was er will! – Ja, der Abteilungsleiter hat die Leute nicht im Griff. Der eine arbeitet in diese Richtung, der andere in jene.

3. Der Vater hat den Jungen genau im Griff. Wenn der sich eine Unregelmäßigkeit erlaubt, merkt der Vater das sofort. Er korrigiert es, wenn nötig, und der Junge lenkt dann auch sogleich wieder ein.

etw. **mit einem Griff tun**/erledigen/machen · to do s.th. in the twinkling of an eye/in a flash/in no time/in a trice/...

(Zwei Jungen:) Die Kommode soll an die gegenüberliegende Wand, Frau Kindler? Das machen wir mit einem Griff. – Wenn Sie das rasch machen könnten ...

einen Griff ansetzen *Ringen* · to get a hold (on s.o.), to get s.o. in a hold

(Ein Zuschauer:) Wenn der den Griff einmal ansetzt, wird er den Dicken auch aufs Kreuz legen. Der Dicke muß rechtzeitig verhindern, daß der andere den Griff richtig durchführen kann.

jn./etw. (wieder) **in den Griff bekommen** · 1. to gain control of s.o./s.th. (again/...), 2. to get s.o. under control (again/...), 3. to get a grasp of s.th.

1. Am Anfang hatte die junge Lehrerin große Schwierigkeiten, sich in der neuen Klasse durchzusetzen. Aber nach und nach bekam sie sie in den Griff.

2. Wenn du den Jungen nicht bald wieder in den Griff bekommst, dann ist es zu spät. Dann geht er seine eigenen Wege – und leider nicht nur im Guten.

3. Wenn wir die Probleme der Idiomatik in den Griff bekommen wollen, müssen wir zunächst fragen: ...

einen tiefen Griff in den Beutel tun *form od. iron veraltend* – (eher:) einen tiefen **Griff** ins Portemonnaie tun (müssen) · to (have to) pay through the nose for s.th.

einen tiefen Griff in den Geldbeutel tun *form od. iron* – (eher:) einen tiefen **Griff** ins Portemonnaie tun (müssen) · to (have to) pay through the nose for s.th.

mit einem Griff getan/gemacht sein *ugs* · s.th. can be done in no time/in a flash/in the twinkling of an eye

Sie sagen, Sie würden die Kommode gern an der gegenüberliegenden Wand haben? Das können wir sofort machen, das ist doch mit einem Griff getan. – Wenn Ihnen das nicht viel Arbeit macht ...

einen Griff in die Kasse/(Ladenkasse) tun *ugs* · to put one's hand in the till, to steal from the till

... Sein Chef setzte ihn an die Luft, nachdem er einen Griff in die Kasse getan hatte. – Ist es wirklich bewiesen, daß er das Geld entwendet hat?

etw./das ist **ein Griff ins Klo/in die Kloschüssel** *sal Neol* · s.th. is a serious/... boob, s.th. is a bloody stupid thing to do

Der Kauf dieses Wagens war ein Griff in die Kloschüssel! Ich habe jetzt innerhalb eines halben Jahres schon mehr als 1.000,– Mark für Reparaturen ausgegeben.

mit jm./etw. einen Griff ins Klo/in die Kloschüssel tun *sal Neol* – das/etw. ist ein **Griff** ins Klo/in die Kloschüssel · + s.th. is a serious/... boob, + s.th. is a bloody stupid thing to do

jn./etw. **in den Griff kriegen** – jn./etw. (wieder) in den **Griff** bekommen · to gain control of s.o./s.th., to get s.o. under control, to get a grasp of s.th.

einen tiefen Griff ins Portemonnaie tun (müssen) *form od. iron* · to (have to) pay through the nose for s.th. *coll*

Der Onkel Willy hat heute einen tiefen Griff ins Portemonnaie getan. – Er hat euch doch nicht etwa die Geschirrspülmaschine gekauft, von der ihr schon so lange träumt? – Genau das!

mit jm./etw. einen guten/glücklichen Griff tun/(machen) *ugs* · 1. 2. to make a good/wise choice

1. Mit deiner neuen Sekretärin hast du einen guten Griff getan. Sie arbeitet ausgezeichnet, ist sympathisch, weiß mit Menschen umzugehen ... Wo hast du sie eigentlich aufgetan?

2. Mit diesem Gebrauchtwagen hast du einen sehr guten Griff getan. Er sieht aus wie neu.

Griffe kloppen/(klopfen)/üben *Soldatenspr* · to do rifle drill

(Ein Vater zu seinem Sohn:) Ich weiß gar nicht mehr, wielange wir früher Griffe kloppen mußten. Wielange müßt ihr denn heute üben, ehe man davon ausgeht, daß ihr mit dem Gewehr umgehen könnt?

alle möglichen Griffe und Kniffe kennen/(mit Griffen und Kniffen ...) *ugs selten* · to know all kinds of tricks and dodges

Nur mit den unmöglichsten Griffen und Kniffen ist es ihm gelungen, die Baugenehmigung zu bekommen. Ein normaler Bürger, der all diese juristischen Spitzfindigkeiten und Trickschen nicht kennt, würde sie nie kriegen.

mit Griffen und Kniffen ... *ugs selten* · with all kinds of tricks and dodges

... Ich weiß auch nicht, mit welchen Griffen und Kniffen sie in den Besitz dieser Schmuckstücke gekommen ist. – Sie hat sie ihrer Schwester doch nicht einfach weggenommen? – Nein, das auf keinen Fall! Sie wird sie sich hin und wieder ausgeliehen haben, wird ihrer Schwester gesagt haben: »Du tust sie ja sowieso nicht an!«, wird vielleicht auch geschmeichelt haben – »du, bei deiner Figur, hast gar keinen Schmuck nötig!« ... – bis die Schwester sie ihr gegeben hat.

Grille: eine Grille zirpen hören *ugs selten* · to be down in the dumps again/..., to be in one's gloomy moods again

Was ist denn heute mit der Gisela los? Sie ist so trübsinnig, reagiert so mürrisch. Hört sie mal wieder eine Grille zirpen? So von Zeit zu Zeit hat sie ja solche melancholisch-schrulligen Attacken ...

Grillen haben *ugs* · to have strange whims, to have silly notions/ideas/..., + s.o.'s head is full of strange whims

Ganz einfach ist die Doris nicht, weißt du. Sie hat Grillen. – Launen, die zu ihrem Alter gehören? – Plötzlich ganz seltsame Haltungen, Einfälle, Vorstellungen ...

(so) **seine Grillen haben** *ugs* – (eher:) (so) seine **Mucken** haben · to have (one of) one's whims/quirks/strange ways

jm. **die Grillen austreiben** *ugs* · 1. to drive the silly ideas out of s.o.'s head, 2. to knock the foolish/stupid/... ideas out of s.o.'s head, to knock the nonsense out of s.o.'s head
1. Der Willy ist genau der richtige Mann für sie! Der treibt ihr schon die Grillen aus! Oder glaubst du etwa, der macht ihre schrulligen Einfälle mit oder die abwegigen Wünsche, mit denen sie die Leute wie aus heiterem Himmel überfällt?
2. vgl. – (eher:) jm. die **Flausen** austreiben

Grillen fangen *ugs selten* · 1. to mope, to be in a bad mood, to be moody, to be in a gloomy mood, 2. to think gloomy thoughts, to be given to gloomy thoughts
1. Was knurrt und meckert der Klein denn wieder da herum? Allmählich ist mir das aber zu dumm! Ich habe doch keine Lust, mir alle drei, vier Tage, wenn dieser Mann Grillen fängt, die absurdesten Beschwerden und Sorgen anzuhören!
2. vgl. – schwarzen/düsteren/... **Gedanken** nachhängen

von Grillen geplagt werden *ugs selten* · to be prone to strange/quirky/crotchety/... ideas
Mit dieser Frau ist kein Umgehen. Die wird von Grillen geplagt! So etwas von Launenhaftigkeit, von Manien – das ist einfach nicht auszuhalten!

Grillen im Kopf haben *ugs selten* · + s.o.'s head is full of strange quirks/whims
Bei der Karin mußt du auf alles gefaßt sein. Die hat vielleicht Grillen im Kopf! Plötzlich kommt sie und sagt:»Jetzt kaufe ich mir einen giftgrünen Pelzmantel und gehe damit heute abend aus.« Und wehe, wenn ihr Freund diesem absurden Einfall nicht zustimmt!

sich die Grillen aus dem Kopf schlagen *ugs selten* · to have a change of scene (and get rid of one's gloomy thoughts)
Heute gehe ich tanzen! Ich muß mir endlich die Grillen aus dem Kopf schlagen – seit dem Unfall meiner Schwester habe ich die sonderbarsten und melancholischsten Vorstellungen. Ich werde doch jetzt nicht anfangen, eine trübsinnige Alte zu spielen!

sich Grillen in den Kopf setzen *ugs selten* · to get/to come up with strange ideas
Du solltest etwas realistischer denken, Gerda, statt dir solche Grillen in den Kopf zu setzen! Du kannst doch mit 45 Jahren, als verheiratete Frau mit drei Kindern, keine Schauspielerschule besuchen und einen neuen Lebensweg einschlagen, so als wenn du 20 wärst.

jm. **die Grillen verjagen**/vertreiben *ugs selten* · to chase away s.o.'s blues, to knock the silly ideas out of s.o.'s head, to knock sense into s.o.
Seit dem Unfall ihrer Schwester neigt die Gertrud zu trübsinnigen Gedanken, zu Melancholie, zu Sorgen ... Ich glaube, wir sollten sie zu einem längeren Aufenthalt am Meer ermuntern und versuchen, ihr die Grillen zu verjagen.

Grimasse: eine Grimasse schneiden/ziehen *ugs* – eine **Fratze** schneiden · to pull a face

Grimassen schneiden/ziehen *ugs* – jm. **Fratzen** schneiden · to pull faces

Grips: seinen Grips (ein wenig/...) **anstrengen**/(zusammenhalten) *sal* · to use one's brains/head *coll*, to use a bit of nous
Wenn du deinen Grips ordentlich anstrengst, dann kommst du schon dahinter, was mit dieser Aufgabe gemeint ist. Du mußt eben nur nachdenken, deinen Verstandskasten ein wenig bemühen!

mehr Grips im kleinen Finger haben, als die ander(e)n/ander(e)er/Karl/du/... **im Kopf** (haben/hat/hast/...) *sal* – mehr **Verstand** im kleinen Finger haben, als die ander(e)n/ander(e)er/Karl/du/... **im Kopf** (haben/hat/hast/...) · to have more sense in one's little finger than you/John/... have/... in your/... head

Grips genug zu/(für) etw. **haben** *sal* · to have enough brains to do s.th. to have enough intelligence to do s.th.
... Warum soll der Junge die (Rechen-) Aufgaben denn nicht allein machen? Der hat doch Grips genug dazu.

Gröbsten: aus dem Gröbsten herauskommen – aus dem ärgsten/gröbsten/schlimmsten **Dreck** herauskommen · to get over the worst

aus dem Gröbsten heraussein – aus dem ärgsten/gröbsten/schlimmsten **Dreck** heraussein · to be nearly out of the wood, to be over the worst

Groll: (einen) Groll gegen jn./(etw.) **hegen** *form* · to bear/to have/to harbour a grudge against s.o.
Ich weiß nicht, warum sie Groll gegen mich hegt! Ich hab' ihr ganz objektiv erklärt, welches die Bedingungen zur Teilnahme an dem Turnier sind. Wenn sie die Bedingungen nicht erfüllt, ist das nicht meine Schuld. Das ist also kein Grund, auf mich sauer zu sein.

gros: en gros (vertreiben/...) *Handel* · to have a wholesale business, to sell s.th. wholesale
... Er arbeitet im Einzelhandel? – Nein, er handelt mit den Geräten en gros. Er leitet eine große Handelsfirma in Frankfurt.

Groschen: ein paar Groschen · just a few pence/bob/quid/...
Hat er denn keine Ersparnisse? Oder sitzt er jetzt, wo er arbeitslos ist, völlig auf dem Trockenen? – Ein paar Groschen hat er natürlich. Aber es ist nicht viel. Damit kommt er nicht lange durch.

bei jm. **fällt der Groschen** (endlich) *ugs* · the penny's dropped at last (with s.o.)
... Ah, endlich fällt der Groschen bei dir! Endlich verstehst du, worauf ich hinauswill!

etw. **kostet** jn. **keinen** (einzigen) **Groschen** *ugs selten* – etw. kostet jn. keinen (einzigen) **Pfennig** · s.th. does not cost (s.o.) a penny

nicht (so) (ganz)/(recht) **bei Groschen sein** *ugs selten* – nicht (so) (ganz/(recht)) bei **Trost** sein (1) · not to be right in the head, to have a screw loose, to be out of one's mind

bei jm. **ist der Groschen gefallen** *ugs* · + s.o. has got it, + s.o. has got the idea
Also: wenn wir 49 x 51 im Kopf rechnen, wie machen wir das am einfachsten? – ... – Niemand? ... Ja, doch! Manfred? Ist der Groschen endlich gefallen? – Wir rechnen 50 x 50 – 1 x 1, nach der Formel: $(a + b)$ x $(a – b) = a^2 – b^2$.

bei jm. **fällt der Groschen langsam** *ugs* – schwer/langsam von **Begriff** sein · + to be slow on the uptake

bei jm. **fällt der Groschen pfennigweise** *ugs scherzh* – schwer/langsam von **Begriff** sein · to be (very/...) slow on the uptake

jeden Groschen (erst) (zehn/zig/... **Mal**) **umdrehen** bevor man ihn ausgibt/... *ugs* – jede **Mark** (erst) (zehn/zig/... Mal) umdrehen, bevor man sie ausgibt/... · to (have to) watch every penny

für keine drei Groschen/(nicht für drei Groschen) **Verstand haben** *sal* – (eher:) für keine zwei **Pfennige** Verstand haben/nachdenken/aufpassen/... (1) · not to be right in the head, to have a screw loose, to be out of one's mind

keinen Groschen wert sein *ugs* – (eher:) nicht die **Bohne** wert sein (2, 3) · not to be worth tuppence/a brass farthing/a cent/..., not to be worth a light

seine Groschen zusammenhalten *ugs* · to hang on to one's money
Komm', heute bezahl' ich aber! – Nichts da, Walter! Sieh zu, daß du deine paar Groschen zusammenhältst. Wenn ihr eure Wohnungseinrichtung noch nicht bezahlt habt, kannst du dir sowieso keine Extraausgaben leisten.

groß: ganz groß! *ugs path* · great!, brilliant!, magnificent!
Ganz groß, diese Übung! Wirklich, toll! Einmalig!

das/etw. **ist ganz groß** *ugs path* · it/s.th. is absolutely/... great/fantastic/super
Dieses Orchester mußt du unbedingt hören. Das ist ganz groß. So ein Orchester hört man in dieser Stadt nur alle Jubeljahre mal.

(ganz) **groß sein im** Übersetzen/Tanzen/(in der Übersetzung von Gedichten/...) *ugs* · to be a great one for dancing/translating poems/..., to be good at dancing/translating poems/...

Im Nacherzählen ist er ganz groß. Aber selbst eine Geschichte erfinden – das schafft er nicht.

was soll ich (da) (schon) **groß machen**/was kann es (schon) groß kosten/was wird es (schon) groß sein/...?! *ugs* · what am I/are you/... supposed to say/to do/...?, + you/... can't really say/do/... much about it

... Und was plant er neuerdings für Änderungen? – Was soll er schon groß planen? Er führt die Umstrukturierung zuende, mit der er im vergangenen Jahr begonnen hat.

nicht groß überlegen/... *ugs* · not to spend/to waste/... much time thinking about s.th. *n*

... Bei so einem Angebot würde ich nicht groß überlegen, da würde ich zugreifen! So eine Chance kommt so schnell nicht wieder.

groß und breit dastehen/... · to stand there so tall and broad *para*

Wenn der Otto da so groß und breit steht, wie so'n Kleiderschrank, ...

groß und klein · young and old

(Auf einer Kirmes:) Kinder, kommt herein! Herein, meine Damen und Herren! Hier müssen Sie alle dabei sein! Eine Geisterfahrt durchs Nebeltal – ein Erlebnis für groß und klein. Ganz egal, ob jung oder alt, treten Sie ein ...!

Größe: eine unbekannte Größe sein · 1. 2. to be an unknown quantity

1. Gegeben sind die beiden Seiten a und b sowie der Winkel α. Welches sind dann die unbekannten Größen, Herbert? *Math usw.*
2. Wer spielt die Chopinsonaten heute abend? – Wolf Rauschenring. – Den Namen habe ich nie gehört. – Eine unbekannte Größe, aus Flensburg oder so. *ugs*

Großen: im großen einkaufen/verkaufen/... *Handel* · to buy in bulk/en gros

An sich kosten die Teile 4,20 Mark das Stück. Aber wenn Ihre Firma sie im großen einkauft, berechnen wir Ihnen 3,35 Mark. – Wieviel müssen wir dann nehmen? – Ab 5.000.

im großen und ganzen · 1. by and large, on the whole, 2. all in all

1. ... Im großen und ganzen, wissen Sie, hat der Klaus schon recht; nur gerade in den Punkten, um die es hier geht, stimmt nicht, was er behauptet.
2. vgl. – **alles** in allem

es/etw. **ist im Großen wie im Kleinen dasselbe**/... – es/etw. ist/... im **Kleinen** so wie/wie/nicht anders als/... im Großen/im Kleinen wie/(und) im Großen dasselbe · to be the same/no different/... in small things as/than in great (things)

Größenordnungen: in anderen Größenordnungen denken/... · to think/... on a different scale, to think/to operate/... in different dimensions

... Mit 15.000,Mark kannst du den Schlecker nicht locken. Der denkt in anderen Größenordnungen. Wenn du mit dem ins Geschäft kommen willst, mußt er im Jahr wenigstens um die 100.000,Mark verdienen.

großes: da gibt es doch/... nichts großes zu beraten/überlegen/... *ugs* · there isn't much to say/to consider/... *n*

Ich weiß nicht, was es bei diesen Vorschlägen großes zu überlegen und zu diskutieren gibt. Das ist doch alles ganz klar.

Großes leisten · to achieve great things

Wenn du im Leben Großes leisten willst, brauchst du Wille, Disziplin und Ausdauer. Nur mit Begabung kommst du nicht weit.

Großformat: in/im Großformat – ≠ in/im **Kleinformat** · in large format, in large size

großgeschrieben: großgeschrieben werden *ugs* · to be writ large *n*, to be given pride of place *n*, to come high on s.o.'s list of priorities *n*, to be something to which great importance is attached *n*

... Ja, historische Sprachwissenschaft wird hier großgeschrieben. Wenn Sie hier Ihr Examen machen wollen, müssen Sie darin allerhand tun; darauf wird hier seit eh und je besonderer Wert gelegt.

großmachen: sich großmachen (mit etw.) *ugs selten* – sich wichtig **machen** (mit etw.) · to be full of oneself, to be full of one's own importance

Großmaul: ein Großmaul (sein) *sal* – einen großen **Mund** haben · to have a big mouth

Großmutter: das/so etwas/... **kann**/(soll) j. **seiner Großmutter erzählen**/weismachen (aber/doch/aber doch nur/uns/... nicht) *sal* – das/so etwas/... kannst du/kann er/... mir/ihm/... doch nicht **erzählen** · you/he/... can tell that to the marines

aus Großmutters Zeiten stammen *ugs* · 1. to come from/to date back to/... your grandmother's day/time/... *tr*, 2. it/s.th. is/comes from/... way back when

1. Diese Wanduhr ist unser ganzer Stolz! Sie stammt noch aus Großmutters Zeiten. Sie dürfte so um 1920/25 gemacht worden sein.
2. vgl. – **von**/(aus) **Anno** Tobak stammen

Großschnauze: eine Großschnauze (sein) *vulg* – einen großen **Mund** haben · (to be) a big-mouth

Großteil: zu einem Großteil *form* · mostly, for the most part, largely

... Ich weiß nicht, wielange man für die Revision der Übersetzung braucht. Zu einem Großteil dürfte ja richtig sein, was der Herr Breuer übersetzt hat. – Selbst, wenn alles stimmt: man muß alles nachprüfen.

großtun: sich großtun (mit etw.) *ugs* · 1. to show off (with s.th.), to try to get attention (with s.th.) *n*, 2. to shoot one's mouth off, to brag *n*

1. vgl. – sich wichtig **machen** (mit etw.)
2. vgl. – sich dick **machen** (mit etw.) (2)

Großwetterlage: die politische/(allgemeine) **Großwetterlage** · the general/the overall political situation, the general political climate

... Ob die politische Großwetterlage eine ständig expandierende Wirtschaftspolitik überhaupt erlaubt? Der ganze Ostblock ist – weiß man nicht wie – verschuldet, Südamerika mit astronomischen Inflationsraten, Afrika voller sozialer Spannungen ... – kann man bei diesen allgemeinen Rahmenbedingungen politisch sinnvoll auf Wachstum setzen?

Grube: in die/(zur) **Grube fahren** *poet* – *rel path veraltend selten* · to go to the grave

Gebt acht, daß euch nicht noch in der Todesnacht der Teufel packt und ihr zusammen mit ihm in die Grube fahrt!

jm. **eine Grube graben** (cf. das Sprichwort: Wer anderen eine Grube gräbt, fällt selbst hinein.) *path veraltend selten* – jm. eine **Falle** stellen *path* · to set a trap for s.o. (cf. he who sets a trap for others gets caught in it himself); s.o. is hoist with his own petard

grün: dies oder das tun/sich so oder anders entscheiden/ob ... oder ob/... – **das ist dasselbe in grün** *ugs* · it/this or that/... boils down to the same thing/comes to the same thing/is the same thing/is the same difference/...

... Ob wir sofort unterschreiben oder sofort erklären, daß wir einverstanden sind – und dann entsprechend unterschreiben müssen –, das ist doch dasselbe in grün, Werner! Nein, laß uns die Sache zunächst ohne jede Verpflichtung analysieren, dann sehen wir weiter.

jm. **nicht grün sein** *ugs* · + to be in s.o.'s bad book

Der Siglinde ist er nicht grün, der Manfred, nicht?! Warum eigentlich? Was hat er gegen sie? – Ich weiß auch nicht, was sich da abspielt. Aber du hast ganz recht: er ist ihr nicht gerade gut gesonnen.

noch sehr grün sein *ugs* – noch (sehr/ganz) grün hinter den **Ohren** sein · to be (still/...) wet behind the ears

noch zu grün für etw. **sein** *ugs* · to be too inexperienced for s. th. *n*

Nein, für eine solche Aufgabe ist der Kurt noch zu grün, dafür brauchen wir einen erfahreneren und älteren Mann.

Grund: Grund zu der Annahme/der Vermutung/... **haben** · to have reason to believe that ..., to have grounds for believing that ...

(Bei einer Bank:) Aber wie kommen Sie zu dem Gedanken, daß mein Bruder den Kredit nicht pünktlich zurückzahlt? – Wenn er bei anderen Banken seine Schulden nicht pünktlich zahlt, haben wir natürlich Grund zu der Annahme, daß er das bei uns nicht anders halten wird.

den berechtigten Grund haben, etw. zu tun *form* · to have good reason to believe that ..., to have good grounds for believing that ...

... Wenn er sie mehrere Male handfest belogen hat, dann hat sie den berechtigten Grund, ihm prinzipiell zu mißtrauen. Ich weiß nicht, mit welchem Recht er sich darüber aufregt.

aus dem einfachen Grund, weil/(daß) ... – **aus dem einfachen und schlichten Grund**, weil/(daß) ... · for the simple reason that ...

aus dem einfachen und schlichten Grund, weil/(daß) ... *ugs* · for the simple reason that ... *n*

Ich kann morgen nicht mit euch ins Kino gehen. – Warum das denn nicht? – Aus dem einfachen und schlichten Grund, weil ich abends noch zu arbeiten habe.

aus/(mit) **gutem Grund** etw. tun · to do s. th. for/with good reason

Wie du siehst, hatte er aus gutem Grund sein Geld auf ein Schweizer Bankkonto überwiesen. Hätte er es in Portugal gelassen, wäre es heute etwa ein Viertel wert.

aus dem kühlen Grund, weil/(daß) ... *ugs* – **aus dem einfachen und schlichten Grund**, weil/(daß) ... · for the simple reason that ...

aus diesem kühlen Grund(e) *iron* · for this simple reason

... Gut, du schwimmst gern, du schläfst blendend am Meer, du läßt dich gern in der Sonne braten – aber ich nicht! Und aus diesem kühlen Grunde habe ich andere Ferienwünsche als du. Ist das so schwer zu verstehen?

nicht ohne Grund etw. tun – **aus**/(mit) **gutem Grund** etw. tun · not without good reason

noch/wieder/... **Grund haben** · to have ground under one's feet

(Beim Schwimmen:) Hast du noch Grund? – Nein, hier kann man nicht mehr stehen.

allen Grund haben, etw. zu tun · to have every reason to do s. th.

Sie hat allen Grund, über ihren Mann verbittert zu sein. Er kommt dauernd zu spät nach Hause, nimmt jeden Anlaß wahr, um zu verreisen, kümmert sich in keinster Weise um seine Familie ... Es ist mehr als verständlich, daß sie das nicht ewig mitmachen will.

seinen guten Grund haben, etw. zu tun · to have good reason to do s. th.

... Sie hat ihren guten Grund, ihm gegenüber vorsichtig zu sein. – Und der wäre? – Eigentlich dürfte ich dir das nicht sagen. Er hat sie schon einmal finanziell benachteiligt. – Ach, dann ist alles klar.

keinen Grund haben, etw. zu tun · to have no cause for complaint/..., to have no reason to complain/criticise s. o./...

Du hast keinen Grund, Erich, dich zu beschweren! Wir haben dich rechtzeitig vor dem Mann gewarnt. Wenn du auf seine Versprechungen hereingefallen bist, ist das deine eigene Schuld.

keinen Grund zum Klagen/Weinen/... **haben** · to have no reason/cause for moaning/crying/...

Du hast keinen Grund zum Klagen: du verdienst mehr als wir alle und bezahlst zudem keine Miete. Wenn du nicht mit deinen Geld auskommst, wie sollen wir dann auskommen?

keinen ersichtlichen Grund haben/es gibt ..., etw. anzunehmen/... · there is no good reason to ..., there is no apparent reason to ...

... Ich weiß gar nicht, warum ihr alle so besorgt seid! Es gibt doch überhaupt keinen ersichtlichen Grund, daran zu zweifeln, daß die Konjunktur weiterhin gut läuft. Ich kann jedenfalls keinen Grund erkennen ...

ein von Grund auf anständiger/ehrlicher/... **Mensch**/Junge/... (sein) · (to be) a thoroughly decent/honest/... person/boy/...

Wenn die Lene dir versprochen hat, dich zu unterstützen, wird sie das sogar da tun, wo sie selbst einen Schaden davon hat. Das ist eine von Grund auf anständige Frau, absolut unfähig zu irgendeiner Unehrlichkeit oder Unfairneß.

etw. **von Grund auf ändern**/erneuern/umgestalten/... · to change s. th. completely

In den dreißig Jahren, die wir im Ausland verbracht haben, hat sich dies Land von Grund auf geändert. Man erkennt es kaum wieder, wenn man zurückkommt. Deutschland 1950 und Deutschland 1980 – das sind sozusagen zwei verschiedene Länder.

von Grund auf neu bauen/... · to rebuild s. th. from scratch

Entweder ihr laßt das Haus stehen, wie es ist, oder ihr reißt es ab und baut es von Grund auf neu. Einen Mittelweg gibt es da nicht.

etw. **von Grund auf nachlernen**/... · to revise s. th./to study s. th./... thoroughly/completely/...

Es nutzt nichts, hier ein wenig und dort ein wenig nachzuholen. Du mußt die ganze Materie von Grund auf nachlernen, wenn du mitkommen willst.

von Grund aus schlecht/böse/verdorben/... **sein** *path* · to be rotten/... to the core

Nein, der bessert sich nie – ganz egal, wie seine Lebensbedingungen aussehen. Dieser Junge ist von Grund aus verdorben; da gibt's keine Besserung.

sich von/vor **einem dunklen**/hellen/blauen/grünen/... **Grund** (gut/schlecht/weithin sichtbar/...) **abheben** · to stand out against a dark/bright/blue/green/... (back)ground

Die gelben Kreuzchen auf deinem Hemd heben sich von dem blauen Grund sehr plastisch ab. – So kann man es auch ausdrücken. Ich meine, das Ganze ist etwas knallig.

Grund und Boden · property, land

Was heißt da schon 'Grund und Boden'? Wir haben ein Bauernhäuschen da draußen, etwa 40 Kilometer von hier, und zwei Felder von insgesamt 2,5 Hektar.

jn. **in Grund und Boden kritisieren**/... *path* · to tear s. o./s. th. to pieces, to criticise s. o./s. th. mercilessly/savagely/...

Wie war der Vortrag? – Es geht. – Und die anschließende Diskussion? – Der Franz sorgte einmal wieder für 'Leben'. Er hat den Gastprofessor und seine Thesen in Grund und Boden kritisiert.

jn. **in Grund und Boden reden**/(diskutieren/...) *ugs* · to talk s. o. into the ground

Gegen den Wollerberg kommst du nicht an im Diskutieren, der redet einen in Grund und Boden.

jn. **in Grund und Boden rennen**/reiten/... *ugs* – *path selten* – jn. über den **Haufen** rennen/fahren/reiten/... (2, 3) · to knock s. o. down/over, to run s. o. over, to send s. o. flying

sich in Grund und Boden schämen *path* – (eher:) sich zu **Tode** schämen · to be deeply/utterly/... ashamed

(einen Ort) **in Grund und Boden schießen** *mil* · to raze (a place) to the ground

Noch im Frühjahr 1945 haben die Alliierten Würzburg in Grund und Boden geschossen. Von dem alten Stadtkern blieb kaum ein Haus erhalten.

jn./etw. **in Grund und Boden verdammen**/(verurteilen) *path* · to condemn s. o./s. th. out of hand

Du solltest dich bemühen, ihm und seiner schwierigen Situation gerecht zu werden, statt ihn in Grund und Boden zu verdammen. Nichts leichter als alles, was jemand tut, radikal zu verurteilen!

eine Fabrik/ein Gut/... **in Grund und Boden wirtschaften** *ugs – path selten* · 1. to reduce a company/an estate/... to rack and ruin, 2. to bring/reduce to rack and ruin

1. Und was war das für ein blühendes Unternehmen, noch zu der Zeit, als wir heirateten! Aber der junge Erbe hat es in Grund und Boden gewirtschaftet. Sein Vater würde sich im Grabe umdrehen, wenn er sähe, in wie kurzer Zeit man sein Lebenswerk ruiniert hat.
2. Wenn sie dies Gut wieder in die Höhe bringen wollen, müssen sie 10 – 15 Jahre hart arbeiten; es ist in Grund und Boden gewirtschaftet.

(ein Schiff) **in den Grund bohren** *selten* · to send a ship to the bottom of the sea, to sink a ship/...

... Die überlegene feindliche Luftwaffe bohrte jedes Schiff in den Grund, das sich noch aufs offene Meer hinauswagte.

den Grund unter den Füßen verlieren *selten* · to be out of one's depth, to lose the ground from under one's feet

In letzter Zeit scheint mir der Willi ziemlich orientierungslos durchs Leben zu gehen. – Seitdem er nicht mehr am Wirtschaftsinstitut arbeitet, hat er den Boden unter den Füßen verloren.

(jm.) **Grund (dazu) geben, zu** .../daß ... – (jm.) **Anlaß** (dazu) geben, zu .../daß ... · to give s.o. grounds to do/to say/... s.th.

auf Grund gehen *Schiff* – (eher:) auf **Grund** laufen · to run aground

e-r S. **auf den Grund gehen** · to get to the bottom of s.th.

Du darfst dich nicht immer mit den ersten Eindrücken zufrieden geben, dich nicht an der Oberfläche aufhalten! Du mußt den Problemen auf den Grund gehen!

(das/etw. ist) **Grund genug** (für jn.), (um) zu ... · it/s.th. is reason enough (for s.o. to do s.th.)

Wenn er seit mehr als zehn Jahren permanent Schulden hat, ist das für seine Frau Grund genug, unruhig zu werden.

auf Grund geraten *Schiff* – (eher:) auf **Grund** laufen · to run aground

e-r S. **auf den Grund kommen** · to get to the bottom of s.th., to find out what is behind s.th.

Wir verstehen nicht, warum die Rosmarie seit einiger Zeit uns gegenüber so reserviert ist. Versuch'du doch mal, der Sache auf den Grund zu kommen. Du kennst sie näher als wir; vielleicht entdeckst du, woran es liegt.

auf Grund laufen *Schiff* · to run aground

In der Nähe von Helgoland lief gestern der Ozeandampfer 'Augusta' auf Grund. Trotz harter Arbeit einer dänischen Spezialeinheit konnte er bisher nicht wieder gehoben werden.

ein Glas/einen Becher **bis auf den Grund leeren** *path* · to drain a glass/a cup/...

In einem einzigen Zug leerte er das ganze Glas bis auf den Grund.

den Grund für etw. **legen** (mit etw.) *form* · to lay the foundations for s.th. (with s.th.)

Mit der Errichtung der städtischen Bibliothek legte er den Grund für ein immer weiter ausgedehntes Bildungs- und Informationsnetz in unserem Stadtkreis. – Warum war gerade die Bibliothek die Grundlage für alles weitere?

(ein Schiff) **auf Grund setzen** *form* · to run (a ship/...) aground

Was passiert eigentlich mit einem Kapitän, der ein Schiff auf Grund setzt? – Das kommt drauf an. Wenn es ohne seine Schuld auf Grund läuft, passiert ihm wohl gar nichts ...

auf sicherem Grund stehen – festen/sicheren **Boden** unter den Füßen haben (2) · to be back on dry land, to be back on terra firma, to be established

der Grund allen Übels (ist ...) · the root of the evil (is ...)

Warum hat die Kleine denn so viele Schulschwierigkeiten? – Es gibt die verschiedensten Erklärungen. Nach Meinung meines Vaters ist der Grund allen Übels, daß sie ständig zu wenig schläft. Alles andere ist, meint er, eine Folge des Schlafdefizits.

etw. **bis auf den Grund zerstören** *path selten* · to destroy s.th. utterly/completely

Unsere gesamten Fabrikanlagen wurden bei den Luftangriffen bis auf den Grund zerstört. Keine einzige Mauer blieb stehen, keine einzige Maschine funktionierte mehr.

grundanständig: grundanständig/(grundsolide/...) **(sein)** – ein von **Grund** auf anständiger/ehrlicher/... Mensch/Junge/... (sein) · (to be) a thoroughly decent/honest/reliable person/ boy/...

Grundbegriffe: jm. **die Grundbegriffe** e-r S. **beibringen** · to teach s.o. the rudiments of a subject/..., to teach s.o. the basics of a subject

Erstmal muß man den Leuten die Grundbegriffe beibringen, mit denen sie es in der Sprachwissenschaft immer wieder zu tun haben – das Einmaleins der Linguistik, wenn du so willst. Erst danach hat es Sinn, spezielle Fragen und Theorien zu behandeln.

Grunde: im **Grunde** (genommen) · 1. 2. basically, really, when all is said and done

1. Im Grunde wollte ich heute abend nicht kommen. – Sagen wir: 'eigentlich' nicht, aber 'de facto' doch? – Na gut, ich erscheine.
2. Im Grunde hat die Opposition mit ihrer Kritik recht. Wenn man die Sache ehrlich und genau analysiert, kann man ihre Argumentation kaum zurückweisen.

im Grunde seines Herzens etw. **sein/wünschen/...** *path* · in his heart of hearts

Im Grunde seines Herzens ist er konservativ. Da mag er noch so sehr auf die 'Rechten' schimpfen – das ändert gar nichts daran. – Er schimpft gerade deshalb so heftig, weil er im Kern selbst ein 'Rechter' ist.

aus dem Grunde seines Wesens/Herzens kommen/antworten/ bejahen/... *path* · to answer/to affirm s.th. from the depths of his being

Auf die Frage, ob er Pianist werden wollte, kam aus dem Grunde seines Wesens die Antwort »ja«. Man merkte so richtig, wie das Wort aus tiefster Seele kam.

das/(etw.) hat so seine Gründe · there are reasons (for s.th.), s.o. has his reasons for s.th.

... Wenn sie mit ihm und seinem Freundeskreis nichts mehr zu tun haben will, dann hat das so seine Gründe. – Willst du uns nicht näher erklären, warum sie diese Haltung einnimmt?

zwingende Gründe (halten jn. von etw. ab/verbieten es, etw. zu tun/...) · compelling reasons prevent s.o. from doing s.th.

Zwingende Gründe verbieten es leider, die Veranstaltung im Freien durchzuführen. Ich kann diese Gründe leider nicht nennen; aber sie lassen uns gar keine andere Wahl.

berechtigte Gründe haben, anzunehmen/... · to have good grounds for assuming/believing/... that ...

Schön war seine Skepsis ihren Erkärungen gegenüber ja nicht gerade. – Nein. Aber leider hat er berechtigte Gründe, davon auszugehen, daß sie ihm nicht die Wahrheit sagt.

seine Gründe haben für etw./etw. zu tun · to have one's reasons for (doing) s.th.

Warum hat sie ihm denn nicht gesagt, was vorgefallen war? – Sie hat ihre Gründe dafür. – Das möchte ich annehmen. Aber warum will sie sie nicht sagen?

die Gründe für und wider ... · the pros and the cons (of s.th.)

... Wenn wir die Gründe für und wider ganz objektiv gegeneinander abwägen, spricht doch mehr gegen einen Umzug.

die Gründe und Gegengründe (für etw.) gegeneinander abwägen/anführen/... · to weigh up/... the pros and cons

Wenn wir Gründe und Gegengründe für einen Umzug gegeneinander

grundeinerlei: jm. **grundeinerlei sein** *path* – (eher:) jm. (ganz/ völlig/...) **egal** sein (ob/was/wie/...) (3, 4) · it does not matter much to s.o. whether ..., + s.o. does not (greatly/...) care whether ...

Gründen: aus familiären/gesundheitlichen/... **Gründen** ... · for family/health/... reasons

Warum hast du denn die Stelle in München nicht angenommen? – Aus familiären Gründen. Wenn ich allein stünde, hätte ich sie sofort angenommen.

aus guten Gründen etw. tun · to do s.th. for good reasons, to do s.th. with good reason/cause

Der Chef hat es aus guten Gründen abgelehnt, an den Verhandlungen persönlich teilzunehmen. Denn wenn er teilnähme, müßte auch auf der Gegenseite der Chef erscheinen, und das würde den Verhandlungen ein Gewicht verleihen, das gar nicht in unserem Sinn wäre.

aus naheliegenden Gründen ... · for obvious reasons

... Wenn er mit einer Irin verheiratet ist, wird er für diese Organisation aus naheliegenden Gründen nicht arbeiten wollen. – Eben! Wie Sie wissen, hat diese Organisation in dem Konflikt mit England nie das geringste Verständnis für die irischen Vorstellungen entwickelt ...

aus Gründen der Vorsicht/Klugheit/Sparsamkeit/... · for reasons of caution/economy/security/...

Aus Gründen der Vorsicht sperrte man bei der Rede des Kanzlerkandidaten das Gelände in etwa 200 Meter Umkreis ab.

Grundfesten: in seinen/bis in seine **Grundfesten erschüttern**/erschüttert sein *path* · to be shaken to its foundations

Das Regime ist in seinen Grundfesten erschüttert, seitdem der gesamte Generalstab seinen Abschied eingereicht hat. Das Militär war bisher die einzige sichere Basis für die Leute, die an der Macht sind. Da es im Volke ohnehin seit langem gärt, ist ein Umsturz durchaus denkbar.

in seinen Grundfesten erzittern *path selten* · to be shaken to its foundations

Der Aufstand in der Südprovinz ließ auch die Zentralregierung in den Grundfesten erzittern, und es sah einen Moment so aus, als würde das ganze Land mit in den Strudel geraten.

an den Grundfesten von etw. **rütteln** *path* · to shake the foundations of s.th.

Einzelpunkte werden natürlich immer diskutiert. Aber solange niemand an den Grundfesten des Kapitalismus rüttelt, läuft die Welt so weiter, wie sie läuft. – Aber willst du den Kapitalismus zerstören?

Grundlage: auf breiter Grundlage vorgehen/arbeiten/... · to work/... on broad lines, to work/... on a broad basis

(Über den Leiter einer Klinik:) Der Mann hat doch nie auf breiter Grundlage gearbeitet! Er hat sich auf Nieren und Leber spezialisiert; von allem anderen hat er so wenig Ahnung wie ein beliebiger Durchschnittsarzt. Ein Mann mit einer so schmalen Basis hätte doch nie Chef eines so großen Krankenhauses werden dürfen.

jeder Grundlage entbehren *form* · to be completely unfounded, to be without foundation

Seine Kritik entbehrt jeder Grundlage. Alles, was er da vorbringt, wurde bereits genauestens beachtet.

eine Grundlage legen *ugs* · to line one's stomach, to lay a base for s.th.

So, jetzt wollen wir erstmal eine Grundlage legen. – Was heißt: eine Grundlage legen? Willst du dich nachher besaufen? – Mein Examen muß doch gefeiert werden, oder nicht? Also: was wählst du? Ein Kotelette – oder eine Kalbshaxe, da kannst du nachher anständig was drauftun.

die Grundlage für etw. **legen** (mit etw.) *form* – den **Grund** für etw. legen (mit etw.) · to lay the foundations for s.th. (with s.th.)

etw. **auf eine** (völlig) **neue Grundlage stellen** · to put s.th. on a (completely/...) new basis, to reorganise s.th. (completely/...), to put s.th. on a (completely/...) new footing

Wenn wir die gesamte Gesellschaftsordnung, meinte er, nicht auf eine völlig neue Grundlage stellen, werden wir die ökologischen Probleme nicht lösen. Einzelkorrekturen genügen da nicht.

Grundmauern: etw. bis auf die Grundmauern zerstören/... *path* · to burn/to raze/... a house/... to the ground, to reduce a house/... to rubble

Bis auf die Grundmauern hatten die Alliierten unser Haus im Krieg zerstört. Da stand nichts mehr.

Grundstein: der Grundstein zu etw. **sein** *form* · to be the foundation of s.th., to form the foundation of s.th.

..., ja und der Artikel über die 'Sprachebenen' war der Grundstein zu seiner ganzen späteren Sprachtheorie. Von diesem Kerngedanken nahm alles seinen Ausgang.

den Grundstein für etw. **legen** (mit etw.) *form* · 1. to lay the foundation stone for s.th., 2. to lay the foundations of/for s.th.

1. Heute morgen haben sie den Grundstein für das neue Altersheim gelegt.
2. Mit der Entdeckung der Antibiotika wurde der Grundstein gelegt für eine wirksame Behandlung zahlreicher Krankheiten, die bis dahin unheilbar waren.

Grüne: ins Grüne fahren/... · to go/to drive to the country

Morgen ist Sonntag, da fahren wir ins Grüne. – An einen der oberbayrischen Seen oder in die Berge?

im Grünen · in the open air, out in the open, in the fields/countryside

Seine Geburtstagsfeier soll im Grünen stattfinden. – Warum das denn? – Karl zieht die Natur als Kulisse vor.

Grünspan: noch Grünspan hinter den Ohren haben *sal* – noch nicht trocken/noch feucht hinter den **Ohren** sein · to be a greenhorn, to be still/... wet behind the ears

Gruß: der Deutsche Gruß *Nazizeit* · the Nazi salute

Nein, fuhr er auf, nicht einmal zum Spiel sollte man den sog. Deutschen Gruß gebrauchen. Dieses 'Heil Hitler' war ein Zeichen einer Gesinnung, die zu viel Elend über die Menschen gebracht hat.

der Englische Gruß *rel* · the Angelic Salutation

... Nein, Helga, der Englische Gruß – das hat nichts mit England zu tun! Das ist der Gruß der Engel an Maria: 'Gegrüßet seist du, Maria ...' – Ah so!

(mit) **Gruß und Kuß, Dein** ... *ugs Briefschluß* · love and kisses, John/Mary/...

Schreibt eigentlich heute noch jemand am Ende eines Briefs 'Gruß und Kuß, Dein (Fidibus)'?

grüß: grüß dich/(Sie) (Gott)! *ugs* · 1. hallo, 2. good morning, good evening

1. Grüß dich, Fritz. Was macht die Kunst? *ugs*
2. vgl. – Grüß **Gott**!

Grüße: herzliche/... **Grüße von Haus zu Haus!** *ugs* · regards from all of us to all of you

Wenn du ganz allein lebst, hat es keinen Sinn, den Brief mit der Floskel 'herzliche Grüße von Haus zu Haus' zu schließen – auch wenn du alle, die bei dem Kurt leben, mitgrüßen willst; denn du hast ja kein 'Haus'. – So seh' ich das nicht.

mit (den) besten Grüßen, Dein(e)/Ihr(e) *Briefschluß* – (vertrauter als:) mit freundlichen **Grüßen**, Ihr(e)/Dein(e) · best regards/all the best, John/Mary/...

grüßen: j. läßt jn. grüßen · s.o. sends his regards to s.o.

Und wie war's gestern bei Scherers? – Sehr schön. Herr Scherer läßt (dich) übrigens ganz herzlich grüßen. – Danke.

Brüssel/die demokratische Grundordnung/... läßt grüßen *iron* · typical Brussels/...!, that's Brussels/... for you!, that's Brussels/... all over! *coll*

... Ja, jetzt haben wir in der Agrarpolitik nur noch Durcheinander. Brüssel läßt grüßen! – Wie, meinst du, ohne die EG gings besser? – Zumindest billiger.

sich nicht mehr (mit jm.) **grüßen** · not to say hello to s.o. any more

... Mein Gott, haben sich die beiden inzwischen derart verfeindet, daß sie sich nicht einmal mehr grüßen?!

Ungeschickt läßt grüßen! *ugs* · butter-fingers!

Ungeschickt läßt grüßen! Schade um die hübsche Vase. Bist du immer so tölpelhaft?

Grüßen: mit freundlichen Grüßen, Ihr(e)/Dein(e) ... *Briefschluß* · yours sincerely, John Smith/...

Mit freundlichen Grüßen, Dein/Ihr scheint heute 'die' Formel zu sein, mit der man einen Brief schließt, nicht? – Ja, die Einheitsformel der Demokratie: sie funktioniert überall.

Grüßfuß: auf (dem) Grüßfuß mit jm. **stehen** *form selten* · to be on nodding terms with s.o., to have a nodding acquaintance with s.o.

... Nein, näher kennt unser Axel den Herrn Wollmann auch nicht. Er steht auf Grüßfuß mit ihm, das ist alles. Sie treffen sich alle paar Tage auf dem Weg zum Dienst.

Grütze: Grütze im Kopf haben *sal* · s.o. has got brains *coll*, s.o. has got it up here *coll*

An seinen witzigen Bemerkungen kann man sehr wohl erkennen, daß er Grütze im Kopf hat. – Ja, auf den Kopf gefallen ist er nicht.

keine/(wenig) **Grütze im Kopf haben** *sal* · to have no brains *coll*, to be thick/dim *n*

Hat er keine Grütze im Kopf oder ist er nur so faul? – Bei ihm reicht's einfach nicht.

guck': ich guck' dir/der Peter guckt ihr/... **(schon/**doch/...) **nichts ab/weg/**niemand/keiner ... etwas ... *ugs* · don't worry, I've/... seen it all before, don't worry/don't be self-conscious/..., I'm/... not watching/I'm/... not peeping/...

(Die Mutter zu einem siebenjährigen Mädchen:) Stell' dich doch nicht so an, Petra, wenn du da mal eben Pipi machst! Es guckt dir doch niemand was/etwas ab!

den/die Klara/... **guck' ich/**gucken die/... **nicht mehr an** *ugs* · I/they/... want nothing (more) to do with you/him/Clara *n*

... Nein, den Detlev guck' ich nicht mehr an. Der hat mich derart beleidigt, mit dem will ich nichts mehr zu tun haben.

gucken: nicht nach links und nicht nach rechts/nicht nach rechts und nicht nach links/(weder nach rechts noch nach links/weder nach links noch nach rechts) **gucken** · to pursue one's goal regardless/unerringly

Die Liesel guckt nicht nach links und nicht nach rechts und geht ihren Weg. Unbeirrbar.

dahinter gucken *ugs* – **dahintergucken** · to find out what is going on/what s.o. is up to/...

(ganz schön/...) **dumm gucken** *ugs* – (weniger stark als:) **Augen** machen wie ein gestochenes Kalb (1) · + s.o.'s eyes nearly pop out of his head

er/die Frau Mittner/... **wird schön gucken** (wenn ...) *ugs* · s.o. will get quite a shock/the shock of his life/... when ...

Der Richard wird schön gucken, wenn er erfährt, daß seine Aktien um mehr als 30 Prozent gesunken sind. Er war so sicher, sein Geld optimal angelegt zu haben. Das wird eine herbe Überraschung sein.

Guillotine: jn. auf die Guillotine bringen *hist* · to guillotine s.o., to send s.o. to the guillotine

Wieviele Menschen haben die während der französischen Revolution eigentlich auf die Guillotine gebracht?

auf die Guillotine steigen *hist* · to go to the guillotine

Da so inmitten von Tausenden von Gaffern auf die Guillotine zu steigen – was müssen diese Leute wohl gefühlt haben?

Gummibeine: Gummibeine haben *sal selten* · 1. to have legs of rubber *tr*, to have flabby legs *n*, to have no muscles in one's legs *n*, 2. to feel weak at the knees, 3. to have supple legs *n*

1. ... Wer Gummibeine hat, kann natürlich kein Ski laufen, das ist klar. Da braucht man Kraft in den Beinen, Standvermögen!

2. (Vor dem Zimmer des Chefs, A zu B:) Die Knie schlottern dir? Wenn du Gummibeine hast, gehen wir wieder. Wir können genau so gut morgen oder übermorgen mit dem Chef über die Sache sprechen. Dann hast du dich mit dem Gedanken schon vertraut gemacht und vielleicht weniger Angst.

3. ... Dieser Fred Schempf hat Gummibeine. Der tanzt wie ein junger Gott. Das ist ein absolut begnadeter Tänzer.

Gummibeine bekommen *sal selten* · 1. to (start to) feel weak at the knees, 2. + to go weak at the knees

1. (In einer Schlange:) Mein Gott, bei diesem ewigen Stehen kriegt man ja Gummibeine!

2. vgl. – die **Knie** werden jm. weich

Gunst: js. Gunst genießen/(besitzen) *form* · to enjoy s.o.'s favour

Solange die Malberg die Gunst des Kanzlers genießt, ist sein Einfluß hier nicht zu brechen. Aber sobald dieser Rückhalt aus irgendeinem Grund fortfällt, wird man ihn an eine Stelle versetzen, wo er niemandem wehtun kann.

sich bei jm. **in Gunst (zu) setzen** (versuchen/...) *form* · to get into s.o.'s good books, to get into favour with s.o.

Der Theo tut alles, um sich beim Chef in Gunst zu setzen. Aber ich weiß nicht, ob das viel nutzt. Im Gegenteil. Der Alte ist gegen alles allergisch, was nach Anbiederei oder gar Schmeichelei riecht.

in Gunst bei jm. **stehen/**in js. Gunst stehen *form selten* – bei jm. einen **Stein** im Brett haben · to be in s.o.'s good books, to be well in with s.o.

die Gunst der Stunde nutzen/(wahrnehmen) *form* · to take/to seize a favourable opportunity, to seize one's chance

Jetzt, wo der neue Geschäftsführer sein Amt antritt, ist der Augenblick gekommen, wo wir geschlossen um eine handfeste Gehaltserhöhung nachsuchen müssen. Wir müssen die Gunst der Stunde nutzen.

die Gunst der Stunde verpassen *form* · to let an opportunity slip, to miss a chance, to let a chance go begging

Jetzt, wo der neue Geschäftsführer sein Amt antritt, ist der Augenblick gekommen, wo wir geschlossen um eine handfeste Gehaltserhöhung nachsuchen müssen. Wenn wir die Gunst der Stunde verpassen, können wir uns nachher nicht beklagen.

zu js. Gunsten *form* · in s.o.'s favour, to s.o.'s advantage

Warum bist du so böse auf ihn? Er hat doch nur zu deinen Gunsten ausgesagt. – Ah, du meinst, was er da vorgetragen hat, wäre gut für mich?

Gurgel: jm. die Gurgel abschnüren/abdrücken *path selten* – jm. die **Gurgel** zudrücken/zuschnüren · to throttle s.o., to cut s.o.'s throat

j. muß sich erst mal die Gurgel anfeuchten/(ölen/schmieren) *sal* – j. muß sich erst mal die **Kehle** anfeuchten/(ölen/schmieren) · to have to wet one's whistle (first)

(drauf und dran sein/...) jm. **an die Gurgel** (zu) **fahren/**(springen) *ugs* – *path* · I/... could have throttled/strangled him/..., to go for s.o.'s throat

Am liebsten wäre ich ihm an die Gurgel gefahren, eine solche Wut hatte ich auf ihn. So etwas von meiner Schwester zu behaupten!

sein (ganzes) Geld/(Vermögen/...) **durch die Gurgel jagen** *sal* – sein (ganzes) **Geld** durch die Gurgel jagen · to pour all one's money down one's throat, to piss one's money up the wall

sich die Gurgel schmieren/ölen *sal* · to wet one's whistle

Nach dieser Grubenbesichtigung muß ich mir jetzt erstmal die Gurgel ölen. Trinkst du ein 'Gedeck' mit – so nennen die hier ein Bier mit einem Schnaps?

die Gurgel spülen *sal selten* · to oil one's throat

Nach der Besichtigung des Bergwerks haben wir erstmal anständig die Gurgel gespült. – Was habt ihr denn getrunken? – Zunächst einen Steinhäger und dann mehrere Bier.

jm. die Gurgel zudrücken/zuschnüren *ugs* – *path selten* · 1. to throttle s.o. *n*, 2. to cut s.o.'s throat *n*

1. Er hat das arme Tier wirklich erstickt? – Ja, mit einer Kordel hat er ihm die Gurgel zugeschnürt.

2. Der Moßbach ist pleite, habe ich gehört, die Firma hat Konkurs angemeldet? – Die Bank hat ihm die Gurgel zugeschnürt. Sie hat seine Kredite nicht verlängert.

Gürtel: den/(seinen) **Gürtel enger schnallen (müssen)** *ugs* · to (have to) tighten one's belt

Es stehen harte Zeiten bevor, wir werden wohl den Gürtel enger schnallen müssen. – Das tut uns vielleicht nur gut, denn bisher haben wir viel zu üppig gelebt.

Gürtellinie: unter die **Gürtellinie** gehen/unter der **Gürtellinie** sein/(liegen) *ugs* · to go below the belt, to be below the belt, to hit below the belt

… Nein, nein, Anspielungen auf das Privatleben, das geht unter die Gürtellinie. Anständige Menschen brauchen solche 'Argumente' auch nicht in einer erhitzten Auseinandersetzung.

Guß: (ein Werk/…) (wie) **aus einem Guß sein** · to be all of a piece

Man merkt dem Roman an, daß er in einem Zug geschrieben wurde: alle Einzelhandlungen durchzieht eine einheitliche Idee; alles zeugt von derselben Kraft, nirgendwo Brüche. Kurz: es ist ein Roman aus einem Guß.

Gusto: (ganz) **nach eigenem Gusto** etw. **tun (können)** *ugs* · to do s.th. just as one likes, to do s.th. according to one's own taste

Wenn du das Buch ganz nach eigenem Gusto schreiben, gestalten, vermarkten willst, dann mußt du es selbst finanzieren und im Selbstverlag herausbringen. Sonst bist du in deinem Entscheidungsspielraum immer eingeschränkt.

gut: du bist/Peter ist/… (aber) **gut!** *ugs* · + I like that!, you're/he's a fine one!, you're/he's joking!, you/he must be joking

… Ach, du meinst, er hat das Recht, jeden Pfennig kleinlich abzurechnen, und ich soll noch bei den größten Beträgen großzügig sein? Du bist aber gut!

das ist aber gut! *ugs* · + I like that!

Meine Schwester soll in den Moritz verliebt sein? Das ist aber gut! Sie kennt den Moritz überhaupt nicht. Ein herrlicher Witz.

na, gut · 1. 2. all right then

1. Wir sollen noch heute bei ihm vorbeikommen wegen der Abrechnung? Das paßt uns eigentlich gar nicht; wir wollten heute abend ins Theater. Na, gut, wenn es unbedingt sein muß …

2. vgl. – nun **gut**

nun gut · all right then

Nein, meine Liebe, so nachlässig gemachte Arbeiten – das geht nicht; die mußt du nochmal machen. – Aber ich hatte keine Zeit heute, Papa; ich mußte mit der Mama in die Stadt. – Nun gut, dann will ich nichts sagen.

schon gut · all right

So eine nachlässige Arbeit … – Aber, Papa, ich hatte wirklich keine Zeit. Ich war zuerst … – Schon gut! Wir wollen keine weiteren Worte darüber verlieren. Aber in Zukunft sieht das anders aus, klar?

es wird (schon) **alles wieder gut** *ugs* · everything is going to be/will be all right again

Nun mach' dir mal keine Sorgen! Es wird schon alles wieder gut. So eine Krankheit ist natürlich unangenehm. Aber solange es nichts ist, was nicht wieder weggeht, ist doch im Grunde alles halb so schlimm. Das gibt sich doch wieder.

jm. **ist gut** – sich gut/glänzend/ausgezeichnet/schlecht/miserabel/… **fühlen** (1) · (not) to feel good/fine/…

sei/seid/(…) mir wieder gut! *form* · be friends with me again!, let's be friends again, let's make up and forget it

… Komm', Peter, sei mir wieder gut! Ich geb' zu, ich hab' Unrecht. Aber das ist doch kein Grund, daß du jetzt wer weiß wielange Groll gegen mich hegst.

jm. **gut sein** *form veraltend selten* · to be kind to s.o., to show affection to s.o.

(Zu einem jüngeren Mädchen:) Dem Herrn Lösbach gegenüber, Karin, solltest du immer höflich sein – auch wenn er in letzter Zeit manchmal etwas griesgrämig ist. Der war dir immer gut, der Mann! Was hat dich als kleines Kind gern gehabt! Wie oft hat er dir was geschenkt, dir bei Schwierigkeiten geholfen hat …

j. **ist viel zu gut**/(für jn./(etw.)) · to be much too good-natured (for s.o.), to be much too good-hearted (for s.o.)

Dein Vater ist für diese Ellebogenleute hier halt viel zu gut. Der wird von allen immer wieder ausgenutzt.

hier/(…) ist gut sein *eher iron* – hier/(…) ist gut sein, hier laßt uns/wollen wir eine **Hütte** bauen · let us stay and settle down here

immer gut sein für etw. *ugs* · to be always good for s.th.

Doch, den Körner solltest du auch einladen! Das ist zwar keine intellektuelle Größe, aber er ist immer gut für ein paar prächtige Witze.

sich für etw. **zu gut sein**/sich zu gut dazu sein, etw. zu tun – es/etw. für unter seiner **Würde** halten (zu …) · to consider/… s.th./doing s.th. beneath one's dignity, to consider/… s.th./doing s.th. beneath one

wer weiß/…, wozu/(wofür) das/(etw.) (noch/nochmal/…) **gut ist** · who knows when it/that/s.th. may come in handy, who knows when it/that/s.th. may be useful

Nein, wegwerfen würde ich die Unterlagen nicht. Wer weiß, wofür sie nochmal gut sind. – Wozu sollten die mir noch nützen?

es gut haben (in/bei/…) · 1. 2. to be lucky, 2. to have a cushy time (in/at/…) *coll*, 3. to be well-off (in/at/…)

1. Ihr habt es gut! Während ich bei diesem herrlichen Wetter schuften muß, könnt ihr euch hier in der Sonne aalen.

2. Meine Frau versteht gar nicht, warum sich unsere Ursel immer wieder beklagt. Sie hat es doch gut in Frankreich: gute Verpflegung, wenig Arbeit, viel Reisen …

3. War das eine schwere Arbeit, da bei Ralles? – Nein, bei denen hatten wir es gut. Jetzt, in unserem neuen Job, da müssen wir hart ran.

(noch) etw. **gut haben** (bei jm./in …) · 1. to be owed s.th., 2. s.o. has got s.th. coming to him, 3. + to owe s.o. a favour, + to be in s.o.'s debt

1. 165,– Mark kostet die Jacke! Wenn ich mich nicht irre, habe ich noch 30,– Mark bei Ihnen gut, nicht wahr? Ich schulde Ihnen dann also 135,– Mark …

2. Paß bloß auf, mein lieber Peter! Sonst gibt's was! Du hast sowieso noch eine Ohrfeige bei mir gut. Ich habe dir gestern bloß keine geknallt, weil Tante Lisbeth gerade ins Zimmer kam. *sal*

3. Jörg, könntest du mir einen Gefallen tun? – Na klar, du hast sowieso noch etwas gut bei mir. Was kann ich denn für dich tun?

das höchste Gut *geh* · the Highest Good, the Summum Bonum, the greatest good

… Eigentlich, erläuterte er, ist 'das höchste Gut' eine Lehnübersetzung von lat. 'summum bonum' und meint 'Gott'! Aber heute wird der Terminus auch freier verwandt – für andere Güter, die man am höchsten schätzt.

Gut und Blut opfern *path selten* · to sacrifice life and property

Gut und Blut hat dieses Volk geopfert, millionenfach! Und wozu das Sterben, wozu die Vertreibungen und Enteignungen? Daß neues Unrecht an die Stelle des alten kommt?

(wissen, was) **Gut und Böse**/(gut und böse) (ist)/… · to know the difference between good and evil, to know right from wrong

(Der Vater zu seinem Jungen:) Aber sag' mal, Ulli, willst du wirklich nicht zugeben, daß du in der Sache Unrecht hast? Du wirst doch noch Gut und Böse auseinanderhalten (können)? Die Bettina hat doch überhaupt gar nichts Übles gemacht!

jenseits von Gut und Böse (stehen/…) *nach einem Titel von Nietzsche* · to be beyond good and evil, to be above the law

… Manchmal kommt es einem in der Tat so vor, als meinten diese Politiker, sie stünden jenseits von Gut und Böse. Da wird irgendein Gesetz erlassen – und schon ist jedes 'Unrecht' sanktioniert. – Schlimmer: sie stehen über den Gesetzen – wie ein König von Gottes Gnaden.

wie gut, daß ...! · it's good that ...

Wie gut, daß du bei dieser Diskussion zugegen bist! Sonst würde die Christine nachher die ganze Geschichte wieder anders präsentieren.

gut denn · all right then

Herr Wachtmeister, wenn wir schneller gefahren sind, als hier erlaubt ist, dann nur deshalb, damit die alte Dame rechtzeitig ins Krankenhaus kommt. – Gut denn! Ich will davon nichts gesehen haben.

dazu/(dafür)/zu/(für) etw. **bin ich**/ist er/ist der Peter/... (dir/ihm/dem Albert/...) **gut genug, (aber** ...) *ugs* · 1. 2. he/Peter/... is/... good enough for s.th./to do s.th. (but ...)

1. Ah, jetzt soll ich dem Karl-Heinz bei der Vorbereitung der Abschiedsfeier helfen! Zum Helfen bin ich also gut genug/dazu/(dafür) bin ich also gut genug. Aber wenn er offiziell eingeladen wird, dann nimmt er mich nicht mit, weil ich nach seiner Meinung nicht 'gut auftrete'.
2. (Ein Vater zum Ausbildungsleiter in einem Betrieb:) Um die schmutzigen Arbeiten zu machen, dazu/dafür ist mein Sohn Ihnen offensichtlich gut genug/für die schmutzigen Arbeiten ist mein Sohn Ihnen offensichtlich gut genug! Aber auf eine ordentliche Ausbildung wartet er seit Monaten vergeblich. So kann das nicht weitergehen.

gut und gern ... kosten/brauchen/... · that will cost/... a good ...

... Dann können wir das Zimmer ja isolieren lassen. Ist das teuer? – Ich weiß nicht, was du teuer nennst. Aber das kostet gut und gern 5.000,– Mark.

etw. **so gut tun, wie man kann**/wie es einem möglich ist/.../ etw. tun, so gut man kann/... · to do s.th. as best one can

Er macht seine Sache, so gut er kann; mehr kann man von niemandem verlangen.

Gut und Leben opfern/(...) *path selten* – **Gut** und Blut opfern · to sacrifice life and property

etw. **so gut wie möglich machen** · to do s.th. as well as one (possibly) can

Wir werden den Tisch so gut wie möglich reparieren. Etwas wird man natürlich immer sehen; das ist bei einem antiquarischen Stück unvermeidlich.

so gut wie nichts · next to nothing

... Und? Hat der Robert endlich mal was getan heute? – Ach, so gut wie nichts. Das ist gar nicht der Rede wert, das bißchen, was er übersetzt hat.

so gut und so schlecht (sein) wie ... – nicht **besser** und nicht schlechter (sein) als ... · to be no better and no worse than ...

(das/(etw.) ist) (ja) **alles** (ganz) **gut und schön, aber/doch**/... *ugs* · it/that is all well and good, but ..., that's all very well, but ...

Sie müssen verstehen, Herr Kommissar: unser Sohn wußte überhaupt nicht, daß auf der Party Drogen vertrieben würden ... – Alles gut und schön, Herr Bunse, aber er hat sich nun einmal an dem illegalen Geschäft beteiligt; an diesem Tatbestand kommen wir doch nicht vorbei.

laß/laßt/... **gut sein!** · forget it!, let it go!, leave it!

... Natürlich! Eigentlich müßten wir nach einem so unfairen Verhalten scharf gegen den Friedmann vorgehen, da hast du recht. Aber was soll's? Laß gut sein! Ich hab' keine Lust, meine Zeit mit so läppischem Zeug zu vertun.

sei/seid/... **so gut und** ...! *form* · would you be so kind as to ..., would you kindly ...

Sei so gut und reiche mir das Messer da herüber! – Bitte! – Danke!

bist du/seid ihr/... **so gut und** ...?! *form* · would you mind doing s.th.?

Sind Sie so gut und richten Ihrem Mann aus, daß ich morgen früh eine Stunde später komme?

das/(etw.) **ist so gut wie sicher/entschieden/fertig**/... · it's as good as certain/settled/...

Erhält der Prof. Rausch wirklich einen Ruf an unser Institut? – Das ist so gut wie sicher. Von der Institutsleitung haben sie bereits bei ihm angefragt, ob er den Ruf annimmt, und er hat positiv geantwortet.

Gütchen: sich ein Gütchen an etw. **tun** *ugs selten* · to treat o.s. to s.th. n, to give o.s. a treat with s.th./by doing s.th. *n*

So, jetzt werden wir uns mal an ein paar Fläschchen Mosel ein Gütchen tun! – Ah, du willst dir gleich ein paar zu Gemüte führen.

Gutdünken: nach Gutdünken (die Dinge regeln/...) · to decide/to settle s.th. as one sees fit, to decide/to settle s.th. as one thinks fit, to decide/to settle s.th. at one's (own) discretion

Der Paul scheint in der Tat zu meinen, er könnte hier nach Gutdünken schalten und walten, wie er will – so, wie ihm das gerade in den Kopf kommt.

nach eigenem Gutdünken entscheiden (können)/... · to (be able to) decide as one sees fit, to (be able to) decide as one thinks fit, to (be able to) decide at one's own discretion

... Wenn der Heribert das (vorher) nach eigenem Gutdünken entschieden hat, dann soll er uns auch jetzt, wo die Sache schiefzulaufen droht, nicht fragen.

Gute: alles Gute! · all the best

Ihr fahrt noch heute? – Ja. – Dann: alles Gute! Wie sehen uns dann in vier Wochen hoffentlich alle gesund und munter wieder.

jm. **alles Gute wünschen** (zu/für/...) · 1. to wish s.o. good luck, 2. to wish so many happy returns, to congratulate s.o. on s.th.

1. Für deine Bewerbung in Hamburg wünsche ich dir alles Gute! – Danke. Die guten Wünsche kann ich gebrauchen. Außer mir bewerben sich noch 25 andere um die Stelle.
2. Wir wünschen Ihnen zu Ihrem Geburtstag alles Gute, Herr Dr. Herrmann ...

gute: der gute Mann/die gute Frau/... irrt sich/ist auf dem Holzweg/... *oft iron* · the good man/the good woman/... is mistaken/...

Die Frau Scherer scheint anzunehmen, ich ließe mir hier von ihr alles bieten! Die gute Frau irrt sich. Bei der nächsten Unhöflichkeit schieß ich zurück und such' mir eine andere Stelle.

Güte: eine Ware/... **erster**/zweiter/... **Güte** *form selten* – (eher:) etw. ist erste/zweite/... **Qualität**/(etw. erster/zweiter/... Qualität) · top quality goods, first-class goods, seconds/thirds/...

meine Güte! *ugs* · 1. 3. my God!, oh, God!, 2. oh Lord!, oh no!

1. vgl. – bei **Gott!** (1)
2. vgl. – (ach) du lieber **Gott!**
3. vgl. – gerechter **Gott**

ach, du meine/liebe Güte! *ugs* – (ach) du lieber **Gott!** · oh Lord!, oh no!

ein Konfekt/Cognac/... **erster Güte sein** *form* · to be a first-class/first-rate brandy/..., to be a brandy/... of the first order

Das ist ein Brandy erster Güte! Einfach Klasse!

die wandelnde Güte sein *path* · s.o. is kindness personified

Der alte Herr Malmberg, das ist die wandelnde Güte. Überall, wo er kann, hilft er; überall gibt er ein gutes Wort; überall muntert er auf ...

hätten Sie/... **die Güte, zu/und** .../würden Sie ... haben ... *form* · would you be so kind as to ...

Hätten Sie die Güte, mir die Speisekarte herüberzureichen? – Aber selbstverständlich. Bitte schön! – Besten Dank!

etw. **in Güte abmachen/regeln**/... · to settle a problem/... amicably

Könnt ihr euere Divergenzen nicht in Güte regeln? Muß das immer zu Kampf und Streit führen?

jm. etw. **in aller Güte sagen/klarmachen**/... · to tell s.o./to point out to s.o. in a friendly way

Wir haben versucht, unerer Tochter in aller Güte klarzumachen, daß sie nun alt genug ist, ihre Sachen selbst aufzuräumen. Ohne jeden Erfolg! Es scheint also doch nicht ohne Strafen zu gehen.

sich in Güte einigen · to come to an amicable settlement of s.th.

Es wäre natürlich viel sinnvoller, wenn ihr euch in Güte einigen würdet, statt da zum Anwalt oder gar zum Gericht zu laufen.

Güteklasse: (Obst/Gemüse/... (der)) **Güteklasse eins**/(zwei/drei/...) *oft scherzh* · 1. grade one/two/... peaches/apples/.., 2. first-/second-/third-/...rate policies/...

1. Mensch, das sind wirklich Pfirsche der Güteklasse eins: groß, saftig, schmackhaft. Einfach Klasse.
2. Was hältst du von der neuen Außenpolitik? – Güteklasse vier. – Komm', ehrlich! – Ja, ehrlich: miserabel!

Guten: das ist zuviel des Guten · 1. that is too much, + you shouldn't have, 2. that is too much of a good thing

1. Komm', einen Schluck kannst du noch vertragen. – Nein, danke, das wäre zuviel des Guten. Ich will morgen nicht an den Nachwirkungen leiden.
2. Frau Schloßbauer, das ist mehr als genug, ja, das ist schon zuviel des Guten. Die kalte Platte hätte durchaus gereicht. Jetzt noch der Nachtisch, Obst ... – so ausgehungert waren wir nun doch nicht. *form*

etw. (nur/...) im Guten lösen/regeln/... (können) *form* · to solve s.th./to settle s.th./... amicably

Diese Erbschaftsfragen sind nicht im Bösen, sie sind nur im Guten zu lösen. Nur wenn jeder von uns Verständnis, Entgegenkommen, guten Willen zeigt, können wir hoffen, eine Einigung zu erzielen.

im Guten auseinandergehen *form* · to part on friendly/on good terms

Ihr seid doch im Guten auseinandergegangen, nicht im Bösen, oder? – Natürlich! Eine Scheidung ist doch keine Kriegserklärung. Wir haben alles in bestem Einvernehmen geregelt.

im Guten wie im Bösen/im Guten und im Bösen/im Guten so gut wie im Bösen · 1. through good (times) and bad, 2. in the good and in the bad

1. Die beiden haben in allem zusammengehalten, im Guten wie im Bösen. Die sind miteinander durch dick und dünn gegangen.
2. Er ist eine zur Übertreibung, ja zu Exzessen neigende Natur, im Guten wie im Bösen. Man wird ihm daher nicht gerecht, wenn man ihn nur von den Fehlern her beurteilt.

wenn es im Guten nicht geht/(klappt/...), **dann im Bösen/**(...) · if it cannot be settled in a friendly way, then I'll/... have to resort to tougher/nastier/... methods

Sie wollen wirklich nicht einsehen, daß der Lärm bis Mitternacht für die Nachbarn auf die Dauer unerträglich ist? Tut mir leid, wenn es im Guten nicht geht, dann im Bösen. Beim nächsten Mal, wo meine Frau durch Ihre Popmusik geweckt wird, werde ich eine Klage gegen Sie einreichen.

jn. (nur/bloß/...) im Guten gewinnen/packen/(kriegen) **können** *form* · + s.o. can only be persuaded/motivated/... amicably/by friendly methods/...

Den Hegener kann man nur im Guten packen. Mit Schärfe, Drohungen, Befehlen und ähnlichem ist bei dem nichts zu machen.

sich im Guten trennen *form* – im **Guten** auseinandergehen · to part friendly/on good terms

etw. (doch noch/...) zum Guten wenden/lenken · to move s.th. in a positive direction, to guide s.th. into a positive direction

Im letzten Augenblick gelang es dem Außenminister, die Verhandlungen, die zu scheitern drohten, doch noch zum Guten zu wenden und ein akzeptables Ergebnis zu erzielen.

sich zum Guten wenden – eine **Wendung** zum Guten/Besseren nehmen · to take a turn for the better

des Guten zuviel sein · to be too much, to be too much of a good thing

... Natürlich war es richtig und im Sinne der Firma, den Leuten eine Weihnachtsgratifikation zu zahlen. Aber 600,– Mark –, das ist des Guten zuviel. Da meinen sie, die Firma schwimmt im Geld.

des Guten zuviel tun · to give people/... too much of a good thing, to overdo things

Die Leute sind regelrecht gemütlich geworden! – Kein Wunder! Es war ja richtig, daß du ihre wirtschaftliche Lage gebessert hast. Aber du hast des Guten zuviel getan. Wenn die Arbeits- und Lebensbedingungen zu leicht sind, werden sie natürlich gemütlich.

Gütergemeinschaft: (in) **Gütergemeinschaft** (leben/(...)) *jur Ehe* · to have community of goods, to have community of property, to have joint ownership of property

Lebt ihr seit eurer Heirat in Gütergemeinschaft oder habt ihr bei der Eheschließung (die) Gütertrennung vereinbart?

Gütern: mit allen Gütern gesegnet sein *path* · to be blessed with every conceivable good thing

Wenn man so mit allen Gütern gesegnet ist wie der Herbert, eine herzensgute Frau und prächtige Kinder hat, ein Haus, einen Beruf, der einen erfüllt ..., dann sollte man dem lieben Gott eigentlich jeden Morgen von neuem danken.

Gütertrennung: (in) **Gütertrennung** (leben/(...)) *jur Ehe* – ≠ (in) **Gütergemeinschaft** (leben/(...)) · to have separation of property (in marriage)

Gutes: jm. schwant nichts Gutes/j. ahnt ... *oft iron* · + s.o. has got a feeling it's something nasty

Warum läßt der Chef dich zu sich rufen? – Keine Ahnung! Aber mir schwant nichts Gutes. Wenn er jemanden so früh am Morgen ganz lakonisch zu sich ruft, pflegt er aus irgendeinem Grund sauer zu sein.

(auch) sein Gutes haben · it/s.th. has its points, too, it/s.th. has its good side, too

Dieser dauernde Regen hat auch sein Gutes. Unsere Wasserreserven waren fast erschöpft.

Gutes mit Bösem vergelten/(erwidern) *form* · to return evil for good

Der Alfred hat dir doch jahrelang geholfen, und da schädigst du ihn mit diesem Vertrag noch? Ich hätte dir nicht zugetraut, daß du in der Lage wärest, Gutes mit Bösem zu vergelten.

Gutes mit Gutem erwidern/vergelten *form* – Böses mit Bösem/Gutes mit Gutem/Böses mit Gutem/Gutes mit Bösem/Gleiches mit Gleichem **vergelten** · to return good for good

ein Gutes hat die Sache/(etwas Gutes ist an der Sache dran) · but there is one good thing about it

Im ganzen bin ich von Peters Verhandlungsführung sehr enttäuscht, genau wie du. Aber ein Gutes hat die Sache: wir wissen jetzt genau, womit wir bei ihm dran sind.

jm. Gutes tun *form* · to do good for s.o.

... eine ungeheuer liebe Frau, im besten Sinne des Wortes karitativ eingestellt: wenn sie jemandem Gutes tun kann, tut sie es.

nichts Gutes versprechen/(verheißen) · it/s.th. bodes ill *coll*, it/s.th. bodes no good *coll*, it/s.th. promises no good

... Die verbalen Attacken der einen Regierung gegen die andere werden immer härter; das verheißt nichts Gutes! – Du rechnest doch nicht etwa mit Krieg?

Gutes wirken *form* · to do good, to do good deeds

... Sicherlich würden viel mehr Menschen, als man meint, gerne Gutes wirken – oder mehr Gutes wirken –, das glaube ich auch, Inge. Aber die Möglichkeiten, etwas zu tun, was man nicht nur für gut hält, sondern was sich dann auch segensreich auswirkt, sind begrenzt.

gutgehen: gutgehen · 1. 2. to be all right, to turn out well/all right

1. ... Wenn das nur gutgeht! – Wie, du meinst, die Ladung ist für den Wagen zu schwer? – Ich fürchte, der bricht zusammen.
2. ... Na, es ist ja nochmal gutgegangen. Warum sollen wir uns jetzt noch nachträglich den Kopf zerbrechen, was geschehen wäre, wenn ... – Es hätte halt auch schiefgehen können!

es sich gutgehen lassen/sich's gutgehen lassen – es sich gut/(wohl) **gehen** lassen · to have a good time, to enjoy life

guthaben: (noch) etw. **guthaben (bei** jm./in ...) – (noch) etw. **gut** haben (bei jm./in ...) · to be owed s.th., s.o. has got s.th. coming to him, + to owe s.o. a favour, + to be in s.o.'s debt

gutheißen: etw. **gutheißen** · to approve of s.th.
(Die Mutter zum Vater:) Aber du kannst doch nicht gutheißen, daß der Junge jeden zweiten Abend um Mitternacht nach Hause kommt! – Ich bin natürlich nicht dafür; aber auf der anderen Seite, Helmi: der Robert ist 18 Jahre.

gutherzig: gutherzig sein – ein gutes **Herz** haben · to be good-hearted

gütlich: sich gütlich an etw. **tun** *form veraltend selten* · to treat o.s. to s.th., to get stuck into s.th. *coll*
Herrlich, sich an so einer Languste gütlich zu tun. Und dieser wunderbare Wein dazu ... – Ja, das glaub' ich! Wenn man in Deutschland diese Tierchen auch zu erschwinglichen Preisen genießen könnte ...!

gutmachen: etw. **wieder gutmachen** · to make up for s.th., to make amends for s.th., to put s.th. right, to make good
... Wenn der Willibald dir in der Diskussion in der Tat Unrecht getan hat, wird er das bestimmt wieder gutmachen. Du wirst schon sehen: in der nächsten Diskussionsrunde wird er das zurücknehmen oder wird dafür sorgen, daß du ganz groß rauskommst ...

gutsagen: für jn./etw. **gutsagen** *mst Inf form selten* · to vouch for s.o.
(Ein Bankbeamter:) Wenn Ihr Bruder hier nicht gestern in engagiertester Form für Sie gutgesagt hätte, wäre der Kredit nicht genehmigt worden. Aber er hat Sie und das Projekt derart gelobt, sich sogar bereit erklärt, im Notfall als Bürge einzustehen, daß wir schließlich kaum noch anders konnten, als ja zu sagen.

gutschreiben: jm./einem Konto einen Betrag/(...) **gutschreiben** *form* · to credit 100 DM/... to s.o.'s account
(An eine Bank:) Die Beträge der beigefügten Verrechnungsschecks bitte ich, meinem bei Ihnen geführten Konto gutzuschreiben.

Gutteil: ein Gutteil größer/kleiner/dicker/... **als**/ein Gutteil von ... *form* · 1. considerably bigger/smaller/... than ..., 2. quite a lot bigger/smaller/... than ...
1. vgl. – ein gut' **Teil** größer/kleiner/dicker/... als/ein gut' Teil von ... (1)
2. vgl. – (eher:) ein ganzes **Stück** größer/kleiner/dicker/... sein als ... (1, 2)

guttun: jm. **guttun** · 1. 2. to do s.o. good
1. Das Medikament hat ihr gutgetan; sie fühlt sich schon viel besser.
2. Die ermunternden Worte ihres Vaters taten ihr gut. Vielleicht war doch alles nicht so schlimm, wie es aussah, ließ sich doch ein Ausweg finden. Sie fühlte sich erleichtert, schöpfte wieder Lebensmut.

H

Haar: das/(etw./das Leben) **hängt** (nur) **an einem** (dünnen)/ (seidenen) **Haar** – (eher:) an einem seidenen/dünnen **Faden** hängen · it is touch and go with s.o./in s.th., s.o.'s life is hanging by a thread

um ein Haar wäre etw. (nicht) **geschehen/**... · 1. 2. to very nearly do s.th., to come close to doing s.th., to miss/... s.o./s.th. by a whisker
1. Um ein Haar wäre ich die Treppe heruntergefallen. Es gelang mir gerade noch, mich am Geländer festzuhalten.
2. Um ein Haar hätte meine Schwester gestern eine Katze überfahren. Sie konnte so eben noch ausweichen.

nicht um ein/um kein Haar besser/schlechter/fleißiger/anders/... **sein als** ... *selten* – keinen **Deut** besser/schlechter/ fleißiger/anders/... sein als j. · not to be a bit/jot/whit/better/worse/... than s.o./s.th.

sich nicht um ein Haar bessern/... *selten* · not to improve a bit/...
Aber mein Sohn arbeitet doch fleißiger mit, seitdem wir miteinander gesprochen haben? – Leider nicht, Herr Bohrer, leider hat sich der Junge nicht um ein Haar gebessert. Er ist haargenau so faul und desinteressiert wie vorher.

Haar, (so) **schwarz wie Ebenholz** *path selten* · (to have) jet-black hair
Schau mal, diese Argentinierin da drüben – pechschwarzes Haar, und von welch einer Feinheit – Haar, schwarz wie Ebenholz, wie es 'poetisierend' heißt.

aufs Haar genau kennen/.../**dasselbe sein/**... · 1. to know s.th. inside out, 2. to be exactly the same
1. Das 6. Brandenburgische Konzert kennt mein Bruder aufs Haar genau. Das kann er dir in jeder Einzelheit analysieren.
2. vgl. – (eher:) **haargenau** dasselbe sein/... kennen/...

sich aufs Haar gleichen · 1. 2. to be identical, to be exactly the same
1. Die Wertvorstellungen, die man jetzt wieder zu Ehren bringen will, und die alten konservativen Werte, meinte er, gleichen sich aufs Haar! Sieht man von der unterschiedlichen Terminologie ab, entdeckt man da auch nicht den geringsten Unterschied.
2. vgl. – sich gleichen/ähnlich sehen wie ein **Ei** dem andern

sich auf ein Haar gleichen *selten* – sich gleichen/ähnlich sehen wie ein **Ei** dem andern · to be as like/alike as two peas

sich das Haar zum Knoten aufstecken/stecken · to put one's hair into a bun
Hast du schon mal gesehen, daß sich ein Mann das Haar zum Knoten aufsteckt?

niemandem/keinem ein/jm. nie ein/jm. kein **Haar krümmen** – (eher:) niemandem/keinem ein/jm. nie ein/jm. kein **Härchen** krümmen · s.o. wouldn't hurt a fly, not to do s.o. any harm

kein gutes Haar lassen an jm./etw. · 1. 2. not to have a good word to say about s.o./s.th., 2. to pull s.o./s.th. to pieces, to trash s.o./s.th.
1. Du läßt aber auch kein gutes Haar an eurem Lateinlehrer. Wenn man dir glauben soll, ist der Mann dumm, mißgünstig, ungerecht, eingebildet ...
2. Du läßt ja kein gutes Haar an meiner Arbeit, Erich. Erst sagtest du, die Materialbasis sei zu knapp; jetzt sind die Methoden nicht durchdacht – fehlt nur noch, daß du sagst, das Ganze sei ein Produkt der Einbildung.

(sich) das Haar in Locken legen lassen – (eher:) sich **Locken** legen lassen · to have a permanent wave done/put in, to have one's hair curled

sich das Haar machen · to do one's hair
Meine Güte, die Else braucht eine Stunde, um sich das Haar zu machen. Ob das Badezimmer heute morgen noch frei wird?

da ist/es gibt ein Haar in der Sache *ugs selten* – da ist/es gibt ein **Haar** in der Suppe · there's one problem/snag

ein Haar in der Sache finden *ugs selten* – ein **Haar** in der Suppe finden · to find something to moan/grouse about, to find a snag

Haar (weich) wie Seide *path* · his/... hair is (as) soft as silk/ like silk/silky
Die Ursel hat vielleicht feines, weiches Haar – Haar wie Seide!

aufs Haar stimmen/(so sein, wie j. sagt/...) · 1. s.th. is dead/absolutely right, 2. to be exactly right/correct/..., to be right/... down to the last detail
1. Was er sagt, stimmt aufs Haar. Die Sache hat sich haargenau so zugetragen.
2. vgl. – (eher:) **haargenau** stimmen

sich das Haar aus der Stirn streichen · to push/to smooth/... the hair back from one's forehead
Mein Gott, Junge, streich' dir doch wenigstens das Haar aus der Stirn, wenn du mit den Leuten redest! Es ist doch kein Vergnügen, mit einem Menschen zu sprechen, dessen Augen man kaum sieht, weil die Mähne sie wie ein Schleier verdeckt.

jm. (zärtlich/...) **übers Haar streichen** · to stroke s.o.'s hair (affectionately/...)
»... Komm', nun mach' dir mal keine Sorgen«, sagte er, indem er ihr zärtlich übers Haar strich, »das wird schon nichts Ernstes sein«.

sich das Haar stylen *Neol* – sich das **Haar** machen · to do one's hair

da ist/es gibt ein Haar in der Suppe *ugs selten* · there's one problem/snag n
An sich gefällt mir der Vertrag. Aber da ist ein Haar in der Suppe: was passiert, wenn der Verkäufer vor Vertragsunterzeichnung stirbt? – Nun hör' aber auf! Du hast auch immer etwas auszusetzen.

ein Haar in der Suppe finden *ugs* · to find something to moan/grouse about n, to find a snag n
Warum will der Peter den Vertrag nicht unterschreiben? Hat er ein Haar in der Suppe gefunden? – Ja. Er ist der Meinung, wenn der § 38 so gefaßt bleibt, wie er ist, kann es nachher Auslegungsschwierigkeiten geben.

ein Haar in der Suppe suchen *ugs selten* – **Haare** in der Suppe suchen · to look for s.th. to quibble about/to complain about/to find fault with/to criticise/...

das Haar kurz/lang/anders als sonst/... **tragen** · to have one's hair short/long/down/..., to wear one's hair short/long/ down/...
Seit ein paar Monaten trägt die Anna Maria das Haar ganz kurz. Sie sieht aus wie ein Bubi.

sich das Haar in Wellen legen *form* · to have one's hair waved, to have a permanent wave
Seit wann legst du dir dein Haar in Wellen? – Seit ein paar Monaten. Warum? Findest du, daß mir die Locken besser standen?

Haarbreit: (um) **kein/**(nicht um ein) **Haarbreit nachgeben/**... *selten* – um keinen/nicht um einen **Fußbreit** nachgeben/... · not to budge an inch

Haare: j. **bekommt/kriegt darüber/**(deswegen)/(über/wegen etw.) **(noch) graue Haare** *ugs* · + s.th. is going to give s.o. grey hairs
... Seit Jahren und Jahren verfolgt mich dieses Problem. Ich bekomme darüber noch graue Haare. – Halte dich an das portugiesische

Diktum: 'was man nicht lösen kann, ist gelöst', und wende dich anderen Dingen zu.

jm. sträuben sich die Haare – jm. stehen die **Haare** zu Berge (1) · s.o.'s hair stands on end

ich/(er/Frau Maier/...) **könnte mir**/(sich/...) **die Haare (einzeln) ausraufen** (wenn ich sehe/(er sieht/...)) *ugs – path* · I/(he/Mr. Smith/...) could kick myself/(himself/...) when I see/ for telling him/...
Ich könnte mir vor Wut die Haare ausraufen, wenn ich daran denke, daß ich damals dies Grundstück nicht gekauft habe! Heute ist es das Zehnfache wert.

jm. stehen die Haare zu Berge · 1. + it/s.th. is enough to make your hair stand on end, 2. + it/s.th. makes one's hair stand on end
1. Wenn man sieht, was sich die Regierung da wieder für einen Unsinn leistet und mit welcher Unverfrorenheit sie vorgeht, stehen einem die Haare zu Berge.
2. Mann, war der Film gruselig! In einzelnen Szenen standen uns vor Entsetzen die Haare zu Berge. *seltener*

Haare haben wie ein Fuchs *ugs selten* · to have ginger/red hair *n*, to be a red-head *n*
Weißt du, wie man früher in bestimmten Gegenden jemanden neckte, der 'rote' Haare hat – oder, wie man sagt, rot ist/Haar hat wie ein Fuchs? 'Rotfuchs, die Ecke brennt, Feuerwehr kommt angerennt' (statt: 'angerannt', dies wiederum statt: 'angefahren')

j. frißt/(ißt) jm. **(noch) die Haare vom Kopf** *ugs oft scherzh* · he/John/... will eat s.o. out of house and home (yet)
Ihr wollt noch eine Schnitte mit Wurst? Ihr habt doch schon fünf oder sechs Schnitten gefuttert! – Aber wir haben noch Hunger, Mutti. – Ihr freßt uns noch die Haare vom Kopf! – Ach, die armen Eltern!

sich/(einander) **in die Haare kriegen/geraten**/(kommen/fahren) *ugs* · 1. 2. to start quarrelling *n*, to start squabbling *n*
1. Warum sind sich Ignaz und Stefanie denn schon wieder in die Haare geraten/haben ... gekriegt? – Ich weiß auch nicht genau, ich glaube, der Zank kam auf, weil Stefanie unbedingt ins Kino will und Ignaz ins Theater. – Aber da braucht man sich doch nicht gleich so heftig zu streiten.
2. Sie sind sich wegen der Erbschaftsregelung aufs neue in die Haare geraten. – Da werden sie sich auch so rasch nicht einigen.

Haare lassen müssen *selten* – **Federn** lassen müssen · to take a hammering

sich die Haare raufen *path* · to tear one's hair out
... Da – Tooor! Rolader, der linke Verteidiger hat mal wieder nicht aufgepaßt. 1 : 0 für die Gäste aus Düsseldorf, in dieser entscheidenden Begegnung. Trainer Mülhaupt rauft sich die Haare. Sollte das Spiel verloren gehen, ist der Abstieg der Gastgeber kaum noch zu vermeiden ...

(mal wieder/...) **Haare spalten** *ugs* – (eher:) (mal wieder/...) **Haarspalterei** treiben/betreiben (1, a. 2) to split hairs (again/...)

Haar(e) wie Stroh (haben) *selten* · (to have) hair like straw
... Mein Haar wird immer spröder und härter. Wenn das so weitergeht, hab' ich bald Haar wie Stroh.

Haare in der Suppe finden *ugs selten* – ein **Haar** in der Suppe finden · to find something to moan/grouse about, to find a snag

Haare in der Suppe suchen *ugs selten* · to look for s.th. to quibble about/to complain about/to find fault with/to criticise/...
Jetzt hat der Kurt doch genau den Vertragsentwurf, der ihm immer vorschwebte. Warum unterschreibt er denn jetzt nicht? – Du kennst ihn doch. Er sucht mal wieder Haare in der Suppe. Irgendein Pferdefuß/Haken muß sich doch finden lassen.

lange Haare, kurzer Verstand *sal* · 1. 2. long hair, short wit *tr*
1. Ich kann den Spruch 'lange Haare kurzer Verstand' langsam nicht mehr hören. Als ob ein Mann, der längere Haare hat, doof ist. *de-*

spektierliche Äußerung, die auf die 'Flower Power-Zeit der sechziger und siebziger Jahre zurückgeht
2. Hör' dir den Unsinn an, den die Frauke da mal wieder verzapft! Lange Haare, kurzer Verstand, das stimmt schon – trotz aller Gleichberechtigung. Die Frauen sollten sich lieber um andere Dinge kümmern als um logische Probleme.

sich darüber/(deswegen)/(über/wegen etw.) **keine grauen Haare wachsen lassen** *oft: laß dir/laßt euch/... darüber keine ...!/ich würde mir darüber keine ...! ugs* · not to lose any sleep over s.th. *often: I wouldn't lose any sleep over it*
Der Friedrich macht sich bestimmt Kopfschmerzen, ob er an der Musikhochschule angenommen wird? – Nein, darüber läßt er sich keine grauen Haare wachsen. Er übt ungestört weiter und wartet in Ruhe die weitere Entwicklung ab.

Haare auf den Zähnen haben *ugs* · 1. 2. to be a tough customer, to be a tough cookie
1. Nimm dich vor der Frau Mertens in acht! Dieses Weib hat Haare auf den Zähnen. Mit der ist nicht gut Kirschen essen! – Ist sie wirklich so schlimm? – Und ob! Geradezu bissig.
2. Die Rollaberg? Die läßt sich auch von den Männern in eurer Abteilung nicht fertigmachen, da brauchst du keine Sorgen zu haben. Die hat Haare auf den Zähnen. Und wenn die ganze Abteilung gegen sie ist – die weiß sich durchzusetzen. Und wie!

Haare auf der Zunge haben *ugs selten* – (eher:) **Haare** auf den Zähnen haben · to be a tough customer, to be a tough cookie

an den Haaren herbeigezogen sein *ugs* · to be far-fetched
... Dieser Vergleich ist doch völlig abwegig, an den Haaren herbeigezogen! Was haben die Zuschüsse zur physikalischen Grundlagenforschung mit der Bildungspolitik zu tun?

sich in den Haaren liegen (wegen etw.) *ugs* · 1. to start fighting/quarrelling/rowing *n*, 2. to be at loggerheads with s.o. (about s.th.)
1. Kaum haben die Inge und die Marianne fünf Worte gewechselt, liegen sie sich schon in den Haaren. Ewig müssen diese beiden miteinander heftig diskutieren, streiten, sich anschimpfen.
2. Sie liegen sich wieder einmal wegen der Erbschaftsregelung in den Haaren. – Da werden sie sich auch so rasch nicht einigen.

Haaresbreite: e-r S. (nur) **um Haaresbreite entgehen**/... · to only just escape/..., to escape/... by the skin of one's teeth
Um Haaresbreite entging das Flugzeug einem Sprengstoffanschlag. Aber wirklich: noch so gerade – das war eine Sache von Sekunden oder wenigen Metern.

nicht um Haaresbreite nachgeben/... – (eher:) um keinen/ nicht um einen **Fußbreit** nachgeben/... · not to give/to budge/... an inch

nicht um (eine) Haaresbreite (von der Stelle) weichen – (eher:) keinen/(nicht einen) **Fußbreit** (von der Stelle) weichen/zurückweichen · not to budge an inch

nicht um Haaresbreite/(nicht um eine Haaresbreite/um keine Haaresbreite) **zurückweichen**/... – (eher:) keinen/(nicht einen) **Fußbreit** (von der Stelle) weichen/zurückweichen/... · not to budge an inch

haargenau: haargenau dasselbe sein/... · to be exactly the same
(In einer Diskussion:) Aber was soll denn nun der Unterschied sein zwischen Steuerhinterziehung und Betrug? Das ist doch haargenau dasselbe! – Aber nein! Bei der Steuerhinterziehung betrügst du doch keinen einzelnen! – Aber du betrügst doch, Mensch! – Aber nicht so direkt! ...

haargenau stimmen/... · to be exactly right/correct/..., to be right/... down to the last detail
(Ein Zeuge in einem Mietrechtsprozeß:) Was der Beklagte ausführt, stimmt haargenau. Ich kenne Herrn Haberzapf, den Kläger, seit Jahren und kann bestätigen, daß er mit jedem Mieter Schwierigkeiten hatte, weil er grundsätzlich versucht, seine Mieter auszunutzen. Der Beklagte wirft Herrn Haberzapf zu Recht vor, das Mietverhältnis belastet zu haben.

haarklein: etw. haarklein erzählen/... · to explain s.th. to s.o./... in minute detail/in great detail/to the last detail/...
... Entsetzlich war das mit meinem früheren Chef. Von jeder Verhandlung, die man führte, mußte man ihm haarklein Bericht erstatten. Selbst die unbedeutendsten Einzelheiten wollte er hören ...

haarscharf: haarscharf verfolgen/beobachten/... · to observe/... s.o./s.th./... closely/minutely/...
Haarscharf verfolgte der Richter jede Geste, die der Angeklagte machte; nichts entging ihm ...

haarscharf an jm. vorbeifahren/... · to miss s.o. by a hair's breadth, to pass/to come/... within a hair's breadth of s.o.
Mensch, war das ein Glück! Du bist haarscharf an einem Betrunkenen, der da auf dem Weg liegt, vorbeigefahren. 10, 15 cm weiter rechts, und du hättest ihn überfahren.

Haarspalterei: (mal wieder/...) Haarspalterei treiben/betreiben · to split hairs (again/...)
Ihr treibt einmal wieder Haarspalterei, was? Worin liegt denn der Unterschied zwischen 'Toleranz' und 'Verständnis für anderleuts Überzeugungen und Lebensweise'? – Nein, ganz genau dasselbe ist das doch nicht! Schau mal ... – Schon gut!

haarsträubend: haarsträubend (sein) · (to be) diabolical, (to be) shocking
Dieser Artikel über das Schubert-Konzert von vorgestern ist haarsträubend. So etwas Dummes liest man selbst in unserer Zeitung/(in unserem Käseblatt) nur selten. Aufregend dumm!

Haarwurzeln: zu sein bis unter die Haarwurzeln *sal selten* · to be pissed out of one's head
Am Wochenende ist der Peter regelmäßig zu bis unter die Haarwurzeln. Ich möchte es einmal erleben, daß der samstags nicht sturzbesoffen ist.

Hab: js. Hab und Gut *form* · worldly goods *form or iron*, s.o.'s possessions, everything s.o. has, everything s.o. owns
Im letzten Krieg hat der Herr Bense all sein Hab und Gut verloren. Weder von dem Haus und den Feldern noch von den Möbeln, der Kleidung usw. oder dem Geld ist ihm etwas geblieben.

hab': hast du/hat er/... den Film gesehen/den Text übersetzt/...? – nichts hab' ich/hat er/...! *ugs* · Did you see the film?/Did he translate the text? – Like hell I/he/... did! *sl*, no chance *sl*, I/he/.. certainly did/have/... not
Du willst heute schon wieder ins Kino? Du bist doch gestern noch ins Kino gegangen! – Nichts bin ich! Unsere Tante Elisabeth kam überraschend, und da sind wir alle zu Hause geblieben. – Na, dann ...

ich hab's/er hat's/...! *ugs* · I've got it/he's got it/..., I know/he knows/...!
Ein vierbeiniges Tier, relativ groß, gestreift ... Was ist das? – Ich hab's! – Ja? – Ein Zebra! – Gut.

hab' dich/habt euch/... doch nicht so!/(was hast du dich/... denn so?!) *veraltend selten* · stop making such a fuss!, don't be so ridiculous!, don't carry on like that!
Mein Gott, Fritz, hab' dich doch nicht so! Du kannst doch mal einen Kinderwagen schieben! Da vergißt du dir doch nichts. Das macht doch heute jeder junge Mann, ohne sich was dabei zu denken.

haben: etw. im/auf dem/... Schrank stehen/über den Spülstein hängen/in der Truhe liegen/... haben · to have s.th. hanging over the sink, to have s.th. (stored) in the cupboard, to have s.th. drying on the window-sill/...
... Warum hat die Christa denn ausgerechnet über dem Spülstein in der Küche einen Spiegel hängen? – Ach, hängt da ein Spiegel? Das ist mir doch gar nicht aufgefallen.

etw. gern/am liebsten/... haben · to like s.th., to prefer s.th.
Was wünscht sich euer Klaus denn zu Weihnachten? – Am liebsten hätte er natürlich ein Auto. Aber dafür haben wir kein Geld. ...

acht haben auf jn./etw. – (eher:) achtgeben (auf jn./etw.) (1; a. 2) · to take care of s.o./s.th., to keep an eye on s.o./s.th., to look after s.o./s.th., to pay attention to s.o./s.th.

etw. an haben · 1. to have s.th. on, to be wearing s.th., 2. to have the light/... on
1. Paul, hast du den Schlafanzug schon an, kann man schon rein? – Ja, ja, komm nur rein, Christa. Ich stehe hier nicht im Adamskostüm.
2. Warum hast du denn das Licht nicht an? – Ich wollte euch nicht wecken. – Aber du brauchst dich doch nicht im Dunkeln anzuziehen.

eine große Hilfe/Unterstützung/(...) an jm. haben · to have a great support in s.o., to have/to get great help from s.o.
... Nein, die beiden Ältesten wollen von ihrem Elternhaus nichts mehr wissen; aber an ihrer Jüngsten hat die Frau Mohring eine sehr große Hilfe. Ich weiß gar nicht, wie diese kranke Frau überhaupt klarkäme, wenn die ihr nicht dauernd zur Hand wäre.

viel/wenig/keine/... Freude/Spaß/(...) an jm. haben · to get no/little/great/... joy out of s.o., to take no/little/great/... pleasure in s.o., + his children/... give him no/little/great/... pleasure
... Sein Ältester ist ohne jedes Problem durch die Schule gegangen! Aber an den beiden Jüngeren hat der arme Mann wenig Freude; die machen ihm nur Sorgen.

auf haben – ≠ zu haben · to be open

etw. aus haben · 1. to have taken off one's clothes/..., 2. to have the light off, to have the light out
1. Paul, hast du die Hose schon aus? Oder kann ich noch rein? – Komm ruhig rein, Christa, ich bin noch angezogen.
2. (Der) Kurt hat das Licht in seinem Zimmer schon aus. Er schläft also schon.

etwas/viel/allerhand/nichts/... dagegen haben · (not) to mind (much) about s.th., to have no/many/serious/... objections to s.th., not to have/does he have/... anything against s.th.
(Die Tochter zu ihrem Vater:) In den Sommerferien möchte ich mit einigen Klassenkameraden nach Frankreich fahren. Hast du was dagegen? – Nein, Susanne; meinetwegen kannst du gern dahin fahren.

allerhand/viel/wenig/nichts/... davon haben, daß ... · 1. (not) to get much from the fact that ..., 2. what good is it to me/him/Mary/... that ..., it is no good to me/him/Mary/... that ...
1. ... Davon, daß sein Sohn berühmt ist, hat der alte Mertens herzlich wenig! Er sieht den Jungen doch kaum.
2. ... Was hab' ich denn davon, daß mein Bruder reich ist? Glaubst du, der schenkt mir sein Geld?

jn./etw. dick haben/es dick haben, etw. zu tun *ugs selten* · 1. 2. to be fed up with s.o./doing s.th., to be sick and tired of doing s.th.
1. vgl. – jn. dick sitzen haben
2. vgl. – etw. leid sein/es leid sein, etw. zu tun (1; a. 3)

etw. (Unkosten/Auslagen/...) wieder drin haben – etw. (Unkosten/Auslagen/...) wieder drin haben · to cover one's costs/expenditure/...

es an der Leber/den Nieren/dem Herzen/... haben *form* · to have liver/heart/kidney/... trouble, to have problems with one's heart/liver/...
... So Schüler sind wirklich grausam! Der Berblitz hat es doch schon an den Nieren! Wenn sie ihn so weiter ärgern, bringen sie ihn noch unter die Erde. – Woher sollen sie wissen, daß er nierenkrank ist?

es mit jm. (ganz (besonders)) haben *iron selten* – js. ganz spezieller/(besonderer) Freund sein · + s.o. is s.o.'s special friend, + s.o. is a particular favourite of mine/his/..., + s.o. is a great pal of mine/his/...

es schön/leicht/bequem/warm/schwer/... haben (in/bei/...) · 1. to have a warm/comfortable/... place/..., 2. to have a hard life (in/at/...), to have a tough time of it (in/at/...), 3. to have a hard time of it (in/at/...)
1. (Eine Freundin, die zum ersten Mal zu Besuch kommt:) Mensch, hast du es schön hier, Karl! Das Haus, die Einrichtung, der Garten ... – schöner kann man nicht wohnen.

2. ... Verflucht nochmal, jetzt muß ich doch am Samstag ins Geschäft! – Ja, du hast es schwer, Otto! Um deine 15.000,– Piepen im Monat zu verdienen, mußt du hin und wieder auch mal samstags was tun!

3. ... Die arme Frau hat es mit ihrem Mann wirklich schwer! Wenn er 'nur' krank wäre! Aber er ist dazu noch unmöglich! ...

etwas an der Leber/am Herzen/an den Nieren/... **haben** · to have heart/liver/kidney/... trouble

... Wenn man etwas am Herzen hat, sollte man sich vielleicht doch mehr schonen. – Weißt du eigentlich, was der Stimm genau/(welche Krankheit der Stimm genau) (am Herzen) hat?

heute/einen Tag/drei Monate/... **frei haben** *Schule/Beruf/...* – heute/einen Tag/drei Monate/... **frei** haben · to have a day off/three months off/three months free

alles/... frei haben · to have/to get/... everything free, to have/to get/... everything gratis

... Du hast die Reise, die Übernachtung, das Essen frei! Ich nicht! Ich muß alles selbst bezahlen. Dann beurteilt man die Reise anders.

etwas/viel/allerhand/nichts/... gegen jn./etw. **haben** · 1. 2. to have something/a lot/nothing/... against s.o./s.th.

1. ... Wir haben ja absolut nichts gegen den Manfred. Aber muß er jeden und jeden Abend um acht Uhr hier erscheinen, um mit dir bis Mitternacht einen Spaziergang zu machen?

2. ... Gegen eine weite Reise haben wir nichts. Wenn du absolut willst, kannst du in den Ferien nach Afrika oder China fahren.

etwas/nichts/... mit jm. **gemein haben** *form* · to have something/a great deal/nothing/... in common with s.o.

... Nein, mit ihrem Bruder hat die Ute nichts gemein, weder äußerlich noch innerlich. Die beiden sind in allem grundverschieden.

nie genug haben von etw. *ugs* – nicht/nie genug **kriegen** (können) von etw. (1; u. U. 2) · s.o. cannot get enough of s.th.

es gut/schlecht haben (mit jm./etw.) (in/bei/...) · 1. 2. 3. to be well off (in/at/...), 1. to be in clover, to be laughing *coll*, to have got it made (in/at/...) *coll*, 4. to be badly off (in/at/...)

1. Der Erich beklagt sich dauernd. Ich verstehe das eigentlich gar nicht. Bei seinem Gehalt und der Sicherheit, die mit seiner Stellung verbunden ist, hat er es doch gut. Die meisten Leute hier haben ein viel schwereres Leben.

2. Mein Lieber, du weißt gar nicht, wie gut du es mit deinen Eltern hast! Wenn du mal für vier Wochen andere hättest, dann würdest du das wertschätzen.

3. In Brasilien hat er es (beruflich) ausgesprochen gut gehabt, da hat er blendend verdient, brauchte trotzdem nicht sehr hart zu arbeiten, konnte viel reisen ... Aber hier sind seine Arbeitsbedingungen ziemlich ungünstig.

4. Hat er es wirklich so schlecht, oder warum beklagt er sich immer?

das/den/die/... **kann er**/könnt ihr/(kann der Karl) **haben!** *iron* · 1. 2. he/you/Karl/... can have it/s.th. if he/... wants/... it

1. Was sagt der Klaus? Er möchte ein Auto? Das kann er haben! Aber dann fährt er Mutti und mich auch jeden Tag zur Arbeit! Sag ihm das!

2. Der Herbert möchte eine Konferenz über die Marktanalysen? Die kann er haben! Aber er soll mir nachher nur nicht kommen und sagen, so hätte er sich die Konferenz nicht vorgestellt. Denn daß er der erste ist, der da Theater kriegt, liegt doch auf der Hand.

was/etwas/viel/allerhand/einiges/eine Menge/... **los haben** (in etw.) *ugs* – was/etwas/viel/allerhand/einiges/eine Menge/... **loshaben** (in etw.) · to be brilliant (at s.th.), to be pretty/very/... good (at s.th.), to really know one's stuff

j. **möchte** etw. **haben** · s.o. would like (to have) s.th.

Was wünscht sich denn euer Klaus zu Weihnachten? – Am liebsten möchte er natürlich ein Auto haben. Aber dazu reicht das Geld nicht.

so ein Glück/... möchte ich auch mal haben *ugs* · I/... wish I had your luck

Er hat schon wieder 3.000,– Mark im Lotto gewonnen? So ein Glück möchte ich auch mal haben! Aber es sind immer dieselben, die gewinnen!

sich mit jm. **haben** *ugs selten* – sich mit jm. in der **Wolle** haben · to be (always/...) squabbling with s.o., to be at loggerheads with s.o.

etwas mit jm. **haben** *ugs* · + there is something going on between A and B, A has something going with B

Hast du etwas mit dem Ludwig? – Was soll ich mit ihm haben? – Frag' doch nicht so dumm. Du machst mir einen ganz hübsch verknallten Eindruck.

nichts mit jm. **haben** *ugs* · + there is nothing going on between A and B

Nein, mit dem Raimund habe ich nichts. Wirklich nicht! Gar nichts. Ich finde ihn sehr sympathisch, aber ich fühle mich völlig frei ihm gegenüber.

etwas/nichts miteinander haben *ugs* · + there is something/nothing going on between A and B

Die Uschi und der Götz scheinen etwas miteinander zu haben. Die sieht man immer zusammen; sie werfen sich bei allen möglichen und unmöglichen Gelegenheiten Blicke des Einverständnisses zu ...

es schwer haben (mit jm./etw.) · 1. 2. to have a hard/tough time of it with s.o./s.th., 2. to have difficulties/problems/... with s.o./s.th.

1. Der Peter hat nicht so ein leichtes Leben wie du, mein Lieber. Ganz im Gegenteil: sowohl im Beruf als auch zu Hause hat er es ausgesprochen schwer. Sein Beruf verlangt sehr viel Energie, sehr viel Konzentration, und seine Frau ist, wie du weißt, sehr kränklich.

2. Mit dem Personal hat man es heute schwer. Die Leute wollen immer mehr verdienen und immer weniger arbeiten; woher das Geld kommt, ist ihnen egal ...

es (in letzter Zeit/...) **(so) an sich haben**, zu ... · 1. + that's s.o.'s way (of doing things), 2. to have a tendency to do s.th., to have got into the habit of doing s.th.

1. Warum schimpft er eigentlich hier so herum? Es gibt doch gar keinen Grund. – Das hat er so an sich. Er meint, wenn er die Leute morgens nicht erstmal anständig zusammenstaucht, arbeiten die nicht vernünftig. – Komische Vorstellung!

2. Der Roland hat es in letzter Zeit so an sich, bei jeder passenden und unpassenden Gelegenheit gegen die 'Plutokraten' zu schimpfen. Ich weiß gar nicht, wo er diese dumme Angewohnheit her hat.

(so) etwas an sich haben, was/das/... – so etwas an **sich** haben, (was/das/...) · to have something about one, to have a certain something

so etwas Merkwürdiges/Natürliches/Nettes/... **an sich haben** · to have something strange/natural/... about one

Die Christa hat so etwas Merkwürdiges an sich in letzter Zeit. Fühlt sie sich nicht wohl oder ist was passiert? Irgendwas stimmt da nicht.

etwas Professorales/... **an sich haben** · to have something professorial/... about one

Der Ulrich hat etwas Künstlerisches an sich. Ich kann das zwar nicht näher definieren, aber ich finde, es ist unverkennbar.

etwas/nichts/wenig/... von einem Gelehrten/Künstler/... **an sich haben** · to have something of an/the artist/a/the scholar/... about one

... Du meinst, der Ulrich hat etwas von einem Künstler an sich? Das kann ich nicht sehen. Mich erinnert er immer an einen Bankdirektor.

etwas Lächerliches/Komisches/Sonderbares/... **an sich haben** · + there is something ridiculous/comic/strange/... about s.o.

... Der hat etwas Sonderbares an sich, der Ulrich, findest du nicht auch? – Ja, etwas komisch ist er schon ...

(mit etw.) **viel/wenig/nichts/... auf sich haben** – es **hat** (mit etw.) viel/wenig/nichts/... auf sich · it doesn't mean anything/much/a lot .../it means a lot/nothing/..., what is there to it?, there's nothing to it, that's quite something

kein Geld/noch 100,– Mark/... bei sich haben · to have no money/100 DM/300/... on one

(Vor einer geplanten Reise zu zweit:) Mensch, ich hab' mein Portemonnaie vergessen! – Wenn du kein Geld bei dir hast, können wir nicht fahren. Die paar Pfennige, die ich noch in der Tasche habe, reichen nicht für uns beide.

etwas/einiges/manches/viel/nichts/... **für sich haben** · 1. 2. 3. + there is something/a lot/nothing/... to be said for this/ working in Munich/for your explanation/...
1. In München zu arbeiten, hat manches für sich: eine interessante Stadt, eine schöne Umgebung, viele Möglichkeiten zum Ausgehen ...
2. Deine Erklärung hat vieles für sich, und trotzdem zweifle ich noch. Mir scheint, du berücksichtigst zu wenig, daß ...
3. Gut, für ein paar Jahre ins Ausland zu gehen, hat in seinem Beruf einiges für sich. Aber es gibt auch Gründe, die dagegen sprechen, zum Beispiel die Schule der Kinder. Das pflegt allerhand Probleme mit sich zu bringen.

jn. **hinter sich haben**   jn. auf seiner **Seite** haben · to have s.o. on one's side, to have s.o.'s support/backing, to have s.o. behind one

etw. **hinter sich haben** · 1. 2. to have (got) s.th. behind one
1. Kaum hatten sie die Reise nach Griechenland hinter sich, da machten sie schon Pläne für das folgende Jahr.
2. Gott sei Dank haben wir endlich dieses verflixte Examen hinter uns. Welch eine Erleichterung!

es in sich haben · 1. to be tough, 2. to be tricky, to be awkward, 3. to be strong
1. Dieser Text hat es in sich, verdammt nochmal! Auf den ersten Blick meint man, er wäre ganz leicht; aber je mehr man in ihn eindringt, um so schwerer wird er.
2. Sei vorsichtig beim Hauskauf! So Sachen haben es in sich! Da erscheinen immer Pferdefüße, an die man vorher gar nicht denkt. Also, paß auf, daß du da keine bösen Überraschungen erlebst.
3. Dieser Wein hat es in sich! – Allerdings! Drei Gläser, und man hat einen schweren Kopf.

jn. **über sich haben** · to have s.o. over/above one
Du hast also nur noch den Firmeninhaber über dir, sonst niemanden? – Nein. Alle anderen sind mir gleichgestellt oder haben einen niedrigeren Posten.

jn./eine Abteilung/... **unter sich haben** · 1. to have s.o. under one, 2. to be the head of a department/..., to be in charge of a department/...
1. Wieviele Leute hat er in seiner Abteilung unter sich? – 25 oder 30. – Und wird er mit ihnen fertig? – Ja, er ist in jeder Beziehung ein ausgezeichneter Chef.
2. Hat er auch die Abteilung für 'Nahostkontakte' unter sich? – Ich weiß nicht, ob sie ihm nominell untersteht. Aber in jedem Fall arbeitet sie nach seinen Richtlinien.

jn. **vor sich haben** · to have s.o. in front of one, to have to deal with s.o.
Bei uns kann er sich diesen unerzogenen Ton leisten. Aber wenn er jemanden vor sich hat, der nicht von ihm abhängt, muß er sich einen anderen Stil zulegen.

etw. **noch vor sich haben** · 1. 2. s.o. still has (got) s.th. to come, 2. s.o. still has s.th. before him
1. Das Mündliche hat sie noch vor sich, aber das Schriftliche hat sie bereits gemacht. – Na, dann fehlt ja nicht mehr viel.
2. ... Na, halt dich mal da heraus. Dazu kannst du ja noch nichts sagen – die Eheerfahrungen hast du ja noch vor dir.

allerhand/viel/wenig/nichts/... **von** jm./etw. **haben** · 1. + s.o. is not much/no/... use to s.o. usu neg, 2. 3. (not) to get a lot/anything/... out of s.th., (not) to get much/any benefit from s.th.
1. Von ihrem ältesten Sohn haben sie nichts. Er wohnt mehr als 400 Kilometer entfernt und läßt sich im Jahr höchstens zweimal sehen. – Und sie hängen so an ihm!
2. Von unserem Landhaus haben wir herzlich wenig. Wir kommen im Jahr da nicht mehr als drei Wochen hin!
3. Leider habe ich von seiner Mitarbeit nicht viel. Einmal ist er zu gemütlich und zum andern arbeitet er auch nicht systematisch genug. Man muß alles nachprüfen.

(ganz schön) einen weg haben ugs – (ganz schön) einen in der **Krone** haben · to be well-oiled, to have had a drop too much

es noch weit (bis ...) **haben** · it is (still) a long way to Paris/...
Haben wir es noch weit bis Paris, Papa? – Noch eine Stunde, dann sind wir da.

zu haben · to be closed
Haben die Geschäfte heute zu? – Natürlich. Heute ist der 6. Januar, Heilige Dreikönige, da sind die Geschäfte in dieser Gegend immer geschlossen.

sie nicht mehr alle haben sal · to be mad/crazy, to have taken leave of one's senses, to have lost one's marbles
... Was, du willst deine Lehre abbrechen? Ich glaube, du hast sie nicht mehr alle! Bist du denn total bescheuert?

sie (wohl) nicht alle zusammen/beieinander haben sal – nicht (so) (ganz/(recht)) bei **Trost** sein (1) · to have a screw loose, to have bats in the belfry

sie nicht richtig beieinander/zusammen haben sal selten – nicht (so) (ganz/(recht)) bei **Trost** sein (1) · to have a screw loose, to have bats in the belfry

es nicht haben können, wenn/(daß) ... ugs – es nicht **leiden** können, etw. zu tun/daß etw. getan wird/wenn ... · not to be able to stand it when s.o. does s.th./s.th. happens, not to be able to stand s.o. doing s.th.

zu haben sein ugs · + you can have her/them/... (for DM 100/...)
Die Mädchen in dieser Bar sind alle Professionelle. Für einen guten Hunderter sind sie alle zu haben.

(immer) **für etw. zu haben sein** · 1. to be (always/...) game for s.th., 2. to have (no) time for s.th.
1. ... Ja, ich bin mit von der Partie! Für eine Runde Skat bin ich immer zu haben. Also los!
2. ... Nein, den Gerd brauchst du gar nicht zu fragen, ob er mitfährt. Für solche langen Reisen ist er nicht zu haben. – Der Gerd hat nur für Dinge etwas übrig, die keine Anstrengung kosten.

für alles zu haben sein · to be game for anything
Der Gerd fährt mit, sagst du? – Natürlich! Welch eine Frage! Der Gerd ist doch für alles zu haben, das weißt du doch. Wenn du den morgen fragst, ob er mit auf den Mond fliegt, sagt er auch, ohne zu zögern, ja.

noch zu haben sein · 1. 2. to be still available, 2. s.th. can still be got
1. ... Nein, die Barbara ist nicht verheiratet, die ist noch zu haben. Bist du interessiert? Der Klaus kann dich mit ihr bekannt machen. ugs
2. Ist der 'Würzburger Rosengarten' von 1972 noch zu haben? – Bei einem Fachhändler wirst du ihn vielleicht noch bekommen, in einem normalen Weingeschäft nicht.

da haben wir's/habt ihr's/...! ugs – da haben wir/habt ihr/... die **Bescherung**! · I told you so, what did I tell you?

wir haben's ja/ihr habt's ja/...! ugs iron · to have bags of money, to have money to burn
Die Rohloffs haben sich einen Porsche gekauft? Na ja, die haben's ja! Wenn die sich keinen Porsche kaufen, wer soll ihn dann kaufen? – So viel Geld, wie du meinst, haben die gar nicht.

etw. **haben wollen** · to want to have s.th., to want s.th.
(Ein Zehnjähriger zur Mutter:) Ich will zu Weihnachten ein Fahrrad haben! – Ach, Kurt, was meinst du, was ich alles haben will! Im übrigen weißt du ja: 'Kleine Kinder, die was wollen, kriegen was auf den Bollen =Hintern.'

Hacke: die Hacke rausmachen ugs selten · to pack it in (for now/for today/...), to call it a day
... So, Leute, mir reicht's für heute! Ich mach' jetzt die Hacke raus. – Wie, du willst schon aufhören? – Ja, ich geh' nach Hause.

hackedicht: hackedicht sein sal selten · to be pissed out of one's head, to be totally legless
... Der Typ da drüben ist ja echt hackedicht. – Stimmt, der ist total besoffen.

Hacken: jm. **(dicht) auf den Hacken sein/sitzen** *ugs* – (eher:) jm. (dicht/hart) auf den **Fersen** sein · to be hard on s.o.'s heels, to be breathing down s.o.'s neck

sich die Hacken nach etw. **ablaufen/abrennen/**wundlaufen *ugs* · to wear o.s. out looking for s.th.

Habt ihr keine chinesischen Nudeln bekommen? – Nein. Wir haben uns die Hacken danach abgerannt. Vier Stunden, wenn nicht mehr, sind wir in der Stadt deswegen herumgelaufen – sie sind nirgends zu kriegen.

jm. **(dicht) auf den Hacken bleiben** *ugs selten* · to remain/... hard on s.o.'s heels, to be hard on s.o.'s heels

Die Diebe versuchten mit allen Mitteln, die Verfolger von sich abzuschütteln, aber die ließen sich nicht täuschen und blieben ihnen dicht auf den Hacken.

jm. **nicht von den Hacken gehen** *ugs selten* – (eher:) jm. nicht von der **Pelle** gehen/rücken · to give s.o. no peace, to keep on pestering s.o., to stick to s.o. like a leech, not to leave s.o. alone, to stick to s.o. like a burr

sich an js. **Hacken hängen/heften/**sich jm. an die Hacken hängen/heften *ugs selten* – sich an js. **Fersen** heften/(hängen) · to stick/to stay close to s.o.'s heels, to keep right behind s.o.

sich dauernd/... an js. **Hacken hängen/heften/**sich jm. dauernd/... an die Hacken hängen/heften – (eher:) dauernd/... um jn. **herumspringen** · to be always/... running around after s.o.

jm. **auf den Hacken sitzen** *ugs selten* – jm. (dicht/hart) auf den **Fersen** sein (2) · to be hard on s.o.'s heels

die Hacken zusammenschlagen/(zusammenreißen/zusammenkloppen) *Militärspr* · to click one's heels

Was schlägt der Kurt denn, wenn er jemanden begrüßt, die Hacken zusammen wie ein preußischer Soldat von 1890? Das sind doch Sitten von Anno Tobak!

Hackfleisch: aus dem/dem Fritz/... **mach' ich/**macht er/... **Hackfleisch!** *sal* · I/Peter/... will make mincemeat out of s.o. *coll*, I/Peter/... will beat the living daylights out of s.o. *coll*

Wenn der Ullrich den Fritz in die Finger kriegt, dann gnade ihm Gott! Der macht Hackfleisch aus ihm! – Na, na, nun mal langsam! – Der schlägt den zusammen, wenn er ihn zu fassen kriegt, sei sicher!

Häcksel: Häcksel im Kopf haben *sal veraltend selten* – keine/(wenig) **Grütze** im Kopf haben · to be brainless, to be thick

Hades: jn. **in den Hades schicken** *lit veraltend selten* – jn. ins **Jenseits** befördern · to dispatch/to send/... s.o. to Hades

Hafen: den Hafen der Ehe ansteuern *iron selten* · to think of/to consider/... entering the state of matrimony

So mit 33 könntest du ja so allmählich doch mal den Hafen der Ehe ansteuern. – Ich werd' mich hüten! Es muß doch nicht jeder heiraten.

in den Hafen der Ehe einlaufen *iron selten* · to get hitched

Lange Zeit hat sich der Udo als Junggeselle tapfer geschlagen. Nun ist er aber doch in den Hafen der Ehe eingelaufen. – Das übliche Schicksal der Junggesellen!

jn. **in den Hafen der Ehe führen** *oft iron selten* · to make an honest woman of s.o.

... Nach fünfjähriger Verlobungszeit führte er sie dann schließlich doch in den Hafen der Ehe. – Wollte sie nicht heiraten, oder warum waren sie so lange verlobt?

im Hafen der Ehe landen *iron selten* – in den **Hafen** der Ehe einlaufen · to get hitched

in den letzten Hafen einlaufen *euphem veraltend selten* – seinen/den **Geist** aufgeben (2) · to give up the ghost

im sicheren Hafen landen *oft:* ... **gelandet sein** *path selten* · to have found a safe position/place, to have found a safe port

Lange Jahre hat er ja ziemlich risikoreiche Berufe vorgezogen, und wir haben uns um seine Zukunft manchmal Sorgen gemacht. Aber jetzt ist er im sicheren Hafen gelandet: als Bibliotheksrat ist er Beamter, unkündbar.

Hafer: den/die Ursel/... **sticht wohl der Hafer** *ugs veraltend selten* – nicht (so) (ganz/(recht)) bei **Trost** sein (1) · + s.o. is not quite right in the head

Haft: in Haft sein/sich ... **befinden** *form* · to be in prison/in custody/...

... Aber er befindet sich doch nicht in Haft? – Er war ein paar Tage in Untersuchungshaft; dann hat man ihn gegen eine Kaution von 20.000,– Mark wieder auf freien Fuß gesetzt.

jn. **in Haft nehmen** *form* · to take s.o. into custody

Die mutmaßlichen Bankräuber wurden von der Polizei gefaßt und in Haft genommen. Sie werden auch vor dem Prozeß nicht wieder auf freien Fuß gesetzt, da Fluchtgefahr besteht.

in Haft sitzen *form* – in Haft sein/sich ... befinden · to be in prison/in custody/...

Haftbefehl: gegen jn. **Haftbefehl erlassen** *jur* · to issue a warrant for s.o.'s arrest

... Aber Haftbefehl hat man bisher nicht gegen ihn erlassen? – Nein, er befindet sich nach wie vor auf freiem Fuß. Aber man wird ihn wohl einsperren.

Haftelmacher: aufpassen wie ein Haftelmacher *eher: Heftelmacher ugs veraltend selten* – aufpassen wie ein **Luchs** · to watch like a hawk, to keep one's eyes open all the time

hagelt: es hagelt Ohrfeigen/Stockhiebe/... *ugs* – *path* · + blows/punches/curses/... rain down on s.o., + blows/punches/curses/... hail down on s.o.

... Ja, sagte er fast belustigt, heute können die Kinder ihren Vater anzeigen, wenn er ihnen eine knallt; früher hagelte es Ohrfeigen, wenn dem Alten Herrn was nicht paßte. – Alles Extreme!

Hagestolz: ein alter/(unverbesserlicher) **Hagestolz** (sein) *path veraltend* · to be a confirmed bachelor

Der Jens Kolberg heiraten?! Da kennst du ihn schlecht! Das ist ein unverbesserlicher Hagestolz. Selbst wenn der mit seinen 50 Jahren noch die schönste Partie machen könnte, würde er nein sagen.

Hahn: der gallische/(welsche) **Hahn** *veraltend selten* · the French cockerel

... Ja, ja, meinte er lakonisch: wenn der gallische – oder noch negativer: der welsche – Hahn das Sinnbild des aufbegehrenden, pathetischen, vielleicht auch ichbezogenen Franzosen ist, dann steht der 'deutsche Michel' für das unausrottbare Spießertum rechts des Rheins.

ein halber Hahn *Essen* · a bread roll with fish or with salmon and egg *para*

Was bestellen wir? – Ich nehme einen halben Hahn. – Was ist denn das? – Du kennst den Ausdruck nicht? Ein Brötchen mit Fisch oder auch Lachs und Ei.

danach/(nach etw.) **kräht kein Hahn (mehr)** *ugs* · 1. no one cares/gives a damn about s.th. any more, no one gives two hoots about s.th. any more, 2. no one will say a word about s.th.

1. Wie kann man dem Volk einen solchen Kandidaten überhaupt zumuten? Der hat doch vor Jahren das ganze Parlament belogen. – Danach kräht doch kein Hahn mehr! Die Vergeßlichkeit – oder das Desinteresse – der Leute ist doch grenzenlos. Eine Schweinerei, die so ein Politiker heute begeht, ist morgen vergessen – oder ad acta gelegt.

2. Ich kann doch nicht einfach die Unterschrift des Chefs imitieren! – Die Sache muß im Interesse der Firma sein, dann kräht kein Hahn danach.

jm. **den Hahn absperren** *ugs* – (eher:) jm. den **Geldhahn** zudrehen/(zusperren/abdrehen) · to cut off s.o.'s supply

ich bin/Onkel Peter ist/... **doch nicht vom Hahn betrampelt/beflattert!** *sal selten* – ich bin doch nicht/der/die Marlies/... ist/... **doch nicht von Sinnen!** · I/she/Mary/... haven't/... taken leave of my/... senses!

jm. **den (roten) Hahn aufs Dach setzen** *ugs selten* · to set fire to s.o.'s house *n*

Bei Hornigs brennt's. – Jemand hat ihnen den roten Hahn aufs Dach gesetzt. – Wie kommst du denn da drauf? Du meinst, da hat jemand mit Absicht ihr Haus in Brand gesteckt?

von etw. so viel verstehen wie der Hahn vom Eierlegen *sal* · not to know the first thing about s.th. *coll*

… Bitte, misch' dich nicht ein, von linguistischen Problemen verstehst du so viel wie ein Hahn vom Eierlegen! – Selbst wenn ich von den rein fachlichen Dingen nicht die Bohne verstehe: auch ein Laie kann vernünftige Gedanken zu sprachlichen Grundproblemen äußern.

Hahn im Korb(e) sein *ugs* · to be cock of the walk, to be the cock of the roost

Heute bist du Hahn im Korbe, Franz. Der Rudi hat abgesagt; wir fahren also zu viert: drei Mädchen und du.

j. **hört keinen Hahn mehr krähen** *sal* · + he/John/… has had it, + he/John/… won't see another sunrise *rare*

Fürchterlich war das, Junge, diese Exekutionen der Widerstandskämpfer. Der Feldwebel brüllte: »Feuer« – um einen Moment später zu kommentieren: »Der hört keinen Hahn mehr krähen.«

herumstolzieren/(…) wie der/(ein) Hahn auf dem Mist *sal* · to strut around as if one owned the place *coll*, to strut around like a cock on a dungheap *tr*

Wer ist denn der Abgeordnete da unten, der da herumstolziert wie der Hahn auf dem Mist? – Der da? … Ach, das ist der Bindler, von den 'Demokraten'. Der gibt sich immer so, als wenn 'er' der Kanzler wäre, und dabei ist er die dümmste Tulpe im ganzen Parlament.

den Hahn spannen *Schußwaffen* · to cock a gun

Nein, zuerst richtest du das Gewehr genau auf das Ziel aus und erst dann spannst du den Hahn. Sonst könnte durch eine unglückliche Bewegung der Schuß in eine falsche Richtung losgehen.

jm. **den Hahn zudrehen/(zusperren)** *ugs* – (eher:) jm. den **Geldhahn** zudrehen/(zusperren/abdrehen) · to cut off s.o.'s supply

aufstehen, wenn die Hähne krähen *ugs* – (eher:) mit den **Hühnern** aufstehen/… · to get up at the crack of dawn

Hahnenfedern: jm. **die Hahnenfedern aufsetzen** *vulg veraltend selten* – jn. zum **Hahnrei** machen · to cuckold s.o.

Hahnenschrei: beim/(mit dem) **ersten Hahnenschrei wach werden/…** *ugs* · to rise with the lark *lit*

Meine Mutter kann morgens nicht lange schlafen, egal, wann sie ins Bett geht. Beim ersten Hahnenschrei wird sie wach. Um 4 Uhr 30, spätestens 5 Uhr ist es aus mit ihrem Schlaf.

beim/(mit dem) **ersten Hahnenschrei aufstehen** *ugs* – (eher:) mit den **Hühnern** aufstehen/… · to get up at the crack of dawn

Hahnrei: jn. **zum Hahnrei machen** *vulg veraltend selten* · to cuckold s.o. *n*

Jeder im Dorf, außer ihm selbst, wußte, daß seine Frau ihn zum Hahnrei gemacht hatte. – Mit wem hatte sie ihn denn betrogen? – Mit dem ältesten Sohn des Bürgermeisters.

Haken: das ist/war/… (ja) (eben/gerade) **der Haken** (bei e-r S.) *ugs* – das ist/war/… (ja) (eben) die **Crux** · it/that is the snag

da/(in …/…) steckt der Haken *ugs* · there's the snag *n*

Irgend etwas stimmt einfach nicht an der Kalkulation, aber ich komme nicht dahinter, was. – Hast du schon geprüft, ob auch die neuen Einkaufspreise eingesetzt sind – und nicht die vom vergangenen Jahr? – Mensch, warum sagst du das nicht eher?! Genau da steckt der Haken!

(nur/…) **einen Haken haben** *ugs* · + there's (just) one snag *n*

An sich bin ich für Ferien am Meer. Die Sache hat nur einen Haken: was machen wir mit Monika? Die schläft am Meer doch immer so schlecht. – Ach, du hast recht, daran habe ich gar nicht gedacht. Daß es aber auch immer Schwierigkeiten oder Hindernisse geben muß!

einen linken/rechten Haken landen *Boxen* · to land a left/right hook

… Es braucht ihm ja nur ein einziges Mal zu gelingen, einen seiner berühmten linken Haken zu landen, dann ist der Gegner doch schon k.o.

(ein Fahrzeug) **auf den Haken nehmen** *ugs selten* · to tow a vehicle

… Wenn es hier weit und breit keine Werkstatt gibt, dann müssen wir sehen, ob es uns gelingt, jemanden zu finden, der den Wagen auf den Haken nimmt. – Vielleicht gibt es irgendwo einen Abschleppdienst.

mit Haken und Ösen spielen/kämpfen/… · to use/to fight with/… every trick in the book, to use fair means and foul

… Das ist mal wieder ein Wahlkampf mit Haken und Ösen. Allen Parteien scheinen mehr oder weniger alle Mittel recht zu sein: ein Tiefschlag folgt dem anderen, eine Verdrehung der anderen …

einen Haken schlagen *Hase* · to dart sideways

Da mußt du schon im richtigen Augenblick schnell und genau schießen, bei so einer Hasenjagd. – Du meinst: weil der Hase Haken schlägt? – Natürlich. Der rennt wie ein Wilder in eine bestimmte Richtung, du spannst den Hahn – und, bums, er rast in eine andere Richtung.

hakt: es hakt bei jm. *sal selten* – bei jm. steht jemand/einer auf der **Leitung** · + to be slow on the uptake, not to react

es hakt bei jm. aus *ugs* · 1. + to lose one's rag *sl*, + to lose one's patience *n*, s.th. snapped in him/…, 2. + s.o. doesn't get it, + s.o. doesn't follow, + s.o. has a mental blackout, 3. + to be losing one's patience with s.o. *n*, s.o.'s patience is wearing thin *n*

1. … Die Annette meint, mit 700,– Mark im Monat könnte sie in München schon ganz gut durchkommen. – Wenn ich so einen Unsinn höre, (dann) hakt es bei mir aus, weißt du. Die braucht doch schon heute, wo ihr Papi ihr fast alles bezahlt, mehr als 700,– Mark.

2. … Der Mann ist einfach übermüdet, überarbeitet! Hast du das gemerkt gestern bei der Diskussion?: plötzlich hakt es bei ihm aus – plötzlich weiß er nicht mehr, was der Vorredner gesagt hat, was er selbst sagen wollte …

3. vgl. – (eher:) jm. reißt die **Geduld**

Halali: Halali blasen *Jagd* · to blow the mort

… Ach, diese feinen Pinkels mit ihren Jagdgelüsten, tobte er. Die anderen müssen das Wild stellen, dann wird Halali geblasen – und die feinen Herrschaften brauchen die Tiere nur noch abzuknallen. Was hat das mit wirklichem Jagen zu tun?

halb: etw. **nur halb können/nur halb bei der Sache sein/engagiert/…** sein · not to do the job properly, to do only half the job, to do something by halves

… In der Tat, der Friedel ist sehr geschickt und vielseitig begabt. Aber er kann alles nur halb. Nichts, aber auch gar nichts lernt und macht der Junge richtig.

etw. **nur halb verstehen/mitkriegen/…** · to only half understand/hear/… s.th.

Bei diesem Lärm versteht man alles nur halb! Oder kriegst du genau mit, was er sagt? – Nein, ich hab' bisher nicht einmal kapiert, worum es überhaupt geht.

nur halb zuhören/aufpassen/… · to be only half listening

Wenn man nur halb zuhört, versteht man die Aufgaben natürlich nicht. Da muß man sich schon konzentrieren …

(schon) **halb (und halb) dazugehören/…** · to be as good as part of the family/group/…, to be more or less part of the family

Wenn der Alain schon fast ein Jahr bei euch wohnt, gehört er doch bestimmt schon halb und halb zur Familie, oder?

halb und halb mischen/… · to mix/… half of A with half of B

In welchem Verhältnis ist die Tinktur mit Wasser zu mischen? – Halb und halb: die Hälfte Wasser, die Hälfte Tinktur.

halb … und halb … (… (Cola und Fanta/Wein und Wasser/…) (gemischt) · half wine/… and half/… water

Halb Wein und halb Wasser? – Nein! Entweder Wein oder Wasser, aber nicht diese Mischerei!

(nur) **so halb und halb zufrieden sein**/... *ugs* · so-so *dir sp*, to be more or less satisfied

Bist du nun mit der Regelung zufrieden? – So halb und halb. – Wie, du bist immer noch nicht einverstanden? – Sie ist natürlich viel besser als der ursprüngliche Vorschlag. Aber es gibt immer noch allerhand Pferdefüße.

halb hatte ich/... Angst/... **halb war es**/... Scheu/... *form* · I/... was/... half afraid/... and half embarrassed/..., it was half fear/... and half embarrassment/...

... Ich weiß auch nicht genau, was es war. Halb hatte er wohl Angst, halb war es Verlegenheit – wer will das genau auseinanderhalten? Jedenfalls ...

halb lachend/**halb** weinend/(halb amüsiert/halb beleidigt/...) · half-laughing, half-crying/(half-amused, half-offended/...)

... Ja, nach ein paar Minuten meinte die Roswita: »laß mal die Zügel los!« – und schon schoß das Pferd los und, bum!, lag unsere Roswita auf der Erde. Wir hatten schon Angst, sie hätte sich ernstlich verletzt. Aber als wir dahin rannten und fragten, antwortete sie halb lachend, halb weinend:»Ach, es geht! Die rechte Seite tut ein wenig weh; aber so schlimm ist es schon nicht ...«

nicht halb so klug/fleißig/anständig/... **sein wie** j. · not to be half as clever/hard-working/... as s.o.

Du bist nicht halb so fleißig wie die Gisela und willst trotzdem dieselbe Note haben?

schon/... **eine halbe** Frau/ein **halber** Mann/... **(sein)**/noch/... halbe Kinder/... (sein)/ein **halber** Jurist/... **(sein)** *ugs* · to be almost a woman/man/adult/... *n*, to be scarcely more than a child/... *n*, to be almost qualified as a lawyer/doctor/... *n*

(Eine 16-jährige Tochter ärgerlich zu ihrer Mutter:) Ja was bin ich denn nun, noch ein halbes Kind oder schon eine halbe Frau? Mir scheint, ihr macht mich, ganz wie ihr es gerade braucht, älter und reifer oder jünger und dümmer!

schon ein halber Franzose/Italiener/... **sein** *ugs* · to be almost an Italian/Englishman/... *n*

... Wielange lebst du jetzt schon in Rom? – Fast zwölf Jahre. – Dann bist du ja schon ein halber Italiener. – Das ist wahr. Nach fünf, sechs Jahren fängt man an, die Welt nicht mehr aus deutscher Perspektive zu sehen.

Halbdunkel: im Halbdunkel (der Nacht/(des Zimmers/...)) · in semi-darkness, in the semi-darkness of the room/..., in the twilight of the forest, in the half-dark, in the half-light

... Aber du bist doch gestern abend gerade zu der Zeit da vorbeigekommen! Hast du denn niemanden gesehen? – Es dämmerte doch schon. Ich hab' da zwar im Halbdunkel so ein paar Schatten gesehen, aber gedacht, das wären Leute, die aus der Kirche kommen. Ich hab' doch nicht an Diebe oder Einbrecher gedacht.

halbe-halbe: sagen wir/(ich schlage vor/...): **halbe-halbe** *ugs* · let's go halves, + to suggest going halves

... Mit welchem Betrag willst du dich an der Rechnung beteiligen? – Sagen wir: halbe-halbe! – Gut. Dann zahlst du 170,– Mark und ich 170,– Mark.

halbe-halbe (mit jm.) **machen** (bei etw.) *ugs* · fifty-fifty (mit jm.) machen (bei etw.) · to go halves with s.o., to go fifty-fifty with s.o.

Halbes: das/(etw.) **ist nichts Halbes und nichts Ganzes** · that's neither one thing nor the other

Ich schlage vor, wir gehen ein Stündchen schwimmen, anschließend ins Kino und später, nach dem Abendessen, ein, zwei Stündchen tanzen. – Nein, ein bißchen schwimmen, ein bißchen tanzen, zwischendurch ins Kino – das ist alles nichts Halbes und nichts Ganzes. Wenn wir schon schwimmen gehen, dann den ganzen Nachmittag. Und dasselbe gilt fürs Tanzen: wenn schon, denn schon!

Halbgötter: die Halbgötter in Weiß *krit* · demigods in white coats *tr*

... Diese Halbgötter in Weiß machen doch mit einem, was sie wollen! – Leicht ist die Position eines Chefarztes (im Krankenhaus) auch nicht! – Komm', hör' auf!

Halbkreis: im Halbkreis (um jn./etw. herum-) **stehen** · to form a semi-circle (around s.o.), to stand in a semi-circle

... Am besten stellt ihr euch alle im Halbkreis so acht bis zehn Meter vor mir auf – wie eine Turnriege um ihren Trainer ...

Halbmast: eine Fahne/Flagge auf Halbmast setzen *form* · to put a flag at half-mast

... Wir müssen die Fahne des Rathauses noch auf Halbmast setzen. – Ach ja, wegen des Todes des Ministerpräsidenten. Ich hätte es fast vergessen.

auf Halbmast stehen *Fahne/Flagge form* · to be at half-mast

Warum stehen denn die Fahnen hier auf Halbmast? – Der Ministerpräsident dieses Bundeslandes ist gestern gestorben.

Halbpart: (mit jm.) Halbpart machen (bei etw.) *form selten* – fifty-fifty (mit jm.) machen (bei etw.) · to go halves with s.o., to go fifty-fifty with s.o.

Halbrund: im Halbrund (um jn./etw. herum-) **stehen**/(...) *form selten* – (eher:) im **Halbkreis** (um jn./etw. herum-) stehen · to form a semi-circle (around s.o.), to stand in a semi-circle

Halbschlaf: im Halbschlaf hören/... · to hear/... s.th. while (one is) half-asleep, to hear/... s.th. while (one is) dozing, to hear/... s.th. while (one is) half-awake/falling asleep

... Ja, ich war schon im Bett und gerade dabei einzuschlafen. So im Halbschlaf hörte ich dann plötzlich Stimmen im Nebenzimmer ...

halbtot: jn. halbtot schlagen/liegen lassen/... · to beat s.o. half-dead, to beat s.o. to within an inch of his life

»... Wie die Tartaren überfielen sie die Leute, schlugen sie auf offener Straße nieder und ließen sie halbtot liegen ...« – Was hast du da für einen Schauerroman?

Halde: auf Halde sein/haben *scherzh selten* – Ersatzteile/... im/(auf) **Lager** haben · to have s.th. in stock

etw. **auf Halde legen** *ugs Neol selten* · to store s.th. away *n*, to put s.th. into storage *n*

... Und was macht ihr mit der extra angefertigten Ausstattung, wenn das Stück gar nicht gespielt wird? – Die legen wir auf Halde. Irgendwann werden wir die schon brauchen.

Hälfte: meine/deine/... **bessere**/(schönere) **Hälfte** *iron* · my/your/... better half

... Deine bessere Hälfte kommt doch auch am Donnerstag? – Ich weiß nicht, ob Christa Zeit hat. Sind die Ehefrauen denn überhaupt eingeladen?

die größere/kleinere Hälfte *fälschlich* · the bigger/smaller half

... Dich, Andreas, brauch' ich ja gar nicht zu fragen, welchen Teil du von dem Apfel willst. Du wählst natürlich wie immer 'die größere Hälfte', nicht? – Der Andreas ist eben dumm, Mutti. Der versteht nicht, daß eine Hälfte genau halb so viel wie das Ganze ist.

von dem, was j. **sagt**/..., **kann/muß man die Hälfte abziehen**/abstreichen *ugs* · + to have to take what s.o. says/... with a large pinch of salt *n*, you don't want to believe half of what s.o. says

Wenn man den Bergmann so reden hört – was die sich alles leisten, wohin sie reisen, wen sie alles kennen ... – Ach, von dem, was der erzählt, mußt du die Hälfte abziehen. Das ist doch ein ausgemachter Flunkerer.

Hallen: in diesen heiligen Hallen *path iron selten* · in these august surroundings

... Wenn ich mir erlauben darf, in diesen heiligen Hallen Kritik an der Parteiführung zu üben ... – Komm', red' nicht so geschwollen! Besser, du sagst hier in der Parteizentrale, was du auf der Seele hast, als draußen vor der Presse. Also, was ist los?

Halligalli: Halligalli machen *ugs selten* – (mal richtig/...) einen **draufhauen** · to go on a binge/spree, to (really/...) live it up

Hallo: es gibt ein großes Hallo *ugs selten* · there is a huge cheer *n*, + to make a great hullaballoo

... Und als die siegreiche Pokalmannschaft dann im Klubhaus ankam, gab es ein großes Hallo. Alle Welt rief Bravo, und jeder wollte den Spielern die Hände schütteln, gratulieren ...

jn. mit großem Hallo begrüßen *ugs* · + to be cheered loudly/... *n*

... Und als die siegreiche Pokalelf dann in dem kleinen Städtchen ankam, wurde sie am Bahnhof mit großem Hallo begrüßt. 'Bravo', tönte es von allen Seiten ...

ein/kein großes Hallo um jn./etw. **machen** *ugs selten* – (nicht) viel/kein **Aufhebens** um jn./ctw./von jm./ctw. machen · to make a lot of fuss about s.th., to make a big fuss about s.th.

Halm: (Korn/.../die Ernte) auf dem Halm kaufen/verkaufen *form veraltend selten* · to buy/to sell the standing crop

Wie verkaufen die Leute das Korn hier, auf Kilobasis? – Nein, hier herrscht noch die alte Sitte, die Ernte auf dem Halm zu kaufen bzw. zu verkaufen. Das heißt: kurz bevor das Korn reif ist, erscheinen hier Käufer und handeln mit den Bauern den Preis für den Ertrag eines Feldes – oder des ganzen Gutes – aus.

Hals: barfuß bis zum/an den Hals *iron* – im **Adamskostüm/ Evaskostüm** · in one's birthday suit *hum*

bleib'/bleibt/... mir/uns/(ihm/...) vom Hals mit etw. *sal* · get off my/... back with s.th.

Bitte bleib' mir vom Hals mit deinen komischen 'Sonderangeboten' von Schallplatten! Ich will davon nichts hören. Merkst du nicht, daß du mir damit nur auf den Wecker gehst?

j. redet/... sich (noch/...) um seinen Hals *ugs selten* · s.o. will talk himself into serious trouble, + s.o.'s talk/chatter/... will cost him his neck

Der Loschner hat gestern erzählt, mit keinem Land ließen sich so gute Geschäfte machen wie mit Südafrika. – Der Loschner sollte lieber den Mund halten. Der weiß doch ganz genau, daß er in seiner Branche mit Südafrika überhaupt gar keine Geschäfte machen darf. Dieser Kerl quatscht sich noch um seinen Hals.

jetzt/nun/dann/... stehe ich/steht ihr/... da mit rein gewaschenem Hals *sal selten* – der **Dumme** sein · to be left holding the baby, to (have to) carry the can, to have to take the rap

jn./etw. am Hals haben *sal* · 1. to have to pay for s.o.'s upkeep *n*, to be saddled with s.o./s.th., to have s.o. on one's hands *n*, 2. to have s.o. on one's back, 3. to have s.th. on one's plate *coll*, 4. to be faced/confronted with s.th. *n*

1. Bisher hatte er schon für sieben Personen zu sorgen. Und jetzt hat er noch die Tochter seines Cousins am Hals. Auch für die muß er jetzt noch aufkommen.
2. Schon der Betriebsrat hängt mir dauernd in den Ohren, ich soll den Kollenheim rausschmeißen! Und jetzt kommt der Personalleiter mit derselben Geschichte! Jetzt hab' ich den auch noch am Hals!
3. Er hat viel Arbeit mit seiner Praxis. – Wenn es nur das wäre! Daneben hat er noch die Vertretung der Ärzteschaft gegenüber den Gewerkschaften am Hals. Das ist eine sehr große Belastung für ihn.
4. »Wir leben schon in einem komischen Land!«, meinte mein Bruder nachdenklich. »Wenn du einen Polizisten duzt, hast du sofort ein Verfahren wegen Beleidigung am Hals. Wenn ein Polizist einen Unschuldigen plattschießt, dann hat er mit schönster Regelmäßigkeit in 'vermeintlicher Notwehr' gehandelt.«

schon genug/... am Hals haben *sal* · to have enough on one's plate as it is *coll*, to have enough to deal with as it is *coll*

Als ob der Jürgen nicht schon genug am Hals hätte! Jetzt will sein Schwager, daß er für ihn noch eine Vertretung übernimmt. Die Belastung wird für ihn einfach zu groß!

jn. auf dem Hals haben *sal* · 1. 2. to be saddled with s.o., 2. to have to pay for s.o.'s upkeep *n*, to have s.o. on one's hands *n*

1. Seit drei Wochen haben wir nun schon die halbe Verwandtschaft auf dem Hals. Sehnst du dich nicht auch danach, diesen Besuch wieder loszuwerden?

2. vgl. – (eher:) jn./etw. am Hals haben (1)

einen großen Hals haben *sal* – einen großen **Mund** haben · to have a big mouth

es im Hals haben *Krankheit* · to have a sore throat

Hast du es im Hals? – Warum? – Du räusperst dich dauernd. Wenn das nicht bald von selber weggeht, mußt du etwas dagegen tun. Vielleicht solltest du doch einmal zum Arzt gehen.

einen (ganz) steifen Hals haben · to have a stiff neck

Mein Gott, ich hab' einen ganz steifen Hals. Von dem dauernden Nach-oben-Gucken kriegt man eine richtige Genickstange.

einen ganz trockenen Hals haben · to feel thirsty, to have a dry throat

(Nach einer Rede:) So, jetzt brauch' ich aber sofort ein Bier! Von diesem vielen Reden hab' ich einen ganz trockenen Hals.

aus vollem Hals(e) lachen/schreien/singen/... *ugs* · 1. to roar with laughter *n*, 2. to sing at the top of one's voice *n*

1. Der ganze Stammtisch lachte aus vollem Hals über die Witze des Oberförsters.
2. Nie habe ich Onkel Theo so lustig und so sangesfreudig gesehen wie auf diesem Ausflug in die Berge. Aus vollem Hals schmetterte er seine Studentenlieder in die Landschaft ...

sich die Pest/Schwindsucht an den Hals ärgern *sal – path* · 1. to really/... saddle/lumber o.s. with s.th., 2. to get/to give o.s. ulcers worrying about s.o./s.th., to worry o.s. sick about s.th.

1. vgl. – sich die **Pest** an den Hals ärgern
2. vgl. – sich die **Schwindsucht** an den Hals ärgern (über/mit)

sich den Hals nach jm. **ausrenken** *ugs* · to crane one's neck (to see/... s.o./s.th.)

Die Helene hatte mir gestern zwar gesagt, sie ginge auch in das Konzert; aber ich habe mir den Hals nach ihr ausgerenkt und sie nicht gesehen.

j. bricht sich (noch) Hals und Bein *ugs selten* · he/John/... will break his neck *n*

Der Junge läuft/fährt erst seit fünf Wochen Ski und wagt sich schon auf diese steile Piste? Er wird sich Hals und Bein brechen.

jn./etw. auf den Hals bekommen *ugs* – jn./(etw.) auf den **Hals** kriegen · to have the police/... round at his place

etw. in den falschen/(verkehrten) Hals bekommen *sal* – etw. in den falschen/(verkehrten) **Hals** kriegen · to take s.th. the wrong way

jm. den Hals brechen *sal* – (eher:) jm./e-r S. das **Genick** brechen · to be the end of s.o./s.th., to finish s.o./s.th. off

einer Flasche Sekt/Wein/... den Hals brechen *ugs* – der/einer **Flasche** (Sekt/Wein) den Hals brechen · to crack open a bottle of champagne/wine/...

sich den Hals brechen *sal* – (eher:) sich (nochmal/...) das **Genick** brechen · s.o. will kill himself, s.o. will break his neck

jm. um den Hals fallen (vor Freude/...) *ugs* · 1. 2. to fling/ to throw one's arms round s.o.'s neck

1. »Richard!«, rief sie und fiel ihm um den Hals. Seit Jahren hatten sie sich nicht gesehen. Was kümmerten sie da die Leute, die auf dem Bahnsteig diese überschwengliche Begrüßungsszene überrascht verfolgten.
2. ... Vor Freude fiel sie ihrem Vater um den Hals. So einen Ring hatte sie sich immer gewünscht!

jm. um den Hals fliegen/vor Freude (...) *ugs – path* – jm. um den **Hals** fallen (vor Freude/...) · to fling/to throw one's arms round s.o.'s neck

jm. in den falschen/(verkehrten) Hals geraten/(kommen) *sal* – etw. in den falschen/(verkehrten) **Hals** kriegen · + to take s.th. the wrong way jm. jn./etw. **vom Hals halten** *sal* · 1. to keep s.o. off s.o.'s back, 2. to keep s.o. out of the way *coll*

1. Der Willy Fleischer will uns in der nächsten Woche besuchen. – Halt mir diesen Kerl bloß vom Hals. Mit dem will ich nichts zu tun haben.
2. Könntest du mir einen Augenblick die Kinder vom Hals halten? Ich muß rasch ein Telephongespräch führen.

sich jn./etw. **vom Hals halten** *sal* · 1. to keep s.o. off one's back, 2. to keep o.s. free of s.th. *n*, to steer clear of s.th. *n*

1. Du verstehst es, dir die Leute vom Hals zu halten. Mich dagegen bitten sie beständig um die ungewöhnlichsten Dinge. – Ich pflege auf Distanz zu gehen; deshalb sprechen sie mich erst gar nicht an.
2. Er weiß sich alle unangenehmen Verpflichtungen vom Hals zu halten. Er beschränkt seine Arbeit auf das Wichtige und Notwendige; alles andere wimmelt er ab.

jm. etw. **an den Hals hängen** *sal selten* · to lumber s.o. with s.th., to saddle s.o. with s.th.

Der Gewerkschaftsvertreter hat unserem Klaus eine unangenehme Geschichte an den Hals gehängt: er soll die pünktliche Beitragszahlung kontrollieren. Da wird er allerhand Schererei mit den Kollegen kriegen.

jm. **(schon) zum Hals(e) heraushängen/herausstehen/(herauswachsen/herauskommen)** *sal* · 1. 2. + to be fed up with s.o./s.th., + to be sick and tired of s.o./s.th. *coll*

1. Was, schon wieder Schinkennudeln? Mir hängt dieses Gericht schon zum Hals heraus. Kannst du mal etwas anderes kochen?
2. Herrgott, diese ewigen Diskussionen um Für und Wider des Sozialismus stehen uns zum Hals heraus. Du kannst dir gar nicht vorstellen, wie satt wir die sind.

jm. jn. **auf den Hals hetzen** *sal* · 1. 2. to set s.o. on to s.o. *n*, to send the police/... round to s.o. *n*

1. Nur weil der Junge bis 9 Uhr Klavier spielte, hetzten die Nachbarn ihnen die Polizei auf den Hals. – Und was haben die Polizisten gesagt? – Sie sprachen von 'ruhestörendem Lärm', einer 'Ordnungsstrafe' ...
2. vgl. – (eher:) jm. jn. auf den **Hals** schicken (1)

sein Geld/(Vermögen/...) **durch den Hals jagen** *sal* – sein (ganzes) **Geld** durch die Gurgel jagen · to pour all one's money down one's throat, to piss one's money up the wall

Hals über Kopf etw. tun · 1. to rush headlong into/out of/... s.th., 2. to do s.th. in a rush, to rush into a decision/debt/(...)

1. Was, Vater hat einen Unfall gehabt? – Hals über Kopf stürzte er aus dem Zimmer und raste mit dem Wagen an den Unfallort.
2. Es hat doch keinen Zweck, sich Hals über Kopf wegen eines Hauses in Schulden zu stürzen! So etwas will reiflich überlegt sein. Da muß man alle Vor- und Nachteile sorgfältig gegeneinander abwägen, nicht dem erstbesten Häusermakler überstürzt freie Hand lassen.

jn. **den Hals kosten** *ugs* – (eher:) jn./(jm.) **Kopf** und Kragen kosten · to cost s.o. his job/life/...

das/die Dummheit/... **wird dich/... schon nicht**/nicht gleich/... **den Hals kosten** *ugs selten* – der/die/der Peter/... wird dir/ihm/dem Emil/... nicht gleich/(sofort) den **Kopf** abreißen · it/your stupidity/... isn't going to cost you/him/... your/... neck

jn./(etw.) **auf den Hals kriegen** *sal* · s.o. will have the police/... round at his place *n*

Wenn Sie jetzt nicht einlenken, kriegen Sie die Polizei auf den Hals, seien Sie sicher! Wir lassen uns den Lärm nicht länger gefallen!

einen dicken Hals kriegen, wenn .../... *sal selten* · to go mad *coll*/to go up the wall when ...

... Wenn ich so einen Blödsinn höre, kriege ich einen dicken Hals! Laß mich mit dem Kram in Frieden!

etw. **in den falschen/**(verkehrten) **Hals kriegen** *sal* · to take s.th. the wrong way *n*

Warum ist der Alfons denn plötzlich so beleidigt? – Er hat deine Bemerkung von dem 'Opportunismus der Politiker' bestimmt in den falschen Hals gekriegt. – Ja, aber das stimmt doch! – Natürlich! Aber er glaubt, du hättest ihn persönlich gemeint, und deshalb fühlt er sich auf den Schlips getreten.

aus dem Hals riechen/stinken wie die/('ne) Kuh aus dem Arsch *vulg selten* · + s.o.'s breath is foul/rancid/putrid/pestilential *coll*

Mein Gott, Paul, du mußt dir mal die Zähne putzen! Du stinkst ja aus dem Hals wie 'ne Kuh aus dem Arsch. – Robert! Auch dem Jungen gegenüber könntest du dich im Ton mäßigen. Im übrigen weißt du ganz genau, daß das nichts mit Zähneputzen zu tun hat. Der Junge hat Last mit dem Magen!

aus vollem Hals(e) lachen *ugs* – lauthals **lachen** · to roar with laughter, to laugh one's head off

jm. Mühe/Unannehmlichkeiten/... **auf den Hals laden** *sal* · to saddle s.o. with s.th.

Nein, eine große Geburtstagsfeier werden wir nicht machen. Die Mama ist schon so überlastet und auch nicht mehr sehr gesund. Wir werden ihr jetzt nicht noch zusätzlich Mühe auf den Hals laden.

sich Mühe/Unannehmlichkeiten/.../(jn.) **auf den Hals laden** *sal* · to saddle o.s. with an unpleasant task/.../(with s.o.)

Wenn sie gewußt hätten, was sie erwartete, hätten sie sich die Verwaltungsarbeit da im Schwimmclub nicht auf den Hals geladen. So eine mühselige Schufterei hätten sie sich nicht träumen lassen.

jm. **auf dem Hals liegen mit** etw. *sal selten* · to go/to be on at s.o. about s.th., to pester s.o. about s.th. *n*

Der Bernd will mir unbedingt meinen Wagen abkaufen. Schon seit Wochen liegt er mir damit auf dem Hals. – Wenn er dich deswegen dauernd belästigt, mußt du ihm mal deutlich klarmachen, daß es sich um deinen Wagen handelt und nicht um seinen; daß du den verkaufst, wann und an wen du willst.

einen langen Hals machen *ugs selten* · to crane one's neck *n*

So sehr sie auch einen langen Hals machte, sie fand ihn nicht in der Menschenmenge. Wenn er wenigstens noch groß geraten wäre, so daß er die anderen überragt hätte! Aber so konnte sie den Hals recken, soviel sie wollte, und sich die Augen aus dem Kopf gucken – er war nicht zu entdecken.

Hals, Nase, Mund und Ohren aufsperren/(aufreißen) *sal* · to be agog *n*, to gape *n*, to stare wide-eyed (in disbelief/...) *n*

Als wir ihnen erzählten, daß wir am Vortage ein großes Haus am Stadtrand gekauft hatten, sperrten sie alle Hals, Nase, Mund und Ohren auf. Damit hatten sie nicht gerechnet!

den/seinen **Hals riskieren** *sal selten* · 1. to risk one's life *n*, 2. to risk one's neck *coll*

1. Er ist sich sehr wohl im klaren darüber, daß er bei jedem Rennen den Hals riskiert. Aber ohne Autorennen hat das Leben für ihn keinen Reiz. Irgendwann bricht er sich das Genick.
2. Der riskiert den Hals, der Till! Jeder, der zur der Widerstandsbewegung gehört, muß damit rechnen, von der Geheimpolizei still und heimlich festgenommen oder gar abgeknallt zu werden.

etw. **bis an den Hals satt haben** *sal* – (eher:) jm. (schon) zum **Hals(e)** heraushängen/herausstehen/(herauswachsen/herauskommen) (2) · + to be fed up with s.o./s.th., + to be sick and tired of s.o./s.th. *coll*

jm./sich jn./etw. **vom Hals(e) schaffen** *sal* · 1. 3. to get rid of s.o./s.th., to get s.o./s.th. off one's back, 2. to pay s.o. off, to get shut of s.th.

1. Schaffen Sie mir diesen blödsinnigen Baumann vom Hals! Der sucht mich jetzt schon das vierte Mal auf, um mich mit seinen Konstruktionsplänen zu belästigen.
2. Wir müssen sehen, daß wir die Schulden vom Hals schaffen, und zwar möglichst schnell. Sonst werden wir uns nie frei fühlen.
3. Wenn ihr euch eure Verpflichtungen in der 'Gesellschaft für auswärtige Beziehungen' nicht vom Halse schafft, werdet ihr für eine Weile wohl nie mehr Zeit haben. Damit seid ihr in letzter Zeit doch jeden zweiten Abend in Anspruch genommen.

bis zum Hals/ganz schön in der Scheiße stecken *vulg* · to be up to one's neck in it *coll*, to be up shit creek

... Wenn uns die Bank den Kredit wirklich kündigt, stecken wir in der Scheiße. Dann können wir unseren Laden dicht machen.

jm. jn. **auf den Hals schicken** *sal* · 1. 2. to put/to set s.o. on to s.o.

1. Wenn Sie Ihrer Zahlungsverpflichtung jetzt nicht nachkommen, schicke ich Ihnen den Gerichtsvollzieher auf den Hals. Wenn Ihnen

das lieber ist! Jetzt warten wir seit zwei Jahren vergeblich auf unser Geld, das reicht!
2. vgl. – (eher:) jm. jn. auf den **Hals** hetzen (1)

einen dicken/ganz schönen/... Hals schieben (auf jn./etw.) *sal selten* · 1. to be in a foul mood *coll*, 2. to be very angry with s. o. *n*
1. ... Den Friedhelm mußt du heute in Ruhe lassen! Der schiebt einen dicken Hals. Auf der Arbeit ist offensichtlich heute bei ihm so einiges schiefgelaufen.
2. ... Geralds Namen solltest du in Claudias Gegenwart besser nicht erwähnen; auf den schiebt sie einen ganz schönen Hals.

den Hals aus der Schlinge ziehen · to get off the hook, to slip/to wriggle out of s. th.
Hat er es doch noch geschafft, den Hals aus der Schlinge zu ziehen? Wie hat er das denn hingekriegt? Das Belastungsmaterial war doch geradezu erdrückend. – Er hat der Geschäftsführung versichert, daß seine ganze Unterstützung der Konkurrenz nur ein Manöver war, um hinter deren Schliche zu kommen.

sich jm. an den Hals schmeißen *sal* – sich jm. an den **Hals** werfen/schmeißen · to throw o. s. at s. o.

bis an den/(über den) **Hals in Schulden stecken** *ugs* · to be up to one's neck in debt
Ausgerechnet die Meyers hast du um Geld gebeten? Die können doch ihre eigenen Unkosten im Augenblick nicht einmal bestreiten. Weißt du nicht, daß sie bis an den Hals in Schulden stecken, nach dem Kauf des Mercedes und der Wohnungseinrichtung?

den Hals aufs Spiel setzen *sal selten* – den/seinen **Hals** riskieren · to risk one's life, to risk one's neck

bis über den/bis zum **Hals in Arbeit/**Schulden/(...) **stecken** *ugs* – aus etw./da (nicht) **herauskommen/**(nicht wissen/..., wie man aus etw./da herauskommen soll/sieh zu/... wie du/... da herauskommst/... (2) · to be up to one's neck in debt/work/...

jm. im Hals(e) stecken bleiben *ugs* · 1. 2. to stick in s. o.'s throat/craw
1. Als sie diese Bemerkung hörte, blieb ihr vor Überraschung der Bissen im Halse stecken ...
2. Ich erschrak über mich selbst, als mir bewußt wurde, daß ich in Anwesenheit von dem Hueber nicht darüber hätte sprechen dürfen. Das Wort blieb mir (gleichsam) im Halse stecken. Aber es war zu spät, er hatte verstanden.

jm. (schon) bis zum Hals(e) stehen *sal* – (eher:) jm. (schon) zum **Hals(e) heraushängen/**heraussteben/(herauswachsen/ herauskommen) · 1. 2. + to be fed up with s. o./s. th., + to be sick and tired of s. o./s. th. *coll*

wenn/..., (**dann**) **drehe ich/**dreht der Maier/... ihm/dem Schulze/... **den Hals um!** *sal* · if/..., I/John/... will wring his/... neck
Wenn ich den Schurken erwische, drehe ich ihm den Hals um! – Was ist denn das für ein Ton? »Drehe ich ihm den Hals um« – als wenn du ihn erwürgen wolltest! – Das würde ich auch – wenn ich könnte.

einem Huhn/... den Hals umdrehen *ugs selten* · to wring a chicken's/... neck
Wie hat er das Huhn denn getötet? Ohne Messer? – Er hat ihm ganz einfach den Hals umgedreht.

sich den Hals verrenken/(verdrehen) (um jn./etw. zu sehen) *ugs* · 1. 2. to crane one's neck to see s. th./s. o.
1. Obwohl sich die Kleinen den Hals verrenkten, um die Vorführung mitzukriegen, sahen sie fast nichts. Sie saßen hinter mehreren sehr großen Männern, die ihnen die ganze Sicht versperrten.
2. vgl. – sich den Hals nach jm. ausrenken

den Hals nicht vollkriegen/(voll genug kriegen) (**können**) *sal* · 1. 2. to be never satisfied, 1. he/John/... can't get enough, 2. to want a mile, to take liberties *n*
1. Der Bitzner? Der kann den Hals nicht vollkriegen – auch wenn der 15.000,– Mark im Monat verdient, er ist noch nicht zufrieden.

2. Richard, jetzt bist du schon über eine Stunde länger auf, als du solltest. Eine halbe Stunde länger hatten wir ausgemacht. Du kriegst wieder den Hals nicht voll. Es ist immer dasselbe: wenn man dir etwas erlaubt, willst du immer mehr haben.

sich jm. an den Hals werfen/schmeißen *sal* · to throw o. s. at s. o.
Mein liebes Kind, eine Frau, die etwas auf sich hält, wirft sich einem Mann nicht an den Hals! Im übrigen ist das auch eine falsche Politik: die Männer werden der Frauen, die es ihnen zu leicht machen, nur zu bald überdrüssig.

jm. Ärger/Sorgen/Unannehmlichkeiten/... an den Hals wünschen *sal* · to wish trouble/difficulties/... on s. o. *n*
Wenn wir genau so gehässig wären wie er, dann würden wir ihm jetzt auch alle möglichen Sorgen an den Hals wünschen. Aber er war uns dauernd – er hat sich immer nur gefreut, wenn es uns schlecht ging.

sich js. Zorn/Unwillen/... auf den Hals ziehen *(eher:)* ... zuziehen *sal* · to bring s. o.'s anger/displeasure/... on one-self
Halt dich aus der Sache heraus, Magda! Sonst ziehst du dir noch den Zorn eures Regisseurs auf den Hals, und das kann dir nur schaden. Ohne den Mann kommst du an eurem Theater nicht weiter.

Hals- und Beinbruch!: Hals- und Beinbruch! *iron* · good luck! *n*, break a leg *theatr*
Kinder, haltet mir die Daumen! Jetzt geht's in die letzte Klausur. – Also dann: Hals- und Beinbruch!

Halt: etw. **hat keinen/**einen besseren/... **Halt** (an/auf/...) · (not) to hold well/better/... (in/on/...), (not) to have enough/... support
(Ein Bauherr zu einem Zimmermann:) Haben die schweren Balken auf der dünnen Außenmauer wirklich genügend Halt? – Keine Sorge, Herr Schlüter! Die halten ewig/die kriegt hier keiner mehr weg.

in jm. einen Halt haben · + to be someone s. o. can lean on, + to be a prop to/for s. o.
In der Aline hat der Peter wirklich einen Halt. Ohne sie wäre er schon längst auf die schiefe Bahn geraten.

(keinen/wenig/...) inneren Halt (haben/...) · (not) to be (very/...) stable, (not) to have (much/...) inner stability
... Von einem bestimmten Alter an, bemerkte er scharf, hat man – oder man hat eben keinen – inneren Halt! Man kann doch nicht jedes Versagen mit der Umwelt erklären! Die Menschen steuern ihr Leben doch auch selbst – auch bei widrigen Umweltbedingungen! Oder nicht?!

(einen) Halt an jm. haben · to get support from s. o., to get moral support from s. o.
Nur gut, daß die Bettina wenigstens an ihrem älteren Bruder einen Halt hat! Wenn sie den nicht hätte, würde sie die seelische Belastung vielleicht gar nicht aushalten.

(einen) Halt finden (in/bei jm.) · to find a moral prop in s. o.
... Wenn deine Frau bei ihrem älteren Bruder einen Halt findet, kannst du dafür doch nur dankbar sein. Oder wäre es dir lieber, daß sie seelisch völlig zugrunde geht?

e-r S. Halt gebieten *path* · (eher:) e-r S. **Einhalt** gebieten/ (tun) · to put a stop/an end to s. th.

(mal kurz/...) Halt machen · to make a stop
... So, bei der nächsten Raststätte wird Halt gemacht! Da ruhen wir uns wenigstens eine halbe Stunde aus. Diese ewige Fahrerei ...

vor nichts/niemandem/... **Halt machen** *path* · to stop at nothing, to be no respecter of persons
Der Friedmann wird den Papst schon nicht kritisieren, meinst du? Da bist du leider im Irrtum. Der Mann macht vor nichts und niemandem Halt. Er schreckt auch nicht davor zurück, die religiösen Gefühle der Leute mit Füßen zu treten, wenn ihm das aus irgendeinem Grunde angezeigt erscheint.

(einen) Halt suchen (in/bei jm./etw.) · to look for a sense of security/security/a hold/support/... (in s. o./s. th.)
Viele junge Menschen suchen heutzutage wieder einen Halt in der Religion. – Wenn sie ihn dort finden ... Wieviel Menschen gehen heute ohne jede innere Orientierung und ohne jede Stütze durchs Leben!

sich (einen) Halt suchen/(verschaffen) · to look for/to get/… a hold/a foothold/a handhold/…

Such' dir sofort einen sicheren Halt, wenn du auf Deck bleiben willst! Du wärst nicht der erste, der bei einem solchen Wellengang über die Reling geschleudert würde.

den Halt verlieren · 1. 2. to lose one's balance, 1. to lose one's footing

1. … Plötzlich verlor er den Halt und fiel vornüber vom Gerüst auf die Straße. – Hatte er denn Gleichgewichtsstörungen, Kreislaufbeschwerden oder so etwas?

2. Die Doris war immer so bestimmt und selbstsicher. Ich weiß nicht, was seit einiger Zeit mir ihr los ist. Sie hat völlig den Halt verloren. So unsicher und orientierungslos wie sie jetzt war selbst ihre Schwester nie, die alle Welt einen 'haltlosen Menschen' nennt.

jm. einen Halt verschaffen *form* · to give s.o. support

Selbst wenn sie den Jungen zunächst nur vorübergehend, provisorisch einstellen und ihm weniger bezahlen – das ist doch besser als gar nichts. Das verschafft ihm einen Halt/(damit verschaffen sie ihm einen Halt). Ohne jede Arbeit gerät er völlig aus der Bahn, nicht nur beruflich, auch menschlich.

sich einen Halt verschaffen *form* · to get a foothold

… Moment, Luise, ich muß mir erstmal selbst einen Halt verschaffen – so! Hier stehe ich sicher, jetzt kann ich dir die Hand geben, sodaß du diese glatte Stelle auch hinaufkommst.

hält: j. **hält es so/anders/**(…) **(mit etw.)/wie hält es j. (mit etw.?)** · 1. what is he/John/… going to do about s.th.?, 2. to do things/to think/(…) one way/another way

1. Wie haltet ihr es nun mit den Ferien: bleibt ihr hier oder fahrt ihr nach Italien? – Wir haben uns immer noch nicht entschieden.

2. Der Paul hat sich entschieden, zunächst sein Studium zu beenden und dann ein paar längere Reisen zu machen; du dagegen willst immer zuerst das Angenehme haben. – Der eine hält es so, der andere anders; ich bin eben nicht der Paul.

jn. hält es nirgends/…/**in/bei/**… hält jn. niemand/… · 1. there is nothing/no one/… to keep him here/in/at/…, there is no reason for him/… to stay here/in/at/…, 2. + s.o. cannot stay long anywhere/in any one place/…, + s.o. has got itchy feet

1. … Meinst du wirklich, daß der Prof. Bodmann weggeht? – Aber natürlich! Den hält hier niemand mehr. Nach dem Streit im Institut vom vergangenen Semester hat der seine Zelte innerlich schon abgebrochen.

2. … Den Hanspeter verstehe ich nicht mehr: zwei Jahre in München – dann weg; ein Jahr Augsburg – dann weg; jetzt will er von Hamburg auch schon wieder weg. Den hält es wohl nirgends.

jn. hält hier/bei/… **nichts (mehr)** *ugs* · there is no longer anything to keep s.o. here/in this town/… n, there is no longer any reason (for s.o.) to stay here/in this town/… n

… Nach dieser neuerlichen Enttäuschung hält mich in dieser Stadt nichts mehr! Ich ziehe weg, nach München.

halten: (sehr) **auf** Ordnung/gute Kleidung/… **halten** · to value/to attach great importance to/to set great store by tidiness/good clothes/…

Wer nicht ganz konsequent auf Ordnung hält, kann keine Wörterbücher machen. Da gilt wirklich: »Ordnung ist das halbe Leben.«

auf eine Insel/einen Hafen/… **halten** *Schiff form* – **Kurs** nehmen auf einen Hafen/einen Flugplatz/… · to set course for an island/a port/an airport, to head for an island/a port/an airport

sich bedeckt halten · to keep a low profile, to hold back

… Und der Reuter? Wie hat der sich zu der Frage geäußert? – Der hat während der ganzen Diskussion nur ein paar unverbindliche Gemeinplätze von sich gegeben. – Ja, ja, das ist so seine Art. Solange er nicht absieht, wohin die Reise geht, hält er sich bedeckt. Nur nicht zu früh Stellung beziehen!

(nicht) dicht halten (können) *ugs* · (not) (to be able) to keep mum, (not) (to be able) to keep things to o.s. n

Der Ulrike würde ich das nicht erzählen. Ich weiß nicht, ob die dicht hält. – Die? Die verrät nichts. Der kann man alles anvertrauen, die ist verschwiegen wie ein Grab.

es mit jm./etw. **halten** *form od. iron* · 1. to be for s.o./s.th., 2. to be given to (doing) s.th., to be a believer in s.th., 3. to be fond of s.th., to be one for s.o.

1. Auf wessen Seite steht der Klaus in diesem Wahlkampf? – Er hält es mit den Sozialisten.

2. Unser Vater hält es mit der Philosophie. Wenn etwas nicht klappt, sagt er immer: man muß innerlich frei und unabhängig von den Gütern dieser Welt sein, dann kann einen nichts treffen.

3. Euer Klaus hält es mit den Mädchen, was? – Wie kommst du da drauf? – Jedesmal, wenn ich ihn treffe, wird er von einer neuen Schönheit begleitet.

sich etw. gegenwärtig halten *oft: du mußt/*… *form* · (s.o. must/ought to/…) bear in mind that … *often: you must/*…

(Der Vater zu seinem Sohn:) Du solltest dir immer gegenwärtig halten, daß die Zeiten genauso schnell wieder schlechter werden können, wie sie besser geworden sind. Wenn du dir das vor Augen hältst, hast du in deinem Berufsleben eine vernünftige Orientierung.

etw. für geraten halten · to consider s.th. advisable

… Natürlich halten zahlreiche Wissenschaftler, Pädagogen, Wirtschaftler, Politiker ein kürzeres Studium für geraten. Aber was nützt das, wenn die besten Vorstellungen in der Praxis nichts bewirken?

etw. heilig halten · 1. to honour (the name of God), to keep Sunday/the Sabbath holy, to observe Sunday/the Sabbath, 2. to treat s.th. with due respect/reverence, to cherish s.th.

1. Den Namen Gottes sollt ihr heilig halten und nicht durch Fluchen verunehren. *rel*

2. vgl. – (eher:) etw. in **Ehren** halten *path*

jn. klein halten *ugs* · to keep s.o. down

Unser Abteilungsleiter hat immer versucht, den Dr. Kunz klein zu halten und seine Position zu schwächen.

etw. kühl halten · to store s.th. in a cool place

Wenn Sie die Sachen kühl halten, können Sie sie monatelang aufbewahren. Nicht unbedingt im Kühlschrank; es genügt, in einem Keller, in dem es frisch ist.

jn. kurz halten · 1. to keep s.o. short, 2. to keep s.o. on a tight rein

1. Wenn er meint, er könnte sein Geld für alle möglichen Feste zum Fenster hinauswerfen und dazu noch den Faulpelz spielen, mußt du ihn kurz halten. Reduzier' sein Taschengeld auf 40,– Mark, sodaß er gar keinen Spielraum für dauernde Feiereien hat!

2. vgl. – (u. U.) bei jm. die **Zügel** kurz halten

jn. (sehr) streng halten · to be (very) strict with s.o., to keep s.o. on a (very) tight rein

Den Walter muß man streng halten, ob man will oder nicht. Wenn man bei dem auch nur einen Monat die Zügel locker läßt, tut der nichts mehr.

etw. warm halten · to keep food/a meal/… warm (for s.o.)

… Na, da kommst du endlich! Ich hab' dir das Essen warmgehalten. Es steht im Backofen.

es nicht/nicht einmal/… **für wert halten,** etw. zu tun *selten* · not/not even/… to consider it necessary to inform/… s.o.

… Warum sollte ich ihm helfen? Wenn er es nicht einmal für wert hält, mich überhaupt zu unterrichten? – Wie, er hat dich nicht unterrichtet? – Nein, er hat es nicht für nötig gehalten.

jm. etw. zugute halten (müssen) – jm. etw. **zugutehalten** (müssen) · to have to take s.th. into account (when judging/criticising/… s.o.)

viel/wenig/nichts/… **halten von** jm./etw. · 1. to think a lot/not to think much of s.o./s.th., to have a high/low/… opinion of s.o./s.th., 2. to believe (strongly/seriously/…)/not to believe in doing s.th.

1. Von dem Außenminister hält er viel; den Innenminister dagegen schätzt er gar nicht.

2. … Dann beschweren Sie sich doch! – Ich halte nichts davon, dauernd in das Leben anderer Leute einzugreifen. Auch wenn uns der Lärm stört – ich sage nichts.

sich eine Mätresse/einen Chauffeur/ein Pferd/... **halten** · to employ a chauffeur, to keep a mistress
Der Körber hält sich neuerdings einen Chauffeur? – Bist du neidisch? Ich möchte gar keinen Chauffeur haben; ich fahre viel lieber selbst.

sich rechts/links/auf der Mitte des Bürgersteigs/der Stra-ße/... **halten** · to keep to the left/right/middle of the road/...
Haltet euch hier ganz rechts; in der Mitte und auf der linken Seite des Bürgersteigs gibt es ein paar tückische Löcher, da könnt ihr euch den Fuß verknicken.

sich aufrecht/gerade/kerzengerade/(...) **halten** · to stand/to sit up straight
Halt' dich gerade, Junge! Du kriegst noch einen krummen Rücken, wenn du immer so gebeugt/krumm gehst.

sich gut/schlecht/... **halten** · 1. to hold out (well/brilliant-ly/...), not to hold out, 2. (not) to be well-preserved, 3. (not) to last (well/...), (not) to keep/to stay fresh *food*
1. Unsere Armee hat sich hervorragend gehalten. Obwohl die Feinde in der Überzahl sind und der Angriff völlig überraschend kam, ist sie keinen Fußbreit zurückgewichen.
2. Die Frau Biberfeld ist schon 73 Jahre? Das würde man nicht sagen. Sie hat sich ja hervorragend gehalten. – Ja, sie sieht aus wie 55, 60.
3. Dieser Wagen hat sich prächtig gehalten. Er hat jetzt 70.000 Kilometer drauf und fährt wie neu. *seltener*

sich abseits halten · 1. to keep to oneself, 2. to remain aloof, to remain apart
1. Während alle anderen in kleinen Gruppen zusammenstanden und plauderten, hielt sich der Gerd ein wenig abseits. Er schien über irgendetwas nachzusinnen ...
2. Der Detlev hat sich politisch immer ziemlich abseits gehalten. Der war nie Mitglied einer Partei, favorisierte nie eine bestimmte Strömung.

sich an jn./etw. **halten** · 1. 2. 3. to stick to s.o./s.th.
1. Wenn du bei Schuckert was werden willst, dann halt' dich an deinen Onkel; der ist doch mit dem alten Schuckert befreundet. – Mit meinem Onkel stehe ich mich an sich nicht schlecht; aber für so was ist der nicht zu haben.
2. ... Ich würde mich bei der Abwicklung des Exports an Ihrer Stelle an die Vorschriften halten, Herr Bausch; die Kontrollen sind in letzter Zeit derart scharf ...
3. (Bei einem Deutschaufsatz; Frage eines Schülers:) Müssen wir uns bei dem, was wir zur 'Gedankenfreiheit' sagen, an den 'Don Carlos'/den Text halten oder können wir auch (unabhängig davon) eigene Gedanken entwickeln?

sich alarmbereit halten (müssen) *form* · 1. to (have to) be on alert, to (have to) be on stand-by, 2. to be on alert, to be standing by
1. ... Wenn in der Tat ein Überfall der Terroristen droht, müssen sich die Truppen natürlich alarmbereit halten! Da hat der Verteidigungsminister doch ganz recht.
2. vgl. – in **Alarmbereitschaft** stehen

sich bereit halten *form* · to be ready, to be prepared
... Herr Berchert, halten Sie sich bereit. Sobald die Blutkonserven kommen, werden wir mit der Operation beginnen!

dagegen halten, daß ... *form* – (j. möchte/muß aber doch/...) **dagegenhalten, daß** ... · to counter that ..., to reply by pointing out that ...

sich dran halten/dranhalten *ugs* · 1. to go on and on (about s.th.), to really go on, 2. s.o. is really getting into it, 3. to get down to work/it/..., 4. to get a move on
1. Mensch, jetzt sei doch endlich mal ruhig! Jetzt wissen wir doch schon, daß die Elfriede unzuverlässig, unstet, flatterhaft und was weiß ich noch ist. Du hälst dich ja dran. Wie eine Gebetsmühle – immer dasselbe!
2. ... Der Karl hält sich dran, dem scheint's zu schmecken! – Gott sei Dank haut er anständig rein; so macht das Kochen Spaß. *seltener*
3. Wenn ihr die Arbeit in der kurzen Frist fertig kriegen wollt, müßt ihr euch dranhalten. – Das brauchst du uns nicht zu sagen, das wissen wir selbst, daß wir keinen Tag verschenken dürfen und hart arbeiten müssen.

4. Wenn ihr etwas mitkriegen wollt von dem herrlichen Schweinebraten, müßt ihr euch dranhalten. Wie ihr seht, langen die da vorne schon kräftig zu. Also los, mal anständig gefuttert!

sich fit halten (für etw.) · to keep fit (for s.th.)
Eine halbe Stunde am Tag/täglich trainieren dürfte ja wohl nicht genügen, um sich für internationale Wettbewerbe fit zu halten! – Natürlich nicht. Das reicht allenfalls für einen Durchschnittsspieler/für den Hausgebrauch.

sich etw. **gegenwärtig halten** *form* – (eher:) sich etw. vor **Augen** halten · to keep s.th. in mind

sich mit jm. **gut halten** *selten* · to keep on good terms with s.o. *n*, to keep well in with s.o. *coll*
Wenn du Einkaufsleiter werden willst, mußt du dich mit dem Personalchef gut halten; der macht dem Alten die entsprechenden Vorschläge. – Mit dem stehe ich mich gut! Wenn das von dem abhängt, brauch' ich keine Sorgen zu haben.

etw. (gut/schlecht/...) **instand halten** *selten* · (not) to keep s.th. in good/... condition, (not) to keep s.th. in good/... working order
(Die Mutter zu einem Sohn:) Wenn Vater dir schon so ein teures Fahrrad kauft, könntest es auch gut instand halten. – Ich kann doch nichts dafür, wenn die Handbremse kaputtgeht. – An dem Rad ist dauernd was kaputt. Du gehst bestimmt nicht richtig/nicht schonend genug damit um.

sich für mehr halten (als andere) *ugs* · to think that one is better (than others)
(Während einer Schulfahrt; ein Lehrer zu einem Schüler:) Herr Böttcher, das ist jetzt das dritte Mal, daß Sie hätten es nicht nötig, zu den gemeinsamen Besichtigungen zu erscheinen. Sie scheinen sich wohl für mehr zu halten als die anderen, was?! Sie ordnen sich hier in Zukunft genau so ein wie jeder andere auch! Sonst fahren Sie auf der Stelle nach Hause zurück!

etw. **für möglich**/sicher/wahrscheinlich/... **halten** · to think/to consider/... it possible/... that ...
Hältst du es für möglich, daß die (D-)Mark in der Tat abgeschafft wird? – Möglich ist alles.

man sollte es (doch) **nicht für möglich halten** *path* · would you believe it?, whatever next?
Man sollte es doch nicht für möglich halten: da veröffentlichen die doch in der Zeitung einen kompletten Bankauszug des Angeklagten! Unglaublich!

sich mucksmäuschenstill halten *ugs* · to be/to keep as quiet as a mouse
Vorsicht! Sonst findet er uns. Halt' dich mucksmäuschenstill! Keinen Ton!

es (nicht) für nötig halten, etw. zu tun · (not) to consider it necessary to do s.th.
... Der Mohnert scheint es nicht einmal für nötig zu halten, uns rechtzeitig zu benachrichtigen, wenn er später bezahlt! – Der Mann hat einfach kein Benehmen, weder privat noch geschäftlich.

sich oben halten · to stay at the top
... Der Mann ist jetzt seit acht Jahren Minister. Wer sich so lange oben hält, dürfte doch eigentlich keine Null sein. – 'Das ist ein Esel, der bringt es (also) zum Minister', schreibt der größte portugiesische Romancier Eça de Queiroz.

sich an jm./etw. **für** etw. **schadlos halten** · 1. to make up for s.th. with s.th., 2. to take it out on s.o.
1. An diesem herrlichen Wein werde ich mich für den Geiz schadlos halten, mit dem er uns gewöhnlich bewirtet. – Wie, setzt er euch sonst so schlechte Sachen vor, daß ihr das Bedürfnis habt, euch heute dafür gleichsam zu rächen?
2. Weil er im Beruf nichts leistet und nichts zu sagen hat, hält er sich an seiner armen Familie schadlos. Seiner Frau und seinen Kindern gegenüber verhält er sich geradezu tyrannisch. *seltener*

sich für wer weiß was/wunders was halten *ugs* – **meinen**, man wäre wer weiß was · s.o. thinks/... he's the cat's whiskers, s.o. thinks he's someone special (nicht mehr) **an sich halten** (können) · to contain o.s., to restrain o.s.

... Als sie dann erklärte, die Wirtschaft habe sich genauso an die Vorschriften der Kirche zu halten wie jeder andere auch, konnte sogar mein Vater nicht mehr an sich halten. Du hast gesehen, wie er ihr über den Mund fuhr. Das tut er sonst nie.

etwas/viel/nichts/... **auf sich halten** · 1. 2. to have no/little/... self-respect, (not) to take a pride in o.s.

1. Mein lieber Junge, wer etwas auf sich hält, stellt sich bei seinem neuen Chef nicht in einem so ungepflegten Anzug vor. Nicht einmal ein sauberes Hemd hast du angezogen.

2. Wie ungepflegt diese Frau immer herumläuft. – Sie hält nichts auf sich, in der Tat!

sich streng an etw. **halten** · to stick rigidly to s.th.

... Aber ich habe mich doch ganz streng an die Vorschriften gehalten, Herr Schuckert! Jede Einzelheit habe ich beachtet! ...

sich tapfer halten ugs · to put up a good fight, to put up a good show, to be brave n

... Na, du hast dich in der Diskussion (im Anschluß an deinen Vortrag) ja tapfer gehalten! Es haben dich zwar verschiedene Leute sehr scharf angegriffen; aber du hast dich nie in die Defensive bringen lassen. Alle Achtung!

sich/jn./etw. **verborgen halten** (vor jm.) · 1. to keep s.th. hidden, to hide s.th., 2. to remain hidden, to hide

1. ... Kein Mensch weiß, wo meine Großmutter den ganzen Schmuck hat! – Aber kann man den denn über Jahre verborgen halten?

2. ... Kannst du verstehen, wie sich Leute in so einer kleinen Stadt monatelang vor der Polizei verborgen halten können?

sich/jn./etw. **versteckt halten** (vor jm.) – sich/jn./etw. verborgen **halten** (vor jm.) (2; a. 1) · to keep s.th. hidden, to hide s.th., to remain hidden, to hide

sich wach halten · to stay awake, to keep awake

... Die ganze Nacht muß der arme Mann allein auf dem Heizofen aufpassen?! Wie macht der das denn überhaupt, sich wach zu halten?

js. Interesse/Andenken/... **wach halten** – js. Interesse/Andenken/... **wachhalten** · to hold s.o.'s interest/..., to sustain s.o.'s interest/..., to keep s.th. alive

sich wacker halten ugs – sich tapfer **halten** · to put up a good fight, to put up a good show

warm halten Kleidung u. ä. · to keep s.o. warm

(Bei einer Schneewanderung:) Es ist doch nicht kalt! – Du hast gut reden! Du hast einen dicken Pullover an, der hält warm. Aber der Klaus und ich haben nur eine dünne Jacke ...

sich warm halten · to keep o.s. warm

(Ein Arzt:) Sie sollten mit Ihrer Bronchitis vorsichtig sein, Herr Meinert! Vor allem bei diesem Wetter! Oberste Regel: sich warm halten! – Ich finde, ich lauf' schon viel zu warm angezogen herum!

zu jm. **halten** · to stick by s.o., to side with s.o., to support s.o.

... Wenn die Kinder in Konfliktfällen eher/mehr zu ihrer Mutter als zu ihrem Vater halten ... – ich kann das verstehen. Sie verteidigen den Schwächeren. Dazu hat die Frau Kruse für ihre Kinder ungeheuer viel getan ...

nicht zu halten sein/sich nicht halten lassen Thesen · to be untenable

Die These, daß Krebs nur und ausschließlich auf psychologische Gründe zurückgeht, dürfte sich kaum halten lassen. Sie ist einfach zu einseitig.

nicht (mehr) zu halten sein ugs · 1. 2. + there is no holding him/them/Mary/..., 3. + there is no stopping s.o.

1. Wenn sich der Peter einmal in Wut redet, (dann) ist er nicht mehr zu halten; dann sagt er alles, was ihm gerade in den Kopf kommt – ganz egal, welche Folgen das hat.

2. Wenn die Ulrike mit ihren Freunden tanzen geht, ist die überhaupt gar nicht mehr zu halten. Dann entwickelt die eine Dynamik, einen Frohsinn, eine Ausgelassenheit ... – Und sonst ist sie so still!

3. vgl. – (eher:) nicht zu **bremsen** sein

sich nicht halten können vor Freude/Lachen/... · she/John/... cannot contain his/her/... joy/laughter/...

Sie konnte sich nicht halten vor Freude über den Ring, den ihr Mann ihr zum Geburtstag geschenkt hatte. Glücklich und ausgelassen wie ein kleines Mädchen gab sie ihm vor der ganzen Familie einen schmatzenden Kuß.

sich nicht mehr/kaum noch/... aufrecht halten können form – (eher:) sich nicht/kaum noch/... auf den **Beinen** halten können (1; u. U. 2) · not/hardly/... to be able to stand, s.o. can hardly keep on his feet

nichts bei sich halten können · not to be able to keep anything down

Nein, die Oma können wir leider nicht mehr auf einer so weiten Reise mitnehmen. Du weißt, daß sie seit ihrer Darmgeschichte nichts bei sich halten kann. Man kann ja nicht immer eine Toilette in der Nähe haben ...

an sich halten müssen, um etw. nicht zu sagen/nicht zu lachen/... · to have to restrain o.s. (to stop laughing/...)

... Aber als sie dann damit kam, der Sturm sei darauf zurückzuführen, daß sich durch die Atomversuche die Erdachse verschoben hätte, mußte ich doch an mich halten, um nicht laut zu lachen.

das kann j. **halten, wie er will** – das kann j. halten wie ein **Dachdecker** · s.o. can suit himself/please himself/do it whatever he likes

es gibt kein Halten (mehr) oft: ... gab ... form · there is no stopping s.o. often: ... was ..., there is no holding s.o. back often: ... was ...

Als die Polizei einen Studenten aus den vorderen Reihen verhaftete, gab es kein Halten mehr: die Menge schrie und tobte, einige griffen zu Stöcken, andere holten Stangen hervor ... So sehr man auch durch Lautsprecher versuchte, die Leute zur Ruhe zu mahnen – die Masse war nicht mehr im Zaum zu halten.

einen Zug/ein Auto/... zum Halten bringen form · to bring a car/... to a stop, to stop a car/...

Du sagst, die Bremsen versagten? Und wie gelang es dir, das Auto zum Halten zu bringen?

zum Halten kommen Zug/Auto/... form · to come to a stop

(Am Bahnhof; Ansage:) »... Es hat Einfahrt der Intercity Theodor Storm ... Die Wagen der 1. Klasse kommen in den Abschnitten A und B, die der 2. Klasse in den Abschnitten C bis E zum Halten. Bitte Vorsicht an der Bahnsteigkante ...

haltmachen: (mal kurz/...) **haltmachen** – (mal kurz/...) **Halt** machen · to make a stop, to take a break/a breather

vor nichts/niemandem/... haltmachen path – vor nichts/niemandem/... **Halt** machen · to stop at nothing

Haltung: Haltung annehmen (vor jm.) form od. iron · 1. to stand to attention, 2. to stand up straight

1. Als der General heraustrat, nahme die Truppe Haltung an. Die Leute standen so stramm da, das jemand, der sie aus großer Höhe betrachtet hätte, hätte meinen können, eine Menge riesiger Bleisoldaten unter sich zu haben ...

2. Nun nimm mal Haltung an, Rudi! Weißt du, wer dir da die Hand gibt?: unser frisch gebackener Diplomingenieur Eckhard Krause.

(eine) stramme Haltung annehmen mst iron · to stand to attention

... Von wegen, dem Alten widersprechen! Du machst dir keine Vorstellung von der Atmosphäre, die in dem Laden herrscht. Wenn der da morgens seinen Kontrollgang durch den Betrieb macht, nehmen sogar die Ingenieure stramme Haltung an. – Wie, die stehen dann da wie Preußens Soldaten? – Fast! ...

seine Haltung bewahren/(wahren) · to keep one's composure

Form, Form, mein Lieber! Auch – ja gerade, wenn sich die anderen schlecht benehmen, bewahrt man seine Haltung! Aber nein, du mußt immer sofort platzen, aus der Rolle fallen!

eine abwartende/... Haltung einnehmen · to play a waiting game, to adopt a policy of wait-and-see

... Statt sich für die eine oder andere Lösung zu entscheiden, nahm er zunächst eine abwartende Haltung ein. Entscheiden konnte er sich immer noch. Erst mal sehen, in welche Richtung sich die Dinge entwickelten ...

die/(seine) Haltung verlieren · 1. to lose one's composure, 2. to lose control

1. Wir haben unsere Mutter immer bewundert: selbst in den schwierigsten Situationen verlor sie nie die Haltung. Wir haben sie nie anders als gefaßt und erzogen erlebt.
2. Gut, ich verstehe, daß sich jemand erregt, meinetwegen auch sehr erregt. Aber dermaßen die Haltung verlieren, daß man seinen Vater auf offener Straße 'Arschloch' tituliert – das geht zu weit, egal, was vorgefallen ist.

Hammel: ..., **um** (wieder) **auf** (den) **besagten Hammel zurückzukommen,** ... *sal selten* · to get back to the subject ... *n*

... Also, um wieder auf besagten Hammel zurückzukommen, wir sprachen von der Rentabilität in der Landwirtschaft; dazu wollte ich noch sagen ...

Hammelbeine: ich werde/sie werden/... euch/ihnen/... die Hammelbeine langziehen! *sal selten* · you wait till I get my hands on you!, I'll teach you/... to mess around/... with my car/..., I'll give you/... messing around with my car/...

Ich werde dir die Hammelbeine langziehen! Von wegen, da an meinem neuen Wagen herumzufummeln! Nachher geht da noch was kaputt, und dann?! Du bist wohl nicht bei Trost, was? Untersteh' dich, da nochmal dranzugehen; sonst gibt's was!

ich werde/der Karl wird/... dich/... bei den Hammelbeinen nehmen/(kriegen) (und ...)/wenn ..., dann nehm' ich dich/... *sal selten* · to give s.o. a real/... dressing down *coll*, to take s.o. down a peg or two *coll*

Von wegen, Verhandlungen über Preiserklärungen initiieren und dann erklären, die Sache gehöre nicht in dein Ressort! Mit solchen Methoden kommst du bei dem Chef nicht durch. Der wird dich bei den Hammelbeinen nehmen. Und wenn du dann immer noch nicht zu deiner Verantwortung stehst, setzt er dich an die frische Luft.

Hammer: das ist (doch/vielleicht) **ein Hammer!** *ugs Neol* – das/(etw.) ist ein dicker **Hund** · that's fantastic/..., that's outrageous, that's unbelievable

etw./das ist ein (ganz schöner) Hammer *ugs Neol* · it/s.th. is absurd/outrageous/... *neg*, it/s.th. is fantastic/great/really s.th.

Hast du schon von der neuesten Aktion der RAF gehört? – Ja, daß die ihre Aktion so glatt durchziehen konnten, ist ein ganz schöner Hammer. Die Herren Ordnungshüter müssen da wohl ganz schön gepennt haben.

das/etw. ist (ja) **der totale Hammer** *ugs – path Neol* · 1. to be cool, to be groovy, to be super, to be fantastic/great/a wow/brill/ace/..., 2. that's outrageous!, that's the limit!, that's a bloody liberty!

1. vgl. – ein (wahrer) **Hammer** sein
2. vgl. – das/(etw.) ist ein dicker **Hund**

ein (wahrer) **Hammer sein** *ugs Neol* · 1. to be cool, to be groovy, to be super, to be fantastic/great/a wow/brill/ace/..., 2. that's outrageous!, that's the limit!, that's a bloody liberty!

1. Die Fudschi-Fudschi-Band, das ist ein wahrer Hammer, sag' ich dir. So eine Rockmusik haben wir hier noch nicht gehört! Einfach toll!
2. vgl. – (eher:) das/(etw.) ist ein dicker **Hund**

einen Hammer haben *sal* – nicht (so) (ganz/(recht)) bei **Trost** sein (2; u.U. 1) · to be around the bend, to have a screw loose

Hammer oder Amboß sein *geh selten* · to be either the hammer or the anvil *tr*

Du gehst aber scharf mit den Leuten um! – Ich muß so scharf mit ihnen umgehen, ob ich will oder nicht. Sobald man umgänglich ist, wird man von ihnen fertiggemacht. In diesem Geschäft bist du Ham-

mer oder Amboß – entweder herrschst du oder du wirst beherrscht, unterdrückst oder wirst unterdrückt.

zwischen Hammer und Amboß geraten *geh selten* · to be/to be caught between the devil and the deep blue sea/between a rock and a hard place

Du mußt aufpassen, Josef, nicht zwischen Hammer und Amboß zu geraten. – Wieso? – Wenn du dich in die Zwickmühle bringen läßt, entweder überscharf reagieren zu müssen, um dich durchzusetzen, oder aber alles zu schlucken, was sie dir bieten, ist dein Handlungsspielraum hin.

zwischen Hammer und Amboß stehen/(sein) *geh selten* · to be in a dilemma *n*

Seine Lage ist nicht beneidenswert. Entweder setzt er mit Gewalt eine Änderung der Preise durch – das wird ihm den Ruf einbringen, ein herrischer Mann zu sein. Oder er akzeptiert den Preis, den man ihm vorschlägt – dann wird es heißen, man kann mit ihm machen, was man will. Er steht in der Tat zwischen Hammer und Amboß.

etw. unter den Hammer bringen *ugs selten* · to auction s.th. (off), to sell s.th. off

Wenn ihr die Schulden nicht begleichen könnt, müßt ihr irgendwann die Firma/(ein paar Bilder) unter den Hammer bringen. – Hast du dir denn einmal überlegt, was es heißt, ein Unternehmen/(Gegenstände) versteigern zu lassen – öffentlich! – das/(die) seit Generationen im Besitz der Familie ist/(sind)?

der letzte Hammer fällt um 14.00/... Uhr *ugs – jur* · the last hearing/... ends at 2 p.m./...

... Wenn der Termin der Verhandlung auf Freitag, 12.30 Uhr, anberaumt ist, dürfte es nicht zu lange dauern. Erfahrungsgemäß fällt der letzte Hammer freitags um 14.00 Uhr. Richter wollen auch früh ins Wochenende.

unter den Hammer kommen *ugs* · to come under the hammer, to be auctioned off

Wenn ihr euren Bankverpflichtungen bis zum Ende des Jahres nicht nachkommen könnt, wird die Firma/(einiges am dem Haus) wohl unter den Hammer kommen. – Wir werden doch ein Unternehmen/(Wertgegenstände), das/(die) seit Generationen in unserer Familie ist/(sind), nicht öffentlich versteigern lassen.

Hammer und Sichel · hammer and sickle

... Hammer und Sichel sind nun einmal das Symbol der Kommunisten. Solche Symbole hat man zu respektieren – ganz egal, ob man dafür oder dagegen ist.

Hampelmann: ich bin/Peter ist/ich spiele/Peter spielt/... (doch) nicht js. Hampelmann *sal* – ich bin/Onkel Peter ist/... (doch) nicht js. **Hanswurst!** · I/Peter/... am/... not s.o.'s puppet

wie ein Hampelmann aussehen/dahergehen/... *sal* · to look like/... a harlequin *n*

Guck' dir den Kerl da an: braune Hose, zu kurz und zu weit, dazu ein knallgelbes Hemd – und eine grüne Krawatte. Der sieht aus wie ein Hampelmann.

einen Hampelmann aus jm. **machen/**jn. **zu einem/seinem Hampelmann machen** *sal* · to make s.o. one's puppet, to walk all over s.o.

... Dieser Mann meint, er könnte aus jedem Untergebenen einen Hampelmann machen! So ein gefügiges Werkzeug, das nichts anderes im Sinn hat, als seine Pfeife zu tanzen!

Hamster: ich glaub', mein Hamster bohnert! *sal Jugendspr selten* – ich glaub', ich **spinn'!** · I (just/...) don't believe it

Hand: an Hand von + *Gen* · (by) using, on the basis of

... An Hand eines Beispiels aus der Botanik läßt sich am besten erklären ...

(so) aus der Hand nur sagen/angeben/... können *selten* · to be able to say s.th./... off hand/off the cuff *coll*

... Wieviele Flaschen Bordeaux haben wir eigentlich im letzten Jahr verbraucht? – So aus der Hand kann ich das nicht sagen; da müßte ich in den Unterlagen nachsehen. So um die 5.000 dürften es schon gewesen sein.

etw. **mit der bloßen Hand anfassen/**(...) · to hold/to take hold of/... s.th. with one's bare hands
Ich verstehe gar nicht, wie jemand so einen heißen Deckel (von einem Kochtopf) mit der bloßen Hand anfassen kann! – Unsere Großmutter ist das gewöhnt! ...

auf eigene Hand handeln/etw. tun *selten* – auf eigene **Faust** handeln/etw. tun/... · to do s.th. off one's own bat, to do s.th. on one's own initiative

mit eigener Hand unterschreiben/... *eher: eigenhändig* · to sign/... with one's own hand
Nein, den Antrag müssen Sie schon mit eigener Hand unterschreiben, Herr Dr. Werner. Das kann auch Ihre Gattin Ihnen nicht abnehmen.

mit eiserner Hand regieren/... · to rule/... with an iron hand
Er leitet seinen Betrieb mit eiserner Hand. Gerecht, ja; aber wenn jemand seine Pflicht nicht erfüllt, kennt er kein Pardon.

aus erster/zweiter/dritter/... **Hand kaufen** *form* · to buy s.th. second/third/... hand
Sie haben den Wagen aus zweiter Hand gekauft? – Aus dritter! Ich bin schon der vierte Besitzer. – Dafür fährt er aber prima.

etw. **aus erster Hand wissen/haben/**... – (eher:) etw. aus erster **Quelle** wissen/... · to have heard s.th. from the horse's mouth, to have first-hand information about s.th./that ...

mit fester Hand regieren/... *form – path* – (weniger stark als:) mit eiserner **Hand** regieren/... · to rule/... with an iron hand

mit der flachen Hand etw. tun · to strike s.th./... with the flat of one's hand
Wie ein Wilder schlug er mit der flachen Hand auf den Tisch – und wieder entwischte ihm die Fliege, die ihn schon seit einer halben Stunde beim Lesen störte.

aus freier Hand etw. tun *selten* – (ganz) aus freien **Stücken** etw. tun · to do s.th. of one's own free will

aus freier Hand photographieren/zeichnen/schießen/... · to draw/... freehand
So aus freier Hand einen so genauen Kreis zeichnen – alle Achtung. Mit dem Zirkel wäre er kaum besser.

etw. wird passieren/..., **darauf geb' ich dir die Hand** *selten* · s.th. will happen/... I give you my hand on it, s.th. will happen/... I promise
Der Ernst leiht dir den Wagen, darauf geb' ich dir die Hand! – Ich weiß nicht, wo du die Sicherheit hernimmst, mit der du mir das sagst.

mit harter Hand durchgreifen/... · to take/to resort to/... drastic measures, to take ruthless measures
Unser Chef ist an sich ein sehr leutseliger Mann, der am liebsten mit allen Leuten kollegial umgeht. Aber Faulheit und Unregelmäßigkeiten erlaubt er nicht. Da greift er mit harter Hand durch; da schont er niemanden.

küß die Hand (gnädige Frau)! *eher österr geh veraltend* · your servant *rare*, how do you do *n*
Küß die Hand, gnädige Frau. Darf ich fragen: wie geht es Ihrem Herrn Gemahl? Ist er von seiner Krankheit genesen?

etw. **mit leichter Hand erledigen/**... *selten* · to do s.th. with ease, to do s.th. effortlessly
Diese krampfhafte Übersetzerei ...! Der Text ist für den Rolf einfach zu schwer. Ich werde den Rainer Bode bitten; der übersetzt das mit leichter Hand.

jm. **fehlt die/eine leitende/**(lenkende) **Hand** *form selten* · s.o. needs a guiding hand, + s.o. lacks a guiding hand
... Die Roswita macht zwar nach außen einen ziemlich gefestigten Eindruck; aber im Grunde ist sie noch ziemlich unsicher. Deshalb fällt es ihr auch gar nicht so leicht, in München allein zu leben. – Du meinst, es fehlt ihr immer noch eine leitende Hand. – Ja.

eine Ausgabe/(...) **letzter Hand** *lit* · the definitive/final edition approved by the author
Achten Sie darauf, meine Damen und Herren, daß Sie die Ausgabe letzter Hand kaufen! Wir können unserer Analyse nur den vom Au-

tor noch kurz vor seinem Tod besorgten authentischen und definitiven Text zugrunde legen, da alle anderen Versionen gerade in den Punkten, die uns interessieren werden, wichtige Abweichungen aufweisen.

es liegt (klar/glatt) **auf der Hand** (daß ...) – (klar/(glatt)) auf der **Hand** liegen/es liegt (klar/(glatt)) auf der Hand (daß ...) · it is obvious/clear/... that ...

es liegt (ganz/...) **in** js. **Hand** (ob/wie/...) – (ganz/...) in js. **Hand** liegen/es liegt (ganz/...) in js. (ob ...) · it is entirely up to s.o. how/whether/... to do s.th.

... **linker/zur linken Hand** – ≠ rechter/zur rechten **Hand** · on the left, on the left-hand side

mit milder Hand verteilen/... *form* · to practise charity and give/...
Der Wöhrmann hat es leicht, mit milder Hand Almosen zu spenden, Geschenke zu machen ... Wenn man so reich ist wie er, ist es keine Kunst, den barmherzigen Ritter zu spielen.

die öffentliche Hand *form* · the state, the public sector
Wenn die öffentliche Hand jetzt keine großen Aufträge vergibt, wird sich die Konjunktur wohl kaum wieder beleben. Das freie Spiel der wirtschaftlichen Kräfte reicht jetzt nicht mehr aus; der Staat, die Regierung, die Behörden müssen da durch Aufträge korrigierend eingreifen.

aus/(von) **privater Hand kaufen/**... *form* · to buy s.th. privately, to buy s.th. from a private person, to buy s.th./... from a private individual
Hast du den Wagen aus privater Hand gekauft oder bei einem Händler?

... **rechter/zur rechten Hand** · on the right, on the right-hand side
Wenn Sie vor dem Rathaus stehen, rechter Hand, etwa 20, 25 Meter, da lesen Sie schon: 'Goldschmiedemeister Heupel'. – Vielen Dank! Das ist ja nicht schwer zu finden, ein paar Meter rechts vom Rathaus.

mit sanfter Hand regieren/... *form* · to rule/... with a gentle hand
... Dieser König hat mit sanfter Hand regiert. Er war das Gegenteil von Pombal, der immer mit eiserner Hand durchgriff.

schlanker Hand etw. tun *selten* · of course (s.o. will do that), s.o. will do that no problem/no bother *coll*
Du meinst wirklich, der Paul Scherer läßt sich dazu bewegen, für unsere Ursel bei seinem Chef ein gutes Wort einzulegen, obwohl er sie gar nicht kennt? – Schlanker Hand macht der das. Im übrigen: warum sollte er da Bedenken haben?

die schöne Hand *Kinderspr* · ... no, the other hand, ... no, the right hand
Nun gib dem Herrn Direktor mal die schöne Hand! – Lassen Sie, Frau Grell. Im übrigen: die linke Hand kommt vom Herzen.

Politik/(...) **der starken Hand** *selten* · a tough policy, a nononsense policy
... Ja, wenn du willst, nenne es 'Politik der starken Hand' – als ob es auch eine der 'schwachen Hand' gäbe. Die Mächtigen bestimmen die Marschroute, die anderen marschieren – so war es immer und so wird es immer sein. Auch wenn man es nicht mit so schönen Ausdrücken eigens hervorhebt.

es steht (ganz/...) **in** js. **Hand** (ob/wie/...) – (ganz/...) in js. **Hand** liegen/es liegt (ganz/...) in js. Hand (ob ...) · it is (entirely/...) up to s.o. (whether/how/...)

die Tote Hand *jur* · mortmain
... Wenn die Wälder um die Isenburg zu dem gehören, was man die Tote Hand nennt, dann kann die Stadt die doch gar nicht verkaufen! – Eigentlich nicht. Ich weiß auch nicht, wie die das drehen, um unveräußerlichen Besitz doch zu veräußern.

unter der Hand · unofficially, in confidence, off the record
Wo hast du denn die Devisen her? Man kann doch zurzeit gar keine Devisen kaufen in diesem herrlichen Land. – Offiziell nicht! Aber unter der Hand kriegst du mühelos welche.

hinter vorgehaltener Hand sagen/bemerken/... *form* · 1. 2. to say s.th./to make a remark/... off the record, to say s.th./to make a remark/... unofficially 1. to say s.th./to make a remark/... with one's hand in front of one's mouth

1. »Los, greif' zu«, flüsterte ihm der Minister hinter vorgehaltener Hand zu, als es um die Besetzung des Postens als Ausschußvorsitzender ging. – War das nicht zu auffällig? – Nein. Der Minister führte die Hand mit der größten Natürlichkeit an den Mund, so als wollte er kurz gähnen.

2. Offiziell gibt natürlich niemand zu, daß sie die Wahl verloren geben. Aber hinter vorgehaltener Hand hörst du von allen dasselbe: »Da ist nichts mehr drin«.

von zarter/(sanfter) **Hand gereicht**/(...) *iron* · served by a woman's fair hand *rare*

Hm, wie das schmeckt, Terese! So von zarter Hand gereicht! – Red' keinen Unsinn, Götz, sonst biete ich dir keine Schokolade mehr an.

es zuckt jm. **in der Hand** *ugs* – es juckt jm. in den **Fingern** (jn. zu schlagen/...) · + to be itching to do s.th.

aus erster/zweiter/dritter/... **Hand sein** *form* · to be second/third/fourth ... hand

Der Wagen ist aus erster Hand? – Nein, ich habe ihn alt gekauft. Er hatte bereits 45.000 Kilometer drauf. – Aber vor dir gab es nur einen Besitzer? – Ja. – Also doch aus erster Hand – wenn auch nicht neu. – Du hast recht.

in js. **Hand sein** – in js. **Gewalt** sein · to be in the hands of s.o.

in fester Hand sein · 1. 2. to be in good hands, 3. to have a steady boy friend, to be spoken for, 4. to be in firm hands (with s.o.)

1. Nein, zum Chef der Plastikabteilung können wir den Wolters nicht machen, sie ist bereits in fester Hand. Der Herr Kruse hat sich da hervorragend eingearbeitet und soll auch da nicht wieder weg.

2. Die dauernden Vertretungen haben die Abteilung ziemlich durcheinandergebracht. Aber jetzt ist sie endlich wieder in fester Hand. Ein Herr Nußbaum hat sie übernommen. Er soll sie wieder auf Vordermann bringen.

3. Laß das Mädchen doch ausgehen, mit wem sie will! Solange sie nicht in fester Hand ist, kann sie doch tun und lassen, was sie für richtig hält. *seltener*

4. vgl. – bei jm. in fester **Hand** sein

bei jm. **in fester Hand sein** · to be in firm hands (with s.o.)

Der Herr Dempfer ist euer Klassenlehrer geworden? Das ist gut. Bei dem seid ihr endlich in fester Hand. Da macht keiner mehr, was ihm gerade durch den Kopf kommt.

rasch/schnell/sofort/... **mit** Erklärungen/.../mit hilfreichen Maßnahmen/... **bei der Hand sein** · 1. to be (always/...) quick to come up with/produce/... an explanation/..., 2. to be quick to help/provide/...

1. Er sagt, das wäre doch ganz klar, daß die Ernte so niedrig ist: die Witterungsverhältnisse ... – Er ist immer sofort mit Erklärungen bei der Hand! Mir wäre lieber, er ließe endlich den Boden analysieren. Dann wüßte man zuverlässiger, worauf die Mißernte zurückzuführen ist.

2. Die Lüders waren wirklich sympathisch. Als uns die Sachen aus dem Zelt gestohlen wurden, waren sie sofort mit Decken usw. bei der Hand. Ich weiß gar nicht, wie wir ohne diese sofortige Hilfe überhaupt geschlafen hätten. *seltener*

js. rechte Hand sein · to be s.o.'s right-hand man/woman

Den Friedrich kennst du nicht? Er ist die rechte Hand von meinem Vater. Er ist Prokurist in unserer Firma und außerdem für alles zuständig, was so außer der Reihe anfällt. Alles, was irgendwie von Bedeutung ist, geht durch seine Hand.

von js. **Hand sein** *Briefe*/*Unterschriften*/... *form* · to be in s.o.'s hand, to have been written by s.o.

... der Maier leugnet, daß er zu dem Geschäft seine Zustimmung gegeben hat? Seltsam. Der Brief, den wir in der vergangenen Woche in der Sache bekommen haben, war doch von seiner Hand, oder? – Ja, natürlich, den hat er selbst geschrieben. – Seltsam.

zur Hand sein *form* · to be at hand

... Hier sind doch bestimmt Wörterbücher zur Hand? – Ja, wir haben sogar drei verschiedene deutsch-französische Wörterbücher. – Gut, dann brauchen wir nicht lange zu diskutieren, was 'Tote Hand' auf französisch heißt, dann brauchen wir nur nachzuschlagen.

jm. **zur Hand sein** *selten* – jm. (ein wenig/...) zur **Hand** gehen · to give s.o. a hand

jn. **an der Hand haben** · to know (of) s.o.

Wenn du nach Portugal fliegen willst, sag' es mir. Ich habe da jemanden an der Hand, der dir einen billigen Flug besorgen kann. – So Beziehungen suche ich auch.

etw. **an der Hand haben** *selten* · to know (of) s.th., to know how to get one's hands on s.th.

Du suchst eine elektrische Schreibmaschine, sagst du? Gebraucht, aber gut erhalten? Rufe mich doch heute nachmittag nochmal an. Ich habe da eine an der Hand – ein Kollege, der sie nicht mehr braucht und sie loswerden will, hat mich schon zweimal deswegen angesprochen.

etw. **bei der Hand haben** · 1. to have s.th. with one/at hand, 2. to have s.th. handy/to hand, 3. to always come up with an excuse/..., to have s.th. on tap *sl*

1. Meine Wörterbücher muß ich immer bei der Hand haben, sonst kann ich nicht arbeiten. Wenn ich jedesmal aufstehen müßte, um ein Wort nachzuschlagen – da käme ich ja nicht weiter!

2. Hast du den 'Larousse' da gerade bei der Hand? Ich brauche da eine Angabe ... – Ja, warte, er steht in einem der Regale da drüben; Moment, ich schau mal eben nach. Also, was suchst du ...?

3. Unsere älteste Tochter läßt sich nie zu einem Spaziergang mit uns bewegen. Wenn wir sie darum bitten, hat sie immer eine Ausrede bei der Hand – irgendeine Erklärung, warum das gerade nicht geht.

freie Hand haben · to have a free hand

Wir sind in der glücklichen Lage, in der Sache freie Hand zu haben. Der Chef hat uns keinerlei Auflagen gemacht; wir können entscheiden, wie wir das für richtig halten.

eine geschickte Hand für etw. (in/bei etw.) **haben** – (eher:) ein **Händchen** für etw. haben (1; u.U.. 2) · to be good at s.th., to have a knack for s.th., to have a way with s.o.

eine glückliche Hand bei/in etw. **haben** · 1. to have a lucky touch (when doing/choosing s.th.), 2. to have a knack for doing s.th. *coll*

1. Ja, ich sehe es selber ein, bei der Auswahl unseres diesjährigen Ferienortes hatte ich keine sehr glückliche Hand. Dieser Rummel hier läßt einen nicht zur Ruhe kommen, und teuer ist es noch obendrein.

2. vgl. – eine glückliche **Hand** bei/in etw. beweisen

eine grüne Hand haben *selten* · to have green fingers *coll*

Der Scholz hat, wie man so schön sagt, eine grüne Hand. Wie der mit Pflanzen umgeht, das ist einfach wunderbar. Dem gelingt alles!

eine hohle Hand haben *ugs selten* · to take backhanders/kickbacks/...

Ich möchte doch mal einen einzigen Angestellten in diesem Laden sehen, der keine hohle Hand hat. Jeden, aber wirklich jeden muß man schmieren, wenn man hier was erreichen will.

Geld/... **in der Hand haben** · to have money/... (in one's hand/pocket), to have money (on one)

Sobald er ein paar Pfennige in der Hand hat, muß er sie ausgeben. Ob er jemals lernt, mit Geld umzugehen?

etw./jn. (fest) **in der Hand haben** · 1. 2. to have s.o./s.th. (well) under control, 3. to have s.o. in one's power, to have s.o. under one's thumb *coll*

1. Hab' keine Angst! Er hat das Fahrzeug (fest) in der Hand. Da kann gar nichts passieren.

2. Der Peters hat die Klasse (fest) in der Hand. Da macht kein Schüler Unsinn, jeder paßt auf ... – Und er schafft das, ohne übertrieben streng zu sein, ohne jede Gewalt. – Richtig. Aber wenn es sein muß, kann er durchgreifen, und im übrigen hat er eine sehr ausgeprägte natürliche Autorität.

3. Der Ludwig dem Schreiber widersprechen?! Sich die Tyranni-
siererei nicht gefallen lassen? Das kann er sich doch gar nicht mehr
leisten. Der Schreiber hat ihn doch völlig in der Hand. Seitdem er bei
dem Betrugsmanöver mit den Abrechnungen erwischt wurde, hat der
Ludwig seine Bewegungsfreiheit völlig eingebüßt.

js. Schicksal/... (fest) in der Hand haben · to have s.o.'s
fate/... in one's hands
Die Feudalherren hatten das Schicksal ihrer Vasallen in der Hand.

sein Schicksal/... (selbst) in der Hand haben · to have one's
fate/... in one's own hands
Vorläufig hat er sein Schicksal noch in der Hand. Aber wenn er sich
einmal für die militärische Karriere entschieden hat, ist seine Freiheit
dahin.

es in der Hand haben, etw. **zu entscheiden/...** · 1. 2. to be
up to s.o. to decide/..., to be in s.o.'s hands to decide/...
1. Wenn Sie die Genehmigung unbedingt bis heute abend brauchen,
müssen Sie mit Herrn Zimmermann sprechen. Er hat es in der Hand
zu entscheiden, welche Anträge vorweg bearbeitet werden. – Das
hängt nur von Herrn Zimmermann ab? – Ganz allein von ihm.
2. Jetzt hat er es noch in der Hand, ob er Ingenieur wird oder nicht.
Wenn er erstmal in einer anderen Fakultät eingeschrieben und älter
ist, wird ein Wechsel immer schwerer, und irgendwann ist die Freiheit zu wählen dann vorbei.

sich in der Hand haben – (eher:) sich (nicht) in der **Gewalt**
haben · to have one's feelings/emotions/... under control

eine leichte Hand haben *selten* · to have a fluent style, to
have a good style
Wenn der Köhler den Brief aufsetzt, brauchen wir uns nicht weiter
darum zu kümmern. Der hat eine leichte Hand. So flüssig und elegant wie er schreibt hier sonst niemand.

eine lockere/(lose) Hand haben · to be (a bit) too quick with
one's hand, to be (a bit) too quick to smack (s.o.)
... Ja, unser Vater war ein ganz großartiger Mann. Nur aufregen
durfte man ihn nicht, das war gefährlich. – Er hatte eine lockere
Hand, in der Tat. Aber seltsam: niemand nahm ihm übel, daß er
schnell schlug.

(immer) eine offene Hand haben *selten* · to be open-handed
Zu den Herrn Reinhards kommen Bettler nie vergebens. Sie wissen,
daß er immer eine offene Hand hat. – Ist es schwer, freigiebig zu sein,
wenn man so reich ist? – Schwer vielleicht nicht, aber selten.

eine ruhige Hand haben · to have a steady hand
Wenn du Operateur werden willst, mußt du eine absolut ruhige Hand
haben. Leute, deren Hände auch nur ein wenig zittern, sind für diesen Beruf nicht geeignet.

eine Arbeit/(...) unter der Hand haben · to be working on
s.th.
... Nein, bis zum Wochenende habe ich keine Zeit. Ich habe da
gerade eine Arbeit über die französisch-brasilianischen Beziehungen
unter der Hand, die muß ich bis zum Sonntag fertig kriegen. In der
nächsten Woche wieder, da hab' ich mehr Luft.

etw. zur Hand haben · 1. 3. to have s.th. to hand/handy ...,
2. to have a ready-made solution/..., to have a solution/... up
one's sleeve, 3. to always come up with an excuse/..., to
have s.th. on tap *sl*
1. Wenn ihr die Arbeit schnell erledigen wollt, müßt ihr die Unterlagen immer zur Hand haben. – Sie meinen, zu Hause? – Natürlich!
Wenn ihr nicht jederzeit darüber verfügen könnt, und zwar rasch,
kommt ihr doch nicht weiter.
2. ... Da habe ich auch keine Lösung zur Hand, Gerd. Probleme wie
dieses muß man ohne Vorurteile durchdenken und dann sehen, was
sich konkret tun läßt. Eine fertige Lösung kann da niemand aus dem
Ärmel schütteln.
3. vgl. – (eher:) etw. bei der **Hand** haben (2, 3)

sich für jn. **die Hand abhacken/abschlagen lassen** *path* –
(eher:) für jn. die/seine **Hände** ins Feuer legen · I/... would
swear to it that s.o. is honest/...

seine/(die) (schützende) Hand von jm. **abziehen** *form* –
(eher:) seine/(die) (schützende) **Hand** von jm. zurückziehen
· to withdraw one's protection/backing from s.o.

an einer Hand abzuzählen sein – an einer **Hand** zu zählen
sein · s.th. can be counted on the fingers of one hand

etw. mit der bloßen Hand anfassen/anpacken – (eher:) etw.
mit bloßen **Händen** anfassen/anpacken · to pick up s.th./to
hold s.th./... with one's bare hands

um js. **Hand anhalten** *form* – um js. **Hand** bitten · to ask for
s.o.'s hand in marriage

(mit) Hand anlegen (bei etw.) *form* · 1. 2. to give/to lend
(s.o.) a hand
1. Los, wenn wir alle Hand anlegen, ist die Arbeit im Nu gemacht.
Für einen ist es viel, für so viele nichts.
2. Willst du (mit) Hand anlegen? Dafür bist du doch gekommen,
oder? – Ich bin eigentlich nicht zum Arbeiten erschienen. Aber wo
ich schon mal da bin, will ich euch auch helfen.

(noch) letzte Hand anlegen (müssen) *form* · to (have to) put
the finishing touches to s.th.
Seine Novelle ist so gut wie fertig! Nächste Woche wird er letzte
Hand anlegen: ein paar Kleinigkeiten ändern, das Ganze nochmal
stilistisch durchgehen ..., dann geht sie in den Druck.

jm. seine Hand antragen *form veraltend selten* · to ask for
s.o.'s hand
Weißt du, daß der Gerd mir seine Hand angetragen hat? – Ja? Damit
hatte ich gerechnet. Und, was hast du ihm gesagt: willst du ihn heiraten? – Ich bin mir so unschlüssig ...

jm./(e-r S.) in die Hand arbeiten – (eher:) jm./e-r S. in die
Hände arbeiten · to play into s.o.'s hands

(immer) die Hand aufhalten *ugs* · 1. 2. to hold out one's
hand (for money/bribes/...) n
1. »Auf Wiedersehen, der Herr, und gute Reise«, sagte der Portier
und hielt diskret die Hand auf. – Und wieviel Trinkgeld hast du ihm
gegeben?
2. Von dem Busse kannst du keinen Gefallen umsonst erwarten.
Schon bevor er anfängt, sich zu bewegen, hält er die Hand auf.
Wenn du ihn nicht schmierst, tut der keinen einzigen Schritt.

jm. die Hand auflegen · 1. 2. to lay hands on s.o.
1. Und wie war die Priesterweihe? – Wie soll sie schon gewesen sein?
Wie immer. Der Bischof legte mir die Hand auf, sprach die einschlägigen Worte – und ich war geweiht. *form*
2. Früher meinte man, bestimmte Personen könnten andere heilen,
von dem Einfluß des Teufels befreien usw., indem sie ihnen die Hand
auflegten. Diesen Glauben hat heute kaum noch jemand. *veraltet*

die Hand nicht vor den Augen sehen (können) · not to be
able to see the hand in front of one's face
Stockfinster war es in dem Wald! Man konnte die Hand nicht vor
den Augen sehen. – Hattest du denn keine Angst? – Ein bißchen
schon ...

jm. rutscht die Hand aus *ugs* · my/John's/... hand slips
... Was, du hast ihr eine geknallt? – Sie hat mich immer und immer
wieder gereizt, da ist mir die Hand ausgerutscht. – Das wird sie dir
übelnehmen!

js. Hand ausschlagen *form* · to turn down s.o.'s offer of
marriage, to reject s.o.'s offer of marriage
... Wie, die Bettina hat den Heiratsantrag, den ihr der Chef gemacht
hat, in der Tat abgelehnt? – Ja, nach reiflicher Überlegung hat sie
seine Hand ausgeschlagen. Der Altersunterschied ist ihr zu groß.

**die/seine Hand nach dem Thron/einem Gebiet/... ausstrek-
ken** *veraltend* · to try to usurp the throne, to try to gain
control of/conquer/... a country
... Schon als sein königlicher Vater auf dem Höhepunkt seiner
Macht stand, streckte er die Hand nach dem Thron aus. Du erinnerst dich an den Bürgerkrieg ...

etw. in die/(seine) Hand bekommen – etw. in die/(seine)
Hände bekommen · to get one's hands on s.th., + to come
into s.o.'s hands

es jm. mit der Hand besorgen *euphem sal* · jm einen **runterholen** · to do/to give s.o./... a hand job, to give s.o. one off
the wrist

es sich mit der Hand besorgen *euphem sal* – sich einen **runterholen** · to do/to give o.s./... a hand job, to give o.s. one off the wrist

die Hand (einmal wieder/immer/...) **auf dem Beutel haben** *form selten* – den **Beutel** (einmal wieder/...) zuhalten/(festhalten) · to keep the purse-strings tight, to be tight-fisted

eine glückliche Hand bei/in etw. **beweisen** · 1. to have a knack for doing s.th. *coll*, 2. to have a lucky touch (when doing/choosing s.th.)
1. Bei der Auswahl seiner Mitarbeiter hat er bisher immer eine glückliche Hand bewiesen. Sie waren alle sehr tüchtig, und mit allen ist er menschlich gut ausgekommen.
2. vgl. – eine glückliche **Hand** bei/in etw. haben

jm. die Hand (zur Versöhnung/(...)) bieten *form* · to offer to shake s.o.'s hand, to hold out the olive branch to s.o.
Klaus hat dir die Hand zur Versöhnung geboten, und du bist nicht darauf eingegangen? – Ich will mit ihm nichts mehr zu tun haben. – Sogar, wenn er dir schreibt, daß er das alles bereut?

jm. eine hilfreiche Hand bieten *form* · to offer s.o. a helping hand
Der Claudia scheint es ziemlich schlecht zu gehen. Könnt ihr da nicht helfen? – Junge, wir können nicht jedem eine hilfreiche Hand bieten, das Geldsorgen hat. Dann haben wir bald selbst nichts mehr. Wir greifen schon dem Manfred unter die Arme, der Lieselotte ...

um js. **Hand bitten** *form veraltend selten* · to ask for s.o.'s hand in marriage *form*
Gestern war der Gerd hier; er hat um deine Hand gebeten. – Ich weiß. Und was habt ihr ihm gesagt? Ihr seid doch damit einverstanden, daß ich ihn heirate?

eine feste Hand brauchen/... · to need a firm hand
... Dies Mädchen braucht eine feste Hand. Die Mutter und die jungen Lehrerinnen werden mit ihr leider nicht fertig; dafür hat sie einen viel zu festen Charakter. – Kinder in diesem Alter brauchen alle eine sichere und bisweilen auch strenge Führung.

(noch) eine leitende/(lenkende) Hand brauchen *form selten* · to need a guiding hand
Gut, die Roswita ist volljährig! Aber innerlich ist sie noch nicht selbständig. Ganz im Gegenteil: nach wie vor braucht sie eine leitende Hand, sonst tappst sie reichlich unsicher durchs Leben.

etw. in seine Hand bringen · 1. to take/to seize control of s.th., to get one's hands on s.th., 2. to get hold of s.th., to get one's hands on s.th.
1. Kaum war der Vater unter der Erde, da machte der älteste Sohn alles, um die Firma in seine Hand zu bringen. – Lag denn kein Testament vor, das regelte, in wessen Hände das Unternehmen nach dem Tod des Gründers übergehen sollte? – Nein.
2. Ist es euch gelungen, die Papiere in eure Hand zu bringen? – Nein, der Chef hält sie in einem Safe verschlossen, und einen Schlüssel dazu hat nur er. – Wenn wir die Papiere nicht haben, ist nichts zu machen.

jm. die Hand zum Bund(e) reichen *form path od. iron selten* · to plight one's troth to s.o. *rare*
Was, du willst dem Utz Miller die Hand zum Bunde reichen? Das würde ich mir nochmal reiflich überlegen. – Was spricht denn dagegen, daß ich den Utz heirate? Nun mal heraus mit der Sprache, Vater.

sich die Hand zum Bund(e) reichen *form path od. iron selten* · to plight one's troth *rare*
Der Eckhard und die Sieglinde haben sich gestern die Hand zum Bunde gereicht. – Schon? Ich dachte, die Hochzeit wäre erst Ostern. Konnten sie es nicht abwarten?

Hand drauf!/? *form path* · let us shake on it!
Wenn du die Arbeit bis Weihnachten fertig hast, schenke ich dir einen Wagen. – Hand drauf? – Wie, glaubst du mir so nicht? Also gut: hier hast du meine Hand! Schlag ein!

jm. die Hand drücken · 1. 2. to squeeze s.o.'s hand
1. ... Ja, er kam noch extra zu uns in die Ecke des Zimmers, um uns die Hand zu drücken. Wirklich ein sympathischer Mann, dieser Botschafter!

2. ... Freundschaftlich und ermunternd drückte er ihm die Hand: »es wird schon nichts schiefgehen bei deinem Examen!«

jm. Geld/... in die Hand drücken *ugs* · to slip/to press money/... into s.o.'s hand
... Aber beim Ministerium kommt man doch erst gar nicht herein! – Ach, Unsinn! Wenn du dem Portier 500 Escudos in die Hand drückst, läßt er dich auch herein.

die Hand schon/... am Drücker haben · 1. to (already/...) have one's finger on the trigger, 2. to be ready to swoop, to be about to act
1. ... Wenn du dich jetzt nicht sofort ergibst, sind wir verloren! Der Soldat dort hat die Hand schon am Drücker, er schießt jeden Moment. Los, reiß die Arme hoch, Kerl! *mil*
2. Wir müssen das Land so schnell wie möglich verlassen. Es sollen in aller Kürze gesetzliche Maßnahmen getroffen werden, die sich gegen bestimmte Ausländergruppen richten. Wie es scheint, hat die Regierung die Hand schon am Drücker. *selten*

jm. seine Hand entziehen *form selten* – seine/(die) (schützende) Hand von jm. zurückziehen · to withdraw one's protection from s.o. *n*

die Hand gegen jn. **erheben** *form path* · to raise one's hand to s.o.
... Was, du willst die Hand gegen deinen Vater erheben?! Raus, sage ich, raus! Und komm' mir nicht mehr unter die Augen! Hat die Welt denn so etwas schon gesehen?! Da opfert man ein halbes Leben, um die Kinder halbwegs anständig zu erziehen, und zum Dank wollen sie einen schlagen?! Raus!!

etw. mit/aus der Hand essen · to eat s.th. with one's fingers
(Der Vater, bei Tisch:) Das Kotelett werden wir mit der Hand essen. Dann schmeckt es besser, als wenn wir da mit Messer und Gabel dran rumarbeiten.

sich mit der Hand über die Stirn/durch die Haare/... **fahren** *form* · to put one's hand to one's forehead, to run one's hand through one's hair
... »Ach, jetzt hab' ich doch vergessen, die Bank anzurufen!« – erregt fuhr er sich mit der linken Hand über die Stirn –, »jetzt ist es zu spät, jetzt haben die schon zu! ...«

durch js. **Hand fallen/sterben/umkommen/...** *form selten* · to die at the hands of s.o./at s.o.'s hands
... Onkel Richard ist durch die Hand eines russischen Kavalleristen gefallen. Er war verwundet und lag in irgendeinem Feldlazarett in der Ukraine, als die Russen im Vormarsch waren. Einer der Reiter hielt ihn wohl für einen Widerstandskämpfer und erschoß ihn.

jm. in die Hand fallen/(in js. Hand fallen) – (eher:) jm. in die **Hände** fallen/(geraten) · to be caught/captured ..., to fall into s.o.'s hands, to come into s.o.'s hands, to come across s.th.

ein Kind/... bei der Hand fassen/nehmen · to take a child/... by the hand
»Komm'«, sagte er und faßte den kleinen Jungen bei der Hand, »wir beide zusammen werden schon heil über diese Straße kommen«.

die Hand zur Faust ballen *path* · to clench one's fist
... Außer sich vor Wut, ballte er die Hand zur Faust, und wir fürchteten alle, er würde jeden Moment auf seinen Bruder einschlagen ...

dafür (daß etw. geschieht/j. etw. tut) **lege ich/**legt Karl/... **die/meine/seine/... Hand ins Feuer** *path* · I'll/he'll/... vouch for it/s.th./that s.o. will do s.th./s.th. will happen/... *form*
Machen Sie sich keine Sorgen, Herr Adams, unser Herr Albers wird den Text rechtzeitig und gewissenhaft übersetzen, dafür lege ich meine Hand ins Feuer. Das ist ein hundertprozentig zuverlässiger Mann.

für jn. **die Hand ins Feuer legen** *path* – für jn. die/seine **Hände** ins Feuer legen · to vouch for s.o.

keine Hand frei haben · to have one's hands full
»Ihre Fahrkarte!«, brüllte mich der Kontrolleur am Ausgang an. – Augenblick, Sie sehen doch, daß ich keine Hand frei habe! Lassen Sie mich erstmal mein Gepäck auf den Boden stellen, dann hole ich meine Fahrkarte hervor.

jm. **aus der Hand fressen** · to eat out of s.o.'s hands

... Diese Tiere sind derart gezähmt, daß sie den Leuten aus der Hand fressen.

jm. (regelrecht/sozusagen/...) **aus der Hand fressen** *sal selten* · to eat out of s.o.'s hands *often: to have s.o. eating out of one's hands* coll

Du glaubst gar nicht, wie sanft sich die Ingrid seit ihrem letzten Krach gibt. Sie frißt dem Herbert regelrecht aus der Hand.

eine feste Hand fühlen/spüren müssen – eine feste **Hand** brauchen/... · to need a firm hand

einem Kind/... **die Hand führen** (beim Schreiben/...) · to guide a child's/... hand

Nein, allein kriegt der Kleine die Buchstaben noch nicht so richtig hin. Man muß ihm noch die Hand führen.

ein Kind/einen Kranken/einen Hund/... **an der Hand führen** · to lead s.o. by the hand

Wen führt der Herr Kroll denn da an der Hand? – Seine Jüngste. Sie hatte einen Unfall und kann noch nicht allein laufen.

Hand und Fuß haben · to make sense

Der Bernd spricht wenig, aber was er sagt, hat Hand und Fuß. Kein Wort, daß nicht genau überlegt wäre.

weder Hand noch Fuß haben · to be (completely) unfounded, to have no substance

Die Lektüre dieses Artikels kannst du dir schenken; er hat weder Hand noch Fuß/die Argumente, die er bringt, haben weder Hand noch Fuß. – Das brauchst du gar nicht erst zu sagen: was dieser Journalist schreibt, ist nie durchdacht.

jm. **die Hand geben/reichen** · to shake hands with s.o.

In Deutschland und anderen Ländern geben sich auch Unbekannte in der Regel die Hand, wenn sie sich begrüßen. In Spanien oder Portugal ist das weniger üblich.

jm. **die Hand (zur Versöhnung/(...)) geben** · 1. to shake hands and make up/(...), 2. to hold out one's hand (to make up a quarrel/(...))

1. Los, vertragt euch wieder! Gebt euch die Hand! Da streitet man sich doch nicht ewig.

2. vgl. (eher:) jm. die **Hand** (zur Versöhnung/(...)) reichen/(bieten/geben) (1)

die Hand darauf/dadrauf/auf das/ein Versprechen/... geben *form path* · to give s.o. one's hand on it

Wenn du die Arbeit bis Weihnachten fertig hast, schenke ich dir einen Wagen. – Gibst du mir die Hand dadrauf/auf dies Versprechen? – Warum nicht? Hier! – Also, abgemacht: am 25. Dezember eine Doktorarbeit gegen ein Auto!

jm. etw. **an die Hand geben** *form selten* · to give s.th. to s.o., to hand s.th. over to s.o.

Wenn ich dem Erich alle Unterlagen an die Hand gebe, die er für diesen Artikel braucht, dann gehe ich natürlich davon aus, daß er den Artikel auch schreibt. Oder wofür stell' ich ihm das alles so bequem zur Verfügung?

jm. Argumente/... **an die Hand geben** *form* · to provide s.o. with arguments/..., to suggest arguments/...

Ihr habt euch in diese blödsinnige Lage hineinmanövriert, und ich soll euch da jetzt herausholen! Ich weiß gar nicht, was ich den Leuten sagen soll. Welche Argumente könnt ihr mir denn an die Hand geben, mit denen ich sie überzeugen könnte?

etw. (nicht) (mehr) **aus der Hand geben** · 1. (not) to let go of s.th., 2. + (not) to let s.o. take s.th. with him, 3. (not) to give up power/(...)

1. Die Puppe war 'das' Geschenk für die Kleine. Sie hat sie den ganzen Tag auf dem Arm. Ich habe ihr schon dreimal scherzhaft gesagt: »Zeig' doch mal her!« Aber sie gibt sie nicht aus der Hand.

2. Nein, dies Buch gebe ich nicht aus der Hand. Bei mir zu Hause können Sie es gern einsehen. Aber verleihen – nein, das kommt nicht in Frage.

3. Sie tun alles, aber auch alles, um an der Macht zu bleiben. – Darin sind sie alle gleich. Oder hast du schon einmal eine Partei gesehen, die sich nicht mit allen Mittel dagegen wehrt, ihre Macht aus der Hand zu geben?

jm. (völlig) **freie Hand geben** · to give s.o. a free hand to do s.th., to give s.o. free rein to do s.th.

... Der Polizeipräsident bat den Innenminister, ihm in Bezug auf die Aufklärung des Mordfalls freie Hand zu geben. Nur dann könne er alle Schritte, die er für nötig halte, rasch einleiten und auch nachher die volle Verantwortung für den Fall übernehmen.

jm. etw. **in die Hand geben** *form selten* – jm. etw. in die **Hand** stecken · to put/to slip/... s.th. into s.o.'s hand

mit offener Hand geben *selten* – (immer) eine offene **Hand** haben · to be open-handed

mit der einen Hand geben (und) mit der anderen nehmen · to give (s.th.) with one hand and take (it) away with the other

... Mit der einen Hand geben und mit der anderen nehmen – sehr schön ist das nie! – Ach, der Kurt versteht doch, daß das nicht so gemeint ist. Ich hab' ihm doch nicht die Schreibmaschine geschenkt, damit er mir sein Auto leiht!

js. Schicksal/weiterer Lebensweg/... **ist**(ganz/...) **in js. Hand gegeben** *form selten* · s.o.'s fate/future/... is completely/... in s.o.'s hands

Nachdem auch sein Vater gestorben war, war Bodos weiterer Lebensweg ganz in die Hand seines Patenonkels gegeben. So hing es von ihm z.B. schon ab, ob er weiterhin aufs Gymnasium gehen konnte.

jm. (ein wenig/...) **an die Hand gehen** *selten* · to give s.o. a (bit of/...) hand, to help s.o. out (a bit/...)

Für heute abend hast du sieben Personen eingeladen. Das wird für Mutti ja allerhand Arbeit geben. – Wenn ihr ein wenig an die Hand geht, dann kommt sie schon durch! Ihr habt doch Zeit heute; da kostet es euch doch nichts, ihr ein bißchen zu helfen.

durch js. **Hand gehen** – (eher:) durch js. **Hände** gehen · to go through s.o.'s hands

jm. **flott/(gut) von der Hand gehen** – jm. leicht von der **Hand** gehen (2) · to do s.th. effortlessly, to do s.th. quickly

jm. **leicht von der Hand gehen** · 1. 2. to do s.th. effortlessly, to do s.th. quickly

1. Schularbeiten – das ist eine Plage bei ihm. Aber alle praktischen Arbeiten gehen ihm leicht von der Hand. – Dann wird er einmal ein guter Handwerker.

2. Bei Musik im Hintergrund gehen ihm seine Korrekturen besonders leicht von der Hand. Mühelos macht er dann eine nach der anderen. *seltener*

jm. **nicht von der Hand gehen** *selten* · not to flow, not to flow from s.o.'s hand *n*, + s.o. is making hard work of s.th., + s.o. is struggling to do s.th. *n*

... Ja, du hast recht, er kommt nicht vom Fleck. Der Text liegt ihm nicht, die Übersetzung geht ihm nicht von der Hand! Was er bei anderen Texten in einer Stunde macht, dazu braucht er jetzt einen ganzen Tag.

jm. **(nur) schwer von der Hand gehen** *selten* · + to struggle *n*, + to find s.th. a struggle *n*

Alles, was nur den Kopf verlangt, macht er mühelos; aber praktische Arbeiten gehen ihm nur schwer von der Hand. – Nun, als Verwaltungsfachmann braucht er ja nicht praktisch veranlagt zu sein.

jm. (ein wenig/...) **zur Hand gehen** · to give s.o. a (bit of/...) hand *n*

Heute nachmittag könntest du der Mama ein wenig zur Hand gehen, Christiane. Es gibt allerhand vorzubereiten für den Empfang heute abend.

unter eine feste Hand gehören – (eher:) eine feste **Hand** brauchen/... · to need a firm hand

von Hand gemacht/gearbeitet/(gewebt/gestrickt/...) *form* · a carpet/a shirt/... is hand-made

So ein von Hand gearbeiteter Teppich sieht ja doch anders aus als diese maschinengestrickten Dinger!

besser (sein) **als in die hohle Hand geschissen** *vulg selten* · it's better than a kick up the arse *sl*, it's better than a poke in the eye with a sharp stick coll

Na, hast du in den Verhandlungen mit der Bank etwas erreicht? – Nicht viel. Sie wollen auf die Rückzahlung des Kredits drei Monate länger warten als ursprünglich ausgemacht. – Immerhin: besser als in die hohle Hand geschissen. Vielleicht fällt uns bis dahin irgendeine Lösung ein.

von fremder Hand geschrieben (sein) *form selten* · (to be) written by a third person, (to be) in s. o. else's hand, (to be) in s. o. else's handwriting

… Ein Brief von der Oma, aber von fremder Hand geschrieben? Das heißt doch wohl nicht, daß ihr was/etwas passiert ist und sie nicht mehr schreiben kann?

die/seine Hand auf etw. **halten (müssen)** *selten* · to (have to) make sure that nobody else uses/pinches/… s. th.

Auf diesen Spezialleim mußt du die Hand halten, sonst ist der im Nu weg. Der wird nur in Notfällen gebraucht!. Da müssen wir schon deshalb sparsam mit umgehen, weil er nur sehr schwer zu kriegen ist.

js. Schicksal/… **in der Hand halten** – (eher:) js. Schicksal/… (fest) in der **Hand** haben · to have s. o.'s fate/… in one's hands

sein Schicksal/… **in der Hand halten** – (eher:) sein Schicksal/… (selbst) in der **Hand** haben · to have s. o.'s fate/… in one's hands

etw. **fest in der Hand halten** · to hold s. th. tight, to keep tight hold of s. th.

… Ist das ein Gedränge da in der U-Bahn! Wenn man seine Handtasche nicht ganz fest in der Hand hält, reißen die Leute einem die glatt weg!

etw. **auf der flachen Hand halten**/(haben) · to hold s. th./… in the flat of one's hand, to hold s. th. in the palm of one's hand

… Ja, ich hielt das Portemonnaie so auf der flachen Hand, der Brasilianer neben mir sah das, schlug mit Wucht auf die Hand, das Portemonnaie fiel hin – und weg war er damit.

seine schützende Hand über jn./(etw.) **halten** · 1. to watch over (and protect) s. o., 2. to protect s. o.

1. In allen Gefahren hielt der Allmächtige seine schützende Hand über sie. So kamen sie heil durch alle Wirren der Kriegs- und Nachkriegszeit. *rel*
2. Solange der Kanzler seine schützende Hand über den Pressesprecher hält, kann ihm nichts passieren. Aber sobald dieser Schutz aufhört, wird eine Kritik nach der anderen laut werden, ja, wird man den Mann durch einen anderen ersetzen. *form – path*

seine Hand (schützend) über jn./(etw.) **halten** *rel od. path* – (eher:) seine schützende **Hand** über jn./(etw.) halten · to watch over (and protect) s. o., to protect s. o.

kein Geld/… **in der Hand halten können** *ugs* · + money burns a hole in s. o.'s pocket

Dieser Junge kann einfach kein Geld in der Hand halten. Sobald er etwas verdient hat, muß er es ausgeben.

nichts in der Hand halten können *ugs selten* – kein Geld/… in der **Hand** halten können · + money/… burns a hole in s. o.'s pocket

Hand in Hand mit jm. **arbeiten**/… · to work hand in hand with s. o.

An unserer Auslandsschule arbeiten die Kindergärtnerinnen Hand in Hand mit den Kollegen von der Grundschule. – Sehr schön, eine solche enge, an denselben Zielen und Methoden ausgerichtete Zusammenarbeit.

Hand in Hand gehen mit etw. · 1. 2. to go hand in hand with s. th.

1. Wenn unsere wirtschaftlichen Bemühungen um einen stärkeren Export Hand in Hand gehen mit entsprechenden politischen Verhandlungen, mag sich die Lage bessern. Aber wenn die offiziellen und die privaten Schritte nicht endlich synchronisiert werden, ist jede Anstrengung umsonst.
2. vgl. – **Hand** in Hand laufen mit etw.

von Hand zu Hand gehen · to go/to pass from hand to hand, a book/… is handed around

… Einem von uns war es gelungen, das umstrittene Buch in Frankreich zu bekommen. Es ging dann von Hand zu Hand, und schon bald hatten wir es alle gelesen.

Hand in Hand laufen mit etw. · to go hand in hand with s. th.

Die Werbeaktion der Reiseagenturen lief Hand in Hand mit entsprechenden Bemühungen der Regierung, um den Tourismus zu intensivieren.

Hand aufs Herz! *ugs* · cross your heart?!, honestly, word of honour

Hand aufs Herz! Hast du da wirklich nicht geschwindelt? – Nein, ehrlich nicht!

die linke Hand kommt von Herzen – (eher:) die **Linke** kommt von Herzen · left is where the heart is *para*

mit leichter Hand über etw. **hinweggehen** · to blithely disregard/ignore/… s. th.

Statt dem Jungen zu helfen, scheinen die Eltern mit leichter Hand über seine Probleme hinwegzugehen. Wer soll sich dann um die Schwierigkeiten, die der Junge hat, kümmern, wenn sich nicht einmal die Eltern angesprochen fühlen?

die Hand in die Höhe strecken *Schule usw.* – die **Finger** in die Höhe strecken · to put up one's hand

jm. **in die Hand kommen** *selten* – jm. in die **Hände** fallen/ (geraten) (2) · to be caught/captured …, to fall into s. o.'s hands, to come into s. o.'s hands, to come across s. th.

etw. **in die/(seine) Hand kriegen** *ugs* – etw. in die/(seine) **Hände** bekommen · to get one's hands on s. th., + to come into s. o.'s hands

jm. **die Hand zum Kuß reichen** *form* · to present one's hand to be kissed

… Jeder, der eintritt, reicht zunächst der Frau Botschafterin die Hand zum Kuß…

jm. **die Hand küssen** *form selten* · to kiss s. o.'s hand

… Damen küßt man die Hand, Junge – aber einem Kardinal küßt man den Ring!

jm. **(völlig) freie Hand lassen** · to give s. o. a free hand, to give s. o. carte blanche

In allen Exportangelegenheiten läßt mir der Chef völlig freie Hand. – Er mischt sich da überhaupt nicht ein? – Nein!

jm. **die Hand fürs Leben reichen** *path veraltend selten* – jm. die **Hand** zum Bund(e) reichen · to plight one's troth to s. o.

sich die Hand fürs Leben reichen *path veraltend* – sich die **Hand** zum Bund(e) reichen · to plight one's troth

Hand an jn. **legen** *form veraltend selten* · to lay one's hands on s. o.

… Sie geben also zu, Herr Grübner, auf Herrn Raschke mit dem Stock eingeschlagen zu haben? – Weil Herr Raschke versuchte, Hand an meinen Sohn zu legen. Wer meine Kinder tätlich angreift, muß darauf gefaßt sein, daß ich tätlich eingreife.

Hand an sich legen *form* · to do away with oneself

… Er hatte mit seinem Leben abgeschlossen. Es hatte ja doch alles keinen Sinn mehr! … Nach einem Abschiedsbrief an die Gefährtin seiner letzten Jahre hat er dann Hand an sich gelegt. – Wir hatten eigentlich schon länger Angst, er könnte sich einmal das Leben nehmen.

Hand auf Besitz/… legen *form selten* · to lay one's hands on possessions/…

… Unter diesem Regime versuchte die Regierung unter den fadenscheinigsten Vorwänden, Hand auf das Vermögen der Juden zu legen. – Und gelang es ihr, den größten Teil des jüdischen Vermögens zu beschlagnahmen – oder wurde das meiste rechtzeitig ins Ausland transferiert?

etw. **aus der Hand legen** · 1. 2. to put s. th. down

1. Ich erinnere mich überhaupt gar nicht, die Tasche aus der Hand gelegt zu haben. – Dann denk' mal genau nach! Irgendwo mußt du sie hingelegt und dann liegen gelassen haben; denn aus der Hand gerissen wurde sie dir schließlich nicht.
2. Kaum hat sie ein Buch aus der Hand gelegt, da erinnert sie sich schon an kein Wort mehr von dem, was sie gelesen hat. So etwas von Vergeßlichkeit ist mir noch nicht begegnet.

etw. **vertrauensvoll/...** in js. **Hand legen** – etw. vertrauens-
voll/... in js. **Hände** legen · to leave s.th. in s.o.'s (capab-
le/...) hands

(die) **letzte Hand an** etw. **legen** · to put the finishing touches
to s.th.
... Mein Mann ist gerade dabei, letzte Hand an den Text zu legen.
Sie können ihn Montag abholen. – Dann ist er bestimmt fertig? –
Ganz bestimmt. Es fehlt nur noch eine letzte Überarbeitung, eine
letzte Kontrolle.

jm. **eine hilfreiche/**(helfende) **Hand leihen** *form selten* – jm.
eine hilfreiche **Hand** bieten · to offer s.o. a helping hand

jm. (das Glück/...) **aus der Hand lesen** · to tell s.o.'s fortune by reading his palm, to read s.o.'s palm
... Im Zoo in Lissabon wollten uns oft Zigeunerfrauen aus der Hand
lesen. – Und was haben sie euch für eine Zukunft vorhergesagt?

(klar/(glatt)) **auf der Hand liegen**/es liegt (klar/(glatt)) auf
der Hand (daß ...) · 1. 2. to be as plain as day, 1. to be
obvious, 2. to be clear
1. Es liegt doch auf der Hand, daß er dir diese Gefälligkeit nur
erweist, weil er etwas von dir will. Das fühlt doch ein Blinder mit
dem Krückstock.
2. vgl. – (eher:) mit (den) **Händen** zu greifen sein (1)

(ganz/...) **in** js. **Hand liegen**/es liegt (ganz/...) in js. Hand
(ob ...) · 1. 2. it is (entirely/...) up to s.o. *coll*, it depends
(entirely/...) on s.o. (whether/...)
1. Es liegt ganz in deiner Hand, ob du das Angebot annimmst oder
nicht; da bist du völlig frei.
2. Ob ich die Stelle bekomme oder nicht, (das) liegt ganz in der Hand
des Verkaufsleiters. Er entscheidet ganz allein darüber.

eine hohle Hand machen *selten* – (immer) die **Hand** aufhalten · to hold out one's hand (for money/bribes/...)

etw. **mit der linken Hand machen** *ugs* · to be able to do
s.th. blindfold/with one's eyes shut
Diesen Text ins Französische übersetzen? Kein Problem für unseren
Herrn Reichner. Das macht der mit der linken Hand. – Heute nachmittag beim Kaffeetrinken, was? – Das nicht gerade. Aber der Mann
spricht und schreibt französisch wie deutsch, wissen Sie; der hat da
nicht die geringsten Schwierigkeiten.

es jm. **mit der Hand machen** *euphem* – jm. einen **runterholen**
· to give s.o. a hand-job/one off the wrist

es sich (selbst) mit der Hand machen *euphem* – (eher) sich
einen **runterholen** · to give o.s. one off the wrist

sich die Hand (mit etw.) **nicht schmutzig/dreckig machen** *ugs*
– sich (mit etw.) die **Hände** (nicht) schmutzig machen (wollen) · (not) to want to dirty one's hands with s.th., (not) to
want to get one's hands dirty with s.th.

von der Hand in den Mund leben *ugs* · to live from hand to
mouth
Wenn du wie die Christa von der Hand in den Mund leben würdest,
würdest du anders argumentieren. Wenn bei ihr einen Monat das
Gehalt ausfällt, hat sie kein Geld mehr, um das Essen oder die Miete
zu zahlen.

ein Kind/... **an der Hand nehmen** · to take a child/... by the
hand
»Komm!«, sagte er und nahm den kleinen Jungen an der Hand mit
über die Straße. »Siehst du, jetzt haben wir's geschafft. Das sind
wirklich keine Straßen für Kinder in deinem Alter.«

jm. etw./(die Leitung/...) **aus der Hand nehmen** · to wrest
the control/leadership/... from s.o.'s hands
Seit zwei Jahren schon versuchen die beiden Gesellschafter, unserem
Vater die Leitung des Geschäfts aus der Hand zu nehmen. Sie argumentieren, er werde alt, er habe seine Pflicht erfüllt ..., aber in
Wirklichkeit wollen sie natürlich selbst den entscheidenden Einfluß
haben.

jn. **bei der Hand nehmen** · to take s.o. by the hand
Er nahm seine alte Mutter wie ein kleines Kind bei der Hand und
führte sie über die Straße. Allein hätte sie es nicht mehr gewagt, die
Straße zu überqueren.

etw./die Sache/.../(die Leitung/...) (selbst/...) **in die Hand
nehmen** · 1. to touch s.th., 2. to take s.th. in hand (oneself)
1. Wie kann die Jacke, die du heute morgen gekauft hast, denn schon
schmutzig sein? Es hat sie doch noch niemand in die Hand genommen. – Wie, keiner von euch hat sie ausgepackt, weggehängt usw.?
2. ... Wenn der Herr Kirschbaum die Sache bis morgen nicht erledigt
hat, werde ich sie selbst in die Hand nehmen. – Dafür wäre ich Ihnen
sehr dankbar, Herr Direktor Behrend. Offen gestanden, ich glaube
nicht mehr, daß wir von der Stelle kommen, ohne daß Sie persönlich
die Verantwortung übernehmen und die einzelnen Schritte veranlassen.

etw. **zur Hand nehmen** *form* · to get hold of s.th., to use
s.th.
Wenn ihr nicht wißt, wann der Zug genau fährt, müßt ihr einen
Fahrplan zur Hand nehmen und nachschauen. Wir haben doch
Fahrpläne oben in der Schreibtischschublade.

ein Buch/... **zur Hand nehmen** *form* · to pick up a book/...,
to get hold of a book/...
– Könntest du nicht mal ein Buch zur Hand nehmen, Renate? –
Ach! In der Schulzeit lesen wir schon genug! Jetzt sind Ferien, Mama!

sich etw. (nicht) aus der Hand nehmen lassen · (not) to give
up control of s.th., (not) to surrender control of s.th.
... An seiner Stelle würde ich mir die Kreditabteilung/(die Verantwortung für die Kredite) auch nicht aus der Hand nehmen lassen.
Denn wenn dafür jemand anders zuständig ist/wenn das ein anderer
in der Hand hat, ist er auch in den Entscheidungen über den Export
nicht mehr unabhängig.

mit der linken Hand nehmen, was die rechte (Hand) **gibt** *geh
selten* – mit der **Linken** (wieder) nehmen, was die Rechte
gibt/(gegeben hat) · to take (away) with one hand what
one/... gives with the other

seine Hand (immer) **offenhalten** *ugs selten* · 1. to be open-
handed, 2. to hold out one's hand (for money/bribes/...)
1. vgl. – (immer) eine offene **Hand** haben
2. vgl. – (immer) die **Hand** aufhalten

etw. **von langer Hand planen/**(vorbereiten) · to plan/to pre-
pare/... s.th. carefully, to plan s.th. well in advance
Nein, nein, diese Tagung wurde nicht über Nacht organisiert; sie
wurde von langer Hand geplant. Die Vorbereitungen liefen schon vor
drei Jahren an.

mit fester Hand regieren/(...) · to rule/(...) with a firm hand
Die Zaren haben ihr Volk mit fester Hand regiert.

jm. **die Hand reichen** *form* – (eher:) jm. die **Hand** geben/
reichen · to shake hands with s.o.

jm. **die Hand (zur Versöhnung/**(...)) **reichen/**(bieten/geben)
form · 1. to hold out one's hand (to make up a quarrel/(...)),
2. to shake hands and make up/(...), 3. to offer to shake
s.o.'s hand, to hold out the olive branch to s.o.
1. »Komm', Erich, die Sache ist vergessen«, sagte er und reichte ihm
die Hand zur Versöhnung. – Und der Erich? – Ergriff sie sofort, ohne
eine Sekunde zu zögern.
2. vgl. – (eher:) jm. die **Hand** (zur Versöhnung/(...)) geben
3. vgl. – (eher:) jm. die **Hand** (zur Versöhnung/(...)) bieten

ihr könnt euch/sie können sich/... **die Hand reichen** *ugs* · to
be two of a kind, to be tarred with the same brush, A is as
bad as B *n*
Nein, der Peter ist keinen Deut besser als der Moritz – die beiden
können sich die Hand reichen. Wenn der eine eine Idee frecher ist, ist
der andere dafür eine Idee fauler. Aber das sind Nuancen, die bei
den beiden gar nicht interessieren.

jm. etw. (gleichsam/...) **aus der Hand reißen** · 1. to snatch
s.th. out of s.o.'s hand, 2. to grab s.th. out of s.o.'s hands, +
to sell/to go like hot cakes
1. Man hat ihr die Handtasche gestohlen? – Ja. Ein junger Mann hat
sie ihr mit Gewalt aus der Hand gerissen.
2. Das war vielleicht ein Gedränge vor dem Stand, in dem die ma-
rokkanischen Decken verkauft wurden. Die Verkäufer hatten einen

reißenden Absatz: die Decken wurden ihnen gleichsam aus der Hand gerissen.

jm. etw. aus der Hand ringen *form – path –* jm. etw. aus der **Hand** winden (2; u. U. 1) · to wrest/to grab s. th. out of s. o.'s hands, to get s. o. off s. o.

keine Hand rühren (für jn./etw.) *ugs* · 1. not to lift a finger, 2. not to do a tap, not to do a stroke (of work), not to do a hand's turn
1. Was ist das denn für eine Art? Die alte Frau hier quält sich mit der schweren Tasche ab, und vier starke Jungen stehen dabei, ohne eine Hand zu rühren?
2. Heute werde ich mir erlauben, einmal richtig zu faulenzen. Heute werde ich keine Hand rühren. *seltener*

keine Hand rühren (für jn./etw.) *selten –* keinen **Finger** rühren (für jn./etw.) · not to lift a finger (for s. o./s. th.)

jm. ein Argument/... aus der Hand schlagen *ugs selten* · to knock/to shoot down s. o.'s arguments/...
Und hast du den Hansgert dazu gewinnen können, sich an der Sammlung für die Armen zu beteiligen? – Nein. Er suchte mir meine Gründe für die Sammlung mit dem Argument aus der Hand zu schlagen, die Kirche gäbe für unsinnige Dinge derart viel Geld aus, daß man eine kirchlich organisierte Sammlung unmöglich unterstützen könne.

etw. mit der Hand schreiben · to write s. th. by hand/in longhand
Hast du ihr den Brief mit der Hand geschrieben oder mit der Maschine?

eine gute/schöne Hand schreiben *form selten* · to have a good hand, to have good handwriting
Dein Vater schreibt eine schöne Hand. So eine gestochene Handschrift hat heute kein Mensch mehr. – Darauf war er auch sein ganzes Leben stolz.

jm. die Hand auf die Schulter legen · to put one's hand on s. o.'s shoulder
»Komm'«, sagte er und legte seinem Bruder die Hand auf die Schulter, »komm', wir gehen gemeinsam zu Vater und legen ihm die Problematik dar.« – Gegen diese freundschaftliche Geste gab es keine Waffe, und ...

jm. die Hand schütteln · to shake s. o.'s hand
Der Rudolf schüttelt einem derart kräftig die Hand, wenn er einen begrüßt, daß man meinen könnte, er wollte die Bewegungsfähigkeit des Unterarms testen.

sich die Hand schütteln · to shake hands
Kräftig und immer wieder schüttelten sich die beiden Freunde die Hand! »Mensch, zehn Jahre oder länger haben wir uns nicht gesehen! Wie geht es dir denn, du altes Haus? ...«

mit erhobener Hand schwören *path* · to swear with raised hand, to solemnly/... swear, to swear an oath with raised hand
Dieser Mann kann mit erhobener Hand schwören oder sonstwie unter Eid aussagen – dem glaub' ich kein einziges Wort.

die Hand zum Schwur erheben *form* · to raise one's hand to take an oath
... Er wollte schon die Hand zum Schwur erheben, als der Richter ihn unterbrach: »Sie sind mit dem Angeklagten verwandt; Sie brauchen Ihre Aussagen nicht zu beeiden – ja, Sie können die Aussage sogar verweigern.«

seine/(die) Hand im Spiel haben (bei etw.) – (da/...) die **Finger** drin haben · to have a hand in s. th., to have a finger in s. th.

überall/... die Hand im Spiel haben *selten –* überall seine **Finger** drin haben · to have one's finger in every pie

(Kreuz/...) (aus der) Hand spielen *Skat* · to play clubs/... from one's hand *i. e. without picking up*
... Was spielst du, Kreuz, nicht? – Ja. – Und wie weit hatten wir gereizt – doch bis 40, oder nicht? – Ich spiel' Kreuz Hand. – Ach ja, entschuldige! ...

jm. etw. in die Hand spielen *selten –* jm. etw. in die **Hände** spielen · to slip s. th. to s. o., to pass s. th. on to s. o. (secretly/...)

eine feste Hand spüren müssen – (eher:) eine feste **Hand** brauchen/... · to need a firm hand

jm. etw. in die Hand stecken · to put/to slip/... s. th. into s. o.'s hand
Was hat der Ulrich dem Pförtner denn da in die Hand gesteckt? – Einen 1.000-Escudo-Schein. Das ist hier so. Das ist gleichsam das Eintrittsgeld in dieses Institut. – Unter diesen Bedingungen werde ich auch noch Pförtner.

in js. Hand stehen *form Gott Schicksal* · to be in s. o.'s hands
Wir alle stehen in Gottes Hand.

(ganz/...) in js. Hand stehen/es steht (ganz/...) in js. Hand (ob ...) *form –* (eher:) (ganz/...) in js. **Hand** liegen/es liegt (ganz/...) in js. Hand (ob ...) · it is (entirely/...) up to s. o., it depends (entirely/...) on s. o. (whether/...)

durch/(von) js. Hand sterben *form selten* · to die at the hands of s. o., to be executed by s. o.
... Der Kindesmörder wurde dann endlich gefaßt und starb durch die Hand des Henkers ...

die Hand (in die Höhe) **strecken** *Schule usw. –* die **Finger** in die Höhe strecken · to put up one's hand

die Hand mal wieder/immer/... **auf der Tasche haben/halten** *ugs selten –* den **Beutel** (einmal wieder/...) zuhalten/(festhalten) · to keep the purse-strings tight, to be tight-fisted

die Hand aus der Tasche nehmen · to take one's hand out of one's pockets
Wenn man mit einer Dame spricht, nimmt man die Hand aus der Tasche, Junge! Wie sieht das denn aus!

die Hand in die Tasche stecken · to put one's hand in one's pockets
... Der Franz steckt die Hand aus Verlegenheit in die Tasche – nicht weil er schlecht erzogen ist. – Auch wenn er verlegen ist: wenn man mit einer Dame spricht, gehört sich das nicht. Es ist also unerzogen.

die Hand (immer/...) **in den Taschen anderer/anderer Leute/** (...) **haben** *selten* · to live at s. o. else's expense
... Wenn früher jemand auf Kosten anderer lebte, andere ständig ausnutzte u. ä., sagte man: er hat die Hand in den Taschen anderer. So kommen mir die Abgeordneten vor, die sich diese tollen Diäten selbst genehmigen: die haben die Hand in den Taschen der braven Steuerzahler.

jn. um die Hand seiner Tochter bitten *form* · to ask for s. o.'s hand
Wir haben gehört, der Gerd Belker hat dich um die Hand eurer Tochter gebeten? – Ja, er will unsere Älteste heiraten.

aus der hohlen Hand trinken · to drink with cupped hands
Da wir keine Becher oder Gläser bei uns hatten, tranken wir an der Quelle alle aus der hohlen Hand. Es war lustig zu sehen, wie da alt und jung sich bückte und, so gut es ging, das Wasser aus den Händen schlürfte.

in js. Hand übergehen *selten –* in js. **Hände** übergehen · to pass into s. o.'s hands

durch js. Hand umkommen *form selten* · to die at the hands of s. o.
... Der Peter ist, wie du weißt, durch die Hand eines Türken umgekommen. In einem Handgemenge zog der Mann ein Messer und verletzte ihn tödlich.

mehrere/verschiedene Dinge/... in einer Hand vereinigen · to bring several/different things/... under the control/ownership of one person/group/...
... Die verschiedenen Werke hier, die bis zum vergangenen Jahr alle unabhängig voneinander waren, sind im Januar in einer Hand vereinigt worden. Es gibt jetzt nur einen Besitzer und eine einzige Direktion, die alle Betriebe nach einheitlichen Richtlinien leitet.

jm. **in die Hand** (hinein) **versprechen, daß** .../... *path* · to give s.o. one's hand on it that ...

Der Rolf hat mir in die Hand versprochen, mir ein Auto zu schenken, wenn ich die Arbeit bis Weihnachten fertig hätte, und jetzt sagt er, er hätte kein Geld. – Was man verspricht, muß man halten; um so mehr, wenn man die Hand darauf gegeben hat.

etw. **von langer Hand vorbereiten** · to prepare s.th. carefully, to prepare s.th. well in advance

... Man merkt seiner Verhandlungsführung an, daß alles in seinem Ministerium von langer Hand vorbereitet ist. – Eine Sonderkommission in seinem Ministerium hat in der Tat die Probleme in mehr als einjähriger Arbeit bis ins Kleinste analysiert.

jm. (das Glück/...) **aus der Hand wahrsagen** – (eher:) jm. (das Glück/...) aus der **Hand lesen** · to read s.o.'s palm

eine Hand wäscht die andere *ugs* · one good turn deserves another, you scratch my back and I'll scratch yours

... Sie können doch den Vertrag auch unterschreiben, ohne vorher ihren Sozius zu konsultieren! Ich bin Ihnen im vergangenen Jahr in einer ähnlichen Situation entgegengekommen. Eine Hand wäscht die andere. Also, einverstanden? Wir unterschreiben das Schriftstück, und damit ist der Vertrag für beide Teile bindend?

Einwände/... **(nicht) von der Hand weisen (können)**/es läßt sich nicht von der Hand weisen, daß ... *form* · 1. + s.o.'s reservations/objections/... cannot be rejected/dismissed out of hand, 2. there's no denying that ..., it cannot be denied that ...

1. Seine Bedenken sind wirklich nicht ganz von der Hand zu weisen. Wir werden sie berücksichtigen müssen.

2. Es läßt sich nicht von der Hand weisen, daß die dauernde Anwesenheit von Eltern und Schwiegereltern in der Ehe junger Leute Probleme schaffen kann ...

seine/(die) **(schützende) Hand von** jm. **wenden** *form selten* – seine/(die) (schützende) **Hand** von jm. **zurückziehen** · to withdraw one's protection from s.o.

Hand ans Werk! *form path* – ran an die **Arbeit!** · (come on) get down to work!

Hand ans Werk legen *form path* – sich an die **Arbeit** machen · to get down to work

etw. **in der/seiner Hand wiegen** · to weigh s.th. in one's hand, to weigh s.th. in the palm of one's hand

... »Na, wie schwer ist so ein Edelstein wohl?« – er wog ihn bedächtig in seiner Hand –, »ein halbes Kilo?« ...

jm. etw. **aus der Hand winden** *form* · 1. to wrest/to grab s.th. out of s.o.'s hands, 2. to get s.o. off s.o.

1. Er hielt den gestohlenen Spazierstock mit aller Gewalt fest, und nur mit Mühe gelang es uns, ihn ihm aus der Hand zu winden.

2. Wenn er mir den Ring, den Mutter mir hinterlassen hat, nicht freiwillig gibt, sehe ich keinen Weg, wie Mutters Wille erfüllt werden soll. Oder wie soll ich ihm den Ring aus der Hand winden? – Indem du ihm klarmachst, daß ... *seltener*

jm. einen Geldbetrag/... **auf die (flache) Hand zahlen** *ugs* · to pay s.o. cash in hand

Was soll der Teppich kosten? – 950,– Mark. – Hören Sie, ich zahl' Ihnen 760,– Mark auf die flache Hand, einverstanden? – Nein. 950,– Mark und keinen Pfennig weniger. Sofortige Barzahlung versteht sich ohnehin von selbst.

jm. etw. **bar auf die Hand zahlen**/(geben) *form – path* – jm. einen Geldbetrag/... auf die (flache) **Hand** zahlen · to pay s.o. cash in hand

an einer Hand zu zählen sein · s.th. can be counted on the fingers of one hand

Solange die Atommeiler hier an einer Hand zu zählen sind, solange bleibt alles überschaubar und ist die Gefahr vielleicht gering. Aber es werden nicht immer so wenige bleiben ...

etw. **aus freier Hand zeichnen**/(skizzieren/...) *form* · to draw/... s.th. free-hand

Hast du diese Baumgruppe nach einer Vorlage oder aus freier Hand gezeichnet?

seine/(die) **(schützende) Hand von** jm. **zurückziehen** *form* · to withdraw one's protection from s.o.

Den Meisner wollen sie entlassen? Hat er denn den Chef nicht mehr hinter sich? – Seitdem er so viel säuft, hat der Alte offensichtlich seine schützende Hand von ihm zurückgezogen.

Handbewegung: seine Ausführungen/... **mit einer/... Handbewegung begleiten** · to underline/... s.th. with gestures, to underline s.th. with movements of one's hands *para*

Wer von den beiden Rednern, sagst du, ist der Innenminister? – Der zuerst gesprochen und seine Ausführungen über den Terrorismus mit gleichsam untermalenden Handbewegungen begleitet hat.

Argumente/Vorschläge/... **mit einer (nachlässigen/...) Handbewegung vom Tisch wischen** · to sweep/to brush s.o.'s objections/... aside contemptuously/scornfully/...

Du kannst doch seine Gründe nicht einfach mit einer nachlässigironischen Handbewegung vom Tisch wischen! Wenn der Gerd auch noch jung ist: die Gründe, die er vorbringt, sind durchaus ernstzunehmen.

fahrige Handbewegungen (machen) · to make nervous/fidgety/jerky/... movements with one's hands

Der Erich macht in letzter Zeit so seltsame, fahrige Handbewegungen. Der nimmt doch wohl keine Drogen? Man hat manchmal den Eindruck, daß sein Nervensystem nicht in Ordnung ist.

Handbreit: um jede Handbreit Land/Boden/... **kämpfen**/... *form – path –* (eher:) um jeden **Fußbreit** Land/Boden/... kämpfen/... · to fight/... for every inch of land/territory/...

ein/zwei/drei/... Handbreit lang/... (**sein**) *selten* – zwei/drei/... **Hände** breit/lang/... (sein) · a foot/10 feet/... wide/long/...

keine Handbreit (von der Stelle) weichen *form – path –* (eher:) keinen/(nicht einen) **Fußbreit** (von der Stelle) weichen/zurückweichen · not to budge an inch

Händchen: das schöne Händchen *Kinderspr* · die schöne **Hand** · the/your/... right hand

ein Händchen für etw. haben *ugs* · 1. to be good at s.th. *n*, to have a knack for s.th., to be a dab hand at s.th., 2. to have a way with s.o.

1. Laß dir den Pullover von Elsa stricken. Sie hat ein Händchen für Stricksachen.

2. Die Christa hat ein Händchen für den Umgang mit Südamerikanern, das ist unglaublich! Sie geht mit denen geschickter um als ihre eigenen Landsleute.

jm. **das schöne Händchen geben** *Kinderspr* · to give s.o. one's right hand

Komm', Christl, nun gib dem Onkel Lambert mal das schöne Händchen. Du weißt doch, welches das ist – das rechte – die Hand da! – Laß die Kleine, Renate! Die Linke kommt vom Herzen.

Händchen halten *ugs* · to hold hands

Wenn die Ursel und der Willy da so gemeinsam durch die Uni ziehen und die ganze Zeit Händchen halten, wirken sie wie zwei Fünfzehnjährige, die sich zum ersten Mal verliebt haben. Rührend!

Hände: blutige Hände haben *path selten* – an js. **Händen** klebt Blut · s.o. has blood on his hands

flinke Hände haben · to have quick hands, to have deft hands, to work quickly/nimbly/...

... Ja, die Uschi, die hat flinke Hände. Die macht jede Hausarbeit im Nu.

klebrige Hände haben *ugs* – (eher:) klebrige **Finger** haben · to have sticky fingers

zwei linke Hände haben · to have two left hands

Den Karl brauchst du erst gar nicht zu fragen, ob er dir das Fahrrad ganz macht. Du weißt doch, daß er zwei linke Hände hat. – So ungeschickt ist doch kein Mensch, daß er nicht einmal ein Fahrrad reparieren kann!

saubere/(reine) Hände haben *selten* · + s.o.'s hands are clean
Und der Axel Reiner? Ist es wahr, daß er mich in der Sache auch hintergangen hat? – Nein. Er wäre auch unfähig, einen Freund zu hintergehen und sich anschließend dann noch mit ihm an einen gemeinsamen Tisch zu setzen. Der Axel hat saubere Hände.

schmutzige Hände haben *selten* · to have dirty hands
Wir wissen nicht, ob auch der Axel Reiners schmutzige Hände hat oder nicht. Aber eins wissen wir: solche Schurkereien sind ihm zuzutrauen.

ungeschickte Hände haben · to be awkward with one's hands, to be clumsy with one's hands
Herrgott, hast du ungeschickte Hände! Nicht einmal einen Nagel kriegst du in die Wand, ohne daß er sich fünfmal verbiegt!

zwei/drei/... Hände breit/lang/... (sein) *selten* · a foot/10 feet/... wide/long/...
Ein, zwei, drei Hände breit – ein, zwei, drei Spannen breit (oder lang): ist das dasselbe Maß? – Bei der 'Spanne' ist zwar nicht (ganz) eindeutig, ob man vom Daumen bis zum (gestreckten) Mittelfinger oder bis zum kleinen Finger geht/rechnet; aber die Hand bzw. die Finger sind gestreckt. Bei 'zwei, drei Hände breit' nicht oder nicht unbedingt.

von seiner Hände Arbeit leben *form path selten* · to (have to) earn one's living (with one's hands)
Wenn einer wie der Rainer von seiner Hände Arbeit lebt, geht er halt mit dem Geld etwas vorsichtiger um als jemand, der wie du ein dickes Erbe gemacht hat und zeitlebens mit hohen Einkünften rechnen kann.

jm./e-r S. in die Hände arbeiten · to play into s.o.'s hands
... Wenn du den Vertrag unterschreibst, arbeitest du dem Bertram in die Hände, ob du willst oder nicht. – Aber ich kann doch die Unterschrift nicht bloß deswegen verweigern, weil sie seinen – zugegeben: nicht ganz sauberen – Plänen nützt.

jm. die Hände auflegen *form od. veraltend* – jm. die **Hand** auflegen · to lay hands on s.o.

die/seine Hände nach dem Thron/einem Gebiet/... **ausstrecken** *veraltend* – die/seine **Hand** nach dem Thron/einem Gebiet/... ausstrecken · to try to usurp the throne, to try to gain control of/conquer/... a country

etw. in die/(seine) Hände bekommen · 1. to get one's hands on s.th., 2. + to come into s.o.'s hands
1. Wenn ich diese Briefe einmal in die Hände bekomme, rücke ich sie nicht mehr heraus; dann gehören sie mir! – Du bist wohl nicht gescheit, was?
2. Wenn ich deinen Antrag in die Hände bekomme, kann ich mich selbstverständlich für dich einsetzen. Aber es ist durchaus möglich, daß er von Kollegen bearbeitet wird, ich also gar nichts damit zu tun habe. *seltener*

etw. unter die Hände bekommen *form selten* – (eher:) jm. unter die **Hände** kommen · + to come across s.th.

jm. die Hände binden · 1. 2. to tie s.o.'s hands
1. Wenn er könnte, wie er wollte, würde er anders entscheiden. Aber ihm sind die Hände gebunden. Er hat sich an die gesetzlichen Regelungen und an die Direktiven des Ministers zu halten – ob er will oder nicht.
2. Wenn ich die Verhandlungen führen soll, bestehe ich darauf, daß ich Verhandlungsspielraum habe. Dann laß mir jetzt nicht die Hände binden! *seltener*

js. Hände sind mit Blut befleckt *path* – an js. **Händen** klebt Blut · s.o.'s hands are stained with blood

js. Hände sind mit Blut besudelt *path selten* – (eher:) an js. **Händen** klebt Blut · s.o.'s hands are stained with blood

die Hände schützend über jn. breiten *form rel selten* – seine schützende **Hand** über jn./(etw.) halten (1) · to watch over (and protect) s.o.

laß/laßt/... (lieber) die Hände davon/von dieser Sache/.../es ist besser/... die Hände davon/... zu lassen/ich würde/wir würden/... die Hände davon/... lassen – (eher:) laß/laßt/... (lieber) die **Finger** davon/von dieser Sache/.../es ist besser/..., die Finger davon/... zu lassen/ich würde/wir würden/... die Finger davon/... lassen · don't touch it/it is better if you don't touch it/if I were you I wouldn't touch it, I'd leave well alone if I were you

jm. die Hände drücken *selten* – jm. die **Hand** drücken · to squeeze s.o.'s hands

jm. in die Hände fallen *selten* – jm. in den **Arm** fallen · to stay s.o.'s hand *lit*

jm. in die Hände fallen/(geraten) · 1. to be caught/captured ..., to fall into s.o.'s hands, 2. to come into s.o.'s hands, + to come across s.th.
1. Der Anführer der Terroristen ist gestern der Polizei in die Hände gefallen. Bei einer Razzia durch den Vorort der Hauptstadt stieß sie auf die Wohnung, in der er sich befand.
2. Wie kommst du denn an diesen Brief? – Er ist mir durch Zufall in die Hände gefallen. Ich räumte den Wohnzimmerschrank auf und, sieh da!, plötzlich liegt dieser Brief vor mir.

in unrechte Hände fallen/(geraten) · to fall/to get into the wrong hands
Diesen Brief gibst du dem Minister persönlich, hörst du?! Und niemandem anders! Wenn er in unrechte Hände fällt, kann er allerhand Unheil stiften. – Keine Sorge, ich werde schon zu verhindern wissen, daß ihn jemand in die Hände bekommt, der ihn nicht sehen soll.

die Hände (zum Gebet) falten *rel* · to join one's hands (in prayer)
... So, jetzt falten wir die Hände und sprechen das Tischgebet.

für jn. die/seine Hände ins Feuer legen *path* · to vouch for s.o. *form*
Nein, der Grasberg hat mit der Scheckfälschung bestimmt nichts zu tun. – Sie sind sich da so sicher? – Für den Grasberg lege ich meine Hände ins Feuer. Der ist absolut ehrlich.

sich alle Hände freihalten *selten* · to have/to demand/... a (completely/...) free hand
... Wenn der Schulte die Verhandlungen zu einem positiven Abschluß bringen soll, muß er Verhandlungsspielraum haben. Da könnt ihr ihm nicht vorher vorschreiben, was er zu tun hat. – Aber er will sich alle Hände freihalten – das geht auch nicht; irgendwelche Richtlinien und Vorgaben muß es doch geben.

jm. die Hände unter die Füße breiten *path selten* – jn. auf (den) **Händen** tragen · to do everything for s.o., to grant s.o.'s every wish

jm. sind Hände und Füße gebunden *path selten* – (stärker als:) jm. sind die **Hände** gebunden · s.o.'s hands are tied

jm. etw. in die/(etw. in js.) **Hände geben** *form selten* – jm. etw. in die **Hand** stecken · to hand s.th. to s.o., to put/to slip/... s.th. into s.o.'s hand

etw. in jüngere/erfahrenere/... Hände geben · to hand s.th. over to the younger generation/to more experienced colleagues/...
»Ich habe den Verein jetzt mehr als drei Jahrzehnte geleitet; jetzt halte ich die Zeit für gekommen, mein Amt in jüngere Hände zu geben.

in gute Hände geben *form selten* – jm. etw./(jn.) zu treuen **Händen** übergeben/überlassen/geben · to leave s.th. in s.o.'s safe hands, to leave s.th. in s.o.'s safekeeping

jm. sind die Hände gebunden – jm. die **Hände** binden (1) · s.o.'s hands are tied

durch js. Hände gehen · to go through s.o.'s hands
Der Andreas Schlüter ist Bibliotheksdirektor in Düsseldorf. Durch dessen Hände gehen jeden Tag Hunderte von Büchern. Den werden wir fragen, ob er den Titel schon einmal gelesen hat.

durch viele Hände gehen · 1. 2. to go through many hands
1. ... Du willst eine Frau heiraten, die durch derart viele Hände gegangen ist? – Jetzt schweigst du! Was geht es dich an, wen ich heirate und wen meine zukünftige Frau vor mir geliebt hat?
2. Man sieht es diesem Buch aus der Leihbücherei an, daß es schon durch viele Hände gegangen ist. Es ist völlig abgegriffen.

in unrechte Hände gelangen – (eher:) in unrechte **Hände** fallen/(geraten) · to get into the wrong hands

jm. **in die Hände geraten**/(in js. Hände geraten) – (eher:) jm. in die Hände fallen/(geraten) (2) · to be caught/captured ..., to fall into s.o.'s hands, to come into s.o.'s hands, to come across s.th.

in falsche/(unrechte) Hände geraten · 1. 2. to fall/to get into the wrong hands
1. Dieses Landgut ist in falsche Hände geraten. Die Besitzer interessieren sich überhaupt nicht für landwirtschaftliche Dinge, ja, scheuen sich, Zeit und Geld dafür zu opfern. Der alte Herr Riemers wäre todtraurig, wenn er wüßte, wie sein Lebenswerk da zerstört wird.
2. Wenn dies Dokument in falsche Hände gerät, gibt es einen Skandal. – Wie sollte es in falsche Hände geraten? Es ist doch ständig hier bei den Geheimpapieren.

in schlechte Hände geraten · 1. to get into bad company, 2. to fall into the wrong hands
1. Die Michaela wirkt in den letzten Monaten zunehmend verschlossen, fast unehrlich. – Das Mädchen ist in schlechte Hände geraten. Eine Gruppe junger Burschen aus der Nachbarschaft, die nichts als Mädchen, Trinken, Feiern im Kopf haben, übt einen miserablen Einfluß auf sie aus.
2. Wir haben jetzt fast zwanzig Jahre gebraucht, um das Gut aufzubauen und rentabel zu gestalten. Jetzt müssen wir nur darauf achten, daß es nach unserem Tod nicht in schlechte Hände gerät. Sonst ist das, was wir aufgebaut haben, in zwei, drei Jahren wieder zerstört.

in unrechte Hände geraten – in unrechte **Hände** fallen/(geraten) · to fall/to get into the wrong hands

die Hände vors Gesicht schlagen *Scham/auch Verbitterung/ Abscheul... path selten* · to hide one's face in one's hands
... »Wie kann mein Bruder nur so etwas äußern!« rief sie und schlug die Hände vors Gesicht. »Mein Gott, wenn das mein Vater erfährt!«

die/(seine) Hände über jn./etw. **halten** *form* · 1. 2. to protect s.o., 1. to keep s.o. under one's wing, 2. to watch over (and protect) s.o.
1. Natürlich, solange er die Hände darüber hält, läuft die Sache. Aber kritisch wird es werden, wenn er sich zurückzieht und wir ohne jeden Schutz dastehen. *selten*
2. vgl. – (eher:) seine schützende **Hand** über jn./(etw.) halten

die/seine Hände schützend über jn. **halten**/(breiten) *rel path selten* – seine schützende **Hand** über jn./(etw.) halten · to watch over (and protect) s.o., to protect s.o./s.th.

die Hände (hoch) heben · hands up!, to put up one's hands
Haben die denn alle sofort die Hände hochgehoben, eh die Polizisten brüllten »Hände hoch!«? – Sofort. Meinst du, die wollten erschossen werden?

bittend/flehend/... **die Hände heben** *path selten* · to raise one's hands (imploringly/...)
Flehend hob die alte Frau die Hände: »Mein Sohn ist bestimmt unschuldig. Sie dürfen ihn nicht einsperren«.

Hände hoch! *mil* · hands up!
»Hände hoch!«, schrie der Anführer des feindlichen Trupps, und die eingeschüchterten Zivilisten, die Hände verkrampft nach oben gestreckt, ergaben sich willig.

die Hände in die Hüfte(n) stemmen *ugs* · to put one's hands on one's hips
»Was«, schrie sie und stemmte die Hände in die Hüften, »was, du willst mit deiner kleinen Freundin in eine andere Stadt ziehen und mich hier bloßstellen. Das riskier' mal, du Schuft! Dann werd' ich dir mal zeigen ...

in die Hände klatschen · 1. 2. to clap (one's hands)
1. Die Kindergärtnerin klatscht immer in die Hände, wenn sie die Kinder zusammenrufen will. Das ist in der Tat schöner, als laut herumzurufen.
2. Vor Freude klatschten die Kleinen in die Hände.

jm. **in die Hände kommen** – jm. in die **Hände** fallen/(geraten) (2) · to be caught/captured ..., to fall into s.o.'s hands, to come into s.o.'s hands, to come across s.th.

in falsche/(unrechte) Hände kommen – in falsche/(unrechte) **Hände** geraten · to fall/to get into the wrong hands

in gute/geeignete/(...) Hände kommen · to come into the right hands
... Wenn so ein empfindlicher Apparat nicht in gute Hände kommt, ist er sofort kaputt. Mit so einem Ding muß man nicht nur vernünftig umgehen, man muß es auch pflegen!

in schlechte Hände kommen – in falsche/(unrechte) **Hände** geraten (1) · to get into the wrong hands

jm. **unter die Hände kommen** *form selten* · + to come across s.th.
Du arbeitest doch über Vigny, nicht? – Ja, warum? – Wie du weißt, habe ich in der Staatsbibliothek jeden Tag Hunderte von Büchern einzuordnen. Nun ist mir da gestern eine Untersuchung über Vigny unter die Hände gekommen, die mir für dich sehr nützlich zu sein scheint ...

in unrechte Hände kommen – (eher:) in falsche/(unrechte) **Hände** geraten · to get into the wrong hands

die Hände über dem Kopf zusammenschlagen *path* · to throw up one's hands in horror
Meine Mutter schlug entsetzt die Hände über dem Kopf zusammen, als sie von unserem Malheur hörte. War das möglich: die ganze Kleidung unterwegs aus dem Auto gestohlen?!

etw. **in die/(seine) Hände kriegen** – etw. in die/(seine) **Hände** bekommen · to get one's hands on s.th., + to come into s.o.'s hands

etw. **unter die Hände kriegen**/(bekommen) *selten* · to come across s.th., to come upon s.th.
... Denk' dir, Marta, per Zufall hab' ich da beim Aufräumen des alten Wohnzimmerschranks ein paar Briefe von unseren Eltern unter die Hände gekriegt, als sie gerade 24, 25 Jahre alt waren. Ein seltsames Gefühl!

(es ist besser/...) **die Hände davon** (zu) **lassen** · (it is better/...) to steer clear of s.th./to keep away from s.th./to give s.th. a miss
Wenn es wirklich so ist, wie du sagst, daß der Gewinn in keinem Fall über 20, 30.000,– Mark geht, dann läßt du besser die Hände davon. Dafür ist das Risiko bei diesem Geschäft zu groß.

js. **Hände greifen ins Leere**/(in die Luft) · + to clutch at air
»Wo ist denn das Treppengeländer«, fragte er. »Hier sieht man ja die Hand vor den Augen nicht!« Er suchte und suchte, aber seine Hände griffen ins Leere. – »Die Treppe hat kein Geländer«, antwortete plötzlich seelenruhig eine Stimme von unten. »Warten Sie, ich mache Ihnen Licht«.

etw. vertrauensvoll/... **in js. Hände legen** *form* · to leave s.th. in s.o.'s (capable) hands
Ich denke, für die Pässe brauche ich nicht selbst zu sorgen, das darf ich wohl vertrauensvoll in deine Hände legen, Ute, ohne daß etwas schiefgeht? – Sei unbesorgt, ich werde mich darum kümmern, Michael.

js. **Hände greifen in die Luft** *selten* · + to clutch at air
... Ja, ich stolperte da über diese verfluchte Wurzel, die über den Weg geht. Ich suchte mich noch an einem Ast festzuhalten, aber meine Hände griffen in die Luft – und, plumps, lag ich da auf dem Boden.

sich (mit etw.) **die Hände (nicht) schmutzig machen (wollen)** · 1. (not) (to want) to get one's hands dirty, 2. (not) (to want) to soil one's hands *elev*
1. Du kannst mit seiner Hilfe nicht bei einer Arbeit rechnen, bei der er sich die Hände schmutzig machen müßte. – Das haben wir immer

gefunden: er ist ein Federfuchser; dreckige Arbeiten packt er nicht an.

2. Der Eckard soll euch dabei helfen, die Schecks zu fälschen? Was haltet ihr von dem?! Glaubt ihr denn wirklich, er wird sich für euch die Hände schmutzig machen – und dabei noch seine Stelle auf der Bank riskieren?

etw./die Sache/(die Leitung/. . .) in die eigenen Hände nehmen *selten* – etw./die Sache/. . ./(die Leitung/. . .) (selbst/. . .) in die **Hand** nehmen · to take s. th. in hand (oneself)

sich (vor Vergnügen/Schadenfreude/. . . Kälte/. . ./zufrieden/. . .) **die Hände reiben** · to rub one's hands with pleasure/glee/. . .

»Den haben wir aber drangekriegt!«, rief er aus und rieb sich vor Freude die Hände. »Wenn der erst mal verstanden hat, wie nachteilig für ihn die Klauseln sind, die er gerade unterschrieben hat, dann platzt ihm vor Wut der Kragen.«

ihr könnt euch/sie können sich/. . . die Hände reichen *ugs selten* – ihr könnt euch/sie können sich/. . . die **Hand** reichen · to be two of a kind, to be tarred with the same brush, A is as bad as B

die Hände ringen *path* · to wring one's hands

»Sie wollen meinen Vater ins Gefängnis sperren?«, schrie er und rang die Hände. »Warum denn? Was hat er denn gemacht?«

jm. die Hände auf den Rücken binden · to tie s. o.'s hands behind his back

. . . Schon ein demütigender Anblick, wenn da Tausende von Gefangenen abgeführt werden, die Hände auf den Rücken gebunden . . . – Wo hast du das denn gesehen? . . .

jm. die Hände schmieren *eher: jn. schmieren selten* · to grease s. o.'s palm

. . . Wenn du diesen Leuten nicht anständig die Hände schmierst, erreichst du da nichts. – Es liegt mir einfach nicht, mit Bestechungen zu arbeiten.

die Hände in den Schoß legen *ugs* · to sit back and do nothing, to take it easy

Was, seit Samstag schon funktionieren die Maschinen nicht, und ihr sitzt da herum und legt die Hände in den Schoß, statt alles zu tun, damit der Schaden so schnell wie möglich behoben wird?!

jm. die Hände schütteln – (eher:) jm. die **Hand** schütteln · to shake s. o.'s hands

sich die Hände schütteln – sich die **Hand** schütteln · to shake hands

die Hände in die Seite(n) stemmen *ugs* – (eher:) die **Hände** in die Hüfte(n) stemmen · to put one's hands on one's hips

bei etw. seine/(die) Hände (mit) im Spiel haben – (da/. . .) die **Finger** drin haben · to have a hand in s. th.

überall/. . . seine Hände im Spiel haben – (eher:) überall seine **Finger** drin haben · to have one's finger in every pie

jm. etw. in die Hände spielen · to slip s. th. to s. o., to pass s. th. on to s. o. (secretly/. . .)

Wie kommt der Zempel denn an die Fotokopien der Geheimakten? – Die muß ihm ein Freund, der im Archiv des Außenministeriums arbeitet, in die Hände gespielt haben. – Über einen Mittelsmann? – Ich nehme es an.

in die Hände spucken *ugs* · to spit on one's hands

»Den Granitblock hier werden wir schon wegkriegen«, meinten die beiden Steinmetzen, indem sie in die Hände spuckten; »los, Jupp, ran! Hau-ruck! Hau-ruck! Da, er bewegt sich schon! . . .«

die Hände aus der Tasche nehmen · to take one's hands out of one's pockets

Wenn man mit einer Dame spricht, nimmt man die Hände aus der Tasche, Junge! Du bist aber auch ein richtiger Bauer! Beide Hände tief in den Taschen . . .

die Hände in die Tasche stecken · to put/to stick/. . . one's hands in one's pockets

Sag' mal, Erich, wenn man mit einer Dame oder einem älteren Herrn spricht, steckt man doch die Hände nicht in die Tasche.

jm. die Hände aus der Tasche ziehen · to take s. o.'s hands out of his pockets

Ich muß dir doch die Hände nicht aus der Tasche ziehen, was?! Es scheint, daß ihr heute überhaupt nicht mehr lernt, euch zu benehmen! Beide Hände in der Tasche, wenn man mit einer älteren Frau spricht – unmöglich!

in js. Hände übergehen · to pass into s. o.'s hands

Nach dem Tod des Firmengründers ging das Unternehmen in die Hände des ältesten Sohnes über.

in andere Hände übergehen · to pass into other hands

Wie, dies Zweigwerk gehört nicht mehr zu 'Phoenix'? – Nein, es ist in andere Hände übergegangen. – Und wem gehört es jetzt? – Es scheint, einer Familie namens 'Moersch'.

sich die Hände in Unschuld waschen · 1. 2. to wash one's hands of s. th.

1. Aber der Max gibt doch zu, daß er für den Mißerfolg wenigstens ebenso viel Verantwortung trägt wie wir, oder? – Der Max? Der wäscht sich die Hände in Unschuld. Er behauptet, er hätte von Anfang an vor dem Unternehmen gewarnt . . . – So ein Nichtsnutz!

2. . . . Also, wenn ihr dabei auffallt – wir waschen uns die Hände in Unschuld! Wir haben nichts damit zu tun! – Das haben wir von euch nicht anders erwartet: wenn es gefährlich wird, zieht ihr euch zurück. *seltener*

jm. die Hände versilbern *veraltend selten* – jm. die **Hände** schmieren · to grease s. o.'s palm

die Hände voll haben (mit etw.) · to have one's hands full (with s. th.)

Du siehst doch, Kind, daß ich die Hände voll habe mit diesen Einkaufstaschen. Ich kann nicht einmal mehr eine Handtasche tragen, viel weniger deine Puppe.

alle Hände voll zu tun haben (mit etw.) · to have one's hands full with s. th., to have one's work cut out to do s. th. *coll*

. . . Nein, meine Sekretärin kann Ihnen in diesen Tagen leider nicht helfen. Sie hat alle Hände voll zu tun mit der Vorbereitung des tiermedizinischen Kongresses. Sie kommt mit ihrer Zeit schon so kaum durch.

sich die Hände wundarbeiten/-graben/. . ./(-schreiben/. . .) · to write one's fingers to the bone, to work one's fingers to the bone with digging/weeding/. . .

. . . Diese Arbeit in unserem neuen Garten macht mich total fertig! Am Samstag hab' ich mir die Hände regelrecht wundgegraben. – Du mit deinen Philologenhänden! . . . Werden die so schnell wund?

Händedruck: mit einem Händedruck bekräftigen/. . . · to confirm s. th. by shaking hands

. . . Er hat es mir felsenfest versprochen. Und ehe wir uns verabschiedeten, hat er es nochmal mit einem Händedruck bekräftigt: »Sie kriegen den Auftrag, so wahr ich hier stehe.«

Handel: im Handel sein/bekommen/. . . · to be on the market, to be available in the shops/stores/. . .

. . . Ich weiß nicht, ob das Buch überhaupt noch im Handel ist. Ich glaub' kaum. Vielleicht versuchst du es antiquarisch.

etw. in den Handel bringen *form* – Waren/. . . auf den **Markt** bringen · to put (a product/. . .) on the market, to launch/to market a product/. . .

Handel und Gewerbe · trade and industry, trade and commerce

Im Handel und Gewerbe, ja, da kannst du Geld verdienen, reich werden. Als Beamter nicht.

mit jm. in den Handel kommen *form selten* – mit jm. ins **Geschäft** kommen · to start to do business with s. o.

Handel treiben (mit jm.) (mit etw.) *form* · 1. to market s. th., 2. to trade with s. o., to do business with s. o.

1. . . . Eine Sache ist es, Karl, wissenschaftliche Arbeiten zu schreiben, eine andere, Handel zu treiben. Überlaß die Vermarktung deiner Bücher mal ruhig ganz dem Bohnert! Der ist bestimmt ein besserer Kaufmann als du.

2. Treibt die Bundesrepublik mit China eigentlich auch Handel? – Natürlich! Wenn die Handelsbeziehungen auch nicht so eng sind, wie sie sein könnten.

einen schwunghaften Handel (mit etw.) **treiben** *oft neg* · to do a roaring trade with s.th.
... Viele Staaten treiben doch selbst einen schwunghaften Handel mit Drogen! Nur daß diese riesigen Geschäfte unter Decknamen gemacht werden!

Handel und Wandel *hist* · commercial and social life *para*
... Seit jeher ist Handel und Wandel in dieser Stadt vom Meer abhängig gewesen. Schon die Römer sprechen davon, daß das Meer das gesamte wirtschaftliche Leben, den ganzen Verkehr und alle Sitten der Stadt bestimmen.

etw. **aus dem Handel ziehen** *form selten* · to take s.th. off the market
Warum haben die eigentlich das neue Medikament gegen Nierenkoliken aus dem Handel gezogen? – Das darf nicht mehr verkauft werden, weil es krebserregend sein soll.

Händel: Händel suchen *selten* – **Streit** suchen · to seek/to look for/to try to pick/... a quarrel

handeln: im Großen/Kleinen handeln *form* · to sell s.th./... wholesale/retail
Heutzutage muß man in den meisten Branchen im Großen handeln, ob man will oder nicht. Der Kleinhandel wird systematisch erdrückt.

handelseinig: handelseinig sein *form Handel* · to have agreed terms, to have come to an agreement
Na, seid ihr endlich handelseinig? – Fast. Laß uns noch eine Viertelstunde allein, dann werden wir uns wohl über alle Bedingungen geeinigt haben.

handelseinig werden *form Handel* – handelseinig **werden** · to have come to an agreement with s.o., to have reached an agreement with s.o., to have agreed terms with s.o.

Handelsweg: auf dem Handelsweg in Umlauf kommen/... *form* · to become available/... through/as a result of/... trade, to become available/... by commercial arteries/by trade routes/by channels of distribution
... »Diese Statuetten«, erklärte der Museumsführer, »sind auf dem Handelsweg in Umlauf gekommen. Ursprünglich wurden sie nur an ganz bestimmten Orten bei religiösen Zeremonien gebraucht.«

handelt: es handelt sich um jn./etw. – es **geht** um jn./etw. (1) · it's/s.th. is about s.o./s.th., it's/s.th. concerns s.o./s.th.

Händen: es liegt (ganz/...) **in** js. **Händen** (ob ...) – (eher:) (ganz/...) in js. **Hand** liegen/es liegt (ganz/...) in js. Hand (ob ...) · 1. 2. it is (entirely/...) up to s.o., it depends (entirely/...) on s.o. (whether/...)

zu treuen Händen · for s.o.'s safekeeping
Hier hast du das Buch. Zu treuen Händen. – Keine Sorge! Ich werde es wie meinen Augapfel hüten. In drei Wochen bekommst du es zurück.

jm. **zerrinnt/(schmilzt) das Geld/(...) unter den Händen** – jm. zerrinnt das **Geld** wie Butter an der Sonne · money runs through s.o.'s hands like water, money burns a hole in s.o.'s pocket

zu Händen von Herrn/Frau/... + *Gen form* · for the attention of Mr./Mrs./...
Bitte adressieren Sie die Mahnung an unsere Firma, zu Händen unseres Prokuristen, Herrn Krause. Firma Conze u. Co.; Herrmann Ehlers-Str. 9; 7750 Konstanz; (zu Hd. v. Herrn Krause).

es zuckt/kribbelt/juckt jm. **in den Händen** (jn. zu schlagen/...) *ugs* · + to be itching to do s.th.
... Als er diesen groben Ton anschlug, zuckte es mir in den Händen, ihm eine Ohrfeige zu geben/zuckte es mir in den Händen: am liebsten hätte ich ihm eine Ohrfeige gegeben. Aber ich beherrschte mich.

mit vollen Händen sein Geld ausgeben/schenken/(geben)/... · 1. to spend extravagantly, to be extravagant, 2. to be open-handed, to be generous
1. Der Heinz gibt mal wieder mit vollen Händen sein Geld aus. Wenn er so weiter macht, kann er nach drei oder vier Tagen wieder nach Hause fahren, dann hat er nichts mehr.

2. Als er verarmt war, erinnerte sich niemand mehr daran, daß er früher mit vollen Händen Geschenke gemacht hatte. Niemand unterstützte ihn ... *seltener*

in anderen Händen sein · 1. 2. to be in new hands, 1. to be under new ownership
1. Dieses Zweigwerk gehört der Familie Fleischer nicht mehr? – Nein, es ist jetzt in anderen Händen. Ich kann Ihnen allerdings nicht genau sagen, wie die Familie heißt, die es aufgekauft hat.
2. Im letzten Februar hat sie sich scheiden lassen. Inzwischen ist sie schon wieder in anderen Händen. *sal*

in festen Händen sein *ugs* · to have a steady boyfriend, to be spoken for
Ist eure Elfriede eigentlich schon in festen Händen oder ...? – Nein, sie ist noch völlig frei. Warum? Hast du einen Prätendenten für sie auf Lager?

bei jm. **in guten/besten Händen sein** · to be in good hands with s.o.
Also, du bist sicher, daß der Eberhard das Buch gestern mitgenommen hat und kein anderer? Dann bin ich beruhigt. Bei ihm ist es in guten Händen. Der Eberhard weiß, wie man mit wertvollen Büchern umgeht.

bei jm. **in sicheren Händen sein** · to be in safe hands with s.o.
... Bei der Doris sind die Briefe in sicheren Händen. Sie verwahrt sie sorgfältig und läßt niemanden daran. Da kann man todsicher sein.

eine **Arbeit/... unter den Händen haben** – eine Arbeit/(...) unter der **Hand** haben · to be working on s.th.

(sich) etw. **an** (den) **beiden Händen abzählen/(abfingern) können** *ugs selten* – sich etw. an den fünf/(zehn) **Fingern** abzählen können · it is obvious (that ...), it stands out a mile (that ...)

mit leeren Händen (wieder) abziehen/(gehen/...) · to go away empty-handed
Wir hatten fest damit gerechnet, ihn dazu bewegen zu können, uns wenigstens 1.000,– bis 2.000,– Mark zu leihen. Aber es war nichts zu machen – wir sind mit leeren Händen wieder abgezogen.

etw. **mit bloßen Händen anfassen/anpacken** · to touch s.th. with one's bare hands
Vorsicht, Dietlinde! Diesen Topf kannst du doch nicht mit bloßen Händen anfassen, er ist ganz heiß!

etw. **mit geschmatzten Händen annehmen** *ugs* – (eher:) etw. mit **Kußhand** annehmen · to be only too glad/pleased to take s.th./...

an js. **Händen klebt Blut** *path* · + to have blood on one's hands
... Mit diesem Mann will ich nichts zu tun haben, nie! An seinen Händen klebt Blut! – Wieso? – Wußtest du nicht, daß er im Krieg in Polen mehrere Leute erschossen hat?

mit leeren Händen dastehen *ugs* · to stand there empty-handed, to have nothing
Alle habe sie von den Bonbons etwas mitbekommen, nur der kleine Erich steht mit leeren Händen da!

js. **Händen entgleiten** *Kontrolle/Führung/... form oft:* jm. entgleiten · to slip away from s.o.
Der Karl hat seine Abteilung nicht mehr so richtig in der Hand? – Nein. Er paßte ein paar Wochen nicht richtig auf, und sofort machten sich einige Mitarbeiter daran, auf eigene Faust zu arbeiten; und ehe er sich versah, war die Kontrolle seinen Händen entglitten.

mit leeren Händen erscheinen · to come empty-handed
... Die Kinder hatten natürlich damit gerechnet, der Opa würde ihnen wie gewöhnlich eine große Schachtel Pralinen mitbringen. Aber diesmal erschien er mit leeren Händen. – Wie, er hat gar nichts mitgebracht?

mit Händen und Füßen auf jn. **einreden** *ugs* – *path* · to gesticulate wildly in an attempt to persuade/urge/... s.o. to do s.th. *para*
Er redete mit Händen und Füßen auf seine Schwester ein, sie solle den Posten doch annehmen. Aber so sehr er auch insistierte und gestikulierte, sie ließ sich nicht überzeugen oder überreden.

an Händen und Füßen gebunden sein *path* · to have one's hands completely tied

… Wenn ich entscheiden könnte, wie ich das für richtig halte, würde ich selbstverständlich etwas für Sie tun. Aber ich bin hier an Händen und Füßen gebunden. Die Regelungen sind äußerst scharf, und unser Chef ist peinlichst darauf bedacht, daß jeder Paragraph eingehalten wird.

auf Händen und Füßen gehen – auf allen **vieren** gehen · to be hardly able to stand, to be shattered

auf Händen und Füßen laufen (können) – auf den **Händen** laufen können · to walk on one's hands

mit Händen und Füßen reden *ugs* – *path* · to talk with one's hands *n*, to gesticulate *n*

… Wenn dieser Redner in Fahrt kommt, redet er mit Händen und Füßen.

sich mit Händen und Füßen gegen etw. sträuben/wehren *path* · to fight tooth and nail, to fight tooth and nail to prevent/avoid/…

… Er wehrte sich mit Händen und Füßen dagegen, daß man ihn zum Delegationsleiter wählte. Aber es nützte alles nichts: sie bestanden darauf, daß er der Geeignetste sei, und setzten sich über seinen erbitterten Widerstand hinweg.

mit offenen Händen geben *selten* – (immer) eine offene **Hand** haben · to be open-handed

mit leeren Händen wieder gehen – mit leeren **Händen** (wieder) abziehen/(gehen/…) · to go away empty-handed

sich mit den Händen im Gesicht herumfahren *selten* · to wave one's hands about in front of one's face, to keep putting one's hands to one's face

… Unmöglich, dieser Baumann! Was ist das denn für eine Art, sich während einer hochoffiziellen Rede dauernd mit den Händen im Gesicht herumzufahren?! Selbst wenn man nervös ist – das geht einfach nicht.

mit den Händen gestikulieren – mit den **Händen** reden · to talk with one's hands

mit (den) Händen zu greifen sein · 1. 2. to be clear, 1. to be plain as day, 2. to be obvious

1. Diese Zusammenhänge sind doch mit Händen zu greifen! Da braucht man doch keine großartigen Untersuchungen anzustellen! Jeder, der auch nur etwas von den Dingen versteht, sieht das sofort. 2. vgl. – (eher:) (klar/(glatt)) auf der **Hand** liegen/es liegt (klar/(glatt)) auf der Hand (daß …) (1)

Macht/(js. Schicksal/…) in Händen halten · to have power in one's hands, to have power over s.o.'s fate

Wenn sich alle Politiker der Macht, die sie in Händen halten, wirklich bewußt wären, würden sie anders auftreten. Allein die Verantwortung, die eine solche Machtfülle mit sich bringt! …

mit den Händen an der Hosennaht dastehen/… *path* – *iron veraltend selten* · to stand with thumbs on one's trouser seams *tr*

… Das waren Sachen in diesem Militärlazarett, sag' ich Ihnen! Eines Morgens wird auf Flöhe kontrolliert. Alle Leute haben mitten im Krankensaal Aufstellung zu nehmen – nackt. Da stehen wir dann da, mit den Händen an der imaginären Hosennaht … Währenddessen werden alle Betten neu bezogen, alle Schlafanzüge in die Wäsche gesteckt …

mit leeren Händen kommen – mit leeren **Händen** erscheinen · to come empty-handed

auf den Händen laufen können · to be able to walk on one's hands

Die Beate kann auf den Händen laufen! – Schön! Mir reicht es, wenn ich gut zu Fuß bin.

(ganz/…) **in js. Händen liegen**/es liegt (ganz/…) in js. Händen (ob …) – (eher:) (ganz/…) in js. **Hand** liegen/es liegt (ganz/…) in js. Hand (ob …) · it is (entirely/…) up to s.o., it depends (entirely/…) on s.o. (whether/…)

mit den Händen in der Luft herumfahren/herumfuchteln *ugs* · to wave one's hands about

Was fährt der Otto denn da wie ein Verrückter mit den Händen in der Luft herum? – Er versucht verzweifelt, einem Freund in der 12. Etage des Hochhauses da etwas verständlich zu machen. Aber offensichtlich vergebens.

ein Kind/… bei den Händen nehmen – (eher:) ein Kind/… bei der **Hand** fassen/nehmen · to take a child/… by the hand

mit den Händen reden *selten* · to talk with one's hands

Wen aus der Gruppe da meinst du? Den, der ganz links steht? – Nein, den, der da gerade mit den Händen redet. – Ach, unseren 'Gestikulator'! Das ist der Jupp Dörner – unser 'Komiker mit den lebhaften Gebärden'.

jm. etw. (gleichsam/…) aus den Händen reißen – jm. etw. (gleichsam/…) aus der **Hand** reißen (2) · to snatch s.th. out of s.o.'s hand, to grab s.th. out of s.o.'s hands, + to sell/to go like hot cakes

mit vollen Händen schenken *path* · to be open-handed

… Wenn man nicht die Mittel dazu hat, sagte sie plötzlich, kann man auch nicht mit vollen Händen schenken! Unser Albert ist einfach zu freigebig; bei ihm ist das Schenken fast schon ein Laster.

(wieder mal/…) **auf den Händen sitzen** *Theater selten* · to refuse to clap (again/…)

(Ein Regisseur während einer Aufführung:) Die Leute sitzen schon wieder auf ihren Händen. Ich möchte mal wissen, was man diesen Willstädtern aufführen muß, damit sie Beifall klatschen

auf den Händen stehen können · to be able to do a handstand

Kannst du auch auf den Händen stehen? – Ich habe es nie probiert. Ich mag es nicht, wenn mir das Blut so in den Kopf steigt. Die Freude am Handstand überlaß ich anderen.

einem Arzt/… unter den Händen sterben/wegsterben · to die during an operation

Ist die Frau Reichert dem Operateur wirklich unter den Händen weggestorben? – Ja, sie hat während der Operation einen Kreislaufkollaps bekommen und war sofort tot.

jn. auf (den) Händen tragen *path selten* · to do everything for s.o., to grant s.o.'s every wish

Selbstverständlich, meinte sie, muß man für seine Kinder sorgen und Opfer für sie bringen. Aber sie auf Händen zu tragen, das dürfte nur zum Ergebnis haben, daß sie nachher verwöhnt sind, unselbständig werden und meinen, die anderen müßten immer alles für sie tun.

jm. etw. zu eigenen Händen übergeben *form selten* · to hand s.th. to s.o. in person

Aber sie haben dem jungen Mann doch nicht das ganze Unternehmen zu eigenen Händen übergeben? – Doch! Er ist nicht nur Geschäftsführer, er ist Inhaber – ab sofort. – Dann muß er aber ein hübsches Sümmchen dahingeblättert haben.

jm. etw./(jn.) zu treuen Händen übergeben/überlassen/geben · to leave s.th. in s.o.'s safe hands, to leave s.th. in s.o.'s safekeeping

Wir übergeben dir die Briefe zu treuen Händen. Du weißt … – Macht euch keine Gedanken: sie kommen in mein Geheimfach. Es geht niemand daran. Sie sind dort absolut sicher.

jm. etw. aus den Händen winden *form* – jm. etw. aus der **Hand** winden · to wrest/to grab s.th. out of s.o.'s hands, to get one's hands on s.th.

jn./etw. (bei jm.) in guten Händen wissen *form* · 1. to know that s.o. is in good hands (with s.o.), 2. to know that s.o. is in safe hands (with s.o.)

1. Um unsere Tochter mache ich mir keine Sorgen. Ich weiß sie bei meinen Schwiegereltern in guten Händen.

2. Der Minister weiß die Unterlagen über diese Geheimsache hoffentlich in guten Händen. – Ja, Gott sei Dank. Denn sonst müßte er ständig darauf gefaßt sein, daß die Dinge bald im 'Spiegel' stehen. Bei den dauernden Indiskretionen …

jm. **unter den Händen zerbrechen** · to break in s. o.'s hands
Paß auf, Gerda, daß dir dies herrliche hauchdünne Porzellan beim Spülen nicht unter den Händen zerbricht!

mit beiden Händen zugreifen · to really tuck in *coll*, to jump at the chance to do s. th.
Na, hast du dich auf dem Empfang gestern in der Botschaft wenigstens anständig sattgegessen? – Natürlich! Ich hab' reingehauen wie nur etwas. Bei so einem Angebot muß man doch mit beiden Händen zugreifen, oder?

mit leeren Händen zurückkommen/wiederkommen/zurückkehren · to come back empty-handed
... Hoffnungsvoll, seine Ersparnisse im Säckel, war er losgezogen. Jahre später kehrte er mit leeren Händen zurück ...

händeringend: jn. **händeringend um etw. bitten**/jn. ... anflehen/... nach einem Ausweg suchen/... *path* · wringing my/his/... hands, I/John/... implore(s)/beg(s)/plead(s) with/... s. o. to do s. th.
Händeringend flehte sie ihn an, ihren Sohn doch in seiner Firma anzustellen. Aber so sehr sie ihn auch bat, er blieb hart: »Wer stiehlt, wird bei mir nicht eingestellt, und wenn er verhungert!«

Handfeger: wie ein wildgewordener Handfeger daherrennen/... *sal* · to run around like a wild thing
Was ist denn in den Ulrich gefahren? Der rennt ja daher wie ein wildgewordener Handfeger! – Sein Bruder hat ihm den Fußball weggenommen und ist damit nach draußen gelaufen. – Ich verstehe, daß er ihm nachläuft. Aber wie ein Wahnsinniger ...

Handgelenk: ein lockeres/(loses) Handgelenk haben *ugs* – (eher:) eine lockere/(lose) **Hand** haben · to be (a bit) too quick with one's hand, to be (a bit) too quick to smack (s. o.)

das/etw. ist nicht so einfach aus dem Handgelenk zu erledigen/(...) *ugs* · s. th. cannot be done just like that *n*
Du machst dir da falsche Vorstellungen, Günther! Diese Arbeit ist nicht so einfach aus dem Handgelenk zu erledigen. Sie erfordert einige Vorbereitungen und braucht auch ihre Zeit.

etw.(doch) (nicht) **aus dem Handgelenk schütteln (können)** *ugs* – (eher:) etw. (doch) (nicht) aus dem **Ärmel**/(den Ärmeln) schütteln (können) · (not to be able) to do s. th. just like that, (not to be able) to rattle s. th. off, (not to be able) to produce s. th. out of a hat, (not to be able) to come up with s. th. just like that, (not to be able) to produce s. th. out of thin air, (not to be able) to do s. th. off the cuff

handgemein: handgemein werden *form* – handgemein **werden** · to come to blows with s. o.

Handgemenge: ins Handgemenge (miteinander) kommen/ (geraten) *form selten* · to get involved in a fight/a scuffle/...
... Jetzt aber nichts wie weg! Sonst kommen wir noch ins Handgemenge. – Wie, du meinst, die Streithähne werden sich hier noch auf offener Straße verprügeln?

handgreiflich: handgreiflich werden – handgreiflich **werden** · to turn/to become/... violent, to use one's fists

Handgriff: das/(etw.) ist nur ein Handgriff (für jn.) · + to do s. th. with a flick of the wrist
Ich hatte dich vor etwa 14 Tagen gebeten, Junge, das Rollo zu reparieren. Es ist immer noch kaputt. Ist es wirklich nötig, so lange damit zu warten? Das ist doch nur ein Handgriff für dich. In 10 bis 15 Minuten ist die Sache gemacht.

etw. **mit einem Handgriff erledigen** – (eher:) das/(etw.) ist nur ein **Handgriff** für jn. · s. o. can do it/s. th. effortlessly/just like that/...

keinen Handgriff mehr tun/(machen) (dürfen/...) *ugs selten* · (not) (to be allowed) to make the least exertion *n*
Der Engelbert hat eine Herzsache, höre ich? Ist es etwas Ernstes? – Leider ja. Fürs erste darf er keinen Handgriff mehr tun.

keinen Handgriff (irgendwo/für jn.) **tun** *ugs selten* · not to lift a finger for s. o./in the house/...
Obwohl ihre Mutter schon ziemlich alt und schwach ist, tut die Karin zu Hause keinen Handgriff. Waschen, putzen, kochen ..., was es auch ist, die alte Frau macht alles ganz allein.

so manchen Handgriff (für jn.) **tun** *ugs selten* · to help s. o. out now and then
Warum sollst du Frau Engelhardt nicht bitten können, dir bei der Vorbereitung der Hochzeit zu helfen. Du hast für sie schließlich auch so manchen Handgriff getan. – Aber immer nur kleinere Arbeiten. – Dafür sehr häufig.

die nötigen/... Handgriffe lernen/jn. ... beibringen/... · to learn the necessary/... tricks/movements/...
... Ein halbes Dutzend Handgriffe mußt du da lernen. Wenn du die einmal beherrschst, ist es keine Kunst, den Apparat zu reparieren.

Handhabe: keine Handhabe haben für etw./(um) etw. zu tun *form* · to have no grounds for doing s. th.
... Aber warum greift die Polizei denn da nicht ein? – Aber Frau Lützner, die Polizei hat doch gar keine Handhabe, da einzugreifen. Das ist doch alles rein privat. Es fehlt doch jede gesetzliche oder sonstige Grundlage, die die Polizei berechtigen könnte, da etwas zu unternehmen.

gegen jn. **keine Handhabe haben** *form* · to have nothing on s. o., to have no grounds for taking action against s. o.
... Wenn sie gegen den Mann keine Handhabe haben, können sie ihn auch nicht festnehmen! Du kannst doch einen Menschen nicht nur auf Verdacht einsperren!

jm. **eine Handhabe bieten**/(geben), **für** etw./(um) etw. zu tun *form* · to give s. o. grounds to do s. th.
... Sollte der Dannenberg Abmachungen treffen, die den allgemeinen Regelungen des Osthandels zuwiderlaufen, würde er mir eine Handhabe geben, ihm etwas zu sagen. Er hat sich aber bisher wohlweislich gehütet, mir einen solchen Anlaß zum Eingreifen zu liefern.

jm. **als Handhabe dienen für** etw./(um) etw. zu tun *form* – jm. eine **Handhabe** bieten/(geben), für etw./(um) etw. zu tun · to give s. o. grounds to do s. th.

Handkehrum: im Handkehrum *schweiz* – im **Nu**/(in einem Nu) · in a trice/in a jiffy/in no time/...

Handkoffer: jn. **zum Handkoffer schlagen** *sal selten* – j. schlägt/haut/boxt jn. aus dem **Anzug** · to beat the living daylights out of s. o., to beat the shit out of s. o.

Handkuß: etw. mit Handkuß nehmen/... *path selten* – etw. mit **Kußhand** annehmen/... · to be only too glad/pleased to take s. th./...

Handlanger: jn. **zu seinem Handlanger** (zu) **machen** (suchen)/sich von jm. nicht zu seinem Handlanger machen lassen *sal* · to (try to) make s. o. one's dogsbody/not to allow s. o. to make one his dogsbody/slave/...
Hol' dir deine Hausschuhe gefälligst selber! Ich lasse mich von dir doch nicht zu deinem Handlanger machen.

Handreichung: (für jn.) **eine/keine Handreichung machen** *form veraltend selten* · to lend s. o. a hand, to give s. o. a helping hand
... Mein Gott, ist das wirklich so schlimm, wenn das Mädchen für seine Tante ein paar Handreichungen machen muß – den Tisch decken, aufräumen u. ä. Die Frau hat doch derart viel zu tun, da kann man doch mal mit anpacken!

Handschellen: jm. **Handschellen anlegen** *form* – jm. **Schellen** anlegen · to handcuff s. o., to put handcuffs on s. o., to snap handcuffs on s. o.

Handschlag: jn. **mit Handschlag begrüßen** · to greet s. o. by shaking hands
Hier im Institut begrüßen sich alle Leute mit Handschlag. Ganz egal, welche Position einer innehat: wenn er einen Kollegen begrüßt, drückt er ihm die Hand.

eine Abmachung/... **mit**/(per) **Handschlag besiegeln/bekräftigen** *path* · to confirm an agreement/... by shaking hands, to shake on an agreement/...
Die Verhandlungen haben ja lange gedauert. Seid ihr euch denn wenigstens einig geworden? – Ja. Wir haben die Einigung am Ende sogar mit Handschlag besiegelt. – Na, wie zwei Ehrenmänner ...

keinen Handschlag tun *ugs selten* – keine **Hand** rühren (für jn./etw.) (2) · not to lift a finger (for s.o./s.th.)

jn. **durch Handschlag verpflichten** *path selten* · to commit s.o. to an agreement/... by shaking hands on it
Er wollte den Bert Kanzler mit Handschlag verpflichten, daß sie in den kommenden Verhandlungen immer an einem Strick ziehen. Aber der hat ihm gesagt, er könne nicht immer seiner Linie folgen und noch weniger könne er ihm das in die Hand versprechen.

jm. **mit Handschlag versprechen**, daß ... *path selten* – (eher:) jm. in die **Hand** versprechen, daß .../... · to give s.o. one's hand on it that ...

Handschrift: ein Text/... **verrät**/(trägt) js. **Handschrift** *form* · a text/... bears s.o.'s mark, a text/... has s.o.'s mark, a text/... bears s.o.'s stamp
... Dieser Vertragsentwurf verrät die Handschrift des Chefs! – Woran merkst du das? – Am Stil, an dem klaren Aufbau – vom Unwesentlichen zum Wesentlichen –, an allem! Den hat der selbst formuliert – oder wenigstens vorformuliert.

eine gute/... Handschrift haben · to have good/... handwriting, to have a good/... hand
So einen Brief von meinem Vater zu lesen ist eine Wonne, weißt du. Eine gestochene Handschrift hat der. So eine schöne Handschrift habe ich sonst noch nirgendwo gesehen.

eine kräftige/(gute) Handschrift haben/schreiben *ugs* · when he/... slaps you, you know all about it
Mein Vater hat eine kräftige Handschrift, das kann ich dir sagen. Wenn der dir eine knallt, das fühlst du. – Du scheinst das ja schon oft zu spüren bekommen zu haben.

Handschuh: den Handschuh **aufnehmen/aufheben** *geh veraltend selten* – (eher:) den **Fehdehandschuh** aufnehmen/aufheben · to take up the gauntlet

jm. den Handschuh **hinwerfen**/vor die Füße werfen/(ins Gesicht schleudern) *geh veraltend selten* – (eher:) jm. den **Fehdehandschuh** hinwerfen/vor die Füße werfen/(ins Gesicht schleudern) · to throw down the gauntlet

jn. **mit (seidenen) Handschuhen anfassen** *form – path selten* – jn. mit **Glacéhandschuhen** anfassen · to handle s.o. with kid gloves

Handschuhnummer: nicht js. **Handschuhnummer sein** *sal* – (eher:) nicht js. **Kragenweite** sein · it/he/... is not s.o.'s cup of tea

Handstreich: durch einen **Handstreich an die Macht kommen**/... *form* · to come to power/... by means of a surprise attack/a coup de main/..., to come to power in a surprise coup
... Durch einen Handstreich ist dieser Mann an die Macht gekommen! Heute will das niemand mehr wissen. Er drang mit einer Handvoll von bewaffneten Leuten ins Präsidentenpalais ein, nahm den Präsidenten gefangen und gab dann alle einschlägigen Anordnungen in dessen Namen ...

eine Festung/Stadt/... durch (einen) **Handstreich nehmen/erobern** *form* · to take/to conquer/... a fortress/a town/... by surprise/in a surprise attack/in a surprise raid
... Du sagst, durch einen Handstreich hat er die Burg genommen? Wie kann man eine solche Anlage mit ein paar Leuten gleichsam im Handumdrehen erobern?

Handtuch: (ein) schmales **Handtuch** (sein) *sal* · a puny drip, a weakling *coll*
... Wenn du mich jetzt nicht zufrieden läßt, ruf' ich meinen Bruder! – Na, dann ruf' mal! Meinst du, vor diesem schmalen Handtuch hätte ich Angst?! So ein Schwächling ...

das **Handtuch werfen**/schmeißen · 1. 2. to throw in the towel, 1. to throw in the sponge
1. ... Von der vierten Runde an trommelte sein Gegner wie auf einen Sack auf ihn ein. Nach der achten Runde hat sein Betreuer dann endlich das Handtuch geworfen. – Technischer k.o. also? – Ja. Er hätte schon früher aufgeben müssen.

2. ... So lang er eben kann, hält er durch. Der Kurt Bichser ist nicht der Typ, der so schnell das Handtuch wirft!

Handumdrehen: im **Handumdrehen** – im **Nu**/(in einem Nu) · in a trice/in a flash/in no time/...

handverlesen: handverlesen (sein) *form* · (to be) hand-picked
... Die Kirschen sind handverlesen; da findest du keine faulen! – Mein Gott, wieviele Leute haben die denn dann aussortiert?

Handvoll: (nur/...) eine **Handvoll** (von) **Leute(n)**/... · a handful of people
Wegen einer Handvoll Studenten eine neue Lehrkraft einstellen – nein, das geht nicht. – Wegen einer Handvoll? Wenigstens 15 oder 20 wollen diesen Kurs besuchen. – Ja, 15 oder 20, was ist das schon?

handwarm: handwarm (sein) *form* · (to be) hand-hot
... Nicht heiß – handwarm soll das Wasser sein! Oder lauwarm – wenn du das besser verstehst.

Handwerk: das/eine bestimmte Propaganda/Reklame/... zu machen/..., das **gehört zum Handwerk** *ugs* · it's part of his job to say/praise/... *n*
... Der Vertreter hat doch gesagt, das Material würde nie kaputt gehen. – Nun gut, 'nie' – das darf man nicht so wörtlich nehmen. Er muß sein Material schließlich verkaufen und dafür muß er seine Vorzüge so einprägsam wie möglich herausstellen. Das gehört zum Handwerk.

jm. das **Handwerk legen** · to put a stop to s.o.'s game/tricks
Diesen Drogenhändlern muß unbedingt das Handwerk gelegt werden! Sie verderben uns noch die ganze Jugend. – Aber wie soll der Staat all diese Leute überhaupt aufspüren, um ihnen ihr Treiben unmöglich zu machen?

jm. ins **Handwerk pfuschen** *ugs* · to meddle in/to stick one's nose into/... something one knows nothing about, to meddle in and mess up s.o.'s work
Ständig sucht der Breitkamp in seinen Kommentaren den Philologen eins auszuwischen. Das ist strenggenommen eine Unverschämtheit. Was versteht er als Übersetzer schon von philologischen Problemen? Er sollte sich an seine Übersetzungen halten und anderen Leuten nicht ins Handwerk pfuschen.

sein/etwas von seinem **Handwerk verstehen**/(sein Handwerk beherrschen) · to know one's job, to know what one is about
Ein glänzender Zahnarzt, dieser Herr Günther. Der versteht sein Handwerk!

Handwerker: ein guter **Handwerker** sein · to be a solid performer (and no more) *coll*
Für technische Übersetzungen ist der Herbert zu gebrauchen, aber nicht für literarische. Er ist ein guter Handwerker, weißt du: er beherrscht die Regeln, arbeitet sorgfältig; doch wo Phantasie, schöpferische Begabung verlangt wird, da ist er überfordert.

Handwerkszeug: sein **Handwerkszeug beherrschen** (müssen) · s.o. knows what he is about, s.o. knows his stuff *coll*
Der Prof. Meyer ist ein hervorragender Germanist. Der Mann beherrscht sein Handwerkszeug.

Handzeichen: das **Handzeichen geben**/(um ... bitten/...) *form* · to raise one's hands (to indicate agreement/...), to vote for s.th. by a show of hands
Du hast doch auch das Handzeichen gegeben, als der Vorsitzende zur Abstimmung aufforderte. Wie kannst du denn da jetzt sagen, du wärst für die Entscheidung nicht verantwortlich?

Hanf: (wie der Vogel) im **Hanf sitzen** *veraltend* · to be in clover, to be sitting pretty *coll*
Nachdem wir nun auch unser Häuschen fertig haben, sitzen wir alle wie der Vogel im Hanf: es geht uns gut, wir fühlen uns wohl, jeder hat seinen Platz, seine Ruhe ...

Hang: einen **Hang zum Großen** haben · to like to do things in style
Der Bert hat in allem einen Hang zum Großen. In der Kleidung, im Umgang mit anderen, im Geschäft – ganz gleich, wo, das muß für ihn immer 'Dimensionen haben'.

Hangen: mit Hangen und Bangen etw. schaffen/... *path selten* – mit **Ach** und **Krach** etw. schaffen/... · to just about manage s.th./..., to manage to do s.th. by the skin of one's teeth, to scrape through an examination

hängen: dauernd am Telefon/vor dem Fernseher/am Radio/ (...) **hängen** *ugs* · to be (constantly/forever/...) on the phone/watching TV/listening to the radio/..., to spend all one's time on the phone/in front of the TV/glued to the radio/...

... Herr des Lebens, den halben Tag hängt dieses Mädchen am Telefon! Wie man so lange überhaupt reden kann!

bei jm. **hängen** *ugs selten* · 1. to be out of favour with s.o. *n*, to be in s.o.'s bad books, 2. to be in the red with s.o.

1. ... Der Helmut könnte vielleicht mal mit dem Bentel sprechen, ob der da nicht helfen kann. – Das hat gar keinen Zweck. Seitdem der Helmut die Anneliese sitzen gelassen hat, hängt er bei dem Bentel. Der will von ihm nichts mehr wissen.

2. ... Einen Teil seiner Schulden hat der Karl in der Tat zurückgezahlt. Aber bei seinem Vater und einem Onkel hängt er nach wie vor.

es bleibt (immer/...) etw. **hängen** (von übler Nachrede/...) · something (always/...) sticks

... Da kannst du Widerspruch erheben und Beweise liefern, soviel du willst, etwas bleibt immer hängen. Und das wissen diese Leute doch ganz genau. Ihre Verleumdungen haben Methode.

es bleibt von etw. **bei** jm. **allerhand/viel/wenig/nichts/... hängen** *ugs* · a lot/something/nothing/... sticks in s.o.'s mind, a lot/something/nothing/... sticks in s.o.'s memory

... Nein, danach darfst du als Lehrer nicht fragen, was bei den Schülern hängen bleibt. – Aber wenn die sowieso dreiviertel oder mehr sofort wieder vergessen, kann man sich die Arbeit doch sparen! – Deshalb sage ich ja: lieber erst gar nicht fragen, was sie behalten.

und wenn sie mich/(ihn/...) **hängen**, ... *ugs – path selten* · come what may, come hell or high water, you can say what you like ...

... Und wenn sie mich hängen: ich bleibe bei meiner Interpretation des Stücks. – Paß auf, daß du mit deinem Eigensinn nicht noch im Examen durchfällst. – Solange mir niemand klipp und klar beweist, daß ich Unrecht habe, bleibe ich dabei. Ganz egal, was passiert.

lieber/eher laß ich mich/(läßt er sich/...) **hängen, als daß** ... *ugs – path* · I am/he/John is/... hanged if I'm/he is/... going to

... Lieber laß ich mich hängen, als daß ich mit diesen Spießbürgern zusammen Ferien mache! Auf gar keinen Fall!

etw. **niedriger hängen** *ugs* · to ease up a bit on s.th., to slacken off, to take s.th. easier *n*

Seitdem der Gregor die junge Spanierin kennt, scheint er seinen Beruf niedriger zu hängen. – Wie, erfüllt er seine Pflichten nicht mehr? – Das schon! Aber der Beruf hat für ihn nicht mehr denselben Stellenwert wie früher.

sich an jn./(etw.) **hängen** *ugs* · 1. 2. to cling to s.o., to attach o.s. to s.o., 3. to become attached to s.th. *n*, 4. to stick/to stay close to s.o.'s heels *n*, to keep right behind s.o. *n*

1. ... Wenn der Junge von seinen Eltern nicht gefördert wird, ist es doch kein Wunder, wenn er sich an den Onkel hängt. – Dem wäre aber mehr Distanz offensichtlich lieber. – Ist der Gerd denn aufdringlich?

2. (Der Vater barsch zu seiner Tochter:) Du meinst, wenn du bei einem Deutschen eine Enttäuschung erlebt hast, mußt du dich jetzt an einen Spanier hängen, was? – Vater, wie du davon reden kannst. Ich liebe den José!

3. ... Meinst du nicht, Otto, daß man sich erst dann ans Geld hängt, wenn man an die wichtigeren Dinge nicht mehr glaubt?

4. vgl. – (eher:) sich an js. **Fersen** heften/(hängen)

hängen bleiben *ugs* – **sitzen** bleiben (1) · to have to repeat a year

an jm. **hängen bleiben** *Arbeit/...* *ugs* · + s.o. is stuck with the work/..., + s.o. is landed with the work/...

... Ihr fahrt in Urlaub und die ganze Arbeit bleibt an mir hängen?! Das könnte euch so passen!

bei jm./**in** ... **hängen bleiben** *ugs* · to stay on somewhere *n*, to get stuck somewhere

Neun Uhr ... Ich gehe. Der Alfons kommt doch nicht vor Mitternacht. Der ist bestimmt wieder im 'Roten Hahn' hängen geblieben und kloppt dort Skat.

bei einer Kleinigkeit/... **hängen bleiben** *ugs* · to get stuck on s.th., to get bogged down in details/...

(In einer Projektdiskussion:) Es geht um unser Wörterbuchprojekt, Paul! Du redest jetzt schon über zehn Minuten von der Politik der verschiedenen Verlage – für uns ein ganz nebensächlicher Punkt. Es hat doch keinen Sinn, jetzt an Nebensächlichkeiten hängen zu bleiben. Kommen wir also auf die lexikologischen Fragen zurück! ...

jn. **hängen lassen** (mit etw.) *ugs* · 1. to let s.o. down *n*, 2. to leave s.o. in the lurch *n*

1. Ich hatte fest damit gerechnet, Herbert würde meine Bewerbung unterstützen. Aber er hat mich hängen lassen. Ohne mich vorher zu benachrichtigen, hat er sich aus der Sache völlig herausgehalten, sodaß die anderen annehmen müssen, daß er gegen meine Kandidatur ist.

2. Ihn in einer solchen Notlage einfach hängen zu lassen ist gemein! Einen Freund, der Hilfe braucht, läßt man doch nicht einfach im Stich.

sich hängen lassen *oft: laß dich nicht so hängen!* *ugs* · 1. to let o.s. go *often: pull yourself together! don't let yourself go!*, 2. to hang one's head, to be downcast/down-hearted *n*

1. Kommst du mit ins Schwimmbad? – Ach, ich weiß nicht. Ich fühle mich irgendwie so schlapp. – Jetzt laß dich mal nicht so hängen und komm' mit!

2. vgl. – den **Kopf** hängen lassen

ich will mich hängen lassen/(laß mich hängen), **wenn** etw. nicht stimmt/... *ugs – path selten* · I'll be hanged if s.o. does not do s.th./if s.th. is not true/...

Ich will mich hängen lassen, wenn der Kurt gestern nicht haargenau das Gegenteil von dem behauptet hat, was sein treuer Bruder uns jetzt gerade erzählt hat. – (Der Bruder:) Ich werde den Kurt fragen! – Frag' ihn! Und sag' ihm, daß ich ihm jeden Preis zahle, den er verlangt, wenn nicht stimmt, was ich sage.

mit Hängen und Würgen etw. schaffen/... *path* – mit **Ach** und **Krach** etw. schaffen/... · to scrape through an examination/..., to get through by the skin of one's teeth

mit allem, was drum und dran hängt *ugs* · 1. with everything that goes with it, 2. with all the bits and pieces, lock, stock and barrel, with all the paraphernalia

1. Der Posten als solcher ist reizvoll: eine interessante Arbeit, aufgeschlossene Kollegen ... Aber mit allem, was drum und dran hängt, bringt er auch zahlreiche Belastungen mit sich: viel Repräsentationspflichten, viel unangenehme Verhandlungen mit den Behörden und ähnliches.

2. vgl. – (eher:) etw. mit allem **Drum** und Dran

der Anzug/das Kleid/... **hängt** jm. **nur so am Leib/Körper herunter** *ugs* – (eher:) jm. wie ein **Sack** am Leib/Körper herunterhängen · to hang down like a sack (from s.o.)

Hannemann: Hannemann, geh' du voran! *ugs* · 1. 2. you go ahead *n*, you go first *n*, after you! *n*

1. »Und wenn uns jemand auf diesem einsamen und dunklen Pfad überfällt, was dann?«, schrie sie, und nach dem Motto 'Hannemann, geh du voran!' hielt sie sich immer hinter uns beiden.

2. Wer meldet sich denn nun zuerst? – Hannemann, geh du voran! – Du willst erst einmal sehen, wie es bei mir ausgeht, um dich danach besser auf die Prüfung einzustellen, was?

Hannibal: Hannibal ad portas *lit selten* · Hannibal ad portas

... Erst wer weiß wie leichtsinnig sein wird und es brenzlig wird, schreien: 'Hannibal ad portas!' ... – Was bedeutet das denn schon wieder? – 'Gefahr im Verzug',(eigentl.: »Hannibal vor den (Stadt-)Toren« ...

Hans: der blanke Hans *geh veraltend selten* · the (wild/...) North Sea, the stormy ocean *n*, Davy Jones *lit*

... Der blanke Hans schäumt einmal wieder, so wie es Storm in seinem 'Schimmelreiter' so eindringlich geschildert hat: die Wellenkämme der Nordsee, die wie riesige Heere reitender Schimmel aussehen ...

(der) Meister Hans *lit veraltend selten* · Jack Ketch, the hangman *n*
Gibt es eigentlich heute noch den Meister Hans? – Die Funktion des Scharfrichters gibt es natürlich noch überall, wo es die Todesstrafe gibt. Da diese heute in unseren Breiten nicht mit dem Schwert oder der Guillotine durchgeführt wird, sieht die Funktion des Meisters Hans anders aus – und wird deshalb auch anders genannt.

ein Hans Dampf in allen Gassen sein *ugs* · to be a Jack of all trades, to have a finger in every pie, to be a wheeler-dealer
Der Raymund ist ein sympathischer Mann. Aber er ist ein Hans Dampf in allen Gassen – immer in Bewegung, immer voller Pläne, und vor allem: man hat den Eindruck, er kümmert sich um alles und nichts; er packt alle möglichen Dinge an, führt aber nichts solide durch.

ein Hans im Glück (sein) *lit* · (to be) a lucky dog/devil *coll*
Du hast schon wieder gewonnen? Du bist wirklich ein Hans im Glück.

(der) Hans Langohr *lit veraltend selten* · a/the ass, Mr. Longears *para*
Was ist das für ein Tier dort drüben, mit den langen Ohren, Christina? Das weißt du nicht? Das ist der Hans Langohr! – Was? – Ein Esel.

ein (richtiger/...) Hans Liederlich sein *veraltend selten* · an untidy so-and-so *coll*
... Du bist ein richtiger Hans Liederlich! – Warum? – Frag' nicht so dumm! Du hast doch nirgends Ordnung! Weder in deiner Kleidung noch in deinem Zimmer, weder im Beruf noch im Privatleben.

Hans-guck-in-die-Luft: ein (richtiger/...) **Hans-guck-in—die-Luft sein** *ugs* · to be a (real) Johnny-Head-in-the-Air *tr*
Vorsicht, Albert! Du bist ja ein richtiger Hans-guck-in-die-Luft! Wenn ich jetzt nichts gesagt hätte, wärst du in das Loch hier geplumpst, während du den Dachfirst des Hauses da drüben angestarrt hast. Bleib' doch wenigstens stehen, wenn du so angestrengt in die Luft guckst!

Hanswurst: ich bin/Onkel Peter ist/... **(doch) nicht js. Hanswurst!** *sal* · I'm not/John is not/... s.o.'s lackey/puppet/...
Ich soll für ihn die ganzen Verhandlungen führen und anschließend, wenn das Ergebnis auf einer feierlichen Schlußsitzung offiziell festgehalten wird, soll ich nicht einmal erscheinen dürfen?! Der ist wohl verrückt! Die Leute würden sich ja mit Recht über mich amüsieren! Ich bin doch nicht sein Hanswurst!

ich spiele/(mache)/Onkel Peter spielt/(macht)/... (doch) nicht js. **Hanswurst** *sal selten* – ich bin/Onkel Peter ist/... (doch) nicht js. **Hanswurst** · I'm not/John is not/... s.o.'s lackey/puppet/...

hapert: es hapert (bei jm.) **mit** etw. (noch ein wenig/...) *ugs* · to have difficulties/problems/... with s.th. *n*, to be weak at s.th. *n*
... Ja, sie hat im Portugiesischen große Fortschritte gemacht und kann sich schon ganz gut ausdrücken. Aber mit der Grammatik hapert es noch ein bißchen. Aber das kommt auch noch!

Happen: ein fetter Happen (sein) *ugs* – (eher:) ein fetter **Braten** (sein) · it/s.th. is a big killing

auf einen Happen zu ... gehen *ugs selten* · to go for a bite to eat to the French/... restaurant/...
... Was hältst du davon, wenn wir, statt in die Kantine, auf einen Happen zum Italiener um die Ecke gehen? – Gute Idee!

jm. **keinen Happen gönnen** *ugs selten* – jm. nicht das **Schwarze** unter dem Nagel/den Nägeln gönnen · to begrudge s.o. the air he breathes

sich keinen Happen gönnen *ugs selten* – sich keinen **Bissen** gönnen · not to allow o.s. even a bite of food

einen Happen zu sich nehmen/(...) *ugs* – einen **Bissen** zu sich nehmen/(...) · to have s.th./a bite to eat

happig: (ein bißchen/...) **happig sein** *ugs* · 1. that's a bit over the top, that's a hell of a lot, 2. that's a bit steep, that's a bit much
1. Wieviel hat er gegessen? Drei Teller? Das ist in der Tat ein bißchen happig. Man sollte auf Einladungen sich gerade übertreiben.
2. Du sollst ohne jedes Entgelt die Privatpost für ihn erledigen? Das ist happig. – Das meine ich auch, das ist übertrieben – das ist eine Zumutung!

harb: jm. **harb sein** *bayr österr* – **sauer** sein (auf jn.) (2) · to be annoyed/cross/... with s.o.

Härchen: niemandem/keinem ein/jm. nie ein/kein **Härchen krümmen** *ugs* · 1. 3. s.o. wouldn't hurt a fly, 2. not to do s.o. any harm *n*
1. Der Willi ist ein herzensguter Mensch, er würde niemals jemandem auch nur ein Härchen krümmen.
2. Warum ist sie denn so gereizt gegen ihn, fast beleidigt? Er hat ihr doch noch nie ein Härchen gekrümmt. – Vielleicht erwartet sie gerade von ihm mehr, als daß er ihr nichts zuleide tut ...
3. vgl. – keiner **Fliege** etwas zuleide tun (können)

Harke: jm. **zeigen, was eine Harke ist** *ugs* · 1. to show s.o. what's what, 2. we/... really show them/give it to them/..., you/... really give him/... what for
1. Diesen Ton kannst du dir nicht länger gefallen lassen. Dem mußt du mal zeigen, was eine Harke ist. Der meint, er kann mit dir machen, was er will. Den mußt du mal ganz energisch in seine Schranken weisen.
2. vgl. – dem/der/dem Herrn Schulze/... habe ich/(hat er/...) es aber **gezeigt!**

harmlos: (so) ganz harmlos etw. **sagen**/(tun) *ugs* – so (ganz) **nebenbei** · to ask/to say/to do s.th. in all innocence/quite innocently/...

Harn: Harn lassen *eher: das Harnlassen form* · to pass water, to urinate
... Diese Tabletten, die du da gekauft hast, damit es nicht so wehtut, Harn zu lassen, sind unmöglich: man pinkelt nur noch.

Harnisch: in Harnisch sein *form* · to be up in arms
Du tust gut daran, ihm aus dem Weg zu gehen. Er ist in Harnisch, weil du ihn gestern hast warten lassen. Laß seine Wut erst wieder verrauchen, ehe du ihn ansprichst.

jn. **in Harnisch bringen** *form* · to get s.o.'s hackles up, to get s.o.'s back up *coll*
Tu das nicht! Du weißt genau, daß du Vater damit in Harnisch bringst. – Aber ich kann doch nicht mein ganzes Leben darauf einrichten, was Vater wütend macht oder nicht.

in Harnisch geraten/kommen *form* · + s.o.'s hackles rise, to fly into a rage, to get up in arms
Als er sah, daß sie seine Gutheit ausnutzen wollte, geriet er in Harnisch: »Meinst du, ich wäre dein Sklave ...?!« So wütend hatte sie ihren Freund noch nicht gesehen.

hart: hart an jm. **vorbeifahren**/(an etw. grenzen/...) – (eher:) **haarscharf** an jm. vorbeifahren/... · to drive very close to s.o./s.th., to just miss s.o./s.th.

Härte: das/(etw.) **ist die Härte!** *Neol Jugendspr path selten* – das/(etw.) ist ein dicker **Hund!** · that's outrageous!, that's the limit!, that's a bloody liberty!

die ganze Härte des Gesetzes zu spüren bekommen/(kriegen) *path* – die ganze **Schwere** des Gesetzes zu spüren bekommen/(kriegen) · to feel/to suffer/... the full severity of the law

Härtefall: ein Härtefall · a case of hardship
... Nein, grundsätzlich geben wir keine Genehmigung für eine dritte Wiederholung der Prüfung. Ausnahmen gibt es nur in Härtefällen. – Und die wären? – Wenn jemand gesundheitlich ernste Probleme hat, die Eltern gestorben sind o.ä.

hartgesotten: ein hartgesottener Sünder/Lügner/(Mensch/...) · a hardened criminal/..., an inveterate liar

... Mit frommen Sprüchen – daß es nicht schön ist zu lügen u. ä. – kommst du bei dem Werner nicht an. Das ist ein ganz hartgesottener Lügner/(Geselle/...!). Nur handfeste Strafen beeindrucken den.

Hasard: Hasard spielen *path selten* · 1. 2. to take chances, to take risks, to gamble

1. ... Und wenn die Pflanzen nicht gedeihen? Dann hast du dein ganzes Geld zum Fenster hinausgeschmissen. Nein, 100.000,– Mark nur auf Kiwis setzen, das erscheint mir doch ein bißchen zu leichtsinnig. Ich jedenfalls würde nicht so Hasard spielen.
2. Der Fred hat schon wieder eine neue Geliebte. – Der Fred spielt mal wieder Hasard. Der meint, er könnte sich seiner Frau gegenüber alles leisten. Irgendwann ist die das satt und läßt ihn mit den Kindern da sitzen.

Haschmich: einen Haschmich haben *sal selten* – nicht (so) (ganz/(recht)) bei **Trost** sein (2) · to have a screw loose, to be round the bend

Hase: ein alter Hase sein *ugs* · to be an old hand

Nein, der Dönert läßt sich nicht so schnell fertigmachen. Das ist ein alter Hase. Der arbeitet in dem Geschäft seit mehr als 25 Jahren und ist mit allen Wassern gewaschen.

ängstlich/(furchtsam) wie ein Hase sein *ugs* · to be as timid/... as a rabbit *n*

Nun stell' dich mal nicht so an! Natürlich ist es einsam hier und dunkel. Aber deswegen braucht man doch nicht sofort so ängstlich zu sein wie ein Hase.

kein heuriger Hase mehr sein *ugs selten* · s.o. is an old hand/a sly old dog/a wily character/..., s.o. is no spring chicken

... Nein, der Fritz Wolters, der ist doch kein heuriger Hase mehr! Der ist seit mehr als 20 Jahren im Geschäft; meinst du, der fällt auf solche plumpen Tricks herein?

(schon/...) sehen/merken/(verstehen/wissen), wie der Hase läuft *ugs* · to see/to know/... which way the wind is blowing *n*

An deiner Stelle würde ich mich bei den Verhandlungen zunächst einmal zurückhalten und die anderen reden lassen. Nach einiger Zeit merkst du dann schon, wie der Hase läuft. Und wenn du erst einmal verstanden hast, in welche Richtung sich das Ganze bewegt und was jeder will ...

merken/(spüren/wissen/...), wo der Hase (im Pfeffer) liegt *ugs selten* · to see the point *n*

... Du hast immer noch nicht gemerkt, wo der Hase liegt, scheint mir. Es geht deinem Vater nicht um blendende Zeugnisse, nicht um den Eindruck bei den Lehrern, nicht darum, daß du besser bist als dieser oder jener. Es geht ihm einzig und allein darum, daß du solide Grundlagen fürs Leben hast und zu arbeiten verstehst.

da liegt der Hase im Pfeffer *ugs* · that's the point! *n*

In den sachlichen Fragen sind sie sich fast immer einig. Wenn es trotzdem zwischen ihnen nicht klappt, dann, weil sie als Eheleute nicht zusammen passen. Da liegt der Hase im Pfeffer.

das/etw. kannste den Hasen geben *sal selten* – etw. ist (nur/der letzte/...) **Schrott** · you can dump it, + s.th. is just trash/junk/rubbish/...

den Hasen laufen lassen *ugs selten* · to splash out in a big way

Gestern abend hat der Bühler mal wieder den Hasen laufen lassen. Um die vier-, fünftausend Mark hat ihn die Feierei bestimmt gekostet.

einen Hasen machen *Gaunerspr selten* – sich aus dem **Staub(e)** machen · to make o.s. scarce, to beat it, to clear off, to slope off

wohnen/leben/..., wo sich die Hasen (und Füchse)/(Hase und Fuchs) gute Nacht sagen *ugs* – wohnen/leben/..., wo sich **Fuchs** und Hase gute Nacht sagen · to live/... in the back of beyond, to live/... in the middle of nowhere

dem Hasen Salz auf den Schwanz streuen/(den Hasen fangen, indem man ihm ...) *zu Kindern* · to catch a rabbit by sprinkling salt on its tail *para*

Und wie fängt man die Häschen, Vati, wenn sie so schnell laufen können? – Indem man ihnen Salz auf den Schwanz streut. – Und wie macht man das?

Hasenfuß: ein Hasenfuß sein *ugs* · s.o. is chicken/a coward *n*

Der Peter ist ein richtiger Hasenfuß! Der traut sich ja nicht mal mehr in den Keller, wenn es dunkel ist. So einen Angsthasen wie den habe ich noch nicht erlebt.

Hasenherz: ein Hasenherz haben *scherzh selten* · to be a real scaredy-cat

Mein Gott, was ist denn schon dabei, einen Abendspaziergang durch diesen Wald zu machen?! Du hast aber auch wirklich ein Hasenherz!

Hasenjagd: das ist doch keine Hasenjagd! *ugs selten* · it's not a race *n*

... Das ist doch keine Hasenjagd! Was rast denn der Eckbert wie ein wildgewordener Handfeger davon?

Hasenpanier: das Hasenpanier ergreifen *scherzh* – sich aus dem **Staub(e)** machen · to take to one's heels

hasenrein: die Sache/(etw.) ist nicht hasenrein *ugs selten* – nicht (ganz) **astrein** sein · the business is a bit fishy/shady/dubious/...

Haß: jm. schaut/(sieht) der Haß aus den Augen – jm. schaut/sieht der Haß/(...) aus den **Augen** · + s.o.'s eyes are full of hate

hassen: jn. tödlich hassen · to loathe s.o., to have a mortal hatred of s.o., to hate s.o.'s guts *coll*

Jemanden unsterblich lieben, meint der Georg, und jemanden tödlich hassen, sind nur zwei Seiten derselben Medaille. Drollige Meinung!

Haßkappe: die Haßkappe aufhaben *ugs selten* · to be in a bad/lousy/rotten/... mood *coll.*

Heute ist wieder so ein Tag, an dem alle wie bescheuert Auto fahren. Wenn ich nur daran denke, daß ich noch 300 km fahren muß, habe jetzt schon wieder die Haßkappe auf.

Hast: in fliegender Hast etw. tun *path* – in fliegender/rasender/(jagender) **Eile** etw. tun · to do s.th. in a mad rush, to do s.th. in frantic haste

hast(e): da hast du's/haben sie's/(hat er's/...)! *ugs* · there you are, + what did I tell you/him/...?

... Man will mich entlassen. Die Geschäftsleitung meint, auf die Dauer wären die Mißhelligkeiten der Firma abträglich. – Da haben Sie's, Herr Malberg! Ich habe Ihnen immer ans Herz gelegt, auch auf gute persönliche Beziehungen zur Geschäftsleitung Wert zu legen. Sie wollten es mir nicht glauben ...

haste was, biste was *ugs* · money talks, wealth/... brings status *para*

... Dir brauch' ich doch beileibe nicht zu erklären, wie diese Gesellschaft funktioniert. Haste was, biste was; haste nichts, zählste nichts. Nur die Pfennige zählen in diesem Land, sonst gar nichts.

(..., und) haste was kannste, rannte er davon/suchten sie das Weite/... – (..., und) haste was **kannste/(hast du was, kannst du),** rannte er davon/suchten sie das Weite/... · and before you knew where you were they/... ran off/...

das hast du/hat er/habt ihr/... von .../davon! *ugs* · 1. 2. that's what s.o. gets for (doing) s.th.

1. Der Rolf hat einen Unfall gehabt? – Ja, der Wagen ist völlig kaputt. – Er ist zu schnell gefahren, vermute ich. – So ist es. – Das hat er von seiner Raserei! Ich habe immer gesagt, daß das nicht gut gehen kann.
2. Die Marlies ist schwanger. – Sie wollte nie Verhütungsmittel nehmen. Das hat sie davon! Irgendwann muß es ja schief gehen, wenn man immer so leichtsinnig ist.

hast du/hat sie/hat der Meier/... das öfter? *sal* · does he/do you/does Smith/... often have these attacks/turns/fits/... *coll*

(Karl:) Der Kommunismus ist an allem schuld, an allem, sag' ich ...! (Herbert zu Anton:) Hat der das öfter? – Nein, das ist eigentlich das erste Mal, daß er solchen Blödsinn verzapft. – Meine Güte: so etwas von Dummheit, von Primitivität …!

hat: das hat j. **von seinem** Leichtsinn/seiner Rücksichtslosigkeit/… *ugs* · that is what s.o. gets for his foolish behaviour/inconsiderateness/… n

Hast du schon gehört, der Toni hat einen Unfall gehabt. Er ist einem anderen draufgefahren. Totalschaden. – Das hat er von seiner Raserei. Das konnte ja nicht ausbleiben …

nicht wissen/…, was j. **(plötzlich/…) hat** *ugs* · 1. 2. not to know what's up with s.o. 1. not to know what's got into s.o.

1. Was ist denn mit der Uschi los? Sie ist plötzlich so still. – Ich weiß auch nicht, was sie plötzlich hat. Ob sie dir die Bemerkung übelgenommen hat, daß Schönheit auch bei Frauen nicht unbedingt das Wichtigste ist.

2. Kommt denn der Willi nicht auch? – Nein. – Stimmt was nicht? – Ach, ich weiß auch nicht, was der hat. Er meint, die ganze Rederei führe sowieso zu nichts; das hätte alles überhaupt keinen Sinn …

(siehst du/ja/…) wer hat, der hat! *iron* · 1. 2. if you can afford it, why not?, if you've got it, flaunt it

1. (Nach einem Besuch:) Mensch, sind die Kolbes reich! – Ja, so ist das: wer hat, der hat!

2. … Schau mal diese herrliche seidene Hose von der Ulla an! – Siehst du? Wer hat, der hat! Du bist doch wohl nicht neidisch? – Hab' ich denn Grund dazu!

es hat (mit etw.) viel wenig/nichts/… **auf sich** · 1. it doesn't mean anything/much/a lot …/it means a lot/nothing/…, 2. what is there to it?, there's nothing to it, 3. that's quite something

1. Der grüßt mich heute so kalt. Ist er aus irgendeinem Grund sauer auf mich? – Ach, mach' dir keine Sorgen! Das hat nichts auf sich! Der grüßt heute freundlich und morgen tut er so, als würde er uns nicht kennen. Das hat nichts zu bedeuten.

2. Was hat es schon auf sich, wenn sie miteinander ins Kino gehen? Deswegen brauchen sie doch nicht gleich verliebt zu sein, oder was ihr sofort denkt. *seltener*

3. … Eine öffentliche Desavouierung – das hat viel auf sich! Man denkt bestimmt daran, ihn zu entlassen. *selten*

… und damit hat sich's! *ugs* · 1. 2. … and that's that, 2. … and that's all there is to it

1. Für die Arbeit, die der Herr Riemers macht, verdient er in der Tat nicht viel, Herr Direktor Albers. – Gut, dann geben wir ihm 300,– Mark Gehaltszulage und damit hat sich's. In Zukunft möchte ich dann keine Klagen mehr hören.

2. vgl. – (eher:) … und damit **basta** (2)

… und damit hat sich's (dann) auch! *ugs* · that's as far as it goes, that's it

Natürlich werden wir ihm eine Fahrtzulage geben, wenn er jeden Tag mehr als 100 km zu fahren hat. Aber damit hat sich's dann auch. Dann hat der dieselben Bedingungen wie alle anderen und keinen Grund mehr, sich zu beschweren.

(ach) hat sich was *ugs selten* · some hope!

Der Spieß hat gesagt, heute wär' frei. – Hat sich was! Am 6. Januar war noch nie frei hier. Eine Armee ist doch keine Kirche!

(dann gibst du ihr einen Kuß/hilfst ihm ein bißchen/…) und es hat sich wieder/und dann hat sich's wieder *ugs* · 1. 2. … and everything will be fine again n, … and everything will be forgotten n, … and everything will be just dandy

1. Die Bettina ist immer noch verschnupft/sauer, weil du ihr die Schlittschuhe nicht geliehen hast? – Wie es scheint, ja. Seit gestern hat sie mit mir kein Wort geredet. – Dann gehst du/geh' mit ihr heute mal ins Kino – (und) dann hat sich's wieder.

2. … Schreib' dem Mann einen Brief, in dem du dich entschuldigst, dann hat sich's wieder! – Von wegen! (So einfach ist das nicht bereinigt.) Er verlangt eine Entschädigung für die verspätete Lieferung.

hat's: der/die/der Peter/… hat's ja! *ugs* · he/Peter/… can afford it!

Der Jens Kluge hat gestern abend eine Runde nach der anderen geschmissen. – Das tut dem nicht weh. Der hat's ja! Der ist doch stinkreich.

dich/euch/… hat's wohl? *sal* – nicht (so) (ganz/(recht)) bei **Trost** sein (1) · are you all right in the head?

hättest: das hättest du/(hätte er/…) gern(e) (was?)! *ugs* · 1. you/John … would like that, wouldn't you/he? …, 2. you're/you must be joking, no way!

1. … Dann kannst du mir ja auch mehr Taschengeld geben, wenn das Geld heute sowieso nichts wert ist! – Das hättest du gern, was?! Tu erst mal mehr für die Schule und dann komm mir mit mehr Taschengeld!

2. vgl. – (eher:) von **wegen** (2)

Hau: einen Hau (mit der Wichsbürste) haben *sal* – nicht (so) (ganz/(recht)) bei **Trost** sein (2; a. 1) · s.o. must have/has/… a screw loose

hau: hau/haut/… bloß/mir ab mit dem Karl/der Klara/dem Kerl/dem Typ/…! *sal* · don't bother me/don't bug me/leave me in peace/… with John/Mary/that fellow/that woman/…

… Da könnte dir der Karl Häberle doch helfen! – Der Karl Häberle?! Hau mir bloß ab mit diesem Typ! Wenn ich nur den Namen höre, wird mir schon schlecht.

Haube: schon/… unter der Haube sein *ugs iron selten* · to be married n, to have found a husband n

… Ist die Karin Brandstetter eigentlich schon unter der Haube? – Nein, die ist nach wie vor ledig und frei. So schnell heiratet die auch nicht.

(ein Mädchen) unter die Haube bringen *ugs iron* · to marry s.o. off n, to find a husband for s.o. n

Heute morgen hat mich mein Vater schon wieder gefragt, ob ich den Manfred heirate oder nicht. Ich habe den Eindruck, der will mich unbedingt unter die Haube bringen. Als ob sich ein Mädchen von 23 Jahren mit dem Heiraten nicht noch Zeit lassen könnte!

jm. eins auf die Haube geben *sal* – (eher:) jm. eins aufs **Dach** geben (2; a. 1) · to tell/to show s.o. what's what, to give s.o. a good talking-to

unter die Haube kommen *ugs iron* · to get married n, to find a husband n

Wie alt ist die Dorothea jetzt? – 32 oder 33. – Nicht gerade mehr jung. Wenn sie noch unter die Haube kommen will, muß sie sich dabeihalten. Ab 30 wird's schwerer. – Die will, glaube ich, nicht heiraten.

jn. unter die Haube kriegen *ugs iron* · to (manage to) marry s.o. off n

Ihre drei Töchter sind alle verheiratet? – Nein, bisher nur die beiden Ältesten. Aber die jüngste werden wir auch noch unter die Haube kriegen.

Haubitze: voll/(blau) sein wie eine Haubitze *ugs selten* – blau wie ein **Veilchen** (sein) · to be legless/sloshed/plastered/…

Hauch: der Hauch des Fremden/der Ferne/des Orients *form* – path · to have a touch of the exotic/the Orient/…, to have an aura of the exotic/the Orient/…

Hast du nicht auch den Eindruck, daß man in Lissabon bereits den Hauch des Orients spürt? – Ich weiß nicht … Eine Idee orientalisch wirkt die Stadt manchmal vielleicht, ja …

ein Hauch von Trauer/Wehmut/… *geh* · a hint of sadness/melancholy/…, a touch of sadness/melancholy/…, a ghost of a smile/…, a trace of/a tinge of sadness/…, an aura of sadness/…

… So nüchtern mein Bruder auch ist: ein Hauch von Wehmut überkam auch ihn, als wir nach 20 Jahren zum ersten Mal auf das Gut fuhren, auf dem wir unsere ganze Kindheit verbracht hatten. Er versuchte, es sich nicht anmerken zu lassen, aber …

jn. weht ein kalter Hauch an *form path selten* · + to walk into/… a grave-like atmosphere

… Wenn du in diese Universität kommst, weht dich ein kalter Hauch an: hohe kahle Wände, ohne jeden Schmuck; die Eisenträger, die das Gerüst bilden, alle unverkleidet; der Boden weißer Stein …! Moderne Nüchternheit, ohne die Spannkraft, das Beschwingende der Modernität.

einen Hauch (von) **Puder**/rouge/Farbe/(...) **auftragen** *form* · to put on a thin layer of powder/lipstick/...

Ein bißchen Rouge kannst du meinetwegen auftragen, aber wirklich nur ein ganz klein bißchen – einen Hauch, sodaß die Lippen ihre natürliche Farbe voll behalten.

den letzten Hauch von sich geben *iron od. sal* · to breathe one's last

... Um den Biermann tut es mir nicht leid! Der hat sein ganzes Leben hindurch den anderen immer nur Knüppel zwischen die Beine geworfen. Wenn solche Leute sterben, kann man kein Mitleid haben. Wann hat er, sagst du, den letzten Hauch von sich gegeben? – Er ist gegen Mitternacht gestorben.

den Hauch vor dem Mund sehen können (so kalt ist es) · to be able to see one's breath

Hast du das in Portugal schon mal erlebt, daß man den Hauch vor dem Mund sehen kann? – Natürlich! Auch da kann es ganz schön kalt werden.

einen Hauch von js. **Geist**/Genie/... **spüren/verspüren** *path selten* · to detect/... a trace of s.o.'s intellect/genius/...

... In diesem Text spürt man einen Hauch von dem Sprachgenie Nietzsches: im gleichsam hieratischen Ton, in der Ausdruckskraft, im Satzbau!

ein Hauch von Hoffnung/Freiheit/... **spüren/verspüren** *form* – *path selten* · to feel/to sense/... a breath of freedom/democracy/...

... Klar, ein (richtig) demokratisches System ist das immer noch nicht, was die jetzt haben. Aber die Leute spüren doch wenigstens einen Hauch von Freiheit! – Das ja! Sogar mehr! Verglichen mit der gestürzten Diktatur, ist das geradezu ein freiheitliches Regime jetzt!

hauchdünn: hauchdünn · to be paper-thin, to be wafer-thin

... Na ja, Wurst hat so ein Sandwich – gelogen haben die also an dem Stand da nicht. Aber guck' dir mal die Scheibchen an! Hauchdünn sind die – da kannst du durchblasen!

Haue: Haue kriegen *ugs* – den **Buckel** vollkriegen (2; u. U. 1) · to get a hiding, to get a slap/a spanking/... *children*

hauen: daneben hauen · 1. to miss, to miss the mark, to be wide of the mark, 2. to get s.th. wrong, to be wrong, to be wide of the mark

1. Er hat natürlich versucht zu treffen, aber er hat daneben gehauen. 2. vgl. – **danebenhauen**

jm. **eine hauen** *ugs selten* – jm. eine **Ohrfeige** geben · to give s.o. a clip round the ears

(etw.)/**alles kurz und klein hauen** *ugs* – (etw.)/alles kurz und klein **schlagen** · to smash s.th./everything to pieces, to smash s.th./everything to smithereens

jn. **windelweich/grün und blau**/(krumm und lahm) **hauen** *sal* – jn. windelweich/grün und blau/(krumm und lahm/(braun und blau/grün und gelb)) **schlagen** · to beat s.o. to a pulp, to beat the living daylights out of s.o., to beat shit out of s.o.

da gibt es/... **Hauen und Stechen** *veraltend selten* · there is/there is going to be/... a tough battle/a fierce battle/a fierce fight/...

... Komm', wir hauen ab, Erna. Diese hitzigen Diskussionen ...! Bei denen kommt es noch zu Hauen und Stechen, und da werden wir schließlich noch mit verprügelt.

es geht (bei etw.) **auf Hauen und Stechen** *path veraltend selten* · + to really go for the jugular *coll*, + to give no quarter, + to really go to it *coll*, + to have a tough battle, + to battle it out

... Eine so harte, ja bissige Auseinandersetzung wie gestern abend habe ich noch nicht erlebt. Auf Hauen und Stechen ging das. Besonders der Kurt Scheuner und der Hubert Leicht: was die sich alles an den Kopf geworfen haben!

auf Hauen und Stechen mit jm./**miteinander stehen** *path veraltend selten* · to be at daggers drawn with s.o.

... Ich hatte immer gedacht, sie verstünden sich gut. Aber nach dem, was ich heute erlebt habe, kann ich das nicht mehr annehmen. – Der

Jupp und der Herbert?! Die stehen auf Hauen und Stechen miteinander. Jeder von den beiden schlüge dem anderen am liebsten den Schädel ein.

Häufchen: (nur noch/...) **ein Häufchen Elend**/Unglück **sein** *path selten* · to be (nothing but/...) a picture of misery

Die alte Frau Ballner ist nur noch ein Häufchen Elend. – Sie war mehr als ein halbes Jahr im Krankenhaus und hat Schreckliches durchgemacht. – Sie wirkt fast wie eine Leiche und scheint völlig resigniert zu haben. Ob sie sich wieder bekriegt?

wie ein Häufchen Elend/Unglück **aussehen**/... *path selten* · to look dreadful

Meine Güte, die Frau Rolitzer sieht vielleicht aus – wie ein Häufchen Elend! – Sie hat innerhalb von drei Monaten ihren Mann und ihren ältesten Sohn verloren. Wer weiß, ob sie da überhaupt drüber hinwegkommt!

wie ein Häufchen Elend/Unglück **dasitzen**/... *path selten* · to sit there/... like a picture of misery, to be a truly pitiful sight

Was sitzt du denn da herum wie ein Häufchen Elend, Marianne? Ist was passiert? – Luise, was ist los mit dem Kind? Derart niedergeschlagen, resigniert, matt ist sie doch sonst nie!

Haufen: alle/... **auf einem Haufen** *ugs* · all together *n*

... Schon einzeln sind sie sehr laut. Aber wenn sie alle auf einem Haufen sind, machen sie einen Lärm, der ist einfach unerträglich. – Ja, ja, alle zusammen, das ist der reinste Kindergarten!

(nur noch/...) **ein verlorener Haufen** (sein) *oft mil selten* · (to be) (nothing but/...) a forlorn hope

... Der Rest der geschlagenen Armee war nur noch ein verlorener Haufen, der sich auf eigene Faust durch die riesigen Ebenen hindurchzuschlagen suchte. Versprengte Truppen, ohne Führung, ziellos umherirrend ...

ein Haufen Schulden/Arbeit/Schriftstücke/... *ugs* · a pile/heap of debts/work/documents/..., a load of debts/work/documents/...

... Das Gut ist eine ganze Menge wert, da hast du schon Recht; aber dafür hat er auch einen Haufen Schulden machen müssen, um alles wieder instandzusetzen.

(aber/...) **einen ganzen Haufen Verehrer**/Freunde/... **haben**/... *sal* · to have loads/heaps of admirers/friends/... *coll*

... Die Doris kann ja ziemlich unangenehm/biestig sein, nicht?! – Und ob! Aber trotzdem hat sie einen ganzen Haufen Verehrer. – Das bleibt nicht aus, wenn jemand so schön ist. Die Frage ist nur, ob die vielen Verehrer es bei ihr lange aushalten.

einen Haufen Geld ausgeben/verdienen/kosten/... *ugs* – eine schöne/hübsche/(ganze) **Stange** Geld ausgeben/verdienen/kosten/... · to spend/to earn/to cost/... a tidy sum, to spend/to earn/to cost a small fortune

noch/... **einen Haufen zu tun haben**/... *sal* · to (still/...) have loads/heaps to do *coll*

... Bald kommen ja die Ferien, da kannst du dich ausruhen. – Das stimmt schon. Aber bis dahin hab' ich noch einen Haufen zu tun. Ich weiß gar nicht, ob ich mit der ganzen Arbeit überhaupt durchkomme!

alles/die ganzen Sachen/... **auf einem Haufen**/auf einen Haufen **tun**/legen/... · to put everything/the things/... in a pile

Legt die ganze dreckige Wäsche hierhin auf einen Haufen! Nachher bringen wir dann alles zusammen mit dem Wagen in die Wäscherei.

so viele Äpfel/... (Leichtathleten/...) **noch nicht**/... **auf einem Haufen gesehen haben**/... *ugs* · not/never/... to have seen/... so many apples/mosquitoes/... all in one place/all at once/all together *n*

... Der See war schön, ja, sehr schön sogar. Aber Mücken waren da! So viele Mücken habe ich in meinem ganzen Leben noch nicht auf einem Haufen gesehen.

in hellen/(dichten) **Haufen daherstürmen**/angerast kommen/... *path veraltend selten* · to rush/to storm/... forward in their dozens/hundreds/...

... In hellen Haufen stürmten die Reiter daher, immer den Fluß entlang, nach Süden. – Die Armee war vom Feind völlig vernichtet worden, und ein Teil der Kavallerie versuchte verzweifelt, der Gefangenschaft zu entgehen.

jn. über den Haufen rennen/fahren/reiten/... · 1. 2. to run s.o. down/over, 3. + to be overwhelmed by the enemy/...
1. Mit seiner Raserei hat er heute eine Katze über den Haufen gefahren. – Solange er keine Menschen überfährt, geht's ja noch.
2. Passen Sie doch auf, Sie können doch nicht einfach dies Kind hier über den Haufen rennen!
3. ... Der Rest der Kavallerie wurde von den übermächtigen Gegnern über den Haufen gerannt. Sie leistete keinerlei Widerstand. *mil selten*

zum alten Haufen fahren *ugs veraltend selten*   die letzte **Fahrt** antreten) · to go on one's last journey

herumlaufen wie ein Haufen aufgescheuchter Hühner *ugs* · to run around like headless chickens
(Ein Sanitäter:) Es ist bei jedem Unfall das gleiche! Dutzende von Leuten rennen rum wie ein Haufen aufgescheuchter Hühner, aber Erste Hilfe leisten kann keiner.

einen Haufen machen *Hund o. ä ugs* · to do its business, to deposit a heap
... Das war vielleicht ein Theater! Macht doch unser Lumpi da bei den Fischers mitten auf dem Wohnzimmerteppich einen Haufen! – Wenn der Hund nicht stubenrein ist, könnt ihr den doch nicht mit zu anderen Leuten nehmen!

einen Haufen dummes Zeug/... reden *sal* (viel/...) dummes **Zeug** reden/... · to talk a lot of nonsense/rubbish/baloney/crap/...

jn./eine Gruppe/... über den Haufen schießen/knallen *sal* · to shoot s.o./a group of people/... down (like dogs)
Verhärtet, ja verketzert, wie sie waren, schossen sie die gefangengenommenen Partisanen rücksichtslos über den Haufen und marschierten weiter.

nur noch ein (wertloser) Haufen Schrott sein *ugs* · a car/... is nothing but a pile of junk, a car/... is fit for the scrapheap/is a write-off
... Und der Wagen, sagst du, wurde bei dem Unfall ... – Das ist nur noch ein wertloser Haufen Schrott. Reif für den Autofriedhof.

Pläne/... über den Haufen werfen/(schmeißen/stoßen) · 1. to ditch/to drop one's plans/..., 2. to mess up s.o.'s plan/...
1. Was, jetzt fahrt ihr doch nicht nach Kreta? Warum habt ihr eure Urlaubspläne denn in allerletzter Minute über den Haufen geworfen?
2. Die plötzliche Erkrankung unseres Ältesten hat all unsere Ferienpläne über den Haufen geworfen. Wir wissen noch gar nicht, ob wir überhaupt fahren können. Der Junge hat alles durcheinandergebracht.

haufenweise: haufenweise zu kaufen sein/anzutreffen sein/... *ugs* · 1. 2. loads of bananas/beggars/...
1. ... Bananen kannst du da so viel kaufen, wie du willst – haufenweise!
2. ... Beeindruckend! Haufenweise Bettler sieht man da! Ich weiß nicht, ob ich jemals in einer einzigen Stadt so viele Bettler gesehen habe! *seltener*

Haupt: ein bemoostes Haupt (sein) *iron selten* · 1. (to be) an eternal student, (to be) an old student, 2. (to be) an old codger *coll*
1. In welchem Semester ist der Hans-Peter? – Oh, das ist ein bemoostes Haupt – im 14. oder 15.
2. ... So ein bemoostes Haupt wie der alte Herr Krause ... – Bemoostes Haupt! – du scherzt wohl! Er ist erst 77. – Du Witzbold.

ein gekröntes Haupt (sein) *oft iron* · (to be) a crowned head
Auf der Hochzeit waren mehrere gekrönte Häupter anwesend: die Königin von England, der König von Schweden, Fürst Rainer von Monaco ...

ein greises/(graues) **Haupt** (sein) *iron selten* · (to be) old and grey
Wie alt ist der Baldur jetzt? – Ein greises Haupt – 81.

mit erhobenem Haupt reagieren/dahergehen/... *path selten* · to react by holding one's head up high, to walk/to stand/... with one's head held up high
Der gefangengenommene General ließ sich auch von der entwürdigenden Behandlung seiner Bewacher gar nicht treffen. Mit erhobenem Haupt erschien er zu jeder Verhandlung und antwortete in stolzer, freier Haltung auf jede Frage, die man ihm stellte, ganz unverblümt.

mit gesenktem Haupt reagieren/dahergehen/... *path selten* · to react by bowing one's head, to walk/to stand/... with one's head bowed
Die plötzliche Frage, warum er seine Mutter in ihrer schweren Krankheit nicht wenigstens finanziell unterstützt hätte, traf den Angeklagten empfindlich. Mit gesenktem Haupt erwiderte er: »Dazu möchte ich hier nicht Stellung nehmen«.

mit gesenktem Haupt weggehen/... *geh od. iron selten* · to walk away/... with one's head bowed
... Als er merkte, daß sein Vater den ganzen Betrug durchschaut hatte, ging er mit gesenktem Haupt aus dem Zimmer. So abgebrüht er sich auch gab: seinem Vater gegenüber konnte er einen Rest von Scham nicht unterdrücken.

sein müdes Haupt ausruhen/... *iron* · to rest/... one's weary head
War das ein Tag! Vom frühen Morgen bis zum späten Abend Examina! Eins nach dem andern! – Dann ruh' dein müdes Haupt aus, Erich! Was darf ich dir zum Abendessen machen?

sein müdes Haupt hinlegen/... *iron* · to lay down/to rest/... one's weary head
So, für heute habe ich genug gearbeitet. Jetzt trink' ich noch zwei, drei Bier und dann werd' ich mein müdes Haupt hinlegen. – Sehr vernünftig, Erich! Im übrigen gehen wir alle bald in die Falle.

jm. eins aufs Haupt geben *sal selten* – (eher:) jm. eins aufs **Dach** geben · to tell/to show s.o. what's what, to give s.o. a good talking-to

(eine Reform/...) an Haupt und Gliedern *rel* · a complete reform/... from top to bottom
Nur eine rasche Reform der katholischen Kirche an Haupt und Gliedern hätte die Reformation vermeiden können. Aber wie hätte man den Hof des Papstes, die Bischöfe und die Gläubigen zu einem Sinneswandel, einer Umkehr bewegen können, ohne die ganze kirchliche Organisation neu zu gestalten?

nicht wissen/..., wo man sein (müdes) Haupt hinlegen soll/(wird) *iron* · not to know where to rest one's weary head
Die Wohnungsnot macht den Leuten zu schaffen! Wenn man nicht weiß, wo man abends sein müdes Haupt hinlegen soll – das ist in der Tat keine angenehme Sache!

eins/einen aufs Haupt kriegen/(bekommen) *sal selten* – eins aufs **Dach** kriegen/(bekommen) · to get a good talking-to, to get a right bollocking

den Gegner/eine Armee/... (anständig/...) aufs Haupt schlagen *iron selten* · to (completely/...) rout enemies/an army/...
... Im Jahre 711 wurden die Araber dann von Karl Martell aufs Haupt geschlagen, in einer denkwürdigen Schlacht, in der die Franken durch ihren großartigen Sieg Mitteleuropa vor arabischer Herrschaft bewahrten ...

sein greises Haupt schütteln *iron* · to shake one's wise old head
Wenn ich den Albert bei meinen Vorschlägen so sehe, wie er mit besserwisserischer Miene ganz 'vornehm' den Kopf schüttelt, könnte ich ihn ohrfeigen. – Bei dem Unsinn, den du vorzuschlagen pflegst, mein guter Friedel, kann ein erfahrener Mann wie der doch nur sein greises Haupt schütteln.

Hauptaktion: eine Haupt- und Staatsaktion aus etw. **machen** *ugs – path* · to make a big issue of s.th. *n*, to make a federal case of s.th.
Aus einer so lächerlichen Sache wie der Ausstellung eines Reisepasses machen sie hier eine Haupt- und Staatsaktion. Es scheint, sie haben nichts zu tun, wenn sie die kleinen Dinge nicht künstlich aufbauschen und komplizieren.

Hauptaugenmerk: das/sein Hauptaugenmerk (auf jn./etw.) **richten** *form* · to pay particular attention to s. o./s. th., to concentrate on s. o./s. th.

Natürlich mußt du auch auf den Stil und den äußeren Eindruck der Arbeit achten. Aber das Hauptaugenmerk mußt du natürlich auf die schlüssige Analyse und die Folgerungen, die du daraus ziehst, richten. Das ist der Kern der Arbeit.

Häupten: zu Häupten + *Gen path veraltend selten* · at s. o.'s head

... Zu Häupten des Toten standen seine Kinder, am Fußende des Bettes seine Geschwister ...

Hauptes: erhobenen Hauptes reagieren/dahergehen/... *path selten* – (eher:) mit erhobenem **Haupt** reagieren/dahergehen/... · to react by holding one's head up high, to walk/stand/... with one's head held up high

gesenkten Hauptes reagieren/dahergehen/... *path selten* – (eher:) mit gesenktem **Haupt** reagieren/dahergehen/... · to walk away/... with one's head bowed

Haupteslänge: jn. um Haupteslänge überragen *path* · to be a head taller than s. o., to be taller than s. o. by a head

Der Albert ist groß, das stimmt; er ist sicherlich einen Kopf größer als ich. Aber du müßtest erstmal den Klassenlehrer unserer Renate sehen – das ist ein richtiger Riese. Der überragt den Albert noch einmal um Haupteslänge.

Hauptsache: in der Hauptsache *oft jur* · 1. + the main charge is ..., + the main count is ..., 2. chiefly, primarily, mainly

1. Worum geht es bei diesem Prozeß? – In der Hauptsache um die Mitgliedschaft in einer terroristischen Vereinigung. Daneben gibt es noch einige weniger wichtige Punkte: Diebstahl, Hausfriedensbruch ...

2. In der Hauptsache interessiert er sich für die neueren Sprachen. Aber Soziologie und Geschichte reizen ihn ebenfalls sehr. *eher: hauptsächlich*

Hauruck-Verfahren: etw. im Hauruck-Verfahren erledigen/durchziehen/... *ugs* · to do s. th. in a rush/in a hurry, to dash s. th. off, to rush s. th.

... So eine Übersetzung eines anspruchsvollen literarischen Textes verlangt Zeit, Muße, Nachdenken. Das kannst du nicht im Hauruck-Verfahren machen. Dann wird sie nichts.

Haus: (du) altes Haus *sal* · old fellow *coll*, old chap *coll*

Richard!! Mensch, (du) altes Haus, was macht die Kunst? Wir haben uns ja seit Jahren nicht gesehen! – Ach, es geht so. Und du, alter Junge? – Du weißt ja: Unkraut vergeht nicht ...

ein gelehrtes Haus (sein) *sal* · (to be) a learned chap/fellow *coll*

Der Prof. Havemeier ist doch ein gelehrtes Haus! – Wie kommst du da jetzt drauf? – Aus dem Stegreif hat er uns heute die künstlerischen und literarischen Zusammenhänge zur Zeit der Renaissance erklärt.

ein gescheites/kluges Haus (sein) *sal* · (to be) a clever chap *coll*

Wer hat diese ausgezeichneten Verbesserungsvorschläge gemacht? – Der Max Assenberg. – Ach, der! Ja, das ist ein gescheites Haus. Dann ist alles klar.

ein hochgelehrtes Haus (sein) *iron* · (to be) a scholarly/... sort/chap/fellow/... *coll*

... Der Körber? Das ist ein hochgelehrtes Haus. Der kennt alle, aber auch alle Gesetze der historischen Sprachentwicklung – sogar solche, die es gar nicht gibt.

das Hohe Haus *Parlament form od. iron* · the House, parliament

Wenn sich das Hohe Haus mit sehr hoher Mehrheit für eine Liberalisierung der Ausländergesetze aussprechen würde, könnte niemand mehr behaupten, die deutschen Politiker seien nach wie vor nationalistisch eingestellt.

ein lustiges/fideles Haus sein *ugs* – ein lustiger **Bruder** (sein) · to be an amusing character/fellow/chap/...

ein öffentliches Haus *euphem* · house of ill-repute, brothel *n*

... Dies öffentliche Haus sollte man abreißen! – Abreißen? Ohne ein Bordell kommt doch auch Ihre Stadt wohl kaum aus.

außer Haus sein/zu tun haben/... *form* · to be/... out (of the building/office/factory/...)

Hallo? Ja, ich möchte mit Herrn Dr. Reichert sprechen. – Herr Dr. Reichert ist heute außer Haus. – Er ist verreist? – Nein, er ist in der Stadt, aber er hat den ganzen Tag bei Kunden zu tun.

(nicht) im Haus(e) sein *form* · (not) to be in (the building/office/factory/...)

Hallo? Ja, ich möchte mit Herrn Dr. Reichert sprechen. – Herr Dr. Reichert ist nicht im Haus. – Ist er für längere Zeit weg? – Heute den ganzen Tag. – Dann rufe ich morgen nochmal an.

nichts mehr/nur noch/... (zu essen/trinken) im Haus haben · to have nothing (left)/only/... (to eat/drink) in the house

Egon, wenn du jemanden einlädst, dann sag' das doch vorher! Wir haben doch gar kein Bier mehr im Haus! – Dann trinken die Meyers halt Sprudelwasser, Barbara! – Ach! Können wir jetzt nicht noch irgendwo was kaufen/kriegen?

ein offenes Haus haben – (eher:) ein offenes **Haus** führen · to keep open house

(immer/meist/...) ein volles Haus haben · 1. 2. to have a full house, 1. 3. to be booked out

1. Haben Sie noch eine Karte für die Ballettvorstellung heute abend? – Leider nicht. – Und für morgen? – Auch nicht. – Das scheint ja schwer zu sein. – Im Ballett pflegen wir ein volles Haus zu haben. Ich würde Ihnen raten, 10 – 14 Tage vorher einen Platz zu reservieren.

2. Ihr habt ja ein volles Haus heute! Was ist denn los? – Mein Bruder hat Geburtstag. Er wird 21, und da sind an die 25 – 30 Personen erschienen. – Dann geh' ich wieder. Für Außenstehende ist da ja buchstäblich kein Platz mehr ...

3. vgl. – (eher:) das/(sein) **Haus** voll haben (1)

von Haus(e) aus begütert/Ingenieur/Kaufmann/... sein · 1. to come from a wealthy/... background/family, 2. s. o. was originally an engineer/salesman/...

1. Von Haus aus hat der Kröner Geld, das stimmt; aber dazu verdient er in seinem ganzen Leben herzlich wenig.

2. Von Haus aus ist er Kaufmann. Aber von seinem dreißigsten Lebensjahr an hat er nur noch literarische Übersetzungen gemacht. – Merkt man ihm noch an, daß er eigentlich Kaufmann gelernt hat?

sein Haus bestellen *form* · to put/set one's house in order

Er hatte mit seinem Tod gerechnet und deshalb frühzeitig sein Haus bestellt. Die Firma sollte an den ältesten Sohn übergeben, das Landgut an die ältere Tochter und alles Barvermögen an die Jüngste. Das war alles testamentarisch genau festgelegt.

jm. das Haus einrennen/(einlaufen) (mit etw.) *sal* – (eher:) jm. die **Bude** einrennen/(einlaufen) (mit etw.) · to pester s. o./to get on s. o.'s nerves/to get on s. o.'s wick/... with s. th., to keep knocking on s. o.'s door and pestering s. o.

außer Haus(e) essen *form* · 1. 2. to eat out

1. Es wird teuer heute, mit der Familie außer Haus zu essen. – Du meinst, im Restaurant? – Ja. – Das kann man wohl sagen: unter 100,– Mark kommt du mit diesen fünf Personen kaum weg.

2. Zum Abendessen sind Mutti und ich heute nicht hier, wie essen außer Haus. – Ich seid eingeladen? – Ja, bei Familie Berger.

jm. das Haus führen *form* · to keep house for s. o.

Wer führt dem Herrn Wehrmann denn das Haus, seitdem seine Frau tot ist? – Seine älteste Tochter. Sie lebt noch zu Hause.

ein großes/(glänzendes) Haus führen *form* · to entertain in style

Unser Vater hat immer ein großes Haus geführt. Ständig hatten wir Gäste – die glänzend bewirtet wurden; häufig sogar private Konzerte ... Es war ein durch und durch gepflegtes gesellschaftliches Leben, wie es heute vielleicht hier kaum noch existiert.

ein offenes Haus führen *form selten* · to keep open house

... Der verstorbene Autor war in seiner Heimatstadt vor allem dadurch bekannt, daß er immer ein offenes Haus führte. Wer das Bedürfnis empfand, mit gebildeten Menschen seine Gedanken auszutauschen, fand sich ohne jede Umstände bei ihm ein ...

ans Haus gefesselt sein (durch jn./etw.)/(jn. ans Haus fesseln) · to be house-bound (because of s. o./s. th.)
… Seit Monaten ist er durch seine Krankheit ans Haus gefesselt. – Wie, er kann überhaupt nicht raus? …

aus dem Haus gehen *Kinder* · to leave home, to leave the house
… Was willst du mit einer so großen Wohnung? In drei Jahren gehen die Kinder aus dem Haus. Was machen wir allein mit sechs Zimmern?

zum Haus(e) gehören · to be part of the family
Unser französischer Freund ist jetzt schon über ein halbes Jahr bei uns. Er gehört schon zum Haus. Meine Mutter betrachtet ihn inzwischen als ihren dritten Sohn.

von Haus zu Haus gehen/laufen/… – von **Tür** zu Tür gehen/laufen/… · to go from door to door, to go round the houses

Haus an Haus mit jm. **wohnen** · to live next door to s. o., to be next-door neighbours
Ihr kennt euch? – Ja, der Walter und ich wohnten während unserer Studentenzeit in München Haus an Haus, er in der Türkenstr. Nr. 15 und ich Nr. 17. Seit der Zeit sind wir eng befreundet.

Haus und Herd(haben) *path veraltend selten* · 1. 2. house and home
1. Wer immer Haus und Herd gehabt hat, versteht vielleicht gar nicht, was so ein Flüchtlingsdasein bedeutet.
2. Wenn man Haus und Herd so liebt wie die Andrea, dann verbringt man seine Ferien zu Hause; dann braucht man keinen Tourismus.

das Haus des Herrn *rel path* · the house of the Lord
Nun mal Ruhe, Kinder! Im Haus des Herrn streitet man sich doch nicht! – Hast du gehört, Alfred, was Papa sagt?: in der Kirche zankt man nicht.

immer/… **im Haus hocken** *ugs* – immer/… in der **Bude** sitzen · to be always/… stuck at home

Haus und Hof *veraltend selten* · to lose/… all one's possessions/property, to lose house and home *coll*
Während des Krieges hat er Haus und Hof verloren, sagst du? Wo hatten sie denn ihren Hof? – Bei Königsberg.

das Haus hüten (müssen) *form* · to (have to) stay indoors *coll*/at home
… Nein, im Bett braucht er nicht mehr zu bleiben, aber eine gute Woche muß er noch das Haus hüten. Um so mehr, als es plötzlich so kalt geworden ist; da würde er sich draußen sofort wieder eine Krankheit holen.

nicht aus dem Haus (heraus-)kommen – nicht aus der **Bude** (heraus-)kommen · not to get out of the house

(zu jm.) **ins Haus kommen** *Klavierlehrer/Schneider/…* · to come to s. o.'s house
(Zu dem Vater einer Geigenschülerin:) Und muß eure Tina zu dem Geigenlehrer hinfahren oder kommt der ins Haus?

jm. (**unverhofft/…**) **ins Haus geschneit kommen** *sal* – (eher:) jm. (unverhofft/…) in die **Bude** geschneit kommen · to drop in/to call by/to turn up unexpectedly/…

jm. **das Haus über dem Kopf anzünden** *selten* · to set s. o.'s house on fire when he's in it *para*
Bei Bachmanns haben sie Feuer gelegt? Aber der alte Bachmann ist doch zu Hause. – Ja, sie haben ihm das Haus über dem Kopf angezündet, wie man so plastisch sagt. Stell' dir das vor!

das Haus auf den Kopf stellen *ugs* – (eher:) die **Bude** auf den Kopf stellen · to turn the place/… upside down, to wreck the place

jn. **ins Haus nehmen** *form veraltend* · to take s. o. in as a lodger, to take s. o. into one's home
… Ich nehme überhaupt keinen ins Haus, Erna – weder einen Ausländer noch einen Einheimischen noch einen Studenten noch sonstwen! Ich hab' doch nicht mein Lebenlang gearbeitet, damit ich eine große Wohnung hab', um dann wildfremde Menschen bei mir aufzunehmen. – Du bist hartherzig, Christian! Wir haben so viel Platz …

das erste Haus am Ort(e) (sein) *form* – das erste **Haus** am Platz(e) sein · it's the best hotel/furniture shop/… in the place

das erste Haus am Platz(e) (sein) *form* · 1. 2. it's the best hotel/furniture shop/… in the place
1. Zum Übernachten in Piso empfehle ich Ihnen das Hotel 'Zum Löwen'. Es ist das erste Haus am Platze. Ein besseres Hotel finden Sie dort nicht.
2. Wenn du neue Möbel für das Wohnzimmer brauchst, geh' zu Rohrer. Es ist hier das erste Haus am Platze. Mehr Auswahl und eine bessere Qualität findest du hier nirgends.

jm. (**unverhofft/…**) **ins Haus platzen** *ugs* – jm. (unverhofft/…) in die **Bude** geschneit kommen · to drop in (unexpectedly/…), to call by/round in (unexpectedly)

jm. die **Ware/… ins Haus schicken** · to deliver s. th. to s. o.'s home/house
Können Sie mir die Ware ins Haus schicken? – Leider nicht, Frau Mertens. Ich habe weder Personal noch einen Wagen, um die Waren auszutragen oder den Kunden bringen zu lassen.

jm. **eine Mahnung/… ins Haus schicken** *ugs* · to send s. o. a bill/a reminder/… *n*
Wenn du den Dr. Rothe nach zehn Tagen nicht bezahlst, schickt er dir eine 'Erinnerung' ins Haus. – Als Arzt? – Nach drei Wochen kommt dann die 'zweite Mahnung' …

jm. **unverhofft/… ins Haus schneien** *sal* – jm. (unverhofft/…) ins **Haus** platzen · to drop in (unexpectedly/…), to call by/round in (unexpectedly)

(**schon/…**) **aus dem Haus sein** *Kinder* · to have left home
Sind eure Kinder schon aus dem Haus? – Die beiden Ältesten. Die Jüngste lebt noch bei uns.

vor leerem Haus spielen *Theater* – ≠ vor vollem/ausverkauftem **Haus** spielen · to play to an empty house

vor vollem/ausverkauftem Haus spielen *Theater* · to play to a full house
Ja, vor vollem Haus zu spielen, das macht Spaß! Aber wenn du ein Engagement an einem Provinztheater hast und dauernd vor leeren Bänken spielen mußt, dann vergeht dir mit der Zeit die Begeisterung.

immer/… **im Haus stecken** *ugs* – immer/… in der **Bude** sitzen · to be always/… stuck at home

jm. **ins Haus stehen** · 1. to be coming up soon, 2. + to face s. o., + to have s. th. in front of one
1. … Ja, Sie haben recht, es steht uns in Kürze der Besuch des amerikanischen Außenministers ins Haus. Er kommt am 27. oder 28. des Monats.
2. Jetzt stehen uns ein paar schwere Jahre ins Haus. Die Kinder studieren – das kostet viel Geld, das Geschäft geht zurück; wir werden älter … Jetzt werden wir alle Kraft und allen Mut brauchen, um die nächsten Jahre gut zu überstehen.

ein paar **Schritte/keinen Schritt/… vors Haus tun** *ugs* · to go for a short walk around the block/not to step outside the door/…
Hast du keine Lust, mit mir ein paar Schritte vors Haus zu tun? Ich habe den ganzen Tag in der Bude gesessen. Eine kleine Runde durch das Viertel …

jm. **das**/(sein) **Haus verbieten** *form* · to ban s. o. from one's house, to forbid s. o. to enter one's house
Der Olaf kommt nicht mit? – Dem hat Onkel Max das Haus verboten. – Warum denn das? – Weil er aus der Kassette unten im Wohnzimmer einen Hundertmarkschein herausgenommen hat. – Was?? Ja, dann verstehe ich, daß der Onkel Max ihn nicht mehr bei sich sehen will.

das/(sein) **Haus voll haben** · 1. 2. to be booked out
1. Haben Sie noch eine Karte für heute abend? – Leider nicht. Wir haben das Haus voll. – Dann möchte ich einen Platz für morgen abend reservieren.
2. Habt ihr das Haus voll oder könnt ihr noch einen der ausländischen Gäste beherbergen? – Wir haben leider alle Zimmer und alle Betten belegt.

jn. **aus dem Haus weisen** *form* · to order s.o. to leave the house, to kick s.o. out of the house *coll*
… Aber der Mann kann doch seine eigene Tochter nicht aus dem Haus weisen! – Was heißt 'kann'? Er hat sie in aller Form an die Luft gesetzt.

jn. **aus dem Haus werfen/schmeißen** *ugs* – jn. auf die **Straße** setzen/werfen (3; u. U. 1, 2) · to evict s.o., to turn s.o. out on to the street, to kick/to throw/… s.o. out

Hausarrest: Hausarrest kriegen/bekommen · to have to stay in, to be ordered to stay in, not to be allowed out
Peter, kommst du mit spielen? – Ich darf nicht. Ich hab' Hausarrest gekriegt, weil ich schon wieder 'ne 'Fünf' in Mathe hatte.

jn. **unter Hausarrest stellen** · to put s.o. under house arrest
In der Ex-DDR war es eine übliche Repressalie, Regimekritiker unter Hausarrest zu stellen.

Hausaufgaben: seine Hausaufgaben machen *Neol* · to do one's homework
… Unbezweifelbar ist auch sein Fleiß. Ob dieser Mann nun in Moskau, Washington oder sonstwo verhandelt – er hat seine Hausaufgaben gemacht, ehe er dahinfährt. Seine Gesprächspartner sind immer wieder verblüfft, wie gut er vorbereitet ist.

Hausbesuche: Hausbesuche/einen/… Hausbesuch machen *Ärzte usw.* · to do home visits
Selbst in ernsten Fällen macht Herr Dr. Hartkamp keine Hausbesuche? – Nein, er hat dazu einfach keine Zeit. – Und wie soll dem Kranken geholfen werden, wenn der Arzt nicht ins Haus kommt? – Im Krankenhaus. – Seltsamer Fortschritt.

Häuschen: ganz/völlig/… aus dem Häuschen sein *ugs* · 1. to be over the moon, 2. to be out of one's mind (with anger/…), to be beside o.s. *n*, 3. to be in great form/in fine fettle/… *n*
1. Was ist los? Die Bettina ist ja ganz aus dem Häuschen. – Sie hat im Lotto gewonnen – 75.000,– Mark. Da kann sie sich natürlich vor Freude gar nicht mehr halten. Aber keine Sorge, die kriegt sich schon wieder ein.
2. … Heute abend sprichst du besser nicht mit Vater über die Angelegenheit. – Warum nicht? – Er ist völlig aus dem Häuschen. – Was ist denn passiert? – Der Paul ist im Schlußexamen durchgefallen, und Vater hat sich da in eine Wut hineingesteigert, die ist schon nicht mehr schön. Er hat völlig die Fassung verloren.
3. Die Kleine ist ja völlig aus dem Häuschen. So ausgelassen und witzig haben wir sie ja noch nie erlebt. – Ich weiß auch nicht, was sie heute hat.

jn. **ganz/völlig/… aus dem Häuschen bringen** *ugs* · to drive s.o. (completely/…) berserk *n*
Die Rede des Kanzlers hat die Opposition ganz aus dem Häuschen gebracht. Die ruhige, arrogante Art, mit der er ihr ihre Inkompetenz vorhielt, mußte sie ja auch aufbringen/auf achtzig bringen. – Aber so ein Theater …!

ganz/völlig/… aus dem Häuschen geraten *ugs* · to go berserk *n*, to be in uproar *n*
Als der Oppositionsführer der Regierung vorwarf, in den Verhandlungen mit den Russen die nationalen Interessen zu verraten, geriet das ganze Parlament aus dem Häuschen. Das war ein Gebrüll und Getöse, da macht ihr euch kein Bild. Ein regelrechter Zirkus.

sich (schier) aus dem Häuschen lachen (müssen) *ugs selten* – sich den **Bauch** halten vor Lachen · to split one's sides (laughing), to laugh still one's sides ache

Hausdiener: ich bin/(du bist/…) doch nicht js. Hausdiener *sal* · I am/you are/… not s.o.'s servant/maid/skivvy/…
Wenn die Marie Louise unbedingt Tee zum Abendbrot haben will, soll sie sich ihn gefälligst selber machen! Ich bin doch nicht ihr Hausdiener, verdammt nochmal!

Hause: ich bin/mein Vater ist/… heute/(…) für niemanden/(…) zu Hause · I/my father/… am/is/… not at home to anyone
Wenn jemand anruft, Gerd: ich bin heute für niemanden zu Hause. Ich habe derart viel zu erledigen, daß ich von keinem unterbrochen werden will.

in/auf einem bestimmten Gebiet zu Hause sein · 1. to come from …, 2. to be at home in a subject/…, to be well-versed in a subject
1. Sie kommen aus Regensburg? – Ja. – Sind Sie dort zu Hause? – Ich arbeite dort und lebe dort seit 1973. Zu Hause bin ich eigentlich im Ruhrgebiet. Dort habe ich meine Kindheit und Jugend verbracht.
2. Über die wirtschaftlichen Verflechtungen zwischen den Industriestaaten und der sog. Dritten Welt kannst du mit dem Albert stundenlang diskutieren. Auf diesem Gebiet ist er zu Hause. Damit beschäftigt er sich seit vielen Jahren intensiv.

unter Drogenabhängigen/… **zu Hause sein** *ugs* · to be at home among drug addicts/…
Wenn unsere Ursel ein paar Drogenabhängige kennt, Walter dann heißt das doch nicht, daß sie unter diesen Leuten 'zu Hause ist'. Sie schneidet diese Menschen nicht – wie Du! Aber sie verkehrt auch nicht in diesen Gruppen!

von (zu) **Hause weggehen/fortziehen/…** · to leave home
Warum ist eure Älteste eigentlich von zu Hause weggegangen? – Weil sie unabhängig sein wollte.

damit/mit etw. kannst du/kann der Paul/… zu Hause bleiben *sal* · you/he/John/… can keep it/them/…
Kiwis? – nein, damit kannst du zu Hause bleiben; daraus machen sich meine Eltern gar nichts. Wenn du ihnen eine Freude machen willst, dann bring' mal Erdbeeren aus eurem Garten mit.

5.000,– Mark … nach Hause bringen *ugs* · to take home DM 5,000/…
… Der Junge bringt schließlich jeden Monat fast 4.000,– Mark nach Hause! Von einem solchen Gehalt kann er sich schon was leisten!

gute/schlechte/… Noten/Zensuren/nach Hause bringen *ugs* · to come home with good/bad/… marks, to get good/bad/… marks
Solange der Junge gute Noten nach Hause bringt, ist mir egal, wann er ins Bett geht. Wenn seine Leistungen in der Schule schlecht wären, dann müßte ich ihn natürlich strenger halten.

sich in/bei/… wie zu Hause fühlen – sich (so richtig/…) zu **Hause** fühlen in/bei/… (1) · to feel (really) at home with s.o./at s.o.'s house/in …

sich (so richtig/…) zu Hause fühlen in/bei/… · 1. to feel (really) at home with s.o./at s.o.'s house, 2. to feel at home in …
1. Bei den Oberländers fühlt man sich so richtig zu Hause, nicht? – Ja, das geht mir auch so. Ich wüßte auch kaum eine andere Familie zu nennen, wo ich mich so wohl fühle und mich so ungezwungen und natürlich geben kann.
2. … Nur im Ruhrpott fühlt er sich zu Hause. Obwohl er jetzt schon fast zwanzig Jahre von dort weg ist: wenn er dort erscheint, ist er ein ganz anderer Mensch. Das ist seine Heimat, seine Lebensluft.

das Parlament/die Abgeordneten/den Bundestag/… nach Hause schicken *ugs* · to send the parliament/the MPs/… packing
… Und was haben sie mit den ganzen demokratischen Abgeordneten gemacht, als sie die Macht übernahmen? – Nach Hause geschickt! Glaubst du, so eine Militärregierung hält sich lange bei 'demokratischen Abgeordneten' auf?

immer/… zu Hause stecken *ugs* · to be always/… stuck at home
Den Burkhard triffst du immer an, der steckt immer zu Hause. Seine größte Leidenschaft ist lesen, dazu nutzt er jede freie Minute. Oder aber er hört Musik – auch in seinem Zimmer.

**tu/tut/… (so), als ob du/ihr/… zu Hause wärst/wäret/…! ** *ugs* · make yourself/yourselves at home!
Guten Abend, Mathilde! Marika, guten Abend! Schön, daß ihr euch mal wieder sehen laßt! Legt ab. Macht's euch bequem bei uns. Tut, als wärt ihr zu Hause! – Danke, Elfriede. Du weißt ja: bei dir machen wir keine Umstände.

Häuser: auf die/den Karl/… kannst du/kann man/… Häuser bauen · + to be absolutely reliable/dependable, + he/John/… will never let you/… down
… Ist denn auf den Vollmer Verlaß? – Auf den Vollmer könnt ihr Häuser bauen. Das ist der zuverlässigste, anständigste und auch

kompetenteste Gewerkschaftler, der mir bis heute über den Weg gelaufen ist.

Hausfrauenart: Essen/(…) **nach Hausfrauenart** *Auf der Speisekarte von Restaurants o. ä.* · home-made (style)

… Im 'Jägerhof' eß ich gern, da ißt man noch nach Hausfrauenart. Die Erbsensuppe beispielsweise, die man da bekommt, schmeckt genau wie die, die meine Mutter früher kochte.

Hausgebrauch: ein Instrument/Musik **für den Hausgebrauch** (sein/spielen/betreiben/…/für den Hausgebrauch reichen/…) *oft neg ugs* · s.o. plays the piano/… well enough to get by, s.o. plays the piano/… well enough for domestic consumption, s.o. is a good amateur pianist/… *n*

Für den Hausgebrauch spielt sie gut Klavier, sehr gut sogar; für eine Karriere als Solistin reicht es aber in keinster Weise.

Haushalt: jm. **den Haushalt führen** *form* – jm. das **Haus** führen · to keep house for s.o.

den Haushalt machen/(führen) · to do the housework, to run the household, to keep house (for s.o.)

Und wer macht den Haushalt, wenn du auch arbeiten gehst? – Die Hausarbeit teilen wir dann zwischen uns beiden auf. – Du willst mich also zum 'halben Hausmann' degradieren? – Bin ich nicht jetzt eine 'ganze Hausfrau'?

haushalten: mit seinem Geld/seinen Kräften/… **(nicht) haushalten (müssen/können)** · (not) (to have/to be able) to conserve one's strength, (not) (to have/to be able) to be economical with one's money/…

Wenn du mit deinen Kräften nicht haushalten kannst, wirst du keine Turniere gewinnen. Zumindest kein großes; denn da muß man seine Kräfte haargenau einteilen, sonst ist man vorzeitig erschöpft.

haushoch: **haushoch** verlieren/gewinnen/jm. überlegen sein · to win/to be beaten/… hands down, to walk it, to thrash s.o., to be thrashed, to win/to lose by a big/huge/… margin, to hammer, to be hammered by/… s.o., to win by a mile/…

Der Althaus spielt nicht schlecht Tennis, das gebe ich zu; aber mit dem Bracht kann er sich noch messen – der ist ihm nach wie vor haushoch überlegen.

hausieren: mit einer Geschichte/Leistungen/… **hausieren gehen** *ugs* · to go around bragging about s.th.

Was erzählt der Schallberg da? – Er geht wieder einmal mit den Heldentaten hausieren, die er für den alten Chef vollbracht hat. – Ach, das haben wir doch schon x-mal gehört! – Vielleicht ist es nur Angeberei. Vielleicht meint er aber auch, ihr könntet ihn dem Juniorchef gegenüber unterstützen.

häuslich: sich bei jm./irgendwo **häuslich niederlassen/einrichten**/(…) · to make o.s. at home (in s.o.'s house/…)

Der Peter Schröder läßt sich bei den Baumanns derart häuslich nieder, daß die schon fürchten, er will ein halbes Jahr bleiben. – Nein, der ist so. Selbst für zwei Tage will er am liebsten alles um sich herum so wie bei sich zu Hause haben.

Haussegen: der Haussegen hängt (bei …/in/…) **schief** *selten* · the atmosphere between husband and wife is tense, things aren't looking good between husband and wife, + he/(she) is in the doghouse *coll*

Zu Hause läßt du dich heute am besten gar nicht blicken. – Warum nicht? – Der Haussegen hängt schief. Vater und Mutter scheinen eine ernste Auseinandersetzung wegen Vaters Berufswechsel zu haben.

Hausstand: einen eigenen Hausstand gründen *form veraltend selten* · to set up house, to set up a home of one's own

Mit wieviel Jahren, sagst du, hat er einen eigenen Hausstand gegründet? – Mit 18. Da hat er geheiratet und ist mit seiner Frau in eine eigene Wohnung gezogen. Mit 19 kam dann das erste Kind. – Und gelebt hat die Familie immer nur von seinem Einkommen? – Ja.

Haussuchung: Haussuchung bei jm. **halten/machen/anordnen** *form* · to search s.o.'s house, to issue a search warrant

Das Gericht hat eine Haussuchung bei Albrechts angeordnet? Warum das denn? – Man hat den Verdacht, daß Herr Albrecht geheime Unterlagen über die Terroristenszene versteckt hält.

Hausverbot: Hausverbot haben/… *form* · to be banned from a house, to be forbidden to enter a house, to be barred from a pub/…

Stimmt es, daß der Kulturreferent des 'Oberhausener Tageblatts' in eurer Schule Hausverbot hat? – Ja. Und zu Recht! Er darf die Schule nicht mehr betreten, weil er dreimal einen unwahren und gehässigen Artikel geschrieben hat.

jm. **Hausverbot erteilen**/(geben) *form* · to bar s.o. from one's house, to forbid s.o. to enter one's house, to bar s.o.

(Der Vater zu seinem Sohn:) Manfred, wenn deine Freundin Monika es sich nicht endlich abgewöhnt, bis Mitternacht hier wer weiß wie laut Musik zu hören, bleibt mir nichts anderes übrig, als ihr Hausverbot zu erteilen. Ich will doch nicht wieder Streit mit den Nachbarn haben. Sage ihr, daß sie mir nicht mehr reinkommt, wenn sie sich in diesem Punkt nicht ändert.

Haut: jm. **ist** (jm. gegenüber) **nicht wohl in seiner Haut** *ugs* – sich (jm. gegenüber) nicht wohl in seiner **Haut** fühlen · + to feel uneasy (with s.o.) about s.th., + not to feel right (with s.o.) about s.th.

eine anständige/redliche Haut sein *ugs selten* · to be a decent skin/a decent chap/…

Hochintelligent ist er nicht, das gebe ich zu; aber es ist eine anständige Haut. Ein Mensch, auf den man bauen kann und der zu keinen unanständigen Handlungen fähig ist.

eine arme Haut sein *ugs selten* · to be a poor devil, to be a poor so-and-so

Der alte Strecker ist doch eine arme Haut. Erst verliert er seine beiden Söhne im Krieg, und jetzt stirbt ihm seine Frau an Krebs. Was nützt ihm da sein Reichtum?!

eine brave Haut sein *ugs selten* · to be a brave man/woman …

Die Ulrike ist eine brave Haut. Egal, was das Leben ihr bringt – Glück oder Unglück, Erfolg oder Schwierigkeiten –, sie nimmt alles mit Fassung auf und kämpft sich redlich und anständig durch. Ein prächtiges, tapferes Mädchen!

eine ehrliche Haut sein *ugs* · to be an honest soul

Der Meinert hintergeht uns doch nicht? – Der Meinert ist eine absolut ehrliche Haut, Herr Dr. Krone; der belügt oder betrügt niemanden.

eine empfindliche Haut sein *ugs* · to be a very/… sensitive sort/type/person/…

Mit der Bettina mußt du ein wenig behutsamer umgehen; das ist eine ungemein empfindliche Haut. Über die geringfügigsten Dinge fühlt sie sich verletzt oder beleidigt.

eine gutmütige Haut sein *ugs* · to be a good-natured fellow/bloke/woman/…

Der Otto Bracht ist eine gutmütige Haut, das stimmt; nicht selten ist er sogar zu gutmütig. Aber wenn er merkt, daß man seine Gutheit ausnutzen will, wird er fuchsteufelswild.

eine lustige Haut sein *ugs* · 1. to be a cheerful soul, 2. to be an amusing character/fellow/chap/…

1. Die Gisela ist eine lustige Haut – immer heiter, immer froh!

2. vgl. – ein lustiger **Bruder** (sein)

eine treue Haut sein *ugs* · to be a reliable/loyal/… sort

Der Rolf Scherer ist wirklich eine treue Haut. Wenn der jemandem einmal sein Vertrauen geschenkt hat, kann man hundertprozentig auf ihn bauen.

jm. **die Haut abziehen (wollen)** *ugs selten* · to (try to) fleece s.o. *n*

… Wieviel wollen sie als Kommissionsgebühren nehmen? – 15 oder 16%. – Die wollen dir bei dem Geschäft wohl die Haut abziehen. – Warum? – Üblich sind in der Branche 11, maximal 12%. Laß dich bloß nicht übervorteilen/übers Ohr hauen!

mit heiler Haut davonkommen · 1. to escape with one's life, 2. to escape by the skin of one's teeth

1. Ihr habt euer ganzes Gepäck verloren? – Wir mußten froh sein, daß wir mit heiler Haut davonkamen. Wie du weißt, war das Schiff leck. Wenn sie uns nicht rechtzeitig da herausgeholt und mit Booten an Land gerudert hätten, wären wir ertrunken.

2. Da seid ihr ja nochmal mit heiler Haut davongekommen! Da habt ihr wirklich Glück gehabt! Wenn sie das Gesetz früher erlassen hätten, wärt ihr nicht mehr an euer Vermögen drangekommen.

bis auf die Haut durchnäßt/naß bis auf die Haut **sein** *ugs* – bis auf die **Knochen** durchnäßt/naß sein · to be drenched to the bone, to be soaked to the skin

j. **könnte/(möchte) aus der Haut fahren** (bei …/wenn er sieht/…) *ugs* · + it drives s.o. up the wall/drives s.o. mad (when he sees/…)
Wenn ich dieses Durcheinander hier sehe, könnte ich aus der Haut fahren. Könnt ihr denn nicht wenigstens übers Wochenende ein wenig Ordnung in euer Zimmer bringen? Das ist ja zum Wahnsinnigwerden! Ohrfeigen sollte man euch.

sich (jm. gegenüber) **nicht wohl in seiner Haut fühlen** *ugs* · to feel uneasy (with s.o.) about s.th. *n*, not to feel right (with s.o.) about s.th. *n*
… Nein, richtig habe ich mich in der Sache nicht verhalten! Ganz egal, wie das juristisch zu beurteilen ist, ich fühle mich dem Herrn Neuffert gegenüber nicht wohl in meiner Haut. Ich muß mit ihm sprechen. Die Angelegenheit muß bereinigt werden.

jm. **unter die Haut gehen**/(dringen) · 1. to get to s.o., to shake s.o., 2. to get under s.o.'s skin
1. Bisher hat er sich allen Ratschlägen gegenüber, langsamer zu fahren, immer taub gestellt. Aber dieser Unfall mit dem Kind ist ihm unter die Haut gegangen. Es ist zwar nicht viel passiert; doch so getroffen war er noch nie.
2. Deine Musik geht einem unter die Haut! …

jm. **die Haut gerben** *ugs selten* – jm. das **Fell** vollhauen · to beat s.o. up, to beat the living daylights out of s.o.

jn. **mit Haut und Haaren auffressen** *Märchenspr* · to eat s.o. all up, to eat s.o. up bones and all
… und dann fraß der Wolf Rotkäppchen mit Haut und Haaren auf …

ich/Peter/… **könnte** jn. **mit Haut und Haaren fressen** *ugs* – *path* · 1. I/John/… will/could/(…) beat s.o. to a pulp, 2. to think the world of s.o., to dote on s.o.
1. … Wenn ich diesen Sousa schon sehe! Mit Haut und Haaren fressen könnte ich diesen Vollidioten! – Was ist denn los, Richard? Was hat dieser arme Sousa dir denn getan, daß du so wütend auf ihn bist? *selten*
2. vgl. – (eher:) ein Kind/… zum **Fressen** gern haben

jm. **mit Haut und Haaren verfallen (sein)** *ugs* – *path* · to be head over heels in love with s.o.
… Kann sich der Richard denn von dieser Frau nicht lösen? Er ruiniert doch seine ganze Familie. – Er ist ihr mit Haut und Haaren verfallen. Da könnte die Welt untergehen – er würde sich nicht von ihr trennen.

sich jm./e-r S. **mit Haut und Haaren verschreiben** *path* · 1. to be slavishly/… devoted to s.o., 2. to be slavishly/… dedicated to s.th.
1. Der Reiners hat sich mit Haut und Haaren dem Kanzler verschrieben, nicht? – Warum meinst du das? – Man hat den Eindruck, daß er ihm geradezu sklavisch ergeben ist. – Das ist nicht das richtige Wort. Er unterstützt ihn rückhaltlos.
2. Die Marta hat sich mit Haut und Haaren dem Kommunismus verschrieben. Fast fanatisch ist sie da geworden.

nur (noch)/nichts als/… **Haut und Knochen sein**/nur noch aus … bestehen *path* · to be nothing but skin and bones
Was ist denn mit der Frau Höllerer los? Die ist ja nur noch Haut und Knochen. – Sie war zwei Monate im Krankenhaus mit einer sehr unangenehmen Darmgeschichte. Bei der rigorosen Diät, die sie machen mußte, ist sie natürlich sehr abgemagert.

nicht/so wenig wie j. **aus seiner Haut können/herauskönnen** *ugs* · one can't change the way one is *n*, one can't change one's character *n*, s.o. can't change (his ways) *n*
… Jetzt war sie doch den ganzen Tag so umgänglich, so sympathisch – und trotzdem muß sie am Abend den Jungen ausschimpfen, weil er statt Namenstag Geburtstag feiert! – Sie kann eben nicht aus ihrer Haut heraus! Die Vorstellung, daß man nur mit Hilfe seines Schutz-

engels durchs Leben kommt, sitzt derart tief in ihr drin … Da muß sie eben schimpfen.

sich auf die faule Haut legen *ugs* · 1. to (lie down/sit back/… and) do nothing, 2. not to lift a finger, not to do a hand's turn
1. Wie ich mich auf die Karnevalsferien freue! Ich werde mich in der Algarve fünf Tage lang auf die faule Haut legen und mir die Sonne auf den Wanst brennen/scheinen lassen.
2. Der legt sich den ganzen Tag auf die faule Haut, und wir sollen die ganze Zeit hart arbeiten!

auf der faulen Haut liegen *ugs* – sich auf die faule **Haut** legen (2) · to (lie down/sit back/… and) do nothing, not to lift a finger, not to do a hand's turn

seine Haut für jn./(etw.) **zu Markte tragen** · to risk one's neck for s.o./s.th. *coll*
… Das ist alles gut und schön, mit dem Kampf für die Freiheit. Aber wer im Ernstfall seine Haut zu Markte tragen muß, das sind die armen Leute. Die riskieren ihr Leben!

jm. **die Haut über die Ohren ziehen** *ugs selten* – jm. das **Fell** über die Ohren ziehen · to 'do' s.o., to fiddle s.o., to fleece s.o.

seine Haut retten · to save one's skin/neck
Ihr habt euer ganzes Gepäck verloren? – Wir konnten noch so gerade unsere Haut retten. Wenn sie mit den Rettungsbooten eine halbe Stunde später gekommen wären, wären wir mit Mann und Maus untergegangen.

(zunächst einmal/…) **die/(seine) eigene Haut retten** · to save one's own skin (first/…)
… Daß sich der Hellmann in einer solch kritischen Lage nicht noch wer weiß wie um die Kollegen kümmert, ist doch mehr als verständlich. Da versucht jeder zunächst einmal, seine eigene Haut zu retten.

seine Haut für jn./etw. **riskieren** *ugs selten* · 1. 2. to risk one's neck for s.o./s.th., 1. to risk one's life for s.o./s.th.
1. Ich riskiere meine Haut, um dich aus dem Wasser zu ziehen, und du sagst nicht einmal danke! – Nun tu mal nicht so, als ob du dein Leben dabei riskiert hättest!
2. Ich riskiere doch meine Haut nicht, um so einen Faulpelz zu schützen. – Was heißt: riskiere meine Haut nicht? – Nun, wenn ich mich für diesen Nichtsnutz einsetze, muß ich natürlich fürchten, daß sie auch mich an die frische Luft setzen.

in eine neue Haut schlüpfen *oft iron selten* · to change completely, to change one's personality, to change one's identity
… Nein, die Umstellung vom Leben in der Großstadt aufs Land fällt einem in der Tat schwerer, als man meint. Man ist halt doch in allem von der Stadt geprägt und mit 50 kann man nicht so mir nichts dir nichts in eine neue Haut schlüpfen.

ich kann mir/Peter kann sich/… **das/(die Pfennige/…) doch nicht aus der Haut schneiden** *ugs* – (eher:) ich kann mir/ Peter kann sich/… das/(die Pfennige/…) doch nicht aus den **Rippen** schneiden/(durch die/aus den Rippen schwitzen) · I/Peter/… am/is/… not made of money, I/Peter/… cannot produce s.th. out of thin air

eine Haut, weich wie Seide *form* – *path selten* · s.o.'s skin is as soft as silk, s.o.'s skin is silky-soft
Wie bezeichnete der Karl-Dieter die Haut von der Marlies – 'eine Haut, weich wie Seide'? Ich glaube, ja. – Ich möchte wissen, wo er das gehört oder gelesen hat. – Aber die Haut von der Marlies ist wirklich besonders zart und weich.

in keiner gesunden/(guten) **Haut stecken** *ugs selten* · + poor health runs in the family *n*, + s.o.'s health is poor *n*
… Das Mädchen hat wirklich dauernd was! – Sie steckt leider in keiner guten Haut. Sie hat das von ihrer Mutter, auch die war ziemlich kränklich.

j. **möchte nicht in** js. **Haut stecken** *ugs* · he/John/… would not like to be in s.o.'s shoes
… Eine mißliche Lage! Ich möchte nicht in seiner Haut stecken. Was kann er überhaupt tun, um da herauszukommen?

seine Haut so teuer wie möglich verkaufen *selten* · 1. to sell one's life as dearly as possible, 2. to sell o.s. as dearly as possible

1. ... Die verbliebenen Truppenreste verkauften ihre Haut so teuer wie möglich! ... – Welch ein Unsinn, in aussichtsloser Position noch erbitterten Widerstand zu leisten! – Wieso? Ihr Tod war ohnehin besiegelt!

2. ... Der Schramm macht es seinen Verhandlungspartnern mit seiner Hartnäckigkeit verdammt schwer. Wenn man in einer fast ausweglosen Lage ist, könnte man etwas nachgiebiger sein. – Das sehe ich anders. Die andern wollen seine Lage schamlos ausnutzen, und er versucht – mit vollem Recht –, seine Haut so teuer wie möglich zu verkaufen.

die Haut versaufen *sal selten* – das **Fell** versaufen · to see the corpse off and get pissed *sl*, to drink to s.o.'s memory *after the funeral* *n*

sich seiner Haut wehren *ugs* · 1. 2. to defend o.s. *n*, to put up a fight, 2. to resist *n*, to make a stand

1. Wenn die dich necken und schlagen, schlag' zurück! Du mußt dich deiner Haut wehren! Wenn du feige bist und davonläufst, ärgern und schlagen sie dich natürlich noch mehr.

2. vgl. – (eher:) sich zur **Wehr** setzen (1)

jm. ist in seiner Haut nicht wohl (jm. gegenüber) *ugs* – (eher:) jm. ist (jm. gegenüber) nicht wohl in seiner **Haut** · to feel uneasy (with s.o.) about s.th., not to feel right (with s.o.) about s.th.

viel Haut zeigen *Neol ugs iron* · to show a lot of flesh

... Na, an dieser Ecke zeigen die Leute ja verdammt viel Haut, meinte er halb verdutzt, halb belustigt, als er bei einer Strandwanderung mit seiner Freundin nichtsahnend auf einem FKK-Gelände landete.

haut: **das/(etw.) haut einen/(jn.) hin!** *sal selten* · 1. it takes your/one's breath away, it's staggering *coll*, it's flabbergasting *coll*, 2. s.th. gets to s.o. *coll*, it's really shocking

1. Eine solche Unverschämtheit haut einen hin! Wirklich! Ich habe schon allerhand Frechheiten erlebt. Aber bei solch einer permanenten Unverschämtheit allen Leuten gegenüber bleibt einem einfach die Spucke weg.

2. Das haut einen hin, so ein Elend! Wenn du das siehst, dann bist du einfach fertig, sage ich dir.

jetzt haut es mich/jn. (aber) (hin)! *sal selten* – (eher:) jetzt/da bin ich (aber) **fertig**/jetzt/da bist du/seid ihr/... (aber) fertig, was/...?! (1; u. U. 2) · + I'm/you're/... speechless/stunned/amazed/...

das/(etw.) haut einen/(jn.) um *sal* – das/(etw.) **haut** einen/(jn.) hin · I'm/you're/... speechless/stunned/amazed/...

jetzt haut es mich/(jn.) (aber) um! *sal* – (eher:) jetzt/da bin ich (aber) **fertig**/jetzt/da bist du/seid ihr/... (aber) fertig, was/...?! (1; u. U. 2) · + I'm/you're/... speechless/stunned/amazed/...

hauteng: **hauteng sitzen/sein/...** *Kleider/...* · to be/... skintight

Hui, dein neues Kleid, Christa, sitzt ja hauteng! Wen willst du denn damit erobern?

Havarie: **Havarie haben/(erleiden)** *Schiff/Flugzeug/... form selten* · to have an accident

Was heißt, ihr habt Havarie gehabt? – Das Schiff hatte irgendeinen Schaden; es funktionierte nicht.

Hebel: **den Hebel an** etw./(an einem bestimmten Punkt/...) **ansetzen** (um etw. zu erreichen/...) · to tackle s.th. in such a way that ...

... Ihr müßt den Hebel an seinem beruflichen Ehrgeiz ansetzen. Wenn ihr ihm klarmacht, daß er über einen einflußreichen Klub auch beruflich handfeste Vorteile hat, wird er auch etwas dafür tun, daß der Klub angesehen ist.

alle Hebel in Bewegung setzen · to move heaven and earth to do s.th., to set all wheels in motion to do s.th.

Er hat alle Hebel in Bewegung gesetzt, um die Stelle zu bekommen – vergeblich! – Und er hat wirklich alles versucht? – Alles. Er hat seine

gute Vorbildung ins rechte Licht gerückt, seine Erfahrung auf diesem Gebiet gebührend herausgestellt, alle möglichen Leute angerufen ...

am Hebel sitzen *selten* – am **Drücker** sein/sitzen · to be in charge, to be in control

am längeren Hebel sitzen · to have the whip hand

Paß mal auf, Junge, es ist ja ganz schön, daß du dich gegen Ungerechtigkeiten wehrst, egal, von wem sie kommen. Aber ein Chef sitzt immer am längeren Hebel, weißt du! Der hat immer Möglichkeiten, dich in die Knie zu zwingen.

den Hebel an der richtigen Stelle ansetzen · to set about/to tackle/... s.th. in the right way

... Ich weiß nicht, ob ihr den Hebel an der richtigen Stelle ansetzt. Mir scheint, ihr müßt nicht die Verpackung der Waren ändern, sondern vor allem die Personalkosten senken, wenn ihr preiswerter verkaufen wollt.

an vielen Hebeln sitzen *selten* · to occupy several/... positions of power and influence *para*

Ein Mann, der im öffentlichen Leben etwas bewegen will, muß an vielen Hebeln sitzen. Da reicht es nicht, nur an einem Posten die Fäden in der Hand zu halten – so wichtig der Posten auch ist.

heben: **ein gesunkenes Schiff/(...) heben** · to raise a ship/a wreck/...

Wieviel Meter unter dem Meeresspiegel liegt das Schiff? – Um die 100. – Dann dürfte es wohl teurer sein, es zu heben, als ein neues zu bauen.

einen heben *sal* – einen **saufen** · to knock back a few, to have a drink

sich heben und senken *Schiff path selten* · to rise and fall, to heave

... »Gibt es da keine Gefahr«, fragte der Reiseführer ein wenig ängstlich, »wenn sich so ein langes, vollbeladenes Schiff auf den Wellen immer wieder hebt und senkt? Kann es da nicht brechen?«

jn. hebt es *ugs selten* · + to want to vomit *n*, + to want to get sick, + s.o.'s gorge rises

Wenn ich dieses entsetzliche Medikament nur rieche, hebt es mich schon! – Nun übertreib' mal nicht! – Das ist überhaupt nicht übertrieben. Die letzte Woche habe ich mich zweimal übergeben, nachdem ich dieses Gift genommen hatte!

Hechel: **jn./etw. durch die Hechel ziehen** *ugs veraltend selten* · 1. 2. to pick s.o. to pieces, to pull s.o. to pieces

1. vgl. – jn./etw. schlecht **machen**

2. vgl. – jn./etw. in/(durch) den **Dreck** ziehen

Hecht: **ein toller Hecht sein** *Männer ugs selten* – eine tolle **Nummer** sein · to be a dashing character, to be an incredible character/fellow/...

Hecht im Karpfenteich sein *ugs* · to be a big fish in a small pond

Der Rudi ist mal wieder Hecht im Karpfenteich. Schau dir das an, wie er daherredet, die anderen dirigiert, die Mädchen für sich einnimmt ...! – Unter so langweiligen Figuren ist es keine Kunst, den Überlegenen zu markieren.

Hechtsuppe: **es zieht wie Hechtsuppe** *ugs selten* · there's a terrible draught in here, it's blowing a gale in here

Mein Gott, hier ist aber auch kein Fenster und keine Tür dicht! Es ist doch klar, daß es da zieht wie Hechtsuppe.

Heckmeck: **vielleicht/... einen Heckmeck machen** *sal* · to talk rubbish/nonsense/crap/..., to make a fuss *n*, to kick up a fuss

... Komm', schwätz' nicht so lange da rum, Robert! Wenn die Bayern verloren haben, war das doch nicht in erster Linie Pech! Und auch nicht der Schiedsrichter! Sie waren einfach schlechter. – Aber ... – Aber! Aber! Mach' doch nicht soviel Heckmeck!

Heer: **ein stehendes Heer** (von 500.000/... Soldaten/Mann) *form* · a standing army (of 500,000 soldiers/...)

Habt ihr bei euch Berufssoldaten oder die allgemeine Wehrpflicht? – Die allgemeine Wehrpflicht. Es müssen jährlich so viele junge Leute den Militärdienst machen, daß sich ein stehendes Heer von 400.000 Mann ergibt.

ein Heer von Beamten/Bauleuten/... *oft neg path* · an army of civil servants/building workers/...

... Wer ernährt denn dieses ganze Heer von Beamten, das in den sog. hochentwickelten Ländern die Landschaft verpestet? Die Leute, die konstruktive Arbeit leisten!

Heerscharen: die himmlichen Heerscharen *rel path* · the heavenly hosts

... »Und die himmlischen Heerscharen stimmten ein Jubellied an, zu Ehren des Allmächtigen.« – Was waren das für Scharen, die da anfingen zu jubeln? – Die Engel natürlich! Du bist aber auch ungebildet!

Hefe: die Hefe des Volkes *form – sal selten* · the scum of the earth, hoi polloi, riff-raff

(Ein Vater:) Ich versteh' gar nicht, wie man mit solchen Leuten überhaupt verkehren kann! Die gehören doch zur Hefe des Volkes! Die Tochter hat drei oder vier Freunde auf einmal, die Söhne klauen in den Kaufhäusern ... Wie kommst du überhaupt an diese Leute, Walter?

Hefekloß: aufgehen wie ein Hefekloß *sal* – (eher:) aufgehen wie ein **Pfannkuchen** · to balloon out

Hefeteig: wie ein Hefeteig auseinandergehen *sal selten* · 1. to balloon out *coll,* 2. to get tubby

1. vgl. – (stärker als:) **auseinandergehen**

2. vgl. – kugelrund **werden**

Heft: das Heft in der Hand behalten – das **Heft** (fest) in der Hand halten/haben (1) · to hold/to keep hold of the reins

das Heft (nicht) **aus der Hand geben** · (not) to hand over control/the reins

Wenn der alte Rotermund schon 66 ist, sollte er die Leitung des Unternehmens anderen überlassen. Er hat doch zwei erwachsene Söhne. – Natürlich. Aber er will das Heft nicht aus der Hand geben.

das Heft (fest) **in der Hand halten/haben** · 1. 2. to hold/to keep hold of the reins

1. Ob es ihm gelingt, das Heft in der Hand zu halten? Es regt sich doch sehr viel Unzufriedenheit. Die Leute sind sehr zerstritten ... – Er ist eine geborene Führernatur. Er wird die Leute zur Räson zu bringen wissen.

2. ... Gerade jetzt mußt du das Heft fest in der Hand halten. Nur eine sichere, feste Führung kann jetzt weiterhelfen.

jm. das Heft aus der Hand nehmen/(winden) · to seize control/power from s. o.

Die beiden ältesten Söhne versuchen schon seit Jahren, dem Vater das Heft aus der Hand zu nehmen. Aber der alte Herr leitet die Firma nach wie vor unbeirrbar allein weiter.

das Heft in die Hand nehmen/(ergreifen) · to take over

Das war ein Durcheinander hier früher und eine Schlamperei, das kannst du dir gar nicht vorstellen. Aber seitdem der Juniorchef das Heft in die Hand genommen hat, läuft's. Der greift durch. – Und wann hat der die Leitung übernommen?

Heftelmachen: das/(etw.) **geht wie's/**(wie das) **Heftelmachen** *ugs veraltend selten* – das/(etw.) geht wie's/(wie das) **Brezelbacken** · it's. th. goes like greased lightning

Heftelmacher: aufpassen wie ein Heftelmacher *ugs veraltend selten* – aufpassen wie ein **Luchs** · to watch like a hawk

heftig: das/etw. **ist ganz schön heftig** *ugs* · that/s. th. is pretty tough

... Die haben dich wegen Beleidigung zu 20 Tagessätzen à 25,– Mark verknackt, nur weil du gegenüber einem Richter von deinem Grundrecht auf freie Meinungsäußerung Gebrauch gemacht hast? Das ist ganz schön heftig.

hegen: jn. hegen und pflegen *path* · to lavish care on s. o., to pamper s. o., to cosset s. o.

Der Andreas ist ein wenig verwöhnt, findest du nicht? – Vielleicht. Das ist auch kein Wunder, wenn man von seiner Mutter immer so gehegt und gepflegt wird wie er.

Hehl: kein/(keinen) **Hehl aus etw. machen** · to make no bones about (doing) s. th., to make no secret of s. th.

... Ich mache ja überhaupt kein Hehl daraus, daß ich von der Erika wenig halte. Ihr könnt mir alles mögliche vorwerfen, aber daß ich mit meiner Meinung über sie jemals hinter dem Berg gehalten hätte, könnt ihr mir nicht behaupten.

ohne Hehl sprechen *form selten* · to speak openly/frankly/... to s. o.

Ihr könnt mir alles mögliche vorwerfen, aber nicht, daß ich euch gegenüber jemals mit meiner Meinung hinter dem Berg gehalten hätte. Ich habe mit euch immer ohne Hehl gesprochen.

Heia: ab, in die Heia! *Kinderspr* – ab, in die **Falle!** · off to bed/bye-byes

los, in die Heia! *Kinderspr* – los, in die **Falle!** · off to bed/bye-byes

in die Heia gehen *Kinderspr* · to go to bye-byes

So, jetzt ist es acht Uhr, jetzt gehen wir in die Heia, Susi. – Darf ich nicht noch etwas aufbleiben? – Nein, jetzt gehen wir ins Bett, Susi.

heia machen *Kinderspr* · to go to bye-byes

So, Susi, jetzt müssen wir Heia machen. Es ist schon spät, jetzt gehen wir ins Bett. – Laß mich doch noch ein bißchen auf, Mama. – Nein, jetzt wird geschlafen.

Heide: jn. verprügeln/..., **daß die Heide wackelt** *sal selten* – jn. schlagen/verhauen/..., daß er den **Himmel** für eine Baßgeige ansieht · to give s. o. such a beating/thrashing/... that he doesn't know whether he's coming or going/that he doesn't know what day it is

Heidelberger: so groß wie das Heidelberger Faß sein *path veraltend selten* · as big as the Heidelberg barrel

Mein Gott, ist das ein Kessel! Der ist ja so groß wie das Heidelberger Faß!

Heiden: das/(etw.) **möchte einen Heiden erbarmen** *path veraltend selten* · it/s. th. would melt a heart of stone

... Wenn man das sieht, wie die hier mit den Kindern umgehen! Das möchte einen Heiden erbarmen! Sie schimpfen diese elenden Würmer, die sich nicht wehren können, aus, schlagen sie ... man könnte heulen, wenn man das sieht!

Heidenangst: eine Heidenangst haben/(...) *ugs – path* · to be scared stiff (of s. o./s. th.), to be shit-scared (of s. o./s. th.) *sl*

... Wenn er so eine Heidenangst vor dem Examen hat, dann kann er natürlich nicht bestehen. Dann fällt er schon wegen Nervosität durch.

Heidendurcheinander: in/auf/... herrscht/... ein Heidendurcheinander *ugs* – in/... fliegt/liegt/geht/... alles wie **Kraut** und Rüben durcheinander (1) · in/... everything/... is thrown/... all over the place

Heidengeld: ein Heidengeld kosten/ausgeben/... *ugs* – ein **Vermögen** kosten/ausgeben/... · to cost/to spend/... a packet/a fortune/...

heidi: heidi sein *sal selten* · 1. to go for a burton, to be dashed, to come to nothing, 2. s. th. is fucked *vulg*, to be bust, to be ruined *n*, to be up the spout, s. o.'s hopes are dashed *n*, 3. he is/they are/... miles away (by now/...)

1. vgl. – (res. zu:) **flötengehen**

2. vgl. – **hin** sein (1; u. U. 2)

3. vgl. – (schon/...) über alle **Berge** sein (1)

heidi gehen – verloren **gehen** · to go for a burton

Heil: (immer/...) **stur Heil (geradeaus/**rechts/im selben Rhythmus/...) *sal selten* · to carry on regardless, to keep doggedly on doing s. th.

... Statt anzuhalten und zu fragen, fährt dieser Esel immer stur Heil in die Richtung, wo nach seiner Meinung das Haus der Schultes stehen mußte – bis wir schließlich durch die ganze Stadt durchgefahren waren. – Das ist typisch Ulrich! Immer drauflos, der Nase nach!

sein Heil von jm./etw. **erhoffen/erwarten/**... *path* · to expect/to hope for/... salvation from s. o./s. th.
Du darfst dein Heil nicht von anderen Leuten erhoffen, Peter! Selbst ist der Mann!

sein Heil in der Flucht suchen *path od. iron* · 1. to flee for one's life, 2. to make o. s. scarce, to beat it, to clear off, to slope off
1. Statt Widerstand zu leisten, suchten die Truppen ihr Heil in der Flucht. So eine Schande!
2. vgl. – sich aus dem **Staub(e) machen** (1)

jm. **Heil und Segen wünschen** *path* · to wish s. o. every blessing
... Ich kann dir für deine Arbeit in Peru, Franz, nur Heil und Segen wünschen. Du willst den Leuten dort helfen. Der liebe Gott stehe dir bei und gebe deiner Arbeit ein gutes Gelingen.

sein Heil in etw. **suchen** *path* · to seek salvation in s. th.
Statt sich für die konkreten Probleme um konkrete Lösungen zu bemühen, sucht der Fritz andauernd sein Heil in irgendwelchen politischen Ideologien. Als wenn diese Ideologien ihm auch nur das Geringste nützten!

woanders/bei .../in ... **sein Heil versuchen** (wollen) *ugs selten* – woanders/bei ...**/in .../...** sein **Glück** versuchen (wollen) · to try one's luck somewhere else/in ...**/at .../...**

heilig: jm. **ist nichts heilig** *form – path* · for s. o. nothing is sacred
Wie respektlos der Gerd über seine alte Mutter spricht! – Er redet von allen und von allem so. Dem ist nichts heilig.

bei allem, was einem heilig ist, schwören/versichern/... *path* – **Stein** und Bein schwören · to swear blind that ..., to swear by all that's holy that ...

Heiligen: bei allen Heiligen schwören/versichern/... *path* – **Stein** und Bein schwören · to swear by everything that one holds sacred that ...

Heiligenschein: jn./sich **mit einem Heiligenschein umgeben** *form – path selten* · to act holier-than-thou, to pretend one is a saint
... Das Mädchen ist so gut und so schlecht wie alle anderen in der Gruppe auch! Kein bißchen besser jedenfalls! Die wird sich doch—jetzt nicht mit einem Heiligenschein umgeben und den Lebenswandel der anderen kritisieren!

Heiliger: kein Heiliger sein *ugs* · to be no saint
Und der Klaus, was führt der so für ein Leben da als Studiosus in München? – Hm, der Klaus ist kein Heiliger, das wissen wir ja ... – Du willst sagen: er führt einen recht lockeren Lebenswandel?

ein sonderbarer/komischer/wunderlicher Heiliger (sein) *ugs* · to be a queer fish, to be a strange fellow
... Ein seltsamer Mensch, dieser Michael! Er schaut einen schon so komisch an! Aber davon abgesehen: was der für Ideen hat, und vor allem, wie lustig er sie aneinanderreiht, sie vorbringt ...! – Der Michael war schon immer ein sonderbarer Heiliger.

Heimarbeit: etw. **in Heimarbeit anfertigen/**... · + to be produced/made/... by homeworkers
... Alle Teppiche dieses Hauses wurden in Heimarbeit gemacht? – Alle. In Tunesien. Da ist kein einziger dabei, der in einer Fabrik hergestellt worden wäre.

Heimat: die ewige Heimat *rel path* · our/... eternal/everlasting home
... In der ewigen Heimat, meine lieben Brüder und Schwestern, werden wir alle, von der irdischen Last befreit, erkennen, daß die weltlichen Sorgen eitel und nichtig sind ...

fern der Heimat ... *path* · (to be/to live/...) far from home
Wenn du so jahrelang fern der Heimat lebst, meinte sie, fängst du irgendwann an, die Welt anders zu sehen: die Koordinaten gehen nicht mehr wie selbstverständlich von Deutschland – oder der Pfalz – aus ...

unrasiert und fern der Heimat *sal* · unshaven and (looking) like a tramp *para*
Du kannst doch nicht so unrasiert und fern der Heimat zur Vorlesung gehen, Junge! – Unrasiert und fern der Heimat? – ich trag' einen Bart, das weißt du doch. – Gut! Aber den kann man pflegen. Und anständig kämmen kann man sich auch.

js. **zweite Heimat** · s. o.'s second home
... Sie leben jetzt mehr als 20 Jahre hier in Deutschland, nicht wahr? – Ja, ich bin mit 17 Jahren, gleich nach der Schule, hergekommen. Deutschland ist meine zweite Heimat geworden. – Sie fühlen sich also wohl hier?

Heimaturlaub: auf Heimaturlaub gehen/(...) *überwiegend mil* · 1. 2. 4. to take home leave, 3. to be/to go on furlough, 3. to go home for the weekend/occasionally/...
1. ... Wenn dieses Scheißmanöver rum ist, geh' ich erst mal auf Heimaturlaub.
2. (Ein Student:) Nächste Woche geh' ich mal wieder auf Heimaturlaub. – Das bekommt dir bestimmt gut, mal wieder in vertrauter Umgebung zu sein, die Familie und die Freunde zu sehen ...
3. (Ein Matrose:) Wenn wir wieder in Hamburg festgemacht haben, werde ich erst mal auf Heimaturlaub gehen.
4. ... Wenn wir diesen Projektabschnitt abgewickelt haben, fliege ich erst mal zwei Wochen nach München auf Heimaturlaub. Johannesburg hängt mir allmählich zum Hals raus.

Heimchen: (ein) Heimchen am Herde *neg veraltend selten* · a little housewife, a home-loving wife, a little wifey *sl*
Nein, so ein Heimchen am Herde würde der Alfons nie heiraten. Der braucht eine Frau, die vielseitig interessiert ist, im Beruf steht, mit der er über alles sprechen kann – und kein Hausmütterchen.

heimelig: heimelig und traut *path od. iron veraltend selten* · cosy and homely
»Warst du mit dem Michi heute nachmittag wieder in eurer kleinen Lichtung da am Waldrand?«, fragte sie ihre ältere Schwester verschmitzt. – »Das ist für uns schon ein richtig heimeliges und trautes Eckchen«, antwortete die so nüchtern wie möglich. »Wir fühlen uns da, als ob es uns gehörte«. – »Ah so! ...«

heimleuchten: jm. **ordentlich/**tüchtig/... **heimleuchten** *ugs* – jm. (gehörig/...) die **Meinung** sagen · to give s. o. a piece of one's mind, to tell s. o. where to get off

heimlich: heimlich, still und leise verschwinden/sich heranschleichen/... *ugs* · to slip out/to creep up/... stealthily/furtively/on the sly
... Heimlich, still und leise schlich er sich ins Schlafzimmer seines Vaters und nahm einen Hundertmarkschein aus dem Portemonnaie. – Aber am nächsten Tag hat er es dem Vater doch erzählt?

Heimlichkeit: in aller Heimlichkeit *path selten* · 1. on the sly, secretly, in secret, furtively, 2. to slip out/to creep up/... stealthily/furtively/on the sly
1. ... In aller Heimlichkeit da den Kuchen wegzufressen – das ist doch häßlich!
2. vgl. – **heimlich,** still und leise verschwinden/sich heranschleichen/...

Heimvorteil: einen/den Heimvorteil haben *Sport* · to have home advantage, to have the advantage of playing at home
In der Hinserie haben wir fast alle schweren Gegner auswärts gehabt, so daß wir jetzt in der Rückserie gerade bei den Spielen, wo es darauf ankommt, einen/den Heimvorteil haben.

heimzahlen: jm. etw. **heimzahlen** *ugs* · to get one's own back on s. o., to pay s. o. back
... Das werd' ich ihm heimzahlen! – Was? – Daß er mich bei meiner Kandidatur nicht unterstützt hat. – Wie willst du dich denn da rächen?

ein blöder Heini sein *sal* · to be a stupid berk/a nerd/a twit/a clot/...
Der Robert ist vielleicht ein blöder Heini! Ich habe selten einen so arroganten Schnösel erlebt wie den.

Heinrich: **den flotten Heinrich haben** *sal selten* – die **Scheißerei** haben · to have the runs

den müden Heinrich spielen/auf müden … machen *sal selten* · to pretend that one is exhausted/worn out/… *n*, to take it easy *n*

Der Peter Bracht spielt heute wohl den müden Heinrich, was? – Heute, Herr Dörr? Der läßt es doch immer so langsam wie möglich gehen. Oder haben Sie schon mal erlebt, daß er richtig rangeht?

Heiratsalter: **im Heiratsalter sein**/das … erreicht haben/(…) *form* · to be of marriageable age

… Sicher, sicher, mit 22 Jahren ist man natürlich im Heiratsalter. Die Frage ist nur, ob du die übrigen Voraussetzungen für eine Ehe mitbringst; ich meine: die sozialen, beruflichen und vielleicht auch die charakterlichen …

Heiratsantrag: einem Mädchen/… **einen Heiratsantrag machen**/(stellen) *form* · to make a proposal of marriage to a woman/…

… Aber er hat der Gisela doch keinen Heiratsantrag gestellt? – Doch! – Der Junge ist verrückt! Das kann doch nur eine unglückliche Ehe werden.

Heiratsschwindler: **ein Heiratsschwindler (sein)** · (to be) s.o. who makes fraudulent offers of marriage, (to be) s.o. who makes a marriage proposal under false pretences

Kürzlich wurde August Peiß geschnappt. Dieser Heiratsschwindler hat durch vorgetäuschte Heiratsversprechen mehrere Frauen um mindestens eine halbe Million Mark geprellt.

heiß: jm. **wird es zu heiß** – der **Boden** wird jm. zu heiß (unter den Füßen) · things are getting too hot/hotting up too much (for s.o.)

brüllend heiß (sein) *ugs – path* · (to be) sweltering, (to be) baking

… Wie war es denn in Mexiko? – Brüllend heiß! Teilweise hatten wir über 40° C im Schatten. Wir sind fast gestorben vor Hitze.

kochend heiß (sein) · (to be) boiling hot

… Das Wasser ist doch kochend heiß, da kann man doch nicht drin baden! – Komm', stell' dich nicht so an, Petra! Tu ein bißchen kaltes dazu, und dann los! …

weder heiß noch kalt sein/(nicht heiß und nicht kalt sein) *ugs* – (eher:) weder **kalt** noch warm sein/(nicht kalt und nicht warm sein) · not to be able to make up one's mind

heiße: ich heiße Emil/Hans/… *je nach Vorname des Sprechers,* **wenn** … *ugs* – ich freß einen **Besen**, wenn … · I'll eat my hat if …

heißen: **ich will** Hans/Ferdinand/Emil/…/Meier/Schulze/… **heißen, wenn** … *ugs* – if …, then I'm a Dutchman

… Ich will Ferdinand heißen, wenn die Doris so einen Dummkopf wie den Ingo heiratet! – Das hättest du besser nicht gesagt, Herbert! Die beiden heiraten nämlich kommenden Sonntag. Was sagst du nun, Ferdinand?

das will viel/wenig/nichts/… **heißen** · 1. that doesn't mean a thing/a lot/much …, 2. that means a lot/…, that's saying something, that's quite something

1. … Er hat schließlich promoviert …! – Das will gar nichts heißen! Es laufen so viele promovierte Leute herum, die ausgesprochen dumm sind – Fachidioten! Das bedeutet also gar nichts.
2. Er hat sein Abschlußexamen mit '1,0' gemacht, das will etwas heißen. Das macht ihm in dem Fach so schnell keiner nach.

das will schon was/etwas heißen! · that's quite something

Mit 12 Jahren ein öffentliches Konzert geben – das will schon etwas heißen! – Das ist eine Leistung, ohne jeden Zweifel.

das soll/sollte (wohl/…) **so viel heißen wie** … · that is as much as to say as …, in other words: …, what s.o. means is …

… Er meint, mit Menschen, die sich in ihren Wertvorstellungen zu sehr an überkommenen Ideen orientieren, geht er nicht gern um. – Das soll wohl so viel heißen wie: ich bin ein Reaktionär, was? – Ich weiß nicht, ob er genau das damit sagen wollte. Aber in die Richtung ging es.

jn. **willkommen heißen** *oft dir. R* · 1. to welcome s.o., 2. to bid s.o. welcome to …

1. »Wir heißen Sie, sehr geehrter Herr Präsident, in unserer Stadt aufs herzlichste willkommen …«
2. … Der Bürgermeister hieß den Ehrengast in unserer Stadt willkommen …

Heißhunger: (plötzlich/…) **einen Heißhunger auf** etw. **haben** *ugs – path* · to have a (sudden/…) craving for s.th.

Ich weiß gar nicht, warum ich in letzter Zeit (so oft) einen Heißhunger auf Gurken habe – gerade auf Gurken, die ich sonst fast nie esse. – Du bist doch nicht schwanger?! – Ach, du meinst, nur schwangere Frauen haben plötzlich ein unwiderstehliches Verlangen, dies oder das zu essen?

etw. **mit Heißhunger verschlingen**/… *ugs – path* · to wolf s.th. down, to eat voraciously/ravenously/…, to put s.th. away, to pig s.th. *sl*

… Du hättest sehen sollen, mit welchem Heißhunger der Hansgerd das Kotelett verschlang! – Und vorher tat er so, als wenn er gar keinen Hunger hätte. Was der immer für Umstände macht!

heißlaufen: **heißlaufen** – heiß **laufen** · to overheat

heißt: **es heißt** … · it is said that …, they say that …

Es heißt, der Präsident liegt im Sterben. – Wer hat dir das gesagt? – Ich weiß gar nicht mehr, wo ich das gehört habe.

jetzt heißt/da hieß **es: abhauen**/drangehen/aufgepaßt/…! – jetzt **gilt**/da galt es, abzuhauen/aufzupassen/… · now it is a matter of getting away/going to it/watching out/…, now it is vital to get away/go to it/watch out/…

das/etw. **heißt auf gut deutsch** · 1. in plain English it means…, 2. to put it plainly/in plain English /…, 3. in plain language it means/…, in other words it means/…

1. … Er meint, so ganz richtig käme die Beate in Mathematik ja wohl nicht mit. – Auf gut deutsch heißt das: sie ist ein Esel. – Nein, so scharf meint er es nicht, aber …
2. vgl. – auf (gut) **deutsch**
3. vgl. – im **Klartext** heißt das/bedeutet das/…:

da/dann/jetzt/… **heißt es entweder – oder** · yes or no, it's one or die *iron*

Jetzt heißt es entweder – oder. Entweder nimmst du das Angebot an oder du verzichtest. Verhindern oder hinauszögern kannst du die Entscheidung nicht mehr.

das heißt schon was/etwas! – das will schon was/etwas heißen · it/that is quite something, it/that is not to be sneezed at

heiter: **das ist ja heiter!** *ugs* · that's great!/marvellous!/wonderful!/…

Er hat 6.000,– Mark im Roulette verspielt? Das ist ja heiter! Wovon will er denn die nächsten beiden Monate seine Familie ernähren?

jetzt/dann **wird's** (aber) **heiter!** *ugs* · nice prospects indeed!, this is going to be fun

Jetzt wird's aber heiter! Der Chef hat uns angedroht, wenn die Korrespondenz nicht bis spätestens morgen mittag erledigt ist, würden wenigstens zwei Leute aus der Abteilung entlassen.

heiter und vergnügt (etw. tun) · (to do s.th.) in a cheerful and good-humoured manner/way/fashion

Heiter und vergnügt macht der Junge seine Schularbeiten! Genauso blendend gelaunt, wie er Fußball spielt. Wirklich schön!

das kann ja heiter werden *ugs iron* · this is going to be fun, this is going to be enjoyable

Hm, das kann ja heiter werden! Wenn sie schon jetzt, wo die kritischen Punkte noch gar nicht berührt wurden, so viele Schwierigkeiten haben, wie soll das dann nachher erst werden? Da werden wir uns ja wohl noch auf einiges gefaßt machen müssen.

Hekuba: jm. **Hekuba sein**/werden *selten* – jm. (ganz/völlig/…) **egal** sein (ob/was/wie/…) (1, 2) · + not to care (a bit/at all/…) about s.o./s.th., to be completely/… indifferent to s.o./s.th.

Held: du bist mir/(der Peter ist/...) (vielleicht) **ein Held!** *ugs iron* · you're a fine one, you are!/he's/... a fine one, he is/...!

... Du bist mir vielleicht ein Held! Erst nimmst du mein Fahrrad, ohne mich zu fragen, und dann fährst du es auch noch platt und stellst es unrepariert in den Keller zurück.

kein/nicht gerade ein Held in etw. **sein** *ugs* · not to be up to much, to be no great shakes

Was hälst du von dem Albert Wiese? – Nun, als Arzt ist er nicht gerade ein Held, aber dafür spielt er gut Tennis.

der Held des Tages sein · to be the hero of the day

... Beckenbauer war mal wieder der Held des Tages: er hat ein Tor selbst geschossen, die beiden anderen eingefädelt und das Spiel dirigiert. Halb München schwärmte einmal wieder von seinem 'Kaiser'.

Heldentod: den Heldentod sterben *path od. iron* · to die a hero's death, to be killed in action

... Wie willst du, sagte er plötzlich scharf, in einem Zeitalter, in dem man mit einer 'unsichtbaren' Rakete aus 1.000 km Entfernung Hunderttausende von Menschen auf einmal vernichtet, den Heldentod sterben? Du hast doch gar nicht die Chance, ein Held zu sein! – Die Chance?!? ...

helfen: jm. **ist nicht zu helfen** *ugs* · + s.o. is beyond help *n*

Warum bringt er seine finanziellen Dinge denn nicht in Ordnung, wenn er dauernd solche Unannehmlichkeiten hat? – Ach, dem Otto ist nicht zu helfen. Der wird immer Schwierigkeiten und Probleme in seinen Finanzen haben. Was diese Dinge betrifft, ist er einfach nicht bei Trost.

(Freundchen/mein Lieber/(meine Lieben)/...) **ich werd'/werde dir/**euch **helfen!** *ugs* · + just watch your step (matey/pal/...), I'll give you/him ... what for (matey/pal/...), I'll teach you/... to annoy your/... teacher/... (matey/pal/...)

Was? Jetzt hast du schon wieder eine Eintragung ins Klassenbuch bekommen, weil du dich ungezogen benommen hast? Freundchen, ich werde dir helfen! Von wegen, den Lehrern das Leben schwer machen! Wenn ich so etwas noch ein Mal erlebe, mein Lieber, dann ...

ich kann mir nicht helfen, aber/... *path* · I can't help thinking that ...

Ich kann mir nicht helfen, aber ich fürchte, die Entscheidung war falsch. Wir hätten den Leuten doch mehr entgegenkommen sollen. Ich habe das ungute Gefühl, wir haben da einen sehr schweren Fehler gemacht.

sich (nicht) **zu helfen wissen** · (not) to know how to manage, (not) to be able to manage, to be helpless

Bei der Frau Reuschner braucht ihr euch keine Sorgen zu machen, die weiß sich zu helfen. Sie ist zwar schon alt und auch nicht mehr ganz gesund, aber sie wird mit jeder Lebenslage fertig, auch mit Krankheiten. Eine ungemein selbständige Frau!

sich nicht anders zu helfen wissen, als zu/als indem/als durch/... · s.o. has no choice but to ..., + the only thing s.o. can do is to ..., + there is nothing for it but to ...

(Ein Apotheker:) Aber Ihr Sohn, Frau Knopp, das geben Sie selbst zu, hat das Medikament einfach da weggenommen! – Mein Mann hatte wieder einen seiner tückischen Anfälle, der Junge war allein mit ihm zu Hause und wußte sich nicht anders zu helfen, als zur Apotheke zu rennen und möglichst schnell das Medikament zu holen, das er schon kannte. – Aber ... – Das war doch ein Notfall, Herr Krause! Herrgott nochmal!

Helfer: (der) Helfer in der Not (sein)/js. Helfer in der Not sein/als js. Helfer in der Not erscheinen/... *path* – (eher:) (der) **Retter** in der Not (sein)/js. Retter in der Not sein/als js. Retter in der Not erscheinen · (to be) a help/helper in s.o.'s hour of need

helle: helle sein *ugs* · 1. 2. to be bright, to have brains, 2. s.o. is no fool/mug, + there are no flies on s.o.

1. vgl. – ein heller **Kopf** sein (1; u. U. 2)
2. vgl. – nicht auf den **Kopf** gefallen sein (1, 2)

Hellen: im Hellen · in daylight, while it's light

Um wieviel Uhr kommt er zurück, Käthe? – Gegen sechs. – Also noch im Hellen? – Natürlich. Wenn es dunkel ist, haben die meisten sowieso Angst, durch den Wald zu spazieren.

Heller: ein paar Heller *veraltend selten* – ein paar **Groschen** · a few/a couple of/... pence/cents/...

bis auf den letzten Heller bezahlen/... – etw. bis auf den letzten **Pfennig** bezahlen/zurückzahlen · to repay (debts) down to the last penny, to pay back every penny

j. **gibt für** jn./etw. **keinen (roten) Heller mehr** *ugs selten* · s.o. would not give a penny/a red cent/... for s.th., not to put a penny on s.o.'s chances of surviving/...

Der Scherer, sagst du, ist in einer etwas schwierigen Situation? – Der ist nicht in einer schwierigen Situation, der ist erledigt! Für den gibt ein Insider des Granitgeschäfts keinen roten Heller mehr. – Da gibt's keine Chance mehr? – Nein.

keinen (roten/lumpigen/blutigen) **Heller mehr haben** *ugs veraltend selten* – keinen **Pfennig** mehr haben (1; u. U. 2) · not to have a penny left, to be stony broke

keinen (roten/lumpigen/blutigen) **Heller mehr besitzen** *ugs veraltend selten* – keinen **Pfennig** mehr haben (2; u. U. 1) · not to have a penny left, to be stony broke

jn. **auf Heller und Pfennig auszahlen/**jm. etw. ... bezahlen/... *ugs* · to pay s.o. every single penny

Ich weiß gar nicht, was seine Geschwister von ihm wollen! Er hat jedem auf Heller und Pfennig ausbezahlt, was er von dem Erbe ihres verstorbenen Vaters zu kriegen hatte. Haargenau hat er jedem das gegeben, was ihm zustand.

(mit jm.) **auf Heller und Pfennig abrechnen/**... *ugs* · to settle with s.o. down to the last penny

... Wenn wir die Sache abschlagen, genügt das ja wohl. Unter uns brauchen wir ja nicht auf Heller und Pfennig abzurechnen. – Mir wäre schon lieber, wenn wir die einzelnen Posten Punkt für Punkt durchgingen. In Geldsachen bin ich für Genauigkeit.

keinen/(nicht einen) **roten/**(lumpigen/blutigen) **Heller wert sein** *ugs selten* – (eher:) nicht die **Bohne** wert sein (2) · not to be worth a light

hellhörig: hellhörig werden · to prick up one's ears

... Als er sich dann – scheinbar gleichgültig – nach dem Gehalt meines Bruders erkundigte, wurde ich hellhörig. Wollte er meinen Bruder etwa dazu bringen, in seine Firma zu wechseln? Oder was steckte dahinter?

hellsehen: du kannst/er/der Peter kann/... **wohl/**... **hellsehen** *sal* · I/you/Peter can see into the future/can tell the future/... *n*

Wer gewinnt die nächste Wahl – der Kahl oder der Kraus? – Wie soll ich das denn wissen? Ich kann doch nicht hellsehen! – Ja, was meinst du denn? – Ich mein' gar nichts.

Hemd: im bloßen Hemd ... · wearing just a vest/shirt

... Warum soll ich da nicht im bloßen Hemd erscheinen? Dieser sog. Zwang zu Jacke, Schlips und Kragen ist doch Unsinn bei so einer Hitze. – Du hast überhaupt keinen Sinn für Form, Junge. Irgendwann erscheinst du zu den Sitzungen noch mit nacktem Oberkörper.

ein halbes Hemd (sein) *sal selten* · 1. 2. s.o. is (just/...) a little squirt

1. Der Detlev meint, dein Wagen käme an seinen bei weitem nicht ran. – Das muß dieses halbe Hemd gerade sagen! Der kann zwar mit seinen Autos angeben wie ein Sack Seife, bloß kaufen kann er keins – dafür ist der Papa zuständig.
2. Ich möchte mal wissen, was die Susanne an dem David findet. Der Typ ist doch nur ein halbes Hemd.

tritt dir/(tretet euch/...) **nicht aufs Hemd!** *sal* · don't fall over your shirt/... *coll*, don't stand on your shirt/... *coll*

O, lala! Werner! Tritt dir nicht aufs Hemd! – Halt' den Mund, Kerl! Meinst du, ich hätte aus Spaß und Dollerei ein Hemd an, das mir nur bis zum Bauchnabel geht? Die anderen waren mal wieder alle in der Wäsche?

mach' dir/macht euch (bloß/...) **nicht ins Hemd** *sal* · don't make such a fuss/a song and dance/... about it, you needn't worry *n*

Franz, könntest du mir morgen mal deinen Wagen leihen? – Mhm, äh, ich weiß nicht ... – Komm', mach' dir nicht ins Hemd! Ich fahre dir schon keine Beule in dein heiliges Blech!

j. **macht sich noch/**(doch/...) **ins Hemd** (vor Angst/...) *sal* · to shit o.s. at the (very) thought of s. th.

... Der Hannes und in der Klausur abschreiben? Der macht sich doch ins Hemd, wenn er nur dran denkt.

naß bis aufs Hemd (sein) *path – iron* – bis auf die **Knochen** durchnäßt/naß sein · (to be) drenched to the bone, (to be) soaked to the skin

ein nervöses Hemd (sein) *ugs* · to be a nervous person, to be a bundle of nerves

Mein Gott, du zitterst ja, als wenn es dir ans Messer ginge. Bist du immer so ein nervöses Hemd? – Ich weiß nicht. Aber ich hab' so eine Angst vor Spritzen.

ein schmales/(halbes) **Hemd** (sein) *ugs selten* · (to be) a skinny specimen, (to be) a weed

Ich weiß gar nicht, was die Birgit an dem Robert findet – so ein schmales Hemd ... – Ach, du meinst, um einer Frau zu gefallen, muß ein Mann ein Kleiderschrank sein? – Das natürlich nicht! Aber so schmalbrüstig ...

kein Hemd mehr am Arsch haben *vulg selten* – (eher:) kein **Hemd** mehr am Leib(e) haben · not to have a shirt to one's name

kein ganzes Hemd mehr am Arsch haben *vulg* – (eher:) kein ganzes **Hemd** mehr am Leib(e) haben · not to have a (decent) stitch (left/...) to one's name

das/(etw.) **zieht einem** (ja) **das Hemd aus!** *sal selten* · it's terrible, it's awful, it's dreadful, it makes you/... cringe

Mensch, ist das eine düstere, triste Atmosphäre in dieser Uni! Das zieht einem ja das Hemd aus! – Find' ich auch, Ernst. Unerträglich! Ich weiß nicht, wie hier jemand vernünftig arbeiten soll.

jn. **bis aufs** (letzte) **Hemd ausziehen/**(ausplündern) *ugs* · 1. to strip s.o., to strip the clothes off s.o.'s back, 2. to fleece s.o.

1. ... Das war wie im Mittelalter: sie schlichen sich an das Liebespärchen heran, zogen beide bis aufs Hemd aus und verschwanden im Dunkeln. – Und die beiden? – Meldeten sich in BH und Unterhose bei der nächsten Polizeiwache.
2. Mir scheint, die werden euch bis aufs Hemd ausziehen. – Wieso? – Alle Bedingungen des Vertrages, die du bisher erwähnt hast, sind äußerst günstig für sie und äußerst nachteilig für euch. Da werdet ihr anständig bluten müssen.

sich bis aufs Hemd ausziehen *path selten* – (eher:) das letzte/ sein letztes **Hemd** hergeben/(verschenken/...) · to give the shirt off one's back (for s.o./s.th.)

sich das Hemd ausziehen lassen *path selten* · to allow/to let/... o.s. be fleeced/taken for a ride/...

Laß die Margreth bloß nie finanzielle Sachen regeln! Die ist in geschäftlichen Dingen völlig wehrlos und wird ausgenutzt bis zum letzten! – Ja, die läßt sich das Hemd ausziehen; da hast du leider Recht.

das letzte/sein letztes Hemd hergeben/(verschenken/...) (für jn./etw.) *path* · to give the shirt off one's back (for s.o./s.th.)

... So etwas von Güte und Hilfsbereitschaft kannst du dir gar nicht vorstellen! Die gibt ihr letztes Hemd her, um den Bauern zu helfen. – Es ist ja schön, wenn einer gern hilft; aber man kann auch übertreiben!

jm. **das Hemd über den Kopf ziehen** *path selten* · to have/to take/... the shirt off s.o.'s back

Wenn diese Leute merken, daß ihr euch nicht wehren könnt, werden die euch das Hemd über den Kopf ziehen. Von eurem ganzen Reichtum wird nichts übrigbleiben! – Daß mein Vater auch solche ruinösen Bedingungen akzeptieren konnte!

kein Hemd mehr am Leib(e) haben *ugs path* · not to have a shirt to one's name

Der Junge braucht unbedingt neue Kleidung, Gisela, der hat ja kein Hemd mehr am Leib! – Der wächst aber auch so schnell! – Das ist nun mal so, das kann man nicht ändern! Was soll er denn jetzt in die Schule überhaupt anziehen?

kein ganzes Hemd mehr am Leib(e) haben *ugs path* · not to have a (decent) stitch (left/...) to one's name

Die Gisela braucht unbedingt neue Kleidung, die hat kein ganzes Hemd mehr am Leib. Schau mal, wie sie herumläuft! Man muß sich ja schämen, sie so zerlumpt in die Schule gehen zu lassen!

(sich) das letzte/sein letztes Hemd vom Leib reißen (für jn./ etw.) *path selten* – das letzte/sein letztes **Hemd** hergeben/ (verschenken/...) · to give the shirt off one's back (for s.o./s.th.)

das Hemd vom Leib(e) verschenken *path selten* – das letzte/ sein letztes **Hemd** hergeben/(verschenken/...) · to give the shirt off one's back (for s.o./s.th.)

das Hemd ist (jm.) **näher als der Rock** · charity begins at home

Das ist doch ganz klar, daß er zunächst einmal für seine eigene Familie gesorgt hat und dann erst für die anderen! Das Hemd ist (ihm) näher als der Rock. Jeder denkt doch zunächst an sich.

das letzte Hemd hat keine Taschen *ugs* – das **Totenhemd** hat keine Taschen · + you can't take it with you, the shroud has no pockets *para*

jm. (mal anständig/...) **ins Hemd treten** *sal* – jm. den **Marsch** blasen · to give s.o. a (real/...) rocket

alles bis aufs Hemd verlieren *ugs path selten* · to lose everything one has *n*

Die Laubes haben während des zweiten Weltkrieges alles bis aufs Hemd verloren. Sie hatten einen Hof bei Allenstein in Ostpreußen. Als sie hier ankamen, hatten sie noch das, was sie am Leib hatten, sonst nichts.

seine Freunde/Geliebten/... (Wohnungen/...) **wie das/sein Hemd wechseln** *ugs* · to change boyfriends/girlfriends/partners ... as often as one changes one's shirt *tr*

... Was mich an dem Kerl etwas zweifeln läßt, ist die Tatsache, daß er seine Freunde wie das Hemd wechselt. – Ja, das ist bei seinen Freundinnen genau dasselbe. Ernste und dauerhafte Bindungen scheint er nicht zu kennen.

die/seine Meinungen/... **wie das/sein Hemd wechseln** *ugs* · s.o.'s opinions are as changeable as the weather

Vor zwei Jahren war er noch kommunistisch und jetzt wählt er rechts! Der wechselt seine Meinungen wie das Hemd! – Hast du von ihm etwas anderes erwartet? Er hat sein Fähnchen doch immer nach dem Wind gehängt.

das/sein letztes Hemd weggeben/verschenken *path* – das letzte/sein letztes **Hemd** hergeben/(verschenken/...) · to give the shirt off one's back (for s.o./s.th.)

Hemdsärmel: (sich) die Hemdsärmel hochkrempeln/(aufkrempeln/aufrollen) *ugs* – (eher:) (sich) die **Ärmel** hochkrempeln/(aufkrempeln/aufrollen) · to roll up one's shirt-sleeves

in Hemdsärmeln erscheinen/... · to turn up in shirt-sleeves

... Und wenn es noch so heiß ist: du kannst doch keine offizielle Sitzung in Hemdsärmeln leiten! – Ohne Jacke – und ohne Schlips und Kragen – scheint es in diesem Land nicht zu gehen!

Hemmschuh: jm. **einen Hemmschuh in den Weg legen** *form selten* – jm. **Knüppel/**(einen Knüppel) zwischen die Beine werfen/schmeißen · to put a spoke in s.o.'s wheel, to throw a spanner in s.o.'s works

Hemmungen: nur keine Hemmungen! *jovial* · no need to be shy, don't feel inhibited

... Bitte, stellen Sie Ihre Fragen, meine Damen und Herren! Nur keine Hemmungen! Egal, was Sie fragen, wir werden Ihnen offen und ehrlich antworten. Scheuen Sie sich nicht – dafür sind wir ja hier!

Hempels: bei jm. **sieht es aus wie bei Hempels unter'm Bett/ Sofa** *sal selten* · 1. 2. it's a real mess in s.o.'s flat/place/... *coll*, it's terribly/... untidy in s.o.'s flat/place/... *coll*
1. Franz, in deinem Zimmer sieht es wieder aus wie bei Hempels unter'm Sofa! Du solltest vielleicht mal aufräumen.
2. ... Hier in der Wohnung sieht ja es aus wie bei Hempels unter dem Sofa! – Ich weiß, diesen Samstag ist auch Großputz angesagt.

Henker: daß dich/den/ihn/... **der Henker** (...)! *sal* – (eher:) daß dich/den/ihn/... **der Teufel** (...)! · damn you/him/...!, to hell with you/him/...!

hol' dich/(den/ihn/die/sie/...) **der Henker!** *sal* – (eher:) der **Teufel** soll dich/ihn/den/sie/... holen! · damn you/...!, to hell with you/...!, the devil take you/...!

hol's der Henker! *sal selten* – **verdammt** (nochmal)! · damn!, damn it!

scher' dich/schert euch/... **zum Henker!** *sal selten* – scher' dich/schert euch/... **zum Teufel** (mit ...)! · get out of it!, go to hell!, to hell with your/... translation/...

was/wer/wo/... **zum Henker** ...? *sal* – was/wer/wo/... **zum Teufel** ...? · what/who/where/... the hell ... ?

(...,) (das) weiß der Henker! *sal* · God knows ..., Christ knows ..., how should I know ... *coll*
Wann kommt die Ulli aus Portugal zurück? – Weiß der Henker! Heute, morgen, nächste Woche, nächstes Jahr – oder gar nicht. – Wie, hat sie denn nichts gesagt? – Nein.

weiß der Henker, wo/wann/wie/ob/...! *sal* · 1. 2. God knows where/when/how/if/...!
1. Weiß der Henker, was der sich für Vorstellungen macht! Als ob eine Firma mit diesem Ruf einen Direktor einstellte, der nicht einmal Abitur hat! Wirklich unfaßlich, was der sich alles ausmalt!
2. Weiß der Henker, wie ich die Tür jetzt wieder ganz kriege! – Das hättest du dir lieber vorher überlegt, bevor du deine Klimmzüge an einer Schlafzimmertür übst.

zum/(beim) **Henker** (nochmal/noch einmal)! *sal selten* – **verdammt** (nochmal)! · damn!, damn it!

den Henker danach fragen/sich den Henker darum scheren, **ob** ... *sal selten* – einen **Dreck** danach fragen, ob ... · I/he/ John/... don't/... give a damn if/whether ...

der Henker soll dich/ihn/den/sie/... **holen!** *sal selten* – der **Teufel** soll dich/ihn/den/sie/... holen! · damn you!, to hell with you!, the devil take you!

hol' mich der Henker, wenn ...! *sal selten* – der **Teufel** soll mich holen, wenn ...! · + I'll be damned if ...

der Henker soll mich holen, wenn ...! *sal selten* – der **Teufel** soll mich holen, wenn ...! · + I'll be damned if I knew/... that ...

daraus/aus diesem Text/... **werde der Henker klug!** *sal selten* – daraus/aus diesem Text/... werde einer **klug**/soll einer klug werden! · + not to be able to make head or tail of s.th.

nach dem Henker rufen *path veraltend selten* · to want to bring back/restore/... capital punishment, to want to bring back the hangman, to be member of the pro-hanging lobby
... Ein demokratischer Rechtsstaat, erklärte der Anwalt, kann nun einmal nicht anders, als auch den Verbrechern einen ordentlichen Prozeß zu machen. Das ist natürlich langwierig und umständlich. Aber man kann nicht zugleich alle Freiheiten haben wollen und bei jedem Verbrechen sofort nach dem Henker rufen!

in des Henkers Namen kann/soll/... j. etw. tun *sal selten* – in **Gottes** Namen kann/soll/... j. etw. tun · for God's sake (s.o. can/should/... do s.th.)

Henkershand: durch Henkershand sterben *form veraltend selten* – durch/(von) js. **Hand** sterben · to die at the hand of the hangman/the executioner, to die on the scaffold

her: (ein) Bier/... **her!** *sal* · some beer/... please n!, bring us/... some beer/...! n
... So, jetzt aber ein Bier her! »Herr Ober! Ein Bier! Aber schnell! Wir sind am Verdursten!«

von dort/weit/von der Straße/... **her** · from there/from the street/from a long way off/from a long way away/...
... Von weit her hörte man schon das Rauschen des Wasserfalls. Es mochten noch Kilometer sein bis dahin ...

es ist mit etw./(jm.) **nicht** (gerade) **weit her**/mit etw./(jm.) ist es nicht (gerade) weit her · + s.o./s.th. is not up to much *coll*, + s.o./s.th. is not much to write home about *coll*, + s.th. is no great shakes *coll*
Mit dem Französisch ist es bei der Christa ja nicht weit her. Vor zwei Wochen hatten wir ein paar Franzosen hier zu Gast, und da hatte sie alle Mühe, sich mit ihnen über die einfachsten Dinge zu unterhalten.

her damit! *sal* · give me that n, hand it over n
Wenn ihr eine vernünftige Mathematikarbeit schreibt, gebe ich euch 20,– Mark extra. – Her damit! – Ja, das könnte euch so gefallen! Erst mal eine vernünftige Arbeit schreiben! Dann kriegt ihr auch das Geld.

her mit ...! *sal* · hand over the money/..., let's have the money/..., let's have it
Wieviel hat dir der Kraun für das Holz bezahlt, Junge? – 1.480,– Mark. – Her mit den Pfennigen! Die kann ich jetzt gut gebrauchen.

herabgucken: auf jn. **herabgucken** *ugs* – auf jn. **heruntergukken** · to look down on s.o.

herablassen: sich herablassen, etw. zu tun *oft iron* · to condescend to do s.th., to deign to do s.th.
Was, der Alte hat sich herabgelassen, mit euch persönlich zu verhandeln? Das ist aber eine Ehre! Normalerweise läßt er alle Verhandlungen mit den Gewerkschaften durch einen gewissen Herrn Schulze führen.

herabschauen: auf jn. **herabschauen** – (eher:) auf jn. **heruntergucken** · to look down on s.o.

herabsehen: auf jn. **herabsehen** – (eher:) auf jn. **heruntergukken** · to look down on s.o.

herankommen: nur schwer/... **an** jn. **herankommen** (**können**) · + s.o. is difficult to get hold of (because s.o. keeps people at arm's length)
Es scheint mir sehr fraglich, ob du den Chef persönlich zu Gesicht kriegst. An den ist sehr schwer heranzukommen. – Hat er so wenig Zeit oder macht er sich extra rar?

die Dinge/... **an sich herankommen lassen** · to take things as they come, to wait and see, to cross that bridge when one comes to it
... Nicht so voreilig, mein Guter! Laß die Dinge an dich herankommen, dann wird sich schon von selbst zeigen, was am Sinnvollsten zu tun ist. Dieser Aktivismus bringt nichts. Kommt Zeit, kommt Rat.

heranlassen: jn. **nicht/**niemanden/keinen/... **an sich heranlassen** · + to be/to keep aloof, + to be unapproachable
... Ist das Angst, Scheu, Politik ...? – ich weiß nicht, warum diese Ordinarien niemanden an sich heranlassen! – Wie, sind die bei euch immer noch so unnahbar? In unserer Uni hier geht alles sehr locker zu; da kannst du mit jedem sprechen.

heranmachen: sich an jn. **heranmachen,** um etw. zu bekommen/... · to (start to) chat s.o. up in order to get s.th.
Kaum ist der Köster zum Bürgermeister gewählt, da macht sich der Rolf an den Mann heran, um eine Spezialgenehmigung für seine Zementfabrik zu beantragen. Er hätte doch wenigstens eine Anstandsfrist einhalten können, ehe er mit solchem Anliegen an seinen Parteifreund herantritt.

herannehmen: jn. **(ordentlich/**...) **herannehmen** *ugs* – (eher:) jn. **(ordentlich/**...) **rannehmen** · to give s.o. a real/... grilling, to ask s.o. tough questions

heranreichen: noch längst nicht/... **an** jn. **heranreichen** · not to reach the standard of s.o., not to be anywhere near/... the standard of s.o., not to be a patch on s.o., not to be able to hold a candle to s.o.

... Der Albert hat Fortschritte gemacht im letzten Jahr, große Fortschritte sogar. Aber an den Kurt Berschem reicht er natürlich noch lange nicht heran. Wenn er so gut übersetzen will wie der, muß er noch viel dazulernen.

herantragen: Fragen/Probleme/... (nicht gern/...) **an** jn. **herantragen** *form* · (not to want) to go to s.o. with questions/problems/complaints/...

(Eine Frau zu einer Freundin:) Ach, weißt du, wenn möglich, trag' ich diese ganzen Probleme mit den Kindern gar nicht an den Kurt heran. Der hat im Geschäft schon so viel Sorgen und Ärger ...

herantreten: an jn. **herantreten (mit** Wünschen/Bitten/Zweifeln/...) *form* · to go to s.o. with requests/doubts/...

(Eine Frau zu ihrem Mann, der in der Universität als Assistent arbeitet:) Wenn die Studenten an dich mit Problemen herantreten, für die die Professoren zuständig sind, mußt du sie zu diesen schicken! – Sie richten sich nun einmal zunächst lieber an einen Jüngeren ...

herauf: herauf und herunter/(herab) · up and down

Immer wieder herauf und herab – nein, für einen solchen Weg müßt ihr euch jüngere Begleiter suchen. Ich bin doch kein Bergsteiger. Schluß jetzt! Jetzt wird nur noch über ebene Wege gegangen!

heraufarbeiten: sich bis zum Direktor/... **heraufarbeiten** · to work one's way up to chairman/...

Der Paul Karsch hat ganz klein angefangen und sich ohne Beziehungen bis zum stellvertretenden Direktor heraufgearbeitet. – Das will was heißen!

heraus: aus einer schwierigen Lage/... **heraus sein** · to have got out of a difficult period/situation/...

... Jetzt sind wir aus dieser schwierigen Epoche endlich heraus. Es hat lange gedauert, aber die Angstrengungen haben sich gelohnt. Wir haben's geschafft.

noch nicht/... heraus sein · 1. not to be out yet/..., 2. not to be known yet/...

1. Sind die Wahlergebnisse schon heraus? – Nein, die werden erst morgen früh bekanntgegeben.

2. Der Oberbürgermeister kommt doch auch zu dem Jubiläum? – Das ist noch nicht heraus.

noch nicht/... heraus sein, ob/wie/wann/... – es ist (noch/weiterhin/...) **offen,** ob/wie/wann/... · not to be decided whether ..., not to be settled whether ...

eine Rechenaufgabe/... **heraus haben** · to have worked out the answer/...

Hast du die Aufgabe 3 schon heraus? – Nein. – Ich hab' die Lösung schon.

das/wie man etwas macht/... **fein heraus haben** *ugs* – den (richtigen) **Dreh** (fein) heraushaben/(weghaben) (wie man etw. macht) · to have (got) the knack of doing s.th.

heraus oder herein! · are you coming in or not?

... Ja, was ist denn nun, Liesel? Willst du mit mir sprechen oder nicht? Heraus oder herein. – Ich weiß, ich weiß, du willst die Tür zu haben. Also, herein. Hör' mal, Albert ...

herausarbeiten: eine Stunde/einen Tag/... **herausarbeiten** · to gain extra holiday for an hour's/a day's overtime (worked)

... Nichts da! Hier wird das ganze Jahr hindurch gleich lange gearbeitet und nicht von Januar bis Juni täglich eine Stunde länger, um eine Woche Urlaub mehr herauszuarbeiten.

sich aus dem Schlamm/den Schulden/... **herausarbeiten** · to extricate o.s. from mud, to work one's way out of difficulties/debts/...

Wieviel Schulden, sagst du, hat er? – Um die 150.000,– Mark. – Wenn er sich da mit ehrlichen Mitteln herausarbeiten will, wird er wohl bis zu seinem 80. Lebensjahr arbeiten gehen müssen.

herausbekommen: etw. **herausbekommen** – etw. spitz **kriegen** · to find s.th. out, to cotton on to s.th., to twig to s.th.

herausboxen: jn. **(aus** einer schwierigen Lage/...) **herausboxen** *ugs* · to bail s.o. out of a difficult situation

... Mit allen Mitteln versuchte er, seinen Freund aus der verfahrenen Situation (wieder) herauszuboxen. Dabei schonte er weder sich noch die andern.

herausbringen: jn./etw. **(ganz) groß/... herausbringen** · to give s.o./s.th. a big build-up, to plug s.o./s.th., to make a big splash of s.o./s.th., to give s.o./s.th. a lot of hype

... Ach, Qualität! Qualität!, schimpfte er. Wer heute den Ruf macht, das sind die Massenmedien! Deshalb ist doch alles so kurzfristig! Die bringen heute diesen groß heraus und morgen jenen!

aus/bei jm. etw. **heraus-(zu)–bringen** (suchen) – (eher:) aus jm. etw. **heraus-(zu)–holen** (suchen) · to (try to) get s.th. out of s.o.

herausekeln: jn. **herausekeln**/aus dem Haus/... (heraus–)ekeln *ugs* · to get rid of s.o. by being objectionable/unpleasant/.. *para,* to freeze s.o. out

... Entwürdigend! Ganz einfach entwürdigend von diesem Weibsbild! Einen älteren Mann auf diese Weise herauszuekeln. – Eifersucht! Reine Eifersucht. Die kann es einfach nicht haben, wenn ihr Mann einen anderen Menschen als sie schätzt. Und der Peter hat seinen Vater nun einmal sehr gern. Also muß sie ihm jeden Besuch so lange vermiesen, bis er geht.

herausfinden: sich aus dem Wald/dem Paragraphengestrüpp/... (nicht) (mehr) **herausfinden** · to find one's way out of s.th.

... Ist das ein Durcheinander von Bestimmungen! Die eine sagt dies, die andere jenes. Wenn man sich in diesen Kram einmal eingelassen hat, findet man nicht mehr heraus. Man ist buchstäblich verloren.

herausfischen: sich die besten Stücke/... **herausfischen** *ugs* · to pick out the best pieces/... for o.s., to take the best pieces for o.s.

... Der Werner meint in der Tat, er könnte sich aus den Steinen die besten herausfischen und den Schrott kauften die anderen! Von wegen! Entweder kauft er alles oder nichts.

herausgefahren: das/etw. **ist** jm. (nur) **so herausgefahren**/(fährt ... heraus) – (eher:) das/etw. ist jm. (nur) so **herausgerutscht**/(... rutscht ... heraus) · it/the remark/... (just) slipped out

herausgefallen: das/etw. **ist** jm. (nur) **so herausgefallen**/(fällt ... heraus) – das/etw. ist jm. (nur) so **herausgerutscht**/(... rutscht ... heraus) · it/the remark/... (just) slipped out

herausgehen: (nicht) **herausgehen** · 1. 2. (not) to go out

1. Die Stefanie ist ein richtiger Stubenhocker! – Wenn es so kalt ist wie jetzt, geht sie natürlich nicht heraus. – Ach, die geht fast nie heraus, auch wenn die Sonne scheint, nicht.

2. Der alte Herr Brant geht überhaupt nicht mehr heraus? – Nein. Seit einem halben Jahr kann er das Haus nicht mehr verlassen; er ist dazu zu schwach, zu wackelig auf den Beinen.

aus sich herausgehen · 1. 2. to come out of one's shell

1. Endlich geht der Scheepers mal aus sich heraus! Sonst ist er immer so reserviert. – So aufgeräumt und gesprächsfreudig, ja fast munter haben wir den in den letzten Jahren nicht ein einziges Mal gesehen.

2. Du mußt mehr aus dir herausgehen, Berta! Wenn du dich immer so schüchtern und verlegen gibst, sprechen dich die Leute irgendwann gar nicht mehr an, weil sie Angst haben, unangenehme Situationen heraufzubeschwören.

herausgerutscht: das/etw. **ist** jm. (nur) **so herausgerutscht**/(... rutscht ... heraus) · it/the remark/... (just) slipped out

Was hat er gesagt? Ich wäre ein Egoist? – Das ist ihm so herausgerutscht, das hat er nicht so gemeint. – Nicht so gemeint? Wenn er solche Gedanken nicht hätte, würde er sich auch nicht, ohne es zu wollen, äußern.

herausgeworfen: herausgeworfenes/(herausgeschmissenes) Geld/... sein *ugs* – etw. zu kaufen/... (das) ist weggeworfenes/rausgeschmissenes **Geld** · to buy s.th./... is/would be/... money down the drain/a waste of money/...

heraushaben: es (endlich/bald/sofort/fein/...) **heraushaben, wie** man etw. macht/(...) – den (richtigen) **Dreh** (fein) heraushaben/(weghaben) (wie man etw. macht) · to (finally/...) have got the knack of doing s.th., to (finally/...) have worked out how to do s.th.

heraushalten: sich (aus etw.) **heraushalten** · to keep out of it/
s.th.
... Bitte, frag' mich nicht nach meiner Meinung! Ich hab' mit der
Sache nichts zu tun, ich halte mich da also heraus.

herausheben: sich gut/... **herausheben** · 1. to stand out
against s.th., to contrast strongly/... with s.th., 2. to come
out, to be announced/published/..., to come to light, to become known, 3. to have an impact, to strike the eye, to be
effective, to be arresting
1. Vor dem grauweißen Hintergrund heben sich die Bronzestatuen
wunderbar heraus. – Ja, da kommen sie endlich mal richtig zur Geltung.
2. vgl. – (eher:) gut/(...) **herauskommen**
3. vgl. – (eher:) zur **Wirkung** kommen

herausholen: aus jm. etw. **heraus-(zu)–holen** (suchen) *ugs* ·
1. 2. to (try to) get s.th. out of s.o.
1. Wird die Umsatzsteuer nun erhöht oder nicht? – Die Vorschläge
sind bisher streng geheim. – Ist aus dem Staatssekretär Kersten im
Finanzministerium nichts herauszuholen? Den kennst du doch. –
Der wird sich hüten, etwas zu sagen.
2. Den Böllte brauchst du gar nicht wegen einer Unterstützung anzugehen. Aus dem ist kein Pfennig herauszuholen. Das ist ein Geizkragen sondergleichen.

aus einem Geschäft/... viel/noch mehr/... **herausholen** · to
make a lot of money/a big profit/a bigger profit/... out of a
deal/a transaction/...
... Man kann doch nicht aus jedem Geschäft das Maximum herausholen, Otto! Die andern wollen doch auch verdienen.

bei jm. etw. **heraus-(zu)–holen** (suchen) *ugs* – (eher:) aus jm.
etw. **heraus-(zu)–holen** (suchen) (1) · to (try to) get s.th. out
of s.o.

herausixen: etw. **herausixen** *ugs selten* · to work out the solution *n*
Die werden mit den Berechnungen nicht fertig, sagst du? Dann wollen wir mal sehen, ob wir die Lösung herausixen. Dann laßt mich
jetzt mal ein paar Stündchen in Ruhe nachdenken!

herauskehren: (immer/gern/...) den Schulmeister/Professor/
Künstler/... **herauskehren** · to (like to/...) parade the fact
that one is a professor/director/..., to come/to act the profes-
sor/... *coll*
Wenn der Bachmann mit seiner Dozhiererei anfängt, werde ich kribbelig. – Der kehrt nun mal gern den Professor heraus. Das ist eine
'Attitude', die du nicht so ernst nehmen darfst.

herauskitzeln: etw. **herauskitzeln** *ugs* · 1. to worm information out of s.o., 2. to persuade s.o. to part with s.th. *n*, 3. to
conjure/to magic/... s.th. out of s.th.
1. Wir müssen mal versuchen, aus dem Schilling ein paar Angaben
zum Klausurtext herauszukitzeln.
2. Ich bin schon wieder blank. Ich versuch mal, ob ich aus meinem
Vater für's Wochenende 'nen Hunderter herauskitzeln kann.
3. Ich würde mit diesem Vertrag mal zu einem gewieften Anwalt
gehen. Diesen Leuten gelingt es nicht selten, aus den Klauseln Vorteile herauszukitzeln, auf die ein normal denkender Mensch nie käme.

herausklamüsern: **herausklamüsern, wie** man etw. macht/...
sal · 1. to work out how to do s.th. *n*, to work s.th. out *n*, 2.
to work out the solution *n*
1. ... Drei volle Tage hat mein Vater gebraucht, ehe er sich durch die
ganzen Klauseln durchgearbeitet und herausklamüsert hatte, ob der
Vertrag ihn schädige oder nicht.
2. vgl. – etw. **herausixen**

herauskommen: **herauskommen** · 1. to come out, to be ann-
ounced/published/..., 2. to come to light, to become known
1. Sind die Wahlergebnisse schon heraus? – Nein, die kommen erst
morgen früh heraus.
2. Wenn deine Betrügereien herauskommen, kannst du dich auf sehr
viel Unannehmlichkeiten gefaßt machen. – Da kommt aber keiner
hinter.

(nicht) **herauskommen** – (nicht) **herausgehen** · (not) to go
out

gut/(...) **herauskommen** *Muster/Farben/...* · to come out
well/(...), to show up well/(...)
An sich bin ich gar nicht so sehr für Goldlettern im Titel eines Buchs.
Aber auf einem braunen Ledereinband kommen sie wunderbar heraus. Da zeigen sie so richtig ihren 'klassischen' Wert.

leicht/schnell/(...) **herauskommen** (aus dem Takt/Rhyth-
mus/...) · to lose the beat/... easily/quickly/...
Da kommst du doch schon wieder aus dem Takt heraus, Angelika!
Ist es wirklich so schwer, bei dieser Sonate den Takt genau einzu-
halten?

(plötzlich/...) mit etw. **herauskommen** – (eher:) (plötz-
lich/...) mit etw. **herausrücken** · to (suddenly/...) come out
with a question/a remark/...

auf jn. **herauskommen** · to turn out to be just like s.o., to
take after s.o.
Während der Sohn eher auf die Mutter herauskommt, kommt die
Tochter ganz auf ihren Vater heraus, findest du nicht? – Ja, es ist
zwar seltsam, aber es stimmt: äußerlich wie innerlich ist der Sohn der
Mutter und die Tochter dem Vater sehr ähnlich.

aus etw./da (nicht) **herauskommen**/(nicht wissen/..., wie
man aus etw./da herauskommen soll/sich zu/... wie du/...
da herauskommst/...!) · 1. 2. 3. 4. (not) to get out of s.th.,
(not) to know how to get out of s.th., 4. + it's up to s.o. to get
out of s.th.
1. Wenn er einmal im Gefängnis sitzt, kommt er da so schnell nicht
mehr heraus.
2. Der kommt aus seinen Schulden überhaupt nicht mehr heraus,
scheint mir. Das geht jetzt schon sechs oder sieben Jahre so: »Nächstes Jahr sind wir schuldenfrei ...«. Das nächste Jahr ist immer das
nächste Jahr ...!
3. Ob er jemals aus all dem Elend und dem Schlamassel wieder herauskommt? – Das steht in den Sternen.
4. Wir haben dir immer geraten, die Finger davon zu lassen; aber du
wolltest ja nicht hören. Jetzt hast du's! Jetzt mußt du selbst zusehen,
wie da herauskommst!

gut/schlecht/... bei etw. **herauskommen** *ugs selten* · 1. to get
on well/badly/..., 2. to come off well/badly/..., to do well/bad-
ly/... out of s.th.
1. Wie ist unsere Firma bei den Verhandlungen herausgekommen? –
Glänzend! Besser hätte sie gar nicht abschneiden können.
2. ... Du kannst dich über die Steuerreform doch nicht beklagen! Du
bist doch fein dabei herausgekommen. Du zahlst doch jetzt bestimmt
200,– bis 300,– Mark weniger Steuern im Monat als bisher.

(ganz) groß **herauskommen** (mit etw.) (bei jm.) *ugs* · to
make a big impression (with s.th.) (on s.o.) *n*, to make a big
impact/splash (with s.th.) (on s.o.)
Mit deinem Vortrag über die portugiesische Überseepolitik bist du ja
bei dem Schramm groß herausgekommen! Bei dem anschließenden
Empfang hat meine Mutter gesagt: »Dieser Rolf Mankert hat
wirklich ein fundiertes historisches Wissen«.

aus sich **herauskommen** *selten* · 1. not to be lost in a world
of one's own, to get out of one's limited/constricted/... mental
world *para*, 2. to come out of one's shell
1. Der kommt überhaupt gar nicht aus sich heraus, der Karl-Heinz.
Das sind immer und immer dieselben Ideen, dieselben Haltungen. Es
scheint, daß er meilenweit von allem entfernt ist, was um ihn herum
passiert.
2. vgl. – aus sich **herausgehen** (1)

so voll sein, daß es einem oben wieder **herauskommt** *sal* · 1.
to be full up *coll*, 2. to be legless/tanked up/...
1. Willst du noch etwas, Peter? – Nein, danke, Frau Schramm. Ich
bin so voll, daß es mir oben wieder herauskommt! – Peter! Erstens
ißt man so nicht so viel, bis man nicht mehr kann, und zweitens drückt
man sich einer Dame gegenüber anders aus!
2. War das eine Sauferei gestern! Der Andreas und der Paul waren so
voll, daß es ihnen oben wieder herauskam. – Sie haben sich übergeben? – Der Andreas, ja; bei dem Paul bin ich nicht ganz sicher.

herauskriegen: etw. **herauskriegen** *ugs* – etw. spitz **kriegen** · to find s. th. out, to get wind of s. th.

herauslügen: jn. **herauslügen** *ugs selten* · to lie to get s. o. off/ to exculpate s. o./... *form*, to lie one's way out of s. th.
... Wie der Holm aus dieser Lage wieder herauskommen soll, weiß ich auch nicht – es sei denn, ihr lügt ihn heraus. – Am Gericht wird so viel gelogen, da kommt es auf paar Lügen mehr oder weniger wohl nicht an. Aber was können wir dem Richter erzählen, um ihn herauszupauken? *selten*

herausmachen: sich gut/... **herausmachen** *selten* · to come along well/..., to develop well/...
Die Elly hat sich in den letzten beiden Jahren gut herausgemacht. Früher war sie so schüchtern, auch ein wenig unbeholfen, träge. Davon merkt man jetzt nichts mehr. Sie hat sich wirklich gut entwickelt.

herausmüssen: mal eben/... **herausmüssen** *ugs* – mal eben/... **austreten** (gehen) müssen · to have to pay a call, to have to go to the loo/John/..., to have to see a man about a dog

(morgens/...) **früh**/... **herausmüssen** · to have to leave home early (in the morning/...), to have to get up early (in the morning/...)
Wenn du wie ich morgens um fünf Uhr herausmüßtest, würdest du abends auch nicht bis in die Puppen aufbleiben. Das kann sich nur einer leisten, der sich morgens beliebig lange ausschlafen kann.

herausnehmen: sich (einfach/...) **herausnehmen**, etw. zu tun · to take the liberty of doing s. th., to have the nerve to do s. th. *coll*
Auch wenn sein Vater hier Chef ist, kann sich der Sohn doch nicht einfach herausnehmen, die älteren Arbeiter zu duzen. Das gehört sich nicht.

sich viel/allerhand/zu viel/... große Frechheiten/... **herausnehmen** · to take too many/all kinds of/a lot of/... liberties, to push one's luck (a bit) too far *coll*
Auch wenn sein Vater hier Chef ist, kann der Junge die Angestellten und Arbeiter nicht einfach duzen. Er nimmt sich in der letzten Zeit überhaupt zu viel heraus. Ich werde mal mit seinem Vater sprechen. Der wird ihn schon wieder in seine Schranken verweisen.

herauspauken: jn. (aus einer schwierigen Lage/...) **herauspauken** *ugs* – jn. (aus einer schwierigen Lage/...) **herausboxen** · to bail s. o. out of a difficult situation

herausplatzen: (mit einer unerwarteten Bemerkung/...) **herausplatzen** · to blurt s. th. out
... Plötzlich platzt der Werner mit der Frage heraus: »Na, wann heiraten Petra und du denn nun?« So vor allen andern, ganz unvermittelt. Ich wußte gar nicht, was ich antworten sollte.

herauspressen: Geld/ein Geständnis/... **aus jm. herauspressen** · to squeeze money/... out of s. o., to extort money/a confession/... from s. o.
Mit allen Mitteln versucht er, aus seinen Geschäftspartnern herauszupressen, was er eben kriegen kann. – Ja, so läuft das in dem Geschäft: Druck, Druck und nochmals Druck.

herausputzen: sich (fein/...) **herausputzen** *ugs eher v. Frauen* · to dress up, to doll o. s. up
Putzt die Ingrid sich immer so fein heraus oder geht sie heute auf einen großen Empfang?

herausreden: sich herausreden (mit etw.) · to talk one's way out of s. th.
Gestern ist der Lohre auch nicht erschienen, nicht? – Nein. – Mal gespannt, womit er sich diesmal herausredet. Vorgestern war der Wagen kaputt ... – Um eine Ausrede ist der doch nie verlegen.

herausreißen: jn. (aus einer peinlichen Situation/...) **herausreißen** *ugs* · to save s. o., to save s. o.'s bacon, to come to s. o.'s rescue
Wenn mich der Anton gestern nicht herausgerissen hätte, hätte ich meine 'Fünf' in Französisch weg. Der Körber forderte mich auf zu übersetzen, da fährt der Anton dazwischen: »Herr Körber, wegen dem Imperfekt und Passé simple hab' ich noch eine Frage ...«

herausrücken: (plötzlich/...) **mit** etw. **herausrücken** *ugs* · to (suddenly/...) come out with a question/a remark/...
Gestern auf unserem sonntäglichen Familienspaziergang rückte mein Onkel ganz unvermittelt mit der Frage an mich heraus: »Wo willst du eigentlich Musik studieren, hier in Stuttgart oder woanders?« Auf eine solche direkte Frage war ich nicht gefaßt, deshalb ...

herausschälen: sich (noch) **herausschälen** (müssen) *selten* · to become evident/clear/apparent/.../to emerge/to crystallise with/in time, + time will tell whether
Welche Marke für unsere Arbeit die geeignetste ist, das wissen wir selbst noch nicht, das muß sich noch herausschälen. Das wird die Praxis nach einiger Zeit von selbst zeigen.

herausschinden: (bei etw.) **viel/wenig/nichts/...** (für jn./sich) **herausschinden** *ugs* – (eher:) (bei etw.) viel/wenig/nichts/... (für jn./sich) **herausschlagen** · to get/to make s. th./nothing/ a lot/... out of a deal, to gain/to extract/... advantages for o. s. from s. th., to wangle s. th. out of s. th.

herausschlagen: (bei etw.) **viel/wenig/nichts/...** (für jn./sich) **herausschlagen** *ugs* · to get/to gain/... s. th./an advantage/... for o. s./s. o. *n*
Ständig versucht dieser Brugger, bei den offiziellen Verhandlungen auch für sich persönlich Vorteile herauszuschlagen. Eine faire, objektive Verhandlungsführung kennt er gar nicht. Da muß immer was für ihn herausspringen.

herausschwindeln: sich (aus einer schweren Lage/...) **herausschwindeln** *ugs* · to lie/to wangle/... one's way out of a difficult situation
Mal gespannt, auf welchen Dreh dieser Wörner diesmal kommt, um sich herauszuschwindeln! – Irgendwas wird ihm schon einfallen. Wenn es darum geht, seine Haut zu retten, scheut er ja bekanntlich vor keiner Machenschaft zurück.

heraussein: fein/(schön) **heraussein** *ugs* · 1. 2. to be sitting pretty, to be laughing
1. Seitdem er bei Siemens eine Stelle gefunden hat, ist er fein heraus. Aber bis zum vergangenen Jahr hatte er die größten Schwierigkeiten. Es gibt also keinerlei Anlaß, ihn zu beneiden, weil es ihm gut geht.
2. Der Poppers? Der hat gut reden, mit seiner Vertretung für Computer! Der ist fein heraus. Aber unsereiner muß mit jedem Pfennig rechnen.

herausstellen: sich herausstellen (daß ...) · to turn out that ..., to emerge that ...
Wenn sich herausstellen sollte, daß du die Unwahrheit gesagt hast, setzt dich der Chef an die Luft. Ich kann nur hoffen, daß dem nicht so ist.

herausstreichen: jn./js. Verdienste/... (wer weiß wie/...) **herausstreichen** *ugs* · to put (so much/...) stress on s. th., to make such a big thing of s. th.
Wenn ihr Willis Leistungen so groß herausstreicht, dann müßt ihr auch gebührend würdigen, was der Karl Bracht seit Jahren für die Firma tut.

heraustrommeln: jn. **heraustrommeln** *ugs* · to get/to haul s. o. out of bed, to rouse s. o.
Was, um elf Uhr abends trommelt der die Leute heraus/aus dem Haus/Bett? – Der hat schon um vier Uhr morgens Mitarbeiter kommen lassen/zu sich bestellt.

heraustüfteln: heraustüfteln, wie man etw. macht/... *ugs* · 1. to work out how to do s. th., to work s. th. out, 2. to work out the solution
1. vgl. – **herausklamüsern**, wie man etw. macht/...
2. vgl. – (a.) etw. **herausixen**

herauswachsen: aus einer Hose/einem Rock/... **herauswachsen** · to grow out of trousers/a dress/...
... Nein, aus diesem Kinderrock bist du herausgewachsen, Ursel; den kannst du nicht mehr tragen.

herauswinden: sich (aus einer dummen Lage/...) **herauswinden** · to wriggle out of a difficult/an awkward/... situation/...
Nur mit äußerster Mühe gelang es ihm, sich aus der verfahrenen Situation (wieder) herauszuwinden. Und ob es dabei ganz ehrlich zuging ... – ich weiß nicht.

herauswürgen: mühsam/… ein paar Sätze/… herauswürgen *ugs* · to squeeze out a few sentences/… (with difficulty/…)
… Nur unter schärfsten Drohungen würgte der Mann schließlich ein paar dürftige Erklärungen heraus. – Und die stimmen? – Das weiß man bei diesen Drogenhändlern doch nie.

herbeilassen: sich herbeilassen, zu … *oft iron* · to condescend to do s. th., to deign to do s. th., to be so good/kind/… as to do s. th.
Würdest du dich freundlicherweise herbeilassen, Walter, deiner Mutter einen Stuhl zu holen? Oder soll sie im Stehen essen, während ihr da alle gemütlich sitzt?

herbeizaubern: etw. (doch) nicht herbeizaubern können *sal* · not to be able to conjure s. th. up, not to be able to produce s. th. out of thin air
… Ich brauche aber das Trikot morgen. – Kind, ich kann es nicht herbeizaubern. Das hättest du mir früher sagen müssen; dann hätten wir es heute in der Stadt gekauft.

Herbst: im Herbst des Lebens stehen/sein *form od. iron* · to be in the autumn of one's life
… Ja, du bist noch jung. Aber wenn du mal im Herbst des Lebens stehst – so wie du! – ja, dann denkst du anders! …

Herd: am häuslichen/(heimischen) Herd *path veraltend selten* · by one's own fireside, in the comfort of one's home
… In trauter Runde am häuslichen Herd die Weltgeschichte kommentieren und dabei vergessen, daß selbst im eigenen Land Millionen auf der Straße liegen … – na ja!

Herde: mit der Herde laufen/der Herde folgen *ugs selten* · to follow the herd, to follow/to run with the crowd
… Laß ihn doch, wenn er absolut mit der Herde laufen will! Es ist halt nicht jedermanns Sache, sich von der Masse abzuheben. – Du hältst deinen Sohn also für einen typischen Massenmenschen?

hereinfallen: auf etw. hereinfallen · to fall for s. th., to be taken in by s. th.
Da erscheinen doch schon wieder zwei Verkäufer an der Tür und bieten mir einen 'echten Perserteppich' an! Sie meinen, wenn ich einen über 500,– Mark wähle, würden sie mir einen Rabatt von 20% geben. Als wenn ich auf solche Methoden hereinfiele!

mit jm./etw. hereinfallen *ugs* · to have been taken in about s. o./s. th., to have been taken for a ride *sl*, to have been had
… Bist du mit deinem neuen Mitarbeiter zufrieden? – Ach, hör' auf, Rudolf! Mit dem Mann bin ich elendig hereingefallen. Der kann nichts und ist dazu noch eingebildet. – Die hatten den bei Schuckert doch so gelobt! – Wie ich sehe, haben sie ihn weggelobt!

hereinfliegen: auf jn./etw. hereinfliegen *ugs* – auf etw. **hereinfallen** · to fall for s. th., to be taken in by s. th.

hereingucken: (mal kurz/…) (bei jm./in …) hereingucken *ugs* – (eher:) bei jm. (kurz/…) **vorbeigehen** (1; a. 2) · to drop in on s. o., to call in on s. o., to stop by at s. o.'s house, to drop by at s. o.'s house, to drop in at the chemist's/…

hereinkriechen: jm. hinten hereinkriechen *vulg* – euphem für: jm. in den **Arsch** kriechen · to lick s. o.'s arse, to suck up to s. o.

hereinlegen: jn. hereinlegen – jn. **reinlegen** · to put one over on s. o., to pull a fast one on s. o., to trick s. o., to take s. o. for a ride, to swindle s. o., to fiddle s. o.

hereinplatzen: (plötzlich/…) in/bei jm. hereinplatzen *ugs* – jm. (unverhofft/…) in die **Bude** geschneit kommen · to drop in (unexpectedly/out of the blue/…), to call by/round/in (unexpectedly/out of the blue/…), to (just/…) turn up on the doorstep

hereinrasseln: (ganz übel/…) hereinrasseln *ugs* · to be (well and truly/…) taken for a ride *sl*
Daß es einem so erfahrenen Mann wie dem Bausch passieren kann, derart hereinzurasseln! – Wenn du gehört hättest, was die dem alles vorgeschwindelt haben! – Hm! Und jetzt weiß er nicht, wie er wieder aus dem Schlamassel herauskommen soll, nicht?

(mit etw.) hereinrasseln *ugs* – (mit etw.) **reinfliegen** · to be (really/well and truly/…) taken for a ride (with s. th.)

mit jm./etw. hereinrasseln *ugs* – (eher:) mit jm./etw. **hereinfallen** · to have been taken in about s. o./s. th., to have been taken for a ride, to have been had

hereinreiten: jn. hereinreiten *ugs* – (eher:) jn. **reinreiten** · to land s. o. in it, to get s. o. into a mess, to get s. o. in shtook

in eine unangenehme Affäre/… (so) hereinrutschen *ugs* – in eine unangenehme Affäre/… (so) **hereinschlittern** · to stumble into a nasty business/…, to get mixed up/involved/… in a nasty business/… without meaning to

hereinschauen: (mal kurz/…) (bei jm./(in …)) hereinschauen · 1. 2. to just drop in on s. o., to try s. th. out
1. vgl. – bei jm. (kurz/…) **vorbeigehen** (1; a. 2)
2. vgl. – (a.) (mal eben/…) **reinschmecken**

hereinschliddern: in eine unangenehme Affäre/… (so) hereinschliddern *ugs* – in eine unangenehme Affäre/… (so) **hereinschlittern** · to stumble into a nasty business/…, to get mixed up/involved/… in a nasty business/… without meaning to

hereinschlittern: in eine unangenehme Affäre/… (so) hereinschlittern *ugs* · to stumble into a nasty business/…, to get mixed up/involved/… in a nasty business/… without meaning to
… Natürlich, das hat doch keiner gewollt! Da sind alle so hereingeschlittert – halb unbewußt, halb widerwillig. – Ach so! Du meinst, die Leute bestimmen ihr Leben gar nicht, sie 'werden gelebt'? – Du wirst das auch noch merken, wie wenig man die Schritte seines Lebens selbst bestimmt.

hereinschmecken: (mal eben/…) hereinschmecken *ugs* – (mal eben/…) **reinschmecken** · to try s. th. out, to see what s. th. is like

hereinschneien: unerwartet/… bei jm./(in …) hereinschneien *sal* – jm. (unverhofft/…) in die **Bude** geschneit kommen · to drop in (unexpectedly/out of the blue/…), to call by/round/in (unexpectedly/out of the blue/…), to (just/…) turn up on the doorstep

hereinsehen: (mal kurz/…) (bei jm./(in …)) hereinsehen · 1. to just drop in on s. o., 2. to try s. th. out
1. vgl. – bei jm. (kurz/…) **vorbeigehen** (1; a. 2
2. vgl. – (a.) (mal eben/…) **reinschmecken**

hereinspaziert: (immer/nur) hereinspaziert! *ugs scherzh* – (immer) rein/(rin) in die gute **Stube**! · come on in!, come right in!

hereinstolpern: in eine Affaire/… (so) hereinstolpern *ugs* – in eine unangenehme Affäre/… (so) **hereinschlittern** · to stumble into a nasty business/…, to get mixed up/involved/… in a nasty business/… without meaning to

herfallen: über jn./etw. herfallen *ugs* · to pounce on s. o./s. th., to fall upon s. o./s. th. *n*
Wie die Löwen sind die Kinder gestern über den Kuchen hergefallen, den du mir mitgegeben hattest. Das hättest du sehen sollen.

hergeben: allerhand/viel/wenig/… hergeben *Thema/Text/…* · (not) to offer a lot/much/a great deal/…, (not) to yield a lot/much/a great deal/…, (not) to produce a lot/much/a great deal/…
(Zwei Deutschlehrer:) Der eine bevorzugt die Klassik, der zweite die Romantik, der dritte die moderne Literatur … Sei dem, wie ihm wolle: insgesamt scheint mir, gibt die Klassik doch mehr her. Man kann an ihren Werken immer noch am besten die Grundfragen des Lebens erörtern. – So gesehen, vielleicht. Aber die großen zeitgenössischen Texte sind dafür nuancierter, verschachtelter – halt 'moderner' –, und in dieser Hinsicht sind sie wiederum reicher.

laufen/rennen/..., **was die Beine**/(Füße) **hergeben** *form* –
laufen/rasen/..., was das **Zeug** hält · to run/... like mad/
like crazy, to run for all one is worth

sich zu/für etw. **hergeben** · to be a party to s.th., to lend o.s.
to s.th., to go along with s.th.
... Wer sich zu derartigen Schweinereien hergibt, hat hier nichts
mehr verloren, Gerd! Ganz egal, welche Gründe da vorliegen mögen:
ein anständiger Mann tut so was nicht!

Hergebrachten: am Hergebrachten hängen *form selten* – am
Althergebrachten hängen · to be (very/...) attached to tradition, to be (very/...) fond of tradition

hergehen: hergehen und ... *ugs selten* · to go and do s.th.
... Erst läßt er sich vor mir helfen und dann geht er her und verbreitet, ich wär' ein Egoist! Nein, von dem Hansgerd will ich nichts
mehr hören! – Zu wem hat er das gesagt?

hergeholt: weit hergeholt sein/scheinen · to be/to seem/... far-
fetched
... Die atmosphärischen Bedingungen in der Schule sollen die
schlechten Noten erklären?! Diese Gründe scheinen mir weit hergeholt. Er ist ganz einfach faul.

hergelaufen: jede(r/s)/irgendein(e) ... **hergelaufene(r/s)** Mann/
Frau/Mädchen/... · any Tom, Dick or Harry, just anyone
who comes along
... Wir werden doch nicht jeden hergelaufenen Mann hier in unseren
Klub aufnehmen! – 'Jeden hergelaufenen Mann?' Ich bitte Sie! Herr
Kubick ist der älteste Sohn des neuen Ordinarius für Indologie an
der hiesigen Universität!

herhalten: für etw./(jn.) **herhalten müssen** · 1. to have to carry the can for s.o. else's mistakes *coll*, 2. to serve/to be used
to cover up/...
1. Der Chef macht die Fehler und seine Vertreter müssen dafür herhalten, sich die Vorwürfe des Aufsichtsrats anzuhören?! Das würde
ich an deiner Stelle nicht mitmachen.
2. Unsinn, Mensch, 'Sachzwänge', 'unvermeidbare Staatsverschuldung' ... Jahrelang haben diese elenden Politiker das Geld zum Fenster hinausgeschmissen, und jetzt müssen solche hochtrabenden
Worte dafür herhalten, das eigene Versagen zu verschleiern!

Hering: dünn wie ein Hering sein *sal selten* – dünn wie ein
Strich sein · to be as thin as a rake

eingepfercht/zusammengepreßt/dichtgedrängt/... **wie die
Heringe** in/auf/... *ugs* – *path* · to be packed like sardines
in/at/...
So ein Fußball-Bundesspiel schaue ich mir nicht noch einmal an!
Das ist ja entsetzlich. Wie die Heringe standen da 70 oder 80.000
Zuschauer zusammengepreßt auf den Rängen. Wenn du dir die Nase
putzen wolltest, mußtest du den Nachbarn erst einmal zur Seite
drücken.

dichtgedrängt wie die Heringe in der Tonne *ugs* – *path selten*
– eingepfercht/zusammengepreßt/dichtgedrängt/... wie die
Heringe in/auf ... · to be packed like sardines in/at/...

Herkulesarbeit: das/(etw.) **ist eine Herkulesarbeit** *path selten*
· it/s.th. is a Herculean task/labour
Ein solches Gut umzustrukturieren, das ist eine Herkulesarbeit! Das
fordert Jahre und Jahre den höchsten Einsatz.

herlangen: nicht hin- und nicht herlangen *ugs selten* – **vorn(e)**
und hinten nicht/nicht vorn(e) und nicht hinten reichen/
langen/... · it/s.th. is nowhere near enough, it/s.th. is nothing like enough

hermachen: viel/wenig/nichts/... **hermachen** *ugs* · 1. 2. (not)
to make a (big/...)/much of an/... impression, 1. (not) to look
impressive, not to look like much, not to be up to much, 2.
to be a bit special
1. Als Vertreter einer angesehenen Firma mußt du gut gekleidet sein.
In/mit diesem alten Anzug machst du zu wenig her. Wenn du gute
Geschäfte machen willst, mußt du einen guten Eindruck machen.
2. Zum 25. Ehejubiläum müssen wir den beiden schon ein Geschenk
geben, das etwas hermacht. Da ist es nicht mit Blumen oder Pralinen
getan.

viel/wenig/nichts/... **von** jm./etw. **hermachen** *ugs* · 1. 2.
(not) to make a big fuss/hullaballoo/... about s.th., (not) to
make a big thing of s.th., not to be up to much, not to make
much of an impression
1. Mein Gott, der Albert macht ja doch viel her von seiner Beförderung zum Einkaufsleiter! Andauernd muß er das herausstreichen.
Als wenn das so ein toller Posten wäre!
2. ... Natürlich macht der Richard von seinem Bruder nichts her!
Wenn der Minister ist, ist das doch nicht sein Verdienst! Im übrigen
liegt ihm das einfach nicht, viel Aufhebens zu machen.

viel/wenig/nichts/... **von sich hermachen** *ugs* – viel/(we-
nig/...) **Aufhebens** von sich machen · to hog the limelight,
to (always/...) want be the centre of attention, to try to grab
centre stage

sich über etw. **hermachen** *ugs* – über jn./etw. **herfallen** · to
pounce on s.th., to fall upon s.th.

(nicht) viel von etw. **hermachen** *ugs selten* · to be pretty
modest, not to make a lot/a lot of fuss/... about s.th.
... Nein, der Beinhauer macht nicht viel von seinem Posten als Bankdirektor her. Das ist ein sehr bescheidener Mann; der macht um
nichts viel Aufhebens.

hermüssen: hermüssen *ugs* – her **müssen** · + we/... need/..., +
we/... have to have ...

hernehmen: wo (soll ich's/(er es/...)) **hernehmen und nicht
stehlen?** *scherzh* · where am I/is he/... supposed to get that/
the money/... from?
... Du kannst dem Jungen doch ein Auto schenken! – Du hast vielleicht Vorstellungen! Woher nehmen und nicht stehlen?! Ich komm'
mit meinem Geld schon so nicht aus ...

Herr: Alter Herr *Studentenverbindung* · 1. senior member, 2.
Senior member Heinemann/..., please!
1. Gut, wir haben 112 Aktive. Und wieviele Alte Herren? – 209.
Dabei habe ich auch die mitgezählt, die erst in diesem Jahr ihre
Ausbildung beendet haben und daher offiziell noch nicht als 'Alte
Herren' gelten.
2. Liebe Bundesbrüder, ich bitte um Ruhe. Alter Herr Heinemann
möchte zu dem Vorschlag auf Änderung des Paragraphen 113 unserer Satzung etwas sagen. »Alter Herr Heinemann, bitte!«

mein/dein/... **Alter Herr** *iron* – *sal* · my/your/... old man
Wieviel Jahre ist dein Vater jetzt? – Mein alter Herr ist jetzt 56. –
Dann ist er ja noch kein 'alter', dann ist er ja noch ein 'junger Herr'.

ein geistlicher Herr *veraltend* · a clergyman, a man of the
cloth
Einen geistlichen Herrn behandelt man mit einer gewissen Ehrfurcht,
Junge. – Ich verstehe nicht, warum ich einen Priester anders behandeln soll als andere Leute, Vater.

der hohe Herr *iron veraltend selten* · his lordship
... Wenn der hohe Herr meint, daß die Begründung stichhaltig ist,
müssen wir das akzeptieren. Für uns ist sie nicht stichhaltig – egal,
wie der Chef das sieht.

der junge Herr *veraltend* · the young master
... Der junge Herr möchte zu Anlaß seines Doktorexamens ein Fest
geben. Daher die vielen Vorbereitungen. – Die Koopmanns haben
Platz in ihrer riesigen Villa. Warum soll der Sohn des Hauses da kein
Fest geben?

ein möblierter Herr *form veraltend selten* · a gentleman
living in furnished accommodation *para*
Ein 'möblierter Herr' ist ein Herr, der möbliert wohnt, und eine
'möblierte Dame' – gibt's nicht.

Herr sein über etw./jn. · 1. to be lord/master of a territ-
ory/..., 2. to be in control of one's passions/emotions/...
1. ... Früher waren die Grafen von Barcelos Herr über dieses Gebiet,
heute gehört es ihr und der Stadt.
2. ... Du wirst doch wohl noch Herr über deine Leidenschaften sein?!
Was heißt denn da: »Der Rudi hat mich verführt«? Hast du deine
Gefühle so wenig in der Gewalt?

sein eigener Herr sein · 1. 2. to be one's own boss
1. ... Als Gutsbesitzer bist du dein eigener Herr. Da hängst du von niemandem ab, da bestimmst du selbst deinen Tagesrhythmus ...
2. ... Du brauchst dir von dem Kurt überhaupt gar nichts vorschreiben zu lassen. Du bist schließlich dein eigener Herr, Christa. – Ich bin zwar kein 'Herr', aber du hast mehr als recht.

sein freier Herr sein *selten* – sein eigener **Herr** sein (1) · to be one's own boss

mein/dein/... Herr und Gebieter/Meister *iron* · my/your/... lord and master
Wenn dein Herr und Gebieter nichts dagegen hat, Doris, lade ich dich für morgen abend ins Theater ein. – Warum sollte der Kurt etwas dagegen haben? Er sieht seine Rolle als Ehemann nicht darin, mich in meinem Leben zu beengen.

mein lieber Herr Gesangverein *sal* · (my) godfathers!, my goodness!
Das war vielleicht ein Theater, bis wir die Genehmigung bekommen haben! Mein lieber Herr Gesangverein! So ein Theater möchte ich nicht nochmal mitmachen.

so wie ihn/sie der Herr geschaffen hat *oft iron* · 1. 2. as naked as the day he/she/... was born
1. vgl. – im **Adamskostüm**
2. vgl. – im **Evaskostüm**

wie der Herr, so's Gescherr/(Geschirr)/(so der Knecht) · like master, like man
Wenn er will, daß sein Unternehmen läuft, muß er zunächst einmal mit gutem Beispiel vorangehen! Wie der Herr, so's Gescherr. Wenn der Chef selbst nicht arbeitet oder unfähig ist, nutzen die Angestellten das natürlich aus. Wenn der Chef aber wirklich Chef ist, ziehen die Angestellten auch mit.

Herr Gott (nochmal)! *ugs* – (ach) du lieber **Gott** · oh Lord!, oh no!

Herr, du meine Güte! *ugs selten* – (ach) du lieber **Gott** · oh Lord!, oh no!

ein Herr von Habenichts sein *ugs iron* – ein **Baron** von Habenichts sein · to have nothing, to be penniless

j. ist ein Herr von Habenichts und Kuhdreck ist sein Wappen *sal selten* – ein **Baron** von Habenichts sein · to have nothing, to be penniless

der Herr des Hauses *mst iron* · the master of the house
(Ein Junge zu einem Mädchen – beide übernachten bei seinem Freund, der dabeisteht:) Natürlich könnten wir beide zusammen oben in der Mansarde pennen/schlafen. Aber wenn der Herr des Hauses das nun einmal nicht will! – (Der Freund:) Ich bin hier nicht der Herr des Hauses – die Wohnung gehört meinem Vater, und der würde das nicht gerne sehen.

(hier/in .../...) Herr im Haus(e) sein *oft 1. Pers* · I am/he is/... the boss/master here/in .../...
Wer hier Herr im Hause ist, bin ich, verstanden?! Ich hoffe, daß das ein für allemale klar ist! Was hier getan oder nicht getan wird, entscheide ich, und sonst niemand!

(doch wohl noch/...) Herr im eigenen Haus(e) sein · to be master in one's own house
Was hat denn der Ernst Otto damit zu tun, ob ich einen neuen Wohnzimmerschrank kaufe oder nicht?! Ich werde doch wohl noch Herr im eigenen Haus sein?! – Nun reg' dich doch nicht gleich so auf! Der Ernst Otto wollte dir nur einen Ratschlag geben.

nicht mehr Herr im eigenen Haus(e) sein · he/John/... is no longer master in his/... own house
Der Koopmann wird alt. Er hat nicht mehr die Kraft, sich den anderen Herren der Geschäftsführung gegenüber durchzusetzen. – Du meinst: er ist nicht mehr Herr im eigenen Haus? – So kann man es ausdrücken. Sein Unternehmen wird in der Tat zunehmend von 'fremden Leuten' geleitet.

Herr des Himmels! *veraltend selten* – **Herr** des Lebens! · good Lord!, good gracious!

Herr der Lage/(Situation) sein · to be in control of the situation, to have the situation under control
Ich weiß nicht, ob der Kanzler bei dieser Auseinandersetzung noch Herr der Lage ist. Mir scheint fast, er ist bereits ein Gefangener der Partei und der Umstände.

Herr über Leben und Tod sein *path* · to have the power of life and death (over s.o.)
... Im Grunde, meinte er, sind die Regierungschefs doch auch heute noch Herr über Leben und Tod! Solange es Kriege gibt – und die werden nicht von den Völkern beschlossen –, solange verfügen einige wenige über das Schicksal der vielen, oder?!

Herr des Lebens! *ugs* – (ach) du lieber **Gott** · oh Lord!, oh no!

nicht mehr Herr über sich selbst/seiner selbst sein · to lose control of oneself, to lose one's self-control
Mein Gott, so schimpft man doch eine Frau nicht aus! – Der Richard war nicht mehr Herr seiner selbst gestern abend. Erst die Aufregung mit den Kindern, und dann der Ärger mit seiner Frau ... – er hatte die Kontrolle über sich selbst völlig verloren.

nicht mehr Herr über seine/seiner Sinne sein – nicht mehr **Herr** über sich selbst/seiner selbst sein · to lose control of oneself, to lose one's self-control

nicht schlecht, Herr Specht! *sal selten* · not bad at all!
... Ist das dein Wagen? – Ja. – Nicht schlecht, Herr Specht! Einen Porsche würde ich auch nicht verachten.

ein Herr von und zu ... *iron* · the honourable John Smith/...
Ein Herr von und zu ... steht da an der Tür und sagt, du erwartest ihn. – Ach, das ist der Paul von Winterfeld. Sag', er soll hereinkommen.

e-r S. Herr werden *form* · to master s.th., to get over s.th.
Wenn wir dieser Schwierigkeiten Herr werden wollen, müssen wir alle zusammenstehen und gemeinsam hart anpacken. Sonst werden wir damit nicht fertig.

über jn./etw. Herr werden *form selten* · to make s.o. knuckle under *coll*, to get s.th. under control
Ob es dem Präsidenten jemals gelingen wird, über seinen Konkurrenten nicht nur bei den offiziellen Anlässen, sondern in der praktischen Arbeit wirklich Herr zu werden? Bisher regiert er nur pro forma, und die entgegengesetzten Strömungen sind alles andere als überwunden.

der Herr ist/(sei) mein Zeuge, daß ... *path* – **Gott** ist mein Zeuge, daß ... · as God is my witness

herreichen: nicht hin- und nicht herreichen *ugs* – (eher:) **vorn(e)** und hinten nicht/nicht vorn(e) und nicht hinten reichen/langen/... · it/s.th. is nowhere near enough, it/s.th. is nothing like enough

Herren: zwei Herren dienen · to serve two masters
Du kannst doch nicht zwei Herren dienen! Nicht zugleich Mitglied der sozialistischen Partei sein und für den Kommunismus Propaganda machen! Entweder – oder!

aus aller Herren Länder angereist kommen/... · to come from all four corners of the world/globe, to come from all over the world
Zu dem ökumenischen Kongreß waren Delegierte aus aller Herren Länder gekommen: aus Europa, Amerika, Rußland, Japan, China ...

die Herren der Schöpfung *iron* · the lords of creation *rare*, (the) gentlemen
Gehen wir nun ins Theater oder nicht, Liesl? – Was sagen denn die Herren der Schöpfung dazu? – Der Karl ist dafür; deinen Herrn und Gebieter habe ich noch nicht gefragt.

Herrenabend: seinen Herrenabend haben *form od. iron veraltend selten* · to have a/one's night out with the boys
(Die Schwester, die zu Besuch kommt, zur Frau des Hausherrn:) Der Alfons hat heute wieder seinen Herrenabend, vermute ich? – Ja, der spielt im 'Klub' Skat. – Da komm' ich ja richtig, um dir ein Stündchen Gesellschaft zu leisten ...

Herrenbekanntschaft: eine Herrenbekanntschaft machen *form veraltend* · to make the acquaintance of a gentleman

... Aha, die Marlies hat eine Herrenbekanntschaft gemacht! Und was ist das für ein (junger) Herr, für den sie sich da interessiert – darf man danach fragen?

Herrengesellschaft: in Herrengesellschaft (sein) *form od. iron* · (to be) in the company of a gentleman

... So, du hast die Luise in Herrengesellschaft gesehen? Das ist ja direkt aufregend. Aber wenn schon, dann möchte ich es auch genau wissen: wurde sie von einem jüngeren oder einem älteren Herrn begleitet? – Von einem jüngeren und zwei älteren.

Herrenleben: ein Herrenleben führen *selten* · to lead a life of luxury, to live like a lord

... Ach, Junge, wieviele Menschen führen schon ein Herrenleben? 90% oder mehr müssen ihr Leben lang schuften und kommen aus den Sorgen nie heraus.

Herrensitz: im Herrensitz reiten *form* · to ride astride

... Sie will unbedingt wie die Männer im Herrensitz reiten – im Herrensattel, mit gespreizten Beinen ... – Die Uschi möchte am liebsten alles wie die Männer machen.

Herrgott: Herrgott (nochmal)! *ugs* – (ach) du lieber **Gott** · oh Lord!, oh no!

weiß der Herrgott, wo/wie/wann/ob/...! *ugs* – (eher:) weiß der **Henker**, wo/wann/wie/ob/...! · God knows where/when/how/if/...!

zum Herrgott beten (und ...) *path selten* · to pray/to say a prayer (and ...)

... Ja, ja, es gibt in der Tat ungemein viele Leute, die sündigen drauf los, schädigen die anderen, wo sie nur können und meinen, um alles wieder in Ordnung zu bringen, genügt es, zum Herrgott zu beten und um Verzeihung zu bitten ...

Herrgott, sackerment! *sal veraltend selten* – (ach) du lieber **Gott** · oh Lord!, oh no!

dem Herrgott den Tag/(die Tage/die Zeit) stehlen *ugs* – (eher:) dem lieben **Gott** den Tag/(die Tage/die Zeit) stehlen · to laze away the day, to sit there/around/... twiddling one's thumbs

Herrgottsfrühe: in aller Herrgottsfrühe · to leave/to get up/... at the crack of dawn

Warum ist der Roderich denn schon in aller Herrgottsfrühe losgefahren? – Er will heute so um die 1.000 Kilometer machen. Übrigens: wieviel Uhr war es denn, als er abfuhr? – Kurz nach vier.

Herrlichkeit: das ist die ganze Herrlichkeit *iron selten* · is that all there is to it?, that's all there is to it

... Hier ist sein Buch über Portugal. – Wie, das ist die ganze Herrlichkeit? Ein kleines Schriftchen über die historischen Entwicklungslinien. Ich hatte gedacht, es wäre ein umfassendes Portugalbuch, in dem man über alle Lebensbereiche etwas fände.

aus und vorbei mit der Herrlichkeit! *ugs* – *form selten* · back to the daily grind, back to the grindstone, the party is over, here we go again

Morgen sind die Ferien um und wir müssen zurückfahren. Aus und vorbei mit der Herrlichkeit! Übermorgen geht der Alltag wieder los.

Herrn: ein (großer) Lügner/Blender/Spieler/... vor dem Herrn sein *form* – *sal* · to be a great liar/fibber/player/phoney/...

... Was sagt der Dieter? Ich hätte das Wochenende mit der Dietlinde verbracht? Das ist ein großer Lügner vor dem Herrn! Ich habe die Dietlinde seit Wochen nicht gesehen. – Er ist doch nur eifersüchtig.

sich zum Herrn aufwerfen über jn./etw. *path* · to set o.s. up as boss over s.o., to set o.s. as master over s.o., to lord it over s.o.

Der Brauer meint, er könnte sich, nur weil er hier länger arbeitet als die anderen, zum Herrn über die Abteilung aufwerfen. – Das dürfen die anderen sich nicht gefallen lassen. 'Befehlen' kann der Chef, sonst niemand.

dem Herrn enthüpft sein *ugs* · to have nodded off

Christl? – Sie ist schon dem Herrn enthüpft. Sie ist eingeschlafen, als ihr über Politik diskutiert habt.

im Herrn entschlafen (sein) *form selten* · to fall asleep in the Lord

Mit 82 Jahren ist die gute Frau Dorsch gestern im Herrn entschlafen. Ruhig, gefaßt, gottesfürchtig – so wie sie die ganzen letzten Jahre gelebt hat.

den großen/feinen/reichen/... Herrn herauskehren *ugs* · to show how important/sophisticated/rich/... one is, to parade one's wealth

Wenn der Albert anfängt, den reichen Herrn herauszukehren, könnte ich platzen. – Gott sei Dank überkommt ihn diese Manie nur selten. – Uns gegenüber! Bei anderen betont er seinen Reichtum sehr oft so übertrieben.

sich zum Herrn machen/aufschwingen über etw. *form* · to gain control of s.th., to gain mastery of s.th.

General Bracke versucht zwar, sich zum Herrn über alle Truppen/über das ganze Heer/über den Staatsapparat/... zu machen, aber es gelingt ihm nicht. Die Gegenkräfte sind doch zu stark.

den feinen Herrn markieren/mimen *ugs* – den feinen **Herrn** spielen · to give o.s. airs and graces

den großen Herrn markieren/mimen *ugs* – den großen **Herrn** spielen · to give o.s. airs and graces

den feinen Herrn spielen *ugs* · to give o.s. airs and graces

Komm', pack' mal mit an hier bei den Kisten! Du brauchst nicht immer den feinen Herrn zu spielen, der sich die Finger nicht schmutzig macht.

den großen Herrn spielen *ugs* · to give o.s. airs and graces

Der Otto mit seinen großartigen Allüren! Als wenn das hier jemanden beeindrucken würde! Der kann so viel den großen Herrn spielen, wie er will, es merkt jeder sofort, daß das alles nur Schale ist.

Herrschaft: Herrschaft (nochmal)! *Schule/Univ./... ugs selten* · 1. for heaven's sake, 2. damn!, damn it!, bugger it!, sod it!

1. vgl. – **Herrschaften!**

2. vgl. – **verdammt** (nochmal)!

jn./etw. **unter seine Herrschaft bringen** *form* · to gain control of a country/town/..., to gain power over s.o.

... Und wie gelang es den Habsburgern, so viele Länder und Völker unter ihre Herrschaft zu bringen? – Durch eine gezielte Heiratspolitik.

die Herrschaft innehaben *form* · to be in power

... Einer Clique, die die Herrschaft in einem so kleinen Land mal innehat, kann man die Macht so leicht nicht wieder entreißen.

zur Herrschaft kommen/(gelangen) *form selten* – an die **Macht** kommen · to come to power

die Herrschaft (über etw.) **an sich reißen** · to seize power (over s.th.), to gain control (of s.th.)

... Ich erinnere mich nicht mehr genau, wann die Grafen von Staupe die Herrschaft über dieses Gebiet an sich gerissen haben. Es muß in einem der Beutefeldzüge des 16. Jahrhunderts gewesen sein.

die Herrschaft der Straße · mob rule

Wenn wir verhindern wollen, daß die politische Macht auf die Herrschaft der Straße übergeht, müssen wir sofort für Neuwahlen und eine stabile Regierung sorgen. Wenn es so weitergeht, hat der Pöbel das Heft bald in der Hand.

die Herrschaft über sich/seine Untergebenen/ein Auto/... **verlieren** · 1. to lose one's self-control, to lose control over one's pupils/subjects/..., 2. to lose control of a car/...

1. Wer die Herrschaft über sich so leicht verliert wie der Richard, kann doch keine leitende Funktion ausüben! Da braucht man Selbstbeherrschung, Disziplin.

2. ... Er hat ganz offensichtlich die Herrschaft über den Wagen verloren. – Kein Wunder, wenn man mit 150 in eine solche Kurve geht.

Herrschaften: Herrschaften! *Schule/Univ./... ugs* · come on, folks!, oy!

... Herrschaften! Ist es wirklich so schwer, mal 45 Minuten anständig mitzumachen?!

die alten Herrschaften *oft scherzh* · the older ones, older people, senior citizens

... Für die jungen Leute ist das hier ein ausgezeichneter Weg. Aber für die alten Herrschaften ist er zu steil. – Für Leute über 60, meinst du?

meine/deine/... alten Herrschaften *ugs – iron* · 1. 2. my/your/... old man and old woman

1. ... Wie verstehst du dich denn mit deinen Eltern? – Mit meinen alten Herrschaften komm' ich echt gut aus, die sind ganz in Ordnung.

2. ... Und was sagen deine alten Herrschaften dazu, daß du mit deinem Freund allein in Urlaub fährst? – Meine Eltern haben nichts dagegen.

die älteren Herrschaften *oft scherzh* · the older ones

Nach dem offiziellen Teil der Feier haben wir für die jungen Leute ein Tanzfest im Weinkeller vorgesehen. Die älteren Herrschaften werden es sicherlich vorziehen, sich in den Räumen oben zu unterhalten.

die hohen Herrschaften (in einem 'herrschaftlichen' Haus) *form od. iron* · the ladies and gentlemen (of the house)

... Das Personal steht um fünf Uhr auf, die hohen Herrschaften gegen sechs.

Herrschergewalt: die absolute Herrschergewalt (inne-) haben *form selten* · to have absolute power, to have complete control

Wenn der Karl-Heinz hier wie Ludwig XIV die absolute Herrschergewalt innhätte, dann könnte er den Laden vielleicht wieder in Schwung bringen. Aber so ..., wenn jeder mitreden will, keiner gehorcht ... – unmöglich!

hersein: hinter jm./etw. **hersein** · 1. 2. 3. 4. 5. 6 to be after s.o./s.th.

1. Der Kindesentführer ist aus dem Gefängnis ausgebrochen, aber die Polizei ist schon hinter ihm her; sie werden ihn bestimmt bald wieder festnehmen.

2. Sei vorsichtig mit deinen Äußerungen! Die sind hier scharf hinter den Kommunisten her. Wenn die dahinterkommen, daß du Kommunist bist, weisen sie dich aus.

3. Der ist hinter einem Mercedes her wie ein Besessener. – Und warum will er unbedingt einen Mercedes haben? Warum kann es kein BMW sein oder ein Opel?

4. Diese Leute sind hinter dem Geld her wie der Teufel hinter der armen Seele. Solch eine Raffgier kannst du dir gar nicht vorstellen.

5. Der Rolf ist hinter unserer Renate her, nicht? – Warum? – Weil er sie auf jedem Schulweg abpaßt, sie dauernd anruft ...

6. Hinter diesem Kind muß man beständig (hinter-) hersein, sonst tut sie nichts! – Das ist bei unserer Simone genauso: wenn man sie nicht dauernd kontrolliert, nicht dauernd mahnt, korrigiert, dann arbeitet sie nicht.

(sehr) dahinter hersein, daß etw. geschieht/... *ugs* · to be on to s.o. to do s.th., to check/to make sure/... that s.o. does s.th. *n*, to be after s.o.

... Natürlich bin ich sehr dahinter her, daß die Kinder ihre Schularbeiten vernünftig machen. Ich finde, das ist meine Pflicht. – Hoffentlich bewirkst du mit deiner Kontrolliererei und Treiberei nicht gerade das Gegenteil.

hersetzen: hinter jm. **hersetzen** *selten* · to run after s.o., to chase after s.o.

Wenn die Bettina schon gegangen ist, dann ist gut, dann trink' ich noch einen. – Wie, du willst nicht einmal, sie einzuholen? – Meinst du etwa, ich werde jetzt mit Riesenschritten hinter ihr hersetzen – oder schließlich noch wie ein Hund hinter ihr herrasen?

herüberziehen: jn. **zu sich/uns/... herüberziehen** – jn. auf seine **Seite** ziehen · to win s.o. over, to get s.o. on to one's side

herum: herum sein – um sein (1, 2) · to be over, to be finished

anders/(verkehrt) herum sein *ugs* – (ein Kollege) von der anderen **Fakultät** (sein) · to be one of them, to be of the other persuasion

andauernd/... um jn. **herum sein** *ugs selten* · 1. 2. to be always/constantly/... around s.o.

1. Die Karin muß aber auch den ganzen Tag um den Ulli herum sein! Wie eine Klette hängt sie sich an den Jungen!

2. Herrgott, Doris, laß den Herrn Schnorr doch mal in Ruh'! Es ist ja sehr ehrenwert, daß du dir mit unseren Gästen eine solche Mühe machst. Aber wenn du den halben Tag um ihn herum bist, wirst du ihm bald auf die Nerven fallen.

hier/dort/... herum sein/liegen/stehen/... · to be lying/standing/... somewhere around here/there

... Hier herum muß das Portemonnaie liegen. Guck', dort ist die Bank, auf die ich meine Jacke gelegt hatte. Es muß in dieser Kante sein, ganz sicher ...

etw. **anders herum** anziehen/halten/... (müssen) · to (have to) put s.th. on/hold s.th./... the other way round

Du mußt dein Unterhemd anders herum anziehen, Hubert! Du hast vorne und hinten verwechselt.

oben/unten herum · down there, around there, up there

... Wenn du an der Blase so empfindlich bist, mußt du dich halt unten herum wärmer anziehen.

etw. **verkehrt/falsch herum** anhaben/anziehen/halten/... · 1. to have/to wear/... s.th. the wrong way round, 2. to hang a picture/... upside down

1. Du hast dein Unterhemd verkehrt herum an, Hubert. – Was heißt, verkehrt herum? Was vorne ist, muß nach hinten? Oder habe ich es auf links an? – Nein, du hast vorne und hinten verwechselt.

2. Du hältst das Bild verkehrt herum, Hilde. So stehen die Bäume auf dem Kopf.

etw./(alles) **verkehrt/falsch herum** machen/(tun) · to do s.th./(everything) the wrong way round/back to front/...

Sie haben die ganzen Arbeitsgänge verkehrt herum gemacht, Herr Rüdiger. Was Sie am Schluß erledigt haben, damit hätten Sie anfangen müssen.

da/... herum-stehen/-liegen/-sitzen/... *ugs* · to stand/to lie/to sit/... around

... Jetzt warten wir schon über eine halbe Stunde. Wenn der Erich in den nächsten fünf Minuten nicht kommt, hau' ich ab. Ich hab' doch keine Lust, den halben Tag hier (nutzlos) herumzustehen!

herumbekommen: jn. **herumbekommen** *ugs selten* – jn. **herumkriegen** · to talk s.o. round, to talk s.o. into doing s.th., to get s.o. to do what one wants

herumbringen: etw. **überall/... herumbringen** *selten* · to go around telling everyone s.th/that ..., to go around spreading the word that ...

... Wenn du schon überall herumbringst, Christl, daß die Doris und ich uns getrennt haben, dann erzähl' das (den Leuten) wenigstens richtig!

herumdoktern: an jm./etw. **herumdoktern** *ugs* · 1. to try to cure an illness *n*, to try all sorts of cures for an illness *n*, 2. to tinker around with s.th., to fiddle around with s.th.

1. ... Besser gar kein Arzt als so ein Wald- und Wiesenarzt, der monatelang an einem herumdoktert und einen doch nicht heilt.

2. Wie lange doktert der Paul jetzt an dem Problem schon herum? Doch bestimmt schon einen Monat! Aber gelöst hat er nach wie vor gar nichts.

herumdrücken: sich in/bei/auf/... herumdrücken *ugs selten* – sich in/bei/auf/... (mit jm.) **herumtreiben** · to knock about, to hang about in pubs/...

sich um eine Entscheidung/... **herumdrücken** *ugs* · to avoid making a decision/... *n*, to dodge s.th./..., to shirk the responsibility of s.th./...

Mit allen Mittelchen wird der Dolenz natürlich versuchen, sich um eine klare Entscheidung herumzudrücken. – Und mit Recht, Herbert, geht er einer Entscheidung aus dem Weg. Denn was er auch entscheidet: er würde kritisiert.

herumdrucksen: herumdrucksen *ugs* · to hum and haw about s. th., to um and ah about s. th.

… Mein Gott, was hat der Kurt da für einen kümmerlichen Eindruck gemacht! Statt auf die Fragen des Richters klare Antworten zu geben, druckst er da herum – »hm … ja … unter Umständen …«, und kein Mensch versteht, ob er nichts sagen will oder nichts sagen kann.

herumflegeln: sich in einem Sessel/(auf einem Stuhl/…) **herumflegeln** *ugs* · to loll around (in an armchair/(on a chair/…), to loll about (in an armchair/(on a chair/…)

Kannst du nicht anständig sitzen, Junge?! Was ist denn das für eine Art, sich in Gegenwart von Besuch derart schlampig in dem Sessel herumzuflegeln?!

herumfliegen: in/auf/… herumfliegen *ugs* · to be lying around

Helga, was fliegt denn dein Kleid schon wieder hier im Wohnzimmer herum? Kannst du einfach keine Ordnung halten?

herumfuhrwerken: an etw. **herumfuhrwerken** *sal* – an etw. **herummurksen** · to mess around with s. th., to tinker around with s. th.

herumfummeln: an etw. **herumfummeln** *ugs* · to fiddle around with s. th., to mess about with s. th., to tinker about with s. th., to touch s. o. up *sl*

… Herbert, du verstehst nichts von der Maschine, also fummelst du auch nicht daran herum! Du machst da nur noch mehr kaputt. Das muß ein Fachmann nachsehen.

herumgeistern: in/auf/… herumgeistern *ugs* · 1. to wander around, 2. to be going/wandering/knocking/… around *sl*

1. Was geisterst du denn zu nächtlicher Stunde und im Nachthemd da im Wohnzimmer herum? – Ich habe meine Tabletten unten liegen lassen …

2. In diesem drolligen Seminar geistert wohl immer noch die Vorstellung herum, daß ein Professor per definitionem fähiger ist als andere Leute.

herumgestoßen: (nur/…) herumgestoßen werden/(jn. herumstoßen) · to be pushed/shoved/… around/about

Wenn du, wie Alexandra, als kleines Kind auch so von einer Familie zur andern herumgestoßen worden wärest, würdest du heute wahrscheinlich genauso durcheinander und verbittert sein. Erinnerst du dich nicht mehr? Mal war sie bei irgendeiner Tante, mal bei den Großeltern, mal bei Freunden des Vaters … Ein Zuhause hatte sie nirgends.

herumhaben: jn. herumhaben *ugs* – (res. zu:) jn. **herumkriegen** · to talk s. o. round, to talk s. o. into doing s. th., to get s. o. to do what one wants

herumhacken: auf jm. **herumhacken** *sal* · to pick on s. o. *coll*, to always/constantly/… be on at s. o. *coll*, to find/to keep finding/… fault with s. o. *n*

… Wenn der auf mir so herumhacken würde, würde ich die Fleppen hinschmeißen. Mal ein scharfes Wort – meinetwegen. Aber dieser Mann kennt ja nichts anderes als schnauzen, treiben und zusammenstauchen!

herumhantieren: in/an/… herumhantieren *ugs* · to mess about with s. th.

… Es ist einfach unverantwortlich, an allen möglichen Hebeln herumzuhantieren, um zu experimentieren, wie man die Maschine abstellt! …

herumknobeln: an etw. **herumknobeln** *ugs* · 1. to try to work out how/who/…, to try to figure out how/who/…, 2. to tinker around with s. th., to fiddle around with s. th.

1. Der Mechaniker hat zwar über drei Stunden an der Maschine herumgeknobelt; aber sie läuft nach wie vor nicht. – Er hat den Schaden also nicht gefunden?

2. vgl. – an jm./etw. **herumdoktern** (2)

da herumknobeln, wer/wie/… *ugs* · to try to work out how to fix s. th./… *n*, to try to fix s. th. *n*

Jetzt knobelst du bestimmt schon eine Stunde da herum, wie der Apparat zu reparieren ist. Wäre es vielleicht nicht doch besser, einen Elektriker zu rufen?

herumkommen: viel/(…) herumkommen · 1. to get around a lot/…, 2. to have been around in the world/…

1. … Als Vertreter kommt er natürlich viel herum. Heute ist er in München, morgen in Stuttgart, übermorgen in Augsburg …

2. … Ja, der Albert ist viel in der Welt herumgekommen. In Europa und Südamerika dürfte es kaum ein Land geben, das er nicht kennt.

weit/viel/… herumkommen · to travel around (a lot), to get around (a lot), to see a lot of the world

… Gut, du hast Schwierigkeiten, hier wieder hereinzukommen, eine sichere und gute Stelle zu finden. Aber dafür bist du weit herumgekommen, während unsereiner ewig in diesem Nest gewohnt hat. Alles kann man haben: in der Welt herumreisen und zugleich eine sichere Stellung …

(nicht) darum/(drum) **herumkommen** (etw. zu tun) · (not) to be able to get out of (doing) s. th., (not) to be able to avoid (doing) s. th.

Wenn du sowieso nicht darum herumkommst, mit Vater persönlich über die Dinge zu sprechen, dann kannst du ihm auch sofort reinen Wein einschenken. – Vielleicht finde ich doch noch einen Weg, ein Gespräch mit ihm darüber zu vermeiden.

herumkrebsen: (da) herumkrebsen *ugs* · 1. to drag o.s. around/about, 2. to struggle *n*, to struggle along

1. … Drei Monate krebst die arme Frau jetzt schon nach ihrer Entlassung aus dem Krankenhaus da herum, und man kann wie vor ist schwer zu sagen, ob es eher aufwärts oder abwärts geht.

2. … Aber er macht doch kein Bankrott? – Die Firma krebst schon jahrelang so herum. Warum soll das nicht so weitergehen?

herumkriechen: in …/(…) **herumkriechen** *ugs* · to crawl around the house/in …, to loaf around the house/in …

(Die Frau zu ihrem genesenden Mann:) Mach' einen Spaziergang, wenn es dir wieder besser geht! Das ist doch gesünder, als den ganzen Tag im Haus herumzukriechen!

herumkriegen: jn. herumkriegen *ugs* · 1. to talk s.o. round, to talk s.o. into doing s.th., 2. to get s.o. to do what one wants *n*

1. … Nein, mein Vater will uns in den Osterferien nicht nach Paris fahren lassen. Meine Schwester bemüht sich zwar nach Kräften, ihn herumzukriegen; aber ich weiß nicht, ob ihr das gelingt.

2. Hat er sie tatsächlich herumgekriegt? Ich möchte wirklich wissen, wie. Denn gegen Versprechungen, Schmeicheleien und ähnliches ist die Babette doch sonst immun.

herumkritteln: (dauernd/(…) **an** jm./etw. **herumkritteln/**was/(etwas) herumzukritteln haben *ugs* · to (always/…) find fault with s.o., to (always/…) pick holes in s.o./s.th., to (always/…) run s.o./s.th. down *often in continuous form*

Der Franz kann tun, was er will – seine Frau hat immer was an ihm herumzukritteln. Mal ist dies nicht genau so, wie es sein sollte, mal das. So was Kleinliches wie diese Frau hab' ich noch nicht gesehen.

herumkutschieren: in/auf/… herumkutschieren *ugs* · to drive around in a Porsche/in Italy/… *n*

… Mir würde natürlich auch mehr zusagen, mit einem Porsche an der Adria herumzukutschieren als in diesem verdammten Laden meine Brötchen zu verdienen …

herumlaborieren: an etw. **herumlaborieren** *ugs* · 1. to try/to have been trying to get rid of s.th. *n*, to try/to have been trying to get over s.th. *n*, 2. to work away at s.th., to labour on s.th., to struggle with s.th.

1. Jetzt laboriert der Gregor doch schon zwei Monate an seiner Augenentzündung herum – die will und will nicht weggehen!

2. … Er sitzt doch schon ziemlich lange an dieser Doktorarbeit, oder? – Ich weiß gar nicht mehr genau, wielange er daran schon/wielange er an dem Thema schon herumlaboriert – bestimmt schon gut zwei Jahre. – Da müßte er ja bald fertig sein. – Schön wär's!

herumlaufen: frei herumlaufen · to be free, to be at large

… Wieviele Jahre hat der Kidnapper damals gekriegt? – Sieben. Aber er läuft schon wieder frei herum. – Wie, haben sie ihn begnadigt? – Wegen 'guter Führung' (im Gefängnis) vorzeitig entlassen.

jn. **frei herumlaufen lassen** · to let s.o. run/walk/... around free

... Es ist doch gar nicht einzusehen, daß sie solche Leute frei herumlaufen lassen! Wenn jemand irgendwo einbricht und ein paar Ringe mitgehen läßt, kommt er ins Gefängnis, und solchen Leuten passiert nichts?

herumliegen: in/auf/... herumliegen ugs – in/auf/... **herumfliegen** · to be lying around

herumlümmeln: sich in/auf/... herumlümmeln ugs · 1. to loll around (in an armchair/(on a chair/...), to loll about (in an armchair/(on a chair/...), 2. to knock about, to hang about in pubs/...

1. vgl. – sich in einem Sessel/(auf einem Stuhl/...) **herumflegeln**
2. vgl. – (eher:) sich in/bei/auf/... **herumdrücken**

herumlungern: (den ganzen Tag/...) **in** den Kneipen/im Haus/... **herumlungern** sal · to loaf around in cafés/pubs/... coll, to lounge around in cafés/pubs/... coll, to hang around in cafés/pubs/... coll

... Nein, Iris, ein Junge, der auch nur ein Minimum an Energie hat und auch nur in etwa weiß, was er will, lungert nicht den halben Monat in den Cafés, den Wirtshäusern oder sonstwo herum!

herummachen: an etw. **herummachen** ugs selten – an etw. **herumfummeln** · to fiddle around with s.th., to mess about with s.th., to tinker about with s.th., to touch s.o. up

mit jm./(etw.) **herummachen** sal · 1. to go around with s.o. coll, to get off with s.o., 2. to mess around with s.th. coll, to faff about with s.th.

1. Statt alle drei Monate mit einem neuen Weibsbild herumzumachen, sollte der Junge sich nach einer anständigen Freundin umsehen.
2. Was macht der Lose denn da mit der neuen Maschine herum? Der ist wohl verrückt! Schließlich macht er sie schon kaputt, ehe wir sie in Betrieb nehmen. selten

herummurksen: an etw. **herummurksen** ugs · to mess around with s.th., to tinker around with s.th.

Und? Hat der Fritz die Maschine wieder ganz gekriegt? – Leider nicht. Er hat zwar den halben Nachmittag daran herumgemurkst; aber sie läuft nach wie vor nicht.

herumpusseln: an etw. **herumpusseln** ugs · to fiddle around with s.th.

Stunden und Stunden an so einem kleinen Gerät herumzupusseln – dazu hätte ich keine Geduld. – Aber er hat es wieder ganz gekriegt. – Ja. Ich bewundere das.

herumreden: (um etw.) **herumreden** · 1. to talk around s.th., 2. to beat about the bush

1. Das ist auch eine Kunst, drei Stunden da herumzureden, ohne was zu sagen! – Politik, mein Guter!
2. ... Bitte, reden Sie nicht lange um die Angelegenheit herum, kommen Sie zur Sache!

(dauernd/.../nicht/nicht lange/...) **drum/(darum) herumreden** ugs · to beat around the bush, to talk around s.th.

... Es hat nicht viel Sinn, daß ich lange drum herumrede! Ich komme also sofort zur Sache: der Peter hat gestern behauptet ...

herumreiten: auf etw. (immer wieder/...) **herumreiten** ugs · 1. to go on (and on) about s.th., 2. to keep getting at s.o., to keep criticising/finding fault/... with s.o.

1. ... Meine Güte, jetzt reitet der Neumann doch schon wieder auf diesen Tempuserklärungen herum! Als ob wir das nicht schon oft genug gehört hätten und als ob eine Sprache nur aus Tempusformen bestünde!
2. ... Ich weiß auch nicht, was die Bärbel gegen die Petra hat. Sie reitet ständig auf ihr und ihren angeblichen Fehlern herum.

herumrühren: in dieser alten Geschichte/... **herumrühren** ugs – den alten **Dreck** aufrühren · to rake up the old muck, to drag up the old dirt

herumscharwenzeln: um jn. **herumscharwenzeln** ugs · to dance attendance on s.o.

Immer und immer muß dieser Schulte um mich herumscharwenzeln und mich ganz beflissen fragen, was er für mich tun könne. Was will er bloß von mir?

herumschlagen: sich mit jm./etw. **herumschlagen (müssen)** ugs · to (have to) keep fighting/squabbling/... with s.o., to conduct a running battle with s.o., to (have to) struggle with s.o., to (have to) grapple with s.th.

... Wenn sie mit unseren Kompromißvorschlägen absolut nicht einverstanden sind, wird das Geschäft eben nicht gemacht. Ich habe keine Lust, mich monatelang mit Leuten herumzuschlagen, die partout keine Kompromisse eingehen wollen.

herumschleifen: jn. herumschleifen ugs · to drag s.o. around

Zeigen Sie unseren Gästen die markanten Sehenswürdigkeiten unserer Stadt, Herr Müller; aber überfordern Sie sie nicht. Es hat keinen Sinn, Menschen, die von auswärts kommen, Stunden und Stunden in allen möglichen Stadtteilen herumzuschleifen.

herumschleppen: eine Erkältung/einen Kummer/... **mit sich herumschleppen** ugs · 1. to go around with a cold/... n, to go around with feelings of guilt/complexes/... n, 2. to be always/... plagued by worries

1. Du hustest und schnupfst ... – Ich schleppe seit Wochen so eine dumme Erkältung mit mir herum, die absolut nicht weggehen will.
2. Statt Jahre und Jahre still und in sich gekehrt ihren Kummer über den Tod ihres Mannes mit sich herumzuschleppen, sollte sie versuchen, ein neues Leben zu beginnen.

jn. **(in/(...))** **herumschleppen** ugs · to drag s.o. around (in/...)

... Stundenlang haben die uns in diesem Weinbaumuseum herumgeschleppt – bis wir alle von Wein nichts mehr hören konnten.

herumschwänzeln: um jn./(etw.) **herumschwänzeln** ugs – um jn. **herumscharwenzeln** · to dance attendance on s.o.

herumsein: (bereits/...) **überall/in der ganzen Stadt/... herumsein** · to have got around the village/..., to be all over the village/..., to be the talk of the whole town/...

... Was? Wir sollen die Abmachung vertraulich behandeln? Aber die Grundlinien unserer Vereinbarung sind doch schon im ganzen Dorf herum. Im 'Adler' sprachen die Leute gestern abend von nichts anderem.

dauernd/... **um** jn. **herumsein** ugs · 1. 2. to be (always/constantly/...) around s.o., 3. to dance attendance on s.o.

1. (Zu einer jungen Mutter:) Du brauchst doch nicht den ganzen Tag um das Baby herumsein! Laß das Kind doch mal allein!
2. ... Wenn ihr morgens, mittags und abends um den Erich herumseid, kann sich der Junge natürlich nicht vernünftig entwickeln! Der Junge braucht einfach mehr Zeit für sich, mehr Unabhängigkeit.
3. vgl. – (eher:) um jn. **herumscharwenzeln**

herumsprechen: sich herumsprechen · to get about, to become known

... Wenn es sich herumspricht, Herr Bähr, daß wir unsere Geschäftsbeziehungen abgebrochen haben, werden die Leute alle möglichen Spekulationen anstellen. – Es braucht ja einstweilen niemand zu erfahren. Dann gibt's auch nichts zu reden.

herumspringen: dauernd/... **um** jn. **herumspringen** ugs · to be always/... running around after s.o.

Ich weiß gar nicht, warum du dauernd um den Alfons herumspringen mußt, Bettina. Du bist doch nicht etwa in ihn verliebt?

jn. (dauernd/...) **für sich herumspringen lassen** ugs · to expect s.o. to wait on one hand and foot

... Jetzt reicht's mir! Ich bin doch nicht dein Dienstmädchen! Hol' dir deinen Kram selber! Das ist doch keine Art, die anderen ständig für sich herumspringen zu lassen!

herumstänkern: (in/bei/...) **herumstänkern** sal · to bitch, to moan n

Ich möchte es einmal erleben, daß der Hans-Georg konstruktive Vorschläge macht, statt nur zu hetzen und herumzustänkern!

herumstochern: in der Suppe/dem Reis/... **herumstochern** *ugs* · to pick at one's food
Wenn ich den Meyer da so kritisch und mißmutig in dem Salat herumstochern sehe, vergeht mir jeglicher Appetit. Diesem Mann fehlt jeder gesunde Instinkt, sogar der zum Essen.

herumstolzieren: in/auf/... **herumstolzieren** *ugs* · to strut around in/at/..., to swagger around in/at/...
Guck' dir den Wörner an, wie der da auf dem Podium herumstolziert – wie der Hahn auf dem Mist. Eitler Fatzke!

herumstoßen: jn. **nur/(...)** **herumstoßen** *oft Passiv: nur herumgestoßen werden ugs* · to push s.o. around, to shove s.o. around *often: to have been pushed/shoved around*
Wenn die Christina nicht gut auf die Familie zu sprechen ist, dann ist das kein Wunder. Sie ist als Kind doch nur herumgestoßen worden/ (Die haben sie als Kind doch nur herumgestoßen). Mal wohnte sie bei den Großeltern väterlicherseits, mal mütterlicherseits, mal bei ihrer Tante, mal bei Freunden der Eltern ... Ein richtiges Zigeunerdasein!

herumstreichen. in/auf/um jn./... **herumstreichen** *ugs* · 1. to prowl around/about in/at/..., 2. to prowl around s.o.
1.Was streicht denn die Polizei neuerdings so viel in unserem Viertel herum? Wen oder was suchen oder beobachten die?
2. ... Seltsame Angewohnheit, da dauernd um die Leute herumzustreichen und zu kontrollieren, was sie machen!

herumstrolchen: in/auf/... **herumstrolchen** *ugs* · to prowl around in/at/...
Na, ihr Bengels, wo seid ihr denn den ganzen Morgen herumgestrolcht? – Wir haben im Wald nach Fuchshöhlen gesucht.

herumstromern: in/auf/... **herumstromern** *ugs* · 1. to roam around in/at/..., 2. to prowl around in/at/...
1. ... Seit Wochen schon stromert dieser Landstreicher in dieser Gegend herum ...
2. vgl. – in/auf/... **herumstrolchen**

herumsumpfen: mit jm. **herumsumpfen** *sal selten* · to go around boozing with s.o.
... Das ist doch klar: wenn er sich eine Nacht nach der anderen um die Ohren schlägt und mit allen möglichen Trunkenbolden herumsumpft, ist seine Gesundheit natürlich irgendwann ruiniert.

herumtänzeln: um jn. **herumtänzeln** *ugs* · to dance attendance on s.o.
... Meinen Sie etwa, Herr Hörster, wenn Sie bei den Betriebsfeiern dauernd um den Chef herumtänzeln, erreichten Sie von dem mehr als die anderen Firmenangehörigen? Im Gegenteil! Der kann das gar nicht ausstehen, wenn jemand immer um ihn herum ist.

herumtragen: einen Kummer/... **mit sich herumtragen** – eine Erkältung/einen Kummer/... mit sich **herumschleppen** (2) · to go around with a cold/..., to go around with feelings of guilt/complexes/..., to be always/... plagued by worries

herumtreiben: sich in/bei/auf/... (mit jm.) **herumtreiben** · to knock about *sl*, to hang about in pubs/... *coll*
Jetzt erscheint der Bodo schon drei Tage nicht zum Dienst! Ich möchte wissen, wo der sich herumtreibt! – Wie, zu Hause ist er nicht? – Nein.

herumtreten: auf jm. **herumtreten** *ugs* · to kick s.o. around
... Die Zeiten, in denen die Gutsbesitzer auf 'ihren Bauern' herumtreten konnten, sind vorbei, Herr Silva. Wenn Sie vernünftiges Personal haben wollen, müssen Sie es vernünftig behandeln – und nicht wie Ihre 'Sklaven'.

herumwirtschaften: in/auf/... **herumwirtschaften** *ugs* · to potter around/about in the garden/..., to be busy with s.th. *n*
Jetzt wirtschaften die Walkers doch schon wieder da in ihrem Garten herum! Daß so ein kleiner Garten überhaupt so viel zu tun geben kann!

herumwursteln: an etw. **herumwursteln** *ugs* – an etw. **herummurksen** · to mess around with s.th., to tinker around with s.th.

(mit jm.) (in/auf/...) **herumziehen** *ugs* · to paint the town red (with s.o.), to hit the town (with s.o.), to go out on a spree (with s.o.), to roam around (with s.o.)
Gestern abend sind Steffi und ich seit langem mal wieder in der Altstadt herumgezogen. Es war'n richtig toller Abend.

herumzigeunern: in/auf/... **herumzigeunern** *sal* – in/auf/... **herumstromern** (2) · to roam/to rove/to wander/... about/ around

herumzureden: ohne viel/lange/... **herumzureden** ist sofort klar/.../man braucht (doch/...) nicht lange/(viel/...) herumzureden – es ist (doch) ... *ugs* · without beating about the bush, s.o. doesn't need to beat about the bush/...
... Herr des Lebens, da braucht man doch nicht lange herumzureden! Jeder vernünftige Mensch sieht doch sofort, daß ...

herunterbeten: (jm.) etw. (jederzeit/...) **herunterbeten können** *ugs* · to (be able to) rattle s.th. off to s.o. (any time/...)
... Die Statistiken – klar, die kann er dir jederzeit herunterbeten. Aber Folgerungen aus diesen ganzen Zahlen, die er da so brav gelernt hat, zu ziehen, dazu ist er zu dumm!

(jm.) etw. **vor- und rückwärts herunterbeten/runterbeten können** *ugs* · to be able to rattle s.th. off (to s.o.)
Der Miesbach ist ein wandelndes Geschichtslexikon. Der kann dir alle Kaiser und Könige Europas samt ihren Regierungszeiten von der Antike bis heute vor- und rückwärts herunterbeten.

herunterbringen: jn./etw. **herunterbringen** *selten* · 1. to bring s.o. low, to ruin/to undermine/... s.o.'s health, 2. to ruin a company/..., to bring a company to the verge of ruin/bankruptcy/..., 3. to swallow s.th.
1. Was war der Herr Färber vor einem Jahr noch für ein gesunder und kräftiger Mann! Erschütternd zu sehen, wie sehr ihn dieser verfluchte Krebs in wenigen Monaten heruntergebracht hat.
2. Was dieser junge Herr die Firma heruntergebracht hat! Noch ein Jahr, und die machen Konkurs, wenn das so weitergeht.
3. Na, wie schmeckt dir unser Mensaessen? – Nicht so toll, aber ich werd's schon runterbringen. *ugs*

heruntergerissen: wie heruntergerissen j./(etw.)/**ein zweiter ...** **sein** *südd österr ugs* · to be the spitting image of s.o., to be a dead ringer for s.o., to be the dead spit of s.o.
Der Onkel Heinz ist wie heruntergerissen ein zweiter Curt Jürgens! – Meinst du? – Achte mal drauf! Haargenau dasselbe Äußere.

heruntergucken: auf jn. **heruntergucken** *ugs* · to look down on s.o.
Seitdem die Bärbel im Außenministerium arbeitet, meint sie, sie könnte auf alle ehemaligen Kollegen heruntergucken! – Nicht erst seit der Zeit! Die war doch immer der Meinung, sie wäre mehr als die andern.

herunterhauen: jm. **eine herunterhauen** *ugs* – jm. eine **Ohrfeige** geben · to give s.o. a clip round the ears

jm. **ein paar herunterhauen** *ugs* – jm. ein paar **Ohrfeigen** geben · to give s.o. a clip round the ears

herunterknallen: jm. **eine herunterknallen** *sal* – jm. eine **Ohrfeige** geben · to clout s.o., to slap s.o.

herunterkommen: (sehr/...) **herunterkommen** *ugs* · 1. 2. to go to the dogs 1. to go downhill
1. Die Firma ist in den letzten Jahren doch arg heruntergekommen. Wenn ich daran denke, welch ein Ansehen sie noch vor rund zehn Jahren hatte! Hoffentlich gibt es nicht irgendwann ernsthafte Schwierigkeiten!
2. vgl. – moralisch **sinken**

herunterkriegen: sich nicht herunterkriegen lassen *ugs selten* – sich nicht **unterkriegen** lassen (von jm./etw.) · not to let s.o./s.th. get one down

heruntermachen: jn./etw. **heruntermachen** *ugs* – jn./etw. schlecht **machen** · to run s.o. down

herunterputzen: jn. nach Strich und Faden/... **herunterput-zen** *ugs* – jm. (mal/...) (anständig/tüchtig/ordentlich/...) den **Kopf** waschen (müssen) · to give s. o. a roasting, to blow s. o. up

herunterrasseln: etw. **herunterrasseln (können)** *ugs* · to (be able to) rattle off the dates/times/...

... Was Zugverbindungen angeht, mußt du den Otmar Wieners fragen, der arbeitet an einem Fahrkartenschalter des Hamburger Hauptbahnhofs. Der rasselt dir in drei Minuten alle Züge herunter, die von Hamburg Richtung Basel fahren.

herunterschauen: **auf** jn. **herunterschauen** *selten* – (eher:) auf jn. **heruntergucken** · to look down on s. o.

herunterschnurren: etw. (nur so) **herunterschnurren können** *ugs* – etw. aus dem **eff-eff** können (1) · to be able to rattle s. th. off

herunterschrauben: seine Ansprüche/... **herunterschrauben** *ugs* · to lower one's expectations *n*, to lower one's sights *n*, to reduce one's expectations *n*, to moderate one's demands *n*

Wenn man weniger verdient, muß man seine Ansprüche herunterschrauben! – Das ist leicht gesagt, Herr Brauer. Haben Sie schon mal jemanden gesehen, der freiwillig seinen sog. Lebensstandard senkt?

heruntersegeln: die Mauer/... **heruntersegeln** *sal* · to fall down *n*, to fall off a wall/... *n*

... Paß auf, wenn du den Abhang hier heruntersegelst, landest du da unten in dem Schlamm! – Keine Sorge, ich fall' schon nicht.

heruntersehen: **auf** jn. **heruntersehen** *selten* – (eher:) auf jn. **heruntergucken** · to look down on s. o.

heruntersein: sehr/(...) **heruntersein** *ugs selten* · 1. 2. to be in a bad way, 1. to be in poor health *n*, 2. to be run down, to have gone to the dogs

1. Wie geht's dem Herrn Möller? – Er ist sehr herunter, der Arme. Die lange Krankheit hat ihn doch sehr mitgenommen.

2. ... Das Unternehmen ist bereits soweit herunter, daß manche schon von einem baldigen Konkurs munkeln. Unglaublich, wie man eine angesehene und solide Firma in drei Jahren so herunterwirtschaften kann!

herunterspielen: etw. **herunterspielen** *ugs* · to play s. th. down

Hat die Auseinandersetzung zwischen dem Klaus und dem Chef wirklich zu einem ernsten Zerwürfnis geführt? – Der Klaus versucht natürlich, die Sache herunterzuspielen. Aber ich habe den Eindruck, der Streit ist diesmal wirklich ernst.

herunterziehen: jn./etw. **herunterziehen** *ugs selten* – jn./etw. in/(durch) den **Dreck** ziehen · to drag s. th./s. o.'s name through the mud

hervordrängen: sich (immer/...) **hervordrängen** – sich in den **Vordergrund** drängen · to push o. s. forward, to push o. s. to the fore, to try to get into/to hog the limelight

hervorkehren: den Professor/Chefarzt/... **hervorkehren** · to parade the fact that one is a diplomat/professor/..., to act the diplomat/professor/..., to come the diplomat/professor/... *coll*

... Es gibt Gelegenheiten, Hubert – und zwar gar nicht so wenige –, da ist es ganz angebracht, den Botschafter/Diplomaten/Professor/... hervorzukehren. – Ich mag das nicht, wenn jemand mit seinen beruflichen oder gesellschaftlichen Meriten/Titeln/... hausieren geht. – Viele Leute brauchen das, sonst benehmen sie sich, als hätten sie mit uns gekegelt.

hervorragen: (durch etw.) **vor anderen/... hervorragen** · to be outstanding, to stand out above all others, to stand out from the crowd

... Die Klasse ist insgesamt gut. Aber Ihr Sohn, Herr Maunz, ragt (durch seine Intelligenz und seinen Fleiß) vor allen anderen hervor. Er ist unangefochten der Primus der Klasse.

hervorsprudeln: die Worte/Sätze/... **nur so/rasch/... hervor-sprudeln** *ugs* · words/sentences/... bubble out/gush out/ come bubbling/gushing/pouring out

... Das müßtest du mal erleben, wenn unser Französischlehrer die Ulrike Vokabeln abfragt; die Entsprechungen sprudeln nur so hervor. Wie bei uns beiden das Einmaleins mit drei ...

hervorstechen: **aus** den dunklen Farben/... **hervorstechen** · to jar with the dark colours/..., to stand out too strongly against the dark colours/...

... Insgesamt finde ich die Farbkomposition ausgezeichnet. Nur das Rot sticht für meinen Geschmack aus dem im ganzen doch sehr nüchternen Komplex ein wenig zu stark hervor.

hervortreten: **mit** etw. **hervortreten** *form* · to come to the fore with s. th., to come to the attention of the public with s. th., to make one's mark with s. th., to make a name for o. s. with s. th.

... Herr Karl Mertens ist im letzten Jahr mit einem historischen Roman über die Entdeckungszeit hervorgetreten. Der Roman wurde von der Kritik sehr positiv aufgenommen ...

hervortun: sich (mit etw.) **hervortun** *form* · 1. to come to the fore with s. th., to come to the attention of the public with s. th., to make one's mark with s. th., to make a name for o. s. with s. th., 2. to show off (with s. th.), to try to get attention (with s. th.)

1. vgl. – (eher:) mit etw. **hervortreten**

2. vgl. – (eher:) sich wichtig **machen** (mit etw.)

hervorzaubern: etw. **(nicht) hervorzaubern (können)** *sal* · (not) (to be able to) produce s. th. out of thin air, (not) (to be able to) produce s. th. just like that, (not) (to be able to) conjure s. th. up

Wenn wir keine Nägel im Haus haben, dann haben wir keine, verdammt nochmal! Oder meinst du, ich könnte jetzt welche hervorzaubern? – Im Klartext: ich muß welche kaufen gehen?

Herz: jm. **ist bang ums Herz** *path* · + to be terribly worried, + to be/to feel troubled

Ist dir so bang ums Herz, Emilie? – Wenn dem Jungen bei der Operation etwas passiert ...! – Mach' dir doch nicht solche Sorgen! Er ist in den besten Händen. Du brauchst wirklich nicht eine solche Angst zu haben.

etw. **beschwert** jm. **das Herz** *path* · to worry s. o., to trouble s. o., to prey on s. o.'s mind

Auch wenn er nicht gerade sehr glücklich verheiratet ist: die Krankheit seiner Frau beschwert ihm natürlich das Herz. – Hoffentlich nimmt ihm das nicht den letzten Rest von Frohsinn ...

etw. **betrübt das Herz**/es betrübt das Herz, wenn ... *form* · it saddens me/John/... to see s. th./when ..., it grieves one/ John/... to see s. th./when ...

... Ein solcher Undank betrübt das Herz. – Laß es dir nicht zu nahe gehen, Mutter. Das macht dich nur krank.

es blutet einem/jm. **das Herz bei** etw./wenn .../jm. blutet ... *path* – etw. greift ans **Herz**/es greift ans Herz, wenn ... · to be heart-breaking/heart-rending to see ..., s. o.'s heart bleeds to see s. th./...

etw. **bricht** jm. **das Herz**/es bricht jm. das Herz, wenn ... *path* · it breaks s. o.'s heart to see/when ...

Es bricht mir das Herz, wenn ich sehe, wie ein so sympathischer und begabter Junge sich seine ganze Zukunft, sein ganzes Leben verdirbt, indem er seine Gesundheit mit Drogen ruiniert. Ich komm' darüber nicht hinweg.

ein Angstschrei/.../(Leid/...) **dringt** jm. **durchs Herz** *path* · 1. a scream/... goes right through s. o., 2. + to be heart-breaking/heart-rending to see ...

1. Mein Gott, war das ein Schrei! Er drang mir durchs Herz! Wie ein Todesschrei klang das.

2. vgl. – (eher:) etw. greift ans **Herz**/es greift ans Herz, wenn ...

jm. **ist froh ums Herz** *form* · + to feel easy in one's mind

... Jetzt war ihr wieder froh ums Herz. Sie hatte ihm alles erzählt, und er hatte nichts übelgenommen, hatte alles ohne Groll akzeptiert. Sie fühlte sich erleichtert, ja glücklich.

es geht jm. **bis ins Herz, wenn** ... *path selten* – etw. greift ans **Herz**/es greift ans Herz, wenn ... · to be heart-breaking/heart-rending to see ...

etw. **greift ans Herz**/es greift ans Herz, wenn … *path* · to be heart-breaking/heart-rending to see …

Es greift ans Herz, wenn man sieht, wie viele kleine Kinder da verhungern, für immer geschädigt werden, von ihren Eltern getrennt aufwachsen … – Also: helfen!

jm. **ist leicht ums Herz** *form selten* · + to feel easy in one's mind

Endlich hatten die Ärzte erkannt, was es war. Jetzt ging es wieder aufwärts, von Tag zu Tag fühlte sie sich besser. Jetzt war ihr wieder leicht ums Herz – das Leben erschien wieder in einem sonnigen Licht.

Mißtrauen/Haß/… **nistet sich in** js. **Herz** *path* – Mißtrauen/… schleicht sich in js. **Herz** · distrust/hatred/… steals into/creeps into/… s.o.'s heart

Mißtrauen/… **schleicht sich in** js. **Herz** *path* · + to begin to have misgivings/doubts/(…) about s.o./s.th.

Bis zu dem Tanzabend in der Mucky-Bar hatte sie nie den geringsten Zweifel an ihm gehabt. Aber als sie ihn da mit der Gerlinde tanzen sah, schlich sich plötzlich Mißtrauen in ihr Herz – ohne daß sie es wollte. War da wirklich nichts? Was das alles nur 'Freundschaft'?

etw. **schneidet einem/**(jm.) **ins Herz**/es schneidet einem/ (jm.) ins Herz, wenn … *path* – etw. greift ans **Herz**/es greift ans Herz, wenn … · to be heart-breaking/heart-rending to see …

jm. **ist schwer ums Herz** *path* · + to be heavy-hearted, + to be downcast

In den letzten Wochen macht deine Mutter einen so niedergeschlagenen Eindruck. – Ja, ihr ist schwer ums Herz wegen unserem Hansgert. Er ist jetzt schon ein halbes Jahr krank, und niemand weiß, was es ist. Meine Mutter fürchtet, daß das gar nicht mehr weggeht.

jm. **stockt das Herz** (vor Schreck/…) *form selten* – das **Herz** steht jm. still (vor Schreck/…) · his/John's/… heart stands still, his/John's/… heart stops

jm. **ist warm ums Herz** *path* · it does s.o.'s heart good to …

… Ach, hier zu Hause ist mir wieder warm ums Herz! Dieses ewige Hotelleben in der Fremde, dieser ewige Kampf, die Anonymität … – da weiß man schon bald gar nicht mehr, was Geborgenheit und Vertrauen überhaupt ist.

es wird jm. **warm ums Herz bei/**wenn … *path* · 1. 2. it does the heart good to see …, 1. it warms the cockles of s.o.'s/ one's/the heart to see …

1. Ach, es wird einem doch warm ums Herz, wenn man sieht, daß die Arbeit, die man für andere tut, doch nicht ganz vergeblich ist. Da hab' ich mich doch für den Dietrich eingesetzt, daß er bei Siemens eine Stelle findet, und die haben ihn in der Tat genommen.
2. vgl. – jm. ist warm ums **Herz**

es zerreißt jm./**einem das Herz**, wenn … *path* – etw. greift ans **Herz**/es greift ans Herz, wenn … · to be heart-breaking/heart-rending to see …

sprechen/**reden/**…, **wie es einem ums Herz ist** *path* · to say what is on one's mind, to say what is troubling one

Sprechen Sie, wie es Ihnen ums Herz ist, Frau Roskothen! Wenn ich Ihnen helfen soll, muß ich ja wissen, wie Sie sich fühlen, was Sie beschäftigt.

wissen/…, **wie es** jm. **ums Herz ist** *form* · to know how s.o. feels, to know how s.o. must feel

… Machen sich die Leute hier wohl eine Vorstellung davon, wie es jugoslawischen Gastarbeitern ums Herz ist, wenn in ihrem Land Krieg ist und sie nicht einmal ihre dort lebenden Kinder anrufen können? Interessiert das hier überhaupt jemanden, wie die sich fühlen?

kühl bis ans Herz hinan (sein) *path od. iron* · s.o. is not (easily) swayed by emotions/emotive appeals/…, to be unemotional, to be unmoved

Mit dem Leid der Kinder kannst du dem Aloys nicht kommen! Der ist kühl bis ans Herz hinan. Wenn du bei ihm etwas erreichen willst, mußt du mit sachlichen Argumenten arbeiten. Alles andere beeindruckt ihn nicht.

Herz haben · to be good-hearted

… Natürlich muß ein Chef streng sein! Aber er muß Herz haben – die Leute verstehen, ihre Sorgen ernstnehmen, ihnen helfen, wenn's brennt.

ein Herz für jn./etw. **haben** · to feel for s.o.

»Statt ein Herz für Hunde sollten Sie lieber Verständnis und Mitgefühl mit den 90% der Menschheit haben, die hungern und darben«, schimpfte er.

ein enges Herz haben *eher: engherzig sein selten* · to lack empathy, to lack heart

… Nie, aber auch nie hat diese Frau ihren Kindern gegenüber für etwas Verständnis aufgebracht, womit sie 'aus Prinzip' nicht einverstanden war! – Überhaupt fehlt es ihr an Verständnis, nicht nur ihren Kindern gegenüber. – Du meinst, sie hat ganz einfach ein enges Herz?

ein goldiges/(goldenes) **Herz haben** *ugs* – (eher:) ein goldiges/(goldenes) **Gemüt** haben · to have a sunny disposition/ temperament

ein großes Herz haben · to be big-hearted

Der Andreas ist wirklich sehr hilfsbereit! – Ja, der Junge hat ein großes Herz. Aber leider wird er auch oft ausgenutzt.

ein gutes Herz haben · to be good-hearted, to have a good heart

… Die Kleine ist sehr temperamentvoll, ein richtiger Wildfang – und nicht selten auch sehr ungezogen. Aber sie hat ein gutes Herz, und das ist das Entscheidende. Sie hilft, wo sie kann, tröstet sofort, wenn sie jemandem wehgetan hat …

ein hartes Herz haben · to be hard-hearted

Dieser Mann hat doch ein hartes Herz! Seine Tochter aus dem Haus zu jagen, weil sie ein Kind von einem Freund bekommt, den er für einen Schurken hält – dazu gehört doch allerhand!

ein kaltes Herz haben · to be cold-hearted

Ja, glaubt ihr denn wirklich, ihr könnt die Frau Plückthuhn mit dem Elend dieser Kinder rühren? Gerade die! – Warum »gerade die«? – Die hat doch ein so kaltes Herz! Habt ihr schon mal erlebt, daß die sich von irgendjemandem oder irgendetwas hätte rühren lassen?

kein Herz haben · to have no heart, to be heartless

Ja, sympathisch ist sie schon, aber sie hat kein Herz. Schau dir bloß an, wie unbeteiligt sie den anderen gegenüber ist, wie gleichgültig dem schweren Leiden ihrer Eltern, wie hart ihren jüngeren Geschwistern gegenüber!

ein reines Herz haben *oft Kinderspr* · to have a clear conscience, to have a pure soul

Nein, ich habe das Geld wirklich nicht hier weggenommen, Herr Pastor! – Wenn du ein reines Herz hast, mein Kind, dann ist gut, dann wollen wir kein Wort mehr über die Sache verlieren. Irgendwie wird sich das schon klären.

ein schwaches Herz (haben) · to have a weak heart, to have heart trouble

(Auf einer Wanderung:) Dieser Weg ist für Frau Schöller wirklich zu steil! – Warum? – Sie hat ein schwaches Herz. Wenn sie das zu sehr belastet, hat sie sofort Atembeschwerden.

ein starkes Herz (haben) – ≠ ein schwaches **Herz** (haben) · + s.o.'s heart is sound

ein steinernes Herz haben *path* – (eher:) ein **Herz** aus Stein haben · to have a heart of stone

viel Herz haben · 1. 2. to be good-hearted, 2. to have a good heart
1. vgl. – **Herz** haben
2. vgl. – ein gutes **Herz** haben

ein warmes Herz haben *path selten* · to be warm-hearted

… Die Oma hat wirklich ein warmes Herz. In ihrer Nähe fühlt man sich immer wohl und geborgen; sie hat Verständnis für alles – auch für das, was sie mit dem Kopf gar nicht 'versteht'. So viel Güte und Liebe – wo findet man das heute noch?

ein weiches Herz haben *ugs* · to have a soft heart, to be soft-hearted

Nach außen gibt sich Vater ganz streng, ja scharf, aber im Grunde hat er ein weiches Herz. Das kannst du schon daran sehen: jedesmal, wenn einem von uns irgendetwas Unangenehmes passiert, fragt er sofort ganz besorgt, ist ganz betroffen, traurig.

ein zu weiches Herz haben *ugs* – zu **weich** sein · to be too soft-hearted

ein weites Herz haben · to have a big heart

… Was hat diese Frau ein weites Herz! Sie nimmt aber auch alles an. Manchmal scheint sie mir geradezu zu weitherzig – so, wenn sie für den widerlichen Egoismus ihrer ältesten Tochter sogar noch Verständnis aufbringt.

(einfach) nicht das Herz haben, etw. zu tun – es fertig **bringen**, etw. zu tun/und … (2) · not to have the heart to do s.th.

jm. geht (bei etw.) das Herz auf *path selten* · s.o.'s heart jumps for joy, s.o.'s heart leaps up

Wem ginge bei der Aussicht, nach langen Jahren die Heimat wiederzusehen, nicht das Herz auf? Es ist doch klar, daß der Juan über seine Fahrt nach Argentinien ganz 'happy' ist, wie unser Sohn sagt.

jm. sein Herz aufschließen *path selten* – jm. sein **Herz** öffnen/(eröffnen/aufschließen) · to open one's heart to s.o.

(jm.) sein Herz ausschütten *path* · to pour out one's heart to s.o.

Hier ist der Wolfgang Bieber – er will dir bestimmt sein Herz ausschütten. Du bist der einzige, zu dem er Vertrauen hat, und er geht in der letzten Zeit so bedrückt daher – irgendetwas lastet ihm auf der Seele, was er einmal aussprechen müßte.

alles, was das Herz begehrt, haben/bekommen/… · everything the heart desires, everything the heart could wish for

Im Sommer fahren wir wieder auf diesen Bauernhof, meint ihr nicht auch? Da haben wir alles, was das Herz begehrt: Wasser, Sonne, Platz, herrliches Essen, gut gestimmte Mitmenschen … was könnten wir uns mehr wünschen?!

sich ein junges/begeisterungsfähiges/… **Herz bewahren** *form* – *path* · to be/to remain/… young at heart

… Wenn sich alle bis in ihr hohes Alter so ein junges Herz bewahren würden wie unser Opa, Friedel, dann gäbe es weniger Generationskonflikte.

kühl bis ans Herz hinan bleiben *path od. iron* · to remain unmoved

Hat er sich von euren Sorgen, von den langen Krankheiten usw. denn nicht rühren lassen? – Nein. Er blieb kühl bis ans Herz hinan. Völlig nüchtern fragte er …

jm. das Herz brechen/(js. Herz brechen) *path* · to break s.o.'s heart

Ihr Tod hat ihm das Herz gebrochen. Seit der Zeit ist er seelisch am Ende.

es nicht übers Herz bringen (können), etw. zu tun *form* – es fertig **bringen**, etw. zu tun/und … (2) · not to have the heart to do s.th.

jn. an sein/(ans) Herz drücken · to press s.o. to one's breast, to clasp s.o. to one's breast

»Laß dir das nicht so nahe gehen, Christa«, tröstete er seine Tochter und drückte sie an sein Herz, »du wirst sehen: nach zwei, drei Monaten sieht das alles wieder ganz anders aus; das wird sich schon wieder geben«.

ein Herz wie/(von/aus) **Eis haben** *path selten* – ein **Herz** aus Stein haben · to have a heart of stone

sein Herz für etw./(jn.) **entdecken** *selten* · to discover one's love for s.th./(s.o.) *para*

Der Kurt hat sein Herz für Musik entdeckt. Seit einem halben Jahr geht er in jedes gute Konzert, das hier gegeben wird, kauft sich alle möglichen Platten, liest Biographien über berühmte Komponisten … Mal gespannt, wie lange diese neue Leidenschaft vorhält!

(mal) sein Herz erleichtern (müssen) *selten* · 1. to tell/… s.o. what is on one's mind, to get s.th. off one's chest, 2. to pour out one's heart to s.o.

1. vgl. – aussprechen/(jm.) sagen/erzählen/…, was man auf dem **Herzen** hat

2. vgl. – (jm.) sein **Herz** ausschütten

js. Herz erobern *veraltend od. iron* · to win s.o.'s heart, to conquer s.o.'s heart

Schau dir das an: die Renate, die sonst nie tanzt, kann es heute gar nicht abwarten, bis der Rolf sie auffordert! – Ja, ja, der hat ihr Herz erobert. – Das scheint mir aber auch so.

jm. sein Herz eröffnen/(erschließen) *form* – (eher:) jm. sein **Herz** öffnen/(eröffnen/aufschließen) · to open one's heart to s.o.

js. Herz erweichen *path selten* · to make s.o. relent, to melt s.o.'s heart

… Wir erreichen bei Vater nichts, gar nichts. Wenn du meinst, du kannst sein Herz erweichen – versuch' du es mal! – Warum ist er denn plötzlich so streng? – Er sagt, bis zum Abitur würde konsequent gearbeitet; für Vergnügen hätten wir nachher immer noch genug Zeit.

sich ein Herz fassen (und …) · to pluck up one's courage and …, to pluck up the courage to do s.th.

Lange scheute sie sich. Dann faßte sie sich ein Herz und fragte ihren Vater: »Papi, hilfst du mir wirklich gern oder nur, damit ich nicht durchfalle?«

das Herz auf dem rechten/(richtigen) Fleck haben · + s.o.'s heart is in the right place

Manchmal ist der Junge ja doch ein wenig vorlaut, meinst du nicht? – Laß den Jungen, er hat das Herz auf dem rechten Fleck. Alles, was er sagt, zeugt von seinem gesunden Menschenverstand, seinem Urteilsvermögen und vor allem seiner lauteren Gesinnung.

das Herz springt/jauchzt/hüpft/(hupft) jm. **vor Freude** *path* – das **Herz** hüpft jm. vor Freude/… · s.o.'s heart leaps with joy/…

das Herz will jm. **vor Freude fast zerspringen** *path* – das **Herz** im Leib(e) will jm./einem zerspringen (vor Leid/Freude) · s.o.'s heart is bursting with joy/…

jm. sein Herz zu Füßen legen *path od. iron veraltend* · to lay one's heart at s.o.'s feet

… Ich lege Ihnen mein Herz zu Füßen, gnädiges Fräulein … – Herr von Reichelberg, ich fühle mich im Innersten bewegt. – Sie scherzen doch nicht?

jm. (sehr) ans Herz gehen – jm. (sehr) zu **Herzen** gehen · to affect s.o. deeply, to grieve s.o. deeply

js. (ganzes) Herz gehört jm./e-r S. · 1. 2. s.o.'s heart belongs (entirely/…) to s.o./s.th., to be devoted wholeheartedly to s.o./s.th.

1. Es ist geradezu rührend zu sehen, wie ein so alter Mann wie der Herr Radberg so jung in seinen Gefühlen sein kann. Sein ganzes Herz gehört 'seiner Else'.

2. … Nach dem Abitur will er auf die Kunstakademie gehen. Du weißt ja: sein ganzes Herz gehört der Malerei. Alles andere ist für ihn bedeutungslos.

jn. in sein Herz geschlossen haben · to have grown fond of s.o.

Seit unserem gemeinsamen Spaziergang durch Freiburg hat der Opa die Beate in sein Herz geschlossen. Sieh' nur, wie liebevoll und zart er mit ihr umgeht!

jm. ans Herz gewachsen sein *path selten* · + to become/grown attached to a place/…

Wenn man einmal so lange an einem Ort gelebt hat, ist es schwer, sich davon zu trennen, auch wenn der neue Wohnort 'objektiv' schöner ist. Dies Dorf hier ist uns ans Herz gewachsen, und ich glaube kaum, daß wir uns irgendwoanders nochmal so heimisch fühlen werden.

js. **Herz gewinnen** (mit etw.) *path* · to win s.o. over, to win s.o.'s heart

… Du hast ihren Vater gelobt. Damit hast du ihr Herz gewonnen; denn niemanden auf der Welt hat die Iris so gern wie ihren Vater.

ein Herz aus Gold haben *path selten* – (stärker als:) ein goldiges/(goldenes) **Gemüt** haben · to have a heart of gold

man kann niemandem/keinem/… ins Herz gucken/niemand/keiner/… kann jm./den anderen/… ins **Herz** gucken *form* – man kann niemandem/keinem/… ins **Herz** schauen/niemand/keiner/… kann jm./den anderen/… ins Herz schauen · not to be able to look into s.o.'s heart, not to be able to read s.o.'s innermost thoughts

jm. **schlägt/(pocht) das Herz bis zum Hals(e)** *path* · 1. s.o.'s heart is pounding/thumping like mad, 2. s.o.'s heart is in his mouth *coll*

1. Ich war ganz außer Atem, das Herz schlug mir bis zum Hals nach dieser Rennerei – aber der Zug stand noch da, ich hatte es doch noch geschafft.

2. Vor Nervosität schlug ihr das Herz bis zum Hals. Sie kriegte kaum ein Wort hervor. »Beruhigen Sie sich erst einmal, Fräulein Hübner«, sagte der Kommissar schließlich, »Sie brauchen doch nun wirklich keine Angst vor einer Vernehmung zu haben«.

mit Herz und Hand dabei/(bei e-r S.) sein *form* – *path* · to put one's heart and soul into s.th., to give it everything you've/… got *coll*

… Kein Wunder, daß die Übersetzung keine Fortschritte macht. Die Texte sind kompliziert, und die Übersetzer arbeiten desinteressiert und lustlos. Mit solchen Texten kommt man nur voran, wenn man mit Herz und Hand dabei ist.

sein Herz in die Hand nehmen – (eher:) sein **Herz** in beide Hände nehmen · to pluck up courage, to take one's courage in both hands *rare*

das Herz in der Hand tragen *form selten* – das **Herz** auf der Zunge haben/(tragen) · to speak one's mind

sein Herz in beide Hände nehmen · to pluck up courage, to take one's courage in both hands *rare*

Immer und immer wieder hatte er die Arbeit an den langweiligen, ja widerwärtigen Schriftstücken aufgeschoben. Aber eines Morgens nahm er sein Herz in beide Hände und machte sich voller Energie daran. Und siehe da: es fiel ihm leichter, als er gedacht/(gefürchtet) hatte.

sein Herz an jn./etw. **hängen** *path selten* · 1. to set one's heart on a relationship/… with s.o., 2. to set one's heart on s.th.

1. Eure Brigitte liebt diesen jugoslawischen Jungen? – Ja. – Für euch ist es ja nicht gerade vorteilhaft, wenn sie ihr Herz an einen Ausländer hängt: über kurz oder lang wird sie dann mit ihm in seine Heimat ziehen.

2. Unsere Brigitte hat ihr Herz an die Malerei gehängt. Du machst dir keine Vorstellung, wie schwer es ihr fällt, noch ein Jahr lang die Schulbank zu drücken. Wenn sie könnte, wie sie wollte, würde sie schon jetzt den ganzen Tag malen.

js. **Herz hängt** (nun einmal/…) **an** jm./etw. *path selten* · 1. + to have set one's heart on a relationship/… with s.o., 2. + to have set one's heart on s.th.

1. Wollt ihr der Brigitte wirklich erlauben, ins Ausland zu ziehen? – Es gibt doch gar keinen anderen Weg. Ihr Herz hängt nun einmal an ihrem jugoslawischen Freund. Da können wir ihr doch nicht verbieten, mit ihm in seine Heimat zu ziehen.

2. Wenn ihr Herz an der Malerei hängt, solltet ihr dem Mädchen auch nicht davon abraten, Kunst zu studieren. Was man macht, soll man mit Liebe und Interesse machen.

auf js. **Herz herumtreten** *path selten* · to trample on s.o.'s feelings

Was soll das denn, Junge, die Waltraut dauernd zu hänseln, weil der Peter im Examen durchgefallen ist? Du weißt doch haargenau, wie weh ihr das tut, daß ihr Freund keine Leuchte ist. Es scheint dir einen diabolischen Spaß zu machen, auf anderleuts Herz herumzutreten.

kühl bis ans Herz hinan (sein/bleiben) *oft iron* · (to be/…) cool

Im Handel, mein Lieber, gibt's keine Sentimentalitäten. Da heißt's: kühl bis ans Herz hinan bleiben – egal, worum es geht.

sein Herz für etw. **hingeben** *path selten* · to give one's heart and soul to s.th., to be completely dedicated to s.th.

Sie gibt ihr Herz hin für die Malerei. Kein Opfer ist ihr dafür zu viel, keine Anforderung zu groß.

js. **Herz tut/(macht)** (vor Freude) **einen Hopser** *ugs veraltend selten* – das **Herz** hüpft jm. vor Freude/… · s.o.'s heart leaps with joy/…

jm. **rutscht/(fällt) das Herz in die Hose**/(Hosen/Hosentasche) *sal* · s.o.'s heart sinks/drops into his boots

Als der Direktor ihn plötzlich andonnerte: »Haben Sie sich denn gar nichts gedacht bei Ihrer Erklärung, der Preis für unsere Metalle wäre in der Tat sehr hoch?!«, rutschte ihm das Herz in die Hose. Woher wußte der Alte das alles? War seine Karriere hier mit dieser Dummheit beendet?

js. **Herz tut/(macht)** (vor Freude) **einen Hüpfer** *ugs veraltend selten* – das **Herz** hüpft jm. vor Freude/… · s.o.'s heart leaps with joy/…

das Herz hüpft jm. **vor Freude/**… *path veraltend selten* · s.o.'s heart leaps with joy/…

Das Herz hüpfte ihr vor Freude, als sie hörte, daß sie auf der Kunstakademie zugelassen war. Wie lange hatte sie sich diesen Augenblick herbeigewünscht: frei und unabhängig Malerei studieren zu können!

sein Herz über die Hürde werfen *selten* · to force o.s. to take a decision, to throw off/shake off one's inhibitions, to throw caution to the winds

… Wenn beide Seiten weiterhin kleinmütig auf ihren Vorstellungen beharren und sich von der Vergangenheit leiten lassen, wird es wohl nie zu einer Verständigung kommen. Ist es wirklich nicht möglich, daß sie ihr Herz über die Hürde werfen und alles hintanstellen, was sie trennt?

das Herz krampft sich zusammen bei etw./wenn … *path* · 1. 2. it breaks my/… heart to see s.th.

1. vgl. – etw. greift ans **Herz**/es greift ans Herz, wenn …

2. vgl. – etw. bricht jm. das **Herz**/es bricht jm. das Herz, wenn …

das Herz bricht jm. **vor Kummer** *path* · s.o.'s heart is breaking with worry/grief/…

… Ja, der Walter hat seine Frau doch immer sooo geliebt, und jetzt, wo sie krank ist, bricht ihm das Herz vor Kummer!! … – Mensch, Paul, hör' auf! Dieser Kerl weiß gar nicht, was Kummer ist!

jm. etw. **ans Herz legen** · to ask s.o. particularly to do s.th., to appeal to s.o. to do s.th., to urge s.o. to do s.th.

Ich hatte ihm doch immer wieder so ans Herz gelegt, langsamer zu fahren! Aber so freundschaftlich und so eindringlich ich auch redete: er wollte nicht hören. Jetzt sieht er es natürlich ein, aber jetzt ist's zu spät.

kein Herz im Leib(e) haben *ugs* – *path* · 1. to be heartless, 2. to be cold-hearted

1. vgl. – kein **Herz** haben

2. vgl. – ein kaltes **Herz** haben

es lacht jm./**einem das Herz im Leib(e) bei** etw./wenn …/ das Herz lacht jm. … *ugs* – *path* · + to be overjoyed about s.th. *n*

Das Herz lachte ihr im Leib(e), als sie ihr neues Fahrrad sah. »Jupie-e!«, rief sie, »guck mal, Rolf, mein neues Fahrrad!«

das Herz dreht sich (jm./einem) **im Leib(e) herum bei** etw./ wenn …/es dreht sich das Herz … *ugs* – *path* – (eher:) es tut jm./einem das **Herz** im Leib(e) weh bei etw./wenn …/ das Herz tut … · + it is heart-rending to see s.th.

es tut jm./**einem das Herz im Leib(e) weh bei** etw./wenn …/ das Herz tut … *ugs* – *path* · + it makes one feel sick at heart to hear/ when one sees/…

Es tut einem das Herz im Leibe weh, wenn man sieht, wie in diesem Heim mit den Kindern umgesprungen wird. Widerlich! – Kann man da nichts tun? Nur angewidert und entrüstet zu sein hilft den Kindern wenig.

das Herz im Leib(e) will jm./**einem zerspringen** (vor Leid/Freude) *path* · 1. + it breaks one's heart to see …, 2. s. o.'s heart is bursting with joy/…

1. Das Herz im Leibe will einem zerspringen, wenn man sieht, welch ein elendes Leben die alten Leute hier haben. Kann man da wirklich nichts tun?

2. Als er sah, daß er von allen Bewerbern als einziger angenommen wurde, wollte ihm das Herz im Leibe zerspringen. Aber er beherrschte sich. Den Kollegen gegenüber wäre jeder Ausbruch von Freude unschön gewesen.

js. ganzes Herz liegt offen vor jm. *path* – in js. **Seele** wie in einem (offenen) Buch lesen (können) · + to (be able to) read s. o.'s heart/feelings like a book

seinem Herz Luft machen – (eher:) seinem **Herzen** Luft machen · to give vent to one's feelings/emotions/…

sich ein Herz nehmen (und …) *selten* – sich ein **Herz** fassen (und …) · to pluck up one's courage and …, to pluck up the courage to do s. th.

jn./(etw.) auf Herz und Nieren prüfen · to examine/to test s. o./s. th. thoroughly

Das Staatsexamen an dieser Fakultät ist kein Kinderspiel, weißt du. Da wird man auf Herz und Nieren geprüft. Wenn du nicht das ganze Programm präsent hast und nicht fit bist, fällst du durch. Die prüfen alles haargenau.

jm. sein Herz öffnen/(eröffnen/aufschließen) *form* · to open one's heart to s. o.

… Machst du dir überhaupt eine Vorstellung, was es bedeutet, wenn ein derart verschlossener Mann wie der Millner jemandem sein Herz öffnet? Er muß zu unserem Manfred ein geradezu unbegrenztes Vertrauen haben.

jm. etw. ins Herz pflanzen *path selten* · to inculcate in s. o. the importance of …/…, to impress on s. o. the importance of …/…

… Mitgefühl, Hilfsbereitschaft, Verständnis für die Sorgen anderer – ja, das haben die beiden Mädchen wie kaum jemand sonst hier! Das haben ihnen ihre Eltern von klein auf ins Herz gepflanzt.

js. Herz rühren *path* · to touch s. o.'s heart

Er ist dir gegenüber nach wie vor völlig unzugänglich, sagst du? Obwohl er weiß, wie sehr dir das alles leid tut? Da weiß ich auch nicht, was man noch machen kann. Vielleicht kann seine Mutter sein Herz rühren. Hast du einmal mit ihr gesprochen?

man kann niemandem/keinem/… ins Herz schauen/niemand/keiner/… kann jm./den anderen/… ins Herz schauen *form* · + not to be able to look into s. o.'s heart, + not to be able to read s. o.'s innermost thoughts

Wenn du mich so fragst … I c h vertraue dem Herbert. Aber ins Herz schauen kann man niemandem. Ich kann dir natürlich auch nicht garantieren, daß er immer und ausschließlich so und nicht anders handelt.

jm. sein Herz schenken *path* · to give s. o. one's heart

Schon lange, bevor sie dem Antonio ihr Herz geschenkt hat, war sie Italien verbunden. Daß sie sich in den Antonio verliebte und ihn dann heiratete, war eher eine Folge als eine Ursache ihrer Italienbegeisterung.

js. Herz schlägt höher bei etw./wenn … · 1. 2. s. o.'s heart beats faster at s. th./when …

1. … Die Königin kam. Alle Herzen schlugen höher. Sogar die Journalisten schienen freudig erregt …

2. Als sie in der Zeitung las, daß ihr Sohn auch an dem Wettbewerb teilnehmen würde, schlug ihr Herz höher. Würde er es diesmal schaffen und einen Preis bekommen? Sie konnte es gar nicht abwarten, bis der Tag kam, ihrer Erregung kaum Herr werden.

jn. ins/in sein Herz schließen *oft Perf* · to become/to grow/… fond of s. o., to take s. o. to one's heart

Den Kurt Bender hat der Chef ja in sein Herz geschlossen! – Ja, den mag er, das merkt man auf Schritt und Tritt.

das Herz schnürt sich jm. **zusammen bei** etw./wenn … *path* · 1. + to be heart-breaking/heart-rending to see …, 2. + it breaks s. o.'s heart to see/when he …

1. vgl. – etw. greift ans **Herz**/es greift ans Herz, wenn …

2. vgl. – etw. bricht jm. das **Herz**/es bricht jm. das Herz, wenn …

das Herz ist jm. **schwer** *path* – jm. ist schwer ums **Herz** · to be heavy-hearted, to be downcast

jm. wird das Herz schwer, wenn/bei/… *path* · + it grieves s. o. when …,+ it saddens s. o. when …

… Es kann sich doch niemand wundern, daß einer Mutter das Herz schwer wird, wenn der einzige Sohn an die Front muß!

jm. das Herz schwermachen *path* · to burden s. o., to sadden s. o.

… Von der Krankheit der Ute sagst du dem Gerd nichts, hörst du?! Warum sollen wir ihm das Herz schwermachen. Er macht sich immer sofort solche Sorgen!

ein Herz und eine Seele sein · A and B are the closest of friends, A and B are inseparable

Die Angelika und die Sabine verstehen sich offensichtlich sehr gut. Man sieht sie immer und überall zusammen. – Die beiden sind ein Herz und eine Seele. Sie verstehen sich besser als Geschwister.

sich e-r S./(jm.) mit Herz und Seele verschreiben *path* – js. (ganzes) **Herz** gehört jm./e-r S. (2; u. U. 1) · to put one's heart and soul into (working for) s. th.

man kann niemandem/keinem/… ins Herz sehen/niemand/keiner/… kann jm./den anderen/… ins Herz sehen *form* – man kann niemandem/keinem/… ins **Herz** schauen/niemand/keiner/… kann jm./den anderen/… ins Herz schauen · + not to be able to look into s. o.'s heart, + not to be able to read s. o.'s innermost thoughts

sein Herz sprechen lassen *oft: laß/laßt/… mal dein/euer/… Herz sprechen! form* · have a heart!

Laß mal dein Herz sprechen und gib ihm das Geld für die Reise! Auch wenn er es, wie du meinst, eigentlich nicht verdient hat!

jm. bleibt das Herz stehen (vor Schreck/…) *path* – das **Herz** steht jm. still (vor Schreck/…) · his/John's/… heart stands still, his/John's/… heart stops

jm. sein Herz stehlen *iron* – js. **Herz** erobern (1) · to steal s. o.'s heart

sich in js. **Herz stehlen** *path selten* · to find the way into s. o.'s heart

Ich weiß zwar nicht, wie es dem Krüger gelungen ist, sich in das Herz unserer Ingrid zu stehlen. Aber gleichwie: sie läßt auf den Mann nichts kommen. – Er hat aber doch keine unlauteren Absichten, wenn er sie zu gewinnen sucht? – Was weiß ich!

das Herz steht jm. **still** (vor Schreck/…) *path* · his/John's/… heart stands still, his/John's/… heart stops

Das Herz stand mir still, als ich den kleinen Jungen plötzlich bei rot auf die Straße rennen sah. Aber wie durch ein Wunder kam er heil auf der anderen Seite an. Noch jetzt überkommt mich ein Schrecken, wenn ich daran zurückdenke.

jm. bleibt das Herz stehen (vor Schreck/…) *path* – das **Herz** steht jm. still (vor Schreck/…) · his/John's/… heart stands still, his/John's/… heart stops

ein Herz aus Stein haben *path* · to have a heart of stone

Jetzt ist ihr Mann doch so elendig krank, kann sich kaum noch selbst helfen, wartet buchstäblich auf den Tod! Und meinst du, diese Frau würde ihm auch nur ein bißchen helfen? Nichts! Ein Herz aus Stein hat diese Frau, wirklich!

seinem Herz einen Stoß geben *form* – (eher:) seinem **Herzen** einen Stoß geben · to pluck up one's courage

js. Herz im Sturm erobern *ugs* · to capture s. o.'s heart, to sweep s. o. off his/her/… feet

… Du kennst den Jungen doch erst seit drei Stunden! Wie kannst du denn da wissen, daß er so ein Prachtkerl ist …? – Laß es sein, Bernd. Der Gerd hat ihr Herz im Sturm erobert. Drei Stunden waren genug, um ihr den 'kritischen Blick' zu nehmen.

jn. (wie) **ins Herz treffen** *path* · + to be shattered by s.th.
coll

Die Bemerkung des Arztes, bei meiner Schwester müsse man leider mit dem Schlimmsten rechnen, traf meine Mutter ins Herz. Bleich und verstört hielt sie sich an der Hand meines Vaters fest und flüsterte: »Gott, das kann doch nicht sein ...«

jm. **geht das Herz über bei** etw./wenn ... *path selten* · s.o.'s heart (almost) bursts with joy about s.th./when ..., + to be overjoyed about s.th./when ...

Als sie hörte, daß ihr Sohn zum Chefarzt der Städtischen Kliniken gewählt worden war, ging ihr das Herz über. Selig vor Freude rief sie ihren Mann an: »Kannst du dir vorstellen, unser Ernst Chefarzt am besten Krankenhaus des ganzen Bezirks ...!«

sein Herz an jn. **verlieren** *path* – js. **Herz erobern** (1) · to lose one's heart to s.o.

sein Herz in/... **verlieren** *oft Perf iron* · to lose one's heart in Heidelberg/...

... Nun sag' bloß, du hast dein Herz in Heidelberg verloren! – Und wenn? – Du machst mich neugierig. Du hast dich dort verliebt? – Vor 15 Jahren – als Studentin.

sein Herz an jn. **verschenken** *path* · to give one's heart to s.o.

... Ich finde es schön, sagte sie plötzlich ganz ernst, wenn jemand sein Herz an einen anderen verschenken kann – ganz gleich, ob ihr das 'romantisch', 'naiv' oder 'gefühlsduselig' nennt.

sein Herz vor etw. **verschließen** *path selten* · to blind o.s. to the fact that ..., to close one's mind to s.th.

... Eine Zeitlang redete sich unsere Ute natürlich noch ein, der Werner würde sie im Grunde doch noch lieben, er würde schon wieder zurückkommen ... Aber auf die Dauer konnte sie dann doch ihr Herz nicht vor der Einsicht verschließen, daß es aus (und vorbei) war.

js. **Herz ist zentnerschwer** *iron* – jm. **ist schwer ums Herz** · to be heavy-hearted, to be downcast

glauben/(den Eindruck haben/...), **das**/(sein) **Herz würde**/(müßte) **einem zerspringen** (vor Leid/Freude) *path* – das **Herz im Leib(e) will** jm./einem **zerspringen** (vor Leid/Freude) · + it breaks one's heart to see ..., s.o.'s heart is bursting with joy/...

js. **Herz hämmert/klopft/pocht/schlägt zum Zerspringen** *path* · s.o.'s heart is pounding/beating/... like it would burst/like mad/...

... Mensch, dieses Medikament ist mir vielleicht schlecht bekommen gestern abend! Mein Herz hämmerte zum Zerspringen. So ein wahnsinniges Herzklopfen habe ich in meinem ganzen Leben noch nicht gehabt.

das Herz (im Leib(e)) will jm./**einem zerspringen** (vor Leid/Freude/...) *path* – das **Herz im Leib(e) will** jm./einem zerspringen (vor Leid/Freude) · + it breaks one's heart to see ..., s.o.'s heart is bursting with joy/...

das Herz auf der Zunge haben/(tragen) · to speak one's mind, to say everthing one thinks

Hat er ihr denn erzählt, wie er über die Leute da denkt? – Der Paul – der erzählt doch alles, was er denkt und empfindet. Der hat das Herz auf der Zunge, der kann gar nichts verschweigen.

es schnürt sich einem das Herz zusammen/(zu), **wenn**/bei ... *Angst/Beklemmung/...* *path* · + it/s.th. makes s.o.'s heart jump into one's mouth when/..., + it/s.th. tears/tugs at s.o.'s heart-strings when ..., + it/s.th. makes s.o.'s heart bleed when ...

(Von einer Zirkusvorstellung:) Wenn ich sehe, wie diese Mädchen da in schwindelnder Höhe, ohne Netz, ihre akrobatischen Übungen machen, schnürt sich mir immer das Herz zusammen. Ich habe dann die ganze Zeit Angst, sie fallen herunter.

herzaubern: jn./etw. (doch) **nicht herzaubern können** *sal* – etw.(doch) nicht **herbeizaubern** können · not to be able to produce s.o./s.th. out of thin air

Herzbeklemmung: Herzbeklemmung haben/bekommen *path* · to feel unease, to have a feeling of oppression, to feel as if one cannot breathe

... Wenn ich in diese Wohnung komme, habe ich immer Herzbeklemmung. Diese Kälte, diese Düsternis, dieses Mißtrauen ... Ich verstehe sehr gut, daß mein Vater es auf die Dauer einfach nicht aushielt und flüchtete, um wieder frei durchatmen zu können ...

Herzblut: sein Herzblut für jn./etw. **hingeben**/(geben) *path* · 1. 2. to give one's lifeblood for s.o./s.th. *rare*, to give one's all for s.o./s.th.

1. Da ist die Elisabeth. Sie will mit dir sprechen. – Sag' ihr, ich wäre nicht da. – Du wirst doch nicht ... – Tu, was ich sage! Für diese Frau habe ich mein Herzblut hingegeben – um so abscheulich betrogen zu werden!

2. ... Für diese Firma hat er sein Herzblut hingegeben. Hätte er für seine Frau und seine Kinder nur die Hälfte dieser Hingabe aufgebracht, wäre sein Familienleben anders verlaufen.

etw. **mit seinem Herzblut schreiben** *path* · to put all one's heart into the writing of s.th.

... Diesen Roman hat Peter Lunz mit seinem Herzblut geschrieben: er schildert seine Kindheit in der heute russisch-masurischen Tiefebene. Man spürt auf jeder Seite, wie sehr der Autor noch heute an dieser Landschaft hängt.

Herzdrücken: j. **wird** (**schon**/**doch**/...) **nicht an Herzdrücken sterben** *ugs oft iron* · to have no qualms about saying what one thinks, to come (straight/...) out with it

... Aber wird sie ihm sagen, daß er sie mit seiner Bemerkung beleidigt hat? – Wie ich sie kenne, wird sie schon nicht an Herzdrücken sterben. Wenn sie etwas gegen jemanden hat, pflegt sie das auch zu sagen – ohne allzu viele Umstände zu machen.

Herzen: etw. **brennt** jm. **auf dem Herzen**/es **brennt** jm. **auf dem Herzen**, etw. zu tun *path selten* – etw. **brennt** jm. **auf der Seele**/es **brennt** jm. **auf der Seele**, etw. zu tun · + s.o. is dying to tell s.o./do s.th./..., + s.o. can't wait to do s.th.

es/**das**/(etw.) **geht** jm. (**sehr**) **zu Herzen** · + to take s.th. (very much) to heart

Der Alfons ist so bedrückt in den letzten Tagen. – Er hat sich seiner Mutter gegenüber falsch verhalten, und das geht ihm sehr zu Herzen. Er macht sich Vorwürfe ...

im Herzen Deutschlands/**der Eifel/einer Stadt/...** *path* · 1. 2. in the centre of ..., 1. in the heart of ...

1. Fulda – wo ist das? – Im Herzen Deutschlands. – Genau in der Mitte? – Ob es haargenau der geometrische Mittelpunkt ist, weiß ich nicht, aber ...

2. Welch eine Barbarei, im Herzen einer so schön gelegenen Stadt einen solchen Seifenkasten von 25 Etagen zu bauen!

mit blutendem Herzen etw. tun *path* · + to break s.o.'s heart to do s.th., to do s.th. with a heavy heart

... Und mit blutendem Herzen haben wir das alte Haus unserer Eltern dann verkauft. Es gab einfach keine andere Wahl. Aber du kannst dir nicht vorstellen, wie sehr uns das nachgegangen ist. Unsere Frederike hat sich die Augen aus dem Kopf geheult.

etw. **nur/bloß mit halbem Herzen** tun · to do s.th. half-heartedly

... Ach, wenn man nur mit halbem Herzen dem Beruf als Arzt nachgehen will, dann wird man besser gleich Kaufmann. Es gibt Berufe, denen widmet man sich entweder ganz oder gar nicht.

im innersten Herzen jm. **doch**/... **lieben**/.../jm. **glauben**/... *path* – in **tiefstem**/in seinem **tiefsten Herzen** jn. **doch**/... **lieben**/.../jm. **glauben**/... · to still/... love/believe/... s.o. in one's heart of hearts

mit klopfendem Herzen jn. **erwarten**/... · to await s.o./s.th./to wait for s.th./... with a pounding heart, to await s.th./... with a beating heart

(Vor einer Nikolausfeier in einem Kindergarten:) Mit klopfendem Herzen saßen die Kinder da und warteten auf den Nikolaus und den Knecht Ruprecht. Kam der wieder mit dem großen Stock? ...

es liegt jm. **am Herzen,** daß ... – jm. am **Herzen** liegen/es liegt jm. am Herzen, daß ... · + to be deeply/... interested in s. o.'s welfare/..., + to be keen/anxious to do s. th., + to set great store by s. th.

so richtig/(...) nach js. **Herzen sein** *form* · it/s. th. suits him/them/... down to the ground *coll*
... Ein Ausflug nach Paris, das war natürlich so richtig nach dem Herzen unserer Oberprimaner. – Fragt sich nur, ob die Eltern von dem Vorschlag der Schule genauso begeistert sein werden.

etw. **auf dem Herzen haben** · to have s. th. on one's mind, + to be on s. o.'s mind
Die Renate will mit dir sprechen. – Sie soll hereinkommen. – Nun, was hast du denn weiter auf dem Herzen? – Hm, Papa, kann ich heute abend zu dem Rolf? Der gibt eine Party ...

aussprechen/(jm.) sagen/erzählen/..., was man auf dem Herzen hat · to tell/... s. o. what is on one's mind, to get s. th. off one's chest
... Nun erzähl' mal, was du auf dem Herzen hast! Also, für eure Reise, sagst du, fehlen dir rund 1.000,– Mark, deine Eltern sind eigentlich dagegen ... – Nun gut, paß auf: ...

von Herzen bedauern/... *path* – von/aus ganzem **Herzen** bedauern/... · to regret s. th. deeply/sincerely

von/aus ganzem Herzen bedauern/... *path* · to regret s. th. deeply/sincerely *form*
Das hättest du wirklich nicht tun dürfen, Christoph! – Ich weiß, ich weiß; ich bedaure es aus ganzem Herzen. Aber es ist nun einmal geschehen. Was kann ich jetzt tun, um das Unheil wenigstens nicht zu groß werden zu lassen?

aus tiefstem Herzen bedauern/... *path* – von/aus ganzem **Herzen** bedauern/... · to regret s. th. deeply/sincerely

jm. **von Herzen danken/dankbar sein/...** *path* · to give s. o. sincere thanks/heartfelt thanks for s. th.
Von Herzen danken wir Ihnen für Ihre Unterstützung zur Beschaffung der Unterlagen. Ohne diese Unterstützung hätten wir die Genehmigung nicht bekommen. ... Also noch einmal herzlichen Dank und ... mit freundlichen Grüßen Ihre ...

jm. **aus vollem Herzen danken/dankbar sein/...** *path selten* – jm. von **Herzen** danken/dankbar sein/... · to give s. o. sincere thanks/heartfelt thanks for s. th.

mit leichtem Herzen sich entschließen/..., etw. zu tun/etw. tun – (eher:) leichten **Herzens** sich entschließen/..., etw. zu tun/etw. tun · to do s. th. with a light heart, to find a decision/... easy

mit schwerem Herzen sich entschließen/..., etw. zu tun/etw. tun – (eher:) (nur/...) schweren **Herzens** sich entschließen/..., etw. zu tun/etw. tun · + it is a wrench to leave/..., to find it hard to do s. th., to do s. th. with a heavy heart *rare*

von ganzem Herzen frohlocken/jubeln/... *path* · to rejoice/... with all one's heart
»Holla ...«, frohlockte er aus ganzem Herzen, »heute und morgen fällt die Schule aus; unsere Lehrerin ist krank.«

von Herzen hoffen/... *path* · to hope/... with all one's heart
Von Herzen hoffen wir, daß Sie recht bald das Krankenhaus verlassen können.

von/(aus) ganzem Herzen hoffen/... *path* – von **Herzen** hoffen/... · to hope/... with all one's heart

in tiefstem/in seinem tiefsten Herzen jn. **doch/... lieben/.../** jm. glauben/... *path* · 1. 2. to love/to believe/... s. o./s. th. in one's heart of hearts
1. Nach außen (hin) tat sie so, als ob sie nichts mehr mit ihm zu tun hätte. Aber in tiefstem Herzen liebte sie ihn noch immer – trotz der Kälte, mit der er sie behandelt, trotz der Gemeinheiten, die er sich ihr gegenüber erlaubt hatte.
2. Im tiefsten Herzen rechnete sie immer noch damit, an der Kunstakademie angenommen zu werden, obwohl ihre Chancen, objektiv gesehen, 1 : 100 standen.

aus ganzem Herzen verabscheuen/... *path* – aus/(in) tiefster **Seele** verabscheuen/... · to hate/to detest/... s. o./s. th. with all one's heart

mit heißem Herzen etw. **verfolgen/...** *path selten* · to follow s. th. with passionate interest
... Jedes Turnier von Boris Becker verfolgt dieses Mädchen mit heißem Herzen – so, als ob es da um ihre eigene Zukunft ginge.

(jm.) etw. von Herzen wünschen/... *path* · to wish s. o. s. th. sincerely, to wish s. o. s. th. from the bottom of one's heart
... Von Herzen wünschen wir Ihnen eine baldige Genesung.

(jm.) etw. von/(aus) ganzem Herzen wünschen/... *path* – (jm.) etw. von **Herzen** wünschen/... · to wish s. o. s. th. sincerely, to wish s. o. s. th. from the bottom of one's heart

manche/viele/... Herzen brechen *iron mst Perf* · to break many a heart *usu simp past*, to be a heart-breaker, to be a ladykiller *coll*
Der Kurt war wohl ein großer Charmeur, was, als ihr in München studiert habt? – Der hat manche Herzen gebrochen, ja. Und seltsam: alle Mädchen, die sich in ihn verliebten, sprachen auch noch positiv von ihm, wenn das Verhältnis in die Brüche gegangen war.

nur/... mit halbem Herzen dabei sein/bei der Sache sein · to do s. th. only/... half-heartedly, + s. o.'s heart is not in it
Das ist doch selbstverständlich, daß der Udo auf seiner Geige keine Fortschritte macht! Er ist doch nur mit halbem Herzen dabei. Wenn er sich anständig dahinterklemmen würde, würde er auch Fortschritte machen. Es fehlt ihm an Engagement, nicht an Musikalität.

alle/(die) Herzen fliegen jm. **(nur so) zu** · + to win the hearts of all, + to win everyone's heart
... Ich weiß gar nicht, wie der das macht: kaum ist er irgendwo länger als zwei, drei Tage, ist er schon allseits bekannt und beliebt. Diesem Mann fliegen die Herzen nur so zu.

jm. **(sehr) zu Herzen gehen** *form* · to affect s. o. deeply, to grieve s. o. deeply
Der Tod seiner Großmutter ist dem Gerd sehr zu Herzen gegangen. Er hing stärker an ihr als an allen übrigen Familienangehörigen, und wenn er sich auch nichts anmerken läßt, wird er noch lange brauchen, bis er darüber hinweg ist.

von Herzen gern (etw. tun) · 1. s. o. would love to do s. th., 2. s. o. is only too glad to do s. th.
1. Wollen Sie heute abend zu uns zum Essen kommen? – Von Herzen gern! Vielen Dank für die Einladung.
2. Ich mache die Übersetzung für dich von Herzen gern, weil ich dir damit helfen kann. Aber du mußt lernen, solche Texte auch allein zu übersetzen.

etw. **ist** jm. **(so richtig/(recht)) aus dem Herzen gesprochen** *form* – etw. ist jm. (so richtig/(recht)) aus der **Seele** gesprochen · + to say exactly what s. o. feels/is thinking/..., + to take the words right out of s. o.'s mouth

alle/die Herzen (im Sturm/...) gewinnen/erobern · to win everyone's heart, to take all hearts by storm *elev*
Ganz egal, wo der Junge auftaucht – er gewinnt die Herzen im Nu. – Das stimmt. Er hat so was an sich, was die Sympathie der Leute spontan weckt.

jm. **von Herzen gut sein** *path* · to be deeply attached to s. o.
Auf deinen Onkel kannst du dich in jeder Notlage verlassen, er ist dir von Herzen gut. – Er hat mich von klein auf sehr gern gehabt. Ich bin für ihn so etwas wie die Tochter, die er sich immer vergeblich gewünscht hat.

von Herzen kommen · to be heartfelt, to be genuine
Sein Glückwunsch zu deinem Examen war nicht einfach eine Pflichtübung, nein, er kam von Herzen, das hat man gemerkt. Er freut sich ehrlich, daß du es geschafft hast.

jm. **am Herzen liegen/es liegt** jm. am Herzen, daß ... · 1. + to be deeply/... interested in s. o.'s welfare/..., 2. + to be keen/anxious to do s. th., + to set great store by s. th.
1. Sie täten mir einen großen Gefallen, Herr Körner, wenn Sie während der Ausbildungszeit ein bißchen auf den Heribert Grenzmann ein be-

sonderes Augenmerk hätten. Der Junge liegt mir am Herzen. Er hat sehr viele persönliche und familiäre Schwierigkeiten durchmachen müssen …

2. Der Geschäftsleitung liegt es am Herzen, daß die Ausbildung des Nachwuchses so gut wie möglich ist. Nicht nur im Firmeninteresse nimmt sie das so ernst, sondern besonders auch aus humanen Gründen.

seinem Herzen Luft machen *form* · 1. 2. to vent one's feelings, to give vent to one's feelings
1. vgl. – (jm.) sein **Herz** ausschütten
2. vgl. – aussprechen/(jm.) sagen/erzählen/…, was man auf dem **Herzen** hat (1)

aus seinem Herzen keine Mördergrube machen · (always) to speak frankly, to come straight out with what one thinks
Der Rudolf macht aus seinem Herzen keine Mördergrube. Auch in heiklen Situationen sagt er frank und frei, was er denkt, hält mit seiner Meinung nicht hinter dem Berg zurück. Und trotzdem ist er dabei immer rücksichtsvoll, anständig und taktvoll.

js. Herzen nahestehen *path* · to be close to s.o., + s.o. is attached to s.o.
Manchmal hat man den Eindruck, daß eure Cousine dem Herzen eurer Mutter näher steht als du und dein Bruder.

sich etw. **zu Herzen nehmen** · 1. 2. to take s.th. to heart
1. Natürlich, es wäre besser gewesen, du hättest deiner Mutter da geholfen, statt sie in ihren Schwierigkeiten noch zu kritisieren. Aber nimm dir das nicht so sehr zu Herzen! Sie wird schon verstehen, daß du übermüdet und überreizt warst.
2. Du könntest dir die Ratschläge, die man dir gibt, etwas mehr zu Herzen nehmen! Jetzt habe ich dir schon wenigstens fünfmal gesagt, daß … Aber ich sehe nicht, daß meine Worte auf fruchtbaren Boden gefallen wären.

sich etw. **vom Herzen reden (müssen)** *selten* · to (have to) get s.th. off one's chest, to (have to) unburden one's heart of s.th.
… Sie muß sich ihre Enttäuschung vom Herzen reden, dafür müssen wir Verständnis haben. In solch einer Situation braucht man jemanden, dem man sich öffnen kann.

alle Herzen schlagen jm. **entgegen** *path* – alle/die **Herzen** (im Sturm/…) gewinnen/erobern · to win everyone's heart, to take all hearts by storm

alle/die Herzen/(die Herzen aller/die Herzen der …) schlagen höher bei …/wenn …) *path* · 1. 2. all hearts beat faster at …/when …
1. Wenn der VFB spielt, schlagen natürlich hier alle Herzen höher. Dann ist hier Festtagsstimmung.
2. … Der Papst kommt! Die Herzen aller Gläubigen schlagen höher. Und nicht nur ihre! Das ganze Land bereitet ihm einen feierlichen Empfang vor; alle Welt ist freudig erregt …

sich in js. **Herzen spielen** *path* · to win a place in s.o.'s heart
… Mit seinem Charme und seinem Humor hat sich Wolf Knurr in die Herzen des Fernsehpublikums gespielt. Auf der Skala der beliebtesten Schauspieler steht er seit vielen Jahren ganz oben.

jm. (mit etw.) (so richtig/(recht)) aus dem Herzen sprechen/(reden) *path* – (eher:) etw. ist jm. (so richtig/(recht)) aus der **Seele** gesprochen · to take the words right out of s.o.'s mouth, to say exactly what s.o. feels

sich in die Herzen der Menschen (der Einwohner/…) **stehlen** · to steal into s.o.'s heart, to worm one's way into s.o.'s heart
Nimm dich vor dem Mahler in acht. Der gibt sich im Anfang immer hilfsbereit und freundlich und versucht, sich so in die Herzen der Leute zu stehlen. Aber wenn er glaubt, ihr Vertrauen einmal zu haben, nutzt er sie aus.

an/(mit) gebrochenem Herzen sterben/(…) *path* · to die of a broken heart
Er ist nie darüber hinweggekommen, daß seine Frau ihn nach 25 Jahren Ehe verlassen hat, und schon mit 53 ist er an gebrochenem Herzen gestorben. Im Grunde war es ein Segen für ihn: er quälte sich nur noch durchs Leben.

seinem Herzen einen Stoß geben · to pluck up one's courage
… Gib deinem Herzen einen Stoß! Du mußt es ihm sagen, so kann es nicht weitergehen. Ich verstehe dein Zaudern; aber du mußt es überwinden.

die/alle Herzen im Sturm erobern *path* · to take s.o.'s/everyone's/… heart by storm, to conquer s.o.'s/everyone's heart
… Manchen Leuten gelingt es nun einmal, die Herzen im Sturm zu erobern, Klara! Das ist Begabungssache. – Die Begeisterung verfliegt dann aber wohl auch wieder ebenso schnell, wie sie gekommen ist, oder?

jn. im Herzen tragen *form – path selten* · to have a special place in one's heart for s.o.
… Sie trug ihren Sohn ihr Leben lang im Herzen. – War er nicht seit seinem zwanzigsten Jahr in Übersee? – Ja. Aber vielleicht deshalb noch mehr: sie dachte ständig an ihn, malte sich aus, wie ihr 'kleiner Jochen' in dem weiten Amerika leben würde …

ein Kind/… unter dem Herzen tragen/(haben) *form selten* – ein **Kind** unter dem Herzen tragen/(haben) · to be with child

jn./(einen Gedanken/…) aus seinem Herzen verbannen *path* · to banish s.o./a thought/… from one's heart
… Von diesem Jungen will ich nichts mehr wissen, den habe ich aus meinem Herzen verbannt! – Aber Jürgen! Du kannst doch deinen eigenen Sohn nicht innerlich verleugnen!

(zu jm.) (einige) zu Herzen gehende Worte sprechen *form – path* · to make a deeply moving speech
Pfarrer Käufer hat mal wieder einige zu Herzen gehende Worte gesprochen. – Fehlt ihm noch Geld für den Kirchbau? – Nun hör' mal auf mit deinen Ironien! Er hat uns eindringlich dargelegt …

jm. von Herzen zugetan sein *path* · to be very attached to s.o., to be very fond of s.o.
… Nein, mein Vater ist eurem Waldemar nicht übel gesinnt! Ganz im Gegenteil: er ist ihm von Herzen zugetan. Aber der Junge muß einsehen, daß er genauso zu arbeiten hat wie alle anderen auch.

jm./js. Worten/… von ganzem Herzen zustimmen *path* · to agree wholeheartedly with s.o./with s.o.'s ideas/…
Wir können Ihnen nur von ganzem Herzen zustimmen, Herr Ministerialrat. Was Sie gesagt haben, findet unseren ungeteilten Beifall.

herzen: jn. **herzen und küssen** *form – path veraltend selten* · to hug and kiss s.o.
… Ja, in Mitteleuropa sieht man das kaum noch, daß junge Mütter ihre Kinder herzen und küssen, meinte sie nachdenklich. Wenn ich daran denke, wie sehr die Babys in Portugal verwöhnt werden … Es gibt dort auch wenig Komplexe bei Kindern …

Herzens: reinen Herzens (sein/…) *path veraltend selten* · to be pure in heart, to have a clear conscience
… Ach, Annette, die Leute interessiert es doch bei Gericht nicht, ob jemand reinen Herzens ist. So ein Richter ist doch kein Priester – und schon gar nicht der liebe Gott! Die wollen wissen, ob die Klara gegen einen bestimmten Paragraphen verstoßen hat, sonst nichts.

blutenden Herzens etw. tun *path* – mit blutendem **Herzen** etw. tun · + to break s.o.'s heart to do s.th., to do s.th. with a heavy heart

leichten Herzens sich entschließen/…, etw. zu tun/etw. tun · to do s.th. with a light heart, to find a decision/… easy
Leichten Herzens hast du dich doch bestimmt nicht dazu entschlossen, ins Ausland zu gehen? – Natürlich nicht. Ich habe mir die Entscheidung sogar sehr schwer gemacht. Aber …

(nur/…) schweren Herzens sich entschließen/…, etw. zu tun/etw. tun · + to be a wrench to leave/…, to find it hard to do s.th., to do s.th. with a heavy heart *rare*
… Schweren Herzens entschlossen wir uns dann, nach Norddeutschland umzuziehen. Was würde eine Familie, die seit mehr als 200 Jahren in Bayern ansässig war, dort erwarten …?

gebrochenen Herzens sterben/... *path selten* – an/(mit) gebrochenem **Herzen** sterben/(...) · to die of a broken heart

Herzensangelegenheit: jm. **ist es eine Herzensangelegenheit,** etw. zu tun *path* · it is a matter dear to s.o.'s heart to do s.th., it is a heartfelt wish for s.o. to do s.th.
... Es ist mir eine Herzensangelegenheit, Herr Dr. Albrecht, Ihnen in der Sache behilflich sein zu können. Seien Sie versichert, daß ich mein Möglichstes tun werde. Sie haben mir so oft geholfen ...

Herzensbedürfnis: etw. **ist** jm. **ein Herzensbedürfnis** *path* · it is a matter dear to s.o.'s heart to do s.th., + s.o. feels a heartfelt need to do s.th.
Es ist mir ein Herzensbedürfnis, Herr Dr. Scholz, Ihnen für Ihre unermüdliche Unterstützung aufrichtig zu danken.

Herzensgrund: jm. **aus (tiefstem) Herzensgrund danken** *path selten* – jm. von **Herzen** danken/dankbar sein/... · to thank s.o./... from the bottom of one's heart

(jm.) etw. **aus Herzensgrund wünschen** *path selten* – (jm.) etw. von **Herzen** wünschen/... · to wish s.o. s.th. from the bottom of one's heart

Herzenslust: nach **Herzenslust** etw. tun (**können**/...) · to (be able to) do s.th. to one's heart's content, to (be able to) do s.th. as much as one wants
So, Kinder, heute nachmittag gehen wir an den Strand. Da könnt ihr nach Herzenslust spielen, toben, schreien – da sagt euch niemand, ihr sollt leiser sein ...

herziehen: über jn./etw. **herziehen** *ugs* · 1. to run s.o. down, to slag s.o. off, 2. to pull s.o. to pieces, to let fly at s.o./s.th., to slam s.o./s.th., to hit out at s.o./s.th.
1. vgl. – jn./etw. schlecht **machen**
2. vgl. – (gegen jn./etw.) vom **Leder** ziehen

Herzkasper: den **Herzkasper kriegen** *sal selten* · to have kittens, to have a fit
Wenn mein Vater erfährt, daß ich mein Studium schmeißen will, kriegt er einen Herzkasper. Ich weiß bis jetzt noch nicht, wie ich ihm das beibringen soll.

Herzklopfen: Herzklopfen haben · to have palpitations, + s.o.'s heart is pounding
Ja, Herzklopfen hatte er natürlich, als er hereingerufen wurde. Aber du kennst ja den Werner, der verliert so schnell die Fassung nicht, und nach einer einstündigen Unterredung mit dem Chef persönlich wurde er dann auch angenommen.

Herzschlag: einen Herzschlag lang *path selten* · for a heartbeat, for a split second
... Einen Moment zweifelte ich, ob sie mir die Wahrheit sagte, einen Herzschlag lang; dann sah ich an ihren Augen, daß mein Mißtrauen unbegründet, ja häßlich war.

der Herzschlag stockt jm. (vor Schreck/...) *path selten* – das **Herz** steht jm. still (vor Schreck/...) · his/John's/... heart stands still, his/John's/... heart stops

Herzzerbrechen: zum **Herzzerbrechen sein** *path selten* · 1. it will break s.o.'s heart if ..., 2. it is heart-rending/heart-breaking to see s.th.
1. vgl. – etw. bricht jm. das **Herz**/es bricht jm. das Herz, wenn ...
2. vgl. – etw. greift ans **Herz**/es greift ans Herz, wenn ...

herzzerreißend: herzzerreißend sein/heulen/schreien *path* · to be heart-rending, to be heart-breaking, + to scream/to cry/... heart-rendingly
(Aus einem Kriegsbericht:) Aber als sie dann die Kinder von ihren Eltern trennten – die Szenen konnte man nicht mit ansehen. Herzzerreißend!

Heu: sein **Heu im trockenen haben** *ugs selten* – (res. zu:) sein **Schäfchen** ins trockene bringen · to have taken care of number one, to have feathered one's nest, to have made sure that one is all right

Heulen: das/es ist zum **Heulen** (mit jm./etw.) *ugs* – das/es ist zum **Davonlaufen** (mit jm./etw.) · it/s.th. is enough to make you weep, it/s.th. is enough to make you tear your hair out

da hilft/... kein **Heulen und kein Klagen** *ugs selten* · it's no use moaning and groaning
Wenn wir das Haus nun einmal gekauft haben, Gerda, müssen wir es auch instandsetzen und die entsprechenden Kosten dafür tragen; da hilft kein Heulen und kein Klagen.

sonst/... gibt's/... **Heulen und Zähneklappern** *ugs selten* · if/ otherwise/... there will be wailing and gnashing of teeth
Jetzt leben sie in Saus uns Braus und denken an nichts. Aber wenn nachher die Schulden da sind, wenn die Kinder nichts Ordentliches gelernt haben, wenn alles verbaut ist, dann gibt's Heulen und Zähneklappern. Aber hat es Sinn zu bereuen und zu flennen, wenn es zu spät ist?

unter Heulen und Zähneklappern etw. tun *path od. iron selten* · to do s.th. with wailing and gnashing of teeth/with weeping and wailing
Die Birte hättest du sehen müssen, gestern bei dem Ausflug. Welch ein tristes Schauspiel! Unter Heulen und Zähneklappern marschierte sie durch den dunklen Wald. So ein Angsthase! Meine Güte!

unter Heulen und Zähneknirschen etw. schließlich doch/... tun/... *path od. iron selten* · to do s.th. (but only/...) after/ with a lot of moaning and groaning
Er hat die Arbeit also doch gemacht?! – Ja, aber unter Heulen und Zähneknirschen. Wenn wir ihn nicht handfest unter Druck gesetzt hätten, hätte er sie nie gemacht. Und du machst dir kein Bild, was er für ein Theater aufgestellt hat.

Heuler: das ist (ja) der letzte **Heuler** *sal selten* · 1. s.th. is bloody useless, to be bloody awful, 2. it is incredible, it is a cracker, it is fantastic
1. vgl. – etw. ist (aber/doch/wirklich/...) das **Letzte**!
2. vgl. – (u. U.) – es ist eine **Pracht**, wie j. etw. macht/wie ..., das ist eine Pracht

heute: j./(etw.) ist ein Mann/Mensch/... **von heute** · s.o. is a modern man/person/...
Der Herr Albers ist zwar schon 67 Jahre alt, aber das ist ein Mann von heute/(der ist von heute). Mit dem kannst du über jedes aktuelle Problem reden.

heute und hier *path* – (eher:) **hier** und jetzt/heute · here and now

(j. würde etw. **lieber heute als morgen** (tun) · (s.o. can do s.th.) the sooner the better, (s.o. would like to do s.th./...) as soon as possible
Wann willst du bei Schuchert denn anfangen? – Lieber heute als morgen. – Das heißt: sobald wie möglich? – Natürlich.

(nicht) von heute auf morgen zu machen sein/... · s.th. can/ cannot be done/... overnight
... Eine solche Entwicklung geht nicht von heute auf morgen! So etwas braucht Zeit.

von heute auf morgen sich wieder ändern können/... · s.th. can change/... overnight, s.th. can change/... from one day to the next, s.th. can change/... at short notice
Auf niedrige Zinsen würde ich an deiner Stelle nicht setzen; das kann sich von heute auf morgen wieder ändern. – Du meinst: ehe man sich versieht, sind sie wieder hoch? – Wer weiß?

(schon) heute oder morgen sich wieder ändern-können/... – **von heute** auf morgen sich wieder ändern können/... · s.th. can change/... overnight, s.th. can change/... from one day to the next, s.th. can change/... at short notice

etw. **wird nicht heute und/oder morgen** sein/geschehen/passieren/... *selten* · s.th. will not happen/... for a good while/ for quite some time/for some time yet
... Ach, mit der Schnellstraße, das wird nicht heute und nicht morgen sein. Es gibt doch kein Geld! – Gott sei Dank. Je später die gebaut wird, um so besser.

heute so und morgen anders/so *ugs* – **bald** so, bald anders · now this way, now that

heute mir, morgen dir *selten* · it may be your/my/... turn next

Jetzt haben sie den Breitbach wegen 'geschäftsschädigenden Verhaltens' an die Luft gesetzt, im vergangenen Jahr war es der Vollmer ... – Man muß auf alles gefaßt sein: heute mir, morgen dir, so ist das in diesem Laden.

Hexe: böse wie eine Hexe sein *path veraltend selten Frauen* – eine richtige/(ausgemachte) **Hexe** sein · to be as wicked as a witch

eine kleine Hexe (sein) *ugs v. Frauen* · (to be) a real little minx

(Zu einem Sozialarbeiter, vor einem Hausbesuch:) Vor der Jüngsten mußt du dich in acht nehmen! Das ist eine richtige kleine Hexe. Wenn die dich schädigen oder reinlegen kann, tut sie das. – Ich habe nur mit der älteren Schwester etwas zu besprechen, und die ist ja anständig.

eine richtige/(ausgemachte) Hexe sein *path Frauen* · to be a nasty/evil bitch *sl*

... Dieses Weibsbild ist eine richtige Hexe! Nicht nur schlecht erzogen – wenn von Erziehung bei ihr überhaupt die Rede sein kann –, grob, ausfällig, nein: richtig bösartig.

hexen: ich kann/du kannst/... doch nicht hexen!/j. meint/... ich könnte/du könntest/... hexen *sal* · 1. 2. (not to be able) to do/work/perform miracles *coll*

1. Mama, ich möchte noch eine Scheibe! – Mama, mein Obst fehlt noch. Rasch, ich muß gehen. – Mutti, die Milch! – Herrgott nochmal, Kinder, ich kann doch nicht hexen! Wartet doch ab! Ich vergesse schon keinen. Aber einer nach dem andern, nicht alle auf einmal.

2. Der Professor Rückert fragt mich doch gestern tatsächlich, ob ich mit der Arbeit über Musset schon fertig bin! Der meint wohl, ich könnte hexen! Er hat mir die Arbeit doch erst vor einer Woche gegeben.

Hexenkessel: es geht da/in/... **zu wie in einem Hexenkessel/** es ist ein richtiger Hexenkessel/etw. verwandelt sich in einen Hexenkessel/... *path* · + the stadium/... is in uproar

War das ein Spiel! Bis eine Viertelstunde vor Schluß stand es 3 : 0 für Hamburg. Da schießt der Breitner innerhalb von zwei Minuten zwei herrliche Tore. Das Stadion verwandelt sich in einen Hexenkessel. Ein Gebrüll, daß man sein eigenes Wort nicht mehr versteht. Würde der Ausgleich noch gelingen? Alle 22 Spieler spielen sozusagen nur noch vor dem Hamburger Tor ...

Hexensabbat: ein wahrer/der reinste Hexensabbat sein *path selten* · to be absolute bedlam/pandemonium

Meine Güte, ist das ein Krakeelen und ein Gejohle hier! Das ist ja ein wahrer Hexensabbat! – Das ist der wüsteste Schuppen in ganz Berlin hier.

Hexenschuß: einen Hexenschuß haben *Krankheit* · to have lumbago

Hast du schon einmal einen Hexenschuß gehabt? – Ja. – Was ist das denn genau? – Hm, eine sehr unangenehme Geschichte! Ein sehr starker, stechender Schmerz in der Lendengegend, so daß du dich nur noch mit Mühe durch die Gegend schleppst.

Hexerei: (etw. zu machen/...) (das) ist (doch) keine Hexerei *ugs* · + you don't need witchcraft/magic to do it/s.th., there's nothing to it, it's not that difficult to do s.th. *n*

... Ja, dann mach' du das doch, wenn du meinst, daß das so leicht ist! – Komm', dann gib mal das Werkzeug her! Eine Wohnzimmerlampe anbringen, das ist doch keine Hexerei! Da braucht man doch kein ausgebildeter Elektriker zu sein, um das zu können.

hic: hic et nunc *lit selten* – **hier** und jetzt/heute · here and now

hie: hie und da *veraltend selten* – **hier** und da/dort · here and there

Hieb: du hast/er hat/... **wohl einen Hieb?!** *sal selten* – nicht (so) (ganz/(recht)) bei **Trost** sein (1) · you are/he is/... a bit/... cracked

auf einen Hieb austrinken/... *selten* · to drink s.th./to drain a glass/... in one go, to down a beer/... in one

Ohne abzusetzen hat er das ganze Maß Bier weggetrunken? So auf einen Hieb?

(sofort/...) **auf den ersten Hieb** etw. **treffen/schaffen/...** *selten* · 1. straight-off, first go, at the first attempt, 2. to (manage/... to) do s.th. at the first attempt, to (manage/... to) do s.th. at the first go

1. vgl. – (eher:) auf **Anhieb**/(auf den ersten Anhieb)

2. vgl. – (eher:) (sofort/...) beim/(im) ersten **Anlauf** etw. schaffen/...

ein Hieb sitzt · 1. the blow/punch/... gets home, 2. the remark/dig/... hits home/hits the target/...

1. ... Der Hieb saß! Wie ein Boxer, der k.o. ist, geht der Fritz zu Boden ...

2. Hör' dir das an, wie der Freddy den Olli da fertigmacht. Der wirft dem vielleicht Sachen an den Kopf. Da! – der Hieb saß! Hast du gehört?: »Wenn jemand schon nichts verdient, weil er keine Stelle hat, dann soll er wenigstens die anderen in Ruhe lassen.«

auf Hieb und Stich stimmen/(...) *path selten* · to be one hundred per cent right/correct/..., to be absolutely/... right/correct/reliable/...

... Wenn der Nobel das sagt, dann können wir davon ausgehen: das stimmt auf Hieb und Stich. Dieser Mann ist doch die Korrektheit in Person. – Aber auch er kann sich irren. – Nein, bei dem stimmt jedes Wort, haargenau!

jm. **einen Hieb versetzen/verpassen/geben** *ugs* · 1. to deal s.o. a blow *n*, 2. to get a dig in about s.o., to make a cutting remark about s.o.

1. ... Plötzlich packte den Anton die Wut, und er versetzte dem Fritz einen Hieb, daß der wie ein Boxer, der k.o. geschlagen wird, zu Boden ging.

2. ... Der Freddy hat dem Olli da einen ganz schönen Hieb versetzt. – Wieso? – Er hat ihm gesagt: wenn er schon keinen Arbeitsplatz hätte, weil er in seinem ganzen Leben zu faul war, etwas Vernünftiges zu lernen, dann sollte er wenigstens die, die für ihn aufkommen, in Ruhe lassen.

hieb- und stichfest: hieb- und stichfest sein *Beweise/Argumente/...* · to be watertight

Sind die Argumente, die die Gegenpartei vorbringt, denn überzeugend? – Sie allein sind hieb- und stichfest, Herr Vierkamp. Dagegen läßt sich absolut nichts einwenden.

Hiebe: wenn ..., **dann setzt's Hiebe/**jetzt/dann/... setzt's Hiebe *ugs* · 1. if ..., s.o. is going to get a hiding/beating/..., 2. if ..., there'll be trouble

1. ... Paß auf, jetzt setzt's Hiebe. Dem Alten ist der Geduldsfaden gerissen. Siehst du, hab' ich doch gesagt: da hat der Junge die ersten Ohrfeigen schon weg.

2. vgl. – wenn, ... dann **gibt's/**(gibt es) was (1)

(...) **sonst setzt's Hiebe!** *ugs* – (eher:) (...) sonst **gibt's/**(gibt es) was! · + (...) otherwise you're/... going to get a good hiding/thrashing/...

hier: du bist/er ist/... **wohl nicht (ganz) von hier?!** *sal selten* – nicht (so) (ganz/(recht)) bei **Trost** sein (1) · you've got/he's got/... a screw loose

hier und da/dort · here and there

Gibt's denn noch Ulmen in eurer Gegend? – Hier und da findet man sie noch. Aber sehr vereinzelt. Man muß Glück haben – wenn man die wenigen Stellen nicht genau kennt.

Herr Professor hier, Herr Professor da/Herr Minister hier, Herr Minister da/... · Professor/... Smith/... one minute, Doctor/... Jones/... the next

... Ständig führt dieser Mann irgendwelche Titel im Munde: Herr Doktor hier, Frau Professor dort ... – Er ist nicht umsonst ein bekannter Bankkaufmann; damit will er die Leute natürlich für sich einnehmen.

hier wie dort · in both places/countries/..., both here and there

... Ach, wissen Sie, im Grunde, scheint mir, ist vieles in der Bundesrepublik und in Belgien sehr ähnlich. Hier wie dort herrscht der 'mathematische Geist', die 'Organisation', der 'Apparat'... – Aber nein ...

(es muß/...) **hier herum** (sein/...) · (it must/...) (be/...) somewhere around here
... Wen suchen Sie? – Einen Herrn Walter Kiepmann. – Die Nummer des Hauses, in dem er wohnt, haben Sie nicht? – Nein. Aber es muß hier herum sein. Man sagte mir: ganz in der Nähe der Wirtschaft 'Zum Anker'.

hier und jetzt/heute · here and now
Irgendwann werde ich dir schon zeigen, daß ich recht habe und der Kurt gelogen hat. – Nicht irgendwann, Klaus, hier und jetzt! Wenn du Beweise hast, warum wartest du dann noch? Schieß los!

hierher: bis hierher und nicht weiter! · 1. this/thus far and no further!, 2. that's as far as you go
1. ... Bis hierher und nicht weiter! Wer noch einen einzigen Schritt weitergeht, wird erschossen!
2. ... Hör' zu, mein Guter: bis hierher und nicht weiter! Wenn du dir noch eine einzige Frechheit oder Unregelmäßigkeit erlaubst, fliegst du raus. Ich hoffe, du hast mich verstanden!

hierhin: hierhin und dorthin laufen/... · to run/... here, there and everywhere, to run/... all over the place *coll*
... Es hat ja keinen Sinn, durch die halbe Stadt zu rennen, hierhin und dorthin zu laufen, um diese Rollen zu finden. Erst müssen wir uns erkundigen, welche Fachgeschäfte so etwas überhaupt führen; dann können wir gezielt suchen.

bis hierhin und nicht weiter! – bis **hierher** und nicht weiter! · this/thus far and no further!, that's as far as you go

high: high sein *u. a. durch Drogen und Musik ugs Neol* · 1. 2. 3. to be high *coll*, 3. to be over the moon
1. ... Die Ulrike hatte kaum dreimal am Joint gezogen, da war sie schon high. Ich hab' noch nie jemanden gesehen, der von so ein bißchen Hasch so schnell weg war.
2. Nach dem letzten Konzert von Pink Floyd war ich so richtig high. Durch den Sound bin ich richtig abgehoben.
3. Wenn die Sandra mit dem Jörg zusammen ist, scheint sie richtig high zu sein. – Klar, die ist völlig verknallt in den Typen, die ist happy, wenn sie ihn nur sieht.

Highlife: bei jm. ist heute/war gestern/... **Highlife**/Highlife **machen** *ugs Neol* · + we/they/... live it/lived it/whoop it/ whooped it up/... at s.o.'s place today/yesterday/...
(Zu einem jüngeren Nachbarn:) Na, bei Ihnen war ja heute nacht Highlife! – Wir haben das Examen meines Bruders gefeiert! – Das haben wir gehört! Der Lärm dürfte bis in die Innenstadt gedrungen sein! ...

Hilfe: mit js. Hilfe/mit Hilfe e-r S./mit Hilfe von jm./etw. · 1. with the help of s.o., with s.o.'s help, 2. using ...
1. Hat er das allein geschafft? – Nein, mit Hilfe seiner Mutter. Du weißt doch, daß er sie immer fragt, wenn es schwierig wird.
2. Mit Hilfe der vorliegenden Statistiken übersiehst du doch sofort, welches die Schwerpunkte der Stahlförderung hier sind.

mir/dir/(dem Paul/...) **eine große/... Hilfe sein** · to be a great help to s.o.
Wenn der Otto seine Mutter nicht hätte! Sie ist ihm eine unschätzbare Hilfe. Sie führt den Haushalt, sorgt für die Kinder, hilft ihm bei der Buchführung ... – kurz, sie macht fast alles, was vorher seine verstorbene Frau gemacht hat.

erste Hilfe (leisten) *form* · 1. a first-aid (course/...), 2. to give s.o. first aid
1. Heute abend hat die Elke keine Zeit, sie hat einen Erste-Hilfe—Kurs.
2. Als Autofahrer kann man rasch in die Verlegenheit kommen, Erste Hilfe leisten zu müssen. Wenn man dann weiß, welches die wichtigsten und dringendsten Maßnahmen sind, kann man einem Verletzten unter Umständen das Leben retten.

mit fremder Hilfe (etw. **erreichen/...**) · to do s.th. with outside help/with s.o. else's help
Hast du den Text mit fremder Hilfe übersetzt? – Nein, ganz allein! Sogar ohne Wörterbuch.

ohne fremde Hilfe (etw. **erreichen/...**) · to do s.th. without outside help/anyone's help/unaided
Er hat den Text ohne fremde Hilfe übersetzt. – Ganz allein? – Ganz allein. – Aber mit einem Wörterbuch? – Das ja.

'Hilfe' rufen/schreien/brüllen/... – (eher:) um **Hilfe** rufen · to shout for help

jm. **zu Hilfe eilen** · to rush to s.o.'s aid/assistance/..., to hurry to s.o.'s aid/assistance/...
... Ja, mach' mal das Experiment! Stell' dich auf die Straße und brüll': »haltet den Dieb!« – dann wirst du sehen, wer dir zur Hilfe eilt. Kein Mensch!

jm. **zu Hilfe kommen** · to come to s.o.'s aid/assistance/ rescue/...
Wenn uns in dieser gottverlassenen Gegend mal was passiert ...! Ehe uns da einer zu Hilfe kommt, sind wir schon auf Wolke neun.

Hilfe leisten · to help s.o.
Die Leute reden und reden. Aber wer leistet schon Hilfe, wenn jemand in Not ist?

einen Stock/... **zu Hilfe nehmen** *form* · to use s.th., to make use of s.th.
... Warum nehmt ihr keinen Kompaß zu Hilfe? Wenn es ohne nicht geht ... – Wandern mit Kompaß? ...

das ist/... **Hilfe in der Not** *path* · + to come/to arrive/... in the nick of time *coll*
... Der Otto leiht uns das Geld, sagst du? Gott sei Dank! Das ist Hilfe in der Not! Ich wußte schon gar nicht mehr, wie ich aus dieser verfahrenen Geschichte wieder herauskommen sollte.

um Hilfe rufen · to shout for help
... Wenigstens eine Viertelstunde hat er da draußen auf dem Meer um Hilfe gerufen, ehe der Bademeister am Strand reagierte.

jn. **zu(r) Hilfe rufen** · to shout for s.o.'s help, to ask s.o. for help
Soll ich den Kurt zur Hilfe rufen? – Nein, das ist nicht nötig; wir können den Wagen allein anschieben.

Hilfe stehen *form selten* – **Hilfestellung** machen · to give s.o. support

sich keine (andere) Hilfe (mehr) wissen (als zu/...) *form selten* – sich keinen (anderen) **Rat** (mehr) wissen (als zu/...) · + the only thing s.o. can do is to ..., s.o. can think of nothing else to do but ...

hilfeflehend: jn. hilfeflehend ansehen/angucken/anschauen/ (...) *path* · to look at s.o./... imploringly/beseechingly/ pleadingly/...
... Hilfeflehend sah sie ihren Vater an: er würde ihr doch beistehen, in einer solchen Notlage das Gewesene vergessen ...?

Hilfestellung: (jm.) Hilfestellung geben *form selten* · 1. to help s.o. a little/..., 2. to help s.o.
1. vgl. – **Hilfestellung** leisten (2)
2. vgl.-(u. U.) **Hilfe** leisten

Hilfestellung leisten · 1. 2. to help s.o. a little/..., 3. to give s.o. support
1. ... Hat die Gerda die Untersuchung ganz allein gemacht? – Ganz allein vielleicht nicht; ihr Vater wird ein wenig Hilfestellung geleistet haben – er ist ja Spezialist auf diesem Gebiet.
2. Wie hat er denn diese tolle Stellung gekriegt – bei seinen mittelmäßigen Zeugnissen? – Sein Onkel hat ein wenig Hilfestellung geleistet. Der ist im Aufsichtsrat des Unternehmens.
3. vgl. – (eher:) **Hilfestellung** machen

Hilfestellung machen *Gymnastik usw.* · to give s.o. support
Wer macht Hilfestellung heute? Am besten ihr beiden, Karl und Frank. Ihr seid die kräftigsten. Die Übungen heute sind schwierig; wenn jemand fällt, könnt ihr ihn am sichersten auffangen.

hilflos: hilflos und verlassen sein/dastehen ... *path* · to be/to be left/... helpless and abandoned
... Wenn man derart hilflos und verlassen dasteht wie die Christa nach dem Tod ihrer Eltern, verliert man vielleicht das Vertrauen in die Menschen.

hilft: es hilft (nun) **alles nichts**, man muß/...//..., da hilft (nun) (alles) nichts! *ugs* · it's no use (we have to/...), there's nothing else for it (we have to/...)
Es hilft alles nichts, wir müssen mit der Arbeit noch heute beginnen. Sonst werden wir bis Samstag nicht fertig. Also: so leid es uns auch tut: es gibt keine andere Lösung – ran!

da hilft nichts als arbeiten/Ruhe/... *ugs* · the only solution/remedy/... is to ..., there's nothing for it but to ...
... Schwere Gehirnerschütterung? Da hilft nichts als sieben,acht Wochen absolute Ruhe. Sagen Sie ihm das! Keine Behandlung, keine weiteren Analysen – absolute Ruhe! Liegen! Dann ist er in zwei, drei Monaten wieder in Schuß.

was hilft's/(was hilft es)?! · what's the use?, what's the point?
Die Gefahren, die mit dieser Entscheidung verbunden sind, sind doch alle bestens bekannt! Aber was hilft's?! Die schönsten Analysen nutzen nichts, wenn die Leute sie im Ernstfall nicht beachten.

Himmel: (ach) **du barmherziger Himmel!** *path selten* – (ach) du lieber **Gott!** · oh Lord!, oh no!

das/etw. **fällt** (doch) **nicht vom Himmel/**so tun, als ob das/etw. vom Himmel fiele/... *Reichtum/Geld/...* *ugs* · money doesn't grow on trees/to behave/... as if money grew on trees
Wenn du im Leben weiterkommen willst, mußt du arbeiten. Oder meinst du, das Geld fiele vom Himmel?!

unter freiem Himmel – im **Freien** · out in the open, outside, outdoors

gerechter Himmel! *path selten* – (eher:) gerechter **Gott!** · good God!, my God!

heiliger Himmel! *path veraltend selten* · 1. oh Lord!, oh no!, 2. fucking hell! *vulg*, Christ! *sl*
1. vgl. – gerechter **Gott!**
2. vgl. – (u. U.) leck' mich am/(im) **Arsch!** (2)

(wie) aus heiterem Himmel (kommen/(.)) *Nachrichten/Ausrede u. ä.* · 1. 2. to come/... out of the blue, to come/... like a bolt from the blue
1. ... Und plötzlich – wie aus heiterem Himmel – brüllt er mich an: »Und Sie haben auch Schuld, wenn die Korrespondenz nicht klappt! ...« Ich war völlig verdutzt. Er war mir immer freundlich umgegangen; ich war mir auch keiner Nachlässigkeit bewußt ...
2. ... Aber wenn da aus heiterem Himmel die Nachricht kommt, daß die Tochter geschieden ist ... – das nimmt einen schon mit! – Gab's denn gar keine Anzeichen ...? – Nein, das kam (für uns alle) völlig überraschend.

(ach) du lieber Himmel! *ugs* – (ach) du lieber **Gott!** · oh Lord!, oh no!, heavens above!

unter nördlichem/südlichem Himmel *form selten* · beneath a northern/southern sky
Hast du schon mal unter südlichem Himmel gelebt, den Sonnenaufgang von der anderen Seite betrachtet? Zu Anfang ein seltsames Erlebnis.

jn. schickt/(sendet) der Himmel *path veraltend selten* – jn. schickt/(sendet) ein guter **Geist** · + s.o. is heaven-sent, + s.o. is a godsend, + s.o. is just what s.o. needs

das/(etw.) **schreit zum/**(gen) **Himmel** *path* · it's/s.th. is a disgrace, it's/s.th. is a scandal
Wie grausam die hier mit den Gefangenen umgehen, das schreit zum Himmel! Einfach empörend!

das/(etw.) **stinkt zum/**(gen) **Himmel** *sal* – das/(etw.) schreit zum/(gen) **Himmel** · it's/s.th. is a disgrace, it's/s.th. is a scandal

unter dem Himmel Spaniens/Portugals/.../(unter Spaniens/Portugals/... Himmel) *path veraltend selten* · beneath a Spanish/Portuguese/... sky
... Ah, von diesem dauernden Regen, Nebel ..., dieser ganzen Düsterkeit hier werd' ich mich jetzt unter dem Himmel Portugals erholen! Ich fahr' für drei Wochen in die Algarve.

(...), (das) **weiß der** (liebe) **Himmel** *ugs* – (...), (das) weiß der **Henker!** · God/heaven knows!

weiß der (liebe) **Himmel, wo/**wie/wann/ob/...! *ugs* – weiß der **Henker**, wo/wann/wie/ob/...! · God knows where/when/how/if/...!

wie im Himmel sein *path selten* – sich (wie) im (siebten/siebenten) **Himmel** fühlen · to be in the seventh heaven

Himmel, Arsch und Wolkenbruch/Zwirn! *vulg* · Christ Almighty!, good grief!
... Kannst du denn nicht wenigstens ein einziges Mal eine vernünftige Arbeit machen?! Himmel, Arsch und Wolkenbruch!

in den/zum Himmel auffahren *rel* · to ascend into heaven
... Muß man das wirklich wörtlich verstehen, fragte er, wenn da in der Bibel steht, daß Christus oder Maria in den Himmel aufgefahren ist?

jn. **schlagen/**verhauen/..., **daß er den Himmel für eine Baßgeige ansieht** *ugs scherzh selten* · to beat the living daylights out of s.o.
Wenn du jetzt nicht sofort mit den Frechheiten aufhörst, Junge, gebe ich dir eine Tracht Prügel, daß du den Himmel für eine Baßgeige ansiehst, da kannst du Gift drauf nehmen! Dann vergeht dir der Unsinn!

den Himmel für eine Baßgeige/einen Dudelsack ansehen/(so voll sein, daß man ... ansieht) *ugs scherzh selten* – blau wie ein **Veilchen** (sein) · to be as pissed as a newt, to be legless, to be as drunk as a lord

der Himmel behüte jn. **vor** etw./davor, zu ... *path veraltend* · 1. 2. heaven preserve him/us/... (from s.th.)
1. vgl. – **Gott** behüte (jn. vor etw./davor, zu ...)! (1, 2)
2. vgl. – (eher:) **Gott** bewahre (jn. vor etw./davor, zu ...)! (2, 3)

der Himmel bewahre jn. **vor** etw./davor, zu ... *path veraltend* – **Gott** bewahre (jn. vor etw./davor, zu ...)! (2, 3) · God forbid that ..., + let us pray that he/... does not ...

Himmel, Bomben, Element! *sal selten* – **Himmel**, Arsch und Wolkenbruch/Zwirn! · Christ Almighty!, good grief!

dem Himmel sei Dank *path veraltend* – (eher:) **Gott** sei Dank (2) · thanks be to God

Himmel Donnerwetter! *sal* – **Himmel**,Arsch und Wolkenbruch/Zwirn · Christ Almighty!, good grief!

den Himmel für einen Dudelsack ansehen *ugs scherzh selten* · to think life is just a bowl of cherries, to think everything in the garden's lovely
Der Friedel ist unglaublich! Der kommt morgens eine Stunde zu spät zum Dienst; wenn er ein Stündchen gearbeitet hat, geht er ins nächste Café und liest Zeitung; nachmittags haut er ein, zwei Stunden früher ab; abends wird gefeiert. Der sieht den Himmel für einen Dudelsack an, scheint mir.

zum Himmel emporsteigen *path* · to soar into the sky
... Langsam stieg das Flugzeug zum Himmel empor, wie ein riesiger Adler.

Himmel und Erde in Bewegung setzen *path* – alle **Hebel** in Bewegung setzen · to move heaven and earth to do s.th.

zwischen Himmel und Erde hängen *ugs* – (eher:) zwischen **Himmel** und Erde schweben · to be suspended in mid-air

zwischen Himmel und Erde schweben · to be suspended in mid-air
Du siehst die Akrobaten im Zirkus nicht gern, sagst du? – Wenn sie so ohne Netz zwischen Himmel und Erde schweben, nicht. Mit Netz, ja.

den Himmel auf Erden haben *path* · + s.o.'s life is heaven on earth, + life is heaven on earth (for s.o.)
Die Angelika ist zu beneiden: sie hat ein herrliches Haus in einer herrlichen Lage, ist glücklich verheiratet, hat prächtige Kinder, einen interessanten Freundes- und Bekanntenkreis ..., Geldsorgen kennt sie sowieso nicht. Die hat den Himmel auf Erden, wirklich!

jm. **den Himmel auf Erden versprechen** *path* · to promise s.o. the moon

So eine Gewissenlosigkeit, dem Mädchen den Himmel auf Erden zu versprechen! Wo er doch genau weiß, daß die nächsten Jahre für ihn – und damit auch für jede Frau, die mit ihm lebt – nur Opfer und Entbehrungen bringen können!

sich (wie) im (siebten/siebenten) Himmel fühlen *path* · to be in the seventh heaven

… Ja, das glaub' ich: zwei Monate auf Teneriffa, mit seiner Freundin – Geld hat er sowieso satt und genug! Da fühlt er sich natürlich wie im siebten Himmel.

der Himmel gebe/(möge geben), daß …/(es gebe der Himmel, daß …) *path veraltend* – **Gott** gebe/(möge geben), daß … · God grant that …

dem Himmel sei's gedankt! *path veraltend* – dem **Himmel** sei's getrommelt und gepfiffen · alleluia! *iron*, thank God, thank Heavens

wie vom Himmel gefallen, plötzlich vor jm. **stehen/…** · to appear out of the blue, to appear out of nowhere

Wie vom Himmel gefallen, stand die Annemarie plötzlich vor mir. Ich hatte niemanden kommen hören, weit und breit keinen Menschen gesehen, mit niemandem gerechnet …, aber da war sie!

in den Himmel gehen *ugs oft Kinderspr* – (eher:) in den **Himmel** kommen · to go to heaven

jm. (den Verliebten/…) **hängt der Himmel voller Geigen** *path od. iron* · everything in the garden is lovely for s.o. (those in love/…), + s.o. is walking on air

Dem Kurt hängt der Himmel einmal wieder voller Geigen. Jedesmal, wenn er verliebt ist, meint er, das Leben machte für ihn eine Ausnahme und hielte nur die schönsten Überraschungen parat.

den Himmel voller Geigen sehen *path od. iron* – jm. (den Verliebten/…) hängt der **Himmel** voller Geigen · + everything in the garden is lovely for s.o. (those in love/…), s.o. is walking on air

dem Himmel sei's geklagt! *oft iron* – **Gott** sei's geklagt! · more's the pity, alas!

Himmel, Gesäß und Nähgarn *ugs selten* – (scherzhaft für:) **Himmel**, Arsch und Wolkenbruch/Zwirn · Christ Almighty!, good grief!

dem Himmel sei's getrommelt und gepfiffen *sal iron selten* · alleluia! *iron*, thank God *n*, thank Heavens *n*

Er hat eine Stelle gefunden, endlich! Dem Himmel sei's getrommelt und gepfiffen! Es hat lange gedauert, aber er hat doch noch Glück gehabt. Gott sei Dank!

jn./(etw.) **in den Himmel heben** *ugs – path* · to praise s.o. to the skies

Gar kein Zweifel, der Udo ist ein guter Pianist! Aber ich sehe trotzdem keinen Grund, ihn in den Himmel zu heben. Es gibt bestimmt ein Dutzend andere Pianisten, die genauso gut oder besser sind.

Himmel, Herrgott, Sakrament! *sal veraltend selten* – **Himmel**, Arsch und Wolkenbruch/Zwirn · Christ Almighty!, good grief!

Himmel und Hölle! *path veraltend selten* – **Himmel**, Arsch und Wolkenbruch/Zwirn · Christ Almighty!, good grief!

Himmel und Hölle in Bewegung setzen *path* – alle **Hebel** in Bewegung setzen · to move heaven and earth to do s.th.

jm. **Himmel und Hölle versprechen** *path selten* – jm. goldene **Berge** versprechen · to promise s.o. the moon

in den Himmel kommen *ugs oft Kinderspr* · to go to heaven

Wo bleiben die Menschen, wenn sie gestorben sind, Mama? – Sie kommen in den Himmel – wenn sie hier auf Erden so gelebt haben, wie der liebe Gott das von uns erwartet. – Und die, die böse waren? – Die kommen in die Hölle.

Himmel, Kreuz (und) Donnerwetter *sal veraltend selten* – **Himmel**, Arsch und Wolkenbruch/Zwirn · Christ Almighty!, good grief!

Himmel nochmal/(noch einmal)! *ugs* – **Himmel**, Arsch und Wolkenbruch/Zwirn · Christ Almighty!, good grief!

in den Himmel ragen *Türme u. ä. path* · to tower up into the sky

… Nein, besonders schön ist das natürlich nicht, wenn da so Schornsteine in den Himmel ragen. Aber für die Umgebung ist es besser, wenn der Rauch möglichst hoch abzieht.

Himmel, Sack, Zement! *sal selten* – **Himmel**, Arsch und Wolkenbruch/Zwirn · Christ Almighty!, good grief!

der Himmel öffnet seine Schleusen *path* · the heavens open

… Jetzt geht's aber los! Schau dir das an, Ernst! – Ja, der Himmel öffnet seine Schleusen. Das wird einer jener tropischen Regengüsse, wie man sie in unseren Breiten kaum kennt.

(wie) im Himmel schweben *ugs – path selten* – sich (wie) im (siebten/siebenten) **Himmel** fühlen · to be in the seventh heaven

den Himmel offen sehen *ugs – path selten* · to have clear skies ahead of one

Jahre und Jahre hatte er dafür gekämpft und die größten Opfer gebracht. Aber jetzt war der Weg frei: das Kapital war vorhanden, das Personal stand bereit – das Gut konnte modernisiert werden. Er fühlte sich glücklich, erfüllt, sah für die kommenden Jahre den Himmel offen …

(schon/…) hoch am Himmel stehen *Sonne* · the sun is (already/…) high in the sky

(Nach einer Feier; morgens beim Aufwachen; Kurt zur Freundin:) Wieviel Uhr ist es eigentlich? … (Er reißt das Fenster auf). Bestimmt zehn, elf Uhr! Die Sonne steht schon hoch am Himmel! – Ach Kurt, laß die Sonne jetzt! Ich bin noch so müde! …

(schon/…) niedrig am Himmel stehen *Sonne* – ≠ (schon/…) hoch am **Himmel** stehen · the sun is already low in the sky

eher hätte ich/(er/…) gedacht, der Himmel stürzt ein/würde einstürzen (als …) *path selten* · I/he/… would have thought the skies would fall before s.th. happened, I/he/… thought I/… would never see the day that s.th. happened

Den Mitschner haben sie in der Tat entlassen? – In der Tat. – Eher hätte ich gedacht, der Himmel stürzt ein, als daß sie einen so einflußreichen und verdienten Mann an die Luft setzen! – Die Nachricht schlug für alle wie eine Bombe ein.

das möge der Himmel verhüten *path* · heaven forbid

Wenn die Dürre so anhält, wird es in diesem Jahr kaum Kartoffeln und Gemüse geben. – Das möge der Himmel verhüten! Bei der ohnehin schon so schwierigen wirtschaftlichen Lage des Landes wäre das eine Katastrophe.

jm. **den Himmel versprechen** *path selten* – jm. goldene **Berge** versprechen · to promise s.o. the moon

(…,) **das möge der (liebe) Himmel wissen** *form selten* – (…,) (das) weiß der **Henker**! · (…,) heaven only knows

der Himmel ist mein Zeuge (daß) … *path* – **Gott** ist mein Zeuge, daß … · as God is my witness …

himmelangst: jm. **wird himmelangst** *path* · + to be scared to death, + to be scared stiff, + to be absolutely/… terrified

… Als da plötzlich mehrere bewaffnete Soldaten ins Haus stürzten, wurde uns himmelangst. So hatten wir uns das Ende der Diktatur nicht vorgestellt.

Himmeldonnerwetter: Himmeldonnerwetter! *sal* – **Himmel**, Arsch und Wolkenbruch/Zwirn! · for God's sake, damn!

Himmelfahrtskommando: ein **Himmelfahrtskommando (sein)** *ugs* · (to be) a suicide mission, (to be) a suicide squad

… Mit gut 2.000 Leuten eine wenigstens fünfmal so starke, bestens bewaffnete Armee angreifen – das war natürlich ein Himmelfahrtskommando! Aber wer sich widersetzte, wurde gnadenlos erschossen. – Wieviele Leute haben den Angriff dann überlebt?

Himmelfahrtsnase: eine Himmelfahrtsnase (haben) *ugs selten* · (to have) a snub nose *n*

… »Nein, für mich ist 'Stupsnase' und 'Himmelfahrtsnase' nicht dasselbe«, meinte er. »Eine 'Stupsnase' ist klein und platt, sie kann, muß aber nicht nach oben gebogen sein. Eine 'Himmelfahrtsnase' ist immer nach oben gebogen, sie muß aber nicht flach sein.«

Himmelherrgott: Himmelherrgott nochmal/(noch einmal)! *sal selten* – Himmel, Arsch und Wolkenbruch/Zwirn! · Jesus Christ Almighty!

Himmelherrgottsakra: Himmelherrgottsakra! *sal selten* – Himmel, Arsch und Wolkenbruch/Zwirn! · Jesus Christ Almighty!

Himmeln: aus allen Himmeln fallen/(gerrissen werden/stürzen) *path selten* · to be stunned *coll*, to be staggered *coll*, to be shellshocked *sl*, to be flabbergasted *coll*

… »Gerd, ich halte das nicht mehr aus hier! Ich muß weg!« – Was? Sie liebte ihn also nicht mehr, wollte ihn und die Kinder verlassen! Mit allem hatte er gerechnet, nur damit nicht. War alles nur eine Illusion gewesen? Er fiel aus allen Himmeln.

Himmelreich: ins Himmelreich eingehen/(kommen) *rel – path selten* · to enter the kingdom of heaven

… Der Glaube, daß die Menschen, die sich hier auf Erden bewährt haben, nach dem Tod ins Himmelreich eingehen, sagte unser Onkel plötzlich halb ernst, halb ironisch, ist ja an sich ganz schön; es ist nur für den sogenannten aufgeklärten Menschen nicht ganz einfach, diesen Glauben auch zu haben.

Himmels: um Himmels willen (nicht) …! – um Gottes willen (nicht) …! (1; a. 4; u. U. 2, 3) · for heaven's sake (don't)

himmelschreiend: das/etw. ist himmelschreiend *path* – das/(etw.) schreit zum/(gen) Himmel · it's.th. is scandalous/outrageous/appalling, it/s.th. is a crying injustice/shame/…

Himmelsrichtungen: aus allen Himmelsrichtungen kommen/herbeieilen/… – von allen Ecken und Enden herbeiströmen/herbeikommen/erscheinen/… · to flock in/… from all corners of the globe

etw. in alle (vier) Himmelsrichtungen schreien/hinausposaunen/… *ugs* · to go and shout s.th. from the rooftops, to go and tell s.th. to all and sundry

Dem Humbert würde ich an deiner Stelle gar nicht erzählen, daß du mit der Verkaufsleitung nicht zurandekommst. Der schreit dann in alle Himmelsrichtungen, daß du mit aller Welt Schwierigkeiten hast. Du weißt doch, wie der ist: er muß doch alles dramatisieren und in die Welt hinausposaunen.

Himmelsstrich: unter diesem Himmelsstrich … *form – selten* · in these parts …, in this part of the world

Fällt unter diesem Himmelsstrich überhaupt noch Regen?, fragte er, indem er ganz versonnen in das Blau des spanischen Himmels schaute. – Hin und wieder regnet es hier schon, entgegnete sein junger spanischer Freund; aber wie du weißt, sehr wenig …

himmelweit: himmelweit voneinander entfernt/verschieden/(…) *path* · 1. to live a long way away from s.o./each other, to be poles apart from s.o./each other, 2. to be as different as chalk and cheese

1. … Ach, wie oft sieht man sich schon, sagte er ein wenig resigniert, wenn man so himmelweit voneinander entfernt wohnt! – Wie weit ist es denn von hier bis zu eurer Margreth? – Mehr als 2.000 Kilometer.

2. vgl. – verschieden sein/sich unterscheiden wie Tag und Nacht

hin: hin sein *ugs* · 1. 2. to be ruined *n*, to be up the spout *sl*, 1. s.th. is fucked *vulg*, to be bust, 2. s.o.'s hopes/… are dashed *n*

1. Die Vase ist hingefallen. – Und? – Sie ist hin. – Völlig kaputt? – Völlig.

2. Die Hoffnung, noch in diesem Jahr befördert zu werden, ist hin. Heute morgen kam ein Rundschreiben, daß in unserem Bereich in diesem Jahr niemand befördert wird.

ganz hin sein *ugs* – (eher:) erledigt sein (für jn.) (mit etw.) (2) · to be overwhelmed/shattered/carried away/…

ganz hin sein in jn. *ugs selten* – sich in jn. verlieben/in jn. verliebt sein (2) · to be mad about s.o., to be bowled over by s.o.

ganz hin sein von jm. *ugs selten* – (ganz) hingerissen sein von jm. · to be carried away by s.o., to be fascinated by s.o., to be knocked out by s.o. *coll*

Vater/… hin, Vater/… her · father/… or no father/…

… Wir müssen einen Platz hier in der Wohnung schaffen, helfen. Es ist schließlich mein Bruder! – Bruder hin, Bruder her: wir haben unsere eigenen handfesten Sorgen, Sigrid. Ich kann mich nicht auch noch um deinen Bruder kümmern.

Unschuld/Fleiß/… hin, Unschuld/Fleiß/… her, … · sunshine or no sunshine …, tie or no tie, hard-working/honest/… or not

… Fleiß hin, Fleiß her, wenn die Noten nicht reichen, bleibt man eben sitzen. – Ist das wirklich egal, ob jemand fleißig ist oder nicht?

drei/zwölf/… Stunden/Tage/… hin oder her (das macht doch nichts/…) *ugs selten* · three/twelve/… hours/days/… one way or the other (doesn't make any difference/…)

… Ob wir an dem Projekt nun 32 Monate arbeiten oder 34 – zwei Monate hin oder her, macht das was aus? – Zwei Monate sind zwei Monate, Fritz! Denk' an die Unkosten!

auf ein paar/50/1.000/… (Mark/Meter/…) hin oder her kommt es (dabei/…) nicht an/… *ugs selten* – … mehr oder weniger/(minder) · a few pounds/marks/… one way or the other don't count/make any difference/matter

es/das ist (für jn.) hin wie her (ob … oder ob …/…) *ugs selten* · 1. it makes no difference, it comes to the same thing, it doesn't matter either way, 2. it's all the same to s.o. whether …

1. vgl. – das bleibt sich (für jn.) gleich

2. vgl. – es bleibt sich gleich für jn. (ob … oder ob …/…)

vor sich hin – sprechen/-reden/-dösen/… · 1. to talk/to mutter/… to oneself, 2. to doze/to daydream/…

1. Was redet der da vor sich hin? – Ich weiß auch nicht, was er sich da in der Bart knurrt. Es interessiert mich auch nicht, offen gestanden.

2. Guck' dir den Markus an, der döst mal wieder vor sich hin. – Bei dem Niveau der Debatten ist es kein Wunder, wenn jemand die Zeit 'nutzt', um zu 'schlafen'.

nicht hin und nicht her – reichen/-langen/… – (eher:) vorn(e) und hinten nicht/nicht vorn(e) und nicht hinten reichen/langen/… · to be nowhere near enough, not to be anywhere near enough

hin und her – gehen/-laufen/…/-überlegen/-raten/…/-reden/…/-werfen/… · 1. to walk back and forth, to walk backwards and forwards, 2. to toss and turn, 3. to go over s.th. again and again in one's mind, to think about s.th. a lot, 4. to discuss/to talk about/… s.th. over and over

1. Unser Mathematiklehrer geht im Unterricht immer hin und her. Vom Fenster zur Tür, von der Tür zum Fenster – immer so, die ganze Stunde.

2. Die halbe Nacht hast du dich im Bett hin- und hergewälzt. Bewegt dich irgendetwas innerlich so stark, oder war es nur die Hitze?

3. Wir haben hin- und herüberlegt, Rudi, aber wir sehen keine Lösung. Ist dir etwas eingefallen? – Nein, und ich habe mich vielleicht noch mehr bemüht, einen Weg zu finden, als ihr und alle möglichen Alternativen durchgespielt.

4. Jetzt reden sie schon drei Stunden lang hin und her, ohne einen gemeinsamen Nenner zu finden! Entsetzlich!

ein (dauerndes/ewiges/…) Hin und Her · constant/… coming and going, constant/… to-ing and fro-ing

Bei euch hier ist ja allerhand Betrieb. Dieses ewige Hin und Her würde mich bei der Arbeit nervös machen. – Ich merke die Leute, die da dauernd herein- und herausgehen, schon gar nicht mehr.

(es/das ist) **ein** (ewiges/langes) **Hin und Her** (bis ...) · 1. 2. (there is a lot of/constant/...) to-ing and fro-ing (before ...)

1. Das war vielleicht ein Hin und Her, bis sie sich auf diesen Kompromiß geeinigt haben! Ein monatelanges mühseliges Ringen, bei dem mal die eine, mal die andere Seite die Dinge zu ihrem Vorteil zu wenden schien.
2. Ich habe keine Lust, bei diesem ewigen Hin und Her noch lange mitzumachen. Entweder ihr einigt euch auf klare Richtlinien oder ich kündige. Wenn ich nicht weiß, woran ich bin, kann ich nicht vernünftig arbeiten.

da gibt's doch/... kein langes Hin und Her · there's no need for (any) humming and hawing

Ich verstehe gar nicht, was du da noch zögerst. Die Leute bieten dir ein gutes Gehalt und einen breiten Entscheidungsspielraum. Was willst du mehr? Da gibt's doch kein langes Hin und Her – du bittest sie, das Angebot schriftlich zu fixieren, und gut!

nach langem/vielem/... **Hin und Her** · after a lot of/(weeks/...)/humming and hawing, after a lot of/(weeks/...)/to-ing and fro-ing

Nach langem Hin und Her entschied er sich endlich, uns den Wagen für den Ausflug zur Verfügung zu stellen. Aber du hättest die Diskussionen miterleben müssen, die nötig waren, um ihn dazu zu bewegen.

(innerlich) **hin- und hergerissen werden**/sein/(sich ... fühlen) *zwischen zwei*/*mehreren Wünschen*/*Plänen*/*Gefühlen*/... *ugs* · to be torn between the wish/... to do A and the wish/... to do B

Hast du dich immer noch nicht entschieden? – Nein, ich bin hin- und hergerissen zwischen dem Wunsch, hier ein neues Institut aufzubauen, und der Möglichkeit, nochmal nach Übersee zu gehen. Ich bin mir immer noch nicht schlüssig, was schwerer wiegt.

hin und weg sein (von jm./etw.) *ugs – path selten* · to be over the moon (about s.o./s.th.), to be madly in love (with s.o.)

... Der Wilhelm ist ja hin und weg von der Claudia! Ich glaube, der hat sich richtig in sie verknallt.

hin und wieder – (so) **ab** und zu (mal) · now and then, now and again, from time to time

hin/(Hin) **und zurück**/(Zurück) · return, round trip

(Am Fahrkartenschalter in Stuttgart:) Ein Mal München bitte. – Einfach? – Nein, hin und zurück. Und 2. Klasse plus Intercityzuschlag.

hinauf: hinauf und herab – (eher:) **herauf** und herunter/(herab) · up and down

hinaufarbeiten: sich bis zum Direktor/... **hinaufarbeiten** – sich bis zum Direktor/... **heraufarbeiten** · to work one's way up to chairman/...

hinaufspringen: schnell noch/... in/... hinaufspringen *ugs –* (eher:) ... schnell noch/... in sein Zimmer/... **raufspringen** · to just nip up/... to one's room/...

hinaus: über etw./**darüber**/**drüber** (innerlich) **hinaus sein** – über etw./darüber/drüber **wegsein** (1) · to be over s.th.

auf Monate/Jahre/... **hinaus** (vergriffen/vorbestellt/... sein/...) · (sold out/...) for months/years/... to be

(An der Theaterkasse in Stuttgart:) Mein Gott, Sie haben aber auch nie Ballettkarten im freien Verkauf! Mir scheint bald, die sind auf Jahre hinaus vergriffen! – Mit dieser Frage wenden Sie sich besser an die Theaterverwaltung ...

hinausbugsieren: jn. **hinausbugsieren** *sal* · to steer s.o. out of a place, to hustle s.o. out of a place

Da hat gerade der Hermann angerufen. Er will in gut einer Stunde vorbeikommen. – Ach, du lieber Gott! Unten sitzt doch noch der Kaufman. Wenn der den sieht ... – Den müssen wir vorher hinausbugsieren. – Unter welchem Vorwand?

hinausekeln: jn. **hinausekeln** *sal –* (eher:) jn. **rausekeln** · to get rid of s.o. by being nasty/unpleasant/unfriendly/... to him/..., to freeze s.o. out

hinausfeuern: jn. **hinausfeuern** *ugs selten –* (schärfer als:) jn. an die (frische) **Luft** setzen/(befördern) · to fire s.o., to boot s.o. out

hinausfliegen: hinausfliegen *ugs –* (eher:) **rausfliegen** · to be chucked out, to be kicked out

hinausgehen: über etw. **hinausgehen** · to go beyond s.th.

... Seine Frechheiten gehen leider über das, was man sich von so einem jungen Menschen bieten lassen kann, hinaus. – Dann setz' dich durch, Ernst! Was nicht geht, geht nicht.

hinausgeworfen: **hinausgeworfenes**/(hinausgeschmissenes) Geld/... **sein** *ugs –* etw. zu kaufen/... (das) ist weggeworfenes/rausgeschmissenes **Geld** · to buy s.th./... is/would be/... money down the drain/a waste of money/...

hinausgraulen: jn. **hinausgraulen** *ugs selten –* jn. **rausekeln** · to get rid of s.o. by being nasty/unpleasant/unfriendly/... to him/..., to freeze s.o. out

hinausjagen: jn. (zum Haus) **hinausjagen** *path –* jn. auf die **Straße** setzen/werfen (3; u. U. 1, 2) · to evict s.o., to turn s.o. out on to the street, to kick/to throw/... s.o. out

hinauskatapultieren: jn. **hinauskatapultieren** *sal –* (schärfer als:) jn. **hinausbugsieren** · to sling s.o. out, to push s.o. out

hinauskommen: auf jn. **hinauskommen** – (eher:) auf jn. **herauskommen** · to turn out to be just like s.o., to take after s.o.

hinauskomplimentieren: jn. **hinauskomplimentieren** *ugs* · to usher s.o. out very politely/courteously/..., to show s.o. the door

... Freundlich! Freundlich! Natürlich ist er freundlich! Auf die freundlichste Weise komplimentiert der dich aus dem Zimmer! Ehe du es merkst, bist du draußen!

hinauslaufen: auf etw. **hinauslaufen**, darauf ..., daß ... · it boils down to (s.o.) doing s.th. *coll*, it comes down to (s.o.) doing s.th., it amounts to (s.o.) doing s.th.

... Wenn du mir die Summe vorstrecken könntest ...? Ich gebe dir den vollen Betrag dann in einem Jahr zurück. – Das läuft darauf hinaus, daß ich für deinen Großeinkauf für ein Jahr die Zinsen zahle ...

auf das gleiche/aufs gleiche/auf dasselbe/auf eins **hinauslaufen** (es läuft ...) · 1. it makes no difference, it comes to the same thing, it doesn't matter either way, 2. it's all the same to s.o. whether ...

1. vgl. – das **bleibt** sich (für jn.) gleich
2. vgl. – es **bleibt** sich gleich für jn. (ob ... oder ob .../...)

hinausmachen: sich eiligst/schleunigst/... **hinausmachen** *ugs selten* · to slip out/to make off/... as fast as possible, to get the hell out of it

(Bei einem Empfang:) Du, da kommt unser Todfeind, der Roleber. Wir sollten uns so schnell wie möglich hinausmachen. – Gibt's denn hier eine Seitentür, durch die man unbemerkt entwischen kann?

hinauspfeffern: jn. **hinauspfeffern** *sal –* (schärfer als:) jn. an die (frische) **Luft** setzen/(befördern) · to chuck s.o. out on his ear

hinausposaunen: etw. **hinausposaunen** *sal –* etw. in alle **Welt** hinausposaunen · to broadcast s.th./the fact that ...

hinausreden: sich hinausreden *ugs –* (eher:) sich **herausreden** (mit etw.) · to talk one's way out of s.th.

hinausscheren: sich hinausscheren *mst: scher' dich*/*schert euch*/... *hinaus!* *ugs* · to get out *usu: get out of here/out you get/...*

... So, jetzt schert euch hinaus, Kinder! Ich muß das Zimmer für die Einladung heute abend in Ordnung bringen; da stört ihr nur. Also, hört ihr? Raus mit euch!

hinaussein: über etw./**darüber**/**drüber** (innerlich) **hinaussein** – über etw./darüber/drüber **wegsein** (1) · to have got over s.th., to be over s.th.

hinaustrompeten: etw. **hinaustrompeten** *sal* – etw. in alle **Welt** hinausposaunen · to broadcast s.th./the fact that …

hinauswachsen: über etw./jn./**sich (selbst) hinauswachsen** · 1. to outgrow s.th., 2. to grow taller than s.o., 3. to surpass o.s./s.o./s.th.

1. … Über diesen kümmerlichen Posten bei Schuckert & Co. ist der Albert inzwischen hinausgewachsen. Der braucht jetzt eine Stelle, auf der er seine Erfahrungen weiterentwickeln, sich selbst weiter entfalten kann.
2. Der Albert ist inzwischen über seinen Vater hinausgewachsen. – Ja, er hat mehr Weitsicht als der Alte, arbeitet und urteilt besser …
3. … In diesem Spiel ist der Boris über sich selbst hinausgewachsen. So hat er noch nie gespielt – und wird er vielleicht nie wieder spielen.

hinauswerfen: jn. (achtkantig/hochkant) **hinauswerfen/hinausschmeißen** *ugs* · to throw s.o. out on his ear, to throw s.o. out arse over tit *sl*
Und wie hat dein Vater reagiert, als die Örschlers erschienen, um sich über eure Rotraud zu beschweren? – Er hat sie achtkantig hinausgeworfen. Die ganze Unterhaltung dauerte genau 25 Sekunden, da standen diese Querulanten schon wieder draußen vor der Tür.

hinauswollen: auf etw. **hinauswollen** · to be getting/driving at s.th.
Uns ist der Sinn seiner ganzen Verhandlungsführung nicht klar. Worauf will er denn hinaus? Will er den Preis senken oder den Absatz steigern? – Er scheint selbst noch nicht genau zu wissen, was er anstrebt.

(zu) **hoch hinauswollen** · to aim (too) high, to set one's sights (too) high
Euer Michael will ja hoch hinaus! – Wieso? – Wie ich höre, hat er sich um den Posten des Institutsleiters beworben.

hinausziehen: etw. (noch eine Zeit/…) **hinausziehen** · to drag s.th. out (a bit longer/…), to draw s.th. out (a bit longer/…), to protract s.th. (a bit longer/…), to prolong s.th. (a bit/…)
Wenn der Schwall den Fußboden in der nächsten Woche nicht endlich macht, suchen wir uns einen anderen Fliesenleger. Er zieht die Sache immer weiter hinaus … Jetzt ist meine Geduld zu Ende.

hinbiegen: etw. **wieder hinbiegen** *ugs* – jn/etw. (wieder) in **Ordnung** bringen (4; a. 3) · to sort s.th. out, to fix s.th., to get s.th. going (again/…)

hinblättern: 1.000,Mark/… **hinblättern** (müssen) (für etw.) *ugs* · to (have to) fork out 1,000 DM/…, to (have to) shell out 1,000 DM/…
… Weißt du, wieviel Mark der Alte für die neue Maschine hingeblättert hat? – Keine Ahnung! – Mehr als eine halbe Million.

Hinblick: im **Hinblick auf** … *form* · in view of s.th., with regard to s.th.
Im Hinblick auf die positiven Prognosen für die weitere Konjunkturentwicklung können wir eine zusätzliche Verschuldung wohl verantworten. – Ich weiß nicht, ob man diese wahrscheinliche Entwicklung schon jetzt in unsere Überlegungen einbeziehen sollte.

hinbringen: es **hinbringen**, etw. zu tun/etw. hinbringen *ugs selten* · 1. to manage to do s.th., to make it 2. to manage s.th.
1. Ist er mit dem Text immer noch nicht fertig? – Er bringt die Übersetzung nicht hin. Sie ist zu schwer für ihn.
2. vgl. – etw. **hinkriegen**

hinbrüten: vor sich **hinbrüten** *ugs* · to brood away
… Statt den halben Tag vor dich hinzubrüten, pack' konkrete Aufgaben an, Elisabeth! Dieses ständige Grübeln und Sinnieren macht alles nur noch schlimmer.

hinbügeln: etw. **wieder hinbügeln** *sal selten* – jn./etw. (wieder) in **Ordnung** bringen (4) · to sort s.th. out

hindeichseln: etw. **hindeichseln** *ugs* · 1. to manage s.th. somehow, to wangle s.th. somehow, 2. to manage s.th., to manage to persuade s.o./…
1. Das ist in der Tat eine ziemlich verfahrene Situation, und die Verhandlungen dürften nicht ganz einfach werden. Aber wir werden das schon hindeichseln.

2. vgl. – etw. **hinkriegen**

Hindernisse: jm. **Hindernisse in den Weg legen** – jm. in den **Arm** fallen (2) · to place obstacles in s.o.'s way, to put obstacles in s.o.'s path

das/(etw.) **war/**(ist) eine Reise/ein Spaziergang/… **mit Hindernissen** *ugs* · it was a journey/a walk/… where everything kept going wrong *n*, it was a journey/… full of hitches *n*, it was a journey/… full of mishaps *n*
Uff, das war ein Ausflug mit Hindernissen. Erst streikt der Wagen, dann geht es meiner Frau schlecht, und schließlich finden wir kein Restaurant mehr für das Abendessen. – Na, ihr seid ja wieder gesund gelandet …

hindösen: vor sich **hindösen** *ugs* · to doze (away)
Was kann man hier bei dieser brüllenden Hitze schon anderes machen, als sich in den Schatten setzen und vor sich hindösen? Da reicht kaum die Kraft, um mit offenen Augen zu träumen.

hineinbohren: sich in etw. **hineinbohren** *ugs* · to really get stuck into a subject/…, to really get down to a subject/…
… Klar, im Anfang ist das natürlich nicht leicht. Das ist für dich eine völlig neue Materie. Da muß man sich hineinbohren, zäh und energisch … – Ich möchte dich mal sehen, wenn ich dir sagen würde: Arbeite dich mal zäh und energisch in die Quantentheorie ein!

hineinbrummen: etw. **in sich hineinbrummen** *ugs* – (sich) etw. in den/seinen **Bart** knurren/brummen/murmeln/nuscheln · to mumble s.th. (into one's beard), to mutter s.th. (into one's beard)

hineinbugsieren: jn./etw. **in** etw. **hineinbugsieren** *sal* · to steer s.o./s.th. into a room/…, to manoeuvre s.o./s.th. into a room/…
… Und ehe ich mich versah, hatte er mich in sein Zimmer hineinbugsiert und in eine Diskussion über den geeignetsten Betriebsratskandidaten verwickelt …

hineinbuttern: sein ganzes Geld/… **in** etw. **hineinbuttern** *sal* · to put all one's money/… into a project/… *n*
… Jetzt hat er Jahre und Jahre seine ganzen Ersparnisse in dieses Landgut hineingebuttert – und es funktioniert doch nicht.

hineindenken: sich in jn./js. Lage **hineindenken** · to try to imagine o.s. in s.o.'s situation, to put o.s. in s.o.'s position
… Ihr dürft nicht immer nur von euch ausgehen, ihr müßt euch in die anderen hineindenken, euch in deren Lage versetzen. Dann versteht ihr, warum die Leute so oder anders reagieren.

hineinfinden: sich rasch/… **in** etw. **hineinfinden** · to adapt quickly/… to a new situation, to find one's feet quickly/…, to come to terms with s.th. quickly/…
Der Peter hat sich wirklich sehr schnell in die neue Lage hineingefunden. Ich hätte nicht gedacht, daß er sich so rasch auf die neuen Bedingungen einstellen würde.

hineinfliegen: (mit etw.) **hineinfliegen** *ugs selten* – (mit etw.) **reinfliegen** · to be (really/well and truly/…) taken for a ride

hineinfressen: etw./seine Wut/seinen Ärger/seine Enttäuschungen/alles/… **in sich hineinfressen** *ugs* · 1. 2. to bottle up one's anger/…, to swallow one's anger/…, to suppress one's feelings of frustration/… *n*
1. … Mit grimmigem Gesicht saß er da und fraß seine Wut in sich hinein.
2. … Christl, es ist nicht gut, seine Enttäuschungen so in sich hineinzufressen. Das macht nur bitter, gibt Komplexe … Du mußt sehen, daß du mit jemandem darüber sprichst, auf andere Gedanken kommst, dich ablenkst …

hineinfunken: jm. (dauernd/…) **hineinfunken** *sal* – (eher:) jm. **dazwischenfunken** · to keep butting in, to butt in, to put one's oar in

hineingeheimnissen: etw. **in** jn./etw. **hineingeheimnissen** *ugs* · to try to find hidden meanings in s.th. *n*, to try to read s.th. into s.th. *n*, to look for ulterior motives in s.o.'s words/behaviour/… *n*
… Der Hansgerd hat überhaupt keine Hintergedanken! Wenn er sagt, er hat keine Zeit, dann hat er keine Zeit, das ist alles. Du mußt

nicht immer alle möglichen Gefühle und Absichten in die Leute hineingeheimnissen, die sie nicht einmal im Traum haben!

hineingewürgt: (anständig) **einen hineingewürgt kriegen/**(bekommen) *sal* – (eher:) (anständig) **einen reingewürgt** kriegen (von jm.) · + to come down on s.o. like a ton of bricks

hineingucken: (mal kurz/...) (bei jm./(in ...)) **hineingucken** – (eher:) bei jm. (kurz/...) **vorbeigehen** (1; a. 2) · to drop in on s.o., to call in on s.o., to stop by at s.o.'s house, to drop by at s.o.'s house, to drop in at the chemist's/...

hineinhalten: mit einer Pistole/einem Gewehr/einem Wasserwerfer/... **mitten in** die Menge/... **hineinhalten** · to fire (a gun/pistol/...) into the crowd, to aim (a gun/...) into the crowd
... Aber die Polizei kann doch mit diesem verdammten Tränengas nicht einfach wahllos in die Menge hineinhalten! – An sich mein' ich das auch. Aber auf der anderen Seite: wie sollen sie die Massen sonst da wegkriegen?

hineinknien: sich (in etw.) **hineinknien** *ugs* · 1. to (really/...) get stuck into s.th., 2. to get down to it, to pull one's finger out
1. vgl. – sich in etw./da **reinknien**
2. vgl. – (u. U.) sich **dahinterklemmen**

hineinkomplimentieren: jn. **hineinkomplimentieren** *ugs* · to usher s.o. into a room/a house/...
... Laß dich bloß nicht von dem freundlichen Geschwätz dieses Roeder fangen oder dich gar in seine Wohnung hineinkomplimentieren. Der will dich doch nur auf seine Seite ziehen.

hineinkriechen: jm. **hinten hineinkriechen** *sal* – (euphem für:) jm. in den **Arsch** kriechen · to lick s.o.'s arse, to suck up to s.o.

hineinplatzen: in eine Gruppe/... **hineinplatzen** *ugs* · to burst into a room/a meeting/...
... Plötzlich geht die Tür auf und der Willy platzt in unsere Skatrunde hinein. Das war vielleicht eine Überraschung ...

hineinrasseln: (mit etw.) **hineinrasseln** *sal selten* – (mit etw.) **reinfliegen** · to be (really/well and truly/...) taken for a ride

mit jm./etw. **hineinrasseln** *sal selten* – mit jm./etw. **hereinfallen** · to have been taken in about s.o./s.th., to have been taken for a ride, to have been had

hineinreden: sich in Wut/... **hineinreden** · to work o.s. into a rage/a fury/... about s.th., to talk o.s. into a rage/a fury/... about s.th.
Statt dich da immer mehr in Wut hineinzureden, Aloys, solltest du lieber daran denken, daß die anderen unter Tonis Absage mehr zu leiden haben als du. Aber dafür müßtest du zunächst einmal ruhig sein ...

hineinreißen: jn. **hineinreißen** *ugs* – (eher:) jn. **reinreißen** · to land s.o. in it, to get s.o. into a mess, to get s.o. in shtook

hineinreiten: jn. **hineinreiten** *ugs* – (eher:) jn. **reinreiten** · to land s.o. in it, to get s.o. into a mess, to get s.o. in shtook

hineinriechen: in etw. nur/... **hineinriechen** *ugs* · to get just/... a taste of s.th., to just/... dabble in s.th.
Was sagt er, er hat in der Etymologieforschung gearbeitet? Er hat da mal hineingerochen – so nebenbei ein paar Wochen auf dem Gebiet ein bißchen getan. Aber er ist natürlich kein ernstzunehmender Etymologe!

hineinrutschen: in eine unangenehme Affäre/... **(so) hineinrutschen** *ugs* – in eine unangenehme Affäre/... (so) **hereinschlittern** · to drift into a difficult situation/..., to slide into a difficult situation/..., to get involved in s.th. without really meaning to/knowing how

hineinschauen: (mal kurz/...) (bei jm./(in ...)) **hineinschauen** *ugs* – (eher:) bei jm. (kurz/...) **vorbeigehen** (1; a. 2) · to drop in on s.o., to call in on s.o., to stop by at s.o.'s house, to drop by at s.o.'s house, to drop in at the chemist's/...

hineinschliddern: in eine unangenehme Affäre/... **(so) hineinschliddern** *ugs* – in eine unangenehme Affäre/... (so) **hereinschlittern** · to drift into a difficult situation/..., to slide into a difficult situation/..., to get involved in s.th. without really meaning to/knowing how

hineinschlittern: in eine unangenehme Affäre/... **(so) hineinschlittern** *ugs* – in eine unangenehme Affäre/... (so) **hereinschlittern** · to drift into a difficult situation/..., to slide into a difficult situation/..., to get involved in s.th. without really meaning to/knowing how

hineinspaziert: (immer/nur) **hineinspaziert!** *ugs scherzh* – (immer) **rein/**(rin) in die gute **Stube!** · come on in!, step into the parlour!

hineinspringen: ich muß/Karl muß/... **mal eben/...** ins Haus/... **hineinspringen** (um/...) *ugs* – (eher:) noch eben/... zum Bäcker/ins Haus/... **springen** (müssen) · I/John/... have to nip round the baker's/to my/... house/...

hineinsteigern: sich in Ärger/(eine Depression/...) (immer weiter/...) **hineinsteigern** · to work o.s. up into a rage/temper/fury, to brood over s.th., to let s.th. get on top of one, to let s.th. get one down, to be completely taken up with one's worries/depression/..., to let o.s. be carried away by one's feelings/...
... Nun beruhig' dich doch endlich mal, Herbert! Es hat doch keinen Sinn, wenn du dich immer mehr in deinen Zorn hineinsteigerst! Du schimpfst und schimpfst! ... – Ja, ist doch wahr, Mensch! Dieser Idiot von ... – Ruhe, jetzt, verdammt nochmal!

hineinstolpern: in eine Affäre/... **(so) hineinstolpern** *ugs* – in eine unangenehme Affäre/... (so) **hereinschlittern** · to drift into a difficult situation/..., to slide into a difficult situation/..., to get involved in s.th. without really meaning to/knowing how

hineinstopfen: einen ganzen Berg Reis/... **in sich hineinstopfen** *sal* · to stuff o.s. with food/..., to shovel rice/... down
... Da soll einer nicht dick werden, wenn er jeden Mittag ein Kilo Pommes frites in sich hineinstopft!

hineinversetzen: sich in jn. **hineinversetzen** · to put o.s. in s.o.'s position
... Ich habe, offengestanden, nicht den Eindruck, daß es dir so ganz gelingt, dich in Renate hineinzuversetzen. An dem, was sie wirklich denkt und fühlt, gehst du nach wie vor vorbei ...

hineinwachsen: in eine Aufgabe/... **hineinwachsen** · to grow into a job/..., to get to know a job/..., to get the feel of a task/...
... Im Anfang fällt dir das vielleicht ein bißchen schwer. In so eine verantwortungsvolle Position muß man hineinwachsen. Aber das wirst du schon schaffen. Du hast doch alle Voraussetzungen dafür.

hineinwürgen: jm. (anständig) **einen hineinwürgen** *sal* – (eher:) jm. (anständig/...) einen (eine/eins) **reinwürgen** · to come down on s.o. like a ton of bricks, to play a mean/nasty/... trick on s.o.

hineinziehen: jn. in etw. **hineinziehen** *ugs* · to drag s.o. into s.th.
Bitte, Erich, versuch' nicht, mich auch noch in diese leidige Geschichte hineinzuziehen! Ich will damit nichts zu tun haben.

hinfällig: **hinfällig werden** *form* · to become invalid, to be invalidated
Wenn der Bierwisch sich nicht an die Abmachung hält, die er mit dir getroffen hat, werden natürlich auch unsere Vereinbarungen hinfällig. Denn schließlich ist das eine aufs engste an das andere gekoppelt.

hinfetzen: ein Solo/... **(da) hinfetzen** (das ist eine Wucht/...) *Neol Jugendspr* – einen Tanz/ein Solo/... (da) **hinlegen** (das ist eine Wucht/...) · to perform a dance/a solo/... brillantly, to perform a dance/a solo/... effortlessly, to give/turn in/... a cracking/brilliant/... performance of a dance/a solo/...

hinfläzen: sich auf den Stuhl/in den Sessel/... **hinfläzen** *sal* – sich auf den Stuhl/in den Sessel/... **flegeln** · to sprawl in a chair/..., to loll in a chair/...

hinflegeln: sich auf den Stuhl/in den Sessel/... **hinflegeln** *sal* – (eher:) sich auf den Stuhl/in den Sessel/... **flegeln** · to sprawl in a chair/..., to loll in a chair/...

hingegossen: (wie) hingegossen da sitzen/liegen/... *ugs* – *path* · to have draped o.s. over a couch/an armchair/...
Guck' dir das an, wie unser Ludwig da auf der Couch 'sitzt' – wie hingegossen. – Was willst du, schön entspannt, gelöst ... – 'Gelöst' nennst du das! Wenn unser Vater das säh', wär' wieder ein Anpfiff wegen seiner 'unmöglichen Haltung' fällig.

hingehen: etw./es **hingehen lassen** – (eher:) etw./es **durchgehen** lassen (1) · to turn a blind eye to s.th., to overlook s.th., to let s.o. get away with s.th., to stretch a point

hingehen und ... *ugs* – **hergehen** und ... · to go and do s.th.

hingerissen: (ganz) hingerissen sein von jm. · to be carried away by s.o., to be fascinated by s.o., to be knocked out by s.o. *coll*
Die Petra ist ganz hingerissen von ihrem neuen Biologielehrer. – Na,dann wollen wir mal hoffen,daß diese Begeisterung auch anhält.

hinhaben: jn. **(endlich/...) da haben, wo man ihn hinhaben will** *ugs* · to have (got) s.o. where one wants him
Hat sich der Windrich in der Tat endlich bereit erklärt, deine Vorschläge zur Sanierung der Innenstadt zu unterstützen? – Ja. – Dann hast du ihn ja jetzt da, wo du ihn hinhaben wolltest, nicht? Wie hast du das geschafft?

hinhauen: hinhauen *ugs* · to come off, to succeed, to work out
Bisher hat noch alles, was er angepackt hat, hingehauen. Warum soll es nicht auch in Zukunft klappen?

etw. **(so) (da-) hinhauen** *ugs* · to dash s.th. off, to churn s.th. out
Das ist doch klar, wenn du so einen Artikel in einer halben Stunde (da-)hinhaust, kann das nichts Vernünftiges werden. Ein solider Artikel über so ein Thema verlangt Zeit, Muße, Konzentration.

sich hinhauen *sal* – in die **Falle** gehen · to hit the hay/sack, to crash out

Hinkebein: ein Hinkebein haben *ugs pej selten* · to have a gammy leg, to have a limp *n*
... Du, das will ich aber nicht nochmal hören, daß du so abschätzig sagst: »der hat ja ein Hinkebein!« Stell dir vor, du könntest nicht richtig laufen/würdest hinken – dann hättest du auch nicht gern, daß die anderen so von dir reden würden!

Hinkefuß: einen Hinkefuß haben *ugs pej selten* – ein **Hinkebein** haben · to have a limp

hinkriegen: etw. **hinkriegen** *ugs* · to manage s.th. *n*, to manage to persuade s.o./... *n*
Wie hat der Paul es nur hingekriegt, seinen Vater zu überzeugen, daß er für ein Jahr nach England muß? – Das würde ich auch gern wissen, wie er das geschafft hat.

hinlegen: ein Kind/(...) **hinlegen** – ein Kind/(...) ins **Bett** legen · to put a child/(...) to bed

einen Tanz/ein Solo/... **(da) hinlegen** (das ist eine Wucht/...) *ugs* · to perform a dance/a solo/... brillantly, to perform a dance/a solo/... effortlessly, to give/turn in/... a cracking/brilliant/... performance of a dance/a solo/...
... Der Alte hat da gestern auf der Jubiläumsfeier mit seiner Sekretärin einen Samba hingelegt, da war alles dran. – Die beiden waren vor 20 Jahren bekannte Turniertänzer!

sich hinlegen – ins **Bett** gehen · to go to bed

hinlümmeln: sich in den Sessel/... **hinlümmeln** *sal* – sich auf den Stuhl/in den Sessel/... **flegeln** · to sprawl in a chair/..., to loll in a chair/...

hinmachen: etw. **hinmachen** *ugs selten* – jn./etw. **zugrunderichten** (1) · to wreck s.th., to break s.th., to smash s.th.

eine ganze Truppe/Stadt/... **hinmachen** *ugs selten* · 1. to bump s.o. off, to do s.o. in, to rub s.o. out, to waste s.o., 2. to wreck a city/..., to flatten a city/..., to destroy a city/... *n*
1. Ich möchte nicht wissen, wieviele Regimegegner die allein in den letzten Kriegsmonaten hingemacht haben. – Offiziell spricht man von etwa tausend Toten. Aber in Wirklichkeit haben sie natürlich viel mehr umgebracht.
2. ... In einer einzigen Nacht haben die Alliierten die halbe Stadt hingemacht! In der Innenstadt stand sozusagen kein Haus mehr! ...

sich hinmachen *ugs selten* – jn./etw. **zugrunderichten** (3) · to ruin o.s., to destroy o.s.

hinnen: von hinnen gehen/laufen/ziehen ... *path od. iron veraltend selten* · to go away, to leave
... erst anständig Schulden machen und dann von hinnen ziehen – das lob' ich mir! – Wie, ziehen die Breitkamps von hier weg?

hinpfeffern: (jm.) etw. **(da-) hinpfeffern** *sal* · 1. to fling s.th. down *coll*, to slam s.th. down, to bang s.th. down, 2. to scribble down a letter/..., to dash off a letter/... *coll*, 3. to dash s.th. off *coll*, to churn s.th. out *coll*
1. ... Aufs höchste erregt, pfefferte er die Aktentasche in die Ecke/(in die Ecke hin), riß die Tür auf und verschwand.
2. ... Dem werd' ich einen Brief (da-)hinpfeffern, der es in sich hat! So eine Gemeinheit! Der wird sich wundern! Der kriegt einen Brief, da freu' ich mich jetzt schon drauf!
3. vgl. – (eher:) etw. (so) (da-) **hinhauen**

hinpflanzen: etw. **(vor** jn./...) **hinpflanzen** *sal* · to plant s.th. somewhere *coll*, to put s.th. somewhere *n*, to stick s.th. somewhere *coll*
Wer hat denn diese idiotische Vase hier auf meinen Schreibtisch hingepflanzt?! Wo kommt dieses Ungetüm überhaupt her?

sich (vor jn./...) **hinpflanzen** *sal* · to plant o.s. in front of s.o.
... »Sehr geehrter Herr Koller« – bei diesen Worten stand er auf und pflanzte sich direkt vor den Chef hin –, »Sie haben mich jetzt lange genug ausgenutzt! Ich drücke Ihnen hier in Gegenwart der übrigen Abteilungsleiter meine Mißachtung aus und kündige!«

hinreißen: jn. **hinreißen (zu rauschendem Beifall/...)** · to elicit thunderous applause from s.o., to draw thunderous applause from s.o.
... Die Marcia riß mal wieder alle zu rauschendem Applaus hin. Phantastisch, wie diese Frau tanzt!

sich vor Wut/Zorn/Erregung/Leidenschaft/... **dazu hinreißen lassen,** zu ... · to get carried away by anger/passion/... and do s.th.
Auch in Wut, Paul, läßt man sich nicht dazu hinreißen, seinen Vater 'Arschloch' zu nennen. Auch wenn man wütend ist, gibt es Grenzen, die ein erzogener Mensch nicht überschreitet.

hinsauen: etw. **(so) (da-) hinsauen** *sal* · 1. to produce/... an illegible scrawl, to produce a messy/untidy/illegible/... text, 2. to dash s.th. off, to churn s.th. out
1. vgl.-etw. (so) (da-) **hinschmieren** (1)
2. vgl. – (eher:) etw. (so) (da-) **hinhauen**

hinschaukeln: etw. **(so) (da-) hinschaukeln** *sal* – etw. **hindeichseln** · to manage s.th. somehow, to wangle s.th. somehow

hinscheißt: überall/..., wo man hinscheißt *vulg selten* · everywhere you go/one goes/..., everywhere you turn/one turns/..., every step you take/...
Wo man auch nur hinscheißt in dieser Gegend: Steinbrüche, nichts als Steinbrüche!

hinschlagen: lang hinschlagen *path* – der **Länge** nach hinfallen/hinschlagen/(fallen)/... · to fall flat on one's face, to fall on one's back

hinschleudern: etw. (so) (da-) **hinschleudern** _ugs_ · 1. to dash s.th. off, to churn s.th. out, 2. to dash off/to scribble down a few lines/...
1. vgl. – (eher:) etw. (so) (da-) **hinhauen**
2. vgl. – (eher:) ein paar Worte/... **hinwerfen**

etw. (so) (da-) **hinschleudern** _ugs_ – etw. (so) (da-) **hinhauen** · to dash s.th. off, to churn s.th. out

hinschmieren: etw. (so) (da-) **hinschmieren** _sal_ · 1. to produce/... an illegible scrawl, to produce a messy/untidy/illegible/... text _coll_, 2. to dash s.th. off _coll_, to churn s.th. out _coll_
1. ... Wenn Sie mir nochmal so einen Text (da-)hinschmieren, kriegen Sie eine 'Sechs'. Es ist einfach eine Unverschämtheit, so einen liederlich geschriebenen Aufsatz überhaupt abzugeben!
2. vgl. – (eher:) etw. (so) (da-) **hinhauen**

hinschustern: etw.(so) (da-) **hinschustern** _sal_ · to cobble s.th. together
... Zu dem Thema hat doch der Bracht eine Arbeit geschrieben, oder? – Ja, der hat da so ein Artikelchen hingeschustert ... – Wie, ist das nichts? – Unter uns, Herr Bauer: Krampf.

hinsegeln: **hinsegeln** _sal_ · to fall over _n_
... Das kommt davon, wenn man als 'alter Mann' so elegant einen nassen Abhang herunterlaufen will. Da muß man ja hinsegeln. – Herzlichen Dank, junge Frau. Schade, daß du dich da nicht anständig auf den Hintern gesetzt hast!

hinsein: **hinsein** _ugs_ – **hin** sein · to be fucked, to be bust, to be ruined, to be up the spout, s.o.'s hopes/... are dashed

Hinsicht: in dieser/jener/mancher/vielerlei/einer gewissen/jeder **Hinsicht** · in some respects/in every respect/in some ways
... In mancher Hinsicht hat der Röder mit seiner Kritik natürlich recht. Aber man darf diesem Mann gegenüber nicht zu erkennen geben, in welchen Punkten man ihm recht gibt.

in doppelter/(zweifacher) **Hinsicht** · in two respects
... Seine Übersetzung ist in doppelter Hinsicht beachtenswert: zum einen trifft sie das, was der Originaltext meint, ungewöhnlich gut; zum andern ist es ihm gelungen, auch formal sehr nahe am Original zu bleiben.

hinspuckt: überall/..., wo man hinspuckt _sal_ – überall/..., wo man **hinscheißt** · everywhere you go

hinstellen: jn. **hinstellen als** etw. _ugs_ · to make s.o. out to be a liar/an idiot/...
Du hast versprochen ... – Gar nichts habe ich versprochen! – Du hast versprochen, sage ich ... – Mein Lieber, du wirst mich doch jetzt nicht als Lügner hinstellen?! Ich habe gesagt: es ist durchaus möglich, daß ...

(schon/...) etwas **hinstellen können** _ugs selten_ · to be pretty well-off
... Du meinst also, der Friedrich ist reich? – Der kann schon etwas hinstellen. Die Villa, die er sich da gerade baut, tut ihm jedenfalls finanziell nicht weh.

hinsteuern: auf etw. **hinsteuern** _ugs_ · to be aiming for s.th.
... Unbeirrt steuert der Löschner auf eine Einigung mit der Firma Schuckert hin. Von diesem Ziel läßt er sich durch nichts abbringen.

hintansetzen: etw. **hintansetzen** _form_ · to put s.th. last, to put s.th. on ice
... So leid es uns tut: die (schlechte) Finanzlage zwingt uns, das Projekt des Schwimmbads hintanzusetzen. Erst müssen die bereits laufenden Projekte bezahlt werden. – Wenn Sie es dann wenigstens später machen ... – Nein, aufgegeben wird das Projekt nicht, keine Sorge!

hintanstellen: etw. **hintanstellen** _form_ · to put aside one's own interests/..., to put one's own interests/... last
... Jahrelang hat mein Bruder alle privaten Wünsche hintangestellt und immer zuerst an die Firma gedacht. Das sollten Sie als Chef doch eigentlich honorieren!

hinten: **hinten sein** – (eher:) **zurück** sein (in etw.)/(mit etw.) (4; a. 5) · to be backward, to be a late developer, to be late (in developing)
eine Wohnung/ein Zimmer/ein Fenster/... **nach hinten hinaus** – ≠ eine Wohnung/ein Zimmer/ein Fenster/... zur/(nach der) **Straßenseite** · a flat/room/window/... facing the back/the rear

von hinten bis vorn(e) falsch/Unsinn/gelogen/... sein _ugs_ – (eher:) von **vorn(e)** bis hinten falsch/Unsinn/gelogen/... sein · to be wrong/nonsense/a pack of lies/... from start to finish/from beginning to end/from A to Z/...

hinten und vorn(e) falsch/Unsinn/erlogen/... sein _ugs_ – (eher:) von **vorn(e)** bis hinten falsch/Unsinn/gelogen/... sein · to be wrong/nonsense/a pack of lies/... from start to finish/from beginning to end/from A to Z/...

hinten und vorn(e) nicht reichen/langen/... _ugs_ – **vorn(e)** und hinten nicht/nicht vorn(e) und nicht hinten reichen/langen/... · not to be anything like enough, not to be anywhere near enough

von vorn(e) bis hinten falsch/Unsinn/gelogen/... sein _ugs_ – von **vorn(e)** bis hinten falsch/Unsinn/gelogen/... sein · it/the trial/... is a farce/... from start to finish, s.th./it is a pack of lies/... from A to Z

vorn(e) und hinten falsch/Unsinn/gelogen/... sein _ugs_ – **vorn(e)** und hinten falsch/Unsinn/gelogen/... sein · to be wrong/nonsense/a pack of lies/... from start to finish/from beginning to end/from A to Z/...

hinten und vorn(e) nichts haben _ugs selten_ – **vorn(e)** und hinten nichts haben · not to have a penny to one's name

weder hinten noch vorn(e) was haben _ugs selten_ – **vorn(e)** und hinten nichts haben · not to have a penny to one's name

lieber Karl/... **hinten und lieber Karl/... vorne**/Herr Doktor hinten und Herr Doktor vorne/... _ugs_ · yes John, no John, three bags full, John/yes doctor, no doctor, three bags full doctor/...
... Wenn du Einfluß und Geld hast, ja, dann heißt es lieber Erich hinten und lieber Erich vorne. Aber wenn du in Not bist, dann siehst du keinen von diesen edlen Freunden.

hintenherum: **hintenherum/kommen/hereinkommen/...** · to go/come/... round the back/through the back door
Wenn die Eingangstür vorne schon abgeschlossen ist, kommst du hintenherum. Die Tür fürs Personal hinten ist immer geöffnet.

(etw.) **hintenherum bekommen/...** versuchen/kritisieren/... · 1. 2. to (try to) get hold of s.th. under the counter, 3. to criticise/... s.o. behind his back
1. Könnt ihr euch die Unterlagen denn nicht hintenherum besorgen? Offiziell geben sie sie euch nicht, das ist klar; das ist schließlich verboten. Kennt ihr niemanden im Prüfungsausschuß oder so?
2. Wenn du die Papiere offiziell nicht bekommst: kannst du es nicht hintenherum versuchen? – Ich habe in diesem Ministerium leider keine Beziehungen; sonst würde ich die natürlich spielen lassen.
3. Klar, wenn er dir gegenübersteht, tut er so, als hätte er nichts gegen dich. Aber hintenherum kritisiert er dich permanent.

Hinterbacken: sich auf die **Hinterbacken** setzen _ugs iron selten_ – sich auf seine vier **Buchstaben** setzen · to sit down

Hinterbeine: sich auf die **Hinterbeine** stellen/(setzen) _ugs_ · 1. to put one's foot down, to put up a fight, 2. to stick at it/s.th., to keep plugging away at s.th.
1. Die wollen von dir verlangen, daß du vier Stunden in der Woche mehr arbeitest, ohne jede Vergütung? Nein, das darfst du dir nicht gefallen lassen! Da mußt du dich auf die Hinterbeine stellen, energisch protestieren, die Rechtslage klären, Einspruch erheben ... – Zeigen, daß du das auf keinen Fall mitmachst.
2. vgl. – (eher:) sich **dranhalten** (müssen, wenn ...) (2)

hinterbringen: jm. etw. **hinterbringen** *form* · to inform s. o. of s. th. secretly, to tell s. o. s. th. secretly, to inform s. o. confidentially of s. th. *form*

Hast du dem Alten hinterbracht, daß ich kündigen will? – Wie kommst du denn darauf? – Irgendeiner von meinen lieben 'Freunden' hat ihm das heimlich erzählt.

Hintergedanken: Hintergedanken haben · to have an ulterior motive for s. th.

… »Nimm dich vor dem Körber in acht,« flüsterte sie mir zu, »der verhandelt nicht offen, der hat irgendwelche Hintergedanken.« Was mochte der Körber im Schilde führen?

nichts ohne Hintergedanken tun · to do nothing without an ulterior motive, to (always/…) have an ulterior motive for s. th.

… Der Ellis tut nichts ohne Hintergedanken. Wenn er dich offiziell unterstützt, verbindet er damit eine ganz bestimmte Absicht, das ist doch sonnenklar.

Hintergrund: noch etwas/… im Hintergrund haben *selten* – etw. (noch) in **petto** haben · to still/… have something up one's sleeve

im Hintergrund bleiben · to stay in the background

… Der Außenminister hat gestern kein einziges Wort gesagt. – Der bleibt bei solchen offiziellen Diskussionen möglichst im Hintergrund; er möchte sich nicht festlegen.

jn./etw. in den Hintergrund drängen · 1. 2. to push s. o./s. th. into the background, 1. to upstage s. o.

1. Im vergangenen Jahr sah es so aus, als ob der Kahl Kanzlerkandidat würde; aber inzwischen hat ihn der Stross völlig in den Hintergrund gedrängt. Von dem Kahl redet kein Mensch mehr.
2. Der Krieg hat die Differenzen unter den Parteien natürlich in den Hintergrund gedrängt. Das heißt aber nicht, daß sie beigelegt wären. Ihr werdet sehen: sobald die Kämpfe aufhören, treten die Meinungsverschiedenheiten wieder hervor.

sich (meist/etwas/vorwiegend/…) **im Hintergrund halten** · to (usually/…) keep a low profile, to (usually/…) stay in the background

Das Beste, was ihr heute abend bei den Beratungen tun könnt: ihr haltet euch im Hintergrund. Je weniger ihr in Erscheinung tretet, um so besser.

jn. in den Hintergrund spielen *ugs* · to push s. o. into the background *n*

… Mit den unmöglichsten Tricks versucht dieser Mann, seine Konkurrenten in den Hintergrund zu spielen! – Und es gelingt ihm immer wieder. Wer redet schon von den anderen?!

im Hintergrund stehen · to be in the background

Der Parteivorsitzende steht seit einigen Jahren ziemlich im Hintergrund. Fast die ganze Aufmerksamkeit richtet sich auf den Kanzler.

in den Hintergrund treten/rücken/(geraten) · 1. 2. to fade/to be pushed into the background

1. In den letzten Jahren ist der Parteivorsitzende zunehmend in den Hintergrund getreten. Er hat dem Kanzler immer mehr das Feld überlassen.
2. Aufgrund des Krieges sind die Meinungsverschiedenheiten der Parteien ein wenig in den Hintergrund getreten. Dafür beschäftigen die Sorgen vor erneuten wirtschaftlichen Problemen die Leute jetzt sehr stark.

etw. in den Hintergrund treten lassen – jn./etw. in den **Hintergrund** drängen (2) · to push s. o./s. th. into the background

Hinterhalt: noch etwas/… im Hinterhalt haben *ugs selten* – etw. (noch) in **petto** haben · to still/… have something up one's sleeve

in einen Hinterhalt geraten/fallen *mil* · to be caught in/to fall into/… an ambush

Auf dem Marsch durch das Murwa-Moor gerieten unsere Truppen in einen Hinterhalt: ohne daß sie es merkten, hatten die Feinde sie umzingelt. Es kam zu einem erbitterten Gefecht, bei dem es auf beiden Seiten mehr als tausend Tote gab.

in einem Hinterhalt liegen · 1. 2. to lie in wait (for s. o.) 1. to lie in ambush (for s. o.)

1. Seid vorsichtig auf dem Rückmarsch! Es würde mich nicht wundern, wenn da noch irgendwo eine feindliche Truppe im Hinterhalt liegen und uns plötzlich überfallen würde. *mil*
2. vgl. – (eher:) auf der **Lauer** liegen/(sein/sitzen/stehen) (1)

jn. in einen Hinterhalt locken *oft mil* · to lead s. o. into a trap, to lure s. o. into a trap, to draw s. o. into an ambush

Ein oder mehrere Täter hatten gestern bei Hildesheim mit einem fingierten Notruf eine Polizeistreife in einen Hinterhalt gelockt. Die beiden ahnungslosen Polizisten wurden erschossen.

Hinterhand: in der Hinterhand sein/(sitzen) *ugs* · to have an advantage (because one is the last to (have to) show one's hand) *para* , to play last

Bei den Beratungen heute abend ist der August in der Hinterhand, das ist doch klar. Er braucht sich erst am Schluß zu den Vorschlägen zu äußern. Also kann er sich in aller Ruhe anhören, was die anderen wollen, und sich überlegen, was er am besten sagt.

etw./jn. (noch/…) in der Hinterhand haben *ugs* · 1. 2. to have s. o./s. th. (still/…) up one's sleeve

1. Den besten Spieler, den Maus, hat der Trainer bisher gar nicht eingesetzt. – Den hat er noch in der Hinterhand. Wenn es brenzlig werden sollte, setzt er den gegen Schluß ausgeruht ein!
2. Hast du noch einen Trumpf in der Hinterhand oder was grinst du so? – Das werdet ihr noch früh genug sehen.

hinterher: hinter jm. **hinterher sein** *ugs* – hinter jm./etw. **hersein** (6; u. U. 4) · to be after s. o./s. th.

sehr hinterher sein, daß etw. geschieht/… *ugs* – (eher:) sehr dahinter **hersein**, daß etw. geschieht/… · to be on to s. o. to do s. th., to check/to make sure/… that s. o. does s. th., to be after s. o.

mit/in seinen Leistungen/… (weit/…) **hinterher sein** *ugs* – (eher:) **zurück** sein (in etw.)/(mit etw.) (3; u. U. 4) · to be behind in a subject/with payments/…, to be backward, to be a late developer

hinterherhinken: mit seinen Leistungen/… (weit/…) **hinterherhinken** *ugs* – **zurück** sein (in etw.)/(mit etw.) (3; u. U. 4, 6) · to be behind in a subject/with payments/…, to be backward, to be a late developer

hinterherkleckern: hinterherkleckern (mit etw.) *sal selten* · 1. 2. to lag behind *coll*, to bring up the rear *coll*

1. (Auf einem Wandertag, der Lehrer zu einer zurückbleibenden Gruppe:) Ist es wirklich nötig, daß alle in einem vernünftigen Rhythmus gehen und nur ihr vier immer 100 Meter (hinter den übrigen) hinterherkleckert?
2. (Am Ende einer Klassenarbeit; der Lehrer:) Alle haben ihre Arbeit inzwischen abgegeben; nur ihr beiden da hinten kleckert mal wieder hinterher. Müßt ihr wirklich immer die letzten sein?

hinterherlaufen: einem Mädchen/… **hinterherlaufen** *ugs* – (eher:) hinter jm./etw. **hersein** (5) · to be after s. o./s. th.

Hinterkopf: etw. im Hinterkopf haben *ugs* · 1. 2. to have s. th. (still/…) at the back of one's mind

1. Natürlich, Gerd, mußt du die einschlägigen Daten im Hinterkopf haben, wenn du mit den Leuten über die historischen Zusammenhänge diskutierst. Aber kein Mensch wird nach diesen Daten fragen. Sie sind die stillschweigende Voraussetzung der Diskussion, ihre Basis – die kaum einmal so richtig bewußt gemacht wird.
2. … Warte mal! Ich hab' da noch was im Hinterkopf. Ich erinnere mich dunkel daran, daß wir einen ähnlichen Fall schon mal hatten …

etw. im Hinterkopf behalten *ugs* · to keep s. th. at the back of one's mind

Halte dich an die Devise: nie davon reden, aber immer daran denken! D. h.: behalte die Dinge, die wir jetzt vertraulich besprochen haben, immer im Hinterkopf!

hinterlassen: jm. etw. **testamentarisch hinterlassen** *form* · to bequeath s. th. to s. o. in one's will

… Wenn sein Vater ihm das Haus testamentarisch hinterlassen hat, gibt es doch an der Erbschaft gar nichts zu rütteln!

Hinterlassenschaft: js./**die Hinterlassenschaft antreten** *form* · to inherit s. o.'s estate
Ich möchte auf diesem Landgut seine Hinterlassenschaft nicht antreten. Lieber gar nichts erben als ein Gut, das einem nur Arbeit und Ärger bringt!

Hintermänner: (mächtige/…) **Hintermänner haben** *ugs* · to have (influential/…) people behind one *n*, to have (influential/powerful/…) people pulling strings for one, to have (influential/…) people operating behind the scenes for one
Ich weiß nicht, wie der Boll das schafft, immer wieder ungeschoren davonzukommen. Der muß wirklich potente Hintermänner haben. Ohne massive Unterstützung von oberster Stelle säße der doch schon längst hinter Gittern.

Hintern: mit etw. **kannst du dir**/kann sich der Karl/… **den Hintern abwischen/abputzen/**(wischen) *vulg* – (eher:) du kannst dir/er kann sich/… etw. **einsalzen** · you/he/John/… can wipe your/… arse with it/s. th., you/he/John/… can stick it up your/… arse

(versuchen) jm. **in den Hintern** (zu) **beißen** *sal selten* · to do the dirty on s. o., to attack/to discredit/… s. o. by sly/underhand/… methods *n*
Gegen eine offene Auseinandersetzung habe ich ja nichts. Aber diese dauernden hintertückischen Attacken … – Wie, hat er schon wieder versucht, euch in den Hintern zu beißen?

ich könnte mich/der Paul könnte sich/… **in den Hintern beißen, weil/…** *sal* · I/he/John/… could kick myself/himself/…
… Ich könnte mich in den Hintern beißen, wenn ich daran denke, welch eine Riesendummheit ich gemacht habe, als ich dieses Angebot ausschlug.

den Hintern voll bekommen *sal* – +jm. **den Hintern versohlen** · to get a real thrashing/hiding/…

den Hintern betrügen *sal selten* · to toss one's cookies
Paß auf mit dem Fisch hier! Es wäre nicht das erste Mal, daß jemand in diesem Laden Fisch ißt und danach den Hintern betrügt. – Du meinst, er könnte schlecht sein? – Ich habe noch letzte Woche nach einem Fischessen hier Kotzebues Werke studiert.

jm. **in den Hintern kriechen und den Eingang verteidigen** *sal selten* – jm. in den **Arsch** kriechen · to lick s. o.'s arse, to suck up to s. o.

j. **wäre/ist fast auf den Hintern gefallen,** als …/vor Schreck/vor Überraschung/… *sal* – j. hätte sich/hat sich fast/beinahe auf den **Arsch** gesetzt, als …/vor Schreck/Überraschung/… · I/he/… was/… knocked for six when I/he/… heard …, + you could have knocked me/him/… over with a feather when I/he/… heard …

jm. (anständig/…) **was/welche/ein paar/… auf den** (blanken) **Hintern geben/**etwas/… auf den (blanken) Hintern kriegen … *sal* · to give s. o./to get a smack on the/his bare bottom/backside *n*
Habt ihr in eurer Jugend noch Prügel auf den blanken Hintern gekriegt? – Meine Eltern schlugen überhaupt nicht. Noch weniger zogen sie uns die Hose herunter, um uns dann zu versohlen.

j. **hätte sich/hat sich fast/beinahe auf den Hintern gesetzt,** als …/vor Schreck/Überraschung/… *sal* – j. hätte sich/hat sich fast/beinahe auf den **Arsch** gesetzt, als …/vor Schreck/Überraschung/… · I/he/… was/… knocked for six when I/he/… heard …, + you could have knocked me/him/… over with a feather when I/he/… heard …

j. **wäre** jm. (vor Wut/…) **fast/beinahe/am liebsten mit dem** (nackten) **Hintern ins Gesicht gesprungen** *sal* – j. wäre jm. (vor Wut/…) fast/beinahe/am liebsten mit dem (nackten) **Arsch** ins Gesicht gesprungen · to be about to go for s. o.'s throat (out of rage/…), to snap at s. o. (in anger/…), to almost/… go for s. o./fly at s. o./… (out of rage/…)

jm. **geht der Hintern mit/**(auf) **Grundeis** *sal* – (eher:) jm. geht der **Arsch** mit/(auf) Grundeis · s. o. is scared shitless, s. o. is shitting himself

mit dem Hintern umwerfen/umschmeißen, was man mit den Händen aufbaut *sal* · to spoil/to destroy/… one's own handiwork *n*
Der Bäumler ist eine unglückliche Figur – einer von jenen Leuten, weißt du, die mit dem Hintern umwerfen, was sie mit den Händen aufbauen. Im vergangenen Jahr etwa hat er monatelang mit einigen Kollegen an einem Plan zur Sanierung der Innenstadt gearbeitet und auch etwas ganz Vernünftiges zustande gebracht. Aber was tut er, als der Plan vorgelegt werden soll?: er kritisiert einige Mitarbeiter in aller Öffentlichkeit, sodaß kein Mensch mehr an den Plan glaubt.

(sich) **alles/… an den Hintern hängen** *sal* · to spend all one's money on clothes/finery/… *n*
… Ach, wenn es nach dem Willen unserer Marta ginge, dann würden wir uns unser ganzes Vermögen an den Hintern hängen. Was die für Kleidung ausgibt, ist schon sündhaft.

jm. **in den Hintern kriechen** *sal* – (eher:) jm. in den **Arsch** kriechen · to lick s. o.'s arse, to suck up to s. o.

(anständig) **etwas auf den blanken Hintern kriegen** *ugs* – den **Buckel** vollkriegen · to get a good thrashing, to get a good spanking on one's bare behind

jm. **den Hintern lecken** *sal selten* – jm. in den **Arsch** kriechen · to lick s. o.'s arse, to suck up to s. o.

sich anständig/… auf den Hintern setzen *sal selten* – sich (anständig/…) auf den **Hosenboden** setzen · to knuckle down/to get down to it, to pull one's socks up, to really/… pull one's finger out

jn. **in den Hintern treten** *sal* – jm. einen **Tritt** in den Arsch geben (1; u. U. 2, 3) · to give s. o. a kick up the arse, to give s. o. a kick up the backside, to kick s. o. out, to boot s. o. out, to get rid of s. o.

jm. **den Hintern versohlen** *sal* · to tan s. o.'s hide
Mein Vater hat meinem Bruder anständig den Hintern versohlt, als er dahinterkam, daß er ihn belogen hatte. – In einem solchen Fall würde mein Vater mir auch eine Tracht Prügel geben.

den Hintern vollkriegen *ugs* · to get a good hiding, to get one's bottom smacked *n*
Wenn mein Vater dahinterkäme, daß ich ihn belogen habe, würde ich auch den Hintern vollkriegen. Genau wie dein Bruder.

jm. **an den Hintern wollen** *sal selten* · to have got it in for s. o., to be out for s. o.'s blood *coll*
… Ich weiß nicht, warum sie dem Wellmann an den Hintern wollen. Tatsache ist, daß sie einen Prozeß gegen ihn vorbereiten.

Hinterste: jm. **geht der Hinterste mit/**(auf) **Grundeis** *sal selten* – jm. geht der **Arsch** mit/(auf) Grundeis · s. o. is scared shitless, s. o. is shitting himself

das Hinterste zuvorderst kehren *ugs selten* – alles/die ganze Wohnung/… auf den **Kopf** stellen (1; u. U. 2) · to turn everything/the whole flat/… upside down

Hinterteil: **auf das/sein Hinterteil fallen** *ugs iron* – aufs **Kreuz** fallen · to fall (flat) on one's back

Hintertreffen: (jm. gegenüber/im Verhältnis zu jm./…) **im Hintertreffen sein** *form selten* – (jm. gegenüber/im Verhältnis zu jm./…) im **Nachteil** sein · to be at a disadvantage compared with s. o./in dealing with s. o./…

jn. **ins Hintertreffen bringen** *form selten* · to put s. o. at a disadvantage, to handicap s. o.
Die Entscheidung, die Spiele in Moskau auszutragen, hat die Teilnehmer aus den warmen Ländern natürlich ins Hintertreffen gebracht. – Irgendeiner ist bei internationalen Wettbewerben nun einmal immer im Nachteil.

ins Hintertreffen geraten/(kommen) *form* · to fall behind, to lose ground

Bis zum Juli hatte es allen Anschein, daß unser Peter bei dem Tischtennisturnier den Sieg davontragen würde. Er war von allen am besten in Form. Aber durch seine Krankheit ist er dann arg ins Hintertreffen geraten. Im Augenblick sieht es nicht so aus, daß er einen Preis bekommt.

Hintertupfingen: in/nach/... **Hintertupfingen** *ugs iron* · in/to/... the back of beyond

(Zu ein paar Gästen 'aus der Provinz'; ironisch:) Das weiß doch inzwischen jeder auch nur halbwegs informierte Bundesbürger, daß Portugal auch zur EG gehört! Oder ist das noch nicht bis (zu euch nach) Hintertupfingen durchgedrungen?

Hintertür: durch die Hintertür kommen/hereinkommen/... *selten* – **hintenherum** kommen/hereinkommen/... · to go/to come/... round the back/through the back door

(etw.) **durch die Hintertür bekommen**/versuchen/schaffen/... *ugs selten* – etw. **hintenherum** bekommen/... versuchen/kritisieren/... · to get hold of s.th. under the counter, to criticise/... s.o. behind his back

sich (noch) eine Hintertür offenhalten/(offen lassen) – (eher:) sich (noch) ein **Hintertürchen** offenhalten/(offen lassen) · to leave o.s. a way out/a loophole/a bolt-hole/...

Hintertürchen: etw. durch ein Hintertürchen bekommen/versuchen/schaffen/... *ugs* – (eher:) etw. **hintenherum** bekommen/... versuchen/kritisieren/... · to get hold of s.th. under the counter, to criticise/... s.o. behind his back

(immer) **(noch) ein Hintertürchen finden** (durch das man entschlüpfen kann/...) *ugs* · to find a loophole (to get out/escape/... through (by))

Den Eugen Loderer nagelst du nicht fest! Und wenn du dich noch so bemühst: der findet immer ein Hintertürchen, durch das er entwischt. Entweder tut er irgendeinen neuen Paragraphen auf ... oder er entdeckt einen Gutachter, der ihm bescheinigt ... Irgendwie rettet der sich immer.

sich (noch) ein Hintertürchen offenhalten/(offen lassen) *ugs* · to leave o.s. a loophole/a way out/a bolt-hole

Du hast ihnen den Zuschuß fest zugesagt? – Fest ... Ich habe mir noch ein Hintertürchen offengehalten. Ich habe ihnen erklärt: wenn die Perspektiven für das nächste Jahr finanziell nicht schlechter sind als für dieses, dann kriegen sie den Zuschuß. Diese Perspektiven lassen sich immer etwas frisieren ...

Hinterviertel: dümmer sein als das Hinterviertel vom Schaf/Schwein *vulg selten* – für keine zwei **Pfennige** Verstand haben/nachdenken/aufpassen/... (1) · to be as thick as two short planks

hinüber: hinüber sein *sal selten* · 1. s.th. is broken/bust/..., s.th. has had it, 2. the fish/the meal/... is off, 3. to be ruined, 4. + that's the end of s.o., + that's put paid to s.o., 5. to lose consciousness *n*, to pass out *n*

1. Dieser Stuhl ist hinüber. Den kannst du wegschmeißen. – Meinst du, den kann man nicht mehr reparieren? – Nein.
2. Dieser Fisch ist hinüber. Riech' mal! Den kann man nicht mehr essen.
3. vgl. – **erledigt** sein (für jn.) (mit etw.) (3, 4)
4. vgl. – sich nicht mehr **rühren** (3; u. U. 2)
5. vgl. – die **Besinnung** verlieren *res*

(ganz schön) hinüber sein *ugs* – (ganz schön) einen in der **Krone** haben · to be well-oiled, to have had a drop too much

hinübergehen: hinübergehen (müssen) *path od. euphem selten* – die/seine letzte **Reise** antreten (müssen) · to pass on

hinüberschlafen: hinüberschlafen *euphem selten* – sanft/(sanft und selig) **entschlafen** · to pass away in one's sleep

hinüberschlummern: hinüberschlummern *euphem selten* – sanft/(sanft und selig) **entschlafen** · to pass away in one's sleep

hinüberspielen: ins Grün/Gelbliche/... hinüberspielen · to have a green/yellowish/... tinge, to verge on the green/yellow/..., to merge into green/yellow/...

... Ja, der Grundton ist blau, einverstanden. Aber er spielt ins Grüne hinüber. Guck' mal, die Wellen etwas weiter draußen – die sind fast eher grün als blau.

hinüberziehen: jn. zu sich/(auf js. Seite/...) **hinüberziehen** *ugs* – jn. auf seine **Seite** ziehen · to win s.o. over

hinunterfallen: hinten hinunterfallen *ugs* – hinten **runterfallen** · to fall behind, to lag behind

hinunterschlucken: Ärger/Beleidigungen/... hinunterschlucken *ugs* · to swallow insults/..., to choke back one's anger/..., to gulp back one's anger/tears/...

... Warum soll ich diese Beleidigungen ständig hinunterschlucken? Das nächste Mal, wenn er mir so kommt, werd' ich ihm mal anständig die Meinung geigen ...

hinunterspülen: seinen Ärger/... (mit ein paar Bier/...) **hinunterspülen** *ugs* – (eher:) seinen Ärger/... (mit ein paar Bier/...) **runterspülen** · to drown one's sorrows (in drink)

hinunterwürgen: Ärger/Beleidigungen/... hinunterwürgen *ugs selten* – Ärger/Beleidigungen/... **hinunterschlucken** · to swallow insults/..., to choke back one's anger/..., to gulp back one's anger/tears/...

hinweg: über etw./darüber/drüber/(innerlich) hinweg sein – über etw./darüber/drüber **wegsein** · to have got over s.th., to be over s.th.

hinwegfegen: (über) jn./etw. hinwegfegen *ugs* · 1. to sweep away a government/..., 2. to scream over housetops/..., to zoom over housetops/...

1. Die politischen Umwälzungen im Osten fegen ein Regime nach dem andern hinweg. Heute fällt dies, morgen jenes.
2. Wenn diese Düsenjäger über die Häuser hinwegfegen, klirren alle Scheiben.

hinwegkommen: über etw. hinwegkommen · to get over s.th.

... Ist die Paula über ihre Scheidung immer noch nicht hinweg? – Vielleicht wird sie darüber nie ganz hinwegkommen. Und ich muß zugeben: mich würde so etwas auch enorm belasten.

hinwegmogeln: sich über etw. hinwegmogeln *ugs* · to get round problems/difficulties/..., to wangle one's way through difficulties/...

Statt die Probleme anzupacken, versucht der Paul mal wieder, sich darüber hinwegzumogeln. – Dieser Junge versucht grundsätzlich, die Schwierigkeiten des Lebens mit Tricks und Finessen zu 'lösen'. – D.h., er löst im Grunde nichts? – Natürlich nicht.

hinwegsein: über etw./darüber/drüber (innerlich) hinwegsein – über etw./darüber/drüber **wegsein** · to have got over s.th., to be over s.th.

hinwegsetzen: sich über jn./etw. hinwegsetzen · 1. 2. to dismiss objections/..., to disregard regulations/..., to ignore regulations/prohibitions/..., to override s.o./objections/...

1. ... Sie können sich doch nicht einfach über die Bestimmungen hinwegsetzen! Was denken Sie sich denn eigentlich? – Wenn ich solche blödsinnigen Bestimmungen nicht beachte, habe ich meine Gründe.
2. ... Wer sich hier über den Chef hinwegzusetzen sucht, fliegt raus, und zwar sofort.

sich über alle Konventionen/Normen/Formen/... **hinwegsetzen** · to disregard conventions/norms/...

Wer sich über alle Umgangsformen hinwegsetzt, kann sich doch nicht wundern, wenn niemand etwas mit ihm zu tun haben will. Statt sich zu beschweren, sollte sich der Richard also besser benehmen.

Hinweis: unter Hinweis auf etw. *form* · with reference to s.th., by pointing to s.th.
Unter Hinweis auf seine fast 25-jährige Arbeit bat er darum ...

hinwerfen: ein paar Worte/... hinwerfen *ugs* · to say a few words casually *n*
... Wie, er hat sie nicht begrüßt? – Ganz flüchtig hat er ihr am Ausgang der Kirche ein paar liebenswürdige Worte hingeworfen – und schon war er weg.

etw./ein paar Zeilen/... hinwerfen *ugs selten* · to dash off/ to scribble down a few lines/...
... Warte, ich muß noch eben ein paar Zeilen für meine Sekretärin hinwerfen, dann gehen wir.

sich vor jm. hinwerfen *veraltend selten* · to go down on one's knees to s.o.
... Der meint wohl, die Leute müßten sich wie im Mittelalter vor ihm hinwerfen und ihn anflehen, damit er ihnen einen vernünftigen Lohn zahlt, was?!

Hinz: Hinz und Kunz *ugs* · any/every Tom, Dick and Harry
... Ich werde doch jetzt nicht von einem zum andern rennen und Hinz und Kunz um Rat fragen, wie ich meine Arbeit über Rilke am besten anlege! – Der Markus ist aber nicht Hinz und Kunz; das ist ein Rilkespezialist.

Hinz und Kunz kennen/... *ugs* · to know everyone
Mit deinem Vater durch die Stadt zu spazieren ist herrlich: alle zwei Minuten begrüßt er irgendeinen. – Als ehemaliger Bürgermeister kennt er Hinz und Kunz in diesem Nest. Das ist ja kein Wunder.

von Hinz zu Kunz laufen *ugs selten* – von **Pontius** zu/(nach) Pilatus laufen · to run from pillar to post

hinzaubern: etw. hinzaubern *ugs* · to rustle up a meal/..., to produce s.th. as if by magic, to whip up a meal
Das hättest du mal sehen sollen, wie die Margret da in ein paar Minuten ein Essen hingezaubert hat, das uns besser geschmeckt hat als bei Humpelmayer. Und das mit den einfachsten Zutaten!

hinziehen: etw. hinziehen – (eher:) etw. in die **Länge** ziehen · to drag s.th. out

sich hinziehen – (eher:) sich in die **Länge** ziehen · to drag on

Hiob: (so) arm wie Hiob sein *ugs selten* – (so) arm wie **Job** sein · to be as poor as a church mouse

Hiobsbotschaft: (von) (jm.) eine Hiobsbotschaft (bekommen/bringen/...) *path* · to bring/receive bad news
Was ist die Martina denn so aufgeregt? – Sie hat gerade eine Hiobsbotschaft bekommen: einer der 125 Passagiere des Flugzeugs, das nach Kuba entführt wurde, ist ihr Vater.

Hirn: kein/wenig Hirn haben *sal selten* – keine/(wenig) **Grütze** im Kopf haben · not to have (a lot/...) upstairs

ein weiches Hirn haben *sal selten* – eine weiche **Birne** haben · to be a bit/... soft in the head

sein Hirn (ein bißchen/...) anstrengen *sal* · to use one's brain (a bit/...) *n*, to use one's loaf (a bit/...) *n*, to use one's head (a bit/...) *n*
Wenn ihm die Lösung nicht sofort einfällt, muß er sein Hirn mal ein bißchen anstrengen! Wofür hat er denn den Kopf? Etwa nicht zum Nachdenken?

nicht js. Hirn entsprungen sein *sal* – (eher:) nicht auf js. **Mist** gewachsen sein · + s.o. did not think it up himself, it didn't come out of s.o.'s head

(aber auch) ein Hirn wie ein Spatz haben *sal* – (eher:) (aber auch) ein **Gehirn** wie ein Spatz haben · to be bird-brained

sich das/(sein) Hirn über etw./(jn.) zermartern/(zergliedern) *ugs – path selten* – sich den **Kopf** (wegen/über etw./wegen jm./über jn.) zermartern · to rack one's brains about s.th.

Hirngespinste: das/etw. sind (doch) (alles) Hirngespinste! *ugs* · they're (all/...) (just/...) pipe-dreams
Der Rudolf redet ständig davon, daß er so bald wie möglich eine Anwaltskanzlei eröffnen möchte. – Das sind doch alles Hirngespinste! Der soll erstmal sein Studium beenden, bevor er solche Sprüche kloppt.

Hirnschmalz: Hirnschmalz haben *sal selten* · 1. 2. to have a lot of/plenty of/... grey matter, 1. to know one's stuff/what one is about/... *coll*
1. vgl. – allerhand/etwas/viel/... **draufhaben**
2. vgl. – nicht auf den **Kopf** gefallen sein.

kein Hirnschmalz haben *sal selten* – keine/(wenig) **Grütze** im Kopf haben · to have no brains, to be thick/dim

Hirnwichser: ein/der reinste/... Hirnwichser (sein) *vulg selten* · s.o. who practises intellectual masturbation to excess *para*
Der David ist der reinste Hirnwichser! Außer theoretischem Geschwätz hat der nichts drauf. Im praktischen Leben ist er eine absolute Niete.

Hirnwichserei: das/(etw.) ist Hirnwichserei *vulg selten* · it/ s.th. is futile theory *n*, it/s.th. is intellectual masturbation
Ich kann das Wort 'Übersetzungstheorie' nicht mehr hören! Meiner Meinung nach ist das ganze Gedöns, das darum gemacht wird, reine Hirnwichserei. Ich kenne keinen Praktiker, der sich darum schert.

Hirt(e): der Gute Hirt(e) *rel veraltend* · the Good Shepherd
... Der Gute Hirte und seine Herde ... – passen solche (religiösen) Metaphern eigentlich heute noch? – Ist es nicht ein schönes Bild für das Wirken Christi?

Hirt und Herde *rel path* · the shepherd and his flock
Meine lieben Mitbrüder, zu Beginn meiner neuen Aufgabe als Pfarrer in eurer Gemeinde möchte ich ganz deutlich hervorheben, daß heute Priester und Laien zusammenarbeiten, Hirt und Herde eine Gruppe bilden müssen ...

Hit: das/etw. ist (echt) der Hit *ugs Neol* · 1. it/s.th. is a cracker, it's brilliant, 2. it/s.th. is amazing, it's incredible, 3. it/ s.th. is great/fabulous/super/...
1. Das neue Buch von Le Carree ist echt der Hit! Ich hab' es nicht aus der Hand gelegt, bevor ich es ausgelesen hatte.
2. ... Was, unser Chef hat gekündigt? Das ist ja echt der Hit! Jetzt bin ich sprachlos.
3. Mensch, deine Maschine is' ja echt der Hit! Das Ding is' affengeil.

Hitze: eine brüllende Hitze (sein) *ugs – path* · it is sweltering, it's a scorcher
... Es war eine brüllende Hitze – 34° im Schatten –, als wir uns auf den Weg machten ...

(unter) fliegende(r) Hitze (leiden) *med* · to get hot flushes, to get hot and bothered
(Eine Frau, beim Arzt:) Und plötzlich – ohne daß ich weiß, warum – gehen da so Hitzewellen durch meinen Körper! – Das ist die sogenannte fliegende Hitze, Frau Berchem; das braucht man während der Wechseljahre auch nicht zu ernst zu nehmen ...

eine sengende/brütende/(lastende) Hitze (sein) *path* · (an/a) oppressive/stifling/blazing/tropical/... heat
Mein Gott, ist das eine schwüle, brütende Hitze! Geradezu tropisch.

jn. in Hitze bringen *ugs selten* – jn. auf **achtzig** bringen · to make s.o. hopping mad, to make s.o.'s blood boil

eine Hitze wie in einem Brutkasten *path* · it's like a sauna in here/..., it's like an oven in here/... *coll*
... Trockene Hitze verträgt man ja ganz gut! Aber diese stehende, drückende heiße Luft – diese Hitze wie in einem Brutkasten –, unerträglich!

in der Hitze des Gefechts *path* – (eher:) im **Eifer** des Gefechts · in the heat of the moment

leicht/schnell/... in Hitze geraten/(kommen) *selten* · to get worked up easily/quickly/...
Mutter: »Nun hör' auf, Alfred, die Uschi zu reizen! Du weißt ganz genau, daß sie leicht in Hitze gerät.« Vater: »Deshalb reizt er sie doch, Hilde; er will doch gerade, daß sie sich aufregt und hier herumschreit.«

sich in Hitze reden *selten* – sich heiß **reden** · to get worked up (by) talking about s.th.

hitzefrei: hitzefrei haben/sein *Schule* · to have/to get/to give pupils/... time off school because of hot weather
Heute brauch' ich nicht zur Schule, Mutti; heute ist hitzefrei/habe ich hitzefrei.

hoc: etw. **ad hoc** bilden/festsetzen/... *lit* · 1. to think of an example off the top of one's head/just like that/... *coll*, 2. to make an ad hoc decision
1. ... Könnten sie vielleicht ein Beispiel bilden, an dem wir ersehen können, wie die Regel funktioniert? – So ad hoc ein Beispiel bilden ist nicht ganz einfach. Warten Sie mal ...
2. ... (Innerhalb der Leitung eines Klubs:) Aber ihr könnt doch nicht einfach hier ad hoc festlegen, daß alle Beiträge in Zukunft bis zum zehnten des laufenden Monats eingegangen sein müssen! Das muß auf einer Mitgliederversammlung beschlossen werden.

hoch: jm./für jn. **zu hoch sein** · to be above s.o.'s head
Verdammt nochmal, jetzt paß doch mal auf und versuch' zu kapieren, was ich dir jetzt schon eine halbe Stunde erkläre! Oder ist das zu hoch für dich?! Wenn dein Grips nicht reicht, kann ich mir natürlich den Mund fusselig reden, dann kapierst du das nie.

hoch in den dreißigern/vierzigern/fünfzigern/... sein · to be in one's late thirties/forties/fifties/...
... Wie alt ist er, Anfang, Mitte vierzig? – Hoch in den vierzigern, würde ich sagen. 47/48/49 – er dürfte an die fünfzig gehen.

hoch und niedrig/(nieder) *veraltend selten* – **arm** und reich · rich and poor (alike)

Hoch: ein Hoch auf jn. **ausbringen** *path* · to give three cheers for s.o.
... und im Anschluß an seine Rede brachte er ein Hoch auf den Jubilar aus. »Meine lieben Freunde, jetzt wollen wir auf unseren Vorsitzenden anstoßen. Er lebe hoch! ...« – »Hoch«, »Hoch«, »Hoch« ... »Prost Albert!« »Prost Albert!« ... »Auf daß du noch lange bei Gesundheit und bei Kräften bleibst ...!«

Hochachtung: mit vorzüglicher Hochachtung *Schlußformel in Briefen form* · yours faithfully, yours sincerely
... und dann würde ich mich sehr freuen, verehrter Herr Wischler, Sie auch zum nächsten Kongreß bei uns begrüßen zu dürfen. Mit vorzüglicher Hochachtung, Ihr Hubert Schacht

Hochbeine: (richtige/...) **Hochbeine haben** *ugs selten* · to have legs like a giraffe
... Schon bei einem Mann ist es nicht schön, wenn er solche Hochbeine hat. Aber wenn eine Frau mit solchen dünnen und langen Beinen daherläuft, sieht das geradezu grausam aus. – Findest du?

hochbekommen: einen/keinen (mehr) hochbekommen *sal euphem* – einen/keinen (mehr) **hochkriegen** · (not) to be able to get it up (any more)

Hochbetrieb: Hochbetrieb haben (in/bei/...)/in/bei/... ist ... · to be at one's/its busiest (in/at/...), + there is a big rush at Christmas/... (in/at/...), + Christmas/... is the peak period (in/at/...)
... Ach, vor Weihnachten komm' ich zu gar nichts, da haben wir hier Hochbetrieb! – Bei euch ist doch immer viel los! – Aber so schlimm wie vor Weihnachten ist es nie! Da weiß man vor lauter Besuchen, Anrufen, Nachfragen überhaupt gar nicht mehr, wo einem der Kopf steht.

Hochblüte: eine Hochblüte erleben *form* · to enjoy its heyday, to enjoy its golden age
»Die mittelalterliche Kultur«, erklärte er, »erlebt heute geradezu eine Hochblüte. Kaum eine Epoche findet heute soviel Echo, über kaum eine wird soviel gearbeitet.«

seine Hochblüte erleben/haben *form* · to enjoy/to have/... a/ its/... golden age
... Ja, erklärte er, Sie haben Recht: das ganze Mittelalter hindurch war die arabische Kultur in Spanien von größter Bedeutung. Aber ihre Hochblüte hatte sie, wie ich sagte, im elften, zwölften Jahrhundert.

Hochdruck: zurzeit/... **Hochdruck sein/haben** *ugs* · there's a lot of pressure (at work) *n*, they/we/... are under a lot of pressure *n*
Habt ihr viel zu tun in der Firma? – Das kommt darauf an. Zurzeit haben wir Hochdruck, da ist es mir schon zuviel; aber es gibt auch Zeiten, da ist wenig los.

mit/(unter) Hochdruck arbeiten/(...) – (eher:) auf **Hochtouren** sein (2) · to work flat out

Hochform: in Hochform sein *ugs* · to be in top form
Schau dir den Kurt an, der ist in Hochform heute; der spielt heute wie ein junger Gott.

hochgehen: hochgehen *ugs* · 1. 2. to explode, to blow up, 1. to go off, 3. to come out, to become known
1. Hast du schon gehört?! in den chemischen Werken ist gestern ein Gaskessel hochgegangen/explodiert.
2. Als sie ihm vorhielt, er sei ihr gegenüber nie ehrlich gewesen, ging er hoch. »Was?!«, brüllte er ...
3. Hast du schon gehört: der heimliche Waffenverkauf nach Südafrika ist hochgegangen. – Was?! Die sind dahinter gekommen? Das wird ja heiter werden.

etw./jn. hochgehen lassen *ugs* · 1. to nab s.o. *sl*, to catch s.o., 2. to blow the gaff on s.o., to grass on s.o. *sl*, to squeal on s.o. *sl*, 3. to smash a cartel/drug ring/..., 4. to blow s.th. up
1. Gestern hat die Polizei eine internationale Autoschieberbande hochgehen lassen. Mehr als zehn Verdächtige wurden festgenommen.
2. Die spanische Polizei konnte letzte Woche einen der ETA-Anführer verhaften. Ein abtrünniger Kampfgefährte hatte ihn verraten und damit hochgehen lassen.
3. Ein Journalist hat durch einen präzise recherchierten Artikel Preisabsprachen der XYZ-Industrie aufgedeckt und ein Kartell hochgehen lassen.
4. vgl. – etw. in die **Luft** sprengen

Hochgenuß: das/etw. **ist ein Hochgenuß** *ugs* · s.th. is a great treat, s.th. is a special treat, s.th. is a real delight, s.th. is superb
... Dieser Wein ist ein Hochgenuß. Davon werde ich mir ein paar Kisten kommen lassen.

hochgespült: hochgespült werden/(hochspülen) *ugs* · to be thrown up, to come to the surface
... In solchen Umwälzungen werden natürlich viele zwielichtige Figuren hochgespült, die in normalen Zeiten nie hochkommen würden.

Hochglanz: etw. **auf Hochglanz bringen** · to make s.th. spick and span, to clean a flat/a house/... until it shines/until it is spick and span/until it is spotless
Du bringst die ganze Wohnung auf Hochglanz, was ist los? – Morgen gibt der Aloys einen Empfang. Er hat 20-jähriges Dienstjubiläum. Da muß die Wohnung pikobello (in Schuß) sein.

etw. auf Hochglanz polieren · 1. 2. to polish s.th. until it gleams
1. ... Die Möbel waren auf Hochglanz poliert. Man konnte sich in ihnen spiegeln.
2. Du feilst immer noch an deiner Doktorarbeit? Du willst sie wohl auf Hochglanz polieren, ehe du sie einreichst, was? – Ich tu' alles, was in meiner Macht steht, um den bestmöglichen Eindruck zu machen. *ugs*

hochhalten: Erinnerungen/Sitten/Traditionen/... **hochhalten** · to honour s.o.'s memory, to uphold traditions
... Ich finde es eigentlich schön, entgegnete er ernst, wenn die Menschen das Andenken an ihre Vorfahren hochhalten. Ich finde: wer seine Vorfahren ehrt, ehrt sich damit im Grunde auch selbst.

hochjubeln: etw./(jn.) **hochjubeln** *ugs* · to hype s.th. up, to build s.th. up as a hit/a bestseller/...
... Die können das Buch meinetwegen in allen Zeitungen und Zeitschriften so lange hochjubeln, wie sie wollen – das ist und bleibt ein elendes Machwerk!

hochkant: hochkant stellen/legen/(...) · + to be on end, to put s.th. on end
... Hochkant paßt das Buch in der Tat nicht ins Regal; man muß es der Länge nach einrücken.

hochkant hinausfliegen/rausfliegen/... *sal* – in hohem **Bogen** herausfliegen/(...) (2) to be thrown out on one's ear, to be chucked out on one's arse

jn. **hochkant hinauswerfen**/hinausschmeißen/hinausfeuern/ rausschmeißen *sal* – jn./etw. in hohem **Bogen** herauswerfen/ (...) (2) · to chuck s.o./to throw s.o./to sling s.o. out on his ear, to chuck s.o./to throw s.o./... out on his arse

hochkommen: niemanden/... neben sich hochkommen lassen · not to tolerate competition/competitors/..., to want to rule the roost *coll*
Es ist immer ein Zeichen von Schwäche, wenn ein Regierungs- oder Parteichef niemanden neben sich hochkommen läßt. Ein wirklich fähiger Mann hat keine Angst vor Konkurrenten, und einem echten Politiker sollte es um das Land gehen und nicht um seine Person oder Partei.

drei Wochen/20,– Mark/..., wenn es hochkommt – drei Wochen/20,– Mark/..., wenn es hoch **kommt** · three weeks/20 marks/... at the most

Hochkonjunktur: Hochkonjunktur haben · to be in great demand, to be greatly/... sought after
Sog. 'antike Möbel' haben zurzeit Hochkonjunktur. Da ist alle Welt hinterher.

hochkönnen: hinten nicht mehr hochkönnen *ugs selten* · 1. to be more dead than alive, 2. to be on one's last legs
1. ... Wenn du mal so alt und klapprig bist und hinten nicht mehr hochkannst ... – Was? – Ich meine: dich kaum noch bewegen kannst, dann ...
2. ... Der Otto, der kann doch vor lauter Schulden hinten nicht mehr hoch! – Unterschätz' den Otto nicht. Der ist schon aus mancher aussichtslos scheinenden Lage wieder herausgekommen.

hochkriegen: einen/keinen (mehr) **hochkriegen** *sal euphem* · (not) to be able to get it up (any more), to be past it *neg*
... Aber Petra, du wirst doch so einen 60-jährigen nicht heiraten, der keinen mehr hochkriegt! – Jetzt bist du ruhig, Erhard! Im übrigen: Titian hat noch mit über 80 Jahren einen Sohn gezeugt. – Ah, dein neuer Geliebter hat die Potenz von Titian? Dann will ich nichts gesagt haben.

hochleben: jn. **hochleben lassen** · to give three cheers for s.o., to chant hip hip hurray in s.o.'s honour
... »So, jetzt wird die Kapelle einen Tusch blasen, und wir werden den Alten hochleben lassen. Er hat sich so auf sein Jubiläum gefreut ...« Kaum hatte der Betriebsleiter das gesagt, da sang schon die ganze Belegschaft: »Hoch soll er leben, hoch soll er leben, drei Mal hoch!«

höchlich: höchlich/(höchlichst) **erstaunt**/(verwundert/...) **sein** *path iron* – aufs **höchste** erregt/überrascht/... · extremely surprised/excited/...

Hochmutsteufel: in jm. **steckt der Hochmutsteufel** *ugs selten* · + to be arrogant, + to be too full of oneself
... »Guck mal, was ich alles leiste ...« – in dir steckt mal wieder der Hochmutsteufel, was? Ich würde mich da nicht so aufs hohe Roß setzen. Es kann dir auch mal wieder schlechter gehen.

hochnehmen: jn. **hochnehmen** *ugs selten* · 1. to fleece s.o., to overcharge s.o. *n*, 2. to have s.o. on, to pull s.o.'s leg, to (really/...) take the mickey out of s.o., to (really/...) take the piss out of s.o. *vulg*, 3. to take s.o. into custody *n*
1. ... Wie die ihren Vater hochnimmt! Allein für ihre Kleidung zieht sie ihm im Monat Tausende aus der Tasche. *ugs*
2. vgl. – jn. (tüchtig/anständig/so richtig/...) auf den **Arm** nehmen
3. vgl. jn. in **Haft** nehmen *Gaunerspr*

hochpäppeln: jn./etw. (wieder) **hochpäppeln** *ugs* · 1. to nurse s.o. back to health, to feed s.o. up, 2. to try to build s.th. up
1. ... Hm, leider geht es meinem Bruder auch nach der Operation keineswegs besser. Zur Zeit versuchen sie, ihn mit allen möglichen Spritzen wieder hochzupäppeln. – Na, irgendwann wird er schon wieder auf die Beine kommen. – Hoffen wir's!
2. (Der Verteidigungsminister eines halb bankrotten – neuen – Landes, im Parlament:) Meine Damen und Herren, entweder genehmigen Sie die Gelder, die für den Aufbau einer Armee, die den Namen verdient, nötig sind, oder ich trete zurück. Ich werde doch jetzt nicht über Jahre ein Heer mit Minibeträgen hochpäppeln.

hochrappeln: sich (wieder) hochrappeln *ugs* · to pull o.s. together again
... Ja, der Ernst hat lange Wochen im Bett gelegen, und es ging ihm in der Tat gar nicht gut. Aber Gott sei Dank hat er sich dann doch wieder hochgerappelt. Mit Mühe – aber immerhin! ...

hochschaukeln: etw. hochschaukeln *ugs* · to blow a problem/ an issue/... up
... Ach, diese Politiker schaukeln doch jede noch so triviale Frage hoch! – Das gehört zu ihrem Job. Wenn sie die Sachen nicht so wichtig machten, würden die Leute sie nicht ernstnehmen.

sich (gegenseitig) hochschaukeln *ugs* · to goad each other (on)
... Geschickt, wie der Schmude und der Struß sich da gegenseitig hochschaukeln! Als wenn sie sich abgesprochen hätten. Von den anderen Kandidaten redet inzwischen kein Mensch mehr.

hochschrauben: Preise/Ansprüche/(...) **hochschrauben** *ugs* · to force up prices/to increase demand *n*/to raise expectations/... *n*
... Kommst du denn noch dahinter, inwieweit die Kostensteigerungen die Preissteigerungen verursachen und inwieweit die Industrie die Preise künstlich hochschraubt?

hochschwanger: hochschwanger sein · to be very pregnant, to be well advanced in pregnancy
... Wer hochschwanger ist, kann doch so eine Reise nicht mehr machen. Und die Bärbel ist doch bestimmt schon im siebten/achten Monat.

hochsein: schon/(noch) hochsein *ugs selten* – noch/schon **auf** sein · to be (still/...) up

Hochspannung: sich in/(unter) Hochspannung befinden/(in Hochspannung sein) *ugs* – *path* · 1. to be ready to explode, 2. to be on tenterhooks *n*, to be tense/in a state of tension *n*
1. Ich fürchte, das gibt noch einen Knall heute. – Meinst du? – Großvater befindet sich schon jetzt in Hochspannung. Wenn die Gisela jetzt mit ihrer Kritik an Großmutter nicht aufhört, dann platzt er.
2. ... Das ganze Stadion war in Hochspannung: sollte es dem VFB tatsächlich gelingen, Meister zu werden?

hochstapeln: hochstapeln · to put one over on s.o., to make empty boasts, to con s.o. *coll*, to pretend to be more than one is
... Warum soll ich mich hier als 'reicher Doktor' ausgeben, wenn ich weder 'Doktor' noch 'reich' bin?! Mir liegt es nicht hochzustapeln.

Höchste: aufs höchste erregt/überrascht/... *path* · extremely surprised/excited/...
Aufs höchste erregt, schrie sie ihn an: »Du Schuft! Meinst du etwa ...« – »Kannst du dich nicht wenigstens ein ganz klein bißchen beherrschen,« reagierte er kühl.

bis aufs Höchste erregt/überrascht/... *path selten* – (eher:) aufs **höchste** erregt/überrascht/... · extremely surprised/ excited/...
... bis aufs höchste erregt/überrascht/... (eher:) aufs höchste erregt/überrascht/...

eine Woche/20,– Mark/... ist/sind das Höchste der Gefühle *ugs* · that's the very most you/... can expect/... to get/..., that's the maximum you/... can expect/... to get/...
... Mehr kannst du für diesen alten Fernsehapparat wirklich nicht erwarten; 100,– Mark ist in der Tat das Höchste der Gefühle.

das Höchste der Gefühle wäre/(ist) (für jn.) *ugs* · s.th. would be/(is) just the job (for s.o.)
Das Höchste der Gefühle wäre jetzt für den Rainer ein gepflegter Gin-Tonic mit einer frischen Scheibe Zitrone, oder? – Du hast es wieder einmal erraten. Aber ihr habt natürlich keinen Gin hier, oder?

hochstehend: geistig hochstehend *form – path* · intellectually distinguished

... Es ist einfach unverständlich, daß ein geistig hochstehender Mann wie der Kaulberg so einen Unsinn erzählen kann. – Vielleicht haben wir ihn bisher überschätzt.

ein(e) moralisch/sittlich/(kulturell/geistig/...) hochstehender Mensch/(hochstehende Zeit/...) *form – path* · a(n) intellectually/morally/... distinguished person

... Das jämmerliche Niveau dieser Fernsehdiskussion über Liebe und Homosexualität muß für einen geistig und moralisch hochstehenden Mann wie den Herrn Mosbach eine Qual gewesen sein.

Höchsten: nach dem Höchsten streben *path* · to aspire to perfection/to the ideal, to strive for perfection/for the ideal

Ein Künstler, der nicht immer nach dem Höchsten strebt, meinte der Klaus, wird nach kurzer Zeit überhaupt kein echtes Ausdrucksvermögen mehr haben. – Man kann auch umgekehrt argumentieren: nur, wer wirklich echt und tief fühlt und empfindet, strebt nach dem Höchsten.

Höchstfall: im Höchstfall · at the very most, at the outside

Na, was meinst du, bekommst du für den Wagen noch? – Im Höchstfall 2.000,– Mark. Das ist aber wirklich das Maximum.

Höchstform: in Höchstform sein *path* – (stärker als:) in **Hochform** sein · to be in top form

Hochstimmung: in Hochstimmung sein *path* · to be in high spirits

So gut gelaunt wie gestern habe ich den Richard nach seiner Krankheit noch nicht erlebt. Der war geradezu in Hochstimmung.

höchstpersönlich: höchstpersönlich *mst iron* · in person, personally, no less a person than ...

Der Chef, sagst du, hat den Herrn Biermann selbst empfangen? – Er ist höchstpersönlich unten an der Eingangstür erschienen und ...

Höchstpreisen: zu Höchstpreisen verkaufen/... · to sell s.th./... at the maximum price/at the top price/at the highest price/...

Wenn die Industrie ihre Produkte zu Höchstpreisen verkauft, muß man auch den Bauern das Recht geben, ihre Erzeugnisse so teuer wie möglich an den Mann zu bringen.

höchstselbst: höchstselbst *path – iron selten* · personally, in person, myself/yourself/...

(Samstag morgen:) Aber du wirst den Brief doch nicht selbst in den Computer eingeben! – Höchstselbst werde ich den eingeben, und zwar sofort! Oder meinst du, die Sache bleibt bis Montag liegen, nur weil ich Angst vor dem Computer habe?

Hochtouren: auf Hochtouren sein · 1. to work flat out, 2. to reach full speed

1. Die Leute sind auf Hochtouren heute: wenn sie die Ernte bis heute abend beenden, haben sie Montag und Dienstag frei. Da arbeiten sie natürlich wie wild.

2. vgl. – (eher:) auf **Hochtouren** laufen (1)

auf Hochtouren arbeiten · to work flat out, to work at full steam, to go hell for leather

Man kann doch nicht immer auf Hochtouren arbeiten, Klaus; man muß es auch mal langsamer gehen lassen! Oder willst du dich in dem Laden kaputtmachen?

jn./etw. auf Hochtouren bringen · 1. to rev a machine up to full speed, 2. to get s.o. to work flat out

1. Wie lange dauert es, die Maschine auf Hochtouren zu bringen? – Bis zur maximalen Drehzahl 12 Minuten.

2. Wenn man die Leute auf Hochtouren bringen will, muß man ihnen einen sehr starken finanziellen Anreiz geben. Sonst arbeiten sie natürlich nicht mehr als normal. *ugs*

auf Hochtouren kommen · 1. 2. to reach full speed, 2. to get up steam, to really get going *coll*, to get up full speed

1. Etwa zwei Stunden mußt du die Maschinen auf 'normal' laufen lassen und dann allmählich steigern. Bis sie auf Hochtouren kommen, das dauert so um die vier Stunden.

2. Bisher läßt er es mit seiner Staatsarbeit ja langsam gehen. Allerdings hat er bis zum Abgabetermin auch noch mehr als drei Monate

Zeit. – Er braucht sehr lange, bis er auf Hochtouren kommt. Aber dann arbeitet er geradezu wie ein Besessener. *ugs*

auf Hochtouren laufen · 1. to be running at full speed, 2. to be in full swing *coll*, to be well under way

1. Alle Maschinen laufen auf Hochtouren, nicht wahr? – Ja, sie machen 5.600 Umdrehungen in der Minute, das ist die Maximalleistung.

2. Die Vorbereitungen der Gipfelkonferenz liefen auf Hochtouren. Das war eine Nervosität, eine angespannte Atmosphäre in den Ministerien, den Botschaften ... *ugs*

Hochwasser: Hochwasser haben *Hose sal* · to be at half-mast

Heinz, deine Hose hat Hochwasser! Sie ist wenigstens 10 cm zu kurz. Damit kannst du nicht in die Schule gehen.

Hochwasser haben/führen *form* · to be in flood

Führt die Mosel immer noch Hochwasser, oder ist der Wasserspiegel inzwischen wieder normal?

Hochzeit: (grüne)/(papierne)/(kupferne)/(hölzerne)/silberne/ **goldene**/(eiserne)/diamantene/(steinerne) **Hochzeit** · wedding day, silver/golden/diamond wedding anniversary

... Also, dann lernt mal schön: der Tag der Eheschließung – die grüne Hochzeit; 1 Jahr verheiratet – die papierne; 7 Jahre – die kupferne; 10 Jahre – die hölzerne; 25 Jahre – die silberne; 50 Jahre – die goldene; 60 Jahre – die diamantene; 70 Jahre – die eiserne. Wirklich gebräuchlich sind aber doch nur 'silberne' und 'goldene Hochzeit'.

die silberne/**goldene**/diamantene/eiserne/... **Hochzeit feiern** *25, 50, 60, 70l... Jahre verheiratet* · to celebrate one's silver/golden/60th/diamond wedding/anniversary

Welches Ehejubiläum feiern sie heute – die goldene oder sogar die eiserne Hochzeit? – Die goldene. 50 Jahre verheiratet sein genügt doch, oder?

auf der falschen Hochzeit tanzen *ugs selten* · to back the wrong horse

Ich fürchte, mein Guter, du tanzt auf der falschen Hochzeit! Die CDU gewinnt die Wahl, nicht die SPD. Wenn du Minister werden willst, hast du dich falsch entschieden; da hättest du auf die Rechte setzen müssen.

auf einer fremden Hochzeit tanzen *ugs selten* · to worry about things that do not concern one, to stick one's nose into someone else's/other people's/... business

... Halt' dich mal schön da heraus, mein Lieber! Ich hab' das nicht so gern, wenn die Leute auf einer fremden Hochzeit tanzen. Die Sache geht dich absolut gar nichts an.

auf allen Hochzeiten tanzen (wollen/...) *ugs* · to (want to) be in on everything

Wenn der Fritz die Firma Anfang März auf dem Kongreß in München vertritt, kann er doch nicht kurz vorher auch noch ihr Repräsentant in Oslo sein! – Der will einmal wieder auf allen Hochzeiten tanzen. Das ist immer dasselbe mit ihm: egal, was los ist, er will dabei sein.

auf zwei Hochzeiten (auf einmal/...) tanzen (wollen/...) *ugs* · 1. to do two things at once, to be in two places at once 2. to (want to/...) have one's cake and eat it

1. Ich kann nun einmal nicht auf zwei Hochzeiten tanzen, Anna. Der Heinz hat mich schon zu seiner Jubiläumsfeier am Sonntag eingeladen, also kann ich beim besten Willen nicht zu eurem Fest kommen.

2. Wenn du dich um die Stelle an der Uni bewirbst, kannst du nicht ins Ausland gehen, das liegt doch auf der Hand. Du kannst nicht auf zwei Hochzeiten zugleich tanzen; da mußt du dich schon entscheiden.

Hocke: in die Hocke gehen · to squat, to crouch down

(Vor einem Wettrennen:) Leicht in die Hocke gehen und dann losrennen, dann kommst du besser weg! Leicht – du setzt dich ja fast hin!

in der Hocke sitzen · to squat, to sit in a squatting position

... Man muß das Körpergewicht schon sehr gut in die Füße bzw. Fußspitzen verlagern und eine sehr gerade Rückenhaltung haben, wenn man längere Zeit in der Hocke sitzen will. – Klar! Denn an sich will der Körper ja einen Stuhl oder sowas, wenn man die Knie einmal angewinkelt hat und das Gesäß nach unten gegangen ist.

Hocker: etw. **(so) locker vom Hocker tun**/entscheiden/... *ugs* · to do s.th./to decide s.th./... just like that

... Der Onkel Franz wird sich schon genau überlegen, ob er bei Schuckert sein Geld investiert oder nicht. Oder meinst du, der entscheidet so locker vom Hocker über 100.000,– Mark?

j. **wäre/ist fast/beinahe vom Hocker gefallen, als** .../vor Schreck/Überraschung/... *sal* – j. wäre/ist fast/beinahe vom **Stuhl** gefallen, als .../.../vor Schreck/Überraschung/... · + you could have knocked me/... down with a feather when ..., I/he/... was flabbergasted when ..., I/he/... nearly died when ...

eine Nachricht/eine Mitteilung/... **hätte/hat** jn. **fast/beinahe vom Hocker gehauen** (so überrascht/(erschreckt/...) ist er) *sal* – eine Nachricht/eine Mitteilung/... hätte/hat jn. fast/beinahe vom **Stuhl** gehauen (so überrascht/(erschreckt/...) ist er) · the news/... stuns me/him/John/..., + I am/he is knocked for six by the news/...

es **hätte/hat** jn. **fast/beinahe vom Hocker gehauen (als** .../vor Schreck/Überraschung/...) *sal* – j. wäre/ist fast/beinahe vom **Stuhl** gefallen, als .../.../vor Schreck/Überraschung/... · + the news/... stuns me/him/John/..., + I am/he is knocked for six by the news/...

jn. **(nicht gerade/...) vom Hocker reißen/hauen** *sal* – jn. (nicht gerade/...) vom **Stuhl** reißen/hauen · it/s.th. is nothing to write home about, it/s.th. is no great shakes

Hof: einen Hof haben *Mond* · there is a ring/a halo/a corona/... around the moon

Wenn der Mond einen Hof hat, gibt es am nächsten Tag Regen, sagt der Volksmund, nicht?

(einen großen) Hof halten in ... *hist od. iron* · to hold (a large) court in ...

Wenn die mittelalterlichen Könige durch ihr Land reisten, hielten sie, wenn möglich, auf ihren Schlössern oder Burgen der Provinz Hof.

(einer Frau) den Hof machen *oft abwertend* · to court a woman *elev*

Seit einem Jahr schon macht der Axel der Doris den Hof! Als ob er bei der die geringste Chance hätte – die hat doch beileibe interessantere Verehrer als ihn.

hoffen: da kann man nur/... hoffen! · all one can do is hope

... Zu beeinflussen ist die Entwicklung wohl kaum noch. Man kann da nur hoffen.

es steht zu hoffen, daß ... *form* · it is to be hoped that ...

Bisher ist die Entwicklung leider nicht sehr positiv verlaufen. Es steht aber zu hoffen, daß sich das bald bessern wird.

etw. **ist besser**/mehr/..., **als** j. **zu hoffen gewagt hätte** · s.th. is better/higher/... than s.o. dared to hope

... Das Ergebnis ist besser, als die größten Optimisten zu hoffen gewagt hätten! ...

hoffen und harren *path selten* · to wait and hope

Kann man da nicht eingreifen, gar nichts tun? – Nein, da hilft nur hoffen und harren. – Man wird ja verrückt, wenn man so untätig warten muß, ob Vater auf die Medikamente anspricht oder nicht.

Hoffnung: guter Hoffnung sein *veraltend selten* – ein **Kind** unter dem Herzen tragen/(haben) · to be with child, to be expecting/pregnant

js. **letzte Hoffnung sein** · to be s.o.'s last hope

... Der Dr. Knoll ist unsere letzte Hoffnung. Wenn der keinen Rat weiß, ist's aus.

in die Hoffnung kommen *form veraltend selten* · to be with child, to become pregnant

... Jedes Jahr, das der liebe Gott kommen ließ, meinte sie nachdenklich, kamen die Frauen in die Hoffnung. Ihr, die ihr eure Schwangerschaften plant wie einen Urlaub, könnt gar nicht verstehen, was das bedeutet.

jm. **die Hoffnung nehmen** · to dash/to destroy/... s.o.'s hopes s.th.

Was soll denn diese politische Schwarzmalerei?, schimpfte er. Es hat doch keinen Sinn, der Jugend jede Hoffnung auf eine lebenswerte Zukunft zu nehmen!

(wieder/...) (neue) Hoffnung schöpfen · to find new hope, to take heart (again/...)

... Wenn sie die Operation gut überstanden hat, kann man doch wieder Hoffnung schöpfen, Herr Doktor, oder? – Ja, Herr Siebert. Ich halte es jetzt durchaus für möglich, daß ihre Frau es nochmal schafft.

seine Hoffnung auf jn./etw. **setzen** · to pin one's hopes on s.o./s.th. *coll*

Wer seine Hoffnung auf die Parteien setzt, wird natürlich nur enttäuscht. – Aber von welchen Institutionen soll man in einer Demokratie denn sonst die Lösung der drängenden Zeitprobleme erwarten?

j./etw. **berechtigt zu den schönsten/besten Hoffnungen** · s.o./s.th. gives grounds for great/the highest hopes

... Der Junge berechtigt zu den besten Hoffnungen, Herr Beutel. Wenn er seinen Weg so weitergeht, wird das nochmal ein großer Maler.

js. **Hoffnungen erfüllen**/erfüllen sich · s.o.'s hopes have (not) been fulfilled

Haben sich Dieters Hoffnungen, nach München versetzt zu werden, nun erfüllt? – Leider nicht. Er bleibt in Ingolstadt. – Und er hatte so gehofft, das würde klappen!

(seine) Hoffnungen zu Grabe tragen (auch: js. Hoffnungen werden durch etw. zu Grabe getragen) *form* · to abandon/(to bury)/... one's hopes

Durch die Entscheidung der Stadt, das Projekt nicht zu fördern, wurden die Hoffnungen, den römischen Resten unter der Michaelskirche auf die Spur zu kommen, endgültig zu Grabe getragen.

(keine) (falschen) Hoffnungen hegen *form od. iron* · 1. (not) to have hopes of (getting/...), 2. (not) to have any false hopes

1. vgl. – (eher:) sich (keine) **Hoffnungen** machen

2. vgl. – (eher:) sich (da) keine falschen **Hoffnungen** machen (mach' dir/macht euch/... keine ...!)

sich (über jn./etw./was jn. betrifft/...) **keinen falschen/(unbegründeten) Hoffnungen hingeben** *oft iron* – sich (über jn./etw./was jn. betrifft/...) (keinen) **Illusionen** hingeben · (not) to have illusions about s.o./s.th.

jm. **Hoffnungen machen** · 1. 2. to build up s.o.'s hopes, 1. to lead s.o. to hope (that ...), 2. to raise s.o.'s hopes (of doing s.th.)

1. Wenn der Junge enttäuscht ist, dann hat er dazu Grund genug. Sie haben ihm schließlich Hoffnungen gemacht, daß er die Stelle bekommen würde. – Ich habe ihm gesagt, er soll den Mut nicht verlieren, das war alles.

2. ... Das ist immer so bei der Charlotte: erst macht sie den Männern Hoffnungen und dann spielt sie die Spröde. – Sie ist also das, was man ehedem eine 'cocotte' nannte?

sich (keine) Hoffnungen machen · 1. (not) to have hopes of (getting/...), 2. (not) to have any false hopes

1. Macht der Klaus sich noch Hoffnungen, die Stelle zu bekommen? – Nein, er glaubt nicht mehr daran.

2. vgl. – (eher:) sich (da) keine falschen **Hoffnungen** machen (mach' dir/macht euch/... keine ...!)

sich (da) keine falschen Hoffnungen machen/(mach' dir/macht euch/... keine ...!) *ugs* · not to have any false hopes

Vielleicht wird Papa uns doch noch erlauben, in den Ferien nach Süditalien zu trampen. – Macht euch da keine falschen Hoffnungen, Kinder! Vater hat bereits für die ganze Familie ein Haus am Gardasee gemietet.

sich (bei jm.) **Hoffnungen machen** · to fancy one's chances (with s.o.) *coll*

... Aber Gerd, du machst dir doch bei der Sonja wohl keine Hoffnungen, was?! Die liebt nun einmal den Klaus ...

seine (ganzen) Hoffnungen auf jn./etw. **setzen** *path* · to pin (all) one's hopes on s.th./s.o. *coll*

(In einem Schlußexamen:) Da/wenn das Schriftliche nicht so geklappt hat, wie es sollte, muß ich meine Hoffnungen halt aufs Mündliche setzen. – Da du dich gut ausdrückst und gern diskutierst, müßte das doch eigentlich klappen.

Hoflager: Hoflager halten *hist* · to hold court, to take up temporary residence

Ob ein mittelalterlicher König mit seinem Hofstaat irgendwo in der Provinz Hoflager hält oder ein demokratischer Kanzler mit über 100 Leuten nach Peking fliegt, läuft vielleicht doch irgenwo auf dasselbe hinaus.

Höflichkeiten: Höflichkeiten austauschen *oft iron* · to exchange courtesies/civilities/compliments/..., to exchange pleasantries

... Bisher ist es zu eigentlichen Verhandlungen überhaupt noch gar nicht gekommen; bisher haben die Delegationen lediglich Höflichkeiten miteinander ausgetauscht.

jm. **Höflichkeiten sagen** *oft iron* · to pay s.o. compliments, to compliment s.o.

... Ich lege keinen Wert darauf, Herr Schröder, daß Sie mir Höflichkeiten sagen; ich möchte Ihre ehrliche Meinung hören.

Hoftrauer: Hoftrauer haben *ugs selten* · to have dirty fingernails *n*

Die Olga hat mal wieder Hoftrauer. Irgendwann kann man in dem Dreck, den sie da unter den Fingernägeln kultiviert, ein paar Tulpen pflanzen.

Höhe: das ist doch die Höhe! *ugs* – da **hört** (sich) doch (einfach) alles auf! · that's the bloody limit

auf halber Höhe (des Berges/Hügels/...) · half-way up (the mountain/the hill/...)

Ich kann nicht mehr, Erich, laß uns ein bißchen ausruhen! – Aber Elly, wir werden doch nicht hier auf halber Höhe unsere Zeit vergeuden. Ein halbes Stündchen noch, und wir sind oben.

die lichte Höhe einer Brücke/... *form* · the clearance/the headroom/the headway of a bridge/...

Rechnet man die lichte Höhe vom Wasser – oder von der Straße, dem Weg usw. – bis zur Fahrbahn oder bis zum Spannbogen? – Bis zum Spannbogen.

in luftiger Höhe (klettern/...) · (to climb/...) at a dizzy height

Daß so Bergsteiger keine Angst haben, da so ganz allein in luftiger Höhe herumzuklettern!

(in) schwindelerregende(r)/(schwindelnde(r)) **Höhe** *path* · at a dizzy height

(Auf einer Bergwanderung/Wanderung über einen Alpenpfad:) Jetzt paßt auf! Wenn ihr hier, in schwindelerregender Höhe, auch nur einen einzigen falschen Schritt macht, seid ihr verloren! – Das brauchst du uns nicht zu sagen! Aber wir fallen schon nicht hier runter.

ein Betrag/... **in Höhe von** ... *form* · an amount of ..., a sum of ...

(Eine Mahnung:) Sehr geehrter Herr Berchem, es ist Ihrer Aufmerksamkeit wahrscheinlich entgangen, daß Sie uns noch einen Betrag in Höhe von 850,– Mark schulden. Wir bitten höflich ...

(ein Betrag/...) **bis zu einer Höhe von** *form* · (an amount/...) up to a maximum of ..., (an amount/...) up to a limit of ...

(Ein Bankbrief:) Hiermit bestätigen wir Ihnen, daß wir Ihnen bis auf weiteres das Recht einräumen, Ihr bei uns geführtes Konto 07856 bis zu einer Höhe von 25.000,– Mark zu überziehen. Dieser Dispositionskredit setzt voraus, daß ...

einen Betrag/... **in voller Höhe bezahlen/**bekommen/... · to pay/to receive/..., a sum/... in full

Obwohl er das halbe Jahr krank war, muß er den Mitgliedsbeitrag in voller Höhe entrichten? – Aber natürlich! Beitrag ist Beitrag – ganz egal, wie oft jemand erscheint.

(nicht) (ganz/...) wieder auf der Höhe sein *ugs* · 1. 3. (not) to be (quite/...) at one's best (yet/...), 2. (not) to be in top form (yet/...), not to be fully fit (yet/...)

1. Ihr Vater war krank, habe ich gehört? War es etwas Ernstes? – Ja, leider. Trotz einer längeren Kur ist er immer noch nicht wieder ganz auf der Höhe.

2. Der Peter ist in letzter Zeit nicht ganz auf der Höhe, scheint mir. – Du meinst, er wirkt lustloser, matter als sonst? – Ja, fast ein wenig kränklich.

3. Der Kanzler ist in den letzten Monaten nicht so richtig auf der Höhe. – Sie wollen damit sagen, er ist den schweren Aufgaben nicht oder nicht mehr gewachsen? – Man hat den Eindruck, daß er die Dinge nicht völlig übersieht, nicht ganz in der Hand hat.

(in seinem Fach/...) **auf der Höhe sein/**(stehen) – auf der **Höhe** seines Fachs sein/(stehen) · to be familiar with/... the latest developments (in one's subject/...), to be up to date (in one's subject/...)

(noch/nicht mehr/...) **voll auf der Höhe sein** *ugs* – (noch/ nicht mehr/...) im **Vollbesitz** seiner (geistigen/körperlichen) Kräfte sein · (not/no longer/...) to be fully fit

das Schiff/Flugzeug ist/befindet sich/... **auf der Höhe von** Lissabon/... · to be off Lisbon/Paris/..., to be at the level of Lisbon/Paris/...

(Eine Ansage auf dem Flughafen:) ... »Die Maschine befindet sich zur Zeit auf der Höhe von Paris. Bis zur Landung in Frankfurt wird es noch etwa eine halbe Stunde dauern.«

jn./etw. **wieder in die Höhe bringen** · 1. 2. to put s.o./s.th. back on his/its/... feet, to build s.th. up again, 3. to put s.o. back on his feet, to set s.o. up again, to set s.o. right

1. Das Geschäft war völlig heruntergewirtschaftet, als er es übernahm. Aber in weniger als zwei Jahren hat er es wieder in die Höhe gebracht.

2. ... Wir müssen das Land in gemeinsamer Anstrengung wieder in die Höhe bringen! Ihm den früheren Wohlstand, vor allem aber das hohe Ansehen, das es genoß, zurückgeben.

3. vgl. – (eher:) jn. wieder auf den **Damm** bringen

auf der Höhe seines Fachs sein/(stehen) · to be familiar with/... the latest developments in one's subject, to be up to date (in one's subject)

Dumm ist er nicht, aber er steht nicht auf der Höhe seines Fachs. Die Kriterien, nach denen er arbeitet und lehrt, sind die von gestern, nicht von heute.

in die Höhe fahren *path* · 1. 2. to jump up, to leap up

1. ... Plötzlich gab es einen entsetzlichen Knall, alle Gäste fuhren wie elektrisiert in die Höhe und stürzten zum Ausgang. Was war passiert?

2. »Was sagen Sie, meine Schwester hat sich unehrenhaft verhalten?«, schrie er und fuhr in die Höhe; »ich werde Ihnen ...« – »Sie können sich ruhig wieder setzen«, entgegnete der andere kühl, »und auch ihr Geschrei ändert nichts an den Tatsachen ...«

sich nicht (ganz) auf der Höhe fühlen *ugs* – (nicht) (ganz/...) wieder auf der **Höhe** sein (1) · (not) to be a hundred per cent/fully fit/back to normal/...

in die Höhe gehen *ugs selten* · 1. to blow one's top, 2. to soar/to rise/to shoot up/... (continually/...)

1. vgl. – in die **Luft** gehen (2)

2. vgl. – (permanent/kontinuierlich/...) in die **Höhe** klettern

etw. **in die Höhe halten** · to hold s.th. up

... Halt' den Füller mal in die Höhe, Karl, daß alle ihn sehen! So, ja! ... Hat einer von euch den verloren?

auf der Höhe seiner Jahre/(des Lebens) **sein** *form selten* – in der **Blüte** seines/des Lebens stehen · to be in the prime of life, to be in the prime of one's life

(permanent/kontinuierlich/...) **in die Höhe klettern** *Preisel...* · to soar/to rise/to shoot up/... (continually/...)

In den letzten Jahren sind die Preise ja ganz schön in die Höhe geklettert. – Allerdings. Von der ehemaligen Preisstabilität kann auch in diesem Land nicht mehr die Rede sein.

auf der Höhe von Lissabon/... liegen · to be level with Lisbon/..., to be the same latitude as Lisbon/...
Madrid müßte eigentlich ungefähr auf der Höhe von Lissabon liegen, oder? – Nein, es liegt viel weiter nördlich.

auf/(in) gleicher Höhe liegen · 1. to be neck and neck, to be level with s.o./s.th., 2. to be the same
1. ... Ein spannendes Rennen! Noch eine einzige Runde, und immer noch liegen drei Reiter auf gleicher Höhe, und es ist völlig offen, ob es einem gelingen wird, die Führung doch noch an sich zu reißen und das Rennen für sich zu entscheiden.
2. vgl. – (eher:) in gleicher **Höhe** liegen

in gleicher Höhe liegen *Preise/...* · to be the same
... Die Preise für die beiden Wagen liegen etwa in gleicher Höhe. – Wenn sie in etwa gleich teuer sind, würde ich mich für den Opel entscheiden.

sich kaum/... in die Höhe richten können *form* · to (hardly/...) be able to stand up, to (hardly/...) be able to straighten up
(Beim Aufstehen; ein älterer Mann zu seiner Frau:) Mensch, bin ich gerädert heute! Ich fühl' mich fast wie gelähmt! Ich kann mich kaum in die Höhe richten! – Komm', Fritz, mach' es nicht schlimmer, als es ist! Du wirst schon hochkommen/du wirst dich schon aufrichten können.

auf der Höhe seines Ruhmes stehen/(sein) *path* · to be at the height of one's fame
... Dieser Mann steht jetzt auf der Höhe seines Ruhmes. Von nun an kann es nur noch abwärts gehen. – Wie kommst du denn auf die Idee? Warum sollte er nicht noch beliebter, bekannter, berühmter werden, als er schon ist?

auf der Höhe seiner Schaffenskraft stehen *path* · to be at the peak of one's creativity
Mit 45 stehst du jetzt auf der Höhe deiner Schaffenskraft. Mehr als in diesen Jahren wirst du nie leisten können. – Abwarten! Abwarten! Zahlreiche Menschen haben erst mit 50 oder sogar 60 ihre größten Leistungen gezeigt.

in die Höhe schießen *ugs* · 1. 2. 3. to shoot up
1. Mein Gott, ist der Junge in die Höhe geschossen! Er ist im letzten halben Jahr bestimmt 10 Zentimeter gewachsen. – 11^1/$_2$ Zentimeter, Tante Fee.
2. Als wir wegfuhren, waren die Fundamente dieser Häuser doch noch nicht einmal fertig, oder? – Nein, aber dann sind die Bauten regelrecht in die Höhe geschossen. Sie wollten die Rohbauten unbedingt vor Beginn der Regenperiode fertig haben und das haben sie geschafft.
3. In den letzten Monaten sind die Preise derart in die Höhe geschossen, daß man fast Angst vor der weiteren Entwicklung hat. In manchen Bereichen kletterten sie um 10 – 15% im Monat.

in die Höhe schnellen · 1. to shoot up, 2. to jump up, to leap up
1. vgl. – in die **Höhe** schießen (2; u. U. 3)
2. vgl. – (eher:) in die **Höhe** fahren

die Preise/(...) in die Höhe schrauben · to force/to push prices/... up
Wenn die Industrie die Preise andauernd in die Höhe schraubt, kann sich niemand wundern, wenn die Inflation so zunimmt. – Wenn die Industrie die Preise ständig erhöht, ist das eine Folge und nicht die Ursache der Inflation.

sich in die Höhe schrauben *path* · to spiral upwards
Wie ein riesiger Vogel schraubte sich die Boeing in die Höhe und nach zwei oder drei großen Schleifen verschwand sie in den Wolken.

sich in die Höhe schwingen *Vögel* · to soar (up) into the air
Wenn sich so ein riesiger Adler in die Höhe schwingt, ist das schon ein herrlicher Anblick. – Ja. Leider sehen wir so etwas nur im Film.

in die Höhe streben *form – path* · to soar upwards
(Bei einer Besichtigung:) Schon beeindruckend, so ein gotischer Dom! Alles strebt in die Höhe!

Preise/Kosten/... in die Höhe treiben · to push up prices/costs/...
Die Inflation treibt die Preise in die Höhe. – Die dauernde Erhöhung der Preise verursacht die Inflation. – Ursache für die Erhöhung der Preise ist ...

auf der Höhe der/seiner Zeit sein/stehen *path* · to have a sound grasp of contemporary developments *para*, to be on a par with one's time
Wer kann heutzutage schon von sich behaupten, auf der Höhe der Zeit zu stehen? Es ist doch alles so kompliziert geworden, daß keiner mehr durchkommt. – Darauf kommt es doch gar nicht an. Auf der Höhe seiner Zeit steht der, der ihren Geist, ihre Entwicklungstendenz erfaßt.

auf der Höhe der Zeit bleiben *form* · to keep up to date, to keep up with current/contemporary/... developments/...
Wenn du auf der Höhe der Zeit bleiben willst, kannst du nicht jahrzehntelang in Afrika leben. Da kriegst du ja gar nicht mit, was heute wirklich gespielt wird. – Meinst du, nur in Bonn ließe sich das erkennen?

Hohelied: das Hohelied der Treue singen/(anstimmen) *path veraltend selten* · to sing the praises of fidelity/..., to speak in praise of fidelity/...
In jungen Jahren ein mehr als freies Leben führen und wenn man älter wird, das Hohelied der Treue singen, das scheint mir ja auch nicht gerade das richtige Ethos, mein Guter.

Höhen: alle Höhen und Tiefen/(Tiefen und Höhen) des Lebens kennen/durchgemacht haben/... *path* · to have experienced/gone through all the ups and downs of life, to have experienced/gone through all the vicissitudes of life
... Mit dem Dr. Kreuder kannst du über diese Dinge in aller Offenheit sprechen. Der hat alle Höhen und Tiefen des Lebens durchgemacht. Er kennt die Freuden und Leiden eines jungen Menschen, hat Leichtes und Schweres wie kaum jemand hier erfahren ...

Höhenflieger: kein/(ein) Höhenflieger sein *ugs* · (not) to be a high-flyer
Und wie macht sich der Kurt in der Schule? – Hm, ein Höhenflieger ist er nicht gerade; aber er kommt mit. So 'drei' bis 'vier' steht er im Durchschnitt.

Höhenflug: ein geistiger Höhenflug *oft iron* · + to go off in the clouds, + to indulge in flights of fancy/lofty thoughts/...
Statt beim Thema zu bleiben und uns die Tropenwälder zu erklären, startete er plötzlich zu einem geistigen Höhenflug und hielt uns einen Vortrag über 'Ökologie und Ökonomie'.

Höhepunkt: das ist ein/der Höhepunkt! – da hört (sich) doch (einfach) alles auf! · that's the limit, that takes the biscuit

ein (absoluter) Höhepunkt sein · to be the absolute/... high spot of a performance/..., to be the absolute/... high point of a performance/...
Das ganze Fest war schön, ja. Aber das Klaviersolo von dem Brekel war ein absoluter Höhepunkt. So einen Schubert hört man nur ganz selten.

seinen Höhepunkt erreicht/überschritten/... haben · to have reached/to have passed/... one's peak
... Ich weiß nicht, ob die Gertrud ihren Höhepunkt schon erreicht hat. Ich könnte mir durchaus vorstellen, daß sie in ein paar Jahren noch besser spielt, vor allem noch reifer interpretiert.

auf dem Höhepunkt ankommen · to reach its climax
... Es ist schwer zu sagen, ob die Entwicklung bereits auf dem Höhepunkt angekommen ist. Es ist durchaus möglich, daß die Krise in den nächsten Monaten sogar noch zunimmt.

auf den Höhepunkt treiben/(bringen) *path* · to bring s.th. to a climax, to bring things to a head
(Über eine Sitzung:) Seine Bemerkung, im Notfall müsse er sich dann von der Firma trennen, trieb die Erregung auf den Höhepunkt. Der technische Leiter warf ihm Verantwortungslosigkeit vor, der Vertreter der Arbeiterschaft schimpfte: »Unerhört, in einer so schweren Phase der Firma so etwas zu äußern!« ...

Höherem: zu Höherem geboren/bestimmt **sein** *oft iron* · to be born/destined for higher things

... Der Albert wird sich doch nicht das ganze Leben in diesem Nest verkriechen, um an dieser provinziellen Musikhochschule zu unterrichten! – Du meinst, er ist zu Höherem geboren?

Hoheslied: ein Hoheslied der Treue singen/(anstimmen) *path veraltend selten* – (eher:) das **Hohelied** der Treue singen/(anstimmen) · to sing the praises of fidelity/..., to speak in praise of fidelity/...

hohl: hohl (im Kopf) sein *sal* – ein **Hohlkopf** sein · to be a dimwit

Höhle: in die Höhle des Löwen geraten *path od. iron* · to enter the lion's den

Ahnungslos war er nach Berlin gefahren, um mit Kollegen die künftige Preispolitik zu besprechen. Wie erstaunt war er, als er plötzlich feststellte, daß er in die Höhle des Löwen geraten war: Der Gastgeber hatten alle wichtigen Vertreter der Branche geladen und sie darauf eingeschworen, seine Pläne zu torpedieren.

sich in die Höhle des Löwen wagen/begeben/(...) *path od. iron* · to venture into the lion's den

... Du willst wirklich persönlich zu der Konferenz fahren und die Preispolitik unserer Firma verteidigen – dich persönlich in die Höhle des Löwen wagen? Die gesamte Konkurrenz wird unsere Firma unter Beschuß nehmen ...

Hohlkopf: ein Hohlkopf sein *sal* – keine/(wenig) **Grütze** im Kopf haben · to be dimwitted/thick/...

Hohlstunde: eine Hohlstunde haben *Schulspr* · to have a free period

... Zwischen der zweiten und der vierten Stunde habe ich morgen eine Hohlstunde. Da könnten wir uns in dem Café neben der Schule treffen.

Hohn: das/(etw.) **ist der reinste**/(reine/blanke) **Hohn** *ugs* · it/s.th. is sheer mockery *n*

Erst verschleudern sie Millionen und Millionen und dann erklären sie alles Ernstes, eine ausgewogene Sparpolitik sei Kennzeichen einer Regierung, die die Zeichen der Zeit zu deuten wisse. Es ist der reinste Hohn. Man weiß nicht, ob man lachen oder weinen soll.

jm./js. Anweisungen/... zum Hohn (etw. tun) *form selten* · 1. to do s.th. to annoy s.o., 2. to do s.th. in defiance of s.o./s.o.'s instructions/...

1. Warum schreibt sie ihm denn gerade auf braunem Papier, wenn sie weiß, daß er braun verabscheut? – Ihm zum Hohn natürlich. – Sie könnte ihn auch intelligenter ärgern.

2. ... Wenn Sie nochmal, meinen Anweisungen zum Hohn, private Ferngespräche hier im Dienst führen, sehe ich mich gezwungen, Ihren Apparat zu sperren. Ich hoffe, es ist Ihnen endlich klar, daß hier jeder – auch Sie – meinen Anweisungen Folge zu leisten hat.

seinen Hohn über jn./etw. **ausgießen** *path selten* – seinen **Spott** über jn./etw. ausgießen · to pour scorn on s.o./s.th.

nur/bloß/nichts als Hohn und Spott ernten *path* · to meet with (nothing but/...) scorn and contempt, to earn (nothing but/...) scorn and derision

... Hat er seinen Zuhörern denn nicht klarzumachen versucht, daß bei den allgemeinen Sparmaßnahmen keine Erhöhung der Professorenzahl möglich ist? – Natürlich. Aber er hat mit diesem Argument nur Hohn und Spott geerntet. Ironisch, ja sarkastisch wurde er gefragt ...

jn. mit Hohn und Spott überschütten *path selten* – (stärker als:) seinen **Spott** über jn./etw. ausgießen · to heap scorn on s.o./s.th.

hohnlachen: e-r S. hohnlachen *geh path selten* – e-r S. **hohnsprechen** · to treat s.th. with scorn/derision

hohnsprechen: e-r S. hohnsprechen *path* · 1. to fly in the face of reason/decency/..., 2. to make a mockery of s.th.

1. Was er sich an Frechheiten leistet, spricht allen Regeln des Anstandes hohn. Scheußlich!

2. Die Politik, die sie de facto machen, spricht allen Versprechen hohn, die sie im Wahlkampf gemacht haben. Wenn man nicht wüßte, daß Politik eben so gemacht wird, würde man annehmen, die wollten das Volk auf den Arm nehmen.

Hokuspokus: Hokuspokus fidibus (dreimal schwarzer Kater) *scherzh Zauberformel mit entsprechenden Gesten* · hey presto!

Paß auf, Renatuscha, ich zauber' jetzt aus diesem Hut ein Ei heraus. Aber gut aufpassen! Also ... Hokuspokus fidibus, dreimal schwarzer Kater! Da, da ist es! – siehst du, ein richtiges Ei.

Hokuspokus verschwindibus *scherzh* · hey presto, abracadabra

Paß auf, Renatuscha, jetzt zauber' ich dieses Ei weg. Hokuspokus verschwindibus – da, jetzt ist es weg. Futschikato.

Hokuspokus zaubermalokus *scherzh* – **Hokuspokus** fidibus (dreimal schwarzer Kater) · hey presto!

hold: jm./e-r S. hold sein *form od. iron veraltend selten* · 1. 2. to be well-disposed towards s.o./s.th., to be fond of s.o./s.th., to favour s.o./s.th.

1. ... Keine Ahnung, ob der Chef der Annette hold ist oder nicht. Mir scheint, er ist ihr weder gewogen noch nicht gewogen, sondern steht ihr ganz nüchtern gegenüber.

2. Man muß nicht unbedingt dem Handwerk wer weiß wie hold sein, um die Nachteile der Industrialisierung zu erkennen.

holen: bei jm./hier/... **ist nichts (mehr) zu holen** *ugs* · 1. 2. + s.o. won't get anything out of him/...

1. ... Dann leihe ich mir eben bei dem Winfried etwas Geld. – Bei dem Winfried? Bei dem ist nichts zu holen. Der hat doch selber nichts.

2. vgl. – bei jm. ist nichts (mehr) zu **erben**

Holland: jetzt ist/da war/... **Holland in Not** *ugs oft iron* · to be in serious trouble, to be in desperate/dire straits, to be in for it

Ein halbes Jahr hast du gefaulenzt – und jetzt ist Holland in Not, klar! Jetzt machst du dir die größten Sorgen, daß du im Examen durchfällst.

Holländer: den Holländer machen *ugs selten* – sich aus dem **Staub(e)** machen (1; u. U. 2) · to make o.s. scarce, to beat it, to clear off, to slope off

Holle: Frau Holle schüttelt die/(ihre) **Betten**/ihr/(das) Bett/die Federn/(die Kissen)/(macht ihr Bett) *Märchenspr* · Hulda is making her bed *rare*, it is snowing

Siehst du, Michi, Frau Holle schüttelt heute schon wieder ihre Betten. – Schneit es schon wieder, Vati? Dann gehen wir wieder schlittenfahren, wie gestern, ja?

Hölle: (...) das ist (in/auf/.../bei jm.) **die Hölle** *path* – (eher:) (...) das ist (in/auf/.../bei jm.) die **Hölle** auf Erden · it is hell on earth in/at/...

fahr'/fahrt/... **zur Hölle!** *path veraltend selten* – der **Teufel** soll dich/ihn/den/sie/... holen! · damn you!, to hell with you!, the devil take you!

die grüne Hölle *path selten* · the Green Hell

... Seltsam, den Urwald die grüne Hölle zu nennen! – Du warst da noch nicht drin, kennst seine Schrecken und Gefahren nicht! Im Film sieht das natürlich anders aus.

zur Hölle mit dem Herbert/der Ana/der Maschine/...! *sal path veraltend selten* – zum **Teufel** mit dem Herbert/der Anna/...! · blast your/... mother/..., to hell with him/...

in/auf/.../**bei** jm. **die Hölle haben** *path selten* – (in/auf/.../bei jm.) die **Hölle** auf Erden haben · to have hell on earth at/... (with s.o.), + it is hell on earth for s.o. at/...

(...) das ist (in/auf/.../bei jm.) **die Hölle auf Erden** *path* · 1. 2. it is hell on earth at/...

1. Ich verstehe sehr gut, daß die Angela von zu Hause weggelaufen ist. Das ist die Hölle auf Erden dort. Du machst dir gar kein Bild, wie der ewige Streit der Eltern, der Haß der Mutter auf ihren Mann, die Trunksucht des Alten ..., wie das alles die Kinder belastet.

2. Diese Arbeit da in den Silberbergwerken – das ist die Hölle auf Erden ...

(in/auf/.../bei jm.) **die Hölle auf Erden haben** *path* · 1. to have hell on earth at/... (with s.o.), 2. + it is hell on earth for s.o. at/...

1. Dem einen lacht das Glück, die anderen haben die Hölle auf Erden. So ist das sog. Leben.
2. Mir scheint, die Gerda hat bei den Kranzlers die Hölle auf Erden. Was die da alles erzählt! Sie wird dauernd angeschnauzt wie nur etwas, muß die härtesten Arbeiten machen, hört nie ein Lob; das Essen ist miserabel, die Bezahlung nicht besser ...

zur Hölle fahren *veraltend selten* – in die **Hölle** gehen · to go to hell

in die Hölle gehen *Kinderspr* · to go to hell
Der Onkel Albert hat immer soviel gelogen; deshalb ist er in die Hölle gegangen, als er gestorben ist. Nicht wahr, Mama?

die Hölle zu Hause haben *path* · + s.o.'s home life is hell, + s.o.'s domestic life is hell, s.o. goes through hell at home
Wenn der Bernhard schlecht über die Frauen spricht, ist das kein Wunder. Der arme Kerl hat doch die Hölle zu Hause. Seine Frau ist, auf gut deutsch, ein Besen, ein regelrechter Drachen.

in die Hölle kommen *oft Kinderspr* · to go to hell
Wohin gehen die Menschen, wenn sie sterben, Mama? – Die, die böse waren, kommen in die Hölle, die anderen kommen in den Himmel, Kind.

hier ist/da war/bei/auf/... ist/... **die Hölle los** *ugs* · 1. it is bedlam in/at/..., 2. all hell breaks loose in/at/...,
1. Das war vielleicht ein Gewitter! Ein Blitzen und Donnern, ein prasselnder Regen! Und dann schlugen die Wellen mit aller Wucht gegen das Schiff, die Passagiere fingen an zu schreien, Panik ... Da war die Hölle los!
2. Unser Robert kam gestern mit der Nachricht nach Hause, daß man ihn wegen Nachlässigkeit entlassen hatte. Als mein Vater das hörte, war bei uns zu Hause die Hölle los. Ich habe den Alten nie so schreien und toben sehen.

wenn ..., (dann) ist die Hölle los/als ..., (da) war die Hölle los *ugs* – wenn ..., (dann) ist der **Teufel** los/als ..., (da) war der Teufel los · if/when ..., there'll be hell to pay

jm. **die Hölle heiß machen** (mit etw.) *ugs* · to give s.o. hell about s.th., not to give s.o. a moment's peace with s.th.
Der Krieger macht mir die Hölle heiß mit diesen Ersatzteilen! Dauernd liegt er mir in den Ohren. Jeden Tag ruft er mir wenigstens dreimal an und bekniet mich, alles zu tun, was in meiner Macht stünde; er brauche die Dinger unbedingt, ohne Aufschub ...

jn. **zur Hölle wünschen**/(verwünschen) *path* – (eher:) j. könnte jn. auf den **Mond** schießen (1, 2) · s.o. could wring s.o.'s neck

Höllenlärm: einen Höllenlärm machen *ugs* · to make a hellish/an infernal noise/racket/din/...
... Einen Höllenlärm machen diese Leute hier abends mit ihren Motorrädern. Unausstehlich, dieser Radau!

Höllentempo: mit einem Höllentempo daherrasen/... *ugs* – *path* – (eher:) (mit) eine(r) affenartige(n)/(affenartiger) **Geschwindigkeit** (daherrasen/...) · to drive/... at breakneck speed

ein Höllentempo draufhaben *ugs* – *path* – (eher:) einen **Affenzahn** draufhaben · to go/to drive/... at one hell of a speed

Holocaust: der nucleare Holocaust *Neol path* · the nuclear holocaust
... Ob man nun den Schrecken eines nuclearen Holocaust oder einer Klimakatastrophe an die Wand malt, macht so einen großen Unterschied nicht! – Einverstanden. Aber sind diese Schreckensbilder nicht berechtigt? Als Warnung! ...

holterdiepolter: holterdiepolter die Treppe herunterrasen/... *ugs* · to go crashing/pounding/... down the stairs, a flowerpot/a vase/... goes crash bang wallop down the stairs
Was soll das denn, da mitten in der Nacht holterdiepolter die Treppe herunterzustürzen? Seid ihr verrückt geworden? Ihr macht mit eurem Lärm ja die halbe Nachbarschaft wach.

Holz: ich bin/der Peter ist/... **doch nicht aus Holz!** *ugs* · 1. 2. I've got/he's got/Mary's got/... feelings
1. (Zu jemandem, der auf einer Feier neben einer hübschen jungen Frau sitzt:) Na, Erich, du machst mir doch heute keine Dummheiten – als treuer Ehemann?! – Jetzt tu bloß so, als ob du aus Holz wärst!
2. Mein Gott, Robert, du kannst doch deine Mutter nicht immer so hart behandeln! Die ist doch nicht aus Holz!

gut Holz! *beim Kegeln* · have a good game!, good bowling!
... Die Trinker sagen »wohl bekomm's!«, die Jäger »Weidmannsheil!«, die Kegler »gut Holz!«

das/80,– Mark/... **ist viel Holz** (für so ein Buch/...) *sal* · that/... is a lot of dough/bread (for a book/...)
Wieviel hast du für das Haus hier bezahlt, sagst du? – 580.000,– Mark! – 580.000,Mark – das ist viel Holz/580.000,– Mark ist viel Holz. Da mußt du 20 Jahre arbeiten, bis du die zusammen hast.

kein hartes Holz bohren *selten* · s.o. is not going to kill himself, s.o. is not going to bust a gut
... Nein, so eine schwere Arbeit nimmt der Alfons natürlich nicht an. Der bohrt kein hartes Holz! – Wer reißt sich heute schon ein Bein aus, wenn er es vermeiden kann?!

das Holz bohren, wo es am dünnsten ist/an der dünnsten Stelle bohren *ugs selten* – das **Brett** bohren, wo es am dünnsten ist/an der dünnsten Stelle bohren · to take the easy way out, to take the easy option, to take the line of least resistance

wenn das/so etwas/... **am grünen Holz geschieht, was soll (dann/...) am dürren geschehen?** *geh* · (for) if they do these things in a green tree, what shall be done in the dry *Bibl*, if the teachers/adults/... don't set an example, what can you expect of the pupils/children/...? *para*
... Jetzt hat die Französischlehrerin die Arbeiten doch schon drei Wochen! Das ist nicht gerade ein Vorbild an Fleiß, an Engagement! Und wenn das am grünen Holz geschieht, was soll dann am dürren geschehen? Wenn schon die Lehrer nicht sorgfältig arbeiten, braucht sich niemand zu wundern, wenn die Schüler keine Freude an der Schule haben.

aus anderem Holz (geschnitzt) sein (als j.) *form* · to be made of different stuff (from s.o.), to be cast in a different mould (from s.o.)
... Mit seinem Bruder habe ich nicht die besten Erfahrungen gemacht! – Mit dem Richard ... klar! Aber der Ernst ist aus anderem Holz (geschnitzt) (als sein Bruder)! Er ist engagiert, arbeitet gern, ist entscheidungsfreudig, verantwortungsbewußt. Der hat charakterlich mit seinem Bruder nicht das Geringste zu tun!

aus demselben/dem gleichen Holz (geschnitzt) sein (wie j.) *form* · 1. 2. to be cast in the same mould as s.o.
1. Der Richard Sträßer – das ist ein Kraftkerl, ein Draufgänger sondergleichen, nicht? – Ja, und sein Bruder Ernst ist aus demselben Holz (geschnitzt) (wie er). Auf den ersten Blick wirken die beiden zwar ziemlich verschieden, aber wenn du sie näher kennenlernst, merkst du: sie sind genau gleich.
2. Der Ernst ist aus demselben Holz wie sein Bruder Richard: fleißig, verantwortungsbewußt ...

aus feinem Holz geschnitzt sein *form* · to be sensitive
Bei der Annette Dorsch mußt du ein wenig auf deine Formulierungen achten! Da kannst du nicht einfach drauflos reden, wie du das so gern tust. Die ist aus feinem Holz geschnitzt. Wenn du dich bei der nicht zusammennimmst, wird sie dich für einen Grobian halten und dich nie wieder einladen.

aus grobem Holz geschnitzt sein *form* · to be thick-skinned
Bei dem Alfred Rasch kannst du ruhig ein wenig deutlich werden und auch deiner Tendenz zu Kraftausdrücken freien Lauf lassen. Der ist aus grobem Holz geschnitzt. Empfindlichkeiten kennt der nicht – im Gegenteil!

aus hartem Holz geschnitzt sein *form* · to be made of stern stuff
Bei dieser Belastung wäre jeder andere psychisch und physisch kaputtgegangen. Aber er hat durchgehalten. – Der Manfred ist aus hartem Holz geschnitzt. Den wirft so leicht nichts um.

aus dem Holz geschnitzt sein, aus dem man Minister/Generaldirektoren/... **macht** *form – path* · to have the makings of a minister/chairman/... in one

... Der Lambert Lütz?! Das ist ein großartiger Mann! Der ist aus dem Holz geschnitzt, aus dem man Minister, ja Kanzler macht! Dem steht noch eine glänzende Karriere bevor, davon bin ich felsenfest überzeugt.

ins Holz geschossen sein/(schießen) *Obstbäume* · to run to wood

... Statt anständig Blüten zu treiben, schießen die Apfelbäume ins Holz. Sie sind ganz offensichtlich falsch gestutzt.

auf jm. kann man Holz hacken *ugs* · + to let people/... walk all over one, + to (be able to) get away with murder with s.o.

Wenn die meinen, sie könnten die Rosi wie eine Sklavin behandeln, dann muß sie sich wehren! – Auf der Rosi kann man Holz hacken. Die ist viel zu weich, viel zu gutmütig – und vielleicht auch viel zu scheu –, um sich zur Wehr zu setzen.

Holz auf sich hacken lassen *ugs* – (eher:) auf jm. kann man **Holz** hacken · to let people/... walk all over one, to (be able to) get away with murder with s.o.

(viel) Holz vor der Hütte/vor dem Haus/vor der Tür/vor der Herberge **haben** *sal* · to be well-stacked, to be well-endowed

Kerl nochmal, guck' mal, Anton, hat die vielleicht Holz vor der Hütte! – Was willst du damit sagen? – Ja, guck' doch! Deren Busen reicht für drei!

Holz sägen/schneiden *ugs selten* – einen **Ast** durchsägen · to saw wood, to snore loudly/like a pig

Holz schieben (gehen/...) *ugs selten* · to play skittles *n*, to play ninepins *n*

... Nein, morgen abend hab' ich keine Zeit, da muß ich wieder Holz schieben. – Ah, stimmt, dienstags hast du ja deinen Kegelabend!

(noch) Holz vom (guten) alten Stamm sein *geh selten* – Menschen/Leute/... alten **Schlages** · to be of the old school

(etw. tun ist dasselbe wie/...) **Holz in den Wald** (zu) **tragen** *selten* · (to do/doing s.th. is like) carrying coals to Newcastle

Du willst Wein nach Südfrankreich exportieren? Das dürfte dasselbe sein wie Holz in den Wald zu tragen. Die haben doch schon dreimal soviel Wein, wie sie trinken können.

Holzauge: Holzauge, sei wachsam! *ugs iron* · 1. 2. watch out!, keep an eye out!, watch your step!, be careful!

1. Dieser Weg ist sehr huckelig. Paß auf, daß du dir nicht den Fuß vertrittst! – Du meinst: Holzauge, sei wachsam? Ist gut, ich werde ganz vorsichtig einen Fuß vor den anderen setzen.

2. Paß auf, Manfred, daß die dich nicht über die Ohren hauen! Das sind ganz gerissene Burschen. Holzauge, sei wachsam! – Keine Sorge, ich paß schon auf.

Hölzchen: von/(vom) Hölzchen auf/(aufs) Stöckchen kommen *ugs* · to (start to) get bogged down in details, to get lost in details

... Statt in großen Linien die Funktion des Autos in einer Industriegesellschaft darzulegen, kam er von Hölzchen auf Stöckchen: von der Reifenproduktion über die Preisgestaltung und die Werbung zu den Abgasen und was weiß ich noch alles – eine Einzelheit nach der anderen, ohne jede Ordnung.

Holzhammer: du hast/er hat/... (wohl/...) eins mit dem Holzhammer (ab-)gekriegt/(ab-)bekommen/auf den Kopf/Wirsing/(Dez/Schädel) gekriegt/(bekommen) *sal* – nicht (so) (ganz/(recht)) bei **Trost** sein (1) · you're/he's/... a bit cracked, you/he/... have/... got a screw loose

jn. mit dem Holzhammer bearbeiten *sal* · to drum/to hammer/to beat s.th. into s.o.'s head *coll*, to spell s.th. out for s.o. *coll*

Wenn man den Windisch nicht mit dem Holzhammer bearbeitet, kann man sich jedes Wort sparen. Das geht nur so: »Windisch: herkommen! Los! Sofort! Dieser Brief muß bis Punkt elf(Uhr) fix und fertig sein! ...« Und dann muß man mit schärfstem Druck dahinter bleiben. Sonst tut der nichts.

jm. etw. mit dem Holzhammer beibringen *sal* · to drum s.th. into s.o.'s head (by spoonfeeding/by constant repetition/...) *coll*

Bei uns in Mathematik, das geht so: Kurt – wieviel sind 3 + 4 Äpfel? – 7 Äpfel. – Also: 103 + 4 Äpfel? – Hm ... – Laß doch die 100 erstmal weg, du Esel – also: 4 + 3 Äpfel, das waren? – 7 Äpfel. – Glänzend – und jetzt die 100? – Hm ... 100 und ... eh ... 7, 107. – Hervorragend. – Emil: 106 + 3 Birnen ... Usw. – Euer Lehrer bringt euch das Rechnen also mit dem Holzhammer bei. Na ja, bei manchen geht es vielleicht nicht anders.

jm. etw. mit dem Holzhammer (he-)reinhauen/eintrichtern/einbleuen/... *sal* · to drum/to hammer/to beat s.th. into s.o. *coll*

Dem Franz mußt du die Grammatik mit dem Holzhammer hereinhauen, sonst versteht er nichts. Ganz lapidar: die Regel – einige Beispiele – den Stoff danach lernen – die Beispiele – die Regel – der Stoff – der Stoff – die Beispiele – die Regel ... Genau so, – bum! bum! –, sonst kapiert der nichts.

Holzhammermethode: die Holzhammermethode anwenden (müssen) *ugs* · to (have to) drum/to hammer/to beat s.th. into s.o.'s head

Wenn der Willi im Rechnen in der Tat immer wieder Schwierigkeiten hat, mußt du die Holzhammermethode anwenden: heute das Einmaleins mit 2, morgen mit 3, übermorgen mit 4 – bis 10; abhören, immer schneller; dann kombinieren – ... – ganz stur! Dann wird er sich schon daran gewöhnen, Zahlen miteinander zu verbinden.

Holzkopf: ein Holzkopf (sein) *sal* · 1. 2. to be thick, 1. to be a blockhead, to be a bonehead, to have nothing between one's ears, 2. to have no brains, to be dim

1. ... Ach, das ist doch ein Holzkopf, dieser Bausch! Bei dem kannst du doch kein Verständnis für ästhetische Probleme erwarten.

2. vgl. – (eher:) keine/(wenig) **Grütze** im Kopf haben

Holzweg: auf dem Holzweg sein (wenn man meint/..., daß man sich ... leisten kann/.../daß j. ... ist/handelt) *sal* · 1. 2. (if you/John/... thinks ...), (then) you/he/... have/has got another think coming, (if you/John/... thinks ...), (then) you/he/... are/... on the wrong track

1. Wenn du glaubst, ich würde dir ewig Geld leihen, damit du herumfaulenzen kannst, dann bist du auf dem Holzweg! Das ist das letzte Mal heute!

2. Der Franz meint, er könnte hier jeden zweiten Tag zu spät zum Dienst kommen, ohne daß das geahndet würde. Aber da ist er auf dem Holzweg! Der Chef sagt zwar bisher nichts, aber er sieht alles – und wenn es ihm zuviel wird, setzt er den Franz kurzerhand an die Luft.

Honig: jm. Honig um den Bart schmieren/streichen *ugs* · to butter s.o. up

Der Christoph ist der einzige, der dem Chef offen sagt, was er denkt, und ihm nicht wie alle anderen Honig um den Bart schmiert. – Viele Chefs pflegen es lieber zu haben, wenn man ihnen schmeichelt und ihnen nach dem Munde redet. Kommt der Christoph zurande?

jm. wie Honig eingehen *ugs Worte/schöne Reden/...* · s.th. is music to s.o.'s ears, + s.o. laps s.th. up

Der Paul hat mehrere Jahre am Theater gearbeitet, ohne festen Vertrag. Seit dieser Zeit dauernder Unsicherheit gehen ihm alle Argumente zugunsten sicherer Arbeitsverträge natürlich wie Honig ein.

jm. Honig ums Maul/um das Maul schmieren/(streichen) *sal* – jm. **Honig** um den Bart schmieren/streichen · to butter s.o. up

jm. Honig um den Mund schmieren/(streichen) *ugs* – jm. **Honig** um den Bart schmieren/streichen · to butter s.o. up

Honigkuchen: Honigkuchen! *sal* – von **wegen!** (2; a. 1; u.U. 3) · you're joking

Honigkuchenpferd: grinsen wie ein Honigkuchenpferd *sal* – übers/(über das) ganze **Gesicht** strahlen/(grinsen/...) · to beam all over one's face/from ear to ear

lachen wie ein Honigkuchenpferd *sal selten* – übers/(über das) ganze **Gesicht** lachen · to laugh all over one's face

strahlen wie ein Honigkuchenpferd *sal* – übers/(über das) ganze **Gesicht** strahlen/(grinsen/…) · to beam all over one's face/from ear to ear

Honiglecken: das/etw. **ist kein Honiglecken/Honigschlecken**
ugs – … etw. zu tun …, das ist kein **Spaß** · it/s.th. is not a bed of roses, it/s.th. is no pushover

Honneurs: die Honneurs machen *geh od. iron veraltend selten*
· to welcome guests/clients/… and show them around *n*, to do the honours
Was ist der Gregor Bambeck eigentlich von Beruf? – Er 'macht die Honneurs' bei Krupp, wie er zu sagen pflegt; d. h., er heißt die Gäste willkommen, führt sie durchs Werk, stellt sie den Direktoren vor …

honoris: honoris causa *mst: h. c.* (Dr. phil. h. c./den Dr./ (Prof.) honoris causa einer Universität bekommen/…) · to receive/to be awarded/… an honorary doctorate/a doctorate honoris causa
… Ja, von Hause aus ist der Metzner Mediziner; da hat er auch seinen Doktor gemacht/er hat auch in der Medizin promoviert. Später hat er mehrere Jahre über anthropologische und ethnologische Probleme gearbeitet – die Universität Freiburg hat ihm dafür den Dr. phil. h. c./(honoris causa) verliehen …

Hopfen: bei/(an) jm. **ist Hopfen und Malz verloren** *oft iron* · + s.o. is a dead loss *coll*
… Aber wenn der Kurt jeden Tag konzentriert ein bis zwei Stunden an der Sache arbeitet, muß das doch zu machen sein! Ich will mal mit ihm reden. – Das ist zwecklos. Bei dem ist Hopfen und Malz verloren! Der kann einfach nicht richtig arbeiten. Da ist nichts zu machen.

Hopfenstange: dürr wie eine Hopfenstange (sein) *ugs* – *path*
· to be as thin as a bean-pole, to be as thin as a rake
Der Paul ist bestimmt 15 Zentimeter gewachsen im letzten Jahr! Er dürfte jetzt um die 1,85 sein. – Und dabei ist er noch dünn wie nur etwas – dürr wie eine Hopfenstange, wie man so sagt.

hopp: hopp hopp! *ugs* – dalli, dalli! · get a move on!, look lively!, get cracking!

(für jn.) hopp hopp gemacht sein (müssen) *ugs* · 1. s.th. has to be done in no time, 2. (for s.o.) s.th. has to be done double quick
1. Nun stell' dich doch nicht so an mit einer so lächerlichen Arbeit! Das ist doch hopp hopp gemacht! Länger als eine Stunde dauert das auf keinen Fall. Man muß sich nur mal dranmachen.
2. Für den Albert muß alles hopp hopp gemacht sein. Was nicht im Nu erledigt ist,das ist nicht seine Sache.

alles/(etw.) hopp hopp machen *ugs* · to do s.th. double quick, to do s.th. at the double
Dumm ist der Albert nicht, aber er hat überhaupt keine Geduld, keine Ausdauer. Der muß alles hopp hopp machen. Was nicht im Nu erledigt ist, macht ihn nervös – oder er packt es erst gar nicht an.

hoppla: (nun mal) (ein bißchen) **hoppla hoppla/hopp!** *sal* – **dalli, dalli!** · get a move on!, look lively!, get cracking!

(für jn.) hoppla hopp gemacht sein (müssen) *ugs* – (für jn.) **hopp hopp** gemacht sein (müssen) · (for s.o.) s.th. has to be done double quick

(etw.) **hoppla hopp machen** *ugs* – alles/(etw.) **hopp hopp** machen · to do s.th. double quick, to do s.th. at the double

hoppnehmen: jn. (ganz schön/…) **hoppnehmen** *sal selten* · 1. to nick s.o., to nab s.o., 2. to pull a fast one on s.o., to fiddle s.o., to take s.o. for a ride, to put one over on s.o.
1. … Was, die Bande wurde hoppgenommen! – Ja, von der Polizei auf frischer Tat ertappt und sofort ins Gefängnis abtransportiert.
2. vgl. – jn. (ganz schön/mächtig/anständig/…) übers **Ohr** hauen

hops: hops sein *sal* · 1. to have gone west, 2. to have pegged out
1. vgl. – **hops** gehen *res* (3; u. U. 1)

2. vgl. – **hin** sein (1; u. U. 2)

hops gehen · 1. to disappear, to be lost , 2. to snuff it, to corpse out *sl*, to pop off *sl*, 3. to break, to bust
1. Wo ist denn der Manschettenknopf, verdammt nochmal? Er kann doch nicht hops gegangen sein! Ich hab' das Hemd doch gestern abend noch mit diesen Knöpfen angehabt und beide Knöpfe abends hier hingelegt! Er kann also nicht verloren gegangen sein! *ugs*
2. Wieviel Leute sind bei dem Unfall hops gegangen? – Du hast vielleicht einen Ton an dir, Otto! Nun, gestorben ist niemand, aber es gab zwei Schwerverletzte. *sal*
3. Die chinesische Vase ist hingefallen? Und? Sie ist hops gegangen, vermute ich. – Gott sei Dank nicht. Wie durch ein Wunder hat sie nicht einmal einen Riß. *ugs seltener*

hopsgehen: etw. **hopsgehen lassen** *sal selten* – etw. **mitgehen** lassen/(heißen) · to pinch s.th., to whiz s.th., to lift s.th., to nick s.th.

hopsnehmen: jn. **hopsnehmen** *sal selten* – jn. (ganz schön/…) **hoppnehmen** (1) · to nick s.o., to nab s.o.

hör: (na) hör' mal/(hören Sie mal/…)! *ugs* · now look here!, now listen here!
… Die Arbeitszeit der Arbeiter muß dann eben verlängert werden, wenn … – Na, hören Sie mal! Sie können die Schwierigkeiten der Wirtschaft doch nicht einfach einseitig auf Kosten der Arbeiter regeln!

ich denk', ich hör' nicht recht! *ugs* · am I hearing right?, I can't believe I'm hearing this
… Behauptet der Richard doch in der Tat – ich denk', ich hör' nicht recht –, an seinen Eheproblemen wäre seine Frau schuld! Das mußt du dir mal vorstellen! Ein Mann, der seine Frau nur tyrannisiert hat …

höre: (wie) ich höre/wir hören · I/we hear that …
… Wie ich höre, bist du neuerdings verheiratet? – Wer hat dir das erzählt? – Der Franz Reutner.

(man) höre und staune/(hört und staunt/…)! *ugs iron* · (…,) would you believe it?
Mit welchem Durchschnitt hat der Udo sein Abitur gemacht? – Man höre und staune – mit 1,2! – So ein Faulpelz, 1,2! – So ein Faulpelz, 1,2! Da bist du von den Socken, was? Ich auch, offen gestanden.

hören: auf jn. **hören** · to listen to s.o., to heed s.o., to take notice of s.o.
… Wenn sie überhaupt auf jemanden hört, dann auf ihren Bruder. Wenn der nichts erreicht, brauchen wir mit anderen erst gar nicht zu sprechen; dann erreicht niemand etwas.

laß/laßt/… **hören!** *ugs* · 1. 2. let's hear it, come on!, out with it!
1. … Was ich da erfahren habe, ist doch aufschlußreich. – Laß hören! – Also, …
2. … Onkel Heinz, ich wollte dir noch was sagen … – Laß hören, Junge! – Als ich neulich …

das/etw. **läßt sich hören** *ugs* · hats off!, not bad at all
800.000,– Mark Umsatz in diesem Jahr – das läßt sich hören. Im vergangenen Jahr waren es 450.000,–; das war wenig. 800.000,–, das ist mehr, als wir in den guten Nachkriegsjahren hatten. Prächtig!

nicht hören (wollen) · he/John/… doesn't listen, he/John/… won't listen
… Dem kannst du sagen, was du willst, er hört nicht. – Du warst in dem Alter genauso! Dir war auch völlig schnuppe, was dir die anderen sagten.

sich (selbst) gern reden/sprechen hören *ugs* · to like the sound of one's own voice
Der Anton Murner hört sich selbst sehr gern reden, meinst du nicht auch? – Warum? Weil er immer so lang und breit da herumdoziert, wenn jemand ihn etwas fragt? – Weil er überhaupt zu viel und zu lange redet.

sagen hören, daß … – (eher:) ich habe/wir haben/… ge-**hört,**daß/… · to have heard that …

schwer hören · to be hard of hearing

Ist der Kleiber taub? – Richtig taub wohl nicht. Aber er hört in der Tat sehr schwer.

j. wird noch von jm. hören! · you/he/... will be hearing from me/us/..., you/they/... haven't heard the last of this

... So eine Unverantwortlichkeit laß ich mir nicht bieten! Und von dem Kurt Schröder schon gar nicht! Der wird noch von mir hören!

was/etwas/einiges/... zu hören bekommen · to get an earful (from s.o.)

Vorgestern hatte die Rosemarie vergessen, die Post für den Chef rechtzeitig weiterzuleiten. Was die deswegen alles zu hören bekommen hat: solche Dinge könne eine richtige Sekretärin, die ihren Beruf ernstnimmt, gar nicht vergessen; wenn das nochmal vorkomme, müsse man sich nach geeigneteren Kräften umsehen ... Entsetzlich!

etw. nicht mehr hören können/wollen · not to want to hear any more about s.th.

... Komm', Felix, halt' den Mund, ich kann diesen Blödsinn nicht mehr hören. 'Norm', 'System', 'funktionelle Opposition' ... – das gibt's doch alles nur in den Köpfen verbohrter Linguisten!

sich an etw. (gar/überhaupt) nicht satt hören können – sich an etw. (gar/überhaupt) nicht **satt** sehen/hören/riechen/... können (2) · not to be able to hear enough of s.o./s.th.

der/die/... wird/kann (von mir/...) was zu hören kriegen! ugs · he'll/... be hearing from me/..., I'll/... give him/... what for sl

... Der Fischer hat die Matratze immer noch nicht geliefert? Der kann was von mir zu hören kriegen! Was stellt der sich denn eigentlich vor? Der meint wohl, meine Frau schläft auf dem Fußboden, wenn sie aus der Klinik kommt?! Dem werd' ich mal die Flötentöne beibringen!

etwas/nichts/... von sich hören lassen · + (not) to be in touch with s.o., + not to have heard anything from s.o.

Hat eigentlich der Bertolt seit seiner Abfahrt schon etwas von sich hören lassen? – Nein! Bisher hat er keinerlei Nachricht gegeben, wie es ihm geht, wie die Reise verlaufen ist, wann er zurückkommt – nichts!

Sie hören/du hörst/... wieder von mir · + I'll/... be in touch again, + I'll ring you/... back soon

(Am Telephon:) Heute kann ich Ihnen leider noch keine definitive Antwort geben, aber Sie hören in aller Kürze wieder von mir. Spätestens in der nächsten Woche rufe ich Sie an.

nichts mehr von etw. hören wollen · not to want to hear any more about s.th.

... Geh' mir weg mit diesem strukturalistischen, durch und durch aprioristischen Begriffszauber! Ich will von diesem – erkenntnishemmenden – Zeug nicht mehr hören!

Hören: jm. vergeht Hören und Sehen bei etw. ugs – path selten · s.o. almost faints/passes out n, not to know whether one is coming or going

Nein, mit dieser Achterbahn fahre ich nicht mehr. Bei diesem Rauf und Runter und bei den scharfen Kurven vergeht einem ja Hören und Sehen! Als ich ausstieg, wußte ich überhaupt gar nicht mehr, wo ich war.

so gewaltig/laut/(schnell)/..., daß einem Hören und Sehen vergeht ugs – path · the noise/... is enough to drive one mad, the speed/... makes s.o. feel faint n

... In einem Lärm in diesen Fabrikhallen, daß einem Hören und Sehen vergeht. Man versteht ja sein eigenes Wort nicht. Das würde ich keine drei Tage aushalten.

jm. eine knallen/..., daß ihm Hören und Sehen vergeht sal · to hit/... s.o. so hard/... that he doesn't know what day it is

... Wenn du jetzt nicht mit dem Unsinn aufhörst, hau' ich dir eine (he-)runter, daß dir Hören und Sehen vergeht! Beschwer' dich nachher nicht, ich hätte dir eine gesalzene Ohrfeige verpaßt. Ich hab' dich gewarnt!

Hörensagen: jn./etw. (nur/bloß) vom Hörensagen kennen/ wissen/... · 1. 2. to know s.o./s.th. (only/...) from hearsay/(only/...) by reputation

1. Du kennst doch den Volker Meisel? – Persönlich nicht; aber von Hörensagen kenne ich ihn natürlich. Er ist ja hier in aller Munde ...

2. ... Nein, zuverlässig informiert bin ich in der Sache nicht; ich weiß nur von Hörensagen, worum es sich handelt.

sich nicht aufs Hörensagen verlassen · not to rely on hearsay

... In der Tat, ich habe mir auch erzählen lassen, der Bedarf an Granit werde in den nächsten Jahren enorm steigen. Trotzdem würde ich mich bei so einer teuren Anlage nicht aufs Hörensagen verlassen, sondern mich bei den Fachleuten detailliert erkundigen.

Hörer: den Hörer auf die Gabel knallen ugs · to slam the receiver down

Du, kannst du nicht ein bißchen sachter einhängen? Wenn du den Hörer immer so auf die Gabel knallst, ist das Telephon bald hin.

den Hörer auf die Gabel legen form · to put the receiver down

... Ganz vorsichtig legte sie den Hörer auf die Gabel – so, als ob das Telephon aus Glas wäre.

hörig: jm. (sexuell) hörig sein · to be (sexually) dependent on s.o., to be (sexually) enslaved to s.o.

Jemandem sexuell hörig sein und jemanden leidenschaftlich lieben, sind doch wohl noch verschiedene Dinge, Junge! Der eine handelt sklavisch, der andere menschlich.

Horizont: einen engen/beschränkten/begrenzten/(kleinen) Horizont haben · to have limited/... horizons

... Wie du weißt, kann man mit dem Kurt über solche Probleme nicht reden. Er ist nie aus diesem Städtchen herausgekommen, hat nie etwas Vernünftiges gelesen ... Er hat einen sehr engen Horizont. – Dafür denkt er allerdings innerhalb seines engen Rahmens sehr genau.

einen weiten/(großen) Horizont haben · to have broad horizons

Seltsam: obwohl der Kurt nie aus diesem Städtchen herausgekommen ist, hat er einen sehr weiten Horizont. Er faßt die Probleme immer auf einer Ebene, die für sie interessant sind, und sieht sie in ihren allgemeineren Zusammenhängen.

sich am Horizont abzeichnen form · to be coming up/looming on the horizon

Schon lange zeichnete sich die Krise am Horizont ab. Aber niemand nahm die vielen Anzeichen ernst, oder besser: alle Welt redete von der kommenden Krise, aber kein Mensch zog die nötigen Folgerungen.

am Horizont auftauchen/erscheinen/... · to appear/... on the horizon

... und plötzlich tauchte ein Fischkutter am Horizont auf. Wie ein Punkt. Die Leute am Ufer starrten gebannt dorthin. Hatten sich die Fischer vor dem Sturm noch retten können? ...

seinen Horizont erweitern · 1. 2. to broaden one's horizons

1. ... Der Junge muß unbedingt bald aus diesem Nest heraus, um seinen Horizont zu erweitern. Wenn er noch lange hier lebt, wird er später kaum weniger beschränkt sein als unser Dienstmädchen.

2. Der Erwin ist sehr vielseitig. Er ist ständig offen für Neues und interessiert sich für die verschiedensten Dinge. Er versucht ständig, seinen Horizont zu erweitern.

über js. Horizont gehen ugs – jm./für jn. zu **hoch** sein · to be above s.o.'s head

js. Horizont übersteigen ugs – jm./für jn. zu **hoch** sein · to be above s.o.'s head

hinter dem Horizont verschwinden/... Sonne/Mond/... · to disappear/... below the horizon

Das ist schon ein schöner Anblick, wenn man abends aufs Meer hinausschaut und die Sonne Stückchen für Stückchen hinter dem Horizont verschwinden sieht.

Horizontale: sich in die Horizontale begeben/(legen) sal – die **Horizontale einnehmen (1)** · to get horizontal, to adopt the horizontal

die Horizontale einnehmen sal · 1. 2. to get horizontal, to adopt the horizontal

1. ... So, jetzt nehm' ich die Horizontale ein. Ich bin erschossen heute. – Was, du gehst schon in die Falle?

2. Die Betti meint wohl auch, es genügt, die Horizontale einzunehmen, um einen Mann an sich zu binden. Als wenn das lange gut ginge! – Wer weiß?

Horn: jm. **ein Horn aufsetzen/**(aufpflanzen) *sal veraltend selten* – jn. zum **Hahnrei** machen · to cuckold s.o.

sich ein Horn stoßen/holen *ugs* · to get a bump on one's forehead *n*
Was hast du denn da für eine Beule an der Stirn? – Der Ulrich hat mich gestern bei Tisch mal wieder gereizt. Da bin ich aufgesprungen, um ihm eine zu knallen, und dabei gegen das offene Fenster gestoßen. – Und da hast du dir dieses herrliche Horn geholt? …

mit jm. (immer/…) **in dasselbe/das gleiche/ins gleiche Horn tuten/blasen/**(stoßen) *sal* · to echo s.o.'s opinions/views/… *coll*
Nicht nur die Helga, auch der Rudolf meint, die Vorlesungen wären zu theoretisch, zu abstrakt. – Wenn die Helga das sagt, muß der Rudolf es natürlich auch sagen, das ist ja klar. Der tutet doch mit ihr in dasselbe Horn!

(immer/…) **in dasselbe/das gleiche/ins gleiche Horn tuten/blasen/**(stoßen) **wie** j. *sal* – mit jm. (immer/…) in dasselbe/das gleiche/ins gleiche **Horn** tuten/blasen/(stoßen) · to echo s.o.'s opinions/views/…

(alle/…) (immer/…) **in dasselbe/das gleiche/ins gleiche Horn tuten/blasen/**(stoßen) *sal* · they all/… (always/…) trot out the same old stuff
Mein Gott, ist das ein langweiliger Wahlkampf! Die tuten alle immer in dasselbe Horn: die Zeiten werden ernster; man muß den Gürtel enger schnallen; aber es geht uns immer noch viel besser als den meisten anderen Ländern … Wenn doch wenigstens einer mal etwas anderes sagte!

Hornberger: ausgehen wie das Hornberger Schießen *ugs* · to come to nothing *n*, to fizzle out
Die Konferenz ging aus wie das Hornberger Schießen – ohne jedes greifbare Ergebnis. – Und dafür werfen die Hunderttausende von Marken heraus, daß Hunderte von erwachsenen Menschen da wochenlang herumpalavern?

Hörner: sich die Hörner abstoßen/(ablaufen) *oft: er muß sich noch* … *ugs* · to sow one's wild oats
Herrgott nochmal, Emilie, reg' dich doch nicht immer so auf, wenn der Junge eine neue Freundin hat! Der muß sich, wie alle anderen seines Alters auch, die Hörner abstoßen! – Aber … – Aber! Aber! Das ist inzwischen ein junger Mann, der muß seine Erfahrungen machen. Dann wird er schon zur Vernunft kommen.

jm. **Hörner aufsetzen/**(aufpflanzen) *sal veraltend selten* – jn. zum **Hahnrei** machen · to cuckold s.o.

Hörner tragen *sal veraltend selten* · to be a cuckold, to be cuckolded
… Jetzt komm' mir doch nicht mit dem Werner! Die Hälfte seines Lebens hat dieser Mann doch Hörner getragen! – Irmgard! Du kannst doch dem Werner nicht zum Vorwurf machen, daß die Ute ihn dauernd betrogen hat! – Hätte er sich wehren sollen!

jm. **die Hörner zeigen** *ugs selten* – jm. **Widerpart** geben · to show s.o. one's teeth, to stand up to s.o.

jn. **mit Hörnern krönen** *sal veraltend selten* – jn. zum **Hahnrei** machen · to cuckold s.o.

Hornochse: ein (ausgemachter/…) **Hornochse** (sein) *sal* – für keine zwei **Pfennige** Verstand haben/nachdenken/aufpassen/… (1) · to be a clot/a dope/a knobhead/…

Hornuß: den Hornuß (sicher) **treffen** *schweiz* – mit einer Bemerkung/einem Urteil/… den **Nagel** auf den Kopf treffen · to hit the nail on the head with a remark/…

Horoskop: jm. **das Horoskop stellen** *form* · to cast s.o.'s horoscope
Hast du dir schon mal das Horoskop stellen lassen? – Nein. Ich halte von dieser Art Sterndeutung nichts.

Horror: einen Horror haben vor jm./etw. *path* · to be terrified of s.th., to have a horror of s.th.
Die Ursel hat einen ausgesprochenen Horror vor dem Fliegen. Schon eine Woche vorher schläft sie nicht mehr.

Horrortrip: das/etw. **ist ein/**der reinste/… **Horrortrip** *ugs Neol* · it's/s.th. was an absolute/… nightmare
Unser Urlaub war der reinste Horrortrip. Erst hatten wir einen Platten, dann hatte das Hotel unsere Buchung nicht registriert, das Zimmer war mäßig, in der ersten Woche wurde unser Wagen aufgebrochen …

hört: da hört (sich) doch (einfach) **alles auf!** *ugs* · that's the bloody limit!
Erst machen sie alle Naselang eine Fete, die sich bis zum Morgengrauen hinzieht, und jetzt gründen sie auch noch eine Rock-Band! Da hört sich doch alles auf! Die nehmen auf die Nachbarn nicht die geringste Rücksicht! Unverschämt!

das/etw. **hört** (überhaupt/gar) **nicht mehr auf** · 1. to go on and on for ever, 2. to go on and on, there is no end to it
1. Meine Güte, ist das ein weites und langes Tal! Das hört gar nicht mehr auf!
2. Stundenlang drängten sich Tausende und Tausende zum Stadion; der Andrang an die Kasse, auf die Eingänge hörte überhaupt gar nicht mehr auf.

das hört man gern! *ugs* · that's good news!, that's what I/… like to hear
… Eine 'Eins' in Französisch? Das hört man gern. Dafür kriegst du von mir 50,– Mark extra.

hört, hört! · hear, hear!
(Im Parlament:) Dieser Staat muß wieder lernen, ohne Schulden zu leben. Die Zerrüttung der Staatsfinanzen durch die falsche Regierungspolitik unterminiert die Grundlagen eines gesunden Gemeinwesen! … – Hört, hört! – Ja, glauben Sie denn, meine Damen und Herren …?!

(wenn …/…) (dann) **hört und sieht** j. **nichts mehr/**j. **hört und sieht nichts mehr vor Staunen/Wut/…** *path* · 1. if …, s.o. doesn't care about nothing, he will destroy the place/beat you to a pulp/…, if …, there is no holding s.o., if …, s.o. will stop at nothing, 2. (if/when/…,) everything around s.o. is blotted out, (if/when/…,) s.o. becomes oblivious to everything around him
1. Sei vorsichtig, Rainer! Reg' den Friedel nicht zu sehr auf! Wenn der einmal richtig in Wut gerät, dann hört und sieht er nichts mehr. Dann ist er in der Lage und schlägt dich hier vor versammelter Mannschaft aus dem Anzug.
2. vgl. – (eher:) (wenn …/…) dann/… **versinkt** alles um jn. her

Hörweite: in Hörweite sein/(etw. tun/…) *form* · to be within hearing, to be within earshot
Wenn du in Hörweite bleibst, kannst du meinetwegen rausgehen. Wenn der Anton anruft, ruf' ich dich.

außer Hörweite sein/(etw. tun) *form* · to be out of earshot
… Es hat keinen Sinn, Frau Schneider, den Jungen zu rufen. Er ist außer Hörweite. Da müssen Sie schon hingehen …

Höschen: heiße Höschen *scherzh* · hot pants
Köstlich, so 'Shorts' heiße Höschen zu nennen – als wenn die 'Shorts' heiß wären!

Hose: sich benehmen/ein Benehmen haben/(…) **wie eine offene Hose** *sal selten* · to behave like a peasant/tramp/pig *coll*
… Dieser Typ hat ein Benehmen wie eine offene Hose; der weiß überhaupt nicht, was sich gehört.

j. **macht sich** (noch) **in die Hose** (vor Angst/…) *sal* · to be going to shit o.s., to be going to wet o.s.
Mensch, hat der Eugen eine Angst davor, mit dem Chef wegen der Sonderzulage zu sprechen! Der macht sich noch in die Hose!

mach' dir/macht euch/… **bloß/… nicht in die Hose!** *sal* – mach' dir/macht euch bloß/… nicht ins **Hemd!** · don't make such a fuss/a song and dance/… about it, you needn't worry

j. **macht sich noch in die Hose**/(mach' dir/macht euch/... nur/bloß/doch nicht in die Hose!) *sal* – (eher:) j. scheißt sich noch in die **Hose**/(scheiß dir/scheiß euch/... nur/bloß/ doch nicht in die Hose!) *vulg* · 1. 2. to kick up a fuss about s. th. *coll*, to make a song and dance about s. th. *coll*

j. **macht sich eher/lieber in die Hose, als** (daß er jm. etw. gibt/...) *sal* – (eher:) j. scheißt sich eher/lieber in die **Hose**, als (daß er jm. etw. gibt/...) · s. o. would do anything rather than lend s. o. money/..., s. o. would rather top himself than lend s. o. money/...

j. **scheißt sich (noch) in die Hose** (vor Angst/...) *vulg* – j. macht sich (noch) in die **Hose** (vor Angst/...) · to be going to shit o. s., to be going to wet o. s.

j. **scheißt sich noch in die Hose**/(scheiß dir/scheiß euch/... nur/bloß/doch nicht in die Hose!) *vulg* · 1. 2. to kick up a fuss about s. th. *coll*, to make a song and dance about s. th. *coll*

1. Wenn ich gewußt hätte, daß der Fred sich so anstellt, hätte ich jemand anders um Geld gebeten. Mensch, der scheißt sich noch in die Hose! Ehe der einen Pfennig herausrückt, muß der Weltunter-gang nahe sein.
2. ... Komm', scheiß dir doch nicht in die Hose! Ein paar tausend Ziegel – das merkst du doch überhaupt gar nicht. Du verkaufst doch jeden Tag zigtausend davon. Da kannst du mir doch mal 2.000 oder 3.000 für meine Garage zum Einkaufspreis überlassen!

j. **scheißt sich eher/lieber in die Hose, als** (daß er jm. etw. gibt/...) *vulg* · s. o. would do anything rather than lend s. o. money/... *n*, s. o. would rather top himself than lend s. o. money/... *coll*

... Kannst du denn den Franz Engelbrecht nicht um ein paar Tau-send Mark anhauen, wenn die erste Ratenzahlung eures Kredits fäl-lig wird? – Den Franz?! Der scheißt sich doch eher in die Hose, als daß er jemandem Geld leiht. Du glaubst gar nicht, wie knickerig der ist!

alles/... (ist) **tote Hose** *sal Neol* · 1. 2. there's nothing doing in ... *coll*, 1. + a town/a village/... is dead, there's nothing going on in ... *n*, 2. it is a drag, it is a bore *n*, 3. it's bloody useless/hopeless/...

1. Ab zehn Uhr ist in Stuttgart tote Hose, dann ist da kein Mensch mehr auf der Straße.
2. Wenn Boris auftrat, kochte die Halle. Bei den übrigen Spielen war tote Hose, und die Fans vertrieben sich die Langeweile mit deplazier-ten Zwischenrufen.
3. »Alles tote Hose hier!« tobte er. »Der Belag ist miserabel, sodaß die Spieler dauernd ausrutschen, die Hallentemperatur stimmt nicht, die Bälle sind nicht alle gleich – alles Krampf!« *selten*

(gut/...,) **dann/also ziehen wir**/zieh' ich **die Hose wieder an!** *vulg selten* – (gut/...), dann/also machen wir/mach' ich die **Hose** wieder zu · (allright/...,) (then) we'll/I'll call the whole thing off, (allright/...,) (then) let's forget the whole bloody thing

die Hose anhaben *ugs* – (eher:) die **Hosen** anhaben · to wear the trousers

etw. **aus der linken Hose bezahlen/zahlen (können)** *ugs selten* – etw. aus der **Westentasche** bezahlen/zahlen (können) · to (be able to) pay for s. th. out of one's loose change, to (be able to) pay for s. th. easily/effortlessly/no bother/...

in die Hose gehen *sal* · 1. 2. to be a flop *coll*, to be a wash-out *coll*

1. Der letzte Rekordversuch von Meyer im Kugelstoßen ging völlig in die Hose. Er erreichte nicht einmal seine persönliche Bestleistung, geschweige denn die aktuelle Rekordmarke.
2. Hat der Brauer seine Pläne, ein Zwiegwerk in Bolivien aufzuma-chen, nicht verwirklichen können? – Nein, die Sache ist in die Hose gegangen. Die bolivianischen Kontaktleute haben offensichtlich ver-sucht, ihn über's Ohr zu hauen. *selten*

(bekanntlich/...) **nicht in die Hose gehen** *sal* · it (inevitab-ly/...) takes a toll *n*, it (inevitably/...) leaves its mark *n*

Der Friedrich sieht sehr mitgenommen aus! – Er hat ein sehr, sehr schweres Jahr hinter sich: erst seine Krankheit, dann der Unfall sei-

ner Frau, schließlich seine beruflichen Schwierigkeiten! Das alles geht bekanntlich nicht in die Hose.

jm. **geht die Hose mit/(auf) Grundeis** *sal euphem* – jm. geht der **Arsch** mit/(auf) Grundeis · + s. o. is scared shitless, + s. o. is shitting himself

etw./seine Branche/... **wie seine eigene Hose kennen** *sal sel-ten* – jn./etw. in- und auswendig **kennen**/(inwendig und aus-wendig) (2) · to know s. th. like the back of one's hand

das/so etwas/... **kannst du**/kann er/... **jemandem**/einem/ Leuten/... **erzählen/weismachen**/..., **der**/die **die Hose mit der Kneifzange zumacht**/zumachen/(anzieht/anziehen) *sal* · you/he/... can tell that to the marines

... Und dann geht der Viktor als Vertreter der Firma für zwei Jahre nach Bolivien? – So ein Schafskopf als Vertreter einer derart renom-mierten Firma nach Bolivien? – das glaubst du doch wohl selbst nicht! Das kannst du einem erzählen, der die Hose mit der Kneif-zange zumacht!

nicht aus der Hose kommen/können/kommen können *ugs* · to be constipated *n*, not to be able to go

... Diese Trockenheit und Hitze hier, dann die ganz andere Nahrung – das bringt den ganzen Verdauungsapparat durcheinander. Seit ei-ner Woche kann der Gerd überhaupt nicht mehr aus der Hose. – Dann besorgt euch halt ein vernünftiges Abführmittel.

(sich) **in die Hose machen** *Kinderspr* · to make a mess, to dirty o. s.

Die Erna läuft wieder so seltsam. Die hat bestimmt wieder in die Hose gemacht. – Sie ist ja noch klein. – So allmählich müßte sie sich daran gewöhnen, daß es dafür den Pott gibt.

die Hose(n) runterlassen *sal* · 1. 2. to put one's cards on the table *coll*, to show one's hand *coll*, 2. to come clean *coll*

1. (Beim Skat:) »Null ouvert!? Gut. Dann laß mal die Hosen runter!« – – Der Angesprochene legt sein Blatt offen auf den Tisch. – – »In der Tat, nichts zu machen ...«
2. ... So, endlich werden wir jetzt wissen, woran wir mit dem Bach-mann sind. Der Konfrontationskurs seiner Rivalen zwingt ihn, Far-be zu bekennen. Endlich! Jetzt wird die Hose runtergelassen!

die Hose(n) runterlassen (müssen) *sal* · to (have to) come clean *coll*

... Endlich haben sie einen Untersuchungsausschuß gebildet, endlich muß dieser Betrüger die Hose runterlassen! – Meinst du denn, da käm' viel raus? – Die werden genug zutage fördern, um diesem Heuchler die Maske vom Gesicht zu reißen.

die Hose(n) über der/(die) Tanne gebügelt/getrocknet haben *scherz selten* · to have bow legs, to be bow-legged

... Besser, man hat die Hose über der Tanne gebügelt als dauernd Schmerzen! – Was soll denn dieser Vergleich? – Ja, wenn der Otto O-Beine hat, dann hat die Gisela, seitdem sie Leistungssport treibt, dauernd Schmerzen in den Knien! Aber darüber redet niemand.

j. **macht/scheißt sich (noch) die Hose voll** (vor Angst/...) *vulg* – j. macht sich (noch) in die **Hose** (vor Angst/...) · to be going to shit o. s. (with fear/...), to be going to wet o. s. (with fear/...)

die Hose(n) gestrichen voll haben *vulg* · to be shit-scared, to be shitting o. s.

Der Börner soll zum Chef? Gott, der Arme! Der hat doch jetzt schon die Hosen gestrichen voll. – Wer so viel Schiß hat, soll erstens nicht klauen und sich zweitens nicht erwischen lassen.

gehen/..., **als ob**/wenn **man die Hose(n) voll hätte**/man sich in die Hose geschissen hätte *vulg* · to walk/... as if one has made a mess in one's pants/as if one has shat o. s./...

Schau dir den Alfons an! Der läuft daher, als wenn er sich in die Hose geschissen hätte. Vorsichtig – wackelig, die Beine seltsam nach außen – ich kann das nicht besser beschreiben als mit dieser Re-dewendung.

(sich) **die Hose vollmachen** *Kinderspr* – (eher:) (sich) in die **Hose** machen · to do a pooh in one's trousers

(gut/...,) **dann/also machen wir**/mach' ich **die Hose wieder zu!** *vulg selten* · (allright/...,) (then) we'll/I'll call the whole thing off *coll*, (allright/...,) (then) let's forget the whole bloody thing
... Komm', du streckst vor, und dann gehen wir zusammen ins Kino. – Nein, ich will nicht. – Komm', sei kein Frosch! – Nein, hab' ich gesagt. – Na gut, dann mach' ich die Hose wieder zu. Dann werd' ich heute abend fürs Abitur arbeiten.

die Hosen anhaben *ugs* · to wear the trousers
Bei den Hufnagels hat die Frau die Hosen an, scheint mir, was? – Und ob! Aber der Alfred Hufnagel ist auch ein ziemlicher Waschlappen. Da ist es kein Wunder, daß seine Frau 'Herr im Haus' ist.

in die Hosen gehen *sal* – in die **Hose** gehen · to be a flop, to be a washout

die Hosen auf Halbmast tragen *sal selten* · + s.o.'s trousers are at half-mast
Wenn es dem Adalbert Spaß macht, die Hosen auf Halbmast zu tragen, dann laß ihn doch! Besser zu kurz als zu lang!

etw./seine Branche/... **wie seine eigenen Hosen kennen** *sal selten* – jn./etw. in- und auswendig **kennen** (2) · to know s.th. like the back of one's hand

mit jm. **in die Hosen müssen** *schweiz ugs selten* · to enter the lists against s.o., to take s.o. on, to fight it out with s.o.
Wir warten alle darauf, daß der Häberle mal endlich mit dem Kurt Beuer in die Hosen muß. Erst wenn die sich mal im offenen Kampf miteinander gemessen haben, weiß man, wer von beiden mit Recht angibt, e wäre besser als der andere.

sich (**anständig/**...) **auf die Hosen setzen** *ugs selten* – sich (anständig/...) **auf den Hosenboden** setzen · to knuckle down/to get down to it, to pull one's socks up

in die Hosen steigen *schweiz ugs selten* · to prepare to do battle, to prepare to fight it out
(Ansage:) ...»Das Duell der beiden Finalisten wird in aller Kürze beginnen. Die beiden Spieler steigen bereits in die Hosen. Es scheint, sie können den Kampf genauso wenig abwarten wie die Zuschauer ...«

jm. (einem Jungen) **die Hosen strammziehen** *ugs* – (eher:) jm. den **Hintern** versohlen · to give s.o. a good hiding

js. **Hosen sind voll** *sal* – die **Hose(n)** gestrichen voll haben · to be shit-scared, to be shitting o.s.

die Hosen vollkriegen *sal selten* – den **Buckel** vollkriegen · to get a good thrashing

Hosenboden: sich (anständig/...) **auf den Hosenboden setzen** *ugs* · to knuckle down/to get down to it, to pull one's socks up
Wenn du beim Abitur durchkommen willst, mußt du dich jetzt anständig auf den Hosenboden setzen, Junge. Bisher warst du ja alles andere als fleißig.

jm. (einem Jungen) **den Hosenboden strammziehen** *ugs* – jm. den **Hintern** versohlen · to smack s.o.'s bottom

jm. (einem Jungen) **den Hosenboden versohlen** *ugs selten* – jm. den **Hintern** versohlen · to smack s.o.'s bottom

den Hosenboden vollkriegen *ugs* – den **Hintern** vollkriegen · to get one's bottom smacked

Hosenknopf: sich bei jedem Hosenknopf aufhalten *sal selten* · to be very/... finicky, to dot all the i's
... Ach, der Mann hält sich doch bei jedem Hosenknopf auf! Mit diesem Korinthenkacker kommen wir nie klar! Der wird jede Kleinigkeit wochenlang diskutieren.

sich um jeden Hosenknopf kümmern (müssen) *sal selten* · to (have to) worry about every little/petty/minor/... thing *coll*
Ist der Lausberg so ein Kleinigkeitskrämer oder muß er sich wirklich um jeden Hosenknopf kümmern, damit der Laden läuft?

Hosentasche: etw. aus der linken Hosentasche bezahlen/zahlen (können) *ugs selten* – etw. aus der **Westentasche** bezahlen/zahlen (können) · to (be able to) pay for s.th. out of one's loose change, to (be able to) pay for s.th. easily/effortlessly/no bother/...

etw. **wie seine Hosentasche kennen** *ugs* – jn./etw. in- und auswendig **kennen**/(inwendig und auswendig) (1) · to know s.th. inside-out, to know s.th. like the back of one's hand

Hosiana: heute (heißt es) Hosiana, morgen kreuzige ihn *geh Bibel* · they love you one day, they hate you the next *para*, you're a hero one day and a villain the next *para*
Noch vor einem halben Jahr schwor die ganze Belegschaft auf den Vorsitzenden des Betriebsrats. Heute will kein Mensch mehr etwas von ihm wissen. – So ist das: Heute Hosiana, morgen kreuzige ihn! Nichts ist wankelmütiger als die Masse und ihre Meinung.

Hottentotten: bei jm./... **geht es zu wie bei den Hottentotten** *sal* · + they/the Smiths/... live like savages *para*, + their/John's/... place is a shambles *coll*
Bei Schulzes geht es zu wie bei den Hottentotten! Der Vater ist arbeitslos, sitzt den ganzen Tag zu Hause rum und säuft sich die Hucke voll, die Kinder kloppen sich ständig, überall sieht's aus, als ob ein halbes Jahr nicht mehr geputzt worden wäre ... Mit einem Satz: es herrscht ein heilloses Chaos.

jn. **könnte man**/(kannst du/kann man) **zu den Hottentotten jagen mit** etw. *sal selten* · + he/they/... can't stand s.o./s.th. n, + he/they/... wouldn't touch s.o./s.th. with a bargepole
Der Siegfried macht vielleicht ein Gesicht, wenn ich ihm einen Matjeshering anbiete! – Den kann man mit Heringen zu den Hottentotten jagen. Wenn er dich damit ankommen sieht, wird ihm schon schlecht.

hü: hü oder hott! *ugs* – entweder ... oder · yes or no?

nicht hü und nicht hott *ugs* – (eher:) weder **hü** noch hott · neither yes nor no

weder hü noch hott *ugs* · not a word one way or the other *n*, neither yes nor no
Das ist ja zum Verrücktwerden hier! Jetzt warte ich schon drei Monate auf die Entscheidung der Baubehörde. Aber nichts! Weder hü noch hott! Ich muß doch wissen, woran ich bin! Entweder geben sie mir die Genehmigung oder sie geben sie mir nicht. Irgendetwas müssen sie doch entscheiden.

hüben: hüben und drüben *selten* · on both sides
... Wenn man hüben und drüben in allem die gleichen Ideen hätte, wäre alles prima. Aber auf der einen Seite herrschen deutsche Vorstellungen, auf der anderen französische. Der Rhein ist also schon noch ein echter Grenzfluß.

hüben wie drüben – (eher:) **hier** wie dort · in both places/countries/..., both here and there

Hucke: sich die Hucke vollachen *ugs norddt* · to laugh one's head off, to double up with laughter
Hast du das mitgekriegt? Als der Meinard nach hinten herunterfiel und ins Wasser plumpste, hat sich die Ulrike die Hucke vollgelacht. Die konnte sich gar nicht mehr einkriegen vor Lachen, wie sie ihn in voller Montur ins Wasser plumpsen sah.

jm. **die Hucke vollhauen**/(vollschlagen) *ugs eher norddt* – jm. den **Buckel** vollhauen/vollschlagen · to beat the shit out of s.o., to beat the living daylights out of s.o.

die Hucke vollkriegen *ugs eher norddt* · den **Buckel** vollkriegen · to get a good thrashing, to be done over, to get a good hiding

sich die Hucke vollsaufen *sal eher norddt* – sich **vollaufen** lassen · to get paralytic, to get tanked up, to get canned, to get rat-arsed, to get pissed

jm. **die Hucke volllügen** *ugs eher norddt* – jm. den **Buckel** volllügen · to tell s.o. a pack of lies, to lie one's head off

huckepack: ein Kind/... **huckepack nehmen** *ugs* – ein Kind/... huckepack(e) **nehmen** · to give a child/... a piggy-back

Hufeisen: ein Hufeisen mit einem Pferd dran/daran finden *ugs iron* · to find a horseshoe with a horse attached to it *tr*

... Wie kommst du denn an diesen Lederbecher? – Da waren die Manschettenknöpfe drin. – Welche Manschettenknöpfe? – Die da auf der Kommode liegen. Gestern auf dem Ball lagen die da auf unserem Tisch. Ich fragte überall herum, wem sie gehörten, aber keiner meldete sich. – Da hast du sie mitgenommen? – Ja, klar! – Gut, und der Lederbecher? – Die Manschettenknöpfe waren doch da drin. – Ah, ich verstehe: du hast ein Hufeisen mit einem Pferd dran gefunden. Ja, das ist etwas anderes.

Hüfte: (so) aus der Hüfte geschossen/gefeuert, ... *sal selten* · + to do s.th. just like that *coll*, + to dash off an article/... *coll*

... Ja, so aus der Hüfte geschossen wird so ein Artikel natürlich nichts. Auch Attacken wollen gut überlegt und sorgfältig vorbereitet sein.

aus der Hüfte schießen *Gewehr* · to shoot from the hip

Ich versteh' gar nicht, wie man überhaupt treffen kann, wenn man so aus der Hüfte schießt.

sich in den Hüften wiegen · to sway one's hips, to swing one's hips

Wie sich die Ursel beim Tanzen so leicht in den Hüften wiegt – das ist richtig schön zu sehen.

hügelauf: hügelauf und hügelab wandern/... *selten* – über **Berg** und Tal wandern/... · to walk/to wander/... up hill and down dale/over hill and dale/...

Hugo: das walte Hugo! *sal selten* · let's hope so! *coll*, amen to that!

Hoffentlich schreibst du morgen wenigstens eine 'Drei'! – Das walte Hugo! Sonst fall' ich durch.

Huhn: ein dummes/blödes/albernes Huhn (sein) *Frauen sal* – eine dumme/blöde/alberne **Gans** (sein) · (to be) a silly/empty-headed/... goose

ein fideles/ulkiges/lustiges/(...) **Huhn (sein)** *eher v. Frauen sal* · (to be) a cheerful soul/a silly goose/...

So ein fideles Huhn wie die Karin findet man nicht alle Tage! Immer gut aufgelegt! Immer frohsinnig und lustig!

ein komisches Huhn (sein) *eher v. Frauen sal* · (to be) a bit strange/weird/..., (to be) a queer fish

... Natürlich, unsympathisch ist die Doris nicht! Überhaupt nicht! Aber ein komisches Huhn – das mußt du doch zugeben. – Ich find' sie eigentlich ganz normal. – Wirklich?!

ein leichtsinniges Huhn (sein) *Frauen sal* · to be reckless *n*, to be imprudent *n*

Die Jutta ist doch ein leichtsinniges Huhn. – Warum? – Schau mal, sie schwimmt mit den Jungen da weit aufs Meer hinaus, obwohl sie gar nicht besonders gut schwimmt.

ein vergeßliches Huhn (sein) *Frauen sal* · to be terribly forgetful *n*, to have a memory like a sieve

Mein Gott, ist die Elke ein vergeßliches Huhn! Die behält aber auch nichts! Die hat ein Gedächtnis wie ein Spatz!

ein verrücktes Huhn (sein) *Frauen sal* · to be crazy *n*, to be as nutty as a fruitcake *coll*

Die Monika ist mal wieder außer Rand und Band! Die tanzt wie eine Wilde, macht die drolligsten Gesten, neckt die anderen ... – Wenn gefeiert wird, ist das/sie immer so ein verrücktes Huhn. Man könnte meinen, sie hätte nur Unsinn im Kopf.

ein versoffenes Huhn (sein) *sal selten* · (to be) a tosspot/a boozy beggar

... Ich hab' ja nichts dagegen, wenn jemand gern einen trinkt. Aber bei dem Erich, das geht zu weit – das ist ein versoffenes Huhn, der Mann! Der ist ja kaum mal drei Tage hintereinander nüchtern.

das Huhn, das goldene Eier legt, schlachten *ugs selten* · to kill the goose that lays the golden eggs

Wer das Huhn, das einem goldene Eier legt, selbst schlachtet, kann sich doch nicht beschweren, wenn es ihm dann schlecht geht! Der

Kiosk am Bahnhof war für die Werners eine glänzende Einnahmequelle. So etwas gibt man nicht ab – auch wenn es einem nicht mehr den richtigen Spaß macht!

danach/(nach etw.) **kräht kein Huhn und kein Hahn (mehr)** *ugs* – danach/(nach etw.) kräht kein **Hahn** (mehr) · no one cares/gives a damn about s.th. any more, no one gives two hoots about s.th. any more

wie ein Huhn hin- und herlaufen/... *Frauen ugs* · to run back and forth/... like a headless chicken

Was rennst du denn die ganze Zeit wie ein Huhn hier vor der Universität hin und her? – Ich warte auf die Note in meiner Deutschklausur. Die wird gleich ausgehängt. – Aber deshalb brauchst du doch nicht so zappelig hier herumzulaufen. Das sieht ja aus, als wenn du nicht richtig gescheit wärest!

ein blindes Huhn findet auch mal ein Korn · anyone can have a stroke of luck occasionally, anyone may be lucky once or twice, a fool's bolt may also hit the mark *rare*, every dog has its day

Unmöglich – die Doris hat die richtige Lösung herausgefunden?! Ausgerechnet die Doris, die von Mathematik so viel versteht wie wir von Chinesisch! – Nun beruhig' dich doch! Ein blindes Huhn findet auch mal ein Korn.

sein Huhn im Topf(e) haben *veraltend selten* · s.o. will never go hungry

Klar, die Lohhausens können es sich leisten, der weiteren wirtschaftlichen Entwicklung gelassen entgegenzusehen. Selbst wenn es abwärts geht, die haben ihr Huhn im Topfe. Der Herr Lohhausen hat nicht nur einen absolut sicheren Beruf; die Familie hat auch einen immensen Privatbesitz.

Hühnchen: mit jm. (noch) ein Hühnchen zu rupfen haben *ugs* · to have a bone to pick with s.o.

... Der Kurt Hermes kommt auch zu dem Vortrag? Das trifft sich gut, daß ich den endlich einmal vor die Flinte kriege. Mit dem habe ich nämlich noch ein Hühnchen zu rupfen. Der hat doch in der Tat behauptet ... – Laß ihn ...! – Von wegen!

Hühner: da/(darüber) lachen ja die Hühner! *sal* · you must be joking!, what a joke!, it's enough to make a cat laugh

Was sagt er? Viel kleiner als Brasilien ist Portugal auch nicht? Da lachen ja die Hühner! Jedes Kind weiß doch, daß Brasilien ein riesiges Land ist – so groß wie ganz Süd- und Mitteleuropa zusammen.

aussehen/ein Gesicht machen/..., **als hätten einem die Hühner das Brot weggefressen** *ugs veraltend selten* – aussehen/..., als wäre einem die **Butter** vom Brot gefallen · to look as if the bottom has dropped out of one's world

da sitzen wie die Hühner auf der Stange *ugs veraltend selten* · to sit like chickens on the roost, to sit like birds on the wire

... Schau' mal, was ich hier finde – eine alte Schulfotografie! Das muß so in der Quinta oder Quarta gewesen sein – wir sitzen da alle auf der Eingangstreppe, eine Reihe hinter der anderen. – Ja, wie die Hühner auf der Stange! – Genau!

Hühneraugen: jm. auf die Hühneraugen treten *oft: sich auf die Hühneraugen getreten fühlen sal* · 1. to tread on s.o.'s corns, to give s.o. a kick in the arse, 2. to tread on s.o.'s toes, to offend s.o.

1. Der Kräutner hat die Papiere immer noch nicht besorgt? Dann mußt du ihm mal auf die Hühneraugen treten! Wenn er sich bei mir eine solche Nachlässigkeit leisten würde, hätte ich ihm schon längst den Marsch geblasen.

2. vgl. – jm. auf den **Schlips** treten

Hühnern: mit den Hühnern aufstehen/... *ugs* · to rise with the lark, to be up/to get up at cock-crow

Während unsere Mutter gewöhnlich mit den Hühnern aufsteht, genießt es unser Vater, morgens so lange wie möglich im Bett zu bleiben.

mit den Hühnern zu Bett gehen/schlafen gehen *ugs* · to go to bed early *n*

In diesem Nest geht alle Welt mit den Hühnern zu Bett, scheint es. Als wir gestern abend so gegen neun Uhr einen Stadtbummel machten, war überall schon alles dunkel.

Hühnerscheiße: nur/nichts als/... **Hühnerscheiße im Kopf haben** *vulg* – für keine zwei **Pfennige** Verstand haben/nachdenken/aufpassen/... (1) · to be as thick as pigshit

Hui: (etw.) **im**/(in einem) **Hui** (machen) *ugs selten* · 1. in no time, in a flash, in a trice, 2. to do s.th. double quick, to do s.th. at the double
1. vgl. – im **Nu**/(in einem Nu)
2. vgl. – alles/(etw.) **hopp hopp** machen

außen hui, innen pfui *ugs selten* · 1. 2. the outside looks nice/fine/smart/... but the inside looks filthy/the inside is a different story, outside swank, inside rank *para*, outside pretty, inside shitty *para vulg*
1. Das Haus hat eine prächtige Fassade, das wohl – aber geh' mal da rein! Das ist im Innern richtig verfallen. – Außen hui, innen pfui? – Genau.
2. Nach außen spielt er natürlich den seriösen Mann. Aber wenn du ihn näher kennenlernst, dann merkst du rasch: außen hui, innen pfui.

oben hui, unten pfui *ugs selten* · nice outside and filthy underneath *para*
... Nicht nur die Wäsche, die man sieht, Junge, muß sauber sein, sondern auch die Unterwäsche! Wenn man dich so reden hört, könnte man meinen: oben hui, unten pfui. Du bist doch sonst nicht so.

Hülle: die sterbliche/irdische **Hülle** *form* · s.o.'s mortal remains
Das ganze Land trauert um seinen Präsidenten, der den Folgen seines Unfalls erlegen ist. Die sterbliche Hülle wurde in die Hauptstadt überführt; dort findet am kommenden Donnerstag auf dem Parkfriedhof das Staatsbegräbnis statt.

es gibt etw./(jn.)/... **in**/(die) **Hülle und Fülle**/(die Hülle und Fülle); jn./etw. ... haben/finden/... · there are apples/... in abundance, there are apples/... galore, there are plenty of apples/...
... Äpfel kannst du so viel essen, wie du willst; denn Äpfel gibt es dies Jahr in Hülle und Fülle/(die Hülle und Fülle)/(denn davon gibt es ...)/denn die gibt es .../(denn Äpfel sind in Hülle und Fülle vorhanden)/... Wir haben mehr – viel mehr –, als wir essen und verkaufen können.

die Hüllen abstreifen/fallen lassen *ugs* · to strip off
... Hier können wir ruhig alle Hüllen abstreifen, hier sieht uns keiner. – Ist denn das Nacktbaden in diesem Land offiziell noch verboten?

die letzten Hüllen fallen lassen *ugs* · to shed/to peel off/... the last layer
... Ihr findet das ja heute alle stocknormal, meinte er plötzlich, daß die Mädchen am Strand, die Schauspielerinnen, Stripteasetänzerinnen usw. auch die letzten Hüllen fallen lassen! Bis vor zwei Jahrzehnten war das doch alles verboten. Unten war da nichts zu sehen – oder höchstens mal ganz kurz ...

Hülse: nur noch eine leere **Hülse** sein *path selten* · to be just/nothing but/... an empty shell
... Der jahrelange Streß hat den Rainer völlig ausgelaugt. Der ist verbraucht. In jeder Beziehung – auch im Persönlichen! Das merkst du schon an seinen routinehaften, fast mechanischen Reaktionen. – Mann, du redest, als ob das nur noch eine leere Hülse wäre!

Hummel: eine wilde **Hummel** *ugs selten* · a tomboy, a proper tomboy
Die Katja ist ein richtiger Wildfang – eine wilde Hummel, wie man früher sagte.

Hummeln im/(unterm) **Gesäß**/im Steiß/im Hosenboden haben *sal selten* – **Quecksilber** im Hintern/(Leib) haben · to have ants in one's pants

Hummeln im Hintern/Arsch haben *sal selten* · 1. 2. to have ants in one's pants
1. Wenn der Robert soviel arbeitet, reist, organisiert, dann nicht, weil er muß, sondern weil er gar nicht anders kann. Das ist ein Aktivist – oder, wie mein Bruder sagt: der hat Hummeln im Arsch.
2. vgl. – **Quecksilber** im Hintern haben

Humpen: den/die Humpen schwingen *path Studenterspr selten* · to knock back the beer *para*
Ihr habt gestern eure Semesterabschlußkneipe gehabt, nicht? Dann habt ihr ja bestimmt anständig die Humpen geschwungen. – So wild war das gar nicht. Es wurde natürlich gesoffen – aber mehr als drei, vier Liter pro Kopf bestimmt nicht.

Hund: (Vorsicht/(...)) **bissiger Hund**! *form* · Beware of the dog!
»Vorsicht, bissiger Hund!« – ob das stimmt? Ich habe hier noch nie einen Hund gesehen, für weniger einen, der beißt. – Ich würde mich vorsichtshalber doch nicht zu nah an die Apfelbäume heranpirschen.

ein blöder Hund (sein) *sal* · (to be) a stupid bastard, (to be) a real swine/dickhead/... *vulg*
Ist das ein blöder Hund, der Strohberg! Lehnt der es doch wahrhaftig ab, daß das Tischtennisturnier in der Schule stattfindet! So ein Arschloch!

das/(etw.) **ist ein dicker Hund**! *ugs* · that's outrageous!, that's the limit!, that's a bloody liberty!
Was? Der Schuster hat auf dem Empfang so getan, als würde er dich nicht kennen, und dich nicht gegrüßt?! Das ist ein dicker Hund! Wenn er mich so unverschämt behandelt hätte, würde ich ihn auf offener Straße zur Rede stellen.

ein gemeiner Hund (sein) *sal* · (to be) a nasty bastard, (to be) a rotten bastard, (to be) a nasty piece of work
So ein gemeiner Hund! Erzählt der doch in der Tat dem Chef, wenn ich im Betrieb so wenig täte, dann deswegen, weil ich so viel schwarz arbeite. Eine richtige Gemeinheit!

frieren wie ein junger Hund *selten* – frieren wie ein **Schneider** (2; u. U. 1) · to be as cold as a brass monkey

kein Hund ... *sal selten* – kein **Mensch** · no one, nobody

sag'/sagt/... **doch nicht sofort/gleich krummer Hund!** *sal* – wenn ..., dann/deshalb/... brauchst du/braucht er/... (doch) nicht gleich/sofort/... krummer **Hund** zu mir/ihm/... zu sagen/mich/ihn/... nicht gleich/... krummer Hund zu schimpfen · you don't need/there's no reason/need/... to start slagging me/... off/getting at me/...

müde sein wie ein Hund *sal selten* – **todmüde** (sein) (1; a. 2) · to be dog-tired

jm. **nachlaufen wie ein Hund** *ugs selten* · 1. 2. to go running round after s.o., to chase after s.o.
1. Der Junge läuft der Gisela nach wie ein Hund, und die will offensichtlich nicht das Geringste von ihm wissen. – Gerade deshalb folgt er ihr wie ein Sklave auf Schritt und Tritt ...
2. ... Ich laufe diesem Mann doch nicht nach wie ein Hund! Wenn er meint, er brauchte mich weder in der Firma noch zu Hause zu empfangen, dann soll er es lassen! Selbst wenn ich einen Nachteil davon habe – ich kriech' dem doch nicht in den Arsch!

treu wie ein Hund sein *ugs* · to be as faithful as a dog
Es kann passieren, was will, der Rolf unterstützt dich immer, nicht? – Der ist treu wie ein Hund. So etwas von Treue gibt es heute überhaupt gar nicht mehr.

ein Hund sein *sal* · to be a right/real bastard
Was hat der Laschner gesagt? Wir wären nur gegen ihn, weil er genau wüßte, was wir dem Finanzamt alles verschwiegen hätten? Aber er könnte sich ja auch mal rächen? ... Das ist ein Hund, dieser Kerl! Der arbeitet mit allen Mitteln. Im übrigen ist kein Wort von dem, was er da suggeriert, wahr ...

ein armer Hund (sein) *Männer sal* · 1. 2. 3. (to be) a poor devil, 1. 2. (to be) a poor sod, (to be) a poor wretch
1. Mit dem alten Herrn Kobitsch habe ich wirklich Mitleid. So ganz allein, von allen gemieden, kränklich ... – Der Kobitsch ist ein armer Hund, da hast du recht, nur zu bedauern.
2. Der Wolters ist wirklich ein armer Hund! Hoch verschuldet, seine Frau will sich von ihm scheiden lassen, und jetzt droht ihm auch noch der Verlust seines Arbeitsplatzes. Der Mann kann einem wirklich leid tun.
3. vgl. – (eher:) ein armer **Schlucker** (sein)

(ganz) auf dem Hund sein *ugs selten* – (res zu:) (nervlich/ mit den Nerven/moralisch/...) auf den **Hund** kommen (1) · to have reached rock-bottom, to have cracked up completely

(bekannt wie) ein bunter/(scheckiger) Hund sein *ugs* · s.o. is a well-known character/figure/... *n*, + the whole town/... knows s.o. *n*
Den Karl Meisner? Den findest du sofort, wenn du am Eingang zum Klubhaus nach ihm fragst. Der ist ein bunter Hund hier; den kennt jedes Kind.

ein falscher Hund (sein) *sal* – ein falscher **Fünfziger** sein · to be a dodgy customer, to be a shady customer, to be as bent as a nine-bob note

ein fauler Hund (sein) *sal* – ein fauler **Sack** (sein) · to be a lazy bugger/bastard/sod/git/...

ein feiger Hund (sein) *sal* · to be a cowardly bastard
Der Waldemar hat geleugnet, daß er bei der Unterschriftensammlung genauso beteiligt war wie wir? – Er hat Schiß, daß er entlassen würde, das ist doch klar. – Ist das ein feiger Hund!

ein frecher Hund (sein) *sal* · (to be) a cheeky/an impertinent/... fellow/so-and-so/bugger *vulg*
Ist das ein frecher Hund, dieser Baumann! Sagt der dem Chef doch ins Gesicht: »Sie haben das doch alles nur geerbt und kapieren von der Sache überhaupt nichts!« So was von Frechheit ist mir noch nicht begegnet.

ein gerissener Hund (sein) *sal* · (to be) a crafty devil
Dem Anwalt ist es in der Tat gelungen, den Angeklagten von aller Schuld reinzuwaschen? – Dieser Kräuder ist ein gerissener Hund, sag' ich dir! Wie der mit der latenten Ausländerfeindlichkeit operierte, dann dezent, aber unüberhörbar auf die Verantwortung der offiziellen Stellen hinwies, schließlich ganz beiläufig die Vorstrafen des Klägers einfließen ließ ... – das war schon gekonnt.

ein krummer Hund (sein) *sal* · (to be) a devious bastard, (to be) a crooked bastard/swine/..., (to be) a dirty dog
Bei dem Ninbach mußt du höllisch aufpassen! Der kann zwar ungeheuer sympathisch und gewinnend sein – aber im Grunde ist das ein krummer Hund. Der schädigt die Leute, wo er nur kann.

müde wie ein Hund (sein) *ugs selten* – **todmüde** (sein) (2) · (to be) dog-tired

..., du räudiger Hund! *sal veraltend selten* · you dirty dog!
... »Wenn ich dich noch einmal in meinem Garten erwische, du räudiger Hund, jag' ich dir die Polizei auf den Hals! Kanaille!«

jn. davonjagen/... wie einen räudigen Hund *ugs* – *path veraltend selten* · to kick s.o. out/... like a mangy dog
Der Herr Huber ist ein unmöglicher Mensch. Als sich sein Sohn kürzlich zu seiner Homosexualität bekannte, hat er ihn in hohem Bogen rausgeschmissen. Wie einen räudigen Hund hat er ihn davongejagt.

ein scharfer Hund (sein) *sal* · not to take half-measures *coll*, to be pretty ruthless *coll*, not to take prisoners *coll*
Wenn der Dr. Kleiber bei den Klausuren Aufsicht hat, müßt ihr euch in acht nehmen. Das ist ein scharfer Hund. Der paßt auf wie ein Luchs und nimmt jedem, der sich irgendwie unlauterer Mittel bedient sofort die Arbeit ab.

einen dicken Hund haben *Skat ugs selten* · to have a good hand
Der Willy hat mal wieder einen dicken Hund, was? – Der hat doch dauernd ein glänzendes Blatt.

wie ein geprügelter/(verprügelter) Hund (wieder) abziehen/... *ugs* – (eher:) wie ein begossener/(nasser) **Pudel** (wieder) abziehen/... · to go away/to slink off/... with one's tail between one's legs, to go away/... crestfallen

wie ein geprügelter/(verprügelter) Hund dastehen/... *ugs* – (eher:) wie ein begossener/(nasser) **Pudel** dastehen/... · to have a hangdog look about one, to stand around/... looking sheepish/crestfallen

da liegt der Hund begraben – da liegt der **Hase** im Pfeffer · that's the point!

merken/(spüren/wissen/...), wo der Hund begraben liegt *ugs* – merken/(spüren/wissen/...), wo der **Hase** (im Pfeffer) liegt · to see the point, to realise what it's about

jn. wie einen Hund behandeln *sal selten* · to treat s.o. like a dog
Du hast mit deinem Meister Streit gehabt und gekündigt? – Bei diesem Mann hält es keiner länger als zwei, drei Monate aus. Du kannst dir nicht vorstellen, wie der einen Lehrling behandelt – wie einen Hund.

jn. wie einen räudigen Hund behandeln *sal path veraltend selten* – jn. wie einen **Hund** behandeln · to treat s.o. like a mangy dog

ein toter Hund beißt nicht mehr *veraltend selten* · dead dogs don't bite *para*
Wenn unsere Jüngste auf ihrem Schulweg in dem Stückchen, das durch den Wald geht, an dem gelben Haus vorbeikommt, hat sie immer noch Angst. – Wovor denn? Der widerliche Alte, der dort wohnte und die Kinder tyrannisierte, ist doch tot, und ein toter Hund beißt nicht mehr.

vom Hund auf den Bettelsack kommen *ugs veraltend selten* – (nervlich/mit den Nerven/moralisch/...) auf den **Hund** kommen (1) · to be ruined/shattered

von jm. nimmt kein Hund (mehr) einen Bissen/einen Bissen Brot *sal* · no one has any time for s.o. (any more), no one gives s.o. the time of day, no one wants to know s.o. (any more), no one wants anything to do with s.o. (any more) *n*
Wie ich höre, ist der Kräutner bei euch nicht sehr geschätzt. – 'Nicht sehr geschätzt' ist sehr wohlwollend formuliert. Von dem nimmt hier kein Hund einen Bissen Brot. Er muß froh sein, wenn man ihn überhaupt noch anstandshalber grüßt.

jn. (nervlich/gesundheitlich/mit den Nerven/...) auf den Hund bringen *ugs* · to ruin s.o./s.o.'s health/nerves/...
Der Breuer hatte doch eine blendende Firma! Wie kann es ihm denn heute so schlecht gehen? – Die dauernden politischen Unruhen, die Streiks und dergleichen haben ihn auf den Hund gebracht.

(ach) scheiß der Hund drauf! *vulg* – (ach) scheiß drauf! · to hell with it!, bugger it!

(etw.)/das kann/(möchte) einen Hund erbarmen/jammern machen *path veraltend selten* – das/(etw.) möchte einen **Heiden** erbarmen · it/s.th. would melt a heart of stone

es kann einen Hund erbarmen/jammern machen, wenn ... *path veraltend selten* – etw. greift ans **Herz**/es greift ans Herz, wenn ... · to be heart-breaking/heart-rending to see ...

einen Hund auf js. Fährte/Spur setzen · to put a dog on s.o.'s trail, to put a dog on s.o.'s track
... Wenn die Polizei sofort einen Hund auf seine Fährte gesetzt hätte, hätte man ihn auch erwischt. Jetzt ist es natürlich zu spät, jetzt gibt's keine aufspürbare Fährte mehr.

kein Hund fragt danach, ob/(wie/...) *sal selten* – kein **Mensch** fragt danach, ob/(wie/...) · no one cares how/why/..., no one asks how/why/..., no one wants to know how/why/...

wenn der Hund nicht geschissen hätte ... (hätte er einen Hasen gefangen) *vulg* · if pigs could fly *n*, if ifs and ans were pots and pans, there'd be no trade for tinkers
Gut, ich gebe zu, ich habe die Fristen falsch eingeschätzt. Aber wenn der Herr Kraber ein bißchen schneller gearbeitet hätte, hätte alles noch geklappt. – Wenn! Wenn der Hund nicht geschissen hätte, hätte er einen Hasen gefangen! Er hat nun mal nicht schneller gearbeitet, und das war vorherzusehen.

Hunde, die bellen, beißen nicht! · barking dogs do not bite, + s.o.'s bark is worse than his bite
Mein Chef hat mir heute gedroht, wenn ich nochmal zu spät käme, würde er mich feuern. – Reg' dich nicht auf! Der kloppt nur markige Sprüche. Hunde, die bellen, beißen nicht.

bei diesem Wetter/bei diesem Regen/... **jagt man** (doch) **keinen Hund hinaus** *ugs* · I wouldn't send a dog out in this weather/rain/(...)

Erna, du solltest ein bißchen draußen spielen! – Ach, Maria, bei diesem scheußlichen Wetter! Laß das Kind doch im Haus heute! Bei so einem Regen jagt man doch keinen Hund hinaus!

wie Hund und Katze sein/(miteinander umgehen/...) *ugs* – (so verschieden) wie **Feuer** und Wasser sein · to be (always/...) at one another's throats

(nervlich/mit den Nerven/moralisch/...) **auf den Hund kommen** *ugs* · 1. to be ruined (financially), 2. to go to the dogs *usu perf*, 3. to be ruined/shattered, 4. s.o.'s health/... is ruined/has gone to pieces/...

1. Früher war der Kaufmann ziemlich vermögend, aber seit dem Ruin der Textilfirma ist er auf den Hund gekommen. Kann er seinen Lebensunterhalt überhaupt noch selbst bestreiten? – Nein, sein Bruder greift ihm unter die Arme.

2. Es ist beeindruckend zu sehen, wie so ein anständiger junger Mann in wenigen Jahren moralisch so auf den Hund kommen kann! – Wenn man ständig nur in schlechter Gesellschaft verkehrt ...

3. Was ist denn los mit dir? Du schreist und schimpfst wegen jeder Lappalie hier herum! Du scheinst mir mit den Nerven ziemlich auf den Hund gekommen zu sein. In diesem Laden ruiniert sich jeder die Nerven. Ich möchte dich mal sehen hier!

4. Die Berta ist gesundheitlich völlig auf den Hund gekommen, oder ist mein Eindruck falsch? – Nein, leider hast du recht. Diese dauernden Feiern bis tief in die Nacht richten die beste Gesundheit zugrunde.

wie ein Hund leben *sal – path* – ein **Hundeleben** führen/ (haben) · to lead a dog's life

einen Hund an der Leine führen *oft an Schildern: 'Hunde an der Leine führen!' form* · to keep a dog on a lead/leash *often on signs: Dogs must be kept on a lead*

»Hunde an der Leine führen!«, steht hier; in diesem Park kannst du den Lumpi also nicht frei herumlaufen lassen.

der Hund ist auf den Mann dressiert *form* · the dog is trained to attack people

Gehen Sie sofort zurück, heraus aus dem Garten, oder ich lasse den Hund von der Kette. Er ist auf den Mann dressiert! Ein Wort von mir, und er beißt Sie ins Bein.

mit e-r S./damit **kannst du**/kann er/... **keinen Hund hinterm/ hinter dem Ofen hervorlocken/**... lockt man keinen Hund ... hervor *sal* · + that's not going to tempt anyone *n*, + that's not going to pull in the crowds *n*

... Und ein Vortrag über die Situation in Südafrika – würde das hier ankommen? – Nein, damit können Sie hier keinen Hund hinter dem Ofen hervorlocken! Bei einem solchen Thema hätten Sie vielleicht vier oder fünf Zuhörer.

wenn ..., **dann**/deshalb/... **brauchst du**/braucht er/... **(doch) nicht gleich/sofort/**... **krummer Hund zu mir**/ihm/... **zu sagen**/mich/ihn/... nicht gleich/... **krummer Hund** zu schimpfen *sal* · you don't need/there's no reason/need/... to start slagging me/... off/getting at me/...

... Was, du auch?! Du siehst auch nicht, daß es gar keine andere Lösung gibt?! Hier ist aber auch einer dümmer als der andere! – Nun reg' dich doch nicht gleich so auf! Ich stecke in der Materie nicht drin. Wenn ich die Dinge falsch beurteile, brauchst du doch nicht gleich krummer Hund zu mir zu sagen!

von jm. **nimmt kein Hund (mehr) ein Stück Brot** *sal* – von jm. nimmt kein **Hund** (mehr) einen Bissen/einen Bissen Brot · no one has any time for s.o. (any more)

bei diesem Wetter/bei diesem Regen/... **jagt man** (doch) **keinen Hund vor die Tür/auf die Straße** *ugs* – bei diesem Wetter/bei diesem Regen/... jagt man (doch) keinen **Hund** hinaus · I wouldn't send a dog out in this weather/rain/(...)

den letzten beißen die Hunde *ugs* · 1. 2. the last one out has to carry the can/pay, 2. the devil take the hindmost

1. ... Es ist besser, wir hauen ab! Diese Sauferei wird uns ganze Zeche zahlen? Das ist doch nicht möglich!

2. ... Jetzt aber raus! Wenn ich in zwei Minuten noch jemanden in der Klasse sehe, hagelt's Strafarbeiten. Raus, sage ich – den letzten beißen die Hunde. – Was passiert denn mit dem letzten, Herr Hoffmeister? – Frag' nicht so blöd! Raus!

es regnet junge Hunde *ugs selten* – es regnet/gießt in **Strömen** · it is pouring with rain, it is bucketing/pelting/... down

vor die Hunde gehen *sal* · 1. 2. to go off the rails, 1. s.o.'s marriage/... is on the rocks, 2. to go to the dogs, to go to pot, 3. to break down *n*

1. Bei seinem Lebenswandel mußte seine Ehe ja vor die Hunde gehen!

2. ... Unter diesen zynischen Managertypen ist sein moralisches Empfinden vor die Hunde gegangen. Er ist heute genauso erpreßbar, genauso egoistisch und kalt wie alle anderen hier auch.

3. vgl. – kaputt **gehen** (2)

etw. tun/etw. geht/**findet statt/**..., **wenn die Hunde mit dem Schwanz(e) bellen** *iron selten* – etw. geschieht/findet statt/... wenn **Ostern** und Pfingsten/(Weihnachten) auf einen Tag fällt/fallen/zusammenfallen · s.th. will happen when pigs start to fly, to do s.th./s.th. happens/... once in a blue moon

schlafende Hunde wecken · it's better/... to let sleeping dogs lie *prov*

An deiner Stelle würde ich hier von den sog. 'Kapitalisten' in der Dritten Welt überhaupt nichts sagen. Warum so ein heikles Thema anschneiden, wenn es nicht nötig ist. Es hat keinen Sinn, schlafende Hunde zu wecken! Es genügt, daß jemand in der Kommission ist, dem nicht gefällt, was du sagst, und schon hast du die größten Nachteile!

etw. vor die Hunde werfen *ugs selten* · to treat s.th. with contempt *n*, to throw s.th. to the dogs

Es ist eine Schande, wie der Breitkamp mit den wunderbaren Büchern umgeht, die er von seinem Vater geerbt hat. Die einen gehen durch Feuchtigkeit kaputt, die anderen verloren, wieder andere sind voller Eselsohren. Wenn der alte Herr wüßte, daß man seine Bibliothek so vor die Hunde wirft, würde er sich noch im Grabe umdrehen.

die schönsten Gedanken/Gedichte/... **vor die Hunde werfen** *sal selten* – (etw. tun, heißt/...) **Perlen** vor die Säue werfen · to cast pearls before swine

hundeelend: jm. **ist hundeelend** *sal* – sich hundeelend **fühlen** · to feel bloody awful

Hundeleben: ein Hundeleben führen/(haben) *sal – path* · to lead a dog's life

Verarmt, von allen verlassen, in einem elenden alten Haus – das ist ein Hundeleben, das der Klaus hier führt. Das würde von euch niemand auch nur eine einzige Woche durchhalten!

hundemüde: hundemüde sein *sal* – **todmüde** (sein) (1; a. 2; u. U. 3) · to be dog-tired

Hunden: mit allen Hunden gehetzt sein *ugs* – mit allen **Wassern** gewaschen sein · to know all the tricks, to be a wide boy

hundert: auf hundert sein *ugs* – auf **achtzig** sein · to be hopping mad, to be livid

jn. **auf hundert bringen** *ugs* – jn. auf **achtzig** bringen · to make s.o. hopping mad, to make s.o.'s blood boil

auf hundert kommen *ugs selten* – in die **Luft** gehen · to blow one's top

hundertachtzig: auf hundertachtzig sein *ugs* · to be raging, to be in a terrible temper, to be fuming, to be in a towering rage, + s.o.'s blood is boiling, to see red

Mein Vater war auf hundertachtzig, als meine Schwester ihm beichtete, daß sie ihm eine Delle ins Auto gefahren hat. Er hat sich tierisch aufgeregt.

jn. **auf hundertachtzig bringen** *ugs* · to make s.o.'s blood boil, to infuriate s.o.

Das Thema Ergänzungsabgabe darfst du bei dem Theo nicht anschneiden. Damit bringst du ihn ruckzuck auf hundertachtzig.

auf hundertachtzig kommen *ugs* – total/… **ausflippen**/ein total/… ausgeflippter Kerl/… sein (2) · to flip one's lid, to freak out, to go overboard about (s. th.)

Hunderte: Hunderte und Aberhunderte (von jungen Menschen/…) *path* · hundreds and hundreds (of people/…)
Hunderte und Aberhunderte drängten sich vor der kleinen Halle, in der der Kanzler seine letzte Wahlrede halten wollte. Eine unübersehbare Menge!

Hunderte und Tausende (von jungen Menschen/…) *path* – (eher:) **Hunderte** und Aberhunderte (von jungen Menschen/…) · hundreds and thousands (of young people/…)

unter Hunderten nicht einer/nicht einer unter Hunderten (macht/…) *path* · not one in a hundred (does/can/…)
Wer setzt sich schon jahrelang hin und sammelt die Daten, die in den Archiven verstreut sind, ungeordnet …? Unter Hunderten nicht einer!

Hundertfünfzigprozentiger: ein Hundertfünfzigprozentiger/150%-iger **sein** *ugs* · 1. 2. to be a fanatic, to be over-zealous, to be a two hundred percenter
1. Der Glöckner redet von seinen Parteisachen, als wenn es da um die ewige Seligkeit ginge. – Der Glöckner …! Das ist ein 150%-iger, einer von den Leuten, die meinen, die ganze Weltgeschichte müßte so ablaufen, wie sich das so ein engstirniger Parteifritze ausmalt.
2. Der Hannes der ist ein Hundertfünfzigprozentiger. Das ist in allen Dingen, egal ob geschäftlich oder privat, absolut penibel. Das ist ein richtiger Korinthenkacker.

hundertprozentig: hundertprozentig deutsch/portugiesisch/ehrlich/(verlogen/anständig/…) **sein** – etw. **durch** und durch sein/ein durch und durch … sein/ein … durch und durch sein (1, 3, 4; u. U. 2, 5) · to be absolutely honest/…, to be honest/… through and through, to be one hundred per cent Portuguese/…, to be a musician/… through and through, to be an out-and-out liar/…

ein hundertprozentig ehrlicher/verlogener/portugiesischer/konservativer/… **Mensch**/… **sein** – etw. **durch** und durch sein/ein durch und durch … sein/ein … durch und durch sein (1, 3, 4, 5; u. U. 2) · to be absolutely honest/…, to be honest/… through and through, to be one hundred per cent Portuguese/…, to be a musician/… through and through, to be an out-and-out conservative/socialist/…, to be an out-and-out liar/…

ein hundertprozentiger Portugiese/Brasilianer/(Musiker)/(Gentleman)/… **sein** – etw. **durch** und durch sein/ein durch und durch … sein/ein … durch und durch sein (3, 4, 5, 6) · to be one hundred per cent Portuguese/…, to be a musician/… through and through, to be an out-and-out conservative/socialist/…, to be a gentleman/… through and through

hundertprozentig Recht haben/sicher sein/einer Meinung sein (mit jm.)/… · to be a/one hundred per cent sure/right/…, to agree a/one hundred per cent with s.o.
Bist du sicher, daß der Karl den Text selbst geschrieben hat? – Hundertprozentig sicher. Er hat es mir selbst erzählt.

Hundertsten: vom Hundertsten ins Tausendste kommen – von/(vom) **Hölzchen** auf/(aufs) Stöckchen kommen · + one thing leads to another (and the discussion/… goes on for ages)

hundertzehn: auf hundertzehn sein *ugs* – auf **achtzig** sein · to be hopping mad, to be livid

auf hundertzehn kommen *ugs selten* – in die **Luft** gehen · to blow one's top

Hundeschnauze: kalt/(kühl) **wie eine Hundeschnauze sein** *sal* · to be as cold as ice *coll*
Du hättest sehen sollen, wie kühl der Böllerer zu dem Walter sagte: »Ja, lieber Herr Kalber, tut mir leid, aber die Arbeit ist schwach, sehr schwach; Sie können sich ja in einem Jahr nochmal melden.« – Der Böllerer ist kalt wie eine Hundeschnauze. Menschen interessieren den nicht mehr als seine Präzisionsmaschinen.

hundsgemein: (j. kann) **hund(s)gemein** (werden/…) *sal* · s.o. can be/get/… really nasty/mean/beastly/…
Vorsicht bei dem Krause, Werner! Der Mann kann sehr gewinnend sein, der kann aber auch hundsgemein werden. Der hat schon manchem das Leben hier zur Hölle gemacht mit seinen Intrigen und Machenschaften.

hundsmiserabel: jm. **geht's**/j. fühlt sich/(…) **hundsmiserabel** *sal* – sich hundeelend **fühlen** · to feel bloody awful/lousy/…

Hüne: ein Hüne von Mensch (sein) *path selten* – ein Mann/Kerl/… wie ein **Kleiderschrank**/ein richtiger Kleiderschrank sein · (to be) a giant of a man/woman

Hunger: guten Hunger! *ugs* – guten **Appetit!** · enjoy your meal, bon appetit

ich sterb'/er/der Peter/… stirbt/… **vor Hunger** *ugs path* · I/he/Peter/… am/is/… starving, I/he/Peter/… am/is/… famished
… Du, ich sterb' vor Hunger, Ingrid! Wenn wir jetzt nicht endlich Abend essen, geh' ich in den 'Waldhof'. Ich hab' seit heute morgen nichts mehr gegessen.

(einen) Hunger wie ein Bär haben *ugs* – einen **Bärenhunger** haben · to be famished, to be starving, s.o. could eat a horse

(einen) Hunger für drei/zehn **haben** *ugs* – einen **Bärenhunger** haben · to be starving, s.o. could eat a horse

Hunger und Durst stillen *geh* – *path* · to satisfy one's hunger and quench one's thirst
Für unsere Wanderung müßt ihr genügend Vorrat mitnehmen, um Hunger und Durst zu stillen. Unterwegs werden wir keine Gelegenheit haben, etwas zum Essen und zum Trinken zu kaufen.

Hunger leiden (müssen) *geh* – *form* · to starve
Während ein Teil der Menschheit im Überfluß lebt, muß ein anderer Hunger leiden/leidet ein anderer Hunger.

(einen) Hunger wie ein Löwe haben *ugs* – *path* – (eher:) einen **Bärenhunger** haben · I/he/… could eat a horse

der Hunger meldet sich (schon/bereits/…) *ugs* – js. **Magen** meldet sich (schon/bereits/…) · my/his/… stomach is rumbling

an Hunger sterben · to starve to death, to die of starvation
Wußtest du, Albert, daß auf der Welt jährlich Millionen von Menschen an Hunger sterben? – Das weiß jeder, Elisabeth, der täglich Zeitung liest.

seinen Hunger stillen *geh* – *form* · to satisfy one's hunger
Du hast für den Ausflug nichts zu essen mitgenommen? Wie willst du denn deinen Hunger stillen? An Geschäften und Restaurants kommen wir nicht vorbei.

(einen) Hunger wie ein Wolf haben *ugs* – *path* – (eher:) einen **Bärenhunger** haben · to be ravenously hungry

Hungerlohn: für einen Hungerlohn arbeiten/(…) · to pay s.o./to work for/… starvation wages
… Du kannst doch von Leuten, die für einen Hungerlohn arbeiten, keine Leistung verlangen! – Werden die denn so miserabel bezahlt?

hungern: nach Gerechtigkeit/… **hungern und dürsten** *path selten* · to hunger for justice/…
Während der Zeit der Verfolgung hungerten und dürsteten die Leute nach Freiheit; heute dagegen ist vielleicht nur noch wenigen bewußt, daß man die Freiheit mit Mut und Einsatz verteidigen muß.

Hungerpfoten: an den Hungerpfoten saugen *sal selten* – **Hunger** leiden (müssen) · to starve

Hungers: Hungers sterben *path selten* – an **Hunger** sterben · to starve to death, to die of starvation

Hungerstreik: in den Hungerstreik treten *form* · to go on hunger strike
Die Terroristen sind mal wieder in den Hungerstreik getreten, und wieder wird diskutiert, ob Zwangsernährung gestattet ist oder nicht.

Hungertod: den Hungertod sterben *path veraltend selten* – an **Hunger** sterben · to starve to death, to die of starvation

Hungertuch: am Hungertuch nagen *path* · 1. to be on the breadline, 2. to starve
1. Ist er wirklich so verarmt, wie man sagt? – Er nagt am Hungertuch. Hast du noch nicht gemerkt, wie abgemagert er aussieht?
2. vgl. – **Hunger** leiden (müssen

Hüpfer: ein junger Hüpfer(sein) *ugs selten* – ein junger **Spund** (sein) · (to be) a young pup/a young brat/a young tiro, (to be) a whippersnapper

Hürde: eine Hürde nehmen · to clear a hurdle
… Jetzt fehlt dir für das Staatsexamen nur noch das Mündliche in Französisch. Die Hürde wirst du auch noch nehmen.

eine Hürde im Sprung nehmen *ugs* · to get s.th. over and done with quickly, to clear an obstacle in one go
Wenn ich richtig sehe, fehlt dir nur das Dolmetscherexamen, dann hast du alle Unterlagen zusammen, um dich um diesen Posten zu bewerben. An deiner Stelle würde ich diese Hürde im Sprung nehmen. Wenn du dich anständig dranmachst, kannst du das in zwei, drei Monaten schaffen.

Husch: (jn.) auf einen Husch besuchen/… *ugs selten* – auf einen **Sprung** bei jm. vorbeikommen/jn. besuchen/in ein Museum gehen/… · to pop in to see s.o., to pop into a museum/…

etw. **im/in einem Husch erledigen/…** *ugs selten* – im **Nu**/(in einem Nu) · to do s.th. in no time, to do s.th. in a flash, to do s.th. in a trice

(…) (und) husch, war er/sie/… weg *ugs selten* – und schon/ (husch) war er/sie/… (wieder) **weg** · and whoosh he/… was/… gone

huste: ich huste/du hustest/… auf etw. *sal* – ich **pfeife**/du pfeifst/… auf etw. · I don't/he doesn't/… give a damn/care a rap/care a fig/… for s.o./s.th.

Hustekuchen: Hustekuchen! *sal selten* – von **wegen** (2) · you're/you must be joking, no way

husten: jm. was/etwas/(eins) husten *sal* · to tell s.o. where to get off
Wenn ich mit der Übersetzung allein nicht ganz fertig werde, kann mir der Roland heute nachmittag ja helfen. – Der Roland? Der wird dir was husten. Der hat Besseres zu tun als sonntags nachmittags Übersetzungen zu machen.

Hut: den/die/diesen Kerl/… mach' ich/(macht er/der Peter/…) so klein – **mit Hut!** *mit Geste von Daumen u. Zeigefinger, die die Kleinheit ausdrückt – vielleicht drei, vier cm sal* · I'll make mincemeat of him/that fellow/…
… Was hat dieser Kerl gesagt?! Ich hätte für die Stasi gearbeitet? Den werd' ich mir morgen kaufen! Den scheiß ich vor versammelter Mannschaft zusammen. – Nun beruhig' dich doch, Norbert! – Den mach' ich so klein – mit Hut!

(etw.) aus dem Hut (machen) *ugs selten* · (to do s.th.) off the cuff
Hat der Reinhard die Festrede wirklich gehalten? Er hatte doch gar keine Zeit mehr, sie vorzubereiten. – Er hat sie gehalten. Aus dem Hut. Entsprechend war sie dann auch – ziemlich nichtssagend.

das/(etw.) ist ein alter/uralter/ganz alter Hut *ugs* · that's old hat, that's an old one, that's an old chestnut
Hast du schon den neuesten Witz gehört von den zwei Mönchen, die sich nicht mochten …? – Den neuesten Witz?? Das ist doch ein alter Hut! Den erzählte uns unser Vater schon, als wir noch Kinder waren.

vor jm./etw. auf der/seiner Hut sein – sich vor jm./etw. in **acht** nehmen · to be wary of s.o./s.th., to beware of s.o./s.th.

(immer/…) auf der Hut sein (müssen) · to (have to) keep an eye out, to (have to) watch out, to (have to) be on the alert
In dieser Gegend kann es immer Hochwasser geben. Da muß man beständig auf der Hut sein. Wenn du da nicht aufpaßt, kann es dir passieren, daß dein Auto weggeschwemmt wird.

bei jm. in guter Hut sein *form selten* – bei jm. in guten/ besten **Händen** sein (3) · to be in safekeeping with s.o.

in sicherer Hut (sein) (bei jm./in/…) *form selten* · to be in safekeeping (with s.o./in/…), to be in good hands (with s.o./in/…), to be safe (with s.o./in/…)
… und erst, als sie das Schloß des Grafen von Duchamps erreichten, fühlten sie sich in sicherer Hut. Da konnten die Verfolger nicht herein, da konnte ihnen also nichts mehr passieren.

mit jm./etw. viel/wenig/nichts/… am Hut haben *ugs* · 1. 2. to have nothing to do with s.o./s.th., to have no interest in s.o./s.th. *n*
1. … Nein, mit Männern scheint sie in der Tat nicht viel am Hut zu haben! – Was? In dem Alter interessiert sie sich nicht für Männer?
2. … Nein, mit Malerei hat der Klaus nichts am Hut! Das sagt ihm nichts.

Hut ab (vor jm./etw.)! *ugs* – alle **Achtung** vor jm./etw.! · well done!, hats off to him/her/them/…, good for him/you/Peter/…!

vor dem Mann/der Frau/dieser Leistung/der Konstruktion/… **muß man**/(muß j.)/kann man (nur) **den Hut abnehmen**/(abziehen) *ugs* – alle **Achtung** vor jm./etw.! · hats off to Smith/him/his courage/…, you've got to hand it to him/ Smith/…, well done!, congratulations on your/… translation/…

den Hut auf halb acht/(halb elf/halb zwölf/halb dreizehn) **aufhaben/aufsetzen/…** *sal* – etw. auf halb **acht** haben *Hose/ Hut/…* · to have one's hat at a jaunty angle

den Hut aufhaben *ugs selten* · to be in charge *n*
(Zu einem Besucher auf einer Baustelle:) Der Vorarbeiter hier ist der kleine Dicke, der da hinten links steht. Aber den Hut hat der Alte auf, der dich beim Betreten des Werksgeländes begrüßt hat. Er ist hier auf der Baustelle für die Leitung und Koordinierung zuständig.

verschiedene Leute/Meinungen/… (alle) unter einen (gemeinsamen) **Hut bringen** *ugs* · 1. 2. to reconcile different opinions/wishes/… *n*
1. Für unseren Wandertag hatten die Schüler ein Dutzend verschiedener Vorschläge. Jeder wollte woandershin fahren, und es war gar nicht einfach, die ganze Gruppe/die verschiedenen Leute unter einen Hut zu bringen.
2. … und es war gar nicht einfach, die Meinungen/die zahlreichen Gedanken/… unter einen Hut zu bringen.

das/so etwas/… kannst du/kann er/… jemandem/einem/ Leuten/… erzählen/weismachen/…, der/die den Hut mit der Gabel aufsetzt/aufsetzen *sal selten* – das/so etwas/… kannst du/kann er/… jemandem/einem/Leuten/… erzählen/weismachen/…, der/die die **Hose** mit der Kneifzange zumacht/ zumachen/(anzieht/anziehen) · you/he/… can tell that to the marines

jm. eins auf den Hut geben *sal* – jm. eins aufs **Dach** geben · to tell/to show s.o. what's what, to give s.o. a good talking-to

mit dem Hut/(den Hut) **in der Hand erscheinen/bei jm. vorsprechen** *form veraltend* · to go and see s.o./to appear before s.o./… cap in hand
(Ein Chef:) Wenn der alte Bramberg da an meiner Tür mit dem Hut in der Hand erscheint, erinnert er mich immer an meinen Großvater. Dann kann ich dem Mann schon gar nichts mehr abschlagen.

(wenn man sieht/…,) **dann/da/… geht einem/**(jm.) (ja) **der Hut hoch** *ugs* – jm. stehen die **Haare** zu Berge (1) · + it/ s.th. is enough to make your hair stand on end

unter einen Hut kommen *ugs selten* · (to be able) to be reconciled *n*
… Die haben zu der Erbschaftsteilung derart verschiedene Vorschläge gemacht, gehen von derart unterschiedlichen Voraussetzungen aus, daß ich zweifle, ob sie je unter einen Hut kommen.

sich den Hut auf den Kopf stülpen · to slap on one's hat, to clap on one's hat

Wenn du schon einen Hut trägst, dann kannst du ihn auch vernünftig aufsetzen, Peter; dann brauchst du ihn nicht so nachlässig auf den Kopf zu stülpen.

eins auf den Hut kriegen/(bekommen) *sal* – eins aufs **Dach** kriegen/(bekommen) · to get a good talking-to, to get a right bollocking *sl*

etw. **aus dem Hut machen** *sal selten* · to do s.th. just like that *coll*, to do s.th. effortlessly/no bother/... *coll*

(Auf einem Hopfenkongreß:) Ach, Alfred, so eine kleine Exposition über die Marktsituation im Hopfen machst du doch aus dem Hut; dafür braucht ein Fachmann/(Insider) wie du doch keine Vorbereitung!

seinen/den Hut in den Nacken/ins Genick schieben · to shove one's hat back

... Wenn der Otto seinen Hut so in den Nacken schiebt, sieht er zum Schießen aus. Einfach zu komisch!

seinen Hut nehmen (müssen) *ugs* · 1. 3. to (have to) resign *n*, 1. to (have to) hand in one's resignation *n*, to (have to) give one's notice *n*, 2. to be dismissed *n*, to be sacked/fired *sl*

1. Wenn Sie mit den Direktiven der Geschäftsleitung nicht einverstanden sind, Herr Kolbers, kann ich Ihnen nur raten, Ihren Hut zu nehmen. – Selbstverständlich werde ich es vorziehen zu kündigen, als ständig gegen mein Gewissen zu handeln.

2. Hast du schon gehört, daß der Kolbritz seinen Hut nehmen mußte? – Nein. Und warum mußte er gehen? – Ich glaube, sie haben ihn an die Luft gesetzt, weil er in den Exportgeschäften grundsätzlich anderer Meinung ist als der Juniorchef.

3. vgl. – seinen **Abschied** nehmen

den Hut (ein bißchen/...) rücken *selten* · to tip one's hat, to move one's hat slightly

Statt den Hut abzunehmen/(zu ziehen), wenn er jemanden begrüßt, rückt der alte Herr Bohnert ihn so ein bißchen. Lustig!

dem/der/... **mußt du**/müßt ihr/... **(mal/...) auf den Hut spukken** *sal selten* – jm. eins aufs **Dach** geben · + to tell/to show s.o. what's what, to have to give s.o. a good talking-to

meinen/sich einbilden/..., **man könnte den anderen**/allen Leuten/... **auf den Hut spucken** *sal* · to imagine/to think/... one has the right to treat people/... like dirt

Der Klaus nimmt sich hier wirklich zu viel heraus! Und diese Angeberei dabei! Der meint, er könnte hier allen Leuten auf den Hut spucken, nur weil sein Vater den Klub finanziert.

du kannst dir/er kann sich/... **etw. an den Hut stecken!** *sal* – du kannst dir/er kann sich/... **etw. einsalzen** · he knows/you know/... what he/you can do with his/your/...

den Hut (tief) in die Stirn drücken · to pull one's hat down over one's face

Wenn der Anton den Hut so tief in die Stirn drückt, sieht er aus wie ein Wildwestler.

den Hut tief in die Stirn ziehen/... · to pull one's hat down, to pull one's hat down over one's eyes

Wenn der Gerd den Hut so tief in die Stirn zieht, sieht er aus wie ein verkappter Kriminalkommissar.

an den Hut tippen · to touch one's hat, to tip one's hat

Köstlich, wie der Alte lässig an den Hut tippt, wenn er jemanden begrüßt! So eine Geste will gelernt sein.

etw. (schließlich/... nicht) aus dem Hut zaubern (können) *sal* · 1. (not) (to be able) to produce s.th./to pull s.th. out of a hat, (not) (to be able) to come up with s.th. as if by magic, 2. not to be able to conjure s.th. up, not to be able to produce s.th. out of thin air

1. Um die Verhandlungen zu sabotieren, werden die zu geeigneter Zeit schon irgendwelche neuen Bedingungen aus dem Hut zaubern, da sei sicher. Irgendetwas fällt denen immer ein, um die Abrüstung zu blockieren.

2. vgl. – etw. (doch) nicht **herbeizaubern** können

den Hut ziehen/lüften · to take off one's hat (to s.o.)

Mein lieber Rolf, wenn man jemanden begrüßt, zieht man den Hut – wenn man schon einen trägt!

etw. **aus dem Hut ziehen** *ugs* · to conjure s.th. up, to produce s.th./to pull s.th. out of a hat, to come up with s.th.

... Ganz egal, welche Tricks der Verteidiger noch aus dem Hut zieht – der Prozeß ist für den Angeklagten nicht zu gewinnen. – Na, wir wollen mal sehen, was diesem Zauberkünstler noch alles einfällt.

vor dem Mann/der Frau/der Leistung/... **muß man**/(muß j.)/kann man (nur) **den Hut ziehen** *ugs* – alle **Achtung** vor jm./etw.! · hats off to Smith/him/his courage/..., you've got to hand it to him/Smith/..., well done!, congratulations on your/... translation/...

hüten: j. **wird sich** (schwer) **hüten,** zu ... · s.o. certainly will not do s.th., s.o. will take care not to do s.th.

... Du sagst dem Peter aber nichts von unserer Vereinbarung! – Ich werde mich hüten, dem etwas davon zu erzählen. Dann meint der sofort wieder, das richtete sich gegen ihn.

Hüter: der/ein Hüter der (öffentlichen) Ordnung/(des Gesetzes) *Polizist iron* · a custodian of the law

... Wenn so ein Hüter der Ordnung dich anhält, mußt du natürlich anhalten, Klaus. Wenn die Leute der Polizei nicht zu gehorchen hätten, wäre sie ja überflüssig.

Hutnummer: eine Hutnummer/ein paar Hutnummern zu groß für jn. sein *sal* · 1. 2. this deal/... is in a bigger league than he/you/... can play in/cope with/..., + you/he/... are out of your depth in this business/...

1. vgl. – eine **Nummer** zu groß für jn. sein

2. vgl. – ein paar/(einige) Nummern zu groß für jn. sein

Hutschnur: etw. geht (jm.) **über die Hutschnur** *sal* · that's/s.th. is going too far for s.o.'s liking, it's over the top

Ich hab' ja allerhand Verständnis für Faulheit und für Streiche junger Leute. Aber was sich der Rolf in letzter Zeit leistet, geht mir doch über die Hutschnur.

Hutschpferd: grinsen wie ein (frisch lackiertes) Hutschpferd *süddt, österr ugs selten* – übers/(über das) ganze **Gesicht** strahlen/(grinsen/...) · to grin like a Cheshire cat

Hutte: tapfer/... seine Hutte tragen *schweiz* – tapfer/... sein **Kreuz** tragen · to bear one's cross bravely/...

Hütte: hier/(...) **ist gut sein, hier laßt uns/wollen wir eine Hütte bauen** *Zit a.d. Bibel ugs* · let us stay and settle down here

(Einer aus einer Wandergruppe:) So, ich glaube, für heute sind wir genug gewandert. Hier könnten wir bleiben. – Du hast Recht, Willi, hier ist gut sein, hier laßt uns eine Hütte bauen. – Es genügt, wenn wir jetzt rasch das Zelt aufbauen ...

Hyänen: sich wie die Hyänen auf jn./etw. **stürzen** *path selten* · to fling o.s./to jump onto s.o. like a pack of hyenas

... Wie die Hyänen stürzten sich auf den getöteten Feind und raubten ihn aus. Widerlich.

Hypnose: unter Hypnose stehen · to be under hypnosis

Wenn die Sabine da so ganz (weit) weg ist und dann wie im Traum von ihrem Onkel redet, hab' ich manchmal den Eindruck, sie stünde unter Hypnose. – Das wäre Fernhypnose, Klaus, das gibt es nicht. Im übrigen: wenn du unter Hypnose stehst, bist du richtig weg.

jn. in Hypnose versetzen · to put s.o. under hypnosis, to hypnotise s.o.

Glaubst du, daß so ein Hypnotiseur jeden Menschen in Hypnose versetzen kann? – Wahrscheinlich müssen die Leute disponiert sein, sich seiner 'Führung' anzuvertrauen.

I

i-bewahre: i-bewahre! *ugs – path selten* · 1. good grief no!, heavens no!, 2. God forbid, God forbid that ..., let us pray that he/... does not ...

1. Meinst du nicht, daß er ins Krankenhaus muß? – I-bewahre! Das wäre eine böse Überraschung für ihn. Aber ich kann es nicht glauben.

2. vgl. – **Gott** bewahre (jn. vor etw./davor, zu ...)!

I-Männchen: ein I-Männchen/(Männlein) *ugs* · a school beginner *n*

Schau dir den Jörg an, wie er die Jungen aus dem Kindergarten von oben herab behandelt! In welcher Klasse ist er übrigens? – Er ist ein I-Männchen, er geht erst ganze drei Monate zur Schule. Gerade deswegen tut er doch den Kleinen aus dem Kindergarten gegenüber so überheblich.

I-Punkt: bis auf den letzten I-Punkt etw. **ausarbeiten/**ausrechnen/klären/erledigen/... *ugs – path* · 1. 2. to do s.th. down to the last dot on the i, to do s.th. to the letter, to do s.th. right down to the last detail

1. Wir haben die neuen Preise doch bis auf den letzten I-Punkt durchkalkuliert! Wie ist es denn möglich, daß da doch noch ein Fehler drinsteckt? – Auch die größte Akribie und Vollständigkeit verbürgt halt nicht die absolute Richtigkeit.

2. vgl. – (eher:) bis aufs **I-Tüpfelchen** Richtlinien durchführen/Anweisungen ausführen/...

bis auf den I-Punkt etw. **kennen/**durchführen/... *ugs – path selten* – jn./etw. bis ins **letzte** kennen/(...) (2) · to know s.th. inside out

I-Tüpfelchen: bis aufs I-Tüpfelchen Richtlinien durchführen/Anweisungen ausführen/... *ugs – path* · 1. 2. to do s.th. to the letter, to do s.th. right down to the last detail, to do s.th. down to the last dot on the i

1. Dem Klaus kannst du die unsinnigsten Aufträge von der Welt geben – er führt sie bis aufs I-Tüpfelchen aus. Ohne jeden kritischen Einwand macht er jede Einzelheit genau so, wie ihm aufgetragen wurde.

2. vgl. – (eher:) bis auf den letzten **I-Punkt** etw. ausarbeiten/ausrechnen/klären/erledigen/...

kein I-Tüpfelchen (an etw.) **ändern/...** *ugs – path* – keinen **Deut** (an etw.) ändern (1) · not to change a single comma (in a document)

I-Tüpferl: bis aufs I-Tüpferl Richtlinien durchführen/Anweisungen ausführen/... *ugs – path selten eher süddt* – bis aufs **I-Tüpfelchen** Richtlinien durchführen/Anweisungen ausführen/... · to do s.th. to the letter, to do s.th. right down to the last detail

kein I-Tüpferl (an etw.) **ändern/...** *ugs – path selten eher süddt* – kein **I-Tüpfelchen** (an etw.) ändern/... · not to change a single comma (in a document)

i-wo: i-wo! *ugs – path* – **ach**, was! (1) · of course not

Ich: ein anderes Ich/js. anderes Ich *form* · there's another side to s.o., + s.o. has a different side to him/her

... Du kennst die Margret nur vom Beruf her – da ist sie still und fleißig. Aber sie hat noch ein anderes Ich. Geh' mal samstag abend in die Diskobar unten am Schillerplatz, da kannst du sehen, wie wild, wie ausgelassen, wie feurig sie sein kann.

js. **besseres Ich** *form* · (to appeal to/...) s.o.'s better nature

... Ja, im Umgang ist die Ursel nicht leicht, das muß man zugeben. Aber wenn man sich an ihr besseres Ich wendet, ist sie ansprechbar. Denn im Kern ist sie durchaus anständig, gewissenhaft, entgegenkommend.

das liebe Ich! *iron* · number one, the self, oneself

Der Heinz hatte doch gesagt, er werde in diesen schwierigen Zeiten keiner Gehaltszulage zustimmen, ganz gleich, bei wem! Und jetzt, wo es um ihn geht, soll eine Ausnahme gemacht werden! – Ja, das liebe Ich! Eine Sache sind Empfehlungen für die lieben Mitmenschen, eine andere für sich selbst.

ein zweites Ich/js. zweites Ich *form* – ein anderes **Ich/**js. anderes Ich · there's another side to s.o., + s.o. has a different side to him/her

was weiß ich! *ugs* – (...,) (das) weiß der **Henker!** · God knows, Christ knows

sein eigenes Ich erforschen · to study one's self, to try to/... know o.s.

Statt den Beweggründen nachzugehen, die die Handlungen der anderen leiten, sollten die Menschen lieber ihr eigenes Ich erforschen, meinte mein Vater. Nach dem antiken Motto: »erkenne dich selbst!«.

Ideal: sein Ideal muß man sich backen lassen! *ugs selten* · nobody is perfect, the perfect human being has yet to be invented *para*

... Sympatisch ist der Moritz, auch strebsam und ehrlich, aber ... – Aber ...? Was willst du denn noch mehr? Sein Ideal muß man sich backen lassen! An jedem Menschen gibt es irgendetwas zu kritisieren.

Idee!: das ist/wäre eine Idee! *ugs* · that's an idea

Und was machen wir heute morgen bei diesem scheußlichen Regen? – Wir könnten ins Kleine Haus gehen, da gibt es eine Matinée – modernes Ballett. – Das ist eine Idee! Das machen wir.

hast du/habt ihr/(hat er/...) **eine Idee!** *ugs* · you/(he/...) must be joking, that's a bloody silly/harebrained/... idea

Wenn du Auseinandersetzungen mit dem Möllmann im Geschäft vermeiden willst, lad' ihn doch mal zum Abendessen ein! Dann wird das schon laufen. – Hast du eine Idee! Der Möllmann trennt Dienstliches und Privates rigoros.

eine fixe Idee · an idée fixe

... Der Vollmer meint, man könnte ja billigeres Papier für die Briefbögen und die Umschläge wählen, da ließe sich auch schon etwas sparen. – Das ist so eine fixe Idee von ihm. Jedesmal, wenn vom Sparen die Rede ist, kommt er mit seinem Papier.

keine Idee! *ugs* · no idea!, (I) haven't got a clue

Weißt du, wann der Film beginnt, um sechs Uhr oder um halb sieben? – Keine Idee! – Verflixt nochmal, weiß das denn kein Mensch hier?

eine Idee Zucker/Salz/... · a touch/pinch of suger/salt/...

... Ja, eine Idee Zucker nehme ich doch in den Kaffee – aber nur ein ganz kleines bißchen! Danke.

eine Idee größer/kleiner/... · a little (bit) bigger/smaller/...

Die Helga ist schon eine Idee größer als ihre Mutter, nicht? – Ja, ein kleines bißchen.

eine/keine Idee besser/schlechter/... (sein) · (not) (to be) a bit better/worse/... than ...

... Und du, du bist keine Idee besser als der Ingo! Bilde dir das bloß nicht ein!

eine/keine Idee haben, wie/wann/wo/... – (eher:) eine/keine **Vorstellung** haben, wie etw. ist/.../von etw./(jm.) (1; u. U. 2) · (not) to have an idea of s.th., (not) to be able to picture s.th., (not) to be able to form an idea of s.th.

jn. **auf die Idee bringen,** zu ... – jn. auf den **Gedanken** bringen, zu ... · to give s.o. the idea of doing s.th.

auf die Idee kommen, etw. zu tun/daß ... · 1. to get the idea of doing s.th./that ..., 2. don't think of/don't try to do s.th.

1. Ich weiß nicht, wie er auf die Idee kommt, ich würde ihn nicht mehr unterstützen. Ich erinnere mich nicht, ihm einen Anlaß zu dieser Annahme gegeben zu haben.

2. vgl. – laß (es) dir/laßt (es) euch/... (ja/nur/bloß) nicht **einfallen**, etw. zu tun/(sich einfallen lassen, etw. zu tun) (1, 2, 3)

sich eine/keine Idee machen, wie etw. ist/.../(von jm./etw.) – (eher:) sich eine/keine **Vorstellung** machen von etw./wie etw. ist/.../(von jm.) · to have an/no idea of what s.th. is like/.../of s.th.

das/(etw.) ist eine Idee von Schiller! ugs selten · that's a brilliant idea!

Wenn ihr Raum gewinnen wollt, könnt ihr doch den hinteren Teil der Garage abtrennen und zur Waschküche schlagen. – Das ist eine Idee von Schiller! Darauf waren wir noch nicht gekommen. Ausgezeichnet! Das ist die Lösung.

so eine Idee überhaupt! · the (very) thought of it!

Was sagst du, unter Umständen könnte ich ja meinen Vater um Geld für dich bitten? So eine Idee überhaupt! Meinen Vater, der selbst mit dem Geld rechnen muß und sein ganzes Leben Schwierigkeiten gehabt hat, anpumpen, damit du es noch bequemer hast als bisher schon?! Du bist nicht ganz bei Trost, scheint mir.

du hast/der Karl hat/... aber auch Ideen! ugs · + the things/ideas you/he/John/... come/... up with!

Der Onkel Moritz, sagst du, ist ganz wütend geworden, als die Doris ihm vorschlug, statt zu rauchen alle drei Stunden ein paar saure Bonbons zu lutschen? Die hat aber auch Ideen, die Doris! Einen fünfzigjährigen Mann, der immer geraucht hat, auf saure Bonbons umstellen zu wollen!

du hast/er hat/... vielleicht Ideen! ugs · + the ideas you/he/... come/... up with!

Der Erhard meint, wenn die Christa Tiere so gern hätte, könnten wir ihr ja einen Papagei zu Weihnachten schenken. – Der hat vielleicht Ideen! Hast du dir schon mal das Theater hier im Haus vorgestellt – die Christa mit einem Papagei. So ein Unsinn!

jn. **auf andere Ideen bringen** – (eher:) jn. auf andere **Gedanken** bringen · to take s.o.'s mind off s.th.

idiotensicher: idiotensicher (sein) ugs · 1. 2. to be foolproof

1. ... Bei dem Apparat brauchst du keine Angst zu haben, der ist idiotensicher. Den kannst du auch einem Kind in die Hand geben, da passiert nichts.

2. vgl. – **narrensicher** sein

Igel: passen wie der Igel zum Handtuch/zur Türklinke ugs selten – passen wie die **Faust** aufs Auge · to be completely out of place, not to fit at all, to be utterly/... inappropriate

(einmal wieder/...) **einen Igel in der Tasche haben** ugs – den **Beutel** (einmal wieder/...) zuhalten/(festhalten) · to keep the purse-strings tight, to be tight-fisted

sich wie ein Igel zusammenrollen/(...) · to curl up like a hedgehog, to curl up into a ball

Den Kurt kannst du schlagen, soviel du willst, das merkt der kaum. Der rollt sich wie ein Igel zusammen, schützt den Kopf mit verschränkten Armen und läßt sich schlagen ...

ihrer: es waren ihrer drei/(sechs/...) oft spielerisch; iron – poetisierend · there were four/six/...

Sie hatten die Wanderung zu zweit begonnen, die Ursel und der Hansgert. Unterwegs gesellten sich noch der Peter und die Karin dazu, da waren sie schon zu viert. Und kurz vor dem Ende schloß sich noch mein Cousin an, da waren es ihrer fünf.

Illusion: (wieder) um eine Illusion ärmer (geworden) sein ugs · to have lost (another) one of one's illusions

Der Richard sagt, er könne uns das Geld leider doch nicht leihen, denn ... – Ach, komm der mir mit Ausreden. Da sind wir wieder um eine Illusion ärmer. Ich hatte gedacht, wenigstens der Richard wäre ein Freund, auf den man in einer Notlage zählen könnte.

sich der Illusion hingeben, daß ... form od. iron · to delude o.s. that ...

... Gib dich nicht der Illusion hin, Hanspeter, daß du in diesem Laden jemals einen Pfennig mehr verdienst als den Mindestlohn! Der Chef ist zwar persönlich sehr sympathisch; aber der rechnet mit jedem Pfennig.

sich (über jn./etw./was jn. betrifft/...) **(keinen) Illusionen hingeben** oft iron · (not) to have illusions about s.o./s.th.

Aber wird Ihr Sohn den scharfen Arbeitsrhythmus, der von dem Team verlangt wird, auch bis zu Ende durchhalten? – Lieber Herr Birger, geben Sie mich, was meinen Sohn betrifft, keinen Illusionen hin. Der Junge ist leichtlebig, ichbezogen und schrappig. Aber arbeiten kann er.

sich (keine) Illusionen machen · (not) to have (any) illusions (about s.th.), (not) to delude o.s. about s.th.

... Mach' dir keine Illusionen: wenn die dich nicht mehr brauchen, lassen die dich genauso im Stich wie die anderen auch. – Das ist mir völlig klar.

immer: wann/wohin/wie/wer/was/... **auch immer** · whenever/wherever/however/whoever/whatever/...

Was du auch immer tust, ich werde jedenfalls mein Versprechen halten.

immer und ewig path · 1. for ever and ever, 2. again and again

1. Das wird hier immer und ewig der selbe Ordnungsfimmel sein. Ganz egal, welche Regierungsform hier herrscht, da wird sich nie etwas ändern.

2. vgl. – (eher:) **immer** und immer (wieder) (1)

auf immer und ewig path · 1. 2. for ever and ever, 2. again and again

1. Und warum willst du nicht kirchlich heiraten, wenn du schon so lange mit dem Ernst zusammenlebst? – Weil ich mich nicht auf immer und ewig an ihn gebunden fühlen will! Das ist doch entsetzlich, diese Bindung ohne jede Möglichkeit, jemals wieder davon loszukönnen!

2. vgl. – (eher:) **immer** und ewig

immer und immer (wieder) path · 1. again and again, 2. for ever and ever

1. Der Rudi macht immer und immer dieselben Fehler! Dem kannst du die Dinge so lange erklären, wie du willst: es gibt keinen Fortschritt.

2. vgl. – (eher:) **immer** und ewig (1)

immer wieder · 1. 2. again and again

1. Der Franz kommt immer wieder auf dieselben Ideen zurück. Merkwürdig, wie sich ein Mensch gleichsam spiralenförmig entwickeln kann: nach jedem neuen Ausblick zurück zu den Kernpunkten.

2. vgl. – **immer** und immer (wieder) (1)

immer mal wieder · every now and again

... So von Zeit zu Zeit kommt er immer mal wieder herein und trinkt ein Bierchen; so alle drei, vier Wochen vielleicht ...

nur immer zu! form selten · go ahead (and try)

Wenn ihr meint, eine Sammlung für die Kinder der Ausländer in diesem Viertel wird etwas einbringen ... Nur immer zu! Ich glaube zwar nicht, daß die Leute hier für so etwas ansprechbar sind, aber laßt euch von meiner Skepsis nicht abhalten!

immun: gegen etw. **immun sein** ugs · to be immune to s.th.

... Er kann sich beim Chef ruhig beschweren und dem ein Klagelied vorsingen. Damit erreicht er bei dem gar nichts. Gegen Beschwerden und Klagereien ist der Chef immun.

Imprimatur: das Imprimatur erteilen/... form kath Kirche · to give one's imprimatur to s.th., to approve s.th. for publication

... Wenn Rom einem soliden Machwerk das Imprimatur erteilt, dann kann der Papst auch gleich der Schmutz- und Schundliteratur seinen Segen geben! – Aber wer sagt dir denn, daß für das Buch die kirchliche Druckerlaubnis vorliegt?

imstande: **imstande sein**, etw. zu tun – in der **Lage** sein, etw. zu tun · to be in a position to do s. th.

j. ist imstande und ... · s. o. is quite capable of doing s. th.
... Aber erzähl' meinem Bruder um Gottes willen nichts von alledem! Der ist imstande und erzählt unserem Vater alles brühwarm weiter.

in: **in sein** *ugs Neol* – (in) **Mode** sein/es ist Mode, daß .../..., das ist Mode · it/s. th. is in

In-: **im In- und Ausland** · at home and abroad
... Von wegen, 'Provinzzeitung'! Die wird im In- und Ausland verkauft! – Wo denn noch, außer in Baden-Württemberg?

Inbegriff: **zum Inbegriff für Qualität/Eleganz/... werden**/ein ... sein · to become/to be the last word in quality/elegance/..., to become/to be the epitome of elegance/...
... 'Softix', das Spülmittel der modernen Frau, ein Inbegriff für Qualität.' – Ist das Zeug wirklich so gut, wie die da behaupten, ein Spülmittel, das gleichsam exemplarisch zeigt, was Qualität ist? – Quatsch! Waschmittel – Phosphatfrei.

Index: **auf den Index setzen**/stehen/(...) *form kath Kirche* · to put a book/... on the Index
... Und Nietzsche, steht der nicht auch auf dem Index? – Das kirchliche Verzeichnis der sog. verbotenen Bücher wird bekanntlich seit vielen Jahren nicht weitergeführt. Aber die Lektüre von Nietzsches Werken war Katholiken natürlich auch verboten.

Indianerehrenwort: **großes Indianerehrenwort!** *Kinderspr* · cross my heart and hope to die, word of honour!, scout's honour!
Du, Papi, gehst du morgen wirklich mit mir auf den Abenteuerspielplatz? – Ja, großes Indianerehrenwort!

infinitum: **ad/(in) infinitum** *lit* · ad infinitum
Die diskutieren doch immer nur den selben Ideen. Der eine sagt, der Kapitalismus ist an allem Übel der Welt schuld, der andere, der Kommunismus – und so ad infinitum.

infragestellen: **etw. infragestellen** – etw. in **Frage** stellen · to call s. th. in question, to question s. th.

infragekommen: **infragekommen** – (nicht) in **Frage** kommen · to be possible, to be feasible, to be out of the question

Initiative: **aus eigener Initiative** handeln/etw. tun · to do s. th. on one's own initiative, to do s. th. off one's own bat
... Ich weiß nicht – hat ihm jemand gesagt, er soll sich mal nach Exportmöglichkeiten für die Khakipflanzen umsehen, oder hat er das aus eigener Initiative gemacht?

die Initiative ergreifen · to take the initiative
Wenn wir jetzt nicht die Initiative ergreifen, um im Osten einen neuen Markt aufzubauen, werden uns andere zuvorkommen. Wer sich zuerst dazu entschließt und rangeht, wird auf Jahre die Nase vorn haben.

Inkognito: **sein Inkognito lüften**/(fallen lassen/...) *form* · to reveal one's identity
... So unerkannt in der Heimatstadt: ein seltsames Gefühl! – Willst du dein Inkognito überhaupt nicht lüften, abfahren, wie du gekommen bist: mit der Perücke und dem künstlichen Bart von niemandem als der Walter Döhr erkannt, der seine Vaterstadt vor 20 Jahren verließ?

sein Inkognito wahren *form* · to remain incognito
Wenn mich mit der Perücke und dem künstlichen Bart schon keiner erkannt hat, werde ich mein Inkognito wahren. Warum soll ich mich den Leuten zu erkennen geben? Das führt nur zu neugierigen und peinlichen Fragen.

inkrafttreten: **inkrafttreten** *form* – in **Kraft** treten · to come into force

inne: **e-r S. inne sein** *form veraltend selten* · to be aware of s. th., to be conscious of s. th.
Ist der Rainer sich eigentlich schon so richtig des Verlustes inne, den der Tod des Chefs auch für ihn bedeutet? – Nein, was das für Folgen für ihn haben wird, ist ihm noch gar nicht bewußt.

innen: **etw. von innen heraus interpretieren**/gestalten/... *selten* · to interpret s. th./... from the heart
Den Rolf höre ich wirklich gern Klavier spielen. Er spielt so von innen heraus – ganz anders als diese technisch brillanten Leute, bei denen man den Eindruck hat, daß sie gar nicht fühlen, was sie spielen.

Innenleben: **ein reiches Innenleben haben**/besitzen *oft iron* · to have great inner reserves, to have an intense emotional life, to have deep/intense/... inner thoughts and feelings
... Die Petra, weißt du, das ist keinesfalls so ein schlechtes Gemüt, wie du meinst; die hat ein sehr reiches Innenleben. – Daran zweifle ich gar nicht. Aber die anderen haben nichts von dem, was sie bewegt.

Innenwelt: **sich in seine Innenwelt zurückziehen** *oft iron* · to withdraw into one's own private world
... Man kann natürlich vor den Unbilden der Welt flüchten und sich in seine Innenwelt zurückziehen, meinte er – so wie die Pietisten es taten. Nur löst und verbessert man damit nichts.

Innere: **das Innere nach außen kehren** *bes bei Kleidung/... path selten* · 1. 2. to turn everything inside out, 2. to turn everything upside down
1. Nein, die Waltraud kann den Schlüssel beim besten Willen nicht finden. Sie hat überall nachgesucht, in allen Jacken, Mänteln, Hosen, hat das Innere nach außen gekehrt – sie kann ihn einfach nicht finden.
2. Ich hab' das ganze Zimmer durchwühlt, das Innere nach außen gekehrt – der Schlüssel ist beim besten Willen nicht zu finden. *selten*

(jn.) bis ins Innere treffen/(beleidigt/verletzt/berührt/...) *path selten* – (jn.) bis ins **Innerste** treffen/(beleidigt/verletzt/berührt/...) · to cut s. o. to the quick

jm. sein Inneres öffnen *form* · to reveal one's inner self to s. o., to reveal one's true self to s. o.
Ehe die Paula jemandem mal ihr Inneres öffnet, muß sie ihn über Jahre studiert haben. Sie ist wahnsinnig verschlossen.

im Inneren meinen/denken/fühlen/... · to think/to feel/... inwardly, to think/to feel/... in one's heart of hearts/deep down
... Natürlich, nach außen gibt sie sich modern, aktuell, locker. Aber im Innern denkt sie ganz anders; da ist sie ernst, konservativ, geschichtsbewußt.

in seinem tiefsten/(im tiefsten) Innern jn. doch/... lieben/.../ jm. glauben/... *path* – in tiefstem/in seinem tiefsten **Herzen** jn. doch/... lieben/.../jm. glauben/... · to still/... love s. o./... in one's heart of hearts/deep down/...

Innerste: **(jn.) bis ins Innerste treffen**/(beleidigt/verletzt/berührt/...) *path* · to cut s. o. to the quick
... Ihre Bemerkung hatte ihn bis ins Innerste getroffen: sie liebte ihn also im Grunde gar nicht? Noch nie hatte ihn ein Wort so unmittelbar berührt wie diese Bemerkung.

tief im Innersten jn. doch/... lieben/.../jm. glauben/... *path* – in tiefstem/in seinem tiefsten **Herzen** jn. doch/... lieben/.../jm. glauben · to still/... love s. o./... in one's heart of hearts/deep down/...

im Innersten seines Herzens/(seiner Seele) (doch) (jn.) lieben/glauben/überzeugt sein/... *path* · to (still) love s. o./believe in s. th./... in one's heart of hearts, to (still) love s. o./believe in s. th./... deep in one's heart, to (still) love s. o./believe in s. th./... deep in one's soul
Obwohl alle Anzeichen dagegen sprachen: im Innersten seines Herzens konnte er einfach nicht glauben, daß sie ihn und die Kinder im Stich lassen würde. Das war doch nicht möglich, die Ursel ...!

jm. sein Innerstes aufschließen/(...) *path veraltend selten* – jm. sein **Herz** öffnen/(eröffnen/aufschließen) · to open one's heart to s. o.

innewerden: **(sich) e-r S. innewerden** *form veraltend selten* – (sich) e-r S. inne **werden** · to become aware of s. th.

innigste: aufs innigste hoffen/... *path* · to hope sincerely/fervently/ardently/... that ...

Ich hoffe aufs innigste, sehr verehrte Frau Schneider, daß Sie baldigst wieder gesund sind. Und auch meine Frau wünscht nichts sehnlicher, als Sie recht bald gesund wieder bei uns zu sehen.

Innung: die ganze Innung blamieren *ugs* · s.o. is showing us all up, s.o. is letting the whole side down

Schau dir das an, wie der Peter da wieder am Tisch sitzt – oder besser: hängt – und wie er beim Essen schmatzt! Der blamiert mal wieder die ganze Innung, dieser Kerl. Das nächste Mal bleibt er zu Hause. Man muß sich schämen!

Insel: j./der/... **lebt doch/**... **nicht allein auf einer Insel** *ugs* · s.o. is not alone in the world, s.o. doesn't live on a desert island

... Hey, Ulli, du lebst doch nicht allein auf einer Insel! Du kannst doch nicht einfach alles nach deinem Gusto machen und dich um deine Mitmenschen überhaupt nicht kümmern!

reif für die Insel sein *ugs* · to be ready for a holiday, to need a holiday

... So, nun habe ich sieben Monate fast nichts anderes gemacht als Arbeiten. Jetzt bin ich reif für die Insel. Die nächsten drei Wochen ist jetzt mal Urlaub angesagt.

die Insel der Seligen *lit selten* · the Blessed Isles

Was für uns das 'ewige Leben', das Leben 'in der ewigen Seligkeit' oder 'im Himmel' ist, war für die Alten das verklärte Dasein auf der Insel der Seligen, dem Elysium.

insgesamt: insgesamt · all in all, all together, altogether

... Erst die Doktorarbeit, dann die Habilitation, dann ein dickes Buch über Proust – ein Grundwerk –, danach eine umfassende Studie zu den Formkategorien des modernen Romans – insgesamt (doch) eine imponierende Leistung! – Schon einer der Titel allein!

instandhalten: etw. (gut/schlecht/...**) instandhalten** *form selten* – etw. (gut/schlecht/...) instand **halten** · (not) to keep s.th. in good/... condition, (not) to keep s.th. in good/... working order

instandsetzen: etw. (wieder) instandsetzen *form* – etw. (wieder) instand **setzen** ⋅ to repair s.th., to fix s.th., to get s.th. (back) into working order

jn. instandsetzen, etw. zu tun *form selten* – jn. in die **Lage** versetzen, etw. zu tun · to put s.o. in a position to do s.th., to enable s.o. to do s.th.

Instanz: in der ersten/zweiten/...**/erster/zweiter/**... **Instanz** *jur* · in the first/second court-case, in the hearing at the court of second instance/at the court of appeal/at the court of appellate jurisdiction

In erster Instanz hat er den Prozeß in der Tat verloren. Aber er hat Berufung eingelegt und in der zweiten Instanz dann auch gewonnen.

sich an die (höhere)/nächste/letzte/**(**...**) Instanz wenden** *form* · to go to/to appeal to/... the next/a higher/the highest/... authority

... Wenn Sie unsere Gründe absolut nicht anerkennen wollen, müssen wir uns an eine höhere Instanz wenden. Vielleicht hat man in den höheren Etagen mehr Verständnis.

Instanzenweg: (nur) auf dem Instanzenweg etw. erreichen/... *form* · to achieve s.th. by going through the official/proper/prescribed/... channels

... Ach, auf dem Instanzenweg erreichs du da nichts. Ehe das mal bei den Leuten landet, der wirklich entscheiden, ist es schon nicht mehr aktuell. Wenn du keine guten persönlichen Drähte hast, läßt du also besser die Finger davon.

den Instanzenweg gehen *form* · to go through the official/prescribed/... channels

... Das wäre natürlich schön, wenn man sich als Beamter sofort an die oberste Stelle wenden könnte. Aber das ist leider nicht so. Alles – und vor allem jede Beschwerde – muß den Instanzenweg gehen, von einer Stelle zur nächsthöheren ...

Instinkt: etw. aus Instinkt tun · to do s.th. instinctively, to do s.th. by instinct

... Ohne zu überlegen, so aus Instinkt, hab' ich 'ja' gesagt – und die Entscheidung war richtig.

Intellekt: einen scharfen Intellekt haben – (eher:) einen scharfen **Verstand** haben · to have a sharp intellect

Intelligenz: die Intelligenz nicht (gerade) mit Schaumlöffeln gefressen haben *sal* – (aber auch) ein **Gehirn** wie ein Spatz haben · not to be very bright

Interdikt: (einen Ort/eine Gemeinschaft) mit dem Interdikt belegen *form kath Kirche hist* · to impose an interdict on a town/parish/...

Was würde eigentlich passieren, wenn die Kirche beispielsweise die Stadt Frankfurt heute mit dem Interdikt belegen würde? – Die Leute gehen doch sowieso in der Mehrheit nicht in die Kirche. Was soll ein Verbot der kirchlichen Zeremonien also schon groß bewirken?

Interesse: es/etw. ist in js. Interesse · to be in s.o.'s interest

... Die Verhandlungen sind in deinem Interesse, nicht in meinem. Ich hab' keinerlei Nutzen davon, egal, wie sie ausgehen.

es/etw. liegt in js. Interesse · to be in s.o.'s interest (to do s.th.)

Liegt es nicht in Ihrem Interesse, die Verhandlungen so früh wie möglich zu beginnen? – Welchen Nutzen soll ich davon haben?

es/etw. liegt in js. ureigenstem Interesse *path* · it/s.th. is in s.o.'s own best interests

(Bei Schuckert:) Ich verstehe überhaupt gar nicht, Herr Bohrer, daß Sie meine Südamerikapläne nicht mit allem Engagement unterstützen! Diese Pläne liegen doch auch in Ihrem ureigensten Interesse! Wenn aus den Projekten was/etwas wird, können Sie drei, vier Jahre in Brasilien verbringen. – Und wer sagt Ihnen, daß ich das unbedingt will, Herr Krender?

etw. aus Interesse tun · to do s.th. out of interest, to do s.th. for interest

... Ist es dasselbe, ob man aus Liebe zum Fach studiert oder aus Interesse?

an jm./etw. Interesse haben/... daran haben, zu ... · 1. 2. to be interested in s.o./s.th.

1. ... Ach!, schmunzelte er plötzlich, wer an den Frauen kein Interesse hat, kann Brasilien doch gar nicht würdigen – und besonders Rio nicht. – 'Würdigen' ist gut, entgegnete seine Schwägerin. Du äußerst dein Interesse ja geradezu interessenlos.

2. ... Aber hast du denn gar kein Interesse daran zu verfolgen, wie sich dein Junge entwickelt? – Um ehrlich zu sein, Klara: seit der Auseinandersetzung vom Sommer interessiert mich das nicht mehr besonders.

im Interesse der Sache · for the sake of the cause/the matter/the thing itself/...

... Wenn ich da weiter mitmache, dann im Interesse der Sache. Persönlich habe ich nicht den geringsten Nutzen davon, und das Arbeitsklima ist auch alles andere als angenehm.

js. Interesse wahrnehmen *form* – (eher:) js. **Interessen** wahrnehmen · to look after s.o.'s interests, to represent s.o.'s interests

Interesse wecken für etw. (bei jm.) · to get s.o. interested in s.th., to arouse s.o.'s interest

Wenn dir daran liegt, daß der Junge gut arbeitet, mußt du versuchen, bei ihm Interesse für seinen Beruf zu wecken. Wenn er so desinteressiert bleibt, wird er nie vernünftig arbeiten.

für jn./etw./an jm./e-r S. Interesse zeigen/bekunden (haben) *form* · 1. 2. to show/to express/... an interest in s.o./s.th.

1. ... Seltsam, daß der Ulrich für Bildhauerei gar kein Interesse zeigt! Einen (guten) Maler sollte das doch eigentlich auch interessieren. – Vielleicht fehlt ihm ganz einfach die Zeit.

2. ... Hat der Christoph eigentlich auch in seiner Jugend an Fußball nie Interesse bekundet? – Soweit ich das beurteilen kann, hat ihm Fußball in der Tat nie etwas gesagt.

kein Interesse zeigen · to show no interest in s.th.
Was meinen Sie, wird der Bohrmann einen Vertrag mit uns abschließen oder nicht? – Bisher hat er keinerlei Interesse gezeigt. Aber wie soll ich wissen, ob das Taktik ist oder nicht.

geistige/sportliche/... **Interessen haben** · to be interested in sport/intellectual matters/..., to have sporting/intellectual/... interests
... Der eine hat geistige Interessen, der andere interessiert sich für Sport ...

js. **Interessen vertreten** · to represent s.o., to look after s.o.'s interests
... Wie Sie wissen, vertreten wir die Interessen unserer Mandanten Wolfgang Dörrmeier und Jörg Haberzapf. Wir bitten Sie daher ...

js. **Interessen wahrnehmen** *form* · to look after s.o.'s interests, to represent s.o.'s interests
(Auf einer Aktionärsversammlung; der Leiter:) Die Interessen von Herrn Schuckert nehmen, wie ich vermute, nach wie vor Sie, Herr Rechtsanwalt Brauer, wahr? – Jawohl! D.h., ich vertrete die gesamte Familie Schuckert ...

interessiert: an jm./etw. **interessiert sein** · 1. 2. to be interested in s.o./s.th.
1. Wenn du meinst, ich wäre an dem Ulli interessiert, bist du schwer auf dem Holzweg. – Klar. Deswegen paßt du ihn auch nie auf dem Schulweg ab.
2. ... Danke, an Turnschuhen bin ich nicht interessiert. Da ich nicht turne, brauche ich auch keine Turnschuhe. Ich suche ein Paar feste Schuhe zum Wandern.

intim: mit jm. **sehr intim sein** · to be intimate with s.o., to be close to s.o.
... Was weiß ich, ob der Kurt mit der Karin sehr, halb oder überhaupt nicht intim ist? Was die miteinander haben – ob es Liebe, Freundschaft oder sonstwas ist –, das geht uns doch gar nichts an.

Intimsphäre: in js. **Intimsphäre eingreifen** *moral – path od. iron* · to invade s.o.'s privacy, + to be an invasion of s.o.'s privacy
... Aber die Zeitungen und Zeitschriften sind doch voll von Liebes- oder Klatschgeschichten! Greifen die Journalisten also ständig in anderleuts Intimsphäre ein? – Ich weiß nicht, wieviel Leute in der Zeitung stehen wollen.

die Intimsphäre verletzen *path od. iron* · to invade s.o.'s privacy, + to be an invasion of s.o.'s privacy
(Bei einer Diskussion:) Ah, Uschi, schmunzelte er, wenn jetzt einer unserer lieben 'Freunde' morgen in die 'Abendzeitung' setzen läßt, daß wir uns vorgestern im Cabaret bis fünf Uhr morgens gemeinsam amüsiert haben: verletzt das/der dann unsere Intimsphäre?

Intimverkehr: mit jm. **Intimverkehr haben** *euphem od. iron* – (geschlechtlichen) **Verkehr** haben (mit jm.) · to have sexual intercourse with s.o.

intus: etw. intus haben *ugs* · 1. s.o. has already/... had/scoffed/... 4/... rolls/..., 2. s.o. has downed 3 pints/..., 3. 4. s.o. has twigged, s.o. has got it, + the penny has dropped 3. s.o. has got the message
1. Du willst noch ein Brötchen, Junge? Wieviele hast du denn schon intus? – Erst sechs, Papa.
2. Drei Flaschen Bier hat er bestimmt schon intus, wenn nicht vier. Wenn das so weitergeht, ist er bald blau.
3. Jetzt habe ich euch das doch schon dreimal erklärt, und du hast es immer noch nicht intus? Wie oft muß ich das denn erklären, bis es auch der letzte begriffen hat?!
4. vgl. – (eher:) es/das/(etw.) (endlich/...) **gefressen** haben (1; u.U. 2)

(ganz schön) einen intus haben *ugs* – (eher:) (ganz schön) einen in der **Krone** haben · to be well-oiled

Inventar: ein/das Inventar aufnehmen/aufstellen/erstellen *form* · to draw up/to make/... an inventory of s.th.
... Mein Gott, das wird ja eine fürchterliche Arbeit, wenn ihr für die Regelung der Erbschaft ein Inventar aufstellen müßt! Die ganzen Möbel, Bilder, Bücher, der ganze Schmuck ... – wenn ihr das alles zusammenstellen wollt ... – Nicht 'wollt', Albert, 'müßt'!

etw. **ins Inventar aufnehmen** *form* · to include s.th. in the inventory
... Muß man eigentlich, fragte sein Sohn, bei der Regelung einer Erbschaft jede Einzelheit, die der Verstorbene hinterlassen hat, ins Inventar aufnehmen?

(in/bei/...) **schon zum Inventar gehören** *sal* – ein altes **Möbel** sein · to be (almost) part of the furniture

Inventarnummer: (in/bei/...) schon eine Inventarnummer haben *sal selten* – ein altes **Möbel** sein · to be almost part of the furniture, to be a permanent fixture

Inventur: Inventur machen *form* · to carry out a stock-taking
Schließt ihr euer Geschäft, wenn ihr Inventur macht? – Natürlich. Wie sollten wir sonst den Warenbestand klären?

ipso: eo ipso ... *lit selten* · eo ipso, automatically, for that very reason
(In einer Unterhaltung über einen Neffen:) Wenn der Klaus schon promoviert hat, wird er eo ipso auch die Universitätskarriere anstreben. – Das weiß ich nicht, Sibylle, ob sich das so von selbst versteht, wie du meinst. Auch in Politik, Wirtschaft oder Industrie kann ihm der Doktor sehr nutzen.

ira: (etw.) sine ira et studio (tun) *lit selten* · sine ira et studio
Wenn ihr euch nur streitet und nur schimpft, werdet ihr nie zu einer vernünftigen Regelung kommen. Erbschaftssachen müssen sine ira et studio behandelt werden – leidenschaftslos und sachlich –, sonst bringen sie nur Ärger.

Irdischen: allem Irdischen entrückt sein *form – path od. iron* · to live apart from all earthly things, to be remote from all earthly things, to be living on another planet
... Nein, um so profane Dinge wie die Gehälter der Bauern hier kümmert sich die Anneliese nicht mehr. Die ist seit Jahren allem Irdischen entrückt. – Wenn das Geld, daß man auf dieser Welt braucht, von selbst kommt, kann man sich leicht um die ewigen Dinge kümmern! – Leicht ...! Man muß sich dahingezogen fühlen ...

irgend: wenn ich/... irgend kann/.../es jm. **irgend möglich ist/...** *form – path* · if I/... possibly can/..., if there is any way I/... can/...
Wenn es mir irgend möglich ist, komme ich heute noch bei dir vorbei. Ich weiß nicht, ob es mir gelingt, aber ich tu mein Möglichstes.

Ironie: die/eine Ironie des Schicksals · an irony of fate
Zweimal hatte dieser Prüfer meinem Vetter durch ausgesprochen unfaire Fragen das Examen verdorben. Jahre später wollte es die Ironie des Schicksals, daß gerade dieser Mann unbedingt eine Genehmigung brauchte, für die mein Vetter zuständig war ...

Irre: jn. in die Irre führen *(auch)* jn. **irreführen** *form* · 1. to give s.o. the slip, 2. to confuse/mislead s.o.
1. Wenn es uns jetzt nicht gelingt, die Polizisten in die Irre zu führen, erwischen sie uns. Wie läßt es sich am besten machen, daß sie einer falschen Fährte folgen?
2. Mit seiner Bemerkung 'ein ziemlich großes Land' hatte der Prüfer den Kandidaten, wie es zu wollen, in die Irre geführt; denn er dachte sofort an Brasilien, Kanada, Rußland ... und kam nicht auf die Idee, daß Länder wie Frankreich oder Deutschland auch 'ziemlich große Länder' sind im Vergleich zu Belgien, das er zuerst genannt hatte.

in die Irre gehen *form selten* · to go the wrong way
Diese Bestimmungen sind so gefaßt, daß sie kein Mensch verstehen kann. Man hat den Eindruck, der Gesetzgeber freut sich geradezu, wenn die Bürger bei dem Versuch, die Regelungen zu verstehen, in die Irre gehen.

wie irre ... *ugs – path* – wie **wahnsinnig** ... · to work/study/practise/... like mad, to work/study/practise/... like crazy

irreführen: jn. irreführen · to mislead s.o., to pull the wool over s.o.'s eyes
Laß dich von seinen Märchen und seiner Flunkerei bloß nicht irreführen! In Wirklichkeit versteht der von Granit genausoviel wie du oder ich!

irregehen: (nicht) irregehen in der Vermutung/... · (not) to be right in assuming that ...

Wenn Sie den Vertrag jetzt nicht unterschreiben wollen, gehe ich wohl nicht irre in der Annahme, daß Sie mit den Bedingungen im Grunde nicht einverstanden sind. – Ihre Annahme trifft in der Tat zu.

irreleiten: jn. irreleiten · to mislead s.o., to lead s.o. astray

Ach, Sie meinen in der Tat, die sog. freie Presse orientiert die Leute? – Ja, was meinen Sie denn? – Sie tut alles, um die Leute irrezuleiten. – Orientierung, Desorientierung, wer will das schon unterscheiden?

irremachen: jn. (ganz) irremachen/sich nicht irremachen lassen (in etw.) (mit/durch etw.) · 1. to confuse s.o., to put s.o. off, to disconcert s.o., 2. + make s.o. lose faith in s.o./s.th., + to shake s.o.'s faith in s.o./s.th.

1. Der Robert macht mich mit seinen dauernden Zwischenfragen und Gegenargumenten ganz irre. Irgendwann weiß ich selbst nicht mehr, was richtig und was falsch ist.

2. Du wirst dich doch durch ein paar kleine Rückschläge nicht in deinen Projekten irremachen lassen! – Natürlich nicht. An meinen Projekten halte ich unverbindlich fest, denn ich habe nach wie vor nicht den geringsten Zweifel, daß sie richtig angelegt sind.

Irrenhaus: reif fürs Irrenhaus sein *sal* · to be cracking up, to be going round the twist/bend, to be going up the wall

Wenn du in diesem Laden ein Jahr gearbeitet hast, bist du reif fürs Irrenhaus. Diese Intrigen, dieses Durcheinander, diese Hetze ... – das hält keiner aus; da gehen die stärksten Nerven bei drauf.

es geht hier/dort/in .../... zu/... wie in einem/im Irrenhaus *ugs* · 1. 2. + this place/... is a madhouse, + this place/... is like a madhouse, it's bedlam in here

1. Mein Gott, wenn bei denen die Eltern nicht zu Hause sind, geht es da zu wie in einem Irrenhaus. Die Jungen toben da herum, als wenn sie verrückt geworden wären.

2. Seitdem der Abteilungsleiter krank ist, geht es in dieser Abteilung zu wie in einem Irrenhaus, Herr Direktor Schnurre. Sie können sich überhaupt gar nicht vorstellen, was da für ein Durcheinander ist.

du bist/der Karl ist/... wohl dem Irrenhaus entsprungen! *sal selten* – nicht (so) (ganz/(recht) bei **Trost** sein (1) · you/ John/... must be out of your/... mind

irrenhausreif: irrenhausreif sein *sal* – reif fürs **Irrenhaus** sein · to be ready for the madhouse

Irrer: rennen/rasen/... draufschlagen/... wie ein Irrer *ugs* – *path* – rennen/rasen/.../draufschlagen/.../lügen/stehlen/... wie nur **etwas** (1, 2) · to drive/to rush around/... like a maniac

ein armer Irrer sein *ugs* · to be a poor fool

Natürlich ist das haarsträubende Unsinn, was er da sagt! Aber er merkt das offensichtlich gar nicht. Im Grunde tut er mir leid; denn übel ist er nicht. Er ist ein armer Irrer, weiter nichts.

irrereden: irrereden *form selten* · to rave, to talk dementedly, to rant

(Zu einem Deutschlernenden:) Ein Geistesgestörter, Jean-Claude, redet irre; ein Dummkopf redet dummes Zeug.

irrewerden: fast/noch/... irrewerden (vor Angst/...) *path selten* – fast/noch/... irr(e) **werden** (vor Angst/...) · to go (almost/...) out of one's mind (with fear/...)

an jm./js. Verhalten/... irrewerden – an jm./js. Verhalten/... irre **werden** · to lose faith in s.o./s.o.'s behaviour/...

an seinem Entschluß/Vorsatz/... (nicht) irrewerden – an seinem Entschluß/Vorsatz/... (nicht) irre **werden** · (not) to waver in one's resolution /..., (not) to lose faith in oneself

Irrglauben: jn. in dem Irrglauben lassen, daß ... *form* – jn. in dem **Glauben** lassen, daß ... · to let s.o. go on believing that ..., to let s.o. keep his illusions

Irrsinn: das/etw. ist doch Irrsinn! *ugs* · it's/s.th. is lunacy, it/ s.th. is sheer madness

... Das ist doch Irrsinn, so ein Projekt zu unterstützen! Bist du denn von Sinnen?!

in Irrsinn verfallen *path selten* – den **Verstand** verlieren · to lose one's mind, to go mad, to go out of one's mind

irrsinnig: wie irrsinnig ... *ugs* – *path* – wie **wahnsinnig** ... · like mad, like crazy

Irrsinniger: rennen/rasen/.../draufschlagen/... wie ein Irrsinniger *ugs* – *path* – rennen/rasen/.../draufschlagen/.../lügen/ stehlen/... wie nur **etwas** (1, 2) · to drive/to rush around/... like a maniac

schreien/brüllen/... wie ein Irrsinniger *ugs* – *path* · 1. to scream like a madman, to scream like mad, 2. to yell one's head off

1. vgl. – schreien/brüllen/... wie ein **Wahnsinniger**

2. vgl. – (eher:) sich (fast) die **Kehle** aus dem Hals schreien (nach jm.)

Irrsinnigwerden: das ist (ja) zum Irrsinnigwerden (mit jm./ etw.) *ugs* – das ist zum **Bebaumölen** (mit etw./jm.) · it's enough to drive you/one/... crazy/mad/wild/..., it's enough to drive you/one/... up the wall

Irrtum: (sehr) im Irrtum sein – schwer im **Irrtum** sein · to be badly/very much mistaken

schwer im Irrtum sein *ugs* · to be badly/very much mistaken

Wenn Sie meinen, Sie könnten mich mit Ihrer Drohung, uns einen Prozeß zu machen, einschüchtern, sind Sie schwer im Irrtum. Sie können prozessieren, soviel Sie wollen, das interessiert mich überhaupt gar nicht.

seinen Irrtum teuer bezahlen müssen · to have to pay dearly for one's mistake

... Ja, er hat sich in der Tat in der Frau verschätzt, und er hat seinen Irrtum teuer bezahlen müssen. Zwölf verpfuschte Jahre ...

Irrtum vorbehalten *In Radiosendungen/auf Aufschriften u. ä. form* · errors excepted

(Der Vater erklärt seinem Sohn:) Wenn da steht: Irrtum vorbehalten, Friedel, dann heißt das: man kann sich juristisch nicht darauf berufen – indem man sagt: 'da stand doch ...' Das ist eine 'Angabe ohne Gewähr', wie man auch sagt.

Irrungen: (die) Irrungen und Wirrungen *form* – *path veraltend selten* · errors and confusions

... Die Lebensphase von 15 bis 25, Berta, ist nun einmal die Phase der Irrungen und Wirrungen; da kann man nicht auf die Goldwaage legen, was die Kinder tun. – Das seh' ich anders, Alfons: 'es irrt der Mensch, solange er lebt ...'; Ratschläge kann man also immer brauchen.

Irrweg: sich auf einem Irrweg befinden *path selten* – einen **Irrweg** gehen · to be on the wrong track, to be going the wrong way (about s.th.)

einen Irrweg gehen *path selten* · to be on the wrong track, to be going the wrong way (about s.th.)

... Der Junge ist, wenn er jemals beruflich etwas Vernünftiges leisten will, muß er sich an solide Arbeit gewöhnen. Heute dies und morgen das machen, das ist einfach falsch – egal, was er einmal wird.

auf einen Irrweg geraten *path selten* · to go astray

Der Junge hat immer so ordentliche Lebenswandel geführt, immer so zuverlässig gearbeitet! Wie konnte er auf so einen Irrweg geraten? Wenn er so weitermacht, wird aus ihm nie mehr was Gescheites.

auf Irrwege geraten *path selten* – auf die schiefe/(abschüssige) **Ebene** geraten/(kommen) · to go astray, to get into bad ways

ißt: j. ißt jn. (noch) arm *ugs* · to eat s.o. out of house and home

Dieser Junge ißt mich noch arm! – Das dürfte schwerfallen, bei deinem Reichtum – so viel er auch verputzt!

j. ißt nicht, er frißt *ugs* · s.o. doesn't eat – he wolfs/bolts/... his food down

... Ich geb' zu, der Junge ißt ein bißchen viel, aber ... – Der Junge ißt nicht, Sibylle, der frißt! Was der verschlingt, läßt sich auch mit seinem jugendlichen Alter nicht mehr rechtfertigen!

ist: (ah/...) **wenn das so ist, dann** ... · if that is the case, then ...

Eins ist euch doch wohl klar: auf der nächsten Generalversammlung lege ich den Vorsitz nieder. – Wenn das so ist, dann ist es ja sinnlos, weiterhin nach deinen Vorstellungen zu arbeiten; denn der nächste Vorsitzende hat bestimmt wieder andere Ideen.

dem ist so/wenn dem so ist, (dann) .../... *form od. iron* · if that is so/if that is the case, (then) ...

Nach den Ausführungen des Anwalts war der Angeklagte zur Zeit der Tat gar nicht in Deutschland. Wenn dem so ist, (dann) kommt er als Täter natürlich nicht in Betracht. – Aber was der Anwalt ausführt, stimmt doch nicht, Herr Richter.

was ist (denn) **mit dir**/ihm/dem Karl/...?/nicht wissen/..., was mit mir/ihm/dem Karl/... ist · 1. 2. 3. what's up with you/him/Mary/...?, 1. 3. what's wrong with you/him/Mary/..., what's the matter with you/him/Mary/...?, 2. what's got into you/him/Mary/...? *coll*

1. Was ist mit dir, Elfriede? – Warum? – Du schaust so nachdenklich drein. Machst du dir Sorgen um den Jungen?
2. Was ist denn mit dem Karl? Der schreit da plötzlich herum, als wenn er im Messer säß!
3. Ich weiß gar nicht, was mit dem Jungen ist; er fühlt sich so matt in den letzten Wochen. Er ist doch nicht krank?

(nicht) wissen/(nicht mehr) verstehen/..., **woran man mit** jm./etw. **ist**/wo man mit jm./etw. dran ist – (nicht) wissen/(nicht mehr) verstehen/..., wo man mit jm./(etw.) dran ist/(bei jm./etw. dran ist) · (not) to know where one is with s.o., (not) to know what to think of s.o., (not) to know what to make of s.o.

es ist jetzt/... **an** jm., etw. zu tun *form* · it is s.o.'s duty/job/... to do s.th., it is up to s.o. to do s.th., it is incumbent on s.o. to do s.th.

... So, jetzt haben wir unsere Pflicht erfüllt, jetzt ist es an dir, Herbert, für eine gute Vermarktung der Produkte zu sorgen, die wir dir besorgt haben.

mir/(ihm/dem Heribert/...) **ist** (so), **als wenn**/als ob/als ... + *Konj. Irreal. form* · it's as if ..., I feel/he feels/... that ..., I sense/he senses/... that ...

Mir ist, als ob irgendeine Krise in der Luft läge ... – Hast du irgendwelche konkreten Anhaltspunkte für diesen Eindruck? – Nein. Es ist so ein vages Gefühl, weiter nichts.

es ist nichts dabei/(daran), wenn .../daß ... – es ist nichts **dabei** (wenn .../daß ...) · there is nothing wrong with s.o. doing s.th., there is no harm in doing s.th., there is nothing to it

was ist (denn) (schon) **dabei**/(daran), (wenn .../daß ...)? – was ist (denn) (schon) **dabei** (wenn .../daß ...)? · what is the harm in doing s.th.?, what harm is there in it if ...?

jm. ist (nicht) **danach**, etw. zu tun/(jm. ist (nicht) nach etw.) – (eher:) jm. ist (nicht) danach **zumute**, etw. zu tun/(jm. ist (nicht) nach etw. zumute) · s.o. feels/does not feel like doing s.th.

das ist schon etwas/was – das ist schon **etwas** · that's quite a lot, that's quite something

das ist doch wenigstens etwas – das ist doch wenigstens **etwas** · it's something at least, at least it's something

(genau) **das ist es (ja) gerade!**/((genau) das ist's (ja) gerade!) · that's just it!, that's just the point!

Im Grunde geht es ihm doch gar nicht um das Geld; im Grunde geht es ihm darum, recht zu kriegen. – Das ist es ja gerade! Es ist reine Rechthaberei! Wenn die Auseinandersetzung wenigstens noch eine sachliche Begründung hätte ...!

j. ist nicht mehr *euphem* · s.o. is dead, s.o. is no longer alive, s.o. is no longer with us

Solange ich lebe, bestimme ich, was mit diesem Haus gemacht wird; denn ich habe es schließlich geplant. Wenn ich einmal nicht mehr bin, macht ihr damit, was ihr wollt.

jm. ist (so richtig/...) **danach**/nach etw. · 1. 2. to (really/...) feel like s.th./doing s.th.

1. ... Mir ist so richtig nach einer schönen Sahnetorte! ... Aber meine Diät ... – Stell' dich nicht so an! Wenn du Lust auf Torte hast, iß halt welche!
2. ... Nimm's mir nicht übel, Sandra, wenn ich vorhin ausgerastet bin! Aber mir war mal wieder danach, meinen Frust richtig rauszulassen.

(...) **ist nicht** *sal* · 1. 2. it's off *coll*, it's out of the question *coll*, forget it *coll*, 3. no way *coll*, forget it *coll*

1. (Jemand, der in einem Institut vor eine verschlossene Tür kommt, zu einem Verantwortlichen, der am Eingang steht:) Nanu, Herr Kreuder, was ist mit dem Vortrag? – Ist nicht. Prof. Schulze ist erkrankt.
2. (Ein Schüler zu dem Klassenlehrer:) Und wie ist es mit hitzefrei morgen? – Ist nicht, mein Lieber! – Oh!! In diesem Jahr gibt's aber auch nie hitzefrei!
3. (In einer internen Parteidiskussion zum Schwangerschaftsabbruch:) Sollten wir nicht doch lieber die 'Fristenlösung' befürworten? – Ist nicht. Wir haben uns seit langem auf die 'Indikationslösung' festgelegt und dürfen jetzt auf keinen Fall umkippen.

es ist mit etw./(jm.) **nicht (gerade) weit her**/mit etw./(jm.) ist es nicht (gerade) weit her – es ist mit etw./(jm.) nicht (gerade) weit **her**/mit etw./(jm.) ist es nicht (gerade) weit her · + it's/s.th. is not up to much, + s.o./s.th. is nothing to write home about/nothing to go overboard about

das ist nichts – mit ..., das ist **nichts**/(mit ... ist nichts) · it/s.th. is off, it/s.th. is no good

es ist nichts (dran) an der ganzen Sache/Gerüchten/Behauptungen/... – an Gerüchten/Behauptungen/... ist etwas/nichts/(...) **dran** · there is nothing/something in the whole thing/the rumours/the claims/..., there's no/some truth in the whole thing/the rumours/the claims/...

es ist nichts mit etw./was ist mit etw.? *ugs* · + the lecture/the game/... is off

... Hast du schon gehört?: es ist nichts mit dem Vortrag über Angola morgen. – Wie, der fällt aus? – Ja, der Referent ist erkrankt.

(genau) **so/das ist's!**/((genau) so/das ist es!) · that's it, that's just it

Im Kern geht es bei den Verhandlungen doch gar nicht ums Geld; im Kern geht es darum, den Gegner kleinzukriegen. – Das ist's! Genau das ist's! Endlich mal jemand, der den entscheidenden Punkt klar ausspricht!

j. ist schon drei Jahre/lange Zeit/... **nicht mehr unter uns** *ugs* – schon/... unter der **Erde** liegen · s.o. has been dead for ... days/weeks/...

das ist doch wenigstens was · 1. 2. it's/that's something at least

1. Nimm dir ein Beispiel an dem Josef! Der hat genau wie du länger als normal studiert – aber er hat ein gutes Staatsexamen gemacht. Das ist doch wenigstens was! Du dagegen hast die ganze Zeit ohne jedes konkrete Ergebnis vertan!
2. vgl. – (eher:) das ist doch wenigstens **etwas**

was nicht ist, kann noch werden · + give s.o. time, it may be just a matter of time

Bisher ist seine Freude an der Arbeit nicht gerade groß, aber ... – Nun ja, was nicht ist, kann noch werden. Der eine hat sofort Spaß an der Arbeit, der andere erst später. – Es soll allerdings auch Leute geben, bei denen sich dieser Spaß nie einstellt. – Das gibt's natürlich auch.

was ist denn (schon) wieder? *ugs* · 1. 2. what is it now?, what is it this time?

1. Habt ihr euch schon wieder in der Wolle? Was ist denn schon wieder? – Der Ulli sagt, das grüne Auto gehört ihm; aber du hast es doch mir geschenkt, Mama, nicht? –
2. Herr Bopp, Sie möchten zum Chef kommen! – Was ist denn wieder? Ich war doch vor einer Stunde noch oben. – Ich kann Ihnen leider nicht sagen, worum es geht.

j. w. d.: j. w. d. wohnen/leben/... *ugs* · 1. 2. to live/... in the back of beyond, 1. to live/... out in the sticks, to live/... miles away, way out of town, 2. to live/... in the middle of nowhere
1. ... Wo wohnt der Albrecht eigentlich? – J. w. d. – am äußersten Rand der Stadt, in einer neuen Siedlung.
2. vgl. – wohnen/leben/..., wo sich (die) **Füchse** und Hasen gute Nacht sagen

ja: aber ja! *path* · 1. 2. of course!
1. Willst du auch mit ins Konzert? – Aber ja! – Ich wußte gar nicht, daß du so Feuer und Flamme bist. Also ...
2. Haben Sie die Interpretation in der Tat schon fertig? – Aber ja! Ich hatte es Ihnen doch versprochen.

ach ja! · 1. 2. oh yes!
1. Ach ja, was ich noch sagen wollte: ich komme heute abend nicht zum Abendessen; ich habe Besuch aus München ...
2. Denk' dran, daß du die Briefe noch einwerfen mußt! – Ach ja, das hätte ich in der Tat vergessen.

ja, ja! · 1. yes, yes, yes indeed, 2. all right, o.k.
1. Ja, ja Niederberg, das sind Verhältnisse hier! Wie im alten Rom! Schlimm, schlimm!
2. Du vergißt das ja nicht: die Übersetzung mußt du bis heute abend fertig haben. – Ja, ja ... Bis acht Uhr, nicht? Ja, ja ... Die Zeit wird schon reichen – sie muß halt reichen.

na, ja *ugs* · 1. 2. all right then
1. vgl. – na, **gut**
2. vgl. – nun **gut**

nun ja! · 1. 2. all right then
1. vgl. – nun **gut**!
2. vgl. – na **gut**!

o/oh ja! *path* · 1. oh yes (please), 2. oh yes, sure she/... is/...
1. Willst du noch ein Eis, Freddy? – Oh ja – ein großes, ja?! Schokolade und Nuß.
2. Ist die Beate wirklich so schön, wie alle sagen? – Oh ja! Du mußt sie unbedingt kennenlernen. – Du bist wohl in sie verliebt, was?

zu allem ja und amen sagen (bei jm.) *ugs* · 1. 2. to agree to everything/anything, 1. to say yes sir, no sir, three bags full sir to everything
1. Erst zu allem ja und amen sagen und dann kritisieren – das geht natürlich nicht. Wer das Recht zur Kritik haben will, muß auch Verantwortung tragen; er muß sich also entscheiden können.
2. Bei dem Ingor kannst du nicht zu allem ja und amen sagen. Der Junge braucht eine sichere Hand. Einen Vater, der erlaubt und verbietet, je nachdem wie es sinnvoll ist. Nicht jemanden, der einfach immer sagt: »Ja, kannst du machen!«

(eine Frage) mit Ja beantworten · to answer yes, to say yes
Wenn ich Ihre Frage mit Ja beantworte, ist das unsinnig; wenn ich nein sage, ebenfalls. Also schweig' ich.

ja oder ja? *ugs scherzh* · yes or okay?, yes or yes? *tr*
Papa, leihst du mir heute abend dein Auto? Ich möchte mit Christina und Elke ins Kino fahren. Ja oder ja? – Ja, ist schon o. k., du kannst es haben.

ja und nein · yes and no
Hältst du die Briedow für eine gute Schauspielerin? – Ja und nein. Auf der einen Seite ist zuzugeben: sie ist technisch brillant, hat eine ausgezeichnete Diktion. Doch auf der anderen Seite gibt es Dimensionen in den Rollen, die sie nicht erfaßt.

nur mit Ja oder Nein antworten (können/dürfen) · (to be able/allowed/...) to answer yes or no
Wenn man auf eine falsch oder unsinnig gestellte Frage nur mit Ja oder Nein antworten kann, ist das Ergebnis natürlich auch unsinnig

– ganz gleich, ob die Mehrheit ja oder nein sagt/mit ja oder nein stimmt.

ja zu etw. **sagen** · to agree to s.th.
Hat dein Vater zu dem Projekt ja gesagt? – Er stimmt zu, jawohl.

das Ja sprechen (vor dem Traualtar) *Trauung form* · to say »I do«
Ein bißchen deutlicher hätte er das Ja schon sprechen können! – Jetzt fehlt nur noch, daß du sagst, er wollte sie im Grunde gar nicht heiraten. – Nein, nein, der Junge ist halt ein bißchen schüchtern.

mit Ja stimmen *form* · to vote yes (for s.th.), to vote in favour of s.th.
... Und wie ist die Abstimmung ausgegangen? – Zwölf haben mit Ja gestimmt, neun mit Nein, die anderen haben sich der Stimme enthalten.

jäck: du bist wohl/sie/der Peter ist ja/... **jäck** *ugs selten* – nicht (so) (ganz/(recht)) bei **Trost** sein (1) · you/he/... must be out of your/... mind

Jacke: das/etw. **ist eine alte Jacke** *ugs selten* · 1. 2. it/s.th. is old hat, 2. that's an old one, that's an old chestnut
1. Daß die Bedingungen für die Ansiedlung neuer Industriezweige hier nicht gut sind, ist eine alte Jacke. Darüber brauchen wir gar nicht mehr zu reden, das weiß jeder zur Genüge.
2. vgl. – (eher:) das/(etw.) ist ein alter/uralter/ganz alter **Hut**

sich die Jacke anziehen, die einem paßt/wenn sie einem paßt/(jeder zieht sich ...) *sal selten* · if the cap fits, wear it
(Der Vater am Familientisch:) Und dann möchte ich nicht, daß noch einmal jemand an meinen Schreibtisch geht, wenn ich nicht da bin! – (Die älteste Tochter:) Ist das eine Anspielung auf mich?/Hast du mich damit gemeint? – Ich hab' gar keinen speziell gemeint. Aber du kannst dir ja die Jacke anziehen, wenn sie dir paßt/... gemeint. Aber: jeder zieht sich die Jacke an, die ihm paßt

die Jacke begießen *sal selten* – einen **saufen** · to knock back a few, to have a good few jars/drinks

j. könnte/(möchte) **aus der Jacke gehen** (bei .../wenn er sieht/...) *ugs selten* – j. könnte/(möchte) aus der **Haut** fahren (bei .../wenn er sieht/...) · + s.th. drives s.o. up the wall, + s.th. drives s.o. mad

es/das ist Jacke wie Hose/(Buchse) (für jn.), (ob ... oder ob/...) *sal* · 1. it makes no difference *n*, it comes to the same thing *n*, it doesn't matter either way *n*, 2. it's all the same to s.o. whether ... *coll*
1. vgl. – das bleibt sich (für jn.) gleich
2. vgl. – es **bleibt** sich gleich für jn. (ob ... oder ob .../...)

jm. die Jacke vollhauen/vollschlagen/(ausklopfen/auswaschen) *ugs selten* – jm. den **Buckel** vollhauen/vollschlagen (1; u. U. 2) · to beat the shit out of s.o. , to beat the (living) daylights out of s.o.

die Jacke vollkriegen *ugs selten* – den **Buckel** vollkriegen (1; u. U. 2) · to be done over, to get a good thrashing, to get a good hiding

jm. die Jacke vollügen *ugs selten* – jm. den **Buckel** vollügen · to tell s.o. a pack of lies, to lie one's head off

sich die Jacke vollsaufen *sal selten* – sich **vollaufen** lassen · to get paralytic, to get tanked up, to get canned, to get ratarsed, to get pissed as a newt

Jackett: einen unter das Jackett brausen *sal selten* – einen **saufen** · to get sloshed/plastered/...

Jagd: die Wilde Jagd *lit selten* · the Wild Hunt, Arthur's wild chase

Was ist das, die Wilde Jagd, Vater? – Ein germanischer Mythos – das Heer der toten Seelen, das da nachts wild einherstürmt.

die Jagd eröffnen *form* · to start the hunt

... Die Hörner bliesen, die Jagd wurde eröffnet, dann stürzten die Hunde ...

auf die Jagd gehen · to go hunting, to hunt

... Gehst du regelmäßig auf die Jagd? – So alle sechs bis acht Wochen. Mit einem Freund, der im Fränkischen eine Jagd gepachtet hat.

auf jn./(etw.) **Jagd machen** *path* · 1. 2. to hunt for s. o./s. th., to be on the hunt for s. o./s. th., 3. to be hunting for s. o./s. th.

1. Schon wieder eine Razzia in diesem Viertel? – Die machen Jagd auf arabische Terroristen, die sich hier versteckt halten sollen.

2. Wenn man Jahre hindurch mit allen Mitteln Jagd auf sogenannte 'Sympathisanten' macht, vergiftet man die Atmosphäre der politischen Auseinandersetzung. *seltener*

3. Was ist denn das für ein Gedränge hier? – Die jungen Leute machen Jagd auf die letzten 'Super-Jeans', die hier im Sonderangebot verkauft werden.

Jagdgründe: jn. in die ewigen Jagdgründe befördern *sal* – jn. ins **Jenseits** befördern · to send s. o. to the happy hunting grounds *hum*

in die ewigen Jagdgründe eingehen *sal* · 1. 2. to go to the happy hunting grounds *hum*

1. vgl. – den **Arsch** zukneifen

2. vgl. – ins **Gras** beißen (müssen)

Jagdschein: der/die Ursel/... **hat (ja) 'nen**/einen/den **Jagdschein** (der/die/... kann sich das leisten/...) *sal* · s. o. has a certificate of insanity/s. o. has been certified/... so the courts can't touch him *para*

Der Peter hat doch in der Tat einen Scheck seines Vaters gefälscht! – Ach, der Peter. Laß ihn, den Armen! Der hat ja 'nen Waffenschein, der darf das! – Du hast recht: es sieht wirklich oft so aus, als wenn er für unzurechnungsfähig erklärt worden wäre und deshalb Narrenfreiheit genießen würde.

jagen: mit etw. **kannst du**/kann er/... **mich**/ihn/den Herbert/... **jagen!** *ugs* · + I/he/... wouldn't touch it/s. th. with a bargepole, + I/he/... can't stand it/s. th. *n*

Magst du wirklich keinen Lindenblütentee? – Mit diesem Tee kannst du mich jagen! Seit meiner Kindheit habe ich einen regelrechten Horror vor diesem Zeug.

Gesetze/... (in aller Eile/...) **durch** die Gremien/... **jagen** *ugs* – *path* – Gesetze/... (in aller Eile/...) **durchjagen**/durch die Gremien/... jagen · to rush laws/proposals/... through parliament/committees/...

Jägerlatein: jm. Jägerlatein auftischen *ugs selten* · to boast about s. th. *n*, to tell tall stories, to tell yarns

Wirklich hochinteressant, was uns die Jäger da alles über ihre Rotwildjagd erzählt haben. Das sind ja Tiere hier! – Die haben dir da allerhand Jägerlatein aufgetischt. – Jägerlatein?? Du willst doch nicht sagen, daß die uns etwas vorgelogen haben? – Vorgelogen nicht gerade – sie haben halt etwas übertrieben; etwas viel übertrieben ...

jagt: eine Notiz/Meldung/eine Nachricht/... **ein** Befehl/... **jagt die andere**/den anderen/das andere · reports/orders/... come pouring in, one report/order/... follows the next

In diesen kritischen Monaten überstürzten sich die Meldungen über Polen. Eine Nachricht jagte die andere – jeden Tag eine neue Meldung ...

Jahr: übers Jahr *form selten* · in a year's time

Wenn du dem Herrn Bentzel auch in diesem Jahr mit der Miete entgegenkommst, erscheint er übers Jahr mit der Behauptung, Mieterhöhungen seien nie vorgesehen gewesen.

ins 60./... **Jahr gehen** *path* · to be in its/... 55th/... year, to have been going on/... for 60/... years

(Aus einer Rede:) Die Feierlichkeiten, die unsere Stadt alljährlich zu Ehren ihres großen Sohnes veranstaltet, gehen jetzt ins 55. Jahr.

Heute vor 55 Jahren organisierte der damalige Oberbürgermeister, August Wilhelm Koch, zum ersten Mal ...

Jahr für/(um) Jahr – **Jahr für** Jahr/Tag für Tag/Woche für Woche/Monat für Monat/... · year in, year out

ein praktisches Jahr machen/(...) *Ausbildung* · to do a year of practical training

... Also, nach dem Studium, sagst du, mußt du zunächst ein praktisches Jahr im Krankenhaus machen? – Ja. Ohne ein Jahr Praxis in einem Krankenhaus/(ohne ein Jahr Krankenhausdienst) wird niemand als Arzt zugelassen.

im Jahr(e) Null/das **Jahr Null** · in the year nought

(Zu einem Franzosen:) Ich weiß nicht, ob es für euch so etwas wie das Jahr Null überhaupt gibt. Für uns war das (das Jahr) 1945. Da fing alles neu an. Denn all die Nazizeit konnte man nicht 'bauen'. Mehr: die hatte jeden historischen Bezug fragwürdig gemacht. Man fing also wieder bei Null an – insofern das Jahr Null ...

im Jahr(e) Schnee *ugs scherzh österr* – **Anno** Leipzig einundleipzig · yonks ago, ages ago, in the year dot

auf Jahr und Tag *form selten* · ... to the exact day

(Bei einer Wette; in einem Restaurant 17.01.1993:) Also, in einem Jahrzehnt, sagst du, bist du Millionär? Ich halte dagegen. 1.000,– Mark?! – Abgemacht! In zehn Jahren – auf Jahr und Tag, d.h. am 17.01.2003 – treffen wir uns hier und sehen, wer die Wette gewonnen hat.

binnen Jahr und Tag *form selten* – binnen **Jahresfrist** · within a year and a day

nach Jahr und Tag *form selten* · years later, at some point in the future

Wenn Sie der Regelung jetzt zustimmen, können Sie nicht nach Jahr und Tag kommen und sagen: das war ungerecht, ich verlange eine Entschädigung ... – Nach Jahr und Tag – natürlich, das nicht. Aber muß ich das heute entscheiden?

seit Jahr und Tag *form* – seit **eh** und je (3; u. U. 2) · for donkey's years, for ages, since the year dot

über Jahr und Tag *form selten* · 1. 2. (many) years later, in many years' time

1. Kein Bewohner des Dorfes dachte mehr an den Jörg Doggebert, der vor zwanzig oder mehr Jahren nach Amerika ausgewandert war. Wie groß war da die Verblüffung, als über Jahr und Tag ein grauhaariger alter Mann im Dorf erschien, gerade auf das alte Holzhaus zuging und jeden, der ihm entgegenkam, leutselig grüßte ...!

2. Nein, das würde ich schon schriftlich festhalten. Sonst erscheinen dir deine Kinder schließlich über Jahr und Tag und behaupten, sie wären bei dem Erbe ihres Vaters benachteiligt worden.

vor Jahr und Tag *form selten* · many years ago/before

Kein Bewohner des Dorfes erinnerte sich mehr an den Jörg Doggebert, der vor Jahr und Tag nach Amerika ausgewandert war. Wie lange mochte das her sein – 20, 30 Jahre oder mehr? Doch plötzlich ...

etw. **auf Jahr und Tag** (genau/...) **wissen**/(...) *form* · to know the exact date of s. th.

Für diese Bescheinigung, Frau Stolte, brauchen wir das genaue Datum, an dem Ihre jüngste Tochter hier anfing zu arbeiten. Einen Augenblick, ich schaue in den Unterlagen nach ... – Das ist nicht nötig, Herr Reuschner. – Wie, wissen Sie das denn auf Jahr und Tag? – Sie hat hier angefangen am 7. September 1964

jahraus: jahraus, jahrein *form* – Jahr für Jahr/Tag für Tag/Woche für Woche/Monat für Monat/... · year in, year out

Jahre: die sieben fetten Jahre *Bibel* · the seven fat years

Verdammt nochmal, jetzt haben wir viermal hintereinander eine schlechte Ernte gehabt, jetzt müßte doch endlich mal wieder eine gute kommen. – In der Bibel kamen, wie du weißt, erst nach den sieben mageren die sieben fetten Jahre.

die sieben mageren Jahre *Bibel* – ≠ die sieben fetten **Jahre** · and the seven lean years

es auf 20/40/80/... Jahre bringen · to live to the age of 90/..., to reach the age of 90/..., to make it to 80/90/... *coll*

Mein Großvater mütterlicherseits ist sehr früh gestorben, mit 58; dafür hat es der Vater meines Vaters auf 89 Jahre gebracht.

schon 75/... Jahre auf dem Buckel haben *ugs* · to be 75/... years old

... Du hast gut reden, mit deinen knapp 50 Jährchen. Wenn du mal 70 Jahre auf dem Buckel hast, wie unsereiner, dann wirst du schon verstehen ...

im Jahre des Heils 1914/... *iron* · in the year of Our Lord 1914/..., in the year of grace 1914/...

... Glücklich derjenige, der im Jahre des Heils 1933 noch gar nicht geboren war! Er konnte in diesem tausendjährigen Reich von 12 Jahren nicht schuldig werden!

im Jahre des Herrn 1850/... *iron selten* · in the year of Our Lord 1850/...

Im Jahre des Herrn 800 legte Karl der Große mit seiner Kaiserkrönung in Rom den Grundstein für Herausbildung des europäischen Hochmittelalters.

auf Jahre hinaus ... · years ahead, years in advance, for years to come

Nein, an so riesige Projekte würde ich mich nicht dranmachen. Da ist das Leben ja auf Jahre hinaus verplant.

in die Jahre kommen · to be getting on

Können wir nicht etwas schneller gehen, Mutter? So langsam, das ist ja fürchterlich. – Wir wollen mal sehen, wenn du in die Jahre kommst! Wenn man so jung ist, kann man sich gar nicht vorstellen, daß es jemandem schwer fällt, schnell zu gehen.

die Jahre kommen und gehen · the years go by

Wir wollten hier nur für eine Übergangszeit bleiben, du weißt das ganz genau, Rudolf! Aber die Jahre kommen und gehen, und du machst keinerlei Anstalten, dich nach einer anderen Stelle umzusehen ...

fünf/15/... Jahre zählen *oft iron* · to be five/15/... years old

... Ja, natürlich, wenn man 15 Jahre zählt, ist man erwachsen! Da braucht man auf seine Eltern nicht mehr zu hören. – Hast du etwa noch getan, was deine Mutter wollte, als du 15 Jahre alt warst?

ein Mann/eine Frau in den besten Jahren · a man/a woman in the prime of life

Wie alt ist der Theo eigentlich? – Das ist ein Mann in den besten Jahren – 47, 48.

in gereiften Jahren ... *oft iron* · in one's mature years

In der Jugend meint man, man könnte, wüßte, schaffte alles besser als die Älteren. In gereiften Jahren sieht das dann alles anders aus.

ein Mann in seinen/eine Frau in ihren Jahren *path od. iron* · a man/woman of his/her age

Ein Mann in seinen Jahren könnte eigentlich ein bißchen vernünftiger argumentieren! – Was heißt 'in seinen Jahren'. 45 ist doch kein Alter!

in jungen Jahren · in his younger years, as a young man/woman/...

... In jungen Jahren hat der Onkel Alfons sehr viel Musik gemacht, weißt du. Erst seit seiner Heirat ist das anders geworden.

vor langen Jahren *path* · many years ago, a long time ago

... Ja, vor langen Jahren hab' ich auch mal in Brasilien gearbeitet. – Wann war das? – Warten Sie mal! ... 1953/54. Ja, das ist (wirklich) schon ein Weilchen her ...

in (den) reiferen Jahren/in die reiferen Jahre kommen/... *oft iron* · to be getting on, to reach one's mature years

... So langsam müßtest du doch Vernunft annehmen, Paul, und dein Geld sinnvoller anlegen! Du bist schließlich keine 25 mehr! – Du meinst, ich komm' jetzt in die reiferen Jahre ... – Na, mit 37 ist man so jung nicht mehr! Ob 'reifer' ... – das muß sich halt zeigen.

zwischen den Jahren *form* · (at) the turn of the year

... Seltsam, die Zeit zwischen Weihnachten und Neujahr 'zwischen den Jahren' zu nennen, findest du nicht?

sich mit den Jahren an etw. gewöhnen/... · to get used to s.th./... as time/as the years go by

Im Anfang fiel es ihm unsäglich schwer, morgens um vier Uhr aufzustehen und um halb fünf aus dem Haus zu gehen. Aber mit den Jahren gewöhnte er sich daran, und irgendwann wußte er kaum noch, daß er einmal ein Langschläfer gewesen war.

noch jung an Jahren sein *oft iron* · to be still young

... Wenn man noch so jung an Jahren ist wie Sie ... – Mit 53 jung an Jahren? – Nein, da ist man ein Tattergreis.

schon bei Jahren sein *form selten* · to be getting on

Wie alt schätzt du die Helmi? – Hm, die ist schon bei Jahren. – Gut, aber genauer? – Genau weiß ich es auch nicht. So um die 55, würde ich sagen.

in den/(seinen) besten Jahren sein/(stehen) – in der **Blüte** seines/des Lebens stehen · to be in the prime of life, to be in the prime of one's life

schon hoch in den Jahren sein *form selten* · s.o. is really getting on

Wie alt, schätzt du, ist der Herr Werbricht? – Er ist schon hoch in den Jahren. Über 70 ist er bestimmt; ja vielleicht geht er an die 80.

in (den) mittleren Jahren stehen · to be middle-aged

... Mit 47 bist du doch noch nicht alt, Robert! – Nein, ich bin blutjung! – Du stehst in den mittleren Jahren! – Sehr schön! Du meinst also, Christa, ich würde 94? – Du weißt genau, was ich meine!

Jahresfrist: binnen Jahresfrist *form selten* · within a year

Wenn die Schulden binnen Jahresfrist nicht zurückgezahlt sind, sehe ich mich gezwungen, Herr Albers ... – Herr Jung, in einem Jahr denken wir nicht mehr an die Sache.

nach Jahresfrist *form selten* · after a year, after one year, after a period of one year

... Gebt mir noch ein Jahr die Chance, mit dem Geld wirtschaften zu können, ein einziges Jahr. Nach Jahresfrist könnt ihr dann Rechenschaft von mir verlangen ...

Jahreswechsel: (jm.) **zum Jahreswechsel** (Glück wünschen/...) · (to send s.o. best wishes/...) for the New Year

... Nein, zum Jahreswechsel schreibe ich keine Karten – keine einzige! Das erledige ich alles bei der Weihnachtspost mit.

Jahrgänge: die älteren Jahrgänge *oft iron* · the older ones (among us/you/...)

... So, für die jungen Leute haben wir jetzt ein paar Stunden Tanz vorgesehen; den älteren Jahrgängen stehen die hinteren Räume zur Unterhaltung bei einem Glas Sekt oder Wein zur Verfügung ...

Jakob: der billige Jakob *sal selten* · a cheapjack

... Habt ihr denn bei euch in Ingolstadt keinen billigen Jakob, wo du so einen Apparat günstiger kriegen kannst? – Ich wüßte nicht, wer ein solches Ding besonders billig/zu Sonderbedingungen verkaufen sollte.

das/etw. ist (ja nun) **(nicht) der wahre Jakob** *sal selten* · it/s.th. is just the ticket, it/s.th. is (not) the real McCoy, it/s.th. is (not) the real thing *n*, it's (not) the answer, it's (not) the solution to the problem *n*

Diese Koalitionsregierungen sind auch nicht der wahre Jakob! Die eine Koalitionspartei will dieses, die andere jenes, und am Ende wird nichts vernünftig und nach schlüssigen Kriterien entschieden.

den billigen Jakob abgeben *sal selten* · to be the mug who has to pay the bill

... Und warum hat er die Rechnung nicht rechtzeitig bezahlt? – Er sagt, die Reparatur sei für seinen Bruder gewesen, der schulde ihm das Geld ... – Ah, da soll der Bruder den billigen Jakob abgeben! Als ob er hier mit solch lächerlichen Erklärungen durchkäme!

Jammer: das/es ist ein Jammer (mit jm./etw.) *path* – (eher:) das/es ist ein **Elend** (mit jm./etw.) · it's a crying shame (about s.o./s.th.)

das/es ist immer/immer wieder/... der alte/derselbe/der gleiche Jammer (mit jm./etw.) *path* – (eher:) das/es ist immer/immer wieder/... das alte/dasselbe/das gleiche **Elend** (mit jm./etw.) · it's (always) the same old story (with s.o.)

Jammern: es kann einen jammern, wenn/... *path selten* · it is distressing/heartrending/... to see ..., it makes you want to weep to see ...

Es kann einen jammern, wenn man all die Bettler da sieht, all die Menschen, die verkrüppelt sind, all die zerstörten Häuser, Brücken, Anlagen ...! So ein Krieg ist doch etwas Entsetzliches!

da/(hier/dabei/bei etw./...) **hilft kein Jammern und kein Klagen** *path selten* · it's no good moaning and groaning, it's no good whingeing

Stell' dir vor, jetzt muß ich noch fünf oder sechs zweihundert Seiten starke Bücher für das Abitur lesen! – Da hilft kein Jammern und kein Klagen, Manfred, wenn es vorgeschrieben ist, mußt du sie halt lesen. Deine Klagerei macht die Sache nur noch schlimmer!

jammerschade: es ist jammerschade (um jn./etw.) *path* · it's a terrible shame about s.o./s.th., it's a terrible pity about s.o/s.th., it's a crying shame about s.o./s.th.

Der Klaus ist in der Tat zum zweiten Mal sitzen geblieben! – Bei den Konflikten, die da zu Hause herrschen, kein Wunder! Der Junge hat weder äußere noch innere Ruhe zum Arbeiten. – Es ist jammerschade um so einen sensiblen und begabten Jungen. Mir tut das in der Seele weh, wenn ich sehe, wie dessen Leben verpfuscht wird.

Jammertal: das/dieses irdische Jammertal *path selten* · this earthly vale of tears

»Wer in diesem irdischen Jammertal den Frieden sucht, sucht ihn vergebens ... .« – Warum 'Jammertal'? Ich fühle mich in dieser Welt ganz wohl.

diesem Jammertal Ade/(Valet) sagen *path od. iron selten* · to leave/to say farewell to/to say adieu to/to bid adieu to/... this vale of tears

Wenn jemand mit 10 oder 15 Jahren stirbt, ist das traurig, sehr traurig. Aber wenn jemand mal 70, 75 ist und das ganze Elend dieser Welt erfahren hat, liegt es in der Natur der Dinge, diesem Jammertal Ade zu sagen.

Jauche: stinken wie Jauche *sal – path selten* – etw. drei/zehn **Meilen**/(eine Meile) gegen den Wind riechen · to stink like the buggery

Jauchzer: einen (freudigen/(...)) **Jauchzer ausstoßen** *path selten* – einen **Freudenschrei** ausstoßen · to give/... a shout of joy/jubilation/...

Jause: eine Jause halten/machen *ugs selten eher österr* · to stop for a snack *n*

Kennst du den Ausdruck 'eine Jause halten'? – Nein. Was soll das denn bedeuten? – 'Rast machen', 'etwas zu sich nehmen', 'vespern' – wie die Bayern sagen! – Nie gehört!

Jawort: (einem Mann) sein/das Jawort geben *form* · to say yes

Der Peter hat die Ursel um ihre Hand angehalten. – Und? Hat sie ihm ihr Jawort gegeben? – Es scheint, daß sie ihn in der Tat heiraten will.

sich das Jawort geben *form* · to get married, to say 'I do' at the altar

... Und wann habt ihr euren großen Tag? Wann gebt ihr euch das Jawort? – Wir heiraten am 25. März.

je: ach je! *ugs* · oh dear!, oh no!

Du hast mir versprochen, du wolltest mir heute die Popplatten kaufen, Papa. – Ich habe wirklich keine Zeit, Rosi. – Ach je! Du hast auch nie Zeit! Ich kriege die Platten nie, das sehe ich schon!

seit/(von) je *selten* – seit **eh** und je · for donkey's years, for ages, since the year dot

je und je *path selten* · 1. always, again and again, 2. now and then, now and again, from time to time

1. Jetzt haben Sie wieder nicht darauf geachtet, ob in den Vertrag eine Wiederverkaufsklausel aufgenommen wurde oder nicht, obwohl ich je und je darauf hingewiesen habe, daß es mir bei solchen Verträgen gerade auf diese Klausel ankommt. Immer und immer wieder darauf aufmerksam gemacht habe! ...

2. vgl. – (so) **ab** und zu (mal) *sehr selten*

nach dem je herrschenden Recht/unter den je herrschenden Bedingungen/... *form* – (eher:) nach dem **jeweils** herrschenden Recht/unter den jeweils herrschenden Bedingungen/... · according to the laws/conditions/... applying in each case

je nach ... · depending on s.th., according to s.th., + it depends on s.th.

... Fährst du in den Weihnachtsferien gewöhnlich weg? – Je nach den Finanzen. Wenn die Pfennige reichen, mach' ich ein, zwei Wochen Urlaub in den Bergen. Aber in den letzten Jahren war das nur selten drin.

je nachdem – jenachdem · it (all) depends

jede(r): jede(r) beliebige Frau/Mann/Sache – jede(r) beliebige Frau/Mann/Sache · any man/woman/thing, any old thing

jedermann: es jedermann recht machen (wollen) – es allen recht machen (wollen) · to try to please everybody (all the time)

jeher: seit jeher – (eher:) seit **eh** und je (2, 3; u.U. 1) · for donkey's years, for ages, since the year dot

von jeher – (eher:) seit **eh** und je (1) · for donkey's years, for ages, since the year dot

jenachdem: jenachdem · it (all) depends

Was hältst du für besser, in der Großstadt zu leben oder auf dem Land? – Jenachdem. Wenn man naturverbunden ist, fühlt man sich auf dem Land wohler; wenn man dauernd Abwechslung braucht, in der Stadt. Das kommt also auf die Perspektive an.

Jenseits: ins Jenseits abberufen/abgerufen werden *path selten* – Gott ruft jn. zu sich · to meet one's maker

jn. ins Jenseits befördern *sal* · to dispatch s.o., to send s.o. to kingdom come

... Und mit zwei gezielten Kopfschüssen haben sie den Partisanen dann ins Jenseits befördert. – So mir nichts dir nichts abgeknallt? – Erschossen, als wenn es ein Hund wäre. Entsetzlich!

Jeremiade: eine (große) Jeremiade anstimmen *path od. iron selten* – ein **Klagelied** anstimmen · to launch into a jeremiad (about s.th.)

Jesus: Jesus/(Jesses), Maria (und Josef)! *path veraltend selten* – (ach) du lieber **Gott**! · Jesus, Mary and Joseph!

jetzt: von jetzt an ... · from now on ...

... Gibt es schon wieder Probleme bei der Abrechnung? Von jetzt an geht kein Artikel mehr ohne ordentliche Rechnung heraus! Kein einziger! Hören Sie, Herr Böller! Diese Regelung gilt ab sofort!

von jetzt auf gleich/nachher *ugs selten* · to do s.th. at a moment's notice

... Ich kann doch nicht so von jetzt auf gleich für 14 Tage verreisen! So etwas muß man doch vorher wissen! – Bei dem alten Schuckert ist das so. Der kündigt die Sachen ganz unvermittelt an, und dann müssen alle anderen springen.

jetzt oder nie! *path* · now or never!

»Jetzt oder nie«, rief er und winkte seiner Freundin zu, »wenn ich es jetzt nicht schaffe, schaffe ich es nie – aber jetzt muß und werde ich's schaffen!« Und dann stürzte er sich ins Wasser, um den 100-Meter—Rekord seines Rivalen endlich zu brechen.

jeweils: nach dem jeweils herrschenden Recht/unter den jeweils herrschenden Bedingungen/... *form* · according to the laws/... valid at the time, according to the laws/... that apply at the time/in each case/... , according to the conditions that apply at the time/in each case/...

... Und nach welchem Recht wird so ein Verbrecher bestraft? – Nach dem jeweils geltenden. – Ah! Heute nach dem Recht der BRD, gestern nach dem der DDR, morgen nach wieder einem anderen? – Wie sollte es anders sein?

Job: (so) arm wie Job sein *path od. iron* · to be as poor as Job, to be as poor as a church mouse

Vielleicht leiht Onkel Willy dir etwas, wenn du nicht auskommst? – Onkel Willy? Das ich nicht lache! Onkel Willy, der ist so arm wie Job, seitdem er mit seiner Drahtfirma Bankrott gemacht hat. Der hat nicht einmal das Nötigste zum Essen und Trinken.

seinen/einen Job/... hinschmeißen *sal* · to pack in one's job, to chuck in one's job

... So, jetzt reicht's, jetzt hab' ich die Schnauze von dem Laden hier voll! Ich schmeiß den Job hin! – Was, du willst kündigen?

Joch: (durch) **das kaudinische Joch** (schreiten müssen/...) *lit selten* · to have to go through the Caudine forks, to have to eat humble pie, to have to apologise profusely/humiliatingly/...

Wenn der Chef meint, er könnte mir, nur weil ich mich da vertan habe, vor allen Mitarbeitern eine Rüge geben, ist er sehr im Irrtum. Ich würde doch nicht durch das kaudinische Joch schreiten. Ehe ich so eine Demütigung auf mich nehme, kündige ich lieber.

unter dem Joch der Fremdherrschaft/... stehen/seufzen/... *path veraltend selten* · to be/to groan/... under the yoke of foreign rule

Nach langwierigen, grausamen Kämpfen gelang es ihnen, das Joch der Fremdherrschaft abzuschütteln. Fast ein Jahrhundert lang war das Land in den Händen der Feinde gewesen – aber jetzt waren sie unabhängig, frei. Welch ein Jubel allüberall!

sein Joch abschütteln/(abwerfen) *path veraltend selten* · to shake off one's yoke

Wenn ihr nicht selbst versucht, euer Joch abzuschütteln, werdet ihr ewig Sklaven dieser Ausbeuterfamilien sein! Ihr müßt euer Schicksal selbst in die Hand nehmen und für eure Freiheit kämpfen!

sich unter js. Joch beugen (müssen) *path selten* · 1. 2. to submit to the yoke of s.o.

1. Wenn ihr euch nicht unter das Joch der Eindringlinge beugen wollt, müßt ihr geschlossen zu den Waffen greifen und kämpfen. Nur ein geschlossener Widerstand kann euch davor bewahren, Sklaven dieser Leute zu werden.

2. ... Und wenn er noch so viel Pressionen ausübt: ich werde mich nicht mehr unter sein Joch beugen. 14 Jahre Sklavin reicht. Jetzt bestimme ich mein Leben selbst.

sich (nicht) ins/in das Joch der Ehe spannen lassen *path* · (not) to submit to the yoke of marriage

Ist der Theo immer noch Junggeselle? – Ja, und das wird er auch wohl sein Lebenlang bleiben. Er meint, er läßt sich nicht in das Joch der Ehe spannen. Sklaven gäbe es schon genug in der Welt.

im Joch gehen *veraltend selten* · 1. to be yoked to the plough/to a cart/..., 2. to groan under the yoke

1. Hast du schon mal Ochsen im Joch gehen sehen? – So vor den Ochsenkarren gespannt? Nein, nie!

2. ... Wie die Ochsen gehen wir hier im Joch! – Schlimmer, Herbert, schlimmer! Die alten Sklaven hatten ein Herrenleben, verglichen mit euch! *path*

ein Joch auf js. Schultern legen *path veraltend selten* – eine **Last** auf js. Schultern legen · to put a burden of responsibility on s.o.'s shoulders

jn. ins Joch spannen *path veraltend selten* · to put a yoke on s.o.

Wie die Ochsen versuchen die einen hier ins Joch zu spannen! – Ihr Ärmsten! Ihr werdet hier wie die Sklaven verschlissen!

ein schweres Joch zu tragen haben *path veraltend selten* – eine schwere **Bürde** zu tragen haben · to have a heavy burden to bear

Jokus: **sich einen Jokus machen (und etw. tun)** *ugs selten* – sich den **Spaß** machen, etw. zu tun · to enjoy doing s.th.

Jordan: **über den Jordan gehen** *sal* – ins **Gras** beißen (müssen) · to pass over Jordan, to go the way of all flesh

Jota: **(um) kein/**nicht um ein **Jota** besser/schlechter/fleißiger/anders/... **sein als** j./etw. *path selten* – (eher:) keinen **Deut** besser/schlechter/fleißiger/anders/... sein als j. · not to be a bit/jot/whit/... better/worse/... than s.o./s.th.

... auch nur ein/... Jota ... ändern/... *path selten* · (not) to change (even) a jot, (not) to change (even) an iota

Wenn du an dem Text auch nur ein Jota änderst, unterschreibe ich den nicht. Nichts wird daran geändert, nicht ein einziges Wort!

kein Jota (an etw.) **ändern** *path selten* – keinen **Deut** an etw. ändern (1) · (not) to change (even) a jot, (not) to change (even) an iota

Jovi: **quod licet Jovi, non licet bovi** *lit selten* · quod licet Jovi, non licet bovi, there are things the gods are permitted to do which ordinary mortals are not permitted to do *tr*

Schau' dir das an, der Dr. Blücher kann jetzt um 18 Uhr seine Frau besuchen; mir sagten sie, in diesem Krankenhaus sei die Besuchszeit nur von 14 – 16 Uhr. – Quod licet Jovi, non licet bovi. D. h. was Jupiter oder Gott – dem 'Großen' – erlaubt ist, ist dem Ochsen – dem 'Kleinen' – noch längst nicht erlaubt.

Jubel: **Jubel, Trubel, Heiterkeit** *ugs* · laughter and merriment

Ein rauschendes Fest – Jubel, Trubel, Heiterkeit! Lauter, überschwenglicher, pompöser hätte das Klubjubiläum gar nicht gefeiert werden können.

Jubeljahre **alle Jubeljahre** (mal/einmal) **vorkommen/etw. tun/...** *ugs* · to do s.th./to happen/... once in a blue moon

... Besucht euch die Antraut denn nicht regelmäßig? – Die Antraut?! Alle Jubeljahre läßt die sich hier mal sehen. Das letzte Mal war sie vor drei oder vier Jahren hier, wenn ich mich recht erinnere.

Jubiläum: **das bronzene/**silberne/goldene/eiserne/diamantene **Jubiläum feiern/**haben *form* · to celebrate one's silver/golden/diamond/... jubilee/anniversary

Montag nachmittag wird nicht gearbeitet. Da feiern wir das silberne Dienstjubiläum von Herrn Moeller. – Er arbeitet schon 25 Jahre in der Firma?

juckt: **es juckt** jn., etw. zu tun *ugs* · + s.o. is dying to do s.th., + s.o. is itching to do s.th.

Du, es juckt mich, Christa, mal wieder anständig tanzen zu gehen. Hast du keine Lust, dich für samstag abend in eine Diskothek einladen zu lassen?

das/(etw.) **juckt** jn. (gar/absolut/...) **nicht** *ugs* · + s.o. does not care (a bit/...), it/that doesn't bother me/... a bit/one bit/in the least

Hat sich der Junge jemals darum gekümmert, ob es mir gut geht oder nicht?! Wenn er jetzt Schwierigkeiten hat, juckt mich das also nicht im geringsten.

Judas: **falsch wie Judas sein** *path* · to be as disloyal as Judas, to be treacherous as Judas, to be two-faced

Sei' auf der Hut bei den Verhandlungen! Vor allen Dingen bei dem Breukamp mußt du aufpassen. Der ist falsch wie Judas. Mit dem harmlosesten Gesicht von der Welt belügt und betrügt der dich nach Strich und Faden, wenn du nicht acht gibst.

Jude: **wie der ewige Jude sein/**(ein ewiger Jude sein) *path veraltend selten* · to be like the Wandering Jew

Mein Gott, der Richard wechselt von Firma zu Firma, zieht von Stadt zu Stadt – immer auf der Suche eines vorteilhafteren Postens, eines höheren Gehalts, einer zufriedenstellenderen Arbeit ... Er ist wie der ewige Jude: er kommt nie zur Ruhe.

haust du meinen Juden, hau' ich deinen Juden *veraltend selten* · tit for tat *coll*

... Ja, ja, (das geht hier nach dem Prinzip:) haust du meinen Juden, hau' ich deinen Juden. Wenn die Sozialisten die Mehrheit haben, tun sie alles, was in ihrer Macht steht, um zu vermeiden, daß ein CDU-Mann Intendant wird; hat die CDU die Mehrheit, handelt sie, mit umgekehrten Vorzeichen, genauso.

Judenschule: **es geht hier/dort/in/.../... zu/... wie in der Judenschule** *ugs veraltend selten* – es geht hier/dort/in .../... zu/... wie in einem/im **Irrenhaus** · it's like bedlam/a madhouse/... in here/there/...

Jugend: **die reifere Jugend** *iron* · the over-forties, those of mellower years

Ein Freund des Hauses: »Euer Gerd und eure Renate wollen auch mit ins Kino.« Der Vater: »Das ist ein Problemfilm – nichts für junge Leute. Heute geht die reifere Jugend einmal allein ins Kino.«

jung mit der Jugend sein *path selten* · to mix/to be/... with young people and to feel young, to feel younger when mixing with young people *para*

(Bei einem Leichtathletikfest:) Guck dir deinen Werner da an, Erika, mitten unter den Sportlern! Als wenn er dazugehörte! – Laß ihn jung mit der Jugend sein! So Verjüngungskuren tun ihm nur gut.

von Jugend an – von **jung** auf/(an) · from an early age, from one's childhood/youth/...

die Jugend von heute · the youth of today, young people of today, modern youth
'Die Jugend von heute! Die Jugend von heute!' Die Jugend ist heute so, wie sie immer war – genau wie diese Stöhnerei oder Kritisiererei, die dürfte auch so alt wie die Welt sein!

jung: jung und alt – groß und klein · young and old

von jung auf/(an) · from an early age, from one's childhood/youth/...
Von jung auf ist sie an ein zweisprachiges Milieu gewöhnt: seit ihrem 11. oder 12. Lebensjahr hat sie jeden Tag Französisch und Portugiesisch gehört und gesprochen.

jung und knusprig *Mädchen ugs* · young and tasty, young and scrumptious, young pieces of crackling
Wie kann sich ein Mann in seinem Alter unter all diesem jungen Gemüse wohlfühlen? – Junge und knusprige Mädchen haben es dem Emil seit eh und je angetan. »Alles zum Anbeißen«, pflegt er zu sagen.

jung und schön *scherzh* · young and beautiful, young and handsome
... Wenn man so jung und schön ist wie Sie, hängt einem der Himmel natürlich voller Geigen. Aber wenn man dann in die Jahre kommt ... – Na, Sie mit Ihren 40 Jährchen, Frau Kelly, und bei Ihrem Aussehen – Sie haben doch beileibe kein Grund zum Klagen.

Jungbrunnen: in einem/(im) Jungbrunnen baden *geh veraltend selten* · 1. 2. to bathe in a fountain of youth
1. ... Ja, das wäre schön, meinte der Großvater, wenn man – wie in der Mythologie oder manchen Volksdichtungen oder – bräuchen – in einem Jungbrunnen baden könnte und, wieder jung, alles wieder neu beginnen könnte!
2. ... in einem Jungbrunnen baden könnte und nie älter würde! Aber so etwas gibt's halt nur im Traum/in der Phantasie!

Junge: (du) alter Junge *sal* – (du) altes **Haus** · old fellow, old chap

ein schwerer Junge *ugs* · a big-time crook/villain/...
Bei der Schlägerei da in der Innenstadt hat die Polizei offensichtlich drei schwere Jungens/(Jungen)/(Jungs) festgenommen. Einer hatte gerade einen Einbruchdiebstahl hinter sich, der zweite ist in den Drogenhandel verwickelt, und der dritte soll sogar einen Mord auf dem Gewissen haben.

sich wie ein dummer Junge benehmen *ugs* · to behave like a (stupid) child *n*
Wer sich wie ein dummer Junge benimmt, kann sich nicht beschweren, wenn er wie ein dummer Junge behandelt wird. Vor einer so wichtigen Verhandlung und die halbe Nacht durchzusaufen! Ganz klar, daß der Chef dich da nach Strich und Faden zusammenstaucht!

Junge werfen/bekommen · to have/to give birth to young
Wieviel Junge wirft so eine Katze im Jahr?

Junge-Hunde-kriegen: das/(etw.) ist zum Junge-Hunde-kriegen (mit jm./etw.) *sal* – das ist zum **Bebaumölen** (mit etw./jm.) · it/s.th. is enough to drive you up the wall

Jungen: jn. wie einen dummen Jungen behandeln *ugs* · to treat s.o. like a child
Der Röhrich meint in der Tat, er könnte uns nach Belieben zu sich bestellen und uns dann hier stundenlang warten lassen. Das ist das letzte Mal, daß ich hier erscheine. Das nächste Mal kommt er zu mir. Ich laß mich doch von dem nicht wie einen dummen Jungen behandeln!

Jungen und Mädchen · boys and girls
... Und wie sollen wir den Erste-Hilfe-Kurs in der Schule durchführen? Jungen und Mädchen getrennt oder zusammen?

den Jungen nachlaufen *ugs* · to chase after the boys, to run after the boys
(Die Mutter:) Aber schämst du dich denn nicht, Anna, da so den Jungen nachlaufen? Für ein anständiges Mädchen gehört sich das nicht! – Die laufen den Mädchen doch auch nach! – Das ist etwas anderes! – Quatsch! Ich möchte wissen, wie ihr früher in unserem Alter wart! – Anna! Jetzt reicht's!

Jungenstreich: (jm.) einen dummen Jungenstreich spielen *ugs* · to play a silly boyish prank (on s.o.)
... Herr Schwarz, bitte regen Sie sich doch nicht so auf! Das war doch nur ein dummer Jungenstreich, wenn Ihnen der Jürgen und der Paul ein Verhüterli über den Auspuff gehängt haben. Dadurch ist doch kein Schaden entstanden.

Jungfer: eine alte Jungfer (sein) *ugs* · (to be) an old maid, (to be) a spinster *n*
Wer schreit denn da so schrill aus dem Fenster da oben »Ruhe!«? – Das ist eine alte Jungfer, die seit ewigen Zeiten in der Mansardenwohnung da oben wohnt. Da sie nie Kinder hatte und immer nur so allein vor sich hinlebt, scheint ihr einziger Lebensinhalt darin zu bestehen, für »Ruhe« zu sorgen.

(empfindlich) wie eine alte Jungfer sein *ugs* · to be as fussy as an old maid
... Wenn es nach der Frau Rose geht, laufen wir schließlich hier noch alle auf Zehenspitzen herum! Berechtigte Klagen gegen übertriebenen Lärm ist eine Sache, empfindlich sein wie eine alte Jungfer eine andere.

Jungfernschaft: (einem Mädchen) die Jungfernschaft rauben *path veraltend selten* – einem Mädchen/... die **Unschuld** rauben · to deprive a girl/... of her virginity , to deflower a girl/...

die Jungfernschaft verlieren *path veraltend selten* – seine **Unschuld** verlieren · to lose one's virginity

Jungfrau: an etw. kommen wie die Jungfrau zum (an ein) **Kind** *ugs* · s.o. has no idea how s.th. came into his possession, + s.th. just fell into s.o.'s lap
Der Böttcher hat nie etwas getan, nie um eine höhere Stellung gekämpft – und plötzlich wählt man ihn zum Bürgermeister. Aber wirklich: andere Leute schuften sich ihr halbes Leben lang kaputt und erreichen nichts, und der Mann kommt an Ehre und Ansehen wie die Jungfrau zum Kind!

Junggeselle: ein eingefleischter Junggeselle (sein) · (to be) a confirmed bachelor
Der Otto heiratet nicht, da mach' dir mal keine Gedanken. Das ist ein eingefleischter Junggeselle. Ehe der heiratet, muß die Welt untergehen.

Jungs: die blauen Jungs/(Jungens) *ugs selten* · the boys in blue, the sailor boys
Hier in Kiel gehe ich gern spazieren, besonders an der Förde: die Schiffe, die blauen Jungs ... – »Die blauen Jungs«, was ist das denn? – Kennt ihr den Ausdruck nicht? Die (jungen) Matrosen natürlich.

mal (eben) für kleine Jungs müssen *ugs* – vgl. mal (eben) **müssen** · to have to go to the gents'/the loo/...

Jüngste: nicht mehr der Jüngste sein *ugs* · s.o. is not as young as he used to be, s.o. is getting on *n*, s.o. is no spring chicken any more
Den Onkel Jupp dürft ihr bei der Wanderung nicht zu sehr strapazieren, hört ihr? Er ist schließlich nicht mehr der Jüngste. – Wie alt ist denn der Onkel Jupp? – Er geht an die 50.

jure: de jure *form* · de jure, in law
De jure ist es so, wie der Heinz sagt; in der Praxis wird das seit langen Jahren anders gehandhabt. – Aber was im Ernstfall entscheidet, ist doch die Gesetzeslage, oder?

ipso jure *form selten* · ipso jure
... Klauseln, was passiert, wenn die Miete nicht bezahlt wird, brauchte der Vertrag doch auch gar nicht zu haben. Die Folgen ergeben sich doch ipso jure; das BGB (Bürgerliche Gesetzbuch) legt sie detailliert fest.

Juwel: ein Juwel sein *path* · s.o. is a real treasure, s.o. is a jewel
Was du für ein Glück mit deiner Frau hast, Richard! Das ist eine Perle, die Ana, ein Juwel! – Wie kommst du denn da jetzt drauf?

Jux: etw. (nur/...) aus Jux sagen/tun *ugs* – etw. nur/... aus/(zum) **Spaß** sagen/tun · to say s.th. (only/...) as a joke, to do s.th. (only/...) for a joke/for fun/...

sich einen Jux mit jm. **erlauben** *ugs* · to play a (practical) joke on s.o. *n*

Gesunden Menschen in mittlerem Alter könnt ihr meinetwegen ruhig mal einen Streich spielen, Kinder, sie ruhig mal necken. Aber mit Alten und Kranken erlaubt man sich keinen Jux!

sich einen Jux machen und etw. tun *ugs* – sich den **Spaß** machen, etw. zu tun · to do s.th. for a joke, to do s.th. for a lark

sich einen Jux daraus machen, etw. zu tun/(aus etw. machen) *ugs* – sich einen **Spaß** daraus machen, etw. zu tun/(aus etw. machen) · to do s.th. for a joke, to do s.th. for a lark

(etw.) aus (lauter) Jux und Tollerei/(Dollerei) (tun) *ugs* · to do s.th. just for the hell of it, to do s.th. just for fun, to do s.th. just for the crack *sl*

… Ihr habt bei den Scherers mitten in der Nacht geklingelt? Warum das denn? – Aus lauter Jux und Tollerei! – Aber, Junge; der Herr Scherer hat einen anstrengenden Beruf und muß morgens früh heraus. Dem kann man doch nicht die Nachtruhe rauben, nur weil man gerade zu Späßen aufgelegt ist.

K

k. o.: k. o. (sein)/(gehen) *Boxen* · 1. 2. to be knocked out, to be k. o.

1. K. o.! Der Wring ist k. o.! – Hat der Ringrichter denn schon bis neun gezählt? – Ja. Hörst du? »Sieg durch k. o. in der dritten Runde …«

2. In der Mitte der dritten Runde ging Wring k. o. …

(völlig/restlos/total) **k. o. sein** *sal* – **erledigt** sein (für jn.) (mit etw.) (2) · to be completely knocked out/shattered/…

kabbeln: sich mit jm. **kabbeln**/käbbeln *ugs mst freundschaftlicher Unterton* – sich mit jm. in der **Wolle** haben · to squabble with s. o., to bicker with s. o.

Kacke: die Kacke ist am Dampfen/Dämpfen *vulg* · (when) it comes to the crunch *coll*, (when) the going gets tough *coll*, when the shit hits the fan *sl*, when one/… is in the shit, the shit is flying

… Erst schreien sie alle, da kann nichts passieren, da läuft alles glatt …, und wenn dann die Kacke am Dämpfen ist, will keiner was mit der Sache zu tun (gehabt) haben. Jetzt soll ich allein dafür sorgen, daß wir aus diesem Schlamassel wieder herauskommen.

alles Kacke, deine Elli/Emma/(…) *vulg selten fiktive Schlußformel eines Briefs* · it's a real pisser, bugger it, sod it
Alles Kacke, deine Emma! – Was ist denn los? – Meine Bewerbung bei Krupp wurde abgelehnt. Das ist doch wirklich Scheiße. Diese vergeblichen Bewerbungen stehen mir allmählich zum Hals heraus.

Kackeritis: die Kackeritis haben *vulg selten* – die **Scheißerei** haben · to have the runs, to have the shits

kack'ste: da kack'ste ab! *vulg selten* · fuck me!, fucking hell!
… Was, die Dortmunder haben im eigenen Stadion verloren? Da kack'ste ab! Ich hätte mit allem gerechnet, nur nicht damit.

Kackstift: j. **geht der Kackstift** (eins zu tausend) *Jugendspr sal* · s. o. is shitting himself, + s. o. is shitting a brick
Der Manfred hat erst groß getönt, Angst wäre für ihn ein Fremdwort. Aber als er dann mit uns in der Achterbahn drin saß, ging dem Großmaul der Kackstift eins zu tausend.

Kadi: zum Kadi laufen/rennen *ugs selten* – zum **Gericht** laufen · to go to court

jn. **vor den Kadi schleppen** *ugs selten* – jn./etw. vors/vor/ (vor das) **Gericht** bringen (1) · to sue s. o., to take s. o. to court, to take legal action against s. o.

jn. **vor den Kadi zitieren** *ugs* · to take s. o. to court *n*, to haul s. o. up before a judge
Mein bescheuerter Vermieter will mich vor den Kadi zitieren, weil ich seiner Kündigung widersprochen habe. – Damit kommt er doch nie und nimmer durch.

Käfer: ein netter/reizender/süßer/flotter/kesser/… **Käfer** (sein) *ugs* · (to be) a nice/tasty/… piece, (to be) a nice bit of stuff
Mit deiner neuen Sekretärin scheinst du ja Glück gehabt zu haben. Das ist ja wirklich ein netter Käfer. – Nicht deswegen habe ich sie eingestellt, sondern weil sie tüchtig ist. – Klar!

einen Käfer haben *ugs selten* · to have bees in one's bonnet, to be crotchety
… Es hat doch keinen Sinn, sich mit einem Mann herumzuschlagen, der alle drei Tage einen Käfer hat! Gegen Eigensinn und fixe Ideen ist kein Ankommen!

Käfersammlung: du fehlst/der Otto fehlt/… **mir**/ihm/dem Karl/… **gerade noch in meiner**/seiner/… **Käfersammlung** *sal selten* · that's all I/we/(…) need
(Der alte Schuckert:) Was, ein Repräsentant des Wirtschaftsministeriums will mit auf unsere Reise nach Südafrika? Diese selbsternannten Wirtschaftspolitiker haben mir gerade noch in meiner Kä-

fersammlung gefehlt. Teilen Sie dem Ministerium mit, Herr Hartmann, zu unserem großen Bedauern seien in den Hotels keine Plätze mehr zu kriegen.

Kaffee: das/was j. sagt/… **ist** (ja/doch) (alles) **kalter Kaffee** *sal* · it/what s. o. says/… is (all) old hat, what s. o. says is rubbish *coll*
Was der Schlosser da über Brasilien erzählt, ist doch (alles) kalter Kaffee. Erstens kann man das in jeder Zeitung nachlesen und zweitens interessiert das gar nicht; auf die wesentlichen Fragen kommt er gar nicht zu sprechen.

dem/der Tante Marlies/… **haben sie** (wohl/(…)) **was**/(etwas) **in den Kaffee getan** *sal* – nicht (so) (ganz/(recht)) bei **Trost** sein (1) · have you/has he/… gone soft in the head?

es kommt einem/(mir/dir/…) **der (kalte) Kaffee hoch,** wenn/… *sal selten* · + s. th. makes s. o. want to puke/to throw up/…
… Wenn ich so einen Egoismus sehe, kommt mir der Kaffee hoch. Wirklich!

bei Kaffee und Kuchen sich angeregt/… **unterhalten/…** · to chat/to converse/… over (afternoon) coffee and cake
»Die Sitte,« erklärte er, »sich einen halben Nachmittag bei Kaffee und Kuchen zu unterhalten, findet man nur in einigen wenigen Ländern …«

der Kaffee ist so stark, daß der Löffel darin steht/stehen kann *ugs* · the coffee is so strong that the spoon stands up in it *tr*
Meine Güte, was trinkst du starken Kaffee! Fast wie die Türken, so daß der Löffel darin stehen bleibt!

Kaffee trinken · to have breakfast
Hast du schon Kaffee getrunken? – Es gibt weder Kaffee noch Brot. Wir müssen erst einkaufen, dann können wir frühstücken.

Kaffeesatz: jm. das Glück/die Zukunft/… **aus dem Kaffeesatz wahrsagen** *ugs selten* · to tell s. o.'s fortune/future from coffee-grounds/tea-leaves/(…)
Komm', Vater, wir lassen uns auch mal von dieser Zigeunerin das Glück aus der Hand lesen. – Junge, dafür ist mir das Geld zu schade. Ich laß mir doch nicht von einer x-beliebigen Alten das Glück aus dem Kaffeesatz wahrsagen. – Nicht aus dem Kaffeesatz, aus der Hand! – Komm, es ist gut. Gehen wir weiter!

Käfig: in einem/(im) goldenen Käfig sitzen · to be (like) a bird in a gilded cage
Der Kurt will nach Frankreich gehen. – Der Kurt? Der hat es doch bei Noekkers derart gut! – Aber sein Leben ist durch und durch reglementiert; dazu langweilt ihn die Stelle. Er hält es offensichtlich nicht mehr aus, in einem goldenen Käfig zu sitzen. Er braucht wieder frischen Wind um die Nase.

Kainsmal: das Kainsmal (auf der Stirn) tragen/(auf die Stirn gebrannt haben) *Bibel selten* · 1. 2. to bear the mark of Cain on one's brow/on one's forehead
1. … Mit diesem Wolpers will ich nichts zu tun haben. Dieser Mann trägt das Kainsmal auf der Stirn. – Gerd, was sagst du da? Der Wolpers hat jemanden umgebracht – (und sogar jemanden aus der Familie)?
2. … Wie geht's dem Gerd? – Schlecht. Seit er aus dem Knast ist, bemüht er sich um Arbeit. Aber als Ex-Knasti trägst du das Kainsmal auf der Stirn, da möchte dich kein Arbeitgeber einstellen.

Kaiser: X ist Kaiser (Y ist König, Z ist Bettelmann) *Kinderspr* · x is first (y is second/z is last/…), x has won (y is second/z is last/…)
Jetzt wollen wir doch mal sehen, wer die Suppe zuerst aufgegessen hat … – Mama, ich bin fertig! Ich bin Kaiser. – Prima. Und der Rudi ist auch schon fertig – er ist König. Und unsere Renate ist wieder einmal Bettelmann.

wenn …, dann bin ich der Kaiser von China! *ugs* · if …, then I'm a Chinaman
… und dann hab' ich noch mit meinem Freund Placido Domingo diniert. – Wenn du ein Freund von Placido Domingo bist, dann bin ich der Kaiser von China!

sich für den Kaiser von China halten *ugs selten* · to think one is the bee's knees
… So einen Angeber wie den Reimann sieht man nicht alle Tage. Mir scheint, der hält sich für den Kaiser von China.

dahin/(wohin) gehen/müssen, wo (auch) **der Kaiser zu Fuß hingeht** *ugs* · to (have to) see a man about a dog, to (have to) go to the smallest room, to (have to) pay a call
Entschuldigt mich bitte einen Augenblick, ich muß mal eben dahin, wo der Kaiser zu Fuß hingeht.

dem Kaiser geben, was des Kaisers ist *Bibel* · to render unto Caesar the things which are Caesar's
… Nein, diese dauernde Kritisiererei am Staat ist sicherlich übertrieben, und schon gar nicht sind Gewaltakte gutzuheißen. Wie steht es noch in der Bibel: gebt dem Kaiser, was des Kaisers ist! In geistigen, persönlichen Fragen ist jeder sein eigener Herr; aber dem Staat gegenüber haben alle ihre Pflicht zu erfüllen.

Kaiser und Könige … · emperors and kings
… Kaiser und Könige trafen sich in diesem Schloß. Zuletzt Kaiser Wilhelm II. und der damalige König von Griechenland.

wo nichts ist, (da) hat (auch/bekanntlich) **der Kaiser sein Recht verloren** *ugs* · you can't get blood out of a stone
Wenn er dir die Schulden nicht so zurückzahlt, mußt du ihn wohl oder übel verklagen. – Das ist leider sinnlos. Bei dem ist nichts zu holen, er ist bankrott. Und wie heißt es so schön: wo nichts ist, hat der Kaiser sein Recht verloren.

seinen Kaiser-Wilhelm unter etw. **setzen/(druntersetzen)** *ugs* · to put one's mark to/under s.th.
… Bring diesen Brief rasch zum Chef rauf; er muß seinen Kaiser—Wilhelm da noch drunter setzen. – Ah, hat er vergessen, ihn zu unterschreiben? …

sich um des Kaisers Bart streiten/(Streitereien/… um des Kaisers Bart) *ugs* · to argue about trivial matters, to engage in pointless discussion, to split hairs
Was diskutiert ihr denn hier herum wie die Wilden? – Die beiden streiten sich mal wieder um des Kaisers Bart, Vater. Der Manfred meint, der Linksaußen vom HSV wäre erst 21 Jahre, der Fred, er wäre schon 26.

des Kaisers Rock tragen *hist* · to wear the emperor's/king's uniform
Der Rudolf meint wohl immer noch, es wäre eine Ehre, des Kaisers Rock zu tragen. – Laß ihn doch! Wenn ihm das Soldatspielen dann leichter fällt …!

Kakao: jn. **durch den Kakao ziehen** *ugs* – jn. (tüchtig/anständig/so richtig/…) auf den **Arm** nehmen · to make fun of s.o., to take the mickey out of s.o.

Kaktus: **eingehen wie ein Kaktus** *sal* · to get trounced/thrashed/massacred
Du meinst, die werden das Spiel gegen Brasilien gewinnen? Das glaubst du doch wohl selbst nicht! Die gehen ein wie ein Kaktus! Wenn die Brasilianer die Partie nicht mit wenigstens drei Toren Unterschied für sich entscheiden, lade ich dich zum chinesischen Essen ein.

einen Kaktus pflanzen/(setzen/drehen) *sal* · to deposit a heap, to drop a log
Augenblick, ich muß mich mal eben seitwärts in die Büsche schlagen und einen Kaktus pflanzen. – Herrgott, jedesmal, wenn wir spazieren gehen, mußt du irgendwelche Pflanzen düngen. Als wenn du nicht vorher zu Hause auf die Toilette gehen könntest!

Kalb: glotzen/stieren/gucken/… **wie ein gestochenes/(abge-stochenes) Kalb** *sal* – **Augen** machen wie ein gestochenes Kalb (2) · to gape idiotically at s.o./s.th.

dreinschauen/(dreinsehen/…) **wie ein gestochenes/(abge-stochenes) Kalb** *sal* – **Augen** machen wie ein gestochenes Kalb · + s.o.'s eyes nearly pop out of his head

das Goldene Kalb anbeten *Bibel* · to worship the Golden Calf
Diese kapitalistische Massengesellschaft ist doch nur aufs Geld, auf ein gemütliches Leben aus! Geistige Dinge zählen doch gar nicht! – Das mag sein. Aber das ist nichts Neues. Liest man nicht schon im Alten Testament, daß die Leute das goldene Kalb anbeteten?

ein (richtiges/…) **Kalb Moses** (sein) *sal selten* · (to be) a real/right booby
… Jetzt bleib' mir doch mit dem Busam vom Hals! Das ist doch ein richtiges Kalb Moses, dieser Kerl. Mal ehrlich: es gehört doch schon was dazu, derart viel dümmliche Naivität zu entwickeln wie dieser Mann!

ums Goldene Kalb tanzen *Bibel* · to worship the Golden Calf
… Geld, Geld und nochmals Geld! Der einzige Herrgott dieser Welt scheint mir manchmal der Mammon. – Schon in der Bibel tanzen die Menschen um das goldene Kalb, Gerd.

wie ein Kalb aus der Wäsche gucken/(schauen) *sal* · to gape/to gawk/… like a booby *para*
Wenn die Dietlinde nicht gar so dumm wäre, nicht so blöd dreinschaute! Wenn sie etwas nicht versteht – und das passiert oft genug –, dann guckt sie wie ein Kalb aus der Wäsche. Wirklich!

Kalenden: etw. **bis zu den griechischen Kalenden aufschieben/ (verschieben)** *lit selten* – etw. so lange/immer wieder/… aufschieben/verschieben, bis **Ostern** und Pfingsten/(Weihnachten) auf einen Tag fällt/fallen/zusammenfallen · to put s.th. off to the Greek calends

Kalender: ein Ereignis/einen Tag/… **rot im Kalender/im Kalender rot anstreichen** *ugs* · 1. 2. to mark s.th. in red on the calendar, to mark s.th. (as) a red-letter day
1. Was, du wirst im kommenden Juni 40? Wann genau? Den Tag muß ich mir im Kalender rot anstreichen. Das darf ich auf keinen Fall vergessen.
2. … Was, unser Sohn hat heute Geschirr gespült? Das muß ich mir gleich rot im Kalender anstreichen!

(mal wieder/…) **Kalender machen** *ugs selten* · to brood *n*
Statt dich in dein Zimmer zu verkriechen und Kalender zu machen, solltest du dir lieber konkrete Aufgaben stellen und handfeste Arbeit leisten! Je mehr du da herumhängst und dich mit irgendwelchem überflüssigen Kram beschäftigst, um so schwerer wirst du aus deiner Krise wieder herauskommen.

Kaliber: **vom gleichen Kaliber sein wie** j. *ugs* · to be of the same calibre as s.o.
… Wie, du meinst allen Ernstes, der Brachthäuser ist vom gleichen Kaliber wie der Grothmann? – Genau das meine ich. Der ist kein bißchen besser. Das sind beide haargenau dieselben Schurken.

ein Schurke/… **größten Kalibers** (sein) *ugs* · (to be) a big-time villain/crook/…, (to be) a real villain/crook/…
… Über den Rottmann würde ich das Geschäft nicht abschließen. Das ist ein Gauner größten Kalibers.

ein Mensch/Gauner/… **gleichen Kalibers sein** (wie …)/vom gleichen Kaliber sein wie … *ugs* · a person/villain/… of the same calibre as s.o., to be of the same calibre as s.o.
… Ich würde den Hauskauf nicht über diesen Makler abschließen. Nach allem, was man über diesen Mann weiß, ist er vom gleichen Kaliber wie der andere, der dich so abscheulich übers Ohr gehauen hat.

Kalk: bei jm. **rieselt schon der Kalk** *sal selten* · + s.o. is going a bit gaga, + s.o. is losing his marbles
Wenn du den alten Herrn Mommsen bittest, dich zu erinnern – er wird das sicherlich tun. – Er würde es tun, wenn er daran denken würde! Bei dem rieselt doch schon der Kalk! Man darf ihn nicht danach beurteilen, wie er sich nach außen hin gibt: er geht an die achtzig; sein Gedächtnis ist völlig hin.

weiß wie Kalk (sein)/(werden) (vor Schreck/...) *path* · to be as white as a sheet

... Der Schreck saß ihr noch in allen Gliedern. Sie war weiß wie Kalk.

kalt: es ist schneidend kalt *selten* – (es herrscht/...) eine schneidende **Kälte** · it is bitingly cold, it is bitterly cold

weder kalt noch warm sein/(nicht kalt und nicht warm sein) *sal* · not to be able to make up one's mind *n*

Was willst du denn nun, ans Meer fahren oder in die Berge? Herrgott nochmal, entscheide dich doch! Es ist ja fürchterlich, so Leute, die weder kalt noch warm sind! Da weiß man überhaupt nicht, woran man ist.

Kälte: js. Hände/Finger/... **sind blau vor Kälte** · s.o.'s hands/ fingers/... are blue with cold

So was Verrücktes, bei diesem eisigen Wetter meine Handschuhe zu vergessen! Meine Finger sind schon blau vor Kälte!

mit eisiger Kälte etw. tun/jn. behandeln/... *path* · to treat s.o./... with icy coldness

Wie der Breuer seinen Sohn behandelt! Mit eisiger Kälte! – Er dürfte seine Gründe dazu haben; denn alle anderen behandelt er ausgesprochen zuvorkommend und herzlich.

(es herrscht/...) eine schneidende Kälte · it is bitingly cold

Warst du schon mal draußen heute? – Nein. Warum? – Das ist eine schneidende Kälte! Besonders der Wind – der beißt richtig im Gesicht!

(es herrscht/...) eine sibirische Kälte *ugs* – *path* · conditions are arctic, the weather is arctic/like Siberia

... Ich werde doch bei dieser sibirischen Kälte nicht rausgehen! – Sibirische Kälte! ... Es sind gerade minus zwölf Grad. – Genügt das nicht?

vor Kälte schlottern *ugs* · to be shivering with cold *n*

... Mensch, Gisela, komm' rein, du schlotterst ja vor Kälte! Wärm' dich erstmal richtig auf, ehe du da draußen weiter aufräumst!

vor Kälte schnattern *ugs* · + s.o.'s teeth are chattering with cold

Was ist denn los mit dir, du schnatterst ja regelrecht vor Kälte? – Ich bin derart empfindlich in letzter Zeit. Irgendwann stehe ich da mit klapperndem Gebiß wie eine Großmutter.

Kalter: das/etw. **war ein Kalter** *ugs Neol* · 1. it's.th. was a total/an absolute/... disaster, 2. it/s.th. is a disaster/flop/fiasco

1. ... Wie war das Konzert von Mitch Ryder gestern in Frankfurt? – Hör' mir auf, das war ein Kalter! Wir sind umsonst nach Frankfurt gefahren, soll heißen, wir haben uns im Datum geirrt. Mitch spielt erst nächste Woche.

2. Seehopsers neues Gesetz zur Gesundheitsreform ist ja wohl ein Kalter! Von wegen effizientere Versorgung bei niedrigeren Kosten! Das einzige, was es bewirkt hat, ist die totale Verwirrung bei Ärzten und Patienten.

Kältetod: den Kältetod sterben/(erleiden) *form od. path* · to freeze to death, to die of cold

Wenn du wissen willst, was es heißt, den Kältetod zu sterben, mußt du die Berichte der Polarforscher lesen!

kaltlassen: jn. (völlig) **kaltlassen** *ugs* · to leave s.o. (completely/...) cold

... Ach, ob du eine Stelle hast oder nicht, verhungerst oder nicht, das läßt so eine Kommission völlig kalt. Diese Leute kennen nur ihre eigenen Interessen; was Mitgefühl ist, wissen die nicht.

kaltmachen: jn. **kaltmachen** *oft: ich mach' dich ...! sal* · to do s.o. in, to bump s.o. off

Du hättest den alten Berger brüllen hören sollen: »Wenn ich dich noch ein Mal in unserem Garten hier erwische ...! Ich mach' dich kalt, Bürschchen!« So, als ob er den Jungen in der Tat jeden Moment umbrächte.

kaltstellen: jn./etw. **kaltstellen** · 1. to put (beer/...) in the fridge, 2. to demote s.o., to put s.o. on the shelf, 3. to bump s.o. off , to put s.o. out of harm's way, to remove s.o. from office

1. Hast du schon ein paar Flaschen Bier kaltgestellt? Heute abend kommen der Egon und der Kurt. Die haben immer einen kräftigen Durst. – Keine Sorge, das Bier steht schon im Kühlschrank.

2. Den Direktor Zweigle haben sie bei Schuckert & Co. kaltgestellt: sie haben ihn auf ein unbedeutendes Zweigwerk versetzt.

3. vgl. – jn./etw. auf die **Seite** schaffen (2) *ugs*

kam: er kam, sah und siegte *lit* · he came, he saw, he conquered

Der Biergel meint, er braucht da nur zu erscheinen und schon ist alles gelöst! – Frei nach Cäsar: er kam, sah und siegte! – Ja, ja, so ungefähr.

käme: wohin käme ich/kämen wir/... **denn da/sonst/**(denn), wenn .../... · 1. 2. 3. where would I/we/... be if ...?, what would happen if ...?

1. Nichts da! Du arbeitest bis fünf Uhr, genau wie alle anderen. Wohin kämen wir (denn), wenn jeder früher aufhören würde, der ein Rendezvous mit seiner Freundin hat?

2. Hier arbeiten alle bis zur selben Zeit. Wohin kämen wir (denn) sonst?!

3. Ich kann doch nicht jedem frei geben, der ein Rendezvous mit seiner Freundin hat! Wohin käme ich denn da?

wie käme ich/kämen wir/... **dazu** (etw. zu tun)? · why (on earth) should I/we/... (do s.th.)?

Ich soll ihm den Brief ins Französische übersetzen? Wie käme ich denn dazu?/Wie käme ich dazu, meinen einzigen freien Tag in der Woche dafür zu opfern? Das soll er gefälligst selbst machen.

Kamel: ein (altes) **Kamel sein** *sal* – für keine zwei **Pfennige** Verstand haben/nachdenken/aufpassen/... (1) · s.o. is a dope/fathead/twit/clot/knobhead/...

das größte Kamel auf Gottes Erdboden sein *sal* – für keine zwei **Pfennige** Verstand haben/nachdenken/aufpassen/... (1) · s.o. is a dope/fathead/twit/clot/knobhead/...

eher geht ein Kamel durch ein Nadelöhr als .../als daß ... *Bibel* · it's easier for a camel to go through the eye of a needle than ...

... Da hast du wohl recht: eher geht ein Kamel durch ein Nadelöhr, als daß der Norbert seinen Angestellten die Arbeit erleichtert. Das ist der reinste Egoist, dieser Mann.

Kamellen: das/(etw.) **sind alte/olle Kamellen** *sal* – das/(etw.) ist ein alter/uralter/ganz alter **Hut** (1, 2) · it's the same old stuff, it's all old hat

alte/(olle) **Kamellen aufwärmen** *sal* – (den) alten **Kohl** (wieder) aufwärmen · to bring up an old story, to drag up an old story/scandal/...

Kamera: vor der Kamera stehen/(...) *Film u. ä.* · to stand in front of the camera

... Kann man eigentlich vor der Kamera stehen und wirklich echte Gefühle zeigen? Wird da nicht alles zur Schauspielerei?

Kamin: das/das Geld/die Tasche/... **kannst du/**kann dein Bruder/... **in den Kamin schreiben** *sal* – das/das Geld/die Tasche/... kannst du/kann dein Bruder/... in den **Mond** schreiben · you/he/John/... can write the money/the wallet/... off, you/he/John/... can give up all hope of finding the money/...

Kamm: jm. schwillt der Kamm · 1. + to get above o.s., + to get too big for one's boots, + to get cocky *coll*, 2. + s.o.'s hackles rise

1. Antwortet der Herbert dir immer so scharf? – Früher nicht. Aber in letzter Zeit schwillt ihm der Kamm: die Beförderung zum Abteilungsleiter ist ihm offensichtlich in den Kopf gestiegen. – Dann mußt du ihm mal eins drüber geben. Derart übermütig, ja unerzogen – das geht zu weit.

2. Im allgemeinen ist der Ullrich sehr verträglich, sehr ruhig, und er läßt sich auch eine ganze Menge sagen, das muß man zugeben. Aber wenn man ihm zu nahe tritt, ihn zu sehr reizt ..., wenn ihm der Kamm schwillt, dann kann er ganz schön ungemütlich werden.

bei jm./in/... liegt der Kamm neben der Butter *ugs selten* · + s.o.'s place is (like) a pigsty

Nein, bei der Helga will der Richard während der Ferien nicht bleiben. So schön der Strand, an dem sie wohnt, auch ist: er meint, bei ihr läge der Kamm neben der Butter. Bis zu einem gewissen Grad sei

Unordnung ja ganz schön – aber eine solche Schmuddeligkeit gehe ihm zu weit.

alles/verschiedene Dinge/(Menschen) ... über einen Kamm scheren · to lump everything/different things/... together
Wenn bei den Lebensversicherungen gegen einen geringen Zuschlag im Todesfall das Doppelte gezahlt werden kann, müßte das bei den Pensionen doch auch möglich sein. – Wir können doch nicht alles über einen Kamm scheren, Otto. Die Bedingungen der Lebensversicherungen und die des Staates oder der Unternehmen bei der Pensionszahlung sind doch völlig verschieden.

den Kamm überschritten haben *selten* · to be over the hill, to be past one's best
... Meinst du, der Rößler hat in seiner Karriere seinen Höhepunkt immer noch nicht erreicht? – Ganz im Gegenteil: ich bin fest davon überzeugt, daß der Mann den Kamm bereits überschritten hat. Du wirst sehen: von jetzt an geht's bergab.

Kämmerlein: im stillen Kämmerlein beten *ugs selten* · to pray in private *n*, to pray when one is alone *n*
Obwohl er sich immer sehr katholisch gibt, habe ich ihn noch nie beten sehen. – Er betet im stillen Kämmerlein. Wenn jemand dabei ist, hält er es für unmöglich, Zwiesprache mit Gott zu halten.

im stillen Kämmerlein über etw. **nachdenken/...** *ugs* · to think s.th. over in peace and quiet
... In diesem Fall verdient Ihr Mann beim besten Willen keine Unterstützung, Frau Mertens. Sie können das natürlich nicht offen zugeben, aber denken Sie im stillen Kämmerlein nochmal über die Angelegenheit nach und fragen Sie sich ehrlich, ob Sie an unserer Stelle anders handeln würden.

Kampagne: eine Kampagne für/gegen etw. **veranstalten/machen** · to run a campaign for/against s.th.
Der Automobilklub veranstaltet gerade eine Kampagne gegen den Unfalltod. Leider muß man nach aller Erfahrung davon ausgehen, daß auch diese Aktion die Unfallziffern kaum herabsetzt.

Kampf: auf, in den Kampf! *scherzh – path* · into the fray!, into battle!, once more into the breach!
... Der Chef will mich sprechen? Das ist bestimmt wegen der Südafrika-Geschichte, die ich anders entschieden habe, als er wollte. Das wird eine heiße Diskussion werden! ... – Na, dann auf in den Kampf! Viel Glück!

jm./e-r S. den Kampf ansagen *path* · 1. 2. to declare war on s.o./s.th.
1. Wenn wir diesen Drogenhändlern jetzt nicht energisch den Kampf ansagen, ist es zu spät. Dann werden wir mit denen nicht mehr fertig.
2. Endlich nehmen Sie die Dinge ernst und sagen diesen Übeln den Kampf an! – Abwarten! Abwarten! Bisher besteht der ganze Kampf in verbalen Willenserklärungen.

den Kampf mit jm. **aufnehmen** · to take s.o. on
... Fühlst du dich schon stark und sicher genug, um den Kampf mit der Konkurrenz aufzunehmen? Denn das dürfte ein hartes Ringen werden.

der Kampf ums Dasein *Zit* · the struggle for existence
... Meinst du wirklich, (der) Darwin läge mit seiner Auffassung, das Leben des Menschen sei im Grunde wie das der Tiere – ein Kampf ums Dasein – so ganz daneben?! Ist dieser Wirtschaftskampf nicht auch ein richtiger Kampf – ein Krieg mit anderen Waffen?

ein Kampf auf Leben und Tod/(auf Tod und Leben) · a fight to the death
Die Auseinandersetzung zwischen den beiden feindlichen Stämmen entwickelt sich zunehmend zu einem Kampf auf Leben und Tod. – Von Anfang an war sie das – nur, daß wir das nicht gemerkt haben; von Anfang an war jede der beiden Parteien auf die Vernichtung der anderen aus.

ein Kampf bis aufs Messer *path* · a war to the knife
... Vor einem Jahr hielt sich die Auseinandersetzung der beiden um den Parteivorsitz noch in den Grenzen eines fairen Wettstreits. Inzwischen ist sie zu einem Kampf bis aufs Messer ausgeartet. Die beiden scheuen vor keinem noch so brutalen Mittel zurück, um den anderen ins Hintertreffen zu bringen.

(etw. ist/...) ein Kampf gegen Windmühlen/(Windmühlenflügel) *geh* · s.th. is (like/just/...) tilting at windmills
... Alle Anstrengung in dieser Firma, bemerkte er resigniert, ist ein Kampf gegen Windmühlen; denn es gibt immer jemanden, der das Erreichte sofort wieder zunichte macht.

Kämpfer: (ein) alter Kämpfer *path od. iron selten* · a veteran
Gibt es bei euch auch eine Organisation der alten Kämpfer, wie in Frankreich? – Du meinst, der alten Soldaten, der Veteranen?

Kampfplatz: auf dem Kampfplatz bleiben *path veraltend selten* · to be left dead or wounded on the battlefield
In der Schlacht um Stalingrad blieben mehr als 200.000 deutsche Soldaten auf dem Kampfplatz. Man muß sich das mal vorstellen: 200.000 Tote und Verwundete allein auf deutscher Seite in einer einzigen Schlacht.

Kampfstatt: auf der Kampfstatt bleiben *lit path veraltend selten* – auf dem **Kampfplatz** bleiben · to be left dead or wounded on the battlefield

Kanal: etw. **in den falschen Kanal kriegen/(bekommen)** *sal* – (eher:) etw. in den falschen/(verkehrten) **Hals** kriegen · + s.th./food goes down the wrong way

den Kanal (von etw.) (gestrichen) voll haben *sal* · 1. to be plastered/sloshed/canned/..., 2. to be fed up with s.th.
1. vgl. – **blau** wie ein **Veilchen** (sein)
2. vgl. – **genug** haben von etw.

sich den Kanal vollaufen lassen *sal* – (eher:) sich **vollaufen** lassen · to get tanked up

in dunkle Kanäle fließen · to flow into dubious channels
... Ich möchte wirklich wissen, in welche dunklen Kanäle diese ganzen Gelder fließen! Jetzt sind schon mehrere Millionen gespendet worden, und man sieht nichts davon.

Kandare: jn. an der Kandare haben/halten *ugs* · 1. 2. s.o. has got them/... well under control *n*, s.o. has got him/... under his thumb
1. Mit dem Willy machen die Kinder nicht, was sie wollen; der hat die ganz schön an der Kandare. – Und trotzdem schwören die auf ihren Vater. – Und ob! Kontrolle und Strenge haben 'gesunde' Kinder noch nie übelgenommen.
2. ... Der Arme, er darf nur mit uns zum Kegeln gehen, wenn seine Frau zustimmt. Die Alte hat ihn derart an der Kandare, daß er überhaupt nicht mehr ausgeht, ohne sie zuerst zu fragen. – Ein Pantoffelheld, dieser Albert!

(bei) jm. die Kandare anziehen *ugs selten* · to put s.o. on a tight rein *n*, to take s.o. in hand *n*
Bei dem Karl mußt du die Kandare anziehen, und zwar sofort! Der Junge hat zuviel Freiheit und nimmt sich zuviel heraus.

jn. (etwas/fest/stärker/...) an die Kandare nehmen *ugs* · to take s.o. in hand *n*
Wenn du den Karl nicht etwas an die Kandare nimmst, wächst er dir bald über den Kopf und macht mit dir, was er will. Bei Menschen wie dem muß man die Zügel kurz halten; anders geht es einfach nicht.

Kaninchen: sich wie die Kaninchen vermehren · 1. 2. to breed like rabbits
1. Nein, Christl, wir schaffen keine Meerschweinchen an. Die vermehren sich wie die Kaninchen; nach kurzer Zeit wissen wir nicht mehr, was wir mit all den Jungen machen sollen. *ugs*
2. ... Allein in den letzten drei Generationen hat die Zahl der im 18. Jahrhundert hier Eingewanderten um mehr als 400% zugenommen. – Das heißt: die haben sich vermehrt wie die Kaninchen. – Wie bitte? *sal*

kann: j. läuft/rennt/..., was er kann *oft Imp* · s.o. runs for it, s.o. runs as fast as he can
Weg! Rudi, weg! Lauf, was du kannst! Da kommt der Besitzer. Wenn der dich hier sieht, bist du erledigt. Der läßt dich einfangen und die Polizei rufen – der weiß genau, daß du das Motorrad geklaut hast.

(auf ...) da kann ich überhaupt nicht drauf *ugs Neol* · 1. s.o. can't get on with s.th., + s.th. does nothing for me/ you/..., 2. s.o. does not want any of that/s.th., s.o. can't be doing/can't be bothered/... with s.th.
1. Auf 'BAP', da kann ich überhaupt nicht drauf. Das ist nicht meine Musik.
2. ... Laß mich in Ruhe mit deinem Theoriegeschwafel, da kann ich jetzt überhaupt nicht drauf. Ich hab' im Moment andere Sorgen, als mich mit Philosophie zu beschäftigen!

mir/ihm/der Ulrike/... **kann keiner!** *ugs path* – mir/ihm/der Ulrike/... kann **keiner** · nobody can touch me/him/Mary/..., + I/he/Mary/... can look after myself/himself/herself

wo kann man hier mal? *ugs* · where's the gents/the ladies/ the restroom/...?
Entschuldigen Sie, wo kann man hier mal? Ich finde das WC nicht.

der kann/die Tante Emma kann/du kannst/... **mir/mich mal (kreuzweise) (mit etw.)!** *sal euphem* – j. soll/kann mich/uns am/(im) **Arsch** lecken (mit etw.) · he/... can get stuffed, he/... can bugger off, he/... can piss off

Kanne: in die Kanne! *Spr. d. Studentenverbindungen* · down with it!, sink it!, down the hatch!
Fuchs Maurer, in die Kanne! Ex! So, und wer jetzt noch einmal seinen Mund aufmacht während des offiziellen Teils der Kneipe, trinkt nicht ein Bier ex, der trinkt einen Humpen ex!

volle Kanne durchfallen/daherrasen/... *sal Neol* · 1. 2. to drive flat out 1. to fail/... miserably/... *n*
1. Mein VWL-Prof. hat mich in der Vorprüfung im Mündlichen volle Kanne auflaufen lassen. Fast alle Fragen lagen neben dem angekündigten Themenschwerpunkt.
2. vgl. – volle **Pulle** daherrasen/...

eine heiße/starke Kanne blasen *Neol Jugendspr selten* · to play sax/trumpet/...
Wer in einer derart bekannten Jazzband wie den 'Moosy-Boys' sechs Jahre eine heiße Kanne geblasen hat, muß schon ein toller Saxophonist sein.

sich (ordentlich/...) die Kanne geben *ugs Neol* – sich **volllaufen** lassen · to crack a lot of tubes, to get really/... pissed

zu tief in die Kanne geguckt/geschaut/(geblickt/gesehen) haben *ugs selten* – (eher:) einen über den **Durst** trinken (...: einen über den Durst getrunken haben) · to have had one too many/one over the eight/...

jn. **in die Kanne steigen lassen** *Spr. d. Studentenverbindungen* · to make s.o. down a tankard of beer in one go
Das war vielleicht eine Sauferei gestern! Der Alte Herr Merschner hat den inoffiziellen Teil der Kneipe geleitet. Du weißt ja, wie es dann zugeht: aus allen möglichen und unmöglichen Anlässen hat er die Leute in die Kanne steigen lassen. Nach knapp einer Stunde war der halbe Saal besoffen.

es gießt/schüttet wie aus Kannen *ugs selten* – es regnet/gießt in **Strömen** · to be pouring with rain, to be bucketing/pelting/... down

kannibalisch: jm. ist/j. fühlt sich (so) kannibalisch wohl (als wie 500 Säue(n)) *sal – lit* · to wallow in swinish contentment, to feel on top of the world (after a binge/spree/...)
Wenn du dich so richtig vollaufen lassen kannst, dann fühlst du dich in deinem Element, was?! – Hast du was dagegen? Denk' an Goethe, Faust, Auerbachs Keller: »Ich fühl' mich kannibalisch wohl als wie 500 Säue«. Achte auf das »als wie!« ... – Arschloch!

kannst: lauf/lauft/renn'/rennt/..., **was du kannst**/ihr könnt! *ugs* · run/... as fast as you can!
(Ein gutmütiger Nachbar zu ein paar Jungen, die Äpfel gestohlen haben:) Da kommt der Besitzer von diesem Garten. Haut nur schnell ab! Lauft, was ihr könnt! Wenn der euch erwischt – oder auch nur einen von euch erkennt –, kriegt ihr's mit der Polizei zu tun.

du kannst/(er kann/...) **wohl nichts dafür** *sal selten* – nicht (so) (ganz/(recht)) bei **Trost** sein (1) · the poor man/woman/... can't help it, the poor man/woman/... isn't all there, s.o. has got a screw loose

(..., und) **haste was kannste**/(hast du was, kannst du) **rannte er davon**/suchten sie das Weite/... *ugs selten* – (..., und) haste (hast du/hasse) nicht **gesehen**, war er weg/rannten sie davon/sausten sie alle fort/... · in a flash/before you could say Jack Robinson/as quick as you like/... they/... were/... off/...

Kanone: das/etw. ist unter aller Kanone *sal* – das/etw. ist unter aller/(jeder) **Kritik** (1; a. 2) · it's/s.th. is beneath contempt

eine Kanone in einem Fach/... **sein** *ugs* – *path* · to be an ace in one's subject/field/...
In seinem Fach ist der Alfons eine Kanone, klar. Das hat nie einer bestritten. Aber in allgemeinen Fragen ist er ein regelrechter Esel.

mit Kanonen auf/nach Spatzen schießen *ugs* · to take a sledgehammer to crack a nut
Einer seiner Fehler ist es, daß er leicht mit Kanonen auf Spatzen schießt. Bei jeder Kleinigkeit, die ihm nicht paßt, droht er die drastischsten Maßnahmen an.

die Kanonen sprechen lassen *ugs selten* · to let the guns speak, to let the guns do the talking
Die Lage ist gefährlich geworden, sehr gefährlich. Hoffen wir nur, daß sie nicht wieder die Kanonen sprechen lassen. – Du rechnest bereits mit der Möglichkeit eines Krieges?

Kanonenfutter: Kanonenfutter (sein) *sal* · (to be) cannon fodder
... Ach, Gerd! Bitte! Was war denn der gemeine Soldat – unser berühmte 'Schütze Arsch' – jemals anderes als Kanonenfutter?! – In der Neuzeit! Nach der Entwicklung der Feuerwaffen! Vorher gab's wenigstens (noch) etwas wie Tapferkeit. Das kannst du alles im 'Don Quichote' nachlesen.

Kanonenrohr: ach, du heiliges Kanonenrohr! *sal veraltend selten* – (ach) du liebes **bißchen** · hell's bells!

Kanossa: nach Kanossa gehen *lit selten* – den **Gang** nach Canossa tun/gehen/antreten (müssen) · (to have) to eat humble pie/crow

Kanossagang: einen Kanossagang antreten *lit selten* – den **Gang** nach Canossa tun/gehen/antreten (müssen) · (to have) to eat humble pie/crow

Kante: es steht (so) auf der Kante (ob .../oder ob ...) *ugs selten* – es steht auf der **Kippe** (ob .../oder ob ...) · it's touch and go whether/if ...

etwas/Geld/... **auf der hohen Kante haben** *ugs* · to have s.th./money/... put by, to have s.th./money/... put away
Wovon lebt die Ursel denn jetzt, wenn sie keine Arbeit hat? – Gott sei Dank hat sie etwas auf der hohen Kante. Aber lange reicht das natürlich auch nicht.

sich (ordentlich/...) die Kante geben *ugs Neol* – sich **vollaufen** lassen · to get really paralytic, to get really tanked up, to get really canned, to get really rat-arsed, to get really pissed

auf der Kante leben/(...) *ugs selten* · to live/... on the edge, to live/... on the margins
... Ach, diese Leute, die gegen alles und jedes abgesichert sind, haben doch überhaupt keinen Sinn für Menschen, die – wie der Karl-Heinz – auf der Kante leben. – Aber der Karl-Heinz braucht einen Schuß Unsicherheit! Sonst ist der gar nicht richtig wach.

etwas/Geld/... **auf die hohe Kante legen** *ugs* · to put s.th./money/... by/away for a rainy day
Von einem bestimmten Alter an, Kinder, müßt ihr etwas auf die hohe Kante legen. Man weiß im Leben nie, was kommt. Wenn ihr jeden Monat nur ein wenig spart, macht das nach ein, zwei Jahrzehnten schon ein nettes Sümmchen aus.

Kanthaken: jn. (mal/...) beim Kanthaken nehmen/(kriegen) *sal selten* · to grab s.o. by the scruff of the neck *coll*
(Die Frau des Chefs:) ... Der Heinzen versteht keine gütigen Ermahnungen. Wenn du wirklich willst, daß der seine Pflicht erfüllt, mußt du ihn beim Kanthaken nehmen und ihm handfest drohen, daß er sonst rausfliegt. – Mit seinem Schlips in meiner Hand, was? – Ja, ungefähr so. Sonst nimmt der das nicht ernst.

jn. **am/beim Kanthaken packen/(fassen)** *sal selten* · 1. 2. 3. to take s.o./to grab hold of s.o./to grab s.o./... by the scruff of the neck *coll*

1. ... Klar, der Freddy wollte natürlich weglaufen, aber der Alte hat ihn am Kanthaken gepackt, nach seinem Sohn gerufen, und dann haben sie ihn beide in das Haus gezerrt. Danach haben sie ihn in einem Zimmer eingesperrt und die Polizei gerufen.

2. vgl. – (eher:) jn. am/(beim) **Schlafittchen** packen/fassen/(nehmen/ kriegen)

3. vgl – (eher:) jn. am/beim **Arsch** und Kragen packen/fassen/neh-men und ...

etw. **am Kanthaken packen** *ugs selten* · to tackle s.th. head-on

Wenn wir uns jetzt nicht endlich entschließen, alle Probleme, die das Unternehmen seit Jahren belasten, beherzt am Kanthaken zu pak-ken, ist es zu spät. Dann wachsen uns die Schwierigkeiten über den Kopf.

Kantonist: ein unsicherer Kantonist (sein) *ugs selten* · (to be) unreliable/an unreliable partner

... Der Detlev ist ein unsicherer Kantonist, weißt du; auf den ist kein Verlaß. Die Leute, die bei dem Projekt mitmachen, müssen zuverläs-sig sein.

Kanzler: der eiserne Kanzler *selten* · the Iron Chancellor

... Der eiserne Kanzler hatte angeordnet ... – Du meinst: Bismarck? – Natürlich. Wen sonst?

Kapee: schwer von Kapee sein *sal* – schwer/langsam von **Be-griff** sein · to be slow on the uptake

Kapital: totes Kapital *form* · dead/unused capital, capital lying idle

An deiner Stelle würde ich das Haus, das ihr da auf dem Land be-sitzt, verkaufen. Die Miete, die ihr damit erzielt, ist nicht der Rede wert, und leben werdet ihr darin nie. Das Haus ist für euch totes Kapital.

Kapital schlagen aus etw. · to make capital out of s.th., to capitalize on s.th.

Der Vollmer ist ein ausgesprochener Egoist und Opportunist. Aus jeder Lage, aus jeder persönlichen Beziehung, aus allem und jedem sucht der Kapital zu schlagen. Was ihm nicht nützt, beachtet er nicht; wer ihm keinen Vorteil bringt, den läßt er links liegen.

Kapitän: der/ein Kapitän der Landstraße *ugs* – *path* · the/a king of the road, the/a knight of the road

... Nichts ist irreführender als so eine Bezeichnung wie Kapitän der Landstraße, meint der Felix; denn ein Fernfahrer/(Fahrer eines Fernlastwagens) fühlt sich beileibe nicht frei und mächtig wie (so) ein Kapitän zur See.

Kapitel: das/etw. ist ein (ganz) **anderes Kapitel** · 1. that/ s.th./... is another story, that/s.th. is another matter, 2. that's something quite/... different, that's a completely/... different matter

1. ... Nun, von dem Problem der Ausländerkinder wollen wir abse-hen, das ist ein ganz anderes Kapitel; das würde eine eigene Unter-suchung erfordern. Wir halten uns an die Schulsituation der deut-schen Kinder – nur der deutschen Kinder.

2. vgl. – (aber) ob .../..., (das) ist etwas ganz **anderes**

ein denkwürdiges Kapitel (sein) · (to be) a memorable/sig-nificant/notable/... chapter in ...

... Ja, die Reformationszeit ... ein denkwürdiges Kapitel der deut-schen Geschichte, im Guten wie im Bösen höchst lehrreich ...

das/etw. ist ein trauriges Kapitel · it/s.th. is a sad/sorry sto-ry

... Erinnere mich bloß nicht an meine erste Ehe. Das ist ein trauriges Kapitel. Daran will ich gar nicht zurückdenken.

das/ein Kapitel abschließen/(beenden) · to close a chapter

... Mit dem Friedensvertrag wird das Land das Kapitel der Nach-kriegszeit endgültig abschließen ...

ein neues Kapitel in seinem Leben/... beginnen/aufschlagen *form* · to start a new chapter in one's life

... Mit seinem Wechsel nach Brasilien begann der Paul dann ein völlig neues Kapitel seiner beruflichen Laufbahn. Jetzt war er kein mittlerer Angestellter mehr, jetzt war er eine Kontaktadresse für Geschäfte größeren Stils. Sein ganzes Leben nahm eine neue Wen-dung ...

das/(etw.) ist ein Kapitel für sich · 1. 2. that/s.th./... is an-other story, that's/s.th. is another matter 1. that is an awk-ward subject/question/matter/...

1. ... Ach, die Ausländerproblematik ..., das ist ein Kapitel für sich! Darüber müßten wir lange reden. Ein schwieriges Problem. Wie das am besten zu lösen ist, weiß heute kein Mensch. Das ist Jahre hin-durch von allen Seiten verpfuscht worden ...

2. vgl. – das/etw. ist ein (ganz) anderes **Kapitel** (1)

kapores: kapores sein *sal selten* · to be bust/broken/smash-ed/...

'Kapores sein' hast du nie gehört? 'Kaputt sein' heißt das, 'zerstört', 'hin'.

kapores gehen *sal selten* – kaputt **gehen** (1) · to break

Kappe: völlig neben der Kappe sein *ugs* · 1. to be complete-ly/... out of it, 2. s.o. must be out of his mind, s.o. must have taken leave of his senses, s.o. is not all there

1. Heute bin ich irgendwie völlig neben der Kappe! Ich fühle mich total schlapp und belämmert.

2. vgl. – nicht (so) (ganz/recht) bei **Trost** sein

auf eigene Kappe handeln/etw. tun *ugs* – auf eigene **Faust** handeln/etw. tun/... (1; u. U. 2) · to do s.th. off one's own bat

auf js. Kappe gehen *ugs* – auf js. **Rechnung** gehen (2; u. U. 3, 1) · + s.o. is the person responsible for s.th., + s.o. is responsible for s.th., it's on me/you/..., + I'm paying/you're paying/...

auf js. Kappe kommen *ugs* – auf js. **Rechnung** gehen (2; u. U. 3) · + s.o. is the person responsible for s.th., + s.o. is responsible for s.th.

etw. **auf seine** (eigene) **Kappe nehmen** *ugs* · to take the re-sponsibility for s.th.

Das Minus im Export nehme ich auf meine Kappe. Die Exportge-schäfte habe ich angeordnet, da trifft Sie also keinerlei Schuld. Aber für die Fehlschläge im Inlandgeschäft sind Sie verantwortlich.

Kappes: (viel/...) **Kappes reden/...** *sal bes Ruhrpott* – (viel/...) dummes **Zeug** reden/... · to talk a load of twaddle/balo-ney/...

kaputt: was ist kaputt? *sal selten* – was ist **los**?/was ist hier/da ... los? · what's wrong?, what's the matter?, what's up?

bei jm. **ist was/(etwas) kaputt** *sal selten* – nicht (so) (ganz/ (recht)) bei **Trost** sein · + s.o. is a bit cracked

kaputtarbeiten: sich kaputtarbeiten *ugs* · 1. 2. to work o.s. into the ground/to death

1. Los, ran! Wenn ihr jetzt nicht endlich anständig mit anpackt, schmeißen wir die Klamotten hin. Oder meint ihr etwa, wir arbeiten uns hier kaputt, während ihr eine ruhige Kugel schiebt.

2. Der Robert sieht ja miserabel aus! – Er arbeitet zu viel, er arbeitet sich buchstäblich kaputt.

kaputtärgern: sich kaputtärgern *ugs* – *path* · s.o. is terribly/ bloody/... angry, s.o. could kick himself about s.th.

Meine Schwester ärgert sich kaputt, daß sie den Antrag auf Steuer-rückzahlung nicht vorher gestellt hat. Sie hätte ein paar tausend Mark zurückbekommen.

kaputtgehen: Kaputtgehen *ugs* – kaputt **gehen** · to break, to break down

kaputtlachen: sich kaputtlachen *ugs* – sich den **Bauch** halten vor Lachen · to kill o.s. laughing

kaputtmachen: jn./etw. **kaputtmachen** *ugs* · 1. to break/to smash s.th. *n*, 2. to destroy s.th. *n*, to ruin s.th. *n*, 3. 4. to finish s.o. off, to tire s.o. out, 4. to be the death of s.o./...

1. Wer hat die Scheibe kaputtgemacht? Nun? Heraus mit der Spra-che! – Der Ball flog aber auch genau da rein, Mama, da konnte keiner was dafür. – Und wer hat geschossen? ...

2. Es ist traurig, mitansehen zu müssen, wie der Sohn jetzt in kurzer Zeit kaputtmacht, was der Vater in jahrzehntelanger mühseliger Arbeit aufgebaut hat.

3. Diese tägliche schwere Arbeit macht den alten Mann auf die Dauer kaputt. Das hält er keine sechs Monate aus.

4. Diese dauernden seelischen Belastungen hält kein Mensch aus, die machen jeden kaputt. Erst psychisch, dann physisch.

sich (für jn./etw.) **kaputtmachen** *ugs* · 1. 2. to work o.s. to death for s.o./s.th., 1. to wear o.s. out (for s.o./s.th.), 2. to kill o.s. for s.o./s.th.

1. Sein Fleiß in allen Ehren, aber er sollte schon um seiner Familie willen weniger arbeiten und sich nicht vollends kaputtmachen. Wenn er so weiter macht, ist er in zwei, drei Jahren gesundheitlich fertig.

2. Du machst dich doch wohl nicht für diese scheiß Firma kaputt! Du tust, was du den Bestimmungen nach zu tun hast, und kein Schlag mehr. Glaubst du, die danken es dir nacher, wenn du deine Gesundheit für sie ruiniert hast?!

kaputtzukriegen: (so schnell/...) **nicht kaputtzukriegen sein** *ugs* – (so schnell/...) nicht **totzukriegen** sein · s.o. can go on for ever, s.o. is irrepressible, s.th. never wears out

Karacho: mit Karacho in die Kurve gehen/... *sal* · to go hell for leather into a bend/...

Wenn ich den Jungen da so höre: »das hättest du sehen sollen, wie der Otto mit Karacho« – damit meint er 120 Sachen und mehr – »in die Kurve ging«, muß ich an einen Soldatensong denken, den wir nach dem zweiten Weltkrieg sangen:»Karamba (Caramba), Karacho (Caracho), ein Whisky, gluck gluck, Karamba, Karacho, ein Gin ...«

karg: mit etw.(nicht) karg sein *form selten* · (not) to be grudging in/with one's praise/..., (not) to stint s.th.

... Man soll auch mit Lob und Anerkennung nicht immer so karg sein, Fritz! Kinder brauchen das noch mehr als Erwachsene!

kariert: so kariert daherreden/... *sal* · to talk high-falutin' nonsense

'Der Wille der Mehrheit ist mir ein heiliges Gebot' – Mensch, Karl, red' nicht so kariert daher! Erst manipuliert ihr den Willen der Mehrheit in die Richtung, die euch paßt, und dann schwatzt ihr geschwollen von heiligen Geboten!

kariert in die Landschaft gucken/(dreinschauen/gukken/...) *sal selten* – **Augen** machen wie ein gestochenes Kalb · + s.o.'s eyes nearly pop out of his head

Karnickel: sich wie die Karnickel vermehren *sal* – sich wie die **Kaninchen** vermehren · to breed like rabbits

Karo: Karo einfach/(trocken) *sal selten* – dry bread *n*

... Und was habt ihr auf eurer Bergwanderung gegessen? – Karo einfach, mein Lieber! Das kannst du dir gar nicht vorstellen, daß ein Bundesrepublikaner im Jahre des Heils 1990 den ganzen Tag nur trockenes Brot ißt, was?

Karre: die Karre steckt/(ist) im Dreck *sal* · things are really in a mess *coll*

Erst wollt ihr alles allein machen und euch im Glanz des Erfolges sonnen. Aber wenn ihr dann nicht mehr weiter wißt, wenn die Karre im Dreck steckt, kein Mensch mehr sieht, wie aus dem Schlamassel herauszukommen ist, dann soll mein Onkel intervenieren und alles wieder geradebiegen?!

die Karre in den Dreck fahren/(führen/schieben) *sal* · to get into a mess *n*, to mess things up *coll*, to balls s.th. up *vulg*, to screw everything up *sl*

Selbstherrlich wollte er die Verhandlungen allein führen. Aber es kam, wie es kommen mußte: schon nach kurzer Zeit hatte er die Karre in den Dreck gefahren. Und als die Lage schließlich gar keinen anderen Ausweg mehr bot, mußte er den Chef bitten zu intervenieren.

(jm.) **die Karre** (wieder) **aus dem Dreck ziehen** *sal* · to sort things out (for s.o.) *n*, to sort out the mess (for s.o.) *n*, to put things right (for s.o.) *n*

Als der Scheuermann die Leitung unserer Delegation übernahm, waren die Verhandlungen völlig festgefahren, und alle Welt rechnete schon mit einem Scheitern. – Und er hat die Karre wieder aus dem Dreck gezogen? – Ja. Er machte einige konstruktive Kompromißvorschläge, die ...

jm. **an die Karre fahren** *sal* – jm. an den **Karren** fahren/(führen/schieben) · to call s.o. all the names under the sun, to bawl s.o. out

die Karre (einfach) **laufen lassen** *sal selten* · to (just) let things slide/go/ride *coll*

... Wenn man so ein Landgut hat, muß man sich darum kümmern. Da kann man die Karre nicht einfach laufen lassen – dann geht das Gut kaputt, das ist doch klar.

jm. **an die Karre pinkeln/pissen** *vulg* – jm. an den **Karren** fahren/(führen/schieben) · to slag s.o. off something rotten, to give s.o. a terrible slagging-off

seine Karre ins trockene schieben *sal selten* · to take advantage of a mess/chaos/difficulties *n*, to line one's own pockets, to make sure one is all right, to look after number one

... Je verfahrener die Lage, um so stärker der Drang bestimmter Typen, ihre Karre ins trockene zu schieben. So wie es Kriegsgewinnler gibt, so gibt es eben auch satt und genug Leute, die aus jedem Durcheinander Kapital schlagen.

die Karre ist (gründlich/total) **verfahren** *sal* – (eher:) die **Karre** steckt/(ist) im Dreck · things are really in a mess

Karree: ein Mal/... ums Karree gehen/... *ugs selten* – ein Mal/... um den **Häuserblock** gehen/... · to just go/nip/... out for a walk round the block

Karren: der Karren steckt/(ist) im Dreck *sal* – die **Karre** steckt/(ist) im Dreck · things are really in a mess

den Karren in den Dreck fahren/(führen/schieben) *sal* – die **Karre** in den Dreck fahren/(führen/schieben) · to get into a mess, to mess things up, to balls s.th. up

(jm.) **den Karren** (wieder) **aus dem Dreck ziehen** *sal* – (jm.) die **Karre** (wieder) aus dem Dreck ziehen · to sort things out (for s.o.), to sort out the mess (for s.o.), to put things right (for s.o.)

jm. **an den Karren fahren**/(führen/schieben) *sal* · to call s.o. all the names under the sun, to bawl s.o. out

Schau dir das an, in welch einem rücksichtslosen, barschen Ton der Chef den Odebrecht zurechtweist! Das würde ich mir nicht gefallen lassen. Wenn der mir so an den Karren führe, würde ich sofort in den Sack hauen.

den Karren (wieder) **flottmachen** *sal* – (jm.) die **Karre** wieder aus dem Dreck machen · to sort things out (for s.o.), to sort out the mess (for s.o.), to put things right (for s.o.)

vom Karren gefallen sein *sal selten* · to be born on the wrong side of the blanket, to be born out of wedlock

... Der Willy ist wieder ein gutes Beispiel: es hängt einem das ganze Leben an, wenn man vom Karren gefallen ist. Zumindest in offiziellen Stellen hat man als uneheliches Kind auch noch heute handgreifliche Nachteile. – Das würde ich nicht so sehen.

unter den Karren kommen *sal selten* – auf die schiefe/(abschüssige) **Ebene** geraten/(kommen) · to go astray, to get into bad ways

den Karren (einfach) **laufen lassen** *sal* – (eher:) die **Karre** (einfach) laufen lassen · to let things slide

jm. **an den Karren pinkeln/pissen** *vulg* – jm. an den **Karren** fahren/(führen/schieben) · to give s.o. a right bollocking

jn. **vor seinen Karren spannen** (wollen/...) *sal* · to (want to) rope s.o. in *coll*, to (want to) get s.o. to work on one's behalf *n*

... Er will den Löwenanteil des Gewinnes einstreichen und sich im Glanz des Erfolges sonnen – und andere sollen die Arbeit machen, die Verantwortung übernehmen? Nein! So nicht! Ich laß mich doch von diesem Gernegroß nicht vor seinen Karren spannen!

alle/mehrere/... vor denselben/den gleichen Karren spannen *sal selten* · to (all) pull together *coll*

Nur, wenn wir alle Leute hier, jung und alt, vor denselben Karren spannen, kann der Umbau des Guts gelingen. – Und auch dann nur, wenn du klare Richtlinien hast und sie durchzusetzen weißt. – Die habe ich. Wenn also alle an einem Strang ziehen ...

seinen Karren ins trockene schieben *sal selten* – seine **Karre** ins trockene schieben · to take advantage of a mess/chaos/difficulties, to line one's own pockets, to make sure one is all right, to look after number one

der Karren ist (gründlich) **verfahren** *sal* – die **Karre** steckt/(ist) im Dreck · things are really in a mess

aus dem Karren in den Wagen gespannt werden *ugs selten* · to fall out of the frying-pan into the fire
... Ich weiß nicht, ob es für die Bärbel ein Vorteil ist, wenn sie in die Abteilung von dem Kerner versetzt wird. Ich fürchte, sie wird aus dem Karren in den Wagen gespannt. Denn nach dem, was ich höre, ist diese Abteilung noch schwieriger und unangenehmer als die, in der sie jetzt ist.

mit jm. **an einem Karren ziehen** *sal selten* · to pull together with s.o. *n*, to work together with s.o. *n*, to make common cause with s.o. *n*, to join forces with s.o.
... Ach, Walter, der Wolters sitzt mit dem Bruckmann doch im selben Boot; da wird er mit ihm auch in dieser Sache an einem Karren ziehen! Die beiden müssen gemeinsam identische Interessen verfolgen; das geht gar nicht mehr anders.

Karriere: eine steile Karriere (machen/...) · to have a meteoric rise to the top, to have a meteoric career
... Wenn der Peter Rühmberg mit 35 schon Staatssekretär und mit 39 Minister war – also eine steile Karriere gemacht hat wie kaum sonst jemand aus unserem Bekanntenkreis –, dann doch nur, weil sein Vater, ein steinreicher Mann, die Partei finanzierte!

Karriere machen · to get on, to make a career for o.s.
... Wenn du in diesem Job Karriere machen willst, mußt du auf ein Familienleben verzichten. Wenn du auf ein regelmäßiges Familienleben Wert legst, kommst du in dieser Branche zu nichts, wirst du nichts.

Kartäuserleben: ein Kartäuserleben führen *lit selten* · to lead a monkish life, to lead a monastic existence, to live like a hermit
So ein Kartäuserleben wie der Heinz würde ich nicht führen können: fast immer allein, ohne jedes Vergnügen ... nur, um die Wissenschaft weiterzubringen. Das wäre nicht mein Fall.

Karte: die gelbe Karte (kriegen) *Fußball o. ä.* · (to get/to be shown) the yellow card
... Nein, Hilde, die gelbe Karte ist nur eine Verwarnung; erst, wenn du die rote Karte kriegst, mußt du vom Platz. Dein Sohn hat Recht.

die grüne Karte *Autoversicherung* · a(n) (green) international car insurance card
Was ist eigentlich 'die grüne Karte'? – Das ist ein international anerkannter KFZ-Versicherungsnachweis, der von den Versicherungsgesellschaften auf Antrag ausgestellt wird.

die rote Karte (kriegen) *Fußball o. ä.* – ≠ die gelbe **Karte** (kriegen) · (to get/to be shown) the red card

eine gute/... Karte haben *Kartenspiel* – ein gutes/... **Blatt** haben · to have a good hand

seine Karte abgeben *form* – seine **Visitenkarte** abgeben · to present one's visiting card

eine Karte aufspielen/(ausspielen) *Kartenspiel* · to play a card
Welche Karte hat er aufgespielt? – Er ist mit Herz acht rausgekommen. – Gut, dann spiel' ich Herz As.

die/(seine) letzte Karte ausspielen – (eher:) den/seinen letzten **Trumpf** ausspielen · to play one's last trump card

nach der Karte essen *form selten* · to eat à la carte
Essen wir nach der Karte oder ...? – Die Auswahl in diesem Restaurant ist so groß, da werden wir uns doch nicht extra/außer der Reihe etwas zubereiten lassen.

jm. **die rote Karte geben** *Fußball o. ä.* – jn. vom **Platz** stellen/(verweisen/weisen) · to show s.o. the red card

in js. **Karte passen** *Kartenspiel* – in js. **Blatt** passen · that is just what I/he/John/... need/...

alles auf eine Karte setzen · to stake everything on one card, to risk everything
Nach einigen guten Geschäften und auch manchen Rückschlägen wollte er das Glück erzwingen und setzte alles auf eine Karte: er investierte sein ganzes Vermögen in ein riskantes Aktiengeschäft. Entweder ... oder ...

auf die falsche Karte setzen · to back the wrong horse
Der Ballmer hatte fest damit gerechnet, die Sozialisten würden die Wahl gewinnen, und entsprechend seine Weichen gestellt. Mit der Wahl der Konservativen ist seine politische Karriere im Grunde beendet. – Wenn ein Insider wie er schon auf die falsche Karte setzt, wie sollen dann Außenseiter wie wir richtig tippen?

auf die richtige Karte setzen · to back the winner, to back the right horse
Von Anfang an hatte er gesagt, die Sozialisten würden die Wahl gewinnen, und dementsprechend seine Weichen gestellt. – Dann hat er ja auf die richtige Karte gesetzt. Die meisten Leute hatten mit einem Sieg der Konservativen gerechnet.

voll auf die Karte Maier/Export/... setzen · to stake everything on the Jones/export/... card
Der Generalsekretär hält es offensichtlich für unklug, im kommenden Wahlkampf voll auf die Karte Kuhl/Europapolitik zu setzen. Er würde es vorziehen, wenn die CDU den Wählern mehr Alternativen anböte und sich nicht so sehr festlegte.

diese Karte sticht heute/hier/in .../bei .../... nicht/nicht mehr · it/s.th. does not cut any ice any more with s.o., it/s.th. does not work any more with s.o.
... Der Alte hatte gemeint, mit seinem Appell an die 'Firmentreue' die Leute bei der Stange halten zu können. Dies Argument hatte früher Gewicht, aber heute sticht diese Karte nicht mehr. Heute wollen die Leute gut verdienen – egal, wo. Wenn es mit einem Unternehmen abwärts geht, wechseln sie.

seine Karte überreizen (mit etw.) · to push one's luck too far, to overplay one's hand
Die Fraktion hatte den Kanzler mehr als ein Jahr hindurch auch in Dingen unterstützt, die ihr sehr gegen den Strich gingen. Aber mit der Forderung, auch in der Frage der Atomenergie für seine Vorschläge zu stimmen, hat er seine Karte überreizt. Diesmal wird die Fraktion gegen ihn stimmen. – Dann ist er politisch am Ende.

Karteileiche: (nur/...) **eine Karteileiche (sein)** *ugs* · (to be) a sleeping member/a non-active member/an inactive member, (to be) a member/a student/... who exists only on paper
... Natürlich hat der Klub nominell um die 2.000 Mitglieder! Aber 1.600 oder 1.700 sind doch Karteileichen; die siehst du hier nie. – Die sind nur Mitglied, weil ihnen das irgendwo nützt?

Karten: gute/... Karten (bei jm.) **haben** *ugs* · 1. to have a good/... chance of winning/... *n*, to have good/... prospects of winning/... *n*, 2. to be in with s.o., to be in s.o.'s good books
1. Meinst du, der Anton hat Aussichten, zum Generalsekretär gewählt zu werden? – Mir scheint in der Tat, er hat gute Karten.
2. Seitdem der Anton dem Chef geholfen hat, die Schulprobleme der Tochter zu lösen, hat er bei ihm blendende Karten. Ich würde mich nicht wundern, wenn er über kurz oder lang Abteilungsdirektor würde.

keine guten/schlechte/... Karten haben *ugs* · 1. not to have much chance *n*, not to have good prospects *n*, 2. to be in s.o.'s bad books
1. Nein, bei der Wahl hat der Anton keine guten Karten. Die Mehrheit der Delegierten zieht den Krause vor.
2. Seit seiner Affäre mit der Sekretärin des Chefs dürfte der Anton bei dem Alten miserable Karten haben. – Das kann man wohl laut sagen. Der Chef sucht schon nach einem Anlaß, den Anton an die Luft zu setzen.

(jm./jm. gegenüber) **seine/(die) Karten aufdecken/offenlegen** · to put one's cards on the table

Geheimnisse soll man wahren können, natürlich. Aber was der Erich in diesen Verhandlungen treibt, ist Geheimniskrämerei. Seinen Freunden gegenüber sollte er die Karten aufdecken, sagen, was er vorhat.

die Karten offen ausspielen *selten* – die/(seine) **Karten** (offen) auf den Tisch legen · to put one's cards on the table

wissen, wie die Karten fallen *ugs selten* · to know how the cards are going to fall *tr*

... Ja, wenn ich wüßte, wie die Karten fallen! Aber ich habe nun mal nicht die Gabe der Futurologie. Die Politiker, die wissen immer alles im voraus. Aber es kommt dann doch anders!

jm. **in die/(seine) Karten gucken** *selten* · to (try to) find out what s.o. is up to, to look at s.o.'s cards

Den Bertram zu durchschauen, zu verstehen, was er plant und vorhat, ist nicht ganz einfach. Ohne ihn sehr gut zu kennen, gelingt es einem kaum, ihm in die Karten zu gucken.

sich (nicht) in die Karten gucken lassen · to play one's cards close to one's chest

Welche Pläne hat der Rolf beruflich? – Das wissen wir alle nicht. Er läßt sich nicht in die Karten gucken. Was er will, das weiß nur er.

alle Karten in der Hand behalten – (eher:) alle **Trümpfe** in der Hand behalten · to hold all the trump cards

alle Karten in der Hand halten/haben – (eher:) alle **Trümpfe** in der Hand/den Händen haben/halten · to hold all the trump cards

jm. **die Karten legen** *form* · to tell s.o.'s fortune, + to have one's fortune told

Sollten wir uns von dieser Zigeunerin nicht auch mal die Karten legen lassen, Vater? – Du bist verrückt, Junge. Da können wir uns die Zukunft auch gleich aus dem Kaffeesatz wahrsagen lassen.

die Karten mischen *Kartenspiel* · to shuffle the cards

Wer hat (die Karten) gemischt? – Der Walter. – Das merkt man. – Wieso? – Sie liegen genau so angeordnet wie im letzten Spiel. Der Walter lernt das Mischen nie.

die Karten (in seinem Sinn/gut/...) mischen/(mengen) *ugs* · to shuffle the cards in one's (own) favour

Der Alte ist zwar nicht persönlich in Erscheinung getreten; aber er hat vorher die Karten (gut) gemischt – und das war entscheidend. Wenn er die Sache nicht so glänzend eingefädelt hätte, wäre wieder alles schiefgegangen.

(jm./jm. gegenüber) **seine/(die) Karten offenlegen** – (jm./jm. gegenüber) seine/(die) **Karten** aufdecken/offenlegen · to put one's cards on the table

jm. **in die/(seine) Karten schauen/sehen** *selten* – (eher:) jm. in die/(seine) **Karten** gucken · to (try to) find out what s.o. is up to, to look at s.o.'s cards

sich (nicht) in die Karten schauen/sehen lassen – (eher:) sich (nicht) in die **Karten** gucken lassen · to play one's cards close to one's chest

(jm.) **die Karten schlagen** *form selten* – jm. die **Karten** legen · to tell s.o.'s fortune

Karten spielen · to play cards

Was habt ihr Silvester gemacht? – Wir haben fast den ganzen Abend Karten gespielt. – Skat? – Nein, Doppelkopf.

mit gezinkten Karten spielen · to play with marked cards

Nimm dich vor dem Kruse in acht! Der hat bis heute noch immer mit gezinkten Karten gespielt! – Aber in diesem Fall decken sich seine Zwecke doch mit den unseren. Was soll es ihm da nützen, unlautere Methoden anzuwenden?

mit offenen/(aufgedeckten) Karten spielen · to put one's cards on the table, to come straight out with it

Ich halte es nicht für richtig, daß sich unser Betriebsratsvorsitzender immer nur in Andeutungen ergeht. In seiner Stellung sollte man mit offenen Karten spielen. Jede Geheimniskrämerei ist da fehl am Platz.

mit verdeckten Karten spielen · to play it close to one's chest

Der Rosenzweig spielt mal wieder mit verdeckten Karten. Obwohl wir jetzt schon mehr als vierzehn Tage verhandeln, weiß niemand, was er wirklich will.

die/(seine) Karten (offen) auf den Tisch legen · to put one's cards on the table

... Es wäre viel fairer, wenn er endlich die Karten offen auf den Tisch legen würde, statt uns immer über seine Pläne im Ungewissen zu lassen und uns hinzuhalten.

die/seine Karten überreizen – (eher:) seine **Karte** überreizen (mit etw.) · to push one's luck too far, to overplay one's hand

aus den Karten wahrsagen · to read/to tell/... s.o.'s fortune from the cards

... Ich glaube nicht an diese Zukunftsdeuterei, Junge! Ob jemand aus der Hand, aus den Karten oder aus dem Kaffeesatz wahrsagt, ist mir daher im Grunde egal/(schnuppe).

Kartenhaus: wie ein Kartenhaus zusammenstürzen/zusammenfallen/einstürzen *Pläne/Träume/...* · to collapse like a pack/house of cards

... Der Paul hatte sich alles, was den Kauf des Landgutes anging, so schön zurechtgelegt ... dann sind seine Träume durch einen geschäftlichen Fehlschlag wie ein Kartenhaus zusammengestürzt. Aus der ganzen Sache ist nichts geworden.

Kartenhäuser bauen *selten* – **Luftschlösser** bauen · to build castles in the air

Kartoffel: jn. fallen lassen wie eine heiße Kartoffel *ugs* · to drop s.o. like a hot potato

... Natürlich, solange du denen nützt, Einfluß und Erfolg hast, bist du ein großer Mann. Aber wenn du die Partei schädigst, lassen die dich fallen wie eine heiße Kartoffel. Ohne mit der Wimper zu zukken. Da bist du von einem Tag auf den anderen erledigt.

eine Kartoffel im Strumpf haben *sal* · to have a big hole in one's sock

Hast du schon gemerkt, daß du eine Kartoffel im Strumpf hast? – Nein. Wo denn? – Hinten links, direkt über dem Schuh; ein riesiges Loch.

Kartoffeln abgießen *sal selten* – ein kleines **Geschäft** machen (müssen) · to do a little job

sich schon/... die Kartoffeln von unten ansehen/besehen *sal* – schon/... unter der **Erde** liegen · s.o. has been dead for ... days/weeks/...

rin in die Kartoffeln, raus aus den/die Kartoffeln *sal* · it's one thing one minute and another the next *coll*, it's 'do this' one minute and 'do that' the next *coll*, first it's one thing, then it's another *coll*

Erst heißt es, wir sollen nur auf vernünftige Einkaufspreise achten; dann sagen sie, entscheidend seien nicht die Preise, sondern der Umsatz; jetzt kommen sie und erklären ... Das ist zum Verrücktwerden: rin in die Kartoffeln, raus aus die Kartoffeln!

Kartoffelwasser: sein/das Kartoffelwasser abgießen *sal selten* – ein kleines **Geschäft** machen (müssen) · to have to do a wee-wee

Karton: wenn, ..., dann rappelt's im Karton! *sal selten* – wenn ..., dann **gibt's**/gibt es was! · if ..., there'll be trouble, if ..., there'll be hell to pay

bei jm. rappelt's im Karton *sal selten* – nicht (so) (ganz/(recht)) bei **Trost** sein (1) · + s.o. is bonkers/barmy/..., + s.o. has got a screw loose, + s.o. is as mad as a March hare

etwas/allerhand/viel/... im Karton haben *sal selten* – allerhand/etwas/viel/... **draufhaben** · s.o. (really) knows his stuff

nicht alle im Karton haben *sal* – nicht (so) (ganz/(recht)) bei **Trost** sein (1) · to have a screw loose

jm. **einen vor den Karton hauen** *sal selten* – jm. eine **Ohrfeige** geben · to clock s.o. one

Karussel: mit jm. **Karussel fahren** *sal selten* – mit jm. **Schlitten** fahren · to give s.o. hell

Käse: so ein Käse! *sal* – so ein **Mist!** · what a nuisance!

das/etw./was j. sagt/..., **ist** (doch) (alles) **Käse** *sal* · 1. it/what s.o. says/... is (a load of) rubbish *coll*, it/what s.o. says/... is twaddle/nonsense/crap, 2. it's.th. is bloody awful, it/s.th. is piss-poor, 3. what a load of nonsense/rubbish/... *coll*
1. ... Das ist doch alles Käse, was der da sagt. Kein einziges Wort hat Hand und Fuß. Er soll sich erst mal mit den Problemen beschäftigen, ehe er den Mund aufreißt.
2. vgl. – (eher:) **Mist** sein
3. vgl. – (eher:) so ein **Unsinn!**

das/was j. sagt/..., **ist** (doch) (alles) **alter Käse** *sal* – das/was j. sagt/... ist (ja/doch) (alles) kalter **Kaffee** (1) · it/what s.o. says/... is (all) old hat, what s.o. says is rubbish

etw. **geht** jn. **einen Käse an** *sal selten* – etw. geht jn. einen **Dreck** an · it's/that's/... got nothing to do with s.o., it's none of s.o.'s damned business

sich über jeden Käse aufregen/ärgern/... *sal* · to get annoyed/angry/... about the slightest trifle *n*, to get annoyed/angry/... about every little thing *n*
... Ich finde es einfach kleinlich und lächerlich, daß sich ein Chef über jeden Käse aufregt! – Ist der Alte schlecht gelaunt oder stolpert er von Natur über jede Kleinigkeit?

sich den Käse nicht vom Brot nehmen lassen *ugs selten* · s.o. does not let anyone put one over on him
Bei dem Eugen braucht man keine Angst zu haben, daß er benachteiligt wird. Der läßt sich den Käse nicht vom Brot nehmen. Der weiß sich zur Wehr zu setzen – und besonders, wenn ihn jemand ausnehmen will.

(mal wieder/vielleicht einen/...) Käse erzählen *sal* – (mal wieder/vielleicht einen/...) **Käse reden** · to talk/to be talking/... nonsense/crap/rubbish/... (again/...)

vielleicht/... einen Käse machen *sal* · to botch things up *coll*, to bungle s.th. *coll*
Was für einen Käse machst du denn da wieder? Ich hatte dir doch gesagt, du solltest die Bücher ordnen – nicht: Bücher, Zeitschriften und Zeitungen aufeinander stapeln. Wenn du doch wenigstens einmal etwas tätest, Junge, was Sinn und Verstand hat!

(mal wieder/vielleicht einen/...) Käse reden *sal* · to talk/to be talking/... nonsense/crap/rubbish/... (again/...) *coll*
Der Fußball bringt die Leute einander näher, mehr als alles andere – wo findest du sonst noch 50 oder 100.000 Menschen vereint? – Red' doch nicht so einen Käse, Mensch! Wenn da 100.000 Leute herumbrüllen, sind die doch nicht 'vereint'.

Kasernenhofton: (mit jm.) **im Kasernenhofton reden/...** *sal selten* · to boss people around like a sergeant-major
... »Los, ab mit den Kisten, rauf in die dritte Etage! Los, ab, sag' ich!« – so, in diesem Kasernenhofton, redet der Krüger mit seinen Leuten.

Kasse: gut/blendend/... **bei Kasse sein** *ugs* · to be flush with cash/..., to be in the money, to be well-off
Bist du gut bei Kasse? – Warum? Brauchst du Geld? ... Na ja, im Augenblick bin ich ziemlich flüssig – bis 2.000,– Mark kann ich dir leihen.

nicht gut/schlecht/knapp/(nicht) **bei Kasse sein** *ugs* · to be short of money, to be strapped for cash, to be out of pocket
Diesen Monat kann ich mir keine Reisen mehr leisten; ich bin äußerst schlecht bei Kasse. – Hast du denn mehr Ausgabe gehabt als gewöhnlich?

jn. **zur Kasse bitten** *iron* · to ask s.o. to pay up, to ask s.o. to cough up *coll*
Ach, ich hab' ganz vergessen, im Tennisclub meinen Beitrag für '89 zu zahlen. – Mach' dir keine Sorgen: die werden dich schon zur Kasse bitten. Die vergessen ihre Mitglieder nicht, wenn es darum geht, die Beiträge zu kassieren.

die Kasse führen *form* · to be in charge of the money, to be the treasurer
Wer führt in eurem Verein eigentlich die Kasse? – Ich weiß nicht genau, ich glaube, der Robert Borsig ist mit allen Abrechnungen usw. beauftragt.

getrennte Kasse führen/(haben/machen) *form* · to have separate accounts
Führt ihr zu Hause getrennte Kasse oder kommt alles in einen Topf? – Meine Frau legt Wert darauf, finanziell unabhängig zu sein. Jeder von uns beiden verwaltet also fein säuberlich seinen Teil.

in die Kasse greifen *ugs selten* – einen **Griff** in die Kasse/(Ladenkasse) tun · to put one's hand in the till, to steal from the till/petty cash

Kasse machen *form selten* – den **Kassenbestand** aufnehmen · to work out the cash balance, to check one's finances, to cash up

(mal wieder/...) anständig/... Kasse machen *ugs* · to make a bomb *sl*, to rake it in
(Ein Freund zu einem anderen, in einem Restaurant:) Du scheinst ja mal wieder toll Kasse gemacht zu haben! Oder wie soll ich mir deine Spendierlaune sonst erklären? – Du hast richtig getippt, Albert: ich habe bei dem Marmorgeschäft letzte Woche in der Tat prächtig verdient.

getrennte Kasse machen *form* · to pay separately
Weil sie beide noch studieren und nichts verdienen, machen sie immer getrennte Kasse, wenn sie zum Essen ausgehen oder etwas anderes zusammen unternehmen. Jeder zahlt ganz brav seinen Teil.

(in einem Geschäft/...) die Kasse mitnehmen *ugs* · to run away with the takings/the till/...
... Die haben den Rainer bei Schuckert rausgeschmissen? Warum das denn? Hat er die Kasse mitgenommen? – Du kannst leicht Witze machen. Du weißt doch genau, daß der Rainer die Ehrlichkeit in Person ist! Nein, er hatte Streit mit dem Geschäftsführer.

die Kasse stimmt *oft: wenn ...* *ugs* · the money is O.K.
... Schrotthändler ist in der Tat kein schöner Beruf – da gebe ich dir Recht. Aber wenn die Kasse stimmt ... – Ja, der verdient ein Heidengeld, der Moser. Aber ich würde den Beruf trotzdem nicht gerne haben.

die Kasse stürzen *selten* · 1. to work out the cash balance, 2. to check (on) one's finances
1. vgl. – den **Kassenbestand** aufnehmen
2. vgl. – **Kassensturz** machen

Kassel: (so/jetzt/so jetzt/...) **ab nach Kassel!** *sal veraltend selten* · and now off with you! *coll*, off you go! *coll*, on your bike! *coll*
(Beim Abschieben eines Asylsuchenden:) So, mit diesen Papieren haben wir uns jetzt lange genug beschäftigt! Da stimmt doch nichts! Also ab nach Kassel. – Was heißt ...? – Der wird so schnell wie möglich in sein Heimatland zurückgeflogen

Kassen: volle Kassen machen *Theater usw.* · to be a big success, to be a big hit, to coin it *sl*
... Ein Stück, das drei Jahre hindurch volle Kassen gemacht hat, dürfte den Autor doch wohl für sein Leben saniert haben. – Vielleicht. Aber wieviele Stücke bringen so viel Geld ein?

Kassenbestand: den Kassenbestand aufnehmen *form* · to work out the cash balance
Heute müssen wir endlich den Kassenbestand aufnehmen. Am 31. (12.) sind wir nicht dazu gekommen – wenn wir jetzt nicht abrechnen, stimmt nachher die Bilanz für '89 nicht.

Kassenschlager: ein (richtiger/...) **Kassenschlager sein** *mst Filme* · to be a (real/...) box-office hit
... Der neue Film von Arnold Schwarzenegger ist ein richtiger Kassenschlager! Er hat bereits nach dem ersten Monat in den Kinos seine Produktionskosten reingespielt.

Kassensturz: Kassensturz machen *ugs* · to check (on) one's finances *n*

… Warte mal, ich werde eben Kassensturz machen; dann kann ich dir sofort sagen, ob ich mit ins Kino gehe oder nicht … Ja, ich habe noch 12,– Mark im Portemonnaie, ich gehe also mit.

Kastanien: die Kastanien (für jn.) **aus dem Feuer holen** *ugs* · to pull the chestnuts out of the fire (for s.o.)

Vor ein paar Jahren wurden der Klaus und der Albert denunziert, »eine terroristische Vereinigung unterstützt zu haben«, und bei der allgemeinen Hysterie jener Zeit sah die Lage gar nicht rosig für sie aus. Gott sei Dank hat ein Cousin die Kastanien für sie aus dem Feuer geholt. Er hat Unterlagen zusammengestellt, Zeugen aufgetrieben …

Kasten: etwas/allerhand/viel/… auf dem Kasten haben *sal* – allerhand/etwas/viel/… **draufhaben** · to have got it up top, to be very bright/brainy/…, to have plenty of grey matter

den Kasten sauber halten *ugs Fußball o. ä.* · to keep a clean sheet

… Der Torwart der Stuttgarter war heute wieder mal in Höchstform! Er hat seinen Kasten absolut sauber gehalten. Die Münchener haben nicht ein einziges Tor erzielen können.

in den Kasten kommen *sal* – (eher:) in den **Knast** (gehen) müssen · to get sent down

im Kasten sitzen *sal* – **Knast** schieben · to do time, to do bird

Kastor: wie Kastor und Pollux sein *lit veraltend selten Männer* · to be like Castor and Pollux

… Ein unzertrennliches Freundespaar, der Herr Brüggemann und der Dr. Krause! Die beiden sind wie Kastor und Pollux.

kasus: das/etw. ist der kasus knackus *ugs scherzh* – das/etw. ist der springende **Punkt** · that's/s.th. is the crucial point, that is just it, that is the crux, that is the point

Katastrophe: (es/das ist) eine Katastrophe *ugs* – *path* · to be a disaster, to be disastrous/atrocious/dreadful/…

Die Französischkenntnisse von dem Heiner? Eine Katastrophe! Der spricht französisch wie ich chinesisch.

Kater: jn. befällt der große Kater *ugs selten* · + to get cold feet because one went too far/…, + to be shitting o.s. because one went too far/… *sl*

… Nein, ich hätte dem Prof. Kampmann in der Diskussion nicht so offen widersprechen dürfen. – Warum nicht? Du hattest doch recht. Gestern warst du voller Courage, und heute befällt dich der große Kater, was? Hast du Angst, er wird sich rächen und dir die Promotion erschweren?

verliebt wie ein Kater (sein) *iron selten* · bis über beide/die **Ohren** verliebt sein (in jn.) · to be head over heels in love with s.o., to be like an amorous tom-cat

wie ein verliebter Kater … *ugs* – *path* · like an amorous tom-cat

(Der Vater zu seiner Frau:) Der Rudi rennt nur noch hinter der Gertrud her – wie so ein verliebter Kater! Als wenn es nichts anderes auf der Welt gäbe als dieses kleine Mädchen! – Herbert, sei nicht so spöttisch! Warst du in seinem Alter etwa anders?

einen Kater haben *ugs* · to have a hangover, to be hung over

… Es war eine herrliche, feucht-fröhliche Nacht! Der Wein schmeckte wie nie … Aber frag' mich nicht, was für einen Kater ich am nächsten Morgen hatte!

Katheder: etw. vom Katheder herab verkünden/erklären/… *form veraltend selten* · to declare s.th. ex cathedra

… Die Zeiten, in denen irgendein Professor vom Katheder herab irgendeine Weisheit verkündete und alle Welt andächtig lauschte, sind Gott sei Dank vorbei, Willi! – Ich weiß nicht. Heute erzählen uns irgendwelche (selbsternannten) 'Spezialisten' irgendwas.

Kathedra: ex Kathedra sprechen *form Papst* · to make an ex cathedra statement, to speak ex cathedra

Nur wenn er ex Kathedra spricht, ist der Papst unfehlbar, nicht? – Natürlich! Nur in hochoffiziellen Äußerungen zur kirchlichen Lehre, unter ganz bestimmten, genau festgelegten Bedingungen.

katholisch: nicht ganz katholisch sein/scheinen/… *ugs* – nicht (ganz) **astrein** sein · not to be on the level, not to be straight, + there is something fishy about s.th.

Kathrin: die schnelle Kathrin haben *sal selten* · to have the runs *coll*

Er hätte nicht so viel Wasser auf die Melone trinken sollen. Kein Wunder, daß er jetzt die schnelle Kathrin hat. – Wenn du das nächste Mal Durchfall hast, werden wir auch mit Moralpredigten kommen.

Kattun: es gibt Kattun *mil* – *ugs selten* · + to come under heavy fire, + to get it in the neck

… Wenn wir diese Festung jetzt angreifen, gibt's Kattun! Die haben ihre Artillerie schußbereit und warten nur darauf, uns mit einem Kugelregen zu empfangen.

jm. Kattun geben *mil* – *ugs selten* · to give s.o. a hiding/a thrashing/a hard time *n*

(Ein General:) Ich kann mir nicht vorstellen, daß die unserer Nachhut Kattun geben. Sollten unsere Leute aber angegriffen werden, wird ihnen die vierte Kompanie sofort zu Hilfe eilen.

(ganz schön/…) Kattun kriegen *mil* – *ugs selten* · to come under (really) heavy fire

… Mann, die haben bei diesem Überfall ja ganz schön Kattun gekriegt! Ich versteh' gar nicht, wie die einem solchen Kugelregen überhaupt standhalten konnten.

Katz': es/das/etw. ist (alles) für die Katz' *ugs* · s.th./it's a waste of time, s.th./it's a waste of energy *n*

Ach, das ist doch alles für die Katz'! Ich kann putzen, soviel ich will – immer machen die Kinder, wenn sie aus dem Garten kommen, im Nu alles wieder schmutzig. Diese ganze Putzerei ist völlig umsonst.

für die Katz' reden *ugs* · to be wasting one's breath

Spar' dir deine Worte, Erna, du redest für die Katz'; die beiden tun ja doch, was sie wollen; die wissen doch sowieso alles besser.

Katz(en)buckel: einen Katz(en)buckel machen *ugs* · 1. to bend/to arch one's neck *n*, 2. to grovel, to bow and scrape

1. Das mußt du mal sehen, wie der die schweren Öfen schleppt. Wenn er einen auf den Rücken lädt, macht er einen richtigen Katzenbuckel. – Klar, um die Wirbelsäule weniger zu gefährden.

2. Der Klaus kann so viel Katzenbuckel machen wie er will, er erreicht beim Chef nicht mehr als die anderen Kollegen auch. Der Chef hat sich von Schmeichlern einwickeln lassen. *selten*

– (eher:) **katzbuckeln**

katzbuckeln: katzbuckeln *ugs* – einen **Katz(en)buckel** machen (2) · to grovel, to bow and scrape

Katze: falsch wie eine Katze (sein)/eine falsche Katze sein *ugs eher von Frauen* – falsch wie **Judas** (sein) · to be two-faced

eine fesche Katze (sein) *sal selten* · (to be) a tasty/nice/… chick, (to be) a tasty/nice/… piece, (to be) a tasty/nice/… bit

He, schau mal da drüben, die mit dem kurzen Rock! Ist das nicht eine fesche Katze? – Mensch, ein aufregendes Weibsbild und gekonnt zurechtgeputzt!

mach'/macht/… es/(…) nicht zur Katze! *ugs selten* · to vandalise/to ruin/… s.th., to make a mess of s.th.

Dem Albert kann man das Buch ja wohl leihen, nicht? Der macht es ja wohl nicht zur Katze? – Nein, keine Sorge! Der geht mit den Sachen sehr schonend um.

naß wie eine (ersäufte) Katze (sein) *path selten* – bis auf die **Knochen** durchnäßt/naß sein · to be soaked to the skin

die neunschwänzige Katze *veraltend selten* · the cat o'nine tails

… Sein Rücken zeigte deutlich die blutunterlaufenen Striemen einer Behandlung mit der neunschwänzigen Katze. – Was? Züchtigt man die Schüler in dem Heim noch heute mit der Lederpeitsche?

schmeicheln wie eine Katze *ugs selten eher von Frauen* · to butter s.o. up

Mein Bruder mag die Monika nicht. Er meint, sie schmeichelt wie eine Katze. – Hm, eine kleine Schmeichlerin mag sie schon sein; aber sie macht das so verführerisch, so kokett und gekonnt, daß man ihr das kaum übelnehmen kann.

es war/... **keine Katze da**/... *ugs selten* – kein **Mensch** (2) · no one, nobody

gucken/dreinschauen/... **wie eine Katze, wenn's blitzt** *sal selten* – **Augen** machen wie ein gestochenes Kalb · + s.o.'s eyes nearly pop out of his head

(**um etw.**) (bei .../...) **wie die Katze um den heißen Brei herumgehen** *ugs* · to beat about the bush
Der Theo hält nichts davon, in Verhandlungen um die kritischen Punkte wie die Katze um den heißen Brei herumzugehen. Seine Art ist es, rundheraus zu sagen, welches die Divergenzen oder zu klärenden Fragen sind.

eine Katze fällt immer (wieder) **auf die Füße** *selten* – eine **Katze** fällt immer (wieder) auf die Pfoten · + s.o. always falls on his feet

das/(etw.) **hat wohl die Katze gefressen**?! *ugs selten* – etw. hat sich (wohl/bestimmt/...) selbständig **gemacht** · the cat must have got it/s.th.

wie Katze und Hund sein/(miteinander stehen/miteinander umgehen/...) – (so verschieden) wie **Feuer** und Wasser sein · to lead a cat and dog life

mit jm. **spielen wie die Katze mit der Maus** *ugs* – (eher:) **Katze** und Maus mit jm. spielen · to play cat and mouse with s.o.

wie Katze und Maus miteinander sein/(miteinander umgehen/...) · 1. to be like cat and dog together, to be (always/...) at loggerheads, to be (always/...) getting in one another's hair, 2. to be (always/...) at one another's throats
1. Die Vera und die Maria sind wie Katz' und Maus miteinander. Die beiden habe sich ständig in den Haaren.
2. vgl. – wie **Hund** und Katz' miteinander sein

Katze und Maus mit jm. **spielen** *ugs* · 1. 2. to play cat and mouse with s.o.
1. Sie macht sich einen Spaß daraus, Katze und Maus mit dem Rudi zu spielen. Er läuft den ganzen Tag hinter ihr her, und sie weicht ihm immer im letzten Moment aus.
2. Jetzt hast du den Holtkamp schon viermal kommen lassen! Jedesmal meint er, du gibst ihm die Genehmigung, und jedesmal läßt du ihn mit leeren Händen wieder abziehen. Du spielst wohl Katze und Maus mit dem Mann? – Um ehrlich zu sein: ja. Dieser Schurke kriegt die Genehmigung nie.

eine Katze fällt immer (wieder) **auf die Pfoten** *selten* · a cat always falls/lands on its feet
Ich gebe zu: im Augenblick sieht ihre Lage nicht gerade rosig aus. Aber das war schon häufiger so. Mach' dir keine Sorgen: die geht nicht unter. Eine Katze fällt immer wieder auf die Pfoten. Ein Mensch wie die Susanne fällt immer wieder auf die Beine.

die Katze im Sack kaufen *ugs* · to buy a pig in a poke
Ich würde mir die Statuette schon vorher ansehen. Telephonisch sollte man so ein Geschäft nicht abwickeln. Es ist nicht klug, die Katze im Sack zu kaufen.

die Katze (nicht) **aus dem Sack lassen** *ugs* · (not) to let the cat out of the bag, (not) to spill the beans
Hat er die Katze endlich aus dem Sack gelassen, oder weißt du immer noch nicht, was er mit seinem Vorschlag, daß du als Teilhaber bei ihm eintrittst, bezweckt?

der Katze die Schelle umhängen/anhängen *selten* · to bell the cat
Über die Liebesaffäre von der Gerda sprichst du mit niemandem, hörst du? Das geht niemanden etwas an. – Für wen hälst du mich? Meinst du, ich werde der Katze die Schelle umhängen? Wenn die Sache publik wird, ist sie in ihrem Beruf erledigt.

da beißt sich die Katze in den Schwanz *ugs* · to come round in a circle *n*, to be a vicious circle *n*
Um wirtschaftliche Fortschritte zu machen, muß die Kaufkraft eines großen Teils der Bevölkerung gestärkt werden – sonst können die, die neue Sachen produzieren, sie nicht in ausreichendem Umfang verkaufen. Aber um die Kaufkraft zu fördern, muß das Geld ver-fügbar sein – die Produktion also schon gesteigert sein ... – Wie in so vielen Dingen des Lebens beißt sich auch da die Katze in den Schwanz.

(was ...) **das trägt die Katze auf dem Schwanz fort/weg** *ugs selten* · + it is chicken-feed, + it is peanuts
Kein Wunder, daß ihr Gärtner seine Arbeit nur halbherzig macht. Was er verdient, das trägt die Katze auf dem Schwanz weg – die paar Pfennige sind gar nicht der Rede wert.

etw. klingt/..., **wie wenn man einer Katze auf den Schwanz tritt** *sal* · to sound like a cat's choir
... Diese modernen Stücke ..., schwer zu beschreiben, wie die klingen. Nein, nicht, wie wenn man einer Katze auf den Schwanz tritt – das ist die klassische Kakophonie; vielleicht eher wie ein Rangierbahnhof ...

Katzenjammer: den großen Katzenjammer haben *ugs* – *path* – den/einen **Moralischen** haben · to have a fit of remorse, to be down in the dumps

Katzenmachen: das/(etw.) **geht** (zu) **wie's Katzenmachen** *sal selten* · it's as easy as pie *coll*, it's a cinch
... Nein, die einschlägigen Daten am Computer abfragen ist überhaupt keine Kunst! Das geht wie's Katzenmachen. Warten Sie, die haben wir im Nu ...

Katzenmusik: sich anhören wie Katzenmusik/Katzengejammer *ugs* · to sound like caterwauling
Stell' das Radio ab, Willy! Das kann man doch nicht hören, dieses Zeug! Das hört sich an wie Katzenmusik! – Du hast aber auch wirklich überhaupt keinen Sinn für moderne Musik, Vater!

Katzensprung: bis/nach/... **ist es** (nur) **ein Katzensprung** *ugs* · to be only a stone's throw to/from/...
... Nein, heute morgen brauchen wir den Wagen nicht. Bis zu dem Restaurant ist es nur ein Katzensprung, dahin können wir in wenigen Minuten zu Fuß gehen.

Katzentisch: am Katzentisch essen (müssen) *Kinder veraltend selten* · to (have to) eat at the children's table *para*
Welches Kind ißt heute schon an einem kleinen Tisch, getrennt von den Erwachsenen – dem sog. Katzentisch?

Katzenwäsche: Katzenwäsche machen/(Katzenwäsche sein) *ugs* · (to be) to give o.s. a lick and a promise, to wash one's neck
Du machst mal wieder Katzenwäsche, was? Ich möchte doch mal erleben, Kind, daß du dich morgens vernünftig wäscht. Am liebsten würdest du in die Luft spucken und rasch drunter weglaufen, was?

Kauderwelsch: (vielleicht/...) ein Kauderwelsch reden *ugs* · 1. to talk gibberish, 2. to talk double Dutch
1. »Ich – rufen – Frau – mir ...« – Was redet der da für ein Kauderwelsch? – Er meint: »ich rufe meine Frau«.
2. Der Freddy meint, wenn die Amerikaner da in Sibirien endlich mal ... – Was redet der wieder für ein Kauderwelsch? Die Amerikaner in Sibirien? Was der Freddy so vorbringt, hat überhaupt gar keinen Sinn und Verstand. *seltener*

kauen: hoch kauen *ugs veraltend selten* · to chew s.th. slowly and deliberately *para*
Wenn der Bodo da so jeden einzelnen Bissen kritisch prüfend langsam mit hohem Kiefer zerkleinert – hoch kaut, wie mein Großvater sagte –, könnte ich ihn stundenlang ohrfeigen.

an etw. zu kauen haben *ugs* – an etw. zu **beißen** haben (1) · to take time to get over s.th.

Kauf: etw. zum Kauf anbieten *form* · to offer s.th. for sale, to put s.th. up for sale
Wenn der Bedner ein so herrlich gelegenes Haus zum Kauf anbietet, muß er schwerwiegende Gründe haben. So ein Haus verkauft man so leicht nicht.

einen guten/schlechten/... **Kauf machen** · to make a good/bad/... buy, to get a good bargain
Ein gut erhaltenes, gut klingendes Klavier für 3.000,– Mark – da hast du einen blendenden Kauf gemacht!

jn./etw. **in Kauf nehmen** (müssen) · 1. 2. to (have to) put up with s.o./s.th., to (have to) accept s.o./s.th.

1. Wenn du zu Möllers wechselst, hast du doch einen viel längeren Weg zur Arbeit. – Das nehme ich in Kauf. Dieser Nachteil wird von den Vorteilen weit überwogen.

2. Die Frau meines Bruders mögen wir nicht besonders. Aber wir können ja deshalb den Kontakt zu ihm nicht abbrechen. So müssen wir sie halt in Kauf nehmen. *seltener*

kaufen: sich einen kaufen *sal* – einen **saufen** · to get pissed/legless/plastered/...

dafür kann ich mir/sich der Karl/... **nichts kaufen!** *sal* · + that is no use to me/John/... *coll*, a lot of use that is to me/John/... *iron*

... Sie hat ihm für seine Hilfe zwar überschwenglich gedankt, aber dafür kann er sich nichts kaufen! – Man muß doch nicht von allem und jedem einen mehr oder weniger handgreiflichen Nutzen haben! Meine Güte!

die/den Burschen/... **werd'**/werde **ich mir** (mal) **kaufen**/werden wir uns .../mußt du dir .../müßt ihr euch ... *sal* · I/we/... will give them/John/... a piece of my/our/... mind *coll*

Was, der Willy hat schon wieder seine Schularbeiten nicht gemacht?! Den werd' ich mir mal kaufen! Wenn der glaubt, er könnte sich in der Schule einen sonnigen Lenz machen, während andere in seinem Alter arbeiten müssen, dann ist er aber schief gewickelt. Dem werd' ich ganz was anderes erzählen.

Kaufes: leichten Kaufes davonkommen *veraltend selten* · to get off lightly

80,– Mark Strafe, weil du besoffen am Steuer gesessen hast – Mensch, da bist du leichten Kaufes davongekommen. Heute würden sie dir den Führerschein abnehmen.

Kauz: ein komischer/wunderlicher Kauz sein *ugs* – ein sonderbarer/komischer/wunderlicher **Heiliger** (sein) · to be an odd bird, to be a queer bird, to be an oddball

Kavalier: ein Kavalier der alten Schule (sein) *geh veraltend selten* · (to be) a gentleman of the old school

Mit welch einer ungezwungenen Zuvorkommenheit und Ritterlichkeit der Herr Breitbach die Damen behandelt – auch die jüngeren! Es ist ein Vergnügen, dem zuzuschauen. – Der Herr Breitbach ist ein Kavalier der alten Schule. Für den ist die Galanterie ein Lebenselement.

Kavaliersdelikt: ein Kavaliersdelikt (sein) · (to be) a trifling offence/a trivial offence/a peccadillo

... Ich weiß, daß man das in diesem Land immer noch als Kavaliersdelikt betrachtet, wenn jemand betrunken/besoffen durch die Stadt fährt/jagt. Aber es gibt inzwischen Tausende von Verkehrstoten im Jahr! So einen Straftatbestand muß man also schon ernstnehmen.

Kegel: Kegel schieben/(spielen) *ugs* · to go bowling *n*, to play skittles *n*

Wenn der Hans nicht wenigstens ein Mal in der Woche Kegel schiebt, fühlt er sich unglücklich.

Kegelkugel: kahl und rund wie eine Kegelkugel sein *Kopf sal* · to be as round and bald as a billiard ball *tr*

... Wer hat schon einen Kopf, der so kahl und rund wie eine Kegelkugel ist? Das sind natürlich ironisch übertriebene Bilder, Hyperbeln.

Kehle: es geht jm. an die Kehle (wenn ...) *ugs* – (eher:) es geht jm. an den **Kragen** (wenn ...) · + s.o. is in for it (if ...), + s.o. is for the high jump (if ...)

aus voller Kehle lachen/schreien/singen/... *ugs* · to sing/to shout/... at the top of one's voice, to roar with laughter

1. vgl. – aus vollem **Hals(e)** lachen

2. vgl. – lauthals **lachen**

eine durstige Kehle sein *ugs* · 1. to be very thirsty *n*, 2. to drink a lot *n*

1. Wieviel Sprudel trinkt deine Mutter am Tag, sagst du? Drei Flaschen? – Ja, so etwa. – Das ist aber eine durstige Kehle!

2. Der Bernd, das ist eine durstige Kehle. – Du meinst, er trinkt mehr Bier, als ihm guttut? – Wie gut es ihm tut, weiß ich nicht, aber einen Kasten in der Woche trinkt er bestimmt.

eine ausgepichte Kehle haben *sal selten* · to be a hard drinker *coll*

Wenn ich eine so ausgepichte Kehle hätte wie der Werner, käme ich mit meinem Gehalt natürlich auch nicht aus. Sich jeden dritten Abend vollaufen lassen wird halt teuer.

eine durstige Kehle haben *ugs* · 1. 2. to have a powerful thirst

1. vgl. – (eher:) eine trockene **Kehle** haben

2. vgl. – (eher:) eine durstige **Kehle** sein

eine rauhe Kehle haben *ugs* · to have a rough/hoarse/husky voice, to have a sore throat *n*

Hast du gesoffen gestern oder warum hast du eine so rauhe Kehle? – Ich bin erkältet, Mensch. Für dich muß jeder, der heiser ist, gesoffen haben.

eine trockene Kehle haben *ugs* · 1. to be parched, 2. to be very thirsty *n*, to drink a lot *n*

1. Uff, hab' ich eine trockene Kehle nach diesem Marsch durch die Sonne! Jetzt werden wir uns da in der Gartenwirtschaft erstmal ein paar Bier zu Gemüte führen.

2. vgl. – (eher:) eine durstige **Kehle** sein

j. muß sich erst mal die Kehle anfeuchten/(ölen/schmieren) *sal* · to have to wet one's whistle (first)

... Ehe wir auf die Vertragsgeschichte kommen, muß ich mir erstmal die Kehle anfeuchten. Ich hab' einen Durst! – Herr Ober, ein Helles bitte! – Was nimmst du? ...

etw. in die falsche Kehle bekommen *ugs* – (eher:) etw. in den falschen/(verkehrten) **Hals** kriegen · to take s.th. the wrong way

jm. die Kehle durchschneiden *selten* · to cut s.o.'s throat

... Und der Jüngsten haben die Mörder die Kehle durchgeschnitten, sagst du? Wie ist denn das möglich? Im 20. Jahrhundert!

jm. an die Kehle fahren *ugs* – *path selten* · to go for s.o.'s throat

... Kritisieren können die mich, solange sie wollen. Solange sie mir nicht an die Kehle fahren ... – Die werden dich doch nicht attackieren, dir gefährlich werden? – Wer weiß?

jm. in die falsche Kehle geraten *ugs* · 1. to go down the wrong way, 2. + to take s.th. the wrong way *n*

1. ... Wenn einem mal so ein Krümel in die falsche Kehle gerät, ist das ja nicht so schlimm. Aber sich im Meer verschlucken ... – ich hab' gedacht, ich würde ertrinken!

2. vgl. – (eher:) etw. in den falschen/(verkehrten) **Hals** kriegen

sich (fast) die Kehle aus dem Hals schreien (nach jm.) *ugs* – *path* · to scream/to yell/to shout/... one's head off

Eure Mutter hat sich fast die Kehle nach euch aus dem Hals geschrien. Wo wart ihr denn, daß ihr das nicht gehört habt? – Wir haben in der Parkanlage Tischtennis gespielt. – Ja, da kann sie so laut brüllen, wie sie will, bis dahin hört man natürlich nichts.

sein Geld/(Vermögen/...) durch die Kehle jagen *sal* – sein (ganzes) **Geld** durch die Gurgel jagen · to pour all one's money down one's throat, to piss one's money up the wall

jm. in die falsche Kehle kommen *ugs* – (eher:) etw. in den falschen/(verkehrten) **Hals** kriegen · + to take s.th. the wrong way

etw. in die falsche Kehle kriegen *ugs* – (eher:) etw. in den falschen/(verkehrten) **Hals** kriegen · + to take s.th. the wrong way

sich die Kehle schmieren/ölen *sal* – sich die **Gurgel** schmieren/ölen · to wet one's whistle

jm. an die Kehle springen (wollen) *ugs path* · to leap at/to go for/... s.o.'s throat

... Plötzlich tauchte aus dem dichten Gebüsch eine dunkle Gestalt auf und sprang mir an die Kehle. – Bei einem Berufsboxer wie dir kam er da ja an den Richtigen! – Hm, ich hatte alle Mühe, ihn abzuschütteln und zu Boden zu schlagen. Der wußte, wie man Leute angreift.

jm. **bleibt** der Bissen/(...) **in der Kehle stecken** *ugs path* – (eher:) jm. bleibt der **Bissen** im Hals(e) stecken · the food sticks in s.o.'s throat

jm. **ist die Kehle zugeschnürt** (vor Angst/...)/(die Kehle zugeschnürt haben (vor Angst/...)) *path* – jm. schnürt sich die **Kehle** zusammen (vor Angst/Aufregung/Erschütterung)/ (die Angst/... schnürt jm. die Kehle zusammen) · + s.o. is choking with fear/excitement/shock/..., + to dry up with excitement/...

jm. **schnürt sich die Kehle zusammen** (vor Angst/Aufregung/Erschütterung)/(die Angst/... schnürt jm. die Kehle zusammen) *path* · + s.o. is choking with fear/excitement/shock/..., + to dry up with excitement/...
Das war vielleicht ein Examen! Die Aufregung schnürte mir die Kehle zusammen, und in den ersten fünf Minuten brachte ich kein Wort heraus. Nachher ging es zwar ein bißchen besser, aber normal habe ich bis zum Schluß nicht sprechen können.

jm. **schnürt sich die Kehle zusammen bei** etw./wenn ... *path* · 1. + the sight/... tears at s.o.'s heart-strings, 2. it breaks s.o.'s heart to see .../...
1. vgl. – (eher:) etw. greift ans **Herz**/es greift ans Herz, wenn ...
2. vgl. – (u.U.) etw. bricht jm. das **Herz**/es bricht jm. das Herz, wenn ...

jm. **die Kehle zuschnüren** · 1. to throttle s.o., to strangle s.o., 2. to force s.o. to the wall *coll*
1. Die Kidnapper haben das Mädchen erdrosselt, sagst du? – In der Zeitung steht, sie haben ihm die Kehle zugeschnürt und es dann in einer Kiste versteckt. – Mein Gott!
2. Schrittweise haben ihm die Gläubiger die Kehle zugeschnürt: zunächst haben sie ihm für die Rückzahlung der Kredite Fristen gesetzt, die er unmöglich einhalten konnte; dann haben sie die Kunden, die Lieferanten usw. hintenherum informiert ... nach sechs Monaten war er bankrott. *ugs selten*

Kehraus: **den Kehraus machen** *veraltend selten* · 1. to play/ dance the last dance, 2. to clear up, to tidy up
1. Jetzt ist es sechs Uhr morgens, es reicht; es ist Zeit, den Kehraus zu machen. – Noch drei, vier Tänze, dann soll dieses Hochzeitsfest beendet sein. – Nein, der Tanz, der jetzt kommt, ist der letzte.
2. Jetzt ist es sieben Uhr in der Früh – ich weiß nicht, bis wieviel Uhr der Saal hier freigegeben ist, aber da kommen schon die Reinemachefrauen, um den Kehraus zu machen. – Kann man nicht einmal einen Karnevalsball so lange feiern, wie man will, ohne daß sofort jemand aufräumen muß?

den Kehraus tanzen *veraltend selten* – den **Kehraus** machen (1) · to play/dance the last dance

kehren: seine rauhe Seite/Schroffheit/... **nach außen kehren** · to show the unpleasant side of one's character, to show one's teeth/claws/temper/...
Im Grunde ist die Doris sehr herzlich und liebenswürdig, da gebe ich dir recht. Doch sie kann auch sehr schroff sein. Und wenn sie aus irgendeinem Anlaß ihre schroffe Seite nach außen kehrt, ist sie unausstehlich.

etw./**alles**/... (doch noch/...) **zum besten kehren** *form* – (eher:) etw. (doch noch/...) zum **Guten** lenken/wenden · + it/everything will turn out all right in the end

Jacken/Hosen/... **von innen nach außen kehren** *path veraltend selten* – das **Innere** nach außen kehren · to turn s.th. inside out

alles von oben nach unten kehren *ugs veraltend selten* – das **Unterste** zuoberst kehren · to turn everything upside down

Kehrricht: etw. **geht** jn. **einen feuchten Kehrricht an** *sal* – etw. geht jn. einen **Dreck** an · s.th. is none of s.o.'s bloody business, + s.o. should mind his own bloody business

jn. **einen feuchten Kehrricht interessieren** *sal selten* – jm. (ganz/völlig/...) **egal** sein (ob/was/wie/...) (2) · + s.o. doesn't give a shit (whether/if/how/...)

Kehrseite: seine **Kehrseite haben** · s.th. has its drawbacks, s.th. has its disadvantages
... Alles hat eben seine Kehrseite: wir haben während unseres Auslandsaufenthalts zwar ein herrliches Leben, aber meinem Mann erwachsen daraus deutliche berufliche Nachteile.

die Kehrseite (der Medaille) **ist** .../ist, daß ... · the other side of the coin, the drawback is ...
Natürlich, unsere Tochter spricht recht gut drei Sprachen, weil wir eben so viele Jahre im Ausland verbracht haben. Die Kehrseite der Medaille ist allerdings, daß sie keine von allen als Muttersprache empfindet und sich in keiner so zu Hause fühlt, wie jemand das zu tun pflegt, der nur in einer Sprache aufwächst.

jm. **seine Kehrseite zuwenden** *ugs* · to turn one's back on s.o.
Du kannst doch dem Botschafter nicht einfach so deine Kehrseite zuwenden, Erich! Was ist das denn für ein Benehmen?! – Dem wend' ich noch was ganz anderes zu, diesem Intriganten. Wenn der erscheint, dreh' ich mich um – heute und in Zukunft!

kehrt: etw./**alles**/... **kehrt sich zum besten** *form* – eine **Wendung** zum Guten/Besseren nehmen · it/everything turns out for the best

kehrtmachen: **kehrtmachen** – **kehrtmarsch** machen · to turn/ to face about

kehrtmarsch: **kehrtmarsch machen** *ugs* · to do an about-turn
... Ja, eigentlich wollten wir um den ganzen Laacher See herumwandern. Aber da die Ursel Schmerzen im Knie hatte, haben wir schon nach einer guten Viertelstunde kehrtmarsch gemacht.

Kehrtwendung: eine **Kehrtwendung** (um 180°) **machen** · 1. 2. 3. to do an about-turn, 2. 3. to do a U-turn
1. In ziemlich straffem Schritt marschierten wir auf das Hauptgebäude der Firma zu, als er plötzlich eine Kehrtwendung machte und sagte: »ich besuche diese Leute nicht« und in demselben Schritt wieder zurückmarschierte.
2. ... Plötzlich/auf einmal machte der Wagen eine Kehrtwendung und raste in die entgegengesetzte Richtung.
3. Eine Politik, die Vertrauen einflößen soll, muß stetig sein. Ein Politiker, der eine Kehrtwendung nach der anderen macht, darf sich nicht wundern, wenn er für seinen Zick-zack-Kurs kein Verständnis findet.

Keil: einen **Keil zwischen zwei/mehrere Menschen treiben** · to drive a wedge between two/several people
Immer und immer wieder versucht der Walter, einen Keil zwischen die Gertrud und mich zu treiben! – Im Grunde kann euch das doch egal sein. – Nein, es regt auf und verärgert, daß er uns dauernd auseinanderbringen will.

Keile kriegen/beziehen *ugs* – den **Buckel** vollkriegen · to get a good thrashing, to be done over, to get a good hiding

Keim: etw. **legt den Keim für** js. **spätere Liebe**/... *form selten* · to sow the seeds of s.o.'s later love of s.o./s.th.
... So einen herrlichen Meerurlaub wie damals an der Praia das Macãs habe ich in meinem Leben nie mehr gemacht. Diese vier Wochen haben den Keim für all meine späteren Portugalinteressen gelegt.

im Keim vorhanden sein/... · to exist/to be present/... in embryonic form *Tendenz/Absicht/...*
»Im Keim«, meinte er, »mag eine gewisse Tendenz vorhanden sein, die Ausländer zu benachteiligen; aber diese Tendenz hat sich bisher nicht faßbar manifestiert.«

(mit etw.) **den Keim zu** etw. **legen** *form selten* · to lay the foundations of s.th., to sow the seeds of s.th.
... Ja, mit diesem kurzen Artikel hat der Bollner den Keim zu seiner ganzen Karriere gelegt. Ein bekannter Spezialist auf dem Gebiet fand den Grundgedanken so originell und bot ihm eine Assistentenstelle an; von da an hatte er optimale Forschungsmöglichkeiten, beste Kontakte ...

etw. **im Keim ersticken** · to nip s.th. in the bud

... Um solche Usancen von vornherein im Keim zu ersticken, hat der Chef auf Karls Anfrage hin sofort grundsätzlich verboten, daß im Büro Geburtstagsfeiern veranstaltet werden.

den Keim der Liebe/(der Hoffnung) **in** js. **Herz senken** *path veraltend selten* · to sow the seeds of love in s.o.'s heart, to arouse/awaken/... tender feelings in s.o.

Erst den Keim der Liebe in ihr Herz senken und sie anschließend laufen lassen – nein, so etwas tut kein anständiger junger Mann! – Aber ich habe doch gar nichts getan, um ihre Liebe zu gewinnen; ich kann doch nichts dafür, wenn sie plötzlich einen Schwarm für mich hat!

keiner: mir/ihm/der Ulrike/... **kann keiner** *ugs* · 1. 2. nobody can touch me/him/Mary/..., + I/he/Mary/... can look after myself/himself/herself

1. Ja, ja, der Rudolf hat immer gemeint: »mir kann keiner« und sich die größten Frechheiten herausgenommen. Irgendwann mußte der Chef die Nase vollhaben und ihm zeigen, wer der Herr im Hause ist.
2. Wie kann sich der Rudolf solche Frechheiten bloß erlauben, ohne daß ihn der Direktor an die Luft setzt? – Dem Rudolf kann keiner: sein Onkel hat die Mehrheit der Aktien. Solange der ihn deckt, kann ihm nichts passieren. *seltener*

keins: keins von beiden – weder das **eine** noch das andere (tun/sein) · to do/to be neither, to do/to be neither one thing nor the other

keiner/keine/keins/(keines) **von beidem/beiden** + *Subst* – weder der/die/das **eine** + *Subst* noch der/die/das andere + *Subst* · neither (of them), neither one nor the other

keins/(keines) **von beidem tun** *selten* – weder das **eine** noch das andere (tun/sein) · to do neither

Keks: einen weichen Keks haben *sal selten* – nicht (so) (ganz/(recht)) bei **Trost** sein (1) · to be a bit soft in the head

jm. (mit etw.) **auf den Keks gehen** *sal* – jm. (mit etw.) auf die **Nerven** fallen/gehen · + s.th. gets on s.o.'s nerves, to get on s.o.'s nerves (with s.th.)

Kelch: das/etw. **ist ein bitterer Kelch** (für jn.) *path selten* · to be a bitter experience for s.o., to be a cup of sorrow for s.o.

Der Tod seiner Frau war ein bitterer Kelch für ihn, und es ist fraglich, ob er jemals darüber hinwegkommt/ob er diesen Tod jemals verwindet.

den Kelch bis auf die Hefe leeren(müssen) *ugs – path selten* – den (bitteren) **Kelch** bis zur Neige/(bis auf den Grund) leeren (müssen) · to (have) drain the (bitter) cup of sorrow to the dregs

den (bitteren) Kelch bis zur Neige/(bis auf den Grund) **leeren** (müssen) *path* · to (have) drain the (bitter) cup of sorrow to the dregs

Es sieht so aus, als müßten wir den bitteren Kelch bis zur Neige leeren und auch noch unser Wochenendhaus verkaufen, um den schweren geschäftlichen Verlust auszugleichen.

möge dieser/(der) **Kelch an mir vorübergehen/**(dieser/der Kelch geht an jm. vorüber) *path Bibel* · let this cup pass from me *bibl*, + may I/he/Mary/... be spared this ordeal/trial/...

... Und wenn sie dich nach Übersee schicken? – Möge dieser Kelch an mir vorübergehen! Dieser Krieg in Übersee ist erstens sowieso verloren, und zweitens ruinieren zahlreiche Leute ihre Gesundheit da.

Keller: im Keller sein/sitzen *Skat ugs* · 1. to have minus points, 2. to be rock bottom, to have gone through the floor

1. ... Nach den ersten vier Spielen war ich schon so weit im Keller, daß ich die Runde nur dann hätte gewinnen können, wenn ich soz. alle folgenden Spiele hoch gewonnen hätte.
2. ... Seit der Kuwait-Krise sind zahlreiche Kurse im Keller

... (ach/und) **im Keller surrt die Bartwickelmaschine!** *sal selten* – so'n **Bart!** · it's an oldie, it's as old as the hills, it's a real old chestnut

kenn': (ah,**) dich/**den/die Gisela/... **kenn' ich!** *ugs* · I know you/him/Mary/...

Kannst du mir für eine Woche 200,– Mark leihen, ich geb' sie dir bestimmt zurück! – Ah, dich kenn' ich, mein Lieber! Du gibst das Geld für irgendeinen Unsinn aus und denkst nicht mehr dran.

das kenn' ich! *ugs* · I/we/(...) know all about that!

Wenn du mir bei den Mathematikaufgaben hilfst, helfe ich dir auch bei deiner Übersetzung. – Das kenn' ich! Das hast du mir schon oft genug versprochen! Nein, damit kannst du mir nicht mehr kommen!

(nanu,**) so kenn' ich dich/**(kennt j. jn.) (ja) **gar nicht!** · I'm not used to this/this kind of behaviour/... from you/..., I haven't known you/... like this before, + that's not the Fred/... I know

... Schon wieder brüllt euer Heribert da jemanden mit »du Arschloch!« an. Das ist jetzt das vierte oder fünfte Mal in der Stunde, die ich hier bin. Was ist denn mit dem Jungen? So kenn' ich den ja gar nicht.

da kenn' ich/kennt der Schmidt/... **nichts!** *ugs* · + my/his/... attitude is – to hell with everything!, I don't/Smith doesn't/... give a damn

Wenn jemand nicht genau so arbeitet, wie er das für richtig hält, dann setzt er ihn an die frische Luft. Da kennt er nichts! Da kann einer noch so sympathisch sein, da können noch so schwerwiegende persönliche Gründe vorliegen – er schmeißt ihn raus, rücksichtslos.

kennen: jn. (nur/...) **von fern(e) kennen** – ≠ jn. näher **kennen** · to have only a nodding acquaintance with s.o.

jn. **von innen und von außen kennen** – (eher:) jn./etw. in- und auswendig/(inwendig und auswendig) **kennen** (2) · to know s.o./s.th. inside out

jn./etw. **in- und auswendig/**(inwendig und auswendig) **kennen** · 1. 2. to know s.o./s.th. inside out

1. In Paris kann dich doch der Julius Bell herumführen, der lebt seit mehr als 20 Jahren dort; der kennt Paris in- und auswendig.
2. Kennst du den Gerd Rohl? – Den Gerd Rohl?! Wir spielen jede Woche wenigstens zweimal zusammen Tennis. Den kenn' ich in- und auswendig. – Und was hälst du von ihm? – Ein prächtiger Kerl. *seltener*

sich nicht mehr kennen vor Wut/(Zorn/...) *ugs – path* – wenn/(...), dann/(...) **kennt** sich j. nicht mehr (vor Wut/...) · if/when/..., s.o. loses his temper completely/..., if/when/..., s.o. loses his self-control completely/...

j. **will** jn. **nicht mehr kennen** *ugs* · not to want to know s.o. any more *n*, to want nothing to do with s.o. any more

Da, der Herr Hübner! Grüßt er dich nicht? – Er will mich nicht mehr kennen. Seitdem ich ihn bei seinem Versuch, die Wahl zum Vorsitzenden des Schwimmvereins zu manipulieren, nicht unterstützt habe, tut er so, als ob wir miteinander nie etwas zu tun gehabt hätten.

jn. **näher kennen** · to (get to) know s.o. better

Wenn man den Burger nur mal flüchtig erlebt hat, wird man einen guten Eindruck von ihm haben. Aber wer ihn näher kennt, weiß, daß das ein ganz geriebener Bursche ist.

kennenlernen: der/die/der Richard/... **soll/wird mich/**(ihn, die Gerda/...) (noch) **kennenlernen!** *ugs* · he/she/John/... will have me/us/John/(...) to reckon with, he/she/John/... will find out that I/we/John/(...) don't/doesn't stand any nonsense

Du meinst, weil du der älteste Sohn bist, kannst du das Haus unserer Eltern einfach verkaufen und das Erbe aufteilen, wie es dir paßt?! Denkst du, ich laß mir von dir alles bieten?! Du wirst mich noch kennenlernen, mein Lieber! Ich bring' dich vors Gericht!

jn. **näher kennenlernen** · to get to know s.o. better, to become better acquainted with s.o.

... Du kennst den Burger bisher nur oberflächlich! Wollen wir mal sehen, was du sagst, wenn du ihn näher kennenlernst.

Kennermine: mit Kennermiene etw. **begutachten/**beurteilen/... *mst iron* · to examine/to study/... s.th. with the air of an expert, to examine/to study/... s.th. with the air of a connoisseur

... Hast du beobachtet, mit welch einer Kennermiene der Hans—Ulrich den Käse begutachtet hat, der da zum Nachtisch kam? Ich wette, der hat diesen Käse vorher noch nie gegessen.

Kennermunde: ein Lob/... **aus Kennermunde** *oft iron* · praise/... from an expert, praise/... from s.o. who really knows

Wenn der Hansgert sagt, daß deine Arbeit gut ist, kannst du stolz sein. So ein Lob aus Kennermunde ... – Der Hansgert hat sich doch nie mit Quantentheorie beschäftigt! – Eben, eben!

kennst: (aber) **da kennst du**/kennt er/der Peter/... **mich**/ihn/ den Herrn Kroll/... **schlecht!** *ugs* · 1. 2. you/he/... don't/ doesn't/... know me/him/Mr. Jones/... at all

1. Du bist wohl der Überzeugung, daß mein Vater anderen Leuten grundsätzlich nicht hilft, was? Da kennst du ihn schlecht! Der hat in seinem Leben bestimmt mehr Menschen unterstützt als eure ganze Familie zusammen. Aber Faulpelze wie dich subventioniert er nicht.
2. Glaubt ihr denn, die Petra ließe sich das einfach gefallen, daß ihr ihren Wagen benutzt, ohne sie zu fragen? Da kennt ihr sie schlecht! Die wird in Zukunft die Papiere und den Wagenschlüssel verstecken und euch überhaupt nichts mehr leihen.

kennt: j. **kennt** jn. **nicht mehr** *ugs* · 1. 2. s.o. does not know s.o. any more *n*, 1. to have had enough of s.o.

1. Da, der Herr Hübner ... – Laß mich mit dem Kerl zufrieden! Den kenn' ich nicht mehr. Der hat die Hilde derart beleidigt – der Mann ist für mich gestorben.
2. Sieh mal an, der Hübner kennt mich nicht mehr! Wie lustig! Als ob ihn das interessierte, ob der mich grüßt oder nicht! Der meint, er könnte mich beeindrucken oder gar 'strafen', wenn er mich nicht grüßt.

wenn/(...), **dann**/(...) **kennt sich** j. **nicht mehr** (vor Wut/...) *ugs* · 1. 2. if/when/..., s.o. loses his temper completely/... *n*, if/when/..., s.o. loses his self-control completely/... *n*

1. Wenn man den Rudolf wegen seiner langen Nase reizt, dann kennt er sich nicht mehr vor Wut. Dann schreit er da herum, als ob er verrückt geworden wäre.
2. Wenn der Rudolf wütend wird, dann kennt er sich nicht mehr. Dann brüllt er da herum wie ein Wahnsinniger.

Kenntnis: **es entzieht sich meiner**/(deiner/...) **Kenntnis** (ob .../...) *form* · + to have no knowledge of s.th.

Man behauptet, der Kanzler sei amtsmüde. Was haben Sie als Regierungssprecher dazu zu sagen? – Es entzieht sich meiner Kenntnis, in welcher Gemütsverfassung der Kanzler heute morgen die Arbeit aufgenommen hat. Aber interessiert das?

jm. etw. **zur Kenntnis bringen** *form* · to inform s.o. of s.th.

Wenn der Chef von dem Betrug noch nicht informiert ist, muß man ihm das schnellstens zur Kenntnis bringen.

von etw. **Kenntnis erhalten** *form* · to have been informed of s.th., to have been notified of s.th.

(Bei einer Justizbehörde:) Tut uns leid, Herr Krüger, offiziell haben wir von dem Vorgang bisher keine Kenntnis erhalten, und solange wir davon offiziell nicht unterrichtet wurden, können wir natürlich nicht einschreiten.

etw./jn. **zur Kenntnis nehmen** · 1. 2. to note s.th., to take note of s.th., 3. to acknowledge s.o., to take notice of s.o.

1. Und? Was hat er gesagt, als du ihn darüber informiert hast, daß ihn sein Bruder bestohlen hat? – Er hat es zur Kenntnis genommen. Gesagt hat er keinen Ton.
2. ... Diese neuen Regelungen hat er zur Kenntnis zu nehmen, ob er will oder nicht! Verdammt nochmal, man kann doch nicht so tun, als wären diese Regelungen gar nicht herausgekommen! *form*
3. ... Hat der Minister den Halbach auf dem Empfang überhaupt zur Kenntnis genommen? – Er hat ihn begrüßt – und damit hatte es sich. Ihn auch noch bei der Begrüßung zu schneiden, das wäre wohl zu weit gegangen.

Kenntnis nehmen von etw. *form* · to take note of s.th.

... Der Kreisverkehr ist hier anders geregelt als bei uns, und davon mußt du jetzt endlich Kenntnis nehmen, Junge! Du kannst doch nicht einfach so tun, als wenn dich das gar nicht interessiert! Oder willst du einen Unfall bauen?

jn. **von etw. in Kenntnis setzen** *form* · to inform s.o. of s.th., to advise/to notify s.o. of s.th.

Von allen Gesetzesentscheidungen des Parlaments werden alle Gerichte automatisch in Kenntnis gesetzt: sie erhalten ein Mitteilungsblatt ...

Kerbe: **wenn** ..., **dann bügel' ich**/(bügelt er/mein Vater/...) **dir**/ (ihm/dem Walter/...) **die Kerbe aus dem Arsch** *vulg selten* · if ..., then I'll/he'll/my father will/... beat the living daylights out of s.o. *coll*

Wenn ich dich nochmal hier beim Birnenklauen erwische, Bürschchen, dann bügel' ich dir die Kerbe aus dem Arsch, darauf kannst du Gift nehmen. Dann kriegst du eine Tracht Prügel, an die du dich dein Lebtag erinnerst.

in dieselbe/(die gleiche) **Kerbe hauen**/(schlagen) (wie j.) *ugs* · to take the same line as s.o. (on s.th.), to back s.o. up, to trot out the same arguments/... as s.o.

(Herbert:) Doch, Peter, in deinem Alter sollte man wirklich daran denken, eine Familie zu gründen. Wenn man es immer weiter hinausschiebt ... – (Ursel:) Ja, Peter, der Herbert hat recht, du solltest ... – Jetzt haust du auch noch in dieselbe Kerbe (wie der Herbert). Ich hatte gedacht, wenigstens du würdest mich verstehen und mich nicht zu beeinflussen suchen.

Kerbholz: jn./etw. **auf dem Kerbholz haben** *ugs* – (eher:) jn./ etw. auf dem **Gewissen** haben · to have blotted one's copybook, to have a bit of a record, to have committed a few dirty deeds (in the past), to have s.o./s.th. on one's conscience

etwas/allerhand/(viel/wenig)/... **auf dem Kerbholz haben** *ugs* – **Dreck** am Stecken haben · to have a few/... skeletons in one's cupboard, to have a bit of a record, to have committed a few/a lot of/... dirty deeds (in the past/...), to have a lot/... on one's conscience

Kerker: **im Kerker sein** *path veraltend* – **Knast** schieben · to be in prison, to be in jail

in den Kerker kommen *path veraltend* – in den **Knast** (gehen) müssen · to be thrown into prison/into a dungeon/...

Kerl: (...,) **das ist ein Kerl!** *ugs* – *path* · s.o. is a good bloke

Der Günther Rabbe – ja, das ist ein Kerl! Tüchtig, ehrlich, mutig ... auf den kann man zählen.

ein anständiger/hochanständiger Kerl (sein) · (to be) a good/decent/... fellow/bloke/...

Ob der Rademann ein guter Techniker ist oder nicht, kann ich nicht sagen. Aber eines weiß ich: das ist ein hochanständiger Kerl. Einer der ehrlichsten und korrektesten Menschen, die ich bisher hier kennengelernt habe.

ein armer Kerl (sein) *ugs* – ein armer **Teufel** (sein) (1, 2) · (to be) a poor devil, (to be) a poor wretch

ein blöder Kerl (sein) *sal* – ein blöder **Sack** (sein) · (to be) a stupid bastard/git/sod *vulg*

(...,) **das ist ein ganzer Kerl** *ugs* – *path* · s.o. is a splendid fellow, s.o. is a great guy

... Ja, an dem Bert Diez könnt ihr euch ein Beispiel nehmen. Das ist ein ganzer Kerl! Integer, couragiert, offen, tüchtig ... ein Mann aus einem Guß, auf den man sich verlassen kann und von dem ihr euch eine Scheibe abschneiden könnt.

ein guter Kerl (sein) *ugs* · (to be) a good bloke, (to be) a good fellow

Der Otto ist wirklich ein guter Kerl, der das letzte Stück Brot mit dir teilen würde.

ein hergelaufener Kerl (sein) *sal* · (to be) a fellow from God knows where, (to be) an outsider

... Mit einem so hergelaufenen Kerl wie mit dir gebe ich mich doch gar nicht ab! Hergelaufener Kerl! Wenn du nochmal so einen Ausdruck brauchst, knall' ich dir eine. Im übrigen: meinst du, weil du ein paar Jahre länger hier wohnst als ich, wärst du mehr? Eure Familie kennt doch kein Mensch. Wenn einer von uns beiden ein hergelaufener Kerl ist, dann höchstens du!

ein herzensguter Kerl (sein) *ugs* – *path* – ein guter **Kerl** (sein) · (to be) a good bloke, (to be) a good fellow

ein lustiger Kerl (sein) *ugs* · (to be) an amusing fellow/bloke/chap/...

Der Otto ist in jeder Gesellschaft gern gesehen, weil er ein so lustiger Kerl ist.

ein patenter Kerl (sein) *ugs* · (to be) a great guy, to be a tremendous bloke/fellow/...
Der Drosch ist wirklich ein patenter Kerl – selten sympathisch und offenherzig.

ein toller Kerl (sein) *ugs* · (to be) a fantastic guy
Seine Kollegen erzählen mit Bewunderung, was der Herbert für ein toller Kerl ist. Fachlich auf der Höhe, menschlich integer, hilfsbereit, mutig ... kurz: ein großartiger Mann.

ein Kerl wie ein Bär sein *ugs – path* · to be a bear of a fellow/man/...
Meine Güte, ist euer Robert groß und breit geworden! Das ist ja ein Kerl wie ein Bär! – Und die Gemütsruhe hat er auch!

ein Kerl wie ein Baum sein *ugs – path* · to be a great hulk of a man, to be a giant of a man
Hast du den Betriebsleiter schon einmal persönlich gesehen? Ein Kerl wie ein Baum! Bestimmt 1,90 m groß, breite, wuchtige Schultern, stämmig ... ein richtiger Koloß!

ein Kerl wie ein Pfund Wurst sein *sal selten* · (to be) a bit of a buffoon, (to be) a clumsy figure of fun *para*
Wenn mein Vater den Fritz Dungmann sieht, muß er immer lachen. Er meint, das wäre ein Kerl wie ein Pfund Wurst. – Was ist das denn? – Ich weiß auch nicht so genau – irgendwie so ein 'leicht' wirkender, lockerer Mensch, der nicht so ganz ernst zu nehmen ist – und gern ernstgenommen werden möchte, der treuherzig-tolpatschig durchs Leben marschiert und gravitätisch eine halb komische Rolle spielt ... – Hm, und so eine Figur soll der Fritz Dungmann sein?

die langen Kerls *hist selten* · the Tall Lads
Wie groß waren eigentlich die sogenannten langen Kerls, die die Leibgarde Friedrich Wilhelm I. bildeten? – Keine Ahnung.

Kern: der harte Kern · the hard core
... Solange sie den harten Kern nicht schnappen, werden auch die Terroranschläge nicht nachlassen. Und soweit ich das verfolgt habe, handelt es sich bei denen, die die Polizei bisher erwischt hat, eher um die Mitläufer.

einen guten Kern haben · to be good at heart, + there is good in s.o. deep down
Man muß zugeben, daß die Frauke nicht leicht ist: träge, unzuverlässig, gerissen ..., ja, das stimmt alles. Aber sie hat einen guten Kern. – So langsam müßte sich dieser gute Kern aber auch in ihrem Verhalten zeigen. So klein ist sie schließlich nicht mehr.

einen wahren Kern haben/ein wahrer Kern steckt in/hinter/... · + there is a core of truth in s.th.
... Auch wenn eine Theorie logisch falsch ist, meint er, kann sie einen wahren Kern haben. Und im übrigen: es ist dieser wahre Kern, der hinter allen logischen, sozialen, ästhetischen und sonstigen Erscheinungsformen der Gedanken steckt, welcher sich durch die Jahrhunderte erhält.

den Kern des Problems/... treffen/... (mit etw.) · to get to the heart of the matter (by/with s.th.), to hit the nail on the head (by/with s.th.)
... Mit dieser Bemerkung haben Sie den Kern des Problems getroffen: kann die Dritte Welt zu sich selbst finden, wenn sie schon in ihrer Zielvorstellung von den augenblicklich herrschenden Mächten abhängig ist?

bis zum Kern eines Problems/... vordringen · to get to the heart of the matter
(In einem Examen:) Gut, gut, meinte der Prüfer plötzlich, die historischen und sozialen Bedingungen des deutschen Nationalismus haben Sie zutreffend resümiert; aber ich weiß nicht, ob Sie damit bis zum Kern dieser Frage/dieses Problems vorgedrungen sind. – Denken Sie an die Rassenproblematik, an Fragen der Mentalität oder? ...

kerngesund: kerngesund sein · to be as fit as a fiddle
... Ach, was soll ich denn beim Arzt?! Ich bin doch kerngesund, mir fehlt nichts!

Kesselflicker: sich zanken/streiten/(schlagen/hauen/...) wie die Kesselflicker *ugs veraltend* · to fight like tinkers, to be constantly at one another's throats
Hör' dir den Michael und die Petra an, wie die sich da wieder anschreien! Entsetzlich! – Ist das öfter so? – In letzter Zeit zanken sie sich wie die Kesselflicker. Unausstehlich, diese ewige Streiterei.

Kesseltreiben: es geht ein Kesseltreiben gegen jn. **los** – ein **Kesseltreiben** gegen jn. veranstalten · + to organise a witch-hunt against s.o.

ein Kesseltreiben gegen jn. **veranstalten** · to conduct a witch-hunt against s.o.
... Der Prof. Martin hat lediglich gesagt ... – und schon veranstalten sie ein regelrechtes Kesseltreiben gegen ihn. Von allen Seiten wird er als Kommunist verschrien; seine Arbeiten werden in unfairster Form kommentiert; in den Interviews stellt man ihm Fangfragen ... Wie ein gejagtes Tier sucht man ihn zu Tode zu hetzen.

Kette: eine Kette bilden · to form a chain
Die Kinder reichten sich die Hände, bildeten eine Kette und tanzten einen Reigen. Schön sah das aus: so alle aneinander.

an der Kette hängen *ugs selten* – an der **Kette** liegen (2) · to be kept on a short leash

jn. an die Kette legen · 1. to put a dog on a chain, 2. to keep s.o. on a tight leash
1. Wenn Besuch kommt, mußt du den Hund an die Kette legen; die Leute haben Angst, wenn so ein riesiger Bernhardiner auf sie zuspringt. *form*
2. Seine neue Freundin versucht, ihn an die Kette zu legen. Wenn es nach ihr ginge, dürfte er keine andere Frau mehr ansehen – geschweige denn, allein ausgehen. *ugs selten*

an der Kette liegen · 1. to be chained up, 2. to be kept on a short leash
1. Liegt euer Schäferhund an der Kette oder läuft er frei herum? – Keine Angst, er ist angekettet. *form*
2. Seit unser dritter Mann verheiratet ist, kommt er nicht mehr zum Skatspielen. Er darf nicht ... Es ist traurig mitanzusehen, wie er an der Kette liegt. *ugs selten*

seine/(die) Ketten abwerfen *path veraltend selten* · to throw off one's chains/fetters/shackles, to break one's chains/shackles/...
... In immer mehr Kolonien kam es dann dazu, daß die eingeborenen Bevölkerungen sich gegen die fremden Machthaber auflehnten und ihre Ketten abwarfen. – Aber frei wurden die meisten von ihnen dann auch nicht ...

jm. Ketten anlegen *ugs selten* – (eher:) jn. an die **Kette** legen (2) · to keep s.o. on a tight leash

jn. in Ketten legen *form veraltend selten* · to put s.o. in chains, to clap s.o. in irons
Wenn Verbrecher Stadt und Land in Schrecken versetzten, legte man sie früher in Ketten. Heute kommen sie in besonders abgesicherte Gefängniszellen; gefesselt und an Eisen festgekettet werden sie aber nicht mehr.

an seinen Ketten rütteln *path veraltend selten* · to shake the bars (of one's cage)
... Das hätte sich sein herrschsüchtiges Weib nicht träumen lassen, daß er nach 20-jähriger Ehe anfangen würde, an seinen Ketten zu rütteln. – Sie war sicher, ihn völlig in der Hand zu haben. – Jetzt wollen wir mal sehen, ob es ihm in der Tat gelingt, sich von ihr zu lösen.

jn. in Ketten schlagen *form veraltend selten* – jn. in **Ketten** legen · to put s.o. in chains, to clap s.o. in irons

seine/(die) Ketten sprengen *path veraltend selten* – seine/(die) **Ketten** abwerfen · to throw off one's chains/fetters/shackles, to break one's chains/shackles/...

seine/(die) Ketten zerreißen *path veraltend selten* – (eher:) seine/(die) **Ketten** abwerfen · to break/to smash/... one's chains

Kettenraucher: ein Kettenraucher (sein) · (to be) a chain smoker
(In einer Diskussion über Rauchen:) Dein Bruder? ... – das ist doch ein richtiger Kettenraucher, der raucht doch eine nach der andern/ (der steckt doch eine an der andern an)!

Keulenschlag: eine Nachricht/... **trifft jn. wie ein Keulenschlag**/ist für jn. ... ein richtiger/... *ugs – path* · it/the news/... is a terrible blow to s.o., it/the news/... hits s.o. like a thunderbolt

Ihr Bruder war zum dritten Mal im Schlußexamen durchgefallen – die Nachricht traf sie wie ein Keulenschlag. Den ganzen Abend über sagte sie nichts mehr. Was würde er jetzt machen?

keusch: keusch und züchtig *path od. iron* · pure and chaste

Still, zurückgezogen, bescheiden, keusch und züchtig – so stellt sich unser Waldemar die exemplarische Ehefrau vor. Wie ein Landjunker vor 150 Jahren.

Keuschheitsgelübde: ein Keuschheitsgelübde ablegen *form* · to take a vow of chastity

»Jeder Mönch«, erklärte er, »muß bei seinem Eintritt in ein Kloster ein Keuschheitsgelübde ablegen«. – Nie mehr im Leben mit einer Frau schlafen? Das würde ich nicht aushalten!

Kieker: jn./etw. **auf dem Kieker haben** *ugs* · 1. to have got it in for s.o., 2. to keep an eye on s.o./s.th.

1. Nimm dich vor dem Bachmann in acht, der hat dich ganz schön auf dem Kieker! Mit deiner Bemerkung über die 'unfähige Französischlehrer' hast du ihn vor der ganzen Klasse lächerlich gemacht. Wenn er dich bei der geringsten Unregelmäßigkeit erwischt, sei sicher, daß er mit äußerster Strenge gegen dich vorgeht. Er ist maßlos sauer.

2. (In einem Hafen:) Hat die Polizei das Schiff auf dem Kieker das zuletzt angelegt hat, oder warum wird die Kontrolle so verschärft? – Die vermuten wahrscheinlich Drogen.

Kiel: auf Kiel legen *form* · 1. 2. to lay down the keel of a ship

1. Wieviele Schiffe können die in dieser Werft auf einmal auf Kiel legen? – Hm, es gibt Zeiten, da bauen sie zugleich mehr als zehn große Dampfer.

2. Nach dem Ende der Saison hat er sein Boot auf Kiel gelegt, um es gründlich überholen zu lassen.

auf Kiel liegen *form* · to lie at keel

... In dieser Werft liegen zur Zeit mehr Schiffe zur gleichen Zeit auf Kiel, als in den meisten Werften in zwei, drei Jahren gebaut werden.

Kielwasser: Kielwasser haben *sal selten* · to reek of/... perfume

Mein Gott, hat die Ursel heute wieder ein Kielwasser! Wenn sie wenigstens noch gutes Parfum benutzen würde! In deren Nähe braucht man ja geradezu einen Fächer!

sich in js. Kielwasser halten *ugs selten* – in js. **Kielwasser segeln** · to follow in s.o.'s wake

(ganz) in js. Kielwasser schwimmen *ugs selten* – (eher:) **(ganz) im Fahrwasser** sein/(schwimmen/segeln) von jm./(etw.) (1) · to be (completely/...) under s.o.'s influence

im Kielwasser eines Schiffs/... segeln/schwimmen/... · to sail/swim/... in a ship's wake

Es macht dem Heinz doch nun einmal einen Heidenspaß, im Kielwasser der Hochseeschiffe zu segeln. Immer hinter ihnen her – wenn das Wetter und der Kapitän das zulassen.

in js. Kielwasser segeln *ugs selten* · 1. to follow in s.o.'s wake, 2. to be (completely/...) under s.o.'s influence *n*

1. Während der ganzen Regatta ist er in unserem Kielwasser gesegelt. Immer in unserer Spur, immer hinter uns her! Das ist nicht gerade schön oder originell.

2. vgl. – (eher:) (ganz) im **Fahrwasser** sein/(schwimmen/segeln) von jm./(etw.) (1)

Kiemen: (mal wieder/...) **die Kiemen nicht auseinanderkriegen** *sal selten* · 1. to clam up, to say nothing *n*, 2. not to say a word *n*

1. (Ein Offizier, der ein Verhör leitet:) Wenn der die Kiemen nicht auseinanderkriegt, müssen wir ihm damit drohen, uns seine Kinder vorzunehmen. Dann wird er schon reden.

2. ... Entsetzlich, den ganzen Abend zwischen zwei Männern zu sitzen, die die Kiemen nicht auseinanderkriegen. – Aber Erika, du bist doch so eine glänzende Alleinunterhalterin!

sich was/etw. zwischen die Kiemen schieben *sal* · to stuff one's face, to get one's laughing gear round s.th., to stick/to shove/... s.th. into one's gob

... Ich hab' einen wahnsinnigen Kohldampf! Ich muß mir jetzt unbedingt was zwischen die Kiemen schieben. Wenn ich nicht bald was zu essen kriege, fall' ich vom Hocker.

Kies: (ganz schön/...) **Kies haben** *ugs* · 1. 2. to be rolling in it, to have plenty/piles/... of dough/cash/...

1. Die Meinerts scheinen ja ganz schön Kies zu haben. Schon wenn man sieht, wie die wohnen, was die für Autos fahren ... – Ja, arm sind die nicht!

2. vgl. – ganz schön/... **Kohle** haben

kille-kille: mit/bei einem Kind/(...) **kille-kille machen** *ugs* – mit/bei einem Kind/(...) **kille-kille machen** · tickle, tickle

Kilometer: ... **Kilometer (in der Stunde) fahren** · to drive at ... kilometres per hour

Als wenn es Sinn hätte, Junge, ein Auto zu kaufen, das 250 Kilometer (in der Stunde) fährt! Die kannst du in der Praxis doch nicht fahren, bei dem Verkehr.

Kimme: jn. **auf der Kimme haben** *ugs selten* · to have s.o. in one's sight, to have one's sights on s.o.

... Na, hat der Peter die Klara nun endlich rumgekriegt?! Auf der Kimme hatte er sie ja schon lange!

Kimme und Korn *Schußwaffen* · (to aim/... over) open sights, (to aim/... over) notch and bead *rare*

Wenn Kimme und Korn – d.h. die Kerbe im Visier und die Erhöhung auf dem Lauf kurz vor der Mündung – eine Linie bilden, die aufs Ziel weist, kannst du abdrücken; dann müßtest du treffen.

Kind: sich freuen (können) wie ein Kind *ugs* · to be as pleased as Punch (about s.th.), to be dead chuffed about s.th.

Der alte Herr Windisch ist wirklich gewinnend. Wenn man seiner Frau etwas mitbringt oder deren Kinder lobt, kann er sich freuen wie ein Kind. Er strahlt dann richtig.

j. ist ein großes Kind *ugs* · to be a big child/baby

... Das ist ein großes Kind, der Hanspeter! Er geht zwar an die 50, aber manchmal hat man den Eindruck, er wäre 15. – Aber nie negativ! ...

das/den .../die Frau Hering/... kennt (doch/...) jedes Kind jedes Kind kennt ... *ugs* · everyone knows it/him/Mrs. Jones/... *n*

Du kennst den Rolf Bierwe nicht? Den kennt doch jedes Kind hier! – Auch wenn das in diesem Städtchen ein bunter Hund ist: ich weiß nicht, wer das ist.

ein Essener/Münchener/... Kind (sein) *ugs* · to be/to come from Munich/Berlin/... *n*

Der Udo ist nicht in München geboren? – Nein, das hörst du doch an der Sprache. Der kommt aus dem Rheinland; das ist ein Kölner Kind.

js. (eigenes) geistiges Kind sein *form selten* · to be s.o.'s (own) brainchild, to be entirely the product of s.o.'s brain/mind/...

... Sei ohne Sorge, er hat diese Gedanken nirgends abgeschrieben. Dies Buch ist durch und durch sein eigenes geistiges Kind.

noch ein halbes Kind sein *ugs* · to be still almost a child *n*

Du kannst deine Tochter doch nicht so lange abends ausgehen lassen; sie ist doch noch ein halbes Kind! – Mit 16 Jahren ist man heute kein halbes Kind mehr; die Zeiten sind vorbei, mein Guter.

js. leibliches Kind sein *form* · to be s.o.'s own child

... Nein, der Werner ist nicht ihr leibliches Kind, das ist ihr Adoptivsohn.

bei jm. lieb Kind sein *ugs selten* · to be s.o.'s blue-eyed boy/girl, to be s.o.'s favourite

Der Schlosser hat immer bessere Arbeitsbedingungen als alle anderen! – Klar, ist der lieb Kind beim Chef? – Weiß der Henker, warum der so große Stücke auf ihn hält!

js. liebstes Kind sein *ugs* · to be s.o.'s favourite
Der Millner hat als Ordinarius in Bonn bestimmt sechs oder sieben Assistenten gehabt. Von allen war der Rasch sein liebstes Kind.

js/(ein) natürliches Kind (sein) · 1. (to be) a natural child (of s.o.), (to be) (s.o.'s) natural child, 2. (to be) a love child
1. vgl. – js. leibliches **Kind** sein
2. vgl. – ein **Kind** der Liebe (sein) *jur veraltend selten*

(so) unschuldig wie ein neugeborenes Kind sein *ugs* · to be as innocent as a new-born babe
... Natürlich, du hast von alldem gar nichts geahnt, überhaupt gar nichts! Gerd, nun tu doch nicht so, als ob du so unschuldig wie ein neugeborenes Kind wärst! Du hast die Augen zugedrückt und die Schweinereien gedeckt, Mensch!

ein totgeborenes Kind sein *Projekte/Pläne!...* *ugs* · not to get off the ground, to be a failure from the word go, to be stillborn
... Den Plan kannst du aufgeben; das ganze Projekt ist ein totgeborenes Kind. Es besteht nicht die geringste Aussicht, daß du mit diesen Ideen Erfolg hast.

von Kind an · 1. from childhood, 2. from an early age
1. vgl. – von **klein** auf
2. vgl. – von **jung** auf/(an)

jm. ein Kind andrehen *sal* · 1. to lumber s.o./to saddle s.o./... with a child/..., 2. to put a girl in the club, to get a girl into trouble, to put a bun in s.o.'s oven
1. Die Judith hat dem Klaus ein Kind angedreht. Sie hat ihm immer erzählt, daß sie die Pille nimmt, sie dann aber heimlich abgesetzt. Jetzt sieht der Gute Vaterfreuden entgegen. – Hofft sie etwa, den Klaus auf diese Art an sich binden zu können?
2. vgl. – jm. ein **Kind** machen

das Kind mit dem Bade ausschütten *ugs* · to throw out the baby with the bathwater
Natürlich bringt uns dies Gut viel Scherereien, viel Ärger. Aber das kann für uns nur Veranlassung sein, die Gründe für diese Scherereien zu bekämpfen und nicht, das Gut zu verkaufen – das hieße, das Kind mit dem Bade ausschütten.

jm. ein Kind in den Bauch reden (wollen/...) *oft: red' mir doch kein ...!* *sal* · don't give me that
... Wenn ich dir das sage ... die Prozentsätze steigen mit Sicherheit noch ein paar Monate ... das wird ein Bombengeschäft! – Komm', Albert, red' mir doch kein Kind in den Bauch! Ob das ein Bombengeschäft wird oder nicht, weißt du bisher genauso wenig wie ich. Es hat doch keinen Sinn, da stundenlang auf mich einzureden.

ein Kind bekommen/kriegen · to have a baby
Mit wieviel Jahren hat sie ihr erstes Kind bekommen, sagst du, mit 17?

ein Kind erwarten *form* – ein **Kind** unter dem Herzen tragen/(haben) · to be with child, to be expecting/pregnant

ein gebranntes Kind scheut das Feuer · once bitten, twice shy
Nach meinem Sturz vom vorigen Winter bringt mich so leicht keiner mehr auf Skier. Ein gebranntes Kind scheut das Feuer.

dich/den/den Herrn Braun/... haben sie wohl als Kind zu heiß gebadet?! *sal* – nicht (so) (ganz/(recht)) bei **Trost** sein (1) · + you/he/Jones/... are/... a bit barmy, + you/he/... have/... got a screw loose

mit einem Kind gehen *form selten* – ein **Kind** unter dem Herzen tragen/(haben) · to be with child, to be expecting/pregnant

mit einem Kind schwanger gehen *form selten* – ein **Kind** unter dem Herzen tragen/(haben) · to be with child, to be expecting/pregnant

ein Kind des Glückes/Glücks sein *ugs* · to be a lucky devil/fellow/girl/...
Im vergangenen Jahr hat er von seinem Onkel ein herrlich gelegenes Landhaus geerbt, jetzt bieten sie ihm eine Pfundstellung in einem führenden deutschen Unternehmen an. Das ist ein Kind des Glücks,

dieser Meinert; dem fallen die schönsten Dinge zu, ohne daß er das Geringste dafür tut.

bei jm. Kind im Haus(e) sein *ugs selten* · to be like/almost one of the family
Kennt er die Wermanns denn überhaupt? – Kennen?! Er ist bei ihnen Kind im Haus. Wenigstens zweimal in der Woche ißt er bei ihnen zu Abend.

ein Kind unter dem Herzen tragen/(haben) *form veraltend selten* · to be with child, to be expecting/pregnant
Die Marlies ist ziemlich verändert, seitdem sie ein Kind unter dem Herzen trägt. – Wieso? – Nicht mehr so draufgängerisch, bedächtiger ... – Meinst du wirklich, das kommt daher, daß sie schwanger ist? – Woher sonst?

mit Kind und Kegel aufbrechen/ankommen/... *ugs* · to leave/to arrive/... with the whole family, to leave/to arrive/... with bags and baggage
Bei den Warbergs ist niemand zu Hause. Die sind schon am frühen Morgen mit Kind und Kegel aufgebrochen, um an den Strand bei Ericeira zu fahren. Nicht nur die Eltern und alle Kinder, sogar das Dienstmädchen ist mitgefahren.

(noch/...) unsere/... Kind(er) und Kindeskinder *path* · our children and our children's children, our children and grandchildren
... So Häuser aus Granit halten Jahrhunderte, Petra! Da werden noch unsere Kinder und Kindeskinder drin wohnen können.

ein Kind im Leib haben *sal selten* – ein **Kind** unter dem Herzen tragen/(haben) · to be with child, to be expecting/pregnant

ein Kind der Liebe (sein) · 1. 2. (to be) a love-child
1. ... Nein, seine Mutter ist nicht verheiratet. Er ist ein Kind der Liebe. *euphem veraltend selten*
2. Nach altem Volksglauben sind Kinder der Liebe besonders schön. – Das heißt: wenn sich die Eltern besonders gern haben, besonders innig lieben? – Genau. *selten*

jm. ein Kind machen *sal* · to put a girl in the club, to get a girl into trouble, to put a bun in s.o.'s oven
... Das ist doch einfach keine Art, die Frau da monatelang sitzen zu lassen, dann plötzlich für eine Nacht zu erscheinen und ihr ein Kind zu machen – um wieder von der Bildfläche zu verschwinden. Was ist denn das für ein Kerl?

sich (bei jm.) lieb Kind machen *ugs* · (try to) get on the right side of s.o., to (try to) get into s.o.'s good books, to (try to) ingratiate o.s. with s.o.
Merkst du, wie sich die Carlotta beim Chef lieb Kind macht/machen will? Den ganzen Tag tänzelt sie um ihn herum, versucht, ihm gefällig zu sein, sich nützlich zu machen, angenehm aufzufallen ...

das Kind im Manne *ugs oft dir. R* · + s.o. is (still) a boy at heart
Mensch, Klauspeter, hast du eine herrliche Eisenbahn zu Weihnachten bekommen! Ist das direkt etwas für mich. – Au ja, spielst du mit mir, Onkel Lambert? – Sofort. – Dieser Schalter hier ... – (Die Ehefrau): Sag' ich' nicht: das Kind im Manne! Wenn der Lambert eine elektrische Eisenbahn sieht, ist er wie ein kleiner Junge.

(schließlich/...) kein Kind mehr sein *ugs* · not to be a child any more (after all/...)
Bevormunde deine Tochter doch nicht immer so, Klara. Mit 18 Jahren ist sie doch kein Kind mehr; das muß sie doch selbst wissen, was sie zu tun und zu lassen hat.

das Kind muß (schließlich/...) einen Namen haben *ugs* · + we have to call it something, + we need a good name for it *n*, it/s. th. has to have a name *n*
... Und wie sollen wir unser neues Landhaus nennen? Das Kind muß einen Namen haben. – Ich schlage vor: 'Villa Seeblick'.

das Kind im Mutterleib *form* · the child in the womb
(Aus einem Vortrag zum Schwangerschaftsabbruch:) Von wann an ist das, was viele traditionell vom Augenblick der Zeugung an 'das Kind im Mutterleib' nennen, ein menschliches Wesen? – hierin gehen die Anschauungen nach wie vor sehr auseinander.

dem Kind einen Namen geben *ugs* · to give s.th. a name *n*, to find a name for s.th. *n*
... Und habt ihr dem Kind schon einen Namen gegeben? Wie soll eure Berghütte heißen?

das Kind beim (rechten) **Namen nennen** *ugs* – **die Dinge** beim (rechten)/(bei ihrem) Namen nennen · to call a spade a spade, to talk turkey

j. **wird das Kind schon schaukeln** *oft: wir werden ... sal* · s.o. will manage it somehow/... *n*
Meinst du wirklich, daß ihr es allein schafft, die Lizenz für den Export der Artikel zu bekommen? – Mach' dir keine Sorgen, Vater, wir werden das Kind schon schaukeln. Wir haben doch schon schwierigere Aufgaben (allein) gelöst.

ein Kind des Todes sein *path* · to be doomed, to be going to die, s.o. is a dead man
... Jeder konnte zu dieser Zeit schon mühelos erkennen, daß sie ein Kind des Todes war: sie war dürr wie ein Gerippe, ihre Augen waren eingefallen, ausdruckslos, ihre Bewegungen unsicher, fahrig ... In der Tat ist sie dann drei Monate später gestorben.

kein Kind von Traurigkeit sein *ugs selten* · to enjoy life
Der Otto läßt aber auch keine Gelegenheit aus, sich zu amüsieren! – Das ist kein Kind von Traurigkeit, da hast du recht.

bei einer Frau/einem Mädchen **ist ein Kind unterwegs** *ugs* – ein **Kind** unter dem Herzen tragen/(haben) · to be expecting/pregnant

sich ein Kind wegmachen lassen *sal – euphem veraltend selten* · to get rid of a baby *n*
(Aus einer Diskussion über Abtreibung:) Heute sagt man 'abtreiben' oder 'abtreiben lassen' – eine Kurzform für 'ein Kind abtreiben lassen'; früher hieß es 'sich ein Kind wegmachen lasen' – die Sache ist dieselbe geblieben, nur die Ausdrücke haben sich geändert.

jedes Kind weiß (doch/...), daß/.../das weiß (doch/...) jedes Kind *ugs* · every child knows that/that ...
Nun sag' bloß, du weißt nicht, wie man ein Paket bei der Post aufgibt. Das weiß doch jedes Kind! – Vielleicht! Ich aber nicht.

ein (typisches/...) **Kind seiner Zeit sein** · to be a (typical/...) child of one's time
Shakespeare war ein typisches Kind seiner Zeit: stolz auf die Errungenschaften des elisabethanischen Zeitalters, dynamisch, weltoffen, sinnenfroh ...

Kindbett: ins Kindbett kommen *form veraltend selten* · to be confined, to be brought to bed
Die ersten beiden Schwangerschaften und Geburten verliefen ohne größere Komplikationen; aber als sie, nach vier Jahren Ehe, zum dritten Mal ins Kindbett kam ...

im Kindbett liegen/(sein) *form veraltend selten* · to be confined, to lie in
Nach dieser schweren Geburt wird sie wohl noch länger im Kindbett liegen müssen.

im Kindbett sterben *form veraltend selten* · to die in childbed/childbirth
Die junge Frau Reiners ist tot? – Sie ist im Kindbett gestorben – eine Woche nach der Geburt ihres zweiten Sohns.

Kinde: wie sag' ich's meinem Kinde? *ugs dir. R* · how do I/ shall I/... put it, how do I break the news to him/...
Ob ich will oder nicht, ich muß den Chef davon unterrichten, daß das Geschäft mit Riedels und Co. geplatzt ist. Bloß: wie sag' ich's meinem Kinde? Das Beste ist vielleicht, ich warte, bis wir wieder zusammen draußen essen und die Unterhaltung von selbst auf diese Dinge kommt.

Kinder: das/(etw.) **ist nichts für kleine Kinder** *ugs* · it/s.th. is not for (your/...) innocent eyes/ears, it's not suitable for (your) innocent ears/eyes
... So, Willi, jetzt laß mich mal ein paar Worte mit meiner Schwester allein wechseln. Was wir zu besprechen haben, ist nichts für kleine Kinder. – Du machst mich ja fast neugierig, Gerd.

js. **Kinder und Kindeskinder** · children and grandchildren
»Wenn wir so weitermachen«, schimpfte er, »werden wir unseren Kindern und Kindeskindern eine verseuchte Natur und eine zerrüttete Gesellschaft hinterlassen«. – Unglaublich, Herr Mende: Sie interessieren sich für Ihre Nachkommen?

Kinderaugen: (vor Erstaunen/...) (richtige/...) **Kinderaugen machen**/(bekommen) *ugs* · to gaze/... wide-eyed at s.o./s.th., to be wide-eyed with astonishment/...
... Richtig lustig zu beobachten, wenn die da in der Familie Karten spielen! Wenn die kleine Barbara beispielsweise ihren Vater überlistet, dann macht sie richtige Kinderaugen – und man weiß nie so richtig, ob er über die Kleine wirklich so verblüfft ist oder ob er die Verblüffung spielt.

Kindergarten: (in/bei) **das ist der reinste Kindergarten** *ugs* · it is a bloody/... kindergarten (in/at/...), it's a bloody/... nursery (in/at/...)
... Diese Uni ist der reinste Kindergarten! Ich möchte echt mal wissen, wo einige Leute, die hier studieren, ihre sogenannte 'Reifeprüfung' gemacht haben!

Kinderglauben: seinen Kinderglauben verlieren · to lose one's childlike faith
Es ist in der Tat nicht einfach in der heutigen Welt, in irgendetwas Vertrauen zu haben, wenn man seinen Kinderglauben einmal verloren hat

Kinderkriegen: das ist zum Kinderkriegen (mit jm./etw.) *sal selten* – (eher:) das ist zum **Bebaumölen** (mit etw./jm.) · it's enough to drive you round the bend/up the wall/...

kinderleicht: das/etw. **ist kinderleicht** *ugs* – ein **Kinderspiel** sein (für jn.) · s.th. is a doddle, s.th. is as easy as pie/as easy as falling off a log

Kindern: ich vergreif'/er/der Peter vergreift/... **mich**/sich **(doch) nicht an kleinen Kindern** *sal* · I/Peter/... don't/... go round beating up little children, I/he/Peter/... am/... not a baby-snatcher, + that would be baby-snatching
(Ein 18-jähriger zu einem Freund:) Wenn der Paul in der Tat behauptet hat, du wärst schwul, würd' ich dem an deiner Stelle anständig ein paar vor den Latz knallen! – Ich vergreif' mich doch nicht an kleinen Kindern, Mensch!

(reich) **mit Kindern gesegnet sein** *path veraltend selten* · to be blessed with (many) children
Unsere Urgroßmutter war reich mit Kindern gesegnet. Als ihre Älteste heiratete, war die Jüngste gerade acht Monate alt. – Ja, die 13 Kinder waren wie die Orgelpfeifen: 25 – 23 – 21 – 20 ... Jahre usw. bis acht Monate.

aus Kindern werden Leute *dir. R ugs* · children grow up quickly, childhood passes all too soon
Mein Gott, ist euer Hermann gewachsen! Das ist ja ein stattlicher junger Mann geworden, seitdem ich ihn zum letzten Mal sah. – Ja, so ist das: aus Kindern werden Leute.

Kindernöten: in Kindernöten liegen/sein *form veraltend selten* – in den **Wehen** liegen · to be in labour

Kinderpopo: blank sein wie ein Kinderpopo *finanziell ugs scherzh* · to be totally cleaned out/broke/skint/...
... Könntest du mir mal kurzfristig mit zweihundert Mark aushelfen? Ich bin im Augenblick blank wie ein Kinderpopo.

glatt (sein) **wie ein Kinderpopo** *sal scherzh* · to be as smooth as a baby's bottom
... Ah, die hat eine Haut, die Gisela, du machst dir keine Vorstellungen! Geschmeidig, glatt ... – Wie ein Kinderpopo, nicht? – Du mußt natürlich wieder mit deinen blöden Witzchen kommen! ...

Kinderschuhe: die Kinderschuhe ausgetreten/(ausgezogen/ abgestreift/abgelaufen) **haben** *ugs* · to grow up *n*, to have grown up *n*, not to be a child any more
Euer Friedel hat für seine 16 Jahre ja doch noch viel Unsinn im Kopf. – Ja, bei dem dauert es offensichtlich länger als bei den meisten anderen Jungen, bis er die Kinderschuhe ausgetreten hat. Aber irgendwann wird der wohl auch noch vernünftig, 'erwachsen' werden.

den Kinderschuhen entwachsen *ugs* – (eher:) aus den **Kinder-schuhen** herauswachsen · to grow up, to start to become an adult

(offensichtlich/...) aus den Kinderschuhen nicht herauskom-men *ugs* · to be (obviously/...) still a child *n*
Herrgott, Petra, Uschi, jetzt hört doch mit dieser albernen Lacherei auf! Ihr kommt offensichtlich nicht aus den Kinderschuhen heraus – mit 17 Jahren muß man doch auch andere Dinge im Kopf haben als nur die Frage, ob die Kolleginnen kurze oder lange Röcke tragen, gut oder schlecht geschminkt sind ...

aus den Kinderschuhen herauswachsen *ugs* · to grow up *n*, to start to become an adult
Es macht Freude zu erleben, wie unsere Tochter immer mehr aus den Kinderschuhen herauswächst und immer vernünftiger wird

(noch/...) in den Kinderschuhen stecken *ugs* · 1. 2. to be still in its early stages, to be still in its infancy
1. Sein Geschäft geht noch nicht sonderlich gut. Aber er hat ja auch erst vor einem Jahr begonnen, das ganze Unternehmen steckt halt noch in den Kinderschuhen. – Eine Anlaufphase von zwei, drei Jahren muß man in dieser Branche immer einkalkulieren.
2. Eine Rückenoperation, wie sie unsere Mutter vor zwanzig Jahren hatte, würde man wohl heute nicht mehr machen. – Das ist schon möglich. Damals steckte die Behandlung dieser Schäden noch ganz in den Kinderschuhen. Inzwischen wurden völlig neue Methoden entwickelt.

Kindersegen: einer Familie/Frau war/(ist) kein Kindersegen beschert *form veraltend selten* · a family/a woman is/was/... not blessed with children
(Zwei 18-jährige Mädchen:) Wie sagte deine Großmutter: der Familie von deiner Tante Lisbeth war kein Kindersegen beschert? Ein seltsamer Ausdruck! Wenn man da an unsere Kleinfamilien denkt, daran, daß heute so viele Frauen gar keine Kinder mehr wollen ...

Kinderspiel: ein Kinderspiel sein (für jn.) *ugs* · 1. 2. to be child's play, to be as easy as pie, to be as easy as falling off a log, to be a doddle
1. Was, schwer, diese Übersetzung? Das ist doch ein Kinderspiel! – Für dich! Du warst drei Jahre in Frankreich. Für dich bietet der Text natürlich keinerlei Schwierigkeiten. Für mich ist er schwer.
2. Nichts leichter, als die Leute davon zu überzeugen, daß zum Leben auch ein guter Schuß Geld gehört, das wohlverstandene Selbstinteresse also mit Nachdruck zu vertreten ist. Ein Kinderspiel! Denn die Leute wollen ja gar nichts anderes hören, um ihre Hartherzigkeit zu rechtfertigen.

Kinderspielzeug: das/(etw.) ist kein Kinderspielzeug *ugs* · it/s.th. is not a toy
... Bleibt mir von dem Mikroskop weg, verdammt nochmal! So ein Gerät ist doch kein Kinderspielzeug!

Kinderstube: eine/keine gute Kinderstube gehabt/(genossen) haben *form* · (not) to have been well/badly/... brought up *n*, (not) to be well-bred *n*
Bei dem Robert merkt man doch einfach zu häufig, daß er keine gute Kinderstube gehabt hat! Er kann sich beim Essen nicht richtig benehmen, wählt laufend Ausdrücke, die man in Gegenwart älterer Damen besser vermeidet ...

seine gute Kinderstube verleugnen · to forget one's manners
Richard! Du verleugnest einmal wieder deine gute Kinderstube! – Ach, Mutter, 'Scheiße' und 'Arschloch' sagt doch heute alle Welt; da ist doch gar nichts mehr dabei.

Kindes: (ein Kind) an Kindes Statt annehmen *jur selten* · to adopt (a child) *n*
Als sie nach sechsjähriger Ehe immer noch kein Kind hatten, entschlossen sie sich, zwei Jungen an Kindes statt anzunehmen. Sie adoptierten einen fünfjährigen brasilianischen Buben und einen deutschen Jungen aus dem Weserbergland.

Kindesbeinen: von Kindesbeinen an – von **klein** auf · from childhood, from an early age

Kindheit: von Kindheit an · 1. from childhood, 2. from an early age
1. vgl. – von **klein** auf

2. vgl. – von **jung** auf/(an)

Kindskopf: ein (richtiger/...) **Kindskopf sein** *sal* · to be a big baby, to be an overgrown child, to be a big kid
Der Hans-Peter ist ein richtiger Kindskopf! Der Gute hat den Ernst des Lebens überhaupt noch nicht recht begriffen.

Kinn: das Kinn in/(auf) die Hand/Hände stützen · to rest one's chin in/on one's hand(s), to support one's chin on one's hand(s)
... Wenn der Alte da so unbeweglich sitzt, das Kinn in beide Hände gestützt, und regungslos zuhört, wirkt er auf mich immer wie so eine chinesische Buddha-Figur.

Kinnlade: jm. klappt/fällt die Kinnlade runter *sal* – (ganz) (einfach) **baff** sein · s.o.'s jaw drops in amazement

Kippe: es steht auf der Kippe (ob .../oder ob ...) *ugs* · it's touch and go whether ...
Nun? Werden die Verhandlungen zu einem Ergebnis führen oder werden sie scheitern? – Es steht auf der Kippe (ob sie scheitern oder (ob sie) zu einem Ergebnis führen). Das Ganze ist in jenes kritische Stadium getreten, in dem sowohl ein Erfolg wie ein Mißerfolg in jedem Augenblick möglich ist.

Kippe machen mit jm. *ugs selten* · 1. to share the spoils/the swag/the loot/... with s.o., to be in cahoots with s.o., 2. to go fifty-fifty with s.o.
1. vgl. – unter einer **Decke** stecken (mit jm.)
2. vgl. – **fifty-fifty** (mit jm.) machen

die Kippe quälen *sal selten* · to smoke a cigarette/... until there's hardly anything left *n*, to smoke a cigarette/... down to a dogend
(Ein Junge zu einem anderen:) Kerl, wirf die Zigarette doch weg, wenn der Stummel/die Kippe so kurz ist! Oder mußt du die Kippe quälen, bis du dir die Finger verbrennst? Ich leih' dir Geld für eine neue Packung! – Arschloch!

auf der Kippe stehen *ugs* · 1. 2. + it's touch and go with s.o.'s business/whether ... 1. to be on the edge of collapse
1. Er hat sich geschäftlich in eine gewaltige Krise hineinmanövriert. Im Augenblick steht sein ganzes Unternehmen auf der Kippe. Wenn es in den nächsten Monaten nicht kräftig aufwärts geht, macht er pleite. Die Sache entscheidet sich vielleicht schon in den nächsten Wochen.
2. vgl. – es steht auf der **Kippe** (ob .../oder ob ...)

auf der Kippe (zwischen zwei Noten) stehen *ugs Schulspr* · 1. 2. s.o. is a borderline case
1. Wie stehst du in Englisch? – Genau auf der Kippe zwischen 'vier' und 'fünf'. Ich habe zwei 'Vieren' und zwei 'Fünfen' geschrieben.
2. Der Kurt wird doch versetzt, oder gibt es da Zweifel? – Ich weiß nicht. Er steht auf der Kippe. Er kann ebensogut versetzt werden wie sitzen bleiben.

kippen: einen kippen *sal* – einen **saufen** · to knock a few back, to down a few

Kirche: die sichtbare Kirche *form* · the Church visible
Die Gemeinschaft aller Gläubigen nennt man die sichtbare Kirche und die Gesamtheit der Seelen aller Menschen, die sich im Laufe der Geschichte zu Christus bekannten, die unsichtbare (Kirche)? – Nennt man die unsichtbare Kirche nicht nur die Gemeinschaft der Heiligen? – Vielleicht hast du recht.

die unsichtbare Kirche *form* – ≠ die sichtbare **Kirche** · the Church invisible

nun laß/laßt/... (mal) die Kirche im Dorf/wir wollen/sollten/.../er/... sollte/... die Kirche im Dorf lassen *ugs* · let's not exaggerate, don't let's get carried away, don't/let's not/... get carried away, let's keep a sense of proportion
Gut, der Willy hat das Geschäft in den beiden Jahren, in denen er es leitet, in die Höhe gebracht, einverstanden. Aber das heißt nicht, daß sein Unternehmen das erste seiner Art in unserem Bezirk ist. Bei aller Anerkennung: wir wollen die Kirche im Dorf lassen.

mit der Kirche ums Dorf fahren/laufen *ugs selten* · to go all round the houses

… Was hast du denn da für einen Weg gewählt – den viertkürzesten Umweg? Ich bin eilig; ich hab' keine große Lust, mit der Kirche ums Dorf zu fahren.

(es scheint, j. will/…) die Kirche ums Dorf tragen *ugs selten* · to go to unnecessary lengths to do s.th., to do s.th. in the most roundabout way

… Mein Gott nochmal, der Holger will die Kirche mal wieder ums Dorf tragen! Umständlicher geht's überhaupt gar nicht. – Weißt du eine einfachere Lösung? – Aber natürlich. Paß auf: …

Kirchenlicht: kein (großes) Kirchenlicht sein *ugs* – (eher:) keine/(eine) (große) **Leuchte** sein · not to be very bright, to be a bit dim

Kirchenmaus: (so) arm wie eine Kirchenmaus sein *ugs selten* – (so) arm wie **Job** sein · to be as poor as a church mouse

Kirschen: mit jm. ist nicht gut Kirschen essen *ugs* · + not to be a man/a person/… to mess around with, it's best not to tangle with s.o.

Leg' dich mit dem Klaus nicht an/fang' mit ihm keinen Streit an! Mit dem ist nicht gut Kirschen essen! – Er wirkt doch sonst so gewinnend! – Aber wenn er sauer wird, ist er ausgesprochen unsympathisch, scharf, schroff …

die Kirschen in Nachbars Garten *selten* · forbidden fruits (are always sweeter), the grass is always greener on the other side

Seit Menschengedenken üben die Kirschen in Nachbars Garten eine besondere Verlockung für den Menschen aus.

Kiste: (und) fertig ist die Kiste! *sal selten* – (und) fertig ist die **Laube!** · and that's it, and that's that, and there you are, and Bob's your uncle

eine faule Kiste sein *sal selten* · it's a shady business *coll*, it's a fishy business *coll*

Nein, mit diesem Geschäft/mit diesen Verhandlungen will unser Michael nichts zu tun haben. Er meint, das ist eine faule Kiste. – Was soll denn daran unsauber sein?

die (ganze) Kiste schmeißen *sal selten* – den (ganzen) **Laden** schmeißen · to run the (whole) show

alle Kisten und Kästen durchsuchen/… *path veraltend selten* · to go through all s.o.'s drawers and cupboards, to turn everything upside down (while searching for s.th.)

Bei Niermanns haben sie eine Hausdurchsuchung gemacht. – Ja, sie haben alle Kisten und Kästen durchsucht. Bei dem jungen Niermann vermutet die Polizei geheime Unterlagen über die Terroristenszene. In jedem Schrank, in jeder Schublade, jedem Fach haben sie nachgeforscht.

Kisten und Kasten voll haben *path veraltend selten* – **Geld** wie Heu haben · to have stacks/piles/heaps/… of money, to be filthy rich

kitt: wir sind/ihr seid/… kitt *ugs selten* – wir sind/ihr seid/… **quitt** · we/you/… are quits

Kitt: der ganze Kitt *sal selten* – der ganze **Kram** (1) · the whole lot, the whole business/thing/caboodle

Kitt reden *ugs selten* – **Blech** reden/verzapfen · to talk rubbish/crap/nonsense/drivel/…

Kittchen: im Kittchen sein/sitzen *ugs* – **Knast** schieben · to do/to be doing porridge, to be in clink

ins Kittchen kommen *ugs* – in den **Knast** (gehen) müssen · to get sent down, to have to go to clink

jn. ins Kittchen stecken *ugs* · 1. to send s.o. down, 2. to put s.o. behind bars

1. vgl. – jn. ins **Gefängnis** stecken/(werfen)
2. vgl. – jn. hinter **Schloß** und Riegel setzen/(bringen)

kitzelt: es kitzelt jn., etw. zu tun *ugs* – es **juckt** jn., etw. zu tun + s.o. is itching to do s.th.

Klacks: (nur) ein Klacks sein (für jn.) *ugs* · 1. 2. it/s.th. is no trouble at all for s.o., it's a piece of cake, it's nothing, it's a doddle

1. Mann, kannst du dich anstellen wegen so ein bißchen Arbeit! – Ein bißchen Arbeit? – Natürlich! Das ist doch nur ein Klacks! Wenn du dich richtig dranmachst, ist das in 10 Minuten gemacht.
2. vgl. – (eher:) ein **Kinderspiel** sein (für jn.) (1)

Klage: eine Klage (gegen jn./etw.) **anhängig machen** *form* – jn./etw. vors/vor/(vor das) **Gericht** bringen · to institute/to initiate/… legal proceedings against s.o.

Klage (gegen jn./etw.) **führen/einreichen** *jur* – jn./etw. vors/vor/(vor das) **Gericht** bringen · to sue s.o., to take s.o. to court, to take legal action against s.o.

Klage führen (über jn./etw.) *form* · to complain about s.o./s.th., to make a complaint about s.o./s.th.

… Wenn man immer und immer über die Nachbarn Klage führt, nimmt das auf die Dauer natürlich keiner mehr ernst! – Worüber beschweren sich die Leute denn schon wieder?

Klagelied: ein Klagelied (über jn./etw.) **anstimmen/(singen)** *path od. iron* · to start moaning/wailing/whingeing about s.o./s.th.

Die Lebenshaltungskosten steigen in den letzten Jahren stärker als vorher, das ist wahr. Aber deshalb braucht man nicht gleich ein Klagelied anzustimmen, so als würden wir bald am Hungertuch nagen.

Klagen: in (laute) Klagen ausbrechen *path* · to break into loud lamentation about s.th.

… Wenn eine alte Frau in laute Klagen ausbricht, gut, das läßt man sich gefallen. Aber wenn ein Mann von 35 Jahren da mitten auf der Straße Zeter und Mordio schreit – nein …!

sich in (ständigen) Klagen ergehen (über etw.) *path* · to be (constantly/…) complaining about s.o./s.th.

… Der Mann ergeht sich in ständigen Klagen über dieses Land! Warum zieht er nicht nach Frankreich zurück, wenn es ihm hier nicht gefällt? – Er klagt halt gern.

daß mir (ja) keine Klagen kommen! · don't let me hear any complaints

Gut, meinetwegen könnt ihr eure Abiturfete hier machen. Aber daß mir keine Klagen kommen! Ihr sprecht also vorher mit den Nachbarn, macht zumindest draußen keinen Lärm … Ich will kein Theater haben.

klagen: (danke) ich kann nicht klagen *Antwort auf: wie geht's?* · mustn't grumble

Tag, Herr Storz. Lange nicht gesehen. Wie geht's Ihnen? – Danke! Ich kann nicht klagen. Die Familie ist gesund, beruflich läuft's normal … Und Ihnen, Herr Bausch, wie geht's Ihnen?

klagen und stöhnen *path* · to moan and groan

Statt zu klagen und zu stöhnen, daß die Klassenarbeiten zu schwer sind, solltet ihr lieber mehr arbeiten. Das würde euch mehr nützen.

Klageweg: etw. auf dem Klageweg lösen/… *form selten* · to deal with s.th./to solve s.th./… by taking legal action

… In der Tat: es gibt Leute, die meinen, man muß alles auf dem Klageweg regeln. Statt sich mit den andern normal zu unterhalten, um eine Lösung zu finden, bringen sie jede Lappalie vor's Gericht.

Klamauk: es gibt einen großen Klamauk *sal* · 1. 2. there will be a big/huge/… ballyhoo/to-do/fuss about s.th.

1. vgl. – (stärker als:) es gibt **Theater** (wenn …, dann gibt's …/als …, da gab's …/…)
2. vgl. – (stärker als:) es gibt **Stunk**

Klamauk machen *sal* · 1. 2. to make a row/a din/…, 3. to kick up a fuss about s.th., 4. to lark around, to mess around

1. vgl. – **Lärm** machen
2. vgl. – (u. U.) **Krach** schlagen
3. vgl. – (u. U.) **Theater** machen

4. vgl. – (eher:) **Unsinn** machen

klamm: klamm sein *ugs* · to be hard-up, to be strapped for cash

… Hast du schon den Karl gefragt, ob er dir etwas leihen kann? – Ja. Aber der ist mal wieder klamm! – Der ist von Beruf klamm, scheint mir bald. Jedesmal, wenn ihn jemand um Geld bittet, sagt er, er wäre gerade nicht flüssig.

Klammer: jm. geht (ganz schön) die Klammer *sal Neol* · 1. + it/s.th. scares the pants off s.o., + it/s.th. scares the hell out of s.o., 2. to get scared stiff, to get shit-scared, to start shitting o.s.

1. Wenn die Bullermänner bei Verkehrskontrollen mit ihren Knarren rumfuchteln, geht mir jedesmal die Klammer. Denn die haben ja bekanntlich schon mehr als nur einen unschuldigen Menschen plattgeschossen. – Na, übertreib' mal nicht, Paul!
2. vgl. – **Muffensausen** haben

den Gegner/… in die Klammer nehmen *ugs selten* – jn. in die **Zange** nehmen · to sandwich s.o. *football*, to put the screws on s.o., to put s.o. through the mill, to put s.o. through it

Klammeraffe: wie ein Klammeraffe auf dem Motorrad/… sitzen/… *sal selten* · to cling on for dear life (on a motorbike/…), to sit hunched up like a monkey *para*

Wenn die Gisela da hinter ihrem Freund auf dem Motorrad sitzt und sich an ihm festklammert, wirkt sie auf mich wie ein Klammeraffe! – Du hast ja herrliche Vergleiche.

Klammerbeutel: dich/den/den Daniel/… haben sie wohl (als Kind) mit dem Klammerbeutel gepudert *sal selten* · you/he/… must be off your/… rocker

1. … Was, dein Vermieter will die Miete um 50% erhöhen? Spinnt der? Den haben sie als Kind wohl mit dem Klammerbeutel gepudert.

Klammern: etw. in (runde/eckige/geschweifte) Klammern setzen *form* · to put s.th. in round/square/angle/brace brackets, to put s.th. in parentheses

Wenn überhaupt Klammern, dann schlage ich vor: wir setzen die fakultativen Elemente in runde Klammern und die veralteten in eckige.

in (runden/eckigen/geschweiften) Klammern stehen *form* · to be in round/square/angle/brace brackets

Warum steht ein Teil des Ausdrucks in runden Klammern? – Guck mal in der Einleitung nach, welche Funktion die einzelnen Klammern haben.

Klamottenkiste: etw. aus der Klamottenkiste hervorholen/holen/… *Ideen/Argumente/Witzel…* *sal* · to dig s.th. up again

Komm', jetzt gib schon zu, daß die Kinder recht haben! Was willst du da jetzt noch alle möglichen Gegenargumente aus der Klamottenkiste holen? – Aus der Klamottenkiste? Für euch mag, was ich sage, ein Argument von Anno Tobak sein, für mich zählt das noch heute!

(noch/…) aus der Klamottenkiste stammen *Ideen/Argumente/Witzel…* *sal* · it/that/… is/comes out of the ark, it/that/… is as old as the hills

… Dies Argument mit dem 'seelisch erfüllend' und so, das stammt aus der Klamottenkiste; damit kannst du den jungen Leuten hier nicht mehr kommen.

Klang: einen guten Klang haben · 1. to have a good tone, 2. to have a good name/reputation, to have good ring to it

1. Dies Klavier hat einen (hervorragenden) Klang!
2. 'Rauschenbach' – dieser Name hat einen sehr guten Klang. Die Familie ist seit Generationen hier ansässig und hat eine ganze Reihe hervorragender Ärzte und Juristen hervorgebracht. *seltener*

unter/(zu) den Klängen des Badenweiler Marsches/… *path* · to the strains of …

… Und dann zog die ganze Festgesellschaft unter den Klängen der Hymne 'Freude, schöner Götterfunken' in die Hotelanlage ein.

Klappe: ab/los/marsch, in die Klappe! *sal* · 1. 2. off to bed!

1. vgl. – (eher:) ab, in die **Falle!**
2. vgl. – (eher:) los, in die **Falle!**

eine große Klappe haben *sal* – einen großen **Mund** haben · to have a big mouth

Klappe zu, Affe tot! *sal* – … und damit **Schluß!** (1; u. U. 2) · and that's it, and that's that, and that's all there is to it, and that's your lot

die/seine Klappe aufmachen *sal* – den/seinen **Mund** aufmachen/(auftun) (3; u. U. 2) · to shoot/to go shooting one's mouth off

die/seine Klappe aufreißen *sal* · 1. 3. to have a big mouth, 1. to go shooting one's mouth off, to go around bragging, 2. to open one's mouth *n*, 3. 4. to shoot one's mouth off, 3. to brag/to boast/to show off *coll*

1. Wenn du ihm doch nicht helfen kannst, mußt du die Klappe nicht erst so weit aufreißen (mußt du nicht erst die Klappe aufreißen). Erst wer weiß wie mit seinen Beziehungen angeben und dann den Schwanz einziehen – das gefällt mir!
2. vgl. – den/seinen **Mund** aufmachen/(auftun) (3)
3. vgl. – (eher:) die/(eine) große **Klappe** schwingen
4. vgl. – eine große **Klappe** riskieren

die Klappe (immer/…) (zu sehr/so weit/…) aufreißen *sal* · 1. 2. to shoot one's mouth off, 2. to talk big (again/…)

1. vgl. – das **Maul** (immer/…) (zu sehr/so weit/…) aufreißen
2. vgl. – den **Mund** (mal wieder/…) (so/zu/reichlich) vollnehmen

jm. eins auf die Klappe geben *sal selten* · to give s.o. a sock in the kisser, to give s.o. a dig in the gob/a knuckle sandwich

Wenn du jetzt nicht aufhörst mit deinen blöden Bemerkungen, geb' ich dir eins auf die Klappe! – Ruhe jetzt, Kinder! Und du wirst deinen jüngeren Bruder nicht gleich schlagen, Gerhard, und schon gar nicht ins Gesicht!

in die Klappe gehen *sal* – in die **Falle** gehen (1) · to hit the hay/the sack, to get one's head down, to flake out

die/seine Klappe halten *sal* – den/seinen **Mund** halten · to belt up/to wrap up/to shut one's trap/…

sich in die Klappe hauen *sal* – (eher:) in die **Falle** gehen (1) · to hit the hay/the sack, to get one's head down, to flake out

in die Klappe kriechen *sal* – (eher:) in die **Falle** gehen (1) · to hit the hay/the sack, to get one's head down, to flake out

große Klappe, nichts dahinter *sal* · to be all mouth, all mouth and trousers

… Erst erzählt er, bei seinen Beziehungen sei das alles überhaupt kein Problem, und wenn es dann ernst wird, kann er überhaupt gar nichts tun. – Ja, ja, das ist typisch unser Werner: große Klappe, nichts dahinter.

eine große Klappe riskieren *sal* · to shoot one's mouth off

Der Baumann riskiert mal wieder eine große Klappe! – Solange der Chef nicht da ist, ist er der mutigste Kämpfer der Welt. Aber wenn er kommt, ist er sofort ganz klein. Dann wagt er den Mund nicht aufzumachen.

bei jm. geht/fällt/… (plötzlich/…) die Klappe runter *sal* · 1. 2. + to (suddenly/…) clam up 1. + to (suddenly/…) switch off

1. Mit der Frage, ob ihr Vater ihren Lebenswandel billigt, hast du sie verletzt. Hast du nicht gemerkt, wie die Klappe bei der Helga runterging? – Eine derartige Reaktion hatte ich ihr überhaupt nicht zugetraut.
2. … Wenn bei der Karin die Klappe einmal runtergeht, kriegst du kein Wort mehr aus der raus.

die/(eine) große Klappe schwingen *sal* · 1. 2. to shoot one's mouth off, 1. to have a big mouth, to brag/to boast/to show off *coll*

1. Der Mechtel schwingt mal wieder die große Klappe. Hör' dir das an, wie der da herumposaunt und mit seinem neuen Mercedes prahlt. – Das ist überhaupt so ein Angeber, dieser Mechtel.

2. vgl. – eine große **Klappe** riskieren

Klappen: etw. **zum Klappen bringen** *ugs* · to pull s. th. off, to make s. th. work *n*
... Ein bißchen verzwickt, die ganze Sache. Aber ich möchte hoffen, daß es mir doch noch gelingt, das zum Klappen zu bringen. – Wir danken Ihnen sehr, Herr Mertl. Wenn Sie es hinkriegen/schaffen würden, daß das doch noch hinhaut, wäre das für uns eine unschätzbare Hilfe.

zum Klappen kommen *ugs selten* · to work out (well), to come off
Die Verhandlungen mit den Edelstahlwerken schienen ein wenig festgefahren. Sind sie doch noch zum Klappen gekommen? – Ja, das Ergebnis ist sogar sehr gut.

Klappergestell: ein richtiges/... Klappergestell (sein) *sal* – ein wandelndes **Gerippe** (sein) · to look like a walking skeleton, to look like a bag of bones

Klapperstorch: der Klapperstorch ist bei/zu jm. **gekommen** *ugs zu Kindern unter Erwachsenen oft scherzh* · the stork has brought her/... a baby
Hast du schon gehört, Uschi, bei Geringers ist der Klapperstorch gekommen. – Du glaubst doch nicht, Mama, daß ich noch an den Klapperstorch glaube. Frau Geringer hat einen Jungen gekriegt; das wußte ich schon.

(noch/...) an den Klapperstorch glauben *ugs zu/bei Kindern* · to believe that babies are brought by the stork, to believe that babies are found under the gooseberry bush
... Bei der Uschi kannst du ruhig offen über diese Dinge sprechen. Die glaubt nicht mehr an den Klapperstorch – die weiß genau, wie die Kinder auf die Welt kommen.

Klaps: einen Klaps haben *sal* – nicht (so) (ganz/(recht)) bei **Trost** sein (2; u. U. 1) · to have a screw loose, to be a bit funny in the head

einem Kind/... **einen Klaps geben** *ugs* · to give a child/... a slap/smack
... Diese antiautoritären Erziehungskünstler machen vielleicht ein Theater, wenn man einem Kind mal einen Klaps gibt. – Ja, Ohrfeigen ... – So einen leichten Klaps, sagte ich, nicht Ohrfeigen! ...

einen Klaps kriegen/(bekommen) *ugs* · to get a slap
... Ist das wirklich so schlimm, wenn ein Kind mal einen Klaps kriegt? – Ohrfeigen ... – Einen leichten Klaps, sage ich – keine schallende Ohrfeige!

Klapsmühle: etw./(j.) **bringt** jn. **noch in die Klapsmühle** *sal selten* · to drive s. o. round the bend, to drive s. o. up the wall
Dieses ewige Hundegebell hier bringt mich noch in die Klapsmühle. Das kann doch auf die Dauer kein Mensch aushalten, ohne verrückt zu werden.

reif für die Klapsmühle sein *sal* – reif fürs **Irrenhaus** sein · to be cracking up, to be going round the twist

klar: alles klar? *ugs* · everything all right?, everything O. K.?
(Der Vater, vor einer Abreise mit dem Wagen:) Alles klar? Können wir losfahren? – (Die Mutter:) Es fehlt nur noch die Tasche mit den Eßsachen.

das/etw. ist (doch) **klar** · 1. 2. 3. it's/s. th. is obvious/clear, 2. 3. it/s. th. stands to reason
1. Natürlich weiß ich, wie man Zündkerzen auswechselt. Das ist doch klar.
2. Wenn du dich jetzt nicht sofort entscheidest, ist die Stelle weg. Das ist doch klar.
3. Er vertraut der Evi nicht mehr! – Das ist klar. Täte ich an seiner Stelle auch nicht nach allem, was vorgefallen ist.

jm. **ist** etw. **klar/es ist** jm. etw. klar · 1. 2. to be clear to s. o., 1. + to realise s. th., 2. + to understand s. th.
1. Wenn du im Examen durchfällst, zahlt Vater für dein Studium keinen Pfennig mehr, das ist dir doch wohl klar? – Ja, da mach' ich mir keine Illusionen.
2. Die mathematischen Zusammenhänge sind mir klar. Was ich nicht verstehe, ist die rein physikalische Seite des Problems.

es ist alles klar/alles klar!/? *ugs* – alles ist in **Ordnung**/alles in Ordnung!/? · everything is all right, everything is O. K.

das/die Sache/(etw.) geht klar *ugs* · it will be all right/okay
Du kannst dich auf uns verlassen, die Sache geht klar. – Ich kann also mit Sicherheit davon ausgehen, daß der Verkauf noch in diesem Monat in meinem Sinn geregelt wird? – Mit absoluter Sicherheit.

jm. **wird** (endlich/plötzlich/...) etw. **klar/es wird** jm. (endlich/plötzlich/...) etw. klar · + (suddenly/finally/...) to realise/understand s. th.
Jetzt wird mir endlich klar, warum der Klaus plötzlich so gern zur Klavierstunde geht: die Klavierlehrerin ist eine bildhübsche Studentin.

mit jm./etw. **klar sein** *ugs* · 1. to have got things straight with s. o., to have straightened s. th. out with s. o., 2. to have worked s. th. out, to have/to get s. th. straightened out
1. So, mit dem Albert bin ich klar: er übernimmt das Gut, ich die Firma. – Gott sei Dank habt ihr euch sofort und ohne Streit geeinigt; das ist ganz in Vaters Sinn.
2. Endlich bin ich mit diesem verflixten Gedicht klar. Das hat mich verdammt viel Arbeit gekostet, bis ich das verstanden habe!

nicht mehr/(...) (ganz) klar sein *ugs* · not to be clear-headed any more/..., not to be able to think straight any more/...
Über die geschäftlichen Dinge würde ich nicht jetzt, sondern morgen mit dem Kurt sprechen, der ist nicht mehr ganz klar. – Wie, hat der schon wieder ein paar über den Durst getrunken?

sich nicht/noch nicht/... klar sein (ob ...) · not to be sure (whether to do s. th.), not to have made up one's mind (about whether ...)
Der Paul ist sich noch nicht klar, ob er Musik oder Naturwissenschaften studieren soll. – Darüber müßte er sich aber bald klarwerden. Im nächsten Monat muß er sich entscheiden.

sich über jn./etw. **klar sein** – sich über jn./etw. im **klaren** sein · to be sure about s. o./s. th., to be aware of s. th., to realise/to be aware of the fact that ...

jm. etw. **klar und deutlich sagen/...** · to tell s. o. straight that ...
Du hast dem Oswald klar und deutlich gesagt, daß wir an diesem Geschäft nicht mitmachen? – Ganz klar hab' ich ihm das gesagt, ohne jede Möglichkeit des Mißverständnisses.

etw. **klar und offen sagen/...** · to admit/... openly/frankly/...
Der Minister gibt klar und offen zu, daß sich die Sachverständigen in der Einschätzung der Konjunktur horrend geirrt haben. Er macht daraus überhaupt gar keinen Hehl.

Klärchen: das ist (doch) **klar wie Klärchen!** *sal* – das fühlt (doch) (selbst) ein **Blinder** mit dem Krückstock/das kann (doch) (selbst) ein Blinder mit dem Krückstock fühlen · it/s. th. is crystal-clear, it/s. th. is as clear as daylight

klare: (wieder) **ins klare kommen** (mit jm.) (über etw./mit etw.) *selten* – (wieder) ins reine/(klare) **kommen** (mit jm. über etw./mit etw.) (1) · to get s. th. straightened out (with s. o.), to get s. th. sorted out (with s. o.)

klaren: sich nicht/noch nicht/... im klaren sein (ob ...) – sich nicht/noch nicht/... **klar** sein (ob ...) · not to be sure (whether to do s. th.), not to have made up one's mind (about whether ...)

sich über jn./etw. **im klaren sein** · 1. to be sure about s. o./s. th., 2. 3. 4. to be aware of s. th., 3. to realise/to be aware of the fact that ...
1. Was denkst du von dem Rößler? Kann man dem vertrauen? – Über den Mann bin ich mir nicht im klaren. Es ist für mich nach wie vor ein Rätsel, was er über unsere Firma denkt.
2. Natürlich bin ich mir über meine schlechte Finanzlage im klaren. Da mache ich mir nicht die geringsten Illusionen.
3. Sie ist sich durchaus im klaren darüber, daß sie bei ihm vorsichtig sein muß, daß er ein äußerst unsicherer Geschäftspartner ist ...
4. Über eins mußt du dir im klaren sein: wenn du dich jetzt nicht entscheidest, ist es zu spät.

klargehen: klargehen *ugs* – in **Ordnung** gehen/das/(etw.) geht in Ordnung · that'll be all right, + I'll/... see to it

Klarheit: über etw. herrscht/(wohl/...) Klarheit · one thing is clear: ..., one thing is for certain: ...

... Über eins herrscht doch wohl Klarheit: daß die Gehälter nicht permanent steigen können, wenn sich die Konjunktur nicht positiv entwickelt. Über diesen Punkt sind wir uns doch alle einige, oder?

Klarheit über etw. haben · to (fully/...) clear up a mystery/..., to find out all the facts about s.th.

... Hast du eigentlich inzwischen begriffen, wer in dieser ganzen Affäre recht hat und wer unrecht hat? – So richtig nicht. Und mir scheint: Wirkliche Klarheit wird es in diesem Fall nie geben.

(jm.) etw. **in/(mit) aller Klarheit sagen**/zu verstehen geben/... – (jm.) etw. mit/in aller **Deutlichkeit** sagen/zu verstehen geben/... · to make it perfectly clear that ...

Klarheit in etw. bringen · to clear s.th. up, to throw light on s.th.

... Ob es jemals gelingen wird, Klarheit in diese ganze Affäre zu bringen, weiß ich nicht. Bisher ist jedenfalls alles so undurchsichtig wie nur etwas.

sich über etw. Klarheit verschaffen · to find out about s.th., to clarify s.th.

... Ehe mein Onkel zu der Sache Stellung nimmt, muß er sich erstmal über die Entwicklung der Dinge und die Haltung der betroffenen Personen Klarheit verschaffen.

klarkommen: (mit jm./etw./in/(bei) etw.) (gut/glänzend/...) **klarkommen** *ugs* · 1. 2. to get on well/... with s.o., 3. to be able to get on well/... with s.o., to be able to manage, to be all right, 4. to be able to cope with s.th., to be able to work s.th. out

1. Mit dem Bertels komme ich nicht klar! Ich weiß nicht, ob das an mir oder an ihm liegt – aber ich finde einfach kein vernünftiges Verhältnis zu ihm!
2. Die Mitarbeiter sind nicht ganz einfach. Aber wenn du dich leutselig und umgänglich gibst, wirst du schon mit ihnen klarkommen. Ein Intrigant oder gar bösartig gesinnt ist jedenfalls niemand von ihnen.
3. Soll ich dir helfen? – Nein, danke, ich komme schon klar.
4. Mit dem Text kommt er nicht klar! Weder sprachlich noch inhaltlich. Er versteht einfach nicht, worum es dabei letztlich überhaupt geht.

klarkriegen: das/die Sache/(etw.) (noch/...) klarkriegen *ugs* · to sort s.th. out, to crack a problem

Du hättest eher zu mir kommen sollen! Jetzt ist die ganze Angelegenheit ziemlich verfahren. Ich weiß nicht, ob ich das noch klarkriege. – Sieh mal zu, was sich machen läßt!

klarlegen: (jn.) etw. **klarlegen** *selten* · to make s.th. clear to s.o., to explain s.th. to s.o.

... Nein, Werner, nur mit den paar Andeutungen verstehe ich in der Tat nicht richtig, wo die Schwierigkeiten liegen. Was hältst du davon, wenn wir heute abend zusammen draußen essen gehen? Da könntest du mir das alles klarlegen.

klarmachen: jm. etw. **klarmachen** · to make clear to s.o. that ..., to explain s.th. to s.o.

Versuch' du mal, Friedel, der Sigrid die Sache klarzumachen. Ich habe schon drei Mal versucht, ihr alles auseinanderzusetzen; ich weiß nicht: entweder sie versteht wirklich nicht oder sie will nicht verstehen.

sich etw. klarmachen · to realise s.th., to get s.th. clear in one's mind

Hast du dir schon einmal klargemacht, was es kostet, so einen riesigen Apparat am Laufen zu halten? Das muß man sich mal ganz genau vor Augen führen, ehe man die verantwortlichen Leute kritisiert.

klarsehen: klarsehen · 1. 2. to understand s.th., 1. to see s.th. clearly, 2. to grasp s.th., to get the picture *coll*

1. Kein Wunder, daß ihr nicht mehr klarseht! In eurer Buchführung herrscht ja ein geradezu babylonisches Durcheinander! Da kann sich doch kein Mensch mehr zurechtfinden!

2. Bis zu der Unterhaltung heute morgen mit dem Kurt hatte ich wirklich keine Vorstellung, wer in der Sache recht hatte und wie ich mich am besten zu verhalten habe. Aber jetzt sehe ich endlich klar. Er hat mir alles genauestens auseinandergelegt.

klarstellen: etwas/eins/... möchte/... j. (noch/...) klarstellen · 1. 2. to make s.th. clear, 2. to clarify s.th. *form*

1. Eins möchte ich nur von vornherein und ein für allemal klarstellen: wer in der Sache die letzte Entscheidung trifft, bin ich und sonst niemand.
2. Der Herr Mittler bittet, noch etwas klarstellen zu dürfen. – Ja, Herr Mittler? – Ja, was ich noch sagen wollte: für den Verkauf der Plättchen bin ich und nicht der Herr Reisig keine Schuld. – Wir danken Ihnen für Ihre Offenheit, Herr Mittler ...

Klartext: im Klartext heißt das/bedeutet das/...: *ugs* · in plain language it means/..., in other words it means/...

Nach der Kabinettsentscheidung von gestern soll der Handel mit Indonesien auf ein Minimum reduziert werden. – Das heißt für uns im Klartext: wir bekommen für die Exporte dorthin keine Lizenz mehr.

im Klartext sprechen/reden *ugs* · to speak/to put it/... plainly, to speak/to put it/... in simple English

Sei doch so freundlich, verzichte auf all diese Andeutungen und sprich im Klartext. Was willst du genau? – Also, geradeheraus: ...

mit jm. (mal/...) Klartext reden/(sprechen) müssen *ugs* · to (have to) tell s.o. straight out, to (have to) give s.o. a piece of one's mind

Ich glaube, mit unserem Prof. müssen wir mal Klartext reden. Er muß unbedingt seine Vorlesung besser vorbereiten. Momentan rafft doch kaum jemand etwas von dem, was er erzählt.

klarwerden: sich (über jn./etw.) klarwerden · 1. to make up one's mind about s.o./s.th., 2. 3. to make up one's mind 2. to get s.th. clear in one's mind

1. ... Über den Mann werde ich mir nicht klar. Obwohl ich jetzt schon länger als ein Jahr mit ihm zusammenarbeite, weiß ich nicht, woran ich bei ihm bin.
2. Du mußt dir endlich (darüber) klarwerden, was du nach dem Abitur machen willst!
3. Du mußt dir noch in diesem Monat klarwerden, ob du Musik oder Naturwissenschaften studieren willst. Anfang Mai sind die Einschreibungen; da muß das entschieden sein.

Klasse: (einfach) **Klasse sein** *ugs* · 1. to be brilliant/great, 2. to be marvellous/terrific/fantastic

1. ... Dieser Mann ist Klasse! Wie der die verzwicktesten Fragen mühelos beantwortet – das macht dem so leicht keiner nach! Ausgezeichnet!
2. Diesen Film mußt du unbedingt sehen, der ist Klasse, wirklich Klasse!

Menschen/... zweiter/dritter Klasse *pej* · second/third class human beings, inferior human beings

... Waren die Weißen in Amerika oder Afrika eigentlich wirklich der Meinung, die Neger wären Menschen zweiter/dritter Klasse, oder war das ganze im Grunde nur ein Machtkampf/Wirtschaftskampf?

eine Aufführung/ein Lokal/... dritter Klasse (sein) *ugs* · (to be) a third rate performance/game/restaurant/...

Das war eine Aufführung dritter Klasse! Hätte ich geahnt, daß das so mager würde, wäre ich zu Hause geblieben.

einfach Klasse sein *ugs* – *path* · 1. 2. to be just/simply great/brilliant/fantastic/marvellous/terrific

1. Dieser Seng ist einfach Klasse! Da gibt's nichts zu drehen und zu deuteln – das ist ein Weltklassespieler!
2. Dieser Film ist einfach Klasse, da gibt's nichts! Herrlich!

ein Spiel/eine Übersetzung/... erster Klasse (sein) *ugs selten* · (to be) a first-class/first-rate match/performance/...

Das war ohne jeden Zweifel ein Tennismatch erster Klasse. So etwas sieht man wirklich alle Tage.

ganz große Klasse sein *ugs* – *path* · 1. to be just/simply magnificent/great/brilliant/marvellous/terrific, 2. to be just/simply magnificent/great/superb/...

1. Meine Mutter hat Marlon Brando immer für einen ausgezeichneten Schauspieler gehalten. Auch in dem Film 'The Godfather', meint sie, ist er wieder ganz große Klasse.

2. Dieser Strand ist ganz große Klasse – der beste Strand, an dem wir jemals waren!

(nur/doch nur/...**) zweite Klasse sein** *ugs* · 1. 2. to be (only/...) second-class/second-rate

1. Einverstanden, schlecht spielt er nicht. Aber insgesamt ist er doch nur zweite Klasse – zu einem wirklichen Spitzenspieler fehlt ihm die Übersicht und auch eine Menge Technik.

2. ... Nein, das Hotel 'Zum Rehbock' würde ich nicht wählen, das ist nur zweite Klasse. Wenn Sie ein wirklich gutes Hotel suchen, müssen Sie in den 'Löwen' gehen, das ist das erste Hotel am Ort.

erster/zweiter/... **Klasse fahren/**fliegen/... *Bahn/Flugzeug/ Schiff* · to fly first/tourist/economy/... class, to travel first/ second/standard/... class

... Weite Strecken, meinte er, fliege ich immer erster Klasse. Da ist der Service bedeutend besser. Allerdings ist dieses Vergnügen auch nicht billig.

ein Klasse-Schauspieler/-Fußballer/... **(sein)** *ugs* · (to be) a class chess player/footballer/...

... »Beckenbauer«, mein lieber Eckhard, »war wirklich ein Klasse— Fußballer«. – Stimmt, er war einer der Großen.

eine Klasse für sich sein *ugs* · 1. 2. to be in a class of his/ her/its/... own

1. Orson Welles? – den kannst du doch mit anderen Shakespeare— Darstellern gar nicht vergleichen! Der/das ist eine Klasse für sich! Die anderen mögen noch so gut, ja ausgezeichnet sein – gegen Orson Welles fallen sie alle ab!

2. Dieser Käse ist eine Klasse für sich! Ich wüßte nicht, schon einmal einen solch erstklassigen Camembert gegessen zu haben.

Klassenhiebe: Klassenhiebe kriegen/bekommen/beziehen *Schulspr* · to be/to get beaten up/worked over/... by the whole class

Ausgerechnet der Franz, den sowieso keiner leiden kann, hat dem Französischlehrer verraten, wer den Stuhl mit Honig beschmiert hatte. Heute hat er Klassenhiebe gekriegt, ist ja klar; die ganze Klasse war froh, endlich einen Grund zu haben, um ihn zu verhauen.

Klassenkeile: Klassenkeile kriegen/bekommen/beziehen *Schulspr* – **Klassenhiebe** kriegen/bekommen/beziehen · to be/to get beaten up/worked over/... by the whole class

Klassenziel: das Klassenziel (nicht) **erreichen** *form Schulspr* · (not) to make the grade, (not) to reach the required standard, (not) to get through

Wenn du das Klassenziel noch erreichen willst, mußt du dich auf den Hosenboden setzen! Wenn du auch nur noch zwei, drei Wochen so weiter faulenzt, bleibst du sitzen.

Klatsch: Klatsch und Tratsch *sal* · gossip and scandal *n*, gossip and tittle-tattle

Diese sog. 'Unterhaltungen im kleinen Kreis' da im Institut sind unerträglich: da wird nur über Personen geredet, Affären ... Klatsch und Tratsch, nichts weiter. Wie beim Teeklatsch müßiger Damen ...

Klatsche: du/der/der Peter/... **hast/**hat **(ja wohl/...) eine/**(die totale/...**) Klatsche** *sal selten* · you/Peter/... must be off your rocker

... Sag' mal, du hast doch wohl 'ne Klatsche, mit 80 Sachen durch die Stadt zu rasen?!

klatschen: jm eine klatschen *sal selten* – jm. eine **Ohrfeige** geben · to slap s.o. around the face, to give s.o. a clip round the ear

Klatschweib: ein (altes/richtiges/...) **Klatschweib (sein)** *sal* – (eher:) ein (altes/richtiges/...) **Waschweib** (sein) · to be a (real old/terrible/...) gossip

Klaue: eine fürchterliche/entsetzliche/miserable/... **Klaue haben** *sal* · to have a dreadful/illegible/terrible scrawl

... Das kann ja kein Mensch lesen! Der hat ja eine fürchterliche Klaue, dieser Dr. Dietrich. – Hast du schon einmal einen Arzt gesehen, dessen Rezepte ein Laie lesen kann?

auf Klaue gehen *sal selten* · to go thieving

Wo steckt denn der Alfred? – Der ist mit dem Dieter wieder auf Klaue gegangen. – Worauf haben sie es denn diesmal abgesehen? – Auf die Pflaumen bei Dieterles.

Klauen: in js. Klauen sein – **in js. Klauen stecken** *sal* · to be in s.o.'s clutches

etw./jn. **in seinen Klauen haben** *sal* · 1. to have s.th. in one's clutches/paws, 2. to be in s.o.'s clutches

1. Jetzt hat auch der Peter das Bild in seinen Klauen. Ich hatte es niemandem zeigen wollen und schon gar nicht hatte ich damit gerechnet, daß es durch alle Hände geht.

2. vgl. – in js. **Klauen** stecken

nicht mehr hergeben/herausrücken/loslassen/..., **was man einmal in seinen Klauen hat** *sal* – nicht mehr hergeben/herausrücken/loslassen/..., was/wen man einmal in seinen **Krallen** hat. · once s.o. has got s.th. he won't let it out of his clutches again

in js. Klauen geraten *sal* · 1. 2. 3. to get/to fall into s.o.'s clutches · 1. to get into s.o.'s hands

1. Wie ist denn mein Bild in die Klauen von dem Hermann geraten? Ich will nicht, daß jemand dieses Bild in die Hand nimmt, ohne daß ich das ausdrücklich erlaube!

2. Es ging mit der Ingrid immer mehr bergab, als sie in die Klauen dieses zwielichten Kerls geriet. Solange sie eine »Kreatur« dieses Menschen ist, wird sie nichts mehr wert sein.

3. Wie konnte der Höffner nur in die Klauen dieses Malmbergs geraten? Das ist doch ein Blutsauger! – Dem Höffner ging es damals sehr schlecht; der Malmberg versprach ihm ein gutes Gehalt ... Es konnte doch keiner ahnen, daß der Mann seine Untergebenen wie Sklaven behandelt.

in js. Klauen stecken *sal* · to be in s.o.'s clutches

Solange er in den Klauen dieses Blutsaugers steckt, kommt er finanziell natürlich zu nichts. – Natürlich nicht. Aber kannst du uns verraten, wie er sich aus der Gewalt dieses Menschen jemals wieder befreien kann?

den Klauen des Todes entkommen *path* · to escape from the jaws of death

... Dieses Schlachtfeld, das war die Hölle! Den wenigen, die da den Klauen des Todes entkommen sind, wird das noch das ganze Leben hindurch in den Knochen stecken.

jn. **den Klauen des Todes entreißen** *path* · to snatch s.o. from the jaws of death

Ob es den Ärzten doch noch gelingt, den Sondermann den Klauen des Todes zu entreißen? – Er hat Krebs, im fortgeschrittenen Stadium; da ist nichts zu machen.

Klause: in meiner/deiner/... **stillen Klause** *ugs selten* · in my/ your/... quiet retreat *n*, in my/your/... den

Die Erika hat es nie besonders geschätzt, dauernd andere Leute um sich zu haben. Im Grunde fühlt sie sich nur in ihrer stillen Klause wohl.

immer/... **in seiner Klause hocken** *ugs selten* – immer/... zu **Hause** stecken · to be always/... stuck at home

sich in seine Klause zurückziehen/verkriechen *ugs selten* – immer in seinen vier **Wänden** hocken/bleiben/.../sich in seinen vier Wänden verkriechen/... · to be always stuck at home, to be a stay-at-home

Klausur: in strenger Klausur leben *Orden u. a.* · to live in strict enclosure

Auch wenn die Mönche in den meisten Orden heute nicht mehr in einer so strengen Klausur leben wie früher, sind Ausgang und Besuch durchweg auf bestimmte Zeiten beschränkt.

eine Klausur schreiben/... *Univ. u. ä.* · to do a written test

»Wer einen Seminarschein bekommen will,« erklärte der Dozent, »muß entweder eine Seminararbeit oder eine Klausur schreiben. Die Klausur geht über den gesamten im Seminar behandelten Stoff, die Seminararbeit vertieft ein spezielles Thema.«

Klaviatur: die Klaviatur beherrschen · to be a master of one's profession, to know the tricks of the trade/the ropes *coll*
Der neue Außenminister ist mit allen Methoden des politischen Geschäfts vertraut. – Er ist jetzt schließlich seit dreißig Jahren in der Politik. Wenn ein alter Hase wie der die Klaviatur nicht beherrscht, wer soll sie dann beherrschen?

Klavier: ein Essen/eine Feier/ein Ausflug/... mit Klavier und Geige *ugs selten* · a meal with all the trimmings, a celebration/an excursion with all the extras/all the frills/...
... Das war ein Hochzeitsessen mit Klavier und Geige. – Du meinst: mit allem Drum und Dran? – Ja klar, mit allem, was dazu gehört oder was man sich dazuwünscht.

ganz groß, Klavier und Geige (sein) *ugs – path selten* – ganz große **Klasse** sein (1) · to be first-class, to be top-notch

kein Klavier spielen *scherzh veraltend selten* – eine (bedeutende/wichtige/...)/keine **Rolle** spielen/keine/(...) Rolle spielen (bei/in/...) (1, 2) · not to matter, not to count, not to be important

Klavierabend: einen Klavierabend geben · to give an evening piano concert
Könnte dein Sohn nicht auch mal in der Uni einen Klavierabend geben? – Ich kann ihn mal fragen.

Klavieren: auf zwei Klavieren (auf einmal/...) spielen (wollen/...) *ugs selten* – (eher:) auf zwei **Hochzeiten** (auf einmal/...) tanzen (wollen/...) · to have a foot in both camps

kleben: (zu sehr/...) am Text/(...) kleben · to stick (too closely/...) to the text
... Natürlich hat der Schubert gute Gedanken – das hat nie jemand bestritten. Aber er klebt zu sehr am Text. Der Aufbau seines Artikels, die Terminologie ... – das ist alles nicht selbständig, frei. Bevor man eine Gedichtinterpretation schreibt, muß man das Ganze nochmal neu durchdenken.

jm. eine kleben *sal* – jm. eine **Ohrfeige** geben · to clock s. o. one, to stick one on s. o.

kleben bleiben *sal* · 1. to get stuck *coll*, 2. to have to repeat a year *n*
1. Der Berthold ist gestern mal wieder (bei den Mertens) kleben geblieben: es war vier Uhr morgens, als er nach Hause kam. Er hat bestimmt wieder so lange Skat gespielt. – Der Junge kann einfach keinen Schluß finden, wenn er ausgeht.
2. vgl. – **sitzen** bleiben (1)

Klebpflaster: ein (richtiges/regelrechtes) Klebpflaster sein *ugs* · to be a visitor/... who sticks/hangs/... around for ever/ages/... *n*, to be a visitor/... who just won't leave *n*
Wenn du den Reiners einlädst, kannst du den nächsten Tag abschreiben – das ist ein Klebpflaster; vor drei, vier Uhr morgens geht der nicht weg.

kleckern: nicht kleckern, sondern klotzen *ugs* · not to take half-measures, to do things/... in a big way, to do things/... properly
(Der Intendant bei der Diskussion eines Theaterumbaus:) Nein, mit so kleinlichen Überlegungen kommen wir da nicht weiter! Wenn die Mittel nicht ganz entscheidend erhöht werden, sollte man besser die Finger von dem ganzen Projekt lassen! Der Finanzminister hatte mir zwar zugesagt, bei diesem Vorhaben einmal nicht zu kleckern, sondern zu klotzen; aber wie ich sehe, wird diese Zusage nicht eingehalten.

kleckerweise: Arbeit/Geld/Nachschub/... kommt/geht/... kleckerweise *ugs* · work/money/... comes in/goes/... in dribs and drabs
... Kann ich dir die 6.000,– Mark in Raten zurückgeben? – Hm, wenn das Geld so kleckerweise kommt, merkt man es kaum. Aber wenn es nicht anders geht ...

Klee: jn./etw. über den grünen Klee loben *ugs* · to praise s. o./s. th. to the skies *n*, to lay it on a bit thick
Was hat der Schulz zu der Arbeit von dem Bell gesagt? – Er hat sie über den grünen Klee gelobt. – Wie, nichts Genaues, Detailliertes? – Nein. Wir hatten sogar den Eindruck, daß er sie nur angelesen hatte.

Kleeblatt: ein sauberes Kleeblatt (sein) *iron* · (to be) a fine/... trio/threesome
... Der Kröger, der Meyer und der Reutmann, das ist mir ein sauberes Kleeblatt! Was die schon alles miteinander ausgeheckt haben, möchte ich nicht wissen.

ein unzertrennliches Kleeblatt (sein/bilden) *ugs selten* · (to be) an inseparable trio/threesome
Der Peter, der Rolf und die Marina machen aber auch alles zusammen! Die sind ein unzertrennliches Kleeblatt, die drei.

kleiden: sich schwarz kleiden *Trauer form* · to wear black
... Ja, die älteren Frauen kleideten sich in Portugal früher traditionell schwarz – nicht nur als Zeichen der Trauer. – Waren sie etwa grundsätzlich traurig gestimmt?

Kleider: Kleider machen Leute *lit* · clothes make the man, fine feathers make fine birds
Die Bettina ist sehr modebewußt, ganz nach dem Motto: 'Kleider machen Leute'. – Und stimmt dieser Spruch etwa nicht? Geh' du mal 14 Tage miserabel angezogen zum Dienst! Mal sehen, ob dich dann noch jemand ernst nimmt.

aus den Kleidern fallen *ugs selten* – jm. nur so am **Leib** herunterhängen/(hängen) · s. o.'s clothes hang from him

(bekanntlich/...) nicht in den Kleidern hängen/stecken bleiben *ugs* – (bekanntlich/...) nicht in die **Hose** gehen · it (inevitably/...) takes its toll, it (inevitably/...) leaves its mark

nicht aus den Kleidern kommen/(herauskommen) *form* · not to have been to bed (for ... days/...)
Du kannst dir nicht vorstellen, wie müde ich bin! Seit zwei Tagen bin ich nicht mehr aus den Kleidern gekommen. – Warum denn nicht? Was war denn los, daß du so lange nicht ins Bett kamst?

sich/jn. aus den Kleidern schälen *form od. iron* · to get out of one's clothes, to peel off one's clothes
Das einzig Lästige am Motorradfahren ist das An- und Ausziehen. Bis man sich da aus seinen Kleidern/Klamotten geschält hat ..., das ist schon lästig.

Kleiderschrank: ein Mann/Kerl/... wie ein Kleiderschrank/ein richtiger Kleiderschrank sein *ugs – path* · to be a hulk, to be a giant of a man
... Was der für eine Figur hat, der Peter? Groß, breit, mächtig – ein richtiger Kleiderschrank.

ein richtiger/... Kleiderschrank sein *ugs – path* · to be a real/great/... hulk of a man
Petras Freund ist ein richtiger Kleiderschrank! Mit seinen 1,90 m und seinen 95 Kilo wirkt der schon irgendwie beeindruckend.

klein: winzig klein · a tiny little ..., a teeny-weeny ...
... So ein Theater wegen so einem winzig kleinen Loch! Das sieht man doch überhaupt gar nicht.

es/das Geld/einen Betrag/... klein haben · to have the right money, to have small change
Es macht nichts, wenn du den Betrag nicht klein hast. Ich kann dir herausgeben/ich kann wechseln.

von klein auf · from one's childhood
Von klein auf ist sie an ein zweisprachiges Milieu gewöhnt. Seit ihrem dritten Lebensjahr hat sie jeden Tagen Französisch und Portugiesisch gehört.

klein, aber fein *ugs* – klein, aber oho · s. th. is little but good, s. o. may be small but he/she/... certainly makes up for it

klein und groß – (eher:) **groß** und klein · young and old

ganz klein und häßlich sein *ugs* · to be/to look/... humiliated/subdued/deflated/... *n*
... Schau dir den Hans-Peter an! Sonst gibt er an wie ein Sack Seife und heute ist er ganz klein und häßlich. Nur, weil er gegen die Doris im Tennis verloren hat. – Er hat nicht verloren, Ulrich, er ist eingegangen wie eine Priemel – das ist etwas anderes.

(so) **klein und häßlich da herumsitzen**/da stehen/... *ugs* · 1. 2. to sit/to stand around looking subdued *n*

1. Wen meinst du? – Den, der da so klein und häßlich neben der Frau mit dem gelben Pullover sitzt. – Ach, den Waschy? – Ja, so nennen wir den, von 'Waschlappen', – weil er immer einen so kümmerlichen und nichtssagenden Eindruck macht.

2. Ihr sitzt hier so klein und häßlich herum! Zeigt mal, daß ihr etwas von der Materie versteht, daß ihr euch ausdrücken könnt, eine eigene Meinung habt, aufzutreten wißt ... Bei einer öffentlichen Diskussion werdet ihr doch euer Institut nicht blamieren!

(ganz) klein und häßlich werden *ugs* – (stärker als:) ganz **klein** werden · to become very/... meek and subdued

klein, aber oho! *ugs* – *path* · 1. 2. s.th. is little but good *n*, 1. s.o. may be small but he certainly makes up for it *n*, 2. it's/ s.th. is only small but it really goes

1. Ihr unterschätzt meine Freundin! Sie ist zwar klein, aber oho!

2. Sagt bloß nichts (Negatives) über meinen neuen Wagen! Er ist klein, aber oho. Ein erstklassiges Modell!

ein klein wenig – ein klein **wenig** · a little bit

klein werden *ugs* · to sing small, to be subdued *n*

... Der Rausch meint, wir hätten keine Beweise. Deshalb gibt er sich so hart. Aber wenn wir ihm die Banknote präsentieren, mit der er bei Rauchings bezahlt hat und die hier registriert war, (dann) wird er schon klein. – Ich weiß nicht, ob der nachgibt.

ganz klein werden *ugs* · to go all quiet, not to say a dickie bird

Erst gibt der Karl hier an wie ein Sack Seife, reißt die Klappe auf, daß es schon gar nicht mehr schön ist, und kaum ist der Chef da, wird er ganz klein!

100/5.000/... und ein paar kleine *ugs* · 100/5000/... odd, 100/5000/... or so

Wieviel verdient er jetzt? – 1.900,– Mark und ein paar kleine. – Genau wie ich. Ich hab' jetzt 1.927,– Mark.

eine verschwindend kleine Zahl/Menge/... · a minute/an insignificantly small/... number/amount/...

... Es sind doch sozusagen alle für das Projekt. Wer dagegen ist, das ist ein verschwindend kleiner Prozentsatz – vielleicht zwei, drei Prozent; die braucht man gar nicht zu zählen.

etw. im kleinen aufziehen/betreiben/... *Handel* · to buy/to order/to sell/... goods retail, to buy/to order/to sell/... goods in small quantities

Wenn du bei Schuckert 50.000 Stück im Jahr bestellen würdest, könntest du natürlich auch mal eine Rechnung später bezahlen. Aber wenn du so einen Handel im kleinen betreibst, mußt du natürlich jede Lieferung sofort bezahlen.

im kleinen handeln/einkaufen/verkaufen/... *Handel* · to buy/to sell/to deal in s.th./... on a small scale, to buy/to sell/ to deal in s.th./... in small quantities

... Wieviel Kilo brauchen Sie denn im Jahr davon, 10.000? – Nein! Hier in diesem Städtchen sind's höchstens 100 Leute, die das kaufen. Ich kaufe und verkaufe nur im kleinen – mehr als 5 – 600 kg benötige ich also bestimmt nicht pro Jahr.

vom Kleinen auf das/(aufs) Große schließen *form selten* · to generalise (a single/individual/... case/aspect/...)

Wenn schon in der Familie die persönlichen Beziehungen entscheidend sind, wieviel mehr in den Verhandlungen der Regierungen! – Nein, da kann man nicht vom Kleinen auf das Große schließen. In der Politik, Junge, diktiert das Interesse das Vorgehen, nicht das persönliche Verständnis.

es/etw. **ist**/... **im Kleinen so wie**/wie/nicht anders als/... **im Großen**/im Kleinen wie/(und) im Großen dasselbe · to be the same/no different/... in small things as/than in great (things) *tr*

Wenn die Leute nur Ansprüche stellen und nicht dementsprechend arbeiten wollen, kann eine Gesellschaft auf die Dauer natürlich nicht funktionieren! Das ist im Kleinen so wie im Großen – ob es sich um eine Familie handelt, einen Verein oder um den Staat als ganzen, die Gesetzmäßigkeiten sind dieselben.

kleines: über ein kleines *form veraltend selten* · soon afterwards, a short while later

Das ist immer dasselbe: man leiht ihm eine Summe, er sagt: »jetzt bin ich über den Berg« – und über ein kleines erklärt er einem, daß er noch den und den Betrag braucht, um alles definitiv zu lösen.

es ist/wäre ein kleines für jn., etw. zu tun/(etw. ist für jn. ein **kleines**) *form veralten selten* – es ist ein **leichtes** für jn., etw. zu tun/(etw. ist für jn. ein leichtes) · it is/it would be a small/an easy/... matter for s.o. to do s.th.

sich etwas Kleines bestellen *ugs* · to want to have/to be planning to have/... a baby *n*

Die Uschi sieht etwas blaß aus in letzter Zeit. – Sie hat sich etwas Kleines bestellt, und es scheint, daß die Schwangerschaft nicht so läuft, wie es sein sollte.

etwas Kleines erwarten *ugs* – ein **Kind** unter dem Herzen tragen/(haben) · to be expecting/pregnant

bei einer Frau/einem Mädchen **ist etwas Kleines unterwegs** *ugs* – ein **Kind** unter dem Herzen tragen/(haben) · to be expecting/pregnant

Kleinformat: in/im **Kleinformat** · 1. (in) a small size, (in) a small format, 2. s.o. is a smaller version of s.o.

1. Wir möchten die Bilder nicht in normaler Größe, sondern in Kleinformat: 4 x 6 cm. *form*

2. Euer Rudi ist der Vater in Kleinformat – dieselben Gesichtszüge, dieselben Gesten, dieselbe Art zu reagieren. *ugs*

Kleingärtner: ein geistiger Kleingärtner (sein) *sal selten* – ein geistiger **Kleinrentner** (sein) · (to be) a small-minded person, (to be) a petty-minded person

Kleingeist: ein Kleingeist (sein) *sal* · (to be) a small-minded person, (to be) a petty-minded person

... Als wenn ich Lust hätte, Herr Brauer, mit diesen Kleingeistern von Schuckert ewig und einen Tag herumzudiskutieren, ob man die eine Klausel nicht noch ein bißchen so und die andere noch ein bißchen anders modifizieren sollte! Die kommen doch von Hölzchen auf Stöckchen! Es ist immer dieselbe Feilscherei!

Kleingeld: das nötige Kleingeld haben (für etw.) *ugs* · to have the wherewithal for s.th.

Es ist durchaus verständlich, daß der Reinhard keine große Lust verspürt zu arbeiten. Wenn sein Vater für den aufwendigen Lebensstil der ganzen Familie das nötige Kleingeld hat – wofür dann noch arbeiten?!

das/(etw.) **kann j. machen, wie er Kleingeld hat** *sal* – das kann j. halten wie ein **Dachdecker** · it makes no difference, it doesn't matter one jot/a bit/at all, whatever you/... like, please yourself/..., s.o. can do it however he/... likes

jm. **geht das Kleingeld aus** *ugs* · + to run out of cash

... Natürlich würde der Erich noch gern eine Garage an sein neues Haus anbauen; aber ihm ist das Kleingeld ausgegangen. – Jetzt sag' bloß, er ist pleite! – Das nicht, aber Reserven hat er keine mehr.

kleingeschrieben: (sehr/ganz) kleingeschrieben werden *ugs* · to count for (very) little, not to count much, + to set no store by s.th.

... Die Geisteswissenschaften werden an der Universität Stuttgart, wie Sie wissen, sehr kleingeschrieben. Im Grunde spielen da nur die technischen Fächer eine Rolle.

Kleinholz: wenn/..., dann mache ich/macht der Kurt/ **Kleinholz aus** jm./(mache ich/... jn. zu ...) *sal* · 1. 2. if ..., I'll/... make mincemeat out of him/...

1. vgl. – jm. den **Buckel** vollhauen/vollschlagen (1)

2. vgl. – (u. U.) jn. windelweich/grün und blau/(krumm und lahm/ (braun und blau/grün und gelb) **schlagen**

zu Kleinholz gehen *sal selten* · to be smashed to smithereens

Bei dieser blödsinnigen Sprengerei ist natürlich der halbe Garten zu Kleinholz gegangen. Als ob man keine Garage bauen könnte, ohne den Garten in die Luft zu sprengen!

etw. **zu Kleinholz machen/schlagen**/verwandeln *sal* – etw./ alles kurz und klein **schlagen** · to make matchwood of s.th., to smash s.th. to smithereens

etw. **in Kleinholz verwandeln** *sal selten* – etw./alles kurz und klein **schlagen** · to make matchwood of s.th., to smash s.th. to smithereens

Kleinigkeit: es ist/wäre für jn. **eine Kleinigkeit,** etw. zu tun – es ist ein **leichtes** für jn., etw. zu tun/(etw. ist für jn. ein leichtes) · it is/it would be a small matter for s.o. to do s.th.

das/etw. zu tun **ist keine Kleinigkeit** · it/to do s.th. is no easy matter
So eine schwere Übersetzung in so kurzer Zeit zu machen – das ist keine Kleinigkeit!

die Kleinigkeit von 20.000,–/... Mark/... kosten/ausgeben/... *ugs oft iron* · to cost/to pay/... the small matter of 20,000 marks/...
... Aber kostet das viel? – Ich weiß nicht, ob Sie die Kleinigkeit von 250.000,– Mark viel nennen.

(schon/aber auch/...) **eine Kleinigkeit kosten**/... *ugs* · to cost/... a pretty penny, to cost/... a bob or two
Sicher ist dies Motorboot super! Es kostet aber auch eine Kleinigkeit. – Wieviel denn? – Über 30.000,– Mark.

wegen der geringsten Kleinigkeit verärgert sein/streiten/toben/weinen/... – für **alles** und für nichts · to start a row/to fly into a rage/... over/about the least little thing

wegen jeder/(für jede) Kleinigkeit verärgert sein/streiten/toben/weinen/... – für **alles** und für nichts · to start a row/to fly into a rage/... over/about the least little thing

für jede Kleinigkeit etwas verlangen/... · to demand/insist on/... payment for every little thing
Der Otto ist wirklich kein gefälliger Mensch. Für jede Kleinigkeit läßt er sich etwas zahlen.

über jede Kleinigkeit stolpern *ugs* – sich an jedem **Dreck** stoßen · to find fault with every trifle/every little thing/...

sich an jeder Kleinigkeit stoßen *ugs* – sich an jedem **Dreck** stoßen · to find fault with every trifle/every little thing/...

sich (nicht) **mit Kleinigkeiten abgeben** · (not) to concern o.s./to waste time/to bother/... with trivia/trifling details/...
... Mit Kleinigkeiten gibt sich der Chef grundsätzlich nicht ab, den interessieren nur die großen Linien.

sich (nicht) **mit/bei Kleinigkeiten aufhalten** (können) · (not) to bother with/waste time on/... (minor) details/trifles/...
... Ja, aber da müssen wir uns noch über die genauen Schrifttypen verständigen. – Herr Körber, ich kann mich jetzt beim besten Willen nicht mit diesen Kleinigkeiten aufhalten; ich habe Dringenderes und Wichtigeres zu tun. Wählen Sie die Schrifttypen so, wie sie Ihnen passend erscheinen.

Kleinigkeitskrämer: ein Kleinigkeitskrämer (sein) *ugs* · (to be) a stickler for details, (to be) a pedant/pettifogger *lit*
... Paulos Art zu diskutieren ist kleinlich und pingelig. Ich unterhalte mich nicht gern mit Leuten, die Haarspalterei treiben. – Er ist nun einmal ein Kleinigkeitskrämer, da ist leider nichts zu machen.

kleinkariert: kleinkariert (sein) *sal* · (to be) narrow-minded *n*
... Hermann! Du kannst doch von einem derart kleinkarierten Mann wie dem Burre keinen großzügigen Gedanken erwarten! Das wäre doch eine contradictio in adjecto!

Kleinkleckersdorf: (aus) **Kleinkleckersdorf (sein)**/... *erfundener Ort sal scherzh* · to come from/... the back of beyond *coll*, to come from/... somewhere out in the sticks *coll*
... Wenn man das halbe Leben in Kleinkleckersdorf verbracht hat, muß man wahrscheinlich so provinziell denken wie der Sigmund. Oder?

Kleinkrieg: ein dauernder/ständiger/(...) **Kleinkrieg** (sein) (zwischen ...) *ugs* · there is a running battle going on between ... and ...
... Ach, seit je und je herrscht zwischen diesen beiden Abteilungen ein ständiger Kleinkrieg. Rivalitäten, Eifersüchteleien, Intrigen – das ist der Alltag in ihrer sog. Zusammenarbeit.

einen (ewigen/...) **Kleinkrieg** (mit jm.) **führen** *ugs* · to fight a running battle with s.o. over petty matters
... Wenn diese beiden Abteilungen unbedingt einen ewigen Kleinkrieg (miteinander) führen wollen, sollen sie das meinetwegen tun. Ich werde mich an diesen Streitereien, Eifersüchteleien, an den Intrigen und Rivalitäten jedenfalls nicht beteiligen!

kleinkriegen: jn./etw. **kleinkriegen** *ugs* · 1. to face s.o. down, to browbeat s.o., to bully s.o., to cut s.o. down to size, 2. to bring s.o. into line, to make s.o. toe the line, 3. to get through a fortune/..., to blow money
1. Den Kurt?! Den kriegst du nicht klein! Und wenn er hungern muß: der gibt nicht nach, der weicht keinen Schritt von der Position ab, die er einmal eingenommen hat.
2. Zur Zeit sträuben sich die Unterhändler der verschuldeten Länder noch, die Bedingungen der Banken anzunehmen. Aber sei sicher: die Banken werden sie kleinkriegen. Bei ihrer miserablen Finanzlage haben diese Länder doch gar keine Möglichkeit, lange Widerstand zu leisten.
3. Der Rainer wirft das Geld zwar zum Fenster hinaus, aber trotzdem wird es ihm kaum gelingen, das riesige Vermögen seines Vaters kleinzukriegen. – Der? Du machst dir keine Vorstellungen, welche Unsummen der durchbringt.

sich nicht kleinkriegen lassen *ugs* · 1. not to allow s.o. to get one down, 2. not to allow o.s. to be faced down
1. vgl. – sich nicht **unterkriegen** lassen (von jm./etw.)
2. vgl. – (eher:) nicht **kleinzukriegen** sein

kleinlaut: (ganz) **kleinlaut werden** · to become subdued, to pipe down *coll*
1. Hast du gesehen, wie kleinlaut er wurde, als ich ihn daran erinnerte, daß es in seiner Vergangenheit auch ein paar dunkle Punkte gibt? Ganz verlegen stammelte er nur noch so ein paar undeutliche Bemerkungen ...

kleinmachen: kleinmachen – klein **machen** (1) · to change money, to give s.o. small change

Kleinod: etw. **aufbewahren**/hüten/... **wie ein Kleinod** *path* · to guard/... s.th. like a treasure
Es ist schön zu sehen, wie liebevoll und vorsichtig das Mädchen mit der goldenen Uhr umgeht, die der Patenonkel ihr zur Kommunion geschenkt hat. Sie hütet sie wie ein Kleinod.

Kleinrentner: ein geistiger Kleinrentner (sein) *sal* · 1. (to be) a simpleton, to have limited/... horizons *coll*
1. ... Ob der Dummkopf das kapiert? Du kennst diesen geistigen Kleinrentner nicht, sonst wüßtest du, daß der nicht zwei und zwei zusammenzählen kann.
2. vgl. – (eher:) einen engen/beschränkten/begrenzten/(kleinen) **Horizont** haben

Kleinste: bis ins Kleinste prüfen/untersuchen/... · to check/ go over/... s.th. right down to the last detail
Bis ins Kleinste hat man bei unserer Bewerbung unsere Angaben kontrollieren lassen. All unsere bisherigen Tätigkeiten, die Familienverhältnisse, ja selbst die einzelnen Wohnsitze – alles wurde eingehend geprüft.

Kleinvieh: Kleinvieh macht auch Mist *ugs* · every little helps, every little counts, many a mickle makes a muckle
... Bei diesem Auftrag bleibt zwar nicht übermäßig viel für uns hängen, aber wie es so schön heißt: Kleinvieh macht auch Mist.

kleinzukriegen: nicht kleinzukriegen sein *ugs* · 1. s.o. will not be beaten, s.o. is indestructible, 2. not to let s.o./s.th. get one down
1. Sein Durchhaltevermögen ist unglaublich! Der Kerl ist einfach nicht kleinzukriegen.
2. vgl. – (eher:) sich nicht **unterkriegen** lassen (von jm./etw.)

kleistern: jm. eine **kleistern** *sal* – jm. eine **Ohrfeige** geben · to clout s.o., to clatter s.o.

Klemme: (ganz schön/...) **in der Klemme sein**/stecken *ugs* – in der **Patsche** sitzen · to be in a tight spot, to be in a fix, to be stymied, to be over a barrel

in die Klemme geraten *ugs selten* · to get into a tight spot, to get into a fix
Er ist doch ohne Schuld in die Klemme geraten! – Das ist schon möglich! Aber das interessiert die Bank nicht. Ehe er bankrott macht, möchten die natürlich ihr Geld wiederhaben.

jm. **aus der Klemme helfen** *ugs* – jm. aus der **Patsche** helfen · to help (s. o.) out, to give s. o. a hand, to get s. o. out of a tight spot

(ganz schön/...) **in der Klemme sitzen** *ugs* – in der **Patsche** sitzen · to be in trouble, to be in a tight spot, to be in a (real/...) fix, to be in dire straits, to be up a gum tree

jn. **aus der Klemme ziehen** *ugs* – jn. aus der **Patsche** ziehen · to help s. o. out, to get s. o. out of trouble, to help/to get/... s. o. out of a tight spot

klemmen: sich dahinter/(hinter etw.) klemmen *ugs* · 1. 2. to get down to it, to get stuck into s. th., to put one's back into s. th., 3. to knuckle/to get down to it, to pull one's socks up
1. Wenn du dich dahinter klemmst, kann es bis zu den Ferien noch klappen, die Papiere zu kriegen. Aber dann mußt du dich wirklich voll dafür einsetzen.
2. Wenn du dich nicht persönlich dahinterklemmst, wird aus der Sache nichts, das ist doch klar. Nein, da mußt du schon selbst immer wieder nachfragen, die Leute immer wieder antreiben ...
3. vgl. – sich (anständig/...) auf den **Hosenboden** setzen

sich hinter jn. **klemmen** (um etw. zu erreichen) *ugs* · to get on to s. o. about s. th.
... Wenn du dich nicht hinter ihn klemmst, damit er dir das Geld zurückgibt, siehst du die Pfennige nicht wieder. Da mußt du scharf hinterher sein.

Klempnerladen: einen regelrechten/richtigen/ganzen/... **Klempnerladen an der Brust tragen/haben** *sal selten* · to have a whole load of ironmongery on one's chest, to have a chest full of gongs/hardware/...
Hast du auf dem Empfang den General Oberpick gesehen? Er trug bestimmt sieben Orden. – Der hat immer einen ganzen Klempnerladen an der Brust, wenn er auf einem Empfang erscheint.

Klette: die reinste/eine richtige/... **Klette sein** *ugs* – nicht von js. **Seite** weichen/jm. nicht ... (1) · s. o. is impossible to shake off, s. o. is a real/... limpet

wie eine Klette an jm. **hängen** *ugs* – nicht von js. **Seite** weichen/jm. nicht ... · to stick to s. o. like a limpet

sich wie eine Klette an jn. **hängen** *ugs* · 1. 2. to stick to s. o. like a leech/limpet/bur *n*, to cling to s. o. like a limpet
1. Unmöglich, dieser Tobias Ullmann! Wie eine Klette hat er sich auf dem Wandertag an die Lieselotte gehängt. Die Arme konnte keinen Schritt tun, ohne daß er ihr auf den Fersen folgte.
2. Wenn der Mertens dich nicht unterstützen will, dann laß ihn. Du kannst dich nicht wie eine Klette an den Mann hängen und ihn gleichsam zwingen. *seltener*

wie die Kletten zusammenhalten/aneinanderhängen/zusammenhängen *ugs* · to stick together like glue, to be inseparable
... Unzertrennlich, diese beiden! Und wie sie sich in schwierigen Situationen immer sofort unterstützen! – Wenn die beiden wie die Kletten zusammenstehen, hat das seine Gründe: sie wurden von klein auf sozusagen wie Geschwister aufgezogen; schon die Väter waren eng befreundet.

Klimmzüge: Klimmzüge machen *Gymnastik* · 1. to do pullups, to do chin-ups, 2. to go out of one's way to do s. th.
1. Zur körperlichen Ertüchtigung macht er täglich nach dem Aufstehen 20 bis 30 Klimmzüge an einer Turnstange, die er im Türrahmen seines Schlafzimmers angebracht hat.
2. ... Der Jörg hat richtige Klimmzüge gemacht, um seine Freundin wieder zurückzugewinnen. Er hat sich wirklich in jeder Hinsicht bemüht. *ugs seltener*

geistige Klimmzüge machen (müssen) *sal* · to (have to) do mental gymnastics, to (have to) make an intellectual effort *n*
... Versteht er den Text überhaupt? – Er muß ein paar geistige Klimmzüge machen, klar – der Aufsatz liegt ein wenig außerhalb dessen, was er normalerweise liest. Aber dann müßte er ihn eigentlich kapieren.

Kling: mit Kling und Klang *ugs veraltend selten* · with the band playing, to the sound of fife and drum
... Ja, ja, und mit Kling und Klang ging es dann durch das Städtchen. Vorne das Feuerwehrorchester, dahinter diverse Jungen- und Mädchenchöre und danach die halbe Stadtbevölkerung ...

mit Kling, Klang und Gloria *ugs* – *path veraltend selten* · 1. with the band playing, to the sound of drum and fife, 2. with/ in pomp and glory
1. ... und mit Kling, Klang und Gloria bewegte sich der ganze Zug dann in Richtung Rathaus. Dort sollte die Blasmusik dann zum Abschluß den Badenweiler Marsch spielen.
2. ... Man, ihr erscheint hier ja mit Kling, Klang und Gloria: Kutsche, Dienerschaft – alle aufs feinste herausgeputzt –, Musik ... Das ist ja, als ob ihr zu einer Bauernhochzeit im 19. Jh. fahren würdet.

Klinge: jn. **vor die Klinge fordern** *Fechten* · to challenge s. o. to a duel with swords, to call s. o. out
Wen fordert der Helmut vor die Klinge, den Vielmeer? – Ja. Er sagt, wenn der sich nicht innerhalb von 14 Tagen zu einem Fechtkampf stellt, wird er ihn überall einen Feigling nennen.

eine gute Klinge führen/(schlagen) *Fechten* · to be a good swordsman, to be a good fencer
Der Helmut führt ja eine gute Klinge. – Er hat seit seinem fünften Lebensjahr Fechtunterricht. Da soll einer nicht gut sein!

eine scharfe Klinge führen/(schlagen) *form* · to be hard-hitting, to be vitriolic
... Dieser Kritiker führt aber eine scharfe Klinge. Hör' dir das an: »Der Verfasser ist mit der einschlägigen Fachliteratur nicht vertraut « ...; »der Autor übersieht die Zusammenhänge nicht« ... Formuliert der immer so schonungslos und spitz?

die Klinge mit jm. **kreuzen** – (eher:) die **Klingen** kreuzen (mit jm.) · to cross swords with s. o.

jn. **über die Klinge springen lassen** *ugs* · 1. to kill s. o., to put s. o. to the sword, to bump s. o. off *sl*, 2. to kill s. th. off, to put paid to s. th., to ruin s. th., to scuttle s. th.
1. Auf einem Streifzug durch das bergige Hinterland haben sie den Guerillachef in der Tat erwischt. – Und? Haben sie ihn über die Klinge springen lassen? – Man hat bisher nichts mehr von ihm gehört. Es ist durchaus möglich, daß sie ihn umgebracht haben.
2. Ein Unternehmen mit der Tradition dieses Hauses kann man doch nicht einfach über die Klinge springen lassen! – Wenn sie die Kredite einfach nicht zurückzahlen können! *selten*

über die Klinge springen müssen *ugs* · to be killed, to be bumped off
Sie haben den Guerillachef gefangen, heißt es. Mußte er über die Klinge springen? – Ich glaube nicht, daß sie ihn umgebracht haben. Lebendig ist er doch ein viel wertvolleres Faustpfand.

Klingelbeutel: mit dem Klingelbeutel herumgehen *Kirche usw.* *ugs* · mit der **Büchse** herumgehen/klappern · to shake/to rattle/to pass round/... the collection plate

klingelt: es klingelt *Fußball u. ä.: Tor* · + to let in goals
Sage und schreibe sieben Mal hat es heute bei Toni Mullmer geklingelt; sieben Mal schossen ihm die Münchener ein unhaltbares Ding ins Netz.

bei jm. **klingelt es** (endlich) *ugs selten* – bei jm. fällt der **Groschen** (endlich) · the penny's dropped at last

Klingen: die Klingen kreuzen (mit jm.) · 1. 2. to cross swords with s. o.
1. ... Und welche Waffen wurden bei den Duells gewählt? – Manchmal die Pistole, vor allem aber der Degen. An irgendeinem abgelegenen Platz kreuzten die Kontrahenten dann in der Morgenfrühe die Klingen ... *form*

2. Es ist amüsant zu sehen, wie die beiden in den Diskussionen immer die Klingen kreuzen. – Sie haben halt beide ihren Spaß am Florettgefecht – mit Worten, versteht sich. *geh*

etw. **in** jm. **zum Klingen bringen** *form* – eine (melancholische/heitere/...) **Saite** in jm. zum Klingen bringen · to strike a melancholic/sympathetic/... chord with/in s.o.

Klinke: jm. **die Klinke in die Hand drücken** *ugs* – jm. zeigen, wo der **Zimmermann** das Loch gelassen hat · to show s.o. the door

sich die Klinke bei jm./... (geradezu/...) **in die Hand geben** *ugs* · to stream in and out of s.o.'s office/to enter and leave s.o.'s office/... in quick succession
Gestern gaben sich die Mitglieder der Regierung beim Bundespräsidenten die Klinke in die Hand. Den Anfang machte der Bundeskanzler; der schon um 9.30 Uhr dem Jubilar seine Glückwünsche überbrachte; wenig später erschien der Außenminister und gratulierte, und so ging es weiter ...

(die) Klinken (bei jm.) **putzen** *ugs veraltend selten* · to keep going cap in hand to s.o., to peddle one's goods from door to door
... von Tür zu Tür laufen und geradezu betteln, daß man eine Stellung kriegt/daß jemand einem etwas abkauft/... – Klinken putzen, wie das früher hieß ..., nein, das tu ich nicht!

Klinkenputzer: Klinkenputzer spielen (bei jm.) *ugs veraltend selten* – (die) **Klinken (bei** jm.) putzen · to go/keep going cap in hand to s.o.

klipp: klipp und klar etw. **sagen/zu** etw. Stellung nehmen/... · 1. 2. to state/to say/... plainly/clearly/bluntly/straight out
1. Zu diesen Problemen hat jeder klipp und klar Stellung zu nehmen! Da kann sich niemand drücken und mit vielem Wenn und Aber antworten. Hier wird von jedem eine eindeutige Entscheidung erwartet.
2. Er hat klipp und klar gesagt, du hättest gelogen. Jetzt soll er bloß nicht so tun, als hätten wir das nur so herausgehört und er hätte das nicht gemeint.

Klippe: auf eine Klippe auflaufen *Schiffe* · to run onto the rocks
... Kommt das überhaupt noch vor, daß ein großes Schiff auf eine Klippe aufläuft? Die Meeresrouten sind doch alle bestens bekannt – da wird doch kein Steuermann gegen einen Felsen fahren.

eine Klippe (glücklich/...) **umschiffen** *path* · to negotiate an obstacle (successfully/...), to get around/to steer around/... a difficulty (successfully/...), to get over the main hurdle
(In einer geschäftlichen Verhandlung nach der Vereinbarung der Preise:) So, in den Preisen wären wir uns nun endlich einig – die gefährliche Klippe ist damit hoffentlich umschifft. Jetzt kommen noch die Lieferfristen.

alle Klippen (glücklich/...) **umschiffen** *path* · to negotiate/to surmount/to overcome every obstacle (successfully/...)
Die Verhandlungen waren sehr schwierig. Manche Fragen konnten jeden Augenblick zu einer Explosion der Gemüter führen, andere heiklen Punkte durften überhaupt nicht berührt werden. Es gelang unserem Delegationsleiter aber, alle Klippen zu umschiffen, und heute kann man sagen: der Vertrag ist unter Dach und Fach.

klirrt: es klirrt und klappert *selten* · to clink and clatter
(Bei einem Möbelumzug:) Mein Gott, was klirrt und klappert es in dieser Kiste! Was habt ihr denn da drin? – Porzellan – und unten ein paar kleine Bilderrahmen. – Ah, alles klar.

Klo: aufs Klo gehen *ugs* – auf die **Toilette** gehen · to go to the loo, to go to the bog *sl*

mal eben/... aufs Klo müssen *ugs* – mal eben/... **austreten** (gehen) müssen · to have to pay a call, to have to go to the loo/John/..., to have to see a man about a dog

klopfen: jn. **weich klopfen** *sal* – jn. **weichklopfen** · to soften s.o. up, to keep on at s.o./to keep pounding away at s.o./... until he relents

Kloß: einen Kloß im Hals/in der Kehle/(im Mund/in der Stimme) (stecken) haben/jm. ist zumute/... als ob er einen Kloß ... hätte *sal* · 1. to have/to feel as if one had/... a lump in one's throat, 2. + the cat has got/has the cat got s.o.'s tongue
1. Vor lauter Aufregung brachte er zunächst kein Wort heraus. Es war, als hätte er einen Kloß im Hals. Gott sei Dank beruhigte er sich dann bald und konnte alle Angaben zur Zufriedenheit des Richters machen.
2. (Der Vater:) Was ist denn los? Hast du einen Kloß im Hals oder warum antwortest du nicht richtig? – (Die Mutter:) Laß das Mädchen doch, Ernst! Siehst du nicht, daß sie gleich anfängt zu heulen? Frag' sie später in Ruhe!

sprechen/..., als ob man einen Kloß im Munde hätte *sal* · to speak as if one had a potato in one's mouth
... Kein Wort verstehe ich bei diesen Leuten. Und ich weiß nie, ob das daher kommt, daß mir bestimmte Vokabeln fehlen, oder eher daher, daß sie so undeutlich sprechen. Denn die bringen die Worte hervor, als ob sie einen Kloß im Munde hätten.

Kloßbrühe: das/(etw.) ist doch klar wie Kloßbrühe! *sal* – das fühlt (doch) (selbst) ein **Blinder** mit dem Krückstock/das kann (doch) (selbst) ein Blinder mit dem Krückstock fühlen · to be as plain as a pikestaff/the nose on your face/day/...

Kloster: ins Kloster gehen · to enter a monastery *man*, to enter a convent *woman*, to take the veil *woman*
»Wer ins Kloster gehen will, soll das in aller Freiheit tun«, meinte er; »aber er kritisiere nachher nicht an der 'Welt' herum, aus der er sich zurückgezogen hat«.

jn. **ins Kloster sperren** · to shut s.o. up in a convent
... Wie, du findest das gut, daß man ein Mädchen einfach ins Kloster sperrt, nur weil es sich hat verführen lassen?!

jn. **ins Kloster stecken** *ugs* · to put a girl/... in a convent/nunnery *n*
Herrliche Zeiten, rief er aus, wo man widerspenstige Mädchen einfach ins Kloster stecken konnte!

Klotz: dastehen wie ein Klotz *sal* · to stand there like a lump
Komm', Albert, steh' da jetzt nicht wie ein Klotz in der Landschaft herum, sondern erzähl' freimütig, wie alles gekommen ist. Unbeholfenheit und Scheu machen jetzt alles nur noch schlimmer.

schlafen wie ein Klotz *sal selten* – schlafen wie ein **Bär** · to sleep like a log

ein grober/ungehobelter Klotz (sein) *ugs* · (to be) a clod/an oaf *n*
Über deine psychischen Probleme brauchst du erst gar nicht mit dem Anton zu sprechen. Er ist ein viel zu grober Klotz, um für derlei Dinge Verständnis zu haben.

(für jn.) (wie) **ein Klotz am Bein sein** *sal* · 1. to be a millstone around s.o.'s neck, 2. to be a bind
1. Diese alte Tante Berti ist für die Erika (wie) ein Klotz am Bein. Sie kann sozusagen nicht mehr ausgehen; ihr ganzer Tageslauf ist auf die alte Tante ausgerichtet.
2. Man merkt ihm an, daß er sich nicht so frei bewegen kann, wie er will; dieses Amt ist für ihn ein Klotz am Bein. *seltener*

einen Klotz am Bein haben *sal* · to have a millstone around one's neck
Die Erika wäre bestimmt eine viel heiterere und munterere Frau, wenn sie nicht seit 15 Jahren diesen Klotz am Bein hätte – die alte, eigenwillige Tante Berti, die ihr jede Bewegungsfreiheit nimmt.

j. **wird sich doch nicht/... einen Klotz ans Bein binden/hängen/**hat sich ... gebunden/.../sich mit jm. ... *sal* · (not) to tie a millstone around one's neck
Wenn wir nicht wollen, daß Tante Berti in ein Altersheim kommt, müssen wir sie zu uns nehmen – einen anderen, der sie aufnehmen könnte, sehe ich nicht. – Nein, entschuldige, ich werde mir doch keinen Klotz ans Bein binden! Wenn Tante Berti bei uns wohnt, ist unsere Bewegungsfreiheit zu Ende.

auf einen groben Klotz gehört ein grober Keil · a tough log needs a sharp axe *para*, one has to answer rudeness with rudeness *para*, in some situations/… one has to give it straight from the shoulder/it's no good mincing words *para*
… Und wie hast du auf seine grobe Bemerkung reagiert, du verstündest zwar etwas von Wirtschaft, aber nichts von den politischen Implikationen? – Ich hab' ihm gesagt, er sei zwar ein fachlich qualifizierter Jurist, aber leider verstünde er nicht nur von Politik nichts, sondern auch nicht von Wirtschaft. – Das war aber hart. – Auf einen groben Klotz gehört ein grober Keil.

Klub: der ganze Klub *sal* – der ganze **Verein** · the whole caboodle

Kluft: seine beste Kluft anziehen *ugs* · to put on one's best things/one's Sunday best/one's best togs
Wenn man in die Messe geht, sollte man schon seine beste Kluft anziehen. – Meinst du nicht, daß es dem lieben Gott egal ist, welch ein 'äußeres Kleid' man ihm präsentiert?

es tut sich eine Kluft auf (zwischen verschiedenen Anschauungen/Menschen, die sich nicht (mehr) verstehen/…) *form – path selten* · a rift opens up between … and …
… Leider hast du recht, Anton: in den Verhandlungen tut sich eine Kluft auf zwischen dem, was die beiden Parteien denken und wollen. Ich habe inzwischen auch meine Zweifel, ob man da jemals zu einer Einigung kommen kann.

eine Kluft (zwischen verschiedenen Anschauungen/…/zwischen Menschen, die sich nicht gut verstehen/…) überbrücken *form* · to bridge the gulf (between different opinions/between opposing sides/…)
Die Anschauungen zwischen den beiden Parteien liegen in der Tat sehr weit auseinander. Es ist daher mehr als zweifelhaft, ob es ihnen in den Verhandlungen gelingt, die Kluft (zwischen ihnen) zu überbrücken.

sich in Kluft werfen/(schmeißen) *ugs selten* · 1. 2. to get into one's gear
1. vgl. – sich in **Gala** werfen/(schmeißen)
2. vgl. – sich in **Schale** werfen/(schmeißen)

sich in seine Kluft werfen *ugs selten* · to get into/to put on/… one's gear
… »So ein richtiger Fußballfan«, bemerkte der Klaus dann ironisch, »wirft sich natürlich in seine Kluft, bevor er ins Stadion geht. Schließlich muß man ja mit dem Tragen der Vereinsfarben und des Vereinsemblems seine Zugehörigkeit zur Fangemeinde demonstrieren«.

klug: j. ist nicht recht klug *ugs selten* – nicht (so) (ganz/(recht)) bei **Trost** sein (2) · s.o. is a bit touched, s.o. has lost his marbles

daraus/aus diesem Text/… werde einer klug/soll einer klug werden! · how is one supposed to make head of tail of s.th.?
Schau dir dieses Telegramm an: »Morgen 23 Uhr 19 Ankunft Ostbahnhof, X.K.« Daraus werde einer klug! Wer von unseren Bekannten hat einen Namen mit K? Und einen Vornamen mir X? – den gibt's überhaupt gar nicht, oder?

aus jm./etw. nicht klug werden · 1. 2. not to be able to make s.o./s.th. out, not to know what to make of s.o./s.th., 3. not to be able to make sense of s.o./s.th.
1. Wir müssen gestehen, daß wir aus dem Rischl nicht klug werden. Obwohl wir uns jetzt schon ein Jahr lang alle Mühe geben, zu verstehen, was er will und wie er denkt, wissen wir nach wie vor nicht, woran wir bei ihm sind.
2. Ich werde aus dem Mertin nicht klug; ich verstehe überhaupt gar nicht, was er sagen will.
3. Bist du aus dem Vortrag klug geworden? Ich für meinen Teil muß zugeben, daß ich ihn ziemlich konfus fand.

so klug wie zuvor/(als wie zuvor) sein · to be none the wiser/to be no wiser (than before)
Du kennst das Zitat aus dem 'Faust': »Hier steh' ich nun, ich armer Tor, und bin so klug als wie zuvor«. So ergeht es mir nach seinen langen Erklärungen zur Israelpolitik: mir ist nach wie vor unklar, was die einzelnen Parteien wollen.

klüger: nicht klüger sein/nicht klüger (aus etw.) geworden sein/nicht klüger sein als vorher · 1. 2. to be none the wiser/to be no wiser (than before)
1. vgl. – **schlauer** sein/nicht schlauer (aus etw.) geworden sein/nicht schlauer sein als vorher/zuvor/so schlau sein wie zuvor/(als wie zuvor) zuvor
2. vgl. – so **klug** wie zuvor/(als wie zuvor) sein

klugreden: klugreden *ugs* – weise **daherreden** · to pontificate about s.th., to mouth off (about s.th.), to sound off (about s.th.)

klugscheißen: klugscheißen *vulg selten* – weise **daherreden** · to pontificate about s.th., to mouth off (about s.th.), to sound off (about s.th.)

Klugscheißer: (ein) Klugscheißer (sein) *vulg* · (to be) a smart-aleck *sl*, (to be) a smart ass *sl*
… Natürlich weiß der Peter, wie der Granit am besten zu spalten ist – obwohl er in seinem ganzen Leben noch nie einen Granitfelsen gesehen hat. Dieser Klugscheißer weiß eben alles!

Klugschwätzer: (ein) Klugschwätzer (sein) *sal* – (ein) **Klugscheißer** (sein) · (to be) a smart-aleck, (to be) a smart ass

Klump: den Wagen/… zu Klump fahren *ugs selten* – einen Wagen/(…) zu **Schrott** fahren · to smash a car up

in Klump gehen *ugs selten* · 1. to get broken/smashed/…, 2. to get/to be smashed to smithereens
1. vgl. – kaputt **gehen** (1)
2. vgl. – in tausend **Stücke** zerspringen/zerplatzen/(…)

alles/(…) zu/(in) Klump hauen/schlagen/… *ugs selten* – etw./alles kurz und klein **schlagen** · to smash everything/… to pieces

Klumpatsch: es war alles/… ein Klumpatsch *sal* · to be a real mess
… Kartoffeln, Fleisch, Gemüse, Reis, Salat, Sauce und was weiß ich noch, alles durcheinander, alles auf einem Haufen – ein riesiger Klumpatsch! Entsetzlich, so zu essen!

der ganze Klumpatsch *sal* – der ganze **Kram** (1) · the whole caboodle

Klumpen: Klumpen bilden · to get lumpy, to go lumpy
… Erst das Mehl in den Topf, dann allmählich Milch – und ständig dabei umrühren, Doris! Sonst bildet das Mehl/der Teig Klumpen; dann werden die Pfannkuchen nichts.

etw. in Klumpen schlagen/hauen *ugs selten* – etw./alles kurz und klein **schlagen** (2) · to smash everything/… to pieces

knabbern: an etw. zu knabbern haben *ugs selten* – an etw. zu **beißen** haben · to have s.th. to get one's teeth into

etwas/was zum Knabbern *ugs* · to have s.th. to nibble at
… Die Oma hat euch was zum Knabbern mitgebracht. – Wieder Nußschokolade und Pralinen? – Ich weiß nicht. Guckt mal!

nichts (mehr) zu knabbern haben *ugs iron selten* – nichts mehr zu **beißen** haben · to have left nothing to eat

Knabe: (du) alter Knabe *sal* – (eher:) (du) altes **Haus** · old fellow, old chap

knacken: an etw. zu knacken haben *ugs* – an etw. zu **beißen** haben · to have s.th. to get one's teeth into

Knacker: ein alter Knacker (sein) *vulg* · (to be) an old fogey/git/tosser
Der alte Herr Riemer … – Ach, laß mich zufrieden mit dem alten Knacker! – Gerd, so Ausdrücke habe ich nicht gern, weißt du! Ein alter Mann, der nicht mehr so richtig auf den Beinen ist …

Knackpunkt: das/etw. ist der Knackpunkt *ugs* · 1. 2. it's/s.th. is the crucial point, 2. that is just it, that is the crux, that is the point
1. … Natürlich, langfristig führt kein Weg an der Freigabe auch der sogenannten harten Drogen vorbei. Anders ist der Kriminalitätssumpf nicht auszutrocknen. Aber der Knackpunkt ist, daß dann un-

sere Herren Politiker eingestehen müßten, daß ihre Politik jahrzehntelang die falsche war.

2. vgl. – das/etw. ist der springende **Punkt**

Knacks: einen Knacks kriegen/(bekommen) *ugs* · 1. 2. 3. he/his health/his trust/... has taken a knock, 4. + a rift has opened up/developed/... in their/... friendship/..., their/... friendship/relationship/... is starting to break up

1. Bis zum Tod seiner Frau war der Herr Bondert sehr rüstig und munter. Aber da hat er einen Knacks gekriegt. Seit der Zeit wirkt er wackelig – manchmal geradezu wie ein alter Mann.

2. Körperlich ist er immer noch ziemlich robust. Aber psychisch hat er einen Knacks gekriegt, als man ihm die Verantwortung für den Außendienst so von einem Tag auf den anderen abnahm. Seitdem wirkt er gebrochen.

3. ... Er hat der Guida immer vertraut. Egal, was sie machte – er glaubte an sie. Aber seit der Sache mit dem Altenberg hat sein Vertrauen offensichtlich einen Knacks gekriegt. Ob dieser Riß wieder heilbar ist?

4. vgl. – einen **Riß** bekommen

einen Knacks weghaben/(haben) *ugs* – (eher:) einen **Knacks** kriegen/(bekommen) *res* (1, 2) · s.o. is a bit gaga, s.o. has lost his marbles

Knall: einen Knall haben *oft: der/die/... hat ja ...!* *sal* – nicht (so) (ganz/(recht)) bei **Trost** sein (1) · s.o. is barmy

(auf) Knall und Fall *ugs* · 1. 2. all of a sudden, just like that, without warning, overnight

1. Jetzt können wir doch nicht nur deshalb, weil die Ingrid nicht mit will, auf Knall und Fall eine andere Reise buchen! Solche Dinge verlangen Arbeit, Vorbereitung; da kann man nicht alles von heute auf morgen ändern.

2. Der Heinz war in der Firma doch immer angesehen und beliebt. Wie kann er denn da so Knall und Fall entlassen werden? – Das haben wir auch noch nicht erlebt, daß ein langjähriger Mitarbeiter gleichsam über Nacht in die Wüste geschickt wird.

knallblau: knallblau sein *sal selten* – blau wie ein **Veilchen** sein · to be totally legless

Knalleffekt: der Knalleffekt (bei e-r S.) **ist der, daß/...** *ugs* – *path* · the amazing/sensational thing about it is ..., the (real) bombshell is ...

Die Familie wird ganz schön überrascht sein, wenn sie hört, daß der Alte die Firma verlassen hat. – Aber der eigentliche Knalleffekt ist doch: daß das alles wegen eines jungen Mädchens passiert. Dem alten Meutel hätte doch kein Mensch Geschichten mit jungen Mädchen zugetraut!

knallen: das/(etw.) ist zum Knallen *sal* – das/(etw.) ist (ja/doch) zum **Lachen** · that/it is a joke, that/it is ridiculous

eine Frau/... knallen *sal* – jn. aufs **Kreuz** legen (2) · to shaft a woman/...

jm. **eine knallen** *ugs* – jm. eine **Ohrfeige** geben · to give s.o. a clip round the ears

jm. **ein paar knallen** *ugs* – jm. ein paar **Ohrfeigen** geben · to give s.o. a clip round the ears

wenn ..., dann knallt's! *sal* – wenn ..., dann **gibt's**/(gibt es) was! (1) · if ..., there'll be hell to pay

(...) sonst knallt's! *sal* – (...) sonst **gibt's**/(gibt es) was! · – or else!

knallvoll: knallvoll sein *sal selten* – blau wie ein **Veilchen** sein · to be canned

knapp: ..., und (zwar) nicht zu knapp! *oft: drohend* *ugs* · 1. ... and how!, 2. ... and in a big way!, ... and a lot!

1. Für diese Unverschämtheit wird er mir büßen, und zwar nicht zu knapp, das sag' ich dir! Den werd' ich in Zukunft derart mit Arbeit eindecken, daß er gar nicht mehr weiß, wo ihm der Kopf steht!

2. ... Der wird uns eine Entschädigung leisten, und nicht zu knapp! Unter 10 – 20.000,– Mark kommt der Bursche nicht weg!

(ganz) knapp vor/hinter/neben/an/... jm./etw. **vorbeifahren/...** · to only just scrape past s.o./s.th.

... Ganz knapp kam der Lastwagen an dem Eingangspfosten vorbei. Fünf Zentimeter breiter und er wäre in den Weg nicht hereingekommen.

knapphalten: jn. knapphalten *ugs* – jn. **kurzhalten** · to keep s.o. short of money, to keep s.o. on a tight rein

Knast: in den Knast (gehen) **müssen** *sal* · to have to do time, to have to go to clink

Was, der Hutzel muß in den Knast? Warum denn? Was hat er denn verbrochen, daß man ihn sogar ins Gefängnis steckt?

Knast schieben *sal* · to do time, to do bird, to do stir

... Man munkelt, der Leuschner soll ein Jahr Knast geschoben haben, bevor er sich als Möbelhändler hier niederließ. – Und warum hat er (im Gefängnis) gesessen? Weißt du das auch?

im Knast sitzen *sal* – **Knast** schieben · to do time, to do bird

Knatsch: es gibt Knatsch *sal* – es gibt **Stunk** · there's going to be trouble, there's going to be aggro, there's going to be hell to pay

mit jm. **Knatsch haben** (wegen etw.) *sal* · to have a row with s.o. (about s.th.) n, to have trouble with s.o. (about s.th.) *coll*

Hallo, Peter, du kommst alleine? Wo hast du denn die Tina gelassen? – Wir haben Knatsch miteinander. Vorhin hatten wir uns in den Haaren. Jetzt sitzt sie in der Schmollecke.

Knechtschaft: in der Knechtschaft leben *path veraltend selten* · to live in slavery, to live in bondage

... Am liebsten hätte dieser Mann wahrscheinlich, wenn seine Arbeiter wie früher die Sklaven in der Knechtschaft lebten. Da könnte er mit ihnen in allem machen, was er will.

Kneifzange: die muß man (ja/...)/würde ich/mein Bruder/... nicht/... **mit der Kneifzange anfassen/anpacken** (so häßlich ist die/...) *sal* · I/he/John wouldn't touch her/it/... with a barge-pole

... Wie dieses häßliche Weibsbild überhaupt einen Mann mitgekriegt hat, ist mir schleierhaft! Die muß man doch mit der Kneifzange anpacken, so häßlich ist die/die würde ich nicht einmal mit der Kneifzange anpacken ...

Kneipen: (ständig/...) in den Kneipen liegen/herumlungern/... *ugs* · to stay out boozing, to hang around in pubs

Der Böttcher führt vielleicht einen Lebenswandel! Nachts lungert er in den Kneipen herum und tagsüber schläft er seinen Rausch aus. Es vergeht kaum ein Tag, an dem er früher als gegen drei, vier Uhr morgens ins Bett kommt und nicht betrunken ist.

Kneipentour: eine Kneipentour machen/(unternehmen/...) *ugs* · to go on a pub crawl

... Mann, hab' ich heute einen Kater! Eines von den Bierchen auf unserer Kneipentour gestern muß wohl schlecht gewesen sein.

Knete: ganz schön/... Knete haben *sal* – ganz schön/... **Kies** haben · to have a lot/a load/... of bread/dough/...

Knick: einen Knick im Auge/in der Linse/in der Optik haben *sal selten* · 1. 3. to be blind, 2. to be able to see round corners, to have a squint

1. Hast du einen Knick im Auge oder was ist los? Der Gipfel da in der Ferne ist doch ganz deutlich zu sehen.

2. vgl. – um die **Ecke** gucken/(sehen) können

3. ... Sag' mal, Toni hast du 'nen Knick in der Optik oder was ist los? Du bist heute schon dreimal an mir vorbeimarschiert, ohne nur ein Wort zu sagen.

einen Knick (nach rechts/links/...) **machen** *ugs* · to bend sharply (to the right/left/...)

(Jemand, der nach einem Weg gefragt wird:) ... Zu Bauer Lange ... Moment! ... Da fahren Sie diesen Weg noch etwa 1.500 Meter weiter, da macht er einen Knick nach rechts, ... nach dieser Rechtskurve/(Rechtsabbiegung) der zweite Weg links.

Knicks: einen Knicks machen *veraltend* · to curtsey, to drop a curtsey

Unsere Mutter wollte von uns Mädchen immer, daß wir einen Knicks machten, wenn wir einen Gast begrüßten. – Heute ist das ja nicht mehr so üblich.

Knie: fick dir/fickt euch/... (man) (bloß/nur) **nicht aufs**/(ins) **Knie!** *vulg Jugendspr selten* · 1. get stuffed, 2. don't kill yourself

1. vgl. – **leck mich am**/(im) **Arsch** (1)

2. vgl. – **brich dir**/brecht euch/... (man) (nur/bloß) keinen/nichts ab!

in die Knie brechen *path veraltend selten* · 1. 2. to sink to one's knees, 1. to go down on one's knees to s. o., 2. to fall to one's knees

1. vgl. – in die **Knie** gehen (vor jm.) (1)

2. vgl. – in die **Knie** sinken

so eine Entscheidung/... **kann man**/(j.) (doch) **nicht übers Knie brechen** · one cannot rush s. th./a decision/...

Kaufst du nun das Haus oder nicht? – Nun warte doch erstmal ab! Ich hab' das Haus doch erst vorgestern besichtigt. Solch eine Sache kann man doch nicht übers Knie brechen! Laß mich doch erstmal in Ruhe überlegen!

vor jm. **aufs Knie/auf die Knie fallen** *hist* – sich vor jm. auf die **Knie** werfen · to go down on one's knees to s. o.

j. kann/soll sich mal ins Knie ficken *vulg Jugendspr* · 1. 2. s. o. can get stuffed, 1. s. o. can take a flying fuck, s. o. can go fuck himself, 2. s. o. can bugger off, s. o. can piss off

1. ... Ich soll dich fragen, ob du Karls Wochenenddienst übernehmen könntest. – Sag dem Karl, er kann sich mal ins Knie ficken! Das ist schon der vierte Dienst, den ich jetzt für ihn übernehmen soll. Jetzt kann er sich mal einen anderen suchen.

2. vgl. – j. soll/kann mich/uns am/(im) **Arsch** lecken

in die Knie gehen (vor jm.) · 1. 3. to sink to one's knees, 1. to go down on one's knees, 2. to go down on one's knees to s. o., 3. to fall to one's knees

1. ... Als er den dritten Faustschlag ins Gesicht kriegte, ging er in die Knie – wie ein Boxer, der k. o. geschlagen wird.

2. Nein, dem mußt du Paroli bieten, dem Mann, und wenn er dich noch so hart anfährt! Wenn du vor dem ein Mal in die Knie gehst, hast du den Kampf verloren; dann bist du ein für allemale sein Untergebener, sein Sklave. *ugs*

3. vgl. – (selten) in die **Knie** sinken

jm. wächst das Knie durch die Haare *ugs scherzh selten* · + to be going bald *n*, + s. o. is soon/... going to be as bald as a coot

So langsam wächst dem Herrn Wolter auch das Knie durch die Haare. In ein, zwei Jahren hat der eine Glatze, wenn das so weitergeht.

weiche Knie kriegen/(bekommen) *ugs* · to go weak at the knees

Als man ihm sagte, er solle sofort zum Chef kommen, kriegte er weiche Knie. Hatte der von dem Betrug erfahren? Es fiel ihm schwer, sich auf den Beinen zu halten, als er in das Zimmer trat, und vor lauter Angst vergaß er, die Tür hinter sich zuzumachen.

ein Knie machen/(beschreiben) *Fluß* · to bend, to form a bend

Wenn du wissen willst, was 'der Fluß macht ein Knie' bedeutet, guck' dir auf einer Karte die Biegung an, die der Rhein bei Mainz macht.

in die Knie sacken *ugs* – in die **Knie** gehen (vor jm.) (1) · to go down on one's knees, to sink to one's knees

die Knie schlottern jm. *ugs* – die **Knie** werden jm. weich · s. o.'s knees are knocking

in die Knie sinken *path veraltend selten* · to sink to one's knees, to fall to one's knees

... Überwältigt von den schlichten und eindringlichen Worten des alten Pfarrers, sank er in die Knie und betete zu Gott, er möge ihm verzeihen, daß er seine Familie so grausam behandelt hatte.

vor jm. **in**/(auf) **die Knie sinken** *path veraltend selten* · to go down on one's knees before s. o.

(In einer Diskussion über 'Achtung', 'Ehrerbietung' und 'Macht':) Ach, Jürgen: heute sinkt doch kein Mensch mehr in die Knie – nicht nur vor Höhergestellten oder Mächtigen nicht, nicht einmal vor Gott! – Das stimmt nicht, Klaus. Du solltest vielleicht doch hin und wieder mal in die Kirche gehen.

jn. **übers Knie spannen**/(legen) *ugs* – jm. das **Fell** versohlen · to put s. o. across one's knees (and give him a good hiding/...)

die Knie werden jm. **weich** *ugs* · + to go weak at the knees

Als er da so allein und gottverlassen vor der Zimmertür des Personalchefs stand, von dessen Urteil seine weitere Zukunft abhing, wurden ihm doch die Knie weich. Er mußte seinen ganze innere Kraft zusammennehmen, um den Mut nicht zu verlieren und umzukehren.

sich vor jm. **auf die Knie werfen** *path veraltend selten* · to go down on one's knees to s. o.

»Herr Dinkler«, schrie sie und warf sich vor dem alten Mann auf die Knie, »wollen sie unsere Familie brotlos machen, unseren Kindern die Freude am Leben nehmen, weil mein Mann ein paar Werkzeuge gestohlen hat? Ich flehe Sie an ...«.

jn. **in die Knie zwingen** · to beat s. o., to defeat s. o.

... Das wird ein harter Kampf werden, und ob es uns gelingen wird, sie in die Knie zu zwingen ... – man wird sehen. Schon ein Unentschieden wäre kein schlechtes Ergebnis.

Kniebeuge: eine Kniebeuge machen *form* · 1. to genuflect (to s. o./s. th.), 2. to do knee-bends

1. Bevor du in die Bank hereingehst, Junge, oder wenn du von einer Seite zur anderen gehst, dann machst du vor dem Tabernakel eine Kniebeuge. Das gehört sich so in der Kirche.

2. ... Wie Sie sich am besten fit halten, gelenkig, munter? Jeden Morgen nach dem Aufstehen 20, 30 Kniebeugen machen, 10 Minuten Seilchen springen ... – Vielen Dank, Herr Doktor!

Kniefall: einen Kniefall vor jm. **machen**/(tun) *oft: deshalb*/... *mach' ich*/macht erl... *noch langel... keinen Kniefall vor jm! path veraltend selten* · (but) I'm not/he isn't/... going to go crawling to s. o. (because of that), to go down on one's knees (to s. o.)

Natürlich hat es der Schlober allein in der Hand, ob ich befördert werde oder nicht! Aber deshalb mach' ich noch lange keinen Kniefall vor dem Mann! Wenn er meint, ich käme jetzt gekrochen, um ihn um seine huldvolle Gunst zu bitten, ist er schwer im Irrtum.

Knien: (sehr/...) wackelig in den Knien sein *ugs selten* – (sehr/...) wackelig/(unsicher) auf den **Beinen** sein · to be (very/...) wobbly/unsteady on one's feet

jn. **auf Knien bitten** (um etw.) *path veraltend selten* · to beg s. o. on bended knees, to go down on bended knees to s. o.

Auf Knien bat die arme Frau den alten Frege, ihrem Mann zu vergeben, ihn nicht zu entlassen, ihre Kinder nicht brotlos zu machen ... – vergeblich!

jm. **auf Knien danken** (für etw.) *path veraltend selten* · 1. 2. to go down on one's knees and thank s. o.

1. Auf Knien dankte sie ihm für seine Hilfe. Er hatte ihre Kinder vor dem Verhungern bewahrt!

2. Du solltest deinem Chef auf Knien dafür danken, daß er dich nicht an die frische Luft gesetzt hat, als du den Vertrag mit Möhners falsch formuliert hast. Überleg' dir mal, was aus dir geworden wäre, wenn ...

und wenn er/die Lotte/... **auf den Knien gerutscht kommt**/**käme** (ich mach'/du machst/... doch nicht .../ich würde/du würdest/... doch nicht ... machen!) *sal* · even if he/Lotte/... came to me on his/her knees, I/he/... would not ..., even if he/Lotte/... came to me crawling on his/her knees, I/he/... would not ...

Und wenn er auf den Knien gerutscht kommt: ich gebe nicht nochmal nach! Dreimal habe ich mich umstimmen lassen und von einer Scheidung abgesehen, weil er mir im letzten Moment immer wieder leid tat. Ein viertes Mal nicht!

vor jm. **auf den Knien liegen** *path selten* · to crawl to s. o. *coll*

... Der Beutel kann vor dem Chef so viel auf den Knien liegen wie will, er erreicht bei dem nichts. Der Chef mag den Mann nun einmal nicht, und wenn er so vor ihm kriecht, noch weniger.

auf den Knien des Vaters/... reiten · to ride on one's father's/... knees, to be dandled on one's father's/... knees
… Mein Vater sang »Hoppe, hoppe, Reiterlein …« und wir ritten auf seinen Knien. Wir kriegten davon die Nase nie voll.

in den Knien weich werden *ugs* – (eher:) weiche **Knie** kriegen/(bekommen) · to go weak at the knees

Kniff: es ist ein Kniff dabei/(bei etw.) *ugs* · there is a trick/knack to it
… Irgendein Kniff muß dabei sein, natürlich, denn auf normalem Weg ist das nicht erklärbar. Aber worin der Trick liegt, dahinter bin ich noch nicht gekommen.

den Kniff heraushaben (wie man etw. macht) *ugs* – (eher:) den (richtigen) **Dreh** (fein) heraushaben/(weghaben) (wie man etw. macht) (1) · to have got the knack (of doing s.th.)

alle Kniffe und Griffe kennen *ugs selten* · to know all the tricks and dodges, to know all the tricks of the trade
… Wenn man mehr als dreißig Jahre in diesem Geschäft ist und alle Kniffe und Griffe kennt, wird man auch in einer so brenzligen Lage wie der jetzigen einen Ausweg finden. Ich bin jedenfalls fest überzeugt, daß dem Chef noch ein paar Trickschen einfallen.

Knochen: ein fauler Knochen (sein) *sal* – ein fauler **Sack** (sein) · (to be) a lazy-bones

ein harter/zäher Knochen sein *sal* · 1. to be as hard as nails, 2. to be a tough cookie
1. … Wenn du dich mit dem Bohrmann anlegen willst, mußt du dich auf einigen Widerstand gefaßt machen. Er ist ein harter Knochen; er läßt sich nicht so leicht unterkriegen.
2. vgl. – (eher:) eine harte **Nuß** sein

ein müder Knochen sein *sal* – (eher:) ein müder **Sack** (sein) · to be a stick-in-the-mud

ein Konservativer/Sozialist/.../(konservativ/(...)) **bis in/(auf) die Knochen sein** *ugs* – etw. **durch** und durch sein/ein durch und durch … sein/ein … durch und durch sein (5) · to be a dyed-in-the-wool conservative/..., to be an out-and-out conservative/...

bis auf die Knochen abgemagert sein *path* – nur (noch)/nichts als/... **Haut** und Knochen sein/nur noch aus … bestehen · to be (just/nothing but/...) a bag of bones

seine müden Knochen ausruhen *sal oft Imp* · to rest one's weary bones
War das ein Tag! Vom frühen Morgen bis zum späten Abend haben wir nichts anderes gemacht als den Garten umgegraben! – Komm', dann ruh' deine müden Knochen aus!

bis auf/(in) die Knochen beleidigt sein *sal selten* – etw. **durch** und durch sein/ein durch und durch … sein/ein … durch und durch sein · to be mortally wounded/offended

sich bis auf die Knochen blamieren *sal* – etw. **durch** und durch sein/ein durch und durch … sein/ein … durch und durch sein · to make a complete fool of o.s., to disgrace o.s. terribly/...

sich bis auf die Knochen brechen *sal* · to break one's bones *n*
Der Moritz Ski laufen? Aber nein! Der hat viel zu viel Schiß, daß er sich die Knochen bricht.

bis auf die Knochen durchnäßt/naß sein *ugs* · to be soaking wet/wet through/drenched to the skin
… Ohne Schirm durch das Gewitter … – da wirst du doch bestimmt bis auf die Knochen naß!

ich brech' dir/dem/dem Peter/... **alle Knochen einzeln** *sal dir. R* – du kannst dir/der Peter kann sich/... die **Knochen** (einzeln) numerieren lassen · I'll break every bone in your/his/John's/... body

jm. in die Knochen fahren (Schreck/(...)) *ugs* – jm. in/durch die/alle **Glieder** fahren · the shock/... goes right through s.o., + s.o. feels the shock in every limb

jm. in die Knochen gehen *ugs* · 1. to get (right) into one's bones, to go through one, 2. the shock goes right through me/..., + s.o. feels the shock in every limb
1. Dieses feuchte, trübe Wetter geht einem in die Knochen! Bei so einem Wetter ist man einfach nichts wert; man fühlt sich matt, erledigt.
2. vgl. – jm. in/durch die/alle **Glieder** fahren

seine Knochen (für jn./etw.) hinhalten *sal* · to (have to) risk one's neck fighting for s.o./s.th.
… Die Regierungen zetteln die Kriege an, und das Volk soll die Knochen hinhalten! Eine schöne 'Arbeitsteilung'!

alle Knochen im Leib(e) fühlen/spüren *sal selten* · to feel every bone in one's body *coll*
Mensch, so einen Garten umzugraben, das ist vielleicht eine Arbeit! Danach fühlt man alle Knochen im Leibe!

jm. tun alle Knochen im Leib(e) weh *sal* · + I/he/John's/... am/is aching all over, every bone in my/his/John's/... body is aching *coll*
Als ich zum ersten Mal Ski lief, taten mir am Abend alle Knochen im Leibe weh. Ich fühlte mich wie gerädert.

jm. die Knochen (im Leib) zusammenschlagen *sal* – jn. windelweich/grün und blau/(krumm und lahm/(braun und blau/grün und gelb)) **schlagen** · to beat s.o. to a pulp

jm. noch/noch lange/... in den Knochen liegen *ugs* · 1. + not to be able to get s.th. out of one's mind, + s.o. still hasn't got over s.o./s.th., 2. to stay with s.o. for a long time, 3. + s.o. is still shaking with shock/fright
1. vgl. – (eher:) jm. noch/noch lange/... in den **Knochen** stecken (2)
2. vgl. – (u. U.) jm. noch/noch lange/... in den **Knochen** sitzen (1)
3. vgl. – jm. (noch) in den/allen **Gliedern** sitzen/stecken

jm. schon lange/drei Monate/... in den Knochen liegen *ugs* · to have been incubating in s.o. for a long time/for weeks/..., to have been in s.o.'s system for a long time/for weeks/...
… Endlich kommt es heraus! Diese Krankheit liegt dem Jungen schon lange in den Knochen. Schon seit zwei, drei Monaten wirkt er schlaff, niedergeschlagen, mutlos.

du kannst dir/der Peter kann sich/... die Knochen (einzeln) numerieren lassen *sal dir. R* · + I'll break every bone in your/his/John's/... body
… Das eine sag' ich dir: Wenn du nochmal in unserem Garten Blumen klaust und ich dich erwische, kannst du dir die Knochen einzeln numerieren lassen! Dann kriegst du eine Tracht Prügel, an die du dein Lebenlang zurückdenkst!

jm. noch/noch lange/... in den Knochen sitzen *ugs* · 1. to stay with s.o. for a long time, to trouble s.o. for a long time, 2. + not to be able to get s.th. out of one's mind, + s.o. still hasn't got over s.o./s.th.
1. Dieses Erdbeben saß mir noch jahrelang in den Knochen. Noch fünf Jahre später wurde ich nachts plötzlich wach und fühlte das Bett unter mir wegrutschen, hörte das dumpfe rollende 'Stöhnen' aus der Tiefe auf mich zukommen …
2. vgl. – jm. noch/noch lange/... in den **Knochen** stecken (2)

jm. schon lange/drei Monate/... in den Knochen sitzen *ugs* – (eher:) jm. schon lange/drei Monate/... in den **Knochen** liegen · to have been incubating in s.o. for a long time/for weeks/..., to have been in s.o.'s system for a long time/for weeks/...

jm. noch/noch lange/... in den Knochen stecken *ugs* · 1. + not to be able to get s.th. out of one's mind, + s.o. still hasn't got over s.o./s.th., 2. to stay with s.o. for a long time, to trouble s.o. for a long time
1. Das versteh' ich schon, daß die Christa sich ihm gegenüber noch nicht frei und ungezwungen gibt. Seine Affäre mit der Brasilianerin steckt ihr noch in den Knochen, und das wird sie auch so bald nicht überwinden.

2. vgl. – jm. noch/noch lange/… in den **Knochen** sitzen (1)

jm. **schon lange/drei Monate/… in den Knochen stecken** *ugs*
– (eher:) jm. schon lange/drei Monate/… in den **Knochen**
liegen · to have been incubating in s.o. for a long time/for
weeks/…, to have been in s.o.'s system for a long time/for
weeks/…

jm. **tun alle Knochen weh** *sal* – jm. tun alle **Knochen** im
Leib(e) weh · + I/he/John/… am/is aching all over, every
bone in my/his/John's/… body is aching

die/js. alte(n)/morsche(n) Knochen wollen nicht mehr *ugs* ·
s.o.'s old bones aren't what they were
Dem Sepp müssen wir eine andere Arbeit geben, Hermann; die Arbeit auf dem Feld wird ihm zu schwer. Er ist jetzt über 60, seine alten
Knochen wollen nicht mehr. Vielleicht könnte er für die Blumen
sorgen …

seine/die Knochen zusammennehmen *sal oft Imp* – (eher:)
seine/die **Knochen** zusammenreißen (3) · to pull o.s. together

seine/die Knochen zusammenreißen *sal oft Imp* · 1. to stand
up straight, to stand to attention, 2. to pull o.s. together *coll*,
3. to click one's heels
1. Reiß die Knochen zusammen, Kerl, wenn du einem Offizier be-
gegnest! Beim Militär herrscht Disziplin, Mensch; das ist nicht wie
mit den kleinen Mädchen auf der Schulbank! Wenn man einem Vorgesetzten begegnet, grüßt man und schlägt dabei die Hacken zusammen!
2. Reiß die Knochen zusammen und geh' zum Chef, und zwar sofort!
Du wirst doch wohl noch Mut genug aufbringen, um dich zu entschuldigen, wenn du dir so einen faux-pas geleistet hast! *seltener*
3. vgl. – (eher:) die **Hacken** zusammenschlagen/(zusammenreißen/
zusammenkloppen)

jm. **die Knochen zusammenschlagen** *sal* – jn. windelweich/
grün und blau/(krumm und lahm/(braun und blau/grün
und gelb)) **schlagen** · to beat s.o. to a pulp

Knochenarbeit: das/etw. **ist** (ja) **die reinste Knochenarbeit** *ugs*
– *path* · it/that/… is back-breaking work *n*
So Granitmauern hochziehen … – ich kann dir was sagen, das ist die
reinste Knochenarbeit!

Knochenkotzen: das/etw. **ist zum Knochenkotzen** *vulg selten* –
das/etw. ist zum **Kotzen** · it/s.th. is enough to make one/
you puke

Knochenmühle: das/etw. **ist** (ja) **die reinste Knochenmühle**!
ugs – path · it/s.th. is a real grind, it/s.th. is like slave labour
Heute gibt's alle möglichen Maschinen, aber früher war so ein Bergwerk doch die reinste Knochenmühle. Eine solch harte Arbeit würden heute die meisten wahrscheinlich gar nicht mehr aushalten.

Knödel: einen Knödel im Hals/in der Kehle haben *südd österr*
sal – einen **Kloß** im Hals/in der Kehle/(im Mund/in der
Stimme) (stecken) haben/jm. ist zumute/… als ob er einen
Kloß … hätte · to have a frog in one's throat

Knopf: ein kleiner Knopf (sein) *ugs* · (to be) a little chap, (to
be) a little thing, (to be) a little squirt *pej*
… Schau' an, so ein kleiner Knopf von fünf Jahren meint auch
schon, er müßte seinen Senf dazutun …

ein ulkiger Knopf (sein) *ugs* · (to be) a funny chap/fellow/
bloke/…
Wirklich ein ulkiger Knopf, dieser Ludwig Hörber! Manche lachen
über ihn, andere finden ihn einfach kauzig. Man weiß nicht so recht
… Aber sympathisch ist er auf jeden Fall.

(nur/…) auf den Knopf (zu) drücken (brauchen) (damit etw.
geschieht/…) · (all/…) s.o. needs to do is press a button
(for s.th. to happen)
… Ja, ja, der Rolf verwechselt seine Eltern mit einem Geldautoma-
ten und meint, man braucht nur auf den Knopf zu drücken, und
schon sind die Pfennige da.

einen Knopf hineinmachen *Neol ugs selten* · to repair/to
mend/… matters
… Steht uns da wirklich ein Handelskrieg zwischen den USA und
der EG ins Haus? Da muß bei den kommenden Gipfelgesprächen
sehr schnell ein Knopf hineingemacht werden, wenn Ärgstes vermie-
den werden soll.

(endlich/…) einen Knopf dran machen *Neol ugs selten* · to
settle the matter
Jahre und Jahre hat man über das Thema ohne greifbare Ergebnisse
diskutiert. Doch wie es scheint, will die Regierung jetzt endlich einen
Knopf dranmachen: auch Frauen soll die Bundeswehr offenstehen.

**näh' dir/näht euch/(mach' dir/macht euch/…) einen Knopf
an die Nase!/du mußt dir/… nähen/(machen)** *sal selten* –
mach' dir/macht euch/… einen **Knoten** ins Taschentuch!/du
mußt dir/… machen · tie a knot in your handkerchief!

Knöpfe auf/(vor) den Augen haben *sal* · to be blind
… Da liegt doch die Brille, direkt vor deiner Nase. Hast du Knöpfe
auf den Augen oder was ist los?

Knöpfe auf/in den Ohren haben *sal selten* · to be deaf
Sag' mal, Peter, hast du Knöpfe auf den Ohren? Ich sag' dir jetzt
schon zum dritten Mal, du sollst das Radio leiser stellen!

dann müssen wir/… **an den Knöpfen abzählen/(zählen)**
scherzh · then we have to/… decide s.th. by counting but-
tons *tr*
Du willst unbedingt in den Zoo, ich zum Fußballspiel. Dann müssen
wir an den Knöpfen abzählen, was wir machen: Zoo – Fußball – Zoo
– Fußball … Hollee! Fußball!

sich etw. an den Knöpfen abzählen können *oft: das/daß …
kannst du dir/kann er sich/… (doch) an den Knöpfen abzählen* *sal* – (eher:) sich etw. an den fünf/(zehn) **Fingern** abzählen können · + it is obvious (that …), + it stands out a
mile (that …)

Knopfloch: eine Nelke/… **im Knopfloch tragen/**mit … er-
scheinen/… *form od. iron* · to wear a flower in one's but-
tonhole
… Wenn du da morgen abend auf dem Empfang in der Tat mit einer
Nelke im Knopfloch erscheinst, dann steck' ich mir das nächste Mal,
wenn deine Eltern einen Empfang geben, ein Stiefmütterchen ans
Revers.

jm. **guckt/sieht** etw. **(doch) aus allen/sämtlichen Knopflöchern** *ugs scherzh selten* · + you can see he/John/… is … a
mile off, + he/John/… oozes roguishness/… from every pore, +
he/John/… is bursting with …
… Daß der Rudi ein Schalk ist, brauchst du mir nicht extra zu sagen;
dem sieht der Schalk doch aus allen Knopflöchern. Wer ihm das
nicht sofort ansieht, hat keinen Blick.

aus allen/sämtlichen Knopflöchern platzen *ugs scherzh selten*
– aus allen **Nähten** platzen · to be bursting at the seams

aus allen/sämtlichen Knopflöchern schießen *mil scherzh* · to
fire/… from all directions/angles/…
… In Kriegsfilmen kannst du dir das ansehen, wie so eine See-
schlacht aussieht. Wenn da aus allen Knopflöchern – d.h. aus allen
Luken und Rohren – geschossen wird, ist das für unseren Fernseh-
spießbürger ja ein Heidenspaß.

aus allen/sämtlichen Knopflöchern schwitzen *ugs scherzh selten* – schwitzen wie ein **Bär** · to sweat like a pig

aus allen/sämtlichen Knopflöchern stinken *sal selten* – stinken wie die **Pest** (1) · to stink to high heaven

Knospen: Knospen treiben/(ansetzen) · to bud
… Na, bei euch in Südfrankreich dürften die Pflanzen ja ein paar
Wochen früher Knospen treiben als hier in Bayern! – Ich weiß nicht,
ob das so viel ausmacht. Bei den Apfelbäumen sieht man die ersten
Knospen wohl im März.

Knoten: da/(in/…) steckt der Knoten *selten* · that's the problem
… Eine Aufenthaltserlaubnis wird sie schon kriegen, aber kaum für
immer; denn sie ist zwar in Griechenland aufgewachsen, aber gebür-

tige Tschechin, und die Tschechoslowakei gehört eben nicht zur Europäischen Gemeinschaft. – Genau da steckt der Knoten!

den Knoten auflösen/(lösen/entwirren) · to solve the problem
Eine verzwickte, vertrackte Situation! Ob es ihm gelingt, den Knoten aufzulösen?

sich doch keine Knoten in die Beine machen können *sal* · I/he/John/... can't tie knots in my/his/... legs *tr*
Dieter, jetzt trittst du mich schon zum dritten Mal! – Gerda, der Junge kann sich doch keine Knoten in die Beine machen. Bei so vielen Personen an diesem kleinen Tisch – wo soll er seine langen Beine denn hinstrecken?

den gordischen Knoten (einfach) durchhauen/(durchschlagen/zerhauen) *geh selten* · to cut the Gordian knot
Durch diese Geschichte kam kein Mensch mehr durch: die einen sagten ...; die anderen behaupteten ... Kurz: wenn der Oberbürgermeister den gordischen Knoten nicht einfach durchgehauen hätte, wäre das Schwimmbad nie gebaut worden. – Was hat der denn gemacht? – Er hat alle Beteiligten kommen lassen und gesagt: »Wenn bis spätestens Anfang Februar nicht angefangen wird, leite ich gegen beide Parteien einen Untersuchungsprozeß ein – im anderen Fall sind die bürokratischen Dinge erledigt.«

bei jm. ist der Knoten gerissen/geplatzt *ugs selten* – bei jm. ist der **Groschen** gefallen · + s.o. has got it, + s.o. has got the idea

bei jm. ist der Knoten noch nicht gerissen *ugs selten* · + not to have grown up, + not to know what life is about
... Nein, bei dem Oskar ist der Knoten immer noch nicht gerissen! Der ist zwar jetzt schon über 35; aber was das Leben von einem verlangt, hat der nach wie vor nicht begriffen. So, als wenn er wie ein Kind halbwach durch die Welt marschierte.

den Knoten schürzen *Drama u. ä.* · + the plot thickens, + the plot is set up/built up, + the plot is developed
Im ersten Akt eines (klassischen) Dramas wird der Knoten geschürzt; vom vierten Akt an, spätestens im fünften erleben wir die Lösung des Konflikts.

mach' dir/macht euch/... einen Knoten ins Taschentuch!/du mußt dir/... machen *sal* · tie a knot in your handkerchief!
... Vergiß nicht, morgen um acht Uhr! Mach' dir einen Knoten ins Taschentuch!

Knuff: jm. einen **Knuff** versetzen *ugs selten* · to give s.o. a nudge
Wenn ich dir so einen kleinen Knuff versetze, Uschi, dann brauchst du doch nicht sofort »au!« zu schreien, als wenn dich jemand niederboxen wollte. So ein flacher Schlag mit der Faust in die Seite tut doch nicht weh!

Knüller: ein **Knüller** (sein) *ugs* · (to be) a/the smash hit, (to be) a real wow, (to be) the star attraction
... Es gab eine ganze Reihe fesselnder Filme auf den Festspielen. Aber der Knüller war ein griechischer Film über den Kampf um Troja – ein tolles Stück. Die Leute rissen, ja schlugen sich buchstäblich um die Karten!

Knüppel: (für jn.) (wie) ein **Knüppel** am Bein sein *sal* – (eher:) (für jn.) (wie) ein **Klotz** am Bein sein · to be a millstone around s.o.'s neck

einen Knüppel am Bein haben *sal* – (eher:) einen **Klotz** am Bein haben · to have a millstone around one's neck

j. wird sich doch nicht/... einen Knüppel ans Bein binden/hängen (mit jm.) *sal* – (eher:) j. wird sich doch nicht/... einen **Klotz** ans Bein binden/hängen/hat sich ... gebunden/.../sich mit jm. ... · s.o. isn't going to put an albatross around his neck

jm. Knüppel/(einen Knüppel) zwischen die Beine werfen/schmeißen *ugs* · 1. 2. to put a spoke in s.o.'s wheel, to throw a spanner in s.o.'s works
1. Wir verstehen überhaupt gar nicht, warum der Klaus Kiebert unserem Willy immer Knüppel zwischen die Beine werfen muß! – Wieso? – Es ist jetzt schon das dritte oder vierte Mal, daß er mit irgend-

welchen unfairen Mitteln zu verhindern sucht, daß der Willy Abteilungsleiter wird.
2. vgl. – jm. in den **Arm** fallen (2)

man sollte/könnte/müßte mit dem Knüppel dreinschlagen/dazwischenfahren/es ist, um mit ... dreinzuschlagen ... *ugs – path* · you feel/one feels/... like putting a bomb under them, s.o. ought to bang their heads together, one feels/... like banging their heads together
Hier sollte man mit dem Knüppel dreinschlagen! Wirklich! Ich hab' manchmal den Eindruck, die ganze Abteilung besteht nur aus Halbidioten – oder aus Bösewichtern –, die den anderen das Leben schwer machen oder komplizieren wollen. Ich könnte diese Leute alle von oben bis unten durchwalken.

den Knüppel schlägt man und den Esel meint man · to hit the stick instead of the ass *para*, to punish the wrong person *para*
Verantwortlich für die Entscheidung war doch der Kanzler. Ich versteh' gar nicht, warum alle Welt jetzt den Staatssekretär Mertens so kritisiert. – An den Kanzler wagen sie sich nicht direkt heran. Das ist doch immer dasselbe: den Knüppel schlägt man und den Esel meint man.

da liegt der Knüppel beim Hund *ugs selten* · + you can't win, it's Hobson's choice, you can't have one without the other
Wenn wir die Vorteile der Industrie genießen wollen, müssen wir auch ihre Nachteile in Kauf nehmen, da liegt der Knüppel beim Hund. Die unangenehmen ökologischen Folgen machen da leider keine Ausnahme.

Knüppelausdemsack: **Knüppelausdemsack spielen** *ugs selten* · to give s.o. a good hiding/spanking/..., to play »club, come out of the bag«/»cudgel come out of the bag«/»stick come out of the bag« *tr*
... Harri, du willst doch nicht, daß ich Knüppelausdemsack spiele? Also wenn du jetzt nicht ruhig bist, spann' ich dich übers Knie.

knüppeldick(e)voll: **knüppeldick(e)voll sein** *ugs – path selten* – knüppeldick **voll** sein · to be full to bursting, to be bursting at the seams

Knute: jn. unter der **Knute** haben/halten *sal* – jn. unter der **Fuchtel** halten/(haben) · to keep s.o. under one's thumb

jn. unter seine Knute bringen *sal* · to bring s.o. under one's control *n*, to get s.o. under one's thumb *coll*
Seit drei Jahren versucht der Möller jetzt schon, alle Mitarbeiter hier unter seine Knute zu bringen. – Bei dem herrischen Temperament, das er nun einmal hat, behagt es ihm nicht, daß es hier Leute gibt, die er nicht in der Gewalt hat.

unter js. Knute seufzen/stöhnen/... *sal* · to groan/to moan under s.o.'s tyrannical methods *n*, to live under s.o.'s scourge/tyranny *coll*
... Fast alle Mitarbeiter in diesem Institut seufzen und stöhnen unter seiner Knute. – Aber wenn er den Leuten mehr Freiheit ließe, weniger hart durchgriffe, würden sich bestimmt viele beschweren, daß der Laden nicht läuft.

die Knute zu spüren bekommen/kriegen *ugs iron selten* · to feel s.o.'s lash, to get a good caning/beating/whipping/...
... Heute dürfen euch die Lehrer ja nicht mal eine Ohrfeige geben! Wir haben früher, wenn wir Unsinn machten, noch die Knute zu spüren gekriegt. Weißt du überhaupt, was das ist? – Eine kurze Peitsche. – Oh, gut!

unter js. Knute stehen/(sein) *sal* – unter js. **Fuchtel** stehen/(sein) · to be under s.o.'s thumb

Kochen: etw. zum **Kochen** bringen *Essen* · to bring s.th. to the boil
Wie lange dauert es, dieses Fertiggericht zum Kochen zu bringen?

Kochlöffel: den **Kochlöffel** schwingen *sal* · to do the cooking *n*, to be chained to the stove
... Natürlich, du fährst in der Weltgeschichte herum, und ich steh' den ganzen Tag in der Küche und schwing' den Kochlöffel!

kocht: es kocht in jm. *ugs* · to be boiling/seething with rage/anger/...

... Schon lange kochte es in mir; aber ich wollte keinen Streit und hab' mich beherrscht. Aber als sie heute nicht einmal was für die Kinder zum Essen machte, konnte ich mich nicht mehr halten ...

Kochtopf: (gern/...) andern/andern Leuten/... in den Kochtopf/Kochpott gucken (müssen) *ugs* – (gern/...) andern/andern Leuten/... in die **Töpfe** gucken/immer/... ... gukken müssen · to be a real nosy parker, to like poking one's nose into other people's business

Koffer: (nur noch/...) aus dem Koffer leben *ugs selten* · to live out of a suitcase

... Ach, wissen Sie, mein Mann lebt in den letzten Monaten nur noch aus dem Koffer. Die Nächte, die er im Monat zu Hause verbringt/die Abende, die er in Ruhe zu Hause verbringt, kann ich an einer Hand zählen.

die Koffer packen · 1. to pack one's bags, 2. to pack up (and leave), to pack it in *coll*

1. Um wieviel Uhr geht der Zug? – Um 6.07 Uhr in der Frühe. – Dann sollten wir die Koffer schon heute abend packen.
2. Jahrelang hat sie ihn fast zu Tode schikaniert. Jetzt endlich hat er sich aufgerafft und die Koffer gepackt. – Ist er für immer fortgegangen? – Wer weiß? *ugs selten*

(wenn ..., dann ...) **die Koffer packen können/müssen** *ugs* · if ..., then I/you/John/... will have to go *n* , if ..., then I/you/John/... will have to pack up and go *n*

Wenn du weiterhin so unvorsichtige Äußerungen machst, wirst du bald die Koffer packen müssen/können. – Ist das hier so gefährlich? – Du wärst bestimmt der zehnte, den sie aus solchen Gründen an die Luft setzen.

einen Koffer stehenlassen *vulg selten* · to drop one, to fart, to let off, to blow off

Wer hat denn hier einen Koffer stehen lassen? Das stinkt ja wie die Pest!

Kohl: so ein Kohl! *sal* – so ein **Blech!** · what a load of rubbish!

das/etw./was j. sagt/.../(macht/...), **ist** (doch) (alles) **Kohl** *sal* – das/etw./was j. sagt/..., ist (doch) (alles) **Käse** · it/what s.o. says/... is (a load of) rubbish, it/what s.o. says/... is twaddle/nonsense/crap

aufgewärmter Kohl (sein) *sal* · (to be) a boring old story *n*
Er langweilt jede Gesellschaft zu Tode mit dem aufgewärmten Kohl, den er immer auftischt. Immer wieder diese alten Geschichten, die kein Mensch mehr hören kann!

(den) alten Kohl (wieder) aufwärmen *sal* · to bring up an old story *n*, to drag up an old story/scandal/... *coll*, to dredge up the past/... *coll*

... Ich werde doch nicht einem Mann helfen, der mich vor allen Leuten beleidigt hat! – Ach, Gretel, das ist doch jetzt mehr als fünf Jahre her. Du wirst doch jetzt nicht wieder alten Kohl aufwärmen!

seinen Kohl bauen *ugs selten* – (eher:) seinen **Kohl** pflanzen · to tend one's vegetable patch

das macht den Kohl (auch) nicht fett *ugs* – (eher:) das macht den **Braten** (auch) nicht fett · it/that doesn't help much

seinen Kohl pflanzen *ugs selten* · to cultivate one's vegetable patch *n*

Seitdem der Holm auf seinem Landgut lebt, hat er keinen einzigen wissenschaftlichen Artikel mehr geschrieben. – Nein, er pflanzt seinen Kohl und läßt im übrigen den lieben Gott einen guten Mann sein.

Kohl reden/verzapfen/(schwätzen/erzählen) *sal* – (eher:) **Blech** reden/verzapfen · to talk rubbish/nonsense/...

Kohldampf: Kohldampf haben *ugs* · to be starving
Ich hab' einen Kohldampf heute, ich weiß gar nicht, was mit mir los ist! So einen Hunger habe ich seit Monaten nicht mehr gehabt.

Kohldampf schieben *ugs* · 1. to go hungry, 2. to starve
1. So, jetzt wollen wir aber endlich etwas zu essen haben, jetzt haben wir lange genug Kohldampf geschoben. – Seit wann habt ihr denn nichts zu essen gekriegt?
2. vgl. – (sal für:) **Hunger** leiden (müssen)

Kohle: die weiße Kohle *geh selten* · water power, white coal
(Während einer Führung durch ein Wasserwerk:) Wenn man verstehen will, warum man die Wasserkraft auch die weiße Kohle nennt, denkt man wohl am besten an den Schaum der herabstürzenden Wassermassen an einer Talsperre.

schwarz wie Kohle (sein) *selten* – **pechschwarz** (1) · to be coal-black, to be as black as coal

ganz schön/... Kohle abdrücken müssen für etw. *ugs Neol* · to have to fork out/shell out/... a tidy sum for s.th.
Die Brutzel & Kokel AG wird wegen der Chemieunfälle der letzten Wochen an die Geschädigten ganz schön Kohle abdrücken müssen. Der zu leistende Schadensersatz dürfte sich auf einen dreistelligen Millionenbetrag belaufen.

die Kohlen (für jn.) **aus dem Feuer holen** – (eher:) die **Kastanien** (für jn.) aus dem Feuer holen · to pull the chestnuts out of the fire for s.o.

glühende/(feurige) Kohlen auf js. **Haupt sammeln** *geh selten* · to heap coals of fire on s.o.'s head
Hör' dir das an, wie der alte Morsch den Gerd Rohrer lobt, wo der Gerd ihn doch so kritisiert, ja beleidigt hat! – Er sammelt glühende Kohlen auf seinem Haupt, wie man sagt. – Meinst du, er macht das extra? – Natürlich. Er will den Gerd durch Großmut beschämen.

(wie) auf heißen/(glühenden) Kohlen sitzen *ugs* · 1. to be like a cat on hot bricks, 2. to be on tenterhooks *n*
1. Während des ganzen Abendessens hatte ich Angst, er würde anfangen, von der Unterschlagung zu sprechen. Ich saß die ganze Zeit wie auf heißen Kohlen. Gott sei Dank hat er aber kein Wort davon verlauten lassen.
2. Während wir hier auf heißen Kohlen sitzen, macht er in aller Seelenruhe einen Spaziergang durch den Wald. Er hätte uns wenigstens anrufen können und sagen, wie die Sache ausgegangen ist. Er muß doch wissen, daß wir die Nachricht gar nicht abwarten können.

die Kohlen stimmen *oft: wenn ... sal* – die **Kasse** stimmt · the money is O.K.

kohlrabenschwarz: kohlrabenschwarz – **pechschwarz** (1) · to be jet-black

Koje: sich in die Koje hauen *sal* – (eher:) in die **Falle** gehen (1) · to hit the hay

Kokolores: (etw. ist) Kokolores *sal* – (etw. ist) lauter **Unsinn** · it/s.th. is a load of rubbish/nonsense/codswallop/...

Kokolores machen *sal* – **Unsinn** machen · to mess about/around, to fool about/around

Kolbenfresser: einen Kolbenfresser haben *ugs selten* · to have piston seizure, to have a seized-up piston
... Auch wenn der Wagen den Kolbenfresser hat, brauchst du ihn nicht sofort wegzuschmeißen! – Aber irgendwann bleibt der Kolben doch an der Zylinderwand festsitzen! – Dann laß doch den ganzen Zylinder, einschließlich Kolben, ersetzen! – Das kostet mehr, als der Wagen wert ist.

Kollaps: einen Kollaps kriegen/bekommen/(erleiden) *ugs* · to collapse *n*
Wie sagst du, Paul: er 'hat einen Kreislaufkollaps' oder einfach 'einen Kollaps bekommen'? – Wer? – Sprachlich, Mensch! Wenn bei jemandem der Kreislauf plötzlich absackt ...

Kollege: mein geschätzter Kollege ... *Prof. u. ä. mst iron* · my esteemed colleague
(Über einem Vortrag:) Herrlich, dieses mehrfache »mein geschätzter Kollege, Herr Grundmann, meint auch ...« – wo doch jeder weiß, daß der Stimm den Grundmann nicht ausstehen kann. – Eben, deswegen!

Koller: einen Koller haben *sal* · to have a fit, to throw a wobbly *coll*

... Was brüllt der Schulte denn die Frau Heinsberg an, als wenn er sie nicht alle zusammen hätte? – Der hat 'n Koller, der Mann! Als wenn das so schlimm wäre, wenn sie in einem Geschäftsbrief mal einen Fehler macht! – Ach, deswegen dieser Anfall!

einen Koller kriegen/bekommen *sal* · to have a fit, to lose one's rag *coll*, to throw a wobbly *coll*

(Zu einer neuen Sekretärin:) Passen Sie auf mit der Rechtschreibung, Frau Heinsberg! Wenn der Schulte in den Geschäftsbriefen Rechtschreibefehler entdeckt, dann kriegt der einen Koller, dann wackeln hier die Wände. – Man hat mich vor dessen Anfällen schon gewarnt.

seinen Koller kriegen *sal* – j. hat/bekommt (mal) wieder seine **Anfälle** · to have/to be having one of one's fits

Kollision: mit dem Gesetz/der Verfassung/.../(jm.) **in Kollision geraten/(kommen)** – mit dem Gesetz/der Verfassung/.../(jm.) in **Konflikt** kommen/geraten · to come into conflict with the law/the constitution/...

Kollisionskurs: auf Kollisionskurs gehen/einen ... ansteuern · to be on collision course with s.o./s.th., to be heading for a confrontation with s.o.

Seit einiger Zeit drängt sich mir der Eindruck auf, daß der Kanzler eine Fortsetzung der Koalition für unmöglich oder für nicht wünschenswert hält. – Wie kommst du denn dadrauf? – Warum sollte er sonst den Liberalen gegenüber auf Kollisionskurs gehen? Er legt doch in den letzten Monaten alles auf einen Bruch der Koalition an.

Kolonne: die fünfte Kolonne *form* · the fifth column

... Es haben sich zahlreiche Unterlagen gefunden, die klipp und klar belegen, daß diese Leute die ganze Kriegszeit hindurch im geheimen für unsere damaligen Feinde arbeiteten. Sie spielten (die) fünfte Kolonne.

Kolonne fahren *form* · to drive in a convoy, to drive in a long line

Entsetzlich, diese Sitte, jeden x-beliebigen politischen 'Häuptling' am Flughafen mit X Wagen und Motorrädern abzuholen, die, wie eine Art zivile Armee, quer durch die Stadt Kolonne fahren.

Koloratur: Koloratur singen *form* · to sing coloratura

Gut singen und Koloraturen singen sind zwei verschiedene Dinge, meine Liebe! Diese Läufe und Sprünge, mit denen die Komponisten die Arien gespickt haben, verlangen eine enorme Virtuosität.

Koloß: ein Koloß auf tönernen Füßen (sein) *selten* · to be a colossus with feet of clay

Vor einigen Generationen mag China ein Koloß auf tönernen Füßen gewesen sein, aber heute ist es machtpolitisch durchaus ernstzunehmen.

Komfort: eine Wohnung/... mit allem Komfort und zurück! *ugs scherzh* · a flat/... with all mod cons

... Von wegen, eine bescheidene Skihütte! Was die da haben, ist ein Ski-Palast mit allem Komfort und zurück. Von so einem Luxus können wir nur träumen.

Komik: unfreiwillige Komik · unintentional humour

Wenn die alte Frau Färber die unsinnigsten Erläuterungen ihres Mannes durch ihr gewichtiges Kopfnicken untermalt, könnte ich jedesmal laut lachen. Diese Frau ist eine permanente Darstellung unfreiwilliger Komik.

komm': komm'/kommt/... **mir/**ihm/dem Peter/... (aber) (nachher/dann) **nicht** mit etw./damit, daß .../und sag'/sagt/...! · 1. don't come back and say ..., 2. don't come and tell me ...

1. ... Gut, wenn du absolut willst! Meinetwegen! Ich geb' dir das Geld für die Reise nach Frankreich. Komm' mir aber nachher nicht und sag', ich wäre schuld, daß du in der Schule Schwierigkeiten hast. 2. ... Komm' mir aber dann nicht mit der Entschuldigung, du hättest den Stoff nicht rechtzeitig nachlernen können ...!

komm'/kommt/...! (red'/redet/... keinen Quatsch!/sei/ seid/... vernünftig!/benimm dich/benehmt euch/... anständig!/...) *ugs* · come off it!, don't talk nonsense/..., be sensible/fair/...

Die Amerikaner, das sind doch nach wie vor nichts anderes als Cowboys, Wildwestler ... – Komm'! Robert, red' keinen Unsinn. Von den Amerikanern weißt du doch gar nichts!

(nun/jetzt) komm'/kommt/... (schon!) *ugs* · 1. 2. come on!

1. Nun komm' schon, mach', was ich dir gesagt habe! Stell' dich doch nicht immer so sperrig/eigensinnig/bockbeinig! 2. Nun kommen Sie schon, rechnen Sie endlich die Aufgabe zuende. Sonst sitzen wir noch eine Stunde hier herum, nur wegen dieser Aufgabe!

komm', komm'!/kommt, kommt/...! *ugs* – **komm'/**kommt/...! (red'/redet/... keinen Quatsch!/sei/ seid/... vernünftig!/benimm dich/benehmt euch/... anständig!/...) · come off it!, don't talk nonsense/..., be sensible/ fair/...

komm'/kommt/... **runter!** *ugs selten* · come off it!

... Zwei, drei Jahre wird nach dem Staatsexamen werd' ich bestimmt Geld genug haben, um eine längere Südamerika-Reise zu machen. – Komm' runter, Richard! Bisher hast du nicht einmal das Geld für deine Zimmermiete!

komm'/kommt/... **mir/**(ihm/dem Gerd/...) **nur/bloß nicht so/** (wenn du ... mir/... so kommst, ...) *ugs* – **komm'/**kommt/... mir/(ihm/dem Gerd/...) nur/bloß nicht von der **Seite**/wenn du ... mir/... von der Seite kommst, ... · don't give me that!, don't try that one on me!

Komma: bis aufs Komma übereinstimmen/... *Textel... selten eher: haargenau ...* · to be exactly the same (right) down to the last comma

... Die beiden Texte stimmen doch bis aufs Komma überein. Ich sehe da nicht die geringste Differenz!

Kommando: etw. (doch nicht/...) auf Kommando tun (können) *ugs* · (not) (to be able) to do s.th. to order/on command

Der Peter sagt immer »so, jetzt zeigt mal ein bißchen gute Laune!« in einem Ton, als ob man auf Kommando gut, schlecht oder sonstwie gelaunt sein könnte!

wie auf Kommando etw. tun · to do s.th. as if by command

Wie auf Kommando fingen die beiden plötzlich an, um die Wette den Berg raufzurasen. Urplötzlich und so, als wenn jemand den Startschuß gegeben hätte.

das Kommando (über etw.) **führen** *mil od. iron* · to be in command

... Das Kommando über die 7. Division führte zu der Zeit General von Kusewitz ...

das Kommando geben · to say 'go'

Der Ulli will mit mir um die Wette laufen. Du gibst das Kommando, Vater, ja? – Gut. Also: Auf die Plätze ... fertig ... los!!

Kommando zurück! *ugs scherzh* · just a minute, I take that back, scrub that, forget I said that

Weißt du, wann unsere Vorstandssitzung stattfindet? – Am 15. nächsten Monats. Halt, Kommando zurück! Am 22. Am 15. haben wir unsere Ausschußsitzung.

Kommandosache: geheime Kommandosache *mil* · to be top secret

... Gehören die Pläne für den Flughafenbau auch zur geheimen Kommandosache, oder kannst du uns da informieren/was erzählen? – Nein, die sind auch streng geheim.

komme: wie komme ich/kommen wir/... (denn) (eigentlich) **dazu**, etw. zu tun? – (eher:) wie **käme** ich/kämen wir/... dazu (etw. zu tun)? · why (on earth/...) should I/we/... do s.th.?

komme, was da wolle *form* · come what may

Meine Eltern wollen zwar unter keinen Umständen, daß ich die Ingrid heirate, und meine Versetzung nach Bamberg ist noch ein zusätzliches Hindernis. Aber komme, was da wolle: ich werde sie heiraten.

kommen: zu früh/zu spät/nicht/... **kommen** *euphem* · 1. 2. (not) to come too soon/too late/...

1. (Eine Freundin zur anderen:) Ich glaube, ich mach irgendwas falsch; ich mag den Robert ja echt gern, und es macht mir auch Spaß, mit ihm zu schlafen, aber so richtig bin ich bei ihm noch nie gekommen.

2. ... Ich kann machen, was ich will, ich schaff' es fast nie, daß meine Freundin und ich gleichzeitig kommen. – Mach' dir nichts draus! Es ist gar nicht so einfach, daß beide Partner gleichzeitig zum Höhepunkt kommen.

auf eine Idee/einen Gedanken/eine Lösung/... **kommen** · to think of s. th., to hit upon an idea
Der Paul hat für sein Schlußexamen in Französisch als ein Spezialgebiet 'deutsch-französische Übersetzungsprobleme' gewählt; das Thema kann er auch in seinem zweiten Fach, 'Deutsch als Fremdsprache', behandeln. – Eine sehr gute Idee! Darauf muß man erstmal kommen.

auf 100 Bewohner/Seiten/Häuser/... **kommen** zwei Ärzte/400 Spalten/200 Mülltonnen/... · there are two/... doctors/... to every 100/... inhabitants/...
... Das wimmelt ja in dieser Stadt geradezu von Apotheken. Man hat den Eindruck: auf zwei, drei Dutzend Einwohner kommt eine Apotheke.

ins Erzählen/Fabulieren/Schwärmen/... **kommen** · 1. 2. to start telling one's stories/...
1. ... Wirklich schön zu sehen, wie begeisterungsfähig die Frau Kreuzberg ist! – Ja ...; aber findest du nicht, daß sie doch etwas zu leicht ins Schwärmen kommt?
2. Wenn der Peter einmal ins Erzählen kommt, hört er nicht mehr auf.

zu etwas/viel/allerhand/nichts/... **kommen** · 1. (not) to get round doing s. th., to get s. th./nothing/a lot/... done, 2. to get somewhere (in life), to get on in life
1. In diesem Institut kommt man zu nichts! Den einen Nachmittag vertun sie mit irgendeiner Kommissionssitzung, den nächsten mit Examina ... – irgendetwas gibt es immer! Ein auch nur halbwegs kontinuierlicher Arbeitsrhythmus ist hier einfach nicht drin!
2. Wenn du im Leben zu etwas kommen willst, mußt du dir rechtzeitig angewöhnen, den Tag genau einzuteilen und morgens zügig mit dem Tagwerk zu beginnen!

(zufällig/...) **neben**/hinter/vor/... jm. **zu stehen/sitzen**/... **kommen** · to happen/chance to stand/sit/... behind/next to/... s. o.
Bei dem Empfang gestern kam ich aus Zufall neben einen der Direktoren von Siemens zu sitzen. Das habe ich natürlich ausgenutzt, um ihn auf deinen Plan anzusprechen ...

nicht auf einen Namen/... **kommen** (ich/... komme/... nicht darauf) · I/... can't think of the name/...
Wie hieß noch der Architekt, der uns die Idee für die Gartenanlage gab? Ich komme im Moment nicht auf den Namen. Irgendwas mit – to oder – tu ...

(zurzeit/...) **nicht aus** dem Haus/**ins** Theater/Konzert/... **kommen** · not to get out of the house (at the moment/...), not to go to the theatre/cinema/... (at the moment/...)
... Was nützt einem das ganze Geld, wenn man keine Zeit mehr für sich hat! Ins Kino oder Theater komme ich schon seit Monaten nicht mehr!

unter etw. **kommen** · to get mixed up with s. th.
(Eine Sekretärin zum Chef:) Ich habe den Brief an Schuckert jetzt eine halbe Stunde gesucht, ich kann ihn nicht finden. – Er ist doch wohl nicht versehentlich unter meine Privatkorrespondenz gekommen?

an-ge-laufen/–**ge**-sprungen/–**ge**-rast/–**ge**-tanzt/–**ge**-schlichen/–**ge**-schlendert/... **kommen** · to come strolling/rushing/leaping/crawling/... up
Schau mal, Beate, wer davorne ganz gemütlich angeschlendert kommt: mein innig geliebter Bruder. – Was führt den denn am frühen Morgen zu uns?

daher-ge-laufen/–**ge**-schlendert/–**ge**-rast/**ge**-schlichen/... **kommen** · to come/to drive/to stroll/... past
... Höchstens fünf Minuten habe ich dort geparkt! – Gut. Aber es ist nun einmal verboten, dort auch nur eine Sekunde zu halten! – Aber warum mußte ausgerechnet in diesen fünf Minuten ein Streifenwagen dahergefahren kommen?!

(jm.) **abhanden kommen** *form* · 1. 2. + to lose s. th., + to mislay s. th.
1. (Der Empfangschef in einem Hotel zu einer Dame, die etwas sucht:) Suchen Sie etwas, gnädige Frau? – Mir ist mein Schirm abhanden gekommen. – Sie sind sicher, daß Sie ihn noch hatten, als Sie hereinkamen? Er kann nicht schon vorher verloren gegangen sein?
2. vgl. – (eher:) verloren **gehen**

auf achtzig/neunzig/hundert kommen *ugs* · 1. 2. to blow a fuse, to flip one's lid
1. vgl. – außer sich **geraten**
2. vgl. – (u. U.) in die **Luft** gehen

anders kommen (als man will/als man meint/...) · 1. 2. to turn out differently (from what one expects/...)
1. ... Er hatte sich schon damit abgefunden, mehrere Jahre lang in diesem kleinen Nest verbringen zu müssen. Aber es sollte anders kommen: schon nach drei Monaten bekam er ein Angebot aus München.
2. Es hat überhaupt keinen Sinn, wer weiß was für Zukunftspläne zu machen. Es kommt sowieso immer anders, als man meint/(die Dinge kommen sowieso immer anders, als man sie vorhersieht).

auf jn. **kommen** – (eher:) auf jn. **herauskommen** · to turn out to be just like s. o., to take after s. o.

jm. **blöd kommen** *oft: Imp oder: wenn erl... mir ..., dann ... sal* – jm. dumm **kommen** · to get funny with s. o., to play silly games with s. o.

daher kommen, daß ... · 1. 2. to be because ..., 3. that is why
1. Deine Mißerfolge kommen nur daher, daß du dich jeder Sache nur halbherzig widmest!
2. Wenn du sitzen geblieben bist, dann kommt das nur und ausschließlich daher, daß du stinkfaul bist. Stinkfaul, sage ich, denn an Intelligenz fehlt es dir bei Gott nicht.
3. Hans war im zweiten Schulhalbjahr überaus faul. Daher kommt es, daß sein Abschlußzeugnis bei weitem schlechter ist als sein Zwischenzeugnis.

dahin kommen, daß ... – so weit **kommen**, daß ... (2; u. U. 1) · to get to the stage that ...

dahinter kommen *ugs* · to find out, to work out
Hast du verstanden, was der will? – Nein, dahinter bin ich noch nicht gekommen.

jm. (**immer/...**) **mit** etw./damit, daß ... **kommen** *ugs* · 1. don't give me that!, 2. to come to s. o. with the excuse/... that ...
1. Was, Sie brauchen den vielen Alkohol, um Ihre Schmerzen zu betäuben? Kommen Sie mir nicht damit/kommen Sie mir nicht mit solchen Entschuldigungen/... Sie trinken gern – alles andere ist eine faule Ausrede!
2. Der Anton kommt mir immer damit, er hätte eine sehr schwere Kindheit gehabt und wäre deshalb mit den Nerven am Ende. Als wenn die anderen es im Leben immer leicht gehabt hätten. Er hat keine Kraft, keine Energie, das ist alles!

damit/mit solchen ... **darfst du**/darf der Emil/... **mir**/ihm/... **nicht kommen!** *ugs* · 1. don't try these things on me/him/..., 2. don't give me that, s. o. can't pull that one on me/him/...
1. Wenn du mir wirklich nichts leihen kannst, muß ich mein Studium an den Nagel hängen. – Hör', Gerd, mit solchen Erpressungen darfst du mir nicht kommen! Wenn ich dir etwas leihe, dann in Freundschaft und frei, aber nicht, weil du mich sozusagen zwingst!
2. ... Er sagt, du hättest ihm versprochen, ihm zu helfen, wenn er Hilfe braucht ... – Damit darf er mir nicht kommen! Erstens habe ich ihn schon x-mal aus der Patsche gezogen, und zweitens ist eine Freundschaft nicht nur dazu da, daß man sie in Geld umsetzt.

jm. **dämlich kommen** *oft: Imp oder: wenn erl... mir ..., dann ... sal selten* – jm. dumm **kommen** · to get funny with s. o., to play silly games with s. o.

so darfst du/darf er/... **mir**/(ihm/...) **nicht kommen!**/wenn du/er/... mir/... so kommst/kommt/..., dann ... *ugs* · 1. don't try that on me! If you/he/... try/tries that ..., don't try to pull that on me! If you/he/... try/tries that ..., 2. if you/he/... tries that, ...

1. Wenn du mir den Text bis heute abend nicht übersetzt, kann ich dir in Zukunft leider keine Aufträge mehr geben. – Eine Drohung? Hör' mal, so darfst du mir nicht kommen! Dann erreichst du bei mir gar nichts! Ich hoffe, das ist ein für allemale klar.
2. ... Wenn du mir so kommst, (dann) erreichst du bei mir gar nichts ...

(nicht) dazu kommen, etw. zu tun · (not) to get around to doing s.th.

Ich weiß nicht, ob ich in der nächsten Woche dazu komme, die Übersetzung zu machen. Doch wenn ich in der nächsten keine Zeit habe, dann bestimmt in der übernächsten.

(jm.) dazwischen kommen · 1. 2. if nothing else comes up/crops up/(...), if all goes well, 3. to put one's oar in

1. Wir kommen am Samstag gern zu euch – vorausgesetzt, daß nicht in letzter Minute noch etwas dazwischen kommt/daß nichts dazwischen kommt. Oft muß der Anton samstags noch zu einer dringenden Sitzung oder auf Geschäftsreise ...
2. ... vorausgesetzt, es kommt nichts Geschäftliches dazwischen ...
3. Wenn du nicht dazwischen gekommen wärst, hätte ich mich ohne jede Schwierigkeit mit ihm geeinigt. Aber wenn du intervenierst und ihm dann noch recht gibst, sieht er natürlich keinen Grund mehr, sich mit mir auf einen Kompromiß zu einigen.

jm. **dumm kommen** *oft: Imp oder: wenn er/... mir ..., dann ... sal* · 1. 2. to get funny with s.o., to play silly games with s.o.

1. ... Komm' mir ja nicht dumm, mein Lieber! Wenn du mit Drohungen, ja mit Unverschämtheiten anfängst, sind wir geschiedene Leute! Merk' dir das!
2. Der Paul meint, er wüßte schon, wie er dich zwingen kann, mit ihm tanzen zu gehen. – Zwingen kann? Wenn er mir dumm kommt, gehe ich überhaupt nicht mit ihm aus – weder zum Tanzen noch sonst irgendwohin.

gut/... **durch** die Schule/durch die Universität/durchs Examen/... **kommen** · to do well at school/university/..., to do well in exams/...

Wer gut durch die Schule kommt, braucht noch lange nicht (auch) gut durchs Leben zu kommen – und umgekehrt!

das/so eine Bemerkung/... **durfte nicht kommen!** *ugs* · that/the remark/... was (completely/...) uncalled for, that shouldn't have happened, + you/... shouldn't have said that ...

Ja, wenn mir Vater nie hilft ...! – (Die Mutter): Dein Vater dir nie hilft? Das durfte nicht kommen, Junge! Wer unterstützt dich denn seit deiner Schulzeit Tag für Tag, wenn nicht dein Vater?! Nur weil er dir in diesem Fall kein Recht gibt, vergißt du alles, was er für dich tut?! Diese Bemerkung hättest du dir besser gespart!

(wieder) flott kommen *ugs selten* · 1. to get going again, 2. to get into form

1. vgl. – wieder/... in **Fluß** kommen/(geraten) (1)
2. vgl. – in **Form** kommen (2)

jm. **frech kommen** *oft: Imp oder: wenn er/... mir ..., dann ... ugs selten* – jm. **dumm kommen** (1) · to get funny with s.o., to play silly games with s.o.

jm. **gelegen kommen** – jm. (sehr/.../nicht/...) **gelegen** kommen · to suit s.o., to be convenient for s.o., to come at the right time for s.o.

(gerade) wie gerufen kommen – (genau) im richtigen **Augenblick** (kommen/...) · (to arrive/...) just at the right moment

hinter jn./js. Absichten/Pläne/.../(etw.) **kommen** · 1. 2. to find out what s.o. is up to/what s.o.'s plans/intentions/... are, 3. to work out what s.th. is about

1. Warum ist der Häusner unserem Verein überhaupt beigetreten? Guckst du da durch? – Nein, hinter den bin ich (auch) noch nicht gekommen. Das ist ein schwer durchschaubarer Mensch, der Häusner.
2. Was will der Bieler mit diesem Antrag überhaupt erreichen? – Das weiß ich auch nicht. Es ist schwer, hinter seine Absichten zu kommen. Der Bieler läßt sich seit eh und je nicht so leicht in die Karten gucken.
3. Kapierst du dieses Gedicht? Den Aufbau? – Nein. Bisher bin ich genau so wenig hinter den Sinn gekommen wie du.

damit/mit solchen ... **kannst du**/kann der Emil/... **mir**/ihm/... **nicht kommen** *ugs* · 1. 2. he/you/... can't tell me that!, he/you/... can't give me that!

1. Er sagt, der Kräutner hätte ihm fest zugesagt, ihm ab Januar 400,– Mark Gehaltserhöhung zu geben. – Damit kann er mir nicht kommen! Als wenn ich so einen Quatsch glaubte! Das erzählt er nur, damit ich noch ein paar Monate geduldig auf das Geld warte, das ich ihm dummerweise geliehen habe.
2. vgl. – (eher:) damit/mit solchen ... darfst du/darf der Emil/... mir/ihm/... nicht **kommen**

(mit jm./etw./in etw.) klar kommen *ugs* – (mit jm./etw./in/(bei) etw.) (gut/glänzend/...) **klarkommen** · to get on well/... with s.o., to be able to get on well/... with s.o., to be able to manage, to be all right, to be able to cope with s.th., to be able to work s.th. out

zu kurz kommen · 1. 2. to get a raw deal, to come off badly, not to get one's fair share

1. Die Christl hat eine große Schachtel Pralinen bekommen, und ich habe nur zwei Tafeln Schokolade gekriegt! – Das ist doch dasselbe, Peter. Du meinst aber auch immer, du kämst zu kurz!
2. Wir müssen uns etwas mehr um unsere Tochter kümmern. Ich habe das Gefühl, daß sie zu kurz kommt, seitdem unser Junge auf der Welt ist. – Meinst du wirklich, sie wird benachteiligt?

laß/laßt/... **kommen!** *sal* – **her** damit! · give me that, hand it over

(da) nicht (mehr) mit kommen · 1. not to (be able to) keep up, 2. not to keep up, not to follow, 3. + s.th. is beyond me/him/..., + s.th. is too much for us/...

1. Die legen ein Tempo vor auf dieser Wanderung, da komm' ich nicht mit. – Ja, du bist nicht in der Übung! Mehr laufen, mein Lieber!
2. Bis zu einem gewissen Punkt hat der Georg ja mitdiskutiert. Aber als sie mit der Vektorenrechnung anfingen, hat er kein Wort mehr gesagt. – Da kommt er nicht mehr mit, dafür fehlen ihm die nötigen Vorkenntnisse.
3. Weißt du, wir kommen da nicht mehr mit: jeden zweiten Tag verlangt der Junge unmöglichere Dinge von uns. Wie er sich das vorstellt, ist uns unbegreiflich. Man kann doch an seine Eltern nicht nur Ansprüche stellen – und dann so ausgefallene! *ugs*

das/etw. **mußte ja kommen!** *ugs* · it/s.th. had to come/happen, it/s.th. was bound to happen

... Meinst du nicht, die Wiedervereinigung wird uns alle allerhand Geld kosten? – Das mußte ja kommen! Jetzt werdet ihr natürlich den Wert der Bundesrepublik und der DDR pro Kopf der Bevölkerung auf Heller und Pfennig ausrechnen!

jm. **an** Geschicklichkeit/... **am nächsten kommen** · to come closest to s.o. in dexterity/intelligence/wit/...

Nicht nur der Klaus, alle Söhne von dem Herrn Buttenand sind intelligent, lebensklug, gewandt! – Einverstanden. Aber der Klaus kommt seinem Vater an Gewitztheit doch immer noch am nächsten.

jm./(e-r S.) **zu nahe kommen** · 1. to get too close to s.o., 2. to hurt s.o.'s feelings, to offend s.o.

1. Bei dem Dräumler mußt du auf Distanz achten. Der hat es nicht gern, wenn man ihm zu nahe kommt.
2. vgl. – (eher:) jm. zu nahe **treten**

auf neunundneunzig kommen *ugs* · 1. 2. to blow a fuse, to flip one's lid

1. vgl. – außer sich **geraten**
2. vgl. – in die **Luft** gehen

laß/(laßt/...) **ihn**/den Peter/... **nur kommen!** *ugs* · just let him/... try!

Er läßt dir sagen, wenn du deine Bemerkung über die Anna nicht bis heute abend zurücknähmst, würde er dich in Gegenwart von Anna zur Rede stellen. – Laß ihn nur kommen! Wenn er glaubt, er könne mich mit solchen Drohungen einschüchtern, ist er schief gewickelt.

der/die/... **soll**/sollen **nur kommen!** *ugs* · just let him/them/... try!

Wenn der Rudi meint, ich hätte vor einer Auseinandersetzung mit ihm Angst, irrt er sich ganz gewaltig. Der soll nur kommen! Dem werd' ich ganz was anderes erzählen.

ganz nach oben kommen · to get right to the top

Wenn du auf der Karriereleiter ganz nach oben kommen willst, mußt du massive persönliche Opfer bringen und viele Einschränkungen in Kauf nehmen. Ich weiß nicht, ob es mir das wert wäre.

(wieder) ins reine/(klare) **kommen** (mit jm. über etw./mit etw.) · 1. 2. to get s.th. straightened out (with s.o.), to get s.th. sorted out (with s.o.)

1. Wir müssen sehen, daß wir mit dem Rolf wieder ins reine kommen. Diese ewigen Auseinandersetzungen, Verstimmungen, Mißhelligkeiten ... – auf die Dauer ist das unerträglich.
2. Wir müssen jetzt endlich mit unseren Exportplänen ins reine kommen. Es muß endlich jeder wissen, woran er ist. Diese unklare Situation kann nicht so bleiben.

genau/(gerade) **richtig**/(recht) **kommen** – (genau) im richtigen **Augenblick** (kommen/...) · (to arrive/...) just at the right moment

jm. **gerade richtig**/(recht) **kommen** *oft: du kommst/... mir/... gerade richtig! ugs iron* · I like that!, nothing doing, no way, you're a right one to say/do that

Du könntest mir für meine Reise nach Süd2 – 3.000,– Mark leihen ... – Du kommst mir gerade richtig! Während ich das ganze Jahr schufte, machst du alle drei Monate eine halbe Weltreise, mokierst dich anschließend über die Spießbürger, die nichts als Arbeit im Kopf haben – und zuguterletzt leihst du dir dann von diesen Spießbürgern den Fahrgeld. Das gefällt mir!

das/das Theater/... **sehe ich**/(sieht Peter/...) **schon kommen**/habe ich/(Peter/...) **kommen sehen** (sah ... kommen) · I saw/I could see/John saw/John could see/... that/the row/... coming

Jetzt ist unser Tonbandgerät also endgültig kaputt? Das habe ich kommen sehen! Wie oft habe ich den Kindern schon verboten, ohne mein Beisein daranzugehen!

zu sich kommen · to get/to catch one's breath

Tag Onkel Walter! Hast du auch ... – Nun laßt den Onkel Walter doch erstmal zu sich kommen, Kinder! Er ist noch gar nicht ganz hier, da überfallt ihr ihn schon mit euren Fragen! Laßt ihn erstmal verschnaufen.

wieder zu sich kommen – (wieder) zur **Besinnung** kommen (1) · to come to, to come round

zu sich selbst kommen · to become one's normal self again

Diesmal mach' ich ganz allein Urlaub! An irgendeinem einsamen Flecken! Ich muß endlich mal zu mir selbst kommen! Bei diesem hektischen Betrieb, diesem permanenten Durcheinander in Familie, Beruf, überall, da weiß man überhaupt nicht mehr, wo einem der Kopf steht.

wie sollte ich/sollten wir/... **dazu kommen** (etw. zu tun) – (eher:) wie **käme** ich/kämen wir/... dazu (etw. zu tun)? · why (on earth/...) should I/we/... do s.th.?

wohin sollte ich/sollten wir/... **denn da/sonst**/(denn) **kommen** (wenn/...) – (eher:) wohin **käme** ich/kämen wir/... denn da/sonst/(denn), (wenn .../...) · where would I/we/... be if ...?, + what would happen if ...?

jm. **teuer zu stehen kommen** · 1. 2. to cost s.o. dear, + to pay dearly for s.th.

1. Seine Nachlässigkeit ist ihm teuer zu stehen gekommen: nur weil er die Versicherung zwei Wochen zu spät bezahlt hat, hat sie seinen Unfall nicht übernommen. Er hat 6.000,– Mark aus eigener Tasche zahlen müssen.

2. Die Unverschämtheit dem Chef gegenüber wird dem Peter noch teuer zu stehen kommen! Sei sicher, er wird das noch bereuen und dafür noch anständig bluten.

mit jm. **überquer kommen** *ugs veraltend selten* · to fall out with s.o. over s.th. *n*

... Früher haben die beiden gut zusammengearbeitet, sehr gut sogar. Ich glaube, wegen des Afrika-Exports sind sie überquer gekommen. – Lassen sich die Meinungsverschiedenheiten wirklich nicht überbrücken? – Ich weiß nicht. Es ist da auch sehr viel Persönliches mit im Spiel ...

um sein Vermögen/... **kommen** · to lose one's money/...

... Der Nadler war früher steinreich. Er hatte den größten Teil seines Geldes in ausländischen Aktien angelegt und ist bei irgendeinem Börsenkrach um den größten Teil seines Vermögens gekommen.

um seine Ruhe/seinen Schlaf/sein Verdienst/... **kommen** · to be deprived of peace/sleep/...

Durch diese verdammten Bauarbeiten vor unserem Haus bin ich gestern mal wieder um meine Nachtruhe gekommen. Wenn die wenigstens nachts Ruhe gäben!

jm. (mit etw.) (sehr) **ungelegen kommen** · 1. to come at an awkward/inconvenient time, 2. + to be awkward/inconvenient (for s.o.)

1. Sie kommen leider sehr ungelegen, Herr Fiedler. Der Herr Direktor ist gerade in einer wichtigen Besprechung.
2. Mit seinem Antrag auf Genehmigung eines Französisch-Intensivkurses auf Firmenkosten kommt er mir sehr ungelegen. Gerade jetzt, wo die Geschäftsleitung alle Sonderausgaben untersagt hat ...!

jm. (sehr/...) **verquer kommen** *veraltend selten* – jm. gut/blendend/nicht/gar nicht/... in den **Kram** passen (1) · not to suit s.o. (at all/one bit/...)

weit kommen (im Leben) (mit etw.) · you/he/...'ll go a long way with these methods/that attitude/... *oft: damit/mit solchen ... wirst du/wird er/... weit kommen! iron*

Mit solchen Methoden wirst du weit kommen! Ganz bestimmt! – Wieso? Was ist denn dabei, wenn ich ein paar Leuten eine Baugenehmigung zuspiele, die ... – Nichts, gar nichts ist dabei! Bloß: wenn du damit auffällst, hast du eine Klage am Hals!

(bei jm.) **nicht weit kommen mit** etw. · not to get far (with s.o.) (with s.th.)

... Mit seinen Raffinessen kommt der Erich beim Chef nicht weit! Erstens durchschaut der die sofort und zweitens kann er solche Methoden nicht ausstehen. Wenn er bei dem Alten was erreichen will, muß er ihn offen und ehrlich ansprechen.

so weit kommen, daß ... · 1. 2. it will get to the point/stage where ...

1. Das Land wird von Jahr zu Jahr reicher. Irgendwann wird es so weit kommen, daß jeder Einwohner sein eigenes Häuschen hat.
2. Deine Sekretärin wird von Tag zu Tag fauler, Werner. Irgendwann wird es so weit kommen, daß du dir deine Briefe selber tippen mußt.

mit etw./jm. **nicht weiter kommen** · 1. 2. 3. not to get any further with s.th., 1. 3. not to make any progress with s.th., 4. not to get anywhere with s.o.

1. In der letzten Woche bin ich mit meinem Artikel nicht weitergekommen. Ich bin immer noch auf Seite 64, wie eine Woche vorher auch.
2. Ohne deine Hilfe komme ich mit meinem Artikel nicht weiter. – Was verstehst du denn da nicht?
3. Ohne eine großzügigere Unterstützung auch finanzieller Art kommen wir mit dem Projekt kein Stückchen weiter. – Das wollen die wahrscheinlich gerade: euch durch Geldmangel blockieren.
4. Nein, mit dem Brennler kommen wir nicht weiter. Wenn wir Wert darauf legen, daß die Analysen in der Tat durchgeführt werden, müssen wir einen anderen Mann an diese Arbeit setzen.

zu Geld/Einfluß/... **kommen** · to come into money/to become influential/...

Wenn du zu Geld und Einfluß kommen willst, mußt du ganz zielstrebig ein Netz von Beziehungen anlegen. Ohne Beziehungen kommst du in der Gesellschaft zu nichts.

mit etw. **zuende kommen** *selten* – (eher:) (mit etw./jm.) **(nicht) fertigwerden** (1; u. U. 2) · to finish s. th., (not) (to be able) to cope with s. th./s. o.

jm. **zugute kommen** · 1. to be useful to s. o., to be an advantage to s. o., to benefit s. o., 2. it helps that s. o. is …

1. … In seiner neuen Position kommen ihm natürlich auch seine ausgezeichneten Französischkenntnisse zugute. Ohne diese Kenntnisse hätte er nicht halb so viel Erfolg.

2. … Ganz unabhängig von ihrer Leistung kommt ihr natürlich auch zugute, daß sie hübsch ist, sympathisch …

jm. **zuhanden kommen** *form veraltend selten* – jm. in die **Hände** fallen/(geraten) (2) · to come into s. o.'s hands

jm. **zupaß kommen** *veraltend selten* – (eher:) jm. (sehr/…/ nicht/…) **gelegen** kommen · (not) to suit s. o. (very much/…)

mit jm./etw. **zurande kommen** · 1. 2. to be able to make headway with s. th./s. o., 2. to be able to get on with s. o., 3. to (be able to) cope with s. o./s. th.

1. Mit dieser Arbeit komme ich nicht zurande, Rainer. Kannst du mir da helfen? – Sie dürfte für dich eigentlich nicht zu schwierig sein. Schaffst du das wirklich nicht allein?

2. Mit dem Holtkamp kommt die Anneliese nicht zurande. Wir verstehen auch nicht so recht, warum; aber so sehr sie sich auch bemüht, das läuft einfach nicht. – Wahrscheinlich liegt ihr seine spröde, unterkühlte Art nicht.

3. Wenn Frau Matthes mit der Sexta C einfach nicht zurande kommt, müssen wir der Klasse einen anderen Klassenlehrer geben. – Kann sie sich nicht durchsetzen, oder gibt es gegenseitige Antipathien, Mißverständnisse …? – Vielleicht beides. Jedenfalls entstehen dauernd Schwierigkeiten.

mit jm./etw. **gut**/glänzend/…/schlecht/… **zurande kommen** – gut/glänzend/… schlecht/… mit etw./jm. **fertigwerden** · (not) (to be able) to cope well/brilliantly/… with s. o./s. th.

(nicht/gut/schlecht/…) **zurecht kommen in**/bei/mit/… – (nicht/gut/schlecht/…) **zurechtkommen** in bei/mit/… · (not) to get on well/badly/… in/at/with/…

zustande kommen · 1. to be held, 2. to be reached, to come into being, to come about

1. Ob der Kongreß wirklich zustande kommt, steht noch in den Sternen. Bisher steht er nur auf dem Papier.

2. Ist denn nun endlich eine Einigung zustande gekommen, oder streiten sich die Parteien immer noch?

jm. **zustatten kommen** · 1. 2. to be useful to s. o., 1. to come in handy, 2. to be an advantage to s. o., to benefit s. o., it helps that s. o. is …

1. … Seine langjährige kommunalpolitische Tätigkeit kommt ihm bei dieser Aufgabe natürlich zustatten. – Natürlich: eine solche Erfahrung ist für diese Arbeit eine äußerst günstige Voraussetzung.

2. vgl. – jm. zugute **kommen** (1; a. 2)

mit etw/(jm.) **zuwege kommen** *veraltend selten* – (eher:) mit jm./etw. **zurande kommen** (1; u. U. 3) · to be able to cope with s. o./s. th.

mit etw. **gut**/glänzend/… schlecht/… **zuwege kommen** *veraltend selten* – gut/glänzend/… schlecht/… mit etw./jm. **fertigwerden** (1) · (not) (to be able) to cope well/brilliantly/… with s. o./s. th.

es kommen auf jeden/… · + everyone gets 2 lbs/…, it's/it makes 2 lbs/… per person

Wenn wir 20 kg Äpfel mitnehmen und zu zehn Leuten fahren, kommen auf jeden zwei Kilo; das ist keine schwere Rechnung.

das/so eine Bemerkung/… **hätte nicht kommen dürfen** *ugs* – das/so eine Bemerkung/… durfte nicht **kommen** · that remark/… was uncalled for

das dauernde/… **Kommen und Gehen** · constant coming and going

Ich möchte in einem solchen Amt nicht arbeiten. Dieses ewige Kommen und Gehen, diese dauernde Unruhe würde mich verrückt machen.

die Regierungen/Jahre/Erinnerungen/… **kommen und gehen** · governments/the years/… come and go

Die Regierungen kommen und gehen, aber der Staat bleibt! – Auch Staaten entstehen und vergehen – nur nicht so rapide.

kommen und gehen können, wann man will/… · to be able to come and go, to come and go when one wants

… Nein, der Bernd nimmt auf seine Frau und seine Kinder nicht die geringste Rücksicht, der kommt und geht, wann es ihm in den Kopf kommt.

es hätte schlimmer kommen können · it could have been worse

(Nach einem Unfall:) Der Franz hat noch Glück im Unglück gehabt. Wenn der andere nicht so schnell reagiert hätte … – Du hast recht, Heinz: es hätte schlimmer kommen können.

jn./etw. **kommen lassen** · 1. 2. to send for s. o./s. th., 1. to call s. o. in

1. … Nein, das können wir nicht selbst reparieren; da müssen wir schon einen Elektriker kommen lassen.

2. (In einer Transportfirma:) Unsere Kisten gehen zu Ende, wir müssen unbedingt welche kommen lassen. – Ich habe schon 500 bestellt.

sich jn. **kommen lassen** · to get s. o. in, to get s. o. to do s. th. for one

… Warum läßt er sich keine Putzfrau kommen? Er hat doch Geld genug! Er braucht weder selbst zu putzen noch – wenn ihm das schwerfällt – andere zu bitten, es umsonst für ihn zu tun.

sich etw. **kommen lassen** · to send off for s. th.

… Und dann müssen wir uns noch die Ferienkataloge kommen lassen. Könntest du die Leute nicht anschreiben, Rosa, mit der Bitte, sie möglichst rasch herzuschicken?

es/etw. **nicht**/nicht erst/… **dazu kommen lassen** · not to allow s. th. to reach that point/stage

… Und wenn man die Versicherung nicht bezahlt und dann einen Unfall hat, was passiert dann? – Man sollte es nicht dazu kommen lassen! Man sollte rechtzeitig zahlen, dann stellt sich das Problem erst gar nicht.

es (nicht) zu etw. **kommen lassen** · (not) to let things come to a head, not to let things get so far/to that stage/…

… Natürlich müssen wir uns mit dem Herrn Breuer einmal ernsthaft über die Zahlungsfristen unterhalten, Herr Schuckert. Aber zu einem Streit oder einem Zerwürfnis sollte man es auf keinen Fall kommen lassen; das ist die Sache nicht wert.

sich nicht dumm kommen lassen (von jm.) *sal* · not to let s. o. put one over on one, not to allow s. o. to get funny with one

Wenn du mit Drohungen, ja mit Unverschämtheiten anfängst, sind wir geschiedene Leute! Ich lasse mir doch von dir nicht dumm kommen!

auf jn./etw. **nichts kommen lassen** *ugs* · 1. s. o. won't hear a word against him/…, 2. I/she/… won't hear a word said against him/her sister/…

1. Auf ihren Vater läßt die Rita nichts kommen. Bei dem geringsten Wort der Kritik, das gegen ihn laut wird, wird sie ganz wild.

2. Persönlich mag der Wörner den Kiebig nicht allzu sehr, aber auf seine Arbeit läßt er nichts kommen. Fachlich, sagt er immer, hätte er noch nie einen so guten Mitarbeiter gehabt wie den Kiebig.

es/etw. **nicht**/nicht erst/gar nicht erst/… **so weit/soweit kommen lassen** · not to allow things to reach/get to that stage/point

… Und wenn ich mit dem Hausbesitzer überhaupt gar nicht spreche und einfach abwarte, ob er uns kündigt oder nicht? – Ich würde es an deiner Stelle nicht so weit kommen lassen. Wenn er euch erst einmal gekündigt hat, zieht er die Kündigung nachher nicht mehr zurück; dann ist es zu spät, mit ihm zu reden.

jm. etw. **zugute kommen lassen** *form* – jm. etw. **zugutekommen** lassen · to give s. o. s. th., to let s. o. have s. th., to donate s. th. to s. o., to let s. o. have the benefit of s. th.

sich etwas/Nachlässigkeiten/nichts/… zuschulden kommen lassen · to do wrong, to be guilty of negligence/… *form*

… Der Kindler ist ein absolut untadeliger Mensch, der sich in seinem ganzen Leben nie etwas/ein unkorrektes Verhalten/… hat zuschulden kommen lassen.

mir/(dem Paul/…) soll noch/nochmal einer kommen und sagen … *ugs* · don't let anybody tell me/us/… that …

… Mir soll nochmal einer kommen und sagen, daß diese Organisation unterstützen soll! Aus zuverlässiger Quelle habe ich heute erfahren, daß die Verantwortlichen mehr als die Hälfte der Spenden veruntreut haben.

da/jetzt soll (noch) einer kommen und sagen … *ugs* · don't let anyone tell me that I/Paul/…

Jetzt soll noch einer kommen und sagen, ich hielte meinen Garten nicht in Ordnung. Jeden Tag arbeite ich nach Feierabend wenigstens eine Stunde, damit alles in Schuß ist.

etw. kommen sehen · to see it/s.th. coming

… Der Richard ist in der Tat (im Examen) durchgefallen! – Das hab' ich (seit langem) kommen sehen. Der Junge tut doch nichts.

da/(…) könnte ja/doch jeder kommen und sagen/behaupten/… … *ugs* · anyone could come along and say/claim/…

(In einer Firma:) Wenn dem Herrn Rösner nur fünf Wochen Urlaub zustehen, können wir ihm keine sechs geben, Herr Bäumler! Sonst könnte ja jeder kommen und sechs Wochen verlangen!

wie kommst du/kommen Sie/… mir eigentlich vor?! *sal* · 1. 2. who do you/does he/John/… think you are/he is/…

1. … Erst redest du hintenherum schlecht über mich und dann soll ich dir helfen?! Wie kommst du mir eigentlich vor?! – Aber Helga, das war doch gar nicht ernst gemeint! – Das kannst du jetzt gut behaupten. Nein, nein, mit Verleumdern will ich nichts zu tun haben. 2. … Wir sollen die Hauptlast der Arbeit tragen, und er verdient den Löwenanteil? Wie kommt er uns denn vor?! Der soll seine Arbeit alleine machen!

da kann/(mag) kommen, was will · 1. 2. come what may, whatever happens

1. Dieser Rauschnig versteht es immer wieder, seine Meinung durchzusetzen. Da kann kommen, was will – er setzt sich durch. 2. vgl. – **komme**, was da wolle

so jung kommen wir nicht mehr/wieder zusammen *ugs* · we'll never be as young (as this) again

Kommt, Kinder, wir trinken noch einen. So jung kommen wir nicht mehr zusammen. – Du hast recht: ein überzeugender Grund, um uns noch einen zu genehmigen.

im Kommen sein *ugs* · to be coming in, to be getting popular *n*

… Die Leute wollen sich ihr Fernsehprogramm nach Möglichkeit selbst zusammenstellen. Deshalb ist Video schwer im Kommen. – Mir scheint, das ist schon nicht mehr im Kommen, das ist bereits in.

kommende: der kommende Monat/das kommende Jahr/… · next year/month/…

Ob wir im kommenden Jahr endlich Zeit finden, um unseren Garten in Ordnung zu bringen? – Ach, Liesel, wenn nicht im nächsten, im übernächsten; so dringend ist das doch nicht.

Kommentar: (da ist jeder) Kommentar überflüssig! *ugs* · no comment (needed/required)

… Und was hälst du von der Angelegenheit? – Ach! Kommentar überflüssig! – Wie …? – Die Sache spricht doch für sich selbst, darüber brauchen wir kein Wort zu verlieren.

Kommission: etw. in Kommission haben *form* · to have s.th. on commission, to represent s.o. on a commission basis

Wenn die Brandy AG schon euren Granit in Kommission hat, könnte sie doch auch den Verkauf der Bausteine (für euch) übernehmen.

in Kommission geben *form* · to give goods (to a dealer/…) for sale on commission

Den Granit, den ihr abbaut, verkauft ihr doch nicht selbst? – Nein, den haben wir einer Verkaufsorganisation für Natursteine in Kommission gegeben. – Und wieviel verkaufen die so für euch im Jahr?

in Kommission nehmen *form* · to have/to take s.th. on commission

Welche Verkaufsgesellschaft hat eigentlich euren Granit in Kommission genommen? – Den verkauft eine »Brondy AG« für uns.

kommst: (immer nach dem Motto/…) **kommst du heute nicht, (dann) kommst du morgen/dann morgen** *ugs* · (s.o.'s attitude is:) it'll do tomorrow, (s.o.'s attitude is:) there's no rush, (s.o.'s attitude is:) never do today what you can put off till tomorrow

Der Fröbel könnte sich mit der Bearbeitung des Antrags ruhig mal ein bißchen mehr beeilen! – Du weißt doch, wie der ist: kommst du heute nicht, dann kommst du morgen.

kommt: wie es gerade kommt · 1. as it comes/they come, 2. it depends

1. Der Herr Rottmann ist ein zutiefst zufriedener Mensch, der Freud und Leid aufnimmt, wie es gerade kommt. 2. … Und wann machst du die Abrechnungen mit den Kunden? – Wie es gerade kommt: manchmal nach einem Vierteljahr, manchmal nach einem Monat, manchmal sofort bei Lieferung – da gibt es überhaupt kein System.

etw. regeln/…, wie es gerade kommt · to do s.th. as one goes along

… Wenn du da überhaupt durchkommen willst, mußt du jeden einzelnen Arbeitsgang vorher genau planen und die einzelnen Schritte genau koordinieren. Das kannst du nicht einfach regeln, wie es gerade kommt.

ganz gleich/egal, was kommt · 1. come what may, 2. whatever happens, no matter what happens

1. vgl. – **komme**, was da wolle 2. vgl. – da kann/(mag) **kommen**, was will

wenn es hart auf hart kommt · when it comes to the crunch

Solange der Körber den Eindruck hat, daß er bei den Verhandlungen in jedem Fall gut abschneidet, gibt er sich natürlich leutselig. Aber je kritischer die Lage wird, um so härter wird er. Und wenn es hart auf hart kommt, kann er geradezu brutal sein.

3 Wochen/20,– Mark/…, **wenn es hoch kommt** · … at the most, … at the outside

Wieviel Leute werden wohl an dem Einführungsabend teilnehmen? – Wenn es hochkommt, 45. Aber ich glaube nicht, daß es so viele werden. 30 wäre schon nicht schlecht.

so weit/soweit kommt es/das (noch) (daß …)! *ugs* · that'll be the day when/that/…

Morgen haben wir schulfrei. Kannst du mir 30,– Mark geben, Papa, wir wollen eine Radtour machen? – Soweit kommt das! Du stehst in drei Fächern auf »Fünf« und statt den freien Tag zu nutzen, um etwas zu tun, willst du dich auf meine Kosten amüsieren. Das fehlte gerade noch!

und so kommt es (dann/…), **daß** … *oft iron* · with the result that …, and that is why …

Wie konnte der Anton denn durchfallen?! Der ist doch nicht dumm! – Natürlich nicht! Aber er war eine Zeitlang krank; er versteht sich mit einem der Prüfer nicht sonderlich gut; auch lagen ihm die Spezialgebiete nicht sehr … – kurz: es gab eine ganze Reihe von Widrigkeiten, und so kam es, daß er mit Pauken und Trompeten durchfiel.

wie kommt es/das, daß …? · how/why is it that …?

Wie kommt es/das, daß der Arno soviel Mißerfolge hat? Er ist doch nicht dumm! – Das kommt daher, daß er sich den Dingen nur halbherzig widmet. Er setzt sich nicht genügend ein. Nur die Intelligenz macht es eben nicht.

erstens kommt es anders, zweitens als man denkt *ugs scherzh dir. R* · things always turn out differently from what you expect

Wir hatten alles aufs sorgfältigste vorbereitet, jede Einzelheit war geplant, jeder Termin festgelegt … und dann haben die in der Generalversammlung alles wieder umgestoßen. Damit konnte wirklich keiner rechnen! – Ja, so ist das im Leben: erstens kommt es anders, zweitens als man denkt.

erstens kommt es, zweitens anders, drittens als man denkt *ugs scherzh dir. R* – erstens **kommt** es anders, zweitens als man denkt · things always turn out differently from what you expect

es kommt noch besser/(toller/dicker): ... *ugs dir. R* · there's more/worse to come

... Das ist noch nicht alles: und dann sagten sie mir, eigentlich hätte ich hier ja gar kein Recht auf eine Arbeitserlaubnis. – Das ist ja lachhaft! – Warte/paß auf/..., es kommt noch besser: als sie dann anschließend in meinen Papieren herumkramen und sehen, daß meine Großmutter mütterlicherseits Italienerin ist, fragt mich einer: »Sind Sie überhaupt Deutscher?«.

es/das kommt daher, daß ... – daher **kommen**, daß ... · to be because, that is why

da kommt er/sie/der Peter/... (doch) schon wieder damit! *ugs* · 1. there he/she/John/... goes again!, 2. don't give me that!, to come to s.o. with the excuse/... that ...

1. ... Da kommt er doch schon wieder damit! Kann er nicht mal eine andere Platte auflegen, statt uns immer wieder mit dieser alten Geschichte zu langweilen?
2. vgl. – jm. (immer/...) mit etw./damit, daß ... **kommen**

das kommt davon! *ugs dir. R* · that's what you get!, see what happens

Der Kurt ist sitzen geblieben. – Ja, das kommt davon! – Was heißt: das kommt davon? – Wenn man das ganze Jahr auf der faulen Haut liegt, bleibt man eben sitzen.

das kommt davon, daß/(wenn) ... *ugs* · 1. that's what happens when ..., see what happens when ..., 2. to be because ..., that is why

1. Es geschieht ihm ganz recht, daß er mal einen Unfall gebaut hat. Das kommt davon, daß er immer so rast! Wenn einer vernünftig fährt, baut er auch keinen Unfall!
2. vgl. – (eher:) daher **kommen**, daß ...

wie kommt er/der Peter/... (denn) **dazu, zu behaupten/.../ (zu der Behauptung/...)?** · what right has he/John/... got to say/...?, how can he/John/... possibly say ...?

Wie kommt denn der Blättser dazu zu behaupten, ich hätte ihm die Unterlagen mit Absicht nicht vorgelegt? Wenn einer so etwas sagt, muß er doch einen Grund haben!

es kommt (jm.) **etwas/nichts/...** dazwischen – (jm.) dazwischen **kommen** (1, 2) · something/nothing (else) comes up/ crops up, if all goes well

das/es kommt drauf/darauf an — jenachdem · it (all) depends

es/und dann/... kommt erschwerend hinzu/dazu, daß ... *form* · ... and to make matters worse, ..., ... and to make things worse, ...

(Ein Vater eines Schülers zu einem Freund:) Jetzt hat der Junge in der Tat schon drei Mathematikarbeiten verhauen/(in den Sand gesetzt)! Erschwerend kommt hinzu, daß er sich mit dem Lehrer überhaupt nicht versteht ... – Du rechnest also damit, daß er in Mathematik eine 'Fünf' kriegt?

das/etw. kommt (echt) gut *Jugendspr* · 1. 3. it's/s.th. is just the job *coll*, it's/s.th. is just what the doctor ordered, 2. it's really/... good/great/fantastic/cool/... *sl*

1. ... Die Pizza kommt jetzt echt gut. – Stimmt, ich hatte auch schon einen Bärenhunger!
2. ... Die neue Platte von Pink Floyd kommt echt gut. – Stimmt! Die läuft mir auch ganz gut rein.
3. ... So 'ne Mütze Schlaf käme jetzt gut! Die letzte Nacht war ein bißchen kurz.

das/etw. kommt jm. hart an *ugs – path* · + to find s.th. difficult to stomach, + to find s.th. hard to take

... Gegen Arbeit hat der Ulrich gar nichts und auch gegen Überstunden nicht! Aber daß er da für den Chef am Wochenende mehr oder weniger Dienstmädchen spielen muß, das kommt ihn doch hart an.

bei etw./dabei kommt etwas/viel/allerhand/wenig/nichts/... heraus · 1. 2. nothing/a lot/... comes of it/these negotiations/..., 3. + not to be able to think straight any more/...

1. Kommt bei all diesen Verhandlungen denn überhaupt etwas heraus? – Das weiß man leider vorher nicht. Erst muß man verhandeln, und dann sieht man, ob es zu Ergebnissen führt.
2. Der Nögge kann so viel arbeiten, wie er will, dabei kommt absolut nichts heraus. Das ist eben ein Schafskopf, wie er im Buche steht.
3. vgl. – aus js. **Kopf** kommt heute/... nichts mehr/... heraus

es kommt bei etw. nur/... Unsinn/nichts Gutes/nichts Gescheites/... **heraus** *ugs* · no good/nothing worthwhile/... comes of s.th.

... Ich weiß nicht, warum der Baumann da noch länger herumforschen soll! Wenn da bisher nichts Vernünftiges bei herausgekommen ist, wird auch in Zukunft nicht mit konkreten Ergebnissen zu rechnen sein.

es/das kommt (für jn.) **auf eins/dasselbe/das gleiche heraus** (ob ... oder ob/...) · 1. 2. it comes to/it boils down to/... the same thing

1. vgl. – das **bleibt** sich (für jn.) gleich
2. vgl. – es **bleibt** sich gleich (für jn.) (ob ... oder ob .../...)

es kommt jm. hoch, wenn ... *sal* – es kommt einem/(mir/ dir/...) der (kalte) **Kaffee** hoch, wenn/... · to make s.o. want to puke, to make s.o. sick, to make s.o. want to throw up

..., und dann kommt es (plötzlich) knüppeldick *ugs* · it never rains but it pours, misfortunes come all at once

Drei Jahre lang hatten wir in der Familie keine einzige Krankheit. Aber in den letzten Monaten ist es fürchterlich. – Das ist bekanntlich meistens so: über längere Zeiträume läuft alles prima, und dann kommt es (plötzlich) knüppeldick.

wenn's kommt, kommt's *ugs* · what will be will be, we'll cross that bridge when we come to it

... Aber Christoph! Wir werden uns doch jetzt nicht monatelang durch die Angst lähmen lassen, daß irgendwann die Konjunktur zurückgeht! Wenn's kommt, kommt's! Vielleicht kommt es ja auch gar nicht; vielleicht tippen die sogenannten Weisen mal wieder daneben.

wie's kommt, so kommt's/(es) · one has to take things as they come

... Das ist doch sowieso alles Unsinn, diese ganze Planerei! Man hat die Dinge nie in der Hand. Wie's kommt, so kommt's.

wer zuerst kommt, mahlt zuerst · first come, first served

Wenn die Ute eher hier war als du, Peter, kann sie auch zuerst unter den Geschenken wählen. Wer zuerst kommt, mahlt zuerst.

von nichts kommt nichts *ugs* · nothing comes of nothing, you don't get anything without effort, if you put nothing in you get nothing out

... So'n Mist! Jetzt hab' ich schon wieder 'ne 'Fünf' in Mathe! – Du brauchst dich doch nicht zu wundern! Von nichts kommt nichts. Wenn du nie lernst und nur rumhängst, kannst du keine vernünftigen Noten schreiben.

das/etw. kommt gut rüber *ugs* · to come across well

Unser neuer Mathelehrer ist wirklich fähig. Seine Erklärungen und Beispiele kommen echt gut rüber. Das ist der erste Mathepauker, bei dem mir der Stoff Spaß macht und bei dem ich begreife, um was es geht.

bei dir/ihm/dem Peter/... kommt's wohl ruckweise?! *sal selten* – nicht (so) (ganz/(recht) bei **Trost** sein (1) · you are/ he is/John is/... off your/... rocker

das/etw. kommt jn. sauer an *sal selten* – jm. sauer **aufstoßen** · s.th. leaves a nasty taste in the mouth

es kommt noch schlimmer: *ugs dir. R* – es **kommt** noch besser/(toller/dicker): ... · there's more/worse to come

ein Unglück/... kommt über jn. *path* · a disaster/... afflicts/ befalls s.o.

Wenn da so ein Schicksalsschlag nach dem anderen über die Familie kommt, kann man schon verzagen ...

es kommt nicht von ungefähr, daß .../das/etw. kommt ... *form* · it's not just by chance that ..., it's no accident/... that ...

Wenn der Paul im Examen durchgefallen ist, kommt das nicht von ungefähr. Der Gute hat ja auch nie kontinuierlich gelernt und sich immer einen schönen Lenz gemacht.

wie kommt ihr/... mir denn vor?! *sal* · who do you/... think you/... are?, who do you/... take me for?

... Ich soll die Drecksarbeit machen und ihr schöpft dann nachher den Rahm ab?! Wie kommt ihr mir denn vor? Ich bin doch nicht euer Sklave!

jm. kommt etw./j. **komisch/seltsam/... vor** *ugs* · s.o.'s behaviour/... seems strange/... to me/...

Nein, für unehrlich halt' ich den Mann nicht! Sein Verhalten kommt mir einfach seltsam vor. Ich kann damit nichts anfangen.

j./etw. kommt jm. (so) vor, als ob/wenn ... · + to get the impression that ..., it seems to me/him/... that

... Seltsam, eine solche Rede, wirklich seltsam! Das kommt mir so vor, als nähme er sein Publikum gar nicht ernst, als würde er einfach so daherreden ... – Ja, den Eindruck hatte man.

an jm. kommt keiner/... vorbei · + there is no getting around s.o., everything has to go through s.o.

... Wenn ihr in diesem Institut etwas erreichen wollt, müßt ihr euch mit der Sekretärin des Leiters gut stellen, einer gewissen Frau Dr. Brauer. An dieser Frau kommt in diesem Institut keiner vorbei. Ohne deren Einwilligung läuft da nichts.

es kommt zum Krieg/Kampf/Streit/... · there is a war/struggle/row/..., a struggle/row/... ensues

... Ihre Beziehungen sind schon seit Jahren gespannt, doch wahrten sie wenigstens nach außen den Schein der Eintracht. Doch über das Erbe ihres Vaters ist es dann zu einem offenen und erbitterten Kampf gekommen ...

Kommunion: zur Kommunion gehen *rel* · 1. to take one's first communion, to go to communion, 2. to take/to receive/(...) holy communion

1. Mit wieviel Jahren bist du zur Kommunion gegangen? – Du meinst, zur Ersten Kommunion? – Ja. – Mit zehn.

2. vgl. – zum **Tisch** des Herrn gehen

Komödie: (mal wieder/...) eine Komödie aufführen *ugs* – (nur/mal wieder/...) **Theater** spielen · to play-act, to put on an act

Komödie spielen *ugs* · to put on an act

... Der Herr Reuter will eine Zusatzausbildung im Patentrecht gemacht haben? Das glaubst du doch wohl selber nicht! – Er hat das gestern doch selbst erzählt! – Er hat Komödie gespielt, Mensch! – Wie, du meinst, der lügt uns da was vor?

jm. eine Komödie vorspielen/(vormachen) *ugs* · to put s.th. on, to put on an act

Hat die Elke wirklich etwas am Bein, so daß sie nicht mitturnen kann? – Ach, Unsinn! Die spielt uns eine Komödie vor! Sie turnt nicht gern, das ist alles.

Kompanie: das Essen/... ist/reicht/... (ja) für eine ganze Kompanie! *ugs* – *path* · it's enough to feed a (whole) regiment

Wieviel Schnittchen machst du denn da eigentlich, Mutter? Das reicht ja für eine ganze Kompanie! – Das sagst du immer vorher! Und dann verputzen deine Freunde doch alles.

Kompetenzen: seine Kompetenzen überschreiten *form* · to exceed one's authority, to exceed one's powers

... Ist der Wiegand als Staatssekretär denn überhaupt berechtigt/(befugt), politische Richtlinien anzugeben? – Natürlich nicht. Er hat mit seiner Erklärung gestern ganz eindeutig seine Kompetenzen überschritten! – Und die Regierung läßt das durchgehen?

Kompliment: jm. ein Kompliment machen · to compliment s.o., to pay s.o. compliments

... Herr Wolter, Sie haben es nicht nötig, daß man Ihnen Komplimente macht. Lassen Sie mich Ihnen daher nur ganz kurz und ehrlich sagen: Ihr neuster Roman ist einfach großartig ...

nach Komplimenten fischen/angeln *ugs* · to be fishing for compliments

(A:) Wenn ich noch meine alte Arbeitskraft hätte, dann ... – (B:) Herr Wolter, Sie leiden doch nun wirklich nicht an einem Mangel an Arbeitskraft! – (C:) Das wollte er doch gerade hören! Hast du nicht gemerkt, daß er mit seiner fingierten Klage nur nach Komplimenten fischte?

Komplott: ein Komplott schmieden (gegen jn.) *ugs* · to hatch a plot (against s.o.)

Wenn man an den schleppenden Arbeitsrhythmus hier beobachtet, hat man den Eindruck, die Belegschaft hat ein Komplott (gegen die Firmenleitung) geschmiedet. 'Arbeit nach Vorschrift' nennen die das wohl, nicht?

Kompott: Kompott in der Denkschüssel haben *sal selten Jugendspr* – nicht (so) (ganz/(recht)) bei **Trost** sein (1) · to be as nutty as a fruitcake

Kompromiß: ein fauler Kompromiß *ugs* · a shabby compromise

Kompromisse – prima! Aber keine faulen Kompromisse, die nur den kleinsten Nenner darstellen, auf den man sich hat einigen können, nichts lösen und daher im Grunde niemandem dienen!

einen Kompromiß schließen · to make/to reach a compromise

Wenn ihr beide steif und fest auf eurem Standpunkt beharrt, werdet ihr euch wohl nie einigen. Könnt ihr wirklich keinen Kompromiß schließen – euch irgendwo in der Mitte treffen?

Kondition: (keine) Kondition haben *bes Sport* · (not) to be fit, (not) to have (any) stamina, (not) to be in good shape

(Tennis:) Ja, er spielt gut, der Martin; ausgezeichnet sogar! Aber er hat keine Kondition. Vom dritten Satz an wird er schwächer und schwächer. Wenn er im Hochleistungssport was werden will, muß er viel härter trainieren.

Konflikt: mit dem Gesetz/der Verfassung/.../(jm.) **in Konflikt kommen/geraten** *form* · to come into conflict with the law/..., to clash with the law/...

... Es mag schon sein, daß der Mann schon einmal mit den Gesetzen in Konflikt gekommen ist. Aber es gibt so viele Leute, die die Gesetze übertreten und nie erwischt/belangt werden ...

konform: (mit jm.) konform sein *form* – mit jm. konform **gehen** (in etw.) · to agree with s.o. about s.th.

König: ein/der ungekrönte König des .../in .../... · the uncrowned king of ...

Der Anton ist ein ungekrönter König im Billard. Du glaubst gar nicht, welche Tricks mit den Kugeln der auf Lager hat! Das ist hier weit und breit der Beste.

der König der Lüfte *path selten* · the king of birds

Der König der Tiere hier auf der Erde ist der Löwe. Und der der Luft, Ulrika? – Der König der Lüfte ist der Adler.

der König der Tiere *path* · the king of beasts

Hier steht: 'der König der Tiere ...', wer ist das, Mama? – Der Löwe, Christl.

der König der Vögel *path selten* – der **König** der Lüfte · the king of birds

der König der Wüste *path* – der **König** der Tiere · the king of beasts

Königin: die Königin der Blumen *path selten* · the flower of flowers, the queen of flowers

Es gibt einen König der Vögel – gibt es auch eine Königin? – Nein, aber eine Königin der Blumen; das ist die Rose.

Königreich: ein Königreich für ein Pferd/(Bier/...)! *lit iron* · my kingdom for a horse/(beer/...)

Mensch, hab' ich einen Durst! In Anlehnung an Shakespeare sage ich jetzt: ein Königreich für ein Bier!

Königs: des Königs Rock tragen *hist* · to be a soldier of the King, to don the King's uniform

Wie sich die Zeiten ändern! Während es noch vor drei Generationen eine Ehre war, 'des Königs Rock zu tragen', wollen heute nur noch wenige junge Leute Soldat sein.

Konkubinat: im Konkubinat leben *form veraltend selten* – eine wilde **Ehe** (mit jm.) führen/in wilder Ehe (zusammen-)leben · to cohabit with s.o.

Konkurrenz: außer Konkurrenz laufen/fahren/... *form* · to compete unofficially
... Ja, der Bolch ist offiziell nach wie vor gesperrt. Er schwimmt aber außer Konkurrenz mit. Seine Zeit wird nicht gewertet. Er will nur in Form bleiben.

jm. **Konkurrenz machen** · to compete with s.o.
Konkurrenz belebt das Geschäft. – Sagt man! Und doch schließen sich immer mehr Unternehmen zusammen, um sich gegenseitig keine Konkurrenz zu machen.

Konkurs: (den) Konkurs anmelden *form* · to file for bankruptcy, to present/to file a bankruptcy petition, to have o.s. declared bankrupt
Die miserable Geschäftsführung seines Bruders ist verantwortlich dafür, daß er jetzt offiziell Konkurs anmelden mußte. Banktechnisch ist die Firma im übrigen schon länger als ein halbes Jahr bankrott.

in Konkurs gehen *form* – **Konkurs** machen · to go bankrupt

Konkurs machen *form* · to go bankrupt
Bei Blaiber wollen Sie die Sachen bestellen? Das geht nicht mehr: die haben Konkurs gemacht. – Was? Blaiber hat pleite gemacht? Wie ist das denn möglich?

können: nicht anders können (als etw. tun) · 1. 2. to have no choice (but to ...)
1. Natürlich ist mir bewußt, daß meine Entscheidung für euch ungünstig ist. Aber ich kann nicht anders. Ich würde gegen meine Überzeugung und gegen das Interesse der Firma handeln, wenn ich anders entschiede.
2. Es tut mir leid, aber ich kann nicht anders als gegen euren Plan stimmen ...

etw. **auswendig können** · to know s.th. by heart
Müssen wir das Gedicht denn auswendig können? – Ja, was meinst du denn?! Ablesen kann das jeder.

nichts/etwas/viel/... dafür/(dazu) können (daß .../wenn ...) · 1. to be able to do s.th. about it if ..., 2. to be able to help it if ...
1. Kann er etwas dafür, daß die Dinge zu Hause nicht klappen? – Er kann sogar sehr viel dafür. Wenn er seine Frau nicht jahrelang so gekränkt und mißhandelt hätte, sähe heute alles ganz anders aus.
2. Kinder, jetzt ist Ruhe, sonst gibt's was! – Was kann ich denn dafür, Mama, wenn der Rudi so viel Lärm macht? Ich sitze hier ganz ruhig und lese. Das ist doch nicht meine Schuld!

etwas/was können – **etwas** können/(...) · to be good, to be able

es mit jm. **können** *ugs selten* · to (be able to) get on with s.o.
... Mir liegt der Herbert einfach nicht. Kannst du es mit ihm? – Ja. Ich komme sogar ausgezeichnet mit ihm zurecht.

(es) mit jm. **gut können** *ugs* · to get on well with s.o.
Kommst du eigentlich mit der Sekretärin des Chefs zurande? – Warum? – Mir liegt die Frau einfach nicht. – Ich hab' keine Klage. Im Gegenteil! Ich kann es sogar ausgesprochen gut mit ihr.

(es) miteinander gut können *ugs* · to get on well with each other, to get on well together
Wenn die Ursel und der Karl-Heinz es gut miteinander können, heißt das doch nicht, daß sie verliebt sind, Mensch! Sie kommen halt gut miteinander aus, nicht mehr und nicht weniger!

auf jn./etw. **nicht können** *ugs Neol* · 1. 2. not to be able to stand s.o., to have no time for s.o.
1. ... Auf Leonard Cohen kann ich überhaupt nicht, der singt mir zu schnulzig.
2. ... Laß mich mit der Barbara in Ruhe! Auf die Frau kann ich überhaupt nicht. Ich krieg's schon an die Nerven, wenn ich sie nur sehe.

nicht mehr können · I/he/John/... can't go on any more, I/he/John/... can't take any more
... Er kann einfach nicht mehr; er ist total erschöpft, fertig.

nicht umhin können, etw. zu tun · I/he/John/... have/... to do s.th., I/he/John/... can't help doing s.th.
Der Klose kann meinen Bruder zwar nicht leiden, aber er kann nicht umhin anzuerkennen, daß er ein ausgezeichneter Jurist ist.

an jm./etw. **nicht vorbei können** *ugs* – an jm./etw. nicht **vorbeikönnen** · not to be able to get past s.o., not to be able to avoid dealing with s.o., not to be able to get round s.th.

etw. **vorwärts und rückwärts können** *ugs* · to know s.th. inside out
... So, die Lektion kann ich jetzt vorwärts und rückwärts. Wenn ich in dieser Arbeit keine vernünftige Note schreibe, dann weiß ich es nicht!

nicht weiter können (in etw.) *ugs* · to be stuck, not to be able to go any further
Immer, wenn er in seinen Mathematik-Aufgaben nicht weiter kann, fragt er meinen Bruder um Rat.

Konnex: mit jm. **keinen Konnex (mehr) haben** *ugs* – ≠ **Kontakt** haben zu/mit jm. · not to have any contact with s.o. any more, to have lost touch with s.o.

zu jm. **keinen Konnex finden/bekommen** (können) *ugs* – (keinen) **Kontakt** bekommen/kriegen (zu/mit jm.) (2; u. U. 1) · not to (be able to) get to know s.o. well, not to (be able to) get close to s.o.

konnte: er/Karl/... rannte/lief/..., was er nur konnte – laufen/rasen/..., was das **Zeug** hält · to run/... for all one is worth

Konsequenz: mit eiserner Konsequenz sein Ziel verfolgen/... · to pursue one's goal/... with absolute single-mindedness
Nur wenn du mit eiserner Konsequenz den Weg weitergehst, für den du dich nun einmal entschieden hast, kannst du hoffen, das Ziel, das du dir gesteckt hast, zu erreichen; nur wenn du dich durch nichts und durch niemanden beirren läßt.

keine Konsequenzen haben · to have no consequences, to produce no results
Wenn weder die guten noch die schlechten Handlungen Konsequenzen haben, wird den Leuten natürlich bald alles völlig gleichgültig sein!

die Konsequenzen tragen (für etw.) *form* – die **Folgen** tragen (für etw.) · to take the consequences (of s.th.)

die Konsequenzen ziehen (aus etw.) · to draw the (obvious/...) conclusion from s.th. and ..., to take the logical step and ...
Wenn es uns trotz aller Anstrengungen nicht gelungen ist, zu vernünftigen Bedingungen zu exportieren, müssen wir (daraus) die Konsequenzen ziehen und uns aus dem Exportgeschäft zurückziehen.

seine Konsequenzen ziehen · to do the only possible thing, to take the logical step, to take the appropriate step, to do the obvious thing, to do the only thing one can/could
Wenn mein Chef mich so behandeln würde, wie deiner dich behandelt, hätte ich längst meine Konsequenzen gezogen. – Was hättest du denn dann gemacht? – Gekündigt natürlich. – Das ist leicht gesagt.

Konsorten: X und Konsorten *sal* · X and his associates, X and co.
... Ich will mit Brugmann und Konsorten nichts mehr zu tun haben! Das sind doch alles ausgemachte Gauner! Das kannst du ihnen meinetwegen sagen! ...

Konstitution: eine gute/eiserne/... Konstitution haben · to have a strong/iron/... constitution
Den Holger bewundere ich immer wieder. Was der alles aushält! Der hat eine eiserne Konstitution, dieser Mann. Jeder andere wäre bei dieser harten Arbeit schon längst kaputt.

Kontakt: Kontakt haben zu/mit jm. · to be in contact with s.o., to be in touch with s.o.
... Ja, den Schniermann kenne ich persönlich; wir waren zusammen auf der Schule. Aber wir haben keinen Kontakt mehr (miteinander/zueinander).

wenig Kontakt(e) haben (zu/mit jm.) · to have little contact with people
... Der Albers hat sehr wenig Kontakt, weißt du; er lebt völlig zurückgezogen, fast isoliert. Es überrascht mich also nicht, daß er von der Sache nichts weiß.

den Kontakt zu jm./dahin/... **nicht abreißen lassen** – die **Verbindung** zu jm./dahin/... nicht abreißen lassen · not to break off one's connections with s.o./a place/..., to keep in touch with s.o./a place/..., not to lose touch with s.o./a place/...

Kontakt aufnehmen zu/mit jm. *form* · to get in touch with s.o., to contact s.o.
Hast du zu dem Herrn Kreusner Kontakt aufgenommen, wegen der IBM-Maschinen? – Ja, ich habe ihm gestern geschrieben/habe da angerufen/bin vorgestern da vorbeigefahren/...

den Kontakt zu/(mit) jm. **aufrechterhalten** – die **Verbindung** zu/(mit) jm. aufrechterhalten · to keep in touch with s.o., to keep in contact with s.o.

(keinen) Kontakt bekommen/kriegen (zu/mit jm.) · 1. (not) (to be able) to make contacts, 2. to get to know s.o. well, to get close to s.o.
1. In dieser Stadt ist es verdammt schwer, Kontakt zu bekommen. Die Leute sind alle so zugeknöpft, alle in feste Gruppen eingespannt, in die man nicht hereinkommt ...
2. Der Nöttel und du, ihr seid doch Kollegen, ihr müßt euch doch kennen! – Vom Ansehen kennen wir uns natürlich und wenn wir uns über den Weg laufen, grüßen wir uns auch sehr freundlich. Aber ich weiß nicht, woran es liegt: wir bekommen keinen Kontakt zueinander. Es bleibt bei den äußerlichen, gesellschaftlichen Formen.

mit jm. **in Kontakt bleiben** – mit jm. in **Verbindung** bleiben · to keep in touch/contact with s.o.

(keinen) Kontakt finden zu jm. – (keinen) **Kontakt** bekommen/kriegen (zu/mit jm.) (2) · (not) (to be able) to get to know s.o. well, (not) (to be able) to get close to s.o.

Kontakt halten mit jm. *form* · to be in contact with s.o.
... Es ist nun einmal im Geschäftsleben so, Herbert, daß du mit allen möglichen Leuten Kontakt halten mußt, die du eigentlich gar nicht sehen willst.

mit jm. **in Kontakt kommen** · to come into contact with s.o., to get to know s.o.
... Auf der Cocktailparty gestern bin ich mit einem jungen Mann in Kontakt gekommen, der für dich von Interesse sein müßte, Paul, einem Besitzer eines großen Exportunternehmens für Gemüse. Du exportierst doch Spargel, oder? – Ja, aber ich hab' da schon meine Leute ...

hautnah mit etw. **in Kontakt kommen** *ugs* – *path selten* · to experience s.th. at first hand, to come into close contact with s.th. *n*
... Klar, von außen sieht das sehr verlockend aus, ein großes Landgut aufzubauen. Aber wenn du hautnah mit den täglichen Problemen in Kontakt kommst ... – Hautnah? Da hab' ich andere Kontakte! – Du Witzbold!

in (ständigem/permanentem/...) **Kontakt stehen mit** jm. *form* · 1. 2. to be in constant/... touch with s.o., 2. to be in contact with s.o.
1. ... Machen Sie sich keine Sorgen, wir stehen in ständigem Kontakt mit unserer Zentrale in Teheran. Sobald sich da etwas Neues tut, werden wir informiert. *form*
2. vgl. – (eher:) **Kontakt** haben zu/mit jm.

mit jm. **in Kontakt treten** *form* – **Kontakt** aufnehmen zu/mit jm. · to get in touch with s.o., to contact s.o.

kontaktarm: kontaktarm (sein) · to have little contact with other people, not to make friends easily, to find it difficult to make friends
... Ist der Ulli eigentlich von Natur aus so kontaktarm oder warum hat er so wenig Freunde?

Kontakte: viele Kontakte haben · to have a lot of contacts
Der Brennemeier? Der hat äußerst viele Kontakte – der kennt Hinz und Kunz in dieser Stadt

kontaktfreudig: kontaktfreudig (sein) · (to be) sociable, (to be) outgoing
... Mach' dir mal keine Sorgen, Mutter: ein derart kontaktfreudiger Mensch wie der Rudi ist auch in Paris keine drei Tage allein. – Fragt sich nur, was für Kontakte er dann hat.

Kontenance: die Kontenance (be-)wahren *form veraltend selten* – seine **Haltung** bewahren/(wahren) · to keep one's composure

die Kontenance verlieren *form veraltend selten* – die/(seine) **Haltung** verlieren (2; u. U. 1) · to lose one's composure

Konto: jn./(etw.) auf dem Konto haben *sal selten* – jn./etw. auf dem **Gewissen** haben (1) · to have s.o./s.th. on one's conscience

einen Betrag/... von seinem Konto abheben *Bank* · to withdraw money from one's account
Ich möchte 2.000,– Mark von meinem Konto abheben. – Haben Sie einen Scheck dabei? Sonst füllen Sie bitte dieses Formular hier aus – Ihre Kontonummer ist ...

einen Betrag/... auf ein/sein Konto einzahlen *Bank* · 1. 2. to pay money into s.o.'s account
1. ... Ich habe doch gestern noch 3.750,– Mark auf mein Konto eingezahlt. Wie können Sie denn da ein Minussaldo angeben? – Einen Moment bitte ... Ach, entschuldigen Sie, die Einzahlung war noch nicht verbucht.
2. ... Diesen Betrag von 4.500,– Mark möchte ich auf das Konto von Herrn Mierbaum einzahlen.

auf js. **Konto gehen** *ugs* – auf js. **Rechnung** gehen · it's on me/you/..., + I'm paying/you're paying/..., + s.o. is the person responsible for s.th., + s.o. is responsible for s.th.

(einen Betrag) einem/js. **Konto gutschreiben** *Bank* · to credit (a sum of money) to s.o.'s account
(An eine Bank:) ... Ich bitte höflich, den Betrag des beigefügten Schecks (Dresdner Bank; Schecknummer ...) dem Konto meiner Schwester, Frau Ilse Brauer, Kto.-Nr. 08901821, gutzuschreiben.

auf js. **Konto kommen** *ugs selten* – auf js. **Rechnung** gehen (2, 3) · + s.o. is to blame for s.th., + s.o. is responsible for s.th.

ein Konto sperren (lassen) *Bank* · to block an account, + to have an account blocked
Nachdem man mir jetzt schon zum zweiten Mal ein paar Eurocheques gestohlen und damit Geld von meinem Konto in Bonn abgehoben hat, habe ich das Konto sperren lassen. – Dann hast du aber (dafür) ein neues eröffnet?

sein Konto überziehen *Bank* · to overdraw one's account
... Um das Dreifache des Gehalts, sagen Sie, kann ich mein Konto bei Ihnen überziehen? – Ja, bei Ihrem monatlichen Einkommen von 3.400,– Mark können Sie also ein Negativsaldo bis zu 10.200,– Mark haben, ohne jede Formalität.

sein Konto bei jm. **überzogen haben** (mit etw.) *ugs* · to have pushed one's luck too far with s.o.
... Der Junge nutzt es schamlos aus, wenn man ihn gewähren läßt! Dieser Meinung war ich schon lange. Aber mit der Unverschämtheit, trotz seiner miserablen Noten die ganzen Osterferien wegzufahren, hat er bei mir sein Konto endgültig überzogen. Von jetzt an leistet er sich nichts mehr!

(etw. als) einen (persönlichen) Erfolg/... auf seinem Konto verbuchen können *form* – *path* – (etw. als) einen (persönlichen) Erfolg/... für sich **verbuchen** können. · to chalk up a success, to count s.th. as a success

Kontra: (jm.**) (tüchtig) Kontra geben** *ugs* · to produce counter-arguments against s.o. *n*, to contradict s.o. flatly
Wenn der Stoffel wieder den Vorschlag macht, den Sitz der Firma nach Köln zu verlegen, mußt du Kontra geben. – Aber mit welchem Argument? Ich kann doch nicht nur deswegen widersprechen, weil mir das persönlich nicht paßt.

Kontra sagen/(ansagen) *Skat usw.* · to double
Du hast Kontra gesagt, Alfons? Dann sag' ich Re. – (Erich:) Na, ihr beide scheint ja gute Karten zu haben. Dann mal los! Wer spielt auf?

Kontrolle: jn./etw. (immer) **unter Kontrolle haben/(halten) (müssen)** · 1. 4. to keep an eye on s.o., 1. to keep s.o. under control, 2. 3. to have (got) s.th. under control, 3. to be in charge, 4. to keep s.th. in sight
1. Den Mörtelmann mußt du immer unter Kontrolle haben, sonst tut der nichts oder macht Unsinn. Auf den mußt du ständig aufpassen.
2. Du hast den Apparat doch unter Kontrolle? – Ja. Warum? – Das ist nicht ganz ungefährlich, was wir hier machen. Wenn der Apparat ausrasten würde …
3. Dieser Mann hat die Firma genau unter Kontrolle, die Menschen so gut wie die Maschinen. Da passiert nichts, ohne daß er es nicht angeordnet oder eingeleitet hätte und genau überwachen ließe.
4. vgl. – jn./etw. (immer/…) im **Auge** haben (1)

seine Beine/… (nicht) (mehr) unter Kontrolle haben/(halten) – seine Beine/… (nicht) (mehr) in der **Gewalt** haben · to have (no) control over one's legs/…

unter (js.) Kontrolle stehen · to be constantly/… checked, to be under surveillance
… Wenn der Mann nicht ständig unter Kontrolle steht, arbeitet er nicht. Solche Leute können wir hier nicht gebrauchen.

Konversation: Konversation machen · 1. to make small talk, 2. to make conversation
1. … Nein, zu diesem Empfang erscheine ich nicht. Mir steht im Augenblick nicht der Sinn danach, Konversation zu machen. Ernste Dinge kommen da sowieso nicht zur Sprache.
2. Mein Freund ist Engländer. Wenn wir uns treffen, machen wir immer zuerst Konversation in deutsch, dann in englisch.

Konversation treiben – **Konversation** machen (1) · to make small talk

Konversationslexikon: ein wandelndes Konversationslexikon (sein) *ugs* · to be a walking encyclopedia
Wo immer der Bollmann erscheint, erregt er mit seinem immensen Wissen Bewunderung. Neulich nannte ihn eine Dame ein wandelndes Konversationslexikon.

Konvoi: im Konvoi fahren/fliegen *form* · to drive in convoy
Diese Manie, im Konvoi zum Flughafen zu fahren! Als wenn so ein Präsident nicht ohne einen Begleittrupp von Autos und Motorrädern wegkommen könnte!

Konzept: jn. (ganz) **aus dem Konzept bringen** · to put s.o. off, to put s.o. off his stroke, to interrupt s.o.'s train of thought
Es gehört zu ihrer Taktik, mit allen Mitteln zu versuchen, den Redner zu unterbrechen und uns aus dem Konzept zu bringen. Wenn du da sprechen willst, brauchst du also einen gehörigen Schuß Nerven und Konzentrationskraft, wenn du den Faden nicht verlieren willst.

im Konzept fertig sein *form* · + the draft is complete
Im Konzept ist die Arbeit fertig, ja. Aber du weißt, wie das ist: wenn man an die definitive Redaktion geht, ändert man doch noch tausenderlei Dinge.

(ganz) aus dem Konzept kommen/(geraten) · to lose one's thread
Wenn du bei diesem Durcheinander nicht aus dem Konzept kommst, dann bist du zum Bundestagsabgeordneten geboren! Dann verlierst du nirgends den Faden, läßt dich durch niemanden und nichts verwirren.

jm. nicht ins/nicht in js. Konzept passen *ugs* · not to fit in with s.o.'s plans
Bei aller Ehre, die man meinem Bruder damit macht: das Angebot, für zwei Jahre die Leitung des Instituts zu übernehmen, paßt ihm gar nicht ins Konzept. Er wollte in den nächsten beiden Jahren eine längere Untersuchung über die wirtschaftlichen Grundlagen Perus in Angriff nehmen.

jm. ins Konzept pfuschen *ugs* · to interfere in and mess up s.o.'s plans
Laß doch den Werner die Reise doch so planen, wie er das für richtig hält! Diese Manie, den Leuten ewig ins Konzept zu pfuschen! Es muß doch jeder selbst wissen, wie er am besten seinen Urlaub verbringt.

etw. ins Konzept schreiben *form* · to write a rough draft of s.th.
Ich habe die Rede zwar gestern schon ins Konzept geschrieben; aber das war doch ein bißchen hastig, sodaß ich noch einiges ändern und ausfeilen muß, ehe meine Sekretärin sie tippt.

jm. das (ganze) Konzept verderben *ugs* · to spoil s.o.'s plans
Die überraschende Einladung beim Botschafter heute abend ist zwar eine Ehre, aber sie hat uns das ganze Konzept verdorben. Wir wollten die beiden freien Tage dazu nutzen, einen ausgiebigen Stadtbummel zu machen, ins Theater, ins Museum zu gehen …

jm. das (ganze) Konzept versauen *sal* – jm. das (ganze) Konzept verderben · to mess up s.o.'s plans

Kopf: aus dem Kopf sagen/vortragen/… · to say/recite/… s.th. from memory
Er hat den ganzen Text aus dem Kopf zitiert. – Die halbe Seite? – Die halbe Seite! Er hat keine einzige Zeile abgelesen.

mit/(in) besoffenem Kopf etw. tun *sal* · to do/to say/… s.th. in a drunken state *n*, to do/to say/… s.th. when drunk/while drunk/in a drunken condition/… *n*, to do/to say/… s.th. while under the influence of alcohol *coll*
… Wenn der Emil die Paula ein 'elendes Hurenweib' genannt hat, dann soll man das auch nicht ernster nehmen, als es ist. Er hat das schließlich mit besoffenem Kopf gesagt. – Vielleicht drückt er, wenn er betrunken ist, besonders klar aus, was er von den Leuten hält.

mit hängendem Kopf erscheinen/dastehen/abziehen *ugs* – *path selten* · 1. 2. to stand there/… with (one's) head hanging/crestfallen
1. vgl. – mit hängendem/eingezogenem **Schwanz** abziehen/(weggehen/…)
2. vgl. – wie ein begossener/(nasser) **Pudel** dastehen/…

nach seinem (eigenen) Kopf handeln/… · 1. to do s.th. in one's own way, 2. to decide for o.s.
1. Wenn du dir nichts sagen läßt und immer nur nach deinem eigenen Kopf entscheiden willst, mußt du auch die Konsequenzen allein tragen. Das ist doch wohl klar!
2. Du mußt nach deinem eigenen Kopf entscheiden, nicht danach, was dir dieser und jener einzutrichtern sucht. In einer Position wie der deinen muß man seine eigene Linie haben.

mit unbedecktem Kopf *form selten* – mit bloßem **Kopf** · bare-headed, with nothing on one's head

der Kopf sein von einer Gruppe/…/von etw. · to be the brains of the operation/group/…
Der Brachthäuser tritt zwar selten in Erscheinung, aber jeder weiß, daß er der Kopf des ganzen Unternehmens ist. Er dirigiert alles – vom Schreibtisch aus.

ein eigenwilliger Kopf sein *ugs* · to be a person with a will of one's own, to be strong-minded
Dem Breitner Ratschläge zu geben dürfte nicht ganz einfach sein. Er ist ein sehr eigenwilliger Kopf. Er hat sehr präzise Vorstellungen, wie man was zu machen hat – und seine Vorstellungen decken sich keineswegs immer mit denen anderer Leute.

ein fähiger Kopf sein *ugs* · to be able *n*, to have an able mind
… Ach, diese Regierung wird doch von Jahr zu Jahr schwächer! Wirklich fähige Köpfe muß man da inzwischen mit der Lupe suchen. – Die sind doch nicht alle dumm oder inkompetent, Richard! So stimmt's nun auch wieder nicht.

ein gerissener Kopf sein *ugs selten* · to be crafty *n*, to be a crafty fellow/person/… *n*
Unterschätze den Kroll bloß nicht! Das ist ein ganz gerissener Kopf! Wenn du bei den Verhandlungen nicht aufpaßt wie ein Schießhund, zieht er dir das Fell über die Ohren.

ein heller Kopf sein *ugs* · to be bright, to have brains
Das ist ein heller Kopf, Ihr Maxl, Frau Sedlmair! Auf den Buben können Sie stolz sein. Der versteht sofort, was man ihm sagt, denkt mit, sieht die Zusammenhänge. Ein pfundsgescheiter Kerl!

nicht ganz klar im Kopf sein · 1. to have left one's brains at home, not to be on form mentally, not to be with it, + the lights are on but there's nobody home!, 2. s. o. is not all there
1. Hoffentlich versteh' ich heute in Mathe, worum es geht, Tobias; ich bin nämlich nicht ganz klar im Kopf ... – Hast du schlecht geschlafen oder hast du gestern gefeiert?
2. vgl. – (eher:) nicht (so) (ganz/(recht) bei **Trost** sein (2)

hohl im Kopf sein *sal* – ein **Hohlkopf** sein · to be a dimwit

ein kluger Kopf sein *ugs* · to be bright/clever/brainy
Das ist wirklich ein kluger Kopf, dieser Niermann. Ich bin immer wieder überrascht, wie rasch er die Zusammenhänge erfaßt, wie umsichtig er seine Entscheidungen trifft und wie geschickt er mit den Leuten umgeht.

ein origineller Kopf sein *ugs* · to have an original mind *n*, to have an independent mind *n*
... Ich möchte doch mal einen einzigen originellen Kopf bei dieser Konferenz erleben! Die beten alle nur herunter, was die Regierungen ihnen eingetrichtert haben. Kein einziger eigener Vorschlag, kein einziger eigener Gedanke!

nicht ganz richtig im Kopf sein *sal* – nicht (so) (ganz/(recht) bei **Trost** sein (2; u. U. 1) · not to be quite right in the head, to be a bit funny in the head

j. ist (etwas/ganz/...) wirr im Kopf *ugs selten* · to be muddled, to be muddle-headed, to be confused in one's mind
... Ja, Pläne hat der Mathias viele – zu viele, denn sie sind nicht immer ganz durchdacht. – Das ist sehr vornehm ausgedrückt, Klaus. Ich finde, der Junge hat überhaupt selten klare Gedanken. Er ist von Natur einfach etwas wirr im Kopf.

einen/einen halben/einen ganzen Kopf größer/kleiner sein als j. · to be a head bigger/smaller than s. o.
Unser Ältester ist jetzt einen Kopf größer als meine Frau.

du hast/... wohl was am Kopf?! *sal selten* – nicht (so) (ganz/(recht) bei **Trost** sein (1) · are you/is he/is Peter/... all right in the head?

etw. noch/... im Kopf haben · 1. 2. to remember, to have (s. th.) in one's head
1. Hast du noch im Kopf, was wir im letzten Halbjahr in Deutsch gemacht haben? – Warte mal, ich will mal sehen, ob ich mich noch erinner' ...
2. Wenn du die Texte nicht mehr im Kopf hast, mußt du sie halt noch einmal lesen. Im Examen zählt nur, was man präsent hat.

den Kopf voller Dummheiten/Unsinn/Blödsinn/... haben *ugs* – (eher:) nur/nichts als/... **Dummheiten** im Kopf haben · to have nothing but/... silly ideas/foolish ideas/nonsense/... in one's head, to be always/... up to mischief

einen dicken Kopf haben *ugs selten* · to be pig-headed
Den Kurt bringt so leicht nichts von seinen Meinungen oder von seinen Einfällen und Launen ab. Der hat einen dicken Kopf, weißt du. – Wir haben ihn eigentlich nur für unbeugsam oder gar eigensinnig gehalten. Aber wenn du das sagst ...

seinen eigenen Kopf haben *ugs* · to have a mind of one's own, to be able to think/to decide/... for oneself
Du mußt den anderen nicht dauernd erzählen, Petra, was sie zu denken und zu machen haben! Das muß jeder selbst wissen. Es hat schließlich jeder seinen eigenen Kopf.

einen harten Kopf haben *ugs* · to be obstinate *n*, to be pig-headed
Wenn der Meinhard sich einmal etwas vorgenommen hat, läßt er sich so leicht nicht wieder davon abbringen. Er hat einen harten Kopf. – Eine gewisse Unbeugsamkeit ist vielleicht kein Fehler im Leben ...

einen (ganz) heißen Kopf haben · to have a burning forehead
Kind, was hast du einen heißen Kopf! – Ich hab' 39° Fieber. – Das ist bestimmt Grippe.

etw. im Kopf haben · to have noted s. th., to have s. th. in one's mind, to have it up here, to have made a mental note of s. th.
... Den Betrag, den ich meinem Bruder geliehen habe, brauche ich nicht aufzuschreiben, den habe ich im Kopf.

einen klaren Kopf haben · to be clear-headed
Der Kurt hat einen klaren Kopf, der sieht die Menschen und Dinge so, wie sie sind, und läßt sich in seinem Urteil weder durch Animositäten noch durch Vorurteile beeinflussen.

im Kopf muß man's haben! *ugs – path selten* · you need it/ one needs it up here
... Der Roleber regt einen auf – da hast du recht – mit seinem ewigen Nachschlagen, seinen Tabellen, seinem 'dies sagt X und das sagt Y'! – Fürchterlich, dieser Mann! Im Kopf muß man's haben – nicht in den Büchern!

anderes/andere Dinge/... im Kopf haben als ... *ugs* · to have other things on one's mind than ..., to have other things to think/worry about than ...
... Der Karl hätte von der Apotheke ein paar Eukalyptusbonbons mitbringen können; er weiß doch, wie erkältet die Gerda ist. – Du, der Karl hat zurzeit andere Dinge im Kopf als Gerdas Erkältung und Eukalyptusbonbons! Der ist mit seinen Sorgen im Geschäft voll ausgelastet.

nichts im Kopf haben *sal selten* – keine/(wenig) **Grütze** im Kopf haben · to have no brains, to be thick/dim

nur/(bloß) ... im Kopf haben/nichts anderes im Kopf haben als ... *ugs* · to have nothing but ... on one's mind
Papa, kann ich heute nachmittag zu dem Fußballspiel ...? – Junge, du hast in letzter Zeit nichts anderes als Fußball im Kopf! Es gibt doch noch andere Dinge auf der Welt als Fußball!

einen schweren Kopf haben · 1. 2. to have a thick head
1. Ich hab' so einen schweren Kopf heute ... – Das macht das schwüle Wetter. – Vielleicht. Jedenfalls habe ich den Eindruck, ich laufe mit einer Holzkugel herum.
2. vgl. – (eher:) einen **Kater** haben

wo du/sie/der Emil/... nur (immer) deinen/ihren/... Kopf hast/hat/...! *ugs* · where has he/Emil/have you/... left his/ your brains/head?
Der Kurt hat vergessen, den Vollmer anzurufen? Obwohl ich ihn noch heute morgen extra daran erinnert habe? Wo der nur immer seinen Kopf hat! Der denkt aber auch an nichts – oder besser: er denkt an alles, nur nicht an das, was gerade zu machen ist.

blas'/blast mir auf den Kopf! *sal selten* – leck' mich am/(im) **Arsch** (1) · + well I'll be damned!, + well I'll be blowed!

mit bloßem Kopf · bare-headed, with nothing on one's head
Setz' dir besser den Hut auf, Max; bei diesem eiskalten Wetter solltest du nicht mit bloßem Kopf herausgehen.

jm. brummt der Kopf *ugs* · 1. 2. s. o.'s head is buzzing (from s. th.)
1. Diese harte Diskussion hier, die dauernde Anspannung, Konzentration, und dann diese stickige, verrauchte Luft ...! Mir brummt schon richtig der Kopf!
2. vgl. – jm. schwirrt der **Kopf** (1)

jm. dreht sich alles im Kopf (herum) *ugs* · 1. 2. s. o.'s head is spinning with ... 1. s. o.'s head's swimming with so many dates/...
1. Die haben mich bei dem Examen regelrecht durch die Mühle gedreht! 14. Jahrhundert, deutsche Geschichte, 17. Jahrhundert, französische, 19., englische, Vergleiche zur Antike ... Danach drehte sich mir alles im Kopf herum. Die Daten und Ereignisse schwirrten mir nur so durcheinander.
2. vgl. – jm. dreht sich alles vor den **Augen** (1, 2)

jm. dröhnt der Kopf · s. o.'s head is ringing/buzzing/humming/...
Bei diesem dauernden Lärm dröhnt einem ja der Kopf!

jm. ist ganz dumm/(dumpf) im Kopf *ugs selten* · to feel funny, to feel light-headed
... Das war ein ganz schöner Zusammenprall! Mir ist ganz dumm im Kopf! – Mir auch. So als wenn nichts drin wäre im Schädel, nicht? – Haargenau.

bei dir/ihm/dem Peter/... **fehlt's wohl im Kopf**⁈! *sal selten* – nicht (so) (ganz/(recht)) bei **Trost** sein · s.o. must be out of his mind, s.o. must have taken leave of his senses, s.o. is not all there

es geht um js. Kopf *ugs* · 1. + s.o.'s life is at risk *n*, + s.o.'s life is at stake *n*, 2. + s.o.'s job/... is at stake *n*
1. Meinst du wirklich, die erschießen den Mann, wenn das Gericht ihn zum Tode verurteilt? – Natürlich. Diesmal geht es um seinen Kopf. Das weiß er auch ganz genau.
2. Wenn es dem Krüger nicht gelingt, die Absatzzahlen deutlich zu verbessern, geht es bei der nächsten Vorstandswahl um seinen Kopf

das/so eine Idee/... **käme ihr**/dem Peter/... **nicht**/nie/... **in den Kopf** *ugs* · + he/John/... would never have dreamt of doing s.th., it would never have occurred to him/John/... to do s.th.
Natürlich war mein Vater häufig nicht im geringsten einverstanden, wie man mich in der Schule behandelte! Aber es wäre ihm nie in den Kopf gekommen, deswegen zur Schule zu gehen und sich zu beschweren!

plötzlich/... **kommt es jm. in den Kopf, zu ...** *ugs* · + (suddenly) to get the idea of doing s.th. *n*
Wir saßen gemütlich beieinander und unterhielten uns über den Terrorismus. Plötzlich kam es dem Otto in den Kopf, bei der Polizei anzurufen und zu fragen, ob sie den Botz schon gefaßt hätten. Wir versuchten mit allen möglichen Argumenten, ihm das auszureden – vergeblich. Er ließ sich von seinem Einfall nicht mehr abbringen.

(in/bei/...) da kriegst du es/kriegste es **(noch) an den Kopf** *sal Neol* · + it's enough to drive you round the twist/up the wall
... In dem Laden kriegste es noch an den Kopf! Wenn dieses Chaos kein Ende nimmt, raste ich noch aus.

jm. **platzt (noch/schon/...) der Kopf** *ugs* · 1. if ..., s.o.'s head will split/burst, 2. s.o.'s head is buzzing (from s.th.)
1. Dieses schwüle Wetter dauert nun schon seit 14 Tagen an. Wenn das so weiter geht, platzt mir noch der Kopf.
2. vgl. – (eher:) jm. brummt der **Kopf** (1)

pro Kopf (macht das/ist das/...) – pro **Person** ist/macht das/... (2; a. 1) · it/that comes/amounts to DM 10/... per head

jm. **raucht der Kopf** *ugs* · 1. s.o.'s head is spinning, 2. s.o.'s head is buzzing (from s.th.)
1. Jetzt habe ich über fünf Stunden ohne Unterbrechung übersetzt! Jetzt reicht's! Jetzt raucht mir der Kopf.
2. vgl. – (eher:) jm. brummt der **Kopf** (1)

j. **redet**/... **sich (noch/...) um seinen Kopf** *ugs* – *path selten* – (eher:) j. redet/... sich (noch/...) um seinen **Hals** · + s.o.'s talk/chatter/... will cost him his neck

es schießt jm. blitzartig/plötzlich/... **durch den Kopf**/Gedanken schießen jm. ...) · + the thought/idea/... flashes through s.o.'s mind
... Bei seiner tückischen Frage schoß es ihr blitzartig durch den Kopf: »Steckte er womöglich mit ihrem ersten Mann unter einer Decke?« Diese plötzliche Eingebung genügte, um ihr ganzes Verhalten zu ändern.

jm. **schwindelt (schon) der Kopf** *ugs* · s.o.'s head is reeling
(Bei einer Vertragsverhandlung:) Sie haben recht, Herr Illig, wir sollten eine kleine Pause machen. Vor lauter Paragraphen, Klauseln, Vorschlägen und Gegenvorschlägen schwindelt einem der Kopf. – Nicht⁈! Wenn man nicht aufpaßt, schmeißt man (dann) alles durcheinander.

verschiedenste Gedanken/... **schwirren jm. durch den Kopf** *ugs* – *path* · all kinds of thoughts/... go through/rush through/flash through/... s.o.'s mind
... Ist das ein Theater mit dieser Erbschaftsgeschichte! Mein Bruder will das Haus unbedingt verkaufen, meine älteste Schwester will es unbedingt behalten, meine jüngere Schwester will umbauen. Wenn man sieht, wie unterschiedlich die Einstellungen zu unserem 'Zuhause' sind, schwirrt einem natürlich so einiges durch den Kopf. Wie

verschieden die Menschen doch denken und fühlen! – Laß dich bloß nicht verwirren!

jm. **schwirrt der Kopf** *ugs* · s.o.'s head is buzzing
... Der Anwalt redete dermaßen auf uns ein, daß uns allen der Kopf schwirrte und keiner mehr einen vernünftigen Gedanken fassen konnte.

bei dir/der Klara/... **spukt's wohl im Kopf**⁈! *sal* – nicht (so) (ganz/(recht)) bei **Trost** sein (1) · are you/is he/is Mary/... all right in the head?

du/der Peter/... **vergißt (aber) (auch) noch deinen**/seinen/... **Kopf!** *sal* – (aber auch) ein **Gedächtnis** haben wie ein Sieb · you/Peter/... would forget your/... head if it wasn't screwed on

dafür/(daß etw. geschieht/j. etw. tut) **verwette ich**/(verwettet Karl/...) **meinen**/(seinen/...) **Kopf** *ugs* – (eher:) dafür (daß etw. geschieht/j. etw. tut) lege ich/legt Karl/... die/meine/seine/... **Hand** ins Feuer · I'll bet anything that ...

ich wette meinen/(der Karl/... wettet seinen/...) **Kopf, daß** etw. **geschieht**/... *ugs* – *path selten* – dafür (daß etw. geschieht/j. etw. tut) lege ich/legt Karl/... die/meine/seine/... **Hand** ins Feuer · I'll bet anything that ...

jm. **wirbelt (schon) der Kopf** *ugs* – *path selten* – jm. schwirrt der **Kopf** · s.o.'s head is in a whirl/whirling

dafür/wenn das nicht stimmt/..., **laß ich mir den Kopf abhacken** *ugs* – *path selten* – ich will des **Todes** sein, wenn ... · I'll bet my bottom dollar/anything that s.th. happened/is true/is not true/...

der/die/der Peter/... **wird dir**/ihm/dem Emil/... **nicht gleich/ (sofort) den Kopf abreißen!** *ugs* · I/she/John/... will not bite his/your/... head off
Ich habe so eine Angst, meinem Vater die schlechte Arbeit zu zeigen. – Meine Güte, Renate, dein Vater wird dir doch nicht gleich den Kopf abreißen!

jm. **den Kopf abschlagen** *hist* – jm. den **Kopf** vor die Füße legen (lassen) · to behead s.o., to cut s.o.'s head off

seinen Kopf (mal) **(ein wenig/...) anstrengen** *ugs* – (eher:) seinen **Grips** (ein wenig/...) anstrengen/(zusammenhalten) · to use one's loaf

schließlich/... **trägst du**/trägt der Peter/... **den Kopf unterm Arm** *ugs selten* · when you/Peter/... break/... your/... neck/ bones, it will be too late/... *para*
Wenn man jung ist, schlägt man die Ratschläge der Älteren, auf die Gesundheit zu achten, nur zu gern in den Wind. Aber wenn man dann den Kopf unterm Arm trägt, ist es zu spät.

schließlich/... **kommst du**/kommt der Peter/... **noch mit dem Kopf unterm Arm nach Hause**/(trägt ... den Kopf unterm Arm)/... *ugs* · you/he/Peter/... will end up getting killed/ breaking your/his/... neck/...
... Du bist eben kein Bergsteiger, Junge; du wirst also solche gefährlichen Klettertouren nicht mitmachen! Wenn du nachher mit dem Kopf unterm Arm nach Hause kommst, ist es zu spät!/Schließlich kommst du mit dem Kopf unterm Arm nach Hause – dann ist es zu spät!/(Und wenn du nachher den Kopf unterm Arm trägst – was wird deine Mutter dann sagen?!)

seinen Kopf aufsetzen *ugs selten* – (eher:) seinen **Dickkopf** aufsetzen · to get into one of one's stubborn moods

etw. **im Kopf ausrechnen** · to do mental arithmetic, to work s.th. out in one's head
36 x 15 könnt ihr doch wohl noch im Kopf ausrechnen! Oder braucht ihr auch dafür schon den Taschenrechner?

eine Belohnung/einen Preis/(...) **auf js. Kopf aussetzen** *jur* · to put a reward on s.o.'s head
Was heißt das, Vater: »Auf den Kopf des Täters wurden 10.000,– Mark Belohnung ausgesetzt«? – Wenn du der Polizei den Täter angibst, bekommst du die 10.000,– Mark Belohnung.

etw. (genau/...) **im Kopf behalten** · to remember
... Moment, so viel kann ich nicht im Kopf behalten; das muß ich mir aufschreiben.

klaren/kühlen Kopf behalten – ruhig'/(kaltes) **Blut** bewahren · to keep a cool head

den Kopf oben behalten *ugs* · 1. to hold one's head up high, 2. not to let s.o./s.th. get one down
1. Trotz aller Demütigungen, mit denen man ihn verfolgte, trotz allen Unrechts, das man ihm antat, hat er immer den Kopf oben behalten. Ich weiß gar nicht, woher er die innere Kraft – oder den Stolz – genommen hat.
2. vgl. – sich nicht **unterkriegen** lassen (von jm./etw.) (2)

(immer/...) **auf seinem Kopf beharren** *ugs selten* · to (always/...) want one's own way, to insist on doing things one's own way
... Ihre Unbeugsamkeit grenzt an Eigensinn. Immer beharrt sie auf ihrem Kopf, immer. Nicht ein einziges Mal gibt sie nach!

was man nicht im Kopf hat, muß man in den Beinen haben *scherzh dir. R* · what you don't have in your head you need in your heels *tr*, use your head and save your legs
Verdammt nochmal, jetzt hab' ich das Heft doch oben liegen lassen! – Dann mußt du eben nochmal raufgehen und es holen. Was man nicht im Kopf hat, muß man in den Beinen haben. So ist das nun einmal.

eins/(einen) auf/über den Kopf bekommen *ugs* · 1. 2. to be/ to get hit/banged/... on the head
1. vgl. – eins/(einen) auf/über den **Kopf** kriegen
2. vgl. – (selten) eins **draufkriegen** (1; u.U. 2)

einen (ganz) roten Kopf bekommen *ugs* – (über und über) rot **anlaufen** · to go red all over, to go red in the face

(immer/...) **auf seinem Kopf bestehen** *ugs selten* – (immer/...) auf seinem **Kopf** beharren · to (always/...) want one's own way, to insist on doing things one's own way

(einen) **klaren Kopf bewahren** – ruhig'/(kaltes) **Blut** bewahren · to keep a clear head

(einen) **kühlen Kopf bewahren** – ruhig'/(kaltes) **Blut** bewahren · to keep a cool head

etw. **mit seinem Kopf bezahlen** *selten* – etw. mit dem/seinem **Leben** bezahlen · to pay for s.th. with one's life

du kannst/ihr könnt/(...) mir auf den Kopf blasen! *sal* – leck' mich am/(im) **Arsch!** (1) · get stuffed!, piss off!

j. **kann/(soll) mir/(uns) auf den Kopf blasen** (mit etw.) *sal* – leck' mich am/(im) **Arsch!** (1) · s.o. can get stuffed/piss off/...

jm. **steht der Kopf nicht danach**, etw. zu tun/nach etw. – jm. steht der **Sinn** nicht danach, etw. zu tun/nach etw. (1; u.U. 2) · + s.o. does not feel like (doing) s.th.

mit einem dicken Kopf dasitzen *ugs selten* · to sit there with a hangdog expression *n*
Erst faulenzt du monatelang da herum, und wenn dann das Examen vor der Tür steht, sitzt du mit einem dicken Kopf, beklagst dich, das wäre zuviel Stoff, du wärst übermüdet und was weiß ich alles!

(immer/...) **seinen Kopf durchsetzen (wollen/müssen/...)** *ugs* · 1. 2. to (always/...) (want to) get/have one's own way, to (always/...) (have to) decide *n*
1. ... Die Ursel sagt, wenn wir nicht an den Strand führen, ginge sie nicht mit. – Die Ursel muß/will aber auch immer und immer ihren Kopf durchsetzen! Kann sie nicht wenigstens ein Mal etwas tun, was andere wollen?!
2. ... Wenn die meint, sie könnte hier immer ihren Kopf durchsetzen, ist sie auf dem Holzweg. Wenn sie nicht mitgehen will, bleibt sie hier. Wir laufen der doch nicht nach!

sich (bei jm.) (vergeblich) **den Kopf einrennen** *sal* – (eher:) sich (bei jm.) (vergeblich) den **Schädel** einrennen · to beat/ to be beating one's head against a brick wall with s.o.

sich an etw. den Kopf einrennen *sal selten* – du/der Walter/... wirst dir/wird sich/... noch den **Schädel** einrennen · you/John/... are/is/... going to come a cropper if you ...

sich (gegenseitig/(einander)) **die Köpfe einschlagen** *sal* – (eher:) jm. den **Schädel** einschlagen (1) · to crack one another's skulls, to be always/...at one another's throats

mit seinem Kopf für etw. einstehen *selten* – seine **Haut** für jn./(etw.) zu Markte tragen · to risk one's neck for s.th.

den Kopf einziehen · to duck
... Wenn der Peter nicht blitzschnell den Kopf eingezogen hätte, wäre er glatt gegen den Draht geritten. Er konnte sich noch so eben ducken.

auf den Kopf der Bevölkerung/(...) entfallen/kommen ... *form* · this is/amounts to/... ... per capita/per head of the population
Wenn sie den Verteidigungshaushalt nur um 10% kürzen würden ... – Was macht das schon aus bei einer Bevölkerung von mehr als 60 Millionen? – Ich schätze, so um die 1.000,– bis 2.000,– Mark würden auf den Kopf der Bevölkerung entfallen. Mehr als nichts.

sich an den Kopf fassen *oft: man faßt sich ..., wenn man so etwas sieht/hört/...* · 1. 2. to throw one's hands up in despair, to put one's hand to one's head
1. »Wie konnte ich nur so töricht/begriffsstutzig/nachlässig/... sein!«, rief er aus und faßte sich an den Kopf; »unglaublich, so eine Dummheit!«.
2. Im ersten Moment merkst du vielleicht gar nicht, daß sie dich mit dem verlockenden Angebot nur fangen wollen. Aber nachher faßt du dich an den Kopf und fragst dich: »wie konnte ich nur darauf hereinfallen!«

js. Kopf fordern · 1. 2. to demand s.o.'s head
1. ... und dann forderte die Menge irgendwann Robespierres Kopf. Also landete der auch auf der Guillotine.
2. Kaum hat so ein Minister mal eine Fehlentscheidung getroffen, fordert die Opposition seinen Kopf. Als ob wir alle paar Monate die Ministerriege auswechseln könnten! – Das sind atavistische Reden, Ernst, transponiert in das politische Geschäft unserer Kulturbarbaren.

ein Gentleman/... von Kopf bis Fuß sein – etw. **durch** und durch sein/ein durch und durch ... sein/ein ... durch und durch sein (6) · to be a gentleman/... from head to toe

jn. von Kopf bis (zu) Fuß mustern/prüfen/ansehen/... – jn./ etw. von **oben** bis unten mustern/prüfen/kontrollieren/... (1) · to look s.o. up and down

jn./sich von Kopf bis Fuß neu einkleiden · to buy s.o./o.s. a completely new wardrobe
Irgendjemand hat mir erzählt, dein Reisekoffer sei auf dem Flug nach Paris abhanden gekommen. – Ja, und er ist nicht wieder aufgetaucht. Ich mußte mich von Kopf bis Fuß neu einkleiden.

sich von Kopf bis Fuß waschen *veraltend selten* · to wash (o.s.) from head to toe
Kannst du dir vorstellen, daß sich jemand mit Schnee von Kopf bis Fuß wäscht? – Warum nicht? Hast du das über Russen gelesen? ...

jm. den Kopf vor die Füße legen (lassen) *sal* · to behead s.o. *n*, to cut s.o.'s head off *n*
... Und was haben sie mit Robespierre dann gemacht? – Sie haben ihm den Kopf vor die Füße gelegt. Das ging ruck-zuck damals.

jn. vom Kopf bis zu den Füßen mustern/prüfen/ansehen/... – jn./etw. von **oben** bis unten mustern/prüfen/kontrollieren/.../überschüttet sein mit/voll von/... (1) · to look s.o. up and down

jm. eins/(einen) auf den Kopf geben *ugs* – jm. eins/(einen) auf/über/vor den **Dez** geben (1) · to hit s.o. on the bonce, to whack s.o. on the bonce

nicht auf den Kopf gefallen sein *ugs* · 1. s.o. is no fool/mug, + there are no flies on s.o., 2. to be bright, to have brains
1. Dein Junge ist wirklich nicht auf den Kopf gefallen! Wie der die Leute beobachtet und beurteilt, sich genau überlegt, was am zweck-

mäßigsten zu tun ist – wirklich prima! Ein kluger und umsichtiger Kerl!
2. vgl. – ein heller **Kopf** sein

jm. **(immer wieder/...) durch den Kopf gehen** · 1. a thought/... keeps going through s.o.'s mind, 2. + to keep thinking about s.th.
1. ... Seine Bemerkung »dann muß ich halt passen« geht mir immer noch durch den Kopf. Was hatte er damit sagen wollen? Wollte er fortgehen?
2. Du schaust so nachdenklich drein, Peter. – Mir geht die ganze Zeit durch den Kopf, was ich nur meinem Bruder sage, wenn er heimkommt und von dem Unglück erfährt.

jm. **nicht in den Kopf gehen** ugs – (eher:) jm. **nicht in den Kopf** wollen (1) · + s.o. cannot get it/s.th. into his head

es/etw. **muß immer/... nach js. Kopf gehen** ugs · + he/she/John/... always wants to/can't have things/all his/her/... own way
... Gut, ihr Vorschlag, daß wir uns die 'Blechtrommel' von Grass ansehen, ist nicht schlecht; aber die anderen wollen nun einmal lieber tanzen heute. Es muß ja nicht immer nach ihrem Kopf gehen; sie kann ja auch mal machen, was die anderen wollen.

sich etw. **nochmal/nochmal genau/... durch den Kopf gehen lassen** (müssen) · 1. 2. to (have to) think s.th. over carefully, 2. to (have to) sleep on it coll
1. ... Hast du dir auch alles reiflich überlegt? – Ja. Ich habe mir alles nochmal ganz genau durch den Kopf gehen lassen. Ich bleibe bei meinem Nein.
2. Nimmst du die Stelle nun an oder nicht? – Ich muß mir das nochmal durch den Kopf gehen lassen. So Knall auf Fall kann ich das nicht entscheiden.

in js. **Kopf geht nichts/nichts mehr/... herein** ugs · + I/he/John/... can't take any more in
... So, machen wir Schluß! In meinem Kopf geht sowieso nichts mehr herein – ich bin total erschossen. Zwei Stunden Vokabeln lernen ...!

mir/... **ist neulich/... in den Kopf gekommen, daß** ... ugs · it occurred to me/... recently/... that
Mir ist neulich in den Kopf gekommen, daß wir schon mehr als ein halbes Jahr lang nicht mehr bei meinen Eltern waren ... – Deinen Eltern? Warum denkst du plötzlich an deine Eltern? – Ich weiß nicht ...

wie **vor den Kopf geschlagen sein** ugs · 1. to be stunned (by s.th.), 2. to be completely out of it, to have a mental block
1. ... Ich bin wie vor den Kopf geschlagen, Klaus – deine Bemerkung: »eigentlich wäre es für uns beide besser, wenn wir getrennt lebten« hat mich richtig durcheinandergebracht. Auf so etwas war ich wirklich nicht gefaßt ...
2. Du bist heute wie vor den Kopf geschlagen, Karl. Jetzt ist es schon das dritte Mal, daß ich dir erklären muß, was die mit dem Text sagen wollen. Hast du gestern zuviel getrunken? – Nein, gar nicht! Aber du hast recht: ich hab' heute richtig ein Brett vor dem Kopf. seltener

wie **vor den Kopf gestoßen sein** ugs selten – wie vor den **Kopf** geschlagen sein (1) · to be stunned/dumbfounded/... (by s.th.)

sich **an den Kopf greifen** – (eher:) sich an den **Kopf** fassen (1) · to put one's hand to one's head

in den Kopf gucken kann man keinem/niemandem/keinem Menschen ugs · one can't tell what another person really thinks, one can't read a person's thoughts
Ob er wirklich Kommunist ist ... ich weiß nicht ... – Gut, in den Kopf gucken kann man niemandem, das ist klar; Zweifel kann man immer haben. Aber nach allem, was er sagt und tut, ist anzunehmen, daß er an den Kommunismus glaubt.

jm. **wächst der Kopf durch die Haare** scherzh selten · + to be going thin on top coll
Dem Alfred wächst auch schon der Kopf durch die Haare! – Ja, ja, auf dem Scheitel kriegt er eine kahle Stelle. Er sieht aus wie ein junger Mönch mit Tonsur.

den Kopf gesenkt halten form · to keep one's head bowed
(Bei einer Behörde; ein Beamter zu einem anderen über einen älteren Mann:) Ich weiß auch nicht, warum der Alte den Kopf immer so gesenkt hält. Ob es Scheu ist, Bescheidenheit – oder gespielte Bescheidenheit, weil er meint, dann erreicht er hier mehr –, ich weiß nicht.

den Kopf in die Hand/Hände stützen · 1. to hold one's head in one's hands, 2. to prop up one's head
1. ... Verzweifelt stützte sie den Kopf in die Hände. Was sollte aus dem Jungen werden ...?
2. Renate, ist der Kopf so schwer? Renate!! Stütz' beim Essen den Kopf nicht immer so in die Hände, als wenn er aus Blei wäre!! Kannst du wirklich nicht vernünftig am Tisch sitzen?!

den Kopf hängen lassen ugs · to hang one's head, to be downcast/down-hearted
... In solch schwierigen Situationen zeigt sich, wer Kraft und Mut hat und wer nicht! Wer da den Kopf hängen läßt, ist verloren. In solchen Situationen gibt's nur eins: Kopf hoch, den Mut nicht sinken lassen, durchhalten!

Unsummen/Monate/... **auf den Kopf hauen** ugs · 1. to blow huge sums/..., to get through money/..., 2. to waste money/time/... n
1. ... Sein ganzes Erbe hat er in den beiden Jahren kleingekriegt? – Ja, er hat in den zwei Jahren über 100.000,– Mark auf den Kopf gehauen.
2. Jetzt haben wir einen Monat so richtig auf den Kopf gehauen, jetzt müssen wir aber anständig rangehen, wenn wir mit der Arbeit in den vier Monaten, die uns bleiben, fertig werden wollen. Den Monat müssen wir wieder reinkriegen.

es geht jm. **alles/alles mögliche/das wirrste Zeug/... im Kopf herum** ugs · all kinds of ideas/things/... are going round and round in s.o.'s mind
Der Vortrag war für einen Laien wie mich viel zu wissenschaftlich. Mir gehen all die 1.000 Spezialausdrücke noch im Kopf herum – da kann sich doch keiner durchfinden, der sich auf dem Gebiet nicht spezialisiert hat.

es/etw. **geht jm. immer/immer noch/... im Kopf herum** ugs · + not to be able to get s.th. out of one's mind, + to be still thinking of s.th. n
Mir geht immer noch im Kopf herum, was der Anton über die Arbeitslosen, die Streiks usw. in den zwanziger Jahren sagte. Wenn solche Schwierigkeiten bloß nicht wiederkommen!

in js. **Kopf herumspuken** ugs · 1. to haunt s.o., to trouble s.o., 2. to go through/to lurk in/... s.o.'s mind, to go on in s.o.'s mind
1. ... Nach diesem 'Anpfiff' durch den Chef spukten dem Jungen die seltsamsten Gedanken im Kopf herum: 'War er wirklich ein Nichtsnutz? Oder hatte der Alte ihn auf dem Zug? Wollte er ihn vielleicht rausschmeißen? Was würde er dann machen? ...' – krauses Zeug, das ihn immer mehr verwirrte.
2. (Von einem jungen Autor:) Was weiß ich, was dem alles für Gestalten im Kopf herumspuken! Du kennst doch dessen Phantasie.

jm. **auf dem Kopf herumtanzen/(herumtrampeln)** ugs · to do what one likes with s.o., to (be able to) get away with murder with s.o., to walk all over s.o.
... Die ganze Klasse tanzt ihr auf dem Kopf herum! – Die Arme! Sie hat sich schon als Mutter von zwei Kindern nicht durchsetzen können. Es ist also kein Wunder, wenn die Schüler ihr machen, was sie wollen. Du müßtest das Durcheinander da mal sehen!

jm. **nicht in den Kopf/(nicht in js. Kopf) hineinwollen/(hineingehen)** ugs – form selten – jm. nicht in den **Kopf** wollen · + s.o. cannot get s.th. into his head, + s.o. cannot get it into his head that ...

den Kopf für jn./etw. hinhalten ugs · 1. 2. to take the rap/blame for s.o., to be left to face the music, 3. to risk one's neck for s.o./s.th.
1. Ihr geht gefälligst selbst zum Chef! Ich sehe nicht ein, warum ich immer den Kopf für euch hinhalten soll! Ihr habt den Bock geschossen, seht ihr also auch zu, wie ihr die Sache geradebiegt.

2. ... warum ich immer den Kopf für eure Fehler/euren Unsinn/eure Entscheidungen/... hinhalten soll ...

3. vgl. – (eher:) seine **Haut** für jn./(etw.) zu Markte tragen

über js. **Kopf hinweg entscheiden/...** · to go over s.o.'s head
Wenn der Belker die Verantwortung übernimmt, müßt ihr ihn vor den jeweiligen Entscheidungen auch fragen! Da könnt ihr nicht einfach über seinen Kopf hinweg entscheiden/Beschlüsse fassen/Vereinbarungen treffen/...

Kopf hoch! *ugs* · chin up!
Wer jetzt den Kopf hängen läßt, ist verloren! In solch einer schwierigen Lage gibt's nur eins: Kopf hoch, die Ohren steif halten, den Mut nicht sinken lassen, durchhalten!

wenn ..., dann/sonst/... bist du/seid ihr (aber) bald einen Kopf kleiner/kürzer *path od. iron selten* · otherwise you're/... for it *coll*, otherwise you're/... for the high jump *coll*, otherwise you'll/... get your/... head chopped off *tr*
Paßt auf, ihr Strolche, daß man euch bei diesen Betrügereien nicht erwischt; sonst seid ihr bald einen Kopf kürzer. – Wir dachten, die Todesstrafe wäre abgeschafft.

jm. **eine/einen/eins vor den Kopf knallen/(ballern/donnern)** *sal selten* · 1. to clout s.o., 2. to give s.o. a right bollocking
1. vgl. – jm. eine **Ohrfeige** geben
2. vgl. – jm. eine/einen/eins/(etw.) vor den **Latz** knallen/(hauen/ballern/donnern) (2, 3)

jm./**(mal) auf den Kopf kommen (müssen)** *ugs selten* · 1. to (have to) do some straight talking with s.o., to be blunt with s.o. *n*, 2. to put s.o. straight
1. vgl. – mit jm. (mal) **Fraktur** reden (müssen)
2. vgl. – jm. den **Kopf** zurechtrücken/(zurechtsetzen)

tun, was einem (gerade) in den Kopf kommt *ugs* · to do/... whatever comes into one's head
Die Renate macht aber auch immer, was ihr (gerade) in den Kopf kommt. Wenn ihr plötzlich einfällt, drei Wochen lang zu faulenzen, tut sie drei Wochen nichts; wenn es ihr dann in den Sinn kommt, ordentlich zu studieren, arbeitet sie wie eine Wilde. Immer so, wie es ihr gerade paßt.

etw. **sagen/reagieren/..., wie es einem (gerade) in den Kopf kommt** *ugs* · to say the first thing that/whatever comes into one's head, to react by doing the first thing that/whatever comes into one's head
Der Walter reagiert, wie es ihm (gerade) in den Kopf kommt. Das darfst du nicht ernster nehmen, als es ist. Er überlegt dabei für keine zwei Pfennige. Der erstbeste Gedanke, der ihm kommt, ist die Antwort.

aus js. **Kopf kommt heute/... nichts mehr/... heraus** *ugs* · + not to be able to think straight any more/...
Aus meinem Kopf kommt heute abend nichts Gescheites mehr heraus. Es ist das Beste, wir machen mit dieser verdammten Textanalyse Schluß. Morgen ist auch noch ein Tag.

Kopf an Kopf stehen/(...) *selten* – (eher:) dicht **gedrängt** stehen die Zuschauer/... · to be/to stand/... shoulder to shoulder (with s.o.)

das/die Dummheit/... wird dir/ihm/dem Peter/... nicht gleich/(sofort) den Kopf kosten *ugs* – der/die/der Peter/... wird dir/ihm/dem Emil/... nicht gleich/(sofort) den **Kopf** abreißen · I/she/John/... will not bite his/your/... head off

der/die/der Heinz/... bringt sich/(etw. bringt sie/den Hans/...) noch/bestimmt noch/... um Kopf und Kragen *ugs* – *path* · he/John/... is going to lose life and limb
So etwas von Unvorsichtigkeit, von Leichtsinn wie diesen Jungen habe ich noch nicht gesehen! Dieser Kerl bringt sich noch um Kopf und Kragen/dieser Leichtsinn/... bringt ihn noch um Kopf und Kragen/(der bringt seinen Bruder mit seinem Leichtsinn/... noch um Kopf und Kragen)! Wenn sie ihn bei diesem Unternehmen erwischen, stecken sie ihn hinter schwedische Gardinen – wenn sie ihn nicht einfach abknallen/(erschießen).

es geht jm. **an Kopf und Kragen (wenn ...)** *ugs – path selten* – es geht jm. an den **Kragen** (wenn ...) · + s.o. is going to be in for it when ...

es geht (für jn.)/(bei jm.) (bei etw.) **um Kopf und Kragen** *ugs – path* · 1. to be a matter of life and death (for s.o.), 2. it's deadly serious (for s.o.)
1. Besteht denn für die Angeklagten überhaupt eine ernsthafte Gefahr? – Welch eine Frage, Junge! Es geht für die um Kopf und Kragen. Wenn das Gericht für erwiesen ansieht, daß sie die Verbrechen begangen haben, deren sie angeklagt sind, dann werden sie hingerichtet!
2. Hör' auf mit deinen Witzchen, Paul! Bitte! Hier ist jede Ironie und jeder Spaß völlig fehl am Platz. Bei dieser Sache geht es um Kopf und Kragen. Wenn wir mit den Fälschungen aufkippen/auffallen, landen wir im Zuchthaus.

(j. wird) **sich (noch/...) um Kopf und Kragen bringen** *ugs – path* · s.o. is taking his life into his hands (by doing s.th.), s.o. is risking life and limb (by doing s.th.)
Wenn der Jens weiter so gegen das Regime wettert und in der Uni verbotene Autoren propagiert, bringt er sich noch um Kopf und Kragen. Die 'Staatssicherheit' springt mit Kritikern nicht gerade zimperlich um.

um Kopf und Kragen gebracht werden *ugs – path selten* – jn. (jm.) **Kopf** und Kragen kosten · to cost s.o. his life

jn./(jm.) **Kopf und Kragen kosten** *sal selten* · to cost s.o. his life *n*
... Und was ist mit den Widerstandkämpfern passiert, die sie erwischt haben? – Ihr Idealismus hat sie Kopf und Kragen gekostet – sie wurden öffentlich hingerichtet.

(j. wird) **sich (noch/...) um Kopf und Kragen reden** *ugs – path selten* · s.o. is risking life and limb by saying s.th./by criticising the government/...
... Der Junge redet sich mit seiner großen Klappe noch um Kopf und Kragen! Erzählt der doch in der Öffentlichkeit, was die Regierung sagt, ist alles gelogen! ... Irgendwann stecken die ihn hinter Schloß und Riegel – so wie den Prof. Brettschneider, der plötzlich verschwand und von dem man nie wieder etwas gehört hat. Es wäre nicht das erste Mal, daß das Regime Kritiker einfach verschwinden ließe.

Kopf und Kragen riskieren *ugs – path* · to risk one's life/one's neck
... Der Junge will diese Widerständler unterstützen? Ist ihm denn nicht klar, was dabei auf dem Spiel steht – Kopf und Kragen riskiert er dabei. – Er meint, wer ein wenig Ehre im Leib hat, muß in einer solchen Lage auch sein Leben riskieren können.

Kopf und Kragen verlieren *sal selten* – jn./(jm.) **Kopf** und Kragen kosten · to lose one's life

sich vor Verlegenheit/... am Kopf kratzen · to scratch one's head in embarrassment/...
Wenn der Schulze da so steht und sich vor Verlegenheit am Kopf kratzt, wirkt dieser kleine Kerl urkomisch.

eins auf den Kopf kriegen/(bekommen) *ugs* – (eher:) eins aufs **Dach** kriegen/(bekommen) · to get hit/bashed/... on one's head

eins/(einen) auf/über den Kopf kriegen *ugs* · to get hit/banged/bashed/... on one's head
... Er öffnete die Tür im Dunkeln. Leise trat er ins Zimmer – und, bums!, kriegte er eins auf den Kopf. – Mit einem Stock? – Ja.

einen (ganz) roten Kopf kriegen *ugs* – (über und über) rot **anlaufen** · to get red in the face

jn. **einen Kopf kürzer/(kleiner) machen** *sal* – jm. den **Kopf** vor die Füße legen (lassen) · to behead s.o., to cut s.o.'s head off

den Kopf in den Nacken legen · to put one's head back
Morgen geht's zum Zahnarzt. Schon der Gedanke daran, eine halbe Stunde den Kopf in den Nacken zu legen und mein Gebiß zu präsentieren, macht mich sauer.

den Kopf (stolz) in den Nacken werfen *path* · to throw back one's head (proudly)

»Und Sie haben den Angeklagten in seinem Widerstand gegen die Polizei unterstützt?« – Stolz warf der so Angesprochene den Kopf in den Nacken und antwortete mit funkelnden Augen: »Der Angeklagte ist mein Bruder, der mit dem Protestmarsch nicht das Mindeste zu tun hatte und von der Polizei hinterrücks mit Knüppeln zu Boden geschlagen wurde!«

jn. beim Kopf nehmen *ugs selten* · to take s.o.'s head in one's hands

… Komm', laß dich beim Kopf nehmen und dir einen kräftigen Kuß geben! – Ach, Toni …

mit dem Kopf nicken · 1. 2. to nod (one's head)

1. Als der Rainer bei seinem Vortrag in die Runde fragte, ob sein Vorschlag nicht die einzige Möglichkeit sei, das Projekt noch zu retten, nickte der alte Hausmann ganz beifällig mit dem Kopf.

2. … Bist du mit Gerdas Vorschlag auch einverstanden?, fragte meine Schwester plötzlich. – Mein Bruder nickte (verneinend) mit dem Kopf: »Nein, absolut nicht!« *seltener*

jm. den Kopf zwischen die Ohren setzen *sal* – (eher:) jm. den **Kopf** zurechtrücken/(zurechtsetzen) · to put s.o. straight (about s.th.), to tell s.o. a thing or two

sich an den Kopf packen *ugs* – sich an den **Kopf** fassen · to throw one's hands up in despair, to put one's hand to one's head

du wirst/der Peter wird/… **doch wohl**/… **nicht den Kopf in den Rachen des Löwen stecken** *path selten* · you/Peter/… are/is not going to put your/… head into the jaws of the lion/into the lion's mouth

Du willst zur Geheimpolizei gehen und fragen, ob sie Anhaltspunkte haben, wo dein Bruder steckt? Aber auf keinen Fall, Manfred! Du wirst doch den Kopf nicht in den Rachen des Löwen stecken! Dein Bruder ist für die ein Widerstandskämpfer, der kaltgestellt werden muß. Wenn du dich für ihn einsetzt, werden sie dir bald genauso zusetzen wie ihm!

ein Kopf wie ein Rathaus haben *sal* · to have a memory like a computer/an elephant

Der Schrimberg hat sich in der Tat noch an die ganze Angelegenheit vor drei Jahren erinnert. – Dieser Mann hat einen Kopf wie ein Rathaus, sage ich dir. Der erinnert sich an alles, überblickt alles.

arbeiten/…, **bis einem der Kopf raucht** *ugs* – *path* · to work/… until one's head starts to spin/is spinning

… Gestern haben wir übersetzt, bis uns der Kopf rauchte. 18 Seiten haben wir gemacht. Am Ende waren wir alle total fertig.

etw. im Kopf rechnen – etw. im **Kopf** ausrechnen · to work s.th. out in one's head

seinen Kopf retten *ugs* · to save one's own skin

… Wenn's gefährlich wird, versucht natürlich jeder, seinen Kopf zu retten. Die Aussagen, die die Leute da machen, muß man also cum grano salis sehen.

seinen Kopf riskieren *ugs* – (eher:) **Kopf** und Kragen riskieren · to risk one's neck

den Kopf voller Rosinen/Schrullen/Grillen haben *sal* · 1. + s.o.'s head is full of nonsense/…, 2. 3. + s.o.'s head is full of big ideas/strange fancies/strange thoughts/…

1. vgl. – nur/nichts als/… **Dummheiten** im Kopf haben

2. vgl. – Grillen im Kopf haben

3. vgl. – Grillen haben

Kopf, Rumpf und Glieder *form* · head, body and limbs, head, torso and limbs

(Der Biologielehrer, an einem Skelett:) Wie ihr an diesem Skelett seht, unterteilt man den menschlichen Körper am sinnvollsten in Kopf, Rumpf und Glieder. – (Zwischenbemerkung eines Schülers:) Für diese Unterteilung braucht man doch kein Skelett!

Kopf runter/ab! *sal veraltend selten* – (eher:) **Rübe** ab! · off with his head!

den Kopf in den Sand stecken · to stick/to bury one's head in the sand

Der Achim hält nichts von der Methode, den Kopf in den Sand zu stecken, so zu tun, als würden die Probleme dadurch gelöst, daß man sie einfach übersieht. Er meint: man muß den Dingen ins Auge sehen – und gerade den unangenehmen.

in den Kopf schauen/(sehen) kann man keinem/niemandem/ keinem Menschen *ugs* – in den **Kopf** gucken kann man keinem/niemandem/keinem Menschen · one can't tell what another person really thinks

sich etw. aus dem Kopf schlagen können/müssen/… (schlag' dir/schlagt euch/… das/diese …/… aus dem Kopf!) *ugs* · 1. 2. 3. (you can/…) get that/this idea out of your/… head

1. Solange du auf der Schule bist, finanziert Vater dir keine Reise nach Amerika. Schlag' dir das aus dem Kopf!

2. Nein, für die Weihnachtsferien kannst du nicht damit rechnen, daß Vater dir eine Reise finanziert. Das kannst du dir (getrost/ruhig) aus dem Kopf schlagen.

3. Wenn er Spitzensportler werden will, kann er seinen Tagesrhythmus nicht gestalten, wie er will. Das muß/sollte er sich ein für allemale aus dem Kopf schlagen! Wer Spitzensportler werden will, muß ein ganz regelmäßiges, gesundes Leben führen.

sich vor/(an) den Kopf schlagen *ugs* · to hit one's head, to hit/strike/… one's forehead

… »Kerl nochmal, was hab' ich da für eine Dummheit gemacht!«, rief er aus, indem er sich ärgerlich vor den Kopf schlug.

den Kopf in die Schlinge stecken *ugs selten* · to put one's head in a noose, to put a noose around one's neck

Was hat ihn wohl bewogen, der Polizei mitzuteilen, daß er wußte, wo die Leiche lag? War ihm wirklich nicht klar, daß er damit den Kopf in die Schlinge steckte? Er mußte sich doch sagen, daß die dann der Sache nachgehen, seine Verbindung zu den Terroristen entdecken würde.

(es gelingt jm./…) den Kopf aus der Schlinge (zu) ziehen *ugs* · to (manage to/…) get out of a tight spot

Durch ein geschicktes Verteidigungsmanöver gelang es dem Angeklagten in der Tat noch, den Kopf aus der Schlinge zu ziehen. Alle Welt hatte schon fest damit gerechnet, man würde ihn des Verbrechens überführen und verurteilen.

jm. Beleidigungen/Grobheiten/Vorwürfe/… an den Kopf schmeißen *ugs* – jm. Beleidigungen/Grobheiten/Vorwürfe/… an den **Kopf** werfen · to hurl insults/accusations/… in s.o.'s face

seinen Kopf schonen *ugs selten* · to save one's brains, to give one's mind a rest

In den nächsten Tagen würde ich an deiner Stelle meinen Kopf schonen. Wenn du ausgeruht ins Examen gehst, ist das mehr wert, als wenn du ein, zwei Kapitel mehr weißt, aber müde, matt bist und auf die Fragen nicht so reagierst, wie das ein ausgeruhter Kopf tut.

Kopf oder Schrift? *form dir. R* · heads or tails?

… Gut, wenn wir uns so nicht einigen können, losen wir. Hast du ein Markstück? Dann gib' her – was nimmst du, Kopf oder Schrift?

seinen/den Kopf an js. Schulter legen · to rest one's head on s.o.'s shoulder

… »Waltraud«, sagte er leise und legte seinen Kopf an ihre Schulter, »du darfst mir das nicht übelnehmen …«

den Kopf schütteln · 1. 2. to shake one's head

1. … Hast du vielleicht schon vergessen, was er dir angetan hat? – Sie schüttelte nur stumm den Kopf.

2. … Als er diesen Unsinn hörte, schüttelte er (nur) den Kopf. Hatte er sich deshalb monatelang bemüht, seinen Schülern die Zusammenhänge der Weltwirtschaft zu erläutern?

über so einen Unsinn/… **kann ich**/er/der Peter/man/… (**doch**) **nur/bloß den Kopf schütteln** · all one can do is shake one's head about/at such nonsense/such a foolish remark/…

… Über so eine unsinnige Bemerkung kann man doch nur den Kopf schütteln. Es ist doch völlig sinnlos, darauf überhaupt zu antworten.

der Kopf ist jm. **schwer** · s.o.'s head is drooping

... Die halbe Nacht verbrachte er über diesem verzwickten Vertrag. Aber dann war ihm der Kopf so schwer, daß es einfach keinen Sinn mehr hatte weiterzuarbeiten; und obwohl er den Text noch nicht ganz durch hatte, legte er sich hin.

der Kopf wird jm. **schwer** · s.o.'s head is drooping

Mir wird der Kopf schwer, ich leg' mich hin. – Wir haben jetzt vier Stunden an dem Text gearbeitet, das genügt auch; ich bin auch nicht mehr gerade frisch.

sich in den Kopf setzen, etw. zu tun/(sich etw. in den Kopf setzen) *ugs* · 1. to get an idea into one's head, 2. to make up one's mind to do s.th.

1. Die Ute hat sich in den Kopf gesetzt, Filmschauspielerin zu werden! So eine Idee! Als wenn ein so häßliches, unbegabtes Mädchen beim Film auch nur die geringste Chance hätte!
2. Nein, der Kai geht nicht mit schwimmen! Er hat es sich in den Kopf gesetzt, mit seiner Arbeit bis zu den Ferien fertig zu werden. Und ihr wißt ja, wie er ist: wenn er sich so etwas einmal ernsthaft vorgenommen hat, läßt er sich so leicht nicht wieder davon abbringen.

ein Kopf für sich sein *selten* – ein eigenwilliger **Kopf** sein · to be a person with a will of one's own, to be strong-minded

(aber auch/...) **einen Kopf wie ein Sieb haben** *sal* · (aber auch) ein **Gedächtnis** haben wie ein Sieb · to have a memory like a sieve

den Kopf sinken lassen – (eher:) den **Kopf** hängen lassen · to hang one's head, to be downcast/down-hearted

auch wenn/..., **dann/...** **kann er**/können die/... **ihr**/dem Peter/den andern/... **(noch lange/...)** **nicht**/... **auf den Kopf spucken** *sal* · even if/..., that doesn't entitle you/... to look down on him/them/Peter/... *n*

Auch wenn du den anderen hier weit überlegen bist, Manfred, dann kannst du ihnen noch lange nicht auf den Kopf spucken! – Aber Berthold, nichts lag mir ferner, als hier irgendjemanden mit meiner Bemerkung zur 'erforderlichen Fachkompetenz' beleidigen zu wollen.

jm. **auf den Kopf spucken können** · 1. to be (much) taller than s.o., 2. to be able to run rings round s.o., to be able to piss on s.o. *vulg*

1. Meine Güte, Käthe, was ist euer Kurt groß geworden! Der Junge kann dir ja auf den Kopf spucken! – Schon im vergangenen Jahr war er mehr als einen halben Kopf größer als ich. *ugs*
2. Deine Kenntnisse in Ehren, Herbert, aber gegen den Wörrel bis du ein Waisenknabe. Nachdem der sich in Amerika spezialisiert hat, kann er hier jedem auf den Kopf spucken. *sal*

sich (von jm.) nicht auf den Kopf spucken lassen *sal* · not to allow s.o. to walk all over one *coll*, not to allow s.o. to patronise one *n*

Der Erich meint wohl, wir wären hier alle seine Hausdiener und er könnte mit uns machen, was er will. Von wegen! Von dem laß ich mir nicht auf den Kopf spucken! Wenn er mir das nächste Mal so kommt, werd' ich dem ganz was anderes erzählen.

bis über den Kopf in Arbeit/... stecken *ugs selten* – (eher:) bis über beide **Ohren** in Arbeit stecken · to be up to one's eyeballs in work/...

Kopf stehen *ugs* · to be bowled over/stunned/agape

Die ganze Abendgesellschaft stand Kopf, als die Else plötzlich Arm in Arm mit dem Außenminister in der Tür erschien. Das war ein Skandal!

auf dem Kopf stehen können *selten* – einen **Kopfstand** machen (1) · to be able to do a headstand

nicht/schon nicht mehr/... **wissen, wo einem der Kopf steht** *ugs* · not to know (any more/...) whether one is coming or going

Unsere Tochter arbeitet bei der Vorbereitung eines zahnmedizinischen Kongresses mit. Das ist eine fürchterliche Hetzerei. Die Arme weiß schon gar nicht mehr, wo ihr der Kopf steht. Hoffentlich dreht sie nicht noch durch.

auf js. **Kopf steht eine Belohnung/ein Preis/(...) von** ... *form* – eine Belohnung/einen Preis/(...) auf js. **Kopf aussetzen** · there is a price/reward on s.o.'s head

jm. **in den Kopf steigen** *ugs oft Perf* · 1. 2. to go/to have gone to s.o.'s head

1. Seine Beförderung zum Einkaufschef ist ihm offensichtlich in den Kopf gestiegen. Jedenfalls begrüßt er uns nur noch huldvoll – herablassend.
2. ... Dir ist der Wein wohl in den Kopf gestiegen, was? – Warum? – Na, deine Gedanken waren schon mal klarer.

jm. **zu Kopf(e) steigen** *form selten* – jm. in den **Kopf** steigen (1) · to go/to have gone to s.o.'s head

alles/die ganze Wohnung/... **auf den Kopf stellen** *ugs* · 1. 2. to turn everything/the whole flat/... upside down

1. Ist es denn wirklich nötig, Kinder, jedesmal, wenn wir weg sind, die ganze Wohnung auf den Kopf zu stellen? Guckt euch das mal an: das ist doch ein Tohuwabohu, als wenn hier die Indianer gehaust hätten!
2. ... Wir haben das ganze Zimmer auf den Kopf gestellt – vergeblich! Das Schriftstück ist nicht zu finden.

und wenn er/sie/der Peter/... **sich auf den Kopf stellt** (das wird nicht gemacht/...)/er/... kann sich/... auf den Kopf stellen/... *sal* · he/John/... can say what he/... likes, I/we/John am/is/... not going to ..., he/you/John can talk/... till he's/you're/... blue in the face, I/we/he am/... not going to ...

... Nein, die Gisela kann soviel betteln, quälen, lamentieren, wie sie will: die Couch kommt nicht in ihr Zimmer. Und wenn sie sich auf den Kopf stellt: die Couch bleibt hier im Wohnzimmer.

und wenn er/sie/der Peter/... **sich auf den Kopf stellt und mit den Beinen Hurra schreit** *sal* – (eher:) und wenn er/sie/der Peter/... sich auf den **Kopf** stellt (das wird nicht gemacht/...)/er/... kann sich/... auf den Kopf stellen/... · he/John/... can say what he/... likes, I/we/John am/is/... not going to ..., he/you/John can talk/... till he's/you're/... blue in the face, I/we/he am/... not going to ...

sich den Kopf (an etw.) **stoßen** · to bang one's head on/against s.th., to bump one's head on/against s.th.

(A, der B trifft:) Wo hast du dir denn diese herrliche Beule geholt? – Ich habe mir den Kopf an einem Querbalken auf unserer Terrasse gestoßen. – Warst du blau? Den Balken kennst du doch!

jn. **vor den Kopf stoßen** · to rub s.o. up the wrong way *coll*, to offend s.o. *n*, to get s.o.'s back up *coll*

Könntest du nicht etwas höflicher mit ihm sein? Du brauchst doch nicht alle Leute vor den Kopf zu stoßen. – Habe ich ihn beleidigt? – Beleidigt vielleicht nicht gerade. Aber er fühlt sich schon ein wenig seltsam berührt von deiner schroffen Bemerkung.

jn. **mit dem Kopf auf etw. stoßen** *ugs* · to rub s.o.'s nose in s.th., to force s.o. to see/to realise/... s.th. *n*

... Wenn dich mein Vater nicht mit dem Kopf darauf gestoßen hätte, hättest du überhaupt gar nicht gemerkt, was los ist. Er mußte dich doch fast mit Gewalt darauf aufmerksam machen.

den Kopf auf den Tisch legen *Ermüdung* · to lay one's head on the table/desk/...

(Der Vater:) Kinder, wenn ihr müde seid, geht ihr ins Bett! Ihr wißt, daß ich es nicht leiden kann, wenn jemand den Kopf auf den Tisch legt. Wie sieht das denn aus?!

den Kopf hoch tragen *form* · to be stuck up *coll*

Der trägt den Kopf hoch neuerdings, der Rolf! – Er ist jetzt stellvertretender Direktor bei Siemens. Da kann man schon selbstbewußt und stolz auftreten – meint er jedenfalls.

einen Kopf wie eine Trommel haben *ugs* – *path* · 1. + my/his/... head is beating like a drum, 2. + s.o.'s head is buzzing (from s.th.)

1. Dieser Lärm hier macht mich wahnsinnig. Ich hab' einen Kopf wie eine Trommel. Wenn das so weitergeht, fang' ich irgendwann an zu schreien.
2. vgl. – jm. brummt der **Kopf** (2)

den Kopf zur Tür hereinstecken · to pop one's head round the door *coll*

War das eure Jüngste, die da gerade den Kopf zur Tür hereingesteckt hat? – Ich hab' gar nichts gemerkt. – So ein Blondschopf. Sie guckte nur kurz herein und machte die Tür sofort wieder zu, als sie sah, daß Besuch da war.

jm. den Kopf verdrehen *ugs* · to turn s.o.'s head

Die Alexandra hat dem Herbert mit ihrer Koketterie völlig den Kopf verdreht. – In seinem Alter läßt man sich doch von den Mädchen nur allzu gern 'fertigmachen', oder?

j. würde sogar/auch/... seinen Kopf vergessen, wenn er nicht angewachsen wäre! *ugs* · s.o. would forget his head if it wasn't screwed on

Ralf, als du das letzte Mal bei uns warst, hast du wieder die Hälfte von deinen Sachen hier liegen lassen. Ich glaube, du würdest auch deinen Kopf vergessen, wenn er nicht angewachsen wäre.

den Kopf verlieren · to lose one's head, to lose one's cool *sl*

... Jetzt Ruhe! Ruhig Blut jetzt! Wir dürfen jetzt auf keinen Fall den Kopf verlieren. Jetzt gilt's: ganz ruhig nachdenken, was am besten zu tun ist.

den Kopf voll haben mit/(von) etw. *ugs* · + s.o.'s mind is full of s.th. *n*, + s.th. takes up all s.o.'s thoughts *n*

Kinder, im Augenblick habe ich den Kopf voll mit/(von) der Vorbereitung der Süd-Afrika-Woche; da kann ich mich nicht auch noch um eure Schularbeiten kümmern. Fragt die Mama; die hat nicht an tausend Dinge auf einmal zu denken wie ich).

den Kopf (schon) voll genug haben (mit/(von) etw.) *ugs* · to have enough on one's mind as it is, to have one's mind full of s.th. *n*

... Ach, du lieber Gott! Jetzt kommt der Erich Fromm noch mit seiner Baudelaire-Interpretation! Als wenn ich den Kopf nicht schon voll genug hätte mit meinen eigenen Vorbereitungen für den Kongreß! – Ein paar Minuten wirst du für ihn doch wohl noch übrig haben!

niemand/kein Mensch/... weiß, was in jemandes/seinem/ihrem/... Kopf vorgeht – in den **Kopf** gucken kann man keinem/niemandem/keinem Menschen · one can't tell what is going on in s.o. else's mind

jm. über den Kopf wachsen *ugs* · 1. 2. to be getting too much for s.o., to be getting out of hand, to be getting out of control *n*

1. Die Probleme hier wachsen uns einfach über den Kopf; wir werden damit nicht mehr fertig.

2. Und wie geht es der Marlies? – Persönlich geht es ihr gut. Aber die Kinder wachsen ihr über den Kopf. Sie lassen sich von ihr überhaupt nichts mehr sagen, tun mehr oder weniger, was sie wollen ... – sie wird mit ihnen einfach nicht mehr fertig. *seltener*

mit dem Kopf durch die Wand gehen/gehen wollen/wollen · to try to/... force the issue, to try to/... rush things, to beat one's head against a brick wall

... Den Leuten einfach den Antrag so auf den Tisch knallen und meinen, sie müssen zustimmen – so geht das nicht. – Das muß eben gehen! Ich habe weder Zeit noch Lust, mit jedem noch wer weiß wie lange zu diskutieren! Manfred: wenn du absolut mit dem Kopf durch die Wand willst, ist das deine Sache. Ich kann dir nur sagen ...

ich/(er/der Peter/...) könnte mit dem Kopf gegen die Wand rennen *ugs selten* · + it/s.th. is/... driving me/him/John/... up the wall

Diese Zahnschmerzen sind unausstehlich – ich könnte mit dem Kopf gegen die Wand rennen.

jm. (mal/...) anständig/tüchtig/ordentlich/... den Kopf waschen (müssen) *sal* · to (have to/...) give s.o. a good dressing down *coll*, to (have to/...) haul s.o. over the coals

Der Rudi ist heute so kleinlaut, was ist los? – Der Chef hat ihm mal tüchtig den Kopf gewaschen. Er hatte sich angewöhnt, morgens eine halbe Stunde zu spät zu kommen. Dem Chef wurde das allmählich zu bunt, und heute hat er sich den Kurt halt mal vorgeknöpft und ihn zusammengestaucht.

den Kopf (noch so eben/...) über Wasser halten *ugs* – sich (noch/noch so eben/...) über **Wasser** halten · to (just about/...) keep one's head above water, to (just about/...) make both ends meet

Kopf weg! *ugs* · mind your head!

Hans, Kopf weg! ... Mensch, wenn ich nicht geschrien hätte, wärst du mit deinem Schädel direkt gegen diesen vorstehenden Ast gerannt.

über js. **Kopf weg entscheiden/...** – über js. **Kopf** hinweg entscheiden/... · to go over s.o.'s head

jm. Beleidigungen/Grobheiten/Vorwürfe/... an den Kopf werfen *ugs* · to hurl insults/accusations/... in s.o.'s face

... Was der mir alles an den Kopf geworfen hat ... – das kannst du dir gar nicht vorstellen! An allem, was in seinem Leben schief gelaufen ist, soll ich schuld sein; ich war nie eine vernünftige Ehefrau ... Ach, es hat gar keinen Sinn, all diese Vorwürfe zu wiederholen! Und dann dieser Ton!

jm. nicht aus dem Kopf wollen *ugs* · 1. + not to be able to get s.o. out of one's mind, 2. + not to be able to get s.th. out of one's mind, + to be still thinking of s.th.

1. ... Dieser Junge will der Karin nicht aus dem Kopf. So sehr sie sich auch bemüht, ihn zu vergessen, es gelingt ihr nicht.

2. vgl.- es/etw. geht jm. immer/immer noch/... im **Kopf** herum

jm. nicht in den Kopf wollen *ugs* · 1. + not to (be able to) see the sense of s.th., 2. + not to (be able to) grasp s.th.

1. Ich soll mein Abitur mit 1,0 oder 1,1 machen, nur weil ich unter Umständen doch Medizin oder so etwas studieren könnte und da numerus clausus herrscht? Das will mir nicht in den Kopf! Ich weiß doch schon ganz genau, daß ich Sprachen studiere ...

2. ... Diese Zusammenhänge zwischen der Rüstungsindustrie und dem prozentualen Wirtschaftswachstum wollen mir nicht in den Kopf. Macht es dir nichts aus, mir das nochmal zu erklären?

sich den Kopf (wegen/über etw./wegen jm./über jn.) zerbrechen · 1. 2. to rack one's brains over/about s.th.

1. ... Wir haben uns über den Jungen schon den Kopf zerbrochen. Wir verstehen ihn einfach nicht

2. Ich habe mir den Kopf zerbrochen, wie ich ihm helfen könnte. Mir fällt keine Lösung ein.

sich js./andererleuts Kopf zerbrechen *scherzh* · to worry about other people's problems/difficulties/...

Unsere Nachbarn haben sich schon wieder einen neuen Wagen gekauft, obwohl sie den Arsch voller Schulden haben. – Komm', Manfred, zerbrich dir nicht immer andererleuts Kopf! Kochs werden schon wissen, was sie machen.

sich den Kopf (wegen/über etw./wegen jm./über jn.) zergliedern *form – path selten* – sich den **Kopf** (wegen/über etw./wegen jm./über jn.) zerbrechen (2; u. U. 1) · to rack one's brains over/about s.th.

sich den Kopf (wegen/über etw./wegen jm./über jn.) zermartern *path selten* – sich den **Kopf** (wegen/über etw./wegen jm./über jn.) zerbrechen · to rack one's brains over/about s.th.

jm. den Kopf zurechtrücken/(zurechtsetzen) *ugs* · to put s.o. straight

... Sein Benehmen wird langsam skandalös. Es ist an der Zeit, daß ihm jemand den Kopf zurechtrückt. So kann das jedenfalls nicht weitergehen.

jm. etw. auf den Kopf zusagen *ugs* · to tell s.o. s.th. straight out, to tell s.o. s.th. straight to his face

Und? Hat der Burger zugegeben, daß er den Entlassungsbrief selbst unterschrieben hat? – Ich habe es ihm vor versammelter Mannschaft auf den Kopf zugesagt, daß er es war – ich kenne doch seine Unterschrift. – Und er hat es nicht geleugnet?

etwas/Unheil/ein Gewitter/... zieht/braut sich über js. Kopf zusammen *ugs – path* · there's trouble brewing for s.o.

... Und was Dieters Stellung in der Firma angeht ..., ich weiß nicht ... Mir schwant nicht Gutes. Mir scheint, es braut sich da irgendein Unheil über seinem Kopf zusammen. Gestern hat der Chef seinetwegen schon eine Sondersitzung mit den Abteilungsleitern abgehalten ...

Köpfchen: immer Köpfchen! *ugs selten* – **Köpfchen!** Köpfchen! (1; u. U. 2) · it's brains you need, you have to have it up here *pointing to one's head*

ein helles Köpfchen sein *ugs* – (eher:) ein heller **Kopf** sein · to be bright, to have brains

ein kluges Köpfchen sein *ugs* – (eher:) ein kluger **Kopf** sein · to be bright/clever/brainy

Köpfchen haben *ugs* – ein heller **Kopf** sein · to be bright, to have brains

Köpfchen muß man haben! *ugs* – **Köpfchen!** Köpfchen! (2; u. U. 1) · it's brains you need, you have to have it up here *pointing to one's head*

sein Köpfchen (ein wenig/...) anstrengen *sal* – seinen **Grips** (ein wenig/...) anstrengen/(zusammenhalten) · to use one's brains/head, to use a bit of nous, to use one's loaf

Köpfchen! Köpfchen! *ugs* · 1. 2. it's brains you need, you have to have it up here *pointing to one's head*
1. ... Versteh' ich nicht! Versteh' ich nicht! Dann denk' doch mal nach, dann verstehst du die Aufgabe auch! Köpfchen! Köpfchen!
2. ... Siehst du, ich habe die Aufgabe sofort verstanden! Sag' ich doch: Köpfchen, Köpfchen.

Köpfe: zwei/drei/... Köpfe größer/kleiner sein als j. · to be a head/two heads/three heads/(...) taller/smaller than s.o.
... Das ist doch evident, daß der Krone Komplexe hat! Er ist zwei Köpfe kleiner als ein normaler Mensch!

sich (gegenseitig) fast/noch/... die Köpfe einschlagen *ugs* – *path* · to bash one another's heads in
(Die Mutter:) Bloß, weil der eine ins Kino und der andere schwimmen gehen will, müßt ihr euch so zanken?! Kann man sich da nicht einigen? – (Der Vater:) Diese Kerle schlagen sich lieber die Köpfe ein, ehe einer nachgibt.

über die Köpfe hinwegreden *ugs* · to talk over the heads of the audience/...
... Die Thematik mag so interessant sein, wie sie will: der Mann redet über die Köpfe hinweg! Nicht ein Zehntel der Studenten versteht, was er erzählt.

sich blutige Köpfe holen *ugs* – *path* · to get beaten up, to get one's head beaten in
... Wenn ihr euch absolut blutige Köpfe holen wollt, dann wagt euch in dieses Haus mal rein. Ihr werdet sehen: das gibt eine handfeste Schlägerei.

sich an die Köpfe kriegen *ugs* – sich/(einander) in die **Haare** kriegen/geraten/(kommen/fahren) (1; u. U. 2) · to start quarrelling, to start squabbling

die besten Köpfe des Landes/(...) *path* · the finest minds/brains in the country/(...)
Wenn die besten Köpfe des Landes nicht wissen, wie die Wirtschaft am besten wieder anzukurbeln ist, werden wir beide das wohl auch nicht herausfinden.

tausend Köpfe, tausend Meinungen · a thousand people, a thousand opinions *tr*
... Sie wissen doch: tausend Köpfe, tausend Meinungen. Jeder, den Sie in der Sache um Rat fragen, wird Ihnen etwas anderes sagen.

arbeiten/..., bis einem die **Köpfe rauchen** *ugs* – *path* · to work/... until one's head starts to swim, to work/... until one can't think straight
Gestern haben wir bis tief in die Nacht hinein Pablo Neruda übersetzt – bis (uns) die Köpfe rauchten.

sich die Köpfe heiß reden (wegen jm./(etw.)/über etw./(jn.) *ugs* · to get really/... worked up in a discussion/...
Über die Verteidigungsausgaben haben sie sich gestern mal wieder die Köpfe heiß geredet. – Sind sie wenigstens zu einem schlüssigen Ergebnis gekommen? – Natürlich nicht. Du weißt doch, wie das ist: je leidenschaftlicher die Diskussion, um so geringer die Wahrscheinlichkeit, daß etwas Konkretes dabei herauskommt.

die ersten Köpfe rollen/bei ... rollen schon wieder/... **Köpfe** *ugs* · the first heads are starting to roll, the first heads are rolling
Die Regierung ist noch keine drei Monate alt, da rollen schon die ersten Köpfe. Der Wirtschaftsminister und der Wissenschaftsminister mußten gestern ihren Hut nehmen.

die Besatzung eines Schiffes/... ist ... Köpfe stark *form* · there are 2 000/... men/... in the crew
Wieviel Leute waren auf der 'Bismark', als sie unterging? – Die Besatzung war mehr als 2.000 Köpfe stark.

die Köpfe zusammenstecken *ugs* · to go into a huddle
... Diese beiden alten Weiber da oben in der Mansardenwohnung müssen natürlich wieder die Köpfe zusammenstecken und über unsere Petra tuscheln, die da mit ihrem neuen Freund herspaziert.

es rumort in den Köpfen *Unzufriedenheit/Aufruhr/...* *ugs* · + s.o.'s minds are in ferment, + s.o.'s minds are in a state of agitation
... Die Leute haben doch gerade einen Streik hinter sich und eine saftige Gehaltszulage gekriegt! Und da rumort es schon wieder in den Köpfen? – Eben deswegen! Wenn die Regierung nicht so schnell nachgegeben hätte, wären sie nicht so rebellisch.

Kopfende: am Kopfende eines Bettes/einer Bahre/... *form* · at the head of the bed
Wo stand der kleine Tisch, sagst du, am Kopfende oder am Fußende des Bettes? – Weder noch. Seitlich, in der Mitte.

Kopfgeld: ein Kopfgeld auf jn. **aussetzen** *form veraltend selten* – eine Belohnung/einen Preis/(...) auf js. **Kopf** aussetzen · to put a price on s.o.'s head

Kopfrechnen: im Kopfrechnen stark/schwach **sein/...** · to be good/bad/... at mental arithmetic
Wenn man bei den einfachsten Rechnungen den Taschenrechner benutzt, verlernt man natürlich das Kopfrechnen.

Kopfschmerzen: jm. Kopfschmerzen bereiten *form* – (eher:) jm. **Kopfschmerzen** machen · to give s.o. a headache

jm. Kopfschmerzen machen *ugs* · 1. to be a headache to s.o., to be a cause of worry to s.o. *n*, 2. to weigh on s.o.'s mind, to worry s.o. *n*, to trouble s.o. *n*
1. Unser Ältester macht uns Kopfschmerzen. Er ist nicht gerade begabt, neigt zu Trägheit, hat nicht den richtigen Umgang ... Ich weiß gar nicht, was man da machen soll.
2. Das Problem, wie er die drei hohen Teilzahlungen für seine neue Eigentumswohnung aufbringen soll, macht ihm offensichtlich Kopfschmerzen. – Diese Gedanken hätte er sich vorher machen sollen.

sich Kopfschmerzen wegen jm./etw./**über** jn./etw. **machen** *ugs* · 1. 2. 3. to be worried about s.o./s.th. *n*, to worry about s.o./s.th. *n*, 3. to worry o.s. sick about s.th.
1. Wir machen uns Kopfschmerzen wegen unserer beiden Jungen. Sie haben beide das Gymnasium vorzeitig abgebrochen, jetzt finden sie keine Stelle ...
2. Über die weitere wirtschaftliche Entwicklung machen sich heute alle Politiker Kopfschmerzen. – Sie gibt ja wohl auch Anlaß zur Sorge.
3. Der Paul macht sich Kopfschmerzen darüber, wie er das Studium seiner drei Kinder finanzieren soll.

Kopfschuß: du hast/er/der Peter hat/... **wohl einen Kopfschuß!** *sal selten* – nicht (so) (ganz/(recht)) bei **Trost** sein (1) · you/he/Peter/... must be out of your/... tiny mind

Kopfsprung: einen Kopfsprung machen *Schwimmen* · to dive head first into the water, to take a header
Mit den Füßen (voran) springe ich gern und auch aus großer Höhe (ins Wasser). Aber einen Kopfsprung mache ich nie – nicht einmal von drei Metern; ich fühle mich dabei einfach nicht wohl.

Kopfstand: einen Kopfstand machen · to do a headstand, to stand on one's head
... Natürlich mußten wir in der Schule auch einen Kopfstand machen. Aber schon da habe ich das nicht gern gemacht; noch weniger Spaß macht es mir (am Strand) im Sand.

kopfstehen: kopfstehen *ugs* – **Kopf** stehen · to be bowled over/stunned/agape

kopfüber: kopfüber ins Wasser fallen/sich einen Abhang herunterstürzen/... · to fall head first into the water/down a slope/...

... Das hättest du sehen müssen: der Otto steht da wie üblich gestikulierend und kommandierend am Rand des (Schwimm-)Beckens, der Willi pirscht sich von hinten an ihn heran, gibt ihm einen anständigen Tritt in den Hintern – und unser Otto fliegt kopfüber ins Wasser. Alles lacht ...

Kopfwäsche: (jm.) (mal/...) **eine ordentliche/... Kopfwäsche (verpassen)** *sal* – (eher:) jm. (mal/...) anständig/tüchtig/ordentlich/... den **Kopf** waschen · to give s.o. a roasting/a dressing-down/a good ticking-off

Kopfzerbrechen: jm. **Kopfzerbrechen machen** *selten* – jm. **Kopfschmerzen** machen · to be a headache to s.o., to be a cause of worry to s.o.

sich über etw. **kein Kopfzerbrechen** (zu) **machen** (brauchen) · (not) (to need) to worry about s.th., (not) (to need) to bother one's head about s.th. *coll*

... Wenn ich die Anlage mal stehen habe, brauche ich mir über die Bewässerung kein Kopfzerbrechen mehr zu machen; denn Wasser gibt es genug. Was Kraft und Nerven kostet, ist, die Anlage erst mal dahinzustellen.

Kopp: Unsummen/Monate/... **auf den Kopp hauen** *sal* – Unsummen/Monate/... auf den **Kopf** hauen · to blow huge sums/millions/..., to waste months/...

Köpper: **einen Köpper machen** *Schwimmen ugs* – einen **Kopfsprung** machen · to dive head first into the water, to take a header

Korb: **einen Korb bekommen** *ugs* · 1. 2. 3. 4. to be/to get turned down *n*, 4. to get knocked back

1. ... Zweimal habe ich sie jetzt zum Tanzen aufgefordert, und zweimal habe ich einen Korb bekommen. Jetzt fordere ich sie nicht mehr auf.

2. ... Von jedem läßt sie sich zu einem Drink einladen; nur ich bekomme immer einen Korb. Hab' ich ihr etwas getan?

3. ... Wenn er sie zweimal um ihre Hand angehalten und zweimal einen Korb bekommen hat, wird er sie wohl in Zukunft in Ruhe lassen.

4. ... Und? Hat er dir seine Mitarbeit zugesagt? – Nein, ich habe einen Korb bekommen. Er sagt, er will nicht mit uns zusammenarbeiten. *seltener*

jm. **einen Korb geben** *ugs* · 1. 2. 3. 4. to turn s.o. down *n*

1. ... Zweimal habe ich sie jetzt zum Tanz aufgefordert, aber jedesmal hat sie mir einen Korb gegeben. Ein drittes Mal fordere ich sie nicht auf.

2. ... Von jedem anderen läßt sie sich zu einem Drink einladen; nur mir gibt sie immer einen Korb.

3. ... Zweimal hat er jetzt um ihre Hand angehalten, und zweimal hat sie ihm einen Korb gegeben. Ein drittes Mal wird er sie wohl kaum bitten, seine Frau zu werden.

4. ... Wir haben ihn schon drei oder vier Mal aufgefordert, bei unserem Projekt mitzuarbeiten. Er hat uns aber jedes Mal einen Korb gegeben.

sich einen Korb holen *ugs* – (eher:) einen **Korb** bekommen · to be/to get turned down, to get knocked back

einen Korb kriegen *ugs* – einen **Korb** bekommen · to be/to get turned down

Körbchen: ab/los/(husch husch) **ins Körbchen!** *Kinderspr* · 1. 2. off to bed!

1. vgl. – ab, in die **Falle**

2. vgl. – los, in die **Falle**

ins Körbchen gehen *Kinderspr od. a. iron selten* – in die **Heia** gehen · to go to bye-byes

Korinthenkacker: ein **Korinthenkacker** (sein) *sal* – ein **Kleinigkeitskrämer** (sein) · (to be) a stickler for petty rules, (to be) a pettifogger *lit*

Korken: die **Korken knallen lassen** *ugs* · to pop the corks

Nach unserer letzten Prüfung haben wir dann erst mal die Korken knallen lassen. Vor'm Audimax floß der Sekt in Strömen.

einen Korken schießen/steigen lassen *ugs selten* · to make provocative remarks, to fly a kite

... Du meinst, seine unpassenden, flapsigen Bemerkungen merkt der Alois gar nicht? Ich bin da nicht so sicher. Mir scheint manchmal, dem macht es Spaß, einen Korken steigen zu lassen. Wenn die anderen dann dasitzen und nicht wissen, wie sie reagieren sollen, lacht er sich ins Fäustchen.

Korn: (sich) jn. **aufs Korn nehmen** · 1. to pick on s.o., to have got it in for s.o. *coll*, to keep tabs on s.o. *coll*, 2. to target s.o., 3. to aim at s.th./s.o., to take aim at s.th./s.o.

1. Ich weiß gar nicht, warum mich unser Französischlehrer neuerdings bei den Arbeiten immer so aufs Korn nimmt. Ich habe doch noch kein einziges Mal abgeschrieben. Der kontrolliert jede Bewegung, die ich mache, achtet mehr auf mich als auf alle anderen zusammen ... Was liegt da bloß vor? *ugs*

2. (Von dem Parteiführer der Opposition:) Der Zeisig behauptet da ständig, wir läsen in der Familienpolitik das, das können wir so nicht länger hinnehmen. Den Mann werden wir uns jetzt mal aufs Korn nehmen. Ein paar scharfe Artikel in der Presse wären vielleicht der beste Auftakt.

3. Da! – Wo? – Rund zweihundert Meter vor uns rechts. Ein Jäger. Er nimmt gerade einen Fuchs oder so was aufs Korn. Da! Er zielt – Schuß! – ob er wohl getroffen hat? *form*

(sich) etw. **aufs Korn nehmen** *ugs* · to attack s.th., to hit out at s.th.

... In einer der nächsten Nummern sollten wir den neuesten Roman von Walcher, 'Der letzte Laib Brot', aufs Korn nehmen! – Eine blendende Idee! Es wird mir ein Vergnügen sein, dieses pathetische Machwerk nach allen Regeln der Kunst auseinanderzunehmen.

gestrichen(es) Korn nehmen *form selten* · to take medium sight

... Wenn du gestrichenes Korn nimmst, triffst du auch. Aber nicht zittern! Sonst bilden Kimme und Korn natürlich nie eine Linie, die exakt aufs Ziel weist.

Körnchen: etw. **muß man/j. mit einem Körnchen Salz verstehen/(auffassen)/(nehmen)** *lit selten* – etw. cum **grano** salis verstehen/auffassen/nehmen/... (müssen) · to (have to) take s.th. with a pinch of salt

ein Körnchen Wahrheit steckt in etw./... · there is a grain of truth in s.th. ...

Wenn deine Frau sagt, du wärst die Untreue in Person, ist das natürlich übertrieben. Aber ein Körnchen Wahrheit steckt schon darin, das mußt du zugeben. Wenn du ihr auch in einem tieferen Sinn die Treue hältst: auf deinen Reisen führst du ja nicht gerade das Leben eines exemplarischen Ehemanns.

Körper: **Körper und Geist** · body and mind, mind and body

... Für mich, erklärte er kategorisch, gehören Körper und Geist zusammen. Wenn ich mich körperlich wohl fühle, bringe ich auch geistig was; wenn nicht, ist auch der Geist nur matt.

der Körper verlangt sein Recht · the body demands attention *para*, the body demands its rights *para*, the body's needs must be attended to

... So, jetzt haben wir hier drei Stunden geschuftet wie die Wilden, jetzt werden wir mal etwas essen. Der Körper verlangt sein Recht.

seinen Körper stählen *path* · to toughen one's body, to toughen o.s. up

Kannst du dir vorstellen, daß einer sich morgens nackt im Schnee wäscht, um den Körper zu stählen? – Auf diese Abhärtung verzichte ich gerne.

seinen Körper verkaufen *ugs* – *path* · to sell one's body

(In einer Diskussion über die Prostitution:) Ach, seien wir doch ehrlich: die einen verkaufen ihren Körper, die anderen ihre Seele. Dieses ganze moderne Leben ist doch eine einzige (riesige) Prostitution. – Nein, Ernst! Es gibt doch noch korrekte, integre Leute!

am ganzen Körper zittern · to be trembling all over
... Du zitterst ja am ganzen Körper. Hast du Fieber, Schüttelfrost ...? – Vielleicht. Reich' mir doch mal das Thermometer!

Korrektur: Korrektur lesen *form* · to proof-read, to read proofs
Heute kann ich nicht kommen, heute muß ich den ganzen Nachmittag Korrektur lesen. – Wieviel Fahnen haben sie dir denn geschickt? – So um die 150 Seiten.

Korrespondenz: Korrespondenz mit jm. **aufnehmen** *form* · to enter into correspondence with s.o.
... Ohne die Leute anzuschreiben, wirst du die Angelegenheit kaum regeln können. – Ich habe mit ihnen schon Korrespondenz aufgenommen, zwei Briefe sind schon hin- und hergegangen.

in Korrespondenz mit jm. **stehen** (wegen ...) *form* – in/(im) **Briefwechsel mit** jm. **stehen** (wegen ...) · to be in correspondence with s.o. (about s.th.)

in Korrespondenz mit jm. **treten** *form selten* · to enter into correspondence with s.o.
... Die Sache ist verzwickt, das stimmt schon. Bist du mit der Versicherung deswegen schon in Korrespondenz getreten? – Ich habe ihnen schon zwei Mal geschrieben, aber die antworten nicht.

Korsett: sich nicht in ein Korsett zwängen lassen/sich kein Korsett anlegen lassen *ugs* · not to allow s.o. to put one in a strait-jacket
Wenn die dem Werner den Handlungsspielraum durch alle möglichen Bestimmungen und Regelungen einengen, ihn durch die unmöglichsten Auflagen kontrollieren wollen, wird er wohl kündigen. Der läßt sich kein Korsett anlegen.

Korsettstangen: jm. **Korsettstangen einziehen** *ugs selten* · to boost s.o.'s morale, to bolster s.o.'s self-confidence
(Ein Vater zu seinen Söhnen:) Könnt ihr eurer Schwester nicht mal (ein paar) Korsettstangen einziehen? Wenn die bei jedem Vorstellungsgespräch so viel Schiß hat wie gestern, wird sie nie genommen. Es muß doch möglich sein, ihr ein bißchen Mut zu machen und ihr Selbstvertrauen zu stärken.

koscher: nicht ganz koscher sein *ugs* – nicht (ganz) **astrein** sein · not to be a hundred per cent kosher

Kost: geistige Kost – (eher:) geistige **Nahrung** (zu sich nehmen/brauchen) · intellectual sustenance, intellectual nourishment, mental pabulum *rare*

(eine) leichte Kost · 1. light food, light meals, 2. light fare, light reading
1. ... Ich kann doch nicht nur leichte Kost essen! Ich muß doch wenigstens von Zeit zu Zeit mal eine anständige Schweinshaxe zu mir nehmen können! Diese Ärzte ...!
2. In seinem Alter kann man doch nicht nur Witzbücher und Karl May lesen! So eine leichte Kost reicht doch nicht als geistige Grundlage fürs Leben!

(eine) schmale Kost *selten* · meagre fare/diet
... Das ist ja eine ziemlich schmale Kost hier! Wenn das so bleibt, können wir uns unsere nächste Diät sparen: die steckt hier in den Pensionsbedingungen.

(eine) schwere Kost · 1. heavy food, 2. heavy going *coll*
1. ... Zu schwere Kost sollten Sie bei Ihren Magenbeschwerden grundsätzlich vermeiden.
2. Das Buch ist eine verflixt schwere Kost! Es verlangt nicht nur viel Konzentration, man braucht auch allerhand Kraft, um mit dem Inhalt fertigzuwerden. Die Probleme sind zum Teil sehr belastend, die Gestalten häßlich ... *seltener*

jn. **in Kost geben** *form veraltend selten* · to board s.o., to arrange for a child to eat at s.o. else's house
... Da mein Vater nach dem Tod meiner Mutter nicht zugleich arbeiten gehen und uns verpflegen konnte, gab er uns bei meiner Patentante in Kost. Wieviel er ihr dafür bezahlte, weiß ich nicht, aber ...

Kost und Logis *form veraltend selten* – **Unterkunft** und Verpflegung (frei haben/...) · (to have free/...) board and lodging

jn. **in Kost nehmen** *form veraltend selten* · to give s.o. free board and lodging, to take s.o. in as a boarder, to board s.o.
... Nach dem Tod meiner Mutter nahm uns eine Tante von uns in Kost. Was mein Vater ihr dafür bezahlte, weiß ich nicht; ich weiß nur ...

freie Kost und Wohnung bei jm. **haben** *form veraltend selten* – **Unterkunft** und Verpflegung (frei haben/...) · to have free board and lodging with s.o.

koste: koste es, was es wolle *path* · whatever the cost, no matter what it costs
Leicht wird es nicht sein, dieses Gut zu modernisieren. Auf keinen Fall! Aber koste es, was es wolle: wir müssen es schaffen!

Kosten: auf Kosten von jm./etw. · 1. 2. to live/... at s.o.'s expense/at the expense of s.th.
1. Der Ulrich lebt auf Kosten seiner Eltern. Wenn er alles selbst bezahlen müßte, würde er anders reden.
2. ... Er hat auf Kosten der Opfer seiner Eltern studiert – und jetzt, wo sie alt und abgearbeitet sind, unterstützt er sie nicht einmal finanziell.

auf anderleuts Kosten etw. **tun** · 1. to do s.th. at s.o. else's expense, 2. to live on/off other people
1. Auf anderleuts Kosten kann natürlich jeder ein Zusatzstudium machen. Das selbst finanzieren ist die Kunst.
2. ... Dieser Mann leistet selbst doch gar nichts! Wenn man die Dinge sieht, wie sie sind: der lebt doch nur auf anderleuts Kosten. Ein richtiger Parasit, dieser Kerl!

auf eigene Kosten · at one's own expense
Fährst du auf eigene Kosten oder zahlt dir die Firma die Reise?

die Kosten decken · to cover the costs
Werden die Einnahmen eigentlich die Kosten decken, die du mit der ganzen Umstrukturierung hast? – Ich weiß nicht, ob alles wieder hereinkommt. Aber wenn ich nicht modernisiere, kann ich den Laden gleich dicht machen.

auf js. **Kosten gehen**/auf Kosten gehen von ... · 1. to be at s.o.'s expense, 2. it's on me/you/..., + I'm paying/you're paying/...
1. ... Natürlich kann er neben seinem Beruf noch eine Zusatzausbildung machen. Aber das geht auf Kosten (von) seiner Gesundheit.
2. vgl. – auf js. **Rechnung** gehen (1)

auf seine Kosten kommen in/bei etw. · to get one's money's worth, to get what one is looking for
... Ein selten gutes Konzert! Da sind selbst die anspruchvollsten Fanatiker einer exakten und getreuen Debussy-Interpretation auf ihre Kosten gekommen.

weder Kosten noch Mühen scheuen (um etw. zu lösen/...) *path* · to spare no trouble or expense (to do s.th.), to spare neither effort nor expense (to do s.th.)
... Mein Vater hat weder Kosten noch Mühen gescheut, um die Genehmigung zu bekommen. Er hat wirklich alles getan – es war einfach nicht drin.

keine Kosten scheuen · to spare no expense, to go to great expense
Mein Vater hat keine Kosten gescheut, um uns Kindern eine möglichst gute und umfassende Ausbildung zu geben. Aber wenn es um Vergnügen ging, konnte er ausgesprochen kleinlich sein!

die Kosten für etw. **tragen** *form* · to bear the costs of s.th., to meet the costs of s.th., to finance s.th.
... Wer trägt denn die Kosten für den Kongreß? – Einen Teil übernimmt die Stadt und einen anderen Teil zahlt die Universität.

kosten: Schwierigkeiten/Gefahren/... zu kosten bekommen/ (kriegen) *ugs selten* · to get a taste of the difficulties/dangers/...
... Jetzt hast du einmal die Schwierigkeiten zu kosten bekommen, die man bei der Bank haben kann, wenn man falsch kalkuliert hat. Denk' dir, du würdest – wie Onkel Willy – jahrelang solche Schwierigkeiten haben.

sich etw. **etwas/allerhand/einiges/... kosten lassen** *ugs* · to spare no expense, to go to a lot of expense to do s. th.

... Ein hervorragendes Haus! – Er hat es sich schließlich auch etwas kosten lassen. Anderthalb Millionen hat er bestimmt da reingesteckt.

Kostenpunkt: wie steht es mit dem Kostenpunkt?/... *form selten* · what will it cost? *n*, ... and the price? *n*

... Gut, das Projekt sagt mir zu, die Mitarbeiter auch. Aber wie steht's mit dem Kostenpunkt? Ist das Projekt finanziell zu verkraften?

Kostprobe: eine Kostprobe seiner Fähigkeiten/Kunst/... geben/(abgeben) *ugs* · to give a sample of one's talent/...

Könntest du in der Universität nicht auch mal eine Kostprobe deiner pianistischen Fähigkeiten geben? Im Wintersemester veranstalten wir gewöhnlich ein, zwei Klavierkonzerte. Wie wär's? Hast du Lust?

Kostverächter: kein Kostverächter sein *ugs iron* · 1. to enjoy one's food and drink, 2. to be fond of the ladies/girls/...

1. ... Euer Robert ist ja auch nicht gerade ein Kostverächter! – Wenn es so herrliche Sachen zu essen und zu trinken gibt, langt er natürlich zu.

2. ... Der Peter ist kein Kostverächter. Jedesmal, wenn ich ihn treffe, hat er eine andere Mieze im Schlepptau.

Kot: jm./(etw.) **mit Kot bewerfen/besudeln** *ugs selten* – jn./etw. in/(durch) den **Dreck** ziehen · to drag s. o.'s name in the mire

jn./etw. **in/durch den Kot ziehen** *ugs selten* – jn./etw. in/(durch) den **Dreck** ziehen · to drag s. th./s. o.'s name through the mud

Kotau: (einen/seinen) Kotau machen (vor jm.) *path veraltend selten* · to kowtow to s. o.

Natürlich hat es der Schlober allein in der Hand, ob ich befördert werde oder nicht. Aber deshalb mache ich vor dem Mann noch längst nicht Kotau. Wenn der meint, ich käme jetzt gekrochen, um ihn um seine huldvolle Gunst zu bitten, ist er im Irrtum.

Kothurn: auf hohem Kothurn einherschreiten/einhergehen/(gehen/schreiten) *lit selten* – auf **Kothurnen** schreiten · to write/to speak/... in a stilted/highflown/... way, to pontificate, to be pompous, to swagger

auf Kothurnen schreiten *lit selten* · to write/to speak/... in a stilted/highflown/... way, to pontificate, to be pompous, to swagger

...»Wir müssen unsere altbewährten Tugenden, unsere Kraft und unsere Ehre zu neuem Leben erwecken ...« – welch ein Stil! Der Mann schreitet mal wieder auf Kothurnen. Halb so pathetisch wäre wirkungsvoller.

Kotzbrocken: ein richtiger/... Kotzbrocken sein *vulg selten* · to be a real/right/... turd/shit/bastard/gobshite

Mein Chef ist ein richtiger Kotzbrocken. Der Mann ist einfach widerlich. Er pöbelt ständig die Mitarbeiter an und verbreitet schlechte Laune. Mit dem kann man absolut nicht auskommen.

Kotze: es kommt einem/mir/(ihm/dem Paul/...) **die (kalte) Kotze hoch, wenn** ... *vulg selten* – das große/(kalte) **Kotzen** kriegen/(bekommen) · + I/he/John/... could puke when ..., + it makes s. o. want to puke when ...

die Kotze kriegen *vulg* – (eher:) das (große/kalte) **Kotzen** kriegen/(bekommen) (2) · + I/he/John/... could puke when ..., + it makes s. o. want to puke when ...

Kotzebues: Kotzebues Werke studieren *sal veraltend selten* · to heave, to puke one's ring, to call on Hughie and Ralph, to pebbledash the porcelain, to call Hughie on the great white telephone, to toss one's cookies

Der Fisch gestern war bestimmt nicht in Ordnung. – Wieso? – Mein Magen hat die ganze Nacht hindurch rumort. – Du hast aber doch nicht etwa Kotzebues Werke studiert? – Doch!

Kotzen: du bist/er/der Peter ist/... **zum Kotzen** *vulg od. iron* · you/he/John/... make/... me sick, you/he/John/... make/... me (want to) puke

(Auf einer Wanderung; die Ehefrau rutscht aus und fällt hin; der Ehemann:) Ah, Lisbeth, willst du den Abhang hier auf deinem Al-

---

lerwertesten herunterrutschen? Ich mein', schaden kann es ihm ja nicht ... – Heinz, du bist wirklich zum Kotzen. Ich falle hier ganz unglücklich hin und du amüsierst dich.

das/etw. **ist zum Kotzen** *vulg* · it/s. th. makes me/you/one/... sick, it/s. th. makes me/you/one/... want to puke

Diese dauernden Manipulationen von allem und jedem sind zum Kotzen! Widerlich, das ganze!

jn./etw. **zum Kotzen finden** *vulg* · 1. + s. o./s. th. makes me/him/... sick, I/he/... can't stand s. o./s. th., 2. + it/s. th. is really/... disgusting/sickening/nauseating *sl*

1. Es ist mir einfach unverständlich, wie man den Aloys sympathisch finden kann. Ich finde den Mann zum Kotzen.

2. Rhabarber ...? – bitte, verschone mich mit Rhabarber, Ursel! Ich finde das Zeug zum Kotzen!

sich zum Kotzen fühlen *eher 1. Pers vulg* · 1. to feel bloody awful, to feel like a wet rag *sl*, 2. to feel like throwing up *sl*, to feel as sick as a dog *sl*

1. ... Na Karl, wie geht's? – Beschissen! Mein Chef hat mir gekündigt und meine Frau will mich verlassen. Ich fühl' mich echt zum Kotzen!

2. vgl. – jm. ist **kotzübel**

das (große/kalte) **Kotzen kriegen/**(bekommen) *vulg* · 1. + it makes one/you/... want to puke, 2. s. o. has had all he can take *coll*, s. o. has had a bellyful *sl*

1. Wenn hier der Regen wochenlang nicht aufhört und alles im Hause feucht wird, kann es einem schon passieren, daß man das große Kotzen kriegt. – Hast du dich hier schon mal so hundeelend gefühlt?

2. Der Brechtschneider ist aus der Partei ausgetreten. Er hat das große Kotzen gekriegt. Er sagte mir, er sähe erst jetzt so richtig, wie widerlich das alles wäre ...

kotzt: das/etw. **kotzt einen/**(mich/ihn/den Paul/...) **an!** (regelrecht/...) *sal* · it/s. th. makes me/him/John/... sick

... »Dieser Egoismus«, sagte er, »kotzt einen doch an! Jeder redet von Moral und keiner beachtet sie«.

kotzübel: jm. ist kotzübel *vulg* · + to feel like throwing up *sl*, + to feel as sick as a dog *sl*

(Nach einem Essen:) Ist dir nicht gut, Peter? Du machst plötzlich so einen komischen Eindruck. – Der Fisch ist mir absolut nicht bekommen. Mir ist kotzübel.

Krach: es gibt Krach (mit jm.) (wegen/wenn/...) *ugs* · there is trouble (with s. o.) (if/because of/...)

Spiel' abends nicht länger Klavier als bis acht Uhr! Sonst gibt's Krach mit den Nachbarn! – Klar, wenn man hier nicht macht, was die Nachbarn wollen, gibt's Streit.

Krach haben (mit jm.) (wegen etw.) *ugs* · to have a row with s. o. (about s. th.) *n*, to row with s. o. (about s. th.) *n*, to quarrel with s. o. (about s. th.) *sl*, to have a barney with s. o. (about s. th.)

Wenn du Krach mit deinem Bruder wegen eures Erbes hast, Kurt, ist das doch kein Grund, daß ich mit dem auch Streit anfange. Ich mag deinen Bruder.

Krach anfangen (mit jm.) *sal* · 1. to start a row (with s. o.) *n*, to start aggro (with s. o.) *sl*, 2. to pick a quarrel (with s. o.) *n*, to start an argument (with s. o.) *n*

1. ... Statt zuzugeben, daß er Unrecht hat, und einzulenken, fängt er Krach an! – Klar, er will die weitere Zusammenarbeit sabotieren. Aber du wirst dich doch mit diesem Mann jetzt nicht herumstreiten!

2. vgl. – **Streit** anfangen (mit jm.)

Krach kriegen/(bekommen) (mit jm.) (wegen etw.) *ugs* · to start rowing/quarrelling/fighting (with s. o.) (about s. th.) *n*

... Daß die wegen der Erbschaft untereinander Krach kriegen würden, habe ich vorhergesehen. Wenn's ans Geld geht, haben die mit jedem Streit.

Krach machen · 1. to kick up a row, to make a racket/din/... 2. to kick up a fuss, to make a fuss *n*

1. vgl. – **Lärm** machen (2; a. 1) *ugs*

2. vgl. – (eher:) **Krach** schlagen *sal*

Krach schlagen *sal* · to kick up a fuss, to make a fuss *n*

Findest du es nicht lächerlich, wegen jeder Bagatelle, die dir nicht paßt, Krach zu schlagen? – Wenn man hier nicht laut und vernehmlich protestiert, halten die einen für blöd und machen mit einem, was sie wollen.

kracht: arbeiten/schuften/..., **daß es nur so kracht** *ugs – path selten* · to work/... and how!, to work/... with a vengeance

Gestern haben wir geschuftet, daß es nur so krachte. – Was? Du hast körperlich gearbeitet? – Und wie! Ich habe mit meinem Bruder den ganzen Vorgarten umgegraben.

Kraft: mit aller Kraft etw. tun/versuchen/... · to fight/to do s.th./... with all one's strength

Mit aller Kraft haben wir uns dagegen gewehrt, daß die Regelungen für den Export geändert werden. Und unser (unermüdlicher) Einsatz hat sich in der Tat gelohnt: es bleibt alles beim alten.

aus eigener Kraft etw. erreichen/schaffen/... · to achieve s.th. by oneself/single-handedly/on one's own initiative/off one's own bat

Hat er die Versetzung doch noch aus eigener Kraft geschafft oder hast du ihm geholfen, einen Nachhilfelehrer besorgt ...?

mit ganzer/seiner ganzen Kraft etw. versuchen/sich für etw. einsetzen/... *path* · to put everything one has got into s.th., to do s.th. with all one's might

... Wenn ihr euch mit ganzer Kraft für das Projekt eingesetzt hättet, dann hättet ihr auch die Hindernisse überwunden. Aber ihr wart selbst nicht richtig überzeugt und habt euch deshalb auch nicht voll eingesetzt.

mit geballter Kraft auf jn. losgehen/... *path* · to attack/... s.o. with all one's strength/energy/...

... Das ist klar, wenn dieser Zweizentnermann mit geballter Kraft auf den Willy losgeht, dann fällt der schon allein von dem Gewicht um.

außer Kraft sein *form selten* – ≠ in **Kraft** sein · no longer/not/... to be in force, to have been repealed *laws*

in Kraft sein *form* · to be in force, to have come into force

Ist das neue Ladenschlußgesetz schon in Kraft? – Ja, seit gestern. Seit gestern müssen alle Geschäfte um 19 Uhr schließen.

die treibende Kraft sein bei/in etw. · to be the driving force behind/in s.th., to be the prime mover behind s.th.

... Die treibende Kraft in der Sache ist der Grubbe. Die anderen machen das nur, weil er dahinter sitzt. Ohne seine Initiative, seine Energie, ohne daß er die anderen dauernd treibt, würde die ganze Angelegenheit im Sande verlaufen.

Kraft haben wie ein Berserker *ugs selten* · to be as strong as an ox

Mein Gott, hat der Junge eine Kraft! Wie ein Berserker! – Wußtest du nicht, daß er schon mal deutscher Jugendmeister im Gewichtheben war?

in Kraft bleiben *form* · to remain in force

... Wer weiß, wie lange diese neuen Regelungen in Kraft bleiben! Es würde mich nicht wundern, wenn alles nach ein paar Monaten wieder geändert wird.

vor Kraft nicht mehr laufen/gehen können *ugs – path* · to be so muscle-bound one can hardly move

... Guck' dir diesen Gewichtheber an. Vor lauter Kraft kann der bald nicht mehr laufen.

außer Kraft setzen *form* · to repeal *law*

Das neue Gesetz zur Ausfuhr von Edelmetallen nach Südamerika wurde heute außer Kraft gesetzt. – Und welche Regelung gilt jetzt?

etw. **in Kraft setzen** *form* · + to come into force

Gut, die neuen Gesetze zur Ausfuhr von Edelmetallen nach Südamerika sind im Parlament verabschiedet worden, einverstanden. Aber offiziell in Kraft gesetzt wurden sie bisher nicht. Bisher stehen sie nur auf dem Papier.

vor Kraft strotzen *ugs* · to be bursting with strength

... Der Hansgert ist nicht stark, der strotzt vor Kraft!

außer Kraft treten *form selten* · to be repealed

Hast du schon gehört: die neuen Gesetze für den Export von Edelmetallen nach Südamerika sind außer Kraft getreten. – Und welche Regelungen gelten jetzt?

in Kraft treten *form* · to come into force

Das neue Ladenschlußgesetz tritt ab/am 1. 2. 1991 in Kraft.

volle/halbe Kraft voraus! *Schiffahrt* · full/half speed ahead

»Mit voller Kraft voraus!«, rief der Kapitän – mehr zur Belustigung der Reisegäste als zum Steuermann – und die 'Augusta' fuhr mit Höchstgeschwindigkeit von dannen ...

Kraftakt: etw. ist ein Kraftakt *ugs – path* · s.th. is a real struggle, s.th. is a strong man act, s.th. is a feat of strength

(Ein Bauherr:) Die Sache war ein Kraftakt, das stimmt – wir haben vier Monate das Letzte aus uns herausgeholt. Aber wir haben es geschafft: die Anlage ist termingemäß fertig geworden.

Kräfte: Kräfte wie ein Bär haben *ugs* – **Bärenkräfte** haben · to be as strong as an ox

Kräfte haben wie ein Berserker *ugs selten* – **Kraft** haben wie ein Berserker · to be as strong as an ox

über js. **Kräfte gehen** · to be too much for s.o., to be beyond s.o.'s strength

... Das ist einfach zuviel für einen einzigen, das geht über Vaters Kräfte.

seine/(die) Kräfte mit jm. **messen** · 1. 2. to try one's strength against s.o., to pit one's strength against s.o.

1. Es ist amüsant zu beobachten, wie unser kleiner Sohn immer ehrgeizig seine Kräfte mit seiner älteren Schwester mißt.

2. ... Wenn einer klug ist und weiterkommen will, wird es ihm sogar Spaß machen, seine Kräfte mit anderen zu messen. – Wenn er einen gewissen 'sportlichen Sinn' hat, schon.

(neue) Kräfte sammeln · to recharge one's batteries

... So, die erste Phase des Umbaus der Fabrik ist abgeschlossen. Jetzt machen wir ein paar Tage Urlaub, um für die zweite Phase neue Kräfte zu sammeln.

(wieder/noch/...) bei Kräften sein · to be fit (again), to have got one's strength back

Der Raymund wurde am Magen operiert? – Ja. – Und? Ist er schon wieder bei Kräften? – Nein, er ist noch ziemlich schwach und anfällig.

nach Kräften helfen/... · to help out/... to the best of one's ability

... Die Tante Anna hat uns in unseren schwersten Jahren immer nach Kräften geholfen. Der werden wir jetzt, wo es ihr mal schlecht geht, natürlich auch helfen, wie wir eben können.

nach besten Kräften etw. tun/versuchen/... · to do/to try/... one's best to ..., to do everything in one's power to ...

... Ja, ich half ihm nach besten Kräften. Aber leider war meine Hilfe nicht ausreichend. – Wenn du ihm so viel geholfen hast, wie du konntest, brauchst du dir doch keine Vorwürfe zu machen.

mit vereinten Kräften vorgehen/etw. versuchen/... · to make a combined effort to solve s.th./..., to tackle s.th./to try to solve s.th./... with united forces

Wenn ihr mit vereinten Kräften vorgeht, erreicht ihr vielleicht etwas. Aber jeder allein, auf eigene Faust – da erreicht ihr nichts.

aufpassen/..., **daß man bei Kräften bleibt** · to make sure/... that one stays fit/in shape

Achte darauf, Junge, daß du bei Kräften bleibst! Es hat keinen Sinn, dich in der Anfangsphase des Umbaus der Fabrik jetzt zu übernehmen; dann liegst du in kurzer Zeit auf der Nase.

(wieder) zu Kräften kommen · to recover one's strength

Mein Mann braucht unbedingt ein paar Wochen Urlaub, damit er wieder zu Kräften kommt. Dieser monatelange Streß hat ihn total ausgelaugt.

alles tun/..., **was in seinen Kräften steht** · to do everything in one's power to ...

Wir haben alles getan, Herr Kaufmann, was in unseren Kräften stand, um Ihnen die Exportlizenz noch in diesem Monat zu beschaffen. Aber in Brasilien hat man auf unsere Briefe bisher nicht reagiert. Seien Sie versichert, daß wir wirklich nicht mehr tun konnten ...

mit seinen Kräften sparsam/haushälterisch umgehen/haushalten · to conserve one's strength/energies, to husband one's resources

... Wenn er mit seinen Kräften ein bißchen sparsamer umgegangen wäre, wäre er nicht so kaputt. – Das sagen die, die sich nicht gern anstrengen. Ohne sein Letztes zu geben, hätte dein Bruder euer Unternehmen nie modernisiert.

Kraftprobe: es auf eine Kraftprobe ankommen lassen · to risk a trial of strength, to bring about a showdown

Wenn ihr euch nicht auf einen Kompromiß einigen könnt, müßt ihr es halt auf eine Kraftprobe ankommen lassen. – Und was meinst du, wer bei Gericht gewinnt? – Wer für den Kampf besser gewappnet ist.

Kraftprotz: ein Kraftprotz (sein) · (to be) a muscle-man

»Natürlich soll ein Mann stark und kräftig sein,« meinte sie; »aber so einen Kraftprotz wie die Gewichtheber, die wir da gestern gesehen haben, würde ich nicht gern heiraten.«

Kragen: es geht jm. **an den Kragen** (wenn ...) *ugs* · + s.o. is in for it (when/if ...)

Wenn sie dich bei den Veruntreuungen erwischen, geht's dir an den Kragen! Dann wird's gefährlich, das ist dir doch wohl klar, was?!

jm. **platzt der Kragen** *sal* · + to blow one's top

Als die kleine Splittergruppe die Einigung der Parteien durch gezielte Störmaßnahmen wiederum hinauszuzögern suchte, platzte dem Kanzler der Kragen. »Wenn diese Leute, diese ... Händlertypen, diese ... Saboteure meinen ...« – So wütend hatte man ihn noch nicht erlebt.

jn./(jm.) **den Kragen kosten** *sal selten* – jn./(jm.) **Kopf** und **Kragen kosten** · to cost s.o. his life

jn. **am/beim Kragen packen/**(nehmen/fassen) **und** ... *ugs* – jn. am/beim **Arsch** und Kragen packen/fassen/nehmen und ... · to grab/to take s.o. by the scruff of the neck (and ...)

j. **könnte seinen Kragen** (mal wieder/...) **teeren lassen/**laß/laßt/... deinen/euren/... Kragen ...! *ugs scherzh* · s.o. should change his shirt, + it's time to get s.o. changed his shirt

(Ein Vater zu seinem Sohn:) Wie wär's, wenn du deinen Kragen mal wieder teeren läßt? – Wie, ist mein Hemd etwa dreckig? – Nein, es ist strahlend weiß.

wenn/..., (**dann**) **drehe ich/**dreht der Meier/... **ihm/**dem Schulze/... **den Kragen um** *sal selten* – wenn/..., (dann) drehe ich/dreht der Meier/... ihm/dem Schulze/... den **Hals** um! · if ..., then I/Smith/... will wring his/... neck, if ..., then I/Smith/... will strangle him/...

jm. **an den Kragen wollen** *ugs* · to be after s.o., to (try to) get at s.o.

... Warum wollen die dem Schlierse eigentlich an den Kragen? Hat der sich etwas zuschulden kommen lassen? Oder wollen sie ihn nur deshalb eliminieren, weil er zuviel weiß?

Kragenweite: nicht js. **Kragenweite sein** *sal* · it/he/... is not s.o.'s cup of tea

Gehst du mit heute zum Schwimmen? Die Manuela geht auch mit. – Die Manuela? Die ist ja nun gar nicht meine Kragenweite. Wenn die mitgeht, bleibe ich lieber zu Hause.

Krähe: eine Krähe hackt der anderen kein Auge aus · dog does not eat dog, birds of a feather stick together

... Übrigens: hat der Dr. Merz zugegeben, daß das, was sein Kollege da gemacht hat, Unsinn war? – Er ist über die Sache hinweggegangen. Du weißt doch, wie das ist: die tun sich doch alle gegenseitig nicht weh. Eine Krähe hackt der anderen kein Auge aus.

Krakeel: es gibt einen Krakeel, wenn/... *sal selten* · there will be an unholy row if ..., there will be hell to pay if ...

Das wird einen Krakeel geben, wenn die dahinter kommen, daß in unserer Abteilung wichtige Unterlagen fehlen. Das wird ein Theater werden, wie wir es in diesem Laden noch nicht erlebt haben.

Kralle: cash auf die/bei Kralle *sal scherzh selten* – in **bar** · to get/to be paid cash

Geld/25,– Mark/... **cash auf die Kralle kriegen/bezahlen/**... *sal scherzh selten* · to pay s.o./to get paid/... cash in hand *n*

... Was zahlt dir der Clemens Scherzluft eigentlich? – 25,– Mark die Stunde cash auf die Kralle. Das heißt, brutto für netto.

jn. **fest/**... **in seinen Krallen haben** *sal* · to have s.o. firmly/... in one's clutches

Warum sagt er sich denn von ihr nicht los, wenn sie ihn derart ausnutzt? – Das ist leicht gesagt. Die hat ihn so richtig in ihren Krallen. Ich glaube nicht, daß er jemals von ihr wieder loskommt.

nicht mehr hergeben/herausrücken/loslassen/..., **was/**wen man einmal in seinen Krallen hat *sal* · 1. 2. once s.o. has got s.th. he won't let it out of his clutches again

1. Wenn der Franz einmal in dieser Clique drin ist, sehe ich schwarz, daß er da jemals wieder herauskommt. Wen die mal in ihren Krallen haben, den lassen die doch nicht wieder los. Die arbeiten doch mit den übelsten Erpressungen, Gewaltmethoden ...

2. Wenn euer Bruder bei dem Erbe zuviel bekommen hat, muß er euch die Differenz zurückgeben. – Da kennst du unseren Bruder schlecht! Was der mal in seinen Krallen hat, rückt er nicht mehr heraus.

die Krallen einziehen *ugs selten* · to draw in one's claws

... Am Anfang ist sie immer sehr kratzbürstig. Aber wenn sie dann Vertrauen gewinnt, zieht sie ihre Krallen ein, ja, wird umgänglich und sympathisch.

jn./etw. **in seine/(die) Krallen kriegen/(bekommen)** *sal* · 1. 2. to get s.o./s.th. in one's clutches

1. ... Wenn dieses Weibsbild einen Mann in die Krallen kriegt, läßt sie ihn nicht mehr los.

2. Was der Emil einmal in seine Krallen kriegt, gibt er doch nicht mehr ab! Also: erst wird vereinbart, wer was von dem Erbe bekommt; und dann fängt man an, dem Emil den Teil auszuhändigen, der ihm zusteht.

nicht mehr aus den/(seinen) Krallen lassen, was man einmal hat/... *sal* – (eher:) nicht mehr hergeben/herausrücken/loslassen/..., was/wen man einmal in seinen **Krallen** hat · once s.o. has got s.th. he won't let it out of his clutches again

jm. (**mal/**...) **seine/(die) Krallen zeigen** (müssen) *ugs* · 1. 2. to show s.o. one's claws (now and then/...)

1. Um ihn nicht zu übermütig werden zu lassen, zeigt unser Kätzchen unserem Dackel zwischendurch immer wieder ihre Krallen.

2. ... Dem Haller muß man leider alle Naselang die Krallen zeigen, sonst nimmt er einen nicht ernst, macht, was er will, und wird frech. *ugs*

krallen: sich jn. **krallen** *ugs Neol* · 1. to get hold of s.o., to collar s.o., 2. to pinch s.th., to make off with s.th., to help o.s. to s.th.

1. ... Ich muß mir mal unseren Betriebsjuristen krallen. Vielleicht kann der mir sagen, wie ich am geschicktesten aus diesem Vertrag wieder rauskomme.

2. vgl. – sich etw. unter den **Nagel** reißen

Kram: alter Kram *ugs* · old junk

Was machen wir nach dem Umzug mit dem alten Kram? – Alter Kram? Die Truhe kommt von meinen Großeltern, die Couch von meiner Mutter ... – du wirst die alten Sachen doch nicht einfach abstoßen wollen!

der ganze Kram *sal* · 1. the whole lot, 2. the whole business/thing/caboodle

1. Also, das Büffet dort kostet 350,– Mark, die Stilcouch 780,–, der Eßschrank aus der Biedermeierzeit 1.845,–. – Und wenn ich den ganzen Kram zusammen kaufe, welche Ermäßigung geben Sie mir dann?

2. ... Die Arbeit in dieser Abteilung ist doch nicht uninteressant. – Ach, der ganze Kram interessiert mich überhaupt gar nicht mehr. Diese ewigen Vorschriften, Paragraphen ... Das Ganze hängt mir zum Hals heraus.

nur/bloß halber Kram sein *ugs* – nichts **Ganzes** und nichts Halbes sein (1) · to be neither one thing nor the other

für/(um) jeden Kram *ugs* · 1. for nothing at all *n*, for no reason at all *n*, 2. for/because of every little thing
1. vgl. – für/(um) jeden **Dreck**
2. vgl. – für **alles** und für nichts

der übliche Kram *ugs* · the usual stuff
Die Messe war sehr enttäuschend. Der übliche Kram! Neue Ideen, neue Projekte suchte man vergeblich.

jeden Kram behandeln/diskutieren/... *ugs* – jeden **Dreck** behandeln/diskutieren · to discuss/to deal with/... every little thing

mach'/macht/... (doch) deinen/euren/... Kram allein(e)! *sal* · do it yourself (then)
»Mach' doch deinen Kram alleine« schrie er seinen Bruder an, »ich werde dir jedenfalls nie mehr helfen. Wer nicht anerkennt, was die anderen für einen tun, verdient keine Hilfe«.

seinen Kram vor allen/allen möglichen Leuten/vor aller Welt/... ausbreiten *sal selten* · to tell everyone/... about one's private life, to wash one's dirty linen in public/...
Takt oder Diskretion sind der Gaby völlig fremd. Ich schäme mich immer zu Tode, wenn sie anfängt, ihren Kram vor allen Leuten auszubreiten. Über die persönlichsten Dinge redet sie in aller Öffentlichkeit.

jm. den (ganzen) Kram vor die Füße schmeißen/werfen *sal* · to chuck the whole thing in
Wenn er mich weiterhin so schikaniert, soll er selber sehen, wie er mit den Problemen fertig wird. Dann schmeiß ich ihm den ganzen Kram vor die Füße. Ich habe doch keine Lust, in einem Laden zu arbeiten, in dem ...

jm. (dauernd/...) in seinen Kram hineinreden/hereinreden/ andern/anderen Leuten/... (dauernd/...) in ihren Kram ... *sal* · to poke one's nose into other people's business, to keep meddling in/poking one's nose into/... other people's business
... Ich rede dir schließlich in deinen Kram auch nicht hinein! Also verbitte ich mir, daß du dauernd deine Nase in meine Angelegenheiten steckst! Die entscheide ich allein.

den (ganzen) Kram hinschmeißen/(hinwerfen/hinhauen/hin-schleudern) *sal* – die **Fleppen** hinschmeißen/(hinwerfen) · to hand in one's cards, to pack a job in, to jack a job in

sich um jeden Kram kümmern *sal* – sich um jeden **Dreck** kümmern · to fuss/worry/... about every trifle, to fuss/worry/... about every little thing

j. soll sich um seinen eigenen Kram kümmern (kümmer' dich/kümmert euch/... um deinen/euren/... eigenen Kram!) *sal* – j. soll sich um seinen eigenen **Dreck** kümmern (kümmer' dich/kümmert euch/... um deinen/euren/... eigenen Dreck!) · s.o. should mind his own damned/bloody/... business

sich um jeden Kram (selbst) kümmern (müssen) *sal* – sich um jeden **Dreck** selbst kümmern (müssen) · to (have to) deal with every little thing oneself, to (have to) do every little thing oneself

den Kram leid sein *sal* – den **Kram** satt haben/satt sein · to be sick to the teeth of the whole business, to be fed up with the whole business

nicht viel/keinen Kram (wegen jm./e-r S.) machen *sal selten* · 1. 2. not to make a fuss about s. th. *coll*, not to make a big deal out of s. th.
1. (Eine Frau zu ihrem Mann:) Wenn wir bei den Schlüters eingeladen sind, brauchst du doch keinen Kram zu machen! Du ziehst deinen guten Anzug an – und Schluß. – Der Schlüter ist mein Chef, Birte! Da müssen wir uns doch wenigstens ein prächtiges Geschenk einfallen lassen – irgendwas Ausgefallenes ... – Eben nicht, Alfons!

2. ... Nein, es ist nicht die Art meines Bruders, viel Kram zu machen, nur weil er sein Doktorexamen bestanden hat! – Nur! ...

jm. gut/blendend/nicht/gar nicht/... in den Kram passen *sal* · 1. (not) to suit s. o. (at all) *n*, 2. to suit s. o. down to the ground *coll*
1. Die Unterredung um 15 Uhr heute paßt mir nicht in den Kram! Ich bin für die Zeit bei Laufer & Co. angemeldet und kann da schlecht absagen.
2. Dieses Darlehensangebot paßt mir ausgezeichnet in den Kram! Das stimmt genau zu den Plänen, die ich mir für die Rückzahlung der geliehenen Summen zurechtgelegt hatte.

den Kram satt haben/satt sein *sal* · to be sick to the teeth of the whole business, to be fed up with the whole business *coll*
Ich bin den (ganzen) Kram hier satt! Diese ewigen Formulare, Paragraphen, Vorschriften ... ich kann das alles nicht mehr sehen!

j. soll sich um seinen eigenen Kram scheren/(scher' dich/ schert euch/... um deinen/euren/... eigenen Kram!) *sal* – j. soll sich um seinen eigenen **Dreck** kümmern/(kümmer' dich/kümmert euch/... um deinen/euren/... eigenen Dreck!) · s. o. should mind his own damned/bloody/... business

Krampf: das/etw. ist der absolute Krampf *ugs Neol* · it/s. th. is a complete/... waste of time and energy
Das Spesen-Abrechnungssystem in unserer Firma ist der absolute Krampf! Es ist umständlich und unverständlich. Eine ganze Reihe von Angaben, die man auf den Abrechnungsbögen machen muß, sind schlichtweg irrelevant.

(vielleicht/...) ein(en) Krampf reden/daherreden *ugs Neol* · to talk nonsense/rubbish/baloney/crap/...
(Auf einem Fest:) Der Otto redet vielleicht einen Krampf daher! Schwätzt der immer so einen Blödsinn, wenn es um Politik geht?

einen Krampf drehen *sal selten* – ein **Ding** drehen (2, 3) · to get up to s. th., to pull s. th. off, to pull a job

krank: du bist/der Meier ist/... wohl krank! *sal* – nicht (so) (ganz/recht) bei **Trost** sein (1) · are you/is he/is John/... all right in the head?

j./etw. macht jn. (noch) (ganz) krank *ugs* · it/s. o. gets on my/... nerves, it/s. o. is driving me/... round the bend
Mann, dieser Krollmann/dieser Vertrag/... macht mich noch krank! Jetzt versuche ich doch schon fast ein Jahr, den davon zu überzeugen .../die Paragraphen so zu fassen/... – und man sieht keinen einzigen Fortschritt. Das ist zum Verrücktwerden.

schon (...) halb krank sein (mit/wegen etw.) *ugs* · + it/s. th. is driving me/... round the bend
... Mann, laß mich mit dieser Baudelaire-Übersetzung zufrieden! Ich bin schon halb krank mit dieser Übersetzung. Irgendwann schmeiß ich den Kram einfach hin.

nach jm. (geradezu/...) krank sein *path veraltend selten* · to be sick with longing for s. o., to pine/to be pining for s. o.
(Eine Mutter:) Ich glaube, wenn der Albert nicht bald aus Brasilien zurückkommt, stirbt uns die Bettina noch. Die ist geradezu krank nach dem Jungen.

kranken: daran kranken, daß .../(an etw. kranken) *ugs* · 1. 2. to suffer from s. th./the fact that ... *n*, to be marred by s. th./ the fact that ...
1. ... Das ganze Projekt krankt daran, Werner, daß der Projektleiter selbst nicht von der Sache überzeugt ist. Das ist der entscheidende Mangel; alles andere ließe sich beheben.
2. ... Das Projekt krankt an einer Überorganisation. Zu viel zu planen und zu organisieren ist genau so schädlich wie zu wenig.

Krankenbett: am Krankenbett sitzen · to sit by a sick person's/... bedside
Man braucht eine spezifische Geduld, ein spezifisches Temperament, um Stunden und Stunden am Krankenbett sitzen zu können.

Krankengeschichte: die Krankengeschichte aufnehmen *Arzt* · to study/... a patient's medical history
Bevor ein Arzt – ein guter Arzt – mit der Untersuchung anfängt, macht er die sog. Anamnese: er läßt sich die Geschichte und Vorge-

schichte der Krankheit erzählen – er nimmt die Krankengeschichte auf.

Krankenlager: eine Lungenentzündung/… **wirft** jn. **aufs Krankenlager** *path* · + to be confined to bed with pneumonia/…
… Der ganze Rhythmus bei unseren Bauarbeiten kam durcheinander, weil eine sehr unangenehme Nierengeschichte den verantwortlichen Ingenieur für zwei Monate aufs Krankenlager warf.

nach langem/(…) Krankenlager sterben *path selten* · to die after a long/(…) illness
Wenn man schon unheilbar krank ist, meinte mein Onkel, dann sollte einen der Tod auch rasch erlösen. Er selbst würde jedenfalls nicht gern nach langem Krankenlager sterben.

krankfeiern: krankfeiern · 1. to be off sick, 2. to take time off sick
1. Wer länger als drei Tage krankfeiert, muß ein ärztliches Attest vorlegen, das ist doch klar. Sonst würde ja jeder wegbleiben und sagen, er wäre krank. *seltener*
2. Wenn man kein Attest vorlegen müßte, würde die halbe Belegschaft krankfeiern! – Wie, haben die so wenig Arbeitsmoral?

Krankheit: (ein Film/Theaterstück/…/eine Kaffeemaschine/… soll das sein-) **das ist eine Krankheit** *sal* · the film/sculpture/… is bloody awful, it/s.th. is an apology for a car/coffee-machine/…, it/s.th. is a joke
(In einer Ausstellung moderner Kunst:) Schau mal hier, Sigmund – eine ultramoderne Skulptur! – Was, eine Skulptur soll das sein? Das ist eine Krankheit! – Findest du die so schlecht? – Zum Kotzen!

kranklachen: sich kranklachen *sal* – sich den **Bauch** halten vor Lachen · to split one's sides (laughing), to laugh till one's sides ache

das/etw. ist (ja) zum Kranklachen *sal* · it's a sick joke!, don't make me laugh
Was sagt er da: »ein Reihenhaus ist genauso gut wie ein alleinstehendes Einzelhaus«? Das ist ja zum Kranklachen! Das eine ist ein Haus und das andere eine Wohnung, die sie den Leuten unter dem Namen 'Haus' schmackhaft machen!

krankmachen: krankmachen *ugs selten* – **krankfeiern** · to be off sick, to take time off sick

krankmelden: sich krankmelden (bei …) *form* · to report sick, to notify one's employer that one is ill, to phone in sick *coll*
Natürlich mußt du die Unfallgeschichte sofort behandeln lassen. Hast du dich schon bei der Kasse krankgemeldet?

krankschreiben: sich krankschreiben lassen *form* · to get a sick note, to get a medical certificate (excusing one from work)
Willst du dich nicht lieber krankschreiben lassen, Junge? So eine Grippe … – Ich gehe doch nicht wegen einer Grippe zum Arzt, nur um nicht arbeiten zu müssen!

Kranz: wenn j. etw. tut, **dann kann er sich gleich/sofort einen Kranz schicken lassen** *sal selten* · if you/… do/… that, you're signing your death warrant
… Das ist eine Piste für alte Hasen, mein Guter, nicht für Anfänger wie für dich oder mich. Wenn du da herunterrauschst, kannst du dir gleich einen Kranz schicken lassen! – Na, das werden wir schon überleben …

Kränzchen: sein Kränzchen packen/nehmen und abschieben/gehen/… *ugs veraltend selten* – seine (sieben) **Sachen** zusammenpacken und abhauen/abschieben/gehen/… · to pack up one's bags and go/leave/…

Kratzbürste: eine (richtige/…) Kratzbürste sein *ugs* · s.o. is a prickly character
… Die Frau von dem Horst ist eine richtige Kratzbürste. Die ist die ganze Zeit nur am Meckern und am Nörgeln. – Der Horst ist selber schuld, wenn er sich von ihr herumkommandieren läßt.

kratzbürstig: kratzbürstig sein *ugs* – eine (richtige/…) **Kratzbürste** sein · to be a really/… prickly/tetchy/… character

Krätze: sich die Krätze an den Hals ärgern *sal selten* – sich schwarz/(blau/grün und blau/gelb und grün) **ärgern** · to be browned off about s.th.

wenn …, dann krieg' ich/kriegt mein Vater/… die Krätze *sal selten* · when I/he/John/… hear/… him/…, it drives me/… up the wall/round the twist/…
Wenn ich den Otto über Politik reden höre, krieg' ich die Krätze. Das Geschwafel, das der da von sich gibt, ist einfach nicht zu ertragen!

das/etw. ist (ja), um die Krätze zu kriegen/(wenn ich/der Meier/… sehe/… sieht/…, könnte ich/er/… die Krätze kriegen/…) *sal selten* – das ist zum **Bebaumölen** (mit etw./jm.) · it's enough to drive you/one/… crazy/mad/wild/…, it's enough to drive you/one/… up the wall

Kratzfuß: (vor jm.) einen Kratzfuß machen *ugs veraltend selten* · to bow and scrape to s.o., to bow low
Es ist schon peinlich mitzuerleben, wie beflissen er vor jedem neuen Kunden einen Kratzfuß macht. Schon den 'preußischen Diener' finde ich heute ziemlich abgeschmackt! Aber diese übertrieben höflichen Verbeugungen im Stil alter Hofschranzen …!

kratzt: das/(etw.) kratzt jn. (gar/absolut/…) **nicht** *sal mst 1. Person* · 1. + I/he/John/… couldn't care less, + I/he/John/… don't give a damn, 2. + s.o. does not care (a bit/…), it/that doesn't bother me/… a bit/one bit/in the least *coll*
1. … Ob unsere lieben Nachbarn schon wieder ein neues Auto fahren, das kratzt mich überhaupt nicht. Von mir aus können die sich im Jahr dreimal einen neuen Wagen kaufen.
2. vgl. – (eher:) das/(etw.) **juckt** jn. (gar/absolut/…) nicht

Kraut: das macht das Kraut (auch) nicht fett *ugs selten* – das macht den **Braten** (auch) nicht fett · it/that does not get us very far, it/that does not help much

gegen jn./etw. **ist kein Kraut gewachsen** *ugs* · 1. there's no stopping s.o., 2. there's nothing anyone can do about s.th., there's no remedy for s.th.
1. Der Bammert hat sich wieder durchgesetzt! Obwohl eigentlich alle anderer Meinung waren als er – sein Vorschlag wurde akzeptiert! – Gegen den Mann ist kein Kraut gewachsen; gegen den kommt man einfach nicht an.
2. … Gegen die Faulheit von dem Konrad ist kein Kraut gewachsen. Bei dem ist Hopfen und Malz verloren. *seltener*

Kraut und Lot *Jägerspr* · powder and ball
Warum nennen die Jäger 'Pulver und Blei' 'Kraut und Lot' – weißt du das, Papa? – Nein, das weiß ich auch nicht, Junge.

in/… fliegt/liegt/geht/… alles wie Kraut und Rüben durcheinander *sal* · 1. in/… everything/… is thrown/… all over the place, 2. in his classes/… everything is chaotic *n*, there is no clear line to s.th. *n*, there's no system to s.th. *n*
1. Das ist doch kein Wunder, daß du in deinem Zimmer nichts findest. Da fliegt doch alles wie Kraut und Rüben durcheinander. So eine Unordnung – das ist doch unglaublich!
2. … In dessen Unterricht geht alles wie Kraut und Rüben durcheinander. Heute behandelt er ein Theaterstück aus dem 18. Jahrhundert, morgen 'Textsorten', übermorgen den Konjunktiv im Gegenwartsdeutsch … Der Mann hat überhaupt keine Linie.

ins Kraut schießen *ugs* · to get out of control/out of hand *n*, to run wild *n*, to run to seed *lit*
… Man muß eben rechtzeitig verhindern, daß solche Unsitten ins Kraut schießen! Du hast wochenlang nichts gesagt, wenn jemand ein über den anderen Tag zu spät kam. Da brauchst du dich jetzt nicht zu wundern, wenn kaum noch einer von deinen Leuten pünktlich zum Dienst erscheint.

Kräutchen/(Kräutlein)-rühr-mich-nicht-an: ein (richtiges/…) Kräutchen/(Kräutlein)-rühr-mich-nicht-an sein *ugs* · 1. to be very touchy, to be over-sensitive, 2. s.o. is a real touch-me-not *para*, s.o. won't let anyone touch her/him
1. Ich hab' dir doch nur gesagt, Sabine, du solltest ein wenig mehr auf dein Haar achten. Das ist doch kein Grund, gleich so beleidigt zu

sein. Herr des Lebens! Dir kann man aber auch nichts sagen! Du bist ein richtiges Kräutchen-rühr-mich-nicht-an!
2. Hinter der Susi Plaschke sind fast alle Jungs von unserer Schule her. Aber sie ist ein richtiges Kräutchen-rühr-mich-nicht-an. Sie läßt keinen an sich ran. – Die wartet wohl auf ihren Traumprinzen.

Krawatte: (sich) einen hinter die Krawatte gießen *sal selten* – einen **saufen** · to knock back a few, to down a few

jn. **an/bei der Krawatte packen**/(nehmen/fassen) **und …** *sal selten* – jn. am/beim **Arsch** und Kragen packen/fassen/nehmen und … · to grab/to take s.o. by the scruff of the neck (and …)

jm. **die Krawatte zuziehen** *sal selten* · to strangle s.o. n, to put s.o. in a headlock *coll*
… Wenn solche Leute dir drohen, dir die Krawatte zuzuziehen, wirst du schon nachgeben. Die machen nämlich ernst. Ich möchte nicht wissen, wieviel Menschen sie allein im letzten Jahr erdrosselt haben.

Kreatur: jn. **zu seiner Kreatur machen** *path selten* · to make s.o. one's minion/creature/puppet
… Dieser Schmöllers versucht doch, alle Leute zu seiner Kreatur zu machen! Der toleriert überhaupt nur Sklaven um sich, dieser Mann.

Krebs: rot wie ein Krebs sein/werden/ankommen/… *ugs* – *path* · to be as red as a lobster, to be as red as a beetroot
… Ja, der Onkel Alfons ist in der Tat den Berg genau so schnell hinaufgeklettert wie wir Jungen. Aber er hat gekeucht wie eine Lokomotive! Und als wir oben ankamen, war er rot wie ein Krebs.

Krebsgang: im Krebsgang gehen *form selten* · 1. not to move, 2. to take one step forwards and two steps back
1. vgl. – nicht vor und nicht **zurückgehen**/weder vor noch zurückgehen
2. vgl. – es geht nach dem Motto: einen **Schritt** vor und zwei zurückgehen

Kredit: bei jm. **Kredit haben** *form selten* · to have standing with s.o., to have a good reputation with s.o.
Kannst du dich nicht für mich beim Chef verwenden, daß er mir eine Woche freigibt für unseren Umzug? Du hast Kredit bei ihm, vielleicht sagt er dir nicht nein. – Warum sollte ich bei ihm besser angeschrieben sein oder eher sein Vertrauen genießen als du?

einen Kredit aufnehmen *Bank* · to get/to raise a loan
Wenn der Achim sich wirklich zu dem Hauskauf entschließt, muß er bei seiner Bank einen Kredit von rund 150.000,– Mark aufnehmen. – Gibt ihm die Bank denn einen Kredit in dieser Höhe?

etw. **auf Kredit kaufen** *form* · to buy s.th. on credit, to buy s.th. on tick *sl*
Hast du den Flügel ganz aus euren Ersparnissen bezahlen können? – Nein, ich habe ihn auf Kredit gekauft. Ich zahle die 40.000,– Mark in monatlichen Raten von 1.500,– Mark.

den Kredit, den j. bei jm. hatte/…, **verlieren**/(den/(seinen) Kredit bei jm. verlieren) *form selten* · to lose one's reputation/credit with s.o.
Seit den mißglückten Verhandlungen mit Schuckert & Co. hat der Kaufer den Kredit, den er beim Aufsichtsrat hatte, offensichtlich verloren. Jedenfalls haben mir schon zwei oder drei Leute gesagt: »In dem Kaufer haben wir uns getäuscht! Wir dachten, der wäre tüchtig, korrekt, aber …«.

Kreide: bleich wie Kreide sein *path selten* – weiß wie **Kalk** (sein)/(werden) (vor Schreck/…) · to be as white as a sheet

(bei jm.) **(tief) in der Kreide sein**/sitzen/stecken/stehen *ugs* · to be deep in debt to s.o., to owe s.o. a lot of money n
Dem Mohnke willst du Geld leihen? Bloß nicht! Der steckt doch schon bei vier oder fünf anderen Klubmitgliedern in der Kreide. – So? Warum hat der denn soviel Schulden?

j. **muß**/(wird noch/…) **viel**/… **Kreide fressen** *ugs selten* · s.o. will have to learn to knuckle under
Wenn der Wolfgang in der Partei Karriere machen will, muß er noch viel Kreide fressen! – Du meinst, er ist zu direkt? – Er meint, er könnte alles diktieren und dirigieren. Damit wird er nicht weit kommen. Er wird sich umstellen müssen – wenigsten nach außen.

in die Kreide geraten/(kommen) *ugs selten* – (immer tiefer/…) in **Schulden** geraten/(kommen) (bei jm.) (1) · to get more and more into debt, to get deeper and deeper into debt/into the red

immer tiefer in die Kreide geraten/(kommen) (bei jm.) *ugs selten* – (immer tiefer/…) in **Schulden** geraten/(kommen) (bei jm.) (2) · to get more and more into debt, to get deeper and deeper into debt/into the red

auf Kreide leben *ugs selten* – auf **Pump** leben · to live on credit, to live on tick

mit doppelter Kreide schreiben/anschreiben *selten* · to overcharge s.o., to salt the bill
… Was, sagst du, schulde ich dir? Rund 6.000,– Mark? Du hast die einzelnen Liefersummen wohl mit doppelter Kreide angeschrieben, was? Nach meinen Unterlagen schulde ich dir auf keinen Fall mehr als 4.000,– Piepen.

bleich wie Kreide werden *path selten* – **kreidebleich**/kreideweiß/kreideblaß werden · to turn white as a sheet

kreidebleich: kreidebleich/kreideweiß/kreideblaß werden *path* · to turn white as a sheet
Sie wurde kreidebleich, als sie sah, wie ihr kleiner Sohn plötzlich auf die Hauptstraße rannte.

Kreis: einer/jemand/… aus unserem/eurem Kreis *form* – einer/jemand/… aus unserer/eurer/… **Mitte** · someone from our midst, one of us

jm. **dreht sich alles im Kreis(e) (herum)** *ugs selten* – jm. dreht sich alles vor den **Augen** · + s.o.'s head is spinning

im engsten Kreis(e) (der Familie/seiner Freunde/…) · to celebrate/… with a few close friends and relatives, to celebrate/… at a small family gathering
Den 70. Geburtstag unseres Vaters feiern wir im engsten Kreis: nur die Familie und zwei alte Freunde wurden eingeladen.

in kleinem/kleinstem Kreis (stattfinden/…) · + to celebrate/… with a few close friends and relatives
Er bestand darauf, daß die Feier zu seinem 60. Geburtstag im kleinsten Kreis stattfände. Nur die engsten Familienangehörigen und zwei gute Freunde sollten daran teilnehmen.

im trauten Kreis zusammensitzen/… *form – ugs* · to be among close friends/among people one knows well/… n
… Wenn man im trauten Kreis zusammensitzt, Karin, kann und soll man natürlich auch Vertrauen haben und sich dem andern ein wenig öffnen. Aber so vertrauensselig, wie du es manchmal bist, ist vielleicht doch abträglich. Wenn die Stimmung eine andere ist, ist bei vielen auch die Haltung anders.

einen Kreis bilden/(schließen) (um jn./etw.) · to form a circle around s.o.
… Dann bildeten die jungen Leute um die beiden Gitarrenspieler einen Kreis und sangen zu ihrem Spiel französische Chansons.

sich im Kreis(e) drehen/(bewegen) · to go round in circles
Wir kommen mit unserem Forschungsprojekt nicht von der Stelle. Es ist wie verhext: seit Wochen oder seit Wochen/seit Wochen drehen sich unsere Überlegungen im Kreise. Jedesmal, wenn wir eine neue Entdeckung gemacht zu haben glauben, stellen wir bald fest, daß lediglich eine andere Perspektive, aber nichts Neues formuliert wurde.

im Kreis gehen · to go round in a circle
Guckt euch das an – wir sind im Kreis gegangen! Das ist genau derselbe Platz, von dem wir losgegangen sind, nur daß wir jetzt von rechts kommen, eben aber linksherum gewandert sind.

im Kreis um jn./etw. **herumstehen**/-gehen/-tanzen/… · to walk/to stand/to dance/… in a circle around s.o./s.th.
… und zum Abschluß unserer Wanderung gingen wir – oben auf der Höhe – in einem riesigen Kreis um das Kloster herum.

den Kreis schließen · 1. to form a circle, 2. to come full circle
1. … So, Kinder, jetzt schließt den Kreis! Jetzt tanzen wir alle in der Runde.

2. ... Seht ihr: von der Relation Stadtbewohner – Landbewohner war die Beweisführung ausgegangen; jetzt kommt sie auf diese Relation zurück. Der Kreis ist geschlossen.

ich/wir/... heiße/... dich/ihn/... in unserem/eurem/... Kreis willkommen/... *form* – ich/wir ... heiße/heißen dich/ihn/... in unserer/eurer/... **Mitte** willkommen/... · I/we/... would like to welcome you/him/... to/into our midst/among us/...

die besseren/höheren Kreise *oft iron* · high society, the best circles
Ist es wirklich in den besseren Kreisen hier zur Zeit 'in'/Mode, den Urlaub auf Känguruhjagd zu verbringen? – Ein paar reiche Familien mögen ihre Ferien so verbringen, aber die Mehrheit der einflußreichen Leute der Stadt aber mit Sicherheit nicht.

(die) maßgebende(n) Kreise · influential circles, the circles/ groups/people/... who decide/who count/...
... Was heißt schon: 'es wird demokratisch abgestimmt', Herbert? Wenn die maßgebenden Kreise unseres Landes die Wiedervereinigung in der von der Regierung vorgesehenen Form wollen, wird sie so kommen. Der Einfluß zählt, nicht die Zahl.

weite Kreise der Bevölkerung/(...) · large sections of the population/...
Die Mitteilung der Regierung, daß die Arbeitslosigkeit in den nächsten Jahren eher noch zunehmen als sinken werde, hat in weiten Kreisen der Bevölkerung Bestürzung hervorgerufen. – Das zeigt nur, daß große Teile des Volkes eben nicht richtig informiert waren.

js. Kreise stören *form selten* – jm. ins **Gehege** kommen/(geraten) (2) · to take the wind out of s.o.'s sails, to disturb s.o.

Kreise ziehen · to have (wide/...) repercussions
... Der Skandal hat mittlerweile natürlich Kreise gezogen. Im Anfang wußten nur die engsten Mitarbeiter des Ministers Bescheid, inzwischen ist der ganze Regierungsapparat auf dem laufenden.

seine Kreise ziehen · 1. to circle, 2. to have repercussions
1. Schau' mal, der Adler da oben, wie der seine Kreise zieht. Großartig!
2. Die Veruntreuung, die sich der Daun da geleistet hat, zieht ihre Kreise. Irgendwann erfährt auch die Geschäftsleitung davon, und dann muß er sich darauf gefaßt machen, entlassen zu werden.

weite Kreise ziehen · to have wide repercussions
Wenn er die Sache hätte vertuschen/verheimlichen wollen, hätte er sich das eher überlegen müssen. Jetzt ist es zu spät. Die Affäre hat inzwischen schon weite Kreise gezogen. Die halbe Stadt weiß schon, was passiert ist.

immer weitere Kreise ziehen · 1. to have increasing repercussions, to spread wider and wider, to involve more and more people/..., 2. + more and more people are getting to know about s.th.
1. Der Bestechungsskandal bei der Bestellung der neuen Kampfflugzeuge zieht immer weitere Kreise. Jetzt sind schon zwei Minister und eine stattliche Zahl von Abgeordneten in die Sache verwickelt. Ich bin gespannt, wie weit das noch geht.
2. Seine Affäre mit der Rotraut zieht immer weitere Kreise. Bald ist die halbe Stadt davon informiert. *seltener*

in meinen/deinen/... Kreisen *iron* – in den **Kreisen**, in denen/ (wo) j. verkehrt/... · in the circles in which s.o. moves, in my/your/... circles

ein Mann/eine Frau/... **aus den besten Kreisen** *form od. iron* · a man/woman/... from the best circles, a man/woman/... from high society
... Es sind doch nicht die Mittelschichten, erklärte er, oder gar die Armen, die Drogen nehmen, es sind vor allem Leute – und vornehmlich junge Leute – aus den besten Kreisen.

aus gut unterrichteten Kreisen erfahren/... *form* · to have learnt/... from well-informed circles/sources that ...
... Der Holtkamp behauptet, die Neuigkeit aus gut unterrichteten Kreisen erfahren zu haben. Aber wer weiß schon, ob diese sog. gut unterrichteten Kreise wirklich informiert sind oder nur so tun.

in weiten Kreisen bekannt sein/... · + it is widely known that ..., + it is widely frowned upon/... to ...
... Natürlich, sagte sie, trägt die Homosexualität nicht mehr das Stigma wie früher. Aber trotzdem: in weiten Kreisen ist es nach wie vor verpönt, mit einem Homosexuellen engen Kontakt zu haben.

in den Kreisen, in denen/(wo) j. verkehrt/... *oft iron* · in the circles in which s.o. moves
Was sagen denn die Leute, mit denen du umgehst, zu der Betrugsaffäre bei der Bestellung der Kampfflugzeuge? – In den Kreisen, in denen ich verkehre, spricht man gar nicht darüber.

Kreisel: den Kreisel schlagen *selten* · to spin a/the top
Schlagen die Kinder eigentlich heute immer noch den Kreisel, wie wir früher? Du weißt, was ich meine: den kegelförmigen ... – Albert! Natürlich weiß ich, was du meinst ...

kreisen: den Humpen/... kreisen lassen · to hand around/to pass around/... a tankard of beer
... Was, ihr laßt auf euren Studentenkneipen immer noch den Humpen kreisen? – Warum etwa nicht? Ich finde es schön, wenn so ein Humpen von Mann zu Mann in der Runde geht; der Trunk aus demselben Gefäß verbindet.

Kreislauf: der (ewige) Kreislauf der Natur/des Lebens · the (eternal) cycle of nature
Wachsen – blühen – Frucht treiben – vergehen: ist das der ewige Kreislauf der Natur? Und die Kulturzyklen – laufen die nach ähnlichen Gesetzmäßigkeiten ab?

Krempel: alter Krempel *sal* – (eher:) alter **Kram** · old junk

der ganze Krempel *sal* – (eher:) der ganze **Kram** (1) · the whole lot, the whole business/thing/caboodle

mach'/macht/... (doch) deinen/euren/... Krempel allein(e)! *sal* – mach'/macht/... (doch) deinen/euren/... **Kram** allein(e)! · do it yourself (then)

jm. den (ganzen) Krempel vor die Füße schmeißen/werfen *sal* – jm. den (ganzen) **Kram** vor die Füße schmeißen/werfen · to chuck the whole thing in

den (ganzen) Krempel hinschmeißen/(hinwerfen) *sal* – den (ganzen) **Kram** hinschmeißen/(hinwerfen/hinhauen/hinschleudern) · to hand in one's cards, to pack a job in, to jack a job in

Kren: j. muß immer/unbedingt/... seinen Kren dazugeben/zu etw. geben *österr sal* – j. muß immer/unbedingt/... seinen **Senf** dazutun/(dazugeben) · to have to have one's say, to have to put one's oar in

Krethi: Krethi und Plethi *ugs veraltend selten* – **Hinz** und Kunz · every Tom, Dick and Harry

kreucht: alles, was da kreucht und fleucht *lit oft scherzh selten* · all living creatures, all creatures great and small, all things that creep and fly *tr*
... Jedes Tier, und sei es noch so klein und unscheinbar, findet sein Interesse; alles, was da kreucht und fleucht, regt seine Neugier an.

Kreuz: mit jm. über(s) Kreuz sein/stehen/liegen · (eher:) mit jm. auf gespanntem **Fuß** stehen · to be on bad terms with s.o., to live in a state of tension with s.o.

es ist ein Kreuz mit jm./etw. *path* · 1. it's a terrible problem with s.o., it's terribly difficult with s.o., it's very trying with s.o., 2. + s.th. is a terrible burden
1. Es ist schon ein Kreuz mit unserem Jüngsten: nun ist er schon zum zweiten Mal sitzen geblieben. Der Junge macht uns nur Sorgen und Ärger.
2. Mit dieser Fabrik, das ist ein Kreuz: die will und will keinen Gewinn bringen! Soviel wir uns auch bemühen: wir kommen aus den roten Zahlen einfach nicht heraus.

sein (liebes) Kreuz mit jm. **haben** *path selten* – seine liebe **Not** mit jm./etw. haben · to have a lot of trouble with s.th./s.o., to have a lot of problems with s.o./s.th., to have one's work cut out with s.o./s.th., to have one's hands full with s.o./s.th.

es im Kreuz haben · to have back trouble
Hast du es im Kreuz oder warum bewegst du dich so steif und ungelenkig? – Weißt du nicht, daß ich an Rückenschmerzen leide, schon seit Jahren?

Gegenstände/... über Kreuz legen/anordnen/... – (eher:) **Gegenstände/... überkreuz legen/anordnen/...** · to put/... objects crosswise over s.th./on top of s.th./(...)

jm. **das Kreuz aushängen** *sal selten* – jm. übel/(arg/grausam/...) **mitspielen** · to treat s.o. badly, to give s.o. a rough time, to play a shabby/mean/... trick on s.o.

aufs Kreuz fallen · to fall (flat) on one's back
Ohne bösartig sein zu wollen: das war wirklich zum Lachen, wie die Tante Rosemarie auf dem glatten Weg da so plötzlich aufs Kreuz fiel! Urkomisch! Bums – und da lag sie auf ihrem Hinterteil!

etw. **über(s) Kreuz falten** · to fold s.th. crosswise
... Am besten faltest du die Dinger über Kreuz, so wie man ein Bettuch zusammenfaltet: quer – längs – quer – längs ...

j. **wäre/ist fast/beinahe aufs Kreuz gefallen, als .../vor Schreck/vor Überraschung/...** *ugs* – j. wäre/ist fast/beinahe auf den **Arsch** gefallen, als .../vor Schreck/vor Überraschung/... · s.o. was flabbergasted when he heard/... s.th., s.o. was almost knocked sideways when he heard/saw/...

jn. **aufs Kreuz legen** · 1. to throw s.o. on his back, 2. to lay s.o. *sl*, to shaft s.o. *sl*, 3. to take s.o. for a ride
1. Wer in einem Freistilringkampf den Gegner flach aufs Kreuz legt, hat gewonnen.
2. ... Wenn du wüßtest, wieviel Frauen der schon aufs Kreuz gelegt hat! – Der soll mal nicht so angeben! Die meisten haben ihn wahrscheinlich mehr verführt als er sie! *sal*
3. vgl. – (eher:) jn. (ganz schön/mächtig/anständig/...) übers **Ohr** hauen

Gegenstände/... über/(übers) Kreuz legen/anordnen/... – (eher:) **Gegenstände/... überkreuz legen/anordnen/...** · to put/... objects crosswise over s.th./on top of s.th./(...)

jm. Geld/ein paar Mark/... **aus dem Kreuz leiern** *ugs selten* · to wheedle s.th. out of s.o., to persuade s.o. to part with s.th.
Warum quält der Erich dich da schon die ganze Zeit? – Ach, der versucht mir mein altes etymologisches Wörterbuch aus dem Kreuz zu leiern. Aber das gebe ich nicht aus der Hand; da kann er bitten und betteln, soviel er will.

über etw./(jn.) **kann j. das Kreuz machen** *ugs selten* · s.o. can call s.th. finished, s.o. can consider a matter closed
Über die Angelegenheit »Schmidt-Rodberg« kannst du das Kreuz machen. – Wieso? – Die Sache ist/wird nicht weiter verfolgt. Die Geschäftsleitung hat beschlossen, den Vorgang ad acta zu legen.

ein Kreuz hinter jm./etw. machen/machen, wenn ... *ugs selten* – (eher:) drei **Kreuze** hinter jm./etw. machen/machen, wenn ... · to wish s.o. good riddance, to breathe a sigh of relief when s.o. goes, to breathe a sigh of relief when s.th. is over, to be relieved when s.th. is over

ein Kreuz unter ein Schriftstück/... machen/setzen *hist* – (eher:) drei **Kreuze** unter ein Schriftstück/... machen/setzen · to put one's mark to a document/..., to make a cross (instead of a signature) on a document/...

ein Kreuz steht hinter js. Namen – ein **Kreuz** hinter js. Namen setzen · there is a cross after s.o.'s name

ein Kreuz hinter js. Namen setzen · to put a cross after s.o.'s name
Hinter den Namen des zweiten Verfassers – Klaus Bülding – haben sie ein Kreuz gesetzt. Er ist also schon tot?

das Kreuz nehmen *hist* · to take the Cross *lit*, to go on a crusade
... Tausende von gläubigen Christen nahmen damals das Kreuz, um im Heiligen Land gegen die Heiden zu kämpfen. Allerdings nahmen nicht alle aus rein religiösen Motiven an den Kreuzzügen teil ...

sein Kreuz auf sich nehmen *Bibel path* · to take up one's cross
... Die wirklich zählenden Aufgaben und Pflichten, Paul, wählen wir uns nicht, die bringt das Leben, und den Anforderungen, die das Leben an uns stellt, müssen wir gerecht werden! – Du denkst also ganz christlich: jeder hat sein Kreuz auf sich zu nehmen?

das Kreuz predigen *hist* · to preach a crusade
... Nicht nur die Päpste, auch Bischöfe, Äbte, einfache Priester predigten das Kreuz. – Und wie oft wurde zu einem Kreuzzug aufgerufen?

die Kreuz und die Quer(e) durch eine Stadt/einen Wald/ein Land/... gehen/fahren/... – (eher:) **kreuz** und quer durch eine Stadt/einen Wald/ein Land/... gehen/fahren/... · to walk/to drive/... all over a town/forest/...

in die Kreuz und (in die) Quere gehen/... *veraltend selten* · to follow/to take/... paths/... leading this way and that
... und dann wanderten wir über die schmalen Wege, die in dem ganzen Wald in die Kreuz und in die Quere gehen.

kreuz und quer durch eine Stadt/einen Wald/ein Land/... gehen/fahren/... · to walk/to drive/... all over a town/forest/...
Um einen ersten Eindruck zu bekommen, sind wir zunächst einmal kreuz und quer durch die Innenstadt geschlendert. In alle möglichen Richtungen; stundenlang.

in/... fliegt/liegt/steht/... alles kreuz und quer durcheinander *ugs* – in/... fliegt/liegt/geht/... alles wie **Kraut** und Rüben durcheinander (1) · in/... everything/... is thrown/... all over the place

das Kreuz schlagen *form rel* – (eher:) das **Kreuzzeichen** machen · to make the sign of the cross

jn. **ans Kreuz schlagen** · to nail s.o. to the cross
... Mit Christus wurden noch zwei Verbrecher ans Kreuz geschlagen ...

am Kreuz sterben *rel* · to die on the cross
Mutti, sind außer Jesus noch andere am Kreuz gestorben?

tapfer/... sein Kreuz tragen *path* · to bear one's cross bravely/...
... Es ist beeindruckend, wie tapfer sie ihr Kreuz trägt. Nie hat man einen Ton der Klage von ihr gehört, obwohl ihr Mann doch jetzt schon über 15 Jahre gelähmt ist ...

sein Kreuz zu tragen haben *path* · to have one's cross to bear
... Es mag ein gewisser Trost für ihn sein zu wissen, daß wir alle unser Kreuz zu tragen haben. Aber so tagtäglich, über Jahre eine kranke Frau und zwei kranke Kinder im Haus zu haben, das ist schon schwer ...

vor jm. zu Kreuze kriechen *path* · to grovel to s.o., to eat humble pie
Nein, mit einer einfachen Entschuldigung gibt er sich nicht zufrieden. Er will, daß ich vor ihm zu Kreuze krieche. – Das würde ich an deiner Stelle auch nicht tun. Demütigungen verlangt kein anständiger Mensch.

drei Kreuze hinter jm./etw. machen/machen, wenn ... *selten* · 1. to wish s.o. good riddance, to breathe a sigh of relief when s.o. goes, 2. to breathe a sigh of relief when s.th. is over, to be relieved when s.th. is over
1. Ob ich traurig bin, wenn er uns verläßt? Welch eine Idee! Drei Kreuze mache ich hinter ihm!
2. Du bist bestimmt froh, Richard, wenn dieser Kongreß endlich vorbei ist? – Und ob! Drei Kreuze mache ich, wenn dieser verdammte Kongreß zuende ist.

drei Kreuze unter ein Schriftstück/... machen/setzen *hist* · to put one's mark to a document/..., to make a cross (instead of a signature) on a document/...
... Gut, wenn er nicht schreiben kann – nicht einmal seinen Namen – , dann soll er drei Kreuze unter den Text machen. Zwei, drei Zeilen tiefer als der Text.

Kreuzestod: den Kreuzestod erleiden/sterben *rel path selten* – am **Kreuz** sterben · to suffer crucifixion, to suffer death on the cross

Kreuzfeuer: ins Kreuzfeuer der Kritik geraten/(kommen) · to be caught in the cross-fire of criticism, to be under fire from all sides, to get caught in the cross-fire
… Da einige Leute in der Hauptperson des Romans den Kanzler wiedererkennen wollten, ist das Werk ins Kreuzfeuer der Kritik geraten. Alle Welt fühlt sich plötzlich dazu aufgerufen, etwas an dem Buch auszusetzen.

im Kreuzfeuer der Kritik/öffentlichen Meinung/(…) stehen · to be under fire from all sides
… Ich möchte dich mal sehen, wenn du dauernd im Kreuzfeuer der Kritik stündest wie so ein Politiker. Ihr Philologen regt euch doch schon wer weiß wie auf, wenn sich ein einziger Kollege oder Student kritisch äußert – für weniger, wenn ihr aus allen Ecken und Kanten beschossen würdet.

Kreuzverhör: jn. ins Kreuzverhör nehmen *form* · to subject s.o. to cross-examination, to cross-examine s.o.
… Plötzlich nahmen die Anwälte der Gegenpartei den Gerd ins Kreuzverhör. Aber du hättest sehen sollen, wie geschickt der auch auf die verfänglichsten Fragen antwortete, mit denen sie ihn in Widersprüche verwickeln wollten.

Kreuzweg: den Kreuzweg beten *kath* · to do the stations of the cross
… In fast allen Kirchen siehst du noch den Kreuzweg, Gerd – sehr häufig sind es sogar sehr schöne Figuren. Aber wer b e t e t heute noch den Kreuzweg? Von den Jüngeren doch kaum noch einer. Sehr viele wissen doch schon gar nicht mehr, was der Leidensweg Christi genau ist.

an einen Kreuzweg gekommen sein *form selten* – (eher:) an einem/am **Kreuzweg** stehen (1) · to be at a crossroads, to have reached a crossroads

an einem/am Kreuzweg stehen *form selten* · 1. 2. to be at a crossroads, to have reached a crossroads
1. Nach seiner schweren Heilung von den Folgen der Droge steht er nun an einem Kreuzweg: entweder hat er die Kraft, seinen Lebenswandel zu ändern, oder er verkommt restlos.
2. Stand Portugal nach der Nelken-Revolution wirklich an einem Kreuzweg? Gab es in der Tat eine Entscheidung zwischen einer engeren Bindung an Westeuropa, der Anlehnung an den Osten oder einem dritten Weg?

Kreuzzeichen: das Kreuzzeichen machen *rel* · to make the sign of the cross
Wenn du in eine katholische Kirche kommst, Doris, dann tauchst du die Finger in das Weihwasserbecken am Eingang und machst das Kreuzzeichen.

Kreuzzug: zum/zu einem Kreuzzug aufrufen *hist* – das **Kreuz** predigen · to take the Cross *lit*, to go on a crusade

auf den Kreuzzug gehen *hist* – das **Kreuz** nehmen · to go on a crusade

kribbelt: es kribbelt jn./(jm.), jn. zu schlagen/… *ugs selten* – es juckt jm. in den **Fingern** (jn. zu schlagen/…) · + s.o. is itching to hit s.o./…

es kribbelt und krabbelt eine Unzahl von Tierchen/Ameisen … da herum/… *lautmal* – *path* · countless insects/… swarm and crawl around, + to be teeming with insects
(Auf einer Wanderung:) Hier willst du Rast machen? Unmöglich! Guck' dir mal die Millionen von Ameisen an, die hier herumkribbeln und – krabbeln!

kribblig: (ganz/so/…) kribblig sein *ugs* · to be on edge, to be edgy, to be fidgety
Was ist denn mit dem Hermann los? Der ist heute so kribblig. – Er hat morgen sein Vorstellungsgespräch bei Schuckert. Davon hängt seine berufliche Zukunft ab. – Alles klar. Da wäre ich auch nervös und erregbar.

Krieg: ein häuslicher Krieg *iron* · a domestic quarrel
Wer siegt wohl in diesem häuslichen Krieg, den unsere Eltern jetzt seit Monaten führen? – Hast du schon einmal einen Sieg in einem Ehekrieg erlebt?

kalter Krieg · cold war
»Natürlich«, meinte er, »ist der sog. 'kalte Krieg' kein eigentlicher Krieg. Es ist ein Krieg mit anderen Waffen – Wirtschaft, Handel, Diplomatie – und nicht zuletzt ein Krieg auf Nebenkriegsschauplätzen, ein Stellvertreterkrieg, d. h. dann doch ein echter Krieg, aber geführt von Abhängigen und Trabanten.«

mit jm. **Krieg anfangen** (wegen e-r S.) *ugs* · to pick a quarrel with s.o. (over s. th.), to start a row with s.o. (over s. th.) *n*
… Mein guter Herr Lauschner, wenn Sie mit mir wegen der Plättchen Krieg anfangen wollen, sind Sie auf dem falschen Dampfer. Mir ist das völlig schnuppe, welche Firma da führend ist. Es hat also keinen Sinn, sich mit mir darum zu streiten.

jm./e-r S. den Krieg ansagen *path* – (eher:) jm./e-r S. den **Kampf** ansagen · to declare war on s.o./s.th.

im Krieg bleiben *euphem* · to be killed in action/in the war
… Krieg ist Krieg, Junge, und wer im Krieg bleibt, wie es so schön heißt, hat nicht viel davon, wenn ihm die anderen nachher einen ehrenvollen Grabstein setzen.

einem Land/… den Krieg erklären *form* · to declare war on a country/…
… Ein Land einfach so überfallen, ohne ihm (offiziell) den Krieg zu erklären … – daß es so etwas im 20. Jahrhundert in unseren Breiten überhaupt noch gibt …

im Krieg fallen *form* – im **Krieg** bleiben · to be killed in action/in the war

Krieg und Frieden · war and peace
… Krieg und Frieden, Helga, das ist nicht in erster Linie der Titel des bekannten Romans von Tolstoi; das ist in erster Linie ein Symbol für die Grundkonstanten der Menschheitsgeschichte.

einen Krieg an zwei Fronten führen · to wage a war on two fronts
Deutschland hat sowohl im Ersten wie im Zweiten Weltkrieg einen Krieg an zwei Fronten geführt: im Westen gegen die Alliierten und im Osten gegen Rußland.

einen Krieg nach/(an) zwei Fronten führen · to wage a war on two fronts
Wie immer hat der Kanzler einen Krieg nach/(an) zwei Fronten zu führen: einmal muß er sich gegen die Angriffe der Opposition zur Wehr setzen und zum anderen muß er seine zahlreichen Widersacher in seiner eigenen Partei zähmen.

mit jm. **Krieg führen** · to wage war on s.o.
Wer führt denn nun mit wem Krieg – Moskau mit der Provinz Litauen, Rußland mit dem Baltenstaat Litauen … – oder ist das Ganze überhaupt gar kein Krieg?

in einem/(im) ständigen Krieg (mit jm./miteinander) **leben** · to be constantly feuding (with s.o.), to be constantly at loggerheads (with s.o.)
… Eine herrliche Ehe, in der die Partner in einem ständigen Krieg miteinander leben! – Streiten die Uschi und der Klaus sich so viel? – Permanent!

Krieg spielen *Kinder* · to play war
… Muß man es in der Tat als ein ernstes Zeichen nehmen, wenn Kinder Krieg spielen? – Kinder gestalten im Spiel die Welt, die sie bei den Erwachsenen vorfinden, imitierend, verändernd …

im Krieg stehen (sein) (mit einem Land/…) *form* · to be at war (with a country/…)
… Wenn die beiden Länder offiziell im Krieg miteinander stehen, Richard, dann ist doch klar, daß die Grenzen zwischen ihnen geschlossen sind. Das ist doch in allen Kriegen so.

Länder/… mit Krieg überziehen *path* · to spread war over a land/…
… Ich weiß gar nicht, wieviel Länder die napoleonischen Heere mit Krieg überzogen haben. Diese Freiheitshelden haben doch ein Gebiet nach dem anderen überfallen.

Krieg zu Wasser/zu Lande/in der Luft · war at sea/on land/in the air

... Der 'totale Krieg', Christa, das ist der Krieg zu Wasser, zu Lande, in der Luft – überall; der Krieg, unter dem alle Bevölkerungsgruppen unmittelbar zu leiden haben.

in den Krieg ziehen (müssen) *path* – an die **Front** gehen/müssen/wollen · to (have to) join up

krieg': (ich glaub') **ich krieg'**/er kriegt/... (noch/...) **zuviel** *ugs* · 1. 2. I don't/he doesn't/... believe it

1. ... Ich glaub', ich krieg' zuviel! Die ZVS hat mir geschrieben. Ich hab 'nen Studienplatz in Freiburg.

2. ... Ich glaub', ich krieg' zuviel, die Stadtwerke haben uns die Schlußabrechnung geschickt. Wir müssen für das letzte Jahr fast 600,– Mark nachzahlen.

kriegen: etw. **ge**-schenkt/**ge**-liehen/übergeben/.../(erfüllt) **kriegen** *ugs* – etw. ge-schenkt/ge-liehen/übergeben/.../(erfüllt) **bekommen** · to get/to receive/to be given s.th. as a present/as a loan/...

etw. **umge**-graben/übersetzt/... **kriegen** *ugs* · to get s.th. translated/repaired/cleaned/... *n*

... Ich weiß gar nicht, wie ich in diesem Provinznest diesen Brief übersetzt kriegen soll. Es kann doch hier keiner Russisch. – In der Tat ein schweres Problem!

ein Bassin **leer**/ein Faß **voll**/eine Mauer **hoch**/einen Gefangenen **frei**/... **kriegen** · (to manage) to empty a sink/to fill up a barrel/to put up a wall/to get a prisoner released

... Wie willst du das Bassin leer kriegen, wenn du keine Pumpe hast?! – Dieser verdammte Abfluß! Daß der aber auch so verstopft sein muß! Irgendwie muß das Wasser da raus ...

lebenslänglich/sechs Jahre Gefängnis/fünf Jahre Zuchthaus/acht Monate auf Bewährung/... **kriegen** *ugs* · to get life/a life sentence/five years/eight months with probation/... *n*

... Wenn einer für Mord nur zehn Jahre kriegt, dann können sie doch den Möller wegen Diebstahl nicht fünf Jahre ins Gefängnis stecken!

jn. **(nicht) dazu kriegen (können)**, etw. zu tun *ugs* · (not) to (be able to) get s.o. to do s.th. *n*

Wie gern würde ich meinen Vater dazu kriegen, uns Kindern ein Auto zu kaufen. Aber dazu ist er durch niemanden und durch nichts zu bewegen.

jn./etw. **dick kriegen** *sal selten* – jn./etw. **leid** werden/es leid werden, etw. zu tun · to get tired of s.o./s.th., to be getting tired of s.o./s.th.

jn. **dran kriegen** (mit etw.) *ugs* – jn. **drankriegen** (mit etw.) · to fool s.o., to take s.o. in, to trick s.o., to catch s.o. out, to catch s.o., to nab s.o.

eins drauf kriegen *ugs* – eins **draufkriegen** · to get a smack, to get thrashed, to get a thrashing, to get massacred, to get a good talking-to, to get a right bollocking, to get a right/proper ticking off

eine kriegen *sal selten* – eine **Ohrfeige** kriegen/(bekommen) · to get a slap on the face, to get a clip round the ears

etw. **fertig kriegen**/(bekommen) · to get s.th. finished

... Fünfzehn Seiten ..., das ist sehr viel. Ich weiß nicht, ob ich die bis Samstag fertig kriege. – Wenn du jeden Tag morgens und nachmittags daran arbeitest, schaffst du es vielleicht. Sieh doch mal zu!

es fertig kriegen und etw. tun *ugs* – (eher:) es fertig **bringen**, etw. zu tun/und ... (1) · to manage to do s.th., to succeed in doing s.th., to bring o.s. to do s.th.

jn. **gefügig kriegen** *ugs selten* – jn. **weichkriegen** · to soften s.o. up

nicht/nie genug kriegen (können) von etw. *ugs* · 1. 2. not/never (to be able) to get enough of s.th.

1. ... Das wievielte Stück ißt der denn jetzt, das fünfte? – Von Pflaumenkuchen kriegt der Christian nie genug. Wenn du ihm eine ganze Torte dahinstellst, verputzt er die auch.

2. ... Diese Frau ist unersättlich. Die kriegt nie genug! – Wovon? – Ja, wovon bloß?

das/die **Sache**/(etw.) (noch/...) **klar kriegen** *ugs* – das/die Sache/(etw.) (noch/...) **klarkriegen** · to sort s.th. out, to crack a problem

jn./etw. **klein kriegen** *ugs* – jn./etw. **kleinkriegen** · to face s.o. down, to browbeat s.o., to bully s.o., to cut s.o. down to size, to bring s.o. into line, to make s.o. toe the line, to get through a fortune/..., to blow money

jn. **mürbe kriegen** *ugs* – (eher:) jn. **weichkriegen** · to soften s.o. up

jn./etw. **satt kriegen** *sal* – (eher:) jn./etw. **leid** werden/es leid werden, etw. zu tun (2; u. U. 1) · to get/to be getting tired of s.o./s.th.

jn. **nicht/kaum satt kriegen** *ugs* · not/hardly to be able to feed s.o., not/hardly to be able to give s.o. enough to eat *n*

... Ihr kennt das Gefühl nicht, bemerkte er etwas bitter, wenn ein Vater oder eine Mutter die Kinder nicht satt kriegt. Hungern ist schon so schlimm genug. Aber bei den eigenen Kindern ...!

es nicht über sich kriegen, etw. zu tun *ugs selten* – ... (eher:) es fertig **bringen**, etw. zu tun/und ... (2) · not to be able to bring o.s. to do s.th.

etw. **spitz kriegen** *ugs* · to cotton on to s.th./to the fact that ..., to tumble to s.th./to the fact that ...

Wenn die spitz kriegen, daß du im Examen gepfuscht hast, mußt du dich auf allerhand Scherereien gefaßt machen. – Wie sollen sie schon dahinter kommen?

jn. **weich kriegen** *sal* – jn. **weichkriegen** · to soften s.o. up

zuviel kriegen (mit jm./von etw.) *oft: ich krieg' noch ...! ugs* · 1. 2. 3. to have had enough of s.o./s.th. *often: I've had enough of ...*

1. Du reizt und reizt und reizt einen und dann wunderst du dich, daß man zuviel kriegt und einfach für ein paar Wochen verschwindet.

2. Ich kriege langsam zuviel von diesem dummen Geschwätz! Jeden Tag und jeden Tag dasselbe Gerede. Das hält doch kein Mensch aus!

3. Der Schreiber hat schon wieder den Vertrag falsch verstanden?! Herrgott nochmal, mit dem Kerl krieg' ich noch zuviel. *seltener*

jn. **nicht/kaum** (noch) **satt kriegen können** *ugs* – jn. nicht/kaum (noch) **satt** kriegen/(bekommen) können · not/hardly to be able to give s.o. enough to eat

kriegst du/kriegt sie/kriegt der Meier/... **das öfter?!** *sal* – **hast** du/hat sie/hat der Meier/... das öfter? · does he/do you/does Smith/... often have these attacks/turns/fits/..., is he/Smith/... are you/... often like this?

Krieger: ein kalter Krieger *Pol neg* · (to be) a cold warrior

Ob der Börner ein kalter Krieger ist oder nicht, weiß ich nicht. Aber daß ihm jede Verpflichtung der Nato zur Abrüstung zuwider ist, liegt auf der Hand. – Der Mann lebt von der Spannung unter den Blöcken.

ein müder Krieger (sein) *ugs iron* – ein müder **Sack** (sein) · to have no pep, to have no zip, to have no go in one

Kriegsbeil: das Kriegsbeil ausgraben *mst iron selten* · to dig up the hatchet

Weißt du das noch gar nicht: der Klaus und der Andreas haben mal wieder das Kriegsbeil ausgegraben. – Worum streiten sie sich denn schon wieder?

das Kriegsbeil begraben *mst iron selten* · to bury the hatchet

... Jetzt habt ihr euch wirklich lange genug gestritten! Jetzt könnt ihr das Kriegsbeil wieder für einige Zeit begraben! Kommt, seid vernünftig, vertragt euch, gebt euch die Hand ...!

Kriegsbemalung: in voller Kriegsbemalung erscheinen/... *sal iron* · 1. to turn up/... in all one's warpaint, 2. to appear/... with all one's medals and decorations

1. So in voller Kriegsbemalung wirkt die Margret viel häßlicher. Es paßt überhaupt nicht zu ihr, sich derart zu schminken. *selten*

2. vgl. – mit allen **Orden** und Ehrenzeichen erscheinen/…

Kriegsfuß: auf Kriegsfuß mit jm./etw. **stehen** · 1. to be on bad terms with s. o., not to get on at all with s. o., 2. to find s. th. heavy going

1. … Nein, den Ulrich und den Bodo kannst du unmöglich gemeinsam einladen! Weißt du nicht, daß die seit geraumer Zeit auf Kriegsfuß miteinander stehen? – Nein, das wußte ich nicht. Worum geht denn ihr Streit?

2. … Die Übersetzung ist mir gut gelungen, aber in dem grammatischen Teil habe ich wieder eine ganze Menge Fehler. Mit der Grammatik stehe ich nun einmal auf Kriegsfuß. Die will mir nicht in den Kopf. *ugs*

Kriegshandwerk: das Kriegshandwerk gelernt haben/(lernen) *veraltend od. iron* · to have learnt the art of war

Meinst du nicht, wer im Militärdienst einmal das Kriegshandwerk gelernt hat, den werden sie nachher auch einziehen?

Kriegskasse: eine Kriegskasse mit sich tragen/auf dem Rükken wegtragen *sal selten* – einen **Buckel** haben · to be hunchbacked

Kriegspfad: auf dem Kriegspfad sein *iron selten* · to be on the warpath

… Am wohlsten fühlt sich dieser Mann, wenn er auf dem Kriegspfad ist. Du mußt dir nur mal seinen selbstzufriedenen Gesichtsausdruck angucken, wenn er seine Attacken gegen die Opposition vorbereitet.

Kriegsrat: Kriegsrat halten/abhalten · 1. to hold a council of war, 2. to have a pow-wow

1. Der Generalstab hielt Kriegsrat, was bei der veränderten Lage an der Front am besten zu tun sei … *mil*

2. … Gut, wenn ihr euch heute abend treffen wollt, um Kriegsrat zu halten, bin ich dabei. Obwohl mir der Termin eigentlich gar nicht liegt: einmal sollten wir den Plan wenigstens alle zusammen durchsprechen. *iron*

kringeln: sich kringeln (vor Lachen) *sal* – sich den **Bauch** halten vor Lachen · to double up with laughter

das/etw. **ist** (ja) **zum Kringeln** *sal* – das/etw. ist (ja) zum **Kranklachen** · it's/s. th. is a scream/a hoot/…

Krippe: sich an die Krippe drängen *ugs selten* · to try to climb/ to get/… on the bandwagon, to start jockeying for position, to try to get on the gravy train

… Aber es kann doch nicht jeder Beamter werden, Bertold! – Natürlich nicht! Aber kann man es den Leuten verübeln, wenn sie sich an die Krippe drängen?! Gerade in Krisenzeiten?! Der Staat macht nie pleite!

an die Krippe kommen *ugs selten* · to get on the gravy train

… Jeder will Beamter werden, an die Futterkrippe kommen – am besten nach Brüssel für 25.000,– Mark im Monat! Du kannst doch den Leuten in Zeiten wie heute nicht verübeln, wenn sie an einen lukrativen Posten wollen!

an der Krippe sitzen *ugs selten* · to have got it made, to be in clover, to have a cushy number

… Nun komm', übertreiben soll man die Angst vor einer wirtschaftlichen Rezession auch nicht! – Ja, du hast gut reden! Wenn man wie du an der Krippe sitzt, braucht man sich natürlich keine Sorgen zu machen! Als Beamter hast du dein Gehalt immer sicher.

Krise: ich glaub', ich krieg'/er kriegt/… (noch/…) **'ne Krise** *sal Neol* · 1. to think one is going to go mad, 2. s. o. is going to have a fit

1. … Wo ist denn nun schon wieder mein Autoschlüssel? Ich krieg' in diesem Haus noch 'ne Krise! Das ständige Durcheinander geht mir langsam auf den Keks.

2. … Du solltest der Simone das linguistische Lexikon zurückgeben, das du von ihr geliehen hast, sonst kriegt sie noch 'ne Krise. Sie hat nämlich nächste Woche Prüfung.

Kristall: klar wie (ein) **Kristall** (sein) · (to be) as clear as crystal

… Dieser Bergsee hat ein Wasser, sag' ich dir, das ist wunderbar! Klar wie Kristall! Da kannst du bis auf den Grund gucken.

Kritik: das/etw. **ist unter aller/**(jeder) **Kritik** *ugs* · 1. to be well below par, to be hopelessly/… sub-standard, 2. to be beneath contempt

1. Es gibt gute Arbeiten und es gibt weniger gute Arbeiten. Aber so einen Mist wie das, was der Robert sich da zusammengeschrieben hat, habe ich selten gelesen. Unter aller Kritik!

2. … Sein Benehmen ist unter aller Kritik! Eine gewisse Lockerheit laß ich mir gefallen, aber so was …!

über alle/jede Kritik erhaben sein – über allen/jeden Zweifel/ jede Kritik/(jede mögliche Beschuldigung/…) **erhaben** sein (2, 3) · to be above/beyond reproach, to be above criticism

Kritik an jm./e-r S. **üben** *form* · to criticise s. o./s. th.

… Das Generationsproblem ist es immer gegeben, Doris – das ist keine Erfindung von heute. Das heißt aber auch nicht, daß ihr an allem und jedem, was eure Eltern machen, Kritik üben müßt! – Wir kritisieren doch gar nicht alles.

Kritikaster: ein Kritikaster *ugs neg* · a fault-finder, a criticaster, a caviller, a nitpicker

… Eine sachliche Kritik läßt sich jeder vernünftige Mensch gefallen, Bernd! Aber diese ewige Schlechtmacherei! … Nein, nein, der Rauschner ist ein Kritikaster; dem kann man es einfach nicht recht machen.

Krokodilstränen: Krokodilstränen heulen/vergießen/(weinen) *ugs* · to weep crocodile tears

… Die Alte vergießt einmal wieder Krokodilstränen. Wenn du miterlebt hättest, wie sie ihren Mann behandelt hat, als er noch lebte!

Krone: (ganz schön) **einen in der Krone haben** *sal* · to be well-oiled, to have had a drop too much

Gestern sind wir nach Feierabend noch in eine Kneipe gezogen und haben uns einen hinter die Binde gegossen. Am Ende hatten wir alle ganz schön einen in der Krone.

das setzt doch allem/der Geschichte/…/(e-r S.) **die Krone auf!** *ugs selten* · that takes the biscuit, that beats everything, that caps it all

… Was hat der Tom behauptet? Ich hätte einen Scheck gefälscht? Das setzt doch allem die Krone auf! Daß er meine Arbeit dauernd schlecht zu machen sucht, finde ich schon unschön. Aber dann noch Intrigen spinnen!

jm./(sich) **die Krone aufsetzen/aufs Haupt setzen** *form* · to crown s. o./o. s.

Napoleon hat sich bekanntlich selbst die Krone aufs Haupt gesetzt. Sonst war es üblich, daß der Papst den Kaisern die Krone aufsetzte.

jm. in die Krone fahren *sal selten* · to annoy s. o. *n*, to get to s. o., + to get up s. o.'s nose

Was ist der Albert denn plötzlich so sauer? – Dem ist deine Bemerkung in die Krone gefahren, daß ein Philologe von allen Akademikern offensichtlich am wenigsten konkreten Verantwortungssinn hat.

die Krone des Ganzen (ist: …) *ugs selten* · what caps it all is …

Daß der Arnim seinen Bruder in der Generalversammlung nicht unterstützte, läßt sich noch sachlich begründen. Aber das ist leider nicht alles. Er hat ihn sogar persönlich angegriffen. Und die Krone des Ganzen ist: er hat vor allen Leuten mit ausgesprochen unfairen, ja erfundenen Behauptungen attackiert.

was ist dir/ihr/dem Meier/… (denn) (bloß) **in die Krone gefahren?!** *sal selten* – was ist (denn) (plötzlich/…) in jn. **gefahren?** (1; u. U. 2) · what's got into you/him/Jones/…?, what's eating you/him/Jones/…?

die Krone niederlegen *form* · to abdicate

… Der König hat die Krone niedergelegt, gestern … – Was, der König hat abgedankt?

die Krone der Schöpfung sein *oft iron* · to be the pride of creation

Du bist wohl nach wie vor davon überzeugt, daß der Mann die Krone der Schöpfung ist und die Frau sich ihm unterzuordnen hat, was? – Du hast recht: in unserem herrlichen demokratischen Zeitalter ist die Frau die Krone der Schöpfung. – Nun versuch' bloß nicht wieder, mit einem Witzchen über die Sache hinwegzugehen! – Gut, dann einigen wir uns auf die klassische Anschauung: der Mensch ist die Krone der Schöpfung.

jm. **in die Krone steigen** *oft Perf sal* – jm. in den **Kopf** steigen (1) · s.th. has gone to s.o.'s head

Kronleuchter: jm. **geht ein Kronleuchter auf** *sal* – jm. gehen die **Augen** auf · + s.o. begins to see daylight *rare*, it/s.th. dawns on s.o.

Krönung: etw. **ist die Krönung** *path selten* · 1. s.th. is the limit *coll*, 2. s.th. takes the biscuit *coll*
1. Hast du schon den Bericht in der 'Rheinischen Post' über die letzte Jahresversammlung des Kollegiums gelesen? Was die sich da geleistet haben, ist echt die Krönung – von dem, was die schreiben, stimmt nicht ein Wort. Der Artikel ist eine einzige Unverschämtheit.
2. Der Peter hat den Grundkurstest auf Anhieb bestanden. – Das ist doch die Krönung! Andere plagen sich mit dem Stoff monatelang ab, und der Typ nimmt einfach mal so teil und besteht auch noch. Da könnte man direkt erblassen vor Neid.

Kropf: (so) überflüssig/unnötig wie ein Kropf sein · to be totally/... unnecessary, to be surplus to requirements
... »Diese ganzen Waffen«, schimpfte er, »sind doch überflüssig wie ein Kropf! Wem sollen Waffen nützen, bei deren Einsatz es keine Gewinner und Verlierer mehr gibt?«

Kroppzeug: das ganze Kroppzeug *sal* · the whole caboodle, all this/that junk
... Kannst du dir das vorstellen, wie das ist: ein riesiges Haus voller alter Klamotten, kaputter Schränke und Stühle, vermodeter Kleidungsstücke ...?! Am liebsten würde ich das ganze Kroppzeug verbrennen. Aber das geht nicht. Es muß alles kontrolliert, getrennt, aussortiert werden.

Krösus: ein/kein Krösus sein *ugs* · (not) to be made of money, to be no Croesus
... Warum ich mir kein neues Auto kaufe? Ich bin schließlich kein Krösus; ich muß mit dem Geld rechnen.

Kröte: eine freche Kröte sein *Frauen ugs* · to be a cheeky thing/rascal/scamp
... Das ist vielleicht eine freche Kröte, eure Berti! – Was hat sie sich denn jetzt schon wieder geleistet?

eine giftige Kröte sein *sal selten* · to be a nasty piece of work, to be a spiteful/venomous/... bitch
Die Frau von dem neuen Militärattaché ist vielleicht eine giftige Kröte! Es gibt aber auch niemanden, an dem sie ein gutes Haar läßt, keinen Ball, keinen Empfang, auf dem sie nicht über andere lästert, anfängt, Intrigen zu spinnen ...

eine kleine Kröte (sein) *ugs* · (to be) a cheeky little minx
Was will diese kleine Kröte? – Du sollst schneller tanzen, nicht so alt und gesetzt tun. – Dieses kleine achtjährige Ding ist doch vielleicht ein Frechdachs!

die/eine Kröte schlucken (müssen) *ugs* · to be put down, to have to put up with/swallow/... humiliations/snubs/...
... Ach, in diesem Ministerium muß man so viele Kröten schlucken, weißt du, da gewöhnt man sich an alles. – Aber eine solche Behauptung – das ist doch entehrend! – Natürlich! Aber wenn man sich wehrt, wird man fertiggemacht oder versetzt.

ein paar Kröten *sal* – ein paar **Groschen** · just a few pence

seine letzten Kröten ausgeben *sal* – seine letzten **Pfennige** ausgeben/hergeben (für etw./jn.) · to spend what is left of one's money (on s.th.), to spend the rest of one's money (on s.th.)

(sich) seine Kröten sauer verdienen müssen *sal* – (sich) sein **Brot** sauer/(bitter) verdienen (müssen) · to (have to) work hard to earn a living

Krücke: eine alte Krücke sein *sal Fahrzeuge* · it/s.th. is an old crock/an old jalopy/an old wreck/...
(Ein Student zu seinem Freund:) Sag' mal, was fährst'n du für 'ne alte Krücke? An deiner Stelle würde ich mir mal ein richtiges Auto zulegen.

an/auf Krücken gehen · to walk on crutches, to be on crutches
Mein Gott, jetzt geht der Herr Leutner schon monatelang an Krükken. Ob der überhaupt mal wieder ohne jede Hilfe und Stütze laufen kann?

Krümel: jm. **ist ein Krümel in die falsche/(unrechte) Kehle geraten** *ugs* · s.th./s.o.'s food/... has gone/went/... down the wrong way
Was hustet die Ingrid denn da so herum? – Ihr ist offensichtlich ein Krümel in die falsche Kehle geraten. – Tja, wenn man beim Essen immer und immer reden muß, darf man sich nicht wundern, wenn man sich verschluckt!

krumm: krumm und bucklig sein *sal selten* · to be bent and crooked *tr*
... Krumm und bucklig, wie der Schäuber nun einmal ist ... – Heribert! Wer spricht denn so von einem Menschen, der von der Natur so hart behandelt worden ist!

jn. **krumm und lahm schießen/schlagen/...** *path selten* · to give s.o. a terrible beating, to cripple s.o., to shoot and cripple s.o.
... Wenn sie dich im Krieg krumm und lahm geschossen hätten wie den Andreas, dann würdest du anders reden, dann würdest du mehr Verständnis haben für den sogenannten Pazifismus. Denk' dir, du würdest jetzt als Krüppel herumlaufen ...

krumm und schief hängen/sitzen/... *ugs* · to sit with a bent back, to be round-shouldered
Nun setz' dich mal gerade hin, Junge! Man braucht beim Essen nicht gerade dazusitzen, als wenn man einen Stock verschluckt hätte. Aber so krumm und schief wie du ...

krümmen: sich krümmen und winden *path selten* · 1. to writhe (with pain), to double up (with pain), 2. to squirm
1. ... Er krümmte und wand sich vor Schmerzen; die Nierenkoliken waren nicht mehr auszuhalten.
2. »Waren Sie nun zur fraglichen Zeit zu Hause oder nicht?« – Der Angeklagte krümmte und wand sich: sollte er antworten? Gab es nicht plausible Ausflüchte? – »Um vier Uhr, am Samstag nachmittag«, bohrte der Richter weiter; »zwei Nachbarn sagten aus ...«

krummgehen: krummgehen *ugs selten* – **schiefgehen** (1, 2) · to fail, to go wrong, to misfire

krummlachen: sich krummlachen *ugs selten* – (eher:) sich den **Bauch** halten vor Lachen · to curl up/to double up/... with laughter

krummlegen: sich krummlegen (müssen) *ugs* · to (have to) scrimp/pinch and scrape
... Ein Vermögen braucht man als Student natürlich nicht, Junge, und man stirbt auch nicht, wenn man sich mal ein Vergnügen versagt. Aber auf der anderen Seite will ich nicht, daß du dich krummlegen mußt. Du mußt schon anständig essen und trinken können ...

krummliegen: schon wieder/... krummliegen *ugs* · to be broke again/...
Warum fährt der Bruno Sonntag nicht mit zum Walchensee? – Er hat kein Geld mehr. – Wie? Liegt der schon wieder krumm? Der hat aber auch nie Geld!

krummnehmen: jm. etw. **krummnehmen** *ugs* – jm. etw. **übelnehmen** · to take s.th. amiss, to take s.th. the wrong way, to take offence at s.th.

Krüppel: ein seelischer/geistiger Krüppel (sein) *path selten* · (to be) an emotional cripple
... Ach, Christa, mit dem Herbert können wir nicht mehr rechnen – für dieses Projekt nicht und für alle weiteren nicht. Erst die schwere Krankheit und dann die Probleme zu Hause – das war zu viel für ihn; der Mann ist kaputt. Das ist ein seelischer Krüppel, Christa. – Walter!

jn. **zum Krüppel schießen** *path* · to shoot and cripple s.o.
... Fragt denn heute – ein halbes Jahr nach dem Golfkrieg – noch jemand danach, wieviele Menschen – Soldaten und Zivilisten – dabei elendig umgekommen sind, wieviele Tausende – vielleicht Zigtausende – man zum Krüppel geschossen hat?!

jn. **zum Krüppel schlagen** *path* · to cripple s. o., to beat s. o. and leave him crippled

... Eine Sache ist es, jemandem eine Ohrfeige oder auch eine Tracht Prügel zu geben, eine andere, jemanden zum Krüppel zu schlagen! – Aber hat denn die Prügelstrafe früher bei den Schülern zu bleibenden Schäden geführt?

zum Krüppel werden *path* · to be crippled

... Paß bloß auf, das dir da nichts passiert! Bei solch gefährlichen Arbeiten sind schon manche zum Krüppel geworden. Ein schwerer Unfall ist da fast alltäglich.

Kruppstahl: hart wie Kruppstahl sein *sal selten* – hart wie **Granit** sein · to be as hard as nails, to be as tough as steel

Kübel: Kübel von Hohn über jn. **ausgießen** *ugs* – *path selten* · to pour scorn on s. o. n, to heap scorn on s. o.

... Wir sind ja alle nicht zimperlich. Wenn der Willi den Herrn Moser wegen seiner umständlichen Arbeitsweise mal auf den Arm nimmt – meinetwegen. Aber was er sich gestern erlaubt hat, geht einfach zu weit. Kübel voll Hohn hat er über den alten Mann ausgegossen. So geht man mit einem Menschen nicht um!

Kübel voll Schmutz über jn. **ausgießen** *ugs* – *path selten* · to pour torrents of abuse over s. o. n

... Dieses Weibsbild zieht alle und alles in den Dreck. Du hättest das gestern hören sollen, welche Kübel voll Schmutz sie über ihren Bruder ausgoß. Wenn man die so hört, ist das der letzte der Menschen.

es gießt/schüttet (wie) mit/aus/(in) Kübeln *ugs path* – es regnet/gießt in **Strömen** · it is bucketing down, it is pelting down

kübeln: kübeln müssen *sal selten* · to puke up, to throw up

... Eins von den Bierchen gestern abend muß wohl schlecht gewesen sein. Heute nacht mußte ich kübeln, da war alles dran. So gekotzt habe ich mein ganzes Leben noch nicht!

Küche: kalte Küche *Restaurant* · (to serve) (only) cold dishes

... Nein, warm essen können Sie jetzt leider nicht mehr, es ist halb drei; wir haben nur noch kalte Küche.

warme Küche *Restaurant* · (to serve) hot meals

(Auf der Speisekarte:) Warme Küche täglich von 11.30 bis 14.30 Uhr und 18.30 bis 22 Uhr; kalte Küche durchgehend von 10 bis 24 Uhr.

es raucht/qualmt (wieder mal/...) **in der Küche** *sal selten* – bei jm. ist (mal wieder/...) **Qualm** in der Bude/(Küche) · there's a row going on, the sparks are flying, + they're at it again

dauernd/den ganzen Tag/... **in der Küche stehen/sein** (und ...) · to be working/standing/... in the kitchen all day/constantly/...

... Die Liesel sagt ja selbst, daß sie lieber berufstätig wäre, als den ganzen Tag in der Küche zu stehen und für die Kinder, den Mann zu sorgen.

auftischen/auffahren/..., was **Küche und Keller zu bieten haben** *path selten* · to serve up the best food and wine one has, to serve a meal fit for a king, to serve the best kitchen and cellar can provide

... Zum Geburtstag ihres Ältesten hatten sie so um die 15 Gäste eingeladen, hatten aufgefahren, was Küche und Keller zu bieten haben ..., man ließ es sich schmecken, witzelte, blödelte ..., dann wurde getanzt ..., kurz: eine herrliche Feier!

Kuchen: ja, Kuchen! *sal selten* – von wegen! (2) · no such luck!

sich den Kuchen teilen *ugs* · to share the cake, to divide the cake up

... Wie wollen die beiden ihr gemeinsam verdientes Geld denn nun anlegen? Zusammen, für ein neues Projekt? Oder wollen sie sich den Kuchen teilen, so daß jeder mit seinem Anteil machen kann, was er will?

Kuckuck: geh'/geht/... zum Kuckuck! *sal* – scher' dich/schert euch/... zum **Teufel** (mit ...)! · get out of it!, go to hell!, to hell with your/... translation/...!

hol' dich/(den/ihn/sie/...) **der Kuckuck!** *sal* – der **Teufel** soll dich/ihn/den/sie/... holen! · damn you!, to hell with you!, the devil take you!

hol's der Kuckuck! *sal selten* · botheration!, damn it!

Hol's der Kuckuck, jetzt ist mir doch schon zum dritten Mal der Kugelschreiber hingefallen!

auf einem Möbelstück/... klebt der Kuckuck *ugs selten* · there's a bailiff's seal on furniture/...

Auf seiner neuen Musikbox klebt der Kuckuck, sagst du? – Ja, der Gerichtsvollzieher hat sie gepfändet, weil er jetzt schon seit Monaten mit den Raten für sein neues Auto im Verzug ist.

scher' dich/schert euch/... **zum Kuckuck!** *sal* – scher' dich/schert euch/... zum **Teufel** (mit ...)! · get out of it!, go to hell!, to hell with your/... translation/...!

(...,) (das) weiß der Kuckuck! *sal* – (...,) (das) weiß der **Henker!** · God knows!, Christ knows!

weiß der Kuckuck, wo/wann/wie/ob/...! *sal* – weiß der **Henker,** wo/wann/wie/ob/...! · God knows where/when/how/if/...!

zum Kuckuck (nochmal/noch einmal)! *sal* – hol's der **Kuckuck!** · botheration!, damn it!

was/wer/wo/... zum Kuckuck ...? *sal* – was/wer/wo/... zum **Teufel** ...? · what/who/where/... the hell ...?

zum Kuckuck sein *sal selten* – (eher:) im **Arsch** sein (1) · to be bust/broken/smashed/...

den Kuckuck danach fragen, ob ... *sal selten* – einen **Dreck** danach fragen, ob ... · I/he/John/... don't/... give a damn if/whether ...

zum Kuckuck gehen *sal* – hops **gehen** (3) · to break, to get broken/smashed/...

der Kuckuck soll dich/ihn/den/sie/... **holen!** *sal* – der **Teufel** soll dich/ihn/den/sie/... holen · damn you!, to hell with you!, the devil take you!

der Kuckuck soll mich holen, wenn ...! *sal* – (eher:) der **Teufel** soll mich holen, wenn ...! · + I'll be damned if ...

jn. **zum Kuckuck jagen** *sal* – jn. zum **Teufel** jagen · to send s. o. packing, to kick s. o. out

mit Blumenkohl/Bratkartoffeln/... **kann man/**kannst du/ sie/den Herrn Meinert/... **zum Kuckuck jagen** *sal selten* – mit Blumenkohl/Bratkartoffeln/... kann man/kannst du sie/den Herrn Meinert/... zum **Teufel** jagen · + I/he/John/... can't stand cauliflower/...

den Kuckuck auf ein Möbelstück/... kleben *ugs selten* · + the bailiffs have put their seal on furniture/... n, to affix the bailiff's seal on furniture/... n

Bei Schnizers haben sie den Kuckuck auf den neuen Schrank geklebt. – Ach, haben sie denen in der Tat einen Gerichtsvollzieher ins Haus geschickt? Als der Herr Schnizer die neue Kücheneinrichtung kaufte, konnte er nicht wissen, daß er arbeitslos wird und sie nicht zahlen kann.

hier ist/da war/bei/auf/in ist/... **der Kuckuck los** *sal selten* – hier ist/da war/bei/auf/... ist/... die **Hölle** los · it is bedlam here/in .../at .../..., all hell has broken loose here/in .../at .../...

zum Kuckuck mit dem Herbert/der Ana/...! *sal selten* – zum **Teufel** mit dem Herbert/der Anna/...! · blast your/... mother/...!, to hell with him/...!

ein/der Kuckuck unter Nachtigallen sein *sal selten* · to be a mere amateur among experts *para*

... Unter lauter Landwirtschaftsexperten bin ich als Philologe hier wie ein Kuckuck unter Nachtigallen. Wenn Sie einem Laien trotzdem eine Bemerkung gestatten ...

sich den Kuckuck um jn./etw. **scheren** *sal selten* – sich einen **Dreck** um jn./etw. kümmern · not to care a damn about s.o./s.th., not to give a stuff about s.o./s.th.

jn. **zum Kuckuck schicken** *sal selten* – jn. zum **Teufel** jagen · to send s.o. packing, to kick s.o. out

jn. **zum Kuckuck wünschen** *sal selten* – j. könnte jn. auf den **Mond** schießen · s.o. could wring s.o.'s neck

in drei Kuckucks Namen kann/soll/... j. etw. tun *sal* – in **Gottes** Namen kann/soll/... j. etw. tun · for heaven's sake s.o. should do s.th.

Kuckucksei: jm. **ein Kuckucksei ins Nest legen** *ugs selten* – jm. ein **Ei** ins Nest legen · to land s.o. with a troublesome child

Kugel: wenn ..., dann geb' ich mir die Kugel *sal selten* · if ..., I'll top myself/I'll do myself in/I'll stick my head in the gas oven/...
... Wenn ich bei meinem dritten Prüfungsversuch durchfliege, geb' ich mir die Kugel! – Red' nicht so 'ne Scheiße! Übersetzen kannst du doch auch ohne Diplom.

(eine) verirrte Kugel (trifft jn./...**)** · + to be killed/... by a stray bullet
... Verrückt, bei so einer Jagd durch eine verirrte Kugel zu sterben! – Wie können die Leute da aber auch einfach so in die Gegend schießen?

sich eine Kugel durch/(in) den Kopf jagen *sal* · to blow one's brains out
... Nachdem er sein ganzes Vermögen verspielt hatte, jagte er sich eine Kugel durch den Kopf – ganz im Stil der Helden bestimmter Romane des 19. Jahrhunderts.

sich eine Kugel durch/(in) den Kopf schießen *ugs* – (eher:) sich eine **Kugel** durch/(in) den Kopf jagen · to blow one's brains out

die Kugel rollt *Roulette* · the roulette wheels are spinning
(Ein Vater zu seinem Sohn an einem Roulettetisch, erklärend:) In dem Augenblick, in dem die Kugel rollt, kann natürlich keiner mehr einsetzen. Darauf muß der Croupier strengstens achten.

eine ruhige Kugel schieben *ugs* · 1. to have a cushy number, 2. to take it easy, to swing the lead
1. Der August verdient nicht viel in seiner neuen Stelle, das ist wahr; aber dafür schiebt er auch eine ruhige Kugel. – Dann hat er gefunden, was er suchte. Er war nämlich nie dafür, sich ein Bein auszureißen.
2. Nun mal ran, Mensch! Wenn ihr den ganzen Tag eine ruhige Kugel schiebt, statt anständig zu arbeiten, werden wir mit dem Hausbau wohl nie fertig werden.

Kugelhagel: im Kugelhagel umkommen *mil path* · to be killed in a hail of bullets
Bei dem Studentenaufstand vor drei Jahren kamen in Peking auf dem Platz des himmlischen Friedens Dutzende von Menschen im Kugelhagel der Militärs um.

Kugeln: zum Kugeln sein/das ist (ja) zum Kugeln *sal* · 1. 2. it's a scream, it's a hoot
1. vgl. – (eher:) das/etw. ist (ja) zum **Totlachen**
2. vgl. – das/etw. ist (ja) zum **Kranklachen**

Kugelregen: dem Kugelregen standhalten *mil path* · to stand up to a hail of bullets
... Man versteht gar nicht, wie so ein kleiner Trupp so einem Kugelregen standhalten konnte. – Nun, mehr als die Hälfte der Leute wurde dabei getötet oder verletzt. – Aber die Truppe ergab sich nicht.

im Kugelregen stehen *mil path* · to be caught in a hail of bullets
... Das ist kein Vergnügen, sage ich dir, wenn es da plötzlich aus allen Richtungen knallt und du im Kugelregen stehst.

kugelrund: (fast) kugelrund sein *sal* · to be tubby, to be barrel-shaped, to be roly-poly
... Ein bißchen dick ist ja ganz schön! Aber der Onkel Albert ist fast kugelrund.

Kuh: dumme/blöde Kuh *Frauen vulg* · stupid cow
... Ich hab' doch keine Lust, mich noch länger mit dieser dummen Kuh ... – Gerd, so einen Ausdruck möchte ich nicht nochmal hören! Auch wenn Frau Nerz in der Tat ein wenig begriffsstutzig und schwer zu nehmen ist ...

eine heilige Kuh sein *path krit od. iron* · to be a sacred cow
Die Marktwirtschaft ist doch keine heilige Kuh, verdammt nochmal! Man kann doch wohl noch die Nachteile betonen, ohne sofort als Kommunist verschrien zu werden!

eine melkende Kuh sein *ugs selten* · to be a milch-cow, to be s.o.'s meal ticket
Der Fritz meint, diese Fabrik wäre eine melkende Kuh! Da braucht man nur so hin und wieder mal erscheinen und ein bißchen herumgucken, dann kann man die Einnahmen einsacken ... So denkt der! Unglaublich!

dastehen/... wie die Kuh vorm Berg *sal selten* – dastehen/... wie die **Kuh** vorm/am neuen Tor · to stand there agog/gaping like an idiot/...

von etw. so viel verstehen wie die Kuh vom Brezelbacken *sal veraltend selten* – (eher:) von etw. so viel verstehen wie die **Kuh** vom Sonntag · not to have a clue about s.th., to be baffled about s.th.

dastehen/ein Gesicht machen/dreinschauen/... wie eine Kuh, wenn's donnert *sal veraltend selten* – dastehen/ein Gesicht machen/dreinschauen/... wie eine **Gans**, wenn's blitzt/(donnert) · to stand there/to look/... flabbergasted, to stand there/... gaping like an idiot

die Kuh ist vom Eis *ugs oft iron* · to have cracked it *sl*, to have broken the deadlock *n*
Nach dem Spitzengespräch der Parteivorsitzenden ist in dem Steuerstreit die Kuh vom Eis. – Hoffentlich! Hoffentlich schießt jetzt wirklich keiner mehr quer, so daß man endlich an die konkreten Einzelfragen herangehen kann.

die Kuh vom Eis bringen/kriegen *ugs* · to sort out the problem *n*, to crack it *sl*
... »Inzwischen«, meinte er, »hat jede Partei zum Asylproblem wenigstens zwei Meinungen. Die ganze Diskussion ist total festgefahren. Ich bin mal gespannt, ob's dem Kanzler gelingen wird, die Kuh vom Eis zu bringen/ob er die Kuh (wieder) vom Eis kriegt«.

die Kuh fliegen lassen *ugs selten* · 1. 2. to let it all hang out, 1. to rave it up, 2. to show the really nasty side of one's character/personality/... *para*
1. Auf Saschas Geburtstagsfete haben wir ordentlich die Kuh fliegen lassen. Da haben wir so richtig einen drauf gemacht.
2. vgl. – die **Sau** rauslassen

die Kuh des kleinen Mannes (sein) *ugs selten* · (to be) the poor man's cow
Kühe habt ihr auf diesem Gut nicht, nein? – Nein, nur die Kuh des kleinen Mannes. – Du meinst, eine Ziege?

dastehen/... wie die Kuh vorm/am Scheunentor *sal veraltend selten* – (eher:) dastehen/... wie die **Kuh** vorm/am neuen Tor · to stand there agog/gaping like an idiot/...

zu etw. taugen wie die Kuh zum Seiltanzen *sal selten* · to be totally/... unsuited for s.th. *n*
... Diesen ungehobelten und ungeschickten Kerl kannst du doch unmöglich in deinem neuen Restaurant anstellen! Der taugt doch zum Servieren wie die Kuh zum Seiltanzen.

von etw. so viel verstehen wie die Kuh vom Sonntag *sal* · not to know the first thing about s.th.
... Halt' du dich aus dieser Fachdiskussion mal schön heraus, mein Lieber; du verstehst doch davon so viel wie die Kuh vom Sonntag! – Ich kann doch wohl noch meine Meinung sagen! – In Dingen, von denen du nicht die Bohne verstehst, kannst du deinen Mund halten, sonst gar nichts!

blinde Kuh mit jm. spielen *ugs selten* · to lead s.o. up the garden path, to take s.o. for a ride *sl*
… Seit Monaten versucht er jetzt schon, mich an der Nase herumzuführen. Der meint in der Tat, er könnte mit den Leuten blinde Kuh spielen. Erst schickt er mich zu einem Rechtsanwalt, der mit ihm unter einer Decke steckt, dann …

dastehen/… wie die Kuh vorm/am neuen Tor *sal veraltend selten* · not to know what to do *n*, to be at one's wit's end
Ach du liebes Christkindchen, jetzt haben sie diese Straße gesperrt! Einen anderen Weg zu dem Gut kenne ich nicht! – Tja, jetzt stehen wir hier wie die Kuh vorm neuen Tor! In dieser abgelegenen Gegend ist auch kein Mensch, den man fragen könnte!

Kuhhaut: was …, das geht auf keine Kuhhaut! *sal* · 1. 2. it takes your breath away, it's staggering/unbelievable/incredible/beyond belief/…
1. Was ich für meinen neuen Wagen bereits an Reparaturen ausgegeben habe, das geht auf keine Kuhhaut. Unglaublich, sag' ich dir.
2. Was der Ulrich sich meiner Mutter gegenüber für Unverschämtheiten leistet, das geht auf keine Kuhhaut. Das ist der unverschämteste Mensch, den ich bis heute gesehen habe.

Kühler: jn. beinahe auf den Kühler nehmen *Auto ugs* · to almost/… drive into s.o. *n*, to almost/… run s.o. over
Dem August kann man wirklich keinen Wagen leihen. Der fährt einfach zu wild. Gestern abend kam er hier in unsere Einfahrt reingebraust, als die Ingrid gerade da vorbeiging. Um ein Haar hätte er sie auf den Kühler genommen. Aber durch einen Satz zur Seite konnte sie sich retten. Na, du lachst … – Ich stell' mir die Ingrid da auf der Kühlerhaube vor …

Kuhscheiße: wie kommt Kuhscheiße auf(s) Dach? *vulg* · Who flung dung – Shit fling high
Vati, wie kommt es, daß es im Winter kälter ist als im Sommer ist? … Wie …? Wie …? – Paß mal auf, Christa, jetzt stell' ich dir mal 'ne Frage: wie kommt Kuhscheiße auf Dach? Weißt du nicht? Das ist doch ganz einfach: hat sich Kuh auf Schwanz geschissen und mit Schwung hinaufgeschmissen.

Küken: (so) ein Küken *Mädchen ugs* · a young thing, a mere kid
… Hör' dir das an, dieses Küken von 12 Jahren will auch schon mitreden! – Die Sonja ist kein Küken mehr, mein Lieber; das ist eine angehende junge Dame.

Kulissen: (sich) hinter den Kulissen (abspielen/…) · to take place/to go on/… behind the scenes
Natürlich, nach außen versuchen die Parteileute, ein Bild der Geschlossenheit abzugeben. Aber wenn du wüßtest, was sich hinter den Kulissen alles abspielt! Da bekämpfen sie sich bis aufs Messer.

hinter die Kulissen gucken/schauen/sehen · to take a look behind the scenes
Im Parlament sieht es natürlich so aus, als wenn eine Partei geschlossen für dieses, die andere für jenes Konzept ist. Aber wenn du hinter die Kulissen sehen könntest, würdes du sofort merken, daß sich sehr viele Abgeordnete nur nach außen einig sind.

Kulleraugen: Kulleraugen machen *ugs* · + s.o.'s eyes nearly pop out of his head
Du hättest sehen sollen, was die kleine Ute für Kulleraugen machte, als die riesige Puppe, die ich ihr mitgebracht habe, plötzlich anfing zu singen. Ihre Augen sind ja so schon nicht klein. Aber jetzt wurden sie ganz groß und rund, rollten hin und her und suchten den Sänger …

Kult: einen Kult mit etw./(jm.) treiben *form* · to make a cult out of s.o./s.th.
Der Manfred treibt vielleicht einen Kult mit den Steinen, die er aus Brasilien mitgebracht hat! Ich verstehe gut, daß man Edelsteine sammelt, sich an ihnen erfreut! Aber sie geradezu zu verehren – das scheint mir doch ein wenig übertrieben.

Kulturstufe: auf einer hohen/niedrigen Kulturstufe stehen · to have reached/to be at/… a high/low stage of civilisation/level of civilisation
Wenn sog. Naturvölker auf einer niedrigen und sog. Kulturvölker auf einer hohen Kulturstufe stehen, setzt das einen Begriff von 'Kultur' voraus, der diese Wertung impliziert.

Kümmel: den Kümmel aus dem Käse suchen *sal veraltend selten* – (mal wieder/…) **Haarspalterei** treiben/betreiben · to split hairs

kümmeln: einen kümmeln *ugs selten* – einen **saufen** · to knock back a few, to down a few, to tipple

Kümmeltürke: arbeiten/schuften/… wie ein Kümmeltürke *sal selten* – schuften/arbeiten/… wie ein **Berserker** · to work like a Trojan/like a slave/…

Kummer: das/etw. ist mein/sein/… geringster Kummer! *ugs* · that/it(s.th.) is the least of my/his/John's/… worries
… Du wirkst so bedrückt. Machst du dir Sorgen wegen der Auslandsschulden der Firma? – Das ist/(die sind) mein geringster Kummer! Die werden wir im nächsten Jahr ausgleichen. Nein, was mich bedrückt, ist …

was hast du/hat Erich/… (denn) für Kummer? *ugs* · what is bothering you/him/John/…?, what is troubling you/him/John/…?
Du, Papa … eh …, könntest du mir … hm … – Was hast du für Kummer, Junge? Mal heraus mit der Sprache! …

(an) Kummer gewöhnt sein *ugs* · I'm/he's/… used to it/these things/…, + these things happen all the time
Hat deine Frau tatsächlich schon wieder einen Kotflügel verbeult? – Allerdings. Aber ich bin Kummer gewöhnt; das werd' ich auch noch überleben.

der Kummer nagt/frißt an js. Herzen *path* · + to be consumed with sorrow/grief
Seit dem Tode ihres einzigen Sohnes sieht man ihr an, wie der Kummer an ihrem Herzen nagt. Der Frohsinn scheint für immer aus ihrer Seele gewichen.

jm. Kummer machen/(bereiten) · to cause s.o. worry, + to worry about s.th., + to be concerned about s.o./s.th.
Die Krankheit meiner Frau macht uns allen Kummer. – Es wird schon wieder werden, Ernst; laßt euch von den Sorgen bloß nicht unterkriegen!

Kummer und Not *path* · sorrow and suffering, distress and poverty
… Ach, Tinja, das Leben der meisten Menschen bestand früher – und besteht auch noch heute, wenn man die Welt im ganzen sieht – aus Kummer und Not.

in Kummer und Not leben/… *path selten* · to live in distress and poverty
… Wenn man immer und immer in Kummer und Not gelebt hat wie Rolfs Mutter, ist einem der heutige Rummel ums Glück natürlich ganz fremd.

Kummer und Sorge *path* · grief and sorrow
… Was ist das Leben schon anderes als Kummer und Sorge? – Aber Friedel, wie kannst gerade du so etwas sagen? Dir und den Deinen geht es doch blendend, finanziell wie auch sonst.

Kummerspeck: sich Kummerspeck anfressen *ugs* · to get fat through overeating because of emotional problems *para*
Der eine ißt wie ein Spatz, wenn er Sorgen hat, der andere frißt sich Kummerspeck an, je nach Temperament und Veranlagung.

Kummerspeck ansetzen *ugs* · to put on weight because of emotional problems *para*
Der Heinz ist plötzlich so dick geworden! – Er hat Kummerspeck angesetzt. Er kommt über die Trennung von der Ingrid nicht weg, und um sich zu trösten, frißt er sich kugelrund.

kümmert: wen kümmert es/was kümmert's dich/Peter/…, ob/… *ugs* · what do you/does he/John/… care if …?
… Mein lieber Aloys, was kümmert's dich, ob ich krank bin oder nicht? Hast du mir etwa schon mal geholfen? Dann spar' dir bitte auch deine frommen Ratschläge!

kund: jm. kund und zu wissen tun *iron* · to let s.o. know, to tell s.o. *n*, to make s.th. known to s.o., to give s.o. news of s.th. *n*
Wenn der Rießbek absolut keine Lehre annehmen will, dann müßt ihr ihm halt mal kund und zu wissen tun, daß ihr auf seine Arbeit

auch blendend verzichten könnt. Am besten teilt ihr ihm das hochoffiziell und schriftlich mit.

Kunde: ein fauler Kunde sein *ugs* · to be a dodgy customer, to
be a shady customer/character/...
... Nein, dem Krämer traue ich nicht über den Weg. Vielleicht täu-
sche ich mich, aber mir scheint, das ist ein fauler Kunde.

ein (ganz) übler Kunde sein *ugs* · to be a nasty piece of
work, to be a nasty customer
Vor diesem Kerl muß man sich in acht nehmen, das ist ein ganz übler
Kunde; der ist zu jeder Gemeinheit fähig.

jm. von etw. Kunde geben *form od. iron selten* · to bring
s.o. tidings of s.th.
Wenn mir niemand von seinem Unfall Kunde gibt, kann ich nicht
ahnen, daß er verletzt im Krankenhaus liegt.

Kundenstamm: ein fester Kundenstamm · (to have) a regular
clientele, (to have) regular customers
... Das schwerste ist der Beginn, die ersten Abnehmer finden, Vertrauen in deine Waren schaffen, d.h. die Marke einführen. Wenn du
erstmal einen festen Kundenstamm hast – Leute, die regelmäßig bei
dir kaufen – wird alles leichter.

kundig: e-r S. kundig sein *form od. (eher:) iron* – ≠ e-r S.
unkundig sein · to have knowledge of s.th., to be informed
of s.th.

Kündigung: seine/die Kündigung einreichen *form* · to hand in
one's notice
... Du kannst natürlich deine Kündigung einreichen, wenn du es da
nicht mehr aushältst. Die Frage ist nur, ob du so leicht einen neuen,
so gut bezahlten Posten kriegst.

Kundschaft: auf Kundschaft ausgehen · 1. to go out on reconnaissance, 2. to be out looking for customers/punters/...
1. Gehen eigentlich heute der hochgezüchteten technischen Ausrüstung der Armeen im Ernstfall immer noch einzelne Soldaten auf
Kundschaft aus? Oder spionieren Apparate aus, was die feindlichen
Truppen machen? *mil*
2. ... Was sollen diese leichten Mädchen hier schon machen? Sie
gehen natürlich auf Kundschaft aus. *form*

jn. auf Kundschaft aussenden/ausschicken *mil* · to send s.o.
out to reconnoitre, to send s.o. out on reconnaissance
... Keine Ahnung, ob man heute immer noch einzelne Leute auf
Kundschaft ausschickt. Alle Aufgaben werden die Spionagegeräte
wohl bald übernehmen können.

Kunst: etw. ist eine brotlose Kunst *ugs* · + there's no money
in it/s.th.
Was willst du studieren, Malerei? Ist das nicht eine brotlose Kunst,
heute wie ehedem? – Ich mache nebenher das Lehrerexamen. Wenn
ich von meinen Bildern nicht leben kann, verdiene ich mein Geld an
der Schule.

..., das ist die ganze Kunst *ugs* · ..., that's all there is to it
... Das Radio zu bedienen ist denkbar einfach, Oma! Du drückst auf
den linken oberen Knopf – damit schaltest du ihn ein –, wählst unten
die Lautstärke bzw. den Ton – und rechts den Sender. – Das ist die
ganze Kunst? – Ja, das ist alles. Einfacher geht's doch nicht, oder?

das/etw. zu tun ist keine Kunst *ugs* · there's nothing to it, it/
doing s.th. is a piece of cake, it/doing s.th. is a doddle
Dieses Gedicht aus dem Portugiesischen übersetzen – das ist doch
keine Kunst, das kann doch jeder. – Dann mach' das doch, wenn
es so leicht ist!

was macht die Kunst? *ugs* · how's tricks?, how are things?
Hallo, Fred! Lange nicht gesehen! Was macht die Kunst? – Oh, ich
kann nicht klagen.

die Schwarze Kunst *Buchdruckerei* · the art of printing
Bevor die Buchdruckerei erfunden wurde, die Schwarze Kunst die
Verbreitung der Gedanken völlig revolutionierte ...

welch eine/(was für eine) Kunst?! *ugs* – (eher:) das/etw. zu
tun ist keine **Kunst** · there's nothing to it, it/doing s.th. is a
piece of cake, it/doing s.th. is a doddle

mit seiner Kunst am Ende sein *ugs* · to be at one's wit's end,
to be at a complete loss, to be completely stumped
... Die haben zwar in den vergangenen Jahren eine Wirtschaftstheorie nach der anderen entwickelt; aber jetzt, wo es wirklich schwer
wird, sind sie mit ihrer Kunst offensichtlich am Ende. Jetzt wissen sie
auch nicht mehr weiter.

die/alle ärztliche Kunst ist vergeblich · medical skill is use-
less
Beim Krebs und ähnlichen Krankheiten sieht man, wie alle ärztliche
Kunst im Grunde doch vergeblich ist.

die Sieben Freien Künste · the seven liberal arts
Erinnerst du dich noch, welches die sieben freien Künste waren? –
Vielleicht kriege ich sie noch zusammen. Moment ...: Grammatik,
Rhetorik, Dialektik, Arithmetik ... hm ... Geometrie ... Astronomie
und ... ich glaube, Musik. – Alle Achtung!

alle Künste aufbieten · to use all one's charms to ..., to use
all one's wiles to ...
Die Uschi hat alle Künste der Überredung, der Koketterie, der
Schmeichelei aufgeboten, um den Bodo zu bewegen, ihr einen Nerz-
mantel zu kaufen. Und in der Tat: es ist ihr gelungen, ihn fertigzumachen ...

alle seine Künste spielen lassen *ugs* · to use/to deploy/... all
one's wiles
... So sehr sie auch alle ihre Künste spielen ließ, es gelang ihr nicht,
den Richard zu fangen. – Gegen Koketterie und kalte Verführung ist
der Richard immun.

(jm.) seine Künste zeigen/(...) · to display one's skill(s) (to
s.o.), to show off one's skills (to s.o.)
... Wir wissen doch alle schon, daß er ein Spitzenspieler ist! –
Komm', laß ihn! Wenn er uns so gern seine Künste zeigen will, können wir ihm doch den Gefallen tun und uns das ansehen.

Künstlermähne: eine Künstlermähne (haben) *iron* · (to have)
a mane of hair
(Der Vater:) So ein, zwei Mal im Jahr könnte der Werner ja auch mal
zum Frisör gehen. Mehr verlange ich ja schon nicht. – (Die Schwester:) Laß ihn doch, Vater! Wenn es ihm Spaß macht, mit einer
Künstlermähne herumzulaufen ... – Ich bin halt kein Hippie!

**Künstlernamen: sich (als Schauspieler/...) einen Künstler-
namen zulegen** · to adopt a stage name *actor*, to adopt a
nom de plume *writer*
... Konnte er sich wirklich keinen besseren Künstlernamen zulegen
als ausgerechnet 'Molotow'? – Er meint, ein Künstler kann heute nur
noch 'nein' sagen; das will er mit diesem Namen ausdrücken.

Kunstpause: eine Kunstpause machen/einlegen · to pause for
effect
Hin und wieder, Klaus, hält ein guter Redner in seinen Reden inne,
macht eine Kunstpause – um dann, nachdem er die Hörer so auf die
Bedeutung der gerade behandelten Gedanken aufmerksam gemacht
hat, mit Verve fortzufahren. So steigert man die Dramatik.

Kunststück: das/etw. zu tun ist kein Kunststück *ugs* – das/
etw. zu tun ist keine **Kunst** · there's nothing to it, it/doing
s.th. is a piece of cake, it/doing s.th. is a doddle

welch ein/(was für ein) Kunststück?! *sal* – das/etw. zu tun ist
keine **Kunst** · there's nothing to it, it/doing s.th. is a piece of
cake, it/doing s.th. is a doddle

**Kunststücke ausführen/jm. Kunststücke beibringen/zei-
gen/...** · to perform tricks (for s.o.)
... Zur Begeisterung der Kinder hat Onkel Raul ein paar Kunststücke mit Karten, Eiern und bunten Tüchern ausgeführt. Er hat
schließlich nicht umsonst zwei Jahre als Zauberkünstler in einem
Laienzirkus mitgemacht.

Kunstverstand: viel/wenig/... Kunstverstand haben *form* · to
have an/no/... appreciation of art, (not) to have artistic taste
... Gefühl hat er viel, ja, aber wenig Kunstverstand. Als Kritiker
braucht man nicht nur Gefühl für ein Kunstwerk; man muß dieses
Gefühl auch auf Begriffe bringen können.

Kupfer: etw. **in Kupfer stechen** *form* · to etch s.th. on copper, to engrave s.th. on copper

... Wirklich ein Künstler, der Robert Friede! Hast du den Kopf gesehen, den er da zu Hause stehen hat, in Kupfer gestochen? Eine herrliche Figur!

Kuppelpelz: sich einen **Kuppelpelz verdienen** *ugs veraltend selten* · to arrange/to make a match, to play the matchmaker

Dem Ernst scheint es einen unbändigen Spaß zu machen, sich einen Kuppelpelz zu verdienen. Neulich hat er alles drangesetzt, die Bettina und den Lambert zusammenzubringen, und jetzt ist er dabei, aus der Raia und dem Klaus ein Ehepaar zu schmieden.

Kur: zur/in **Kur gehen/(fahren)** · to take a cure (at a health resort)

... Wenn man zwei- bis dreimal im Jahr in Kur geht, sollte man ganz schön still sein, wenn jemand, der das ganze Jahr über aus dem Streß nicht herauskommt, über Müdigkeit und Abgespanntheit klagt, oder?

jn. **in die Kur nehmen** *ugs selten* – jn. (anständig/nach Strich und Faden/...) dazwischen **nehmen** · to (really/...) put a rocket under s.o., to give s.o. a good talking-to/dressing down/...

Kuratel: unter **Kuratel stehen** · 1. to be under the care of a guardian, 2. to be under close supervision

1. Diese Unterschrift ist nichts wert, obwohl sie vom Seniorchef persönlich ist. Wie Sie wissen, steht Herr Mörsbauer seit seiner schweren Hirnhautentzündung unter Kuratel: es wurde ganz offiziell ein Vormund bestellt, der alle juristischen Dinge für ihn zu regeln hat. *veraltend selten*

2. Seit der Bohrmann den Vertrag mit Schroeder & Co. so leichtsinnig unterschrieben hat, steht er in der Firma unter Kuratel: für die kleinste Entscheidung braucht er die Genehmigung des Chefs; jeder Schritt, den er tut, wird genaustens kontrolliert. *selten*

jn. **unter Kuratel stellen** · 1. to place s.o. under the care of a guardian, 2. to supervise s.o., to keep tabs on s.o. *coll*

1. Wenn sich alle Gutachter einig sind, daß der Mann nicht mehr zurechnungsfähig ist, muß er unter Kuratel gestellt werden. Er würde sonst schließlich noch seine eigene Firma verschenken. Die Schwierigkeit besteht nur darin, einen geeigneten Vormund zu finden. *veraltend selten*

2. Wenn der Breuner immer wieder solche leichtsinnigen Abschlüsse und Verträge macht, müßt ihr ihn unter Kuratel stellen. – Man kann doch nicht jeden einzelnen Schritt dieses Mannes überwachen. Und wer sollte das übernehmen? *selten*

Kurs: ein harter **Kurs**/einen harten Kurs steuern/... *form* · to take a hard line (on s.th./with s.o.)

... Der Schlosser müßte zielstrebiger einen harten Kurs steuern, wenn er sich in dieser schwierigen Lage durchsetzen will. In einer solchen Lage muß man sich für ein paar Grundlinien entscheiden und dann durchgreifen.

ein weicher **Kurs** *form selten* · a/the soft line

Mit dem Amtsantritt des neuen Präsidenten ist der weiche Kurs offensichtlich zu Ende. Als ehemaliger General ist dieser Mann naturgemäß für eine harte Linie, sowohl in der Außen- wie in der Innenpolitik.

zum **Kurs von** 220/760/... Mark/Franken/... kaufen/wechseln/... *Aktien/Devisen/...* *form* · 1. 2. to buy/to sell/... shares/currency/... at a rate of ...

1. ... Zu welchem Kurs hast du die Mercedes-Aktien denn gekauft?
2. Gestern habe ich noch DM zum Kurs von 73 gekauft und heute soll ich 76 Escudos zahlen? – Der Escudo sinkt nach wie vor, Herr Martins.

auf **nördlichem**/westlichem/... **Kurs sein** *Schiff/Flugzeug/...* *form* · to be heading north/south/..., to be on a northerly/westerly/... course

(Ein Pilot zu seinem Kopiloten, der die Route nicht kennt:) Jetzt sind wir haargenau auf nördlichem Kurs. Wenn wir zwei Grad nach Osten abdrehen, fliegen wir mitten über Oviedo an die kantabrische Küste.

außer Kurs sein *ugs selten* – (res zu:) außer **Kurs kommen** · to be off course

noch/nicht mehr/... im Kurs sein · not/no longer/... to be legal tender, to have been withdrawn from circulation

Seit wann sind eigentlich die alten Hundertmarkscheine nicht mehr im Kurs? – Offiziell wurden sie, glaube ich, im Juli letzten Jahres aus dem Verkehr gezogen.

Kurs haben auf ... *Schiff/Flugzeug/...* · to be heading for ...

(Ein Kapitän zu einem Passagier:) Im Moment haben wir genau Kurs auf Vigo. Da wir in Portugal – in Viana do Castilo – anlegen wollen, müssen wir etwas nach Süden abdrehen.

einen **Kurs über** etw. **abhalten** *form* – einen **Kurs** über etw. halten · to give a course on s.th., to teach a course on s.th.

vom **Kurs abweichen** *Schiff/Flugzeug/...* · to deviate from one's/its course, to go off course

... Bis heute ist nicht geklärt, warum die Boing 928 plötzlich von ihrem Kurs New York – Frankfurt abgewichen ist. Die erhaltenen Aufzeichnungen sagen nichts darüber aus, ob der Pilot freiwillig oder unter Zwang die vorgeschriebene Fluglinie verließ.

den **Kurs ändern**/der Kurs ändert sich · to change course

Seit dem Regierungswechsel hat sich der Kurs in der Außenpolitik deutlich geändert. Bisher lag der Akzent eindeutig auf der Verbindung zu Amerika; jetzt treten die Beziehungen zu Moskau in den Vordergrund.

jn. **auf Kurs bringen** · to bring s.o. into line

... So leicht dürfte sich der Seibel von den Bonnern nicht auf Kurs bringen lassen. Bis heute hat er jedenfalls immer wieder seine Eigenständigkeit bewiesen und ist es ihm auch immer wieder gelungen, eigene Pläne zum Tragen zu bringen.

einen anderen/neuen/entgegengesetzten/... **Kurs einschlagen** · 1. 2. to change/to alter course, 1. to adopt a different/new/... course

1. Nach seiner Übernahme der Firma hat der Juniorchef einen anderen Kurs eingeschlagen als sein Vater. Während der Vater das Hauptgewicht auf den Export legte, achtet der Sohn insbesondere auf das Inlandsgeschäft.

2. vgl. – den **Kurs** ändern/der Kurs ändert sich

einen **Kurs über** etw. **geben** *form* – (eher:) einen **Kurs** über etw. halten · to give a course on s.th., to teach a course on s.th.

auf **nördlichen**/östlichen/... **Kurs gehen** *Schiff/Flugzeug/...* · to set a northerly/easterly/... course

(Ein Flugpassagier zu einer Stewardess:) Warum geht die Maschine auf südlichen Kurs? Wir müssen doch nach Westen! – Wir dürfen Salamanca nicht überfliegen. Deshalb fliegen wir ein Stück nach Süden und drehen dann nach Westen, Richtung Lissabon, ab.

auf **Kurs gehen** *Schiff/Flugzeug/...* · to be on course, to have set course

(Ein Fluggast kurz nach dem Abflug zu einer Stewardess:) Ist die Maschine eigentlich schon auf Kurs gegangen oder sind wir immer noch in der Abflugschleife? – Ah, so was weiß ich nicht. Aber mir scheint, wir fliegen schon in der definitiven Richtung.

den **Kurs halten** *Schiff/Flugzeug/...* · to hold/to maintain course, to stay on course

Ist es bei diesem Nebel nicht schwierig, den Kurs zu halten? – Nein, solange die Apparate funktionieren, gibt es keinerlei Gefahr, daß wir vom Weg abkommen.

einen **Kurs über** etw. **halten** *form* · to give a course on s.th., to teach a course on s.th.

Der Raul arbeitet neuerdings auch an der Uni? – Ja, er hält einen Kurs über Völkerrecht.

außer Kurs kommen *ugs selten* · to be out, to have lost popularity *n*

... Ich kann dir nicht sagen, womit sich der Scherer hier so unbeliebt gemacht hat. Tatsache ist, daß er außer Kurs gekommen ist. Vor einem halben Jahr noch schworen die Leute auf ihn, heute spricht alle Welt schlecht über ihn.

einen Kurs leiten *Univ. usw.* · to be in charge of a course

Wieviel Dozenten arbeiten an dem Kurs über Vermessungstechnik mit? – Sechs oder sieben. – Und wer leitet den Kurs? – Herr Prof. Singler.

Kurs nehmen auf einen Hafen/einen Flugplatz/... *Schiff/ Flugzeug/...* · to set course for a port/an airport, to head for a port/an airport

Nachdem das Schiff eine Zeitlang vor der Küste auf und ab gekreuzt war, nahm es Kurs auf Leixões, den Hafen von Porto.

etw. außer Kurs setzen *bes Geld Briefmarken u. ä.* · to withdraw s.th. from circulation, to take s.th. out of circulation

Die etwas schmaleren Hundertmarkscheine sollen im Juli außer Kurs gesetzt werden. Es scheint, daß von dieser Serie zu viele gefälschte Noten im Umlauf sind; deshalb soll die ganze Serie aus dem Verkehr gezogen werden.

hoch im Kurs stehen bei *jm./in ...* · 1. 2. to be popular with s.o., to be highly thought of by s.o.

1. In unserem Wahlkreis steht neuerdings der FDP-Spitzenmann besonders hoch im Kurs. – Er ist beliebter, angesehener als seine Kollegen von der SPD und CDU? – Bei weitem.

2. In den letzten Jahren steht die südamerikanische Literatur hier ziemlich hoch im Kurs. Wurde diese Welle lanciert oder schätzen die Leute diese Literatur spontan so sehr?

der Kurs (einer bestimmten Gesellschaft/...) **steht** (zur Zeit/...) **auf**/bei ... *Aktien* · a company's shares are at ..., a company's share price is ...

Wie steht der Kurs der Maurerberg-Werke? – Er ist in den letzten Monaten um mehr als 20 Punkte gestiegen und gestern auf 212 geklettert.

einen klaren/harten/... **Kurs steuern** · to follow a clear course, to take a tough line

Was ist denn in den letzten Monaten plötzlich mit der Regierung los? Fünf Jahrelang hat der Kanzler einen ganz klaren Kurs gesteuert. Aber seit einiger Zeit weiß man wirklich nicht mehr, woran man ist.

die Kurse (an der Börse) **sinken/fallen** · share prices are falling

... Ja, wenn man genau vorhersähe, wann die einzelnen Kurse sinken und steigen, dann würde ich mein ganzes Vermögen in Aktien anlegen; dann brauchte ich ja gar nicht mehr zu arbeiten.

die Kurse (an der Börse) **steigen/erholen sich**/(...) · share prices are rising

Nach der Wahl des neuen amerikanischen Präsidenten sind in fast allen Ländern der westlichen Welt die Kurse gestiegen. – Die Leute rechnen mit einem harten Kurs; da steigen die Aktien.

Kurswechsel: einen Kurswechsel vornehmen *form* · to change course

Die Sozialisten haben offenbar einen Kurswechsel vorgenommen. Da sie auf der rechten Seite kaum mit einer stärkeren Unterstützung ihrer Pläne rechnen können, versuchen sie jetzt, ob auf der linken Seite mehr Erfolge zu holen sind.

Kurve: mit 80/90/... km/mit einem Affenzahn/... **in die Kurve gehen** *Fahrzeuge* · to take the bend at (a speed of) 100/... kph/...

Hast du gesehen, wie der Porsche da in die Kurve gegangen ist? Wie ein Rennwagen!

aus der Kurve geschleudert werden/fliegen *Fahrzeuge/...* · to skid off the road

... Durch die überhöhte Geschwindigkeit wurde der BMW aus der Kurve geschleudert. Der Fahrer kann noch von Glück sprechen, daß neben der Landstraße eine freie Wiese auf gleicher Höhe ist ...

aus der Kurve getragen werden *Fahrzeug/...* · to go off/to shoot off the bend

... Bei dem hohen Geschwindigkeit – er fuhr bestimmt 130/140 km/h – wurde der Wagen aus der Kurve getragen und schleuderte gegen einen Baum, der etwa drei Meter neben der Landstraße auf einer Wiese steht.

die Kurve heraushaben (wie man etw. **macht**) *ugs selten* – den (richtigen) **Dreh** (fein) heraushaben/(weghaben), (wie man etw. **macht**) (1; u. U. 2) · to have got the knack of doing s.th., to get/to have got the hang of s.th.

die Kurve kratzen *sal* · to make tracks, to slip away *coll*, to slip off *coll*

Kommst du heute abend zu dem Empfang? – Ich erscheine, begrüße den Botschafter und seine Frau kurz und sehe dann zu, wie ich so schnell wie möglich die Kurve kratze. – Das hab' ich auch vor: möglichst rasch und unauffällig wieder abzuhauen.

(noch/wieder/...) **die Kurve kriegen**/(schaffen/bekommen) *ugs* · 1. to make it, to get through, to make the grade, 2. to (manage to) go straight again, to (manage to) get back on the straight and narrow

1. ... Jetzt hat er drei Monate lang gefaulenzt und steht in drei Fächern 'mangelhaft'. Ob er die Kurve noch kriegt? Ob er es noch schafft, bis zu den Zeugnissen auf einen Durchschnitt von 'ausreichend' zu kommen?

2. In der Tat, nach seinen zahlreichen Delikten, nach seinen wiederholten Gefängnisaufenthalten hatte ich ihn schon abgeschrieben. Aber er hat die Kurve doch noch gekriegt.

sich in die Kurve legen *Motorrad u. ä.* · to lean into the bend

... Der Heinz spielt mal wieder Rennfahrer. Guck' dir das an, wie der sich in die Kurve legt! – Bei der Geschwindigkeit muß er das doch. – Hoffentlich landet er mit seinem Motorrad nicht eines Tages an einem Baum.

eine Kurve elegant/mit 100/... **nehmen** *Fahrzeug/...* · to take the bend elegantly/at ... kph/...

Elegant nimmt er die Kurven! Und das mit 120, 130 Sachen. – Äußerst elegant – bis er in einem Straßengraben landet.

eine Kurve schneiden *Fahrzeug/...* · to cut a bend

Wie ist der Unfall passiert? – Der Mercedes hat die Kurve geschnitten, von unten kam ein Opel, der Mercedes konnte nicht mehr rechtzeitig auf seine Fahrbahn zurück ... und da hat's dann geknallt.

die Kurve weghaben (wie man etw. **macht**) *ugs selten* – den (richtigen) **Dreh** (fein) heraushaben/(weghaben), (wie man etw. macht) (1; u. U. 2) · to get/have got the hang of s.th.

kurz: kurz: – kurz und gut: · in a word ...

mal (eben) kurz ... · (just) for a moment

Ich geh' mal eben kurz rüber in die Apotheke, um ein Medikament für meine Mutter zu kaufen. Ich bin in fünf Minuten wieder da.

kurz nach ... (Uhr) · shortly after.. (o'clock), soon after ... (o'clock)

... Wie vereinbart kam sie kurz nach sechs (Uhr): es war noch keine zehn nach sechs, da stand sie in der Tür.

kurz vor ... (Uhr) · just before ... (o'clock), shortly before ... (o'clock)

... Sie erschien kurz vor acht (Uhr) – es war vielleicht viertel vor oder zehn vor acht, als sie klingelte.

kurz und bündig erklären/... · to tell s.o. straight out

... Als der Brunner dem Chef dann noch mit den Schwierigkeiten kommen wollte, die er mit den Mitarbeitern hat, erklärte ihm der Chef kurz und bündig: »Mein lieber Brunner, wenn Sie mit sechs Untergebenen nicht fertig werden, sind Sie als Abteilungsleiter unbrauchbar.«

kurz und gut: · in a word, in short

Lange und beschwörend hat er auf mich eingeredet: daß mir ein Ortswechsel gut täte, daß ich im Süden ein besseres Echo finden würde, daß ich ein besseres Gehalt hätte ... kurz und gut: er hat alles getan, um mir das Angebot schmackhaft zu machen.

kurz und klar zusammenfassen/... · to summarise s.th./... briefly and clearly

... Auf einer einzigen Seite hat er das ganze Problem kurz und klar zusammengefaßt. Knapp, prägnant, verständlich.

kurz und klein: *selten* – (scherzh für:) **kurz** und gut · in a word, in short

kurz und knapp formulieren/... · to express o.s./to formulate s.th./... briefly/concisely/in a few words/...
Formulieren Sie auf diesem Zettel bitte kurz und knapp, welche Änderungen Sie wünschen. Nicht mehr als fünf, sechs Zeilen. Lange Erklärungen liest sowieso kein Mensch.

über kurz oder lang · sooner or later
Über kurz oder lang werden wir uns etwas einfallen lassen müssen, wie wir die hohen Unkosten für das Auto senken können. Bei unserer Finanzlage können wir damit beim besten Willen nicht mehr lange warten.

kurz und schmerzlos sich entscheiden/... *ugs* · 1. to decide/... on the spot/without more ado, 2. to make it/s.th. short and sweet
1. Als er erkannte, daß er nicht dazu geboren war, eine Lederfirma zu leiten, entschied er sich kurz und schmerzlos, sie zu verkaufen. Alle Rücksichten auf die Familie und auf die Tradition der Firma warf er dabei entschlossen über Bord.
2. Wir haben den Abschied kurz und schmerzlos gemacht. Ich mag keine rührseligen Szenen am Bahnhof.

kurz und treffend kennzeichnen/... · to describe s.o. briefly and aptly as ...
Kurz und treffend nannte der Hermann unseren Mitarbeiter im Außendienst einen 'Spesenritter'. Genau das ist er.

Kürze: in Kürze – binnen kurzem · soon, within a short period

(etw.) **in aller Kürze erledigen/**erzählen/... · to do s.th. quickly, to give s.o. a quick rundown of s.th.
Kannst du mir in aller Kürze erklären, worum es bei der Sache geht? Mit wenigen Worten – nur damit ich nicht völlig umsonst an den Verhandlungen teilnehme.

in der Kürze liegt die Würze *ugs* · brevity is the soul of wit
Meine Damen und Herren, schreiben Sie mir bitte keine langen Abhandlungen; versuchen Sie, auf drei, vier Seiten zu konzentrieren, was Sie für das Wesentliche halten. In der Kürze liegt die Würze.

kurzem: binnen kurzem *form* · soon, shortly, in a short while
... Ich bleibe sowieso nicht mehr lange hier in der Zentrale; binnen kurzem werde ich wieder im Außendienst eingesetzt.

seit kurzem · (to have had s.th.) for a short/little while
... Seit wann hat der Erich denn ein Auto? Doch erst seit kurzem, oder? – Ja, seit gut einem Monat.

vor kurzem · recently, a short while ago
Hast du den Peter Bichser nach dem Abitur eigentlich mal wiedergesehen? – Vor kurzem habe ich ihn noch in der Innenstadt getroffen; das ist noch keine drei Monate her.

Kürzeren: den Kürzeren ziehen – den kürzeren **ziehen** · to come off worse/worst, to draw the short straw

kurzerhand: kurzerhand · 1. on the spot, without further ado, 2. unceremoniously
1. ... Wenn da jemand länger als eine Woche krank ist und fehlt, setzen sie ihn kurzerhand an die Luft. Ohne mit der Wimper zu zucken.
2. Als der Alfons gestern trotz aller Ermahnungen nicht aufhörte zu trinken, haben wir ihm kurzerhand die Autoschlüssel aus dem Jakkett gezogen. Wenn wir keinen Unfall riskieren wollten, mußten wir uns zu diesem etwas drastischen Vorgehen entschließen.

kürzertreten: kürzertreten müssen *ugs* · to (have to) cut back/to retrench/to reduce/... one's expenses
... Wenn sich der Richard den Aufwand nicht mehr leisten kann, muß er halt kürzertreten! Fällt es ihm wirklich so schwer, sich etwas einzuschränken?

kurzfristig: kurzfristig · 1. a short-term loan/..., 2. in the short term, 3. at short notice
1. ... Du denkst an einen kurzfristigen Kredit oder einen langfristigen? – Einen sehr kurzfristigen – zwei, höchstens drei Monate Rückzahlung.

2. Kurzfristig wird sich die Lage wohl kaum bessern. Aber auf längere Sicht sind wir eigentlich sehr zuversichtlich.
3. Es ist kein Wunder, daß das Konzert so schlecht besucht war: es war zu kurzfristig angekündigt. So etwas muß man von langer Hand vorbereiten.

kurzhalten: jn. **kurzhalten** *ugs* · to keep s.o. short of money, to keep s.o. on a tight rein
Ich stelle fest, daß der Rolf unsere Großzügigkeit doch sehr ausnutzt. Wir müssen ihn in Zukunft also kurzhalten; anders geht es offensichtlich nicht.

kurzschließen: sich mit jm. **kurzschließen** *Neol form* · to get in touch with s.o., to contact s.o.
(Der Chef zu seinem Einkaufsleiter:) Wir müssen uns wegen der Preise für den Transport noch mit Schuckert kurzschließen. – Ich habe da gestern schon angerufen. Der Transport kostet 31,– Mark die Tonne.

Kurzschluß: einen Kurzschluß haben *ugs* – (eher:) eine **Kurzschlußreaktion** (sein) · it is/... a mental blackout, it is/... a moment of madness, it is/... a sudden irrational act

du hast/er hat/... **wohl (einen) Kurzschluß im Gehirn?** *sal selten* – nicht (so) (ganz/(recht)) bei **Trost** sein (1) · have you/has he/... taken leave of your/... senses?, have you/has he/... gone completely/... mad?

Kurzschlußreaktion: eine Kurzschlußreaktion (sein) · it is/... a mental blackout, it is/... a moment of madness, it is/... a sudden irrational act
... Es muß eine Kurzschlußreaktion gewesen sein. Anders ist seine Handlungsweise nicht zu erklären, denn von Natur ist der Meinert doch bedächtig, vorsichtig, besonnen. Er hat bestimmt die Nerven verloren und ist der erste, der seine Entscheidung heute bereut.

kurzsichtig: kurzsichtig (sein) · 1. 2. 3. (to be) short-sighted
1. Bist du kurzsichtig oder weitsichtig? – Kurzsichtig. Kurz sehe ich gut, weit schlecht. *form*
2. Auf den ersten Blick sieht eure Entscheidung richtig aus. Aber sie/ euer Vorgehen ist kurzsichtig: in zwei, spätestens drei Jahren habt ihr dieselben Schwierigkeiten von neuem.
3. Der Bert ist in seiner ganzen Geschäftsplanung viel zu kurzsichtig. Es fehlt ihm einfach an Überblick; er wurschtelt in den Tag hinein – kurz: es fehlen bei ihm die Perspektiven.

kurztreten: kurztreten (müssen) (mit etw.) *ugs* · to (have to) cut down one's expenditure
Seit der Wirtschaftsrezession kann sich der Richard den aufwendigen Lebensstil nicht mehr leisten. Wenn er die Firma und sich selbst nicht ruinieren will, muß er kurztreten/muß er mit seinen Reisen, seinen Einladungen/... kurztreten.

Kurzweil: allerlei Kurzweil treiben *veraltend selten* · to amuse o.s., to have fun
... Und dann waren da in der Pension noch zwei ältere Damen und ein älterer Herr, die während der Herbstmonate in dem lieblichen Kurstädtchen allerlei Kurzweil trieben: morgens pflegten sie einen Rundgang durch die umliegenden Wälder zu machen; am Nachmittag besuchten sie ein Kurkonzert ...

Kuß: etw. mit Kuß annehmen/... *selten* – etw. mit **Kußhand** annehmen/... · to be only too glad/pleased to take s.th./...

jm. **einen Kuß auf die Wange/**(Stirn/...) **hauchen** *iron* · to brush s.o.'s forehead/cheek/... with one's lips
Hast du beobachtet, wie zärtlich der Christoph der Dora zum Abschied einen Kuß auf die Wange gehaucht hat? – Du Spötter! Er kann ihr doch schlecht einen schmatzenden Kuß auf die Lippen geben.

Kußhand: etw. mit Kußhand annehmen/... *ugs* · to be only too glad/pleased to take s.th./...
Hat die Irmgard die Ausarbeitungen für ihr gemeinsames Examen denn von dem Franz angenommen? Sonst sind sich die beiden doch gar nicht immer grün. – Mit Kußhand hat sie die angenommen. Ohne auch nur eine Sekunde zu zögern.

jm. **eine Kußhand zuwerfen** · to blow s.o. a kiss
... In letzter Minute hastete sie in den Saal, schaute sich flüchtig um – als ihr Blick auf Alois Klein fiel, warf sie ihm zwinkernd eine

Kußhand zu – und dann eilte sie zielstrebig auf einen Platz in der zweiten Reihe zu …

jm. **Kußhände zuwerfen** – (eher:) jm. eine **Kußhand** zuwerfen · to blow s.o. a kiss

küßt: und wer küßt mich?! *ugs iron* · what about me?

Die Oma und der Opa verwöhnen mal wieder die Enkelkinder! Und wer küßt mich? Meint ihr, ich mag kein Marzipan? – Damit du nicht meinst, du würdest benachteiligt, haben wir für dich eine Handtasche mitgebracht.

Kutte: die Kutte nehmen *form selten* · to take the cowl

Der Albert Steßmann hat die Kutte genommen? Das ist doch nicht möglich! – Wenn ich dir das sage: er ist in den Augustinerorden eingetreten.

L

l. L.: l. L.!/l. l. L.! = *lange Leitung!/lausig lange Leitung! sal dir. R* · slow on the uptake *n*

(Anton:) Jetzt habe ich der Gisela schon dreimal erklärt, wie das geht; sie begreift es einfach nicht. – (Bernd:) L.L.! Willst du es ihr noch ein viertes Mal erklären? Sie kann ja nichts dafür, wenn sie so schwer von Begriff ist.

l. m. a. A.: l. m. a. A.! *vulg dir. R* – leck' mich am/(im) **Arsch!** (1) · f.o.

la la: oh, là, là *ugs* – oh, là, là · oh là là

so la la *ugs* · 1. 2. so so
1. Na, wir geht's dir? – Danke. So la la.
2. Hat der Schreiner den Wohnzimmertisch ordentlich repariert? – So la la. Der Tisch ist wieder stabil, aber schön ist er nicht geworden.

Laban: ein langer Laban (sein) *ugs selten* – eine (richtige) **Bohnenstange** sein/(lang wie eine Bohnenstange sein) · to be a beanpole, to be a spindleshanks, to be a long streak of piss *vulg*

Laberkopf: ein (richtiger/...) **Laberkopf** sein *sal Neol* – ein (richtiger/...) **Labersack** sein · to be a real/... blabberer, to be a real/... blabbermouth, to be a chatterer, to be all mouth

Labersack: ein (richtiger/...) **Labersack** sein *sal Neol* – 1. 2. to be a real/... blabberer, to be a real/... blabbermouth, to be a chatterer, to be all mouth
1. Der Johann ist ein richtiger Labersack; der quatscht dir ein Ohr ab und wieder dran, ohne daß du es merkst.
2. ... Der Johann hat gesagt, wir sollten lieber ... – Hör mir auf mit dem Johann! Das ist ein richtiger Labersack, der redet doch nur Mist.

lache: daß ich/(wir) nicht lache/(lachen)! *sal* · don't make me/us laugh
Was? Der Maier will im Krieg Oberst gewesen sein? Daß ich nicht lache! So eine Witzfigur Oberst?! Schon der Gedanke – einfach lachhaft! Nicht einmal Unteroffizier war der!

lächeln: honigsüß lächeln *ugs* · to smile a sickly sweet smile, to smile in a sickly sweet way/manner/..., to smile a honey-sweet smile
(Der Vater zu seiner Tochter:) Du brauchst gar nicht so honigsüß zu lächeln, ich kaufe dir den Ring nicht.

das/etw. kostet jn. nur ein (müdes) Lächeln · + to get nothing but a weary smile (from s.o.), + to bring nothing but a weary smile to s.o.'s lips
... Und wenn ich dem Chef sage, daß es meiner ältesten Tochter nicht gut geht und ich deshalb in letzter Zeit so unkonzentriert arbeite? – Das kostet ihn nur ein müdes Lächeln, Albert. Nein, mit solch billigen Argumenten kannst du dem nicht kommen.

darüber/über eine solche Bemerkung/... kann man doch nur lächeln *ugs selten* – darüber/über eine solche Bemerkung/... kann man doch nur **lachen** · all one can do is laugh at that/at that remark/..., + this/that/that remark/... just makes me/... laugh

süßsauer/(sauersüß) lächeln · to give a forced smile
Wenn du so ein großartiges Französischexamen gemacht hast, Birte, dann kannst du mir ja heute nachmittag mal einen Brief übersetzen, den ich schon längst hätte nach Frankreich schicken müssen. – – Birte lächelte süßsauer. Sie konnte ihrem Vater schließlich nicht gut sagen, daß ihre gute Note eine reine Glückssache gewesen war.

ein Lächeln umspielt js. Lippen · a smile plays about s.o.'s lips
... Meine liebe Beate, sagte er – und ein undefinierbares Lächeln umspielte seine Lippen –, so gern ich dich auch habe, zwingen lasse ich mich von niemandem und zu nichts.

Lachen: sich ausschütten vor Lachen *path selten* – sich den **Bauch** halten vor Lachen · to curl up with laughter

wie besessen lachen *path selten* · 1. to laugh like a madman, 2. to split one's sides (laughing), to laugh till one's sides ache
1. Als er von dem Unglück seiner geschiedenen Frau hörte, lachte er (zunächst) wie besessen. Nach einer Weile brach er zusammen und wurde von Weinkrämpfen geschüttelt.
2. vgl. – sich den **Bauch** halten vor Lachen

sich biegen vor Lachen *ugs* – *path* – sich den **Bauch** halten vor Lachen · to split one's sides (laughing), to laugh till one's sides ache

breit lachen · to guffaw
Einen 'kakademischen Seiltänzer' hat der Schultz den Prof. Mende genannt, 'kakademischen Seiltänzer'? Udo lachte breit. Eine bessere Charakterisierung dieses theoretisierenden Luftikus ist gar nicht möglich! Ha, ha, ha!

brüllen vor Lachen *ugs* – *path* – sich den **Bauch** halten vor Lachen · to scream with laughter

dreckig lachen *sal* · to laugh a dirty laugh, to give a dirty laugh, to laugh wickedly
... Ich kann das einfach nicht haben, wenn die sich da ihre Witze erzählen, über die Frauen herziehen, die Kollegen madig machen ... Und wenn ich dann unseren Herbert über irgendeine bösartige Bemerkung noch dreckig lachen höre, könnte ich ihm aus der Haut fahren.

sich eckig lachen *ugs* – *path selten* – sich einen **Ast** lachen · to double up with laughter, to split one's sides with laughter, to laugh like a drain

sich gar nicht mehr einkriegen können vor Lachen *ugs* – sich den **Bauch** halten vor Lachen · to split one's sides (laughing), to laugh till one's sides ache

sich eins lachen *ugs* – (eher:) sich (eins) ins **Fäustchen** lachen · to laugh up one's sleeve

dabei gibt's/(ist) nichts zu lachen/was gibt's/(ist) denn dabei zu lachen?! *dir. R* · 1. 2. it's nothing to laugh about, it's no laughing matter, it's not funny
1. Wenn ich die Gehaltserhöhung nicht noch heute bekomme, gehe ich persönlich zum Chef und kündige. ... Ihr lacht? Da gibt's gar nichts zu lachen! Das ist mein Ernst – ihr werdet ja sehen!
2. ... Und als er sich bückte, um dem Chef den Bleistift aufzuheben, platzte ihm die ganze Hose auf ... Was gibt's denn da zu lachen, Kinder? Findet ihr das etwa lustig, wenn euer Bruder da schuldlos so eine lächerliche Figur abgibt?!

j. hat gut lachen · + it is all right for s.o. to laugh
Der Emil hat gut lachen, der hat keine Kinder! Den treffen die hohen Wohn- und Lebenshaltungskosten kaum. Da kann man sich natürlich über die Leute mokieren, die für 150,– oder 200,– Mark mehr im Monat auf die Barrikaden steigen.

sich halbtot lachen *ugs* – *path* – sich den **Bauch** halten vor Lachen · to split one's sides (laughing), to laugh till one's sides ache

sich gar nicht mehr/nicht halten können vor Lachen *ugs* – sich den **Bauch** halten vor Lachen · to split one's sides (laughing), to laugh till one's sides ache

darüber/über eine solche Bemerkung/... kann man doch nur lachen *ugs* · all one can do is laugh at that/at that remark/..., + this/that/that remark/... just makes me/... laugh
Was hat der Ulrich gesagt? Er würde von dem Chef ausgenutzt? Über einen solchen Unsinn kann man doch nur lachen. Der Chef verlangt von ihm weniger als von allen anderen Abteilungsleitern.

sich kaputt lachen *ugs* – sich den **Bauch** halten vor Lachen · to split one's sides laughing, to laugh o.s. sick

können vor Lachen! *ugs dir. R* · I/we/… wish I/we/… could *n*

Warum hast du denn die letzte Karte nicht gestochen? – Können vor Lachen! Ich hatte doch gar keinen Trumpf mehr.

sich krank lachen *ugs* – *path* – sich den **Bauch** halten vor Lachen · to laugh o.s. sick

sich kringelig lachen *ugs* – *path* – sich den **Bauch** halten vor Lachen · to curl up/to double up/… with laughter

sich krumm und schief lachen *ugs* – *path* – sich den **Bauch** halten vor Lachen · to curl up/to double up/… with laughter

sich krümmen vor Lachen *ugs* – *path* – sich den **Bauch** halten vor Lachen · to double up with laughter, to roll up with laughter

sich kugeln/kringeln vor Lachen *ugs* – *path* – sich den **Bauch** halten vor Lachen · to double up with laughter, to roll up with laughter

laß/laßt mich/uns lachen! *sal dir. R* · 1. you're joking, 2. don't make me/us laugh

1. Was, du gehst abends so früh ins Bett, weil der Strom für das Licht so teuer ist? Laß mich lachen!
2. vgl. – daß ich/(wir) nicht lache/(lachen)!

laß/laßt mich/uns nicht lachen! *sal dir. R selten* · don't make me laugh

Du willst dir einen Dackel als Wachhund für dein Haus zulegen? Laß mich nicht lachen! Warum kein Meerschweinchen?

lauthals lachen · to roar with laughter, to laugh one's head off

… Als wir ins Zimmer kamen, lachten sie gerade alle lauthals. Der Müller muß mal wieder blühenden Unsinn von sich gegeben haben.

j. hat leicht lachen – (eher:) j. hat gut **lachen** · it's all right for s.o./it's all very well for s.o./it's easy for s.o. to laugh

da muß man ja lachen *ugs dir. R selten* · 1. what a joke!, 2. that/it is a joke, that/it is ridiculous

1. Was, ausgerechnet die dicke Frieda nimmt Ballettstunden? Da muß man ja lachen.
2. vgl. – (eher:) das/(etw.) ist (ja/doch) zum **Lachen**

(fast) platzen vor Lachen *ugs* – *path* – sich den **Bauch** halten vor Lachen · to nearly die with laughter

prusten vor Lachen *ugs* – *path* · to snort with laughter

… Der Albert prustet ja vor Lachen! Was ist denn los? – Der Klaus hat mal wieder einen seiner Witze zum besten gegeben. – Mein Gott, der kriegt sich ja gar nicht mehr ein. Das hört sich fast an wie ein Hund, der aus dem Wasser kommt und schnaubt.

ein sardonisches Lachen *lit selten* – (eher:) ein sardonisches **Gelächter** · sardonic laughter

schallend lachen · to roar with laughter

… Besser offen, meinetwegen lauthals – schallend! – lachen als dieses hämische Grinsen hintenherum, wenn ein anderer eine Dummheit macht! – Du beziehst dich auf den Egon, nicht?

sich scheckig lachen *ugs* – *path selten* – sich einen **Ast** lachen · to laugh like a drain

sich schlapp lachen *ugs* – *path* · s.o. could have killed himself laughing, s.o. could have laughed himself silly

In der Hexennacht/(Walpurgisnacht) haben wir unserem Mathepauker ein Verhüterli/(Kondom) über den Auspuff gehängt. Ich hätte mich schlapp lachen können, als er mit dem aufgeblasenen Ballon die Straße langfuhr.

schreien vor Lachen *ugs* – *path* – sich den **Bauch** halten vor Lachen · to scream with laughter

sich schütteln/(schütten) vor Lachen *ugs* – *path* – sich den **Bauch** halten vor Lachen · to shake with laughter

sich wälzen vor Lachen *ugs* – *path* – sich den **Bauch** halten vor Lachen · to be convulsed with laughter

(sich) (vielleicht) was lachen (über jn./etw.) · I/we/… didn't half laugh about s.o./s.th.

Bei der Geburtstagsfeier von dem Peter am Freitag fing der Hansgerd plötzlich an, Witze zu erzählen – einen nach dem andern, gute zwei Stunden lang. Wir haben vielleicht was gelacht, sag' ich dir.

weinen vor Lachen · 1. to cry with laughter, to weep with laughter, 2. to split one's sides (laughing), to laugh till one's sides ache

1. Manche Filme von Charly Chaplin sind irrsinnig komisch, und die Leute weinen vor Lachen: zutiefst gerührt und zugleich aufs äußerste belustigt.
2. vgl. – sich den **Bauch** halten vor Lachen *path*

wiehern vor Lachen *sal selten* – sich den **Bauch** halten vor Lachen · to snort with laughter

du wirst/ihr werdet/… lachen! *ugs dir. R* · + this will make you/… laugh, + this will amuse you/… *n*

Was hast du denn den ganzen Sonntag über gemacht? – Du wirst lachen: gearbeitet. – In der Tat, da muß ich lachen: in der Woche schiebst du eine ruhige Kugel und am Sonntag schuftest du.

das/(etw.) ist (ja/doch) zum Lachen · that/it is a joke, that/it is ridiculous

Jedesmal, wenn der Kurt seine Arbeit nicht vernünftig gemacht hat, erklärt er, er hätte Schwierigkeiten mit dem Magen. Das ist ja zum Lachen!

ein zwerchfellerschütterndes Lachen *ugs* – *path selten* · side-splitting laughter

Wenn der Krüger mit seinem zwerchfellerschütternden Lachen anfängt, muß man einfach mitlachen, ob man will oder nicht. Der ganze Körper lacht dann. – Aber sein Zwerchfell hält! – Bei meinem hab' ich aber manchmal Angst!

jn. zum Lachen bringen · to make s.o. laugh

(Zu einem jüngeren Bruder:) Du brauchst gar nicht zu versuchen, mich jetzt mit deinen Witzchen zum Lachen zu bringen, das gelingt dir doch nicht! Ich sag' dir nochmal: wenn du noch einmal an meine Schubladen gehst, knallt's!

vor Lachen (fast/…) ersticken *path* · to almost choke with laughter

… Der hat Witze erzählt, sag' ich dir – herrlich! Wir haben gelacht, gelacht, gelacht – wir sind fast erstickt vor Lachen!

Lachen ist gesund *ugs dir. R* · there's no harm in laughing *n*, laughing is good for you/… *n*

(Der Vater:) So eine peinliche Situation: der August stellt sich bei seinem neuen Chef vor, dem fällt ein Bleistift hin, der August bückt sich, um ihn aufzuheben – und, bums, platzt ihm die ganze Hose auf! … Was gibt es denn da zu lachen, Kinder?! – (Die Mutter:) Laß sie lachen, Fred. Lachen ist gesund. Dem August ist doch nicht damit geholfen, wenn wir ihn jetzt alle bemitleiden.

nichts zu lachen haben bei jm./in/auf/… · + it's not much fun living with s.o./working for s.o./…, + it's no joke living with s.o./working for s.o./…

Der arme Herbert hat zu Hause nichts zu lachen. Wenn er nur ein unrechtes Wort sagt, fährt ihm seine Schwiegermutter schon über den Mund.

sich vor Lachen in die Hose machen *sal* – sich den **Bauch** halten vor Lachen · to almost/… shit o.s. with laughter

sich vor Lachen in die Hose pinkeln/scheißen *vulg* – sich den **Bauch** halten vor Lachen · to almost/… piss o.s./wet o.s. laughing/with laughter/…

(sich) das Lachen verbeißen/(verkneifen) (müssen) · to have a job keeping a straight face, to (have to) stifle a laugh

… Ich mußte mir das Lachen verbeißen, als der Günther vor mir stand und schimpfte, wildschnaubend und krebsrot im Gesicht. Die Sache war bitterernst – aber dieser kleine rundliche Kerl, so wütend, so pathetisch … das war wirklich eine lächerliche Situation.

das Lachen wird dir/ihm/der Frau Schulze/... (schon) (noch) vergehen/jm. vergeht das Lachen, wenn ... · + you/he/ John/... will soon be laughing on the other side of your/ his/... face

Jetzt macht ihr eure Witzchen und mokiert euch über die Christa und den Heiner, die von einem Unternehmen zum andern laufen und vergeblich nach einem Arbeitsplatz suchen. Aber euch wird das Lachen noch vergehen! Die Lage ist heute für alle schwer – auch für euch, nach dem Abitur ...

zugleich/... lachen und weinen · to laugh and cry at the same time

... Natürlich, sie hat sich den Kopf anständig wehgetan, als sie gegen den Ast schlug. Aber es war trotzdem zu lustig: mit ihrem tollen Hut stolziert sie daher, redet laut, gestikuliert ... und bums, haut sie gegen den Ast. Sie selbst lachte und weinte zugleich.

sich des Lachens kaum/nicht erwehren können *form* · not/ hardly to be able to help laughing

... Wenn man so einen Unsinn hört, kann man sich des Lachens kaum erwehren. – Wenn es auch nicht gerade höflich ist, so zu reagieren: du hast recht, man kann es kaum vermeiden.

Lacher: die Lacher auf seiner Seite haben/versuchen/alles tun/..., um die Lacher auf seine Seite zu ziehen/kriegen/ bringen · to try to/... score points/to win an argument/... by making everybody laugh/by raising a laugh

Das ist immer dasselbe: statt vernünftige Argumente anzuführen, versucht der Bollner es mit Ironie, mit Witzchen. Und in der Tat: es gelingt ihm immer wieder, die Lacher auf seine Seite zu ziehen und damit jede Kritik und jeden Widerstand schon im Keim zu ersticken.

Lacherfolg: ein Lacherfolg sein *ugs* · + to bring the house down, + to make everyone laugh *n*, + to be good for a laugh

Wenn der Jürgen da mit seinem schwarzen Anzug erscheint – Fliege, Strunztüchlein, goldene Manschettenknöpfe ... –, dann ist das immer ein Lacherfolg. – Das will er doch wohl, oder? – Ich weiß es nicht. Jedenfalls ist das urkomisch, und man muß einfach lachen.

Lächerliche: etw. ins Lächerliche ziehen – (eher:) jn./etw. lächerlich **machen** (2) · to ridicule s.th.

Lächerlichkeit: jn./etw. der Lächerlichkeit preisgeben *path* – jn./etw. lächerlich **machen** · to expose s.o. to ridicule

Lachkrampf: da krieg' ich/kriegt er/der Maier/... **ja einen Lachkrampf!** *sal* · + don't make me/(...) laugh!, + that's hysterical

Was, der Hans hat euch verkündet, daß er mich im Tennis schlagen will? Da krieg' ich ja einen Lachkrampf! Ihr könnt ja kommen und zugucken, wenn wir spielen. Der geht ein wie eine Primel.

Lachmuskeln: das/(etw.) ist was/(etwas) für die/(js.) Lachmuskeln *ugs* · it's.th. really makes me/you/... laugh

(Über einen Zirkusbesuch:) Hm, Akrobaten sagen mir eigentlich nicht viel, und die übrigen Nummern waren relativ schwach. Mit Ausnahme der Clowns – das ist wirklich was für die Lachmuskeln! Wir haben lange nicht mehr so herzhaft gelacht.

auf die Lachmuskeln wirken *ugs selten* · to raise a laugh

Du brauchst gar nicht zu versuchen, mit deiner drolligen Darstellung der ganzen Sache auf die Lachmuskeln zu wirken. Einem erwachsenen Menschen den Stuhl unter dem Hintern wegzuziehen ist und bleibt unerzogen.

lachst: du lachst dich krank/weg/da lachst du ... *sal* · ... you'll laugh your head off ..., ... you'll split your sides laughing ...

Wenn du diesen Bentner reden hörst, lachst du dich krank. Der hat einen Humor, einen Witz, eine Lebendigkeit und versteht es, die anderen durch den Kakao zu ziehen – einfach herrlich.

Lack: (und) fertig ist der Lack! *sal* – (und) fertig ist die **Laube!** · and there you are!, and that's it!, and Bob's your uncle!

da/von jm. ist der Lack ab *sal* · the gloss has faded *n*, the gloss has flaked off *n*

... Ach, Junge, mit 50 ist nicht mehr viel los mit einem; da ist der Lack ab. – Du siehst doch noch so frisch aus, Vater, bist noch so dynamisch ... – Ja, ja ...

der erste Lack ist ab *ugs* · the novelty has worn off

... Wenn so ein Wagen mal 20, 30.000 Kilometer hinter sich hat, ist der erste Lack ab. Dann sagt dir kein Mensch mehr, daß du ein neues Auto fährst.

Lackaffe: wie ein Lackaffe aussehen/herumlaufen/... *sal* · to be dressed/done up like a tailor's dummy, to be all ponced up, to look like a real toff

Wo will denn der Walter hin, so geschniegelt und gebügelt? – Geschniegelt und gebügelt nennst du das? Ich finde, der sieht aus wie ein Lackaffe. Irgendwann läßt er sich noch das Haar rosa färben.

lackieren: jm. eine lackieren *sal selten* – jm. eine **Ohrfeige** geben · to swipe s.o.

eine lackiert kriegen *sal selten* – eine **Ohrfeige** kriegen/(bekommen) · to get a slap on the face, to get a clip round the ears, to get a clout, to get a swipe

Lackierte: der Lackierte sein *ugs selten* – (aber) **gelackmeiert**/ der Gelackmeierte sein · to have been had/conned/taken for a ride/..., to have to carry the can

Ladehemmung: (eine) Ladehemmung haben *ugs selten* · 1. to have a mental block about (doing) s.th., 2. + to be slow on the uptake

1. Warum hast du denn nicht protestiert, als der Chef den Peter so ungerecht angriff? – Ich weiß nicht ... Ich hab' in solchen Situationen immer wieder Ladehemmung. Das ist doch alles so häßlich. Man scheut sich da, den Mund überhaupt noch aufzumachen.

2. vgl. – bei jm. steht jemand/einer auf der **Leitung**

Laden: ein müder Laden sein *ugs* · it's a dead hole, it's a lifeless place *n*

... Bist du mit eurem Institut zufrieden? – Ach, das ist ein ziemlich müder Laden, weißt du. Wenig Initiative, wenig Engagement, keine neuen Ideen ...

vielleicht/... einen Laden aufmachen *sal selten* – (immer/...) (so) viel **Wind** machen/(vielleicht) einen Wind machen (um etw./jn.) (1) · to make a big fuss (about s.th.)

den Laden dichtmachen (können) *sal* · to (be able to) shut up shop, to pack everything in

Noch zwei Monate so wenig Aufträge, und ich kann den Laden dichtmachen. – Wie, ist die Situation eurer Firma schon so kritisch? – Ja. Noch zwei Monate so, und wir sind pleite.

den (ganzen) Laden durcheinander bringen *sal* · to throw the whole department/... into disorder/confusion/..., to get the whole thing/department/... into a mess

Dieser völlig unfähige Leiter, den sie uns da vor die Nase gesetzt haben, bringt den ganzen Laden durcheinander. Wenn das noch zwei Monate so weitergeht, funktioniert hier nichts mehr.

den (ganzen) Laden hinschmeißen *sal selten* – die **Fleppen** hinschmeißen/hinwerfen · to hand in one's cards, to pack a job in, to jack a job in

den (ganzen) Laden in Ordnung bringen *sal* · to sort the (whole) place out

... Nach dem Hin und Her der letzten Jahre müssen wir den ganzen Laden jetzt erstmal wieder in Ordnung bringen, bevor wir uns an neue Forschungsvorhaben machen. In diesem Institut funktioniert ja nichts mehr, wie es sein soll.

den Laden satt haben/sein *sal* · to be sick and tired/sick to death/... of the dump/the joint/the hole/...

Wenn du wüßtest, wie ich diesen Laden hier satt bin! Wenn ich könnte, wie ich wollte, würde ich noch heute in den Sack hauen.

den (ganzen) Laden schmeißen *sal* · to run the (whole) show

Wenn der Gerd seine Frau nicht hätte, die den ganzen Laden schmeißt, könnte er dichtmachen. Er selbst tut doch nichts. Sie ist es, die für alles sorgt, alles regelt, alles leitet.

j. wird den Laden schon schmeißen *oft: wir werden ... sal* – (eher:) j. wird das **Kind** schon schaukeln · s.o. will manage it somehow/...

den Laden zumachen (können) *sal* – den **Laden** dichtmachen (können) · to (be able to) shut up shop

Ladenhüter: ein (alter/richtiger) Ladenhüter *ugs* · an article that does not sell *n*, a non-seller, a slow mover, dead stock
... Hier habe ich noch ein blaues Kleid, gnädige Frau, das Ihnen besonders gut stehen dürfte ... – Dieses Modell dort? Das ist doch mehr als zehn Jahre alt. Glauben Sie, ich kaufe Ihnen so einen (alten) Ladenhüter ab?

Ladenschluß: (noch) (kurz) vor/nach Ladenschluß (etw. tun) *form* · (to do s.th.) shortly before the shops close *n*
... Fünf Minuten vor Ladenschluß kamen wir an dem Geschäft an. Wir sind aber auch gerast wie die Wilden. Fünf Minuten später, und wir hätten das Rohrreinigungsmittel nicht mehr bekommen.

Ladestock: (so) dasitzen/..., als ob man einen Ladestock verschluckt hätte *ugs selten* – (so) dasitzen/dastehen/sich verbeugen/..., als hätte man einen **Stock** verschluckt! · to sit/to walk/... as if one has/had swallowed a ramrod

Ladentisch: etw. über dem/überm Ladentisch kaufen/verkaufen/... *veraltend selten* – ≠ etw. unter dem/unterm **Ladentisch** kaufen/verkaufen/... · to buy/to sell s.th. over the counter

etw. **unter dem**/unterm **Ladentisch kaufen**/verkaufen/... *veraltend selten* – etw. unter dem/unterm **Ladentuch** kaufen/verkaufen · to buy/to sell s.th. under the counter

Ladentuch: etw. unter dem/unterm **Ladentuch kaufen**/verkaufen *veraltend selten* · to buy/to sell s.th. under the counter
... »Kommen Sie, Frau Röster, kommen Sie kurz hinten herein; Sie sind schließlich seit Jahren Stammkunde; ich habe hier noch einige Kilo Butter und Zucker extra; Sie haben die drei Kinder zu versorgen ...« – sprach's und verkaufte mir zwei Kilo Butter und drei Kilo Zucker unter dem Ladentuch. Es durfte ja keiner merken, es war ja alles rationiert damals ...

Ladung: eine geballte Ladung ... *eigentlich: Schrot; dann: Dreck/Schnee/...* · (to get) a handful/load/... of s.th. (in one's face/...)
... Er duckte sich nicht rechtzeitig und bekam eine geballte Ladung Schnee mitten ins Gesicht. Sein ganzes Gesicht war über und über mit Schnee bedeckt ...

Lady: die First Lady · the First Lady
»Es ist ja ganz schön«, meinte er bissig, »wenn sich die Frau eines Staatsoberhaupts – die sog. First Lady – um Kranke oder um sonstige Bedürftige kümmert. Nur werde ich den Verdacht nicht los, daß das auch wieder der politischen Propaganda dient.«

Lage: (in) eine(r) ausweglose(n) Lage (sein) · (to be) in a hopeless situation
Durch seine miserable Geschäftsführung hat er sich in eine ausweglose Lage hineinmanövriert. Er wird Konkurs anmelden müssen.

in der Lage sein, etw. zu tun · 1. 3. to be capable of doing s.th., 1. to be able to do s.th., 2. to be in a position to do s.th.
1. ... Ist er denn in der Lage, den Text zu verstehen? – Ja, er hat sowohl die nötige Intelligenz als auch die nötigen Vorkenntnisse dazu.
2. Ist der Schröder denn überhaupt in der Lage, das Haus zu kaufen? – Der?! Der kann einen ganzen Park kaufen. Er hat Geld wie Heu.
3. vgl. – es fertig **bringen**, etw. zu tun/und ... (1)

nicht in js. **Lage sein/stecken mögen** – j. möchte nicht in js. **Haut** stecken · he/John/... would not like to be in s.o. else's shoes

die Lage beherrschen · to control the situation, to keep the situation under control
Die Gewerkschaftsführer hatten bei dem Generalstreik alle Mühe, die Lage zu beherrschen.

jn./(etw.) in eine unangenehme/mißliche/verzwickte/... Lage bringen · 1. 2. to put s.o. in an awkward/a difficult/... situation
1. Die jahrelange hohe Arbeitslosigkeit hat das Land in eine ausgesprochen mißliche Lage gebracht. Wenn sich die Konjunktur nicht

bald entscheidend bessert, wird man sich auf ein sehr hartes Jahrzehnt gefaßt machen müssen.
2. Der interne Streit um die Außenpolitik hat die Koalitionsregierung in eine sehr verzwickte Lage gebracht. Ob sie überhaupt noch einen Weg finden wird, der aus den Schwierigkeiten herausführt?

jn. **in eine schiefe Lage bringen** · to put s.o. in an awkward/a difficult/... position, to put s.o. in an awkward/a difficult/... situation
... Was macht das denn für einen Eindruck, wenn jemand das Verhalten seiner Tochter derart kritisiert?! – Du hast Recht: der Moser hat die Karin bei den Engelbrechts ganz unnötig in eine schiefe Lage gebracht. – Und ob! Das Mädchen kann sich da doch gar nicht mehr sehen lassen! – Na, so schlimm ist es nun auch wieder nicht.

sich selbst in eine schiefe Lage bringen · to get o.s./to put o.s./... into an awkward/a difficult/... situation
Wenn der Ernst den Kollegen gegenüber erzählt, er wäre für das Projekt, und dem alten Schuckert, er wäre dagegen, bringt er sich nur selbst in eine schiefe Lage. Denn irgendeiner wird dem Alten das schon stecken/(... bestimmt unter die Nase reiben).

nach Lage der Dinge/(Sache) ... · as things stand
Wie stehen die Aktien? Werdet ihr den Zuschuß für euer Projekt bekommen? – Nach Lage der Dinge können wir leider nicht mehr damit rechnen. Das Forschungsministerium hat weniger Geld als in den vergangenen Jahren, die entscheidenden Leute sind von dem Projekt nicht begeistert ...

in eine schiefe Lage geraten · to get into an awkward/... situation
... Was soll ich denn da machen, wenn der Moser dem alten Schuckert erzählt, meine Ansichten deckten sich leider nicht immer mit den seinen. – Ja, du bist da in eine schiefe Lage geraten, das stimmt. Ich würde das in einer offenen Aussprache mit dem Alten zu bereinigen suchen. Sonst bleibt da bestimmt Mißtrauen zurück.

die Lage peilen *ugs selten* · to see how the land lies, to find out what the score is
... Warum der Alfons sich plötzlich bei uns mal wieder sehen läßt? Das kann ich dir genau sagen: er will die Lage peilen. Irgendeiner hat ihm erzählt, daß wir finanzielle Schwierigkeiten haben, und er möchte herauskriegen, ob das stimmt.

eine Lage schmeißen *sal* – (eher:) (jm.) eine **Runde** geben/spendieren/ausgeben/stiften/schmeißen · to buy a round, to stand a round of drinks

sich (nicht) in der Lage sehen, etw. zu tun *form* · (not) to be in a position to do s.th., to be able/unable to do s.th.
(Ein Professor zu einem Studenten:) Es tut mir leid, Herr Krause, aber ich sehe mich nicht in der Lage, Ihnen ein Gutachten für das Stipendium zu geben. Sie haben bei mir kein einziges Seminar besucht, keine einzige Arbeit geschrieben – ich wüßte beim besten Willen nicht, was ich da schreiben sollte.

die Lage sondieren/(peilen) – das **Gelände** sondieren/(abtasten) · to see how the land lies, to sound s.th. out

wissen/(...), **wie die Lage steht** · to know/(...) what is happening, to know/(...) what the situation is
Bist du informiert, was aus Alfreds Bewerbung in Marburg geworden ist? Ich würde doch gern wissen, wie die Lage steht.

jn. **in die Lage versetzen**, etw. zu tun · to put s.o. in a position to do s.th., to enable s.o. to do s.th.
Wir müssen den Ernst in die Lage versetzen, das Unternehmen selbst und ohne fremde Hilfe zu leiten. Solange er von den Richtlinien anderer abhängt, wird er kaum Verantwortungssinn und Engagement entwickeln.

sich in js. **Lage versetzen** · to put o.s. in s.o. else's place/position/(...)
»Wer sich nicht in die Lage seiner Gegner versetzen kann,« dozierte der Kanzler, »taugt nicht als Politiker. Denn die erste Voraussetzung zu sachgemäßer Politik ist die Fähigkeit, die Dinge von unterschiedlichen Perspektiven zu beurteilen.«

Lager: am Lager sein *Ersatzteile/...* · to be in stock
(In einer Werkstatt:) Wenn da noch eine Lichtmaschine am Lager ist, können wir Ihnen den Wagen noch heute machen. Ich werde sofort

nachsehen lassen. Aber ich glaube nicht, daß wir noch eine vorrätig haben.

Ersatzteile/... im/(auf) Lager haben *Handel* · to have spares/... in stock

... Einen Augenblick, bitte! Wir haben zwar keine Ersatzteile für diesen Apparat mehr hier in den Regalen, aber ich glaube, wir haben noch einige im/(auf) Lager.

Geschichten/Anekdoten/Witze/Vorschläge/Ideen/... **auf Lager haben** *ugs* · 1. 2. to have stories/anecdotes/jokes/... ready *n*, to have s.th. up one's sleeve

1. Unser Freund Willy hat immer die neuesten Witze auf Lager. Du brauchst ihn nur zu fragen – er erzählt sie dir auf Kommando.

2. Hast du nicht ein paar Ideen auf Lager, wie wir den Kern dazu bringen können, daß er uns am Montag drei Stunden früher gehen läßt? *seltener*

das Lager abbrechen *mil Pfadfinder u. ä.* · to break camp, to strike camp

Als das römische Heer sah, daß der Feind in der unwirtlichen Gegend nicht zu fassen war, brach es das Lager ab und trat den Rückmarsch an.

ein/das/sein Lager aufschlagen · 1. 2. to set up camp, 3. to take up residence

1. Das römische Heer schlug das Lager in der Nähe von Lyon auf ... *mil*

2. Die St. Georgspfadfinder haben in der Nähe des Züricher Sees ein riesiges Lager aufgeschlagen. Aus aller Herren Länder kommen sie dieses Jahr dort zusammen, um den Sommer über gemeinsam zu zelten ... *form*

3. Noch sechs Wochen bis zu den Ferien! Dann werden wir unser Lager für einige Wochen an der Nordsee aufschlagen. – Geht ihr in ein Hotel oder habt ihr einen Bungalow gemietet? *ugs*

eine Gruppe/eine Partei/... ist in zwei/mehrere/verschiedene/... Lager gespalten//sich in ... Lager spalten *form* · a group/party/... is split into two/several/different camps/factions, to split into camps/factions

Seitdem die größte Partei der Koalition in zwei Lager gespalten ist, die sich erbittert bekämpfen, ist die Regierung praktisch gelähmt. Wenn es nicht bald zu einer Einigung kommt, wird man Neuwahlen ausschreiben müssen.

in ein anderes Lager überwechseln/übergehen *form* · to go over to the other side, to change sides, to switch one's allegiance

Der Paul ist nicht mehr in der CDU? – Nein, er ist in ein anderes Lager übergegangen. – In welcher Partei macht er denn jetzt mit? – Ich glaube, bei den Liberalen.

ins gegnerische/feindliche Lager übergehen/überwechseln *form* · to go over to the opposition/enemy

Ich habe den Paul nie für zuverlässig gehalten. Es überrascht mich also gar nicht, daß er ins gegnerische Lager übergegangen ist. – Unzuverlässig sein und zu den Gegnern überwechseln sind aber doch verschiedene Dinge, Fritz.

von einem Lager ins andere wechseln *form* · to change sides, to switch sides

Jedesmal, wenn sich die politische Konstellation grundlegend ändert, wechselt der Krämer die Partei. – Ja, ja, der wechselt von einem Lager ins andere, als wenn das das Natürlichste von der Welt wäre.

Lagerbestand: den Lagerbestand aufnehmen/erfassen/ermitteln *Handel* · to do the stocktaking

Solange wir den Lagerbestand nicht aufgenommen haben, wissen wir natürlich nicht genau, was wir nachbestellen müssen. In Zukunft müssen wir wirklich kontinuierlich und genau festhalten, was wir vorrätig haben.

lahmarschig: lahmarschig *vulg* · bloody slow, bloody lethargic

... In diesem lahmarschigen Rhythmus werden wir nie fertig! Wenn sich die Leute nicht mal anstrengen können, geben wir das ganze Projekt am besten sofort auf.

lahmlegen: etw. lahmlegen · to paralyse s.th.

Der Streik der Eisenbahn und der Metro hat den ganzen Berufsverkehr lahmgelegt. Da funktioniert nichts mehr.

Laie: ein völliger/blutiger Laie sein in etw./auf einem Gebiet/... *ugs* · to be a complete layman in s.th./in a subject/...

Entschuldige, das ist zu hoch für mich. Ich bin ein blutiger Laie auf diesem Gebiet. Könntest du mir das alles einmal mit einfachen Worten erklären – ohne termini technici, ohne Fachkenntnisse vorauszusetzen?

da staunt der Laie, und der Fachmann wundert sich *sal* · that's a turn-up for the books

So, so! Der Liberalismus soll also an den Wirtschaftsübeln auf dieser Welt die Hauptschuld tragen – das ist die neuste These dieses Wissenschaftlers? So, so! Da staunt der Laie, und der Fachmann wundert sich. Wenn man so etwas hört, fragt man sich, ob gewisse Wissenschaftler nicht besser den Mund halten würden.

Lamäng: etw. aus der freien Lamäng machen *sal selten* – etw. mit der linken **Hand** machen · to do s.th. blindfold

etw. (so) aus der kalten Lamäng machen/entscheiden/... *sal selten* · 1. to do s.th. just like that, 2. to do s.th. off the cuff, to do s.th. off the top of one's head

1. Und wie hat der Chef reagiert, als er hörte, daß der Paul den Wechsel gefälscht hatte? – Er hat ihn entlassen. – So aus der kalten Lamäng? – Ja, wie das so seine Art ist: kalt und seelenruhig; als wenn es das Natürlichste von der Welt wäre.

2. ... Solche komplizierten Fragen kann man doch nicht aus der kalten Lamäng entscheiden. Da müssen wir Erkundigungen einziehen, Untersuchungen machen, überlegen ...

aus der freien Lamäng essen *sal selten* · to eat out of one's hands

... Wie habt ihr die Würstchen, die ihr euch da gegrillt habt, denn gegessen, wenn ihr kein Besteck bei euch hattet? – Aus der freien Lamäng, Mensch! Wo ist denn da das Problem?

Lamento: ein (großes) Lamento (über etw./(jn.)) anstimmen *path od. iron selten* – **Zeter** und Mordio schreien (2) · to kick up a big/huge/... fuss about s.th.

Lamm: fromm wie ein Lamm sein/sich ... geben/... *ugs iron* · to be/to pretend to be/... as meek as a lamb

... Wenn wir zusammen sind, gibt er sich fromm wie ein Lamm, und hintenherum spinnt er eine Intrige nach der anderen! Nein, mit diesem Mauritz will ich nichts mehr zu tun haben. Das ist ein Heuchler – und ein Schleimscheißer dazu.

geduldig wie ein Lamm sein *path* · to have the patience of Job, to have the patience of a saint

Guck' dir das an, wie die Frau Gerlitz von ihren vier Kindern bestürmt wird und in aller Seelenruhe eine Sache nach der anderen regelt. Ich wäre schon längst aus der Haut gefahren, wenn meine zwei Kinder so auf mich einstürmten. Die ist geduldig wie ein Lamm!

(so) sanft wie ein Lamm sein *path od. iron* · to be as meek as a lamb

... Wenn der Lauschner nicht sanft wie ein Lamm wäre, hätte er bei deiner dauernden Aggressivität schon längst die Geduld verloren und dir ganz was anderes erzählt!

unschuldig wie ein Lamm sein *path od. iron selten* · to be as innocent as a lamb

... Natürlich! Ich bin ganz allein schuld, daß die Sache schiefgegangen ist, und der Albert ist mal wieder unschuldig wie ein Lamm!

das Lamm Gottes *rel* · the Lamb of God

Das 'Lamm Gottes' bedeutet 'Christus', Junge.

sich wie ein Lamm zur Schlachtbank führen lassen *form* – *path selten* · to take anything, to accept anything meekly, to be led like a lamb to the slaughter

... Aber die Maria hat doch überhaupt keine Schuld, wenn das Essen nicht fertig ist! Wie soll sie kochen, wenn der Strom ausfällt?! – Du hast völlig Recht: sie sollte sich diese Schimpferei von dem Kurt nicht gefallen lassen. Aber du weißt ja, wie sie ist: wie ein Lamm läßt sie sich zur Schlachtbank führen.

Lämmerschwanz: j. **wackelt hin und her/... wie ein Läm-merschwanz** *sal selten* – j. wackelt hin und her/.../jm. geht das Maul/... wie ein **Lämmerschwänzchen** (1) · to go backwards and forwards like a fiddler's elbow

Lämmerschwänzchen: j. **wackelt hin und her/.../jm. geht das Maul/... wie ein Lämmerschwänzchen** *sal selten* · 1. to go backwards and forwards like a fiddler's elbow, to have ants in one's pants, 2. to keep chattering away

1. Nun bleib' doch mal wenigstens eine Minute ruhig sitzen! Bist du so nervös, oder warum rutscht du immer hin und her wie ein Läm-merschwänzchen?

2. Mein Gott, diese Alte kann den Mund aber auch keinen Augenblick stillhalten. Der geht, wie mein Vater zu sagen pflegte, das Maulwerk wie ein Lämmerschwänzchen.

lammfromm: **lammfromm sein/sich ... geben/... ugs iron** – fromm wie ein **Lamm** sein/sich ... geben/... · to be as meek/quiet/gentle/... as a lamb

Lammsgeduld: eine **Lammsgeduld haben** (mit jm.)/**brauchen** (für jn./etw.) *path selten* – eine **Engelsgeduld** haben (mit jm.)/brauchen (für jn./etw.) · to have the patience of a saint/the patience of Job/...

Lampe: **(ganz schön) einen auf der Lampe haben** *sal selten* – (ganz schön) einen in der **Krone** haben · to be tanked-up, to be canned

sich **(anständig/...) einen/(eins) auf die Lampe gießen** *sal* – einen **saufen** · to wet one's whistle

Lampen machen *ugs selten* · to grass on s.o. *sl*, to blow the whistle on s.o. *sl*
... Wenn er auch nur das Allergeringste verraten würde, wäre er doch erledigt. Die Terroristenbande würde ihn umbringen. Und das weiß die Polizei doch ganz genau, daß es sich keiner von diesen Leuten erlauben kann, Lampen zu machen.

Lampenfieber: **Lampenfieber haben** · to have stagefright
Es ist das erste Mal, Junge, daß du eine Rede hältst/ein Konzert gibst/als Schauspieler auf der Bühne auftrittst/...; da hat jeder Lampenfieber. Das ist ganz normal. Ich kenne jedenfalls niemanden, der beim ersten Mal nicht ganz nervös gewesen wäre.

Land: **auf dem Land** · in the country
Seit gut einem Jahrzehnt wohnt der Herbert in der Stadt. Aber seine ganze Kindheit und Jugend hat er auf dem Land verbracht. In einem Dorf von 100 Seelen in der Nähe von Reutlingen.

auf dem flachen Land · in the middle of the country
Gut, in den großen Städten und selbst in den Kleinstädten ist es natürlich schwer, nicht unmöglich, einen Platz zum Zelten zu finden. Aber auf dem flachen Land müßte es doch möglich sein, auch außerhalb der offiziellen Campingplätze.

das Gelobte Land · 1. 2. the Promised Land
1. Als die Israeliten Ägypten verließen, um ins Gelobte Land zu ziehen ... *Bibel*
2. Viele Gastarbeiter glaubten vielleicht, sie zögen ins Gelobte Land, als sie ihre Heimat verließen, um in Frankreich oder Deutschland zu arbeiten. Erst als sie einmal dort waren, erkannten sie, welche Mühen und Sorgen auf sie zukamen.

das Heilige Land *Bibel* · The Holy Land
Ostern fährt meine Mutter ins Heilige Land. Solange sie noch rüstig genug ist, will sie Bethlehem, Jerusalem und die anderen heiligen Stätten kennenlernen.

auf dem platten Land *ugs* – (eher:) auf dem flachen **Land** · in the middle of the country

auf trockenem Land ankommen/... · to reach/... dry land
Noch eine halbe Stunde, höchstens, und wir hätten den Wellen nicht mehr standgehalten. Du kannst dir gar nicht denken, wie erleichtert wir waren, als wir wieder auf trockenem Land waren. – Bei so einem Sturm wagt man sich mit einem so kleinen Boot eben nicht aufs offene Meer!

an/(ans) Land angeschwemmt werden *form* · to be washed up on the shore
Was hier alles für ein Zeug an Land angeschwemmt wird! Schau mal hier – ein Ölbehälter.

über Land fahren (radeln/...) *form veraltend* · to travel/to ride/... around the countryside
Du sitzt hier in der Stadt und hast gut reden! Wenn du, wie ich, jeden Tag über Land fahren müßtest, von Dorf zu Dorf, von einem Bauern zum anderen, um deine Artikel zu verkaufen, dann würdest du von den Verkehrsproblemen in manchen Landstrichen anders sprechen.

(wieder) festes Land unter den Füßen haben – (eher:) festen/sicheren **Boden** unter den Füßen haben (1) · to be on terra firma (again), to be on the ground (again)

an Land gehen *form* · to go ashore
Seid ihr auf eurer Schiffsreise nach Brasilien auch an Madeira vorbeigekommen? – Ja, wir haben da sogar angelegt. Aber wir sind nicht an Land gegangen. Peter meinte, für die wenigen Stunden Aufenthalt lohnte es sich nicht.

aufs Land gehen/fahren/reisen · to go off/to travel/... to/into the country
In den Osterferien gehen wir wieder aufs Land. – Wieder zu deiner Großmutter nach Oberbayern?

ins Land gehen · to pass, to go by
Ach, Junge, bis du Abitur machst, geht noch viel Zeit ins Land. Jetzt denk' erstmal an deine Arbeit in der Schule; was danach kommt, darüber kannst du noch lange genug nachdenken.

über Land gehen *veraltend* · to go across country
Schön wär's, wenn man das überhaupt noch könnte, so über Land gehen. Aber die paar Felder und Wiesen, die es hier noch gibt, sind entweder bepflanzt oder eingezäunt.

zusehen, daß man Land gewinnt *häufig Imp: sieh zu/seht zu/..., daß du/ihr/... Land gewinnst/gewinnt/...!* *sal* – **machen**, daß man fortkommt/wegkommt (2; a. 1) · get out of here!, buzz off!, get lost!

Land und Leute kennen/... · to know/... the country and the people
... Gut, wenn man Land und Leute einmal kennt, kann man sich hier wohlfühlen. Aber für jemanden, der von auswärts zuzieht, ist es zunächst sehr schwer; sowohl die Bewohner als auch die Landschaft sind sehr eigenwillig.

Land und Leute · the country and its people, the country and its inhabitants
... Wenn du Land und Leute hier richtig kennenlernen willst, Junge, mußt du wandern – von einem Ort zum andern. Im Auto und in den Touristenzentren spürst du von der Seele dieses Volkes nichts.

über Land und Meer fahren/reisen/... *path veraltend* · to travel all over the world
Unser Onkel Heinrich ist in seinem Leben ungeheuer viel gereist – über Land und Meer. Ein Paar Jahre hat er sogar als Matrose gearbeitet, dann – in Mexiko, glaub' ich – als Fremdenführer ...

das Land, wo Milch und Honig fließt *Bibel* · a/the land of milk and honey, a/the land flowing with milk and honey
Für viele Auswanderer war Amerika das Land, wo Milch und Honig fließt.

das Land der Mitte *veraltend selten* · the Middle Kingdom
Seltsam, China das Land der Mitte zu nennen, wo es doch gerade am Ende von Asien liegt!

das Land der unbegrenzten Möglichkeiten *Amerika* · the land of unlimited opportunities
Noch heute gelten die Vereinigten Staaten von Amerika vielen Leuten als das Land der unbegrenzten Möglichkeiten.

bleib(e) im Land und nähre dich redlich *oft iron* · stay and earn your living in your own country
... Nein, heute kann man auch in Portugal sein Geld verdienen; da braucht man nicht mehr auszuwandern. Dein Vater hat also ganz recht, wenn er dem Manuel das deutsche Diktum erklärte: »bleibe im Land und nähre dich redlich«.

ans/(an) Land schwimmen · to swim to the shore
… Plötzlich wurde mir ganz schwindelig in den hohen Wellen, und ich schwamm so schnell wie möglich ans Land.

das Land der tausend Seen · the Land of a Thousand Lakes
Wenn man Finnland das Land der tausend Seen nennt, ist das sehr untertrieben. Es gibt dort Zigtausende von Seen.

schon/wieder/endlich/… **Land sehen** *ugs* · to see the light at the end of the tunnel at last/…
Siehst du in deiner Doktorarbeit endlich Land, oder hast du nach wie vor einen Berg von Unterlagen und Problemen vor dir und tappst noch im Dunkeln?

jn. ans Land setzen *Schiff form* · to put s.o. ashore, to set s.o. ashore
(Eine Stewardesse zu einem fragenden Passagier:) In Viana do Castelo legen wir nur ganz kurz an, um einige Nordportugiesen an Land zu setzen; es geht dann gleich weiter nach Lissabon.

Land in Sicht! *Seefahrt* · land ahoy!
(Ein Matrose erzählt:) Wir waren schon monatelang unterwegs gewesen. Proviant und Wasser wurden knapp. Unter der Mannschaft breitete sich Unzufriedenheit aus. Doch plötzlich rief ein Matrose: »Land in Sicht!« Wir hatten die Südspitze Australiens erreicht.

es/da ist noch (immer)/nach wie vor/(…) kein Land in Sicht *ugs* · there is still/… no light at the end of the tunnel
… Habt ihr die Krise denn nun endlich bald überwunden? – Nein, da ist nach wie vor kein Land in Sicht. Ob wir da überhaupt jemals herauskommen …

das Land der aufgehenden Sonne *selten* · the Land of the Rising Sun
Wenn man Japan das Land der aufgehenden Sonne nennt, könnte man Deutschland in diesem Jahr das Land der nicht erscheinenden Sonne nennen. So ein Wetter! …

jn./etw. an Land spülen · 1. to wash s.o./s.th. up, 2. to be washed up on the shore
1. … Erst drei oder vier Tage später wurden die Schiffbrüchigen an Land gespült. – Tot? – Natürlich. Alle tot. – Und wo, an welchem Strand wurden sie gefunden?
2. vgl. – an/(ans) **Land** angeschwemmt werden

an Land steigen · 1. 2. to go ashore
1. Ob wir hier von unserem Boot aus an Land steigen können? – Ich würde dir das bei den Klippen und dem Wellengang nicht raten, Herbert.
2. vgl. – (eher:) an **Land** gehen

das Land meiner/seiner/… **Träume/(Sehnsucht)** *path* · the land of my/his/… dreams
Brasilien ist das Land seiner Träume. Dagegen darfst du nichts sagen. Alles, was dort passiert, ist gut – sogar die Armut. – Und wann wandert er dorthin aus?

Land unter! *Küstengebiete/Inseln/…* *selten* · 'land under water', 'land submerged', 'land flooded'
(Auf einer Nordseeinsel:) 'Land unter!', hieß es gerade im Radio. Da steht also wohl die Küste schon wieder unter Wasser – wie vorige Woche!

das Land meiner/deiner/… **Väter** *path* · the land of my/his/… fathers
… Nachdem er über 30 Jahre in der Fremde gearbeitet hatte, kehrte er, 65 Jahre alt, ins Land seiner Väter zurück.

das Land der Verheißung *Bibel* – das Gelobte **Land** (1) · the Promised Land

jn. aus dem Land verweisen *veraltend selten eher: jn. ausweisen* – (eher:) jn. des **Landes** verweisen · to deport s.o.

zu Land und zu Wasser *form* · 1. 2. on land and at sea
1. Zu Land und zu Wasser waren die Achsenmächte in den beiden Weltkriegen den Alliierten zunehmend unterlegen.
2. Die Streitkräfte zu Land und zu Wasser – d.h. die Luftwaffe und die Marine – … *veraltend*

jn./etw. an Land ziehen *sal* · 1. 2. to get hold of s.o./s.th. n
1. … Du hast auch nichts zu essen bei dir? – Nein, ich hatte auch nicht mit einem so langen Spaziergang gerechnet. – Dann müssen wir sehen, ob wir bei irgendeinem Bauern hier ein paar Eier oder Würstchen und etwas zu trinken an Land ziehen können.
2. Mehr als die Hälfte der Innenarbeiten an deinem Haus hast du schwarz gemacht, was? – Vielleicht. Jetzt muß ich nur noch jemanden an Land ziehen, der mir das Dachgeschoß ausbaut. Den treib' ich auch noch auf.

aufs Land ziehen · to go and live in the country, to move to the country
Mein Vater trägt sich mit dem Gedanken, aufs Land zu ziehen. Er sagt, er sei das Leben in der Stadt, die Hetze, den Lärm, die Kontaktlosigkeit leid.

ins Land ziehen – ins **Land** gehen · to pass, to go by

landauf: landauf, landab *path* · all over the country
Seltsam, noch vor ein oder zwei Monaten sprach niemand von einer Wiedervereinigung, und jetzt ist landauf, landab von nicht anderem die Rede. Überall, wo man hinkommt: »Was hältst du von der Wiedervereinigung?«

landaus: landaus, landein *selten* · wherever you look/go/…
Eigentlich sind die Grundprobleme in ganz Mitteleuropa dieselben: landaus landein dieselbe Organisations- und Arbeitswelt, dieselbe Politisierung, dieselbe Mechanisierung …

Lande: wieder im Lande sein *ugs* · to be back home again
Ich höre, der Olaf ist schon wieder im Lande? – Er ist gestern abend von seiner Japanreise zurückgekommen.

durch die Lande ziehen *ugs veraltend* · to roam through the country
… Da wochenlang durch die Lande ziehen und die Pläne für die Flurbereinigung vorbereiten – das wäre nicht meine Sache! – Warum denn nicht? Da lernt man Land und Leute doch erstmal richtig kennen.

in fernen Landen *path selten* · in distant lands, in faraway lands
In seiner Heimat fand er keine Anerkennung; aber in fernen Landen brachte er es zu Ruhm und Ansehen. – Wohin ist er denn ausgewandert? – Nach Australien.

in ferne Länder reisen/fliegen/… *path* · to travel to distant lands
… Ja, das möchte ich auch, so alle paar Wochen in ferne Länder reisen, mal nach Rußland, mal nach Japan … Und dann auf Firmenkosten …

andere Länder, andere Sitten · different countries have different customs, different countries do things differently
Wirklich seltsam, diese Gewohnheit, die Körbe auf dem Kopf zu tragen! – Andere Länder, andere Sitten! Bei uns kennt man das nicht, aber im Grunde ist es gar nicht so dumm: die Frauen halten den Rücken, ja den ganzen Körper kerzengerade.

(schon/…) außer Landes sein *form* · to be out of the country
… Ist der gestürzte Diktator eigentlich schon außer Landes? – Ja. Er wurde von den Amerikanern sofort nach dem Putsch nach Kalifornien gebracht.

außer Landes gehen *form selten* · to go abroad
Wir verstehen sehr gut, daß du manchmal verzweifelst. Als junger Mensch keine Stelle zu finden ist wirklich tragisch. Aber ehe du dich dazu entschließt, außer Landes zu gehen, solltest du nichts unversucht lassen, hier doch noch unterzukommen. Im Ausland …

jn. des Landes verweisen *eher: jn. ausweisen form selten* · to deport s.o.
Wie, sie haben ihn nur deswegen des Landes verwiesen, weil er betrunken am Steuer war? – Solche Dinge kommen doch hier dauernd vor! Du glaubst gar nicht, wieviele Gastarbeiter sie aus solch nichtigen Gründen ausweisen/abschieben.

landen: weich landen *form* · to make a soft landing
… Ich wunder' mich immer wieder, wie die das schaffen, so eine Weltraumkapsel auf den Mond oder ein anderes Gestirn zu schießen, die da auch weich landet. – Ich weiß nicht, ob die uns verraten, wieviele von den Dingern beim Aufsetzen zerschellen.

bei jm. (mit etw.) **nicht landen können** *ugs* · 1. 2. not to be able to get anywhere with s.o. (with s.th.)

1. Keine Sorge, Hilda, mit Schmeicheleien und mit Intrigen kann der Brauer beim Chef nicht landen. Wenn er bei dem etwas erreichen will, muß er korrekt und sachlich auftreten. Intrigen und Schmeicheleien kann der Alte nicht ausstehen.

2. Er gibt sich alle nur erdenkliche Mühe um sie, um sie für sich zu gewinnen. Aber was er auch tut, er kann bei ihr nicht landen.

Landessprache: die Landessprache (nicht) **beherrschen/**(...) *form* · (not) to know the language of the country

... In vielen Dingen verstehe ich dies Volk einfach nicht! – Solange du die Landessprache nicht beherrschst, wird dir sehr vieles immer verschlossen bleiben. Lern' arabisch, dann ...

Landfrieden: dem Landfrieden nicht (recht) **trauen** *selten* – dem **Frieden** nicht (recht) trauen · to think that s.th. is too good to be true, to have doubts/misgivings/reservations/... about s.th.

Landgang: Landgang (haben) *Seefahrt* · to have shore leave

(Ein Matrose:) Ich freu' mich schon auf den nächsten Landgang. – Ja, nach drei Monaten auf dem Schiff tut es mal wieder ganz gut, festen Boden unter die Füße zu kriegen.

Landplage: sich zu einer Landplage entwickeln *ugs* · s.th. is becoming/developing into/... a real/... nuisance

... Mein Gott! Jede Woche eine neue Bestimmung, ein neues Gesetz! Das entwickelt sich allmählich zu einer Landplage.

Landschaft: die politische Landschaft · the political scene

... Das Volk mag ich, sehr sogar, und das Land ist wunderschön. Was im argen liegt – seit eh und je –, ist die politische Landschaft. Ein paar Dutzend Familien saugen das Land aus.

faul/untätig/... in die Landschaft gucken/schauen/... *ugs* – (eher:) faul/untätig/... in die **Gegend** gucken/schauen/... · to stare/... idly/... into space

faul/untätig/... in der Landschaft herumschauen/herumgukken/... *ugs* – (eher:) faul/untätig/... in der **Gegend** herumschauen/herumgucken/... · to stand around/to sit around/... just staring idly/... into space

(da) (dumm/blöd/...) **in der Landschaft herumsitzen/**herumstehen/... *ugs* – da/... (dumm/blöd/...) in der **Gegend** herumstehen/herumsitzen/... · to just/... sit/stand/... around

(nicht) in die Landschaft passen *ugs* · (not) to fit in, (not) to belong, to be out of place

... An sich ist euer Klub sehr homogen, da hast du recht. Die Leute harmonisieren sehr gut miteinander. Nur der Fischer, der, finde ich, paßt nicht in die Landschaft. Der hat eine völlig andere Art, Anschauungen, die zu der der übrigen Mitglieder nicht passen ... – der Mann fällt irgendwie störend aus dem Rahmen.

etw. einfach/einfach so/... in die Landschaft werfen/spritzen/... *ugs* – (eher:) etw. einfach/einfach so/... in die **Gegend** werfen/spritzen/... · to (just) throw/squirt/... s.th. around any old where/place

Landsknecht: fluchen/(schimpfen) **wie ein Landsknecht** *sal selten* – fluchen/(schimpfen/...) wie ein **Fuhrmann** · to swear like a trooper

Landstreicher: wie ein Landstreicher herumlaufen/irgendwo erscheinen/angezogen sein/... *ugs* · to walk around/to look/to be dressed/... like a tramp

Junge, du mußt mehr auf deine Kleidung achten! Du läufst ja wie ein Landstreicher herum! – Papa, die anderen sind auch nicht anders angezogen. Das ist Mode heute. – Unsinn, Mode! Das ist ganz einfach Schlamperei!

Landweg: auf dem Landweg reisen/etw. befördern/... *form* · to travel/to send s.th./... by land

... Der Granit wird natürlich mit dem Schiff nach Deutschland transportiert? – Nein, auf dem Landweg – mit Speziallastern.

lang: jm. wird die Zeit/der Tag/die Freizeit/das Wochenende/... (nicht) **lang** · + s.o. isn't bored, + s.o. doesn't find the weekends/his free-time/... boring

... Meinetwegen können die streiken, solange sie wollen; mir wird der Tag nicht lang. Ich habe zu Hause so viel zu tun, so viel Arbeiten, die sonst immer liegen bleiben ...

jm. **wird es/**das/etw. (**doch**/doch ein bißchen/...) **lang** · 1. 2. to go on for/to last/to take/... too long (for s.o.'s liking)

1. Jetzt sitzen wir hier schon über zwei Stunden. So allmählich wird mir das doch ein wenig lang. Wenn wir in zehn, höchstens zwanzig Minuten nicht drankommen, gehen wir! Diese Ärzte glauben, daß nur sie wenig Zeit haben.

2. Die Diskussionen werden uns doch lang! Wir gehen. Ihr könnt uns ja morgen erzählen, was noch alles besprochen wurde.

(jm.) **lang und breit** (etw.) **erzählen/**auseinandersetzen/darlegen/... · to go into/to explain/... s.th. at great length, to go into/to explain/... s.th. in great detail

Der Albert hat mir gestern lang und breit dargelegt, wie er sein Haus zu finanzieren gedenkt. Mehr als eine Stunde hat er mir das bis ins letzte Detail erklärt.

lang und dürr sein *path* · to be tall and skinny

Der Otto Bracht ist eine richtige Bohnenstange geworden, lang und dürr wie kein anderer in seiner Familie!

tage-/wochen-/monate-/jahre-/jahrzehnte-/... **lang** · for days/months/years/decades/centuries/...

Kann man jahrhundertelang hinter der allgemeinen Entwicklung hinterherhinken und dann in ein, zwei Jahrzehnten so modern sein wie Amerika oder Mitteleuropa?

sich lang hinlegen/aufs Bett/... legen/(hinwerfen/...) · to lie down

(Ein Arzt zu einem Patienten:) Legen Sie sich mal lang auf diese Pritsche, dann werden wir Ihren Bauch mal abtasten!

lange: wenn X das/... kann/..., **kann/**... Y das **schon lange** *ugs* · if X can do it/that/..., Y can do it easily/no bother/...

... Der Otto meint wohl, er wäre der einzige, der weiß, wie man die Maschine repariert, was? Wenn er nicht helfen will, soll er zu Hause bleiben! Was der kann, können wir schon lange! Also los, ran!

nicht erst lange fragen/überlegen/... · not to take a long time (to think about s.th.), not to spend a lot of time (asking questions)

... Komm', nun frag' nicht erst lange: warum? wozu? was bringt das? Sondern entscheid' dich, und zwar sofort!

schon lange ... · for a long time

Du kennst den Finanzminister persönlich? – Schon lange. Schon über sechs Jahre.

noch lange nicht (sagen/behaupten/... können/...) · 1. one certainly cannot say/claim/..., 2. s.o. certainly does not speak/... French/... fluently/..., far from it

1. Er kann sich schon ganz nett auf italienisch verständigen. Aber man kann noch lange nicht sagen, daß er die Sprache beherrscht.

2. Er spielt nicht schlecht Tennis, einverstanden; aber ein Meister ist er nicht. – Natürlich nicht. Noch lange nicht. Da muß er noch einige Jahre anständig üben.

noch lange nicht genug/voll/satt/... · s.o. is nowhere near finished/full/..., s.o. is far from finished/full/...

Mein Gott, was kann der Jürgen futtern! Der ißt jetzt bestimmt die achte Schnitte. – Der ist noch lange nicht fertig, Kurt! Nochmal acht Schnitten vertilgt er bestimmt.

lange nicht so gut/schnell/tüchtig/schön/... **wie ...** · nowhere near as good/fast/capable/... as ...

Der Peter spielt gut Tischtennis, ja, aber lange nicht so gut wie der Hansgerd. Den müßtest du mal sehen! Der spielt wie ein junger Gott.

Länge: auf die Länge *selten* – auf die **Dauer** · in the long run

der Länge nach hinfallen/hinschlagen/(fallen)/... · to fall flat on one's face, to fall on one's back

... Der arme Kerl ist auf einer Bananenschale ausgerutscht und der Länge nach hingefallen. Das war vielleicht ein Anblick: ein so großer Junge liegt in seiner ganzen Größe da auf dem Bürgersteig ...

auf/unter 15°/25°/... östlicher/westlicher **Länge liegen** *form* · to have a longitude of 15/25/... degrees east/west/...
... Auf welcher Länge ein Ort liegt, Gerd, spielt für die Temperatur nur eine sekundäre Rolle; entscheidend dafür ist die geographische Breite.

der Länge nach ... *form* · 1. ... in length, 2. to lie/... lengthwise
1. Wie groß ist der Raum? – Ausgemessen haben wir ihn nicht. Der Länge nach dürften es etwa zwölf Meter sein.
2. vgl. – (eher:) sich **lang** hinlegen/aufs Bett/... legen/(hinwerfen/...)

in die Länge schießen *ugs selten* – in die **Höhe** schießen (1) · to shoot up

in die Länge wachsen *selten* · to shoot up
Was die jungen Leute heute in die Länge wachsen! – Besser als in die Breite zu gehen, Doris. – Du meinst mich doch wohl nicht?!

etw. in die Länge ziehen · to drag s.th. out
Mir scheint, die ziehen die Verhandlungen mit Absicht in die Länge. Sie glauben wohl, je länger sie dauern, um so mehr werden sie erreichen, weil uns die Geduld ausgeht. Da sind sie aber schief gewickelt!

sich in die Länge ziehen · to drag on
Hast du die Baugenehmigung denn immer noch nicht? – Nein, die Angelegenheit zieht sich (sehr) in die Länge. Die Stadt ist sich nicht schlüssig, ob da hohe Häuser gebaut werden sollen oder nicht.

Längen haben *Roman u.ä.* · to have some tedious passages/longueurs/...
... Ich sage nicht, daß das ganze Buch langweilig ist. Aber es hat Längen. Weite Passagen liest man nur mit Mühe oder überschlägt sie ...

um Längen gewinnen/verlieren/... · to win/to lose/... by several/... lengths
Im 400-Meter-Lauf wird der Radluff gewinnen, davon bin ich fest überzeugt! Und zwar nicht etwa knapp, sondern um Längen.

jm. **um einige/...** **Längen voraus sein** *Pferd u.ä.* · 1. to be several/... lengths ahead of s.o., 2. to be miles/far/... ahead of s.o.
1. Es sah zwar zunächst nicht so aus, aber am Ende war Jocus allen anderen Pferden um gut drei Längen voraus. – Dieses Pferd ist eine Klasse besser als alle übrigen, die an dem Rennen teilnahmen.
2. In der Entwicklung des Magermotors sind uns die Japaner um Längen voraus.

langem: (schon) **seit langem** *form* – (eher:) schon **lange** ... · for a long time

langen: jm. **eine langen** *sal* – jm. eine **Ohrfeige** geben · to clout s.o.

jm. **ein paar langen** *sal* – jm. ein paar **Ohrfeigen** geben · to give s.o. a clip round the ears

die/den Maier/... **werde ich mir**/(wird er sich/...) (aber/schon/schon noch/...) **langen!** *ugs selten* · I'll/... tell him/Smith/... what's what, I'll/... give him/Smith/... what for! *sl*
Sei unbesorgt, Helga, wenn sich dieser Feigling auch heute rechtzeitig aus dem Staub gemacht hat: den werd' ich mir schon noch langen! Der kriegt noch seine Wucht, da kannst du sicher sein. Von wegen! Sich dir gegenüber derart unverschämt zu verhalten! Dem werd' ich ganz was anderes erzählen!

(jm.) (etw.) **des langen und breiten erzählen**/auseinandersetzen/darlegen/... *form* – (eher:) (jm.) **lang** und breit (etw.) erzählen/auseinandersetzen/darlegen/... · to go into/to explain/... s.th. at great length, to go into/to explain/... s.th. in great detail

Langeweile: Langeweile haben · to be bored
Wenn du Langeweile hast, könntest du eben einkaufen gehen. – Von wegen, Langeweile! Ich weiß gar nicht, wie ich mit der Zeit auskommen soll. Ich hab' nur einen Moment überlegt, was ich eher mache, Französisch oder Mathematik.

etw. (nur/...) **aus Langeweile tun** · to do s.th. (just/simply/...) out of boredom
... Der Junge hat einfach zu viel Zeit! Aus Langeweile besäuft er sich dann oder macht sonst einen Unsinn.

vor Langeweile einen Gähnkrampf/die Maulsperre kriegen *sal selten* · to be bored to death, to yawn out of boredom *n*
Wer eine derart stumpfsinnige Rede hält und dann kein Ende findet, braucht sich nicht zu wundern, wenn die Leute vor Langeweile einen Gähnkrampf kriegen! – Wie in der Schule!

vor Langeweile (fast) sterben/(zugrundegehen/vergehen) *path* – sich zu **Tode** langweilen · to be bored to death/bored stiff

langfristig: langfristig · 1. a long-term loan/..., 2. to plan/... s.th. well in advance
1. Du willst für den Hauskauf einen langfristigen Kredit aufnehmen? – Ja. Mit Rückzahlungsraten von etwa 15 Jahren.
2. Eine solch lange Reise muß langfristig geplant werden, nicht erst ein paar Wochen vorher.

langgeht: (genau/...) **wissen**/sehen/..., **wo's langgeht** *ugs* · to know the score/all the answers/what it's all about
... Kein Mensch blickt mehr durch, nur du, Gerd, weißt mal wieder haargenau, wo's langgeht! Ein Jammer, daß du kein Bundeskanzler bist – da gäbe es über den richtigen Weg überhaupt nie einen Zweifel.

nicht/... **wissen**/sehen/..., **wo's langgeht** *ugs* · not to know what it's all about, not to have a clue what is going on
... Inzwischen habe ich den Eindruck, der sog. informierte Mensch weiß genauso wenig, wo's langgeht, wie der sog. Mann von der Straße. Die Desorientierung ist überall gleich groß.

jm. **zeigen**/..., **wo's langgeht** *ugs* · 1. to tell s.o. the score, 2. to tell s.o. what it is all about
1. ... Was, unser Sohn weigert sich, seine Hausaufgaben zu machen? Dem werd' ich wohl mal zeigen müssen, wo's langgeht.
2. Die Christa ist ihrem neuen Job ganz offensichtlich überfordert. Die hätte jemanden gebraucht, der sie einweist und ihr zeigt, wo's langgeht. So ist es natürlich schwierig für sie.

langlegen: sich ein bißchen/ein Stündchen/... **langlegen** *ugs selten* – (eher:) sich eine Zeitlang/ein Stündchen/... aufs **Ohr** hauen · to get one's head down for a while/an hour/...

eine Zeitlang/ein Stündchen/... **langliegen** *ugs selten* · to lie down for a while/an hour or so/...
Wenn ich nach dem Mittagessen ein Stündchen langliegen kann, regeneriert mich das mehr, als wenn ich morgens zwei oder drei Stunden länger schlafe.

Langmut: Langmut üben (gegen jn.) *form* · to show some/a bit of/... forebearance
Ich gebe zu: was die Christa sich leistet, ist nicht zu rechtfertigen. Aber sie hat ungeheuer schwere Jahre hinter sich. Da muß man ein wenig Langmut üben. – Jetzt haben wir lange genug Verständnis gezeigt und nachgegeben, jetzt ...

langsam: nun mal/(immer) **langsam!** *ugs* · take it easy!, hold on!, hold your horses!
... Also, ich übernehme die Getränke, du sorgst für das Essen und die Gertrud ist verantwortlich für das Reinemachen. – Nun mal langsam! Wer hier was übernimmt, das bestimmst du nicht allein, das überlegen wir gemeinsam.

langsam und bedächtig ... · slowly and deliberately, slowly but surely *coll*
... Laß den Egon mal! Besser langsam und bedächtig als überstürzt. – So ja. Aber nicht, wenn die Arbeit in Gemütlichkeit ausartet.

etw. **wird** jm. (so) **langsam unangenehm**/zu bunt/... · s.o. is beginning to lose patience/... (with s.o.)/to find s.th. unpleasant/too much/...
... So langsam wird mir das wirklich zu viel mit diesem Kerl. Wenn er jetzt nochmal so unverschämt reagiert, fliegt er raus. Jetzt reicht's.

langsam, aber sicher ... *ugs* · 1. 2. slowly but surely ...
1. Langsam, aber sicher stieg er den steilen Berg hinauf. Einen Schritt vor den andern, immer in demselben Rhythmus.

2. Langsam, aber sicher gelang es ihm, ihr Vertrauen zu gewinnen.

immer langsam voran! *ugs* – immer mit der **Ruhe!** (1) · take it nice and slowly

Langschläfer: ein Langschläfer (sein) · (to be) a late riser
Der Otto ist und bleibt ein Langschläfer. Früh aufzustehen ist für ihn heute wie ehedem eine Qual.

längst: längst nicht so viel/breit/hoch/... · to be nowhere near as tall/broad/... as s.o.
... Nein, der Richard ist längst nicht so groß wie dein Bruder. Da fehlt noch ein ganz schönes Stück.

langt: jetzt langt's/(da langte es) jm. (aber)/jm. langt's *ugs* · + I/... have/... had enough, + I've/... had/... all I/... can take
... Jetzt langt's mir, jetzt hat er meinen Bruder lange genug kritisiert, jetzt schieß ich zurück.

langweilen: sich tödlich langweilen *path* – sich zu **Tode** langweilen · to be bored to death, to be bored stiff

Lanze: eine Lanze für jn. **brechen/**(einlegen) *path selten* · to stick up for s.o. *coll*
Wenn der Dr. Mertens nicht eine Lanze für dich gebrochen hätte, wärst du da nie angenommen worden. Aber er hat sich derart engagiert für dich eingesetzt, daß sie kaum noch anders konnten, als dich zu nehmen.

Lappen: jm. durch die Lappen gehen *ugs* · 1. 2. to get away *n*, to slip through s.o.'s fingers
1. Hat die Polizei den Bandenchef auch bei der neuerlichen Razzia nicht geschnappt? – Nein. Er ist ihr wieder durch die Lappen gegangen. Sie hatten zwar seine Spur und waren ihm wohl hart auf den Fersen, aber im letzten Augenblick konnte er wieder entwischen.
2. Heute geht sie mir nicht durch die Lappen! Und wenn ich zwei Stunden hier vor dem Büro auf sie warte – heute entwischt sie mir nicht!

lapsus: ein lapsus linguae *geh* · to be a lapse of the tongue
... Wenn ein Schüler einen Lehrer in Gegenwart des Direktors ein 'Mondkalb' nennt, ist das natürlich kein lapsus linguae, sondern eine handfeste Unverschämtheit. – Warum bezeichnet der Direktor diese Äußerung dann als sprachlichen Ausrutscher? – Er will die Sache herunterspielen.

Larifari: das/(etw.) ist (alles) **Larifari** *sal* · it's (all) nonsense, it's (all) bullshit
... Was dieser sog. Experte da verzapft, ist doch alles Larifari – dummes Geschwätz, weiter nichts!

Lärm: ein ohrenbetäubender Lärm (sein) *path* · (to be) an earsplitting noise, (to be) a deafening noise
Das ist ja ein ohrenbetäubender Lärm hier! Man kann ja sein eigenes Wort nicht mehr verstehen. Herrgott nochmal, Ruhe!!

ruhestörender Lärm *form* · disturbance of the peace
... Wenn es nach 22 Uhr untersagt ist, ruhestörenden Lärm zu verursachen, müßten ja eigentlich auch die Fabriken abgeschaltet werden, die die Ruhe stören, oder?

Lärm machen · 1. to make a racket, to make a din, 2. to kick up a fuss *coll*, to make a fuss
1. Meine Güte, was machen die Schmitts für einen Lärm! So eine laute Geburtstagsfeier habe ich noch nicht erlebt!
2. vgl. – (eher:) **Krach** schlagen

viel Lärm um etw./(jn.) **machen** *ugs* · to make a big/huge/... ballyhoo/hullabaloo about s.o./s.th.
Wenn sie schon ein ganzes Jahr so viel Lärm um das neue Schwimmbad machen, dann sollen sie es auch endlich mal bauen! Oder ist das alles nur Propaganda für den neuen Stadtrat?

viel Lärm um nichts *ugs* · a lot of fuss about nothing, much ado about nothing
Was hat der Hauser denn gesagt? Es regen sich alle so auf ... – Ach, viel Lärm um nichts! Was hat das denn für eine Bedeutung, was so ein Hinterbänkler wie der Hauser von sich gibt? Theater, das ganze, weiter nichts.

Lärm schlagen *ugs* – (eher:) **Krach** schlagen · to kick up a fuss, to make a fuss

ein Lärm, um einen Toten/Tote aufzuwecken *path* – (eher:) ein ohrenbetäubender **Lärm** (sein) · an unholy row, a noise/din/... to wake the dead

Larve: die Larve fallen lassen/(ablegen) *path selten* – die **Maske** fallen lassen/(ablegen/abwerfen/lüften/von sich werfen) · to drop one's mask, to take off one's mask, to show one's true face

jm. **die Larve vom Gesicht reißen/**(abreißen) *path selten* – jm. die **Maske** vom Gesicht reißen/(herunterreißen/abreißen) · to unmask s.o.

laß: laß/laßt/... ihn/sie/...! *ugs* · leave him/her/... in peace!, leave him/her/... alone!
Wenn sie nicht will, laß sie! Es hat keinen Sinn, sie zu zwingen.

laß/laßt/... gut sein · let's forget it, let's change the subject
... Ach, Manfred, laß gut sein! Was sollen wir uns da noch lange streiten? Du hast deine Meinung, ich meine. Dabei soll es dann bleiben.

lassen: etw. (sein) lassen *ugs* – etw. **sein** lassen · to stop doing s.th., to cut it out, to put a stop to s.th.

jm. etw. **lassen** · 1. to let s.o. keep s.th., 2. to let s.o. have s.th.
1. ... Die Ute hat den Ring zu Unrecht bekommen! – Aber kannst du ihn ihr nicht trotzdem lassen?
2. ... Nein, ich brauche den zweiten Fernsehapparat nicht. Willst du ihn haben? Dann laß ich ihn dir.

jm. etw. **für 200,–/500,–/... Mark/... lassen** · to give s.o. s.th. for 10/... marks/..., to let s.o. have s.th. for 10/... marks/...
... Wenn Sie mir drei Stück abkaufen, laß ich Ihnen das Stück für 30,– Mark (statt für 50,–).

etw. **auf lassen** · ≠ etw. zu-**lassen/**-machen/-knallen/... · to leave s.th. open

etw. **außen vor lassen** *ugs* · 1. 2. not to consider s.o./s.th., not to take s.o./s.th. into consideration *n*, to ignore s.o./s.th. *n*, to disregard s.o./s.th. *n*
1. ... Wenn die Berufungskommisssion, wie du behauptest, in der Tat alle Kandidaten außen vor läßt, die den Mitgliedern der Kommission nicht persönlich bekannt sind, dann verdient die Universität ihren Namen nicht. – Das ist richtig, aber nichts daran, daß diese Leute keinen sog. 'Außenstehenden' berücksichtigen.
2. ... Wie kann eine demokratische Regierung die Interessen von Millionen von Menschen jahrelang außen vor lassen? – Die Interessen, die zählen, sind diejenigen, welche die Wiederwahl der Regierenden garantieren, Klaus! Alles andere bleibt unberücksichtigt.

jm. etw. **billiger/**(...) **lassen** · to let s.o. have s.th. cheaper, to sell s.th. to s.o. at a lower price
... Gut, wenn Sie mir den Anzug billiger lassen, weil das Modell veraltet ist, dann kaufe ich ihn ...

es bei etw. lassen *oft: es dabei lassen form* – (eher:) es bei etw. **belassen** · to leave it at s.th., to let it rest at s.th., to leave it at that

etw. **beiseite lassen** · to leave/to set/... a question/problem/... aside
... Lassen wir die Frage der Arbeitslosen jetzt mal beiseite und ziehen wir nur die Folgen der Marktwirtschaft in Betracht, von denen alle betroffen sind ...

(es) dahingestellt sein lassen (müssen), **ob/**wie/wann/... *form* · + it remains to be seen whether ..., + it is an open question whether ...
... Daß es prinzipiell besser wäre, den Vertrag abzulehnen, ist für mich evident. Aber ob das in diesem Stadium der Verhandlungen noch möglich ist, muß ich dahingestellt sein lassen. Das kann ich schon deswegen nicht sagen, weil mir die einschlägigen Informationen fehlen.

einen lassen *sal* – einen **fahren** lassen · to let one go, to let off, to drop one's gut, to fart

jn. hinten lassen *selten* – jn. hinter sich **lassen** (2) · to leave the rest/others/… far/well/… behind, to be far/well/… ahead of the others/rest/…

jn. (völlig/…) kalt lassen *sal* · to leave s. o. (completely/…) cold *coll*
Ob seine Eltern krank sind oder gesund, genug zum Leben haben oder nicht, das läßt diesen Mann völlig kalt! Wenn es ihm nur gut geht! Alles übrige interessiert ihn nicht.

nicht locker lassen *ugs* · not to give up, to keep at it
Wenn du die Genehmigung kriegen willst, mußt du immer wieder bohren, immer wieder da erscheinen, drängen … Bloß nicht locker lassen! Wenn die merken, daß du weich wirst, hast du deine Chance verspielt.

eins muß man/mußt du/müßt ihr/… ihm/den …/… lassen: *ugs* – **eins** muß man/mußt du/müßt ihr/… ihm/den …/… lassen: · one must/you must/… say one thing for s. o., one must give s. o. one thing

das hat j. fein gemacht/prima hingekriegt/ausgezeichnet gelöst/…, das muß man ihm/ihr/ihnen lassen! *ugs* – das hat j. fein gemacht/prima hingekriegt/ausgezeichnet gelöst/das ist gut/…, da **gibt's** nichts! · s. o. did s. th. really well/did a great job/… – you have to hand it to him/her/…

etw. offen lassen/es …, ob/wie/… · to leave it open whether …, to leave it undecided whether …
Kannst du nicht jetzt entscheiden, ob … – Nein, fürs erste muß ich es leider offen lassen, ob ich mitfahre oder nicht.

es sich/sich's wohl sein lassen – (eher:) es sich gut/(wohl) **gehen** lassen · to have a good time, to enjoy life

jn. hinter sich lassen · 1. 2. to leave the rest/… trailing behind one, to leave the rest/… far behind one
1. … Wenn der Peter da mit seinem Mercedes mit 250 Sachen über die Autobahn rauscht und alle anderen Wagen hinter sich läßt, kann einem schon ungemütlich werden …
2. … Ihr Sohn ist zur Zeit der Beste der Klasse. Selbst die Doris Scheuner, eine Spitzenschülerin, hat er weit hinter sich gelassen.

das Tal/… hinter sich lassen · to leave the valley/… far/… behind one
Kaum hatten wir den Wald hinter uns gelassen und waren auf eine riesige freie Ebene gekommen, da …

jn. weit hinter sich lassen · 1. 2. to leave the rest/others/… far/well/… behind, + to be far/well/… ahead of the others/rest/…
1. Zu Beginn der letzten Runde setzte der Manfred plötzlich zu einem rasanten Endspurt an und ließ alle anderen Läufer weit hinter sich. Mit mehr als 25 Metern Vorsprung schoß er durchs Ziel.
2. Bei den Auswahlprüfungen zur Aufnahme in die Ballettakademie hat die Ute alle anderen Bewerber weit hinter sich gelassen. Wie der Prüfungsvorsitzende mir erzählte, war sie von allen Kandidaten mit großem Abstand/bei weitem die Beste.

alles unter sich lassen *euphem veraltend* – nichts bei sich **behalten** (können) · not to be able to keep anything down

jm. etw. über lassen – jm. etw. übrig **lassen** · to leave (a piece/… of) s. th. for s. o.

jm. etw. übrig lassen · to leave (a piece/… of) s. th. for s. o.
Du läßt ja der Beate ja auch noch ein Stückchen Kuchen übrig, Peter, oder? Wenn ich dich so reinhauen sehe, habe ich fast Angst, du vertilgst den ganzen Kuchen.

etw. un-beachtet/un-berücksichtigt/unbeantwortet/unbeanstandet/(…) lassen *form* · to disregard/to neglect/to ignore/… s. th., to leave a letter unanswered, to let s. th. pass, not to object to s. th.
… Wenn die Stadt unsere Beschwerde bei der Planung der neuen Straße unberücksichtigt läßt, müssen wir halt vors Gericht. – Ach, Paul, die können doch nicht die Wünsche aller Anlieger berücksichtigen.

etw. unangetastet lassen *form* · to leave s. th. untouched
… Aber daß mir bloß keiner an den Schreibtisch geht, wenn ihr morgen das Zimmer aufräumt! – Keine Sorge, Erich: wir lassen den Schreibtisch unangetastet.

es unausgemacht lassen (müssen/…) (**ob** …/…) *form* · to (have to) leave it undecided (whether/…)
Fürs erste müssen wir es unausgemacht lassen, ob die Münchener oder die Hamburger Elf bessere Aussichten hat, diesjähriger Deutscher Meister zu werden. Die bisherigen Spiele lassen darüber noch keine Schlußfolgerungen zu.

jn. unbehelligt lassen *form* · to leave s. o. in peace, to leave s. o. undisturbed, not to stop s. o., not to put pressure on/harass/make life difficult for/… s. o.
… Es ist doch einfach unverständlich, daß man eine solche Bande unbehelligt läßt! In aller Ruhe können die da ihre Überfälle planen, ohne daß die Polizei sie im geringsten in ihren Vorbereitungen stört.

jn. ungeschoren lassen · 1. to let s. o. off *coll* , 2. + to be spared
1. Alle Teilnehmer an der Demonstration wurden vor der Polizei verhört, kontrolliert, zum Teil eingesperrt; nur den Willy haben sie ungeschoren gelassen.
2. Auf ein bißchen Arbeit und Anstrengung mußt du dich schon gefaßt machen. Wenn die anderen auch die Hauptlast tragen: man wird dich nicht ungeschoren lassen.

nichts unversucht lassen *form* · to try everything, to leave no stone unturned
Wir haben nichts unversucht gelassen, wirklich nichts, um die Baugenehmigung zu bekommen. Aber trotz aller Bemühungen ist es uns nicht gelungen.

etw. zu-lassen/-machen/-knallen/… · 1. to leave s. th. closed/…, 2. to slam the door/… (shut)
1. Soll ich das Fenster zu oder auf lassen, wenn ich weggehe? – Nein, schließ es lieber; es ist sicherer.
2. … Wütend knallte er die Tür zu und raste mit seinem R4 davon.

jn. zufrieden lassen · 1. 2. to leave s. o. in peace with s. th.
1. vgl. – jn. in **Ruhe** lassen (mit jm./etw.)
2. vgl. – **geh'**/geht/… mir (nur/bloß) weg mit jm./etw.!

tu'/tun Sie/…, was du/Sie/… nicht lassen kannst/können/…! *ugs* · if you must you must, by all means if you have to
… So, ich rauch' noch eine anständige Zigarre. – Tun Sie, was Sie nicht lassen können, Herr Kollege. Ich begnüge mich mit diesem herrlichen Wein.

worauf du einen lassen kannst! *sal scherzh zu:* worauf du dich verlassen kannst! · you bet l/he/… will!, depend on it!
Ich nehme an, daß du dein bestandenes Diplom kräftig feiern wirst. – Worauf du einen lassen kannst!

etw. nicht lassen können · not to be able to stop (doing) s. th.
Er kann das Rauchen/Spielen/Trinken/die Dummheiten/… einfach nicht lassen. Egal, was man sagt, es nützt alles nichts.

von etw. nicht lassen können *path selten* – etw. nicht **lassen** können · not to be able to stop (doing) s. th.

das/etw. läßt sich öffnen/übersetzen/…/essen/trinken/… · 1. s. th. can be done, 2. the text/… can be translated/…, 3. s. th. is edible
1. … Läßt sich die Schraube da herausdrehen? Ist die nicht an der Querstange festgeschweißt?
2. … Traust du dir zu, den Text ins Deutsche zu übersetzen? – Der Text läßt sich schon übersetzen. Das dauert halt nur seine Zeit; denn einfach ist er natürlich nicht.
3. … Na, was sagst du zu dem Pudding? – Hm, er läßt sich essen. – Wie? Schmeckt er dir nicht? – Helga, ich scherze! Er ist ganz ausgezeichnet.

das/etw. läßt jn. (völlig) kalt *ugs* · it/s. th. leaves s. o. (completely/…) cold
Ob den Kandidaten dadurch das Leben verdorben wird oder nicht, das läßt diesen Mann völlig kalt. Mit aller Härte und Schärfe prüft

er jede Kleinigkeit, und wenn jemand stolpert, läßt er ihn fallen, unerbittlich.

Last: es ist eine Last mit jm./etw. *path* – es ist ein **Kreuz** mit jm./etw. · it is really trying with s.o./s.th., it is a real struggle with s.o./s.th.

sich und anderen eine Last sein *path* · to be a burden to oneself and others
Ich bin mir und euch/anderen eine Last, Kinder! Das beste wäre, der Herrgott nähme mich zu sich. – So darfst du nicht sprechen, Mutter. Du weißt ganz genau, daß uns deine Krankheit nicht bedrückt, weil sie uns Arbeit und Unannehmlichkeiten macht.

sich selbst eine Last sein *path* · to be a burden to o.s.
Seitdem sie nicht mehr richtig laufen kann, ist die Oma sich selbst eine Last. Sie, die früher immer so lebensfroh gewesen ist!

eine süße Last (für jn.) (sein) *mst iron* · (to be) a burden one is happy to bear, (to be) a pleasant task for s.o.
Die Erika will die Osterferien auf unserem Hof verbringen. Das würde bedeuten, Albert, daß du ihr dein Zimmer überläßt, dich ein wenig um sie kümmerst ... Willst du das tun? – (Caroline:) Welch eine Frage, Mutter! Das ist für den Albert doch eine süße Last! Nicht wahr, Albert? – Halt' den Mund, Carla!

(für jn./(jm.)) eine schwere Last sein *form* · 1. to be a heavy burden for s.o., 2. to be a tough/hard/... task
1. Immer und ewig für die Kinder aufkommen, in jeder Kleinigkeit – das ist schon eine schwere Last; besonders heute, wo die Lebensbedingungen so kinderfeindlich sind.
2. Die Arbeit für die Alten und Kranken ist ihr eine schwere Last. Früher nahm sie das leichter; heute leidet sie an den Leiden andrer.

seine (liebe) Last mit jm./etw. **haben** – seine liebe **Not** mit jm./etw. haben · to have a lot of trouble with s.o./s.th., to have one's work cut out with s.o./s.th., to have one's hands full with s.o./s.th.

unter der Last des Alters/... leiden *path* · to be weighed down by the burden of age/...
... Er leidet unter der Last des Alters? Von wegen! Ich kenne Onkel Friedrich jetzt 37 Jahre, und ich habe ihn nie so frohsinnig und heiter gesehen wie in den letzten drei, vier Jahren.

unter der Last der Beweise zusammenbrechen *form path* · to break down under the weight of evidence
... Natürlich hat er versucht, die Tat zu leugnen. Aber so geschickt sein Anwalt auch vorging: die ganze Argumentation brach schon bald unter der Last der Beweise zusammen.

die Last des Beweises tragen *jur* · + the onus/burden of proof lies on/with the plaintiff/...
... Und wer trägt die Last des Beweises, der Angeklagte oder der Kläger? – Auch in diesem Fall natürlich der Kläger.

jm. zur Last fallen (mit etw.) · to be a burden on s.o. (with s.th.)
... Wir wollen Ihnen auf keinen Fall zur Last fallen, Frau Schubert. Wenn Sie uns für die beiden Nächte ein Zimmerchen oben in der Mansarde zur Verfügung stellen ... – alles andere machen wir selbst. Das ist schon so eine unschätzbare Hilfe für uns; da wollen wir Ihnen nicht auch noch Arbeit und Scherereien machen ...

jm. etw. (nicht) zur Last legen (können) *form* · (not) to blame s.o. for s.th., (not) to blame s.th. on s.o.
Gut, der Export ist im letzten halben Jahr zurückgegangen. Aber das können wir nicht unserer Exportabteilung zur Last legen, daran ist die allgemeine Rezession schuld.

eine Last auf sich nehmen/die Last auf sich nehmen, etw. zu tun *path* · to take on the task/burden of doing s.th., to take on the responsibility of doing s.th.
Der Berthold hat die ungeheure Last auf sich genommen, all die armen Kinder aus seinem Dorf im Lesen und Schreiben zu unterrichten. – Er hat aber Mut, sich so etwas an den Hals zu hängen.

jm. eine schwere Last auf die Schultern laden *path* · to put a heavy weight of responsibility on s.o.'s shoulders, to burden s.o. with a heavy responsibility
Ich möchte in einer so schwierigen und gefährlichen Zeit kein Kanzler werden. Ob die Leute, die den da wählen, sich überhaupt bewußt sind, welch eine schwere Last sie ihm auf die Schultern laden?

eine Last auf js. **Schultern legen** *path* · to put a burden of responsibility on s.o.'s shoulders
Mit der Verantwortung für den gesamten Außenhandel haben Sie eine Last auf die Schultern meines Sohnes gelegt, Herr Direktor Fischer, unter der er in seinen jungen Jahren zusammenbrechen könnte!

jm. fällt eine Last von der Seele/(vom Herzen) *path* – (eher:) **jm. fällt ein Stein** vom Herzen · it/that is a weight off s.o.'s mind

jm. eine (schwere) Last von der Seele/(vom Herzen) nehmen *path* · to take a load off s.o.'s mind
Mit der Entscheidung, den Verkauf in andere Hände zu legen, hat der alte Schuckert unserem Jürgen eine Last von der Seele genommen. Die Probleme wuchsen dem Jungen immer mehr über den Kopf und wurden in den letzten Monaten zu einer regelrechten Qual.

sich eine Last von der Seele reden *path* · to unburden o.s., to get s.th. off one's chest *n*
... Es tut gut, Herr Fischer, sich einmal aussprechen und eine Last von der Seele reden zu können. Manchmal wird mir das alles einfach zuviel. Ich danke Ihnen für Ihr Verständnis.

eine schwere Last zu tragen haben *form* – eine schwere **Bürde** zu tragen haben · to have a heavy burden to bear

die Last der Welt auf seinen/(den) Schultern tragen *path* · 1. 2. to bear the weight of the world on one's shoulders
1. Christus ist Mensch geworden, um die Last der Welt auf seinen Schultern zu tragen.
2. Der Gräser geht immer daher, als wenn er die Last der Welt auf seinen Schultern zu tragen hätte! Leicht gebeugt, gemessenen Schrittes, mit tiefsinnig-melancholischem Blick ... Herrgott nochmal! Als wenn so ein Landtagsabgeordneter es nicht besser hätte als 90% der übrigen Menschheit!

jm. zur Last werden · to become a burden for s.o.
Bei den ewigen Intrigen dort wird mir die Arbeit zur Last. Immer mehr. Ich muß die Firma wechseln, sonst verliere ich noch die ganze Freude an meinem Beruf.

unter der Last (der Verantwortung/...) zusammenbrechen *path* · to be crushed by/to break down under/... the burden/ weight of responsibility
... Er hat es einfach nicht mehr ausgehalten! Es war zu viel für ihn. Er ist, wie es so schön heißt, unter der Last der Verantwortung zusammengebrochen. – Nun mal konkret: er ist bei einem Nervenarzt in Behandlung, erzählte mir (die) Barbara? ...

last: last (but) not least · last but not least
... und dann, last not least, meine Damen und Herren, muß ich die ausgezeichneten Kurzgeschichten erwähnen, die Sie sicherlich alle kennen. Wenn ich erst am Schluß meiner Rede auf sie zu sprechen komme, dann nicht etwa, weil sie hinter den übrigen Werken unseres verehrten Gastes zurückständen – ganz im Gegenteil! –, sondern ...

Lasten: (ein Betrag/...) zu js. **Lasten** *form* · a sum/... is debited to s.o.'s account, a sum/... is charged to s.o.'s account
(Aus dem Brief an eine Bank:) ... Und dann haben wir noch den Betrag von DM 1.250,– für die Lebensversicherung zu meinen Lasten einzurechnen, sodaß sich bei Berücksichtigung aller Aus- und Eingänge mein Kontostand Ende des Monats bei etwa DM 7.000,– bewegen dürfte.

zu js. **Lasten gehen** *form* · 1. to be chargeable to s.o., 2. to be at the expense of s.o.
1. Wenn Sie in Ihrer Abteilung schlecht arbeiten, unzuverlässig sind, Fehler machen, geht das zu Lasten der Firma, Herr Malberg. Das muß Ihnen doch klar sein. Sie kommen für die Schäden doch nicht auf, weder finanziell noch sonstwie.
2. Das gemeinsame Essen geht zu Lasten unserer Firma. – Warum das denn, Herr Überkinger? Ich bin kein Angestellter Ihrer Firma, und ich habe mit Ihrer Firma geschäftlich nichts zu tun. Nein, nein, mein Essen zahle ich selbst. *seltener*

zu js. **eigenen Lasten gehen** *form* · + it is s.o.'s own fault, + it is s.o.'s own responsibility, + s.o. has only himself to blame
Wenn der Siegfried in den letzten beiden Jahren geschäftlich so wenig Erfolg hat, dann geht das in erster Linie zu seinen eigenen Lasten. Er arbeitet einfach zu unregelmäßig und zu unzuverlässig. Kein Wunder, wenn sich dann auch seine Mitarbeiter kein Bein ausreißen.

lasten: schwer auf jm. **lasten** *Verantwortung u. ä.* · to weigh heavily on s. o.'s mind/conscience/..., to prey on s. o.'s mind
... Das Gefühl, seinen Kindern nicht die Ausbildungsmöglichkeiten gegeben zu haben, die sie verdienten, lastete um so schwerer auf ihm, je älter er wurde. Es nahm ihm zuletzt jede Lebensfreude.

Laster: ein langes Laster (sein) *ugs selten* – eine (richtige) **Bohnenstange** sein/(lang wie eine Bohnenstange sein) · to be a beanpole, to be a long streak of piss *vulg*

sich dem Laster in die Arme werfen *mst iron ugs – path* – sich dem **Vergnügen** in die Arme werfen · to start living it up

dem Laster frönen *mst iron oft dir. R* · to indulge in a vice
... Schon wieder beim Bier? – Komm', setz' dich dazu, statt zu kritisieren! – Du meinst, wenn du dem Laster frönst, müssen alle saufen, was?

Lästermaul: ein (elendes/...) **Lästermaul** (sein) *sal* – eine (richtige/...) **Lästerzunge** (sein) · to be a scandalmonger, to have a malicious tongue

Lästerzunge: eine (richtige/...) **Lästerzunge** (sein) *ugs* · to be a scandalmonger, to have a malicious tongue
Unsere Nachbarin ist eine ausgesprochene Lästerzunge. Über jeden weiß sie eine üble Geschichte; jedem muß sie etwas ans Zeug flicken. Wenn die doch nur ein einziges Mal gut über jemanden sprechen würde!

lästig: jm. **lästig sein** · to bother s. o.
... Wenn Sie das Gefühl haben, Frau Schubert, wir sind Ihnen lästig, dann gehen wir ins Hotel. – Aber nein! Ich wollte mit meiner Bemerkung nur sagen, das Radio da oben ...

Latein: mit seinem Latein am Ende sein *ugs* – mit seiner **Kunst** am Ende sein · to be at one's wit's end

Laterne: geh'/geht/... **mir**/(ihm/dem Herrn Baumann/...) **(mal) aus der Laterne!** *sal selten* · don't stand in my/his/... light
Kinder, geht mir mal aus der Laterne! So hab' ich zu wenig Licht zum Schreiben.

die rote Laterne (innehaben/übernehmen/...) *ugs* · to hold the wooden spoon, to be bottom of the league *n*
Am Ende der Hinrunde hatten sie die rote Laterne inne, jetzt stehen sie in der Mitte! Ist das nicht eine Leistung: in 10 Wochen vom letzten Tabellenplatz auf Platz 9 vorzurücken?

jm. **geht eine Laterne auf** *sal selten* – jm. gehen die **Augen** auf · s. o.'s eyes have been opened

jn./etw. **muß/kann man mit der Laterne suchen** *sal selten* · + to be few and far between *coll*
Einen Tischler wie den Franz bekommst du so schnell nicht wieder. Solche Leute kann/muß man heute mit der Laterne suchen!

Laternenpfahl: mit dem Laternenpfahl winken *sal selten* – (eher:) (etw. ist) ein **Wink** mit dem Zaunpfahl/jm. einen ... geben · to give s. o. a broad hint

Latschen: zusammenpassen wie zwei alte Latschen *sal selten* · to go together like an old pair of slippers *tr*
Die Olga und der Anton streiten sich zwar gern und häufig, aber sie passen zusammen wie zwei alte Latschen. Ich kenne kaum ein älteres Ehepaar, bei dem alles noch so lebendig ist und wo einer den anderen so prächtig fördert.

j. wäre/ist fast/beinahe aus den Latschen gekippt *sal* – j. hätte sich/hat sich fast/beinahe auf den **Arsch** gesetzt, als .../vor Schreck/vor Überraschung/... · s. o. was almost knocked sideways when he heard ...

Latte: eine lange Latte sein *ugs* – eine (richtige) **Bohnenstange** sein/(lang wie eine Bohnenstange sein) · to be a beanpole

eine Latte (stehen) haben *sal* – einen **stehen** haben · to get/ to have a hard on, to have a stiffie

eine lange/ganze/(schöne) Latte von Wünschen/Rechnungs-posten/Beschwerden/... *ugs* · 1. 2. to have a long list of wishes/complaints/..., to have a whole lot/string/... of wish-es/...
1. Hat sich eure Renate etwas vom Christkind gewünscht? – Etwas? Sie hat eine ganze Latte von Wünschen zusammengestellt.
2. Unser Hausbesitzer hat mir eine Liste der Dinge geschickt, die wir noch bezahlen müssen. Eine lange Latte von Posten – bestimmt 11 oder 12.

was/etwas/viel/allerhand/einiges/eine Menge/... auf der Lat-te haben *ugs selten* – was/etwas/viel/allerhand/einiges/eine Menge/... **loshaben** (in etw.) · to be brilliant (at s. th.), to be no/pretty/very good, to really know one's stuff

jn. **auf der Latte haben** *ugs selten* · 1. 2. to have got it in for s. o.
1. vgl. – es **abgesehen** haben auf jn./etw. (4, 5)
2. vgl. – jn. auf dem **Kieker** haben

(sie) nicht alle auf der Latte haben *sal* – nicht (so) (ganz/ (recht)) bei **Trost** sein (1) · not to be all there, to be a bit gaga

(ganz schön) einen auf der Latte haben *sal selten* – (ganz schön) einen in der **Krone** haben · to be well-oiled, to have had a drop too much

Latz: jm. **eine/einen/eins/(etw.) vor den Latz knallen/**(hauen/ ballern/donnern) *sal* · 1. to sock s. o. one, to thump s. o., to clout s. o., 2. to give s. o. a real/right/... bollocking *vulg*,to give s. o. a real/right/... dressing down *coll*, 3. to give s. o. a clip round the ears
1. ... Der Paul hat dem Albert gestern vielleicht einen vor den Latz geknallt! – Eine Strafe hatte er verdient. Aber müssen es immer sofort so rüde Schläge ins Gesicht sein?
2. ... Eine Zurechtweisung hatte er verdient. Aber mußte ihm der Chef gleich zu harte Bemerkungen vor den Latz knallen?
3. vgl. – jm. eine **Ohrfeige** geben

jm. **ein paar vor den Latz knallen/**(hauen/ballern/donnern) *sal* – jm. ein paar **Ohrfeigen** geben · to clout s. o.

etwas/ein paar vor den Latz kriegen/(bekommen)/geknallt kriegen/(geknallt bekommen) *sal* – ein paar **Ohrfeigen** krie-gen/bekommen · to get a clout

lau: für lau *ugs* · free, buckshee, for nothing, gratis
Wie bist du denn ins Kino gekommen? Du hattest doch gar kein Geld bei dir. – Die Frau an der Sperre hat mich für lau hereingelas-sen. Du weißt doch, daß die mich so gern hat.

Laube: (und) fertig ist die Laube! *sal* · 1. 2. and Bob's your uncle!
1. ... So, nun noch die beiden Schrauben angezogen und fertig ist die Laube! – Endlich! Es hat lange genug gedauert, bis der Apparat fertig war.
2. ... Schwer? Absolut nicht! Du bindest zwei knorrige Äste so zu-sammen, daß sie überkreuz sind, und fertig ist die Laube! Mehr als das Symbol einen Holzkreuzes erwartet keiner.

Laudatio: die Laudatio auf jn. **halten** *geh – form* · to make a laudatory speech about s. o., to make a eulogy, to make a speech of praise about s. o.
... Und wer hat die Laudatio auf den Preisträger gehalten? – Prof. Hirschmann – er ist heute d i e Kapazität auf dem Gebiet.

Lauer: sich auf die Lauer legen · to start to lie in wait
Siehst du, Rolf? Da oben? Die Jäger haben sich mal wieder auf die Lauer gelegt. Sie warten bestimmt auf Rehe ...

auf der Lauer liegen/(sein/sitzen/stehen) · 1. 2. to lie in wait
1. Über zwei Stunden lagen die Jäger auf der Lauer, bis das Rudel Rehe, auf das sie warteten, vorbeizog.
2. Ständig liegt dieser Gleisner auf der Lauer, um irgendjemanden bei irgendeinem Fehler zu erwischen. – Es gibt Leute, deren Leben scheint darin zu bestehen, bei anderen Spion zu spielen und sie her-einzulegen.

Lauf: ein Tier/... **vor den Lauf bekommen/kriegen** · to get an animal/... in one's sights

(Ein Jäger zu einem Freund, der ihn begleitet:) An sich habe ich nicht vor, heute was zu schießen. Aber wenn wir gerade einen Hasen vor den Lauf kriegen, nehmen wir ihn mit.

das/(etw.) ist der Lauf der Dinge/Welt · it/that is the way of the world

Jetzt haben wir die Elfriede gerade groß, da will sie heiraten! – Das ist der Lauf der Dinge, Käthe. Das war bei dir auch nicht viel anders. So ist das nun einmal in der Welt.

jm. **ist der Lauf eingerostet** *Soldatenspr sal* · s.o.'s barrel has rusted, s.o.'s piston has seized up

Was soll das denn heißen: »Dem Paul Broch, immer noch Schütze Arsch beim 4. Panzerregiment, war schon vor Jahren der Lauf eingerostet«? – Soldatenjargon: »Der einfache Soldat Paul Broch ist seit Jahren impotent.«

den Ereignissen/Verhandlungen/der Entwicklung/... **ihren (freien) Lauf lassen** – den **Dingen ihren (freien) Lauf lassen** · to let things/events/... take their course

seinen Lauf nehmen · s.th. will take/took/... its course

Jahrelang hatte der Vater die jungen zerstrittenen Eheleute immer wieder zusammengebracht, ihnen immer wieder geholfen. Nach seinem Tod nahm das Schicksal dann seinen Lauf. Sie gingen endgültig auseinander, die Kinder kamen auf die schiefe Ebene ...

sich in Lauf setzen *form selten* · to start running

... und dann setzte sich die ganze Trainingsmannschaft in Lauf: zu Beginn des Trainings hatte der Trainer zwei Runden um den Platz angeordnet.

sich den Lauf verbiegen *sal* · to catch a dose of clap

(Ein Offizier zu einem anderen:) Kann man das mit den heutigen Mitteln wirklich nicht vermeiden, daß sich junge Rekruten bei den Damen des horizontalen Gewerbes den Lauf verbiegen? – Warum fragen Sie danach, Herr Wehnert? – Weil sich gerade ein Kamerad meines Sohnes etwas/(eine Geschlechtskrankheit) zugezogen hat.

Laufbahn: eine **glänzende Laufbahn vor sich haben** *path* · to have a brilliant/... career ahead of one

... Ihr Sohn, Herr Rotsch, hat eine glänzende Laufbahn vor sich. Er genießt in der Chefetage ein Ansehen wie kaum ein anderer.

die Laufbahn des Beamten/(...) einschlagen *form veraltend selten* · to embark on a career as a civil servant/...

(Ein Vater zu seinem Sohn nach dessen Schlußexamen:) Jetzt mußt du definitiv deine Berufswahl treffen. Wenn du auf Nummer sicher gehen willst, schlägst du die Laufbahn des Beamten ein. – Ah, nein, Vater, ich will doch kein Beamter werden!

Laufbursche: ich bin doch nicht/der Schulze ist doch nicht/... **dein**/sein/... **Laufbursche!** *sal* · I/he/Smith/... am/is/... not your/his/... errand/messenger boy

Ach, Renate, holst du mir mal eben eine Flasche Sprudel aus dem Keller? – Hol' sie dir doch selbst! Ich bin doch nicht dein Laufbursche! – Vielen Dank für die Gefälligkeit!

Laufe: im Laufe der Zeit/der Jahre/der folgenden Wochen/... der Diskussion/... · in the course of time/the years/...

Als man dem jungen Drogenhändler vorhielt, er habe das Leben zahlloser junger Menschen auf dem Gewissen, blickte er völlig verständnislos drein. War das seine Sache? Im Laufe der Jahre änderte sich dann sein Urteil. Er lernte Mädchen und Jungen kennen, die mit 16 Jahren körperlich am Ende waren ...

laufen: auf und davon laufen *path* – sich über alle **Berge** machen · to make off, to make o.s. scarce, to disappear

dumm laufen *ugs* · to go badly, to work out/to turn out/... badly

Hast du die Baugenehmigung bekommen? – Ach, die Sache ist wirklich dumm gelaufen! Erst haben sie gesagt, ich könnte da bauen, und dann hat die Stadt plötzlich entschieden, ein Schwimmbad dahinzusetzen. Mit dem ganzen Hin und Her habe ich mehr als ein Jahr vergeblich gewartet ...

heiß laufen · to overheat

... Diese alte Maschine mußt du alle zwei, drei Stunden abstellen, damit sie nicht heißläuft.

leer laufen *techn* · 1. to run idle, 2. to run, 3. to be idling, to be running, + let the engine run

1. Die Maschine arbeitet nicht, die läuft leer. – In der Tat. Da müssen wir einen Mechaniker kommen lassen.

2. Warum laßt ihr den Motor leer laufen? Stellt ihn doch ab, wenn die Maschine nicht arbeitet. *seltener*

3. vgl. – (eher:) im **Leerlauf** laufen

nicht ganz rund laufen *Motoren* · not to run smoothly

... Es ist jedesmal das gleiche: wenn der Wagen in der Werkstatt war und nach den Werksvorgaben und den Abgasbestimmungen eingestellt wurde, läuft er nicht ganz rund. Im Leerlauf geht mir die Kiste dann ständig aus.

sich warm laufen · to warm up

... Der Schiedsrichter wird das Spiel in wenigen Minuten anpfeifen. Die Spieler sind bereits auf dem Platz und laufen sich warm ...

etwas mit einer Frau/(...) laufen haben *sal* · to have s.th. going on with s.o. *coll*

»Wenn ich gewußt hätte, daß der Udo noch was mit einer anderen Frau laufen hat«, meinte Helga, »dann hätte ich mich mit ihm natürlich gar nicht abgegeben«.

jn./etw. (einfach) laufen lassen · 1. 2. 3. to let s.o. go, 4. to let things/(...) slide, 5. to let things/... take their course

1. Die haben den Brotscher tatsächlich wieder laufen lassen? – Sie hatten keine Beweise, also konnten sie ihn nicht festhalten. – Dieser Verbrecher läuft also wieder frei herum und treibt aufs neue sein Unwesen!

2. Wie konntest du so einen hervorragenden Verkäufer denn laufen lassen? – Was kann ich machen, wenn er unbedingt kündigen will? – Bei einem solchen Mann tut man alles, um ihn zu halten.

3. Das beste wäre, er würde sie laufen lassen. Eine vernünftige Ehe wird das sowieso nie. Warum klammert er sich an die Frau?

4. Du solltest dich mehr um die Angelegenheit kümmern und die Dinge nicht einfach laufen lassen! – Ich habe mich jetzt lange genug darum gekümmert. Jetzt soll sich die Geschichte entwickeln, wie sie will!

5. Kümmert er sich denn nicht selbst (auch) um das Geschäft? – Nein, der läßt den Laden/alles/die Dinge laufen, wie er/es/sie läuft/laufen. Er hat andere Sachen im Kopf. Dieses Geschäft interessiert ihn nicht im geringsten.

eine Frau/Puppe/... laufen lassen/((zu) laufen haben) *sal Milieuspr selten* · to have girls/... on the game for one

... Wovon lebt dieser Kerl denn eigentlich? – Der läßt seit Jahren diverse Weiber laufen, wie er das ausdrückt. D. h.: er hat ein paar Huren 'in seinem Dienst'.

einen Motor/... laufen lassen · to let an engine/(...) run

... Welch Unsitte, den Motor so lange laufen zu lassen! Wenn man parkt, stellt man den Motor ab! Und zwar sofort!

laufend: etw. **laufend tun** · to do s.th. constantly, to do s.th. all the time

... Wenn das nur hin und wieder vorkäme! Aber dieser Mann leistet sich doch laufend solche Unverschämtheiten ...

Laufenden: auf dem Laufenden sein (über jn./etw./was jn. betrifft/angeht) – über jn./etw. im **Bild(e) sein** · to be up-to-date with s.th./about s.o./s.th.

mit etw. **auf dem Laufenden sein** *form* · to be up-to-date with s.th./about s.o./s.th.

Bist du mit den Schuckert-Unterlagen endlich auf dem Laufenden oder bist du immer noch im Rückstand?

jn. **auf dem Laufenden halten** (über etw.) · to keep s.o. posted (about s.th.) *coll*, to keep s.o. in the picture (about s.th.) *coll*

Ich muß abreisen, ob ich will oder nicht. Ihr haltet mich über die weitere Entwicklung der Verhandlungen auf dem Laufenden, ja? – Sei unbesorgt, wir werden dich ständig informieren.

sich auf dem Laufenden halten (über etw.) · to keep up-to-date (about s.th.)

Er liest täglich drei bis vier Zeitungen, um sich über die neuesten Ereignisse auf dem Laufenden zu halten. – Als Journalist muß er wissen, was los ist.

Lauffeuer: sich wie ein Lauffeuer verbreiten · to spread like wildfire

Die schlimme Nachricht verbreitete sich wie ein Lauffeuer. Es war kaum eine Stunde vergangen, da wußten alle im Dorf Bescheid.

Laufmasche: eine Laufmasche (am Strumpf) haben · to ladder

Du, Iris, entschuldige, daß ich dir das sage – du hast eine Laufmasche. – Wirklich? Wo? – Am linken Strumpf, kurz über dem Schuh.

Laufmaschen aufnehmen *veraltend selten* · to mend laddered stockings, to mend the ladders in stockings

... Kannst du dir vorstellen, daß heute noch jemand Laufmaschen aufnimmt? – Nein, man schmeißt die Strümpfe – oder den Pullover oder so – weg, wenn eine Laufmasche drin ist.

Laufpaß: jm. den Laufpaß geben *ugs* · 1. to chuck s.o., to pack s.o. in, 2. to give s.o. the push, to show s.o. the door, to kick/to throw/... s.o. out

1. Wir sind alle froh, daß sie ihm endlich den Laufpaß gegeben hat. Er hat sie schließlich jahrelang drangsaliert. Sie hätte das viel früher tun sollen. – Aber nach so langen Ehejahren wird ihr das Leben allein bestimmt nicht leicht fallen.

2. vgl. – jn. an die (frische) **Luft** setzen/(befördern) (1)

den Laufpaß kriegen/bekommen/erhalten *ugs* · 1. to get the push, 2. + to deport s.o.

1. Wenn der Alfons bei Schuckert den Laufpaß gekriegt hat, ist er also mal wieder arbeitslos?

2. ... Nein, Spione werden selten eingesperrt; die kriegen den Laufpaß: man schiebt sie ins Herkunftsland ab – in der Regel im Austausch.

Laufschritt: (sich) im Laufschritt nähern/entfernen/(...) *form* · to march/to approach/... at the double

... Im Laufschritt kam mir die Kompanie entgegen. Schon ein drolliger Anblick, so eine große Gruppe erwachsener Menschen in einstudiertem Rhythmus daherlaufen zu sehen! ...

läuft: das/es läuft/(etw. läuft) **wie geölt** *sal* · it/everything/... is going like clockwork

Das läuft ja heute wie geölt! Jetzt arbeite ich noch keine Stunde und habe schon zwei Seiten übersetzt. Gestern habe ich für eine Seite mehr als eine Stunde gebraucht.

das/es läuft/(etw. läuft) **wie geschmiert** *sal* – das/es läuft/(etw. läuft) **wie geölt** · it/everything/... is going like clockwork

das/es läuft (für jn.) **auf eins hinaus/auf dasselbe hinaus/auf das gleiche hinaus** (ob ... oder ob .../...) · 1. it comes to/it boils down to/... the same thing *coll*, 2. it's all the same for s.o. (whether ...)

1. vgl. – das **bleibt** sich (für jn.) gleich

2. vgl. – es **bleibt** sich gleich für jn. (ob ... oder ob .../...)

da/in der Richtung/... **läuft nichts mehr** *ugs* · there is nothing doing there/in that field/...

... Nein, nachdem die Politik schwerpunktmäßig nach Osten geht, bekommst du für Projekte über Portugal keine Stipendien mehr. In der Richtung läuft nichts mehr. – Die werden doch nicht jede Unterstützung für Südeuropa streichen!

etw. **läuft noch** · the film/... is still on, the film/... is still showing

Der Film ist noch nicht zu Ende, nein? – Nein, er läuft noch.

eine Veranstaltung/... **läuft parallel zu/mit** einer anderen · a course/seminar/... runs parallel to another course/...

Das Seminar von Prof. Schramm kann ich leider nicht besuchen, es läuft parallel zur Vorlesung von Prof. Möllers, und die kann ich auf keinen Fall verpassen.

jm. **läuft alles quer**/es läuft (jm.) alles quer *ugs* – jm. **geht alles quer**/es geht (jm.) alles quer · + I/he/John/... can't do a thing right (today)

alles/(...) **läuft rund** (bei jm.) *ugs selten* · to go well, to go smoothly, to go fine

... Du hast gut reden, Toni, bei dir ist in diesem Jahr alles rund gelaufen. Ich habe nur Sorgen gehabt. – Alles hat bei uns auch nicht so funktioniert, wie es sollte. Aber im Grunde muß ich dir recht geben ...

mit/zwischen einer Frau und einem Mann/... **läuft was** *ugs* · there is something going on between a man and a woman/...

... Glaubst du eigentlich, daß zwischen dem Christoph und der Vera was läuft? – Wie ich die Vera kenne, kann ich mir eigentlich nichts anderes vorstellen. Die legt doch einen Typen nach dem andern flach.

das/etw. **läuft dir**/dem Schulz/... (schon/doch) **nicht weg!** *ugs* · 1. 2. it/s.th. is not going to run away, it can wait

1. (Ein kleiner Junge vor dem Spaziergang mit seiner Mutter:) Aber das Malbuch nehm' ich auch mit! – Ach, Dieter, laß das Buch mal ruhig hier auf dem Tisch liegen; das läuft dir doch nicht weg!

2. ... Und dann hast du mir versprochen, du wolltest mir einen Kassettenrecorder kaufen. – Muß das unbedingt heute sein, Gerda? Der Kassettenrecorder läuft dir doch nicht weg! Den können wir auch nächste Woche noch kaufen.

Laune: (in) guter/blendender/bester/... **Laune (sein)** · (to be) in a good/great/... mood

... Mensch, der Richard ist ja heute blendender Laune! Was ist denn passiert, daß er in so einer prächtigen Stimmung ist?

nicht bei Laune sein · 1. not to be in the mood, to be out of sorts, 2. to be in a bad mood

1. Wir könnten die Übersetzung eigentlich an einem anderen Tag machen. Ich bin heute nicht bei Laune. Ich mach' noch einen kleinen Spaziergang und dann lege ich mich ins Bett. Ich bin wirklich zu nichts Vernünftigem mehr aufgelegt.

2. vgl. – schlechter **Laune** sein/(bei schlechter Laune sein)/schlechte Laune haben

schlechter Laune sein/(bei schlechter Laune sein)/schlechte Laune haben · to be in a bad mood

Heute würde ich den Chef an deiner Stelle nicht um die Genehmigung bitten. Er ist heute schlechter Laune. Eben hat er noch den Heitkamp aus einem ganz nichtigen Grund angeschnauzt. Geradezu ungenießbar ist der heute.

nach Laune etw. tun *selten* – (eher:) **(je) nach Lust und Laune** etw. tun (können) (1) · to do s.th. when one feels like it/doing s.th.

jn. **bei Laune halten** · to keep s.o. happy, to humour s.o., to keep s.o. in a good mood

... Das war auch nicht gerade geschickt von euch, den Kantert derart zu verärgern. Wenn ihr wollt, daß er euch bei eurem Projekt unterstützt, müßt ihr ihn bei Laune halten. So vergeht ihm natürlich die Lust, euch zu helfen.

etw. **aus einer Laune heraus tun** · to do s.th. on a whim

... Meine Güte, wenn der Schröder aus einer Laune heraus mal die Parteiführung kritisiert – das darf man doch nicht so ernst nehmen! – Selbst wenn er das so leicht dahingesagt hat: es zeigt, was er im Grunde denkt und empfindet.

eine Laune der Natur *selten* · a freak of nature *n*

... Kein Mensch kann erklären, wie es zu so seltsamen Formen in der Gesteinsbildung hier gekommen ist. Zufall! Eine Laune der Natur!

aus einer Laune des Schicksals heraus (kam es dann dahin/...) *selten* · by a quirk of fate ...

... Ja, und aus einer Laune des Schicksals heraus kam es dann so, daß ihnen die Wiedervereinigung, um die sie sich lange Jahre vergeblich bemüht hatten, von einem Tag auf den anderen gleichsam in den Schoß fiel.

jm. **die Laune verderben** · to spoil s.o.'s good mood, to put s.o. in a bad mood

... Du wirst uns doch jetzt auf dieser herrlichen Feier nicht die Laune verderben, Ursel, indem du uns einen Vortrag über die Schäden des Rauchens hältst!

jn. **in gute Laune versetzen** · to put s.o. in a good mood

... Die Nachricht von dem blendenden Erfolg seines Sohnes versetzte den Kreuder natürlich in gute Laune. Er wurde gesprächig, spendierte ein paar Runden ...

(so) **seine Launen haben** · to be moody, to have one's moods

An sich ist er sehr sympathisch und zugänglich. Aber er hat seine Launen. Man muß also wissen, wann man ihn anspricht und wie.

seine Launen an jm. **auslassen** ugs · to take one's bad mood/... out on s.o.

Jedesmal, wenn der Schuckert schlechter Laune ist, müssen seine Mitarbeiter das ausbaden. Dann schnauzt er da herum, kritisiert jeden ... – Ein Mann, der seine Launen an anderen Leuten ausläßt, dürfte eigentlich gar kein Chef sein. – Das mein' ich! Und schon gar nicht, wenn man so launenhaft ist wie der Alte.

die Launen des Glücks/Zufalls/Schicksals · the whims of fortune, the caprices of fortune

Die Sache lief so gut! Wir konnten beim besten Willen nicht damit rechnen, daß plötzlich so ein Rückschlag käme. – Das sind die Launen des Zufalls, damit muß man immer rechnen.

die Launen des Wetters · the vagaries of the weather

Ostern heiß, Pfingsten kalt, Weihnachten wieder heiß – das sind die Launen des Wetters in den letzten Jahren!

Laus: jm. **ist eine Laus über die Leber gelaufen/gekrochen/** (gehüpft) sal · 1. 2. s.th. is biting s.o., s.th. must have rubbed s.o. up the wrong way

1. Der Heikelberg ist heute ungenießbar! – Ja, ich weiß auch nicht, was dem über die Leber gelaufen ist. Eine Laus über die Leber gelaufen ist!

2. Der Heikelberg ist heute ungenießbar. – Ja, dem ist heute morgen bestimmt eine Laus über die Leber gelaufen.

jm. **eine Laus in den Pelz/**(ins Fell) **setzen** ugs · 1. to land s.o. in it, to drop s.o. in it 2. to put doubts in s.o.'s mind, to put ideas in s.o.'s head

1. Immer und immer wieder muß der Keitler irgendeinem Schwierigkeiten machen, Ärger bereiten! – Wie, hat er schon wieder jemandem eine Laus in den Pelz gesetzt? – Diesmal hat er sich den Kruse aufs Korn genommen. So ganz nebenbei hat er prüfen lassen, ob dessen Reiseabrechnungen stimmen ...

2. Mit seiner Bemerkung, Granit verkaufe sich in den letzten Monaten besonders teuer, hat der Willi seinem Teilhaber eine Laus in den Pelz gesetzt: der meint jetzt, er hätte die Blöcke teurer verkauft, als er angegeben hat. – Laß ihn meinen! Gegen Mißtrauen kann man nichts machen.

sich **eine Laus in den Pelz/**(ins Fell) **setzen** ugs · 1. to let o.s. in for it, to drop o.s. in it, 2. to start to have doubts about s.th. n, 3. to do o.s. a disservice

1. ... Du kannst nicht erwarten, daß sich der Bormann selbst eine Laus in den Pelz setzt. Würde er eurem Vorschlag auf zeitweise Erhöhung der Arbeitszeit zustimmen, bekäme er als Vorsitzender des Betriebsrates die allergrößten Schwierigkeiten.

2. Seitdem der Moser erzählt hat, Granit verkaufe sich in den letzten Monaten besonders teuer, hat sich unser Jürgen eine Laus in den Pelz gesetzt: er wird den Gedanken nicht los, daß ihn sein Teilhaber betrügt. – Ist der Jürgen nicht ein wenig zu mißtrauisch? selten

3. Mit der Einstellung von dem Blecher habe ich mir eine Laus in den Pelz gesetzt: der Mann intrigiert gegen mich, wo er nur kann.

lauschen: jm. **gebannt lauschen** path – an js. **Lippen** hängen · to be agog, to listen with rapt attention

Läuse: du kriegst/er kriegt/... (noch) **Läuse in den Bauch/**du wirst/er wird/... (noch) Läuse in den Bauch kriegen ugs – du kriegst/er kriegt/... (noch) **Frösche** in den Bauch/du wirst/er wird/... (noch) Frösche in den Bauch kriegen · you/he/...'ll have frogs spawning in your stomach soon para

Laut: einen Laut bilden · to form a sound

Stimmt es eigentlich, daß man die Laute einer Fremdsprache besser ausspricht, wenn man weiß, wie sie gebildet werden, also phonetische Kenntnisse besitzt?

Laut geben Hund · to give tongue, to bark

Paßt auf mit dem Hund, wenn ihr in den Garten schleicht! – Mach' dir mal keine Sorgen! – Ich sag' euch bloß: der ist auf den Mann dressiert. Sobald der Laut gibt, tut ihr gut daran, euch schleunigst aus dem Staub zu machen.

(rechtzeitig/hoffentlich/...) **Laut geben** form selten · to let s.o. know (in time/...), to make s.th. known to s.o. (in time/...)

... Na, wenn er Unterstützung braucht, wird er doch wohl rechtzeitig Laut geben, oder? – Da bin ich nicht so sicher. Der Günther ist derart stolz! Er ist in der Lage und sagt nichts.

keinen Laut von sich geben · 1. 2. not to make a sound, not to say a dicky-bird coll

1. Mit offenbar höchstem Interesse verfolgte unser Dackel die Fernsehschau. Er lag ausgestreckt auf dem Teppich, starrte unverwandt auf die Bildröhre und gab keinen Laut von sich.

2. Nachdem ihm sein Vater zweimal scharf über den Mund gefahren war, weil er so großspurig daherredete, gab der Josef keinen Laut mehr von sich. Ganz klein und häßlich saß er da in der Ecke und sinnierte vor sich hin.

kein Laut ist zu hören path · there is not a sound to be heard

... Ist das heute ruhig im Haus! Da ist kein Laut zu hören. Sind die Leute etwa alle verreist?

keinen Laut sprechen selten · not to say a word, not to open one's mouth (once)

Die Christa hat doch den ganzen Abend keinen Laut gesprochen! Wie kannst du dann wissen, ob sie für oder gegen deinen Vorschlag ist? – Ich hab' es an ihrem Mienenspiel abgelesen.

laut: laut sein · to be noisy

Wenn ihr nicht wieder so laut seid wie gestern, könnt ihr euch oben noch eine Stunde unterhalten. Aber wenn ihr wieder so viel Lärm macht ...

laut und deutlich sagen/jm. zu verstehen geben/... · to say s.th./to tell s.o. s.th./to announce s.th./... loud and clear

(Zu einem Verkaufsleiter:) Der Chef hat doch in der letzten Sitzung laut und deutlich gesagt, es sollten keine Plättchen mehr unter 7,30 Mark verkauft werden. Wie können Sie sie also noch für 6,50 Mark verkaufen? – Hat er das gesagt? – Bitte, Herr Schröder! Das hat doch jeder gehört!

laut und vernehmlich etw. sagen/äußern/... · 1. to say s.th./... loud and clear, 2. to clear one's throat/... audibly/loudly/demonstratively/...

1. Was, wir fahren schon in einer Viertelstunde? Berti und ich, wir sind ja noch gar nicht angezogen. – Was?! Das gibt's doch nicht! Ich habe doch gestern beim Abendessen vorgeschlagen, im Viertel nach neun abzufahren. – Das haben wir nicht gehört. – Das habe ich aber doch laut und vernehmlich gesagt.

2. Wer war denn der Mann, der sich da so laut und vernehmlich geräuspert hat, als Peter von 'internen Schwierigkeiten der Institutsführung' sprach? – Prof. Bohnekamp – Anglist. Der gibt bei allen passenden und unpassenden Gelegenheiten zu erkennen, daß er die Romanisten für einen Verein von Intriganten hält.

laut werden (Klagen/...) · to be voiced (complaints/...)

... Sie können meinetwegen den Antrag ablehnen, wenn Sie absolut wollen. Aber wenn Klagen laut werden, übernehmen Sie die Verantwortung. – Es wird keine Klagen geben.

etw. **nicht laut werden lassen** form · not to reveal s.th.

... Ich hoffe und vertraue darauf, daß niemand aus unserem Kreis die Gegensätze, die in der Diskussion zutage traten, laut werden läßt. Wenn ein Außenstehender davon erführe ...

Laute: unartikulierte Laute ausstoßen ugs · to utter inarticulate sounds tr

... Was sagt er? – Der Mann ist stockbesoffen und stößt ein paar unartikulierte Laute aus, die kein Mensch verstehen kann. ...

läuten: j. **hat (von)** etw. **läuten hören** *ugs* · s.o. has heard s.th. about s.th., s.o. has heard mention of s.th.

Man hat mir erzählt, daß wir ... Hast du auch davon läuten hören? – Ja, vage habe ich davon gehört; aber genaues weiß ich nicht.

j. **hat es/hat's läuten hören, aber nicht zusammen schlagen** *ugs selten* · s.o. has heard something about s.th. but he doesn't know anything definite

... Nein, genaue Auskunft kann er dir natürlich nicht geben. Er hat es wohl läuten hören, aber nicht zusammen schlagen.

bei jm. **läutet es** *ugs* · + s.o.'s ears are/... burning

Hat es bei dir gestern abend nicht geläutet, Alfons? – Nein. Warum? – Die Ursel und ich haben den ganzen Abend über dich gesprochen. – So, so. Hoffentlich bin ich nicht allzu schlecht weggekommen.

Lautstärke: mit/(auf/in) voller Lautstärke anstellen/laufen haben/... *Radio usw* · to turn s.th. on to maximum volume, to play (music/radio/...) at full blast/at full volume/...

Junge, du kannst doch abends um elf Uhr das Radio nicht in voller Lautstärke laufen lassen! Stell' es auf Zimmerlautstärke!

Law-and-Order-Typ: ein Law-and-Order-Typ (sein) *path selten* · (to be) a law and order type

... 'Ordnung' – 'Polizei' – 'scharfe Maßnahmen' – 'durchgreifen', das sind die Vokabeln, die diesem Law-and-Order-Typ einfallen, wenn es darum geht, mit den Fußballkrawallen fertigzuwerden.

Lawine: wie eine/(gleich einer) Lawine brach das Unglück über sie herein/... *path* · + the country/... was overwhelmed by a series/... of disasters

Die Inflationsraten, die innenpolitischen Auseinandersetzungen, die sozialen Spannungen, alles das braute sich immer mehr zusammen, bis schließlich alle Dämme rissen und das Unglück wie eine Lawine über das Land hereinbrach: es gab Schießereien, Tote ...

(mit etw.**) eine Lawine lostreten** *ugs – path* · to start an avalanche

Mit seiner Bemerkung, ein solcher Posten sei für einen solchen Mann doch sehr aufreibend, hat der Feldkamp eine Lawine losgetreten. Plötzlich kommt von allen möglichen Seiten die Forderung, den alten Lössel durch eine junge Kraft zu ersetzen. – Dabei hat der Feldkamp das gar nicht so gemeint!

eine Lawine kommt ins Rollen *path* · + to start to snowball

... Rechtzeitig muß man die Gruppen, die auf Gewalt ausgehen, isolieren. Wenn die Lawine erst einmal ins Rollen kommt und an allen Ecken und Enden Gewalttätigkeiten ausbrechen, ist es für demokratische Maßnahmen zu spät.

(wie) von einer Lawine überrollt werden *path* · to be overwhelmed by s.th.

... Wie von einer Lawine wurde das Land dann plötzlich von einer mächtigen nationalistischen Strömung überrollt. Es gab Aufstände gegen die Zentralregierung, Ausschreitungen gegen Minderheiten ...

Lazarus: (so) arm wie Lazarus sein *path selten* – (so) arm wie Job sein · to be as poor as Job

leb': leb'/lebt/leben Sie wohl! · goodbye!

Leb' wohl, Klaus! Bis Weihnachten! – Tschüß, Agnes. Mach's gut! Bis Weihnachten!

lebe: so wahr ich lebe! *path* – so wahr mir **Gott** helfe! · as sure as I am alive, as sure as I am standing here

Lebehoch: ein Lebehoch auf jn. **ausbringen** *veraltend selten* – ein **Hoch** auf jn. ausbringen · to give three cheers for s.o.

Lebemann: ein (richtiger/...) Lebemann (sein) · (to be) a real/... playboy, (to be) a bit of a rake

Der Kunze läßt sich auf seine alten Tage noch recht gut gehen. Frauen, teure Autos, schicke Klamotten ... – Ja, der Kunze war schon immer ein richtiger Lebemann.

leben: damit/mit dieser Regelung/... kann ich/er/der Otto/... leben *ugs* · I/he/... can live with it/that/..., I/he/... find that/it/s.th./... O.K./acceptable/all right/...

... Und? Wie ist der Prozeß ausgegangen? – Der Alfons muß ein Viertel des Schadens ersetzen. – Nun, das ist zwar mehr, als er erwartet hat, aber damit kann er leben. Es hätte schlimmer kommen können.

flott leben *ugs* – (eher:) ein flottes **Leben** führen · to be fast-living

(so) (ganz) (allein) für sich (dahin-)leben/(arbeiten/...) – (so) (ganz) (allein) für **sich** (dahin-)leben/(arbeiten/...) · to live all on one's own, to be all on one's own, to lead a hermit's life

spartanisch leben *hist – path* · to lead a spartan life

Was sagst du: der Kurt lebt spartanisch?! Herrlich! Wenn der spartanisch lebt, dann bin ich ein Arbeitstier und nage am Hungertuch. Der weiß doch gar nicht, was Knappheit, Einschränkung, Zucht überhaupt ist!

noch/nicht mehr/**... lange zu leben haben** · to (still/...) have a long time/... to live, not to have long/much longer/... to live

... Zu heilen ist diese Krankheit nicht, Herr Doktor? – Nein, Frau Berger. Wenn ich Ihnen eine andere Antwort gäbe, würde ich lügen. – Und wie lange hat mein Mann noch zu leben?

nicht ohne jn. **leben können** · not to be able to live without s.o.

Der Konrad kann ohne die Annemarie nicht mehr leben. – Ist er so stark in sie verliebt oder ist er so unselbständig? – Wohl beides.

jn. **leben lassen** *ugs* – jm. das **Leben** schenken (2) · to spare s.o.'s life

leben und leben lassen · live and let live

»Diese Leute, die selber nicht zu leben wissen und, voller Ressentiment, den anderen dauernd Vorhaltungen machen, sind unausstehlich«, rief er. »Da lob' ich mir meinen Schwiegervater: der weiß das Leben zu nehmen, wie es kommt, und läßt auch die anderen genießen. Leben und leben lassen, das ist seine Devise.«

nicht leben und nicht sterben können *path* · not to be able to live and not to be able to die *tr*

Mein Gott, jetzt liegt dieser Mann schon mehr als drei Jahre gelähmt im Bett. Entsetzlich, so dahinzuvegetieren, nicht leben und nicht sterben zu können.

von etw. **nicht leben und nicht sterben können** *path* · + it's barely/only just/... enough to keep body and soul together

(In einer Diskussion über das 'soziale Netz':) Ich möchte dich mal von der Sozialhilfe existieren sehen! Davon kann man doch nicht leben und nicht sterben! – Es gibt Leute, die damit gut durchkommen. – Gut?!

Leben: es zu allerhand/viel/nichts/... bringen im Leben – es zu allerhand/viel/nichts/... **bringen** (1) · to achieve great things/a great deal/... in life, not to achieve much in life

es weit bringen im Leben – es zu allerhand/viel/nichts/... **bringen** (1) · to achieve something/great things/... in life, to do very well for oneself in life, to get on in life

es nicht weit bringen im Leben · not to get far in life, not to go a long way in life

Wer so wenig Wille und Energie wie der Werner hat, dürfte es im Leben wohl nicht weit bringen. – Das interessiert ihn auch nicht. Er ist kein Typ, der hoch hinaus will. Er will seine Ruhe.

so ist das Leben · that's life, that's the way the cookie crumbles *coll*

Unsere beiden Ältesten machen uns viel Freude. Aber der Jüngste – so etwas von Faulheit und Lethargie kannst du dir gar nicht vorstellen. – Ja, so ist das Leben. Man kann nicht überall Glück und Erfolg haben; die negativen Erfahrungen gehören auch dazu.

so ist das im Leben · that's the way it goes, that's life

... Ja, so ist das im Leben: erst hilft man den Leuten, und dann muß man sich gefallen lassen, daß sie einen hintenherum auch noch schlecht machen. Von Dank will ich ja schon gar nicht reden.

weit kommen im Leben (mit etw.) – weit **kommen** (im Leben) (mit etw.) · you/he/...'ll go a long way with these methods/that attitude/...

es kommt Leben in etw. · + to liven (s.th.) up, + to bring a breath of fresh air into s.th., + to breathe some life into s.th.

... Erst als der bekannte Kabarettist Polly Poll erschien, kam endlich Leben in die Gesellschaft. Bis dahin hatte man sich so recht und schlecht unterhalten, jetzt wurde es heiter und spritzig.

... **und koste es mein Leben!** *path* · even at the risk of my life, even if it kills me/costs me my life

... Ich muß die Kinder aus der Hand der Kidnapper befreien und koste es mein Leben! – Erich, sei' vernünftig! Mit deinem ungestümen Verhalten wirst du mehr verderben als gutmachen.

nie im Leben ... *path* · 1. 2. 3. 4. never in his/... life, 3. not on your nelly *sl*

1. Der hat noch nie im Leben jemandem geholfen! Aber wirklich: nie! Der denkt nur an sich, dieser Mann.

2. Nie im Leben würde ich einen solchen Umbau noch einmal machen. Wenn du wüßtest, was der mich für Nerven gekostet hat ...!

3. Dem Axel Depp Geld leihen? Nie im Leben! Jedem anderen, nur dem nicht – auf keinen Fall!

4. Nein, nie im Leben hat er eine solche Unehrlichkeit begangen. Ganz unmöglich! Da können sie alle behaupten, was sie wollen: zu einer solchen Unehrlichkeit ist der Anton gar nicht fähig.

das süße Leben · the good life, the sweet life

... Ja, jetzt hat das süße Leben ein Ende! In Deutschland wird wieder gearbeitet! Von wegen: den ganzen Tag am Strand liegen und abends Wein, Weib und Gesang!

noch am Leben sein *ugs* · 1. 2. to be still alive

1. Solange ich am Leben bin, Frau Scholz, brauchen Sie sich keine Sorgen zu machen; ich werde Ihnen immer helfen. – Das weiß ich, Herr Kreuder. Aber wenn Ihnen – was der Herrgott verhüte! – mal was zustoßen sollte ...

2. ... Mein Gott, er ist doch noch am Leben, der Junge? Die Rettung kam doch nicht zu spät? Er atmet doch noch?

nicht mehr am Leben sein · to be dead

Wie, der Ernst ist nicht mehr am Leben? – Nein, er ist im letzten Herbst gestorben. An einer Lungenembolie.

wenig/nichts/nicht genug/... zum Leben haben/verdienen/... · not to earn/have/... enough to live on

... Mit 1.900,– Mark müßte er doch eigentlich auskommen. Er beklagt sich immer: »In diesem Laden verdient man nicht einmal genug zum Leben!« ...

ein bequemes Leben haben · to have an easy life

Wenn ich so ein bequemes Leben hätte wie der Robert, würde ich wahrscheinlich auch nicht wissen, was Streß, Nervosität, Abgespanntheit ist.

ein lockeres Leben haben · to have a cushy life *coll*, to have a cushy time of it *coll*

... Der Wilhelm hat ein lockeres Leben! Der bekommt vom Papa jeden Monat einen dicken Scheck und braucht nicht neben dem Studium zu arbeiten. Da kann man es sich natürlich gutgehen lassen.

ein schönes Leben haben · to have a wonderful life

So ein schönes Leben wie du möchte ich auch mal haben: spät aufstehen, den halben Tag am Strand, die andere Hälfte Vergnügen, keinerlei Geldsorgen ...

ein zähes Leben haben · to be tenacious of life *lit*

Stimmt es, daß der alte Herr Schößl schon drei Herzinfarkte hatte? – Ja, das stimmt. Aber der Mann hat ein zähes Leben. Ich glaube, der würde noch einen vierten Infarkt überleben.

aus dem Leben abberufen/(abgerufen) **werden** *form selten* – **Gott ruft jn. zu sich** · + God calls s.o. to him

mit dem Leben abgeschlossen haben/(abschließen) *form* · to have finished with life, to regard one's life as finished *para*

... Ja, Vater hat mit dem Leben abgeschlossen. Seitdem er weiß, daß es Krebs ist, was er hat, merkt man, daß ihn nichts mehr richtig berührt, daß er sich auf den Tod eingestellt hat.

das Leben pulst in js. Adern/jm. in den Adern *path* · + s.o. is full of life, + s.o. is bursting with life

Es ist eine Wonne, die Raia zu beobachten. Der pulst das Leben in den Adern. So eine quicklebendige, spritzige Frau ist in diesem Städtchen eine große Ausnahme.

sein Leben auf dem Altar des Vaterlandes opfern *path veraltend selten* · to give one's life for one's country

Wieviel Millionen haben allein im letzten Krieg, allein bei uns, ihr Leben auf dem Altar des Vaterlandes geopfert? Und was hat der Tod so vieler Menschen bewirkt? Ist die Welt besser geworden?

ein neues Leben anfangen – ein neues **Leben** beginnen · to start a new life

sein Leben aushauchen *path* · to breathe one's last

... Kurz bevor er, von einer Kugel tödlich getroffen, sein Leben aushauchte, vertraute er seinem Kameraden noch ein Geheimnis an ...

wie das ewige/blühende Leben aussehen *ugs* · to look as if one will live for ever, to look as if one will last for ever

Der Wilhelm sieht nach wie vor wie das ewige Leben aus! ... Sag' mal, Wilhelm, wie machst du das eigentlich? – Was? – Andere Leute sehen auch mal schlecht aus, blaß; man merkt ihnen an, daß sie älter werden ... Aber du ...!

sein Leben (als Bettler/...) beenden · 1. to end one's days as a beggar/..., to end up a beggar/..., 2. to take one's life, to commit suicide

1. ... Ich kann doch nicht bis zu meinem Tod den Kindern wer weiß was für Gelder geben! Sie wissen doch, daß ich keinerlei Altersversicherung habe! Manchmal scheint mir, einige Leute hier hätten am liebsten, wenn ich mein Leben als Bettelstab beenden würde.

2. vgl. – (u. U. euphem:) sich das **Leben** nehmen

ein neues Leben beginnen · to start a new life

... Ja, ich bin nach München umgezogen. In Köln hatte sich alles festgefahren, sowohl beruflich als auch familiär. Ich habe vor, alles mit frischem Mut neu anzupacken. – Du willst also ein neues Leben beginnen? – Genau.

sein Leben als Rentner/Handlungsreisender/... **beschließen** *form* · to end one's life as a pauper/pensioner/...

... Gut, du willst dir mit 55 Jahren kein Bein mehr ausreißen, das ist verständlich. Aber du möchtest doch dein Leben nicht als verarmter Mann beschließen! Deine beruflichen Pflichten wirst du also schon noch zehn Jahre erfüllen müssen.

etw. mit dem/seinem Leben bezahlen · 1. 2. to pay for s.th. with one's life

1. Ihren Sieg über die Aufständischen bezahlten die Truppen mit dem Leben zahlreicher Soldaten. Es fielen mehr als 5.000 Mann.

2. Seine unerschrockenen Aussagen vor dem Revolutionstribunal bezahlte er mit seinem Leben. 24 Stunden nach Abschluß des Prozesses wurde er erschossen.

Leben in etw. bringen · to liven s.th. up, to put life into s.th.

Meine Güte, ist das ein lahmes Fest! Entweder wir bringen jetzt ein bißchen Leben da rein oder wir gehen nach Hause. So eine langweilige Veranstaltung ist doch nicht auszuhalten!

jn. ums Leben bringen *eher: jn. umbringen* · to kill s.o.

... Aber die Kidnapper haben das Mädchen doch nicht ums Leben gebracht? – Man weiß noch nicht, ob das Kind getötet wurde oder nicht.

Leben in die Bude bringen *sal* · to liven things up *coll*, to liven up the joint, to shake things up *coll*

Mensch, ist das eine stinklangweilige Geburtstagsfeier! Karli, Schorsch, holt mal eure Ziehharmonika! Wir müssen mal ein bißchen Leben in die Bude bringen. – Jubel, Trubel, Heiterkeit, was? – Ja, so ist das ja zum Weglaufen!

mit dem Leben davonkommen · to escape with one's life

... Wie man von der Front wieder nach Hause kam, Junge, das war nebensächlich; die Frage war: ob. Man war froh, wenn man mit dem Leben davonkam.

sein/(das) Leben (für jn./etw.) dransetzen – seine **Haut** für jn./etw. riskieren (1) · to risk one's neck for s.o./s.th., to risk one's life for s.o./s.th.

das Leben wie einen Dudelsack ansehen/... *sal* · to treat life as a game/a lark *n*

Der Michael sieht das Leben wie einen Dudelsack an, scheint mir. Dem ist egal, ob er im Büro gut angeschrieben ist oder schlecht, ob seine Arbeit sinnvoll ist oder nicht, ob er viel verdient oder wenig ... So etwas von Sorglosigkeit, ja Hampelei ist mir noch nicht begegnet.

jn. ins Leben einführen *form selten* · to introduce a young person/... into society/the world/...

Früher konnte man ein Mädchen oder einen Jungen auf einem Ball, einem Fest mehr oder weniger offiziell ins Leben einführen. Aber heute?

ins ewige Leben eingehen *form selten* – **Gott** ruft jn. zu sich · to enter into eternal life

e-r S. **Leben einhauchen**/(einflößen) *form – path* · to breathe new life into s.th.
Wir müssen diesen schönen Grundsätzen Leben einhauchen. Bisher steht das alles nur auf dem Papier. Wenn es uns gelingt, die Pläne in die Wirklichkeit umzusetzen … *path*

e-r S. **neues Leben einhauchen** *form – path* · to breathe new life into s.th.
… Entweder machen wir Schluß oder wir hauchen dem ganzen Sozialdienst hier neues Leben ein! In diesem jämmerlichen Trott arbeite ich hier jedenfalls nicht weiter mit.

sein **Leben für** jn./etw. **einsetzen** – (eher:) sein **Leben** (für jn./etw.) in die Schanze schlagen · to risk one's life for s.o./s.th.

seinem **Leben ein Ende machen** – sich das **Leben** nehmen · to commit suicide, to end it all

jn. **künstlich**/… **am Leben erhalten** *form* · to keep s.o. alive artificially
… Natürlich erlaubt es die Medizin heute, zahllose Menschen, die früher gestorben wären, mit allen möglichen Mitteln und Methoden noch lange am Leben zu erhalten. Es fragt sich nur, ob das ein lebens- oder menschenwürdiges Leben ist. – Wer entscheidet das?

etw. **zu neuem Leben erwecken** *form – path* · to revive s.th., to resurrect s.th.
… Meinst du wirklich, man könnte die alten Volkslieder wieder zu neuem Leben erwecken? Das glaub' ich nicht. Die Zeiten sind andere. – Wenn man sie im Radio, Fernsehen, auf Platten bringt. – So vielleicht – ein bißchen! Aber nicht als lebendiges Liedgut.

js. **Leben hängt an einem seidenen**/(dünnen) **Faden** – an einem seidenen/(dünnen) **Faden** hängen (1) · + it is touch and go with s.o./in s.th., s.o.'s life is hanging by a thread

wissen, wie man mit dem Leben fertig wird · to know how to cope with life
Der Onkel Hermann läßt sich so leicht nicht unterkriegen. Der weiß, wie man mit dem Leben fertig wird. Auch in äußerst schwierigen Situationen behält er die Nerven und die Übersicht.

das nackte **Leben fristen** *path* · to scrape a living, to eke out an existence, to make a bare living
Bei dem Hungerlohn, den er nach Hause bringt, können sie allenfalls das nackte Leben fristen. Für Nebenausgaben bleibt da kein Pfennig; ja, das Allernotwendigste können sie kaum davon bezahlen.

sein **Leben mit** Nachhilfestunden/… **fristen** *path* · to scrape a living by giving private lessons/…
… Ja, früher war er in der Tat ziemlich vermögend. Aber in den letzten Jahren fristete er sein Leben mit Gelegenheitsarbeiten und schlecht bezahlten Übersetzungen. Einige ernste Krankheitsfälle in der Familie hatten ihn in eine Notlage gebracht, aus der er dann nie mehr herauskam.

ein **armes**/üppiges/verschwenderisches/wüstes/einsames/… **Leben führen** · to lead a luxurious/extravagant/wild/lonely/… life
… Wenn man von klein auf ein üppiges Leben geführt hat, kann man sich im Alter natürlich nur schwer daran gewöhnen, an allem zu sparen.

ein **faules Leben führen** · to lead an idle existence
So ein faules Leben wie der Manfred möchte ich auch mal führen. Nur für drei Monate! Der tut doch wirklich nichts, dieser Kerl!

ein **flottes Leben führen** *ugs* · to be a fast liver
Ja, das stimmt schon, der Hansgert führt in seiner Junggesellenbude ein flottes Leben, um das ihn manche beneiden. – Ich weiß gar nicht, woher er das Geld nimmt für all die Feten, all die geselligen Abende, die Vergnügen, die Freunde und Freundinnen …

ein **freies Leben führen** · to live a free life
… Wer sich in Brasilien derart daran gewöhnt hat, finanziell, räumlich, sexuell .., kurz in jeder Hinsicht ein völlig freies Leben zu führen, findet sich in dieser Enge hier natürlich schwer zurecht.

ein **gottgefälliges Leben führen** *path od. iron* · to live a life pleasing to God
Ob der Kurt ein gottgefälliges Leben geführt hat oder nicht, kann ich nicht sagen, da ich in die Maßstäbe des lieben Gottes nicht eingeweiht bin. Was ich aber ganz sicher weiß: er hat immer sein Bestes gegeben.

ein **großes Leben führen** *selten* – auf großem **Fuß(e)** leben · to live in great style

ein **königliches Leben führen** *path* · to lead the life of Riley *coll*, to live like a king
… Um die beiden brauchst du dir keine Sorgen zu machen, die sind glücklich und führen ein königliches Leben. Geld genug haben sie, Geschmack auch …

ein **lustiges Leben führen** · to lead a merry life
Seit ihrer Heirat vor vier Jahren führen die beiden ein unbeschwertes, ja ein lustiges Leben. Sie verstehen sich gut, feiern gern …

ein **schönes Leben führen** · 1. 2. to lead a fine life
1. Bei seinem Gehalt ist es natürlich leicht, ein schönes Leben zu führen. – Es gibt zahllose Leute, die nicht dazu fähig sind, das Leben zu genießen, auch wenn sie Geld genug haben.
2. Dies alte Ehepaar führt wirklich ein schönes Leben: ausgeglichen, besinnlich, innerlich heiter; voller Verständnis füreinander und für andere … So ein in sich gerundetes, glückliches Dasein sieht man heute kaum noch.

ein **zurückgezogenes Leben führen** · to lead a retired life
… Nach seiner Pensionierung führte der Kanzler ein sehr zurückgezogenes Leben. Nur selten sah man ihn noch in der Öffentlichkeit …

jm. sein **Leben zu Füßen legen** *path selten* · to lay one's life at s.o.'s feet
Es ist heute halt nicht mehr Mode, seiner Angebeteten sein Leben zu Füßen zu legen. – Das war doch früher wohl auch eher in bestimmten Theaterstücken als in der Wirklichkeit Mode.

sein **Leben für** etw./(jn.) **geben** *form – path* – sein **Leben** für jn./etw. hingeben · to give one's life for s.o./s.th.

(mitten) aus dem Leben gegriffen sein · to be taken from real life
… Die Gestalten seiner Romane sind mitten aus dem Leben gegriffen. In all seinen Werken findest du nicht eine einzige Figur, bei der du nicht den Eindruck hättest, sie könnte dir jeden Tag leibhaftig über den Weg laufen; keine Person, deren Probleme nicht auch die unseren sind.

vom **Leben schwer geprüft sein** *form – path od. iron selten* · to have been sorely tried by life
Wie ein vom Leben so schwer geprüfter Mann wie der Holthes immer so heiter sein kann! Der Mann hat mit 45 seine Frau verloren; zwei seiner drei Söhne sind im Krieg gefallen … – Vielleicht ist er gerade durch das Leid – durch diese Prüfungen, wie man früher sagte – innerlich so frei geworden.

plötzlich/unerwartet/(…) **aus dem Leben gerissen werden**/(mitten aus einem tätigen/(schaffenden)/…) Leben gerissen werden *path* · to be suddenly/unexpectedly/… snatched from the midst of life
(Ein älterer Herr zu einem Enkel:) Wie alt man wird, Kind, das weiß kein Mensch. Der eine ist kerngesund und wird plötzlich durch einen Unfall oder eine tückische Krankheit aus dem Leben gerissen; der andere ist von klein auf kränklich und wird 80, 90 Jahre alt.

etw. **für sein Leben gern tun** · 1. 2. to adore (doing) s.th.
1. … Pudding ißt die Magret für ihr Leben gern; davon kann sie fünf, sechs Teller futtern.
2. Der Maxl schwimmt für sein Leben gern./Schwimmen tut er für sein Leben gern, der Maxl.

so etwas …/einen solchen …/… sein ganzes **Leben/in seinem ganzen Leben noch nicht gesehen haben** · I/(…) have/… never seen anything like it/such … in my/(…) life
… So einen Esel habe ich das ganze Leben/in meinem ganzen Leben noch nicht gesehen! Ob du glaubst oder nicht: dieser Otto Wolters ist der größte Schafskopf, der mir bis heute begegnet ist!

ein Leben wie Gott in Frankreich führen *ugs veraltend* – leben wie **Gott** in Frankreich · to be in clover, to lead the life of Riley

am Leben hängen · to cling to life
Unsere Großmutter ist schon über achtzig, aber sie hängt noch sehr am Leben. Die will noch nicht sterben!

ins Leben hinaustreten *form – path selten* – ins **Leben** treten (2) · to go out into the world

sein Leben kümmerlich/(jämmerlich/...) hinbringen (mit etw.) *form – path selten* · to lead a pathetic/miserable/tedious life, to eke out a meagre existence
... Statt sein Leben mit diesen elenden Steuerberechnungen derart kümmerlich in diesem Landratsamt hinzubringen, sollte der Onkel Alfons Reisen machen, die Welt sehen, Bücher schreiben ...! Geld hat er doch genug!

sein Leben für jn./etw. **hingeben** *path* · to give one's life for s.o./s.th.
Ihren Mann und ihre Kinder liebt sie über alles. Sie würde ihr Leben für sie hingeben, wenn es sein müßte.

jm. **das Leben zur Hölle machen** · to make life hell for s.o.
In seiner Haut möchte ich nicht stecken. Seine Frau macht ihm das Leben wahrhaft zur Hölle. Daß er das überhaupt aushält! – Er will die Kinder nicht im Stich lassen. Sonst wäre er schon längst getürmt.

js. **Leben verlöscht so still wie eine Kerze** *form* · + to fade quietly/... like a candle *para*
(Aus einem Brief:) »... Nach langer Krankheit ist unsere Großmutter heute nacht sanft entschlafen. Sie hat ihr schweres Leiden immer gefaßt und ruhig ertragen, und ebenso gefaßt und ruhig war auch ihr Tod: ihr Leben verlosch wie eine Kerze.

gut/... durchs Leben kommen · to get by all right/... in life
... Es braucht doch nicht jeder vom frühen Morgen bis zum späten Abend nur zu schuften, wie Vater. Solange der Robert gut durchs Leben kommt, gibt's doch keinen Grund zur Kritik. Ich verstehe dich nicht, Mutter!

ums Leben kommen *auch: umkommen* · to lose one's life, to die
... Sein Vetter ist auf tragische Weise bei einem Badeunfall ums Leben gekommen.

jn. **das Leben kosten** · to cost s.o. his life
... Sein verwegenes Tauchunternehmen hat ihn das Leben gekostet. – Wie, er ist dabei tödlich verunglückt?

sein Leben lang ... – zeit seines **Lebens** ... · all one's life, throughout one's life

jn. **am Leben lassen** *ugs* – jm. das **Leben** schenken (2) · to spare s.o.'s life

sein Leben für jn./etw. **lassen** (müssen) *path* · to give one's life for s.o./s.th., to die for s.o./s.th.
Wenn jemand sein Leben für das Vaterland/für seine Landsleute gelassen hat, sollte man wenigstens erwarten, daß seine Familie gesichert ist. Aber nicht einmal das ist in allen Ländern der Fall.

sein eigenes Leben leben · to live one's own life, to lead one's own life
... Laß den Jungen doch die Dinge so entscheiden, wie er es für richtig hält, Berta! Er ist inzwischen alt genug. Jeder muß schließlich sein eigenes Leben leben. – Ich will ihm doch nur helfen. – Das weiß ich. Aber seine Kriterien sind nun einmal nicht die seiner Eltern.

(tu/tut/... **das (nicht)!/...), wenn dir dein/**euch euer/(...) **Leben lieb ist!** *ugs* · do/don't do/... that /... if you value your life!
... Ich sage dir nur eins: wenn dir dein Leben lieb ist, halte dich aus der Affäre heraus! – Das klingt ja gefährlich! – Die Witzchen werden dir schnell vergehen, mein Lieber, wenn du dich da einmischst!

sich ein schönes Leben machen · to enjoy life, to live the good life
Wenn ich die Möglichkeiten hätte, die der Albert hat – Geld, ein Gut, viele Freunde und Freundinnen ... –, dann würde ich mir auch ein schönes Leben machen. Er wäre doch blöd, wenn er das Leben nicht genießen würde.

jm. **das Leben sauer machen** *ugs* · 1. to make s.o.'s life a misery, 2. to make life difficult for s.o.
1. Man wirft dem Wallmann vor, daß er seine gehobene Stellung dazu mißbraucht, den Untergebenen, die er nicht mag, das Leben sauer zu machen. Stimmt das? – Gut behandelt er die Leute nicht gerade ...
2. vgl. – (eher:) jm. das **Leben** schwer machen

jm. **das Leben schwer machen** · to make life difficult for s.o.
(Der Vater zur Tochter:) Ja, Ursel, wenn du die erste Klausur schon schlecht geschrieben hast, wird man ja wohl davon ausgehen müssen, daß du das Examen nicht bestehst. (Die Mutter zum Vater:) Aber Bert, nun mach' dem Kind das Leben doch nicht noch schwerer (als es sowieso schon ist)! Sie grämt sich doch schon genug wegen dieses verdammten Examens.

hoch soll er/sie leben, hoch soll er/sie leben, drei Mal hoch! *Feierlied, zum Geburtstag usw.* · three cheers for ...
... So, und jetzt singen wir zu Ehren unseres Geburtstagskindes: »Hoch soll er leben, hoch soll er leben, drei Mal hoch!« Prost, Anton! Prost, Anton! ... Herzlichen Glückwunsch! ...

sein Leben meistern *ugs – path* · to be able to cope with life, to come to grips with life
... Der Junge hat in zahllosen Situationen bewiesen, Willi, daß sein Leben meistert. Ich sehe also keinen Grund, sich um seine Zukunft so viele Sorgen zu machen.

jm. **das Leben nehmen** *euphem selten* – jn. ums **Leben** bringen · to take s.o.'s life

sich das Leben nehmen · to take one's life, to commit suicide
Wußtest du, daß sich der Karl das Leben genommen hat? – Was? Der Karl Haussmann? Der hat – sich umgebracht? Was war denn passiert?

in seinem ganzen Leben (noch) nicht ... – nie im **Leben** ... (1) · not (yet) in his whole life ...

das/etw. **hätte** j. **(von** jm.) **im Leben nicht/nie gedacht/**angenommen/erwartet/... *path* · 1. 2. I/we/(...) would never have thought/expected/...
1. Ich hätte im Leben nicht gedacht, daß er zu einer solchen Unehrlichkeit fähig wäre.
2. Eine solche Unehrlichkeit hätte ich von ihm im Leben nicht erwartet.

sein Leben für jn./etw. **opfern** – sein **Leben** für jn./etw. hingeben · to give one's life for s.o./s.th.

jm. **das Leben zur Pein machen** *path veraltend selten* · 1. to make s.o.'s life a misery, 2. to make s.o.'s life hell
1. vgl. – jm. das **Leben** zur Qual machen
2. vgl. – (u.U.) jm. das **Leben** zur Hölle machen

in js. **Leben gibt es einen dunklen Punkt** · there is a dark chapter in s.o.'s life
... Hältst du den Kröpke etwa nicht für einen Ehrenmann? – Doch, an sich schon – wenn es auch in seinem Leben einen dunklen Punkt gibt. – Einen dunklen Punkt? Was meinst du damit? – Er hat als junger Mann an einem Banküberfall teilgenommen. Aber ...

jm. **das Leben zur Qual machen** *path* · 1. to make s.o.'s life a torment, to make s.o.'s life a misery, 2. to make life hell for s.o.
1. ... Sein Tod war eine Erlösung, Paula! Die entsetzliche Krankheit machte ihm das Leben doch immer mehr zur Qual.
2. vgl. – (u.U.) jm. das **Leben** zur Hölle machen

(nur/...) das nackte Leben retten *path* · to escape with one's life
... Ihr Haus brannte bis auf die Grundmauern ab. Sie selbst konnten nur das nackte Leben retten. Außer der Kleidung, die sie anhatten, verloren sie alles.

sein Leben riskieren · 1. 2. to risk one's life, 2. to risk one's neck
1. Wer diese Piste hier herunterfährt, riskiert sein Leben. Ganz egal, wie sicher einer auf Skier ist: wer hier herunterrauscht, muß damit rechnen, als Leiche da unten anzukommen.

2. vgl. – **Kopf** und Kragen riskieren

sein Leben für jn./etw. **riskieren** – seine **Haut** für jn./etw. riskieren (1) · to risk one's life for s.o./s.th.

etw. ins Leben rufen *form* · to bring s.th. into being, to establish s.th., to found s.th.
Um die Ausbildung junger Musiker in dieser Stadt zu fördern, riefen einige musikbegeisterte Industrielle eine Stiftung ins Leben, die jedes Jahr einen Musikwettbewerb organisiert und den jeweiligen Siegern ein Stipendium gibt.

sein Leben (für jn./etw.) **in die Schanze schlagen** *path* · 1. 2. to risk one's life for s.o./s.th.
1. Für seine Freunde tut der Walter alles; für die schlägt er sein Leben in die Schanze, wenn es sein muß.
2. ... Er hat sein Leben für eine bessere Rechtsstellung der Schwarzen in die Schanze geschlagen. Wenn er sich nicht mit diesem rückhaltlosen Engagement, ja mit Todesverachtung für sie eingesetzt hätte, wären die Zustände hier noch genauso wie vor dreißig Jahren.

aus dem Leben scheiden *form* – seinen/den **Geist** aufgeben (2) · to depart this life

freiwillig aus dem Leben scheiden *form* · 1. to seek death, to depart this life of one's own free will *para*, 2. to take one's life, to commit suicide
1. Wie krank die Menschen auch sind – die meisten wollen nicht sterben. – Wer scheidet schon freiwillig aus dem Leben? ...
2. vgl. – sich das **Leben** nehmen *form – euphem*

jm. das Leben schenken · 1. to give birth to s.o., 2. to spare s.o.'s life
1. ... Diese Frau hat acht Kindern das Leben geschenkt, acht Kinder in den schweren Kriegs- und Nachkriegszeiten großgezogen. Das müßt ihr bedenken, wenn ihr über sie urteilt! *form*
2. (Die Partisanen zu den Gefangenen:) Wenn ihr auf unserer Seite weiterkämpft, schenken wir euch das Leben. Sonst werdet ihr erschossen! Ihr habt zehn Minuten, euch zu entscheiden!

sich (so) durchs Leben schlagen *ugs* · 1. to struggle through, 2. to get by, to struggle along
1. Es ist beeindruckend, wie tapfer sich dieses alleinstehende Mädchen durchs Leben schlägt!
2. vgl. – (eher:) sich (so) **durchschlagen**

ein Leben führen wie im Schlaraffenland *ugs selten* – (eher:) leben wie im **Schlaraffenland** · to live in the land of Cockaigne, to live in the land of milk and honey, to lead the life of Riley

mit dem Leben Schluß machen *ugs* · 1. to take one's (own) life, 2. to have finished with life
1. vgl. – (eher:) sich das **Leben** nehmen
2. vgl. – (eher:) mit dem **Leben** abgeschlossen haben/(abschließen)

bei dem Leben seiner Mutter/... schwören *path* – **Stein** und Bein schwören · to swear on one's mother's deathbed that ...

sein Leben an etw. **setzen** *path selten* · to devote one's whole life to s.th.
... Wenn jemand buchstäblich sein Leben daran setzt, ein Buch zu schreiben, Erich, ist das anzuerkennen – auch wenn einem das Buch oder die Thematik nichts sagt. – Ich finde es einfach lächerlich, für nichts anderes als für ein Wörterbuch zu leben.

das Leben hinter sich haben · to have (most of/...) one's life behind one
Der Onkel Bertolt hat gut reden, der hat das Leben hinter sich; der braucht sich mit seinen 76 Jahren um den Umweltschutz natürlich keine Gedanken mehr zu machen. Aber wenn man das Leben noch vor sich hat, wie wir, dann sieht das anders aus.

das Leben noch vor sich haben · to have one's life before one
Du hast das Leben doch noch vor dir, Junge; du brauchst doch nicht alle Länder in deiner Jugend kennenzulernen. Wohin fährst du denn dann, wenn du mal älter bist?

sein Leben für jn./etw. **aufs Spiel setzen** – seine **Haut** für jn./etw. riskieren (1) · to risk one's life for s.o./s.th.

mit seinem/(dem) Leben spielen · to risk one's life
Junge, bleib' von den Klippen weg! Du spielst mit deinem Leben, wenn du da drauf gehst! Es genügt, daß eine Welle höher schlägt als die anderen und dich mitreißt – da gibt's keine Rettung mehr!

(und/aber) wie das Leben so spielt – (und) wie es der **Zufall** (manchmal) (so) will · as chance will have it, as chance would have it

(noch/...) voller Leben stecken · to be (still/...) full of life
Der Onkel Peter ist zwar nicht gerade mehr jung und auch mit der Gesundheit hapert es manchmal; aber er steckt voller Leben. Wenn alle jungen Leute so viel Energie und Vitalität hätten ...

(mitten) im Leben stehen – ≠ nicht im **Leben** stehen · to know what life is all about

nicht im Leben stehen · 1. 2. not to know what life is about, not to be involved in real life/the real world, not to have one's feet on the ground
1. »Der Hauptnachteil des Lehrerberufs«, meinte er, »ist doch immer wieder, daß diese Leute nicht im Leben stehen. Schule – Gymnasium – Universität – Schule: das ist ihr Lebensweg. An dem, was man normalerweise 'Leben' nennt, gehen sie vorbei.«
2. Man merkt ihm doch an, daß er nicht im Leben steht. All seine Gedanken sind ein wenig theoretisierend, gehen an den Problemen, die den Leuten heute auf den Nägeln brennen, vorbei.

im öffentlichen Leben stehen · to be in public life
Wenn man wie der Kai im öffentlichen Leben steht, muß man, ob man will oder nicht, ständig auf dem Laufenden, immer tip top angezogen, stets wach und auf der Hut sein. Da kann man sich nicht einen so beschaulichen Lebensstil leisten wie ihr Philologen.

zum Leben zuwenig, zum Sterben zuviel haben/verdienen/... *path* · to have scarcely enough to live on
Wieviel hat er im Monat, 450,– Mark? – Ja, ganze 450,– Mark – zum Leben zuwenig, zum Sterben zuviel. – Allerdings! Das reicht ja nicht einmal für das Allernotwendigste.

etw. mit dem Leben sühnen *path veraltend* · to pay for s.th. with one's life
... Mein Gott, Lambert, nun laß doch die Monika wenigstens in Frieden unter der Erde ruhen! Sie hat das Unrecht, das sie euch angetan hat, doch mit ihrem Leben gesühnt! – Wie kommst du denn dadrauf? – Ohne ihre Gewissensbisse – und ihre Verbitterung – wäre sie nie ans Trinken gekommen, nie krank geworden, nie so früh gestorben. – Nennst du das 'sühnen'? – Lambert!

js. Leben zählt nur noch nach Tagen *path selten* · s.o. has only a few/... days/... to live
... Nein, da gibt's keine Rettung mehr. Sein Leben zählt nur noch nach Tagen. Wenn die Vorhersagen der Ärzte zuträfen, wäre er schon seit Monaten tot.

(so) durchs Leben tanzen *ugs selten* · to take life lightly
Der Michael hat überhaupt gar keine Zielvorstellungen! Ich weiß gar nicht, was der sich denkt! Der tanzt (so) durchs Leben, als wenn das Ganze eine einzige Feier wäre!

ein Kampf/Krieg/Streit/...es steht zwischen Menschen/... auf Leben und Tod · 1. it is a fight to the death, 2. it is a life and death struggle, 3. to (soon) be mortal enemies
1. ... Ein Duell auf Leben und Tod – das gibt es heute ja gar nicht mehr. – Nein, aber noch im 19. Jahrhundert haben nicht wenige berühmte Leute so ihr Leben verloren.
2. ... Das ist ein Kampf auf Leben und Tod. Allen Ernstes: wer da unterliegt, muß damit rechnen, völlig ruiniert zu werden. Da gibt's kein Pardon.
3. Der Haß zwischen den beiden Teilhabern wird immer stärker. Wenn es so weitergeht, stehen die bald auf Leben und Tod miteinander.

es geht um/... Leben und Tod (bei/in/... etw.) *path* · it's/s.th. is a matter of life or death
... Bei dieser Auseinandersetzung geht es in der Tat um Leben und Tod. Die Partei, die unterliegt, muß damit rechnen, von den Siegern buchstäblich vernichtet zu werden ...

jn. **vom Leben zum Tod(e) befördern/**(bringen) *euphem od. sal* · to send s.o. to kingdom come, to launch s.o. into eternity

… Wie man das überhaupt aushalten kann, von Berufs wegen jemanden vom Leben zum Tode zu bringen! – Du bist kein Henker, brauchst niemanden hinzurichten, also …

über Leben und Tod entscheiden · to have the power of life and death over s.o.

… Unser Vater ist gegen die Todesstrafe, weil er der Meinung ist, daß sich kein Mensch das Recht anmaßen darf, über Leben und Tod zu entscheiden.

zwischen Leben und Tod schweben *path* · to hover between life and death

Schwebt Großmutter immer noch zwischen Leben und Tod oder ist sie aus der gefährlichen Phase endlich heraus? – Ich weiß nicht, wielange man nach einer solchen Operation mit dem Schlimmsten rechnen muß; doch ich glaube, sie hat das Ärgste überstanden.

jm. **nach dem Leben trachten** · to be out to kill s.o., to be after s.o.'s blood

Natürlich haben es die Widerstandskämpfer auf den Sturz der Regierung abgesehen. Aber daß sie dem Regierungschef deswegen nach dem Leben trachten, halte ich für Propaganda. Welchen Vorteil hätten sie davon, wenn sie ihn töteten?

js. **Leben und Treiben** *selten* · the way s.o. lives

… Ich kenne sein Leben und Treiben ja kaum; ich kann also gar nicht sagen, ob er ein Lebensgenießer ist oder nicht. Das einzige, was ich weiß: er ist völlig anders als die Funktionärstypen, die man sonst in der Politik antrifft.

das Leben und Treiben in/auf/bei/… · 1. 2. hustle and bustle

1. … Schon am frühen Morgen herrschte auf dem Markt ein geschäftiges Leben und Treiben. Wir hatten geglaubt, mehr oder weniger allein ungestört durch die Hallen schlendern zu können … weit gefehlt: um sechs Uhr war da ein Betrieb wie in der Stadt sonst um acht oder neun.

2. … Das ist ein unbeschwertes, heiteres Leben und Treiben auf dieser Insel. Man lebt in den Tag hinein, genießt die Sonne, das Meer; jeder plaudert mit jedem; Wirtschaft und Handel scheinen gleichsam von selbst zu laufen …

ins Leben treten *form – path* · 1. to come into being, 2. to go out into the world

1. Mit der Unterzeichnung der Gründungsakte ist die langgeplante Stiftung zur Förderung junger Musiker nun endlich ins Leben getreten. Wir wollen wünschen, daß sie die Aufgabe, die sie sich selbst gestellt hat, im Sinne der jungen Künstler, im Sinne auch der Allgemeinheit voll erfüllt!

2. … Als Schüler hat man zu diesen Dingen naturgemäß eine mehr oder weniger theoretische Einstellung. Wenn du ins Leben trittst, Junge – und bis dahin fehlen ja nur noch knapp zwei Jahre –, wirst du bald feststellen, daß die Prinzipien eine Sache, die Realitäten eine andere sind.

in js. Leben treten *form – path* · to enter s.o.'s life, to come into s.o.'s life

… Seitdem diese Frau in sein Leben getreten ist, schimpfte sie, ist der Ulli nicht mehr der alte. – Natürlich nicht! Aber muß er immer der gleiche bleiben? Warte doch erst einmal ab, wie sich der – überaus starke – Einfluß, den die Frau Mertens auf ihn ausübt, auf längere Sicht auswirkt.

sich fürs/(für das) **Leben verbinden** *form od. iron selten* – den **Bund** fürs/(für das) Leben schließen · to enter into the bond of marriage, to take marriage vows

jm. **das Leben verderben** · to ruin s.o.'s life

… Diese Frau verdirbt ihm das Leben! Wenn es ihm nicht gelingt, sich von ihr zu lösen, ist seine Zukunft verpfuscht.

sein Leben (so) teuer (wie möglich) verkaufen *path* · so sell one's life as dearly as possible

Trotz der hohen zahlenmäßigen Überlegenheit der Feinde leisteten unsere Truppen einen heroischen Widerstand. Jeder einzelne verkaufte sein Leben so teuer wie möglich/hat sein Leben so teuer wie möglich verkauft. Dieser tapfere Widerstand ermöglichte es dem Oberkommando, eine zweite Front aufzubauen …

sein/(das) **Leben verlieren** – ums **Leben** kommen · to lose one's life

js. **Leben ist verloschen/**(verlöscht) *form selten* · 1. to expire, + to depart this life, 2. to pass away peacefully

1. … Wie eine Kerze ist ihr Leben verloschen – langsam, ruhig, sanft. Ein schöner Tod!

2. vgl. – (eher:) sanft/(sanft und selig) **entschlafen**

am Leben verzweifeln · to despair (of life)

Wenn man sieht, wie der eine kaputtmacht, was der andere aufbaut, könnte man am Leben verzweifeln. – Seinen inneren Halt, Gerd, darf man nicht in diesem Leben suchen, sonst verzweifelt man wirklich.

sein Leben für jn./etw. **wagen** – seine **Haut** für jn./etw. riskieren (1) · to risk one's life for s.o./s.th.

durchs Leben wandern *veraltend selten* · to treat life as a passing phase

… Es ist halt nicht jedermanns Art, wie der Heinz-Paul so durchs Leben zu wandern, wie man eine Bergwanderung macht – frohgemut, den Sinn nach oben gerichtet, von allem Irdisch-Kleinlichen innerlich frei!

sein Leben jm./e-r S. **weihen** *path selten* · to dedicate one's life to s.o./s.th.

… Ein Mann, der sein Leben der Kirche geweiht hat, kann wohl nicht anders sprechen als er. Für uns, die wir laizistisch denken, ist das schwer nachzuvollziehen – wie unsere Gedanken wahrscheinlich für ihn.

sein Leben jm./e-r S. **widmen** *form – path* · 1. 2. to devote one's life to s.o./s.th., 3. to dedicate one's life to s.o./s.th.

1. … Er widmet seit langem sein Leben den Armen. An etwas anderes denkt er gar nicht mehr.

2. … Sie widmet ihr Leben der Kunst; dafür opfert sie alles.

3. vgl. – (eher:) sein **Leben** jm./e-r S. weihen

jm. **ans Leben wollen** *ugs* · to be out for s.o.'s blood, to try to kill/to assassinate/… s.o. *n*

(Während einer Revolutionsphase in einem Land:) Warum sollte es Leute geben, die den alten Gutsbesitzern ans Leben wollen? – Aus Neid und aus ideologischen Motiven! Während solcher revolutionärer Umwälzungen gibt es immer einige Hitzköpfe, die die Reichen 'ausmerzen' wollen.

etw. **mit dem/seinem Leben zahlen** – etw. mit dem/seinem **Leben** bezahlen · to pay for s.th. with one's life

jn. **nach dem Leben zeichnen** *form* · to draw s.o. from life

(Aus einer Buchkritik:) Ein durch und durch gelungener Roman! Jede einzelne Figur ist getreu nach dem Leben gezeichnet! Nichts von Ideologie, nichts Künstliches, nichts von Moralisiererei! Ein ganz großartiges Werk, das sich halten wird!

am Leben zerbrochen sein · to have been broken by life

… Nicht seine Eltern sind schuld, daß er heute ein gebrochener Mann ist, und auch seine Frau nicht! Die Verantwortung kann man überhaupt keinem Einzelnen zuschreiben – auch ihm selbst nicht. Der Rolf ist am Leben zerbrochen – für das er nicht stark genug war.

jn. **wieder ins Leben zurückrufen/**(rufen/zurückbringen) *path od. iron* · to bring s.o. back to life

Der Junge dürfte zehn Minuten, wenn nicht mehr, unter Wasser gewesen sein, und wir alle hatten ihn verloren gegeben. Aber dem Engelbert gelang es in der Tat, ihn durch künstliche Atmung nach mehr als einer halben Stunde wieder ins Leben zurückzurufen.

lebend: bring'/brinGt/…/… mir den/die/… – **lebend oder tot** *path* · bring me/… s.o. dead or alive

(Aus einem Kriminalfilm:) Hast du gehört, was der Sheriff seinen Leuten da sagte: »Schafft mir diesen Mörder herbei – lebend oder tot!« Wir wollen mal sehen, wie es diesen Leuten nun gelingt, den Gangster zu schnappen.

Lebenden: es von den Lebenden nehmen *ugs selten* – es von den **Lebendigen/**(vom Lebendigen) nehmen · s.o. makes his customers/… pay through the nose, s.o. fleeces his customers/…

die Lebenden und die Toten *geh* · the living and the dead, the quick and the dead *rel*
Jahrhundertelang predigte die Kirche eine Gemeinschaft unter den Lebenden und den Toten. Mit welchem Echo?

nicht mehr unter den Lebenden/(Lebendigen) weilen *path od. iron* – nicht mehr am **Leben** sein · to be no longer with us/ in the land of the living/among the living/…

Lebendigen: es von den Lebendigen/(vom Lebendigen) nehmen *ugs* · + it's daylight robbery (what s.o. charges), s.o. rips his customers off something rotten *sl*, s.o. fleeces his customers
Was kostet dieser Becher? – 56,– Mark. – 56,– Mark? Meine Güte! Sie nehmen es aber von den Lebendigen! Schon 40,– Mark hätte ich teuer gefunden.

Lebens: der Mann/die Frau/(…) meines/… Lebens *path od. iron* · my/… ideal man/woman/(…)
Die Erika schwebt mal wieder im siebten Himmel. 'Endlich hat sie den Mann ihres Lebens gefunden!'… – Sie hat halt ein vielfältiges Leben – alle paar Monate ein neuer Mann für die Ewigkeit! – Du spottest – aber du hast recht!

ein Mann/(eine Frau/…) des öffentlichen Lebens (sein) *form* – ein **Mann** des öffentlichen Lebens (sein) · to be a public figure, to be in the public eye

zeit seines Lebens · all his life, throughout his life
Zeit seines Lebens hat er für seine Kinder getan, was er nur konnte! Und der Dank? Daß er im Alter jetzt allein dasteht.

sich seines Lebens freuen · to enjoy life, to be glad to be alive
Diskutier' und mäkel' doch nicht an allem und jedem herum, Mädchen! Freu' dich deines Lebens und laß auch die anderen so froh und glücklich sein, wie es ihnen gegeben ist!

seines Lebens nicht mehr froh sein/werden (können) · not to enjoy life any more
… Schuld hatte er an dem Unfall natürlich nicht, und in dem Prozeß wurde er ja auch freigesprochen, obwohl das Kind, das er angefahren hat, an den Folgen starb. Aber Schuld hin, Schuld her: nach einer solchen Sache wird man seines Lebens natürlich nicht mehr froh.

des Lebens Mai *path veraltend selten* · the springtime of one's life
… Wann hört für dich des Lebens Mai auf, Bernd? – Morgen! – Komm', im Ernst! – Ich sage doch, morgen! Ich werde morgen 40.

seines Lebens nicht (mehr) sicher sein können · + one's life is at risk, one has to fear for one's life
In dieser Stadt kann man seines Lebens ja nicht mehr sicher sein! Selbst im Stadtpark treiben sich neuerdings dunkle Gestalten mit Pistolen herum.

des Lebens überdrüssig sein *form selten* · to be tired of life, to be weary of life
Früher hatte die Frau Schiebke eine sehr lebensbejahende Art. Doch ihre schwere Krankheit hat sie des Lebens überdrüssig werden lassen. Manchmal habe ich das Gefühl, sie bereitet sich innerlich schon auf ihren Tod vor.

Lebensart: (keine) Lebensart haben *form* · to have (no) style, to have (no) savoir-faire
… Nein, direkt unhöflich kann man ihn nicht nennen. Er hat keine Lebensart – er weiß einfach nicht, was sich gehört, wie man sich in bestimmten Situationen zu verhalten hat, wie man mit anderen umgeht …

Lebensaufgabe: sich etw. zur Lebensaufgabe machen *form* · to make it one's life's work to do s.th.
Wenn es sich jemand zur Lebensaufgabe gemacht hat, krebskranken Kindern zu helfen, muß er sehr viel Kraft und Güte haben. Meinst du nicht auch? – Ja. Wer das nicht hat, widmet sein Leben leichteren und heitereren Dingen.

Lebensende: bis an sein/ihr/(zu seinem) Lebensende · to/until the end of his/… life
… Ja, der Bankrott seiner Firma stürzte ihn danach in riesige Schulden, und aus diesen Schulden kam er bis an sein Lebensende nicht mehr heraus.

Lebensfaden: jm. den Lebensfaden abschneiden *selten* · 1. to cut s.o.'s thread of life *rare*, to deprive s.o. of his reason for living *para*, 2. to send s.o. to kingdom come *sl*, to launch s.o. into eternity *sl*
1. Wenn sie dem Rottloff die Führung der Partei abnehmen, schneiden sie ihm den Lebensfaden ab. Dann ist das ein gebrochener Mann; denn diese Funktion gibt seinem Leben Halt und Sinn.
2. vgl. – jn. vom **Leben** zum Tod(e) befördern/(bringen)

Lebensfreude: vor Lebensfreude strotzen *ugs* · to be full of the joys of life, to be full of joie de vivre
So etwas an Frohsinn und Heiterkeit wie bei der Renate findet man selten. Das Mädchen strotzt vor Lebensfreude.

Lebensgefahr: (schon/wieder) außer Lebensgefahr sein – ≠ in **Lebensgefahr** schweben · to be out of danger, to be off the critical list *hospital*

etw. mit/unter Lebensgefahr tun *form* · to risk one's life doing s.th., to do s.th. at the risk of one's life
… Wenn jemand ein Kind unter Lebensgefahr aus dem Meer geholt hat, sollte man eigentlich Anerkennung und Dankbarkeit erwarten! Wer riskiert schon sein eigenes Leben für fremde Personen?

jn./sich in Lebensgefahr bringen *form* · to risk one's life, to put one's/s.o.'s life at risk
… Bitte, fahre etwas zurückhaltender, Alex! Durch deine riskanten Überholmanöver bringst du dich und andere ständig in Lebensgefahr.

in Lebensgefahr schweben *form* · to be in danger of dying, to hover between life and death *lit*, to be in a critical condition
… Er ist schwer verletzt, sagst du? Aber er schwebt doch nicht in Lebensgefahr? – Wie mir der Arzt sagte, muß man leider mit dem Schlimmsten rechnen.

Lebensgeister: seine Lebensgeister auffrischen/(wecken) *ugs* · to pep o.s. up, to revive one's spirits
… Ach, bin ich heute matt! Bevor ich jetzt noch zu dem Vortrag gehe, muß ich meine Lebensgeister erstmal wieder auffrischen. Zunächst nehm' ich jetzt mal ein Wechselbad …

js. Lebensgeister sind wieder erwacht *ugs* · s.o.'s spirits have revived, s.o. has bucked up, s.o. has come to life again
… Ach, sieh da, unsere Ulrike sagt auch wieder was! Sind deine Lebensgeister wieder erwacht? Ich dachte schon, du würdest jeden Moment einschlafen, so abgeschlafft saßt du da.

Lebensgröße: in (voller) Lebensgröße abbilden/… *oft iron* · to paint a lifesize portrait of s.o./to take a lifesize photograph of s.o./…
… Du wirst die Susanne doch jetzt nicht in Lebensgröße malen lassen – wie so ein Mitglied einer Königsfamilie! …

Lebenslagen: in allen Lebenslagen/(jeder Lebenslage) zurechtkommen/… · to be able to cope in every (conceivable) situation
… Den Hanspeter kannst du überall hinschicken und mit jeder Aufgabe betreuen, der kommt in jeder Lebenslage zurecht.

Lebenslicht: jm. das Lebenslicht ausblasen/auspusten/auslöschen *iron od. sal* · to snuff out s.o.'s life
… Mit einem einzigen Schlag hat der Räuber dem Bäuerlein das Lebenslicht ausgeblasen. – Aber wollte er den Bauern töten, Papa? – Die Frage dürfte sich kaum gestellt haben. Es kam halt so.

js. Lebenslicht ist verloschen/(verlöscht) *form selten* · 1. s.o.'s spark of life has been extinguished 2. to pass away peacefully
1. vgl. – js. **Leben** ist verloschen/(verlöscht)
2. vgl. – (eher:) sanft/(sanft und selig) **entschlafen**

Lebenslüge: (mit) **eine(r) Lebenslüge** (leben/...) · to live a lie, to live under an illusion about one's life

(Aus einer zeitkritischen Diskussion:) Ja, ja, meinte der Albert plötzlich, halb resigniert, halb belustigt: die Lebenslüge ...! Wer lebt schon frei von Selbsttäuschung, von Betrug an sich und den andern ...?! Seit mehr als hundert Jahren ein unerschöpfliches Thema bürgerlicher Kulturkritik, wachgehalten von einer Menge von 'Philosophen'. Alles lachte mal wieder schallend.

lebensmüde: du bist/er/der Karl ist/... **wohl lebensmüde!** *sal* · you/he/John/... must be tired of life

(Auf einer Wanderung:) Du willst diesen steilen Abhang runterklettern, Olaf? Du bist wohl lebensmüde! – Das ist doch nicht gefährlich! – Nein, gar nicht!

Lebensmut: keinen Lebensmut (mehr) haben · not to have the courage to go on living (any more)

... Ist das ein Wunder, wenn er keinen Lebensmut mehr hat? Oder würdest du anders reagieren, wenn du erfahren würdest, daß du unheilbar krank bist?

(wieder) neuen Lebensmut schöpfen · to take new heart, to find the strength to live

Na, wenn die Operation Gott sei Dank noch früh genug kam, wird der Berthold ja wohl hoffentlich wieder Lebensmut schöpfen. Er war derart deprimiert in den letzten Monaten ...

Lebensnerv: jn. **in/an seinem Lebensnerv treffen** *path* · to shatter s.o., to cut s.o. to the quick

Die Untreue seiner Frau hat den Franz in seinem Lebensnerv getroffen. Sie war die letzte Person, auf die er noch baute. Ob er sich von diesem Schlag je wieder erholt, ist fraglich.

Lebensregel: etw. **ist eine goldene Lebensregel** · s.th./it is a golden rule in life

... Früh ins Bett und früh heraus – das ist eine goldene Lebensregel! Hält er sich in der Tat immer an diesen prächtigen Grundsatz?

sich etw. **zur Lebensregel machen** · to make it one's rule in life to do s.th., to make a point of doing s.th.

... Die Dietlinde hat es sich zur Lebensregel gemacht, sich von niemandem Geld zu leihen. Wenn sie etwas nicht bezahlen kann, verzichtet sie darauf. Von dieser Regel weicht sie nicht ab.

Lebensunterhalt: seinen Lebensunterhalt von/mit etw. **bestreiten** *form* · to earn a livelihood/living

... Gut, gut, daß junge Leute unabhängig sein wollen, ist nicht neu. Aber wovon wollt ihr denn euren Lebensunterhalt bestreiten? Die Gertrud hat doch, soweit ich weiß, genauso wenig einen Beruf wie du. Irgendwovon müßt ihr doch leben!

seinen Lebensunterhalt verdienen · to earn a/one's living

Der Paul verdient seinen Lebensunterhalt seit Jahren von Gelegenheitsarbeiten. – Und wenn er mal keine Arbeit hat, wovon lebt er dann?

sich seinen Lebensunterhalt sauer verdienen müssen *ugs* – (sich) sein **Brot** sauer/(bitter) verdienen (müssen) · to (have to) work hard to earn a living

(sich) seinen Lebensunterhalt selbst verdienen (müssen) – (sich) sein **Brot** selbst verdienen müssen · to have to pay one's own way, to have to earn one's own living

Lebenswandel: einen einwandfreien/... Lebenswandel führen *form* · to lead an irreproachable/... life

Wie kann ein Mensch, der immer einen äußerst korrekten Lebenswandel geführt hat, von einem Tag auf den anderen zum Terroristen werden?

Lebensweise: die sitzende Lebensweise *form* · a/the sedentary life

... Natürlich habe ich zugenommen. Wie willst du das bei einer sitzenden Lebensweise denn vermeiden? – Beweg' dich mehr, mach' Sport! – Und woher nehm' ich die Zeit dazu?

Lebenswerk: etw. **ist** js. **Lebenswerk** *path* · to be s.o.'s life's work

»Dieses Gut«, sagte sie, »ist das Lebenswerk meines Mannes! Dafür hat er Jahrzehnte drangesetzt.«

Lebenszeichen: ein/kein Lebenszeichen von sich geben · (not) to show a sign of life

Hast du in letzter Zeit mal wieder was von dem Paul Drescher gehört? – Nein! Seitdem er von hier weggezogen ist, hat er kein Lebenszeichen mehr von sich gegeben.

Lebenszeit: (zum Präsidenten/...) **auf Lebenszeit ernannt/... werden** *form* · 1. to be elected/... lifetime president/..., 2. to be appointed/... a permanent civil servant

1. Hast du schon gehört: der Dr. Reinhart ist von der Ballettakademie zum Ehrenpräsidenten auf Lebenszeit gewählt worden.

2. Beamter ist man wohl immer auf Lebenszeit, oder gibt es auch einen Beamten für eine bestimmte Anzahl von Jahren?

Leber: etw. **frißt/nagt** jm. **an der Leber** *path selten* · s.th. is preying on s.o.'s mind

Der Gerd wird von Monat zu Monat stiller und enttäuschter. Irgendwann wird er in diesem Laden noch krank. – Diese ewige Intrigerei nagt ihm an der Leber; umso mehr, als er in seiner Stellung ja mit niemandem über diese Dinge sprechen kann.

sich etw. **von der Leber reden (müssen)** *ugs* – (eher:) sich etw. vom **Herzen** reden (müssen) · to (have to) get s.th. off one's chest

frei/frisch von der Leber weg sagen/erzählen/... *ugs* – frank und frei (sagen, was man denkt/fühlt/...) · to say frankly/ openly (what one thinks)

Leberwurst: die beleidigte/(gekränkte) Leberwurst spielen *sal* · to be in a huff *coll*, to get huffy *coll*, to sulk *n*

Guck' dir die Berti an: nur weil ich gesagt habe, ihr Kleid könnte ein wenig kürzer sein, sitzt sie da jetzt in der Ecke und schmollt. Spielt die immer so leicht die gekränkte Leberwurst?

Lebewohl: jm. **Lebewohl sagen** *form* · to bid s.o. farewell, to bid s.o. adieu

... Als ich ihm am Bahnhof Lebewohl sagte, standen ihm die Tränen in den Augen. Warum fiel ihm der Abschied denn diesmal so schwer?

lebt: man lebt *ugs* · 1. 2. mustn't grumble, not too bad

1. Tag Wolfgang. Was macht die Kunst? – Danke. Man lebt.

2. Wenn man den Ernst fragt, wie es ihm geht, antwortet er immer »man lebt«, als wenn er Angst hätte zuzugeben, daß es ihm blendend geht.

j. lebt und stirbt für etw. *path* · to live and die for s.th.

Die Bettina lebt und stirbt für Tennis. Wenn sie könnte, wie sie wollte, würde sie nichts anderes machen, an nichts anderes denken.

es lebt und webt (im Wald/...) (vor/(...)) *path veraltend selten* · it is teeming with life

(Auf einer Wanderung:) Das ist noch ein Wald, hier! Es lebt und webt vor Vögeln, Hasen, Eichhörnchen ... – und Ameisen kribbeln und krabbeln überall herum!

Lebtag: all sein Lebtag ... *path selten* – zeit seines **Lebens** · throughout s.o.'s life

seinen Lebtag (noch) nicht ... *path* – nie im **Leben** (1) · never (yet) in his life, never (yet) in all his born days

eine Strafe/..., **an die sich** j. **sein Lebtag erinnern wird/an die er sein Lebtag denken wird** *ugs* – *path* · a thrashing/... s.o. will remember for as long as he lives/for the rest of his life/ for the rest of his days

Wenn der Junge sich nochmal seiner Oma gegenüber eine solche Frechheit erlaubt, verpaß ich ihm eine Tracht Prügel, an die er sein Lebtag denken wird.

Lebzeiten: zu Lebzeiten von jm./+Gen. · in s.o.'s day

Zu Lebzeiten unserer Großeltern war es undenkbar, daß ein Mädchen nackt im Meer badete. – Die breite Masse badete zu jener Zeit überhaupt nicht.

auf Lebzeiten zum Präsidenten/... **ernannt/... werden** *form selten* – (eher:) (zum Präsidenten/...) auf **Lebenszeit** ernannt/... werden · to be elected/... president/... for life

leck': **leck' mich (doch)!** *euphem vulg* – leck' mich am/(im) **Arsch** · get stuffed!, fuck me!, fucking hell!, Christ!

sich auf den Leck'-mich-am-Arsch-Standpunkt stellen *vulg* · to take an I'm all right Jack/I don't give a shit/a couldn't care less/... attitude

... Natürlich kann man es den jungen Leuten heute gut nachfühlen, wenn sie das Gefühl haben, es lohne sich gar nicht, sich für politische Probleme einzusetzen. Und doch kann man nicht gutheißen, wenn sich jemand einfach auf den Leck-mich-am-Arsch-Standpunkt stellt. Ob man will oder nicht: man kann diesen Problemen gar nicht gleichgültig gegenüberstehen; betroffen davon ist doch jeder.

Leckerbissen: **ein** (richtiger/...) **Leckerbissen** (für jn.) **(sein)** · (to be) a tasty morsel, (to be) a delicacy

... Diese Schweinshaxe ist wirklich ein Leckerbissen. So ein prächtiges Stück Fleisch haben wir seit Monaten nicht gegessen.

Leckermaul: **ein Leckermaul/(Leckermäulchen) (sein)** *ugs* · to have a sweet tooth

Ist ein 'Leckermaul' und ein 'Schleckermaul' eigentlich dasselbe, Mutti? – Nein, Kind. Ein Leckermaul ißt gern gute und besonders gern süße Sachen, ein Schleckermaul nascht gern. – Doch auch Süßigkeiten und leckere Sachen? – Natürlich.

Leder: **zäh wie Leder sein** *Fleisch ugs* · to be as tough as old boots

Dieses Steak kann man gar nicht essen, das ist zäh wie Leder. – Wenn du das mit deinen prächtigen Zähnen nicht durchkriegst, brauch' ich das ja erst gar nicht zu versuchen.

am Leder bleiben *Fußball ugs* – am **Ball** bleiben (1) · to stay on the ball

jm. **ans Leder gehen** *ugs selten* · to go for s.o., to attack s.o.

... Keine Sorge! Wenn der Mann dem Franz wirklich ans Leder geht, wird er sein blaues Wunder erleben. Der Franz war früher Boxer. Wenn der den schlägt, haut er ihn k.o.

jm. **das Leder gerben** *ugs selten* – (eher:) jm. das **Fell** versohlen · to tan s.o.'s hide

schuften/arbeiten/draufhauen/zuschlagen/..., was das Leder hält *ugs selten* · 1. to give it everything one has got, to hit/... s.o. for all one is worth, 2. to work/... like mad, to work like billy-o

1. ... Heute lieben wir die sog. anti-autoritäre Erziehung, Peter. Schon eine Ohrfeige gilt als Mißhandlung. Früher schlugen die Eltern drauf, was das Leder hielt. Wie in anderen Dingen sind wir auch hier von einem Extrem ins andere gefallen.

2. vgl. – schuften/arbeiten/... wie ein **Berserker**

jm. **auf dem Leder knien** *veraltend selten* · to keep on and on at s.o., to put pressure on s.o.

... Nur weil ihm sein Vater ein ganzes Jahr lang auf dem Leder kniete, hat der Rolf seine Diplomarbeit fertiggekriegt. Der alte Herr hat ihn mit allen Mitteln unter Druck gehalten und zum Arbeiten gezwungen.

das Leder reinmachen/(...) *Fußball o.ä. ugs* · to score, to put the ball in the net

... In der 40. Minute gelang es den Kölnern erneut, das Leder reinzumachen. Sie gingen mit einer Führung von 2 : 0 in die Halbzeit.

jm. **aufs Leder rücken** *ugs selten* – jm. auf den **Leib** rücken · to keep on at s.o., to wear s.o. out, to go on at s.o.

jm. **das Leder versohlen** *ugs selten* – (eher:) jm. das **Fell** versohlen · to tan s.o.'s hide

jm. **ans Leder wollen** *ugs* · 1. to be out to get s.o., to want to smash s.o.'s face in *sl*, 2. to have got it in for s.o.

1. ... Paß auf, Franz, der will dir ans Leder! – Ich werd' mich schon zu wehren wissen. Wenn der schlägt, schlage ich auch!
2. Paß auf, Ulrich, die wollen dir ans Leder! Dieser Brief ist tückisch. Gib acht, was du da antwortest! – Aber ich habe mich in der Sache doch völlig korrekt verhalten. – Mag sein. Aber die wollen dir ganz eindeutig an den Karren fahren, dich drankriegen.

(gegen jn./etw.) **vom Leder ziehen** *ugs* · 1. 2. to pull s.o. to pieces, to let fly at s.o./s.th., to slam s.o./s.th., to hit out at s.o./s.th.

1. Auf der Vorstandssitzung zog der Chef mal wieder gegen den Naumann vom Leder. Wenn man ihm glauben soll, ist der Naumann der dümmste Mitarbeiter, den es in der Firma je gab. – Wenn der Chef sich einmal jemanden aufs Korn genommen hat, dann läßt er kein gutes Haar mehr an ihm.
2. ... Er zog einmal wieder gegen die Exportabteilung/gegen den zurückgehenden Export vom Leder. Das könne nicht so weitergehen; das sei alles nur Schlamperei ...!

ledig: js./(e-r S.) **ledig sein** *veraltend selten* – jn./(etw.) **los** und ledig sein · to be free of s.o./s.th.

Lee: das Schiff/den Bug/... **nach Lee drehen**/wenden/... *form* · to turn the ship/bow/... to leeward

Drehen wir das Boot nach Lee, dann fahren wir mal schneller!

in Lee liegen/... *form* · to be on the lee side

... Wenn die Insel in Lee liegt, sind wir ja im Nu da. Mit dem Wind im Rücken brauchen wir höchstens eine halbe Stunde.

Leere: **ins Leere greifen**/schlagen/fallen/... · to clutch (the) air, to grasp at nothing

... Beide tappten wir da im Dunkeln herum. »Wo ist der Lichtschalter?« – »Da links!« – Ich fuhr mit der Hand in die angedeutete Richtung, aber griff ins Leere. – »Ich kann ihn nicht finden« ...

eine gähnende Leere herrscht in/auf/... *path* · there was a gaping void in/at/...

... Als wir um 19.30 Uhr in den Theatersaal gingen, herrschte noch gähnende Leere. Keine 50 Leute saßen da verstreut herum.

ins Leere starren/(stieren) · to stare into space, to have a blank expression

Wenn der Richard bei diesen offiziellen Feierlichkeiten da permanent ins Leere starrt, weiß man nie, ob er nur so tut, als wenn ihn das alles nichts anginge, oder ob er wirklich abwesend ist.

ins Leere zielen/(schießen) *selten* · to aim/to shoot/to fire/... nowhere in particular, to aim/to shoot/... at random

(Zu zwei Jungen, die von einem Abhang aus schießen:) Was hat das für einen Sinn, Jungens, einfach so ins Leere zu zielen? – Wir zielen nicht ins Leere, Herr Nöhring, wir versuchen, den Granitblock auf dem gegenüberliegenden Abhang zu treffen.

Leerlauf: **im Leerlauf fahren** *Auto usw.* · to coast

... Nein, gerade einen steilen Berg soll man nicht im Leerlauf herunterfahren, sondern den Motor (mit) als Bremse benutzen.

im Leerlauf laufen *Auto usw.* · to be idling, to be running, to let the engine run

Warum läßt du den Motor denn da wer weiß wie lange im Leerlauf laufen? Das macht doch nur Lärm und kostet unnötig Benzin. Wenn der Wagen steht, stellt man ihn ab.

leerlaufen: jn. **leerlaufen lassen** *Fußball usw.* · to send s.o. the wrong way, to sell s.o. a dummy, to wrong-foot s.o.

... Hast du das gesehen, wie der Tott den Gegner leerlaufen ließ? Eine herrliche Finte! Der andere rannte genau in die falsche Richtung.

Legalität: **(etwas) außerhalb der Legalität** *oft iron* · (slightly) outside the law, not quite legal

... Wenn sich ein Innenminister erlaubt, öffentlich zu sagen, bestimmte Entscheidungen der Regierung bewegten sich halt etwas außerhalb der Legalität, darf man sich doch nicht wundern, wenn kein Mensch die Gesetze mehr ernstnimmt.

legen: etw. **beiseite legen** · 1. to put s.th. aside *coll*, 2. to put s.th./money/... by/away for a rainy day *coll*

1. Wenn du den Schuckert momentan derart viel zu tun hast, mußt du deine Dissertation halt für einige Zeit beiseite legen. – Wenn ich daran nicht kontinuierlich arbeite, werd' ich doch nie fertig.
2. vgl. – (selten) etwas/Geld/... auf die hohe **Kante** legen

ein Baby/den Jungen/... trocken legen *form* · 1. to change a baby, to change a baby's nappies, 2. to drain marshes/..., to ban alcohol, to impose prohibition

1. ... Warte, ich muß eben noch unseren Ulrich trocken legen. Das ist im Nu gemacht. – Wieviel Mal wechselst du ihm die Windeln am Tag?

2. vgl. – jn./einen Sumpf/... **trockenlegen**

etw. e-r S. **zugrunde legen** – etw. e-r S. **zugrundelegen** · to base s. th. on s. th.

Legion: die Anzahl von .../... **ist Legion** *path selten* · they are/their number is/... legion

... Die Zahl der Eukalyptuspflanzungen scheint mir Legion in dieser Gegend. Das ist bestimmt schon die hundertste, die wir sehen.

zu Legionen kommen/... *path veraltend selten* · to come in droves *n*

... Ob die Ausstellung Erfolg gehabt hat? Und wie! Das war an manchen Tagen eine regelrechte Völkerwanderung. Zu Legionen kamen die Leute.

legst: da legst du/(legste) dich (lang) **hin**/(nieder) (und stehst nicht wieder auf)! *sal* – (da) legst du/(legste) die **Ohren** an! · strewth!, blimey!, fuck a duck!

Lehen: jm. ein Gut/... **zu Lehen geben** *hist* · to invest s.o. with a fief, to enfeoff s.o.

... ja, und der König gab dann einen großen Teil der von den Arabern eroberten Gebiete seinen Heerführern zu Lehen. – Das heißt: es gehörte ihnen, aber der König war der Lehnsherr, dem sie als Krieger zu dienen hatten?

Lehm: etw. **geht** jn. **einen feuchten Lehm an** *sal* – (eher:) etw. geht jn. einen **Dreck** an · it's/s. th. is none of s.o.'s damned business

Lehnseid: den **Lehnseid leisten/schwören** (auf jn.) *hist* · to swear an oath of fealty (to s.o.)

... Im Mittelalter leisteten die Krieger den Lehnseid auf den Feudalherrn; heutzutage leisten die Beamten den Eid auf den Staat! – Und das findest du dasselbe?

Lehramt: die Prüfung/... für/... **das Höhere/Mittlere Lehramt** machen/... *form* · the examination/... for secondary/junior/(...) school teachers

... Das Höhere Lehramt bedeutet: auf dem Gymnasium und gleichgeordneten Schulen lehren? Und das Mittlere? – Auf Mittelschulen, Berufsschulen usw.

Lehre: **eine bittere Lehre sein** (für jn.) *path* · to be a bitter lesson (for s.o.)

Er hatte den Vertrag unterschrieben, ohne ihn vorher gründlich zu lesen. Erst nachher stellte er dann fest, daß er weniger Rechte, weniger Geld und mehr Verpflichtungen hatte als sein Teilhaber. Das war eine bittere Lehre für ihn. Nie im Leben hat er wieder etwas unterschrieben, ohne es aufs sorgfältigste zu prüfen.

eine heilsame/(gute) Lehre sein (für jn.) *form – path* · to be a salutary lesson (for s.o.)

... Das ist überhaupt nicht schlimm, daß er in der Klausur durchgefallen ist. Ganz im Gegenteil: das ist eine heilsame Lehre für ihn. Da sieht er endlich mal, daß es ganz ohne Arbeit doch nicht geht.

in der Lehre sein (bei jm.) · to be serving an apprenticeship, to be doing an apprenticeship

Ist der Hartmut schon in der Lehre oder geht er noch zur Schule? – Seit einem halben Jahr etwa arbeitet er bei einem Tischlermeister (als Lehrling).

laß dir/laßt euch/... **das eine Lehre sein/das zur Lehre dienen!** *form – path* · let that be a lesson to you

... Diesmal habt ihr nochmal Glück gehabt: der Herr Krause gibt euch ein neues Formular und das alte, das ihr leichtsinnig unterschrieben habt, könnt ihr zerreißen. Aber laßt euch das zur Lehre dienen! Nie etwas unterschreiben, ehe man es sorgfältig studiert hat!

jn. **in die Lehre geben/schicken** (zu jm.) *form* · to make s.o. do an apprenticeship (with s.o.), to apprentice s.o. (to s.o.)

... Schick' den Jungen doch in die Lehre, wenn er in der Schule nichts tut. Es braucht doch nicht jeder das Abitur zu machen. Im Gegenteil: ein Handwerker, der sein Fach versteht, hat heute bessere Chancen als ein mittelmäßig begabter Abiturient.

in die Lehre gehen (bei jm.) *form* – in der **Lehre** sein (bei jm.) · to be apprenticed to s.o., to serve an apprenticeship with s.o.

j. **kann bei** jm. **noch in die Lehre gehen** *form – path* · s.o. could learn a thing or two from s.o./s. th., + s.o. could teach s.o. a thing or two

(In einem soziologischen Institut:) Der alte Pesch überholt? Von wegen! Bei dem können wir alle noch in die Lehre gehen! Auch von den ganz neuen Forschungsmethoden hat der mehr Ahnung als wir alle zusammen – um von der soliden klassischen Ausbildung ganz zu schweigen.

die/seine Lehre aus etw. **ziehen** *form* · to learn a lesson from s. th.

Wenn du jetzt schon zwei Mal den Zug verpaßt hast, weil du immer auf die letzte Minute von zuhause weggehst, würde ich (an deiner Stelle) daraus die Lehre ziehen und in Zukunft zeitiger weggehen.

lehren: **ich werde dich/euch/(...) lehren, so frech zu sein/...** *ugs* · I'll teach you/... to do s. th.

Wie ich höre, Georg, hast du eurer Klassenlehrerin schon wieder so freche Antworten gegeben! Ich werd' dich lehren, der Frau gegenüber so unverschämt zu sein! Wenn das noch einmal vorkommt, kriegst du eine Strafe, an die du noch lange denken wirst.

lehren und lernen · to teach and to do research, to teach and to study

Hältst du das 'Humboldt'sche Ideal', daß die Professoren zugleich lehren und lernen (sollen), in unserer Massenuniversität nicht auch für überholt? – Man lernt als Professor in der Forschung und in der Lehre. Das ergänzt sich. Aber es kommt natürlich auch auf die Art zu lehren an.

Lehrfach: **ins Lehrfach gehen/wollen** *form* · to want to be a teacher

Du sagst, euer Alois will ins Lehrfach? Er will ans Gymnasium? – Ja. – Und was für Fächer will er unterrichten?

Lehrgeld: **du kannst dir**/der Maier kann sich/... **dein**/sein/... **Lehrgeld wiedergeben lassen!**/laß dir/laßt euch/... **dein**/euer/... **Lehrgeld wiedergeben!**/der/der Maier/... **soll sich**/... **sein Lehrgeld wiedergeben lassen!** *ugs* · s.o. is not much good at his job

Das ist vielleicht ein Stümper, dieser Jünger! Der soll sich sein Lehrgeld wiedergeben lassen! Jetzt hat er die Maschine schon dreimal repariert, und sie geht immer noch nicht. Der versteht von diesen Maschinen nicht mehr als ein Laie wie ich, scheint mir!

(viel) Lehrgeld zahlen/(geben) (müssen) *form* · to have to learn the hard way

... Heute weiß der Leo, worauf er zu achten hat, wenn er so eine Vorstandssitzung vorbereiten muß. Aber er hat viel Lehrgeld zahlen müssen. Jahrelang wurde er auf jeder Sitzung – und nachher – von allen möglichen Seiten schärfstens angegriffen und kritisiert ...

Lehrmeister: in jm. **seinen Lehrmeister finden** *form – path* · to meet one's master (in s.o.)

Der Robert ist ein ausgezeichneter Tennisspieler, das wissen wir alle, aber in dem Quadflieg hat er seinen Lehrmeister gefunden. – Ist der wirklich noch besser?

Lehrplan: **auf dem Lehrplan stehen** · to be in the curriculum, to be on the syllabus

... Wenn die Materie auf dem Lehrplan steht, muß sie gegeben, ganz egal, ob er dafür oder dagegen ist. – Aber prüft das Kultusministerium denn, ob die Lehrer sich an den Lehrplan halten?

Lehrstuhl: **einen Lehrstuhl für Geschichte**/... **(inne-)haben** *form* · to hold the chair of history/..., to be a professor of history/...

Was für einen Lehrstuhl hat der Prof. Ingenkamp eigentlich genau? – Für Mittelalterliche Geschichte.

jn. **auf einen Lehrstuhl berufen**/auf ... berufen werden *form* · to offer s.o. a chair, to offer s.o. a professorship

... Wenn ich das richtig mitgekriegt habe, haben Sie den Döhring auf den 'Lehrstuhl für Anthropologie' an der Universität Bern berufen. – Wo war der Döhring bisher? – Er ist immer noch in Graz.

Leib: **bleib**/bleibt/... **mir**/uns/(ihm/...) **vom Leib mit** etw. *sal selten* – (eher:) bleib'/bleibt/... mir/uns/(ihm/...) vom **Hals** mit etw. · leave me/us/... in peace with s. th., don't bother me/us/... with s. th.

einen harten Leib haben *form selten* · to be constipated, to suffer from constipation
Das ist wirklich unangenehm, wenn man, wie die Oma, seitdem sie alt ist, so einen harten Leib hat. Wenn man jung ist, weiß man gar nicht, wie wichtig eine regelmäßige und komplikationslose Verdauung ist.

(vielleicht/...) ein Benehmen/eine Rücksichtslosigkeit/... **am Leib(e) haben** *ugs* · s.o. is bloody/... impolite/inconsiderate/...
... Diese jungen Leute haben vielleicht ein Benehmen am Leib! Für eine ältere Frau ist es in dieser Gegend fast unmöglich, zur Zeit des Berufsverkehrs mit der Straßenbahn zu fahren. Da muß man fürchten, von diesen Rüpeln zerquetscht zu werden. – Ist das wirklich so schlimm, Oma?

noch/seit/... nichts im Leib haben *ugs selten* – noch/seit/... nichts im **Bauch** haben · not to have had anything to eat (yet/since/...)

eine Wut/einen Zorn/(einen Ärger) **im Leib haben** (auf jn./ über etw.) *ugs* – (eher:) eine Wut/einen Zorn/(einen Ärger) im **Bauch** haben (auf jn./über etw.) · to be hopping mad, to be raging

sich etw. **am eigenen Leib absparen** *path* · to scrimp and save for s.th. *coll*
Er gibt so an mit seinem neuen Wagen! Wer ihn kennt, weiß, daß er sich ihn am eigenen Leib abgespart hat. Jahrelang hat er sich nicht einmal Butter aufs Brot gegönnt – nur, um sich einen Mercedes kaufen zu können.

der Leib Christi *rel* · the Body of Christ
... Wenn die katholische Kirche die Hostie als Leib Christi bezeichnet, dann heißt das, Rudi, daß sie damit das Mysterium der Vergegenwärtigung Christi in jeder 'Wandlung' des Brotes in der Messe ausdrückt.

etw. **am eigenen Leib erfahren**/erleben (müssen)/am eigenen Leib ..., was es heißt, zu ... *path* · to have first-hand experience of s.th.
Der Alfred ist den armen Leuten gegenüber so verständnisvoll und hilfsbereit, weil er in seiner Jugend am eigenen Leib erfahren hat, was es heißt, arm zu sein.

etw. **ist** jm. **auf den Leib geschnitten/geschneidert/zugeschnitten** · to be tailor-made for s.o., to suit s.o. to a tee *coll*
... Dieser Posten ist dem Hanspeter auf den Leib zugeschnitten! Endlich hat er eine Stelle, in der er all seine Anlagen voll entfalten kann! Das ist genau das, wonach er immer gesucht hat – maßgeschneidert.

jm. **wie/so richtig auf den Leib geschrieben sein** *Rolle* · to be tailor-made for s.o.
Der Bollner ist ein guter und vor allem ein vielseitiger Schauspieler. Aber keine Rolle spielt er so gut wie die des Marquis Posa in Schillers 'Don Carlos'. Die ist ihm so richtig auf den Leib geschrieben.

sich jn./(etw.) **vom Leib(e) halten** *ugs* – (eher:) sich jn./etw. vom **Hals** halten (1; a. 2) · to keep s.o. at arm's length, to keep s.o. off one's back, to keep o.s. free of s.th.

sich sein ganzes Geld/(...) **auf**/(an) **den Leib hängen** *ugs selten* · to put all one's money/... on one's back
Wenn ihr die Frau Scheuber so beobachte ..., mir scheint, die hängt sich ihr ganzes Geld an den Leib. Alle paar Wochen ein neues Kleid, neue Schuhe, dauernd neuer Schmuck ...

der Leib des Herrn *rel* – der **Leib** Christi · the Body of Christ

jm. **nur so am Leib herunterhängen**/(hängen) *Kleidung ugs* – *path* · s.o.'s clothes hang from him *tr*
Die Krimhilde erkennst du nicht wieder, so mager ist die nach ihrer Operation geworden. Die Kleider hängen ihr nur so am Leib herunter.

Leib und Leben wagen/riskieren *path selten* · 1. 2. to risk life and limb
1. vgl. – (eher:) sein **Leben** riskieren (1)

2. vgl. – **Kopf** und Kragen riskieren

seinen Leib pflegen *form veraltend selten* · to (like to/...) take it easy
(Rolf zu Bert:) Komm', und pack' doch mal mit an! – (Iris zu Rolf:) Ach, den brauchst du gar nicht zu fragen. Der pflegt seinen Leib. Wenn der etwas von Arbeit – oder gar von harter – Arbeit hört, wird ihm ganz unwohl.

jm. die Kleider/(...) **vom Leib reißen** *path selten* · 1. 2. to tear the clothes off s.o.
1. (In einem Gedränge vor dem Kartenschalter eine Rockkonzerts:) Dieses Gedränge und Geschubse ist ja unerträglich! Wenn man nicht aufpaßt, reißen die einem glatt die Kleider vom Leib.
2. vgl. – jm. die **Kleider** vom Leib reißen

jm. **auf den Leib rücken** *ugs* · to pester s.o. n, to go on at s.o. n
Herr Direktor Reichler, draußen steht ein Herr Pickler und will mit Ihnen sprechen. – Ach, rückt mir der Mann schon wieder auf den Leib! Der kommt jetzt zum fünften oder sechsten Mal wegen seines Sohnes. Ob wir den nicht einstellen können ...!

sich jn./etw. **vom Leib(e) schaffen** *sal – path selten* · to get rid of s.o./s.th. for s.o. n
(Ein Einkaufsleiter zu seiner Sekretärin:) Da kommt doch dieser Wirsch schon wieder, um einen Auftrag zu ergattern! Können Sie mir den Mann nicht vom Leibe schaffen – am besten für immer?! – Was soll ich ihm denn sagen? – Am besten sagen Sie ihm, daß wir für ein Jahrzehnt ausgebucht sind.

gesund an Leib und Seele (sein) · (to be) sound in mind and body
»Mens sana in corpore sano« sagten die Römer und meinten damit: der Mensch soll gesund sein an Leib und Seele, d.h. für beides sorgen: den Körper und den Geist.

mit Leib und Seele Künstler/... **sein** *path* · to be an artist/... heart and soul
Die Doris ist mit Leib und Seele Pianistin. Wenn sie am Klavier sitzt, existiert für sie nichts anderes mehr. Da blüht sie so richtig auf.

mit Leib und Seele etw. **tun** *path* · to give o.s. body and soul to s.th.
Der Roderich setzt sich mit Leib und Seele für die Armen in seinem Dorf ein. Tag und Nacht hat er für sie ein offenes Ohr; er kämpft für ihre Interessen bei den öffentlichen Instanzen; er bringt ihnen neue Arbeitsmethoden bei ... Einfach großartig!

mit Leib und Seele dabei/bei der Sache sein *path* · to put one's heart and soul into s.th.
Wenn er arbeitet, dann arbeitet er richtig. Dann ist er mit Leib und Seele bei der Sache. Aber wenn er abschaltet, schaltet er auch ebenso radikal ab.

jm. **mit Leib und Seele ergeben sein** *form path* · to be devoted body and soul to s.o., to be utterly/... devoted to s.o.
... Nein, Untreue ist bei der Berta gar nicht denkbar. Eine Frau, die ihrem Mann mit Leib und Seele ergeben ist, wie sie, denkt nicht an Seitensprünge.

jm. **mit Leib und Seele gehören** *form path* · to belong to s.o. body and soul
Eine Frau, die sich zur Ehe entschließt, so lernte man früher, hat ihrem Mann mit Leib und Seele zu gehören. – Das waren klare Grundsätze!

an Leib und Seele gesund sein · to be sound in mind and body
Mißt man die Menschen an dem Maßstab, daß jeder an Leib und Seele gesund sein sollte, ist der Anteil der 'Kranken' äußerst hoch. Dabei scheinen heute die psychisch Geschädigten einen immer größeren Prozentsatz auszumachen.

mit Leib und Seele an etw. **hängen** *path* · to be very/... attached to s.th., to be very/... fond of s.th.
Der Rolf hängt mit Leib und Seele an seinem Stück Land. Wenn er das einmal verlieren sollte, würde er sich in jedem Sinn 'verarmt' fühlen.

jm. **mit Leib und Seele verfallen sein** *path* – jm. mit **Haut und Haaren** verfallen (sein) · to be head over heels in love with s.o.

sich e-r S. **mit Leib und Seele verschreiben** *path* · to devote o.s. heart and soul to s.th., to devote o.s. wholeheartedly to s.th.

Sein Vater wollte aus ihm einen Rechtsanwalt machen. Aber er hat sich mit Leib und Seele der Malerei verschrieben. Sein Enthusiasmus für diese Kunst grenzt an Fanatismus.

(gut) essen und trinken hält Leib und Seele zusammen *ugs dir. R* · food and drink keep body and soul together

Eßt, Kinder, eßt, (gut) essen und trinken hält Leib und Seele zusammen! – Mach' dir mal keine Sorgen, Oma, in spätestens einer halben Stunde ist der Kuchen weg. – Dafür hab' ich ihn ja gebacken.

etw. **am eigenen Leib spüren**/(verspüren) (müssen)/am eigenen Leib spüren/(verspüren) (müssen), was es heißt, zu … – etw. am eigenen **Leib** erfahren/erleben (müssen)/am eigenen Leib …, was es heißt, zu … · to have first-hand experience of s.th., to be on the receiving end of s.th.

etw. **am eigenen Leib(e) zu spüren bekommen** · to experience s.th. first-hand

Der Detlev hat gut reden – »die Leute müssen Opfer bringen, damit es wieder aufwärts geht …«; er ist reich. Er müßte die Opfer am eigenen Leib zu spüren bekommen. Ich möchte sehen, was er dann sagen würde.

jn. **bei lebendigem Leib(e)**/(lebendigen Leibes) **verbrennen** *form – path* – lebendigen **Leibes** verbrannt/begraben/(…) werden · to burn s.o. alive

am ganzen Leib zittern – am ganzen **Körper** zittern · to be trembling all over

jm./e-r S. **zu Leibe gehen** *ugs* – (eher:) jm./e-r S. zu **Leibe** rücken (müssen) · to (have to) tackle s.th.

jm./e-r S. **zu Leibe rücken** (müssen) *ugs* · 1. to (have to) tackle s.o., to (have to) get on to s.o. about s.th., 2. to (have to) tackle s.th., to (have to) do s.th. about s.th.

1. So ohne weiteres wird er dir bestimmt nicht sagen, warum er die Arbeit nur mit 'ausreichend' zensiert hat. Du mußt ihm schon energisch zu Leibe rücken. – Ich kann ihn doch nicht zwingen! – Zwingen nicht! Aber du kannst ihn bedrängen, ihm klarmachen, wenn er dich nicht informiere, sähest du dich leider gezwungen, die Arbeit vom Prüfungsausschuß revidieren zu lassen …
2. Dieser Unsitte, daß die Leute dauernd zu spät zum Dienst kommen, müssen wir zu Leibe rücken. Mit aller Schärfe müssen wir dagegen vorgehen. *seltener*

gesegneten/(schweren) **Leibes sein** *form path veraltend selten* – ein **Kind** unter dem Herzen tragen/(haben) · to be with child

lebendigen Leibes verbrannt/begraben/(…) **werden** *form – path veraltend selten* · to be burnt/buried/… alive

… Gut, daß die Menschen bei lebendigem Leibe verbrannt wurden, das kennen wir u.a. aus der Inquisition. Aber begraben? – Das ist auch schon vorgekommen.

js. **Leib- und Magenspeise sein** *path* · s.th. is s.o.'s favourite dish, s.th. is s.o.'s favourite food

Mama, was gibt's denn morgen zu Mittag? – Morgen gibt's deine Leib und Magenspeise. – Ah, Wiener Schnitzel! Super! Wiener Schnitzel eß ich für mein Leben gern!

Leibeserben: keine Leibeserben hinterlassen *form* · to die without issue, to have no heirs of the body

… Er hat keine Kinder, keine anderen erbberechtigten Angehörigen? – Nein, er wird keine Leibeserben hinterlassen. Deshalb will er sein Vermögen einer wohltätigen Stiftung vermachen.

Leibeskräften: aus Leibeskräften schreien/brüllen/… · to shout/scream/… for all one is worth

… Aus Leibeskräften schrie sie um Hilfe. Aber so laut sie auch schrie: ihre Rufe verhallten ungehört im Sturm.

Leibesvisitation: eine Leibesvisitation vornehmen *form* · to strip-search s.o. *n*

… Auch ein drolliger Ausdruck: 'eine Leibesvisitation vornehmen' – 'den Leib besuchen', nur um zu sagen, daß man dich ausnieht, um zu prüfen, ob du verbotene Sachen bei dir hast.

Leibhaftige: aussehen wie der Leibhaftige *path veraltend selten* – wie der leibhaftige **Teufel** aussehen · to look like Old Nick himself

es scheint, ihm/ihr/dem Maier/… ist der Leibhaftige begegnet!/ist ihm/… der Leibhaftige begegnet?!/ihm/… ist wohl der Leibhaftige begegnet! *ugs – path veraltend selten* · you would think/it looks as if/he/you/… had seen the devil/a ghost

Du bist ja ganz aufgelöst! Was ist denn los? Ist dir der Leibhaftige begegnet, oder was? – Als ich durch den schmalen Weg da am Buchenwäldchen vorbeiging, sprang plötzlich ein Mann aus dem Gebüsch … – Blödsinn! Das war der Alfred, der wollte dich erschrecken!

Leibriemen: den/seinen Leibriemen enger schnallen (müssen) *ugs veraltend selten* – den/(seinen) **Gürtel** enger schnallen (müssen) · to have to tighten one's belt

Leibschmerzen: jn. so gern haben wie Leibschmerzen *sal – iron* · not to be able to stand s.o. *coll*, to hate s.o.'s guts

… Ich werde den Eindruck nicht los, daß der Wernecke dem Motsch nicht so richtig liegt. – Das ist sehr vornehm ausgedrückt, Otto. Der Motsch hat den Wernecke so gern wie Leibschmerzen! – Ah ja? Und warum kann er den nicht ausstehen?

leibt: ein … sein, wie er leibt und lebt *ugs* · 1. 2. to be a born gymnast/salesman/…, 3. to be John/my brother/… all over, to be John/my brother/… to a T

1. Der Paul, das ist ein Turner, wie er leibt und lebt! Der hat eine Körperbeherrschung, eine Präzision – und dabei einen Schwung. Perfekt!

2. Der Picht ist ein Kaufmann, wie er leibt und lebt! Aus einem Guß! Er geht in seinem Beruf so richtig auf.

3. … Ihr habt ja erlebt, mit wieviel Witz und Charme er gestern die ganze Abendgesellschaft unterhielt. Das war mein Bruder, wie er leibt und lebt.

Leiche: nur über meine/(seine/…) **Leiche!** *path* · over my/his/… dead body!

… Die wollen in unseren Keller, um nach den Unterlagen zu suchen? Nur über meine Leiche! Solange ich hier bin, kommt keiner in den Keller. Da habe ich Dinge aufbewahrt, die niemanden etwas angehen. Da müssen sie mich schon erschießen …

aussehen wie eine (lebende/wandelnde) Leiche *path* · 1. 2. to look like death warmed up/like a living corpse, 2. to be nothing but skin and bones

1. Die Frau Mahler sieht aus wie eine Leiche: abgemagert, eingefallene und trübe Augen, bleich … Was hat sie denn gehabt?

2. vgl. – nur (noch)/nichts als/… **Haut** und Knochen sein/nur noch aus … bestehen

die Leiche begießen *sal* – (eher:) das **Fell** versaufen · to drink to s.o.'s memory, to hold a wake

nur noch als Leiche geborgen werden können *form* · the inhabitants/… were dead when the rescuers/rescue teams/… arrived

(Aus einer Pressenotiz:) Das Erdbeben brachte mehrere in der Nähe der Küste gelegene Häuser zum Einsturz. Obwohl die Rettungsmannschaften der Stadt schon eine halbe Stunde nachher am Unglücksort eintrafen, konnten zahlreiche Opfer nur noch als Leiche geborgen werden. Insgesamt rechnet man bisher mit 350 Toten.

eine Leiche im Keller haben *ugs Neol* · to have a skeleton in the cupboard

(Ein Professor zu einem Kollegen wegen einer Berufung:) Die Kommission kann den Mendel ruhig an die erste Stelle setzen – der kriegt den Ruf sowieso nicht. Der war schon drei Mal Erster, und das Ministerium hat ihn nie berufen. Ich habe mir sagen lassen, daß er vor Jahren ein Pamphlet gegen den Struß verfaßt hat.

eine gemeinsame Leiche/gemeinsame Leichen im Keller haben *sal selten Neol* · to (all) have skeletons in the cupboard
... Ach, von dieser Clique wird doch keiner den anderen schädigen. Ich möchte nicht wissen, wieviele gemeinsame Leichen die im Keller haben. Die hecken doch permanent gesetzeswidrige, wenn nicht kriminelle Sachen miteinander aus.

über Leichen gehen *path* · s.o. will stop at nothing, to be utterly ruthless
... Rücksicht auf andere und Skrupel kennt dieser Kerl nicht. Der geht über Leichen, um seine Ziele zu erreichen.

Leichenbittermiene: mit einer (wahren) Leichenbittermiene etw. tun/eine Leichenbittermiene aufsetzen *ugs – path* · to put on a doleful/mournful/woebegone/... look
Der Kurt nimmt dieses Medikament mit einem Gesicht, als wenn er daran sterben würde. Schau dir die Leichenbittermiene an, die er aufsetzt! Herrlich! Der geborene Schauspieler, dieser Junge!

Leichenrede: lügen wie eine Leichenrede *sal selten* – lügen, daß sich die **Balken** biegen · to lie through one's teeth, to lie one's head off

keine Leichenrede halten (wollen) *oft Imp sal* · 1. 2. not (to want) to hold a post-mortem about s.th.
1. Komm', Erich, halt' jetzt keine Leichenrede! Die Sache ist entschieden, und damit hat sich's. Was nutzt es, noch lange über Dinge zu schwätzen, die nun einmal nicht zu ändern sind?
2. ... Ich will ja jetzt keine Leichenrede halten. Aber wenn du sofort gestochen hättest, Fritz ... – Ruhig, Karl! Die Sache ist vorbei. *bes. Skat*

Leichenschmaus: den Leichenschmaus halten *form od. iron veraltend selten* · to have/hold a funeral feast, to have a funeral meal
Eigentlich eine seltsame Sitte, beim Tod eines Menschen den sog. Leichenschmaus zu halten, findest du nicht? – Der Ausdruck ist vielleicht seltsamer als die Sitte, bei dem Anlaß gemeinsam zu essen.

Leichnam: wie ein lebendiger Leichnam aussehen *path veraltend selten* – aussehen wie eine (lebende/wandelnde) **Leiche** · to look like a living/walking corpse

leicht: es leicht haben mit jm./bei jm./etw./in/bei/... · 1. 2. 3. to have no problems with s.o./s.th., 4. to have an easy time of it in .../...
1. Mit unserem Sohn haben wir es leicht; der ist vernünftig, strebsam, einsichtig ... Aber unsere Tochter macht uns allerhand Kopfschmerzen.
2. Du hast es leicht bei dem Chef: dich kann er gut leiden, du bist jung, hübsch ... Aber uns behandelt er nicht gerade entgegenkommend; im Gegenteil: wir haben unter seinen Launen ganz schön zu leiden.
3. Bei der Unterstützung, die dir deine Eltern in allem geben, hast du es verhältnismäßig leicht. Denk' an die vielen jungen Menschen, die heute fast ganz auf sich gestellt sind. Die haben es ungleich schwerer als du.
4. In diesem Job habt ihr es wirklich leicht: körperlich braucht ihr sozusagen gar nichts zu tun, und auch die geistige Anstrengung ist nicht gerade überwältigend.

leichter: jetzt ist mir/(ihm/...)/da war mir/(ihm/...) (schon) viel/... leichter · + I/he/... feel/... a lot/... easier
... Uff, jetzt ist mir doch schon um einiges leichter! – Hast du Angst gehabt vor der Kontrolle – Bedrückt war ich schon, wenn ich ehrlich sein soll. Man weiß nie, wozu diese Leute fähig sind. Aber jetzt haben wir's ja glücklich überstanden.

nichts leichter als das! *ugs* · nothing could be easier!
... Könntest du mir diese Passage hier übersetzen? Ich versteh' das nicht genau. – Nichts leichter als das! Also: »Die Zuschläge für Exportgüter ...«

frag' mich/fragen Sie ihn/... **was Leichteres** *ugs* · + I'll/... have to pass on that one, + I/... really couldn't say
Was meinen Sie, Herr Bork, wird der Minister sich für diese Probleme interessieren lassen? – Fragen Sie mich was Leichteres, Herr Reuther. Wie der Minister auf unsere Anträge reagieren wird, wagt niemand vorherzusagen/weiß niemand.

leichtes: es ist ein leichtes für jn., etw. zu tun/(etw. ist für jn. ein leichtes) *form veraltend* · it is an easy matter for s.o. to do s.th.
Der Lambert hat Geld satt und genug. Es wäre ein leichtes für ihn, mir ein paar Tausend Mark zu leihen und mich aus der Patsche zu ziehen. Aber er sitzt lieber auf seinen Pfennigen, als daß er jemandem hilft!

leichtfallen: jm. leichtfallen/es fällt jm. leicht, etw. zu tun · 1. 2. + to find it easy to do s.th., 3. 4. + to find s.th. easy
1. Es ist uns immer leichtgefallen zu teilen, weil uns unsere Eltern von früster Kindheit dazu erzogen haben.
2. Von einem bestimmten Alter an fällt es den meisten Menschen eben nicht mehr leicht, eine Fremdsprache zu lernen. Wenn sich der Ralf ein bißchen dumm anstellt, müßt ihr also dafür Verständnis haben. Er geht immerhin an die Vierzig.
3. Die Arbeit fällt ihm offensichtlich leichter, als wir gefürchtet hatten.
4. Mathematik fällt ihm leicht; was ihm Schwierigkeiten macht, sind die Fremdsprachen.

Leichtigkeit: mit spielender Leichtigkeit etw. tun · to do s.th. easily/effortlessly/with ease/no bother at all/...
... Ach, diesen Text übersetzt der Sanders mit spielender Leichtigkeit. – Du meinst, beim Kaffeetrinken? – So ungefähr.

leichtmachen: jm. etw./eine Arbeit/eine Entscheidung/... (nicht) **leichtmachen** – jm. etw./eine Arbeit/eine Entscheidung/... (nicht) leicht **machen** · (not) to make a task/decision/... easy for s.o.

sich etw./eine Arbeit/... das Leben (nicht) leichtmachen – sich etw./eine Arbeit/... das Leben (nicht) leicht **machen** · (not) to make life/matters/things/... easy for oneself

leichtnehmen: etw. leichtnehmen · 1. to have a happy-go-lucky attitude to s.th., 2. to take a warning/... lightly
1. Die Ute nimmt das Leben leicht! – Gott sei Dank. Leute, die sich wegen aller möglichen Dinge Kopfschmerzen machen, haben wir schon mehr als genug hier.
2. Nimm diese Warnung bloß nicht zu leicht! Der Herr Latsch kennt das Metier und seine Gefahren besser als wir. Du solltest also schon darauf hören, was er sagt. – Ich nehm' das auch nicht auf die leichte Schulter, bestimmt nicht. Aber ...

Leichtsinn: sträflicher Leichtsinn (sein) · s.th. is criminal negligence, s.th. is criminal recklessness
... Eine Million in ein Objekt zu investieren, das man nicht einmal gesehen hat – das ist doch sträflicher Leichtsinn! – Man hatte dem Manfred gesagt, der Unternehmer wäre absolut vertrauenswürdig ... – Und nichts prüfen, nichts recherchieren lassen?? Nein, ein verantwortungsbewußter Kaufmann geht anders mit seinem Geld um.

in seinem jugendlichen Leichtsinn etw. tun *oft iron* · to do s.th. in one's youthful exuberance
... Wenn der Mann in seinem jugendlichen Leichtsinn mal ein Gläschen trinkt und dann Auto fährt ... – In seinem jugendlichen Leichtsinn? Der Schröder geht an die 50. – Na und?

leichttun: sich mit jm./in/bei/... leichttun · 1. (not) to find things easy, (not) to find it easy to do s.th., 2. to find it easy to get on with s.o.
1. Nein, er tut sich nicht leicht in seinem neuen Beruf. Die Arbeit als solche macht ihm schon zu schaffen; die neue Umgebung liegt ihm nicht; er selbst ist auch nicht der Unkomplizierteste ...
2. Der Karsten tut sich leicht mit Ausländern. Er hat nicht die geringsten Schwierigkeiten, sich auf sie einzustellen und im Umgang mit ihnen den richtigen Ton anzuschlagen.

leid: etw. leid sein/es leid sein, etw. zu tun · 1. 2. to be sick and tired of s.o./s.th. *sl*, to be fed up with s.o./s.th. *coll*
1. Wir sind es leid, für einen Hungerlohn hier die schmutzigste Arbeit zu machen. Jetzt ist Feierabend! Zum nächsten Ersten wird gekündigt.
2. Ich bin seine dauernde Schlamperei jetzt leid. Ich habe einfach keine Geduld mehr dafür. Wenn er sich jetzt nicht am Riemen reißt, fliegt er raus.

etw. **bis dahin/hierhin leid sein**/es bis dahin/hierhin leid sein, etw. zu tun *Geste: Zeigefinger quer unter die Nase sal* · to have had it up to here with s.th./s.o.

Ich bin es bis hierhin leid, an diesem verdammten Projekt zu arbeiten! Es steht mir zum Hals heraus, dieses verfluchte Projekt – ich kann es einfach nicht mehr sehen!

etw. **leid haben**/es leid haben, etw. zu tun – (eher:) etw. **leid sein**/es leid sein, etw. zu tun · to be sick and tired/sick to death/... of s.o./of (doing) s.th.

es tut jm. **leid um** jn./etw. · + to feel sorry for s.o., to be sad about s.th.

... Die beiden haben geheiratet und wollen das Studium abbrechen? Hm, um den Günther tut es mir nicht leid; ist ist an einer Universität sowieso am falschen Platz; aber die Christa ist begabt und geistig interessiert; um die ist es wirklich schade.

jn./etw. **leid werden**/es leid werden, etw. zu tun · 1. 2. to get/to be getting tired of s.o./s.th.

1. Ich werde es langsam leid, für diesen Hungerlohn die schmutzigste Arbeit zu machen. Ich habe das jetzt lange genug mitgemacht; jetzt ist Schluß!
2. Warum hat er sich eigentlich scheiden lassen? – Du, das ist mir auch schleierhaft. Ich glaub' fast, der ist seine Frau ganz einfach leid geworden.

Leid: jm. **ein Leid antun** *path veraltend selten* – jm. etwas/viel/... **zuleide** tun · to hurt s.o. deeply/..., to harm s.o. greatly/...

sich ein Leid(s) antun *euphem od. path veraltend selten* – sich das **Leben** nehmen · to take one's life, to commit suicide

namenloses Leid über die Bevölkerung/... bringen/... *path* · to cause unspeakable suffering to the population, to bring unspeakable suffering on the population

... Diese ewige Ideologisiererei! Wird denn die Menschheit nie klüger?! Denken wir doch nur mal daran, wieviel namenloses Leid allein die Glaubenskriege über die Menschheit gebracht haben!

jm. **in Leid und Freud' zur Seite stehen** *path veraltend selten* – jm. in **Freud'** und Leid zur Seite stehen · to stand by s.o. in joy and in sorrow, to stand by s.o. in good times and bad/through thick and thin

Leid und Freud' mit jm./**miteinander teilen** *path* – (eher:) **Freud'** und Leid mit jm./miteinander teilen · to share one's joys and sorrows with s.o.

in Leid und Freud' zusammenstehen/zusammenhalten *path veraltend selten* – in **Freud'** und Leid zusammenstehen/zusammenhalten · to stick together through thick and thin, to stick together come rain, come shine

jm. **sein Leid klagen** *ugs* · to tell s.o. one's troubles, to cry on s.o.'s shoulder

Gestern hat mich die Silke besucht und mir ihr Leid geklagt: der Walter hat sie sitzen lassen; mit ihren Eltern kommt sie schon lange nicht mehr gut aus; finanziell hat sie auch Sorgen ... Ich weiß gar nicht, was man für sie tun kann.

Leiden: das ist/war/... **ja (eben) das Leiden** *ugs* – (eher:) das ist/war/... (ja) (eben) die **Crux** · it/that is/was the trouble, there's the rub, that's the snag

es ist immer/immer noch/immer wieder **das alte Leiden** (mit jm./etw.)/mit jm./etw., das ist ... *ugs* · 1. 2. it's the same old story with s.o./s.th.

1. Und? Kommen die Leute jetzt besser miteinander aus, sodaß die Arbeit mehr Spaß macht und bessere Ergebnisse zeitigt? – Ach, das ist immer noch das alte Leiden. Das bessert sich auch hier nicht. Diese Hoffnung haben wir längst aufgegeben.
2. Mit dem Werner, das ist immer das alte Leiden: der hat guten Willen, ja, aber er hat kein Durchhaltevermögen. Er fängt alles nur an und macht nichts vernünftig zu Ende. Das ist immer dasselbe Elend.

ein langes Leiden sein *ugs selten* – eine (richtige) **Bohnenstange** sein/(lang wie eine Bohnenstange sein) · to be a real beanpole

aussehen wie das Leiden Christi *path veraltend selten* · to look like death warmed up, to look a picture of misery

Um Gottes willen, was ist denn mit dir passiert? Du siehst ja aus wie das Leiden Christi! – Ich habe ein paar Monate in der Klinik gelegen. Eine dumme Lebersache ...

von seinem/(seinen) Leiden erlöst sein · to be released from one's sufferings

... Ich weiß nicht, aber ich glaube, in so einem Fall ist es ein Segen zu sterben; dann ist man von seinem Leiden erlöst. – Und doch gibt es viele Menschen, die trotz unheilbarer und schmerzhafter Krankheit nicht sterben wollen!

leiden: jn./etw. (nicht) **gut**/schlecht/... **leiden können** · 1. (not) to be able to stand s.th./s.o., 2. (not) to like s.o./s.th., (not) to be fond of s.o./s.th.

1. Du kannst den Karl nicht leiden, sagst du? Warum nicht? – Ich weiß nicht. Aber ich mag ihn nicht.
2. Klassische und romantische Musik kann ich gut leiden; aber Popmusik habe ich gar nicht gern. – Bei mir ist es genau umgekehrt: ich schätze Popmusik, höre aber kaum klassische und romantische Werke.

es nicht leiden können, etw. zu tun/daß etw. getan wird/wenn ... · not to be able to stand it when s.o. does s.th., not to be able to stand s.o. doing s.th.

Ich kann es gar nicht leiden, wenn man andere ausschließt. Ganz egal, ob es im Geschäft ist oder beim Vergnügen: ich mag es nicht, wenn sich die einen von den anderen abkapseln.

Leidenschaft: ein Lehrer/... **aus Leidenschaft sein** · to teach/... for the love of it

... Auch wenn er nur die Hälfte verdienen würde, würde der Olaf an der Schule bleiben. Das ist ein Lehrer aus Leidenschaft, wie man sie heute nur noch selten findet.

Leidensgeschichte: jm. (mal wieder/...) **seine (ganze) Leidensgeschichte erzählen** *sal* · to tell s.o. one's life story/medical history/...

... Mußt du denn allen Leuten deine ganze Leidensgeschichte erzählen? Was geht es die Berta an, was du für Krankheiten/berufliche Probleme/... hast? Du kannst aber auch nichts für dich behalten!

Leidensmiene: eine Leidensmiene aufsetzen *ugs* – *path od. iron* · to put on a long-suffering/woeful/martyred expression

... Wenn der Joseph anfängt, seine Leidensmiene aufzusetzen, könnt' ich den stundenlang in den Hintern treten. Ich gebe zu, daß sein Leben nicht leicht ist. Aber diese Manie, den anderen Leuten gleichsam bildhaft etwas vorzujammern ... – unausstehlich!

Leidensweg: seinen Leidensweg gehen *path veraltend selten* · to bear one's cross

... Was bleibt dem Herrn Krings in einer solchen Lage schon anderes übrig, als seinen Leidensweg zu gehen? Er kann doch seine kranke Frau und die Kinder nicht allein lassen. – Ein verdorbenes Leben!

Leidtragende: der Leidtragende sein · to be the one who has to suffer, to be the victim

Es ist schon verständlich, wenn die Großindustrie auf Öffnung der neuen Märkte im Osten und auf staatliche Sicherung der Anfangs—Investitionen drängt; das ist ihre Funktion. Aber wer ist der Leidtragende, wenn die Sache schiefgeht? Der einfache Mann.

leidtun: jm. **leidtun** · 1. + to feel sorry for s.o., 2. + to be sorry

1. Die Uschi tut mir wirklich leid! Jetzt hat sie schon zum zweiten Mal eine Fehlgeburt. Hoffentlich kommt sie darüber hinweg!
2. Es tut mir aufrichtig leid, Frau Silkereit, daß ich Ihnen nicht behilflich sein kann. Aber es geht heute abend beim besten Willen nicht.

jm. **herzlich leidtun** · + to be truly/sincerely/... sorry about s.th.

... Es tut mir herzlich leid, Frau Warning, daß wir schon so früh wieder gehen müssen. Aber unser Jüngster ist krank; wir können beim besten Willen nicht länger bleiben. Nehmen Sie uns das bitte nicht übel ...

Leidwesen: zum Leidwesen von jm. + *Gen form* · much to the chagrin of s.o., much to the disappointment of s.o.

Die Petra hat sich jetzt also doch mit dem jungen Kunststudenten verlobt, sehr zum Leidwesen ihres Vaters, der den jungen Mann nicht leiden kann und mit ihm nicht zurandekommt.

Leier: das/(es) ist (immer/immer wieder) die alte Leier *ugs* – (eher:) das/(es) ist (immer/immer wieder) das alte **Lied** · it's the same old story

das/(es) ist immer/immer wieder dieselbe/(die gleiche) Leier *ugs* · it's always the same old story

Seine Sprüche kennen wir alle hier schon auswendig. Seit zwanzig Jahren immer dieselbe Leier: Schwierigkeiten zu Hause, gesundheitliche Probleme … immer irgendwelche Ausreden, um nicht hart arbeiten zu müssen.

Leihe: etw. in die Leihe bringen *jur veraltend selten* – etw. ins **Pfandhaus** bringen · to pawn s.th.

etw. in (die) Leihe geben *jur veraltend selten* · to give s.o. s.th. on loan

(Bei Gericht:) Der Angeklagte behauptet, der Kläger habe ihm sein Landhaus für zehn Jahre in Leihe gegeben; dafür habe er dem Kläger für das gleichen Zeitraum seine Werkstatt zur Nutzung überlassen. – (Der Richter:) Der Zeitraum von zehn Jahren ist inzwischen um. Warum wurde das Eigentum bisher nicht wieder in die Hand der Besitzer gelegt?

etw. in (die) Leihe nehmen *jur veraltend selten* · 1. to be given the usufruct of s.th., to be given/… s.th. on loan for use, 2. to take s.th. in pawn

1. Wie ich höre, hat der Rodler dem Kurt seine Werkstatt (zur Nutzung) überlassen und dafür dessen Landhaus am Bodensee in Leihe genommen? – Ah ja? Keine Ahnung. Für welchen Zeitraum übernimmt er das Haus denn?

2. … Daß sich das heute überhaupt noch lohnt, ein Pfandhaus zu betreiben und alle möglichen Sachen in die Leihe zu nehmen! – Die wissen schon, was sie als Pfand annehmen und was nicht. *veraltend selten*

Leim: jn. auf den Leim führen/(locken) *ugs selten* – jn. **drankriegen** (mit etw.) · to take s.o. in with s.th.

jm. auf den Leim gehen/(kriechen) *ugs* · to be taken in by s.o., to fall for s.th., to swallow the bait

Du bist dem Werner ganz schön auf den Leim gegangen! Hast du denn nicht gemerkt, daß er dich den ganzen Abend nur auf den Arm genommen hat? Wie kann sich ein erwachsenes Mädchen bloß so an der Nase herumführen lassen?

aus dem Leim gehen *ugs* · 1. to be falling apart *n*, 2. to be breaking up *n*

1. Wir brauchen ein neues Auto, Karin; unseres geht allmählich aus dem Leim. Wenn sich die Reparaturen häufen, ist es besser, man entschließt sich für einen neuen Wagen.

2. Bei seinem Lebenswandel ist es kein Wunder, daß die Ehe langsam, aber sicher aus dem Leim gegangen ist. – Allerdings. Bei dem, was der unter 'Liberalität' versteht, muß das schönste Verhältnis in die Brüche gehen. *seltener*

leimen: jn. (ordentlich/…) leimen *ugs* – jn. (ganz schön/mächtig/anständig/…) übers **Ohr** hauen · to (really/…) take s.o. for a ride, to (really/…) take s.o. in

Leine: (einen Hund) an der Leine haben/führen · to keep (a dog) on a leash/lead

Hast du den Hund hier nicht an der Leine? Ich würde ihn hier nicht frei herumlaufen lassen.

jn. an der (kurzen) Leine haben/halten *ugs selten* – bei jm. die **Zügel** kurz halten · to keep s.o. on a tight rein

jn. an der langen Leine führen *ugs selten* · to give s.o. a free rein

… Eine sichere Orientierung braucht der Junge, das ist klar. Aber man muß ihn an der langen Leine führen. Ein Künstler braucht Freiraum. Man darf ihm nicht das Gefühl vermitteln, gegängelt zu werden.

jm. Leine lassen *ugs selten* · to give s.o. (a) free rein

Du kannst doch nicht erwarten, Erich, daß deine Abteilungsleiter produktiv und innovativ sind, wenn du ihnen nie Leine läßt. Produktivität setzt einen gewissen Handlungsspielraum voraus.

jn. an die Leine legen *ugs selten* – bei jm. die **Zügel** kurz halten · to keep s.o. on a tight rein

(einen Hund) an die Leine nehmen · to put (a dog) on a leash/lead

Hier kannst du den Hund nicht frei herumlaufen lassen! Nimm ihn an die Leine!

Leine ziehen *mst Imp sal* · 1. 2. to clear off, 1. to push off, to buzz off, 2. to make o.s. scarce, to beat it, to slope off

1. Du auch hier, Fritz? Wenn ich dir einen guten Rat geben darf: zieh' Leine! Aber rasch! Wenn dich der Anton hier erwischt, schlägt er dir den Schädel ein. Nach dem, was du über seine Freundin gesagt hast … Also sieh zu, daß du Land gewinnst!

2. vgl. – (u. U.) sich aus dem **Staub(e)** machen (2; a. 1)

Lein(en)tuch: bleich wie ein Lein(en)tuch (sein) *path veraltend selten* – weiß wie **Kalk** (sein)/(werden) (vor Schreck/…) · to be as white as a sheet

Leinwand: etw. auf der Leinwand festhalten *path selten* · to capture s.th. on film

… Ich weiß nicht, ob sie die Eröffnungsrede auch auf der Leinwand festgehalten haben. – Ja, die kannst du in dem Film auch nacherleben.

über die Leinwand gehen/laufen *form* · to be screened, to be shown

Wie lange ist wohl 'Spiel mir das Lied vom Tod' über die Leinwand gegangen? – Allein im 'Rex' lief der Film ein halbes Jahr ununterbrochen.

Dias/… auf die Leinwand werfen *form* · to project slides/… onto a screen

… Es ist natürlich leichter, Dias von diesen herrlichen Bergen auf die Leinwand zu werfen, als diese Berge selbst zu besteigen. – Sei dem, wie ihm wolle, Karl: die Bilder waren wunderschön.

leisesten: nicht im leisesten *iron selten* – nicht im **geringsten** (1) · not at all, not in the least

leisetreten: leisetreten *ugs pej* · to kow-tow, to be a creep, to pussy-foot

… Hast du schon mal erlebt, daß der Bistel auch nur ein einziges Mal widersprochen hätte, wenn man ihm eine Anordnung gibt – von Zivilcourage ganz zu schweigen?! Was der Mann kann, ist leisetreten, weiter nichts! Das ist der geborene Duckmäuser.

leiseweinend: leiseweinend abziehen/sich zurückziehen/nachgeben … *sal* · to creep/slink/… off with one's tail between one's legs

… Erst hat er wer weiß wie getönt, er würde sich solche Ungerechtigkeiten nicht gefallen lassen! Und als der Chef ihn dann fragte, ob er lieber kündigen wollte, ist er leiseweinend abgezogen.

leisten: (in seinem Beruf/…) etwas/viel/… leisten · to achieve s.th./a lot/… (in one's profession/…)

Wenn jemand in seinem Beruf Außergewöhnliches leistet, kann er meinetwegen soviel verdienen, wie er will. Aber wer nichts tut und nichts kann, wie euer Konsul, der sollte auch keine Ansprüche stellen.

sich etw. (nicht) leisten (können) · 1. 2. (not) to be able to afford (to do) s.th.

1. … Wenn sich der Wolfgang solche weiten und teuren Reisen leisten kann, ist das seine Sache. Ich jedenfalls habe für sowas weder Zeit noch Geld.

2. … Wenn du so dagegen bist, dann schreib' doch mal einen Artikel in der Zeitung! – Das kann ich mir als Beamter nicht leisten. Damit wäre mein Ruf und meine Karriere hin.

sich (nicht) viel/wenig/allerhand/nichts/… leisten können (bei jm./etw.) · 1. 2. (not) to be able to afford (to do) s.th., 3. (not) (to be able) to get away with s.th.

1. Die Iris kann sich keine Extraausgaben leisten. Wenn sie das Nötige bezahlt hat, ist ihr Gehalt alle.

2. ... In unserem Alter kann man sich so einen scharfen Rhythmus nicht mehr leisten, da muß man auf seine Gesundheit achten.

3. ... Wie kann sich der Klaus denn solche Unverschämtheiten leisten? – Bei diesem Lehrer kann man sich alles leisten. Der kann sich doch überhaupt nicht durchsetzen. Die Stunden sind der reinste Zirkus.

es sich (bei jm./etw.) **leisten können**, etw. zu tun · 1. 2. 3. to be able to afford to do s. th., 3. to be able to get away with s. th.

1. Der Albert kann es sich leisten, abends lange zu feiern; sein Dienst geht morgens erst um zehn Uhr los. Ich fange um sieben Uhr an, da geht das nicht.

2. Bei seinem kümmerlichen Gehalt kann er es sich nicht leisten, weite Reisen zu machen. Das ist da einfach nicht drin.

3. Bei dem Mauritzen kannst du es dir leisten, faul zu sein und trotzdem eine große Lippe zu riskieren. Der alte Chef hätte dir ganz etwas anderes erzählt.

Leisten: alles/verschiedene Dinge/(Menschen) ... **über einen Leisten schlagen** – alles/verschiedene Dinge/(Menschen) ... über einen **Kamm** scheren · to lump everything/different things/... together, to make sweeping generalisations

(Schuhe) **auf (den) Leisten spannen** *form* · to stretch (shoes) on the last

... Wenn er die Schuhe und die Absätze macht, spannt der Schuhmacher die Schuhe auf Leisten, das ist doch klar. Und nicht nur bei diesen Arbeitsgängen ...

Leistung: (das/(etw. ist)) **eine reife Leistung!** *ugs* · it's/s. th. is a solid achievement, s. th. is an impressive achievement

... In anderthalb Jahren hat der Jürgen promoviert, sagst du? Das ist eine reife Leistung! Alle Achtung! Das hätte ich ihm offengestanden nicht zugetraut.

Leiter: die Leiter des Erfolgs/(...) (von Stufe zu Stufe) **hinaufsteigen**/(emporsteigen/erklimmen/...) *path* · to climb the ladder of success

Was macht der Peter? Ich habe ihn seit bald 15 Jahren nicht mehr gesehen. – Er ist jetzt Generaldirektor bei Mannesmann. – Generaldirektor? Verdammt nochmal! – Ja, er ist die Leiter des Erfolgs von Stufe zu Stufe heraufgestiegen. Angefangen hat er da als einfacher Angestellter; nach drei Jahren war er Abteilungsleiter; dann ...

Leitung: es ist j. **in der Leitung** *Telephon* · there's someone else on the line

... Da ist doch schon wieder jemand in der Leitung! Bei jedem zweiten Telephongespräch hat man hier das Vergnügen, anderleuts Unterhaltungen mit zu hören.

bei jm. **steht jemand/einer auf der Leitung** *sal selten* · + to be slow on the uptake

(Karl zu Klaus:) Also, paß auf, ich erkläre dir das nochmal: Das Land hat 60 Millionen Einwohner; rund ein Viertel ist berufstätig; davon sind etwa 10% in diese Versicherung ein. – Du meinst, 10% von den 60 Millionen Einwohnern? – Mensch, 10% von ... – (Erich zu Karl:) Bei dem Klaus steht heute (dauernd) jemand auf der Leitung. Der begreift heute nichts.

eine lange Leitung haben *sal* – schwer/langsam von **Begriff** sein · to be slow on the uptake

auf der Leitung sitzen/stehen *sal* – bei jm. steht jemand/einer auf der **Leitung** · to be slow on the uptake

Lektion: jm. **eine Lektion erteilen** *form* · to teach s. o. a lesson

Der Kerber ist heute so still. – Der Direktor Höfner hat ihn gestern ziemlich energisch zurechtgewiesen. Er hat ihm wohl gesagt, wenn sein Engagement für die Firma nicht zunimmt, müsse man ihm leider kündigen. – Endlich! Dem mußte einmal jemand eine Lektion erteilen.

Lenker: sich den goldenen Lenker verdienen *ugs selten mil Schule u. ä.* · to get to the top/to get on/... (by bootlicking/arselicking/...)

... Du kennst doch diesen elenden Radfahrertyp: nach unten treten und nach oben buckeln. So ein Typ ist der Richard. Worum es dem geht, das ist, sich den goldenen Lenker verdienen! Ob er dabei sein Rückgrat verliert oder nicht, läßt ihn kalt.

Lenz: einen feinen Lenz haben *sal* · to have an easy/a cushy/... time, to swan around

Du hast einen feinen Lenz! Während unsereiner da mühsam sein Brot verdienen muß, kannst du dich den halben Sommer am Strand amüsieren.

einen ruhigen/faulen Lenz haben *sal selten* – ein bequemes **Leben** haben · to have an easy/a pleasant/... life

einen schönen/sonnigen Lenz haben *sal selten* – ein schönes **Leben** haben · to have a fine old time of it

der Lenz des Lebens *path od. iron selten* – des **Lebens** Mai · the springtime of one's life

sich einen feinen/(faulen) Lenz machen *sal* – eine ruhige **Kugel** schieben · to have a cushy number, to take it easy, to swing the lead

einen ruhigen/faulen Lenz schieben *sal* – eine ruhige **Kugel** schieben · to have a cushy number, to take it easy, to swing the lead

... **Lenze zählen** *form* – *path od. iron* · to have seen 18/... summers

Wie, die Ursel zählt schon 18 Lenze? Wie die Zeit vergeht. Mir kommt es so vor, als hätten wir gerade erst ihren 15. Geburtstag gefeiert!

Leo: der letzte Leo (sein) *sal Neol* · (s. o. is) a real/... jerk/nerd/wanker/... *vulg*

... Was hältst du eigentlich von dem Jörg? – Das ist doch der letzte Leo! Ich hab' selten so einen stumpfsinnigen und häßlichen Typen gesehen!

lernen: jn./(etw.) **kennen und schätzen lernen** · to get to know and to appreciate s. o.

... Lange Zeit war ich dem Schreiber gegenüber genau so reserviert wie du. Aber seitdem ich näher mit ihm umgehe, habe ich ihn kennen und schätzen gelernt. Der Mann ist absolut ehrlich, zuverlässig und hilfsbereit wie wenige ...

lernt: man lernt nie aus · one lives and learns, one learns something new every day

Jetzt arbeite ich doch schon mehr als 35 Jahre in diesem Beruf, und immer wieder kommt etwas Neues. – Man lernt halt nie aus!

mancher lernt's nie (und mancher noch später/und (auch) dann nur unvollkommen)! · some people never learn

... Hundertmal habe ich dir gezeigt, wie man einen Briefkopf schreibt, und jetzt hast du es wieder falsch gemacht! Mancher lernt's nie (und mancher noch später/und auch dann nur unvollkommen!) Aber wirklich!

lesen: über etw. lesen *Univ.* · to lecture on s. th., to give lectures on s. th.

Liest der Prof. Schmoll immer über neuzeitliche Philosophie, oder ist seine Vorlesung über diese Thematik in diesem Semester eine Ausnahme?

(etw.) **diagonal lesen** · to skim through a book/an article/...

In zwei Tagen 700 Seiten – da hat sie den Roman also (nur so) diagonal gelesen! Überflogen!

Letzt: zu guter Letzt (doch/doch noch/dann doch/schließlich doch/dann/...) etw. tun – **zuguterletzt** doch/doch noch/dann doch/schließlich doch/dann/... etw. tun · in the end (s. o. had to do s. th./...), to finish up with (we/... had champagne), to crown it all/... (I lost my passport/...)

Letzte: etw. **ist** (aber/doch/wirklich/...) **das Letzte!** *ugs* · 1. 2. 3. that really is the limit, that's the last straw, that really takes the biscuit, 4. it's/s. th. is hopeless/bloody useless *sl*

1. Was sich der Krüger da geleistet hat, ist wirklich das Letzte! Erst verdirbt er seiner Firma durch seine Schlamperei den Auftrag und dann stellt er der Geschäftsleitung den Vorgang völlig falsch dar. Es ist mehr als verständlich, daß sie ihn rauswerfen wollen.

2. Was der da erzählt, ist ja das Letzte! Es muß wirklich nicht jeder die Ansichten haben, die die Regierung oder die Opposition gerade vertritt. Aber derart abseitige Vorstellungen, wie er sie da entwickelt, sind bei einem erwachsenen Menschen eigentlich nicht mehr statthaft.

3. ... Das ist ja wirklich das Letzte! Jetzt hat der Kerl doch diese Frau geheiratet, die seine Großmutter sein könnte!
4. Diese Maschine ist das Letzte! Geschenkt ist die zu teuer!

(wenn .../...) das wäre (noch) das Letzte! *ugs* · 1. 2. that would be the last straw, that would be the limit
1. So ein undisziplinierter Faulpelz und unser Schwiegersohn! Das wäre das Letzte! Schlimmer könnte es gar nicht kommen!
2. ... Wenn der auch noch unser Schwiegersohn würde, das wäre das Letzte!

es geht ums Letzte *path* – (eher:) es geht ums **Ganze** · it's all or nothing, everything is at a stake

das/etw. ist der letzte Dreck/Schund/Mist/(...) *sal* · it/s.th. is rubbish/garbage/shit/drivel/...
... Was der Sigmund sich da zusammenübersetzt, ist doch der letzte Mist! Schlechter kann man so eine Übersetzung kaum machen.

jn./etw. bis ins letzte kennen/(...) *path* · 1. 2. to know s.o./s.th. inside out *coll*
1. ... Nein, den Adalbert kenne ich bis ins letzte, der ist zu einer solchen Unredlichkeit nicht fähig! Für den leg' ich meine Hand ins Feuer. Den kenne ich wie mich selbst.
2. Die neuen Regelungen hat er doch wenigstens vier Wochen studiert, die kennt er bis ins letzte. Es ist also ganz ausgeschlossen, daß er sich da vertan hat!

der Letzte in der Klasse/(...) sein · to be bottom of the class
... Der Anton steht in der Mitte?! Schön wär's! Das ist der Letzte der Klasse, meine Gute. Wenn auch nur ein einziger sitzen bleibt, dann ist er es.

das Letzte geben *path* – (eher:) sein **Letztes** geben/(hergeben) · to sacrifice everything, to give one's all

das Letzte aus sich herausholen *path* – sein **Letztes** geben/(hergeben) (2) · to give all one has got, to dig deep

der Letzte seines Namens sein *path veraltend selten* · s.o. is the last of his line
... Ja, der Erich von Mummsdorf ist der Letzte seines Namens. Mit ihm stirbt die Familie aus.

jm. aber auch/wirklich/... das Letzte sagen *ugs – path* · to say the most awful/dreadful/terrible/... things to s.o.
Wenn du das gehört hättest, Manfred! Der hat seinem Vater wirklich das Letzte gesagt! Er hätte sich nie um die Kinder gekümmert; seine Frau hätte er immer nur ausgenutzt; in seinem Beruf sei er eine Null, das sei doch ein offenes Geheimnis ... Entsetzlich!

j. wäre der letzte, dem man etw. **sagen/für den man** etw. **tun/... würde/...** · s.o. would be the last person I/... would tell/ask/...
Der Manfred wäre der letzte, dem ich das erzählen würde! Du weißt doch, daß er nichts für sich behalten kann. Und gut gesonnen ist er dir auch nicht gerade. Also dem darfst du das unter keinen Umständen erzählen!

am Letzten *eher: am letzten Tag des Monats form veraltend* · on the last day of the month, ultimo
Wann zahlst du deine Miete – am Letzten? Das habe ich noch nie gehört. Seine Miete zahlt man doch zu Anfang eines jeden Monats!

(jm.)/(sich) treu sein bis zum letzten *path* – jm./sich treu bis aufs **Blut** sein · to be absolutely faithful to s.o.

jn. bis zum letzten/(bis aufs letzte) ärgern/peinigen/quälen/reizen/(hassen/...) *path* – jn. bis aufs **Blut** peinigen/quälen/reizen/(ärgern/hassen/...) · to torment s.o. mercilessly, to torture s.o. till they can take it no more, to worry/pester/... the life out of s.o., to hate s.o.'s guts

jn. bis zum letzten/(bis aufs letzte) ausnehmen *path* · 1. to bleed s.o. white, 2. to squeeze s.o./s.th. to the last drop, to squeeze the last drop of information/... out of s.o., to pump s.o. for information/... *coll*
1. vgl. – jn. bis aufs **Blut** aussaugen
2. vgl. – jn. bis zum letzten/(bis aufs letzte) ausquetschen

jn. bis zum letzten/(bis aufs letzte) ausquetschen *ugs – path* · 1. to squeeze s.o./s.th. to the last drop, 2. to bleed s.o. white, 3. to squeeze the last drop of information/... out of s.o., to pump s.o. for information/...
1. Der Robert hat den Müller bis zum letzten ausgequetscht. Auf Heller und Pfennig hat er die Schulden zurückverlangt. Wenn der wirklich alles zahlt, ist er wahrscheinlich für Jahre ruiniert.
3. Der Bert quetscht den Herrn Zwieback einmal wieder bis zum letzten aus. Alles, was er über die Firma Bollert wissen will, holt er aus ihm heraus, aber auch alles.
2. vgl. – jn. bis aufs **Blut** aussaugen

jn. bis zum letzten/(bis aufs letzte) aussaugen *path* – jn. bis aufs **Blut** aussaugen · to bleed s.o. white

jn. bis zum letzten/(bis aufs letzte) bekämpfen *path* – (eher:) jn. bis aufs **Messer** bekämpfen · to fight s.o. to the bitter end

sein Letztes geben/(hergeben) *path* · 1. 2. 3. to give everything one has got, to give one's all, to give all one has, to dig very/... deep *coll*
1. ... Er gab sein Letztes und erreichte auch tatsächlich das Ziel. Nach der Ziellinie jedoch brach er zusammen.
2. Um ihr Examen zu bestehen, hat die Siglinde ihr Letztes gegeben. Den Arbeitsrhythmus hätte sie vierzehn Tage länger durchgehalten; nach den Prüfungen war sie total erschöpft.
3. vgl. – (eher:) sein **Letztes** (für jn.) hingeben/(hergeben)

sein Letztes (für jn.) hingeben/(hergeben) *path veraltend* · to give one's all for s.o.
... Für ihre Kinder würden sie ihr Letztes hingeben; da wäre ihnen kein Opfer zu groß.

Leuchte: keine/(eine) (große) Leuchte sein *ugs* · (not) to be brilliant, (not) to be a genius
Wie ist der Gregor denn so in der Schule? – Hm, er kommt mit, ja, aber eine Leuchte ist er nicht gerade. So unterer Durchschnitt.

eine Leuchte der Wissenschaft sein *path od. iron selten* · to be a luminary, to be a star (of science)
Ist der Hugenberg eigentlich ein guter Histologe? – Der Hugenberg, mein Lieber, das ist eine Leuchte der Wissenschaft! Der und noch zwei oder drei Amerikaner, das sind die ganz großen Kapazitäten auf diesem Gebiet.

Leumund: böser Leumund *form veraltend selten* – üble **Nachrede** · slander

einen guten/... Leumund haben *form veraltend selten* – einen guten/ausgezeichneten/... **Ruf** haben · to have a good reputation, to enjoy a good reputation

einen üblen/... Leumund haben *form veraltend selten* – einen schlechten/keinen guten/einen miserablen/... **Ruf** haben · to have a bad/poor/terrible/... reputation

jn. in schlechten Leumund bringen *form veraltend selten* – jn. in **Verruf** bringen (bei jm.) · to bring s.o. into disrepute

Leumundszeugnis: ein Leumundszeugnis über jn. **abgeben** *jur* · to testify to s.o.'s good character, to give s.o. a character reference
Wenn ein Mann wie der Prof. Wörther über den Kurt Schopfner bei Gericht ein einwandfreies Leumundszeugnis abgegeben hat, kannst du sicher sein, daß er sich nichts hat zuschulden kommen lassen und daß die Leute, die ihn kennen, ihn für absolut ehrenwert halten.

Leute: wenn du/ihr/(sie/...) das/... tust/tut/..., (dann) sind wir geschiedene Leute! *ugs* · if you/he/... do/does s.th., (then) we're finished
Wenn du den Krokow unterstützt, Richard, sind wir geschiedene Leute! – Aber Gerd – – Kein 'aber'! Du weißt ganz genau, daß ich mit dem Krokow tödlich verfeindet bin. Da mußt du dich entscheiden: entweder er oder ich.

die jungen Leute · young people
... Ja, im Grunde kommt er mit jungen Leuten besser zurande als mit älteren Menschen – ja sogar als mit Leuten seines Alters.

ich kenne/(j. kennt) (doch) meine/(seine) Leute *ugs* · 1. 2. I know/(s. o. knows) my/(s. o.'s) people, I know my pupils/my colleagues/my employees/...

1. ... Laß mich mal machen, Fritz. Ich kenne meine Leute! Wenn ich denen eine Zeitlang mal mehr Arbeit zumute, bin ich sicher, daß sie nicht meutern. Die wissen, daß das auch ihnen zugute kommt.

2. ... Bloß keine Mehrbelastung! Ich kenn' doch meine Leute! Bei der kleinsten Erwähnung von einer höheren Arbeitsbelastung würden die protestieren!

die kleinen Leute · ordinary people

... Die entscheiden da oben, was sie für richtig halten! Und aus! Auf die Wünsche der kleinen Leute nimmt doch da kein Mensch Rücksicht! Ein paar Großkopfeten, die bestimmen, alles.

(aber) liebe Leute! *ugs* · + come on folks!

Wie der Boder mit seinen Kollegen redet, das ist einfach herrlich. So leicht von oben herab, gönnerhaft, liebevoll-dozierend ... – so in dem Stil: »Also, liebe Leute, wenn ihr schon nicht wißt, wie das funktioniert, dann hört wenigstens zu, wenn ich versuche, es euch zu erklären ...«

für andere Leute arbeiten · to work for others

Wenn man zeit seines Lebens für andere Leute arbeiten muß, wird man leicht allergisch gegen die Parole: »Die Unternehmer müssen ..., die Unternehmer können ...« Die Unternehmer arbeiten für sich, nicht für andere; das ist eine ganz andere Situation.

jn. unter die Leute bringen *selten* · to publicise s. o., to get s. o. known

Ein Agent, der seine Künstler nicht unter die Leute bringt, ist überflüssig. Denn dazu ist er da: seine Musiker, Maler usw. bekannt zu machen.

etw. unter die Leute bringen · 1. to sell s. th., to find buyers for s. th., 2. to spread a rumour/...

1. Ob es ihm gelingt, diese Artikel unter die Leute zu bringen ... Ich bin da ziemlich skeptisch. – Wie, du zweifelst, ob seine neuen Gummikissen überhaupt gekauft werden?

2. ... Ich weiß gar nicht, wer dieses Gerücht unter die Leute gebracht hat. Plötzlich redet alle Welt davon, daß sich der Oberbürgermeister scheiden lassen will.

anderer/fremder Leute Brot essen *form path veraltend selten* · to live on the charity of others

Der Walter sollte endlich versuchen, selbst etwas zuwege zu bringen, statt immer nur fremder Leute Brot zu essen. Schon aus Ehrgefühl! In seinem Alter muß man für sich selbst aufkommen; da lebt man nicht mehr vom Geld anderer.

seine Leute kennen *ugs* · to know what one's people are like, to know them/him/one's colleagues/customers/...

Ich weiß nicht, ob der Alfons diesen Auftrag annehmen sollte, ob die Belegschaft da mitmacht ... – Laß den Alfons man machen! Der kennt seine Leute. Der weiß genau, wie sie reagieren, was sie mitmachen, was nicht.

ehrlicher Leute Kind sein *mst iron veraltend* · to be as honest as the day is long

... Ja, dem Joseph kannst du vertrauen; der haut dich nicht übers Ohr. Er ist ehrlicher Leute Kind.

(viel/wieder/nicht/...) unter die Leute kommen · 1. to get around, to meet people, 2. to get known, to get read, to find readers, 3. to circulate, to be spent

1. ... Das ist ein Beruf, bei dem man unter die Leute kommt. Ich arbeite nicht gern den ganzen Tag allein, am Schreibtisch ... Ich brauche Kontakte, sehe gern neue Gesichter.

2. Du mußt jetzt alles tun, daß das Buch unter die Leute kommt. Du hast es schließlich nicht geschrieben, damit es beim Verleger herumsteht, oder für dich selbst.

3. Das Geld muß unter die Leute kommen. Es im Strumpf aufzubewahren nützt doch niemandem. – Du meinst: der Rubel muß rollen. – Natürlich.

in der Leute Mäuler sein *path veraltend selten* · 1. to be the talk of the town, to be gossiped/talked/... about, 2. + everyone is talking about s. o./s. th.

1. Wenn du einmal in der Leute Mäuler bist, dann ist es aus. Denn die meisten Menschen haben nun einmal ihren Spaß daran, sich über andere das Maul zu zerreißen/über andere herzuziehen.

2. vgl. – alle **Welt** spricht von jm./etw. (1; u. U. 2)

sich unter die Leute mischen *ugs* · to get out and meet people, to get out and about

Wie soll ein Politiker die Stimmung im Lande kennen, wenn er sich nicht unter die Leute mischt?! – Er läßt eine Meinungsumfrage machen. – Das ist doch nicht dasselbe, wie 'den Leuten aufs Maul zu schauen', wie Luther das nannte.

in aller Leute Munde sein *form veraltend selten* – alle **Welt** spricht von jm./etw. (1; u. U. 2) · + everyone is talking about s. th.

mal wieder unter (die) Leute müssen · to have to get out and meet people, to have to get out and about

So, jetzt habe ich fünf Wochen von morgens bis abends an der Doktorarbeit gesessen, jetzt muß ich mal wieder unter die Leute. Gerda, hast du Lust, morgen abend mit auf den Klubabend zu gehen ...?

die Leute von nebenan *ugs* · the neighbours, the Joneses, the people next door

... Ich habe meine Gewohnheiten und meinen Lebensstil und den behalte ich bei, ganz gleich, was die Leute von nebenan dazu sagen. Ich lebe doch nicht für die Nachbarschaft.

einflußreiche Leute im Rücken haben · 1. to have influential friends (behind one), 2. to have influential backers, to have the support/backing of influential people

1. Die Baugenehmigung für sein neues Projekt bekommt er mühelos; er hat einflußreiche Leute im Rücken. Wenn du solche Beziehungen hättest wie er ...!

2. ... Natürlich ist das nicht statthaft, was er da gemacht hat. Aber ihm kann nichts passieren, weißt du; er hat einflußreiche Leute im Rücken.

sich nicht unter die Leute wagen/trauen · not to dare to go out

Seit seiner Verhaftung wagt er sich überhaupt nicht mehr unter die Leute. – Das ist klar, er schämt sich! – Aber wenn er nicht bald darüber hinwegkommt, kriegt er einen Komplex, an dem er kaputt gehen kann.

wir sind/du bist/ihr seid/... (hier) (ja) (schließlich) nicht bei armen Leuten/es ist (ja) (hier) nicht wie bei armen Leuten/... *ugs iron* · 1. we're/you're/... not that badly off, 2. we're/you're/... not on the breadline yet

1. ... Natürlich haben wir eine Schreibmaschine! Es ist ja nicht wie bei armen Leuten. Hier! Was willst du denn schreiben? ...

2. Habt ihr denn auch Wein im Haus? Für den Fall, daß die Bodes kommen ... – Natürlich haben wir Wein im Haus! Du meinst wohl, du wärst (hier) bei armen Leuten, was?

es allen Leuten recht machen (wollen) – es **allen** recht machen (wollen) · to try to please everybody

(nicht) (gut) mit (den) Leuten umgehen können · (not) to be able to get on with people

Wenn jemand nicht mit Leuten umgehen kann, sollte er kein Unternehmen leiten. Ein Firmenchef muß nicht nur ein guter Fachmann sein; er muß vor allem auch die Menschen zu nehmen wissen.

Leviten: jm. **die Leviten lesen** *ugs* – jm. eine **Standpauke** halten · to read the Riot Act to s. o., to give s. o. a roasting

Lexikon: ein wandelndes Lexikon sein *ugs* – (eher:) ein wandelndes **Konversationslexikon** sein · to be a walking encyclopedia

libitum: etw. ad libitum tun (können/...) *geh selten* · to choose s. th./... at random *n*, to choose s. th./... at will *n*

(Ein Professor zu einem Studenten, der an den Lautgesetzen zweifelt:) Greifen Sie ad libitum ein Wort aus dem Lateinischen mit intervokalischem – t – heraus und vergleichen sie es mit der spanischen Nachfolgeform. Sie werden feststellen, es hat sich zu einem – d – entwickelt. Wie gesagt, nehmen Sie ein beliebiges Beispiel – etwa *pater/padre* ...

Licht: natürliches/künstliches **Licht** · natural/artificial light

... Bei natürlichem Licht arbeitet es sich ja doch besser als bei künstlichem! – Klar! Aber wann scheint hier schon die Sonne wie heute?

kein großes Licht sein *ugs* – (eher:) keine/(eine) (große) **Leuchte** sein · not to be very bright, not to be a genius

bei/(mit) offenem Licht (etw. tun) · to do s.th. by candlelight
… Gibt es denn heute noch jemanden, der bei offenem Licht arbeitet? – Bei uns wohl kaum – es sei denn bei Kerzenlicht, wenn der Strom mal ausfällt.

sich selbst im Licht sein · to be in one's own light
Wenn du so sitzt, bist du dir selbst im Licht, Mädchen! Guck': deine rechte Hand wirft ihren Schatten auf das Heft, in dem du schreibst. Du mußt darauf achten, daß das Licht von links kommt, wenn du mit der rechten Hand arbeitest.

grünes Licht haben (für etw.) · to have the go-ahead for s.th., to have the green light for s.th., to get the nod for s.th. *coll*
Für den Bau der Sportanlagen in dem neuen Viertel sind die Pläne fix und fertig. Sobald wir grünes Licht haben, können wir mit der Arbeit beginnen. – Und für wann rechnet ihr mit der definitiven Genehmigung?

auf jn./etw. **fällt ein schiefes/ungünstiges/schlechtes/(…) Licht** · to reflect (badly/…) on s.o., + to show s.o. in a poor/unfavourable/… light
… Wenn die Ursel derart nachlässig gekleidet am Gericht erscheint, fällt natürlich auf ihren Vater ein schlechtes Licht, das ist klar.

bei Licht arbeiten/stricken/… · to work/to knit/… in/by artificial light
Wenn man den ganzen Tag bei Licht arbeitet, verliert man irgendwann das Gefühl für die Schönheit des natürlichen Lichts. Meinst du nicht auch?

jm. **geht ein Licht auf** (wenn/als/…) – jm. gehen die **Augen auf** · + s.o.'s eyes have been opened, + s.o. has seen the light

jm. (mal/…) **ein Licht aufstecken**/(aufsetzen) *eher iron selten* · to put s.o. in the picture *coll*, to put s.o. wise about s.th. *coll*
Mein Gott, euer Vertreter hat ja überhaupt gar keine Ahnung, worum es bei dem Projekt geht! Wenn ihr nicht wollt, daß euch der Mann überall blamiert, müßt ihr ihm mal ein Licht aufstecken. So einigermaßen sollte er wenigstens Bescheid wissen.

jm. **das Licht ausblasen/auspusten** *sal* · 1. to rub s.o. out, to blow s.o. away, to waste s.o., 2. to blow s.o.'s brains out, to fill s.o. full of lead *coll*
1. … Von wegen, man steigt so ohne weiteres aus dem Syndikat aus! Abtrünnige müssen damit rechnen, daß man ihnen das Licht ausbläst.
2. vgl. – jm. eine **Kugel** durch den Kopf jagen

bei Licht(e) besehen *form od. iron* · on closer consideration, in the cold light of day
Bei Licht besehen, scheint sein Vorschlag gar nicht so übel. – Gestern warst du doch noch dagegen. – Da hatte ich mir die Sache noch nicht richtig überlegt, mir die Perspektiven noch nicht klargemacht.

alles/etw. in rosarotem/(rosigem) Licht betrachten – alles durch eine/(die) rosa/rosarote/(rosige) **Brille** sehen · to see everything through rose-tinted spectacles

bei Licht(e) betrachtet *form od. iron* – bei **Licht(e)** besehen · on closer consideration, in the cold light of day

Licht in etw. **bringen** · to cast light on s.th., to shed light on s.th.
Es dauerte lange, bis es dem Kriminalkommissar Motkar gelang, Licht in die Mordaffäre auf dem Venusberg zu bringen. Monatelang tappte die Polizei völlig im Dunkeln.

etw. **ans Licht bringen** *path* · 1. 2. to bring s.th. to light
1. Die Sonne wird die Wahrheit schon ans Licht bringen.
2. vgl. – (eher:) etw. zutage **fördern**

Licht ins Dunkle bringen *path* · to cast light on s.th., to clear up a mystery/…
… Ob es jemals gelingen wird, in dieser Affäre wenigstens etwas Licht ins Dunkle zu bringen, ist sehr zweifelhaft. Denn es gibt nur allzu viele Leute, die alles tun, um das, was geschehen ist, so weit wie möglich zu verschleiern.

(schon/…) **Licht am Ende des Tunnels sehen** *ugs* – *path Neol* · to (be able to) see the light at the end of the tunnel
»Die letzten Jahre waren in der Tat etwas hart«, erklärte er. »Die Umstrukturierung des Guts hat viel länger gedauert und viel mehr Geld verschlungen, als wir am Anfang angenommen hatten. Aber inzwischen sehe ich endlich Licht am Ende des Tunnels. Noch ein paar Monate und wir haben es geschafft.«

grünes Licht erhalten · to get the go-ahead for s.th., to get the green light for s.th.
(In einer Baufirma:) Ehe wir von der Stadt kein grünes Licht erhalten, können wir mit der Unterführung unter der Eisenbahnlinie natürlich nicht beginnen. – Wie lange dauert das denn noch, ehe die euch endlich signalisieren, daß es losgehen kann?

das Licht der Erkenntnis *geh selten* · the light of knowledge
Eine schöne Metapher: 'Licht der Erkenntnis' – findest du nicht? Das Dunkel unerkannt wirkender Gesetze wird plötzlich hell …

in einem anderen/neuen Licht erscheinen (lassen) *form* · to show s.th./s.o. in a new/different light, to appear in a new/different light
Die neueren Untersuchungen lassen die Ursachen des ersten Weltkriegs in einem neuen Licht erscheinen. Nicht so sehr ein einzelnes Land oder bestimmte Politiker scheinen die Hauptschuld zu tragen, sondern die Konstellation der damaligen führenden Mächte und ihre Entwicklung insgesamt.

etw. **in einem günstigen/vorteilhaften Licht erscheinen lassen** *form* · to present s.th. in a favourable/… light
Die Aussagen der Zeugen haben das Vorgehen des Angeklagten in einem weit günstigeren Licht erscheinen lassen als die Berichte der Polizei.

(etw.) **im hellsten Licht erscheinen (lassen)** *form* · to show s.th. to full advantage
Die Konferenz hat seine ausgezeichneten Fremdsprachenkenntnisse mal wieder im hellsten Licht erscheinen lassen. Alle Teilnehmer waren des Lobes voll über so einen sprachbegabten Kaufmann.

in einem schiefen/im schiefen Licht erscheinen *form* · to appear in a bad light
… Wenn Sie nicht im schiefen Licht erscheinen will, muß sie sich aus der Sache ganz heraushalten. Denn sie hat doch selbst dazu beigetragen, daß die Gerüchte überhaupt aufkommen konnten. Und daß dies unabsichtlich geschah, wird ihr nie jemand glauben.

jn. **hinters Licht führen** · to trick s.o., to take s.o. in, to put one over on s.o., to hoodwink s.o.
Der Inhaber des Antiquitätenladens hat uns ganz schön hinters Licht geführt. Der Tisch, den wir bei ihm gekauft haben und der aus dem 18. Jahrhundert sein sollte, ist ganze 15 Jahre alt.

grünes Licht geben (für etw.) · to give the go-ahead/the green light for s.th.
Nach jahrelangem Tauziehen zwischen den Parteien haben die zuständigen Behörden nun endlich grünes Licht für den Bau der Autobahn gegeben. Da das Projekt seit langem bis ins Detail ausgearbeitet ist, können die Unternehmen sofort mit der Arbeit beginnen.

(jm.) **aus dem Licht gehen/treten** · to get out of s.o.'s light
Kinder, geht mir bitte aus dem Licht und laßt mich in Ruhe lesen! Etwas mehr zur Seite – so, jetzt kann ich gut sehen.

in ein schiefes Licht geraten (bei jm.) · to appear in a bad light (to s.o.)
Durch deine dummen ironischen Bemerkungen bin ich bei unseren Gastgebern gestern in ein schiefes Licht geraten. – Wieso das denn? – Wenn du über meine zahllosen Freundschaften witzelst, müssen die natürlich annehmen, daß ich der Doris permanent untreu bin.

in ein gleißendes/in strahlendes/… Licht getaucht *form* – *path* · to be bathed in bright/golden/glaring/… light
… Der ganze Horizont war in ein feuriges Licht getaucht, das sich in der Weite des Meeres brach! Ich hatte so einen wunderbaren Sonnenuntergang noch nie erlebt.

etw. **gegen das Licht halten** · to hold s.th. up to the light
Du kannst den Flecken nicht sehen? Halt' die Jacke mal gegen das Licht, dann siehst du ihn sofort.

ans Licht kommen · to come to light
Irgendwann kommt die Wahrheit schon ans Licht!

sein Licht leuchten lassen · to display one's knowledge/talents/abilities/...
Sicherlich ist der Werner sehr begabt und weiß sehr viel; aber er legt auch Wert darauf, daß man es merkt. Er läßt keine Gelegenheit aus, sein Licht leuchten zu lassen.

Licht und Luft hereinlassen/(...) *path* · to let in light and air
... So, jetzt wollen wir mal die Vorhänge zur Seite tun und die Fenster aufmachen, Licht und Luft hereinlassen! Es ist so schön heute ...!

Licht machen · to put on the light, to switch/to turn on the light
Jetzt ist es erst vier Uhr nachmittags, und man muß schon Licht machen, wenn man lesen will. – Noch ein paar Wochen, dann sind die Tage wieder länger.

jn. **in ein falsches/**(ins falsche) **Licht rücken** (bei jm.) *form* · to show s.o. in a false light, to give a false impression of s.o. to s.o.
Ihre Eifersucht trieb sie dazu, ihre Freundin bei ihrem Verlobten in ein falsches Licht zu rücken. – Aber sie hat doch nicht behauptet, sie wäre ihm untreu. – Anspielungen in diese Richtung hat sie gemacht.

etw. **ins rechte/**(richtige) **Licht rücken/**(setzen/stellen) *form* · to show s.th. in its correct light, to show s.o. to its best advantage, to put/to set the record straight
... Es gehen in der Sache so viele seltsame Gerüchte um, daß du die Angelegenheit einmal ins rechte Licht rücken solltest. – Man kann doch nicht dauernd etwas richtigstellen. Mir ist es inzwischen egal, ob die Leute die Dinge richtig beurteilen oder nicht.

sich in ein vorteilhaftes/günstiges Licht/ins rechte/richtige Licht zu rücken wissen/... (bei jm.) *form* · to know how to show o.s. in a favourable/... light, to know how to make a favourable/... impression
... Eines seiner Erfolgsrezepte besteht darin, daß er es versteht, sich bei seinen Vorgesetzten immer in ein günstiges Licht zu rücken. – Das will auch gekonnt sein.

bei etw./bei allem/... **gibt es/**... **Licht und Schatten** – seine **Licht-** und Schattenseiten haben · to have its good and bad points/sides/...

sein Licht (nicht) unter den Scheffel stellen · (not) to hide one's light under a bushel
Du kennst doch den Spruch: »Bescheidenheit ist eine Zier, doch weiter kommt man ohne – sie.« So ist's: wer sich im gesellschaftlichen Leben nicht versteht, seine Gaben und Fähigkeiten zu zeigen und zur Geltung zu bringen, kommt zu nichts. Bloß sein Licht nicht unter den Scheffel stellen!

das Licht scheuen · to fear the light of day, to shun the light of day
... Dieses Diebesgesindel scheut das Licht wie die Ratten. – Wo hast du denn diesen Stil her, Junge?

etw. **in einem milderen Licht sehen** *form selten* · to take a more generous/lenient/... view of s.th.
... Damals habe ich ihr Verhalten scharf kritisiert, das stimmt, sehr scharf sogar. Heute sehe ich das alles in einem viel milderen Licht. Die hatten ihre Gründe, so zu handeln, und die Auswirkungen waren auch nicht so schlimm.

alles/etw. **in rosarotem/**(rosigem) **Licht sehen** – alles durch eine/(die) rosa/rosarote/(rosige) **Brille** sehen · to see everything through rose-tinted spectacles

jn/etw. **in einem schiefen Licht sehen** *form selten* · to have a false/distorted/... picture of s.o./s.th., to have a false/distorted/... image of s.o./s.th., to get the wrong impression of s.o./s.th.
... Wenn der Kanzler in der Tat meint, die Bevölkerung sehe die Aktivitäten der Regierung in einem schiefen Licht, dann ist das seine eigene Schuld. Denn die Regierung kann die Bürger schließlich sachgemäß aufklären.

jn. **in ein falsches Licht/**(ins falsche Licht) **setzen/stellen** (bei jm.) *form selten* – (eher:) jn. in ein falsches/(ins falsche) **Licht** rücken (bei jm.) · to give s.o. a false impression of s.o.

etw. **ins rechte/**(richtige) **Licht setzen/**(stellen) *form selten* – etw. ins rechte/(richtige) **Licht** rücken/(setzen/stellen) · to show s.th. in its correct light/as it really is

sich in ein vorteilhaftes/günstiges Licht/ins rechte/richtige Licht zu setzen/(stellen) **wissen/**... (bei jm.) *form* – (eher:) sich in ein vorteilhaftes/günstiges Licht/ins rechte/richtige **Licht** zu rücken wissen/... (bei jm.) · to (know how to) make a good impression (on s.o.)

in einem vorteilhaften/günstigeren/... **Licht stehen** *form selten* · to be well-regarded, to be highly thought of, to be looked on with favour
... Wenn du in den letzten Jahren ständig die Konservativen unterstützt hast, müßtest du in diesem Nest doch in einem denkbar günstigen Licht stehen. Da dürfte es doch nicht schwerfallen, eine Baugenehmigung für ein Freizeitzentrum zu bekommen.

jm. **im Licht stehen** · to be in s.o.'s light
Kinder, merkt ihr nicht, daß ihr mir im Licht steht? – Ach, entschuldige Papa. Wir gehen sofort zur Seite. So – kannst du jetzt lesen?

sich selbst im Licht stehen · 1. to be in one's own light, 2. to be one's own worst enemy
1. So stehst du dir selbst im Licht, Rainer. Wenn du das Bild richtig sehen und beurteilen willst, mußt du ein paar Meter weiter nach links gehen; da hast du die Lichtquelle nicht mehr im Rücken.
2. vgl. – (u.U.) sich selbst im **Weg(e)** stehen

das Licht des Tages scheuen *path* – das **Licht** scheuen · to fear the light of day, to shun the light of day

ans Licht treten *path selten* · to come to the fore, to come to light
... Immer wieder treten neue Ideen ans Licht ...

(jm.) **aus dem Licht treten** *form* – (jm.) aus dem **Licht** gehen/treten · to get out of s.o.'s light

das Licht der Welt erblicken *ugs* · to (first) see the light of day
Niemand, scheint es, weiß mit Sicherheit, an welchem Tag des Monats April im Jahre 1564 Shakespeare das Licht der Welt erblickt hat. – Aber Jahr und Monat seiner Geburt stehen fest.

kein gutes Licht auf etw. **werfen** · not to say much for s.th., not to show s.th. in a good/... light
Wenn es wirklich stimmt, daß Herr Prof. Brodmaier die Kandidatur von dem Bollmer unterstützt hat, wirft das nicht gerade ein gutes Licht auf seine Kommissionsarbeit. Schließlich ist Bollmer der Sohn seines besten Freundes.

ein neues Licht auf etw. **werfen** · to throw new light on s.th., to shed new light on s.th.
Die letzten Untersuchungen zu dem Thema werfen ein völlig neues Licht auf die Zusammenhänge zwischen der Industrialisierung und der Kriminalität. Der ganze Komplex wird jetzt ganz anders beurteilt als vorher.

ein (ganz/...) **anderes Licht auf** etw. **werfen** · to show s.th. in a (completely/...) different light, to put a (completely/...) different complexion on s.th.
... Die veränderte Beweislage wirft natürlich ein völlig neues Licht auf die Sache. Dadurch verbessern sich unsere Chancen, den Prozeß doch noch zu gewinnen, erheblich.

ein schiefes Licht auf jn./etw. **werfen** · to cast a shadow over s.th., to show s.o./s.th. in an unfavourable light
Die Erklärungen von Frau Breit, Prof. Bochner habe nur deswegen die Kandidatur von dem Rausch unterstützt, weil der Vater von Herrn Rausch sein bester Freund ist, werfen ein schiefes Licht auf Prof. Bochners Mitarbeit in der Kommission. Diese Mitarbeit war (jedoch) von Anfang bis Ende streng objektiv.

sich in einem günstigen/vorteilhaften Licht zeigen · to make a favourable impression, to show o.s. in a favourable light

So sehr der Jörg auch immer wieder versucht, sich in einem günstigen Licht zu zeigen: die Leute mögen seine Art nun einmal nicht. – Aber er will doch wirklich ihr Bestes, oder?

etw. ans Licht zerren/(ziehen/holen) · to drag s.th. up, to rake s.th. up, to drag s.th. into the limelight

Die verschiedenen Liebesbeziehungen, die der Chef zu seinen Sekretärinnen hatte, gehen die Leute doch überhaupt nichts an! Welch ein Interesse können diese Journalisten daran haben, das alles ans Licht zu zerren?

seine Licht- und Schattenseiten haben · to have its good and bad points

Jeder Beruf, Junge, hat seine Licht- und Schattenseiten. Deshalb ist es immer noch das Beste, man wählt den Beruf, der einem Spaß macht; dann nimmt man auch die Nachteile leichter in Kauf.

Lichtblick: das/etw. ist ein Lichtblick · it/s.th. is a ray of hope

Die Teuerungsrate lag im letzten halben Jahr in der Tat unter 10%? Das ist ja ein Lichtblick. Das ist seit langer Zeit die erste Nachricht, die zu Hoffnung Anlaß gibt.

(hin und wieder/...) einen Lichtblick haben *ugs* · 1. 2. to have lucid moments (now and again/...)

1. ... Ganz fürchterlich, diese Frau! So etwas von Querulanterie, von Negativismus ... – Aber gestern war sie doch ganz aufgeräumt; die Ideen, die sie äußerte, waren doch ganz vernünftig. – Ja, ja, hin und wieder hat sie einen Lichtblick. Zwei, drei Mal im Jahr!

2. Sie behaupten, der Mann sei geisteskrank. Was er sagt, ist doch durchaus vernünftig. – Ab und zu hat er einen Lichtblick. Sie müßten ihn aber sonst einmal hören, da würden Sie ihn anders beurteilen.

(hin und wieder/...) Lichtblicke haben *ugs* – (hin und wieder/...) einen **Lichtblick** haben · to have lucid moments (now and again/...)

Lichter: in einem Land/... gehen die Lichter aus *ugs* · the lights are going out in a country/...

... Natürlich, zur Zeit geht es uns glänzend. Aber ist das ein Grund, auf die anderen Länder überheblich herabzuschauen? Wer weiß, ob nicht auch bei uns die Lichter mal wieder ausgehen?

Lichtjahre: Lichtjahre entfernt/(weg) sein/liegen *iron* · to be miles away from ...

... Zu dem Konzert zu Fuß gehen! Wo denkst du hin? Der Konzertsaal ist Lichtjahre von unserer Wohnung entfernt.

Lichtseite(n): die Lichtseite(n) des Lebens *path selten* · the bright side of life

Es ist wirklich schön und hilfreich, wenn man das Gute im Leben nicht übersieht, sich einen freudigen Blick dafür bewahrt. Aber wer nur die Lichtseiten des Lebens sehen will, macht denselben Fehler wie der, der alles negativ sieht – nur mit umgekehrtem Vorzeichen.

lieb: jm. wäre nur zu lieb, wenn ... · it would suit s.o. down to the ground if ...

Im Grunde wäre dem Leutner nur zu lieb, wenn sein Kollege bei den Verhandlungen nicht den geringsten Erfolg hätte; denn das käme seinem Einfluß in der Firma sehr zugute. Aber das darf er sich in keinster Weise anmerken lassen.

jm. wäre lieb/lieber/am liebsten, wenn .../es wäre jm. .../etw. wäre jm. ... · 1. + s.o. would prefer to do s.th., 2. + s.o. would prefer s.th., s.o. would like (to do) s.th.

1. Entweder verbringen wir den ersten Teil der Ferien am Strand und den zweiten auf dem Land oder umgekehrt. Was wäre dir lieber? – Ich würde den ersten Teil am Strand vorziehen – wenn wir schon an den Strand müssen; denn am liebsten wäre mir, wie du weißt, wenn wir die ganzen fünf Wochen auf dem Land verbrächten.

2. Was wäre Ihnen lieber, Kaffee oder Tee?

sei/seid/... so lieb und .../würdest du/würdet ihr/... so lieb sein und ...** *ugs* · would you do me a favour and ..., be a dear and ..., be an angel and ...

Manfred, sei so lieb und wirf diesen Brief in den Kasten, wenn du in die Stadt fährst, ja? Vielen Dank!

jm. lieb und teuer sein *form* · to be very dear to s.o.

... Seine Tochter ist ihm lieb und teuer, natürlich; aber deswegen kann er ihr nicht jeden Willen tun und ihre Brüder benachteiligen.

jm. lieb und wert sein *form selten* · to be very dear to s.o., + s.o. is very attached to s.th.

Sein Landgut ist dem Albert lieb und wert. Aber das heißt nicht, daß er dafür zu jedem Opfer bereit ist.

liebäugeln: mit etw./(jm.) liebäugeln · to have one's eye on s.th., to be flirting with the idea of doing s.th.

(Von einem Verleger:) Wenn der Herbert nicht mit einem offiziellen Zuschuß liebäugeln würde, würde er so ein Buch natürlich nie herausbringen. – Geben die denn für Bücher dieser Art Zuschüsse? – Sehr oft ja. Und da er gute Beziehungen hat, rechnet er natürlich damit.

liebbehalten: jn. liebbehalten *form veraltend selten* · to go on loving s.o., to hold s.o. dear

... Was hast du denn dagegen, wenn ein alter Mann seine verstorbene Frau über Jahrzehnte liebbehält? – Gar nichts natürlich! Ich fand nur den Terminus kitschig.

Liebe: die käufliche Liebe *form od. iron* · love for sale, venal love

... Du mit deiner käuflichen Liebe! Laß die Leute leben, wie sie das für richtig halten! Prostitution hat es immer gegeben!

eine unglückliche Liebe · an unhappy love affair

... War das eine unglückliche Liebe zwischen den beiden oder nur eine unglückliche Ehe?

js. alte Liebe (sein) · (to be) an old flame of mine/his/yours/...

Hast du schon gehört, daß der Mathematiklehrer von dem Klaus mit 55 Jahren seine alte Liebe geheiratet hat? – Woher hast du das denn? – Der Sohn hat zu dem Klaus gesagt: »Meine neue Stiefmutter ist die erste Jugendfreundin meines Vaters.«

js. erste Liebe sein · to be s.o.'s first love

... Aber die Karin ist doch nicht seine erste Liebe? – Das kommt darauf an, was man unter Liebe versteht. Sie ist wohl die erste Frau, die er richtig liebt.

js. große Liebe sein *oft iron* · to be the love of s.o.'s life

... Der Engelbert kennt die Birte Monsberg? – Diese Frage ist köstlich! Die Birte war seine große Liebe. Wenn er sie nicht geheiratet hat, dann nur deswegen, weil sie damals beide aus Prinzip nicht heiraten wollten. Er hat nie wieder eine Frau so geliebt wie die Birte.

gut in der Liebe sein *ugs Neol* · to be good at lovemaking, to be good in bed

... Warum soll jemand nicht gut – oder weniger gut – in der Liebe sein können, Tante Berta? Die Liebe ist auch eine Technik – und wie in jeder anderen Technik ist der eine da besser als der andere. – Der Sex ist eine Technik, Junge, nicht die Liebe!

etw. mit (viel) Liebe tun *ugs* · to do s.th. with loving care, to do s.th. lovingly

Hm, die Berta hat den Tisch heute ja mit viel Liebe gedeckt. Da sieht man, wie sie sich freut, daß ihre Geschwister zu Besuch hat. So schön gedeckt ist der Tisch seit Monaten nicht.

das/(etw.) tut der/js. Liebe keinen Abbruch *ugs* · 1. 2. it/that doesn't affect our/... relationship 1. it/that needn't stand between us

1. Du wirst mir doch nicht übelnehmen, Willy, wenn ich eine Woche allein Ferien mache? – Ach, Klara, das tut doch der Liebe keinen Abbruch. Mach' die Ferien so, wie sie dir am besten bekommen.

2. Wenn es auch in den letzten Jahren sehr viel Schwierigkeiten gibt: das tut seiner Liebe zu der Firma keinen Abbruch. Er hat das Unternehmen mit aufgebaut und hängt mit Leib und Seele daran – ganz egal, wie es läuft. *seltener*

Liebe auf den ersten Blick · love at first sight

Meine Mutter hält nichts von der Liebe auf den ersten Blick. Sie glaubt nicht, daß man jemanden wirklich lieben kann, ohne ihn lange und gut zu kennen.

in Liebe und Eintracht leben/zusammenleben/... *form – path* · to live together in love and harmony

... Hast du denn schon mal ein Ehepaar kennengelernt, das bis ins hohe Alter in Liebe und Eintracht gelebt hat? – Sei nicht zu skeptisch der Ehe gegenüber! Natürlich habe ich das!

in (heißer) Liebe entbrannt/(entflammt) (*sein*) *path veraltend selten* · to be inflamed with love for s.o., to be passionately in love with s.o.

... Hör' dir das an: »In Liebe entbrannt, floh er mit ihr in die einsamen Berge ...«! – Woraus zitierst du da, du Spötter? Du bist wohl neidisch, daß sich jemand so verlieben kann?

jm. **eine Liebe erweisen** *form veraltend selten* – jm. einen **Liebesdienst** erweisen · to do s.o. a favour

j. **könnte** jn. **vor Liebe fressen** *ugs* · (to love s.o. so much that) one could eat him/...

Unsere Tochter ist ganz verrückt mit ihrem kleinen Bruder. Sie könnte ihn vor Liebe fressen, und wir müssen ständig aufpassen, daß sie ihn mit ihren dauernden Liebkosungen nicht ganz verwöhnt.

Liebe und Haß · love and hate

Welcher antike Philosoph hat noch gesagt, daß die beiden Urkräfte der Welt Liebe und Haß sind?

jn. **aus Liebe heiraten** · to marry s.o. for love

... Sicherlich, die Frau ist sehr schwer zu ertragen. Aber er hat sie aus Liebe geheiratet; also läßt er sie auch jetzt nicht allein.

eine Liebe im Herzen tragen *form – path veraltend selten* · to be secretly in love with s.o. *para*, to harbour a (secret) love in one's heart *lit*

Was das für eine Überwindung kostet, jahrelang eine Liebe im Herzen zu tragen, die man mit Rücksicht auf die Kinder geheimhalten muß!

Liebe machen *ugs Neol* · to make love

Ist 'Liebe machen' ein Anglizismus – von 'to make love'? – Keine Ahnung! Es könnte auch aus dem Französischen – 'faire l'amour', dem Portugiesischen – 'fazer amor' oder sonst einer romanischen Sprache kommen.

(die) Liebe geht durch den Magen *ugs* · the way to a man's heart is through his stomach

Wenn die Marta ihren Mann in besonders gute Stimmung versetzen will, macht sie ihm Eisbein mit Sauerkraut. – Nach dem Motto: 'Liebe geht durch den Magen'. – Genau.

alte Liebe rostet nicht *ugs* · an old flame never dies, old love never dies

Wie alt waren die beiden, als sie sich kennenlernten? – Die Petra 11, der Fritz 12. – Und sie haben sich immer noch gern. Da sieht man mal wieder: alte Liebe rostet nicht.

etw. **aus Liebe zur Sache tun** · to do s.th. for the love of it

... Ja, die Meeresforschung liegt dem Rainer nun einmal am Herzen; deshalb unterstützt er die Idee eines Kongresses darüber an unserer Universität. Aus Liebe zur Sache also – und nicht, weil er sich irgendwelche persönlichen Vorteile davon verspräche.

sich **ewige Liebe schwören** *path od. iron* · to swear eternal love to one another

Schworen sich die Menschen früher eher ewige Liebe als heute – oder ist das nur eine Frage literarischer Strömungen?

(die/js.) **Liebe** (geht/reicht/währt/...) **über den Tod hinaus** *path veraltend selten* – (die/js.) **Liebe** (geht/reicht/währt/...) bis in den Tod (hinein) · s.o.'s love lasts beyond the grave

(die/js.) **Liebe** (geht/reicht/währt/...) **bis in den Tod** (hinein) *path veraltend selten* · s.o.'s love lasts beyond the grave

... Ihre Leidenschaft sprengte alle Grenzen, ihre Liebe reichte bis in den Tod hinein ...

liebedienern: liebedienern *veraltend selten* · to fawn on s.o., to toady to s.o.

... Ich mag nun einmal die Leute nicht, sagte er scharf, die ständig um einen herumschwarwenzeln und liebedienern! Lieber weniger eilfertig und weniger beflissen – dafür aber auch weniger unterwürfig und schmeichlerisch!

lieben: jn. **heiß und innig lieben** *oft iron* · to adore s.o., to love s.o. madly

... Du willst Sonntag einen Ausflug machen? Warte, da muß ich erstmal meine heiß und innig geliebte bessere Hälfte fragen, ob sie für Sonntag nichts anderes geplant hat.

liebenlernen: jn./etw. **liebenlernen** *form selten* · to come to love s.o.

Wir waren dem Kurt gegenüber im Anfang genauso reserviert wie du. Aber im Laufe unserer langen und engen Zusammenarbeit haben wir ihn immer mehr liebengelernt. Je näher man ihn kennenlernt, umso mehr gewinnt er.

lieber: etw. **lieber tun (als ...)**/j. sollte/würde lieber etw. tun 1. 2. 3. to prefer a to b, to prefer doing a to doing b

1. Übersetzt du lieber oder dolmetschst du lieber? – Ich ziehe das Dolmetschen/(dolmetschen) vor.

2. Ich übersetze lieber, als ich dolmetsche.

3. Wenn ich die Wahl hätte, würde ich lieber übersetzen als dolmetschen.

etw. **zehnmal/hundertmal/tausendmal/(...) lieber tun**/(haben) als ... · to far prefer s.th. to s.th. else, to prefer s.th. (to s.th.) ten/a hundred/... times over

... Nein, Englisch mache ich in der Tat nicht besonders gern, aber doch hundertmal lieber als Mathematik; damit kann man mich jagen.

nichts lieber als das! · there's nothing I'd/... rather do, I'd/... love to ... *coll*

... Ich muß eine Woche geschäftlich nach Spanien fahren. Hast du Lust, mitzukommen und für mich zu dolmetschen? – Nichts lieber als das! Ich muß unbedingt mal wieder aus diesem öden Kaff raus.

Liebes: jm. **etwas Liebes tun** *form veraltend selten* · to be nice/kind to s.o., to make an affectionate/loving gesture to s.o.

... Nie sieht man diese Frau ihren Kindern etwas Liebes tun. – Sie tut ihnen nichts Liebes und nichts Böses, scheint mir; die Kinder sind ihr offensichtlich völlig gleichgültig.

Liebesbeziehungen: **Liebesbeziehungen zu** jm. **anknüpfen** *form* · to start an affair with s.o., to start a (sexual) relationship with s.o.

Zu jeder neuen Sekretärin muß dieser Mann Liebesbeziehungen anknüpfen! Als wenn es nicht möglich wäre, eine Sekretärin zu haben, die nur für einen arbeitet.

Liebesdienst: jm. **einen Liebesdienst erweisen** *form* · to do s.o. a favour

Könntest du mir Sonntag einen Liebesdienst erweisen, Monika? – Wenn es geht. Was ist es denn? – Könntest du nachmittags auf die kleine Rosi aufpassen? Ich muß nach Augsburg ...

Liebeserklärung: jm. **eine Liebeserklärung machen** · 1. to declare one's love to s.o., 2. to give s.o. a pat on the back

1. ... Wie macht man eine Liebeserklärung – oder wie präsentiert man jemanden in einem Roman, der eine Liebeserklärung macht?! So, daß es überzeugt! Das ist kaum leichter als jemanden zu schildern, der betet – so, daß das Gebet überzeugt.

2. (Ein älterer Junge zu seinem Vater:) Der Chef hat mir gestern eine Liebeserklärung gemacht. – Na, wie sah die denn aus? – Er hat mir gesagt: wenn alle so arbeiten würden wie ich, hätte er ein Viertel der Sorgen. – Das hört man gerne, Junge. *ugs – iron*

Liebesmüh': das/(etw.) **ist verlorene (vergebliche) Liebesmüh'**/(Liebesmühe) *ugs* · it/s.o. is not worth the effort *n*, it/s.th. is a waste of time *n*

All unsere Bemühungen und Anstrengungen waren verlorene Liebesmühe: im letzten Augenblick wurde die Veranstaltung verboten. – Da wart ihr aber sauer, daß ihr solange umsonst gearbeitet habt, was?

liebgewinnen: jn./etw. **liebgewinnen** · to get fond of s.o./s.th., to grow fond of s.o./s.th.

(Von einem jungen oberbayrischen Hilfsarbeiter im Rheinland:) Wir haben in der Tat eine gewisse Zeit gebraucht, bis wir uns an seine rauhe Schale gewöhnt haben. Aber inzwischen haben wir ihn derart liebgewonnen, daß wir uns das Leben hier ohne ihn gar nicht mehr vorstellen können. – Er hat ja auch wirklich einen ungemein gütigen Kern; man muß ihn auf die Dauer einfach liebhaben.

liebhaben: jn./etw. **liebhaben** *oft: man muß ...* · to be fond of s.o./s.th., to love s.o./s.th., to like s.o./s.th. *often: one can't help liking s.o./s.th.*

... Ob man will oder nicht: man muß den Jungen einfach liebhaben! Er ist so ehrlich, so heiter, so unverfälscht und bei allem Schalk so gütig ...

Liebhaberei: etw. **(nur) aus Liebhaberei** tun · to do s.th. as a hobby

Eine Sache ist es, Berufsfotograf sein, eine andere, aus Liebhaberei zu fotografieren. Wenn man etwas aus Liebhaberei macht, pickt man sich nach Möglichkeit natürlich nur die schönen Seiten heraus.

liebkosen: jn. **liebkosen** *veraltend selten* · to caress s.o., to fondle s.o.

... Kinder soll man liebkosen, natürlich – sie brauchen Zärtlichkeit, wollen gestreichelt, geküßt werden. Aber Erwachsene ... – Da bin ich ganz anderer Meinung. Nur, daß bei den Erwachsenen der 'Ausdruck der Liebe' ein Gespräch zu zweit sein 'sollte'.

Liebste: **das Liebste wäre** jm., **wenn** + *Konj. Irreal.* · the best solution would be to ...

... Natürlich könnte man das Ganze zunächst mit der Hand vorschreiben. Besser wäre es natürlich, mit der Maschine. Das Liebste wäre mir (sogar), wenn der Text sofort in den Computer eingegeben würde. Da lassen sich Änderungen am leichtesten vornehmen.

liebsten: **am liebsten wäre** jm., **wenn** + *Konj. Irreal.* – das **Liebste** wäre jm., wenn + *Konj. Irreal.* · + s.o. would rather ..., + s.o. would prefer to ...

Lied: **das/(es) ist (immer/immer wieder) das alte Lied** *ugs* · it's (always) the same old story

Er sagt, wenn ich mit den Bedingungen nicht einverstanden bin, stünde es mir ja frei zu kündigen. – Das ist das alte Lied: entweder tanzt man nach der Pfeife derer, von denen man abhängt, oder sie lassen einen fallen. Das war immer so, damit muß man sich abfinden.

das/(es) ist immer/immer wieder dasselbe/(das gleiche) Lied *ugs* · 1. 2. it's always the same old story

1. Die Mechthild ist wieder ganz aufgeregt, weil sie Angst hat, sitzen zu bleiben. – Das ist immer dasselbe Lied: erst faulenzt sie ein halbes Jahr, und dann macht sie die ganze Familie mit ihrer Angst verrückt, sitzen zu bleiben.

2. vgl. – das/(es) ist (immer/immer wieder) das alte **Lied**

davon kann ich/kann er/... (dir/ihm/...) ein Lied singen/ (weiß ... zu singen) *ugs* · I/he/... can tell you/him/... a thing or two about s.th.

So Zahnschmerzen können verdammt wehtun! – Und ob! Davon kann ich ein Lied singen! Du hast jetzt zum ersten Mal richtige Zahnschmerzen; ich hatte sie eine Zeitlang fast jeden zweiten, dritten Monat.

das hohe Lied der Treue singen/(anstimmen) *form path veraltend selten* – (eher:) das **Hohelied** der Treue singen/(anstimmen) · to sing a hymn in praise of s.th.

Liedchen: **davon kann ich/kann er/... (dir/ihm/...) ein Liedchen singen/(weiß ... zu singen)** *ugs* – davon kann ich/kann er/... (dir/ihm/...) ein **Lied** singen/(weiß ... zu singen) · I/ he/... can tell you/him/... a thing or two about s.th.

liefen: **unter 'ferner liefen' rangieren/(kommen/...)** *ugs* · to be one of the also-rans, to be among the also-rans

... Und unser Karl-Heinz, wievielter war er bei dem Rennen? – Er rangierte unter ferner liefen. So 15., 16. dürfte er gewesen sein. Aber es ging ihm ja auch nicht darum, einen Sieg zu erringen, sondern darum teilzunehmen.

liegen: jm. **liegen**/es liegt jm., etw. zu tun · 1. 2. 3. + (not) to like s.o./s.th., 1. 2. + (not) to care for s.o./s.th., 3. s.o./s.th. does not appeal to s.o.

1. Ich habe den Eindruck, du kommst mit dem Krippner nicht gut zurecht, oder? – Nein. Der Krippner liegt mir nicht. – Und warum nicht? Was ist dir an ihm fremdartig, unangenehm oder gar abstoßend? – Ich weiß auch nicht – seine ganze Art ...

2. Wenn er mit der Arbeit seines Bürovorstehers nicht einverstanden ist und sich nicht durchsetzen kann, sollte er halt mit dem Chef sprechen. – Es liegt ihm nun einmal nicht, sich über jemanden zu beschweren. Das ist einfach nicht seine Art.

3. Das Klima hier liegt mir nicht. Diese warme, drückende Luft – da fühl' ich mich immer richtig matt.

js. Fähigkeiten/... **liegen in** ... · s.o.'s abilities/... lie in ...

(Von einem neuen Angestellten:) Wenn seine Fähigkeiten im Verkaufen liegen, sollten wir ihn nicht gerade in der Personalabteilung einsetzen, Herr Schuckert! – Gut, dann stecken Sie ihn in den Verkauf, wenn Sie meinen, daß er da mehr leistet.

an jm./etw. **liegen (daß ...)/daran liegen, daß .../es liegt an** jm./etw./daran, daß ... · 1. s.th. is because ..., s.th. is due to the fact that ..., + the reason for s.th. is ..., 2. why is it that ...?

1. Wenn die Projekte in der vorgesehenen Frist nicht fertig werden, liegt das nur daran, daß ihr nicht vernünftig zusammenarbeitet. Einen anderen Grund für die Verzögerung gibt es nicht!

2. Woran liegt es eigentlich, daß die beiden so schlecht miteinander auskommen – an seiner Schroffheit oder an ihrer Kälte?

(ganz/allein/...) bei jm. **liegen/es liegt (ganz/allein) bei** jm., etw. zu tun/ob ... · 1. 2. to be in the hands of s.o., 1. to be with s.o., 2. to be s.o.'s responsibility, to lie with s.o., 3. 4. it is up to s.o. to do s.th.

1. Die Unterlagen liegen immer noch bei dem Sachbearbeiter? Hat der die denn immer noch nicht bearbeitet? – Am besten sprechen Sie mit ihm selbst. Ich kann sie ihm schlecht von mir aus aus der Hand nehmen.

2. Die Entscheidung über den Vertrag liegt beim Chef. Da haben wir nichts zu bestimmen.

3. Was sollen wir da entscheiden? – Das liegt ganz allein bei dir! Ich halte mich da ganz heraus.

4. Ob du 'ja' oder 'nein' sagst, liegt bei dir.

(mit einer Meinung/...) (völlig/total) daneben liegen *ugs* – (mit einer Meinung/einer Annahme/...) (völlig/...) richtig/ falsch **liegen** (bei jm.) (2, 3) · to be completely/... wide of the mark (in thinking s.th./...)

total daneben liegen *ugs* · to be totally/... out of it

Ich weiß nicht, was mit der Birgit in letzter Zeit los ist; die liegt total daneben. – Inwiefern? – Nervlich! Die ist völlig durcheinander.

darin liegen, daß ... · the difficulty/problem/... is that ...

... Die Schwierigkeit liegt darin, daß wir überhaupt nicht vorhersehen können, wieviele Leute kommen werden. Wenn wir das wenigstens in etwa wüßten, wäre alles viel leichter.

weit weg/drei Kilometer entfernt/ganz nahe/in der Ferne/ weiter oben/unten/... liegen · to be a long way/3 kilometres away/quite near/...

Paß auf, von hier oben übersiehst du die ganze Gegend: da unten, vor uns, Untertürkheim, der Neckar, der Hafen ...; weiter links liegt Esslingen; gegenüber siehst du den Fernsehturm; dahinter die Gegend zum Flughafen; in der Ferne die schwäbische Alb ...

nach vorn(e)/nach hinten (hinaus)/zur/nach der Straße (hin)/... liegen – nach vorn(e)/nach hinten (hinaus)/zur/ Straße (hin)/... **gehen** · to be at the front/the back/..., to face the street/the back/...

vorn/im Mittelfeld/abgeschlagen/hinten/gleichauf/... liegen *Sport* · 1. to be in the lead/in the middle/at the back/..., 2. to be at the top/in the middle/at the bottom/... of the table/league/division/...

1. ... Ein dramatisches Rennen: vorn liegt der Amerikaner Thomas Moor; ihm dicht auf den Fersen: der Russe Wlaswiswc; seit der letzten Runde abgeschlagen die beiden Deutschen Rotter und Mottke – der Abstand von 8, 9 Metern zur Spitze dürfte bis zum Ziel nicht mehr aufzuholen sein; weit hinten, allein auf weiter Flur, schließlich (liegt) ein Ire ...

2. vgl. – (eher:) vorn/oben (in der Tabelle)/im Mittelfeld/unten (in der Tabelle)/abgeschlagen **stehen**

liegen bei/an/in/... *Orte* · to be near/on/in/...

Ismaning liegt bei München; München liegt an der Isar; Ingolstadt liegt wie München in Bayern ...

gut/nicht gut/(...) auf der Straße/in der Kurve/(...) **liegen** *Auto usw.* · (not) to hold the road well/badly/...

Dieser Wagen liegt gut in der Kurve; da kannst du ruhig mal etwas schneller in die Kurven gehen, ohne Angst haben zu müssen, daß etwas passiert.

bereits/... **hinter** jm. **liegen** · to be (already/...) a long time ago, to be (already/...) (a long) way back

Hat der Willi eigentlich schon sein Abschlußexamen gemacht? – Ach du liebe Zeit! Das liegt schon mehr als zwei Jahre hinter ihm. Das hat er schon bald wieder vergessen!

schon wieder/... **krumm liegen** *ugs* – schon wieder/... **krummliegen** · to be broke again/...

am nächsten liegen *Annahmen/Gründe*... · + the most natural/obvious assumption/conclusion/... is ...

Wenn der Gerd zu Hause derart schroff und arrogant ist, wie du sagst, liegt es natürlich am nächsten anzunehmen, daß er für die familiären Probleme die Hauptverantwortung trägt. – Man könnte natürlich auch umgekehrt argumentieren: er ist so schroff, weil er zu Hause immer nur Streit erlebt hat.

nahe liegen bei ... – in der **Nähe** liegen von ... · to be near Munich/London/..., to be close to Munich/...

nahe liegen/es liegt nahe anzunehmen/zu meinen/etw. zu tun (bei etw.) · 1. 2. to seem natural/reasonable to suppose/suspect/... that ..., to seem the natural/obvious/... thing to do s.th.

1. Wenn der Christian jeden zweiten Tag erst spät nachts nach Hause kommt, darf er sich nicht wundern, wenn seine Frau Verdacht schöpft. Bei so einem Lebenswandel liegt natürlich die Vermutung nahe, daß da etwas nicht stimmt ...

2. Bei seiner Schroffheit liegt es natürlich nahe anzunehmen, daß er für das schlechte Klima in der Familie verantwortlich ist und nicht seine Frau. Aber sicher können wir selbstverständlich nicht sein.

(mit einer Meinung/einer Annahme/...) (völlig/...) **richtig/falsch liegen** (bei jm.) *ugs* · 1. 2. + s.o.'s suspicion/assumption/... is absolutely/... right/wrong, s.o. is not far from/wide of the mark in his assumption/..., 3. s.o. cannot go wrong, 4. to be completely/... right/wrong *n*, 5. to be in s.o.'s good books

1. Du liegst mit deiner Idee völlig richtig: hier herrscht eine Marktlücke, die es zu füllen gilt.

2. Mit seiner Vermutung, daß die Rosemarie nicht an der Reise teilnehmen will, liegt er völlig falsch: noch gestern hat sie mir gesagt, wie sehr sie sich auf die Reise freut.

3. Wenn du erst mit dem Direktor sprichst, liegst du nie falsch. Das Schlimmste, was dir dann passieren kann, ist, daß er dich zu einem Sachbearbeiter schickt. Im anderen Fall aber könnte er sich übergangen fühlen; und das wäre tragisch.

4. Studiere erstmal zuende, dann liegst du in jedem Fall richtig. Einen anständigen Beruf findest du dann schon. Ohne Examen dagegen hängst du immer in der Luft.

5. Wenn du zuverlässig und pünktlich bist, liegst du bei dem Alten immer richtig. Zuverlässigkeit und Pünktlichkeit sind seine Kardinaltugenden; wenn du mal was anderes falsch machst, sieht er dir das dann anstandslos nach.

schwer auf jm. **liegen** *Verantwortung u. ä. selten* – schwer auf jm. **lasten** · to weigh heavily on s.o.'s mind/conscience/..., to prey on s.o.'s mind

an mir/(ihm/...) **soll es**/soll's **nicht liegen** (wenn es nicht klappt/...) · I'll/(he'll/John'll/...) go along with that, I'm/(he's/John is/...) easy, don't let me stop you

Die Mutti ist nicht sehr erbaut von unseren Reiseplänen nach Frankreich. Und du, Papa, bist du dagegen? – Ach, wenn ihr absolut fahren wollt ... an mir soll es nicht liegen. – Du bist also dafür? – Ich bin nicht direkt dafür; aber meinetwegen könnt ihr fahren.

noch/... **vor** jm. **liegen** · to be (still/...) ahead of s.o., to be (still/...) to come

Hat der Gerd inzwischen sein Abschlußexamen gemacht? – Nein, das liegt noch vor ihm. Der Termin ist im kommenden Juli.

e-r S. **zugrunde liegen** – e-r S. **zugrundeliegen** · s.th. forms the basis of s.th., + the calculations are based on the statistics/..., + s.th. is based on the assumption that ...

schon/... **weit zurück liegen** · it/s.th. is/was/... a long time ago, it/s.th. is/was/... way back

Wann hat der Gerd eigentlich sein Schlußexamen gemacht? – Ah, das liegt schon weit zurück; ich glaube, vor acht oder neun Jahren.

(ganz) **offen zutage liegen** *form* · to be (absolutely/...) clear/plain/obvious/evident/...

... Ich versteh' überhaupt gar nicht, wie jemand noch daran zweifeln kann, daß die Regierung hier gesetzeswidrig gehandelt hat. Das liegt doch offen zutage! Die Fakten sprechen für sich.

etw. (irgendwo) **liegen lassen** · to leave s.th. somewhere

Jetzt hab' ich doch schon wieder meine Handschuhe bei den Meyers/irgendwo/... liegen lassen! – Du vergißt auch nochmal deinen Kopf, Klara!

alles liegen und stehen lassen (wie es ist) **und** weggehen/davonlaufen/... *form – path* · 1. 2. to drop everything and ...

1. ... Plötzlich hatte sie die Nase voll davon, den ganzen Tag in der Küche herumzuarbeiten. »Schluß!«, rief sie, ließ alles liegen und stehen, wie es war, zog sich den Mantel an und ging ins Kino.

2. Ab, Erich, ab! Los, schnell! Da kommt der Gutsbesitzer. – Aber wir können doch nicht alles hier liegen und stehen lassen und davonrennen! – Wir können nicht nur, wir müssen! Was meinst du, was der macht, wenn der uns hier erwischt?! Der läßt uns einsperren. – Aber unsere ganzen Sachen ... – Los, ab, sage ich dir, lauf, was du kannst!

liegenbleiben: **liegenbleiben** · 1. to pile up, not to be done, to remain to be done/seen/to/dealt with, 2. to be stuck, 3. to be left behind, 4. to be left over from last week/...

1. ... Nein, heute habe ich beim besten Willen keine Zeit für einen Rundgang. Während meiner Reise nach Paris ist derart viel Arbeit/Post/... liegengeblieben, daß ich in den nächsten Tagen für nichts anderes Zeit habe.

2. Durch einen Schaden an der Lichtmaschine sind wir einen halben Tag in der Nähe von Arles liegengeblieben. – Habt ihr keinen Mechaniker gefunden?

3. ... Da ist doch schon wieder ein Paß hier liegengeblieben! Das ist schon der Dritte, der seinen Paß hier vergißt!

4. ... Ja, diese Nüsse sind noch vom letzten Jahr liegengeblieben. – Es wollte sie keiner kaufen und keiner essen? – So ist es.

liegenlassen: etw. **links/rechts liegenlassen** · to pass s.th. on the left/right

... Also, erst kommt eine Kirche, die lassen Sie links liegen; dann ein großer Bauernhof, an dem fahren Sie ebenfalls rechts vorbei; schließlich kommen Sie an eine Ampel.

jn. **links liegenlassen** *ugs* · to ignore s.o./s.th. *n*

... An deiner Stelle würde ich mich um diesen Querulanten überhaupt gar nicht mehr kümmern. Ich würde ihn links liegenlassen – so tun, als ob er gar nicht existierte. Sonst wirst du dich über diesen Mann ewig ärgern.

liegt: was drum und dran liegt *ugs selten* – das (ganze) **Drum und Dran** (einer Sache) · everything that goes with s.th., everything connected with s.th.

jm. **liegt sehr**/viel/wenig/nichts/... **an** etw./daran, etw. zu tun/daß/.../wenn ... könnte/... · 1. + to set great/little/no store by (doing) s.th., + to be keen to do s.th., 2. to matter to s.o., to be important to s.o.

1. Der Herr Speimann läßt Sie fragen, Herr Direktor, ob Sie ihn in dieser Woche zu einer kurzen Unterhaltung empfangen können. – Muß es in dieser Woche sein? – Er sagt, es läge ihm sehr daran, noch in dieser Woche mit Ihnen zu sprechen.

2. Dem Bamberg scheint aber auch nichts daran zu liegen, daß seine Kinder eine vernünftige Ausbildung bekommen. – Wie kommst du auf die Idee, daß er überhaupt keinen Wert darauf legt?

was liegt (schon) daran (ob ...)? *form* – (eher:) es **hat** (mit etw.) viel/wenig/nichts/... auf sich (3) · what does it matter (whether ...)?

was an mir/(ihm/...) **liegt** – ich/er/... werde/wird/... alles tun, was ich/er kann/... · for my/his/... part
Bist du wirklich sicher, daß uns der Kröner unterstützt? – Absolut sicher! Was an ihm liegt – er wird alles tun (was in seiner Macht steht), daß wir die Stelle bekommen. Aber Wunder wirken kann er natürlich auch nicht.

bei jm. liegt alles/(...) **drin/das liegt bei jm. alles/durchaus/**(...) **drin** *ugs selten* – bei jm. ist alles/(...) **drin/**das ist bei jm. alles/durchaus/(...) drin · anything is possible with him/John/them/...

es/das/etw. **liegt jm. fern** · that is the last thing s.o. wanted to do
... Wollten Sie mit Ihren Worten sagen, daß Sie meinen Vortrag für mißlungen halten? – Nein, um Gottes willen, das lag mir fern. Ich meinte nur, die Thematik kommt bei dem Publikum dieser Stadt nicht so richtig an.

es liegt jm. (völlig) fern, etw. zu tun/anzunehmen/... · 1. 2. + the last thing s.o. wants to do is ..., + s.o. certainly does not intend to ..., + s.o. would not dream of suspecting/insinuating/..., 2. + far be it from s.o. to suggest/...
1. ... Wenn ich darauf hinwies, daß die historischen Zusammenhänge noch einer Klärung bedürfen, lag es mir fern, damit seine Arbeit zu kritisieren. Sein Thema war der aktuelle Tatbestand, nicht die historische Entwicklung.
2. ... Es liegt mir fern, Sie zu verdächtigen, gnädige Frau, aber in meiner Eigenschaft als Kriminalbeamter muß ich Sie leider fragen, ob Sie zur Zeit des Diebstahls allein in dem Zugabteil saßen.

gegen jn. liegt (bei Gericht/...) **etwas/nichts/... vor** *jur* · + to have (no) grounds for charging s.o., + to have s.th. on s.o.
... Bitte, wenn bei Ihnen gegen meinen Bruder etwas vorliegt, dann sagen Sie uns, was! Gegen dunkle Andeutungen, der Sicherheitsdienst habe sichere Hinweise über gesetzeswidrige Aktivitäten, kann er sich nicht wehren. Was legen Sie ihm zur Last und was haben Sie für Beweise?

Lieschen: (ein) **Fleißiges Lieschen (sein)** *ugs veraltend selten* · (to be) a busy Lizzie
(Eine Frau zu einer anderen:) Wenn ich so ein Fleißiges Lieschen wie du im Haus hätte, könnte ich natürlich auch häufiger ausgehen! – Fleißiges Lieschen ... – Ja, den Ältester tut doch nichts anderes, als (im Haus) arbeiten. Und du honorierst das nicht einmal!

ach, du liebes Lieschen! *ugs – iron veraltend selten* – (ach) du liebes **bißchen!** · good gracious!

Lieschen Müller *ugs* · the woman in the street, the average woman *coll*
Ob diese Politik richtig ist oder nicht, kann doch Lieschen Müller nicht entscheiden! Heute meint aber auch jeder, er könnte über die Probleme der Weltgeschichte sein Urteil abgeben.

liiert: (eng) **mit jm. liiert sein** *ugs* · to be having a relationship with s.o., to be having an affair with s.o. *n*
Ich kann dir nicht sagen, ob die Petra mit Rolf liiert ist oder nicht. Was ich weiß, ist, daß sie ihn liebt. – Ich glaube, er hat schon eine längere Bindung zu einer Französin.

Limit: jm. **ein** (zeitliches/finanzielles/...) **Limit setzen** *form* · to set s.o. a deadline
... Bei einer so langen und umfangreichen Revision würde ich ihm ein zeitliches Limit setzen: er muß bis Ende nächsten Jahres mit seinem Teil fertig sein, sonst verliert er die Rechte.

das/sein Limit überschreiten/(nicht) einhalten/... *form* · to exceed the limit, to go over the limit
Wenn er das Limit von 200,– Mark/300 Seiten/... nicht eingehalten hat, darf er sich nicht wundern, wenn Protest kommt. Das war schließlich von Anfang an das Äußerste, was die Vertragspartner als Preis/Umfang/... zugestehen wollten.

Lineal: (so) **dasitzen/**dastehen/sich verbeugen/..., **als hätte man ein Lineal verschluckt** *ugs selten* – (eher:) (so) dasitzen/dastehen/sich verbeugen/..., als hätte man einen **Stock** verschluckt! · to sit/to stand/... as if one had swallowed a ramrod

Linie: **in aufsteigender/absteigender Linie** *form* · in the line of ascent/descent
Was heißt das, in aufsteigender/absteigender Linie, Opa? – In aufsteigender Linie, Rudi, da fangen wir bei dir an: Sohn/Tochter – Vater/Mutter – Großvater/Großmutter ...; in absteigender, da geht's bei uns los: Großvater/Großmutter – Vater/Mutter ... – Warum müssen wir denn da bei dir anfangen? – Wir können auch bei Adam und Eva anfangen, da hast du recht.

in einer Linie stehen/antreten/... – (eher:) in einer **Reihe** stehen/antreten/... · to stand in line, to come forward in a line

in erster Linie – vor **allem** · first and foremost, above all

in erster/zweiter/dritter/... **Linie** · firstly/mainly/chiefly/secondly/secondarily/in the third place/...
Der Herbert behauptet immer wieder, daß er in erster Linie reist, um sich zu bilden, und erst in zweiter (Linie), um sich zu erholen. – Sehr schön!

es/etw. **ist ein Erfolg/...** (Reinfall/...) **auf der ganzen Linie** *ugs* · to be a success/a failure/a disaster/... all along the line
Die Verhandlungen konnten nicht besser ausgehen: die Preise, die wir erreicht haben, sind günstig; die neuen Geschäftsbeziehungen werden uns schon bald zugute kommen; die Leitlinien, die für unsere Branche ausgearbeitet wurden, kommen uns sehr gelegen ..., kurz: das war ein Erfolg auf der ganzen Linie.

eine gemeinsame Linie suchen/erarbeiten/... · to try to find/to work out/... a common line/policy
... Seit drei Jahren schon versuchen die beiden Länder, eine gemeinsame Linie in der Verteidigungspolitik zu finden. Bisher sind die Ergebnisse eher mager: in den Grundzügen gehen die militärischen Planungen nach wie vor sehr auseinander.

die männliche/weibliche Linie (einer Familie/...) *form* · the male/female line (of a family)
... Seltsam, die weibliche Linie dieser Familie hat sehr viele bekannte Malerinnen hervorgebracht, während man, wenn man dem Beruf der männlichen Nachkommen nachgeht, immer wieder auf Musiker stößt.

von der mütterlichen/väterlichen Linie (her) *form* – (eher:) von der mütterlichen/väterlichen **Seite** (her) · from/on one's mother's/father's side

Linie haben · to be straight, to play straight, to be consistent
Man kann an dem Chef aussetzen, was man will: er hat Linie! Sein Verhalten ist in allen Situationen und allen Menschen gegenüber konsequent und korrekt.

eine Linie haben · to have a clear line, to pursue a clear policy
Natürlich kann man gegen die Politik sein, die der Kanzler vertritt. Aber er hat wenigstens eine Linie. Man weiß, woran man ist. Das ist nicht so wie unter der vorhergehenden Regierung, wo man den Eindruck hatte, sie sei in den Tag hineingewurschtelt wurde.

eine/keine klare Linie haben/e-r S. fehlt der klare Linie · there is a/no clear thread in the article/..., + there is a/no clear line to s.o.'s ideas/...
(Über eine Staatsarbeit:) Der Verfasser hat sehr viele gute Gedanken und entwickelt eine ganze Reihe neuer Aspekte. Aber insgesamt fehlt den Ausführungen (leider) die klare Linie. Es scheint, als wurde dem Verfasser erst gegen Ende der Arbeit richtig bewußt, welches die eigentliche Zielsetzung ist – oder sein sollte.

etwas für die schlanke Linie tun/auf die schlanke Linie achten/... *oft iron* · to watch one's figure
Wenn du nicht dick werden willst, mußt du danach leben, dann mußt du etwas für die schlanke Linie tun. Vom Sitzen und Futtern hat noch kein Mensch abgenommen.

in gerader Linie abstammen von *form* · to be a direct descendant of s.o.

… Stammt er wirklich in gerader Linie vom letzten Kaiser ab? – Keine Ahnung! Glaubst du, mich interessiert das, ob da noch irgendwelche Nebenlinien, Bastarde oder sonstwas zwischen liegen!

auf Linie bleiben *form Neol* · to toe the line

»Sobald irgendeine Regierung versucht, den Entwicklungsländern gegenüber von dem allgemeinen Kurs abzuweichen«, schimpfte er, »wird irgendein Abgesandter oder Vertreter des amerikanischen Präsidenten vorstellig und mahnt, auf Linie zu bleiben.«

Linie in etw. **bringen** · to bring some order into s.th., to introduce a system into s.th.

… Wenn ihr in die ganze Arbeit keine Linie bringt, kommt ihr natürlich nie aus dem Schlamassel heraus. Auch in der Landwirtschaft kann man es sich heute nicht mehr leisten, so einfach drauflos zu arbeiten, auch da muß man systematisch vorgehen.

einer Gedankenführung/einer Arbeit/dem Leben/… **eine klare Linie geben** *form* · to work out a clear line in s.th., to pursue a clear policy/… in s.th.

… Der Mann weiß nicht, was er will, deswegen kommt er zu nichts! Wenn er sich die Mühe machen würde, seinem Unternehmen/den verschiedenen Abteilungen seiner Firma eine klare Linie zu geben, wären die Schwierigkeiten bald überwunden. Aber wenn der eine in diese Richtung arbeitet und der andere in jene, kann aus dem Ganzen natürlich nichts werden.

(nicht) Linie halten *Druck* · (not) to be in line, (not) to be straight, (not) to be aligned

… Der Druck ist miserabel! Wenn du genauer hinsiehst, merkst du, daß die Buchstaben nicht Linie halten. Die Abstände zur Seite und nach oben sind ungleich.

auf der gleichen Linie liegen (wie j./etw.)/(mit jm./etw.) · 1. 2. 3. to follow the same line as s.o.

1. Genau wie der Koopmann meint auch der Engelhardt, daß die Preise gesenkt werden müßten. – Der Koopmann liegt in allen wesentlichen Punkten auf der gleichen Linie wie der Engelhardt, nicht nur in bezug zu den Preisen. Ihre ganzen wirtschaftlichen Grundanschauungen sind identisch.
2. Der Koopmann und der Engelhardt liegen … auf der gleichen Linie. …
3. Der Koopmann meint auch, die Preise müßten gesenkt werden, wenn man mehr verkaufen will. – Dieses Argument liegt auf der gleichen Linie wie die Anschauung von dem Engelhardt, daß in unserer Branche die Kaufkraft der breiten Masse zu gering geworden ist.

nicht/immer/… **auf** js. **Linie liegen** · not/always/… to follow the same line as s.o., not/always/… to have the same opinion as s.o.

Wenn der alte Schuckert für eine Preiserhöhung ist, dann ist der Friebe natürlich auch dafür. Der liegt doch in allen wichtigen Punkten auf der Linie des Alten.

in vorderster Linie stehen (im Kampf gegen/…) *path* – (eher:) an/(in) vorderster **Front** stehen (im Kampf gegen/…) · to be in the front line

etw. **auf eine/die gleiche Linie stellen mit** etw. *form selten* · to put s.th. on a par with s.th.

Die klassische Musik kann man zwar mit der romantischen auf eine Linie stellen, aber nicht mit der modernen. Diese beruht auf ganz anderen Grundlagen und läßt sich mit der der früheren Epochen nicht mehr vergleichen.

eine bestimmte Linie verfolgen/die Linie verfolgen, daß …/ welche Linie verfolgt …?/… · to pursue a (certain/…) policy, to pursue a (certain/…) line

Ich habe immer noch nicht begriffen, welche Linie die Regierung in dem Nord-Süd-Konflikt verfolgt! Wollen die nun mehr Geld für die Dritte Welt ausgeben oder tun die nur so? – Ich weiß nicht, ob die überhaupt schon eine Linie haben.

die vordersten/feindlichen/… **Linien** *Heer* · the front/enemy/… lines

… Unsere vordersten Truppen waren inzwischen bis auf wenige Kilometer an die feindlichen Linien herangekommen …

kühn geschwungene Linien · (bold) flowing lines

… Ein herrliches Ornament! Diese kühn geschwungenen Linien der Pflanzen geben der ganzen Fassade eine Lebendigkeit …!

die feindlichen Linien durchbrechen *Krieg* · to break through enemy lines

… Trotz tapferster Versuche, vor allem unserer vierten Division, erwies es sich als unmöglich, die feindlichen Linien zu durchbrechen. Die Lücken, die durch fallende Kämpfer gerissen wurden, wurden sofort wieder durch aus den hinteren Linien nachrückende Soldaten geschlossen …

hinter den Linien des Feindes/… **operieren** *Krieg* · to work/ to operate/… behind enemy lines

… und hinter den Linien des Feindes operierten unsere Agenten, Spione, die ganze Propagandamaschinerie und suchten den Gegner – vor allem auch die Bevölkerung – zu demoralisieren.

linientreu: linientreu sein · to be loyal to the party line

In der Ex-DDR durften nur Personen ausreisen, die absolut linientreu und ihrem Staat absolut ergeben waren.

Linienverkehr: im Linienverkehr fliegen/fahren *Flugzeug/Eisenbahn u.ä. form* · to fly on a scheduled flight

… Habt ihr eine Sondermaschine oder kann man neuerdings im Linienverkehr von Frankfurt nach Faro fliegen?

Linke: die Linke kommt von Herzen · left is where the heart is *para*

Guten Tag, Rotraud. Nimm mir nicht übel, wenn ich dir die linke Hand gebe; wie du siehst, sind die rechte Hand und der rechte Arm vollbepackt. – Das macht doch nichts. Die Linke kommt von Herzen. Tag Artur.

zur Linken · ≠ … rechter/zur rechten **Hand** · on the left-hand side

jm. **zur Linken sitzen**/… *form* · to sit on s.o.'s left

… gegenüber von dem Präsidenten saß der Gastgeber, Herr Professor Schulze, und neben ihm die Frau von Prof. Schulze, ihm zur Linken die Frau des Außenministers …

mit der Linken (wieder) **nehmen, was die Rechte gibt**/(gegeben hat) *form* · to take (away) with one hand what one gives with the other

… Wenn du dem Jungen das Auto geschenkt hast, kannst du ihn nicht bitten, es uns für die Ferien zu leihen. Das würde heißen, ihm mit der Linken zu nehmen, was man mit der Rechten gegeben hat.

linken: jn. linken *ugs Neol* – jn. **reinlegen** · to put one over s.o.

links: links sein · 1. to be left-handed, 2. (to be) a shifty customer *coll*, (to be) a dodgy customer *coll*

1. Die Petra schreibt mit links, sie strickt mit links …; alles, was Geschicklichkeit verlangt, macht sie mit links. – Stört dich das, wenn jemand links/Linkshänder ist? *seltener*
2. vgl. – (eher:) ein linker/schräger **Vogel** (sein) *sal*

etw. **mit links machen** *ugs* – **links** sein (1) · to do s.th. blindfold/no bother/…

weder nach links noch nach rechts/nicht nach links und nicht nach rechts **gucken/schauen**/(sehen/blicken) (und auf sein Ziel lossteuern/…) · to keep one's eye on one's goal, to look straight ahead, not to be distracted

… Nimm dir ein Beispiel an dem Klaus: der guckt nicht nach links und nicht nach rechts und arbeitet ganz stur auf das Ziel hin, das er sich gesteckt hat: sein Examen.

Linksdrall: einen Linksdrall haben *ugs* · 1. to drift/to lean/to list/to tend to the left, 2. to lean/to tend/(…) to the left, to veer (slightly/…) to the left

1. Sag' mal, merkst du gar nicht, daß du mich immer mehr nach links drückst? Ich gehe jetzt schon ganz hart am Haus entlang. – Ah, entschuldige; ich habe das gar nicht gemerkt. Schon mein Vater sagte immer, ich hätte einen Linksdrall. Vielleicht hatte er in der Tat recht.
2. Ganz objektiv beurteilt der Messner die politischen Ereignisse ja nicht, wenn er sich auch Mühe gibt. – Er hat einen leichten Linksdrall. Aber fanatisch ist er nicht; und ich finde, seine Urteile sind ziemlich ausgewogen. – Aber halt immer ein bißchen von links gefärbt.

Linkshänder: **Linkshänder sein** – **links** sein (1) · to be left-handed

Linse: jm. **aus der Linse gehen** *mst Imp sal Schülerspr* · 1. to get out of s.o.'s way, 2. do you think I can see through you?, you're not invisible, you know
1. ... Georg, geh' mir endlich aus der Linse! Ich kann doch nicht sehen, was der Mayer da vorne an die Tafel schreibt, wenn du dauernd vor mir rumzappelst.
2. vgl. – (..., oder) ist/war dein/euer Vater **Glaser**?!/dein Vater ist/... wohl Glaser

die Linse spannen *Schülerspr veraltend selten* · to peep at s.o.'s work
(Während einer Klassenarbeit; der Lehrer:) Heinz, wenn du jetzt nicht aufhörst, die Linse zu spannen, um bei der Ricarda abzuschreiben, muß ich dir das Heft abnehmen. Du guckst/(äugst) jetzt nicht mehr da rüber!

Linsengericht: etw. **für ein Linsengericht hergeben**/... *form veraltend selten* · to sell/... s.th. for a mess of potage
Was haben sie ihm denn als Entschädigung angeboten, wenn er auf den Aufsichtsratposten verzichtet? – Darauf würde ich mich auch nicht einlassen: für ein Linsengericht auf solch eine lukrative Stelle verzichten ... Da müßten sie schon mehr bieten.

Lippe: **sich auf die Lippe beißen** *ugs* – **sich auf die Lippen beißen** · to bite one's lips

eine ((große)/dicke) Lippe riskieren *ugs* · to shoot one's mouth off
Erst riskiert er eine große Lippe und dann – wenn es brenzlig wird – zieht er den Schwanz ein und verdrückt sich! Wenn er schon so damit prahlt, daß er weiß, was falsch gemacht wurde, dann muß er jetzt auch den Mut haben, seine Meinung offen zu sagen.

(schon mal/...) eine Lippe riskieren (können) *ugs* · to speak out, to give s.o. lip
... Nach der Vertrauensabstimmung der Belegschaft kann er in der Auseinandersetzung mit der Geschäftsleitung schon mal eine Lippe riskieren, ohne sich in die Nesseln zu setzen. Jetzt spricht er offiziell im Namen der ganzen Arbeiter; da kann ihm niemand Vorwürfe machen, wenn er etwas deutlicher wird.

mit einem Lied/... auf den Lippen ... *selten* · with a song/... on one's lips
... Die Alberta pfeift und singt den halben Tag. Gestern klopfte sie doch wahrhaftig mit einem Lied auf den Lippen oben beim Chef an.

ein Wort/... drängt sich (jm.) auf die Lippen *form – path selten* · a word/... comes involuntarily/unbidden/... to s.o.'s lips
... Wenn du mich so fragst – ich weiß selbst nicht genau, warum ich ihr gesagt habe: »Komm', verzeih' mir!« Das Wort drängte sich mir auf die Lippen. Ich sah sie da so unglücklich sitzen, so sehnsüchtig nach einem Ausdruck der Güte, der Liebe ...

ein Wort/... erstirbt (jm.) auf den Lippen *form – path* · the word(s) freeze(s) on s.o.'s lips
... Ich wollte schon sagen: »Komm, Anton, lassen wir die Sache vergessen sein; ich liebe dich noch immer.« Aber als ich den Haß in seinen Augen sah, erstarb mir das Wort auf den Lippen ...

etw. fließt/geht jm. leicht/glatt/(...) von den Lippen *form selten* · + to be able to talk glibly/smoothly/effortlessly/... about s.th.
... Ja, heute geht ihm das alles glatt von den Lippen! Aber jahrelang konnte er über sein Elternhaus überhaupt nicht sprechen, brachte er über seine Mutter kein Wort heraus. Heute ist er innerlich darüber hinweg.

so etwas/... kommt nicht über js. Lippen *form* · + s.o. would never say s.th. like that *n*, s.th. like that would never pass his lips
'Scheißkerl' soll er zu seinem Onkel gesagt haben? Unmöglich! So ein Wort käme nie über seine Lippen.

kein Wort/... kommt über js. Lippen *form – path selten* · 1. 2. + s.o. does not say a word/...
1. Dem Frank kannst du ruhig alles erzählen, der hält dicht. Selbst wenn sie ihm drohen sollten, kommt kein Wort über seine Lippen.
2. Er wußte ganz genau, daß alles, was der Kurt da gegen ihn vorbrachte, von vorne bis hinten erlogen war. Und trotzdem kam kein Wort über seine Lippen. Stumm hörte er zu. Was er dabei dachte – ich weiß es nicht.

ein Wort/ein Name/... liegt/(schwebt) jm. auf den Lippen *selten* – ein Wort/ein Name/... liegt jm. auf der **Zunge** · a word/a name/... is on the tip of s.o.'s tongue

ein Wort/einen Namen/... auf den Lippen haben *selten* – ein Wort/ein Name/... liegt jm. auf der **Zunge** · to have a word/name/... on the tip of one's tongue

sich auf die Lippen beißen *ugs* · 1. 2. to bite one's lips
1. Hast du die Anemarie beobachtet, als der Kurt anfing, von seiner neuen Freundin zu schwärmen? Die biß sich die ganze Zeit auf die Lippen, um nicht loszulachen.
2. ... Die Bemerkung hättest du dir wirklich schenken können! Sich anschließend auf die Lippen beißen nützt nicht viel; dann ist es schon zu spät! – Ich weiß, ich weiß ...

etw. (nicht) über die Lippen bringen *form – path* · 1. not to say a ... word about s.o., 2. not to be able to bring o.s. to say s.th.
1. Unsere Mutter war die Güte in Person. Niemals brachte sie ein böses Wort über die Lippen.
2. Der Tod ihrer Mutter hat sie derart erschüttert, daß sie noch heute, nach vier Jahren, das Wort »Mutter« nicht über die Lippen bringt.

sich js. Lippen entringen *Geständnis/Seufzer u. ä. path veraltend selten* · a confession/a sigh/... escapes from s.o.'s lips, a sigh/... breaks from s.o.
... Erst im Angesicht des Todes entrang sich seinen Lippen das Geständnis, daß er seine Geschwister bei der Erbschaft betrogen hatte. Und noch jetzt hatte man den Eindruck, daß dieses Geständnis gleichsam gegen seinen Willen aus ihm herausbrach. – Seine Geschwister hatten also gute Gründe, ihm zu mißtrauen, solange er seinen Willen unter Kontrolle hatte.

an js. Lippen hängen *path* · to hang on s.o.'s every word
... Dieser Mann weiß seine Hörer zu fesseln wie kein anderer Redner unserer Epoche. Die Leute hängen (geradezu) an seinen Lippen und saugen in sich hinein, was er sagt, als ob es sich um ewige Wahrheiten handelte.

sich eine (Zigarette/(Zigarre/...)) zwischen die Lippen klemmen *sal* · to stick a cigarette in one's mouth *coll*
... Klemmt der Peter sich doch schon wieder eine zwischen die Lippen! Der Junge wird ja zu einem richtigen Kettenraucher.

die Lippen (zu einem ironischen Lächeln/...) kräuseln *oft iron selten* · to purse one's lips/to pucker up one's lips/... (in an ironical smile/...)
Wenn der Anton die Lippen zu seinem bekannten ironischen Lächeln kräuselt, könnte ich ihn ohrfeigen. Er sieht dann derart unsympathisch aus!

sich die Lippen danach lecken, etw. zu kriegen/essen/.../ (sich die Lippen nach etw. lecken) *path selten* – sich die **Finger** danach lecken, etw. zu kriegen/essen/.../(sich die Finger nach etw. lecken) · to be dying to get/eat/..., to give anything to get/eat/..., to give one's eyeteeth to get/eat/...

das Glas/den Becher/... an die Lippen setzen *form* · to put a glass/cup/... to one's lips
(Von einem Staatsbankett:) Nachdem die beiden Präsidenten einen Toast auf die gutnachbarschaftlichen Beziehungen der beiden Länder ausgebracht hatten, setzten sie sichtlich bewegt, mit leicht zitternden Händen ihr Glas an die Lippen ...

die Lippen (zum Kuß) spitzen *oft iron* · to purse one's lips for a kiss
... Kannst du nicht nochmal die Lippen so nett zum Kuß spitzen, Erna? Dann küß' ich dich! Warum soll das immer der Toni sein?! – Das könnte dir so gefallen!

die Lippen zusammenpressen *Ärger/Wut/...* · to press one's lips together

... Vor Wut preßte er die Lippen zusammen. Am liebsten hätte er dem Chef ein paar saftige Schimpfworte an den Kopf geworfen.

Lippenbekenntnis: ein Lippenbekenntnis sein/ablegen/(...) · + to pay lip-service to s. th., to be (mere/just/only/...) lip-service

... Natürlich hat der Schroers auf der Versammlung gesagt, er wäre auch für das Projekt! – Aber das war doch nichts als ein Lippenbekenntnis! In der gegebenen Situation konnte und wollte er nichts anderes sagen. Doch jeder, der ihn näher kennt, weiß doch, daß er dagegen ist (und alles tun wird, um die Realisierung zu vereiteln.)

Liquidation: in Liquidation treten *form selten* · to go into liquidation

Warum, sagst du, tritt der Schramberg in Liquidation? – Weil er klar sieht, daß er sich auf die Dauer gegen die Konkurrenz nicht halten kann. Im Grunde muß er sein Geschäft auflösen.

List: List wider List *selten* · meet guile with guile, use trickery against trickery

... Wenn er dich hinters Licht zu führen sucht, kannst du dich meinetwegen mit gleichen Waffen zur Wehr setzen. List wider List. Anders geht es ja nicht; sonst wärst du ihm ja schutzlos ausgeliefert.

mit List und Tücke etw. **versuchen**/anstreben/... *ugs* · to do/to try to do s. th. with cunning and guile, to resort to trick–ery/... to achieve s. th.

Mit List und Tücke versuchte er, mich für seine Südamerikareise zu gewinnen. – Was hat er denn alles unternommen? – Erst hat er mir alle möglichen Unterlagen hereingeschickt, denen ich entnehmen sollte, wie nötig ein Besuch dort jetzt wäre; dann hat er über seine engeren Mitarbeiter diskrete Bemerkungen machen lassen ...

Liste: auf die schwarze Liste kommen · to be put on the blacklist, to be blacklisted

Paß auf, was du auf der Versammlung sagst; sonst kommst du noch auf die schwarze Liste! – Ist das hier so gefährlich geworden? – Und ob! Die Regierung hält genau fest, was die einzelnen Leute sagen.

jn./(ein Buch) **auf die schwarze Liste setzen** · to blacklist s. o./s. th., to put s. o./s. th. on the blacklist

Welch ein Land, in dem die eine Hälfte der Bevölkerung dazu beiträgt, die andere Hälfte auf die schwarze Liste zu setzen! – Ein Land von Geheimdienstlern!

auf der schwarzen Liste stehen (bei jm.) · 1. to be on the blacklist/on s. o.'s blacklist, 2. to be in s. o.'s bad books *coll*, s. o. is out of favour with s. o.

1. Wenn man auf der schwarzen Liste steht, sollte man vielleicht nicht so eine große Lippe riskieren! – Wie, meinst du wirklich, daß er genau beobachtet wird und die Regierung gleichsam Buch führt über das, was er macht?

2. vgl. – (eher:) bei jm. schlecht/(schwarz) **angeschrieben** sein.

jn./etw. **von der Liste streichen** · 1. 2. to cross s. th. off the list, to rule s. o. out

1. Bei unserer augenblicklichen Finanzlage ist es vielleicht sinnvoller, wenn wir die Hartmetallplättchen von der Liste streichen. Die brauchen wir in diesem Halbjahr noch nicht, können sie also das nächste Mal auf die Bestelliste setzen.

2. ... Du hattest dich da doch auch beworben, oder? – Ja. – Und? Haben sie deine Bewerbung nicht bearbeitet? – Nein. Meine Unterlagen waren nicht vollständig. – Und da haben sie dich kurzerhand von der Liste gestrichen?

Litanei: eine (ganze) Litanei von Klagen/... *ugs – path* · a (whole) litany of complaints/accusations/...

... Wenn du den Onkel Willi jedesmal mit einer Litanei von Klagen empfängst, Mutter, darfst du dich nicht wundern, wenn er immer seltener kommt. – Klag' ich so viel? – Du scheinst das schon gar nicht mehr zu merken, was du den anderen vorstöhnst.

immer/... **dieselbe/die gleiche Litanei herunterbeten/herbeten** *sal* · to recite the same (old) litany (of excuses/...)

»Der Peter ist krank, also kann er nicht ..., der Peter ist krank, also kann er nicht ...« – diese Litanei betet ihr jetzt seit Jahren herunter. Das wird eintönig. Ich würde jetzt gern mal was anderes hören, zum Beispiel: nicht, warum er nicht »kann«, sondern warum er nicht »will«.

live: live übertragen/(senden/geben) · to broadcast s. th. live

Das Pokalendspiel wird heute abend aus Berlin live übertragen: von 20 Uhr an direkt aus dem Olympiastadion.

Lizenz: etw. in Lizenz herstellen/... *Industrie* · to manufacture/to produce/to make/... s. th. under licence

... Ob die den Wagen in Lizenz oder in eigenem Namen bauen, ist denen wahrscheinlich egal. Was zählt, ist, daß das neue Modell (bei den Leuten) ankommt.

lob': das lob' ich mir! *ugs oft iron* · 1. that's what I like to hear!, bravo!, well done!, 2. I like that

1. Schau mal, Papa, ich habe meine ganzen Hausaufgaben schon gemacht! – Das lob' ich mir. Zur Belohnung darfst du jetzt mit mir in die Stadt fahren, wenn du willst.

2. Erst lügst du uns etwas vor und dann fragst du, wie es mit deinem Taschengeld steht! Das lob' ich mir! Von wegen, mein Lieber! Erst verhältst du dich mal so, wie es sich gehört, und dann kommst du mir mit deinem Taschengeld!

da lob' ich mir/loben wir uns **doch** ein anständiges Kotelett/... *ugs* · you can't beat a chop/..., give me a chop/... any day

... Na ja, diese Hafergrütze war natürlich mal was anderes; aber, um ehrlich zu sein ..., da lob' ich mir doch ein anständiges Schweinshaxe. Da hat man was Handfestes zwischen den Zähnen.

Lob: über jedes/(alles) Lob erhaben sein *path* · 1. 2. to be beyond praise

1. Das Buch ist über jedes Lob erhaben. Das Ganze ist von einer solchen Geschlossenheit, von einem Niveau, einer Überzeugungskraft, daß jeder Kommentar, und wenn er noch so positiv ausfällt, den Eindruck nur mindern kann.

2. Heribert, du brauchst uns doch nicht extra zu versichern, daß die Bettina ehrlich und anständig ist! Dies Mädchen ist über jedes Lob erhaben. Der geringste Zweifel würde sie beleidigen – und ein überflüssiges Lob ist auch ein Zweifel, oder?!

Lob und Preis ... *mst rel path selten* · praise and thanks be to God

... Lob und Preis dem Herrn, daß er uns das grausame Schicksal erspart hat, in Gefangenschaft zu geraten! – Du hast recht: dafür können wir dem Herrgott gar nicht dankbar genug sein.

jm./(e-r S.) **Lob und Preis singen** *path – iron selten* – (stärker als:) js. **Lob**/das Lob e-r S. singen · to sing s. o.'s praises

js. **Lob**/das Lob e-r S. **singen** *ugs iron* · to sing s. o.'s praises n

Der Paul ist schließlich eingeschriebenes Mitglied der Regierungspartei. Wenn der das Lob des Kanzlers/der Politik des Kanzlers singt, ist das verständlich. Aber daß ihr jetzt auch noch anfangt, den/die in den höchsten Tönen zu preisen, das leuchtet mir schon weniger ein.

sein eigenes Lob singen *iron – krit* · to blow one's own trumpet, to sing one's own praises

... Ach, diese Politiker! Die singen doch alle nur ihr eigenes Lob. Hast du schon mal erlebt, daß ein Kanzler sagt: 'Die Opposition hatte Recht; ich habe mich geirrt'? Nein, die eigene Linie ist immer die richtige, die gute, die erfolgreiche.

jm. Lob spenden (für etw.) *form* · to bestow praise on s. o., to praise s. o.

... Vergleichen Sie mal, wie viele Leute an der Regierung Kritik üben und wie viele dem Kanzler oder den Ministern Lob spenden für ihre Arbeit – dann haben Sie einen guten Maßstab für die Grundhaltung der Menschen (Leute)!

volles/(uneingeschränktes) **Lob verdienen** (für etw.) *form – path* · to deserve unstinted/... praise (for s. th.)

... Für seinen unermüdlichen Einsatz verdient der Junge volles Lob! Ohne diesen Einsatz wären wir mit dem Umbau nie rechtzeitig fertig geworden.

des Lobes voll sein über jn./js. Fähigkeiten/... *form – path* · to be full of praise for s. th./s. o./s. o.'s abilities/...

Der Herr Direktor ist des Lobes voll über Ihren Ältesten, Herr Bayrich; er meint, so einen tüchtigen und zuverlässigen Jungen müßte man heute mit der Lupe suchen.

Lobeshymne: eine Lobeshymne auf jn./(etw.) **anstimmen** *ugs iron* – (eher:) ein **Loblied** auf jn./(etw.) anstimmen · to praise s.o./(s.th.) to the skies

eine Lobeshymne auf jn. **singen** *ugs iron* – (eher:) js. **Lob/**das Lob e-r S. singen · to praise s.o./(s.th.) to the skies

Lobgesang: einen Lobgesang anstimmen auf jn./(etw.) *ugs iron* – ein **Loblied** auf jn./(etw.) anstimmen · to sing s.o.'s praises

js. **Lobgesang/**den Lobgesang e-r S. **singen** *ugs iron* – (eher:) js. **Lob/**das Lob e-r S. singen · to sing s.o.'s praises

lobhudeln: jn./(jm.) **lobhudeln** *ugs pej selten* · to flatter s.o. unctuously *n*, to praise s.o. fulsomely, to gush over s.o.
Ist der Roman wirklich so gut, wie der Böhme da schreibt? – Ach, Quatsch! Der Böhme lobhudelt den Boll mal wieder. Er meint, wenn er ihm schmeichelt und als einen 'großen Autor' präsentiert, würde der Boll seine Kandidatur für den Vorsitz des Pen-Clubs unterstützen.

Loblied: ein Loblied auf jn./(etw.) **anstimmen** *ugs iron* · to sing s.o.'s praises *n*
Gut, wenn die Parteileute ihren Kanzler über den grünen Klee loben, dann gehört das zum Metier. Aber wollt ihr jetzt auch noch anfangen, ein Loblied auf den Mann anzustimmen? Für uns ist und bleibt er eine Fehlbesetzung, und wenn alle Leute ihn in den Himmel heben.

js. **Loblied/**das Loblied e-r S. **singen** *ugs iron* – js. **Lob/**das Lob e-r S. singen · to sing s.o.'s praises

Lobrede: eine Lobrede auf jn./(etw.) **halten** *path od. iron* · 1. to sing s.o.'s praises, 2. to pronounce a eulogy of s.o./s.th., to make a speech in praise of s.o./s.th.
1. vgl. – (eher:) ein **Loblied** auf jn./(etw.) anstimmen
2. vgl. – (u.U.) die **Laudatio** auf jn. halten

sich in Lobreden über jn./etw. **ergehen** *path od. iron* · 1. 2. to praise s.o./s.th. profusely
1. vgl. – des **Lobes** voll sein über jn./js. Fähigkeiten/...
2. vgl. – js. **Lob/**das Lob e-r S. singen

Lobsprüche: viel(e) Lobsprüche machen (über jn./etw.) *ugs* · to be full of praise for s.o./s.th. *n*, to praise s.o./s.th. to the skies, to eulogize s.o. *n*
Es hat gar keinen Zweck, Helmut, hier wer weiß wie viel Lobsprüche zu machen: wir haben unser Urteil über den Mann/über die Politik dieses Mannes. Ganz gleich, wie du ihn/sie jetzt lobst: das Urteil wirst du nicht mehr ändern.

Loch: jetzt pfeift's aus einem ander(e)n Loch *ugs* – jetzt pfeift der **Wind** aus einem anderen Loch · + s.o. has changed his tune

saufen wie ein Loch *sal* · to drink like a fish
Der Robert trinkt häufiger, höre ich? – Trinkt?! Der säuft wie ein Loch! Einmal sehr häufig – er kann keine zwei Tage verbringen, ohne sich einen zu genehmigen; und zum andern in furchtbaren Mengen: nicht selten ist er stockbesoffen.

die scheißen alle aus demselben Loch/(alle scheißen aus demselben Loch) *vulg selten* · they all shit out of the same hole *tr*
... Noch mit 30, 35 war ich ganz nervös, wenn ich mit Höhergestellten, mit Besuch usw. draußen essen gehen mußte, besonders wenn es sich um Akademiker handelte. Unser Chef – ein Pfundskerl – pflegte mir dann auf die Schulter zu klopfen und mich mit dem Spruch zu beruhigen: »Was machst du dir denn für Gedanken, Kerl?! Meinst du, die wären mehr als du? Die scheißen alle aus demselben Loch!«

ein Loch aufmachen, um ein anderes (damit) **zuzumachen/zu(zu)stopfen** *ugs* – ein **Loch** mit einem anderen zustopfen/stopfen · to rob Peter to pay Paul

jn. **ein Loch in den Bauch fragen** *sal* – jm. **Löcher** in den Bauch fragen · to drive s.o. up the wall with questions, to wear s.o. out with questions *para*

jm. **ein Loch in den Bauch reden** *sal selten* – jm. **Löcher** in den Bauch reden · s.o. could talk the hind legs off a donkey, to talk one's head off, to rattle on/away like nobody's business

ein böses/(arges/großes) Loch in den Beutel reißen *form veraltend selten* – (eher:) ins **Geld** gehen (2) · to make a big hole in s.o.'s pocket

ein böses/(arges/großes) Loch in js. **Beutel reißen** *form veraltend selten* · to make a big hole in s.o.'s pocket
... Welch eine Frage, Junge! Natürlich freuen wir uns riesig über unseren neuen Mercedes. Nur: er hat ein arges Loch in unseren Beutel gerissen. In den nächsten Monaten ist bei uns Schmalhans Küchenmeister: da wird an allem gespart werden, selbst am Essen.

auf/(aus) dem letzten Loch blasen *ugs selten* – auf/(aus) dem letzten **Loch** pfeifen · to be on one's last legs, to be clapped out

ein (böses/(arges/großes)) **Loch in** js. **Ersparnisse reißen** *form veraltend selten* · to make a big/huge/... hole in s.o.'s savings
Die schwere Krankheit meiner Schwester hat doch ein großes Loch in unsere Ersparnisse gerissen. Mein Vater hatte um die 45.000,– Mark auf der Bank; jetzt ist es wenig mehr als die Hälfte.

in ein schwarzes Loch fallen · to have a downer, to be/to get down in the dumps *coll*, to have the blues
... Ja, so hin und wieder fällt sie in ein schwarzes Loch. Dann ist sie von niemandem ansprechbar. – Und solche depressiven Zustände oder Phasen dauern dann lange? – Das ist ganz verschieden.

ins Loch fliegen *ugs selten* – hinter **Schloß** und Riegel kommen/(gesetzt werden/wandern) · to be put behind bars, to end up/wind up/... behind bars

ein böses/(arges/großes) Loch in den Geldbeutel reißen *form selten* – (eher:) ins **Geld** gehen (2) · to make a big hole in s.o.'s pocket

ein böses/(arges/großes) Loch in js. **Geldbeutel reißen** *form selten* – ein böses/(arges/großes) **Loch** in js. Beutel reißen · to make a big hole in s.o.'s pocket

ein böses/arges/großes/tiefes/gewaltiges/... Loch in die/js. **Kasse reißen** *form selten* · to make a big dent in s.o.'s finances, to make a big hole in s.o.'s pocket
Der Betriebsausflug nach München hat ein gewaltiges Loch in die Kasse gerissen. Als wir losfuhren, hatten wir runde 10.000,– Mark in der Betriebskasse, jetzt sind es noch ganze 700,–.

ins Loch kommen *ugs selten* – hinter **Schloß** und Riegel kommen/(gesetzt werden/wandern) · to be put behind bars, to end up/to wind up/... behind bars

jm. **ein Loch in den Kopf schlagen** *ugs* · to gash s.o.'s head, to cut s.o.'s head open
... Jetzt ist aber Schluß! Ihr seid wohl wahnsinnig, was, da so wild aufeinander loszuprügeln! Ihr schlagt euch noch ein Loch in den Kopf!

sich ein Loch in den Kopf stoßen/fallen/... · to cut one's head open
Der Gellert läuft da mit einem dicken Verband herum. Was ist denn passiert? – Er hat gestern einen Steinbruch besichtigt und sich dabei ein Loch in den Kopf gestoßen. – Ach, diese Schreibtischleute!

jm. **ein Loch in den Kopf werfen/schmeißen** *ugs* · to split s.o.'s head open (by throwing a stone/...)
(Zu einem Zehnjährigen:) Wirst du jetzt wohl den Stein fallen lassen! Diese Manie, auf andere Leute mit Steinen zu werfen! Schließlich schmeißt du dem Heiner noch ein Loch in den Kopf – oder gar ein Auge aus!

ein Loch in die Luft gucken/starren/stieren *ugs selten* – **Löcher** in die Luft gucken/starren/stieren · to stare into space, to gaze into space

ein Loch in die Luft schießen/knallen *ugs* – **Löcher** in die Luft schießen/knallen · to just fire into the air, to miss completely, to be well wide of the mark

ein Loch im Magen haben/es scheint/… j. hat ein Loch im Magen *ugs* · + it looks like/… s.o. has got worms
Mein Gott, der Junge frißt in letzter Zeit, das ist schon gar nicht mehr schön. Es scheint, er hat ein Loch im Magen! – Er ist in den Aufbaujahren, Käthe! In diesem Alter hauen alle gesunden Jungen so rein.

auf/(aus) dem letzten Loch pfeifen · 1. 2. to be on one's last legs, to be clapped out *sl*
1. Mit Schropps u. Co. kannst du doch keine Lieferverträge mehr abschließen! Die pfeifen auf dem letzten Loch! Wenn sich da nicht bald etwas ganz Gewaltiges ändert, machen die noch in diesem Jahr pleite. *ugs*
2. Wie geht's Großvater? – Der Arme pfeift auf dem letzten Loch. Der wird Weihnachten nicht mehr erleben. *sal*

zu dumm sein, um ein Loch in den Schnee zu pinkeln *sal selten* – für keine zwei **Pfennige** Verstand haben/nachdenken/aufpassen/… (1) · to be as thick as two short planks

jn. ins Loch setzen *ugs selten* · 1. to send s.o. down, 2. to put s.o. behind bars
1. vgl. – (eher:) jn. **einlochen**
2. vgl. – jn. hinter **Schloß** und Riegel setzen/(bringen)

im Loch sitzen *ugs selten* – hinter schwedischen **Gardinen** sitzen · to be behind bars

jn. ins Loch stecken *ugs selten* – jn. hinter **Schloß** und Riegel setzen/(bringen) · to put s.o. behind bars

ein Loch mit etw./… **stopfen** · to plug the gap in s.th. with s.th.
Die Nebenausgaben für das Auto haben unser Budget ganz schön durcheinandergebracht. Ich weiß gar nicht, womit/wie ich das Loch wieder stopfen soll. – Vielleicht kriegst du nochmal einen Übersetzungsauftrag, mit dem wir das Minus wieder ausgleichen können.

ein Loch in die Wand gucken/starren/stieren *ugs* – (eher:) **Löcher** in die Luft gucken/starren/stieren · to stare into space

nicht wissen/sich fragen/(endlich) merken/…, **aus welchem Loch der Wind pfeift/weht** *ugs* · (not) to know/to wonder/… which way the wind is blowing, (not) to know/to wonder/… what is going on
Die Jahre der Diktatur waren schlimm, aber man wußte, woran man war; jedem war klar, was erlaubt, was verboten war. Aber jetzt weiß kein Mensch, aus welchem Loch der Wind weht. Und da das alte Mißtrauen geblieben ist, haben viele Leute jetzt noch mehr Angst als vorher.

ein Loch zurückstecken *ugs selten* – (etwas/ein wenig/…) **zurückstecken** (müssen) · to (have to) come down a peg or two, to (have to) cut back, to (have to) lower one's expectations, to have to set one's sights lower

ein Loch mit einem anderen zustopfen/stopfen *ugs* · to rob Peter to pay Paul
… Er bezahlt einen Kredit mit einem anderen, nicht?/bezahlt den Kredit mit geliehenem Geld? – Natürlich: er stopft ein Loch mit dem anderen (zu). – Auf diesem Weg kommt er doch nie aus den Schulden heraus.

Lochbillard: (eine Partie) **Lochbillard spielen** *Neol sal selten* · to bed s.o., to bury the bishop
Der Otto scheint wirklich zu glauben, nur weil er reich ist und gut aussieht, könnte er mit jeder zweiten Frau, die er trifft, Lochbillard spielen, wenn er gerade nichts Besseres vorhat. Als wenn alle Frauen die Pflicht hätten, den Beischlaf als eine Art sportlicher Übung zu sehen.

Löcher: jm. **Löcher in den Bauch fragen** *sal* · to pester s.o. with questions, to drive s.o. up the wall with questions
… Papa, wann kommst du heute abend? … Und wo gehst du gleich hin? … Und was machst du da? … Und mit wem redest du? … –

Junge, du fragst einem ja Löcher in den Bauch. Wenn ich das alles beantworten will, muß ich hier bleiben, statt arbeiten zu gehen.

jm. Löcher in den Bauch reden *sal selten* · to talk one's head off, to rattle on/away like nobody's business, s.o. could talk the hind legs off a donkey
Ich gehe unserer Nachbarin ganz bewußt aus dem Weg; denn wenn man ihr nur guten Tag sagt, hält sie einen eine Stunde lang auf und redet einem Löcher in den Bauch.

Löcher in die Luft gucken/starren/stieren *ugs* · 1. 2. 3. to stare into space, to gaze into space
1. Dieters Geistesabwesenheit nimmt immer schlimmere Formen an. Minutenlang sitzt er im Unterricht da und guckt Löcher in die Luft.
2. Wenn ihr da herumsteht und Löcher in die Luft starrt, statt zu arbeiten, werden wir natürlich nie fertig.
3. … Nein, diesen Kerl können wir einfach nicht länger bei uns beschäftigen! Der verbringt den halben Tag damit, Löcher in die Luft zu starren. Dafür bezahlen wir den doch nicht.

Löcher in die Luft schießen/knallen *ugs* · to miss completely, to be well wide of the mark
… Getroffen? Hat er getroffen? – Ach, Quatsch! Der schießt Löcher in die Luft, dieser Scharfschütze! Ehe der ein Mal trifft, hat er hundert Mal daneben geschossen.

Löcher in die Wand stieren *ugs* – (eher:) **Löcher** in die Luft gucken/starren/stieren · to stare into space, to gaze into space

es pfeift aus allen Löchern (in einem Raum/…) *ugs* · there are draughts coming from all directions/everywhere/…
Mensch, hier holt man sich bei diesem Wetter noch eine Lungenentzündung! Das pfeift ja aus allen Löchern hier! Ihr müßt die Fenster und die Türen mal reparieren lassen; diesen Zug von allen Seiten hält doch kein Mensch aus.

löchern: jn. (mit Fragen/Bitten/…) **löchern** *ugs* · to pester s.o. (with questions/requests/…), to bombard s.o. with questions/requests/…
… Die Journalisten löcherten den ohnehin schon angeschlagenen Minister dann derart mit Fragen, daß dieser irgendwann die Geduld verlor und schrie: »Jetzt ist Feierabend mit ihren Belästigungen! Wiedersehen.«

Locken: sich Locken legen lassen · to have a permanent wave done/put in, to have one's hair curled
… Hast du die Vera in den letzten Tagen schon mal gesehen? – Nein. Warum? – Die erkennst du nicht mehr. Die hat sich Locken legen lassen – Was?! Die Vera mit Locken? Die muß ja stark aussehen!

locker: etw. **ganz locker** machen/bewältigen/… *ugs* · to do s.th. without any trouble, to do s.th. no problem/no bother/…
Alle Welt meinte, der Rainer würde mit dem Artikel bis September nicht fertig – oder er müßte wie ein Wilder arbeiten. In Wirklichkeit hat er den ganz locker geschrieben – mühelos und ohne jeden Zeitdruck.

lockerlassen: nicht lockerlassen *ugs* – nicht locker **lassen** · to keep on at s.o., not to give up/let up/…

lockermachen: … Mark/Francs/… (bei jm.) **lockermachen** *ugs* · to get hold of money, to get s.o. to shell out money, to get s.o. to part with money
Der Ulrich hat bei seinem Onkel einmal wieder einen Tausender für eine längere Reise nach Spanien lockergemacht. – Er versteht es ausgezeichnet, seinen Onkel davon zu überzeugen, daß solche Reisen ungeheuer wichtig für sein Studium sind. Und dann zückt der natürlich.

loco: sine loco (et anno) *geh selten* · sine loco et anno, year and date of publication unknown
(Ein Professor zu seinen Studenten:) Wenn Sie Quellen oder sonstige Bücher zitieren, vergessen Sie neben dem Namen des Autors und dem genauen Titel das Erscheinungsjahr und den Erscheinungsort nicht. Wenn das Buch das eine oder das andere nicht hat, schreiben Sie o.J. (d.h. 'ohne Jahresangabe') – oder auch s.a. (d.h. 'sine anno') und o.O.- (d.h. 'ohne Ortsangabe') – oder auch sine loco. Wenn beides fehlt, findet man hin und wieder auch noch sine anno et loco.

loco citato (mst: loc. cit.) *Verweis auf Zitatangabe geh selten* – am angegebenen **Ort** · loco citato, loc. cit., in the same work

loco sigilli *auf Inschriften geh selten* · loco sigilli
… Wenn man auf Inschriften oder auch anderen Texten, so erklärte er, das übliche Siegel nicht anbrachte oder anbringen konnte, schrieb man an die entsprechende Stelle: loco sigilli, d. h. 'an der Stelle und in der Funktion des Siegels'.

locus: locus amoenus *geh selten* · locus amoenus
… Der sog. locus amoenus, fuhr er fort, ist ein literarischer Topos: bestimmte Ereignisse, Gespräche u. a. werden an einem – stilisierten- 'angenehmen, schönen Naturplätzchen' situiert: Sonne, Grünfläche, schattenspendende Bäume, eine Quelle …

locus communis *geh selten* · a commonplace
… Der »locus communis«, sagt unser Lehrer, »ist ein 'Gemeinplatz', d. h. ein Wort oder eine Wendung, die 'man' bei einer bestimmten Gelegenheit 'halt sagt'«.

Löffel: schreib' dir/schreibt euch/… das hinter die **Löffel!** *sal* – (eher:) schreib' dir/schreibt euch/… das hinter die **Ohren!** · just remember that!

die Löffel aufsperren *sal selten* · 1. to pin back one's ears, 2. to prick up one's ears
1. vgl. – mach'/macht/… (doch) die **Ohren** auf
2. vgl. – (eher:) die **Ohren** spitzen

jn. über den Löffel barbieren/(balbieren) *ugs selten* · 1. 2. to take s.o. for a ride, to con s.o.
1. vgl. – jm. das **Fell** über die Ohren ziehen
2. vgl. – jn. hinters **Licht** führen

jm. eine/eins hinter die Löffel hauen/geben/(schlagen) *sal* – jm. eine **Ohrfeige** geben · to give s.o. a clip round the ears

jm. ein paar hinter die Löffel hauen/geben/(schlagen) *sal* – jm. ein paar **Ohrfeigen** geben · to give s.o. a clip round the ears

eine/eins hinter die Löffel kriegen/bekommen *sal* – eine **Ohrfeige** kriegen/bekommen · to get a clout/… round the ears

ein paar hinter die Löffel kriegen/bekommen *sal* – ein paar **Ohrfeigen** kriegen/bekommen · to get a clout/… round the ears

ich werde/sie werden/… euch/ihnen/… die Löffel langziehen! *sal seltener* – ich werde/sie werden/… euch/ihnen/… die **Ohren** langziehen! · I'll/they'll/… give you/them/… a good hiding/give you/them/… what for

mit einem silbernen/(goldenen) Löffel im Mund geboren sein/ (zur Welt kommen) *path selten* · to be born with a silver spoon in one's mouth
Wenn du von Griechenland eine lebendige Anschauung brauchst, um sinnvoll zu studieren, dann mach' eine lange Studienreise dorthin. Der Peter Bodmer hält das auch so. – Der Peter Bodmer kann sich das leisten, er ist mit einem silbernen Löffel im Mund geboren. Ich muß mit meinem Geld rechnen, ich komme nicht aus so einer begüterten Familie wie der!

die Löffel spitzen *sal selten* – die **Ohren** spitzen · to prick up one's ears, to listen hard/carefully/…

wenn du/der Maier/… da/(in …/bei …/…) **keine silbernen Löffel stiehlst**/(klaust), (dann) **fliegst du**/er/… **da nie heraus**/kannst du/kann er/… da ewig arbeiten/…/er/… hat/… doch keine silbernen Löffel gestohlen?/… *ugs* · unless you/he/Smith/… do/does something outrageous, you/he/Smith/… will never lose your/… job/get the sack/…, you/he/Smith/… will not lose your/… job unless you/he/… blot(s) your/his/… copybook badly
… Bisher haben sie noch nie einen Institutsleiter gegen seinen Willen entlassen, wenn er sich nichts Außergewöhnliches hat zuschulden kommen lassen. – Das heißt: wenn du da keine silbernen Löffel stiehlst, kannst du ewig arbeiten. – Genau.

ein gestrichener Löffel voll · a level tablespoon of …
… 'und dann zwei gestrichene Eßlöffel voll Zucker', heißt es da. – Das ist nicht wenig, zwei ganz volle Löffel!

den Löffel weglegen/(sinken lassen/wegwerfen/wegschmeißen/abgeben) *euphem selten* · to kick the bucket *sl*, to pop one's clogs *sl*, to turn up one's toes *sl*
… Wenn du mal den Löffel weglegst, redest du vom Tod auch anders! – Wenn ich sterbe, red' ich überhaupt nicht, Ute!

Löffelchen: ein Löffelchen für die Mama, eins für … *Kindersprache* · a spoonful for Mummy and one for …
… So, Toni, jetzt haben wir nur noch wenige Löffel, dann ist die Suppe alle. Komm', die schaffen wir auch noch. Ein Löffelchen für den Papa, eins für die Oma, eins für …

löffeln: jm. eine löffeln *sal selten* – jm. eine **Ohrfeige** geben · to give s.o. a clip round the ears

jm. **ein paar löffeln** *sal selten* – jm. ein paar **Ohrfeigen** geben · to give s.o. a clip round the ears

Lohn: seinen Lohn haben · to have got one's deserts, to have got what was coming to one
Jahrelang war es Maiers Taktik, einen Kollegen gegen den anderen auszuspielen. Jetzt hat er seinen Lohn: niemand will mehr etwas mit ihm zu tun haben.

seinen/(gerechten) **Lohn bekommen** · to get one's (just) deserts
… Der bekommt auch noch seinen Lohn, sei unbesorgt! Meinst du, die machen seine Intrigen ewig mit? Wenn er so weitermacht, wird er in diesem Geschäft keine drei Jahre alt, das garantier' ich dir.

jn. um Lohn und Brot bringen *path veraltend selten* · to deprive s.o. of his livelihood
… Seine Betrügereien haben ihn um Lohn und Brot gebracht: er wurde heute entlassen, und zwar mit einem Zeugnis, aus dem indirekt alles mit genügender Klarheit hervorgeht. So leicht dürfte er keine andere Stelle finden.

jn. in Lohn und Brot nehmen *form veraltend selten* · to take s.o. into one's employ
… Wenn der Breuer euern Ernst in den schweren Jahren in Lohn und Brot genommen hat, könnt ihr dem doch jetzt nicht das Leben schwermachen! Ihr wärt doch verhungert, wenn euer Ernst diese Stelle nicht bekommen hätte!

bei jm. in Lohn und Brot stehen *form veraltend selten* – bei jm. in **Lohn** stehen · to be in s.o.'s employ

seinen/(gerechten) **Lohn kriegen** – seinen/(gerechten) **Lohn** bekommen · to get one's (just) deserts

bei jm. in Lohn stehen *form veraltend selten* · to be in s.o.'s employ
Wenn der Willi bei dem Breuer in Lohn steht, kann er doch nicht gegen dessen Interessen handeln. Das mußt du doch verstehen. 'Wes Brot ist esse, des Lied ich singe'.

seinen Lohn weghaben *ugs* – (eher:) seinen **Lohn** haben · to have got one's deserts, to have got what was coming to one

jm. wird sein Lohn zuteil *form* – (eher:) seinen/(gerechten) **Lohn** bekommen · + to get one's (just) deserts

jm. wird sein gerechter Lohn zuteil *form – path* – (eher:) seinen/(gerechten) **Lohn** bekommen · + to get one's (just) deserts

Lohnausgleich: bei vollem Lohnausgleich · to work less/shorter hours/… without loss of pay/without decrease of pay/…
… Ich weiß nicht, wie sich die Gewerkschaften das vorstellen. Von Jahr zu Jahr wollen sie die Wochenarbeitszeit um eine Stunde verringern – und das bei vollem Lohnausgleich! Irgendwann arbeiten die Leute nur noch freitags – bei vollem Monatslohn natürlich.

Lokal: unter/(mit) **Protest**/laut schimpfend/… **das Lokal verlassen** *sal* · to leave the place/restaurant/… protesting loudly/…
… Der Wirt machte ihm einige Vorhaltungen, klar, weil er die Gäste am Nachbartisch mit seinem lauten Geschrei störte … – Und er? –

Statt Vernunft anzunehmen, brüllte er noch lauter und verließ unter Protest das Lokal.

Longe: an der Longe laufen/proben/halten/... *Pferdedressur form selten* · to be/to run/to train on the lunge/lunging rein
'An der Longe laufen' die Pferde, wenn sie dressiert werden, sagt der alte Graubert. – Er meint 'an der (Dressur-) Leine'? – Was sonst?

Lorbeer: blutiger Lorbeer *geh path selten* · bloodstained laurels
... Natürlich ist er berühmt! Sehr berühmt sogar. Aber aufgrund von welchen Opfern?! Zigtausende von Gefallenen haben die Schlachten gekostet, die er geschlagen hat! Nein, ein solch blutiger Lorbeer ist für mich nicht positiv.

jm. **den Lorbeer reichen** *geh path selten* · to award s.o. laurels, to crown s.o. with laurels
... Mit diesem Preis haben sie dem Rauch endlich den Lorbeer gereicht, den er schon seit Jahren verdient. Schon nach dem Erscheinen der 'Mauerlöcher' hätte er eine solche offizielle Anerkennung bekommen müssen.

(sich) auf seinen Lorbeeren ausruhen/(einschlafen) *ugs* · to rest on one's laurels
In den ersten fünf, sechs Jahren seiner Arbeit hier hat der Anton Hervorragendes geleistet! Aber das berechtigt ihn nicht, sich mit 45 Jahren auf seinen Lorbeeren auszuruhen. Besonders jetzt, wo die Firma so viele Schwierigkeiten hat, dürfte er es sich nicht erlauben, eine ruhige Kugel zu schieben.

(mit etw. keine) Lorbeeren ernten/(pflücken) **(können)** · (not) to gain any credit for doing s.th., (not) to win any laurels for doing s.th.
... Nein, mit einem Buch über die kanarischen Inseln kannst du hier keine Lorbeeren ernten! Das interessiert niemanden. Schreib' was über die Nazizeit; da wirst du Erfolg haben.

sich (nicht gerade) mit Lorbeeren krönen/**bekränzen** *iron* · s.o. did not exactly cover himself with glory
... Bei dieser Diskussion hast du dich ja nicht gerade mit Lorbeeren bekränzt, Walter! – Du meinst, ich habe einen schwachen Eindruck hinterlassen? – Ich meine das nicht nur, ich höre es von allen Seiten.

sich mit fremden Lorbeeren schmücken *selten* – sich mit fremden **Federn** schmücken · to adorn o.s. in borrowed plumes, to claim all the glory/kudos for oneself, to claim the credit (for s.th.) undeservedly

los: (nun) (mal) los! *ugs* · off we go!, let's get going!
Nun mal los! Herbert, Richardt, Uschi – wir müssen gehen. Es ist Zeit. Nun beeilt euch doch mal ein bißchen!

los (ab/weg/heraus/heraus mit der Sprache/...)! · 1. 2. come on, 3. come on out with it!
1. Los, schreib' auf: 'Montag, 17 Uhr ...' Nun los! Was zögerst du?!
2. Los, ab ins Bett, Kinder! Ruckzuck! Habt ihr gehört? Ihr geht jetzt auf der Stelle ins Bett!
3. Los, sag' mal, was du weißt, Karl! Heraus mit der Sprache!

na, los (mach'/macht'/.../schon)! *ugs* – (nun) (mal) **los!** (1, 2) · off we go!, let's get going!

(na) denn mal/man los! *ugs* – (na,) denn man **tau!** · good luck!

was ist los?/was ist hier/da ... los? · 1. what's up!, what's wrong?, what's the matter?, 2. what's going on?
1. Was ist los? Ihr steht alle so stumm da herum! – Der Karl sagt, er stellt uns seinen Wagen doch nicht zur Verfügung. Die Reise fällt also ins Wasser.
2. Was ist denn hier los? Wer hat denn dieses heillose Durcheinander in diesem Zimmer angestellt?

was ist denn (schon) wieder los? *ugs* · 1. 2. what's the matter now?, what's the matter this time?
1. (Ein neu Hinzukommender:) Was ist denn schon wieder los? Jedesmal, wenn wir uns hier treffen, muß es Streit geben! Kommt, jetzt seid doch mal vernünftig! Was gibt's denn schon wieder?
2. vgl. – was **ist** denn (schon) wieder?

was ist (denn) mit dir/(ihm/dem Karl/e-r S./...) **los**?!/nicht wissen/..., was mit jm./etw. los ist *ugs* · 1. 2. 3. what is up/ wrong/the matter with you/him/Karl/...?, 4. what is wrong with s.th.?
1. Was ist denn mit dir los? Du siehst so blaß aus!
2. Was ist denn mit dem Hubert los? Der ist heute so einsilbig! Sonst redet er doch wie ein Buch!
3. Wenn wir nur wüßten, was mit unserer Tochter los ist; sie macht in letzter Zeit einen so niedergeschlagenen Eindruck.
4. Was ist denn mit dem Apparat los? Funktioniert der nicht mehr? Ich habe versucht, ihn anzustellen, aber mir gelingt das nicht.

da/dort/... **ist** (aber) **was**/etwas **los** *ugs* · 1. 2. there is something going on there/..., there is s.th. happening there/...
1. Hör' mal, bei unseren Nachbarn ist aber wieder mal was los! Die feiern wieder, daß die Wände wackeln. – Der alte Herr Dewenter feiert seinen 70. Geburtstag.
2. Da vorne in der Isidorstraße ist etwas los! So viele Menschen ... Brennt es da nicht, in dem Hochhaus?

mit jm./(etw.) **ist was**/etwas **los** *ugs* · there's s.th. wrong/ the matter with s.o./s.th.
Mit dem Karl ist etwas los; irgendetwas stimmt mit dem nicht. Hat er in seiner Firma Schwierigkeiten?

wenn/..., **dann ist** (aber) **was**/etwas **los!**/da war was/etwas **los!**/... *ugs* · 1. if ..., there will be hell to pay, 2. all hell breaks loose
1. ... Wenn du das der Krimhilde erzählst, dann ist etwas/was los, da kannst du Gift drauf nehmen! Dann reib' ich deiner Lisbeth alles unter die Nase, was du dir in den letzten beiden Jahren geleistet hast.
2. Mein Bruder kam letzten Freitag mit drei Fünfern im Zeugnis nach Haus. Ach du lieber Gott, da war was los! Ich habe meinen Vater noch nie so außer sich erlebt. Die ganze Bude hat gewackelt, so hat der getobt.

in/bei/da/dort/... **ist viel**/nicht viel/allerhand/wenig/ nichts/... **los** · 1. 2. 3. there is nothing happening there/in .../at ..., there is no action there/in ...at ...
1. Ach, gehen wir lieber in eine andere Bar! In der 'Lido' ist um diese Zeit nicht viel los. Da langweilen wir uns nur.
2. In diesem verdammten Nest ist aber auch gar nichts los! Da gibt es aber auch nicht einen einzigen Ort, wo man sich vernünftig amüsieren kann!
3. ... Ob ich in diesem Städtchen jahrelang leben möchte, ist schon eine andere Frage. Bei aller Liebe zur Natur: es ist doch wenig los hier. Ich glaube, ich hätte den Eindruck, ein wenig an der Zeit vorbeizuleben, wenn ich immer hier wohnen würde.

mit jm. **ist viel**/wenig/allerhand/nichts/nichts mehr/... **los** *ugs* · 1. 2. + s.o. is not up to much (any more), 3. + s.o. is finished, + s.o. has shot his bolt
1. Er gibt sich gern den Anschein, als ob er ein toller Kerl wäre. Aber in Wirklichkeit ist nicht viel mit ihm los.
2. Bis zu seiner Heirat war der Reuble ein Pfundskerl, persönlich und fachlich. Aber seitdem ist nicht mehr viel mit ihm los. Er entwickelt sich zunehmend zu einem Spießbürger und zu einem Funktionärstyp ohne jeden eigenen Gedanken.
3. Seit seiner schweren Krankheit ist nichts mehr mit ihm los. Im Grunde hat er alles abgeschrieben; es interessiert ihn nur noch, daß er seine Ruhe hat und einigermaßen über die Runden kommt.

mit jm. **ist heute**/in letzter Zeit/... gesundheitlich/sprachlich/... **nicht viel**/wenig/herzlich wenig/... **los** *ugs* · 1. 2. 3. + s.o./s.o.'s form/health/... is not/has not been/... up to much today/recently/...
1. Heute ist nicht viel mit mir los. – Fühlst du dich nicht wohl? – Nein. Ich bin nicht in Form.
2. In den letzten Wochen ist mit dem Mayr nicht allzu viel los. In den ersten beiden Monaten dieser Saison hat er ja prima gespielt; aber seit vier, fünf Wochen ist er sein Geld nicht wert.
3. Gesundheitlich ist mit der Ursel ja nicht viel los. Sobald man sie etwas stärker belastet, wird sie krank.

aller Sorgen/... **los und ledig sein** *path veraltend selten* · to have one's cares/... behind one, to be rid of one's cares/ worries/..., to get rid of one's cares/worries/...
Verkauf' den Laden, Otto, dann bist du aller Sorgen los und ledig! Mit diesem Geschäft wirst du dein Lebtag keine Ruhe haben.

jn./(etw.) **los und ledig sein** *path veraltend selten* · 1. 2. to have got rid of s.o./s.th., to have got shot of s.o./s.th.

1. ... Nein, er trauert der Erna nicht nach. Im Gegenteil: er ist froh, daß er sie los und ledig ist. In den letzten Monaten war sie für ihn nur noch eine Belastung.
2. Endlich bin ich diesen Posten los und ledig! Die Verantworung wurde mir schon seit langem viel zu groß.

Los: das/(etw.) **ist ein hartes Los** *path* · it/(s.th.) is a hard fate, it/(s.th.) is a hard lot

... Fünf Jahre Gefangenschaft, das ist ein hartes Los, verdammt nochmal! – Ja, leicht war das nicht. Aber wir haben es durchgestanden ...

ein hartes/schweres **Los haben** *path* · to have a hard lot/fate

... Ich weiß nicht, wer ein härteres Los gehabt hat: diejenigen, die Jahre und Jahre in russischer Gefangenschaft waren, oder die, die verletzt zurückkamen. – Das kommt wohl auf die Verletzung an ...

mit seinem Los zufrieden/nicht unzufrieden/... **sein** · (not) to be satisfied with one's lot, to be dissatisfied with/... one's lot

Er beklagt sich über seine Familie ... – Ach, dieser Mensch beklagt sich immer, der ist nie mit seinem Los zufrieden.

das Los befragen/werfen *form selten* · to draw lots, to decide s.th. by drawing lots

Wenn sich keiner freiwillig zur Verfügung stellt, müssen wir das Los befragen. Einer muß es ja schließlich sein. Also: wer von den Streichhölzern, die ich hier in der Hand habe, das kürzeste zieht, macht den Nachtdienst.

jn. **durch (das) Los bestimmen** · to choose/... s.o. by drawing lots

Wenn sich keiner freiwillig meldet, müssen wir jemanden durch Los bestimmen. Wollt ihr das lieber? ... Also gut, dann wird gelost ...

etw. **durch das Los entscheiden** · to draw lots to decide s.th., to decide s.th. by drawing lots

... Statt abzustimmen, wollen sie durch das Los entscheiden, wer der nächste Vorsitzende wird. – So ein Unsinn! Da kommt schließlich der Ungeeignetste dran.

sich in sein Los ergeben/(schicken) *form* · to resign o.s. to one's fate

... Natürlich war dem Andreas das am Anfang nicht recht, daß man ihn ins 'Archiv' versetzt hat. Aber inzwischen hat er sich in sein Los ergeben. – Damit rechnen die natürlich in solchen Fällen: daß die Leute sich über kurz oder lang damit abfinden.

sich (nicht) in sein Los finden (können) *form selten* · (not) (to be able) to resign o.s. to one's fate

Der Peter kann sich einfach nicht in sein Los finden! – Nun, leicht ist das ja auch nicht, so von einem Tag auf den anderen ohne Familie dazustehen. – Aber es nützt ihm doch gar nichts, sich dagegen aufzulehnen. Er muß sich einfach damit abfinden.

mit jm./etw. **das große Los gezogen/gewonnen haben** · 1. to have drawn the first prize, to have made a great catch, 2. to have struck (it) lucky with s.o./s.th., to have won/hit the jackpot

1. Es ist rührend zu sehen, wie überzeugt sie überall erzählt, sie habe mit ihrem Mann das große Los gezogen. – Der Breit ist aber auch ein toller Kerl, in jeder Beziehung.
2. Mit dieser Stelle hast du das große Los gezogen; besser konntest du es gar nicht treffen.

los-: **los-rennen**/-laufen/-fahren/-brausen/-rasen/-stürzen/-stürmen/-schießen/... *ugs* · to run/to hurry/to rush/to shoot/... off *n*

Was rennt denn der Otto da plötzlich wie ein Wilder los? – Da vorn kommt die Straßenbahn. Die muß er unbedingt noch kriegen.

los-gehen/-marschieren/-schwimmen/... · to set off/to march off/to swim off/...

Wenn wir um viertel nach drei hier losgehen, kriegen wir den Zug mühelos. – Also gut: Abmarsch 15.15 Uhr.

los-müssen/-wollen/-sollen/-können/-dürfen · to have to/to be able to/to be allowed to/... go

... Morgen machen wir mal wieder eine schöne Wanderung, Willi, ja? – Einverstanden. Wann willst du los? – Wie wär's, wenn wir um acht Uhr aus dem Haus gingen?

los-lachen/-heulen/-schimpfen/-poltern · to burst out laughing/crying/.../to let fly at s.o./to let rip at s.o./to bawl s.o. out/... *coll*

... Kritik ist ja ganz schön und nützlich! Aber wie kann ein erwachsener Mann denn da so unqualifiziert losschimpfen? – Das war wirklich eine unschöne Szene! Und dann hat kein Mensch so recht begriffen, warum er plötzlich so anfing.

etw./sich **los-trennen**/-reißen/-schrauben/-schnallen/-drehen/-machen/-kriegen/...) · to pull s.th. off/to cut s.th. off/to unscrew s.th./to loosen s.th./...

... Mann, sitzt diese Schraube fest! Kriegst du die los? – Laß mal sehen! ... Hast du keinen besseren Schraubenzieher?

losdüsen: losdüsen *Jugendspr* – **abdüsen** · to shoot off

lose: etw. **lose kaufen**/verkaufen/... · to buy/to sell/... s.th. loose

Verkaufen Sie diese Bleistifte auch lose oder muß man eine ganze Packung davon nehmen?

loseisen: etw. von jm. **loseisen** *ugs* · to get s.th. from/off/out of s.o.

Sieh doch mal zu, ob du nicht 2 – 300,– Mark/den Wagen/... für die Ferien von deinem Vater loseist. – Das dürfte nicht so einfach sein; so leicht rückt der so viel Geld/den Wagen/... nicht heraus.

losfahren: auf jn. **losfahren** *ugs* · to go for s.o., to fly at s.o.

... Dieser Mensch meint, wenn er wie ein Wilder auf die Leute losfährt und sie nach Strich und Faden anschnauzt, hätten sie nachher alle Angst vor ihm. In Wirklichkeit macht er dabei nur eine komische Figur.

losgehen: auf jn. **losgehen** *ugs* · 1. 2. to go for s.o., 1. to attack s.o. *n*, 2. to fly at s.o.

1. Wie kann denn ein erwachsener Mensch auf den anderen losgehen und ihn schlagen?! Das gibt's doch gar nicht! – Wie du siehst, doch!
2. vgl. – auf jn. **losfahren**

mutig/tapfer/frisch/... **auf** etw. **losgehen** *ugs selten* · to get started on s.th. enthusiastically/with a will/..., to set about s.th. enthusiastically/with a will/..., to plunge into work enthusiastically/with a will/...

Wenn wir frisch auf die Übersetzung losgehen, haben wir sie bestimmt in rund zehn Tagen gemacht. – Na, dann wollen wir mal losschießen.

losgelassen: wehe, wenn sie losgelassen! *path od. iron* · God help us/woe betide us/... when they are let loose, God help us/woe betide us/... when they are let off the leash/given free rein

... Wahllos Leute erschießen, Häuser in die Luft jagen, Frauen vergewaltigen ... – jedesmal, wenn ein Heer in Auflösung begriffen ist und die Kontrolle/harte Hand fehlt, passieren solche Dinge. – Ja, ja ..., wehe, wenn sie losgelassen! Das stimmt schon – der Mensch ist im Grunde ein wildes Tier.

j. war/(ist) **wie losgelassen** *ugs selten* · to be in high spirits *n*

Euer Willi ist ja wie losgelassen heute! Was ist denn passiert, daß er so übermütig ist? Nicht zu bremsen heute, dieser Junge!

wo haben sie den/die/diesen Kerl/... **bloß/denn losgelassen?**/ich möchte wissen, wo ... *sal* · where did they/... find that fellow/...? *coll*

... Schau dir das an: jetzt schnauzt der Chauffeur schon wieder einen alten Mann an! Wo haben sie diesen Kerl bloß losgelassen? So ein Benehmen ist doch einfach unglaublich.

loshaben: **was**/etwas/viel/allerhand/einiges/eine Menge/... **loshaben (in** etw.) *ugs* · 1. 2. 3. to be brilliant (at s.th.), to be pretty/very/... good at s.th., to really know one's stuff

1. Der Koch hat etwas los! Das ist ein As in seinem Beruf! Wirklich!

2. Der Brahmkamp hat eine Menge los! Der kann was, der weiß, wie man die Leute anfaßt …

3. In Sprachen hat er allerhand los! Er spricht wenigstens vier Sprachen fließend und lesen kann er ein rundes Dutzend.

loshacken: auf jn. **loshacken** *sal* · to bully s.o. *n*, to pick on s.o. *n*, to push s.o. around *n*

… Es ist doch immer wieder dasselbe Schauspiel: sobald es eng und kritisch wird, hackt der Mächtige auf den Ohnmächtigen, der Starke auf den Schwachen los. Wie im Tierreich: der Größte stürzt sich auf und gegen den Kleinen.

loskommen: von jm. (innerlich) **(nicht) loskommen** · (not) (to be able) to get over s.o., (not) (to be able) to get s.o. out of one's mind

Warum trennt sich die Susanne denn nicht von dem Robert, wenn es dauernd Streit gibt. – Sie kommt von ihm innerlich nicht los.

loslachen: lauthals loslachen · to burst out laughing

… Als der Blüher dann meinte, eine christliche Partei könne doch keine Marktwirtschaft unterstützen, lachten alle lauthals los. – Das ist auch zu drollig. – Findest du?

loslassen: jn./etw. **loslassen** · 1. 2. to let s.o./s.th. go

1. Hier, du darfst den Vogel einmal halten; aber laß ihn nicht los, dann fliegt er sofort weg.

2. Halt' die Leiter bitte fest! Aber nicht loslassen, dann kann sie umkippen.

jn. **auf** jn. **loslassen** *ugs* · to let s.o. loose on s.o.

… Es ist schon erschreckend, was an der Uni unter der Bezeichnung 'Dozenten' auf die Studenten losgelassen wird! Es mögen ja gute Fachleute darunter sein, aber die meisten von ihnen sind leider pädagogische Tiefflieger.

jn./etw. (gar/überhaupt) **nicht mehr/**… **loslassen** *ugs* · 1. not/never/… to let go of s.th., 2. not/never/… to let s.o. go home *n*

1. Dem Walter hättet ihr das Erbe nicht überlassen dürfen – auch nicht nur zur Verwaltung. Was der mal in seinen Klauen hat, läßt er nicht wieder los.

2. Die Fiedlers kann man überhaupt gar nicht besuchen – die lassen einen ja gar nicht wieder los. – Wieviel Uhr seid ihr denn da weggegangen? – Es war schon zwei Uhr nachts. Drei oder vier Mal haben wir einen Anlauf gemacht, um aufzubrechen; aber jedesmal drangen sie derart in uns, noch zu bleiben …

einen loslassen *sal* – einen **fahren** lassen · to let one go, to let off, to drop one's gut

loslegen: loslegen *ugs* · 1. to get down to it, to get cracking, to get going, 2. to let rip

1. Das kräftige Mittagessen und vor allem der Wein verfehlten ihre Wirkung nicht; nachdem die Männer vom Tisch aufgestanden waren, legten sie richtig los, und um sechs Uhr abends war die ganze Arbeit geschafft.

2. Kaum hatte ihn der Chef aufgefordert, offen und ehrlich zu sagen, was nicht in Ordnung sei, da legte der Holm auch schon los: der Umgang unter den Kollegen sei miserabel; es wimmele von Intrigen; die Bezahlung entspreche nicht der Leistung … Fast eine halbe Stunde zog er so vom Leder, immer in dem forschen Ton, mit der Verve, die du ja kennst.

losmachen: (mal richtig/…) **was/**(einen) **losmachen** *eher Jugendspr selten* – (mal richtig/…) einen **draufhauen** · to rave it up, to party

losreißen: sich von jm./etw. **losreißen** *form – path* · 1. 2. to (have to) tear o.s. away from s.o./s.th.

1. Das war so gemütlich gestern bei den Meyers, daß wir da überhaupt nicht mehr wegkamen. Wir mußten uns regelrecht losreißen.

2. Man kann nur hoffen, daß er die Kraft aufbringt, sich von dieser Frau loszureißen und zwar möglichst bald, sonst ist er völlig in ihren Klauen.

lossagen: sich von etw. **lossagen** *form* · 1. 2. to break with s.o./s.th., to renounce s.th., to dissociate o.s. from s.o./s.th.

1. Aber du wirst dich doch nach so langer Parteizugehörigkeit nicht so mir nichts dir nichts von allem lossagen, worauf du bis gestern geschworen hast! – Innerlich habe ich mich von all diesen Dingen bereits seit langem völlig gelöst. Alles weitere ist jetzt nur ein äußerlicher Akt.

2. Natürlich kannst du dich von deinem Sozius lossagen, wenn die gemeinsame Arbeit einfach nicht mehr klappt. – Der Vertrag ist schwer zu lösen, wenn eine Seite nicht will.

lossschießen: (wie ein Wilder/…) **auf** jn. **lossschießen** *ugs* · to go shooting/racing/… up to s.o. (like a maniac/…)

Kaum hatte er seinen Vater in der Ferne erkannt, da schoß der Junge auf ihn los, als gelte es, einen Rekord zu brechen.

losschlagen: etw. nicht losschlagen können *form veraltend selten* – etw. nicht **losswerden** (können) · not to be able to get rid of s.th., not to be able to sell s.th. off

lossein: jn./etw. **lossein** · 1. 2. 3. to be rid of s.th./s.o., to get rid of s.o./s.th., 4. s.o. can forget it/s.th., to have had it/s.th.

1. Endlich! Endlich bin ich diesen Schwätzer los! Mehr als eine Stunde hat der mich mit seinem dummen Gerede aufgehalten. Ich wußte überhaupt gar nicht, was ich tun sollte, damit er endlich abhaute.

2. Sei doch froh, daß du den Kerl los bist! Er hat dich von Anfang an nicht anständig behandelt. Freu' dich, daß du nichts mehr mit ihm zu tun hast!

3. Wenn ich doch nur diese verdammten Schmerzen los wäre!

4. Du hast das Portemonnaie auf dem Tisch liegen lassen? Dann bist du das Geld los. Das hat einer mitgehen lassen, das ist doch klar.

lossteuern: auf jn./etw. **lossteuern** · 1. to set one's sights on s.o./s.th., 2. to head for s.o./s.th., to make for s.o./s.th., to make a bee-line for s.o./s.th.

1. Wenn du unbeirrt auf dein Ziel lossteuerst, müßtest du dein Studium in acht, neun Semestern machen können. Aber natürlich nur, wenn du von Anfang an keine Zeit verlierst und dich nicht von Nebensächlichkeiten ablenken läßt.

2. Was steuert denn dieser Polizist geradewegs auf mich zu? Sehe ich etwa aus wie ein Dieb?

Losung: die Losung ausgeben, daß … · to adopt a policy of (doing) s.th., to give out the watchword, to give out instructions that …

Wie es scheint, hat die Parteiführung die Losung ausgegeben, den Sozialismus in all seinen Erscheinungsformen frontal zu bekämpfen. Anders ist jedenfalls das einheitliche Verhalten aller CAU-Leute im Wahlkampf kaum zu erklären.

Lösung: das ist die Lösung · that is the solution, that is the answer

Erst den Wald abholzen und mit dem Geld dann modernisieren – das ist die Lösung. Das machen wir! Warum hast du das nicht sofort gesagt? Das löst alle Probleme.

das/(etw.) **ist nur eine halbe Lösung** · that/it/s.th. is only a half-measure, that/it/s.th. is only a part of the solution

… Die Studiendauer verkürzen, um die Universitäten leerer zu kriegen, ist nur eine halbe Lösung. Parallel dazu müßte das Studium völlig neu organisiert werden.

das/(etw.) **ist eine halbherzige Lösung** · that/it/s.th. is a halfhearted solution

Nur den kaputten Fensterflügel reparieren und streichen, das ist eine sehr halbherzige Lösung. Wenn wir schon streichen, dann das ganze Fenster. Dann sieht es nachher wie neu aus.

nicht für halbe/(halbherzige) **Lösungen sein** … · not to believe in/to be in favour of/… half-hearted solutions

… Mit deinem Vorschlag bin ich nicht so richtig einverstanden. Damit stellen wir die Übel nämlich nur vorübergehend ab, und ich bin nun einmal nicht für halbe Lösungen. – Wie sähe denn nach deiner Meinung die gegebene Radikalkur aus?

loswerden: jn./etw. **loswerden** · 1. 2. 3. to get rid of s.o./s.th.

1. Wir wußten überhaupt gar nicht, wie wir diesen lästigen Besuch wieder loswerden sollten. – Lieber wäre euch wahrscheinlich gewesen, wenn die Leute erst gar nicht gekommen wären!

2. Ich hoffe, meine Grippe bald wieder loszuwerden, damit ich endlich wieder aus dem Haus komme.

3. Du willst mich wohl loswerden, was?! Oder warum sprichst du dauernd von dem Vergnügen, das das Leben macht, wenn man allein ist?

etw. **nicht loswerden (können)** · not (to be able) to get rid of s.th.

Jetzt hat er mehr als 10.000 Exemplare von seinem neuen Buch drukken lassen und wird sie nicht los! – Ah, irgendwann wird er sie schon verkaufen.

loswettern: loswettern *sal* · to rant and rave, to shout and curse *n*, to bawl *n*

Wenn du meinst, du kannst hier loswettern und alle Leute zittern, bist du schief gewickelt. Schimpfen können wir auch, auch scharf, wenn es sein muß.

losziehen: gegen jn./etw. **losziehen** *ugs selten* · 1. 2. to pull s.o. to pieces, 1. to lay into s.o., 2. to let fly at s.o./s.th., to slam s.o./s.th., to hit out at s.o./s.th.

1. Warum zieht der Malberg denn so gegen den Ralf los? – Das weiß ich auch nicht. Aber ganz egal, warum – es ist doch keine Art, einen erwachsenen Menschen derart zu beschimpfen.
2. vgl. – (gegen jn./etw.) vom **Leder** ziehen

Lot: von jm. **gehen hundert/(fünf) auf ein Lot** *veraltend selten* · 1. people like him/John /... are ten a penny/ a dime a dozen/... 2. + friends in adversity are rare, + friends in adversity are few and far between

1. Du hast doch gesehen, wie wenig der Rolf dem Alfons geholfen hat – obwohl er ihm immer versichert hatte, er könne auf ihn zählen. Von dem gehen hundert auf ein Lot, weißt du.
2. Cf. das Sprichwort: Freunde in der Not gehen hundert auf ein Lot.

aus dem Lot sein *selten* · 1. to be out of sorts, 2. to be in a bad way

1. vgl. – (nicht) (ganz/...) wieder auf der **Höhe** sein
2. vgl. – (eher:) (nicht) (ganz) im **Lot** sein

etwas ist nicht im Lot mit jm. *selten* – (nicht) (ganz) im **Lot** sein (1; u. U. 2) · all is not well with s.o., + s.o. is off form/ out of sorts/...

(nicht) (ganz) im Lot sein *selten* · 1. + s.th. is wrong with s.o., 2. to be in a bad way

1. ... Seit ihrer Ehescheidung ist sie nicht ganz im Lot. – War sie nicht schon vorher überaus nervös, bei jeder Belastung sofort durcheinander ...?
2. Die Ehe meiner Schwester ist im Augenblick nicht im Lot. Wenn man ihr nur helfen könnte, die Krise zu überwinden! *seltener*

(wieder) im Lot sein · to be all right again, to be back to normal again

Nach ihrer Scheidung war sie ein paar Monate ziemlich durcheinander. Aber inzwischen hat sie sich wieder gefangen. – Den Eindruck haben wir auch: sie ist wieder im Lot.

jn./etw. **aus dem Lot bringen** · 1. to put s.o. off, 1. 2. to put s.th. out of kilter

1. vgl. – (eher:) jn./etw. (ganz/völlig/...) **durcheinanderbringen** (3)
2. vgl. – (u. U.) etw. in **Unordung** bringen (2)

jn./etw. **(wieder) ins** (rechte) **Lot bringen** · 1. 2. to put s.o. on the right track again, 3. 4. to sort s.th. out, 3. to patch up a quarrel/...

1. Nach den Jahren der Krankheit und der finanziellen Sorgen war meine Schwester sehr durcheinander. Aber ihre Liebe zu ihren Kindern und ihr regelmäßiger Lebenswandel haben sie doch wieder ins Lot gebracht.
2. ... ja, er war auf Abwege geraten, ging nur noch mit Drogenhändlern und solchen Leuten um. Aber einige Freunde haben ihn wieder ins Lot gebracht. Gott sei Dank!
3. ... Gut, ihr habt euch zerstritten. Aber die Beziehungen lassen sich doch wieder ins Lot bringen.
4. Während meiner Abwesenheit hat mich der Krulig vertreten. Das Ergebnis hättest du sehen sollen. Er hat die ganze Abteilung durcheinandergebracht. Da funktioniert nichts mehr. Ich werde wenigstens zwei Monate brauchen, um das alles wieder ins Lot zu bringen.

das Lot (auf einer Geraden) (in einem Punkt) **errichten** *Math* · to construct a perpendicular from a straight line

... und dann errichtet ihr auf der Geraden A – C im Punkt E ein Lot. – D. h. wir müssen eine Senkrechte nach oben ziehen, Herr Wolters? – Aber was sonst, Kurt?

(von einem Punkt) **das Lot** (auf eine Gerade) **fällen** *Math* · to construct a perpendicular from a point

... und dann fällt ihr von der Ellipse vom Punkt E ein Lot auf die Gerade A – C. – D.h., die Linie muß senkrecht zu A – C zu E führen, Herr Wolters?

(wieder) ins Lot kommen · 1. to sort o.s. out (again), 2. to get back to normal, to be all right again, 3. to get back on the right track

1. Nach den finanziellen und psychologischen Problemen war der Ulli eine Zeitlang völlig durcheinander. Wir hatten schon Angst, er würde nicht mehr ins Lot kommen, aber dann hat er sich doch wieder gefangen.
2. Natürlich hättest du mit deinen Bemerkungen zurückhaltender sein sollen. Aber sei ohne Sorge, der Fred ist nicht nachtragend. Eure Beziehungen werden schon wieder ins Lot kommen.
3. vgl. – wieder auf die richtige **Bahn** kommen

(nicht) im Lot stehen *form* · (not) to be plumb, to be out of plumb, to be out of true, to be off beam

Guck' dir diese Wand mal an, so richtig im Lot steht die ja auch nicht. – Du hast recht, die kippt. Das hatte ich nie gemerkt.

Lotterbett: auf dem Lotterbett liegen *path veraltend selten* · to lie on a bed of sloth

Unsereiner arbeitet seine neun, zehn Stunden am Tag, und dieser Kerl liegt auf dem Lotterbett! – Der Bodo hat mehr als zehn Jahre wie ein Wilder geschuftet. Gönne ihm ruhig mal ein paar Monate Freizeit, Faulenzerei, Genuß!

Lotterie: das/etw. **ist die reinste Lotterie!** *ugs selten* – das/ etw. ist das reinste **Lotteriespiel!** · s.th. is a complete/... lottery

Lotteriespiel: das/etw. **ist das reinste Lotteriespiel!** *ugs* · s.th. is a complete/... lottery

(Ein Student vor einem Examen:) Ob du gut vorbereitet bist oder nicht, spielt bei diesem Prüfer keine Rolle. Der fragt, was ihm gerade in den Kopf kommt, springt von Hölzchen auf Stöckchen ... Ob man da durchkommt oder nicht, ist reine Glückssache – das reinste Lotteriespiel!

Lotterleben: ein regelrechtes/... Lotterleben führen *ugs veraltend selten* · to lead a slovenly life, to lead a dissolute life, to lead a debauched/dissipated/... life

Seitdem der Jörg seine Frau geschmissen hat, hängt er nur noch rum, verpennt den halben Tag und säuft sich die Hucke voll. Auf gut deutsch gesagt, er führt ein regelrechtes Lotterleben.

Löwe: brüllen wie ein Löwe *path* – (eher:) brüllen wie ein **Stier** (2) · to roar like a lion

gut gebrüllt, Löwe! *iron* · well said!, bravo!

(Klaus zu Gerd:) Deine Bezahlung ist schlecht, natürlich; aber du leistest doch auch nichts. – (Detlev zu Klaus:) Gut gebrüllt, Löwe! Wer nichts tut, kann auch nichts verlangen.

kämpfen wie ein Löwe *path* · to fight like a lion

Eine halbe Stunde vor Spielschluß stand es immer noch 2 : 0 für die Hamburger. Aber die Stuttgarter kämpften wie die Löwen und schossen in der Tat noch zwei Tore, so daß sie wenigstens mit einem Unentschieden wieder nach Hause fuhren.

mutig wie ein Löwe (sein) *path od. iron selten* · (to be) as brave as a lion

... Früher stürzten sich die Leute mutig wie ein Löwe ins Gefecht, heute lassen sie sich vom Kriegsdienst sogar in Friedenszeiten befreien. – War dieser Heldenmut nicht vielfach eine Verzweiflungstat – oder Irreflektion?

stark wie ein Löwe sein *path* – (eher:) **Bärenkräfte** haben · to be as strong as an ox

der Löwe des Abends sein *path veraltend selten* · to be the lion of the day/the centre of attention

Du hättest den Albert sehen sollen in seinem weißen Smoking! Er war der Löwe des Abends – und er hat es genossen.

wie ein gereizter Löwe auf jn. **losfahren** *path selten* · to go for s.o. like an enraged lion *para*

Kaum tritt der Peters zur Tür herein, da fährt der Alfons wie ein gereizter Löwe auf ihn los und schnauzt ihn vor versammelter

Mannschaft nach Strich und Faden an. Schon als wir von Hause weggingen, tobte er gegen den Peters.

sich wie ein Löwe/(die Löwen) auf jn./etw. **stürzen** *ugs path* – sich wie ein **Wilder**/die Wilden auf jn./etw. stürzen (2; u. U. 1) · to pounce on s. o./s. th.

der Löwe des Tages sein *path veraltend selten* · 1. to be the man/woman of the moment, 2. to be the centre of attraction
1. vgl. – der **Held** des Tages sein
2. vgl. – der **Löwe** des Abends sein

sich wie ein Löwe/die Löwen **verteidigen** *path* · to put up tough resistance, to defend stoutly/..., to fight like tigers
Wie die Löwen verteidigten sich die Stuttgarter gegen die massiven Angriffe der Münchener. Vergebens: nachdem das erste Tor gefallen war, war die Niederlage nicht mehr abzuwenden.

den schlafenden Löwen wecken *ugs – path selten* – schlafende **Hunde** wecken · to awaken the sleeping lion

Löwenanteil: den Löwenanteil bekommen/für sich behalten/... · to get/to keep/... the lion's share
Der Günther arbeitet bei seinem Bruder in dessen Anwaltskanzlei. Natürlich bekommt dieser den Löwenanteil der Einnahmen. Aber obwohl der Günther höchstens 20 – 25% kriegt – wenn nicht noch weniger –, kann er von seinem Geld gut leben.

Löwenmut: einen Löwenmut haben *path selten* – **Mut** haben wie ein Löwe · to be as brave as a lion

Löwin: jn. **verteidigen wie eine Löwin (ihre Jungen)** *path bes Frau – Kinder* · to defend one's children like a tigress
... Zu Hause behandelt sie ihre Kinder ziemlich streng; aber wenn jemand sie kritisiert, verteidigt sie sie wie eine Löwin.

Luchs: aufpassen wie ein Luchs *ugs* · to watch like a hawk
Versuche in der Mathematikarbeit bloß nicht abzuschreiben; der Koppel paßt auf wie ein Luchs, der sieht alles. – Der kann so scharf aufpassen, wie er will, mich erwischt er nicht.

Lücke: wenn j. **fortgeht**/als j. wegzog/..., **bleibt**/blieb/... **eine Lücke** · 1. 2. to leave a gap in/at/..., to leave a void in/at/...
1. vgl. – (eher:) eine **Lücke**/Lücken hinterlassen (in/bei/...)
2. vgl. – (eher:) eine **Lücke**/Lücken reißen

eine Lücke ausfüllen (für jn.) · to stand in for s. o.
Der Paul ist erkrankt? Dann muß der Anton (für ihn) die Lücke ausfüllen; er kennt sich in der Materie genauso gut aus.

eine Lücke füllen (für jn.) · 1. to stand in for s. o., 2. to fill a gap, to close a gap, to close a loophole
1. vgl. – (eher:) eine **Lücke** ausfüllen (für jn.)
2. vgl. – (eher:) eine **Lücke** schließen

eine Lücke/Lücken im Gesetz entdecken/... · to discover/... a loophole/loopholes in the law
Das ist doch nicht korrekt, was der Paul sich da geleistet hat! – Natürlich nicht. Aber es gibt keine Regelungen dafür, und das wußte er. – Er ist also ganz bewußt durch diese Lücken des Gesetzes geschlüpft/hat sich also ... diese Lücken im Gesetz zunutze gemacht? – Aber klar!

eine Lücke/Lücken im Gesetz finden/... · to find a loophole/loopholes in the law
»Paßt mal auf«, dozierte der Steuerberater ironisch, »es gibt zwei Zielsetzungen, mit denen man neue Regelungen studieren kann: entweder, um sie zu befolgen, oder, um eine Lücke im Gesetz zu finden, die man sich zunutze macht«.

durch eine Lücke des Gesetzes schlüpfen *form* · to slip through a loophole in the law, to find a loophole in the law, to take advantage of a loophole in the law
Mit Hilfe eines gewieften Anwalts ist es dem Franz mal wieder gelungen, durch eine Lücke des Gesetzes zu schlüpfen. Wie es scheint, sind für seine Artikel die Zollsätze gesetzlich nicht verbindlich festgelegt und er kann deswegen für die 'freie' Einfuhr nicht belangt werden.

eine Lücke/Lücken hinterlassen (in/bei/...) · 1. 2. to leave a gap in/at/..., to leave a void in/at/...
1. ... Sein Weggang nach Brasilien hat hier eine Lücke hinterlassen, die wir so schnell nicht schließen werden. So einen Verkäufer findet man in unserer Branche so leicht nicht ein zweites Mal.
2. vgl. – eine **Lücke**/Lücken reißen

eine Lücke/Lücken reißen *path Tod/Weggang/... in einer Gruppe/Firma/...* · to leave a gap, to leave a void
... Sein plötzlicher Tod hat in unserer Firma eine Lücke gerissen, die wir kaum so bald werden schließen können. Nicht nur als Mitarbeiter und Kollege, besonders auch als Mensch wird er uns noch sehr lange fehlen ...

eine Lücke schließen · to fill a gap, to close a gap, to close a loophole
... Daß auch ausgerechnet der Preising nach München wegziehen mußte! Der ist hier kaum zu ersetzen. – Habt ihr wirklich niemanden, der die Lücke schließen könnte? – Ich wüßte niemanden.

in einer Materie/einem Fach/... (große) Lücken haben · to have many/serious/... gaps in one's knowledge of a subject/...
Im Französischen ist er ausgezeichnet, aber in Mathematik hat er Lücken. – Vielleicht wäre es das Beste, er nähme eine Zeitlang Nachhilfestunden, um die Kapitel, in denen er schwach ist, nachzuholen.

js. Wissen/... hat (große) Lücken · there are many/serious/... gaps in s. o.'s knowledge of ...
... Nein, auf den Kopf gefallen ist er beileibe nicht! Aber sein Wissen hat große Lücken. Man hat den Eindruck, daß er in seiner Ausbildungszeit stoßweise gearbeitet hat: es gibt ganze Bereiche, in denen er sozusagen nichts weiß.

viele/(...) Lücken reißen *path Krieg/Tod/...* · to make many/(...) gaps in the population, to leave many/(...) gaps in the population
... Der Krieg hat doch in jeder zweiten oder dritten Familie Lücken gerissen. In der einen ist der Vater gefallen, in der anderen der Sohn; in der dritten sind durch Bomben Frauen und Kinder umgekommen ...

Lückenbüßer: (als) Lückenbüßer (dienen/dienen müssen/...)/**den Lückenbüßer spielen/(abgeben)** · to be/to be used as/... a stopgap
Als der Martin Dröse noch bei euch arbeitete, habt ihr mich nicht angenommen. Jetzt, wo er weggegangen ist, wollt ihr mich einstellen. Meint ihr wirklich, ich hätte Lust, bei euch als Lückenbüßer zu dienen? Ich werde mir woanders eine Stelle suchen, wo man meine Fähigkeiten anerkennt.

Luder: ein (richtiges/...) **(kleines) Luder (sein)** *sal Mädchen u. Frauen* · 1. (to be) a right little devil, (to be) a right little hussy, 2. (to be) a crafty bitch
1. Euer Töchterchen ist ja ein richtiges kleines Luder! Die verdreht den Jungs ja reihenweise die Köpfe!
2. vgl. – ein gerissenes **Luder** (sein)

ein armes Luder (sein) *path – sal Frauen* · a poor/unfortunate/... girl/woman, a poor/unfortunate/... creature
Die Maria Steines ist wirklich ein armes Luder. Schon in früher Kindheit hat sie ihre Eltern verloren, und seither hat sich im Grunde niemand richtig um sie gekümmert. Jetzt arbeitet sie für einen miserablen Lohn in einer Tuchfabrik.

ein dummes Luder (sein) *sal Frauen* – eine dumme/blöde/alberne **Gans** (sein) · a silly/empty-headed/... goose

ein faules Luder (sein) *sal Frauen* · (to be) a lazy bitch, (to be) a lazy cow
Unsere neue Küchenangestellte ist vielleicht ein faules Luder! Den halben Tag steht sie da herum. Nur beim Essen entwickelt sie eine enorme Aktivität.

ein gerissenes Luder (sein) *sal Frauen* · (to be) a crafty bitch
Vor der Elly mußt du dich in Acht nehmen, das ist ein gerissenes Luder. Die ist mit allen Wassern gewaschen. Wenn du nicht aufpaßt, haut sie dich in eurer Erbschaftsgeschichte nach Strich und Faden über die Ohren.

Luft: hier/dort/bei .../in .../... **herrscht**/(ist) **dicke Luft** *ugs* · there's a bad/tense/(...) atmosphere here/in .../at ... *n*, trouble is brewing here/in .../at ...

Heute kommst du besser nicht mit zu uns zum Mittagessen. Da herrscht dicke Luft. Unser Robert ist sitzengeblieben, und mein Vater hat die ganze Familie durcheinandergewirbelt; noch immer ist er ungenießbar, und es kann jeden Augenblick wieder losgehen.

in der freien Luft – (eher:) im **Freien** · in the fresh air, outside, outdoors

durch die frische Luft spazieren/in der frischen Luft sitzen/ die frische Luft genießen/... · to go for a walk in/to go out in/to enjoy/... the fresh air

Laßt uns den Kaffee draußen auf der Terrasse nehmen; da drin ist immer so ein Mief. – Ja, du hast recht, bei dem Wetter ist es ein Genuß, an der frischen Luft zu sitzen.

na, dann gute Luft! *sal selten* – das kann ja **heiter** werden · this is going to be fun, this is going to be enjoyable

in etw. ist noch Luft (drin) *ugs* – noch/wieder/... etwas **Luft** haben · + to still/... have some leeway

für jn. Luft sein *ugs* · s.o. does not exist for s.o./as far as s.o. is concerned, + s.o. completely ignores s.o.

Der Schulze ist für den Röggel Luft, der existiert für den überhaupt gar nicht.

(na/...) jetzt/... ist (ja/...) (schon/...) **etwas Luft** *ugs* – (eher:) wieder (etwas/...) **Luft** haben (1) · + to have some/ a bit of/... breathing space

noch/wieder/... **etwas Luft haben** *ugs* · to still/... have some leeway *n*

... Die bisherigen Belastungen für das Projekt dürften sich um die 200.000,– Mark belaufen, an Einnahmen hätten wir bei den jetzigen Preisen wohl das Doppelte ... – Gut, etwas Luft haben wir noch; etwas können wir bei den Preisen noch heruntergehen. Aber groß ist der Spielraum nicht mehr.

wieder (etwas/...) **Luft haben** *ugs* · 1. 2. to have some/a bit of/... breathing space

1. Meine Korrespondenz hatte sich in den letzten Wochen regelrecht aufgetürmt. Gestern habe ich einen wichtigen Teil jedoch erledigen können, so daß ich wieder ein bißchen Luft habe – ein bißchen.
2. Im vergangenen Jahr hatte der Erich in der Tat ernste Zahlungsschwierigkeiten. Seine Kreditschulden bei der Bank hatten ihm jeden Spielraum genommen. Aber seitdem er die Anlagen nach Peru geliefert hat, hat er wieder etwas Luft. In diesem Jahr müßte er eigentlich durchkommen. *seltener*

keine Luft mehr haben · to be out of breath, not to be able to breathe

So ein Fußballspiel im Sand ermüdet enorm. Bei unserem Match gestern nachmittag mußte ich nach einer halben Stunde aufgeben, weil ich keine Luft mehr hatte. – Ja, nicht so viel rauchen, mein Lieber!

(nun/jetzt/...) laß mal/laßt mal/... **Luft ab!** *sal* · come on, calm down! *n*, come on, relax *n*

Verflucht nochmal! Verdammt! Wenn ich den Kerl ...! – Jetzt laß mal Luft ab und reg' dich nicht noch künstlich auf! – Das ist leicht gesagt! Ich möchte dich mal sehen, wenn ... Dieser verdammte Kerl ... – Hast du dich immer noch nicht beruhigt?

j. muß mal Luft ablassen *sal* · s.o. has to let off steam

... Laß ihn toben! Der muß mal Luft ablassen. Besser, er schimpft sich hier seine Wut vom Hals, als daß er in den Verhandlungen losplatzt.

jm. die Luft abdrehen/abdrücken *ugs selten* – jm. das **Gas** abdrehen · to squeeze s.o. out (of business/...)

jm. die Luft abschnüren · to throttle s.o.

Was heißt: »Der Mann versuchte, mir die Luft abzuschnüren?« Wollte er dich erwürgen/(erdrosseln)? – Offensichtlich.

halt'/haltet/... **(mal) die Luft an!** *sal* · 1. come on!, come off it!, 2. put a sock in it

1. ... Jetzt halt' mal die Luft an! So großartig, wie deine Reden vermuten lassen, wart ihr bei dem Rennen nun auch nicht! Meines Wissens habt ihr den 19. Platz belegt, oder?

2. ... Nun halt' mal die Luft an, Rudi! Du redest und redest und redest, als wenn du von dem lieben Gott persönlich etwas zu erzählen hättest! Warum bist du denn heute so aufgedreht? Wenn du so weiterredest, hört dir bald kein Mensch mehr zu.

(plötzlich/doch/...) die Luft anhalten *ugs* · to (have to) swallow hard, to take a deep breath *n*

... Als die mir dann schrieben, zur Deckung der weiteren Unkosten seien wenigstens 25.000,– Mark nötig, habe ich aber doch die Luft angehalten. 25.000,– Mark? Die hatte ich gar nicht. Einen Moment wurden mir die Knie ein bißchen weich ...

gesiebte Luft atmen *ugs scherzh selten* – hinter schwedischen **Gardinen** sitzen · to be behind bars

jm. **nicht die Luft zum Atmen gönnen** *path selten* – jm. nicht das **Schwarze** unter dem Nagel/den Nägeln gönnen · to begrudge s.o. the air he breathes

jm. **die Luft zum Atmen nehmen** *form – path* · to cut off s.o.'s air supply, to squeeze s.o. to death

... Mit dieser Auflage nehmen sie dem Mann doch die Luft zum Atmen! – Das wollen sie doch gerade. Sie wollen ihn so sehr einengen, daß sein Geschäft für die Konkurrenz nicht gefährlich werden kann. Daher diese übertriebenen Verpflichtungen.

sich in Luft auflösen *ugs* · 1. to vanish into thin air, 2. to come to nothing, to go up in smoke

1. Verflixt nochmal, wo steckt denn der Manfred? Der kann sich doch nicht in Luft aufgelöst haben.
2. vgl. – (selten) sich in **Wohlgefallen** auflösen (3)

die Luft aufpumpen *Fahrrad usw.* · to pump up (a tyre)

Du mußt die Luft aufpumpen; dein Vorderreifen ist ja fast platt.

jm. **geht die Luft aus** (bei etw.) · 1. + s.o. is running out of breath, 2. + s.o. is running out of steam

1. Ach, der Rudi ist völlig außer Training. Er braucht am Strand nur 100 Meter scharf zu laufen, dann geht ihm schon die Luft aus. Ein Spiel von anderthalb Stunden hält er bestimmt nicht mehr durch.
2. Eine Arbeit, die über Jahre geht, würde ich mit dem Holger nicht machen. Der entwickelt im Anfang zwar immer viel Enthusiasmus, aber es geht ihm zu schnell die Luft aus; er hält nicht bis zu Ende durch.

jn. **wie Luft behandeln** *ugs* · ≠ für jn. **Luft** sein · to act as if s.o. were not there, to completely ignore s.o.

wieder (etwas/...) **Luft bekommen** *ugs* – wieder (etwas/...) **Luft** kriegen · to gain a breathing space

keine Luft bekommen – keine **Luft** kriegen/(bekommen) · not to be able to breathe

Kringel/Ringe/... in die Luft blasen · to blow smoke rings

Wenn der Olaf da so sitzt und seine Zigarren raucht, indem er genußvoll Ringe in die Luft bläst, muß ich immer an meinen Großvater denken.

frische/(andere/bessere) **Luft in etw. bringen** *ugs selten* – frischen/(neuen) **Wind** in etw. bringen · to give a club/a team/... a new lease of life, to liven s.th. up

die Luft ist zum Ersticken · the air is stifling

Mein Gott, wenn die in diesem überfüllten Saal nicht bald irgendwo ein paar Fenster aufmachen, wird es Ohnmächtige geben. Die Luft ist ja zum Ersticken.

in die Luft fliegen *ugs* · to explode *n*, to go up

Ein Kurzschluß löste eine ungeheure Explosion aus, und die ganze Munitionsfabrik flog in die Luft.

die Luft flimmert (vor Hitze) · the air is shimmering (with heat)

... Es war in dem Tal derart heiß, daß die Luft richtig flimmerte.

(ein bißchen/...) an die (frische) Luft gehen · to go out and get a bit of fresh air

Wollt ihr nicht ein bißchen an die Luft gehen, Kinder? Den ganzen Tag im Haus – das ist doch nichts.

in die Luft gehen *ugs* · 1. to blow one's top, 2. to explode *n*, to go up
1. Wenn jemand seine Frau kritisiert, geht der Friedel in die Luft. Er kann alles vertragen, nur das nicht. Dann bekommt er eine Wut, daß er rot anläuft und sich kaum noch beherrschen kann. Ja, manchmal tobt er dann los wie ein Wilder.
2. vgl. – (eher:) in die Luft fliegen

aus der Luft gegriffen sein · to be pure invention, to be completely made up, to be a complete fabrication
Der Beilner sagte mir gestern, der Mittner will kündigen? – Ach, solche Behauptungen sind völlig aus der Luft gegriffen. Der Mittner ist abgearbeitet, kaputt. Das heißt doch nicht, daß er hier Schluß machen will. Für solche Vermutungen hat er nie einen Anlaß gegeben.

die Luft aus dem Glas lassen *ugs scherzh selten* · to fill it up again, to give s.o. a refill
Komm', Friedel, laß nochmal die Luft aus dem Glas hier! Ich hab' Durst heute! – Ich hab' dir doch gerade noch ein Bierchen eingeschenkt. Hast du das schon weg?

in die Luft greifen · to grope around, to reach out
»Wo ist hier der Lichtschalter?«, fragte er, griff in die Luft und tastete an den Wänden. Er konnte ihn nicht finden.

in die Luft gucken *ugs selten* – leer **ausgehen** · to be left empty-handed

Kleidung/... an die (frische) Luft hängen · to hang clothes/... outside
Deine Anzüge, Emil, riechen ziemlich muffig; bei dem schönen Wetter werde ich sie an die Luft hängen.

(noch) (ganz) in der Luft hängen *ugs* · to be (still) in limbo, to be left dangling, to be at a loose end
Nach meinem langen Auslandsaufenthalt habe ich jahrelang hier in der Luft gehangen. – Wenn jemand hier nicht von Anfang an schön wie alle anderen irgendwo einsteigt, bekommt er unter Umständen nie mehr sicheren Boden unter die Füße; er hängt dann womöglich sein ganzes Leben in der Luft.

das/etw. hängt (alles) (noch/...) in der Luft/(noch/...) in der Luft hängen *ugs* · it's/s.th./everything/... is (still/...) undecided/not settled/up in the air
Hat der Kanzler schon über den Export der Panzer entschieden? – Nein, das hängt alles noch in der Luft. Bisher ist nicht einmal genau bekannt, welche Typen bestellt werden; geschweige denn, was unsere Verbündeten zu dem Geschäft sagen.

(frische) Luft hereinlassen · to let in fresh air
So, jetzt wollen wir mal das Fenster aufmachen und frische Luft hereinlassen!

in der Luft herumfuchteln *ugs* – mit den **Händen** in der Luft herumfahren/herumfuchteln · to wave one's hands about

Luft holen · to take a breath, to breathe in
(In einem Schwimmbad:) Kannst du durch das ganze Becken tauchen? Ohne ein einziges Mal Luft zu holen? – Klar.

tief Luft holen · 1. 2. to take a deep breath
1. (Beim Arzt:) Bitte tief Luft holen, Frau Börner. Tief durchatmen. So ist gut. Bitte so weitermachen. Wenn ich 'halt' sage, halten sie die Luft an, bis ich sage 'gut, weiteratmen'.
2. ... Nach diesem unvermuteten Vorwurf ihres Mannes holte sie zunächst einmal tief Luft. Dann ließ sie einen Wortschwall auf ihn los, vor dem er sich am liebsten die Ohren zugehalten hätte.

wieder (etwas/...) Luft holen können *ugs* – (eher:) wieder (etwas/...) **Luft haben** · to have some/a bit of/... breathing space

etw. in die Luft jagen *sal* – etw. in die **Luft** sprengen · to blow s.th. up

viel/wenig/nicht/... an die (frische) Luft kommen · (not) to get out much/... into the fresh air
So, jetzt werde ich die Arbeit mal für ein Stündchen unterbrechen und einen kleinen Rundgang machen. Seit drei Tagen bin ich nicht mehr an die Luft gekommen. So allmählich fällt mir die Bude auf den Kopf.

wieder (etwas/...) Luft kriegen *ugs* · 1. 2. to gain a breathing space
1. Bis zu den Sommerferien wußten wir hier nicht, wo uns der Kopf stand. Dann haben sie uns endlich einen vierten Mitarbeiter genehmigt. Dadurch haben wir wieder etwas Luft gekriegt. Jetzt kommen wir wenigstens so einigermaßen durch.
2. Im vergangenen Jahr hatte der Werner in der Tat ernste Zahlungsschwierigkeiten. Aber durch das gute Geschäft mit Brasilien hat er in den letzten Monaten doch wieder etwas Luft gekriegt. Wenigstens hat er schon einmal die wichtigsten Kreditschulden zurückzahlen können.

keine Luft kriegen/(bekommen) · not to be able to breathe
Du machst so ein seltsames Gesicht! – Ich kriege keine Luft. Ich weiß gar nicht, was mit mir ist. Solche Atembeschwerden habe ich doch sonst nicht!

(zwischen mehreren Gegenständen) (etwas/...) Luft lassen · to leave some/a bit of/... space between objects
Zwischen dem Eckschrank und dem Bücherregal würde ich etwas Luft lassen – so einen Abstand von 15, 20 Zentimetern; das erleichtert der Hausfrau die Arbeit. Wenn die Sachen direkt zusammenstehen, ist es schwer, Staub zu wischen ...

(schließlich/...) nicht von der Luft leben (können) *ugs* · not to be able to live on air ..., after all/... one cannot live on air ...
Daß sich der Karsten Sorge macht, weil er trotz emsigen Suchens keine Stelle findet, ist doch mehr als verständlich. Von der Luft kann schließlich keiner leben. Er hat keinerlei Nebeneinkünfte, kein Privatvermögen; er ist also darauf angewiesen, sich seinen Lebensunterhalt selbst zu verdienen.

(nur/...) von Luft und Liebe leben *ugs* · (not to be able) to live on air, (not to be able) to live on love and air (alone)
(Beim Essen:) Mein Gott, Waltraud, lebst du eigentlich nur von Luft und Liebe? Wenn ich so wenig essen würde wie du, wäre ich schon längst tot.

(nicht) von Luft und Liebe leben (können) *ugs* · 1. 2. (not) (to be able) to live on air, (not) (to be able) to live on love and air
1. Wollt ihr nicht heute zu uns zum Essen kommen? Ich kann ja verstehen, daß junge Eheleute allein sein wollen. Aber ihr könnt doch nicht immer nur von Luft und Liebe leben. – Von Luft und Liebe? Hast du eine Ahnung! Die Gretel hat ein prächtiges Abendessen vorbereitet.
2. vgl. – (eher:) (schließlich/...) nicht von der **Luft** leben (können)

in der Luft liegen · 1. 2. 3. to be in the air 1. to be brewing *coll*
1. Schon lange lag ja eine Krise in der Luft. Aber daß sie so rasch käme, hatte doch niemand geglaubt, oder?
2. ... Etwas liegt in der Luft. Man sieht zwar noch nicht genau, wohin die Reise geht. Aber irgendetwas braut sich da zusammen, was irgendwann wie ein Gewitter hier einschlagen wird. – Na, hoffentlich siehst du zu schwarz!
3. Unabhängigkeit, weg von den Eltern, reisen ... – diese Ideen liegen heute in der Luft. Die Kinder brauchen sie nicht eigens zu lernen; sie saugen sie gleichsam von selbst ein.

in einem Raum/Schrank/... Luft machen *ugs* · to make space in a room/cupboard/...
Ich muß jetzt endlich in meinem Büro einmal Luft machen. Vor lauter Akten, die überall herumfliegen, weiß ich inzwischen schon gar nicht mehr, wo ich neue Schriftstücke ablegen soll.

seinem Ärger/Zorn/Herzen/seiner Wut/(Angst/...) **Luft machen** *ugs* · 1. 2. to give vent to/to vent one's anger/feelings/...
1. ... Nachdem er seinem Zorn Luft gemacht hatte, war er wieder gelöst und zeigte sich wieder umgänglich wie immer.
2. ... Das Herzklopfen und Zittern, in dem sich ihre Angst und ihr Schrecken Luft machte, wurde immer stärker ... *seltener*

sich Luft machen *Ärger/Zorn/... ugs* · + to give vent to one's anger/frustration/..., + to get s.th. off one's chest
... Laß den Jürgen ruhig mal schimpfen! Es tut ihm gut, wenn sich der aufgestaute Ärger mal Luft macht.

die Luft prüfen/(nachsehen) (lassen) *Auto usw.* · to check the pressure
(Ein Fahrer:) An der nächsten Tankstelle werde ich die Luft prüfen lassen; ich habe den Eindruck, der Reifen vorne links ist fast platt.

da/aus etw. **ist die Luft raus** *ugs* · + s.th. has run out of steam *n*, + s.th. has gone off the boil *n*, + s.th. has lost impetus *n*
Im Anfang hat die neue Equipe mit Begeisterung und Schwung gearbeitet. Aber seit ein paar Wochen ist da die Luft raus. Die Arbeiten gehen nur sehr lahm voran, die Leute sind träge ...

die Luft rauslassen *oft Imp ugs selten* · to cool it, to calm down
... Komm', Heinz, jetzt laß mal die Luft raus! Die Aufregung führt zu gar nichts. Wenn du dich jetzt nicht abregst, geh' ich ...

in die Luft reden *ugs selten* · 1. to be wasting one's breath, 2. + every word/warning is a waste of breath
1. vgl. – in den **Wind** reden
2. vgl. – bei jm./da/... ist jedes Wort/jede Ermahnung/.../alles/(etw.) in den **Wind** geredet

die Luft ist rein/(sauber) *ugs* · the coast is clear, it's all clear
Pst! Erich?! Komm' – die luft ist rein! Der Alte ist ins Haus gegangen; den Hund hat er mit hereingenommen; die Arbeiter sind schon lange weg. Jetzt können wir in aller Ruhe unseren Wintervorrat an Äpfeln klauen.

die Luft reinigen (zwischen mehreren Menschen) · to clear the air (between several people)
... Die beiden haben sich zwar die unglaublichsten Grobheiten an den Kopf geworfen; aber die Auseinandersetzung hat doch ihr Gutes gehabt: sie hat die Luft (zwischen ihnen) gereinigt. Jetzt können sie wieder unvorbelastet miteinander umgehen.

nach Luft ringen *path* · 1. to gasp for air, to gasp for breath, 2. to struggle for breath
1. (Während einer hitzigen Debatte jemand zu sich selbst:) Was behauptete dieser Kerl da: er hätte Geld veruntreut?! Und das in aller Öffentlichkeit?! Er rang nach Luft! Wenn das jetzt nicht sofort richtiggestellt würde, war er für alle Zeiten erledigt. Langsam stand er auf und mit zitternder Stimme ...
2. vgl. – (mühsam) nach **Atem** ringen

ein bißchen/... **(frische) Luft schnappen (gehen)** *ugs* · to go out for a breath of fresh air
Gehst du mit mir, ein bißchen Luft schnappen? – Wie lange willst du denn gehen? – Ach, so ein Stündchen. Eine Runde durch unser Viertel. Komm', geh' mit! Du sitzt auch immer hier im Haus herum.

vor Überraschung/Schreck/... nach Luft schnappen *ugs iron* · to gasp for breath out of surprise/fear/... *tr*
... Sekundenlang schnappte seine Schwiegermutter nach Luft. Sie war fassungslos, daß es jemand gewagt hatte, ihr in dieser scharfen Form zu widersprechen.

wieder (etwas/...) **Luft schnappen können** *ugs* – (eher:) wieder (etwas/...) **Luft haben** · to have a bit of breathing space again

die Luft ist (in einem Raum/...) **zum Schneiden** (dick) *ugs* · there's a terrible fug in the room/...
Meine Güte, ist hier eine Luft – zum Schneiden! – Ja, wenn fünf Männer in so einem kleinen Zimmer rauchen wie ein Schlot! – Dann macht doch wenigstens mal kurz die Fenster auf, damit der Qualm abzieht.

Luft schöpfen *form* – (eher:) **Luft holen** · to draw breath

ein bißchen/... **(frische) Luft schöpfen (gehen)** *form* – ein bißchen/... (frische) **Luft schnappen (gehen)** · to go out for a breath of fresh air

(endlich/...) **wieder Luft schöpfen können** (weil die Arbeit/Gefahr/Schwierigkeit/... vorbei ist) *form* · to be able to take a breather at last (because danger/difficulty/... is over)
Das war eine harte, angespannte Zeit für den Jungen, diese Vorbereitungsepoche für die Aufnahmeprüfung an der Musikhochschule. – Na ja, aber jetzt kann er ja wieder Luft schöpfen. Und es hat sich ja gelohnt, daß er sich angestrengt hat; er hat die Prüfung ja glänzend bestanden.

noch/... **in der Luft schweben** *ugs* · to be (still) undecided *n*
... Die Angelegenheit schwebt noch in der Luft. Aber morgen wird sich der Betriebsrat zusammensetzen und die Sache entscheiden. – Kann man schon vorhersehen, wie die Entscheidung ausfallen wird? – Nein, das ist völlig offen.

sich in die Luft schwingen *Vögel* – sich in die **Höhe** schwingen · to soar (up) into the air

jn. **an die (frische) Luft setzen**/(befördern) *ugs* · 1. 2. to give s.o. the push, to show s.o. the door, to kick/throw/... s.o. out
1. Warum haben sie den Klaus-Dieter an die frische Luft gesetzt? – Weil er politisch sehr engagiert ist. – Aber das ist doch kein Grund, um jemanden zu entlassen!
2. Wenn du dich jetzt nicht anständig verhältst, setz' ich dich an die frische Luft, verstanden? Es wäre nicht das erste Mal, daß ich jemanden herausschmeiße, der nicht weiß, wie er sich zu benehmen hat.

durch die frische Luft spazieren · to take/to go for a walk in the fresh air
... Wenn du jeden Tag ein, zwei Stunden durch die frische Luft spazierst, hast du auch keine Probleme mit Lunge und Herz.

jn. **an die frische Luft spedieren** *ugs – iron selten* – jn. an die (frische) **Luft setzen**/(befördern) · to sack s.o., to give s.o. the push

etw. **in die Luft sprengen** · to blow s.th. up
... Wenn die Terroristen nicht herauskommen und sich ergeben, werden wir das Gebäude in die Luft sprengen. Es soll ja sowieso abgerissen werden. Das Leben unserer Polizisten werden wir für diese Leute jedenfalls nicht aufs Spiel setzen.

vor Freude/Begeisterung/... in die Luft springen *ugs* · to jump for joy *n*
Als der Alfred hörte, daß ihn sein Onkel auf seiner Südamerikareise mitnehmen wollte, sprang er vor Freude in die Luft. Wie lange hatte er sich schon vergeblich gewünscht, Mexiko, Peru zu sehen!

(da herumstehen/herumsitzen/... und) **in die Luft starren/stieren/(gucken)** *ugs* – (eher:) **Löcher** in die Luft gucken/starren/stieren · to sit around staring into space

jm. **wieder** (etwas/...) **Luft verschaffen** *ugs* · to take the pressure off s.o.
Vor den Weihnachtstagen hatte ich den Eindruck, ich käme mit dem Projekt zeitlich nicht durch. Aber die freien Tage haben mir dann doch wieder etwas Luft verschafft. Ich bin zwar immer noch nicht so weit, wie ich sein sollte; aber ich gucke jetzt durch.

jm. **bleibt die Luft weg** *ugs – path* · 1. 2. + to be breathless with fright/..., 1. 2. 3. + s.th. takes s.o.'s breath away
1. Als er das kleine Kind plötzlich auf die Hauptverkehrsstraße laufen sah, blieb ihm die Luft weg. Vor Schreck konnte er überhaupt nicht reagieren.
2. vgl. – (eher:) jm. bleibt die **Spucke** weg
3. vgl. – jm. (ganz) (einfach) **baff** sein

j. **könnte** jn. **in der Luft zerreißen**/den/die Frau Schulze/... zerreiß ich/zerreißt er/... in der Luft (wenn ich/er/... ihn/sie/... sehe/sieht/...) *sal* · I/he/... could murder him/Mrs. Smith/..., I/he/... will murder him/Mrs. Smith if I see him/her/..., I/he/... could tear him/Mrs. Smith/... to pieces
... Wenn mir dieser verdammte Verleumder vor die Flinte kommt ... – den zerreiß ich in der Luft, diesen elenden Kerl!

sich in die Lüfte erheben *path* · to soar into the air
Stolz erhob sich der Adler in die Lüfte und zog seine Kreise über den Bergen.

Luftikus: ein Luftikus (sein) *ugs* · (to be) a happy-go-lucky character, (to be) an unreliable character
Unser Neffe ist ein richtiger Luftikus. Der denkt nur an Ferien, an Ausgehen, hat nur Schelmereien im Kopf; über ernsthafte Dinge kannst du mit dem überhaupt nicht reden.

Luftlinie: Luftlinie ... · 10/... miles/... as the crow flies

... Wie weit ist es eigentlich von hier bis in die Innenstadt? – Ah, Luftlinie höchstens zwei Kilometer. Aber wir müssen mit dem Wagen einen großen Bogen fahren; deshalb fahren wir mehr als fünf Kilometer.

Luftschlösser: Luftschlösser bauen · to build castles in the air

Aus deinem Bruder wird nie ein erfolgreicher Geschäftsmann! Ein Mensch, der nur phantastische Pläne im Kopf hat, der permanent Luftschlösser baut, bringt für einen soliden, 'handfesten' Beruf nicht die geeigneten Voraussetzungen mit.

Luftsprung: einen Luftsprung machen (vor Freude/Begeisterung/...) *ugs – path* – vor Freude/Begeisterung/... in die **Luft** springen · to leap into the air with joy/enthusiasm/...

Luftsprünge machen (vor Freude/Begeisterung/...) *ugs – path* – vor Freude/Begeisterung/... in die **Luft** springen · to jump for joy

Luftweg: auf dem Luftweg befördern/... *form* · to send/to transport/... s. th. by air

... Auf dem Luftweg geht's in drei Tagen, mit dem Schiff dauert es wenigstens drei Wochen. Billiger ist natürlich der Transport mit dem Schiff.

Lug: was j. **sagt/alles/... ist** (nur/...) **Lug und Trug** *path* · 1. 2. it/what he says/... is (nothing but) a pack of lies, it/what he says/... is nothing but lies and deception

1. Was er sagt, ist alles nur Lug und Trug? Wie können Sie das beweisen? Wie können Sie glaubhaft machen, daß an dem, was er sagt, kein Wort wahr ist, wie Sie behaupten?
2. So, die Politik ist nichts als Lug und Trug, meinst du? Das würde ich so nicht sagen. Es wird natürlich allerhand gelogen und noch mehr manipuliert, aber ...

Lüge: eine faustdicke Lüge *ugs* · a whopping great lie, a bare-faced lie

... Wir sind baff über die Dreistigkeit, mit der er diese faustdicken Lügen verbreitet. Er müßte sich doch wenigstens denken, daß man mit Unwahrheiten leichter auffällt, wenn man sie so weit treibt.

eine fromme Lüge *ugs* · a (little) white lie, a fib

Der Peter hat geleugnet, daß er die Rosi gestern mit ihrem Freund um drei Uhr nachts in der Nachtbar '2001' gesehen hat? – Eine fromme Lüge. Er wollte seine Schwester gegen ihren Klassenlehrer nur in Schutz nehmen.

die Lüge steht jm. **auf der Stirn geschrieben** *path* – jm. steht etw. im **Gesicht** geschrieben · + it is obvious from s. o.'s face that he is lying, + s. o. has got lies written all over his face

jn./etw. **Lügen strafen** · 1. 2. to prove s. o./s. th. wrong, 2. to belie s. th.

1. Die negative Entwicklung der Wirtschaft hat alle Voraussagen Lügen gestraft, die davon ausgingen, daß es immer und ewig aufwärts geht.
2. ... Die blendenden Ergebnisse straften alle kleingläubigen Vorhersagen Lügen; danach wäre das Unternehmen schon lange Bankrott gegangen.

lügen: lügen wie gedruckt/wie gedruckt lügen *ugs* – lügen, daß sich die **Balken** biegen · to lie one's head off

j. **müßte lügen (wenn er sagen/... wollte/sollte, daß ...)** *ugs* · I/(he/...) would be lying if I/(he/...) said that

... Hast du die Doris denn gestern auf dem Ball nicht begrüßt? – Du, ich müßte lügen, wenn ich dir jetzt sagen wollte, ob ich sie begrüßt habe oder nicht. Es waren bestimmt hundert Leute auf dem Ball, die ich kannte. Ich weiß gar nicht mehr genau, wen ich alles begrüßt habe, wen nicht.

Lügengespinst: sich in seinem eigenen Lügengespinst/Lügengewebe verstricken/(verfangen) *form – path* – sich im eigenen **Netz**/im Netz der eigenen Lügen/Heucheleien/Intrigen/... verstricken/(verfangen) · to get caught/to become entangled/... in a web/tissue of lies

Lügenmärchen: Lügenmärchen erzählen *ugs* · to tell tall stories

... Als der Anwalt dann wieder anfing, seine Lügenmärchen zu erzählen, konnte ich mich nicht länger halten und fuhr ihn an: »Hören Sie doch endlich auf mit Erfindungen und Verdrehungen!«

Lulatsch: ein langer Lulatsch (sein) *ugs* – ein langer **Laban** (sein) · to be lanky

Lumen: kein (großes) **Lumen sein** *geh selten* – keine/(eine) (große) **Leuchte** sein · not to be (very/...) bright

Lump: ich/(er/...) will ein Lump sein, wenn ... *ugs – path* · 1. 2. you can call me/(him/...) a rogue if ...

1. ... Ich will ein Lump sein, wenn ich auch nur einen einzigen Pfennig mehr verdient habe an dem Geschäft als ihr!
2. ... Ich will ein Lump sein, wenn das, was ich euch erzähle, nicht haargenau der Wahrheit entspricht!

Lumpen: in Lumpen gehüllt sein *path veraltend selten* · to be dressed in rags

... Keine soziale Besserung? Wie kannst du so etwas sagen. Guck' dir nur mal an, wie das einfache sog. 'Volk' hier in Braga heute gekleidet ist. Doch prima! Und vor 20 Jahren liefen die meisten Leute in Lumpen gehüllt hier herum.

jn. (tüchtig) **aus den Lumpen schütteln** *sal veraltend selten* – jm. (gehörig/...) die **Meinung** sagen · to give s. o. a piece of one's mind

lumpen: sich nicht lumpen lassen *ugs* · 1. 2. to do things in style, to splash out, not to want to look/seem mean

1. ... Ja natürlich, im allgemeinen rechnet Vater sehr genau mit dem Geld. Aber wenn wir zusammen ausgehen, läßt er sich nicht lumpen. – Er muß mit dem Geld rechnen. Aber von Natur ist er freigebig.
2. Komm', Freddy, laß dich nicht lumpen! Wenn du uns schon zu deiner Geburtstagsfeier einlädst, kannst du auch ein paar Flaschen Sekt spendieren.

Lunge: die eiserne Lunge *med* · an iron lung

Bist du im Krankenhaus schon einmal mit der eisernen Lunge behandelt worden? – Nein. Ich weiß nicht einmal, was das ist. – Ein Apparat, mit dem man jemanden künstlich beatmet.

eine grüne Lunge · the lungs (of a town/...)

... Wir haben den Stadtpark, die Uferallee mit ihren hohen Bäumen, den Dante-Garten – jede Anlage eine grüne Lunge, um die uns die meisten Großstädte beneiden.

aus voller Lunge singen/schreien/... *ugs selten* – aus vollem **Hals(e)** lachen (2) · to shout/to sing/... at the top of one's voice

schwach auf der Lunge sein *selten* – schwach auf der **Brust** sein (1) · to have weak lungs

es auf/(mit) der Lunge haben *form* · to have lung trouble, to have tuberculosis/T. B.

... Der Mann hat es auf der Lunge, scheint mir. – Warum? – Er spuckt doch Blut, oder? Er muß sich unbedingt untersuchen lassen. Auch sein Aussehen deutet darauf hin, daß er lungenkrank ist.

eine gute Lunge haben · to have a good pair of lungs *child/baby*

Hollala! Das Baby hat aber eine gute Lunge! Hör' dir das an, wie kräftig es schreit!

eine schwache Lunge/schwache Lungen haben · to have lung problems, to have weak lungs

Der Christian verbringt jeden Winter ein paar Wochen in Davos, weil er schwache Lungen hat. – Vielleicht sollte er auch mehr schwimmen; das stärkt die Lungen auch.

die Lunge hängt jm. **aus dem Hals heraus/(zum Hals heraus)** *sal* · + to be completely out of breath *n*

Dir hängt ja die Lunge aus dem Hals heraus, Katja. Bist du so gerannt, oder was ist los? – Ja, ich bin hergerast, weil ich mit dem Peter gewettet habe, daß ich von der Schule bis nach Hause nicht mehr als vier Minuten brauche.

sich (noch) die Lunge aus dem Hals husten *ugs – path* · to cough one's lungs out, to cough one's heart out
(Ein Vater über seine Tochter, die Keuchhusten hat:) Mein Gott, das arme Mädchen hustet sich noch die Lunge aus dem Hals! Kann man diesen verdammten Husten wirklich nicht rasch in den Griff kriegen?

sich die Lunge aus dem Hals rennen *ugs – path mst Sport* · to run o.s. into the ground
... Ein bißchen Sport machen und joggen ist ja gut und schön. Deshalb brauch' ich mir aber doch nicht die Lunge aus dem Hals zu rennen. Ich bin doch kein Leistungssportler.

sich (fast) die Lunge (nach jm.) aus dem Hals/(Leib) schreien *ugs – path* · to yell one's head off, to scream/to shout/to yell/... till one is blue in the face
Wir haben uns die Lunge aus dem Hals geschrien, um die Männer in dem Fischerboot auf uns aufmerksam zu machen – vergeblich.

auf Lunge rauchen *form* · to inhale, to take it down
Rauchst du auf Lunge? – Nein, ich 'paffe' nur. – Dann ist das Rauchen nicht so schädlich. Bei mir ist das leider anders: ich inhaliere.

schwache Lungen haben · to be short of breath, to have weak lungs/a weak chest
... Na, du keuchst aber schnell! Wir sind doch erst eine halbe Stunde geklettert. Hast du so schwache Lungen?

Lungenzüge: Lungenzüge machen · to inhale, to take a drag on/ of a cigarette *coll*
... Nein, ich rauche nicht durch die Lunge, ich paff' nur, Mutter. Damit du den Unterschied siehst, mach' ich jetzt mal ein paar Lungenzüge. Paß auf ...

Lunte: die Lunte ans Pulverfaß legen *selten* · to set a match to the powder keg *para*, to trigger off an explosion, to spark off an explosion
... Es war mein Kollege Krast, der die Lunte ans Pulverfaß legte, als er unserem Abteilungsleiter ins Gesicht sagte, er solle sich gefälliger eines anderen Tons befleißigen, wenn er mit uns spräche. Da brach der schon lange schwelende Streit zwischen der 'oberen Etage' und den mittleren Angestellten offen aus.

Lunte riechen *ugs* · to smell a rat, to sense danger *n*
Halt' deine Zunge im Zaum, Robert, wenn der Moritz erscheint! Eine kleine Bemerkung genügt, daß er Verdacht schöpft. Und wenn der Lunte riecht, können wir unsere Pläne in den Mond schreiben ...

Lupe: (sich) jn./etw. unter die Lupe nehmen *ugs* · 1. 2. to take a close/good/... look at s.o./s.th. 1. to keep a close eye on s.o./s.th.
1. Deinen Vorarbeiter mußt du (dir) mal genau unter die Lupe nehmen. Der macht mehr Mist, als du dir träumen läßt. Also: kontrollier' den Mann mal genau!
2. ... Ich will mir Ihre Prüfungsarbeit nochmal unter die Lupe nehmen, obwohl ich mir eigentlich gar nicht vorstellen kann, daß ich da etwas übersehen oder falsch beurteilt haben könnte; ich habe sie nämlich besonders genau durchgesehen ...

jn./etw. muß/kann man mit der Lupe suchen *sal selten* – jn./ etw. muß/kann man mit der **Laterne** suchen · + good plumbers/... are thin on the ground/few and far between

lupenrein: nicht (ganz) lupenrein sein *ugs* – nicht (ganz) **astrein** sein · to be dubious/dodgy/..., not to be above board, not to be kosher

lupus: lupus in fabula *lit selten* · talk of the devil (and he appears)
Da! Schau dir das an! Da ist der Willy! Lupus in fabula! – Was ist das denn schon wieder für eine lateinische Anspielung? – 'Wenn man von ihm spricht, dann erscheint er'. Wir haben gerade von dem Willy geredet, und schon steht er in der Tür.

Lust: arbeiten/..., daß es eine Lust ist *path selten* · s.o. works/... so hard/well/... that it is a pleasure/delight/joy/(...) to watch him/...
Diese Bauern hier arbeiten, daß es eine Lust ist. – Das finde ich auch: es ist eine Freude, ihnen beim Schneiden des Korns zuzusehen.

Lust haben auf etw. (zu essen/trinken/(...)) · to feel like (eating/drinking/...)
Komm', wir gehen in das Kaffee dort, ich habe Lust auf ein Stück Kuchen.

(keine/wenig/viel/große/...) Lust haben zum + *Subst Infl* etw. zu tun · 1. 2. to really/... feel like (doing) s.th., (not) to feel (much) like (doing) s.th., not to fancy s.th.
1. ... Nein, ich habe heute keine Lust zum Schwimmen. Eher steht mir der Sinn schon danach, heute abend ins Theater zu gehen.
2. Die Marlies hätte große Lust, einen Spaziergang zu machen. Willst du mitgehen? – Meinetwegen. Ich bin zwar nicht gerade scharf darauf, aber dagegen habe ich auch nichts.

A kann warten/sich beschweren/zu jm. gehen/..., solange/ soviel/sooft/... er Lust hat (– B tut doch nicht, was A will/ erwartet/...) *sal* · s.o. can complain/... as much/often/... as he likes, I'm/... still not going to ...
Der Friedel sagt, wenn du ihm die Genehmigung nicht gibst, will er sich über dich beim Chef beschweren. – Der kann sich soviel beschweren, wie er Lust hat/der kann sich beschweren, soviel er Lust hat: er kriegt von mir die Genehmigung nicht.

j. kann etw. tun/halten, was/wie er Lust hat (– das geht keinen etwas an/interessiert nicht/...) *ugs* · s.o. can do what/ go where/... he likes
... Und in den Sommerferien? Darf ich dann nach Skandinavien fahren? – In den Sommerferien kannst du tun und lassen, was du Lust hast, Junge. Jetzt erledigst du deine Aufgaben, wie es verlangt wird; mit deiner Freizeit machst du dann, was du willst.

j. hätte nicht übel Lust, jm. eine zu knallen/eins auszuwischen/... *ugs* · s.o. really feels like doing s.th. *n*, s.o. feels a strong/powerful/... urge to do s.th. *n*
Wenn ich den Albert so zynisch daherreden höre, hätte ich nicht übel Lust, ihm vor versammelter Mannschaft links und rechts was hinter die Ohren zu geben.

jn. überfällt eine große/... Lust nach etw./etw. zu tun *path* · + to be overcome by a strong urge to do s.th., + to (suddenly/...) feel an irresistible longing/urge/desire/(...) to do s.th.
... Plötzlich überfiel den Ricky eine unwiderstehliche Lust, tanzen zu gehen. Er fragte die anwesenden Mädchen reihum, wer Lust hätte mitzugehen, und dann schossen sie los ...

jn. überkommt eine/die böse Lust, etw. zu tun *path selten* · + to have a sudden/wicked urge to do s.th.
... Plötzlich überkam ihn die böse Lust, seinem Kollegen Scheuner die ganzen Intrigen in aller Form heimzuzahlen. Es machte ihm ein richtiges Vergnügen, sich auszudenken, wie er sich rächen würde ...

es wandelt jn. die Lust an, etw. zu tun *iron* · + to feel the desire/urge/(...) to do s.th.
... Wenn dich plötzlich die Lust anwandelt, einen Spaziergang zu machen, dann brauchen die anderen doch nicht dieselbe Lust zu verspüren! Welch eine Idee!

es war/ist (alles) eitel Lust und Freude *path od. iron* · everything in the garden was lovely
Was haben wir alle eine Angst vor dieser Geburtstagsfeier gehabt! Jeder fürchtete, es würde – wie das letzte Mal – wieder ein allgemeiner Familienstreit daraus werden. Aber nichts dergleichen! Alle unterhielten sich bestens, scherzten miteinander ... kurz: alles war eitel Lust und Freude.

(je) nach Lust und Laune etw. **tun (können)** *ugs* · 1. to do s.th. as much as one wants *n*, 2. to do s.th. to one's heart's content, to do s.th. according to/depending on/(...) how one feels *n*
1. Heute haben wir den ganzen Tag nach Lust und Laune am Strand verbracht. Herrlich, so den ganzen Tag machen können, was einem gerade in den Kopf kommt!
2. ... Ob er dir die Sondergenehmigung geben wird oder nicht, weißt du nicht? Das läßt sich nicht vorhersagen? – Nein, absolut nicht. Das entscheidet er (je) nach Lust und Laune. – Ohne Kriterien? – Wie es ihm gerade paßt.

Lust und Leid mit jm./**miteinander teilen** *path veraltend selten* – **Freud'** und Leid mit jm./miteinander teilen · to share one's joys and sorrows with s. o.

mit Lust und Liebe etw. tun *path* · to really enjoy (doing) s. th., to do s. th. with gusto
Eine Arbeit, an die man mit Lust und Liebe herangeht, pflegt auch ein vernünftiges Ergebnis zu haben. – Das Elend ist, daß man an viele Arbeiten schwerlich mit Freude und Engagement herangehen kann.

Lust und Liebe zu etw. **haben** *path* · to (really) love (doing) s. th., to really enjoy (doing) s. th.
… Wenn er Lust und Liebe zu diesem Beruf hat, dann soll er ihn wählen – auch wenn man da weniger verdient als in anderen Berufen. – Das meine ich auch: entscheidend ist, daß man seine Arbeit mit Freude und Engagement macht.

da/bei etw. **kann einem die Lust vergehen,** etw. zu tun/alle Lust vergehen · + it's enough to make s. o. fed up with s. th. *sl,* + it's enough to make s. o. lose interest in s. th.
… Natürlich macht mir die Arbeit als solche nach wie vor Spaß. Aber bei den dauernden Intrigen in diesem Haus kann einem die/alle Lust vergehen, seine Energien gerade hier einzusetzen.

Lüstchen: ein Lüstchen verspüren, etw. zu tun *iron selten* · to feel a sudden urge/inclination to do s. th.
… Plötzlich verspürte er ein unwiderstehliches Lüstchen, der Gerda mal einen Streich zu spielen. Nichts Böses, nein … – sie einfach mal so richtig auf den Arm zu nehmen. Welch ein Spaß …

Lüsten: nur/… seinen Lüsten leben *path selten* · to pursue (only/…) pleasure
… Wenn ihr euch vor jeder Verantwortung und Pflicht drücken und nur euren Lüsten leben wollt … – das ist nicht meine Sache. – Mein Fall ist so ein hedonistischer Lebenswandel auch nicht. Aber …

lustig: A kann warten/zu jm. gehen/…, **solange/sooft/… er lustig ist** (– B tut doch nicht, was A will/erwartet/…) *sal* · A can wait/do s. th./… as long as he likes (B still isn't going to …)
… Der Baumann kann hier erscheinen, sooft er lustig ist – ich gebe ihm die Genehmigung nicht. Und wenn er hundertmal deswegen kommt.

das/(etw.) **kann** j. **tun/halten/machen/…, wie er lustig ist** *sal* · s. o. can do s. th./… however he likes *n*

… Meinetwegen kann er das Zimmer einrichten, wie er lustig ist. Das interessiert mich überhaupt nicht.

(immer) lustig drauflos-übersetzen/-schreiben/-argumentieren/… *ugs* · to chatter/… merrily/cheerfully/… away
… Bloß nicht nachdenken, Petra! Da könnte ein vernünftiger Gedanke bei rauskommen. Immer drauflosreden – wie's dir gerade in den Kopf kommt –, und wenn der größte Unsinn dabei herauskommt!

Lüstling: ein (richtiger/…) Lüstling sein *ugs* – *path selten* · to be a real/right/… lecher
Unser neuer Bürovorsteher ist ein richtiger Lüstling. Der zieht jede Frau mit seinen Blicken aus. Bei jeder passenden und unpassenden Gelegenheit versucht er, einen zu betatschen …

Lustprinzip: (immer nur) **nach dem Lustprinzip handeln** *ugs Neol* · to do whatever one likes, to do whatever one feels like doing, to act/to behave/… according to the pleasure principle
… Papa, ich werd' meine Lehre abbrechen. Irgendwie hab' ich mehr Lust, Musiker zu werden. – Ich hör' immer nur Lust! Du kannst doch nicht nur nach dem Lustprinzip handeln! Wovon willst du denn leben?

lustwandeln: in/auf/… lustwandeln *iron* · to promenade in/at/…, to stroll in/at/…
… Nein, mir steht heute nicht der Sinn danach, im Englischen Garten zu lustwandeln. Wenn ich schon irgendwo spazieren gehe, dann, wo möglichst wenig Leute sind.

Luxus: sich den Luxus leisten (können), zu …/und … *ugs* · 1. 2. to allow o. s. the luxury of doing s. th., to be able to afford the luxury of doing s. th. *n*
1. … Wer kann sich in einem so armen Land denn den Luxus leisten, einen aufwendigen Prozeß zu führen?!
2. … Wenn sein Vater hier nicht so viel Einfluß hätte, könnte sich der Albert nicht den Luxus leisten, jeden Montag in der Schule zu fehlen/… leisten und jeden … fehlen. Die würden ihm ganz was anderes erzählen.

Luxus treiben *path* · to live in luxury
Der Luxus, der hier getrieben wird, schimpfte er, ist sündhaft. Dreiviertel der Menschheit hat kaum das Nötigste zum Leben, und hier wird das Geld zum Fenster rausgeschmissen für völlig überflüssige Dinge.

M

mach': laß/... das/..., oder ich mach' dich/... kalt *sal* · stop or I'll do you/... in/kill you/...

... Misch' dich bloß nicht in diese Angelegenheit rein, oder ich mach' dich kalt! – Oh, das hört sich ja gefährlich an. – Das ist es auch, mein Lieber! Es würde dir sehr übel bekommen, wenn du dich da reinmischst.

mach's/macht's/(...) **gut!** *ugs* · take care, look after yourself

Tschüß, Terese, mach's gut! – Mach's gut, Klaus! Bis Sonntag.

jetzt/nun/... **mach' (aber) mal halblang!** *sal* · come off it!, wait a minute, easy does it

Was sollen die da verdienen, mehr als 7.000,– Mark im Monat? Jetzt mach' aber mal halblang! Du glaubst doch wohl selber nicht, daß ein mittleres Unternehmen hier in der Provinz solche Gehälter zahlen kann.

mach's/macht's/... **kurz!** *ugs* · be brief *n*, keep it short, get to the point

Ja, vorgestern abend, gegen fünf Uhr ... – Machen Sie's kurz, Herr Bodel: wer hat die Unterlagen hier liegen lassen? – Ja, gegen fünf Uhr, vorgestern abend ... – Bitte, Herr Bodel: keine Einzelheiten! Nur die Namen!

so mach' ich/(macht er/mein Vater/...) **nicht mit!** *ugs* · I/he/... can't go along with that, I/he/... want/... no part in it, + count me/us/... out

Wir sollen die ganze Arbeit allein machen, der Karl organisiert nur so ein bißchen, und der Gewinn soll dann zu gleichen Teilen aufgeteilt werden? Nein, so mach' ich nicht mit! Auf keinen Fall!

(komm'/kommt) nun mach' dich/macht euch/... **bloß nicht naß!** *sal* · don't overdo it! *coll*, don't make such a big thing out of it! *coll*

Kannst du mir morgen früh deinen Wagen leihen, Klaus? – Hm ..., hm ..., der ist nicht so ganz in Schuß, weißt du ... – Komm', mach dich bloß nicht naß! Ich hab' dir meinen schon so oft geliehen! ... – Ich weiß, aber ... – Dieses ewige Aber! Diese ewige Anstellerei, wenn du für einen mal was tun sollst! ...

aus alt mach' neu · to give s.th. a new lease of life, to make new things out of old

Wie wär's, Ricky, wenn wir aus unseren vielen alten Sachen für die Kinder ein Spielzimmer einrichten würden, in dem sie sich so richtig wohlfühlen können? – Nach dem Motto: 'aus alt mach' neu'? – Ja, warum denn nicht?

mach' dich/jn. **nicht schlechter, als du bist**/er ist! · to describe o.s./s.o. as worse than one/he really is, to run o.s./s.o. down, to make o.s./s.o. out to be worse than one/he is

... Ich weiß, ich hätte die Ursel nicht belügen dürfen; es war gemein von mir ... – Komm', Gerd, jetzt mach' dich nicht schlechter, als du bist. Du hattest einfach nicht die Kraft, ihr reinen Wein einzuschenken. Das ist verständlich, sehr verständlich ...

(nun) mach'/macht/... **schon!** *ugs* · come on, hurry up, get a move on, make it snappy

Nun mach' schon! Ich will hier nicht ewig herumstehen und warten. Kannst du dich wirklich nicht beeilen?

mach'/machen Sie/... **mich nicht schwach!** *sal* · you're having me on!, come off it!, you're joking!

Mach' mich nicht schwach! Der Punke heiratet die geschiedene Frau unseres Chefs? – Ja! Es mag dich überraschen, aber es ist so.

mach's/macht's/... **nicht so spannend**/du machst's/... aber/... spannend *sal* · don't keep me/us/... in suspense, don't be so mysterious

... Also, die Sache ist die: bei der gegebenen politischen Lage müssen wir dies Geschäft sehr behutsam anfassen, sonst ... – Komm', Albert, mach's nicht so spannend! Sag' konkret, worum es geht und was wir tun sollen!

mach', daß du/macht, daß ihr/... **wegkommst**/wegkommt/... fertig wirst/werdet/.../j. soll machen, daß ... *ugs* · 1. get a move on, just you get out of here, see that you finish the job in time, make sure that you/he/... finish/... in time/... *n*, 2. s.o. had better come home/... *n*

1. Mach', daß du fertig wirst, Junge, wir müssen gehen! – Ich beeil' mich doch schon!

2. (Der Vater zur Mutter:) Der Willy hat angerufen und gefragt, ob er noch länger bleiben darf. – Und was hast du gesagt? – Er soll machen, daß er nach Hause kommt. Es ist schließlich spät genug jetzt.

mach'/macht/... **mal ein bißchen zack!** *sal selten* – jetzt mal ein bißchen **plötzlich!** · make it snappy!, ... and jump to it!

mach'/macht **zu!** *ugs selten* · come on!

Macht zu, Kinder! Hopp, hopp! Wenn wir jetzt nicht bald gehen, ist der Morgen um, wenn wir in den Bergen ankommen.

Mache: das/(etw.) **ist (alles) nur**/(reine/pure) **Mache** *ugs* · it/ s.th. is all a sham *n*

Der Anton sagt, er hat Geldschwierigkeiten, und du glaubst das? – Warum nicht? – Ach, das ist doch alles nur Mache. Er will hier nicht als reicher Großbürger gelten; deshalb tut er so, als hätte er finanzielle Probleme.

etw. (gerade) **in der Mache haben** *ugs* · to be working on s.th. (just now/...) *n*, to have s.th. in the pipeline

Der Dieter hat einen Aufsatz über Kuba in der Mache, habe ich gehört? – Ja, er ist schon fast fertig.

jn. **in der Mache haben** *sal selten* · 1. to give s.o. a grilling, 2. to give s.o. what for

1. vgl. – jn. anständig/... **dazwischen** haben

2. vgl. – es jm. aber (gründlich/tüchtig/anständig) **geben** (dem/der/dem Baumann/... werd' ich es (aber) geben!) (2, 3)

etw. **in die Mache nehmen** *ugs selten* · to take on work *n*, to work/to be working on s.th. *n*

(In einer Schneiderei:) So, jetzt fehlen noch drei Tage bis zum Urlaub; jetzt werden wir nichts Neues mehr in die Mache nehmen.

jn. **in die Mache nehmen** *sal selten* – es jm. aber (gründlich/ tüchtig/anständig) **geben** (dem/der/dem Baumann/... werd' ich es (aber) geben!) · to give s.o. what for, to (really) let s.o. have it

machen: sich ans Arbeiten/Graben/Übersetzen/... **machen** · to get down to work, to get down to doing s.th., to start digging/translating/...

Wenn der Gerd den Garten morgen fertig haben will, muß er sich bald ans Umgraben machen! – So schlau ist er auch. Er fängt noch vor dem Mittagessen an.

auf Künstler/große Dame/... **machen** *ugs pej* · to act the artist/the fine lady/..., to play the artist/the fine lady/...

Sieht der Manfred mit seiner langen Mähne nicht herrlich aus? – Der macht auf Künstler, nicht? Wenn er das schön findet ... – Du nicht? – Das ist halt nicht echt! Der Manfred ist nun einmal kein Künstler!

auf beleidigt/... **machen** *ugs pej* – den großen Interpreten/.../den Beleidigten/... **spielen** (2) · to act offended/..., to come the great artist/...

etwas/(viel/allerhand/...) **aus** jm. **machen** · to make s.th. out of s.o.

... Das größte Anliegen von dem Heinz war es immer, aus seinem Sohn etwas zu machen! – Nun, das ist ihm ja gelungen. Chefarzt an den hiesigen Krankenanstalten – das ist doch schon was!

etwas/allerhand/... **aus** etw. **machen** · to do s.th./a lot/nothing/all kinds of things/... with s.th.
... Dieses alte Holz darfst du doch nicht wegwerfen, Peter. Da kannst du allerhand draus machen. – Was denn zum Beispiel? – Willst du nicht eine Kellerbar einrichten? Für die Verkleidung kannst du das wunderbar brauchen.

den Dolmetscher/den Übersetzer/den Anwalt/... **machen** · to act as interpreter/lawyer/...
Wenn ihr die Franzosen zu Besuch habt, kannst du dem Detlev ja Bescheid sagen; der macht dann den Dolmetscher. Er freut sich, wenn er sein Französisch anwenden kann.

sich ein paar gemütliche Stunden/schöne Ferien/... **machen** · to have/to spend/... a few pleasant hours/to have a nice holiday/...
(Die Mutter zu ihrem Mann:) Ich versteh' nicht, was du dagegen hast, Ernst, wenn sich der Junge mal ein paar schöne Tage macht! Wenn jemand das ganze Jahr über hart arbeitet, steht ihm doch wohl noch Urlaub zu.

es jm. **machen** *sal selten* · to do it to s.o., to give her/... one
Die Ursel ist heute mal wieder so geil. Ich glaube, du mußt es ihr mal wieder machen, Peter; sonst kommt die nicht zur Ruhe. – Halt den Schnabel, Kerl! Was geht es dich an, wann wer mit der Ursel schläft.

in Kultur/Kunst/Möbeln/... **machen** *ugs pej* · to be in the art/furniture/... business *n*, to be in the art/furniture/... game
Was macht eigentlich der Alfred Krüger jetzt? – Der macht jetzt in Kultur; er sitzt in irgendeinem Amt in Bonn als Sachbearbeiter für Schulfragen.

jn. zu etw. **machen** · to make s.o. director/boss/..., to appoint s.o. as manager/...
Den Krollmann haben sie zum stellvertretenden Vorsitzenden gemacht. – Gewählt? – Nein, bestimmt! Die Direktion hat das in einer Sondersitzung so entschieden.

sich jn. **zum** Freund/Feind/Gegner/... **machen** · to make s.o. one's friend/enemy/...
Wenn du dir den Hölzner nicht zum Feind machen willst, genehmige ihm die Reise nach Brasilien! – Ich habe doch nicht die Pflicht ... – Natürlich nicht. Aber er würde es dir sehr verübeln, wenn du ihm die Genehmigung nicht geben würdest. Das gute Verhältnis zwischen euch wäre wohl für immer dahin.

sich hübsch/fein/schön/... **machen** – sich fein **machen** · to dress up, to get dressed up, to get dolled up

sich sauber/dreckig/schmutzig/... **machen** · to get dirty/to clean o.s. up/...
... Wer sich nicht schmutzig machen will, darf kein Maurer werden! Das ist nun einmal eine schmutzige Arbeit!

es jm. **leicht machen**, etw. zu tun – ≠ es jm. schwer **machen**, etw. zu tun · to make it easy for s.o. to do s.th.

es jm. **nicht leicht machen**, etw. zu tun – es jm. schwer **machen**, etw. zu tun · not to make it easy for s.o. to do s.th.

es jm. **schwer machen**, etw. zu tun · to make it difficult/hard/tough/(...) for s.o. to do s.th.
(Ein Abteilungsleiter:) Sie machen es einem wirklich schwer, Herr Koch, Ihnen zu helfen! Jetzt habe ich mich bei dem Chef extra dafür eingesetzt, daß er Ihre Kündigung rückgängig macht, und schon gehen Sie hin und erzählen, ich wäre Ihnen nachgelaufen, weil die Firma für den Posten keinen anderen hätte. Das nächste Mal sehen Sie allein zu, wie Sie fertig werden.

sich's/es sich **leicht machen** (mit etw.) · 1. 2. to take the easy way out, 1. to make it easy for o.s., 2. to over-simplify matters, to cop out *sl*, to let o.s. off the hook *coll*
1. (Ein Abteilungsleiter zum Chef:) Ich finde, Sie sollten den Vorbach nicht so kritisieren, Herr Schuckert. Der Mann macht es sich doch hier wahrhaftig nicht leicht. – Das behauptet doch keiner; ganz im Gegenteil: der Mann arbeitet sogar zu viel. Aber er ist einfach zu eigensinnig!
2. Mit seiner Erklärung: 'wenn die Konjunktur besser wäre, hätten wir keine Probleme' macht es sich der Gottschalk doch ein bißchen leicht. Wenn sich die Leute besser eingesetzt hätten, eine andere Arbeitsmoral hätten, wären wir trotz der schlechten Konjunktur nicht in die roten Zahlen gekommen.

sich's/es sich (zu/unnötig/...) **schwer machen** (mit etw.) · 1. 2. to make things difficult for o.s.
1. ... Natürlich soll man sich anstrengen, Klaus – ich bin der Letzte, der etwas dagegen sagt! Und in Notsituationen soll man auch zu Opfern bereit sein. Aber der Robert macht es sich nicht selten unnötig schwer. – Worin zum Beispiel? – Beispielsweise in der Buchführung. Die könnte man viel lockerer handhaben.
2. ... Der Richter hat es sich mit der Urteilsfindung wahrhaftig schwer genug gemacht! Ich weiß nicht, wie man ihn da so kritisieren kann. – Man kritisiert ihn doch nicht wegen Leichtsinn; man hält das Urteil juristisch für falsch.

sich's/es sich **behaglich machen** *selten* · 1. 2. to make o.s. comfortable
1. vgl. – (a.) sich's/es sich gemütlich **machen** (1)
2. vgl. – (a.) sich's/es sich bequem **machen** (2)

sich's/es sich **gemütlich machen** · 1. 2. to make o.s. comfortable, 2. to make o.s. at home, to take it easy
1. ... Hast du schon gesehen: der Ulrich richtet sich zu Hause ein tolles Wohnzimmer ein! – Er macht es sich – und den Seinen – gemütlich!
2. vgl. – (eher:) sich's/es sich bequem **machen**

sich's/es sich **schön machen** · to lead/to enjoy the good life
... Was soll dagegen zu sagen sein, wenn der Kreuder sich's schön macht?! Wenn ich so viel Geld hätte wie der, würde ich mir genau so ein tolles Haus bauen, genau so tolle Feste feiern ... Du bist doch nicht etwa neidisch?

es sich **zur** Regel/Pflicht/Aufgabe/... **machen**, etw. zu tun · to make a rule of doing s.th., to make a habit of doing s.th., to set o.s. the task of doing s.th.
Der Paul hat es sich zu einer festen Regel gemacht, morgens um sechs Uhr aufzustehen. Egal, wann er ins Bett geht, er steht um sechs Uhr auf. Er sagt, sonst kommt er zu nichts.

jn. abgeneigt machen *form selten* · to put s.o. off s.th., to dissuade s.o. from doing s.th.
Nimmt dein Sohn den Auftrag an, Baudelaire ins Deutsche zu übersetzen? – Wahrscheinlich nicht. – Er war doch zuerst so dafür. – Ja. Aber sein Literaturprofessor hat alles getan, um ihn abgeneigt zu machen: das wäre sehr schwer; es gäbe schon eine ganze Reihe ausgezeichneter Übersetzungen ...

jm. jn./etw. abspenstig machen · 1. 3. to get/to persuade s.o. to part with s.th., 2. to lure s.o. away from s.o./s.th.
1. Die Karin versucht dauernd, mir mein neues Kleid abspenstig zu machen! Als wenn sie keine eigenen Kleider hätte! Sobald ich etwas Neues habe, will sie das anziehen! Und du glaubst gar nicht, wie schön die dann reden kann!
2. ... Jetzt versucht die Industrie, dem alten Mann auch noch seine letzten Mitarbeiter abspenstig zu machen! – Indem sie ihnen einen höheren Lohn bietet? – Ja, und bessere Arbeitsbedingungen ...
3. Du kannst so lange versuchen, wie du willst, mir den Apparat abspenstig zu machen, ich verkauf' ihn dir nicht. Ich hab' den Apparat gern und behalte ihn, ganz egal, was du erzählst.

jm. jn./(etw.) abwendig machen *veraltend selten* · 1. to get/to persuade s.o. to part with s.th., to lure s.o. away from s.o./s.th., 2. to put s.o. off s.th., to dissuade s.o. from doing s.th.
1. vgl. – jm. jn./etw. abspenstig **machen** (2; u.U. 1)
2. vgl. – jn. abgeneigt **machen**

jn. alle machen *sal selten* · 1. to do s.o. in, to make mincemeat of s.o., 2. to ruin s.o., 3. to bump s.o. off, to do away with s.o., to get rid of s.o.
1. ... Wenn der Typ meine Freundin nochmal so schräg anmacht, mach' ich ihn alle. – Was machst du denn dann? – Das wird er dann sehen! Von dem Kerl bleibt nichts übrig, das garantier' ich dir. *sal*
2. ... Dieses Weibsbild tut doch alles, um den Jungen alle zu machen! – Welches Interesse soll die Frau daran haben, euren Kurt moralisch kaputt zu machen? – Die kann gar nicht anders!
3. vgl. – jn. um die **Ecke** bringen *Gaunerspr*

eine Klage/... **(vor** Gericht) **(gegen** jn.) **anhängig machen** *jur* · to start legal proceedings against s.o.
... Ja, wenn Sie absolut kein Einsehen haben, bleibt mir zu meinem großen Bedauern nichts anderes übrig, als eine Klage gegen Sie an-

hängig zu machen! – Klagen Sie nur! Ich werde mich auch vor Gericht zu wehren wissen.

sich anheischig machen, etw. zu tun/zu können *form veraltend selten* · to undertake to do s.th., to claim to be able to do s.th.

Erich hat sich anheischig gemacht, den Artikel allein zu schreiben? Dann soll er das auch tun. Euch soll er dann jedenfalls damit zufrieden lassen/nicht belästigen.

etw. anschaulich machen *selten eher: etw. veranschaulichen* · to illustrate s.th.

… Könnten Sie vielleicht anhand einer Zeichnung anschaulich machen, wie Sie sich die Lage der einzelnen Häuser zueinander vorstellen?

etw./alles/… (nur) noch (viel) ärger machen *form – path selten* – etw./alles/… (nur) noch (viel) schlimmer **machen** · to (only/…) make things/everything/matters/… worse

etw./alles/… (nur) noch ärger machen, als es schon (so) ist *path selten* – etw./alles/… (nur) noch (viel) schlimmer **machen** · to make things/everything/matters/… worse than they already are

jn. auf etw. **aufmerksam machen** · to draw s.o.'s attention to s.th./s.o., to point s.th. out to s.o.

Wenn die Ursel mich nicht auf den Farbkontrast aufmerksam gemacht hätte, hätte ich gar nichts gemerkt. – Das wäre dir nicht aufgefallen?

jn./etw. ausfindig machen · to find s.o., to get hold of s.o., to discover s.o.

Wenn ich nur jemanden ausfindig machen könnte, der mir diesen Artikel tippt. Ich suche jetzt schon über eine Woche, finde aber keinen. Du kennst auch nicht zufällig jemanden?

bankrott machen *ugs* – **Bankrott** machen · to go bankrupt

jn. bankrott machen *ugs* · to bankrupt s.o., to make s.o. bankrupt

… Das Brasiliengeschäft hat die Firma bankrott gemacht. Bis dahin stand sie finanziell solide da. – Ist der Schuckert denn wirklich pleite?

jn. mit jm. **bekannt machen** *form* · to introduce s.o. to s.o.
(Auf einem Empfang:) Guten Abend, Herr Dr. Schneider. – Guten Abend, Herr Werner. – Darf ich Sie mit meinem Kollegen, Herrn Dr. Schilf, bekannt machen? – Angenehm: Werner. – Schilf. …

jn. mit etw. **bekannt machen** *veraltend selten* · 1. to inform s.o. about s.th., to let s.o. know about s.th., 2. to familiarise s.o. with s.th., to explain s.th. to s.o.

1. … Es wäre vielleicht besser, du würdest den Brachthäuser sofort mit dem Rundschreiben bekannt machen und nicht erst, wenn der Chef aus Indien zurück ist. – Ich habe ihn schon informiert/ich habe ihm das Papier schon zu lesen gegeben.

2. vgl. – jn. mit etw. vertraut **machen**

sich mit etw. **bekannt machen** *veraltend selten* – sich mit etw. vertraut **machen** · to familiarise o.s. with s.th., to become familiar with s.th.

sich (bei jm.**) beliebt machen** · to make o.s. popular (with s.o.)

In den wenigen Monaten, die er hier arbeitet, hat sich der Beutel bei allen Kollegen beliebt gemacht. Ich habe noch keinen einzigen gehört, der negativ über ihn spricht.

sich bemerkbar machen · to draw attention to oneself, to attract attention to oneself, to make one's presence felt

… Sie versuchte die ganze Zeit, sich durch Hüsteln u.ä. bemerkbar zu machen; aber er tat so, als ob er das nicht hörte. – Nach dem, was sie ihm angetan hat, verstehe ich sehr gut, daß er von ihr auch auf solchen Empfängen keine Notiz nimmt.

sich's/es sich bequem machen · 1. to make o.s. comfortable, to make o.s. at home, 2. to take it easy

1. Tag Mutter, Tag Vater. Kommt herein. Macht's euch bequem! Du, Vater, willst doch bestimmt wieder in dem großen Sessel da in der Ecke sitzen. Und du, Mutter? Auf die Couch?

2. Der Baumann könnte ja wirklich ein bißchen mehr tun! – Der und mehr arbeiten! Seitdem er weiß, daß er sowieso nicht mehr befördert wird, macht er es sich bequem. Immer schön gemütlich, eins nach dem andern … Nach dem Motto: 'morgen ist auch noch ein Tag'.

sich bereit machen *selten* · 1. 2. to get ready

1. (Kopfsprungübungen eines Schwimmclubs:) Mach dich bereit, Karin; als nächste bist du dran. – Ich bin sprungbereit!

2. vgl. – (u.U.) sich fertig **machen**

jm. etw. **bewußt machen** · to make s.o. realise s.th., to make s.o. aware of s.th.

… Man muß ihm das Mädchen die Konsequenzen, die ihr Verhalten haben kann, mal deutlich bewußt machen. Mir scheint, sie weiß gar nicht so richtig, was sie da macht.

sich etw. **bewußt machen** · to be aware of s.th., to bear in mind that …, to realise s.th./that …

… Du solltest dir vielleicht doch endlich mal bewußt machen, Sybille, daß du am Anfang die treibende Kraft warst und nicht der Gerd! – Meinst du, das wüßte ich nicht? – Mir scheint, dir ist nicht so richtig klar, daß damit auch die Verantwortung für alles, was kam, zunächst einmal bei dir liegt.

sich bezahlt machen · 1. 2. to pay off, 1. to be worth it, 2. to pay dividends

1. Jetzt macht es sich doch bezahlt, daß du dich noch ein Jahr länger angestrengt und bis zum Schlußexamen durchgehalten hast. Ohne dies Examen würdest du bei den neuen Regelungen keine Stelle mehr finden. Es hat sich also doch gelohnt.

2. In diesen schweren Zeiten machen sich seine guten Beziehungen bezahlt. Ohne diese Beziehungen wären wir schon halb verhungert.

bitte bitte machen *Kinderspr* · to beg for s.th., to say please nicely

Mach' bitte bitte, dann geb' ich dir einen Riegel Schokolade! – Du kannst dir deine Schokolade einsalzen! Das nächste Mal, wenn ich welche habe, kriegst du auch keine.

blau machen *ugs* · to take a day off *n*, to skip (off) work, to bunk off, to skip school

Wenn der Konsul für vier Wochen nach Tunesien fährt, sagt kein Mensch was. Aber wenn einer von uns einen einzigen Tag blau macht, ist das Theater groß.

jn. blau machen *ugs* · to get s.o. drunk

… Er hat sie immer wieder zum Trinken animiert. Seine Absicht, sie blau zu machen, war unverkennbar.

jn. (für etw.**) blind machen** · 1. 2. to make s.o. blind to s.th., to blind s.o. to s.th.

1. … Die einen behaupten, die Liebe mache blind, die anderen, sie befähige uns, den eigentlichen Wert des Geliebten zu erkennen. Was stimmt denn nun?

2. … Das Vertrauen, das der Herbert in seinen Vater hat, macht ihn blind für dessen Fehler in der Geschäftsführung! Es muß unbedingt jemand mit dem Jungen sprechen und ihm die Sachlage ohne Beschönigungen darlegen. Er trägt schließlich ein Großteil der Verantwortung mit.

jn. böse machen *ugs* · to make s.o. angry *n*

Mit deiner Bemerkung gegen die 'Südländer' hast du die Regina wirklich böse gemacht. Ich habe sie kaum jemals so verärgert schimpfen hören. Du hast sie da in ihrem Nationalstolz getroffen.

sich breit machen – sich **breitmachen** · to take up so much room, to be spreading, to go around

jn. brotlos machen *path* · to put s.o. out of work

Wenn Sie die Zementfabriken hier schließen, machen sie wenigstens 20.000 Menschen brotlos. Denn wenigstens so viele Leute leben in dieser Gegend direkt oder indirekt von der Bauindustrie.

sich dahinter machen *ugs selten* – sich dahinter/(hinter etw.) **klemmen** · to get down to s.th., to get stuck into s.th., to put hard work into s.th.

sich daran machen, etw. zu tun/sich an etw. machen · 1. to get down to (doing) s.th., 2. to get down to it

1. … Und wann will er sich endlich daran machen, die Reise vorzubereiten? – Morgen. Morgen fängt er endgültig damit an.

2. ... Ehe der Walter sich mal an bürokratische Arbeiten macht! Das verschiebt er von einem Tag auf den anderen.

dicht machen (können) *sal* – den **Laden** dicht machen (können) · to (be able to/have to) shut up shop, to pack everything in

jn. **dick machen** *vulg* · to put a woman/girl/... in the club *sl*
... Erst die Weiber dick machen und dann verschwinden ...?! Was bist du denn bloß für ein Kerl?! – Aber ich wollte diese Frau doch nicht schwängern, Jupp; ich kann jetzt doch nicht mein ganzes Leben ...

sich dick machen (mit etw.) · 1. to take up a lot of space, 2. to shoot one's mouth off, to brag (about s.th.)
1. Mach' dich nicht so dick, Martin! Vier Personen auf dieser Bank, das ist sowieso schon eng. *ugs*
2. Erst macht er sich wer weiß wie dick mit seinen Beziehungen und seinem Einfluß, und wenn es dann drauf ankommt, stellt sich heraus, daß er überhaupt keinen Einfluß hat. – Ich dachte, du wüßtest, daß er immer so großspurig auftritt. *sal seltener*

sich jn./etw. **dienstbar machen** *form* · 1. to use s.o. for one's own purposes, to make use of s.o., to take advantage of s.o./s.th., 2. to use s.th. to advantage, to use s.th. well
1. So sehr der Kreuder auch versucht, sich den Wallmann durch alle möglichen Angebote und Versprechungen dienstbar zu machen, den kriegt er nicht in seine Hand.
2. Schau mal, wie geschickt sich der Albert die neue Mähmaschine dienstbar macht! Sogar auf dem schmalen Beet am Hang gelingt es ihm, damit zu arbeiten.

jn. **dingfest machen** *form* · to arrest s.o.
Haben sie den Mörder endlich dingfest gemacht? – Ja. Er wurde vorgestern in Dortmund geschnappt und verhaftet.

jn. (**völlig/**...) **down machen** *ugs* · 1. 2. to (really/...) get s.o. down
1. Dieses schwüle Wetter macht einen völlig down. Oder fühlst du dich etwa nicht matt?
2. ... Diese dauernden negativen Erfahrungen machen einen schon down, das stimmt. Aber man muß dagegen angehen, darf nicht resignieren ...

einen drauflos machen *ugs selten* · to live it up, to go on a binge, to go on a spree *n*, to have a good time *n*
Heute hätte ich Lust, mal so richtig einen drauflos zu machen. – Warum das denn? – Weiß ich auch nicht. Einfach so! Mal so richtig feiern – ohne Anlaß! Macht ihr mit?

sich nicht gern dreckig machen · s.o. doesn't like to get his hands dirty
... Der Hansgert und im Garten helfen! Du hast vielleicht Ideen! – Der macht sich wohl nicht gern dreckig, was? Oder meint er, eine solche Arbeit wäre unter seiner Würde? – Beides.

sich dünn machen *ugs* · to squeeze up together, to push up close *n*
Komm' her, Mädchen, wenn Onkel Max und ich uns ein bißchen dünn machen, paßt du noch hierhin. Dann brauchst du nicht die ganze Fahrt zu stehen.

(bei einem Kind/einer Puppe) **ei (ei) machen** *Kinderspr* · to stroke a child/a doll/..., to pet a child/a doll/...
Mein Vater fährt jedes Mal aus der Haut, wenn die Tanten oder Onkels da am Kinderbett stehen und ei ei machen. »Ein Kind ist keine Puppe!«, brüllt er dann, »die Eltern oder Geschwister sollen es streicheln und liebkosen, aber doch nicht Hinz und Kunz!«

sich etw. **zu eigen machen** *form* · 1. to adopt a theory/..., to espouse a theory/..., 2. 3. to take possession of s.th., 3. to take hold of s.th., to occupy s.th.
1. ... Aber ich bitte Sie, Frau Kurz, ich habe mir die Anschauung von der Notwendigkeit der Merkmalanalyse zum Verständnis von Märchen nie zu eigen gemacht. Deshalb trifft mich Ihre Kritik nicht.
2. vgl. – (eher:) etw. in **Besitz** nehmen
3. vgl. – (eher:) von etw./jm. **Besitz** ergreifen (2; u. U. 1)

jm. etw. **einsichtig machen** *form* · to make s.o. understand s.th., to make s.o. see s.th.
... Hälst du es wirklich für unmöglich, dem Jungen einsichtig zu machen, daß und warum er in der Sache falsch gehandelt hat? – Das ist ein Versuch am untauglichen Objekt. Der Albert ist einfach zu eigensinnig.

sich erbötig machen, etw. zu tun *form veraltend selten* · to offer to do s.th., to be willing to do s.th.
Wenn der Christoph sich schon erbötig gemacht hat, während der Zeit, in der Mutter krank ist, das Kochen zu übernehmen, sollte man ihn das auch tun lassen! – Das finde ich auch. Das ist doch eine wunderbare Haltung, die der Christoph mit diesem Angebot unter Beweis stellt.

etw. (**unbedingt**) **erforderlich machen** *form* · to make s.th. (absolutely/...) necessary, to necessitate s.th.
Ungewöhnliche Situationen machen ungewöhnliche Maßnahmen erforderlich, sonst wird man mit ihnen nicht fertig.

es mit jm./miteinander **machen** *sal* · to do it with s.o., to do the deed with s.o.
... Ob der Peter es mit der Ursel macht? ... – Wie soll ich das wissen? – Vielleicht schläft er mit ihr; ich weiß es nicht mit niemandem ...

es nicht unter 100,– Mark/(einer **Woche/**...) **machen** *ugs* · 1. 2. (not) to do s.th. for less than 100 DM/..., + to take/... at least/not less than a week/... *n*
1. ... Der (Schreinermeister) Krögl nimmt noch lange nicht jede Arbeit an. Wenn er meint, daß es sich nicht lohnt, kommt er erst gar nicht. – Wieviel muß es denn wenigstens kosten? – Na, unter 200 – 300,– Mark macht er es nicht.
2. ... Unter fünfzehn Mark machen es die Taxifahrer nicht; die mußt du für diese Strecke schon anlegen.

sich fein machen · to dress up, to get dressed up, to get dolled up *sl*
Du hast dich aber fein gemacht! Gehst du ins Theater oder zu einer Hochzeit?

jn./etw. **fertig machen** – etw./jn. **fertigmachen** (1, 2, 3) · to finish s.th., to get s.th. ready, to prepare s.th., to fix s.th., to repair s.th.

sich fertig machen · to get ready
Komm', mach' dich fertig, Karin. Wir müssen gehen! – Einen Moment noch, dann bin ich soweit.

sich fit machen *für ein Turnier Sport* · to get fit for s.th.
... Der Heinz-Otto trainiert seit fast einem Monat nicht mehr und ist völlig außer Form. Wenn er sich für das Turnier am zehnten April fit machen will, muß er jetzt wenigstens zwei Stunden pro Tag dransetzen.

jn. **fix und fertig machen** *ugs* – (stärker als:) etw./jn. **fertigmachen** (1, 4, 5; a. 6, 7) · to finish s.th., to take it out of s.o., to exhaust s.o., to wear s.o. out, to lay into s.o., to make mincemeat of s.o., to kill s.o.

etw. **wieder flott machen** · 1. to refloat a ship, to get a ship afloat again, 2. to get s.th. going, to get s.th. under way
1. Das Schiff war auf eine Sandbank aufgelaufen. Aber man hat es sehr rasch wieder flott gemacht.
2. vgl. – (u. U.) etw. in **Gang** bringen/(setzen) (1; u. U. 2, 3) *ugs*

Geld/einen Betrag/... **flüssig machen** *ugs* · to get hold of money/of funds *n*
... 30.000,– Mark brauche ich noch, und zwar rasch, wenn der Rhythmus der Bauarbeiten nicht unterbrochen werden soll. Kannst du die nicht irgendwo flüssig machen? – Die Bank gibt dir nichts mehr? – Nein. Ich muß das woanders auftreiben.

es jm. (**auf**) **französisch machen** *sal selten* – jm. einen **abkauen** · to give s.o. a blow job, to gobble s.o.

sich einen Tag/... **frei machen** · to take a day/... off
Wenn du dich morgen nachmittag frei machen könntest, Alfred – mir wäre sehr daran gelegen, wenn du mit mir zu Schuckert u. Co. gingst. Du kennst die Leute da ... – Morgen nachmittag liegt mir eigentlich nicht sehr gut. Aber wenn es eben möglich ist, gehe ich früher vom Dienst weg; ich ruf' dich noch an.

sich (oben/unten/oben herum/unten herum) **frei machen** · to take one's clothes off from the waist up/from the waist down

(Beim Arzt:) Wollen Sie sich bitte frei machen, Herr Mertens? – Nur den Oberkörper oder …? – Der Oberkörper genügt.

(einen Platz) frei machen · to give up one's seat for s. o., to let s. o. have one's seat

(In einer Straßenbahn:) Komm', Rudi, mach' der älteren Dame deinen Platz frei. Du hast noch junge Beine; dir macht es nichts aus, wenn du eine Zeitlang stehst.

sich von etw. **frei machen** · to rid o. s. of s. th., to put s. th. behind one

… Wenn du bei diesem Kampf aller gegen alle nicht untergehen willst, mußt du dich von allen Skrupeln völlig frei machen.

sich (wieder) **frisch machen** · to freshen up

(Nach der Arbeit zu einem Freund:) Ehe wir ins Theater gehen, werde ich mich erstmal frisch machen. Ich bin völlig down. – Ich nehme an, du willst eine Dusche nehmen. Ich trinke während der Zeit bei 'Grafs' ein Bierchen.

etw. **wieder ganz machen** *ugs* · to mend s. th., to fix s. th., to repair s. th.

Wenn du das Rad von dem Peter kaputt gemacht hast, Udo, dann mußt du es auch wieder ganz machen, das ist doch selbstverständlich. Und wenn du das nicht kannst, mußt du – oder dein Vater – es reparieren lassen.

ein Schiff/(…) **gefechtsklar machen** *mil* · to get a ship/… clear for action

(Ein Matrose zu einem anderen, im Krieg:) Natürlich rechnet der Kapitän mit einer Schlacht; sonst ließe er den Kahn doch nicht gefechtsklar machen. – Das dürfte eine Vorsichtsmaßnahme sein.

(sich) jn. **gefügig machen** *form* · to make s. o. submit to one's will, to bend s. o. to one's will

Dem alten Schuckert ist es bis heute noch immer gelungen, sich die Leute gefügig zu machen; der wird auch noch deinen Filius unter seine Knute zwingen. – Unser Helmut läßt sich von niemandem seine (eigene) Freiheit nehmen. Eher hört er bei Schuckert auf.

etw. **geltend machen** *form* · 1. 2. to assert, to argue, 1. to explain, to urge s. th. as an excuse, to make the point that/to point out that …, 3. to assert one's rights/…

1. In seinem Plädoyer hat der Anwalt u. a. geltend gemacht, daß sein Mandant eine sehr schwere Kindheit hatte und seit vielen Jahren an psychischen Störungen leidet.
2. Als es um die Wahl zum Vorsitzenden der Kommission ging, hat der Kreuder geltend gemacht, daß er der Dienstälteste des ganzen Kollegiums sei. – Ist das ein Argument? *seltener*
3. … und dann wird der ehemalige Besitzer, den der Staat widerrechtlich enteignet hat, natürlich seine Ansprüche/Rechte geltend machen! – Ob die neue Regierung diese Ansprüche anerkennt …

sich geltend machen *form selten* · to make itself felt, to assert itself

… Eine derart tiefe Regierungskrise macht sich natürlich in der Wirtschaft geltend: die Arbeitslosenanzahl hat wieder zugenommen, die Auftragseingänge gehen zurück …

sich mit jm. **gemein machen** *pej selten* · to lower/demean o. s. by associating with/going around with s. o. *para*, to team up with s. o.

An deiner Stelle, Richy, würde ich mich mit solchen Leuten nicht gemein machen. – Was heißt 'solchen Leuten'? Sie sind zwar arm, aber sie sind anständiger als die meisten, mit denen du umgehst. Ich weiß nicht, warum ich mit denen nicht umgehen soll.

jn. **für** etw. **geneigt machen** *form* · to try to win s. o. for s. th., to try to persuade s. o. to do s. th.

Natürlich versucht der Weber, den Rudolf durch alle möglichen Versprechungen für eine Mitarbeit an dem Projekt geneigt zu machen. Aber der Rudolf möchte mit dieser Sache nichts zu tun haben.

jn. **gesprächig machen** · to make s. o. talk, to loosen s. o.'s tongue

(Die Mutter zum Vater bei einer Einladung:) Schau dir das an, wie munter sich unser Kurt heute unterhält! Sonst sagt er kein Wort. –

Der Wein hat ihn offensichtlich gesprächig gemacht – oder die charmante junge Dame, die neben ihm sitzt.

jn. **(wieder) gesund machen** · to get s. o. fit again, to restore s. o. to health

Ob es dem Dr. Rausch gelingt, unseren Vater wieder gesund zu machen? – Er ist ein glänzender Arzt. Wenn die Krankheit heilbar ist …

(jm.) etw. **glaubhaft (zu) machen** (suchen/…) *form* · to substantiate the claim/accusation/… that …, to make a convincing case that …

… Ist es ihm denn bei Gericht in der Tat gelungen, glaubhaft zu machen, daß sein Assistent für den Betrug verantwortlich ist? – Ob man ihn das geglaubt hat oder nicht, weiß ich nicht. Er hat den Fall jedenfalls so dargestellt.

jn. **glücklich machen** (wollen) · 1. 2. to make s. o. happy

1. … Wirklich schön zu sehen, wie liebevoll sich die Ingrid bemüht, ihren Mann glücklich zu machen!
2. … Mit einer Spülmaschine würdest du die Karin glücklich machen! Die wünscht sie sich schon seit zwei oder drei Jahren …

(ich will/wir wollen) **es gnädig machen** *ugs* · (I'll/let us) be lenient *n*, (I'll/let us) be merciful *n*, (I'll/let us) let s. o. off lightly *n*

Hm, was für eine Strafe verdienst du denn, Fritz, was meinst du? Zum zweiten Mal innerhalb eines Monats eine Scheibe einschießen … – Es war doch nicht extra! – Na gut, ich will es gnädig machen: ein Drittel der Reparatur bezahlst du von deinem Taschengeld. Aber das nächste Mal kannst du nicht mehr mit Nachsicht rechnen.

jn. **gramlich machen** *ugs veraltend selten* · to scare s. o., to frighten s. o.

Du brauchst gar nicht zu versuchen, mich durch dein 'buuh, buuh' gramlich zu machen! Ich hab' im Dunkeln keine Angst.

groß machen (müssen) *euphem Kinderspr* · to (have to) do a big job

Mama, ich muß raus. – Mußt du groß oder klein machen? – Groß. – Du weißt, wo der Pott steht. Wenn du fertig bist, rufst du; ich putze dir dann den Popo ab.

sich gut/(schlecht) machen *ugs* · 1. 3. to be doing well, 2. to be getting on well, 3. to be coming along nicely

1. Wie geht es eurer Hildegard? – In der letzten Zeit macht sie sich sehr gut. Sie entwickelt sich zu einer gewissenhaften und entgegenkommenden jungen Dame.
2. Unsere neue Sekretärin macht sich wirklich gut. Bis zum Mittagessen schafft sie jetzt ein Pensum, für das die frühere den ganzen Tag brauchte.
3. Bei den diesjährigen Wetterbedingungen macht sich der Hopfen sehr gut. Das dürfte eine Rekordernte werden.

sich gut/(schlecht) zu etw. **machen** *ugs* · (not) to go (well) with s. th.

Mama, der braune Pullover macht sich aber ausgezeichnet zu deiner neuen Hose! – Nicht?! Finde ich auch, daß das herrlich zusammenpaßt.

jn. **für** etw. **haftbar machen** *form* · to make s. o. liable for s. th., to hold s. o. responsible for s. th.

… Wenn der Mann die Reparatur nicht fachgerecht ausgeführt hat, kannst du ihn natürlich für den Schaden haftbar machen. – Freiwillig zahlt der nicht, das ist doch klar; und beweis' mal, daß das nicht richtig gemacht war …

alles/(etw.) nur halb machen *ugs* · to do only half the job, not to do s. th. properly, to do s. th. by halves

… Ja, den Knopf hat die Ursel angenäht, aber die Tasche hat sie vergessen – die ist immer noch kaputt. – Herrgott nochmal, dieses Mädchen macht alles nur halb! Gib die Hose mal her! …

halbpart (mit jm.) **machen** *form selten* · to go halves with s. o. *coll*, to split s. th. fifty-fifty *coll*

(Über zwei im Ort bekannte Diebe:) Ob diese beiden Strolche bei allem, was sie (sich) zusammenklauen, halbpart machen? – Das glaub' ich schon. Die werden alles fein brüderlich teilen. Sonst gäbe es bald Streit.

etw. **haltbar machen** *Lebensmittel u. ä.* · to preserve s. th.
… Konservierungsstoffe, Jungs, dienen dazu, die Lebensmittel haltbar zu machen – das sagt schon der Name. – D. h., ohne diese Stoffe verderben die Sachen schnell? – So ist es.

hatschi machen *Kinderspr* · to sneeze, to tishoo
Kennst du einen lautmalerischen Ausdruck für 'niesen'? – Natürlich: hatschi machen.

heia machen *Kinderspr* · to go to bye-byes
So, Bärbel, jetzt ist es acht Uhr, jetzt wollen wir heia machen. – Ich bin aber noch gar nicht müde.

etw. (wieder) **heile machen** *Kinderspr* · 1. to make s. th. better, 2. to fix s. th.
1. … Hast du dir am Beinchen weh getan? Komm', jetzt wein' doch nicht! Wir gehen jetzt zum Onkel Doktor, der macht das dann wieder heile.
2. … Papa, meine Uhr ist kaputt! Kannst du sie wieder heile machen?

etw. **in**/bei/… **heimisch machen** *selten* · to establish s. th. in/at/…
… Wie schnell es gelungen ist, meinte er, Kiwis in Europa heimisch zu machen! Vor zehn, fünfzehn Jahren kannte sie hier kein Mensch; heute wachsen sie in allen südeuropäischen Ländern und erscheinen von Schweden bis Portugal auf dem Markt.

jn. **hellhörig machen** · to make s. o. prick up his ears, to make s. o. sit up and take notice
Mit seiner Bemerkung: 'wenn sie nicht freiwillig zustimmt, werden wir sie zu zwingen wissen' machte der Chef mich hellhörig. Hatte sich meine Schwester etwas zuschulden kommen lassen, was sie uns allen verschwieg?

jn. **(ganz) high machen** *ugs Neol* · 1. to make s. o. high, 2. to make s. o. happy/cheerful/…
1. Das herrliche Wetter hier macht einen ganz high. Ist doch klar, daß die Leute hier frohsinniger sind als bei uns, wo es immer regnet.
2. Seine Erfolge in seinem neuen Job machen den Axel ganz high. Solange ich ihn kenne, habe ich ihn noch nicht so frohgelaunt/(happy) gesehen wie in den letzten Monaten.

Bemühungen/… **hinfällig machen** *form* · to frustrate s. o.'s efforts/…, to invalidate s. th., to render s. th. invalid
Der wochenlange Regen hat all unsere Versuche, die Zufahrtsstraße zu unserer (Berg-) Hütte noch vor dem Winter fertigzukriegen, hinfällig gemacht. – Dann macht ihr sie im kommenden Frühjahr.

sich hinter eine/seine Arbeit/Aufgabe/Übersetzung/… **machen** *form* – (eher:) sich dahinter/(hinter etw.) **klemmen** (1, 2) · to get down to it, to get stuck into s. th., to put one's back into s. th.

alles (etw.) **hopp hopp machen** *ugs* – alles/(etw.) **hopp** hopp machen · to do s. th. double quick, to do s. th. at the double

alles/etw. (so) **hoppladihopp machen** *ugs* – alles(etw.) **hopp** hopp machen · to do s. th. double quick, to do s. th. at the double

sich jn. **hörig machen** *veraltend selten* · to make s. o. dependent on one
… Wäre der Kanzler ein, zwei Jahrhunderte vorher geboren, würden die Leute sagen: 'er versucht, sich alle Welt hörig zu machen.' Heute heißt es euphemistisch: 'das halbe Parlament ist ihm persönlich verpflichtet.'

(bei/mit jm.) **huckepack(e) machen** *Kinderspr* · to give s. o. a piggyback, to carry s. o. piggyback
So, Uschi, jetzt haben wir lange genug huckepack gemacht, jetzt wird gelaufen! – Noch ein Stückchen, Papa! – Ich bin doch kein Pferd, Uschi! Meinst du, ich kann dich ewig auf dem Rücken tragen, ohne müde zu werden?

etw. (nur/…) **husch husch machen** *eher zu Kindern* · to do s. th. in a rush/hurry/trice/flash/…
(Die Mutter:) Die Schularbeiten werden husch husch gemacht! Aber zum Fernsehen, da habt ihr Zeit!

sich (mit etw.) (nur/…) **interessant machen (wollen)** (bei jm.) *ugs* · to just want/be trying to draw attention to o. s. *n*
… Ach, der Richard will sich doch nur mit seinen Arabischkenntnissen interessant machen! Deshalb kommt er immer wieder auf das mittelalterliche Spanien und den Einfluß der Araber zu sprechen. Das gibt ihm dann Gelegenheit, ein paar Verse auf arabisch zu zitieren, und da das keiner von uns kann, macht sich das natürlich gut …

jn. **(völlig/…) k. o. machen** *sal* · to knock s. o. out
Dieses schwüle Wetter macht mich (völlig) k. o. – Das ist leider sehr oft so hier. Wenn Sie da immer so kaputt sind …

jn. **kampfunfähig machen** · to put s. o. out of the fight
(Kommentar zu einem abgebrochenen Boxkampf:) Das ist ja keine sehr elegante Methode, den Gegner durch einen Nasenbeinbruch kampfunfähig zu machen!

mit ihm/ihr/dem Fritz/… **kannst du**/kann er/… **es ja machen!** *ugs* · you/he/… can get away with it with him/you/John/…
… So, euer Vater hat sich in der Tat noch einmal breitschlagen lassen, euch einen zweimonatigen Frankreichaufenthalt zu finanzieren? Na ja, mit dem könnt ihr es ja machen. Wenn ihr den mal nicht mehr habt … So einen 'Dummen' findet ihr nie wieder.

jn./etw. **kaputt machen** *ugs* – jn./etw. **kaputtmachen** · to break/to smash s. th., to destroy s. th., to ruin s. th., to be the death of s. o., to finish s. o. off, to shatter s. o.

etw. **keimfrei machen** · to sterilise s. th., to kill all the germs/bacteria/… in s. th.
Heute werden in den Arztpraxen zunehmend mehr Einmalkanülen und – spritzen verwendet. Früher machte man sie nach Gebrauch in einem Sterilisator durch heißen Dampf keimfrei.

jn./etw. **kenntlich machen** (als) *form* · to make s. o. identifiable (as), to mark s. th. (as), to identify s. th. (as)
Wenn wir die Leute nicht als Ordner kenntlich machen, gehorcht ihnen natürlich niemand auf dem Gartenfest. – Gut, dann besorgen wir halt ein paar Armbinden, die sie als Ordner ausweisen. Meinetwegen.

(jm.) etw. (als etw.) **kenntlich machen** *form* · 1. to indicate s. th., 2. to identify s. th. (as), to label s. th. (as)
1. … Wenn du Irrtümer vermeiden willst, mußt du deiner Sekretärin alle Passagen in dem Vertrag, die sie tilgen soll, (durch ein Kreuz/durch Farbe/…) kenntlich machen.
2. … Aber waren die Pilze denn nicht als giftig kenntlich gemacht? – Ich habe keinerlei Zeichen oder sowas gesehen. *selten*

mit/bei einem Kind/(…) **kille-kille machen** *Kinderspr* · to tickle (a baby/…)
… Wenn es darum geht, kille-kille zu machen, kriegt die Kleine die Nase nicht voll. Wenn ich die eine ganze Stunde lang kitzeln würde, würde sie immer noch sagen: 'mehr, Papa!'

jn. **kirre machen** *veraltend selten* · 1. to bring s. o. to heel, to break down s. o.'s resistance, to tame s. o., 2. to drive s. o. mad/crazy/… (with s. th.), to drive s. o. up the wall (with s. th.), to drive s. o. round the bend (with s. th.)
1. … Nein, so leicht wirst du diesen Alten nicht gefügig kriegen, Liane. Wenn du meinst, du könntest mit ein paar Küßchen kirre machen, bist du schwer auf dem Holzweg.
2. vgl. – (eher:) jn. verrückt **machen** (mit etw.)

klein machen · 1. to change money, to give s. o. small change, 2. to (have to) do a little job
1. Ich möchte der Platzanweiserin gern ein Trinkgeld geben. Kannst du mir die Fünfmarkschein klein machen? – Zwei Zweimarkstücke und ein Einemarkstück – ist das gut so? – Prima! Danke!
2. vgl. – ein kleines **Geschäft** machen (müssen) *Kinderspr*

sich (ganz) **klein machen** *ugs* · to squeeze up closer
(Im Zug:) Komm', mach' dich mal ein bißchen kleiner, Kurt, daß die anderen auch etwas Platz haben! – Ich sitz' doch hier schon ganz zusammengekauert.

jn. **kopfscheu machen** *ugs* · to confuse s. o. *n*, to unnerve s. o. *n*, to intimidate s. o. *n*, to disconcert s. o. *n*
… Du machst den Jungen mit deinen dauernden Warnungen und Vorsichtsmaßregeln ja ganz kopfscheu! Irgendwann meint er, in der

Firma gibt's so viele Feinde und Intrigen, daß er sich da gar nicht mehr hintraut.

sich kostbar machen *selten* · 1. to make o.s. scarce, 2. to make o.s. indispensable
1. vgl. – (eher:) sich rar **machen**
2. vgl. – (eher:) sich unentbehrlich **machen**

jn. halb krank machen *ugs* · to make s.o. ill, to get on s.o.'s nerves
… Jeden Tag und jeden Tag eine neue Regelung! Diese ständigen Änderungen machen einen halb krank. Das ist auf die Dauer einfach nicht zum Aushalten.

sich kundig machen *form od. iron selten* · to find out about s.th., to inform o.s. about s.th., to bone up on s.th. *sl*
… Also gut, ich mache mich kundig, und sobald ich weiß, wie die Gesetzeslage aussieht, rufe ich Sie an; dann setzen wir den Vertrag auf.

es kurz machen *oft: ich will es …/um es … ·* to be brief …, to cut a long story short/…
… Was haben Sie gegen den Malzahn? – Hm, da gibt es eine ganze Reihe Gründe – er ist nicht sehr korrekt, gibt sich gern arrogant, ist launisch …; um es kurz zu machen: der entscheidende Grund, den ich gegen seine Mitarbeit habe, ist …

jn./etw. lächerlich machen · 1. to make s.o. look stupid/silly/…, 2. to ridicule s.th.
1. Statt zu argumentieren, versucht der Rolf, die Christl lächerlich zu machen. Was hat ihre – ich gebe zu: kuriose – Kleidung denn mit dem Thema des Buchs zu tun, über das sie diskutieren? – Aber wie immer, hat er sein Ziel erreicht: die anderen lachen, und er hat gewonnenes Spiel.
2. Man kann gegen das Buch sein, aber lächerlich machen kann man es nicht. Dafür hat es zuviel Niveau.

sich lächerlich machen (mit etw.) · to make a fool of oneself, to make o.s. look foolish/…
… Und wenn ich sage, daß meine Tochter krank ist und ich deshalb nicht an dem Kongreß teilnehmen kann? – Mit solch einem Argument machst du dich doch nur lächerlich, Franz! Wenn du da wirklich nicht erscheinen willst, mußt du dir schon was Überzeugenderes einfallen lassen.

lange machen *ugs* · to be taking a long time, to be taking one's time
Meine Güte, was macht der August lange! Wenn er jetzt nicht kommt, geh' ich. Ich hab' doch keine Lust, den halben Nachmittag hier zu warten. Ist der immer so langweilig?

es nicht mehr lange machen *ugs* · 1. s.o. won't last long, s.o. hasn't got long to go, s.o. won't last much longer, 2. s.o. won't go on/continue/… much longer, 3. s.th. won't last much longer
1. Nein, der Richard macht es nicht mehr lange, der Ärmste … – Ist das so ernst, was er hat? – Die Ärzte haben ihn schon aufgegeben.
2. Wie geht's dem Anton Haßberg? – Er ist in den letzten beiden Jahren doch sehr alt geworden. – Er arbeitet aber doch noch? – Ja, aber er macht es bestimmt nicht mehr lange. Ein halbes Jahr oder so – dann werd er bestimmt in Pension gehen. *seltener*
3. Ich fürchte, der Wagen macht es nicht mehr lange. Bei 190.000 km wäre es allerdings auch kein Wunder, wenn er bald den Geist aufgäbe.

es/das läßt sich machen/wird sich machen lassen · it/that can be arranged, it/that can be done
Sehen Sie eine Möglichkeit, Herr Stange, mir einen Vorschuß auf das Weihnachtsgeld zu geben? – Das läßt sich machen! Kommen Sie morgen mal runter in mein Zimmer, da unterschreiben Sie mir eine Quittung. Ich geb' Ihnen dann einen Scheck …

laß/laßt/… ihn/den Karl/… nur/(man) machen! *ugs* · let him/John/… get on with it
Vielleicht solltest du dem Alfred sagen, daß er besser … – Laß den Alfred nur/man machen! Der weiß schon, wie man das in Ordnung bringt/der findet sich da schon zurecht/der macht schon nichts falsch/…

jm. etw./eine Arbeit/eine Entscheidung/… (nicht) leicht machen · (not) to make a task/decision/… easy for s.o.
Ich weiß beim besten Willen nicht, wie ich das Erbe regeln soll, Kinder. Eure dauernden Auseinandersetzungen machen mir die Entscheidung nicht leicht/mit euren dauernden Auseinandersetzungen macht ihr mir die Entscheidung nicht leicht.

sich etw./eine Arbeit/… das Leben (nicht) leicht machen · 1. 2. (not) to make life/matters/things/… easy for oneself
1. Der alte Krumbach hat sich das Leben wahrhaftig nicht leicht gemacht. Er hat alle seine sechs Kinder studieren lassen; für seine Frau war er immer da, im Beruf war er überall zur Stelle, wo er gebraucht wurde … Nein, der Mann hat sich nicht geschont.
2. Für die letzte Seminarsitzung sollte der Herbert einen Text ins Portugiesische übersetzen. Was tut er? Er geht zu einer portugiesischen Bekannten und bittet sie, das für ihn zu machen. – Da hat er sich die Arbeit ja leicht gemacht!

es sich zu leicht machen · to make s.th. too easy for oneself, to oversimplify s.th., to take the easy way out *coll*
Mit dem Argument: der Schröder hat noch keine ausreichende Erfahrung, also entscheidet der Breuer allein, macht sich der Chef die Sache ein wenig zu leicht. Erstens kann der Schröder auf diesem Weg nie Erfahrung kriegen, und zweitens ist das ein hochintelligenter Mann, auf dessen Meinung man nicht verzichten sollte.

jn. um ein paar Mark/… leichter machen *ugs* · 1. 2. to relieve s.o. of his money/100 DM/…
1. Ich muß sehen, daß ich meinen Vater mal wieder um 4 – 500,– Mark leichter mache. Ich brauche unbedingt einen neuen Anzug. – Und dein alter Herr zückt dann so anstandslos die Hundertmarkscheine, wenn du ihn darum angehst?
2. Gestern abend haben sie die Tante Rosa im Stadtpark überfallen. – Und? Ist etwas passiert? – Sie haben sie um ein paar hundert Mark leichter gemacht. – Na, wenn das alles ist, dann geht's ja noch. Geld hat sie ja genug.

etw. mit links machen *ugs* · to do s.th. blindfold, to do s.th. no bother, to do s.th. easily *n*
… Ach, diese Übersetzung macht der Kruse mit links! Der kann perfekt Spanisch. Dieser Text bietet für den nicht die geringsten Schwierigkeiten.

linksum/rechtsum machen *mil – ugs* · to do a left turn/a right turn
Das ist schon eine lustige Geschichte, wenn so eine ganze Kompanie rechts- oder linksum macht! – Meinst du lustiger, als wenn sie wie so Bleisoldaten auf Kommando nach vorne stapfen? – Ja. Dieses Herumdrehen … – köstlich!

(anständig/…) was los machen *ugs* · (anständig/…) auf den **Putz** hauen · to live it up, to paint the town red, to have a rave-up *coll*

sich lustig machen über jn./etw. *ugs* · 1. to make fun of s.o./s.th., 2. to have s.o. on, to pull s.o.'s leg, to (really/…) take the mickey out of s.o., to (really/…) take the piss out of s.o.
1. Der Erich macht sich wohl über ihre Frisur lustig? – Klar. Und mit Recht. So eine lächerliche Frisur fordert den Spott doch geradezu heraus.
2. vgl. – (eher:) jn. (tüchtig/anständig/so richtig/…) auf den **Arm** nehmen

(jm.) jn./etw. madig machen *sal* · 1. to run s.o./s.th. down, to knock s.o./s.th., 2. to spoil s.th. for s.o. *n*, to put s.o. off s.th. *n*
1. Der Manfred und der Rainer versuchen andauernd, die Gisela madig zu machen. Was haben die eigentlich gegen sie? – Die müssen doch über alle Leute herziehen, hast du das noch nicht gemerkt?
2. Du kannst mir den Pullover, den die Doris mir gestrickt hat, gar nicht madig machen! Ich finde ihn schön, ganz egal, was du sagst. Im übrigen bist du ja nur neidisch und willst ihn mir nur deshalb verleiden.

sich madig machen *sal selten* · 1. to get uppish, to get bolshie, to make a nuisance of oneself, 2. to make o.s. unpopular with s.o.
1. vgl. – sich mausig **machen**

2. vgl. – sich (bei jm.) unbeliebt **machen** *seltener*

sich mausig machen *sal selten* · to get uppish, to get bolshie, to make a nuisance of oneself *n*

Komm', jetzt verschwinde lieber, statt dich hier mausig zu machen! Vorlaute und unerzogene Leute können wir hier nicht brauchen. – Ich kann doch wohl noch meine Meinung sagen! – Natürlich! Aber in einem anständigen Ton und ohne dich dabei wer weiß wie aufzuspielen!

sich (erstmal/...) **wieder menschlich machen** *ugs selten* · to make o.s. presentable (first/...)

... Gern, sehr gern sogar gehe ich mit euch draußen Abend essen. Aber ich komme gerade von der Gartenarbeit und muß mich erstmal wieder menschlich machen. Eine Viertelstunde, ja? Dann bin ich wieder vorzeigbar.

(jm.) jn./etw. **mies machen** *sal* – (jm.) jn./etw. madig **machen** · to run s.o./s.th. down, to knock s.o./s.th., to spoil s.th. for s.o., to put s.o. off s.th.

minus machen *ugs* · 1. 2. to make a loss *n*

1. Wie sieht die Bilanz bei dir aus in diesem Jahr? Hast du wieder minus gemacht? – Nein, in diesem Jahr haben wir sogar ganz hübsch verdient.

2. Wenn ich alles zusammenrechne – die Arbeit, die Reisekosten usw. –, dann habe ich bei diesem Handel minus gemacht.

jn. **mißtrauisch machen** · to make s.o. suspicious, to arouse/awaken/... s.o.'s suspicion

Ich weiß nicht, ob es klug ist, jetzt mit dem Vorsitzenden der Auswahlkommission zusammen essen zu gehen. Das dürfte sowohl die anderen Kommissionsmitglieder wie die übrigen Bewerber um die Stelle mißtrauisch machen. Denn die gehen natürlich davon aus, daß du dich in den Vordergrund spielen willst.

sich (an e-r S.) **mitschuldig machen** · to be partly responsible for s.th.

... Wenn du dich von dem Albert hast nach Hause fahren lassen, hast du dich für mein Empfinden an dem Unfall mitschuldig gemacht. Nachdem er so viel Bier getrunken hatte, durfte er kein Auto mehr fahren. Es durfte sich von ihm also auch keiner mehr fahren lassen.

mobil machen *mil* · to mobilise (troops/the armed forces/...)

... Was, du sagst, die Iraner haben mobil gemacht? – Offiziell ist es eine Teilmobilmachung: das Heer steht Gewehr bei Fuß; die Luft- und Seestreitkräfte dagegen wurden bisher nicht in Alarmbereitschaft versetzt.

jn./etw. **mobil machen** *ugs* · 1. to get s.o. moving, to liven s.o. up, 2. to mobilise troops/... *n*

1. ... Ich weiß gar nicht, warum Vater die ganze Familie immer schon morgens um sieben Uhr mobil machen muß! Im Urlaub könnten wir uns doch endlich mal ausschlafen. – Vater muß einfach immer jemanden auf Trab halten; sonst fühlt er sich nicht wohl.

2. ... Auch wenn die Verteidiger von Srebrenica ihren letzten Mann mobil machen: die Übermacht der Serben ist erdrückend. Auf Dauer werden sie die Stadt nicht halten können.

etw. **so gut/... wie möglich machen** · to do s.th. as well as one (possibly) can

... Wir haben die Arbeit so gut wie möglich gemacht; aber perfekt ist sie nicht. Die Materialien sind einfach zu schlecht ... – Ja, Sie können nicht mehr tun, als Sie getan haben ...

kannst du/... es möglich machen, daß ... *ugs* · could you/... arrange s.th.? *n*

Könntest du es möglich machen, Erich, daß ich mich mit dem verantwortlichen Mann in der Kreditabteilung mal persönlich unterhalte? – Das müßte sich eigentlich arrangieren lassen.

jm. etw. **mundgerecht machen** *ugs selten* · to present s.th. in an attractive/appetising/... way, to make s.th. palatable for s.o.

Wenn ich der Klara sofort klar sage, was wir vorhaben, wird sie natürlich ablehnen. Ich muß mir noch überlegen, wie ich ihr das mundgerecht mache. Irgendwie werde ich ihr die Sache schon so beibiegen, daß sie zustimmt.

jn. **mundtot machen** · to silence s.o. *n*

Indem sie das Privatleben des sozialistischen Kandidaten zur Zielscheibe ihrer Angriffe machen, versuchen sie, ihn mundtot zu machen. Als ob der sich durch so eine billige Methode einschüchtern und zum Schweigen bringen ließe!

jn. **munter machen** *ugs* · 1. 2. to wake s.o. up *n*, to pep s.o. up, to liven s.o. up

1. ... Du warst eben noch so müde! Hat dich der Kaffee wieder munter gemacht? – Ich weiß nicht. Jedenfalls fühle ich mich jetzt wieder frisch.

2. Mein Gott, sind das träge Gesellen. Für die scheint das Motto zu gelten: 'jede Bewegung schwächt'. Ich weiß gar nicht, wie ich die munter machen soll.

jn. **mürbe machen** *ugs* · 1. 2. to wear s.o. down, to grind s.o. down, to soften s.o. up, to get s.o. down

1. ... Lange leisteten die Stuttgarter dem überlegenen Gegner tapfer Widerstand; doch schließlich machten die dauernden Angriffe sie doch mürbe. Und als dann in der 55. und der 58. Minute zwei Tore kurz hintereinander fielen, war ihre Resistenz am Ende.

2. Laß dich durch das Bitten und Betteln bloß nicht mürbe machen! Bloß nicht nachgeben!

jn. **mutlos machen** · to discourage s.o., to make s.o. lose heart

... Der andauernde Regen hat ihn mutlos gemacht! – Das kann ich verstehen: er war mit vollem Elan an den Steinbruch herangegangen, um eine anständige Produktion zu liefern – und da kommt dieser Regen und macht jede Arbeit unmöglich. Da kann man schon den Mut verlieren.

jn. **nachdenklich machen** · jn. nachdenklich **stimmen** · to set s.o. thinking, to make s.o. think, to give s.o. food for thought

jn. **nachgiebig machen** · to soften s.o. up *coll*, to make s.o. relent/submit/...

... Du weißt doch, wie der Rößner ist: eher geht er mit dem Kopf durch die Wand, als daß er nachgibt! – Ich habe schon meine Mittelchen, um den Mann nachgiebig zu machen.

(jm.) jn./(etw.) **namhaft machen** *form* · to name s.o., to identify s.o.

... Die Polizei wird schon Mittel und Wege finden, um euch dahinzubringen, daß ihr den Mann namhaft macht, der in der fraglichen Zeit den Wagen gefahren hat. – Die Firma wird den Namen des Chauffeurs nicht preisgeben/(nennen), Klaus!

das Bett/die Hose/... **naß machen** *Kinderspr* · to wet the bed/one's trousers/oneself/...

... Hat der Udo schon wieder die Hose naß gemacht? Was ist denn bloß los heute? Hat er denn so viel getrunken?

jn. (ganz schön/...) **naß machen** *sal* · 1. to (really/...) thrash s.o., to (really/...) trounce s.o., to massacre s.o., to piss on s.o. *vulg*, 2. to run rings round s.o., to make s.o. look foolish, 3. to lay into s.o., to make mincemeat of s.o., to get on top of s.o.

1. ... Der Bückler hat den Landel gestern ja ganz schön naß gemacht! – Ah ja? Wie ist das Spiel denn ausgegangen? – 6 : 2, 6 : 1, 6 : 0. – Oh, la la, das ist eine Deklassierung.

2. (Beim Fußball:) Guck' mal, da macht der Müller den Roleber schon wieder naß! Das ist jetzt bestimmt das fünfte oder sechste Mal, daß er den stehen läßt, als wenn er aus Blei wäre! – Nur um zu sehen, wie der Müller die Leute ausspielt, lohnt es sich schon, hierher zu kommen. *selten*

3. vgl. – etw./jn. fertigmachen (7; a. 8)

jn. (mit etw.) (ganz/...) **nervös machen** · to make s.o. nervous

(Vor einem Examen:) Der Walter ist doch wahrhaftig schon aufgeregt genug, Ute! Da brauchst du ihn mit deinen Erzählungen, wie scharf der Schulberg prüft, nicht nervöser zu machen!

jn. **neugierig machen** · to arouse s.o.'s curiousity

Wissen sie schon, Herr Böhm, daß wir seit gestern eine hübsche neue Mitarbeiterin haben? – Nein. Sie machen mich neugierig! In welcher Abteilung? ...

nichts zu machen! · nothing doing, no way, no chance
Will der Chef uns wirklich nicht frei geben für die Fernsehübertragung des Fußballspiels? – Nichts zu machen! Ich habe ihn jetzt dreimal gefragt; er lehnt es kategorisch ab.

bei jm./**da**/hier/... **ist nichts zu machen** · 1. (there's) nothing doing (with s.o./there/...), 2. nix, nothing doing, no way, no chance
1. ... Wir hatten angenommen, in diesem Reisebüro hätten sie auch die verbilligten Flüge nach Norwegen. Aber da/bei denen/hier/in dieser Stadt/... ist nichts zu machen. Die sind an diesen Flügen gar nicht interessiert, und jedes weitere Nachfragen ist verlorene Zeit.
2. vgl. – nichts zu **machen**!

etw. **nötig machen** *form* – etw. (unbedingt) erforderlich **machen** · to make s.th. necessary, to necessitate s.th.

etw. **nutzbar machen** · to utilise energy/..., to harness energy/...
Wenn es gelänge, die Sonnenenergie zu vernünftigen Bedingungen fürs Heizen nutzbar zu machen, wäre das ein entscheidender Fortschritt. – Das Problem ist der Preis. Die Technik erlaubt es doch schon lange, die Sonnenstrahlen in Heizenergie umzuwandeln.

sich nützlich machen *ugs* · to make o.s. useful
... Wenn du noch so viel Arbeit hast ...: wenn ich mich nützlich machen kann, sag' mir das ganz ehrlich! – Nein, nein, genieß du mal deinen freien Tag heute! Du hast ja nicht hier zu Besuch, um Dienstmädchen zu spielen ...

alles/... **pêle – mêle machen** *ugs selten* · to do everything pell-mell *rare*
Der Richard macht alles pêle – mêle: jetzt die Abrechnungen, gleich einen zweiten Teil der Ernte, danach den Umbau der Scheune ... – alles durcheinander.

etw. **perfekt machen** *ugs* · to finalise details of a contract/..., to clinch a contract/..., to settle a matter
... Heute nachmittag habe ich keine Zeit, da treff' ich mich mit dem Wolter. Wir wollen endlich den Vertrag über die neue Buchserie perfekt machen. – Es wird in der Tat Zeit, daß diese Geschichte endgültig geregelt wird.

jm. etw. **plausibel machen** *ugs* – jm. etw. verständlich **machen** · to make s.o. understand, to make s.th. clear to s.o., to get s.th. over to s.o., to bring home to s.o. that ...

plus machen *ugs* · 1. 2. to make a profit (on s.th.)
1. Habt ihr in diesem Jahr mit einem positiven Ergebnis abgeschlossen? – Ja, diesmal haben wir plus gemacht. Es war aber auch allerhöchste Zeit, aus den roten Zahlen herauszukommen.
2. Hat der Krause bei diesem Geschäft nun plus oder minus gemacht? – Trotz aller Nebenkosten dürfte er noch einiges verdient haben.

etw. **publik machen** · to make s.th. public, to report/broadcast/... the fact that ...
... Wie können die bloß publik machen, daß der Schlüter Krebs hat? – Der Schlüter ist Politiker, und ein Politiker ist ein Mann des öffentlichen Lebens. – Das heißt doch nicht, daß die Öffentlichkeit einen Anspruch darauf hat, alles von seinem Leben zu wissen.

jn. **rammdösig machen** (mit etw.) *sal* – jn. verrückt **machen** (mit etw.) · to drive s.o. daft/mad/crazy/up the wall, to make s.o. giddy/dizzy

sich rar machen *ugs* · not to be around much/..., not to show one's face often/..., to stay away, to make o.s. scarce
... Ah, sieh mal da, der Peter Buchsel läßt sich auch mal wieder sehen! Tag, Peter! Wie geht's dir? Du machst dich in letzter Zeit! – Tag, Ekkehard! Was macht die Kunst? ... Tja, ich war wahnsinnig überlastet in den letzten Wochen ...

jn. **rasend machen** *ugs* – *path* – jn. verrückt **machen** (mit etw.) (2; a. 1) · to make s.o. mad/furious, to drive s.o. wild

jn. **rebellisch machen** *ugs* · to make s.o. rebellious *n*
... Natürlich sind die Forderungen der Arbeiter berechtigt! Aber deswegen sollte man sie darin nicht noch bestärken. Damit macht man die Leute nur rebellisch. Wenn sie erst mal aufgebracht sind, funktioniert hier nichts mehr.

jm. etw. **recht machen** · to do s.th. properly (for s.o.), to make a good job of s.th. for s.o.
... Und welches Modell für den Briefkopf möchte der Robert genau? Da er die Idee hatte, neue Briefbögen anzuschaffen, möchte ich es ihm auch recht machen – obwohl er für diese Dinge eigentlich nicht zuständig ist.

es (immer) **allen**/**jedem**/**jedermann**/**allen und jedem recht machen (wollen)** – es **allen** recht machen (wollen) · to try to please everyone/... all the time

es jm. **nicht**/nie **recht machen (können)** · one can never/one cannot satisfy s.o., + s.o. is never/... satisfied
... Der Paul meint, besser wäre vielleicht gewesen, wenn man die Anmerkungen getrennt vom Text zusammengefaßt hätte, dann ... – Dem Paul kann man es nie recht machen! Der hat immer was auszusetzen! Solche Leute sollten ihre Arbeiten eigentlich ganz allein machen!

rechtsum machen *mil* – *ugs* – linksum/rechtsum **machen** · to do a right turn

jn. **regreßpflichtig machen** *form* · to claim compensation from s.o., to insist on compensation from s.o.
Wenn der Schaden eindeutig durch seine Schuld entstanden ist, müssen wir ihn regreßpflichtig machen. – Aber das kann er doch gar nicht bezahlen! Er hat auch keine Versicherung für solche Fälle. – Soll ich dann etwa für den Schaden aufkommen, den er durch seinen Leichtsinn angerichtet hat?

sich reisefertig machen · to get ready to go
(Morgens gegen zehn Uhr:) Wenn wir nach dem Mittagessen losfahren wollen, müssen wir uns so langsam reisefertig machen. – Jetzt schon? Was willst du denn alles mitnehmen, daß du jetzt schon zu den Vorbereitungen drängst?

etw. **rückgängig machen** · to cancel an agreement/..., to break off an engagement/..., to reverse a process/..., to undo an error/...
... Wenn wir einmal unterschrieben haben, können wir nichts mehr rückgängig machen. Deshalb nochmals: wir müssen jede einzelne Klausel des Vertrages vorher haargenau gemeinsam durchsprechen. Nachher ist nichts mehr zu ändern.

sich sachkundig machen *form od. iron* · to inform o.s. about s.th., to acquaint o.s. with a subject
... Wofür werden sie denn morgen stimmen, Herr Professor, für den Vorschlag des Kultusministeriums oder für das Bonner Modell? – Ich kenne die beiden Vorschläge bisher nur sehr oberflächlich. Ich muß mich also heute abend erst noch sachkundig machen, ehe ich mich entscheide.

jn. **sauer machen** *sal* · to annoy s.o. *n*, to make s.o. cross/angry/... *n*
Mit seiner Kritik an den 'Südländern' hat der Walter den Paulo (echt) sauer gemacht. Ich hab' den doch noch nie so verstimmt gesehen.

jm. (sehr/viel/allerhand/...) **zu schaffen machen** – jm. (sehr/viel/allerhand/...) **zu schaffen** machen. · + to have a lot of trouble with s.th., to cause s.o. a lot of/... problems/headaches

etw. **scharf machen** *mil* · 1. to make s.th. ready to use, 2. to make ammunition ready to fire, to load s.th. and make ready to fire
1. ... Durch das Herausziehen des Sicherungsstiftes habe ich die Handgranate jetzt scharf gemacht. Wenn ich jetzt den Bügel loslasse, explodiert sie nach ca. drei Sekunden.
2. ... So, die Sprengladungen sind jetzt scharf gemacht.

jn. (auf jn/etw.) (**ganz**/...) **scharf machen** *ugs* · 1. 2. to turn s.o. on, to give s.o. the hots, to make s.o. (feel/...) horny/randy/... *sl*, 3. 4. to make s.o. keen to do s.th. *n*, 5. to make s.o. fierce/wild/angry/... *n*
1. ... Die Andrea macht mich richtig scharf. Ich find' die Frau echt (affen)geil.
2. ... Wenn eine Frau Reizwäsche trägt, macht mich das richtig scharf. Da fahr' ich total drauf ab.

3. ... Ich bin ja mal auf dein neues Motorrad gespannt. Du hast mich richtig scharf drauf gemacht, auch mal eine Runde damit zu fahren.

4. ... Der Jürgen muß ja ein wahnsinnig interessanter Typ sein. Du hast mich richtig scharf drauf gemacht, ihn kennenzulernen.

5. ... Unserem Chef hab ich mal ein paar nette Sachen über den Heimann erzählt. Den hab' ich jetzt richtig scharf gemacht. Wenn sich der Heimann jetzt noch ein paar Scherze dieser Art leistet, dann fliegt er.

sich schlank machen *selten* · to breathe in
(Im Gang eines Zuges, zu einem älteren Herrn:) Entschuldigung, wäre es Ihnen möglich, sich ein wenig schlank zu machen, daß ich hier durch kann?

schlapp machen *ugs* · 1. 2. to give up *n*, 1. not to be able to take it, to flake out, 2. to throw in the towel
1. ... Eine Wanderung von sechs, sieben Stunden, ist das nicht zu viel für Vater? – Du meinst, er könnte schlapp machen? – Damit muß man rechnen. Und was dann? Wenn er mitten im Wald plötzlich erklärt: 'ich kann nicht mehr' ...
2. ... Bei so einer Arbeit kommt es weniger auf die Intelligenz als aufs Durchhaltevermögen an! Nicht unterwegs schlapp machen, das ist das Entscheidende!

kannst du/kann dein Vater/... mich/den Herbert/... schlau machen?/mach' ... **mal schlau!/...** *ugs selten* · can you/John/... put me/Fred/... in the picture?, can you/John/... give me/Fred/... the dope on s.th.?
... Nein, ich weiß in der Tat nicht, wie der Antrag auszufüllen ist. Wenn du es weißt, dann mach' mich mal schlau!

jn./etw. schlecht machen *ugs* · 1. to run s.o. down *n*, to knock s.o., to slag s.o. off, 2. to slate s.th., to slag s.o./s.th. off
1. Nun hör' doch endlich damit auf, die Gisela schlecht zu machen! Selbst wenn sie diesen oder jenen Fehler hat – hast du etwa keine Fehler?! Diese ewige Kritisiererei an den anderen, diese Manie, über die Leute herzuziehen – das ist ja widerlich!
2. Der Albrecht beurteilt das Buch ziemlich kritisch. – Der Albrecht macht jedes Buch schlecht, das er nicht selbst geschrieben hat. Der Text, der in seinen Augen gut ist, muß noch erfunden werden – von ihm selbst, klar.

sich schlecht (zu etw.**) machen** *ugs* · to clash with s.th., not to go well with s.th.
... Nein, zu diesem Kleid macht sich die Kette schlecht! Wenn du unbedingt mit dieser Kette glänzen willst, solltest du ein etwas dunkleres und klassischeres Kleid anziehen.

etw./alles/... (nur) noch (viel) schlimmer machen · to (only) make everything/matters/... (even) worse
... Natürlich hat der Karl in der Sache falsch entschieden, und das weiß er auch ganz genau – deshalb ist er doch so niedergeschlagen. – Vielleicht sollte man versuchen, ihn ein wenig aufzumuntern. – Bloß nicht. Das würde alles nur noch schlimmer machen! Am besten ist, man spricht nicht davon.

jm. etw. schmackhaft machen · to make s.th. appetising/attractive/... to s.o.
Meine Frau wollte eigentlich die ganze Kücheneinrichtung in weiß. Aber der Verkäufer hat ihr die braune Einrichtung derart schmackhaft gemacht, daß sie seitdem auf braun schwört.

sich (nicht) (gern) schmutzig machen – sich (mit etw.) die **Hände** (nicht) schmutzig machen (wollen) (1) · (not) (to want) to get one's hands dirty

schnell machen *ugs* · to hurry up *n*
Mach' schnell, Emil, es ist Zeit, wir müssen gehen. – Ich beeil' mich doch schon; schneller geht es nicht!

sich schön machen *ugs* – sich fein **machen** · to dress up, to get dressed up, to get dolled up

sich e-r S. schuldig machen *form* · to be guilty of s.th.
... Hat sich der Rainer wirklich der Steuerhinterziehung schuldig gemacht? Oder will man ihn mit diesen Vorwürfen nur in Mißkredit bringen?

jn. **schwach machen** *ugs* · to talk s.o. round, to talk s.o. into doing s.th.
Euer Vater hatte doch gesagt, ihr dürftet in diesem Jahr nicht nach Schweden! Und jetzt fahrt ihr doch? Wie ich vermute, hat die Renate ihren Papa mal wieder schwach gemacht, oder? Renate, mal ehrlich! Wie du das immer hinkriegst, daß dir dein Vater jeden Wunsch erfüllt, das ist mir ein Rätsel.

jn. **mit etw. schwach machen** *ugs selten* – jn. verrückt **machen** (mit etw.) (2) · to drive s.o. mad/crazy/wild/... with s.th.

jn. **schwankend machen** · to make s.o. waver, to make s.o. uncertain
... Wenn der Jürgen sich jetzt endlich dazu durchgerungen hat, Jura zu studieren, dann mach' den Jungen doch jetzt mit deinen kritischen Bemerkungen nicht wieder schwankend! Sonst ist er noch weitere Monate unsicher, ob er Jura oder Medizin wählen soll.

aus schwarz weiß machen · to say/to claim/to argue/... that black is white, to turn black into white
Die Regierung versichert, die ganze sogenannte Bestechungsaffäre werde von der Opposition aus durchsichtigen Gründen übertrieben. – Ganz klar! Die wollen jetzt aus schwarz weiß machen. Noch einen Monat, und dann sagen sie, das war gar keine Bestechungsaffäre; das war eine Erfindung der Opposition oder der Presse ...

jm. etw./eine Arbeit/Entscheidung/... **schwer machen** · to make life/a decision/work/things/... difficult for s.o.
... Bei diesen Leuten wird das Personal regelrecht tyrannisiert! Die machen jedem Dienstmädchen und jedem Hausangestellten die Arbeit so schwer wie möglich.

sich schwer machen · to lean/to press/... with all one's weight, to lean/to press/... with one's full weight
(Ein Vater, der seinen Sohn trägt:) Jetzt mach' dich doch nicht so schwer, Udo!

ein Schiff/... **seeklar machen** *form selten* · to prepare a ship for sea, to prepare a ship to put to sea
Wann läuft die 'Augusta' denn aus? – Sie wird gerade seeklar gemacht. In einer Stunde etwa müßte sie fertig sein zum Auslaufen.

jn. **sehend machen** *path selten* · 1. to make the blind see, to restore s.o.'s sight *n*, 2. to open s.o.'s eyes to s.th.
1. Blinde hat er sehend gemacht, Aussätzige geheilt ...
2. vgl. – jm. die **Augen** (über/für etw.) öffnen (1; u.U. 2)

sich selbständig machen *ugs* · 1. 2. to go off on one's own, to go it alone, 2. to take off on one's/its own, 3. to go off on its own, to grow legs, 4. s.th. has/must have grown legs
1. Euer Herbert arbeitet nicht mehr bei Schuckert? – Unser Herbert hat sich selbständig gemacht. Er hat eine Vertriebsgesellschaft für Elektrowaren gegründet.
2. Schau mal, unser kleiner Dieter! Der macht sich selbständig. Wie er da mit seinen zweieinhalb Jahren so ganz allein und unabhängig über die große Wiese zu dem Spielplatz läuft – köstlich!
3. Paß auf den Ball auf, Ricky, der macht sich selbständig! Schnell, sonst rollt er noch den Abhang da herunter!
4. vgl. – etw. hat sich (wohl/bestimmt/...) selbständig **gemacht**!

sich selten machen *ugs selten* – sich rar **machen** · not to show one's face often/..., to stay away, to make o.s. scarce

sich machen *ugs* · to be coming along well/nicely/..., to be doing well/fine/...
Euer Peter, der macht sich! Aus dem Jungen ist in den letzten beiden Jahren ein prächtiger junger Mann geworden. Man kann sich vernünftig mit ihm unterhalten, er hat Witz, ist entgegenkommend ... – der Junge entwickelt sich ganz hervorragend.

etwas/viel/nichts/... aus sich machen · (not) to make much/the best of oneself
Die Irmgard hat die unbestreitbare Gabe, etwas aus sich zu machen. Sie weiß sich zu kleiden; sie weiß aufzutreten; sie versteht, ihr Wissen an den Mann zu bringen. Kurz: sie weiß sich so zu geben, daß alle Leute sie (fast) für eine 'Dame von Welt' halten.

(nur) so machen, als ob *ugs* · 1. 2. to (only/...) pretend to do/to be doing s.th.
1. vgl. – (nur) so **tun**, als ob
2. vgl. – (nur) so tun/sich (nur) so **stellen**/(nur) fingieren/((nur) so machen/...) als **ob**

was soll man machen?! · what can one do?
... Jetzt ist die Konferenz doch gescheitert? – Was soll man machen?! Wir haben getan, was wir konnten. Sie war wohl nicht zu retten.

es spannend machen *oft: mach'/macht!... es nicht so spannend!* *ugs* · come on, out with it!, don't keep me/us/... in suspense
Wißt ihr, wen ich gestern auf der Fete getroffen habe? – Nein, sag' mal. – Ratet mal! – Die Evy Schubert? – Nein. – Den Karl Blecher? – Auch nicht. – Komm', mach' es nicht so spannend. Sag' schon! ...

sich für jn./etw. stark machen *ugs* · 1. 2. to vouch for s.o./s.th., to throw one's weight behind s.o., to back s.o. *n*
1. ... Meinst du wirklich, daß uns der Böllner helfen wird? – Für den Böllner mach' ich mich stark. Der hat mir das seinerzeit fest zugesagt und mir gegenüber noch nie sein Wort gebrochen. Der macht mit.
2. ... Ich bin nicht so ganz sicher, ob Schuckert die Plättchen auch wirklich liefert. – Für die Plättchen mach' ich mich stark. Die lagen doch schon versandfertig da, als ich gestern bei Schuckert war. Die kommen todsicher.

so eine Arbeit/... stehend freihändig machen *sal selten* · to do s.th. no bother, to do s.th. blindfold
... 20 Seiten am Tag tippen – das soll eine Kunst sein?! Das macht meine Schwester stehend freihändig! – Wenn die das so mühelos schafft, kann sie mir ja meine Staatsarbeit tippen.

sich strafbar machen *form* · to make o.s. liable to prosecution, to become liable to prosecution
Schau mal, was hier steht: 'Aus gegebenem Anlaß wird darauf hingewiesen, daß sich jeder strafbar macht, der ohne Ausweis aus dem Haus geht'. Wegen der lächerlichsten Dinge kannst du mit dem Gesetz in Konflikt kommen.

jm. etw. streitig machen · to be a (serious) threat to s.o., to compete with s.o., to dispute s.o.'s right to s.th.
Selbst wenn der Leist das letzte Stück weniger gut spielen sollte: den ersten Preis kann ihm wohl niemand mehr streitig machen. Er war bisher allen anderen Teilnehmern an diesem Wettbewerb derart überlegen, daß wohl kein anderes Ergebnis mehr denkbar ist.

jn. stumm machen *sal selten* · 1. 2. to bump s.o. off, to do s.o. in
1. vgl. – jn. um die **Ecke** bringen
2. vgl. – (u.U.) jn. **kaltmachen**

jn. stutzig machen · to make s.o. wonder, to make s.o. suspicious, to make s.o. prick up his ears
... Wir haben alle immer fest damit gerechnet, daß uns der Heller unterstützt. Aber seine Bemerkung gestern: »Das Projekt ist nicht ohne Risiko« hat uns etwas stutzig gemacht. Der will sich doch nicht im letzten Moment abseilen/von der Sache zurückziehen?

(jn.) süchtig machen · to be addictive
Tabak, Alkohol, Drogen ... – klar, das macht süchtig. Aber Tee? – Du hast keine Ahnung, mein Lieber! Ich kenne Leute, die sich derart angewöhnt haben, soundsoviel Tassen Tee am Tag zu trinken, daß sie davon genau so wenig lassen können wie ein Alkoholiker von seinem Bier.

sich (von jm.) unabhängig machen · 1. 2. to become independent of s.o./s.th., 1. to break free of s.o.'s influence/..., 2. to go it alone, to go one's own way
1. Ob es dem Herbert gelingt, sich von seinem Vater jemals innerlich ganz unabhängig zu machen, weiß ich nicht. Der Junge hat fast einen Vaterkomplex.
2. Wie es scheint, trägt sich die Firma Scholl mit dem Gedanken, sich von Schuckert unabhängig zu machen. – Haben die genug Kapital, um ganz auf eigenen Beinen zu stehen?

sich (bei jm.) unbeliebt machen · to make o.s. unpopular with s.o.
In den wenigen Monaten, die er hier arbeitet, hat sich Herr Beutel bei allen Kollegen unbeliebt gemacht. Ich habe noch keinen einzigen gehört, der positiv über ihn spricht.

sich unentbehrlich machen · to make o.s. indispensable
Die beste Politik, meinte unser Vater immer, ist es, sich unentbehrlich zu machen! Nur wenn die Leute davon ausgehen, daß sie einen unbedingt brauchen, kann man sich sicher fühlen.

j. würde etw. gern ungeschehen machen/kann etw. (leider) nicht (mehr) ... *form* · s.o. wishes that s.th. had not happened but unfortunately cannot do anything about it, s.o. wishes he could have prevented s.th. but unfortunately cannot do anything about it
... Jetzt hab' ich nun einmal unterschrieben, das kann ich nicht mehr ungeschehen machen! Also verschont mich jetzt endlich mit dieser Diskutiererei, was für Verpflichtungen sich aus dieser Unterschrift ergeben können. Das wird sich herausstellen!

sich unkenntlich machen *form* · to disguise o.s., to make s.th./o.s. unrecognisable *rare*
... Wie ist es ihm denn gelungen, unerkannt über die Grenze zu entwischen? – Durch eine Perücke, einen falschen Bart und ähnliche Dinge muß er sich wohl unkenntlich gemacht haben.

jn. (mit/durch etw.) unmöglich machen *ugs* · to show s.o. up (by one's behaviour/...), to make s.o. look foolish/ridiculous/...
Merkst du denn gar nicht, Hannelore, daß du mit deinen Indiskretionen unsere ganze Familie unmöglich machst? Man kann sich ja gar nicht mitnehmen, wenn du einen so blamierst.

sich (durch/mit etw.) unmöglich machen *ugs* · to make a fool of oneself with s.th., to show o.s. up, to behave outrageously
Der Markus hat sich bei den Kösters in der vergangenen Woche regelrecht betrunken und sich dann völlig unmöglich gemacht – geschimpft, die Leute beleidigt ... Wir können uns bei denen gar nicht mehr sehen lassen.

jn./etw. unschädlich machen *sal* · 1. 2. to render s.th. harmless, to neutralise s.th., to eliminate s.o./s.th. 1. to take care of s.o. *sl*
1. Wenn ich bloß wüßte, wie man diesen Wolfgang Kappert unschädlich machen kann! – Was hast du denn gegen den Wolfgang Kappert? – Er intrigiert gegen mich in einer Tour, schädigt mich, wo er nur kann. Aber irgendwie werde ich den schon klein kriegen.
2. (Ein Bauer zu einem Spezialisten:) Kann man dieses komische Kraut denn nicht unschädlich machen? – Natürlich können Sie das (vernichten)! Aber nur mit äußerst giftigen Produkten. Die richten auf Ihren Feldern womöglich weit mehr Schaden an als dieses Kraut.

jn. unsicher machen · to make s.o. unsure of himself, to make s.o. think twice about s.th.
... Du kannst so viel reden, wie du willst, Paul, mich wirst du nicht unsicher machen! Ich habe mich dafür entschieden, die Firma aufzugeben, und was diese Entscheidung angeht, laß ich mich durch nichts und niemanden mehr beirren.

die Gegend/... unsicher machen *ugs* · to terrorise an area/..., to cause trouble in an area/..., to make the streets of ... unsafe/dangerous/...
Seitdem ein paar Halbstarkencliquen die Gegend hier unsicher machen, kann man als Frau abends nicht mehr durch den Stadtpark gehen. – Belästigen die die Frauen denn? – Und wie!

sich unsichtbar machen *ugs selten* · 1. to beat it, 2. to leave without saying goodbye
1. vgl. – sich aus dem **Staub(e)** machen (2)
2. vgl. – sich auf französisch/(englisch) **verabschieden**

jn. unsterblich machen *path* · to make s.o. immortal
... Ein toller Roman, Fritz! Der wird dich unsterblich machen. – Red' keinen Stuß, Mann!

sich jn./etw. untertan machen *form selten* · 1. to subjugate s.o./s.th., to dominate s.o./s.th., 2. to make s.o. submit to one's will, to bend s.o. to one's will
1. Steht nicht sogar in der Bibel, der Mensch solle sich die Natur untertan machen? Was hast du dann gegen die moderne Technik? – Die Natur gehorcht der Technik nicht nur, Heinz; sie wird von ihr zerstört. – Ach!

2. vgl. – (eher:) (sich) jn. gefügig **machen**

ein Gelände/... **urbar machen** · to clear a forest, to make land fit for cultivation

... Erst wenn du mal einen Urwald gesehen hast, Ingrid, weißt du, was es heißt, einen unberührten Flecken Erde (für die Landwirtschaft, zum Hausbau oder zur sonstigen Nutzung) urbar zu machen.

jn. **verächtlich machen** · to run s.o. down, to belittle s.o.

Der Paul versucht aber auch immer, seinen Bruder (in den Augen der anderen) verächtlich zu machen. Immer und immer wieder muß er dessen Schwächen und Unzulänglichkeiten hervorheben, ihn bloßstellen ... Richtig häßlich!

jn. (für etw.) **verantwortlich machen** · to hold s.o. responsible for s.th.

Für die Mißstände in der Landwirtschaft können wir doch die jetzige Regierung nicht verantwortlich machen! Diese Mißstände gibt es doch schon seit Generationen. – Dann sind also die vergangenen Regierungen daran schuld. – Warum immer die Regierungen?

sich **verdächtig machen** (durch etw.) · to arouse suspicion (by doing s.th.)

... Wie sind die denn überhaupt auf seine Spur gekommen? – Er hat sich offensichtlich durch einen äußerst verschwenderischen Lebensstil verdächtig gemacht. Von einem Gehalt von 3.000,– Mark im Monat kann man nicht jeden Abend in den besten Restaurants essen, die teuersten Callgirls haben ...

sich um etw./jn. **verdient machen** *form* · to render outstanding services to s.o/s.th.

... Natürlich wird der Ransching zu Recht Ehrenbürger von Hausen! Denn kaum einer hat sich um die Stadt in den letzten Jahren so verdient gemacht wie er. – Was hat er denn alles gemacht? – Das Museum neu organisiert, die Sportanlagen geplant ...

sich um etw./(jn.) **verdienstlich machen** *form veraltend selten* – sich um etw./jn. verdient **machen** · to render outstanding services to s.o/s.th.

jn. **ganz verdreht machen** (mit etw.) *form selten* · to make s.o. confused, to get s.o. confused, to bamboozle s.o. *coll*

(In einem Prozeß:) Die beiden Anwälte versuchen doch mit Absicht, den Reuter mit ihrer Kreuz- und Querfragerei ganz verdreht zu machen, oder? – Natürlich. Die möchten ihn so durcheinanderbringen, daß er sich selbst widerspricht.

sich (bei jm.) **verhaßt machen** (mit etw.) · to earn the undying hatred of s.o. with s.th.

Mit seiner hochmütigen und verletzenden Kritik macht sich der Scholz auch bei den Studenten verhaßt, die seine Seminare an sich gern besuchen. – Ja, der Mann versteht es, sich völlig unnötig unbeliebt zu machen.

etw./alles **verkehrt herum machen** *ugs* · to do s.th./everything wrong *n*, to do s.th./everything the wrong way round

Wir hatten dem Schmude doch extra gesagt, er sollte zuerst die Probesendungen verschicken. – Er hat zuerst den Vertreter geschickt. – Eben, eben! Dieser Mensch macht alles verkehrt herum.

jn. **verrückt machen** (mit etw.) *ugs* · 1. 2. to drive s.o. mad/crazy/... (with s.th.), to drive s.o. up the wall (with s.th.), to drive s.o. round the bend (with s.th.)

1. Dieser Lärm macht einen verrückt! Kinder! Ruhe jetzt! Herr des Lebens, man wird ja wahnsinnig bei diesem Getöse.

2. Der Otto macht mich verrückt mit seinem ewigen antikommunistischen Geschwätz. Irgendwann platzt mir der Kragen.

Waren/... **versandfertig machen** *form* · to get goods/... ready for dispatch, to prepare goods for dispatch

(Bei einem Obstgroßhändler:) Wenn wir die Kiwis nicht über Sonntag versandfertig machen, reicht die Zeit nicht. Die Dinger müssen montag morgen sofort auf den Weg.

jm. etw. **verständlich machen** · to make s.o. understand s.th., to make s.th. clear to s.o., to get s.th. over to s.o., to bring home to s.o. that ...

Wie soll man jemandem, fragte er, der nie aus Mitteleuropa herausgekommen ist und der keinerlei historische Bildung hat, verständlich machen, daß es Lebensformen gibt, die nicht von der modernen Zivilisation, nicht von der Industrie geprägt sind? Das versteht der eben nicht.

sich (jm./jm. gegenüber) **verständlich machen** · 1. 2. to make o.s. understood to s.o., 3. to make o.s. clear, to get one's message across to s.o.

1. Ich weiß gar nicht, wie man sich bei diesem Lärm überhaupt verständlich machen soll. Man versteht ja sein eigenes Wort nicht.

2. Nein, fließend spanisch spricht der Kurt natürlich nicht; aber er kann sich verständlich machen, und das genügt für unsere Reise.

3. Wenn euch all diese Erklärungen nichts sagen, weiß ich nicht mehr, wie ich mich (euch) verständlich machen soll. Die Erfahrungen, die meiner Schilderung zugrunde liegen, lassen sich schließlich nicht übertragen.

jn. **mit** etw. **vertraut machen** · to familiarise s.o. with s.th., to explain s.th. to s.o.

Wenn der Wirtz in der Tat will, daß sein Sohn in die Firma eintritt, sollte er ihn so schnell wie möglich mit allen Problemen vertraut machen, mit denen wir es täglich zu tun haben.

sich mit etw. **vertraut machen** · to familiarise o.s. with s.o., to become familiar with s.th.

... Es wird vielleicht einige Monate dauern, bis Sie sich mit der Materie vertraut gemacht haben. Aber wenn Sie einmal eingearbeitet sind, die grundlegenden Dingen beherrschen, dann kommen Sie mit der Aufgabe bestimmt gut zurande.

etw. **vollständig machen** *form selten* · to complete s.th.

(Eine Sekretärin zu ihrem Chef:) Ich muß eben die Liste der Teilnehmer an der Besprechung noch vollständig machen – es fehlen noch zwei oder drei Namen; ich komme dann sofort zu Ihnen herüber, Herr Fischer.

voran machen *oft Imp ugs* · to keep at it, to keep going

Komm', nun mach' voran, Werner! Wenn du dich nicht dabeihältst/ wenn du den Rhythmus nicht forcierst, wirst du mit der Übersetzung in dieser Woche nicht mehr fertig!

jn. **wahnsinnig machen** (mit etw.) *ugs* – *path* – jn. verrückt **machen** (mit etw.) · to drive s.o. mad/crazy/... (with s.th.), to drive s.o. up the wall (with s.th.), to drive s.o. round the bend (with s.th.)

etw. **wahr machen** · to carry s.th. out

An deiner Stelle, Christa, würde ich Pauls Drohung, sich scheiden zu lassen, nicht auf die leichte Schulter nehmen. Wie ich den Paul kenne, ist er sehr wohl in der Lage, diese Drohung wahr zu machen. – Soll er doch! Meinst du, ich hätte Angst davor, allein zu leben?

jn. **in/(an) seinem Entschluß/... wankend machen** *selten* · to make s.o. waver, to make s.o. unsure about s.th.

Eigentlich wollten wir den Verkauf nach Peru ja ganz einstellen. Aber meine letzte Reise durch dies Land hat mich an dieser Entscheidung wankend gemacht. Vielleicht sollten wir doch noch ein, zwei Jahre versuchen, ob sich unser Export dahin wieder steigern läßt.

jn. **weich machen** *ugs* – jn. **weichmachen** · to soften s.o. up

da ist wenig/nichts/... **zu machen** · there is nothing for it, there is (very/...) little one can do/to be done/...

... Nein, da ist gar nichts zu machen! Er ist bei rot über die Ampel gefahren, der Polizist hat das gesehen ... – die Strafe muß er zahlen; es hat gar keinen Sinn, dagegen angehen zu wollen.

sich **wichtig machen** (mit etw.) *ugs* · to show off (with s.th.), to try to get attention (with s.th.) *n*

Der Rüdiger hat mir erzählt, er hätte von seiner Reise nach Argentinien Aufträge im Wert von mehreren Millionen Mark mitgebracht. – Der Rüdiger will sich mal wieder wichtig machen. – Wie, stimmt das nicht, was er sagt? Es ist doch an sich nicht seine Art, sich aufzuspielen.

jn. **(ganz) wild machen** *ugs* · to make s.o. furious *n*, to infuriate s.o. *n*

... Was ist denn los? Warum ist Vater so wütend? – Der Jürgen hat ihn mit seinem ewigen Widersprechen ganz wild gemacht. – Dieser Junge kann einen aber auch auf die Palme bringen, wenn er so anfängt.

winke winke machen *Kinderspr* · to wave to s.o.

... Hast du als Kind auch am Bahnhof gestanden, wenn jemand aus der Familie wegfuhr, und winke winke gemacht? – Natürlich! Du etwa nicht? Das gehörte doch noch zum Besuch, so lange zu winken, bis man den Zug kaum noch sah.

zu machen *ugs* · 1. to switch off, to bring down the shutters, 2. to (be able to) shut up shop, to pack everything in

1. ... Jetzt hör' mir doch einmal zu! Jedesmal, wenn ich mit dir über meine Probleme reden will, machst du zu! Jedesmal schaltest du richtiggehend ab!

2. vgl. – den **Laden** dicht machen (können)

etw. zunichte machen *Pläne/Hoffnungen/... form* · to dash hopes, to put paid to/to ruin/to wreck plans

Die Revolution hat seine Pläne, in Portugal eine Zweigfirma aufzubauen, zunichte gemacht. – Vielleicht lassen sie sich später doch noch verwirklichen.

sich etw. zunutze machen *form* · to use s. th., to make use of s. th., to capitalise on s. th., to take advantage of s. th.

... Und wenn er sich seine ausgezeichneten Spanischkenntnisse zunutze machte und als Reiseleiter für Spanien arbeitete? Das wäre doch besser, als hier seine Zeit als Arbeitsloser zu vertun.

etw. zuschanden machen *path veraltend selten* – etw. zunichte **machen** · to ruin s. th., to wreck s. th.

da kann man/(kannst du/der Albert/...) **zwei draus machen** (so groß/dick/... ist etw./(j.)) *ugs* · + it's big enough for two n

(In einem Restaurant:) Mein Gott, ist das ein Kotelett! Da kannst du zwei draus machen, Richard! – In der Tat. 'So groß wie ein Lokusdeckel', pflegte unser Vater zu sagen.

sich viel/wenig/nichts/... **machen aus** etw./daraus machen, etw. zu tun · 1. (not) to care much/... for s. th./s. o., (not) to like s. th./s. o. much/..., s. o. is not fussy about champagne, 2. s. o. is not bothered much/... by/about s. th., 3. (not) to mind doing s. th.

1. Ach, jetzt habe ich vergessen, für heute abend Sekt zu kaufen. – Das macht nichts. Der Albert macht sich nicht viel aus Sekt.
2. ... Die Paula macht sich nicht viel aus diesem Mißerfolg; Gelassenheit war immer ihre Stärke.
3. Vater, würdest du dir etwas daraus machen, mal mit unserem Klassenlehrer zu sprechen? Es gibt da bestimmte Probleme ...

machen, daß man fortkommt/wegkommt *ugs* · (to) run for it, (to) get out of here!, off with you!

Mach' bloß, daß du fortkommst! Wenn dich der Kallberg hier sieht, gibt es ein Heidentheater. Also, nichts wie weg!

bange machen gilt nicht! *ugs scherzh* · + I don't want you trying to put the wind up me, + don't try to put the wind up me/scare me/..., no scare-mongering!, no panic-mongering!

Wenn du die Arbeit bis Weihnachten nicht fertig hast, Jürgen, nimmt mir Prof. Scherer es womöglich gar nicht mehr an. – Bitte, Klaus! Bange machen gilt nicht. Ich bin schon so genug unter Druck. Da brauchst du mir nicht noch unnötig Angst zu machen!

jn. besser machen, als er ist (bei jm.) · to claim/... that s. o. is better than he really is

... Der Junge ist fleißig und strebsam, gut erzogen ...! – Ja ja, gut, aber er hat auch negative Seiten – man soll ihn schließlich auch nicht besser machen, als er ist. Im Haus hilft er zum Beispiel überhaupt nicht.

jn. schlechter machen, als er ist (bei jm.) · to say/to claim/... that s. o. is worse than he really is

... Ach, der Junge hilft nicht im Haus, er geht dauernd zu spät ins Bett ... – Aber Gustav, mach' den Albert bei unserem Besuch doch nicht immer schlechter, als er ist! In der Schule hat er uns noch nie Sorgen gemacht; seinen Eltern gegenüber ist er immer höflich ...

etw./alles/... (nur) noch schlimmer machen, als es schon (so) **ist** – etw./alles/... (nur) noch (viel) **schlimmer** machen · to make things/everything/matters/... worse than they already are

nichts/(viel/allerhand/...) **daran machen können** · there is nothing/a lot/a great deal/... one/... can do about it

... Ich halte die Entscheidung des Chefs genauso für falsch wie Sie, Herr Blomberg. Aber ich kann nichts daran machen! – Haben Sie denn keinen Einfluß auf Herrn Schuckert? – In dieser Sache ist er unnachgiebig.

es jm. nicht/nie recht machen können · + there is no pleasing him/John/..., one/... can't do anything right as far as s. o. is concerned

... Jetzt hat die Druckerei doch schon drei verschiedene Entwürfe für die neuen Briefbögen vorgeschlagen, und der Robert ist mit keinem zufrieden. – Der wird auch bei dem achten Vorschlag noch Einwände haben. Dem Robert kann man es nun einmal nicht recht machen, der hat an allem etwas auszusetzen.

etw. nicht ungeschehen machen können · not to be able to undo s. th.

... Der Junge kann jetzt nun einmal nicht mehr tun, als den Schaden, den er angerichtet hat, bereuen und ersetzen. Ungeschehen machen kann er die Sache nicht – was passiert ist, ist passiert.

etw. machen lassen · to have s. th. repaired/fixed/mended/seen to/...

... Wenn etwas kaputt ist, läßt man es machen, und zwar sofort! Herrgott nochmal! Wie soll denn ein Gut funktionieren, wenn heute diese und morgen jene Maschine ausfällt?! Diese verfluchte Schlamperei!

jn. machen lassen *ugs* – (eher:) jn. **gewähren** lassen · to let s. o. get on with it, to leave s. o. be

sich etw. machen lassen · to have s. th. made

Hast du den Anzug von der Stange gekauft oder hast du dir den machen lassen? – Den hab' ich mir vom Schneider bauen lassen. Sieht man das etwa nicht?

es/das läßt sich machen/wird sich machen lassen/... · it/ s. th. can be arranged, it/s. th. can be done

Wenn es Vater gelingt, seinen Urlaub im August zu nehmen, könnten wir alle zusammen im Sommer nach Griechenland fahren. – Wenn sich das machen läßt! Das wäre herrlich! – Es müßte eigentlich möglich sein ...

(aber/auch) **alles/... mit sich machen lassen** *ugs* – alles/... mit sich **aufstellen** lassen · to let s. o. do anything to one, to let s. o. walk all over one/get away with murder

j. will/wird/... **sehen/**zusehen/schauen/..., **was sich machen läßt** – j. will/wird/... sehen/zusehen/schauen/..., was sich **tun** läßt · s. o. will see what can be done

mit jm. machen, was man will · to be able to do what one likes with s. o., to be able to twist s. o. around one's little finger *coll*

Diese Frau macht mit dem Erwin, was sie will! Er ist das reinste Spielzeug in ihren Händen.

j. kann (aber auch) **machen, was er will** (es ist immer falsch/ es gibt nie ein vernünftiges Ergebnis/es gibt immer Kritik/...) · 1. 2. however s. o. does it, it is always wrong/he is always criticised/..., whatever way s. o. does it, it is always wrong/...

1. Gestern hat der Junge zuerst Violine gespielt und dann Schularbeiten gemacht, und du hast ihm gesagt, Karl, er soll die Schule nicht vernachlässigen. Heute macht er es umgekehrt, und du kritisierst ihn wieder. Der arme Kerl kann machen, was er will, es ist immer falsch.
2. Ihr könnt machen, was ihr wollt, meine Unterstützung bekommt ihr nicht.

Machenschaften: undurchsichtige/... **Machenschaften** · sinister/obscure/... intrigues/machinations/wheeling and dealing/manoeuvres/...

Gegen handfeste Angriffe kann man sich wehren, aber gegen diese undurchsichtigen Machenschaften dieser Kommissions-Cliquen ist man völlig machtlos. Das ist wie bei Geheimbünden: es passiert alles hintenherum; nichts ist greifbar ...

Macher: der eigentliche **Macher** sein *ugs* · to be the real power (behind s. th.), to be the person who pulls the strings

... Da Schröder leitet die Verhandlungen, übernimmt offiziell die Verantwortung; aber der eigentliche Macher ist der Schmude. Der gibt die Punkte an, auf die es ankommt, und instruiert die Mitglieder der Delegation.

macht: das macht .../es macht .../was macht's/was macht das? · it/that comes to 10 DM/..., it/that is 10 DM/..., how much does it come to?

Also, Sie hatten: 3 Pfd. Trauben, 1 kg Kaffee, 1 Pfd. Butter ... noch mehr? – Nein. – Das macht 26,35 Mark bitte./... Nein. Was macht das/(was macht's)? – 26,35 Mark bitte.

das macht das Wetter/die Hitze/... *ugs* · it's the weather/the heat/... (that does it), it's because of the weather/the heat/... *n*

Mann, bin ich müde heute! – Das macht das Wetter! Bei diesem Föhn ist kein Mensch so richtig fit.

was macht Karl/Gisela/Onkel Herbert/...? *ugs* · how is John/...?, how is John/... getting on?

Guten Tag, Richard. Wie geht's? – Danke, gut. Wie selbst? – Ich kann nicht klagen. Was macht Helga? Ich habe sie bestimmt schon zwei Monate nicht mehr gesehen ...

macht das/es etwas/was? *ugs selten* · does it matter?

... Ja, und wenn er in der Tat eine etwas unglückliche Formulierung gebraucht hat – macht das was? Hat er damit irgendjemanden geschädigt? – Das nicht. Es hat halt nur einen schlechten Eindruck gemacht.

es macht nichts/was macht es (schon)/(es macht viel/wenig/allerhand/...) · 1. 2. to be all right, 1. not to matter, 2. to matter, what does it matter if ...?, what of it if ...?

1. Entschuldigen Sie, Herr Braun, wenn ich Ihnen die Arbeit einen Tag später bringe als ausgemacht ... – Das macht nichts, Herr Bader, das macht gar nichts; wir brauchen die Unterlagen ohnehin nicht vor Montag.
2. Was macht es (schon), wenn sie mit einem jungen Mann zusammenlebt, verdammt nochmal?! Sie ist schließlich 26 Jahre alt. Diese dauernden Anspielungen! Laßt sie doch leben, wie sie es für richtig hält!

es macht jm. **nichts**/wenig/nicht viel/allerhand/viel/... **aus**, etw. zu tun · 1. 2. + not to mind at all/... doing s.th.

1. Ich fahre Sie gern nach Hause, wenn Sie wollen; das macht mir gar nichts aus.
2. Macht es Ihnen etwas aus, mir den Text für eine Woche zu leihen?

wenn du/er/... **noch lange machst**/macht/..., **dann** (gibt's was/...) *ugs* · if you/he/... go/... on, there will be trouble/...

Wenn du noch lange machst, Hubert, dann kriegst du eine Ohrfeige. Jetzt störst du uns seit einer Stunde – jetzt reicht's!

das/etw. **macht** jn. **nicht heiß** *sal selten* – (eher:) das/etw. **läßt** jn. (völlig) **kalt** (3) · it/s.th. does not bother s.o., + s.o. does not care about s.th.

wie man's (auch) **macht, macht man's falsch**/verkehrt/ist es falsch/verkehrt *ugs* · whichever way we/... do/... it, it is wrong

Aufgrund der Kritik beim letzten Mal haben wir diesmal bei der Pressekonferenz extra darauf geachtet, daß das Kultusministerium nicht namentlich erwähnt wird – und gerade das wird uns nun zum Vorwurf gemacht. Wie man's macht, macht man's verkehrt.

das/so eine Übersetzung/... **macht dem**/dir/dem Meier/... (so leicht/schnell) **keiner/niemand nach** *ugs* · no one/... is going to equal that/that translation/... *n*, no one/... is likely to/going to/... match that/that translation/... *n*

... Hast du den Sprung gesehen? Einen solchen Stabhochsprung macht dem Knight auf der ganzen Welt so leicht keiner nach! Einsame Spitze, dieser Mann!

unter dem/(darunter) **macht er's**/machen sie's/... **nicht** *ugs* · he/they/John/... won't do it for less than 500 DM/...

500,– Mark soll das kosten? – Ja, unter dem macht er's nicht. – Und was gibt er als Begründung? – Er sagt, er kann es deswegen nicht billiger machen, weil allein die Arbeitszeit schon wenigstens 400,– Mark ausmacht.

etw. **macht** jm. **nichts** · it/s.th. doesn't bother him/...

... (Die) Kälte macht der Gerda nichts! Es kann ruhig zehn oder fünfzehn Grad minus sein, darunter leidet sie nicht. – Beneidenswert!

was macht das/macht's **schon?!** *ugs* – es **macht** nichts/was macht es (schon)/(es macht viel/wenig/allerhand/...) (2) · what does it/that matter?

Macht: das/(etw.) **ist eine Macht** *Jugendspr selten* – das ist eine **Wucht**! · that's great!, that's fantastic!

mit aller Macht etw. tun/versuchen – (eher:) mit aller **Kraft** etw. tun/versuchen/... · to try/... to do s.th. with all one's strength

mit bewaffneter Macht (angreifen/...) *form* · to make/to launch an armed attack on s.o.

... Mit bewaffneter Macht, sagst du, sind die in Panama eingefallen? Mit wieviel Soldaten sind sie denn da einmarschiert? – Einmarschiert? ... Sie haben ein Flugzeuggeschwader mit ein paar hundert Leuten dahingeschickt – das genügt doch!

es steht (nicht) in js. **Macht**, etw. zu entscheiden/.../(die Entscheidung/... steht (nicht) in js. Macht) *form* · (not) to be within s.o.'s power to decide/..., to be beyond s.o.'s authority to decide s.th.

... Es steht nicht in der Macht des Bademeisters, darüber zu entscheiden, wieviel Chlor dem Wasser zugesetzt wird. Dafür ist das Gesundheitsamt zuständig.

an der Macht sein – am **Drücker** sein/sitzen · to be in power

(keine) Macht über jn. **haben** *form* · to have (no) power over s.o.

... Aber der Junge kann doch nicht einfach ausgehen, wenn du als Mutter dagegen bist! – Ich habe keine Macht mehr über ihn. Seit einem Jahr etwa läßt er sich von mir absolut nichts mehr sagen .

jn. **an die Macht bringen** · 1. 2. to put s.o. in power

1. Einflußreiche konservative Kreise haben den jetzigen Präsidenten fast wider seinen Willen nach dem plötzlichen Tod seines liberalen Vorgängers an die Macht gebracht.
2. Die Wirschaftskrise hat die Rechtsparteien an die Macht gebracht. Ohne diese Krise hätten sie noch lange in der Opposition gesessen.

die Macht ergreifen *form – path* – die **Macht** übernehmen · to seize power

die Macht/die Mächte **der Finsternis** *rel – path selten* · the powers of darkness

... Was sollen die 'Mächte der Finsternis' sein, wenn man nicht an den Teufel glaubt, Holger? – Kannst du dir die Macht des Bösen nur persönlich oder personifiziert vorstellen?

an die Macht gelangen – (eher:) an die **Macht** kommen · to come to power

(die) Macht der Gewohnheit · the force of habit

Wir hatten doch ausgemacht, heute würde die Sitzung ausnahmsweise eine Stunde später, d. h. um zehn, beginnen. Jetzt bist du schon da ... – Ach, du hast Recht, Klaus. Macht der Gewohnheit! Ich komme immer um neun ...

nach der Macht greifen *Pol form* · to try to seize power

... Wenn es in einem Staat drunter und drüber geht, ist die Armee natürlich versucht, nach der Macht zu greifen, das ist doch klar. – Hoffen wir, daß sie dieser Versuchung widersteht und bald eine handlungsfähige demokratische Regierung gewählt wird.

an die Macht kommen · to come to power

Wann ist Richelieu an die Macht gekommen? – Frag' mich!

(ganz/...) in js. **Macht stehen**/es steht (ganz/...) in js. Macht (ob ...) *form* – (ganz/...) in js. **Hand** liegen/es liegt (ganz/...) in js. Hand (ob ...) · it is (entirely/...) up to s.o., it depends (entirely/...) on s.o. (whether/...)

alles tun/versuchen/dransetzen/..., **was in seiner Macht steht** · to do everything in one's power to do s.th.

... Der Schäfer hat wirklich alles versucht, was in seiner Macht stand, um dem Paul die Stelle zu besorgen. Er hat seine Freunde eingeschaltet, bei der Firma angerufen und den Paul im besten Licht dargestellt ... Wenn der Paul trotzdem nicht genommen wurde, hat das andere Gründe. Der Schäfer konnte wirklich nicht mehr tun.

die Macht übernehmen · to take over, to assume power

Wenn sich die demokratischen Parteien nicht auf eine gemeinsame Linie einigen können und mit den Problemen des Landes nicht fertigwerden, werden die Militärs wohl bald die Macht übernehmen.

mit den bösen Mächten/(Mächten des Bösen) **im Bunde stehen** *path od. iron veraltend selten* · to be in league with the forces of evil/powers of evil

Wenn wir nicht im 20. Jahrhundert wären, sondern im 15., dann würde ich sagen, die Olga steht mit den bösen Mächten im Bunde. – Du meinst, weil ihr die unglaublichsten Unternehmungen glücken? – Ja, und mit dem lieben Gott hat sie doch beileibe nichts im Sinn; es kann also nur der Teufel sein oder irgendein anderer böser Geist, der ihr hilft.

mächtig: e-r S. mächtig sein *path* · to have a command of (a language/…)

… Der Laschner kann nicht nur kein Französisch, der kann überhaupt keine Sprachen! Nicht einmal des Deutschen ist dieser Stümper mächtig!

seiner (selbst) nicht mehr mächtig sein *form – path selten* · to have lost control, to be beside o.s.

… Wütend werden ist eine Sache, so wütend werden, daß man seiner selbst nicht mehr mächtig ist, eine andere! Der Albert hatte doch die Kontrolle über sich selbst völlig verloren, und das darf einem Delegationschef nicht passieren.

seiner (fünf) **Sinne/**(seines Verstands/…) **nicht/**nicht mehr/ kaum noch/(…) **mächtig sein** *form od. iron* – seiner (fünf) **Sinne** nicht/nicht mehr mächtig sein · not to be right in the head, to be beside o.s. with rage

Machtstellung: eine Machtstellung innehaben *form* · to be in a position of power

Wenn du so eine Machtstellung innehättest wie der Rauschner, dann würdest du dir auch keine Obstruktion bieten lassen! – Da hast du allerdings Recht: entweder setzt man sich durch und übt die Macht, die mit so einem Posten verbunden ist, auch aus, oder man ist verloren.

Machtvollkommenheit: etw. in/aus eigener Machtvollkommenheit entscheiden/… *form krit* · to decide to do s.th./… on one's own initiative/on one's own authority, to do s.th. high-handedly

Wenn der Lose aus eigener Machtvollkommenheit entschieden hat, daß das Geschäft mit Peru gemacht wird, muß er dafür jetzt auch allein die Verantwortung übernehmen. Er hat uns vorher nicht konsultiert; also wollen wir auch jetzt mit der Sache nichts zu tun haben.

Machtwort. ein Machtwort (mit jm.) **sprechen (müssen)** *ugs* – *path* · 1. 2. 3. to lay down the law to s.o., to exercise one's authority (with s.o.) *n*, to put one's foot down (with s.o.)

1. (Die Mutter zum Vater:) Jetzt sage ich deinem Sohn schon zum dritten Mal, er soll sich vernünftig waschen, bevor er zur Schule geht; aber er tut so, als hörte er nicht. Sprich du mal ein Machtwort (mit ihm)!
2. Wenn es nicht mit Bitten geht und nicht in Güte, dann muß ich halt ein Machtwort sprechen: wer jetzt noch einmal zu spät kommt, kriegt Arrest, und zwar dem dritten Arrest gibt es eine Konferenz!
3. Der Kanzler hat gestern ein Machtwort gesprochen. Die Panzer werden exportiert – sonst tritt er zurück. – Endlich! Dieses Hin und Her dauerte auch wirklich schon zu lange.

machulle: machulle sein *sal selten* · 1. to go/to have gone bankrupt, 2. to be finished, 3. to be a bit funny in the head

1. vgl. – **Bankrott** machen *d. h. Bankrott gemacht haben*
2. vgl. – **erledigt** sein (für jn.) (mit etw.)
3. vgl. – nicht (so) (ganz/(recht)) bei **Trost** sein (2; a. 1)

Macke: eine/'ne stumpfe Macke (sein) *Jugendspr sal selten* · (to be) a (real) drag

Mensch, ist das 'ne stumpfe Macke, dieses Seminar! Das ist die stumpfsinnigste Veranstaltung, die ich bis heute mitgemacht hab'.

eine Macke haben *sal* – nicht (so) (ganz/(recht)) bei **Trost** sein (1, 2) · s.o. is nutty/nuts, s.o. has got a screw loose

Macker: den Macker markieren/raushängen lassen *Jugendspr sal* · to act (the) macho, to come the macho

Der Jojo meint, er müßte immer den Macker markieren, um Frauen zu beeindrucken. Mir scheint, er hat noch nicht begriffen, daß Macho-Typen out sind.

Mädchen: na, altes Mädchen! *sal selten* · well, old girl

Tag Ute! Na, altes Mädchen, wie geht's? – Prächtig! Tag Rolf! Und dir, du ewiges Großmaul, wie geht's dir?

ein gefallenes Mädchen *eher iron veraltend selten* · a fallen woman

… Nein, ein sogenanntes 'gefallenes Mädchen' konnte ein Junge aus einer sogenannten 'guten Familie' nicht heiraten, wenn er seine eigene Ehre nicht verspielen wollte. – Und ein 'gefallenes Mädchen' war eins, das vor der Ehe mit einem Mann geschlafen hatte – egal, ob es der Geliebte war oder ein anderer? – So war es, Ute! …

ein käufliches Mädchen *eher iron* · a woman of easy virtue, a prostitute

… Käufliche Mädchen gab's und gibt's doch überall, Mensch! – Aber deswegen braucht die Prostitution doch nicht derart auffällig die halbe Innenstadt zu beherrschen wie hier bei euch, Mann!

wo ist hier für kleine Mädchen? *sal* · where's the ladies?

Du, Ricky, weißt du, wo hier für kleine Mädchen ist? Ich muß mal eben … – Da hinten, die dritte Tür links – das ist die Herrentoilette.

ein leichtes Mädchen *ugs* · to be a loose-living girl, to be a (bit of a) tart, to be a slag *sl*

Ich weiß nicht, woher der Rainer das Recht nimmt, die Ursel als leichtes Mädchen zu bezeichnen. – Er meint wohl, sie hätte zu viele Freunde … – Na, ein leichtes Mädchen ist doch wohl was anderes.

ein loses Mädchen *ugs* · to be a loose-living girl, to be a (bit of a) tart, to be a slag *sl*

… So ein loses Mädchen wie die Ursel … – Was sagst du da? – Na, wer alle acht Wochen einen neuen Freund hat, den kann man doch wohl nicht als seriöse Frau bezeichnen.

ein spätes Mädchen (sein) *ugs oft iron* · (to be) an old maid

Die Annelise ist jetzt … – 57. – Und geheiratet … – hat sie nicht, nein. – Sie ist also, was man ein spätes Mädchen nennt? – Ja.

ein unberührtes Mädchen *veraltend eher iron* · a virgin

… Heute gehört es dazu, meine er, daß ein Mädchen mit fünfzehn 'seine Erfahrungen' hat! Von einem 'unberührten Mädchen' zu sprechen klingt daher entweder altmodisch oder ironisch.

(in einem Haus/in einem Unternehmen/…) **Mädchen für alles sein** *ugs* · to be a dogsbody *house*, to be a girl Friday *office*, to be a factotum *office*, to be a maid-of-all-work *house*

Seitdem unsere Sekretärin ausgeschieden ist, weil sie geheiratet hat, ist unser Buchhalter Mädchen für alles: er tippt die Korrespondenz, hat den Telephondienst, führt den Terminkalender, sorgt für den Kaffee … Kurz: er macht alle Arbeiten, die gerade anfallen.

sich ein Mädchen angeln *ugs* – sich eine **Frau** angeln · to pick up a girl/woman/…

die kleinen Mädchen (so/…) gern haben *ugs* · to be one for the girls, to be fond of the girls

Heute hat der Franz Klausen mir wenigstens die sechste Freundin vorgestellt. Wieviel hat der eigentlich? – Das weiß ich doch nicht. Warum interessiert dich das denn überhaupt? Wenn der die kleinen Mädchen so gern hat, ist das doch seine Sache.

ein Mädchen/(eine Spanierin/Bayerin/…) **heimführen** *veraltend selten od. iron* – (ein Mädchen) zur **Frau** nehmen · to take a wife

mal (eben) für kleine Mädchen müssen *sal* · 1. 2. to have to powder one's nose

1. vgl. – mal (eben) heraus/raus **müssen**
2. vgl. – (mal) (eben) **müssen** (2)

den Mädchen nachlaufen/nachrennen *ugs pej* · to chase anything in a skirt, to chase girls

… Ach, der Axel rennt doch jedem Mädchen nach – ganz egal, ob es schön ist oder nicht! – Hat er denn keine feste Freundin? – Er findet keine! – Ah! Eben deswegen ist er so dahinterher.

Mädchen schlägt man nicht! *ugs iron selten* · one/you/... shouldn't hit girls *n*

Jürgen, Mädchen schlägt man nicht! – Aber ich wollte doch die Uschi nicht schlagen! – Natürlich nicht! Aber du könntest mit deiner Frau auch in einem anderen Ton umgehen! – Indem ich ihr einen Kuß auf die Wange gebe, wenn sie mir den heißen Kaffee auf die Hose schüttet, nicht?

ein Mädchen von der Straße *sal selten* · a streetwalker *coll*, a hooker

Es ist gar nicht zu fassen, woher der Udo die Frechheit nimmt, hier mit so einem Mädchen von der Straße zu erscheinen! – Mädchen von der Straße? Ist die junge Dame nicht ...

Made: leben wie die Made im Speck *ugs veraltend selten* · to live in the lap of luxury/off the fat of the land

... Ja, ihr habt gut reden! Ihr in Mitteleuropa lebt wie die Made im Speck! Ihr könt euch offensichtlich gar nicht mehr vorstellen, wie eine Welt aussieht, in der nicht Überfluß, sondern die nackte Not herrscht.

sich wohlfühlen wie die Made(n) im Speck *veraltend selten* · to be in clover, to be in the lap of luxury, to lead the life of Riley *sl*

Seitdem wir in unser hübsches kleines Häuschen gezogen sind, fühlen wir uns allesamt wohl wie die Maden im Speck.

wie die Made im Speck sitzen *ugs veraltend selten* · to be in clover, to live in the lap of luxury

... Wenn man wie die Made im Speck sitzt, fällt es einem halt schwer, die Menschen zu verstehen, die arm sind! – Dem Rolf ist es lange genug dreckig gegangen, Paul! Wenn der heute ein üppiges Leben führt, hat er dafür 30 Jahre gekämpft und gelitten.

Magen: einen guten/ausgezeichneten/schlechten/ empfindlichen/... Magen haben · to have a good/strong/weak/delicate/... stomach

Der Albert hat einen empfindlichen Magen, Eisbein mit Sauerkraut kann der nicht essen.

jn. im Magen haben *sal selten* – jn. dick **sitzen** haben · to be fed up with s.o.

noch/seit .../... nichts im Magen haben · not to have had anything to eat yet/since .../..., not to have had a bite to eat yet/...

... So, jetzt gehen wir erstmal in ein Kaffee in der Seitenstraße da vorne; ich habe nämlich seit gestern abend nichts im Magen/ich habe nämlich noch nichts im Magen.

jm. ist/wird es (ganz/...) flau im Magen/sich ... fühlen *ugs* · + s.o. feels queasy *n*

... Wie es scheint, ist dem Udo die Zigarre nicht bekommen. Er sagt, er fühlt sich etwas flau im Magen ... – So ein Unsinn auch, dem Jungen eine dicke Brasil anzubieten! Er wird sich doch nicht übergeben? ...

es/(etw.) geht jm. kalt durch den Magen *sal selten* · + to have a sick/funny/... feeling in the pit of one's stomach *coll*, + to feel sick/... at the sight of s.th. *coll*

Als wir die leblosen Gestalten in dem verunglückten Auto sahen, ging es uns doch kalt durch den Magen. Mann, so ein unwohles, gruseliges Gefühl (in der Magengegend) hab' ich mein Lebtag noch nicht gehabt.

jm. knurrt (schon) der Magen *ugs* · s.o.'s stomach is rumbling

Hoffentlich hat meine Frau etwas Ordentliches auf dem Tisch, wenn wir heimkommen; mir knurrt schon der Magen.

mit leerem Magen erscheinen/... · to go somewhere/do s.th. on an empty stomach

Kein Wunder, wenn ihm schlecht ist. Warum macht er auch so einen Unsinn, mit leerem Magen zu dem Vortrag zu erscheinen. Selbst wenn er nervös war: er hätte doch wenigstens etwas trinken können.

und das auf (den) nüchternen Magen! *ugs iron* · and (that) on an empty stomach!

Hast du schon gehört: Stuttgart hat vier zu eins verloren. – Und das auf den nüchternen Magen! – Nüchternen Magen? Jetzt ist zwölf Uhr. – Na gut, so wirkt das, wenn jemand am Sonntagmorgen mit einer solchen Nachricht kommt.

etw. auf nüchternen Magen essen/trinken/einnehmen/... · to drink s.th./to take tablets/... on an empty stomach

Es ist ja gar nichts dagegen zu sagen, wenn jemand regelmäßig Wein oder Bier trinkt. Aber so gleich morgens auf den nüchternen Magen, wie der Jupp, das kann nicht gutgehen; der ruiniert seine Gesundheit damit.

mit nüchternem Magen aus dem Haus gehen/... · to leave the house with an empty stomach, to go out/... with an empty stomach

Kind, erst trinkst du deine Milch und ißt du dein Brötchen, und dann fährst du zur Schule. Du kannst doch nicht mit nüchternem Magen in diese Kälte hinausgehen.

jm. im Magen bleiben *ugs* · 1. 2. it/s.th. weighs on s.o.'s mind, it/s.th. preys on s.o.'s mind, 1. it/s.th. is lying heavily on s.o.'s stomach, it/s.th. guts me *sl*, 2. it/s.th. rankles in s.o.'s mind

1. Diese Unterhaltung mit dem Rechtsanwalt ist mir im Magen geblieben. Wenn das stimmt, was er sagt, muß ich mit einer Nachzahlung von 20 – 30.000,– Mark rechnen. Wenn ich nur daran denke, dann wird mir schon ganz flau/unwohl (im Magen).
2. Seine Bemerkung, ich wäre ja ein uneheliches Kind, ist mir im Magen geblieben. Das werde ich so schnell nicht vergessen. Irgendwann werde ich dem auch so einen Schlag unter die Gürtellinie verpassen.

es dreht sich jm. der Magen herum/um · my/... stomach is turning, + I/... feel sick

Diese Schaukelei von dem Schiff macht mich völlig marode/kaputt/ bringt mich ganz durcheinander. Der Magen dreht sich mir herum wie nur etwas. – Du, wenn du Kotzebues Werke studieren willst, gehst du besser an die Reling.

js. Magen knurrt vor Hunger *ugs* · s.o.'s stomach is rumbling with hunger

Mutti, wann gibt es endlich etwas zu essen? Mit knurrt schon der Magen vor Hunger. – Dann iß schon mal eine Banane, wenn du so einen Kohldampf hast!

jm. hängt der Magen (schon/...) in die/den Kniekehlen *sal selten* · s.o.'s stomach thinks his throat is cut *usu 1st pers. sing.*

... So, jetzt muß ich mir aber unbedingt etwas zwischen die Rippen hauen! Mein Magen hängt schon in den Kniekehlen! – Du entwikkelst ja einen Hunger in den letzten Tagen! ...

jm. auf dem Magen liegen *ugs* – jm. im **Magen** liegen (3) · to prey/to weigh on s.o.'s mind

jm. im Magen liegen · 1. to lie heavily on s.o.'s stomach, 2. 3. 4. to prey on s.o.'s mind, to weigh on s.o.'s mind, 5. + s.o. can't stand him/John/..., + s.o. can't stomach him/John/...

1. Jetzt ist es schon vier Uhr, und der Aal liegt mir immer noch im Magen! Hast du den auch so schlecht verdaut? – Nein, ich merke nichts.
2. Der Klaus ist heute so still und macht einen so bedrückten Eindruck. – Das Examen liegt ihm im Magen. – Ist es denn nicht gut gelaufen? – Es scheint nicht. Es kamen gerade die Kapitel dran, die er nicht vorbereitet hatte. *ugs*
3. ... Sein Examen liegt ihm im Magen. – Wann macht er denn Examen? – Morgen nachmittag. – Aber er ist doch gut vorbereitet? – Das schon. Aber ... *ugs*
4. Seine Bemerkung, ich wäre ja ein uneheliches Kind, liegt mir immer noch im Magen. Das werde ich so leicht nicht vergessen. Irgendwann werde ich ihm auch so einen Schlag unter die Gürtellinie verpassen. *ugs*
5. ... Dieser Kerl liegt mir im Magen! So was Unsympathisches ...! *ugs selten*

(jm.) schwer im Magen liegen · 1. to lie heavily on s.o.'s stomach, to be hard to digest, 2. to prey on s.o.'s mind, to weigh on s.o.'s mind

1. Wenn du da empfindlich bist, würde ich keinen Aal essen; der liegt nun einmal schwer im Magen.

2. vgl. – (stärker als:) jm. im **Magen** liegen (4; a. 3; u. U. 2)

js. Magen meldet sich (schon/bereits/…) *ugs* · s. o.'s stomach is (already/…) complaining
Es ist Zeit, daß es Mittag wird. Mein Magen meldet sich bereits. – Elf Uhr, und du hast schon Hunger?

einen auf den nüchternen Magen nehmen *ugs* · to take a drink on an empty stomach *n*
… Prost! Ich nehme zwar ungern einen auf den nüchternen Magen. Aber auf deine Beförderung müssen wir natürlich einen Schnaps trinken, wie das in unserer Branche üblich ist.

jm. auf den Magen schlagen · 1. to upset s. o.'s stomach, 2. to upset s. o., to be a body-blow for s. o.
1. Das Erdbeereis mit Sahne ist mir auf den Magen geschlagen. Hoffentlich gibt das keine ernsthafte Magenverstimmung.
2. Die Nachricht von der Scheidung ihrer Eltern ist der Bärbel offensichtlich auf den Magen geschlagen. Schau mal, wie bedrückt sie da sitzt!

sich den Magen überladen · to gorge o. s., to overeat
… Klar, daß er sich unwohl fühlt! Mit dieser riesigen Schweinshaxe hat er sich den Magen überladen. So was von Unvernunft, am späten Abend ein halbes Schwein zu vertilgen!

es dreht sich einem/(jm.) der Magen um/(herum) (wenn man/(er/…) sieht/(hört/…)), (wie/daß …) *ugs* – *path* · 1. it turns one's stomach to see/… *n*, 2. + when s. o. sees/…, he feels queasy *n*
1. Wenn man sieht, wie die Leute hier mit den kleinen Kindern umgehen, dreht sich einem der Magen um. Wirklich, es wird mir übel, wenn ich so etwas sehe!
2. Wenn ich Skiweitsprung im Fernsehen sehe, dreht sich mir der Magen um. – Aber Ursel! Dir wird doch nicht schon deswegen unwohl, weil du jemanden auf Skiern durch die Luft rauschen siehst – im Fernsehen! – Doch!

sich den Magen verderben/(verkorksen) · to upset one's stomach
Der Hans liegt im Bett? – Ja, er hat sich den Magen verdorben. Der Fisch gestern abend ist ihm nicht bekommen.

sich lieber den Magen verrenken, als dem Wirt was schenken (lieber den Magen verrenkt als dem Wirt was geschenkt) *ugs* – (eher:) sich lieber den **Bauch** verrenken als dem Wirt was schenken (lieber den Bauch verrenkt als dem Wirt was geschenkt) · s. o. would rather risk an upset stomach/gutache than send food back to the kitchen *para*, s. o. would rather gorge himself than leave anything uneaten *para*

Magie: (die) schwarze Magie *geh selten* · black magic *n*
… Diese Parteien scheinen manchmal an die Maßnahmen zur Belebung der Konjunktur zu glauben, wie die Leute früher an die schwarze Magie glaubten – an geheimnisvoll-zauberhafte Kräfte.

(die) weiße Magie *geh selten* · white magic *n*
Diese Redereien von den Maßnahmen zur Belebung der Konjunktur kommen einem manchmal so vor wie weiße Magie! – Du meinst … – Wenn die Naturvölker die Geister beschwören, damit sie ihnen helfen, besteht diese Hilfe auch nur in ihrer Einbildung.

Magnet: jn./die Leute/… wie ein Magnet anziehen *path* · to attract s. o./people/… like a magnet
Nach wie vor zieht Paris die Menschen an wie ein Magnet; nach wie vor kommen aus aller Herren Länder Millionen von Leuten, um sich diese Stadt anzusehen.

Mahlzeit: gesegnete Mahlzeit! *form selten* · enjoy your meal!
… Gesegnete Mahlzeit! Ich hoffe, es schmeckt Ihnen. – Gesegnete Mahlzeit, Frau Scherer! Sie haben da ja mal wieder ein Eß-Wunder vollbracht …

(na) dann prost Mahlzeit! *sal* – (na) dann/denn **prost!** · that's brilliant/great/wonderful *iron*

Mähne: sich die Mähne aus der Stirn streichen *ugs* – sich das **Haar** aus der Stirn streichen · to push/to smooth/… the hair back from one's forehead

Mai: sich fühlen/(…) wie einst im Mai *sal selten* · to feel like a lamb in spring, to feel like a spring lamb
Ich weiß gar nicht, warum wir heute so munter und beschwingt sind. Wir fühlen uns wie einst im Mai. – Warum soll man sich mit 50 nicht auch mal fühlen wie jemand mit 25?

am 17. Mai geboren sein *sal selten* – (ein Kollege/…) von der ander(e)n **Fakultät** (sein) · to be one of them, to be of the other persuasion

Maikäfer: strahlen wie ein Maikäfer *sal selten* – über alle vier **Backen** strahlen · to be all smiles, to beam all over one's face/from ear to ear/…

Majorität: die Majorität haben *selten* – die **Mehrheit** haben · to have a majority

Makel: an jm. ist kein Makel *form – path veraltend selten* · s. o.'s/s. o.'s behaviour/… is beyond reproach
… Der Schüler hat sich in der ganzen Sache immer absolut sauber verhalten! An dem ist kein Makel. Dem können sie nichts anhaben, und wenn sie noch so sehr nach belastenden Momenten suchen!

ein(en) Makel auf der/seiner weißen/blütenweißen Weste (haben) *form od. iron veraltend selten* – einen **Fleck(en)** auf der/seiner weißen/(blütenweißen) Weste haben · to have a blot on one's copybook, to have blotted one's copybook

Makler: ein ehrlicher Makler *geh im allg. für Bismarck selten* · to be an honest broker, Bismarck, the honest broker
Wie ein ehrlicher Makler wollte Bismarck auf dem Berliner Kongreß unter den Großmächten vermitteln, um ihre unterschiedlichen Interessen auszugleichen.

Makulatur: Makulatur reden *sal selten* – (viel/…) dummes **Zeug** reden/… · to talk nonsense/drivel/…

Mal: zum ersten/zweiten/dritten/… Mal · for the first/second/third/… time
… Nimmt der Christoph Salz zum ersten Mal an dem Wettbewerb teil?

das eine oder andere Mal · once or twice, now and then
… Gut, das eine oder andere Mal kann man sich das erlauben, aber wirklich nur sehr selten …

ein über das/übers andere Mal *form* · time and time again, time after time
Wann spielen wir also Fußball in der Turnstunde, Herr Beyer? – Ich hab' euch das doch schon dreimal gesagt: ein übers andere Mal. Für die, die schwer von Begriff sind, also nochmal deutlich: montags machen wir Leichtathletik, donnerstags Fußball. Klar?

ein ums andere Mal *form* – (eher:) ein über das/übers andere **Mal** · time and time again, time after time

mit einem Mal(e) *form selten* – auf **einmal** (1) · all of a sudden, suddenly

etw. zum ersten und (auch) zum letzten Mal getan haben *ugs* · to do (to have done) s. th. for the first and last time
Hat sich die Teilnahme an dem Kongreß nun gelohnt? – Nein! An einer solchen Veranstaltung habe ich zum ersten und (auch) zum letzten Mal teilgenommen. Das ganze ist nur Zeitverlust und Ärger, weiter nichts.

das erste Mal · the first time
… Wann war bei dir eigentlich das erste Mal? – Ich hab' mit siebzehn das erste Mal mit einer Frau geschlafen.

es gibt immer ein erstes Mal · there's always a first time
… Verdammte Scheiße, ich hab' 'ne 'Fünf' in Mathe geschrieben! Das ist mir noch nie passiert, daß ich in Mathe 'ne schlechtere Note als 'Zwei' hatte. – Mach' dir nichts daraus, es gibt immer ein erstes Mal!

das letzte/(vorige/vergangene) Mal · (the) last time
… Das letzte Mal hast du angefangen, heute fang' ich also an. – Hab' ich wirklich am Dienstag zuerst Aufschlag gehabt?

letztes Mal – das letzte/(vorige/vergangene) **Mal** · (the) last time

so manches Mal *ugs* · often, many times, many a time
So manches Mal schon hast du mir versprochen, Peter, wir würden endlich einmal einen Urlaub ganz allein irgendwo verbringen. Und immer ist was dazwischengekommen. Soll ich dir diesmal glauben?

(so) manches liebe/(manch liebes) Mal *path* · many a time, many a time and oft
Es ist wirklich jammerschade, daß sie dieses Gartenrestaurant abreißen! Wenn ich daran denke: so manches liebe Mal sind wir sonntags da hinausgewandert, haben da gemütlich zu Mittag gegessen oder Kaffee getrunken … Wie schön das immer war!

bis zum nächsten Mal! *ugs* · see you!
… Ja, dann auf Wiedersehen, bis zum nächsten Mal! – Wieder am Mittwoch um fünf? – Ja, wie immer. – Wiedersehen.

nicht mal – **nicht** einmal/mal · not even

… nun mal … – **… nun einmal …** · simply/just/…

jedes zweite Mal – (eher:) ein über das/übers andere **Mal** · time after time, every second time

(na/…) wo/wenn ich/er/Peter/… (schon) mal dran bin/…/ angefangen habe/…, etw. zu tun/etw. tut – … und wenn wir schon einmal/mal **dran** sind, … · … while I'm/we're/ John is/… on the subject …

ein Mal über das andere *form selten* – ein über das/übers andere **Mal** · time after time, every second time

ein Mal ums andere *form selten* – ein über das/übers andere **Mal** · time after time, every second time

mal …, mal … · sometimes … sometimes
… Nein, der Rudi hat keine feste Essenszeit! Leider nicht. Mal kommt er früh – so gegen zwölf –, mal spät – das kann drei Uhr und später sein. Da gibt's überhaupt keine Regel.

Mal für Mal … *path veraltend selten* · each and every time, every time
(Von einem älteren Tennisspieler:) Schon dreimal haben sie ihn totgesagt! Aber immer wieder nimmt der Mann an den Wettbewerben teil! Und Mal für Mal präsentiert er sich in blendender Form. Letztes Jahr hätte er das Turnier um ein Haar sogar gewonnen …

mal so, mal anders/so *ugs* – **bald** so, bald anders · now this way, now that

von Mal zu Mal besser/… (schlechter/…) **werden** *form veraltend selten* · to get better/worse/… every time
Im Anfang sah es so aus, als würde die Karin nie vernünftig Tischtennis spielen lernen. Aber in den letzten Wochen hat sie enorme Fortschritte gemacht. Von Mal zu Mal wird sie besser. Wenn sie einen einzigen Nachmittag richtig übt, merkt man schon einen Unterschied.

ein Mal und nie wieder! · once and never again
Hat sich die Teilnahme an dem Kongreß nun gelohnt? Bist du zufrieden? – Nein! Einmal und nie wieder! Das ganze ist nur Zeitverlust und Ärger, weiter nichts.

ein für alle Male – **ein** für allemal(e) · once and for all

sich zum fünften/17./… Male jähren *form* · to be the fifth/ seventeenth/… anniversary of …
Am kommenden Montag, den 21. Mai (1990), jährt sich die Gründung des hiesigen des Roten Kreuzes zum 41. Male. – Die Stelle wurde also erst 1950 gegründet?

zu wiederholten Malen *path* · over and over again, repeatedly, time and time again
Zu wiederholten Malen haben wir dem Mädchen jetzt gesagt, daß ihr gekündigt wird, wenn sie weiterhin zu spät zum Dienst kommt. Jetzt ist endgültig Schluß. Beim nächsten Mal geben wir ihr den Laufpaß.

malen: alles/(etw.) grau in grau malen · to paint a gloomy/ bleak/grim/… picture of things
Der Erich stellt seinen Beruf ziemlich eintönig dar; er malt alles grau in grau. – Die Monotonie, scheint mir, liegt eher an ihm als an seinem Beruf.

alles/etw. zu/(sehr) rosig malen · to paint a (too) rosy picture of s.th.
Malt der Peter die Berufschancen nicht zu rosig? Als Anwalt hat man heute doch allerhand Schwierigkeiten. – Vielleicht stellt er das ganze in der Tat zu positiv dar.

alles/etw. zu/(sehr) schwarz malen · to paint (too) black a picture of s.th., to be too pessimistic about s.th.
Man kann natürlich nicht leugnen, daß die beruflichen Aussichten für die jungen Leute heute nicht gerade rosig sind. Aber trotzdem: du malst das alles zu schwarz. Die meisten finden doch auch heute eine Stelle.

Malheur: jm. passiert (mal wieder/…) ein Malheur *path od. iron selten* · + to disgrace o.s. (again/…), + to have an accident, + to have a mishap
… Dem Ulrich ist gestern auf dem Empfang natürlich mal wieder ein Malheur passiert! – Ach, du lieber Gott! Was hat er sich denn diesmal geleistet? – Er ist so stürmisch auf die Frau des Botschafters losmarschiert, um sie ganz herzlich zu begrüßen, daß er sie mit aller Kraft auf den Fuß getreten hat!

Maloche: auf Maloche sein *sal selten* · to be at work *n*, to be grafting
(Ein Besucher zu einer Frau, die auf sein Schellen ans Fenster kommt; im Ruhrpott:) Ist der Jupp nich' da? – Nee, der ist auf Maloche. – Wann macht er Feierabend? – Um halb sieben is' er hier.

zur Maloche gehen/müssen *sal selten* – zur/(auf) **Arbeit** gehen · to go to work

Mammon: der schnöde Mammon *geh oft iron* · Mammon, filthy lucre
Nun denk' doch nicht immer nur an den schnöden Mammon, Junge! Bei der Wahl des Berufs solltest du dich zunächst fragen, ob er dir gefällt und ob du dich darin verwirklichen kannst – und nicht, wieviel du da verdienst.

dem Mammon frönen *path od. iron* · to worship Mammon, to serve Mammon
Wenn du den Bollinger zur Mitarbeit gewinnen willst, mußt du ihn gut bezahlen. Du weißt doch, wie sehr der dem Mammon frönt. Wenn er kein dickes Portemonnaie hat, fühlt er sich ganz unglücklich.

Man: der Grand Old Man · the grand old man
Ja, die Rolle des Grand Old Man würde der Genschmann nur zu gerne spielen! Aber so bedeutend war er vielleicht doch nicht, daß man ihm in seinen alten Jahren uneingeschränkte Verehrung entgegenbrächte.

manche(r): gar manche/manches/… *path od. iron* · a good many things, quite a few things
… Wir haben früher auch immer gelacht, wenn die Uschi mit ihren Prophezeiungen anfing. Inzwischen lacht hier keiner mehr; denn gar manches ist eingetreten, was sie vorhergesagt hat. – Da hat sie mal zufällig richtig geraten! – Von wegen, zufällig! Dafür ist die Trefferquote viel zu hoch.

so manche/manches/… *ugs* · quite a few times/…
… Schon so manches Mal habe ich mich gefragt: warum müht sich der Drecker derart ab, wo er es doch gar nicht nötig hat? – Man findet darauf keine 'objektive' Antwort, sooft man auch fragt. Der Mann muß einfach hart arbeiten! Das gehört zu seinem Charakter.

(schon) so mancher *ugs* · quite a few people/…, a good number of people/…
… Du bist nicht der erste, der sich in dem Alten vertut und dann auf den Bauch fällt. Schon so mancher hat gemeint, er könnte mit ihm machen, was will, und nachher ein böses Erwachen erlebt.

Mandat: sein Mandat niederlegen *Pol u. ä. form* · to resign one's seat
… Hast du schon mal erlebt, daß ein Abgeordneter sein Mandat niederlegt? Das gibt's gar nicht mehr. Ganz egal, in welche Affären die verwickelt sind – sie bleiben Abgeordnete.

Mangel: jn. in der Mangel haben *sal* · 1. to give s. o. a roasting, 2. to give s. o. what for
1. vgl. – jn. anständig/… **dazwischen** haben

2. vgl. – es jm. aber (gründlich/tüchtig/anständig) **geben** (dem/der/dem Baumann/... werd' ich es (aber) geben!) (2, 3)

an jm./etw. **ist kein Mangel**/(gibt es keinen Mangel) · 1. 2. 3. there is no shortage of s.th./s.o., there is no lack of s.th./s.o., there is/are plenty of s.th./s.o.
1. An Leuten, die wenig tun und viel verdienen wollen, ist natürlich kein Mangel. Aber an Facharbeitern, die etwas können und die anpacken, daran fehlt's leider.
2. An Katzen ist in unserem Viertel kein Mangel. Man hört sie ganze Nächte lang miauen.
3. An Mut und Begeisterung ist hier kein Mangel. Woran es den Leuten fehlt, sind vernünftige Aufgaben.

jn. **aus Mangel an Beweisen freisprechen** *jur* · to acquit s.o. for lack of evidence
... Wenn sie ihn aus Mangel an Beweisen freigesprochen haben, heißt das nicht, daß er das Verbrechen nicht begangen hat, Erna! Es heißt lediglich, daß sie ihm das nicht nachweisen können.

jn. (regelrecht/...) **durch die Mangel drehen** *sal* · jn. (regelrecht/...) durch die **Mühle** drehen · to (really/...) put s.o. through it, to give s.o. a hard time

(keinen) Mangel leiden/(haben) (an etw.) *form selten* · (not) to be short of s.th., (not) to go without s.th.
... Was hat denn der Krause an dem Wirtschaftssystem auszusetzen?! Er leidet doch keinen Mangel! – Das behauptet er ja auch gar nicht. Im Gegenteil: er sagt selbst, die große Mehrheit hat alles, was sie braucht – ja viel mehr als das. Aber er meint ...

jn. (anständig/...) **in die Mangel nehmen** *sal* · 1. 2. to put s.o. through it, to give s.o. a grilling, to put s.o. through the mangle
1. ... Oh, die haben mich im Mündlichen ganz schön in die Mangel genommen! Von wegen, leicht! Schärfer konnten die mich kaum dazwischennehmen.
2. vgl. – es jm. aber (gründlich/tüchtig/anständig) **geben** (dem/der/dem Baumann/... werd' ich es (aber) geben!)

mangeln: es an etw./nichts mangeln lassen *form veraltend selten* – (eher:) es **fehlen** lassen an etw. (1; u.U. 2) · 1. to do everything for s.o., + to want for nothing (from s.o.), to lack s.th.

Mangels: jn. **wegen Mangels an Beweisen freisprechen** *jur* – jn. aus **Mangel** an Beweisen freisprechen · to acquit s.o. due to lack of evidence

Mangelware: Mangelware sein (in/bei/...) · to be thin on the ground (in/at/...), to be in short supply (in/at/...), to be scarce (in/at/...), to be a rare item (in/at/...)
... Wenn der Robert qualifiziertes Personal hat, kann er sich glücklich schätzen. Denn in unserer Branche ist gutes Personal heute Mangelware. Selbst wenn man sehr gut bezahlt, findet man das nur schwer.

Manier: etw. zu tun **ist keine Manier** *form selten* – es ist keine **Art**, etw. zu tun. · it/that is no way to behave!

(gute) **Manieren haben** *form* – **Benimm** haben · to have good manners, to know how to behave

keine Manieren haben *form* – keinen **Benimm** haben · to have no manners

jm. (noch) **Manieren beibringen** (müssen) *ugs* · to (have to) teach s.o. manners
... Wenn man eine Dame begrüßt, steht man auf, Junge! Dir muß man wohl noch Manieren beibringen, was?!

Mann: Mann, was hab' ich da gezittert/(was) war das für eine Überraschung/...! *ugs* – **Mensch,** ist das eine Frau/was hab' ich da gezittert/...! · my God, I was scared/was that a surprise/...!

zeigen, daß man ein Mann ist/(sich als Mann zeigen) *path* · to show that one is a man
... Das war einmal eine Gelegenheit, in der der Wolfram allen hätte zeigen können, daß er ein Mann ist. Aber er hat eben keinen Mumm, keine Zivilcourage! Darin haben die Leute, die ihn kritisieren, schon Recht.

das/(j.) **ist mein**/sein/... **Mann!** *ugs* · he/s.o. is my/(...) man
(Ein Professor, der einen Assistenten sucht, zu seiner Frau:) Heute morgen hat sich der Dr. Käutner bei mir vorgestellt. Das ist mein Mann! Der hat solide Grundkenntnisse, ist nüchtern, ausgeglichen ... Den nehm' ich. Ich denke, das ist in der schwierigen Situation, in der das Institut steckt, genau der Richtige.

den Ball (**direkt**/genau) **auf den Mann schießen**/werfen/... *Fußball o.ä.* · to shoot/to throw the ball/... straight at s.o.
... Wie kann man denn einen Elfmeter direkt auf den Mann schießen? – Der Kugler war natürlich nervös. – Und da muß er dem Torwart den Ball in die Arme schießen?

der böse/(schwarze) **Mann** *Schreckgestalt, mit der man den Kindern droht selten* · the bogeyman
(Die Mutter zu ihrer kleinen Tochter:) Wenn du jetzt nicht artig bist, Ursel, kommt gleich der böse Mann. Sei vorsichtig! – (Der Vater:) Petra, jetzt bist du ruhig! So ein Unsinn, den Kindern wie zu Großmutters Zeiten mit solch blöden Figuren Angst zu machen!

der dritte Mann *Kartenspiele; u.a. Skat* · a third player, a third person
(A zu B:) Wenn wir einen dritten Mann hätten, könnten wir bis zur Abfahrt des Zugs eine Runde Skat spielen.

der einfache Mann · the man in the street, the ordinary man, the average man/person/..., Joe Bloggs
Natürlich ergeben sich mit der Einbeziehung des Ostblocks in die kapitalistische Wirtschaft für die Industrie neue Märkte. Aber ob der einfache Mann – oder Lieschen Müller – einen Vorteil davon hat, das muß sich noch zeigen.

wie ein Mann sich erheben/herausgehen/hinter jm. stehen/... *path* · to support s.o./... to a man
Als der Chef auf der Sitzung den Schmidt öffentlich angriff, erhoben sich alle Kollegen wie ein Mann und verließen stumm den Saal. Als wenn sie sich abgesprochen hätten: alle genau in demselben Moment. Beeindruckend, sag' ich dir.

etw. **ertragen**/.../sich benehmen/... **wie ein Mann** *oft path* · to take s.th./to behave/... like a man
Ihr Sohn hat die Schmerzen ertragen wie ein Mann, Frau Schill! Auf den Jungen können sie stolz sein.

(...) **das ist ein ganzer Mann** *path selten* – (...,) das ist ein ganzer **Kerl** · s.o. is a splendid fellow, s.o. is a great guy

ein gebrochener Mann sein · to be a broken man
... Seit dem Tod seiner Frau ist der Herr Brösel ein gebrochener Mann. Ich habe ihn seitdem nicht ein einziges Mal mehr lachen sehen.

der gemeine Mann *form* – (eher:) der **Mann** aus dem Volk · the ordinary person, the man in the street

ein (viel) geplagter Mann (sein) *path od. iron* · (to be) a very harassed person
... Ach, Gerd, was hat man von dem ganzen Geld, wenn man keine Zeit mehr hat, nur noch Sorgen ... – Ja, man hat's schwer so als Generaldirektor! ... – Wenn du so ein geplagter Mann wärst wie ich, würde dir der Spott bald vergehen!

schon/... **ein halber Mann (sein)** *ugs* – schon/... eine **halbe** Frau/ein halber Mann/... (sein)/noch/... halbe Kinder/... (sein)/ein halber Jurist/... (sein) · (to be) almost grown-up, (to be) almost a man

ich kenne/(du kennst/...) (doch) **meinen**/(deinen/...) **Mann** *ugs selten* · I know/you know/... him/our Smith/...
Der Winkler will Montag krank gewesen sein? Ach! Ich kenne doch meinen Mann! Der hat bestimmt am Sonntag abend wieder Skat gespielt bis in die Puppen. Am Montag hatte er dann einen Kater, das ist doch klar.

der kleine Mann · 1. a/the little fellow, a/the little man, 2. the ordinary man, the man in the street
1. Was will denn dieser kleine Mann hier? Der versteht doch von dem Vortrag gar nichts. – Natürlich nicht. Ich habe den Jungen mitgebracht, weil ich zu Hause niemanden habe, der auf ihn aufpassen könnte. *iron*

2. vgl. – der **Mann** aus dem Volk *ugs*

bis auf den letzten Mann ... · to a man (they all voted for/... the proposal/...)

... Bis auf den letzten Mann stimmten alle dem Vorschlag des Vorsitzenden zu, den Jahresbeitrag zu erhöhen. Kein einziger war dagegen.

kämpfen/... bis zum letzten Mann *path* · to fight to the last man

Die Verteidiger von 'Fort Alamo' kämpften gegen eine dreißigfache Übermacht buchstäblich bis zum letzten Mann.

(alle) **bis auf den letzten Mann fallen**/aufgerieben werden/ untergehen/... · to be wiped out, to be killed to the last man, to go down without survivors *ship*

... Das Bataillon wurde von den an Zahl und Ausrüstung weit überlegenen feindlichen Truppen bis auf den letzten Mann aufgerieben. Nicht ein einziger unserer Soldaten überlebte die Schlacht.

mein lieber Mann! *ugs* · 1. my God!, 2. wow!, oh boy!, 3. listen here!

1. Mein lieber Mann, du machst dir keine Vorstellung, wieviel Schweiß, wieviele schlaflose Nächte es gekostet hat, in den Nachkriegsjahren dieses Häuschen zu bauen!

2. ... Der hat den zusammengeschlagen, sage ich dir! Mein lieber Mann! So was habe ich noch nicht gesehen.

3. Mein lieber Mann, wenn du meinst, du könntest hier das große Wort führen und mit den anderen machen, was du willst, dann bist du schief gewickelt! Du ordnest dich ganz hübsch ein, wie alle anderen, klar?!

du bist/das/der/der Schmidt/... ist **mein**/(sein/...) **Mann** *path* · you/he/Jones/... are/... just the man/... for me/us/..., you/ he/Jones/... are/... just the man/... we/... need

... Der Krause spricht fließend Englisch und Französisch, hat Auslandserfahrung und ist im Kreditgeschäft mit Südamerika spezialisiert, sagst du? Das ist mein Mann! Den stell' ich sofort ein.

pro Mann (ist/macht das/...) *ugs* – pro **Person** ist/macht das/... (2) · that comes to/... DM 10/... per person/per head

der schwarze Mann *selten* · the bogeyman

Es ist ein schlechtes pädagogisches Mittel, den kleinen Kindern mit dem schwarzen Mann zu drohen. – Das ist doch auch heute nicht mehr Mode, oder? – Wohl nicht. Heute droht man eher mit der Polizei.

selbst ist der Mann! *ugs* · self's the man, if you want something done properly, do it yourself, one/you/... has/... to do things oneself/... *n*

Hast du deinen Gartenzaun selbst gestrichen? – Natürlich. Selbst ist der Mann! – Na, dann kann dir der Mangel an Handwerkern ja nichts anhaben, wenn du alles selbst machst.

blau sein wie (zehn-)tausend Mann *sal* – blau wie ein **Veilchen** (sein) · to be as pissed as a newt, to be legless, to be as drunk as a lord

toter/(alter) **Mann** *Bergwerke o. ä.* · an exhausted/disused/... seam, old workings

Was ist das, 'toter Mann', Papa? – Du meinst: im Bergwerk? – Ja. – Das ist der Teil eines Gangs oder Stollens, der nicht mehr abgebaut wird.

ein gemachter Mann sein · to be made, to have got it made *coll*

... Natürlich mußt du dieses Angebot annehmen! Mit diesem Posten bist du ein gemachter Mann! Sozial und finanziell 'gehörst du dann dazu', und es kann dir nichts mehr passieren.

ein gereifter Mann sein *path od. iron* · to be a mature man, to be an experienced man

... Gut, einem unerfahrenen jungen Mitarbeiter kann meinetwegen schon mal so eine Dummheit passieren! Aber ein gereifter Mann wie der Boll, mit dreißig oder mehr Dienstjahren, allen einschlägigen Erfahrungen: nein, der kann sich so was nicht leisten!

ein geschlagener Mann sein *path selten* · to be a broken man

Der Huber ist ein geschlagener Mann. Zuerst verliert er seine Frau durch eine schwere Krankheit und jetzt ist er dazu noch ohne Arbeit,

weil seine Firma Bankrott gemacht hat. – Ein geschlagener Mann ist er erst, wenn er sich von diesen Schicksalsschlägen besiegt fühlt.

der kommende Mann sein in/bei/... · to be the rising star in/ at/...

Nominell ist der Dietrich noch Parteivorsitzender, aber der eigentliche Drahtzieher ist der Beyer. Das ist der kommende Mann. Noch ein, zwei Jahre, dann hat der die ganze Partei in seiner Hand.

ein toter Mann sein *oft Zukunft sal* · 1. if you/he/..., you'll/... be a dead man, 2. if you/he/..., you'll/... be finished, if you/he/..., you've/... had it, 3. s. o. is finished

1. Wenn der Otto so weitersäuft, ist er in spätestens drei Jahren ein toter Mann. Selbst der robusteste Körper hält so einen Lebenswandel nicht lange aus. Drei Jahre, sag' ich – spätestens! –, dann ist er kaputt.

2. Wenn du dich bei der Abstimmung morgen der Stimme enthältst, bist du ein toter Mann! Mitglieder, die die Parteispitze in so wichtigen Fragen nicht unterstützen, sind erledigt. Da kennen die kein Pardon.

3. Der Böhler sagt ... – Was der Böhler sagt, interessiert doch überhaupt gar nicht. Das ist ein toter Mann in dieser Firma. Seit dem Fiasko in dem Nigeriageschäft – für das er verantwortlich ist – ist dessen Einfluß hier gleich Null. *seltener*

ein weitgereister Mann sein – weit **gereist** sein · to be much travelled, to have travelled a lot

ein Mann der Wissenschaft/der Kunst/... (sein) *path selten* · (to be) a man of science

Wenn schon ein Mann der Wissenschaft wie du das Theoretisieren in der Schule, auf der Universität, in der Verwaltung, in der Bürokratie usw. beklagt, was soll dann erst der Mann auf der Straße sagen?

das/etw. **haut den stärksten Mann aus dem Anzug** *sal selten* – das/etw. wirft/haut den stärksten **Neger** um/(von der Palme) · it/this vodka/... has got a real kick in it, it/this vodka/... will knock you out in no time

alle Mann an Bord · 1. 2. everyone on board

1. (Der Kapitän:) Alle Mann an Bord? – Jawohl, es fehlt niemand. *Schiffahrt*

2. (Ein Lehrer auf einer Klassenfahrt:) (Sind) Alle Mann an Bord? Zähl' doch mal eben durch, Erich, ob auch alle in den Bus eingestiegen sind! *ugs*

Mann über Bord! *Schiffahrt* · man overboard!

Mann über Bord! Stop! Mann über Bord! Werft die Rettungsleiter aus!

der kranke Mann am Bosporus *hist* · the Sick Man of Europe, the Sick Man of the Bosphorus

Seit wann nennt man die Türkei eigentlich den kranken Mann am Bosporus?

jn./etw. **an den Mann bringen** *ugs* · 1. to sell (a product) *n*, to find takers for s. th., 2. to marry off (a daughter), to find a husband for a daughter *n*, 3. to get s. th. across, to find an audience for one's ideas/...

1. Was nützt es dir, wenn du die schönsten Artikel fabrizierst, sie aber nicht an den Mann bringst? Ganz egal, was du machst: erst der Verkauf des Produkts krönt die Arbeit. Das gilt für deine Bücher genauso wie für Butter, Eier, Käse.

2. In diesem verlassenen Nest/Dorf/Städtchen dürfte es für sie nicht einfach sein, ihre Tochter an den Mann zu bringen. Es gibt hier ja kaum junge Leute, die für sie als Ehemann in Frage kämen.

3. Es genügt nicht, viel zu wissen. Man muß sein Wissen auch an den Mann bringen können.

(ein) alter Mann ist doch kein D-Zug (mehr)! *sal* · I/he/... can't go any faster *n*, I/he/... am/... not an express train any more *para*

... Nein, Junge, so schnell komm' ich nicht mit. Ein alter Mann ist doch kein D-Zug mehr! – Aber Opa, das ist doch nicht schnell. – Warte mal ab, bis du mal 70 bist, was du dann sagst.

nicht/ganz der Mann/(kein Mann) **dafür sein** (um) etw. zu tun *form od. iron* · 1. (not) to be (just) the man to do s. th., 2. not to be cut out for s. th./to do s. th. *coll*, + it's not my/ his/... job to ...

1. ... Ja, ja, ausgerechnet dem Lambert werde ich diese Sache anvertrauen! Das ist ganz der Mann dafür, schwierige und harte Ver-

handlungen zu führen! Ausgerechnet so eine Pflaume! Du hast vielleicht Ideen! *iron*
2. vgl. – (nicht) dazu **geboren** sein, etw. zu tun (1; u.U. 2)

nicht/ganz der Mann/(kein Mann) **danach/**(dazu) **sein,** (um)
etw. zu tun *form od. iron* · to be just the man to do s.th./for
s.th., not to be the man for s.th., not to be cut out for s.th.
coll
Der Friedhelm ist nicht geschaffen für den Beruf eines Wirtschaft-
lers. Das/er ist nicht der Mann danach, sich gegen die Konkurrenz
durchzusetzen, rücksichtslos vorzugehen – wie das in diesem Beruf
nun einmal nötig ist. Er ist zu weich dazu.

auf den Mann dressiert sein *Hund* · to be trained to attack
people
Rudi, wenn da steht, daß der Hund auf den Mann dressiert ist, dann
gehst du besser nicht in den Garten, wenn die Leute nicht da sind.
Dann greift er dich an und beißt auch. – Aber ich will den Ball
wiederholen …

ein Mann von Ehren (sein) *path veraltend selten* · (to be) a
man of honour
… Ich bin felsenfest davon überzeugt, daß alles, was wir da zur Zeit
über den Bentheim in der Zeitung lesen, nichts weiter als Verleumdung ist. Ich kenn' den Bentheim. Das ist ein Mann von Ehren. Der
ist zu solch schmutzigen Geschäften, wie man sie ihm vorwirft, gar
nicht fähig.

ein/kein Mann von raschen/(schnellen) **Entschlüssen sein** ·
(not) to be able to decide quickly, (not) to be good at deci-
sion-making
… Ein bißchen wirst du dich gedulden müssen, Bodo. Der Schnitzler
ist kein Mann von raschen Entschlüssen. Der wird sich die Sache erst
mal in aller Ruhe durch den Kopf gehen lassen …

seinen Mann ernähren *veraltend selten* · to provide s.o. with
a living, to enable s.o. to earn a living, to earn s.o. a living
… Wenn der Beruf seinen Mann ernähren würde, hätte ich nicht das
Geringste dagegen, daß mein Sohn Flötist werden will. Aber wer
kann vom Flötenspielen schon leben?

das/j. ist ein Mann vom Fach – (eher:) vom **Fach** sein · s.o.
is a specialist, s.o. is an expert, + s.o. is in the trade/pro-
fession

ein Mann der Feder (sein) *form od. iron veraltend selten* · 1.
2. (to be) a man of letters
1. Viele zeitgenössische Schriftsteller sind zuerst allerlei anderen Berufen nachgegangen, ehe sie ein Mann der Feder wurden.
2. Könntest du mir nicht diesen Werbetext aufsetzen, Fritz? Du als
Mann der Feder verstehst dich da besser drauf als ich.

Mann und Frau · husband and wife
Wenn Mann und Frau zusammenhalten, erklärte er, dann sind doch
alle Schwierigkeiten der Ehe schon halb gelöst.

wie Mann und Frau leben/zusammenleben *form* · to live
together as man and wife
… Wie alt sind der Heiner und die Gisela eigentlich? – Die gehen
beide an die dreißig. Warum? – Na, dann ist ja vielleicht nicht allzu
viel dagegen zu sagen, wenn sie wie Mann und Frau zusammenleben.
– Ich fürchte, Martha, die interessiert das einen Schmarren, ob du
viel oder wenig gegen ihre sogenannte wilde Ehe hast.

Mann und Frau werden *form veraltend* – den **Bund** fürs/(für
das) Leben schließen · to become man and wife

seinen Mann gefunden haben *path selten* · 1. to have met
one's match, to have found one's match, 2. to find the right
man
1. Endlich hat der Bill seinen Mann gefunden! Der Kröger – du
weißt, der junge Mann, der hier vor etwa einem Monat eingezogen
ist – spielt genauso gut Tennis wie er. Jetzt hat er endlich einen
ebenbürtigen Gegner.
2. Nun, hast du endlich deinen Mann gefunden, oder sucht ihr immer noch einen geeigneten Vertreter für eure Firma? – Nein, wir
haben einen qualifizierten Kandidaten aufgetan. Endlich! *seltener*

an/(in) **den Mann gehen** *Fußball u.ä.* · to attack/to go for/…
the man/one's opponent/…, to tackle the man/one's opponent
… Nein, den Hauck mag ich nicht besonders. Der geht mir einfach
zu viel an den Mann statt an den Ball. Deshalb gibt es doch auch
dauernd ein Foul, wenn der aufkreuzt.

Mann Gottes *sal – spiel veraltend selten* · good God!, my
God!
»Mann Gottes!«, rief er, »du mußt auch ein bißchen Vertrauen ha-
ben in das, was du tust! Sonst kannst du keinen Erfolg haben!«

(ein) Mann Gottes (sein) *path veraltend selten* · 1. 2. (to be)
a man of God
1. … Augustinus, ja, das war ein Mann Gottes. Aber diese Bischöfe
heute … – Sie versuchen auch ihr Bestes, Karl!
2. … Ja, einen Mönch oder (Welt-) Priester bezeichnet – oder bezeichnete – man als Mann Gottes, d.h. als einen Mann, der sein
Leben Gott gewidmet hat.

den großen/feinen/reichen/… **Mann herauskehren** *ugs* – den
großen/feinen/reichen/… **Herrn** herauskehren · to show
how important/sophisticated/rich/… one is, to parade one's
importance/wealth/…

sechs/sieben/acht/… **Mann hoch** *ugs* · six/seven/… of us/
them/…
… Und wenn wir jetzt alle zu dem Peter auf die Bude zögen? – Sechs
Mann hoch in dieses kleine Zimmer? Davon wird der Peter nicht
gerade erbaut sein.

alle Mann hoch etw. unternehmen/irgendwohin gehen/…
ugs · the whole lot of us/them/… go somewhere/…, we/
they/… all do s.th./go somewhere/… *n*
… Erst waren wir bis vier Uhr morgens in der Diskothek und dann
sind wir alle Mann hoch zu Franz auf die Bude gezogen und haben
da weitergefeiert.

(mit etw.) bei jm./da **an den falschen/verkehrten/**(unrichti-
gen)/(unrechten) **Mann kommen** *selten nur f. Männer* – (mit
etw.) (bei jm./da) an die falsche/verkehrte/(unrichtige/un-
rechte) **Adresse** kommen/geraten · to come/to have come
to the right/wrong person/place with s.th.

das/etw. **haut den stärksten Mann aus den Latschen** *sal selten* – das/etw. wirft/haut den stärksten **Neger** um/(von der
Palme) · it/this vodka/… has got a real kick in it, it/this vod-
ka/… will knock you out in no time

ein Mann des öffentlichen Lebens (sein) *form* · (to be) a
public figure, (to be) in the public eye
… Ein Mann des öffentlichen Lebens wie der Helmut Bach muß
eben sorgfältig und nach der letzten Mode gekleidet sein, ganz egal,
wie er persönlich zu solchen Dingen steht. Du als Privatmann kannst
dir da natürlich allerhand Freiheiten leisten.

den toten Mann machen *Schwimmen* · to float on one's
back
Im Salzwasser ist es viel leichter als im Süßwasser, den toten Mann
zu machen. Das trägt viel besser; da kann man eine halbe Stunde
ohne Bewegung auf dem Rücken liegen, das ist gar keine Kunst.

Mann an Mann *path selten* · close together
Mann an Mann stehen da mehr als 50.000 Leute und verfolgen, wie
22 Spieler den Ball hin- und herschießen. Man muß sich dieses Mißverhältnis einmal ganz plastisch vor Augen halten!

Mann für Mann *form* · every one of them said/…, to a man
they/… said
Jeder einzelne der Schiffsbesatzung wurde nach seiner Meinung gefragt, einer nach dem andern, und Mann für Mann erklärten sie, daß
sich der Kapitän absolut korrekt verhalten hatte.

Mann gegen Mann kämpfen/… *oft path* · to fight hand to
hand, to fight man against man
Im Mittelalter kämpften die Soldaten Mann gegen Mann. Während
damals die Tapferkeit einzelner kriegsentscheidend war, kommt es
heutzutage darauf an, wer technisch überlegen ist.

von Mann zu Mann sprechen/... *form – path* · to talk to s.o. man to man, to talk straight with s.o.
… Laß uns von Mann zu Mann sprechen, Otto: ich gebe zu ..., auf der anderen Seite mußt du zugeben ... . Unter uns: ich schlage vor, wir begraben den Streit und ziehen in Zukunft an einem Strang. – Einverstanden.

den feinen Mann markieren/mimen *ugs* – den feinen **Herrn** spielen · to give o.s. airs and graces

den großen Mann markieren/mimen *ugs* – den großen **Herrn** spielen · to give o.s. airs and graces

den starken Mann markieren/mimen *ugs* · to throw one's weight around, to act tough, to come the strong man
Komm, Bert, jetzt markier' hier nicht den starken Mann! Es weiß doch jeder hier im Haus, daß du dich im Ernstfall nicht durchsetzen kannst. Es wirkt nur lächerlich, wenn du so mächtig tust.

den wilden Mann markieren/(spielen/machen) *ugs* · s.o. is having one of his fits *sl*, s.o. is raving (again)
Was tobt denn der Brückner da so herum? – Ach, der markiert mal wieder den wilden Mann, weil der Rosenbaum eine Bestellungsliste falsch aufgesetzt hat. Er droht ihm mit Entlassung, mit Gehaltskürzung und was weiß ich noch …

mit Mann und Maus untergehen/... *path* · to go down with all hands, to go down with no survivors
In dem schweren Sturm vom vergangenen Samstag ist vor unserer Küste ein Fischerboot mit Mann und Maus untergegangen. – Wieviele Menschen waren da drin? – 16 oder 17. – Und davon hat sich keiner retten können? – Kein einziger.

der Mann im Mond · the man in the moon
Kennt ihr in Portugal auch die Geschichte vom Mann im Mond? – Du meinst den Schatten im Mond, in dem der Aberglaube einen Mann sah …?

nicht seinen Mann nähren *form veraltend selten* · not to provide a decent living, not to enable s.o. to earn his living, not to earn enough to live on
Wenn der Junge Maler werden will, so ist an sich gar nichts dagegen einzuwenden. Aber er sich schon einmal überlegt, ob dieser Beruf seinen Mann ernährt? – Er meint, er kann davon leben.

ein Mann mit dem Namen Müller/... *iron* · a man by the name of Jones/...
… Und dann taucht da plötzlich ein Mann mit dem Namen Hägele auf und behauptet, das Haus wäre ihm vor 40 Jahren widerrechtlich abgenommen worden. Bisher hatte niemand von diesem Hägele gehört …

jn. **zum Mann nehmen** *form veraltend od. iron* – ≠ (ein Mädchen) zur **Frau** nehmen · to take s.o. as one's husband

einen kleinen Mann im Ohr haben *sal selten* – nicht (so) (ganz/(recht)) bei **Trost** sein (1) · s.o. must be out of his tiny little mind

der richtige/(rechte) **Mann am richtigen/**(rechten) **Platz/** (Ort) sein · to be the right man in the right place
Als Sachverständiger im Auswärtigen Kulturausschuß ist der Herbert genau richtig: er ist sehr gebildet, weit gereist, hat Sinn für die Interessen, Begabungen und Möglichkeiten der verschiedenen Völker, weiß zu organisieren. Das ist genau der richtige Mann am richtigen Platz.

ein Mann der Praxis (sein) · (to be) a man with practical experience
… Der Petersen kennt die wissenschaftlichen Formeln vielleicht nicht; aber der weiß in jedem einzelnen Fall haargenau, um welch ein Material es sich handelt und ob es für den speziellen Auftrag geeignet ist oder nicht. Das ist ein Mann der Praxis. Dem kann nach seinen 30 Berufsjahren keiner mehr was vormachen.

das haut/wirft den stärksten Mann vom Sockel/Stuhl *sal* – das/etw. wirft/haut den stärksten **Neger** um/(von der Palme) · it/this vodka/... has got a real kick in it, it/this vodka/... will knock you out in no time

den dritten Mann spielen *Kartenspiele; u. a. Skat* · to be the third person (in a game of cards)
(In einem Restaurant; A zu B:) Ich würde gern eine Runde Skat spielen. Da drüben steht der Rolf Bausch. Meinst du, der hat Lust, den dritten Mann zu spielen?

den feinen Mann spielen *ugs* – den feinen **Herrn** spielen · to give o.s. airs and graces

den großen Mann spielen *ugs* – den großen **Herrn** spielen · to give o.s. airs and graces

den starken Mann spielen *ugs* – den starken **Mann** markieren/mimen · to throw one's weight around, to act tough, to come the strong man

auf den Mann spielen *Tennis u. ä.* · to play/to hit/... the ball at one's opponent
Gemein, eine solch harte Angabe direkt auf den Mann zu spielen/ (machen)! – Das war nicht extra. Er wollte hart an die Mittellinie spielen.

der (erste) **Mann an der Spritze (sein)** *ugs selten* · (to be) the man/woman/person who has the say/who decides/who is in charge
… Jetzt tu doch nicht so, Richard! Wenn du der Mann an der Spritze wärst, würdest du dann nicht auch dafür sorgen, daß dein Sohn die Stelle kriegt? Das würde doch jeder tun! Es sitzt nur nicht jeder an der Schlüsselstelle.

ein Mann von (hohem) Stand *hist* · a man of high rank
… Mußte 'ein Mann von Stand' ein Adeliger sein? – Nein, Paula; er konnte auch aus dem hohen Bürgertum kommen.

die Besatzung eines Schiffs/... ist ... **Mann stark** *form* – die Besatzung eines Schiffs/... ist ... **Köpfe** stark · + there are 100/... men in the crew

seinen Mann stehen/(stellen) *path* · to hold one's own, to prove o.s., to show one's mettle
Wer in einer so gefährlichen und schwierigen Situation seinen Mann steht – wie der Rückert in der kritischen Phase der Flugzeugentführung –, der wird auch mit den Problemen fertig, die die Erpressungsversuche einer Widerstandsbewegung stellen. Das eine erfordert soviel Mut, Standvermögen, Durchhaltekraft und Umsicht wie das andere.

der Mann auf/(von) **der Straße** *ugs* – der **Mann** aus dem Volk · the ordinary man, the man in the street, Joe Public

der Mann des Tages sein *path selten* – (eher:) der **Held** des Tages sein · to be the man of the moment

einem nackten Mann kann man nicht/schwer/... **in die Tasche greifen** *ugs* · you/one can't get blood out of a stone
… Wenn der Schorner kein Geld hat, hat er kein Geld! Ich weiß nicht, warum du immer wieder bei ihm vorbeifährst, um ihn an seine Schulden zu erinnern. Da ist nun mal nichts zu holen. Einem nackten Mann kann man nicht in die Tasche greifen.

ein Mann der Tat sein · to be a man of action
… Sein Vater war immer ein Mann der Tat. Zeit seines Lebens hat er alle Probleme entschlossen angepackt; langes Zögern lag ihm überhaupt nicht, und noch weniger Sympathie hatte er für alles rein Theoretische.

ein Mann des Todes sein *path selten* · to be a doomed man
… Nein, mit dem Herrn Krall können wir leider nicht mehr rechnen. Leider nicht. Das ist ein Mann des Todes. – Seine Krankheit ist unheilbar? – Ja, Herr Brachthaus.

der Mann aus dem Volk *ugs* · the ordinary man *n*, the man in the street
Wenn sich schon die Spitzen in Wissenschaft, Industrie und Wirtschaft nicht einig sind, welche Politik in der Frage der Kernenergie die richtige ist, wie soll dann der Mann aus dem Volk noch durchblicken?

Mann und Weib *veraltend selten* – **Mann** und Frau · husband and wife

ein Mann von Welt sein *form od. path* · to be a man of the world
... Seine perfekten Umgangsformen, sein sicheres Auftreten und seine überlegene Konversation lassen in ihm den Mann von Welt erkennen.

ein Mann, ein Wort *path od. iron* · a man's word is as good as his bond
... Komm', keine langen Reden! Ja oder nein? Du kennst ja den Spruch: ein Mann, ein Wort (eine Frau, ein Wörterbuch)

ein Mann von Wort sein *path veraltend selten* – zu seinem **Wort** stehen (2) · to be a man of one's word

kein Mann von großen Worten sein · not to be a man for big words/fine words/... *tr*
Also gut, Franz, wenn du meinst, daß wir die Firma noch retten, wenn wir das Risiko gemeinsam tragen ... du weißt: ich bin kein Mann von großen Worten; deshalb nur eins: auf mich kannst du zählen.

sich als Mann zeigen *path veraltend selten* · to act like a man
In der Auseinandersetzung um die Neubesetzung des Generalsekretariats hat sich der Präsident endlich mal als Mann gezeigt und gegen den harten Widerstand der Generalversammlung seinen Kandidaten durchgesetzt.

Männchen: Männchen machen (vor jm.) *ugs* · 1. to grovel to s.o. *n*, 2. to sit up and beg
1. Diesen Martin kann ich einfach nicht mehr sehen! Wie der vor dem Chef herumtänzelt – hier eine Verbeugung, dort ein Bückling: »Jawohl, Herr Direktor!«, »Aber bitte, Herr Direktor!«, »Was brauchen Sie noch, Herr Direktor?«. – Der macht vor jedem Männchen, der irgendwie Einfluß hat.
2. ... Hunde machen Männchen, hm ..., Moment ..., Löwen werden dressiert, um sich auf die Hinterpfoten zu setzen ... – Elefanten vielleicht auch? ... Entsetzlich, die Tiere so zu dienernden Spießbürgern zu dressieren!

Männchen malen *ugs* · to draw matchstick men, to doodle *n*
(Über die Schule:) Was Langweiligeres als diese Biologiestunden kannst du dir gar nicht vorstellen, Mutti. Um die Zeit totzuschlagen, malt die Hälfte der Klasse Männchen. – Und der Lehrer sagt nichts? – Solange wir keinen Lärm machen, läßt er uns gewähren.

Männchen und Weibchen *ugs iron* – (eher:) **Männlein** und Weiblein ... · boys and girls

nicht mehr wissen, ob man (ein) Männchen oder Weibchen ist *sal* · 1. 2. not to know whether one/... is/... coming or going *coll*
1. So durcheinander wie in dieser Prüfung war ich noch nie! Am Ende wußte ich nicht mehr, ob ich ein Männchen oder Weibchen bin.
2. Wenn du so zwei Stunden simultan gedolmetscht hast, weißt du nachher nicht mehr, ob du Männchen oder Weibchen bist. Ich kenne keine Arbeit, die einen derart kaputt macht.

Männerchen: du siehst/der Peter sieht/... wohl Männerchen?! *sal selten* – nicht (so) (ganz/(recht)) bei **Trost** sein (1) · are you/is John/... seeing things?, are you/is he/is John/... all right in the head?

Männerfang: auf Männerfang ausgehen/aussein/gehen *ugs* · to be on the look-out for a man, to be out to find/... a man *coll*
Ob die Alexandra auf Männerfang aus ist oder nicht, ist nicht deine Sache, Klaus. Im übrigen: bist du nicht dauernd hinter einer neuen Freundin her?

Mannesalter: im besten Mannesalter stehen/sein *path od. iron* · to be in the prime of life
... Mit 45, 50 ist er doch nicht alt! Da steht er im besten Mannesalter! – Wenn du das sagst, Ingrid ...

Mannesjahre: in die Mannesjahre kommen *path veraltend selten* · to reach manhood
... Laß den Jungen mal in die Mannesjahre kommen, dann wird er schon anders reden! – Es gibt Leute, Erich, die benehmen sich auch als Mann wie ein kleiner Junge.

Männlein: Männlein und Weiblein ... *ugs* · boys and girls *n*
... Eine Sache ist es, gemeinsam Ski zu laufen, zu tanzen, auszugehen, eine andere, alle zusammen, Männlein und Weiblein, in einem Schlafraum zu übernachten. Oder nicht, Friedel?

Manns: Manns genug sein, (um) etw. zu tun *form – path* · to be man enough to do s.th.
... Du bist doch wohl noch Manns genug, dich gegen deinen 14-jährigen Sohn durchzusetzen! Wenn du das nicht schaffst – wie soll ich als Frau das denn schaffen?

sich Manns genug fühlen, etw. zu tun *form – path* · (not) to feel man enough to do s.th., (not) to feel up to doing s.th. *coll*
... Du fühlst dich nicht Manns genug, dem Chef in der Sache zu widersprechen? Dann müssen wir jemand anders zu unserem Repräsentanten wählen – jemanden, der mehr Courage hat.

Mannschaft: (jn.) **vor versammelter Mannschaft** (tadeln/ohrfeigen/...) *ugs – path* · (to reproach/to humiliate/... s.o.) in front of the assembled company/in front of everybody/...
... Der Klaus hat dem Spieß vor versammelter Mannschaft gesagt, er wäre eine Null und ein Zyniker? – Ja, beim Appell! Da waren alle dabei. – Dann dürfte ihn ja wohl eine saftige Strafe erwarten.

mannshoch: mannshoch (sein/liegen/...) · high as a man, head-high
Bist du schon mal durch mannshohen Schnee gestapft? – Nein. Bei uns liegt der Schnee nie so hoch.

Mannshöhe: in Mannshöhe *selten* · (about) six feet high, at head height
... Ja, und dann hing rechts vor dem Fenster, in Mannshöhe, ein Selbstportrait von Dürer ...

Manschetten: Manschetten haben vor (jm./etw.) *sal* · to be scared of s.o./s.th.
Der Robert hat Manschetten vor dem neuen Abteilungsleiter? – Der Robert hat Angst vor jedem, der über ihm steht.

Mantel: etw. **mit dem Mantel der Barmherzigkeit/Nächstenliebe zudecken/**(bedecken/verhüllen/...) *path selten* · to cover s.o.'s faults/... with the cloak of mercy *rare*, to cover s.o.'s faults/... with the cloak of charity
Natürlich kann man seine Nachlässigkeiten mit dem Mantel der Nächstenliebe zudecken und sagen: »der arme Amann ist krank; er kann nicht mehr leisten.« Aber dann muß man in Kauf nehmen, daß der Dienst ständig schlecht gemacht wird und Hunderte von Menschen darunter leiden.

den Mantel des Schweigens um etw. **hüllen** *form – path* – sich (über jn./etw.) in **Schweigen** hüllen · to draw a cloak of silence over s.th.

etw. **mit dem Mantel der Vergessenheit einhüllen/**(zudecken/bedecken/...) *form – path selten* · to cover s.th. with the cloak of oblivion *rare*, to forgive and forget
... Der Block hat nie mehr von der Scheckfälschung gesprochen! – Taktvoll und anständig, wie er ist, hat er die Sache mit dem Mantel der Vergessenheit eingehüllt. Wenn du dir jetzt nichts mehr zuschulden kommen läßt, ist für ihn die Angelegenheit erledigt.

den/(seinen) **Mantel nach dem Wind hängen/**(kehren/drehen) *ugs selten* – sein/(das) **Mäntelchen** nach dem Wind hängen/(kehren/drehen) · to trim one's sails to the wind, to be a trimmer

Mantel-und-Degen-: Mantel-und-Degen-Filme/–(Geschichten) *veraltend selten* · cloak-and-dagger stories/films/...
... »Das Genre der Mantel-und-Degen-Filme«, erklärte er, »ist heute nicht mehr gefragt. Ritterfilme und dergleichen kommen beim Publikum nicht mehr an«.

Mäntelchen: Betrügereien/... ein **Mäntelchen umhängen** *ugs* · to cover s.th. up, to gloss over s.th.
Es hat gar keinen Zweck, Hilde, den Betrügereien, die sich der Junge geleistet hat, ein Mäntelchen umzuhängen. Ganz im Gegenteil: es ist viel besser für seine weitere Entwicklung, wenn man die Dinge offen beim Namen nennt und ihm gleichzeitig klarmacht, daß die Geschichte für uns erledigt ist, wenn er sich in Zukunft anders verhält – aber nur dann!

sein/(das) **Mäntelchen nach dem Wind hängen**/(kehren/drehen) *ugs* · to trim one's sails to the wind, to be a trimmer *rare*

Auf den Hundt kannst du dich nicht verlassen. Der sagt heute dies und morgen jenes, verteidigt heute die Kommunisten und morgen die Kapitalisten – je nachdem, wer gerade am Ruder ist. Dieser Mann hängt sein Mäntelchen nach dem Wind, das weiß doch jeder hier.

Manuskript: etw. ohne Manuskript erläutern/vortragen/... · to talk/... without notes

... Das hättest du mal sehen sollen, wie der da ohne Manuskript – ja, ohne jede Vorbereitung – einen Gesamtüberblick über die Lage in Peru gab! Alles aus dem Kopf, in freier Rede – toll, sag' ich dir!

Märchen: ..., das ist wie im/(ein) **Märchen** *path* · to be like a fairy-tale

Die Schiffsreise durch die griechische Inselwelt, die wir im vergangenen Sommer gemacht haben, das war wie im Märchen. Die ganzen vier Wochen strahlend blauer Himmel; eine Insel einladender als die andere ...

(jm.) **Märchen erzählen wollen**/keine Märchen erzählen können/... *sal* · to tell s.o. fairy tales, don't give me that!, tell that to the marines!

... Krank gewesen?! Du kannst mir doch keine Märchen erzählen! Die Irmtraut hat dich vorgestern doch in der Stadt gesehen! Warum bist du also nicht zur Arbeit gekommen?

an (js.) **Märchen glauben** *sal* · to believe in fairy tales

Du willst die Eiger-Nordwand im vergangenen Winter bestiegen haben? Das kannst du deiner Großmutter erzählen, die glaubt vielleicht an Märchen.

Maria: Maria und Josef! *path veraltend selten* – (ach) du lieber **Gott!** · Jesus, Mary and Joseph!

Marine: zur Marine gehen · to join the navy

(Ein Abiturient:) Wenn ich wirklich zum Bund muß, gehe ich zur Marine. – Da mußt du aber länger machen als bei der Armee! – Das ist mir egal. Ich bin gern auf See.

Mark: keine müde Mark *ugs Neol* · not a penny

... Nein, für so einen Unsinn gebe ich keine müde Mark aus! Keinen Pfennig, Doris!

jn. **bis aufs Mark quälen**/schikanieren/... *path veraltend selten* – jn. bis aufs **Blut** peinigen/quälen/reizen/(ärgern/hassen/...) · to torment s.o. mercilessly, to torture s.o. till he can take it no more, to worry/to pester/... the life out of s.o.

etw. **kann einem**/(jm.) **Mark und Bein erweichen** *path veraltend selten* · to go right through s.o. *coll*

... Die Schreie der Verunglückten konnten einem Mark und Bein erweichen. Welch eine Kraft so ein Arzt braucht, um dabei die Nerven zu behalten!

jm. **durch Mark und Bein gehen**/(dringen) *path* – jm. **durchund durchgehen** · to go right through s.o.

jn. **bis ins Mark erschrecken** *path veraltend selten* – das **Blut** erstarrt/gefriert/stockt/gerinnt jm. in den Adern · to go right through s.o., to make s.o.'s blood curdle

(kein) Mark in den Knochen haben *path selten* · 1. 2. to have (no) guts *sl*, 2. to be spineless

1. ... Diese Angelegenheit verlangt Mut und Standvermögen. Da können wir Leute, die kein Mark in den Knochen haben, nicht gebrauchen.

2. vgl. – (kein) **Rückgrat** haben

den anderen/... **das Mark aus den Knochen saugen** *path veraltend selten* · to bleed s.o. white, to bleed s.o. dry

Dieser Rauschnitz, das ist ein richtiger Blutegel, der den Leuten das Mark aus den Knochen saugt. Aber wirklich! Die Leute derart auszunutzen, ja auszusaugen, wie der das tut ...

die/eine **schnelle Mark machen**/(verdienen) *ugs Neol* · to make a quick buck

... Wenn du die schnelle Mark machen willst, mußt du nach Rußland gehen. Da kann man heute in Null Komma nichts steinreich werden.

jm. **durch Mark und Pfennig gehen**/(dringen) *ugs scherzh* – (eher:) jm. **durch- und durchgehen** · to go right through s.o., to make s.o.'s blood curdle

..., **dann ist die Mark nur noch fünfzig Pfennig wert** *ugs* · your/one's money doesn't go half as far *n*, one/... spends one's money twice as fast *n*, twopenny buns are fourpence when ...

... Jochen, du wirst schon sehen, wenn du erst eine Freundin hast, dann ist die Mark nur noch fünfzig Pfennig wert. Frauen wollen ausgeführt und eingeladen werden, das kostet alles ein Heidengeld.

mit jeder Mark rechnen (müssen) · to (have to) watch every penny *coll*, to (have to) count every penny *coll*

... Aber Karl, wenn der Udo nicht im Ritz essen will, hat das nichts mit Geiz zu tun. Der Udo verdient höchstens die Hälfte von dem, was du hast, und hat vier Kinder zu versorgen. Der muß mit jeder Mark rechnen, ob er will oder nicht.

jn. **(bis) ins Mark treffen** *path veraltend selten* – (jn.) bis ins **Innerste** treffen/(beleidigt/verletzt/berührt/...) (1) · to cut s.o. to the quick

jede Mark erst (zehn/zig/... Mal) **umdrehen, bevor man sie ausgibt**/... *ugs* · to have to think twice before spending anything *n*, to have to watch every penny, to turn over every penny, to count every penny

Die Eva willst du um 2.000,– Mark bitten? Da kommst du an die Richtige! Die dreht doch schon, wenn es sich um ihre eigenen Dinge handelt, jede Mark erst zehn Mal um, ehe sie sich entschließt, sie auszugeben.

Marke: eine sonderbare/komische/seltsame Marke sein *ugs* – ein sonderbarer/komischer/wunderlicher **Heiliger** sein · to be an oddball/an odd character/a queer fish

eine **tolle Marke sein**/(ja) (vielleicht) eine Marke sein *ugs* · to be a real character, to be quite a character, to be a real card *rare*, to be a real wag *rare*

Der Willi ist wirklich eine tolle Marke. Der hat einen Witz, da ist alles dran; und der zieht die Leute durch den Kakao, das ist eine wahre Wonne. – Und man kann ihm überhaupt nichts übelnehmen, diesem Mann!

(...) **Marke Eigenbau** *ugs iron* · the bike/... is home-made *n*

Was hat denn der Ulli da für ein Fahrrad? – Marke Eigenbau! Das hat er sich aus den alten Teilen der Räder seiner Geschwister zusammengebastelt. – Im Ernst?

eine **Marke für sich sein** *ugs* · to be quite a character, to be a real wag *rare*

... Ja, ja, der Robert, das ist eine Marke für sich. Mit seinen bald lustigen, bald skurrilen Bemerkungen nimmt er die Leute immer wieder für sich ein.

etw. **auf Marken kaufen**/... · to buy s.th. on coupons

... War das eine Zeit, nach dem Krieg, als alles rationiert war und man selbst die notwendigsten Dinge wie Brot, Butter, Zucker usw. nur auf Marken kaufen konnte! ... Der liebe Gott gebe, daß so etwas nicht nochmal wiederkommt!

markieren: den großen Interpreten/.../den Beleidigten/... **markieren** *ugs* – den großen Interpreten/.../den Beleidigten/... **spielen** · to act the great expert/critic/..., to pretend to be offended/...

Markstein: einen Markstein bilden in ... *path* · to be a milestone in the history of ...

Einsteins Darstellung der Relativitätstheorie bildet einen Markstein in der Geschichte der modernen Physik. Noch nach Jahrhunderten wird man sich an diese außerordentliche Leistung erinnern.

Markt: ein grauer Markt · a grey market

... Ist der Handel mit Kokain denn da erlaubt? – Offiziell natürlich nicht. Das ist so ein grauer Markt, in den die Regierung nicht eingreift, wegen der Devisen.

der schwarze Markt · the black market
Nach dem Krieg hat unsere Mutter fast ihren gesamten Schmuck auf dem schwarzen Markt gegen Lebensmittel eingetauscht.

Waren/... auf den Markt bringen · to put (a product/...) on the market, to launch a product/..., to market a product/...
Schuckert hat schon wieder eine neue elektrische Zahnbürste auf den Markt gebracht! – Wann? – Wie ich hörte, wird sie seit zwei Wochen verkauft.

den Markt drücken *Handel veraltend* · to push down prices, to depress the market
... Mit aller Gewalt versuchte die Konkurrenz, den Markt zu drükken, indem sie in großen Mengen billigere Platten herausbrachte. Eine Zeitlang sah es schlecht für uns aus, aber dann ...

der Markt ist übersättigt *form Handel* · the market is saturated
... Ich weiß nicht, ob es Sinn hat, neue Apfelplantagen anzulegen. Der Markt ist schon jetzt übersättigt. – Aber was soll man denn anbauen? Es gibt doch von allem zu viel.

etw. ist vom Markt verschwunden · to have disappeared from the market
Seltsam, kaum kommt ein neues Modell heraus, dann sind die alten nach kürzester Zeit vom Markt verschwunden. – In deiner Branche vielleicht. In vielen Bereichen ist das ganz anders; da findest du alte und neue Modelle nebeneinander.

Waren/... auf den Markt werfen · to flood the market with goods/products/...
Es ist immer wieder überraschend, daß sich für all die Artikel, die die Industrie tagtäglich auf den Markt wirft, auch Käufer finden.

neue Märkte erschließen (für den Verkauf/...) *Wirtschaft* · to open up new markets
Wenn es uns nicht gelingt, für unsere Produkte neue Märkte zu erschließen, werden wir die Krise nicht überwinden. Wo wir bisher verkaufen, können wir den Umsatz nicht steigern, und ohne Umsatzsteigerung können wir die steigenden Kosten nicht auffangen ...

Marktlücke: eine Marktlücke entdecken/schließen · to discover/to fill/... a gap in the market
Mit der 'kleinen G/S', der 'R50 G/S' hat HPN eine echte Marktlücke geschlossen. Denn bisher gab es für den Endurofahrer und Anhänger der grün-weißen Marke keine Maschine, die eine ausreichende Leistung (45 PS) mit einem niedrigen Gewicht (unter 160 kg) verbindet.

in eine Marktlücke stoßen (mit etw.) *form* · to fill a gap in the market
... Ach, so hin und wieder, meinte er, kommt das auch noch in unserer übersättigten Wirtschaft vor, daß ein Unternehmen mit einem Artikel in eine Marktlücke stößt. Denke etwa an die Kofferkulis am Bahnhof oder an die Koffer mit Rädern – so etwas gab es vorher nicht und es wird gebraucht.

Marktwert: etw. zum vollen Marktwert kaufen/verkaufen/... *form* · to buy/to sell/... s.th. at the (full) market value
... Ich gebe zu, die Schuhe sind nicht getragen. Aber trotzdem: du wirst sie dem Paul doch nicht 'zum vollen Marktwert' – d.h. zum Neupreis – verkaufen? – Aber warum denn nicht? Gibt der mir etwa etwas billiger? – Aber du kannst sie doch nicht brauchen, weil sie dir zu eng sind! – Das ist doch für den Paul kein Nachteil!

Marmor: kalt wie Marmor sein *path veraltend selten* · to be as cold as marble, to be as cold as ice
... Nichts kann diese Frau rühren! Sie ist kalt wie Marmor!

Marsch: jm. den Marsch blasen *ugs* · to give s.o. a rocket
Der Schmidt will nicht arbeiten? Dann werden wir ihm mal gehörig den Marsch blasen. Entweder er packt genauso mit an wie alle anderen, oder sucht sich einen anderen Job. Von wegen, hier eine Sonderrolle beanspruchen!

der (lange) Marsch durch die Institutionen *Pol* · the long march through the institutions, a strategy of entryism
... Ich glaube nicht an die Revolution. Und schon gar nicht glaube ich daran, die Gesellschaft gleichsam von außen ändern zu können. Der einzige Weg ist der Marsch durch die Institutionen. – Glaubst du, daß Änderungen innerhalb des Systems so einfach sind?

jn. in Marsch setzen *sal selten* · to send s.o. off
... Was, die Sendung an Schuckert ist immer noch nicht herausgegangen? Da muß man sofort den Wallmann in Marsch setzen. Der muß sofort zur Post fahren und das Paket abschicken.

sich in Marsch setzen *form* · to march off, to get moving, to move off
Kaum war der Kompaniechef angekommen, setzten sich alle Truppen in Marsch. Es ging Richtung Olshausen.

Marschallstab: den Marschallstab im Tornister tragen *form – path veraltend selten* · to carry a field marshal's baton in one's knapsack
Daß der Ruppermund eine großartige Karriere beim Militär machen würde, war nach seinen faszinierenden Leistungen bei den Manövern 1981 zu erwarten. Seit der Zeit trug er, wie man so sagt, den Marschallstab im Tornister.

Martern: Martern erdulden/erleiden/ertragen *path veraltend selten* · to put up with/... torments
... Lieber sterben, als solche Martern erleiden, wie sie die Berta erleiden mußte! – Das sagt man so, Rudolf! ...

Märtyrer: jn. zum Märtyrer machen · to make a martyr of s.o.
(Der Parteivorsitzende zu seinem Pressereferenten:) Sorgen Sie dafür, daß die Attacken gegen den Oppositionsführer eingestellt werden! Der Mann ist ohnehin nicht mehr gefährlich. Noch ein paar solcher vernichtender – und teilweise ungerechter – Artikel, und man macht ihn zum Märtyrer. Das würde uns doch nur schaden!

Märtyrertod: den Märtyrertod sterben/erleiden *rel* · to die a martyr's death
... Der eine, Klaus, erlitt den Märtyrertod durch Steinigung, wie der heilige Stephanus, der andere wurde aufgehängt, der dritte den Löwen zum Fraß vorgeworfen ...

Martyrium: ein wahres/(richtiges) Martyrium sein *path selten* · to be (a real/...) ordeal, to be (absolute/...) torture
An dieser Schule zu unterrichten, wissen Sie, ist ein wahres Martyrium: unerzogene und lernunwillige Schüler, schnöselige Eltern, keine Deckung durch das Ministerium, ein lavierender Direktor. Können Sie sich vorstellen, was man da mitmacht?

Märzveilchen: blau wie ein Märzveilchen sein *scherzh selten –* blau wie ein **Veilchen** (sein) · to be blotto/plastered/sloshed/...

Masche: das/(etw.) ist die (richtige) Masche *sal* · that's the trick *coll*, that's the thing *coll*
Wenn du wenig arbeiten willst, erklärte er, mußt du alle zwei Jahre ein Jahr den Arbeitslosen spielen. Das ist die Masche, sag' ich dir; neben dem Arbeitslosengeld kannst du dir dann noch allerhand schwarz verdienen ...

das/(etw.) ist die/js. neue/neuste Masche (von jm.) *sal* · it/ s.th. is s.o.'s latest trick *coll*, it/s.th. is the latest fad *n*, it/s.th. is the latest thing/the latest craze *coll*
... Jetzt hat der Bentel sich schon dreimal entschuldigen lassen, er müsse dringend ins Ausland fahren. – Das ist seine neue Masche: wenn er unangenehmen Verhandlungen aus dem Weg gehen will, schiebt er eine Auslandsreise vor. Früher hieß es in solchen Fällen, er wäre krank.

das/(etw.) ist (doch) (alles) nur/bloß Masche *ugs* · it's all (just) a con, it's all (just) a trick
... Ach, sein dauerndes Plädieren für eine christliche Politik, das ist doch alles nur Masche! Er will Einfluß bei den christlichen Parteien kriegen, weil die nun mal am Ruder sind; das Christentum ist ihm schnurzegal, das ist alles nur gespielt.

das/(etw.) ist die sanfte Masche *sal* – (eher:) das/(etw.) ist die sanfte **Tour** · it/s.th. is a/the gentle approach, it/s.th. is a/the diplomatic approach

auf die sanfte Masche *sal* – auf die sanfte **Tour** (2) · (to achieve s.th./...) by gentle/gradual/... methods

so seine (bestimmte/...) Masche drauf haben *ugs Neol* · to have a trick, to have a knack
... Ich versteh' das nicht, wie der Heinz eine Frau nach der anderen durchziehen kann! – Der hat so seine Masche drauf. Entweder spielt

er den welterfahrenen Lebemann oder aber er markiert den mitleidsbedürftigen Schüchternen, den niemand mag. Auf die eine oder die andere Tour kommt er dann meistens zum Ziel.

die Masche heraushaben (wie man etw. macht) *sal* – den (richtigen) **Dreh** (fein) heraushaben/(weghaben) (wie man etw. macht) (2) · to have got the knack of doing s. th.

(etw.) (immer/…) nach der/**auf die gleiche Masche probieren**/(…) *ugs* · to keep trying/… the same old trick
… Der Hannes macht Frauen immer auf die gleiche Masche an. Mich wundert es nur, daß er auf seine primitive Tour auch noch so viel Erfolg hat.

eine Masche läuft an js. **Strumpf**/(…) – eine **Laufmasche** (am Strumpf/(…)) haben · + s. o.'s stockings are laddering

die Masche zieht bei jm. **nicht** *sal* · that trick won't get you/… anywhere *coll*, that trick won't cut any ice with him/ Smith/…
… Und wenn ich sage, wegen der Krankheit meiner Mutter hätte ich die Arbeit bisher nicht machen können? – Nein, die Masche zieht bei dem Schröder nicht. Mit so billigen Erklärungen kommt man bei dem nicht durch.

jm. **durch die Maschen gehen** *ugs* · to slip through s. o.'s net
Wir hatten verdammt Glück, daß wir den Zollbeamten mit unseren 50 Flaschen Wein durch die Maschen gegangen sind! – Bei den Massen, die hier die Grenze überqueren, können sie nicht jeden einzelnen kontrollieren.

jm. **in die Maschen gehen** *ugs selten* – jm. ins **Netz** gehen · to fall into s. o.'s trap

durch die Maschen des Gesetzes schlüpfen *ugs* – eine **Lücke**/ Lücken im Gesetz entdecken/… · to discover/… a loophole in the law

Maschenwerk: sich im Maschenwerk der Paragraphen/… **verfangen**/(verstricken) *form – path selten* – (eher:) sich im **Netzwerk** der Paragraphen/… verfangen/(verstricken) · to become entangled in a network of clauses/…

Maschine: das/(j.) **ist eine richtige/**… **Maschine** *eher v. Frauen sal* · she/Mrs. Jones/… is a great hulk of a woman
… Die Frau Mertens – das ist doch eine richtige Maschine! – Udo! Wie redest du denn da von anderen Menschen?! So was sagt man nicht, und wenn jemand noch so 'Maschinen' dick ist.

wie eine Maschine arbeiten *ugs – path* · to work like a machine/like machines, to work like a beaver
… Deine Leute arbeiten wie eine Maschine, von morgens bis abends soz. ohne Pause! Ich habe so etwas noch nicht gesehen.

jm. etw. **in die Maschine diktieren** · to dictate a letter straight on to the typewriter
… Komm', ich diktier' dir den Brief eben in die Maschine, Henriette, dann ist er im Nu geschrieben.

Maschine schreiben · to type
… Maschine schreiben ist schon fast passé, mein Lieber! Heute schreiben die jungen Leute ihre Texte mit dem Computer.

Maschinerie: in die Maschinerie der Justiz/… **geraten** *form* · to get caught in the machinery of justice/…, to get caught in the wheels of justice/…
Wenn du die Genehmigung nicht rasch und ohne Komplikationen bekommst, dann laß lieber die Finger von dem Projekt! Denn wenn du erst mal in die Maschinerie der Bürokratie gerätst, kommst du da nicht mehr heraus; ja, dann kommst du zu gar nichts mehr.

Maske: unter der Maske der Freundschaft/des Vertrauens/… · under the guise of friendship/trust/…
Unter der Maske des Vertrauens, ja, der Freundschaft horcht der Bosch uns nach unseren Plänen aus, um uns dann hinterherum zu schädigen. Nein, dieser Mann ist ein ausgesprochener Heuchler!

die Maske fallen lassen/(ablegen/abwerfen/lüften/von sich werfen) *path* · to show one's true face
Gestern hat der Kolb endlich die Maske fallen lassen. In seiner Antwort auf Alois' Frage hat er ganz offen gezeigt, daß er es für seine 'Pflicht' hält, den Chef von allem zu unterrichten, was in unserer Abteilung vorgeht.

jm. **die Maske vom Gesicht reißen**/(herunterreißen/abreißen) *path* · to unmask s. o.
… Dieser Odebrecht ist der verlogenste und scheinheiligste Kerl, den ich bis heute gesehen habe! Ich weiß ganz genau, daß er den Chef immer ganz genau über alles unterrichtet, was in unserer Abteilung passiert. Aber warte, dem werd' ich noch die Maske vom Gesicht reißen!

Maske machen *Schauspieler* · to do one's make up, to make o. s./s. o. up
(Vor einer Aufführung, ein Schauspieler zum anderen:) … Du, über das Thema müssen wir ein anderes Mal weitersprechen; jetzt habe ich keine Zeit mehr, ich muß noch Maske machen. Du hast, wie ich sehe, deine Prozedur ja schon hinter dir.

in die Maske müssen *Schauspieler* – **Maske** machen · to (have to) do one's make up, to (have to) make o. s./s. o. up

Maß: in beschränktem Maß(e) (gilt das auch für/…) *form* · it/that applies/… to a certain/some/a lesser extent/… to …
Der Karl-Heinz muß sich gewaltig am Riemen reißen, wenn er nicht sitzen bleiben will. Aber in beschränktem Maße gilt das auch für dich, Hansgert. Du stehst zwar besser als der Karl-Heinz; aber deine Versetzung ist auch noch lange nicht gesichert.

in besonderem Maß(e) … · in particular …, particularly …
(Aus einem Vorwort:) Allen, die zum Gelingen dieses Buchs beigetragen haben, sei an dieser Stelle aufrichtig gedankt. In besonderem Maße gilt mein Dank Herrn Prof. Mansfeld, der die Arbeit von Anfang bis Ende unermüdlich begleitet hat und …

in demselben/dem gleichen Maß(e) (wie …) · just as much as …, to the same extent that …
In demselben Maße, wie seine Einnahmen zunehmen, steigen auch seine Ausgaben. Das entspricht sich haargenau.

in erfreulichem Maß(e) … *form* · to a gratifying/pleasing/ encouraging/… extent
(Aus einem Abschlußbericht einer Jugendgruppe:) Da uns die Stadt in so erfreulichem Maße unterstützt hat, übertrafen die Einnahmen unserer Sammlung alle Erwartungen. Ohne diese Unterstützung – für die wir bei dieser Gelegenheit nochmals aufrichtig danken – wäre das Ergebnis …

in (nicht) geringem Maß(e) … · to a certain extent, in no small measure
… Nicht nur die unzureichenden finanziellen Mittel sind an der vieldiskutierten Universitätsmisere schuld, erklärte er; in nicht geringem Maße sind sie auch durch bestimmte Verhaltensformen der Dozenten und Studenten bedingt. So …

in gewissem Maß(e)/in einem gewissen Maß(e) · 1. 2. to a certain extent
1. vgl. – in gewissem **Grad(e)**
2. vgl. – bis zu einem gewissen **Grad(e)**

in großem Maß(e) … – in hohem **Grad(e)**/(im hohen Grad(e)/in einem hohen Grad(e)) (1) · to a large/great/… extent

in höchstem Maß(e) *path* · highly …, extremely …
Die Frau Schopf ist in höchstem Maße unzuverlässig. Es mag ja sein, daß sie persönliche Gründe dafür hat; aber so unzuverlässig war noch keine Sekretärin hier.

in hohem Maße/(im hohen Maße/in einem hohen Maße) – in hohem **Grad(e)**/(im hohen Grad(e)/(in einem hohen Grad(e)) (1; u. U. 2) · to a large/great/… extent

in einem so hohen Maß(e) (daß …) *form* – (eher:) in einem so hohen **Grad(e)**, daß/… · to such an extent that …

Hemden/…/ein Debüt/… **nach Maß** · 1. shirts/… made to measure, 2. a perfect/… debut/start/…
1. … Wer trägt denn heute noch Hemden nach Maß? Selbst Anzüge und Kleider kaufen doch die allermeisten Leute von der Stange!
2. (Aus der Zeitung:) … Das war eine Wahlkampferöffnung nach Maß: ein glänzend gelaunter Kanzler, eine brechend volle Halle, eine begeisternde Rede … Besser hätte die Regierungspartei nicht starten können. *form*

sich einen Anzug/ein Kleid/... **nach Maß anfertigen/machen lassen/**... · to have a suit/dress made to measure
Hast du dir den Anzug nach Maß machen lassen? – Nein, den habe ich von der Stange gekauft, wie alle anderen auch. Warum? – Der sitzt derart gut, daß man meint, daß er vom Schneider ist.

in natürlichem/vergrößertem/verkleinertem Maß *selten* – in natürlichem/vergrößertem/verkleinertem **Maßstab** · (on a/an) enlarged/reduced/... scale, in 1 to 1 format/enlarged/reduced format/scale, on a large/small/... scale

(für ...) in reichem Maß(e) (gesorgt sein/vorsorgen/Rücklagen machen/...) *form* · + to make ample/generous/... provision for s.o.
... Ihr Vater wußte, daß er nicht alt würde; für das finanzielle Wohlergehen seiner Kinder hat er daher in reichem Maße vorgesorgt. – Und ob! Denen geht es weit besser als den meisten, deren Väter sehr alt werden.

in einem solchen Maß(e), daß ... *form* · to be so lazy/stupid/... that ...
Der Gerd ist in einem solchen Maße faul und unerzogen, daß wir ihn unmöglich weiter hier beschäftigen können.

in (noch) (viel/weitaus) stärkerem Maß(e) (als ...) *form* · to a far greater extent than ..., far more than ...
Der Büchner erkundigt sich regelmäßig, wie es um den Export steht, das ist richtig. Aber in noch weitaus stärkerem Maße (als er) ist der Boost daran interessiert, wie sich die Geschäfte nach Übersee entwickeln.

in vollem Maß(e) zutreffen/... *form* · to be absolutely accurate/correct/...
Ist seine Behauptung, daß ... denn richtig? – Sie scheint in der Tat in vollem Maße zuzutreffen. Was wir von Fachleuten dazu hören, bestätigt sie jedenfalls ohne Einschränkung.

in zunehmendem Maß(e) *form* · increasingly
Als der Drewert hier anfing, war er fleißig und strebsam. Aber in letzter Zeit wird er in zunehmendem Maße träge und gleichgültig. Er hat zu Hause immer mehr Sorgen.

in einem Maß(e), daß ... *form* – in einem solchen **Maß(e), daß** ... · to be so lazy/stupid/... that ...

in dem Maß(e), wie ... – in demselben/dem gleichen **Maß(e) (wie ...)** · just as much as ..., to the same extent that ...

ein gerüttelt'/gerütteltes Maß an Schuld/Verantwortung/Sorgen/... haben *form* · to (have to) take/to bear a large share/part of (the) blame/responsibility/..., to (have to) take/to bear a fair amount/a good measure/... of blame/responsibility/...
Wenn der Klaus in der Schule schlecht steht, tragen seine Eltern ein gerüttelt' Maß an Verantwortung. Sie kümmern sich nie um seine Schularbeiten, ja, geben dem Jungen den Eindruck, als interessiere sie die Schule überhaupt gar nicht.

ein gewisses Maß an/(von) ... · a certain amount of ...
... Einverstanden, sagte er, ein gewisses Maß an Raffinesse ist in diesem Leben einfach nötig – sonst kommt man nicht durch. Aber es sollte nicht zu viel sein ...

(jm.) ein hohes Maß an Verständnis/Vertrauen/... (entgegenbringen) *form* · to show/... a great deal of understanding/a high degree of sympathy/a considerable understanding of ...
Obwohl unser neuer Personalchef die hiesige Mentalität kaum kennt, bringt er unseren Mitarbeitern ein hohes Maß an Verständnis für ihre persönlichen Probleme entgegen. – Er hat viel Einfühlungsvermögen.

das Maß der/aller Dinge *form* · the measure of all things
Wenn es heißt: 'der Mensch ist das Maß aller Dinge', erklärte der Großvater, dann soll damit doch wohl gesagt sein: 'Richtschnur soll in allem das – und nur das – sein, was dem Menschen wirklich zugutekommt.

das richtige Maß finden · to strike the right balance
(Ein Sprachlehrer zu neuen Schülern:) Und dann muß man wissen, wieviele Vokabeln man auf einmal lernen und behalten kann. Auch hier gilt: nicht zu viel und nicht zu wenig! Das müssen Sie selbst für

sich herausfinden. In zwei, drei Wochen werden Sie das richtige Maß schon finden. ...

nach unser aller Maß gemacht sein *form* – *path veraltend selten* · to be just like everybody else, to be a human being like everyone else
... Glaubt ihr denn, dieser Mann wäre etwas Besseres? Er ist nach unser aller Maß gemacht, und es gibt nicht die geringste Veranlassung, ihm blind zu folgen.

(das richtige/(rechte)) Maß halten · to be moderate, to practise moderation
Wenn man nicht zuviel Bier trinkt, ist es auch nicht schädlich. Das ist wie in anderen Dingen des Lebens auch: man muß Maß halten (können). – Kannst du das, dich einschränken, Maß halten? Ich übertreibe nicht?

über alles Maß hinausgehen *path veraltend selten* · to exceed/to go beyond/(...) all bounds
... Seine Verantwortungslosigkeit geht inzwischen über alles Maß hinaus. Es ist ihm offenbar völlig gleichgültig, was aus seiner Frau, aus seinen Kindern wird; er kümmert sich um nichts mehr.

über das übliche Maß hinausgehen · to be well above average, to be exceptional, to go well beyond the norm
... Nein, ihre Hilfsbereitschaft geht wirklich über das übliche Maß hinaus. Ich kenne jedenfalls niemanden, der so hilfsbereit wäre wie die Mechtild.

das Maß der Geduld/Nachgiebigkeit/... (von jm.) läuft (langsam/allmählich/...) über *form* – das **Maß** der Geduld/Nachgiebigkeit/... (von jm.) ist voll · s.o.'s patience/generosity/... is (slowly/gradually/...) running out

alles/verschiedene Dinge/... mit demselben Maß messen · 1. to judge everything/different people/... by the same standards, 2. to lump everything/different things/... together
1. Wenn du dem Leuschner seine häuslichen Schwierigkeiten zugute hältst und ihn deshalb trotz seiner miserablen Arbeit nicht entläßt, dann mußt du bei unseren jugoslawischen Mitarbeitern genauso handeln. Man muß die Leute schließlich mit demselben Maß messen.
2. vgl. – alles/verschiedene Dinge/(Menschen)/... über einen **Kamm** scheren

mit zweierlei/(verschiedenem) Maß messen · to operate/to apply double standards, to apply different standards
Sei gerecht und miß nicht mit zweierlei Maß: wenn du dir die Freiheit nimmst, mehrmals in der Woche mit deinen Freunden Skat zu spielen, kannst du deiner Frau doch keine Vorhaltungen machen, wenn sie zum Teeklatsch geht.

Maß nehmen *Kleidung* · to take s.o.'s measurements
Hat der Schneider schon Maß genommen? – Der Jürgen war gestern da. Morgen ist der Anzug schon fertig.

jm. Maß nehmen *sal selten* · 1. to give s.o. what for, 2. to tan s.o.'s hide
1. vgl. – jm. (gehörig/...) die **Meinung** sagen
2. vgl. – jm. das **Fell** versohlen

einander/(jn.) Maß nehmen · to get the measure of s.o., to weigh s.o. up, to size s.o. up
(Ein Kommentator eines beginnenden Tennisspiels:) Beide Spieler spielen bisher sehr vorsichtig. Es scheint, sie nehmen einander (noch) Maß. Jeder kennt zwar die Stärken und Schwächen des anderen; doch vieles hängt von der Tagesform ab. Da gilt es auszuloten: was kommt? Was kommt nicht? ...

das Maß seiner/ihrer Geduld/Kraft/... überschreiten *form* · to overstep the mark, to go too far, to push one's luck too far *coll*
Immer und immer wieder ist der Rudi auf die Wünsche der Petra eingegangen. Aber mit der Forderung, ihr einen Wagen mit Chauffeur zur Verfügung zu stellen, hat sie das Maß seines Entgegenkommens überschritten. Seit der Zeit macht er (einfach) nicht mehr mit.

jedes Maß übersteigen *path selten* – über alles **Maß** hinausgehen · to exceed/to go beyond/(...) all bounds

jm. ein hohes Maß an Vertrauen entgegenbringen *form* · to show a great deal of trust in s.o.
... Natürlich bringt dir der Chef ein hohes Maß an Vertrauen entgegen; das hat er x-mal bewiesen. Aber das heißt nicht, daß er ab-

solut alles unterschreibt, was du planst, und alles genauso beurteilt wie du.

das/(js.) Maß ist voll *ugs – form* · enough is enough
Herr Jenkins, Ihr Sohn hat uns jetzt lange genug das Leben schwer gemacht. Das/(sein) Maß ist voll! Bei der nächsten Unregelmäßigkeit werden wir offiziell ein Disziplinarverfahren einleiten.

das Maß der Geduld/Nachgiebigkeit/... (von jm.) **ist voll** *ugs – form* · s.o.'s patience/generosity/... is exhausted
Herr Mertens, wir sind Ihrem Sohn immer wieder entgegengekommen; aber er hat dieses Entgegenkommen nicht honoriert. Im Gegenteil: er hat es schamlos ausgenutzt. Jetzt ist das Maß unserer Nachgiebigkeit voll. Von heute an wird er mit aller Strenge behandelt.

das Maß der Geduld/Nachgiebigkeit/... (von jm.) **ist gestrichen voll** *ugs – form* – (stärker als:) das **Maß** der Geduld/Nachgiebigkeit/... (von jm.) ist voll · s.o.'s patience/generosity/... is absolutely/... exhausted

das Maß vollhaben *ugs – form selten* · to have had enough, to have had all one can take
Ich habe das Maß endgültig voll. Wenn sich meine Sekretärin morgen früh wieder eine Stunde lang schminkt, statt zu arbeiten, werfe ich sie heraus.

das Maß vollmachen *form* · s.th. caps it all, ... and, to cap it all, ...
Mein Vater ist dem Breitbach immer wieder entgegengekommen – der Mann hat nur mit Undank reagiert. Daß er aber jetzt auch noch Lügen über das Privatleben meines Vaters verbreitet, hat das Maß vollgemacht: bei der nächsten Unregelmäßigkeit wird er an die Luft gesetzt.

etw. **mit Maß und Ziel tun** *form selten* · 1. to do s.th. within reason, to do s.th. moderately, 2. to eat/to drink/... moderately, to eat/to drink/... in moderation
1. Wenn jemand mit Maß und Ziel reist – gut! Aber der Otto ist doch nur noch unterwegs!
2. vgl. – (u. U.) mit/(in) **Maßen** etw. essen/trinken/tun

ohne Maß und Ziel (etw. tun) *path* · (to do s.th.) to excess/excessively/immoderately/...
... Ein Schluck Whisky am Abend würde ihm sicherlich nicht schaden. Aber der Toni trinkt ohne Maß und Ziel. Das muß ihn auf die Dauer ruinieren.

weder Maß noch Ziel kennen/(haben) *path* – keine **Grenzen** kennen (1) · to know no bounds, to be over the top

ideale Maße haben · to have ideal proportions/measurements
Ob eine Frau, die die idealen Maße habe, auch schön sei, das sei doch sehr die Frage, meint unser Gottfried. Hübsch wäre sie vielleicht; aber Schönheit lasse sich doch nicht so mit dem Metermaß bestimmen.

mit/(in) Maßen etw. **essen**/trinken/tun · to eat/to drink/... moderately, to eat/to drink/... in moderation
Natürlich kann man Alkohol trinken, rauchen ... – mit Maßen! Übertrieben schadet es; sonst nicht.

über alle/(die) Maßen erstaunt sein/loben/... *path* · to praise s.o. to the skies, to be absolutely amazed by s.th., to be utterly depressed/..., to be annoyed/... beyond measure/...
Mir scheint, mit unserem neuen Kollegen haben wir einen guten Fang gemacht. Sein ehemaliger Chef lobt ihn jedenfalls über alle Maßen. – Unser Chef ist bisher auch mit ihm hochzufrieden.

jm. **über alle Maßen gefallen**/... *path* · to please s.o./... enormously/incredibly/hugely/...
... Mit einer Gruppe gleichaltriger Freunde und Freundinnen einen Urlaub am Meer machen – das gefällt ihm natürlich über alle Maßen. Kein Wunder, daß er da anfängt zu schwärmen.

über alle Maßen schön/... **sein** *path selten* · to be beautiful/... beyond compare, to be beautiful/... beyond measure
... Eine Frau, die über alle Maßen schön ist, wird doch noch einen geeigneten Mann finden! – Findest du die Berta so (außergewöhnlich) schön?

Massagen: Massagen nehmen · to have massage treatment
... Meinen Sie wirklich, die Rückenschmerzen gehen weg, wenn man eine Zeitlang Massagen nimmt?

Masse: es gibt/... etw. (noch/...) **die Masse** *ugs Neol* – es gibt etw./(jn.)/.... in/(die) **Hülle** und Fülle/(die Hülle und Fülle); jn./etw. ... haben/finden/... · there is (still/...) ... galore

das ist nicht die Masse! *sal Neol selten* – nichts **Berühmtes** sein · that's nothing special

die breite/große Masse · the masses, the bulk/majority of the people
Für eine wenige (Schichten) mag das Kulturprogramm der Stadt genau das sein, was sie suchen; der breiten Masse sagt es nichts.

eine Masse von Angeboten/Karten/.../(Angebote/Karten/...) · the mass of offers/cards/..., (the) heaps/huge number/... of offers/...
... Nein, die Schwierigkeit ist nicht, Angebote für das Projekt zu bekommen – dafür ist es viel zu lukrativ; die Schwierigkeit ist, aus der Masse von Angeboten das geeignetste auszusuchen.

eine ganze Masse ... *ugs* – (eher:) eine (ganze) **Menge** (3; a. 2) *sal* · a whole lot

mangels Masse *ugs* · 1. due to lack of funds *n*, due to lack of assets *n*, 2. to be dismissed/... owing to lack of assets *n*
1. ... Na, du hast ja immer noch nicht mit dem Bau deines Schwimmbades begonnen! – Nein. – Und warum nicht? – Na, warum wohl: mangels Masse. Momentan fehlt mir schlichtweg das nötige Kleingeld. *iron*
2. ... Die Eröffnung des Konkursverfahrens gegen die Wörner—Werke wurde mangels Masse abgelehnt. Die vorhandenen Vermögenswerte reichen nicht einmal aus, um die bevorrechtigten Forderungen zu befriedigen. *jur*

sich von der Masse abheben (durch etw.) · to stand out from the crowd (with s.th.)
... Schon durch seine Haltung und seine Umgangsformen hebt sich der Willmer von der Masse ab. Umso mehr sticht er natürlich noch durch seine Bildung und sein immenses Wissen hervor.

die (breite) Masse der Bevölkerung – die breite/große **Masse** · the masses, the bulk/majority of the people

die Masse muß es bringen · it's quantity that counts, you only make a profit if you sell large amounts/a large amount, it only pays if you sell enough
... An dem einzelnen Stück verdienen wir sehr wenig, höchstens 10, 11 Pfennige. Die Masse muß es bringen. – Wieviel wollt ihr von den Dingern denn im Monat verkaufen? – Wenigstens 100.000.

aus der Masse hervorstechen (durch etw.) *path* – sich von der **Masse** abheben (durch etw.) · to stand out from the crowd (with s.th.)

in der Masse untergehen · 1. to disappear in/to get lost in/... the crowd, 2. to become just one of the crowd, to be submerged in the crowd
1. Hast du die Birgit auf dem Jahrmarkt getroffen? – Nein. Ich habe zwar nach ihr ausgeschaut, aber das war im Grunde sinnlos; denn ein einzelner geht in der Masse da völlig unter. Höchstens aus Zufall kann man da jemanden finden.
2. Geht der einzelne heutzutage in der Masse unter? Leben wir im Zeitalter des Kollektivismus, der großen Organisationen, von denen das Individuum gleichsam verschluckt wird?

in der Masse untertauchen · to disappear into the crowd *coll*
... Nein, sie haben den Dieb in der Tat nicht erwischt. Er konnte in der Masse untertauchen – du weißt ja, die Olgastraße ist immer sehr voll, und unter den vielen Menschen konnte ihn da niemand mehr entdecken.

Angebote/Karten/... **in Massen haben** *ugs* · to have piles/heaps/loads/stacks/masses/oodles/... of money/...
Von einem Mangel an Bewerbungen kann in Willis Branche überhaupt keine Rede sein. Im Gegenteil: es gibt zahlreiche Unternehmen, die Bewerbungen in Massen haben. Weit mehr, als sie brauchen.

Vorräte/... **in Massen haben** *ugs* · to have masses/heaps/ piles/oodles/... of apples/...

... Äpfel haben wir in Massen; davon kannst du so viel essen und mitnehmen, wie du willst.

in Massen herbeiströmen/... · to come flocking to see /..., to come in droves to see/...

In Massen strömten die Menschen herbei, um das gestrandete Schiff zu sehen. An einem einzigen Tag kamen Tausende von Neugierigen.

die Massen hinter sich haben · to have the support of the masses, to have the masses behind one

... Es ist richtig, daß der Schöber die Massen hinter sich hat – darin liegt ein Schwerpunkt seiner Macht. Aber innerhalb seiner Partei hat er eine ziemlich schwache Unterstützung.

die Massen hinter sich bringen · to get the masses behind one, to win the support of the masses

Mit der Forderung nach einer kürzeren Arbeitszeit ist es der Gewerkschaftsführung gelungen, die Massen (der Arbeiterschaft) hinter sich zu bringen. An Lohnerhöhungen, so scheint es, ist nur ein geringerer Prozentsatz der Beschäftigten interessiert.

massenhaft: es gibt etw. **massenhaft** *ugs* · there are heaps/ masses/dozens/huge numbers/... of translators/... *n*

... Übersetzer gibt es natürlich massenhaft, auch für Literatur; aber wirklich gute literarische Übersetzer, die sind dünn gesät.

Maßgabe: nach Maßgabe seines Vermögens/... *form* · in accordance with s.th., according to s.th.

Wenn der Kreuder versprochen hat, dein Projekt finanziell zu unterstützen, dann wird er das auch tun. Aber natürlich nach Maßgabe seiner finanziellen Möglichkeiten und auch seiner eigenen Pläne und nicht so, wie du dir das vorzustellen scheinst: daß er jede beliebige Summe zückt, um die du ihn bittest.

maßgeschneidert: ein maßgeschneidertes Alibi/Zeugnis/Gutachten/... *ugs – form* · a tailor-made reference/..., a perfect/watertight/... alibi

... Das Gutachten, das dir der Dr. Hölters geschrieben hat, ist genau das, was du brauchst – ein maßgeschneidertes Gutachten, würde unser Franz sagen! Wenn das bei deiner Kasse nichts nützt, dann weiß ich es nicht!

mäßig: (etw.) mäßig, aber regelmäßig (tun) *ugs iron* · to do s.th. in moderation but regularly *tr*

... Was hast du gegen Wein, Weib und Gesang? Man darf natürlich nicht übertreiben, das ist klar. Mäßig – aber regelmäßig! Aber dann ist doch nichts dagegen einzuwenden. – Gegen den Gesang nicht ...

Mäßigkeit: Mäßigkeit üben *form od. iron selten* · to exercise moderation, to exercise restraint

(Ein Arzt:) Wenn Sie Mäßigkeit üben, können sie auch Schnaps trinken – hin und wieder mal einen, nach einem guten Essen ...

massiv(er): massiv(er) werden *ugs* · to get tough/tougher, to get heavy

Wenn der Robert auf meine Andeutungen und Empfehlungen partout nicht eingehen will, dann muß ich, so leid es mir tut, massiver werden. – Gut, aber werde bitte nicht schroff und verletzend und greife um Gottes willen nicht zu Strafen!

Maßnahmen: Maßnahmen ergreifen für/gegen jn./etw. *form* · to introduce/to take/(...) measures/steps to/.../against s.o./ s.th.

Welche Maßnahmen hat die Polizei ergriffen, um der Unsitte der Autoeinbrüche Einhalt zu gebieten? – Nichts haben sie getan, gar nichts!

Maßnahmen treffen (gegen/für etw.) *form* · to take measures to do s.th., to take measures against s.o./s.th.

Wenn man schon Maßnahmen gegen die Inflation trifft, dann müssen sie früh genug kommen und durchdacht sein!, schimpfte er; sonst schaden sie mehr, als sie nützen.

Maßstab: (nur) in bescheidenem/(kleinem) Maßstab (etw. betreiben/...) – ≠ in großem **Maßstab** (etw. betreiben/...) · (to do s.th.) on a modest scale

in großem Maßstab (etw. betreiben/...) · (to do s.th.) on a large scale

... Der Kurt Schneider verkauft nicht ein paar Kilo Pflaumen an der Tür, Peter, der Mann betreibt (den) Obsthandel in großem Maßstab! Der setzt im Jahr Tausende von Tonnen um.

in natürlichem/vergrößertem/verkleinertem Maßstab · (on a/an) normal/enlarged/reduced/... scale, in 1 to 1 format/enlarged/reduced format/scale, on a large/small/... scale

... Das Schönste wäre natürlich, wenn die Fotografien und Zeichnungen die Kunstgegenstände in natürlichem Maßstab wiedergäben; dann hätten die Besucher der Ausstellung den getreuesten Eindruck. – Alle in der Größe der Vorlagen – ich weiß nicht, ob das möglich sein wird.

den Maßstab abgeben für etw./jn. · to be a yardstick for s.th., to be a model/criterion for s.o./s.th., to serve as a model for s.o./s.th.

Kann die Tätigkeit eines Industriearbeiters einen Maßstab abgeben für die eines Bauern? Ist es sinnvoll, wenn die Normen der Industrie auch in anderen Bereichen befolgt werden?

einen strengen/scharfen/milden/gnädigen/... Maßstab anlegen · to set a high/low/... standard

... Mit acht Fehlern hat er dir noch eine 'Drei' gegeben? Dann hat er ja einen milden Maßstab angelegt. Eigentlich ist das bei einem so leichten Diktat eine 'Vier'.

(mehrere Dinge) **nicht mit demselben Maßstab messen können** · not to be able to judge different things/... by the same standard, not to be able to apply the same standard to different things/...

Ach, Friedel, du kannst doch die Übersetzung eines schwierigen modernen Gedichts und eine ganz gewöhnliche Fachübersetzung nicht mit demselben Maßstab messen! Das eine verlangt außer der reinen Sprach- und Sachkenntnis noch ganz andere, stilistische, wenn nicht poetische Gaben; das andere nicht.

sich jn./etw. **zum Maßstab nehmen** · to take s.o. as a model, to take s.o. as an example, to take s.th. as a yardstick

... Der Holger will Konzertpianist werden, Ute, den/dessen Übungszeiten kannst du dir nicht zum Maßstab nehmen. Der muß natürlich täglich mehrere Stunden üben. Wenn du regelmäßig eine Stunde am Tag übst, dürfte das für deine Zielsetzung dicke reichen.

neue/andere Maßstäbe setzen · to set new/high/... standards

... Der Dr. Schulz hat in unserem Konzern durch seine innovativen Arbeitsmethoden neue Maßstäbe im Personalbereich gesetzt.

Material: am lebenden Material etw. **studieren/...** *euphem* · to experiment on live animals, to study s.th. in the flesh, to study s.th. in real life

... In dem biochemischen Institut werden viele Versuche am lebenden Material gemacht. – Du meinst, an lebenden Ratten, Meerschweinchen ... – Ja, an lebendigen Tieren eben.

Materie: seine Materie beherrschen – sein **Fach** verstehen · to know the/one's subject perfectly, to know one's stuff *coll*

Mathematik: etw. ist höhere Mathematik für jn. *ugs* · it/ s.th. is all Greek to me/him/..., it/s.th. is beyond me/him/..., it/s.th. is (way) over my/his/... head

Hast du den Vortrag verstanden? – Kein Wort! Moderne Linguistik ist für mich höhere Mathematik. Schon die Terminologie verstehe ich nicht.

Matratze: eine (richtige) Matratze sein *sal Neol* · to be a real/... slag, to be a real/... shagbag

... Du, Georg, ich hab' mich in die Susi Besch verknallt! – Warum ausgerechnet in die? Das ist doch eine richtige Matratze! Die steigt doch jede Nacht mit einem anderen ins Bett.

die Matratze der Schule/Uni/Garnison/... **sein** *sal Neol* · to be the school/university/garrison/... bicycle

... Ob ich die Julia Banz kenne? Aber klar! Das ist doch die Matratze des Heym-Gymnasiums. – Wie, weißt du das auch? – Das weiß doch jeder, daß die schon mit der halben Schule ins Bett gestiegen ist.

die Matratze belauschen/an der ... horchen *ugs scherzh selten* · to be having a kip, to have got one's head down

Was, acht Uhr, und der Peter belauscht schon die Matratze? Ist er krank? – Nein, er hat die letzte Nacht durchgearbeitet und sich deswegen so früh hingelegt.

Matratzenball: auf den Matratzenball gehen *ugs scherzh Neol* · to go for a kip, to flake out, to hit the hay

... So, ihr könnt jetzt machen, was ihr wollt – ich geh' auf den Matratzenball! – Was ist denn mit dir los? Bist du krank, daß du schon um zehn Uhr ins Bett gehst?

Matratzenhorchdienst: sich abmelden zum Matratzenhorchdienst *ugs Neol selten* · to flake out, to get one's head down, to crash out

... Ich bin hundemüde, ich melde mich jetzt ab zum Matratzenhorchdienst.

Matrize: etw. auf Matrize schreiben · to stencil s.th.

... Seitdem überall Fotokopiergeräte stehen, schreibt kein Mensch mehr auf Matrizen. Ich weiß gar nicht, ob die Dinger überhaupt noch existieren – außer im Museum.

Matsch: (nur) Matsch in der Birne haben *sal Neol* · + s.o.'s head is full of shit

»Dieses rechtsradikale Volk«, schimpfte er plötzlich, »hat doch nur Matsch in der Birne! Normaldenkende, vernünftige Menschen kämen niemals auf derartige Ideen, wie sie von diesem Pack ständig öffentlich propagiert werden«.

Matschbirne: eine (richtige/...) **Matschbirne haben** *sal Neol* · to have a thick head

... Ich hab' heute eine richtige Matschbirne. Ich fühle mich so richtig benommen und neben der Kappe. Ich glaube, der Wetterwechsel macht mir wieder zu schaffen.

eine Matschbirne sein *sal Neol* – (nur/bloß) **Matsch** in der Birne haben · s.o. is soft in the head

Matte: auf der Matte bleiben/(bleib'/bleibt ...!/du mußt/er sollte/...) *Neol ugs selten* – auf dem **Teppich** bleiben (bleib'/bleibt ...!/du mußt/er sollte/...) · to keep one's feet on the ground/(keep your feet on the ground!/s.o. should keep ...)

(den Gegner) **auf die Matte legen** *Ringen usw.* · to put one's opponent on the mat, to bring one's opponent to the mat, to floor s.o.

Im Ringen kommt der Fred gegen den Hans nicht an. Im Handumdrehen legt ihn der Hans auf die Matte. Im Boxen, da ist das anders; da sind sie etwa gleich stark.

auf der Matte stehen *Neol sal selten* · to be on the spot/on location/... and ready for action

Von wegen, ausruhen! Unser Kamerateam ist jetzt 14 Tage unterwegs und die ganzen 14 Tage mußten alle Mann hoch auf der Matte stehen.

etw. von der Matte zwingen *Neol ugs selten* · to squeeze s.th. off of the market *n*, to push s.th. out of the market *n*

Selbst wenn den Amerikanern alles optimal glückt: den 'Euro-Weck' werden sie nicht mehr von der Matte zwingen. Dieser bisher modernste Computer – allen amerikanischen Modellen weit überlegen – wird schon Anfang des nächsten Jahres auf den Markt kommen.

Matthäus: bei jm. **ist Matthäus/**(Matthäi) **am letzten** *selten* · 1. + s.o. hasn't got a penny left/to his name/..., 2. + s.o. is on his last legs *sl*, + s.o. is on his way out *coll*

1. ... Bei dem Kuno ist Matthäus am letzten: er ist seit drei Monaten arbeitslos und hat keinerlei finanzielle Reserven mehr. *ugs*

2. Die Tante Mirjam hat nochmal einen Schlaganfall gehabt? – Bei der ist Matthäus am letzten! Der zweite Anfall war weitaus schlimmer als der erste; den wird sie nicht überleben.

Mattscheibe: Mattscheibe haben *sal* – ein **Brett** vor dem Kopf haben · s.o. is not with it, s.o. is in a daze

mattsetzen: jn. **mattsetzen** · 1. 2. to checkmate s.o., 2. to eliminate s.o.

1. Mit diesem Zug hast du ihn matt gesetzt. Und das Lustigste ist: er hat es noch gar nicht gemerkt, daß sein König schachmatt ist. *Schach*

2. Durch ein paar geschickte Manöver setzten die Behörden den lästigen Journalisten matt. Sie strengten einen Prozeß wegen Urkundenfälschungen gegen ihn an, und während der Dauer des Prozesses durfte er nichts publizieren.

Mätzchen: Mätzchen machen *ugs* · 1. 2. to mess around, to fool around, to play tricks, to get up to foolish antics, 2. stop messing around!, don't mess me around, don't muck me about

1. Statt vernünftig zu boxen, macht der Ponk mal wieder Mätzchen. Und man weiß nicht, ob er damit seinen Gegner zum Narren halten will oder die Zuschauer.

2. Komm', Albert, mach keine Mätzchen! Du hast mir fest versprochen, mir das Geld heute zurückzugeben. Und jetzt willst du deine Brieftasche zu Hause liegen gelassen haben?! Was soll dieses läppische Geschwätz?

mau: das/etw. ist mau *ugs Neol* · 1. it/s.th. is pretty/... poor, it/s.th. is pretty/... lousy, 2. it/s.th. is a poor rate/...

1. ... Ein 1 : 1, das ist mau, um nicht zu sagen, es ist ein enttäuschendes Ergebnis.

2. ... 1,20 DM pro Zeile, das ist mau! Unter einem Zeilenpreis von 1,50 DM hätte ich den Auftrag nicht angenommen.

Mauer: etw. errichtet eine Mauer zwischen ... *path* · to set up/to create/... a barrier between/...

Die rücksichtslose Kälte, mit der unsere Schwester unseren alten, kranken Vater behandelt, hat uns eine Mauer zwischen uns errichtet. Selbst wenn ich es wollte: ich finde keinen direkten Zugang mehr zu ihr; ihre eisige Kälte liegt wie eine unsichtbare Wand zwischen uns.

Mauer machen/stehen (um einen (Taschen-)Dieb) *selten* · to form a wall (around a pickpocket)

... Wenn da vier, fünf oder mehr Leute 'Mauer stehen' – wie diese Strolche das nennen –, kommt man an einen Taschendieb natürlich nur schwer ran – sogar, wenn er entdeckt würde!

bei jm. **wie gegen eine Mauer reden** *ugs selten* – bei jm. wie gegen eine **Wand** reden · talking to him/John/... is like talking to a brick wall

auf eine Mauer des Schweigens stoßen *form* – *path* · to come up against/to be confronted with/... a wall of silence

Bei ihren Ermittlungen wegen den vermutlich von chinesischen Triaden begangenen Morden an zwei Kölner Lokalbesitzern stieß die Polizei auf eine Mauer des Schweigens. Alle befragten Zeugen schwiegen aus Angst oder gaben vor, nichts gesehen zu haben.

wie eine Mauer stehen *path* · to form a solid wall, to stand like a stone wall *mil*

(Aus einem Kriegsbericht:) Wie eine Mauer standen unsere Truppen und schlugen die Angriffe der zahlenmäßig weit überlegenen Feinde zurück. Kein einziger unserer Soldaten floh, kein einziger wankte.

von/(mit) einer Mauer von Ablehnung/Reserve/... **umgeben sein** *path* · to be up against a wall of distrust/..., to face a wall of distrust/...

Es muß für den Maier ein beklemmendes Gefühl gewesen sein, sich von einer Mauer von Ablehnung umgeben zu sehen. – Es hätte auch schlimmer kommen können. Nicht alle Leute bringen ihre Ablehnung lediglich durch eisiges Schweigen zum Ausdruck.

sich mit einer Mauer von Vorurteilen/(...) **umgeben** *form – path selten* · to enclose o.s. with a wall of prejudices/..., to wall o.s. around with prejudices/...

Der Mann scheint wirklich selbst zu glauben, was er da verzapft. In den jahrelangen ideologischen Grabenkämpfen hat er sich offenbar mit einer Mauer von Vorurteilen umgeben. Da steckt er jetzt drin wie in einem Gefängnis, aus dem er nicht mehr herauskommt.

Mauerblümchen: ein Mauerblümchen sein *ugs veraltend* · to be a wallflower

Die Ursel ist ja ein richtiges Mauerblümchen. Jetzt tanzen wir hier schon über zwei Stunden, und noch kein einziger Junge hat sie aufgefordert.

Mauern: die Menschen/... **stehen wie Mauern** *form – path selten* · to stand like a stone wall

Wie Mauern standen die gegnerischen Reihen da. Trotz massivster Angriffe war da kein Durchkommen.

in den Mauern der Stadt *form – path* · in the city, within the city walls

(Aus einem hist. Bericht:) Während in den Mauern der Stadt Krankheit, Hunger, Elend herrschte, waren die Menschen in den umliegenden Dörfern von der Epidemie weit weniger betroffen. ...

in den Mauern unserer/(eurer/...) **Stadt weilen/**... *form – path selten* · to stay/to spend the night/... in our/your/... town

... In der Nacht von vorgestern auf gestern weilte der Bundespräsident in den Mauern unserer Stadt. Auf seiner Reise in den Norden übernachtete er im 'Königshof'.

Maul: ein böses Maul haben *sal* – (eher:) eine böse-/(boshafte) **Zunge** haben · to have an evil/a malicious/a spiteful/a wicked/... tongue, to be a malicious gossip

ein gottloses Maul haben *vulg* · to have a wicked/an evil/... tongue

Der Hederich hat vielleicht ein gottloses Maul! Wenn er nicht gerade über jemanden lästert, dann flucht er.

ein grobes/ungewaschenes/(schandbares) **Maul haben** *vulg* · to be foul-mouthed *n*, to use foul language *n*

Meine Güte, hat dieser Junge ein grobes Maul! Drückt er sich immer so unmöglich aus? – Sogar seine gleichaltrigen Kameraden sagen ihm oft: »Mußt du immer so schmutzig daherquatschen?«

ein großes Maul haben *sal* – einen großen **Mund** haben · to have a big mouth

ein loses/(lockeres) **Maul haben** *sal* · 1. to have a loose tongue, s.o. lets his tongue run away with him, 2. to say the first thing that comes into one's head without respect for anyone or anything *coll*, to say what one thinks without respect for anyone or anything *n*

1. Wenn der Anton seine Zunge in Zukunft nicht besser im Zaum hält, nehme ich ihn nicht mehr mit. Leute, die so ein loses Maul haben wie er, sind in der Gesellschaft einfach unmöglich.
2. Die Gretel hat vielleicht ein loses Maul. Der ist aber auch nichts heilig.

kannst du dein/kann er sein/... **Maul nicht aufkriegen/**(auftun)?!/es scheint/..., j. kann sein Maul nicht aufkriegen/ (auftun) *vulg* · why don't you/doesn't he/... say something? *n*, why don't you/doesn't he/... open your/... mouth and say something? *coll*

Kannst du dein Maul nicht aufkriegen, Kerl, oder warum antwortest du nicht? Du hast die Frage doch ganz genau verstanden! Der Herr Baumanns will wissen, warum du dauernd zu spät kommst. Also los, Mensch, antworte!

das/sein Maul aufmachen *sal* – den/seinen **Mund** aufmachen/(auftun) (3; a. 2) · to open one's mouth, to speak up, to say what one thinks

das Maul (immer/...) (zu sehr/so weit/...) **aufreißen** *vulg* · 1. 2. to shoot one's mouth off *sl*, 1. to be (always/...) shooting one's mouth off *sl*, to brag, 2. to talk big (again/...)

1. Komm, reiß das Maul nicht so (weit) auf! Deine Angebereien glaubt dir doch hier sowieso keiner.
2. vgl. – den **Mund** (mal wieder/...) (so/zu/reichlich) vollnehmen

das Maul über jn. **aufreißen** *vulg* · to gossip (about s.o./s.th.) *n*

Ich habe unserer Hausmeisterin doch mal gesagt, sie solle sich gefälligst um ihre eigenen Angelegenheiten kümmern, statt immer über andere das Maul aufzureißen. Diese ewige Tratscherei und Schlechtmacherei geht einem auf die Dauer auf die Nerven.

das Maul aufsperren *sal* – den **Mund** aufsperren · to gape, to gawp, to goggle

eins/eine aufs Maul bekommen *sal* · 1. to get a smack in the kisser, 2. to get a punch in the mouth

1. vgl. – eins/eine aufs **Maul** kriegen
2. vgl. – (eher:) eine/eins auf den **Mund** kriegen (2)

das Maul brauchen *sal selten* · 1. to answer back *coll*, to tell s.o. what's what, 2. to mouth off, to rabbit away/on

1. ... Wenn die versuchen, dich zu überfahren/fertigzumachen, mußt du dein Maul brauchen. Du bist doch sonst nicht schüchtern! Gegen diese Leute wirst du dich doch wohl noch zur Wehr setzen können!
2. Ach, sind diese alten Waschweiber schon wieder dabei, ihr Maul zu brauchen! Immer und immer müssen die über die Kollegen tratschen!

jm. übers Maul fahren *sal* – jm. über den **Mund** fahren · to cut s.o. short, to tell s.o. to shut up, to jump down s.o.'s throat

aufs Maul fallen (mit etw.) *sal selten* – auf die **Schnauze** fallen (mit etw.) · to come a cropper

das Maul am richtigen Fleck haben *sal* – (eher:) den **Mund** am richtigen/auf dem rechten Fleck haben · to be never at a loss for words, not to be tongue-tied

jm. eins/eine aufs Maul geben *sal* · 1. 2. to give s.o. a dig in the gob, to give s.o. a bunch of fives, 1. to give s.o. a smack in the kisser, to sock s.o. in the kisser/gob/mouth/..., to give s.o. a punch in the teeth, 2. to punch s.o. in the face

1. ... Kümmere dich gefälligst um deine eigenen Angelegenheiten! Wenn du dich noch ein Mal in unsere Dinge mischt, gebe ich dir eins aufs Maul, kapiert?!
2. vgl. – (eher:) jm. eins/eine auf den **Mund** geben (2)

nicht aufs Maul gefallen sein *sal selten* – (eher:) nicht auf den **Mund** gefallen sein · to be never at a loss for words, not to be tongue-tied

jm. ums Maul gehen *sal selten* · to soft-soap s.o., to butter s.o. up, to suck up to s.o.

Hört euch nur an, wie der Müller dem Chef ums Maul geht! Was er sich von seinem kriecherischen/(speichelleckerischen) Verhalten/von seinen Schmeicheleien wohl verspricht! Als ob der Chef darauf hereinfiele, wenn ihm jemand nach dem Mund redet!

das/sein Maul halten *sal mst Imp* – den/seinen **Mund** halten · to shut up, to belt up, to put a sock in it

das Maul hängen lassen *sal* – (eher:) ein schiefes **Maul** ziehen · to pull a face, to pull a wry face

jm. eine/eins auf's Maul hauen *sal* – jm. eine/einen/eins/ (etw.) vor den **Latz** knallen/(hauen/ballern/donnern) · to sock s.o. one, to thump s.o., to clout s.o., to give s.o. a real/ right/... bollocking, to give s.o. a real/right/... dressing down

eins/eine aufs Maul kriegen *sal* · 1. 2. to get a smack in the kisser/a dig in the gob/a punch in the mouth/in the teeth/...

1. Sag' dem Otto, wenn er noch ein einziges Wort über meine Schwester sagt, das mir nicht paßt, kriegt er von mir eine aufs Maul.
2. vgl. – (eher:) eine/eins auf den **Mund** kriegen (2)

ein schiefes Maul machen *sal* – ein schiefes **Maul** ziehen · to pull a face, to pull a wry face

Maul und Nase aufsperren *sal path selten* – (eher:) den **Mund** aufsperren · to gape, to be open-mouthed/agog

Maul und Ohren aufsperren *sal path selten* – den **Mund** aufsperren · to gape, to gawp, to goggle

das/sein Maul aufreißen wie ein Scheunentor *vulg* · 1. to open one's mouth wide *n*, 2. to shoot one's mouth off, to be (always/...) shooting one's mouth off, to brag

1. Mein Gott, der reißt das Maul auf wie ein Scheunentor, wenn er gähnt. Da kann man bis in den Magen gucken.
2. vgl. – (eher:) das **Maul** (immer/...) (zu sehr/so weit/...) aufreißen (1)

jm. etw. ins Maul schmieren *sal selten* · to explain s.th. to s.o. *n*, to tell s.o./... what to say *n*

... Ich kann diesem Trottel/Esel doch nicht jedes Mal ins Maul schmieren, was er zu alem am besten antwortet. Das muß er doch selbst wissen! – Er weiß es aber nicht, und deshalb braucht er jemanden, der es ihm möglichst klar sagt.

jm. etw. **ums Maul schmieren** *sal selten* · to break s.th. to
s.th. *n*

… Ich weiß gar nicht, wie ich meinem Bruder das ums Maul schmieren soll! Wenn der nur das Wort 'Erbschaft' hört, geht er schon in die
Luft. Wie soll ich ihm da beibringen, daß wir einen Prozeß führen
müssen, ohne daß er aus der Haut fährt?

das Maul spitzen *sal selten* – (eher:) das **Mäulchen** spitzen ·
to purse one's lips

jm. **das Maul stopfen** *sal* – jm. den **Mund** stopfen · to shut
s.o. up, to silence s.o. (once and for all)

jm. **das Maul verbieten** *sal* – jm. den **Mund** verbieten · to
silence s.o., to shut s.o. up

sich das Maul verbrennen *sal* – sich den **Mund** verbrennen
· to put one's foot in it

das Maul (mal wieder/…) (so/zu) **vollnehmen** *sal* – den
Mund (mal wieder/…) (so/zu/reichlich) vollnehmen · to
talk big, to shoot one's mouth off

sich das Maul (über jn.) **zerreißen** *sal* · to gossip (about
s.o./s.th.) *n*

Steht ihr da wieder herum wie so alte Tratschweiber und zerreißt
euch das Maul über unseren Dieter?! – Gewöhn' dir gefälligst einen
anderen Ton an, wenn du mit uns redest! Was heißt hier schon 'zerreißt euch das Maul'? Stimmt das etwa nicht, daß er in der Firma
Gelder veruntreut hat?

ein schiefes Maul ziehen *sal* · to pull a face *n*, to pull a wry
face *n*

Es ist natürlich nicht schön, so vor anderen kritisiert zu werden.
Aber noch unschöner ist es, ein schiefes Maul zu ziehen. Als erwachsener Mann …! Schon bei Kindern fällt es sehr unangenehm auf,
wenn sie so mürrisch reagieren und dabei den Mund so verziehen.

jm. **ist das Maul zugefroren** *sal selten* · + s.o. has been
struck dumb *n*, + s.o. has lost his voice *n*

Ist dem Otto das Maul zugefroren oder was ist los? Der hat den
ganzen Abend noch kein einziges Wort gesagt.

Maulaffen: (dastehen und/…) Maulaffen feilhalten *sal veraltend* · 1. 2. to stand around gaping *coll*, to stand around
gawking/gawping

1. Los, Kinder, macht euch an die Arbeit, statt (da herumzustehen
und) Maulaffen feilzuhalten.

2. Statt zu arbeiten, stehen sie da herum und stieren in die Gegend. –
Ja, ja, Maulaffen feilhalten, das ist alles, was sie können.

Mäulchen: ein Mäulchen machen/ziehen *ugs v. Kindern* – einen **Schmollmund** machen/ziehen · to pout

das Mäulchen spitzen *ugs selten* · to lick one's lips (in anticipation), to purse one's lips

Du solltest sehen, wie unsere Kinder das Mäulchen spitzen, wenn es
zum Nachtisch Schokoladenpudding gibt.

Mäuler: die bösen Mäuler (der Leute) (behaupten/…) *sal selten* – böse **Zungen** behaupten/die bösen Zungen/… · wik-
ked tongues are saying …

viele/sechs/zehn/… (hungrige) **Mäuler** (zu Hause) **zu stopfen haben** *ugs veraltend* · to have a lot of/four/five/… hungry
mouths to feed

Wenn du zu Hause acht Mäuler zu stopfen hättest wie der Jupp,
dann würdest du nicht so dumm fragen, warum er mit seinem Gehalt
nicht auskommt. – Es hat ihm doch niemand gesagt, er soll sich
sechs Kinder anschaffen.

alle Mäuler sind voll von jm./etw. *sal selten* – alle **Welt**
spricht von jm./etw. · everyone is talking about s.o./s.th.

sich die Mäuler (über jn.) **zerreißen** *sal* – sich das **Maul**
(über jn.) zerreißen · to gossip (about s.o./s.th.)

Maulesel: störrisch wie ein Maulesel (sein) *sal* – störrisch wie
ein **Esel** (sein) · (to be) as stubborn as a mule

maulfaul: maulfaul sein *sal veraltend selten* · to be tongue-
tied *coll*, to be too lazy to speak clearly *n*, to be unable to
speak clearly *n*, to be uncommunicative *n*

… Mein Gott, ehe der Junge mal antwortet, hat man schon fast
vergessen, was gefragt wurde! – Der Kerl ist das, was mein Großvater maulfaul zu nennen pflegte: es kostet ihn eine enorme Anstrengung, den Mund aufzumachen.

**Maulkorb: jm. einen Maulkorb anlegen/(umbinden/umhän-
gen)** *ugs* · to muzzle s.o. *n*, to gag s.o.

Das sind doch offenbare Mißstände! Ich bitte Sie, da können Sie
doch jetzt nicht alle Mitarbeiter verpflichten, in der Sitzung zu
schweigen! Wir lassen uns doch keinen Maulkorb anlegen! Was gesagt werden muß, muß gesagt werden.

Maulsperre: die Maulsperre kriegen (vor Staunen/Verblüf-
fung) *sal selten* – den **Mund** nicht/gar nicht/… wieder zu-
kriegen/(zubekommen/zubringen) (1) · to gape in surprise,
to be agog

Maulwerk: ein großes Maulwerk haben *sal selten* – einen großen **Mund** haben · to have a big mouth

Maurer: pünktlich wie ein/(die) Maurer (sein) *ugs* · to be
super-punctual, to be (always) bang on time

… Der Alfred ist pünktlich wie ein Maurer. Wenn er gesagt hat, er
ist um acht Uhr hier, ist er Punkt acht Uhr hier, und keine Minute
später.

Maus: flink wie eine Maus (sein) *ugs selten* · (to be) (as)
quick as a flash, (to be) (as) quick as a mouse

Diese Kleine ist flink wie eine Maus. Du wirst sie kaum einfangen
können, obwohl sie erst vier Jahre alt ist.

(naß) wie eine gebadete Maus sein *ugs selten* – bis auf die
Knochen durchnäßt/naß sein · to look like a drowned rat

eine graue Maus *ugs* · to be (a bit of/…) a mouse, to be
nondescript, to be insignificant

… Als Chefsekretärin hast du bestimmt viele interessante und wichtige Arbeiten, du wirst beachtet, wenn nicht sogar hofiert … Aber so
eine graue Maus wie ich verbringt Jahre und Jahre in diesem Laden,
ohne daß irgendjemand von ihr Notiz nimmt.

keine Maus *ugs selten* · 1. 2. not a soul

1. vgl. – keine **Menschenseele** (war auf den Straßen/…)

2. vgl. – (eher:) kein **Mensch**

(so) still wie eine Maus (sein) *ugs selten* – **mucksmäuschenstill** sein/sich … verhalten · (to be) as quiet as a mouse

eine süße Maus sein *ugs Neol* · to be a tasty piece

… Die neue Freundin vom Daniel ist ja 'ne süße Maus! – Ja, das ist
'n tolles Mädchen. Ich find' sie auch zum Knuddeln!

da/davon beißt die Maus keinen Faden ab/da/davon beißt
keine Maus einen Faden ab *ugs veraltend selten* · there's
nothing to be done about it

Wenn das Parlament beschlossen hat, daß der Text umformuliert
werden muß, müssen wir ihn wohl oder übel umformulieren. Davon
beißt die Maus keinen Faden ab. Also ran!

das trägt eine Maus auf dem Schwanz fort/weg/das kann …
ugs veraltend selten · + to be tiny, + to be microscopic

Was, das soll alles sein, was ich heute zum Abendessen bekomme?
Das kann eine Maus ja auf dem Schwanz forttragen. Von so einem
Fitzchen wird man doch nicht satt.

Mäuschen: still wie ein Mäuschen … *ugs* · as quiet as a
mouse

Während der ganzen Auseinandersetzung der Eltern sagte die kleine
Ulrike nicht einen Ton. Still wie ein Mäuschen saß sie da in der Ecke
und ließ ihre Augen von der Mutter zum Vater und vom Vater zu der
Mutter wandern.

(das) Mäuschen spielen *oft: da/bei … möchte ich/möchte
erl… (gern) einmal Mäuschen spielen ugs* · I'd like/love/…
to be a fly on the wall during the meeting/in s.o.'s class/…

Heute nachmittag legen die Herren Professoren die endgültigen Noten des diesjährigen Universitätsjahres fest. Da möchte ich gern mal
Mäuschen spielen. – Das wär' was, heimlich zu beobachten, wie sich
da jeder einzelne verhält und wie so Noten zustande kommen.

mäuschenstill: mäuschenstill sein/sich … verhalten *ugs selten* – **mucksmäuschenstill** sein/sich … verhalten · to be as quiet as a mouse

Mäuse: ein paar Mäuse *ugs selten* – ein paar **Pfennige** · a few quid/bob/bucks/…

die weißen Mäuse *ugs Verkehrspolizei* · (German) traffic police
Auf der Autobahn zwischen Nürnberg und Würzburg wurden wir von einer Streife der Weißen Mäuse gestoppt.

Mäuse merken *sal selten* · to see/to be seeing things *coll*, to imagine/to be imagining things *coll*
So, so, der Wonnemann meint, er merkt immer sofort, wenn bei den Verhandlungen mit Schuckert was nicht stimmt? So, so, er merkt also Mäuse, wie mein Bruder das nennt, er ist ein Mäusemerker, dieser Wonnemann …

weiße Mäuse sehen *ugs* · 1. 3. to see pink elephants, 1. 2. 3. to see/to be seeing things, to imagine/to be imagining things
1. … Was kann man sich nicht alles einbilden, wenn man nicht ganz bei Trost ist! Wie heißt es so schön: die Leute sehen dann weiße Mäuse.
2. Was sagt die Ursel? Davorne läuft jemand her? Die sieht mal wieder weiße Mäuse. – Die Arme hat einfach Angst, so im Dunkeln durch das Dorf zu spazieren.
3. (Zwei Betrunkene; an einer Bushaltestelle:) Na endlich, da kommt ja unser Bus! – Otto! Bist du so stockbesoffen, daß du weiße Mäuse siehst? Gar nichts kommt da.

Mauseloch: j. wäre am liebsten in ein Mauseloch gekrochen *path od. scherzh selten* – j. wäre am liebsten in den **Erdboden** versunken/hätte in den Erdboden versinken mögen · s. o. wished the ground would open up and swallow him/…

Mäusemelken: das ist zum Mäusemelken (mit etw./jm.) *sal* – das ist zum **Bebaumölen** (mit etw./jm.) · it's enough to drive you/one round the bend/round the twist/up the wall

Mauser: in der Mauser sein *Vögel selten* · to be moulting
… Wie du das sofort merkst, wenn die Vögel in der Mauser sind! – Man merkt doch, wenn die die Federn wechseln! Man muß nur hingucken!

mausern: sich (ganz schön/…) **mausern** *ugs* · 1. 2. to blossom out, to improve *n*, 1. to do really well for o.s.
1. … Als ich gestern den Justus Schulze nach vielen Jahren wiedersah, habe ich ihn kaum wiedererkannt! Er hat sich ganz schön gemausert. Früher lief er immer verlottert durch die Gegend. Jetzt ist er Chef einer Baufirma, fährt teure Autos und trägt nur maßgeschneiderte Anzüge.
2. … Der Hartmann hat sich prächtig gemausert! Am Anfang hatte ich gedacht, der würde nie kapieren, worum es hier bei Schuckert geht. Inzwischen ist das ein Spitzeneinkäufer.

mausetot: mausetot sein *sal* – keinen **Mucks** mehr von sich geben/(machen) (1, 2) · to be as dead as a door-nail, to be stone-dead

Mäuslein: daß dich/euch/(Sie) das Mäuslein beiß *ugs scherzh selten* · the devil take you!, damn you!
Was sagst du da zu dem Peter, Berta? Ich könnte ja ein bißchen mehr arbeiten, wenn ich so viel Angst vor dem Examen hätte? Daß dich das Mäuslein beiß! Wollen wir mal sehen, wie du dich gibst, wenn du später mal vor einem Examen stehst, du freche Kröte!

Max: ein strammer Max *Brötchen mit Fisch usw.* · an open sandwich of boiled ham and fried egg etc. *para*
… Zu Abend haben wir lediglich einen strammen Max gegessen. Ich weiß nicht, ob du diesen besonders hier im Rheinland gebräuchlichen Terminus kennst: ein Brötchen mit Fisch, Lachs usw. drauf.

Max(e): den dicken Max(e) spielen *ugs Neol selten* – einen **raushängen** lassen · to brag, to lay it on thick

maxi: maxi gehen/tragen *ugs* – ≠ **mini** gehen/tragen · to wear a maxi

Medaillen: mit etw. kannst du dir/kann er sich/… keine Medaillen erringen *ugs selten* – (keine) **Ehre** einlegen können mit etw. (bei jm.) · + it/s.th. is not going to get you/him/… anywhere

Medienverbund: im Medienverbund lernen/(…) *form selten* · to learn s.th./… by using the multi-media
… Natürlich lassen sich in manchem bessere Fortschritte erzielen, wenn man im Medienverbund lernt, erklärte er. Wenn etwa Bild und Ton – z.B. ein Film über eine Stadt und ein didaktisch aufbereiteter Text – gut aufeinander abgestimmt sind, geht den Schülern vieles mühelos ein, was sie sich sonst mühsam erarbeiten müßten.

Meer: auf offenem Meer fahren/segeln/… · to sail/to swim/… in the open sea
Hast du keine Angst, so auf offenem Meer zu schwimmen? – Das ist leichter als am Ufer, wo sich die Wellen brechen. Da draußen ist alles ganz ruhig und gleichmäßig.

ein unübersehbares Meer von Häusern/… *path selten* · a sea of houses/…, endless rows of houses/…
… Ein unübersehbares Meer von Bungalows, das ist diese vielgepriesene Ferienstadt! Nein, da bin ich lieber in dem Häusermeer von München.

ein Meer von Irrtümern/Mißverständnissen … *path selten* · a sea of errors/misunderstandings/…
… Die Geschichte der Theorien über den Zusammenhang von Leib und Seele? – ein Meer von Irrtümern, nichts weiter! – Aber Herr Wolter, es gab doch auch sehr tiefsinnige, noch heute bedenkenswerte Lehren zu dem Problem in der Geschichte!

ein Meer von Licht/Tönen/(…) *path selten* · (to be bathed/… in) a sea of light/colours/…
(Blick von einem Fernsehturm:) … Bei diesem herrlichen Wetter lag die Stadt da zu ihren Füßen gleichsam in ein Meer von Licht getaucht …

aus/(über) dem Meer aufsteigen *Sonne* · to rise out of the sea
Einen Sonnenaufgang am Meer zu beobachten ist etwas Wunderbares! Wenn die Sonne da ganz langsam gleichsam aus dem Meer aufsteigt … Herrlich!

das Meer hat keine Balken *selten* – (das) **Wasser** hat keine Balken · water is a dangerous element *para*, the sea is a bad floor to walk on/a dangerous element *para*, praise the sea but stay on land

ein Meer von Blut und Tränen *path veraltend* · a sea of blood and tears
»In einem Meer von Blut und Tränen wird auch der Siegesrausch ertrinken«, hatte der Alte gesagt. Und so war es: wer konnte sich bei diesen entsetzlich hohen Verlusten und Zerstörungen über den Sieg wirklich freuen?

ans Meer fahren/gehen · to go to the seaside
Fahrt ihr in den kommenden Ferien wieder ans Meer?

übers Meer fahren · to cross the sea
… Es ist einfach schöner, und interessanter, mit dem Schiff übers Meer zu fahren, als mit dem Flugzeug in ein paar Stunden nach New York zu fliegen!

eine Stadt/… in ein Meer von Trümmern verwandeln *path selten* · to reduce/… a town to a sea of ruins
… Nicht eine, zig Städte hatte dieser verfluchte Krieg in ein Meer von Trümmern verwandelt. Noch Jahre später rang man in vielen Gegenden mühsam mit ihrem Wiederaufbau.

im/(ins) Meer versinken *Sonne* · the sun sets at sea
… Noch lange, nachdem die Sonne im Meer versunken war, leuchtete es rot am Horizont.

diesseits/jenseits des Meeres *path* · at home/across the sea
… Nachdenklich stand er da an der Küste des Atlantik, verloren in den Anblick des Sonnenuntergangs. Jenseits dieses Meeres war also Brasilien, Rio, wo er noch vor wenigen Tagen Samba getanzt hatte. Seltsam …

Meeresspiegel: (100/200/... Meter) **über/unter dem Meeresspiegel liegen** · (100 metres/...) above/below sea level
... Ist das wirklich so ein großer Unterschied, ob ein Ort 50 oder 100 Meter über oder unter dem Meeresspiegel liegt?

Mehlsack: dick wie ein Mehlsack sein *sal selten* – eine (richtige/...) **Tonne** sein · to be as fat as a pig, to be a lump of lard

schwer wie ein Mehlsack sein *sal selten* · to weigh a ton
Mensch, dieser Junge ist schwer wie ein Mehlsack! Heb' den mal hoch! Ich schaff' das nicht.

schlafen wie ein Mehlsack *sal selten* – schlafen wie ein **Bär** · to sleep like a log

mehr: immer mehr .../immer + *Komp* · to be/... more and more convinced/... that ..., to be increasingly convinced/... that ...
Der Heinz kommt offensichtlich immer mehr zu der Überzeugung, daß er sich in seiner Berufswahl geirrt hat. Jedesmal, wenn ich ihn treffe, sagt er mir in immer entschiedenerem Ton: ich mache noch ein Zusatzstudium; ich bleib' kein Jurist.

mehr als kläglich/jämmerlich/... **sein** *path od. iron* · it/s. th. is worse than pathetic/poor/...
Wie war der Eindruck, den die Rosa bei dem Vorstellungsgespräch gegeben hat? – Mehr als kläglich! – Im Ernst? – Wirklich! Sie hätte kaum eine tristere Vorstellung geben können.

... und was der Wege/Umstände/Peinlichkeiten/... mehr sind *form* · and suchlike/similar/... matters/..., and things/... like that
Ach, du weißt doch, wie das geht, wenn jemand stirbt: da müssen tausend Leute benachrichtigt werden, müssen die bürokratischen Dinge geregelt werden, muß die Beerdigung organisiert werden ... und was der Verpflichtungen mehr sind.

um so mehr, als ... · all the more so as ...
... Junge, jetzt, wo dein Vater älter und schwächer wird, könntest du ihm die schwereren Arbeiten nach Möglichkeit abnehmen – um so mehr, als er dich in all diesen Jahren nach Kräften unterstützt hat. Aber auch abgesehen hiervon: ...

(wird er/sie/der Karl/... auch genügend Unterlagen beibringen/viele Informanten präsentieren/...?) – nichts mehr als das! *form selten* · (will he/she/John/... bring enough documents/be able to find enough informants/...?) – more than enough!/enough is not the word for it
Wird die Helga ohne Hilfe für unsere Untersuchung ausreichendes Bildmaterial besorgen? – Nichts mehr als das! Sie hat schon jetzt Hunderte von Bildern und Zeichnungen. Wenn wir anfangen, hat sie wahrscheinlich so viel zusammen, daß wir kaum noch durchkommen.

das nächste Mal/morgen/... mehr davon/(darüber) – das nächste Mal/morgen/... mehr **davon** · more tomorrow, more next time

je mehr, desto besser · the more the better, the more the merrier
Und wieviel soll ich üben? Je mehr, desto besser? – Nein. So lange, wie du Konzentration genug hast, dein Spiel zu gestalten und mit hellwachem Geist zu überwachen.

mehr denn/als je · ... more than ever ...
... Nach diesem Klavier-Wettbewerb war er mehr denn je davon überzeugt, daß alles schon vorher entschieden war. Angenommen hatte er das eigentlich schon immer; aber nach dieser Erfahrung war kein Zweifel mehr möglich: alles Manipulation!

mehr und mehr ... *form* – immer **mehr** .../immer · to be/... more and more convinced/... that ..., to be increasingly convinced/... that ...

je mehr ..., **um so** ... · the more you/... study/..., the more you/... will/... learn/...
... Je mehr du lernst, um so mehr weißt du. – Und um so müder wirst du, sodaß du um so leichter durchs Examen fällst. – Das ist auch eine Logik!

..., nicht mehr und nicht weniger · ..., no more and no less
... 3.500,– Mark?! Da hat er dich aber schön angeschwindelt. Ich weiß zufällig ganz genau, was er verdient: 2.341,– Mark, nicht mehr und nicht weniger.

nicht mehr und nicht weniger als ... · no more and no less than 100 DM/..., 100 DM/... exactly
Weißt du, was der Karl so ungefähr verdient? – Zufällig weiß ich das ganz genau: er hat nicht mehr und nicht weniger als 4.362,– Mark netto.

mehr oder weniger/(minder) · more or less
... Das kann man einfach nicht 'richtig' verstehen, was diese Landleute sich da zurechtstottern. Der Richter hat den Sinn ihrer Aussagen mehr oder weniger erraten. – Hoffentlich hat er 'gut erraten'!

auf ein paar/50/1.000/... (Mark/Meter/...) mehr oder weniger (kommt es (dabei/...) **nicht an/...)** · a few marks/metres/... more or less don't count/make much difference/...
(Der Vater:) Was kostet der Schrank? (Gisela:) 3.478,– Mark. (Gerda:) Nein, Gisela – 3.521,– Mark. (Der Vater:) Bei dreieinhalbtausend Mark kommt es auf einen Fünfzigmarkschein mehr oder weniger nicht mehr an/spielt ein ... keine Rolle mehr.

ein Mehr an Erfahrung/... (besitzen/...) *form selten* – ein **Plus** an Erfahrung/... (besitzen/...) · to have/... more experience/knowledge/... than s.o., to have an advantage over s.o. in terms of experience/...

Mehrheit: die schweigende Mehrheit · the silent majority
»Die Meinungen, die da in den Zeitungen hin- und herdiskutiert werden, ist die Meinung einer kleinen Minderheit«, schimpfte er mal wieder. »Die schweigende Mehrheit denkt ganz anders!« – Weißt du, wie die Mehrheit der Bevölkerung denkt, wenn sie es nicht sagt?

in der Mehrheit sein · to be in the majority
... »Die Befürworter der künstlichen Geburtenbeschränkung«, meint der Klaus, »sind nun einmal in der Mehrheit! Damit muß sich die Kirche abfinden!«

die Mehrheit haben · to have a majority
... Wenn eine Partei fast 20 Jahre die Mehrheit hat, ist das einfach zu lang. Das kann einem Land nicht gut bekommen.

die Mehrheit der Stimmen auf sich vereinigen *form* · to win a majority of the votes
... Die Partei, die bei diesen Wahlen die Mehrheit der Stimmen auf sich vereinigt, braucht noch lange nicht die besten Lösungen für die drängenden Probleme anzubieten. Das kann auch eine Partei sein, die nur wenige Stimme bekommt.

Meier: ich will Meier heißen, wenn .../wenn ..., dann heiß ich Meier *sal* – ich freß einen **Besen**, wenn ... · if ..., then I'm a Chinaman

Meilen: drei Meilen hinter dem/hinterm Mond leben *sal* – (eher:) hinter dem/hinterm/auf dem **Mond** leben · to live in the back of beyond/way out in the sticks/boondocks/...

etw. drei/zehn Meilen/(eine Meile) gegen den Wind riechen *sal* · + s. th. stinks to high heaven *n*, s. th. stinks like the buggery *vulg*
Was, du hast den entsetzlichen Gestank dieses Kunstdüngers noch gar nicht gemerkt? Das riecht man doch zehn Meilen gegen den Wind!

drei/sieben/zehn Meilen/(eine Meile) gegen den Wind stinken/(riechen) *sal* – stinken wie die **Pest** (1; a. 2) · s. o. stinks to high heaven

Meilenstein: einen Meilenstein (in der Entwicklung/...) **bilden/darstellen** *path veraltend* – (eher:) einen **Markstein** bilden in ... · to be a milestone in the history/development of s. th./s. o./...

mein: der Streit über/... mein und dein *selten* · rows/disputes/... about mine and thine, rows/quarrels/discussions/... about who owns what
... Ach, schon als Kinder haben die beiden sich ständig gestritten, wem was gehörte. Kein Wunder, daß das jetzt bei dem Erbe von neuem losgeht. Wenn der Vater das erleben würde ...; den kotzten diese dauernden Diskussionen über mein und dein regelrecht an.

meine: ich meine/(er meint/...) (ja) **nur** (so) *ugs* · + it was just a thought, I/... didn't mean it like that

... Was heißt: »ein Kreditfachmann sollte sich in seinen privaten Finanzangelegenheiten eigentlich nicht so vertun«? Was willst du damit sagen? – Ach, ich meine nur. – Komm', heraus mit der Sprache! Du willst wohl andeuten ...

Meineid: einen Meineid leisten/(schwören/ablegen) *jur* · to perjure o.s., to commit perjury

Du meinst wirklich, der Bracht hat bei Gericht einen Meineid geleistet? – Er hat – unter Eid! – das Gegenteil von dem gesagt, was er mir noch wenige Tage vorher erzählt hatte!

meinen: jn. (mit etw.) **meinen** · to mean by s. th., to refer to s. o./s. th.

Sie sagen: »einige Leute wollen die klimatischen Veränderungen in ihrer Bedeutung herunterspielen.« Wen meinen Sie damit, konkret?

etw. nicht böse meinen *ugs* · not to mean any harm (by a remark/...)

... Mein Gott, reg' dich doch nicht so auf! Wenn der Erich sagt, daß du empfindlich bist, hat er das doch nicht böse gemeint. – Nein, das war ein Lob! – Er wollte dich vor scharfen Angriffen schützen, Mann!

es/etw. ehrlich meinen (mit jm.) · 1. 2. s. o. is honest/sincere in his intentions, s. o.'s intentions are honest/sincere 1. to really mean s. th.

1. Wir sind uns nicht sicher, ob der Kurt auch wirklich ehrlich meint, was er sagt. – Da gibt's für mich nicht den geringsten Zweifel. Er hat dabei absolut keinen Hintergedanken.

2. Nach wie vor sind wir uns nicht schlüssig, ob der Meyer es ehrlich mit uns meint. – Wenn er euch von selbst anbietet, gegen 18% Provision für ihn im Außendienst zu arbeiten, könnt ihr sicher sein, daß er die Bedingungen einhält.

es/etw. ernst meinen (mit etw./(jm.)) · 1. 2. to be (really) serious (about s. th.)

1. Wenn der Findlich sagt, er kündigt, falls so etwas noch einmal vorkommt, meint er das ernst. Der Findlich blufft nicht und sagt die Dinge auch nicht einfach so dahin.

2. ... Nein, dein Vater meint es ernst mit seinem Ratschlag, du solltest zuerst dein Studium beenden und dann nach Afrika gehen. Das war keine zufällige Bemerkung. Er ist wirklich dieser Ansicht.

es/etw. gut meinen · to mean well

... Aber die Christa hat es doch gut gemeint! Sie wollte dich mit dem Brief doch nicht schädigen! – Was interessiert mich die Gesinnung, die sie dabei hatte! Sie soll sich aus meiner Korrespondenz heraushalten.

es gut/(schlecht) **mit** jm. **meinen** · (not) to mean well by s. o., (not) to have s. o.'s interests at heart, (not) to have s. o.'s welfare at heart

Du siehst wirklich schlecht aus, Birte! Ich würde dir dringend raten, weniger zu feiern und mehr zu schlafen. Du weißt: ich meine es gut mit dir. Ich habe nichts gegen eine Feten – aber du ruinierst dich, wenn du so weitermachst.

es mit jm. **nur gut meinen** – (nur/...) das **Beste/**mein/dein/... Bestes im Auge haben · to have (only/...) s. o.'s best interests at heart, to suggest s. th./... (only/...) for s. o.'s own good

man möchte/sollte (doch) meinen (daß ...) · 1. 2. one/... would have thought that ..., one/... would think that ...

1. Man möchte meinen, nach all den negativen Erfahrungen mit diesem Produkt würde sie ein anderes Waschmittel kaufen. Aber nein! Stur, wie sie ist, bleibt sie bei der Marke!

2. ... Man sollte doch meinen, daß ein 18-jähriges Mädchen weiß, wie man sich zu benehmen hat. – Natürlich. Aber wie man sieht, ist das eine irrige Annahme.

es/das nicht so meinen · 1. 2. I/he/John/... didn't mean it like that

1. ... Sei mir bitte nicht böse wegen meiner Bemerkung zu deinen schiefen Zähnen. Ich habe das nicht so gemeint. – Ich weiß, daß du mich nicht beleidigen wolltest. Aber angenehm sind solche Bemerkungen trotzdem nicht.

---

2. Hat er wirklich gesagt: '... ein wirrer Bayernschädel'? – Ja, aber er hat das nicht so genau. – Was wollte er denn sagen? – So etwas wie 'ein sehr temperamentvoller Kopf aus Bayern'!

das sollte man meinen · one/you/... would think so

Wenn die Ursel in zwei Fächern auf 'fünf' steht, muß sie sich jetzt anständig auf den Hosenboden setzen. – Das sollte man meinen. Aber leider nimmt sie die Schule immer noch nicht ernst. Die muß erst sitzen bleiben, ehe sie wach wird.

man sollte (ja/eigentlich/...) **meinen, daß** ... · one/you would think that ...

»Eigentlich sollte man ja meinen«, erklärte er ironisch, »wer am meisten kann, bekommt auch die beste Note. Dem ist aber leider häufig nicht so«.

wenn Sie meinen/du meinst/...! *ugs* · if you think so, if you say so

... Aber Ihre Erklärung, Herr Prof. Fuchs, hat doch eine Lücke: sie sagt nichts aus über die soziologischen Faktoren. – Wenn Sie meinen! – Ja, habe ich etwa kein Recht? Könnten Sie nicht ...

das will ich meinen *ugs oft iron* · I should think so/not, I quite agree, too right!

... Deine Privatangelegenheiten gehen deinen Chef nicht das geringste an. – Das will ich meinen. Wo kämen wir denn hin, wenn die Unternehmen ihren Angestellten auch noch in die Privatsachen hineinreden würden!

wie meinen Sie/meinst du/...? · what do you mean?, what do you mean by that?

... Eine saftige Strafe täte dem Jungen bestimmt nicht schlecht! – Wie meinen Sie? – Wenn sich mein Sohn derart rüpelhaft benehmen würde, hätte er schon längst eine Ohrfeige sitzen – das mein' ich!

wunders meinen, was für .../welch ein ... *ugs* – wunders **denken, was für** .../welch ein ... · s. o. thinks he's it, s. o. thinks he is something great, s. o. thinks he is the cat's whiskers

meinen, man wäre wer weiß was *ugs* · s. o. thinks/... he's the cat's whiskers, s. o. thinks he's someone special

... Es ist abscheulich zu sehen, wie sich der Rolf aufspielt! – Der meint, er wäre wer weiß was. Nur weil sein Vater Bürgermeister ist, glaubt er, er wäre mehr als alle anderen.

meinen, man wäre wunders was *ugs* – **meinen**, man wäre wer weiß was · s. o. thinks/... he's the cat's whiskers, s. o. thinks he's someone special

meinst du/meint ihr/..., **du wärst/**ihr wärt/... **durchsichtig?!** *sal* – (..., oder) ist/war dein/euer/... **Vater** Glaser/(Glasermeister)?!/dein/... Vater ist/... wohl Glaser · do you think you're transparent?

der Chef/... meint es mal wieder/... **zu gut mit** jm. *iron selten* · to be (extra/especially) nice to s. o., to mean well with s. o.

Mann, heute hat der Chef es mal wieder zu gut mit uns gemeint! Das ist ja ein Arbeitspensum! Da werden wir doch nie mit fertig!

meinetwegen: meinetwegen · 1. 2. as far as I'm concerned, 3. if you like, all right, why not?

1. Meinetwegen braucht ihr die Musik nicht leiser zu stellen; mich stört das nicht. Wenn die Mama nichts dagegen hat ...

2. Du weißt ganz genau, Junge, daß ich gegen deine Pläne bin, jetzt ein Jahr in Afrika zu arbeiten. Aber meinetwegen mach', was du willst. Du bist alt genug; du mußt selbst wissen, was du tust.

3. Papa, kann ich heute abend zur Michaela gehen und einen Fernsehfilm anschauen? – Meinetwegen. Aber um zehn Uhr bist du wieder zu Hause.

Meinung: entgegen der landläufigen Meinung ... *ugs* · contrary to popular opinion

... Entgegen der landläufigen Meinung, bemerkte er scharf, haben manche Regionen in Portugal eine höhere jährliche Niederschlagsmenge als die meisten Gegenden in Deutschland. Es ist einfach unzutreffend, wenn die Leute meinen, da würde immer die Sonne scheinen.

ganz meiner Meinung! *ugs oft iron* · I quite agree, I agree entirely, that's just what I think
(Der Lehrer zu Kurt:) Wenn Sie im Mündlichen derart schwach sind, kann ich Ihnen doch in einer Fremdsprache keine 'zwei' geben – auch wenn die schriftlichen Arbeiten gut sind. (Willi:) Ganz meiner Meinung! – (Der Lehrer:) Was sagen Sie? – Daß ich auch dieser Meinung bin. – Hm, es ist ja freundlich von Ihnen, daß Sie mich unterstützen, aber vielleicht würden Sie sich doch besser da raushalten.

nach meiner/deiner/... Meinung/meiner/... Meinung nach · in my/his/John's/... opinion, in my/his/John's/... view
... Nach meiner Meinung ist die Ursache für sein Fehlverhalten ein tiefverwurzelter Minderwertigkeitskomplex. Aber das ist nur meine Ansicht – andere Leute mögen anders darüber denken.

nach meiner/seiner/... unmaßgeblichen Meinung *ugs od. sal* · in my/his/... humble opinion
... Der Gerd geht davon aus, daß das Wirtschaftswachstum ständig steigt. Ich bin da skeptisch. Nach meiner – natürlich unmaßgeblichen – Meinung kann die Wirtschaft nicht immer wachsen ... – Tu mal nicht so bescheiden, Dieter! Vielleicht erklärst du uns ...

anderer Meinung sein (als j.) · to be of a different opinion (from s.o.), to hold a different view (from s.o.)
Meinst du auch, daß der Kapitalismus eine Wirtschaftsform ist, die ewig hält? Mein Bruder ist davon fest überzeugt. – Da bin ich anderer Meinung als dein Bruder. Ganz anderer Meinung sogar. Für mich ist so gut wie sicher, daß schon unsere Kinder die Krise dieses Systems erleben werden.

derselben/der gleichen Meinung sein (wie j.) · 1. 2. to share s.o.'s opinion, 1. to agree with s.o. that ..., 2. to think the same as s.o., to be of one opinion
1. Meinst du auch, daß wir den Export steigern sollten? – Jawohl; ich bin derselben Meinung (wie der Karl).
2. vgl. – (eher:) einer **Meinung** sein (mit jm.) (in e-r S.) (1)

einer Meinung sein (mit jm.) (in e-r S.) · 1. 2. to think the same as s.o., to share s.o.'s opinion, to be of one opinion
1. Wenn der Ulrich dafür ist, ist die Berta nicht dagegen. Die beiden sind doch immer einer Meinung. Oder hast du schon einmal erlebt, daß sie sich uneins sind, ein unterschiedliches Urteil haben?
2. ... Du weißt, daß ich mit dem Holger absolut nicht immer übereinstimme, aber in dieser Sache bin ich mit ihm völlig einer Meinung.

ganz js. Meinung (sein) · to agree entirely with s.o.
... Ich bin fest davon überzeugt, daß der Kapitalismus den Kommunismus nicht lange überlebt. – (Ich bin) ganz Ihrer Meinung, Herr Moser. Seit langem sag' ich das schon.

geteilter Meinung sein · + opinions differ, + various/... factions/... have differing views
... Was den Schwangerschaftsabbruch angeht, so ist man auch innerhalb der CDU offensichtlich geteilter Meinung. Die einen meinen ..., die anderen halten dagegen, daß ...; wieder andere ...

unterschiedlicher/verschiedener Meinung sein · to differ, to disagree
... So ein Ehepaar wie die beiden habe ich noch nicht gesehen. In neun Fragen von zehn sind die unterschiedlicher Meinung. Ob das immer so war? Ob die schon, als sie heirateten, in allem verschieden dachten?

von jm. eine geringe Meinung haben *form* · to have a poor opinion of s.o./s.th., to have a low opinion of s.o./s.th., not to think much of s.o./s.th. *coll*
... Wenn der Scheuner eine geringe Meinung von dir hätte, würde er dich doch nicht zu sich nach Hause einladen! Ich weiß gar nicht, wie du darauf kommst, daß er wenig von dir hält!

eine gute/schlechte Meinung von jm./etw. **haben** *form* – viel/wenig/nichts/... **halten** von jm./etw. (1) · to have a high/low opinion of s.o.

eine/keine hohe/eine niedrige Meinung von jm./etw. **haben** *form* – viel/wenig/nichts/... **halten** von jm./etw. (1) · to have a high/low opinion of s.o.

eine vorgefaßte Meinung (haben) · to prejudge s.th., to have prejudged an issue, to have preconceived ideas, to be prejudiced about s.th.
... Warum soll ein 'Rechter' weniger idealistisch sein als ein 'Linker'? Du gehst mit vorgefaßter Meinung an die Leute. Wenn du dir ganz unvoreingenommen anschaust, wie sich die Menschen verhalten, wirst du nie zu dieser Schlußfolgerung kommen.

der Meinung sein, daß ... · to take the view that ..., to be of the opinion that ...
... Ihr habt eure Vorstellungen, ich habe meine. Wenn ich der Meinung bin, daß der Kapitalismus die eigentlichen Probleme der Welt heute nicht besser löst als der Kommunismus, habe ich doch meine Gründe für diese Annahme/Überzeugung.

von einer Meinung abkommen · to revise/to give up/... an opinion, to change one's mind
Wenn der Fritz mal eine Meinung hat, kommt er nicht mehr davon ab. Hartnäckig wie nur etwas ist dieser Bursche!

nicht von seiner Meinung abzubringen sein · nothing will/can/... make him change his mind
... Hat er sich denn von all euren Argumenten nicht vom Gegenteil überzeugen lassen? – Nein, er ist nicht von seiner Meinung abzubringen. Egal, was man für Gründe anführt, er bleibt bei seiner Auffassung.

seine Meinung ändern · 1. 2. to change one's mind, 1. to change one's opinion
1. ... Es hat doch keinen Sinn, alle drei Tage seine Meinung zu ändern, Ursel! In deinem Alter muß man doch wissen, was man will!
2. vgl. – sich eines ander(e)n besinnen

seine Meinung (mit jm.) (über etw.) austauschen *form* · to exchange ideas about s.th., to compare notes on s.th.
... Habt ihr euere Meinung schon ausgetauscht? – Worüber? – Na, über das Baugelände! Es wäre doch angebracht, daß ihr euch genau darüber verständigt, was ihr darüber denkt, bevor wir die Sache weiter verfolgen.

(felsenfest/steif und fest) auf seiner Meinung beharren · to stick rigidly to one's opinion, to insist on one's opinion
... Dem Ulrich kannst du erzählen, was du willst, der beharrt auf seiner Meinung! So ein richtiger Dickkopf läßt sich eben durch nichts überzeugen.

sich eine Meinung über jn./etw. **bilden** *form* · to form an opinion about s.o./s.th.
Was denkst du von der neuen politischen Linken? – Ich habe mir noch keine Meinung (darüber) gebildet. – Aber irgendetwas mußt du doch davon halten! – Meine Meinung ist bisher völlig offen.

jm. (gehörig/...) die Meinung blasen/geigen *sal* – jm. (gehörig/...) die **Meinung** sagen · to (really/...) give s.o. a piece of one's mind

bei seiner Meinung bleiben · to stick to one's opinion
... Du kannst sagen, was du willst, er bleibt trotzdem bei seiner Meinung.

(immer) seine Meinung durchsetzen (wollen/müssen) · 1. 2. to (always/...) (have to/want to/...) get one's way, to (always/...) (want to/have to/...) force one's opinion through
1. ... Es mag sein, daß der Albers in der Sache recht hat. Aber ich weiß nicht, ob es ihm in der Vollversammlung gelingt, seine Meinung durchzusetzen. Die Mehrheit scheint dagegen zu sein.
2. Der Rolf ist ein regelrechter Dickkopf! Ganz egal, worum es geht, er muß immer seine Meinung durchsetzen. Die Meinung der anderen zählt für ihn gar nicht.

dich/ihn/den Meier/... hat keiner/niemand/... nach deiner/seiner/... Meinung gefragt *ugs* · no one asked you/him/Maier/... for your/his opinion
Der Meier meint ... – Den Meier hat niemand nach seiner Meinung gefragt; der soll seinen Mund halten.

seine Meinung wie sein/das Hemd wechseln *ugs* – seine **Meinungen** wie sein/das Hemd wechseln · to change one's opinions as often as one changes one's clothes jm. **(gehörig/…) die Meinung sagen** *ugs* · to (really/…) give s. o. a piece of one's mind

… Dem Franz muß ich mal gehörig die Meinung sagen, scheint mir. So eine Ungerechtigkeit dem Kind gegenüber! Dem werd' ich mal klarmachen, was ich von seinem Verhalten denke. Von irgendjemandem muß er es ja mal hören.

(jm.) **klar**/ohne Umschweife/klar und ohne Umschweife/… **seine**/(die) **Meinung sagen** · to tell s. o. straight out what one thinks/… *coll*

Mit dem Fred kommt man am besten aus, wenn man ihm immer klar und ohne Umschweife seine Meinung sagt. – Dann mußt du ja gut mit ihm zurandekommen; denn dir liegt es ja nicht gerade, ein Blatt vor den Mund zu nehmen.

jm. **die Meinung sagen/geigen, daß es nur so kracht** *sal selten* – nach **Strich** und Faden regnen jn. anschnauzen/verhauen/… (2) · to give s. o. a terrible roasting/what-for/a piece of one's mind

in js. **Meinung sinken** · to go down in s. o.'s estimation

Der Prof. Schramberg hat immer große Stücke auf seine Angelika gehalten. Aber seitdem er erfahren hat, daß sie Mitglied der kommunistischen Partei ist, ist sie beträchtlich in seiner Meinung gesunken.

in js. **Meinung steigen** · to go up/to rise in s. o.'s opinion/ estimation

Von dem Brüggemeyer hatte ich bisher, offen gestanden, eigentlich nicht sehr viel gehalten. Aber nachdem ich erfahren habe, welch enorme Schwierigkeiten er in der Familie hatte und wie er die überwunden hat, ist er sehr in meiner Meinung gestiegen.

die Meinungen sind geteilt (in/(über) etw.) · opinion is divided on this/… subject/issue/…

Trotz aller Diskussionen sind in der Frage der Kernenergie die Meinungen auch der Fachleute nach wie vor geteilt. Die einen halten die Risiken für vertretbar, die anderen nicht.

seine Meinungen wie sein/das Hemd wechseln *ugs* · to change one's opinions as often as one changes one's clothes

… Warum die Petra den Ingo nicht mag? Weil sie Leute nicht ausstehen kann, die ihre Meinungen wie ihr Hemd wechseln. Der ist heute Sozialist, morgen Kapitalist, übermorgen Kommunist – ganz, wie es ihm nützt oder woher gerade der Wind weht.

Meise: du hast/er/Peter/… hat/(ja/wohl) 'ne/eine Meise *sal* · 1. 2. you/he/John/… must be nuts/off your/… rocker/…

1. vgl. – du/er/der Peter/… hast/hat (ja) einen **Vogel**!

2. vgl. – nicht (so) (ganz/(recht)) bei **Trost** sein (1)

Meister: der rote Meister *geh veraltend selten* · the hangman *n*, the public executioner *n*

In welchen Ländern spielt eigentlich heute noch der rote Meister eine Rolle? – Du meinst, der Henker?

ein Meister seines Fachs sein *path od. iron* · to be a master of one's craft/trade, to be a maestro

… Der Paul ist ein Meister seines Fachs und hat doch nie genügend Schüler. – Der Paul ist ein hervorragender Pianist, aber ein miserabler Pädagoge.

seinen Meister (in jm.) **finden** *path od. iron* · to meet one's match/master (in s. o.)

Jahrelang war der Heinz unser bester Schachspieler. Jetzt hat er in unserem neuen Mitschüler seinen Meister gefunden. Gestern zum Beispiel hat er gleich zweimal hintereinander eine Niederlage einstecken müssen.

Meister Grimbart *veraltend selten* · Brock the Badger

Warum wird denn der Dachs Meister Grimbart genannt?

Meister Knieriem *Märchenspr selten* · Master Cobbler, the shoemaker/the cobbler

Na, diese Schuhe, Kurt, könnten ja auch mal langsam vom Meister Knieriem wieder auf Vordermann gebracht werden!

Meister Lampe *Märchenspr* · Master Hare, the Hare

Papa, was ist Meister Lampe? – Das ist der Hase, Ute. – Ah so, jetzt versteh' ich …

Meister Langbein *Märchenspr* · the stork, Longshanks

… Ist Meister Langbein auch der Hase, Mama? – Nein, das ist der Storch, Ute.

Meister Langohr *Märchenspr* · Master Longears *para*, the ass

… Hier steht schon wieder etwas von einem Meister, Papa. – Ja? Von welchem denn? – Meister Langohr. – Das ist der Esel – weil er so lange Ohren hat.

seinen Meister machen *Handwerk* · to do/to pass/… one's master craftsman diploma, to take the master craftsman's diploma

Hat euer Friedrich schon seinen Meister gemacht? – Nein, er ist immer noch Geselle. Seine Meisterprüfung hat er im kommenden Frühjahr.

Meister Petz *Märchenspr* · Bruin the Bear

… Hin und wieder liest man noch für den Bär Meister Petz. So, Ute, jetzt hast du alle Meister zusammen: Meister Lampe, Meister Langbein, Meister Langohr und Meister Petz – für den Hasen, den Storch, den Esel und den Bär.

Meister Pfriem *Märchenspr selten* – **Meister** Knieriem · Master Cobbler, the shoemaker/the cobbler

(der) Meister vom Stuhl *Freimaurer* · the Master of the Lodge

Als unser Peter klein war, nannte er einen Studienrat immer einen 'Stuhlrat'. – Köstlich. So ähnlich kommt mir – obwohl ich nicht mehr klein bin – immer die Bezeichnung Meister vom Stuhl für den Leiter einer Freimaurerloge vor.

Meister Urian *lit selten* · the devil *n*, Old Nick *coll*

… Und wenn Meister Urian dir einen Strich durch die Rechnung macht und alles schiefgeht? – Wer macht da einen Strich durch die Rechnung? – Na, der Teufel! Kennst du den Ausdruck nicht? – Nie gehört.

e-r S. Meister werden *form veraltend selten* – e-r S. **Herr** werden · to master s. th.

Meister Zwirn *Märchenspr selten* · Snip the Tailor

Kennst du den Ausdruck 'Meister Zwirn' für den Schneider? – Ich hab' ihn schon mal gelesen. Aber das sagt doch heute wohl kaum noch jemand.

zu des Meisters Füßen sitzen *iron selten* · to sit/to study/… at the feet of the master

… Sie kennen den berühmten Prof. Schnabel persönlich? – Und ob! Ich hab' doch semesterlang in Köln zu des Meisters Füßen gesessen! – Sie haben bei ihm studiert? – So ist es!

auf des Meisters Worte hören *iron selten* · to listen to/to obey/… one's master's words/voice

Wenn der Prof. Herrmann sagt, daß bei dieser Operation der Querschnitt das Richtige ist, wirst du doch nicht opponieren, Klaus! Du wirst doch noch auf des Meisters Worte hören, oder?! – Nun laß mal deine Ironisierereien! Auch eine Kapazität wie der Herrmann kann mal Unrecht haben.

auf des Meisters Worte schwören *path od. iron selten* · to swear by one's master's words *para*, to take s. o.'s words as gospel

Wenn der Prof. Herrmann gesagt hat, für dies Kapitel sei das Buch von Mauritzen das beste, was auf dem Markt ist, dann besteht da für unseren Jürgen nicht der geringste Zweifel; dann kauft er das Buch sofort. Der schwört auf des Meisters Worte.

Meisterschaft: es in etw./… **zu wahrer/(zu einer wahren) Meisterschaft bringen** *ugs – path* · to get cheating/… down to a fine art, to become really proficient/expert/skilled/… at s. th., to become a past master/a dab hand at s. th.

… Im Abschreiben ist der Klaus zu wahrer Meisterschaft gebracht. Sogar wenn der Lehrer direkt vor oder neben ihm steht, schreibt der von seinem Nachbarn ab. – So pfuschen möchtest du auch mal können, was, Ulrike?!

Meistertitel: den Meistertitel erringen *form* · to win the championship, to win the championship title

… Natürlich stehen die Hamburger mit drei Punkten Vorsprung an erster Stelle. Aber damit ist doch nicht gesagt, daß sie auch den Meistertitel erringen. Es fehlen doch noch fünf Spiele.

melden: melde gehorsamst *dir. R mst iron* · I beg to report, Sir, permission to speak, Sir

(Der Sohn zum Vater:) Melde gehorsamst: Herr Blütner ist am Telefon. – Ich geb' dir gleich 'melde gehorsamst!' – Wie soll ich dir den Anruf denn ankündigen?

sich wieder/... melden *ugs* · 1. to get in touch (again), 2. to have been heard of since ...

1. (Der Professor, am Ende einer Sprechstunde zu einem Studenten:) Melden Sie sich wieder, wenn Sie Fragen haben – oder sagen wir: lassen Sie sich wieder sehen, wenn das erste Kapitel der Arbeit fertig ist.

2. (Ein Arzt zu seiner Helferin:) Was ist eigentlich aus dem Herrn Schlüter geworden? – Das weiß ich genau so wenig wie Sie, Herr Doktor; der hat sich seit der denkwürdigen Untersuchung vom Sommer nicht wieder gemeldet!

wen darf ich melden? *Eine Dienstperson zu Besuchern form* · who shall I say is here?

(Ein Dienstmädchen und ein älterer Besucher, in der Diele:) Ist Herr Dr. Brauer zu sprechen? – Wen darf ich melden, bitte? – Wernecke, Dr. Wernecke ist mein Name. Herr Brauer weiß, worum es geht. – Einen Augenblick bitte! ...

sich freiwillig melden · 1. to volunteer (to do s.th.), 2. to volunteer (for military service)

1. (Ein Lehrer:) Wer macht heute Protokoll? Wenn sich keiner freiwillig meldet, muß ich jemanden bestimmen.

2. Im ersten Weltkrieg hätte mein Vater nicht an die Front gehen müssen, wenn er sich nicht freiwillig gemeldet hätte. Man muß sich das mal vorstellen: da spielt jemand freiwillig Soldat, und dazu, wenn Krieg ist.

sich krank melden *form* – sich **krankmelden** (bei ...) · to report sick, to notify one's employer that one is ill, to phone in sick

nichts/nicht viel zu melden haben bei jm./in .../... *ugs* · to have no influence/say (with s.o./in ...), to have no/little/not much/... influence/say (with s.o./here/...)

... Vielleicht könnte der Bormann mit dem Chef sprechen, um ... – Ach, der Bormann hat beim Chef doch gar nichts zu melden! Das nimmt der Alte gar nicht ernst, was der Bormann sagt.

sich bei jm. **melden lassen** *form* · to say that one is there, to announce o.s., to call on s.o.

... Heute morgen ließ sich plötzlich der Christoph Ackermann bei mir melden. Ich dachte, ich hörte nicht richtig, als meine Sekretärin anrief und sagte, »Hier ist ein Herr Ackermann und möchte Sie sprechen«.

js. Leiden/... **meldet sich (wieder/...)** · s.o.'s knees/ lungs/... are playing s.o. up (again/...) *coll*, s.o.'s knees are giving s.o. *gyp coll*

... Es gibt bestimmt wieder Regen! – Warum meinst du das? – Meine Beschwerden am Knie melden sich wieder. Das ist immer ein sicheres Zeichen, daß das Wetter umschlägt.

Meldung: jm. **eine Meldung machen** *form* · to report (to s.o.), to make a report (to s.o.)

... Haben Sie Unteroffizier Rusch die Meldung gemacht, daß Herr Gerneral Spöler schon heute kommt? – Ach du lieber Gott, das habe ich vergessen! Ich werde es ihm jetzt sofort telefonisch durchgeben.

nach unbestätigten Meldungen ... *form* · according to unconfirmed reports ...

(Aus einer Pressenotiz:) Nach bisher unbestätigten Meldungen ist der Aufstand in Haiti zusammengebrochen. Wie Flüchtlinge berichten, hat die Militärjunta die Lage wieder unter Kontrolle ...

meliert: grau meliert/(grau meliertes Haar) *oft iron* · s.o.'s hair is streaked with grey

... Der Udo übertreibt mal wieder maßlos, Berti! Vaters Haar ist doch nicht weiß! Leicht ergraut, ja – grau meliert, wie Mutter, leicht ironisch, sagt; aber doch nicht mehr!

melken: jn. (tüchtig/...) **melken** *ugs* – jn. zur **Ader** lassen · to milk s.o., to fleece s.o.

memoriam: in memoriam *lit* · in memoriam John Smith/...

... Diesen Aufsatz finden Sie in der Gedenkschrift 'In Memoriam Jorge Dias'; sie ist drei, vier Jahre nach seinem Tod erschienen ...

Menge: eine (ganze) Menge ... *ugs* · 1. 2. 3. a (whole) lot (of ...)

1. Ist euer neuer Biologielehrer gut? – Er weiß eine ganze Menge. Allerdings hat er manchmal gewisse Schwierigkeiten, verständlich zu formulieren, was er weiß.

2. ... Können Sie denn beweisen, daß sie vor der Kreuzung angehalten haben? – Ja ich habe eine Menge Zeugen – wenigstens vier oder fünf Personen.

3. ... Stilistisch ist ihr Aufsatz nicht schlecht. Aber sie macht doch noch eine ganze Menge Rechtschreibungs- und Zeichensetzungsfehler. – Das liegt an dem schlechten Grammatikunterricht. Unsere Heidi macht auch noch ziemlich viele Fehler.

eine Menge Arbeit/Ärger/.../Bekannte/... *ugs* · loads of work/money/..., piles/masses/... of work/...

Deine Stelle hier gibt ja doch eine Menge Arbeit! Das hätte ich gar nicht gedacht. – Ja, über Mangel an Arbeit kann ich mich nicht beklagen!

es gibt/... etw. (noch/...) **die Menge** *ugs* · there's loads of ..., there's lots of ..., there's heaps of ...

Haben wir eigentlich noch Obst im Haus? – Klar, Inge, Obst gibt es noch die Menge. Was fehlt, ist Aufschnitt.

es gibt etw./(jn.) **jede Menge/**jede Menge Geld/Äpfel/Mitarbeiter/... haben/finden/... *sal* – es gibt etw./jn. in **Hülle** und Fülle/(die Hülle und Fülle); jn./etw./... haben/finden/... · there are loads of apples/colleagues/..., there's loads of money

noch/... **eine Menge zu tun/**erledigen/... **haben** · to (still/...) have a (whole) lot to do/... *coll*, to (still/...) have a great deal to do/...

Den schwierigsten Teil haben wir zwar hinter uns, aber bis wir fertig sind, haben wir immer noch eine Menge zu tun. Man unterschätzt leicht, was so eine Übersetzung für eine Arbeit mit sich bringt.

die Menge muß es bringen – (eher:) die **Masse** muß es bringen · it's quantity that counts, you only make a profit if you sell large amounts/a large amount/... , it only pays if you sell enough/...

die Menge macht's · it's quantity that counts, it only pays if you buy/sell/grow/... a large/huge amount/...

... Klar, ein paar hundert oder selbst ein paar tausend Kilo Äpfel, das ist gar nichts! Die Menge macht's! Wer heute etwas anbaut, muß in großen Dimensionen rechnen.

sich von der Menge treiben/tragen lassen/(...) · to be carried along by/to be swept along by/... the crowd

Bei unserem Bummel durch Paris ließen wir uns zeitweise von der Menge regelrecht treiben. Die Stadt war derart überfüllt, daß es sinnlos gewesen wäre, gegen den Menschenstrom anzurennen.

in der Menge untertauchen – (eher:) in der **Masse** untertauchen · to merge/to vanish/... into the crowd

in Mengen ... · 1. ... in large numbers, + large numbers of ..., + dozens of..., + droves of ..., 2. to come flocking to see/ ..., to come in droves to see / ...

1. ... Die Geier umkreisten in Mengen die Kadaver der Kamele. *path selten*

2. vgl. – (eher:) in **Massen** herbeiströmen/...

in Mengen vorhanden sein/... *path* – es gibt etw./(jn.)/... in/ (die) **Hülle** und Fülle/(die Hülle und Fülle); jn./etw. ... haben/finden/... · there are apples/... in abundance, there are apples/... galore

es gibt etw./jn. **in rauhen Mengen/**etw./jn. in rauhen Mengen haben/finden/... *ugs* – *path* – es gibt etw./(jn.)/... in/ (die) **Hülle** und Fülle/(die Hülle und Fülle); jn./etw. ... haben/finden/... · there are apples/... in abundance, there are apples/... galore

mens: mens sana in corpore sano *lit ein gesunder Geist in einem gesunden Körper* · mens sana in corpore sano, a healthy mind in a healthy body

… Man soll nicht nur für den Geist sorgen, Paul, sondern auch für den Körper – oder besser: für ein harmonisches Zusammenwirken von gesundem Geist und gesunder Seele. – Sehr schön! Du spielst auf das bekannte 'mens sana in corpore sano' an, oder? …

Mensch: Mensch! *sal* · 1. boy!, Good Lord!, 2. damn it!

1. vgl. – (ach) du lieber **Gott**!
2. vgl. – **verdammt** (nochmal)!

ist das doch ein Mensch! *path veraltend selten* · what a specimen!

Der Raymund hat gesagt, er hätte kein Geld mehr, er könnte seiner Schwester daher nichts leihen. Ist das doch ein Mensch! So einen hartherzigen Charakter gibt es in unserer ganzen Verwandtschaft nicht zum zweiten Mal.

sich benehmen/ein Benehmen haben/(…) wie der erste Mensch *sal* · to be hopelessly/… awkward (in company) *n*

… Der Koller benimmt sich wie der erste Mensch! – Unhöflich? – Ja; aber vor allem unbeholfen. Der weiß einfach nicht, wie man sich zu benehmen hat, und schon aus Unsicherheit wird er dann unhöflich.

ich bin/du bist/… (doch/…) ein freier Mensch! *ugs* · I'm/you're/… a free person, I'm/you're/… not a slave, I'/you're/… a free agent

… Ich kann dir nur raten! Entscheiden mußt du selbst. Du bist schließlich ein freier Mensch.

kein Mensch · no one, nobody

… Nicht nur du und ich nicht, kein Mensch weiß, wie das weitergehen soll!

jetzt bin ich/(bist du/…) wieder ein Mensch! *ugs* · now I/you/he/… feel/… like a human being again

Ah, war diese Dusche erfrischend! Jetzt bin ich wieder ein Mensch! Dieses schwüle Wetter macht einen völlig marode.

ein (ganz) anderer Mensch sein *ugs* – sich wie ein (ganz) anderer **Mensch** fühlen · to feel like a new man/woman

ein (ganz) anderer Mensch (geworden) sein/ein (ganz) anderer Mensch sein als früher/sonst/… · 1. 2. 3. to be a completely/… different man/woman/person, to have changed completely

1. Den Onkel Herbert hätte ich kaum wiedererkannt. Er ist ein ganz anderer Mensch als früher. Äußerlich ist er wohl ungefähr so, wie er war, aber innerlich erkennt man ihn nicht mehr wieder.
2. Der Paul ist ein anderer Mensch geworden. Vor seiner Krankheit war er leichtsinnig und oberflächlich. Jetzt macht er einen viel reiferen Eindruck, wirkt viel geschlossener, 'runder'. Wie man sich doch ändern kann!
3. Die Petra ist ein anderer Mensch geworden. Früher machte es Spaß, sich mit ihr über ernste Dinge zu unterhalten. Neuerdings interessiert sie sich nur noch für Männer, Moden, Tanzen, Ausgehen …

nur noch ein halber Mensch sein *sal* · 1. 2. to be half dead/dead beat, to be all in

1. Kerl nochmal, nach dieser Klettertour bin ich nur noch ein halber Mensch! – Ist dir der Weg so schwer gefallen, Vater? – Ich bin keine 35 mehr, wie du, Junge. Ich bin total erledigt.
2. Ich glaube, ich muß jetzt wirklich einmal ausspannen und Urlaub machen. (Ich habe das Gefühl,) ich bin nur noch ein halber Mensch!

der/die/der Karl/…, das ist (doch) der letzte Mensch! *sal* · he/s.o./… is the lowest of the low, he/s.o./… is a terrible person/character/… *n*

… Komm' mir bloß nicht mehr mit diesem Meinhard! Das ist doch der letzte Mensch, dieser Kerl! – Was ist denn los? – Wie der sich der Petra gegenüber benommen hat! Unglaublich!

sich benehmen/ein Benehmen haben/(…) wie der letzte Mensch *sal* – sich benehmen/ein Benehmen haben/(…) wie der erste **Mensch** · to be hopelessly awkward (in company), to behave like a tramp/peasant/…

auch nur ein Mensch sein *iron* · he is/we are/… only human (after all)

… Ein paar Dummheiten mußt du bei dem Jungen schon durchgehen lassen, Ruth! Er kann doch nicht in allen Dingen vernünftig sein – er ist schließlich auch nur ein Mensch!

Mensch, ist das eine Frau/was hab' ich da gezittert/…! *ugs* · boy!, Good Lord!, wow!, blimey!, hey!

… Mensch, (was) war das für eine Überraschung! Es schellt – und wer steht in der Tür?: unser jüngster Bruder, der in Argentinien lebt. Noch jetzt können wir das kaum fassen.

wieder wie ein Mensch aussehen *ugs* · to look like a human being again

(Zu einem Jungen, der vom Friseur zurückkommt:) So, jetzt siehst du wieder wie ein Mensch aus! Mit der Mähne, die du vorher hattest, sahst du ja aus wie ein Landstreicher.

Mensch bleiben *oft: man muß doch …! ugs – form* · to stay human, to behave like a human being *n*

… Wie kann denn der Einsatzleiter der Polizisten einfach brutal auf die Menschenmenge einknüppeln lassen! Er kann doch nicht unter den Demonstranten einige Radikale oder Rabauken geben mag, da muß man doch Mensch bleiben! – Das ist nicht Grausamkeit! So Polizeibeamte verlieren einfach zu schnell die Nerven. Dann sehen sie plötzlich nichts mehr …

der Mensch braucht das *ugs selten* · a person needs it/this/… (to go on holiday/…) *n*, a body needs it/this/…

… Ja, wenigstens ein Mal im Jahr muß man aus Deutschland heraus, alles hinter sich lassen, woanders Ferien machen. Der Mensch braucht das.

ein Mensch wie du und ich (sein) *ugs* · (he is/they are/…) a human being/human beings like you and me

… Noch auf solchen Bällen weiß der Kanzler seine Popularität zu steigern. Er gibt sich leutselig … Keine Überheblichkeiten, keine Distanz … – nichts von alledem! Er ist ein Mensch wie du und ich …

kein Mensch ist ein Engel *ugs* – ein **Engel** ist keiner/niemand! · no one is perfect, none of us is perfect

(auch) ein Mensch von/(aus) Fleisch und Blut (sein) · 1. 2. to be a man/woman/people of flesh and blood

1. … Die Personen dieses Romans sind Menschen von Fleisch und Blut – Menschen wie du und ich, und keine Typen oder Abstraktionen, die irgendetwas beweisen sollen.
2. Der Professor Kern, das ist wirklich ein toller Mann! Überhaupt nicht so ein Professorentyp! Ein Mensch von Fleisch und Blut – lebendig, kräftig, spontan … *form*

kein Mensch fragt danach, ob/(wie/…) · no one cares how/why/…, no one asks how/why/…, no one wants to know how/why/…

… Wenn du das Zeugnis erst einmal hast, fragt kein Mensch mehr danach, ob du es zurecht bekommen hast oder nicht.

sich wieder wie ein Mensch fühlen *ugs* · to feel like a human being again

… So, jetzt fühle ich mich wieder wie ein Mensch! Nach drei Wochen Manöver ist ein richtiges, schönes Vollbad mit nichts zu vergleichen.

sich wie ein (ganz) anderer Mensch fühlen *ugs* · 1. 2. to feel like a new man/woman

1. Nach der Sauna fühle ich mich jedesmal wie ein anderer Mensch.
2. Nach den Ferien fühle ich mich wie ein anderer Mensch. Aber nach drei, vier Monaten ist die ganze Wirkung wieder weg; dann warte ich schon wieder auf die nächsten Ferien.

sich nur noch wie ein halber Mensch fühlen *sal* – nur noch ein halber **Mensch** sein · to feel like a wet rag

der Mensch ist die Krone der Schöpfung *path od. iron* · man is the pride of creation, man is creation's crowning glory

… Wenn der Mensch wirklich die Krone der Schöpfung wäre, wie es immer heißt, dann würde er sich anders benehmen!, bemerkte er bitter.

kein Mensch mehr sein *ugs* – (eher:) nur noch ein halber Mensch sein (1) · to be half dead, to be dead beat

Mensch Meier! *sal* · 1. boy!, Good Lord!, 2. damn it!
1. vgl. – (ach) du lieber **Gott**!
2. vgl. – **verdammt** (nochmal)!

von Mensch zu Mensch mit jm. **sprechen/**... *form selten* · to talk to s.o. man to man
... So, Herr Bähr, jetzt wollen wir mal vergessen, daß ich Ihr Chef bin, und von Mensch zu Mensch in aller Ruhe über die Angelegenheit sprechen ...

kein Mensch muß müssen (nur wenn er muß, dann muß er) *ugs scherzh* · nobody has to do anything (unless he has to) *para*, there's no such thing as must (unless you must) *para*
... Du mußt das verstehen, Agnes – der Alfred muß dahin, ob er will oder nicht. – Er kann doch mal 'nein' sagen! Muß! Muß! Kein Mensch muß müssen! – Nur wenn er muß, dann muß er, pflegten wir da früher drauf zu antworten. Aber Scherz beiseite: zu solchen Sitzungen muß er wirklich hingehen!

Mensch und Tier · man and beast
... Nun, bei aller biologischen Verwandtschaft, meine Damen und Herren, ist doch der Unterschied zwischen Mensch und Tier wenigstens ebenso bedeutsam: ...

hat der Mensch Töne! *ugs – path* – (eher:) hast du **Worte**! · well I never!, would you/I don't/... believe it!, hark at that!

ein neuer Mensch werden *form – path* · to become a new man/woman
Diese ewige Routine hier macht einen derart fertig, daß man nach einigen Jahren nichts mehr wert ist. Ich muß sehen, daß ich nochmal ins Ausland gehe – wieder ein neuer Mensch werde.

hat der Mensch Worte! *ugs – path* – (eher:) hast du **Töne**! · well I never!, would you/I don't/... believe it!, hark at that!

ein Mensch ohne Zukunft (sein) *form* · to be a man/woman without a future, to have no future
... Ach, dieser Brondal, das ist ein Mensch ohne Zukunft. Der bleibt sein Leben lang Leiter dieser kleinen Abteilung; mehr wird der nie.

menschelt: es menschelt hier sehr/mal wieder/überall/... *ugs* · + to show human weaknesses/defects/failings/..., + to be all-too-human
... Wenn ich mir diese Regierung so angucke: es menschelt an allen Ecken und Enden. Der eine Minister hat einen Skandal am Hals wegen Bestechung, der andere eine Geliebte, dem dritten wird nachgesagt, er habe für die STASI gearbeitet ... Nichts als Schwächen und Unzulänglichkeiten!

Menschen: (schon/...) **die ersten Menschen** · the first man and woman, the first two people on earth
... Die ersten Menschen hatten da ... – Du willst sagen: Adam und Eva? – Ja, wer sonst?

sich wie die ersten/letzten Menschen benehmen/aufführen/... *sal* · to behave like animals
Karneval feiern ist ja ganz schön! Aber sowas!! Nein! Die haben sich benonmmen wie die ersten Menschen! Tische und Stühle umgeworfen, die Gläser zerdeppert, Vorhänge heruntergerissen ... – ganz zu schweigen von den halbnackten Weibern ...! Nein, wie die Kannibalen haben die hier gehaust!

etw. verlangt den ganzen Menschen *path* · to demand/... all one's energies, to require/demand/... absolute/whole-hearted/... commitment
... Nein, diese Arbeit kannst du nicht nebenbei machen, die verlangt den ganzen Menschen! Wenn du also den Job annimmst, wirst du deine Hilfsstelle an der Uni aufgeben müssen.

gern unter Menschen sein · to enjoy mixing with people, to enjoy being with people
Eure Evi nimmt jede Einladung an, die sie eben annehmen kann, nicht? – Ja, und zwar nicht so sehr aus gesellschaftlichen Gründen! Sie ist einfach gern unter Menschen.

einen neuen Menschen anziehen *geh path veraltend* – (eher:) den alten **Adam** ausziehen/(ablegen) · to become a new man, to turn over a new leaf

den alten Menschen ausziehen/(ablegen) *geh path veraltend* – (eher:) den alten **Adam** ausziehen/(ablegen) · to cast off the old Adam, to mend one's ways

nicht viel unter Menschen gehen *form selten* · not to get out much *coll*, not to socialise much
... Nein, der Alfons geht nicht viel unter Menschen. Er hat nicht viel Kontakte und legt auch nicht viel Wert darauf.

(viel/wenig/...) **unter (die) Menschen kommen** *form selten* – (viel/wieder/nicht/...) unter die **Leute** kommen (1) · (not) to get out and mix with people (much/a great deal/...)

einen vernünftigen/anständigen/erzogenen/... **Menschen aus** jm. **machen/**jn. zu ... machen *ugs* · to make a civilised/... person/man/... out of s.o. *n*
Ehe du den Willi auf solche Empfänge mitnimmst, mußt du erstmal einen erzogenen Menschen aus dem Jungen machen! – Wie, benimmt der sich so schlecht?

die Menschen meiden · to avoid people, to keep to oneself *coll*
... Manchmal hat man den Eindruck, der Rolf meidet die Menschen, wo er nur kann. – Du meinst, er ist ein Misanthrop? – Das will ich nicht sagen. Vielleicht will er einfach allein sein.

man muß/j. muß **die Menschen nehmen, wie sie sind** · s.o./one/you/... has/have/... to take people as they are
Was hat es für einen Sinn, Klaus, an den Leuten ständig herumzumoralisieren, sich ständig an ihren Eigenheiten zu stoßen? Du mußt die Menschen nehmen, wie sie sind! Du änderst sie sowieso nicht.

des Menschen Sohn *geh rel selten* – der **Menschensohn** · the Son of Man

etwas für den/(seinen) **äußeren Menschen tun** *iron selten* · to smarten o.s. up, to do s.th. about one's appearance
Könnt ihr nicht ein halbes Stündchen auf mich warten? Ich muß schnell noch etwas für den äußeren Menschen tun. So, wie ich angezogen bin, kann ich unmöglich mit euch ausgehen.

etwas für den/(seinen) **inneren Menschen tun** *iron* · to do s.th. for the inner man/the soul
Bevor wir losgehen, wollen wir erst einmal etwas für den inneren Menschen tun. Kinder, los, das Frühstück! Und eßt euch anständig satt, denn nachher gibt es vor zwei Uhr nichts mehr.

(nicht) (gut) **mit Menschen umgehen können** – (nicht) (gut) mit (den) **Leuten** umgehen können · (not) to be able to get on (well) with people

des Menschen Wille ist sein Himmelreich *mst iron* · + do what you like if it makes you happy, + you/we/... must do whatever makes you/us/... happy
... Doch, ich möchte eigentlich trotz des schlechten Wetters ans Meer fahren. Ich zieh' mich warm an ... – Ich würde das nicht tun an deiner Stelle. Aber wenn du unbedingt willst, tu, was du nicht lassen kannst. Des Menschen Wille ist sein Himmelreich.

mit Menschen- und mit Engelszungen reden/auf jn. **einreden** *oft: da kannst du/kann er ... path selten* – mit **Engelszungen** reden/auf jn. einreden · however much you/he/... try/... to get round me/..., I'm not going to buy/..., though you/he/... speak/... with the tongues of men and angels, I'm/... not going to ...

Menschengedenken: seit Menschengedenken *path* · since time immemorial
Seit Menschengedenken kommen die Völker nur schwer miteinander aus. Solange man zurückdenken kann, gibt es immer wieder Rivalitäten, Streit, Krieg.

Menschengestalt: Menschengestalt annehmen *form* · to take on human form, to assume human form
... Der Herr Schulte meinte gestern: Wenn Gott, wie es das Christentum lehrt, Menschengestalt angenommen hat, um uns zu erlösen,

dann fragt man sich doch, inwieweit die Menschheit hier auf Erden zeigt, daß sie erlöst wurde.

Menschenhand: von Menschenhand geschaffen/(...) *form – path* · made/created/fashioned/... by the human hand
... Wie ist es verständlich, fragte sie plötzlich, daß so viele herrliche Baudenkmäler, durch die Jahrtausende hindurch von Menschenhand geschaffen, vom Menschen (wieder) mutwillig zerstört werden?

nicht/nicht mehr in Menschenhand liegen *form – path selten* · it/s.th. is not/no longer in the hands of man, it/s.th. is beyond man's control
Wir haben getan, was wir konnten, Frau Kröger. Die Operation ist gut verlaufen; die Betreuung Ihres Mannes könnte nicht besser sein. Alles weitere liegt nun nicht mehr in Menschenhand ...

Menschenkraft: das/(etw.) geht über (js.) **Menschenkraft** *path selten* · to be beyond human strength
... So sehr sie sich auch anstrengt: Sie kann nicht zugleich einen Beruf ausüben, den Haushalt führen und immer für die Kinder dasein. Das geht über ihre Menschenkraft.

Menschenleben: Menschenleben sind nicht zu beklagen/(...) *form* · there are no fatalities, there is no loss of life, no one is killed
(Über einen Unfall:) Der Wagen, der aus der Kurve geschleudert worden war, war völlig zerstört; doch Menschenleben sind Gott sei Dank nicht zu beklagen. Der Fahrer wurde mit einem leichten Schock ins Krankenhaus eingeliefert, konnte aber gegen Abend schon wieder entlassen werden; die übrigen beiden Insassen kamen wie durch ein Wunder völlig unversehrt davon.

ein Menschenleben lang *path selten* · for/throughout/... a whole lifetime
Wenn man ein Menschenleben lang hart gearbeitet hat, kommt einem der Kampf um ständig zunehmende Freizeit manchmal seltsam vor. Meinst du nicht auch?

Menschenliebe: etw. aus reiner Menschenliebe tun *oft iron* · to do s.th. (only/...) out of the goodness of one's heart, to do s.th. for purely humanitarian reasons
... Aber glaubst du denn wirklich, Herbert, der Schilling hilft dir aus reiner Menschenliebe? Bist du naiv! Der verspricht sich natürlich einen Vorteil davon!

Menschenlos: etw. ist nun einmal Menschenlos *path selten* · it/s.th. is man's lot, it/s.th. is human destiny
... Entsetzlich, solche Krankheiten, ganz entsetzlich! Aber es ist nun einmal Menschenlos, vor solchen Schicksalsschlägen nicht gefeit zu sein!

Menschenmaterial: (gutes/(...)) **Menschenmaterial** *sal* · (good/...) human material *mil*, (good/...) human resources *n*
... Ob solche Modernisierungen Erfolg haben oder nicht, ist natürlich immer eine große Frage. Das hängt nicht nur von der Technik ab und auch nicht nur vom Markt, sondern ganz entscheidend auch von dem Menschenmaterial, das einem zur Verfügung steht. Es gibt Völker und Volksstämme, die wollen und können moderne Methoden einfach nicht anwenden ...

menschenmöglich: das/(etw.) ist nicht menschenmöglich *path selten* – das/(etw.) geht über (js.) **Menschenkraft** · s.th. is simply impossible

sein Menschenmögliches/das/alles Menschenmögliche tun/ versuchen/(...) *path selten* · to do everything one possibly can, to do everything (that is) humanly possible *coll*
... Wir werden unser Menschenmögliches tun, Herr Krause! Aber bedenken Sie bitte, daß der Krankheitsprozeß bereits sehr weit fortgeschritten und Ihre Mutter sehr alt ist ... Wir werden unser Möglichstes tun ...

Menschenopfer: Menschenopfer sind nicht zu beklagen/(...) *form* – (eher:) **Menschenleben** sind nicht zu beklagen/(...) · there is no loss of life

Menschenschinderei: das/etw. ist (reine)/(die) reinste Menschenschinderei *ugs path* · it/s.th. is (pure/downright/...) slave-driving
... So eine Arbeit kann man mal eine Woche machen, aber doch nicht immer! Das ist reine Menschenschinderei! Vom frühen Morgen bis zum späten Abend diesen harten Boden im Akkord umgraben ...

Menschenschlag: ein heißblütiger/... Menschenschlag (sein) · (to be) a passionate/... race, (to be) a passionate/... breed (of people)
... Du, mit ironischen Bemerkungen oder harten Äußerungen mußt du hier vorsichtig sein, Lorenz! Das ist ein heißblütiger Menschenschlag hier. Die tanzen und feiern nicht nur wie die Wilden, die sind auch in der Lage und stoßen dir einen Dolch in die Rippen, wenn du sie reizt.

ein leichtblütiger Menschenschlag (sein) – ein leichtblütiger **Schlag** (sein) · (to be) a happy-go-lucky race

ein schwerblütiger Menschenschlag (sein) – ≠ ein leichtblütiger **Schlag** (sein) · to be a phlegmatic/ slow-moving breed (of people)

ein schwerfälliger Menschenschlag (sein) – ein schwerfälliger **Schlag** (sein) · (to be) a ponderous/ a slow-moving breed of people

Menschenseele: keine Menschenseele (war auf den Straßen/...) *form – path* – keine lebende **Seele** (war auf den Straßen/...) · there was not a living soul in the streets

Menschenskind: Menschenskind! *sal* · good heavens!, good grief!, for heaven's sake!
Menschenskind! Nun paß doch auf, Erika! Du bist doch kein kleines Kind mehr! Jetzt kippst du schon zum dritten Mal den Kaffee um.

Menschensohn: der Menschensohn *geh rel* · the Son of Man
Braucht ihr das Wort Menschensohn – für 'Christus' – noch? – Nur in religiösen, gehobenen Texten.

Menschenverstand: der gesunde/natürliche Menschenverstand · (plain) common sense
»Intelligenz und Ausbildung allein machen es nicht«, meinte er; »sie können sogar mehr Schaden als Nutzen anrichten, wenn der gesunde Menschenverstand fehlt, der Sinn für das jeweils Vernünftige.«

Menschheit: und so was/etwas/(jn.) läßt man auf die Menschheit los! *sal* · and someone like that is let loose on mankind/ humanity/..., and someone like that is unleashed on an unsuspecting world
Dieser Holtkamp weiß nicht einmal, daß man zunächst genau die Bakterien feststellen muß, ehe man ein Antibiotikum verschreibt. Unglaublich! Und so was läßt man auf die Menschheit los! – Tja, manche Ärzte sind halt Schuster.

Menschliches: nichts Menschliches ist mir/ihm/... fremd/jm. ist nichts ... fremd/ *path* · + s.o. understands every aspect of human weakness/frailty/...
... Der Dr. Petersen ...? Ja, an den kannst du dich mit solch einer Frage bedenkenlos wenden. Das ist ein sehr erfahrener und weitgereister Mann; dem ist nichts Menschliches fremd, und der hat Verständnis für alles.

jm. ist etwas Menschliches passiert/(begegnet) *ugs euphem* · + to have an accident in one's trousers
... Vergeblich hatte er sich eine halbe Stunde lang nach einer Toilette umgesehen. Kein Wunder, daß ihm dann etwas Menschliches passiert ist. – Aber er hat sich doch nicht ...? – Doch, er hat.

wenn mir/(ihm/dem Maier/...) etwas Menschliches zustößt/ (passiert) *euphem* · if anything should happen to me/him/ Smith/..., if anything happens to me/him/Smith/...
... Also, paß auf, Irene, man weiß ja nie ..., bei solchen Operationen gibt es immer ein gewisses Risiko; ich glaube natürlich nicht, daß etwas schief geht – aber wenn mir etwas Menschliches zustoßen sollte: hier in dieser Schublade sind all unsere Unterlagen ...

Mensur: eine Mensur schlagen/(fechten) *in schlagenden Studentenverbindungen wie den Corps oder Burschenschaften* · to fight a duel (in a German/Austrian/... student corps)
Wieviel Mensuren schlagen die Leute heute eigentlich? – Ich glaube, Pflicht ist nur noch eine. – Offensichtlich mit anderem Schutz als früher; denn man sieht keine Narben mehr. – Nein, der sogenannte 'Schmiß' ist heute kein Zeichen des Muts mehr, sondern der Rückständigkeit.

merken: merk' dir/merkt euch/... das! *ugs* · just remember that!, and don't you forget it!

Ich will nicht, daß du mich immer 'Schätzchen' nennst. Merk' dir das!

merk' dir/merkt euch/... das gefälligst! *sal* – schreib' dir/schreibt euch/... das hinter die **Ohren!** · and don't (you) forget it!

das werd' ich mir merken! *ugs* · I'll remember that!, I won't forget that

... Du willst mir also nicht beim Umzug helfen? – Nein! – Das werd' ich mir merken! Bitte du mich nochmal um einen Gefallen! ...

den Kerl/Mann/... **werd' ich mir/(wird er sich/...) merken!** *ugs* · I/(he)/... won't forget that fellow/man/..., I'll remember him/...

... Was, der Lange da mit dem dunklen, wuscheligen Kopf hat mich 'Lügner' genannt? Den Kerl werd' ich mir merken! Auf dem nächsten Diskussionsabend werde ich ihn mir vorknöpfen. Das hat er nicht umsonst gesagt ...!

jn. etwas/nichts merken lassen · not to let on to s.o. (that one knows s.th./...), not to let s.o. see that ..., not to show that ...

Wenn du meinst, daß Vater in der Sache Unrecht hat, Christa, so laß ihn um Gottes willen nichts merken. Wenn er dahinter kommt, wird er fuchsteufelswild.

sich etw. (nicht)/nichts merken lassen – (eher:) sich etw. (nicht)/nichts **anmerken** lassen · not to give o.s. away, not to show one's feelings

Merks: einen guten/keinen Merks für etw. **haben** *ugs selten* · (not) to have a good memory for s.th. *n*

Während ich für Namen überhaupt keinen Merks habe, kann ich mir Gesichter sehr gut merken.

Mesalliance: eine Mesalliance eingehen *geh selten* · to make a misalliance, to make a mésalliance

Wenn du dich schon unbedingt in das Joch der Ehe spannen lassen willst, dann geh' wenigstens keine Mesalliance ein! – Obwohl ich die Menschen, die ich liebe, nicht unter sozialen Gesichtspunkten aussuche, kannst du unbesorgt sein: meine Verlobte kommt aus bestem Haus.

meschugge: meschugge sein *sal* – nicht (so) (ganz/(recht)) bei **Trost** sein · to be meshuggah

Messe: die schwarze Messe *selten* · a black mass

Ist die schwarze Messe dasselbe wie der Hexensabbat, Vater? – Die schwarze Messe ist ganz einfach die Teufelsmesse; da müssen keine Hexen bei sein.

die Messe lesen *Kath* · to say mass

Muß jeder katholische Priester auch heute noch jeden Tag die Messe lesen? – Natürlich, Klara. Das gehört zu seinem Priesteramt.

für jn. **eine Messe lesen lassen** *Kath* · to have a mass said for s.o.

... Onkel Lambert war nie ein praktizierender Katholik und ist gestorben, ohne die kirchlichen Sakramente zu erhalten. Und von der ganzen Familie geht kein einziger in die Kirche. Warum lassen die also für ihn jedes Jahr eine Messe lesen?

messen: (sich) einander messen *eher Imp form* – einander/(jn.) **Maß** nehmen · to weigh one another up, to take stock of one another

mit dem/der/dem Maier/... kann sich j. **nicht messen** · 1. 2. s.o. is no match for him/her/Smith/..., s.o. is not in the same league as him/her/Smith/...

1. Gut, der Ewald ist ein kluger Kopf, meinetwegen! Aber mit dem Wolf kann er sich nicht messen. Der ist ihm zig Mal überlegen.

2. ... Der Kalberg spielt nicht schlecht, das gebe ich zu, aber mit dem Beutel kann er sich nicht messen. Der Beutel, das ist eine ganz andere Klasse!

Messer: kämpfen bis auf's Messer *path* · to fight to the death, to fight to the bitter end, to fight to the finish

... In dieser Angelegenheit gebe ich nicht nach. Ich werde kämpfen bis auf's Messer! Eine derartige Ungerechtigkeit kann und werde ich nicht hinnehmen!

auf dem/diesem/... Messer kann man/kannst du/... mit dem nackten Arsch bis Köln reiten *vulg* – (eher:) auf dem/diesem/... **Messer** kann man/kannst du/... (ja) reiten · + this knife wouldn't cut butter

jm. das Messer in den Bauch stoßen/(jagen/rennen) *sal* – jm. ein/das **Messer** in den Leib stoßen/(jagen/rennen) · to knife s.o., to stick a knife into s.o., to run s.o. through with a knife

jn. bis aufs Messer bekämpfen *path* · to fight s.o. to the bitter end

Wer sich ihm entgegenstellt, den bekämpft der Merkel bis aufs Messer. Schonungslos. Bis er ihn völlig vernichtet hat.

sich bis aufs Messer bekämpfen *path* · to fight to the finish/to the death/to the bitter end/...

... Diese beiden Rivalen bekämpfen sich bis aufs Messer! Jede Rücksichtslosigkeit, jede Grausamkeit ist ihnen recht, wenn sie sich davon einen Vorteil versprechen.

unterm Messer bleiben *sal* – einem Arzt/... unter den **Händen** sterben/wegsterben · to die while being treated, to die during an operation

jm. das Messer auf die Brust setzen *path* · to hold a knife to s.o.'s throat, to put a knife to s.o.'s throat, to hold s.o. at gunpoint

... Also gehst du nun mit oder nicht – ja oder nein? Wir brauchen eine klare Antwort, und zwar sofort. – Wollt ihr mir das Messer auf die Brust setzen? – Wir müssen Bescheid wissen. Also?!

mit Messer und Gabel essen · to eat with a knife and fork

Für einen Erwachsenen ist es selbstverständlich, mit Messer und Gabel zu essen; für ein Kind ist das Jahre und Jahre hindurch höchst kompliziert.

jm. das Messer an die Gurgel setzen *path* – (eher:) jm. das **Messer** an die Kehle setzen · to hold a knife to s.o.'s throat

jm. (selbst) das Messer in die Hand geben *path selten* · 1. 2. to put a weapon in one's enemy's hands, to provide one's enemy/enemies with the means to destroy one, to play (right) into s.o.'s hands

1. Wenn du dem Heinz die Möglichkeit gibst, mit seiner Unterschrift allein alles zu entscheiden, gibst du ihm selbst das Messer in die Hand. Du weißt doch, daß der zu allem fähig ist. Was machst du, wenn der wirklich mal einen Vertrag von einer halben Million Mark unterschreibt, für den du mithaftest und der danebengeht?

2. Mit deinem Satz: »dann müssen wir die Kosten gemeinsam tragen« hast du dem Albert selbst das Messer in die Hand gegeben. Denn wenn er die Kosten mittragen soll, will er natürlich auch mitentscheiden – und das wolltest du doch unbedingt vermeiden.

jm. das Messer an die Kehle setzen *path* · to put/hold/(...) a knife to s.o.'s throat

Wenn ihr meint, ihr könnt meinen Bruder für euer Vorhaben gewinnen, indem ihr ihm das Messer an die Kehle setzt, habt ihr euch geirrt. Er läßt sich zu nichts zwingen und beugt sich auch Drohungen und Gewalt nicht.

das Messer sitzt jm. **an der Kehle** *path selten* · + to have one's back to the wall *coll*, + s.o. has got a knife at his throat

Dem Paul Brautner geht's wirtschaftlich nicht gut, habe ich gehört? – 'Nicht gut' ist gar kein Ausdruck. Dem sitzt das Messer an der Kehle. Wenn er in den nächsten Wochen nicht doch noch ein paar glänzende Aufträge bekommt, ist er pleite/ist's aus.

unter's Messer kommen *ugs* · to be operated on *n*, to undergo surgery *n*, to go under the knife

Stimmt es, daß der Onkel Werner im nächsten Monat unter's Messer kommt? – Ja, er wird am Knie operiert.

(jm.) ins offene Messer laufen · to walk right in s.o.'s trap, to play (right/...) into s.o.'s hands, to sign one's own death warrant by doing s.th.

Der Peter weiß doch ganz genau, daß der Klaus ihn am liebsten vernichten würde! Wie konnte er da auf dessen Vorschlag (dem Chef gegenüber), die Leitung der Verhandlungen mit Schuckert zu übernehmen, eingehen? Ahnte er denn nicht, daß das eine Falle war? – Du kennst doch den Peter. Er ist einfach naiv. Er ist ins offene

Messer gelaufen. Denn es liegt ja auf der Hand, daß die Verhandlungen scheitern und er das ausbaden muß.

jn. ins (offene) Messer laufen/(rennen) lassen *ugs* · to drop s.o. in it, to do the dirty on s.o., to sell s.o. down the river
... Wie läuft's mit deinem Job bei Fummel & Bastel? – Beschissen! Zum Ende des Quartals streiche ich die Segel. Meine lieben Kollegen haben mich, wo es nur ging, ins Messer laufen lassen. Kaum einer hat mir bei der Einarbeitung geholfen. Im Gegenteil, man hat es mir absichtlich schwer gemacht und mir die besonders schweren Tätigkeiten zugeschanzt, denen ich unmöglich gewachsen sein konnte.

jm. ein/das Messer in den Leib stoßen/(jagen/rennen) *path* · to knife s.o., to stick a knife into s.o., to run s.o. through with a knife
Es ist ja richtig, daß du dich zur Wehr setzt, wenn du angegriffen wirst, und solange es beim Boxen bleibt, ist ja auch alles halb so gefährlich. Aber paß auf bei dem Jugoslawen! Es wäre nicht das erste Mal, daß er jemandem im Zorn ein Messer in den Leib stößt.

jn. ans Messer liefern *ugs – path* · to give/to deliver s.o. up to his enemies *n*, to shop s.o. *sl*, to inform on s.o. *n*
Wie es scheint, haben Leute aus den eigenen Reihen den Chef der Terroristengruppe ans Messer geliefert, indem sie der Polizei die Nachricht zuspielten, wo er sich versteckt hielt.

unters Messer müssen *sal* · to have to go under the knife, to have to be operated on *n*, to have to have an operation *n*
... Du sagst, der Kurt hat Magengeschwüre? Er muß aber doch nicht unters Messer? – Der Arzt möchte operieren, aber der Kurt will erst sehen, ob es nicht auch durch eine konservative Behandlung weggeht.

auf dem/diesem/... Messer kann man/kannst du/... (ja) reiten *sal* · + this knife wouldn't cut butter
Mein Gott, auf diesem Messer kann man ja reiten! Das ist so stumpf, daß man nicht einmal dies Graubrot damit durchkriegt/schneiden kann.

schreien/brüllen/..., als ob man im Messer steckte/stecken würde/(stäke) *ugs – path* · 1. to squeal/to scream/... like a stuck pig, 2. to bawl one's head off, to bellow like a bull, to roar with pain
1. Schrei' doch nicht so da herum, als ob du im Messer stecktest, Junge! Nur weil du eine Spritze bekommst! Du willst ein Junge sein?! Schäm' dich!
2. vgl. – brüllen wie ein **Stier** (1)

jm. geht das Messer in der Tasche auf *sal selten* – in die **Luft** gehen (2) · s.o. sees red, s.o. loses his rag

(schon/...) die Messer wetzen *eher path – iron* · to get ready for the kill, to move in for the kill
... Wenn unser Heribert nicht dazwischengekommen wäre, wären diese Raufbolde unweigerlich aufeinander losgestürzt! – Sie wetzten schon die Messer, was? – So ungefähr. Die Fäuste hielten sie sich jedenfalls schon unter die Nase.

auf des Messers Schneide stehen · it is touch and go, it hangs in the balance
... Es war ein verbissener Kampf, der bis zur letzten Minute auf des Messers Schneide stand. Erst 15 Sekunden vor Schluß schoß der Malmberg das entscheidende Tor zum 2 : 1.

Messerspitze: eine Messerspitze (voll) Salz/... · a pinch of salt/...
... ja, und dann würde ich noch ein bißchen Pfeffer daran tun – eine Messerspitze voll, nicht mehr ...

Metall: viel/wenig Metall haben *Stimme* · (not) to have a metallic ring (to it), (not) to have a metallic timbre
... Hat ihre Stimme nicht zuviel Metall für eine Oper wie die Aida? – Findest du ihre Stimme so hart?

Meteor: js. Name/... leuchtet wie ein Meteor am Himmel/**Theaterhimmel auf** *path selten* · + s.o. is a shooting star of the stage/in the theatre world/...
Noch vor anderthalb oder zwei Jahren kannte kein Mensch den Namen Blausch. Ganz plötzlich leuchtete er – wie ein Meteor – am Theaterhimmel auf, und man wird gespannt verfolgen, ob er auch wie ein Meteor ganz plötzlich wieder in der Versenkung verschwindet.

Meter: am laufenden Meter *sal selten* – am laufenden **Band** · non-stop, nonsense/invitations/... galore

laufende Meter Unsinn/Witze/... *sal* · to talk nonsense/to tell jokes/... non-stop *n*
Er hat einmal wieder laufende Meter Witze erzählt – drei Stunden hindurch Witze, am laufenden Band!

zehn Meter gegen den Wind stinken/(riechen) *sal* – stinken wie die **Pest** · to stink to high heaven

Methode: etw. hat Methode *ugs* · + there's a method behind it/s.th. *n*, it/s.th. is quite deliberate *n*
Seine Kritik, seine Sticheleien, seine Ironie – das alles ist nicht zufällig, das hat Methode. Hast du das noch nicht gemerkt? Er weiß ganz genau, was er damit bezweckt ...

Methode in etw. bringen · to start to do s.th. methodically/systematically/in a methodical way/...
Du mußt Methode in deine Arbeit bringen, dann wirst du auch schneller fertig. Wenn du dagegen alle Arbeitsgänge machst, wie es gerade kommt, brauchst du natürlich doppelt und dreimal so lange wie nötig.

andere Methoden einschlagen · to (have to) adopt other methods, to (have to) resort to other methods
Wenn du dich unserem guten Zureden und unseren Bitten gegenüber taub stellst, müssen wir andere Methoden einschlagen. – Was wollt ihr denn dann machen? – Das wirst du schon merken!

Methusalem: so alt wie Methusalem sein/werden/... *path veraltend* · to be/to look/... as old as Methuselah
... Wir klopften an der Klosterpforte. Es öffnete uns ein bärtiger Mann, der uns so alt wie Methusalem vorkam und fragte ...

Metier: sich auf sein Metier verstehen · to know one's job, to know one's stuff *coll*
Wenn sich alle so auf ihr Metier verstünden wie der Kreuzer, gäbe es weniger Beschwerden und Klagen. Ein hervorragender Handwerker/Übersetzer/Organisator, dieser Mann!

Metzgersgang: einen Metzgersgang tun/machen *ugs veraltend selten* · to go on a wild goose chase, to go on a fool's errand
... Nein, ich geh' jetzt nicht mehr dahin! Ich habe keine Lust, nochmal einen Metzgersgang zu machen. Ich bin in der vergangenen Woche drei Mal vergeblich in die Stadt gerannt; das Ballett war immer ausverkauft ...

Meute: die Meute auf jn. hetzen *sal path selten* · to set the pack on s.o. *rare*
... Die Parteiführung brandmarkte den Martes als Abtrünnigen und hetzte die Meute auf ihn. Von allen Seiten wurde er plötzlich mit den übelsten Methoden angegriffen ...

Michel: der deutsche Michel *ugs veraltend selten* · the plain honest German *para*, Honest Fritz
Lebt eigentlich bei den Franzosen immer noch das Klischee vom deutschen Michel weiter, d.h. die Vorstellung vom Durchschnittsdeutschen als braver, fleißiger, spießbürgerlicher, leicht tumber Figur, die eine geschickte Regierung mehr oder weniger zu allem manipulieren kann?

Miene: mit eisiger Miene · to listen to s.th./... in stony silence
... Und der Kruse, was sagte er, als der Chef seine Abteilung so kritisierte? – Nichts, keinen Ton! Er saß da, unbeweglich, und hörte mit eisiger Miene zu.

(jn.) mit überlegener Miene (ansehen/...) *oft iron* · to look at/... s.o. with a superior expression, to look at/... s.o. superciliously
»Schach«, sagte der Großmeister, wobei er sein Gegenüber mit überlegener Miene ansah.

eine eisige Miene aufsetzen/(machen) · to assume a frosty expression, to put on a frosty expression
... Wenn der Alte seine eisige Miene aufsetzt, wird er richtig unsympathisch. – Wen behandelt er denn jetzt schon wieder so kalt (und abweisend)? – Den Schrump. – Ach, ja, den hat er besonders gern.

eine finstere Miene aufsetzen – eine finstere **Miene** machen · to look grim, to scowl

eine süßliche Miene aufsetzen – eine süßliche **Miene** machen · to put on a smarmy expression, to put on a sugary expression

eine wichtige Miene aufsetzen *mst iron* – eine wichtige **Miene** machen · to put on an air of importance

eine strenge Miene aufsetzen/... *oft iron* · to put on a stern/... expression, to look stern
Wenn der Blaskamp versucht, eine strenge Miene aufzusetzen, muß ich mir alle Mühe geben, um nicht laut zu lachen. Wenn so ein Bubigesicht streng sein und durchgreifen will, ist das im echten Wortsinn komisch.

eine Miene aufsetzen, als wenn .../... *ugs* · to put on a face as if .../..., to put on an expression as if .../...
... Paß auf, wenn du ihn fragst, ob er dir 100,– Mark leihen kann, setzt er eine Miene auf, als ob du ihn ertränken wolltest. Los, versuch's! Du wirst sehen, das ist wie im Film.

sich die Miene eines ... geben *ugs* · to make out that one is a good chess player/..., to act as if ... *n*
Er gibt sich immer die Miene eines glänzenden Schachspielers. Aber wenn du die Partien, die er spielt, genau verfolgst, dann merkst du bald, daß er besserer Durchschnitt ist, mehr nicht.

js. Miene hellt sich auf · s.o.'s face lights up when ...
... Mir ist auch nicht klar, warum er bei dem Gespräch zunächst so mißmutig dreinschaute. – Seine Miene hellte sich erst auf, als ich sein Buch über Proust lobte ...

Miene machen, etw. zu tun · to make as if to do s.th., to look as if one is going to do s.th.
... Paß auf! Der macht Miene, dir eine zu knallen. Wenn du mit deinen Reden so fortfährst, hast du gleich eine sitzen – man merkt ihm richtig an, daß er drauf und dran ist, zu einem Schlag auszuholen.

eine Miene machen, als ob .../... *ugs* – ein **Gesicht** machen, als ob .../... · to pull/to make a face as if ...

eine finstere Miene machen · to look grim, to scowl
Warum macht der Wirtz so eine finstere Miene? Ist er nicht damit einverstanden, daß wir den Computer des Instituts benutzen? – Der guckt immer so grimmig drein; da mußt du dir nichts draus machen.

keine Miene machen, etw. zu tun · not to make a move to do s.th., to make no move to do s.th., to show no sign of doing s.th.
Schau dir das an: da kommt die Tante Frederike, und der Robert sitzt da, als ob nichts wäre. Er macht keine Miene, aufzustehen und sie zu begrüßen.

eine saure Miene machen *ugs* · 1. to pull a sour face, 2. to look sour, 3. to pull a face
1. vgl. – ein saures **Gesicht** machen
2. vgl. – (eher:) ein sauertöpfisches **Gesicht** machen
3. vgl. – (eher:) ein schiefes **Gesicht** machen

eine süßliche Miene machen · to put on a smarmy expression, to put on a sugary expression
... lieber wäre mir, die Gisela würde mich völlig neutral behandeln, als daß sie jedesmal, wenn sie mich sieht, so eine süßliche Miene macht. Man merkt doch sofort, daß die ganze Liebenswürdigkeit nur gespielt ist. – Laß sie doch, die arme! Die ist nun mal so!

eine wichtige Miene machen *mst iron* · to put on an air of importance
(Vor einer Rede:) Guck' dir das an, was der Heinz-Otto für eine wichtige Miene macht! – Ja, die Eröffnungsrede zu einem so bedeutenden Kongreß halten – das ist ja auch schon was! – Lächerlich, diese Wichtigtuerei!

gute Miene zum bösen Spiel machen · to grin and bear it, to put a brave face on things
Natürlich ist es den Fischers nicht recht, daß ihre Tochter mit dem Sohn des Chefs ein Verhältnis hat. Aber was bleibt ihnen anderes übrig, als gute Miene zum bösen Spiel zu machen? Wenn sie ihr den

Umgang mit dem jungen Mann verbieten würden, wären ihre Tage in der Firma gezählt.

js. Miene verdüstert/(verfinstert) sich · s.o.'s face darkens
... Er war doch die ganze Zeit so guter Dinge gewesen! Warum verdüsterte sich seine Miene denn plötzlich? – Weil du etwas gegen die Spanier gesagt hast. Seine verstorbene Frau war Spanierin ...

keine Miene verziehen (und ...) · 1. s.o. doesn't turn a hair, s.o. does s.th. without flinching/without batting an eyelid, 2. s.o. does not move a muscle
1. Der Junge hat eine Selbstbeherrschung, das ist phantastisch! Der verzieht keine Miene, wenn man ihm eine Spritze gibt, und wenn es noch so weh tut.
2. Von allen Seiten wurden die Ausführungen des Ministers schärfstens kritisiert. Aber der saß da und verzog keine Miene. – Der läßt sich nichts anmerken, das ist bekannt.

ohne eine Miene zu verziehen, erklären/... · to state/... without moving a muscle, to state/... with a perfectly normal expression on his face
Ohne eine Miene zu verziehen, erklärte der Bauer, was seine Kollegen da vorbrachten, sei alles Lug und Trug – so als spräche er von fremden Leuten und als ginge ihn das alles gar nichts an. Völlig ungerührt.

mit der selbstverständlichsten Miene der Welt erklären/... *ugs* · to tell s.o./to reveal/... as if it were the most natural thing in the world
Mit der selbstverständlichsten Miene der Welt eröffnete die Christa gestern ihren Eltern, sie hätte sich mit einem Schulfreund verheiratet. So als ob eine Heirat eine Routinesache wäre.

eine saure Miene ziehen *ugs* – (eher:) eine saure **Miene** machen · to give a sour look

Mienenspiel: ein lebhaftes/ausdrucksvolles/... **Mienenspiel haben** · to have mobile features, to have an expressive face
Die Rotraud hat ein ungeheuer ausdrucksvolles Mienenspiel, wenn sie etwas erzählt. Wie eine Südländerin. Man versteht schon am Gesichtsausdruck, was sie sagen will – fast ohne auf die Worte zu achten.

Miesen: in den Miesen sein *sal* · 1. to be in the red *n*, 2. to be down on points
1. ... So eine Idee, den Karl um Geld zu bitten! Du weißt doch, daß der permanent in den Miesen ist. – Ich dachte, nach dem Erbe ... – Ach, sein Kontostand ist nach wie vor negativ.
2. (Beim Kartenspiel:) Bist du noch immer in den Miesen oder stehst du nach den letzten beiden Siegen jetzt schon im Plus?

in die Miesen kommen *sal* · 1. to go into the red *n*, 2. to start to get minus points
1. ... Mit dem Autokauf ist der Karl bei der Bank derart in die Miesen gekommen, daß die ihm schon bei seinen laufenden Ausgaben Schwierigkeiten machen.
2. (Beim Kartenspiel:) Wenn du jetzt nochmal verlierst, kommst du in die Miesen. – Ah, ich dachte, ich stünde jetzt schon im Minus.

miesmachen: jn./etw. miesmachen *sal* – (jm.) jn./etw. mies machen · to run s.o. down, to slag s.o. off, to spoil s.o.'s enjoyment of s.th.

Miete: das/(etw.) ist schon die halbe Miete *sal* · it's/s.th. is half the battle, + he/we/... is/... half-way there *coll*
... Dieser Sieg, Leute, das ist die halbe Miete! Wenn wir von den nächsten beiden Ausscheidungsspielen nur eines gewinnen, reicht das, um aufzusteigen. Ich denke, im Grunde ist der Aufstieg also geschafft.

kalte Miete · rent excluding cost of heating and utilities
Wieviel zahlst du für deine Wohnung, sagst du? – 1.780,– Mark. Kalte Miete – die Heizung und andere Nebenkosten kommen noch dazu.

warme Miete – ≠ kalte **Miete** · rent including cost of heating and utilities

(in/bei jm.) zur Miete wohnen *form* · to rent a house/ flat/..., to live in rented accomodation (in/with s.o./...)
... Wohnst du in der Wohnung zur Miete oder hast du sie gekauft?

mieux: faute de mieux (etw. tun müssen) *geh selten* · (to have to do s.th.) faute de mieux, (to have to do s.th.) for want of anything better *n*
… Gut, faute de mieux essen wir dann zum Mittagessen ein paar Bananen und eine Tafel Schokolade. Wenn wir hier nichts Warmes mehr kriegen … – Das macht doch nichts, Vater! Im Gegenteil, wir essen das sogar lieber!

Mieze: eine heiße Mieze sein *sal Neol* · 1. to be a hot little piece, 2. (to be) a nice/tasty/… piece, (to be) a nice bit of stuff
1. … Die Daniela ist echt eine heiße Mieze! Die sieht nicht nur scharf aus, die ist auch scharf drauf.
2. vgl. – (stärker als:) ein netter/reizender/süßer/flotter/kesser/… **Käfer** (sein)

Milch: die Milch abrahmen *ugs selten* – den **Rahm** abschöpfen · to cream off the best part of s.th./the profits/…, to take the lion's share of s.th.

wie Milch und Blut aussehen *von (jungen) Frauen form veraltend selten* – wie das ewige/blühende **Leben** aussehen · to look as if one will live for ever, to look as if one will last for ever

die Milch der frommen Denkungsart *geh veraltend selten* · the milk of human kindness
… »Es ist nun leider nicht so, daß die Menschen von Natur aus gut sind«, meinte er. »Das ist ein Irrglaube!« – Aber ein schöner! – Diese Milch der frommen Denkungsart, mein lieber Robert, hat verheerende Folgen.

jm. **wie Milch und Honig eingehen** *path veraltend* · + to lap s.th. up
Anerkennung, Lobsprüche, Schmeichelei – das geht ihm wie Milch und Honig ein. Aber wehe, du sagst ihm ein kritisches Wort! Dann reagiert er entweder ganz gereizt oder er tut so, als ob er nicht verstünde.

Milchbubi: ein (richtiger/…) **Milchbubi sein** *sal Neol* · to be a real/… sissy, to be a milksop *n*
… Der Georg ist ein richtiger Milchbubi! Als wir im Pfadfinderlager waren, bekam er schon nach zwei Tagen Heimweh und ließ sich von seinen Eltern abholen. Der Typ ist total verweichlicht!

Milchgesicht: ein (richtiges/…) **Milchgesicht sein** *sal* · 1. 2. to be a milksop *n*, 1. to be a callow youth *coll*, 2. to be a real/… sissy
1. … Hast du schon gehört, daß die Susi seit zwei Wochen mit dem Sascha zusammen ist? – Was, mit dem Milchgesicht? Der sieht doch mit seinen 25 Jahren noch aus wie ein Fünfzehnjähriger!
2. vgl. – (u. U.) ein (richtiger/…) **Milchbubi** sein

Milchmädchenrechnung: eine Milchmädchenrechnung (sein) *ugs* · it/s.th. is a (hopelessly naive) miscalculation *n*, it/s.th. is simple-minded *n*, it/s.th. is (hopelessly/…) unrealistic *n*
… Du meinst, man braucht nur die einschlägigen Maschinen zu kaufen und dann geht's ans Verdienen? Das ist eine herrliche Milchmädchenrechnung, mein Lieber! Du machst dir keine Vorstellung von den Schwierigkeiten, die da auftreten können, von den Unkosten, den Personalproblemen. … Das Ganze ist weit komplizierter, als so ein Studienrat sich das vorstellt! – Danke!

Milde: Milde (gegen jn.) **walten lassen** *ugs* · to be lenient (with s.o.) *n*, to let s.o. off *n*
… Gut, wenn ihr nicht wußtet, daß ich den Wagen brauchte, will ich nochmal Milde walten lassen und von einer Strafe absehen. Aber das nächste Mal fragt ihr, bevor ihr damit losfahrt.

Militär: beim Militär (sein) · to be in the armed forces, to be doing one's military service
Euer Ralf ist noch beim Militär? – Ja, noch ein halbes Jahr, dann hat er den Militärdienst beendet.

zum Militär gehen – zur **Armee** gehen · to join up, to join the forces

Militärdienst: zum Militärdienst einberufen werden *eher: eingezogen werden form* · to be called up for military service
Wird eigentlich zur Zeit jeder junge Mann zum Militärdienst einberufen? – Im Prinzip ja. Wir haben die allgemeine Wehrpflicht von einem Jahr.

Militärgericht: jn. **vor ein Militärgericht stellen** *form* · to court-martial s.o.
… Wer damals zu desertieren versuchte, mit dem wurde kurzer Prozeß gemacht! Er wurde vor ein Militärgericht gestellt, in einem Blitzverfahren zum Tode verurteilt und dann (standrechtlich) erschossen.

mille: pro mille *Abk.: p. m.; 0/00* · a/one thousandth
… Wenn er acht p.m. Provision kriegt, streicht er von den zwei Millionen 16.000,– Mark ein. Das ist doch nicht wenig – für vier Tage Arbeit.

Millimeter: um keinen/nicht um einen Millimeter nachgeben/… *path* – um keinen/nicht um einen **Fußbreit** nachgeben/… · not to yield an inch

keinen/(nicht einen) Millimeter (von der Stelle) **weichen/zurückweichen** *path* – keinen/(nicht einen) **Fußbreit** (von der Stelle) weichen/zurückweichen · not to budge an inch

Millionär: vielfacher Millionär sein · to be a multi-millionaire, to be a millionaire several times over
… Hm, man muß doch nicht unbedingt vielfacher Millionär sein, Otto! Eine Million genügt doch!

Millionen: das/(etw.) geht in die Millionen *Kosten* · to run into millions
… Wieviel kostet das denn so ungefähr, so eine Villa dahinzusetzen? Ein paar hunderttausend Mark? – Da kommst du mit ein paar hunderttausend Mark nicht aus, das geht in die Millionen.

Millionengewinne: Millionengewinne machen/erzielen · to make millions, to make profits running into millions
Kannst du dir vorstellen, daß man mit Wörterbüchern Millionengewinne erzielt? – Wenn Hundertausende verkauft werden, kann man Millionen verdienen; sonst natürlich nicht.

mimen: den Kranken/… **mimen** *ugs* · to pretend to be ill/to act innocent/tough/… *n*
… Der Peter mimt mal wieder den Kranken, nicht? Jedesmal, wenn eine schwere Arbeit zu tun ist, stellt er sich krank.

Mimose: (empfindlich) wie eine Mimose sein *path selten* · to be very/…, touchy, to be over-sensitive, to be like a mimosa
… Meine Güte, (was) ist dieses Mädchen empfindlich – wie eine Mimose. Die kleinste Bemerkung genügt, damit sie sich gekränkt fühlt! Ein richtiges Kräutchen-rühr-mich-nicht-an!

minderbemittelt: geistig minderbemittelt sein *sal* – für keine zwei **Pfennige** Verstand haben/nachdenken/aufpassen/… (1) · not to be very/all that/… bright

Minderheit: in der Minderheit sein · to be in the minority
… Die Einheimischen sind natürlich nie in der Minderheit! Wenn sie gegen die Ausländer zusammenhalten, haben die demokratisch überhaupt keine Chance!

eine Minderheit bilden – (eher) in der **Minderheit** sein · to be a minority, to be in the minority

in der Minderheit bleiben · to remain in the minority
Wenn die Protestanten in dieser Gegend trotz der Millionen von Menschen, die aus dem Osten hier eingewandert sind – alles Protestanten! – immer noch in der Minderheit sind, dann werden sie auch wohl ewig in der Minderheit bleiben.

Minderzahl: in der Minderzahl sein – (eher:) in der **Minderheit** sein · to be in the minority

mindeste: das/etw. ist das mindeste (das/was/…) – (eher:) das/etw. ist das **wenigste** (das/was/…) · it/s.th. is the least s.o. can do/…

(doch) das mindeste sein, was man tun sollte/… · to be the (very) least one/you/… could do/should do/would expect/…
… Das mindeste, was man in solcher Lage hätte erwarten können, ist eine Entschuldigung! Wenn man jemandem Unrecht getan hat, entschuldigt man sich.

nicht das Mindeste verstehen von/… · not to know the slightest thing about s.th., not to have the least idea about s.th.
… Jetzt halt' du dich mal da raus, Erich, denn du verstehst doch nicht das Mindeste von generativer Grammatik! Hast du überhaupt schon mal den Namen gehört?

nicht im mindesten – nicht im **geringsten** · not at all, not in the least

zum mindesten – (eher:) **zumindest** · at least

Mindestmaß: etw. **auf ein Mindestmaß beschränken/**(reduzieren) *form* – etw. auf ein **Minimum** reduzieren/(beschränken) · to reduce/... s.th. to a minimum

sich auf das Mindestmaß beschränken *form* · to limit o.s. to the minimum

... Natürlich beschränken wir uns in der Vorbereitung auf die Geschichtsarbeit auf das Mindestmaß. Je weniger, um so besser!

Mine: **auf eine Mine laufen** *Schiff* · to strike a mine

... Das Schiff, auf dem der Onkel Alfred als Soldat war, ist auf eine Mine gelaufen und in die Luft geflogen!

eine Mine legen gegen jn./etw. *form selten* – **Minen** legen gegen jn./etw. · to lay/to set traps for s.o.

Minen legen gegen jn./etw. *form selten* · to lay/to set traps for s.o.

Seit seiner Auseinandersetzung mit seinem damaligen Geschäftspartner legt er gegen den Mann Minen, wo er nur kann. – Mit Erfolg? – Hm, auf die Dauer zeigen solche mehr oder weniger dunklen Attacken natürlich ihre Wirkung.

alle Minen springen lassen *ugs* · to bring pressure to bear, to bring up the big guns, to lean on s.o., to pull out all the stops, to move heaven and earth (to do s.th.)

... Wenn der Brugger alle Minen springen läßt, haben die anderen gar keine andere Wahl als nachzugeben. – Was für Mittel/Druckmittel hat er denn noch, die er einsetzen kann?

mini: **mini gehen/tragen** *ugs* · to wear a mini(-skirt) *n*

Wenn ein junges Mädchen mini trägt, laß ich mir das ja gefallen, aber eine ältere Frau ... – Ah, Peter, es gibt auch ältere, bei denen man – spielerisch – sagen könnte: in der Kürze liegt die Würze.

miniature: ... **en miniature** *geh selten* · to be a miniature version of s.o. *n*

Euer Gerd ist der Vater en miniature. Dasselbe Aussehen, dieselben Gesten ..., nur eben viel kleiner.

Minimum: etw. **auf ein Minimum reduzieren/**(beschränken) · to reduce s.th. to a minimum

... Wir müssen die Ausgaben in diesem Jahr auf ein Minimum reduzieren – aber wirklich auf ein Minimum! Jeder Pfennig, der gespart werden kann, wird gespart!

Minister: **Minister ohne Geschäftsbereich/**(Portefeuille) *form* · a minister without portfolio

... Wofür ist denn so ein Minister ohne Geschäftsbereich überhaupt zuständig? – Für Sonderaufgaben.

Ministerkarussel: **das Ministerkarussel dreht sich (wieder)** *ugs* · ministerial reshuffles are taking place (again/...)

... Statt alle möglichen Ministerposten neu zu besetzen oder sogar nur auszutauschen, sollte der Kanzler lieber eine überzeugende Politik machen! – Das ist halt schwerer. Und die Leute finden es ja auch amüsant, wenn sich das Ministerkarussel dreht.

Ministersessel: **ein/**zwei/... **Ministersessel steht/**stehen **noch leer/**(ist noch zu besetzen/...) *ugs* · one/two/... ministerial post/posts have still/... to be filled *n*, one/two/... ministerial post/posts is/are still vacant *n*

... Die Regierung ist endlich fast komplett; lediglich ein Ministersessel steht noch leer. – Das Landwirtschaftsressort ist nocht nicht besetzt, nicht wahr?

Minna: **die grüne Minna** *ugs* · a Black Maria

... Nein, das weiß ich auch nicht, Uschi, warum das Polizeiauto, das Festgenommene transportiert, 'die grüne Minna' heißt.

jn./etw. **zur Minna machen** *sal* – etw./jn. **fertigmachen** (9; u. U. a. 6, 7, 8) · to tear s.o. off a strip

Minnedienst: **Minnedienst haben/**(zum Minnedienst gehen) *scherzh veraltend selten* · to (have to) see one's sweetheart/girlfriend, to pay homage to one's lady love

Gehst du heute abend mit ins Kino? – Heute abend geht nicht, da hab' ich Minnedienst. – Ach, ich dachte, die Ursel wäre verreist./Ach, mit welcher Schönen triffst du dich denn?

Minus: **das/**(etw.) **ist ein Minus für** jn. *ugs* · it/s.th. is a point against s.o., it/s.th. is a disadvantage for s.o. *n*

... Wenn der Klaus da so nachlässig angezogen aufgekreuzt ist, wie du sagst, ist das natürlich ein Minus für ihn. Gleiche Qualifikation vorausgesetzt, hat ein anderer Bewerber, der da korrekt gekleidet erscheint, mehr Chancen; denn man legt in der Firma sehr viel Wert auf ein gutes Auftreten.

Minute: **(genau) auf die Minute** (ankommen/...) · to arrive on the dot *coll*

Der Zug kam genau auf die Minute an – Punkt 19.27 Uhr.

von der ersten bis zur letzten Minute *path* · from the beginning to the end, from start to finish, from the first to the last minute

... Wenn du – wie du es dir vorgenommen hattest – von der ersten bis zur letzten Minute an dem Projekt gearbeitet hättest, wärst du in dem Stipendienzeitraum auch fertiggeworden. Aber du hast immer wieder Unterbrechungen eingelegt ... – Man kann einfach nicht jahrelang ausschließlich über Molche arbeiten, Heiner!

in letzter Minute · 1. 2. at the last minute, 2. just in time, in the nick of time, at the eleventh hour

1. Wir kamen buchstäblich in letzter Minute am Bahnhof an. Kaum waren wir in den Zug gehastet, da fuhr er ab.

2. vgl. – fünf **Minuten** vor zwölf

(sich) (erst) in letzter Minute (zu etw. **entschließen/**...) · to decide/... (only at/not until/...) the last minute

... In letzter, ja in allerletzter Minute habe ich mich dann entschlossen, doch zu kandidieren. Meine Unterlagen kamen dort am letzten Tag der Bewerbungsfrist an. – Und warum hast du so lange gewartet? ...

etw./alles bis zur/auf die letzte(n) Minute aufschieben/(verschieben) *ugs* · to put off/... s.th./everything till the last minute

... Dieser Junge kann aber auch nichts rechtzeitig machen! Alles muß er bis zur letzten Minute aufschieben. Wenn dann etwas dazwischen kommt, wie diesmal wieder, wird es natürlich zu spät.

keine ruhige Minute (mehr) haben *ugs* · not to have a moment's peace of mind (any more) *n*, not to have a moment's peace (any more)

Seitdem er wußte, daß man wegen politischer Dinge hinter seinem Sohn her war, hatte er keine ruhige Minute mehr. Jeden Augenblick fürchtete er, einen Anruf zu bekommen, daß man ihn geschnappt hätte ...

keine ruhige Minute (für sich) haben *ugs* – keine ruhige **Stunde** (für sich) haben · not to have a minute's/moment's peace, not to have a minute/moment to oneself

auf die Minute genau (ankommen/...) – (genau) auf die **Minute** (ankommen/...) · to arrive/... on the dot

etw./alles bis auf die/(bis zur) **letzte/**(letzten) **Minute verschieben/**(aufschieben) *ugs* – etw./alles bis zur/auf die letzte(n) **Minute** aufschieben/(verschieben) · to put off/... s.th./everything till the last minute

mal wieder seine fünf Minuten haben *ugs iron* · s.o. is having one of his fits *sl*, s.o. is in one of his moods

... Was ist denn mit deinem Vater los? Warum tobt er denn so da rum? – Ach, mach' dir nichts draus! Er hat gerade mal wieder seine fünf Minuten, weil ihm irgendeine Laus über die Leber gelaufen ist. Der beruhigt sich schon wieder.

die Minuten werden jm. **zur Ewigkeit** *path* · the minutes seem like an eternity, the minutes seem to last an eternity

... Über eine Stunde habe ich da herumgesessen und auf den Beginn des Examens gewartet. Und wie du dir denken kannst, voller Ungeduld und Nervosität. Denn in solchen Augenblicken kann man ja alles, nur nicht warten – die Minuten werden einem da zur Ewigkeit ...

die Minuten werden jm. **zu Stunden** *path selten* – die **Minuten** werden jm. zur Ewigkeit · the minutes seem like an eternity, the minutes seem to last an eternity

fünf Minuten vor zwölf *ugs* · just in time, in the nick of time *coll*, at the last minute, at the eleventh hour

Seine Hilfe kam fünf Minuten vor zwölf. Drei Tage später, und das Geld hätte uns nichts mehr genutzt; das Haus wäre versteigert gewesen.

mir: und das mir! *ugs iron* · to me of all people!

… Da sagt der Wörmann doch wahrhaftig, wir hätten schneller arbeiten müssen! Und das mir! – Wo ihr euch doch wirklich ein Bein ausgerissen habt! – Eben!

von mir aus *ugs* – **meinetwegen** (3; a. 1; u. U. 2) · as far as I'm concerned, if you like, all right, why not?

heute mir, morgen dir *selten* – **heute** mir, morgen dir · it may be your/my/… turn next

wie du mir, so ich dir *selten* · tit for tat *coll*, an eye for an eye

… Sie haben den Grundler in der Tat beim Chef angeschwärzt, Herr Dühnel? – Wie du mir, so ich dir! Wenn der mich beim Chef anschwärzt, schwärze ich ihn auch an. Sonst meint der noch, er kann sich hier erlauben, was er will.

(so) mir nichts dir nichts · 1. 2. just like that, 2. without so much as a by-your-leave

1. Du kannst doch nicht einfach so mir nichts dir nichts behaupten, die Erika wüßte überhaupt nicht, was eheliche Treue ist! Ohne jeden ersichtlichen Grund und dazu aus heiterem Himmel macht man doch nicht solche schwerwiegenden Vorwürfe!
2. Kannst du denn in dem Kurs so mir nichts dir nichts aufhören, wenn du keine Lust mehr hast? Mußt du da keine Begründungen geben?

Mißbrauch: Mißbrauch treiben mit etw./(jm.) *form* · to abuse s.th./s.o., to misuse s.th

(Ein Arzt:) Medikamente sind gut, solange man keinen Mißbrauch damit treibt! Wenn Sie zuviel davon nehmen oder in Fällen dazu greifen, in denen davon abzuraten ist, können sie natürlich allerhand Schaden anrichten.

missen: etw. **nicht missen können** · not to be able to do without s.th.

… Mein Gott, nicht einmal am Strand kann der Otto seine Zigarillos missen! Wie das aussieht: in der Badehose einen Zigarillo rauchen, in dieser herrlichen Landschaft!

etw. **nicht missen mögen** · not to want to go without s.th.

… Nein, guten Kaffee möchte ich auch in den Ferien nicht missen, Birte! – Dann müssen wir welchen mitnehmen, Klaus. Denn der, den man dort bekommt, soll ziemlich schlecht sein.

Missetat: eine Missetat begehen *path veraltend selten* · to commit an offence, to commit a crime

Wenn jemand, so schimpfte sie, eine so entsetzliche Missetat begeht, hat er doch kein Recht mehr, sich über die Schärfe des Gerichts zu beklagen! Wer junge Mädchen vergewaltigt, gehört hinter Gitter!

Mißfallen: sein Mißfallen äußern *form od. iron* · to express one's disapproval, to express one's displeasure

… Und? Hat der Albert sich aus der Sache herauszuhalten, oder hat er auch diesmal wieder sein Mißfallen geäußert? – Nein, nach der Erfahrung vom letzten Mal hat er diesmal nichts gegen den Vorschlag der Firmenleitung gesagt, obwohl er auch diesmal sehr dagegen war …

js. **Mißfallen erregen** *form* · to incur s.o.'s displeasure

… Die Kritik am Kapitalismus hättest du dir wirklich sparen können! Du weißt doch, daß die Mehrheit der Kommissionsmitglieder so etwas nicht gern hört. Was soll es für einen Sinn haben, das Mißfallen von Leuten zu erregen, von denen man gut beurteilt werden will?

Mißgeschick: jm. passiert ein Mißgeschick *form* · + to have a bit/piece of bad luck *coll*

… Ach, das wird der Chef schon nicht übelnehmen, daß du seine Frau nicht erkannt hast. So ein Mißgeschick kann schließlich jedem passieren! – Meinst du?

Mißgriff: js. Wahl/… war/(…) **ein Mißgriff** · a decision/an appointment/… is a serious/bad/… error of judgment

… Die Wahl dieses Mannes zum Generalsekretär war ein unverzeihlicher Mißgriff! Unverzeihlich, weil der Kanzler wissen mußte, daß der Bertram für diesen Posten absolut ungeeignet ist.

mit js. Wahl/… **einen Mißgriff tun**/(begehen) *form selten* · to commit a serious/… error of judgment by doing s.th./…

Mit der Wahl von dem Bertram zum Generalsekretär hat der Kanzler einen unverzeihlichen Mißgriff getan. Er mußte doch wissen, daß der für diesen Posten völlig ungeeignet ist.

Mißkredit: jn./etw. **in Mißkredit bringen** *form* · 1. 2. to discredit s.o./s.th., to bring s.o./s.th. into discredit

1. Seine engen Geschäftsbeziehungen zu dem Architekten Gurski haben den Walter natürlich in Mißkredit gebracht! – Das ist kein Wunder, in der Tat! Schließlich hat dieser Architekt Millionen und Millionen öffentlicher Gelder veruntreut …
2. … Seine dauernde öffentliche Kritik an der Möglichkeit wissenschaftlich zuverlässiger Wirtschaftsprognosen bringt unser ganzes Institut in Mißkredit.

in Mißkredit geraten/(kommen) *form* · 1. 2. to be discredited 1. to get a bad name

1. … Durch seine engen Geschäftsbeziehungen zu dem Architekten Gurski ist er selbst auch in Mißkredit geraten. – Wenn man sich vor Augen hält, daß dieser Architekt Millionen von Mark veruntreut hat, ist das eigentlich kein Wunder.
2. Wenn der Biermann nicht bald aufhört, die wissenschaftliche Zuverlässigkeit von wirtschaftlichen Prognosen in jeder Provinzzeitung zu bezweifeln, gerät unser ganzes Institut in Mißkredit.

mißliebig: sich (bei jm.) **mißliebig machen** *form* – (eher:) sich (bei jm.) unbeliebt **machen** · to make o.s. unpopular (with s.o.)

Mißtrauensvotum: ein Mißtrauensvotum einbringen *Parlament* · to table/to bring in/… a motion of no confidence in the government

… Natürlich können die Sozialisten wegen der Südafrika-Affäre ein Mißtrauensvotum gegen den Kanzler oder die Regierung einbringen. Das wird dann von der Mehrheit abgeschmettert, und damit bleibt alles beim alten.

Mißverhältnis: im Mißverhältnis stehen zu etw. · + there is a huge/… discrepancy/difference between … and …, + there is a huge/… disparity between … and …

… In diesem Land stehen die Löhne in krassem Mißverhältnis zu den immer rascher steigenden Lebenshaltungskosten. – Natürlich. Durch die Inflation sind die Leute immer ungünstiger gestellt.

Mist: für/(um) jeden Mist *sal* – für **alles** und für nichts · for every petty little thing

so ein Mist! *sal* · damn it!, what a nuisance!, sod it!

… So ein Mist! – Was ist denn los? – Ich hab' die Französischklausur verhauen. Das ist wirklich Scheiße.

verdammter Mist! *sal path* – so ein **Mist!** · damn it!, what a nuisance!, sod it!

welch ein Mist! *sal* – (eher:) so ein **Mist!** · damn it!, what a nuisance!, sod it!

Mist sein *sal* · it's/s.th. is bloody awful, it's/s.th. is piss-poor

Wie war das Spiel? – Mist! – Wie? Nicht gut? – Miserabel!

faul wie Mist sein *sal* – vor **Faulheit** stinken · to be bone-idle, to be as lazy as they come

jeden Mist behandeln/diskutieren/… *sal* – jeden **Dreck** behandeln/diskutieren/… · to discuss/… every piddling little thing/every trifle/…

Mist bauen *sal* – **Bockmist** machen/bauen · to make a balls-up of everything, to make a mess of things

nicht auf js. **Mist gewachsen sein** *sal* · + s.o. did not think it up himself *n*, it's/s.th. didn't come out of s.o.'s head *n*

… Was er da schreibt, klingt gut – zu gut! Ich bin ziemlich sicher, daß das nicht auf seinem Mist gewachsen ist. Entweder hat er das aus irgendeinem Buch abgeschrieben oder sein Vater hat ihm wieder einmal geholfen.

Mist machen *sal* · 1. 2. to mess/to balls/to cock/… things up
1. vgl. – **Unsinn** machen
2. vgl. – **Bockmist** machen/bauen

so einen/allerhand/viel/… **Mist reden** *sal* – (viel/…) dummes **Zeug** reden/… · to talk nonsense/crap/…

Mist verzapfen/(reden) *sal* – **Blech** reden/verzapfen · to talk rubbish/crap/nonsense/drivel/…

das/den Besen/… **kannst du**/kann der Maier/… **auf den Mist werfen** *sal selten* – das/den Besen/… kannst du/kann der Maier/… **wegwerfen** · you/he/… can chuck it away/on the rubbish heap/into the bin/…, you/he/… can sling it

mit: mit der Beste/Fleißigste/… **sein** *ugs* · to be one of the best/most hard-working/… *n*
(Der Chef zu einem besorgten Vater:) Selbst wenn wir hier Leute entlassen sollten, Herr Dörner: Ihren Sohn wird das nicht treffen! Der Junge ist mit der Tüchtigste hier! Jemanden, der so gut arbeitet, wird man so schnell nicht entlassen. – Das beruhigt mich, Herr Albers. Ich wußte ja, das unser Alexander zu den besten Arbeitern hier gehört/einer der besten Arbeiter hier ist, aber …

mit ohne *ugs* – mit **ohne** · in the nude, with nothing on

mitbekommen: etw./alles mitbekommen **(wollen/müssen)** – (eher:) etw./alles **mitkriegen** (wollen/müssen) · to (want to/have to) know/to find out/… everything that's going on

mitgefangen: mitgefangen, mitgehangen *ugs veraltend* · cling together swing together, in for a penny in for a pound
… Nach dem Motto 'mitgefangen mitgehangen' haben sie alle in Untersuchungshaft gesteckt, die bei der Demonstration beteiligt waren – ganz egal, ob sie sich friedlich und korrekt verhalten haben oder nicht.

Mitgefühl: (kein/keinerlei) Mitgefühl haben *form* · to have no feeling (whatever), to have no sympathy
… Wenn der Gustav auch nur ein bißchen Mitgefühl hätte, dann würde er mit der Christa anders umgehen, jetzt, wo ihr Vater so krank ist. Aber dieser Mann ist die Herzenskälte in Person!

jm. **sein Mitgefühl ausdrücken** *form* · to offer s.o. one's sympathy, to offer one's condolences *elev*
… Das ist doch wohl nicht mehr als deine Pflicht, dem alten Herrn Mautner zum Tod seiner Tochter dein Mitgefühl auszudrücken! Ganz egal, ob ihr euch sonderlich mögt oder nicht. Das ist schließlich dein Kollege! – Aber eine offizielle Beileidskarte brauche ich doch wohl nicht zu schreiben, oder?

mitgegangen: mitgegangen, mitgehangen/(mitgefangen) *ugs veraltend* · cling together swing together, if one is/you are involved (in a crime/…) one has to take the consequences *n*, in for a penny in for a pound
… Ob du für oder gegen den Anschlag warst, schuld bist oder nicht … – all das wird die Polizei wenig interessieren, Junge! Du warst dabei, als der Anschlag verübt wurde. Also wurdest du auch mit den anderen eingesperrt. Mitgegangen, mitgehangen – das ist nun mal so im Leben.

mitgehen: etw. mitgehen lassen/(heißen) *sal* · to pinch s.th., to whiz s.th., to lift s.th., to nick s.th.
… Laß doch den Schmuck nicht da so herumfliegen! Wenn einer von den Handwerkern in der Tat mal einen Ring oder so mitgehen läßt, beschwerst du dich, daß die Leute stehlen. In Wirklichkeit lädst du sie geradezu dazu ein, lange Finger zu machen.

Mitglied: ein ordentliches Mitglied (sein) · (to be) a full member
… Natürlich bin ich ordentliches Mitglied dieses Clubs, Herr Kreuzer! Was für eine Frage! Ich zahle seit über zehn Jahren regelmäßig meinen Beitrag, erscheine zu den wichtigen Sitzungen … Nur zu den Feiern bin ich selten gekommen.

mithalten: (nicht) mithalten (können) *ugs* · (not) (to be able) to keep up, (not) to be able to hold one's own *n*
… Das mußt du mal angucken, was die in diesem Tennisclub für Ansprüche stellen! Beitrag, Kleidung, Feiern … alles hochgestochen

wie nur etwas. Wenn du da mithalten willst, mußt du schon ein hübsches Sümmchen verdienen.

mitkommen: (da) nicht (mehr) mitkommen *ugs* – (da) nicht (mehr) mit **kommen** · not to be able to follow, to be out of one's depth, to be lost

mitkönnen: (da) nicht (mehr) mitkönnen *ugs* – (eher:) (da) nicht (mehr) mit **kommen** (2; a. 1; u. U. 3) · not to be able to follow, to be out of one's depth, to be lost

mitkriegen: etw./alles mitkriegen **(wollen/müssen)** *ugs* · 1. to (want to/have to) hear s.th./everything, 2. 3. to find out 2. to get *sl*
1. Meine Güte, was ist dieser Kerl neugierig! Guck' mal, wie er sich nach vorn beugt! Jedes Wort muß er mitkriegen – wie ein altes Tratschweib.
2. … Wenn du solche Dinge mit mir besprechen willst, Klara, dann fang' bitte nicht beim Mittagessen damit an. Es ist ja nicht nötig, daß die Kinder immer alles mitkriegen. Das sind doch Dinge, die sie gar nichts angehen.
3. … Es ist doch garnicht schlimm, wenn der Jupp mal nicht mitkriegt, was auf der Vorstandssitzung verhandelt wird. – Also du bist dafür, daß die Sitzung nicht ausfällt, obwohl der Jupp krank ist? – Ja.

mitlachen: darf man mitlachen? *sal* · what's so funny?
… Darf man mitlachen? – Du hast wohl nicht verstanden, wo der Witz steckt, was? – Ich habe das nur zu gut verstanden: ihr macht euch mal wieder auf Kosten anderer lustig; in diesem Fall auf Kosten meines Bruders. – Mensch, so war das doch gar nicht gemeint …

mitlaufen: etw. mitlaufen lassen/(heißen) *sal selten* – etw. **mitgehen** lasssen/(heißen) · to pinch s.th., to whiz s.th., to lift s.th., to nick s.th.

Mitleid: kein Mitleid haben/kennen (mit jm.) · to have/to feel no compassion (for s.o.), to have/to feel no sympathy (for s.o.)
… Nein, Mitleid kennt dieser Mann nicht. Ob die anderen durch seine Geschäfte geschädigt werden oder nicht, ist dem egal. Auch wenn sie hungern würden …

Mitleidenschaft: etw./(jn.) (sehr/arg) in Mitleidenschaft ziehen *form* · to affect s.o./s.th. negatively, to damage s.th., to impair s.th.
Das feuchte Klima hat ihre Gesundheit arg in Mitleidenschaft gezogen. Ihre Atemwege und ihre Lungen sind offensichtlich ziemlich angegriffen.

mitmachen: etw./viel/allerhand/nichts/… **mitmachen (müssen)** · 1. to join in a lot of things, to do a lot of things, 2. to put up with s.o./s.th., to go along with s.th., 3. 4. to go through s.th. (again/…), 4. to (have had to) put up with s.th.
1. … Ich mach' ja allerhand mit. Aber daß ich um diese Zeit noch mit euch in die Sauna gehe, das könnt ihr beim besten Willen nicht verlangen.
2. … Ich mach' diese Schlamperei hier jetzt nicht mehr mit! Wenn sich das jetzt nicht sofort ändert, macht ihr euren Kram alleine, dann geh' ich zur Konkurrenz.
3. … Nein, so etwas mach' ich nicht noch einmal mit! Ihr wißt genau, daß ich mich nicht vor Arbeit und Sorgen drücke. Aber so ein Durcheinander, so eine Schlamperei habe ich noch nicht erlebt. In solche Projekte – oder in Projekte mit solchen Leuten – lasse ich mich nicht mehr ein!
4. … Bei dem Kollberg bin ich nachsichtiger, das stimmt. Das hat seine Gründe: der Kollberg hat allerhand mitgemacht/mitmachen müssen in seinem Leben. Er hat sehr jung seine Frau verloren, mußte seine vier Kinder allein durchbringen, hat seine Heimat verlassen müssen …

es nicht mehr lange mitmachen *ugs* – (eher:) es nicht mehr lange **machen** · s.o. is not going to make it much longer, s.o. is not going to hold out much longer

mitmischen: (da/bei etw./…) mitmischen *ugs* · 1. to be involved in s.th. *n*, to have one's say in s.th., 2. to have a hand in s.th.
1. Der Scholz kann (es) einfach nicht haben, wenn hier etwas geregelt wird, ohne daß er ein Wörtchen dabei zu sagen hat. Überall will/ muß dieser Mann mitmischen.

2. vgl. – (da/...) die **Finger** drin haben

mitnehmen: jn./js. Gesundheit/Nerven/... **arg/anständig/**(böse/hart) **mitnehmen** · 1. to take it out of s.o., to take its toll on s.o./s.o.'s health/s.o.'s nerves/..., 2. to affect s.o./s.th. negatively, to damage s.th., to impair s.th.
1. Die dauernden Strapazen haben den Robert doch arg mitgenommen. Er sieht sehr schlecht aus und auch mit den Nerven ist er ziemlich am Ende. – Solch eine aufreibende Kämpferei macht auf die Dauer jeden kaputt.
2. vgl. – etw./jn. (sehr/arg) in **Mitleidenschaft** ziehen

schnell noch/... das Museum/die Kirche/... **mitnehmen** *ugs* · to take s.th. in (while we are at it/...)
Wo wir schon einmal in Ulm sind, sollten wir eigentlich rasch noch den Dom mitnehmen. Das kostet nicht viel Zeit; in einer guten Viertelstunde ist der besichtigt.

mitnichten: **mitnichten** *path od. iron* · not at all
... Aber sind Sie denn nicht erfreut, Herr Bohnert, daß Ihre Tochter heiratet? – Mitnichten! – Aber ... – Überlassen Sie mir die Gründe! Aber leider erfreut mich das gar/durchaus nicht.

mitreden: bei etw./jm./... **nicht mitreden können/**unbedingt mitreden wollen/... *ugs* · 1. 2. to want to/to be able to/... have a say in s.th., to want to/to be able to/... join in (a discussion) *n*
1. Ich meine ... – Hör' mal, Alfred, du kannst hier gar nicht mitreden. Du hast von der Materie keine Ahnung und hältst dich deshalb heraus/hältst deshalb deinen Mund!
2. Mein Vater kann es gar nicht leiden, wenn jemand überall mitreden will – ganz gleich, ob er gefragt wird oder nicht, ob er Bescheid weiß oder nicht.

mitspielen: jm. **übel/**(arg/grausam/...) **mitspielen** · to treat s.o. badly, to give s.o. a rough time, to play a shabby/mean/... trick on s.o. *coll*
Man kann es dem Adalbert beim besten Willen nicht verdenken, wenn er auf die Geschäftsführung äußerst schlecht zu sprechen ist. Die haben ihm auf der letzten Sitzung derart übel mitgespielt, daß ich an seiner Stelle sofort gekündigt hätte. Es gibt Verhaltensformen, die sollten eigentlich verboten werden ...

Mittag: von zwölf bis Mittag (etw. tun/dauern/...) *iron selten* · to last/to work from midday to noon *para*, not to do a stroke/a tap/a hand's turn *coll*
Arbeitet der Klaus viel? – Und ob! Jeden Tag von zwölf bis Mittag. – Nun mal ernst! – Das ist das faulste Schwein auf Gottes Erdboden, Christa!

Mittag haben · to have one's lunch break/hour
... Wann habt ihr Mittag? – Von zwölf bis eins. – Sollen wir um zwölf in dem Restaurant gegenüber von eurem Werk zusammen essen? Eine Stunde reicht doch.

(zu) Mittag essen · to have lunch
Habt ihr schon (zu) Mittag gegessen? – Nein. Meine Mutter bereitet das Essen gerade vor.

Mittag machen · to take one's lunch break
Es ist zwölf Uhr, wir könnten Mittag machen, was meint ihr dazu? – Hast du Hunger? – Offen gestanden, ja. Ich bin daran gewöhnt, um diese Zeit zu essen. Im Geschäft ist immer von zwölf bis halb eins Mittagspause.

im Mittag stehen *form selten* – (eher:) im **Zenit** stehen · the sun/... is at its zenith

Mittagspause: Mittagspause haben – Mittag haben · to have one's lunch break/hour

Mittagspause machen – Mittag machen · to take one's lunch break

Mittagstisch: am Mittagstisch sitzen/etw. zum besten geben/... *form* · to be sitting having lunch, to be having lunch, to tell a joke/a story/... over lunch
... Wenn wir schon jetzt hier alle zusammen am Mittagstisch sitzen, dann könnten wir mal überlegen, was wir in den kommenden Sommerferien unternehmen.

Mitte: (so, jetzt aber/dann aber/...) **ab durch die Mitte!** *ugs* · 1. 2. off with you!, off you go!
1. So, Kinder, jetzt gibt's noch ein Gute-Nacht-Küßchen für jeden, und dann aber ab durch die Mitte! – Noch fünf Minuten, Papa! – Nein. Jetzt geht's ins Bett!
2. So, jetzt steckt ihr eure Butterbrote in den Ranzen, und dann ab durch die Mitte! Es ist zehn vor acht. Wenn ihr jetzt nicht endlich geht, kommt ihr zu spät (in die Schule). *seltener*

einer/jemand/... **aus unserer/**eurer/... **Mitte** *form* · one from our/your midst, one from us/you/...
Der Rollberg hat mir gestern erzählt, er sei über unsere Renovierungspläne genauestens informiert. Hat da einer aus unserer Mitte nicht dichtgehalten? Irgendetwas weitererzählt, ohne sich dabei etwas zu denken?

in unserer/eurer/... **Mitte** *form – path* · in our/your/... midst, among us/you/...
(Der Leiter einer Pfadfindergruppe zu dem einer anderen:) In unserer Mitte gibt es niemanden, der gegen ein gemeinsames Zeltlager ist. Vielleicht gibt es bei euch welche, die anders denken ...

ich/wir/... **heiße/**heißen **dich/**ihn/... **in unserer/**eurer/... **Mitte willkommen/**... *form* · I/we/... would like to welcome you/him/... to/into our midst/among us/...
(Der Vorsitzende eines Kegelklubs:) Meine lieben Kegelbrüder! Unser Kegelbruder Rudolf Hausberg hat heute abend einen Geschäftsfreund mitgebracht, Herrn Anwalt Greiner ... Sehr geehrter Herr Greiner: ich darf Sie im Namen aller Anwesenden aufs herzlichste in unserer Mitte willkomen heißen. Wir hoffen, daß es Ihnen bei uns gefällt ...

die goldene Mitte (einhalten/wählen/...) · to choose/to observe/... the golden mean, to choose/to find/... a happy medium
Die Extreme sind immer vom Übel. Wie die Alten schon sagten: aurea mediocritas – die goldene Mitte ist in allen Dingen das Richtige.

die linke/rechte Mitte *Pol* · centre-left, centre-right
... Direkt 'rechts' würde ich den Weilmann nicht nennen. Vielleicht wäre es am korrektesten, ihn zur rechten Mitte zu zählen. ...

Mitte (der) 30/40/.../(Dreißiger/Vierziger/...) **sein** · to be in one's mid 30s/40s/...
Was meinst du, wie alt ist die Frau Ullrich? Mitte 30? – Hm, die dürfte an die 40 gehen, wenn sie nicht sogar schon überschritten hat.

j. wurde/(wird) **aus unserer/**eurer/... **Mitte gerissen** *form – path* · s.o. has been snatched from s.o.'s midst, s.o. has been taken from s.o.'s midst
... Ist es ein Wunder, daß die Kinder durcheinander sind, wenn da so aus heiterem Himmel der Vater aus ihrer Mitte gerissen wird? – Wie ist er denn zu Tode gekommen? – Bei dem Flugzeugabsturz in den Vogesen. Da kommt die ganze Familie vielleicht nie drüber weg.

in der Mitte zwischen ... und ... sein/liegen · a town/... is half-way between ... and ...
Wie weit ist es eigentlich von Stuttgart bis Heidelberg? – Warte mal ... Heidelberg liegt etwa in der Mitte zwischen Stuttgart und Frankfurt; Stuttgart – Frankfurt sind vielleicht 240 km – um die 110/120 km also.

in der Mitte des Lebens stehen *form* – (eher:) in der **Blüte** seines/des Lebens stehen · to be in the prime of life

jn. in die Mitte nehmen · to take s.o. between us/them/...
... Wenn der Papa und ich dich in die Mitte nehmen, Oma, dann kannst du dich dann auch von beiden Seiten stützen. Meinst du nicht, daß du so einen Spaziergang durch den Park schaffst?

in der Mitte stehen *Pol* · to be in the middle
Wenn man dich reden hört, dann stehen der Karl, der Herbert und die Gertrud links, Vater, Clemens und Christa rechts ... und wo stehst du? – In der Mitte. – Aha!

Mitteilung: jm. (eine) Mitteilung (von etw.) **machen** *form selten* · to inform s.o. about s.th., to notify s.o. of s.th., to report s.th. to s.o.
(Der Chef zu seiner Sekretärin:) Wie ich gerade von Herrn Wolters höre, hat der Mertens mit meinem Wagen einen Unfall gebaut. Wuß-

ten Sie das? – Ja. Aber … – Was heißt 'aber …', Frau Werner?! Wenn mein Fahrer mit meinem Wagen einen Unfall hat, müssen Sie mir doch sofort (davon) Mitteilung machen!

mittel: **(nur/…) mittel sein**/jm. **(nur/…) mittel gefallen**/… *ugs selten* · to be so-so, to be all right
… Wie hat dir das Konzert gefallen? – Nicht schlecht, aber auch nicht gerade glänzend. – Also mittel? – Ja.

Mittel: **flüssige Mittel** *form selten* · to have funds/resources/… available
… 10.000,– Mark … – so viele flüssige Mittel habe ich gar nicht. Ich habe mein ganzes Geld fest angelegt. 3.000,– bis 4.000,– Mark, die könnte ich dir leihen, die habe ich flüssig.

gegen etw./(jn.)/dagegen **gibt's**/gibt es **kein**/viele/… **Mittel** · 1. 2. (there's) nothing can be done about it, there's no remedy for it/cancer/…, there's no cure for it, 3. + it can't be helped *coll*, + you've got to do it
1. Gegen viele Formen des Krebs gibt es nach wie vor kein Mittel; sie sind nach wie vor unheilbar.
2. … Gegen seine Faulheit gibt es kein Mittel. Da kannst du machen, was du willst – das ist alles für die Katz'.
3. … Und wenn dir das frühe Aufstehen noch so schwer fällt: dagegen gibt's kein Mittel. Du mußt dich daran gewöhnen, ob du willst oder nicht. *seltener*

im Mittel *form* – (eher:) im **Durchschnitt** … · on average

alle Mittel anwenden (um etw. zu erreichen/…) · to do one's utmost (to achieve/obtain/… s.th.), to do everything in one's power (to achieve/obtain/… s.th.), to try by every means (to achieve/… s.th.)
Wie man weiß, hat der Chef der Baufirma alle Mittel angewandt, um den lukrativen Auftrag von der Stadt zu bekommen. – Was heißt 'alle Mittel'? Hat er sich auch unsauberer Methoden bedient?

(ganz/völlig) ohne Mittel dastehen *form path* · to be left (completely) without funds/means/resources/…
… Als Stipendiat hat der Rolf nicht einmal ein Anrecht auf Arbeitslosenunterstützung. – Das heißt, wenn das Stipendium endet und er bis dahin keine Stelle hat, steht er völlig ohne Mittel da? Denn Rücklagen hat er doch wohl auch keine … – Ja, dann hat er in der Tat nichts.

jm. **die Mittel an/(in) die Hand geben**, sodaß er etw. tun kann/… *form* · to provide s.o. with the means to do s.th.
Wenn sie von euch verlangen, daß ihr zur Prüfung ein Gesellenstück vorlegt, müssen sie euch auch die entsprechenden Mittel an die Hand geben. Ohne genügend Eisen, Blei, die verschiedenen Werkzeuge könnt ihr in eurem Beruf kein Gesellenstück machen.

kein Mittel unversucht lassen *path* – nichts unversucht **lassen** · to leave no stone unturned

über seine Mittel leben – (eher:) über seine **Verhältnisse** leben · to live beyond one's means

sich (anständig/…) ins Mittel legen (für jn./etw.) *form veraltend* · to intercede for s.o./s.th., to pull strings for s.o./s.th.
Wenn sich sein Schwiegervater nicht so sehr für ihn ins Mittel gelegt hätte, hätte der Klaus die Stelle nie bekommen. – Er meint, er wäre auch angenommen worden, wenn sich der alte Herr nicht so für ihn eingesetzt hätte.

jm. **ist jedes Mittel recht** · + to stop at nothing (to achieve s.th.), + to go to any length (to achieve s.th.), + not to care what means one chooses to achieve one's ends/goals/…
Wenn es um die Durchsetzung seiner Pläne geht, ist dem Schröder jedes Mittel recht. Da scheut der auch vor handfester Bestechung nicht zurück.

Mittel und Wege finden/suchen/…/**auf** … **sinnen**/…/nach Mitteln und Wegen suchen/… · to look for/to find/… ways and means of doing s.th.
Wir müssen ganz einfach Mittel und Wege finden, wie wir das Studium unserer Renate finanzieren können. Irgendwie muß es doch möglich sein.

(nur) Mittel zum Zweck sein (für jn.)/(jm.) als … dienen/… · to be (just/only/nothing but/…) a means to an end
Wie erklärst du dir das Interesse, das der Kronberg plötzlich für Politik entwickelt? – Es geht ihm nicht um Politik. Die Politik ist für ihn Mittel zum Zweck/(die Politik dient ihm als Mittel zum Zweck). Er will in den Aufsichtsrat von Schuckert, und das geht ohne politische Beziehungen nicht. Er ist ehrgeizig, wird gern von anderen verehrt, steht gern im Mittelpunkt des Interesses, organisiert gern, reist gern … All diese Wünsche glaubt er in der Politik realisieren zu können.

jn./etw. **als Mittel zum Zweck benutzen** · 1. 2. to use s.o./s.th. as a means to an end
1. Schätzt der Laube den Fritz wirklich so sehr oder benutzt er ihn nur als Mittel zum Zweck – um Geschäftsbeziehungen nach Rußland anzuknüpfen?
2. Ein vernünftiger Mensch, meint der Udo, benutzt ein Auto als Mittel zum Zweck – um sich schnell fortzubewegen – und nicht als Statussymbol.

Mittelchen: (mit) **allerlei**/… **Mittelchen** (versuchen/…) *sal* · to try/to use/… all kinds of tricks/devices/… to do s.th. *n*
Mit allerlei Mittelchen hat sie ihn doch so weit gebracht, daß er den Pelzmantel gekauft hat! – Was hat sie denn alles unternommen? – Zunächst, ihm geschmeichelt, klar; dann hat sie ihm versprochen …

Mitteldling: **ein Mittelding sein zwischen** … **und** … · a cross between … and …
So ein Maulesel, ist das ein Mittelding zwischen Esel und Pferd? – So ungefähr.

mittelfristig: **mittelfristig** · in the medium term
… In den nächsten zwei, drei Jahren wirkt sich die allgemeine Verschlechterung der Rahmenbedingungen in Mitteleuropa vielleicht noch nicht so stark aus; aber schon mittelfristig – nicht erst langfristig/auf lange Sicht! – dürfte es auch hier zu großen Problemen kommen. – Mit welchem Zeitraum rechnen Sie da? – Mit sechs, sieben, acht Jahren.

Mittelhand: **in der Mittelhand sein**/**sitzen** *Kartenspiel zu Dritt* · to be the player to the dealer's right
… Nein, ich meine das Spiel, in dem du gegeben hast, ich also in der Mittelhand saß! – Was hast du denn da aufgespielt? …

Mittelmaß: **das (gesunde) Mittelmaß** · a/the happy medium
… Besser gesundes Mittelmaß, meint mein Vater, als so ein karrieresüchtiger und unnatürlich wirkender Spitzenmann!

js. **Leistungen**/(…) **bewegen sich im Mittelmaß** *form selten* · s.o.'s work/performance/… is average
… Doch, mit dem Mann kann man arbeiten – wenn er auch nicht gerade eine Spitzenkraft ist. – Du meinst, was er leistet, bewegt sich im Mittelmaß? – Mehr als das! Guter Durchschnitt, würde ich sagen. Und vor allem: solide!

Mitteln: etw. **aus eigenen Mitteln bestreiten** *form* · to pay for/to finance/… s.th. out of one's own pocket
… Komm' sei ruhig, Ernst! Dir zahlt doch die Firma die Hälfte! Essen, reisen, ausgehen, der Wagen, Heizung … was weiß ich noch alles, geht auf Firmenkosten. Wenn du alles aus eigenen Mitteln bestreiten müßtest, würdest du von den Lebenshaltungskosten anders reden.

zu ander(e)n Mitteln greifen (müssen) · to (have to) resort to other means/measures/…
(In der Schule:) … Herrschaften, wenn ein gutes Wort nicht reicht, muß ich zu andern Mitteln greifen, so leid es mir tut! Also, entweder Sie gehen jetzt auf das, was ich sage, ein oder es gibt handfeste Strafen!

zu den äußersten/(letzten) **Mitteln greifen** – zum **Äußersten** greifen · to resort to extreme measures/…, to go to extremes

mit allen Mitteln versuchen, zu … · to try by every means to do s.th.
Der Herr Bode hat mit allen Mitteln versucht, seine Tochter in der Ballettakademie unterzubringen. Stiftungen, lange Gespräche mit einflußreichen Leuten, x Anträge … was weiß ich, was der alles gemacht hat. Er hat es nicht geschafft …

mit allen verfügbaren Mitteln versuchen, etw. zu tun/arbeiten/vorgehen/... *ugs – path* · to use every available means to do s.th., to use every means at one's disposal to do s.th.

... In der Tat, der Bode hat seine Tochter in der Ballettakademie untergebracht. Aber er hat auch mit allen verfügbaren Mitteln gearbeitet: er hat Geld gestiftet, den Intendanten angeschrieben, den Leiter der Akademie eingeladen ... ich weiß gar nicht, was der alles aufgestellt hat, um das Mädchen da unterzubringen!

nach Mitteln und Wegen suchen · to look for/... ways and means of doing s.th.

Wenn wir mit aller Kraft nach Mitteln und Wegen suchen, dann müßte es uns doch gelingen, die Mathilde für acht oder neun Wochen in München unterzubringen. Irgendwie und irgendwo muß das doch möglich sein!

mittelprächtig: mittelprächtig *iron* · not bad *coll*, so-so *coll*, all right, no great shakes *coll*

... Wie, hat dir das Spiel etwa nicht gefallen? – Doch! Es war mittelprächtig! – Jetzt mal im Ernst: warst du nicht zufrieden? – Na, weißt du: schlecht war es natürlich nicht! Aber von einem großen Spiel kann man doch nun auch nicht reden.

Mittelpunkt: im Mittelpunkt (des Interesses/...) **stehen** · 1. 2. 4. to be the main attraction, to be the centre of attention, to be the focus of attention, 3. to be the main topic/item/... of discussion

1. Steht der Habicht bei euch immer noch im Mittelpunkt des Interesses? – Ja, alle sind gespannt, ob er nun deutscher Meister wird oder nicht. Um die anderen kümmert sich im Augenblick kein Mensch.

2. ... Der Kleine will immer im Mittelpunkt stehen. Das geht nicht! Es dreht sich nicht alles um ihn, daran muß er sich gewöhnen.

3. ... Diesmal steht die Frage im Mittelpunkt, ob wir uns dem Olympia-Boykott anschließen oder nicht. Alle anderen Punkte sind daneben zweitrangiger Natur.

4. Der Kronenmeier steht immer noch im Mittelpunkt. Bisher hat sich kein ernsthafter Konkurrent profilieren können. *seltener*

Mittelweg: einen Mittelweg einschlagen/gehen/wählen/... · 1. 2. to steer a middle course

1. Wenn ihr in allen politischen Grundfragen einen Mittelweg geht, statt euch in Extremen zu bewegen, wird dem Radikalismus automatisch der Boden entzogen.

2. Wenn wir weder alles auf einmal umbauen noch den Umbau länger aufschieben können, müssen wir eben einen Mittelweg einschlagen: wir bauen einen Teil des Hauses nach dem anderen um.

den goldenen Mittelweg wählen/... · · to find/... the happy medium, to steer a middle course

Wenn es dem Schobert auch in dieser Frage glücken sollte, alle Einseitigkeiten zu vermeiden und den goldenen Mittelweg zu wählen, müßte er eigentlich für immer vor extremen Festlegungen gefeit sein.

mittendurch-: mittendurch – brechen/-platzen/-schneiden/-gehen/... · 1. to walk right through the middle of ..., 2. to break in half, 3. to break s.th. in half

1. ... Und dann kam ein größerer Wald. Auch da gingen wir mittendurch – genau wie wir quer über die Felder marschiert waren ...

2. ... Nun paß doch ein bißchen auf mit dieser Tonplatte! Oder möchtest du, daß die mittendurch bricht? – Hm, es muß ja nicht gerade in der Mitte sein ... – Paß bloß auf!

3. ... und ohne ein Wort zu sagen, brach er das Baguette mittendurch, gab der Iris die eine Hälfte, dem Wolf-Dieter die andere und ...

mixtum: ein mixtum compositum aus ... (sein) *geh – pej* · (to be) a hotch-potch of ... *n*

(Ein Kritiker:) Es fehlt so einem Werk – so interessant es auch sein mag – die innere Geschlossenheit. Es ist ein mixtum compositum aus Roman, Geschichte, Zeitsatire, philosophischem Essay und was weiß ich noch!

Möbel: ein altes Möbel sein *sal veraltend* · to be (almost) part of the furniture, to be a permanent fixture

... Die Frau Bamberg? Natürlich kenne ich die. Die ist doch in unserer Firma ein altes Möbel. Die arbeitet hier schon seit 35 Jahren oder noch länger, gehört also schon zum Inventar. Die kennt hier jeder.

(bei) jm. **die Möbel geraderücken/**(geradestellen) *sal veraltend selten* – jm. den **Marsch** blasen · to give s.o. a rocket

mobil: wieder/noch nicht/... mobil sein *ugs* – (eher:) wieder/noch nicht/nicht/nicht (so) richtig/... auf dem **Damm** sein (1) · (not) to be fit again/..., (not) to be up and about again/...

Möchtegern-: ein Möchtegern-Kanzler/-Minister/-Pianist/-Generaldirektor/... *iron* · a would-be winner/minister/...

... Ach, dieser Schuchard! Der wird nie erster! Je fanatischer er es anstrebt, um so weniger. Das ist der ewige Möchtegern-Erster, dieser Mann!

Mode: (in) Mode sein/es ist Mode, daß .../..., das ist Mode · 1. 2. 3. to be in fashion (to do s.th.), to be the fashion (to do s.th.), to be fashionable (to do s.th.), 3. it's all the rage to do s.th.

1. Fast alles, was die Frauen in den letzten Jahren als besonders chic empfinden, war in diesem Jahrhundert schon einmal Mode.

2. Ist es eigentlich immer noch Mode, nackt zu baden?

3. ... Die spricht mit ihrer Mutter aber vielleicht in einem Ton! – Das ist heute Mode. Im Zeitalter der Demokratie diktiert die Jugend.

große Mode sein · it's/s.th. is all the rage, it's really/... in, it's really/... trendy

... Während des Studiums zu heiraten, das ist heute große Mode, Mutter! Von wegen, Ausnahme!

etw. in Mode bringen · to bring s.th. into fashion, to make s.th. fashionable

Schwerer, als etwas in Mode zu bringen, dürfte in unserer schnellebigen Zeit sein, etwas über längere Zeit in Mode zu 'halten'.

mit der Mode gehen · to keep up with the latest fashions, to follow fashion

Wenn du Karriere machen willst, mußt du mit der Mode gehen. Das gilt für die Wissenschaft genauso wie für die Wirtschaft und Politik. Wer oder was nicht 'in' ist, hat keinen Kurswert, zählt nicht.

nach der Mode gehen – sich nach der **Mode** richten · to follow fashion, to keep up with the latest fashions

sich nach der neuesten Mode kleiden · to dress in the latest fashion, to dress in the latest style

... Als Frau eines angesehenen Politikers muß sich die Gerda natürlich nach der neuesten Mode kleiden! – Meinst du wirklich, nur der jeweils letzte Schrei überzeugt die Leute davon, daß sie die Zeichen der Zeit versteht und Sinn für Eleganz hat?

(ganz/völlig) aus der Mode kommen/es kommt ... · 1. 2. to go (completely) out of fashion

1. Die Miniröcke sind wieder aus der Mode gekommen. – Obwohl es immer noch genug Frauen gibt, die sie tragen.

2. Es ist offenbar ganz aus der Mode gekommen, älteren Leuten in der Straßenbahn Platz zu machen.

in Mode kommen · to come into fashion

Wann sind eigentlich in Portugal die Jeans in Mode gekommen?

eine (neue) Mode kreieren · to set a fashion, to start a fashion, to set a trend

Jedes und jedes Jahr kreieren die Diktatoren der Haute Couture in Paris oder auch Rom eine neue Mode. Wie die das nur immer wieder schaffen!

eine (neue) Mode lancieren · to start a new fashion

Und wenn sie einmal die Mode lancierten, alle Strecken bis zu drei, vier Kilometern zu Fuß zurückzulegen?! Dann wäre das Energieproblem und das Problem der überfüllten Innenstädte schon halb gelöst.

sich nach der Mode richten · to follow fashion, to keep up with the latest fashions

... Ich kann mich doch nicht in allem, was ich mache, nach der Mode richten, Mädchen! Schließlich diktieren die uns noch, in wen wir uns wann wo verlieben!

Modell: (jm.) **Modell sitzen/stehen** *Malerei* · to sit for s. o., to model for s. o., to pose (for a painting)

… Und wer hat dem Maler für dieses Bild Modell gesessen? – Seine Lebensgefährtin – wie bei den meisten anderen weiblichen Akten auch.

zu etw. **Modell stehen** *form selten* · to be the model for s. th.

(Aus einer Romankritik:) Wie man weiß, hat zu diesem Werk Cervantes' 'Don Quijote' Modell gestanden. An diesem Roman hat sich der Autor sowohl in der äußeren Anlage als in den wesentlichen Grundgedanken orientiert. …

modo: grosso modo *geh selten* · in broad terms *n*, by and large *n*, grosso modo *rare*

… Grosso modo kann man den Unterschied zwischen 'Geist' und 'esprit' vielleicht so erklären, daß …; doch ist das selbstverständlich nur eine erste, gleichsam umrißhafte Erklärung. Genauer und sicher ins Detail gehend müßte man …

modus: modus operandi *geh form selten* · a/the modus operandi

… Jetzt müssen wir uns nur noch über den modus operandi verständigen, Herr Böhm: sollen wir die Verhandlungen von Anfang an scharf führen oder sollen wir erstmal abtasten, ob es auf gütigem Wege geht?

modus procedendi *geh form* · a/the procedure

(Der Leiter einer Auswahlkommission:) … Und? Welchen modus procedendi wählen wir? Erst die persönliche Vorstellung der Kandidaten oder erst eine Durchsicht der Unterlagen? Persönlich ist es mir egal, wie wir verfahren.

(einen) **modus vivendi** (finden/suchen/…) *geh* · to find/ seek/… a modus vivendi

… Solange eure beiden Kinder klein sind, solltet ihr euch doch nicht scheiden lassen! Könnt ihr denn wirklich keinen modus vivendi finden, d. h. eine Formel, bei der ihr beide sagt: »damit kann ich leben«?

mögen: jn./etw. **gern mögen** · 1. 2. to like s. o./s. th., 1. to be fond of s. o./s. th.

1. … Ja, ich mag meine Sekretärin nun einmal gern. Das ist eine prächtige Frau. Aber das heißt doch nicht, daß ich sie liebe. Diese ewige Eifersucht, Monika!

2. … Magst du Stockfisch gern? – Hm, ich eß ihn nicht ungern; aber etwas Besonderes, finde ich, ist es nicht.

möglich: nicht möglich! · 1. 2. I don't believe it, you're kidding!

1. vgl. – hast du **Töne!** (1, 2)

2. vgl. – das **gibt** es doch nicht!

das ist schon möglich – das kann wohl **sein** · quite possibly, that is quite possible

wie ist/war sowas möglich?! *path* · would you credit it?!, how can that be?

… Zum zweiten Mal durchgefallen?! Wie ist sowas möglich?! Die Ursel ist doch nicht dumm! Und vorbereitet war sie auch! …

soweit wie möglich … · as far as possible

… So weit wie möglich werden wir uns natürlich an die Richtlinien halten. Aber es gibt Fälle, in denen wir davon abweichen müssen, ob wir wollen oder nicht. Zum Beispiel …

es ist gut möglich, daß … · it is quite/perfectly/… possible that …, it is quite/… likely to/that/…

Wir sollten das gute Wetter nutzen, Karl. Es ist gut möglich, daß es morgen schon wieder regnet.

es ist leicht möglich, daß … · it is quite likely that …, it is quite/perfectly/… possible that …

… Wir sollten auf sein Angebot eingehen, und zwar sofort; denn wie ich ihn kenne, ist es leicht möglich, daß er seine Meinung rasch wieder ändert. Da genügt der geringfügigste Anlaß …

alles mögliche – alles mögliche · all kinds of things

alles Mögliche unternehmen/versuchen/… · to do/to try to do/… everything possible, to do/to try to do/… everything one can

… Mein Vater hat alles Mögliche versucht, um die Genehmigung für den Hausbau zu bekommen. Er hat einen genauen Plan für das gan-

ze neue Viertel entwerfen lassen, Verkehrsexperten eingeladen, das öffentliche Interesse an einem stärkeren Ausbau dieses Stadtbezirks betont … Es ist ihm nicht gelungen, die Leute zu überzeugen.

alle möglichen Leute/… · all kinds of people/…

… Auf dem Cocktail waren alle möglichen Berufe vertreten: Bankiers, Politiker, Journalisten, Techniker, Verleger, Übersetzungswissenschaftler, sogar einige Handwerker. Ich habe die Kriterien nicht verstanden, nach denen man die Gesellschaft zusammengestellt hat.

Möglichkeit: ist (denn) das/das denn die **Möglichkeit?!/**(ist es die …?!) *path* – das darf/kann (doch) nicht **wahr** sein! · it's incredible!, would you believe it!, whatever next!

nach Möglichkeit (etw. tun) · (to do s. th.) if (at all) possible

Kommst du zu der Sitzung morgen abend? – Nach Möglichkeit komm' ich; doch ich bin noch nicht sicher, ob es sich zeitlich machen läßt.

die Möglichkeit offenlassen, daß … *form* · one cannot exclude/rule out the possibility that …, + there is still a possibility that …

(Einer der fünf Wirtschaftsweisen:) Alles spricht dafür, daß die Konjunktur in unserem Land auch im nächsten Jahr nicht zurückgeht. Aber bei den vielen neuen Unsicherheitsfaktoren müssen wir natürlich die Möglichkeit offenlassen, daß die Entwicklung von den Vorhersagen abweicht. – Sie schließen also eine negative Entwicklung nicht aus? – Wir halten sie für unwahrscheinlich. Aber ausschließen können wir sie nicht.

ungeahnte Möglichkeiten eröffnen sich jm./tun sich auf/… *path* · undreamt-of possibilities open up for s. o.

… Mit der Öffnung der Ostmärkte, schwärmte er, eröffnen sich unserer Wirtschaft ungeahnte Möglichkeiten. Denken Sie bloß an den potentiellen Markt von Rußland, diesem Riesenreich …

möglichst: möglichst schnell/sicher/gut/… · as quickly/ well/… as possible

Reparieren Sie mir die Schuhe bitte möglichst schnell? – Ich will tun, was ich kann. Schneller als bis übermorgen abend geht es allerdings beim besten Willen nicht.

Möglichstes: sein Möglichstes tun (um etw. zu erreichen/…) · to do one's utmost (to achieve s. th./…), to do everything in one's power (to achieve s. th./…)

Der Albert hat sein Möglichstes getan, um die Arbeit termingerecht fertig zu haben; es war einfach nicht zu schaffen.

Mohikaner: der letzte Mohikaner/(der Letzte der Mohikaner) *sal* · the last one *n*, the last survivor

Gestern haben sie in der Universität einen Sitzstreik veranstaltet. – Und wie lange haben sie da gesessen? – Der letzte Mohikaner soll das auditorium maximum gegen sechs Uhr heute morgen verlassen haben.

Mohr: braungebrannt wie ein Mohr (sein) *path* · (to be) as brown as a berry

Du bist ja braungebrannt wie ein Mohr! – Ich war vier Wochen in Teneriffa. – Ah, dann ist das alles klar.

schwarz wie ein Mohr (sein) *path* · 1. 2. (to be) as black as the ace of spades

1. Mein Gott, Junge, du bist ja schwarz wie ein Mohr! Was habt ihr denn gespielt, daß du dich derart dreckig gemacht hast?

2. Wer ist denn der Junge da vorne? Der da, der so schwarz wie ein Mohr ist. – Ach, der! Das ist der Ellwert. Seine Mutter ist Brasilianerin. *seltener*

der Mohr hat seine Schuldigkeit getan, der Mohr kann gehen *lit Zit* · once you've served your purpose, they drop/ discard/… you *n*, once you've served your purpose, they have no further use for you *n*

… Ja, ja, ich seh' schon: der Mohr hat seine Schuldigkeit getan, der Mohr kann gehen. Jetzt, wo du eine Geliebte hast, bin ich über; da ist es plötzlich meine Rolle, zu verschwinden. Aber noch im vergangenen Monat …

einen Mohr weiß waschen wollen *selten* · to try to whitewash s. o. who is clearly guilty *para*

… Es hat doch keinen Sinn, einen Mohr weiß waschen zu wollen! Dieser Junge ist nun einmal faul wie Mist; aus dem machst du nie einen vernünftigen Schüler, das ist einfach unmöglich.

Moll: auf Moll gestimmt sein *mst iron* · to be in a gloomy mood, s.th. is on the gloomy side

… Ja, du hast Recht, seit seiner Trennung von der Birgit ist der Rainer nur noch auf Moll gestimmt. Ich kann diese tragisch-deprimierte Haltung schon nicht mehr ausstehen.

Moment: Moment! · just a moment!, just a minute!, hang on!, wait a mo! *coll*

… Also, wenn wir um vier Uhr losfahren … – Moment! Um vier? Das geht nicht; da sitz' ich ja noch im Büro.

im Moment … · 1. 2. at the moment …

1. Könntest du mir den Gefallen tun und diesen Text einmal nachsehen? – Im Moment habe ich leider keine Zeit, Werner. Genügt es, wenn ich das heute abend mache?
2. … Bis wann können Sie den Apparat reparieren? – Im Moment können wir überhaupt keine Reparaturen annehmen. Für die nächsten beiden Monate sind wir völlig ausgebucht.

im entscheidenden Moment … · at the crucial/critical/decisive/… moment, when it comes to the crunch

… Der Klaus hat auch bereits zugesagt … – Ach, der Klaus. Der sagt jetzt zu und im entscheidenden Moment springt er wieder ab. Bisher hat er jedenfalls noch immer, wenn es darauf ankam, irgendeine Ausrede präsentiert und sich zurückgezogen.

im ersten Moment – im ersten **Augenblick** · at the first moment, at first

im gegebenen Moment kommen/… – (genau) im richtigen **Augenblick** (kommen/…) · (to arrive/…) just at the right moment

jeden Moment … – jeden **Augenblick …** · … at any moment

einen lichten Moment haben – einen lichten **Augenblick** haben · to have a moment of lucidity

(genau) im richtigen Moment kommen/… – (genau) im richtigen **Augenblick** (kommen/…) · (to arrive/…) just at the right moment

in einem schwachen Moment – in einem schwachen **Augenblick** · in a moment of weakness

im Moment zurück sein/wieder hier/da/… sein · I'll be back in a tick/moment/jiffy/…

… Entschuldige, ich muß eben in das Schreibwarengeschäft da drüben und Briefpapier kaufen. Ich bin im Moment wieder hier. Das geht ruck-zuck.

etw./alles bis zum letzten Moment aufschieben/(verschieben) – (eher:) etw./alles bis zur/auf die letzte(n) **Minute** aufschieben/(verschieben) · to put s.th./everything off until the last moment

Moment mal! – Moment! · just a moment!, just a minute!, hang on!, wait a mo!

lichte Momente haben – lichte **Augenblicke** haben · to have one's moments of lucidity

Momentaufnahme: eine Momentaufnahme von etw. sein · to be a snap-shot of s.th., to be an indicator of the present/… situation *para*

… Ach, Noten sagen doch überhaupt nichts über die Fähigkeiten eines Menschen aus! Jedes Prüfungsergebnis ist doch nichts anderes als eine Momentaufnahme, die von einer Vielzahl von zufälligen Faktoren mitbestimmt ist.

Monat: im 3./4./5./… Monat sein *Schwangerschaft* · to be 3/4/5/… months pregnant *n*, to be 3/4/5/… months gone *sl*, to be in the third/fourth/… month

Die Katja ist schwanger? – Wußtest du das nicht? Sie ist schon im 6. Monat.

Monat für/(um) **Monat** – Jahr **für** Jahr/Tag für Tag/Woche für Woche/Monat für Monat/… · month after month

Mond: wir leben/ihr lebt/… **(doch) schließlich nicht auf dem Mond!** *sal* · we/you/… ought to have some idea of what's going on *n*, we're/… not so far/much behind the times *n*

… Ob euch das Spaß macht oder nicht, spielt nicht die geringste Rolle! Ihr müßt euch einfach mit den wichtigsten politischen Fragen auseinandersetzen. Ihr lebt doch hier schließlich nicht auf dem Mond! Da könnt ihr doch nicht so tun, als ob euch das alles gar nichts anginge!

die/den/den Peter/… **wünsche ich**/(wünscht der Karl/…) **zum Mond** *sal selten* · I/he/… wish/… he/John/… would get lost, I/he/… wish/… he/John/… would take a running jump

… Wie oft ich diesen Kerl schon zum Mond gewünscht habe! Aber ich werde ihn anscheinend mein Leben lang nicht mehr los.

hinterm Mond sein *sal* – hinter dem/hinterm/auf dem **Mond** leben · to be behind the times, to be (completely/…) out of touch

den Mond anbellen *sal* · 1. 2. to bay at the moon, to bark at the moon, 2. to complain to no effect *n*

1. Warum bellt denn der Hund da so laut herum? Es ist doch keine Menschenseele auf der Straße. – Er bellt den Mond an, weiter nichts.
2. … Was schimpft/schnauzt der Paul denn da so herum? Das hat doch alles nicht die geringsten Auswirkungen! – Natürlich nicht. Du kennst ihn doch. Er bellt mal wieder den Mond an. Statt dem Chef mit Ruhe und Bestimmtheit zu erklären, daß die Kritik zurückweist, tobt er hier im Garten herum.

den Mond anstarren/anstieren *sal selten* – **Löcher** in die Luft gucken/starren/stieren (2; a. 3) · to stare into space

nach dem Mond gehen *sal* · your/… watch/… is way out, your/my/… watch/… is hopelessly/… wrong *n*

… Wieviel Uhr ist es, sagst du? – Zwanzig nach sieben. – Ach, deine Uhr geht einmal wieder nach dem Mond! Es ist wenigstens viertel vor acht. Hör' doch mal eben am Telephon!

der Mond geht auf *sal selten* · here/… comes (old) baldy, here/… comes (old) slaphead

… Olala! Der Mond geht auf! – Junge, bist du wohl ruhig! Wie kannst du denn … – Das hört der doch nicht bis an den Eingang. Du mußt zugeben, Vater, es ist ein herrlicher Anblick, wenn so ein stattlicher Mann mit Glatze da in der Tür erscheint …

nach dem Mond greifen *path selten* · to reach for the moon

… Seine Projekte waren schon immer zu extravagant, im Grunde unmöglich. Zeit seines Lebens hat er nach dem Mond gegriffen. Dabei ist ihm der Erfolg, den er hätte haben können, natürlich zwischen den Fingern zerronnen.

in den Mond gucken *sal* – leer **ausgehen** · to come away/to be left/… empty-handed, to be left out in the cold

bei jm. hat man den Eindruck/…, daß er vom Mond kommt/(gefallen ist) *sal* · to have the impression/… that s.o. hasn't got a clue *coll*, to have the impression that s.o. is not quite with it

… Du weißt nicht, wer Hitler war?! Kommst du vom Mond, oder was ist los? – Muß man das wissen? – Was heißt muß? Das ist Allgemeinwissen.

hinter dem/hinterm/auf dem Mond leben *sal* · where has he/have you/… been?, you/are/he is/… behind the times *coll*, you are/he is/… (completely/…) out of touch *coll*

… Du weißt nicht, wer die Beatles sind?! Du lebst wohl hinter dem Mond, was? Die kennt doch jeder. Auf Platten, im Radio, im Fernsehen, in den Zeitschriften – überall erscheinen die. Nimmst du an dem Leben gar nicht mehr teil, daß du so etwas nicht mitkriegst?

da/dort in dem Nest/… **hinter dem/hinterm Mond leben** *sal* · to be behind the times out there/in one's village/… *coll*

… Die Ricarda nach dem neuen Modell zu fragen hat gar keinen Zweck. Die lebt doch auf ihrem Landgut da hinterm Mond. Die läßt den lieben Gott einen guten Mann sein, kümmert sich um nichts – und ist natürlich auch über nichts informiert.

j. könnte jn. auf den Mond schießen *sal* · s.o. could wring s.o.'s neck

… Der soll mich zufrieden lassen, dieser elende Betrüger! Den könnt' ich auf den Mond schießen, weißt du! Je weiter er von hier weg ist, um so besser – sag' ihm das!

j. **möchte** jn. **am liebsten auf den Mond schießen**/wenn j. könnte, wie er wollte, würde er jn. auf den Mond schießen *sal* – j. könnte jn. auf den **Mond** schießen · s.o. could wring s.o.'s neck

das/das Geld/die Tasche/... **kannst du**/kann dein Bruder/... **in den Mond schreiben** *sal* · s.o. can say goodbye to s.th., to forget about s.th. *coll*, s.o. can write s.th. off *coll*

... Dem Willy hast du Geld geliehen? Das kannst du in den Mond schreiben. Der hat noch nie jemandem Geld zurückgegeben. Das ist weg.

den Mond am hellen Tage suchen *sal selten* · to look for what isn't there *n*, to look for the moon in broad daylight *para*

... Wenn die Exportgenehmigung für diese Artikel nun einmal nicht zu bekommen ist, müssen wir uns damit abfinden, Herr Roloff! Geben Sie also ihre fruchtlosen Bemühungen auf! Es hat doch keinen Sinn, den Mond am hellen Tage zu suchen!

Mondschein: j. **kann mir/uns** (mal) **im/(beim) Mondschein begegnen!** *sal* – (euphem für:) j. soll/kann mich/uns am/(im) **Arsch** lecken (mit etw.) · s.o. can get knotted, s.o. can get stuffed/take a running jump/take a flying fuck

Monogramm: j. **beißt sich** (doch) **lieber/eher ein Monogramm in den Bauch**/(Hintern/Arsch), **als daß er** ... *sal selten* · + wild horses wouldn't make s.o. lend you/... the money/...

... Die Sonja und dir Geld leihen?! Du hast vielleicht Vorstellungen! Eher beißt die sich ein Monogramm in den Bauch!

j. **könnte sich** (vor Wut) **ein Monogramm in den Bauch**/(Hintern/Arsch) **beißen** *sal* · s.o. could kick himself

... So eine Dummheit, eine Riesendummheit, auf das Angebot nicht sofort einzugehen! Ich weiß gar nicht, wo ich an diesem Abend meinen Verstand hatte. Noch heute könnte ich mir vor Wut ein Monogramm in den Bauch beißen! – Das dürfte nicht viel nützen. Besser ist, du beruhigst dich allmählich.

und wenn er/sie/der Peter/... **sich ein Monogramm in den Bauch beißt** (das wird nicht gemacht/...)/**er**/... kann sich/... ein Monogramm in den Bauch beißen (...) *sal* – und wenn er/sie/der Peter/... sich auf den **Kopf** stellt (das wird nicht gemacht/...)/**er**/... kann sich/... auf den Kopf stellen (...) · s.o. can complain till the cows come home/ s.o. can talk till he is blue in the face/... (I'm/... not going to ...)

Montag: (einen) **blauen Montag machen** *ugs* · to take Monday off *n*, to skip work on Monday, to skive off work on Monday

... Drei Leute fehlen? Am Freitag waren doch noch alle gesund und munter. – Die machen blauen Montag. Sie wollten übers Wochenende nach Nordfrankreich; sie sind bestimmt nicht rechtzeitig zurückgekommen.

Montur: in voller Montur etw. tun *oft iron* · to do s.th. in (full) uniform

... Aber der Mann hatte doch seine Uniform an! Er kann doch schließlich nicht in voller Montur ins Wasser springen! – Ach, lieber läßt er seine Tochter ertrinken, als daß er seine lächerliche Generaluniform naß macht?

Moos: **Moos haben** *sal* · to have (plenty of/...) dough/bread/ dosh/..., to be rolling in it

Von dem Dackert kannst du für den alten Schrank ruhig einen anständigen Preis verlangen, der hat doch Moos (genug). – Woher ist der eigentlich so reich?

Moos ansetzen *sal selten* · to become old hat, to become hoary with age *n*

Wie so viele andere Theorien, so hat auch die sog. 'GV-Grammatik' inzwischen Moos angesetzt. Ihre Grundgedanken sind mittlerweile Allgemeingut, ja fast banal, und die Forschung hat sich anderen Fragestellungen zugewandt.

Möpse: **große/dicke**/... **Möpse haben** *sal Neol* – (viel/...) **Holz** vor der Hütte/vor dem Haus/vor der Tür/vor der Herberge haben · s.o. is well-stacked

von den Möpsen leben *sal veraltend selten* · to live on one's private income *n*, to live on the interest *n*

... Wer lebt denn schon von den Möpsen, Mensch?! Das Normale ist doch, daß man sich das Geld, das man ausgibt, erarbeiten muß. Es arbeiten deshalb doch auch soz. alle Leute.

mopsfidel: **mopsfidel (sein)** *sal* · 1. 2. to be chirpy *coll*, to be cheerful *n*, to be full of beans, to be jolly *n*

1. ... Eine Konstitution hat dieser Mann – unglaublich! Heute morgen um vier kommt er, völlig erledigt, ins Bett; um sieben ist er wieder mopsfidel. So, als wenn er zwölf Stunden geschlafen hätte ...
2. (Ein Mädchen auf einer Feier zu einer Freundin:) Euer Albert ist ja heute mopsfidel! Was ist denn los? So lustig kenn' ich den ja gar nicht.

Moral: **eine doppelte Moral** (haben/...) · to have double standards

... Ach, diese Leute, meinte er resigniert, haben doch alle eine doppelte Moral: eine für ihre Reden, für das, was sie verkünden, und eine andere, nach der sie sich konkret verhalten.

(eine) Moral mit doppeltem Boden *geh* · double standards *n*

»Eine Moral mit doppeltem Boden«, führte er aus, »das klingt immer sofort so negativ, so ›unmoralisch‹. Gemeint ist wohl: eine Moral, die auf den ersten Blick klar und eindeutig erscheint, wird bei näherem Hinsehen durchlässig für die persönliche Perspektive des einzelnen; die Ambivalenz der Moral.«

(und) die Moral von der Geschichte (ist ...) *ugs* · the moral of the story/tale is ...

... und da habe ich mir doch in der Tat die Uhr aufschwätzen lassen! Am nächsten Tag lief sie schon nicht mehr, klar. (Und) Die Moral von der Geschichte (ist): Kaufe nie eine angeblich 'echte Schweizer Uhr' von einem Schwarzhändler auf der Straße!

(jm.) **Moral predigen** *ugs* · 1. 2. to moralise (to s.o.), 2. to lecture s.o.

1. ... Ja, der Röhmer ist gerade der Richtige, um uns Moral zu predigen! Es ist doch immer dasselbe: die, die selbst am wenigsten ethisch handeln, wollen den anderen am meisten vorschreiben, was sie zu tun und zu lassen haben.
2. vgl. – jm. eine **Moralpredigt** halten

Moralapostel: **den Moralapostel spielen** *ugs* · to act the little saint, to act the holy Joe

... Den Mooshuber haben wir ganz schön reingelegt. Den werden wir jetzt mal richtig ausnehmen! – Das könnt ihr doch nicht machen! So etwas ist doch gemein! – Warum mußt du eigentlich immer den Moralapostel spielen? Der Mooshuber hat uns jahrelang ausgebeutet und hintergangen! Jetzt zahlen wir's ihm heim.

Moralischen: **den/einen Moralischen haben** *ugs* · to be down in the dumps, to have the blues, to have a fit of remorse

Was sitzt der Humbert denn so in sich gekehrt und trübsinnig da herum? – Er hat den Moralischen. Wie immer, wenn er einen über den Durst getrunken hat. Dann sitzt er da und sinniert über die Ungerechtigkeit der Welt und über seine Sünden.

den/einen Moralischen kriegen/(bekommen) *ugs* · to get down in the dumps

Wenn der Robert zwei, drei Schnäpse trinkt, kriegt er jedes Mal den Moralischen. Dann sitzt er trübsinnig da und ergeht sich in sentimentaler Selbstbemitleidung, in Reueanfällen über sein verpfuschtes Leben ...

Moralpauke: jm. **eine Moralpauke halten** *sal* – (eher:) jm. eine **Moralpredigt** halten · to moralise to s.o., to lecture s.o.

Moralpredigt: jm. **eine Moralpredigt halten** *ugs* · to moralise to s.o., to lecture s.o.

... Es hat gar keinen Sinn, dem Jungen eine Moralpedigt zu halten. Den interessiert überhaupt gar nicht, was du erzählst; da kannst du dir jede Ermahnung oder Vorhaltung sparen.

Mord: **wenn ...,** **dann gibt's**/... **Mord und Totschlag** *ugs* – *path* · (if ...,) all hell is/will be/... let loose, (if ...,) there will be hell to pay, (if ...,) the fur will start to fly

Unsere beiden Kinder vertragen sich im allgemeinen ganz gut. Nur manchmal kriegen sie sich wegen irgendeiner Bagatelle in die Wolle.

Und dann müssen wir sofort eingreifen, sonst gibt es Mord und Totschlag; denn dann gehen sie aufeinander los wie die Wilden.

Mordanschlag: einen Mordanschlag auf jn. **verüben/**(aus-üben) *form – path –* (eher:) ein **Attentat** auf jn. ausüben (1) · to make an attempt on s.o.'s life

morden: morden und brennen *path veraltend selten* · to murder and burn
... Und dann die Raubkriege, in denen die Heere über das Land zogen, um zu morden und zu brennen! – Das waren Grenzfälle, Ute, doch nicht die Norm! ...

Mörderhand: durch/(von) **Mörderhand fallen/**von ... sterben *path veraltend selten* · to die at the hands of a murderer/of murderers
... Dieser Mann wird noch durch Mörderhand fallen, du wirst sehen! – Wie kommst du denn darauf? Warum soll den eher einer umbringen als dich oder mich! – Weil er sich überall so entsetzlich verhaßt macht ...

Mords-: ein(e) Mords-glück/-hitze/-hunger/-krach/-schrek-ken/-spaß/-wut/-kerl/... *ugs – path* · 1. to be incredibly lucky/hungry/hot/loud/frightening/funny/angry/..., 2. to be a fantastic guy/...
1. ... Da haben wir ja mal wieder ein Mordsglück gehabt! So viel Glück auf einmal gibt's eigentlich gar nicht.
2. ... Der Anton ist wirklich ein Mordskerl! Hilfsbereit, zu allem zu gebrauchen, vertrauenswürdig ... Ein toller Mann!

Mordskrakeel: es gibt einen Mordskrakeel, wenn/... *sal path selten* · there will be a hell of a row when ..., there will be hell to pay when ...
Wenn der Willy dahinter kommt, daß du den Brief aus der Schublade genommen hast, gibt es einen Mordskrakeel. Der wird hier herumtoben wie ein Verrückter und die Bude auf den Kopf stellen ...

Mordsspektakel: es gibt einen Mordsspektakel *sal –* (stärker als:) es gibt **Theater** (wenn ..., dann gibt's .../als ..., da gab's .../...) (2; a. 1) · there's going to be a rumpus if ..., there are going to be ructions if ...

einen Mordsspektakel machen *sal* · 1. 2. to kick up/to make a rumpus
1. vgl. – (stärker als:) **Lärm** machen
2. vgl. – (eher:) **Krach** schlagen

Mordverdacht: unter Mordverdacht stehen *form* · to be suspected of murder
... Der Klemm steht unter Mordverdacht? – Wie es scheint, ja. Die Polizei bringt ihn mit der Ermordung von dem Brodelmaier in Zusammenhang.

Mores: jn. Mores lehren *sal veraltend selten* · 1. 2. to give s.o. a piece of one's mind
1. vgl. – jm. den **Marsch** blasen
2. vgl. – jm. (gehörig/...) die **Meinung** sagen

den/die/den Maier/... werd' ich/(wird er/...) **Mores lehren!** *sal veraltend –* jm. die (richtigen) **Flötentöne** beibringen/ (blasen) · I/he/... will show/teach s.o. what's what

Morgen: guten Morgen! · 1. 2. 3. good morning!
1. Guten Morgen, Peter! Ausgeschlafen? – Morgen Mutter! ... Nein, 3. nicht ausgeschlafen; abgebrochen!
2. Guten Morgen! ... Wir waren das letzte Mal an der Stelle stehen geblieben, wo Don Carlos ...
3. (Der Lehrer zu seinen Schülern:) Bei welchem Werk Goethes waren wir in der letzten Stunde stehen geblieben? David! – ... Äh, äh, bei, äh ... bei Maria Stuart?! – Guten Morgen, David! Ich wünsche wohl geruht zu haben! Wach' bitte mal aus deinem Schlaf auf und beteilige dich am Unterricht!

(so) frisch wie der junge Morgen aussehen *path selten* · to be as fresh as a daisy *n*, to look as fresh as a morning rose *elev*
Wie macht die Christine das eigentlich? Die sieht immer so frisch aus wie der junge Morgen! Und ihr Leben ist doch wahrhaftig nicht leicht!

schön wie der junge Morgen sein/aussehen/... *path selten* · to look as lovely as a morning rose *para*
Schau dir die Frau Wiesloch an! Obwohl die heute nacht bis zwei oder drei Uhr gearbeitet hat, erscheint sie hier wieder pünktlich und wie immer schön wie der junge Morgen. Beneidenswert, diese Frau!

bis zum frühen Morgen aufbleiben/tanzen/zechen/tagen/... · to dance/to stay up/... till the early morning
Wie lange habt ihr noch gefeiert? – Bis zum frühen Morgen. Es war sechs Uhr, als ich ins Bett ging.

bis in den hellen Morgen schlafen/... · to lie in for most of the morning, to sleep for most of the morning
... Nein, auch in den Ferien pflegt er nicht bis in den hellen Morgen zu schlafen. Mein Vater war immer ein Frühaufsteher; er haßt es geradezu, wenn jemand den halben Morgen 'im Bett vertut', wie er das nennt.

vom frühen Morgen bis zum späten Abend *path* · from early in the morning to late at night
Jeden Tag und jeden Tag vom frühen Morgen bis zum späten Abend dieselbe Arbeit! Das ist zum Verrücktwerden!

bis in den Morgen hinein aufbleiben/tanzen/zechen/tagen/... – bis zum frühen **Morgen** aufbleiben/tanzen/zechen/tagen/... · to dance/to stay up/... till the early morning

der Morgen einer neuen Zeit bricht an *hist – path* · a new age is dawning
... Seltsam! Da wird die halbe Welt vom Joch des Kommunismus befreit, und statt das Gefühl zu haben: 'jetzt bricht der Morgen einer neuen Zeit an' erhebt sich die kapitalistische Welt in Sorgen und Angstvorstellungen – Das ist die Ängstlichkeit und Kleingläubigkeit der Reichen, Paul! Die haben nur zu verlieren.

Morgenfrühe. in der Morgenfrühe *form* · early in the morning
Bist du schon einmal in der Morgenfrühe durch die Innenstadt spaziert – wenn noch kein Verkehr ist, so gegen sechs, halb sieben? Da erlebst du die Stadt ganz anders.

in aller Morgenfrühe ... *form – path* · very early in the morning
... Wenn wir die ganze Strecke in einem Tag machen wollen, müssen wir in aller Morgenfrühe losfahren. – Das heißt? – Fünf, halb sechs.

Morgengrauen: beim Morgengrauen aufstehen/(...) *form* · to get up at the crack of dawn
Wenn wir wirklich die ganze Reise in einem Tag machen wollen, sollten wir gegen vier Uhr aufstehen und beim Morgengrauen losfahren. So gegen fünf fängt's an, hell zu werden, nicht? ...

Morgenluft: Morgenluft wittern *selten* · to see one's chance, to see a gleam/ray/... of hope
... Jetzt sehe ich, daß mit der Umbesetzung des Personals auch einige Leute unauffällig befördert werden sollen. – Du witterst wohl Morgenluft, was? – Wie, meinst du, ich hätte keine Chance, einen besseren Posten zu bekommen?

Morgenmuffel: ein (schrecklicher/..) **Morgenmuffel (sein)** *ugs* · to be really grumpy/more/... in the morning, not to be able to get going in the morning, not to be in form in the morning *n*
... Vor zehn, elf Uhr ist mit dem Majo nichts anzufangen. Das ist ein Morgenmuffel, wie er im Buche steht. Dafür ist er dann um Mitternacht hellwach.

Morgenröte: die Morgenröte einer neuen Zeit *hist – path* · the dawn of a new age/era/...
Die Welt ändert sich, Diktaturen fallen, die Menschen schöpfen in zahlreichen Ländern neue Hoffnung – und doch spricht niemand von der Morgenröte einer neuen ...

morgens: von morgens bis abends (schwächer als:) vom frühen **Morgen** bis zum späten Abend · from morning to night

morgens und abends · in the morning and in the evening
(Eine Zehnjährige:) Mensch! Immer morgens und abends Zähne putzen! – Und nach dem Mittagessen, Christine!

Morgenstunde: (schon/…) **zu/**(in) **früher Morgenstunde** *form* · so/… early in the morning

(Morgens 7.30 Uhr; j., der bei den Nachbarn geklingelt hat:) Entschuldigen Sie, Frau Weinert, daß ich zu so früher Morgenstunde störe, Ihr Sohn hat den Wagen direkt vor unserer Ausfahrt geparkt …

bis in die frühen Morgenstunden aufbleiben/tanzen/zechen/tagen/… *form* – bis zum frühen **Morgen** aufbleiben/tanzen/zechen/tagen/… · to dance/to stay up/… till the early morning

Moritz: so einfach/…, **wie sich der kleine Moritz** etw. **vorstellt** *sal* · … as the man in the street thinks/imagines/… *coll*

… Ach, diese politischen Ideen der Boulevardpresse! Als wenn das alles so einfach wäre, wie der kleine Moritz sich das vorstellt.

Morpheus: aus Morpheus' Armen gerissen werden *geh selten* · to be torn from the arms of Morpheus

… Und plötzlich wurde ich mitten in der Nacht durch einen entsetzlichen Schrei im Garten aus Morpheus' Armen gerissen. Ich fuhr aus dem Bett, stürzte ans Fenster – aber da war schon alles wieder ruhig. – Bist du denn dann wieder eingeschlafen?

in Morpheus' Arme sinken/(fallen) *lit selten* · to sink into the arms of Morpheus

… Völlig erschöpft kam sie von der langen Reise zu Hause an. Vom Abendessen wollte sie nichts mehr wissen, nein, sie zog sich sofort aus, und kaum lag sie im Bett, da sank sie auch schon in Morpheus' Arme.

(noch/schon/…) **in Morpheus' Armen ruhen/**(liegen/schlafen) *lit selten* · 1. to rest/to be resting in the arms of Morpheus, 2. to have nodded off *coll*

1. Wie, der Ulrich ist immer noch nicht auf? – Nein, der ruht noch in Morpheus' Armen. – Mein Gott, um elf Uhr morgens noch schlafen …

2. vgl. – dem **Herrn** enthüpft sein

Motten: Motten (im Kopf) haben *sal selten* · 1. to have big/fancy/… ideas, 2. + s.o.'s head is full of strange quirks/whims

1. vgl. – **Rosinen** im Kopf haben
2. vgl. – **Grillen** im Kopf haben

die Motten haben *sal veraltend selten* · to have TB *coll*

… Heute ist Lungentuberkulose heilbar. Aber wenn früher einer die Motten hatte, waren seine Tage gezählt.

ich denk'/dacht', ich krieg' die Motten! *sal selten* · 1. blow me, who/… should/… l/… see!, but …, 2. well I'll be damned, well I'll be blowed, I thought – Christ Almighty! *coll*, I'll be a monkey's uncle

1. … Ich komm' in die Bar da in der schmalen Gasse am Hafen, und, Mensch, ich denk', ich krieg' die Motten: da sitzt der Pauli aus Düsseldorf, weißt du, der Kumpel, mit dem ich mal ein Jahr zusammen auf dem Schiff gearbeitet hab' …

2. vgl. – ich denk'/dacht', mich ist der **Affe**

ach, du kriegst die Motten! *sal selten* · 1. 2. good gracious!, good heavens!, god fathers!

1. Ach, du kriegst die Motten: uck' dir das an, jetzt haben sie aus der Elsa-Brandström-Straße eine Einbahnstraße gemacht. Das bedeutet für mich jeden Morgen einen Umweg von wenigstens drei Kilometern.

2. Ach, du kriegst die Motten: Der Heinz hat sich scheiden lassen?! Der war doch erst drei Monate verheiratet.

von etw. **angezogen werden wie die Motten vom Licht** *path selten* · to be attracted s.th. like moths to a flame/candle

Wenn in diesem Nest einmal ein Zirkus gastiert, dann kann das Zelt so groß sein, wie es will, es ist immer voll. Es scheint, diese Leute hier werden von den Clowns und Seiltänzern angezogen wie die Motten vom Licht. Sie sind fasziert vom Zirkus.

Mottenkiste: aus der Mottenkiste stammen/einen Witz/(…) aus der Mottenkiste holen/zum besten geben/… *sal* · to be as old as the hills

… Sollen wir da etwa lachen? Der Witz stammt doch aus der Mottenkiste. Den habe ich vor zehn Jahren schon von meinem Vater gehört.

Motto: es geht nach dem Motto: **ein Schritt vor und zwei zurück** *ugs* – einen **Schritt** vor und zwei zurückgehen · according to the motto: one step forward, two steps back

unter dem Motto … stehen · + our/… motto is …, + we/… have … as our motto

(In einer Begrüßungsrede:) Meine sehr geehrten Damen und Herren, liebe Parteifreunde! Wenn der heutige Parteitag unter dem Motto steht: 'Ein würdiges Leben für alle!', dann wollen wir mit diesem Leitgedanken auf die christlichen Wurzeln unserer Partei zurückgehen, an die Verpflichtung erinnern, die wir gerade jetzt …

Mücke: aus der Mücke einen Elefanten machen *ugs* · to make a mountain out of a molehill

… Ach, die Gertrud macht mal wieder aus der Mücke einen Elefanten! Natürlich muß Karl drei, vier Wochen im Krankenhaus liegen. Aber das ist nichts Gefährliches. Warum also so tun, als ginge es um Leben oder Tod?!

(die/eine) **Mücke machen** *mst Imp sal* – **Leine** ziehen · push off, clear off, buzz off

mucken: … **ohne zu mucken** *ugs* · to do s.th. without a murmur, and not a peep out of you/them

… So, und heute wil ich kein einziges Widerwort hören! Jetzt geht ihr ins Bett, ohne zu mucken! Zack, zack!

Mucken: (so) **seine Mucken haben** *ugs selten* · to have one's little moods, to have one's little ways, to have one's whims/caprices/(…)

… An sich kommt man mit dem Hubert Lause sogar sehr gut aus. Aber er hat so seine Mucken. Über Politik kann man mit ihm nicht reden – da ist er unmöglich; morgens früh ist er ungenießbar; in Kleidungsfragen ist er sehr pingelig …

jm. **die Mucken austreiben** *ugs selten* – (eher:) jm. die **Flausen** austreiben · to knock the foolish/… ideas out of s.o.'s head

Mucks: keinen Mucks von sich geben/sagen *ugs* · 1. 2. 3. not to make a sound *n*, 1. 2. not to say a word *n*, 2. not to make a peep, 3. not to move, not to stir

1. … Den ganzen Abend saß sie still und bescheiden da in ihrer Ecke, ohne einen Mucks von sich zu geben. Wenn sie gar nicht dagewesen wäre, wäre das auch nicht aufgefallen.

2. Fritz hatte wohl geglaubt, er könnte große Töne spucken. Aber als ihm sein Vater in die Parade fuhr und ihm einmal ganz gehörig die Meinung sagte, hat er keinen Mucks mehr von sich gegeben/gesagt. Aber auch nicht ein einziges Wort.

3. vgl. – (eher:) keinen **Mucks** machen/(von sich geben) (1)

keinen Mucks mehr von sich geben/(machen) *sal selten* · 1. not to make another sound *n*, 2. + that's put paid to him/…

1. So, der gibt keinen Mucks mehr von sich! Schon lange hätten wir diesen verdammten Köter töten sollen!

2. … Die Kugel saß! Dieser Partisan gibt keinen Mucks mehr von sich.

keinen Mucks machen/(von sich geben) *ugs selten* · 1. 2. not to make a sound *n*, 1. not to move *n*, not to stir *n*, 2. not to say a word, not to make a peep

1. Manchmal lassen wir unsere kleine Tochter morgens zu uns ins Bett kommen. Da kuschelt sie sich dann an einen von uns und macht keinen Mucks. Sie kann da eine Stunde oder zwei so liegen, ohne sich zu rühren, obwohl sie sonst die Lebhaftigkeit in Person ist.

2. vgl. – keinen **Mucks** von sich geben/sagen (1)

ohne einen Mucks etw. **tun** *ugs selten* · to do s.th. without a murmur, to do s.th. without a word (of protest)

… Seltsames Mädchen! Wenn die Mutter ihr was sagt, gibt's nur Widerworte; sobald der Vater in Erscheinung tritt, gehorcht sie ohne einen Mucks!

mucksen: sich nicht mucksen *ugs* · 1. 2. not to make a sound

1. vgl. – (eher:) keinen **Mucks** von sich geben/sagen
2. vgl. – keinen **Mucks** machen/(von sich geben)

mucksmäuschenstill: mucksmäuschenstill sein/sich … **verhalten** *ugs* · to be as quiet as a mouse

… So hab' ich die Ricarda noch nicht erlebt: den ganzen Abend war die mucksmäuschenstill. Keinen einzigen Ton hat die von sich gegeben; und wenn sie nicht direkt in der Mitte des Tischs gesessen hätte, hätte man ihre Anwesenheit gar nicht bemerkt.

müde: e-r S. **müde sein**/es müde sein, etw. zu tun *form selten* · 1. to be tired of doing s.th., to be fed up with doing s.th. *sl*, 2. to be sick and tired of s.o./s.th., to be fed up with s.o./s.th.

1. Des dauernden Ermahnens müde, überließ er den Jungen seinem eigenen Schicksal.

2. vgl. – etw. **leid** sein/es leid sein, etw. zu tun (1)

müde und matt *path* · to be tired and weary, to be all in, to be exhausted

Mein Gott, was macht einen dieses dauernde schwüle Wetter müde und matt! Wenn das anhält, bin ich bald total kaputt.

es müde werden, etw. zu tun *form veraltend selten* – jn./etw. **leid** werden/es leid werden, etw. zu tun (1) · to tire of (doing) s.th.

nicht müde werden, etw. zu tun *path* · not/never to tire of doing s.th., not/never to stop doing s.th.

Mein Vater wird nicht müde, unserer Marlies zu erklären, daß sie im Gymnasium nicht mitkommt, wenn sie so wenig arbeitet wie auf der Grundschule. Aber er kann reden, so viel wie er will, sie hört nicht.

Müdigkeit: (fast) **umfallen vor Müdigkeit** *ugs path* – **todmüde** (sein) · to be just about ready to drop/to collapse/... with tiredness

(nur/bloß) keine Müdigkeit vortäuschen/vorschützen! *sal* · don't say/tell me/... you are tired *n*, no excuses! *n*

... Und noch ein paar Liegestützen, meine Herren! Nur keine Müdigkeit vorschützen! Das war doch nichts, bis jetzt! ...

Muffe: Muffe haben *ugs selten* · to be scared *n*, to have the shits

... Ist gut! Wenn er Muffe hat, soll er zu Hause bleiben! Angsthasen können wir bei dem Unternehmen nicht gebrauchen.

jm. **geht** (ganz schön) **die Muffe** *sal Neol* – jm. geht (ganz schön/...) die **Klammer** · + s.o. is shit-scared

jm. **geht die Muffe (eins zu hunderttausend)** *sal Neol selten* – jm. geht der **Arsch** auf/(mit) Grundeis · + to be scared shitless, + to be shitting o.s.

Muffensausen: (chronisches) **Muffensausen haben**/(kriegen) (bei/wenn/...) *sal Jugendspr* · to get scared stiff *coll*, to get shit-scared, to start shitting o.s.

Wenn der Hans-Peter nur einen Hund sieht, kriegt er schon Muffensausen. Vor Hunden hat er eine geradezu panische Angst.

Müh(e): das/(etw.) **ist verlorene**/(vergebliche) **Müh'/Mühe** *ugs* – (eher:) das/(etw.) ist verlorene/(vergebliche) **Liebesmüh'**/ Liebesmühe · it/s.th. is a waste of time/effort/...

nach des Tages/des Lebens/... **Müh' und Arbeit**/(Mühe und Arbeit) *path od. iron* · after the toils of the day, after the (toils and) labours of the day, after a hard day's work

... Dieser ewige Qualm hier ...! – Nun laß Vater um Gottes willen doch in Ruhe seine Pfeife rauchen! Es ist doch bei Gott nichts dagegen einzuwenden, wenn sich jemand nach des Tages Müh' und Arbeit seine Pfeife ansteckt.

Müh' und Arbeit scheuen *path selten* · to be/to become/... work-shy, to be reluctant/... to do a hard day's work

... Du weißt doch, wie das ist: sobald es den Leuten gut geht, fangen sie an, Müh' und Arbeit zu scheuen. – Das kann man nicht verallgemeinern, Peter. Es gibt doch ungeheuer viele, die sich weiterhin anstrengen und einsetzen!

mit Müh' und Not etw. schaffen/... – mit **Ach** und Krach etw. schaffen/... · to scrape through an examination/..., to get through/... by the skin of one's teeth, to struggle to do s.th.

mit großer Mühe ... · 1. with great difficulty, with great effort, 2. to scrape through an examination/..., to get through s.th./... by the skin of one's teeth

1. Nur mit großer Mühe war er dazu zu bewegen, uns seinen Wagen für ein paar Stunden zu leihen. – Und warum wollte er das absolut nicht?

2. vgl. – mit **Ach** und Krach etw. schaffen/...

mit knapper Mühe etw. schaffen/... *form* – mit **Ach** und Krach etw. schaffen/... · to just about do s.th., to do s.th. by the skin of one's teeth

es/(etw.) **lohnt die Mühe (nicht)** *form* – (eher:) (nicht) der/ die **Mühe** wert sein/es ist ... · s.th. is (not) worth the trouble/effort/...

Mühe haben, etw. zu tun *form* · 1. 2. to find it difficult to do s.th., to have difficulty doing s.th., to be hard put to do s.th. *coll*

1. Ich habe Mühe, den Text zu verstehen. Ist er wirklich so schwer? Oder habe ich heute ein Brett vor dem Kopf?

2. Als der Karl wieder mit seinen komischen Gesten anfing, hatten wir Mühe, das Lachen zu unterdrücken.

wenig/keine/... **Mühe haben,** etw. zu tun *form* · to have hardly any/very little/... trouble doing s.th.

... Ganz gegen meine Erwartung hatte ich keinerlei Mühe, meinen Bruder davon zu überzeugen, daß ein Verkauf des Hauses für alle das Beste wäre. Es scheint, daß er schon selbst mit diesem Gedanken gespielt hatte; denn er stimmte meinen Überlegungen derart rasch zu, daß ...

alle Mühe haben, etw. zu tun *form* · 1. to have one's work cut out to do s.th., 2. to just about manage to do s.th.

1. vgl. – mit **Ach** und Krach etw. schaffen/...

2. vgl. – mit großer **Mühe** ...

seine (liebe) Mühe mit jm./etw. **haben** *ugs* · to have one's hands full with s.o./s.th., to have a lot of trouble with s.o./s.th.

... Mit dem Jungen haben wir unsere liebe Mühe gehabt. Ehe der sich daran gewöhnt hat, sich vernünftig zu waschen, in seinem Zimmer ein wenig Ordnung zu halten ...! Der Junge hat uns mehr Arbeit und Sorgen gemacht als die anderen drei Kinder zusammen.

sich Mühe geben (mit jm./etw.) · 1. to make an effort (to do s.th.), 2. 3. to take a lot of trouble with s.o./s.th., 2. to try hard with s.o.

1. Wenn du dir Mühe gibst, schaffst du es auch; du mußt dich nur anstrengen. Von nichts kommt nichts!

2. Wir haben uns viel Mühe gegeben mit dem Jungen. Aber er will einfach nicht lernen. Da kann man machen, was man will, es ist alles vergebens.

3. Mit der Übersetzung habe ich mir allerhand Mühe gegeben. Ich hoffe, es hat sich gelohnt und Sie sind zufrieden.

sich große/alle erdenkliche/verzweifelte/(...) **Mühe geben** *path* · to go to great/... lengths (to do s.th.), to go to a lot of/... trouble (to do s.th.), to go to great/... pains (to do s.th.), to take the greatest/... care (to do s.th.)

... Wir gaben uns verzweifelte Mühe, ihn davon zu überzeugen, daß eine solche Entscheidung ihn ins Unglück stürzen würde. Aber er war nicht zu überzeugen. Wir konnten machen, was wir wollten – er blieb bei seiner Meinung.

jn. **viel Mühe kosten** *form* · s.th. takes s.o. a lot of/a great deal of/... trouble, + it is a big/huge/... effort for s.o. to do s.th.

... Die Übersetzung hat den Herbert viel Mühe gekostet! – Aber diese Mühe hat sich gelohnt: sie ist hervorragend.

weder Mühe/(Müh') **noch Kosten scheuen** *path* · to go to great trouble and expense to do s.th., to spare neither trouble nor expense to do s.th.

... Er hat weder Mühe noch Kosten gescheut, sein Gut zu einem modernen Landwirtschaftsbetrieb umzuwandeln. Mehr als zehn Jahre hat er in diese Aufgabe sein ganzes Geld und seine ganze Energie gesteckt.

sich Mühe machen (mit jm./etw.) – sich **Mühe** geben (mit jm./etw.) (2, 3) · to go to great/... lengths (to do s.th.), to go to a lot of/... trouble (to do s.th.), to go to great/... pains (to do s.th.), to take the greatest/... care (to do s.th.)

sich die Mühe machen, etw. zu tun/und etw. tun *form* · to take the trouble to do s.th., to go to the trouble of doing s.th., to make the effort to do s.th.

… Ich leihe dir das Buch gern, wenn du dir die Mühe machst, heute nachmittag bei mir vorbeizukommen und es zu holen/und heute … vorbeikommst und … holst.

jm. viel Mühe machen *form* · to give s.o. a lot of trouble

… Der Umbau dieses Guts hat ihm viel, viel Mühe gemacht. Jahre und Jahre hat er da seine ganze Zeit und seine Nerven drangesetzt.

wenn es dir/Ihnen/… keine/… Mühe macht *form* · if it is not too much trouble for you/…

Wenn es dir nicht zu viel Mühe macht, Ernst, könnten wir eben gemeinsam das Gepäck aus dem Wagen holen. Da sind einige Sachen bei, die die Kathrin braucht, um die Kinder fertig zu machen. Das macht dir doch nichts aus …?

sich die Mühe nehmen, etw. zu tun/und etw. tun *form selten* – sich die **Mühe** machen, etw. zu tun/und etw. tun · to take the trouble to do s.th., to go to the trouble of doing s.th., to make the effort to do s.th.

mit Mühe und Not etw. schaffen/… *path* – mit **Müh'** und Not etw. schaffen/… · to just about manage s.th.

keine Mühe scheuen, um … *path* · to spare no effort to do s.th., to go to great lengths/to a lot of trouble/… to do s.th.

… Hat der Alfred doch in der Tat die Unterlagen für den Hausbau noch vor den Sommerferien bekommen! – Hat er! Er hat aber auch keine Mühe gescheut. Die letzten Monate, das war eine einzige Rennerei und Schreiberei …

sich die Mühe sparen können, etw. zu tun *ugs* · s.o. can save/spare himself the trouble of doing s.th.

… Wenn die Leute die Bücher, die man angibt, sowieso nicht lesen, kann man sich ja gleich die Mühe sparen, eine Lektüreliste zusammenmenzustellen.

(nicht) der/die Mühe wert sein/es ist … *form* · it/s.th. is not worth the effort/trouble

… Den Text brauchst du gar nicht erst zu lesen. Es ist nicht der Mühe wert. Die eine Hälfte ist banal, die andere falsch.

es nicht/nicht einmal/… (für) der Mühe wert halten, etw. zu tun *form* · not to deem/… it necessary to do s.th., he/they/John/… can't even be bothered to do s.th.

Der Gerd hat es nicht einmal (für) der Mühe wert gehalten, sich beim Direktor für seine Unverschämtheit zu entschuldigen. Und das wäre doch wohl das Mindeste gewesen!

Mühle: in der Mühle sein *ugs* – (eher:) in der **Mühle** stecken · to be stuck/bogged down/… in the humdrum routine of everyday life/in the daily round/in the daily grind/…

jn. (regelrecht/…) durch die Mühle drehen *ugs* · to (really/…) put s.o. through the mill, to (really/…) put s.o. through it, to give s.o. a hard time

Die haben den Kurt bei seinem Dolmetscher- und Übersetzerexamen so richtig durch die Mühle gedreht: eine Sache nach der anderen, und immer hopp hopp, immer scharf! Am Ende wußte er überhaupt gar nicht mehr, wo ihm der Kopf stand.

in die Mühle der Verwaltung/der Ämter geraten/kommen *ugs* · to be/to get/… caught up/enmeshed/… in the machinery of justice/bureaucracy/…

… Ich würde an deiner Stelle keine Anzeige erstatten. Denn wenn du einmal in die Mühle der Justiz gelangst, hast du mehr Ärger als sonst was.

in die Mühle kommen/(gelangen) *ugs* · to be/to get into/… the grind/routine/… of working life, to be/to get on to/… the treadmill

Sieh dich um, bilde dich, reise, solange du noch studierst, Junge! Wenn du erst einmal in die Mühle kommst, hast du für nichts mehr Zeit. Dann machst du nur noch, was der tägliche Kleinkram von dir verlangt.

in der Mühle stecken *ugs* · to be caught up/enmeshed/… in the daily grind/rut/…

Nutze dein Stipendium, so gut es geht! So eine freie Zeit bekommst du nie wieder. Du weißt, wie das ist wenn du wieder in der Mühle steckst: vor lauter Verwaltung, Organisation, Sitzungen und was weiß ich sonst kommst du dann zu nichts mehr.

js. Mühle steht nicht/nie/niemals still *sal selten* – bei jm. steht der **Mund** nicht still/(js. Mund steht nicht still) · + s.o. never stops chattering/jabbering away/…

Mühlrad: es geht jm. (wie) ein Mühlrad im Kopf herum *path veraltend selten* – jm. dreht sich alles im **Kopf** (herum) · + s.o.'s head is in a whirl, + s.o.'s head is swimming

Mühlstein: jm. fällt ein Mühlstein vom Herzen *ugs* – *path veraltend selten* – jm. fällt ein **Stein** vom Herzen · a millstone falls from s.o.'s neck

mulmig: jm. wird mulmig *ugs* – es wird jm. **übel** · + s.o. is feeling queasy

hier/… wird es mulmig *ugs* · things are getting uncomfortable here/…, things are beginning/… to look nasty

… Ein Feigling ist das, der Rainer, weiter nichts! Immer, wenn es mulmig wird, haut er ab. Dabei war es diesmal doch genau vorherzusehen, daß die Fragen, die der Vorstand uns stellen würde, ein wenig brenzlig würden. Er konnte sich also darauf einstellen …

multa: non multa, sed multum/multum, non multa *lit selten* · it's quality, not quantity, that counts *n*

… Wir müssen den Unterricht straffen, d.h. nicht alle möglichen Einzelheiten lernen lassen, sondern an den wichtigsten Gestalten und Ereignissen exemplarisch vorgehen und so zugleich ein vertieftes Verständnis und eine breite Übersicht anstreben. Kurz: non multa, sed multum.

Mumie: aussehen wie eine wandelnde Mumie *path selten* · 1. to look like death warmed up, 2. s.o. is nothing but skin and bones

1. vgl. – aussehen wie eine (lebende/wandelnde) **Leiche** (1)

2. vgl. – (u.U.) nur (noch)/nichts als/… **Haut** und Knochen sein/nur noch aus … bestehen

Mumm: keinen Mumm haben *ugs* – keine (rechte) **Traute** haben · to have no drive/pep/zap/… in one, to have no guts

(keinen) Mumm in den Knochen haben *ugs* · 1. to have (no) go/energy/pep, to be a weed, 2. to have (no) guts *sl*

1. … Kerle, habt ihr denn keinen Mumm in den Knochen?! Junge Burschen, und die scheuen sich vor einem Gewaltmarsch von anderthalb Stunden?! Schämt euch!

2. Der Ralf hat sich nicht gescheut, persönlich zm Chef zu gehen und ihm zu sagen, daß er den Kollegen Bertram ungerecht behandelt hat. – Alle Achtung! Der Mann hat Mumm in den Knochen.

Mund: ein seltsamer Zug/… liegt um js. Mund · a strange/… expression plays around s.o.'s mouth

… Und als der Chef unserem Herbert am Ende des Vorstellungsgespräches die Hand gab, lag ein ganz seltsamer Zug um seinen Mund. Es wirkte so, als wenn er ihm ermunternd zulächeln und gleichzeitig eine Art Trauer ausdrücken wollte. Seltsam!

einen großen Mund haben *ugs* · to have a big mouth

… Ich kann diesen Robert Winkler nicht mehr hören! Der posaunt hier herum, als wenn er der Kommandeur von allen Leuten wäre, die in dieser Gegend wohnen. – Der Junge hat immer einen großen Mund gehabt.

einen losen/(lockeren) Mund haben *ugs* – ein loses/(lockeres) **Maul** haben · to have a loose tongue, s.o. lets his tongue run away with him, to say the first thing that comes into one's head without respect for anyone or anything, to say what one thinks without respect for anyone or anything

einen trockenen Mund haben – eine trockene **Kehle** haben (1) · to be parched

aus berufenem Mund(e) hören/erfahren/… *form oft iron* · to hear s.th./… from an authoritative source

Wenn der Günther behauptet, die Examensbestimmungen seien geändert worden, muß das nicht stimmen. Das müßte man schon aus berufenem Munde hören. Willst du dich nicht mal im Prüfungsamt erkundigen?

wie aus einem Mund(e) antworten/schreien/... · to answer/ to shout/... with one voice, to answer/to shout/... all together/ all at once/...

»Kinder«, hatte ich gefragt, »wollt ihr in den Zirkus?« Du hättest hören sollen, wie sie alle wie aus einem Mund brüllten: »Ja!«

sich etw. **vom Mund(e) absparen** *path* · to go without food to pay for s. th. *para*, to scrimp and save for s. th. *coll*

... Die haben sich das Studium ihrer beiden Kinder buchstäblich vom Munde abgespart! – Ist ihnen das wirklich so schwer gefallen? – Ich sage dir: die haben sich im Essen und Trinken Jahre hindurch eingeschränkt, wie es nur ging.

kannst du deinen/kann er seinen/... Mund nicht aufkriegen/ (auftun)?!/es scheint/..., j. kann ... *sal* – kannst du dein/ kann er sein/... **Maul** nicht aufkriegen/(auftun)?! · why don't you/doesn't he/... say something?, why don't you/ doesn't he/... open your/... mouth and say something?

den/seinen Mund aufmachen/(auftun) *ugs* · 1. 3. to open one's mouth, 1. to say a word, 2. to speak up, to say what one thinks

1. ... Ein intelligentes Mädchen, wirklich, ein hochintelligentes Mädchen! – Wie kannst du das denn wissen? Die hat doch den ganzen Abend den Mund noch nicht aufgemacht! – Elisabeth, laß doch den Jungen!

2. Nun mach' du doch auch mal deinen Mund auf, Holger! Jetzt haben alle gesagt, was sie von den Plänen halten, nur du stehst da, als ob dich das alles gar nichts anginge!

3. ... Wenn der nochmal den Mund aufmacht und etwas gegen meine Schwester sagt, kriegt er von mir vor versammelter Mannschaft eine schallende Ohrfeige.

nur/bloß den Mund aufzumachen brauchen (um etw. zu er-reichen/bekommen/...) *ugs* · s. o. only needs to say a word and ...

... Ausgerechnet der Karl-Heinz muß sich beschweren, er wäre nicht informiert gewesen! Er braucht doch nur den Mund aufzumachen, dann liefern wir ihm alle Unterlagen, die er braucht/... aufzuma-chen, um von uns alle Unterlagen zu bekommen.

den Mund (immer/...) (zu sehr/so weit/...) **aufreißen** *sal* · 1. to open one's mouth too/so/... wide, 2. to shoot one's mouth off

1. vgl. – (eher:) das **Maul** (immer/...) (zu sehr/so weit/...) aufreißen

2. vgl. – den **Mund** (mal wieder/...) (so/zu/reichlich) vollnehmen

den Mund aufsperren *ugs* · to gape n, to gawp, to goggle

... Ja, ich kann mir gut ausmalen, wie sie alle den Mund aufgesperrt haben, als sie hörten, daß ich früher mal ein paar Jahre im Knast/ Gefängnis war! Da standen sie alle da wie die Ölgötzen und stierten dich an, was?!

den/seinen Mund auftun *form selten* – den/ seinen Mund auf-machen/(auftun) (1; u. U. 3) · to open one's mouth, to say a word, to speak up, to say what one thinks

Mund und Augen aufsperren/aufreißen *path selten* · 1. to gape, to gawp, to goggle, 2. to open one's eyes wide

1. vgl. – den **Mund** aufsperren

2. vgl. – die **Augen** (weit) aufsperren

eins/eine auf den Mund bekommen *ugs* · 1. 2. to get a punch/a slap/... in the face

1. vgl. – eins/eine aufs **Maul** kriegen

2. vgl. – eine/eins auf den **Mund** kriegen (2)

mit offenem Mund dastehen (und ...) *ugs* · to gape n, to gawp, to stand open-mouthed/with one's mouth open n

... Wie haben die denn reagiert, als du mit deinem neuen Mercedes da vorfuhrst? – Ziemlich blöd! Sie standen mit offenem Mund da und glotzten/machten Glotzaugen.

mit offenem Mund essen/kauen · to eat/to chew/... with one's mouth open

... Junge, was ist das denn für eine Art, hier vor allen Leuten mit offenem Mund zu essen und da so herumzumanschen! Wie hört sich das denn an?!

jm. über den Mund fahren *ugs* · to cut s. o. short, to tell s. o. to shut up, to jump down s. o.'s throat

... Die Elly wollte gerade wieder über ihren Schwager herziehen, als ihr Bruder ihr über den Mund fuhr. Sie war ganz perplex, daß je-mand es wagte, sie mit ein paar scharfen und energischen Bemer-kungen zum Schweigen zu bringen.

den Mund am richtigen/auf dem rechten Fleck haben *ugs* · 1. 2. not to be at a loss for words n, 1. to know what one is talking about, 2. not to be tongue-tied n

1. Kaum fing der Bodmer wieder an, gegen den Kapitalismus zu reden, da hat ihm der Richard in ruhigen, klaren Worten klarge-macht, welch ein herrliches Leben er führt im Verhältnis zu Millio-nen von jungen Leuten in anderen Ländern. – Der hat den Mund am richtigen Fleck, der Richard, wirklich! Was der zu sagen hat, das sagt er; und zwar ganz überlegt.

2. vgl. – nicht auf den **Mund** gefallen sein

(ständig/...) solche großen Worte/... im Mund(e) führen *ugs seltener* · to be (always/constantly/...) spouting about s. th.

Die Leute, die dauernd die großen Worte von dem 'kulturellen Erbe Europas', den 'christlichen Wurzeln des Abendlandes' usw. im Mun-de führen, sollten einmal mit gutem Beispiel vorangehen. Nur die schönen Worte bringen uns nicht weiter.

jm. eins/eine auf den Mund geben *ugs* · 1. 2. to give s. o. a dig in the gob, to give s. o. a bunch of fives, 1. to punch s. o. in the face, 2. to give s. o. a smack in the kisser, to sock s. o. in the kisser/gob/mouth/..., to give s. o. a punch in the teeth

1. Wenn der Kroll mir nochmal sagt, ich sollte pünktlicher sein, gebe ich ihm eins auf den Mund. Der kriegt von mir eine Antwort, die er so schnell nicht vergessen wird! *selten*

2. vgl. – jm. eins/eine aufs **Maul** geben

nicht auf den Mund gefallen sein *ugs* · to be never at a loss for words n, not to be tongue-tied n

... Die Rosie ist nicht auf den Mund gefallen. Bei der brauchst du keine Angst zu haben, daß sie sich nicht zu wehren weiß, wenn sie angegriffen wird. Die ist bis heute noch niemandem eine Antwort schuldig geblieben.

wie auf den Mund geschlagen sein *ugs selten* · to be speech-less n, to be dumbstruck n

... Als er ihr dann schließlich an den Kopf warf, mit wem sie ausgin-ge, sei seine Sache, damit habe sie nichts zu tun war, sie wie auf den Mund geschlagen. Auf so eine Unverschämtheit war sie nicht gefaßt gewesen. Sie brachte kein Wort mehr hervor.

den/seinen Mund halten *ugs mst Imp* · to shut up

... Jetzt hältst du den Mund, verstanden?! Wenn du noch ein einziges Wort sagst, knallt's.

reinen Mund halten/nicht reinen Mund halten (können) *form veraltend selten* – (nicht) dicht **halten** (können) · (not) (to be able) to keep mum

an js. **Mund hängen** – (eher:) an js. **Lippen** hängen · to hang on s. o.'s lips

hast du/hat sie/hat der Maier/... den Mund zu Hause gelas-sen?! *sal* – (eher:) hast du/hat sie/hat der Maier/... den **Mund** verloren/(zu Hause gelassen)?! · have you/has he/... lost your/... tongue today?

eine/eins auf den Mund kriegen *ugs* · 1. 2. to get a punch in the face, to get a smack in the kisser *sl*, to get a dig in the gob/... *sl*

1. ... Wenn er heute wieder da an der Tür steht, mit der Uhr in der Hand, um uns an die hohe Tugend der Pünktlichkeit erinnert, dann kriegt er eins auf den Mund. Dann bekommt er von mir eine Ant-wort, die sich gewaschen hat. *selten*

2. vgl. – eins/eine aufs **Maul** kriegen

jm. etw. **in den Mund legen** · 1. to put words in s. o.'s mouth, 2. to make s. o. a mouthpiece for s. o./s. th.

1. ... Wenn der Prüfer dem Martin die Antwort (sozusagen) in den Mund gelegt hat, war es natürlich keine Kunst, richtig zu reagieren. Ein griechischer Philosoph, Vorgänger von Aristoteles ...: da war ja klar, daß er 'Platon' hören wollte.

2. ... Der Hauptgestalt legt der Autor des Romans offensichtlich alle ästhetischen Theorien in den Mund, die er selbst vertritt. Jedenfalls kehren die Hauptgedanken seiner theoretischen Schriften hier fast identisch wieder.

einen schiefen Mund machen *ugs selten* – ein schiefes **Maul** ziehen · to pull a face, to pull a wry face

jm. den Mund wässerig machen *ugs* · 1. 2. to make s.o.'s mouth water
1. ... Hm! Wenn die in diesem argentinischen Grillhaus in der Tat so herrliche Steaks machen, wie du sagst, wollen wir mal sofort dahingehen. Du hast mir den Mund ganz wässerig gemacht.
2. Mit deinen Erzählungen und den Photos von Jamaika hast du mir ganz schön den Mund wässerig gemacht. Am liebsten würde ich morgen gleich einen Flug in die Karibik buchen. *seltener*

von Mund zu Mund(e) gehen/(laufen) · to be passed from person to person, to go from mouth to mouth
Gerade weil es offiziell dementiert wurde, ging das Gerücht von dem Attentat auf den Staatspräsidenten von Mund zu Munde. Innerhalb von 24 Stunden sprach man im ganzen Land davon.

Mund und Nase aufsperren/aufreißen *sal* – den **Mund** aufsperren · to gape, to gawp, to goggle, to open one's mouth and nostrils wide *para*

Mund, Nase und Ohren aufsperren *sal* – *path* · 1. to open one's eyes wide, 2. to gape, to be agog
1. vgl. – die **Augen** (weit) aufsperren
2. vgl. – den **Mund** aufsperren

solche Worte/Ausdrücke/... **(nicht) in den Mund nehmen** *ugs* · 1. (not) to use such words/expressions/... *n*, 2. to be (always/constantly/...) spouting about s.th.
1. ... Was soll die Rosemarie von dem Brechtler gesagt haben – er sei ein 'Scheißkerl'? Ganz unmöglich! Solche Worte nimmt die Rosemarie nicht in den Mund.
2. vgl. – (eher:) (ständig/...) solche großen Worte/... im **Mund(e)** führen

jm. bleibt der Mund offenstehen *ugs* · 1. to open one's mouth wide, 2. 3. to gape, to be open-mouthed
1. vgl. – (eher:) den **Mund** aufsperren
2. vgl. – (eher:) mit offenem **Mund** dastehen (und ...)
3. vgl. – (eher:) den **Mund** nicht/gar nicht/... wieder zukriegen/(zubekommen/zubringen) (1)

jm. den Mund öffnen *ugs selten* · to make s.o. speak/talk/... *n*, to get s.o. to speak/talk/... *n*
... Wenn schon das Gericht vergeblich versucht hat, den Mann zum Reden zu bringen, dann dürfte es auch uns kaum gelingen, ihm den Mund zu öffnen ...

den Mund bis zu den Ohren aufreißen *sal* – *path* · 1. to open one's mouth wide, 2. to gape, to gawp, to goggle
1. Junge, wenn man gähnen muß, hält man sich die Hand vor den Mund. Und dann reißt man den Mund nicht bis zu den Ohren auf! Da müssen die Leute ja meinen, du wolltest sie verschlucken.
2. vgl. – den **Mund** aufsperren

Mund und Ohren aufsperren *sal* – *path* – den **Mund** aufsperren · to gape, to gawp, to goggle

den Mund bis zu den Ohren aufsperren *sal* – *path* – den **Mund** aufsperren · to gape, to gawp, to goggle

jm. (immer/...) nach dem/(zum) **Mund reden** *ugs* · to (always/...) echo s.o., to say what one thinks s.o. would like to hear *para*
Nicht nur der Chef, auch der Karlberg meint ... – Ach, der Karlberg redet dem Chef doch nur nach dem Mund! Ganz egal, was der Chef sagt, der Karlberg tutet in dasselbe Horn. Das ist ein Konformist, ja, ein Schmeichler, dieser Mann!

sich den Mund fusselig/(fransig) **reden (können)** (bei jm.) *sal* · to talk till one is blue in the face
Der Rita kannst du Ratschläge geben, soviel du willst, das hat alles überhaupt keinen Zweck. Bei der kannst du dir den Mund fusselig reden, das ist der völlig schnuppe; die tut nur, was sie für richtig hält.

aus dem Mund riechen/(stinken) · s.o. has bad breath, s.o.'s breath smells
... Die arme Frau kann einem nur leidtun. Sie ist schwer magenkrank und leidet selbst am meisten darunter, daß sie so aus dem Mund riecht.

ein Glas/eine Tasse/... **an den Mund setzen** · to put a glass/cup/... to one's mouth
Kaum hatte er das Glas an den Mund gesetzt, da war das Bier auch schon weg!

den Mund zum Kuß/(Pfeifen/...) **spitzen** · to purse one's lips for a kiss/(to whistle/...)
Die kleine Rosi sieht einfach zu drollig aus, wenn sie so den Mund spitzt, um ihrem Papa ein Küßchen zu geben.

jm. (immer/...) nach dem Mund sprechen *ugs selten* – jm. (immer/...) nach dem/(zum) **Mund** reden · to (always/...) echo s.o., to say what one thinks s.o. would like to hear

mit vollem Mund spricht man nicht *ugs* · one/... should not speak with one's mouth full
... Kinder, entweder essen oder reden! Mit vollem Mund spricht man nicht, das wißt ihr doch! Daß man das aber auch immer wieder sagen muß!

bei jm. **steht der Mund nicht still/**(js. Mund steht nicht still) *ugs* · + s.o. never stops talking
... Dieser Junge kostet uns vielleicht Nerven! Den ganzen lieben langen Tag steht bei dem der Mund nicht still. Von morgens bis abends redet der in einer Tour.

jm. den Mund stopfen *sal* · to shut s.o. up, to silence s.o. (once and for all) *n*
.. Wenn der Killy weiterhin so gegen meinen Bruder lästert, werde ich dem mal gründlich den Mund stopfen. Das meinst du, weil ich von seinem Lebenswandel alles weiß! Den putz' ich vor versammelter Mannschaft so herunter, daß ihm ein für allemale die Lust vergeht, über andere zu lästern.

sich etw. **in den Mund stopfen** *ugs* · to stuff s.th. into one's mouth, to stuff one's face
... Junge, nun stopf' dir doch nicht immer ein halbes Brötchen auf einmal in den Mund!

jm. den Mund verbieten *ugs* · to silence s.o. *n*, to shut s.o. up
Durch Drohungen, fürchte ich, wird sich der Manfred kaum den Mund verbieten lassen. Wir werden uns da wohl etwas anderes einfallen lassen müssen, wenn wir ihn wirklich dazu bewegen wollen zu schweigen.

sich den Mund verbrennen *ugs* · to (really/...) put one's foot in it, to say too much *n*
Der Helmut hat sich mal wieder den Mund verbrannt. So laut, daß unser Direktor es hören konnte, hat er damit angegeben, der Französischlehrer hätte ihn sogar bei der letzten Arbeit nicht erwischt, wo er die Hälfte aus dem Buch abgeschrieben habe.

hast du/hat sie/hat der Maier/... **den Mund verloren/**(zu Hause gelassen)?! *sal* · have you/has she/has John/... been struck dumb? *coll*, have you/has she/has John/... lost his tongue? *coll*, have you/has she/has John/... lost the power of speech? *coll*
(Der Vater zum Sohn:) Mensch, nun antworte doch! Oder hast du den Mund verloren?! – (Die Mutter zum Vater:) Schüchtere ihn doch nicht noch mehr ein, Max! Der Junge ist doch schon so völlig durcheinander!

jm. den Mund versiegeln *selten* · to seal s.o.'s lips
... Der Rudolf? Der wird immer wieder jedem x-beliebigen auf die Nase binden, wie unsere Firma steht. Und wenn wir hundert Mal versuchen, dem durch alle möglichen Strafen und Drohungen den Mund zu versiegeln!

den Mund verziehen *ugs* – ein schiefes **Maul** ziehen · to pull a face, to pull a wry face

den Mund (mal wieder/...) (so/zu/reichlich) **vollnehmen** *ugs* · 1. 2. to talk big (again/...), to shoot one's mouth off (again/...) *sl*

1. Wenn jemand erst den Mund so vollnimmt und dann, wenn es ernst wird, jämmerlich versagt, ist das natürlich doppelt blamabel. Wenn er wenigstens vorher nicht so großspurig aufgetreten wäre, nicht so geprahlt hätte!

2. ... Du solltest den Mund nicht so vollnehmen, Klaus! Du weißt doch noch gar nicht, ob du die Genehmigung wirklich besorgen kannst. Ich würde an deiner Stelle jedenfalls vorsichtiger sein mit solchen Versprechungen.

immer/(...) mit dem Mund vorneweg sein *ugs* · to have a big mouth, to be a loudmouth *n*

Der Rollberg ... – Du meinst diesen jungen Burschen, der immer mit dem Mund vorneweg ist? – Findest du ihn so vorlaut? – Es gibt keine Gelegenheit, wo er nicht sofort den Mund aufreißt; und andere kommen bei dem sowieso nicht zu Wort.

einen schiefen Mund ziehen *ugs selten* – ein schiefes **Maul** ziehen · to pull a face, to pull a wry face

jm. **den Mund zuhalten** · to put one's hand over s.o.'s mouth

Als der Herr Krenn fragte, wer die Scheibe eingeschmissen hat, wollte der Peter wahrhaftig schon antworten. Wenn ich ihm nicht den Mund zugehalten hätte, hätte er den Dietrich in der Tat verraten.

den Mund nicht/gar nicht/... wieder zukriegen/(zubekommen/zubringen) *ugs* · 1. 2. 3. to gape *n*, 1. to be open-mouthed, 2. 3. to gawp, 2. to goggle, 3. to stand open-mouthed/with one's mouth open

1. Ich muß ganz schön blöd ausgesehen haben, wie ich so dastand und den Mund nicht mehr zukriegte, als ich sie im Bikini am Küchenherd arbeiten sah.

2. vgl. – den **Mund** aufsperren

3. vgl. – mit offenem **Mund** dastehen (und ..)

in aller Munde sein *ugs* – alle **Welt** spricht von jm./etw. (1; u. U. 2) · to be the talk of the town

Mund-zu-Mund-Beatmung: Mund-zu-Mund-Beatmung bei jm. **machen** – **Mund-zu-Nase-Beatmung** bei jm. machen · to give s.o. the kiss of life

Mund-zu-Nase-Beatmung: Mund-zu-Nase-Beatmung bei jm. **machen** · to give s.o. the kiss of life, to give s.o. mouth-to-mouth resuscitation

Der Jürgen wäre gestern im Schwimmbad fast ertrunken. Nachdem wir ihn aus dem Wasser gefischt hatten, mußten wir ihn mehrere Minuten künstlich beatmen, bevor er wieder zu sich kam. Erst nach ausgiebiger Mund-zu-Nase-Beatmung kam er wieder zu Bewußtsein.

munden: sich etw. munden lassen *form selten* · to savour s.th.

... Das war ein Weinchen! Den hab' ich mir munden lassen! Tropfen für Tropfen hab' ich den genossen!

Münder: viele/sechs/zehn/... Münder (zu Hause) **zu stopfen haben** *ugs veraltend selten* – viele/sechs/zehn/... (hungrige) **Mäuler** (zu Hause) zu stopfen haben · to have a lot of/four/five/... hungry mouths to feed (at home)

mundfaul: mundfaul sein *ugs veraltend selten* – **maulfaul** sein · to be too lazy to talk/..., to be too lazy to talk/... clearly

Mundvoll: ein paar/einige/... Mundvoll (von etw.) **essen/...** *selten* · to eat a few mouthfuls of s.th.

... Da mach' ich so eine herrliche Suppe, und der Hajo ißt nur ein paar Mundvoll (davon). Da lohnt sich die Arbeit gar nicht! – Er war sehr eilig. Heute abend, in Ruhe, ißt er mehr!

Mundwerk: ein böses Mundwerk haben *ugs veraltend selten* – eine böse/(boshafte) **Zunge** haben · to have a wicked/malicious/... tongue

ein flinkes/(gutes) Mundwerk haben *ugs veraltend* · 1. to be a smooth talker, to be a fast talker, to have the gift of the gab, 2. to be never at a loss for words, not to be tongue-tied *n*

1. ... Der Börkle hat ja ein flinkes Mundwerk! Ist er wirklich so tüchtig oder redet er nur so gewandt? – Er redet ziemlich großspurig, das ist wahr; aber er kann auch etwas.

2. vgl. – nicht auf den **Mund** gefallen sein

ein freches Mundwerk haben *ugs veraltend* · to be cheeky *n*

... Hat die Frau Wanders ein freches Mundwerk! Was die sich dem Chef gegenüber für einen Ton/für Ausdrücke erlaubt! – Wenn der sich das gefallen läßt ...

ein gottloses Mundwerk haben *ugs – path veraltend –* (eher:) ein gottloses **Maul** haben · to have a wicked/evil/... tongue

ein grobes/ungewaschenes/(schandbares) Mundwerk haben *sal veraltend –* (eher:) ein grobes/ungewaschenes/(schandbares) **Maul** haben · to be foul-mouthed, to use foul language

ein großes Mundwerk haben *ugs veraltend* – einen großen **Mund** haben · to have a big mouth

ein loses/(lockeres) Mundwerk haben *sal veraltend* – ein loses/(lockeres) **Maul** haben · to have a loose tongue, to say the first thing that comes into one's head

ein großes Mundwerk führen *ugs veraltend* · to be a big talker, to have the gift of the gab

... Ach, laß dich von ihm nicht beeindrucken! Der führt zwar ein großes Mundwerk, aber im Grunde ist nicht viel mit ihm los.

js. **Mundwerk steht nicht still** *ugs* – bei jm. steht der **Mund** nicht still/(js. Mund steht nicht still) · + s.o. never stops talking/chattering/nattering/jabbering away/...

Mundwinkel: ein Lächeln/(...) huscht um js. Mundwinkel · a trace of a smile appears/... on s.o.'s lips, there is a trace of a smile on s.o.'s lips

Als der Paul seinen Reinfall beim Examen erwähnte, huschte ein Lächeln um Petras Mundwinkel. Hast du das gemerkt? Es war nur einen Moment, ein ganz kurzes Lächeln; aber ich habe es trotzdem ganz deutlich gesehen.

Munition: scharfe Munition *ugs* · tough talking

... »Das ist Diebstahl und ich werde euch dementsprechend bestrafen lassen ...« – das ist ja eine verflixt scharfe Munition. – Das klingt jetzt so. Aber das brauchst du nicht so ernst zu nehmen.

seinen Gegnern/Kritikern/... Munition liefern *ugs* · to provide one's enemies/opponents/... with ammunition, to play into one's enemies'/... hands

... Wie kann der Mann denn öffentlich sagen, daß das Christentum auch für die christlichen Parteien kein Gewicht mehr hat?! Damit liefert er doch nur der Opposition Munition. Du wirst sehen: morgen steht in X Zeitungen, die sogenannten christlichen Parteien seien alle verlogen ...

munter: schon wieder/(...) (ganz) munter sein · 1. 2. to be in fine fettle again, to be cheerful again, 1. to be lively again, 2. to be in good spirits again

1. Obwohl der Klaus erst nach Mitternacht ins Bett gekommen ist, war er heute morgen um sechs schon wieder ganz munter. Da marschierte er schon quietschvergnügt über den Hof.

2. Geht es Ihrem Sohn besser? Oder leidet er noch sehr an den Nachwirkungen der Operation? – Nein, er ist schon wieder ganz munter. Die Stimmung ist ausgezeichnet, und in der nächsten Woche wird er sicherlich schon wieder raus können.

munter und vergnügt ... – (weniger stark als:) **mopsfidel** (sein) · to be chirpy, to be cheerful

Münze: etw. in klingender Münze zahlen/bezahlen/... · 1. to pay hard cash, to pay cash on the nail *coll*, 2. to pay cash for s.th.

1. ... Meinst du, gegen einen Scheck verkauft er mir diese alte Lampe nicht? – Nein, nur, wenn du in klingender Münze zahlst. Der ist mißtrauisch gegen jedes Geschäft, das nicht in bar abgewickelt wird.

2. ... Unterstützt er dich wirklich nicht? – Es scheint, nicht. – Und wenn du ihm die Hilfe in klingender Münze bezahlst? – Ich schäme mich, in so einer Sache vor Geld zu sprechen.

jm. etw. **mit grober Münze heimzahlen** *ugs selten* · to pay s.o. back with interest, + to get more than one's own back

Der Friedel hat seinem Kollegen Hans Boll einen harmlosen Scherz mit grober Münze heimgezahlt: beim Betriebsausflug hat er ihn vor allen Familienangehörigen bloßgestellt, indem er sich über seine vielen Schreibfehler lustig machte.

jm. etw. **in/mit gleicher Münze heimzahlen** · to pay s.o. back in his own coin, to give s.o. tit for tat *coll*
Der Herr Moritz hatte seinem Nachbarn die Steine aus seinem Beet in den Garten geworfen. Nun hat der liebe Nachbar ihm diese Unverschämtheit mit gleicher Münze heimgezahlt und den ganzen Unrat, den er unter seinen Bäumen zusammengekehrt hatte, einfach über den Gartenzaun befördert.

etw. (was j. sagt/...), **für bare Münze nehmen** *ugs* · to take s.th./what s.o. says at face value, to take s.th./what s.o. says as gospel
... Ja, nimmst du denn für bare Münze, was er da erzählt? Das stimmt doch alles gar nicht!

(es verstehen/...) etw. **in klingende Münze um(zu)setzen** *ugs* · (to know how) to turn s.th. into hard cash
... Sein Geschäftssinn ist einfach enorm. Er versteht es, jede Idee in klingende Münze umzusetzen.

Murks: Murks machen *ugs* · 1. 2. to make a mess of s.th., 1. to botch s.th., to bungle s.th., to make a pig's ear of s.th. *sl*, 2. to make a balls-up/cock-up
1. Hast du den Tisch repariert, Rolf? – Ja. – Da hast du aber Murks gemacht! Die Hälfte des Leims hast du ja daneben gestrichen! Sowas ist doch keine Arbeit!
2. vgl. – **Bockmist** machen/bauen

Murks' gesammelte Werke *iron selten* · to be a botch-up *coll*, to be a mess, to be a botched job *coll*
... Und? Wie ist das Regal geworden, das der Bernd da gebastelt hat? – Murks' gesammelte Werke! – Was? – Das sieht aus wie ein Regal meiner Urgroßmutter und wird keine Woche halten!

Murmeltier: schlafen wie ein Murmeltier *ugs* – schlafen wie ein **Bär** · to sleep like a log

muros: intra muros *lit selten* · off the record *n*, privately *n*
Nach außen den Kanzler natürlich nicht zugeben, daß seine Haushaltspolitik gescheitert ist. Aber intra muros macht er daraus gar kein Geheimnis.

Mus: jn./etw. zu Mus machen/schlagen *sal selten* · 1. 2. to beat s.o. to a pulp, 1. to squash s.o./s.th., to flatten s.o./s.th., 3. to beat the living daylights out of s.o., to beat the shit out of s.o.
1. ... Solche Tiere muß man zu Mus machen – ganz einfach zertreten! – Otto!
2. vgl. – jn. zu **Brei** schlagen
3. vgl. – j. schlägt/haut/boxt jn. aus dem **Anzug**

(fast/...) **zu Mus zerdrückt/(gedrückt/zerquetscht) werden** *sal selten* · to be (almost/...) squashed/sqeezed/... to death
... Zu so einem Fußball-Bundesliga-Spitzenspiel gehe ich nie wieder! Wie die Heringe stehen da 70 oder 80.000 Zuschauer eingepfercht auf den Rängen. Wenn du da nicht aufpaßt, wirst du zu Mus zerdrückt.

Muse: die ernste/heitere Muse *geh* · the tragic/comic muse
... Du willst ins Theater heute abend? Ernste oder heitere Muse? – Läuft eine gute Komödie? Das würde ich heute vorziehen.

die leichte Muse *iron selten* · light entertainment
Was nennt man eigentlich 'die leichte Muse'? – Ich brauche den Ausdruck nie. Aber ich glaube, Operetten und ähnliche nur unterhaltende Kunstwerke.

die zehnte Muse *selten* · the tenth muse
... Ich weiß, ich weiß, von allen Musen animiert dich nur die zehnte. Aber dann kannst du mir wenigstens sagen, ob zur Zeit ein Kabarett läuft, das sich für einen Theaterfan wie mich zu sehen lohnt.

nicht die Muse haben, etw. zu schreiben/zu dichten/... *selten* · not to have/to feel/... the inspiration to do s.th.
... Heute habe ich nicht die Muse, an meiner Kurzgeschichte zu schreiben! Es ist echt komisch! Manchmal bin ich gedanklich völlig blockiert, und ein anderes Mal wieder sprühe ich direkt vor Phantasie und Kreativität.

jn. **hat die Muse geküßt/(küßt die Muse)** *iron* · + to be inspired (by the muse)
... Selbst unseren nüchternen Rainer hat neuerdings die Muse geküßt: er schreibt seiner neuen Freundin jetzt Briefe in Versen.

Museumswert: Museumswert haben *ugs* · s.th. is a museum piece
Dein Wagen hat ja bald Museumswert. Welches Baujahr ist er? – 1978. Er hat jetzt 13 Jahre auf dem Buckel ...

Musik: hinter/in etw. **sitzt/steckt Musik** *sal* · it's a real humdinger
... Hast du den Schuß gesehen? Da saß Musik drin/(hinter)! Bum! Und schon zappelte der Ball im Netz!

wer zahlt, bestimmt die Musik/(wer die Musik bestellt, bestimmt das Fest) *ugs selten* · whoever pays the piper calls the tune
Wenn der Krause das Ganze vorfinanziert, kannst du ihm nicht verübeln, wenn er die Bedingungen des Geschäfts festlegt. Wer zahlt, bestimmt die Musik.

die Musik im Blut haben · to have music in one's blood
... Wie der Ballmann den Beethoven interpretiert! Klasse! – Er kommt aus einer Familie, die die Musik im Blut hat! Der Vater war ein hervorragender Geiger, der Bruder spielt Cello ...

ein bißchen/... Musik machen · to play some music
(Auf einer etwas eintönigen Geburtstagsfeier:) Haben wir keinen Klavierspieler hier? – Du hast Recht, Otto. Wenn jemand ein bißchen Musik machen würde, würde das die Stimmung heben.

das/(etw.) ist/(klingt wie) Musik in js. **Ohren** *ugs* · it's/s.th. is music to s.o.'s ears
... Du weißt doch, daß der Brauer durch und durch konservativ eingestellt ist. Als der Dekan ganz offiziell die sog. 'klassischen Tugenden' wie Fleiß, Korrektheit usw. pries, war das natürlich Musik in seinen Ohren ...

einen Text/... in Musik setzen *form eher: vertonen* · to set a text to music
Wer hat eigentlich die meisten Gedichte von Goethe in Musik gesetzt? Das war doch nicht Schubert? – Ich glaube, Wolff.

Veranstaltung/... mit Musik und Tanz · a party/... with a band and dancing, a party/... with live music and dancing
... Ein Sommerfest ist ein Fest mit Musik und Tanz, sonst ist es kein Sommerfest, Alfred!

Muskeln: Muskeln aus/(von) Eisen (haben) *path* · to have muscles of iron
... Dieser Kerl scheint Muskeln aus Eisen zu haben. Der boxt und boxt und steckt einen Hieb nach dem anderen ein, alles, als wenn er das überhaupt gar nicht merkte.

die/seine Muskeln spielen lassen *ugs selten* · to flex one's muscles
Der Ricky meint offenbar mal wieder, je schroffer er den Baumann behandelt und je schärfer er ihn herausfordert, um so besser. Wie ein Preisboxer, so läßt er die Muskeln spielen.

Muskelpaket: ein richtiges Muskelpaket sein *ugs* · to be a real/... muscleman
Der Volker ist ein richtiges Muskelpaket. Der hat wirklich kein Gramm Fett zu viel auf den Rippen.

nur/... aus Muskelpaketen bestehen *ugs* – *path* · to be all muscle, to be a mass of bulging/rippling/... muscles
... Mein lieber Mann, schau' dir diese Gewichtheber da an! Die bestehen nur aus Muskelpaketen.

Muskelprotz: ein Muskelprotz sein *ugs* – *path* · to be a muscle-man, to be a (real/right/...) Tarzan
... Mein Gott, hat der Gustav Muskeln! Und er gibt vielleicht an damit! Es behagt ihm sichtlich, so ein Muskelprotz zu sein.

Muß: das/es/(etw.) ist ein hartes Muß *path* · it's/s.th. is a grim necessity
Der Hanspeter arbeitet nicht aus Spaß und Dollerei so scharf! Er steckt familiär in einer sehr schwierigen Lage. – Das ist also ein hartes Muß? – Genau!

es/(etw.) **ist ein/kein Muß** · it/s.th. is (not) essential, it/s.th. is (not) a must

(Ein Professor in einem Seminar:) Wenn ich Ihnen sage: lesen Sie eine Gesamtdarstellung der Linguistik, dann ist das kein Muß! Das steht in keinem Lehrplan und in keiner Seminarordnung. Aber ich kann Ihnen das nur wärmstens empfehlen. Wenn Sie das einmal gemacht haben, entwickeln Sie ein ganz anderes Verständnis für die Zusammenhänge ...

muß: muß das sein?! *ugs* – muß das **sein**? · do I/does he/... have to?

j. **muß mal notwendig/nötig** *ugs* – (mal) (eben) **müssen** (2) · s.o. has to go urgently

Mußestunde: eine Mußestunde einlegen *path od. iron selten* · to take an hour of leisure, to take a break

Wie wär's, wenn wir jetzt mal eine Mußestunde einlegen würden? Jetzt haben wir vier Stunden scharf gearbeitet, da haben wir eine Pause mehr als verdient.

müssen: (mal) (eben) müssen · 1. 2. to need to go to the bathroom/toilet/loo/... *coll*, to have to go to the bathroom/toilet/... *coll*, to have to spend a penny *coll*

1. Mama, ich muß mal! – Dann geh' da vorne hinter den Bau! Da sieht dich keiner. *Kinderspr*

2. ... Du, Gerda, bevor ich ins Wohnzimmer gehe ... – ich muß mal eben ... – Du weißt ja, wo die Toilette ist, Fritz, da hinten, die letzte Tür links. *ugs*

feste/anständig/... **ran**/(dran) **müssen** *ugs* · to have to (really/...) get down to it, to have to (really/...) get stuck in, to have to go to it

Wenn du während der Ferien auf dem Bau arbeiten willst ... mach' dir keine Illusionen: da wird gearbeitet! Und die schonen keinen, auch einen jungen Akademiker nicht. Da mußt du feste ran. – Ich hab' keine Angst, anständig anzupacken.

groß müssen *ugs euphem* – ein großes **Geschäft** machen (müssen) · to (have to) do a big job

her müssen *ugs* · + to need s.th. *n*, + to have to have s.th. *n*, + to have to find s.th. *n*

Wenn die Wirtschaftskrise wirklich überwunden werden soll, müssen andere Gesichtspunkte und Programme her als bisher. Mit diesen dauernden Kompromissen kommen wir nicht weiter. Was jetzt nottut, sind neue Ideen und klare Richtlinien.

mal (eben) heraus/raus müssen *ugs* · to have to go to the toilet/loo/...

... Du, Gerda, entschuldige, ich muß mal eben heraus ... – Du weißt ja, wo die Toilette ist ...

mal (eben) irgendwohin/wohin **müssen** *sal* · 1. 2. to have to see a man about a dog

1. vgl. – mal (eben) heraus/raus **müssen**

2. vgl. – (mal) (eben) **müssen** (2)

klein müssen *ugs euphem* – ein kleines **Geschäft** machen (müssen) · to (have to) do a little job

da/durch diese Schwierigkeiten/... **muß** j. **hindurch**/durch · 1. 2. to (just/simply/...) have to go through it/this period/these difficulties, 2. to have to grit one's teeth and get on with it *coll*

1. ... Ach, diese ewige Vorbereiterei für das Examen! Du kannst dir gar nicht vorstellen, wie satt ich das bin! – Das kann ich dir schon nachfühlen. Aber das sind Epochen, durch die man hindurch muß. Da hilft alles nichts.

2. vgl. – da/... muß j. **durch**

gerade du/die Vera/... **mußt/muß/... das/... sagen**/tun *ugs* – gerade du/der/die Vera/... mußt/muß/... das/... sagen/tun! · Ursula/... of all people says/... that

müßig: es ist (jetzt/...) **müßig, darüber nachzudenken**/sich darüber zu streiten/... ob/... · it is pointless/futile/a waste of time/... to discuss/argue about/...

... Ja, wenn du mir rechtzeitig Bescheid gegeben hättest, dann hätte ... – Bert, es ist jetzt müßig, sich darüber zu unterhalten, was ge-

wesen wäre, wenn! Interessant ist jetzt nur: was können wir noch tun, um ...

müßte: etw. kann nicht sein/..., j. **müßte denn ... getan haben**/... *form selten* · it is impossible that ... – unless the train/... left/... an hour early/..., it's impossible – the train/... would have had to leave/... an hour early/...

... Nein, der Franz kann unmöglich schon zu Hause sein – es müßte denn der Zug eine halbe Stunde eher angekommen sein.

Muster: ein Muster an Hingabe/Fleiß/Kollegialität/... **sein** *path od. iron* · to be a model of industry/dedication/...

Der Heribert, das ist ein Muster an FLeiß! An dem könnt ihr euch alle ein Beispiel nehmen!

das Muster eines guten/... **Schülers**/Ehemannes/... **sein** *path od. iron* · to be a model husband/pupil/...

Der Peter ist das Muster eines treuen Ehemanns. Der ... – Wie langweilig! – Bitte?

sich jn./etw. **zum Muster nehmen** *form selten* – sich ein **Beispiel** nehmen an jm./dem Verhalten/... · to take a leaf out of s.o.'s book, to take s.th. as an example

ein Muster an Tugend *oft iron* – ein **Ausbund** an Tugend · a model of virtue, a paragon of virtue

jm. jn. (dauernd/...) **als Muster vorhalten** · to (constantly/...) hold s.o. up as a model to s.o.

... Seine Minderwertigkeitskomplexe rühren daher, daß ihm seine Eltern fortwährend seinen älteren Bruder als Muster vorgehalten haben.

Muster ohne Wert *Erklärung für die Post/den Zoll* · a sample of/with no commercial value

»Wenn sie das als Muster ohne Wert schicken, ist es zollfrei. Aber nur dann, d. h., wenn es nicht verkauft, gehandelt wird.«

etw./... **ist ein Muster ohne Wert** *ugs Neol* · s.o./s.th. is a dead loss

Unser neuer Abteilungsleiter ist ein Muster ohne Wert. Der Mann ist eine absolute Niete! Der hat weder fachliche Qualitäten noch versteht er etwas von Menschenführung.

Musterbild: ein Musterbild von einem/einer Sozialisten/Gentleman/Mann/Kaufmann/Karrierefrau/... **sein** *path selten* · 1. to be a socialist/gentleman/... through and through, 2. to be a textbook/classical/exemplary/... socialist/...

1. vgl. – etw. **durch und durch** sein/ein durch und durch ... sein/ein ... durch und durch sein (5, 6)

2. vgl. – ein ... sein, wie er im **Buche** steht

Mustopp: kommst du/kommt der Karl/... **aus dem Mustopp**/(Mustopf)?/du kommst/... **wohl ...!** *sal selten* · 1. 2. where have you/has he/has John/... been?

1. ... Brühne? Kenn' ich nicht! Wer ist das denn? – Du kommst wohl aus dem Mustopp, was?! Der Mann ist seit zwei Jahren Innensenator. Und du kennst den nicht?

2. ... Dir ist der § 175 kein Begriff? Kommst du denn aus dem Mustopp? Das weiß doch jedes Kind, daß diese Rechtsvorschrift die Homosexualität unter Strafe stellt.

Mut: nur Mut! *ugs* · chin up!, cheer up!, keep your pecker up!, don't lose heart!, never say die!

... Wenn das nur gut geht in der Prüfung! Diesmal bin ich nicht so vorbereitet, wie das sein sollte. – Nur Mut, Junge! Es wird schon klappen!

etw. mit gutem/frischem/frohem/... **Mut anfassen**/durchführen/... · to go about s.th./to attempt s.th./... with renewed vigour/with new heart/...

Wenn ihr die Sache mit frischem Mut anpackt und euch nicht wieder durch Rückschläge aus der Bahn werfen laßt, werdet ihr das schon schaffen. Also: viel Glück!

jm. den Mut abkaufen · to discourage s.o., to dishearten s.o., to get s.o. down, to intimidate s.o.

... Laßt euch von dem Kampfgeist und dem Ruf der Überdinger bloß den Mut nicht abkaufen! Technisch und taktisch seid ihr eindeutig besser. Wenn ihr Selbstvertrauen habt und ohne Angst vor dem Gegner rangeht, gewinnt ihr bestimmt.

sich Mut antrinken · to give o.s. Dutch courage

… Mein Bruder braucht sich doch keinen Mut anzutrinken, wenn er dem Chef etwas sagen will! Der scheut sich vor niemandem – auch ohne zu trinken. Ich weiß nicht, was du für ein Bild von meinem Bruder hast.

(wieder/…) (frischen/neuen) Mut fassen · to pluck up courage (again/…), to regain courage

Seit vier Jahren hat sein Geschäft endlich zum ersten Mal wieder eine positive Bilanz gezeigt. Jetzt hat er wieder Mut gefaßt. Er wollte schon aufgeben, den Laden dicht machen.

Mut haben wie ein Löwe *path* · to be as brave as a lion

Seine Boxtechnik ist nicht die beste, aber dafür hat er Mut wie ein Löwe. Selbst die stärksten Gegner geht er völlig unerschrocken an.

Mut zur Lücke haben *Prüfungen u. ä. oft iron* · to risk leaving gaps in one's knowledge, to risk/to have the courage to/… omit parts of the syllabus when preparing for an exam/…

… Leute, macht euch nicht verrückt wegen der Prüfung! Ihr müßt Mut zur Lücke haben, alles wissen könnt ihr nun mal nicht!

jm. **Mut machen** · to give s.o. heart, to bolster s.o.'s spirits, to encourage s.o.

… Nun liegt der Ludwig schon vier Wochen da krank zu Hause! Er ist sehr niedergeschlagen. Wir sollten ihn häufiger besuchen und ihm (etwas) Mut machen.

jm. **den Mut nehmen**, etw. zu tun · to discourage s.o. from doing s.th., to put s.o. off doing s.th.

… Erich, nun nimm dem Jungen doch nicht den Mut, sich zu der Aufnahmeprüfung zu melden! Daß sie schwer ist, weiß er schon so. Um so mehr ist es anzuerkennen, daß er es wagen will. Also soll man ihn höchstens weiter ermuntern.

nur Mut, es/die Sache wird schon schiefgehen *scherzh* · chin up/cheer up – it/everything will turn out all right/O.K./… *coll*

(Vor einer Prüfung:) Ach, mach' dir keine Sorgen, Junge! Nur Mut, es wird schon schiefgehen! Also: Hals- und Beinbruch!

(wieder/…) (frischen/neuen) Mut schöpfen · to take (fresh) heart (from s.th.)

Seine letzte Klassenarbeit war erheblich besser als die beiden vorhergehenden. Daraufhin hat er wieder Mut geschöpft. Er hatte die Hoffnung, doch noch versetzt zu werden, schon (fast) aufgegeben.

den Mut sinken lassen · to lose heart, to despair

… Jetzt laßt bloß den Mut nicht sinken! Ich gebe zu: die Lage ist nicht rosig. Aber wenn ihr jetzt den Kopf nicht hängen laßt und durchhaltet, werdet ihr es noch schaffen.

den Mut verlieren · to lose heart

Seit seinem Mißerfolg bei dem Vorspielabend hat er den Mut verloren. Das hat er nicht verkraftet. Seit der Zeit hat er kein Vertrauen mehr in seine Zukunft als Geiger.

mit dem Mut der Verzweiflung etw. **nochmal versuchen/…** · to do s.th. with (the) courage born of desperation

… Fünf Mal hatte er es bereits vergeblich versucht, die Aufnahmeprüfung zu machen. Mit dem Mut der Verzweiflung versuchte er es ein sechstes Mal – und siehe da, es klappte!

mit Mut voran! *path od. iron selten* · let's be brave and make a start! *para*

… So, dann wollen wir uns an diesen verdammten Text mal dranmachen! Wer will anfangen? Peter? Gut! Mit Mut voran! Also: …

jm. **Mut zusprechen** *form* · to encourage s.o., to bolster up s.o.'s courage

Die Marlies braucht unbedingt jemanden, der ihr mal ein wenig Mut zuspricht. Die hat einen Bammel vor dem Examen, das ist schon gar nicht mehr schön. Kannst du nicht mal mit ihr reden und sie ein wenig aufmöbeln und ihr Mut machen?

mutatis: mutatis mutandis *lit* · mutatis mutandis, with the appropriate changes *n*, with whatever changes are necessary *n*

… In dieser Fassung werden nicht alle Abgeordneten unserer Partei der Gesetzesvorlage zustimmen. Wir müssen da also noch ein paar

Einzelheiten ändern. Aber mutatis mutandis kann das Projekt dann dem Parlament vorgelegt werden; in seinen allgemeinen Zügen ist es plausibel und überzeugend.

Mütchen: sein Mütchen an jm. **kühlen** *ugs* · to take it out on s.o.

… Was hat der gesagt?! … Ruf ihn mal her! Ich bin gerade in der richtigen Stimmung, um dem mal anständig den Marsch zu blasen! Der hat sowieso schon lange eine Wucht verdient. An dem werd' ich mein Mütchen mal kühlen!

Mutes: frohen Mutes (sein) · (to be) in a cheerful mood, (to be) in good spirits

Frohen Mutes ging sie zu Fuß zum Ballettinstitut, um sich dort vorzustellen. Zuversichtlich und heiter, wie sie gestimmt war, kam ihr gar nicht in den Sinn, daß man sie ablehnen könnte.

guten Mutes (sein) · (to be) in good spirits

… Er ist doch bestimmt sehr niedergeschlagen nach diesem Befund? – Nein, er ist guten Mutes. Wir sind alle überrascht, wie gelassen und heiter er die Sache nimmt.

guten/ frischen/frohen/… Mutes sein/bleiben · to be cheerful, to be of good cheer

… Bleibt frohen Mutes! Laßt euch um Gottes willen nicht wieder durch irgendeinen Kritiker die Laune verderben und das Vertrauen in ein gutes Gelingen nehmen!

Mutter: js. leibliche Mutter sein *form* · to be s.o.'s real mother

… Ist die Frau Scholz seine leibliche Mutter oder …? – Nein, sie ist seine Stiefmutter.

eine werdende Mutter *form* · an expectant mother, a mother-to-be

… In der Tat, die Annemarie ist stiller geworden, seitdem sie werdende Mutter ist! Und vernünftiger! – Da siehst du die segensreichen Auswirkungen einer Schwangerschaft!

Mutter Erde *path od. iron veraltend* · Mother Earth

… Wie kann der Mann von 'Mutter Erde' reden in einer Zeit, in der man in der Erde fast nur noch einen Rohstofflieferanten sieht?!

jm. **die Mutter ersetzen** · to be a mother to s.o., to take the place of s.o.'s mother/the mother's place

… Zehn Jahre lang hat diese Frau seinen beiden Kindern die Mutter ersetzt, mit der natürlichsten Haltung von der Welt. Die beiden haben es überhaupt gar nicht gemerkt, daß sie nicht ihre leibliche Mutter ist, so liebevoll ging sie mit ihnen um.

sich Mutter fühlen *form selten* · to think that one is pregnant

… Die Gerda fühlt sich Mutter, sagst du? Dann könnte sie ja mal einen Schwangerschaftstest machen, um zu sehen, ob ihr Gefühl zutrifft.

Mutter geworden sein/werden · to give birth, to become a mother

… Hast du schon gehört, die Karola ist Mutter geworden. – Ach ja! Ist es ein Junge oder ein Mädchen?

bei Mutter Grün übernachten/schlafen/(…) *form – path* · to sleep/… in the countryside, to sleep in the open air, to sleep out in the open

… Als Pfadfinder haben meine Brüder in ihrer Jugend natürlich oft bei Mutter Grün übernachtet. Im Wald, auf einer Wiese – wie es gerade kam.

Mutter und Kind … *form* · mother and child

(Eine Geburtsanzeige:) Heute morgen gegen sechs Uhr wurde unser zweiter Sohn Hansgerd geboren. Mutter und Kind sind wohlauf …

die Mutter der Kompanie *Soldatenspr* · the company sergeant-major

… Welch ein Kitsch, lachte er, einen Feldwebel – oder sonstwen! – 'Mutter der Kompanie' zu nennen!

bei Mutter Natur übernachten/schlafen/(…) *form – path* · bei **Mutter** Grün übernachten/schlafen/(…) · to sleep/… in the countryside, to sleep in the open air, to sleep out in the open

der Mutter (noch) an der Schürze hängen *ugs veraltend selten* – (noch) an **Mutters** Rockschößen/Rockzipfel/(Rock/Schürzenband) hängen · to be tied to/to cling to one's mother's apron-strings

Mutterfreuden: **Mutterfreuden entgegensehen** *path od. iron veraltend selten* · to be expecting a child/baby, to be expecting a happy event

Die Petra sieht Mutterfreuden entgegen, sagst du? Gott sei Dank! Ich hatte schon gedacht, sie wollte keine Kinder. Wann ist es denn soweit?

Mutterfreuden genießen *path veraltend selten* · to experience/... the joys of motherhood

... Du sagst, die Elfriede genießt Mutterfreuden? Wann hat sie denn ein Kind bekommen? – Vor drei Wochen.

Muttermilch: etw. **mit der Muttermilch einsaugen** *ugs* · to learn s.th. from the cradle, to imbibe s.th. with one's mother's milk *lit*

... Warum der Georg so perfekte Manieren hat? Nun, er hat sie mit der Muttermilch eingesogen. Wenn man von klein auf so erzogen wird wie er, werden einem solche Dinge zur zweiten Natur.

Muttern: **futtern wie bei Muttern** *ugs path – iron veraltend* · + it's like home cooking there/...

... Ja, den 'Goldenen Löwen' kann ich dir empfehlen! Riesige Portionen, gesunde, natürliche Zubereitung ... Da futtert man wie bei Muttern! – Ah! Nichts geht über das Essen zu Hause.

sich wie bei Muttern fühlen *path veraltend selten* · to feel just like at home

Der Junge fühlt sich bei seinen Wirtsleuten wie bei Muttern! – Die sind aber auch sehr sympathisch. Da kann ich schon verstehen, daß er sich wie zu Hause fühlt.

wie bei Muttern schmecken/... *ugs – path veraltend* · it's as good as/just like/... home cooking, it's like mother makes/made/... it

... Hm! Sowas nenne ich einen Sauerbraten! Der schmeckt ja wie bei Muttern! – Wenn er Ihnen schmeckt, Herr Kalberg, dann greifen Sie mal anständig zu!

Mutters: **(noch) an Mutters Rockschößen/Rockzipfel/(Rock/Schürzenband) hängen** *ugs veraltend selten* · to be tied to/to cling to one's mother's apron-strings

... Die beiden älteren Kinder sind sehr selbständig. Aber der Jüngste – er ist jetzt zehn oder elf – hängt den ganzen Tag an Mutters Rockschößen. Er ist wohl besonders liebesbedürftig und fast übertrieben anhänglich.

von Mutters Seite kommen/stammen/etw. haben/... · to come from his/... mother's side (of the family)

... Diese Tendenz zur Rechthaberei hat der Karl wohl eher von Mutters Seite. Ich wüßte jedenfalls in Vaters Familie niemanden zu nennen, der das hat. – Und woher hast du deine Eitelkeit?

mutterseelenallein: **mutterseelenallein sein** *path* · to be all alone, to be all on his/our/... own

... Da so mutterseelenallein in diesem riesigen, einsamen Landhaus – ich verstehe schon, daß sie da Angst kriegt.

Muttersöhnchen: **ein Muttersöhnchen (sein)** *ugs pej* · (to be) a mummy's boy

(Ein Sechzehnjähriger zu einem anderen:) Als wenn der Rolf mit uns auf den Rollberg zelten ginge! Der hat doch viel zu viel Schiß. Vielleicht fragt er erst mal seine Mami, ob da was passieren kann! Und ob sie ihm was Leckeres zum Essen mitgibt. – Du scheinst den ja für ein richtiges Muttersöhnchen zu halten.

Mutterstelle: **bei jm. (die) Mutterstelle vertreten** *form veraltend selten* – jm. die **Mutter** ersetzen · to be a mother to s.o., to take the place of s.o.'s mother/the mother's place

Mutterwitz: **(viel) Mutterwitz haben** · to have (a lot of/...) natural humour

Der Udo hat einen Mutterwitz, das ist einfach herrlich! Diese halb humorvolle, halb spontan-drollige Art bringt einen immer wieder zum Schmunzeln und zum Lachen.

Mutwillen: etw. **mit/(aus) Mutwillen tun** · to do s.th. out of sheer devilment, to do s.th. out of pure malice, to do s.th. just for the crack *coll*

... Wenn der Junge die Scheibe mit Mutwillen eingeworfen hat, zahlt er sie und bekommt ein halbes Jahr kein Taschengeld. Das fehlte noch, anderen Leuten die Fenster zerstören, nur weil es einem gerade in den Kopf kommt und es einen amüsiert!

etw. **aus bloßem/reinem Mutwillen tun** – (stärker als:) etw. mit/aus **Mutwillen** tun · to do s.th. from/out of sheer devilment

Mütze: **völlig/... neben der Mütze sein/stehen** *sal selten* · 1. 2. to be completely/... out of it, 2. to be really/... wound up

1. ... Momentan bin ich vollkommen neben der Mütze! Ich kann mich nicht konzentrieren und bin völlig schlapp. Ich hab' so richtig das Gefühl, neben mir selber zu stehen.

2. vgl. – (ganz/...) von der **Rolle** sein

jm. **nicht nach der Mütze sein** *sal selten* – nicht nach js. **Geschmack** sein · + s.o. does not get his own way, s.th. is not to s.o.'s taste/liking

jm. **eins auf die Mütze geben/hauen** *sal Neol* – (etw. weniger stark als:) jm. eine/einen/eins/(etw.) vor den **Latz** knallen/(hauen/ballern/donnern) · to tell s.o. off, to give s.o. a dressing down

eins/etwas auf die Mütze kriegen/(bekommen) *sal Neol selten* – eins aufs **Dach** kriegen/(bekommen) · to get a good talking-to, to get a right bollocking

(noch) eine Mütze voll Schlaf nehmen *ugs selten* · to take a nap, to go for a nap, to take forty winks, to get one's head down for a while

... So, bevor ich mich für die Party zurechtmache, nehme ich noch eine Mütze voll Schlaf. Weckst du mich, Käthe? Ich lege mich für anderthalb Stunden hin.

N

na, na: na, na! *ugs* · 1. come on, come, come, 2. now, now

1. … Ein ausgesprochener Lügner, dieser Hildebrand! – Na, na, so stimmt es nun auch nicht, Herr Wimmer!

2. Na, na, du wirst mir doch da nicht an den Kuchen gehen, Heinz?! Den hab' ich für morgen nachmittag gebacken.

Nabel: einen Ort/… **für den Nabel der Welt halten**/ … *mst iron* · to consider/… somewhere/a place to be the hub/centre/… of the universe

Der Griesl scheint wirklich zu meinen, Rosenheim wäre der Nabel der Welt. Wenn der von den 'Rosenheimer Veranstaltungen' spricht, habe ich immer das Gefühl, er meint die Comédie Française.

am Nabel der Welt wohnen/… *path od. iron selten* · to live/… at the centre of things, to live/… at the hub of the universe

… Nein, in Rosenheim würde ich eigentlich nicht gern leben; das ist ein bißchen weit vom Schuß. – Ja, am Nabel der Welt ist man da nicht gerade. Aber die Alpen sind nahe, die bayrischen Seen, München …

Nabelschau: Nabelschau betreiben *ugs pej* · to contemplate one's navel

… Mein Gott, über ein Jahr redet man jetzt in Deutschland über fast nichts anderes als über Deutschland! – Die Leute gefallen sich nun einmal darin, Nabelschau zu betreiben, Walter. Das gilt für den einzelnen wie für ganze Völker.

Nabelschnur: die Nabelschnur durchschneiden/durchtrennen *selten* · to cut the umbilical cord

Die Jutta ist in der Tat von zu Hause weggezogen! – Endlich! Gott sei Dank! Die würde von ihrem Vater sonst nie frei, wäre noch mit 50 das liebe kleine Töchterchen! – Daß sie überhaupt die Kraft gefunden hat, die Nabelschnur zu durchschneiden!

Nabob: ein (richtiger/…) Nabob (sein) *veraltend selten* · (to be) a real/… nabob

Der Kastner ist das, was mein Großvater einen Nabob nennt – steinreich! Der weiß wahrscheinlich gar nicht, wie reich er ist.

nach: je nach … – je nach … · depending on s.th., according to s.th., it depends on s.th.

(so) nach und nach · little by little, gradually, with time

… Zuerst fällt einem die Umstellung schwer. Aber so nach und nach gewöhnt man sich dran.

nach wie vor · still

Nach wie vor ist der Peter der Meinung, daß unsere Wirtschaftsordnung allen anderen überlegen ist – trotz aller Nachteile, die sie hat. Diese Meinung vertritt er heute genauso wie vor zehn Jahren.

nachäffen: jn./(etw.) nachäffen *ugs* · to take s.o. off, to mimic s.o., to ape s.o.

… Ich geb' zu, Junge, der alte Herr Kreuder hat eine sehr seltsame Art zu sprechen. Aber das könnt ihr doch nicht nachäffen! – Haben wir doch auch gar nicht! – Bitte! Habt ihr etwa aus Zufall alle plötzlich so komisch durch die Nase gesprochen wie er?!

Nachbar: die lieben Nachbarn *iron* · the nice people next door, our dear neighbours

… Wirklich, schimpfte er, das Schlimmste, was es auf Gottes Erdboden gibt, sind die lieben Nachbarn! In alles müssen diese Leute sich einmischen …!

in/aus Nachbars Garten *iron* · from our/… neighbour's garden

Wo kommen denn diese herrlichen Kirschen her? – Aus Nachbars Garten, Vater. – Ja, habt ihr etwa bei Gröbers Kirschen geklaut? Ihr seid wohl wahnsinnig, was?!

scharf/(spitz) wie Nachbars Lumpi (sein) *sal selten* · to be a randy old goat, to be a randy bitch

… Dieser Schorsch! Nein! Es gibt aber auch keine Frau, die der nicht aufs Kreuz legen will! Scharf wie Nachbars Lumpi, dieser Kerl!

Nachbarschaft: in der Nachbarschaft (wohnen/…) · (to live/…) in the neighbourhood

Kennst du niemanden, der mir meine Lichtanlage im Haus mal nachsehen könnte? – Wir haben da in der Nachbarschaft – keine 50 m von unserem Haus entfernt – einen sehr guten Elektriker; ich will mal mit ihm reden.

gute Nachbarschaft halten/pflegen *form* · to keep on good terms with the neighbours, to try to be good neighbours

… Das ist schon was wert, meint unser Vater, wenn die Leute gute Nachbarschaft halten. Das mag zwar die Unabhängigkeit ein wenig einschränken; aber es verhindert wenigstens Streit.

nachbeten: etw. nachbeten *ugs pej* · to parrot s.o.'s words/ideas/…, to repeat s.th. blindly/unthinkingly/… *n*

Wenn der Hermann sagt: 'Der Kahl ist ein blendender Kanzler', stellt der Ingo fest: 'Der Kahl ist ein blendender Kanzler'. Sagt der Hermann: 'Der taugt nichts', taugt er auch für den Ingo nichts. Wie man mit 35 Jahren noch anderleuts Meinung derart kritiklos nachbeten kann!

nachbohren: (ein wenig/…) nachbohren *ugs* · to keep asking questions *n*, to probe *n*

… Auf eine nur so dahingeworfene Frage kriegst du natürlich auch nur eine oberflächliche Antwort. Wenn du genauer wissen willst, wie es um seine Firma steht, mußt du ein wenig nachbohren – gezielt weiterfragen …

nachdem: je nachdem – jenachdem · it (all) depends

Nachdruck: etw mit (besonderem/allem) Nachdruck betonen *path* – etw. mit (allem) Nachdruck unterstreichen · to stress s.th. particularly

etw. mit Nachdruck betreiben/… · to pursue s.th. vigorously/forcefully/…

Wenn du die Unterlagen wirklich rechtzeitig haben willst, mußt du die Angelegenheit schon mit Nachdruck betreiben. Wenn du da nicht ständig hinterher bist, ständig mahnst, hast du die Sachen in einem Jahr noch nicht.

e-r S. Nachdruck geben *form* – (eher:) e-r S. **Nachdruck verleihen** · to put strong/… emphasis on s.th., to stress s.th. particularly/vigorously/…

auf etw. (besonderen) Nachdruck legen *form* · to put particular/… emphasis on s.th., to lay particular/… stress on s.th.

… In seinem Vortrag kamen wohl alle Probleme zur Sprache, die die Entwicklungsländer heute haben. Aber besonderen Nachdruck legte er auf die Auswirkungen der Bevölkerungsexplosion. Das ist für ihn das entscheidende Problem, auf das er deshalb mehrmals eindringlich hinwies.

etw. mit (allem) Nachdruck unterstreichen *path* · to point out/… most emphatically that …

»… Meine Damen und Herren, ich möchte noch einmal mit allem Nachdruck unterstreichen, daß Herr Barels auf der letzten Sitzung offiziell beauftragt wurde, das Exportgeschäft mit Jugoslawien in die Wege zu leiten. Ich betone das noch einmal ganz besonders, um Mißverständnisse in der Diskussion von vornherein auszuschließen.«

e-r S. Nachdruck verleihen *form* · to put strong/… emphasis on s.th., to stress s.th. particularly/vigorously/…

… Wenn dir daran liegt, daß deine Zuhörer deine Empfehlungen ernstnehmen, mußt du ihnen Nachdruck verleihen. Es genügt dann nicht, daß du ganz objektiv erklärst: »das Beste wäre, wenn …«; du mußt dann mit aller Insistenz sagen: »Wenn Sie nicht so und so vorgehen, dürfen Sie sich nicht wundern, wenn nachher …«

Nachdurst: Nachdurst haben/(…) *ugs* · to have a/(…) drinker's thirst *para*, to have a/(…) morning-after thirst

Was habt ihr denn gestern gesoffen, daß du einen derartigen Nachdurst hast? Du trinkst doch jetzt bestimmt schon die fünfte Flasche Wasser.

Nachernte: Nachernte halten *form selten* · to glean the remains of the harvest, to reap the aftermath, to reap the aftercrop

Bei welchen Produkten wird eigentlich nach der jeweiligen Ernte nochmal der Rest geerntet – Nachernte gehalten, wie man sagt? Du kommst doch vom Land, Kai, kannst du mir das sagen?

Nachfahrt: Nachfahrt haben *Verkehr selten* – ≠ **Vorfahrt** haben/die … beachten · to have to yield right of way

nachfassen: nachfassen · to probe, to keep probing, to ask supplementary questions, to try again

(Zu einem Examen:) Ich hatte gedacht, die Frage nach dem 'Strukturalismus' mit ein paar allgemeinen Erklärungen beantworten zu können. Aber der Krollmann faßte immer wieder nach – 'was verstehen Sie hierunter?', 'wer hat dazu Genaueres gesagt? …' –, sodaß die Prüfung zu einem regelrechten Strukturalismus-Kolloquium wurde.

(**Essen**/**was**/(…)) **nachfassen** *ugs* · to have a second helping *n*

2. (Beim gemeinsamen Mittagessen:) Dieser Braten ist so lecker! Da muß ich glatt nochmal (was) nachfassen. – Bedien' dich, es freut mich, wenn's dir schmeckt!

Nachfolge: js. Nachfolge antreten *form* · to succeed s.o., to take over from s.o.

… Der Herr Bergmann, sagst du, geht in diesem Jahr in Pension? Und wer tritt seine Nachfolge als kaufmännischer Direktor an? – Bisher sind drei mögliche Nachfolger im Gespräch …

Nachfrage: danke für die (gütige) Nachfrage *mst iron Antwort auf die Frage, wie es einem geht* · thank you for your kind enquiry

… Tag Paul. Was macht die Kunst? Zu Hause alles in bester Butter? Wie geht's der Uschi? – Gut, gut. Danke für die gütige Nachfrage. Und du, was machst du? …

Nachgang: im Nachgang folgen/kommen/… *form selten* · to be sent on/… later

(In einem Amt:) … Gut, die Kopie des Antrags nehmen Sie aber sofort wieder mit, Herr Maier; eine provisorische Lizenz schicken wir Ihnen morgen oder übermorgen per Post zu; die endgültigen Papiere folgen dann in zwei, drei Wochen im Nachgang.

nachgeben: jm. an etw. nichts nachgeben *form* · to be s.o.'s equal (in s.th.)

Wenn man die Sabine Klostermann näher kennenlernt, merkt man bald, daß sie ihrem Bruder an Intelligenz, Willenskraft und Durchhaltevermögen nichts nachgibt. – Dem Gerd Klostermann? Aber der ist doch selten begabt und willensstark! – Die Sabine nicht weniger!

nachgefolgt: j. ist seinem Mann/seiner Frau **nachgefolgt**/folgt(e) … nach *form* · to follow s.o., to die soon after s.o.

… Seine Frau war keine drei Monate tot, da folgte er ihr nach. – Auch Krebs?

Nachgefühl: ein unangenehmes/(…) **Nachgefühl** (in jm.) **hinterlassen** *form selten* – (bei jm.) einen bitteren/unangenehmen/üblen **Nachgeschmack** hinterlassen · to leave a nasty taste in the mouth

nachgehen: e-r S. nicht weiter nachgehen · not to pursue a matter/s.th. any further

… Das Beste in dieser peinlichen Affäre dürfte sein, den Dingen gar nicht weiter nachzugehen – d.h. solange sich niemand meldet, die Sache einfach auf sich beruhen zu lassen!

Nachgeschmack: (bei jm.) einen bitteren/unangenehmen/üblen **Nachgeschmack hinterlassen** · to leave a nasty taste in the mouth

Wie es scheint, hat die politische Diskussion gestern bei dem Meinhard einen bitteren Nachgeschmack hinterlassen. Jedenfalls schwieg

er heute zweimal ganz auffällig, als dein Name fiel. – Wahrscheinlich war ihm der Ton zu hart.

nachgeschmissen: das/(etw.) **ist (ja**/…) **nachgeschmissen** *ugs* · it/s.th. is a give-away, it/s.th. costs next to nothing

… Wieviel, sagst du, hat der Rock gekostet? – 36,80 Mark. – Das ist ja nachgeschmissen! – Fand ich auch. Offensichtlich werden sie das Modell nicht los; da verschleudern sie die Sachen.

nachgeworfen: das/(etw.) **ist (ja**/…) **nachgeworfen** – (eher:) das/(etw.) ist (ja/…) **nachgeschmissen** · it/s.th. is a give-away, it/s.th. costs next to nothing

nachhaken: (ein wenig/…) **nachhaken** *ugs* · to keep asking questions *n*, to dig deeper, to keep probing *n*, to keep coming back to a point *n*

… Dieser Richter gibt sich nicht mit den erstbesten Aussagen zufrieden, der hakt nach – »wie war das da genau?«, »widerspricht das nicht Ihrer Aussage von gestern?« …

nachhängen: jm. nachhängen · 1. a reputation has stuck to s.o., + s.o. has not been able to shake off a reputation as a cheat/…, 2. s.th. leaves its mark on s.o.

1. … Ein einziges Mal hat er beim Skatspiel gepfuscht – und noch Jahre später hängt ihm der Ruf nach, ein Falschspieler zu sein!
2. … Ach, weißt du, eine verunglückte oder kritische Schulzeit pflegt den Leuten sehr lange nachzuhängen. Meine Schwester ist jetzt 35 und hat es immer noch nicht überwunden/verwunden, daß sie zweimal sitzengeblieben ist.

nachhelfen: (so) ein bißchen nachhelfen *ugs* · to give s.o. a push in the right direction, to give s.o. a leg-up

… Dieters Zeugnisse reichen nicht für die Stelle! Wenn man da nicht ein bißchen nachhilft, hat er bei der Bewerbung keine Chance. – Wir kennen niemanden im Auswahlausschuß. Ich wüßte daher nicht, wie man da hintenherum etwas tun könnte.

nachher: bis nachher · see you later

… Also, bis nachher dann! – Ja, Tschüß. Bis um fünf, sechs (Uhr) bei Röschners!

Nachhilfestunden: Nachhilfestunden geben/nehmen/brauchen/… · to give s.o./to take/… private lessons

Hast du bei deinen 22 Wochenstunden in der Schule noch Zeit, Nachhilfestunden zu geben? – Ich habe nur einen einzigen Nachhilfeschüler – einen Jungen, der vom Ausland hierher gezogen ist und einige Monate Unterstützung braucht.

Nachhilfeunterricht: Nachhilfeunterricht geben/nehmen/brauchen/… – **Nachhilfestunden** geben/nehmen/brauchen/… · to give s.o./to take/… private lessons

nachhinein: im nachhinein · in retrospect, with hindsight, after the event, afterwards

… Ja, ja, klar, jetzt weiß ich auch, daß die Entscheidung falsch war. Im nachhinein ist man immer schlauer. Vorher, als man die Folgen noch nicht übersehen konnte, hätte ich die guten Ratschläge gebraucht, die mir jetzt hinterher so wohlfeil gegeben werden.

nachhinken: (hinter jm./etw.) **nachhinken** *ugs* – **zurück** sein (in etw.)/(mit etw.) (3; a. 4) · to lag behind s.o./s.th.

Nachholbedarf: (einen) Nachholbedarf haben *ugs* · to have a lot to catch up on

… Du meinst also allen Ernstes, wenn der Kurt so lange Jahre hindurch ein exemplarischer Ehemann war, müßte man ihm jetzt eine Zeitlang Narrenfreiheit lassen? – Was heißt 'müßte'? Der arme Kerl hat Nachholbedarf.

nachlaufen: jm. nicht/niemandem/keinem **nachlaufen** *ugs* · not to run after s.o., not to chase s.o.

… Wenn die Astrid meint, sie kann das allein – um so besser! Wir laufen niemandem nach. Dann soll sie es allein versuchen!

Nachlese: (nochmal/…) **Nachlese halten** *veraltend selten* · to re-read s.th.

… Ja, ich habe den Roman zwar schon einmal gelesen; aber er ist mir nicht mehr präsent genug, um darüber etwas in einer Vorlesung zu sagen. Ich muß also nochmal Nachlese halten. – Du willst doch nicht den ganzen Roman noch einmal lesen?

Nachmittagsschläfchen: sein/ein Nachmittagsschläfchen halten *ugs* · to have an afternoon nap
… Wer hat denn heute noch Zeit, ein Nachmittagsschläfchen zu halten, Paul? Diese Sitten passen doch gar nicht mehr in unsere Landschaft.

Nachnahme: (etw.) per/(als/mit/unter/gegen) Nachnahme (schicken/…) · to send s.th. cash on delivery, to send s.th. COD
Wenn du dem Franz das Buch per Nachnahme schickst, gehst du doch gar kein Risiko ein: entweder er bezahlt dem Briefträger den Betrag, dann gibt er ihm die Sendung, oder du kriegst das Buch zurück.

nachplappern: jm. etw. nachplappern *ugs* – (stärker als:) etw. nachbeten · to parrot s.o.'s words/what s.o. says/…

Nachrede: üble Nachrede *form* · defamation of character
Wenn die Ballners nochmal öffentlich erklären, wir machten hier spät abends Lärm, dann werde ich sie wegen übler Nachrede vors Gericht bringen. – Aber Gerd …! – Was diese Leute da behaupten, ist doch eine richtige Verleumdung!

jn. in üble Nachrede bringen *form selten* · to cast a slur on s.o./s.o.'s reputation/name/…
… Deine Bemerkung neulich über den lockeren Lebenswandel mancher junger Leute hat die Elisabeth hier in üble Nachrede gebracht. – Aber die habe ich doch gar nicht gemeint! – Die anderen haben aber deine Worte auf sie bezogen, und jetzt verbreiten einige überall …

in üble Nachrede kommen/geraten *form selten* · to get a bad name, to have one's reputation damaged
… Durch deine Bemerkung über den lockeren Lebenswandel mancher junger Leute ist die Elisabeth in üble Nachrede gekommen. – Aber die habe ich doch gar nicht gemeint. – Manche haben das aber so verstanden und verbreiten jetzt, sie wäre moralisch nicht so ganz einwandfrei …

üble Nachrede (über jn.) verbreiten *jur selten* · to cast aspersions on s.o./s.o.'s character, to defame s.o.
… Mein Bruder kann nun einmal Leute nicht ausstehen, die üble Nachrede verbreiten. – Ach, was die alte Frau Haller da über seine Ingrid sagt, das spielt doch gar keine Rolle! – Natürlich. Aber trotzdem würde er die Alte am liebsten vergiften.

Nachricht: keine Nachricht von jm. haben · to have had no word from s.o., to have had no news of s.o.
Wie lange habt ihr jetzt keine Nachricht von eurem Klaus? – Schon über zwei Monate läßt der Junge nichts mehr von sich hören.

jm. Nachricht geben · to let s.o. know
… Geben Sie mir bitte rechtzeitig Nachricht, wann die Sitzung stattfindet, sodaß ich mir den Abend freihalte!

nachsagen: jm. nichts nachsagen können/etw. nachsagen/jm. wird nachgesagt, daß … · one/you can't say anything against s.o.
Persönlich war der Kramm nicht einfach, das stimmt; aber fachlich kann man ihm nichts nachsagen. Er hat immer seine Pflicht getan, immer vorzügliche Arbeit geleistet.

sich etw. nicht nachsagen lassen · not to let/not to allow it to be said of one that …
Der Braun behauptet, du hättest ultimativ gefordert, daß er entlassen wird. – Aber klar! Er hat überall herumposaunt, ich hätte an dem Perugeschäft persönlich verdient. Ich lasse mir doch nicht nachsagen, daß ich unsauber arbeite. Entweder setzen die den noch in diesem Monat an die Luft, oder ich gehe.

Nachschau: (mal eben/…) Nachschau halten (ob j. da ist/…) *form selten* · to (just/…) have a (quick/…) look (to see if s.o. is there/…)
(In einem Landhaus; das Telefon schellt:) Ja, hier ist Ingrid Schulz. Ist der Gerd da? – Ich bin gerade erst aus der Stadt gekommen, Ingrid; ich weiß gar nicht … Warte, ich werde mal schnell (im Haus/auf dem Feld/…) Nachschau halten! – Wenn es Ihnen nichts ausmacht, Herr Beutel, kurz nachzusehen … Ich muß den Gerd was fragen …

nachschmeißen: jm. etw. nachschmeißen *ugs* · to sell s.th. for next to nothing/dead cheap/…, + to get s.th. for next to nothing, + to buy s.th. dead cheap
Erinnerst du dich noch?: im vergangenen Jahr war man froh, wenn man ein paar Kilo vernünftige Äpfel ergatterte. In diesem Jahr schmeißen sie sie einem regelrecht nach. – Sie haben ganz offensichtlich zu viel importiert.

Nachsehen: das Nachsehen haben · to be left empty-handed, to come off worst, not to get a look-in *coll*
… Alle haben an dem Handel großartig verdient, außer Günther, er hat diesmal das Nachsehen gehabt. – Dafür sind wir das letzte Mal schlechter weggekommen.

jm bleibt das Nachsehen *form selten* – das Nachsehen haben · + to be left empty-handed, + to come off worst, + not to get a look-in

Nachsicht: (mit jm.) Nachsicht haben *form* · to make allowances for s.o.
… Wenn jemand eine todkranke Frau zu versorgen hat, sollte man mit ihm schon Nachsicht haben, wenn er nicht immer alles so macht, wie es sein sollte. Da kann man nicht so streng sein!

jn um Nachsicht bitten *form* · to ask s.o. for indulgence, to ask s.o. to overlook s.th., to ask s.o. to forgive one for doing s.th.
(Ein Reiseführer:) Ich bitte um Nachsicht, meine Damen und Herren, wenn ich Sie jetzt mit ein paar Namen und Daten belästige; aber ohne die Namen und Daten läßt sich ein Überblick über diese Epoche nicht geben.

keine Nachsicht kennen *form* · to know no mercy, to show no mercy
… Wenn du in diesem Land politisch unangenehm auffällst, mußt du dich auf die schärfsten Sanktionen gefaßt machen. In diesem Punkt kennen die hier keine Nachsicht. Gegen politische Gegner gehen sie mit aller Rücksichtslosigkeit vor.

Nachsicht üben (mit jm./etw.) *form* · to be lenient with s.o., to make allowances for s.o./s.th.
(In einer Personalbesprechung:) Natürlich hat sich der Bollermann auf der Sitzung falsch verhalten – da gibt es überhaupt keinen Zweifel. Aber der Mann ist doch seit Jahren die Zuverlässigkeit in Person. Ich finde, in einem solchen Fall sollte man Nachsicht üben. – Gut, einverstanden. Aber wenn so etwas nochmal vorkommen sollte, bliebe uns nichts anderes übrig, als streng durchzugreifen.

nachsitzen: nachsitzen müssen/jn. nachsitzen lassen *Schule* · to have to/to be put in detention, to put s.o. in detention
(Ein Junge zu seiner Mutter:) Ach, die Lehrer wollen doch selbst möglichst früh nach Hause, die lassen doch keinen nachsitzen! – Wie, gibt es das bei euch gar nicht mehr, daß einer zur Strafe länger bleiben muß? – Als Strafe gibt es Übungsarbeiten/(Strafarbeiten) – oder einen Eintrag ins Klassenbuch!

Nachspiel: (noch) ein gerichtliches/trauriges/übles/… Nachspiel haben · to result in court proceedings, to have tragic/nasty/… consequences, to have tragic/nasty/… repercussions
Die scharfen Auseinandersetzungen um die Ausländerpolitik im Anschluß an den Vortrag in der vergangenen Woche hatten leider noch ein gerichtliches Nachspiel. Ein junger Mann aus dem Publikum hatte dem Redner vorgeworfen, er sei »unverbesserlicher Nazi«; diese Äußerung wurde Anlaß zu einer Beleidigungsklage …

etw. wird (noch) ein gerichtliches/trauriges/übles/… Nachspiel geben · s.th. will result in court proceedings, s.th. will have tragic/nasty/… consequences, s.th. will have tragic/nasty/… repercussions
… Was sagt der junge Mann da aus dem Publikum? Der Dr. Kroßmann wäre ein unverbesserlicher Nazi? Wenn das mal kein gerichtliches Nachspiel gibt! Das wäre nicht das erste Mal, daß der Kroßmann aus solchen Gründen eine Beleidigungsklage startet.

Nachspülen: noch ein Bier/… zum Nachspülen *sal* · another beer/… to wash it down
(In einer Wirtschaft:) So, einen trink' ich noch – zum Nachspülen! – Und bei dir spülst du dann mit einem weiteren nach?! – Nein, das ist das letzte Glas. Dann hau' ich ab.

nächstbeste: der/die/das **nächstbeste** *Person/Sache...* – (eher:) der/die/das **erstbeste** · the first person/... who comes along, the first building/... you see

Nächste: jeder ist sich selbst der **Nächste** · one has to look after number one *sl*, one has to look after oneself first, one has to put one's own interests first
Daß der Schlosser bei der Zuteilung der staatlichen Zuschüsse zur Modernisierung von Altbauten zunächst an seine eigene Familie gedacht hat, ist ihm nicht übelzunehmen. Das ist nun einmal so: jeder ist sich selbst der Nächste.

fürs nächste *selten* – fürs **erste** · for the moment, for the time being

der/die/das **nächste beste** *Person/Sache... selten* – der/die/das **erstbeste** · the first person/thing that you/... meet/that comes into your head/...

der Nächste bitte *form* · next, please
(Beim Arzt, die Gehilfin:) Der Nächste bitte! ... Ich weiß nicht, wer dran ist. Frau Fischer? ... Bitte, Sie wissen schon, die zweite Tür links ...

nachstehen: jm. **an** Klugheit/Witz/... **nicht nachstehen** · to be s.o.'s equal in wit/intelligence/..., not to be inferior to s.o. in wit/..., to be just as intelligent/... as s.o.
(Der Mathematiklehrer zum Klassenlehrer:) Der Heribert Stumm ist ein bißchen langsam, das stimmt. Aber an mathematischem Verständnis steht er dem Albert Körber nicht nach. Ja, ich halte den Stumm sogar für stärker/begabter als den Körber.

jm. **in** etw. **nicht nachstehen** · to be s.o.'s match, to be s.o.'s equal, to be just as good as s.o.
In Mathematik mag der Kurt besser sein als die Irmgard; aber in Sprachen steht sie ihm nicht nach. Eher umgekehrt: da ist sie eher besser als der Kurt.

nachstehenden: im **nachstehenden** ... *form* · below, in the following
(Aus einem Merkblatt:) Bitte, lesen sie dieses Merkblatt sorgfältig bis zu Ende! Im nachstehenden sind alle Punkte aufgeführt, die sie bei der Verwendung von LORKA beachten müssen ...

nächsten: jm. **am nächsten sitzen/stehen** · to sit/to stand closest to s.o.
... Ich saß schließlich auf der Feier dem Präsidenten am nächsten, ich konnte also am besten hören, was er zu dem irakischen Überfall sagte ...

Nächstliegende: das **Nächstliegende** wäre/ist es/... · the most obvious thing to do is ...
(In einer Exportabteilung:) Natürlich muß man auf längere Sicht – oder vielleicht sogar schon mittelfristig – daran denken, wie man den Überseehandel intensiviert. Aber das Nächstliegende ist doch jetzt erst mal, daß wir unsere Beziehungen mit Frankreich und Belgien wieder normalisieren; darauf sollten wir zunächst einmal unsere ganze Energie konzentrieren.

nachstoßen: nachstoßen *ugs* · 1. 2. to probe, 1. to keep probing, to ask supplementary questions, to try again, 2. to keep asking questions
1. vgl. – (eher:) **nachfassen** (1)
2. vgl. – (a.) (ein wenig/...) **nachbohren**

Nacht: gute Nacht/**Nacht** · goodnight
... So, mit mir ist nichts mehr los, ich geh' ins Bett. Gute Nacht, Astrid. – Nacht Bernd! Schlaf gut.

(na) dann gute Nacht! *sal* – (na) dann/denn **prost!** · that's brilliant/great/wonderful *iron*

blind wie die Nacht sein *ugs – path* · to be as blind as a bat
... Peter, du bist wohl blind wie die Nacht! Gestern bist du mindestens dreimal an mir vorbeimarschiert, ohne mich zu bemerken.

dumm/doof/blöd/... **wie die Nacht sein** *sal selten* · 1. 2. to be as thick as they come, to be as thick as two short planks
1. vgl. – (so) dumm wie **Bohnenstroh** sein

2. vgl. – für keine zwei **Pfennige** Verstand haben/nachdenken/aufpassen/...

fertig wie die Nacht sein *ugs selten* – völlig/... **daneben** sein (2) · to be completely/... out of it

häßlich wie die Nacht sein *path* · to be as ugly as sin
... Gut, interessant ist sie, einverstanden – aber häßlich! Häßlich wie die Nacht!

schwarz wie die Nacht sein *path selten* · to be jet-black
... Ihr Haar ist schwarz wie die Nacht – kohlrabenschwarz!

mitten in der Nacht ... · in the middle of the night
... und plötzlich, mitten in der Nacht, wurden wir von einem Schuß geweckt, der ...

(erst) spät in der Nacht kommen/... · (not) to come home (till) late at night
Wenn der Junge jeden zweiten Tag erst spät in der Nacht nach Hause kommt, kann er in der Schule natürlich nichts Vernünftiges leisten. Er läuft doch permanent unausgeschlafen herum ...

bis spät in die Nacht (hinein)/bis in die späte Nacht (hinein) **arbeiten**/feiern/aufbleiben/... · to work/to celebrate/to stay up/... late into the night
Gestern saß der Bruno wieder bis spät in die Nacht über seinen Büchern. Es war bestimmt zwei oder drei Uhr, als er ins Bett ging.

tief in der Nacht ... *path* · at dead of night, in the middle of the night
... Plötzlich, tief in der Nacht, wurden die Einwohner des Dorfes von einer Explosion aus dem Schlaf gerissen ...

bis tief/(weit) **in die Nacht (hinein)** arbeiten/feiern/aufbleiben/... *path* – bis spät in die **Nacht** (hinein)/bis in die späte Nacht (hinein) arbeiten/feiern/aufbleiben/... · to work/to celebrate/to stay up/... late into the night

über Nacht ... · 1. 3. overnight, 1. suddenly, from one minute to the next, 2. s.th. can/cannot be done/... overnight, 3. just like that, from one day to the next
1. ... Du kennst doch den Werner, Mensch! Der erklärt heute, daß er auf jeden Fall mitfährt, und über Nacht überlegt er es sich wieder anders. Der ändert seine Pläne doch ständig.
2. vgl. – (nicht) von **heute** auf morgen zu machen sein/...
3. vgl. – (eher:) von einem **Tag** auf den anderen (1)

über Nacht bleiben/(...) · to stay overnight (at s.o.'s house)
... Ihr bleibt doch über Nacht, oder? – Nein, nein, wir fahren heute abend spät wieder zurück.

es wird Nacht vor js. **Augen**/(jm. wird Nacht vor den Augen) *path* · everything goes black
... Ich erinnere mir noch, wie der Wagen gegen die Mauer knallte und ich gegen die Windschutzscheibe flog. Dann wurde es Nacht vor meinen Augen. Als ich wieder zu Bewußtsein kam, lag ich im Krankenhaus, wurde künstlich ernährt ...

die Nacht der Barbarei/des Faschismus/(des Wahnsinns) *hist – path* · the dark night of barbarism/fascism
... Ja, über die Jahre, in der die Zukunft Deutschlands in der Nacht der Barbarei wohl für immer verspielt wurde ...

jn. **zu einer italienischen Nacht einladen**/eine ... veranstalten/... *selten* · to invite s.o. to/to go to/... a garden party
Die Mertens haben uns für Samstag zu einer italienischen Nacht eingeladen. Hast du die Zeit? – Zeit schon, aber um ehrlich zu sein, mir sagen deren Gartenfeste nicht viel.

dumm wie die Nacht finster sein *path selten* – für keine zwei **Pfennige** Verstand haben/nachdenken/aufpassen/... (1) · to be as thick as two short planks, to be dead between the ears

bei Nacht sind alle Katzen grau · in the dark/at night/... all cats are grey, + one/you can't see the details at night
... Hast du das denn nicht gemerkt, daß die eine Qualität viel besser war als die andere? – Ach, ich war eilig und habe nicht so genau hingeguckt; dann fing es auch schon an zu dämmern ... – Na ja, bei Nacht sind alle Katzen grau ...

die Nacht der langen Messer *sal selten* · 1. 2. the Night of the Long Knives

1. ... Ja, ja, das war bei dem entsetzlichen Gemetzel, in dem von den Partisanen die Hälfte der Einwohnerschaft von Lobj niedergemäht wurde – in der sog. Nacht der langen Messer von Lobj.

2. ... Fünf Minister haben die in dieser Nachtsitzung an die Luft gesetzt? – Nicht nur das! Dazu diverse Staatssekretäre; in der Armeeführung hat es einschneidende Änderungen gegeben ... Es war eine Nacht der langen Messer.

Nacht für/(um) Nacht – Jahr für Jahr/Tag für Tag/Woche für Woche/Monat für Monat/... · night after night

bei Nacht und Nebel verschwinden/fliehen/... *ugs* · to disappear/to escape/... under cover of darkness/secretly/furtively/... *n*

Ich weiß nicht, ob der Mertens wirklich etwas auf dem Kerbholz hatte. Tatsache ist jedenfalls, daß er im vergangenen Winter bei Nacht und Nebel verschwunden und nie wieder aufgetaucht ist. Kein Mensch hatte damit gerechnet, keiner hat ihn gehen sehen ...

sich die/eine/die ganze/halbe Nacht/drei/... **Nächte um die Ohren schlagen/**hauen *ugs* · to stay up all night/half the night/...

... Wann habt ihr aufgehört zu feiern gestern? – Die Else und ich, wir sind gegen drei Uhr ins Bett gegangen. Aber Berta, Uschi, Klaus und Heiner haben sich die ganze Nacht um die Ohren geschlagen; sie haben bis zum Frühstück durchgetanzt.

jm. **gute Nacht sagen** · to say goodnight to s.o.

... So, jetzt geht's ins Bett, Kinder! Sagt der Tante Gretel noch rasch gute Nacht, und dann, ab!

die Nacht zum Tag(e) machen · 1. to turn night into day, 2. to stay up all night/half the night/...

1. Der Holger hat einen seltsamen Lebensrhythmus: er arbeitet von abends zehn bis morgens gegen sieben und dann legt er sich hin. – Schon als Junge hatte er die Angewohnheit, die Nacht zum Tag zu machen.

2. vgl. – (eher:) sich die/eine/die ganze/halbe **Nacht**/drei/... Nächte um die Ohren schlagen/hauen

die Nacht zum Tag und den Tag zur Nacht machen – die **Nacht** zum Tag(e) machen (1) · to turn night into day

es wird Nacht über Deutschland/Rußland/... *path selten* · the sun is going/went/... down on Germany/Russia/...

(Der Vater in einer Unterhaltung über Politik:) Der liebe Gott verhüte es, Junge, daß es noch einmal Nacht wird über Deutschland wie 1933!

die Nacht über bleiben/(...) – über **Nacht** bleiben/(...) · to stay overnight (at s.o.'s house)

Nachtdienst: Nachtdienst haben · to be on night duty

(In einem Krankenhaus; ein Besucher spät abends:) Aber hat denn auf dieser ganzen Station nur eine einzige Schwester Nachtdienst?

Nächte: jm. **schlaflose Nächte bereiten** *path* · to give/to cause s.o. sleepless nights

... Wenn die Leute wüßten, wieviele schlaflose Nächte mir der Umbau meines Hauses schon bereitet hat, würden sie anders reden. – Nur wer Häuser baut, weiß, wieviele Kopfschmerzen das bereitet, Otto.

Nachteil: (jm. gegenüber/im Verhältnis zu jm./...) **im Nachteil sein** · to be at a disadvantage (compared to/...)

Diesmal sind unsere Reiter bei dem Turnier im Nachteil. Sie kommen erst spät abends dran, wenn die Bahn schon nicht mehr richtig glatt ist.

das/etw. **soll nicht** js. **Nachteil sein** · + s.o. won't lose by it/s.th. *coll*

(Ein Chef zu einem jüngeren Mitarbeiter, der sich bereit erklärt hat, am Wochenende zu arbeiten:) Ich danke Ihnen sehr, Herr Lauffer, daß Sie am Samstag und Sonntag mit anpacken wollen. Und das soll nicht Ihr Nachteil sein. Ich zahle Ihnen unabhängig vom Lohn eine Zusatzprämie von 300,– Mark, und in der nächsten Woche nehmen sie am Donnerstag und Freitag frei! – Aber Herr Bertram, ich tu das doch gern!

jm./(e-r S.) **zum Nachteil gereichen** *form* · to be a handicap (to s.o.), to be detrimental to s.o., to be prejudicial to s.o.

... Sein vorlautes Mundwerk gereicht dem Udo immer wieder zum Nachteil. Kaum war er weg, bemerkte der Chef trocken: »Ziemlich meinungsformend, Ihr Cousin!« Bei dem kann er also auch nichts mehr werden.

sich zu seinem Nachteil verändern – ≠ sich zu seinem **Vorteil** verändern · to change for the worse

Nachteiliges: über jn. **ist nichts Nachteiliges bekannt (geworden)** *form* · nothing unfavourable is known about s.o., nothing has been heard to s.o.'s disadvantage

(Aus einem polizeilichen Führungszeugnis:) Herr Baumann hat vom 1.7.76 bis zum 31.8.81 unter der angegebenen Adresse gewohnt. Während dieses Zeitraums ist hier über ihn nichts Nachteiliges bekannt geworden ...

Nachteule: wie eine Nachteule aussehen *sal* · to look like a night bird/night owl/... *rare*

... Meine Güte, wie siehst du denn aus, Marta?! Ränder um die Augen, trüber Blick, bleich, die Haare ganz aufgelöst – wie eine Nachteule! Jetzt gehst du mir wenigstens drei Tage zeitig ins Bett, hörst du?!

Nachthemd: ein aufgeblasenes Nachthemd (sein) *sal selten* – ein aufgeblasenes **Vakuum** (sein) · (to be) a complete/... nonentity

Nachtigall: singen wie eine Nachtigall *path od. iron* · to sing like a nightingale

... Wenn ich singe, fühlst du dich gestört; aber die Bertl kann so viel singen wie sie will, da sagst du nie was! – Die singt halt wie eine Nachtigall. – Ach, und ich quake, was? – Ah, Ursel! ...

Nachtigall, ich hör dir trapsen *ugs iron* · I know which way the wind is blowing, I know what's coming/what's in store/..., I know what you/he/... are/... after

(In einer Sitzung über Landwirtschaftszuschüsse; an den Vertreter der Regierung:) Hab' ich Sie richtig verstanden: die Zuschüsse sollen in Brüssel noch einmal alle im Zusammenhang diskutiert werden? Nachtigall, ich hör dir trapsen! – Was wollen Sie damit sagen? – Ja, es ist doch jedem Einsichtigen klar, daß die Leute in Brüssel die Zuschüsse dann noch weiter kürzen werden – wenn sie sie nicht ganz streichen.

Nachts: des Nachts *geh* · at night *n*

... Des Nachts arbeite ich nun einmal konzentrierter als tagsüber ...

eines Nachts *geh* · one night *n*

... Lange schon hatten wir das Gefühl, er würde nicht mehr lange bei uns bleiben; und eines Nachts ging er dann auch so still und selbstverständlich fort, wie er gekommen war. Auf seinem Tisch fanden wir am nächsten Morgen einen kurzen Brief ...

Nachtschicht: Nachtschicht haben · to be on night shift, to work nights

... Der Klaus hat schon wieder Nachtschicht? – Der arbeitet die ganze Woche nachts. – Dauernd nachts zu arbeiten ist ja auch nicht gerade gesund! ...

Nachtseite: die Nachtseite des Lebens/unserer Epoche/... *path selten* · the dark side of life/...

... Wenn die Nachtseite des Lebens, sinnierte er, die dunkle Seite ist, ohne die es kein Licht gibt, muß man sie nicht negativ beurteilen. Wenn man dagegen unter der 'Nachtseite' die Herrschaft zerstörerischer Triebe versteht ...

Nachtstunde: zu vorgerückter Nachtstunde *form* · late at night

... Zu vorgerückter Nachtstunde wurde die Atmosphäre dann zunehmend lockerer, die Unterhaltungen zwangloser. Gegen zwei Uhr morgens platzte der Gastgeber dann mit der Nachricht heraus ...

nachtun: es jm. **nachtun (wollen)** *form* · to (want to) copy s.o., to (want to) do the same as s.o., to (want to) emulate s.o.

... Klar, wenn du als der Älteste nichts anderes im Kopf hast, als den Erwachsenen Streiche zu spielen, wollen es dir deine jüngeren Geschwister natürlich nachtun. Könntest du nicht endlich mal ein besseres Beispiel geben?

niemand/... kann es jm. (in etw.) **nachtun** *form selten* · no one can touch him/... (when it comes to ...), no one can match him/...

... Der Karlberg spielt nicht schlecht, das gebe ich zu. Aber dem Beutsch kann es im Skat niemand nachtun, auch der Karlberg nicht.

Nachtwache: (die) **Nachtwache haben** *form* · to be on night-duty

(In einem Krankenhaus:) Gibt es eigentlich auf dieser Station immer eine Schwester, die Nachtwache hat, oder verbringen viele Kranke die Nacht allein?

(die) **Nachtwache halten** (bei jm.) *form* · to keep a night vigil with s.o./at s.o.'s bedside/sickbed/...

... Wer hält heute bei Mutter Nachtwache? – Ich habe morgen einen leichten Tag; mir macht es nichts aus, wenn ich heute bei ihr bleibe. Im übrigen: wer weiß, wieviele Nächte der liebe Gott sie noch bei uns läßt ...

Nachtzeit: zur Nachtzeit *form* · at night, at night-time, during the night

... Zur Nachtzeit wird hier kein Lärm gemacht, Herr Mertens! – Einverstanden. Aber die Nacht beginnt doch nicht um 19.30 Uhr! Auch in Stuttgart nicht!

Nachweis: den Nachweis erbringen/liefern/führen/(geben), daß ... *form* · to prove that ..., to furnish proof/evidence that ..., to adduce proof/evidence that ...

... Können Sie den Nachweis führen, daß Sie zur Tatzeit im Ausland waren? – Nichts leichter als das, Herr Richter: hier sind meine Flugkarten ...

nachwerfen: jm. etw. **nachwerfen** *ugs* – (eher:) jm. etw. **nachschmeißen** · to sell s.th. for next to nothing/dead cheap/..., + to get s.th. for next to nothing, + to buy s.th. dead cheap

Nachwuchs: was macht der Nachwuchs? *sal* · how is/are the offspring? *tr*, how are the babies/kids/... doing? *n*

Tag Ursel! – Tag Georg! – Wie geht's? Alles gesund und munter zu Hause? – Danke. – Und was macht der Nachwuchs? – Die beiden werden immer frecher, besonders der Herbert. – Ein gutes Zeichen ...

Nachwuchs erwarten *sal* · to be expecting (a baby) *n*

... Klar, sie sind schon ein paar Monate verheiratet, da erwarten sie Nachwuchs. Das ist hier so; nach spätestens ein bis anderthalb Jahren kommt das erste Kind.

nachzudenken: ohne groß/erst groß/... nachzudenken, etw. tun *ugs* · to do s.th. without thinking a lot/much about it *n*

... Er bat mich um den Haustürschlüssel, und ohne erst groß nachzudenken, habe ich ihm ihn gegeben. Ich dachte, er wäre ein Freund von Papa. – Da warst du aber leichtsinnig, Udo!

Nacken: mit unbeugsamem/(steifem/störrischem/starrem) **Nacken reagieren/...** *path selten* · to react/... stubbornly, to react/... in an obstinate/headstrong/... way (to s.th.)

... Von wegen, ein Stündchen! Wenn der Krötz wieder, wie das letzte Mal, mit unbeugsamem Nacken reagiert, sitzen wir unter Umständen heute nacht noch hier! – Ist der so störrisch? – Wenn der den Eindruck hat, daß er benachteiligt werden könnte, kriegen den keine zehn Pferde dazu nachzugeben.

einen starren/unbeugsamen/störrischen Nacken haben *path selten* · to be obstinate, to be inflexible, to be unbending

Ob sich der General Maschke von unseren Ausführungen überzeugen läßt, steht in den Sternen. Du weißt: der Mann hat einen störrischen Nacken. Wenn einer in der Armee auf seinem Standpunkt zu beharren pflegt, ja stur ist, dann der.

Verfolger/Feinde/... im Nacken haben *path selten* · to have pursuers/enemies/... breathing down one's neck *coll*, to have pursuers/enemies/... on one's tail/after one/close behind one/...

Kaum hörte der Einbrecher Geräusche im Haus, da rannte er auch schon davon. Doch er merkte rasch, daß er Verfolger im Nacken hatte – die beiden ältesten Söhne des Hausbesitzers waren ihm hart auf den Fersen ...

jm. **den Nacken beugen** *path selten* · to break s.o.'s resistance, to break s.o.'s spirit, to make s.o. knuckle under

... Eine solche Widerspenstigkeit kannst du bei dem Jungen unmöglich länger dulden, Richard. Dem mußt du den Nacken beugen – so geht das nicht! – Das ist leicht gesagt. Der ist so schnell nicht gefügig zu machen.

(endlich/...) (vor jm.) **den/seinen Nacken beugen (müssen)** *path selten* · (finally/...) to (have to) knuckle under (to s.o.)

Endlich muß ja der Richard Wallberg seinen Nacken auch mal beugen! Er meint immer, er braucht sich von niemandem etwas befehlen zu lassen, könnte alles selbstherrlich entscheiden, immer nach seinem Kopf handeln ... Endlich muß auch er mal nachgeben! ...

jm. **auf dem Nacken sitzen** *path selten* · to give s.o. a hard time *coll*, to breathe down s.o.'s neck *coll*

... Mußt du denn der Parteilinie genau folgen? – Wenn du wüßtest, wie mir der Böllich auf dem Nacken sitzt! Der verfolgt jeden kleinen Schritt, den ich tu, und wenn ich auch nur einen Millimeter von der offiziellen Linie abweiche, hängt er mir ein Ausschlußverfahren an den Hals.

jm. **im Nacken sitzen** *path* · 1. 2. to be catching up with s.o., to be hot on s.o.'s trail *coll*, 3. to breathe down s.o.'s neck *coll*

1. ... So gut er auch läuft: er wird sich kaum retten können. Die Verfolger sitzen ihm schon im Nacken und sie werden ihn so lange hetzen, bis er keine Luft mehr hat.

2. Es ist kaum anzunehmen, daß der Böttcher noch lange frei herumläuft. Die Polizei sitzt ihm schon seit Monaten im Nacken. Irgendwann geht er ihnen in die Maschen, das ist doch klar.

3. ... Wenn er sich vertraglich verpflichtet hat, das Manuskript bis Mai abzuliefern, ist der Verlag doch im Recht. – Aber muß man deshalb ständig drängen und drohen? Wenn der Verlag ihm ständig im Nacken sitzt, kann der Alfons irgendwann überhaupt nicht mehr vernünftig arbeiten.

halt'/haltet/... den Nacken steif! *ugs* – (eher:) halt'/haltet/... **die Ohren** steif! · chin up!, keep smiling!, keep your pecker up!

jm. **den Nacken steifen** *path* · to back s.o. up, to give s.o. moral support, to encourage s.o. to resist/disobey/...

(Die Mutter zum Vater:) Wenn du dem Jungen noch den Nacken steifst statt ihn zum Einlenken zu bewegen, wenn du ihm dauernd sagst: da hat der Meister unrecht, da mußt du dich zur Wehr setzen – ja, dann ist es doch kein Wunder, daß er immer schwieriger, immer eigensinniger wird.

nackt: nackt und bloß *path* · completely/utterly/entirely/... naked, stark naked

... man kann sich kaum noch vorstellen, wie glücklich früher die meisten Eltern waren, wenn sie eine Decke, ein paar ganz einfache Kleidungsstücke für ihr Kind hatten, sodaß es nicht nackt und bloß da liegen mußte ...

Nadel: es konnte keine Nadel zu Boden/zur Erde fallen/hätte ... fallen können (so dicht gedrängt standen die Leute/...) *path selten* – es konnte keine **Stecknadel** zu Boden/zur Erde fallen/hätte ... fallen können (so dicht gedrängt standen die Leute/...) · you/one could have heard a pin drop

man hätte eine Nadel zu Boden/auf die Erde fallen hören können (so still war es/...) *path selten* – man hätte eine **Stecknadel** zu Boden/(auf die Erde) fallen hören können (so still war es/...) · you/one could have heard a pin drop

mit Nadel und Faden umgehen können *veraltend selten* · to know how to use needle and thread, to know how to wield a needle and thread

... Wegschmeißen! Wegschmeißen! Das kann ich auch! Dafür brauche ich keine Frau und zwei Töchter, daß ich jeden kaputten Strumpf und jede Unterhose, die ein Loch hat, wegschmeiße! Wenn das so weiter geht, kann bald kein Mensch mehr mit Nadel und Faden umgehen.

mit heißer Nadel genäht sein *veraltend selten* · to be sewn on carelessly/quickly/in a rush/in a hurry

... Die Knöpfe an diesen Anzügen von der Stange scheinen mir manchmal alle mit heißer Nadel genäht, wie das früher hieß: so schnell, wie sie angenäht wurden, so schnell gehen sie auch wieder ab.

an der Nadel hängen *Neol Jugendspr* · to be on the needle
… Wenn du einmal an der Nadel hängst, kommst du nicht mehr davon los! Das ist wie bei einem Alkoholiker – schlimmer; Heroin und ähnliche Drogen fressen sich wie Gift in den ganzen Körper, der dann ohne dieses Gift nicht mehr auskommt …

(genauso gut könnte man/…) **eine Nadel im Heuhaufen/ (Heuschober) suchen** *path veraltend selten* – eine **Stecknadel** im Heuhaufen/(Heuschober) suchen · + (looking for s. th.) is like looking for a needle in a haystack

etw./(jn.) **wie eine Nadel suchen** *path selten* – etw./jn. wie eine **Stecknadel** suchen · to search high and low for s. th./s. o.

es sticht jm. (in den Beinen/…) **wie mit Nadeln** *path* · + s. o. has sharp stabbing pains in his legs/…
… Seltsam, das sticht in den Armen wie mit Nadeln. Was das nur sein mag? Einen so seltsamen Schmerz habe ich noch nicht gehabt.

wie auf Nadeln sitzen/(stehen) *path selten* – (eher:) (wie) auf heißen/(glühenden) **Kohlen** sitzen · to be like a cat on hot bricks, to be on tenterhooks

Nadelstiche: jm. **Nadelstiche versetzen** · to make snide remarks about s. o., to needle s. o., to make a dig at s. o. *coll*
… Nun, laß doch den Heribert endlich mal in Ruhe und spar' dir deine ironisch-bösartigen Kommentare/deine Spitzen! Diese Manie, den anderen dauernd Nadelstiche zu versetzen!

Nagel: jm. **nicht so viel gönnen, was unter den Nagel geht/**was man auf dem Nagel fortträgt *path selten* – (eher:) jm. nicht das **Schwarze** unter dem Nagel/den Nägeln gönnen · to begrudge s. o. the air he breathes

laß/laßt/… (lieber) die Nägel davon/von dieser Sache/…/es ist besser/…, die Nägel davon/… zu lassen/ich würde … *sal selten* – laß/laßt/… (lieber) die **Finger** davon/von dieser Sache/…/es ist besser/…, die Finger davon/… zu lassen/ich würde/wir würden/… die Finger davon/… lassen · don't touch it/it is better if you don't touch it/if I were you I wouldn't touch it, don't have anything to do with it

seine Arbeit/seinen Beruf/sein Studium/… **an den Nagel hängen** *ugs* · to chuck s. th. in, to pack s. th. in, to give s. th. up
… Der Anton ist hier? Ich dachte, er studiert in München! – Er hat sein Studium an den Nagel gehängt. – Warum das denn? – Er meint, es lohnt sich heute nicht mehr, geisteswissenschaftliche Fächer zu studieren.

einen Nagel im Kopf haben *ugs selten* · to be stuck-up
… Wenn dieser Kerl wenigstens ruhig wäre, dann fiele es nicht so auf, daß er einen Nagel im Kopf hat! Aber so hat jeder nach zwei Minuten spitz, was er für einen eingebildeten Fatzken vor sich hat!

mit einer Bemerkung/einem Urteil/… **den Nagel auf den Kopf treffen** · to hit the nail on the head with a remark/… *coll*
… Wenn der Onkel Bertram so ganz lapidar feststellt: der Anton ist zwar klug, aber gemütlich und faul, dann trifft er mit dieser Bemerkung den Nagel auf den Kopf, mein Junge! Genau so ist's, haargenau!

Nägel mit Köpfen machen *ugs* · to do a job properly, to do the thing properly, to really do what one says one is going to do
… Jetzt haben wir uns schon x-mal vorgenommen, uns zu treffen, wenn ich nach Heilbronn komme, und nie hat es geklappt. Das nächste Mal machen wir Nägel mit Köpfen: ich rufe dich ein, zwei Tage vor meiner Abreise an und wir vereinbaren einen Treffpunkt, ganz konkret.

sich etw. unter den Nagel reißen *ugs* · to pinch s. th., to make off with s. th., to help o. s. to s. th.
Ich möchte wissen, wie der Raymund an all die herrlichen Bücher gekommen ist! – Das ist sehr einfach. Seine Patentante war mit ei-

nem Antiquar verheiratet. Als der starb, hat er sich alle Bände unter den Nagel gerissen, die Wert hatten. Koffer voll hat er da weggeschleppt.

ein Nagel zu/an js. **Sarg sein** *path selten* – js. **Sargnagel** sein/ ein Sargnagel für jn. sein · to be a nail in s. o.'s coffin

jm. **auf/**(unter) **den Nägeln brennen** *Arbeit/Verpflichtung/…* · it/s. th. can't wait, to be very urgent, to have to be done urgently
… Kann die Sache mit dem Ballert nicht noch ein paar Tage länger warten? – Nein, das brennt mir schon auf den Nägeln! Wenn ich das noch weiter aufschiebe, wendet sich der Ballert an die Konkurrenz.

an den Nägeln/(die Nägel) **kauen/**(beißen) · to bite one's fingernails/nails
Die Babys haben ihren Schnuller, die kleinen – und manchmal auch größeren – Kinder kauen an den Nägeln, und vom Jugendalter an läuft man mit der Zigarette, der Zigarre oder der Pfeife im Mund herum.

nageln: eine Frau/… **nageln** *sal Neol* – jn. auf's **Kreuz** legen (2) · to nail a woman, to shaft/… a woman

nagelneu: nagelneu · to be brand-new
… Dein Wagen da ist neu? – Nagelneu! Er hat noch keine 1000 km drauf.

Nagelprobe: die Nagelprobe machen *form veraltend selten* · to prove that one has emptied one's glass (by turning it over on left thumbnail) *para*
Hier steht: er machte die Nagelprobe und dann … Was soll das heißen? – Das hängt mit 'altdeutschen' Trinksitten zusammen: nachdem man auf das Wohl eines anderen sein Glas ex getrunken hat (= völlig geleert hat), dreht man es auf dem linken Daumennagel um, zum Beweis, daß es völlig leer ist.

nagen: nichts zu nagen und zu beißen/**brechen haben *path veraltend selten* – nichts/(nicht viel) zu **beißen** und zu brechen haben · to be starving, not to know where the next meal is coming from

nah: von/(aus) **nah und fern kommen/**… · to come from near and far
… Von nah und fern waren die Leute angereist, um das Spiel zu sehen; mehr als 70.000 hatten sich eingefunden, aus allen Orten des Landes …

einem Anfall/dem Erbrechen/dem Zusammenbrechen/…/ der Verzweiflung/dem Ruin/dem Ende **nahe sein** · 1. 2. be on the verge of getting sick/doing s. th./madness/despair, to be close to s. th./madness/bankruptcy/despair
1. … So übel wie auf dieser Schiffsfahrt war mir überhaupt noch nie. Ich war eigentlich die ganze Zeit über dem Erbrechen nahe. – Aber so weit ist es dann doch nicht gekommen? …
2. … Ich sehe nicht, warum der Albert dem Ruin nahe sein soll. Die Firma läuft doch blendend in den letzten Jahren. – Ach, alles Quatsch! Die Leute sind neidisch; deshalb sagen sie, er macht bald Bankrott.

jm. (innerlich) **nahe sein** *form* – (eher:) jm. (innerlich) nahe **stehen** · to be inwardly close to s. o.

sich (innerlich) **nahe sein** *form* – sich (innerlich) nahe **stehen** · to be/feel/… close to each other, to be on close terms with each other

nahe an die 80/… **sein** · to be almost 80/…, to be close to pushing 80/…, to be pushing 80/… *coll*
… Die Frau Schärf ist nahe an die 90, sagst du? – 87, genau. – Das würde man nicht sagen …

ganz nahe an jn./etw. herangehen/herankommen/… · to get right up close to s. th./s. o.
… Es gelang uns, einige Sperren zu umgehen, und so kamen wir ganz nahe an das Manöverfeld heran – so bis auf 20, 30 Meter –; alle Übungen waren genau zu erkennen …

nahe daran sein, etw. zu tun · to be on the point of doing s. th., to almost do s. th., to be on the verge of doing s. th.
… Als die Ute wieder anfing, den Kurt zu kritisieren, war ich nahe daran, sie zu fragen: warum läßt du dich denn nicht scheiden, wenn

du andauernd etwas an deinem Mann auszusetzen hast? Aber im letzten Moment biß ich mir dann doch auf die Lippen.

Nähe: (hier/dort/...) (ganz) **in der Nähe** (von ...) · nearby, close at hand

... Wo ist denn diese alte Keltensiedlung? – Hier ganz in der Nähe. Keine zwei Kilometer von unserem Haus entfernt.

(hier/dort/...) **in unmittelbarer Nähe** (von ...) – (stärker als:) (hier/dort/...) (ganz) in der **Nähe** (von ...) · very close to here/there/..., very close to ...

in greifbarer Nähe sein/sich befinden/(...) *ugs* · to be within reach *n*, to be around, to be on hand, to be available *n*
(Der Chef zu seiner Sekretärin:) Befindet sich der Herr Wollmann noch in greifbarer Nähe oder ist er schon fortgegangen? ... Wenn Sie ihn noch erwischen können, sagen Sie ihm doch bitte, er möchte kurz hereinkommen.

aus nächster Nähe beobachten/... · 1. 2. to see s.th./... (from) close up, to see s.th./... from close quarters *coll*
1. ... Wie können Sie behaupten, daß Sie vor der Kreuzung angehalten haben, wenn drei Zeugen aus nächster Nähe entsetzt verfolgt haben, wie Sie brutal durchfuhren?! Drei Zeugen, die direkt an der Ecke der beiden Straßen standen!
2. ... Ihr wart weit vom Schuß! Wenn ihr wie wir die Ereignisse aus nächster Nähe verfolgt hättet, würdet ihr anders reden. Wir waren damals in Leipzig, haben miterlebt, wie ...

in der Nähe liegen von ... · to be near Munich/London/..., to be close to Munich/...
... Gauting liegt in der Nähe von München – so rund 15 Kilometer, schätze ich, davon entfernt.

in bedrohliche Nähe rücken/(kommen) *path* · to get/to come/... dangerously close, to get/to come/... perilously close
(Aus einer Sportnotiz:) Nach der neuerlichen Niederlage ist für die Kasseler der Abstieg in die Bezirksliga in bedrohliche Nähe gerückt. Wenn sie die nächsten beiden Spiele wiederum nicht gewinnen, nimmt das Schicksal unabänderlich seinen Lauf.

in greifbare Nähe rücken *oft Perf/Plusq* · to come within reach, to be within s.o.'s grasp
Nach dem Sieg über die Kölner ist für Hamburg die Meisterschaft in greifbare Nähe gerückt. Wenn sie das nächste Spiel in München nur unentschieden spielen, ist ihnen der Titel kaum noch zu nehmen.

nahebringen: jm. etw. **nahebringen** · to teach/to get s.o. to appreciate s.th., to bring s.th. to life for s.o., to make s.th. come alive for s.o.
... Der Musiklehrer gibt sich alle erdenkliche Mühe. Aber es ist eben nicht so einfach, den Kindern heute die alten Volkslieder nahezubringen. Die interessieren sich für die Beatles und ähnliche Dinge; Volkslieder sagen ihnen wenig.

nahegehen: jm. **nahegehen** · + to be cut up about s.th., + to be deeply affected by s.th., + to be badly/seriously/... upset by s.th.
... Die Bettina tut zwar so, als ob alles in bester Butter wäre. Aber wer sie näher kennt, merkt sofort, wie sehr ihr die Trennung von dem Klaus nahegegangen ist. Sie wird da so schnell nicht drüber hinwegkommen.

nahekommen: js. Vorstellungen/einer Beleidigung/(...) **nahekommen** · 1. to come close to s.th., to be close to s.th., to approximate to s.th., 2. to be almost an insult/..., to amount to/to be tantamount to s.th. for s.o.
1. (In einer Besprechung über Verkaufspreise:) Gut, zwei Mark pro Stück ist zwar immer noch nicht der Preis, mit dem wir gerechnet hatten; aber das kommt unseren Vorstellungen doch schon ziemlich nahe. – An welchen Preis hatten Sie denn gedacht?
2. ... So, 'offensichtlich unerfahren' hat er ihn genannt? – Ironisch natürlich! – Klar! Einem Mann gegenüber, der seit 35 Jahren in diesem Geschäft ist, kommt das einer Beleidigung nahe. – Das ist eine Beleidigung – und sollte es auch sein, Herr Peters!

sich nahekommen · to become close, to get to know one another well/better/more closely/...
... Erst auf ihrer gemeinsamen Reise nach Spanien sind sich der Dieter und die Angela (innerlich/menschlich) nahegekommen. Sie

kannten sich zwar schon jahrelang; aber bis dahin war das eine sehr oberflächliche Bekanntschaft gewesen.

nahelegen: jm. etw. **nahelegen** · to put it to s.o. that he should ..., to suggest to s.o. that ..., to urge s.o. to do s.th.
Wie es scheint, hat man dem Bundeskanzler nahegelegt zurückzutreten. Wenn er diesem 'Ratschlag' nicht bis zum Ende des nächsten Monats Folge leistet, wollen alle Parteien zusammen ein Mißtrauensvotum gegen ihn einbringen.

naheliegen: **naheliegen** *Gedanke/Schluß/Kommentar/Verdacht/...* · to suggest itself, to seem obvious, to seem likely, to be tempting, to assume/...
... Wenn die Rita dreimal hintereinander zugesagt hat und dann doch nicht erschienen ist, liegt der Verdacht nahe, daß sie grundsätzlich nicht kommen, aber das nicht sagen will. Dieser Verdacht drängt sich mir jedenfalls auf.

Naheliegende: das Naheliegende wäre/ist es/... – (weniger stark als:) das **Nächstliegende** wäre/ist es/... · the obvious/natural/... thing to do is/would be/...

nahem: von nahem · ... from close up
... Wenn ich schon zu dem Turnier gehe, dann will ich die Spiele auch von nahem sehen. Sonst kann ich sie mir ja auch gleich im Fernsehen angucken.

von nahem betrachtet – von nahem **betrachtet** · on closer consideration, on closer inspection

näher: etw. **näher prüfen**/ausführen/... · to explain s.th. in more/greater/... detail, to examine s.th. more closely
... Wenn Sie Ihre Gedanken näher erläutern würden ... – Selbstverständlich kann ich Ihnen genauer erklären, was ich meine; wenn ich bisher nicht ins Einzelne/Detail gegangen bin, dann aus Zeitgründen. Also: ...

etw. (nicht) **näher verfolgen**/(...) *Plan/...* · (not) to pursue s.th. any further
Nach einigem Zögern haben wir uns nun definitiv entschieden, das Projekt der mehrsprachigen Wörterbücher vorerst nicht näher zu verfolgen. Ob wir zu einem späteren Zeitpunkt die Sache noch einmal detaillierter aufgreifen werden, muß einstweilen offen bleiben.

näherbringen: jm. etw. **näherbringen** · to deepen s.o.'s understanding of s.th., to make s.th. more real to s.o.
Man muß den jungen Leuten die Geschichte wieder näherbringen, rief er aus. Wie soll sich die Jugend für ein Land begeistern, von dessen Vergangenheit sie sozusagen nichts weiß?

näheren: jm. etw. des näheren auseinanderlegen/erklären/... *form* · to explain s.th./... in greater detail
... Vielleicht wäre es doch besser, Herr Bäumler, wenn Sie einmal persönlich vorbeikämen. Da könnte ich Ihnen des näheren erklären, wie das neue Modell funktioniert. So am Telefon bleibt es natürlich immer nur bei groben Umrissen.

Näheres: nichts/... Näheres wissen · (not) to know more about s.th., (not) to know more details about s.th.
Wie ich höre, soll der Traube entlassen werden. Weißt du was Näheres? – Nein, ich bin da nicht (genauer) informiert – genauso wenig wie du.

näherkommen: jm. **näherkommen** · to get to know s.o. better, to get on closer terms with s.o., to get closer to s.o.
... Der eigentliche Sinn solcher Schulfeste sollte es doch sein, daß sich Lehrer, Schüler und Eltern näherkommen – oder meinst du nicht? Gelingt das? Werden da Gespräche geführt, Kontakte geknüpft, die weiterführen?

sich näherkommen · to get to know each other better, to get closer
... Ob sich Lehrer, Schüler und Eltern auf solchen Schulfesten wirklich näherkommen? – Oh, doch! Man lernt sich besser kennen, unterhält sich, tanzt zusammen ... – das fördert die Kontakte schon.

näherliegen: **näherliegen** *Gedanke/Schluß/Kommentar/Verdacht/...* · to be/to seem to be/... more likely/probable, to be more obvious *in questions*
... Natürlich kann man annehmen, daß die Doris lügt, wenn stimmt, was der Peter behauptet. Doch näher scheint mir der Gedanke zu liegen, daß sich einer von den beiden irrt.

Näherliegende: das Näherliegende wäre ... · the more obvious course of action would be ..., the more obvious thing would be to ...

Warum gleich aufgeben, wenn die Arbeit bisher keinen rechten Erfolg bringt? Das Näherliegende wäre doch, zunächst einmal den Gründen nachzugehen, warum sie keinen Erfolg bringt, und erst dann eine endgültige Entscheidung zu treffen.

näherstehen: jm. (innerlich) näherstehen · to be closer to s.o.

... Ich weiß wirklich nicht, wer meinem Vater näher steht, meine Schwester oder ich. – Könnt ihr ihm nicht beide gleich nahe sein?

nähertreten: e-r S. (nicht) nähertreten (wollen) *form* · (not) to wish to give further consideration to s.th., (not) to wish to take up s.th., (not) to wish to pursue s.th./a proposal/...

(Aus einem Verlagsbrief:) ... Wir bitten Sie also um Verständnis, wenn wir Ihrem Vorschlag, in unserem Haus ein Buch über die Antarktis herauszubringen, nicht nähertreten wollen. Ihr Manuskript erhalten Sie anbei zu unserer Entlastung zurück.

nahestehen: jm. (innerlich) nahestehen · to be close to s.o., to be in sympathy with s.o.

... Klar, den meisten Leuten hier ist es natürlich völlig egal, ob es dem Chef persönlich gut oder schlecht geht. Wer ihm innerlich nahesteht, empfindet das anders. Du weißt, daß ich seit zig Jahren eng mit ihm befreundet bin, daß wir dieselbe Grundhaltung zum Leben haben ...

sich (innerlich) nahestehen – sich (innerlich) nahe **stehen** · to be/to feel/... close to s.o., to be on close terms with s.o.

nahetreten: jm. nicht zu nahetreten wollen · not to wish/ want/... to offend s.o., not to wish/want/... to hurt s.o.'s feelings

... Aber warum hat der Müller dem Heinz dann nicht klar gesagt, daß er eine Riesendummheit macht ... – Er wollte ihm nicht zu nahetreten. Der Heinz ist promovierter Betriebswirt, der Müller hat lediglich die Fachhochschule absolviert; persönlich verbindet die beiden nichts. Da konnte er sich wohl nur ein paar Andeutungen erlauben, wenn er nicht unerzogen wirken wollte.

Nähkästchen: aus dem Nähkästchen plaudern *oft: wenn ich schon ...* ugs · to give away company/private/... secrets *n*, to reveal private details (about s.th.) *n*, to tell all

... Ach, wissen Sie, wenn ich schon aus dem Nähkästchen plauder', dann kann ich Ihnen auch verraten, daß intern bereits entschieden ist, daß Herr Müller mein Nachfolger wird. Bloß offiziell darf das noch nicht gesagt werden ...

Nähkörbchen: aus dem Nähkörbchen plaudern *oft: wenn ich schon ...* ugs selten – aus dem Nähkästchen plaudern · to give away company/private/... secrets, to reveal private details (about s.th.), to tell all

Nährboden: ein guter/... Nährboden für etw. **sein** *form* · it/ s.th. is fertile soil for extremism/..., it/s.th. is a good/ideal/... breeding ground for extremism/...

... Armut, Elend, Prostitution, Drogen ... – das ist natürlich ein guter Nährboden für Gewalt, für Rassismus, für politische Verführbarkeit!

Nährmutter: die Nährmutter Erde *path veraltend selten* · mother earth

Wie die Menschen heute mit der Nährmutter Erde umgehen, rief er aus, das ist doch ein Verbrechen! Sie wird uns das Gift zurückgeben, mit dem wir sie traktieren, statt uns zu ernähren ...

Nahrung: geistige Nahrung (zu sich nehmen/brauchen/...) *oft iron* · 1. 2. to need/... intellectual nourishment, to need/... food for the mind, to need/... intellectual stimulation

1. So einen miserablen Roman nennst du 'geistige Nahrung'?!
2. ... Wie heißt es: »Nicht von Brot allein lebt der Mensch«. Ich werde also jetzt mal geistige Nahrung zu mir nehmen. – Was hast du dir denn als Ferienlektüre mitgenommen?

(neue) Nahrung erhalten/(finden/...) (durch ...) *Hoffnung/ Argwohn/Mißtrauen/Kritik/...* form · to be rekindled by s.th., + to rekindle s.th., + to refuel criticism

... Sein schon lange gehegter Argwohn, daß der Wohrmann ihn mit allen Mitteln aus der Firma herausboxen will, hat durch die letzten Ereignisse natürlich neue Nahrung erhalten. Denn der Wohrmann hat ihn angegriffen, wo er nur konnte.

Hoffnung/Argwohn/Mißtrauen/Verdacht/Kritik/... (neue) Nahrung geben *form* · 1. 2. to revive the rumour/suspicion/... that ..., to rekindle the rumour/suspicion/... that ...

1. ... Sein neuster Roman hat leider der Kritik, die man seinen Büchern seit Jahren macht, neue Nahrung gegeben: er läßt sich zu stark von Ideen, Ideologien leiten. Dieser Roman ist noch thesenhafter als die anderen.
2. ... Vielleicht sollte sich der Prof. Wörners mit seiner lauten Kritik am Kommunismus etwas zurückhalten. Sonst könnte das dem Verdacht Nahrung geben, daß es ihm weniger um eine sachliche Auseinandersetzung mit dem Kommunismus als um seine eigene Karriere geht. *seltener*

Nährwert: das/(etw.) hat keinen/... sittlichen/(geistigen) Nährwert *sal* · to be completely/... pointless *n*, to be a complete/... waste of time *n*

... Was sagst du? Ich soll statt Betriebswirtschaft Germanistik studieren?! Welchen sittlichen Nährwert soll das denn haben? Als Betriebswirt finde ich mit an Sicherheit grenzender Wahrscheinlichkeit eine Stelle, als Germanist mit derselben Wahrscheinlichkeit nicht.

Naht: etwas auf der Naht haben *sal selten* – (gut) **betucht** sein · to have a few bob/quid/... stashed away

eine (tüchtige) Naht arbeiten/lernen/... *ugs selten* · to put in a solid stint, to put in a solid effort

... Na, heute haben wir ja eine tüchtige Naht gearbeitet! 12 Stunden übersetzen – das ist schon was!

jm. **auf die Nähte rücken/**(gehen) *sal selten* – jm. auf die **Pelle** rücken · to breathe down s.o.'s neck

jm. **auf den Nähten knien** *sal selten* · to (really/...) breathe down s.o.'s neck *coll*, to keep on at s.o. *n*

Wenn du dem Bohrmann immer und immer wieder auf den Nähten kniest, wird er dir irgendwann gar nicht mehr beistehen. – Ach, wer den nicht mit allen Mitteln bedrängt, dem hilft er nie!

aus allen Nähten platzen *ugs* · to be bursting at the seams

Die Martina hat etwas zugenommen in den letzten Monaten, nicht? – 'Etwas zugenommen' ist gut – die platzt aus allen Nähten. Wenn die so weiter frißt, sieht sie bald aus wie ein Tönnchen.

Naiven: den Naiven spielen · to act naive

... Als wenn die Christa nicht haargenau verstanden hätte, worum es geht! Die spielt die Naive – und ihr fallt darauf rein! Dieses Mädchen ist gerissener als ihr alle zusammen.

Name: (ah) daher der Name Bratkartoffel *sal veraltend selten* · so that's why *n*, so that's why s.th. is called X *n*, that explains/accounts for/... the name *n*, hence the name *n*

... Wenn er seinen Granit 'bernsteinfarben' nennt, dann soll das zugleich an seine Familie – Bernstein – erinnern als auch den Glanz andeuten – wie im Bernstein. – Ah, daher der Name Bratkartoffel! Ich hatte nie so richtig begriffen, warum man den Farbton, den der Stein hat, nicht anders angedeutet hat.

mein Name ist Hase (ich weiß von nichts) *dir. R scherzh* · 1. 2. (don't ask me,) I don't know anything, 1. I'm not saying anything

1. Hast du nicht gesehen, wer das Geld hier weggenommen hat, Alfons? – Nein. – Wirklich nicht? – Mein Name ist Hase, ich weiß von nichts.
2. ... Aber wenn es kritisch wird, handeln alle nach dem Motto 'mein Name ist Hase, ich weiß von nichts'. Sonst möchte natürlich jeder als bestens informiert gelten ...

js. **Name hat** (in/bei/...) **einen/keinen guten Klang** *form* · + s.o. has a good/bad/... reputation in/at/with/...

... Doch, doch, in der Wissenschaft hat sein Name einen ausgesprochen guten Klang! In der Presse, da wird er abfällig beurteilt – weil seine politischen Ansichten nicht in die Landschaft passen.

für etw. **ist** jm. **sein (guter) Name zu schade** *path* · + to think too highly of oneself to do s.th., + to attach too much importance to one's good name to do s.th. *para*

... Nein, für ein solches Machwerk ist meinem Vater sein Name zu schade. Und wenn sie ihm 100.000,– Mark bieten, unter seinem Namen oder unter seiner Verantwortung wird das nie erscheinen.

Name ist Schall und Rauch *form Zit* · names mean nothing, what's in a name, a rose by any other name would smell as sweet

... Wie hieß sie noch gleich? ... – Ach, das spielt doch gar keine Rolle. Name ist Schall und Rauch, das weißt du doch. Es kommt darauf an, wie sie ist, nicht, wie sie heißt.

Meier/Schulze/... **mit Namen**/mit Namen Meier/... *mst iron* · by the name of Smith/Meier/...

... Und dann war da noch ein relativ kleiner, dunkler Herr – Meyer mit Namen/(mit dem originellen Namen Meyer). Kennst du den auch? – Robert Meyer? – Ja. – Den kenn' ich sogar sehr gut!

auf den Namen ihres Mannes/... laufen/gehen/lauten/... *Unterlagen form* · it/s.th. is in s.o.'s name

... Ja, ich leite das Geschäft; aber die Papiere laufen alle auf den Namen meines Sohnes. Der übernimmt das sowieso bald; dann brauchen wir offiziell überhaupt nichts mehr zu ändern.

im Namen des Volkes/der Wahrheit/... *path* · in the name of the people/of the truth/...

... Der eine erobert im Namen der Religion, der andere verurteilt im Namen des Volkes, ein Dritter proklamiert etwas im Namen der Wahrheit – und wir, in wessen Namen reden wir?

in js. **Namen auftreten**/kommen/sprechen/... · to appear/speak/... in the name of s.th./s.o., to appear/speak/... on behalf of s.th./s.o.

... Wenn du persönlich auftrittst, erreichst du da gar nichts. Die empfangen dich erst gar nicht. Nur wenn du im Namen der Partei auftrittst, kannst du hoffen, daß man dich ernstnimmt.

seinen/js. **(guten) Namen beschmutzen**/besudeln/beflecken/in Verruf bringen/... *path* · to besmirch/... one's/s.o.'s (good) name

... Verstehst du, wie ein solcher Mann seinen Namen mit einem pornographischen Machwerk besudeln kann? – Wahrscheinlich interessiert ihn nicht – oder nicht mehr –, was er für einen Namen hat.

für/zu etw. **(nur/...) seinen Namen zur Verfügung stellen/**hergeben/... · to lend one's name to s.th.

... Nein, der Lenz macht das Programm nicht selbst; er hat dafür nur seinen Namen zur Verfügung gestellt. Wer das de facto realisiert, ist ein gewisser Bromberg – eine unbekannte Größe in der Varietébranche. – Deshalb läuft es unter 'Lenz'. Klar!

etw. **unter dem Namen ... veröffentlichen/...** · to publish/... s.th. under the name of ...

... Unter welchem Namen hat er seinen letzten Roman denn veröffentlicht, unter seinem eigenen oder unter einem Pseudonym?

unter eigenem/seinem eigenen **Namen herausgeben/**veröffentlichen/... · to publish/... s.th. in one's own name

... Werden Sie das Buch unter Ihrem eigenen Namen publizieren oder unter einem Pseudonym?

unter falschem/(fremdem) **Namen reisen**/untertauchen/sich (im Hotel/...) eintragen/... · to travel/... under a false name, to travel/... under an assumed name

Jetzt reist der Wolf-Dietrich doch schon seit drei oder vier Jahren unter falschem Namen durch Südamerika, und kein Mensch merkt das! – Wo hat er denn die gefälschten Pässe her?

unter fremdem/einem fremden **Namen herausgeben/**veröffentlichen/... ≠ unter eigenem/seinem eigenen **Namen** herausgeben/veröffentlichen/... · to publish s.th. under a pen name/an assumed name/a nom de plume/...

einen Namen haben (als ...) · to have a reputation (as a pianist/...), to have a name (as a pianist/...)

Wenn du erst mal (als Pianist/...) einen Namen hast, kann dir nicht mehr viel passieren. Schwer ist es, bekannt zu werden – alles andere kommt nachher mehr oder weniger von selbst.

einen großen Namen haben (als ...) · to have a big/... reputation (as a surgeon/...)

... Was, du kennst den Lopitz nicht? Als Fachmann für Knieoperationen hat der doch nun wirklich einen großen Namen. Neben einem Schweizer und einem Dänen gilt er als die Kapazität auf dem Gebiet.

einen guten/... Namen haben (als ...) · to have a good/... reputation (as ...), to have a good/... name (as ...)

Wenn der Alfons sich bei Prof. Schramberg operieren läßt, dürfte doch eigentlich alles in Ordnung gehen. Der Mann hat jedenfalls einen sehr guten Namen – wie übrigens die Klinik auch.

sich (als Künstler/...) **einen anderen Namen beilegen** · to adopt a different name (as an artist/...), to use a different name (as an artist/...), to assume a different name (as an artist/...), to adopt a nom de plume/pen name/...

Der Rolf Bautzer ... – Ich dachte, er hieß Gerritz? – Das ist sein bürgerlicher Name; als Romancier hat er sich einen anderen Namen beigelegt – er schreibt unter dem Pseudonym Bautzer ...

seinem (guten) Namen Ehre machen *path* · to be a credit to s.o., to do oneself justice, to live up to one's name

... Ihr neuester Roman, Herr Lunz, macht Ihrem Namen wirklich Ehre. Eine hervorragende Leistung!

(jetzt/...) den Namen ... führen *form* · to call o.s. ..., to go by the name of ...

... Seit ihrer Ehe führt sie den Namen Christa Maria Schmidt—Ramberg. – Na ja, das vertraute Christa Schmidt ist also doch nicht ganz verschwunden.

im Namen des Gesetzes jn. **verhaften/**(...) *form path* · to arrest s.o. in the name of the law

... Im Namen des Gesetzes, ich verhafte Sie ... – Was sagen Sie? – Ich verhafte Sie ... – Haben Sie überhaupt einen Haftbefehl? – Tut mir leid, hier, sehen Sie ...

den Namen Gottes loben/preisen *path – rel* · to praise God

... Mein Vater kann nun einmal diese Leute nicht ausstehen, die den Namen Gottes in der Kirche preisen, aber, kaum sind sie aus der Kirche heraus, vergessen, daß es den lieben Gott überhaupt gibt.

jn. in js. **Namen grüßen/**(...) *form* · to pass on regards from s.o., to say hallo to s.o. from s.o.

... Und ehe ich's vergesse: ich soll Sie natürlich auch im Namen meiner Frau ganz herzlich grüßen. – Haben Sie aufrichtigen Dank, Herr Wolters, und sagen Sie Ihrer Frau, daß ich ihre Grüße aufs herzlichste erwidere.

seinen Namen zu etw. **(nicht) hergeben** *path* · (not) to lend one's name to s.th.

... Nein, zu einem illegalen Geschäft geben wir unseren Namen nicht her. Wenn Sie das nicht ganz in eigener Verantwortung machen wollen, müssen Sie sich einen anderen Handelspartner suchen.

auf den Namen ... hören *form Tiere* · to answer to the name of ...

Gesucht wird: ein dunkelbrauner Langhaardackel; er hört auf den Namen Lumpi. ...

jn. (nur/bloß) dem Namen nach kennen · to know s.o. only by name

... und wie der Herr Sigurd sagt – Sie kennen ihn ja, nicht? – Dem Namen nach kenne ich ihn natürlich, aber persönlich nicht ...

auf js. **Namen laufen** *form* · it/s.th. is (registered) in s.o.'s name

... Ihr Wagen läuft auf den Namen Ihres Sohnes? Warum denn das? – Er kann ihn von den Steuern absetzen; deshalb gehört er offiziell ihm.

auf den Namen ... lauten *Papiere form veraltend* · it/s.th. is in s.o.'s name

... Sein Reisepaß lautet auf den Namen Fischer und sein Führerschein auf den Namen Rößner? Seltsam. Welches Dokument ist denn da gefälscht? – Vielleicht beide.

sich einen Namen machen (als ...) · to make a name for oneself (as a surgeon/...)

Der Peter Kramm hat sich in den letzten Jahren hier als Neurologe einen Namen gemacht. Wir hätten ihm das gar nicht zugetraut. Er gilt heute auf dem Gebiet als einer der angesehensten Spezialisten in unserer Stadt.

im Namen der Menschheit ... *form* · in the name of mankind, in the name of humanity

... Ich sehe beim besten Willen nicht, fuhr er fort, wie man jemanden im Namen der Menschheit verurteilen will. Die einzelnen Völker und Länder haben doch derart unterschiedliche Vorstellungen von Recht und Unrecht. Da treten dann also einzelne Völker im Namen aller auf! – Aber es gibt doch moralische Vorstellungen, die überall gelten!

den Namen Gottes/... mißbrauchen *form* · to take the Lord's name in vain

... Sie reden von Mission, Bekehrung zum Christentum, zu Gott, und was sie wollen, ist Einfluß, Macht! – Der Name Gottes wird leider immer wieder mißbraucht, Christa! Aber das heißt nicht, daß es den Leuten nicht (auch) um die Religion ginge!

jn. **beim Namen nennen/**(rufen) *veraltend* · to call s.o. by his name, to use s.o.'s name

... Wollen Sie mich nicht lieber beim Namen nennen, statt mich ständig mit 'Herr Professor' anzureden?

auf den Namen ... reagieren *form Tiere* – (eher:) auf den **Namen** ... hören · to answer to the name of ...

seinen Namen unter etw. **setzen/**(schreiben/...) · to put one's signature to s.th., to sign s.th.

... Unter so einen nachlässig und fehlerhaft aufgesetzten Brief setzt der Chef natürlich nie seinen Namen! – Er hat völlig Recht. So einen Wisch würde ich als Firmenleiter auch nicht unterschreiben.

in js. **Namen sprechen/**(reden/...) · to speak/... for s.o./s.th., to speak/... on behalf of s.o./s.th.

(Bei einer Verhandlung:) ... Entschuldigen Sie, Herr Holtkamp, sprechen Sie in Ihrem eigenen Namen oder im Namen eines bestimmten Unternehmens? – Ich vertrete hier die Firma Schuckert ...

jn. **auf den Namen** Willi/Heinrich/... **taufen** *form od. iron* · to christen s.o. John/Mary/..., to baptise s.o. John/Mary/...

... Wenn du den Jungen schon auf den Namen Isidor getauft hast, Walter, dann solltest du ihn auch so nennen – und nicht Herbert. – Erstens hab' ich ihn nicht getauft, sondern unser Dorfpfarrer, und zweitens hat die Mathilde diesen blöden Namen gewählt, ohne mich vorher zu konsultieren.

mit seinem/dem (vollen) Namen unterschreiben · to sign with one's (full) name, to use one's (full) name when signing s.th.

(Auf einem Antragsformular:) Bitte unterschreiben Sie den Antrag mit Ihrem vollen Namen – Name und Vorname – unten rechts an der angegebenen Stelle und ...

seinen Namen (mit/durch etw.) **verewigen** *form od. iron* – sich (mit etw.) **verewigen** (1) · to achieve immortality (by doing s.th.)

einen Artikel/... mit seinem (vollen) Namen zeichnen *form* · to sign an article/... with one's (full) name

Wenn Sie Ihre Beiträge für unsere Zeitung nicht mit Ihrem vollen Namen zeichnen wollen, Herr Bertram, wollen Sie wahrscheinlich ein Pseudonym wählen. – Eine nicht rekonstruierbare Abkürzung tut es auch.

Namensgedächtnis: ein gutes/schlechtes/... **Namensgedächtnis haben** · to have a good/bad/poor/... memory for names

... Seltsam, wie jemand so ein blendendes Namensgedächtnis haben kann wie der Willy, aber keine drei Zahlen behält! ...

Namensnennung: unter Namensnennung publizieren/... *form* · to publish a letter/... with s.o.'s name/with the writer's name/...

... Nein, wir veröffentlichen grundsätzlich keine anonymen Zuschriften, sondern nur Briefe, die uns unter Namensnennung zugehen ...

nanu: nanu! *ugs* · 1. hello?, 2. that's funny

1. Nanu, was ist denn das? Geht der Apparat schon wieder nicht?
2. Nanu, ist das denn möglich?! Ich habe ihm doch gestern noch die neue Adresse der Firma angegeben, und heute will er sie schon wieder nicht haben?!

Narben: Narben zurücklassen/bleiben immer zurück/(...) *path* · it's.th./an experience/... leaves/will leave/... scars

... Auch wenn man mit solchen Problemen 'fertig wird', wie das so schön heißt: Narben lassen sie immer zurück. Irgendwie bleibt man doch ein 'gebranntes Kind'.

Narkose: in der Narkose liegen/aus ... erwachen · to be under/to awake from/... an anaesthetic

... Die Operation ist doch schon eine halbe Stunde vorbei, da kann der Richard doch nicht immer noch in der Narkose liegen! – Ob die Anästhesistin ihm eine Überdosis gegeben hat?

Narren: einen Narren an jm./(etw.) **gefressen haben** *ugs* · to dote on s.o. *n*, to be dotty about s.o. *coll*, to be mad about s.o. *coll*

Eure Ingrid kann sich bei ihrem Onkel Leo leisten, was sie will, der schimpft nie, was? – Ja, das stimmt. Der Onkel Leo hat einen Narren an seiner jüngsten Nichte gefressen. Laß ihn! Es ist seine letzte Liebe ...

jn. **zum Narren halten/**(haben) *ugs* – jn. (tüchtig/anständig/so richtig/...) auf den **Arm** nehmen · to have s.o. on, to pull s.o.'s leg

sich aus jm. **einen Narren machen** *ugs selten* · 1. to dupe s.o., to play tricks on s.o., to pull the wool over s.o.'s eyes, to lead s.o. up the garden path, 2. to have s.o. on, to pull s.o.'s leg, to (really/...) take the mickey out of s.o., to (really/...) take the piss out of s.o. *vulg*

1. ... Der Mann versucht mal wieder, aus uns einen Narren zu machen! Der versteht von Granit nicht mehr als du oder ich; er will uns nur irreführen.
2. vgl. – jn. (tüchtig/anständig/so richtig/...) auf den **Arm** nehmen

sich zum Narren machen *ugs selten* · to make a fool of o.s. *n*

(In einem Ministerium:) Nein, so einen Unsinn unterschreibe ich nicht. Wenn Staatssekretär Bauherr sich zum Narren machen will, ist das seine Sache. Ich lege keinen Wert darauf, dem Spott der Presse zu dienen.

Narrenfreiheit: bei jm. **Narrenfreiheit haben/genießen** · to have a jester's licence/fool's licence/... with s.o. *para*, to be able to do as one pleases/likes/... with s.o.

Seltsam, die Ute kann sich erlauben, was sie will: dein Vater schimpft nie – während er sonst jeden sofort zurechtstaucht. – Es ist seine jüngste Enkelin; sie hat bei ihm Narrenfreiheit.

Narrenhaus: j. **gehört ins Narrenhaus** *sal selten* – reif fürs **Irrenhaus** sein · s.o. belongs/ought to be/... in an asylum

es geht hier/dort/in .../.../zu/... **wie in einem Narrenhaus** *ugs selten* – (eher:) es geht hier/dort/in .../.../ zu/... wie in einem/im **Irrenhaus** · it's like a madhouse in here

Narrenpossen: Narrenpossen treiben *veraltend selten* – **Faxen** machen · to mess around, to play around, to fool around

Narrenseil: jn. **am/**(an einem) **Narrenseil herumführen/**(führen) *ugs selten* · 1. to lead s.o./to be leading s.o./... up the garden path, 2. to have s.o. on, to pull s.o.'s leg, to (really/...) take the mickey out of s.o., to (really/...) take the piss out of s.o. *vulg*

1. ... Jetzt sagt der Lauschner mir schon zum dritten Mal, der Kaufvertrag würde in einer Woche definitiv gemacht! – Der führt dich am Narrenseil herum. – Wie, meinst du, der will das Haus gar nicht kaufen? – Der hält dich hin, weiter nichts.
2. vgl. – (eher:) jn. (tüchtig/anständig/so richtig/...) auf den **Arm** nehmen

narrensicher: narrensicher sein *Maschinen u.ä. ugs* · 1. 2. it/ s.th./a device/... is foolproof

1. ... Nein, da kannst du beruhigt sein! Die Anlage ist narrensicher: sie ist leicht zu bedienen, funktioniert sehr gut, das Risiko (eines Unfalls) ist sozusagen gleich Null ...
2. vgl. – **idiotensicher** (sein)

Narrenzepter: das Narrenzepter führen/schwingen *selten* · to carry the fool's sceptre/jester's sceptre/jester's bauble

... Daß der Rolf Breithaupt überhaupt Zeit hat, sich so häufig zum Karnevalsprinzen wählen zu lassen! – Es macht ihm Spaß, das Narrenzepter zu schwingen, und für die Dinge, die einem Spaß machen, findet man auch Zeit.

närrisch: (ganz/geradezu/...) närrisch sein auf/(nach) etw./nach jm./(auf jn.) *ugs* – *path* · 1. 2. to be mad/crazy/... about s.o./s.th.

1. vgl. – (eher:) (ganz) **versessen** sein auf etw.

2. vgl. – (eher:) (ganz/geradezu/...) **verrückt** sein nach jm./(auf jn.)

rein närrisch sein vor Freude/(...) *ugs* – *path* · fast außer sich geraten vor **Freude** · to be overjoyed, to be beside o.s. with joy, to be over the moon

Näschen: ein Näschen für etw. **haben** *ugs* · 1. 2. to have a nose for s.th., to have an instinct for s.th.

1. Wenn die Konstellation für den Verkauf von Hartgummiplättchen wieder günstiger ist, wird sich der Rehberg schon wieder hier sehen lassen, da mach' dir mal keine Sorge. Der hat ein Näschen für die Verkaufssituation. Der läßt sich keine Chance entgehen.

2. vgl. – (eher:) eine **Nase** für etw. haben

Nase: (nicht) nach js. **Nase sein/**(ablaufen/... *sal* · (not) to be to to s.o.'s taste *n*, (not) to suit s.o. *n*, + (not) to have things all one's own way *n*

... Nein, an eurer Stelle würde ich die Frau Prof. Honigwald zu der Karnevalsfete nicht einladen. Solche lockeren Feiern sind nicht nach ihrer Nase. Sie würde sich da nur langweilen, wenn nicht sogar seltsam berührt fühlen.

(direkt/...) vor js. **Nase sein/**liegen/stehen/... *sal* · to be/... right in front of s.o. *coll*, to be/... right under s.o.'s nose

Wo ist denn die Brille, die ich mit zur Reparatur nehmen soll, Vater? – Sie liegt direkt vor deiner Nase, Gertrud. Neben deinem Teller. – Ach, ja!

eine Nase für etw. **haben** *ugs* · 1. 2. to have a nose for s.th., to have an instinct for s.th.

1. Wenn du in der Politik keine Nase hast für Dinge, die in der Luft liegen, kommst du nicht sehr weit. – Aber ist die Welt nicht voller Politiker, die dieses Gespür nicht haben?

2. vgl. – ein **Näschen** für etw. haben

eine feine Nase haben · 1. to have a good/fine/... sense of smell, to have a good nose, 2. to have a nose for s.th., to have an instinct for s.th.

1. Ist das ein Gestank hier! Das hält man ja nicht aus! – Komm', stell' dich nicht so an! Du meinst wohl, weil du eine feine Nase hast, müßten die Bauern ihre Misthaufen mit Parfum desodorieren, was?

2. vgl. – (eher:) ein **Näschen** für etw. haben (1)

eine gute Nase (für etw.) **haben** · 1. to have a good nose for s.th., 2. to have a nose for s.th., to have an instinct for s.th.

1. Riech' doch mal an diesen beiden Flaschen hier! Merkst du da einen Unterschied? – Ja. Die eine riecht etwas schärfer, eine Idee bitterer. – Du hast aber eine gute Nase, verdammt nochmal! Ich merke da keinen Unterschied.

2. vgl. – (eher:) ein **Näschen** für etw. haben

die richtige Nase (für etw.) **haben** *ugs* · to have a nose for s.th., to have an instinct for s.th., to have a sixth sense for s.th.

... Der Laschner irrt sich aber auch nie! Der hat die richtige Nase für das, was in der Luft liegt, für das, was man riskieren kann, was nicht. Einen sechsten Sinn, der ihn nie im Stich läßt!

etw. (direkt) vor der Nase haben *sal* · 1. to have s.th. just round the corner *coll*, 2. to have s.th. right in front of one *coll*

1. ... Ja, du hast gut reden, du hast den Supermarkt direkt vor der Nase! Da ist das Einkaufen natürlich keine Kunst. Ich muß bis zum nächsten Geschäft einen halben Kilometer laufen!

2. ... Wo hast du das Wörterbuch? – Das hast du doch direkt vor der Nase! Auf deinem Schreibtisch, hinter dem Baudelaire-Band.

jm. blutet die Nase · s.o.'s nose is bleeding

... Jetzt blutet mir doch schon wieder die Nase! Da stimmt doch was nicht!

nicht weiter denken/sehen als seine Nase *sal* – (eher:) nicht weiter denken/sehen, als die/seine **Nase** reicht · not to see further than one's nose

js. Horizont/(...) geht nicht über seine Nase/die eigene Nase hinaus *sal* · + he/you/... can't see any further than the end of his/... nose, + he/you/... can't see beyond the tip of his/... nose

Mein Gott, der Manfred hat aber auch für nichts Sinn, was nicht mit seinem Bauernhof zusammenhängt! Sein Horizont geht nicht über die eigene Nase hinaus. – Du kannst schlecht von einem Mann, der nie aus diesem Nest herausgekommen ist, Weltläufigkeit erwarten.

jm. läuft die/seine Nase · s.o.'s nose is running

Verflixt, heute läuft mir dauernd die Nase! Schon drei Pakete Tempotaschentücher hab' ich verbraucht!

pack'/faß (zieh'/zupf') **dich/**packt/... euch/... **an deine/**eure/... **eigene Nase!** *sal* · you're a fine one to talk!, you can talk

Der Michael hat schon wieder eine neue Freundin! – Was der Michael hat oder nicht hat, geht dich überhaupt nichts an, meine Liebe! Im übrigen: pack' dich an deine eigene Nase! Hast du nicht auch schon mehrere Freunde gehabt? Bring' mir erstmal vernünftige Noten von der Schule nach Hause und dann komm' mir mit den Fehlern anderer!

pro Nase (ist/macht das/...) *ugs* – pro **Person** ist/macht das/... (2; u. U. 1) · per person

eine/die rote Nase · (s.o. has) a red nose

... Trinkt der Kalle wirklich so viel? – Und ob! Der hat doch schon eine rote Nase, ist dir das noch nicht aufgefallen? Eine richtige Säufernase.

sich (direkt/...) vor js. **Nase abspielen/**... *sal* · to happen/... (right) in front of s.o. *coll*, to happen/... before s.o.'s eyes *coll*

... Haben Sie den Unfall denn überhaupt gesehen, daß Sie so dezidiert Stellung nehmen? – Er hat sich doch direkt vor meiner Nase abgespielt: ich stand an der Ecke dort, und hier, zehn Meter von mir entfernt, prallten die beiden Wagen aufeinander.

ich kann/er kann/... dir/ihm/... das/die Gedanken/... doch/... nicht an der Nase ablesen *sal* – ich kann/er kann/... dir/ihm/... das/die Gedanken/... doch/... nicht an der **Nase** ansehen · I/he/... cannot read your/... mind

mit langer Nase (wieder) abziehen (müssen) *sal* · to go away disappointed *n*, to go away with a long face

Da kommt der Millner extra von München, um euch seine neuen Modelle vorzuführen, und er erklärt ihm, bis zum nächsten Sommer wärt ihr versorgt! Wie hat der denn überhaupt reagiert? – Er ist mit langer Nase wieder abgezogen, klar. Aber was will ich machen ...

jm. etw. (gleichsam/...) an der Nase ansehen *ugs* – jm. etw. (gleichsam/...) an der **Nasenspitze** ansehen · to be able to tell from s.o.'s face, to see it written all over s.o.'s face

ich kann/er kann/... dir/ihm/... das/die Gedanken/... doch/... nicht an der Nase ansehen *sal* · I/he/... can't read thoughts *n*, I/he/... can't tell just from looking at your face *coll*

... Wenn mein Auto kaputt ist, kann ich nicht pünktlich hier sein, das mußt du doch einsehen! – Woher soll ich denn wissen, daß dein Auto kaputt ist? Das kann ich dir doch nicht an der Nase ansehen! Dann sag' doch gleich!

sich die Nase begießen *sal selten* – einen **saufen** · to knock back a few, to have a few jars

eine (tüchtige) Nase bekommen *ugs selten* – einen (anständigen/tüchtigen/...) **Rüffel** kriegen/bekommen · to get a good/severe/... telling-off, to get a good/severe/... ticking-off, to get a good/severe/... wigging

js. **Nase beleidigen** *iron* · to offend s.o.'s sense of smell
Schau dir die Ute an, was die für ein Gesicht macht! – Der Dünger auf diesen Feldern hier beleidigt ihre Nase. – Es stinkt ja in der Tat; aber Landluft ist nun einmal Landluft.

jm. etw. **auf die Nase binden** *sal* · to tell s.o. all about s.th. *n*, to go round telling s.o. s.th. *coll*, to volunteer information about s.th./s.o. *n*, to let s.o. in on s.th. *n*
Ihr braucht doch nicht jedem x-beliebigen Besuch auf die Nase zu binden, daß die Mama schwer krank ist, verdammt nochmal! Das geht die Leute doch gar nichts an!

(gedankenverloren/...) **in der Nase bohren** *ugs* · to pick one's nose (absent-mindedly/...)
... Den Heymann hast du an die Luft gesetzt? Das war doch ein guter Kellner! – Das schon! Aber ich kann hier keine Kellner haben, die mitten im Lokal herumstehen und sich genüßlich in der Nase bohren.

jn. **auf etw.** (immer erst/...) **mit der Nase draufstoßen/** (draufdrücken) **müssen** *sal* · one/I/we/... (always) have to spell it out for s.o. *n*
... Mein Gott, Aloys, merkst du das denn nicht selbst? Das ist doch jetzt schon das fünfte oder sechste Mal, daß euer Französischlehrer euch haargenau dieselbe Falle stellt! Daß man dich aber auch immer erst mit der Nase draufstoßen muß!

seine **Nase in jeden Dreck stecken** *sal* – sich um jeden **Dreck** kümmern · to poke one's nose into every every little thing

jm. **eine** (lange) **Nase drehen** *oft mit einer Geste: Zeigefinger drehend auf der Nase ugs* · to cock a snook at s.o., to thumb one's nose at s.o.
Aber Robert, das ist doch keine Art, jemandem, der mit seinem Wagen gegen eine Laterne fährt, eine Nase zu drehen! Was würdest du denn sagen, wenn sich jemand über dich noch lustig machen würde, wenn dir ein Unfall passiert?!

eine tüchtige Nase einstecken müssen *ugs selten* – einen (anständigen/tüchtigen/...) **Rüffel kriegen/bekommen** · to get a good/severe/... telling-off, to get a good/severe/... ticking-off, to get a good/severe/... wigging

jm. (so richtig/...) **in die Nase fahren** *ugs* · 1. 2. to get up s.o.'s nose, 3. to nark s.o.
1. vgl. – (eher:) jm. (so richtig/...) in die **Nase** gehen/fahren (1)
2. vgl. – (eher:) jm. in die **Nase** stechen (1)
3. vgl. – jm. in die **Nase** steigen

auf die Nase fallen (mit etw.) *ugs* · 1. to fall flat on one's face, 2. to come a cropper (with s.th.) *coll*
1. Was ist denn los, was heult dieser Junge denn so blöd hier herum? – Er ist auf die Nase gefallen. – Aber der Kopf ist doch noch dran, oder? Herrgott, so ein Theater!
2. Der Otto hatte sich eingebildet, er könnte seinen Urlaub einfach um eine Woche verlängern; der Chef würde das schlucken. Aber von wegen! Er ist (mit seinen Vorstellungen/...) ganz schön auf die Nase gefallen. Der Alte hat ihm sofort gekündigt.

j. **soll sich an seine eigene Nase fassen/**(zupfen) *sal* – j. soll sich an seine eigene **Nase** packen/(ziehen/zupfen) · s.o. can't talk

auf die Nase fliegen *sal* – auf die **Nase** fallen (mit etw.) (1) · to fall flat on one's face

jm. **eins/was auf die Nase geben** *ugs* · 1. to put s.o. in his place, to tell s.o. what's what, 2. to tell s.o. off, to tick s.o. off, to rap s.o. over the knuckles, to sock s.o. on the nose
1. Endlich hat der Chef dem Krausberg mal anständig die Meinung gesagt! Der nahm sich wirklich zu viel heraus. Der Alte hätte ihm schon längst eins auf die Nase geben müssen. Dann wäre es erst gar nicht so weit gekommen.
2. vgl. – (stärker als:) jm. einen **Nasenstüber** versetzen/geben (verpassen)

eine Bemerkung/... **ist jm. in die Nase gefahren/gestiegen** *ugs* · s.th./a remark/... got up s.o.'s nose *sl*, s.th./a remark/... narked s.o.
... Der Kurt ist so sauer! Was ist denn los? – Die Bemerkung der Angelika, sein Französisch sei nicht besser als ihr Englisch, ist ihm in die Nase gefahren.

js. **Nase gefällt/paßt jm. nicht** *ugs* – js. **Nase** paßt jm. nicht · + not to like the look of s.o.

nach js. Nase gehen *sal* · + to have things all one's way, if things don't go my/his/... way, ...
... Entsetzlich, dieser Winkler! Wenn nicht alles nach seiner Nase geht, wird er ungezogen. Als ob die anderen nicht auch ihren Willen und ihre Wünsche hätten!

sich etw. **aus der Nase gehen lassen** *sal selten* – sich etw. (nicht) **entgehen** lassen · to let a chance/an opportunity/... go/slip

jm. (so richtig/...) **in die Nase gehen/fahren** *ugs* · 1. + to (really) get a whiff/a lungful of s.th., 2. to get up s.o.'s nose
1. Gut, Landluft ist Landluft, einverstanden. Aber wenn einem der Wind genau ins Gesicht bläst und einem dieser Gestank von dem Dünger so richtig in die Nase geht ... – ein Vergnügen ist das nicht.
2. vgl. – (eher:) jm. in die **Nase** stechen (1)

du bist/er ist/... **wohl auf der Nase gelaufen**?! *ugs selten* · you/... look/... like you've/... been in the wars
Du bist wohl auf der Nase gelaufen, Karlchen, oder warum ist die so zerschunden? – Die Christa hat mich gestern gekratzt. – Hm, hm, und warum? ...

seine Nase zu tief ins Glas stecken/gesteckt haben *ugs* – (eher:) einen über den **Durst** trinken · to have had one/a few/... too many

jm. etw. (direkt) **unter die Nase halten** *sal* · to shove/ stick/... s.th. right under s.o.'s nose
... Ach, der Klaus hat ihr doch die Zeitung mit der entsprechenden Titelüberschrift direkt unter die Nase gehalten! Das kann sie gar nicht übersehen haben, daß da auch ihr Name stand.

(nur/immer/...) **nach seiner eigenen Nase handeln/**(...) *sal* · to (always/...) do whatever one feels like, to (always/...) suit o.s., to (always/...) do s.th. off one's own bat, to go it alone
... Wir hatten dich gewarnt, Kathrin! Aber du wolltest ja nicht hören. Wenn jemand unbedingt nach seiner eigenen Nase handeln will, muß er auch die Folgen tragen. Jetzt können wir nichts mehr machen; jetzt laufen die Ermittlungen ...

die Nase hängenlassen *ugs* – (eher:) den **Kopf** hängenlassen · to hang one's head

jn. **an der Nase herumführen** *ugs* · 1. to make a fool of s.o., to pull the wool over s.o.'s eyes, to dupe s.o., 2. to have s.o. on, to pull s.o.'s leg, to (really/...) take the mickey out of s.o., to (really/...) take the piss out of s.o. *sl*
1. Gefärbtes Wasser haben sie dem Kurt als Whisky angedreht? Köstlich! Und er hat sich an der Nase herumführen lassen? – Das sind gewiefte Betrüger! Die wissen, wie sie die Leute anzufassen haben.
2. vgl. – jn. (tüchtig/anständig/so richtig/...) auf den **Arm** nehmen

jm. **auf der Nase herumtanzen** *ugs* – jm. auf dem **Kopf** herumtanzen/(herumtrampeln) · to (be able to) get away with murder with s.o., to walk all over s.o., to play s.o. up

sich von jm. **nicht auf der Nase herumtanzen lassen** *ugs* · not to allow s.o. to/let s.o./... play one up, not to allow s.o. to/let s.o./... mess one about
... Der Mierweg läßt sich doch von euch nicht auf der Nase herumtanzen! Der ist schon mit anderen Leuten fertig geworden. Wenn ihr meint, mit dem könnt ihr machen, was ihr wollt, seid ihr gewaltig im Irrtum.

js. **Gesichtskreis/Horizont/Verständnis/Begriffsvermögen/** ... **geht nicht über seine/die eigene Nase hinaus** *sal* · s.o.'s horizons/views/intellect are/... extremely/... limited *n*
... Der Emil übersieht die Zusammenhänge doch gar nicht, in die diese Problematik gehört! Dessen Horizont geht doch nicht über seine Nase hinaus. – Ist der Junge wirklich so beschränkt?

die Nase hochtragen *ugs* · to be stuck-up
Du Willy, unter uns: das nächste Mal, wenn du kommst, läßt du den Lins zu Hause; ich kann Leute nicht ausstehen, die die Nase so hochtragen. – Der ist sonst gar nicht so arrogant! Ich weiß auch nicht, was gestern in den gefahren war.

sich eine blutige Nase holen *ugs* – sich blutige **Köpfe** holen · to get beaten up, to get one's head beaten in

eine Nase wie eine Kartoffel (haben) *sal* · to have a big/ huge/... conk, to have a big/huge/... schnozzle, to have a nose like a potato *para*

... Wie ein Mann, der eine Nase wie eine Kartoffel hat, trotzdem ausdrucksvoll aussehen kann! ... Ein Phänomen, dieser Prof. Tietze! – Wenn er angeheitert ist, spricht er übrigens nicht von seiner Nase, sondern von seinem 'Riechkolben'.

die Nase krausziehen *ugs selten* – die **Nase** (über jn./etw.) rümpfen (1) · to turn one's nose up at s.th.

seine Nase in jeden Kram stecken *sal* · 1. 2. to stick one's nose into everything

1. vgl. – (eher:) seine **Nase** in jeden Dreck stecken
2. vgl. – sich um jeden **Dreck** kümmern

eins auf die Nase kriegen/(bekommen) *sal selten* · 1. to get a punch in the face, 2. to get a good ticking-off/dressing down

1. vgl. – eins **draufkriegen** (1)
2. vgl. – einen (anständigen/tüchtigen/...) **Rüffel** kriegen/bekommen

auf der Nase liegen *ugs* · to be laid up

Ich habe ja immer gesagt, der Jupp übernimmt sich! Jetzt haben wir's, jetzt liegt er auf der Nase! Wer weiß, ob er jemals wieder ganz gesund wird, jemals wieder die Kraft wie vorher hat ...

jm. eine (lange) Nase machen *oft mit der Geste: man hält den Daumen an die Nase und zeigt mit gespreizten Fingern auf den anderen ugs* – jm. eine (lange) **Nase** drehen · to cock a snook at s.o., to thumb one's nose at s.o.

immer der Nase nach! *sal* · follow your nose!, straight on! *n*

Entschuldigung, wie komme ich am besten zum Rathaus? – Nichts einfacher als das, junger Mann: immer geradeaus, immer der Nase nach, dann stehen sie in gut zehn Minuten direkt davor.

immer/(...) der Nase nachgehen *sal* · to follow one's nose

Entschuldigung, wie komme ich am besten zur Nikolaikirche? – Da brauchen sie nur 10 Minuten der Nase nachzugehen, dann laufen Sie von selbst darauf zu. – Der ist aber höflich, der Mann! Andere Leute sagen 'geradeaus'.

j. soll sich an seine eigene Nase packen/(ziehen/zupfen) *sal* · s.o. can't talk, s.o. is a fine one to talk *coll*

Die Karin meint, der Michael hätte jetzt bestimmt schon die dritte Freundin in diesem Jahr ... – Die Karin soll sich an ihre eigene Nase packen! Wieviel Freunde hatte die denn schon?! Die soll erstmal vernünftige Noten nach Hause bringen. Dann kann sie mir mit den Fehlern anderer kommen!

js. Nase paßt jm. nicht *ugs* · + not to like the look of s.o.

Ich verstehe gar nicht, was der Paul gegen den Lösser hat! Der hat sich ihm gegenüber doch nie inkorrekt verhalten. – Das ist so bei dem Paul: wenn dem die Nase von jemandem/jemandes Nase nicht paßt, dann ist nichts zu machen; dann mag er ihn eben nicht.

sich die Nase auf/an einer Scheibe/(...) plattdrücken *ugs* · to press one's nose flat against a window pane/... *n*

... Die Kinder drückten sich die Nase an den Schaufenstern platt. Die herrlichen Spielsachen, die da ausgelegt waren, waren auch zu verlockend; selbst viele Erwachsene konnten sich daran nicht sattsehen.

in der Nase pulen/(popeln) *sal* – (gedankenverloren/...) in der **Nase** bohren · to pick one's nose (absent-mindedly/...)

sich die Nase putzen · to wipe one's nose, to blow one's nose

Liesel, putz' dir mal die Nase! Merkst du das gar nicht, wenn dir die Nase läuft?

seine Nase in jeden Quark stecken *sal* – sich um jeden **Dreck** kümmern · to poke/to go poking one's nose in every little thing

durch die Nase reden/sprechen · to talk through one's nose

Du redest schon wieder durch die Nase, Mirna! Ich weiß gar nicht, wie du das immer machst: das halbe Jahr bist du erkältet.

jm. etw. unter die Nase reiben *sal* · to rub s.o.'s nose in it *often: he doesn't have to/you don't have to rub my/his/... nose in it,* to rub it in that ...

Dem Karl in Gegenwart seiner Freundin unter die Nase zu reiben, daß er nicht mit Geld umgehen kann, ist ja auch nicht gerade die Art des feinen Mannes!

nicht weiter denken/sehen, als die/seine Nase reicht *sal* · not to be able to see (any) further than one's nose, not to be able to see beyond the end of one's nose

... Der Kurt übersieht die Zusammenhänge, in die diese Problematik gehört, doch gar nicht! – Wie, hat er trotz seiner langen Berufserfahrung einen so engen Horizont? – Der denkt nicht weiter als seine Nase reicht!

die Nase (über jn./etw.) rümpfen *ugs* · 1. 2. to turn one's nose up at s.th./when .../if ...

1. Sollte sich die Gisela nochmal erlauben, so die Nase zu rümpfen, wenn ich sie bitte, mir im Supermarkt etwas einzukaufen, werde ich ihr mal etwas ganz anderes erzählen. Die meint wohl, sie wäre etwas Besseres, was?!
2. ... Der Kieback und dir helfen! Der rümpft über jeden die Nase, der kein Geld hat. Das ist für den ein Beweis für Dummheit, dafür, daß man mit dem Leben nicht fertig wird. Auf solche Leute guckt er nur mit Verachtung herab.

seine Nase in jeden Scheißdreck stecken *vulg* · 1. 2. to stick/ to poke/(...) one's nose into every piddling little thing

1. vgl. – seine **Nase** in jeden Dreck stecken
2. vgl. – sich um jeden **Dreck** kümmern

jm. jn. vor die Nase setzen *ugs* · to put a new man/woman/... over s.o. *n*, to appoint s.o. over s.o.'s head

Jetzt hatte der Willy gehofft, er würde die Abteilung übernehmen, wenn der Krämer in Pension geht, und nun setzen sie ihm einen völlig unbekannten Mann (von einer Konkurrenzfirma) vor die Nase.

jm. in die Nase stechen *ugs* · 1. to get up s.o.'s nose, 2. to smell good/to smell appetising/... *n*

1. Ist das ein scharfer, unangenehmer Geruch hier! Der sticht einem so richtig in die Nase! Widerlich!
2. Der Gerd kommt heute so pünktlich zum Essen herunter! – Dem sticht ja der Sauerbraten in die Nase, das ist doch klar. Und in der Tat: bei diesem herrlichen Geruch läuft einem das Wasser im Munde zusammen. *seltener*

seine Nase in alles stecken *sal* – (eher:) sich um jeden **Dreck** kümmern · to stick one's nose into about every trifle, to stick one's nose into about every little thing

seine Nase in etw./etw., was einen nichts angeht/etw., wo man nichts zu suchen hat/in anderleuts Dinge/... stecken *sal* · 1. 2. to poke/to go poking one's nose into other people's business/matters that don't concern one/..., to stick one's nose into other people's business/...

1. ... Du solltest dich mehr um deine eigenen Angelegenheiten kümmern und nicht immer deine Nase in anderleuts Dinge stecken.
2. ... Der Kraibert meint auch ... – Was hat denn der Kraibert mit dieser Sache zu tun? Muß der seine Nase mal wieder in Dinge stecken, wo er nichts zu suchen hat?!

seine Nase ins Buch/in die Bücher/(ins Mathematikbuch/...) stecken *ugs* · to read/to start reading/... a book *n*, to put one's nose in a book

... Du willst ins Kino, sagst du? Hast du heute überhaupt schon deine Nase in die Bücher gesteckt? – Wir haben keine Schularbeiten/ nichts auf.

jm. in die Nase steigen *ugs selten* · to get up s.o.'s nose, to nark s.o., to get s.o.'s back up *n*

Deine Bemerkung zu dem ungünstigen Auftragseingang in den letzten Monaten ist ihm in die Nase gestiegen. Er hat sie offensichtlich als persönliche Kritik aufgefaßt.

von der Natur benachteiligt worden sein *form od. iron* – von der **Natur** (sehr) stiefmütterlich behandelt worden sein · nature hasn't been very kind to s.o. as far as looks/… are concerned, s.o. has not been blessed with good looks/…

gegen/(wider) js. Natur gehen/es geht … *form* · (not) to be in s.o.'s nature to do s.th., to go against the grain (for s.o. to do s.th.)

Warum erscheint der Borreicher eigentlich nie auf einem Kongreß? – Es geht gegen seine Natur, in größerem Kreis zu diskutieren, sich mit anderen auseinanderzusetzen … Das liegt ihm nicht./Diskussionen im größeren Kreis gehen gegen seine Natur …

von der Natur wie geschaffen sein zu/für … *path* · to be (just) made for s.th./a job/…, to be a natural (for the job/…)

Der Maltes ist von Natur wie geschaffen zum Leiter eines Auslandsinstituts. Er ist sprachbegabt, kontaktfreudig, konziliant und geschickt, managt gern … Einen besseren Institutsleiter kann man sich gar nicht denken.

Natur und Kultur · nature and culture

… Ja, müssen Natur und Kultur denn unbedingt Gegensätze sein?

es/das/(etw.) liegt in der Natur der Sache/(Dinge) (daß/etw. zu tun/…) · it is in the nature of things that …, it is (perfectly) normal/natural/… to …

Ich verstehe gar nicht, wie du dich darüber wundern kannst, daß eure beiden Ältesten ihre Ferien unabhängig von den Eltern gestalten wollen. Das liegt doch in der Natur der Sache. Die beiden sind aus dem Kindesalter heraus, haben ihre Freunde, ihre Freundinnen …

die Natur ist ein Tempel Gottes *Zit form* · Nature is God's temple

(Bei einer Wanderung durch die Berge von Gerês:) Ich weiß nicht mehr, wer gesagt hat: die Natur ist ein Tempel Gottes. Ist ja im Grunde auch egal. Was ich sagen will: in diesen wilden, urtümlichen Bergen erlebt man noch, was mit diesem Wort gemeint ist. In unserer 'zivilisierten Natur' merkt man das ja nicht mehr.

der Natur seinen Tribut zollen/entrichten *path selten* · to pay one's debt to nature, to pay the debt of nature, to satisfy one's natural needs/urges/…

Man kann nicht nur arbeiten, nur auf ein Ziel hin leben, immer nur den Willen anspannen … so hin und wieder muß man auch mal der Natur seinen Tribut zollen. – Das meine ich auch. Der Mensch besteht nicht nur aus Geist und Willen.

jm. zur zweiten Natur werden – jm. in **Fleisch** und **Blut** übergehen · to become second nature for s.o. (to do s.th.)

natura: jn. in natura vor sich sehen/…/etw. … bezahlen/… *geh oft iron selten* · 1. to see/… s.o. in the flesh, 2. to pay for s.th. in kind

1. … Wenn man den Mann da so in natura vor sich hat, macht er einen ganz anderen Eindruck als auf Bildern oder im Fernsehen.

2. (Zu einem Handwerker:) Leichter wäre es für uns natürlich, Ihre Arbeit in natura zu vergüten – Obst, Gemüse, Kartoffeln, so viel Sie brauchen; aber möglicherweise ziehen Sie Geld vor …

Naturalien: in Naturalien bezahlen/… *veraltend* · to pay for/… s.th. in kind

(Von ländlichen Rückzugsgebieten in der Iberoromania:) Ja, noch bis vor wenigen Jahren wurde jede Hilfe, jeder Dienst da mit Naturalien vergolten. Geld gab's doch keins. Man gab Zwiebeln, Möhren, Apfelsinen oder auch Hühner, Eier …

Naturell: ein heiteres/… **Naturell haben** · to have a cheerful/… nature, to have a cheerful/… disposition

So ein ausgeglichenes und heiteres Naturell wie die Gertrud möchte ich auch haben! Die ist immer guter Dinge, immer mit sich selbst im reinen …

Naturschutz: unter Naturschutz stehen · to be protected by law, to be a protected species/plant/…

… Diese Eichen dürfen nicht gefällt werden; die stehen unter Naturschutz.

etw. **unter Naturschutz stellen** · to protect s.th. by law, to put s.th. under a protection order

… Man kann doch nicht jeden Baum, der älter als du oder ich ist, unter Naturschutz stellen! 'Grün' ist ja ganz schön! Aber die mit ihren 'alten Bäumen' und 'erhaltenswerten Biotopen …'!

Nebel: wegen Nebel ausfallen *sal* · to be called off/to be cancelled/… just like that/with no reason given/… *n*

Und? Wie war der Vortrag? – Er hat gar nicht stattgefunden. – Warum das denn nicht? – Keine Ahnung. Er ist ausgefallen – wegen Nebel. – Aber es muß doch einen Grund geben. – Natürlich. Aber den haben sie uns nicht verraten.

in dichtem Nebel liegen · to be hidden/shrouded/enveloped/… in thick/dense/(…) fog

(Auf einer Autobahnbrücke:) Schau mal, das ganze Ruhrtal da unten liegt in dichtem Nebel. Geradezu gespenstig sieht das aus.

ein undurchdringlicher Nebel liegt über etw. *form – path* · + the whole affair/… is shrouded in mystery

… Über der ganzen Affäre liegt ein geradezu undurchdringlicher Nebel. Was sich da genau abgespielt hat, weiß daher außer einer Handvoll von Eingeweihten kein Mensch.

Nebelglocke: unter einer Nebelglocke liegen *form* · to be shrouded in mist/fog, to be under a cloud/veil/… of mist/fog

Seit drei Tagen liegt der größte Teil des Ruhrgebiets unter einer dichten Nebelglocke. Da die Abgase nicht abziehen können, wurde in einigen Städten schon Smog-Alarm gegeben.

Nebelschleier: ein (zarter/…) **Nebelschleier liegt über/auf** … *form* · a (light/…) veil of fog/mist covers/hangs over/…

… So gegen zehn Uhr kamen wir oben auf dem Berg an. Der Blick war hier völlig frei, der Himmel strahlend blau. Über dem Tal lag ein leichter Nebelschleier, der in dem Sonnenlicht flimmerte und die Dörfer mit einem glitzernden Firnis überzog …

nebenbei: so (ganz) **nebenbei** etw. sagen/tun · to say/to mention/… s.th./s.o. in passing, to say/to mention/… s.o./s.th. by the way/incidentally/…, to happen to mention s.th.

… Das Gespräch kommt ja heute abend bestimmt auf Politik, und dann kannst du ja so ganz nebenbei die Bemerkung fallen lassen, daß der Einfluß eines Abgeordneten doch beträchtlich ist. Der Alfons versteht dann schon, daß er gemeint ist, so unauffällig die Anspielung auch ist.

Nebenberuf: im Nebenberuf … **sein** · s.o. has a second job as a local historian/…, as a sideline s.o. works as a journalist/…

… Mein Gott, der Röttger kennt ja jede Einzelheit aus unserer Stadtgeschichte! – Das ist kein Wunder, Klaus. Der Mann ist im Nebenberuf Historiker. Zur Zeit arbeitet er an einer Stadtchronik von Wuppertal. Darin investiert er wahrscheinlich mehr Zeit als in seinen sogenannten Hauptberuf als Finanzbeamter.

Nebengleis: jn. auf ein/(aufs) Nebengleis abschieben *ugs selten* – (eher:) jn. auf ein/(aufs/auf das) **Abstellgleis** schieben/abschieben · to shunt s.o. to one side

Nebenrolle: das/etw. spielt nur eine Nebenrolle · to be of minor/secondary importance

… Wichtig ist jetzt vor allem, daß wir termingemäß fertig werden. Demgegenüber spielt die Frage, ob wir insgesamt 30 oder 35.000,– Mark ausgeben, nur eine Nebenrolle.

Nebensache: das/(etw.) ist Nebensache · it/s.th. is beside the point, it/s.th. is by the bye *coll*

… Mein Gott, Gisela, ob der Junge nun drei- oder viermal gefehlt hat,ist doch Nebensache! Worum es geht, ist doch die Frage: wie und warum kommt er plötzlich dazu, statt in die Schule woandershin zu gehen? Und wohin?

Nebenwegen: auf Nebenwegen etw. **erreichen/**… *selten* · to do s.th. by a roundabout route

… Wenn du auf normalem Weg nicht zum Ziel kommst, mußt du es auf Nebenwegen versuchen! – Zum Beispiel? – Kann man über die Parteien da nichts erreichen? Oder über die katholische Kirche? Die sagen doch immer, sie wären für den Schutz der Familie – also können sie doch nicht dafür sein, daß so alte Einfamilienhäuser abgerissen werden …

neger: neger sein *österr ugs* – **pleite** sein (1) · to be broke

Neger: braun/schwarz/braungebrannt wie ein Neger (sein) *ugs* · (to be) as brown as a berry *n*

Mann, Klaus, warst du auf den Balearen? Oder wo sonst? Du bist ja braun wie ein Neger!

nicht js. Neger sein *sal oft 1. Pers* · not to be s.o.'s skivvy/slave/...

... Wofür hältst du mich eigentlich? Ich bin doch nicht dein Neger! Wenn du einen Handlanger brauchst, der dir deine Dreckarbeit macht, mußt du dir einen anderen Dummen suchen.

angeben wie zehn nackte Neger *sal* – angeben wie ein **Sack** Seife · to be a big show-off, to think one is Lord Muck

das/etw. wirft/haut den stärksten Neger um/(von der Palme) *sal* · it/this vodka/... has got a real kick in it, it/this vodka/... will knock you out in no time

Ist das ein Schnaps! Der wirft den stärksten Neger um! – Du bist doch noch gar nicht umgefallen, obwohl du schon zwei getrunken hast!/Diese Hitze haut den stärksten Neger um!

Négligé: (noch) im Négligé (sein/...) *geh* · to be (still) in one's negligee

... Christa, machst du mal eben die Tür auf, ich bin noch im Négligé. – Tut mir leid, Ursel, ich bin auch erst halb angezogen ...

nehmen: sich vor jm./etw. **in acht nehmen** – sich vor jm./etw. in **acht** nehmen · to be wary of s.o., to beware of s.o.

jn. beiseite nehmen (um ihm etwas zuzuflüstern/...) · to take s.o. aside, to draw s.o. aside

(Auf einer Cocktailparty:) Jetzt nimmt der Botschafter den Bornemann schon wieder beiseite! Was hat der dem bloß alles zu erzählen, daß er sich so oft mit ihm allein unterhält?

ein Kind/... buckelkraxen nehmen/tragen *bayr österr ugs* – ein Kind/... huckepack(e) **nehmen** · to give a child/... a piggy-back

jn. (anständig/nach Strich und Faden/...) dazwischen nehmen *ugs* · to (really/...) put a rocket under s.o., to give s.o. a good talking-to/dressing-down/...

Wenn der Krämer jetzt nicht spurt/nicht vernünftig arbeitet, muß ich ihn (mir) (mal) anständig dazwischen nehmen. Auf gutes Zureden scheint er nicht zu reagieren; dann müssen wir es halt mit Schärfe versuchen.

einen nehmen *ugs selten* – einen **saufen** · to knock back a few, to down a few

jn./etw. ernst nehmen – jn./etw. **ernstnehmen** · to take s.th. seriously

es mit etw. **ernst nehmen** · to take s.th. seriously

... Natürlich nehme ich es mit der Ehe ernst! Wenn ich heirate, heirate ich. Wenn mir die Familie im Grunde gleichgültig ist, kann ich ja gleich ledig bleiben.

etw. tierisch ernst nehmen *ugs* – *path* · to take s.th. deadly seriously

... Mein Gott, Ulrich, nimm doch nicht alles so tierisch ernst! Ohne einen Funken Humor und Verständnis wird die Welt so düster ... Laß die Gerda doch auch mal einen Fehler machen! Sie tut doch wahrlich ihr Bestes! ...

jn. gefangen nehmen · to take s.o. prisoner

... Wenigstens 50.000 Menschen sollen bei den Kämpfen getötet worden sein. Dazu mußt du die Zigtausende von Soldaten und Zivilisten rechnen, die gefangen genommen wurden – auch deren Leben ist weitgehend zerstört ... – Kommt drauf an, wielange sie in Gefangenschaft sein werden! ...

es mit jm./etw. **genau nehmen** · 1. to take a great deal/... of trouble with s.o., 2. to be very/... particular about s.th., to be a stickler for s.th.

1. Der Bertolt nimmt es mit seinem Jungen sehr genau. Ob Schule, ob Freizeit – er kümmert sich um jede Einzelheit.

2. ... Der Hägele nimmt es halt mit den gesetzlichen Bestimmungen sehr genau, da kann man nichts machen. Bei ihm muß jede einzelne Vorschrift beachtet werden.

es mit etw. **nicht so genau nehmen** · not to be too/very/... particular about s.th.

... Nein, mit den gesetzlichen Bestimmungen brauchst du das hier nicht so genau zu nehmen, das prüft sowieso keiner. Solange es keine konkreten Schwierigkeiten gibt, ist alles in Ordnung.

das/was j. **sagt/tut/... darfst/brauchst/mußt du/**darf/... er/... **nicht so genau nehmen** · you/he/John/... don't have to/shouldn't/... take what s.o. says/... (too) seriously

(Die Mutter zur Tochter:) Wenn Vater sagt, daß er dir jede Unterstützung streicht, falls du weiterhin so nachlässig bist, dann darfst du das nicht so genau nehmen. Er wird dir schon weiterhin helfen – aber du mußt dir auch endlich mal einen Ruck geben.

ein Kind/... huckepack(e) nehmen *ugs* · to give a child a piggy-back (ride)

... Nein, ich kann dich nicht schon wieder huckepack nehmen, Franzl. Dafür bist du zu schwer. Meine Schultern sind doch nicht aus Eisen.

jn. koram nehmen *mst iron veraltend selten* – sich jn. **vorknöpfen** · to (have to) have a serious talk with s.o., to take s.o. to task

jm. etw. krumm nehmen *ugs* – jm. etw. **übelnehmen** · to take s.th. amiss

..., das lasse ich mir/läßt er sich/... **nicht nehmen** *path* · I/he/... stick/... to it/my/... opinion/to what I said/...

... Der Junge mag ein paar Fehler gemacht haben, meinetwegen! Aber die Interpretation des Schubert war ganz ausgezeichnet! Er hat damit bewiesen, daß er das Zeug zu einem großen Pianisten hat, das laß ich mir nicht nehmen. – Das bestreitet ja auch niemand. Wir hatten nur gesagt ...

etw. leicht nehmen – etw. **leichtnehmen** · to have a happy-go-lucky attitude to s.th., to take a warning/... lightly

etw. persönlich nehmen *ugs* · to take s.th. personally

... Seine Bemerkung darfst du doch nicht persönlich nehmen! Sie war doch nicht gegen dich gerichtet – oder gegen irgendeinen anderen der Teilnehmer; er meinte das ganz allgemein.

den Stoff/... quer nehmen *Zuschneiden* · to use the cross-grain of material, to lay s.th. crosswise

... Und wenn Sie den Stoff quer nehmen – kommen Sie dann mit den Maßen nicht eher hin? – Sie meinen, mit der kürzeren Seite nach unten, gleichsam hochkant? – Natürlich. Ich hab' den Eindruck ...

etw. (für eine Zeit/...) an sich nehmen *form* · to look after s.th. (for a while/...), to take care of s.th./s.o. (for a while/...), to take charge of s.th. (for a while/...)

Wenn ihr wollt, nehme ich euren Schmuck für die Zeit an mich, wo ihr in Urlaub seid. – Ah, herzlichen Dank! Wir haben schon überlegt, wo wir ihn aufbewahren könnten.

eine Bürde/Last/Verantwortung/... auf sich nehmen · to take on the responsibility/burden/... of doing s.th.

... Wenn der Brüggemann all die Jahre über die ganze Verantwortung für den Export nach Südafrika auf sich genommen hat, dann sollte man ihm das entsprechend danken. Denn das war bei Gott keine leichte und keine dankbare Aufgabe.

jn./etw. zu sich nehmen · 1. 2. to take s.o. in, to have/to let s.o. come and live with one, 3. God has taken him unto Himself, 4. to have a bite to eat *coll*, to have s.th. to eat

1. ... Wenn sie ihre Eltern nicht gehabt hätte, die sie nach der Trennung von ihrem Mann wieder zu sich nahmen, hätte sie mit dem kleinen Kind völlig allein dagestanden. – Und sie lebt jetzt nach wie vor bei ihren Eltern?

2. ... Haben Sie die beiden Negerkinder nur so zu sich genommen, um sie zu ernähren und ausbilden zu lassen, oder haben sie sie in aller Form adoptiert?

3. Heute Nacht nahm Gott der Herr unseren lieben Mann, Vater, Bruder, Großvater und Onkel zu sich ... Er starb nach längerem Leiden ... *form*

4. Bevor ich zu der Sitzung gehe, möchte ich noch schnell eine Kleinigkeit zu mir nehmen. Was könntest du mir ganz rasch zubereiten, Klara? – Ein Omelette?

es mit jm./(etw.) **streng nehmen** *form selten* · to be strict with s. o./(s. th.)

... Vielleicht nimmst du es mit deinem Ältesten nicht streng genug, Heinz. Wenn er seine Pflichten nicht erfüllt, darfst du ihm nicht so viel Freiheiten lassen; dann mußt du ihn kurz halten. Als Vater muß man durchgreifen – ob einem das liegt oder nicht.

etw. tragisch nehmen *ugs* · he/you/Mary/... shouldn't take it/ s. th. to heart, + it is not the end of the world (if ...)

Mein Gott, Christa, wenn man mal eine 'fünf' im Zeugnis hat, braucht man das doch nicht gleich so tragisch zu nehmen. Davon geht die Welt doch nicht unter.

jm. etw. übel nehmen – **jm. etw. übelnehmen** · to hold it against s. o. that ..., to resent the fact that ..., to take it amiss that ...

jn. (nicht) für voll nehmen *ugs* · (not) to take s. o. seriously *n*

Ich habe manchmal den Eindruck, der Rolf nimmt seine Frau überhaupt nicht für voll. Wenn die etwas sagt, womit er nicht übereinstimmt, macht er eine nachlässige Handbewegung und geht zur Tagesordnung über.

jn./etw. wichtig nehmen · 1. 2. to attach a lot of/little/no/... importance to s. th./(s. o.)

1. vgl. – ((nicht) (so) viel/(wenig/keinerlei/...)) **Gewicht** auf etw. legen
2. vgl. – jm./e-r S. (viel/wenig/keinerlei/...) **Bedeutung** beimessen/(zumessen)

sich (selbst) (sehr) **wichtig nehmen** *ugs* · to be full of one's (own) importance, to be full of self-importance, to be pompous *n*

Der Bodo nimmt sich neuerdings wohl sehr wichtig, was? – Neuerdings? Der war doch immer davon überzeugt, ein ganz bedeutender Mann zu sein.

es mit etw. (sehr) **wichtig nehmen** *selten* – **es mit etw. ernst nehmen** · to take s. th. seriously

etw. wörtlich nehmen · to take s. th. literally

... 250 – 300.000,– Mark, sagt der Walter, kannst du bei dem Geschäft im Jahr verdienen? – Das darfst du nicht so wörtlich nehmen! Das ist eine von diesen aufgerundeten Zahlen, die der Walter als pauschale Richtgröße einfach so dahinwirft.

leicht/schwer zu nehmen sein · to be easy/hard to get on with

Euer Junge ist wirklich besonders leicht zu nehmen. Im Gegensatz zu eurer jüngsten Tochter. Mit der kommt noch lange nicht jeder zurande, und die macht euch ja auch wohl ganz schön Arbeit, nicht?

wissen/(...), wie man jn. **nehmen muß**/zu nehmen hat/wie j. zu nehmen ist – jn. (richtig) zu **nehmen** wissen/(verstehen) · to know how to deal with s. o.

nehmen wir/nimm/nehmt/... **einmal an** ...! · let us assume (for the sake of it) that ...

... Nehmen wir einmal an, die Lisbeth erklärt dir morgen: ich bin es satt, immer nur für die Kinder zu sorgen, ich suche mir eine Stelle ... – Der Lisbeth macht es Spaß, die Kinder zu erziehen. – Klar, ich weiß – wir setzen das nur hypothetisch voraus. Was würdest du ...?

jn./etw. nehmen, wie er/es ist · 1. to take/to accept s. o. as he is, 2. to take/to accept s. th. as it is

1. Du kannst doch den Hellmut mit 60 Jahren nicht mehr ändern, Elisabeth! Du mußt ihn nehmen, wie er ist; sonst machst du ihm und auch dir selbst das Leben nur unnötig schwer.
2. Die Situation ist alles andere als rosig, das läßt sich leider nicht leugnen. Aber man muß sie nehmen, wie sie ist. Es führt zu nichts, sich jetzt einreden zu wollen, es wäre alles halb so schlimm, oder aber herumzulamentieren – die Tatsachen werden davon nicht anders.

es sich nicht nehmen lassen, etw. zu tun · 1. to insist on doing s. th. oneself, to make a point of doing s. th., 2. + you/ they/... won't make me/him/... change my/... opinion

1. ... Der Gastgeber ließ es sich nicht nehmen, jeden Gast persönlich an der Tür zu empfangen und ihn in den Saal zu geleiten ...
2. Der Dieter mag unzuverlässig sein, gern ausgehen, feiern ... Aber ehrlich ist er, das laß ich mir nicht nehmen. Da könnt ihr alle sagen, was ihr wollt: bis zum Beweis des Gegenteils halte ich den Jungen für einen grundehrlichen Menschen.

zwei/mehrere Dinge **nehmen sich nichts**/nicht viel/... · there's not much to choose between two/several things

Was hältst du für schwerer, die Übersetzung der Gedichte von Baudelaire oder der Auswahl von Proust? – Die beiden Texte/Übersetzungen nehmen sich nicht viel. Auch wenn es sich das eine Mal um Poesie, das andere um Prosa handelt, dürften die Schwierigkeiten in etwa gleich sein.

woher nehmen und nicht stehlen? *scherzh* · where on earth am I/is he/... going to get/find/get hold of/... s. th./ one/...? · money/it doesn't grow on trees, you know

... Kind, vor einer Woche wolltest du einen neuen Rock haben, jetzt ein Paar neue Schuhe ... – woher nehmen und nicht stehlen? So reich sind wir nicht, daß wir jede Woche neue Kleidungsstücke kaufen können.

jn. (richtig) zu nehmen wissen/(verstehen) · to know how to take s. o.

Einfach ist die Marlene nicht, das gebe ich zu. Aber wenn man sie zu nehmen weiß, kommt man gut mit ihr aus. Man muß halt nur auf ihre Eigenarten ein wenig eingehen.

Nehmen: hart im Nehmen sein *ugs* · 1. 2. to be tough, to be able to take it, to be able to take punishment/...

1. ... Jeder andere wäre längst k. o. bei diesen vielen harten Schlägen, die er schon eingesteckt hat. Aber der Divers kämpft weiter, als wenn nichts wäre. – Der ist ungeheuer hart im Nehmen.
2. ... So schnell kriegen die den Mösbach nicht klein. Der ist hart im Nehmen. Durch persönliche Attacken, Drohungen und Erpressungsversuche läßt er sich jedenfalls nicht beeindrucken.

Neid: jm. schaut/(sieht) der Neid aus den Augen – jm. schaut/ sieht der Haß/(...) aus den Augen · envy is written all over s. o.'s face

das ist (nur/bloß) der Neid der Besitzlosen! *sal* · it/that is (just/...) sour grapes *coll*

Die Erika meint, das Kleid, das wir aus München mitgebracht haben, wäre in den Farben viel zu knallig und im Schnitt zu gewagt. – Das ist der Neid der Besitzlosen, weiter nichts. Wenn sie es bekommen hätte, dann würde sie sagen, es wäre lebendig und modern.

vor Neid erblassen *form – path* · to go green with envy

Wenn die Karin mein neues Kleid aus Paris sieht, erblaßt sie vor Neid! – Ist sie so neidisch? – Die?!

..., das muß ihm/ihr/dem Gerd/... **der Neid lassen** *ugs* · you've got to hand it to him/John/..., + you've got to say that much for him/John/..., + you've got to give him/John/... his due

... Du weißt, Heribert, daß ich den Kollers persönlich nicht ausstehen kann. Aber schreiben kann er, das muß ihm der Neid lassen. Sein letztes Buch beispielsweise ist ausgezeichnet.

j. könnte vor Neid platzen/vergehen/(bersten) (wenn ...) *path* – grün/gelb/grün und gelb/blaß vor **Neid** werden · s. o. is bursting when ..., s. o. could go green with envy when ...

der blasse/blanke Neid spricht aus jm. *form – path* · + it/ what s. o. says/... is pure envy

Wenn der Walter von dem Hans redet, dann spricht aus ihm der blanke Neid. Dann verliert er jeden Sinn für Objektivität und zeigt mit jedem Wort und jeder Geste, wie wenig er es verwunden hat, daß der Hans Professor geworden ist und er nicht.

grün/gelb/grün und gelb/blaß vor Neid werden *path* · to go green with envy

Die Doris wird immer grün vor Neid, wenn du mir eine Tafel Schokolade mitbringst. – Ja, die kann einfach nicht sehen, daß andere etwas bekommen und sie nicht.

Neidhammel: (ein) Neidhammel (sein) *sal* · (to be) an envious so-and-so/bugger *vulg*

... Ein elender Neidhammel ist das, der Rudolf! Nur weil er niemandem auch nur den kleinsten Erfolg gönnt, muß er alle und alles schlecht machen.

Neige: etw. **bis zur Neige auskosten** *form – path* · to savour/ to enjoy s.th. to the full, to make the most of s.th.
... Wie du so jeden Tag von morgens bis abends am Strand sein kannst! – Wenn ich schon mal die Gelegenheit habe, vier Wochen am Meer zu verbringen, dann koste ich diesen Aufenthalt auch bis zur Neige aus! So schnell kriege ich eine solche Gelegenheit nicht wieder.

zu(r) Neige gehen – zu **Ende** gehen · to be drawing to a close, to be coming to an end, + to be running out of s.th.

ein Glas/einen Becher/... bis zur Neige leeren *form selten* · to drink/to drain the glass/the cup/... to the dregs
Mit/in einem einzigen Zug leerte er das ganze Glas bis zur Neige.

ein Glas/einen Becher/... bis zur Neige trinken *form selten* – (eher:) ein Glas/einen Becher/... bis zur **Neige** leeren · to drink/to drain the glass/the cup/... to the dregs

Neigung: **(keine) Neigung zu** etw. **verspüren** *mst iron* · (not) to be/to feel inclined to do s.th., to have no inclination to do s.th., to feel no inclination to do s.th.
... Nein, mein Bruder verspürt in der Tat keine Neigung, dem Albert nochmal zu helfen. Denn der einzige Dank, den er bisher gehabt hat, wenn er ihm half, war der, daß der Albert ihn bei den anderen miesmachte.

ganz seinen Neigungen leben können *form* · to be able to follow one's inclinations
... Mein Gott, wenn er den ganzen Tag lesen, Musik hören, Museen besichtigen kann,/in dem Beruf arbeiten kann, den er mit Liebe gewählt hat – kurz, ganz seinen Neigungen leben kann –, dann soll er doch wenigstens nicht auf andere neidisch sein, weil die u.U. mehr Geld haben.

nein: **aber nein!** · of course not, certainly not
Bist du mit der Übersetzung schon fertig? – Aber nein! Die Hälfte ist gerade gemacht; deshalb mache ich eine kleine Pause. Ah, schön wär's! ...

ach nein! · 1. oh no, 2. no! you don't say!, no, really?
1. ... Also gehen wir heute abend ins Theater, Ursel? – Ach nein! Dann wird es wieder spät. Ich bin sowieso schon so übermüdet. Lieber nicht!
2. Hast du schon gehört?: der Willy hat wieder geheiratet. – Ach nein?! Das ist ja eine schöne Überraschung!

nein doch! *path selten* – **nicht** doch! · no don't, please don't

nein und abermals/nochmals nein! *path* · no – and that's final, for the last time – no!, no – and that's that
... Aber laß mich doch heute abend ins Kino, Mama! – Nein, und abermals nein! Und jetzt läßt du mich damit zufrieden, hörst du?! Ich habe dir jetzt dreimal gesagt, nein, und jetzt reicht's!

jm./e-r S. ein entschiedenes Nein entgegensetzen *form path* · to reject s.th. outright, to give s.o. a curt/flat/... refusal, to refuse to accept s.th.
Es nützt nichts, Grete, dem Jungen gut zuzureden und ihn in Güte dazu bringen zu wollen, weniger Ansprüche zu stellen. Man muß seinen Wünschen und Forderungen ein entschiedenes Nein entgegensetzen – das ist die einzige Sprache, die er versteht.

nein zu etw. **sagen** · to reject s.th., to say no to s.th.
... Wenn du zu diesem Vorschlag auch nein sagst, dann weiß ich nicht mehr weiter. Ich habe alles, woran du das letzte Mal Anstoß genommen hast, in deinem Sinn geändert.

nicht nein sagen können · not to be able to say no
(Die Mutter zum Vater:) ... Du kannst doch dem Mädchen nicht grundsätzlich alles erlauben! (Zu ihrer Schwester:) Wenn es sich um seine lieben Töchterchen handelt, kann der Erich nun einmal nicht nein sagen.

Nektar: **Nektar und Ambrosia (für** jn. **sein)** *lit selten* · to be nectar to s.o.
Dem Rolf Bertram wollte ich heute abend Portwein anbieten. Mag der den überhaupt? – Portwein?! Das ist für den Nektar und Ambrosia. Es gibt nichts, was er lieber tränke.

Nell: jm. **das Nell abstechen** *schweiz ugs* – jn. in den **Sack** stecken · to outclass s.o., to make mincemeat of s.o., to stuff s.o., to knock spots off s.o., to outwit s.o., to get the better of s.o.

Nemesis: **von der Nemesis ereilt werden** *lit path selten* · to be overtaken by Nemesis, + Nemesis catches up with s.o.
... Ja, so ist das, wenn man sein Leben lang die Menschen nur betrügt und schädigt! Irgendwann wird man dann doch von der Nemesis ereilt, der Göttin der strafenden Gerechtigkeit. – Du meinst also, der Anton verliert den Prozeß und kommt für den Rest seines Lebens hinter Gitter?

nennen: etw. **sein eigen nennen** *form* · to own s.th., to call s.th. one's own, to have s.th. to one's name
Der Oppertz will einen Antrag auf ein Stipendium stellen? Das kann doch nicht wahr sein! Ein Mann, der vier oder fünf große Häuser sein eigen nennt, braucht doch kein Stipendium.

nennenswert: **keine nennenswerten Einnahmen/Ausgaben/... haben** · to have no expenditure/income/... worth mentioning
... Wenn du keine nennenswerten Ausgaben hast, kommst du im Monat vielleicht in die Tat mit 1.200,– Mark aus. – Was soll ich in diesem Nest, außer Essen, Trinken und ein bißchen Wäsche schon für Ausgaben haben?

Nenner: etw. **auf einen (gemeinsamen) Nenner bringen** · to find a common denominator for s.th., to reduce s.th. to a common denominator, to find sufficient common ground
Wenn wir unsere Vorstellungen von der Weiterführung der Arbeit nicht auf einen gemeinsamen Nenner bringen, sehe ich nicht, wie das weitergehen soll. Ohne einheitliche Grundlagen und Zielvorstellungen kann ein sogenanntes Team unmöglich fruchtbar arbeiten.

etw. **auf einen einfachen/kurzen/(lapidaren) Nenner bringen** – etw. **auf eine (einfache/kurze/lapidare/...) Formel bringen** · to put s.th. simply/briefly/in a nutshell/...

einen gemeinsamen Nenner für etw. **finden** · to find a common denominator (for different points of views)
Läßt sich für die unterschiedlichen Interessen der Mitarbeiter an dem Projekt wirklich kein gemeinsamer Nenner finden?

nennt: **und so was nennt sich** Maler/Pianist/Arzt/Wissenschaftler/...! *ugs* · and he/... calls himself/... a painter/pianist/artist/..., and he/... has the nerve to call himself/... a painter/pianist/...
Hör' dir dieses Geschwätz an: »Die Dritte Welt ist arm; den Industrienationen gegenüber ist sie benachteiligt ...« – in diesem Stil geht das Seite für Seite. Und so was nennt sich Wissenschaftler!

Nennwert: Noten/Münzen/Aktien **zum/über dem/unter dem Nennwert kaufen/verkaufen/handeln** *form* · to buy/to sell/... shares/coins/... at/above/below par, to buy/to sell/... shares/... at/above/below face value/par value/nominal value/...
... Solange die Schuckert-Aktien unterm Nennwert gehandelt werden, hat doch kein Mensch Vertrauen in diese Firma! – Vielleicht steigen die Kurse ja bald wieder.

Nepp: **das/(etw.) ist Nepp** *ugs* · it's a rip off *sl*, it's daylight robbery!
... 850,– Mark für so ein elendes Zimmer – das ist nicht teuer, das ist Nepp! – München ...! – Selbst für München ist das Wucher/übertrieben/zuviel/Beschiß!

Neptun: **(dem) Neptun (reichlich) opfern** *lit – iron selten* – die **Fische** füttern · to feed the fishes

Nerv: **(doch in der Tat/...) den Nerv haben,** etw. zu tun *ugs* – die **Frechheit** haben, etw. zu tun · to (actually/...) have the nerve to do s.th.

keinen Nerv haben für etw. *ugs Neol* · not to feel like doing s.th. *n,* not to feel in the mood to do s.th.
... Könntest du mir bitte mal meine Übersetzung durchsehen? – Nee du, da hab' ich jetzt keinen Nerv für. Ich kann heute nichts Geschriebenes mehr sehen.

du hast/der Peter hat/… (aber) **einen sonnigen Nerv!** *sal* – du bist/der Peter ist/… (aber) **gut!** · you/Peter/… have got a nerve!

du tötest/der Gerd tötet/… **mir den** (letzten) **Nerv!** *sal selten* · you/John/… are/… driving me/… up the wall

Paul, mußt du denn immer und immer wieder meinen Bruder bei anderen schlecht machen?! Du tötest mir den Nerv, Kerl! Wirklich! Du machst mich derart kribbelig damit, daß ich irgendwann nicht mehr mit dir umgehe!

jm. (aber auch/…) **den letzten Nerv rauben** (mit etw.) *sal selten* · to shatter s.o.'s nerves *coll*

… Mein Gott, dieser Rottmann mit seiner Trompete da drüben – der raubt mir den letzten Nerv! Ich bin ja wirklich nicht dafür, daß man anderen Leuten reinredet – aber der Kerl macht mich wahnsinnig mit seinen Kakophonien! Ich werd' morgen mal rübergehen …

einen Nerv töten/abtöten · to kill the nerve

… Wenn der Zahnarzt den Nerv getötet hat, kann der Zahn doch nicht mehr wehtun! Oder leidest du schon an imaginären Zahnschmerzen?

jn. **am Nerv treffen** *path selten* · to touch s.o. on the raw, to touch a raw nerve *coll*

Nur ein Tadel – nein, das hätte ihn nicht weiter berührt. Aber daß sein Vater vor versammelter Mannschaft erklärte: »so langsam müßte der Hansgert ja mal erwachsen werden«, das hat ihn am Nerv getroffen/mit der Bemerkung … hat ihn sein Vater am Nerv getroffen.

(völlig) **fertig mit den/seinen Nerven sein** · + s.o.'s nerves are going, + s.o.'s nerves are (getting) frayed, s.o. is at the end of his tether

Die Elke schimpft in der letzten Zeit bei dem geringsten Anlaß! – Sie ist völlig fertig mit den Nerven. Sie muß unbedingt einen längeren Urlaub machen, in dem sie richtig ausspannt.

der/die/der Karl/… hat vielleicht Nerven! *ugs* · he's/… got a nerve!, he's/… got a cheek!

Der Prof. Hupprecht meint, vielleicht wäre es das Beste, wenn du das zweite Kapitel nochmal neu redigieren würdest. – 60 Seiten bis übermorgen nochmal schreiben?! Der hat vielleicht Nerven! Ich weiß gar nicht, wie er sich das vorstellt.

keine Nerven haben · s.o. has/has got no nerves

… Nein, für so eine heikle Verhandlung brauchen wir jemanden, der sich nicht aus der Ruhe bringen läßt. Dafür ist der Sanders nicht geeignet. Der Mann hat doch keine Nerven; der wird doch bei dem geringsten Anlaß nervös.

die Nerven behalten · to keep calm

… Jetzt Ruhe, mein Lieber! Jetzt behalt' bloß die Nerven! Die Lage ist schon so heikel genug. Wenn wir jetzt noch nervös werden, ist's aus.

Nerven wie Drahtseile/(Stricke/Bindfäden/Stahl) **haben** *ugs* – *path* · to have nerves of steel

… In diesem Job mußt du Nerven wie Drahtseile haben. – Aber die hat der Helmut doch, oder? – Allerdings. Ganz egal, was passiert, der verliert die Nerven nicht.

bei/für/… **Nerven wie Drahtseile brauchen** *ugs* – *path* · to need nerves of steel in/at/…

… Wenn du in dieser Firma – in diesem Chaotenladen! – arbeitest, dann brauchst du Nerven wie Drahtseile.

mit den/seinen Nerven (völlig) **am Ende sein** – (völlig) fertig mit den/seinen Nerven sein · to be at the end of one's tether

jm. (mit etw.) **auf die Nerven fallen/gehen** *ugs* · 1. 2. s.o./s.th. gets on s.o.'s nerves, to get on s.o.'s nerves (with s.th.)

1. Die Franziska fällt mir allmählich auf die Nerven mit ihrem ewigen Geheule und ihrer ewigen Anstellerei. – Sie ist doch noch klein. – Wenn man klein ist, dann heißt das doch nicht, daß man unausstehlich sein und die anderen verrückt machen muß.

2. Dieser Lärm hier geht einem auf die Nerven! Auf die Dauer wird man dabei rammdösig/verrückt.

jm. **an die Nerven gehen** *ugs* · to affect s.o.'s nerves *n*, to get to s.o.

(Ein Junge, dessen Mutter schwer erkrankt ist, zu seinem Freund:) So eine ernste Krankheit geht auf die Dauer allen Familienangehörigen an die Nerven! Auch wenn jeder versucht, sich nichts anmerken zu lassen: wir sind inzwischen alle ziemlich fertig.

die Nerven gehen mit jm. **durch** – die **Nerven** verlieren · s.o.'s nerves are going

auf js. **Nerven herumtrampeln** *sal* · to stretch s.o.'s nerves to breaking point, to (really/…) get on s.o.'s nerves

(In einem städtischen Amt:) Heute sollen wir die Bestimmungen ganz scharf anwenden, morgen die einen scharf und die anderen gar nicht, übermorgen gibt es wieder neue Bestimmungen … – das ist doch zum Auswachsen! Wenn die absolut auf anderleuts Nerven herumtrampeln wollen, dann sollen sie das tun – aber nicht auf meinen! Ich melde mich krank!

mit den/seinen Nerven (arg) heruntersein *ugs* · (völlig) fertig mit den/seinen **Nerven** sein · s.o. is at the end of his tether

keine Nerven kennen *selten* · to have nerves of steel *coll*

… Der Böhrlich kennt keine Nerven; das ist für so eine heikle Verhandlung genau der richtige Mann. Der läßt sich durch nichts und durch niemanden aus der Ruhe bringen.

die Nerven verlieren · to lose control, to lose one's head *coll*, to snap *coll*

… Hat der Olbrecht die Frau Schulze wirklich so ausgeschimpft? – Ja. Sie hat ihn zum zehnten oder elften Mal gefragt, ob sie morgens nicht eine halbe Stunde später kommen könnte. Da hat er die Nerven verloren.

Nerven zeigen · to begin to lose one's cool, to begin to lose one's nerve

… Ja, seine Selbstbeherrschung ist wirklich bewundernswürdig. Aber als ihm dann am Ende der Diskussion der Otto Wehr vorhielt, seine Argumente erinnerten ihn an die Nazizeit, da hat er doch Nerven gezeigt. Man spürte seine Erregung, als er antwortete: »…«

js. **Nerven sind zum Zerreißen gespannt** *path* · s.o.'s nerves are stretched to breaking-point

… ich habe heute schon genug Ärger und Aufregung gehabt. Meine Nerven sind zum Zerreißen gespannt. Wenn ihr mich jetzt noch mit euren verdammten Schulproblemen belästigt, platz' ich.

an den/js. **Nerven zerren** *form* · to get on s.o.'s nerves, to be nerve-racking

(Eine Frau zu ihrem Mann:) Es genügt schon, wenn die Kinder mich die ganze Woche hindurch aufregen! Jetzt fang' du noch an, am Wochenende an meinen Nerven zu zerren! – Mein Gott, was ist denn los? …

Nervenbündel: nur noch ein Nervenbündel sein *ugs* · to be (just/nothing but/…) a bundle of nerves

Die Ursula kann einem leid tun! So etwas von Nervosität! Sie scheint mit ihrer Widerstandskraft völlig am Ende zu sein. – Ja, sie ist nur noch ein Nervenbündel, die Arme.

Nervenkitzel: ein Nervenkitzel (sein) *ugs* · s.th. is cheap sensationalism, s.th. is (pure/…) titillation

Mein Vater sieht Akrobaten gern, ja, sehr gern sogar – aber nicht ohne Netz. Für so einen Nervenkitzel hat er nichts übrig.

Nervenkostüm: ein dünnes/schwaches/kräftiges/… **Nervenkostüm haben**/brauchen/… *ugs iron* · to have strong/weak/… nerves

… Wer auf so einem Posten bestehen will, braucht ein unverwüstliches Nervenkostüm. Wer keine Nerven wie Drahtseile hat, den machen die da im Nu fertig.

Nervenmühle: eine (regelrechte/…) Nervenmühle (sein) *ugs* – *path* · to be an ordeal for the nerves, to be (really/…) trying *n*

… Diese Abteilung ist eine ausgesprochene Nervenmühle! Schon die Arbeit als solche reibt auf; aber dann die permanenten Intrigen …

Nervensache: das/etw. **ist (eine) reine Nervensache** *ugs* · it is (simply/…) a matter of nerves, it is (simply/…) a question of nerves

Für Kandidaten wie dich, Paul, ist so ein Examen doch eine reine Nervensache. Den Stoff kannst du doch. Deshalb nochmal: ausruhen, spazierengehen, ausruhen – dann kann gar nichts schiefgehen.

Nervensäge: eine Nervensäge sein *sal* · to be a real/right/... pain in the neck

... Ach, dieser Junge ist eine Nervensäge! Einmal läßt er eine kostbare Vase fallen, dann ärgert er die Nachbarn so, daß es Beschwerden gibt, danach gibt's Ärger in der Schule. Wer den aushält, muß Nerven wie Drahtseile haben.

nervus: der nervus probandi *form geh selten* · the nervus probandi

... gut, es gibt ein paar Indizien, daß der Seebald der Täter war. Aber der nervus probandi – der entscheidende Beweisgrund also – steht noch aus.

nervus rerum *geh – iron selten* · nervus rerum, the main thing *n*, the most important thing *n*

Kinder, ob man es wahrhaben will oder nicht: die Welt dreht sich doch immer nur um eins: nervus rerum. – Was ist das denn? – Moos, Kinder – die lieben Pfennige – das nötige Kleingeld.

Nesseln: sich (mit etw.) (bei jm.) (aber) (ganz) **(schön) in die Nesseln setzen** *oft Perf ugs* · to get into hot water, to put o.s. in a spot, to land o.s. in it, to put one's foot in it

Mit seinen unvorsichtigen Äußerungen über den Ministerpräsidenten hat sich der Peter ganz schön in die Nesseln gesetzt. Wie ich hörte, war bei dem Vortrag auch jemand von der Geheimpolizei zugegen. Hoffentlich bekommt er jetzt keine ernsthaften Schwierigkeiten.

wie auf Nesseln sitzen *ugs selten* · to be fidgety *n*, to move/squirm/... nervously in one's seat *n*

... Der Alnsberg tut mir leid. Der sitzt da draußen vor dem Zimmer des Chefs wie auf Nesseln, rutscht von einer Seite zur anderen, ist ganz verlegen ... – Warum hat der Chef ihn eigentlich zu sich zitiert?

Nessushemd: ein Nessushemd/Nessusgewand (sein) *lit selten* · (to be) a shirt of Nessus/Nessos *rare*, (to be) a poisoned gift *n*

... Einen eigens angefertigten Bildband mit der früheren Ansicht dieses Viertels hat der Kanzler dem Chef geschenkt? Das ist ein Nessushemd. Da sieht jeder, was unsere Fabrik alles zerstört hat. – Natürlich. Der Kanzler rächt sich für die dauernde Kritik des Alten an der Umweltpolitik. – Das wird für die Firma böse Folgen haben.

Nest: (raus) aus dem Nest! *ugs selten* · show a leg!, up you get!, rise and shine!

Los, Kinder, aus dem Nest! Es ist fast 11 Uhr. Ihr wollt doch wohl nicht den ganzen Morgen im Bett bleiben.

ein Nest von Räubern/... ausheben/ausräuchern *ugs* · to break up a gang of thieves/..., to clean up a nest of thieves/...

Es scheint, die Polizei hat gestern ein ganzes Nest von Rauschgifthändlern ausgenommen. – Wo? – In Oberelsheim. – Haben denn die führenden Drogenhändler alle ihr Quartier gerade in diesem Stadtviertel aufgeschlagen?

das eigene/sein eigenes Nest beschmutzen *ugs* · to foul one's own nest

Sobald hier jemand an irgendeiner Entscheidung der Parteispitze Kritik übt, heißt es: er beschmutzt sein eigenes Nest. Auf diese Weise versucht man jeden mundtot zu machen, der mit irgendetwas, was die da oben ausbrüten, nicht übereinstimmt.

aufs leere Nest kommen *ugs selten* · to come (back) to an empty house

Wo wart ihr denn alle? Ich kam hier gegen 6 Uhr aufs leere Nest. Und was hast du bis jetzt gemacht? – In unserem herrlich leeren Haus Musik gehört.

die Polizei/... fand/... **das Nest bereits/... leer** *ugs* · when the police/... arrived, the birds had (already) flown, when the police/... arrived, they found the hide-out empty

Irgendjemand hatte bei der Polizei angerufen und gesagt, in der Giselastr. 17 halte sich eine Drogenbande auf. Aber als die Polizei da ankam, war das Nest bereits leer. Hatten die Wind davon bekommen oder waren sie aus Zufall gerade abgehauen?

das Nest reinhalten *ugs selten* · to uphold the reputation of a family/company/...

... wenn der alte Herr Queiners versucht, das Nest reinzuhalten, handelt er damit ganz im Sinne seiner Generation! Früher achtete

der Vater ganz anders als heute darauf, daß keine unehrenhaften Handlungen in der Familie vorkamen.

sich in ein/ins warme/(gemachte) Nest setzen (mit einer Stellung/...) *ugs selten* · to have (got) it made

Mit seinem Posten im Aufsichtsrat hat sich der Heinz-Peter ins warme Nest gesetzt. Aber das ist auch kein Wunder: wenn man eine Frau heiratet, deren Vater Generaldirektor ist, fällt einem eine solche sichere und einträgliche Stellung mehr oder weniger in den Schoß.

in einem warmen Nest sitzen *ugs* · to sit in a cosy room/house/... *n*

Hier im warmen Nest sitzen und durch das große Fenster in die Schneelandschaft da draußen zu blicken ist doch ganz etwas anderes als durch die Kälte zu marschieren, oder?

ins Nest steigen *ugs selten* – in die **Falle** gehen (1) · to hit the hay

Nesthäkchen: ein verwöhntes/das verwöhnte Nesthäkchen sein *ugs* · 1. 2. to be the spoilt baby of the family

1. ... Nein, bei 6 Grad minus geht die Rosemarie nicht aus dem Haus. Das ist ein verwöhntes Nesthäkchen, weißt du; die sitzt lieber hinterm warmen Ofen.

2. – Alle anderen Kinder bekommen einen scharfen Rüffel, wenn sie etwas falsch machen. Nur bei Angela heißt es: »Kind, du könntest vielleicht ...«. – Sie ist das verwöhnte Nesthäkchen da im Haus.

Nestwärme: Nestwärme brauchen/... *ugs* · to need/... a happy family life *n*, to need/... the warmth of happy family life/of the nest

Kinder brauchen Nestwärme. Wenn sie die nicht haben, werden sie nicht selten in ihrer Entwicklung geschädigt. – Wieviele Familien können denn Nestwärme heute noch geben?

nett: das kann ja nett werden *ugs* · it's going to be nice, it's going to be charming, things have got off to a good start

... Mensch, das kann ja nett werden! Wenn der Katzbach gleich zu Beginn der Beratungen einen derart scharfen Ton anschlägt, können wir uns auf einiges gefaßt machen.

Nettes: j. hat (da) etwas/was Nettes angerichtet/angestellt/ (angestiftet/...) *ugs iron* · to have made a fine mess

Der August hat doch bei den Meyers gestern in der Tat die ganze Suppe quer über den Eßtisch gekippt! – Ich hab' schon gehört. Er hat da mal wieder was Nettes angerichtet.

jm. etwas Nettes einbrocken *ugs iron* – (eher:) jm./sich etwas **Schönes** einbrocken (mit etw.) · to land s.o. in a nice/fine/... mess, to land s.o. in it

j. hat sich (da) etwas/was Nettes geleistet *ugs iron* · to have put one's foot in it, to have done something brilliant

... Hast du die Botschafterin wirklich geduzt? – Beim Wein – aus Versehen natürlich. – Da hast du dir ja was Nettes geleistet! Das wird im Nu in der Botschaft die Runde machen. Die Leute werden sich köstlich amüsieren.

Nettigkeiten: jm./sich Nettigkeiten sagen *ugs* · to exchange pleasantries with s.o., to say nice things to one another *n*

... Nein, sich Nettigkeiten sagen, wenn man sich auf einer gesellschaftlichen Veranstaltung trifft, und hintenherum wer weiß wie übereinander herziehen – nein, das ist nicht sein Fall! Mein Bruder ist weder ein Charmeur und Floskeldrescher noch ein Miesmacher!

Netz: in js. Netz fallen/geraten/hineinstolpern/... *selten* – jm. ins **Netz** gehen · to fall/to stumble/... into s.o.'s trap

ans Netz gehen *Atomkraftwerk* · to go on stream

Wie es scheint, will die CDU nach wie vor Kalkar ans Netz und Wackersdorf in Bau gehen lassen. – Kalkar soll offensichtlich schon sehr bald angeschlossen werden.

(jm.) durch's Netz gehen/(schlüpfen) *ugs selten* – jm. durch die **Maschen** gehen · to slip through s.o.'s net

jm. ins Netz gehen · to fall into s.o.'s trap

Monatelang hatte sich der Verbrecher dem Zugriff der Polizei entziehen können. Jetzt endlich ist er ihr ins Netz gegangen.

vom Netz gehen *Atomkraftwerk* · to be closed down, to be decommissioned

Wie ich höre, soll Obrigheim ja nun doch vom Netz gehen. – Das Ding müssen sie wohl abschalten, wenn das Sicherheitsrisiko nicht zu groß werden soll.

jn. ins Netz locken *selten* · to lure s.o. into a trap

Ob es der Polizei wirklich gelungen ist, den Drogenhändler Herwatz ins Netz zu locken? Sie haben mit Absicht verlauten lassen, er wäre in Italien – sodaß er sich in Mannheim, wo sie ihn vermuten, unbeobachtet fühlt.

ein Netz von Lügen spinnen form – *path* · to tell a tissue of lies

… Das stimmt doch alles gar nicht, was er da erzählt! Die eine Unwahrheit soll die andere stützen. Wenn du das Netz von Lügen, das er gesponnen hat, zerreißen willst, brauchst du nur …

(jm.) den Ball/das Ei/das Ding ins Netz schießen/werfen/jagen/legen *ugs* · to slam/to ram/… the ball into the net

… Zehn zu eins, stell'dir das vor: Zehn zu eins! Allein der Bräutner hat dem Junghans vier Dinger ins Netz gejagt. Kerl nochmal, war das ein Spiel!

sich im eigenen Netz/im Netz der eigenen Lügen/Heucheleien/Intrigen/… verstricken/(verfangen) form – *path* · to get/to become/… entangled in the web of one's intrigues/lies/…

… Dieser mutmaßliche Kindesentführer hat inzwischen in dem Prozeß soviel gelogen, daß er offensichtlich selbst nicht mehr durchblickt. Er verstrickt sich immer mehr im Netz seiner eigenen Lügen. Ein Widerspruch folgt dem andern.

ein/js. Netz von Lügen/Heuchelei/… zerreißen form – *path* · to disentangle a web/mesh/(…) of lies/hypocrisy/…

Wenn du das Netz von Lügen, das der Kreuder da gesponnen hat, zerreißen willst, brauchst du nur die schriftlichen Unterlagen durchzugehen, die es über den Vorgang gibt. Da kannst du genau sehen, daß alles Lug und Trug ist, was er erzählt hat.

seine Netze überall/(in …/…) auswerfen/(auslegen) form – *path selten* · to cast one's nets in all directions

… Versucht der Krause denn auch in dieser Gegend, Käufer für seine Artikel zu finden, so weit weg vom Hauptsitz seiner Firma? – Der Krause wirft überall seine Netze aus.

sich in den eigenen Netzen verstricken/(verfangen) form – *path* – (eher:) sich im eigenen **Netz**/im Netz der eigenen Lügen/Heucheleien/Intrigen/… verstricken/(verfangen) · to become entangled/… in the web of one's own intrigues/lies/…

Netzwerk: sich im Netzwerk der Paragraphen/… verfangen/(verstricken) form – *path* · to get caught/… in the jungle of paragraphs/regulations/…, to get caught in the maze of paragraphs/regulations/…

… Daß die bei diesen Mammut-Gerichtsverfahren überhaupt selbst noch durchkommen! Ein normaler Mensch würde sich doch im Netzwerk der unzähligen Paragraphen und Klauseln im Nu verfangen!

neu: noch neu hier/dort/in …/…/… sein · to be still/… new here/in …/…

(Am Telefon in einer Firma:) … Ja …, Moser … Ja, Tag Herr Schmitz. Sie wurden zuerst falsch vebunden, hör' ich. Unsere Telefonistin ist neu hier. Die vertut sich noch häufiger. Ein, zwei Monate Einarbeitungszeit muß man ihr schon geben …

(noch) wie neu sein · to be as good as new

Offiziell ist der Wagen natürlich ein Jahr alt. Aber er hat fast immer in der Garage gestanden. Er hat bestimmt nicht mehr als 5 bis 6.000 (km) drauf, er ist wie neu.

das/(etw.) ist mir/ihm/dem Peter/… neu, daß … · that is news to me/him/(John) … *coll*

… Entschuldigen Sie, mein Herr, wenn Sie an dem Ball teilnehmen wollen, müssen Sie sich eine Krawatte oder eine Fliege umbinden! – Was? Das ist mir aber neu, daß man für die Bälle hier Schlips oder Fliege braucht.

das/etw. ist mir/ihm/dem Peter/… (ganz) neu an jm./(etw.) (daß …) · that is news/new to me/Peter/… (that s.o. …) *coll*

… das ist mir neu an dem Robert, daß er die Leute handfest belügt! Ich wußte zwar immer, daß er seine Interessen mit aller Macht verteidigt; doch habe ich ihn immer für wahrhaftig gehalten.

Neubau: (es scheint/…) j. ist im Neubau geboren *ugs scherzh selten* · + are there/… no doors where you/… come from?, were you born in a barn/a field? *para*

Ich glaub', du bist im Neubau geboren, was? – Ach, du meinst, weil ich schon wieder die Tür aufgelassen habe? – Natürlich. Du machst die Tür grundsätzlich nicht hinter dir zu.

neue: (etw.) aufs neue (versuchen/…) form · 1. to try s.th./… again, to try s.th./… once more, to try s.th./… anew, to try s.th./… afresh, 2. to ask s.o./… once again, to ask s.o./… once more

1. Auch wenn es schon zweimal daneben gegangen ist/du schon zweimal gescheitert bist, würde ich an deiner Stelle nicht aufgeben. Ich würde es aufs neue versuchen. – Nochmal das ganze Examen?

2. vgl. – (etw.) von **neuem** (beginnen/machen/…) (2)

neuem: (etw.) von neuem (beginnen/machen/…) · 1. to do s.th. all over again, to do s.th. again from scratch, 2. to ask s.o./… once again, to ask s.o./… once more

1. Wenn die ersten Ergebnisse falsch sind, müßt ihr die ganze Rechnung von neuem machen, das ist doch klar.

2. Jetzt bittet der Kohler mich von neuem, ihn in der Angelegenheit zu unterstützen. Dabei habe ich ihm schon beim ersten Mal ausführlich dargelegt, warum das nicht geht.

Neues: auf ein Neues! *ugs* · here's to the New Year, Happy New Year

Prost, Albert! – Prost, Heinz! Auf ein Neues! – Ja, (auf) daß unsere Geschäftsbeziehungen im jetzt anlaufenden Jahr weiterhin so florieren wie bisher.

was gibt's Neues? *ugs* · what's new?

Tag Paul. – Tag Erich. Was gibt's Neues? – Nichts. Leider immer derselbe Kram …

das/(etw.) ist nichts Neues · that/(s.th.) is nothing new

Wenn du an der Feier teilnehmen willst, mußt du einen Smoking oder einen schwarzen Anzug tragen. – Das ist nichts Neues. Das war schon immer so bei diesen Jubiläumsfeiern.

das/(etw.) ist mir/ihm/… nichts Neues *selten* · that's not news to me/him/(John) … *coll*

… Der Richard stiehlt? … Klar. Das ist mir nichts Neues. Wußtest du das nicht?

du/er/der Peter mußt/muß/dir/sich mal etwas Neues ausdenken/einfallen lassen *ugs* · you/he/John/… will have to think up/to come up with/… something new

Die müssen sich da oben mal etwas Neues einfallen lassen! Immer wieder die Angstmacherei mit der Gefahr der Kommunisten – das wird langsam langweilig.

es gibt/… nichts Neues unter der Sonne *path* · there is/… nothing new under the sun

Je älter man wird, sagt mein Vater, um so mehr stellt man fest: im Grunde gibt es nichts Neues unter der Sonne. – Das älteste Epos der Menschheit – das Gilgamesch-Epos – beginnt mit der Feststellung, daß alles schon gesagt ist.

Neueste: weißt du/wißt ihr/… schon das Neueste? *ugs* · have you/… heard the latest?

Wißt ihr schon das Neueste?: die Doris Bamberg ist verheiratet! – Ah, komm', mach' keine Witze, Rainer! – Bestimmt! Ich weiß es ganz sicher. Sie hat vor gut einem Monat einen Ingenieur aus Köln geheiratet.

das Neueste vom Neuen/(vom Neuesten) (zum besten geben/(…)) *mst iron* · (to tell s.o./…) the (very) latest (news)

Hast du heute schon Nachrichten gehört? – Nein. Warum? Gibt's was Neues? – Das Neueste vom Neuem ist ja wohl die Demission des CDU-Generalsekretärs. Sie findet nach den letzten Durchsagen jetzt gerade statt …

das Neueste vom Tage *form od. iron* · the (very) latest (news)

Na, was ist das Neueste vom Tage, Fritz – du hast doch gerade Nachrichten gehört? – Kohl ist immer noch Kanzler! – Du Witzbold!

neuestem: seit neuestem · since a short time ago, only since recently

… Meine Schularbeiten mach' ich doch schließlich regelmäßig! – Aber erst seit neuestem. In der letzten Woche hast du doch noch eine Rüge wegen mangelnder Vorbereitung gekriegt.

neugebackener: ein neugebackener Diplomingenieur/Malermeister/Assistenzarzt/... *ugs* – (eher:) ein **frischgebackener** Diplomingenieur/Malermeister/Assistenzarzt/... · a newly qualified doctor/...

neugeboren: wie neugeboren (sein) *bes nach Bad u. ä.* · to feel a new man/woman

Nach einem Bad in so einem Bergsee fühlst du dich wie neugeboren.

Neugier: (fast/bald) **platzen vor Neugier** *ugs* · to be bursting with curiosity

… Immer und immer wieder stellt sie nur eine Fotografie von sich in Aussicht; aber bisher kenne ich diese herrliche Brieffreundin nur mehr oder weniger 'innerlich'. – D. h., du platzt fast vor Neugier zu erfahren, wie sie sich äußerlich darstellt?

(geradezu/...) **vor Neugier brennen** zu erfahren/..., ob .../... *ugs – path* · to be dying to know s. th./to find out s. th./to know whether ...

Unser Sohn brennt geradezu vor Neugier, ob dir das Bild, das er für dich gemalt hat, gefallen hat. Kannst du ihn nicht wenigstens kurz anrufen, um seine Neugier zu stillen?

Neuigkeit: die Neuigkeit(en) des Tages *form* · the news of the day

Was ist heute die Neuigkeit des Tages, Alfred? Du bist ja unser Informationsminister hier. – Der CDU-Generalsekretär wurde abgesetzt.

Neuland: mit etw. **Neuland betreten/**(beschreiten)/(in ... eindringen) *form* · to be breaking new ground with s. th., to be entering new/unknown/... territory with s. th.

Mit der Fertigung der Plastikplättchen betreten wir Neuland. Bisher haben wir nur Eisen- und Stahlwaren hergestellt. Bevor wir die ersten Erfahrungen gesammelt haben ...

Neune: (ach) du grüne Neune! *ugs selten* · 1. good heavens, 2. oh my God
1. vgl. – (eher:) (ach) du liebes **bißchen**
2. vgl. – (eher:) (ach) du lieber **Gott**

alle Neune werfen/(schieben) *Kegeln* · to get a strike, to get a floorer

Jetzt hat der Otto doch schon zum vierten Mal alle Neune geworfen! Verdammt nochmal! Mal gespannt, wieviel ich jetzt schaffe.

Neunmalklug: Herr/Frau/Fräulein Neunmalklug/(Neunmalschlau) *sal selten* · a smart aleck *coll*, a clever dick *coll*

Der Gruber meint ... – Ja, jetzt wissen wir das auch! Das hätte unser Schlauberger uns vorher sagen sollen! Was sagt der Herr Neunmalklug denn zu den VW-Aktien? Steigen die weiter? Das weiß er natürlich auch genau so wenig wie wir!

Neunmalkluger: ein Neunmalkluger/(Neunmalschlauer) (sein) *sal* · (to be) a real/... smart aleck/smart-arse/know-all/wise guy

… Der Isidor weiß immer alles! – Der weiß immer alles besser, meinst du? – Klar: Das ist ein Neunmalkluger. – Laß den armen Irren doch.

neunundneunzig: auf neunundneunzig sein *ugs* – auf **achtzig** sein · to be hopping mad

jn. **auf neunundneunzig bringen** *ugs* – jn. auf **achtzig** bringen · to make s. o. hopping mad, to make s. o.'s blood boil

neunzig: auf neunzig sein *ugs* – auf **achtzig** sein · to be hopping mad

jn. **auf neunzig bringen** *ugs* – (eher:) jn. auf **achtzig** bringen · to make s. o. hopping mad

auf neunzig kommen *ugs selten* – (u. U.) in die **Luft** gehen (2) · to blow a fuse, to flip one's lid, to lose one's rag

neutral: sich (völlig) neutral verhalten/(...) · to remain (completely/...) neutral

… Ich weiß gar nicht, warum ihr so sauer auf den Kurt seid! Der hat doch weder für seinen Vater noch für euch Partei ergriffen, sondern sich in der ganzen Sache von Anfang bis Ende völlig neutral verhalten!

nicht: j. **ist der** Klügste/Schnellste/... **nicht** *iron* · s. o. is not the cleverest/fastest/...

Na, der Fleißigste ist der Robert nicht? – Wieso? – Dem gelingt es, für so eine Übersetzung noch länger zu brauchen als mein Bruder; und der läßt es bei solchen Arbeiten schon langsam gehen.

bei mir/dem/meinem Vater/... nicht!/nicht bei ... · not with me/him/my father/...

Wenn der Kruse meint, er kann sich hier Frechheiten erlauben ... – bei mir nicht! Das nächste Mal, wo er mir dumm kommt, stauch' ich ihn vor versammelter Mannschaft zusammen!

beileibe nicht ... *ugs – path* · s. o./s. th. certainly is not ..., s. o./s. th. is by no means ..., s. o./s. th. is anything but/far from/...

… Die Ursel ist doch nun beileibe nicht kompliziert oder empfindlich! Wenn die schon Schwierigkeiten mit dem Hölters hat, wie soll das dann mit den anderen Damen in der Abteilung gutgehen?

besser nicht! · better not to!, best not to!

… Eine Ohrfeige sollte man diesem Flegel verpassen! – Besser nicht! Da kriegen sie mit allen Schwierigkeiten: den Eltern, dem Direktor, dem Ministerium ... – Das ist es ja! Deshalb werden die Schüler ja so frech!

bloß/nur das nicht! · anything but that!, oh no!

Wie es scheint, ist der Herr Hartmann erkrankt. – Bloß das nicht! Dann kriegen wir die Genehmigung nie! Die anderen Sachbearbeiter brauchen wir doch erst gar nicht zu fragen.

durchaus nicht – durchaus (nicht) · certainly not

erst gar nicht ... · (s. o. does) not even (let s. o. do s. th.)

… Nicht nur, daß sie seine Auffassung nicht teilten, ihm widersprochen hätten ... nein, sie haben ihn erst gar nicht reden lassen.

ganz und gar nicht – ganz und gar nicht · of course not, not a bit, not at all

gar nicht – (schwächer als:) **ganz** und gar nicht · of course not, not a bit, not at all

... (und) schon gar nicht ... · 1. ... and certainly not ..., 2. s. o. certainly won't be able to/...

1. ... Nein, Herr Briese, ich gehe nicht für vier Jahre nach Südamerika, und schon gar nicht nach Uruguay. Wenn es noch Mexiko oder Peru wäre ... – aber Uruguay, auf keinen Fall!
2. ... Wenn er schon einen normalen Text nicht vernünftig übersetzen kann, dann schafft er ein modernes Gedicht schon gar nicht.

lieber nicht! – besser nicht! · better not to!, best not to!

mit mir/dem/meinem Vater/... nicht/nicht mit ... – (eher:) **bei mir/dem/meinem Vater/... nicht/nicht bei ...** · not with you/him/my father/...

... (und) erst recht nicht ... – ... (und) schon gar **nicht ...** · ... and certainly not ...

(nein,) so nicht! – (nein,) so nicht! · no, not like that/not that way

überhaupt nicht – (schwächer als:) **ganz** und gar nicht · not at all

wenn j./etw. **nur/bloß nicht ...! –** wenn j./etw. **nur** nicht ...! · + let's hope s. o. doesn't ..., as long as s. o. doesn't ...

j. **möchte/will/. . .** etw. **tun/glaubt/meint/. . .** etw. **und möchte/will/glaubt/meint/. . . es auch wieder nicht** · to be torn between doing s.th. and not doing s.th., not to be able to make up one's mind whether one should . . ., to want to/. . . and then again not to want to . . .

Der Manfred ist hin- und hergerissen: er möchte die Ingrid anrufen – und möchte es auch wieder nicht. – Das kann ich gut verstehen: auf der einen Seite brennt er darauf, sie wiederzusehen, auf der anderen muß er höllisch aufpassen, von ihr nicht völlig beherrscht zu werden.

wo nicht, . . . *veraltend* · if not, . . .

. . . Wenn die Sache sich so zugetragen hat, wie dein Vater das gerade geschildert hat, nehme ich meinen Vorwurf zurück. Wo nicht, sind wir für immer geschiedene Leute.

j. **ist nicht der** Klügste/Schnellste/. . . *iron* – j. ist der Klügste/Schnellste/. . . **nicht** · s.o. is not the cleverest/fastest/. . .

nicht doch! *ugs* · stop it!, stop that!, leave off!

Nicht doch! – Was denn? – Nun tu doch nicht so! Meinst du, das wäre angenehm, wenn du mich andauernd in die Seite kneifst? Jetzt hör' mal endlich auf damit!

nicht einmal/mal · not even

. . . Der kann nicht nur kein Englisch, der kann nicht einmal richtig Deutsch! – Ach, Gerd! Kritisier' den Peter doch nicht immer so scharf!

nicht heute/. . . und nicht morgen/. . . *path* · not today and not tomorrow *para*, never ever

. . . Nein, der Wollmann kriegt keinen Gehaltsvorschuß! Nicht diese Woche und nicht nächste Woche! Leute, die so miserabel arbeiten wie der, kriegen (von mir) grundsätzlich nie einen Vorschuß.

Nichtachtung: jn. **mit Nichtachtung strafen** *form* · to ignore s.o., to send s.o. to Coventry

. . . Ich würde diesen Mann ganz einfach mit Nichtachtung strafen – so tun, als wenn er gar nicht existierte! Das ist die beste Waffe gegen solche Intriganten.

nichtig: nichtig sein *form* – (eher:) **null** und **nichtig** (sein) · to be null and void

Nichts: ein Nichts sein *ugs pej selten* · to be a nobody, to be a nonentity

. . . Ob dieser Mann Geld hat oder nicht, ist mir schnurzegal. Für mich ist das ein Nichts – ein elender Betrüger, der nicht die geringste Achtung verdient.

das/(etw.) ist ein Nichts *path selten* · it/s.th. is nothing, + there's nothing to it

Mir ist wirklich nicht einsichtig, warum sich der Bertolt über die paar Änderungen, die er an seinem Artikel anbringen soll, so aufregt. Das ist doch ein Nichts! In drei, vier Stunden ist das gemacht.

ein Nichts an/von etw. *path selten* · 1. a scrap of a bikini/. . ., a teeny-weeny nightdress/. . ., a wisp of a nightdress, 2. + you can hardly call that a . . .

1. Statt mit so einem Nichts von Badehöschen herumzulaufen, sollten sie lieber gleich nackt baden.

2. . . . Was die da hat, ist doch ein Nichts an Busen! – Herbert!

sich um ein Nichts streiten/entzweien/. . . *form path* · to quarrel/to split up/. . . about nothing, to quarrel/to split up/. . . over a trifle/a trifling matter/nothing at all/. . .

Nachdem ihr Jahre und Jahre zusammengelebt und in tausenderlei Schwierigkeiten zusammengehalten habt, werdet ihr euch doch jetzt nicht um ein Nichts entzweien! – Den Wohnsitz der nächsten Jahre nennst du ein Nichts? – Im Vergleich zu dem, was euch verbindet, ist es eine Lappalie! Oder müßte ich sagen:

sich in ein Nichts auflösen *selten* – sich in **Wohlgefallen** auflösen (2; u.U. 3) · to come to nothing, to go up in smoke

(wie) aus dem Nichts auftauchen *path* · to appear from nowhere

. . . Plötzlich tauchten da zwei dunkle Gestalten aus dem Nichts auf. Keine von uns dreien hatte weit und breit jemanden gesehen – und plötzlich stehen die vor uns. Wir hatten vielleicht eine Angst! – Geschieht euch recht. Mädchen gehen eben abends nicht allein durch den Wald!

etw. **aus dem Nichts erschaffen** · to create s.th./the world/. . . out of chaos, to create s.th./the world/. . . from the void

Gott, heißt es, erschuf die Welt aus dem Nichts; der Mensch dagegen verwandelt nur – er erschafft daher nicht, sondern schafft.

vor dem Nichts stehen *path* · to be left with nothing, to face ruin

Der Schorsch hat nie vernünftig gearbeitet. Kein Wunder, daß man ihn an die frische Luft gesetzt hat. Jetzt steht er vor dem Nichts. Denn in seinem Alter findet er doch nichts Neues.

nichts: (noch/. . .) nichts sein · 1. to be (still/. . .) a nobody, 2. nothing has happened yet, there is no news yet

1. Wenn der Herbert mal selbst Geld verdient, kann er meinetwegen so viel ausgeben, wie er will. Aber vorläufig ist er doch noch nichts. Vorläufig macht er (als Student) nur Papas Geld kaputt. Da hat er sparsam zu sein.

2. Was macht deine Professur in München? – Das ist noch nichts. Bisher ist die Stelle nicht einmal offiziell ausgeschrieben. *seltener*

es ist nichts · it is nothing

. . . Der Junge fühlt sich so schlecht nach dem Unfall, Herr Doktor! – Seien Sie unbesorgt, Frau Bondy, es ist nichts. Er ist ein bißchen durcheinander; das gibt sich wieder!

mit . . ., das ist nichts/(mit . . . ist nichts) *ugs* · + it/s.th. is off, + it/s.th. has fallen through

Hast du schon gehört: mit unserer Reise in die Türkei in diesem Sommer – das ist nichts. – Warum denn nicht? Was ist denn plötzlich passiert? – Vater sagt, in diesem Jahr geht es nicht.

das/etw. **ist nichts für** jn. · that is not my/his/John's/. . . thing, that is not my/his/John's/. . . cup of tea *coll*

Den ganzen Tag am Schreibtisch sitzen, das ist nichts für den Rolf. Der Junge braucht Bewegung, Abwechslung und Kontakte mit anderen Menschen.

alles oder nichts! – **alles** oder **nichts!** · all or nothing

für nichts · 1. (all) for nothing!, 2. for/because of every little thing

1. . . . Und warum haben wir uns dann monatelang so angestrengt, wenn am Ende alles wieder über den Haufen geworfen wird? Für nichts! Da wären wir besser die Zeit spazieren gegangen. Alles völlig vergeblich!

2. vgl. – (u.U.) für **alles** und für nichts

ganz und gar nichts *path* · nothing at all, not a thing

Hast du von dem Vortrag wirklich nichts verstanden? – Ganz und gar nichts! Keinen einzigen Gedankengang!

gar nichts – (schwächer als:) ganz und gar **nichts** · nothing at all

rein gar nichts *path* · nothing at all, absolutely nothing

.. Hat sie dir denn nichts davon gesagt? – Nichts hat sie gesagt – rein gar nichts!

aber auch rein gar nichts *ugs* – *path* · not a thing, absolutely nothing, not a bloody thing *sl*

. . . Dieser Kerl tut nichts, sage ich dir, nichts, aber auch rein gar nichts!

so gut wie nichts · next to nothing *coll*, practically nothing

Was haben sie ihm für seine Hilfe bei der Ernte bezahlt? – So gut wie nichts – 3,– Mark pro Tag. – 3,– Mark?! In der Tat, da hätten sie sich eine Bezahlung gleich schenken können.

überhaupt nichts – (schwächer als:) ganz und gar **nichts** · nothing at all

um nichts besser dran/reicher/dicker/. . . (gesunder/. . .) **sein (als** j.) · to be no richer/better off/happier/. . . than s.o.

. . . Das verstehe der Henker, wie die Leute in diesem Nest neidisch auf den Arzt sein können. Der ist doch um nichts reicher als sie! – Um nichts reicher . . . – Kein bißchen reicher, sage ich dir! Der hat hier bei Null angefangen . . .

verglichen mit etw./**gegen** etw. **ist das/**(etw.) **nichts** *ugs* – *path* · it/s.th. is nothing compared to . . .

. . . Ich sage nicht, daß der Alfons faul war! Er hat natürlich einiges übersetzt. Aber verglichen mit dem/(gegen das), was die Petra gemacht hat/verglichen mit der/gegen die Arbeit der Petra ist das nichts! Die hat in der Zeit bestimmt dreimal so viel geleistet.

weiter nichts? · is/was that all?
... Und dann hat er noch behauptet, die Ingrid hätte jahrelang mit einem anderen Mann zusammengelebt ... – Weiter nichts? – Wie? Reicht dir das nicht?

weiter nichts als ... · nothing but ...
... Was aus diesen Zeilen spricht, ist weiter nichts als Neid. Mit Objektivität und Wissenschaftlichkeit hat das nicht das Geringste zu tun.

aus nichts wird nichts – (eher:) **von nichts kommt** nichts · nothing will come of nothing

wenn es weiter nichts ist *ugs* · if that's all it is ...
Vater, eine sehr unangenehme Nachricht: das Grundstück soll 10 – 15% teurer werden als ausgemacht. – Wenn es weiter nichts ist. Bei den Kosten, die mit dem Bau sowieso auf uns zukommen, spielen 10 – 15% mehr oder weniger für das Terrain keine Rolle.

etw. wie nichts verschlingen/futtern/... kassieren/einstreichen/.../weg sein/... *ugs* · 1. to wolf s.th./.../to pocket s.th./.../to dissapear in no time, to wolf s.th./to pocket s.th./.../to disappear in a flash, to wolf s.th./to pocket s.th./.../to disappear in a trice
1. Ich hatte gedacht, fünf Eier für den Tagesmarsch wäre reichlich. Aber der Junge hat die verschlungen wie nichts. Kaum hatte ich sie ausgepackt, da waren sie auch schon weg.
2. ... Ja, ja, aber vorher hatte er wer weiß wie angegeben, er hätte keine Angst, diesem unsympathischen Alten ein paar Bretter aus dem Garten zu klauen. Und dann?: Kaum hat er ihn kommen hören, da ist er weg wie nichts.

nichts als Ärger/Dummheiten/Wasser/... · nothing but trouble/nonsense/problems/...
Nichts als Ausgaben und Ärger hat man mit diesem verdammten Gut! Wirklich! In den drei Jahren, die ich es jetzt habe, hab' ich nur Ausgaben und Ärger gehabt (weiter nichts).

nichts anderes als gelogen/erfunden/Schmus/... **sein** · it/s.th. is all nonsense/a pack of lies/..., it/s.th. is nothing but nonsense/a pack of lies/...
... Ach, was da da erzählt, ist doch nichts anderes als gelogen! Ich versteh' gar nicht, wie du auf so einen Schmus überhaupt eingehen kannst, Christa!

nichts/(keins) von beidem (tun/sein) – weder das **eine** noch das andere (tun/sein) · (to do/to be) neither

nichts da! *ugs* – das **hättest** du/(hätte er/...) gern(e) (was?)! · nothing doing!

es ist nichts dabei (wenn .../daß ...) *ugs* – es ist nichts **dabei** (wenn .../daß ...) · there is nothing wrong with s.o. doing s.th., there is no harm in doing s.th., there is nothing to it

nichts von dem, was .../von alledem (...) · there is no truth/... at all in anything s.o. says, nothing s.o. says is true
... Nichts von alledem/nichts von dem/alledem, was er sagt, stimmt; kein einziges Wort davon ist wahr!

nichts dergleichen – nichts **dergleichen** · nothing of the kind

(so) mir nichts, dir nichts ... – (so) **mir** nichts, dir nichts · just like that

nichts mehr von .../davon! · that's enough!, that's that!
... So, und jetzt nichts mehr davon! Ich will von der Sache kein Wort mehr hören!

es ist nichts mit etw. *ugs* – es **ist** nichts mit etw./was ist mit etw.? · + the lecture/the game/... is off

für nichts und wieder nichts *ugs* – *path* · 1. for nothing, 2. for every little thing
1. vgl. – für **nichts**
2. vgl. – (eher:) für **alles** und für nichts

so tun/..., als ob nichts wäre *ugs* · to act as if nothing has/had happened, to pretend that nothing has happened
... Erst wer weiß was für Intrigen spinnen und dann so tun, als ob nichts wäre! Das ist mir der richtige Verstellungskünstler, dieser Bohrmann.

nichts weiter? – weiter **nichts?** · is/was that all?

nichts weiter als ... – weiter **nichts** als ... · nothing but ...

nichts weniger als ... · 1. s.o./s.th. is anything but beautiful/clever/..., s.o./s.th. is not at all beautiful/clever/..., 2. it/s.th. is nothing but malice/...
1. ... Ja, das muß man leider zugeben: die Berta ist nichts weniger als schön. Interessant – das ja; aber schön – nein, wirklich nicht.
2. ... Was er da sagt, ist nichts weniger als eine Gemeinheit. Aber ich habe ja immer gesagt: der Mann hat keinen Charakter.

nichts wie Ärger/Dummheiten/Wasser/... – **nichts als** Ärger/Dummheiten/Wasser/... · nothing but trouble/nonsense/problems/...

(jetzt/nun aber//und dann//und er/sie/wir/der Peter/...) nichts wie ab/fort/weg/raus/los/...! *ugs* · 1. let's go, let's get out of here/it, 2. I/he/Peter/... was off like a flash, 3. out you/we/(...) go, out you/we/(...) get, off you/we/(...) go
1. Kinder, jetzt aber nichts wie weg! Da kommt der Breitmann. Wenn der uns hier in seinen Bäumen sitzen sieht, dann gibt's was. Weg, weg! So schnell wie möglich!
2. ... Gut, du hast dich da noch mit dem Hausmeister auseinandergesetzt. Und der Peter? – Der? Nichts wie weg! Kaum hatte er den Alten kommen sehen, da war er auch schon verschwunden.
3. ... So, jetzt aber nichts wie raus! Wen ich in zwei Minuten noch hier in der Klasse erwische, der bekommt Arrest!

nichtsahnend: (ganz) **nichtsahnend** etw. tun · to do s.th. innocent(ly), to do s.th. unsuspecting(ly)
... Ich komm' da ganz nichtsahnend ins Wohnzimmer und kaum hab' ich die Tür hinter mir zugemacht, da fallen alle über mich her und werfen mir wer weiß was für Vorwürfe an den Kopf. – Aber du mußtest doch wissen, daß ... – Woher sollte ich das denn wissen?

nichtsdestotrotz: nichtsdestotrotz *iron* – **nichtsdestoweniger/(nichtsdestominder)** · none the less

nichtsdestoweniger: nichtsdestoweniger/(nichtsdestominder) *form* · nevertheless, none the less, despite of this/that
... Der Alfred läßt fragen, ob du ihm nochmal helfen kannst. – Der Alfred hat mich gestern mit seiner Bemerkung, ich sei eng, wirklich gekränkt. Nichtsdestoweniger werde ich ihm helfen – er ist schließlich mein Bruder.

Nichtsnutz: ein (richtiger/...) **Nichtsnutz (sein)** *ugs* · (to be) a (real/...) good-for-nothing
... Der Georg Krauss ist ein richtiger Nichtsnutz! Er liegt mit seinen 25 Jahren seinen Eltern immer noch auf der Tasche und lebt einfach so in den Tag hinein!

Nichtstun: das süße **Nichtstun** *iron* – (Lehnübersetzung von:) il dolce **far** niente · sweet/blissful/... idleness, dolce far niente

viele Wochen/... mit **Nichtstun vergeuden**/... · to spend/to waste/... weeks/... doing nothing/in idleness/...
... Wenn du die ersten Wochen nicht mit Nichtstun vertan hättest, wärst du mit der Frist für die Arbeit gut ausgekommen. Jetzt wird's eng, klar. Du hättest sofort was tun sollen!

in Nichtstun versinken *iron selten* · to sink into utter/total/... lethargy, to lapse into complete/... inactivity
Wenn seine Faulheit weiterhin so zunimmt, wird der Schmude bald in Nichtstun versinken. – Laß ihn versinken. Viel hat er sowieso nie getan.

Nichtzutreffendes: Nichtzutreffendes bitte streichen *form* · delete if not applicable, delete what does not apply
(In einem Antragsformular:) Einheimischer – aus der DDR eingewandert – aus einem der ehemaligen Ostgebiete eingewandert – Nichtzutreffendes bitte streichen. – Das kannst du alles durchstreichen. Daß Leute auch aus anderen Gebieten einwandern können, fehlt.

Nickerchen: ein Nickerchen/(Nickerlein) **halten**/(machen) *ugs* · to have a nap, to take a nap, to have a snooze, to take forty winks

… Ja, nach dem Essen pflegt meine Mutter ein Nickerchen zu halten. In dem Sessel, der hinten links in unserem Wohnzimmer steht, schlummert/döst sie so eine halbe oder dreiviertel Stunde.

nie: jetzt oder nie! *path* – jetzt oder nie! · now or never!

nie und nimmer *path* · 1. never, 2. definitely not, certainly not

1. … Was soll der Hubert gesagt haben? Der Klaus-Peter sei nicht ehrlich? Das glaube ich nie und nimmer. Das sagen die nur, um den Hubert schlecht zu machen.
2. vgl. – (eher:) auf keinen **Fall** (3)

nie wieder · never again

… Nochmal so eine Reise als Leiter einer Jungen- und Mädchenklasse? Nie wieder! Lieber einen Sack Flöhe hüten!

nieder: nieder mit …! (rufen/schreien/…) *path* · down with …!

'Nieder mit diesem Verräter'!, brüllte die Menge, als der Redner der Opposition das Wort ergriff.

niederbrüllen: jn. niederbrüllen *ugs* · 1. 2. to shout s.o. down
1. vgl. – jn. **niederschreien**
2. vgl. – (eher:) jn. **niederdonnern**

niederbügeln: jn. (regelrecht/…) niederbügeln *sal* · 1. to tear strips of s.o., to give s.o. a bollocking, to bawl s.o. out *coll*, to really/… lay into s.o. *coll*, 2. to slate s.th. *coll*, to tear s.th. to pieces *lit*

1. … Unser Chef ist ein unmöglicher Mensch. Heute hat er den Herrn Meier richtiggehend niedergebügelt, weil der sich bei einem Angebot verrechnet hatte. Er hat den nach Strich und Faden fertiggemacht.
2. … Unser Deutschlehrer hat meinen Aufsatz richtig niedergebügelt. Kein gutes Haar hat der an meiner Arbeit gelassen.

niederdonnern: jn. niederdonnern *ugs* · to shout s.o. down

Wenn der Schmidt meint, er kann hier mit seiner Stentorstimme die Leute niederdonnern, wie ihm das gerade paßt, ist er schief gewickelt. Brüllen kann ich auch; und zusammenstauchen lasse ich mich hier von niemandem!

niedergeschlagen: das Verfahren/der Prozeß **wird niedergeschlagen** *jur* · the case/… is dismissed

… Hab' ich nicht gesagt! Der Prozeß wurde wegen Geringfügigkeit niedergeschlagen. So weit sind wir also doch noch nicht, daß man wegen 235,– Mark einen Prozeß startet.

Niederlage: jm. **eine Niederlage beibringen**/(bereiten) *form* – jm. eine **Schlappe** beibringen · to inflict defeat on s.o.

eine Niederlage einstecken müssen/erleiden *form* – eine **Schlappe** einstecken müssen/erleiden · to suffer/to sustain/… defeat

niederlassen. sich bei jm./in/… **häuslich niederlassen** *oft iron* · to move in with s.o.

… So für zwei, drei Tage, gut, da können sie kommen. Sollten sie aber wieder, wie letztes Jahr, die Absicht haben, sich bei uns für ein paar Wochen häuslich niederzulassen, dann gibst du ihnen durch einen Wink mit dem Zaunpfahl zu verstehen, daß ich das nicht zulasse.

niederlegen: sein Amt/Mandat/… **niederlegen** *form* · to give up the brief/…, to resign one's seat, to resign (from office)

Der Anwalt unseres Vermieters hat sein Mandat niedergelegt, als dieser uns auf die kalte Tour ausgesperrt und auch noch versucht hat, uns zu erpressen.

etw. **schriftlich niederlegen** *form* · put s.th. into writing

(Ein Verwaltungsbeamter zu einer Gruppe junger Leute:) Vielleicht könnten Sie Ihre Vorschläge einmal schriftlich niederlegen. Dann könnte man offiziell darüber beraten … – Wir wollten eigentlich keinen großartigen Schriftwechsel über die Sache, keine langen Berichte – das gibt nur viel Arbeit und führt doch zu nichts; wir wollten der Stadt nur mal sagen, was wir über den Abbruch des alten Gemeindehauses denken …

niedermachen: jn. niedermachen *ugs* · to run s.o. down, to humiliate s.o. *n*

… Natürlich kann man jemanden auch mal in aller Schärfe zurechtweisen. Aber deswegen muß man ihn doch nicht gleich niedermachen. Der Franz begreift nicht, daß ein Tadel nur wirkt, wenn die Achtung vor dem zu Tadelnden intakt bleibt.

niedermähen: Menschen/Truppen/… niedermähen *path* · to mow people/troops/… down

… Hunderte, Tausende von Soldaten wurden von diesen entsetzlichen Stalinorgeln in wenigen Sekunden niedergemäht …

niederprasseln: auf jn. niederprasseln *Fragen/Vorwürfel…* *path* · + to be bombarded with questions/reproaches/…

Kaum kam ich zu Hause an, da prasselten auch schon von allen Seiten Fragen auf mich nieder: ob wir das neue Haus wirklich kaufen würden, wie teuer es wäre, wie groß, wie genau aufgeteilt …? Ich konnte mich vor all den Fragen kaum noch retten.

niedersausen: auf jn niedersausen *Schläge ugs* – *path* · to come raining down on s.o.

Heute ist da ja nicht mehr erlaubt. Aber ich erinnere mich noch sehr gut, wie in der Volksschule Schläge mit dem Krückstock auf mich niedersausten. Minutenlang.

Niederschlag: seinen Niederschlag finden (bei jm.) in etw. *form* · to show through in s.th., to be expressed in s.th., to find expression in s.th.

Der lange Auslandsaufenthalt findet bei dem Klaus eigentlich kaum seinen Niederschlag im persönlichen Lebensstil. Eher merkt man ihm schon in seinem Beruf an, wie sehr England ihn geprägt hat.

niederschmettern: jn. (regelrecht) niederschmettern *path* · to shatter s.o.

Die Nachricht, daß die Helga sich in einen Franzosen verliebt hat, hat den Friedel regelrecht niedergeschmettert. Der sitzt nur noch da wie ein Häufchen Elend und stiert vor sich hin. – Na, er wird sich schon wieder fangen.

eine niederschmetternde Nachricht/… *path* · a shattering piece of news/…

… Sechs zu eins verloren? Das ist ja eine geradezu niederschmetternde Nachricht! Von diesem Schock werden die sich so schnell nicht erholen!

niederschreien: jn. niederschreien · to shout s.o. down

… Ein paar randalierende Gruppen versuchten zwar, den Redner niederzuschreien; aber der ließ sich nicht aus der Ruhe bringen und übertönte ihr Gebrüll durch die äußerst geschickt plazierten Lautsprecher.

niederstampfen: etw. niederstampfen *path* – etw. **niedertreten** · to trample s.th. underfoot, to tread on s.th.

niedertrampeln: etw. niedertrampeln *sal* – *path* – etw. **niedertreten** · to trample on s.th.

niedertreten: etw. niedertreten *path* · to trample on s.th.

… Dieser Mensch tritt alles nieder, was sich ihm in den Weg stellt! Politische Anschauungen, religiöse Gefühle, philosophische Überzeugungen, wissenschaftliche Erkenntnisse: alles, was nicht in seine Linie paßt, wird rücksichtslos niedergestampft.

Niederungen: die/alle Niederungen des Lebens kennen/durchmachen müssen/… *form* – *path* · to have to get to know/to experience/… the dark sides of life

… Dir ist es immer gutgegangen, Klaus; du weißt nicht, was Armut, Demütigung, Verfolgung ist. Wenn du wie der Walter Bracht alle Niederungen des Lebens durchgemacht hättest, würdest du nicht so arrogant daherreden.

niederwalzen: etw. niederwalzen *ugs* – *path* · 1. to steamroller s.th., to flatten s.th., to crush s.th., 2. to trample on s.th.

1. Man braucht doch nicht jedes Argument der Opposition durch die Regierungsmaschinerie rücksichtslos niederwalzen zu lassen, noch ehe eine Diskussion darüber stattfinden konnte.
2. vgl. – etw. **niedertreten**

niederzischen: jn. niederzischen · to hiss s.o. out, to hiss s.o. down

… Zischen, gut, das ist ein alter studentischer Usus, Mißfallen auszudrücken. Aber jemanden niederzischen zeugt von Massengeist; ein gut erzogener Mensch läßt jeden (in Ruhe) seine Meinung sagen.

niegelnagelneu: niegelnagelneu *ugs selten* – vgl. **nagelneu**
spanking new

niemand: so gut wie niemand hält sich daran/... · hardly any-
one/hardly anybody does so, virtually no one/virtually nobody
does so
... Natürlich steht da ein Schild '30 km'; nur: so gut wie niemand
hält sich daran. Oder hast du schon mal jemanden mit 30 daherfah-
ren sehen?

ein Niemand sein *ugs – path selten* · to be a nobody
... Der Schuster spielt sich auf, als ob er der Präsident der Vereinigten Staaten wäre. Dabei ist er ein Niemand, ein Nichts! Von dem laß
ich mich doch hier nicht rumkommandieren!

niemand ander(e)s als ich/er/Karl/... · none other than
John/him/her/...
Wer den Kuchen aufgegessen hat? Niemand anders als dein ange-
trauter Ehemann. – Das sieht dem ähnlich! ...

das ist/dahinter steckt/dahinter verbirgt sich/... **niemand
anders als** ... · it is/... none other than ...
... Wer das wohl sein mag, dieser 'Nomus'. – Hinter diesem Pseudonym versteckt sich niemand anders als unser 'Hofpoet' Karl—
August Gruß.

niemandem zuliebe und niemandem zuleide *path veraltend
selten* · for and against nobody, not for or against anybody
... Die Entscheidung wurde niemandem zuliebe und niemandem zuleide getroffen. Sie hat ausschließlich sachliche Gründe. Es sollte
dadurch keiner bevorteilt und keiner benachteiligt werden.

Nieren: etw. geht jm. **an die Nieren** *ugs* · to get s.o. down, to
get to s.o., to upset s.o. *n*
Diese dauernden Intrigen, dieser dauernde Kampf mit allen – mit
den Kollegen, dem Chef, den Kunden ... –, das geht unserem Christoph doch an die Nieren. Es gibt Tage, da ist er so niedergeschlagen
und mitgenommen, daß er drauf und dran ist, dort Schluß zu machen.

niesen: ich werd' dir/der Karl wird euch/... **eins niesen** *sal
selten* – jm. was/etwas/(eins) **husten** · + you/he/... can
whistle for it, + you'll/he'll/... be lucky, + you/he/... can get
knotted

niet- und nagelfest: niet- und nagelfest sein *oft: alles, was
nicht niet- und nagelfest ist, mitnehmen/plündern/kaputt ma-
chen/...* *ugs* · 1. 2. s.th. is (not) nailed or screwed down
1. Wenn du des Schiefers ausziehn, mußt du aufpassen. – Warum? – Ich
habe mir erzählen lassen, daß sie bei ihrem letzten Umzug alles, was
nicht niet- und nagelfest war, mitgenommen haben, ganz egal, ob es
ihnen gehörte oder dem Besitzer.
2. ... Das war vielleicht ein Theater, als das Spiel zu Ende war und
der KFB nicht gewonnen hatte. Ein Teil der Menge stürmte die Tribüne und das Vereinslokal und zertrümmerte alles, was nicht niet-
und nagelfest war.

Niete: eine Niete (sein) *ugs* · 1. (to be) a dead loss, (to be) a
failure *n*, (to be) a loser, 2. (to be) a complete/... fiasco
1. ... Du kannst doch so eine Niete wie den Brauer nicht zum Verhandlungsleiter machen! Der Mann versagt doch überall.
2. ... Seine letzte Komödie war eine ausgesprochene Niete. Vom
vierten Abend an war das Theater leer; nach einer Woche haben sie
das Machwerk abgesetzt. *selten*

eine Niete ziehen *Lotterie* · to draw a losing ticket, to draw a
blank
Ich habe auf den Jahrmärkten bestimmt schon hundertmal ein Los
gekauft und noch nie gewonnen, sondern immer eine Niete gezogen.

Nigger: nicht js. **Nigger sein** *sal oft 1. Pers selten* – nicht js.
Neger sein · not to be s.o.'s skivvy *often 1st person*

Nimbus: den Nimbus der Unfehlbarkeit/eines ausgezeichneten
Chirurgen/... **haben**/(tragen) *path* · to have an aura of in-
vincibility/..., to have a reputation as an excellent surgeon/...
... Nur, weil sie seit drei Monaten kein Spiel mehr verloren hat, hat
sie schon den Nimbus der Unbesiegbarkeit? Diesen Glanz wird sie
schnell wieder verlieren – du wirst sehen; denn so eine Siegesserie
hält doch nicht ewig.

sich mit dem Nimbus des Künstlers/großen Wissenschaft-
lers/... **umgeben** *path* · to surround o.s. with the mystique of
an artist/a great scholar/...
Der Rosenbaum versucht zwar krampfhaft, sich mit dem Nimbus
eines großen Lyrikers zu umgeben. Aber wer was von Lyrik versteht,
kann über seine Allüren nur lachen.

Nimmerleinstag: etw. **geschieht**/findet statt/... **am St. Nimmerleinstag** *ugs selten* – etw. geschieht/findet statt/... wenn
Ostern und Pfingsten/(Weihnachten) auf einen Tag fällt/
fallen/zusammenfallen · s.th. will never happen in a month
of Sundays

etw. **bis zum**/(auf den) **St. Nimmerleinstag aufschieben/ver-
schieben** *ugs selten* – etw. so lange/immer wieder/... auf-
schieben/verschieben, bis **Ostern** und Pfingsten/(Weihnachten) auf einen Tag fällt/fallen/zusammenfallen · to put
s.th. off/... indefinitely, to put s.th. off till doomsday

Nimmersatt: ein (regelrechter/...) **Nimmersatt sein** *ugs selten*
– (eher:) den **Hals** nicht vollkriegen/(voll genug kriegen)
(können) · to be insatiable, to be never satisfied

**Nimmerwiedersehen: auf Nimmerwiedersehen verschwinden/
abhauen**/... *ugs* · to vanish/to disappear/... never to be
seen again, to vanish/to disappear/... for good
... Ja, der Holger Markus! Der arbeitete hier auf dem Gut einen
guten Monat, dann hatte er keine Lust mehr und eines guten Morgens ist er auf Nimmerwiedersehen verschwunden. Kein Mensch hat
mehr etwas von ihm gehört oder gesehen.

nimmt: wenn j. es so nimmt (dann ...) · if that's how s.o.
sees/you see/... it, if that's the way s.o. looks at it/you look at
it/...
... Ich halte bei der gegebenen politischen Lage jedes Geschäft mit
Südafrika nun einmal für unmoralisch! – Wenn du es so nimmst,
kannst du unsere Entscheidung natürlich nicht befürworten. Man
kann das Ganze aber auch anders sehen/beurteilen: ...

wie man es/man's nimmt · 1. it depends (on) how you/
one/... look/... at it *coll*, 2. it (all) depends
1. Wen ziehst du von den beiden als Übersetzer vor, den Paul oder
den Ulrich? – Wie man's nimmt. Der Paul ist genauer, korrekter; der
Ulrich trifft den Stil und die Atmosphäre der Vorlage besser.
2. vgl. – **jenachdem**

ob ... oder ob/ob ... oder nicht/... – (das) **nimmt sich nichts/
nicht viel**/fast nichts/(...) · it doesn't make any difference
whether ..., it doesn't matter either way ..
... Ob er um neun oder um zehn Uhr kommt, das nimmt sich nicht
viel. Denn da wir alle am Sonntag erst in die Messe gehen, wird er
vor elf/zwölf Uhr sowieso nichts von uns haben.

Nirgendheim: von Nirgendheim sein *veraltend selten* · to
have no real home, to be a homeless wanderer
... Woher der Kurt ist? Geboren ist er im Ruhrpott. Aber im
Grunde ist er von Nirgendheim. Denn schon als Kind ist er von dort
weggekommen, sodaß er das Ruhrgebiet nicht als seine Heimat empfindet; und seither ist er nirgendwo mehr länger geblieben, hat nirgendwo Wurzeln geschlagen.

Nirwana: ins Nirwana eingehen *iron selten* – sanft/(sanft und
selig) **entschlafen** · to enter/to go to/... Nirvana

Niveau: unter Niveau (sein) · (to be) below par
... Das war eine Rede unter Niveau. So etwas sollte man sich eigentlich gar nicht anhören.

ein hohes/niedriges/wenig/viel/kein/... **Niveau haben** · (not)
to be cultured, (not) to have a high/low/... level of culture
... Mit diesem Mann kann man sich nur über Fußball und Autos
unterhalten. Schlägst du andere Themen an, merkst du sofort, wie
wenig Niveau er hat.

das Niveau halten/(wahren) · to maintain standards
... Wenn wir das Niveau halten wollen, können wir in den Examina
nicht weniger verlangen als in den vergangenen Jahren. Denn wie Sie
wissen, arbeitet ein großer Teil der Studenten ernsthaft nur unter
dem Druck des Examens.

das Niveau heben · to raise the standard/standards, to raise the tone

… Wenn ihr den Ruf zurückgewinnen wollt, in der Medizin zu den besten Universitäten des Landes zu gehören, müßt ihr das Niveau heben. Eure Vorlesungen, Übungen, Examina – alles ist zur Zeit leichter als an den meisten anderen Universitäten.

auf gleichem/höherem/niedrigerem/einem beachtlichen/… **Niveau liegen**/(stehen) · to be of the same/of a higher/of a lower/of an impressive/… standard

… Ganz egal, worüber dieser Mann redet: seine Ausführungen liegen immer auf hohem Niveau! Deshalb lohnt es sich immer, zu einem Vortrag von ihm zu gehen.

das Niveau senken · to lower the standard/standards, to lower the tone

Die Studenten verlangen, daß die Zwischenexamina leichter werden. – Man kann das Niveau doch nicht noch mehr senken!

auf js. **Niveau stehen** · to be of the standard of s. o., to be of the level of s. o.

Der Kröller ist ein guter Fachmann, einverstanden; aber auf dem Niveau eines Universitätsprofessors steht er nicht.

nix: (mit etw.) **das war wohl nix** *sal* – (mit etw.) das war ein **Satz** mit X (war wohl nix) · it/that wasn't so brilliant, it/that wasn't up to much

noblesse: noblesse oblige *mst iron selten* · noblesse oblige

Der Strothmann hat sich uns gegenüber in der Tat sehr unerzogen verhalten; aber ich denke, es ist unter unserer Würde, auf demselben Niveau zu reagieren. – Das meine ich auch! Noblesse oblige.

noch: es gibt etw./jn. **noch und noch**/jn./etw. noch und noch haben/finden/… *path* – (eher:) es gibt etw./(jn.)/… in/(die) **Hülle** und Fülle/(die Hülle und Fülle) · there are loads of/ plenty of/… apples/…, you/… can get/find/… loads of/plenty of/… apples/…

noch und noch einmal *path selten* · 1. 2. over and over again
1. vgl. – **immer** wieder
2. vgl. – **immer** und immer (wieder) (1)

es gibt etw./jn. **noch und nöcher**/jn./etw. noch und nöcher haben/finden/… *ugs scherzh* – (eher:) es gibt etw./(jn.)/… in/(die) Hülle und Fülle/(die Hülle und Fülle) · there are heaps and heaps of/loads and loads of/… books/people/…, you/… can find/… heaps and heaps of/loads and loads of/… books/people/…

noch und nochmals *path selten* – **immer** wieder (1) · over and over again

und wenn du/sie/der Peter/… **noch so** … – es wird nicht gehen/er/… wird es nicht schaffen/… · 1. 2. however much you/she/Peter/… scream/…, I'm not going to buy/…, you/ she/Peter/… can scream/… as much as you/… like/…, I'm/… not going to buy/…
1. Und wenn du noch so sehr schreist, Inge, ich kaufe dir kein Eis.
2. Und wenn sie noch so dumm ist, sie besteht das Examen immer; sie ist doch mit dem Prüfer befreundet.

jeder/jede/jedes **noch so große**/kleine/dicke/dünne/… · any job/any gift/any horse/… – however small/cheap/thin/ slow/…

So etwas von Faulheit wie die Ingeborg habe ich noch nicht gesehen! Die drückt sich vor jeder noch so kleinen Arbeit. Schon wenn sie den Tisch decken muß, empfindet sie das als eine Zumutung.

nochmal: nochmal so groß/dick/… (wie etw. anderes) – noch **einmal** so groß/dick/… (wie etw. anderes) · twice as big/ thick/fat/… as …

nolens: nolens volens (etw. tun/tun müssen) *lit selten* · to do/ to have to do s. th. nolens volens *rare*, to do/to have to do s. th. whether one likes it or not

… Stimmst du als Vater denn zu, daß die Christa ins Ausland zieht? – Nolens volens/Nolens volens werde ich schon zustimmen müssen. Ich habe doch gar keine andere Wahl: wenn ich nicht zustimme, zieht sie mit ihrem Freund gegen unseren Willen nach Griechenland.

nomen: nomen est omen *lit selten* · the name is an omen

… Wie heißt der Bewerber? – Günther Hoffnung. – Na ja, nomen est omen, heißt es. Vieleicht geht es mit diesem Mann als Geschäftsführer mit der Firma wieder aufwärts.

Nonplusultra: das Nonplusultra *lit selten* · the ultimate in shaving comfort/…, the last word in modern technology/…

… Dieser Apparat, sage ich ihnen, ist das Nonplusultra der Rasierkunst. Einen vollendeteren Rasierapparat werden sie auch in hundert Jahren nicht haben.

Nonstop: (im) Nonstop(-flug) · (on) a non-stop flight to …

… Wenn die Gesellschaft einen Nonstopflug Frankfurt – Recife anbietet, würde ich den natürlich nehmen. Ohne jede Zwischenlandung bist du in rd. 10 Stunden dort.

Norden: im hohen Norden/der hohe Norden · in the far north
…
… Im hohen Norden, in Schweden, Norwegen oder so, da liegt monatelang hintereinander Schnee, hier in Mitteleuropa nicht.

normal: nicht ganz normal sein *ugs* – nicht (so) (ganz/(recht) bei **Trost** sein (2) · not to be all there

Normalmaß: jn. auf Normalmaß zurechtstutzen *sal selten* · to cut s. o. down to size

Der Rombach nimmt sich hier einfach zuviel heraus. Wenn das so weitergeht, ist er bald der Chef. Den muß die Geschäftsleitung schleunigst mal auf Normalmaß zurechtstutzen, wenn es nicht irgendwann ein übles Erwachen geben soll.

Normalverbraucher: ein geistiger Normalverbraucher (sein) *sal* · (to be) a person who is run-of-the-mill intellectually, (to be) a middlebrow, (to be) the average punter, (to be) the average performer

… Der Erich, der will gut essen, gut trinken und eine spritzige Freundin haben – damit sind seine Bedürfnisse gedeckt. Geistige Höhenflüge kannst du von ihm nicht erwarten – wie von Millionen anderer auch nicht. Ein geistiger Normalverbraucher!

not: not sein *veraltend selten* – (jm.) **nottun** · to be necessary, to be needful

Not: in Not sein · to be in difficulties, to be in distress, to be in a tight spot *coll*

… Wenn du mal in Not bist, helfe ich dir auch, da kannst du ganz sicher sein! Ich habe begriffen, was eine solche Hilfe wert ist, als es mir (finanziell) so schlecht ging und du mir unter die Arme gegriffen hast.

aus Not (etw. tun) · to do s. th. out of (sheer) necessity, to do s. th. from (sheer) need

… Es ist doch ein Unterschied, ob jemand stiehlt, weil er unehrlich ist, oder ob er aus Not einen Diebstahl begeht!

mit genauer Not … *form veraltend selten* – mit knapper **Not** … (1) · just about, only just, by the skin of one's teeth

in höchster Not … *path* · in extremis

… Jahrelang gibt sie sich unabhängig und kratzbürstig. Aber in höchster Not bittet sie ihren Vater dann doch um Hilfe! – Ja, glaubst du, der alte Herr hätte es lieber gesehen, wenn man sie wegen der ganzen Schulden eingesperrt hätte?

es hat keine Not (mit etw.) *veraltend selten* · 1. 2. there's no need to do s. th., there's no rush/hurry (with s. th.)
1. … Ich bringe ihnen die Saugpumpe noch heute abend wieder zurück, Herr Albrecht. – Es hat keine Not. Sie können sie so lange behalten, wie sie wollen. Sie liegt hier doch bloß herum.
2. … Brauchst du das Gerät dringend? – Nein, es hat keine Not. Wenn es bis zum Ende des Monats fertig ist, reicht das durchaus.

mit knapper Not … *path* · 1. 2. 3. to escape/to get off/to get through s. th./… by the skin of one's teeth, 1. to only just escape/…, 3. to scrape through an examination/…, 4. only just, just about
1. Mit knapper Not entkam er den Verfolgern. Wenn er auch nur ein paar Minuten später geflohen wäre, hätten sie ihn erwischt.
2. Mit knapper Not ist er nochmal davongekommen. Hoffentlich lernt er aus der Affäre. Sonst macht er das nächste Mal wirklich bankrott/wird er das nächste Mal wirklich entlassen/…

3. vgl. – mit **Ach** und Krach etw. schaffen/...

4. vgl. – (noch) so **eben** (2; u. U. 1)

ohne Not ... *eher: ohne, daß es nötig/erforderlich ist veraltend selten* · if he/John/... doesn't need to, without needing to ...

... Ohne Not wird der Albert natürlich nicht auf seine Ferien verzichten. Nur wenn er keine andere Lösung sieht.

zur Not (etw. tun können) · 1. 2. (to be able to do s.th.) if need be, (to be able to do s.th.) if necessary/at a pinch/...

1. ... Der Wagen ist nicht in Ordnung, sagst du? – Nein. – Zur Not kann ich natürlich auch mit dem Zug fahren. Man fährt zwar beträchtlich länger. Aber wenn es nicht anders geht ...

2. Könntest du mich zur Not morgen früh um fünf doch mit dem Wagen zum Bahnhof fahren? Ich meine: wenn ich keine andere Lösung finde ...

seine liebe Not mit jm./etw. **haben** *path* · 1. to have a lot of trouble with s.o./s.th., to have a lot of problems with s.o./s.th., 2. 3. to have one's work cut out with s.o./s.th., to have one's hands full with s.o./s.th., to have a hard time of it with s.o./s.th.

1. Mit dem Landgut, das der Erich von seinem Onkel geerbt hat, hat er offensichtlich seine liebe Not. Finanzielle Sorgen, Sorgen mit dem Personal ... Er weiß nicht, ob er es halten kann.

2. Der Hausmann hat seine liebe Not mit der Klasse 5b. Die machen ihm das Leben zur Hölle, und er hat alle Mühe, sich durchzusetzen.

3. ... Diese Frau hat ihre liebe Not mit ihrem Mann: jeden Abend, den der liebe Gott kommen läßt, pilgert der in die Wirtschaft und trinkt sich einen. Wie die das überhaupt aushält!

jn. **in Not bringen** *form* · to almost ruin s.o., to bring s.o. to the verge of ruin, to cause s.o. hardship

... Die lange Krankheit seiner Frau hat ihn in Not gebracht! Die hohen Behandlungskosten haben ihn finanziell fast ruiniert.

Not macht erfinderisch · necessity is the mother of invention

... Und wo bringt er seine Mutter unter? – Er hat die Garage umbauen lassen. – Ah, da sieht man mal wieder: Not macht erfinderisch. Wenn einen Umstände zwingen, kommt man (auch) auf Ideen.

ein Vorschlag/... **ist aus der Not geboren** *form selten* · a proposal is born of necessity

... Ihre Entscheidung, Philologie zu studieren, war im Grunde aus der Not geboren: für Medizin reichten die Noten nicht, und für die technischen Fächer hat sie keine Begabung ... – Sie muß doch gar nicht studieren! – Aber sie mußte von (zu) Hause weg! Der permanente Streit der Eltern – das war nicht länger auszuhalten ...

Not kennt kein Gebot *form veraltend* · necessity knows no law *tr*, needs must when the devil drives *rare*

Wenn man sich überlegt, was die da alles gestohlen und geplündert haben in den schweren Jahren! Not kennt kein Gebot, Manfred. Das ist nun einmal so. Wenn es dem Menschen dreckig geht/schlecht geht, ist er zu allem fähig.

der Not gehorchend (nicht dem eigenen Triebe) *ugs iron* · out of sheer necessity, yielding to necessity, bowing to necessity, bowing to the inevitable

(Eine Studentin zu einer anderen:) Du gehst doch heute nachmittag in das Büchner-Seminar? – Der Not gehorchend ... – Wie, macht dir das keinen Spaß? – Um ehrlich zu sein: nein! Aber der Prof. läßt jede Sitzung eine Präsenzliste durchgehen; man muß also da sein.

in Not geraten *form* · to get into (serious) difficulties, to be reduced to poverty, to fall on hard times, to encounter hard times

... Wenn jemand in Not ist, hilft man ihm, Gerda! Du kannst auch mal in Not geraten. Da wirst du merken, wie wichtig es ist, daß es Menschen gibt, die helfen.

jm. **seine Not klagen** *path* – (eher:) jm. sein **Leid** klagen · to pour out one's troubles to s.o.

in Not leben · to live in poverty

... Eine Sache, Peter, ist es, mit dem Geld rechnen zu müssen – das war und ist nun eimal das Los der meisten Menschen –, eine andere, in Not zu leben. Was das ist, weißt du wie so viele Mitteleuropäer offensichtlich gar nicht.

Not leiden *form* · to suffer hardship

... Natürlich, reich ist er nicht! Aber man kann doch nicht sagen, daß er Not leidet. – Das nicht, klar. Er kommt aus mit dem, was er hat.

jm. **große Not machen** *path selten* – (stärker als:) jm. **Sorge** machen · to cause s.o. terrible worries

wenn Not am Mann ist (dann ...) *ugs* · if the need arises, I/he/... will help/... n

... Rolf, du weißt, ich muß zurzeit mit jeder Stunde rechnen. – Aber wenn du unbedingt Hilfe brauchst, komm' ich natürlich. – Danke, Hermann. Wenn Not am Mann ist, rufe ich dich an.

überall helfen/..., **wo Not am Mann ist** *ugs* · to help/... where help/... is needed *n*, to help/... where the need arises *n*, to help out *n*

(Ein freiwilliger Helfer bei einem Sportfest, zur Organisationsleitung:) Wo ich eingesetzt werde, ist mir egal! Da, wo Not am Mann ist. – Am dringendsten werden ein paar Leute an den Eingängen gebraucht. – Gut, dann helf' ich da.

jn. **aus großer Not retten** *path* · to rescue/... s.o. in his time of need, to rescue s.o. in extremis

Wenn mein Onkel uns nicht zweimal aus großer Not gerettet hätte, wäre ich als Kind vielleicht verhungert. Das eine Mal ist er uns beigesprungen, als mein Vater starb, das zweite Mal, als die Firma, in der meine Mutter dann arbeitete, pleite machte.

in der Not frißt der Teufel Fliegen *ugs* · beggars can't be choosers, any port in a storm

... Du hättest sehen sollen, wie genügsam diese Wohlstandsbürger plötzlich alle waren: sie saßen da plötzlich in dem Trockengebiet festsaßen. Für ein Stückchen trockenes Brot waren sie schon dankbar. – In der Not frißt der Teufel Fliegen, das ist eine alte Erfahrung.

in Not und Tod zusammenstehen/zusammenhalten *path veraltend selten* – in **Freud'** und Leid zusammenstehen/zusammenhalten · to stick together through thick and thin, to stick together come rain come shine

aus der Not eine Tugend machen · to make a virtue of necessity

... Die wollen mir die ganze Verantwortung für das Projekt allein aufhalsen! – Dann versuch', aus der Not eine Tugend zu machen. Verlang', daß du dann auch allein entscheiden kannst, welche Summen dafür ausgegeben und welche Mitarbeiter herangezogen werden. Dann hast du (wenigstens) eine interessante Arbeit.

Nota: etw. **in Nota geben** *Handel veraltend selten* – etw. in **Auftrag** geben · to place an order for goods, to commission s.th.

etw. **in Nota nehmen** *Handel veraltend selten* – etw. in **Auftrag** nehmen · to accept/to take on/... an order/commission for s.th./to do s.th.

notabene: notabene *lit selten* · note well

... Und dann habe ich dem Mann, notabene, noch nach seiner – von ihm provozierten! – Entlassung ein Jahrlang alle Versicherungen weiterzahlen lassen. Wohlgemerkt: ein Jahr, alle Versicherungen, ohne Verpflichtung

Notanker: ein Notanker (für jn.) **sein**/jm. als ... dienen/... *form – path selten* · to be a sheet anchor for s.o., to be s.o.'s sheet anchor

... Für den einen, meinte sie, ist die Religion ein Notanker, der andere sucht einen Halt in der Liebe ... – irgendetwas braucht jeder, wenn er in dieser Welt nicht untergehen will.

Notbremse: die Notbremse ziehen · 1. to pull the communication cord, to pull the emergency brake, 2. to (start to/...) cut back, to (start to/...) retrench

1. Nur bei wirklicher Gefahr oder einem anderen ganz dringenden Anlaß darf im Zug die Notbremse gezogen werden. Jeder Mißbrauch wird strengstens bestraft. *form*

2. ... Wenn ihr die Ausgaben, das Personal, die Reklame drastisch einschränkt ... – Mein Vater hat bereits die Notbremse gezogen. Er hat alle Ausgaben gesperrt, die nicht unbedingt nötig sind. *ugs*

Notdurft: seine Notdurft verrichten *form* · to relieve o.s.

... Ein furchtbares Lager war das. Es gab nicht einmal einen Ort, wo man vernünftig seine Notdurft verrichten konnte – Wie, ein Lager ohne Toilette?!

Note: eine/seine besondere/eigene Note haben · to have a special touch, to be special

... Die Feste, die der Reimann in seiner Villa gibt, haben ihre eigene Note. Das sind keine Kopien der üblichen Gesellschaftsfeiern.

eine persönliche Note haben/... · to have/... a personal touch

... Ihr Zimmer hat – wie alles bei ihr – eine sehr persönliche Note! – Ja, das stimmt, die Renate drückt allem, womit sie umgeht, ihren Stempel auf.

der Umgang/die Unterhaltung/... bekommt/... eine freundliche/schärfere/vertrauliche/... Note · the discussions/... are becoming more hostile/friendlier/... in tone, + a friendlier/more hostile/... tone is coming into the discussions/...

... Seit dem scharfen Wortwechsel zwischen den beiden Delegationsleitern vom vergangenen Montag bekommen die Verhandlungen zusehends eine härtere Note. Hoffentlich wird die Atmosphäre nicht derart frostig, daß ein vernünftiges Ergebnis kaum noch möglich ist.

e-r S. eine persönliche/... Note geben · to give s.th. a personal touch

... Man kann einem Zimmer doch eine persönliche Note geben – auch wenn andere es eingerichtet haben. Durch Blumen, Bilder, Vorhänge ... – ach da gibt's doch so viele Möglichkeiten, das individuell zu gestalten!

eine Note überreichen *Diplomatie* · to hand over a note

... Wenn wir nicht genau wissen, was darin steht, nützt es uns auch nicht viel zu erfahren, daß der russische Botschafter der Regierung in Bonn eine Note überreicht hat. – Die russische Regierung wird den Inhalt der Note natürlich nicht in der Zeitung publizieren. Dann brauchten wir ja keinen diplomatischen Dienst.

Nöte: jm. große Nöte machen *path veraltend selten* – (stärker als:) jm. **Sorge machen** · to cause s.o. great distress/trouble/...

in tausend Nöten sein *path veraltend* · 1. 2. to be in desperate straits, to be in real/serious/... trouble, to be in hot water *coll*

1. ... Ja, ja, der Karlheinz hat doch die ganzen Kredite für seinen luxuriösen Lebenswandel vergeudet. Wie kann sich denn da jemand wundern, daß er jetzt, wo die Rückzahlungen fällig werden, in tausend Nöten ist?
2. ... Erst faulenzt er ein halbes Jahr und dann, vor dem Examen, ist er in tausend Nöten.

Noten: das/es/(etw.) geht wie nach Noten *sal veraltend selten* – das/es **läuft/(etw. läuft) wie geölt** · it/everything is going like clockwork

nach Noten singen/spielen · to play/to sing/... from music

Nach Noten Klavier, Geige oder sonst ein Instrument spielen verlangt keine besondere Begabung; aber nach Noten singen ... – Du meinst, das ist etwas grundsätzlich anderes?

ohne Noten singen/spielen · to play s.th./to sing/... without music

Seltsam, wie jemand so blendend nach Noten und überhaupt nicht ohne Noten Klavier spielen kann! Da muß doch irgendeine Begabung fehlen, oder?

jn. nach Noten verprügeln *iron veraltend selten* · to give s.o. a good hiding *coll*, to give s.o. a thorough beating

... Wie hat dein Vater deinen Bruder verprügelt, sagst du, nach Noten? – Ja, er hat ihm eine Tracht Prügel gegeben, da war alles dran.

Notfall: für den Notfall ... · in case of emergency ...

... Paß auf, Werner, ich laß dir für die Zeit, in der Mutti und ich weg sind, 700,– Mark hier – die sind zum Ausgeben – und dann nochmal 500,– Mark für den Notfall. Es kann ja mal was passieren. Wir wollen es zwar nicht hoffen ...

im Notfall etw. tun (können) · to (be able to) do s.th. if need be, to (be able to) do s.th. if the worst comes to the worst

(Der Vater zu seiner Schwester:) Ich weiß gar nicht, was ich mit den Kindern machen soll, wenn die Erika wirklich ins Krankenhaus muß. – Im Notfall kann ich dir auch eine Zeitlang den Haushalt führen. – Ja? Das wäre in der Tat eine sehr große Hilfe.

notfalls: notfalls etw. tun (können) – im **Notfall** etw. tun (können) · to (be able to) do s.th. if need be/if the need arises/at a pinch/...

notgedrungen: notgedrungen ... *form* · I/he/... have/... no choice but to ..., + I/he/... am/... forced to ..., + I/... had/..., perforce to ...

... Monate um Monate kam der Mann zu spät zum Dienst! Notgedrungen habe ich ihm dann irgendwann sagen müssen: so geht es beim besten Willen nicht; so leid es mir tut, wir müssen Sie entlassen. – Da blieb dir wohl in der Tat nichts anderes übrig.

Notgroschen: (sich) einen Notgroschen zurücklegen *veraltend selten* · to put/to have put/... some money by for a rainy day *coll*

... Was machst du denn, wenn das Werk geschlossen wird? Mit der Entschädigung und dem Arbeitslosengeld kommst du doch nicht aus. Oder hast du während der langen Berufsjahre einen Notgroschen zurückgelegt?

nötig: nötig sein · 1. 2. to be necessary 1. to be needed

1. ... Was jetzt nötig ist, ist Hilfe – und keine langen akademischen Erörterungen über Schuld und Ursachen; die brauchen wir nicht.
2. ... Ist es wirklich nötig, jedesmal, wenn ich dich um etwas bitte, ein muckriges Gesicht aufzusetzen?

bitter nötig sein *path* · to be badly/desperately/... needed

... Hilfe ist jetzt bitter nötig, rasche Hilfe; sonst werden von den Verletzten einige sterben.

dringend nötig sein · 1. 2. to be urgently needed/necessary/...

1. vgl. – bitter **nötig** sein
2. vgl. – dringend **notwendig** sein

mehr als nötig sein · to be badly/urgently/... needed

... Und dann fehlt noch Likör; der ist doch wohl mehr als nötig für eine Feier, zu der bestimmt 30 Damen kommen. – Natürlich. Den müssen wir unbedingt kaufen.

unbedingt nötig sein · 1. to be absolutely necessary to do s.th., 2. to be badly/desperately/... needed

1. ... Es ist unbedingt nötig, daß wir neuen Dünger anschaffen. Mit diesem Dünger wird die Ernte wieder nicht gut; da lohnt es sich gar nicht, sich das ganze Jahr über anzustrengen.
2. vgl. – (eher:) bitter **nötig** sein

wenn/falls nötig, (dann ...) ... · if need be, ..., if necessary, ...

... Ja, der Brief ist fertig, ich kann ihn heute noch abschicken, wenn nötig, schon mit der Post um 12 Uhr. – Das ist vielleicht nicht erforderlich, aber bis heute abend müßte er herausgehen.

jn./etw. (nicht) nötig haben/es (nicht) nötig haben, etw. zu tun · 1. + there is no reason why you/she/... should put up with s.th., 2. not to need s.o./anyone to give one advice/..., 3. you are/he is/... a fine one to ... *coll*

1. ... Hast du es nötig, dich von ihm so anschnauzen zu lassen?! An deiner Stelle würde ich kündigen, und zwar noch heute.
2. ... Wir haben hier keinen nötig, der uns Ratschläge gibt! Was wir zu tun und zu lassen haben, wissen wir selbst. Merken Sie sich das!
3. ... Gerade du hast es nötig, uns zu kritisieren, weil wir nicht genügend für die anderen täten! Gerade du! Hast du in deinem ganzen Leben schon ein einziges Mal etwas für einen anderen Menschen getan?

jn./etw. (dringend/bitter) nötig haben · to need s.o./s.th. urgently/desperately/badly/...

... Einen Übersetzer für Russisch haben wir hier so bitter nötig, das glauben Sie gar nicht. Aber wir finden niemanden, der den Anforderungen gewachsen wäre. Eine regelrechte Tragödie!

keinen/(niemanden) nötig haben · not to need anyone
(Die Eltern über ihre Tochter:) Die Olga hat ihre Ausbildung beendet, ja. Sie hat keinen mehr nötig; sie kann auf eigenen Beinen stehen. – Und warum lebt sie trotzdem noch bei euch?

j. **hat es gerade nötig,** etw. zu tun · s.o. of all people really needs to do s.th. *iron,* s.o. of all people should not do s.th.
(Bei Schuckert:) Der Herr Breuer bittet darum, daß man ihm die letzte Lieferung sofort bezahlt. – Der Herr Breuer hat es gerade nötig, um sofortige Bezahlung zu bitten! Dem geht es doch besser als allen andern Firmen hier in der Gegend!

Nötige: das Nötige veranlassen *form* – das **Notwendige** veranlassen · to make the necessary arrangements

nötigen: sich nötigen lassen *beim/zum Essen ugs* – *form* · to need to be forced (to eat), to need persuasion to do s.th.
… Du greifst ja von selbst zu, Rolf, du läßt dich ja nicht nötigen, oder? – (Die Mutter:) Ah, Ingrid, da mach' dir mal keine Sorge! Der Junge futtert die Teller mit weg, wenn du nicht aufpaßt.

nötigenfalls: nötigenfalls (etw. tun) *form* – im **Notfall** etw. tun (können) · (to do s.th.) if necessary/if need be/…

Nötigsten: es fehlt (jm.) **am Nötigsten** *form* · + the most basic/essential/… things/… are lacking
(In einem Katastrophengebiet:) … Man kann nur beten, daß das Rote Kreuz rasch hilft und keinerlei bürokratische Hindernisse entstehen. Denn es fehlt hier am Nötigsten: an medizinischen Geräten, Medikamenten, Schwestern …, kurz: an allem, was zum Grundbestand einer Klinik gehört.

Notiz: eine (kurze/…) **Notiz** (über etw.) **bringen** · to do a (short/…) report/article/… on s.th./s.o., to cover a story/… cursorily
… In der deutschen Presse habe ich zu dem Regierungswechsel in Peru überhaupt nichts gelesen. – Die 'Frankfurter' hat eine kurze Notiz darüber gebracht. Aber wohl nur ein Mal ein paar Zeilen …

Notiz nehmen von jm./etw. · 1. 2. to take notice of s.th.
1. … Hat er von dem Wechsel des Generaldirektors überhaupt Notiz genommen? Ich hab' fast den Eindruck, er hat das bisher ganz übersehen.
2. … Dreimal haben wir laut und vernehmlich das Thema des Exports zur Sprache gebracht. Aber der Vollberg hat nicht die geringste Notiz davon genommen. Interessiert ihn das Thema gar nicht?

sich Notizen machen über jn./etw./zu jm./e-r S. · 1. 2. to make notes on/about s.th.
1. … Sie haben sich während des Vortrags doch Notizen gemacht, nicht wahr? – Ja. – Nur über die Fakten oder auch über die Personen, die zur Sprache kamen? …
2. … Es ist besser, wenn du dir schon vor Beginn der Verhandlungen ein paar Notizen zu der Entwicklung des Exportgeschäfts in den letzten Monaten und zu den Leuten machst, die in der Sache tätig geworden sind. Dann kannst du zielbewußter argumentieren.

Notlage: in einer (sehr unangenehmen/…) **Notlage sein/sich** … befinden *form* · to be in serious difficulties, to be struggling
… Wenn sich jemand einmal in einer Notlage befindet, heißt das doch nicht, daß er mit dem Leben nicht fertig wird, Ernst! Das kann jedem mal passieren! Oder meinst du, du wärst davor gefeit, mal in Not zu geraten?

jn. **in eine Notlage bringen** *form* · to cause hardship to s.o., to plunge s.o. into difficulties
… Der Bankrott der Firma hat den Richard in diese Notlage gebracht. In seinem Beruf und bei seinem Alter ist es halt schwierig, so schnell etwas Neues zu finden.

in eine Notlage geraten *form* · to get into difficulties
Wenn jemand unverschuldet in eine Notlage gerät, hilft man ihm! – Nur dann? Ich hab' nicht viel Sinn für 'moralische' Erörterungen nur dann, wenn jemand in Not ist.

in Notlagen … · in an emergency …
… Sie weiß, daß ihr Vater ihr in Notlagen beisteht – und das ist doch eine unschätzbare moralische Hilfe, oder nicht?! Auch, wenn man de facto nie in eine Notlage gerät!

Notlandung: zur Notlandung ansetzen *Flugzeug* · to (attempt to) do an emergency landing
… Kaum setzte die Maschine zur Notlandung an, brach unter den Passagieren eine Panikstimmung aus. – Aber es gelang dem Piloten doch, das Flugzeug sicher zu landen!

Notlüge: (eine) Notlüge (sein) · (to be) a little white lie, (to be) a fib
Ein herrlich sophistischer Euphemismus, 'Notlüge'! Man hat keinen Mut, die Wahrheit zu sagen, weil die Lage brenzlig ist, man flüchtet in die Lüge – und anschließend redet man sich ein, es war ja 'aus Not'; man ist also schuldlos …

zu einer Notlüge greifen/Zuflucht nehmen · to resort to a white lie, to tell a fib
Wenn der Fred mich fragt: »wo sind die Schecks?«, bleibt mir doch gar nichts anderes übrig als zu einer Notlüge zu greifen und zu sagen: »es sind keine Schecks mehr im Haus.« Denn der Mann hätte in der Lage, in der er sich befand, unser letztes Geld ausgegeben.

Notnagel: ein Notnagel (sein) *ugs pej selten* · (to be) a stopgap, (to be) a last resort
… Unser regulärer Gärtner ist krank, deshalb haben wir heute den Herrn Zimmer hier. Das ist natürlich nur ein Notnagel, aber ich hoffe, die dringendste Arbeit wird so wenigstens gemacht.

Notpfennig: (sich) einen Notpfennig zurücklegen *veraltend selten* – (sich) einen **Notgroschen** zurücklegen · to put some money by for a rainy day

Notstand: den Notstand ausrufen/(verkünden) *jur* · to declare a state of emergency
… Haben die bei den Reaktorunfällen eigentlich irgendwo schon mal den Notstand ausgerufen? – Ich glaube nicht! Damit würden sie ja erklären, daß eine Katastrophe besteht – und das darf bei der Kernenergie einfach nicht sein.

Notstandsgebiet: einen Bezirk/eine Stadt/… zum Notstandsgebiet erklären *form* · to declare a town/region/… a disaster area
Hat Moskau die Gegend um Tschernobyl nach dem Reaktorunfall eigentlich zum Notstandsgebiet erklärt? – Ich denke schon. Es wurden ja auch Zigtausende von Menschen evakuiert.

nottun: (jm.) **nottun** *form* · to be needed, to be necessary
Mut und Zuversicht, das ist, was jetzt nottut! Wenn wir es jetzt daran fehlen lassen, werden wir mit den Schwierigkeiten nicht fertig werden.

Notwehr: aus Notwehr handeln/(…) *form* · to act in self-defence
Wenn jemand einen anderen tötet, gehört er ins Zuchthaus! – Wenn er es mit Vorsatz, überlegt macht. Aber nicht, wenn er aus Notwehr handelt. – Das ist klar. Wenn jemand angegriffen wird, muß er sich verteidigen.

jn. **in Notwehr erschießen/…** *form* · to shoot/to kill/… s.o. in self-defence
… Wenn sie ihn in Notwehr erschossen hat, dann … – Was heißt schon in Notwehr? – Wie ich höre, wollte er sie vergewaltigen. Das reicht doch wohl …

notwendig: notwendig sein – (eher:) **nötig** sein (2) · to be necessary

dringend notwendig sein · it is urgently necessary to do s.th., it is essential/imperative/… to do s.th.
… Es ist jetzt wirklich dringend notwendig, eine Einigung unter den Parteien über das Müllkonzept in unserer Stadt zu erzielen. Die Frage duldet keinen Aufschub und keine einseitig-parteigebundenen Diskussionen mehr.

unbedingt notwendig sein – (eher:) unbedingt **nötig** sein · to be absolutely necessary

j. **muß mal notwendig …** *ugs* – (mal) (eben) **müssen** (2) · s.o. has to go urgently/badly/(…)

Notwendige: das Notwendige veranlassen *form* · to make the necessary arrangements, to see to it that it's/s.th. is done
… Herr Verteidigungsminister, wir brauchen zu einer wirksamen Verfolgung der Attentäter unbedingt die Mithilfe einiger Bundes-

wehreinheiten. – Ich werde das Notwendige veranlassen, Herr Polizeipräsident Meyer. Die Einheiten stehen Ihnen spätestens am frühen Nachmittag zur Verfügung. Wenden Sie sich dann bitte direkt an ...

Notwendigste: sich auf das Notwendigste beschränken · to restrict o.s. to the absolute essentials, to stick to the bare essentials

(Vor einer Reise:) Wenn wir uns auf das Notwendigste beschränken, müßte ein Koffer doch reichen!

Notzucht: an jm. **Notzucht begehen/verüben** *veraltend od. jur* · to commit rape on s.o.

... Wer begeht denn nun Notzucht an wem, der Mann ...? – Der Mann an der Frau natürlich, wenn er sie gegen ihren Willen, gewaltsam 'nimmt'.

Nu: im Nu/(in einem Nu) *ugs* · in no time, in a flash, in a trice

... Du hast die Aufgaben ja im Nu gemacht! Du hast doch gerade erst angefangen, wie kannst du denn da schon fertig sein?

Nuance: eine Nuance heller/dunkler/... · a shade brighter/ darker/...

Ist die Hose wirklich dunkler als die Jacke oder bilde ich mir das ein? – Nein, sie ist in der Tat eine Nuance dunkler. Eine Idee!

um eine Nuance anders/... *form* · a little bit differently/..., a shade differently/...

... Mit dem gesamten Tenor des Briefs und auch mit den meisten Einzelheiten bin ich absolut einverstanden. Nur den Schlußabsatz hätte ich um eine Nuance anders formuliert. Eine Idee unverbindlicher.

nuce: in nuce *lit selten* · basically *n*, in a nutshell

... Ich kann Ihnen jetzt nicht alle Einzelheiten auseinanderlegen. In nuce – ach, Sie können ja kein Latein mehr! –, also, im Kern geht es um folgendes: ...

nüchtern: noch/... **nüchtern sein** · 1. not to have eaten anything, to have an empty stomach, 2. to be (still/...) sober

1. ... Wie kannst du um elf Uhr morgens noch nüchtern sein? Hattest du mal wieder nichts zu Hause, daß du nicht gefrühstückt hast? 2. (Jemand, der zu einer Betriebsfeier drei Stunden zu spät kommt:) Was, fast Mitternacht, und die meisten Leute hier sind noch nüchtern? – Sie meinen, bei einer solchen Feier hat jeder Teilnehmer die Pflicht, nach spätestens zwei Stunden besoffen zu sein? *ugs*

wieder nüchtern sein/werden *ugs* · 1. 2. to sober up, to become sober again *n*

1. Mensch, so blau wie Mittwochabend war ich lange nicht mehr. Ich habe volle 25 Stunden gebraucht, bis ich wieder ganz nüchtern war. 2. ... Ja, so schnell wie du dich heute hast vollaufen lassen, kannst du nicht wieder nüchtern werden! Ich weiß gar nicht, was mit dir los ist, Herbert.

Nücken: seine Nücken/(Nucken) haben *ugs selten* – (eher:) seine **Tücken** haben · to be quite tricky, to have its pitfalls

seine Nücken und Tücken haben *ugs selten* – seine **Tücken** haben · to be temperamental, to be difficult, to be unpredictable

voller Nücken und Tücken stecken *ugs selten* · to be full of/ riddled with/... difficulties/dangers/pitfalls/...

... Die Organisation ist nie in Ordnung! Im Gegenteil: die steckt immer voller Nücken und Tücken, so daß man ständig gegen Widrigkeiten ankämpfen muß, die eigentlich gar nicht nötig wären.

Nudel: eine dicke Nudel (sein) *sal selten eher v. Frauen* · (to be) a dumpling, (to be) a fatty, (to be) roly-poly

War der Philipp eigentlich schon als Kind so eine dicke Nudel? – Ja, er war immer sehr dick.

eine dufte Nudel (sein) *sal selten eher v. Frauen* · 1. 2. (to be) a great guy/girl *coll*

1. Der Rolf ist wirklich ein prächtiger Kerl – eine dufte Nudel, wie meine Schwester das nennt. 2. Die Uschi ist ein prächtiges Mädchen: locker, sympathisch, zuverlässig, zu allem zu gebrauchen ... – eine richtige dufte Nudel.

eine ulkige Nudel (sein) *ugs eher v. Frauen* · (to be) a humorous/funny/... character

Der Hubert Greuter ist ja wirklich eine ulkige Nudel! Wenn er anfängt, Witze zu erzählen oder die Leute durch den Kakao zu ziehen, muß man einfach schallend lachen. Er hat eine so drollige, unnachahmliche Art ...

jn. **auf die Nudel schieben** *ugs selten* · 1. to put s.o. through it, 2. to have s.o. on, to pull s.o.'s leg, to (really/...) take the mickey out of s.o., to (really/...) take the piss out of s.o. *sl*

1. (Karl, zu Hause, krank, zu seinem Freund Herbert, der ihn besucht:) Was habe ich in der Französicharbeit? – Rate mal! – Komm', nun sag' schon! – Rate doch mal erst! – Du willst mich wohl auf die Nudel schieben, was?! Mir geht' meine Grippe. *seltener* 2. vgl. – jn. (tüchtig/anständig/so richtig/...) auf den **Arm** nehmen

Null: die Ergebnisse/Resultate/Fortschritte/... **sind gleich Null** · the results/progress/... are/... practically zero

Jetzt forschen sie schon seit Monaten intensiv nach den Ursachen der Epidemie; doch bisher sind die Ergebnisse gleich Null. Bisher sind sie genau so schlau wie zu Beginn der Untersuchungen.

eine (richtige/absolute/reine/glatte/...) **Null sein (in etw.)** *ugs* · 1. to be a dead loss, 2. to be a nonentity

... Der Klaus kann Französisch?! Das glaubst du! Der ist in Sprachen eine richtige Null. Der kann weniger als der schlechteste von uns. 2. ... Es ist einfach unverständlich, wie man so einen Mann zum Präsidenten machen kann. Der ist doch sowohl persönlich als auch fachlich eine Null!

bei Null anfangen/auf einem Gebiet (...) · to start from scratch

... Englisch und Französisch können die Leute schon von der Schule, aber in Spanisch oder Portugiesisch fangen sie auf der Uni bei Null an. Da kann das Niveau – zumindest in den ersten Semestern – nicht sonderlich hoch sein.

null Bock auf etw. **haben** *sal Neol* · not to feel like s.th./doing s.th. *n*, not to fancy s.th./doing s.th. *n*

... Das ist vielleicht eine Atmosphäre in diesem Saftladen: Null Bock auf Arbeit, Null Bock auf Leistung, Null Bock auf Kameradschaftlichkeit und Hilfe ...! Das einzige, worauf diese Bande Lust hat, ist Fressen, Saufen und Sex.

etw. **auf Null fahren** *Neol ugs* · to reduce s.th. to zero

... Nach dem Einmarsch der Russen in Afghanistan hatten die Amerikaner ganz offensichtlich den Kulturaustausch auf Null gefahren, sodaß man später von beiden Seiten aus auf diesem Gebiet soz. wieder von neuem beginnen mußte.

Null Hand *Skat* · null from hand

... Bei 'Null Hand', erklärte er, nimmt man den Stock nicht auf. Daher wohl auch der Ausdruck: man kriegt nichts Neues – keine neuen Karten – (mehr) in die Hand ...

Null Komma nichts *ugs selten* – ganz und gar **nichts** · nothing at all, not a thing, not a sausage

in Null Komma nichts *ugs* – im **Nu**/(in einem Nu · in no time, in a flash, next to no time

null und nichtig (sein) *form – path* · it's/s.th. is null and void

... Der Vertrag, auf den du dich da berufst, zählt doch überhaupt gar nicht. Er ist null und nichtig. Er verstößt gegen die allgemeinen gesetzlichen Bestimmungen und muß daher völlig neu aufgesetzt werden.

für null und nichtig erklären *form – path* – für null und nichtig **erklären** · to declare s.th. null and void

Null Null *form od. iron selten* · the loo, the restroom, the washroom, the bog *coll*, the pisser *sl*

Entschuldigung, wo ist hier Null Null? – Die Toiletten? Dort hinten links.

Null für Null aufgehen *ugs selten* · to be dead right, to be right down to the last digit *n*, to be right in every detail *n*

... Siehst du, all meine Voraussagen und Berechnungen sind Null für Null aufgegangen: wir haben genau so viel Geld ausgegeben, wie ich gesagt hatte, und die Bauzeit ist auch haargenau die geplante gewesen.

auf/unter Null sinken *Stimmung ugs* · to sink/to fall below zero

(Auf einem Ball:) Mensch, ist das eine langweilige Atmosphäre heute! Ehe die Stimmung völlig auf Null sinkt, hau' ich ab. Tschüß! – Lieber solltest du dazu beitragen, daß Leben in die Bude kommt, statt abzuhauen.

ein Null-acht-fünfzehn-/(Null-acht-fuffzehn-) Stück/Film/Rock/…/ein 0815-Stück/… *sal* · a run-of-the-mill play/film/concert/…

… Und? War der Film gut? – Ach, so ein Null-acht-fünfzehn-Stück über den Zweiten Weltkrieg. – Also langweilig? – Halt so ein Knüller, wie man ihn schon zig Mal gesehen hat!

Nullchecker: ein (absoluter/…) Nullchecker sein *Jugendspr* · to be as thick as they come *coll*, not to have a bloody clue *sl*

Der Ulf ist ein absoluter Nullchecker. Ich kenne keinen, der so schwer von Begriff ist wie der.

Nullpunkt: auf dem (absoluten) Nullpunkt ankommen *ugs* · to reach/to hit/… rock-bottom, to reach an all-time low

Mein Gott, was habt ihr eine Laune heute! Wenn die Stimmung noch weiter sinkt, kommt sie bald auf dem absoluten Nullpunkt an.

auf/unter den Nullpunkt sinken *ugs* · to reach rock-bottom

… Schon zu Beginn der Verhandlungen war die Stimmung nicht gerade glänzend. Aber als der Vollberg dann noch lang und breit auseinanderlegte, warum auf keinen Fall mit einer Besserung der Lage zu rechnen sei, sank sie auf den Nullpunkt.

Nullstellung: in (der) Nullstellung sein *Meßgeräte u. ä. form* · to be on zero

(Bei der Besichtigung einer Firma, zu einem Arbeiter:) Ist der Apparat abgestellt? – Nein. Wieso? – Weil er/der Zeiger in Nullstellung ist. – Der Anzeiger funktioniert nicht; der steht immer auf Null.

Nulltarif: etw. zum Nulltarif bekommen/haben wollen/… *ugs Neol* · to get/to want/… s.th. free of charge *n*

… Alle öffentlichen Verkehrsmittel frei, Schwimmbäder frei, Stadttheater frei – das ist doch wirklich ein generöses Angebot, das die Stadt da macht. Wenn die Kinder das alles zum Nulltarif bekommen, können sie auch zu Hause ganz schöne Ferien haben.

Nummer: eine/die laufende Nummer *Bürokratie* · to be arranged numerically, to have (a) consecutive number(s)

(Der Abteilungsleiter zu einem neuen Lehrling:) Alle Briefe, die herausgehen und die eingehen, bekommen eine laufende Nummer, d. h. werden durchnumeriert. So ist es leicht, die gesamte Korrespondenz zu übersehen und zu ordnen.

das/(etw.) ist die große Nummer · it/that is the star turn, it/that is the star number, it/that is the star attraction, it/that is the main attraction

… Die große Nummer (das) sind die Clowns. Das heißt nicht, daß die übrigen Darbietungen schlechter wären als in einem anderen Zirkus – ganz im Gegenteil. Aber die Hauptattraktion sind die Clowns; die sind wirklich Klasse/Spitze.

(bloß/nur) eine Nummer (unter vielen/…) sein · to be (just/only/…) a cog in a machine

… In so einem riesigen Unternehmen ist selbst ein Direktor oft nur eine Nummer (unter vielen), weißt du. – Wer zählt denn dann eigentlich hier?

eine komische Nummer (sein) *ugs selten* – ein sonderbarer/komischer/wunderlicher Heiliger (sein) · to be a queer fish, to be a strange fellow

eine tolle Nummer sein *ugs* · to be a real live wire

… Der August, das ist wirklich eine tolle Nummer! Der überschlägt sich geradezu vor Vitalität und Einfällen! Und der hat einen Witz! Wenn ihr den einladet, kann der Abend nicht schiefgehen.

eine ulkige Nummer (sein) *ugs* – eine ulkige Nudel (sein) · (to be) a humorous/funny/… character

eine große/dicke/gute Nummer bei jm. **haben** *ugs* – bei jm. gut angeschrieben sein · to be in s.o.'s good books

eine schlechte Nummer bei jm. **haben** *ugs* – bei jm. schlecht/(schwarz) angeschrieben sein · to be in s.o.'s bad books

eine Nummer abziehen · 1. to have it off *coll*, 2. to put on a show

1. … Wir sind ja nicht kleinlich, wirklich nicht! Aber ist es unbedingt nötig, vor aller Augen eine Nummer abzuziehen? Der Geschlechtsakt gehört doch nicht in die Öffentlichkeit! *sal*
2. vgl. – (eher:) eine/die große **Schau**/(Show) abziehen *ugs*

(die) Nummer eins sein (bei jm.**)** *ugs* · 1. to be s.o.'s blue-eyed boy/girl/…, to be s.o.'s favourite, 2. to be the number one in/on/…

1. Der Wirsch erreicht bei dem Chef, was er will. Seit dem glänzenden Nigeria-Geschäft ist er bei dem Nummer eins. – Mal gespannt, wie lange. Im vergangenen Jahr schwor der Alte nur auf den Hausmann.
2. … Meinen Sie wirklich, daß auf dem Plättchensektor Schuckert Nummer eins ist? – Ich wüßte nicht, welche andere Firma da besser sein sollte.

unter der Nummer 473810/… zu erreichen sein *Telefon* · I/he/Mary/… can be reached on 473810/by dialling/calling 473810/…

… Und für den Fall, daß Sie mich nach Dienstschluß anrufen wollen: da bin ich unter der Nummer 412915 zu erreichen.

eine Nummer zu groß für jn. **sein** *ugs* – ein paar/(einige) **Nummern** zu groß für jn. sein · s.o. is in a different league from s.o., s.o. is in a different class from s.o., s.th. is beyond s.o.

für etw./(jn.) eine Nummer zu klein sein *ugs* – für etw./(jn.) ein paar **Nummern** zu klein sein · to be much too small (to do s.th./for s.th.), to be far too small (to do s.th./for s.th.)

Nummer Null *form od. iron selten* – (eher:) **Null** Null · the loo/the John/the ladies'/the gents'/the washroom/…

eine Nummer machen/schieben *sal* · 1. 2. to have it off with s.o.

1. vgl. – mit jm. ins **Bett** gehen/zusammen ins Bett gehen
2. vgl. – eine **Nummer** abziehen (2) *seltener*

'ne schnelle Nummer schieben *sal Neol* – ein **Quicky** machen/schieben · to have a quickie

eine Nummer für sich sein *ugs* · to be quite a character

… Der Wilhelm ist eine Nummer für sich: ein wenig eigenwillig in allem, ein bißchen seltsam, eine Idee kauzig …, doch immer sympathisch und entgegenkommend.

etw. (schon mal) auf Nummer Sicher haben *ugs* · to have (got) s.th. banked, to have (got) s.th. in the bag

… Gott sei Dank haben sie mir wenigstens die Rechnungsbeträge für die beiden Maschinen schon überwiesen. Die 35.000 Piepen hab' ich schon mal auf Nummer Sicher. Selbst wenn die jetzt Pleite machen: das Geld hab' ich im Sack.

(lieber/eher) auf Nummer Sicher gehen *ugs* · to play safe, to make sure, to do s.th. to be sure/on the safe side

… Du meinst, zwei, drei Tage vor Abfahrt reicht nicht? – Man kann nie wissen. Ich an deiner Stelle würde jedenfalls (lieber) auf Nummer Sicher gehen und den Schlafwagen wenigstens einen Monat vorher reservieren. Dann weißt du, daß alles klappt.

jn. auf Nummer Sicher setzen/(bringen) *ugs selten* – jn. hinter **Schloß** und Riegel setzen/(bringen) · to put s.o. behind bars, to send s.o. down

auf Nummer Sicher sitzen/(sein) *ugs selten* – hinter **Schloß** und Riegel sein/sitzen · to do/to be doing time

nur eine Nummer unter vielen sein *ugs* · to be just a cog in the machine, to be just one of many

… In diesem riesigen Laden, bemerkte er ein wenig verbittert, wirst du als einzelner überhaupt nie beachtet, da bist du immer eine Nummer unter vielen.

ein paar/(einige) Nummern zu groß für jn. **sein** *ugs* · 1. s.o. is in a different league from s.o., s.o. is in a different class from s.o., 2. s.th. is beyond s.o., s.th. is too big/difficult/... for s.o. to cope with

1. ... Was den Herrn Borsig angeht, halt' du mal ganz schön deinen Mund, Ricki. Der ist ein paar Nummern zu groß für dich. Was der denkt und fühlt, das kapierst/begreifst/verstehst du sowieso nicht.
2. Der junge Schultz ist kein schlechter Schauspieler, das nicht. Aber die Rolle des Don Carlos ist doch ein paar Nummern zu groß für ihn. Da muß er noch allerhand lernen, noch sehr reifen, um so eine Rolle überzeugend spielen zu können.

für etw./(jn.) **ein paar Nummern zu klein sein** *ugs* · to be much too small (to do s.th./for s.th.), to be far too small (to do s.th./for s.th.)

... Nein, für derartige Aufträge ist unsere Firma ein paar Nummern zu klein. Das verlangt viel größere Maschinen, eine ganz andere Organisation, einen modernen Vertriebsapparat ...

nun: je nun! *ugs selten* · well ..., hmm ...

... Also gut, wenn er nicht helfen will, machen wir die Übersetzung eben allein! – Je nun, das ist leichter gesagt als getan. Der Text ist schwierig ...

(und) was nun? · what now?

... So, du hast dein Portemonnaie verloren? Das ist ja herrlich! Jetzt stehen wir ohne einen einzigen Pfennig hier in dieser gottverlassenen Gegend. Und was nun? – Ja, da ist guter Rat teuer.

von nun an – (eher:) von **jetzt** an ... · from now on, from here on in

nun ja! *ugs* · 1. 2. all right then
1. vgl. – nun **gut**
2. vgl. – na, **gut**

nun mal ... *ugs* – nun **einmal** ... · simply, just

nunc: ex nunc *lit jur* · as of now, from now on *n*
(Ein Richter zu einem Anwalt:) ... Sie wissen, Herr Kollege: ex nunc gelten die neuen Gesetze zum Schwangerschaftsabbruch – Ab sofort? – Jawohl, ab sofort.

nur: schau/schaut/.../**spring'/springt/.../...** **nur!** · just go ahead and jump/..., just look/...

... Ist das Wasser denn kalt? – Geh' nur herein, dann wirst du schon sehen, wie kalt das ist! Aber beschwer' dich nachher nicht! ...

schau/schaut/.../**überleg'/überlegt/...** **doch nur!** · just think/ consider/...

... Nein, das werd' ich nie verstehen! ... – Überleg' doch nur, Irmgard! Dann kommst du schon dahinter! Kerl nochmal!

wenn j./etw. **nur** ... · 1. 2. 3. if only he/Mary/... would come/..., if only he/Mary/... were/... here/...

1. ... Wenn der Heinz heute kommen würde, würde ich die Sache im Nu mit ihm regeln. – Wenn er nur käme! Aber das ist wohl eher unwahrscheinlich.
2. Wenn der Heinz (doch) nur käme! Ich hatte ihn doch so gebeten! – Nur Geduld! Er wird schon kommen.
3. Wenn es (doch) nur regnen würde! Die Pflanzen gehen kaputt, wenn diese Trockenheit noch lange anhält.

... **(und) sei es auch nur, um** .../weil/.../wegen .../... *form* · if only to ensure/... that ...

... Natürlich bleibe ich Mitglied in dem Schwimmklub, und sei es auch nur, damit meine Kinder ein Becken zur Verfügung haben, das sauber und nicht überfüllt ist. Das allein rechtfertigt schon den Beitrag.

j. **ist/... nicht (direkt)** böse/verdorben/..., **er ist nur** neidisch/verführbar/... · s.o. is not really bad/evil/..., he is only/just envious/easily misled/...

... Nein, (direkt) verdorben würde ich die Anneliese auch nicht nennen! Sie ist nur ungeheuer leichtfertig/verführbar/leichtsinnig/...

nur das nicht! – bloß/nur das **nicht!** · anything but that!, oh no!

wenn j./etw. **nur nicht** ...! · let's hope she doesn't ..., as long as s.o. doesn't ...

... Wenn die Irmgard nur nicht verrät, was wir ihr da eben erzählt haben! – Keine Sorge, die hält dicht!

nur noch etw. **sein/tun** · s.o. is drunk/miserable/... all the time

Den Raymund Albers sieht man nur noch besoffen. Ich hab' ihn im letzten Monat drei oder vier Mal getroffen, da war er jedesmal blau.

j. **wäre/täte/hätte** etw. **nur zu gern/**jm. wäre etw. **nur zu lieb/** j. wäre nur zu froh/glücklich, wenn .../... · 1. s.o. would just love to be/to do/... s.th., 2. s.o. would be only too pleased if ...

1. ... Als wenn das etwas wäre, in so einem Laden Direktor zu sein! – Nun tu mal nicht so! Du wärst nur zu gern Direktor!
2. ... Der Kurt hätte es ja nur zu gern, wenn ich im Examen durchfiele/der Kurt wäre ja nur zu glücklich, wenn ... Aber den Gefallen werde ich ihm nicht tun.

nur zu! – nur **zu!** · go ahead!, get on with it!

Nürnberger: jm. etw. **mit dem Nürnberger Trichter beibringen/einpauken/einbläuen** *ugs veraltend* · to drum s.th. into s.o.

... Jetzt erkläre ich diesem Mädchen das schon zum fünften Mal ... und sie begreift es einfach nicht. – Tja, früher war das ja alles einfacher. Da paukte man den Kindern solche schweren Dinge mit dem Nürnberger Trichter ein. Das war so eine Art Holzhammermethode ...

Nuß: eine dumme/(doofe) Nuß sein *sal* · to be empty-headed *n*, to be a numbskull *n*, to be thick *n*, to be dim *coll*

... Der Paul ist doch eine dumme Nuß! – Sprich nicht so von dem Paul! Er ist so sympathisch, so liebenswürdig ... – Aber ein entsetzlicher Dummkopf!

eine harte Nuß sein *ugs* · it's/s.th. is a tough nut to crack

Was bin ich froh, daß ich diese Aufgabe gelöst habe! Das war eine harte Nuß! Selten habe ich ein so schweres Problem zu lösen gehabt.

eine hohle Nuß sein *sal* · to be empty-headed *n*, to be a numbskull *n*

... Der Peter ist eine hohle Nuß, das ist klar. Aber darum ging es doch gar nicht. Wir sprachen von Sympathie, nicht von Intelligenz oder vom Wert der Person.

taub wie eine Nuß sein *sal* · to be as deaf as a doorpost, to be stone deaf

Den Onkel Fritz kannst du anbrüllen, der hört/versteht nichts. – Der arme Mann ist taub wie eine Nuß. – Du spottest! Ich möchte dich mal sehen in so einer Lage!

jm. **eins auf die Nuß geben** *sal* – jm. eins/(einen) auf/(über) die **Birne** geben · to give s.o. a crack on the nut

(noch/wieder/...) eine (harte) Nuß zu knacken haben *ugs* · to have a/(another/...) hard/tough nut to crack

... Du weißt ja, ehe du in Urlaub gehst, hast du noch eine (harte) Nuß zu knacken: du mußt den Gerd noch dazu bringen, sich an unserem Hausbau zu beteiligen. – Eine schwierige Aufgabe, in der Tat! ...

jm. **eine (harte) Nuß zu knacken geben** *ugs* · to give s.o. a hard nut to crack, to set s.o. a poser

... So, Kinder, heute gebe ich euch einmal eine harte Nuß zu knacken. Wer diese Aufgabe löst, beweist, daß er Köpfchen hat und das Kapitel, das wir in der vorigen Stunde beendet haben, beherrscht. Jetzt strengt euch mal an! Also: ...

Nüsse knacken · to crack nuts

... Jetzt ist der Albert bestimmt schon eine Stunde dabei, Nüsse zu knacken. Wieviel Kilo ißt der denn von den Dingern?

Nußschale: (so klein wie) eine Nußschale/eine (kleine) Nußschale · to be just a cockle-shell

... Der Brandsberg besitzt also sogar ein Schiff ... – Kein Schiff, Gerd, eine Boot – ein Bötchen, eine kleine Nußschale!

wie eine Nußschale auf den Wellen/dem Meer/... **tanzen** · to bobble up and down/to be tossed about/... like a cork on the waves

... Wie eine Nußschale tanzte das Boot auf den Wellen. Jedesmal, wenn es im Wellental verschwand, hatte man den Eindruck, daß es mit Mann und Maus untergegangen war; aber kurz darauf sah man es wieder auf dem Wellenkamm hin- und herschwanken.

Nutz: zu js. Nutz und Frommen/(jm. zu Nutz und Frommen) *form – path veraltend selten* · for s. o.'s benefit, for s. o.'s good

... Was soll ich mich hier anstrengen, wenn doch kein Mensch darauf achtet, ob hier gut oder schlecht gearbeitet wird?! Und ihr? Wißt ihr, zu wessen Nutz und Frommen wir in diesem anonymen Laden so schuften/(ochsen)?

nutze: zu nichts/(etw.) **nutze**/(nütze) **sein** *ugs veraltend* · to be no use to anyone/for anything

... Alle diese Untersuchungen sind zu nichts nutze. Kein Mensch zieht daraus irgendwelche Folgerungen. Das bleibt alles nur auf dem Papier, irgendwo katalogisiert ... Völlig umsonst, diese ganze Arbeit!

sich etw. **zu Nutze machen** – sich etw. zunutze **machen** · to use s. th., to make use of s. th., to capitalise on s. th., to take advantage of s. th.

Nutzen: von Nutzen sein (für jn.) · to be of use to s. o.

Ist dieser alte Staubsauger noch für irgendjemanden von Nutzen oder können wir den wegwerfen?

von etw. **(keinen) Nutzen haben** · + to be of some/no/little use to s. o., + not to be of any use to s. o., (not) to profit from s. th., (not) to benefit from s. th.

(Ein Student zu einem Komilitonen:) Ich weiß gar nicht, warum da immer unbedingt Bücher angeschafft werden, von denen kein

Mensch (einen) Nutzen hat! – Wie kommst du denn auf die Idee? Die meisten der Titel gehören doch sogar zu den Werken, die für die Zwischenprüfung verlangt werden.

jm. Nutzen bringen · to benefit s. o., to bring s. o. profit, to be of advantage to s. o., to be to s. o.'s advantage

... Man kann doch nicht alles und jedes danach beurteilen, ob es einem (einen) Nutzen bringt, verdammt nochmal! In diesem Land herrscht ja bald nur noch der Utilitätsgedanke!

jm./(e-r S.) **zum Nutzen gereichen** *form* · to be of benefit to s. o., to benefit s. o., to stand s. o. in good stead

... Wenn der Rainer mit der Geschäftsleitung wegen besserer Sicherheitsvorkehrungen verhandelt, gereicht das doch uns allen zum Nutzen, oder etwa nicht? Nun denn: wenn wir alle einen Vorteil davon haben, sollten wir ihn auch alle unterstützen.

weder Nutzen noch Schaden (bei etw.) **haben** · to end up no worse/no better off than before, not to gain or lose by/in s. th.

... Hast du etwa einen Schaden gehabt? – Nein, aber einen Nutzen auch nicht! Und um weder Nutzen noch Schaden zu haben, lohnt es sich nicht zu arbeiten.

Nutzen ziehen aus etw. · to profit from s. th., to gain an advantage from s. th., to gain some benefit from s. th.

... So rein theoretisch interessiert das natürlich immer nur eine kleine Minderheit. Die überwiegende Mehrheit will aus solchen Kursen Nutzen ziehen – irgendwie: entweder beruflich oder finanziell oder für die Gestaltung der Freizeit ...

nutzt: das nutzt alles nichts, wir müssen/... *ugs* · there's nothing for it, we've/... got to/we have to ..., it's no use, we/... have to ..., that's neither here nor there

... Abgespannt oder nicht, lustlos oder nicht – das nutzt jetzt alles nichts, mein lieber Paul: die Pflicht ruft. Wir sind hierher gekommen, um an dem Kongreß teilzunehmen; da wird uns jetzt auch nichts dran hindern. – Du mit deiner preußischen Pflichtauffassung! ...

O

o: o doch! *path* – o **doch!** · oh yes I do/I am/he does/he is/…!

o ja! *path* · 1. oh yes please, 2. of course
1. vgl. – aber **ja!**
2. vgl. – gewiß **doch!**

o nein! *path* – ganz im **Gegenteil!** · on the contrary

o weh! *path* – oh **weh!** · oh dear!, oh my goodness!

O-Beine: O-Beine haben · to have bandy legs, to have bow legs, to be bandy-legged, to be bow-legged
Was hättest du lieber, O-Beine oder X-Beine? – Du kannst Fragen stellen! Was findest du denn schlimmer, ein- oder auswärtsgerichtete/gebogene Unterschenkel?

O-Ton: O-Ton Fischer/Küpper/Alex/… *sal* · to quote Fischer/Küpper/Alex/… *n*, original soundtrack John/Peter/… *para*, … and these were his/… exact words *n*
… Wenn der Bentsch sauer ist, kann er ganz schön scharf werden. Das hat man auf der letzten Sitzung mal wieder erlebt. 'Einige Kollegen', so O-Ton Bentsch, 'werden offensichtlich nie begreifen, daß das Geld, das man ausgibt, erstmal verdient werden muß …' In diesem Stil ging es noch rund zwanzig Minuten weiter.

Oase: eine Oase der Stille/der Ruhe/des Friedens/… sein *path* · to be an oasis of peace/silence/…
Euer Ferienhaus da in Galizien ist ja wirklich eine Oase der Stille! – Noch! Noch! Mal gespannt, wie lange das Plätzchen vor dem Lärm und dem Bauboom ringsum noch geschützt ist.

ob: (nur) so tun/sich (nur) so stellen/(nur) fingieren/((nur) so machen/…) als ob · to pretend to do s.th., to pretend that …
… Nein, in Wirklichkeit will der Rudi gar nicht mit der Familie nach Italien fahren. Er tut nur so, als ob. Er will keinen Streit mit seinem Vater haben.

(na) und ob!/(na) und ob *j*. das will/tut/kann/…! *path* · 1. of course, you bet I do/he does/… *coll*, 2. and how! *coll*
1. Willst du wirklich mit uns in Ferien fahren, Uschi? – (Na,) und ob!/Und ob ich das will!/Na, und ob ich das will!
2. Hat der Vater den Christoph in der Tat so ausgeschimpft, wie der Rudi sagt? – Und ob!/Und ob der den ausgeschimpft hat! So eine Wucht hat der Christoph in seinem Leben noch nicht bekommen.

ob arm, ob reich/ob dick, ob dünn/… *veraltend* – (eher:) **ob** arm oder reich/ob dick oder dünn/… · rich or poor/fat or thin/…

ob arm oder reich/ob dick oder dünn/… · rich or poor/fat or thin/…
… Und dann gingen alle, so wie der liebe Gott sie geschaffen hat, ins Wasser. Ob alt oder jung, ob Männlein oder Weiblein, ob dick oder dünn – keiner schloß sich aus.

ob *j*. nun etw. ist/tut oder nicht – man wird/muß/… · 1. 2. whether s.o. is ill/…/whether s.o. does s.th. or not/…, he must get paid/…/s.th. must/… be done/…
1. … Ob er nun krank war oder nicht – seinen Lohn muß er kriegen.
2. … So ist es nun kommt oder nicht – das Zimmer wird gemacht! – So ein Unsinn, das Zimmer aufzuräumen, ohne zu wissen, ob die Anneliese auch wirklich kommt!

Obacht: Obacht geben/(haben) *form* · to make sure that s.o. does/doesn't/… do s.th., to keep an eye on s.o. *coll*
Wenn du mit der Oma einen Spaziergang machen willst, gib Obacht, daß sie nicht fällt. – Ich werde schon aufpassen, Mutter.

Obdach: kein Obdach haben *veraltend selten* – **obdachlos** sein · to be homeless

jm. **Obdach gewähren** *veraltend* · to give s.o. shelter
… Das ist aber wirklich sympathisch von dir, daß du deiner Schwester so lange Obdach gewährst! – Solange sie kein Dach überm Kopf hat, kann sie bei mir wohnen; das ist doch klar.

obdachlos: obdachlos sein *form* · to be homeless
… Ihr wißt nicht, was das heißt, obdachlos zu sein! Ob teuer oder billig, schön oder nicht – ihr habt euer Zimmer, eure Wohnung, euer Haus.

oben: oben sein/bleiben/(…) · 1. 2. to be/to stay/(…) up there, to be/to stay/(…) up here, to be/to stay/(…) upstairs
1. (Jemand, der in der 2. Etage schellt, zu der Frau, die ans Fenster kommt:) Guten Tag, Frau Müller. Ist der Karl-Heinz oben?
2. (In einer Zweietagenwohnung, die Mutter zu ihrem Sohn:) Schau doch mal nach, Gerd, ob Vater noch oben ist. Ich müßte noch etwas mit ihm besprechen, bevor er zum Büro fährt.

die da oben *ugs* · the powers that be, the top brass, the big nobs, the high-ups, those/the people/… in power
Ich möchte doch mal erleben, daß die da oben ein Gesetz erlassen, durch das sie selbst Nachteile haben! – Kennst du denn jemanden, der irgendwo etwas zu sagen hat und Verfügungen zu seinem eigenen Schaden erläßt?

siehe oben *form mst s.o.* – **siehe** oben · see above

bis oben (hin) voll/vollgepfropft/zugeschüttet/… – (eher:) **bis obenhin** voll/vollgepfropft/zugeschüttet/… · to be crammed/… full/to the top/… with s.th.

etw. nach oben weitergeben/weiterleiten/weitermelden/… · to pass s.th. on higher/to report s.th. to higher levels/higher authorities/…
… Wenn du in diesem Dezernat was erreichen willst, mußt du dich direkt an den verantwortlichen Leiter wenden. Anträge, die du bei den unteren Beamten einreichst, versanden. – Wie, leiten die die denn nicht nach oben weiter? – Offensichtlich nicht.

wie oben erwähnt/dargelegt/… *form* · as mentioned/stated above
(Aus einer soziologischen Arbeit:) … Und dann sind noch, wie oben, S. 25, bereits ausgeführt wurde, die Generationskonflikte zu berücksichtigen, die …

von oben kommt eine Anordnung/… · orders come from above, 'orders from above'
… Von oben kam gestern die Anordnung, in Zweifelsfällen zuerst die heimische und dann erst die auswärtige Industrie zu berücksichtigen. – Und wer ist für diese Anordnung zuständig? Der Chef persönlich!

jn. **von oben (herab) behandeln/**…/mit *jm.* von oben (herab) sprechen/umgehen/… *ugs* · to treat s.o. condescendingly *n*, to be condescending to s.o. *n*
Wenn du die Leute immer so von oben behandelst wie heute, ist es kein Wunder, wenn sie dich für arrogant halten. Sie halten dich dann nur für das, was du auch bist.

oben herum · around the chest, around the bust
Wenn du Last mit den Bronchien hast, Birte, solltest du dich oben herum wärmer anziehen; einen dicken Pullover, würde ich sagen …

ein Durcheinander/eine Unordnung/…, daß man kaum noch/nicht mehr **weiß/**(…), was oben und (was) unten ist *ugs* – ein Durcheinander/eine Unordnung/…, daß man noch/nicht mehr weiß/(…), was **unten** und (was) oben ist · such a mess/jumble/such disorder/… that one can't tell up from down

sich von oben bis unten waschen/sauber machen/… · to wash o.s./… from head to toe, to wash o.s./… from top to bottom
… Wasch' dich mal von oben bis unten, wenn du keine Brause und keine Badewanne hast! Da merkst du erst, was das 'moderne Badezimmer' für einen Fortschritt darstellt.

ein Gentleman/... **von oben bis unten** *ugs* – (eher:) etw. **durch und durch** sein/ein durch und durch ... sein/ein ... durch und durch sein (6) · s.o. is a gentleman/... from head to toe

jn./etw. **von oben bis unten mustern**/prüfen/kontrollieren/.../überschüttet sein mit/voll von/... · 1. to look s.o./s.th. up and down, 2. to be covered/... in s.th. from head to toe
1. ... Er musterte den Fremden von oben bis unten, vom Kopf bis zu den Füßen. Wo kam der bloß her?
2. Schau dir den Jungen an, er ist von oben bis unten mit Öl verschmiert.

von oben bis unten naß/durchnäßt/... sein · to be drenched/... from top to toe, to be wet through
Ihr seid von der Bushaltestelle bis nach Hause durch diesen entsetzlichen Regen gelaufen? Da wart ihr ja von oben bis unten naß!

obenan: am Tisch/(...) **obenan sitzen**/Platz nehmen/... *veraltend selten* – (eher:) oben am **Tisch** sitzen/Platz nehmen/... · to sit/... at the head of the table

obenauf: immer/ganz **obenauf sein** *ugs selten* · to be on form, to be in good form, to be bright and cheery, to be on top of the world
Die Ursel ist immer obenauf. Noch nicht ein einziges Mal habe ich die schlecht gelaunt oder traurig gestimmt gesehen. Immer guter Dinge!

wieder obenauf sein *ugs selten* · to be fit and well again, to be back on form
Ist deine Schwester wieder gesund? – Seit Ende vergangener Woche ist sie wieder obenauf – gesund und munter wie eh und je.

obendrein: **(und) noch obendrein** *form* · (and) on top of everything, (and) into the bargain
... Seine Miete nicht zahlen und noch obendrein frech werden – das geht wirklich zu weit! Setz' den Kerl an die Luft, Heinz!

erst ... und dann noch obendrein *form* – (stärker als:) (und) noch **obendrein** · first ... and then on top of everything/...

obenhin: etw. (nur) **so obenhin tun** *selten* – etw. (nur) **oberflächlich tun** · to do s.th. only/... superficially/cursorily/...

bis obenhin voll/vollgepfropft/zugeschüttet/... · to fill s.th. right to the top/to stuff s.th. full to the top/...
Welch ein Unsinn, so einen schönen Koffer bis obenhin mit Büchern vollzupfropfen/vollzupacken!

obenhinaus: **obenhinaus wollen** *selten* – (zu) hoch **hinauswollen** · to want to get right to the top

Oberbefehl: den **Oberbefehl haben** (über) *mil* · to be commander-in-chief, to be supreme commander, to be in supreme command of ...
... Und wer hatte damals den Oberbefehl über die 9. Division? – Alle Truppen östlich der Marne unterstanden zu der Zeit General Jost.

Oberfläche: an der **Oberfläche bleiben**/dahinplätschern · to be/remain/... superficial
... Die Unterhaltung blieb ganz an der Oberfläche; tiefere Probleme kamen nicht zur Sprache, und wenn einmal zufällig eine ernstere Frage berührt wurde, dann ging man mit ein paar unverbindlichen Floskeln darüber hinweg.

an die Oberfläche kommen · 1. to surface, to come to the surface, 2. to emerge, to be revealed
1. ... Wartet einen Augenblick, Kinder, der Soldat, der dem Heinz ins Wasser gefallen ist, kommt bestimmt sofort wieder an die Oberfläche. Er ist doch fast ganz aus Holz; das schwimmt doch.
2. ... Nach dem Regimewechsel kamen doch allerhand Schweinereien an die Oberfläche, die vorher geheimgehalten wurden. *seltener*

oberflächlich: etw. (nur) **oberflächlich tun** · 1. to (only/...) scratch the surface, to do s.th. (only/...) superficially, 2. to study s.th. (only/...) cursorily/superficially/...
1. ... Er hat das Thema nur oberflächlich berührt. Offensichtlich will er sich noch nicht festlegen; deshalb vermeidet er es, ausführlicher auf diese Dinge einzugehen.

2. Wenn du die Sachen nur so oberflächlich lernst, Else, vergißt du sie natürlich sofort wieder. Du mußt einfach gründlicher arbeiten.

Oberhand: die **Oberhand haben** *selten* · to have the upper hand
... »Wenn schon einer in der Ehe die Oberhand haben soll,« meinte er, »dann ist das der Mann«. – Das sagst du, weil du ein Mann bist. Warum soll nicht auch eine Frau in der Ehe den Ton angeben?

die **Oberhand behalten** (über jn.) *form* · to keep the upper hand
... Lange sah es so aus, als ob die Münchener den Vorsprung der Stuttgarter nicht mehr wettmachen würden; aber schließlich behielten die Gastgeber doch noch mit 3 : 2 die Oberhand.

die **Oberhand gewinnen**/bekommen (über jn.) *form* · to gain the upper hand
... Nach einem harten, aber fairen Kampf gewannen die Münchener schließlich doch die Oberhand über die Holländer. Zwei herrliche Tore von Karl Schuster stellten den 3 : 2 Erfolg sicher.

Oberkante: das/etw. **steht jm. bis (zur) Oberkante Unterlippe** *Ärger/Streitereien u.ä. sal selten* · + to be sick to death of s.th./s.o., + to be sick to the teeth of s.th./s.o., + to be fed up with s.th./s.o.
Wenn du wüßtest, wie satt ich diese dauernden Intrigen, diese ewigen Streitereien hier bin! Das steht mir bis zur Oberkante Unterlippe!

Oberkörper: den **Oberkörper freimachen** *beim Arzt u.ä.* · to strip to the waist
... Wenn der Arzt die Lunge abhorchen muß, mußt du den Oberkörper freimachen, Gisela! Wie soll er das denn sonst machen?

Oberste: das **Oberste zuunterst kehren** *veraltend* – (eher:) das **Unterste** zuoberst kehren · to turn everything upside down

Oberstübchen: bei jm. **klappt etwas nicht**/(ist etw./es nicht ganz richtig) **im Oberstübchen**/(im Oberstübchen nicht ganz richtig sein) *sal* – nicht (so) (ganz/(recht)) bei **Trost** sein (1; a. 2) · + s.o. is not quite right in the upper storey/upstairs/..., + s.o. has got bats in the belfry

Oberwasser: (wieder) **Oberwasser haben** · 1. to be on top, to be in a strong position, to get the upper hand, 2. to have the whip-hand, to be given a boost
1. ... In der ersten Halbzeit waren die Gäste aus Nürnberg überlegen, das gebe ich zu; aber jetzt hat unsere Elf doch eindeutig Oberwasser.
2. Seitdem der Kräger die Firma leitet, hat der Hinrich natürlich Oberwasser – die beiden kennen sich seit ihrer Studienzeit. – Aber er nutzt seine (augenblickliche) Vorzugsstellung doch nicht aus?

Oberwasser kriegen/bekommen · 1. 2. to get the upper hand
1. ... In der ersten halben Stunde des Spiels waren die Gäste aus Lüttich eindeutig überlegen. Aber dann bekamen die Gastgeber (immer mehr) Oberwasser, bis sie, etwa von der Mitte der zweiten Halbzeit an, das Spielgeschehen fast nach Belieben diktierten.
2. Wenn der Kolberg in eurer Abteilung Oberwasser bekommt, sehe ich schwarz. So ein Charakter wie der darf nie etwas zu sagen haben; der wird sofort zu einem Haustyrannen.

Obhut: bei jm. **in guter Obhut sein** *form* – (eher:) bei jm. in guten/besten **Händen** sein · to be well cared for with s.o., to be well looked after with s.o., to be in good hands with s.o.

in sicherer Obhut sein (bei jm./in/...) *form* · to be in safe keeping (with s.o./in/...), to be well looked after (with s.o./in/...)
... Nein, bei den Müllers kann dem Kind nichts passieren, Helmi, bei denen ist es in sicherer Obhut!

sich in js. **Obhut begeben** *form – veraltend selten* · to commit o.s. to s.o.'s care, to put o.s. under s.o.'s protection
... Und wie schützte er sich, um vor den Schergen des Königs sicher zu sein? – Er begab sich in die Obhut irgendeines Prinzen, d.h. unterstellte sich dessen Schutz.

ein Kind/... **in** js. **Obhut geben** *form veraltend selten* · to put s.o. in s.o.'s care, to entrust s.o. to s.o.'s care
... Und wo ließen sie ihre drei Kinder, als sie nach Frankreich emigrierten? – Sie gaben sie in die Obhut der Großeltern.

jn. **in Obhut nehmen** *form veraltend selten* · to take s.o. into one's care, to take s.o. in
… Wenn die Müllers das Mädchen nicht in Obhut genommen hätten, wäre sie von den SS-Leuten vergewaltigt und fortgeschleppt worden! – Das war ja verdammt mutig damals von den Müllers, einem jüdischen Mädchen Schutz zu gewähren!

jn. **in seine Obhut nehmen** *form veraltend selten* · to take care of s.o., to look after s.o.
… Und wo ließen sie Ihre drei Kinder, als sie nach Frankreich fuhren? – Die Großeltern haben sie in ihre Obhut genommen.

Objekt: am lebenden Objekt Untersuchungen anstellen/… *form* · to perform/carry out/… experiments on live animals
Es ist selbstverständlich, daß eine Naturwissenschaft wie die Medizin auch am lebenden Objekt Untersuchungen machen muß. Aber schön sind diese Studien an Meerschweinchen, Ratten und was weiß ich für Tieren ja nicht gerade.

Obligo: ohne Obligo (abgek.: o.O.) *Wirtschaft selten* · without recourse, free from liability
… Selbstverständlich können wir Ihnen die Waren schicken, aber ohne Obligo. – Die Haftung kann man doch durch eine Versicherung abdecken; die übernehmen wir dann.

Obolus: seinen Obolus beisteuern zu/(für) etw. *ugs* · to make a (small/modest/…) contribution to/for s.th., to make a (small/…) donation to/for s.th. *n*
… Wir sind eigentlich gar nicht so begeistert von dem Bau einer neuen Kirche. Aber wenn alle Leute hier in der Gemeinde einen Beitrag leisten, wollen wir auch unseren Obolus beisteuern. Wieviel geben denn die anderen so im Durchschnitt?

seinen Obolus entrichten *ugs* · to make one's contribution to/for s.th. *n*, to pay one's mite *n*
Habt ihr schon euren Obolus für die neue Schulorgel entrichtet? – Wie, sammeln die schon wieder?

Obst: (ich) danke für Obst und Südfrüchte! *sal* · no thank you, not likely, no fear
… Vielleicht bieten sie dir einen Staatssekretärsposten an. – Ich danke für Obst und Südfrüchte! Lieber weniger Geld haben als sich mit diesen Politikern herumärgern!

Ochs: schuften/arbeiten/… wie ein Ochs/Ochse *sal* · (eher:) schuften/arbeiten/… wie ein **Berserker** · to work like mad/like a Trojan/like a horse/…

dastehen/… wie der Ochs/Ochse vorm/(am) Berg/vorm neuen Tor/vorm Scheunentor *sal* – dastehen/… wie die **Kuh** vorm/am neuen Tor · to be at one's wit's end

von etw. **so viel verstehen wie der Ochs/Ochse vom Klavierspielen** *sal selten* – von etw. so viel verstehen wie die **Kuh** vom Sonntag · not to know the first thing about s.th.

zu etw. **taugen/(für** etw. **geeignet sein/…) wie der Ochs/Ochse zum Seilchenspringen/**Seilspringen/Seiltanzen *sal selten* · to be absolutely/totally/… unsuited for s.th. *n*, to be absolutely/… useless at s.th.
Der Breitkamp taugt zum Schauspieler wie der Ochs zum Seiltanzen. Wie er auf diesen Beruf gekommen ist, ist mir unerfindlich – er hat auch nicht die mindeste Begabung dafür.

die Ochsen kälbern *ugs veraltend selten* · 1. 2. wonders will never cease!, 1. miracles do happen *n*
1. Hast du schon gehört? Der Rolf geht schon seit Monaten einer regelmäßigen Arbeit nach. – Nicht möglich! Eher hätte ich geglaubt, daß die Ochsen kälbern, als daß dieser Mann seine tägliche Pflicht tut.
2. vgl. – (eher:) es geschehen (noch/doch noch/…) **Zeichen** und Wunder.

(immer/mal wieder/…) **den Ochsen hinter den Pflug spannen** *ugs veraltend selten* · to put the cart before the horse
Statt, wie ich ihm das gesagt hatte, zuerst den Weg zu planieren und dann das Gelände von oben nach unten zu begradigen, hat er quer-feldein von unten nach oben gearbeitet. So kann das natürlich nichts werden. – Daß dieser Junge aber auch immer den Ochsen hinter den Pflug spannen muß.

einen Ochsen auf der Zunge haben *sal selten* · to have been struck dumb, has the cat got your/… tongue?
(Der Vater:) Warum sagst du denn nichts, Ingrid, wenn du den Eindruck hast, daß ich dir unrecht getan habe? Hast du einen Ochsen auf der Zunge? (Die Mutter:) Laß das Mädchen, Karl! Sie hat halt Scheu/(Hemmungen), ihren Vater zu kritisieren. Das ist doch ganz normal.

Ochsentour: sich über die Ochsentour hinaufdienen/… *ugs* · to work one's way up the hard way
… Sich da Stückchen für Stückchen von unten nach oben hinaufdienen – über die Ochsentour, wie es so plastisch heißt –, das kann einen Menschen schon mürbe machen! – Kann?! Das muß den Charakter kaputtmachen!

oculos: jm. ad oculos demonstrieren *geh selten* · to do s.th./to demonstrate s.th. to s.o./… before his very eyes *coll*
Wenn du dem Jürgen nicht ad oculos demonstrierst, daß man in dem Geschäft normale Schecks nicht annimmt – sondern nur eurocheques –, dann glaubt er das nicht. – Gut, das nächste Mal geht er mit und dann sieht er es.

öd: öd und leer (sein) *form – path* · (to be) desolate and deserted, (to be) dreary and desolate
… Drei Uhr nachts, die ganze Stadt öd und leer …

öd(e) und verlassen gelegen sein/… *form – path selten* · to be desolate and remote/out of the way/…
… Nein, auf einem derart öde und verlassen liegenden/(öden und verlassenen) Hof möchte ich nicht leben. Da muß man ja erst mal eine halbe Stunde mit dem Auto fahren, ehe man unter Menschen kommt.

oder: entweder … oder! – entweder … oder! · either … or!

… **oder aber** … · … or else …
… Du studierst in Zukunft in dem Fach, das du schließlich gewählt hast und nicht ich, wie es sich gehört! Oder aber du wechselst das Fach. So geht das jedenfalls nicht weiter!

oder auch … · … or …, … or for that matter …
… Wir können ans Meer fahren oder auch in die Berge, im Grunde ist mir das egal.

Ofen: ein heißer Ofen (sein) *ugs Neol* · (to be) a fast set of wheels
Die neue R 1100 GS ist echt ein heißer Ofen. Die Maschine hat 90 PS und läuft über 220 Sachen! – Mag sein, aber mir ist das Ding viel zu schwer.

der Ofen ist aus/(für jn.**)/jetzt ist/dann ist/war der Ofen aus/wenn** …, **(dann)** ist der Ofen aus (für jn.) *sal* · 1. 2. if …, (then) that's it *coll*, if …, (then) it's all over *coll*
1. Wenn du die nächste Arbeit wieder 'Sechs' schreibst, ist der Ofen aus. Dann kriegst du auf dem Zeugnis eine 'Sechs' und bleibst hängen/sitzen!
2. Nach seiner Abstimmungsniederlage bei der Vorstandswahl war der Ofen für den Berger aus. Und das war ihm auch selbst völlig klar, daß er von dem Augenblick an in der Partei nicht mehr zählte.

nie/… hinter dem Ofen hervorkommen *ugs selten* – immer/… hinter dem/hinterm **Ofen** sitzen/hocken · to be a (real/…) stay-at-home

immer/… hinter dem/hinterm Ofen sitzen/hocken *ugs* · to be a (real/…) stay-at-home
… Den Manfred brauchst du gar nicht erst einzuladen mitzugehen, der kommt sowieso nicht. Du weißt doch, daß der den ganzen Tag hinter dem Ofen sitzt. Er kommt doch aus dem Haus überhaupt nicht mehr heraus.

immer/… am warmen Ofen sitzen *ugs* – immer/… hinter dem/hinterm **Ofen** sitzen/hocken · to be a (real/…) stay-at-home

Ofenröhre: in die Ofenröhre gucken *sal selten* – leer **ausgehen** · to be left empty-handed, to be left with nothing

offen: offen sein – ≠ **zu** sein (1, 2) · to be open

noch/wieder/... **offen sein** · 1. 2. to be (still/...) open, to be (still/...) unsolved/unresolved, not to have been decided, 3. it has not been settled/decided whether ..., it is still an open question whether ...
1. Die Verhandlungen sind noch völlig offen. Bisher kann niemand absehen, wie sie ausgehen werden.
2. Ist eigentlich die C-3-Stelle immer noch offen? – Ja. Sie wird zur Zeit von einem italienischen Professor vertreten. Bis sie definitiv besetzt wird, dürften noch zwei, drei Semester ins Land gehen.
3. ... Ja, es ist leider immer noch offen, ob Herr Prof. Kronstatt die Einladung nach Amerika annehmen kann. Er wird das aber spätestens zum Ende der nächsten Woche entscheiden.

jm./e-r S. **gegenüber offen sein** · to be open to ideas/..., to be receptive to suggestions/...
... Ehrlicher Auseinandersetzung gegenüber ist der Hempel offen; ja, das hat er sogar gern! Nur, wenn es ideologisch wird, dann wird er sauer; dann blockt er (sofort) ab. – Man kann mit dem Mann also frei diskutieren? – Aber ja!

(immer/...) **für** etw. **offen sein** · to be open/receptive to s.th., to be open/receptive to new/... ideas/suggestions/...
Für neue Gedanken ist der Hartmann immer offen, Klaus! Wenn du also Vorschläge hast, wie sich das Verkaufsvolumen unserer neuen Produktlinie ausweiten läßt, sprich mit ihm; der ist für solche Anregungen sogar dankbar.

sperrangelweit offen sein *Tür/Fenster/...* · to be wide open
(Der Vater:) Da ist das Wohnzimmerfenster doch schon wieder sperrangelweit offen! – (Die Tochter:) Die Mama lüftet; sie sagt, sonst geht der Zigarettenqualm von gestern nicht raus. – Ah so, der Durchzug in der ganzen Wohnung ist eine disziplinarische Maßnahme!

es ist (noch/weiterhin/...) **offen, ob/wie/wann/...** · it is not yet/... decided whether ..., it is not yet/... settled whether ...
... Ist es eigentlich nach wie vor offen, wann die C4-Stelle wieder besetzt wird? – Ja, das ist immer noch nicht entschieden.

offen haben · 1. 2. to be open
1. vgl. – ≠ **zu** haben
2. vgl. – ≠ zu **haben**

etw. **ganz offen tun/sagen/erklären/...** · 1. 2. to say exactly what one thinks, to speak one's mind, to say quite/... openly that ...
1. Der Bertram macht gar keinen Hehl daraus, daß er den Günther für ungeeignet hält, die Leitung des Labors zu übernehmen. Er sagt das ganz offen – zu jedem, der es hören will.
2. ... Ja, der Schultz handelt ganz offen gegen die Anordnungen des Chefs. Er weiß, daß ihm nichts passieren kann, und deswegen hält er es offensichtlich nicht einmal für nötig, den Alten wenigstens nicht vor aller Augen zu desavouieren.

Wein/(...) **offen** verkaufen/ausschenken/.../ein offener Wein/(...) · to sell/to buy/... wine by the glass
(In einem Restaurant:) Nein, eine ganze Flasche ist mir zu viel. Sie haben doch bestimmt auch offene Weine? – Ja, schwäbischen Rotwein beispielsweise. – Gut, davon würde ich ein Glas/ein Viertel trinken.

offen und ehrlich sagen/.../handeln/vorgehen/... · to tell s.o. frankly and openly/honestly/candidly/...
... Komm', Herbert, jetzt sag' mir doch mal offen und ehrlich, wie der Streit gestern angefangen hat. Aber ohne zu flunkern/schwindeln/kohlen/mir Lügengeschichten aufzutischen.

offen heraus etw. **sagen/...** *selten* – **geradeheraus** sein/jm. etw. sagen · to say/... s.th. straight out

Offenbarung: (plötzlich/...) **kommt es wie eine Offenbarung über** jn. *path selten* · it is a revelation, it all (suddenly/...) comes to me/...
... Das war wirklich komisch gestern im Examen. Zuerst saß ich da ganz stumm und verstört; mir fiel absolut nichts ein – so als wenn mein Kopf plötzlich ganz leer gewesen wäre. Aber dann kam es mit einem Mal wie eine Offenbarung über mich: die Zusammenhänge waren mir plötzlich glasklar ...

Offenbarungseid: den Offenbarungseid leisten · 1. to swear an/the insolvent debtor's oath, to swear an oath of disclosure, 2. to admit/to reveal/... one's bankruptcy
1. ... Glaubst du denn wirklich, wenn der Schlüter den Offenbarungseid geleistet hat, dann hat er in der Tat nicht mehr, als er angegeben hat, und kann seine Schulden wirklich nicht bezahlen? – Die Dinge werden so weit wie möglich vom Gericht geprüft. *jur*
2. ... Diese Regierung ist bald am Ende, sei sicher! Die wird noch in diesem Jahr den Offenbarungseid leisten. *form – path*

offenes: ein offenes Bein/einen offenen Arm/... **haben** · to have an ulcerated arm/leg/...
Wie lange läuft der Onkel Heinz eigentlich jetzt schon mit dem offenen Bein herum? – Huu, bestimmt schon ein halbes Jahr; denn schon im April beschwerte er sich: »Das Geschwür will und will nicht heilen!«

Offensive: die Offensive ergreifen *form* · 1. 2. to go on the offensive
1. Laßt euch bloß nicht in die Defensive drängen, Kinder! Sofort die Offensive ergreifen und bis zum Ende des Spiels offensiv durchspielen! Nur so könnt ihr gewinnen.
2. ... Bei diesem Mann mußt du von Anfang an die Offensive ergreifen. Wenn du ihm die Gesprächsführung/Angabe der Thematik/... überläßt, bist du verloren.

in die Offensive gehen – **die Offensive** ergreifen · to go on (to) the offensive

öffentlich: öffentlich auftreten/reden/sprechen/... · to appear/to speak/... in public
... Dein Bruder spielt Klavier? Ist er denn schon mal öffentlich aufgetreten? – Er gibt fast jede Woche ein Konzert. – Ach, ja?! ...

Öffentlichkeit: etw. **in/**(vor) **aller Öffentlichkeit tun/**sagen/... · to state/say/... s.th. in public, to state/say/... s.th. quite openly
... Da erklärt der Mann doch in aller Öffentlichkeit, die katholische Kirche sei das größte Betrugsunternehmen der Weltgeschichte! Unglaublich, so vor allen Leuten so etwas von sich zu geben!

etw. **an/**(vor) **die Öffentlichkeit bringen** *form* · to bring s.th. to public attention, to make s.th. public, to go public with s.th. *sl*
... Wenn ich hier bei Ihnen mein Recht nicht bekomme, sehe ich mich leider gezwungen, die Sache an die Öffentlichkeit zu bringen. Dann werde ich halt mal in der Presse schildern, wie die Bürger dieser Stadt in dieser Behörde behandelt werden.

an/(in) **die Öffentlichkeit dringen** *form* · to become public knowledge, to get out *coll*, to be leaked *n*
... Nach dem, was an die Öffentlichkeit gedrungen ist, muß man annehmen, daß der Präsident unheilbar krank ist. Wir sind in die Geheimnisse der Götter nicht eingeweiht, aber aus den Andeutungen in den Zeitungen muß man das schließen.

in die Öffentlichkeit flüchten (mit etw.) · to go public (with s.th.) *sl*, to resort to publicity (with s.th.)
... Es ist kaum anzunehmen, daß der Wallberg in der Partei an Ansehen gewinnt, wenn er bei solchen Auseinandersetzungen in die Öffentlichkeit flüchtet. Im Gegenteil: man wird ihm das sehr verübeln und ihn noch weniger unterstützen.

die Öffentlichkeit scheuen · to shun publicity
Der Schramm meint, es hat im ganzen 20. Jahrhundert in Europa vielleicht keinen Regierungschef gegeben, der so sehr die Öffentlichkeit scheute wie Salazar. – Aus Angst, Aversion oder Berechnung?

mit einem Buch/Werk/... **an/**(vor) **die Öffentlichkeit treten** *form* · to put/bring/... one's work/a book/... before the public
... Das erste Werk, mit dem der Autor an die Öffentlichkeit trat, war der Roman 'Irrfahrten eines Eherings'. Schon dieser Roman zeigte einen Humor, wie er in unserer Literatur selten geworden ist. Mit der Publikation des Erzählbandes 'Die Hühner im Topf' ...

etw. **der Öffentlichkeit übergeben** *form* · to open s.th. to the public
... Gestern wurde die neue deutsch-jugoslawische Begegnungsstätte der Öffentlichkeit übergeben. In einer Feierstunde aus diesem Anlaß gab der Oberbürgermeister der Hoffnung Ausdruck, daß ...

sich an die Öffentlichkeit wenden (mit etw.) · to appeal to public opinion

... Hätte sich der Kanzler gleich zu Anfang seiner Regierungszeit an die Öffentlichkeit gewandt und gesagt: 'wir müssen die und die Opfer bringen ...' – die Mehrheit der Bevölkerung wäre ihm gefolgt ...

etw. an die Öffentlichkeit zerren *form* – etw. an die **Öffentlichkeit** ziehen · to drag s.th. before the public, to expose s.th. to the public gaze

etw. an die Öffentlichkeit ziehen *form* · to drag s.th. before the public, to expose s.th. to the public gaze

... Ist es wirklich Aufgabe der Presse, sinnierte er, das Privatleben aller möglichen Leute in die Öffentlichkeit zu ziehen? Wo bleibt denn da die so vielbeschworene Privatsphäre?

öfteren: des öfteren *form* · quite often, frequently, on many occasions

... Jetzt hab' ich den Jungen doch schon des öfteren beim Rauchen erwischt! – Wie oft denn? – Ja, bestimmt schon fünf, sechs Mal.

oh: oh, là là *ugs* · 1. my oh my!, my goodness!, 2. ooh-la-la

1. Oh, là là, schon wieder ein Gewitter! Das hört ja nicht auf in den letzten Tagen.
2. Oh, là là, die Anne hat ja heute echt einen scharfen Bikini an! Da kommt man ja direkt auf falsche Gedanken!

ohne: mit ohne *scherzh* · in the nude, in the raw *coll*

... Wie habt ihr denn da geschwommen, wenn ihr alle kein Badezeug bei euch hattet? – Mit ohne. – Männlein und Weiblein, alle im Adams- bzw. Evakostüm?

(heute/...) ohne Auto/Dienstmädchen/... sein · not to have the car/... (today/...), to be without the car/... (today/...), not to have the services of the maid/... (today/...)

... Heute müssen wir mit dem Bus in die Stadt fahren; ich bin ohne Auto! – Ist es in der Werkstatt? – Ja.

(gar) nicht (so/ganz) ohne sein *ugs* · 1. 2. s.o. is no mug, s.o. has got his head screwed on, 3. 4. 5. it/s.th. is quite tricky/not at all easy/..., 6. it/s.th. is not bad

1. ... Die Erika? Täusch' dich da nicht! Die sieht zwar unschuldig und harmlos aus, aber die ist nicht ohne. In der hat sich schon so mancher geirrt. Du mußt mal sehen, wie die ihre Freunde dirigiert ...
2. ... Der Junge sieht aus, als wenn er nicht bis fünf zählen könnte. Aber in Wirklichkeit ist er gar nicht so ohne. Wenn es um seine Interessen geht, haut er die anderen ganz prächtig übers Ohr.
3. Das Geschäft mit den Jugoslawen ist nicht ganz ohne. Ich hatte mir das nicht so kompliziert vorgestellt.
4. ... Dieser Text ist gar nicht so ohne, verdammt nochmal! – Ja, da hat sich der Hübner gestern schon vergeblich die Zähne dran ausgebissen.
5. ... Diese Schlacht ist nicht ohne! Verflucht nochmal, das kann gefährlich werden.
6. ... Sein Angebot ist nicht ohne! – Du hast Recht! Es ist sogar sehr verlockend. (Aber nicht ohne Risiko.)

oben ohne *ugs* · to bathe/... topless

... Baden oben ohne ist doch heute in vielen Schwimmbädern und an vielen Stränden schon die Regel!

ohne mich/ihn/meinen Vater/...! *ugs* · count me/(him/my Dad/...) out!

... Was, die wollen schon wieder ein neues Kreuz für den Hochaltar kaufen und sammeln dafür? Ohne mich! Wenn die anderen dafür ihr Geld spenden wollen, gut; ich nicht.

Ohne-mich-Standpunkt: der Ohne-mich-Standpunkt *ugs* · a/the count-me-out philosophy/attitude/... *tr*

... Wenn Wahlen sind, wird gewählt, Junge! Ich habe für diesen Ohne-mich-Standpunkt nicht das geringste Verständnis. Du willst doch auch in den Genuß der Vorteile der Demokratie kommen!

ohnegleichen: eine Frechheit/Unverschämtheit/Lügerei/... **ohnegleichen** *form* – *path selten* – ein Schelm/Schurke/Verbrecher/gerissener Hund/Lügner/eine Frechheit/... **sondergleichen** sein (2) · an unheard-of cheek/lie/..., an unprecedented cheek/lie/...

js. Freude/Ärger/Kraft/... **ist ohnegleichen** *path veraltend selten* · s.o.'s joy/anger/... knows no bounds, s.o.'s joy/anger/... is unparalleled/unprecedented, s.o.'s strength is unequalled/unmatched/...

... Und ganz aus Zufall, stell' dir das vor, trifft der Kurt da in dem wildfremden Land seinen besten Jugendfreund wieder. Seine Freude war natürlich ohnegleichen! Er konnte sich fast gar nicht mehr einkriegen.

ohnehin: etw. ohnehin (nicht) tun/sein · 1. (not) to do/to be s.th. anyway, 2. whatever happens, definitely

1. vgl. – etw. **sowieso** (nicht) tun/sein
2. vgl. – (eher:) auf jeden **Fall** (2)

Ohnmacht: in Ohnmacht fallen/sinken – die **Besinnung** verlieren · to faint, to lose consciousness, to pass out

aus einer Ohnmacht in die andere fallen *sal* · + it's just been one thing after another *coll*, to have one fit after another *para*

Erst funktionierte die Maschine nicht, dann wurde der Maschinist krank, dann wurde die Zeit für die Ernte knapp, am Ende wollte die Handelsfirma das Zeug nicht mehr annehmen ... – ich kann dir was flüstern, bei dieser Hopfenernte bin ich von einer Ohnmacht in die andere gefallen.

oho: klein, aber oho *ugs* – klein, aber oho! · s.th. is little but good, s.o. may be small but he certainly makes up for it, it's only small but it really goes

Ohr: der Hut/... sitzt jm. schief/keck/... auf dem rechten/linken Ohr *ugs* · + to cock one's hat jauntily/... to one side, + to have one's hat cocked jauntily/... to one side

... Schon lustig, wie er da so angeschlendert kam, sein Seemannskäppi keck auf dem linken Ohr ... Das ist eine Marke für sich, der Roland!

ein unerwünschtes Ohr *oft: vor unerwünschten Ohren ... form* · to say s.th. in front of the wrong people, to say s.th. in the presence of the wrong people/when the wrong people are present

Daß du mir nur nicht wieder vor unerwünschten Ohren über die Probleme sprichst, das wir mit unserem Hausbau haben, Peter! Ich hoffe, diesmal hältst du deine Zunge im Zaum.

ganz Ohr sein *ugs* · to be all ears

... Also, hör' zu – aber genau! ... – Ich bin ganz Ohr. Also? ...

js. **Ohr haben** *form selten* · to have s.o.'s ear

... Könntest du, Michaela, nicht einmal mit dem Hanspeter über mein Anliegen sprechen? Du hast sein Ohr. Ich finde zu ihm einfach keinen Zugang. Aber dir vertraut er.

ein/kein Ohr haben (für etw.) · 1. 2. to have a good/no ear for music/poetry/...

1. ... Der Mann hat eben einfach kein Ohr! Jemand, der sagt, die Stücke von Schönberg seien keine Musik, sollte sich auf Schrammelmusik umstellen! Das ist doch schon keine Sache des Geschmacks mehr!
2. ... Nein, nein, so hat er das nicht gemeint! Bestimmt nicht! Ich hab' doch ein Ohr für den Ton, in dem er seine Kommentare gibt! Nach zwei, drei Sätzen weiß ich, ob er ernst meint, was er sagt, oder nicht.

ein feines Ohr haben · to have good hearing, to have a fine sense of hearing

... Da muß man schon ein feines Ohr haben, wenn man diese Hintergrundgeräusche des Apparats mitkriegen/hören will; die sind doch so leise.

etw. noch im Ohr haben · + s.o.'s words are (still/...) ringing in my/his/... ears, to (still) (be able to) hear s.o. saying ...

... Nein, mit dem Mann wechsel' ich kein Wort mehr! Ich habe noch im Ohr, wie grob er meine Mutter angefahren hat: »Dann müssen Sie eben allein sehen, wie Sie fertigwerden ...«. Das werd' ich nie vergessen.

(immer/...) ein offenes Ohr haben für jn./etw. · 1. 2. to be (always/...) ready to listen to s.o.

1. ... Für seine Kinder hatte er immer ein offenes Ohr. Die konnten ihn jederzeit mit all ihren Problemen ansprechen.

2. ... Für die Sorgen anderer hat diese Frau immer ein offenes Ohr; ihre eigenen Sorgen und Probleme überspielt sie.

ein scharfes Ohr haben · 1. 2. to have excellent/... hearing, 1. to have sharp ears, to have keen hearing, 2. to have a fine sense of hearing

1. ... Nein, bei meinem Vater ist nichts zu machen, der hört immer, wenn jemand von uns später nach Hause kommt; da kann man so leise gehen, wie man will. Der hat ein derart scharfes Ohr, dem entgeht nichts.
2. vgl. – (eher:) ein feines **Ohr** haben

jm. ein Ohr abkauen/ab und wieder drankauen *sal selten* · s.o. would talk the hind legs off a donkey

... Dieser Vertretertyp ist echt penetrant! Der kaut dir ein Ohr ab und wieder dran. Am besten läßt du ihn gar nicht erst herein, wenn er das nächste mal kommt.

jm. ein Ohr ab (und wieder dran) quatschen/schwätzen/... *sal selten* · 1. to talk s.o.'s ear off, 2. s.o. would talk the hind legs off a donkey

1. Die Silvia redet wie ein Wasserfall. Die quatscht dir ein Ohr ab und wieder dran, ohne, daß du es merkst. Wenn die mal am Reden ist, kommst du nicht mehr zu Wort.
2. vgl. – jm. ein **Ohr** abkauen/ab und wieder drankauen

jm. (noch/...) ein Ohr abreden *sal selten* · to keep going on at s.o. about s.th., to wear s.o.'s ears out (trying to persuade s.o.) *para*

... Ach, Junge, eine Sache ist es, durch Gründe zu überzeugen zu suchen, eine andere, den Leuten ein Ohr abzureden! Wenn jemand auf mich derart wild einredet, schalte ich auch ab/höre ich auch nicht mehr zu.

etw. im Ohr behalten *selten* – jm. im **Ohr** bleiben · + the tune/... is still going around in s.o.'s head

darf ich/... um dein/Ihr/... geneigtes Ohr bitten? *iron* · may I have your full attention, please?

... Ah, Helga, gut, daß ich dich hier treffe! Ich wollte schon lange mit dir sprechen. Darf ich heute um dein geneigtes Ohr bitten? – (Das ist) wegen Rudi, vermut' ich. Ich will davon nichts hören, weißt du; denn ...

jm. etw. ins Ohr blasen *ugs* · to whisper s.th. into s.o.'s ears, to put an idea into s.o.'s head

Irgendjemand hat der Gisela ins Ohr geblasen, daß der Klaus sie betrügt, und jetzt kommt sie nicht mehr darüber weg. So ein Unsinn!

jm. im Ohr bleiben *Melodie o.ä.* · s.th. is still going around in my/... head, s.o.'s words/... are still ringing in my/... ears

... Ja, die Melodie des Schlußlieds ist mir im Ohr geblieben. Ich glaube, ich könnte sie von Anfang bis Ende singen/nachpfeifen/...

nur/bloß mit halbem/einem halben Ohr dabei sein *ugs* · to be only half listening, not to be paying full attention

... Christa! Jetzt paß doch endlich mal auf. Jetzt bist du doch schon wieder nur mit einem halben Ohr dabei! Wenn du wer weiß wie viele Fehler machst, beschwerst du dich wieder, der Text wäre zu schwer. In Wirklichkeit liegt es daran, daß du nie richtig zuhörst.

jm. einen auf's Ohr erzählen *sal selten* · to whisper s.th. into s.o.'s ears *coll*, to put an idea into s.o.'s head *coll*

... Ich hab' gehört, den Werner haben sie zum Abteilungsleiter befördert? – Quatsch! Da hast du dir wieder mal einen auf's Ohr erzählen lassen.

ein aufmerksames Ohr bei jm. (für etw.) finden *form* · to find an attentive listener in s.o.

... Ja, ich hatte auch gefürchtet, er hätte keine Geduld, sich mit der Angelegenheit zu befassen. Aber wir haben ein überraschend aufmerksames Ohr bei ihm gefunden: zwei volle Stunden haben wir alle gemeinsam hin- und herüberlegt ...

ein geneigtes/(williges) Ohr bei jm. (mit etw.) finden *iron* · to find a sympathetic/ready/... listener in s.o.

... Vielleicht sprichst du mal mit dem Paul, Ricarda. Dir gelingt es vielleicht, ein geneigtes Ohr bei ihm zu finden. Mit mir geruhte er nicht einmal fünf Minuten zu sprechen.

ein offenes Ohr bei jm. (mit etw.) finden *form* · to find a sympathetic/... listener in s.o.

Mit ihrer Bitte, ihnen bei dem Bau eines Heims zu helfen, fanden die ausländischen Arbeitnehmer beim Chef ein offenes Ohr. Ohne einen Augenblick zu zögern, versprach er ihnen, sie mit allen Mitteln zu unterstützen.

jm. etw. ins Ohr flüstern *ugs* · to whisper s.th. in s.o.'s ear

Was flüsterst du da der Renate da ins Ohr, Rudi? – Sei nicht so neugierig, Peter! Wenn es dich etwas anginge, hätte ich es ja laut gesagt (statt es der Renate zuzuflüstern).

leicht ins Ohr gehen *eher sehr eingängig sein* · to be catchy

... Diese Musik/Melodie/dieser Rhythmus/dies Gedicht/... geht ungeheuer leicht ins Ohr! Es genügt, sie/ihn/es ein Mal zu hören, um sie/ihn/es nicht mehr zu vergessen. – Und ihn/sie/es den halben Tag vor sich hinzuflöten/hinzusprechen, nicht?

jm. etw. ins Ohr hauchen *ugs oft iron* · 1. 2. to whisper s.th. in s.o.'s ear

1. vgl. – jm. etw. ins **Ohr** flüstern
2. vgl. – (u.U.) jm. etw. ins **Ohr** blasen

sich eine Zeitlang/ein Stündchen/... aufs Ohr hauen *ugs* · to get one's head down (for a while/...), to have a kip (for a while/...), to flake out (for a while), to hit the hay/the sack (for a while)

... So, jetzt ist es ein Uhr, ich hau' mich ein Stündchen aufs Ohr. Ich bin erst gegen vier Uhr heute morgen ins Bett gekommen. Weckst du mich um zwei, Erika?

jn. (ganz schön/mächtig/anständig/...) übers Ohr hauen *ugs* · to pull a fast one on s.o., to fiddle s.o., to take s.o. for a ride *sl*, to put one over on s.o.

Der Fischhändler hat uns ganz schön übers Ohr gehauen: erstens hat er uns nur zwei statt drei Kilo Rotbarsch eingepackt, und zweitens ist ein Teil schon halb verdorben.

(etw. geht (bei jm.)) in ein Ohr herein/rein (und) aus dem andern/(zum andern) wieder heraus/raus *ugs* · it's/s.th. goes in one ear and out the other

... Herrgott, jetzt sag' ich dir bestimmt schon zum zehnten Mal ... Aber das ist wie in anderen Dingen auch: (das geht bei dir) in ein Ohr rein und aus dem anderen wieder raus. Ist es denn wirklich nicht möglich, zuzuhören und zu beherzigen, was die anderen sagen?

auf dem/(diesem) Ohr höre ich/hört er/sie/hört der Schulze/... schlecht/(schwer/nicht) *ugs iron* – auf dem/(diesem) **Ohr** bin ich/ist sie/ist der Schulze/... taub · I/he/she/Jones/... don't/... want to hear/to know/... anything of it/that/s.th.

sich vor Verlegenheit/... hinterm Ohr kratzen · to scratch one's head in embarrassment, to scratch behind one's ears in embarrassment/...

... Hast du das Geld nun da weggenommen oder nicht? – Rudolf kratzte sich verlegen hinterm Ohr. »Hm, ich sah da, hm, ich brauchte unbedingt, hm ...«

sich eine Zeitlang/ein Stündchen/... aufs Ohr legen *ugs* – sich eine Zeitlang/ein Stündchen/... aufs **Ohr** hauen · to get one's head down (for a while/...), to have a kip (for a while/...), to flake out (for a while), to hit the hay/the sack (for a while)

jm. sein (geneigtes) Ohr leihen/schenken *ugs iron* – jm. Gehör schenken · to grant s.o. one's full attention

sein Ohr am Puls der Zeit haben *form – path* · to have one's finger on the pulse of the age/time/..., to have an ear to the ground

... Der Schröder läßt sich so leicht nicht von den Ereignissen überrollen; der hat sein Ohr am Puls der Zeit! – Hm, man kann noch so sehr verfolgen, was passiert – vor Überraschungen ist man – gerade in den letzten Jahren – nie gefeit.

jm. etw. ins Ohr raunen *path oft iron* · 1. 2. to whisper s.th. in s.o.'s ear

1. vgl. – jm. etw. ins **Ohr** flüstern

2. vgl. – (u. U.) jm. etw. ins **Ohr** blasen

jm. etw. **ins Ohr sagen** *ugs* – (eher:) jm. etw. ins **Ohr** flüstern · to say s.th. in s.o.'s ear

auf dem/(diesem) Ohr bin ich/ist sie/ist der Schulze/... **schwerhörig** *ugs iron* – (eher:) auf dem/(diesem) **Ohr** bin ich/ist sie/ist der Schulze/... taub · I/he/Jones/... don't/... want to hear/to know/... anything about it/that/s.th.

von einem Ohr zum andern strahlen *sal selten* · to be smiling all over one's face *coll*, to be beaming/grinning/smiling/... from ear to ear *coll*
... Der Hanspeter strahlt mal wieder von einem Ohr zum andern! – Würdest du dich etwa nicht freuen, wenn dein Vater dir ein Auto schenken würde? – Natürlich! Aber ich denke, ich würde da nicht so mit breitem Mund in die Landschaft grienen.

auf einem/dem linken/rechten **Ohr taub sein** · to be deaf in one/in one's left/in one's right ear
Bei dem Herrn Scholz mußt du immer von der rechten Seite sprechen. Auf dem linken Ohr hört er nämlich so gut wie nichts, da ist er fast taub.

auf dem/(diesem) Ohr bin ich/ist sie/ist der Schulze/... **taub** *ugs iron* · nothing doing, I/she/... won't hear of it, I/she/... won't wear that/won't have any of that
... Den Holters zu bitten, uns für die Tour seinen Wagen zu leihen, hat gar keinen Sinn. Auf dem Ohr ist er taub. Da ist nichts zu machen.

jm. etw. **ins Ohr wispern** *ugs – iron selten* · 1. 2. to whisper s.th. in s.o.'s ear
1. vgl. – jm. etw. ins **Ohr** flüstern
2. vgl. – (u. U.) jm. etw. ins **Ohr** blasen

nur/bloß mit halbem/einem halben Ohr zuhören/(hinhören) *ugs* – nur/bloß mit halbem/einem halben **Ohr** dabei sein · to be only/... half listening,, not to be paying attention

hast du/habt ihr/(hat er/...) **denn keine Ohren?!** *sal* · are you/is he/... deaf?
... Verdammt nochmal, jetzt sag' ich dir schon zum vierten Mal, du sollst die Tür zumachen! Hast du denn keine Ohren? Das nächste Mal, wo du sie aufläßt, knall' ich dir eine. Vielleicht hörst du dann zu, wenn dir jemand etwas sagt.

jm. **klingen die Ohren** *oft: gestern/... haben dir/... doch bestimmt/... die Ohren geklungen?* · your/his/John's/... ears are burning/must have been burning (yesterday/last night/...)
... Na, Olga, gestern abend haben dir doch sicherlich die Ohren geklungen? – Wieso? – Nun, ich war bei dem Hubert eingeladen, und den halben Abend wurde über dich geredet ...

es klingt jm. **in den Ohren** *selten* · + I/he/... can sense they're talking about me/him/...
(Auf einer offiziellen Feier; der Mann zu seiner Frau:) Es klingt mir in den Ohren, Marlies ... – Du meinst ... – Ich habe das ganz bestimmte Gefühl, der Bollert und sein Nachbar sprechen gerade über mich. – Laß sie doch sprechen ...

es saust jm. **in den Ohren**/(js. Ohren sausen) *selten* – **Ohrensausen** (haben) · + to have buzzing in one's ears

etw. **schallt** jm. **noch in den Ohren** · s.th. is still ringing in s.o.'s ears
Der Lärm, den die da veranstaltet haben, schallt mir immer noch in den Ohren.

schreib' dir/schreibt euch/... **das hinter die Ohren!** *sal* · and don't (you) forget it!, put that in your pipe and smoke it!
... Ich will nun einmal nicht, Junge, daß du meinen Wagen ohne meine vorherige Erlaubnis fährst! Schreib' dir das ein für allemale hinter die Ohren!

du/er/... **sitzt**/... **wohl auf den/deinen**/seinen/... **Ohren (was)?** *sal* · mach'/macht/... (doch) die **Ohren** auf! · wash your ears out!, listen to what I'm/... saying/...

wasch' dir/wascht euch/... **die Ohren!** *sal* · wash your ears out!
... Klaus, habe ich dir nicht ausdrücklich gesagt, du solltest ... – Entschuldige, Papa, ich habe nichts gehört. – Nichts gehört?! Wasch' dir die Ohren, Mensch! Dann hörst du auch, was man dir sagt!

mit hängenden Ohren dastehen/zurückkommen/... *ugs* · 1. to be downcast, to be down in the mouth, to be downhearted, to be down in the dumps, to be crestfallen, 2. to come back with one's tail between one's legs
1. ... Ja, wenn man monatelang nichts tut, darf man sich nicht wundern, wenn man an die frische Luft gesetzt wird. Jetzt ist es spät, mein Guter. Jetzt da mit hängenden Ohren zu stehen und Trübsal zu blasen bringt gar nichts.
2. Der Rolf hatte sich vorgestellt, bei seinem Freund so 5 – 10.000,– Mark lockerzumachen und damit seine dringendsten Schulden zu bezahlen. Aber er ist mit hängenden Ohren zurückgekommen. Offensichtlich hat ihm der Freund gesagt: Geld ist Geld und Schnaps ist Schnaps. *seltener*

vor unerwünschten Ohren etw. **darlegen**/... *form* · to explain s.th. (to s.o.)/... in the presence of strangers, to tell s.o. s.th. in the presence of/in front of/... unwelcome listeners
... Nein, da müßte ich dich schon allein sprechen. Die Sache geht keinen Außenstehenden etwas an. Vor unerwünschten Ohren kann ich dir das also nicht darlegen ...

nichts für fremde Ohren sein *oft: das ist ... ugs* – nicht für fremde **Ohren** bestimmt sein · not to be meant for others' ears

noch (sehr/ganz) **grün hinter den Ohren sein** *ugs* · to be (still/...) wet behind the ears
... Ja, ich meine auch ... – Was hast du denn da zu meinen, du junger Dachs?! Du bist doch noch ganz grün hinter den Ohren! Was weißt du denn von ...?!

noch nicht trocken/noch feucht **hinter den Ohren sein** *ugs* · (eher:) noch (sehr/ganz) grün hinter den **Ohren** sein · to be (still/...) wet behind the ears

nichts für zarte Ohren sein *ugs* · not for the ladies' ears
... Solche (derben) Witze sind nichts für zarte Ohren, Fritz! Du solltest deine Zunge ein bißchen im Zaum halten, wenn junge Damen am Tisch sitzen.

es faustdick/(dick/knüppeldick) **hinter den Ohren haben** *ugs* · (s.o. may look innocent/naive/... but) he's as crafty as they come/he's a wide boy/there are no flies on him *sl*
... Der Karl naiv?! Da bist du aber schief gewickelt! Der sieht zwar aus, als wenn er nicht bis fünf zählen könnte, aber er hat es faustdick hinter den Ohren. Ein Fuchs ist das, durchtrieben und pfiffig wie nur etwas!

viel/eine Menge/... **um die Ohren haben** *ugs* · to have a lot on one's plate, to have one's hands full *n*
... Das letzte Jahr war ruhig, in der Tat, da war ich halt noch kein Institutsleiter. In diesem Jahr hab' ich derart viel um die Ohren, daß ich manchmal nicht weiß, wo mir der Kopf steht.

jm. (noch/...) **die Ohren abreden** *sal selten* – jm. (noch/...) ein **Ohr** abreden · to keep going on at s.o. about s.th., to keep pestering s.o. about s.th.

mit roten Ohren abziehen *path selten* · to sneak off/to slink off/... with one's ears burning
... An sich ist es natürlich keine Schande, wenn man ein Tennisspiel verliert. Aber der Merkel hat vorher derart angegeben, er wäre der Beste hier im Club ... – Deshalb ist er nach seiner blamablen Niederlage gegen den Berger ja auch mit roten Ohren abgezogen. – Er hatte in der Tat allen Grund, sich zu schämen.

(da) legst du/(legste) die Ohren an! *sal* · 1. you won't (be able to) believe your ears *coll*, 2. would you believe it? *coll*, would you credit it? *coll*, it's amazing/incredible/unbelievable *n*, am I hearing right? *n*
1. ... Wenn du den Unsinn hörst, den der Anton verzapft, legst du die Ohren an! Daß ein Staatssekretär so etwas von sich geben kann ...!

2. ... Hat er es also wirklich geschafft, in die Direktion versetzt zu werden?! Da legst du die Ohren an! Daran hätte ich im Traum nicht gedacht! *seltener*

die Ohren anlegen *ugs selten* · 1. to pin back one's ears, to put one's ears back, 2. to take a deep breath and ...
1. ... Die Kleine war doch eben noch so frech und patzig zu dir! Und kaum hört sie die Stimme ihres Vaters, da legt sie die Ohren an und tut sofort, was du sagst? – Ja, auf ihre Mutter hört sie nicht, aber vor ihrem Vater hat sie Strang.
2. ... Über den Fluß müssen wir rüber, da gibt's gar kein Dranvorbei. Also: die Ohren angelegt und rein ins Wasser! Oder hat da jemand soviel Bammel, daß er sich nicht zusammenreißen kann? *selten*

bis über beide Ohren in Arbeit stecken *ugs selten* · to be up to one's ears in work
... Nein, der Adalbert kommt bestimmt nicht. Der steckt bis über beide Ohren in Arbeit. Noch am Samstag hat er mir gesagt, er hätte in seinem ganzen Leben noch nicht so viel zu tun gehabt wie zur Zeit.

mach'/macht/... (doch) die Ohren auf! *sal* · wash your ears out!, listen to what I'm/... saying/...
... Was hab' ich gerade gesagt?! Kerl nochmal, mach' doch die Ohren auf! 100 mal 100 Meter ist ein Hektar! Und kein Ar, das sind 10 mal 10 Meter! Du hörst aber auch nie zu!

die Ohren aufknöpfen *sal* · 1. keep your ears open!, wash out your ears!, 2. to prick up one's ears
1. vgl. – mach'/macht/... (doch) die **Ohren** auf!
2. vgl. – (eher:) die **Ohren** spitzen

die Ohren aufsperren *sal* · 1. keep your ears open!, wash out your ears!, 2. to prick up one's ears
1. vgl. – mach'/macht/... (doch) die **Ohren** auf!
2. vgl. – (eher:) die **Ohren** spitzen

nicht für js. Ohren bestimmt sein *form* · not to be for s.o.'s ears
... Petra, komm' mal kurz mit raus, ich muß dir mal was sagen, was nicht für die Ohren unserer Mutter bestimmt ist.

nicht für fremde Ohren bestimmt sein *form* · s.th. is not meant for others' ears
(Auf einer Versammlung:) Rück' mal etwas näher heran, Karl, ich muß dir etwas sagen, was nicht für fremde Ohren bestimmt ist. Also, paß auf: ... Aber das bleibt unter uns!

jm. etw. in die Ohren blasen *ugs* – jm. etw. ins **Ohr** blasen · to whisper s.th. into s.o.'s ears, to put an idea into s.o.'s head

bis über die Ohren drinstecken *ugs euphem selten* – bis an den/(über den) **Hals** in Schulden stecken · to be up to one's ears in debt

die Ohren auf Durchzug/Durchfahrt stellen *sal* · to just switch off, not to (want to/...) listen *n*
... Ermahnen, ermahnen! Also wenn es einen Sinn hätte, Leute zu ermahnen, die ihre Ohren ständig auf Durchzug stellen!

die Ohren auf Empfang stellen *sal* · to 'switch on' *para*, to start listening *n*
... Kannst du nicht endlich mal deine Ohren auf Empfang stellen?! Kerl nochmal! Ich rede mir hier den Mund fusselig, und du hörst überhaupt gar nicht zu!

taube Ohren finden (mit etw.) *form* · + s.o.'s words/warnings/exhortations/... fall on deaf ears
Was hat es für einen Sinn, die schönsten Predigten zu halten, wenn man nur taube Ohren findet? Die Leute hören doch gar nicht zu oder hören nur das, was sie hören wollen.

jm. eins/(eine) hinter die Ohren geben *ugs* – jm. eine **Ohrfeige** geben · to give s.o. a clip round the ears

jm. ein paar hinter die Ohren geben *ugs* – jm. ein paar **Ohrfeigen** geben · to give s.o. a clip round the ears

jm. immer noch/... in den Ohren gellen *path* · + s.o. can still hear the screaming of the wounded/...
Die Schreie der Verletzten von gestern gellen mir immer noch in den Ohren. Entsetzlich! Die ganze Nacht habe ich diese Schreie gehört, und oft wußte ich nicht, ob wirklich geschrien wurde oder ob mir das nur so schien.

mit hängenden Ohren gestehen *ugs selten* · to admit s.th./confess s.th./... with one's tail between one's legs/ shamefacedly/...
... Hat der Peter denn nicht zugegeben, daß er das Geld da weggenommen hat? – Doch, als ich ihm scharf in die Augen geguckt und ihn ganz direkt gefragt habe, wurde er ganz kleinlaut und gestand mit hängenden Ohren, sein Taschengeld wäre schon alle ...

die Ohren hängen lassen *ugs* – den **Mut** sinken lassen · to lose heart, to despair

jm. eins/(eine) hinter die Ohren hauen *ugs* – jm. eine **Ohrfeige** geben · to give s.o. a clip round the ears

jm. ein paar hinter die Ohren hauen *ugs* – jm. ein paar **Ohrfeigen** geben · to give s.o. a clip round the ears

jn. (ganz schön/mächtig/anständig/...) über die Ohren hauen *ugs* – jn. (ganz schön/mächtig/anständig/...) übers **Ohr** hauen · to (really/well and truly/...) pull a fast one on s.o./fiddle s.o./take s.o. for a ride/put one over on s.o.

jm. etw. um die Ohren hauen *mit entsprechender Geste sal* · to hit s.o. over the head with s.th. *n*
... Was sind das denn für Sitten?! Da haut der Alte dem jungen Praktikanten doch wahrhaftig den Brief um die Ohren, den der falsch adressiert hatte! Ich dachte, so was hätte es nur zu Großvaters Zeiten gegeben.

etw. kommt jm. schon zu den Ohren heraus *sal – iron selten* – jm. (schon) zum **Hals(e)** heraushängen/herausstehen/(herauswachsen/herauskommen) · + to have had it up to here with s.th., + to have studied/... law/... till it is coming out of one's ears

jm. die Ohren kitzeln/(pinseln) *ugs* · to butter s.o. up
Wenn der Müller in Gegenwart des Chefs sagt, die Firma sei prächtig geleitet, will er dem Alten damit natürlich die Ohren kitzeln.

für deutsche/spanische/... Ohren klingt etw. seltsam/... · to sound odd to English/German/... ears
... 'Ketschua'? Was ist das denn für eine Sprache? – Für europäische Ohren klingt das Wort komisch, da hast du recht; es bezeichnet eine der sog. 'Eingeborenensprachen' Mexikos ...

jm. zu Ohren kommen · it has come to my/his/... ears that ..., it has come to s.o.'s knowledge that ...
Herr Böttcher, mir ist zu Ohren gekommen, Sie hätten sich über mich beschwert. Stimmt das? – Nein, das stimmt nicht! Aber wo und von wem haben Sie das gehört?

jm. gerüchteweise zu Ohren kommen *form* · it comes to s.o.'s ears that ..., + I/he/John hears/... rumours that ..., + to hear s.th. rumoured
... Aber Sie werden doch nicht ernstnehmen, Herr Besch, was Ihnen da so gerüchteweise zu Ohren kommt! Wo kämen wir denn hin, wenn wir uns von Gerüchtemachern abhängig machen würden!

sich (verlegen/...) hinter den Ohren kratzen *ugs* · to scratch one's head (in embarrassment)
(Der Vater zu seinem Sohn:) Hast du die Französischarbeit nun sorgfältig vorbereitet oder nicht? Wenn du den ganzen Tag Fußball gespielt hast, wie Mutti mir gerade erzählt ... – Peter kratzte sich (verlegen) hinter den Ohren. »Hm, ich hab', hm, ich kann ja jetzt, hm ...«

eine Katze/... hinter den Ohren kraulen · to scratch a cat/... gently/... behind the ears
... Das muß wohl eine Art Wollust sein, was die Katzen empfinden, wenn man sie hinter den Ohren krault, oder was meinst du?

eins/(eine) hinter die Ohren kriegen *ugs* – eine **Ohrfeige** kriegen/(bekommen) · to get a clip round the ears

ein paar hinter die Ohren kriegen *ugs* – ein paar **Ohrfeigen** kriegen/(bekommen) · to get a clip round the ears

ich werde/sie werden/… **euch**/ihnen/… **die Ohren langziehen!** *sal* · 1. I'll/… give you/… a good hiding, 2. I'll/… knock you/… into shape

1. – ich werde/sie werden/… euch/ihnen/… die **Hammelbeine** langziehen!

2. vgl. – (eher:) jn. bei/(an) den **Ohren** ziehen

jm. (mit etw.) in den Ohren liegen *ugs* · 1. 2. to pester s.o. about s.th., to go on at s.o. about s.th., to badger s.o. about s.th. *n*, to keep on at s.o. about s.th.

1. (Die Mutter zu ihrem Mann:) Der Ulli will unbedingt ein neues Fahrrad haben. Seit Wochen liegt er mir jetzt damit in den Ohren. Ich weiß gar nicht, was ich ihm noch sagen soll. Er quält und quält …

2. Ständig und ständig liegt der Haverkamp meinem Mann mit der Neuorganisation der Gesundheitsbehörde in den Ohren. Der macht ihn noch verrückt mit seiner ewigen Drängerei.

Ohren wie ein Luchs haben *selten* · to have keen/sharp/… hearing *n*

… Paß auf, was du sagst! Auch, wenn du leise sprichst! Der Maurer hört alles; der hat Ohren wie ein Luchs.

lange Ohren machen *ugs selten* · 1. to cock one's ears, to listen *n*, to eavesdrop *n*, 2. to prick up one's ears, to listen hard/carefully/… *n*

1. Die Gerda meint, wenn sie hinterm Vorhang steht und lange Ohren macht (um alles mitzukriegen, was Mutter und ich besprechen), dann merkte ich das nicht. Ihre Neugier fängt an, mich anzuwidern.

2. vgl. – (eher:) die **Ohren** spitzen

spitze Ohren machen *ugs* – (eher:) die **Ohren** spitzen · to prick up one's ears, to listen hard/carefully/…

sich die Ohren melken lassen *sal selten* · to let/allow/… s.o. to pump one for information by flattery *para*

… Ja, ja, so ist das, mein guter Albert, wenn man sich die Ohren melken läßt! Der Lauffer hat dir ein paar nette Schmeicheleien gesagt, und schon bist du auf seine Machenschaften hereingefallen.

jn. bei den Ohren nehmen *ugs selten* · to take s.o. by the ear

… Wie hat euer Klassenlehrer denn reagiert, als er hörte, daß du dem Herrn Krausmann eine Tüte Wasser aus dem Klassenfenster auf den Kopf geworfen hast? – Er hat mich bei den Ohren genommen und mir gesagt, wenn so etwas nochmal passieren würde, bekämen meine Eltern einen Brief.

die Ohren offenhalten *ugs* · 1. to keep one's ears open, to keep one's ears to the ground, 2. wash your ears out!, listen to what I'm/… saying/…, 3. to prick up one's ears, to listen hard/carefully/… *n*

1. … Auf so einer Messe mußt du die Ohren offenhalten, Hartmut! Je mehr du mitkriegst, um so besser! – Du meinst: Information, Information! – So ist es! Besonders, was gleichsam zwischen den Zeilen gesagt wird, ist von Interesse.

2. vgl. – (eher:) mach'/macht/… (doch) die **Ohren** auf!

3. vgl. – (u. U.) die **Ohren** spitzen

jm. um die Ohren pfeifen/(fliegen) *Kugeln ugs* · to whistle past s.o.'s head

… Von beiden Seiten des Tals griffen die Armeen mit voller Wucht an. Kavallerie und Artillerie unterstützten sich gegenseitig. Die Kugeln pfiffen einem nur so um die Ohren. …

(vor) tauben Ohren predigen *ugs* · to preach to deaf ears

… Wenn du partout nicht hören willst, dann mußt du eben fühlen! Ich sage jetzt nichts mehr, ich habe doch keine Lust, tauben Ohren zu predigen! Den Schaden hast du dann!

mit den Ohren schlackern *oft: da kann man nur …/da schlackerst du … sal* · it leaves you/one speechless *n*, + the mind boggles, + it is astonishing/staggering/… *n*

… Wenn man so einen Blödsinn hört, kann man nur mit den Ohren schlackern. 'Der Fußball als Volkshygiene'. Was will man auf solch einen Unsinn noch sagen?!

jm. etw. um die Ohren schlagen *mit entsprechender Geste sal* – (eher:) jm. etw. um die **Ohren** hauen · to hit s.o. over the head with s.th.

js. Ohren schmeicheln · to be music to s.o.'s ears, to be flattering

… Wenn der Chef in Gegenwart seiner Sekretärin von der ausgezeichneten Arbeit in seinem Vorzimmer spricht, dann schmeichelt das natürlich ihren Ohren. Aber das heißt nicht, daß sie deshalb in Zukunft weniger scharf arbeiten würde.

bis über beide/(die) Ohren in Schulden stecken *ugs* – bis an den/(über den) **Hals** in Schulden stecken · to be up to one's neck in debt

auf den/(seinen) Ohren sitzen/du/er/… sitzt wohl auf den/ (deinen/seinen/…) Ohren (was?!)/sitzt du/er/… auf den/… Ohren?! *sal* · are you deaf (or what)?, can't you hear right?

… Was hab' ich gerade gesagt?! Kerl nochmal! Du sitzt wohl auf deinen Ohren, was?! 100 mal 100 Meter, das ist ein Hektar und kein Ar! Wie willst du denn jemals eine vernünftige Arbeit schreiben, wenn du nie zuhörst?!

die Ohren spitzen *ugs* · to prick up one's ears, to listen hard/ carefully/… *n*

»Meine Damen und Herren, es ist sorgfältig zu überlegen, ob die bisherige Koalition die nächste Legislaturperiode durchsteht …« Die Delegierten spitzten die Ohren. Spielte der Ganscher in der Tat schon mit dem Gedanken, den Koalitionspartner zu wechseln? War das möglich? Atemlose Stille …

halt'/haltet/… **die Ohren steif!** *ugs* · chin up!, keep smiling!, keep your pecker up! *sl*

Tschüß, Jürgen! – Tschüß, Franz! Und halt' die Ohren steif! Irgenwie wirst du das schon lösen. Nur den Mut jetzt nicht verlieren!

auf taube Ohren stoßen (mit etw.) – taube **Ohren** finden (mit etw.) · s.o.'s words/warnings/exhortations/… fall on deaf ears

seinen Ohren nicht/kaum trauen (wollen) *oft: ich wollte …* · I/he/… couldn't believe my/… ears

… Und plötzlich fing er an, auf Vater zu schimpfen – er wäre ein ungerechter Chef … Ich wollte meinen Ohren nicht trauen/ich traute meinen Ohren kaum/nicht! Dieser Mann, der ohne unseren Vater in seinem Leben nie etwas geworden wäre, scheute sich nicht, vor allen Leuten so etwas zu sagen …

bis über beide/die Ohren verliebt sein (in jn.) *ugs* · to be head over heels in love with s.o.

Die Christl ist einmal wieder bis über beide Ohren verliebt. – Woher weißt du das? – Beobachte sie mal, wie sie mit dem schwarzhaarigen Jungen dort tanzt! Die fühlt sich im siebten Himmel, das merkt doch jeder.

die/seine **Ohren vor** jm./etw. **verschließen** *form selten* · to turn a deaf ear to s.o./s.th., to close one's ears to s.o./s.th.

… Zuhören könntest du doch zumindest! Aber nein: du gefällst dir darin, deine Ohren auch vor Menschen zu verschließen, die, erfahren und weitsichtig, nur dein Bestes im Auge haben.

bis an die/über die/über beide Ohren verschuldet sein *ugs* – (eher:) bis an den/(über den) **Hals** in Schulden stecken · to be up to one's ears/neck in debt

jm. die Ohren vollblasen (mit etw.) *sal* – jm. (mit etw.) in den **Ohren** liegen · to pester s.o. about s.th., to go on at s.o. about s.th., to badger s.o. about s.th., to keep on at s.o. about s.th.

jm. die Ohren volljammern *ugs* · to keep moaning (about s.th. to s.o.) *n*, to never stop moaning/whingeing

(Die Frau zu ihrem Mann über ihre Schwägerin:) Ach, die Klara ist unausstehlich! Den ganzen Nachmittag hat sie hier herumgesessen und mir die Ohren vollgejammert. Der Herbert würde sie betrügen, die Kinder gehorchten ihr nicht, finanziell stehe es auch nicht zum besten …

jm. **die Ohren vollschreien** *ugs selten* · to yell one's head off, to scream one's head off, to deafen s.o. with screaming *para*

... Meine Güte, hier versteht man ja sein eigenes Wort nicht! Schreien Ihnen die Kinder immer die Ohren so voll? – Ach, wissen Sie, daran ist man als Kindergärtnerin gewöhnt.

mit den Ohren wackeln (können) · to (be able to) wiggle one's ears

... Hast du schon gesehen, der Hans-Peter kann mit den Ohren wackeln. – Was ist denn schon dabei? Das kann mein Bruder auch.

du mußt dir/er muß sich/... die Ohren (besser/gründlicher) waschen *sal* – wasch' dir/wascht euch/... die **Ohren!** · wash your ears out!

sich die Ohren mit Watte zustopfen/(verstopfen) *ugs* · 1. to put cotton wool in one's ears, 2. to hold one's ears, to stop one's ears

1. Wenn du in diesem Haus schlafen willst, mußt du dir die Ohren mit Watte zustopfen. Knapp zweihundert Meter weiter geht die Autobahn Frankfurt-Köln vorbei; hier ist Tag und Nacht Lärm.

2. vgl. – sich die **Ohren** zuhalten

so (falsch/...) singen/..., daß einem die Ohren wehtun *ugs* – *path* · to sing/to play/... so badly/out of tune/... that it hurts the ears/that it's painful to the ears/...

... Mann, das ist kein Flügel, das ist eine Bierorgel! Darauf Mozart? ... – da tun einem ja die Ohren weh!

bis über beide/(die) Ohren rot werden *ugs* – (über und über) rot **anlaufen** · to go bright red

jn. **bei/(an) den Ohren ziehen** *ugs* · to pull s.o.'s ears, to tweak s.o.'s ears

»Bürschchen«, sagte er und zog den Jungen bei den Ohren, »wenn ich dich noch ein Mal dabei erwische, daß du in meinem Garten Obst klaust, dann gibt's was! Klar?!

sich die Ohren zuhalten · to hold one's ears, to stop one's ears

... Das Mädchen kann sich die Ohren doch nicht zuhalten, Herr Werner! Wenn sich die Herren da mit lauter Stimme schlechte Witze erzählen, bekommt sie das eben mit. Da hat sie doch wohl das Recht, sich zu beschweren!

sich die Ohren (mit Watte) zustopfen/(verstopfen) *ugs* – sich die **Ohren** zuhalten · to put cotton wool in one's ears, to hold one's ears, to stop one's ears

Ohrensausen: Ohrensausen (haben) *ugs* · to have buzzing in one's ears

... Hast du das denn überhaupt schon mal gehabt, Ohrensausen? – So ein klingendes, sausendes Geräusch, nicht? Natürlich hab' ich das schon mal gehabt!

Ohrenschmaus: etw. ist ein (richtiger/...) Ohrenschmaus *ugs path* · s.th. is a joy to hear, s.th. is a joy to the ear, s.th. is a feast for the ears

... Ah, dieses Rockkonzert hättest du hören müssen; das war ein Ohrenschmaus. – Im Ernst? – Im Ernst. Eine hervorragende Musik, ganz ausgezeichnet gespielt. Eine Wonne, das zu hören.

Ohrfeige: eine gesalzene/schallende/saftige **Ohrfeige** *ugs* · to give s.o. a resounding slap in/on the face, to give s.o. a good/a stinging/... slap in/on the face

Hat der Paul dem Anton gestern wirklich eine gelangt? – Allerdings. Eine gesalzene Ohrfeige hat er ihm verpaßt – das hat geknallt, sag' ich dir, peng! ... Und mit Recht, denn ...

eine moralische Ohrfeige (sein) für jn. *ugs* · (to be) a slap in the face for s.o.

Der diskrete Hinweis von dem Däumler in der Besprechung, der Vertrag sei ungünstig formuliert, war ja eigentlich eine sehr deutliche Kritik an unserem Rechtsanwalt, oder? – Natürlich. Eine moralische Ohrfeige war das für den Mann.

jm. **eine Ohrfeige geben** · to give s.o. a clip round the ears *coll*

Wenn der Kurt sich nochmal so eine freche Bemerkung erlaubt, knall' ich ihm eine. – Jungen in diesem Alter sollte man eigentlich keine Ohrfeige mehr geben – selbst, wenn sie sich so frech benehmen.

eine Ohrfeige kriegen/(bekommen) · to get a slap on the face, to get a clip round the ears *coll*

... Wenn der Paul sich nochmal eine so freche Bemerkung gestattet, kriegt er eine geknallt. – Jungen in diesem Alter sollten eigentlich keine Ohrfeige mehr kriegen.

jm. **ein paar Ohrfeigen geben** · to give s.o. a clip round the ears *coll*

... Wenn er sich noch einmal so unmöglich benimmt, gebe ich ihm ein paar Ohrfeigen. – Tu das nicht! Es gibt auch andere Strafen.

ein paar Ohrfeigen kriegen/(bekommen) · to get a clip round the ears *coll*, to get a slap on the face

... Wenn du dich nochmal so unmöglich benimmst, kriegst du ein paar Ohrfeigen, kapiert?! Links und rechts kriegst du ein paar geknallt!

ohrfeigen: j. könnte sich (stundenlang) ohrfeigen (daß ...) *oft 1. Pers sal* · I/... could kick myself/...

... So eine Riesendummheit, ein solch günstiges Angebot nicht anzunehmen! Ich könnte mich stundenlang ohrfeigen! – Jetzt ist es zu spät, Holger. Das hättest du vorher bedenken müssen!

Ohrfeigengesicht: ein Ohrfeigengesicht haben *sal* – ein Gesicht zum Reinhauen/Reinschlagen haben · s.o. has got the sort of face you'd love to swipe/punch/...

Ohrläppchen: jn. **am Ohrläppchen ziehen/**(zupfen) *ugs veraltend* · to tweak s.o.'s ear

... Eher liebevoll zupfte der alte Lehrer seinen Lieblingsschüler am Ohrläppchen: »Mein lieber Friedel, wenn du mir noch einmal so einen Streich spielst, muß ich dich hart strafen. Für heute, na ja, soll's gut sein.«

Ohrwurm: ein richtiger/... Ohrwurm sein *ugs* · to be very/... catchy

... Wer kennt schon die Melodie von 'Spiel' mir das Lied vom Tod' nicht?! Das ist doch ein richtiger Ohrwurm! – Findest du auch, nicht? Man hört die Melodie ein Mal – und schon bleibt sie einem ewig im Ohr. Seltsam!

Öl: etw. geht jm. **runter wie Öl** *Wortelschöne Reden/... ugs* – jm. **wie Honig** eingehen · s.th. is music to s.o.'s ears, s.o. laps s.th. up

Öl ins/(aufs) Feuer gießen/(schütten) · to add fuel to the fire, to add fuel to the flames

... Statt den Rudi und den Ulrich, die sich einmal wieder in den Haaren liegen, zu beruhigen und den Streit zu schlichten, gießt der Paul jetzt auch noch Öl ins Feuer, mit seinen ironischen Bemerkungen zur Inkompetenz des einen und Faulheit des anderen.

Öl auf die Lampe gießen *sal selten* – einen **saufen** · to knock back a few, to have a good few jars/drinks

in Öl malen · to paint in oils

Sind die großen Bilder der alten Schlösser alle in Öl gemalt? Oder eignete sich dafür auch eine andere Farbe als die Ölfarbe?

Öl auf die Wogen gießen *form* · to pour oil on troubled waters

... Mein Gott, was ist denn los? Streiten sich diese beiden Kampfhähne schon wieder? – Ach, es ist gut, daß du kommst, Herbert. Vielleicht gelingt dir es, Öl auf die Wogen zu gießen. Ich versuche schon eine halbe Stunde vergeblich, die beiden zu beschwichtigen.

Öl auf/in die/in js. **Wunde gießen/**etw./das ist Öl auf js. Wunde *form* · to pour balsam onto s.o.'s wounds

... Das war gut, daß der Herr Schlüter dem Manfred gesagt hat, er wäre auch schon einmal im Examen durchgefallen. Mit diesen Worten hat er Öl auf seine Wunden gegossen. Der Manfred war so deprimiert, er zweifelte schon so stark an sich selbst ...

olet: non olet *lit selten* · money has no smell

... Der Wolters meint wohl auch: ganz egal, mit welchen Schweinereien man zu Geld kommt, non olet – Geld stinkt nicht.

Ölgötze: dastehen/dasitzen/... wie ein Ölgötze/die Ölgötzen *sal* · to stand there/... like a stuffed dummy/tailor's dummy

Schau dir den Staatssekretär Miersbach an, wie der da steht – wie ein Ölgötze! Beschämend, als offizieller Vertreter der Regierung so blöd in die Gegend zu stieren.

Olim: seit Olims Zeiten *lit iron selten* – seit uralten **Zeiten** · since the year dot

zu Olims Zeiten *lit iron veraltend selten* – vor **Zeiten** · once upon a time …

aus Olims Zeiten stammen *ugs veraltend selten* – von/(aus) **Anno** Tobak stammen · it/s.th. is/comes from/… way back when

oller: je oller, um so toller! *ugs* · the older they get, the crazier they become, the older the bolder *para*

Hast du den Onkel Roland gestern bei der Geburtstagsfeier beobachtet? Der war ausgelassener als alle jungen Leute zusammen. – Je oller, um so toller – offensichtlich ist an diesem Spruch doch etwas Wahres (dran).

Ölsardinen: **eingepfercht**/zusammengepreßt/dichtgedrängt/ … **wie die Ölsardinen in**/auf/… *ugs* – *path* – eingepfercht/ zusammengepreßt/dichtgedrängt/… wie die **Heringe** in/ auf/… · to be packed/… like sardines

Ölung: die letzte Ölung empfangen/bekommen *rel kath* · to receive Extreme Unction, to be given the Last Rites

… Hat der Kranke schon die letze Ölung empfangen? – Er will keinen Priester. Man hat ihn gefragt. Er will ohne den Beistand der Kirche sterben.

jm. **die letzte Ölung geben** *rel kath* · to give s.o. Extreme Unction, to give s.o. the Last Rites

(Der Chefarzt zu einer Krankenschwester:) … Der Kranke bittet um einen Priester. – Der ihm die letzte Ölung gibt? – Ja, und ihm die Beichte abnimmt. Rufen Sie bitte Herrn Kaplan Teuber an …

Oma: das/so etwas/… **kann**/(soll) j. **seiner Oma erzählen**/ weismachen (aber/doch/aber doch mir/uns/… nicht) *sal* – das/so etwas/… kannst du/kann er/… mir/ihm/… doch nicht **erzählen!** · you/he/John/… can tell that to the marines

Omen: ein gutes/schlechtes/böses Omen (für etw.) **sein** *lit* · to be a good/bad/evil omen (for s.th.) *n*

Die Regierung hat gestern erklären lassen, in bestimmten Bereichen seien Lohnerhöhungen in der Tat gerechtfertigt. – Das ist ein gutes Omen für die kommenden Tarifverhandlungen. Vielleicht kommt man den Gewerkschaften doch entgegen!

Ondit: einem Ondit zufolge … *geh selten* · + rumour has it that … *coll*, according to the latest rumour … *n*

Einem Ondit zufolge hat Professor Rehberg einen Ruf nach Freiburg. – Wer hat dies Gerücht denn in die Welt gesetzt?

Onkel: der (reiche) Onkel aus Amerika *ugs veraltend* · a rich uncle

Der Alfons hofft wohl auf einen reichen Onkel aus Amerika, der ihm ein paar Millionen vermacht, was? Oder wie will er sonst aus seinen Schulden jemals wieder herauskommen?

über den (großen) Onkel gehen/(laufen/latschen) *sal selten* · to walk pigeon-toed *coll*, to be pigeon-toed *coll*

Macht dem Schlosser das eigentlich Spaß, so über den großen Onkel zu gehen? – Von wegen, Spaß! Was meinst du, was das wehtut, wenn er länger läuft! Er kann einfach nicht anders gehen als mit einwärts gerichteten Füßen.

Oper: in die Oper gehen · to go to the opera

Ins Theater geht mein Vater häufig, aber in die Oper sozusagen nie.

zur Oper gehen · to become an opera singer

… Die Ursula will zur Oper gehen, höre ich? – Ja, sie hat sich in den Kopf gesetzt, Opernsängerin zu werden.

Operation: Operation gelungen, Patient tot *iron* · operation successful, patient dead *para*

… Hast du etwa schon mal erlebt, daß ein Arzt zugibt, daß die Operation nicht glücklich verlaufen ist oder daß es sogar falsch war, überhaupt zu operieren? Das ist doch immer dasselbe: Operation gelungen, Patient tot – der Volksmund hat schon Recht.

Opern: (mal wieder/…) **Opern reden/erzählen** *sal* · to (start to) waffle *coll*, to (start) talking nonsense *n*

… Jetzt red' doch keine Opern, Kerl! Jedesmal, wenn man dich wegen irgenwelcher krummer Touren zur Rede stellt, kommst du mir mit völlig unsinnigem, weitschweifigem Zeug!

Opfer: (ein) Opfer der Politik/der Pest/der Rücksichtslosigkeit/… **sein/werden** · to be a victim of politics/the plague/ inconsiderateness/…

… Leider ist das in der Wirtschaft so: wenn du kein Opfer der Rücksichtslosigkeit und Habgier werden willst, mußt du deine Ellenbogen zu gebrauchen wissen. Ebenso rücksichtslos.

für etw. **ein**/viele/… **Opfer bringen (müssen)** · to have to make a lot of/… sacrifices for s.th.

… Er hat ein herrliches Gut, ja, das ist wahr. Aber wenn du wüßtest, wieviele Opfer er dafür gebracht hat. Jahre und Jahre, Jahrzehnte hat er alle Nerven, alle Zeit, alles Geld da reingesteckt. Ich hätte die Sorgen nicht haben mögen.

(einem Gott/…) **ein Tier**/… **zum Opfer bringen** *rel Antike u. ä.* · to sacrifice an animal/… (to a god)

Seltsam, die Vorstellung, meinte sie, den Göttern ein Tier – oder sogar einen Menschen – zum Opfer zu bringen, um sie damit wohlgefällig zu stimmen. Wenn man sich noch selbst opferte …!

jm. (einer Organisation/…) die eigene Üerzeugung/… **zum Opfer bringen** *form* – *path* · to sacrifice one's beliefs/convictions/… for/for the sake of/… s.th.

… Nein, auch einem religiösen Orden soll man die eigenen Anschauungen nicht zum Opfer bringen! – Das will ein Orden doch auch gar nicht. Im Gegenteil, wer da eintritt, muß die einschlägigen Überzeugungen schon mitbringen.

e-r S. **zum Opfer fallen** *form* · 1. 2. to fall victim to s.th./s.o., to be the victim of s.o./s.th.

1. … Mehr als 200 Personen sind dieser entsetzlichen Seuche zum Opfer gefallen. – 200 Tote? – Mehr als die Hälfte tot, die anderen krank, zum Teil unheilbar krank.

2. … Das ist jetzt der dritte oder vierte Mitarbeiter, den den Intrigen dieses Schurken von Krollmann zum Opfer fällt. Einer nach dem andern wird auf diese Weise eliminiert.

zahllose/430/… **Opfer fordern** *form* · to claim countless/430/… victims

Wenn man davon spricht, wieviele Opfer der letzte Weltkrieg gefordert hat, zählt man immer nur die Toten. Als ob das die einzigen 'Opfer' gewesen wären!

kein Opfer scheuen *form* · to consider no sacrifice too great (for s.o./s.th.)

… Nein, der Lattmann hat kein Opfer gescheut, um all seinen Kindern eine optimale Ausbildung zu geben. Weder ein finanzielles noch ein persönliches Opfer.

Opfertod: den Opfertod sterben *rel veraltend selten* · to sacrifice one's life

… Nein, den Opfertod muß man ja nicht unbedingt am Kreuz sterben! Wenn Sokrates der Wahrheit zuliebe den Schierlingsbecher nahm, war das ja wohl auch ein Opfertod, oder nicht?

opinio: die opinio communis *geh* · public opinion *n*, the general view *n*, the general opinion *n*

… Auch wenn die opinio communis davon ausgeht … – Was für'n Ding geht davon aus? – Die allgemeine Meinung, Mensch! Du verstehst aber auch gar nichts. Also: auch wenn nach allgemeiner/allgemein verbreiteter Meinung …

Opposition: Opposition machen (gegen jn./etw.) *ugs* · to oppose s.o./s.th. *n*

… Sobald vom Vorstand ein Vorschlag gemacht wird, muß der Bechner Opposition machen! Egal, was die vorschlagen, die Leute machen Stimmung dagegen.

Orakel: das/(die) **Orakel befragen** *veraltend selten* · to consult the oracle

… Tja, wenn wir wüßten, wie sich die Dinge da im Osten weiterentwickeln, dann wären wir ein Stückchen schlauer. Leider können wir nicht mehr, wie die alten Griechen, das Orakel befragen! – Da würde ja auch sowieso keiner mehr dran glauben. – Eben!

in Orakeln reden/sprechen/… *ugs selten* · to speak/… in riddles, to speak/… in an oracular way *tr*

(Während einer Rede des Parteivorsitzenden; A zu B:) Verstehst du, was der sagen will? – Kein Wort. – Statt da in Orakeln zu reden, sollte er handfest sagen, was er glaubt und was er machen will. – Es macht ihm offensichtlich Spaß, sich in (vagen) Andeutungen zu ergehen.

oratio: oratio recta/obliqua *lit* – (die) direkte/indirekte **Rede** · direct/indirect speech

Orden: jm. einen Orden an die Brust heften *path* · to pin a decoration on s. o.'s chest, to confer an order on s. o.
… Und dann hat ihm der Bundespräsident persönlich den Orden 'Pour le mérite für Wissenschaften und Künste' an die Brust geheftet! – Dein Onkel ist ein Held!

mit allen Orden und Ehrenzeichen erscheinen/… *oft iron* · to appear/… with all one's medals and decorations
Du hättest sehen sollen, wie er auf dem Empfang erschien! Mit allen Orden und Ehrenzeichen: Ritterkreuz der ersten Klasse, Bundesverdienstkreuz …

einen Orden (auf der Brust) tragen *form* · to wear decorations/medals
… Warum soll jemand, dem man einen Orden verliehen hat, den nicht auch tragen – bei entsprechenden Anlässen, klar?! Ich versteh' dich da gar nicht! – Lächerlich, dieser Klimbim an der Brust!

jm. einen Orden verleihen *form* · to confer an order on s. o., to award a medal to s. o.
… Was sagt der Schulte: den Mertens haben sie 'geordnet'?! – Dem Mertens haben sie für seine Verdienste um die Verbreitung der deutschen Sprache im Ausland einen Orden (das Bundesverdienstkreuz/…) verliehen. Darüber muß der Schulte natürlich seine Witze machen.

ordentlich: (sehr) ordentlich sein · to be neat, to be tidy, to be orderly
… und dann muß man in diesem Beruf auf Ordnung halten, wissen Sie. – Da brauchen Sie sich keine Sorgen zu machen, Herr Ortl, mein Sohn ist sehr ordentlich. Im Gegenteil: er übertreibt manchmal …!

ganz ordentlich etw. **tun** · to do s. th. quite/pretty/… well
… Ja, der Breuer schreibt und spricht das Französische ganz ordentlich; für den Posten eines Fremdsprachenkorrespondenten müßte das reichen.

schon sehr/ganz ordentlich etw. **tun** · to be doing s. th. pretty/… well, to be coming along well/fine/…
Dafür, daß die Petra erst vier Monate Flötenstunde hat, spielt sie ja schon ganz ordentlich. – Finden wir auch. Man hört schon gerne zu, wenn sie spielt.

Order: (jm.) Order erteilen, etw. zu tun *form veraltend selten* · to give orders that …
… Wenn der Chef Order erteilt hat, ihm jeden Brief vorzulegen, bevor er herausgeht, muß man sich daran halten. Ganz egal, ob einem die Anordnung paßt oder nicht.

Ordnung: ein Übel/…/Schurke/… Reinfall/Mißerfolg/… **erster Ordnung** *path* · 1. 2. a failure/disaster/fiasco/rogue/… of the first order/water, to be a total/an absolute/… failure/disaster/rogue/…, 3. (to be) a big-time villain/crook/…, (to be) a real villain/crook/…
1. … Diese Schlamperei hier ist ein Übel erster Ordnung. Nichts stört hier so, nichts hindert eine Besserung der allgemeinen Lage so sehr wie diese Schlamperei!
2. … Sein Konzert war leider ein Reinfall erster Ordnung. Er hatte noch keine zehn Minuten gespielt, da kamen die ersten Buhrufe …
3. vgl. – ein Schurke/… größten **Kalibers** (sein)

hier/da**/… herrscht Ordnung** · 1. there is order and discipline here/…, + they/… have order and discipline here/…, 2. it's a fine kettle of fish/state of affairs/…
1. … Schon eine kurze Autofahrt an diesen Feldern vorbei zeigt einem, daß in diesem Land Ordnung herrscht. Es ist alles so gut gepflegt, so sauber …
2. … Ich habe doch hier mein Portemonnaie liegen lassen; du hast es auch nicht gesehen? – Nein. – Dann hat das also in den wenigen Minuten schon einer weggenommen/mitgehen lassen! Hier herrscht Ordnung! *ugs iron seltener*

in Ordnung! · all right, O. K.
… Und Sie, Herr Reuter, sorgen bitte für die Getränke heute abend. – In Ordnung, Herr Köhler. Wird gemacht.

alles ist in Ordnung/alles in Ordnung!/? · everything is all right, everything is O. K., all systems go
… Können wir abfahren? Alles in Ordnung? – Ja, es ist alles eingepackt; Geld, Schecks, Pässe – das ist alles in dieser Tasche. Es kann losgehen.

es ist alles in bester/(schönster) Ordnung – es ist alles in (bester) **Butter** · everything is fine, everything is O. K., everything is hunky-dory/just dandy

das/(etw.) ist nicht in Ordnung – das/(etw.) ist nicht **richtig** · it/s. th. is not right

etw. ist nicht in Ordnung an etw. – etw. **stimmt** nicht mit/bei jm./an/mit/bei etw./da/… (1; u. U. 2) · there is something wrong with it/s. th./in …

mit jm./etw. **ist etwas nicht in Ordnung** · 1. 2. there is something wrong with s. o./s. th.
1. … Irgendetwas ist mit dem Motor nicht in Ordnung. Sonst würde er nicht andauernd stottern oder aussetzen. Wir müssen ihn unbedingt nachsehen lassen.
2. (Nach dem Besuch eines Vertreters:) Irgendetwas ist mit dem Mann nicht in Ordnung! Ich weiß nicht, ob die Sache nicht ganz ehrlich ist oder ob er nur unsicher ist … – aber irgendetwas stimmt da nicht.

(nicht/wieder/…) in Ordnung sein · 1. (not) to be all right, (not) to be working, to be out of order, 2. to be tidy, 3. to be in order, 4. to be all right, 5. 6. (not) to be (quite/…) at one's best, 6. (not) to feel all right, (not) to feel up to the mark
1. … Was, die Maschine ist nicht in Ordnung? Was hat sie denn schon wieder? – Das wissen wir auch nicht, Herr Krohn. Sie funktioniert halt nicht.
2. … Wenn das Zimmer nicht in Ordnung ist, wird es halt aufgeräumt. Ist das so ein Problem?
3. … Ist der Ausweis von dem Heinz nicht in Ordnung, oder warum guckt der Grenzbeamte ihn so kritisch an? – Der muß eigentlich in Ordnung sein. Er hat ihn doch erst wenige Tage vor unserer Abreise ausgestellt bekommen.
4. … Ein prächtiger Kerl, dieser Egon Kruse! Wirklich, der Junge ist in Ordnung! Den kannst du immer mitbringen, wenn du willst, Christa; da brauchst du gar nicht erst zu fragen.
5. vgl. – (eher:) (nicht) (ganz/…) wieder auf der **Höhe** sein (1)
6. vgl. – (eher:) sich (nicht) (richtig/…) (wieder) in **Schuß** fühlen

ganz in Ordnung sein · 1. to be perfectly/… in order, 2. + s. o. is quite right to …, + I/… think s. o. is quite right to …, 3. s. o. is all right
1. … Nein, an ihren Unterlagen ist nichts auszusetzen; sie sind ganz in Ordnung. Wir haben jedenfalls nichts entdecken können, was den Vorschriften zuwiderläuft.
2. … Das ist ganz in Ordnung, daß er sich diesen unerzogenen Ton nicht bieten läßt. Das ist gar nichts gegen einzuwenden.
3. … Laßt den Jungen mal, der ist ganz in Ordnung. Wenn er hier und da mal anders handelt, als ihr das für vernünftig haltet, dann müßt ihr bedenken: er ist 18 Jahre und keine 48, wie ihr beiden. Im Kern ist das ein prächtiger Kerl. *ugs*

(schwer) in Ordnung sein *ugs* · to be all right, to be a great guy
Der Mattes ist schwer in Ordnung! Auf den kann man Häuser bauen. Ein Pfundskerl. So habe ich mir immer einen Kompagnon vorgesellt.

etw. in Ordnung haben · 1. 2. + s. o.'s papers/… are (not) in order
1. Der Rainer hat seine Papiere wieder einmal nicht in Ordnung, vermute ich. Oder warum findet er den Brief nicht? – Er findet doch nie etwas. Seine ganzen Unterlagen – das ist doch ein einziges Durcheinander.
2. Hast du deinen Paß in Ordnung? Wenn wir übermorgen nach Nigeria fliegen … – Moment, ich werde sofort mal nachsehen. … Ja, er ist noch bis Anfang nächsten Jahres gültig.

es muß (bei jm.) **alles seine/**die Dinge müssen (bei jm.) ihre **Ordnung haben** *form od. iron* · things have to be done properly/correctly (with s.o.)

... Komm', wenn du mir schon die 2.000,– Mark leihst, dann mußt du auch eine Erklärung von mir kriegen, daß ich dir die schulde. Es muß (schließlich) alles seine Ordnung haben/die Dinge müssen (schließlich) ihre Ordnung haben! Ich kann ja mal gegen den Baum fahren ...

jn. **zur Ordnung anhalten** *form* · 1. 2. to teach s.o. tidy habits, to teach s.o. to be tidy

1. ... Wenn sie derart unordentlich ist, müßt ihr sie halt mehr zur Ordnung anhalten. – Bei der Erika ist Hopfen und Malz verloren.

2. Ob man will oder nicht, man muß jemanden, der wissenschaftlich arbeiten will, schon ein wenig zur Ordnung anhalten. Beispielsweise bei der Bibliographie: sie muß zuverlässig sein, die Titel, Daten usw. müssen stimmen ...

jn./etw. **(wieder) in Ordnung bringen** · 1. 2. 4. 5. to sort s.o./s.th. out, 3. to fix s.th., to get s.th. going (again)

1. ... Nein, es dürfte nicht einfach sein, einen jungen Menschen, der physisch und psychisch derart geschädigt ist, wieder in Ordnung zu bringen.

2. ... Nein, heute nachmittag habe ich keine Zeit. Ich muß die Unterlagen für meine Reise nach Spanien in Ordnung bringen. – Sind die denn so durcheinander? – Mal sehen. Für die Verhandlungen muß ich alles griffbereit haben.

3. ... Die Maschine funktioniert nicht. Kannst du sie wieder in Ordnung bringen? – Das weiß ich nicht. Es kommt darauf an, was kaputt ist/was sie hat.

4. ... Du, Papa, ich habe beim Fußballspielen aus Versehen eine Schaufensterscheibe bei Schlüters eingeschossen. Die haben großes Theater gemacht, damit gedroht, mich anzuzeigen ... Kannst du das wieder in Ordnung bringen?

5. ... Ihr fangt mit den Leuten Streit an, kompliziert das ganze Geschäft, und ich soll das dann alles wieder in Ordnung bringen, was?! Das nächste Mal badet ihr allein aus, was ihr euch einbrockt.

etw./jn. **(ganz) in Ordnung finden** *ugs* · 1. to think s.o. is (quite) right (not) to ..., 2. to think s.o. is all right

1. ... Ich finde das ganz in Ordnung, daß sich der Junge den unerzogenen Ton, der da im Büro herrscht, nicht gefallen läßt. Wenn er jünger ist als die anderen, ist das für die kein Grund, ihn zu behandeln, als wäre er ihr Hausdiener. Ich halte es für völlig richtig, daß er sich dagegen wehrt.

2. ... Was die bloß alle gegen die Ursula haben?! Ich finde sie in Ordnung. Nach meiner Meinung ist sie sympathisch und anständig.

in Ordnung gehen/das/(etw.) **geht in Ordnung** · that'll be all right, + I'll/... see to it

(Der Leiter eines Unternehmens telefonisch zu dem Firmenanwalt:) Ich laß Ihnen die Papiere durch meinen Fahrer bringen. Könnten Sie den Vertrag dann vorbereiten? – Ist gut, Herr Braubach, (das) geht in Ordnung/die Angelegenheit/Sache geht in Ordnung. Morgen nachmittag können Sie die Papiere fix und fertig abholen lassen.

(nur/...) **der Ordnung halber** · ... as a matter of form ..., ... for the sake of form ...

Der Ordnung halber hättest du dem Chef eigentlich sagen können, daß du morgen nicht erscheinst. Er weiß bestimmt nicht, daß du die Firma bei der Ausstellung in Überkingen vertrittst.

Ordnung halten *form* · 1. 2. to behave properly, to behave in an orderly way/manner/fashion

1. (Der Lehrer auf einem Wandertag:) Wenn ihr keine Ordnung haltet, brechen wir die Wanderung auf der Stelle ab und gehen in die Schule. Ich habe doch keine Lust, mit einer Horde junger Leute durch die Gegend zu ziehen, die überall durch ihre Disziplinlosigkeit sofort unangenehm auffällt. *selten*

2. ... Das ist wirklich ein Elend mit der Christa! Sie kann in ihrem Zimmer einfach keine Ordnung halten. Wenn du das Durcheinander sehen würdest ...

etw. **in Ordnung halten** · 1. to sort s.th. out, to keep s.th. in order, to put s.th. in order, 2. to keep s.th. tidy

1. ... Du mußt deine Papiere besser in Ordnung halten, Roland! Das ist jetzt das dritte oder vierte Mal, daß du einen Brief nicht finden kannst!

2. ... Was ist das für ein Durcheinander hier! Daß ein 17-jähriges Mädchen sein Zimmer nicht in Ordnung halten kann! Traurig!

das/(etw.)**/j. kommt (schon/...) wieder in Ordnung/wird** ... in Ordnung **kommen/gehen** · 1. to sort o.s. out, to get o.s. sorted out, 2. 3. it/s.th. will sort itself out, it/s.th. will be all right

1. ... Für mich ist nicht entscheidend, wie lange das dauert, für mich stellt sich die Frage, ob ein physisch wie psychisch derart geschädigter Mann überhaupt wieder in Ordnung kommt.

2. ... Nun mach' dir doch nicht so viele Sorgen wegen deiner Auseinandersetzung mit dem Abteilungsleiter! Das kommt schon wieder in Ordnung! – Ich weiß nicht, ob sich die Dinge so leicht wieder ins Lot bringen lassen. Der Mann ist ziemlich schwierig.

3. Mit dem Finanzierungsstopp für den Hochschulbau sind unsere ganzen Planungen für das nächste Jahrzehnt durcheinandergeraten. Uns ist gar nicht klar, wie das wieder in Ordnung kommen soll.

Ordnung ist das halbe Leben *Zit* · muddle makes trouble *rare*, a tidy mind is half the battle *rare*

... Wenn du Ordnung in deinen Sachen hast, Heribert, machst du in derselben Zeit drei-, viermal soviel! Es stimmt schon, wenn man sagt: 'Ordnung ist das halbe Leben' – auch wenn viele Leute das nicht einsehen wollen.

Ordnung machen · to tidy s.th. (up)

... Erst muß ich im Haus noch (ein wenig) Ordnung machen, dann fahre ich an den Strand.

Ordnung muß sein · one ought to/let's/... do things properly

... So, Bernd, jetzt wird mal richtig abgerechnet. Ganz egal, ob wir das Geld brauchen oder nicht. Ordnung muß sein ...

jn. **zur Ordnung rufen** *form* · to call s.o. to order

Ihren Jungen muß man beständig zur Ordnung rufen, Herr Balthazar. Bald macht er irgendeinen Unsinn, bald schwätzt er mit seinem Nachbarn, bald liest er in einem Buch, bald träumt er vor sich hin ... Wenn alle Schüler so undiszipliniert und desinteressiert wären, könnten wir den Unterricht einstellen.

Ordnung schaffen *form selten* – **Ordnung machen** · to tidy s.th. (up)

für Ordnung sorgen (müssen) · 1. 2. 3. to (have to) sort things out

1. ... Du könntest in deinen Papieren ja auch mal mehr für Ordnung sorgen. In diesem Durcheinander findet man nichts.

2. Heinz, wenn du da oben jetzt nicht mal für Ordnung sorgst, brechen die Kinder mir noch die Wohnung ab. Spielen und Unsinn machen ist ja ganz schön; aber was zu weit geht, geht zu weit.

3. ... In diesem Ministerium muß einer endlich mal wieder für Ordnung sorgen! Hier macht kein Mensch mehr, was er zu machen hat.

die (öffentliche/...) **Ordnung stören** *form od. iron* · to be a public nuisance, to disturb the peace

... Sicher, wenn er sein Fahrrad quer vor dem Hauseingang läßt, stört er die Ordnung. Aber das ist doch eine so lächerlich unwichtige Beeinträchtigung, daß man ihm nicht sofort eine Strafe aufbrummen muß. – Wir sind in Deutschland, Klaus.

die Ordnung wiederherstellen *form* · to restore order

... Die erste Aufgabe der neuen Regierung ist es, die Ordnung wiederherzustellen. Die Revolutionswirren haben doch das ganze Land durcheinandergebracht; es funktioniert hier nichts mehr.

Ordnungsruf: einen Ordnungsruf bekommen/(kriegen) *Parlament u.ä. form* · to be called to order

Ach, so ein pflaumenweicher Bundestagspräsident! Als wenn den auch nur irgendein Abgeordneter ernstnehmen könnte! Die können von dem drei, vier oder auch zehn Ordnungsrufe bekommen, deshalb schimpfen die doch weiter mit den unmöglichsten Ausdrücken auf die Gegenpartei. – Er müßte sie nicht nur zur Ordnung rufen, er müßte ihnen das Wort verbieten.

jm. **einen Ordnungsruf erteilen/**(geben) *Parlament u.ä. form* · to call s.o. to order

(Während einer Debatte im Parlament:) Hat der Bundestagspräsident diesem Wöhner nicht eben noch einen Ordnungsruf erteilt? – Ja. Warum? – Hör' dir das an, wie der schon wieder redet: »Kahl bleibt Kahl, denn Dummheit ist unkurierbar!« Dem Mann müßte man für immer das Wort verbieten.

ordre: par ordre du mufti *sal selten* · orders from above, orders from the big chief

(In einem Universitätsinstitut; ein Assistent zu einem anderen:) Wer hat das denn veranlaßt, daß alle Seminarthemen vorher genehmigt werden müssen? – Das steht in einem Rundschreiben. Par ordre du mufti! – Wie, das kommt von dem Moser/(dem Institutsleiter/der Institutsleitung)?

Organ: das ausführende Organ *form* · the executive, the executive body, the executive organ

… Die Regierung ist das ausführende, nicht das gesetzgebende Organ in einer Demokratie – oder sollte es wenigstens sein.

ein beratendes Organ *form* · an advisory body

… Die sog. 'fünf Weisen' bilden also ein beratendes Organ der Regierung, d. h. ein Gremium, das der Regierung Empfehlungen und Ratschläge gibt?

das rechtsprechende Organ *form* · the judicial power, the judiciary

… Das rechtsprechende Organ ist das – oder ein – Gericht, und sonst gar nichts. Die Regierung hat keinerlei Befugnis zu entscheiden, ob etwas rechtmäßig ist oder nicht.

jm. fehlt (aber auch/…) **jedes Organ für** etw. · + not to have any feeling (at all/…)for s. th.

… Mein Gott, dem Hubert fehlt aber auch jedes Organ für Ästhetik! Wie kann man denn diesen Kunzel in einem Atemzug mit Goethe nennen? – Er weiß nicht, was Rangordnung heißt. Er würde auch Bismarck und Kohl auf eine Ebene stellen.

ein lautes/schrilles/… Organ haben *ugs* · to have a loud/piercing/… voice *n*

… Mein Gott, hat dieser Junge ein lautes Organ! Schreit der den ganzen Tag hier so herum? – Der kann gar nicht leise oder normal sprechen.

kein/(ein) Organ für etw. **haben** · (not) to have a/(any) feeling for s. th.

… Nein, für Malerei hat der Junge in der Tat kein Organ; dafür sprechen ihn aber Musik und Dichtung mehr an als irgendwen sonst in unserer Familie.

Orgelpfeifen: wie die Orgelpfeifen dastehen *ugs* · to stand like a row of organ pipes, to stand in a row from tallest to shortest *para*

… Guck' dir mal dieses Familienbild von meinen Großeltern an! Es ist von 1909. Die Eltern im Hintergrund; davor die sieben Kinder. Wie die Orgelpfeifen stehen die da – von links nach rechts, der Größe nach. Erst kommt meine Tante Paula, dann mein Vater …

Orgien: wahre Orgien feiern *path* · to have real/veritable/… orgies, to hold real/veritable/… orgies

… Was sich in diesem Haus in den letzten beiden Jahren alles abgespielt hat, das ist unbeschreiblich. Wahre Orgien haben die darin gefeiert … – Na, na …! – Wenn ich dir das sage, das waren schon keine Feiern mehr, das waren Orgien.

Orientierung: die Orientierung verlieren · to lose one's bearings

… Bei dem allgemeinen Durcheinander von Meinungen, Strömungen, Bestimmungen, Ratschlägen verlieren doch sogar die meisten Erwachsenen die Orientierung! Wie soll ein junger Mensch da nicht durcheinanderkommen?!

Original: ein (richtiges) Original sein · to be a (real/…) character

Der Franz Häusler ist eine Type, wie man sie heute nur noch selten findet, ein richtiges Original. Hochintelligent, witzig und vor allem ulkig, kauzig, eigenwillig – so ein Dorforiginal aus Großvaters Zeiten.

Orkan: zum Orkan anschwellen *path Sturm/auch Beifall/Pfeifkonzerte u. ä.* · 1. to rise to hurricane force, 2. to turn into a hurricane

1. (Bei einem Spaziergang am Strand:) Nein, dieser Sturm ist mir einfach zu stark. Ehe der zum Orkan anschwillt, gehe ich nach Hause. – Du kannst dich immer anstellen! So ein bißchen Wind …

2. (Bei einer politischen Rede:) Das Pfeifkonzert und die Buhrufe wurden immer stärker; die Lautsprecher – die eigentlich zur Ord-

nung anhalten sollten – heizten den Tumult nur noch mehr an, bis das Gebrüll der Menge schließlich zu einem Orkan anschwoll, vor dem auch ein wortgewaltigerer Redner als der Kahl kapituliert hätte.

einen Orkan der Begeisterung entfesseln/auslösen/… *path* · to trigger/to unleash/… a storm of enthusiasm/protest/…

… Ob sie Erfolg gehabt haben? Erfolg ist gar kein Wort! Mit dem Schubert haben sie geradezu einen Orkan der Begeisterung entfesselt. Der Beifall wollte überhaupt gar kein Ende nehmen.

Orkus: jn./(etw.) in den Orkus schicken/stoßen/befördern *lit – sal selten* · 1. to bump s. o. off, 2. to destroy s. th. completely

1. vgl. – jn./etw. auf die **Seite** schaffen (1, 2)

2. vgl. – (u. U.) etw. bis auf den **Grund** zerstören

Ort: hier/da/… am falschen/(unrechten) Ort sein – (eher:) hier/da/… am falschen **Platz** sein · to be in the wrong place here/…, to be out of place here/…

einen/keinen/… Arzt/Rechtsanwalt/kein Institut/… (hier/da) **am Ort haben** *form* · (not) to have a lawyer/doctor/post-office/… locally/in the village/town

… Habt ihr denn kein Laboratorium am Ort, in dem die Erdproben analysiert werden könnten? – Nein, wir müssen alles nach Hannover schicken. In unserem Städtchen gibt's überhaupt kein Laboratorium.

etw. am Ort entscheiden/… *form* – (eher:) an **Ort** und Stelle etw. entscheiden/… · to decide/… on the spot, to decide/… here and now/there and then

am angegebenen Ort *mst: a. a. O. Verweis auf Zitatangabe form* · loco citato, loc. cit.

… Wenn du den Verfasser, Titel und Seite schon einmal angegeben hast, brauchst du das nicht zu wiederholen. Dann schreibst du einfach: a. a. O.

der bewußte Ort *euphem* – ein gewisser **Ort** · the toilet, the loo, the gents', the ladies'

ein gewisser Ort *euphem* · the toilet, the loo *coll*, the gents', the ladies'

… Entschuldigt mich für einen Augenblick, ich muß mal eben auf einen gewissen Ort. Wißt ihr … – Dahinten die letzte Tür links ist die Toilette. – Danke.

ein heimlicher/verschwiegener Ort *euphem* · the smallest room

… Ist der Karl heute nicht gekommen? – Doch, der ist gleich wieder hier. Er mußte nur mal eben auf einen heimlichen Ort …

hier am Ort · here in this town/village/…

Ist es wahr, daß hier am Ort eine Rauschgiftbande entdeckt wurde? – Hier in unserer Stadt/in unserem Dorf? Unmöglich!

jetzt liegt/… alles/… am richtigen/rechten Ort *form* · everything is in its right place/in its proper place/where it belongs/…

… So, alles aufgeräumt? – Ja, Mutter, jetzt liegt wirklich alles am richtigen Ort. – Na, prima. Ihr würdet euch viel Arbeit sparen, wenn ihr immer alles sofort dahin tun würdet, wo es hingehört.

ein stiller Ort *euphem* – ein heimlicher/verschwiegener **Ort** · the smallest room

etw. ist eine Bemerkung/.. am unrechten/(falschen) Ort – (eher:) etw. ist eine Bemerkung/… am falschen/(unrechten) **Platz** · a remark/… is out of place

am Ort entscheiden/… *form* – (eher:) an **Ort** und Stelle etw. entscheiden/… · to decide/… on the spot, to decide/… here and now/there and then

hier/… ist nicht der Ort (um) zu … *form* · this is not the right place to discuss/…

(Ein Professor auf einer Seminarfeier zu einer Studentin:) Gut, kommen Sie morgen früh in mein Zimmer, so gegen zehn, da werde ich Ihnen gern im einzelnen darlegen, was in ihrer Arbeit schief ist. Hier ist nicht der Ort, (um) linguistische Probleme zu diskutieren.

an einem dritten Ort zusammenkommen/… · to meet/… at a neutral venue/in a neutral place/on neutral ground

… Wenn du nicht zu ihm gehen willst und er nicht zu dir kommen will, dann müßt ihr euch eben an einem dritten Ort treffen. Jedenfalls müßt ihr euch persönlich zusammensetzen; sonst regelt ihr diese Dinge nie.

vor Ort arbeiten/... *Bergwerk* · to work at the coal-face

... Der Herr Schulz ist Bergmann, sagst du? Arbeitet er unter Tage, vor Ort? – Ich glaube, ja. Er ist auf Zeche Langenbrahm. Da holen sie ja noch ganz schön Kohle heraus ...

vor Ort etw. entscheiden/... (müssen) *form* · to (have to) decide on the spot *coll*

(Der Bürgermeister in einer Gemeindeversammlung:) Ob wir die Durchfahrtsstraße besser vor oder hinter dem Theater entlangführen, können wir nicht hier am grünen Tisch entscheiden. Dazu müssen die Fachleute vor Ort ihr Wort sagen.

der Ort der Handlung *Theater/Roman u. ä.* · the scene of the action

... Gibt es in diesem Stück überhaupt einen Ort der Handlung? Ich habe den Eindruck, es spielt alles in einem nicht faßbaren, imaginären Raum.

(ohne) Ort und Jahr *bei Büchern u. ä. form* · the place and year of publication/without an indication of the place and year of publication

(Zu Studenten:) Vergessen Sie bei den zitierten Werken nicht, Ort und Jahr anzugeben, d. h. wo und wann sie erschienen sind!

von Ort zu Ort gehen/laufen/ziehen/... · to travel/to wander/... from place to place

Die Merzners sind richtige Nomaden. Die wohnen in keiner Stadt länger als zwei Jahre. – Für die Kinder ist das ja nicht gerade das Richtige, so von Ort zu Ort zu ziehen. Schon aus schulischen Gründen ...

an Ort und Stelle etw. entscheiden/... · to discuss/decide/... s.th. on the spot, to discuss/decide/... s.th. here and now/there and then

... Ich rufe an wegen der Garage. Wir müssen uns da noch auf die genauen Maße einigen. – So am Telefon kann ich das nicht entscheiden. Wir müßten das an Ort und Stelle besprechen. Könnten wir uns morgen um vier vor dem Haus treffen?

an den Ort der Tat/(des Verbrechens) zurückkehren/zurückkommen/(...) *form* · to return/... to the scene of the crime

Stimmt das eigentlich, daß fast alle Verbrecher irgendwann an den Ort der Tat zurückkommen?

am Ort wohnen/(residieren/leben/...) *form* · to live locally/in the place/in the town/in the village/..., to be on the spot *coll*

... Und welch eine Zeit mit diesen Lauferereien zu den Ämtern draufgeht! Wenn man am Ort wohnt, geht es ja noch. Aber denk' mal an die Tausende, die von auswärts kommen! ...

Ort und Zeit (der Veranstaltung) **stehen noch nicht fest/...** *form* · the time and place have not yet been decided/...

(Aus einem Rundschreiben:) Schon heute wird darauf hingewiesen, daß im nächsten Monat eine allgemeine Mitgliederversammlung stattfinden wird. Ort und Zeit werden im nächsten Rundbrief bekanntgegeben.

Örtchen: ein gewisses/stilles Örtchen *euphem iron* – ein gewisser Ort · the smallest room

ein heimliches/verschwiegenes Örtchen *euphem iron* – ein heimlicher/verschwiegener Ort · the smallest room

Ortes: höheren Ortes entscheiden/... *form selten* · the decision/... is made/will be made/... by a higher authority

... Wir können da leider gar nichts machen, Herr Maier. Das wurde höheren Ortes so entschieden. Wir wissen auch nicht, was die hohen Herren dazu bewogen hat, eine so ungerechte Verfügung zu erlassen ...

Örtlichkeit: eine gewisse Örtlichkeit *euphem* – (eher:) ein gewisser Ort · the smallest room

sich mit den Örtlichkeiten vertraut machen/mit ... sein *form od. iron* · to know/to get to know/... the place, to know/to get to know/... the area

(Zu einem Studenten des vierten Semesters:) Was, Sie wissen immer noch nicht, wo die portugiesischen Bücher stehen?! Nach vier Se-

mestern sollten Sie doch eigentlich mit den Örtlichkeiten vertraut sein! ...

ortsfremd: hier/da/in/... ortsfremd sein *form* · to be a stranger here/..., not to be from this area/locality/...

... Entschuldigung, könnten Sie mir sagen, wo die Richard-Wagner—Str. ist? – Leider nicht. Ich bin hier (auch) ortsfremd. Ich habe hier heute nur geschäftlich zu tun ...

Oskar: frech wie Oskar sein *sal selten* · to be as bold as brass, to be as cheeky as they come, to be a cheeky chappie

... Dieser Junge ist aber auch frech wie Oskar! – In der Tat. Aber man kann ihm nichts übelnehmen.

stolz wie Oskar auftreten/... *sal selten* · to be as pleased as Punch, to be as proud as a peacock

... Hast du gesehen, mit welch einer Miene der Klaus aufs Podium trat, um die Eltern im Namen der Schüler zu begrüßen? Stolz wie Oskar! War das immer so ein Angeber?

Ost: in/(aus) Ost und West · in/(from) East and West

... Nein, sagte er scharf, das kann man wirklich nicht sagen, daß in Ost und West die gleichen Probleme herrschen! Der Kapitalismus hat natürlich auch seine Schwächen; aber die ehemaligen sozialistischen Länder sind schlicht und einfach bankrott!

Ostern: etw. geschieht/findet statt/... wenn Ostern und Pfingsten/(Weihnachten) auf einen Tag fällt/fallen/zusammenfallen *ugs* · s.th. will happen/... when Good Friday falls on a Thursday, s.th. will not happen/... in a month of Sundays, s.th. will not happen/... this side of doomsday, s.th. will happen when pigs begin to fly

... Wann soll die Diskussion denn nun stattfinden? – Wenn Ostern und Pfingsten auf einen Tag fällt! Bist du naiv, Jürgen! Hast du immer noch nicht begriffen, daß sie die Sache abwürgen wollen und das dauernde Verschieben nur ein Trick ist?! Diese Diskussion findet nie statt.

etw. so lange/immer wieder/... aufschieben/verschieben, bis Ostern und Pfingsten/(Weihnachten) auf einen Tag fällt/fallen/zusammenfallen *ugs* · to keep putting s.th. off until doomsday/indefinitely/...

... Die Diskussion ist verschoben worden, heißt es. – Warum? – Keine Ahnung. – Soll sie vielleicht gar nicht stattfinden und ist die Verschiebung nur ein Vorwand? – Schon möglich. Der Morsch hat auch schon gesagt, sie verschieben sie so lange, bis Ostern und Pfingsten auf einen Tag fällt.

Otto: den flotten Otto haben *sal selten* – die **Scheißerei** haben · to have the runs

Otto Normalverbraucher *sal* · the average consumer *n*, Joe Public *hum*, John Doe *n*, the average punter *coll*

... Nun hör' mir doch auf mit deinem 'kritischen Sinn'! Wie soll Otto Normalverbraucher wissen, was ihm bekommt und was ihm nicht bekommt? Seine Funktion ist es zu konsumieren! Um die Folgewirkungen kümmern sich dann wieder andere – genauso wie ihm andere eingehämmert haben, was er zu konsumieren hat.

out: out sein *ugs* · 1. 2. to be out

1. ... Das ist heuzutage mit allen Moden so: heute in, morgen out; keine überdauert den Tag ...

2. ... Ach, Bürgertypen wie dieser Kahl sind doch völlig out. Heutzutage sind junge Leute gefragt, die ihr Wort zu machen wissen und heute das eine und morgen das andere vertreten.

Ovation: jm. eine Ovation/Ovationen darbringen *path* · to give s.o. an ovation, to give s.o. a standing ovation

... Am Ende brachten die Zuhörer dem jungen Pianisten bestimmt eine halbe Stunde lang stehend Ovationen dar. Einen solchen Beifall und eine solche Begeisterung sind auch im Hohenlohesaal selten.

Ozean: etw. schmeckt nach Ozean *Wortspiel: Ozean – Meer – mehr sal selten* · to taste moreish *coll*

... Von diesem Pudding kannst du mir noch eine Portion geben. – Der schmeckt nach Ozean, nicht? – Allerdings. Wenn man damit einmal anfängt, möchte man gar nicht aufhören zu essen.

P

paar: alle paar Minuten/Tage/Wochen/Monate/Meter/... · every few minutes/days/weeks/metres/..., every couple of minutes/days/weeks/metres/...
... Nein, wenn alle paar Minuten das Telephon schellt, kann ich nicht konzentriert arbeiten!

Paar: ein (sehr/recht) **ungleiches Paar (sein/bilden)** · to be an/ a very/... odd couple, to be an/a very/... ill-matched couple
Der Hansgerd und die Siglinde bilden ja doch ein sehr ungleiches Paar: er, hochgewachsen, stattlich, mit einem beherrschenden Zug; sie, klein, zierlich, bescheiden ... – Vielleicht ergänzen sie sich deswegen besonders gut.

..., (das) sind zwei Paar Stiefel ugs – **..., (das) sind zweierlei Stiefel** · ... are two completely different matters, ... is a different kettle of fish altogether

ein Paar werden form veraltend · to become man and wife
... Ob die Christa und der Rolf mal ein Paar werden? – Du meinst, weil sie sich so gut verstehen? Wer weiß ... Wenn sie überhaupt heiraten wollen ...

eine Schar Soldaten/... zu Paaren treiben path veraltend selten · to rout troops/the enemy/..., to put troops/the enemy/... to flight, to scatter troops/the enemy/...
Unsere Truppen haben den Feind nicht nur einfach besiegt, sie haben ihn nach allen Regeln der Kunst in die Flucht geschlagen: zu Paaren getrieben, rannten die zersprengten Grüppchen so schnell sie konnten davon.

Pace: die/eine Pace machen Pferderennen · to set/to make the pace
... Von Beginn an machte Isandra eine derart forcierte Pace, daß das Feld Mühe hatte, das vorgelegte Tempo auch nur einigermaßen mitzuhalten. In der zweiten und dritten Runde baute sie den Vorsprung immer weiter aus und ...

Pacht: ein Gut/... in Pacht geben form · to lease s.th. out, to let s.th. out on lease
... An deiner Stelle würde ich das Gut nicht selbst verwalten; neben deinem Beruf hast du für eine solche Aufgabe nicht die erforderliche Zeit. Ich würde es in Pacht geben. – Kennst du einen geeigneten Pächter?

ein Gut/... in Pacht nehmen form · to take s.th. on lease, to lease s.th.
Lohnt es sich heute noch, ein Landgut in Pacht zu nehmen? Arbeitet man da nicht im Grunde für den Besitzer? – Das kommt auf den Einzelfall an.

pack': pack' dich/packt euch! sal – **Leine** ziehen (1) · get lost!, buzz off!

Päckchen: sein Päckchen zu tragen haben ugs veraltend – sein **Kreuz** zu tragen haben · to have one's cross to bear

packen: packen wir's an! ugs Neol · let's get down to it!
... Also, packen wir's an! Wenn wir uns alle gemeinsam an die gestellten Aufgaben machen, werden wir's schon schaffen.

j. **packt es nie/...** ugs Neol · s.o. will never/... manage it/ make it/crack it/...
... In welchem Semester ist der Toni jetzt? – Im fünfzehnten. – Ach, du lieber Gott! Und zwei Mal hat er schon einen vergeblichen Anlauf zum Staatsexamen genommen, nicht? – Ja. – Ob er es jemals packt? – Man kann es nur hoffen.

j. **packt's** oft 1. Person Neol · I'm/(he is/...) off, I'm/(he is/...) on my/... way
... Also, Leute, ich pack's jetzt. Ich muß morgen schon um fünf Uhr aufstehen. – Du willst schon gehen? – Ja, ich brech auf.

Packesel: beladen/vollbepackt/... wie ein Packesel sein/an-kommen/... ugs path · to be loaded down like a donkey
... Aber Oma, du kommst wieder vollbepackt wie ein Packesel! Wir haben dir schon so oft gesagt, du sollst nicht so viel mitbringen. Das ist doch viel zu schwer für dich.

paff: (ganz) (einfach) paff sein ugs – (eher:) (ganz) (einfach) **baff** sein · to be flabbergasted, to be dumbfounded

au pair: ein au pair-Mädchen/eine au pair-Stelle/(au pair ar-beiten) · an au pair girl/job/position/..., to work as an au pair
Seit wann gibt es das eigentlich, daß ein Mädchen in Frankreich oder so au pair arbeitet – d.h. die Hausarbeit macht, auf die Kinder aufpaßt u.ä. und dafür, statt Bezahlung, Unterkunft und Verpflegung frei hat?

Paket: Paket setzen Druck · to compose in companionship, to compose in packets
Mit dem Computersatz, erklärte er, entfällt auch jeder Anlaß, Paket zu setzen, d.h., zunächst einmal durchgehende Zeilen zu setzen, die dann nachher nach der gewünschten Zeilenlänge umgebrochen werden. Der Computer kann von Anfang an auf jede erwünschte Zeilenlänge eingestellt werden.

palletti: (es ist) alles palletti ugs Neol – alles in **Ordnung**/ alles in Ordnung!/? · everything is O.K./just dandy/..., everything is A-OK, everything is all right/just fine

Palme: auf der Palme sein sal selten · to be beside o.s., + s.o.'s blood begins to boil, to see red
Als er hörte, daß man ohne sein Wissen das Programm für die Eröffnung der Ausstellung seiner Bilder geändert hatte, war er auf der Palme. – Merkte man ihm den Zorn auch äußerlich an? – Und ob!

ganz oben auf der Palme sein oft: alsl.../da war ich/er/... ganz oben ... sal selten – (stärker als:) auf der **Palme** sein · to be absolutely hopping mad

jn. **auf die Palme bringen** sal · to drive s.o. up the wall, to drive s.o. crazy, to infuriate s.o., to make s.o.'s blood boil, to rile s.o.
... Wenn du mich nicht auf die Palme bringen willst, Junge, dann hör' jetzt endlich auf mit der Quälerei! Du fährst nicht allein nach England, und damit basta! Wenn du jetzt nicht ruhig bist, ist meine Geduld am Ende.

die Palme (des Sieges) erringen path veraltend selten · to win the palm, to carry off the palm, to bear off the palm
... Schon zum zweiten Mal erringt Manfred Bitzer die Palme im 5.000-Meter-Lauf. Wird es auch bei den Damen der Gewinnerin der letzten olympischen Spiele gelingen, ihren Sieg zu wiederholen?

auf die Palme gehen sal – in die **Luft** gehen (2) · to flip one's lid, to blow one's top

von der Palme (wieder) herunterkommen sal selten · to calm down, to cool down
... Jetzt hast du lange genug geschnauzt, Rainer! Wie wär's, wenn du so langsam von der Palme wieder herunterkämst? Sich abregen ist auch eine Kunst.

sich einen von der Palme locken/schütteln vulg selten – sich einen **abwichsen** · to give o.s. one off the wrist, to wank/ jerk/toss/... o.s. off

jm. **die Palme zuerkennen** geh veraltend selten · to award the palm to s.o.
... Glaubst du denn wirklich, daß bei diesen Wettbewerben die Jury dem die Palme zuerkennt, der am besten gespielt hat? – Glaubst du das etwa nicht? – Aber nein! Das ist doch alles Vetternwirtschaft. Die Sieger stehen doch schon vorher fest.

Pampa: (total) **in der Pampa wohnen**/zu Hause sein/... *sal Neol* · to live/... right out in the sticks, to live/... right out in the wilds

Mein Gott, jetzt fahren wir bestimmt schon 20, 25 Minuten und sind immer noch nicht da! 'Etwas außerhalb', hatte man mir gesagt ... Dieses Schwimmbad liegt in der Pampa!

pampig: pampig werden *sal* – pampig **werden** · to get stroppy (with s. o.)

panem: panem et circenses *eigentlich: 'Brot und Spiele/Zirkusspiele' im alten Rom lit selten* · panem et circenses, bread and circuses

... Und dann wollen sie natürlich alle prima leben ... – panem et circenses, das ist's, was das Volk will, heute wie eh und je. Gut essen und trinken und sich amüsieren.

Panier: den Kampf für etw./... **auf sein Panier schreiben** *path veraltend selten* – den Kampf für etw./... auf seine **Fahnen** schreiben · to take up the cudgels on behalf of s. o., to write the cause of freedom/... on one's banner

Panik: in Panik ausbrechen *path* · to panic, to get into a panic

... Auch wenn der Wald brennt – das ist doch kein Grund, in Panik auszubrechen, verdammt nochmal!

Panikmache: etw. **ist reine Panikmache** · s. th. is just/... panic-mongering

... Stimmt das, daß dieses Jahr noch eine Autobahngebühr von um die 500,– Mark eingeführt werden soll? – Ach was, das ist doch alles nur Panikmache! Es wird nichts so heiß gegessen, wie es gekocht wird.

Panikmache sein/betreiben/... · s. th. is panic-mongering/to panic-monger/...

... Ich hab' gehört, bei der russischen Fachschaft fällt im Examen mindestens die Hälfte bis zwei Drittel durch. – So'n Quatsch! Das ist nur Panikmache und sonst nichts. Wenn du deinen Kram gelernt hast, bestehst du auch.

Panne: eine Panne haben *Auto* · to break down, to have a puncture, to get a flat, to have some trouble with one's car/bike/..., to have a breakdown

... Ihr habt doch unterwegs keine Panne gehabt? – Nein; warum? – Weil ihr so spät kommt. Ich dachte schon, der Motor hätte wieder gestreikt/ihr hättet wieder einen Platten gehabt/...

eine Panne erleben (mit etw.)/(jm. passiert eine Panne (mit etw.)) *ugs* · + s. th. is a disaster/a flop/a fiasco, to have a lot of trouble with s. o./s. th.

... Was, der Andreas Häusler soll auch bei dem Projekt mitmachen? Du erinnerst dich doch: das letzte Mal ist er mittendrin abgesprungen, und wir konnten deshalb den Termin nicht einhalten, hatten die größten Scherereien ... Ich möchte eigentlich nicht nochmal (so) eine Panne erleben!

da/... **ist eine/irgendeine Panne passiert** *ugs* · there has been a hitch somewhere, something has gone wrong somewhere, s. o. has boobed somewhere *sl*

... Da stimmt doch irgendwas nicht, Herr Mertens; die Genehmigung müßte doch längst vorliegen. – Ja, da muß irgendeine Panne passiert sein. Ob die Unterlagen da im Ministerium in falsche Hände geraten sind?

panne: völlig panne sein *sal Neol* · 1. 2. it's/s. th. is a dead loss, 1. s. th. is a complete/... waste of time *coll*

1. »Der Beschluß des Magistrats«, erklärte er, »das Bahnhofsviertel zu sanieren, ist völlig panne. Es mag vielleicht gelingen, das Viertel 'sauber' zu bekommen. Letztlich werden die Prostituierten und die Dealer dann aber über die Stadt versprengt, wo sie praktisch nicht mehr zu kontrollieren sind. Taktisch gesehen ist das Vorhaben des Magistrats also der pure Schwachsinn«.
2. Der Christoph ist völlig panne. Der Typ ist wirklich völlig neben-dran, mit dem kann man überhaupt nichts anfangen.

Pantinen: j. **wäre/ist fast/beinahe aus den Pantinen gekippt,** als .../vor Schreck/vor Überraschung/... *sal* – j. hätte sich/hat sich fast/beinahe auf den **Arsch** gesetzt, als .../vor Schreck/vor Überraschung/... · + you could have knocked me/... down with a feather when I heard/...

Pantoffel: seinen Mann/Liebhaber/... **unter dem Pantoffel haben** *sal* · to have a husband/lover/... under one's thumb, it's her/his wife who wears the trousers, + to be henpecked

... Der Klaus und seiner Frau widersprechen?! Du bist köstlich! Die hat den doch völlig unter dem Pantoffel. Die braucht nur zu nicken, dann stimmt er schon zu. – Armer Kerl! – Armer Kerl?!

bei seiner Frau/... **unter den Pantoffel geraten/kommen** *sal selten* · to become a henpecked husband

... Paß auf, Klaus, daß du bei dieser Frau nicht unter den Pantoffel gerätst! – Wie kommst du da drauf? – Wie die dich schon jetzt, vor eurer Hochzeit, hin- und herdirigiert ... Wenn das so weitergeht, wirst du dein ganzes Eheleben hindurch immer nach ihrer Pfeife tanzen.

den Pantoffel schwingen *sal* · to rule the roost

... Nach wie vor schwingt die alte Frau Heinzen da den Pantoffel! Ich weiß gar nicht, wie der Herr Heinzen das ausgehalten hat: die ganze Ehe hindurch derart unter der Knute seiner Frau zu stehen!

bei seiner Frau/... **unter dem Pantoffel stehen** *sal* · to be under one's wife's/... thumb, to be a henpecked husband

... Ich muß noch mit dem Leonard sprechen, ob er uns das Auto leiht. – Sprich lieber mit der Anni. Der Leonard hat zu Hause sowieso nichts zu sagen. – Ah? Das wußte ich gar nicht, daß der bei der Anni unter dem Pantoffel steht.

Pantoffelheld: ein Pantoffelheld sein *sal* – bei seiner Frau/... unter dem **Pantoffel** stehen · to be a henpecked husband

Panzer: stur wie ein Panzer sein *sal* – ein sturer **Bock** sein/stur wie ein Bock sein · to be as obstinate as a mule

sich mit einem Panzer an Gleichgültigkeit/... **umgeben** *form* – *path selten* · to surround o. s. with an armour of indifference/..., to surround o. s. with a wall of indifference/...

... Wenn du in diesem Beruf nicht nervlich kaputt gehen willst, mußt du dich mit einem Panzer an Gleichgültigkeit umgeben. – Und wenn einem das nicht liegt, sich so gleichgültig, so kalt zu geben?

panzern: sich gegen etw. **panzern** *ugs path selten* · to harden o. s. to s. th., to arm o. s. against s. th.

... Natürlich kümmert sich der Rainer um nichts mehr, was die Helga betrifft. Aber hatte er auf die Dauer eine andere Wahl? Wenn er sich nicht gegen ihre Herzlosigkeit und Herrschsucht panzern würde, müßte er doch irgenwann verrückt werden.

Papagei: reden/schwatzen/plappern/... **wie ein Papagei** *ugs* · to go on and on talking, to parrot away, to rabbit on

... Mensch, diese Frau redet und redet und redet – wie ein Papagei. Wenn sie doch wenigstens einmal zwei Minuten ihren Mund halten würde! – Oder eine Minute nachdenken, das wäre auch schon etwas.

(jm.) etw./**alles nachplappern/nachschwätzen/... wie ein Papagei** *ugs* · to repeat everything like a parrot, to repeat everything parrot-fashion

(Hubert:) Und dann kannst du noch schreiben, daß die modernen Waffen das ganze Verteidigungskonzept verändert haben. – (Andrea:) ... die modernen Waffen das ganze Verteidigungskonzept ... – (Die Mutter:) Nun plapper' dem Hubert doch nicht alles nach wie ein Papagei, Andrea! Der Aufsatz soll deine Meinung wiedergeben und nicht einfach etwas von anderen übernehmen.

Papageienfarben: in Papageienfarben *ugs selten* · in garish colours/clothes/... *n*, in gaudy colours/clothes/... *n*

... Nein, Rosi, mit/in diesem knallbunten Kleid kannst du da nicht erscheinen! Ich jedenfalls nehm' dich in diesen Papageienfarben nicht mit.

Papier: (fähig sein/...) Gedanken/... **zu Papier (zu) bringen** *form* · 1. 2. to put one's thoughts/ideas/... down on paper, to commit one's thoughts/ideas/... to paper

1. ... Der Böttcher ist gerade der Richtige, um anderleuts Aufsätze zu kritisieren. Ein Mann, der nicht fähig ist, auch nur einen einzigen vernünftigen Gedanken zu Papier zu bringen! Oder hast du von dem schon mal einen einzigen Satz gelesen, den es sich lohnte zu behalten?

2. Der Hubert ist nicht schlecht orientiert und in einer mündlichen Unterhaltung macht er sein Wort. Was ihm schwer fällt, das ist, seine Gedanken klar und geordnet zu Papier zu bringen. – Um etwas schriftlich zu fixieren, fehlt ihm die Übung.

einen Eindruck/... **auf dem Papier festhalten** *form* · to keep a written record of s. th.

(Der Verhandlungsleiter einer Delegation im Anschluß an eine Sitzung:) Es wäre vielleicht nicht schlecht, wenn wir den bisherigen Verhandlungsverlauf auf dem Papier festhielten. Es muß nicht unbedingt ein ausführliches Protokoll sein; die wesentlichen Punkte, stichwortartig resümiert. Das hilft uns beim nächsten Mal.

etw. **ist nicht das Papier wert, auf dem es gedruckt ist/**... *ugs* – nicht die **Bohne** wert sein (2) · s. th. is not worth the paper it's written on

Papier ist geduldig *ugs* · + you can say what you like on paper *para*, + you can get away with anything on paper *para*, paper won't blush *para*, + you can't believe everything you read in the paper *para*

Schau mal, Vater, hier steht, ab Januar werden die Steuern um 20% gesenkt. – Was in den Zeitungen alles steht, Junge! Papier ist geduldig. Wenn alles wahr wäre, was heute gedruckt wird ...!

(nur/zwar/...) **auf dem Papier stehen/**(bestehen/existieren) *ugs* · to exist (only/...) on paper

... Ach, dies Gesetz steht doch bloß auf dem Papier! In der Praxis richtet sich doch kein Mensch danach.

eine Skizze/... (rasch/...) **aufs Papier werfen** *form* · to make a quick/... sketch of s. th., to jot s. th. down

Du zeichnest doch so gut, Ernst, könntest du nicht rasch eine Skizze von dem Haus und den beiden Feldern dahinter aufs Papier werfen? Anhand einer solche Unterlage könnten wir nachher mit den Breitschneiders konkreter diskutieren.

keine/seine Papiere (nicht) **bei sich haben/**(führen) · (not) to have one's identity papers with one, (not) to have any means of identification on one

Nur, weil er ein einziges Mal seine Papiere nicht bei sich hatte, will man ihm den Führerschein für zwei Monate abnehmen? – Wer ohne Führerschein am Steuer erwischt wird, muß heute mit solch einer harten Strafe rechnen.

j. **kann sich seine Papiere abholen** *ugs* · (to tell s. o. that) he/... can collect his cards

... Den Beutel haben sie in der Tat entlassen. Heute morgen kam der Leiter der Personalabteilung in unser Zimmer und sagte, er könnte sich oben seine Papiere abholen.

seine Papiere kriegen/bekommen *ugs* · 1. to be released from military service *n*, 2. to get one's cards, to be given one's cards

1. Der Werner hat gestern seine Papiere bekommen. – Er hat seinen Militärdienst beendet. – Ja, die 15 Monate sind um – endlich!
2. Ich habe gehört, der Schlüter hätte seine Papiere gekriegt, ist das wahr? – Ich habe auch so etwas läuten hören, kann es aber noch nicht glauben. Sollten die wirklich ihren fähigsten Direktor entlassen? *seltener*

Papierkorb: (sofort/...) **in den Papierkorb wandern** *ugs* · to go (straight/...) into the bin, to be bin-fodder

... Den Blödsinn, den dieser Mann uns schreibt, lesen wir überhaupt gar nicht mehr. Seine Briefe wandern sofort in den Papierkorb.

Papierkragen: jm. **platzt der Papierkragen** *ugs* – *scherzh selten* – jm. platzt der **Kragen** · + s. o. blows his top/flips his lid/does his nut/...

Papierkrieg: **ein(en)** (richtigen/...) **Papierkrieg (mit** jm. **führen)** *ugs* · to have to go/to cut through a lot of red tape, to have to fill in loads/... of forms, to have to engage in tedious correspondence (with s. o.)

... Du machst dir keine Vorstellung, wieviel Zeit, Energie und Nerven es mich gekostet hat, die Baugenehmigung für das Schwimmbad zu bekommen! Das war ein regelrechter Papierkrieg/ich habe mit dem Bauamt einen richtigen Papierkrieg geführt.

Papiertiger: **ein** (richtiger/...) **Papiertiger sein** *ugs* · to be a (real/...) paper tiger

... »Die neuen Umweltschutzgesetze«, führte er aus, »sind ein richtiger Papiertiger. Das hört sich zwar alles gut an, was da vom Gesetzgeber beschlossen wurde, aber eine richtige Handhabe gegen die großen, vor allem gegen die industriellen Umweltstraftäter, bieten sie nach wie vor nicht«.

papp: **nicht mehr papp sagen können** *sal* – nicht mehr papp sagen können · to be full up

Pappe: nicht von Pappe sein *sal* · 1. to be pretty useful, to be no mean performer/player/..., s. o. is not to be trifled with, 2. it/s. th. is not bad, it/s. th. is a nice one/a cracker

1. ... Den Rudi darfst du nicht unterschätzen, der ist nicht von Pappe: er ist sehr tüchtig und er hat Widerstandskraft; der hält durch.
2. vgl. – nicht von schlechten **Eltern** sein

der Kurt/... ist gut/... (das gebe ich zu/...), **aber der** Anton/ die Gisela/... **ist auch nicht von Pappe!** *sal* · A is good but B is not bad either *n*, A is good but B is no mean performer/secretary/... either, A is good but B is pretty useful too

... Einverstanden, deine neue Sekretärin ist nicht nur hübsch, sie ist auch tüchtig. Aber unsere Christa ist auch nicht von Pappe. Wenn du da Zweifel hast, frag' mal den Willi Brachthäuser; das ist ihr Chef. Der läßt auf die Christa nichts kommen.

das/(etw.) ist nicht von/(aus) **Pappe** *sal selten* · it/s. th. is not to be sneezed at, it/s. th. is pretty/... solid/impressive

... Die Bücherregale, die er sich da selbst gemacht hat ... alle Achtung, das ist/(die sind) nicht von Pappe. Sie sind zugleich stabil und schön. Ich hätte ihm das nicht zugetraut.

pappen: pappen bleiben *sal* – **sitzen** bleiben (1) · to have to repeat a year at school

Pappenheimer: ich kenne/du kennst/... (doch) **meine/deine/**... **Pappenheimer** *sal* · I/you/... know who I'm/... dealing with, I/you/... know them/that lot/that bunch/... inside out *coll*

... Obwohl sie für den Hausaufsatz vier Wochen Zeit haben, werden alle ihn erst am letzten Tag abgeben, sollst du sehen. Ich kenn' doch meine Pappenheimer. In den ersten drei Wochen denken die gar nicht an den Aufsatz ...

daran/an etw. **erkenn' ich/**erkennt Herbert **meine/seine/**... **Pappenheimer** *sal* · that's my boys/girls! *iron*

... Ein bißchen Regen – und schon sind alle weg! Ja, ja, daran erkenn' ich meine Pappenheimer! Die nutzen jeden Anlaß aus, um sich vor dem Wandern zu drücken.

Pappenstiel: das/etw. **zu tun ist kein Pappenstiel** *sal* – das/ etw. zu tun ist keine **Kleinigkeit** · (to do) it/s. th. is no small/ no easy/... matter

etw. **für/(um) einen Pappenstiel verkaufen/**hergeben/... *ugs* *selten* – (eher:) etw. für 'n/(einen) **Appel** und Ei verkaufen/ hergeben/... · to buy/to sell/... s. th. for next to nothing

keinen Pappenstiel wert sein *sal* – (eher:) nicht die **Bohne** wert sein (2) · not to be worth a light

papperlapapp: papperlapapp! *sal* · rubbish!, fiddlesticks!, stuff and nonsense!

(Sie:) Meine Kleider sind immer noch billiger als deine Anzüge! – (Er:) Papperlapapp! Dein letztes Kleid war so teuer wie meine drei letzten Anzüge zusammen! – (Sie:) Als deine drei Hosen zusammen! Erst versuchst du, mir dreist über den Mund zu fahren, und dann lügst du auch noch!

pappsatt: pappsatt sein *ugs* – **voll** bis obenhin sein (1) · to be full up

Paprika: scharf wie Paprika sein *sal selten* – scharf/(spitz) wie **Nachbars** Lumpi (sein) · to be a horny devil/a randy goat/ bitch

Papst: päpstlicher sein als der Papst *ugs* · to be more royal than the king, to out-pope the pope

Eure Älteste lebt mit einem Freund zusammen in einer eigenen Wohnung? – Ja, seit Beginn ihres Studiums. – Seit ihr denn dafür? – Ach, weißt du, es hat nicht viel Sinn, heute päpstlicher zu sein als der Papst. Die Sitten haben sich doch in allem so geändert ...

wer den Papst zum Vetter hat ... *ugs* · if you know the right people/people in high places/...

Der Detlev ist Direktor geworden? Wie hat er das denn geschafft? – Wußtest du nicht, daß sein Onkel Vorsitzender des Aufsichtsrats ist? – Ach so! Nein, das wußte ich nicht. Dann ist alles klar. Wer den Papst zum Vetter hat ...

Parade: die Parade abnehmen *mil* · to take the salute at a parade

… Bei der Ankunft auf dem Flugplatz nahmen der Kanzler und sein Gastgeber gemeinsam die Parade einer Ehrenkompanie der Luftwaffe ab.

jn. **in die Parade fahren** *ugs* · 1. to parry s.o.'s blow/…, 2. 3. to interrupt s.o. *n*, 2. to cut s.o. short, 3. to try to queer s.o.'s pitch

1. … Der Blecher setzte gerade zu einem neuen Angriff an, da fuhr ihm sein Gegner mit einem linken Haken in die Parade. Damit hatte er nicht gerechnet; er war sichtlich beeindruckt …

2. … Der Ulrich setzte gerade zu einem großen Vortrag über den neuen Verteilungsschlüssel der Zuschüsse an, da fuhr ihm der Minister mit den Worten in die Parade: »So genau wollen wir das jetzt nicht hören! Beschränken Sie sich auf …«

3. Falls mir der Dellbrück nochmal in die Parade fährt, wenn ich die Leute dazu gewinnen will, uns bei den Wahlen zu unterstützen, dann knallt's. Dieser Kerl macht einem mit seinen gezielten Zwischenfragen und Attacken die schönsten Pläne kaputt.

Parademarsch: im Parademarsch marschieren/… *mil* · to march in parade step

… Doch herrlich, wie die alten k.u.k. Regimenter da in den alten Filmen im Parademarsch dahermarschieren! Da versteht man, warum die jungen Mädchen die Soldaten so gern hatten.

Paradies: ein/das reinste/ein richtiges Paradies sein (für jn.) *path* · to be heaven for s.o., to be a (real/…) paradise for s.o.

… Ja, sein Landhaus, das ist für ihn ein richtiges Paradies. Da hat er Platz, Ruhe, Frieden. Da kann er spazieren, meditieren; in einer wunderbaren Umgebung, bei einem herrlichen Licht …

(schon/…) im Paradies(e) sein *form – path selten –* (schon/…) in **Gottes** Erdboden ruhen · to be in heaven, to have passed away

das Paradies auf Erden haben *path* · to have heaven on earth

… Besser könnte es die Gerlinde doch gar nicht haben: sie ist glänzend verheiratet, wohnt in einem herrlichen Haus, in einem der schönsten Viertel der Stadt; Geldprobleme kennt sie gar nicht, die Kinder machen ihr nur Freude … – das Mädchen hat das Paradies auf Erden.

wie im Paradies leben *path* – (eher:) das **Paradies** auf Erden haben · to have heaven on earth

Paradiesvogel: ein (richtiger/…) **Paradiesvogel (sein)** *ugs scherzh* · s.o. is a right/… harlequin, s.o. is a bird of paradise

… Gestern hab' ich den Neffen von dem Georg Hansert kennengelernt. Der Typ ist ein richtiger Paradiesvogel. Der läuft mit seinen 50 Jahren noch in den schrillsten Klamotten rum.

Paragraph: der/die Ursel/… hat (ja) den Paragraph 51/den 51er (der/… kann sich das leisten/…) *sal nach § 51 StPO: Unzurechnungsfähigkeit* – der/die Ursel/… hat (ja) 'nen/einen/den **Jagdschein** (der/die/… kann sich das leisten/…) · he/John/… has been certified insane (and so can get away with a lot of things)

Paragraphenreiter: ein Paragraphenreiter (sein) *ugs* · (to be) a stickler for rules and regulations, (to be) a stickler for red tape

… Ich weiß, ich weiß, Herr Bohnenkamp, nach Paragraph soundso, Absatz soundso, ist das soundso. Ob diese ganzen Bestimmungen Sinn haben oder nicht, interessiert so Paragraphenreiter wie Sie nicht. Es muß alles hübsch so gemacht werden, wie es da steht.

Parallele: keine Parallele haben/ohne Parallele sein *form* · to be unprecedented, to be unparalleled

… Ein derart gut geplantes/rücksichtsloses/arrogantes/… Vorgehen hat in diesem Institut keine Parallele. Ich jedenfalls erinnere mich an nichts Vergleichbares.

jn./etw. **mit** jm./etw. **in Parallele bringen/setzen/stellen** *form* · to draw a parallel between … and …

Kann man die Entwicklung der giechischen und der neuzeitlichen europäischen Geschichte wirklich in Parallele setzen? Sind die beiden Linien in ihrem Verlauf nicht zu unterschiedlich?

eine Parallele ziehen zu …/zwischen … und … · 1. to draw a parallel line to/between … and …, 2. 3. to draw a parallel between … and …, to compare … with

1. Wenn du eine Parallele zu der Geraden A – B durch die Punkte A' und B' ziehst, … *Math*

2. In seinem Rechenschaftsbericht zog der Präsident eine Parallele zwischen der Lage, in der sich der Klub heute befindet, und der Situation von 1965. – Bei einem solchen Vergleich … *form*

3. … Wenn ich eine Parallele zu Ihrer Darstellung der portugiesischen Geschichte nach 1974 aus der deutschen Geschichte ziehen darf: in den Weimarer Jahren … *form*

parat: etw. parat haben *ugs* · 1. to be able to recall s.th., 2. 3. to have s.th. to hand

1. vgl. – etw. (noch/…) **gegenwärtig** haben/jm. (noch/…) gegenwärtig sein

2. vgl. – etw. bei der **Hand** haben (3)

3. vgl. – (eher:) etw. zur **Hand** haben

Parcours: einen Parcours reiten *form* · to jump a course

(Ein Neuling bei einem Reitturnier:) Wielang ist der Parcours eigentlich, den die da reiten (müssen), und wie viele Hindernisse muß er wenigstens haben?

Pardon: wenn/…, (dann/da/…) gibt's kein Pardon *path* · if …, (then) you've/… had it *coll*, if …, that's that

Wenn die dich hier blau/betrunken am Steuer erwischen, gibt's kein Pardon – auch wenn nichts passiert ist. Dann bist du deinen Führerschein los und hast einen Prozeß am Hals.

jn. **um Pardon bitten** *ugs veraltend selten* · 1. to ask s.o.'s forgiveness, 2. to ask (God/…) for forgiveness

1. vgl. – jn. um **Entschuldigung** bitten

2. vgl. – (Gott/…) um **Vergebung** bitten

kein Pardon geben *path* · 1. 2. to show no mercy (to s.o.), to give s.o. no quarter

1. … Obwohl sein Gegner kaum noch Widerstand leistete, gab er kein Pardon; unbarmherzig schlug er auf ihn ein …

2. Wenn jemand gegen seine Anordnungen verstößt, gibt der Erich kein Pardon. Dann kann man ihn so viel um Entschuldigung bitten, wie man will, dann besteht er auf einer harten Bestrafung.

kein Pardon kennen (mit jm.) *path* · to be ruthless, to be merciless

… Wenn den Ernst jemand zu Unrecht beschuldigt, (dann) kennt er kein Pardon: dann verfolgt er seinen Widersacher mit allen Waffen, die ihm zur Verfügung stehen.

Parenthese: in Parenthese erwähnen/… *form selten* · to mention s.th./… in parentheses, to mention s.th. by the way/in passing/…

… Es geht uns in unserem Zusammenhang um die römische und nicht um die griechische Geschichte. In Parenthese sei aber doch kurz erwähnt, daß auch die Griechen …

etw. **in Parenthese setzen/auf etw. in Parenthese hinweisen/…** *form selten* · to put s.th. in parentheses

… Diese Manie, alle möglichen Nebensächlichkeiten noch in Parenthese zuzufügen! Vor lauter Klammern und Kleinigkeiten verliert man die Übersicht über das, worum es geht!

pari: zu/über/unter pari stehen/angeboten werden/… Aktien · above/below/at face value, above/below/at par

Was soll das heißen, Vater: 'die Waba-Aktien werden unter pari angeboten'? – Unter ihrem Nennwert, Ursel; ihr offizieller Wert ist also höher als ihr Preis, den die Käufer dafür zahlen.

jm. **pari bieten** *ugs veraltend selten* – jm. **Paroli** bieten · (be able to) match a card, to stand up to s.o., to defy s.o., to give s.o. as good as one gets

pari stehen *ugs* – pari **stehen** · to be at par

Parkett: sich auf dem gesellschaftlichen/politischen/... **Parkett bewegen können**/zu bewegen wissen/... *form* · to be able to move in any/political/... society/circles/..., to be perfectly/quite/... at ease in any/political/... society/circles

Der Blütner ist zwar erst seit einem Jahr dabei, aber er weiß sich sicher auf dem politischen Parkett zu bewegen. Auch in verzwickten Situationen tut er keinen falschen Schritt.

Parkett legen · to lay parquet flooring

... Parkett legen, Paul, das kann noch lange nicht jeder! Das ist genauso wie Fliesen legen; das macht auch nur jemand vernünftig, der es ordentlich gelernt hat.

einen Tanz/(eine Prüfung/...) **aufs Parkett legen** *ugs* · 1. to dance a tango/waltz/... *n*, 2. to put up a brilliant/... performance

1. Bei dem Abschlußball ihrer Tochter hat das Ehepaar Kinzler einen Boogie-Woogie aufs Parkett gelegt, da war alles dran. Die Leute waren hingerissen vor Begeisterung.

2. ... Wenn eure Christina, wie du sagst, alle Prüfungen glatt aufs Parkett gelegt hat, verdient sie eine längere Reise. Eine derart gute Leistung sollte belohnt werden.

sich aufs Parkett wagen *ugs* · to venture on to the floor *n*, to take the floor *n*

... Na, endlich! Da wagen sich Tante Hanna und Onkel Albert auch aufs Parkett! Wollen wir mal sehen, was die jetzt für ein Tänzchen hinlegen.

Paroli: jm. **Paroli bieten** *ugs* · 1. to (be able to) match a card, 2. to stand up to s. o. *n*, to defy s. o. *n*, to give s. o. as good as one gets

1. Der Frank hat schon wieder ein blendendes Blatt, was? Kannst du ihm auch diesmal wieder kein Paroli bieten, Albert? – Nein, mit diesen Karten kann ich unmöglich dagegen halten.

2. Wenn du dem Grasberg kein Paroli bietest, wird er bald die ganze Abteilung beherrschen. – Das weiß ich. Aber mir liegt dieser dauernde Kampf einfach nicht. – Aber wenn du dich nicht wehrst ...

pars: **pars pro toto** *Stilistik* · pars pro toto, a part (stands) for the whole

'Pro Nase' statt 'pro Person' – was ist das, Peter? – Pars pro toto, Herr Kuhlenhaupt.

Part: einen Part übernehmen/(...) *form mst Theater o. ä. veraltend* · to take/to play a part

Bei der Verteilung der Rollen in einem Laientheater:) ... Gut, der Hansgerd macht den König! Und wer übernimmt die Rolle der Geliebten? – Den Part könnte die Hannelore übernehmen; die scheint mir dafür geeignet.

Partei: **Partei sein** (in etw.) *ugs* · to be biased (in a dispute/...) *n*, to be an interested party (in a dispute/...) *n*, *form*

... Könnte in dem Streit nicht der Willy Maubach als eine Art Schiedsrichter fungieren? – Nein, der Maubach ist da nicht der gegebene Mann; der ist Partei. Der ist seit Jahren mit dem Klaus befreundet, hat ihn immer in allem unterstützt – während er den Ernst nur mittelbar, über den Klaus, kennt.

bei der falschen/(verkehrten) Partei sein *ugs* · to be in the wrong party, to be on the wrong side

... Nein, Herr Kirchner kann in dieser Gegend nichts werden. – Warum das denn nicht? Er ist doch selten tüchtig. – Natürlich, aber er ist bei der falschen Partei. Hier ist die große Mehrheit CDU; er ist Mitglied der SPD.

bei der richtigen Partei sein *ugs* – ≠ bei der falschen/(verkehrten) **Partei** sein · to be in the right party, to be on the right side

Partei ergreifen (für/gegen jn./Argumente/...) · 1. to take sides for s. o., 2. to side with s. o., to opt for s. o./s. th., 3. to side with an argument/...

1. ... Es gibt Situationen, in denen man Partei ergreifen muß, in denen man sich einfach nicht neutral verhalten kann und sich auch nicht der Stimme enthalten darf!

2. Wenn du für die Sozialisten Partei ergreifst, kannst du nicht gleichzeitig einen bürgerlichen Konservativismus predigen. Das schließt sich doch gegenseitig aus.

3. Für wessen Argumente hat die Ursel eigentlich gestern Partei ergriffen?

Partei nehmen für/gegen jn./Argumente/... – (eher:) **Partei ergreifen** (für/gegen jn./Argumente/...) (2, 3) · to take sides for s. o., to side with s. o., to opt for s. o./s. th.

Parteibuch: das falsche/(verkehrte) **Parteibuch** (in der Tasche) haben *ugs* – bei der falschen/(verkehrten) **Partei** sein · to be in the wrong party, to be on the wrong side

das richtige **Parteibuch** (in der Tasche) haben *ugs* – bei der falschen/(verkehrten) **Partei** sein · to be in the right party, to be on the right side

Parteichinesisch: Parteichinesisch *ugs* · party gobbledegook, party lingo/jargon

Hast du schon die Thesen der Sozialisten zur sog. 'neuen Wirtschaftsordnung' gelesen? – Ich bin nur bis These 2 vorgedrungen; dann hab' ich das Papier in den Papierkorb geschmissen. Mich macht dieses Parteichinesisch kribbelig. So was von Begriffsklopperei, so was von künstlich verbogenem Stil ...

Parteien: die Parteien in einem Haus/... *form* · the tenants in a house, the householders, the sets of tenants in a house/party/household(s)

In unserem Haus wohnen insgesamt zwölf Parteien, sechs auf der linken, sechs auf der rechten Seite.

die streitenden Parteien *jur* · the disputing parties, the parties litigant *form*, the contending parties, the parties in dispute

Der Angeklagte behauptet, der Kläger sage objektiv die Unwahrheit; der Kläger behauptet dasselbe vom Angeklagten. Die streitenden Parteien sind also nicht nur in der Sache unterschiedlicher Meinung, sie bekämpfen sich auch persönlich.

die vertragschließenden Parteien *jur* · the contracting parties

... In einem Zusatzparagraphen legen die beiden vertragschließenden Parteien ausdrücklich fest, daß jede Seite genau 50% aller Nettoeinnahmen des neugegründeten Unternehmens erhält.

es mit mehreren/allen/beiden/... **Parteien halten** *form* · to try to keep well in with both/all/... parties *coll*, to run with the hare and hunt with the hounds

... Auf welcher Seite steht eigentlich der Ullrich in dieser Auseinandersetzung um das neue Schwangerschaftsgesetz? Unterstützt er die Linken oder die Bürgerlichen? – Er hält es mit beiden Parteien, wenn ich richtig sehe; er will es mit keiner verderben.

über den Parteien stehen · to be above party politics, to be impartial

Nach der Verfassung soll der Präsident über den Parteien stehen; er soll das Land als ganzes, das ganze Volk vertreten, keine Parteipolitik treiben.

Partie: eine gute/blendende/schlechte/... **Partie sein**/abgeben *ugs* · to be a good/excellent/... match, to be a good/excellent/... catch

Der Axel will offensichtlich die Antje Kopp heiraten. – Hm, das ist eine blendende Partie. Ihr Vater ist einer der angesehensten Ärzte der Stadt; die Familie hat zahlreiche Häuser, ein Gut in Italien ... Und dazu ist das Mädchen noch hübsch.

(immer/...) **mit von der Partie sein** *ugs* – (immer/sofort/mit Sicherheit/...) (mit) **dabei** sein (wenn ...) (1) · to (always/...) join in, to (always/...) be there/go along/...

eine gute/glänzende/schlechte/miserable/... **Partie liefern** *ugs* · to put up a good/great/poor/... performance, to play well/brilliantly/badly/... *n*

(Ein Fan, nachdem seine Fußballmannschaft verloren hat:) Wenn sie wenigstens noch gut gespielt hätten! Dann wäre die Niederlage noch zu verschmerzen. Aber die haben eine geradezu miserable Partie geliefert. Man muß sich schämen!

eine Partie Lochbillard spielen *sal selten* – (eine Partie) **Lochbillard** spielen · to bonk s.o.

eine gute/blendende/schlechte/… **Partie machen** (mit der Heirat von/…) *ugs* · to marry well, to make a good/poor/… match

Mit der Heirat der Antje Kopp hat der Axel eine blendende Partie gemacht. Der Vater ist einer der angesehensten Ärzte der Stadt; die Familie hat mehrere Häuser, ein Landgut in Süditalien …

Party: eine Party geben · to give/to throw/to hold/… a party

… So, die Bettina gibt eine Party? So, so … In der Villa der Eltern, Pappi finanziert … Und wen lädt sie alles ein?

pas: einen faux pas machen/begehen *selten* · 1. to make a faux pas, 2. to make an exhibition of oneself *coll*, to blot one's copybook *coll*, to put one's foot in it *coll*

1. Einen faux pas, meinst du, hat die Anneliese gemacht?! Da kommt ein 16jähriges Mädchen schwanger nach Hause, und was ist das? – ein kleiner faux pas! – So hab' ich das doch gar nicht gemeint, Vater!

2. vgl. – (eher:) sich daneben **benehmen**

Passagier: ein blinder Passagier · a stowaway

Was meinst du, wie viele Leute im Zweiten Weltkrieg heimlich und oft ohne zu bezahlen mit dem Schiff ins Ausland geflüchtet sind – als blinder Passagier! Oft mit Einwilligung des Kapitäns, oft auch, ohne daß er davon wußte …

passant: etw. **(nur) (so) en passant** (tun) *selten* · to mention s.th./… in passing, to mention s.th./… by the way

Hat der Chef auf der Sitzung vom Verkauf der Werkzeuge nach Übersee gar nicht gesprochen? – Doch, aber nur so en passant – in drei, vier Sätzen hat er das kurz erwähnt.

passé: (längst/…) **passé sein** *ugs* · to be (completely/…) out of date, to be (completely/…) passé

… Ach, du mit deinen Miniröcken! Diese Mode ist doch längst passé. Davon spricht schon seit Jahren keiner mehr.

Pässe: jm. **die Pässe zustellen** *Diplomatie* · to return passports to s.o.

Wie ich höre, wollen die Iraker allen westlichen Botschaften das Agrément entziehen? – Sie wollen nicht, sie haben es schon getan. In der vergangenen Woche wurden allen westlichen Vertretungen die Pässe zugestellt.

passen: wie angegossen passen *Kleidung* – wie angegossen **sitzen** · to fit like a glove

das könnte dir/ihm/dem Peter/… **so passen!** *sal* – das **hättest** du/(hätte er/…) gern(e) (was?)! · you/John/… would like that, wouldn't you/he/…?, that would suit you/John/… down to the ground, wouldn't it?

da/bei etw./… **passen müssen** *ugs* · to have to pass (on s.th.)

… Englisch oder Französisch – da hätte ich dir helfen können. Aber Portugiesisch – da muß ich passen. Davon versteh' ich genau so viel wie du, nämlich gar nichts.

passend: es passend haben *Geldbetrag* · to have the right money, to have the right change

(Eine Verkäuferin:) Wenn Sie es passend hätten, Frau Müller, wäre das sehr schön; ich habe nämlich kein Kleingeld/Wechselgeld mehr.

passieren: das/etw. **kann jedem** (einmal/mal) **passieren** *ugs* · that/s.th. can happen to anyone!, these things (can) happen

… Mein Gott, reg' dich doch nicht so auf! Eine 'Fünf' in Mathematik – das kann doch jedem mal passieren. Das ist kein Beinbruch! Wichtig ist, daß du den Stoff verstehst – dann wird die nächste Arbeit von selbst besser.

jm. **kann nichts passieren** · + s.o. can do no wrong, + s.o. is untouchable

Der Reinhard kann sich in dieser Firma leisten/erlauben, was er will, dem kann nichts passieren. Sein Onkel ist Hauptaktionär; den Reinhard schmeißen sie also nie heraus.

das/etw. **kann nur/bloß ihm/**dem Paul/… **passieren** *ugs* · that could only happen to Paul/Jane/my brother/…

… Und stell' dir vor, Mutti, da läßt der Egon plötzlich bei diesen feinen Rauschenbergs sein Glas mit Rotwein auf den hellen Teppich

fallen und sagt laut und vernehmlich 'Scheiße'. – So etwas kann nur dem Egon passieren; das ist typisch für den Jungen.

da kann passieren, was will · 1. 2. whatever happens

1. vgl. – **komme,** was da wolle

2. vgl. – da kann/(mag) **kommen,** was will

ganz gleich/egal, was passiert · 1. 2. no matter what happens

1. vgl. – **komme,** was da wolle

2. vgl. – da kann/(mag) **kommen,** was will

Pastorentöchtern: unter uns Pastorentöchtern *unter uns Frauen/Mädchen* *sal veraltend selten* · just between us girls *coll*, between you, me and the gatepost

… Nun ja, wenn ihr absolut wissen wollt, was ich von dem Rainer halte – unter uns Pastorentöchtern kann ich ja ungeschminkt meine Meinung sagen: das ist ein Arschloch. – Aber Gerda!

Pate: Pate stehen bei jm./etw. · 1. to sponsor s.th., to be the force behind s.th., 2. to be a (major/…) influence on s.th., to influence s.th., 3. to be godfather (to s.o.), to act as godfather (to s.o.)

1. Bei der Gründung dieses Altersheims hat die Firma Krupp Pate gestanden. Sie hat das Grundstück zur Verfügung gestellt, einen großen Teil der Baukosten getragen …

2. Bei der Komposition seiner letzten Symphonie hat die italienische Barockmusik Pate gestanden. Ihren Einfluß spürt man auf Schritt und Tritt.

3. vgl. – (selten) **Pate** werden (bei jm.)

Pate werden (bei jm.) · to be godfather (to s.o.), to act as godfather (to s.o.)

Wer ist eigentlich bei eurer Jüngsten Pate geworden? Als die geboren wurde, wart ihr doch in Indien, nicht? – Ja. Ein indischer Arbeitskollege von Jürgen hat die Patenschaft übernommen.

Patenschaft: die Patenschaft (über jn./etw.) **übernehmen** *form* · 1. to agree to sponsor s.o./s.th., 2. to be godfather (to s.o.), to act as godfather (to s.o.)

1. … Die Stadt Köln hat die Patenschaft über dieses Asyl übernommen. Sie kommt für die Unterhaltungskosten auf und übernimmt die Betreuung der Kranken.

2. vgl. – **Pate** werden (bei jm.)

Patent: etw. **zum/(als) Patent anmelden** *form* · to apply for a patent for s.th.

Die neue Fräse, die du da erfunden hast, würde ich an deiner Stelle zum Patent anmelden. Man weiß nie, wie sich die Dinge entwickeln werden. Es ist immer gut, wenn dem Erfinder die Rechte offiziell vom Patentamt bestätigt werden.

der/… meint/… **er/…** hätte ein **Patent darauf/auf** etw. *sal selten* · s.o. thinks he has a monopoly of/on s.th., s.o. thinks he is the only one who can … *n*

… Mensch, als wenn es so schwer wäre, eine Kellerkneipe einzurichten! Der Rolf scheint anzunehmen, er hätte ein Patent darauf! Das kann jeder, der ein bißchen praktische Begabung hat. So ein Angeber!

patentieren: sich etw. **patentieren lassen** *jur* · to take out a patent on s.th., to have s.th. patented

… Was hat es für einen Sinn, sich alle möglichen Erfindungen patentieren zu lassen, die nachher doch kein Geld bringen? – Welche Patente sich finanziell auszahlen und welche nicht, (das) weiß man erst nacher/vorher nicht.

pater: pater patriae *lit selten* · pater patriae

Pater patriae – '(der) Vater des Vaterlandes': ein schöner Ehrentitel, den die römischen Kaiser da führten, findest du nicht?

pater pecavi machen/(sagen) *lit veraltend selten* · to say that one is sorry *n*, to admit that one is in the wrong *n*, to say mea culpa

(Die Tochter zu ihrem Vater, über den Bruder:) Aber es tut ihm doch leid, Vater; er hat mir gesagt, er will mit dir sprechen – er ist ziemlich zerknirscht; er bereut, was er gemacht hat. – Das hätte er sich vorher überlegen müssen. Jetzt pater pecavi machen bringt gar nichts mehr ein …

Patina: Patina ansetzen *selten* · to lose some of its/one's gloss, to lose some of its/one's appeal, to begin to show its/one's age, to become dated, to patinate, to become coated with a patina

... Natürlich ist die Heike immer noch gewinnend und kokett. Aber ihre Anziehungskraft hat doch (ein wenig) Patina angesetzt. Früher war sie einfach unwiderstehlich.

partout: partout (nicht) wollen/... *ugs* · absolutely (not) to want/to be determined/... to do s.th.

... Wenn der Junge partout nicht lernen will, nehmen wir ihn eben von der Schule runter und stecken ihn in die Lehre!

patria: ubi bene, ibi patria *lit selten 'wo (es) (einem) gut (geht), da (ist) (das) Vaterland'* · ubi bene ibi patria, wherever I feel well is my home *para*

Gefällt dir das Leben in Südspanien? Ausländer bleibt man ja immer, solange man da auch lebt ... – Ich habe ja meinen Beruf; die Arbeitsbedingungen sind ausgesprochen gut; finanziell kann ich nicht klagen. (Da gilt also): Ubi bene, ibi patria.

Patrimonium: das Patrimonium Petri *jur – kath Kirche* · the Patrimonium Petri, the Papal possessions

... Wie groß ist das Patrimonium Petri heute noch? – Nun, der ehemalige Kirchenstaat ist ja auf den relativ kleinen Vatikan/Vatikanstaat zusammengeschmolzen, und wieviel von dem einst riesigen Grundbesitz der Römischen Kirche sonst noch übriggeblieben ist – wer weiß?

Patriot: ein glühender Patriot (sein) *path veraltend* · to be a fervent/ardent/(...) patriot

... Schon der Begriff 'Vaterlandsliebe' wirkt verstaubt, Peter! Und 'Patriotismus'? – das scheint mir fast schon negativ! – Hm! ... Dann ist ein glühender Patriot für dich wahrscheinlich so etwas wie ein Fanatiker oder Irrer, was? – Kennst du jemanden, der heute 'heiße' oder eine 'leidenschaftliche Liebe' zu seinem Vaterland hat?

Patron: ein gemeiner/unverschämter/sauberer/... Patron (sein) *sal* · (to be) a nasty/unpleasant/... customer, (to be) a nasty piece of work

Mann, ist dieser Boll ein unverschämter Patron! – Was hat er sich denn jetzt schon wieder geleistet? – Der behandelt die Leute, sag' ich dir – wie den letzten Dreck. Heute morgen ...

ein übler/(...) Patron (sein) *sal* – ein (ganz) übler **Kunde** sein · (to be) a nasty piece of work, (to be) a nasty customer

Patrone: kämpfen bis zur/auf die letzte Patrone *ugs – path selten* – kämpfen bis auf's **Messer** · to fight to the bitter end

Patrouille: Patrouille gehen/fahren/auf ... sein *mil* · to go on patrol

... Ist das überhaupt noch sinnvoll, jede und jede Nacht hier Patrouille zu fahren? – Du meinst, weil wir seit Wochen keinen Verdächtigen mehr sehen/finden? – Ja. Militärische Erkundungen sind doch keine Vergnügungsspaziergänge!

Patsche: in die Patsche geraten/(kommen) *sal selten* · to get into trouble, to get into a fix, to get into a tight spot

... Durch die plötzliche Krise in der Stahlindustrie ist er in die Patsche geraten. Jetzt weiß er nicht mehr, wie er seine Kredite zurückzahlen soll. Eine verflixt dumme Situation.

jm. aus der Patsche helfen *sal* · 1. 2. to help (s.o.) out *n*, 1. to give/to lend s.o. a hand *n*, 2. to get s.o. out of a tight spot *coll*

1. Kann ich Ihnen aus der Patsche helfen? Ich vermute, Ihr Wagen funktioniert nicht. Ich bin Mechaniker. – Sie sind unser rettender Engel!
2. In den vergangenen Jahren hatte ich mehrere Male kein Geld, um die Arbeiter zu bezahlen, denn die Wirtschaftslage war auch in unserer Branche äußerst angespannt. Doch mein Schwiegervater hat mir jedes Mal aus der Patsche geholfen.

aus der Patsche (wieder) heraussein *sal* · to be out of a tight spot/an awkward situation/trouble/... *coll*

... Natürlich haben wir unter dem Konkurs zweier unserer besten Kunden zu leiden! Und wie! Wir sind zur Zeit in einer äußerst dummen Lage, und es wird Monate dauern, ehe wir aus der Patsche wieder heraus sind.

jn. in die Patsche reiten/(bringen) *sal selten* · to land s.o. in it *coll*, to drop s.o. in it *coll*

... Die Gummilieferanten haben ihn in die Patsche geritten! Die haben die Liefertermine nicht eingehalten; er konnte deshalb einen riesigen Auftrag für Siemens nicht durchführen – die haben die Sachen dann woanders gekauft – und saß dann da mit den halbfertigen Produkten, wurde sie nicht los.

in der Patsche sitzen *sal* · 1. 2. to be in trouble *n*, to be in a tight spot *coll*, to be in a (real/...) fix *n*, to be in dire straits *n*

1. ... Mensch, der Wagen läuft nicht mehr. Und das in dieser gottverlassenen Gegend! Da sitzen wir aber ganz schön in der Patsche!
2. Sein Haus wurde fast doppelt so teuer, wie er geplant hatte, und er weiß nicht, wo er das Geld herbekommen soll. So in der Patsche gesessen hat er noch nie.

jn. aus der Patsche ziehen *sal* · 1. 2. to help s.o. out *n*, to get s.o. out of trouble *n*, to help/to get/... s.o. out of a tight spot *coll*

1. ... Da sind wir aber in eine verflixt dumme Lage geraten: hier mitten in den Bergen, weitab von jeder Werkstatt, abends spät ein Motorschaden. Wer wird uns jetzt aus der Patsche ziehen?
2. Die Krise in der Stahlindustrie hat den Paul in eine sehr schwierige finanzielle Lage gebracht. Hoffentlich kann ihn sein Schwiegervater aus der Patsche ziehen; der ist ziemlich reich.

patschnaß: patschnaß sein/werden/... *ugs* – triefend **naß** sein/werden · to be/to get/... soaking wet

Patzer: ein (böser) Patzer *ugs* – (eher:) ein (dicker) **Fehler** · a serious/glaring/disastrous/... mistake/error

Pauke: (mächtig/kräftig/anständig/...) auf die Pauke hauen *ugs* – *path* · 1. 2. to blow one's own trumpet, 2. to brag about s.th., 3. to kick up a fuss, to kick up a stink, to thump the table

1. Auf dem Parteitag in Hamburg hat der Kanzler wieder einmal mächtig auf die Pauke gehauen. Zunächst hat er auf die Linken in der eigenen Partei gewettert; dann hat er sich gegen die Opposition vorgeknöpft; und am Ende hat er dann die Leistungen der Regierung mit einem Pathos geschildert ...
2. Der Anton hat einmal wieder tüchtig auf die Pauke gehauen, gestern. – Womit hat er es denn schon wieder angegeben/geprahlt? Wieder mit der Jacht, die sein Vater hat? *seltener*
3. ... Das würde ich mir an eurer Stelle nicht länger bieten lassen! Ihr müßt mal auf die Pauke hauen: anständig Krach schlagen, eure Forderungen schriftlich formulieren, eine Kommission bilden, die ... – So viel Theater! ...

mit Pauken und Trompeten hereinkommen/umherziehen/... *ugs* · 1. 2. to come in/to wander around/... with drums beating and trumpets sounding

1. Mit Pauken und Trompeten zogen sie durch die Innenstadt und feierten das einhundertjährige Bestehen der Kaliwerke.
2. Mit Pauken und Trompeten waren die Anhänger der Hamburger ins Stadion gezogen, hatten geschrien und gejubelt. Aber als ihr Klub 1 : 4 verloren hatte, zogen sie ganz kleinlaut wieder ab. *ugs – path*

mit Pauken und Trompeten durchfallen/(durchrauschen) *ugs – path* – (eher:) mit **Glanz** und Gloria durchfallen/(durchrauschen) · to fail dismally/spectacularly/...

jn. mit Pauken und Trompeten empfangen · to give s.o. a brass-band reception, to give s.o. the red-carpet treatment, to roll out the red-carpet for s.o.

Eine Fußballmannschaft kann man meinetwegen mit Pauken und Trompeten am Bahnhof empfangen. Aber einen Romanschriftsteller?! ...

Paukenschlag: wie ein Paukenschlag einschlagen/kommen/... *ugs – path* – wie der/ein **Blitz** aus heiterem Himmel einschlagen/kommen/... · to be/to come like a bolt from the blue, to be a bombshell

Pause: Pause haben/(es herrscht Pause) *ugs* – **Schaltpause** haben/(es herrscht Schaltpause) · s.o. is stunned/lost for words/speechless, s.o. doesn't know what to say

eine schöpferische Pause einlegen *oft iron* · to take a creative break *para*, to recharge one's batteries

… Jetzt hat der Groß doch schon mehrere Jahre nichts mehr publiziert, nicht? – Ja, er legt ganz offensichtlich eine schöpferische Pause ein. – Ach, du meinst, da kommt bald wieder was Großes? – Was weiß ich!

eine Pause (von … Minuten/…) **einlegen** · to take a 10/20/… minute/half an hour/… break

… Jetzt könnten wir eigentlich eine kleine Pause einlegen, ich würde vorschlagen, so von einer halben Stunde etwa. Da kann jeder eine Kleinigkeit essen oder trinken, sich etwas ausruhen – dann machen wir weiter.

Pech: schwarz wie Pech (sein) – (eher:) **pechschwarz** (1) · to be pitch-black

Pech haben · to be unlucky, to have bad luck

… Entweder hat man Glück – oder man hat Pech; so ist das nun einmal. – Sehr sinnig, mein Guter!

Pech am Arsch haben *vulg selten* – **Pech** an den Hosen/am Hintern **haben** · to have pitch on one's trouser-seat, (simply/…) not to know when it's time to go/leave/… *para*

Pech an den Hosen/am Hintern haben *sal selten* · to have pitch on one's trouser-seat, (simply/…) not to know when it's time to go/leave/… *para*

Wenn du den Schramm einlädst, kommst du vor vier Uhr morgens nicht ins Bett. Dieser Mann weiß gar nicht, was es heißt, zu geeigneter Stunde aufzubrechen. Mein Bruder sagt immer: »Dieser Kerl hat Pech am Hintern.«

Pech auf der ganzen Linie haben/sein *ugs* · to have/to be bad luck from beginning to end, to have/to be bad luck all along the line

… Das ganze Projekt ist von vorne bis hinten schiefgelaufen! – Aus Inkompetenz? – Aber nein! Pech! Ein dummer Zufall nach dem anderen! (Wir hatten/Das war) Pech auf der ganzen Linie!

wie Pech und Schwefel zusammenhalten *ugs* · to stick together through thick and thin, to be as thick as thieves, to be inseparable

Der Ulli und der Heinz halten wie Pech und Schwefel zusammen. Da kann passieren, was will – der eine läßt den anderen nie hängen/(die lassen einander nie im Stich). Das ist schön zu sehen.

vom Pech verfolgt sein *path* · to be dogged by bad luck

… Im letzten Jahr bist du familiär aber auch vom Pech geradezu verfolgt! – Das kann man wohl sagen! Viel schlimmer kann's kaum noch werden.

pechrabenschwarz: pechrabenschwarz *path* – **pechschwarz** (1; u. U. 2) · pitch-black

pechschwarz: pechschwarz · 1. 2. pitch-black

1. Gestern habe ich unseren Schornstein selber sauber gemacht. Du hättest sehen sollen, wie ich aussah: mein Gesicht war pechschwarz.
2. … Die Nacht ist pechschwarz; man sieht die Hand vor den Augen nicht.

Pechsträhne: eine (richtige/…) Pechsträhne (haben) – ≠ eine (richtige/…) **Glückssträhne** (haben) · to have a run of bad luck, to hit a bad patch

Pechvogel: ein Pechvogel (sein) *ugs* · (to be) unlucky *n*, (to be) an unlucky fellow/devil/…, (to be) a walking disaster-area *sl*, (to be) a calamity Jane *woman*

… Ja, es gibt Leute, die haben Glück, und es gibt Leute, die haben eben kein Glück. Pechvögel nennt man die. Und zu dieser Spezies gehört mein Bruder: was der auch anpackt – es geht daneben!

pectore: in pectore *form selten bes kath Kirche* · in pectore

… Ja, in pectore steht der Kardinal für Berlin wohl schon fest; doch wann der Papst seine Entscheidung bekannt gibt, weiß niemand.

Pedal: mit/ohne Pedal spielen/zu viel/… Pedal nehmen *Klavier usw.* · (not) to use the pedals

… Das Beste wäre natürlich, wenn du alle Bindungen ganz ohne Pedal spielen würdest; dann käme der Klang am reinsten heraus.

(kräftig/mächtig/kräftiger/stärker/…) in die Pedale treten *path* · to step on it, to pedal hard

… Jetzt ist es zehn Uhr. Wenn wir rechtzeitig ankommen wollen, müssen wir stärker in die Pedale treten. – Entschuldige, Fritz, schneller kann ich nicht fahren; mein Rad ist kein Rennrad, wie deins.

pede: stante pede zu jm. **eilen/…** *lit path veraltend selten* – stehenden **Fußes** zu jm. eilen/… · to rush off/… to s.o. at once/immediately/there and then/…

per pedes *lit selten mst iron* – per **pedes** apostolorum · on Shanks's pony, on foot

per pedes apostolorum *lit selten mst iron* · on Shanks's pony, on foot

… Wie seid ihr denn dann früher zur Schule gekommen? – Per pedes apostolorum – oder was glaubst du?! Meinst du, die Leute wären jedes Stückchen gefahren, wie heute? Man ging zu Fuß, ohne ein Wort darüber zu verlieren.

Pegasus: den Pegasus/(Pegasos) besteigen/(satteln/reiten) *lit veraltend selten* · to mount Pegasus *rare*

… »Wenn jemand sich entschließt«, rief er plötzlich in die Diskussionsrunde, »den Pegasus zu besteigen und die anderen mit seinen dichterischen Einfällen zu beglücken, dann muß er auch Begabung haben, Inspiration, Genie …«

peilen: etw. peilen *ugs* – ≠ etw. nicht/nichts **peilen** · to twig/to have twigged to s.th., to cotton on/to have cottoned on to s.th.

etw. nicht/nichts peilen *ugs* · 1. not to twig to s.th., not to realise s.th. *n*, not to have cottoned on to s.th., not to have got wise to s.th., not to catch on, 2. to get s.th., to understand s.th. *n*

1. Der Max peilt immer noch nicht, daß seine Freundin fremdgeht.
2. … Na, wie läuft's in der Schule? – Ganz gut, nur in Mathe, da peile ich gar nichts! Formeln und Gleichungen sind für mich böhmische Dörfer!

Pein: die ewige Pein *lit – rel selten* · everlasting punishment, eternal punishment, eternal torment

»Sündiget nun nicht mehr, auf daß ihr der ewigen Pein entgehet!« – so ähnlich könnte Luther sprechen, um die Menschen vor den ewigen Höllenstrafen zu warnen, nicht?

peinlich: peinlich sauber/genau/… (sein) · to do s.th. meticulously/scrupulously/…, to be scrupulously clean, to work s.th. out down to the last detail

… Peinlich genau rechnete er jede einzelne Stunde zusammen, die wir ihm geholfen hatten! – Entsetzlich!

etw. aufs/(auf das) peinlichste befolgen/beachten/… *form path* – etw. aufs/(auf das) **strengste** befolgen/beachten/… · to stick rigidly to s.th., to observe regulations very/… strictly, to follow advice/instructions/… religiously/very closely/…

Peitsche: (seinem Pferd) die Peitsche geben · to whip a horse on

Macht einem Pferd das eigentlich Angst oder Freude, wenn der Reiter ihm die Peitsche gibt? Das würde ich doch gern einmal wissen.

jm. **die Peitsche zu kosten geben** *iron veraltend selten* · to give s.o. a taste of the whip

… Wenn früher ein Schüler nicht gehorchte, gab ihm der Lehrer die Peitsche zu kosten. – Wann, früher, Vater? Das muß doch schon sehr lange her sein.

pêle-mêle: alles ist/steht/liegt pêle-mêle in …/bei …/… *ugs selten* – alles ist/steht/liegt/… bunt/kunterbunt/(wirr) **durcheinander** in/bei … · to lie/to be strewn/… around pell-mell

Pelle: jm. **nicht von der Pelle gehen/rücken** *sal* · 1. to give s.o. no peace *coll*, to keep on pestering s.o. *n*, 2. to stick to s.o. like a leech *n*, not to leave s.o. alone *n*, to stick to s.o. like a burr *n*

1. … Wenn der Kerbach etwas von dir will, geht er dir nicht von der Pelle. – Und wenn ich ihm zu verstehen gebe, daß ich viel Arbeit habe? – Den wirst du so schnell nicht los, ganz egal, was du ihm zu verstehen gibst. Der ist derart aufdringlich …

2. ... Der Otto kann aber auch keinen Schritt allein gehen auf dieser Wanderung! – Wieso das denn nicht? – Die Katja geht ihm nicht von der Pelle. Das Mädchen klebt an ihm wie eine Klette.

jm. auf der Pelle liegen/sitzen/hängen *sal* · to sit right up close to s. o. *coll*
(In einem Zugabteil:) Jetzt rück' doch mal ein bißchen zur Seite, Hartmut! Es gibt doch Platz genug! Merkst du gar nicht, daß du mir die ganze Zeit auf der Pelle liegst? – Ah, entschuldige, Mutter!

jm. mit etw. auf der Pelle liegen/hängen/(sitzen) *sal* · to keep pestering s. o. with s. th. *n*, to get on s. o.'s nerves with s. th. *n*, to keep on at s. o. *n*
Jetzt hängt mir der Böttcher mit seinen Ferienwünschen schon seit einem Monat auf der Pelle. Der will einfach nicht begreifen, daß ... Auf die Dauer ist so ein aufdringlicher und lästiger Kerl unausstehlich.

jm. auf die Pelle rücken *sal* · 1. to lie/to sit/... on top of s. o. *n*, to squeeze up close to s. o. *coll*, 2. to get on to s. o. (about s. th.) *n*, to breathe down s. o.'s neck
1. (Der 10jährige Tobias zu seinem jüngeren Bruder, der im Hotel mit ihm zusammen in einem Bett schläft:) Mensch, Karli, rück' mir doch so auf die Pelle! Ich kann ja gar nicht schlafen, wenn du halb auf mir liegst!
2. ... Nein, das darfst du dir nicht gefallen lassen, Manfred! Wenn er die Zensur nicht ändert, mußt du ihm auf die Pelle rücken. Das ist eindeutig ungerecht. Bei der nächsten Sprechstunde würde ich ihn zur Rede stellen, und zwar energisch drohen ...

Pelz: einem Tier/(jm.) **eins auf den Pelz brennen/knallen** *sal* · to take a pot-shot (at an animal), to shoot at and hit an animal *n*, to singe an animal's hide *n*
... Ich würde das nicht können, den Hasen und Rehen so eins auf den Pelz brennen, nur so aus Vergnügen. Die Tiere täten mir zu leid. – Wenn man richtig schießt, sind sie doch sofort tot.

jm eins auf den Pelz geben *sal selten* · to hit s. o. *n*, to punch s. o. *n*
... Du wirst sehen: wenn der Peter den Aßmann jetzt nicht endlich in Ruhe läßt, gibt ihm der eins auf den Pelz. – Der schlägt? – Das wäre nicht das erste Mal ...

wasch' mir den Pelz und mach' mich nicht naß *ugs* · to want to have one's cake and eat it
Daß wir uns alle mehr anstrengen müssen als bisher, das leuchtet jedem ein. Aber die Freizeit muß dieselbe bleiben. – Wie wollt ihr denn dann mehr arbeiten, wenn die Freizeit dieselbe bleibt? (Das geht nach dem Spruch:) Wasch mir den Pelz und mach' mich nicht naß! Als wenn der Umsatz vom Reden steigen würde!

jm. auf den Pelz rücken/(kommen) *sal* – (eher:) **jm. auf die Pelle rücken** · to lie/to sit/... on top of s. o., to squeeze up close to s. o., to get on to s. o. (about s. th.), to breathe down s. o.'s neck

jm. auf dem Pelz sitzen *sal selten* · to be in s. o.'s hair, to plague s. o., to pester s. o. *n*, to keep on at s. o. (about s. th.) *n*, to harass s. o. *n*
Dieser Moser ist entsetzlich! Wenn der was von einem will, läßt er nicht locker. – Du sollst dich für seine Baugenehmigung einsetzen, nicht? – Ja! Seit Monaten schon sitzt er mir deswegen auf dem Pelz.

jm. (mal/...) **anständig/tüchtig/ordentlich/... den Pelz waschen** *sal selten* · 1. to haul s. o. over the coals, 2. to give s. o. a good hiding
1. vgl. – jm. (mal/...) anständig/tüchtig/ordentlich/... den **Kopf** waschen
2. vgl. – (a.) jm. den **Buckel** vollhauen/vollschlagen

Penaten: sich in seine Penaten zurückziehen *lit veraltend selten* · to turn in, to go to bed *n*
... So, Onkel Heinz, Tante Hilda, ich ziehe mich in meine Penaten zurück. – (Onkel Heinz zur Mutter:) Geht die Doris immer so früh schlafen? – Vielleicht will sie oben in ihrem Zimmer noch etwas lesen.

Penchant: ein Penchant für etw. **haben** *form veraltend selten* · to have a penchant for s. th./s. o.
... Ja, dieser Mann hatte einen Penchant für ganz junge Mädchen, das stimmt! – Schon in der Jugend? Oder hat er diese Neigung erst als älterer Mann entwickelt?

Pendant: ein Pendant (zu etw.) **bilden** *form selten* · to be the counterpart to s. o./s. th., to be the opposite number to s. o./s. th.
Das Pendant zur Syntax des Griechischen von Lommert bildet die lateinische Syntax von Wirth; das ist methodisch das genaue Gegenstück.

als Pendant dienen (zu etw.) *form* · to match s. th., to go with s. th., to complement s. th.
... Als Pendant zu den braunen Fenstervorhängen könnte ein braunbeiger Vorhang vor der Zwischentür dienen. – Willst du das Zimmer braun einrahmen?

Pendel: das Pendel (des/der/...) schlägt in die/eine andere/zur anderen/... Richtung/nach der entgegengesetzten Seite **(aus/um)** · the pendulum is swinging to the other side/in the other direction/...
Man hat den Eindruck, daß die 'Epoche der Linken' passé ist. Das Pendel schlägt offensichtlich wieder in die andere Richtung um. In vielen Kreisen ist es zurzeit Mode, konservative Ideen von sich zu geben.

Pension: in Pension sein – in/(auf) **Rente** sein · to be a pensioner, to have retired, to be drawing one's pension

bei jm. **in Pension sein**/wohnen/(leben/...) *form veraltend* · to board with s. o.
Wohnen bei der Frau Müller eigentlich immer noch Leute in Pension? – Ja, sie hat nach wie vor drei Zimmer vermietet. – Wohnen und volle Verpflegung? – Ich glaube, nur Frühstück.

halbe Pension nehmen/wählen/... *form selten* · to take/... half board
(Die Wirtin zu einem neuen Gast:) ... Halbe Pension, das heißt, Sie möchten neben Frühstück noch das Mittagessen? – Nein, das Abendessen; tagsüber werde ich unterwegs sein.

volle Pension haben/wählen/nehmen/... *form selten* – (eher:) **Vollpension** haben/wählen/nehmen/... · to have/to choose/to take/... full board

Pension beziehen *form* · to draw a pension
... Natürlich bezieht Onkel Rudolf seit drei Jahren eine stattliche Pension. Aber ich denke, ein solches 'Ruhegeld' hat er in seinem Alter mehr als verdient; er hat dafür schließlich 38 Jahre hart gearbeitet.

in Pension gehen · to retire
Wenn mein Vater nächstes Jahr in Pension geht, ziehen meine Eltern bestimmt aufs Land. – Ist der Vater denn schon 64? – 62. Er läßt sich vorzeitig pensionieren.

jn. in Pension schicken *ugs* · to pension s. o. off, to put s. o. out to grass
... Aber Sie können den Mann doch nicht mit 51 Jahren in Pension schicken! – Wenn er nur Murks macht, muß er ersetzt werden; und da wir ihn nicht entlassen können, bleibt kein anderer Weg, als ihn vorzeitig zu pensionieren.

pensionieren: sich pensionieren lassen – in **Pension** gehen · to retire, to be pensioned off

Pensum: ein großes/tägliches/... Pensum (zu) erledigen/(...) (haben)/sein Pensum machen/... · to do one's allotted task, to do one's (daily/...) quota, to do one's (daily/...) stint
... Wenn ich nicht täglich mein Pensum mache, werde ich mit dieser Arbeit nie fertig! Wer sich nicht zwingen kann, jeden Tag ein bestimmtes Quantum zu erledigen, darf keine Wörterbücher machen.

Pep: Pep haben/etw. mit/ohne Pep sein *Neol sal selten* · to be full of pep/life/zip/..., to have flair
(Die Tochter, bei einer Musikshow im Fernsehen:) Dieser Song hat Pep, das mußt du zugeben! – (Der Vater:) Was hat der? – Pfiff, Schwung! – Ach, so!

periculum: periculum in mora *lit selten* · there is danger in delay *tr*, there is danger threatening/looming/... *n*, danger is imminent *n*
... Hör' dir diesen Mann an: 'periculum in mora!' – Er will zeigen, daß er Latein kann. – Natürlich. Aber wenn er 'Gefahr im Verzug' sagen würde, hätte das den Vorteil, daß ihn jeder verstünde.

Perle: eine Perle sein *path* · to be a jewel
Eure Margreth ist eine richtige Perle: hübsch, charmant, immer gut gelaunt, freundlich, hilfsbereit … Auf eine solche Tochter könnt ihr stolz sein.

jm. **fällt keine Perle aus der Krone** (wenn/…) *ugs* · it won't hurt him/… to …, it won't do him/… any harm to …, it's no skin off his/… nose if … *coll*
… Natürlich ist eine solche Arbeit nicht sehr angenehm für einen Menschen, der den ganzen Tag am Schreibtisch zu sitzen pflegt! – Dem Tobias fällt keine Perle aus der Krone, wenn er einmal mit Schippe und Hacke arbeitet. Ist der etwa was Besseres als wir?

Perlen auf einen Faden ziehen – **Perlen** auf eine Schnur reihen/ziehen · to string pearls

(etw. tun, heißt/…) **Perlen vor die Säue werfen** *sal* · to do s.th. is like casting pearls before swine
… Vor diesen Banausen soll der Ernst ein paar Beethoven-Sonaten spielen?! Ich glaube, euch ist es nicht gut! Er wird doch keine Perlen vor die Säue werfen/Hier Beethoven spielen, das wäre Perlen vor die Säue werfen/Diesen Leuten Sonaten vorspielen heißt Perlen vor die Säue werfen/…

Perlen auf eine Schnur reihen/ziehen · to string pearls
… Reiht man eigentlich die Perlen heute noch mit der Hand auf eine Schnur? – Welche Perlen? Echte perlmutterne oder künstliche? …

nach Perlen tauchen · to pearl-dive, to dive for pearls
… Seltsam, Jahre und Jahre nach Perlen zu tauchen – und keine Perle zu haben! – Ja, vielen Perlentauchern ging es wie so vielen Goldgräbern; sie waren ihr Leben lang Sklaven für andere.

Permanenz: in Permanenz tagen/(…) *oft iron* · to sit continuously, to be in permanent session
(Vor einer Sitzung; A zu B:) Aber ihr werdet doch irgendwann Mittag essen! Oder habt ihr vor, heute in Permanenz zu tagen?

perpetuum: in perpetuum *lit selten* – für alle **Zeiten** (2) · in perpetuity, for ever

perpetuum mobile *form* · a perpetuum mobile, a perpetual motion machine
… Das wär' natürlich prima, wenn es so ein perpetuum mobile in der Tat gäbe! Aber wie soll etwas bewegen – und dazu noch immer –, wenn es nicht mit Energie gespeist wird?!

Persilschein: jm. einen Persilschein ausstellen *sal Neol* · to give s.o./… a clean bill of health *n*, to whitewash s.o. *n*, to give s.o./… a certificate testifying to s.o.'s innocence, to give s.o./… a certificate of blamelessness, to give s.o./… a certificate of denazification *hist*
… Und wenn sie alle erklären, daß der Bunse unschuldig ist, und ihm das obendrein auch noch schriftlich bestätigen – er bleibt schuldig. Die stellen ihm jetzt einen Persilschein aus, das ist doch klar. Oder hast du schon einmal eine Partei gesehen, die öffentlich zugibt …

Person: die Ehrlichkeit/der Anstand/… in Person sein – etw. **durch und durch** sein/ein durch und durch … sein/ein … durch und durch sein (1) · to be honesty/decency itself

… **und … in einer Person sein** · s.o. is … and … rolled into one, s.o. is both … and …, s.o. is … and … in one
Gestern hat du mir euren Kassenwart vorgestellt – den Herrn Kreuzner. Heute macht mich der Felix mit eurem neuen Trainer bekannt – wieder der Herr Kreuzner. – Ja, er ist Trainer und Kassenwart in einer Person.

in eigener Person (etw. tun) *form selten eher: persönlich* · (to do s.th.) in person
… Der alte Dr. Flitner kam in eigener Person, um mit Vater wegen des Grundstücks zu verhandeln. Das hätte ich nie gedacht, daß der alte Herr solche Dinge noch selbst macht.

in höchsteigener Person (etw. tun) *iron* – in eigener **Person** (etw. tun) · (to do s.th.) in person

ich für meine/(du für deine/…) **Person** *path* · I for my part, personally, I …, as far as I am concerned
… Und du, Grete, bist du für oder gegen den Antrag? – Ich für meine Person bin dagegen; aber ich akzeptiere und verstehe, wenn jemand dafür ist.

natürliche Person *jur* · natural person
… Ob der Junge arm ist oder reich, spielt in diesem juristischen Zusammenhang keine Rolle, Alfons: nach europäischer Vorstellung – und nicht nur nach europäischer – kann jeder Mensch von der Volljährigkeit an als natürliche Person, d. h. als Rechtsträger fungieren.

pro Person ist/macht das/… · that makes/comes to/… 3/10/… books/… per person/per capita/per head
… 45 Geschenkbücher – 15 Schüler – 3 Bücher pro Person. Das ist eine ganze Menge!

die Person von der Sache trennen (müssen) · to (have to) distinguish between a person and his function
… Natürlich ist mit dem Hausmann persönlich schwer auszukommen! Aber er leistet hervorragende Arbeit, und das muß man anerkennen. Du mußt die Person von der Sache trennen, Albert.

jn. **zur Person vernehmen** *jur* · to question s.o. concerning his identity, to ask s.o. his particulars
Darf ein Richter, wenn er jemanden zur Person vernimmt, eigentlich alles fragen? – Natürlich nicht. Den Angeklagten nur nach dem Namen, dem Alter, der Adresse und dem Beruf, den Zeugen, ob er mit dem Angeklagten verwandt oder verschwägert ist.

persona: in persona (erscheinen/…) *lit selten* – in eigener **Person** (etw. tun) · to appear/… in person

persona grata (sein) *jur Pol* · (to be) persona grata
… Klar, als Diplomat/Botschafter/Gesandter/… muß er von dem Land, in dem er sein eigenes Land vertritt, offiziell als persona grata anerkannt werden; sonst kann er für den Posten nicht zugelassen werden.

persona non grata/ingrata (sein) *jur Pol* · (to be) persona non grata
… Die rumänische Botschaft scheint in diese Spionageaffäre verwickelt zu sein – jedenfalls wurden der Botschaftsrat und der Presseattaché zur persona non grata erklärt; sie müssen unser Land innerhalb von 48 Stunden verlassen.

(jn. **zur**) **persona ingrata** (erklären) *jur Pol* · to declare s.o. persona non grata
… Wenn die Regierung den iranischen Botschafter in der Tat zur persona ingrata erklärt hat, muß er das Land verlassen; das gehört zu den internationalen Spielregeln.

Personalien: seine Personalien angeben *form* · to give (the police/…) one's particulars
… Du hast das Recht, von einem Polizisten zu verlangen, daß er sich als Polizist ausweist. Aber deine Personalien mußt du angeben, wenn er dich dazu auffordert; da kommst du nicht dran vorbei. – Und wenn ich keinen Paß bei mir habe?

js. **Personalien aufnehmen** *form* · to note/to take down/… s.o.'s particulars
Ein Polizist zu dem Chauffeur eines Wagens, den er wegen zu hoher Geschwindigkeit angehalten hat:) Es bleibt mir leider nichts anderes übrig, als ihre Personalien aufzunehmen und Anzeige zu erstatten. Das ist meine Pflicht. Darf ich also um ihre Papiere bitten?

Personalunion: … in Personalunion *form* · to be … and … at the same time, to hold the post of … and …, to be Prime Minister/… and Foreign Minister/… in one
… Präsident und Premierminister in Personalunion – nein, das ist nicht das Gegebene; die beiden wichtigsten politischen Ämter sollten nach der Verfassung personell getrennt sein.

Personenkult: (mit jm.) Personenkult treiben *form bes Pol* · to build up a personality cult (around s.o.)
… Wie du weißt, war es in den kommunistischen Parteien verboten, (mit den Parteiführern/…) Personenkult zu treiben! – Wahrscheinlich deswegen, weil die Tendenz, den Herrschenden zu viel Spielraum, Macht und Glanz zu geben, ohnehin viel zu stark war – als Gegengewicht also.

persönlich: etw. (nicht) persönlich meinen/nehmen/auffassen/ (…) · 1. 2. (not) to take/intend/mean/… s.th. personally
1. Wenn der Rainer gesagt hat: 'eine Frau muß kochen können', hat er das doch nicht persönlich gemeint! – Natürlich hat er das! Er wollte mir zu verstehen geben, daß ich eine schlechte Köchin bin! – Nein, er meinte das ganz allgemein.

2. ... Du mußt nicht alles persönlich nehmen, Beate. Der Rainer hat dich doch nicht gemeint (als er von der mangelnden Kochkunst vieler Frauen sprach).

persönlich werden *ugs* – persönlich **werden** · to get personal

Pest: faul wie die Pest sein *sal* – vor **Faulheit** stinken · to be bone-idle

jn./etw. **hassen wie die Pest** *ugs* – *path* · 1. to hate s.o.'s guts *sl*, to loathe s.o. *n*, 2. to detest/to hate/to loathe (doing) s.th.
1. Hast du von dem Bernd schon einmal ein einziges positives Wort über die Ingrid gehört? – Nein, in der Tat nicht. Im Gegenteil: auch bei mir schimpft er auf sie, das ist schon gar nicht mehr schön. Im Grunde haßt er sie – haßt er sie wie die Pest.
2. Ich hasse es wie die Pest, bei Regen spazieren zu gehen!

jn./etw. **meiden wie die Pest** *sal* – *path* · to avoid s.o./s.th. like the plague *n*
... Der Grieber hat jetzt schon mehrere Male hintenherum gegen meinen Bruder intrigiert; seitdem meidet der ihn wie die Pest. Er kann dieses heuchlerische und katzenfreundliche Gesicht einfach nicht mehr sehen.

stinken wie die Pest *sal* · to stink to high heaven *coll*, to stink something rotten
... Du stinkst ja wie die Pest, Junge! Hast du wieder in die Hose gemacht? – Mama, ich mußte ... – Aber da kann man doch was sagen, du Schwein!

sich die Pest an den Hals ärgern *sal* – *path* · to really/... saddle/lumber o.s. with s.th.
... Mit diesem verfluchten Hausbau habe ich mir schon die Pest an den Hals geärgert! Hätte ich vorher gewußt, daß das derart viele Unannehmlichkeiten und Scherereien gibt, hätte ich die Finger davon gelassen.

jm. **die Pest an den Hals wünschen** *sal path od. iron selten* · to wish s.o. would drop dead, to wish a plague on s.o.
... Der Kreitel tut ihm derart übel mitgespielt, der kann meinetwegen an seiner Nierengeschichte zugrunde gehen. – Das ist ja nicht gerade christlich, den anderen die Pest an den Hals zu wünschen!

Peter: jm. den schwarzen Peter zuspielen/(zuschieben) *ugs* · 1. 2. to pass the buck (to s.o.), 2. to leave s.o. holding the baby
1. ... Wer will schon die Verantwortung dafür übernehmen, daß in dieser herrlichen Landschaft ein Chemiewerk gebaut wird? Deshalb versucht der eine, dem anderen den schwarzen Peter zuzuspielen. Die Stadt erklärt, die Landesregierung habe das angeregt; die Landesregierung weist darauf hin, die Kreisstadt Mörs habe darum nachgesucht ...
2. ... Wenn du meinst, bei der Entscheidung wäre das Risiko minimal – dann mach' du das doch! – Jetzt willst du mir den schwarzen Peter zuspielen, was? Wer hat denn den Plan ausgeheckt, du oder ich?

Petersilie: jm. ist (gründlich/...) **die Petersilie verhagelt** *ugs veraltend selten* · the bottom has fallen out of s.o.'s world, + s.o. looks down in the dumps
Dem Schubert ist ganz schön die Petersilie verhagelt. Er hatte geglaubt, er könnte uns mit seinen Versprechungen dazubringen, ihn zum Vorsitzenden zu wählen – und da bekommt er von 42 Leuten ganze 7 Stimmen. Das muß ihn arg getroffen haben. – Der war maßlos sauer.

aussehen/..., **als wäre einem die Petersilie verhagelt** *ugs veraltend selten* – aussehen/..., als wäre einem die **Butter** vom Brot gefallen · to look as if the bottom has dropped out of one's world, to look shocked, to have a long face

Petrus: Petrus meint es gut/hat es gut gemeint/... mit jm. *ugs* · the clerk of the weather is on our/... side *rare*
(Morgens vor einer längeren Reise:) Na, Petrus scheint es ja heute gut mit uns zu meinen. Regnen wird es jedenfalls bestimmt nicht.

da/... stand/...(...) Petrus Pate *ugs selten* · the weather was/... kind to us/..., the weather was/... in my/our/... favour, St. Peter was on your/... side *rare*
... Ringsherum hat es gebrannt, sagst du, nur in deinem Wald nicht? Da hast du aber Schwein gehabt; da stand Petrus Pate! – Wahr-

scheinlich; denn auch der Wind konnte nicht günstiger stehen, um das Feuer in die andere Richtung zu treiben.

petto: etw. (noch) in petto haben *ugs* · to have s.th./plans/schemes/... up one's sleeve
Ich weiß nicht, ob der Fricke noch irgendwelche geheimen Pläne und Absichten in petto hat. Gesagt hat er jedenfalls nichts. – Und wie kann man das herauskriegen?

peu: peu à peu *selten* – (so) **nach** und nach · little by little, bit by bit

Pfad: ein dorniger Pfad (sein) *path selten* · (s.th. is) a thorny path, (s.th. is) a difficult path, (s.th. is) a path strewn with difficulties
... Das ist ein weiter, schwieriger Weg, bis du so weit bist, Junge – ein dorniger Pfad. Zuerst eine harte Grundausbildung von vier Jahren, dann zwei Jahre Praxis; danach fängst du als einfacher Lehrling an ...

jn. **vom rechten Pfad abbringen** *form selten* – jn. vom rechten **Weg** abbringen · to lead s.o. astray

vom rechten Pfad abkommen *form selten* – auf die schiefe/(abschüssige) **Ebene** geraten/(kommen) · to go astray, to get into bad ways, to stray from the straight and narrow

vom Pfad der Tugend abweichen *path od. iron selten* – den **Pfad** der Tugend verlassen · to stray/to wander from the path of virtue

den Pfad der Tugend verlassen *path od. iron selten* · to stray/to wander from the path of virtue
... Gnädige Frau, es tut mir in der Seele weh, Ihnen das sagen zu müssen: Ihre Tochter hat den Pfad der Tugend verlassen – sie lebt mit einem geschiedenen älteren Mann in einer Kellerwohnung im Norden der Stadt.

den/auf dem Pfad der Tugend wandeln *path od. iron* · to keep to the path of virtue
... Wenn ein Mädchen immer auf dem Pfad der Tugend wandelt – wie hier unsere Christa –, dann kann man mit Sicherheit annehmen, daß sie eine treue Gattin und fürsorgende Mutter sein wird. – (Christa:) Du hältst mich ja offensichtlich für ein ziemlich lockeres Mädchen, wenn du dich so über mich mokierst ...

jn. **auf den Pfad der Tugend zurückführen/(zurückbringen)** *path od. iron selten* – jn. auf den rechten **Pfad** zurückführen · to get s.o./to put s.o./... back on the straight and narrow

jn. **auf den rechten Pfad zurückführen** *form selten* · to get s.o./to put s.o./... back on the straight and narrow
... Unsere Marlies fängt an, mir Sorgen zu machen. Seitdem sie mit dieser Clique um den Gerd Knapp umgeht, kommt sie immer mehr auf die schiefe Ebene, und ich weiß gar nicht, wie man sie auf den rechten Pfad zurückführen könnte.

die ausgetretenen Pfade verlassen *form selten* · to leave the well-trodden tracks
... Wir müssen die ausgetretenen Pfade verlassen, rief er aus, neue Wege gehen! Wenn wir uns weiterhin nur in gewohnten Bahnen bewegen, werden wir die Schwierigkeiten nie meistern!

auf/(in) ausgetretenen Pfaden wandeln *form selten* · to stick to/stay on/... the well-trodden paths
Wenn der Brauer in seiner Branche wirklich weiterkommen will, kann er nicht auf ausgetretenen Pfaden wandeln; dann muß er sowohl in der Produktion wie in der Vermarktung völlig neue Wege gehen.

auf krummen Pfaden wandeln/(gehen) *form selten* · to have got into crooked ways, to pursue crooked ways, to go off the straight and narrow
... Ich habe mir erzählen lassen, daß euer Erich auf krummen Pfaden wandelt. – Der Erich? – Ja, er soll Mitglied einer Gruppe sein, die berufsmäßig Pässe fälscht.

Pfahl: (jm./für jn.**) ein Pfahl im Fleisch(e) (sein)** *path veraltend selten* · 1. to be excruciatingly/... painful, 2. to be a bitter/terrible blow to s.o.
1. ... Das sind Schmerzen, sag' ich dir – ein Pfahl im Fleisch! Ich hätte nie geglaubt, daß man im Bein solche Schmerzen haben kann.

2. ... Daß ihr Sohn vor aller Öffentlichkeit des Diebstahls angeklagt wird, ist für die alte Frau natürlich ein Pfahl im Fleische. Man sieht es ihr geradezu an, wie sehr sie darunter leidet.

in seinen (eigenen) vier Pfählen (sein/...) *ugs veraltend selten* – in seinen (eigenen) vier **Wänden** sein/leben/wohnen/... · to live/... in one's own four walls

sich/(nur) in seinen (eigenen) vier Pfählen wohlfühlen/... *ugs veraltend selten* – sich (nur) in seinen eigenen vier **Wänden** wohlfühlen/(...) · to be happy/to feel comfortable/... (only) in one's own four walls *para*

Pfand: etw. (für etw.) **als Pfand geben** · to give s.o. s.th. as security for s.th., to pledge s.th.
... Wenn du uns in der Tat 10.000,– Mark leihen willst ... – soll ich dir den Schmuck von Helga als Pfand geben? – Du bist ja verrückt, Hermann! Ich will doch nicht, daß ihr mir jetzt für die Pfennige einen Gegenwert als Sicherung gebt!

etw. (für etw.) **als/(zum) Pfand nehmen** · to take s.th. as security (for s.th.)
... Der Hermann will dir die 10.000,– Mark so leihen, nur auf Vertrauen, ohne Sicherheiten, ohne zum Beispiel etwas als Pfand zu nehmen? – Ich hab' ihm deinen Schmuck als Pfand angeboten. Er hat entrüstet abgelehnt.

Pfandhaus: etw. **ins Pfandhaus bringen** *ugs veraltend* · to hock s.th., to pawn s.th.
... Schließlich bringen die Eltern noch ihren Schmuck ins Pfandhaus, um die Pfennige für die Klassenfahrten der Kinder zusammenzukratzen/sich ... zu leihen?! Ich weiß gar nicht, was eure Lehrer sich denken: 14 Tage nach Rom! ...

Pfandleihe: etw. **auf die Pfandleihe bringen** *ugs veraltend selten* – (eher:) etw. ins **Pfandhaus** bringen · to pawn s.th.

Pfanne: etw. **auf der Pfanne haben** *sal selten* · to have s.th. up one's sleeve
... Der Otto schaut so verschmitzt drein, der hat bestimmt wieder irgendeine Überraschung auf der Pfanne ... Komm', Otto, rück' raus! Hast du einen neuen Witz auf Lager oder willst du ein Ding drehen?

ein Ei/ein Kotelett/... in die Pfanne hauen *ugs* · to chuck an egg/a chop/... into the pan
Tag, Wolfram ... Du hast doch bestimmt auch noch nicht abend gegessen, oder? – Nein, aber ... – Warte, ich hau' uns rasch ein paar Eier in die Pfanne. Das ist im Nu gemacht. Du ißt doch Spiegeleier? ...

jn. in die Pfanne hauen *sal* · 1. to wipe the floor with s.o., to thrash s.o., to massacre s.o., to hammer s.o., to piss on s.o. *vulg*, to beat s.o. hollow, to run rings round s.o. *coll*, 2. to make mincemeat of s.o., to settle s.o.'s hash, to land s.o. in it *coll*
1. ... Und? Wie ist das Spiel ausgegangen? – Mit 10 : 1 haben sie die Kölner in die Pfanne gehauen. – Da waren unsere Leute ja in Superform, was?
2. Dieser verdammte Griebmann! Da hat der doch schon wieder eine Intrige beim Chef gegen mich gestartet. Wenn ich diesen Kerl doch mal so richtig in die Pfanne hauen könnte! So, daß wenigstens für einige Zeit nichts von ihm übrig bliebe.

du/der Peter/... hast/hat/... wohl die Pfanne heiß! *sal Neol selten* · you/he/John/... must have a screw loose
... Hey, zieh' die Schuhe aus! Du kannst doch nicht mit diesen Drecklatschen über den Teppich marschieren! Du hast wohl die Pfanne heiß!

in die Pfanne treten *ugs selten* – (bei jm.) ins **Fettnäpfchen** treten (1) · to put one's foot in it

Pfannkuchen: aufgehen wie ein Pfannkuchen *sal* · 1. 2. to balloon out
1. vgl. – (stärker als:) **auseinandergehen** (1)
2. vgl. – kugelrund **werden**

platt sein wie ein Pfannkuchen *sal selten* – (ganz) (einfach) **baff** sein · to be flabbergasted, to be dumbfounded

Pfarrer: das kann j. halten wie Pfarrer Aßmann *sal selten* – das kann j. halten wie ein **Dachdecker** · s.o. can do what he likes

Pfarrerstöchtern: unter uns (katholischen) **Pfarrerstöchtern** *unter uns Frauen/Mädchen sal veraltend selten* – unter uns **Pastorentöchtern** · between you, me and the gatepost

Pfau: einherstolzieren/(...) wie ein Pfau *ugs path* – herumstolzieren/(...) wie der/(ein) **Hahn** auf dem Mist · to strut around like a peacock

aufgedonnert wie ein Pfau *ugs path* · to be (all) dolled up, to be tarted up, to be all ponced up *sl*
War die Roslinde auf dem Ball wieder so pompös gekleidet? – Und ob! Aufgedonnert wie ein Pfau – oder, genauer: geschminkt und zurechtgeputzt wie eine Kokotte!

eitel wie ein Pfau (sein) *path selten* · (to be) as vain as a peacock
... Eingebildet? Das ist gar kein Ausdruck! Eitel wie ein Pfau ist die! So ein eitles Persönchen ist mir selten unter die Augen gekommen.

sich spreizen wie ein Pfau *path selten* · to strut around like a peacock, to plume o.s.
Spreizt die Monika Albers sich immer so wie ein Pfau? So etwas Eitles und Geziertes – das hält man ja nicht aus!

Pfeffer: etw. **brennt/ist scharf wie Pfeffer** · to be as hot as pepper
Mensch, diese Paprikaschoten brennen wie Pfeffer! – Weil sie mit Pfeffer zubereitet sind, du Schlauberger!

es gibt Pfeffer *mil – sal selten* – es gibt **Kattun** · things are really/... going to get hot, sparks are going to fly

jm. (anständig) Pfeffer geben *sal selten* · to put a bomb under s.o., to push s.o. *n*, to keep on at s.o. *n*
Wenn du dem Ernst nicht anständig Pfeffer gibst, tut der nichts. Hinter dem muß immer einer mit der Peitsche stehen.

jm. Pfeffer unters Hemd blasen *sal selten* – jn. (sanft/...) vors/(vor das) **Schien(en)bein** treten · to twist s.o.'s arms (to make him do s.th.)

Pfeffer im Hintern/Arsch haben *sal* – **Quecksilber** im Hintern/(Leib) haben · to have (a lot of) go, to have a lot of zap

jm. Pfeffer in den Hintern pusten *sal selten* – jn. (sanft/...) vors/(vor das) **Schien(en)bein** treten · to twist s.o.'s arms (to make him do s.th.)

j. soll bleiben/(hingehen/...), wo der Pfeffer wächst *sal veraltend* · s.o. can go to hell, s.o. can take a running jump, s.o. can get lost
Die Doris will dich heute nachmittag besuchen. – Die soll bleiben, wo der Pfeffer wächst! – Wie? – Na, wo es mir schon mal herausgerutscht ist: ich bin froh, wenn ich die nicht sehe.

jn. dahin wünschen, wo der Pfeffer wächst *sal veraltend* · to wish that s.o. would go to hell
... Haben die beiden sich wirklich so zerstritten, daß man mit einer Scheidung rechnen muß? – Ob es zu einer Scheidung kommt, weiß ich natürlich nicht. Aber im Augenblick wünscht der eine den anderen dahin, wo der Pfeffer wächst.

ein Pfeffer- und Salzmuster/Pfeffer und Salz *von Stoffen: dunkel- und hellgesprenkelt; d.h.: bes. braune und helle Punkte* · a salt-and-pepper design
Was für eine Farbe willst du denn wählen für deinen neuen Anzug? – Die Hose, beige – ein helles Beige; die Jacke, Pfeffer und Salz. – Muß die Hose dann knallgelb sein?

pfeffern: jm. **eine pfeffern** *sal* – jm. eine **Ohrfeige** geben · to slap s.o.'s face jm. **ein paar pfeffern** *sal* – jm. ein paar **Ohrfeigen** geben · to give s.o. a clip round the ears

Pfeife: eine Pfeife (sein) *sal* · 1. (to be) as dull as ditchwater, 2. (to be) a loser/washout/clot/...

1. vgl. – eine trübe **Tasse** (sein)
2. vgl. – eine **Flasche** (sein)

nach js. Pfeife tanzen *ugs* · to dance to s.o.'s tune
Euer Chef, habe ich mir erzählen lassen, scheint ja ein ziemlich scharfes Regiment zu führen. – Und ob! Bei dem gibt's keinen Widerspruch. Wer nicht nach seiner Pfeife tanzt, wird an die frische Luft gesetzt.

mit Pfeifen und Trompeten hereinkommen/umherziehen/... *ugs selten* – mit **Pauken** und Trompeten hereinkommen/umherziehen/... · to come in/to wander around/... with drums beating and trumpets sounding

pfeifen: ich pfeife/du pfeifst/... **auf** etw. *sal* · s.o. doesn't give a damn (about s.o./s.th.), s.o. couldn't care less (about s.o./s.th.) *coll*, s.o. doesn't give a shit (about s.o./s.th.) *vulg*, s.o. can keep his car/...
Der Kurt sagt, wenn es unbedingt sein muß, dann kann er dir den Wagen heute auch für anderthalb Stunden leihen. – Wenn er sich so anstellt – ich pfeife auf seinen Wagen. Ich fahr' mit dem Bus.

einen pfeifen *sal selten* – einen **saufen** · to knock back a few, to have a good few jars/drinks

sich eins pfeifen *ugs selten* · not to care *n*, not to be interested *n*, not to give a damn
Statt sich einzusetzen, wie wir alle, pfeift der Walter sich mal wieder eins. Ich verstehe nicht, wie er immer den Gleichgültigen spielen kann, wo er auf das Geld doch mehr angewiesen ist als wir alle.

jm. **was/etwas/(eins) pfeifen** *sal* – jm. was/etwas/(eins) **husten** · to tell s.o. to get knotted

Pfeil: wie ein Pfeil losschießen/irgendwohin schießen/(davonrennen/irgendwohin rasen/...) *ugs* – *path* – (so) (schnell) wie der **Blitz** davonrennen/wegsein/irgendwohin rasen/... · to set off/to run off/... like a shot

Pfeil und Bogen · bow(s) and arrow(s)
... Indianer wollt ihr heute nachmittag im Garten spielen? Auch mit Pfeil und Bogen? – Natürlich! Was denkst du denn, Mama!

seine Pfeile/(vergifteten Pfeile) abschießen/(schießen) **(gegen** jn.) *path veraltend selten* – seine **Giftpfeile** abschießen (gegen jn.) · to fire poisoned darts (at s.o.)

js. Worte/Bemerkungen/... **bohren sich/gehen** jm. **wie Pfeile ins Herz** *path veraltend selten* · a remark/words/... hit(s) home/the target, a remark/words/... cut(s) s.o. to the quick
Die Bemerkung von Herrn Kröger gestern abend, ein Mädchen, das etwas auf sich halte, wähle eben auch seinen Umgang sorgfältig aus, ging meinem Vater wie Pfeile ins Herz. Es war doch nur zu offensichtlich, daß das von dem 'lieben Herrn Kollegen' eine neuerliche Spitze gegen unsere Marlies, ja gegen unsere ganze Familie war.

die Pfeile seines/... Spotts *geh selten* · the barbs of his/... mockery *tr*
(Von einem Dritten:) Vor den Pfeilen seines Spotts hat hier jeder Angst, nicht nur ich. – Kann der Kurt denn so ironisch sein? – Der schießt dich mit ein paar gezielten Bemerkungen nach allen Regeln der Kunst ab.

alle (seine) Pfeile (schon/...) verschossen haben *selten* – (eher:) (all) sein **Pulver**/das (ganze) Pulver/sein ganzes Pulver (schon/...) verschossen haben · to have shot one's bolt

pfeilschnell: pfeilschnell davonrennen/wegsein/irgendwohin rasen/... *path selten* – (so) (schnell) wie der **Blitz** davonrennen/wegsein/irgendwohin rasen/... · to shoot off/to rush off/... as fast as an arrow

Pfennig: etw. kostet jn. **keinen (einzigen) Pfennig** *ugs* · s.th. does not cost (s.o.) a penny
Ein zweimonatiger Urlaub in Dänemark würde den Willy keinen einzigen Pfennig kosten. Eine angeheiratete Tante hat ihn eingeladen, und die Reise würde unser Vater bezahlen. Aber er will nicht – auch nicht, wenn es umsonst ist.

keinen Pfennig haben *ugs* – keinen **Pfennig** besitzen · not to have a penny to one's name

nicht für fünf/(zwei) Pfennig/(Pfennige) Lust/Anstand/... haben/... *sal* · not to have the slightest interest in doing/the least wish to do s.th./... *coll*, not to have the least bit of interest/... in doing s.th. *coll*, not to have the slightest wish/inclination/... to do s.th. *coll*
... Ich habe nicht für fünf Pfennig Lust, heute abend ins Theater zu gehen. Können wir den Schultes nicht absagen? ...

keinen Pfennig bei sich/in der Tasche/(...) haben *ugs* · not to have a penny on one/in one's pocket/...
... Christoph, könntest du für mich den Eintritt zahlen? Ich habe keinen Pfennig bei mir – ich habe mein Portemonnaie vergessen.

keinen Pfennig mehr haben *ugs* · 1. 2. not to have a penny left, not to have a penny to one's name, to be penniless
1. Hör' mal, Ernst, kannst du unserer Iris vielleicht 350,– Mark leihen? Sie gibt sie dir übermorgen wieder, wenn sie ihr Gehalt bekommt. – Tut mir leid, Christoph, ich habe selbst keinen Pfennig mehr. Zur Zeit lebe ich von dem, was ich schon eingekauft habe.
2. Der Herbert hat durch den Unfall sein ganzes Vermögen verloren? – Ja, er hat keinen Pfennig mehr. Wie du weißt, hatte er zwei Leute im Wagen, die nicht versichert waren; für ihre Krankenhausbehandlung sind all seine Reserven draufgegangen.

keinen Pfennig besitzen *ugs* · not to have a penny to one's name
... Und wenn sie den Heinzpeter da wirklich herausschmeißen – hat er noch andere Einkünfte, Ersparnisse, Reserven? – Nein, der besitzt keinen Pfennig. Ich weiß auch nicht, wovon er dann leben will.

keinen Pfennig mehr besitzen *ugs* – keinen **Pfennig** mehr haben (2) · not to have a penny left to one's name

etw. **bis auf den letzten Pfennig** bezahlen/zurückzahlen *ugs* · to pay/to repay (debts) down to the last penny, to repay every penny of one's debts
... So, mit dieser Rate habe ich meine Schulden bei der Bank bis auf den letzten Pfennig zurückbezahlt. Welch ein Gefühl – endlich einmal völlig schuldenfrei!

niemandem/... einen Pfennig schuldig bleiben *ugs* · not to owe anyone a penny, to owe nobody anything
... Was geht euch das denn an, wofür ich mein Geld ausgebe? Bin ich irgendjemandem von euch schon einmal einen Pfennig schuldig geblieben?

jn. **keinen Pfennig kosten** *ugs* – etw. kostet jn. keinen (einzigen) **Pfennig** · s.th. does not cost (s.o.) a penny

j. **gibt für** jn./etw. **keinen Pfennig mehr** *ugs* – j. gibt für jn./etw. keinen (roten) **Heller** mehr · s.o. would not give a penny/a red cent/... for s.th., not to put a penny on s.o.'s chances of surviving/...

mit jedem Pfennig rechnen (müssen) *ugs* · to have to count every penny
Muß der Otto wirklich mit jedem Pfennig rechnen oder ist er einfach geizig? – Vielleicht beides. Von Natur ist er nicht gerade großzügig. Aber große Sprünge kann er von seinem kümmerlichen Gehalt natürlich auch nicht machen. Rechnen muß er schon ...

auf den Pfennig sehen (müssen) *ugs form* – (eher:) mit jedem **Pfennig** rechnen (müssen) · to have to count every penny

jeden Pfennig sparen *ugs* · to save every penny
Seitdem sich der Dieter in den Kopf gesetzt hat, im Sommer für zwei Monate nach Norwegen zu fahren, spart er jeden Pfennig. Geradezu knauserig ist er geworden.

(bereit sein/...) **den letzten Pfennig mit** jm. (zu) **teilen** *ugs path* · (to be willing/...) to share one's last penny with s.o. *tr*
Die Katharina ist ein sympathisches Mädchen. Und von einer so selbstverständlichen Hilfsbereitschaft! Die ist in der Lage, den letzten Pfennig mit dir zu teilen, ohne daß du es merkst.

jeden Pfennig erst (zehn/zig/... Mal) umdrehen, bevor man ihn ausgibt/... *ugs* – jede **Mark** erst (zehn/zig/... Mal) umdrehen, bevor man sie ausgibt/... · to have to watch every penny

keinen Pfennig wert sein *ugs* · not to be worth a penny/cent/..., to be worthless
... Nein, den Schrank kannst du unmöglich kaufen! Der ist keinen Pfennig wert.

ein paar Pfennige · 1. 2. a few pence
1. (An der Kasse:) Einen Augenblick, bitte – es fehlen noch ein paar Pfennige. Ich sehe mal eben in meinem anderen Portemonnaie nach, da müßte ich noch Kleingeld haben ...
2. ... Wenn wir schon gut 3.000,– Mark dafür ausgeben, dann kommt es auf ein paar Pfennige mehr oder weniger auch nicht mehr an. Entscheidend ist die Qualität. *ugs*

j. gäbe keine zwei Pfennige für jn. *ugs* – *path selten* · I/... wouldn't put much money on s.o.'s chances, I/... don't give much for s.o.'s chances
... Vielleicht haben die Sozialisten bei dieser Wahl doch eine Chance. – Die Sozialisten? Für die gäbe ich keine zwei Pfennige.

seine letzten Pfennige ausgeben/hergeben (für etw./jn.) *ugs* · to spend what is left of one's money (on s.th.) *n*, to spend the rest of one's money (on s.th.) *n*
Nachdem wir unsere Rucksäcke in der Jungendherberge abgestellt hatten, gingen wir in ein billiges Lokal und gaben unsere letzten Pfennige für ein Essen aus. Die Rückfahrkarte hatten wir ja schon; bis zum Abend brauchten wir also kein Geld mehr.

(sich) seine Pfennige sauer verdienen (müssen) *ugs* – *path* – (sich) sein **Brot** sauer/(bitter) verdienen (müssen) · to (have to) work hard to earn a living

für keine zwei Pfennige Verstand haben/nachdenken/aufpassen/... *sal* · 1. not to have an ounce of intelligence/..., not to have the least bit of intelligence/..., 2. not to pay a blind bit/the least bit/the slightest bit of attention, 3. not to think/... for a second *coll*, not to think/... one bit *n*
1. ... Der hat für keine zwei Pfennige Verstand, dieser Kerl! Wirklich: absolut keinen Verstand – dumm wie Bohnenstroh ist der!
2. Der Karl paßt aber auch für keine zwei Pfennige auf! Egal, worüber gesprochen wird – er schläft. So etwas an Unaufmerksamkeit ist schon ein Phänomen.
3. (Ein Mann zu seiner Frau, die ein Formular falsch ausgefüllt hat:) Du denkst aber auch für keine zwei Pfennige nach, Henriette! Überleg' doch mal ein bißchen! Wenn da steht 'Ausbildung', wollen die natürlich deinen letzten Ausbildungsstand wissen, und nicht den ganzen Ausbildungsweg.

keine zehn Pfennig wert sein *ugs* – keinen **Pfennig** wert sein · not to be worth a penny/cent/..., to be worthless

seine Pfennige zusammenhalten *ugs* – seine **Groschen** zusammenhalten · to hang on to one's money

Pfennigfuchser: ein Pfennigfuchser (sein) *ugs veraltend* · (to be) a skinflint, (to be) a penny-pincher
... Sparsam, sparsam! Der Onkel Heinz ist nicht sparsam – das ist ein Geizkragen und Schrapphals, ein elender Pfennigfuchser!

Pferd: schuften/arbeiten wie ein Pferd *ugs* – *path* – schuften/arbeiten/... wie ein **Berserker** · to work like a Trojan

das trojanische Pferd *lit selten* · the Trojan horse
... Um unbemerkt in die Burg zu kommen, haben sie sich an der Geschichte vom trojanischen Pferd inspiriert. Du erinnerst dich: eine Reihe griechischer Soldaten versteckte sich damals, im trojanischen Krieg, in einem hölzernen Pferd und ließen sich so unerkannt in die Stadt Troja bringen. Also, sie ...

das Pferd von hinten aufzäumen *ugs* – das **Pferd** beim/(am) Schwanz aufzäumen · to put the cart before the horse

das/etw. hält kein Pferd aus *sal* · it/that/s.th. is more than flesh and blood can stand, it/that is beyond endurance *n*
Tag für Tag, Monat für Monat bei dieser Hitze und vor allem dieser Feuchtigkeit von morgens sieben bis abends acht, neun Uhr eine

solch harte Arbeit auf dem Feld machen – das hält kein Pferd aus, für weniger ein so schmächtiger Mann wie der Paul Raschke!

vom Pferd auf den Esel kommen *ugs veraltend selten* · to come down in the world, to have fallen on hard times
Früher hatte der Hubert doch ziemlich viel Geld, oder? – Ja, aber er ist vom Pferd auf den Esel gekommen. Heute muß er froh sein, wenn er das Nötigste, was er fürs Leben braucht, bezahlen kann.

du suchst/er sucht/... das Pferd und reitest/reitet/... drauf *ugs scherzh* · + it's.th. is looking at you/..., + it's.th. is right in front of your/... nose, + it's.th. is staring you/... in the face
Verflucht nochmal, wo habe ich denn jetzt schon wieder meine Brille gelassen?! – Die hast du doch auf, Mensch! – Was? – Du suchst das Pferd und reitest drauf! – Was? ... In der Tat! Da kannst du sehen, wie durchgedreht ich bin. Hab' ich doch wirklich die Brille auf der Nase und suche sie!

das Pferd beim/(am) Schwanz aufzäumen *ugs* · to put the cart before the horse
... Was, du hast wirklich zunächst das Gelände begradigen lassen und erst dann die Baugenehmigung beantragt? Du hast also – wieder einmal! – das Pferd beim Schwanz aufgezäumt! Manche Leute fangen in der Tat am liebsten am Ende an!

alles auf ein Pferd setzen *ugs selten* – alles auf eine **Karte** setzen · to stake everything on one chance, to risk everything

auf das/aufs falsche/(verkehrte) Pferd setzen *ugs selten* – auf die falsche **Karte** setzen · to back the wrong horse, to back a loser

sich aufs hohe Pferd setzen *ugs selten* – sich aufs hohe **Roß** setzen · to get on one's high horse

auf das/aufs richtige Pferd setzen *ugs selten* – auf die richtige **Karte** setzen · to back the winner, to back the right horse

gut zu Pferd(e) sitzen *Reiten* · to be a good horseman
Wer derart gut zu Pferde sitzt wie euer Rainer, wird bei jedem Reitturnier den besten Eindruck machen – auch, wenn er nicht gewinnt.

auf dem hohen Pferd sitzen *ugs selten* – auf dem hohen **Roß** sitzen · to be on one's high horse, to give o.s. airs

du suchst/er sucht/... das Pferd und sitzt/... drauf *ugs scherzh selten* – du suchst/er sucht/... das **Pferd** und reitest/reitet/... drauf · + it's.th. is looking at you/..., + it's.th. is right in front of your/... nose, + it's.th. is staring you/... in the face

dem Pferd die Sporen geben – einem Pferd/... die **Sporen** geben · to spur a horse

das beste/js. bestes Pferd im Stall sein *ugs* · to be the best man/woman we have got/in the company/in the team *n*, to be our/their/... number one man/woman, to be the best of the bunch
Meinetwegen könnte hier jeder von den Leuten kündigen, das würde das Geschäft kaum beeinträchtigen – außer der Rolf Lange. – Das ist dein bestes Pferd im Stall, nicht? – Mit Abstand!

das Pferd vor den falschen/(verkehrten) Wagen/Karren spannen *ugs selten* · to have chosen/... the right man for the wrong job
... Der Leiter der Delegation ist ausgesprochen fähig und rege. Aber wenn er sich auf seine Mitarbeiter nicht verlassen kann, erreicht er natürlich nicht allzu viel. – Das ist richtig. Die haben das Pferd vor den falschen Wagen gespannt.

einem Pferd in die Zügel fallen *Reiten* · to seize a horse's reins
Wenn der Humbert dem Pferd nicht sofort in die Zügel gefallen wäre, wäre es mit dem Rudi durchgegangen.

jm. wie einem kranken/(lahmen) Pferd zureden *ugs* – (eher:) jm. wie einem kranken/(lahmen) **Gaul** zureden · to try (in vain) to persuade/cajole/coax/... s.o. to do s.th.

hoch zu Pferde *path* · on horseback

... So hoch zu Pferde durch die Landschaft reiten – ja, das macht natürlich mehr Spaß als zwischen Gräsern und Blümchen zu Fuß einherzuwandeln.

keine zehn Pferde bringen jn. **von der Stelle**/da weg/... *sal – path* · wild horses would not make s.o. do s.th. *n*, wild horses would not drag him/... away from here/... *n*

(Auf der Tribüne eines Fußballplatzes, ein Zuschauer zu einem Ordner:) Ob das ein Irrtum ist oder nicht, ist nicht mein Problem! Ich habe diesen Platz vorbestellt und bezahlt, und keine zehn Pferde bringen mich hier (wieder) weg!

keine zehn Pferde bringen/brächten jn. **dazu**, etw. zu tun *sal – path* · wild horses would not make s.o. do s.th. *n*

... Als Reiseland ist diese Insel herrlich, aber keine zehn Pferde brächten mich dazu, da beruflich zu arbeiten. Da funktioniert doch nichts!

keine zehn Pferde bringen/brächten das/die Arbeit/... **fertig** *sal – path selten* · a team of oxen could not have done as much work as s.o. *para*

Das war vielleicht eine Schufterei, die ganzen Balken der alten Häuser wegzutransportieren. Keine zehn Pferde brächten die Arbeit fertig, die der Alfons und der Rolf da gestern mit dem Traktor gemacht haben.

auf tote Pferde einprügeln/(...) *ugs selten* · to flog a dead horse *often: there is no point in flogging a dead horse*

Mein Gott, Klaus, der Schröder ist nun einmal von Natur aus dick. So viel Kuren der auch macht: elegant wird der nie. Was sollen also die dauernden Ironien? Ich finde es einfach unschön, auf tote Pferde einzuprügeln

die Pferde gehen mit jm. **durch** *ugs selten* – (bei) jm. geht/brennt die **Sicherung**/gehen/brennen die Sicherungen durch · + s.o. blows a fuse, + s.o. blows his top, s.o. (sometimes/...) flies off the handle

keine zehn Pferde halten jn. **von** etw. **ab/davon ab**, etw. zu tun/(würden ... abhalten) *sal – path* · ≠ keine zehn **Pferde** bringen/brächten jn. dazu, etw. zu tun · no power on earth would/could/... prevent s.o. from doing s.th.

man hat schon Pferde kotzen sehen *sal* · you never know, anything can happen *coll*

... Gut, Stichproben mögen die hier durchführen! Aber daß die auf einer so befahrenen Straße fast jeden Wagen anhalten, ist ja wohl kaum möglich. – Was heißt 'nicht möglich'? Möglich ist bekanntlich alles! Wie es so schön heißt: man hat schon Pferde kotzen sehen.

(mal wieder/...) **die Pferde scheu machen** *ugs selten* · to put s.o. off (again/...) *n*, to alarm/to frighten/... s.o. (again/...) *n*

... Natürlich ist die Situation nicht gerade rosig! Aber wenn die Leute trotzdem in Ruhe arbeiten, dann sei doch froh! Es genügt doch, wenn wir uns Kopfschmerzen machen. Es hat doch keinen Sinn, jetzt die Pferde scheu zu machen. Dieses ewige Gerede von den 'Sorgen, die auf uns zukommen' ...

mit ihm/ihr/dem Paul/... **kann man Pferde stehlen** *ugs* · + he/Paul/... is a great guy/bloke/fellow/..., + she/Mary/... is a great girl, + he/Paul/Mary/... is a great sport, + he/Paul/Mary/... is game for anything

Auf den Freddy kannst du immer zählen. Auch in unangenehmen Situationen, in denen den meisten Leuten der Mut fehlt, sich für andere einzusetzen. Ein großartiger Kamerad, der Freddy! Mit dem kann man Pferde stehlen.

Pferdefuß: einen Pferdefuß haben *ugs* · + there's a catch to it, + there's a snag to it, + there's a sting in the tail

An sich bin ich mit dem Vertragsentwurf sehr einverstanden. Aber er hat einen Pferdefuß: wenn ich vor Ablauf von zehn Jahren sterbe, bleiben unsere Kinder von einer Beteiligung an der Firma ausgeschlossen. Bei meinem Alter ist diese Möglichkeit leider nicht von der Hand zu weisen ...

Pferdemagen: einen (richtigen/...) **Pferdemagen haben** *ugs – path* · to be able to eat anything *para*

... Dem Robert kannst du vorsetzen, was du willst – der ißt und verträgt alles. Der hat einen richtigen Pferdemagen.

Pferden: immer sachte/(langsam) **mit den jungen Pferden!** *sal* · hold your horses!

... So, und dann müssen wir noch die Konzertkarten bestellen, die Marlies muß in die Ballettstunde, ein neues Kleid muß ich auch noch kaufen ... – Immer sachte mit den jungen Pferden, Berta! Eins nach dem andern!

Pfiff: j./etw. **mit** (einem/'nem) **Pfiff** *ugs* · 1. a woman/... with style/flair/that extra something, 2. a room with style/flair/pep

1. ... Die Irmgard? Das ist eine Frau mit 'nem Pfiff! – Du meinst, die Männer liegen ihr schon zu Füßen, kaum daß sie sie sehen? – Nicht nur das! Auch im Beruf, in ihrem Privatleben – in allem! – hat sie Schwung, einen mitreißenden Zug.

2. ... Das ist ein Zimmer mit Pfiff, das muß man dem Jungen lassen. Ich bin ja sonst kein großer Freund von einer Beatle-Atmosphäre. Aber hier fühlt man sich wohl; das sprüht von Leben!

e-r S. fehlt (noch) der letzte Pfiff *ugs* · s.th. lacks/hasn't got that extra something

... Natürlich ist die ganze Anlage sehr schön – das hat doch nie jemand bestritten. Aber es fehlt ihr der letzte Pfiff. Man merkt, daß da jemand am Werke war, der zwar Geschmack hat, aber keinen wirklich künstlerischen Sinn. Das Ganze könnte hinreißend sein, bei den Rahmenbedingungen.

Pfiff haben *ugs* – j./etw. mit (einem/'nem) **Pfiff** *sal* · to have style/flair/that extra something, a room/... with style/flair/pep

e-r S. (erst) den richtigen Pfiff (zu) geben (verstehen/wissen) *ugs* · to know how/... to give s.th. pep, to know how/... to give s.th. flair, to give s.th. that extra something

Die Helga weiß sich zu kleiden, immer wieder! Die versteht es, auch den einfachsten Sachen den richtigen Pfiff zu geben. Guck' dir nur mal den Pullover an! Sie steckt eine fesche Brosche an die linke Brust, und schon wirkt das Beige des Pullovers ganz anders.

den Pfiff heraushaben (wie man etw. macht) *ugs selten* – den (richtigen) **Dreh** (fein) heraushaben/(weghaben) (wie man etw. macht) (2) · to have got the knack of doing s.th.

Pfifferling: sich keinen Pfifferling um jn./etw. **kümmern**/(scheren) *ugs veraltend selten* – sich einen **Dreck** um jn./etw. **kümmern** · not to care a damn about s.o./s.th., not to give a stuff/two hoots/... about s.o./s.th.

j. **gibt für** jn./etw. **keinen Pfifferling mehr** *ugs veraltend* – j. gibt für jn./etw. keinen (roten) **Heller** mehr · s.o. would not give a penny/a red cent/... for s.th., not to put a penny on s.o.'s chances of surviving/...

keinen Pfifferling wert sein *sal* – keinen **Pfennig** wert sein · to be worth bugger-all, not to be worth a light/a penny/a cent/...

Pfiffikus: ein (richtiger/...) **Pfiffikus (sein)** *ugs selten* · (to be) a really/... bright/... and amusing/... lad/fellow/... *n*

... Der Hans ist ein richtiger Pfiffikus. Einen so aufgeweckten und lustigen Typen hab ich selten gesehen.

Pfingstochse: herausgeputzt sein/... **wie ein Pfingstochse** *sal veraltend selten* · to be dressed up/dolled up/... like a dog's dinner

Wo will denn der Egon hin, so herausgeputzt wie ein Pfingstochse? – Laß doch den Egon! Wenn der sich mal ein bißchen feiner anzieht ... – 'Ein bißchen feiner' nennst du das?! Diese knalligen Farben, riesigen Krawatten ...!

Pflanze: eine kesse/(...) **Pflanze sein** *sal selten* – ein netter/reizender/süßer/flotter/kesser/... **Käfer** (sein) · to be a nice piece

Pflaster: ein gefährliches Pflaster (sein) *ugs* · (to be) a dangerous place/spot/...

... Rio, weißt du, das ist ein gefährliches Pflaster. Wenn du da nicht aufpaßt, rauben sie dir den Wagen aus, wenn du dabei bist.

ein teures Pflaster sein *ugs* · (to be) an expensive place *n*, to be a pricey place

... Nein, in Düsseldorf würde ich die Hemden nicht kaufen. Das ist ein teures Pflaster. Dasselbe Hemd, für das da 75,– Mark zahlst, bekommst du woanders für 40,–.

ein tolles Pflaster sein *ugs* · (to be) a great place/a cracking place/...

Trotz aller Einschränkungen, meint unser Paul, die das Gedränge der Massen, die Anonymität, die hohen Preise und anderes mit sich bringen, ist Paris nach wie vor ein tolles Pflaster. Was man da alles unternehmen kann!

ein totes Pflaster sein *ugs* – in/bei/da/dort/... ist viel/nicht viel/allerhand/wenig/nichts/... **los** (2, 3) · to be a dead and alive hole, to be a boring dump

das Pflaster wird jm. **zu heiß (unter den Füßen)** *ugs* – (eher:) der **Boden** wird jm. zu heiß (unter den Füßen) · the place/... is becoming too hot for s.o.

(wieder/nach wie vor/...) **auf dem Pflaster sitzen** *ugs veraltend selten* – **stempeln** gehen · to go on the dole, to sign on, to be on the dole, to (have to) sign on

Pflaster treten *ugs* · to trail/to drag round the streets, to walk round streets *n*

... So, jetzt sind wir über drei Stunden durch diese Stadt gebummelt, jetzt bin ich es satt, Pflaster zu treten! Jetzt setzen wir uns in das nächstbeste Café und essen ein Stück Kuchen!

jn. **aufs Pflaster werfen/setzen** *ugs veraltend selten* – jn. an die (frische) **Luft** setzen/(befördern) (1) · to kick s.o. out, to give s.o. the boot/the push

ein Pflaster auf js./**die Wunde/**(auf js. Schmerzen/... **sein** *path selten* · to be balm to one's wounds

... Als ihm sein Vater sagte, er hätte in seiner Jugend im Examen auch manches Mal versagt, war das ein Pflaster auf seine Wunde. Die herbe Kritik des Professors war also kein Grund zur Verzweiflung.

pflastern: jm. **eine pflastern** *sal selten* – jm. eine **Ohrfeige** geben · to clout s.o., to slap s.o.

pflaumenweich: pflaumenweich sein/reagieren/... *sal* · to be soft *coll*, to be spineless *n*, to react/... in a soft/spineless/... way *n*

... Bei dem Jungen mußt du durchgreifen, Hans! Wenn du auf die Unverschämtheiten, die er sich leistet, derart pflaumenweich reagierst wie gestern, dann ist doch klar, daß er dich nicht ernst nimmst. 'Tu das bitte nicht noch einmal!' – lächerlich!

Pflege: (Tiere/Pflanzen/(Kinder)) **in Pflege geben** *form* · to pay s.o. to tend a grave, to get s.o. to look after an animal, to place a child in care, to have s.o. look after a child/plants/...

... Wollt ihr selber für das Grab sorgen oder wollt ihr es in Pflege geben? – Wenn die Friedhofsgärtnerei nicht zu teuer ist, sollte sie das übernehmen; die halten es besser instand als wir.

(Pflanzen/Tiere/(Kinder)) **in Pflege nehmen** *form* · to look after plants/animals/children/...

... Wo kommen denn all die Pflanzen plötzlich her? – Die sind von unseren Nachbarn; wir haben sie für die Zeit, wo sie in Urlaub sind, in Pflege genommen.

pflegt: und wie das so zu sein pflegt *oft iron* · as is often the case, as often happens

... und wie das so zu sein pflegt, kam denn auch pünktlich neun Monate nach der Hochzeit das erste Kind ...

Pflicht: (immer/nur/...) **seine Pflicht tun** · s.o. is (only/...) doing his duty

... Sie brauchen mir nicht zu danken, Herr Minder, ich habe nur meine Pflicht getan.

treu und brav seine Pflicht tun *form od. iron* · to perform one's duties faithfully/conscientiously/..., to discharge one's duties faithfully/conscientiously/...

... Wer über 35 Jahre Tag für Tag treu und brav seine Pflicht getan hat, hat doch wohl Anspruch auf eine ausreichende Pension! ...

es ist jm. **eine heilige Pflicht,** zu ... *path* · it is s.o.'s sacred duty to ..., it is s.o.'s solemn duty to ...

... Nein, nichts zu danken, Herr Oswald! Es ist nur eine heilige Pflicht, Ihnen in dieser Notlage nach Kräften beizustehen! Sie haben mir so viel geholfen ...

die traurige Pflicht haben, etw. tun zu müssen/(...) *oft 1. Pers form* · it is my/... sad duty to (have to) tell/... you/...

(Ein Assistent zu einer Studentin:) Ich habe die traurige Pflicht, Ihnen mitteilen zu müssen, Frau Heiken, daß Sie Ihre Zwischenprüfung nicht bestanden haben. Es tut mir wirklich leid, daß ich Ihnen keine andere Auskunft geben kann. Ich bin sicher, daß Sie es das nächste Mal schaffen. ...

jn. **in (die) Pflicht nehmen** *form* · to insist/demand/... that s.o. discharge his duties conscientiously/..., to remind s.o. of his duties

(Ein Freund zu einem Fabrikbesitzer:) ... Wenn du deinen Jungen in die Pflicht nimmst, wird er auch anständig arbeiten. Gib ihm verantwortungsvolle Aufgaben – du wirst sehen, dann tut er was. Und dann kontrolliere, was er macht; achte auf Kontinuität! So als Söhnchen des Firmeninhabers, das mehr oder weniger tun und lassen kann, was es will, fühlt er sich natürlich nicht gefordert.

die Pflicht ruft! *ugs oft iron* · duty calls

... So, jetzt haben wir lange genug geplaudert, Albert; die Pflicht ruft. Ich hab' um zehn eine Sitzung ... – Ja, ich muß auch zum Büro; es ist schon spät ...

es ist js. **(verdammte) Pflicht und Schuldigkeit,** etw. zu tun *ugs path* · + s.o. damned well ought to (do s.th.), + s.o. jolly well ought to do s.th.

Die Dietlinde tut so, als wäre es etwas Besonderes, daß sie für den Haushalt sorgt, während ihre Mutter krank ist. Das ist doch wohl ihre verdammte Pflicht und Schuldigkeit – mit 18 Jahren und nachdem die Mutter jahrelang nur für die Kinder gearbeitet hat!

seine ehelichen Pflichten erfüllen *form* · to fulfil one's conjugal duties, to fulfil one's marital duties

... Verflixt nochmal, wenn ich als Frau, wie du meinst, meine sog. ehelichen Pflichten erfüllen muß, dann du als Mann doch wohl auch, oder?! Und das geschieht doch wohl nicht beim Skat!

Pflichtübung: nicht einfach/... eine Pflichtübung sein (für jn.) *ugs* · not to be only/just/... a compulsory exercise, not to be a mere obligatory exercise

... Diese Gedichte zu übersetzen, Peter, ist für uns nicht einfach eine Pflichtübung! Es ist uns ein inneres Anliegen, den Autor in Deutschland bekannt zu machen.

Pflock: einen Pflock zurückstecken (müssen) *veraltend selten* – (etwas/ein wenig/...) **zurückstecken** (müssen) (1, 2) · to set one's sights a bit/... lower, to have to come down a peg or two

ein paar/einige Pflöcke zurückstecken (müssen) *veraltend selten* – (etwas/ein wenig/...) **zurückstecken** · to set one's sights a bit/... lower, to have to come down a peg or two

Pflug: unter dem Pflug sein *form veraltend selten* · to be under the plough

... Sind denn da überhaupt alle Felder unter dem Pflug oder liegt da – wie in so vielen Ländern – die Hälfte brach? – Ein großer Teil des Ackerlandes wird in der Tat nicht bebaut.

unter den Pflug kommen *form veraltend selten* · to be cultivated, to be used

... Wenn alles geeignete Ackerland unter den Pflug käme, brauchten Sie nicht so viel zu importieren. Aber wenn die Hälfte nicht bebaut wird ...

(immer/mal wieder/...) **den Pflug vor die/**den **Ochsen spannen** *ugs veraltend selten* – (immer/mal wieder/...) den **Ochsen** hinter den Pflug spannen · to keep putting the cart before the horse, to (always/...) put the cart before the horse

Pforten: die Pforten des Himmels *path veraltend selten* · the gates of heaven, the portals of heaven

... Warum soll uns nach diesem Leben nicht ein anderes, schöneres erwarten? Heißt es nicht, die Pforten des Himmels sind für jeden geöffnet? – Die Pforten der Hölle auch, meine Gute!

die Pforten der Hölle *path veraltend selten* – ≠ die **Pforten** des Himmels · the gates of hell

seine Pforten öffnen *form – path selten* · to open its doors
(Vor dem Theater; eine Frau zu ihrem Mann:) Werner, wir können reingehen, das Theater hat seine Pforten geöffnet. – Du kannst ja schon mal vorgehen; ich gehe hier draußen noch ein bißchen auf und ab.

seine Pforten (für immer) schließen *form – path selten* · to close its gates for good, to shut up shop *coll*
... Was wollen sie machen? Wenn sie keine Novizinnen haben, müssen sie die Pforten schließen. – Aber das Kloster wird doch nicht dicht machen? – Wenn es keine andere Lösung gibt ...

Pfosten: zwischen den Pfosten stehen *Fußball usw. ugs* · to be in goal
... Wenn der Rotloff zwischen den Pfosten steht, ist uns nicht bange. Aber wenn der weiterhin krank ist und der Klose für ihn (als Torwart) einspringen muß, wird's schwer ...

Pfötchen: Pfötchen! *ugs (u. a.) zu Hunden* · paw!
... Lumpi, Pfötchen! ... Siehst du, wie der Hund gehorcht! – Ja, ja, der begrüßt die Leute artiger als die meisten Kinder. – Meinst du das ernst?

jm. (nur) das linke/(kleine) Pfötchen geben *ugs zu Kindern selten* · to give s.o. one's left hand *para*
Sag' mal, Ulrike, seit wann gibt man dem Besuch denn nur das kleine Pfötchen?! Welche Hand gibt man? Also, wirst du den Onkel Heinz wohl mit der rechten Hand begrüßen?!

Pfote: eine unleserliche/fürchterliche/... Pfote haben *sal selten* – eine **Schrift** haben wie eine gesengte Sau · to have a terrible/dreadful/illegible/... scrawl

(da/bei etw.) die Pfoten drin haben *sal* – (eher:) (da/...) die **Finger** drin haben · to have a hand in s.th.

jm. die Pfote geben/reichen *sal* · 1. 2. to hold out a paw/mitt
1. vgl. – (eher:) jm. die **Hand** (zur Versöhnung/(...)) geben
2. vgl. – (eher:) jm. die **Hand** geben/reichen

jm. eins auf die Pfoten geben/hauen *sal* – (eher:) jm. eins/was auf die **Finger** geben/hauen · to rap s.o. on/over the knuckles

(du mußt/ihr müßt/.../es ist nötig/angebracht/... ihm/ihr/dem Paul/... einmal/von Zeit zu Zeit/...) auf die Pfoten (zu) klopfen – (eher:) ... auf die **Finger** zu klopfen · you have to/it is necessary to/... give him/John/... a rap on the knuckles now and then/...

sich die Pfoten danach lecken, etw. zu kriegen/essen/.../(sich die Pfoten nach etw. lecken) *sal* – (eher:) sich die **Finger** danach lecken, etw. zu kriegen/essen/.../(sich die Finger nach etw. lecken) · s.o. would give his eye-teeth to get s.th./eat s.th./...

sich etw. aus den Pfoten saugen *sal* – (eher:) sich etw. aus den **Fingern** saugen · to produce s.th. out of thin air, to come up with an answer/... off the top of one's head

(bei etw.) die/seine Pfoten im Spiel haben *sal* – (da/...) die **Finger** drin haben) · to have a hand in s.th., to be mixed up in s.th.

sich (gewaltig/ganz gehörig/...) die Pfoten verbrennen *sal* – (eher:) sich (gewaltig/ganz gehörig/...) die **Finger** verbrennen (an/bei etw.) · to burn one's fingers (badly/...), to get one's fingers (badly/...) burned

Pfropfen: die Pfropfen knallen (lassen) *ugs path* · (to make) the corks fly, (to make) the corks pop
... Ja, sein Diplom haben wir gestern anständig gefeiert. Der Wein floß in Strömen, die (Sekt-) Pfropfen knallten, der Damenchor sorgte für Stimmung auf dem Parkett – kurz, eine runde Sache!

pfui: pfui über ihn/den Emil/...! *ugs – path selten* · shame on him/you/...!
... Was, er hat vor Gericht gegen seinen Chef ausgesagt – einen Mann, dem er seine ganze Karriere verdankt?! Pfui über ihn! – Das meinen wir auch: er sollte sich schämen!

Pfund: sein Pfund vergraben *Bibel veraltend selten* · to bury one's talent in the ground, to hide one's talent
... Seine Anlagen und Fähigkeiten muß man nutzen, Albert. Dafür hat Gott uns sie geschenkt. Wer sein Pfund vergräbt, versündigt sich.

mit seinem Pfunde wuchern *Bibel veraltend* · to make the most of one's talents, to make the most of one's abilities
Begabung, Anlagen, Fähigkeiten brach liegen lassen – rief er aus –, das ist einfach ein Verbrechen! Steht nicht schon in der Bibel, man soll mit seinem Pfunde wuchern? So ist es: aus den Möglichkeiten, die man hat, muß man etwas machen. Und aus den inneren Möglichkeiten noch eher als aus den äußeren.

Pfundskerl: ein Pfundskerl sein *ugs* · to be a great bloke/guy/fellow/girl/..., to be a fantastic bloke/guy/fellow/girl/...
... Der Richard Blumberg ist wirklich ein Pfundskerl! Sympathisch, hilfsbereit, offenherzig ...! Das ist wirklich ein total netter Kollege!

Pfütze: über die große Pfütze fahren/(fliegen) *sal veraltend selten* · to cross the big pond
Heute ist es nichts Besonderes mehr, über die große Pfütze zu fahren. Aber wer fuhr vor dem Zweiten Weltkrieg schon nach Übersee?

Phantasie: eine blühende Phantasie haben *ugs oft iron* · to have a vivid imagination
... Dein Sohn, Karl, hat eine blühende Phantasie! Er sollte Romane schreiben und nicht Kugellager verkaufen! – Was hat er dir erzählt, daß du ihn für so phantasievoll hältst?

eine schmutzige Phantasie (haben) *ugs* · to have a dirty mind
... Wenn es unbedingt sein muß, kannst du auf unserer Fahrt auch zwei Frauen mitnehmen. – Woran du mit deiner schmutzigen Phantasie wieder denkst! Ich wollte nur wissen, ob wir Jungen unter uns bleiben oder ob jeder auch seine Freundin mitbringen kann.

sich in seiner Phantasie (schon) in/bei/... sehen *path* – sich im **Geiste** (schon) in/bei/... sehen · to imagine o.s. in/at/..., to (be able to) see o.s. in/at/...

Phantom: einem Phantom nachjagen · to chase an illusion, to chase shadows, to tilt at windmills
... Ach, der Klaus kriegt an der Uni in München nie eine Stelle – nicht nur jetzt oder im nächsten Jahr nicht. Der jagt da einem Phantom nach!

Phase: in der ersten/zweiten/.../jetzigen/damaligen/.../letzten/... Phase der Entwicklung/... – im (ersten/zweiten/.../jetzigen/damaligen/.../vorgerückten/letzten/...) **Stadium der Entwicklung/...** · in the first/second/.../present/early/... phase/stage of development

Phönix; wie (ein) Phönix aus der Asche steigen/aufsteigen/emporsteigen/sich wie ein Phönix aus der Asche erheben *lit selten* · to rise like a phoenix from the ashes
... Was, der Holger Kremper hat an den Wettkämpfen wieder teilgenommen – und sogar gewonnen? – Ja, damit hatte keiner gerechnet. Es war sehr still um ihn geworden, und alle hatten angenommen, er hätte sich definitiv vom aktiven Sport zurückgezogen. Aber siehe da: mit einem Male erhebt er sich wie (ein) Phönix aus der Asche und ist über Nacht wieder d e r Tennisspieler Deutschlands.

Photographiergesicht: sein/ein Photographiergesicht aufsetzen/machen *sal* · to put on one's best face *para*
(Auf einer Parteiversammlung:) ... Ah, guck' dir unsern Malmberg an! Bevor er zum Rednerpult marschiert, zieht er seine Krawatte zurecht, prüft, ob die Jacke richtig sitzt – vor allem auch das 'Strunztüchlein' –, setzt dann sein Photographiergesicht auf ... So, jetzt kann der Auftritt beginnen! ...

Phrase: eine abgedroschene Phrase · a hackneyed phrase, a cliché
... Natürlich handelt es sich bei Begriffen wie 'freiheitlich demokratische Grundordnung' oder 'liberale Marktwirtschaft' für viele Leute um abgedroschene Phrasen. Aber so abgenutzt und inhaltsleer sie auch sein mögen: wie soll man das, worum es geht, anders nennen?

eine leere/hohle Phrase · an empty phrase, a hollow phrase
... Ach, 'demokratisch', meinte er bitter, nennt sich doch heute jeder Staat; der Begriff ist doch zu einer hohlen Phrase degeneriert. Der sagt doch nichts mehr!

Phrasen dreschen *ugs* · 1. to churn out clichés, 2. to talk a lot of hot air, to talk a lot of claptrap, to blather, to churn out platitudes
1. ... Nein, an eurem Diskussionsabend nehme ich nicht mehr teil; ich habe keine Lust mehr, Phrasen zu dreschen. – Phrasen zu dreschen? – Ja, was die Leute da von sich geben, ist nichts als ein Abspulen von Klischees/Allgemeinplätzen ...
2. vgl. – leeres **Stroh** dreschen

Pi: Pi mal Daumen/Schnauze *sal* · (to just do something) any old how *coll*
Eine Steuererklärung mußt du schon genau machen, in allen Einzelheiten! Da kannst du nicht Pi mal Daumen hinschreiben, was dir gerade einfällt.

picheln: einen picheln *sal* – einen **saufen** · to tipple

Picknick: Picknick machen/(halten)/(picknicken) · to have a picnic
... Nein, wir werden auf unserer Wanderung nicht in irgendeinem Restaurant zu Mittag essen, wir werden Picknick machen. Es gibt auf dem Weg so viele schöne Stellen, wo man es sich gemütlich machen kann ...

pièce: pièce touchée, pièce jouée *Schach u. a. selten* · 'pièce touchée, pièce jouée'
(Beim Mühlespiel:) Wenn du den Stein angefaßt hast, mußt du ihn auch ziehen, Peter! Pièce touchée, pièce jouée, heißt es beim Schach, 'was du anfaßt, mußt du nehmen'.

piekfein: piekfein *ugs iron* · 1. a posh restaurant/..., a swish restaurant/..., 2. posh people/..., 3. to be spruced up, to be all dressed up, to be ponced up *sl*
1. ... Kein Wunder, wenn er mit seinem Geld auskommt! Wenn ich immer nur in piekfeinen Restaurants essen ginge, käme ich auch nicht durch.
2. (Auf einem Empfang:) Guck' dich mal um, Toni: alles piekfeine Leute hier! – Sei ruhig, Mensch! Ich komm' mir sowieso schon blöd vor unter alle diesen feinen Pinkels.
3. vgl. – **geschniegelt** und gebügelt herumlaufen/in ... erscheinen/...

Piep: du/er/der Peter/... **hast/hat (ja) einen Piep!** *sal selten* – du/er/der Peter/... hast/hat (ja) einen **Vogel**! · are you/is he/is John/... out of your/... mind?

keinen Piep (mehr) von sich geben *sal selten* – keinen **Laut** von sich geben · not to make a peep

keinen Piep mehr machen/(tun) *sal* – keinen **Mucks** mehr von sich geben/(machen) · not to make a peep, not to move, not to stir

keinen Piep sagen *sal* – keinen **Laut** von sich geben (2; a. 1) · not to make a sound, not to say a dicky-bird

nicht (einmal) **piep sagen** *sal* – nicht (mehr) piep (und nicht papp) **sagen** · not to make a sound

keinen Piep mehr sagen *sal* · 1. not to say a word *n*, not to open one's mouth *coll*, not to say boo, 2. not to make another sound, + that's put paid to him/...
1. ... Der Rudi ist plötzlich so still ... – Kein Wunder, wenn ihr ihn alle so angreift! Wenn ich dauernd so angegriffen würde, würde ich auch keinen Piep mehr sagen.
2. vgl. – keinen **Mucks** mehr von sich geben/(machen)

nicht mehr piep sagen können *sal* – nicht mehr piep **sagen** können · not (to be able) to make a sound

piepe: jm. piepe sein *sal* – sich einen **Dreck** um jn./etw. kümmern · + not to give a damn/a stuff/... about s.o./s.th.

piepegal: jm. piepegal sein *sal* – sich einen **Dreck** um jn./etw. kümmern · + not to give a damn/a stuff/... about s.o./s.th.

Piepen: zum Piepen sein/das ist (ja) zum Piepen *sal* – das/ etw. ist (ja) zum **Kranklachen** · it's a sick joke!, don't make me laugh

Piepmatz: du/er/der Peter/... **hast/hat (ja) einen Piepmatz!** *sal selten* – du/er/der Peter/... hast/hat (ja) einen **Vogel**! · you are/John is/... out of your/... mind

wie ein Piepmatz essen *sal bes v. Kindern selten* – wie ein **Spatz** essen · to peck at one's food

Pieps: keinen Pieps (mehr) von sich geben *sal* – keinen **Piep** (mehr) von sich geben · not to say a dicky-bird

keinen Pieps mehr machen/(tun) *sal* – keinen **Mucks** mehr von sich geben/(machen) · not to make another sound, not to move, not to stir

keinen Pieps mehr sagen *sal* · 1. not to make a peep, 2. not to stir
1. vgl. – keinen **Piep** mehr sagen
2. vgl. – keinen **Mucks** mehr von sich geben/(machen)

piept's: bei dir/ihm/der Else/... **piept's wohl!?** *sal* – nicht (so) (ganz/(recht)) bei **Trost** sein (1) · you/he/John/... must be cracked/off your/... head/...

piff: piff paff *lautmal Schüsse u. ä.* · bang bang!
... Piff, paff! Die Kugeln flogen nur so um uns her ...

Pik: einen (kleinen/richtigen/...) **Pik auf** jn. **haben** *sal selten* · 1. 2. to have a grudge against s.o., to have got it in for s.o.
1. vgl. – jn. auf dem **Kieker** haben
2. vgl. – jn. dick **sitzen** haben

gucken wie Pik Sieben *sal* – **Augen** machen wie ein gestochenes Kalb (2) · to stand and gape, to be/to stand there agog

wie Pik Sieben/(Piksieben) **da herumstehen**/herumsitzen/ herumlaufen/ *sal* – wie **bestellt** und nicht abgeholt da herumstehen/da herumsitzen/aussehen/... · to stand there/ around like a little boy/girl lost, to stand there/around like orphan Annie, to stand there/around like a spare prick at a wedding, to stand around looking like a wet weekend

Pike: von der Pike auf (als Soldat) **dienen**/(in einem Unternehmen/... arbeiten/etw. lernen/...) *ugs* · to come up through the ranks, to rise from the ranks, to start at the bottom
... Ihr Akademiker fangt irgendwo 'oben' an. Da kommt es euch natürlich kaum einmal in den Sinn, daß jemand, der von der Pike auf arbeitet, 15, 20 Jahre und mehr praktische Erfahrung hinter sich hat, wenn er auf derselben Stufe ankommt – falls es ihm überhaupt gelingt.

pikobello: pikobello (in Schuß) sein *ugs* · to be perfect *n*, to be immaculate, to be spick and span, to be spotless, to be just dandy
... Können wir fahren, ist der Wagen fertig? – Er ist nicht nur repariert, Herr Dr. Kruse, er ist auch gewaschen, innen und außen blitzblank, ... – Na also: pikobello! Dann kann's ja losgehen in den Urlaub.

Pille: eine bittere Pille (sein) (für jn.) *ugs – path* · (it/s.th. is) a bitter pill (for s.o.), (it/s.th. is) a hard blow (for s.o.)
... Statt ans Meer zu fahren die ganzen Ferien zu Hause zu sitzen und fürs Examen zu lernen – das war eine bittere Pille. Aber es gab keinen anderen Weg; er mußte sich damit abfinden.

die Pille nehmen · to take the pill, to be on the pill
... Ach, sagte er, in den sogenannten Schwellenländern nehmen die jungen Frauen genau so schnell die Pille wie hier in Mitteleuropa – wenn sie sie kriegen und bezahlen können. Die traditionelle Einstellung zur Großfamilie mit vielen Kindern wird da in ganz wenigen Jahren über Bord geworfen.

die (bittere) Pille schlucken (müssen) *ugs – path* · to (have to) swallow a bitter pill, to (have to) bite the bullet
Wenn der Albert die Aufnahmeprüfung bestehen will, muß er sich während der Ferien darauf vorbereiten. Das ist zwar unangenehm,

aber nicht zu vermeiden. Diese Pille muß er schlucken – wenn er nicht durchfallen will.

jm. eine (bittere) Pille zu schlucken geben *ugs – path* · to give s.o. a bitter pill
... Du hast dem Jungen gesagt, wegen seines miserablen Zeugnisses müsse er während der ganzen großen Ferien arbeiten gehen? Da hast du ihm aber eine bittere Pille zu schlucken gegeben!

jm. eine/die (bittere) Pille versüßen/verzuckern/(überzuckern) *ugs* · to sugar the pill
Wenn der Junge schon nicht mit uns ans Meer fahren kann und sich die ganzen Ferien über auf sein Examen vorbereiten muß, dann wollen wir ihm wenigstens die Pille versüßen: dann geben wir ihm ein fürstliches Taschengeld, sodaß er zumindest am Wochenende anständig feiern kann.

Pilze: wie Pilze aus dem Boden/(dem Erdboden/der Erde) **schießen/**(sprießen) *Häuserl... ugs – path* · to shoot up like mushrooms
In manchen Städten/Gegenden/... schießen die Häuser wie Pilze aus dem Boden. In den vergangenen Ferien waren wir in Lissabon und haben uns die Kante angeguckt, in der wir vor 15 Jahren gewohnt haben – wir haben sie kaum wiedererkannt; ein ganz neues Stadtviertel ist da entstanden.

in die Pilze gehen *ugs selten* · to retire from public life *n*, to turn one's back on public life *n*, to go mushrooming *n*
... Wenn der Richard in die Pilze gegangen ist, dann ist das mehr als verständlich. Er will von der ganzen politischen Kaste nichts mehr wissen. Wenn ich so schlechte Erfahrungen gemacht hätte wie er, würde ich mich auch zurückziehen.

Pinie: auf der Pinie sein *sal selten* – auf der **Palme** sein · to be mad, to be in a foul temper, to be ratty

jm. auf die Pinie bringen *sal selten* – jm. auf die **Palme** bringen · to drive s.o. up the wall, to drive s.o. crazy, to make s.o.'s blood boil, to rile s.o.

auf die Pinie klettern *sal selten* – in die **Luft** gehen (2) · to blow one's top

das/(etw.) **ist, um auf die Pinien zu klettern** (mit etw./jm.) *sal selten* – das ist zum **Bebaumölen** (mit etw./jm.) · it's enough to drive you/one/... crazy/mad/wild/.., it's enough to drive you/one/... up the wall

Pinkel: ein eingebildeter Pinkel (sein) *sal* – ein eingebildeter **Fatzke** (sein) · (to be) a conceited buffoon

ein feiner/vornehmer Pinkel (sein) *sal* · (to be) really posh *coll*, to be a right/real/... toff
Guck' dir den Rosenblatt an, wie der daherstolziert – geschniegelt und gebügelt, mit ernster Miene ... – Das ist ein ganz feiner Pinkel, dieser Mann! Den müßtest du erstmal im Büro sehen, wie vornehm er da tut!

Pinsel: ein alberner Pinsel (sein) *sal* – ein blöder/dämlicher/ dummer/... **Affe** sein · (to be) a twerp

(anständig/...) auf den Pinsel drücken/treten *sal selten* – (anständig/...) auf die **Tube** drücken · to step on it, to motor, to put one's foot down, to go some

Pinselstriche: etw. mit wenigen Pinselstrichen andeuten/... · to give a suggestion of s.th. with a few brushstrokes
... Das Landhaus selbst kann man in allen Einzelheiten würdigen, doch die herrliche Allee, die dahinführt, hat der Maler nur mit einigen wenigen Pinselstrichen angedeutet ...

Pinzette: die muß man (ja/...)/würde ich/mein Bruder/... nicht/... **mit der Pinzette anfassen/anpacken** (so häßlich ist die/...) *sal* – die muß man (ja/...)/würde ich/mein Bruder/... nicht/... **mit der Kneifzange** anfassen/anpacken (so häßlich ist die/...) · (s.o. is so ugly/... that) I/he/... wouldn't touch her/... with a bargepole

Pipapo: mit allem Pipapo *ugs* – mit allem **Schickimicki** · with all the (latest) mod cons, with all the trimmings

Pipi: Pipi machen *Kinderspr* – ein kleines **Geschäft** machen (müssen) · to do a wee-wee

Pirsch: auf die Pirsch gehen *Jagd* · to go stalking
Auf die Pirsch gehen und auf die Jagd gehen, ist das dasselbe, Vater? – Hm, das erste drückt genauer aus, daß sich die Jäger vorsichtig an die Tiere heranschleichen oder heranpirschen, wie man auch sagt.

pißt: es pißt *vulg* – es regnet/gießt in **Strömen** · to pour with rain, to bucket down, to pelt down

Pistole: auf jn. **mit vorgehaltener Pistole losgehen/**jn. ... zwingen, zu .../... · to hold a pistol to s.o., to point a pistol/ gun/... at s.o.
... Wenn jemand mit vorgehaltener Pistole auf dich zukommt, wirst du dein Portemonnaie schon zücken! – Aber ist das in New York denn so schlimm?

jm. die Pistole auf die Brust setzen *path* · 1. 2. to hold a pistol to s.o.'s breast
1. vgl. – jm. das **Messer** auf die Brust setzen
2. vgl. – jm. das **Messer** an die Kehle setzen

wie aus der Pistole geschossen kommen *Antwortl.../*wie aus der Pistole geschossen antworten/erwidern/... *ugs* · + s.o. answers/... like a shot/quick as a flash, s.o.'s answer comes like a shot
Und was machen Sie, wenn ich Sie entlasse?, fragte der Chef seinen Sekretär, mit dem er seit einigen Wochen auf sehr gespanntem Fuß stand. – Wie aus der Pistole geschossen kam die Antwort: und was machen Sie, wenn ich einmal öffentlich ausplaudere, wie Sie mit Ihren Untergebenen umgehen?

jn. auf Pistolen fordern *Duell* · to challenge s.o. to a duel with pistols
... Und wer hatte das Recht, den anderen auf Pistolen – oder was weiß ich für eine Waffe – zu fordern? – Der, der nach dem Ehrenkodex als der Beleidigte galt.

pitschenaß: pitsche(-patsche-)naß (sein) *ugs lautmal* – bis auf die **Knochen** durchnäßt/naß sein · to be soaked to the skin, to be drenched

Plage: das/etw. **ist eine Plage** *path* · it/s.th. is a nuisance
Die dauernde Bettelei ist eine Plage in diesem Viertel! Alle paar Stunden steht ein Bettler in der Tür! Nicht auszuhalten!

das/es ist eine Plage (mit jm./etw.) *path* – (eher:) das/es ist ein **Elend** (mit jm./etw.) · it's trying with s.o./s.th.

man/j. hat seine Plage mit jm. *path selten* – jm. (sehr/viel/ allerhand/...) zu **schaffen** machen (2) · + it/life/... is not easy with s.o./s.th., + s.o./s.th. is a real handful

Plagiat: ein Plagiat begehen *form selten* · to plagiarise, to commit a plagiarism
... Ach, alles, was der in dem Roman über die Homosexualität schreibt, ist doch geklaut! – Geklaut?? Wollen Sie etwa insinuieren, daß mein Bruder ein Plagiat begangen hat? – Jawohl! Alles abgeschrieben! Das ist übrigens leicht zu beweisen ...

Plan: der/die Ursel/... hat (absolut/...) **keinen Plan von/in/...** Mathematik/... *selten* · not to have a clue about s.th. *coll*, to have no idea about s.th.
... Kannst du mir mal kurz helfen? Ich hab' da so ein Problem aus dem Bereich der linearen Optimierung. – Tut mir leid, Klaus, aber in Mathematik habe ich überhaupt keinen Plan.

js. Plan durchkreuzen · to thwart s.o.'s plan(s), to frustrate s.o.'s plan(s)
Warum durchkreuzt dein Vater deinen Plan, mit der Erika allein in die Ferien zu fahren? – Durchkreuzt er ihn denn? – Kann man es anders nennen, wenn er dir das nötige Geld dafür nicht gibt?

auf dem Plan erscheinen *form selten* – auf den **Plan** treten · to arrive/appear/come on/... the scene

einen Plan fallen lassen · to drop a plan, to cancel a plan
Ursprünglich hatten wir vor, in den Sommerferien nach Ägypten zu fahren. Nach dem Ausbruch der Golfkrise haben wir diesen Plan dann natürlich fallen lassen.

den Plan fassen, etw. zu tun *form* · to plan to do s. th.

... Als sie von dem fünften Verlag eine Absage bekamen, faßten sie den Plan, das Buch im Selbstverlag herauszubringen, und diesen Plan führten sie dann trotz mannigfacher Widerstände auch durch.

mit dem Plan schwanger gehen, zu ... *form – path od. iron selten* – sich mit dem/(den) **Gedanken** tragen, zu ... · to be seriously considering doing s. th., to entertain the idea of doing s. th.

jn./(etw.) auf den Plan rufen · to bring s. o./(s. th.) onto the scene, + to become involved

Die kleineren Diebstähle nahm eigentlich niemand so richtig ernst. Aber als dann bei hellichtem Tage in einem Uhrengeschäft eingebrochen wurde, rief das die Polizei auf den Plan: zunächst klärte sie die Umstände des Einbruchs und dann fing sie an, das Viertel systematisch zu kontrollieren.

auf dem Plan stehen · to be on the agenda, to be on the programme

»Und was steht heute auf dem Plan?«, fragte ein älterer Herr aus der Gruppe den Reiseleiter. – »Heute werden wir zunächst 'Notre Dame' und die 'Conciergerie' besichtigen, dann eine Fahrt auf der Seine machen ...«

sich mit dem Plan tragen, zu ... *form* – (eher:) sich mit dem/(den) **Gedanken** tragen, zu ... · to be thinking of doing s. th., to be flirting with the idea of doing s. th.

auf den Plan treten *form* · to arrive/appear/come on/... the scene

(Über eine heiße Diskussion in der Firma:) ... Mit den eigenen Leuten wurde der Alte ja noch ganz gut fertig. Aber als dann die Gewerkschaftsfunktionäre auf den Plan traten und alle möglichen Forderungen mit gesetzlichen Regelungen untermauerten, wurde es kritisch, und der Ausgang der anschließenden Kampfabstimmung war durchaus offen.

nach Plan verlaufen · to go according to plan

(Bei Rückkehr eines Geschäftsfreundes:) Und? Ist die ganze Reise nach Plan verlaufen? – Ja. Alles genau wie vorgesehen/geplant. Geradezu langweilig.

hochfliegende Pläne haben · to have ambitious plans

Was will euer Richard werden? – Atomphysiker! – Aha! Der hat ja hochfliegende Pläne! – Er kann was! Dann hat er auch das Recht, sich ehrgeizige Ziele zu setzen.

js. Pläne durchkreuzen · to thwart/to foil/... s. o.'s plans

... Wir hatten eigentlich vor, in diesem Sommer nach Italien zu fahren, uns die Kunstschätze in Rom, Florenz, Venedig anzusehen ... Aber Alberts Krankheit hat unsere Pläne durchkreuzt. Wir müssen froh sein, wenn wir ein, zwei Wochen, in Deutschland irgendwo in Ruhe ausspannen können.

Pläne schmieden *ugs* · to make plans *n*

In den nächsten Weihnachtsferien könnte ich ...; in den Osterferien danach mache ich dann ...; nach dem Abi fahre ich ... – Meine Güte, Junge, jetzt hör' doch mal auf, dauernd Pläne zu schmieden! Laß die Zeit erst mal näher rücken; dann siehst du doch viel besser, was am sinnvollsten ist.

platt: (ganz) (einfach) **platt sein** *ugs* – (ganz) (einfach) **baff sein** · to be flabbergasted

jn. platt-schießen/-fahren/... *ugs – sal* · 1. to mow s. o. down, to riddle s. o. with bullets, to shoot s. o. dead, 2. to run over and flatten s. th., to run over and squash s. th.

1. ... Hast du schon die Zeitung gelesen? Die Polizei hat in Essen bei einer Verkehrskontrolle schon wieder einen unschuldigen Menschen plattgeschossen. – So langsam nehmen diese Vorfälle überhand!

2. ... Was ist mit dir los? Du bist ja völlig fertig! – Ich hab' eben einen Hund plattgefahren. Das Tier lief mir plötzlich vor den Wagen; bremsen oder ausweichen konnte ich nicht ...

Plättbrett: flach/(platt) **wie ein Plättbrett sein** *sal veraltend selten* – an einer Frau/(einem Mädchen) ist etwas/nichts **dran** (1) · to be as flat as a board

Platte: das/(etw.) ist eine alte Platte *ugs* · it's the same old tune, it's the same old story

Der alte Kandler droht damit, die Firma zu verlassen, wenn sich eine solche scharfe Kritik nochmal wiederhole. – Das ist doch eine alte Platte. Jedesmal, wenn jemand seine Arbeit kritisiert, droht er damit zu kündigen.

eine/die bunte Platte *Essen* · a plate of selected cold meats

(In einem Restaurant:) Und was sollen wir essen? – Heute könnten wir eigentlich alle zusammen mal eine bunte Platte wählen. Die ist hier besonders gut. Sie hat fast alle bekannteren Wurstsorten, dazu diverse Käsespezialitäten, dann gekochte Eier, Radieschen ... Und ein herrliches Brot.

immer wieder dieselbe/(die gleiche) Platte! *sal* – (immer) (wieder) mit derselben/(der gleichen) **Platte** kommen · it's always/... the same old story

(eine) kalte/gemischte Platte *Essen* · cold cuts, selected sliced meats

(In einem Restaurant; der Gast zum Ober:) Und auf Ihrer kalten Platte, was ist da für Aufschnitt drauf? – Roher und gekochter Schinken, Salami, Leberwurst ... dazu ein gekochtes Ei. – Und Schwarzbrot? – Schwarzbrot und Graubrot.

das kommt (gar/überhaupt) nicht auf die Platte *sal* – (nicht) in **Frage** kommen (3) · nothing doing!, no way!, it/that's out of the question

eine Platte haben *sal* · to be bald *n*, to be a slap-head *coll*

Mein Großvater, der schon mit 45 Jahren eine Platte hatte, pflegte zu antworten, wenn ihn jemand ironisch darauf ansprach: »besser eine Glatze als gar keine Haare«.

etwas auf der Platte haben *sal selten* – was/etwas/viel/allerhand/einiges/eine Menge/... **loshaben** (in etw.) (1, 2; u. U. 3) · to be brilliant (at s. th.), to be pretty/very/... good at s. th., to really know one's stuff

eine Platte auflegen *Schallplatten* · to put on a record

... Wir könnten eine Platte auflegen – habt ihr Lust, eine Sonate von Beethoven zu hören? Ich habe fast alle Sonaten von ihm (auf Platten).

(immer) (wieder) dieselbe/(die gleiche/alte) Platte auflegen/ablaufen lassen/laufen lassen *sal* – (immer) (wieder) mit derselben/(der gleichen) **Platte** kommen · to come up with the same old thing/story/..., to go on in the same old way, to harp on the same old thing

(endlich/...) (mal/...) eine neue/andere Platte auflegen *oft Imp sal* · to change the record, to change the subject *n*, to stop harping on about s. th.

... So, jetzt leg' mal eine neue Platte auf, Richard! Jetzt haben wir lange genug gehört, wie entsetzlich euer Chef mit seinen Untergebenen umgeht/umspringt. Jetzt wollen wir das Thema wechseln.

etw. auf Platte aufnehmen · to record s. th., to make a record of s. th.

... Wie du weißt, werden heute Musik- oder auch Theaterstücke kaum noch auf Platte aufgenommen – auf die herkömmliche Schallplatte, meine ich; heute nimmt man CD's und Kassetten auf.

jn./etw. auf die Platte bannen *veraltend selten* · to take a photograph of s. o./s. th., to immortalise s. o./s. th. in a photograph *hum*

Wenn hier steht: 'Sie bannten ihn auf die Platte', dann bedeutet das nicht, Gerd, 'sie nahmen seine Musik auf die Schallplatte auf', sondern: 'sie fotografierten ihn'! Damals benutzte man noch keine Filme, sondern lichtempfindliche Platten.

etw. auf die Platte bringen *ugs selten* · to go on about s. th.

Jedesmal, wenn ich den Bodo treffe, bringt er einen neuen Job, eine neue Zukunftsperspektive auf die Platte; doch solange ich ihn kenne, arbeitet er treu und brav an demselben Platz.

die Platte kenn' ich/kennt er/... *sal* – das **kenn'** ich! · I/we/(...) know all about that!, I/we/... have heard that before!

(immer) (wieder) mit derselben/(der gleichen) Platte kommen *sal* · to come up with the same old thing/story/... *coll*, to go on in the same old way *n*, to harp on the same old thing *n*
... Ach, jetzt sagt mir meine Mutter doch schon wieder, erstmal sollte ich in der Schule vernünftig arbeiten, dann könnte ich Ferienpläne machen. Die kommt aber auch immer wieder mit derselben Platte.

die Platte putzen *sal selten* – sich aus dem **Staub(e)** machen (1, u. U. 2) · to hop it, to scarper

auf der Platte stehen *ugs selten* · not to have a clue (about s. th.), not to be in the know
... Nein, ich steck' in dieser Materie in der Tat nicht drin und ich hab' auch keine Lust, mich da jetzt einzuarbeiten. Mich bewegen zurzeit andere Dinge. Ich weiß, daß ich auf der Platte stehe, wenn darüber morgen abend diskutiert wird. Das nehm' ich in Kauf.

Platten hören *Schallplatten* · to listen to records
... Und was habt ihr den ganzen Abend gemacht? – Wir haben Platten gehört – zuerst klassische Musik, dann ein paar Chansons aus den fünfziger, sechziger Jahren.

Platten: (einen) Platten haben *Auto usw.* · to have a flat tyre, to have a puncture
... Du, ich glaube, wir haben einen Platten. Der Wagen schwankt so, hinten rechts ... – Dann halte mal an, ich werde mal nachsehen. Hast du einen Ersatzreifen dabei?

Plattform: eine Plattform sein/abgeben/... für *form* · to be a platform for ...
... Diese Zeitung war vom Beginn ihres Bestehens an liberal ausgerichtet. Von ihrem ersten Erscheinen an war sie eine Plattform für alle, die sich gegen eine zu starke Bevormundung durch den Staat – oder auch durch die Kirche – wandten, ein Organ, das ...

eine gemeinsame Plattform (für etw.) finden/... *form* · to find a common platform, to find common ground
Wenn jede Partei mit einer anderen Zielsetzung an eine Aufgabe herangeht, wird man die ökologischen Probleme wohl nie lösen. Die vordringliche Pflicht ist es also, eine gemeinsame Plattform zu finden. Danach wird man die konkreten Fragen dann schon lösen.

Plattfuß: einen Plattfuß haben *sal* – (einen) **Platten** haben · to have a flat, to have a puncture

plattmachen: jn. plattmachen *sal* · 1. to give s. o. a roasting, 2. to bump s. o. off
1. vgl. – (eher:) jn. **fertigmachen**
2. vgl. – jn. **umlegen**

Platz: mein/sein/... Platz ist in/auf/bei/... · my/his/... place is with my/...
(In einem Krieg:) Wenn Bombenangriffe drohen, ist sein Platz natürlich bei seiner Frau und bei seinen Kindern, das ist doch klar! – Wenn man ihm erlaubt, dann zu Hause zu bleiben. Es könnte sehr wohl sein, daß er zum Luftschutzdienst im Werk herangezogen wird.

das erste/beste/einzige Haus/Hotel/(...) am Platz *form* · the best/only/... hotel/house/... in town, the best/only/... hotel/... in the place *coll*
... Entschuldigung, können Sie mir ein gutes Hotel in dieser Stadt empfehlen? – Das erste Haus am Platz ist der 'Gasthof zum Löwen'; aber auch der 'Lindenhof' ist sehr gut.

es ist hier/da/nicht am Platz, zu ... *form* · 1. 2. it is/it would be out of place to say/to do s. th.
1. vgl. – (eher:) fehl am **Platz** sein (2)
2. vgl. – etw. ist eine Bemerkung/... am falschen/(unrechten) **Platz**

etw. ist eine Bemerkung/... am falschen/(unrechten) Platz · s. th./a remark/... is out of place, s. th./a remark/... is inappropriate
... Es mag ja durchaus sein, daß der Hanno in der Sache Recht hat. Aber in einer Besprechung, in der es um die neuen Preise geht, war das, was er gesagt hat, eine Bemerkung am falschen Platz/seine Bemerkung fehl am Platz. Es ging da nicht um Politik; das ist ein eigenes Thema.

hier/da/... am falschen Platz sein · 1. 2. to be in the wrong job here/in/..., to be out of place here/in/...
1. ... Der Brächter ist hier am falschen Platz. Das ist ein ausgezeichneter Mathematiker, aber von Chemie versteht er nichts. Dem müßt ihr einen anderen Posten geben, wenn ihr etwas von ihm haben wollt.
2. vgl. – (eher:) fehl am **Platz** sein (1)

fehl am Platz sein · 1. to be in the wrong job, to be in the wrong place, 2. to be out of place, to be inappropriate, to be uncalled for, 3. s. th./a remark/... is out of place, s. th./a remark/... is inappropriate
1. ... Leute, die keinen Willen haben, sind hier fehl am Platz! Diese Arbeit verlangt Mitarbeiter, die Widerstandsfähigkeit, Ausdauer, Durchhaltevermögen besitzen. Wer es gemütlich haben will, sollte sich nach etwas anderem umsehen; der ist hier falsch.
2. ... Nein, nein, seine dauernden Klagen sind völlig fehl am Platz. Ich gebe zu: seine Aufgabe ist nicht leicht. Aber wenn er ihr nicht gewachsen ist, muß er den Posten einem anderen überlassen. Seine Beschwerden sind völlig unangebracht.
3. vgl. – etw. ist eine Bemerkung/... am falschen/(unrechten) **Platz**

Platz haben in/auf/... – **Platz** finden in/auf/... · + there is enough space in/at/... for 100/200/... people/...

seinen festen Platz im Theater/... haben · to have one's own seat
Seit mehr als einem Jahrzehnt haben meine Eltern im Theater ihren festen Platz – in der achten Reihe, in der Mitte, die Nummern 234 und 235. – Im Abonnement? – Natürlich.

in etw. keinen Platz haben · to have no place in s. th.
... Nein, Phantasien und Vertrauensseligkeiten haben in Giselas Leben keinen Platz mehr. Dazu ist sie zu oft enttäuscht worden.

Platz haben für 100/200/... Leute · to hold 100/200/... people, to have a capacity of 100/200/...
... Der Saal hat Platz für 250 Menschen – maximal! Im Grunde ist er dann sogar schon überfüllt.

einen festen Platz auf der Bestelliste/Bestsellerliste/... haben *Buch/Platte u. ä.* · to be firmly established in the hit parade/on the bestseller lists/on the order form/...
... Seit Jahren hat dieses Buch einen festen Platz auf meiner Geschenkliste! – Wie, verschenkst du zu Weihnachten immer dieselben Bücher? – Es gibt ein paar Titel, die finde ich so gut, daß ich sie in der Tat immer wieder kaufe und verschenke.

seinen Platz aufgeben · to give up one's seat, to leave one's seat
... Entschuldigen Sie, ich saß hier! – Sie waren aufgestanden, herausgegangen ... – Ich war nur zur Toilette. – Ah, Entschuldigung! Da keine Sachen von Ihnen mehr hier waren, hatte ich angenommen, Sie hätten ihren Platz aufgegeben, und mich hierher gesetzt.

seinen Platz gut ausfüllen · to do one's job soundly/well/reliably/...
... Mit deinem neuen Buchhalter bist du zufrieden? – Der Mann ist kein Genie; aber seinen Platz füllt er gut aus. – Na, für das Geniale bist du ja selbst zuständig. In der Buchhaltung genügt es ja wohl, wenn die Leute ihre Arbeit ordentlich machen.

Platz behalten *oft Imp form* · to remain seated
... Auch wenn Prof. Wörder sagte 'bitte, behalten Sie Platz!', hättest du aufstehen sollen. Das sind so Formfragen.

seinen Platz behaupten *form* – die/diese **Position** halten (1) · to maintain one's position

den ersten/zweiten/... Platz belegen *Wettbewerb form* · to come first/second/..., to take first/second/... place
... Das Hallenfußballturnier in Dortmund gewann überraschenderweise Fortuna Köln. Bayern München belegte den zweiten, der VFB Stuttgart den dritten Platz.

bis auf den letzten Platz besetzt/ausverkauft/(...) sein · + every single seat is taken, + all seats are sold out
... Bei derart interessanten Spielen war die Halle gestern doch bestimmt voll? – (Sie war) bis zum letzten Platz besetzt. Ja, eine ganze Anzahl von Zuschauern stand sogar noch hinter den letzten Reihen.

Platz bieten für 500/1000/... Personen/... *form* · to hold 500/1000/..., to have room for 500/1000/..., to have a capacity of 500/1000/...

... Der große Theatersaal bietet Platz für 1.935 Personen; das müßte für die Matinee doch reichen.

auf dem Platz bleiben *Kampf form selten* · 1. to be beaten, to be defeated, 2. to be left dead or wounded on the battlefield

1. ... Und in dem Ringkampf, der gerade anfing, als wir über den Jahrmarkt bummelten – wer hat da gewonnen, der mächtige Schwarze oder der dünne Blonde? – Der Blonde ist auf dem Platz geblieben. Nach zwei Minuten hatte ihn der Neger aufs Kreuz gelegt/besiegt.

2. vgl. – (u. U.) auf dem **Kampfplatz** bleiben

Platz da! *sal* · get out of the way!, make way! *n*

... Platz da! – Was heißt da: 'Platz da?' – Sehen Sie nicht, daß diese ältere Dame mit ihrem Koffer hier vorbei will? – Das ist doch kein Grund, jemanden derart unhöflich aufzufordern, Platz zu machen.

den ersten/zweiten/... **Platz einnehmen** (in/bei/unter/...) *form* · to be the best/one of the best/... there is, to come first (among/in/...), to take first place (among/in/...)

... Unter den juristischen Fachübersetzern für Portugiesisch nimmt der Silva wohl den ersten Platz ein – jedenfalls kenn' ich da keinen besseren; aber an allgemein-sprachlichen oder literarischen Übersetzern gibt's natürlich bei weitem qualifiziertere.

viel/wenig/... **Platz einnehmen** – viel/wenig/... **Raum** einnehmen · to take up a lot of space, not to take up very/... much space

sich von seinem Platz/ihren Plätzen **erheben** *form* – sich von seinem **Sitz**/ihren Sitzen erheben · to stand up for s.o.

Platz finden in/auf/... · + to be enough space for 100/200/... people/...

... Finden so viele Leute denn in dem kleinen Raum überhaupt Platz? – Da passen mehr herein, als man meint.

sich da/in .../... **am falschen**/(unrechten) **Platz fühlen** · 1. 2. to feel out of place in/at/...

1. ... Der Christian fühlt sich da im Labor einfach am falschen Platz. Er ist kein Wissenschaftstyp – auch, wenn er gute Fachkenntnisse hat. Er wird sich auf dem Posten nie wohlfühlen.

2. ... Gerd, nimm mir das bitte nicht übel – ich geh'. Ich bin hier der einzige Nichtmediziner – ich fühl' mich hier am falschen Platz! – Aber Robert! Du bist mein Gast, und niemand hier hat etwas dagegen, wenn Nichtmediziner an unseren geselligen Veranstaltungen teilnehmen ...

allgemein/immer mehr/.../**Platz greifen** *form selten* – um sich **greifen** · to be spreading more and more, to be becoming widespread

seinen Platz einem Jüngeren/... **überlassen**/freimachen/(...) · to make way for a younger colleague/...

... Ach, schimpfte er, diese alten Säcke kleben doch buchstäblich an ihren Stühlen! Statt jüngeren Leuten Platz zu machen, blockieren sie mit ihrer Manie, sie wären unersetzlich, Dynamik, frische Impulse, Innovation ...

(jm.) Platz machen · 1. 2. 3. to make way (for s.o.)

1. (Im Zug, auf dem Gang:) Entschuldigung, könnten Sie der Dame hier Platz machen? Wenn Sie nur ein wenig zur Seite treten, geht es schon; dann kommt sie mit dem Koffer schon durch.

2. (Der Arzt am Unfallort:) Nun machen Sie doch bitte (ein wenig) Platz! Bei diesem Gedränge kann man den Verunglückten doch gar nicht richtig helfen. Bitte, treten Sie zurück!

3. Wie sollen die jungen Leute zum Zuge kommen, wenn ihnen die Alten nicht Platz machen? Wenn die Alten an ihren Stühlen kleben wie die Kletten, können die Jüngeren natürlich nicht zeigen, was sie können.

Platz nehmen *form* · to take a seat, to have a seat

... Guten Tag, Herr Iser, wie geht es Ihnen? Bitte, nehmen Sie Platz ...

seinen Platz räumen (müssen) *form* · 1. to (have to) give up one's seat, to (have to) vacate one's seat, 2. to give up one's seat, to leave one's seat

1. (Der Schaffner im Zug:) Es tut mir leid, mein Herr, aber Sie müssen Ihren Platz räumen. Die Dame hat ihn von Stuttgart bis Frankfurt reserviert.

2. vgl. – (eher:) seinen **Platz** aufgeben

für jn./etw. Platz schaffen · to make room for s.o./s.th., to clear a space for s.o./s.th.

... Und wo wird der Junge schlafen, wenn er in den Ferien zu euch kommen soll? – Das wird sich finden. Irgendwo schafft man immer Platz, wenn man will.

js. Platz ist an js. Seite *form – path* · s.o.'s proper place is with s.o.

(Der Chef:) Wenn Ihre Frau in Kürze ein Kind erwartet, dann ist Ihr Platz jetzt an ihrer Seite, Herr Stadler! In den nächsten Wochen werden Sie daher keine Dienstfahrten machen!

ein Platz an der Sonne/(sich) einen Platz an der Sonne erobern/erkämpfen/... *form – path* · to win/get/... a place in the sun

Wer Jahre hindurch mit großen finanziellen Schwierigkeiten gelebt hat, sehnt sich natürlich um so stärker nach einem Platz an der Sonne. Wenn sich ihm die Chance bietet, auf der sozialen Stufenleiter ein paar Sprossen nach oben zu klettern, wird er sie also so gut wie möglich nutzen.

am falschen Platz sparen · to make false economies

(Ein Landwirt zu seiner Frau:) Es hat doch beim besten Willen keinen Sinn, am falschen Platz zu sparen, Uschi! Wenn wir das nötige Geld für den Dünger nicht ausgeben, dann haben wir auch keine vernünftigen Ernten. Es gibt Dinge, an denen darf man einfach nicht sparen!

jn. vom Platz stellen/(verweisen/weisen) *Sport* · to send s.o. off

... Einen Spieler, der einen anderen absichtlich tritt, muß der Schiedsrichter vom Platz stellen! Da gibt's doch gar keine Diskussion! – Man kann doch nicht eine rote Karte nach der andern geben! Drei Platzverweise in einem Spiel! ...

jn. auf den zweiten/dritten/... **Platz**/(auf Platz zwei/drei/...) **verweisen** *form – path* · to beat s.o. into second/third/... place

(Aus einer Zeitungsnotiz:) Endlich gelang es Boris einmal wieder, seinen Konkurrenten – der die letzten beiden Turniere (an diesem Ort) gewonnen hatte – auf den zweiten Platz zu verweisen. In einem hinreißenden Endspiel schlug er ihn 6 : 4, 3 : 6, 6 : 3, 6 : 2.

(nicht) von seinem Platz weichen *form* – (nicht) von der **Stelle** weichen (2) · (not) to budge an inch

Platzangst: Platzangst haben/bekommen/kriegen/... · to have/to get claustrophobia

Mein Gott, ist das voll hier! Da kriegt man ja Platzangst! – In der Tat, in so engen schmalen, hohen Raum kann man wirklich Beklemmungszustände kriegen, wenn er dermaßen überfüllt ist.

Plätzchen: ein verschwiegenes Plätzchen *euphem* – ein heimlicher/verschwiegener **Ort** · the smallest room, the bathroom, the loo

Plätze: auf die Plätze – (Achtung) – fertig – los! *Wettrennen* · on your marks – get set – go!

... Auf die Plätze – fertig – los! – Wie ein Pfeil schossen die Sprinter aus ihren Startlöchern; auch nicht eine Zehntelsekunde wurde da verschenkt.

die anderen/... auf die Plätze verweisen *Wettkämpfe form* · to beat s.o., to come first

... Der Aachener Rudi Welch verwies einmal wieder alle anderen Teilnehmer am 5.000-Meter-Lauf auf die Plätze. Es ist jetzt das vierte Mal hintereinander, daß er in einem großen Rennen als erster durchs Ziel geht.

alle/... erhoben sich/... von ihren Plätzen *form – path* · everyone rose, everyone stood up

... Als der Präsident in den Saal trat, erhoben sich alle von ihren Plätzen und brachten ihm stehend eine Ovation dar. Das war schon beeindruckend.

Platze: bei .../**wenn man sieht/**..., (**dann**) **kann man die Plat-ze kriegen** *sal selten* · 1. + it's driving me/... up the wall when ..., + it's enough to drive you up the wall when ..., 2. + it drives s.o. up the wall/drives s.o. mad (when he sees/...)
1. Mein Gott, jetzt warten wir hier schon über zwei Stunden! Da kann man ja die Platze kriegen! – Ich werde auch so langsam kribbelig. Wenn wir in der nächsten Viertelstunde nicht drankommen, gehen wir.
2. vgl. – (eher:) j. könnte/(möchte) aus der **Haut** fahren (bei .../wenn er sieht/...)

Platzen: sich zum Platzen fühlen *ugs – path* · to feel full to bursting
... Na, hat's geschmeckt? – Und ob! So viel hab' ich schon lange nicht mehr gegessen! Ich fühl' mich zum Platzen!

zum Platzen voll sein *ugs – path* – (eher:) brechend **voll** sein · to be chock-a-block

Platzverweis: jm. einen Platzverweis geben *Sport form* – jn. vom **Platz** stellen/(verweisen/weisen) · to show s.o. the red card, to send s.o. off

Plauz: einen Plauz machen *Kinderspr selten* – aufs **Kreuz** fallen · to fall over with a bang

Plauze: es auf der Plauze haben *sal selten* · 1. 2. to have tuberculosis *n*, to have a weak chest *n*
1. ... Wenn man so einen tiefsitzenden Husten hat, dann muß man was dagegen tun! – Das mußt du gerade sagen! Du hast es doch den halben Winter auf der Plauze gehabt und was hast du dagegen getan? Nichts!
2. ... Du, das ist auch heute noch schwer wegzukriegen, wenn jemand Asthma hat. Ein Jugendfreund von mir hatte es auf der Plauze; er hat ein ganzes Jahr deswegen in einem Schweizer Sanatorium verbracht.

sich die Plauze (nach jm.) **ausschreien** *sal selten* – sich (fast) die **Lunge** (nach jm.) aus dem Hals/(Leib) schreien · to yell one's head off, to scream/to shout/to yell/... till one is blue in the face

auf der Plauze liegen *sal selten* · to be laid up *coll*
... Wie lange liegt der Herbert jetzt schon auf der Plauze? – Offiziell feiert er seit drei Wochen krank; aber schon die letzte Urlaubswoche war er mehr im Bett als auf.

sich die Plauze vollschlagen *sal* – sich den **Bauch** vollschlagen/(vollfressen) · to stuff o.s.

Plazet: das/js. Plazet einholen *form* · to get s.o.'s permission/approval/consent
Bevor du den Direktor darum bittest, dich auf den Schulflügel üben zu lassen, solltest du das Plazet des Musiklehrers einholen. – Der Herr Berger hat nichts dagegen, den hab' ich schon gefragt.

sein Plazet (zu etw.) **geben** *geh* · to give one's approval (to s.th.), to give one's consent (to s.th.)
In den Sommerferien fahre ich mit meiner Freundin an die Adria. – Gibt denn dein Vater sein Plazet dazu? – Warum soll er das nicht erlauben? Ist etwas dabei?

Pleite: die ganze Sache/... **war/**... **eine (einzige) Pleite** *ugs* · the whole thing was a (complete/...) washout/flop/disaster/fiasco
... Und wie war euer Betriebsausflug? – Ach, frag' mich nicht! Die ganze Sache war eine einzige Pleite. Zuerst kam der Bus eine gute Stunde zu spät, dann fing es an zu regnen; unterwegs gab es dann noch einen heftigen Streit unter mehreren Kollegen ... Kurz: ein Reinfall sondergleichen.

(mit jm.) **eine Pleite erleben** *ugs* · + s.o. is a disaster, + it is a disastrous experience with s.o.
... Nein, der Mann kann einfach nichts! Den lad' ich nicht nochmal ein! Erinnerst du dich nicht mehr an die Pleite, die wir bei dem Konzertabend im letzten Jahr mit dem erlebt haben?! – Das war ein Reinfall, ja, aber ... – Nichts, aber! ...

Pleite machen/gehen *ugs* – **Bankrott** machen · to go bankrupt

eine Pleite schieben *sal selten* · to be bankrupt
Hast du gehört: der Ernst Müller schiebt eine Pleite. – Was, der Ernst hat Bankrott gemacht? – Ja, er hat sogar schon offiziell Konkurs angemeldet.

pleite: pleite sein *ugs* · 1. to be bankrupt, 2. to be broke
1. vgl. – **Bankrott** machen (d.h. Bankrott gemacht haben)
2. vgl. – **blank** sein

Pleitegeier: der Pleitegeier schwebt über jm. *ugs – path selten* · the threat of bankruptcy is hanging over s.o.
Die Firma Schuckert, hör' ich, ist in arger Bedrängnis? – Ach, über dieser Firma schwebt doch schon seit Jahren der Pleitegeier. Aber bisher hat sie sich noch immer so gerade über Wasser gehalten.

plemplem: plemplem sein *sal* – nicht (so) (ganz/(recht)) bei **Trost** sein · to be a bit do-lally, not to be all there, to be a bit/... gaga

pleno: in pleno *lit selten* · in front of everyone *n*, in front of/to/... the whole group/... *n*
... Aber er hat diese Kritik doch nur im kleinem Kreis vorgebracht? – Von wegen! In pleno! In einer Vollversammlung des Klubs, hochoffiziell.

plitz, platz: das/etw. geht nicht so/... **plitz, platz** *ugs lautmal selten* · it/s.th. can't be done/... just like that/in a flash
... Eine solche Entscheidung will wohlüberlegt sein. Das geht nicht so plitz, platz, wie du dir das vorstellst!

plötzlich: los, ein bißchen plötzlich! *sal* – jetzt mal ein bißchen **plötzlich** (1) · make it snappy!, get a move on!

jetzt mal ein bißchen plötzlich! *sal* · 1. 2. make it snappy!, ... and jump to it!, 1. get a move on! *coll*
1. ... Sag' mal, kommst du jetzt endlich oder nicht? Ich warte jetzt schon über zehn Minuten! – Ich komm' ja schon! – Jetzt mal ein bißchen plötzlich, Mensch, sonst fahr' ich allein; dann bleibst du zu Hause!
2. ... Wirst du dich jetzt wohl an die Schularbeiten machen? Jetzt mal ein bißchen plötzlich! Mir scheint, ich muß mal wieder strenger durchgreifen bei dir, was?!

plötzlich und unerwartet sterben/... *form – path* · to die/... suddenly and unexpectedly
... Er war doch nicht länger krank? – Überhaupt nicht! Selbst für die nächsten Familienangehörigen kam sein Tod plötzlich und unerwartet!

plump-vertraulich: plump-vertraulich (sein/jn. ansprechen/jm. ... kommen/...) *ugs* – plump **vertraulich** (sein/jn. ansprechen/jm. ... kommen/...) · to try to/... be/get chummy/pally/... with s.o., to be over-familiar (with s.o.), to hobnob with s.o.

Plumps: mit einem Plumps ins Wasser fallen/(...) *ugs* · to fall/... into the water with a splash *n*
Das war schon lustig, wie der Onkel Herbert da in voller Montur mit einem Plumps in das Schwimmbecken fiel. Platsch, liegt er im Wasser! – Warum tritt er auch so nah an den Rand?!

Plus: das/(etw.) **ist ein Plus für** jn. · ≠ das/(etw.) ist ein **Minus** für jn. · it/s.th. is a plus for s.o.

ein Plus an Erfahrung/... (besitzen/...) *form* · (to have) more experience/knowledge/... (than s.o.), (to have) an advantage (over s.o.) in terms of experience/...
Wenn der alte Klemmer uns gegenüber ein Plus an Erfahrung besitzt, dann haben wir mehr Sachkenntnis. Das gleicht sich also wieder aus.

etw. (schon/...) **als Plus für sich buchen (können)** *form* · to (be able to) count s.th. as a point in one's favour, + it/s.th. is a feather in s.o.'s cap
... Wenn die Mehrheit in dieser Frage nicht gegen ihn stimmt, kann der Kanzler das schon als Plus für sich buchen, denn politisch ist zur Zeit gar nicht mehr drin. Sogar die meisten Mitglieder der eigenen Partei sind gegen das Projekt.

plus minus zehn/... *ugs* · round about 10/..., roughly 10/...

... Und wieviel hast du bei dem Geschäft reell verdient? – Genau kann ich das gar nicht sagen. So plus minus 15.000,– Mark.

Pluspunkt: einen Pluspunkt machen · to score/win/... a point

(Bei einem Tischtennisspiel; es steht 18 : 16) Wenn der Albert jetzt noch einen Pluspunkt macht, hat er gewonnen? – Meinst du? – Bei 19 : 16 läßt er sich den Satz nicht mehr nehmen.

poco: poco a poco *lit selten* – (so) **nach** und nach · little by little, with time

poena: nulla poena sine lege *lit jur selten* · nulla poena sine lege, there can be no punishment if there is no law *tr*

... Wenn es kein Gesetz gibt, das die Frage regelt, kann der Herbert auch nicht bestraft werden. Nulla poena sine lege, wie die lateinische Formel lautet.

Poesie: Poesie und Prosa · poetry and prose

... Er hat Poesie und Prosa geschrieben? – Nein, nur Gedichte/nur Romane/...

Point: (gerade noch) (so) auf den letzten Point *ugs Neol selten* – (gerade noch) (so) auf den letzten **Drücker** · at the very last minute

Pokerface: ein Pokerface aufsetzen/machen *ugs Neol* · to put on a poker face

... Und das Geld hast du vollzählig und pünktlich zurückgezahlt? – Ernst setzte sein bekanntes Pokerface auf. Wie konnte er anders Vater gegenüber zugeben, daß er die 10.000,– Mark veruntreut hatte? »Du solltest mich doch genügend kennen«, antwortete er mit der undurchdringlichsten Miene von der Welt, um zu wissen, daß ...

Pol: der ruhende Pol in der Familie/der Gruppe/... sein *form* · to be the calming influence in the family/group/..., to be as solid as a rock

Der ruhende Pol in unserer Familie ist mein Großvater. Alle anderen haben immer wieder Momente, in denen sie nervös werden, durchdrehen. Mein Großvater nicht. Er ist gleichsam das stille Zentrum des Familienlebens.

der ruhende Pol in der Erscheinungen Flucht sein *lit* – *path iron* · to be a model of composure in the midst of confusion *para*

... Wie die Hühner rannten sie alle durcheinander, als da plötzlich das Feuer ausbrach. Gott sei Dank verlor wenigstens mein Vater nicht die Nerven. Mit ruhiger Stimme gab er an, wer was zu tun hatte. Er war wirklich im wörtlichen Sinn der ruhende Pol in der Erscheinungen Flucht.

von Pol zu Pol reisen/... *path* · to travel from pole to pole

... Ja, das möchte ich auch, so alle paar Tage von Pol zu Pol fliegen, heute über Grönland, morgen über Feuerland ... – Wie ihr euch das Leben einer Stewardess vorstellt! – Ja, es muß hart sein!

Polen: ... da/dann ist Polen offen *sal selten* · ... all hell is/will be/... let loose

... Ja, wenn diese Clique einen gesoffen hat, dann ist Polen offen! Dann lärmen die da herum wie die Verückten, streiten sich wie die Kesselflicker ... – ein Heidentheater!

noch ist Polen nicht verloren *ugs veraltend* · all is not yet lost

Hat es überhaupt noch Sinn, daß wir uns anstrengen? Haben wir noch eine Chance? – Noch ist Polen nicht verloren, Michael. Wenn wir in der Klausur heute eine 'Drei' schreiben, ist noch alles drin/können wir das Examen noch bestehen/...

Politik: eine Politik der starken Hand (betreiben/...) *form* · (to pursue/...) a get-tough policy *coll*, (to pursue/...) a policy based on military superiority

Eine Politik der starken Hand kann sich nur ein Land erlauben, das im Notfall alle Mittel in der Hand hat, militärisch, wirtschaftlich oder sonstwie den Gegner in die Knie zu zwingen. Unser Land sollte versuchen, mit den anderen Nationen auf der Basis der partnerschaftlichen Verständigung auszukommen.

eine Politik der Nadelstiche (betreiben/...) *Pol veraltend* · (to pursue/...) a policy of pinpricks/attrition

... Wollen die eigentlich einen Krieg, oder was soll diese permanente Politik der Nadelstiche? – Ach, Krieg! Die würgen halt ihrem 'Erz-

feind' überall, wo es geht, einen rein, reizen und schädigen ihn, wenn immer es möglich ist. Das gehört offensichtlich einfach dazu.

eine Politik der kleinen Schritte *form* · a step-by-step policy

... Eine umfassende Klärung, so scheint es, bei der alle Probleme auf einmal gelöst werden, kann man leider nicht erwarten. Die einzige Politik, die Erfolg verspricht, ist die der kleinen Schritte: in hartnäckiger Kleinarbeit eine Einzelheit nach der anderen verbessern.

eine/die Politik der offenen Tür *form* · an open-door policy

... Man kann nur hoffen, erklärte er, daß die Politik der offenen Tür auch in den kommenden, schwierigen Jahren wenigstens in Europa beibehalten wird und die Länder nicht in den alten Fehler der Schutzzölle, der Abschottung, ja der Autarkie zurückfallen.

Polizei: (schon/...) mehr sein/tun/frecher/... sein/weniger tun/..., **als die Polizei erlaubt** *sal* · to be as stupid/cheeky/ ... as they come *coll*

Nun schimpf' doch nicht ewig so mit dem Jungen, Hanspeter! Ein bißchen faul ist schließlich jeder. – Ein bißchen, gut! Aber der Junge übertreibt! Der ist fauler, als die Polizei erlaubt.

dümmer sein als die Polizei erlaubt *sal* – für keine zwei **Pfennige** Verstand haben/nachdenken/aufpassen/... (1) · to be as thick/dim/... as they come

pomade: jm. pomade sein *Neol sal selten* – jm. (ganz/völlig/...) **egal** sein (ob/was/wie/...) (3, 4) · + not to care a damn about s. th., + s. o. couldn't care less about s. th.

Pontius: von Pontius zu/(nach) Pilatus laufen *ugs* · to run from pillar to post

Habt ihr wirklich nicht herauskriegen können, wo man diese Formulare für die Anträge auf Wohngeld bekommt? – Nein, wir sind von Pontius zu Pilatus gelaufen. Wir waren bestimmt auf zehn Ämtern. Zum Verrücktwerden.

jn. von Pontius zu/(nach) Pilatus schicken *ugs* · to send s. o. from pillar to post, to send s. o. backwards and forwards

... Wenn du Arbeitslosengeld beantragen willst, schicken dich die von Pontius zu Pilatus, von einem Sachbearbeiter zum nächsten, von einem Amt zum anderen.

Portemonnaie: ein dickes Portemonnaie haben *ugs* · to have a bulging wallet *para*, to have loads of money

... Was, du brauchst Geld? Kein Problem. Frag' den Albert. Der hat ein dickes Portemonnaie! Der kann dir ein paar Hunderter leihen.

tief ins Portemonnaie greifen (müssen) *mst iron* – (eher:) einen tiefen **Griff** ins Portemonnaie tun (müssen) · to (have to) pay through the nose for s. th.

sein Portemonnaie zücken/(ziehen) (müssen) (und ...) *ugs oft iron* · to (have to) pay the bill *n*, to pick up the tab *n*

... Nein, nein, laß den Friedel mal sein Portemonnaie zücken! Der hat uns schließlich dazu überredet, draußen essen zu gehen. Dann kann er auch zahlen.

Portepee: jn. beim Portepee fassen *geh veraltend selten* · to appeal to s. o.'s sense of honour

... Der Willy will seinen Vater in dieser schwierigen Lage nicht beistehen?! Dann mußt du ihn mal beim Portepee fassen, Gerd! Du, als sein bester Freund, kannst ihm ja wohl klarmachen, was ein Mann mit Ehrgefühl in einer solchen Lage zu tun hat.

Portion: nur noch/... **eine halbe Portion sein** *sal* · to be only a shrimp, to be only a feeble titch

... Mit vier Leuten muß man das doch ... – Vier Leute? Du willst wohl sagen: drei oder dreieinhalb. Den Jupp kann man doch kaum noch rechnen; nach seiner Krankheit ist das doch nur noch eine halbe Portion.

eine tüchtige/(ganze) Portion Glück/Frechheit/Draufgängertum/... **haben** *ugs* · to have a lot of luck/cheek/..., to have a fair amount of luck/cheek/..., to have a good dose of luck/..., to have a fair amount/bit/... of luck

Wenn man die Bettina so beobachtet, möchte man sie für eine angehende Dame halten. Aber vertu' dich nicht! Dies Mädchen hat eine tüchtige Portion Frechheit. Wenn die etwas will, kann sie geradezu patzig, schroff, ausfallend werden.

Porträt: jm. **Porträt sitzen** *Malerei* · to sit for a portrait

... Jahrelang hat die Marianne diesem Maler Porträt gesessen, aber nie hat es irgendetwas zwischen den beiden gegeben. Seltsam, was?! – Warum?

Porzellan: (**viel/allerhand/...**) **Porzellan zerschlagen** (kaputt machen/kaputtschlagen) *ugs* · to wreak havoc *n*, to be like a bull in a china shop

... Dem Maurer gelang es, mit seinem Mangel an Takt und seinem Draufgängertum, in einem Tag kaputt zu machen, was vorher in Wochen behutsam aufgebaut worden war. – Wie konnte man denn auch nur diesen Mann zum Delegationsleiter machen?! Der schlägt doch überall, wo er hinkommt, Porzellan kaputt.

Posaunen: tönen/schmettern wie die Posaunen von Jericho *Bibel scherzh veraltend selten* · to raise the roof *coll*

(In einem Stadtpark:) Hörst du?: unsere Polizei-Musikkapelle tönt mal wieder wie die Posaunen von Jericho. Wenn die hier ihre Märsche in den Park schmettern, fühlt man sich wie zu Kaiser Wilhelms Zeiten.

Pose: die Pose eines Professors/Künstlers/... **einnehmen/...** *pej* · to adopt the pose of an artist/..., to assume the pose of an artist/...

Wenn der Wollberg anfängt, die Pose eines großen Gelehrten einzunehmen, muß ich mich jedesmal beherrschen, um nicht lauthals loszulachen. Er wirkt dann derart lächerlich!

Position: in einer guten/schlechten/gesicherten/... **Position sein/**in guter ... Position sein · to be in a good/bad/secure/... position

Wenn jemand in gesicherter Position ist, wie du, dann legt er keinen Wert auf gewagte Experimente. Aber wenn jemand, wie ich, noch vor seiner eigentlichen Karriere steht oder, wie unser gemeinsamer Freund Klaus Kreipner, völlig in der Luft hängt, sieht man die Dinge anders.

(**mit jm.**) **von einer starken/schwachen/**(...) **Position aus verhandeln/**.../sich jm. gegenüber in einer starken/schwachen/... Position befinden/... · to negotiate (with s.o.) from a position of strength/weakness/...

Als die Mark noch die stabilste Währung der Welt, die Bundesrepublik ein wirtschaftliches Musterland war, konnte der Regierungschef mit den anderen Ländern natürlich von einer starken Position aus verhandeln. Heute muß er bescheidener auftreten, Rücksicht nehmen ...

die/diese Position halten · 1. 2. to maintain one's position

1. Mehr als den fünften Platz, auf dem er jetzt steht, kann der Reinhard doch gar nicht erreichen bei diesem Wettbewerb, oder? – Natürlich nicht. Wenn er diese Position bis zum Schluß hält, ist das schon ein ganz ausgezeichnetes Ergebnis.

2. Seit ihr mit eurer Rechtsstellung denn immer noch nicht zufrieden? Oder worum kämpft ihr noch? – Jetzt geht es uns darum, die Position zu halten.

(**mit jm.**) **aus einer Position der Stärke/**Schwäche/(...) (**heraus**) **verhandeln/**(...) (können/müssen/...) – mit jm. von einer starken/schwachen/(...) **Position** aus verhandeln/... · (to be able/to have/...) to negotiate (with s.o.) from a position of strength

js./**seine/**... **Position vertreten** · 1. 2. to represent s.o.'s/one's position

1. ... Als Diplomat, scheint mir, kannst du dir keine persönliche Meinung erlauben. Da mußt du die Position deiner Regierung vertreten.

2. ... Ich möchte es einmal erleben, daß der Gerhard seine eigene Position vertritt und nicht irgendetwas nachbetet!

Positives: nichts Positives wissen · not to know anything definite

... Welche konkreten Vereinbarungen getroffen werden, weiß bisher kein Mensch. Oder weißt du etwas Positives, Albert? – Nein, ich habe bisher auch nur vage Erklärungen gehört.

Positur: in Positur sein · to take/have taken up one's stance

... 'Du willst mit mir boxen? Dann los!' ... Schon war Freddy in Positur. Er wartete nur auf den ersten Schlag, dann würde er mit

einer Finte reagieren und einen seiner linken Haken anzubringen suchen ...

in Positur gehen *oft iron* · to take up one's stance

'Wenn du mit mir boxen willst' – Freddy ging schon in Positur –, 'dann los, dann zeig', was du kannst!'... Als der andere an der Stellung sah, daß er einen Profi vor sich hatte ...

sich in Positur setzen *oft iron* · to strike a pose, to pose

... Plötzlich setzte sich der Chef – der die ganze Zeit über nachlässig zurückgelehnt auf der Couch gesessen hatte – in Positur und fragte mit ernster, fast feierlicher Miene in die Gesprächsrunde: »Wer von den Kollegen ...?«

sich in Positur stellen *oft iron* · to strike a pose

... Paß auf, wenn er an die Stelle kommt, wo von dem Gleichnis des Sämanns die Rede ist, stellt er sich in Positur. Das macht er auf jeder Weihnachtsfeier: an der Stelle nimmt er plötzlich eine ganze ernste, feierliche, fast übertrieben steife Haltung an.

sich in Positur werfen/schmeißen *oft iron* · 1. 2. to strike a pose

1. vgl. – sich in **Positur** setzen
2. vgl. – sich in **Positur** stellen

posse: ultra posse nemo obligatur *lit selten* · ultra posse nemo obligatur, no one can be expected to do more than he is capable of *para*

... Der Junge hat getan, was er konnte – die Anforderungen waren einfach zu hart. Man kann von niemandem mehr verlangen, als er geben kann. – Wir sagten das früher auf Latein: ultra posse nemo obligatur ...

Possen: Possen reißen *ugs selten* · to play tricks, to play pranks, to lark/to fool/to clown around

... Possen reißen, ja, das kann der Kurt! Witze erzählen, die Leute auf den Arm nehmen, den unmöglichsten Unsinn machen ... Aber zum Arbeiten ist er nicht geboren.

jm. **einen Possen spielen** *ugs selten* – jm. einen **Streich** spielen (1) · to play a trick on s.o.

Possen treiben *ugs selten* – **Schabernack** treiben/(machen) · to play pranks, to get up to all kinds of tricks

mit jm. seine Possen treiben *ugs selten* · to play tricks/pranks on s.o.

(Ein Lehrer/ein Schüler zu einem andern:) Wenn ihr meint, ihr könnt mit mir hier eure Possen treiben, dann seid ihr schief gewickelt, meine Lieben! Wer jetzt noch Unsinn macht, kriegt Arrest.

Post: ab die Post! *ugs* – (und) ab geht die **Post**! (2) · get cracking!, get a move on!

(**und**) **ab geht die Post!** *ugs* · 1. s.o. is off/disappears/... (like a shot/flash/...), 2. get cracking! *sl*, get a move on!

1. ... Mit einem Satz schwang er sich auf seine 'Triumph', und ab ging die Post. Nach zwei Sekunden war er schon um die nächste Ecke verschwunden.

2. ... Los, ran! Wir sind eilig! Die Pakete müssen vor fünf am Bahnhof sein. Ab geht die Post! In einer halben Stunde ist der Wagen geladen!

bei der Post sein/arbeiten · to work for the Post Office

... Euer Alfred arbeitet seit neuestem bei der Post, hab' ich gehört?

mit getrennter Post etw. **schicken/...** · to send s.th./to post s.th./... under separate cover

(Aus dem Brief eines Verlags:) Leider sehen wir keine Möglichkeit, Ihr – gewiß interessantes – Projekt in unserem Haus zu verwirklichen. ... Ihr Manuskript geht heute mit getrennter Post zu unserer Entlastung wieder an Sie zurück. ...

mit gleicher Post etw. **schicken/...** · to send s.th. to s.o. by the same post

(Aus einem Geschäftsbrief:) Sehr geehrte Herren! Wir kommen zurück auf Ihre Anfrage vom 9. 4. 89. Natürlich sind wir gerne bereit, Ihnen eine Mustersendung unserer Artikel zuzuschicken. Wir erlauben uns in diesem Zusammenhang den Hinweis, daß ... Die Sendung geht mit gleicher Post an Sie ab ...

in/bei/... **geht**/... (voll) **die Post ab** *sal Neol* · it is wild/groovy/a rave/... in/at/...

Auf dem Blues-Konzert gestern abend im Ebertpark ging voll die Post ab. Der Sound war echt affengeil, und das Publikum hat getobt.

etw. **durch/(über) die Post beziehen** *form* · to receive s. th. by mail

... Warum sollen wir diese Zeitschriften durch die Post beziehen, wenn der Verlag einen eigenen Verteilerdienst hat?

poste: poste restante *form selten* – **postlagernd** · poste restante

Posten: auf dem Posten sein *ugs* · 1. to be on the ball, to have one's wits about one, to be alert *n*, 2. (not) to feel all right, (not) to feel up to the mark, (not) to be (quite/...) at one's best

1. ... Der Kräher paßt auf wie ein Schießhund; der merkt sofort, wenn ihm jemand eine Falle stellen will. – Das ist auch nötig. Wenn du bei diesen Leuten nicht auf dem Posten bist, ziehen sie dir das Fell über die Ohren.
2. vgl. – (u. U.) sich (nicht) (richtig/...) (wieder) in **Schuß** fühlen (2)

(nicht) (ganz)/.../**wieder auf dem Posten sein** *ugs* – (eher:) (nicht) (ganz/...) wieder auf der **Höhe** sein (u. U. 3; a. 1, 2) · (not) to be fit and well again, to be/to be feeling below par/out of sorts/...

auf verlorenem Posten sein/stehen/kämpfen · 1. 2. to be fighting a losing battle

1. ... Der Krieg ist für uns längst verloren. Die Truppen, die da jetzt noch Rückzugsgefechte liefern, sind/stehen/kämpfen auf verlorenem Posten. – Und warum kapitulieren sie nicht, wenn doch alles verloren ist?
2. ... In der Lage, in der sich der Klaus da befindet, würde sich niemand wohlfühlen. Ohne jede Unterstützung, ja ohne Rückendeckung durch die eigene Regierung – er steht da völlig auf verlorenem Posten. – Warum beruft ihn die Regierung nicht als Botschafter ab?

einen führenden Posten (in der Industrie/Wirtschaft/...)/(bei ...) **haben** · to have a leading position (in industry/...), to have a top job (in industry/...)

Was ist eigentlich aus dem Ernst Kröll geworden? Den hab' ich bestimmt zehn Jahre nicht mehr gesehen. – Der hat einen führenden Posten in der Industrie – bei Bosch, wenn ich nicht irre. Er ist da der erste Mann im Ein- und Verkauf.

sich auf vorgeschobenem Posten befinden/... *mil* · to leave s. o./to be/... in an advanced position

... Bei der Umzingelungstaktik der Feinde würde ich keine Truppe so weit auf vorgeschobenem Posten lassen. Sonst riskiert man, daß sie vom übrigen Truppenverband abgeschnitten wird.

Posten beziehen *mil form selten* · to take up one's post

(Ein Unteroffizier zu einem andern, vor einer Übung:) Wielange dauert es, bis deine Leute Posten bezogen haben? – Hm, in gut zehn Minuten müßte eigentlich jeder da sein, wo er hingehört.

sich nicht (ganz) auf dem Posten fühlen *ugs* – (eher:) sich (nicht) (richtig/...) (wieder) in **Schuß** fühlen (2) · to be feeling a bit/... below par, to be out of sorts

Posten nehmen/fassen *form a. mil veraltend* · to report for duty

... 12 Uhr. Ich muß Posten fassen! – Hast du heute Nachtdienst? – Die ganze Woche! Zwei Kollegen aus meiner Einheit sind krank, andere nach Augsburg abkommandiert ...; da fällt einiges an ...

Posten stehen/(schieben) *form selten* – **Wache** stehen (1) · to be on/to do/... guard/sentry duty

auf Posten ziehen *mil form selten* · 1. to take up one's position, to move into position, 2. to go on guard, to go on sentry duty, to mount guard

1. ... Sofort, als es dunkel war, zog die Vorhut auf Posten – in eine vorgerückte feste Stellung, von der man die Bewegungen der feindlichen Armee verfolgen konnte
2. vgl. – (eher:) auf **Wache** ziehen

posteriori: a posteriori *geh* – im **nachhinein** · a posteriori, after the event

postlagernd: postlagernd *form* · poste restante, general delivery *Am*

... Wo ich im Juli genau wohne, weiß ich noch nicht. Wenn du mir schreiben willst, schreibst du also postlagernd. Hauptpostlagernd – ich laß' während der Zeit meine ganze Post an die Hauptpost in München gehen.

Posto: Posto fassen *lit form veraltend* – (eher:) **Posten** nehmen/fassen · to report for duty

postwendend: postwendend antworten/... · by return of post, by return mail

... Der Klaus beantwortet jeden Brief postwendend – wenn nicht noch am selben, dann spätestens am folgenden Tag.

Potenz: Blödsinn/Unfug/...,und zwar in der höchsten/in höchster Potenz *sal* · it is/... complete and utter nonsense/baloney/bullshit/...

... Das ist doch Quatsch, was der Ricky da erzählt, und zwar in der höchsten Potenz! Der sollte seinen Schnabel halten, statt solch ein saublödes Zeug von sich zu geben!

eine Zahl in die 1., 2., 3. ... Potenz erheben/(setzen) *Math* · to raise a number to the power of three/four/...

Eine Zahl in die 2., 3., 4. usw. Potenz erheben – was heißt das, Ernst? – Z.B. 5^2, 5^3, 5^4, oder 19^2, 19^3, 19^4 usw. – Und das bedeutet? – 5 x 5, 5 x 5 x 5 usw. – Na ja, du wußtest es also doch!

Pott: zusammenpassen/... wie Pott und Deckel *sal* · to be made for one another, to go together like a horse and carriage, to suit one another ideally/..., to go hand in glove

Der Klaus und der Manfred passen zusammen wie Pott und Deckel: sie haben dieselben Interessen, dieselbe lockere Art, dieselbe Freizeitgestaltung ...

es/das ist (für jn.) **Pott wie Deckel** (ob ... oder ob .../...) *sal* · 1. 2. it's all the same to s. o. (whether ...), it comes/boils down to the same thing if/whether/...

1. vgl. – das **bleibt** sich (für jn.) gleich
2. vgl. – es **bleibt** sich gleich (für jn.) (ob ... oder ob .../...)

auf den Pott müssen *ugs* – (mal) (eben) **müssen** · to need to go to the bathroom/toilet/loo/..., to have to go to the bathroom/toilet/..., to have to spend a penny

ein Kind/... auf den Pott setzen · to put a baby/child/... on the potty

(Eine junge Mutter zu einer anderen:) Mußt du die Kleine noch auf den Pott setzen oder macht sie das schon selber?

auf dem Pott sitzen/sein *ugs* · to be in/on the toilet, to be on the pot/in the bog/...

... Wo ist denn der Fritz? – Der sitzt auf dem Pott. – Es ist jedesmal dasselbe. Wenn man weggehen will, muß er noch aufs Klo!

alles/verschiedene Dinge/(verschiedene Leute/...) ... in einen Pott werfen *sal* – alles/verschiedene Dinge/(Menschen) ... über einen **Kamm** scheren · to lump everything/several/different things/... together

mit jm./etw. (nicht) zu Potte kommen *ugs* · 1. (not) (to be able) to come to an agreement with s. o., 2. to be able to make headway with s. th./s. o., to be able to get on with s. o., to (be able to) cope with s. o./s. th.

1. ... Ich weiß nicht, ob der Schreiner für diese Verhandlungen der richtige Mann ist. Der kommt mit den Leuten von Schuckert nicht zu Potte! – Die scheinen ihm nicht zu liegen, ja ...
2. vgl. – mit jm./etw. zurande **kommen** (1, 2; u. U. 3)

(endlich/...) in die Pötte kommen *ugs mst Imp Neol* · 1. to (finally/...) get a move on, 2. to (finally/...) get one's arse in gear *sl*

1. ... Los, Leute, kommt endlich mal in die Pötte! Wenn wir nicht bald losfahren, hängen wir wieder im dicksten Stau drin.
2. ... Der Jürgen ist so was von lahmarschig! Bis der mal in die Pötte kommt und was geregelt kriegt, das dauert ... Der Typ macht mich noch wahnsinnig!

potthäßlich: potthäßlich (sein) *sal* – häßlich wie die **Nacht sein** · to be as ugly as sin, to have a face like the back of a bus

potzblitz: potzblitz *ugs veraltend selten* · 1. my goodness!, damn!, zounds!, 2. bloody hell!
1. vgl. – **verdammt** (nochmal)! (1)
2. vgl. – (a.) leck' mich am/(im) **Arsch!** (2)

potztausend: potztausend *ugs veraltend selten* · upon my soul!, good heavens!
Potztausend, jetzt ist doch die alte Vase hingefallen! – Ist sie etwa kaputt?

Prä: (jm. gegenüber) **ein Prä haben/das Prä haben, daß ...** *form selten* · to have the advantage of being/...
... Die Karin ist faul, das gebe ich zu; aber ihr Bruder ist auch nicht gerade fleißig. – Der Fritz hat das Prä, daß er Köpfchen hat; der braucht eben nicht so viel zu arbeiten.

Pracht: etw. ist eine (wahre) Pracht *path* · it/s.th. is a delight to behold, it/s.th. is a marvellous
Die Gärten hier in dieser Gegend sind eine wahre Pracht. Die schönsten Blumen, Pflanzen ... in riesigen Beeten!

etw. tun, **das ist eine (wahre) Pracht!** *path* · s.o. plays/... the cello/... brilliantly/splendidly/wonderfully/magnificently/...
Der Werner spielt Cello, das ist eine Pracht! Es ist ein Genuß, ihm zuzuhören.

es ist eine Pracht, wie j. etw. macht/wie ..., das ist eine Pracht *path* · it is marvellous/wonderful/a joy/a delight/... to hear/... s.o. do s.th.
Es ist eine Pracht, wie dieser Junge Cello spielt. Ein Genuß zuzuhören.

jm. die Meinung blasen/... **das ist eine Pracht** *ugs* · it is marvellous/brilliant/... the way s.o. cuts him/... down to size/ made him look small/...
Der Klaus hat dem Gert gestern die Meinung gegeigt/hat den ... zusammengestaucht/..., das war eine Pracht! – Der Gert hatte es ja auch schon lange verdient, daß ihm jemand einmal anständig die Flausen austreibt.

etw. tun, **daß es eine (wahre) Pracht ist/...** nur so eine ... *path* – etw. tun, das ist eine (wahre) **Pracht** · it is really/... marvellous/... the way s.o. does s.th.

Prägung: ein Mensch/... von ganz eigener Prägung *form veraltend* · a person/... of a singular character, an exceptional/... person/...
... Ja, der alte Herr Kruder ist ein Mann von ganz eigener Prägung, ein Typ, wie man ihn heute vielleicht überhaupt nicht mehr findet ...

ein Gentleman/(ein Schauspieler)/ein Franzose/... **reinster Prägung** *form* – *path* – etw. **durch und durch** sein/ein durch und durch ... sein/ein ... durch und durch sein (3, 4, 5, 6) · a gentleman/a Frenchman/an actress/... par excellence

Praktiken: dunkle/undurchsichtige/(zweifelhafte) Praktiken *pej* · shady/underhand/dubious/... practices
... Mit dem Herrn Rösner möchte ich nichts zu tun haben. Der ist durch seine dunklen Praktiken im Exportgeschäft derart in Verruf gekommen, daß jedes seriöse Unternehmen zu ihm auf Distanz gehen muß.

Praktikum: das/sein Praktikum machen/absolvieren · to do a period of practical training
... In deinem Fach kann man sein Praktikum vor oder während dem Studium machen, nicht? – Insgesamt muß man ein Jahr einschlägige praktische Arbeit bis zum Vordiplom vorweisen.

Präliminarien: sich (nicht lange) bei den Präliminarien aufhalten *form oft iron* · (not) to waste/spend/... time on preliminaries
(Bemerkung vor einer Versammlung:) Die Zeit ist knapp. Im übrigen wissen wir alle, worum es geht. Wir wollen uns also nicht bei den Präliminarien aufhalten – also, zur Sache: ...

Pranger: an den Pranger kommen/gestellt werden *path veraltend selten* · to be put/to be placed/... in the pillory, to be put/to be placed/... in the stocks, to be pilloried
... Was dann folgt, wenn sie als Schülerin ein Kind bekommt? Dann wird sie gesellschaftlich an den Pranger gestellt. Du kennst Kleinstädte nicht. Sie wird von allen Leuten verachtet, kritisiert, verhöhnt werden.

am Pranger stehen *path veraltend selten* · to be in the pillory, to be an object of opprobrium
... Warum steht das Mädchen am Pranger, sagst du? – Weil sie, als unverheiratete Schülerin, ein Kind bekommen hat. – Ah, klar, da meinen die Leute in diesem Nest natürlich, sie hätten das Recht, moralisierend über sie herzufallen ...

jn./(etw.) **an den Pranger stellen** *path veraltend selten* · to put s.o. in the pillory, to pillory s.o./s.th.
... Das Mädchen so vor aller Öffentlichkeit blamieren, weil sie als Schülerin ein Kind bekommen hat – nein, das tut man nicht. Man stellt keinen an den Pranger.

präsent: etw. (noch/...) präsent haben/jm. (noch/...) ... sein – etw. (noch/...) **gegenwärtig** haben/jm. (noch/...) gegenwärtig sein · to be (still/...) fresh in s.o.'s mind

Präsentierteller: sich auf den Präsentierteller setzen *ugs* · to put o.s. on show *n*, to put o.s. on display *n*
... Nein, da vorne an die Stirnseite des Tischs, direkt neben dem Vorstand, allen neugierigen Blicken ausgesetzt – nein, da setze ich mich nicht hin. – Warum denn nicht? – Ich setz' mich grundsätzlich nicht auf den Präsentierteller.

(wie) auf dem Präsentierteller sitzen/stehen *ugs* · to sit/to stand/... as if on show *n*, to sit/to stand as if on display *n*
... Da vorne direkt neben dem Vorstand sitzt die Doris, wie auf dem Präsentierteller. – Das genießt die doch! Das ist doch genau, was sie will: von allen beachtet, bestaunt zu werden.

Praxis: eine große/... Praxis haben *Arzt* · to have a large practice
... Sein Sohn ist einer der führenden Lungenärzte in dieser Stadt. Er hat eine äußerst gutgehende Praxis im Zentrum der Stadt, in der Hedwigstr. ...

eine Praxis (als Arzt/(Rechtsanwalt/...)) **haben/aufmachen/(eröffnen/schließen)** · 1. 2. to have/to open/to start/... a (medical/legal/...) practice
1. Weißt du, wo der Dr. Kähler seine Praxis hat? – Der Hautarzt? – Ja. – In der Rosenheimstraße, ziemlich am Ende, auf der linken Seite.
2. Hat der Gerd schon sein Assessorexamen gemacht? – Schon lange. Er hat im vergangenen Dezember bereits eine Praxis als Anwalt aufgemacht.

eine Praxis übernehmen/... *Arzt* · to take over a practice
... Wenn man (als Zahnarzt) die Praxis von seinem Vater übernehmen kann, kann doch kaum noch etwas schiefgehen! – Wenn der Vergleich, den die Patienten natürlich zwischen dem Vater und dem Sohn anstellen, nicht zu sehr zuungunsten des Sohns ausfällt ...

in der Praxis stehen · to work in the field, to have/to be a person with/... practical experience
... Am grünen Tisch/in der Theorie sieht das alles sehr einfach aus! Aber jeder, der in der Praxis steht, kann dir bestätigen, daß die Modernisierung der Landwirtschaft eine äußerst schwere Geschichte ist.

eine Idee/... **in die Praxis umsetzen** · to put an idea/... into practice
... Ja, Ideen, die hab' ich auch! Die kosten nichts! Schwieriger ist es, sie in die Praxis umzusetzen!

Prediger: ein Prediger in der Wüste sein *ugs* – (vor) tauben **Ohren** predigen · (s.o. is) a voice crying in the wilderness

Predigt: die Predigt halten *Kirche* · to preach a sermon
... Daß man in dieser Pfarrei sonntags aber auch keine Messe hören kann, in der nicht eine Predigt gehalten wird!

jm. **eine Predigt halten** *ugs* · to lecture s.o., to give s.o. a lecture, to preach at s.o.
... Ach, gestern abend hat mir meine Frau eine Predigt gehalten – ich äße zu viel, tränke zu viel Bier, schliefe zu wenig, ginge zu wenig an die frische Luft ... Fürchterlich, diese Moralisiererei!

Preis: auch/... um den Preis eines/einer .../des/der ... *form – path* · even/... at the expense/cost of one's (own) self-respect/happiness/...
... Nein! Wenn ich die Stelle nur um den Preis der Verleugnung meiner innersten Anschauungen bekommen kann, dann kommt sie für mich nicht in Frage. Diesen Preis zahl' ich nicht.

etw. **zum halben Preis kaufen**/verkaufen/... · to buy/to sell/... s.th. (at) half-price
... Nein, mein Bruder sieht keinen Grund, einen Wagen, der fast neuwertig ist, zum halben Preis zu verkaufen.

um jeden Preis *path* · 1. at all costs, at any price, come what may, 2. definitely, certainly, absolutely
1. Der Schröder will die Delegation um jeden Preis selber leiten – sogar, wenn es mehr als wahrscheinlich ist, daß die Verhandlungen scheitern. Er ist einfach zu eitel, um als zweiter oder dritter Mann irgendwo zu erscheinen.
2. vgl. – (eher:) auf jeden **Fall** (3)

um keinen Preis *path* – (eher:) auf keinen **Fall** (3) · definitely not, not for any price, not for love or money

etw. **zum vollen Preis kaufen**/verkaufen/... *form* · to buy/to sell/... s.th. for the full price, to pay/... the full price for s.th.
... Wenn ich den Flügel nur zum vollen Preis bekomme, dann kann ich ihn auch in einem Geschäft kaufen, das näher bei uns ist. – Es tut mir leid, eine Ermäßigung kann ich Ihnen nicht geben.

ein ziviler Preis *ugs* · a reasonable/decent price
... Was hast du für den neuen Anzug, den du da anhast, bezahlt? – 590,– Mark. – Hm, das ist ja ein ziviler Preis! – Findest du rund 600,– Mark für einen Anzug billig? – Für den Anzug ist das keineswegs zu teuer.

einen Preis für die beste Arbeit/das beste Stück/... **aussetzen** *form* · to offer a prize for the best essay/piece of work/...
Auch dieses Jahr setzt die Darmstädter Akademie wieder einen Preis aus für die beste Arbeit über die deutsch-polnischen Beziehungen seit dem Ersten Weltkrieg! Der Preis ist dotiert mit 15.000,– DM. Die einzelnen Bedingungen ...

Preis und Dank (dem Herrn/...)! *path selten* · praise and glory (be) to the Lord
... Ich kann nur immer wieder sagen: Preis und Dank dem lieben Gott, daß er uns bisher vor Kriegen bewahrt hat! Wenn man sieht, wie es anderen Regionen ergeht, kann man gar nicht dankbar genug sein.

mit dem Preis/den Preisen heraufgehen – ≠ mit dem **Preis**/den Preisen heruntergehen · to raise one's price/prices

mit dem Preis/den Preisen heruntergehen · to cut/to reduce/to lower/... one's price/prices
... Wenn ihr von den Dingern mehr verkaufen wollt, müßt ihr mit den Preisen heruntergehen. Wenn ihr weiterhin so hohe Preise nehmt, könnt ihr den Umsatz nicht steigern.

einen Preis auf den Kopf eines Mörders/... setzen/aussetzen *form* · to put a price on s.o.'s head, to put a price on the head of a murderer/...
... Welchen Preis haben die auf den Kopf des Kidnappers gesetzt? – Die Polizei 100.000,– Mark. Daneben zahlt die Familie für Hinweise, die zur Entdeckung des Verbrechers führen, nochmal eine Belohnung in derselben Höhe.

gut/hoch im Preis stehen *form selten* · to sell at/to go for/... a high price
... Alte Möbel stehen zur Zeit wohl sehr hoch im Preis, nicht? Bei uns werden sie jedenfalls sehr teuer verkauft.

etw. **(weit) unterm/unter dem Preis verkaufen** *form* · to sell s.th. cut-price
... Nein, unterm Preis verkaufe ich den Flügel nicht. Wenn ich keinen Käufer finde, der mir das zahlt, was er wert ist, dann bleibt er hier stehen; dann wird er gar nicht verkauft.

um keinen Preis der Welt *path selten* – auf keinen **Fall** (3) · not for love or money, not for all the tea in China

gepfefferte/gesalzene **Preise (nehmen**/zahlen (müssen)/...) (für etw.) *ugs* · to charge/to (have to) pay/... steep/fancy/exorbitant/... prices for s.th.
... Ja, essen können Sie da hervorragend. Aber die nehmen gepfefferte Preise, sag' ich Ihnen; das ist das teuerste Restaurant in der ganzen Umgebung!

horrende Preise (nehmen/zahlen (müssen)/...) (für etw.) *ugs* · to charge/to (have to) pay/... horrendous prices for s.th.
... Neun Mark für ein Kilo Äpfel – das sind ja horrende Preise! – Wucher ist das und nichts anderes!

(geradezu/...) schwindelerregende Preise (nehmen/...) *ugs path* · to charge/... astronomical/... prices
(Bei einem Besuch in Spanien:) Mein Gott, das sind ja geradezu schwindelerregende Preise hier! Ich weiß gar nicht, wie die Leute das überhaupt bezahlen können!

die Preise drücken · to force prices down, to depress prices
... Die Konkurrenz versucht zur Zeit, die Preise derartig zu drücken, daß wir nicht mehr mithalten können. Wenn das so weitergeht, werden die manche Artikel bald verschenken, nur um uns kaputtzumachen.

jn. **an Preise gewöhnen (müssen)** *sal* · to (have to) get s.o. used to changes/to a change of routine/to new customs/ways of doing things/... *n*
... Tja, der Kurt kommt seit Jahren immer schön brav um sechs, sieben Uhr zum Abendessen; da meint die Gerda, die Welt geht unter, wenn er einmal später kommt. Er hat seine Frau falsch erzogen! – Du meinst, man muß die Frauen an Preise gewöhnen? – So ist es.

sich an Preise gewöhnen (müssen) *sal* · to (have to) get used to customs/ways of doing things *n*
... Kommt der Albert immer so spät nach Hause? – Du mußt dich an Preise gewöhnen, Ursel. Es kommen nicht alle Männer jeden Abend pünktlich zum Abendessen, wie ich bisher. Du bist verwöhnt.

die Preise hinaufschrauben · to put up/to push up/... prices
Wenn die Industrie die Preise weiterhin in dem Rhythmus hinaufschraubt wie in den letzten beiden Jahren, kann ein großer Teil der Bevölkerung bald nicht mehr mithalten.

die Preise hinauftreiben – die **Preise** hinaufschrauben · to put up/to push up/... prices

preisen: sich glücklich preisen können (daß ...) *path* · s.o. can consider himself/count himself/... lucky (that ...)
Der Rolf kann sich glücklich preisen, daß er eine so couragierte, tüchtige und hilfsbereite Frau hat. Ohne diese Frau wäre er im Leben nicht halb so weit gekommen.

Preisfrage: (ob/...) (das ist) (noch/...) die/eine Preisfrage *sal* · it/that/... is the big question *coll*, it/that/... is the sixty-four thousand dollar question
... Ja, der Schulte schließt die Möglichkeit einer Kandidatur bisher nicht aus. Aber ob er wirklich kandidiert, das ist noch eine Preisfrage. – Du scheinst nicht daran zu glauben ...

preisgegeben: e-r S./(jm.) schutzlos/(...) preisgegeben sein/(jn. e-r S./(jm.) ... preisgeben) *path* · to be (completely/...) at the mercy of s.o., to be (completely/...) defenceless against s.o./s.th., to be (completely/...) exposed to s.th.
... Ohne Möglichkeit des Besuchs, ohne Erlaubnis zu schreiben, ohne Anwalt ... – d.h. die Leute sind der Willkür der Behörden völlig schutzlos preisgegeben? – Hin und wieder fassen Menschenrechtsorganisationen mal nach. Aber im Grunde sind all diese politischen Gefangenen ihren Verfolgern und Richtern auf Gnade und Ungnade ausgeliefert.

Preislage: in der/dieser Preislage nichts mehr haben/etw. in allen Preislagen vorrätig haben/... *Handel* · (not) to have s.th./anything in the/this price range any more
... Die beste Auswahl hast du wahrscheinlich bei Bock. Da findest du Hemden in allen Preislagen.

in jeder Preislage vorrätig sein/... *Handel* · (to be available/...) at prices to suit every pocket, (to be available/...) at all prices, (to be available/...) in every price range
... Hemden kannst du da in jeder Preislage kaufen. Du kriegst schon welche für 12,– Mark, du kannst aber auch 150,– Mark anlegen.

Presse: bei der Presse (sein) · to be a journalist, to work for/to be with/to be from/... the press
... Ja, und du meinst, weil du bei der Presse bist, hättest du überall Vorrechte? – Was heißt schon 'Vorrechte'? Ein Journalist muß halt überall dabei sein, die Leute befragen, kommentieren können ...

von der Presse (sein) · to be from the press
... Herr Direktor Fischer, hier ist ein gewisser Herr Moritz; er sagt, er wär' von der Presse und möchte ... – Ach, Frau Müller, sagen Sie dem Herrn Moritz, für Journalisten hätte ich in diesem Monat keine Zeit ...

eine gute/blendende/glänzende/... schlechte/miserable/... **Presse haben** *ugs* · to have a good/bad/... reputation, to have a good/bad/... press
Euer Meister hat ja eine ausgezeichnete Presse hier in der Firma. Die Leute schwärmen von ihm. – Mit Recht. Er kann etwas und er ist sympathisch. Der Mann verdient seinen guten Ruf.

etw. **in die Presse bringen** – etw. in die **Zeitung** setzen (2) · to report s.th./to write about s.th./... in the press

durch die Presse gehen · to be in all the newspapers
... Wie, du hast den Bauskandal gar nicht mitgekriegt? Der ist doch bestimmt drei, vier Wochen durch die Presse gegangen.

mit etw. **zur/an die Presse gehen** · to inform the press about s.th.
... Wenn du dafür Beweise hast, daß die in eurem Werk giftige Abwässer ungeklärt in den Rhein einleiten, mußt damit an die Presse gehen. Anders ist solchen Umweltverbrechern das Handwerk nicht zu legen. So was muß man publik machen.

Preußen: so schnell schießen die Preußen nicht *ugs veraltend* ·
1. things don't happen as quickly/... as that, things don't go as quickly/... as that, 2. things can't be rushed, things take time
1. Wenn der Willi sich eine solche Nachlässigkeit nochmal leistet, setzen sie ihn bestimmt an die frische Luft. – Hm, so schnell schießen die Preußen nicht. Die brauchen ihn bestimmt so sehr wie er sie; sie werden es sich zweimal überlegen, ob sie ihn herauswerfen.
2. ... Also, kaufst du den Audi nun oder nicht? – Nun mal langsam, so schnell schießen die Preußen nicht. Erst muß ich mir die Preisbedingungen genau ansehen, die Vor- und Nachteile mit den anderen Angeboten gegeneinander abwägen ...

preußischblau: preußischblau *selten* · Prussian blue
(In der dritten Klasse:) Und wie nennt man dann schließlich 'tiefblau mit grünlichem Stich'? – Preußischblau. – Prima, Anton!

Priesterweihe: die Priesterweihe empfangen *rel* · to be ordained (as a priest)
... Seltsamer Lebenslauf: mit 27 die Priesterweihe empfangen und mit 28 heiraten!

Primel: eingehen wie eine Primel *sal* – eingehen wie ein **Kaktus** · to be trounced/thrashed, to go to pot, to fade away

strahlen/grinsen wie eine Primel *sal selten* – übers/(über das) ganze **Gesicht** strahlen/(grinsen/...) · to beam all over one's face

primus: (js.) primus inter pares (sein) *'der erste unter gleichen' lit* · (to be) primus inter pares, (to be) first among equals
... Einen eigentlichen Chef haben wir nicht. Wir haben uns lediglich untereinander darauf geeinigt, daß der Kurt Braisach die Sitzungen leitet. Er ist so etwas wie (unser) primus inter pares – übrigens schon durch sein Alter und seine lange Erfahrung.

Prinzessin: eine Prinzessin auf der Erbse sein *oft iron* – eine **Erbsenprinzessin** sein · to be over-sensitive, to be like the princess on the peapod

Prinzip: im Prinzip für/gegen etw. **sein**/viel/allerhand/nichts/... haben · to be in favour of/against/... s.th. in principle
... Im Prinzip habe ich nichts dagegen, daß die Klara mit ihren 18 Jahren ein eigenes Zimmer hat. Aber wir müssen sehen, wie wir das praktisch regeln – vor allem auch finanziell.

etw. **aus Prinzip (nicht) tun** · (not) to do s.th. on principle
Warum ist der Willy denn dagegen, daß seine Tochter Schauspielerin wird? – Aus Prinzip, sagt er. Konkrete Gründe hat er nicht angegeben. – Und aus was für einem Prinzip?

auf einem Prinzip/Prinzipien herumreiten *ugs* · to stick too rigidly to one's principles
... Herr des Lebens! Natürlich sind wir alle im Grunde gegen eine Heirat von jungen Leuten, die sich nicht allein ernähren können. Aber wenn die beiden mit ihren Eltern absolut nicht zurandekommen und in ein, zwei Jahren sowieso heiraten wollen – hat es denn dann Sinn, auf einem Prinzip herumzureiten und damit den beiden das Leben zu verderben?!

(immer wieder/...) Prinzipien reiten *ugs* · to harp on about/to go on about/to stick rigidly to/... principles *n*
Statt die konkreten Fälle zu sehen, muß der Richard immer und immer wieder Prinzipien reiten. Als ob das irgendjemandem nützen würde! – Er ist eben ein Mann von Grundsätzen! – Hm!

Prinzipienreiter: ein Prinzipienreiter (sein) *ugs* · to be s.o./a person/... who sticks too rigidly to principles *n*
... Wer seine Frau nicht ernähren kann, kann auch nicht heiraten! – Aber Erich, die Ursel arbeitet doch auch! Die beiden tun ihr Geld zusammen, und dann reicht's. Das ist doch heute ganz normal! – Normal oder nicht, wer seine Frau nicht ernähren kann, heiratet nicht. – Kerl, was bist du ein Prinzipienreiter!

priori: a priori *geh* – von **vorneherein** etw. tun/sagen/behaupten/... (2) · a priori

Prise: eine Prise Salz/... · a pinch of salt/...
... und dann nehmen Sie einen halben Teelöffel Salz, eine Prise Pfeffer, etwas Thymian ...

eine Prise (Schnupftabak/Tabak) nehmen *veraltend* · to take a pinch of snuff
... Wer nimmt schon heute noch Schnupftabak? – Sag' das nicht! Gerade gestern habe ich unseren ehemaligen Kanzler noch eine Prise nehmen sehen!

Privat: an Privat adressiert/... *form selten* · to write/... 'private' on a letter, to write/... 'confidential' on a letter
Wenn du den Brief ausdrücklich an Privat adressiert hast, hatten sie auf der Bank kein Recht, ihn zu öffnen. Hat der Ernst denn nicht dagegen protestiert?

von Privat *form selten* · from private individuals/persons/...
Wenn die Anfrage von Privat kommt, wird sie nicht beantwortet, Herr Kruder. Wir geben grundsätzlich nur an Ämter und Institutionen Auskunft.

Privateigentum: sich in Privateigentum befinden *form* · to be privately owned, to be in private ownership
Seit wann, sagen Sie, befindet sich diese Bibel in Privateigentum? – Seit 1735. ... – Und wie ist sie in den Besitz der Familie Hohenberg gekommen?

aus Privateigentum stammen *form* · to be privately owned, to be/to come/... from private collections/...
(In einem Ausstellungskatalog eines Museums:) Etwa die Hälfte der ausgestellten Bilder stammt aus Privateigentum, und davon kommt wiederum knapp die Hälfte aus dem Besitz der Familie ...

Privatgebrauch: für den/meinen/deinen/... **Privatgebrauch (bestimmt) sein** · for my/your/John's/... private use
... Der Opel, den du da siehst, ist nur für den Privatgebrauch des Chefs. Als Firmenwagen haben wir nur Mercedes.

Privathand: aus/von Privathand erwerben/stammen/... *form* · to buy s.th./to come/... from a private owner
(Ein Antiquar:) Ich habe das Exemplar vor gut einem Jahr aus Privathand erworben. Es war im Besitz der Witwe eines Historikers, der über den Dreißigjährigen Krieg geforscht hat ...

Privatleben: in js. **Privatleben eindringen** *form* · to intrude into s. o.'s private life

... Wie kann die sog. freie Presse eigentlich derart ungehemmt und ungestraft in anderleuts Privatleben eindringen?!, wetterte er. Schauen Sie sich doch nur mal an, was die alles über den Boris schreiben!

Privatsache: js. **Privatsache sein** · it/s. th. is s. o.'s own business, it/s. th. is s. o.'s private affair, it/s. th. is a private matter

... Ob die Frau Heinzen sich scheiden läßt oder nicht, ist ihre Privatsache, verdammt nochmal! Ich weiß nicht, warum sich alle möglichen Kollegen hier aufgerufen fühlen, dazu ihre völlig unmaßgebliche Meinung zu äußern.

Privatstunden: Privatstunden geben · to give private lessons, to coach (a pupil)

Unser Bert gibt jetzt auch Privatstunden. – In Mathematik? – Ja, und in Französisch – einem Mädchen aus der achten Klasse.

Privatstunden nehmen/haben (bei jm.)/kriegen/bekommen (bei/von jm.) · to take private lessons (with s. o.)

Wenn die Christa in der Schule so nicht mitkommt, dann muß sie eben Privatstunden nehmen. – Man kann doch nicht schon in der fünften Klasse mit einem Privatlehrer anfangen!

Privatunterricht: Privatunterricht geben – **Privatstunden** geben · to give private lessons/tuition

Privatunterricht nehmen/haben (bei jm.)/kriegen/bekommen (bei/von jm.) – **Privatstunden** nehmen/haben (bei jm.)/kriegen/bekommen (bei/von jm.) · to take private lessons (with s. o.)

Pro: das Pro und Contra/Kontra (e-r S. **abwägen/...**) – das **Für** und Wider (e-r S. abwägen/...) · to weigh up the pros and cons of s. th.

Probe: jn. **auf Probe einstellen/nehmen/...** *form* · to employ/... s. o. for a probationary period, to employ/... s. o. on probation

... Nein, definitiv würde ich den Krautberg an deiner Stelle auch nicht einstellen. Nimm ihn zunächst einmal auf Probe! Für ein halbes Jahr zum Beispiel. Wenn er sich in dieser Zeit bewährt, gibst du ihm einen Vertrag; sonst muß er wieder gehen.

die Probe bestehen · to pass the test

... Die Leute wollten natürlich sehen, ob der Junge auch komplizierte Texte aus dem Stegreif übersetzt; deshalb haben sie ihn eingeladen. – Und? – Die Probe hat er bestanden; ja, er hat einen glänzenden Eindruck hinterlassen ...

die Probe aufs Exempel machen *form* · to put it/s. th. to the test

Der Kurt versichert, wenn du in Not wärst, würde er dir mit Rat und Tat zur Seite stehen. – Das sagt er so dahin. – Nein, er meint es ernst. – Dann wollen wir die Probe aufs Exempel machen. Ich muß eine Kreditrate von 4.000,– Mark zurückzahlen, mit der ich gar nicht mehr gerechnet hatte. Kann er mir diese Summe leihen?

eine Probe seines Könnens/(seiner Kunst/seines Muts/...) **geben/**(zeigen/ablegen/liefern/...) · to show what one can do, to give proof of one's talent/ability/...

Gestern hat der bekannte Pianist Pollberg wieder einmal eine Probe seiner Interpretationskunst und seiner überragenden Technik gegeben. Eine einfühlsamere und zugleich brillantere Darbietung der 'Appassionata' und der 'L'Ile Joyeuse' kann man sich kaum vorstellen.

die Probe machen *Math bei einer Rechnung* · to check a sum, to check back

(Ein Schüler zu einem Nachbarn bei einem Wettrechnen:) Hast du auch schon die Probe gemacht? Vielleicht ist dein Ergebnis falsch! – Nichts! Ich hab' nochmal umgekehrt/(vom Ergebnis aus) gerechnet: es stimmt alles.

mit jm./(etw.) **eine Probe machen** *form* · to employ/... s. o. on a trial basis, to try s. th. out

... Ich halte den Jungen nicht für ehrlich, deshalb will ich ihn nicht als Lehrling bei uns einstellen. – Machen sie doch mit ihm eine Probe – nehmen Sie ihn für eine kürzere Zeit! Wenn er sich dann persönlich und fachlich bewährt, kann er bleiben, sonst nicht.

eine Probe auf Resistenzfähigkeit/Wasserdurchlässigkeit/... **machen**/die ... steht noch aus/... · to test the resistance/... of a product/the product has not yet been tested for resilience/...

(In einer Transportfirma:) Natürlich, die Fabrik versichert, bei dem Wagen würden die Bremsen auch bei stärkster Belastung nicht heiß. Die Probe darauf/auf die absolute Zuverlässigkeit/... haben wir bisher allerdings noch nicht gemacht/steht allerdings noch aus/... In der nächsten Woche werden 25 Tonnen Granit die galizischen Berge runter und raufgeschleust – da wird man sehen.

jn. auf die Probe stellen · to put s. o. to the test

Du sagst, der Bertram ist grundehrlich? Ich habe da meine Zweifel. Nun gut, ich kann ihn in deiner Gegenwart auf die Probe stellen. Wenn er kommt, frage ich ihn, wie er gestern auf der Sitzung der Belegschaft gestimmt hat, für oder gegen mich – hintenherum weiß ich nämlich, daß er gegen mich gewettert hat.

js. Geduld/Widerstandskraft/... auf die Probe stellen/auf eine harte/(...) **Probe stellen** · 1. to put s. o.'s resilience/... to the test, 2. to try s. o.'s patience

1. ... Mit diesem Auftrag will der Chef die Willenskraft und die Geschicklichkeit der neuen Techniker auf die Probe stellen. – Meinst du? – Natürlich! Der will wissen, woran er mit ihnen ist; ob sie wirklich so tüchtig sind, wie sie vorgeben.
2. ... Die Kinder stellen unsere Geduld auf eine verdammt harte Probe! Immer wieder gibt es Zank und Streit. Da muß man sich wirklich beherrschen, daß einem nicht der Kragen platzt.

Problem: das/(etw.) **ist nicht mein/**dein/Karls/... **Problem** · that/it/s. th. is not my/your/John's/... problem

Ob die Karin früh oder spät heiratet, Kurt, das ist nicht dein Problem. Kümmer' du dich mal lieber um die Schule!

kein Problem! *ugs* · no problem!

... Könnte ich heute nach dem Mittagessen mal eben bei euch vorbeikommen? – Kein Problem! Wir sind zu Hause. Du kannst kommen, wann du willst.

ein Problem offen anfassen/anpacken/(...) · to take the bull by the horns, to tackle a problem head on

... Es hat überhaupt keinen Sinn, lange an der Sache herumzureden. Der einzige vernünftige Weg ist: die Probleme offen anpacken, ohne jede Verschleierung und Beschönigung.

vor einem schweren/... **Problem stehen** *form* · to face/to be confronted with/... a difficult/... problem

... Ja, und bei dem Wein stehen wir vor einem sehr schwierigen Problem: sollen wir den Rotwein weiterführen oder nicht?

Probleme wälzen *ugs* · to mull over problems, to turn over problems in one's mind

... Du machst ein so nachdenkliches Gesicht! Was für Probleme wälzt du denn wieder? – Ach, ich denke darüber nach, wie ich die Schwierigkeiten in der Verkaufsabteilung löse ...

procura: per procura *Abkürz: pp.; ppa. Kaufmannsspr selten* · per procura, having full power of attorney *para*

Warum setzt der Herr Stommel vor seine Unterschrift ppa, Onkel Paul? – Das bedeutet, daß er bei Schuckert Prokura hat und damit für die Firma Handelsverträge u. ä. rechtsverbindlich unterschreiben darf.

Produktion: in Produktion sein · to be in production, to be (being) produced

... Die Plättchen sind aber schon in Produktion? – Nicht 'schon', Herr Klumm; diese Hartmetallplättchen stellen wir seit ewigen Zeiten her.

produzieren: sich produzieren *pej* · to show off

... Leute, die sich hier produzieren wollen, können wir nicht gebrauchen. Uns geht es um solide und seriöse Arbeit, nicht um die Förderung von Profilneurotikern.

Professor: ein (richtiger/...) **zerstreuter Professor sein** *ugs* · 1. 2. to be a (real/...) absent-minded professor

1. ... Hat er denn nicht zugehört, als der Peter die Sache erklärte, oder warum erinnert er sich nicht? – Der Kurt ist doch ein richtiger zerstreuter Professor. Der hat immer seine eigenen Dinge im Kopf; was die anderen sagen, das kriegt er höchstens halb mit.

2. (Der Junge zu seinen Eltern:) Ach, jetzt habe ich vergessen, die Theaterkarten aus der Stadt mitzubringen. – Junge, das kann nicht so weitergehen! Mal etwas vergessen, das passiert jedem. Aber du vergißt dauernd etwas. Du bist in letzter Zeit ein richtiger zerstreuter Professor.

Professur: eine Professur bekommen/innehaben/... form · to get/to hold/... a professorship
... Wenn er in Heidelberg eine Professur innehat, müßte er doch eine Kapazität sein. – Ach, du meinst, alle sog. ordentlichen Professoren aus Heidelberg wären Kapazitäten?

Profil: jn. im Profil malen/zeichnen/skizzieren/.../im Profil gut/... aussehen/... · to draw/to paint/... s.o. in profile
(Ein Schüler zu einem anderen:) Wir sollten die Leute doch im Profil zeichnen, also von der Seite; du hast deinen alten Mann aber von vorne gezeichnet.

(kein) Profil haben · 1. to have no personality/character/..., to be colourless, 2. to have no/to lack/... a distinctive image
1. ... Nein, den Schneider würde ich nicht zum Vorsitzenden wählen; der Mann hat kein Profil. Bei dem weiß man nie, nach welchen Kriterien er handelt und entscheidet – wenn er überhaupt Kriterien hat.
2. ... Dieser Verlag hat überhaupt kein Profil! Die edieren alles: Bücher über wissenschaftliche Themen, Reiselektüre, Romane ... Es fehlt nur noch Sex.

ein scharfes/scharf geschnittenes Profil haben · 1. 2. to have sharp features, 1. to have a striking/... profile, 2. to have clear cut features
1. Der neue Außenminister hat ein scharfes Profil. Sein Gesicht eignet sich blendend für Karikaturen: man braucht nur ein paar Knochen ein wenig hervorzuheben – und schon hat man eine Zeichnung, die jeder erkennt.
2. vgl. – ein scharf geschnittenes **Gesicht** haben

Profil gewinnen · to develop a clear/definite image
... Bisher hat die Regierung überhaupt noch kein Profil gewonnen; sie ist jetzt knapp ein halbes Jahr im Amt und nach wie vor völlig gesichtslos. Woran man bei ihr ist, weiß bisher kein Mensch.

an Profil gewinnen · to improve one's/its/... image
... Die Regierung hat in den letzten Monaten beträchtlich an Profil gewonnen! So allmählich weiß man, was sie will, was den einzelnen Ministern am Herzen liegt und wie die internen Machtrelationen aussehen.

an Profil verlieren – ≠ an Profil gewinnen · + s.o.'s image has suffered/been dented/..., + s.o.'s ratings have declined

Profilneurose: an Profilneurose leiden/(Profilneurose haben/...) Neol ugs · to suffer from image neurosis, to be obsessive about one's image
... Immer wieder muß dieser Mann mit neuen Vorschlägen kommen – und wenn sie noch so abwegig sind! – Profilneurose! Der Schlüter leidet an Profilneurose! Wenn der nicht jede Woche wenigstens ein Mal in der Zeitung steht, meint er, er hätte seinen Beruf verfehlt.

Profit: Profit schlagen/(ziehen) (wollen) aus etw. ugs · to (try/... to) make a profit from/out of s.th.
... Leute, die aus allem und jedem Profit schlagen wollen, sind hier nicht gefragt. Wir brauchen Mitarbeiter, die auch etwas ohne handfesten Nutzen tun können, die noch ein wenig Engagement und Idealismus haben.

Profit aus etw. ziehen ugs · to benefit from s.th.
Wenn der Rainer aus einer Arbeit keinen Profit ziehen kann, interessiert sie ihn nicht. Nur was sich in klingender Münze auszahlt oder sonst einen handfesten Vorteil bringt, reizt ihn.

Prognose: eine Prognose stellen · to make a forecast, to make a prognosis
... Und wie wird die Konjunktur voraussichtlich im nächsten Jahr verlaufen, Herr Professor? – Da fragen Sie meine Kollegen aus dem Kreis der Weisen. Ich möchte dazu keine Prognose stellen. Die bisherigen Voraussagen wurden, wie Sie wissen, von der Wirklichkeit in wenigen Wochen überholt ...

Programm: nach Programm verlaufen/... · to go/... according to plan
Bisher verlief bei der Umstrukturierung unseres Instituts alles nach Programm. Wenn die letzten Schritte auch so reibungslos abgewickelt werden, sind wir in der Tat planmäßig zu Semesterbeginn fertig.

etw. vom Programm absetzen/streichen · to cancel (an item) in a programme, to take s.th. out of the programme
Es wäre vielleicht besser, die Diskussion um den Schwangerschaftsabbruch vom Programm zu streichen. Das führt nur zu Polemik und Mißhelligkeiten, und dafür organisieren wir keinen Diskussionsabend über Jugendprobleme.

(nicht) in js. Programm passen · (not) to fit in with s.o.'s plans
... Jetzt eine Arbeit über die Wirtschaftsprobleme Spaniens ... nein, das paßt gar nicht in mein Programm! Ich wollte mich in den nächsten beiden Jahren mit den soziologischen Problemen Portugals beschäftigen.

etw. aufs Programm setzen · to include s.th. in the programme, to put s.th. into the programme
... Wollen Sie bei dem Diskussionsabend über die Jugendprobleme auch den Schwangerschaftsabbruch aufs Programm setzen? – Aber natürlich! Eine Diskussionsgruppe wird sich auch mit diesem Thema beschäftigen.

auf dem Programm stehen · 1. 2. to be on the programme, to be on the agenda, 1. to be on
1. Ihr geht heute abend in die Oper, nicht? Was steht denn auf dem Programm? – Verdis 'Aida'.
2. vgl. – auf dem **Plan** stehen

(nicht) auf js. Programm stehen · (not) to be on s.o.'s agenda/programme, (not) to be part of s.o.'s programme
... Eine Reise nach Südafrika stand eigentlich in diesem Jahr nicht auf meinem Programm. Aber wenn es unbedingt sein muß, fahr' ich natürlich dahin.

programmiert: auf etw. (fest) programmiert sein ugs Neol · to be conditioned to do s.th., to be geared to winning/..., to be primed to win
(Vor einem Tennisturnier:) Der Bernd ist fest auf einen Sieg programmiert! – Und wenn er das Turnier nicht gewinnt? Dann ist die (psychische) Krise da. Ich finde es gar nicht gut, wenn Spieler so auf ein einziges (mögliches) Ergebnis festgelegt sind/werden/sich ... fühlen.

Prokrustesbett: jn./etw. in ein Prokrustesbett zwängen/(zwingen/pressen) lit selten · 1. to put s.th./s.o. into a Procrustean bed lit, 2. to force s.o./s.th. into a pattern/mould/... n, to stereotype s.o./s.th. n
1. ... Nein, diese Gedanken aus Schillers 'Naive und sentimentalische Dichtung' passen nicht in deinen Zusammenhang. Es hat keinen Sinn, sie in ein Prokrustesbett zwängen zu wollen.
2. ... Der Peter muß die Leute aber auch immer in ein Prokrustesbett zwängen. Jemanden differenziert beurteilen – das kann der einfach nicht. Immer muß er die Leute in ein Schema pressen – und wenn es noch so wenig paßt.

Prokura: Prokura haben/Prokura geben/... form – per pro- cura · to have full power of attorney

proportional: (umgekehrt) proportional sein zu etw. · 1. 2. to be (inversely) proportional to s.th., 2. to be in inverse proportion to s.th.
1. Die Relation 4 zu 2 ist umgekehrt proportional zu der Relation 4 zu 8. Math
2. vgl. – (eher:) im umgekehrten/(in einem umgekehrten) **Verhältnis** stehen zu etw.

Proportionen: gute Proportionen haben · to be well-proportioned, to have a good figure
... Interessant würde ich sie nicht nennen, aber sie hat gute Proportionen – ausgewogene Formen.

Proppen: ein kleiner Proppen ugs selten · a nipper, a titch, a little fellow
... So ein kleiner Proppen gehört um acht ins Bett, mein Lieber! Als ich neun Jahre war, stopften mich meine Eltern schon um sieben in die Falle!

proppevoll: proppevoll *ugs Saal usw.* – brechend **voll** sein · to be bursting at the seams, to be packed

Prosa: eine gute Prosa schreiben *ugs selten* · to have a good prose style, to write good prose
… Der schreibt eine gute Prosa, der Mann! – Finde ich auch: einen nervigen, kraftvollen, plastischen Stil!

Proselyten: Proselyten machen *geh selten* · to make converts, to proselytise s. o.
(Zu jemandem, der den Sozialismus lobt:) Jetzt hör' doch mal mit deinen sozialistischen Lobeshymnen auf, Walter! Hier bei uns kannst du sowieso keine Proselyten machen: wie du weißt, ist das ganze historische Institut stockkonservativ. – Sei beruhigt, Udo, euch brauchen wir auch nicht; wir haben schon mehr als genug Anhänger (und (Partei-) Mitglieder).

Prosit: ein Prosit auf jn. **ausbringen** *form* · to drink to s. o., to drink s. o.'s health
… Als dann die ganze Runde ein Prosit auf den Jubilar ausbrachte, standen dem Alten doch die Tränen in den Augen. Mit belegter Stimme bedankte er sich, um dann in einer kurzen Rede …

prost: (na) dann/denn **prost!** *sal* · that's brilliant/great/wonderful *iron*
… Was sagst du, der Hans ist entlassen worden? Na, dann prost! Ich möchte wissen, von welchem Geld wir dann die Miete und das Essen bezahlen sollen.

Prostitution: der Prostitution nachgehen *form od. iron* · to work as a prostitute
… So so, sie 'geht der Prostitution nach' … – Ein Beruf wie jeder andere! – Meinen Sie? …

Protektion: unter js. **Protektion stehen** *form* · to be under s. o.'s protection, to be under s. o.'s patronage, to be s. o.'s protégé
Solange der Schulte unter der Protektion des Chefs steht, kann ihm natürlich nichts passieren. Aber wehe, wenn der Alte einmal seine schützende Hand von ihm zurückzieht.

Protest: Protest erheben/anmelden gegen etw. *path od. iron* · to make a protest about/against s. th., to lodge a protest against s. th. *form*
… Gegen die Pläne zur Arbeit am Wochenende melden die Gewerkschaften natürlich Protest an. – Pflichtgemäß, klar. Aber deren Proteste interessieren inzwischen nicht einmal mehr die Mehrheit der Arbeiter.

unter (lautem/…) **Protest den Saal verlassen** *ugs – path* · to storm out of/to leave the hall/… in protest
… Die Stimmung wurde immer gespannter, bis ein großer Teil der jüngeren Zuhörer unter lautem Protest den Saal verließ. »Wir lassen uns von diesen Leuten doch nicht verarschen« und ähnliche Kommentare wurden in den Raum geworfen, und einige schrien den Redner an: »Solche Lügereien …«

Protokoll: ein Protokoll aufnehmen *Polizei/Gericht/… form* · to keep a record (of s. th.), to take s. th. down, to take s. th. down in evidence
Hat die Polizei ein Protokoll aufgenommen oder hat sie sich nur inoffiziell von dir erzählen lassen, was du weißt, ohne es schriftlich festzuhalten?

(das) Protokoll führen *Verhandlungen/Schule/…* · to take/to keep the minutes, to keep a record of the proceedings/…
In 'Geschichte' muß jetzt jede Stunde einer von uns Protokoll führen. Bis zur nächsten Stunde hat er das, was durchgenommen wurde und was er mitgeschrieben hat, auf das Wesentliche zu konzentrieren; und dies Resümee wird dann zu Anfang vorgelesen.

etw. **zu Protokoll geben** *Gericht/Polizei/… form* · to have s. th. put on record, to make a statement to the effect that …
… Ganz offiziell möchte ich schon jetzt zu Protokoll geben, daß ich in der infragestehenden Zeit gar nicht in München war. Ich war auf Geschäftsreise. Bitte, halten Sie das als offizielle Aussage von mir fest.

etw. **zu Protokoll nehmen** *Gericht/Polizei/… form* · to take s. th. down, to record s. th., to put s. th. on record
(Der Richter zu dem Angeklagten:) Ihre Aussage, daß Sie in der infragestehenden Zeit gar nicht in unserer Stadt, sondern auf Geschäftsreise waren, haben wir bereits gestern zu Protokoll genommen. Es ist also nicht nötig, darauf nochmal eigens hinzuweisen.

Provinz: Hintertupfingen/… (das) ist die finsterste/finstere/ (hinterste) **Provinz** *path od. iron* · it is a real/… backwater
… Wo ist er großgeworden, sagst du? – In Oberunterkirchenhausen. Das kennst du natürlich nicht. Das ist ein Nest in der Nähe von Hof, finsterste Provinz – auf gut deutsch: am Arsch der Welt.

aus der Provinz sein/kommen/stammen · to be/to come/… from the provinces
Wer aus der Provinz kommt und keine Leute hat, die ihn in Paris einführen, hat es (zunächst) natürlich sehr schwer.

Provision: auf Provision arbeiten *form* · to work on a commission basis
Wenn der Karl-Heinz auf Provision arbeitet, hat er natürlich ein sehr unregelmäßiges Einkommen. – Klar, in manchen Monaten vermittelt er viele Aufträge, da lebt er von seinen 6% herrlich und in Freuden, in anderen …

Prozedur: eine Prozedur über sich ergehen lassen (müssen) *ugs* · to (have to) suffer an ordeal *n*
… Was die im Krankenhaus so alles mit einem anstellen! Heute morgen haben sei bei Tante Marta eine Darmspiegelung vorgenommen. – Und wie hat sie reagiert? – Du kennst sie ja. Sie hat die Prozedur mit der größten Ruhe über sich ergehen lassen.

Prozeß: jm. einen Prozeß anhängen/an den Hals hängen *sal* · to sue s. o. *n*, to take s. o. to court *n*
Nimm' dich vor dem Reuter in acht! Der ist tückisch genug, dir einen Prozeß anzuhängen, wenn er merkt, daß da etwas nicht ganz korrekt ist. – Das soll er machen! Was meinst du, was der alles auf dem Kerbholz hat!

gegen jn. **einen Prozeß anstrengen** *form* – jn./etw. vors/vor/ (vor das) **Gericht** bringen (1) · to initiate legal proceedings against s. o.

einen Prozeß gegen jn. **führen** *form* · to take legal action against s. o., to take s. o. to court
Stimmt es, daß die Schulbergs einen Prozeß gegen ihre Nachbarn führen? – Ja. Sie haben sie verklagt, weil deren Junge bis abends 8.30 Uhr Klavier spielt.

jm. **den/einen Prozeß machen** – jn./etw. vors/vor/(vor das) **Gericht** bringen (1) · to take s. o. to court, to sue s. o.

kurzen Prozeß (mit jm.) **machen** – nicht viel **Federlesens** (mit jm.) machen (2) · to give s. o. short shrift, to soon send s. o. packing, to make short work of s. o./s. th.

Prüfstand: auf dem Prüfstand stehen *Neol form* · to be put to the test
… Mal sehen, ob die Amerikaner und die Russen sich über die Politik am Golf einigen! Jetzt steht die sog. neue Zusammenarbeit unter den beiden Großmächten auf dem Prüfstand. Ob sie sich bewährt?

etw. **auf den Prüfstand stellen** *Neol form* · to put s. th. to the test
… In der Tat scheinen die Europäer zur Zeit eher geneigt, den Verhandlungswillen der Araber auf den Prüfstand zu stellen, als die Amerikaner. Die verlassen sich lieber auf ihre Macht, halten weniger von sondierenden Gesprächen …

Prüfstein: etw. ist ein Prüfstein für js. Ehrlichkeit/… *form* · s. th. is a real test of s. o.'s sincerity/…, s. th. is the acid test for s. o.'s sincerity/…
… Bei diesem Geschäft wird sich zeigen, welche Gesinnung unsere beiden Vertragspartner haben. Es ist ein Prüfstein für ihre Ehrlichkeit und Zuverlässigkeit.

Prüfung: eine/seine Prüfung bestehen – das/sein **Examen** bestehen · to pass an examination, to pass a test

eine schwere Prüfung bestehen/(durchstehen) *path* · to go/come/... through an ordeal, to go/come/... through trials and tribulations

Die letzten beiden Jahre waren wirklich schwer für die Christl! Mit den drei kleinen Kindern, der Krankheit ihres Manns ... Aber sie hat diese schwere Prüfung bestanden. Sie hat sich nicht unterkriegen lassen.

in einer Prüfung durchfallen – **durchfallen** · to fail (an exam), to flunk (an exam)

eine schwere Prüfung durchmachen *path* · to have suffered a great/... ordeal, to have suffered terribly, to have been through a lot *coll*

Mit drei kleinen Kindern und einem Mann, der ständig krank ist – da hat sie ja allerhand mitgemacht. – Ja, die Christl hat in den letzten beiden Jahren eine schwere Prüfung durchgemacht. Aber sie hat sich nicht unterkriegen lassen.

durch die Prüfung rasseln/sausen *ugs* – (eher:) **durchfallen** · to fail an exam miserably/...

eine/js. Prüfung steigt um ... Uhr/.../**j. steigt** um ... Uhr/... **in die Prüfung** *ugs* · 1. an exam/s.o.'s exam starts at 10/... o'clock *n*, 2. s.o. sits/takes the exam at 10/... o'clock *n*
1. Na, wann steigt deine Prüfung? – Heute nachmittag, sechs Uhr. – Hals- und Beinbruch! – Danke. Es wird schon schiefgehen.
2. Na, wann steigst du in die Prüfung? ...

Prügel: wenn ..., dann/... setzt es Prügel *ugs veraltend* · if ..., s.o. is going to get a hiding/thrashing/...

Entweder hörst du jetzt mit der verdammten Ärgerei auf, Albrecht, oder es setzt Prügel. Hast du verstanden?!

jm. Prügel zwischen die Beine werfen/schmeißen *ugs selten* – **jm. Knüppel**/(einen Knüppel) **zwischen die Beine werfen/schmeißen** · to put a spoke in s.o.'s wheel, to throw a spanner in s.o.'s works

jm. Prügel geben/verabreichen/verpassen *ugs* – jm. eine (gehörige/anständige/...) **Tracht** Prügel geben/verabreichen/verpassen · to give s.o. a good hiding, to give s.o. a sound thrashing

Prügel kriegen/beziehen/bekommen *ugs* – den **Buckel** vollkriegen (2; a. 1) · to get a good hiding

Prügel zu schmecken bekommen *ugs iron* – den **Buckel** vollkriegen (2; u. U. 1) · to get a good hiding

Prügelknabe: der Prügelknabe sein/als Prügelknabe dienen *ugs* · 1. 2. to be the whipping boy 1. to be the scapegoat
1. Ganz egal, was im Geschäft schief läuft, unser Kurt wird vom Chef bestraft oder doch wenigstens kritisiert. Er ist offensichtlich der Prügelknabe da, der für die Fehler und die Dummheit der anderen büßen soll.
2. ... kritisiert. – Er dient also als Prügelknabe in dem Laden? – Offensichtlich.

prügeln: jn. krumm und lahm prügeln *path selten* · 1. to beat s.o. black and blue *coll*, 2. to beat s.o. to a pulp *coll*, to beat the living daylights out of s.o. *coll*, to beat shit out of s.o. *sl*
1. ... Natürlich ist es übertrieben zu glauben, eine (kleine) Ohrfeige wäre weiß Gott wie schlimm für den Jungen. Aber die Kinder krumm und lahm zu prügeln, wie es früher an der Tagesordnung war, wäre wohl schlimmer.
2. vgl. – jn. windelweich/grün und blau/(krumm und lahm/(braun und blau/grün und gelb)) **schlagen**

Prunk: (großen/...) Prunk entfalten · to put on a display of splendour, to display magnificence/grandeur/splendour/...
... Seltsam, daß eine Kirche, die eine Religion der Armut lehrt, fast die ganze Geschichte hindurch so viel Prunk entfaltet/entfalten muß! – Offensichtlich wollen oder erwarten die Menschen Glanz und Pracht. Schau dir die Politik an!

publico: coram publico (sich streiten/...) *geh selten* – vor aller Welt etw. tun · (to quarrel/...) in public

publik: publik sein · to be/to become/... public knowledge, to be common knowledge
Ist die Entscheidung der SPD, den Rotrand zum Kanzlerkandidaten zu wählen, schon publik? – Nein, die Öffentlichkeit wurde davon bisher nicht informiert.

Publikum: ein dankbares Publikum sein/in jm. ein dankbares Publikum haben · 1. 2. to be/to find/... an appreciative/receptive/enthusiastic audience (in s.o.)
1. In Basel hat man im Theater und in den Konzerten ein ausgesprochen dankbares Publikum. Die Leute sparen nicht nur nicht mit Beifall, sie nehmen zugleich engagiert und kritisch teil. So ein Publikum ist genau das, was sich ein guter Künstler wünscht.
2. In den Mitgliedern des 'Vereins für die Verteidigung der abendländisch-christlichen Grundlagen' findet der Schlotz für seine konservativen Ideen naturgemäß ein dankbares Publikum. Wichtiger wäre aber, wenn er in der allgemeinen Öffentlichkeit ein positives Echo fände.

ein gemischtes Publikum/das Publikum ist (sehr/...) gemischt · 1. 2. (it is) a (very/...) mixed audience
1. ... Wie immer, war das Publikum auch an diesem (Konzert-)Abend sehr gemischt: viel junge Leute; aber auch viele aus dem 'klassischen' Konzertpublikum; eine Reihe von Bürgern, die ich gar nicht einordnen könnte, vor allem ältere ...
2. (Ein Zuschauer eines Boxkampfs zu einem andern:) Na, Alfred, das Publikum scheint mir ja ziemlich gemischt! Wenn der Rocky nicht gewinnt, schlagen die noch aufeinander ein. – Das sieht schlimmer aus, als es ist. Im Grunde sind das alles ganz brave Leute. – Na! ...

immer/... ein Publikum brauchen/... · (always) to need/... an audience
Die Hannelore braucht ständig ein Publikum; allein kann die überhaupt nicht spielen. Die braucht immer andere um sich herum, die auf ihre Einfälle eingehen, ihren Späßen zuhören, ihre Fragen beantworten ...

vor einem großen Publikum spielen/... · to perform before/to give a talk to/... a large audience
... Hm, das ist ja nun doch etwas anderes, ob man im Goethe-Institut – gleichsam zu Hause – einen Vortrag hält oder vor großem Publikum – also vor Hunderten oder Tausenden von Menschen spricht.

sich an ein weiteres/(größeres) Publikum wenden (mit etw.) · to address/to be aiming at/... a wider audience (with s.th.)
... Mit diesem Buch wendet er sich nicht an die Fachwissenschaftler, sondern an ein weiteres Publikum. Daher der kolloquiale Stil.

Pudding: Pudding in den Beinen/Armen/(Knien/...) **haben** *sal* · to feel like a lump *n*, to feel leaden-footed *n*, + s.o.'s arms/feet feel like lead *coll*
(Auf der Wanderung:) Mensch, mir scheint, ich habe heute Pudding in den Beinen! Schon diesen kleinen Berg steige ich hinauf wie eine Großmutter. – Na ja, du mußt ja auch nicht immer so stramm dahermarschieren wie ein preußischer Soldat!

(anständig/...) auf den Pudding hauen *sal selten* – (anständig/...) auf den **Putz** hauen · to live it up, to paint the town red, to have a rave-up

Pudel: wie ein begossener/(nasser) **Pudel (wieder) abziehen**/... *ugs* · to go away/to slink off/... with one's tail between one's legs, to go away/... crestfallen
Der Fritz war so forsch und fordernd zum Chef wegen einer Gehaltserhöhung gegangen. Was ist daraus geworden? – Er ist wie ein begossener Pudel wieder abgezogen. Der Chef hat ihm gesagt, wenn es ihm in der Firma nicht gefalle, könne er ja gehen.

wie ein begossener/(nasser) **Pudel dastehen**/... *ugs* · to have a hangdog look about one, to stand around/... looking sheepish/crestfallen
Der Fritz steht hier wie ein begossener Pudel! Was ist denn los? – Er ist zum Chef gegangen, um wegen der Bezahlung der Überstunden zu verhandeln, und der Chef hat ihm nur kalt gesagt: Faulenzer wie Sie sollten erst einmal während der normalen Arbeitszeiten arbeiten, statt zu quatschen.

pudelnackt: pudelnackt *ugs* · 1. 2. in one's birthday suit, in the altogether, starkers
1. vgl. – im **Adamskostüm**
2. vgl. – im **Evaskostüm**

pudelnaß: pudelnaß sein/werden *ugs* – triefend **naß** sein/werden · to be soaking wet

Pudels: das/(etw.) ist des Pudels Kern *ugs* · that is the crux of the matter, that is the key question, there's the rub, there's the essence of the matter
Nicht die Baugenehmigung ist entscheidend, auch nicht der Haustyp, ja, nicht einmal die Finanzierung. Wichtiger als alles das ist doch die Frage, ob seine Stellung an diesem Ort für Jahre gesichert ist. Genau das ist des Pudels Kern.

Pudern: da/(hier/dabei/bei etw./…) hilft kein Pudern und kein Schminken *iron veraltend selten* – da/(hier/dabei/bei etw./…) hilft kein **Jammern** und kein Klagen · it's no use moaning and groaning, it's no use whingeing

Puderzucker: jm. Puderzucker in den Hintern blasen *sal* · + to be feather-bedded, + to lead the life of Riley, + to have an easy time of it *coll*
… So schön wie der Ralf möcht' ich's auch mal haben! Der hat ein schönes Leben und braucht sich um nichts zu kümmern. Der bekommt von seiner Familie Puderzucker in den Hintern geblasen. Mit allem nur erdenklichen Luxus wird der verwöhnt!

Puff: einen Puff vertragen/aushalten können *ugs veraltend selten* · to be able to take criticism, to be thick-skinned
Bei der Beatrix brauchst du kein Blatt vor den Mund zu nehmen – auch wenn es um Kritik geht; die kann einen Puff vertragen.

einige Püffe vertragen können *ugs veraltend selten* – einen **Puff** vertragen/aushalten können · to be able to take criticism, to be thick-skinned

Pulle: volle Pulle daherrasen/… *sal* · to drive/… flat out *coll*
Wenn der Ulli da mit seinem Porsche volle Pulle durch die Ortschaft rauscht, könnte ich den Kerl links und rechts ohrfeigen. – Dazu mußt du den erstmal kriegen. Der rast auch dir davon.

volle Pulle spielen/(…) *sal* · to play/… flat out *coll*
Wenn wir dieses Spiel gewinnen wollen, können wir es nicht langsam angehen lassen, wie letzten Sonntag. Dann müssen wir volle Pulle spielen: mit schärfstem Tempo und größtmöglichem Einsatz.

Puls: jm. den Puls fühlen · 1. to take s.o.'s pulse, to feel s.o.'s pulse, 2. to sound s.o. out, to check s.o.'s knowledge, to see what s.o. knows
1. In einem deutschen Krankenhaus kommen die Schwestern morgens gegen 6.00, 6.30 Uhr ins Zimmer, um den Kranken das Fieber zu messen, den Puls zu fühlen …
2. vgl. – (eher:) jm. auf den **Puls** fühlen (1, 2)

jm. auf den Puls fühlen *ugs* · 1. to sound s.o. out *n*, 2. to check s.o.'s knowledge *n*, to see what s.o. knows *n*
1. Bei dem Rolf bin ich mir nach wie vor nicht sicher, ob er unsere Anschauungen wirklich teilt. – Dann muß man ihm mal auf den Puls fühlen. – Willst du es übernehmen, bei passender Gelegenheit seine Meinung zu sondieren? Ohne, daß er die Absicht durchschaut, klar.
2. Dem Scheuermann müssen wir in dem mündlichen Examen mal ganz genau auf den Puls fühlen, Herr Kollege. Was der wirklich kann, ist mir nach wie vor schleierhaft.

Pulsader: sich die Pulsader öffnen, aufschneiden – sich die **Adern** öffnen/aufschneiden · to slash one's wrists

Pulsschlag: den Pulsschlag der Zeit/der Großstadt/… spüren/ (verspüren/fühlen/…) *path* · to feel the pulsating of the city/…, to feel the throbbing of the city/…, to feel life pulsating around one
… Wenn der Reinhard auf dem Land leben würde, würde er völlig versauern. Das ist ein Mann, der den Pulsschlag der Zeit spüren muß. – Aber kann man das nur in einer Großstadt? Kann man durch die Medien usw. – heute nicht auch in einem kleinen Ort 'am Ball sein'? – Man steckt dann selbst nicht mit drin!

Pulver: das nötige Pulver haben (für etw.) *ugs selten* – das nötige **Kleingeld** haben (für etw.) · to have the wherewithal

das Pulver (auch) nicht (gerade) erfunden haben *sal* · 1. 2. s.o. is no great light, s.o. is not too bright *coll*, s.o. won't set the world on fire
1. Der Albert hat das Pulver (auch) nicht (gerade) erfunden! – Wie kommst du dadrauf? – Die Bemerkungen, die er zu deinen Ausführungen gestern bei dem Vortrag machte, zeugten nicht gerade von Intelligenz.
2. Alle Welt hatte gehofft, der neue Finanzminister würde die Probleme in den Griff kriegen. Aber der hat das Pulver auch nicht erfunden, scheint es; er ist offensichtlich nicht schlauer als seine Vorgänger auch.

j. meint/…, er hätte das Pulver erfunden *sal* · s.o. thinks/believes/… that he is really bright *n*
Der Axel redet immer daher, als hätte er das Pulver erfunden. In Wirklichkeit hat er noch in keiner einzigen schwierigen Situation konkrete Lösungsvorschläge gemacht.

j. hat schon Pulver gerochen *ugs selten* · to have seen action, to have seen battle
Du, vor dem Holger mußt du den Hut abnehmen, der hat schon Pulver gerochen! – Bei einer Sprengung eines Steinbruchs, oder? – Nein, der hat schon an einem richtigen Kampf teilgenommen – in Afrika, in der Fremdenlegion.

sein Pulver trocken halten *ugs selten* · to keep one's powder dry, to be prepared for anything
Bis zum letzten Tag der Verhandlungen müssen wir unser Pulver trocken halten! Bis zum letzten Tag werden die uns zu überlisten suchen, und bis zum letzten Tag müssen wir auf Erpressungsversuche gefaßt sein. Es gilt also, bis zum letzten Tag mit allen Waffen gewappnet und auf der Hut zu sein.

kein Pulver riechen können *mil ugs veraltend* · to be chicken, to be lily-livered
Der Werner Karst kann kein Pulver riechen?! Wer hat das behauptet? Meines Wissens hat er an der Front immer seinen Mann gestanden. Von wegen, feige!

das/sein letztes Pulver verschießen *ugs* – (eher:) den/(seinen) letzten **Trumpf** ausspielen · to use up/to have used up all one's powder

(all) sein Pulver/das (ganze) Pulver/sein ganzes Pulver (schon/…) verschossen haben *ugs* · to have shot one's bolt, to have used up all one's arguments *n*
Statt erst einmal abzuwarten, was die anderen vorbringen werden, muß der Manfred immer sofort alle Argumente bringen, die er auf Lager hat. Jetzt weiß er nicht, was er den Repräsentanten der 'Rubi-Partei' noch antworten soll. Er hat sein ganzes Pulver schon verschossen!

Pulverfaß: einem Pulverfaß gleichen *ugs* – *path* · it/the situation/… is like a powder keg
… Die Situation am Golf gleicht einem Pulverfaß; jeden Augenblick könnte es zum Schlimmsten kommen …

hier/da/in/…/(wie) auf einem/(dem) Pulverfaß sitzen *ugs* – *path* · to be sitting on a powder keg
Die politische Lage hat sich in diesem Land ungeheuer zugespitzt; es kann hier jeden Augenblick knallen. Wir sitzen hier wie auf einem Pulverfaß.

pulvertrocken: pulvertrocken (sein) *ugs* – *path selten* · to be dry and powdery *n*
… Du hast immer in Deutschland gelebt, Rainer, du weißt gar nicht, wie das ist, wenn Straßen oder Wege pulvertrocken sind. Wenn du daher fährst, gibt's nur noch Staub!

Pump: einen Pump bei jm. aufnehmen *ugs selten* · to cadge s.th. from/off s.o., to borrow s.th. from s.o. *n*
… Wenn mir der Heine nichts leihen kann, muß ich sehen, ob ich bei dem Helmut Kränder einen Pump aufnehmen kann. Ein paar hundert Mark, bis mein Gehalt kommt …

etw. **auf Pump kaufen** *ugs* · to buy s. th. on tick/on h. p.
... Nein, auf Pump würde ich mir so eine teure Maschine nicht kaufen! – Hättest du denn überhaupt jemanden, der dir das Geld dafür leihen würde?

etw. **auf Pump kriegen/(bekommen)** *ugs* · to borrow s. th. *n*, to get s. th. on loan *n*
Gehört dir diese neue Couch? – Nein, ich habe sie von meinem älteren Bruder auf Pump gekriegt. Wenn ich nicht mehr studiere, muß ich sie ihm zurückgeben.

auf Pump leben *ugs* · to live on credit *n*, to live on tick
Der Peter lebt ständig auf Pump. – Wer leiht ihm denn das Geld dauernd? – Das weiß ich auch nicht. Er findet immer einen.

puncto: in puncto ... *ugs* · as far as intelligence/... is concerned
... Fleißig ist er, da gibt's keinen Zweifel; aber in puncto Intelligenz bin ich nicht so sicher.

in puncto puncti *scherzh veraltend selten* · in puncto puncti, when it comes to you know what ...
... Ja, das war so, früher: eine Frau konnte sich allerhand leisten, aber in puncto puncti, da gab's kein Pardon. – Du meinst: was die Keuschheit betrifft? – Was sonst?

punctum: ... **und damit punctum!** *ugs selten* – ... und damit **Schluß!** (2; u. U. 1) · and that's that!

punctum puncti *geh od. iron selten* · the crux, the main thing *n*, the most important thing *n*
... Einverstanden: das Haus ist gut erhalten, die Lage ist gut, die Größe stimmt ...; das punctum puncti ist jetzt der Preis.

das/(etw.) ist (das) punctum saliens *lit selten* – das/etw. ist der springende **Punkt** · that/s. th. is the crucial point, that is just it, that is the crux, that is the point

Punk: (in/bei/...) **(da) geht/... der Punk ab** *Neol Jugendspr* · all hell breaks loose, things really get out of hand
... Wie war die Demo gestern? – Es wäre alles ganz friedlich abgegangen, wenn nicht einige Autonome angefangen hätten, Steine auf die Polizei zu werfen. Da das das natürlich nicht hinnehmen konnten, griffen sie zum Gummiknüppel. Und dann ging natürlich der Punk ab. Es gab eine wüste Auseinandersetzung, in deren Verlauf mindestens ein Dutzend Menschen verletzt wurden.

Punkt: (genau) **das ist (ja) (gerade) der Punkt!** – (genau) das **ist** es (ja) gerade!/((genau) das ist's (ja) gerade!) · that's just it!

ein dunkler Punkt in js. **Leben/...** · a dark chapter in s. o.'s life
... Im Kern ist der Fritz ein hochanständiger Kerl – wenn es auch einen dunklen Punkt in seinem Leben gibt ... – Einen dunklen Punkt? – Eigentlich sollte ich ja nicht davon sprechen. Er hat vor gut zehn Jahren ein paar Urkunden auf der Bank gefälscht ...

ein kitzliger Punkt *ugs* · a delicate point, a ticklish point
... Und dann müßtest du mit deinem und meinem Bruder noch über die Beteiligung an dem Geschäft sprechen. – Das ist ein kitzliger Punkt. Ich habe das Thema bisher mit Absicht immer ausgeklammert. Du weißt, wie gespannt das Verhältnis zwischen deinem Bruder und meinem ist ...

der kritische Punkt (in der Entwicklung/...) · the critical point (in the development/...)
... Am Anfang läuft natürlich alles ganz normal. Der kritische Punkt kommt dann, wenn die Auftragslage schlechter wird – das heißt im Winter. Dann muß sich zeigen, ob das Durchhaltevermögen ausreicht.

jetzt/nun mach'/macht/... (aber) **mal einen Punkt!** *ugs* · come off it!, stop right there!
... Der Rainer ist nicht nur faul, er ist unehrlich, hinterlistig ... – Jetzt mach' aber mal einen Punkt, Berti! Du weißt, ich bin mit dem Rainer nicht gerade befreundet. Aber zu sagen, er sei unehrlich und hinterlistig, das geht doch nun wirklich zu weit.

ein neuralgischer Punkt · a sore point, a critical point
... Die Wasserversorgung der beiden Güter ist leider nach wie vor ein neuralgischer Punkt; es kann darüber jeden Augenblick zu schärfsten Konflikten kommen.

zwei/... Geraden/(...) schneiden sich in einem Punkt/in dem Punkt ... *Math Geom* · two/... lines/(...) intersect at a point/at point A/...
... Also, die beiden Geraden AB und CD schneiden sich in dem/im Punkt H; der Schnittwinkel beträgt 37° ...

ein schwacher Punkt · a weak point
... Im ganzen ist die Arbeit sehr ordentlich. Es gibt zwar ein paar schwache Punkte – so sind die bibliographischen Angaben nicht sehr sorgfältig gemacht. Aber das sind Einzelheiten ...

der schwierigste Punkt · the most difficult point
Der schwierigste Punkt der ganzen Arbeit ist die mathematische Formalisierung. Alles andere ist relativ leicht.

das/etw. ist der springende Punkt *ugs* · that/s. th. is the crucial point, that is just it, that is the crux, that is the point
Fleißig ist der Breitkamp und hilfsbereit auch; aber ob er für die Aufgabe das nötige Fachwissen hat ... – Das ist der springende Punkt, genau das! Wenn das Können nicht reicht, nutzt alle Hilfsbereitschaft und aller Fleiß nichts.

ein strittiger Punkt · a controversial point, a/the point at issue, the bone of contention
In den Grundlinien sind sie sich über den Vertrag endlich einig. Es gibt wohl noch ein paar strittige Punkte; aber das sind Einzelheiten, da werden sie sich wohl auch bald einig werden können.

ein toter Punkt · the wall, one's lowest ebb/point
Beim Langlauf, beim Schwimmen und ähnlichen Übungen gibt es irgendwann einen toten Punkt, wo man den Eindruck hat, nicht weiterzukönnen. Wenn man dann durchhält, nicht aufgibt, geht es plötzlich wieder. – Ist es nicht auch ähnlich in anderen Dingen?

der wichtigste Punkt · the main point, the most important point
Der wichtigste Punkt ist die Finanzierung; alles andere ist demgegenüber sekundär.

ein wunder Punkt · 1. 2. a sore point *coll*
1. ... Der frühe Tod seiner Frau ist ein wunder Punkt in seinem Leben. – Sonst hat er ja viel Glück gehabt, nicht? Wie lange ist er jetzt Witwer? ...
2. ... Sprich den Albert nicht auf seine Größe an, das ist ein wunder Punkt bei ihm! Ich glaube, er hat richtige Komplexe, weil er nur 1,65 m groß ist.

Punkt acht/neun/... (Uhr) *ugs* · eight/nine/... o'clock on the dot
Du gehst heute um acht Uhr ins Bett, hörst du?! Punkt acht (Uhr) – und keine Minute später!

an dem/einem Punkt sein/angekommen sein/..., **an dem/** (bei dem/wo) **man allein nicht weiterkommt/Hilfe braucht/** **es schwierig wird/...** · to have reached/to be at/... a point where one can't go on alone/one needs help/things get tough/...
... Der Junge hat die ganzen Vorarbeiten allein gemacht und sich in die Sache prima eingearbeitet. Aber er ist jetzt an einem Punkt, an dem ihm helfen mußt, Walter. Allein macht er jetzt keine Fortschritte mehr.

einen Punkt (nicht) **berühren/...** · (not) to touch on a point, (not) to go into a matter, (not) to discuss a point
... Und über die Finanzierung des Hauses habt ihr gar nicht gesprochen? – Nein, diesen Punkt haben wir nicht berührt.

nur noch/... als Punkt am Himmel/... zu erkennen/... sein · to be (only/...) a dot in the sky
... Eine Zeitlang war die Maschine noch als Punkt am Himmel zu sehen, dann verschwand sie endgültig hinter einigen Wolken.

einen Punkt noch klären/.../sich in einem Punkt noch nicht einig sein/... · to clarify/to clear up/to sort out/... a point
... Und die Finanzierung? Seid ihr euch in diesem Punkt auch einig geworden/habt ihr diesen Punkt auch besprochen/habt ihr den Punkt auch behandelt? – Nein, diese Frage ist offen geblieben.

immer wieder auf diesen/denselben/... **Punkt zurückkommen**/zu sprechen kommen/... · to keep coming back to the same/... point
... Jetzt spricht er schon wieder von der Sanierung der Finanzen. – Ja, er kommt jetzt schon zum dritten Mal auf diesen Punkt zurück. Offensichtlich hält er das für die wichtigste Frage/den wichtigsten Punkt der ganzen Politik der nächsten Zeit.

an/(auf) einem toten Punkt ankommen/(anlangen) · 1. to have reached an impasse, not to be able to get any further, 2. to have reached deadlock
1. Bei seiner Doktorarbeit scheint der Herbert an einem toten Punkt angekommen zu sein. Jedenfalls geht es seit einiger Zeit nicht weiter.
2. Die Verhandlungen sind an einem toten Punkt angekommen; seit Wochen machen sie keine Fortschritte mehr.

einen wunden Punkt (bei jm.) **berühren** · to touch on a sore point (in s.o.'s life/...) coll
... Der frühzeitige Tod seiner Frau ist ein wunder Punkt in seinem ansonsten sehr glücklich verlaufenen Leben, den man besser nicht berührt.

etw. **auf den Punkt bringen** ugs · to sum (matters/...) up
... 'Wenn der Kommunismus abgewirtschaftet hat, heißt das doch nicht, daß der Kapitalismus das allheilbringende Wirtschaftssystem ist, verdammt nochmal!' ... Kurt brachte die Dinge mal wieder auf den Punkt. ... 'Entscheidend ist, wie heute die ökologischen und weltökonomischen Fragen im Sinn aller gelöst werden' ...

auf den Punkt genau abfahren/ankommen/... · to leave/arrive/... on the dot coll
... Der Zug kam auf den Punkt genau an – 9.27 Uhr. – Das ist die Deutsche Bundesbahn; da kommen die Züge auf die Minute genau.

der Punkt auf dem i ugs – path selten · 1. 2. the dots on the i's and the crosses on the t's
1. So etwas Genaues wie diesen Notar kannst du dir gar nicht vorstellen. In den Texten, die er beglaubigt, darf kein Punkt auf dem i falsch sein, sonst unterschreibt er nicht.
2. ... Ihr habt die Übersetzung ja ganz vorbereitet, nicht? Bis zur letzten Zeile, die Anmerkungen, Zitate usw.? Ihr wißt ja, wenn bei dem Schloßberg der Punkt auf dem i fehlt, ist er schon sauer.

da fehlt nicht der/kein Punkt auf dem i ugs – path selten – (eher:) da fehlt nicht das/kein **Pünktchen** auf dem i · all the i's are dotted and all the t's are crossed

ohne Punkt und Komma reden ugs veraltend selten · to rattle/to rabbit/... on and on, to talk nineteen to the dozen
... Der Junge redet wie ein Papagei, ununterbrochen! – Ohne Punkt und Komma, wie manche Leute sagen. – Genau das ist der Eindruck, ja.

endlich/... **auf den Punkt kommen** · to get to the point (at last/...)
(Bei einer Rede; A zu B:) Wenn der Mann jetzt nicht allmählich/endlich auf den Punkt kommt, hau' ich ab. Er wollte zur 'ökologischen Krise in den Industriestaaten' sprechen; bisher redet er nur über politische Fragen. – Der kommt schon noch aufs Wesentliche/auf den Kern der Sache, mach' dir mal keine Sorgen!

etw. **Punkt für Punkt durchgehen**/durchsprechen/... · to go through/... s.th. point by point, to go through s.th. item by item
... Wenn Sie den Text nicht Punkt für Punkt durchgehen, Herr Kollege, werden die Schüler damit nicht fertig; dann stolpern die über jeden zweiten Satz. Da muß man jedes Detail genau erklären.

Punkt, Schluß und Streusand drüber! ugs veraltend selten – ... und damit **Schluß!** (1) · and that's that!, and that's final!, and that's all there is to it!

einen Punkt hinter etw. **setzen** selten – unter etw. einen (dikken)/den **Schlußstrich** ziehen/(machen) (mit etw.) · to draw a line under s.th., to put an end to s.th. once and for all, to consider s.th. finished

einen wunden/(empfindlichen) **Punkt treffen** · to touch on a sore/sensitive/... point coll
... Mit der Frage der Finanzierung triffst du einen wunden Punkt, Richard. Als wir uns für das Haus entschieden, war von einem Kauf-

preis von 400.000,– Mark die Rede. Inzwischen sind wir bei 585.000,– Mark. Wenn wir die nicht bald beschaffen, müssen wir von dem Projekt Abstand nehmen, so leid uns das (auch) tut.

den toten Punkt überwinden · to get one's second wind
... In physischen wie in geistigen Leistungen, meinte er, die eine längere Anstrengung erfordern, pflegt es einen toten Punkt zu geben, den man überwinden muß, wenn man das Ziel erreichen will.

Pünktchen: da fehlt nicht das/kein Pünktchen auf dem i ugs – path selten · all the i's are dotted and all the t's are crossed
Der Robert hat da einen ganz hervorragenden Pachtvertrag entworfen. Er hat an alles gedacht – an die Felder, den Wald, die Wartung der Ställe ..., selbst an so Kleinigkeiten wie Licht oder Telephon. Da fehlt kein Pünktchen auf dem i.

Punkte: einige/... **wichtige/zentrale/...** **Punkte ansprechen**/behandeln/... · to discuss/to go into/to cover/... some/... important/central/... points
(Über eine Rede:) Er hat über alles mögliche gesprochen; aber die Punkte, um die es geht, hat er gar nicht behandelt: die ökologische Krise, die Unfähigkeit der demokratischen Regierungen, die brisanten Probleme (sachlich) zu lösen ... Das sind doch die Themen, die uns heute auf den Nägeln brennen.

ein Wort/... **durch drei Punkte ersetzen**/statt ... setzen/... · to put three dots in place of a word, to replace a word with three dots
... Klar, in den Schulausgaben wurde dann in der Szene, in der Götz von Berlechingen 'leck' mich am Arsch' brüllt, mit Rücksicht auf die Moral der Jugend der Ausdruck durch drei Punkte ersetzt.

ein Sieg/eine Niederlage **nach Punkten/**jn. nach Punkten besiegen/schlagen/nach Punkten siegen/verlieren Sport/bes Boxen · to win/to lose/... on points
... Hat Cassius Clay wieder durch k. o. gewonnen? – Nein, diesmal nach Punkten. – Sie haben also alle 15 Runden durchgeboxt?

in den Punkten, die behandelt wurden/diesen/allen/... Punkten einer Meinung sein/sich einig werden/... · to agree/to reach agreement/... on all points under negotiation/that are being discussed/...
... Wir sind uns in allen Punkten einig geworden – außer der Frage: was geschieht, wenn wir beide vorzeitig sterben? – Diese Frage werdet ihr wohl auch noch klären können.

Punktescheißer: ein/(der absolute/...) **Punktescheißer (sein)** sal · to be very/... finicky n, to be a stickler/a pedant/... n, to do everything by the book coll
... Mein Vater ist ein richtiger Punktescheißer! Bei dem muß immer alles hundertfünfzigprozentig stimmen. Seine Hyperkorrektheit ist bisweilen ganz schön nervig.

Punktum: ... (und damit) Punktum! ugs selten – ... und damit **Schluß!** (2; u. U. 1) · and that's that!

Punktum und Streusand drauf! ugs scherzh veraltend selten – ... und damit **Schluß!** (2; u. U. 1) · and that's that!, and that's final!, and that's all there is to it!

Pupille: eine Pupille hinschmeißen sal selten · to keep one's eyes peeled coll, to keep an eye out (for s.o./s.th.) n
(Ein Lehrer zu einem Kollegen:) Bei den Klassenarbeiten mußt du scharf aufpassen. Wenn du da keine Pupille hinschmeißt, schreibt eine halbe Klasse ab.

eine Pupille riskieren ugs selten – ein **Auge** riskieren · to risk a glance (at s.o./s.th.)

sich die Pupille(n) verstauchen sal selten · to ruin one's eyes/eyesight n
... Mein Gott, so eine Schrift kann doch kein Mensch lesen! Da verstaucht man sich ja die Pupillen!

Pupillenstillstand: trinken/saufen/... **bis zum Pupillenstillstand** sal Jugendspr · to drink o. s. stupid, to get zonked
Unser letztes Vereinsfest war wieder mal völlig daneben. Die Mehrzahl der Leute hatte nur eins im Sinn: saufen bis zum Pupillenstillstand.

Puppe: (nur/...) eine (willenlose) Puppe in js. **Händen sein** *mst Frauen* · to be a mere puppet in s.o.'s hands
... Ach, die Gerda ist doch nur eine willenlose Puppe in seinen Händen. – Meinst du? – Ich meine nicht, ich weiß das – der Robert macht mit der buchstäblich, was er will.

bis in die Puppen feiern/zechen/aufbleiben *sal* · 1. 2. to stay up till all hours/to celebrate into the small hours/to sleep till all hours/...
1. ... Wie lange seid ihr denn noch aufgeblieben gestern? – Bis in die Puppen. Wir haben noch stundenlang über den Film diskutiert. Als wir ins Bett gingen, war es fast vier Uhr.
2. Wenn man jeden zweiten Tag bis in die Puppen feiert, kann man natürlich in seinem Beruf nicht viel leisten; das ist doch klar.

bis in die Puppen schlafen/pennen/(im Bett sein) *sal* · 1. 2. to sleep/to lie in/... till all hours
1. Ach, was ist das schön, einmal bis in die Puppen schlafen zu können! Wenn man jeden und jeden Morgen um sechs Uhr heraus muß, genießt man es doppelt und dreifach, einmal so lange im Bett zu bleiben, wie man will.
2. Wenn man bis in die Puppen schläft, wird der Tag natürlich kurz, das ist doch klar! Da könnt ihr nicht noch wer weiß wie viele Kilometer fahren.

(jn. **so lange aufregen/..., bis/...) die Puppen tanzen** *sal* · (to annoy/to provoke/... s.o. until/...) a row starts/breaks out/... *n*
Der Rudolf hat seinen Vater gestern so lange gereizt, bis die Puppen tanzten. Er meinte, im Grunde wäre alles Egoismus; die ganze Familie beruhe auf Egoismus; schon die Kinder kämen aus Egoismus ... – bis der Alte ihn andonnerte, wer so etwas sage, könnte ihm für ewig gestohlen bleiben ... Von diesem Theater werden die sich so schnell nicht wieder erholen.

die Puppen tanzen lassen *sal selten* · to raise hell, to shake things up
... Wenn die Genehmigung nicht rechtzeitig kommt, wird der Chef seine politischen Einflüsse spielen lassen und da im Rathaus die Puppen tanzen lassen. Die werden sich noch umgucken.

hier sind/da waren/bei/auf/... sind die Puppen am Tanzen *sal* – hier ist/da war/bei/auf/... ist/... die **Hölle** los (2) · all hell breaks loose here/in ...at ...

wenn ..., (dann) sind/als ..., (da) waren (aber) die Puppen am Tanzen *sal* – wenn ..., (dann) ist der **Teufel** los/als ..., (da) war der Teufel los · if/when ..., there'll be hell to pay

Purpur: (den) Purpur tragen/nach dem Purpur streben *form* · to wear the purple
... Purpur trägt grundsätzlich nur ein Kardinal, Bertold!

purpurrot: purpurrot · crimson
... Ein Beispiel für 'purpurrot'? – Die Kardinaltracht.

Purzelbaum: einen Purzelbaum machen/schlagen/(schießen) · to do a somersault
Kannst du einen Purzelbaum schlagen, Onkel Bernd? – Natürlich kann ich das, Christa. Heute abend, wenn wir wieder zu Hause sind, zeig' ich dir das, auf dem Wohnzimmerteppich; da tut einem der Rücken nicht weh.

Puste: (ganz) außer/(aus der) Puste sein/ankommen/... *ugs* – (ganz) außer **Atem** sein/ankommen/... · to be/to arrive/... completely/... out of puff

viel/wenig/allerhand/... Puste haben *ugs* · to (still) have plenty of puff/to be out of puff
... Wir laufen jetzt schon gut zwei Stunden; wird dir das nicht zuviel, Onkel Franz? – Nein, Junge, ich hab' Gott sei Dank noch viel Puste – meine Lunge arbeitet prima –, und auch die Beine werden mir so schnell nicht schwer.

keine Puste mehr haben *ugs* – keine **Luft** mehr haben · to be out of breath, not to be able to breathe

jm. geht die Puste aus *ugs* – jm. geht die **Luft** aus (bei etw.) · to run out of breath, to run out of steam

Pustekuchen: Pustekuchen! *sal veraltend selten* – von **wegen** (2; u.U. 3) · nothing doing!, some hope!, no way!, not a bit of it

pusten: jm. **was/etwas/(eins) pusten** *sal selten* – jm. was/etwas/(eins) **husten** · to tell s.o. to get knotted/stuffed/...

Pute: eine alberne/eingebildete/... Pute (sein) *sal selten* – ein dummes/blödes/albernes **Huhn** (sein) · (to be) a silly/conceited/... creature

puterrot: puterrot werden *ugs* – *path* – (über und über) rot **anlaufen** · to flush crimson

Putz: (anständig/...) auf den Putz hauen *sal* · to live it up *n*, to paint the town red *n*, to have a rave-up *coll*
So hin und wieder, meinte er, muß man auch anständig auf den Putz hauen können. Nur arbeiten, nachdenken, zielstrebig sein ..., nein, das ist nicht das Richtige. Harte Arbeit verlangt als Ausgleich, daß man mal richtig 'feiert'.

(mal ein bißchen/...) Putz machen *sal selten* · to cause aggro, to get stroppy
... Wenn ihr uns jetzt nicht hier durch laßt, machen wir mal ein bißchen Putz! Dann könnt ihr euch eure Knochen einzeln numerieren lassen, ihr Schlappschwänze!

mit Putz verkleiden/(...) *(Haus-) Mauern/Wändel...* · to plaster a wall/..., to roughcast a wall/...
... Klar, wenn die ganze Mauer noch mit Putz verkleidet wird, sieht man natürlich die Unregelmäßigkeiten der Steine nicht.

putzmunter: putzmunter (sein) *ugs* – mopsfidel (sein) · to be cheerful, to be full of beans, to be chirpy

Putzteufel: den Putzteufel haben *ugs* · to have the cleaning bug *para*
Die Frau Schmitt verbringt die halbe Woche beim Putzen. – Die hat den Putzteufel, die arme Frau. – Dabei macht da kaum noch jemand etwas schmutzig. – Es sind doch nur noch der alte Herr Schmitt und der älteste Sohn im Haus.

Pyrrhussieg: ein Pyrrhussieg (sein) *geh* · to win/to gain a Pyrrhic victory
... Ja, Robert, heute hast du in der Tat deine Bedingungen ganz durchsetzen können; das war ein Sieg. Aber ich fürchte, er wird sich als Pyrrhussieg erweisen; denn der Kroll ist in der Lage und sucht sich in der Zukunft einen anderen Lieferanten.

Q

Quacksalber: ein (richtiger/...) **Quacksalber (sein)** *ugs* · (to be) a real/... quack/charlatan
... Wenn du schon zum Arzt gehst, Sonja, dann geh' zu einem, der von der Sache was versteht! Der Rösner, zu dem du da immer läufst, (das) ist doch ein richtiger Quacksalber!

Quacksalberei: Quacksalberei treiben/(betreiben) *ugs* · 1. to give s.o. quack treatment, to practise quackery, 2. (to be) a real/... quack/charlatan
1. ... Entweder behandelt der Rösner die Geschichte, die du da am Fuß hast, richtig, oder du kannst dir die Arztbesuche schenken, Sonja! Wir bezahlen den Mann doch nicht, damit er – wie bisher – Quacksalberei treibt.
2. vgl. – (eher:) ein (richtiger/...) **Quacksalber (sein)**

quacksalbern: quacksalbern *ugs* – (eher:) **Quacksalberei** treiben/(betreiben) · to practise quackery, to use quack methods of treatment

Quadrat: Glück/Pech/... im Quadrat (sein/haben) *ugs* · to be tremendously/amazingly/... lucky/unlucky
... Das war Glück zum Quadrat, was der Hans da gehabt hat! So ein Riesenschwein möchte ich auch mal haben.

3/4/... zum Quadrat *Math* · 3/4/... squared
6 zum Quadrat, das gibt, Erich? – 36 natürlich.

(eine Zahl) ins Quadrat erheben *form Math* · to square a number, to raise a number to the power of two
Wenn du 6 ins Quadrat erhebst, Gerd ... – Ich versteh' nicht, Herr Reuter ... – 6 hoch 2 (6^2), das gibt? – 36 natürlich. – Gut, dann ...

Quadratur: die Quadratur des Kreises/(Zirkels) (sein) · it/s.o. is the quadrature of the circle/the squaring of the circle
Klein anfangen, wenig arbeiten und dann trotzdem viel verdienen – das wäre die Quadratur des Kreises!

Quadratwurzel: die Quadratwurzel (aus einer Zahl) **ziehen** *form Math* · to work out/to calculate/... the square root (of a number)
Eine Zahl zum Quadrat erheben und die Quadratwurzel aus einer Zahl ziehen, erklärte er, sind umgekehrte Rechenoperationen; d.h. wenn $6^2 = 36$ sind, ist die Quadratwurzel aus 36 ($\sqrt{36}$) 6.

Qual: die Qual der Wahl (sein/haben) · to be spoilt for choice, (to have/...) the agony of deciding
Erst hatte ich gar kein Angebot und jetzt habe ich drei! – Hast du dich denn schon entschieden? – Nein. Und die Wahl ist verdammt schwer! – Die Qual der Wahl, was? – Genau!

höllische Qualen erdulden/durchmachen/... (müssen) *path* · to experience/to endure/to undergo terrible/unspeakable/appalling/... suffering
... Giftgas wollen die anwenden? Mein Gott! Da müssen Zigtausende von Menschen höllische Qualen durchmachen, damit die Ölprobleme geregelt werden können? ...

Quälgeist: ein (richtiger/...) **Quälgeist (sein)** *ugs* · s.o. is a pest *n*, s.o. is a terrible/... nuisance *n*, s.o. is a trial *n*, s.o. is a pain *n*
Unsere Susanne ist manchmal ein richtiger Quälgeist. Wenn sie sich was in den Kopf gesetzt hat, gibt sie keine Ruhe, bis sie ihren Willen bekommen hat.

Qualität: etw. ist erste/zweite/... Qualität/(etw. erster/zweiter/... Qualität) · s.th. is top quality, s.th. is best quality, s.th. is B/C/... grade/quality
... Nein, ich will keine Pfirsiche zweiter oder dritter Qualität, ich will erste Qualität.

der Mann/die Marke/... **bürgt für Qualität** *form od. iron* · the name/brand-name/... is a guarantee of quality
Rauchen Sie 'Baruta'! 'Baruta' bürgt für Qualität! 'Baruta' – die Zigarre für den anspruchsvollen Raucher!

Qualm: bei jm. ist (mal wieder/...) **Qualm in der Bude/(Küche)** *sal selten* · there's a row going on *n*, the sparks are flying, + they're at it again
(Ein Junge zu seiner hereinkommenden Schwester:) Pst, Helga! Am besten verziehst du dich sofort auf dein Zimmer und machst dich unsichtbar. – Was ist denn los? – Hier ist mal wieder Qualm in der Bude. Vater und Mutter streiten sich wegen Vaters Berufswechsel. Das ist ein Theater hier seit einer Stunde ...

vielleicht/... **einen Qualm** (wegen etw./(jm.)) **machen** *oft Imp: mach' nicht so viel ... sal selten* – (nicht) viel/kein **Aufhebens** um jn./etw./von jm./etw. machen · to make a song and dance about s.th. *often: don't make such a song ...*

jm. (mal wieder/...) **Qualm vormachen** *sal selten* – jm. (mal wieder/...) blauen **Dunst** vormachen · to throw dust in s.o.'s eyes, to tell s.o. a pack of lies, to pull the wool over s.o.'s eyes

qualmt's: wenn ..., dann qualmt's! *sal selten* · 1. if ... then there'll be trouble, 2. there'll be hell to pay
1. vgl. – wenn ..., dann **gibt's/**(gibt es) was!
2. vgl. – es gibt/(setzt) ein **Donnerwetter**

quantité: eine quantité négligeable (sein) *lit* · to be a quantité négligeable, to be a negligible amount *n*, to be a matter of no importance *n*
... Bei mehr als 100.000,– Mark Ausgaben kommt es auf 2.300,– Mark auch nicht mehr an, Gerd. Das Gehalt für eine Sekretärin ist also eine quantité négligeable; das brauchen wir bei unserer Kalkulation gar nicht zu berücksichtigen.

Quantum: ein tüchtiges/anständiges/... **Quantum ...** · to need/... a big slice of luck/..., to need/... a good helping of luck/..., to need/... a goodly portion of luck/...
Um so eine Stellung zu bekommen, braucht man natürlich auch ein tüchtiges Quantum Glück; Tüchtigkeit allein genügt da nicht. – Glück braucht man natürlich auch, allerhand Glück, aber ...

Quarantäne: ein Schiff/(jn.) **in/(unter) Quarantäne legen** *med* · to put a ship/s.o. under/in quarantine
... So leid es mir tut, wir müssen das Schiff für wenigstens vier, fünf Wochen in Quarantäne legen, wenn wir vermeiden wollen, daß die Leute die Krankheit hier bei uns einschleppen und eine Epidemie erzeugen ...

in/(unter) Quarantäne liegen *med* · to be in quarantine
Stell' dir vor, die 'Augusta' liegt seit vierzehn Tagen in Quarantäne. Die Leute sollen irgendeine seltsame Krankheit haben, die es hier wohl gar nicht mehr gibt und die epidemisch ist ...

unter Quarantäne stehen *med* · to be in quarantine
... Alle Einwohner des Dorfs stehen unter Quarantäne? – Alle! Es darf kein Mensch den Ort verlassen. – Die müssen sich ja wie in einem Gefängnis fühlen.

jn./(eine Stadt/...) **unter Quarantäne stellen** *med* · to put s.o./(a town/...) in/under quarantine
... Müssen wir die Leute wirklich unter Quarantäne stellen? – Wenn Sie vermeiden wollen, daß die Epidemie sich noch weiter ausbreitet, unbedingt!

über ein Schiff/eine Stadt/... **Quarantäne verhängen** *med* · to put a ship/a town/... under quarantine, to impose quarantine restrictions on a ship/a town/...
... Und was passiert dann, wenn sie über das Dorf Quarantäne verhängen, Papa? – Dann darf für eine bestimmte Zeit da keiner mehr rein und keiner mehr raus.

Quark: das/etw./was j. sagt/... **ist** (doch) (alles) **Quark** *sal* –
das/etw./was j. sagt/..., ist (doch) (alles) **Käse** (1) · what
s. o. says/... is only/... drivel/junk/twaddle/...

sich über jeden Quark aufregen/ärgern/... *sal* – sich über
jeden **Käse** aufregen/ärgern/... · to get annoyed/angry/...
about the slightest trifle, to get annoyed/angry/... about every
little thing

(so einen/...) **Quark reden/**daherreden/(...) *sal* – (viel/...)
dummes **Zeug** reden/... · to talk drivel/junk/twaddle/...

etw. **geht** jn. **einen Quark an** *sal* – etw. geht jn. einen **Dreck**
an · it's/that's/... got nothing to do with s. o., it's none of
s. o.'s damned business

einen Quark verstehen von etw. *sal* · to know/... sweet f. a.
about s. th. *vulg*, to know/... bugger all about s. th. *vulg*
Versteht der Rainer denn überhaupt etwas von Atomphysik? – Einen
Quark versteht er davon. Er tut nur immer so, als wenn er etwas
davon verstünde.

Quartier: (sich) **ein Quartier suchen/**bestellen/... *form* · to
look for/reserve/... accommodation, to look for/... somewhere to stay
... Für die beiden ersten Nächte muß ich noch ein Quartier suchen;
für alle anderen ist die Unterkunft geregelt.

jn. **ins Quartier bekommen** *mil veraltend selten* · to have to
billet troops, to have to provide quarters for troops
... Wenn hier in der Tat eine zweite Front gebildet wird, bekommt
ihr natürlich auch Soldaten ins Quartier. Die Frage ist nur, wie viele
ihr aufnehmen müßt.

bei jm. **Quartier beziehen/nehmen** *veraltend selten* · to put
up somewhere/with s. o., to find accommodation with s. o.
... Gibt's denn auf dieser Route genügend 'Herbergen', wo wir
Quartier beziehen können? fragte der Kutscher. – Sei ohne Sorge,
Heinrich! antwortete der Graf, eine Unterkunft finden wir hier in
jedem Dorf.

Truppen/(...) **in Quartier legen** *mil veraltend selten* · to find
quarters, to find billets (for troops)
... Es dürfte nicht ganz einfach sein, Herr General, so viele Truppen
hier in Quartier zu legen; in einer derart dünn besiedelten Landschaft
gibt es nur ganz wenige Unterkünfte, die sofort bezugsfertig sind.

bei jm. **im Quartier liegen** *mil form selten* · to be billeted
with s. o., to be quartered with s. o.
... Ein Teil der Soldaten lag bei den Bauern in der Umgebung im
Quartier. – Haben sie denn ihre Stellungen gar nicht mehr bezogen,
nicht für eigene Unterkunft gesorgt?

Quartier machen *veraltend selten* · to find quarters, to find
somewhere to stay
... Jetzt sind wir drei Tage und zwei Nächte unterwegs, jetzt müssen
wir Quartier machen, sagte der Kutscher; die Pferde brauchen Ruhe ...

jn. **ins Quartier nehmen** *a. mil veraltend selten* · to billet
(troops), to provide quarters for troops
... Glaubst du, Heinrich, mir machte es Freude, über so lange Monate Soldaten ins Quartier zu nehmen? Doch wenn sie für uns kämpfen, müssen wir sie auch unterbringen und versorgen.

Quartier nehmen bei jm./in ... *veraltend selten* · to take up
quarters with s. o./at s. o.'s place/...
In Turin haben wir dann bei einem alten Bekannten meines Vaters
Quartier genommen. Der hat dort ein größeres Haus und uns zwei
Zimmer zur Verfügung gestellt.

Quasselstrippe: eine (richtige/...) **Quasselstrippe/Quas-
seltante sein** *sal* · 1. 2. to be a real/... chatterbox, to be a
windbag, to be a gasbag
1. Die Sylvia ist eine regelrechte Quasselstrippe. Wenn die mal anfängt zu reden, kommst du nicht mehr zu Wort.
2. Die Alexandra hängt den ganzen Tag nur am Telefon. Eine richtige Quasselstrippe ist das!

(dauernd/schon wieder/...) **an der Quasselstrippe hängen** *sal*
· to be (always/constantly/...) on the blower, to spend all
day on the phone *n*
... Den halben Tag hängst du an der Quasselstrippe, Junge! Wenn du
dir das jetzt nicht abgewöhnst, dauernd zu telefonieren, verbiete ich
dir ein für allemale, den Apparat zu benutzen.

Quasselwasser: Quasselwasser getrunken haben *ugs scherzh
selten* – **Brabbelwasser** getrunken haben · to be in a talk-
ative mood

Quatsch: Quatsch machen *ugs* – Unsinn machen · to fool/to
mess/... around, to do silly things, to make mistakes

das/etw./was j. sagt/... **ist Quatsch mit Soße** *sal* – das/etw./
was j. sagt/..., ist (doch) (alles) **Käse** (1) · that/s. th./what
s. o. says/... is a load of rubbish

Quecksilber: ein (richtiges) Quecksilber sein *ugs* – (eher:)
Quecksilber im Hintern/(Leib) haben · to have ants in
one's pants

Quecksilber im Arsch haben *vulg* – (eher:) **Quecksilber** im
Hintern/(Leib) haben · to have ants in one's pants

Quecksilber im/(unterm) Gesäß/im Steiß haben *sal selten* –
Quecksilber im Hintern/(Leib) haben · to have ants in
one's pants

Quecksilber im Hintern/(Leib) haben *sal* · to have ants in
one's pants
(Ein Schneider zu einem Jungen:) Hast du Quecksilber im Hintern
oder was ist los? Kannst du denn nicht wenigstens mal eine einzige
Minute ruhig sitzen bleiben, bis ich an den Schultern Maß genommen habe? Das ist ja schrecklich, dieses ewige Hin und Her, diese
dauernde Zappelei!

Quelle: es/etw. **aus erster Quelle haben** · to have it/informat-
ion/... first hand, to have it straight from the horse's mouth
Stimmt das wirklich, daß der Kanzler ernsthaft mit seinem Rücktritt
gedroht hat? – Der Raymund hat es mir erzählt. Er hat es aus erster
Quelle. Ein Freund von ihm sitzt im Parteivorstand; der hat es selbst
gehört.

es/etw. **aus sicherer/zuverlässiger Quelle haben/**wissen/... ·
to have/... s. th. from a reliable source
Aber kann man auf diese Nachricht wirklich etwas geben? – Der
Manfred sagt, er hat es/sie aus sicherer Quelle. Ein Freund von ihm,
der selbst dabei war, hat es ihm erzählt.

etw. **aus erster Quelle wissen/**... · to know/to have heard/...
s. th. first hand
Wie kannst du aus erster Quelle wissen, daß die Versetzungsregelun-
gen in aller Kürze geändert werden? – Der Kultusminister hat es mir
in der vergangenen Woche persönlich gesagt, als ich in meiner Eigenschaft als Vorsitzender der Elternpflegschaft mit ihm über diesen
Punkt zu konferieren hatte.

etw. **aus sicherer Quelle wissen/**... · to know/to have
heard/... from a reliable source
Der Humpert weiß aus sicherer Quelle, daß der Kanzler mit dem
Gedanken spielt zurückzutreten. Sein Bruder war dabei, als der
Kanzler erste Andeutungen in diese Richtung machte.

eine Quelle der Freude/(...) (für jn.) **(sein)** *path* · to be a
source of happiness (for s. o.), to be a source of pleasure (for
s. o.)
... Die Kinder sind für die Ursel nach wie vor eine Quelle der Freude! – Gott sei Dank! Denn sonst hat sie im Grunde ja nicht viel vom
Leben. – Sie empfindet das wohl nicht so. Sie ist immer so glücklich!
– Wegen der Kinder ...

an der Quelle sitzen *ugs* · to be at the source of supply, to
have direct access (to goods) *n*
Kriegt der Humbert auch diese Artikel billiger? – Ich glaub' schon.
Warte mal ... ja, natürlich, der sitzt auch in diesem Fall an der
Quelle: ein Freund von ihm hat eine Firma, die die Dinger herstellt.

die Quelle allen Übels (sein) *form* – *path* · (to be) the root of
all evil
Solange die Inflationsrate nicht gesenkt werden kann, sind alle anderen Bemühungen umsonst. Sie ist die Quelle allen Übels.

die Quelle ist versiegt *oft iron* · the source (of s. o.'s income) has dried up

… Nein, sein Großvater unterstützt ihn nicht mehr. Die Quelle ist versiegt. Seitdem der Alte gehört hat, daß er nicht vernünftig arbeitet, gibt er ihm keinen Pfennig mehr.

aus dunklen Quellen sein/kommen/stammen/… *form* · to come from/… dubious sources

… Wir wissen nicht, aus welchen dunklen Quellen diese Gelder kommen. Nur eins wissen wir: ehrlich erarbeitet sind sie nicht.

neue (Geld-/… –) **Quellen erschließen** *an Geldern/Waren/…* · to tap new resources, to open up/… new sources of income/…

Wenn es uns nicht gelingt, neue Quellen zu erschließen, können wir den Laden in ein, zwei Jahren dichtmachen; denn die Einnahmen, mit denen wir bisher rechnen können, sind völlig unzureichend. – Aber wie oder wo an neue Einnahmen kommen?

aus trüben Quellen schöpfen *form* · to obtain/… s. th. from dubious sources

Ich möchte wirklich gern wissen, woher der Lausberg sein ganzes Geld hat. Der schöpft bestimmt aus trüben Quellen. – Es ist mir ziemlich schnuppe, ob der seine Pfennige ehrlich oder auf krummen Touren verdient.

Quentchen: ein Quentchen Glück/(Zufall/…) *ugs* · a little bit of luck/…

… Ein Quentchen Glück mehr, und er hätte gewonnen. Es fehlte wirklich nur ein ganz klein bißchen.

quer: etw. **quer** legen/stellen/… · to lay/to place/… crossways, to lay/to place/… s. th. diagonally

(Zu einem Mädchen, das statt der Mutter den Tisch deckt:) Du kannst das Tablett doch nicht einfach quer auf den Tisch stellen, Ursel! Das sieht doch geradezu lächerlich aus.

quer durch den Wald/den Garten/… laufen/wandern/… · to run/to walk/… all over the woods/garden/… *coll*

… Du kannst doch hier nicht einfach quer durch den Wald laufen! Wofür haben die Leute denn die Wege hier angelegt?

quer über die Straße/den Fluß/… laufen/fahren/… · to cross a road/river/…

… Sie können hier doch nicht einfach quer über die Straße laufen! Da vorne gibt's eine Ampel. Da müssen Sie rübergehen!

quer zu … stehen/liegen/… · to put s. th./… sideways on to s. th.

(Beim Einräumen eines Wohnzimmers:) Und wenn wir den Tisch quer zur Couch stellen würden? – Den Tisch quer zur Couch? Wie sieht das denn aus? Du hast vielleicht Ideen, Otto!

querbeet: querbeet durch den Wald/durch die Felder/… laufen/wandern *ugs* – **quer** durch den Wald/den Garten/… laufen/wandern/… · to run/to walk/… all over the woods/garden/…

querdurch: (einfach) **querdurch** gehen/laufen/wandern · to go/to walk/… straight through, to go/to walk/… straight across

(Bei einem Waldspaziergang:) Wie wär's, wenn wir einfach mal querdurch gingen? Immer so schön brav auf den Wegen, das ist doch langweilig!

Quere: jm. **in die Quere laufen/**rennen/kommen/… · to get in s. o.'s way, to block s. o., to run into s. o.'s path

Ganz gemütlich fahre ich da mit meinem Rad über den Waldweg, da laufen mir plötzlich zwei Jungen in die Quere. Sie kamen direkt aus dem Gebüsch an der Seite herausgerannt. Ich konnte gerade noch ausweichen.

jm. **in die Quere kommen/**etw./nichts/… kommt jm. in die Quere · 1. to come along and spoil s. o.'s plans, to interfere with s. o.'s plans, 2. (if nothing happens/…) to prevent him, (if nothing crops up/…) and stops him, 3. to trespass/to poach on s. o. else's territory

1. … Ich hatte die Sache so herrlich eingefädelt, der Chef war mit allem einverstanden – aber da kam mir dieser Blödmann von Mächter in die Quere. Erklärt der dem Chef doch wahrhaftig, alle Kon-

kurrenzfirmen zahlten dem Personal noch weniger als wir? Da war es mit einer Gehaltserhöhung natürlich aus.
2. … Wenn ihm nichts in die Quere kommt, hat er die Übersetzung Ende der Woche fertig. Und es ist unwahrscheinlich, daß etwas dazwischen kommt. *seltener*
3. vgl. – jm. ins **Gehege** kommen/(geraten) (1)

den Stoff/… **in (der) Quere nehmen** *form Zuschneiden* – den Stoff/… **quer nehmen** · to use the cross-grain of material, to lay s. th. crosswise

querfeldein: querfeldein spazieren/laufen/… · to walk/to run/… across country

… Wo kannst du in Deutschland heute noch querfeldein spazieren? Es ist doch alles eingezäunt, durch Wege, Mauern, Schilder unterteilt … – Das geht doch auch gar nicht anders. Es ist doch jedes Fleckchen Erde bebaut, bepflanzt oder sonstwie genutzt.

Querkopf: ein (richtiger/…) **Querkopf (sein)** *ugs* · 1. 2. to be a (really/…) awkward customer, 1. to be a (really/…) contrary character/so-and-so/…, to be a (really/…) obstreperous character, 2. (to be) a (real/…) trouble-maker, (to be) (really/…) obstructive

1. … Wenn du A sagst, sagt der Franz natürlich B, das ist doch klar. Und wenn du vorschlägst, daß wir einen Spaziergang machen, will er ins Theater. – Ist das so ein Querkopf?
2. vgl. – (u. U.) ein (richtiger/…) **Quertreiber** (sein)

querlegen: sich querlegen *ugs* · to be awkward, to be obstructive, to throw a spanner in the works, to make difficulties

… Ich weiß nicht, ob der Köstler bei dem Projekt mitmacht. Im Grunde hat er wenig Lust. – Wenn er sich wirklich querlegt, fragen wir den Brachthäuser. Der sperrt sich bestimmt nicht. – Nein, der macht sogar gerne mit.

Querpaß: ein(en) Querpaß (spielen) *Fußball u. ä.* · to play a cross-field pass, to play (the ball) sideways, to pass (the ball) sideways

(Bei einem Fußballspiel:) Hast du diesen Querpaß gesehen, den der linke Läufer da von ganz links rüber zu dem Rechtsaußen gespielt hat, gleichsam blind? Ganz herrlich! Die halbe Verteidigung hat der damit aufgerollt.

querschießen: querschießen *ugs* · to spoil things, to be awkward *n*, to put the mockers on s. th.

(Ein Chef zu seiner Sekretärin, in einem Wutanfall:) Haben Sie schon mal erlebt, daß bei einem Projekt alle Abteilungsleiter dafür sind und sich auch dafür einsetzen? Irgendeiner muß doch immer querschießen und sei es nur durch abträgliche Bemerkungen. Eine Bande von Querköpfen ist das, weiter gar nichts!

Querschnitt: etw. im Querschnitt zeichnen/skizzieren/… · to draw a cross-section of s. th.

… Und wenn man einen der Granitblöcke im Querschnitt fotografieren würde? – Dazu müßten wir ihn querdurch spalten/der Breite nach aufspalten; die beiden Hälften wären doch dann nichts mehr wert! – Herr Maurer, man fotografiert einmal den ganzen Block von hinten und dann von vorne!

einen (zuverlässigen/…) **Querschnitt durch** einen Jahrgang/… **bilden** · to be a representative/… cross-section of the population/…

(Zu einer Meinungsumfrage:) Meinen Sie wirklich, daß die 500 befragten jungen Damen einen repräsentativen Querschnitt durch die Studentenschaft von heute bilden? – Die Einstellung der Studentinnen dürften sie schon getreu widerspiegeln.

querstellen: sich querstellen *ugs* – (eher:) sich **querlegen** · to put obstacles in s. o.'s path, to be obstructive

Quersumme: die Quersumme bilden *Math* · to work out the sum of the digits

(Ein Mathematiklehrer:) Die Quersumme bildet man, indem man einfach die Ziffern einer Zahl addiert; von 1.256 ist die Quersumme also eins plus zwei plus fünf plus sechs, d. h. vierzehn.

Quertreiber: ein (richtiger/…) **Quertreiber (sein)** *ugs* · (to be) a (real/…) trouble-maker, (to be) (really/…) obstructive *n*, (to be) a (really/…) awkward customer

Der Heinrich ist ein regelrechter Quertreiber. Der schmeißt dir Knüppel zwischen die Beine, wo er nur kann! Ich möchte es einmal erleben, daß der mit uns an einem Strang zieht.

Quetsche: in der Quetsche sein *sal selten* – in der **Patsche** sitzen · to be in a tight spot, to be in a fix, to be up a gum tree

in eine Quetsche kommen *sal selten* – (inzeptiv zu:) in (gro-ßer/arger) **Bedrängnis** sein/(sich in … Bedrängnis fühlen) (1) · to get into a fix/a tight spot/…

quicklebendig: quicklebendig (sein) *ugs* · (to be) full of beans, (to be) full of pep, (to be) full of life
(Eine Mutter, von ihrem zehnjährigen Sohn, zu einem Gast:) Von wegen, müde! Der Junge ist quicklebendig! – Jetzt, um zehn Uhr, ist dieser Knirps noch munter?! – Der ist wie sein Vater; er wird erst abends richtig wach. Hören Sie, wie er für sich dahersingt!

Quicky: ein Quicky machen/schieben/… *sal Jugendspr* · to have a quickie
… So'n Quicky kann ja ganz witzig sein. Auf Dauer finde ich den schnellen Sex allerdings etwas unbefriedigend.

Quieken: das/(etw.) ist (ja) zum Quieken *sal selten* – das/(etw.) ist (ja) zum **Brüllen** · it's/s.th. is a scream, it's/s.th. is a hoot, it's/s.th. is hilarious

Quietschen: das/(etw.) ist (ja) zum Quietschen *sal selten* – das/(etw.) ist (ja) zum **Brüllen** · it's/s.th. is a scream, it's/s.th. is a hoot, it's/s.th. is hilarious

quietschfidel: quietschfidel/quietschvergnügt *ugs* – *path* · to be (really/…) chirpy, to be as pleased as Punch
(Auf einer Belegschaftsfeier:) Wie kann der Chef bei so vielen Problemen und Nackenschlägen bloß so quietschvergnügt sein? – Vielleicht gibt er sich gerade deswegen so lustig, um die Nackenschläge zu überspielen oder zu vergessen.

Quinten: jm. die Quinten austreiben *sal veraltend selten* – jm. die **Flausen** austreiben · to knock the silly ideas out of s.o.'s head

quitt: wir sind/ihr seid/… **quitt** *ugs* · 1. 2. we are/… quits
1. Du hattest mir in Lissabon 2.700 Escudos geliehen – hier sind 100,– Mark, das ist der Gegenwert in deutschem Geld. Jetzt sind wir quitt.
2. … Was du mir da vorwirfst, ist nicht weniger schlimm als das, was ich dir angetan habe. Da sind wir also quitt.

jn./etw./(js./e-r S.) **quitt sein** *ugs veraltend selten* – jn./etw. **lossein** · to be free of/from s.th., to be rid of s.th., to have got rid of s.th.

mit jm. (wieder) **quitt sein** *ugs* · 1. to be quits with s.o., 2. to be finished with s.o.
1. Hast du dem Winfried schon die 100,– Mark zurückgegeben, die er dir geliehen hatte? – Schon lange! Ich bin mit dem schon seit Ostern wieder quitt.
2. … Mit dem Bollinger bin ich quitt – ein für allemale. Nachdem der mich bei der letzten Abrechnung wieder betrogen hat, will ich mit dem Mann nichts mehr zu tun haben. *seltener*

Quittung: das/etw. ist die Quittung für etw./js. unmögliche Haltung/… *ugs* · that is what s.o. gets for being so lazy/for his poor attitude/…, + s.o. is reaping what he sowed
Hast du schon gehört? Der Paul ist beim Examen durchgefallen. – Das ist die Quittung für seine Faulheit. Er hat nichts anderes verdient.

die Quittung für etw. **kriegen/**(bekommen) *ugs* · to pay the penalty for s.th. *n*, to pay the price for s.th. *n*
… Hat der Schuckert in der Tat seine Unterstützung für das Projekt zurückgezogen? – Hatten Sie was anderes erwartet – bei der Intransigenz des Juniorchefs? Jetzt hat er die Quittung gekriegt für sein unmögliches Verhalten.

jm. **die Quittung präsentieren** (für etw.) *ugs oft iron* – jm. die **Rechnung** präsentieren (für etw.) · to make s.o. pay, to get one's own back on s.o., to present s.o. with the bill

Quivive: (immer/…) **auf dem Quivive sein** (müssen) *ugs selten* · 1. 2. to be on the alert, 1. to be alert *n*, to be on one's guard *n*, to be on the qui vive, 2. + there are no flies on s.o. *sl*, 3. to (have to) keep an eye out, to (have to) watch out, to (have to) be on the alert, 4. to be wary of s.o., to beware of s.o.
1. In diesem Job mußt du beständig auf dem Quivive sein. Wenn du hier nicht aufpaßt wie ein Luchs, ziehen dir die anderen das Fell über die Ohren.
2. Der Karl? Da brauchst du dir keine Sorgen zu machen. Der ist auf dem Quivive. Der läßt sich so leicht nicht fertigmachen.
3. vgl. – (eher:) (immer/…) auf der **Hut** sein (müssen)
4. vgl. – (eher:) sich vor jm./etw. in **acht** nehmen

quo: quo usque tandem *lit selten* · how long can this go on? *tr*
Mein Gott, wenn man den Unsinn in diesem Institut sieht, diesen schleppenden Gang von allem und jedem, dann kann man nur sagen: wie lange soll das noch dauern?! Oder für die Lateinliebhaber hier: quo usque tandem?!

R

Rabatt: 10%/15%/... **Rabatt geben** *Handel* · to give (s.o.) 10/15... discount

... Ja, wenn Sie sofort bar bezahlen, gebe ich Ihnen 6% Rabatt, das ist klar. Dann zahlen Sie statt der 5.000,– Mark also nur noch 4.700,– Mark.

Rabatz: Rabatz machen *sal* · 1. to make a hell of a racket, to make a hell of a row, to run riot *n*, 2. to kick up a fuss, to make a fuss

1. ... Das ist doch klar, wenn der Lehrer 15, 20 Minuten zu spät zum Unterricht kommt, machen die Schüler Rabatz. Unsinn, Lärm, Krach – so schlagen sie die Zeit tot.

2. vgl. – (eher:) **Krach** schlagen

Rabe: krächzen wie ein Rabe *ugs* · to croak like a crow, to be hoarse *n*

Was ist denn mit dir los, Otto, du krächzst ja wie ein Rabe! Hast du gestern gesoffen? – Von wegen, gesoffen! Ich hab' mir auf dieser verdammten Wanderung eine Erkältung geholt.

schwarz wie ein Rabe/die Raben (sein) *ugs* · to be as black as a crow/as soot/as pitch

Gestern hat der Klaus unseren Schornstein sauber gemacht. Du hättest sehen sollen, wie er danach aussah. Er war schwarz wie ein Rabe.

stehlen/(klauen) wie ein Rabe/wie die Raben *sal* · to pinch/ to whiz/to steal/... anything one can lay one's hands on, to thieve like a magpie

Die Leute klauen hier wie die Raben! Gestern habe ich ein Paar Schuhe vor der Tür stehen lassen – weg! Heute meinen Schirm – weg! – Hier herrscht halt Ordnung!

ein weißer Rabe (sein) *selten* · 1. 2. (to be) a rare bird

1. Schau mal da, ein ganz hellblondes Mädchen mit tiefbraunen, fast schwarzen Augen! Das sieht man selten, nicht? – Ein weißer Rabe!

2. Endlich mal ein Politiker, dem es nicht in erster Linie um die Macht, sondern um die Sache geht! – Ein weißer Rabe, meinst du? – Allerdings.

rabenschwarz: rabenschwarz *ugs* – (eher:) **pechschwarz** (1) · jet-black, pitch-black

Rache: Rache ist Blutwurst *ugs scherzh selten* · revenge is sweet, + you'll/he'll/... be sorry, + you'll/he'll/... regret it

... Ja, der Rainer hat mir meine Turnschuhe weggenommen, ohne mich zu fragen, und sie dann kaputtgemacht? Dann werd' ich ihm mal die Knöpfe an seinem Oberhemd abreißen, so daß er sieht, wie das ist, wenn einem andere die Sachen kaputtmachen. Rache ist Blutwurst!

Rache brüten *path* – (eher:) auf **Rache** sinnen · to brood on revenge

das/etw. ist die Rache des kleinen Mannes *ugs iron* · it/that/ s.th. is a petty act of revenge

... Die Renate hat meinen Ranzen versteckt, Mutti! – Warum das denn? – Weil ich ihr gestern bei den Mathematikaufgaben nicht geholfen habe. – Das ist die Rache des kleinen Mannes, Junge, das darfst du nicht so ernst nehmen.

Rache nehmen/(üben) (für etw.) (an jm.) *form* · to take revenge (on s.o.) (for s.th.)

Hat der Chef wirklich für die unbedachte Äußerung Rache genommen, die der Verkaufsleiter auf der Sitzung gestern fallen ließ? – Ja, er hat den Mann heute morgen vor seiner ganzen Abteilung wegen einiger Kleinigkeiten regelrecht heruntergeputzt.

blutige Rache nehmen *path* · to take bloody revenge (on s.o.)

Bedeutet 'blutige Rache nehmen' eigentlich, daß man den, der einem Unrecht getan hat, bringt, Vater? – Nein, nicht unbedingt, Ursel. Das 'blutig' kannst du auch im übertragenen Sinn verstehen: 'sich scharf, grausam rächen'.

nach Rache schreien *Unrecht path* · to cry out for revenge

... Ja, wenn jemand einen Mord begeht, darf er sich nicht wundern, wenn er auch umgebracht wird. Solche Verbrechen schreien nun einmal nach Rache! – Keine sehr christliche Auffassung!

jm. Rache schwören *path* · to swear vengeance on s.o.

... Nein, so eine Gemeinheit würde ich mir auch nicht gefallen lassen! Ich würde zwar nicht so auf der Straße herumbrüllen und dem Schlosser vor allen Leuten (blutige) Rache schwören; aber heimzahlen würde ich ihm das auch.

auf Rache sinnen *path* · to plot revenge

Der Georg hat unserem Französischlehrer verraten, daß ich die Übersetzung bei ihm abgeschrieben habe. Das werd' ich dem heimzahlen! – Statt deine Energien darauf zu verschwenden, auf Rache zu sinnen, solltest du lieber anständig arbeiten, dann brauchst du nicht abzuschreiben.

Rache ist süß *ugs iron selten* · revenge is sweet

Was, der Rainer hat mir meine Turnschuhe kaputtgemacht? Dann werd' ich ihm mal seine Sonntagsschuhe verstecken, so daß er morgen mit seinen alten Sandalen zu seiner Freundin gehen kann. Da wird er einen feinen Eindruck machen – ha, wie ich mich freue! Rache ist süß!

Rachen: etw. in den falschen/(verkehrten) Rachen kriegen *sal* · etw. in den falschen/(verkehrten) **Hals** kriegen · + to go down the wrong way

jm. etw. aus dem Rachen reißen *sal path selten* · to force s.o. to part with s.th. *n*, to wrest s.th. from s.o.'s clutches *n*

Wenn der Werner das Erbe einmal eingestrichen hat, kannst du es ihm nicht mehr aus dem Rachen reißen. Dem nicht! Was er einmal hat, hält er mit allen Mitteln fest.

jm. den Rachen stopfen *sal selten* · 1. to shut s.o. up, to silence s.o. (once and for all) *n*, 2. to shut s.o. up by giving him what he wants

1. vgl. – den **Mund** stopfen

2. ... Zufrieden ist dieser Mann nie, egal, was für eine Provision du ihm gibst. Ich würde sagen: für dieses Mal stopfen wir ihm den Rachen und geben ihm 12%, und danach suchen wir uns einen anderen Vertreter.

den Rachen nicht vollkriegen/(voll genug kriegen) können *sal* – den **Hals** nicht vollkriegen/(voll genug kriegen) (können) (2.; u. U. 1) · not to be able to get enough

jm. etw. in den Rachen werfen/schmeißen *sal* · to hand s.th./money/... over to s.o. uncomplainingly *n*, to give s.o. s.th. to keep him happy *coll*

Die Esther kriegt den Hals nicht voll; jeden zweiten Monat bittet sie ihren Mann um neuen Schmuck. – Und der schmeißt ihr sein halbes Vermögen in den Rachen, um Ruhe zu haben – oder damit sie ihm gefällig ist? – Genau so ist es.

rächt: etw. rächt sich/es rächt sich, daß ... · + you/... will pay (the price/the penalty) for (missing your/... appointments/...)

... Es wird sich noch rächen, daß du deine Termine da so oft nicht einhältst. Sei sicher! Irgendwann verlierst du den Kunden.

Rad: bei dir/dem Peter/... fehlt wohl/... ein Rad *sal* – nicht/ (so) (ganz/recht) bei **Trost** sein (1) · you/he/John/... have/... got a screw loose

du hast/der Peter hat/... wohl/... ein Rad ab! *sal selten* – nicht/ (so) (ganz/(recht)) bei **Trost** sein (1) · you/he/John/... have/... got a screw loose

jn. aufs Rad binden/flechten/spannen *hist* · to break s.o. on the wheel

... Was die im Mittelalter alles für Torturen ersonnen haben! Kannst du dir vorstellen, wie man jemanden aufs Rad binden – oder rädern – kann, um ihn hinzurichten?

ganz schön/... **Rad fahren** *sal* · to (really/...) suck up to s. o.,
to (really/...) crawl to s. o.

Der Lambert fährt ganz schön Rad, was? – Du meinst, der schmeichelt dem Chef? – Und wie! Und seinen Untergebenen gegenüber ist er ein richtiger Tyrann. – Du hältst ihn also für einen typischen Radfahrer ...

man kann das Rad der Geschichte/(Entwicklung) nicht zurückdrehen/anhalten/niemand/... kann ... *form* · + the march of time/history/progress/... cannot be halted, one cannot put the clock back, + time and tide wait for no man

(In einem afrikanischen Land:) Ein großer Teil gerade der höheren Bevölkerungsgruppen des Landes ist gegen eine weitere Ausbreitung der westlichen industrialisierten Welt, mit ihrem Konsumdenken, ihrem Materialismus usw. Aber man kann das Rad der Geschichte nicht zurückdrehen, so wie sie werden sich damit abfinden müssen, daß auch ihr Land diese Phase durchmacht.

dem Rad der Geschichte in die Speichen greifen/(fallen) *path – hist* · to change/to influence/... the course of history

... Im Grunde ist der Rausch ein Fatalist. Der glaubt nicht daran, daß ein einzelner dem Rad der Geschichte in die Speichen greifen kann – so mächtig er auch ist. Eher umgekehrt, meint er: die Geschichte bedient sich der vermeintlich Mächtigen, um ihre Ziele zu verwirklichen.

(nur) ein Rad im Getriebe (sein) *form* – (eher:) (nur) ein **Rädchen** im Getriebe (sein) · to be just/... a (small) cog in the wheel/machine

das Rad des Glücks dreht sich/hatte sich gedreht/... *form selten* · the wheel of fortune turns

... Diesmal sind die Wahlen mal nicht so ausgefallen, wie der Kanzler sich das vorgestellt hatte. – Es kann nicht immer so laufen, wie er sich das wünscht. Das Rad des Glücks dreht sich nun einmal – für jeden!

ein Rad greift ins andere · it's wheels within wheels, it is all inter-connected, it all knits together, it all hangs together

... Du weißt doch, wie das bei so einem Riesenbetrieb ist: ein Rad greift ins andere. Wenn da nur an einer Stelle etwas nicht funktioniert, wird alles blockiert. Und umgekehrt: wenn alles planmäßig ineinander greift, ist der Umsatz entsprechend hoch.

bei dir/dem Peter/... ist wohl/... **ein Rad locker?!/**(fehlt wohl ein Rad) *sal selten* – nicht (so) (ganz/(recht)) bei **Trost** sein (1) · you/he/John/... have/... got a screw loose, you/he/John/... are/... out of your/... tiny mind

Rad schlagen · 1. to fan out its tail, to spread its tail, 2. to do cartwheels

1. Hast du schon einmal einen Pfau Rad schlagen sehen?
2. Müßt ihr im Turnen auch Rad schlagen? – Natürlich! Wo denkst du hin?

das fünfte Rad/(fünftes Rad) **am Wagen sein** *ugs* · to be/to feel/... out of place, to be/to feel/... surplus to requirements, to be the odd man out

... Ihr habt ja bestimmt nichts dagegen, wenn ich mich aus dem Projekt wieder zurückziehe, oder? Ich bin ja sowieso fünftes Rad am Wagen! – Herbert, wir nehmen deine Mitarbeit durchaus ernst; du bist hier keineswegs ein Anhängsel oder gar überflüssig. Aber wenn du ...

das Rad wird sich (wieder) wenden/hat sich gewendet/... *form* · times/things will change, the pendulum will swing back

... Im Augenblick finden wir mit unseren konservativen Ideen nicht das geringste Echo. Aber das ist kein Grund, den Mut zu verlieren. Das Rad kann sich schon bald wieder wenden. Die Geschichte geht bekanntlich immer hin und her.

Radau: Radau machen *sal* · 1. to make a din/racket/row, 2. to kick up a fuss

1. vgl. – **Lärm** machen (1)
2. vgl. – (u. U.) **Krach** schlagen

Rädchen: (nur) ein Rädchen im Getriebe (sein) *form* · to be a mere/small/... cog in the machine

Vielleicht hat sich der Einzelne noch niemals in der Geschichte so sehr als ein Rädchen im Getriebe gefühlt wie heute, erklärte er. Jeder hat heute den Eindruck, als Person überhaupt nicht mehr zu zählen – wie ein Schräubchen in einer riesigen Maschine zu fungieren.

ein Rädchen greift ins andere – ein **Rad** greift ins andere · it's wheels within wheels, it is all inter-connected, it all knits together, it all hangs together

bei jm. ist (wohl) **ein Rädchen locker/**fehlt wohl ein Rädchen *sal* – nicht (so) (ganz/(recht)) bei **Trost** sein (1) · you/he/John/... have/... got a screw loose

du hast/der Peter hat/... wohl/... **ein Rädchen zuviel?!** *sal* – nicht (so) (ganz/(recht)) bei **Trost** sein (1) · you/he/John/... have/... got a screw loose

radebrechen: (Russisch/Deutsch/...) **radebrechen** (können) · to speak broken Russian/English/..., to mangle the Russian/English/... language

Der Anton kann Russisch, sagst du? Er kann Russisch radebrechen! Bisher kommt kein einziger Satz korrekt, und ob ein Russe versteht, was er sagt – oder sagen will –, das weiß ich nicht.

Räder: unter die Räder kommen *ugs* – auf die schiefe/(abschüssige) **Ebene** geraten/(kommen) · to go to the bad

radfahren: ganz schön/... radfahren *ugs* – ganz schön/... **Rad fahren** · to be a real arse-licker/brown-noser/...

Radfahrer: ein Radfahrer sein *sal* · to be someone who licks the arses of those above and kicks the arses of those below him *para*, to be a toady, to be a crawler

... Ein Radfahrer, was ist das? – Kennst du den Ausdruck nicht? 'Nach oben buckeln und nach unten treten': wie das Bild sagt, ist das jemand, der seinen Vorgesetzten schmeichelt – nach oben 'kriecht' – und seine Untergebenen schikaniert – nach unten also den Tyrannen spielt.

Radfahrernatur: eine Radfahrernatur sein *sal* – ein **Radfahrer** sein · to be a real arse-licker/brown-noser/...

Radi: einen Radi kriegen *bayr österr ugs* – einen (anständigen/tüchtigen/...) **Rüffel** kriegen/bekommen · to get a real/... roasting, to get a real/... bollocking

Radieschen: sich schon/... die Radieschen von unten ansehen/besehen/betrachten *sal* – schon/... unter der **Erde** liegen · to be pushing up daisies

raffen: etw. (einfach/...) nicht raffen *ugs Neol* · (simply/...) not to take s.th. in, not to get s.th., not to twig to/to cotton onto/... s.th.

»Die Transformationgrammatik,« meinte er resigniert, »ist für mich ein Buch mit sieben Siegeln. Ich raff' einfach nicht, was dahinter steckt.«

Raffinessen: ... mit allen Raffinessen *ugs* · with all the trappings, with all the refinements/extras/...

... Mensch, das ist ja eine tolles Fahrrad, ein Rad mit allen Raffinessen! Schau dir das mal an: Zehngang-Schaltung, Spezialfelgen, Gepäckträger mit Netz ...

Rage: (vielleicht) in Rage sein *path* – auf **achtzig** sein · to be raging, to be wild

jn. in Rage bringen *path* – jn. auf **achtzig** bringen · to make s.o. hopping mad, to make s.o.'s blood boil

in Rage kommen *path* – in die **Luft** gehen (2) · to go up the wall, to blow one's top, to flip one's lid, to lose one's rag

sich in Rage reden *path* · to work o.s. up into a rage

... Statt sich zu beruhigen, redete sich mein Bruder immer mehr in Rage. Schließlich war er derart außer sich, daß er sogar mit meinem Vater schimpfte, der mit der Sache gar nichts zu tun hatte.

Rahm: den Rahm abschöpfen *ugs* · to cream off the best, to take the pickings, to take the lion's share

... Natürlich, alle Seiten haben Vorteile bei diesem Geschäft. Aber wer den Rahm abschöpft, ist die Krako-AG. Sie hat von allen Beteiligten die wenigste Arbeit und verdient bei dem Projekt wenigstens fünfmal so viel wie alle anderen.

Rahmen: im Rahmen einer größeren Untersuchung/einer Feierstunde/einer Veranstaltung/... · as part of a large-scale study of .../in a small ceremony/in the course of a debate/ within the framework of an investigation/...
... Im Rahmen einer Feierstunde zu Ehren von Camões könnten Sie einen Vortrag über die Entdeckungsfahrten halten ...

sich im kleinen/großen/... Rahmen abspielen/stattfinden/... · to be on a large/small/... scale
... Die Gedächtnisfeiern zu Ehren von Camões spielten sich in einem großen Rahmen ab: mehrere ausländische Dichter und Wissenschaftler waren geladen ...

im kleinen/großen/... Rahmen möglich sein/Sinn haben/... · to be possible/to make sense/... on a large/small/... scale
... Eine Gedenkfeier zu Ehren von Camões hat hier nur in einem größeren Rahmen Sinn. Oder willst du einen Vortrag vor einer Handvoll Zuhörern halten? Nur innerhalb einer oder mehrer weiterer Veranstaltungen ...

den Rahmen/einen ... Rahmen für etw. abgeben *form* · 1. to provide a superb/magnificent/... setting for s.th., 2. to provide the framework for s.th., to be the occasion of s.th.
1. ... Der Park, mit seinem kleinen See in der Mitte, gab für das Feuerwerk einen vorzüglichen Rahmen ab.
2. ... Die Camões-Feiern gaben den Rahmen ab für eine Vortragsserie zur Situation des Fremdarbeiters in der Bundesrepublik.

den Rahmen für etw. bilden *form* – den **Rahmen/einen ... Rahmen für etw. abgeben** (1; a. 2) · to provide a superb/ magnificent/... setting for s.th., to provide the framework for s.th., to be the occasion of s.th.

im Rahmen bleiben *selten* – die **Grenzen** einhalten · to stay/ to keep within limits

aus dem Rahmen fallen/(aus dem gewohnten Rahmen fallen/aus dem Rahmen des Üblichen fallen) (mit etw.) · 1. to be out of place, to show o.s. up, 2. 3. to stick out, to be out of place, to be unconventional, to be out of the ordinary
1. ... Ein derartig helles, flottes, kurzes Kleid fällt bei dieser Feier aus dem Rahmen, Christa. Bei solchen Anlässen pflegen hier alle Frauen betont dezent, 'klassisch' gekleidet zu sein.
2. ... Seine Pläne und Ideen fallen ständig aus dem Rahmen (des Üblichen). Ich sage nicht, daß sie falsch sind; sie verstoßen halt nur gegen alles, was hier die Regel, Gewohnheit ist.
3. ... Mit seinen Ideen und Plänen fällt er hier ständig aus dem Rahmen. Ich sage nicht, daß ... *seltener*

einer Feier/... **einen großen/würdigen/... Rahmen geben** *form* · to provide the appropriate/... setting for a celebration/...
Wenn wir der Feier keinen würdigen Rahmen geben können, sollten wir sie am besten ganz lassen. Eine Goethefeier, die kleinlich aufgezogen wird, ist schlechter als gar keine.

die Dinge/den Gebrauch von etw./... **im Rahmen halten** *form selten* – (das richtige/(rechte)) **Maß** halten · to practise moderation in (the use of) s.th.

sich im Rahmen halten *form* · costs/... are reasonable, costs are not excessive/not too high/...
Verursachen eure vielen Transporte eigentlich hohe Kosten? – Das hält sich/die halten sich eigentlich im Rahmen. Schlimmer sind die neuen Maschinen; die sind wirklich teuer.

sich in bescheidenem Rahmen halten *form* · 1. 2. to be moderate, 1. to be low-key
1. ... Die Feiern hielten sich in bescheidenem Rahmen. Man merkte, daß an den Ausgaben gespart werden mußte.
2. ... Seine Forderungen halten sich in bescheidenem Rahmen. – Wir können also darauf eingehen, ohne das Gesicht zu verlieren? – Ohne weiteres.

über den Rahmen des/der/... hinausgehen *form* · to go beyond the scope of an article/book/...
(Aus dem Vorwort zu einer historischen Untersuchung zur Entstehung des Ersten Weltkriegs:) Es geht uns um die Klärung der Ver-

antwortung der einzelnen Völker und vor allem der leitenden Staatsmänner. Ein Vergleich mit der Entfesselung des Zweiten Weltkrieges wäre gewiß aufschlußreich, würde aber über den Rahmen der vorliegenden Untersuchung hinausgehen. Ein solcher Vergleich muß daher späteren Untersuchungen vorbehalten bleiben.

im Rahmen des Möglichen (etw. berücksichtigen/...) *form* · (to take s.th. into account/...) within the bounds of possibility, (to take s.th. into account/...) as far as possible
(Aus einem Vorwort zu einer Untersuchung zur Entstehung des Zweiten Weltkriegs:) Im Rahmen des Möglichen wurden auch russische Quellen herangezogen. Doch konnte dies leider nur in einem relativ geringen Umfang geschehen, da die Archive teils unzugänglich, teils noch ungeordnet sind und dem Verfasser daneben auch finanziell und zeitlich relativ enge Grenzen gesetzt waren.

(nicht) in den Rahmen passen · (not) to be suitable, (not) to be appropriate
... So gern wir auch klassische Musik hören, Hansgerd: das paßt nicht in den Rahmen einer solchen Jubiläumsfeier. Da brauchen wir Unterhaltungsmusik.

den Rahmen (der bisher geltenden Theorien/einer Veranstaltung/...) **sprengen** (mit etw.) *path* · to go beyond the limits of current theories/..., to be beyond the scope of an essay/article/...
... Seine Ideen zur Mikrostruktur der Zelle sprengten den Rahmen der damaligen Grundannahmen der Biologie, ja, sie waren geradezu revolutionär.

aus dem Rahmen des Üblichen fallen *form* · to be out of place, to be out of the ordinary
... Ein Vortrag über die Gastarbeiterproblematik auf einem Linguistenkongreß – das fällt ja wohl aus dem Rahmen des Üblichen! – Eben weil es ungewöhnlich ist, gab es auch eine ganze Reihe von Protesten – vor allem von seiten der älteren Teilnehmer.

Rakete: wie eine Rakete davonsausen/davonrasen/... *sal* – wie ein geölter/(der geölte) **Blitz** davonsausen/davonrasen/... · to shoot off/to rush off/... like a rocket

Rampe: (nicht) über die Rampe kommen/(gehen) (bei jm.) *ugs selten* – (gut/schlecht/...) (bei jm./in/...) **ankommen** (mit etw.) (3; u. U. 2) · (not) to be (a great/...) success, (not) to go down/... very well

Rampenlicht: das Rampenlicht scheuen *selten* · to dislike/to shun the limelight, to avoid the limelight, to prefer to stay in the background
»Wer das Rampenlicht scheut«, meinte er, »kann kein Politiker werden – bei der heutigen 'Fernsehdemokratie' weniger denn je; denn ein Politiker, der heute im Brennpunkt des öffentlichen Interesses steht, verliert im Nu seinen Einfluß.«

im Rampenlicht (der Öffentlichkeit) stehen *form* · to be in the limelight, to be in the public eye
Findest du das angenehm, so dauernd im Rampenlicht der Öffentlichkeit zu stehen? Ich für meinen Teil ziehe es vor, ein Privatleben (für mich) zu haben und nicht bei allem, was ich tue und lasse, auf das Echo der Allgemeinheit schielen zu müssen.

Ramsch: ein(en) Ramsch (spielen) *Skat* · to play a ramsch
... Wenn jemand Ramsch spielt, erklärte er, haben wir gleichsam die umgekehrte Zielsetzung vom normalen Spiel: es wird überhaupt nicht gereizt und es gewinnt der, der die wenigsten Stiche bzw. Punkte macht.

etw. im Ramsch kaufen/verkaufen *ugs* · to buy/to sell/... goods in bulk/a job lot *n*, to buy/to sell/... soiled/cheap/... goods *n*
... Was, du hast für die sieben Unterhosen, die fünf Unterhemden, die 13 oder 14 Paar Strümpfe ..., für das ganze Zeug nur 50,– Mark gezahlt? – Ich hab' das im Ramsch gekauft. Das war da vom Sommerschlußverkauf noch übrig. Ich hab' gefragt: und wenn ich den ganzen Kram zusammen nehme, was kostet das dann? ...

ran: (los) ran! *ugs* – ran an die **Arbeit!** · (let's) get down to it!, (let's) get cracking!

Rand: einen Rand zurücklassen/ein Rand bleibt/... *nach der Reinigung von Flecken* · to leave a mark
... Dieses Reinigungsmittel ist auch nicht der wahre Jakob! Schau dir mal den Rand an, den es zurückgelassen hat/der da geblieben ist! Man sieht noch ganz genau, daß da ein Flecken war – oder im Grunde noch ist.

das/etw. versteht sich am Rand(e) – das/etw. versteht sich (von selbst) · that goes without saying, of course (not)

(so) (ganz) am Rand(e) etw. sagen/tun – so (ganz) **nebenbei** etw. sagen/tun · to say/to mention/... s.th./s.o. in passing, to say/to mention/... s.o./s.th. by the way/incidentally/...

etw. **(so) am Rand(e) (mit) erledigen**/... · to do s.th. in passing, to do s.th. while one is at it *coll*
... Ach, diese paar Seiten können wir doch am Rande mit übersetzen. – Das ist ein schwieriger Text. Ich weiß nicht, ob wir den so nebenbei/nebenher/neben der laufenden Arbeit übersetzen können.

(jn.) (nur/bloß/...) am Rand(e) interessieren/... · + not to be primarily/really/... interested in s.th.
... Von den biographischen Hintergründen solltest du nur das Allernotwendigste bringen. Das interessiert (den Prof. Kreuzer) nur am Rande. Worum es (ihm) geht, das ist eine detaillierte Interpretation des Gedichts. Alles andere ist sekundär.

etw. **(nur/bloß/...) am Rand(e) miterleben/mitmachen/mitkriegen**/... · to (only/...) see/experience/... s.th. from the sidelines, to be (only/...) marginally involved in s.th.
Ich habe an der Veranstaltung ja nur als Beobachter teilgenommen und eure internen Streitigkeiten auch nur am Rande mitgekriegt. Aber trotzdem: es hat mir genügt, um mich davon zu überzeugen, daß ...

eine Tasse/einen Teller/... **bis zum Rand vollmachen/füllen**/... · to fill a cup/bowl/glass/... to the rim
Welch ein Blödsinn, Ernst, das Glas so bis zum Rand vollzumachen! Wenn etwas überläuft, machst du den Tisch sauber, klar?!

am Rand(e) des Abgrunds/Verderbens/... sein/(entlang) spazieren/... *path od. iron* · to be on the brink of disaster, to be standing on the brink of the precipice, to be on the verge of ruin/despair/...
Der Karl müßte doch eigentlich längst ruiniert sein bei seiner unmöglichen Geschäftsführung. – Er spaziert seit Jahren am Rande des Abgrunds. Wie lange das noch gutgeht, sei dahingestellt.

einen frechen Rand haben *sal selten* · to be cheeky *n*
... Mit Leuten, die einen derart frechen Rand haben wie der Stössl, kann man einfach nicht diskutieren! Was hätte es für einen Sinn, sich gegenseitig Unverschämtheiten an den Kopf zu werfen?

einen großen Rand haben *sal* – einen großen **Mund** haben · to have a big mouth

am Rand anstreichen *Fehler* · to mark/to correct/... s.th. in the margin
... Wie in der Schule streicht der Alte dir jeden Fehler in einem Brief am Rand an: Rechtschreibfehler zwei dicke Striche, Zeichensetzungsfehler einen Strich usw. ... Und wenn eine Sekretärin nach einem Jahr immer noch Fehler macht, fliegt sie raus.

den Rand (immer/...) (zu sehr/so weit/...) **aufreißen** *sal* · 1. to shoot one's mouth off, to talk big, 2. to open one's big mouth (again/...)
1. vgl. – das **Maul** (immer/...) (zu sehr/so weit/...) aufreißen (1)
2. vgl. – (eher:) den **Mund** (mal wieder/...) (so/zu/reichlich) vollnehmen

außer Rand und Band sein *ugs* · to be wild, to be crazy, to be beside o.s., to be berserk, + there is no holding s.o. back
Was ist denn nur los heute? Die Kinder sind ja außer Rand und Band! Die stellen ja das ganze Haus auf den Kopf! So wild, ja verrückt habe ich sie lange nicht erlebt.

außer Rand und Band geraten *ugs* · to get (completely/...) out of hand, to go berserk, to go wild, to go crazy
Als die Kinder den großen Hof sahen, auf dem sie die Ferien verbringen sollten, die Pferde, die Kühe, den Hund, dann den kleinen

See ..., da gerieten sie außer Rand und Band. Sie tobten da herum, als wenn sie verrückt geworden wären.

am Rand(e) der Gesellschaft stehen/(leben/...) · to live/to be/... on the fringes of society, to be marginalised, to lead a marginalised existence
... Im Grunde, schimpfte sie, interessiert es diese Bürokraten offensichtlich gar nicht, ob die Leute integriert sind, ob sie in einer Art Ghettosituation leben oder ob sie am Rande der Gesellschaft stehen. Solange sie keine Verbrechen begehen und nichts kosten, ist das alles egal.

jn. **an den Rand des Grabes bringen** *path* · to (almost) be the death of s.o., to (almost) do s.o.
Die schwere Operation hat den Onkel Paul an den Rand des Grabes gebracht. Er kann von Glück sprechen, wenn er nochmal davonkommt.

am Rand(e) des Grabes stehen *path* · to be on the verge of death, to have one foot in the grave
Wie geht es eigentlich dem alten Herrn Breutner? – Ach, der Arme steht am Rande des Grabes. Sein Herz will nicht mehr. Die Familie rechnet jeden Tag mit seinem Ableben.

den/seinen Rand halten *sal* – den/seinen **Mund** halten · to shut one's gob/trap/cakehole/...

einen Rand lassen *Schreib-, Briefpapier* · to leave a margin
Lassen Sie bei Ihrem Lebenslauf bitte einen Rand von 2,5 bis 3 cm!

einen großen Rand riskieren *sal selten* – eine ((große)/dicke) **Lippe** riskieren · to shoot one's mouth off

etw. **an den Rand schreiben** *Schule u.ä.* · to write s.th. in the margin
... Sind die Bemerkungen eigentlich hilfreich, die euer Germanistikprofessor da an den Rand der Seminararbeiten schreibt?

am Rand der Stadt/(des Dorfs/...) **wohnen/**(ein Haus haben/...) · to live on the outskirts of a town/...
... Entweder richtig in der Stadt oder richtig auf dem Land! So am Rande der Stadt, wie der Willy, möchte ich nicht wohnen! Da hat man die Nachteile von beidem. – Oder die Vorteile! – Nein!

am Rand(e) des Kriegs/des Untergangs/der Katastrophe/... **stehen/**(sein) *form – path* · to be on the brink of defeat/ruin/catastrophe/..., to be on the verge of defeat/ruin/...
(Nach einem Fußballspiel:) Na, wenn wir da mit einem Unentschieden weggekommen sind, können wir von Glück sprechen. Während der letzten halben Stunde standen wir permanent am Rande einer Niederlage. Denken Sie nur an den Pfostenschuß von dem Pauly!

jn. **an den Rand der Verzweiflung bringen** (mit etw.) *path* · to drive s.o. to the verge of despair (with s.th.)
Mit seinen ewigen Intrigen bringt dieser Schellert unseren Jürgen an den Rand der Verzweiflung. Irgendwann verliert der Jürgen die Nerven und schlägt dem Mann den Schädel ein.

Randale: Randale machen *sal selten* · 1. to go on the rampage *n*, to riot *n*, to start to riot *n*, to start to get violent *n*, to raise the roof *n*, 2. to make a racket, to make a din, to kick up a fuss, to make a fuss
1. Auf der Demo gestern kam es zu Ausschreitungen, als ein paar Autonome anfingen, Randale zu machen und mit Pflastersteinen auf die Polizei zu werfen.
2. vgl. – (stärker als:) **Lärm** machen

Randbemerkungen: du kannst dir/der Peter kann sich/... deine/seine/... Randbemerkungen sparen/(schenken) *sal* · + I/we/... can do without his/your/... comments, + I/we/... can dispense with his/your/... comments, you/he/... can save your/his/... comments
... Und, was ich noch sagen wollte: Der Rödler kann sich in Zukunft seine Randbemerkungen zu unserer Verhandlungsführung sparen! Das nächste Mal, wo mir dieser Besserwisser mit einer Bemerkung kommt, fahre ich ihm vor versammelter Mannschaft über den Mund. Sagen Sie ihm das!

Rande: mit jm./etw. **zu Rande kommen** – mit jm./etw. zurande kommen · to (be able to) cope with s. o./s. th.

sich (mit etw.) **am Rande der Legalität bewegen/(...)** *form – iron* · to be/to operate/... just within the bounds of legality, to be/to operate/... close to the bounds of illegality
Mit dem Frank Stumpf würde ich keine Geschäfte machen. Dessen Geschäftsgebahren bewegt sich immer mehr oder weniger am Rande der Legalität.

(ziemlich/mehr) **am Rande liegen** · to be (rather/...) marginal, to be of marginal interest/importance/...
... Natürlich hängt die Sprachenfrage auch mit den politischen Problemen zusammen, denn die der Albert da zu analysieren hat. Doch scheint mir die Frage ziemlich am Rande zu liegen; von ausschlaggebender Bedeutung ist sie jedenfalls nicht.

Ränder: (dunkle/rote) **Ränder um die Augen haben** · to have (dark) rings around one's eyes
Arbeitet der Richard so viel oder ist er krank? – Warum? – Er hat so dunkle Ränder um die Augen. – Vielleicht feiert er zu viel.

rote Ränder um die Augen haben · to have red rims around one's eyes
Der Roland hat in den letzten Wochen dauernd rote Ränder um die Augen. Trinkt er zu viel oder was ist los? – Wahrscheinlich schläft er zu wenig.

Rang: ein Mann/... **von Rang** *form* – (weniger stark als:) ein Mann/... **von hohem Rang** · a high-ranking person/official/...

ein Mann/... **von hohem Rang** *form* · a high-ranking person/...
Wenn sich ein Mann von so hohem Rang wie der General Krock dazu herabläßt, sich mit dir über den Aufbau der Armee zu unterhalten, Junge, dann paß auf, daß du jedes Wort mitkriegst!

jm. **den Rang ablaufen** · 1. 2. to beat s. o. into second/third/... place, to oust s. o./s. th. from his/... position/..., to upstage s. o./s. th., to outstrip s. o./s. th.
1. Bis zum vergangenen Jahr war der Dieter Roßberger unser bester Tennisspieler. Aber in diesem Jahr hat ihm ein junger Nachwuchsspieler aus der Provinz namens Schultheiß den Rang abgelaufen; er ist eindeutig besser.
2. Die Kammerlichtspiele haben dem Stadttheater den Rang abgelaufen. Sie bieten seit geraumer Zeit eindeutig mehr.

den ersten Rang behaupten (unter ...) *form* · to retain one's position as the best theatre/player/...
Führend unter den deutschen Theatern ist nach wie vor ...; trotz aller Widrigkeiten, mit denen auch diese Bühne zu kämpfen hat, behauptet sie auch heute noch den ersten Rang.

einen hohen Rang bekleiden *form* · to hold a high office
... Bekleidet der Alfred Schulze da bei der Bank denn einen hohen Rang? – Er ist Abteilungsdirektor. – Hm, das ist ja schon was.

zu Rang und Ehren/(Würden) kommen *path selten* · to achieve eminence, to achieve standing and reputation
Wenn du zu Rang und Ehren kommen willst, mußt du Beziehungen haben. Ohne Beziehungen kriegst du keinen einflußreichen Posten, nimmt keiner von dir Notiz.

etw. **in den/(zum) Rang einer heiligen Kuh erheben** *krit od. iron* · to make a sacred cow of s. th., to promote s. th. to the status of a sacred cow
Wenn man in diesem Land etwas gegen die Marktwirtschaft sagt, muß man sofort damit rechnen, als Kommunist verschrien zu werden. Ist es nicht lächerlich, solche ökonomischen Prinzipien in den Rang einer heiligen Kuh zu erheben?

jm. **den Rang streitig machen (wollen)/nicht ... können/...** · to try to/not to be able to/... challenge s. o.'s position
Der Prof. Holtgen ist ein ganz vorzüglicher Dermatologe. Auch wenn ihm da jetzt alle möglichen Leute den Rang streitig machen wollen: jeder, der in dem Fach zu Hause ist, weiß, daß es kaum einen zweiten Dermatologen in unserem Land gibt, der so kompetent ist.

ein Mann/... **ohne Rang und Namen** *selten* · a man/... without any standing or reputation
Wenn du in diesem Institut etwas werden willst, mußt du schon vorher bekannt, ja berühmt sein. Als Mann ohne Rang und Namen wirst du hier nichts.

ein Mann/Wissenschaftler/Übersetzer/... **von Rang und Namen** *path* · a person/scientist/... of standing and reputation, an eminent scientist/journalist/...
... Wenn ein Wissenschaftler von Rang und Namen wie der Prof. Haverkamp auf diese Fragen keine plausible Antwort weiß, wie soll dann der einfache Bundesbürger sich da zurechtfinden?

alles, was Rang und Namen hat, erschien/.../(Rang und Namen haben) *path* · everybody who is anybody was there/...
... Das war schon eine große Sache, die Geburtstagsfeier des Außenministers. Alles, was Rang und Namen hat, war da: der Bundestagspräsident, der Kanzler, x bekannte Künstler, die Großkopfe(r)ten aus Industrie und Wirtschaft, unser Oberbürgermeister natürlich auch ...

im Rang(e) eines Generals/Leutnants/... **stehen** *form* · to have the rank of general/captain/...
In welchem Rang steht euer Herbert jetzt? – Im Range eines Majors. Wenn alles seinen normalen Weg geht, ist er in ein paar Jahren General.

im Rang höher/tiefer als j./gleich/über/unter jm. stehen *form* · to have a higher/lower/the same/... rank/status/position than/as s. o.
... Als Abteilungsdirektor steht der Kruse natürlich im Rang weit über dem Alfred Schulze, der lediglich stellvertretender Abteilungsleiter ist. Deshalb ist es schon erstaunlich, wenn der Alfred dem Kruse Hinweise oder Ratschläge zu geben sucht.

ein Mann/... **von Rang und Würden** *form – path od. iron selten* – (stärker als:) ein Mann/... von hohem **Rang** · a high-ranking person/official/...

zu Rang und Würden kommen *form – path selten* · to achieve a high rank
Wenn du bei der Bank zu Rang und Würden kommen willst, Rudolf, mußt du dir ein untadeliges Auftreten angewöhnen. Das ist da wenigstens so wichtig wie Sachkompetenz.

rangehen: (anständig/...) **rangehen** *ugs* · 1. 2. to (really/...) get stuck in, 1. to (really/...) get down to it, 3. to be (really/...) working hard on s. o. *n*
1. Wenn du zum festgesetzten Termin mit deiner Staatsarbeit fertig werden willst, mußt du rangehen! – Das brauchst du mir nicht zu sagen, Jakob! Schuften muß ich dann, das weiß ich selbst.
2. (Nach einer Pause:) So, jetzt gehen wir noch zwei, drei Stündchen anständig ran, dann sind die Möbel eingeräumt.
3. Der Ferdi geht ja ganz schön ran bei der Monika. – Du kennst ihn doch, an dem ist ein kleiner Casanova verloren gegangen.

Rängen: vor leeren/vollen/überfüllten **Rängen spielen** *Theater form* · 1. 2. to play to an empty/a full/a packed/... house
1. vgl. – (eher:) vor leerem **Haus** spielen
2. vgl. – (eher:) vor vollem/ausverkauftem **Haus** spielen

Ranges: eine Aufführung/ein Lokal/... **dritten Ranges** – (eher:) eine Aufführung/ein Lokal/... dritter **Klasse** (sein) · a third-rate performance/restaurant/...

ein Spiel/eine Übersetzung/ein Schurke/.../Übel/... **ersten Ranges** (sein) · 1. a first-rate match/translation/..., 2. an out-and-out/arrant/... rogue, 3. an evil/an abuse/... of the worst kind, a development/... of great significance, a social event/... of the first order
1. vgl. – ein Spiel/eine Übersetzung/... erster **Klasse** (sein)
2. vgl. – ein Schurke/... größten **Kalibers** (sein)
3. vgl. – ein Übel/.../Schurke/... Reinfall/Mißerfolg/... erster **Ordnung** (1, 3)

eine Aufführung/(ein Lokal/eine Universität/...) **minderen Ranges** *form selten* · a second-rate performance/university/...
... Ach, so eine Aufführung minderen Ranges braucht der Siegfried doch nicht zu sehen! – Wie, war die Aufführung nicht gut? – Ich habe

eine so gute Kritik gelesen. ... – Diese Kritiker! ... Ich will nicht sagen, daß sie direkt schlecht war ... Mittelmäßig!

Rangliste: in der Rangliste ganz oben/ziemlich unten/in der Mitte/... **stehen** *form selten* · to be at/near/... the top of the rankings/league tables/..., to be in the middle/at the bottom/... of the rankings/league tables/...
Ist der Zwerend eigentlich ein guter Literaturwissenschaftler? – Ich weiß nicht, ob der in der Rangliste gerade ganz oben steht. Aber man kann bei ihm allerhand lernen.

Rangstufe: auf der gleichen/einer höheren/einer nicht so hohen/... **Rangstufe stehen** (wie/als j.) *form selten* · to be of the same/a higher/a lower/... rank as/than s.o., to have the same/a higher/a lower/... rank as/than s.o.
Rein hierachisch gesehen, stehen der Simon und der Georg wohl auf derselben Rangstufe. Aber wenn man sich die Praxis ansieht, dann ist ja klar, daß der Georg viel mehr Einfluß und Macht hat.

Rangunterschied: keinen Rangunterschied machen/sehen/... **(unter/zwischen)** *form* · not to be status-conscious, not to make/to mark/to see a difference of rank between ... and ...
Machst du zwischen einem Universitätsprofessor und einem Staatssekretär einen Rangunterschied? – Aber sicher, Rolf! Staatssekretär ist ein ungleich höherer Posten.

ranhalten: sich ranhalten *ugs* – sich **dranhalten** müssen, wenn ... (2) · to keep at it, to keep plugging away at s.th.

Rank: den (rechten) **Rank finden** *schweiz* · to find the knack *coll*, to find the solution
... Ob wir in diesem ganzen Durcheinander jemals den rechten Rank finden, weiß ich nicht. Die Leute sind sich doch nicht einmal einig, welches der vernünftigste Weg und die beste Lösung überhaupt wäre.

rank: rank und schlank (gewachsen) (sein) *form selten* · to be slender and supple, to be slim and sylph-like, to be lithe and lissom *lit*
... so rank und schlank (gewachsen), wie die Mädchen es heute so oft sind: schmal, ohne mager zu sein, kleiner Busen, ein wenig jungenhaft im Erscheinungsbild ...

Ränke: Ränke schmieden/(spinnen) (gegen jn.) *form selten* · to hatch plots (against s.o.), to intrigue (against s.o.), to machinate (against s.o.)
... Die Hälfte seiner Zeit verbringt dieser Mann damit, Ränke gegen die Kollegen zu schmieden! Die Arbeit bleibt dabei natürlich liegen. – Klar, sonst käre er auch keine Zeit, Intrigen zu spinnen.

ranklotzen: (anständig/...) ranklotzen *sal* – (stärker als:) (anständig/...) **rangehen** (2; u. U. 1) · to (really/...) get down to it, to (really/...) get stuck into it

rankriegen: jn. (ordentlich/...) **rankriegen** *ugs* · to get people working hard *n*
Der Kurt versteht es, seine Leute ordentlich ranzukriegen. Bei dem wird in einer Woche mehr geschafft als bei anderen in einem Monat.

ranmachen: sich (anständig/...) ranmachen *ugs* – (anständig/...) **rangehen** · to (really/...) get down to it, to (really/...) get stuck in, to (really/...) working hard on s.o.

sich an ein Mädchen/einen Jungen/... **ranmachen** *ugs* · to make a play for s.o., to throw o.s. at s.o.
... Hast du gesehen, wie sich die Brigitte gestern abend an den Olli rangemacht hat? – Nein. Aber es wundert mich nicht, die Brigitte hat in puncto Typen noch nie was anbrennen lassen.

ranmüssen: (anständig/...) ranmüssen *ugs* · to have to (really/...) get down to it, to have to (really/...) get stuck in
... Ob der Friedel in seinem früheren Job hart gearbeitet hat oder nicht, weiß ich nicht – interessiert mich auch nicht! Hier bei Schukkert muß er jedenfalls anständig ran. Wer meint, er könnte hier eine ruhige Kugel schieben, ist schwer im Irrtum.

rannehmen: jn. (ordentlich/...) **rannehmen** *ugs* · to (really/...) test s.o. *n*, to ask s.o. tough questions
(Ein Vater zu einem Klassenlehrer:) Nehmen Sie den Jungen ruhig anständig ran, Herr Buntel! Bloß keine Samthandschuhe! Und wenn er dann immer noch nicht spurt, rufen Sie mich bitte an; dann werd'

ich mir den mal vorknöpfen. Es wird doch wohl! noch möglich sein, diesen Faulpelz endlich ans Arbeiten zu bringen!

ranschmeißen: sich an jn. **ranschmeißen** *sal* · to fling o.s. at s.o. *coll*, to throw o.s. at s.o. *coll*
... Ob sich eine Frau wie die Gerda Salm irgendjemandem in die Arme wirft oder sich ein Mann wie der Helmut Schuster an den Staatssekretär Holtkamp ranschmeißt, um im Wirtschaftsministerium was zu erreichen, ist doch dasselbe! – Moralisch vielleicht! Aber die Gerda ist schön! Was hat der Schuster schon zu bieten? Dem bleibt nichts als seine Frechheit und sein Elan.

Ränzel: (so) (langsam/...) **sein Ränzel packen/schnüren (müssen)** *ugs veraltend selten* · 1. 2. to pack one's bags, 1. to pack up one's things/belongings/..., 2. to pack up and go, to pack it in
1. ... So langsam müssen wir unser Ränzel packen, Erich; der Zug geht um sieben ... – Etwas Zeit haben wir noch, Mathilde. Viel einzupacken gibt's ja nicht ...
2. ... Wenn Sie mir auch diesmal keine Gehaltserhöhung geben, werd' ich mein Ränzel packen, Herr Gerber. Für dieses kümmerliche Gehalt arbeite ich nicht länger bei ihnen.

Ranzen: jm. den Ranzen vollhauen *sal selten* – jm. den **Buckel** vollhauen/vollschlagen · to give s.o. a good hiding/trashing/...

den Ranzen vollkriegen *sal selten* – den **Buckel** vollkriegen · to get a good thrashing, to be done over, to get a good hiding

sich den Ranzen vollschlagen/(vollfressen) *sal selten* – sich den **Bauch** vollschlagen/(vollfressen) · to stuff o.s.

Rappel: du hast/er/der Peter/... **hat/... wohl einen Rappel?!** *sal selten* – nicht (so) (ganz/(recht)) bei **Trost** sein (1) · you/he/John/... must have a screw loose

wieder einmal/... **seinen Rappel haben/kriegen** *sal selten* · to have/to get/(...) one of one's crazy moods (again/...), to have/to get/(...) one of one's crazy turns (again/...), to have a fit of anger
Was schimpft denn die Lieselotte da oben so herum? – Ach, die hat mal wieder ihren Rappel. So ein, zwei Mal im Monat benimmt die sich, als wenn sie nicht gescheit wäre.

dabei/bei etw. kann man ja einen Rappel kriegen *sal selten* – das ist zum **Bebaumölen** (mit etw./jm.) (2) · it's enough to drive you/... up the wall/round the twist/round the bend/...

rappelt's: wenn, ..., **dann rappelt's!** *sal selten* – wenn, ..., dann **gibt's**/gibt es was! · if ..., then there'll be trouble/aggro/hell to pay/...

wenn, ..., **dann rappelt's im Karton** *sal selten* – wenn, ..., dann **gibt's** was · if ..., then there'll be trouble/aggro/hell to pay/...

bei dir/ihm/der Magret/... **rappelt's wohl?!** *sal selten* – nicht (so) (ganz/(recht)) bei **Trost** sein (1) · you/Margaret/... have/... got a screw loose

rappelvoll: rappelvoll sein *ugs* · to be chock-a-block, to be chock-full, to be jam-packed
Im Jazzhaus war es gestern abend mal wieder rappelvoll! Du hattest kaum eine Chance, wenn du dich zur Theke durchkämpfen wolltest, um ein Bier zu bestellen.

Rapport: sich zum Rapport melden *mil* · to report to one's commanding officer
... Und alle drei Monate melden Sie sich hier zum Rapport! Da schildern Sie uns kurz und knapp, wie Sie die Situation beurteilen! – Jawohl, Herr General!

raps: und, raps ...! *ugs selten* · and whoosh!
... Und raps, hatte ihm die Katze das Portemonnaie aus der Hand gerissen. Blitzschnell – zack!

Rasen: sich schon/... den Rasen von unten ansehen/besehen/ betrachten/begucken *sal selten* – schon/... unter der **Erde** liegen · s.o. has been in his grave for 3 weeks/a year/...

j. **wird** jn. **noch unter den Rasen bringen** (mit etw.) *ugs selten* – j. wird jn. noch unter die **Erde** bringen (mit etw.) · s.o. will be the death of s.o.

schon/… unter dem grünen Rasen liegen *ugs* – (eher:) schon/… unter der **Erde** liegen · to be in one's grave

schon/… unterm/(unter dem) Rasen ruhen *ugs selten* – schon/… unter der **Erde** liegen · s.o. has been in his grave for 3 weeks/a year/…

jn. **deckt schon/… der (grüne/**kühle) **Rasen zu** *form selten* – schon/… unter der **Erde** liegen · s.o. has been in his grave for 3 weeks/a year/…

Rasendwerden: das ist zum Rasendwerden (mit etw./jm.) *ugs* – *path selten* – das ist zum **Bebaumölen** (mit etw./jm.) · it's enough to drive you mad/crazy/up the wall

Raserei: jn. **zur Raserei bringen** *oft: j.letw. bringt jn. noch/… zur Raserei path* · 1. 2. to drive s.o. to distraction, to drive s.o. mad *coll*

1. Mit ihrer dauernden Querköpfigkeit, ihrem sturen Egoismus, ihren ewigen Widerreden bringt die Helga auf die Dauer den geduldigsten Menschen zur Raserei. Gestern beispielsweise hat die Tante Hanna die Nerven verloren und die Helga angeschnauzt, als wenn sie wahnsinnig geworden wäre.

2. … Diese verfluchte Abteilung bringt mich noch zur Raserei! Wirklich! Irgendwann verlier' ich die Nerven und schlag jedem von diesen Hornochsen den Schädel ein. – Aber Erich …

in Raserei geraten/(verfallen) *path selten* · to fly into a rage, to fly off the handle, to go into a frenzy

… Komm', jetzt beruhig' dich endlich, Emil! Ich verstehe, daß du wütend bist! Aber man braucht nicht gerade in Raserei zu geraten. Du brüllst ja hier herum, als wenn du verrückt geworden wärst.

Rasierklinge: scharf wie eine Rasierklinge sein *sal selten* – scharf/(spitz) wie **Nachbars** Lumpi (sein) · to be a horny so-and-so, to be a randy goat/dog/bitch

Rasiermesser: scharf wie ein Rasiermesser sein *sal selten* – scharf/(spitz) wie ein **Nachbars** Lumpi (sein) · to be a horny so-and-so, to be a randy goat/dog/bitch

Räson: Räson annehmen *ugs – form selten* – **Vernunft** annehmen · to come to one's senses

jn. (wieder) **zur Räson bringen** *ugs – form* · to make s.o. listen to reason, to make s.o. see sense

… So kann das nicht weitergehen mit deinem Filius, Albert! Du mußt den Jungen zur Räson bringen. Sonst muß ich ihn an die Luft setzen. Ich kann in meinem Betrieb beim besten Willen keine Leute dulden, die grundsätzlich zu spät kommen, miserabel arbeiten …

zur Räson kommen *ugs – form* – zur **Vernunft** kommen · to see reason

Rasse: j. **hat/(ist) Rasse** *ugs* · s.o. has class, s.o. has spirit, s.o. has some go in him/her

… Endlich mal eine Frau hier, die Rasse hat! Die anderen sind alle so stocklangweilig, so tränig …! – Hm, die scheint dich ja anzusprechen, diese junge Dame!

rasseln: durch eine Prüfung/ein Examen/… **rasseln** *ugs* – **durchfallen** · to fail an examination miserably/spectacularly/…

Rast: Rast machen · to have a rest, to stop to eat, to make a short stop/pause/…

Jetzt sind wir schon über drei Stunden gewandert, jetzt könnten wir mal eine halbe Stunde Rast machen. Eine halbe Stunde reicht ja wohl, um uns auszuruhen, ein Butterbrot zu essen …, oder?

ohne Rast und Ruh'/(Ruhe) *path* · without respite

Ohne Rast und Ruh' arbeitet der Klaus an seiner Doktorarbeit. Selbst an Sonn- und Feiertagen gönnt er sich keine Pause.

weder Rast noch Ruh' haben/finden *path selten* · 1. not (to be able) to get a moment's peace/respite, 2. not to rest until one has done s.th.

1. … In diesem Job findest du weder Rast noch Ruh'! Das ist von morgens bis abends eine einzige Hetze, (und) eine Arbeit ist aufreibender als die andere.

2. vgl. – (eher:) nicht **ruhen**, bis (man etw. erreicht/…)

rasten: nicht rasten und nicht ruhen, bis (man etw. erreicht/…) *mst Präs form – path* – (stärker als:) nicht **ruhen**, bis (man etw. erreicht/…) · not to rest until (one has achieved s.th./…)

rastet: bei jm. **rastet es aus** *ugs* · 1. 2. to snap, 1. to lose control, 2. + to blow a fuse

1. vgl. – die **Nerven** verlieren

2. vgl. – (bei) jm. geht/brennt die **Sicherung/**gehen/brennen die Sicherungen durch

wer rastet, der rostet *ugs* · you have to/one has to/… keep active *n*, if you rest, you rust *tr*

… Deine Oma ist ja ständig unterwegs! Für ihr Alter ist sie ganz schön aktiv. – Ja, sie pflegt immer zu sagen: 'wer rastet, der rostet.'

Rat: ein gutgemeinter Rat/Ratschlag · (to give s.o.) a (well-meant) piece of advice

Wenn ich Ihnen einen gutgemeinten Rat geben darf, Herr Raiser: rauchen Sie weniger! Nehmen Sie mir den Ratschlag nicht übel; aber Ihre Lungen sind doch arg angegriffen …

(keinen) Rat annehmen · (not) to listen to reason, to refuse to listen to reason/advice/…

… Ich hab' dem Jungen x-mal gesagt, er soll mit seinen politischen Äußerungen vorsichtiger sein. Aber der nimmt ja keinen Rat an! Jetzt ist es zu spät! Jetzt …

jn. **um Rat fragen** · to ask s.o. for advice

… Wenn du nicht weiter weißt, Gerhard, kannst du ja deinen Bruder um Rat fragen. Der ist doch Spezialist auf diesem Gebiet und wird dir sicherlich die richtigen Hinweise geben können.

jm. **einen Rat geben** · to give s.o. a piece of advice

Wenn ich dir einen Rat geben darf, Kurt: verärgere den Herrn Kroll nicht noch mehr! Du bekommst sonst nur unnötige Schwierigkeiten.

ich kann/(wir können) **dir/euch/… nur den einen Rat geben:** *ugs* · I/… can only advise you/… to …

… Ich kann dir nur den Rat geben, Hermann: trenn' dich von dieser Frau! Sie bringt dir nur Unglück. Mehr kann ich dir nicht sagen.

Rat halten *form veraltend selten* · to take counsel

… Statt jeden zweiten Tag stundenlang Rat zu halten, was am besten zu tun ist, sollten sie anständig rangehen – dann würde die Firma bald aus dem Tief heraus sein! – Sie müssen doch zugeben, was falsch war, beratschlagen, was … – Komm', hör auf, Otto!

mit sich (selbst) Rat halten *form selten* – mit sich (selbst) zu **Rate** gehen · to give a matter serious thought, to think seriously about s.th., to mend one's ways

auf js. **Rat hin** etw. **tun** · to do s.th. on s.o.'s advice

… An sich bin ich gar nicht dafür, sofort wer weiß wie viele neue Maschinen zu kaufen. Aber auf deinen Rat will ich zumindest den Traktor sofort bestellen. – Du wirst rasch merken, Reinhardt, daß ich mit meinen Ratschlägen Recht habe.

sich bei jm. **(einen) Rat holen** *form* · to ask s.o.'s advice, to ask s.o. for advice

… Wenn unsere Mutter in all diesen schweren Jahren nicht weiter wußte, ging sie zu ihrem Bruder, unserem Onkel Max, um sich Rat zu holen.

j. **wird (schon/…) Rat schaffen** *form* · s.o. will show/tell us/… what to do, s.o. will know what to do

… Ich weiß überhaupt gar nicht, wie ich aus dieser dummen Lage herauskommen soll. – Sprich mit deinem Vater, Irmgard. Der wird schon Rat schaffen. Der hat bis heute noch immer einen Ausweg gewußt, wenn dir nichts mehr einfiel.

bei jm. **Rat suchen** *form* · to seek s.o.'s advice

… Wir haben schon den Onkel Max gefragt und auch bei dem alten Herrn Fredebaum haben wir Rat gesucht – beide wissen ja sonst immer, was am besten zu tun ist; aber diesmal wußten sie auch nicht weiter.

jm. **mit Rat und Tat zur Seite stehen/beistehen** · to give s.o. help and advice

… Die ganzen schweren Jahre hindurch hat der alte Herr Rößler meiner alleinstehenden Mutter mit Rat und Tat zur Seite gestanden.

Immer, aber auch immer, wenn sie etwas brauchte, wenn sie nicht mehr weiter wußte, war er zur Stelle.

da ist guter Rat teuer · it's hard to know what to do, + I'm/ he's/... stumped
(An der Grenze:) Mensch, jetzt hab' ich doch in der Tat meinen Paß vergessen! Was mach' ich denn jetzt? – Da ist guter Rat teuer! Ohne Paß lassen sie dich natürlich nicht herüber/rüber ...

immer/für alles/... Rat wissen *form* · always/... to know what to do, to always have an answer
Egal, in welch einer Lage und mit welch einem Problem man sich an ihn wendet: der Herr Bausch weiß für alles Rat. – Es gibt solche Menschen – die Alten nannten sie 'die Weisen' –, die in jeder Lebenslage wissen, was am besten zu tun ist.

(sich) (keinen) Rat (mehr) wissen *form* · (not) to know what to do/which way to turn/...
... Hast du schon den alten Herrn Fredebaum gefragt, was er in einem solchen Fall täte? – Ja, auch mit dem habe ich gesprochen. Diesmal weiß der auch keinen Rat.

sich keinen (anderen) Rat (mehr) wissen (als zu/...) *form* · 1. s.o. is completely at a loss, s.o. is at his wit's end, 2. + the only thing s.o. could do was to ...
1. Der Peter hat alles versucht, was in seiner Macht steht, um den Chef davon zu überzeugen, daß nicht er es war, der den Scheck gefälscht hat. Vergeblich. Jetzt weiß er sich keinen Rat mehr.
2. Als die Schulden, die ihr Mann machte, immer größer wurden, wußte sie sich keinen anderen Rat mehr, als sich scheiden zu lassen. Sonst hätten ihre Kinder unter den Sorgen zu sehr zu leiden gehabt.

mit sich (selbst) zu Rate gehen *form* · to give a matter serious thought, to think seriously about s.th., to mend one's ways
Ehe du andere Leute mit diesen Problemen beschäftigst, Paul, solltest du mit dir selbst zu Rate gehen! Wenn du dir selbst klar geworden bist, was du falsch gemacht hast und was du heute anders machen würdest, wird alles schon viel leichter.

jn. (einen Arzt/Rechtsanwalt/...)/etw. (ein Lexikon/Wörterbuch/...) zu Rate ziehen *form* · 1. to consult a lawyer/ doctor/..., 2. to consult a dictionary/...
1. ... An deiner Stelle würde ich in der Angelegenheit einen Rechtsanwalt zu Rate ziehen. Allein wirst du mit diesem Problem kaum fertig.
2. ... Ja, meine Damen und Herren, wenn man solche Dinge nicht weiß, zieht man halt ein Lexikon zu Rate. Dafür gibt es solche Nachschlagewerke.

Raten: etw. **auf Raten kaufen** · to buy s.th. in instalments, to buy s.th. on hire purchase
Hast du den Wohnzimmerschrank sofort ganz bezahlt? – Nein, ich habe ihn auf Raten gekauft; jeden Monat zahle ich 123,– Mark.

etw. **in Raten zahlen/abzahlen/(abstottern)** · to pay s.th. off in instalments
... Der Gesamtpreis für den Schrank ist 1987,30 DM. Ich zahle ihn in 15 monatlichen Raten/Monatsraten von/Raten zu monatlich 150,– DM.

raten: dreimal darfst du/(dürft ihr/...) **raten** *ugs* · you've/(...) got three guesses, + I'll give you/(...) three guesses
... Weißt du, Berti, wen meine Schwester heiraten will? Dreimal darfst du raten! – Komm', spann' mich nicht auf die Folter! Sag' schon, wer ist es? – Willst du nicht wenigstens einmal raten?

hin und her raten *ugs* · to try to guess *n*, to make all kinds of guesses (about s.th.) *n*
... Es hat doch keinen Sinn, hier stundenlang hin und herzuraten, was der Fischer mit diesem Brief (wirklich) bezweckt! Rufen Sie ihn an und fragen Sie ihn!

laß dir/laßt euch/... raten und ... *ugs* · take my/our/his/... advice and ...
Hermann, laß dir raten und trenne dich von dieser Frau! Sie bringt dir nur Unglück. – Aber ... – Wenn es nachher zu spät ist, komm' mir nicht und sage, ich hätte dich nicht gewarnt! ...

jm. **ist nicht zu raten und zu helfen** *form – path* – (stärker als:) (keinen) **Rat** annehmen · (not) to listen to reason, to refuse to listen to reason/advice/...

sich (nicht) zu raten und zu helfen wissen *form – path* – (eher:) sich (nicht) zu **helfen** wissen · (not) to know how to manage, (not) to be able to manage

sich (nicht) raten lassen – (keinen) **Rat** annehmen · (not) to listen to reason, to refuse to listen to reason/advice/...

sich nicht (mehr) zu raten wissen *form selten* – (sich) (keinen) **Rat** (mehr) wissen · to be at a loss

Ratenzahlung: etw. **auf Ratenzahlung kaufen** – (eher:) etw. auf **Raten** kaufen · to buy s.th. on hire purchase/in instalments

ratio: die ultima ratio *geh* · the ultima ratio
... Was das ist, die ultima ratio, Rainer? Eigentlich 'der letzte Grund' oder 'die letzte Begründung' – d.h. der letzte 'Hebel', um etwas durchzusetzen. Für die Staatsräson ist das der Krieg, als 'letztes Mittel der Politik', im Privatleben 'das letzte Mittel' – eine Strafe, eine Ohrfeige o.ä.

Ration: (die) eiserne Ration *mil u.a.* · iron rations
... Das Essen war auf diesen Feldzügen natürlich sehr knapp, aber die eiserne Ration gab's immer – ich meine: das offiziell festgelegte Minimum.

ratlos: (völlig) **ratlos sein** – nicht mehr aus noch ein/nicht mehr ein noch aus/(weder aus noch ein/weder ein noch aus/ nicht aus und ein/nicht ein und aus) **wissen** · not to know which way to turn, to be at a loss (to know what to do)

Rats: mit jm. **Rats pflegen** *form veraltend selten* · to deliberate with s.o. (about s.th.), to consult s.o.
Es ist doch was wert, meinte er, wenn man ein paar gute, erfahrene Freunde hat, mit denen man ehrlich und offen Rats pflegen kann. Es gibt so viele Situationen im Leben, in denen ein offenes Gespräch und ein guter Ratschlag Gold wert sind ...

Ratschlag: jm. **einen Ratschlag geben** *form* – jm. einen **Rat** geben · to give s.o. a piece of advice

ratschlagen: gemeinsam/... **ratschlagen** *selten* · to confer (about s.th.), to deliberate (about s.th.), to discuss s.th.
... Jetzt sind wir schon den ganzen Nachmittag dabei, gemeinsam ratzuschlagen, was wir tun sollen, und kommen doch nicht weiter. Es scheint, diesmal hat keiner eine rettende Idee ...

Rätsel: es ist/(bleibt) jm. **ein Rätsel, wie/(was/...)** · it's a mystery to s.o. how/why/..., it beats me/... how/why/..., it baffles me/... how/why/...
... Es ist mir ein Rätsel, wie der Kurt so eine Unwahrheit verbreiten kann. Er weiß doch ganz genau, daß sich die Dinge völlig anders zugetragen haben, als er sie darstellt. Ich verstehe (einfach) nicht, wie das möglich ist.

jm. **ein Rätsel aufgeben** *form* · to puzzle/to baffle/to perplex s.o., to set s.o. a poser
Der Herbert hat schon manche Entscheidung getroffen, die schwer verständlich war; aber irgendwie haben wir sie doch immer nachvollziehen können. Aber mit dem Entschluß, die Firma nach Unterkirchen zu verlegen, gibt er uns allen ein Rätsel auf. Was mögen da für Gründe vorliegen?

das Rätsel (nicht) lösen (können) *oft iron* · (not) (to be able) to solve the riddle, (not) (to be able) to solve the mystery, (not) (to be able) to find the answer/explanation/solution
... Wie die Bankräuber es hingekriegt haben, die Alarmanlage außer Betrieb zu setzen – das Rätsel wird auch die Polizei kaum lösen können.

vor einem Rätsel stehen *path* · to be baffled (by s.th.)
Wie mir der Holger erzählte, kann sich niemand erklären, wie die Leute an den Tresor der Bank kamen, ohne daß die Alarmanlage losging. Auch die Polizei steht vor einem Rätsel.

rätselhaft: jm. **ist** etw. (völlig) **rätselhaft** *ugs* – jm. ist etw. (völlig) **schleierhaft** · s.th. is a complete/... mystery to s.o.

Rätseln: in Rätseln sprechen *ugs selten* · to talk in riddles *n*
... Komm', Ute, was ist los? Du weißt, ich kann es nicht ausstehen, wenn jemand so in Rätseln spricht. Nun mal ohne Umschweife: was hat die Iris erzählt?

Rätsels: des Rätsels Lösung (ist ...)/das/(etw.) ist des Rätsels Lösung · the answer is that ..., the explanation is that ...
Lange hatte man sich vergeblich gefragt, wie es möglich war, daß eine Gruppe von Einbrechern an den Tresor der Bank kam, ohne daß die Alarmanlage funktionierte. Des Rätsels Lösung: ein Angestellter der Bank hatte am Abend vorher, gegen Mitternacht, die ganze Anlage außer Betrieb gesetzt.

Ratte: eine miese/elende/widerliche **Ratte (sein)** *sal* · (to be) a dirty/lousy/... rat
... Als wenn ich mit einer so miesen Ratte wie dem Krämer umginge! Das ist doch der elendeste Schuft, der in diesem ganzen Laden herumläuft!

schlafen wie eine Ratte *ugs selten* – schlafen wie ein **Bär** · to sleep like a log

die Ratten verlassen das sinkende Schiff *path selten* · the rats are leaving/deserting the sinking ship
... Jetzt tritt schon der dritte Minister zurück, in einem einzigen Monat! – Offensichtlich rechnen sie alle mit einem Regierungswechsel. – Ach, du meinst: die Ratten verlassen das sinkende Schiff? – Natürlich: die Feigen – oder Kanaillen – setzen sich ab.

Rattenkönig: ein Rattenkönig von Prozessen/(...) *ugs selten* · a whole string/Chinese puzzle/... of lawsuits
(Ein Richter zu einem Kollegen:) Wenn wir in diesem Städtchen, in dem jeder jeden kennt und sich alles herumspricht, ein einziges Mal einer solchen Beschwerde nachgeben, wird das einen Rattenkönig ähnlicher Prozesse nach ziehen. Ich kann davor also nur warnen.

Rattenschwanz: einen (ganzen) Rattenschwanz von Anfragen/Beschwerden/... **nach sich ziehen/...** *ugs* · to lead to/to be the start of/... a whole string of inquiries/complaints/...
... Um Gottes willen, Herr Fischer, geben Sie die Genehmigung bloß nicht! Sonst werden Sie in den nächsten Monaten mit einem ganzen Rattenschwanz von Anträgen belästigt. Die Leute warten doch nur auf einen Präzedenzfall.

Ratz: schlafen wie ein Ratz *ugs selten* – schlafen wie ein **Bär** · to sleep like a log

ratzekahl: alles ratzekahl auffressen/wegfuttern/vertilgen/... *ugs – path* · to polish off the whole lot, to eat every scrap
... Das hättest du sehen sollen: im Nu hatten die Kinder alle Teller und Schüsseln ratzekahl leergefuttert. Die haben reingehauen, als wenn sie vier Wochen nichts (zu essen) gekriegt hätten.

ratzeputze: im Nu/... alles/... **ratzeputze weg sein/**(aufessen/...) *Kinderspr* · to clear one's plate in a flash/in no time/..., to polish off one's food in a flash/in no time/...
»So, und wer seinen Teller jetzt nicht sofort aufißt«, sagte der Vater, »der geht heute abend nicht mit in den Zirkus«. Du hättest sehen sollen, wie die da reingehauen haben. Im Nu war alles ratzeputze weg.

Raub: auf Raub ausgehen *veraltend od. metaphor* · to go out pillaging, to go on the prowl, to go out on a raid/on a foray/...
... Ob die alten Völker auf Raub ausgingen – d.h. irgendwelche Nachbarn auf einem Beutezug ausplünderten – oder eine Regierung die Leute durch die Steuern ausnimmt – ist das nicht dasselbe? Oder erklär' du mir doch mal den moralischen Unterschied, Friedel!

ein Raub der Flammen werden *path* · to be consumed by the flames
... Irgendjemand muß wohl ein Streichholz, eine Zigarettenkippe oder so etwas achtlos weggeworfen haben. Jedenfalls brannte das trockene Stroh plötzlich lichterloh, und das Feuer griff im Nu auf die Gebäude über. Die Scheune, die Ställe und das Wohnhaus – alles wurde ein Raub der Flammen.

Raubbau: am Wald/... **Raubbau treiben** · to over-exploit one's resources, to fell too many trees, to overfell, to overcrop, to over-graze
... Welches Land, meinte er resigniert, treibt heute nicht Raubbau an seinen Wäldern, an seinen Rohstoffen ...! Überall produzieren die Leute doch 'ohne Rücksicht auf Verluste' – d.h. ohne Rücksicht auf die Natur! – So pauschal würde ich das nicht sehen, Heinzpeter.

Raubbau treiben mit seinen Kräften/seiner **Gesundheit/...** *form – path* · 1. 2. to abuse one's health/to ruin one's health/... by overdoing things/by overwork/...
1. Der Walter arbeitet zuviel! – Natürlich! Der treibt Raubbau mit seinen Kräften, der Mann! Wenn er so weiter macht, liegt er in ein, zwei Jahren auf der Nase.
2. Der Erich treibt Raubbau mit seiner Gesundheit: jeden zweiten Abend so spät ins Bett, betrunken ... – Er ruiniert sich, da hast du völlig recht.

rauben: rauben und morden *path veraltend* · to rob and kill
... Eine Armee nennst du das?! Ich nenne das eine Bande von Leuten, die nichts anderes können als rauben und morden!

Räuber: unter die Räuber fallen/geraten *ugs iron* · to fall among thieves, to be fleeced
Wenn du dem Kurt ein Fahrrad und der Helga eine Reise zu ihrem Examen spendierst, dann mußt du dem Albert und mir auch etwas geben. – Wenn ich gewußt hätte, daß ich hier unter die Räuber fallen würde, wäre ich erst gar nicht gekommen.

Räuberhöhle: ein Zimmer/... sieht aus wie eine **Räuberhöhle/** in einem Zimmer/... sieht es aus wie in einer ... *ugs* · s.o.'s room/... looks like a pigsty
... Meine Güte, Renate, wie sieht dein Zimmer wieder aus – wie eine Räuberhöhle! Wie kannst du dich überhaupt in einem Zimmer wohlfühlen, in dem alles derart durcheinander fliegt?!

Räuberpistole: eine Räuberpistole/(Räubergeschichte) **(erzählen/...)** *ugs* · (to tell s.o.) a cock-and-bull story, (to tell s.o.) a tall story
... Du kannst doch nicht jede Räuberpistole, die der Uli dir erzählt, glauben, Karin! – Räuberpistole? Der Uli hat das selbst erlebt! – Ach, der hat selber schon Löwen geschossen?! Aber Karin! Wie kann man nur so naiv sein?

Räuberzivil: in Räuberzivil erscheinen/herumlaufen/... *ugs selten* · to appear/be wearing/run around/... in/... scruffy old clothes
... Junge, du mußt einen aber auch immer und überall blamieren! Auf so einem Empfang kannst du doch nicht in Räuberzivil erscheinen! – Räuberzivil? Ich hatte doch sogar eine Krawatte an! – Aber was für eine?! Und dann zu einem bunten Hemd ...!

Raubzug: auf Raubzug ausgehen *form veraltend selten* – auf Raub ausgehen · to go out pillaging, to go on the prowl, to go out on a raid/on a foray/...

Rauch: in Rauch aufgehen *form* · 1. to go up in smoke, 2. to come to nothing
1. vgl. – (eher:) in **Flammen** aufgehen
2. vgl. – (u.U.) sich in **Wohlgefallen** auflösen (3)

sich in Rauch auflösen *ugs selten* – sich in **Wohlgefallen** auflösen (3) · to come to nothing

bei jm. ist (mal wieder/...) **Rauch in der Bude/**(Küche) *sal selten* – bei jm. ist (wieder einmal/...) **Qualm** in der Küche · there's a row/a barney/... going on (again/...) at s.o.'s place/..., sparks are flying (again/...) at s.o.'s place/...

in Rauch und Flammen aufgehen *path* – (eher:) in **Flammen** aufgehen · to go up in flames

Wurst/... **in den Rauch hängen** *veraltend* – Wurst/... in den **Rauchfang** hängen · to hang meat/sausage/... in the chimney hood

viel Rauch um nichts – (eher:) viel **Lärm** um nichts · much ado about nothing

Rauchfang: Wurst/... **in den Rauchfang hängen** *veraltend* · to hang meat/sausage/... in the chimney hood
... Warst du schon mal auf einem Bauernhof, wo die Leute ihre Schweine noch selbst schlachten, den Schinken in den Rauchfang hängen ...?

Rauchglocke: es steht/wölbt sich/... eine dichte/undurchdringliche/... Rauchglocke über ... *path* · there is an impenetrable/... pall of smoke over the town/..., + the town/... is shrouded/enveloped/... in a pall of smoke
Hast du schon gehört: Smogalarm! – Kein Wunder bei dieser undurchdringlichen Rauchglocke, die über der Stadt steht. Da können einem die kranken Leute leid tun. Schon ein gesunder Mensch kann kaum atmen.

raucht: sich zanken/schimpfen/...,daß es nur so raucht *sal selten* – rennen/rasen/.../draufschlagen/.../lügen/stehlen/... wie nur **etwas (2)** · to yell/to hurl insults at one another/... like mad/like you wouldn't believe/...

wenn ..., dann raucht's! *sal selten* · 1. 2. if ..., then there'll be trouble
1. vgl. – wenn ..., dann **gibt's/**(gibt es) was
2. vgl. – es gibt/(setzt) ein **Donnerwetter**

rauf: rauf und runter (klettern/...) · to run/climb/go/... up and down
Der Detlev ist heute bestimmt hundertmal die Treppe zum Speicher rauf und runtergeklettert! – Und kein einziges Mal gefallen?

raufspringen: ... schnell noch/... in sein Zimmer/... **raufspringen** *ugs* · to nip into/to pop into/... one's room/...
(Am Auto, vor der Abfahrt:) Warte, Ursel, ich spring' eben noch in mein Zimmer rauf und hol' den Autoatlas. Ich bin sofort wieder da.

rauh: rauh, aber herzlich *ugs* · 1. (to be) a (bit of a/...) rough diamond, 2. (to be) rough but warm-hearted *tr*
1. ... Ja, Bertold ist ein wenig scharf, manchmal sogar schroff; aber kalt ist er nicht – im Gegenteil! – Nein, nein – rauh, aber herzlich!
2. ... Der Ton hier ist rauh, aber herzlich, weißt du. Daran mußt du dich gewöhnen. Jeder spricht hier frei von der Leber weg und nicht selten ein wenig schnoddrig, fast derb. Aber die Leute helfen sich, wo sie können, haben Verständnis füreinander ...

Raum: eine Frage/... steht im Raum *ugs* · the question/... has to be answered/addressed/..., there is a question/problem/... that has to be answered/addressed/...
(Der Leiter einer Sitzung:) Ob wir wollen oder nicht, meine Damen und Herren: die Frage, ob wir besser Kurzarbeit machen oder eher einen Teil der Belegschaft entlassen, steht nun einmal im Raum! Diese Frage müssen wir entscheiden.

auf engem/engstem Raum zusammengedrängt/... · to be cramped/crowded/..., together in a small space, to be packed in like sardines *coll*
Diese Straßenbahnfahrerei morgens ist entsetzlich! Ich weiß nicht, wie viele Leute da pro Wagen, auf engstem Raum zusammengedrängt, in die Stadt geschleust werden. Es erinnert mich immer an einen Viehtransport.

den Raum decken *Fußball u. ä.* · to operate/to play with/... a zonal marking system, to cover the space, not the man
... Statt sich so viel um seinen Gegenspieler, den Ruyter, zu kümmern, sollte er den Raum decken! Der Ruyter ist sowieso nicht gefährlich; aber den Raum nutzen die Holländer heute glänzend aus.

viel/wenig/... Raum einnehmen · (not) to take up too much/... space
... Dieser Eckschrank nimmt verflixt viel Raum ein! – Du hattest gedacht, du stellst ihn da ganz in die Ecke und man merkt ihn kaum, was? – So ähnlich. Aber er blockiert fast die Hälfte des Zimmers.

e-r S. (mehr/weniger) Raum geben *form* · to attach (more/less) importance to s.th.
... Wenn man den Forderungen nach mehr Mitbestimmung immer mehr Raum gibt/mehr Raum gibt, als angebracht ist/..., dann lohnt es sich bald nicht mehr, Chef zu sein. – Hm, so weit sind wir wohl noch nicht ...

für etw. Raum lassen · to leave space for s.th., to leave room for s.th.
... Paßt auf, daß das Zimmer nicht zu voll wird! Vor allem denkt daran, für das Kinderbett noch Raum zu lassen! – Keine Sorge, Walter, Platz für das Kinderbett gibt es noch satt und genug.

(für etw.) Raum schaffen · to make space for s.th.
... Die Schallplattensammlung muß vernünftig untergebracht werden, da gibt's doch gar kein Dran-vorbei! Dafür müssen wir irgendwie Raum schaffen. Im äußersten Fall müssen wir halt den Keller dafür ausbauen.

Satelliten, Raketen/... in den Raum schießen · to launch satellites/rockets/... into space
... Ich weiß nicht, in welchen Abständen die NASA ihre Raketen in den Raum schießt – mal zum Mond, mal zur Venus ...

im Raum stehen *Probleme/Fragen/...* *ugs – form* · a question/problem/... is still unsettled/unresolved/outstanding/... *n*
... Die Frage der Vorfinanzierung des Projekts steht immer noch im Raum. Sie muß jetzt dringend geklärt werden.

im Raum stehen bleiben *Probleme/...* *ugs – form* · a problem/... is left hanging in the air, a problem/... is left unresolved *n*
(Gegen Ende einer Beratung:) Ja, und was machen wir nun, ganz konkret? Das Problem kann doch nicht einfach so im Raum stehen bleiben. Wir müssen zu einem Entschluß kommen!

Probleme/Fragen/... (einfach so/...) **im (freien) Raum stehen lassen** *ugs – form* · to (just/...) leave a problem/... hanging in the air, to (just/...) leave a problem/... unresolved *n*
... Wir müssen zu einer Entscheidung kommen, und zwar noch heute! Wir können diese Probleme unmöglich noch länger so im Raum stehen lassen!

eine Frage/... in den Raum stellen *ugs – form* · to raise a question *n*, to pose a question *n*, to put forward a theory/idea/... *n*
(Der Leiter einer Sitzung:) Wenn der Herr Fuchs schon die Frage in den Raum stellt, ob es im Ernstfall vorzuziehen ist, Kurzarbeit zu machen oder Leute zu entlassen, dann wollen wir die Frage auch beantworten/so nicht stehen lassen. Ich denke, die Mehrheit von Ihnen ist mit mir der Meinung, daß ...

räumlich: (danke) räumlich unmöglich/(nicht möglich)! *dir. R* *ugs scherzh* · no thanks, I just can't manage any more, no thanks, I haven't any more room
(Die Tante zu ihrem Neffen:) Willst du nicht wenigstens noch ein Stück von der Buttercremetorte versuchen? – Danke, Tante Irma, räumlich unmöglich!

Raunen: ein Raunen geht durch die Menge/den Saal/die Reihen/... *form – path* · a murmur goes through the crowd/the room/the lines/...
(Bei einem Tennismatch:) Als Boris auf dem Höhepunkt des Spiels plötzlich hinfiel und einen Augenblick regungslos liegen blieb, ging ein Raunen durch die Menge. War er ernsthaft verletzt? Die Stimmen wirkten ängstlich, beschwörend ... Aber schon stand Boris wieder auf den Beinen! ...

Raupe: wie eine neunköpfige Raupe fressen *sal selten* – **fressen, bis man nicht mehr kann** · to eat like a horse

Raupen im Kopf haben *ugs selten* · 1. s.o. has funny ideas in his head, 2. s.o. is not all there/a bit gaga/out of his tiny mind/...
1. vgl. – **Grillen** im Kopf haben
2. vgl. – (eher:) nicht (so) (ganz/(recht)) bei **Trost** sein (1, a. 2)

jm. Raupen in den Kopf setzen *ugs selten* – jm. **Flöhe** ins Ohr setzen · to put (fancy/weird/...) ideas into s.o.'s head

raus: raus oder rein! *ugs – heraus* oder herein · are you coming in or not?

rausbekommen: etw. rausbekommen *ugs* · 1. to work out a sum/problem/... *n*, 2. to get money/... back *n*, to get money/... out of s.o. *coll*, 3. to find s.th. out *n*, 4. to get s.th. out of s.o. *coll*, to get information out of s.o. *coll*

1. (In der Schule:) Hast du das Ergebnis von Aufgabe drei schon rausbekommen?

2. ... Von der Steuer habe ich dieses Jahr fast 2.000,– Mark rausbekommen. – Mir hat das Finanzamt dieses Jahr rund 1.500,– Mark erstattet bekommen.

3. ... Hast du schon rausbekommen, was für einen Text der Keller in der Klausur stellt? – Nee, bis jetzt hab' ich absolut keine Ahnung, was der dranbringen will.

4. ... Ist der Typ endlich mit den Namen seiner Mittäter rausgerückt.? – Nein, der schweigt eisern, wir haben noch nichts aus ihm rausbekommen.

rausboxen: jn. **rausboxen** *ugs – path* – jn. (aus einer schwierigen Lage/...) **herausboxen** · to bail s.o. out (of a difficult situation/...)

Rausch: einen Rausch haben – (ganz schön) einen in der **Krone** haben · to be as pissed as a newt, to be as drunk as a lord

sich einen Rausch antrinken (an etw.) · 1. to get drunk, 2. to get paralytic, to get tanked up, to get canned, to get ratarsed, to get pissed

1. Paß auf mit dem Wein, Helga, der ist stark. Ehe du dich versiehst, trinkst du dir daran/da dran einen Rausch an.

2. vgl. – sich **vollaufen** lassen

seinen Rausch ausschlafen · to sleep it off, to sleep off the effects of drink

... Wie, zehn Uhr, und der Erich ist immer noch im Bett? – Er schläft seinen Rausch aus! – Hat er gestern wieder gesoffen? Was war denn los?

im Rausch der Leidenschaft etw. tun *path selten* · to do s.th. in the frenzy of passion, to do s.th. when inflamed with passion

... Halt' du mal lieber deinen Mund, Bärbel! Wozu du im Rausch der Leidenschaft noch fähig bist, das wissen wir nicht! – Ach, du meinst, ich verliere meine Selbstbeherrschung wie der Gerd, wenn ich verliebt bin?! Du hast ja eine schöne Meinung von mir!

Rauschgift: Rauschgift nehmen · to take drugs, to be on drugs

... Aber Paul, es ist doch nicht dasselbe, ob jemand Alkohol trinkt oder Rauschgift nimmt! – Im einen Fall ruiniert er sich im Nu, im anderen auf Raten; das Ergebnis ist dasselbe.

rausekeln: jn. **rausekeln** *sal* · to get rid of s.o. by being nasty/unpleasant/unfriendly/... to him/... *para*, to freeze s.o. out

... Wie kann man seinen Vater denn derart unschön rausekeln?! – Was heißt rausekeln? – Ja, anders kann man das ja wohl nicht nennen, wenn ihr ostentativ nicht mit ihm redet, grinst, wenn er etwas sagt ..., kurz, ihm mit allen möglichen und unmöglichen Methoden zu verstehen gebt, daß er unerwünscht ist.

rausfeuern: jn. **rausfeuern** *sal* – jn. an die (frische) **Luft** setzen/(befördern) · to fire s.o., to kick s.o. out

rausfliegen: rausfliegen *ugs* · to be chucked out, to be kicked out

... Wenn du jetzt deinen Ton nicht änderst, fliegst du raus! Es wäre ja leider nicht das erste Mal, daß ich einen von euch an die Luft setzen muß.

achtkantig/hochkant rausfliegen *sal* – in hohem **Bogen** herausfliegen/(...) (2) · to be slung out on one's neck

raushaben: es raushaben, wie man etw. **macht**/... *ugs* – den (richtigen) **Dreh** (fein) heraushaben/(weghaben) (wie man etw. macht) (2; a. 1) · to have got the hang of how to do s.th.

raushängen: einen raushängen lassen *ugs Neol* · 1. to brag *n*, to blow one's own trumpet, 2. to really/... step on it

1. Wenn um den Peter mehr als drei Leute versammelt sind, meint er immer, er muß einen raushängen lassen. Sein Hang zur Angeberei ist fast schon krankhaft.

2. Vorhin haben wir mit dem Dietmar eine Probefahrt mit seinem neuen Auto gemacht. Auf der Autobahn hat er dann so richtig einen raushängen lassen; bei Tempo 220 hat er sogar einige BMWs abgehängt/versägt.

raushauen: jn. **raushauen** *ugs* – jn. (aus einer schwierigen Lage) **herausboxen** · to bail s.o. out (of a difficult situation/...) by force

rauskriegen: etw. **rauskriegen** *ugs* · 1. to cotton on to s.th., 2. to find s.th. out

1. vgl. – etw. spitz **kriegen**

2. vgl. – etw. **rausbekommen**

rauspauken: jn. **rauspauken** *ugs* – jn. (aus einer schwierigen Lage/...) **herausboxen** · to get s.o. off the hook, to get s.o. out of a difficult situation/...

rausreißen: jn. **rausreißen** *ugs – path* – jn. (aus einer peinlichen Situation/...) **herausreißen** · to bail s.o. out (of a difficult situation/...)

rausschmeißen: jn. **rausschmeißen** *sal* – jn. an die (frische) **Luft** setzen/(befördern) · to chuck s.o. out, to sack s.o., to give s.o. the sack

Rausschmiß: ein Rausschmiß erster Klasse *sal* · 1. a spectacular booting-out, a spectacular chucking-out, 2. a spectacular dismissal/sacking/... *n*

1. ... Genau anderthalb Minuten hat die Unterredung gedauert. Ich hatte die Tür von seinem Zimmer noch nicht ganz hinter mir zugemacht, da brüllte der Alte: meinen Sie etwa, ich würde Faulpelze hier noch fördern?! – und wies zur Tür! – So etwas nennt man einen Rausschmiß erster Klasse!

2. ..., da brüllte der Alte: Faulpelze haben in meinem Unternehmen nichts verloren. Holen Sie sich unten Ihre Papiere! – Ein Rausschmiß erster Klasse also ...

raussein: fein/(schön) **raussein** *ugs* – fein/(schön) **heraussein** · to be sitting pretty, to be laughing

rauswerfen: jn. **rauswerfen** *ugs* – jn. an die (frische) **Luft** setzen/(befördern) · to chuck s.o. out, to give s.o. the push, to sack s.o.

Razzia: eine Razzia (in einem Viertel/...) **machen**/veranstalten/... · to raid (houses/an area/...), to carry out a raid in an area

Gestern hat die Polizei in Rolleberg eine Razzia veranstaltet, um zu sehen, ob sich dort einige gesuchte Drogenhändler aufhielten. Obwohl sie alle Straßen und Häuser regelrecht durchkämmte, hat sie aber nichts entdeckt.

reagieren: sauer reagieren (auf etw.) *ugs* · to react crossly/angrily/testily/... to s.th. *n*

... Warum hat der Walter auf meine Frage eigentlich so sauer reagiert? Die Frage hatte doch nichts Verletzendes. – Mir ist es auch nicht klar geworden, warum er sofort so böse wurde. Wahrscheinlich war er ganz einfach schlecht gelaunt.

Realität: der Realität/(...) ins **Auge** sehen/(schauen/blicken/...) *form* – der **Wirklichkeit**/(...) ins Auge sehen/(schauen/blicken/...) · to have to face facts, to (have to) get real

(meilenweit/(...)) an der Realität vorbeigehen/vorbeileben · to be completely/hopelessly/... unrealistic

Mein Vater meint, das neue Gesundheitstrukturgesetz ginge meilenweit an der Realität vorbei. Es wird den Erfordernissen der Praxis in keinster Weise gerecht.

rebus: rebus sic stantibus *lit selten* – (so) wie die **Dinge** (nun einmal) liegen/(stehen) · as things now stand, as things stand at the moment

Rechenexempel: etw. **ist** (für jn.) **ein (ganz/...) einfaches Rechenexempel** *ugs* · it/s.th. is a matter of simple arithmetic (for s.o.)

... Ob ich bei dem ganzen Umbau gewinne oder verliere? Das ist für mich ein sehr einfaches Rechenexempel! Wenn ich nicht modernisiere, kann ich in drei, vier Jahren nicht weitermachen; d.h. dann mach' ich pleite. Also kann ich bei dem Umbau nur gewinnen.

Rechenschaft: (jm.) (gegenüber) **Rechenschaft ablegen/**(über etw.) *form* · 1. 2. to account to s.o. for s.th., to give/to render account to s.o. for s.th. *lit*

1. Und warum hast du die Hilde in das Projekt überhaupt eingeweiht? – Darüber brauche ich dir doch keine Rechenschaft abzulegen. Das ist doch meine Sache.

2. Mußt du über jede Einzelheit Rechenschaft ablegen oder kannst du auch manches frei entscheiden (und ohne die Entscheidung nachher begründen zu müssen)?

sich (selbst) (gegenüber) **Rechenschaft ablegen** (über etw.) *form* · to account to oneself for s.th.

(Der Vater zu seinem Sohn, der sich etwas hat zuschulden kommen lassen:) Wenn du schon mit uns über die Dinge sprechen willst: wenigstens dir selbst (gegenüber) solltest du ehrlich Rechenschaft ablegen über das, was du richtig und was du falsch gemacht hast.

von jm. Rechenschaft fordern – (eher:) **jn. zur Rechenschaft ziehen** (wegen) (1) · to demand an account/an explanation from s.o., to call s.o. to account *form*

(jm.) (gegenüber) **Rechenschaft geben** (über etw.) *form* – (eher:) (jm.) (gegenüber) **Rechenschaft ablegen/**(über etw.) · to account to s.o. for s.th.

sich (selbst) (gegenüber) **Rechenschaft geben** (über etw.) *form* – (eher:) sich (selbst) (gegenüber) **Rechenschaft ablegen** (über etw.) · to account to o.s. for an action/..., to justify one's actions to o.s.

jm. (keine) Rechenschaft schuldig sein/schulden (über etw.) · (not) to have to account to s.o. for s.th., (not) to be accountable to s.o. for s.th.

... Und warum hast du die Hilde über deine Pläne überhaupt informiert? – Darüber bin ich dir doch keine Rechenschaft schuldig, oder?! Das geht dich doch gar nichts an!

von jm. Rechenschaft verlangen – (eher:) **jn. zur Rechenschaft ziehen** (wegen) (1) · to bring s.o. to book, to demand an account/an explanation/... from s.o.

jn. zur Rechenschaft ziehen (wegen e-r S.) · 1. 2. to call s.o. to account for s.th. *form*

1. Wegen der Endabrechnung, bei der 500,– Mark fehlten, hat man den Kassierer gestern zur Rechenschaft gezogen. – Hat man also den Verdacht, daß er das Geld aus der Kasse genommen hat?

2. ... Sie wollen den Verkaufsleiter wegen der schlechten Auftragslage zur Rechenschaft ziehen. Als ob es seine Schuld wäre, daß uns in letzter Zeit so wenig Firmen größere Aufträge gegeben haben.

Recherchen: **Recherchen anstellen/(machen)** *form* · to make inquiries (about s.o./s.th.)

... Es gibt keine Unterlagen über den Vorgang? Haben Sie denn schon entsprechende Recherchen angestellt? Wenn die Akten nicht hier im Haus sind, muß ein anderes Ministerium sie haben! Da müssen Sie nachforschen. Das muß geklärt werden!

rechnen: **richtig/falsch rechnen** (bei jm.)/(wenn man annimmt/...) · to calculate correctly/incorrectly (in thinking that .../...), to go wrong/to make a mistake (in thinking that .../...)

... Der Chef hatte natürlich angenommen, er brauchte dem Lutz nur zu drohen, dann würde der schon nachgeben. Aber da hat er bei dem Mann falsch gerechnet. Mit Drohungen kann man dem Lutz nicht kommen!

mit jm./auf jn./mit etw./(auf etw.) nicht mehr zu rechnen brauchen · 1. 2. not (to be able) to count on s.o./s.th., not (to be able) to expect s.o. to do s.th., not (to be able) to reckon with s.o.

1. ... Mit dem Kurt braucht ihr gar nicht mehr zu rechnen! Der kommt nicht mehr zu den Diskussionsabenden. Er sagt, die ganze Politik steht ihm zum Hals heraus.

2. Hat sich der Krause wirklich von dem Projekt zurückgezogen? – Ja, auf dessen Unterstützung braucht ihr nicht mehr zu rechnen. Der will von der ganzen Sache nichts mehr wissen.

mit jm. (immer) rechnen können · to be (always) able to count on s.o.

... Und wenn Sie mal Schwierigkeiten haben sollten, Herr Mautner: mit mir können Sie immer rechnen.

Rechner: **ein kühler/eiskalter Rechner** (sein) · (to be) a cool calculator, (to be) a calculating person

... Nein! Daß der Hartmann in den Verhandlungen aus irgendwelchen idealistischen Vorstellungen oder aus persönlichem Entgegenkommen Zugeständnisse macht – nein, diese Hypothese kannst du mit absoluter Sicherheit ausschließen. Das ist ein eiskalter Rechner. Für den zählt der Vorteil der Firma und sonst nichts.

Rechnung: **auf js. Rechnung/auf Rechnung von jm.** *form* · on s.o.'s account, at s.o.'s expense

... Kaufen Sie die Maschine auf eigene Rechnung oder auf Rechnung Ihres Vaters?

auf anderleuts Rechnung *oft iron od. krit* – auf/(für) fremde **Rechnung** · at s.o. else's expense

auf eigene Rechnung *form* · (to pay for s.th./...) oneself/out of one's own pocket

... Bezahlt dir die Firma die Reise oder fährst du auf eigene Rechnung?

auf/(für) fremde Rechnung *form* · at s.o. else's expense

Auf fremde Rechnung kann man natürlich herrlich in den teuren Hotels übernachten. Aber wer das selbst bezahlen muß, der kann sich das bei den Preisen heute kaum noch leisten.

eine gesalzene Rechnung · a steep bill, a stiff bill

... Das Essen war gut, einverstanden, sehr gut sogar! Aber mit einer derart gesalzenen Rechnung hatte ich nicht gerechnet. – Ja, Hampeleier ist teuer, das weiß man ...

über etw. Rechnung ablegen *form selten* – über etw. **Rechnung legen** · to render account of/for s.th.

jm. eine Rechnung aufmachen *ugs* · to present s.o. with the bill

... Wenn du meinst, du mußt alles haarklein berechnen, was du auf dieser Fahrt für uns beide ausgegeben hast, dann werd' ich dir auch mal eine Rechnung aufmachen: also, eure Christa lebt seit Monaten bei uns umsonst, deine Frau kauft ihre Kleidung bei mir verbilligt ein ...

(noch) eine (alte) Rechnung mit jm. (zu) begleichen (haben)/eine ... begleichen müssen *ugs* · 1. 2. to have a bone to pick with s.o. 1. to have a score to settle with s.o.

1. Hoffentlich kommt der Heinz Öhlers heute abend auch zu dem Diskussionsabend. Mit dem habe ich noch eine Rechnung zu begleichen. Er hat behauptet, ich wäre aufgrund persönlicher Beziehungen an meinen Posten gekommen. Das kann ich so nicht durchgehen lassen.

2. vgl. – mit jm. (noch) ein **Hühnchen** zu rupfen haben

die Rechnung für etw. bezahlen müssen *form selten* · to have to pay the price for s.th.

... Hast du schon gehört?: der Manfred ist zum zweiten Mal im Examen durchgefallen. – Jetzt muß er die Rechnung dafür bezahlen, daß er jahrelang gefaulenzt hat. So ist das im Leben.

Rechnung führen (über etw.) *form* · to keep account of s.th.

... Und was hast du in den vier Wochen ausgegeben? – Keine Ahnung, Vater! Ich habe nicht Rechnung geführt. – Du weißt überhaupt nicht, was du wofür bezahlt hast ...?!

auf eigene Rechnung und Gefahr *Handel selten* · at one's (own) expense and risk

... Ja, den Transport der Bücher habe ich auf eigene Rechnung und Gefahr durchzuführen. – D.h., wenn was passiert, haftest du ganz allein? – Ja. Deshalb werde ich eine vernünftige Transportversicherung abschließen.

auf Rechnung und Gefahr des Empfängers *Handel* · at the account and risk of the recipient/consignee/...

... Das ist mir ganz egal, ob auf dem Lieferschein steht: auf Rechnung und Gefahr des Empfängers! Die Sachen sind beschädigt hier angekommen, also bezahle ich nicht, ehe sie ordnungsgemäß repariert oder ersetzt sind! Das ist doch wohl klar!

auf js. **Rechnung gehen** · 1. it's on me/you/... *coll*, + I'm paying/you're paying/..., 2. 3. + s.o. is the person responsible for s.th., + s.o. is responsible for s.th.

1. Unser gemeinsames Abendessen geht auf Helmuts Rechnung; ich habe das Mittagessen bezahlt.

2. Wer hat das Minus im Exportgeschäft zu verantworten, Sie oder der Herr Klaiber? – Die Fehlschläge im Export gehen auf meine Rechnung; Herr Klaiber ist für das Inlandgeschäft zuständig.

3. Wer ... verantworten, der Herr Rauschner oder der Herr Klaiber? – Die Fehlschläge im Export gehen auf Herrn Rauschners Rechnung/auf die Rechnung von Herrn Rauschner. *seltener*

eine/js. **Rechnung geht (nicht) auf** · 1. s.o.'s plans don't work out, s.th. doesn't work out, things don't work out as intended, 2. this/... plan/... doesn't work out

1. Der Roland hatte damit gerechnet, zunächst in den Vorstand gewählt zu werden und dann eine Gehaltserhöhung zu bekommen. Aber die Rechnung ging nicht auf. Man zog ihm bei der Abstimmung einen jüngeren Kandidaten vor, und von einer Gehaltserhöhung war dann natürlich keine Rede mehr.

2. vgl. – eine/js. **Gleichung** geht (nicht) auf.

etw. **auf Rechnung kaufen** *form* · to buy s.th. on account

... Sie zahlen die Maschine sofort? – Ich würde es vorziehen, sie, wie die anderen, auf Rechnung zu kaufen, d.h. sie bei Lieferung zu bezahlen.

auf js. **Rechnung kommen** – auf js. **Rechnung** gehen (1) · to go/to be put/... on s.o.'s bill

auf seine Rechnung kommen in/bei etw. *selten* – auf seine **Kosten** kommen in/bei etw. · to get what one expects/expected, to get what one came for, not to be disappointed

über etw. **Rechnung legen** *form selten* · to render account of/for s.th.

Mußt du über jede einzelne Reparatur, die du für deine Firma ausführst, Rechnung legen? – Natürlich. Alle Unkosten müssen genau nachgewiesen, die Arbeitszeit genau angegeben werden usw.

etw. **auf seine Rechnung nehmen** *selten* – etw. auf seine (eigene) **Kappe** nehmen · to take the responsibility for s.th.

etw. **in Rechnung nehmen** *form selten* – in **Zahlung** nehmen · to take s.th. in part exchange

jm. **die Rechnung präsentieren** (für etw.) *ugs* · to make s.o. pay (for s.th.), to get one's own back (for s.th.), to present s.o. with the bill (for s.th.), to bring s.o. to book (for s.th.)

... Im Augenblick kann der Haufner sich nicht wehren; deshalb tut er so, als ob ihm deine harte Kritik gar nichts ausmachte. Aber irgendwann wird er dir die Rechnung präsentieren, sei sicher. Das ist kein Mann, der sich so behandeln läßt, ohne Vergeltung zu üben.

(jm.) etw. **in Rechnung stellen** *form* · 1. 2. to charge s.o. for s.th., to bill s.o. for s.th., 3. to take s.th. in part-exchange

1. ... Gut, wenn Sie die Sägemaschine bei uns kaufen, können wir den Kaufpreis gegen die Hobel, die Sie uns geliefert und in Rechnung gestellt haben, aufrechnen. – Und wieviel würde der Differenzbetrag dann ausmachen?

2. ... Es tut mir leid, Frau Kähler, die Reparatur der Spülmaschine muß ich Ihnen in Rechnung stellen. – Obwohl der Schaden unverschuldet war? – Die Garantiezeit ist abgelaufen, Frau Kähler. Es tut mir leid, aber ich muß Ihnen das berechnen.

3. vgl. – (eher:) in **Zahlung** nehmen

e-r S. **Rechnung tragen** *form* · 1. 2. to take s.th. into account, to bear s.th. in mind

1. ... Bei unseren Überlegungen müssen wir dem Umstand Rechnung tragen, daß der Escudo im Verhältnis zur Mark laufend an Wert verliert. Wenn wir das nicht berücksichtigen, ...

2. ... Wenn wir dem Berger gegenüber gerecht sein wollen, müssen wir seinen jahrelangen Bemühungen im Sinne der Firma Rechnung tragen; fairerweise dürfen wir das nicht unter den Tisch fallen lassen.

auf Rechnung trinken *form selten* – (bei jm./im Laden/...) **anschreiben** lassen (1) · to put drinks/groceries/... on the slate

die Rechnung ohne den Wirt machen *ugs* · to fail to reckon with s.o./s.th., not to reckon with the key/... person's intervention/objections/... *para*, not to/to fail to/... take the most important person/factor into account *para*

Der Kluge hat den Verkauf der Werkzeuge entschieden, ohne vorher den Chef zu fragen? – Ja. Allerdings hat er dabei die Rechnung ohne den Wirt gemacht. Der Chef mußte die Abmachung zwar schlucken; aber er hat dem Kluge sofort gekündigt.

die Rechnung für etw. **zahlen** müssen *form selten* – die **Rechnung** für etw. bezahlen müssen · to have to pay the price for s.th.

etw. **in Rechnung ziehen** *form selten* – etw. in **Betracht** ziehen · to take s.th. into consideration, to consider s.th.

recht: jm. **ist es recht (wenn/**daß ...)/das/(etw.) ist jm. **recht** · it is all right with s.o. if/that/...

Heute wollen zwei Freunde von mir kommen, Mutti; wir wollen zusammen Musik hören. Ist dir das recht? – Warum soll mir das nicht recht sein? – Ich weiß nicht. Ich wollte nur fragen. Es könnte ja sein, daß du etwas dagegen hast.

jm. **(nicht) (so) (ganz) recht sein** · (not) to be OK with s.o., (not) to be all right with s.o.

Ich weiß nicht, ob es dem Krämer so ganz recht ist, wenn du so häufig zu spät kommst. Das könnte Schule machen ...

es soll mir recht sein (wenn/...) · that's all right by/with me (if ...) *coll*, that's OK by/with me (if ...) *coll*

(Ein Student zu einem Professor:) Kann ich die Seminararbeit noch in den Ferien einreichen? – Es soll mir recht sein, Herr Boder. Aber Ende April ist dann wirklich der letzte Termin!

mir/meinem Vater/... **ist alles recht** · + I/he/... don't/... mind, it's all the same to me/him/... *coll*

... Und wie sollen wir das Zimmer streichen? Weiß, grau, grün ...? – Machen Sie das, wie Sie es für richtig halten! Dem Herrn Riemers ist alles recht – wenn sie ihm damit nur keine Arbeit machen.

jetzt/nun/dann erst recht (nicht) (etw. tun) · 1. in that case/... s.o. certainly will (not) do s.th., in that case s.o. is all the more determined (not) to do s.th., 2. ... but now more than ever, but now doubly so

1. Du willst den Roeder hintenherum zwingen, deinen Antrag zu unterstützen? Dann unterstützt er ihn erst recht nicht; mit Druck nimmst du ihn nur noch mehr gegen die Sache ein.

2. Schon immer war mein Bruder gegen eine Beteiligung von dem Weißner an unserem Unternehmen, aber jetzt erst recht, nachdem er erfahren hat, daß der Mann Bestechungsaffairen hinter sich hat.

ganz recht! · absolutely, quite right

... Und Sie sind ebenfalls gegen die Vorschläge? – Ganz recht! Ich bin ebenfalls dagegen – sogar·sehr.

das/etw. **ist nicht recht von** jm. *form* · it is not right of s.o. to do/say/... s.th.

... Nein, die Regelung ist nicht korrekt. Das ist nicht recht von deinem Vater. Die Mädchen kommen bei dem Testament viel besser weg als die Jungen. Das würde ich an deiner Stelle auch monieren.

jm. **ist nichts recht** *form* · there is no pleasing s.o. *coll*, + you can't do anything right as far as s.o. is concerned *coll*

... Mit dem Mann kann man einfach nicht zusammenarbeiten! Dem ist nichts recht! Mal stimmt die Farbe des Einbands nicht, mal ist das Format falsch, mal die Papierqualität ... Irgendwas hat der immer auszusetzen.

mir/(jm.) **soll's recht sein** *ugs* – meinetwegen (3) · it/that's all right by me, it/that's fine by me

alles, was recht ist, aber das/etw. **ist übertrieben/**... · yes all right but there's a limit, it's all very well but that's going too far

Ich verstehe sehr gut, Heiner, daß du auf den Peter wütend bist. Aber alles, was recht ist: ihn vor versammelter Mannschaft derartig anzuschnauzen geht zu weit.

es ist nicht mehr als/nur recht und billig, daß .../etw. ist ... ·
it is only right and proper that ...

... Wenn sie dem Gerd zwei Jahre hindurch weniger bezahlt haben,
als ihm zustand, dann ist es nur recht und billig, wenn er jetzt ein
bißchen zu viel verdient. Die sollen jetzt nur nicht so tun, als ob das
ein Entgegenkommen wäre.

was dem einen recht ist, ist dem andern billig · what is right
for one is right for the other, what's sauce for the goose is
sauce for the gander

(Der Chef:) Wenn ich dem Herrn Rastner für das Fußballspiel frei
gebe, muß ich den anderen Herren auch frei geben. Was dem einen
recht ist, ist dem anderen billig.

so recht und schlecht etw. tun · to do s. th. as best one can,
to do s. th. after a fashion

... Was hast du denn dann erzählt, wenn dir die genaueren Bestimmungen nicht geläufig sind? – Nun, ich habe die allgemeinen Gesetze
so recht und schlecht dargelegt – soweit sie mir einfielen – und dann
auf unseren Herrn Brautner hingewiesen, der sich in diesen Dingen
spezialisiert hat.

recht so! *oft iron* · quite right, quite so

... Erst hab' ich mich mal erkundigt, ob für diese Laufbahn ein
Studium überhaupt Voraussetzung ist. – Recht so! Das hätte ich
auch getan, das ist der entscheidende Punkt. Und dann?

es ist recht so *form* · it is fine, it is perfect

... Gefällt Ihnen das Zimmer so für die Feier, Herr Koller? – Es ist
recht so, Frau Reiser. Sie haben sich mit der Vorbereitung äußerst
viel Mühe gemacht. Es ist wirklich sehr schön geworden ...

das ist (ganz) recht so, daß ... *form* – (eher:) ganz in **Ordnung** sein (2) · it is perfectly/... all right/normal/... that ...

Recht: nach geltendem Recht *jur* · in law, as the law stands

... Ob der Franz moralisch richtig liegt oder nicht, weiß ich nicht.
Aber nach geltendem Recht steht ihm in der Sache eine Entschädi-
gung zu. – Nach den Paragraphen ja, nach dem Sinn der ganzen
Geschichte nicht.

es ist js. gutes Recht, etw. zu tun · + s.o. has a perfect right
to do s. th., + s.o. is perfectly entitled to do s. th. *coll*, it is
s.o.'s right to do s. th., + s.o. has every right to do s. th. *coll*

... Nein, Marta, gegen den Dieter kannst du in dieser Sache gar
nichts sagen. Es ist sein gutes Recht, darauf zu bestehen, daß das
Erbe eures Vaters unter allen Kindern gleichmäßig aufgeteilt wird.
Ich sehe nicht, welche Einwände dagegen vorzubringen sind.

etw. mit gutem Recht vertreten/verteidigen/... · s.o. quite
rightly argues/believes/... that ...

... Der Junge vertritt mit gutem Recht den Grundsatz: wer anständig
arbeitet, verdient auch ein anständiges Gehalt. Die Firma verdient
doch schließlich mit seiner Arbeit ihr Geld.

mit Recht etw. tun · 1. ... and quite right too *coll*, rightly
(so), justifiably (so), 2. to do s. th. rightly, to do s. th. justifiably

1. Der Peter wurde entlassen? – Ja. Und mit Recht. Er kam jeden
zweiten Tag zu spät zum Dienst.

2. Mit Recht hat der Heiner die Behauptung zurückgewiesen, er wäre
unpünktlich. Solange ich ihn kenne, ist er noch nicht ein einziges
Mal zu spät gekommen.

mit vollem Recht etw. tun – (stärker als:) mit **Recht** etw. tun
· to be perfectly entitled to do s. th.

zu Recht (etw. **tun**) · + it is perfectly right/legitimate/... to do
s. th.

Wenn der Ulrich in der Tat vierzehn Tage dauernd unentschuldigt zu
spät gekommen ist, haben sie ihn zu Recht entlassen. Das kann sich
doch keine Firma bieten lassen.

im Recht sein · to be right

Hast du gehört? Die Israelis haben aus heiterem Himmel im Irak
einen Atomreaktor zerstört. – Du wirst staunen: ich finde, die sind
im Recht. Die Araber bereiten doch von langer Hand einen Vernich-
tungskrieg gegen Israel vor.

(völlig/vollkommen) Recht haben · 1. 2. to be (complete-
ly/...) right, 3. to be perfectly/more than/... entitled to do s. th.
coll, to be perfectly right to do s. th.

1. Der Alfons behauptet, du hättest ihm die Unterlagen für heute
versprochen. – Er hat Recht, das hab' ich.

2. Die Petra bittet, daß du ihr das Buch, das sie dir geliehen hat, bis
morgen zurückgibst. – Ach, sie hat Recht! Das habe ich völlig vergessen.

3. vgl. – mehr als **Recht** haben, etw. zu tun

mehr als Recht haben, etw. zu tun · to be perfectly/more
than/... entitled to do s. th. *coll*, to be perfectly right to do
s. th.

... Aber Gerd, die Beate hat doch mehr als Recht, dich an das Buch
zu erinnern. Du hast es jetzt schon länger als einen Monat. Wenn sie
dich nicht erinnert, bekommt sie es überhaupt nicht mehr zurück.

immer/... recht haben wollen/müssen · to always/... insist
that one is right, to always want to/have to be in the right

Mit dem Kronberg kann man überhaupt gar nicht diskutieren. Der
muß immer recht haben. – Daß ein so intelligenter Mann derart
rechthaberisch ist, überrascht mich immer wieder.

Recht behalten · to be proved right

... Siehst du, das habe ich doch gesagt, daß der Karl das Angebot
nicht annimmt! Aber du wolltest es ja nicht glauben. – In der Tat,
Robert, du hast Recht behalten. Ich hätte das nie für möglich gehalten.

immer/... Recht behalten wollen/müssen – (eher:) immer/...
Recht haben wollen/müssen · to always/... insist that one is
right, to always want to/have to be in the right

Recht bekommen · to get one's rights, to get justice

... Recht haben und Recht bekommen sind zweierlei Dinge, mein
Guter! Du kannst hundertmal im Recht sein, und das Gericht – oder
wer auch immer – entscheidet doch nicht zu deinen Gunsten.

nach Recht und Billigkeit entscheiden/... *form* · to deci-
de/... according to law and equity

... Der Fall ist nicht einfach. Wir wollen versuchen, ihn nach Recht
und Billigkeit zu entscheiden. – Die rechtlichen Grundlagen sind
doch eindeutig! – Ich weiß. Aber mir liegt daran, daß auch das
Rechtsgefühl auf seine Kosten kommt, auch die persönlichen Verhältnisse berücksichtigt werden ...

etw. für Recht erkennen *jur form* · to consider/to pronoun-
ce/... s. th. legal

Was das sog. Hohe Gericht für Recht erkennt, ist dem Alten inzwischen völlig egal. Er meint, die Richter seien – wenn auch vielleicht
unbewußt – genauso parteiisch wie die Politiker auch.

sein Recht fordern – (eher:) sein **Recht** verlangen · to demand one's rights

sich im Recht fühlen · to think/to believe/to feel/... that one
is in the right, to think/to believe/to feel/... that one is right

... Hast du etwa schon mal erlebt, daß der Schröder zugibt, daß er
Unrecht hat? Das gibt's gar nicht! Der Mann fühlt sich immer im
Recht!

das Recht mit Füßen treten *path* · to fly in the face of the
law, to trample on the law

... Eine solche Entscheidung treffen heißt das Recht mit Füßen treten; das verstößt zugleich gegen den Buchstaben wie gegen den Sinn
des Gesetzes.

jm. recht geben · 1. to agree with s.o., to think that s.o. is
right, 2. to prove s.o. right

1. ... Er konnte doch in der Sache gar nicht anders entscheiden.
Gibst du mir Recht oder nicht? – Ja, du hast recht, eine andere
Entscheidung war da nicht möglich.

2. Ich hätte nie angenommen, daß sich die Verhältnisse auf dem
Devisenmarkt so schnell ändern würden. Deshalb war ich damals
sehr gegen Peters Entscheidung. Aber die Entwicklung hat ihm
Recht gegeben, das muß ich zugeben.

jm. das Recht geben, etw. zu tun · to give s.o. the right to
do s. th.

... Und wer gibt diesem Mann das Recht, solche Unwahrheiten über
mich zu verbreiten?! Niemand!

gegen alles Recht und Gesetz sein *form path* · to be completely immoral and illegal, to be completely unethical and
illegal

Wenn der Haubert den Friedel einfach auf die Straße setzt, ist das
gegen alles Recht und Gesetz. Erstens hat der Junge immer seine
Pflicht getan und zweitens hat er drei Monate Kündigungsschutz.

jn. **nach Recht und Gesetz verurteilen** *form path veraltend* ·
to sentence s. o. in a court of law, to condemn s. o. in a court
of law
… Wenn er nach Recht und Gesetz verurteilt wurde, sehe ich nicht,
wie man ihn nach wie vor unterstützen kann! – Aber nach welchem
Gesetz, Vater? Nach welchem Recht? Doch nach dem des Stärkeren,
der weißen Minderheit …

gegen (alles) Recht und Gewissen sein/handeln/entschei-
den/… *form path veraltend selten* · to be completely/… immoral and illegal, to act in a completely/… immoral and illegal way
… Den einen 18,– Mark pro Stunde zahlen und den andern für
dieselbe Arbeit mal die Hälfte – nein, das ist gegen alles Recht
und Gewissen, was diese Leute da machen!

zu seinem Recht kommen · to gain one's rights
(Der Vater zu seinem Sohn:) Junge, in einem Prozeß mußt du die
einschlägigen Unterlagen präsentieren. – Aber ich habe doch keine
Lust, mich noch wer weiß wie lange um Unterlagen zu kümmern. –
Dann sieh' zu, wie du zu deinem Recht kommst! Meinst du, der
Richter glaubt dir, nur weil du so schöne blaue Augen hast?

Recht kriegen – **Recht** bekommen · to win one's case

sein Recht geltend machen · to assert one's rights
… Wenn wir schon in einem Rechtsstaat leben, wie es immer heißt,
dann kann der Junge, wenn die Bestimmungen zu seinen Gunsten
sprechen, sein Recht doch auch geltend machen! – Man rennt doch
nicht wegen jedem Kram zum Gericht!

sich das Recht nehmen, etw. zu tun/(woher nimmt sich j.
das Recht, zu …?) · to exercise the right to do s. th., to
exercise one's rights/(what gives s. o. the right to do s. th.?)
… Und wer gibt dir das Recht, dich da einzumischen? – Das Recht
nehme ich mir! Es handelt sich schließlich um meinen Sohn. Da
werde ich doch noch meine Meinung sagen dürfen.

auf sein Recht pochen · to insist on one's rights
… Herrgott nochmal, man muß doch nicht in allem und jedem auf
sein Recht pochen! Man kann doch auch mal großzügig sein und
Dinge durchgehen lassen, die nicht so ganz in Ordnung sind und die
einen benachteiligen!

auf sein gutes Recht pochen · to insist on one's rights
… Der Mölleberg argumentiert, die Gehaltserhöhung stünde ihm zu
… – Ich kann verstehen, daß er/der Mann auf sein gutes Recht
pocht. Aber es wäre natürlich schön, wenn er dafür Verständnis auf-
brächte, daß die Firma in einer ganz gefährlichen Krise steckt. Wenn
alle nur auf 'ihren Rechten' bestehen, werden wir diese Krise nicht
lösen.

**Recht haben und Recht kriegen/bekommen ist/(sind) zweier-
lei (Dinge)** · to be in the right and to gain one's rights are
two different things, to be in the right and to win one's case
are two different things
… Natürlich hast du Recht – die Bestimmungen lauten ganz eindeutig zu deinen Gunsten. Das nützt dir aber nichts; denn die Leute
haben nun einmal die Macht. Recht haben und Recht kriegen ist halt
zweierlei.

das Recht ist auf js. Seite *form* · the law is on s. o.'s side, +
s. o. has the law on his side
… Auch wenn das Recht auf seiner Seite ist, heißt das nicht, daß er
den Prozeß gewinnt! Du weißt nicht, was geschickte Anwälte (so)
alles verdrehen können.

Recht sprechen *jur* · to administer/to dispense justice
Heutzutage ist es vielleicht schwerer denn je, Recht zu sprechen – wo
sich die Gesetze laufend ändern, die moralischen Anschauungen und
Sitten umstritten sind … – Leicht haben es die Richter wohl nie
gehabt.

das Recht des Stärkeren (sein) · (s. th. is) the law of the
jungle
Der Ballner kann den Friedel doch nicht ohne einen trifftigen Grund
von heute auf morgen entlassen! – Natürlich nicht. Das ist das Recht
des Stärkeren. Er weiß ganz genau, daß sich der Friedel nicht wehren
kann, und da entläßt er ihn eben, ob er im Recht ist oder nicht.

jm. **zu seinem Recht verhelfen** *form* · to help s. o. to get his
due, to help s. o. to gain his rights
(Ein Zeuge auf der Straße:) Wenn ich Ihnen zu Ihrem Recht verhelfen kann: ich habe genau gesehen, daß Ihnen der andere Wagen die
Fahrbahn geschnitten hat. Ich bin gern bereit, das auch bei Gericht
zu bezeugen, wenn Sie anders nicht zu ihrem Recht kommen.

sein Recht verlangen · 1. 2. to demand one's rights
1. … Der Junge fordert nichts Unbilliges, Ingrid! Er verlangt sein
Recht! Er hat all die Jahre über seine Pflicht getan, also hat er Anspruch auf ein vernünftiges Gehalt. An seiner Stelle hätte ich mich
schon viel eher bewegt …
2. (Auf einer längeren Wanderung:) So allmählich muß ich etwas
essen, weißt du. Der Körper verlangt sein Recht. Hast du denn noch
keinen Hunger?

jm. **sein Recht verschaffen** *form* · to obtain justice for s. o.,
to ensure that s. o. gets his rights
Wenn der Klaus meint, er könnte meinen Bruder ungestraft betrügen, ist er sehr im Irrtum. Wir haben einen Onkel, der ist Rechtsanwalt – der wird meinem Bruder schon sein Recht verschaffen.

sich sein Recht verschaffen *form* · to obtain justice, to have/
to get/… one's rights, to see justice done
… Wenn mir mein Bruder meinen Teil nicht freiwillig gibt – ich
werde mir mein Recht schon verschaffen! – Wie denn? Was willst du
denn tun? – Das wird er schon sehen. Im letzten Fall mach' ich ihm
einen Prozeß.

sich das Recht vorbehalten, zu …/(sich) alle Rechte vorbehalten *jur* · to reserve the right to do s. th.
(Klausel in einem Vertrag zwischen Autor und Verleger:) Der Verlag
behält sich das Recht vor, den Ladenpreis des Buchs je nach der
allgemeinen Marktlage alle zwei Jahre neu festzusetzen.

die Rechte an Goethe/Schiller/Thomas Mann/… **werden
frei** *jur* · the copyright for the works of Goethe/… expires,
the rights to the works of Goethe/… expire, the rights to the
works of Goethe/… lapse
Weißt du, wieviel Jahre nach dem Tod die Rechte an den Werken
eines Schriftstellers frei werden? – 30 Jahre gehören sie dem Autor
und seinen Erben; dann ist Schluß.

gleiche Rechte, gleiche Pflichten (haben) · equal rights
equal duties, equal rights mean equal duties/obligations
Wenn du dasselbe verdienen willst wie die anderen, mußt du auch
genausolange arbeiten! Gleiche Rechte, gleiche Pflichten. Nur die
Vorteile kann man nicht haben.

Rechte und Pflichten … · rights and duties
(In einer Diskussion um die Nutzung eines Privatschwimmbads:)
Für mein Empfinden, sagte mein Onkel plötzlich scharf, müssen
Rechte und Pflichten im Einklang miteinander stehen. Wenn die jun-
gen Leute meinen, sie können das Schwimmbad frei benutzen, müs-
sen sie auch für seine Instandhaltung und Wartung Sorge tragen!

über die Rechte die Pflichten nicht vergessen *form* · to insist
on one's rights but not ignore/forget about/… one's duties
… Es ist ja ganz in Ordnung, Herbert, daß du auf deine Rechte
achtest. Aber vergiß über die Rechte die Pflichten nicht! So dürftest
du zum Beispiel nicht derart häufig zu spät kommen …

alle Rechte vorbehalten *jur Formel* · all rights reserved
… Natürlich steht da wie in andern Büchern auch: alle Rechte vorbehalten! Das heißt aber noch lange nicht, daß der Verlag das Recht
hatte, diese Formel dahinzusetzen bzw. daß er wirklich alle Rechte
über das Buch besitzt.

Rechte: du bist/der/die ist/… **mir der Rechte!** *ugs iron* – (eher:)
du bist/der/die ist/… **mir der/die Richtige!** · you're/he's/…
a right one, you're/he's/… a fine one

gerade/(genau) der Rechte sein, etw. zu tun/der etw. tun
muß/dazu/dafür/für etw. *ugs iron* – (eher:) gerade/(genau)
der **Richtige** sein, etw. zu tun/der etw. tun muß/dazu/da-
für/für etw. · s. o. is just/exactly/… the right person to do
s. th.

Rechtem: es zu nichts Rechtem bringen (im Leben/im Beruf/...) *form* · not to get far (in life/in one's job) *coll*, not to achieve much (in life/in one's job)
... Wenn jemand keine vernünftige Ausbildung hat, wird er es im Leben zu nichts Rechtem bringen, das ist doch klar! – Nein, das ist gar nicht klar! Wie viele Leute haben ohne solide Ausbildung eine glänzende Stellung erreicht!

Rechten: zu js. Rechten/zur Rechten *geh* · to/on s. o.'s right
... Zur Rechten des Hausherrn saß Frau Schramm und zu seiner Linken eine Dame, die ich nicht kenne. – Und wer saß neben der Dame des Hauses?

es ist alles beim Rechten *form* · 1. 2. + everything is in order, + everything is all right, + everything is OK
1. ... Und wie geht's zu Hause? Ist alles beim Rechten? – Danke, alles in Ordnung. Und bei Ihnen? – Da läuft auch alles glatt.
2. ... Sie brauchen sich keine Sorgen zu machen, Herr Arndt, es ist alles beim Rechten. Die Unterlagen sind alle vorhanden; die Aussagen, die Ihr Bruder gemacht hat, lassen sich alle beweisen – wir können dem Prozeß mit aller Ruhe entgegensehen.

(mit etw.) (bei jm./da (aber)) an den Rechten kommen/geraten *selten* – (eher:) (mit etw.) (bei jm./da) an die richtige/(rechte) **Adresse** kommen/(geraten)/(an der richtigen/(rechten) Adresse sein) (1, 2) · to have come to the right person/place (with s. th.)

nach dem Rechten sehen/(schauen/gucken) *form* · to see/to make sure/... that everything is OK
(Die Mutter zu ihrer Schwester:) Irmgard, du weißt, ich fahre mit Peter für eine Woche in den Schwarzwald. Die Kinder bleiben allein zu Hause. Könntest du so gut sein und hin und wieder nach dem Rechten sehen? – Aber natürlich, Uschi. Einen über den anderen Tag guck' ich nach, ob alles in Ordnung ist.

rechtens: es ist rechtens, daß ... *form selten* · it is right that ...
Ist es wirklich rechtens, daß der Hauswirt solche Arbeiten ohne Rücksprache mit den Mietern durchführt? – Fragen Sie einen Anwalt, Frau Schau!

Rechtes: das/(etw.) ist was Rechtes *iron* · that's brilliant, that's marvellous/wonderful/...
... Erst wer weiß wie lange in Ferien fahren und dann so eine miserable Seminararbeit schreiben! Das ist was Rechtes! Wenn ich euer Professor wäre, würde ich euch zum Teufel jagen!

nichts Rechtes sein/werden *form selten* – nichts **Gescheites** sein/werden/... · to be no good, not to be up to much

rechts: rechts vor links *Verkehr* · right before left
... Ja, in England fährt man links, wie du weißt. Also gilt an einer Kreuzung auch die Regel: links vor rechts – und nicht: rechts vor links, wie bei uns.

zwei rechts, zwei links ... *ugs* · knit two, purl two
... Und während sich alle anderen unterhielten, saß die Karin da und strickte, oder? – Natürlich. Zwei rechts, zwei links ... – Das ist immer so, wenn Besuch da ist.

nach rechts und links gucken/schauen/... · to look right and left
Bevor man über die Straße geht, guckt man zuerst nach rechts und links – oder besser: nach links und rechts! Ganz egal, ob da eine Ampel ist oder nicht.

weder nach rechts noch nach links/nicht nach rechts und nicht nach links **gucken**/schauen/(sehen/blicken) (und auf sein Ziel lossteuern/...) – (eher:) weder nach **links** noch nach rechts/nicht nach links und nicht nach rechts gucken/schauen/(sehen/blicken) (und auf sein Ziel lossteuern/...) · to look neither right nor left but (to) pursue one's goal singlemindedly

Rechts: von Rechts wegen *jur* · by rights, legally, as of right
(Ein Polizist zu einem Fahrer, der zu schnell gefahren ist:) Von Rechts wegen müßte ich Ihnen eine kostenpflichtige Verwarnung von wenigstens 80,– Mark geben – wegen Übertretung der Geschwindigkeitsbeschränkung. Aber ich will mal ein Auge zudrücken ...

Rechtsanwalt: sich einen Rechtsanwalt nehmen · to get a lawyer, to get an attorney *Am*
... Hast du dir denn keinen Rechtsanwalt genommen? – Nein. Ich war naiv genug zu meinen, das Recht spräche für sich selbst. In diesem Land braucht man wirklich für alles und für nichts einen Anwalt.

Rechtsdrall: einen Rechtsdrall haben *ugs* – ≠ einen **Linksdrall** haben · to tend to drift to the right, to veer to the right, to pull to the right *vehicle*

Rechtskraft: Rechtskraft haben/bekommen/erlangen/verlieren/... *jur* · to come into force, to become law, to become effective, to be binding
... Solange der Bundespräsident die Ernennung eines Ministers nicht unterschrieben hat, hat sie keine Rechtskraft. – Und was macht der Ernannte, wenn er sie nie unterschreibt? Ist sie dann nie rechtskräftig? – Wenn keine besonderen Gründe vorliegen, muß der Präsident sie unterschreiben.

rechtskräftig: (noch/nicht mehr/...) rechtskräftig sein *jur* – **Rechtskraft** haben/bekommen/erlangen/verlieren/... · to come into force *law*, to be legally binding, to be effectual *contract*

rechtslastig: rechtslastig (sein) *Pol* · to tend to the right, to lean to the right, to veer to the right
... Es gibt Fakultäten, meinte unser Vater, die sind traditionell/von Hause aus rechtslastig. – Und das wären? – Etwa die Historiker oder die Mediziner oder auch die Juristen. Das heißt natürlich nicht, daß alle ultrakonservativ sind. Aber ...

Rechtsweg: der Rechtsweg ist ausgeschlossen *jur* · the decision is final, there is no recourse to the courts
... Ja, bei solchen Verlosungen ist in aller Regel der Rechtsweg ausgeschlossen, d.h. gegen die Entscheidungen kann man nicht gerichtlich vorgehen.

den Rechtsweg beschreiten/(einschlagen/gehen) *jur path* · to take legal action, to go to court, to go to law *form*
... Wenn ihr euch nicht in Güte einigen könnt, müßt ihr eben den Rechtsweg beschreiten. – Ich werde doch gegen meine Geschwister keinen Prozeß führen! – Wenn es nicht anders geht!

etw. auf dem Rechtsweg klären/entscheiden/... (lassen) *jur* · to have s. th. decided/settled/... by a court
... Am besten läßt du auf dem Rechtsweg klären, ob du auf das Terrain Anspruch hast oder nicht. Solange das nicht juristisch festgestellt ist, gibt es immer wieder Streit.

recken: sich recken und strecken/(sich recken und dehnen) *ugs – path* · to have a good stretch
Aber Ursel, wer reckt und streckt sich denn da so am Tisch, als wenn er im Bett läge!

Rede: (die) direkte/indirekte Rede · direct/indirect speech, reported speech
Wenn man in direkter Rede sagt: Ich frage ihn: »Kommst du heute abend«, wie heißt der Satz dann in indirekter Rede – Herbert? – Ich frage ihn, ob er heute abend kommt. – Und: Ich sage: »Er kommt heute abend«? – Ich sage, daß er heute abend kommt.

in freier Rede etw. darlegen/... · to speak/... without notes
... Einen Text vom Konzept ablesen – das kann jeder! Den Leuten die Problematik in freier Rede darstellen, das ist die Kunst!

(in) gebundene(r) Rede *form* · (in) verse, (in) poetry
Da hättest du dabei sein müssen, heute nacht: nachdem der Friedhelm einen drin hatte, hat er nur noch in gebundener Rede gesprochen – mehr als zwei Stunden in Versen! – Nicht möglich! – Wenn ich dir das sage!

von jm. geht die Rede, daß ... *form selten* · it is rumoured that s. o. ..., it is said that s. o. ...
Von dem Finanzminister geht die Rede, daß er sich mit Rücktrittsabsichten trägt. – Wer behauptet das? – Das wird im Finanzministerium kolportiert.

keine Rede! *ugs – form selten* – auf keinen **Fall** (3) · certainly not!, it/that is out of the question

das ist (doch/...) **bei** jm. **stehende Rede** *form selten* · it/ s.th. is one of s.o.'s favourite sayings

Hat der Herbert bei der Diskussion gestern die Parteien wieder mit der Kirche verglichen? – Natürlich. »Die Parteien sind, ihrer Organisationsform und ihren Interessen nach, prinzipiell verlogen – genau wie die Kirche!« – das ist doch bei ihm stehende Rede. – Ich möchte wissen, wo er den Vergleich her hat und warum er ihn bei allen möglichen und unmöglichen Gelegenheiten anbringen muß.

(in) **ungebundene(r) Rede** *form* · (in) prose

... Der Text ist in Versen verfaßt? – Nein, in ungebundener Rede.

es ist die Rede von etw./jm./davon, daß ... · there is talk of/ about s.o./s.th./that ...

Es ist die Rede davon, daß der Regierungschef die Absicht hat zurückzutreten. Stimmt das? – Die Leute müssen eben über irgendetwas sprechen. Das Ganze ist ein völlig haltloses Gerücht.

von etw./jm./davon **ist** (gar/überhaupt) **(nicht) die Rede** · + no one is talking about s.o./s.th.

(Einwurf eines Diskussionsteilnehmers:) Und wenn dann gesagt wurde, daß das Militärpotential in unserem Land zunimmt, dann ... (Unterbrechung:) Von dem Militärpotential in unserem Land war überhaupt nicht die Rede. Was zur Debatte stand, ist ...

wovon ist die Rede? · what is it about?, + what are they talking about?

(Jemand, der zu einer Diskussion hinzukommt:) Wovon ist die Rede? Von der Rüstung in unserem Land? – Ja, der letzte Diskussionsteilnehmer hat dieses Thema aufs Tapet gebracht.

von etw./davon, daß ... **kann keine/**(gar/überhaupt) **nicht die Rede sein** · there is/can be/... no question of s.th.

Bei dem augenblicklichen Verfall der DM ... – Entschuldigen Sie, daß ich Sie unterbreche: von einem Verfall der Mark kann gar nicht die Rede sein. Die DM gehört nach wie vor zu den härtesten Währungen der Welt. Verfall? Mitnichten!

das ist/war schon immer/(lange) **meine/**(seine/...) **Rede** *ugs* · it/that is what I/... have/... always said!

(Der Onkel:) Wenn der Junge in der Schule mitkommen will, muß er regelmäßig arbeiten, nicht heute wer weiß wieviel und morgen gar nicht. – (Der Vater:) Das ist schon immer meine Rede. Aber er will ja nicht hören.

es geht die Rede, daß ... *form selten* – es geht das **Gerücht,** daß ... · there is a rumour going/flying around that ...

jm. **die Rede abschneiden** *selten* – jm. das **Wort** abschneiden · to cut s.o. short, to interrupt s.o., to butt in

jm. **Rede und Antwort stehen** · to justify o.s., to give a full account of why one did s.th., to explain one's actions/conduct/...

... Und wenn der Chef den Michael wegen seiner eigenmächtigen Entscheidung zur Rechenschaft zieht? – Dann wird er dem Chef schon Rede und Antwort stehen. Der Michael weiß genau, was er gemacht hat und warum.

die Rede bringen auf ein Thema/... – (eher:) das **Gespräch** auf jn./etw. bringen · to steer the conversation around to (s.o.)/s.th.

jm. **in die Rede fallen** – (eher:) jm. ins **Wort** fallen · to interrupt s.o.

ein Politiker/... hält **eine Rede zum Fenster hinaus** *ugs* · a politician/... talks a load of hot air, a politician/... spouts away

... Und? Worüber hat unser Bundestagsfritze geredet? – Über den Schwangerschaftsabbruch, die Notwendigkeit einer moralisch-geistigen Erneuerung ..., was weiß ich! Das war eine jener Reden zum Fenster hinaus, bei denen man von Minute zu Minute wütender über sich selbst wird, weil man sich so einen Schmus anhört.

(in) Rede und Gegenrede *form selten* · in a dialogue, in the form of a dialogue, + the arguments go back and forth

Lange überlegte man gemeinsam hin und her, wie man am besten aus der verfahrenen Situation herauskäme, bis sich in Rede und Gegenrede ein konkreter Plan entwickelte, der zum Erfolg führen konnte.

eine Rede halten · to make a speech, to give a speech

Hat der Boß auf der Konferenz auch eine Rede gehalten? – Natürlich. Wenn er erscheint, läßt er auch eine Rede von Stapel, das weißt du doch.

eine Rede frei halten · to speak/to make a speech/... without notes

Hat der Kurt die Rede in der Tat frei gehalten? – Ach, was! Er hat nach Konzept gesprochen/er hat sie abgelesen – und dazu sehr schlecht.

die Rede kommt auf ein Thema/... · the talk turns to a topic/..., we/... get around to a topic/..., the conversation comes around to a topic/...

... Plötzlich kam die Rede auf die Probleme der Dritten Welt. Ich weiß auch nicht mehr, wie und warum wir darauf zu sprechen kamen, jedenfalls redete plötzlich alles von der Dritten Welt.

eine Rede loslassen *sal* – eine **Rede** halten · to launch into a speech about s.th.

eine Rede schwingen *iron* – eine **Rede** halten · to make a speech, to give a speech

deine/(seine/...) **Rede sei »ja, ja, nein, nein«!** *Bibelzitat oft iron* · but let your communication be: Yea, Yea; nay, nay *rare*

... Ja, wenn du versprichst durchzuhalten, dann könnte ich mich unter Umständen dazu bereitfinden ... – »Könntest du dich unter Umständen bereitfinden« – hör', Klaus, deine Rede sei ja, ja, nein, nein – das weißt du ja aus der Bibel. Also: hältst du bei dem Projekt bis zu Ende durch? Ja oder nein?

der langen Rede kurzer Sinn: *ugs oft iron* – es kurz **machen** · to cut a long story short, to be brief

eine Rede von Stapel lassen *ugs oft iron* · to produce a speech, to trot out a speech

... Wenn sich der Chef einmal entschließt, eine Rede von Stapel zu lassen, dann kann man sich auf eine wichtige Rede gefaßt machen. Aber das ist ja selten; im allgemeinen zieht er es vor zuzuhören.

der/die/das in Rede stehende Text/Broschüre/Projekt/... *form* · the text/brochure/... in question, the text/brochure/... to which we/... are ... referring

Meine Damen und Herren, während der Diskussion wurde mehrere Male auf den Roman von Rita Molly, 'Tagebuch einer Biene', angespielt. Leider ist das in Rede stehende Buch bisher nicht erschienen ...

jn. **zur Rede stellen** (wegen ...) · to ask s.o. to explain himself, to have it out with s.o. (about ...), to take s.o. to task (about ...)

Haben Sie den Kassierer eigentlich wegen der Endabrechnung, die nicht stimmte, zur Rede gestellt? – Nein. Kein Mensch hat deswegen von ihm eine Erklärung verlangt oder ihn zur Rechenschaft gezogen.

jm. **die Rede verschlagen** *form – path* · to take s.o.'s breath away, to leave s.o. speechless

... Plötzlich unterbrach ihn sein Bruder:»Wenn du das Haus unserer Eltern, in dem wir alle geboren wurden, verkaufst, schlag' ich dir eine ins Gesicht«. Die knallharte Drohung verschlug ihm die Rede. Sein Bruder ihn schlagen? Er brachte den ganzen Abend kein Wort mehr hervor ...

nicht der Rede wert sein · not to be worth mentioning, not to be worth talking about, to be neither here nor there *coll*

... Ob das nun sechs oder sieben Wochen dauert, Frau Mertens, spielt doch gar keine Rolle. Die paar Tage mehr oder weniger sind doch gar nicht der Rede wert. Wegen so einer Kleinigkeit/Nebensächlichkeit werden wir doch jetzt nicht unsere Zeit verlieren ...

etw. **nicht an der Rede haben wollen** *schweiz* – etw. nicht **Wort** haben wollen · to deny having said something, to claim that one did not say something

Redefluß: js. **Redefluß unterbrechen/...** · to interrupt s.o.'s flow of words

Der Franz, der redet und redet und redet, und wenn dann mal einer versucht, seinen Redefluß zu unterbrechen, um auch mal zu Wort zu kommen, wird er sauer.

Reden: den Eindruck haben/**sich vorkommen/...**, **als hielte man Reden zum Fenster hinaus** *ugs* – (eher:) den Eindruck haben/sich vorkommen/... als redete/(spräche) man zum Fenster hinaus · to feel/to have the impression/... that one is wasting one's breath/talking to a brick wall/...

meinst du/meint ihr/... **denn**/glauben Sie etwa/... ich/er/... **hielte Reden zum Fenster hinaus**?! *ugs* – (eher:) meinst du/ meint ihr/... denn/glauben Sie etwa/... ich/er/... redete/ (spräche) zum **Fenster** hinaus?! · do you/does he/... think/ believe/... that I am/... I/... talking just for the fun of it/I/... don't mean what I'm/... saying?

freche/unverschämte/... **Reden führen** *form* · to talk outrageously/impudently/..., to shoot one's mouth off impudently/... *sl*
... Wenn du auf den Klubabenden nochmal so unverschämte Reden führst, wirst du nicht mehr eingeladen, klar?! Bei uns herrscht absolute Meinungsfreiheit; du kannst also reden, worüber du willst – aber in anständiger Form.

grobe Reden führen *form* · to talk crudely
Wenn der Michael so grobe Reden führt, wirkt er regelrecht unsympathisch. – Ein ausgesprochener Banause/Grobian ist er dann. Man muß sich richtig schämen.

große Reden führen/halten/schwingen – (eher:) groß **daherreden** · to talk big, to shoot one's mouth off

lästerliche Reden führen *selten* · to talk blasphemously
... Gegen eine klare und offene Sprache ist nichts einzuwenden, rief er, und auch was Schimpfworte angeht, bin ich nicht empfindlich. Aber wenn einer anfängt, lästerliche Reden zu führen, ist er bei mir unten durch, ganz egal, ob sie gegen Gott oder den Mitmenschen gerichtet sind – ich kann keine Schmähungen ausstehen.

lose Reden führen *ugs – form* · to be cheeky *n*, to be (always/...) making loose remarks *tr*
»Der Kanzler ist Mist«, »die Schule taugt nicht«, »die Lehrer sind sowieso alles Arschlöcher«, »Religion ist Senf«! ... – was zählt eigentlich für dich? Oder führst du nur lose Reden, um dich aufzuspielen?

schmeichelhafte Reden führen *form* · to make flattering remarks (to s.o.), to pay compliments (to s.o.)
Will sich der Möllers beim Chef lieb Kind machen oder warum führt er in letzter Zeit so schmeichelhafte Reden? – Wahrscheinlich will er wieder nach England zu seinem Sohn fahren und das mit einer Geschäftsreise verbinden.

große Reden halten *ugs* · 1. to make fine speeches, 2. to talk big, to shoot one's mouth off
1. vgl. – große **Reden** führen/halten/schwingen (1)
2. vgl. – groß **daherreden**

nichts/... auf die Reden der Leute geben *ugs* · (not) to care (a damn/...) about what people say, (not) to give twopence for what people say
... Wenn du hier anfängst, was auf die Reden der Leute zu geben, machst du nichts mehr! Kritisieren tun die immer. Da mußt du drüber weggehen!

große Reden schwingen *ugs – path* · 1. 2. to talk big, 1. to make fine speeches, 2. to shoot one's mouth off
1. Auf Kongressen große Reden schwingen ist einfach! Schwer dagegen ist es, die Probleme auch wirklich zu lösen.
2. vgl. – groß **daherreden**

(mal wieder/...) **(lange/(große)) Reden an sein Volk halten** *sal* · 1. to make speeches (again/...) *n*, to speechify (again/...), to spout (again/...), 2. to start/to stop speechifying/spouting (again), cut the cackle (we don't want any speeches, no speechifying, please)
1. ... Da, der Kurt ...! Er hält wieder lange Reden an sein Volk. Schau dir das an, wie er da herumschwadroniert! Und die ganzen Kollegen stehen im Tat um ihn herum und hören zu. Der geborene Volksredner, der!
2. vgl. – (eher:) (mal wieder/...) (lange/(große)) **Volksreden** halten/ halt'/haltet/... keine ...! (1)

reden: (nur/...) **auswärts reden** *sal iron selten* · to talk foreign
... Wenn er hier lebt und hier was erreichen oder bewegen will, muß er deutsch lernen, verdammt nochmal! Leute, die nur auswärts reden, können wir hier in verantwortungsvollen Positionen nicht brauchen! – Na, du hast ja ein europäische Gesichtspunkte! 'Auswärts reden ...' – es handelt sich um französisch!

((so) (ein)/...) **blabla reden**/(...) *sal* – (viel/...) dummes **Zeug** reden/... · to talk a load of nonsense/drivel/...

(nur/bloß/einfach/...) so daher reden *ugs* – (nur/bloß/einfach/...) so **daherreden**/daherquasseln/... · to (just/...) blather away, to talk away, to talk rubbish, to talk without thinking

jm. (immer/dauernd/...) **dazwischen reden** (müssen) · to (have to/...) interrupt s.o., to (have to/...) keep on interrupting s.o., to keep cutting in
Was redet der Kroll dem Albert denn jetzt schon wieder dazwischen?! Bei dem kann aber auch keiner länger als zwei Minuten etwas sagen, ohne daß er ihm ins Wort fällt.

mit jm. **(mal) deutsch reden** (müssen) *ugs* · to (have to) be blunt with s.o., to (have to) speak bluntly with s.o., to (have to) have it out with s.o.
Jetzt habe ich dem Böttcher schon zwei oder drei Mal sagen lassen ... Wenn er jetzt immer noch nicht hört, muß ich mal deutsch mit ihm reden. – Das sollten Sie besser sofort tun, Herr Heinzen. Der Böttcher versteht nur eine ganz klare Sprache.

jn. **dumm und dämlich reden** *sal* – (eher:) jn. in **Grund** und Boden reden/(diskutieren/...) · to wear s.o. out with talking, to talk s.o. into the ground

frei reden – frei **sprechen** · to speak without notes

von jm. **immer**/nur/(...) (sehr) **gut reden** – ≠ von jm. immer/... (sehr) schlecht reden · to say/to be always saying good things about s.o.

j. **hat gut/(leicht) reden** · + it's easy for him/you/... to talk *coll*, + it's all very well for you/him/... to talk *coll*
Der Alfons meint, trotz der Preiserhöhungen ginge es den Leuten ja noch gut, es gäbe also noch kein Grund zur Klage. – Der Alfons hat gut reden. Er verdient mehr als 7.000,– Mark netto im Monat. Wenn er so wenig hätte wie du oder ich, würde er anders reden.

sich heiser reden · to talk o.s. hoarse
Der Karl kann ja kaum sprechen. Was ist denn mit dem los? – Der hat sich bei der Diskussion um die Erhöhung des Beitrags heiser geredet.

sich heiß reden *ugs selten* · to get worked up
... Wir müssen den Ernst jetzt unter allen Umständen von dem Thema Sozialismus – Kommunismus abbringen. Und zwar sofort. Denn wenn er sich erst einmal heiß geredet hat, hört er nicht mehr auf, und es gibt Streit – du weißt ja, wie scharf er wird, wenn er in Rage ist.

über etw./darüber läßt sich (schon eher/...) reden *ugs* · 1. that/it is a possibility *n*, 2. that's more like it
1. Könnten Sie mir vielleicht heute den Schlüssel des Instituts überlassen, Herr Heinz? Ich habe bis Montag eine Untersuchung abzuschließen ... – Darüber läßt sich reden. Kommen Sie bitte um sechs zu mir herein ...
2. ... Nein, das Institut kann samstags leider nicht länger als bis zwei Uhr geöffnet bleiben. – Könnten Sie mir dann vielleicht den Schlüssel überlassen? Ich muß bis Montag eine Untersuchung abschließen ... – Darüber läßt sich schon eher reden. Wielange würden Sie denn noch hier bleiben ...?

von ... (gar) nicht zu reden/(gar)nicht zu reden von/davon, daß ... *form* · not to mention ..., let alone ...
... Schon die Grundnahrungsmittel sind hier schwer zu bekommen – von Luxusgütern gar nicht zu reden; die gibt es hier sozusagen überhaupt nicht.

mit jm. **ist** (einfach/...) **nicht zu reden** · there's no talking to s.o., one/you/... just can't talk to him/...
Dem Oswald kannst du sagen, was du willst, der macht doch, was er will. – Mit manchen Leuten ist eben nicht zu reden.

von jm. **immer/…** (sehr) **schlecht reden** · to say/to be always saying bad things about s.o.

… Ich weiß nicht, warum der Kotschi von unserem Paul immer schlecht reden muß! Der Paul hat ihn doch immer unterstützt! – Der Mann läßt an niemandem ein gutes Haar. Was hat er denn jetzt schon wieder erzählt?

das ist/war (doch) **schon immer/lange/…** mein/sein/… **Reden/(**meine/seine/…**) Rede)** *sal* · + I've/he's/… been saying that for years/ages/… *coll*, that's what I've/… always said *coll*

… Jetzt haben wir also auch bei uns eine relativ hohe Inflationsrate! – Das war doch schon lange mein Reden, daß das kurz über lang so kommen würde. Bestimmt schon seit drei Jahren sage ich das.

vor sich hin reden · to talk to oneself

Redet der Aloys eigentlich häufig so vor sich hin? – Warum? – Das scheint mir ein schlechtes Zeichen, wenn jemand sich mit sich selbst unterhält. Ist er zu viel allein?

jn. **zum Reden bringen** · to make s.o. talk, to get s.o. to talk

… Wenn du den Schäuble zum Reden bringen willst, mußt du ihn gut stimmen und unter Alkohol setzen. Mit Drohungen und Einschüchterungen erreichst du bei dem gar nichts; da verrät er nichts.

das ist mein/sein/… **Reden/(**meine/(seine/…**) Rede) seit 33** *sal selten* – das ist/war schon immer/(lange) meine/(seine/…**) Rede** · it/that is what I/… have/… always said!

allerhand/viel/noch/… zu reden geben – allerhand/viel/… **Anlaß** zu reden geben · s.th. gives rise to a lot of/… talk/gossip/…

sich (selbst) **gern reden/sprechen hören** *ugs* – sich (selbst) gern reden/sprechen **hören** · to like the sound of one's own voice

reden kann jeder *sal* · + it's easy to talk

Der August meint, man brauchte doch nur Personal zu entlassen und … – Reden kann jeder, weißt du. Aber in der Praxis die Dinge auch lösen – das ist schon schwieriger. Jemanden zu entlassen ist beispielsweise verboten. Das weiß der August natürlich nicht …

reden kostet nichts *ugs* · 1. + anyone can talk, 2. talking and doing are two different things

1. vgl.-**reden** kann jeder
2. vgl. – **Reden** und Tun ist zweierlei

mit sich reden lassen · 1. 2. to be approachable, to be open to discussion

1. Mein Vater versteht gar nicht, daß ihr mit dem Werkmeister nicht zurandekommt. Der Mann läßt doch mit sich reden! Der ist doch wirklich alles andere als uneinsichtig oder stur.

2. … In der Frage der Gehälter läßt der Alte nicht mit sich reden. Da ist er geradezu intransigent.

viel/allerhand/noch/wieder/… von sich reden machen *mst 3. Pers form* · 1. to cause (quite/…) a stir, to be in the news, 2. to make a name for oneself

1. Der Wolf Stattert hat in den letzten Wochen ja viel von sich reden gemacht. Erst hat er im Parlament einige Male geschickt interveniert, dann in der 'Süddeutschen Zeitung' ein paar Artikel geschrieben, die sehr beachtet wurden, …

2. … Dieser Mann wird noch von sich reden machen. – Meinst du? – Ich bin sicher. Der wird nochmal bekannt.

Reden ist Silber, Schweigen ist Gold *Sprichwort* · (speech is silver, but) silence is golden

Hast du gemerkt? Während alle anderen da herumdiskutierten, saß der Mesters da und hörte zu. – Der weiß halt: Reden ist Silber, Schweigen ist Gold.

Reden und Tun ist zweierlei · to talk is one thing, to act is another

Wenn in der Welt halb so viel geredet und dafür mehr gehandelt würde, wäre alles anders. Aber Reden und Tun ist halt zweierlei. – Klar! Reden kostet nichts. Aber handeln – das ist schon anders. Dazu kann man beim Reden alle möglichen Gesinnungen vortäuschen …

Redens: von etw. **viel Redens machen** *form veraltend selten* – (nicht) viel/kein **Aufhebens** um jn./etw./von jm./etw. machen · to make a big/a lot of/… fuss about s.th.

Redensart: eine stehende Redensart *form* · an idiom, a fixed expression

Ist 'eine stehende Redensart' und 'ein idiomatischer Ausdruck' (oder ein 'Idiom') dasselbe, Peter? – So ungefähr.

(nichts als/nur/bloß) dumme/nichtssagende/leere/… **Redensarten** (sein) *ugs veraltend selten* – (das sind) (alles/…) (nur/bloß) dumme/leere/(…) **Sprüche** · it is (nothing but/only/…) talk, it is (nothing but/only/…) empty phrases/empty patter/hollow phrases/…

(jm. mit) dumme(n)/nichtssagende(n)/… **Redensarten (kommen/…)** *ugs* – (eher:) (jm. mit) dumme(n)/nichtssagende(n) **Sprüche(n)** (kommen/…) · to spout a load of empty phrases to s.o.

jn. **mit** leeren/nichtssagenden/… **Redensarten abspeisen** *ugs veraltend* · to fob s.o. off with empty phrases/…

… Wenn Sie meinen, Sie könnten mich hier mit leeren Redensarten abspeisen, sind sie schief gewickelt! Ich bitte Sie, mir ganz konkret zu erklären, warum Sie meinen Antrag abgelehnt haben.

Redereien: zu Redereien Anlaß geben *ugs* · to lead to gossip, to make people talk, to set tongues wagging

… Wenn die Monika in diesem Nest jeden dritten Monat mit einem neuen Freund zu sehen ist, gibt das natürlich zu Redereien Anlaß, das liegt doch auf der Hand!

Redeschwall: jn. mit einem Redeschwall empfangen/… *path* · to greet/… s.o. with a torrent of words

Mein Gott, der Robert deckt einen gleichsam mit Worten zu, wenn er einmal anfängt, von seiner Briefmarkensammlung zu schwärmen. Ich fühle mich von diesem Redeschwall oft richtig erdrückt.

redet: j. redet, wie er's/(er es) **versteht** *ugs – form* · anyone can talk (even though he hasn't got a clue), that's s.o.'s opinion/the way s.o. sees things but he hasn't got a clue

… Die Wirtschaftsordnung könnte man doch ganz anders aussehen! Man könnte zum Beispiel die ganze Waffenproduktion einstellen und stattdessen Maschinen und dergleichen herstellen, die die Landwirtschaft in den unterentwickelten Gebieten fördern. – Du redest, wie du's verstehst. – Was willst du damit sagen? – Daß du besser schweigen würdest, weil du keine Ahnung hast …

Redner: ein großer Redner vor dem Herrn sein *sal* · to be a tremendous orator

Was erzählst der Anton da: »die Universitäten sind der Hort des Geistes?« Der Anton ist ein großer Redner vor dem Herrn! Schade, daß er gar nicht merkt, daß fast alles Blech ist, was er da groß daherredet.

Reede: auf der Reede liegen *Schiff* · 1. 2. to be (lying) in the roads, to be at anchor in the roads

1. Der Ankerplatz ist riesig. Da können zig Schiffe monatelang auf Reede liegen, ohne sich zu stören.

2. Liegt dieser Öldampfer immer noch auf der Reede oder ist er schon fertig und in Dienst gestellt?

Referenz: jn. als Referenz angeben *form* · to give s.o. as a referee

… Mein Bruder braucht für seine Bewerbung bei Wenkert wenigstens zwei Referenzen – »auf dem infragestehenden Gebiet anerkannte Fachleute und unbescholtene Personen«, wie es auf den Bewerbungsbögen so schön heißt. Könnte er Sie da angeben, Herr Dr. Reinhardt?

über erstklassige/… **Referenzen verfügen** *form* · to have first-class/excellent/… references

… Natürlich verfügt der Albert über hervorragende Referenzen – das ist doch ein bunter Hund auf seinem Gebiet; er kann die bekanntesten Namen angeben. Das wird ihm aber alles nichts nützen, wenn die Konkurrenten bessere Beziehungen haben.

Reff: ein langes Reff sein *ugs selten* – eine (richtige) **Bohnenstange** sein/(lang wie eine Bohnenstange sein) · to be a real/… beanpole

Reform: eine Reform an Haupt und Gliedern *form veraltend* ·
a root-and-branch reform

... Und wenn die katholische Kirche die von den 'Protestanten' ge-
forderte Reform an Haupt und Gliedern sofort durchgeführt hätte,
hätte es dann die Reformation etwa nicht gegeben? – Wer weiß? ...
Aber wie wollen Sie so einen gigantischen 'Apparat' von oben bis
unten reformieren?

Reformkurs: einen Reformkurs steuern *Pol form* · to follow/
to pursue/... a policy of reform

... Als Chef einer konservativen Regierung kann er doch keinen
Reformkurs steuern? – Warum denn eigentlich nicht? Auch die Konservativen müssen doch alles Interesse daran haben, daß längst fäl-
lige Änderungen endlich durchgeführt werden.

reg': (komm'/kommt/...) **nun**/jetzt/... **reg' dich**/regt euch/...
mal ab! *sal* – (nun/jetzt/...) laß mal/laßt mal/... **Luft ab!** ·
(come on/...,) cool it!, (come on/...,) calm down!

rege: (körperlich/geistig) noch sehr rege sein · 1. 2. to be still
(very) active (physically/mentally)

1. Bei dem Herrn Fleischer würde man wirklich nicht sagen, daß er
schon fast 70 Jahre auf dem Buckel hat. Der ist körperlich noch so
rege ...!
2. ... Nein, physisch geht's dem Herrn Schröder in den letzten Jahren
nicht mehr sehr gut. Dafür ist er aber für seine 75 Jahre geistig noch
ungeheuer rege. Wie eh und je nimmt er an allem lebendigen Anteil.

Regel: in der Regel (etw. tun) · to do s.th. as a rule, to do
s.th. usually

Der Chef ist noch nicht da, sagen Sie? Wann wird er voraussichtlich
kommen? – In der Regel erscheint er zwischen 8.30 Uhr und 9 Uhr.
Aber es gibt natürlich auch Tage, an denen er aus irgendeinem
Grund später kommt.

in aller Regel (etw. tun) · (to do s.th.) as a rule, (to do s.th.)
normally

Natürlich kommt es vor, daß der Chef mal später kommt. Doch in
aller Regel ist er der erste, der erscheint.

die goldene Regel · (to stick to/...) the golden rule

Wenn du bei dem Diskussionsabend auf keinen Fall unangenehm
auffallen willst, dann halte dich an die goldene Regel: 'Sprich nur,
wenn du gefragt wirst!' Wenn du dich an diese bewährte Maxime
hältst, kann nichts schiefgehen.

die Regel haben *ugs* · to get/to have/to be having/... one's
period, to menstruate

Geht die Gitta auch mit schwimmen? – Die kann nicht, die hat die
Regel. – Ach, die kommt bei der aber auch immer zur Unzeit.

eine Regel aufstellen · to lay down/to establish/... a rule
about s.th.

... Wenn jemand in so jungen Jahren heiratet wie der Walter, will er
halt nachher seine sog. Erfahrungen machen. – Da kann man doch
keine Regel aufstellen, Ernst! Jede Ehe läuft anders.

nach einer Regel leben *Kloster* · to live in accordance with
the observances of a religious order

... Das dürfte doch ein gewaltiger Unterschied sein, ob jemand nach
der Regel des hl. Benedikt, des hl. Bernhardt oder des hl. Franziskus
lebt – wenn man die 'Richtlinien' all dieser Orden als 'Regel'bezeichnen kann ...

sich etw. **zur Regel machen** · to make it a rule to do s.th., to
make a point of doing s.th.

Der Hanspeter hat es sich fest zur Regel gemacht, jeden Brief nach
spätestens drei Tagen zu beantworten. Das ist eine geradezu unum-
stößliche Gewohnheit für ihn geworden. – Sehr ordentlich!

**jn./etw. nach allen Regeln der Kunst sezieren/verarzten/ver-
hauen/betrügen/...** *ugs oft iron* · 1. to examine s.o./... thoroughly, 2. to well and truly fiddle s.o./take s.o. for a ride/
beat s.o. up/..., 3. to give s.o. a thorough dressing-down, to
do s.th. good and proper/well and truly

1. Hat der Dr. Mertens den Hermann auch gründlich untersucht? –
Und ob! Er hat ihn nach allen Regeln der Kunst verarztet. – Aber
der Hermann lebt noch? – Idiot!

2. ... Der Karsten hat das Gedicht nach allen Regeln der Kunst
auseinandergenommen. – Gut, auseinandergenommen. Aber hat er
es auch wieder zusammengesetzt und es als ein Ganzes interpretiert?
3. vgl. – nach **Strich** und Faden regnen/jn. anschnauzen/verhauen/...
(3; u. U. 2)

das/etw./etw. zu tun **ist gegen alle Regeln der Vernunft**/ge-
gen ... etw. tun *form – path –* das/etw./etw. zu tun ist ge-
gen/(wider) alle **Vernunft** · s.th. is/to do s.th. is against all
reason

Regelmäßigkeit: mit/in schöner/schönster Regelmäßigkeit ...
iron · with perfect regularity, at regular intervals

Mein Vater macht mit schönster Regelmäßigkeit Sport. So drei, vier
Mal im Jahr.

Regen: saurer Regen · acid rain

... Wenn man vom sauren Regen spricht, Hildegard, dann ist das ein
chemischer Begriff: es ist (Regen-)Wasser, das Schwefeldioxid – das
durch die Industrie in Mengen in der Luft ist – aufgelöst hat, also
gewissermaßen als 'schweflige Säure' niederfällt.

bei strömendem Regen · to go out/... in the pouring rain

... Wir werden doch bei diesem strömenden Regen keinen Spaziergang durch den Wald machen! Welch eine Idee! – Bist du aus Zuk-
ker?

ein warmer Regen *ugs selten* · a windfall

... Na, in den letzten Wochen war das ja ein warmer Regen! Erst das
Weihnachtsgeld, dann die Sonderzuwendung für das Afrikageschäft,
dann eine verspätete Steuerrückerstattung. Wenn das Geld so weiter
fließen würde ...!

ein Regen von Schimpfworten/... prasselt auf jn. **nieder/...**
path selten · a hail/storm/shower/(...) of abuse/insults rains
down on s.o.

... Das hättest du hören müssen, wie der alte Hausmann da herum-
fluchte. Ein Regen von Schimpfwörtern und Kraftausdrücken prasselte da auf die armen Angestellten nieder. ...

in den Regen kommen · to be/to get caught in the rain

... Paula, wenn ihr nicht in den Regen kommen wollt, müßt ihr jetzt
sofort gehen! Bis zum Bahnhof sind es gut zehn Minuten, und es
fängt jeden Moment an zu regnen.

dann/... (da) im Regen stehen *sal* · ... then you're/he's/... in
trouble, ... then you're/he's/... in shtook

... Was machst du denn, wenn die Zinsen steigen? Da kannst du das
Geld für die Kreditraten nachher gar nicht mehr aufbringen. Und
dann? Dann stehst du im Regen, mein Lieber; dann hilft dir keiner.

jn. **im Regen stehen lassen** *sal* · to leave s.o. in the lurch, to
leave s.o. out in the cold

... Ach, diese Politiker und Wirtschaftsleute! Die helfen denen, die
ihnen nützlich sind. Und Schluß! Die andern lassen sie im Regen
stehen. – Ach, und die Philologen sind anders?

jn. **in den Regen stellen** *sal selten* · to leave s.o. in the lurch,
to give s.o. the cold shoulder, to put s.o. in the doghouse

Der Dörfner meint wahrhaftig, er und seine Leute hätten allein ein
Anrecht darauf, Geld zu verdienen und gut zu leben. Kaltschnäuzig
stellen die jeden in den Regen, der nicht zu ihrer Clique gehört.

vom/(aus dem) Regen in die Traufe kommen · to jump out
of the frying pan into the fire

Da es auf der Autobahn einen Stau gab, fuhr ich auf eine Landstraße, in der Hoffnung, so schneller nach Stuttgart zu kommen.
Aber ich kam von Regen in die Traufe. Es gab auf der Strecke bestimmt sieben Baustellen ...

Regenbogenfarben/in allen Regenbogenfarben schillern *ugs –*
path bes 'blaues' Auge · + to have a real shiner, to shine like
all the colours of the rainbow

Schau dir mal den Fritz an! Der hat sich bestimmt wieder mit je-
mandem geschlagen. Er hat ein ganz 'blaues' Auge. ... Holla, Fritz!
Was hast du denn mit deinem Auge gemacht? Das schillert ja in allen
Regenbogenfarben. – Sei bloß ruhig, Mensch!

Regenschirm: gespannt sein wie ein Regenschirm *ugs scherzh*
– (eher:) gespannt sein wie ein **Flitzebogen** · to be on
tenterhooks

Regie: (die) Regie führen *Theater/Film/...* · to direct (a play/film/...)
... Und wer hat bei diesem Stück Regie geführt? – Der Hornberg. Er ist zur Zeit der einzige Regisseur am hiesigen Theater.

ein Geschäft/... in eigener Regie führen/leiten · to run/... s.th. oneself, to control/manage/... s.th. personally, to do s.th. oneself
Hat der Kurt auf seinem Landgut einen Verwalter? – Nein, er leitet es in eigener Regie.

etw. in fremde Regie geben *form* · to get s.o. (else) to run/manage/control/... s.th., to hand over the management/control/... of s.th. to s.o. else
Wenn du das Gut nicht selbst leiten kannst oder willst, verkauf' es! Es in fremde Regie zu geben hat keinen Sinn; dann hast du nichts mehr davon.

Regiefehler: jm. unterläuft ein (kleiner/...) **Regiefehler** *form oft iron* · + s.o. slips up slightly, it is a bit of bad management/organisation/... by s.o.
... Dem Protokollchef muß da wohl ein (kleiner) Regiefehler unterlaufen sein. Oder wie ist es zu erklären, daß die Königin mehr als eine Stunde auf die Parlamentsabordnung warten mußte?

Regierung: an die Regierung kommen *Pol* · to come to power, to take office
... Nein, wer an die Macht kommt, kommt nicht notwendig auch an die Regierung. Denke etwa an die Monarchien. Richelieu, Bismarck und andere kamen irgendwann an die Macht; aber es 'regierten' die jeweiligen Könige.

die Regierung niederlegen *form* · to resign office
Stimmt es, daß der Ministerpräsident die Regierung niedergelegt hat? – Ja, er ist gestern abend offiziell zurückgetreten.

Regierungsseite: von Regierungsseite (heißt es/...) *form* · + government sources have stated that ...
Wenn es von Regierungsseite heißt, die Bundesrepublik habe keine Giftgase geliefert, müßte das doch stimmen! – Ich weiß nicht, wer das im Namen der Regierung erklärt hat, aber ...

Regiment: das Regiment führen (in/bei/...) *ugs* · to give the orders (in/at/...) *n*, to make the decisions (in/at/...) *n*, to be the boss (in/at/...), to rule the roost (in/at/...)
Wenn du in dieser Firma etwas erreichen willst, mußt du mit dem Vollberg sprechen. Der führt hier das Regiment. Nominell hat zwar der alte Kerschner noch die Leitung, aber de facto regiert der Vollberg.

ein strenges/straffes/mildes/(...) Regiment führen *ugs* · to be strict/mild/... *n*, to run a tight ship
Nach außen mag es so aussehen, als ob der Chef sehr streng wäre. Aber in Wirklichkeit führt er ein sehr mildes Regiment. Nur wenn es gar nicht anders geht, greift er hart durch.

das Regiment im Haus führen *ugs* · to wear the trousers, to rule the roost
Wer führt bei euch das Regiment im Haus, dein Vater oder deine Mutter? – Meine Mutter. Die regelt und entscheidet alles.

Regionen: (immer/gern/...) in höheren Regionen schweben *oft iron* · to wander off into the clouds, to have one's head in the clouds
... Statt mir die sprachlichen Zusammenhänge präzis zu erklären, erzählte er mir allerhand von Platons Sprachphilosophie, deren bleibendem Wert ... – Er schwebt immer gern in höheren Regionen; sich mit konkreten Tatsachen auseinanderzusetzen, fällt ihm schwer.

Register: ein altes Register *ugs scherzh selten* · to be an old stager, to be an oldster
... Was, dein Vater meint, er sei aus dem Alter heraus, in dem man gern tanzt?! So ein altes Register ist er doch noch nicht!

ein langes Register sein *ugs scherzh selten* – eine (richtige) **Bohnenstange** sein/(lang wie eine Bohnenstange sein) · to be a real beanpole

Register halten *Typ* · to be in register, to register
... Mein Gott, man sieht in diesem Buch jeden Buchstaben auf der Rückseite; und die Buchstaben auf der Vorder- und Rückseite decken sich überhaupt nicht. – Der Satzspiegel ist ein bißchen ungewöhnlich. Aber du hast recht: auch so müßte es möglich sein, Register zu halten.

ein Register ziehen *Orgel* · to pull a stop
... Nein, dasselbe ist es natürlich nicht, ob du Klavier oder Orgel spielst! Die Abstände von einem Ton zum andern sind verschieden, beim Klavier ziehst du keine Register – wenigstens nicht im konkreten Sinn.

alle Register (seines Könnens) ziehen *ugs path* · to pull out all the stops
... Bis zur Pause spielte er zwar gut, aber es war nichts Außergewöhnliches. Aber nach der Pause – ich kann dir was sagen: da zog er alle Register seines Könnens. Das Publikum war hingerissen, fasziniert, einfach weg.

alle Register ziehen/(spielen lassen) *ugs – path* · to pull out all the stops, to go all out
... Wenn er wirklich will, findet der Paul immer Mittel und Wege, um seine Pläne durchzusetzen. Er hat eine Menge Einfluß hier in der Verwaltung, kennt alle möglichen Leute. Du mußt ihn nur dazu bringen, daß er in der Tat alle Register zieht; dann bekommst du den Posten auch.

andere Register ziehen *ugs selten* – andere/(neue/strengere) **Saiten** (mit/(bei) jm.) **aufziehen** · to (start to/have to) get tough with s.o., to resort to other methods/...

Regung: eine menschliche Regung fühlen/(haben) *ugs euphem iron* · 1. to feel a touch of human sympathy, 2. to obey the call of nature
1. Ich kann den Heuchler partout nicht leiden, das weißt du; dafür hat der uns allen zu viel Unrecht angetan. Aber als der Chef ihm gestern mit eiskalter Miene kündigte, fühlte ich doch eine menschliche Regung. Wenn jemand mit 58 Jahren so plötzlich auf der Straße liegt – da muß man einfach Mitleid haben.
2. Was rennt denn der Peter da plötzlich in den Wald? – Er fühlt wohl eine menschliche Regung. – Ach so! Deshalb schlägt er sich seitlich in die Büsche, meinst du.

Reh: anmutig wie ein Reh (sein) *form – path selten* · (to be) as graceful as a gazelle
... Schau mal, die Elli, wie leicht die dahergeht – anmutig wie ein Reh! – Du bist wohl unter die Poeten gegangen, was?!

scheu wie ein Reh (sein) *path selten* · (to be) as timid as a fawn
Die Kathrin ist ungeheuer scheu – wie ein Reh! Es genügt, die Stimme ein wenig zu heben, dann ist sie schon eingeschüchtert. Und wie verlegen sie immer ist!

schlank wie ein Reh (sein) *path selten* · (to be) as slender as a willow
Die Dietlinde ist schlank wie ein Reh! Und wie sie dahergeht: anmutig, flink, grazil.

wie ein gehetztes Reh wirken *path selten* · to seem like a hunted deer *tr*, to be like a mad thing, to panic like an animal at bay
... Wenn man so von allen Seiten angegriffen wird, ist es kein Wunder, wenn man wie ein gehetztes Reh wirkt! Oder meinst du etwa, du würdest dabei die Ruhe in Person haben?

Reibach: (einen) Reibach machen *sal* · to make a killing
... Wenn der Fritz bei dem Geschäft keinen anständigen Reibach macht, interessiert den das nicht. – Und wieviel stellt der sich so vor? – Na, 10 – 15% der Auftragssumme müssen da schon bei rausspringen.

reiben: sich an jm./aneinander reiben *ugs* · to rub each other up the wrong way
(Von zwei Kollegen:) Es scheint einfach nicht möglich, daß, wenn der eine A sagt, der andere auch anstandslos A sagt; wenn schon nicht B, muß er wenigstens A' sein! – Weniger 'mathematisch' ausgedrückt: die beiden reiben sich aneinander/der eine reibt sich an dem andern. Und warum? – Wenn ich das wüßte! Es sind zum Teil sachliche Ge-

gensätze; zu einem guten Teil spielen aber auch persönliche Animositäten oder Gegensätze eine Rolle.

sich an jm./aneinander **wund reiben** *path* · + there is (a lot of/…) friction between them/us/…, they are constantly rubbing each other up the wrong way *coll*

Wenn du mit deinem zweiten Gesellschafter absolut nicht auskommst, zieh' dich zurück! Es hat doch keinen Sinn, daß ihr euch aneinander wund reibt. Der Laden ist es nicht wert, daß ihr eure Nerven in ständigen Auseinandersetzungen ruiniert.

Reibungsflächen: keine Reibungsflächen bieten wollen *form selten* · not to want to cause any friction, not to want to be a source of friction

… Nein, es ist nicht sehr glücklich, wenn ich hier bei euch übernachte, Hansgert. Die Christa würde das bestimmt nicht gern sehen. – Und wenn: das ist doch kein Grund, daß du die teuren Hotels bezahlst. – Doch. Ich will keine Reibungsflächen bieten. Ich will nicht dafür verantwortlich sein, daß es Zwist und Unstimmigkeiten gibt.

reich: reich sein an etw. · to be rich in s.th.

… Dieses Land ist nicht nur reich an Erdöl, mein lieber Franz, es ist vor allem voll von sozialen Spannungen.

Reich: etw. **gehört ins Reich der Fabel** *iron* · to belong to the realms of fantasy

Was sagt der Rudi? Die Bärbel hat 500.000,– Mark im Lotto gewonnen? Das gehört doch wohl ins Reich der Fabel, was?

etw. **ins Reich der Fabel verweisen/verbannen** *iron* · to say that s.th. belongs to the realm of fantasy

… Mein Bruder war doch dabei, als der Schröder sagte, das Geschäft mit Nigeria könne Millionen abwerfen! Und jetzt, wo die Dinge nicht so laufen, wie er meinte, will er das alles ins Reich der Fabel verbannen?

das Reich der Mitte *geh selten* · the Middle Kingdom

Warum nennt man China eigentlich das Reich der Mitte, Papa?

das Reich der Schatten *lit selten* – das **Reich** der Toten · the realm of shades, the underworld

in das/ins Reich der Schatten hinabsteigen *geh selten* – die letzte **Fahrt** antreten · to go on one's last journey

im Reich der Töne ein großer Meister sein/… *path – iron* · to be a maestro/… in the world of music

… Komm', Manfred, halt' deinen Mund! Du magst zwar im Reich der Töne ein großer Meister sein; aber in allem, was nicht Klavierspielen ist, bist du ein ausgesprochener Schafskopf.

das Reich der Toten *lit selten* · the kingdom of the underworld

Nannten die Alten das Jenseits nicht das Reich der Toten? – Ja – aber es war nicht eigentlich ein 'Jenseits'; das Reich der Toten oder auch der Schatten gehörte nach ihrer Anschauung noch zur Welt.

reichen: dicke reichen *ugs* · it/that/s.th. is more than enough

… Aber genügt das auch für euch drei? – Das reicht dicke, Mutti. Da wird sogar noch allerhand übrigbleiben.

weder vorn(e) noch hinten/hinten noch vorn(e)/hinten und vorn(e)/vorn(e) und hinten nicht **reichen** *ugs* – **vorn(e)** und hinten nicht/nicht vorn(e) und nicht hinten reichen/langen/… · it/s.th. is nowhere near enough, it/s.th. is nothing like enough

reichlich: reichlich Brot/Stoff/… **haben** · to have plenty of bread/material/…

… Ah, wir haben noch reichlich Brot! Das reicht dicke bis Montag morgen. Da brauchst du nichts mehr einzukaufen.

mehr als reichlich … · … more than enough …

… Wollen Sie nicht noch ein Gläschen nehmen? – Danke, Herr Willner, ich habe schon mehr als reichlich getrunken …

reicht's: jetzt reicht's (mir/meinem Vater/…) (aber) (langsam/…)! *ugs* · + I've/we've/he's/… had enough, that's the last straw

… Jetzt hat mich dieser Kerl doch schon wieder belogen! Jetzt reicht's mir aber! Das nächste Mal fliegt er raus!

Reichtum: zu Reichtum kommen · to become rich, to make one's fortune

… Als wenn heute jemand nur durch anständige Arbeit zu Reichtum kommen könnte! – Nur durch Arbeit ist doch wohl noch niemand reich geworden, oder?

im Reichtum schwimmen *path selten* – (eher:) **Geld** wie Heu haben · to be rolling in it *coll*

mit etw. **keine Reichtümer erwerben**/gewinnen/verdienen/… **können**/sind keine Reichtümer zu erwerben/gewinnen/verdienen/… · not to be able to get rich on s.th., not to be able to get rich by doing s.th.

Junge, wenn du unbedingt viel Geld verdienen willst, darfst du kein Philologe werden. Mit der Philologie sind keine Reichtümer zu verdienen. Da hast du dein Auskommen, mehr nicht.

Reichweite: (schon längst/…) **außer Reichweite sein** · 1. 2. to be out of range, to be out of reach

1. … Als der Fritz diese unverschämte Bemerkung machte, drehte sich mein Vater um und wollte ihm eine knallen – aber er war schon außer Reichweite. – Er hatte die Reaktion vorhergesehen und war schnell zurückgegangen, nicht?

2. … Als die Polizei dann endlich am Tatort erschien, waren die Diebe natürlich längst außer Reichweite. – Aber die Verfolgung haben sie dann trotzdem aufgenommen? – Nein, das hatte gar keinen Zweck mehr; die waren schon über alle Berge.

in Reichweite sein · to be within reach, to be within range

Meine Wörterbücher müssen (immer) in Reichweite sein, sonst kann ich nicht arbeiten. – Gleich griffbereit? – Ja, oder doch ganz in der Nähe!

in js. **Reichweite**/der Reichweite von jm. **sein** *form oft pron* · to be within s.o.'s reach, to be near at hand

Ach, Gerd, ist der 'Larousse' da in deiner Reichweite? – Ja, er steht hier links auf meinem Tisch. – Kannst du ihn mir mal eben herüberreichen?

etw. **in (seiner) Reichweite haben** *form* · to have s.th. within reach

Ach, Gerd, hast du den 'Larousse' in (deiner) Reichweite? – Ja, er steht hier links auf meinem Tisch. – Reichst du ihn mir mal eben herüber?

etw. **außer Reichweite bringen**/(legen/…) *form* · 1. 2. to put s.th. out of s.o.'s reach

1. Verflixt nochmal, jetzt geht der Kleine doch schon wieder an das Besteck! – Du mußt es außer Reichweite legen. Kleine Kinder gehen nun einmal an alles, wo sie dran können.

2. Sind die Unterlagen zu Hause eigentlich sicher? – Ich glaub' schon. – Geht da niemand dran? Es sind Geheimsachen dabei. – Wenn du absolut sicher gehen willst, mußt du sie außer Reichweite bringen, so daß niemand sie in die Hände kriegen kann.

sich etw. **in Reichweite legen/stellen** *form* · to put/to keep/… s.th. within reach

Leg' dir das Buch, wenn du es ständig brauchst, doch in Reichweite, Junge! Dann brauchst du nicht jedesmal aufzustehen, wenn du etwas nachsehen willst.

außerhalb js. **Reichweite**/der Reichweite von jm. **liegen**/stehen/… *form oft iron* · 1. 2. to be out of s.o.'s reach, to be out of s.o.'s range

1. … Das ist doch selbstverständlich, daß der Junge an alle Sachen geht, die in seiner Reichweite liegen! Das ist eben so bei kleinen Kindern. Du mußt die Dinge, die gefährlich sind oder die kaputt gehen können, also wegtun, so daß er da einfach nicht dran kann.

2. Kann der Kläßner die Papiere nicht unter Umständen lesen? – Nein, die liegen außerhalb seiner Reichweite. Sie sind in dem Geheimschrank bei der Sekretärin des Chefs. Die läßt niemanden da dran.

reif: reif fürs Irrenhaus/für die Ferien/(…) **sein** *ugs* · to be ready for the madhouse/one's holidays/… *tr*

Wer in diesem Intrigantenladen auch nur ein paar Monate arbeitet, ist reif fürs Irrenhaus!

Reife: Früchte/... **zur Reife bringen** *form* · to ripen fruit/...
... Der Wein ist in diesem Jahr sehr zurück! Nur vierzehn Tage oder drei Wochen starke Sonne können den noch zur Reife bringen.

zur Reife kommen *form* · to ripen
... Der Wein ist in diesem Jahr derart zurück! ... – Allerdings. Es ist fraglich, ob er überhaupt noch zur Reife kommt. – Das wäre ja eine Katastrophe, wenn wir den halbreif ernten müßten.

Reifen: **mit quietschenden Reifen durch die Kurve rasen/...** ·
to go/to tear/... into the bend with tyres screaming
Hast du das gesehen – oder besser, gehört: wie der Porsche da mit quietschenden Reifen durch die Kurve ging? 140, 150 Sachen hatte der doch bestimmt drauf. Verrückt, der Kerl!

Reigen: **den Reigen beschließen** (bei etw.) *form veraltend selten* – die **Reihe** beschließen (bei etw.) · to bring up the rear, to close the circle, to close the programme

den Reigen eröffnen (bei etw.) *form selten* – (eher:) den **Auftakt** machen (bei etw.) · to start s.th. off, to set the ball rolling

Reihe: **eine ganze Reihe** ... *ugs* – eine (ganze) **Menge** (2) · a large number of ..., a whole series of ...

in Reih' und Glied antreten/marschieren/stehen/... *form* ·
to line up in formation, to line up in rank and file
... Früher war der Drill in der Schule anders als heute, weißt du. Zu Anfang jeder Turnstunde beispielsweise hatten wir in Reih' und Glied anzutreten – genau wie beim Militär: eine Reihe hinter der anderen, jeder nach seinem Vordermann ausgerichtet.

du hast/er/der Karl hat/... **wohl nicht alle in der Reihe** *sal selten* – nicht (so) (ganz/(recht)) bei **Trost** sein (1) · you/ John/... must be out of your/... mind, you/John/... have/... got a screw loose

das/etw. **kommt (schon/...) wieder in die Reihe** *form* · it/ s.th. will sort itself out/get sorted out/be all right/...
... Natürlich, jetzt wo der Abteilungsleiter krank ist, geht es hier ein bißchen durcheinander. Aber das ist kein Anlaß zur Sorge; das kommt schon wieder in die Reihe! – Wenn der Mann länger krank bleibt, sehe ich nicht, wer das wieder ins Lot bringen soll.

bunte Reihe machen/in bunter Reihe sitzen/sich in bunter Reihe setzen/... *veraltend* · to alternate boys and girls, to pair boys and girls off, to mix the sexes
(Die Dame des Hauses zu einer größeren Zahl jüngerer Gäste, bevor sie ihren Platz einnehmen:) So, und dann schlage ich vor, wir machen bunte Reihe: Junge – Mädchen – Junge – Mädchen ...

eine Reihe von Tagen/Wochen/... *form selten* · a number of days/weeks/..., several days/weeks/...
Auf meiner Reise nach Sizilien habe ich eine Reihe von Tagen in Rom Station gemacht – so zehn, elf Tage, wenn ich mich recht erinnere – und mir alles angesehen, was es an bekannten Sehenswürdigkeiten dort gibt.

eine lange Reihe von Beispielen/Wörtern/... · a long series of examples/words/...
... Diese Grammatik ist wirklich gut gemacht; auch der Dümmste muß da die Regeln verstehen. Nach jeder Erklärung folgt eine lange Reihe von Beispielen – fünf, zehn, manchmal mehr ...

an der Reihe sein – dran sein · + it is s.o.'s turn, s.o. is next

ganz/völlig/... **aus der Reihe sein** *ugs selten* – (ganz/völlig/...) **durcheinander** sein (2; u.U. 1) · to be completely/... flustered, to be out of it

nicht (so richtig/...) in der Reihe sein *ugs selten* – sich (nicht) (richtig/...) (wieder) in **Schuß** fühlen · to be out of sorts

außer der Reihe drankommen/bedient werden/... · to be served out of turn, not to have to wait one's turn
(Eine Kundin ärgerlich zu der Verkäuferin, als eine andere Kundin sich vordrängt:) Warum wird denn diese Dame außer der Reihe bedient? Wir stehen alle hier seit einer halben Stunde und warten, bis wir drankommen. Hat diese Dame Sonderrechte, daß Sie sie sofort drannehmen?

in der Reihe der Ehrengäste/Professoren/Stars/... *form selten* · among the ranks of the guests/professors/...
... Zu dem Gastvortrag des bekannten Lyrikers waren auch zahlreiche Persönlichkeiten des öffentlichen Lebens erschienen. In der Reihe der Politiker sah man u.a. den Bayrischen Ministerpräsidenten und den Münchener Oberbürgermeister; unter den Diplomaten fiel der spanische Botschafter durch seine sachkundigen Bemerkungen in der anschließenden Diskussion auf ...

(immer hübsch/...) **in der Reihe bleiben/**stehen/... · to remain in the queue, not to jump the queue
(Eine Kundin ärgerlich zu einem Jungen, der sich vordrängt:) Nun bleib' du auch mal schön hübsch in der Reihe, mein Lieber! Oder meinst du, du hättest hier Vorrechte? Wir müssen schließlich auch alle warten, bis wir drankommen.

in einer Reihe stehen/antreten/... · to line up, to stand in line
Während unsere ganze Gruppe da so in einer Reihe vor dem Offizier stand, wanderten seine Blicke von einem zum andern, und fast ein wenig schelmisch fragte er: »Nun einmal heraus mit der Sprache! Wer von euch hat den Angriff in die feindlichen Pflaumenbäume da gestartet? Solche Beschwerden kommen doch nicht ohne jeden Grund!«

die Reihe ist an jm., etw. zu tun *form* · now it is s.o.'s turn to do s.th.
Ich hab' jetzt für den Heinz alles getan, was ich tun konnte; und er hat die Stelle ja auch bekommen. Jetzt ist die Reihe an ihm zu zeigen, daß er arbeiten und mit Menschen umgehen kann. Meine Rolle ist jetzt zu Ende.

die Reihe beschließen (bei etw.) *form* · to give the final performance/...
Der Peter kommt heute abend bei dem Klavierspielen als erster dran. – Und wer beschließt die Reihe? – Der letzte ist ... Moment ... der Axel, Axel Heupert.

jn./etw. **(wieder) in die Reihe bringen** *ugs selten* · 1. to put s.o./s.th. right again, 2. to repair s.th., to get s.th. going again
1. Jetzt bin ich diese ewigen Magenprobleme satt, jetzt gehe ich doch mal zum Arzt! Mal sehen, ob der mich/das wieder in die Reihe bringt.
2. vgl. – etw. (wieder) in **Schuß** bringen (3)

die Reihe eröffnen (bei etw.) *form* – (eher:) den **Auftakt** machen (bei etw.) · to start s.th. off

die Reihe der/mehrerer/... **eröffnen** *form* · to be the first of several ..., to open a series of ...
... Der Außenminister eröffnete die Reihe der Ansprachen. Dann folgte der Minister für die gesamtdeutschen Beziehungen, danach ...

aus der Reihe fallen *selten* · to step out of line
Ich weiß nicht, warum der Edmund immer aus der Reihe fallen muß! Wenn alle im dunklen Anzug kommen, braucht er doch da nicht mit einer hellgrauen Hose und beigen Jacke zu erscheinen!

die Reihe herum gehen/fragen/... · 1. to pass (s.th.) around, to go the rounds, to go around, 2. to go along the line
1. ... Herrlich, die Fotografien! Ganz herrlich! Laß sie doch die Reihe herumgehen, Franz. So ausgezeichnete Bilder wird sich jeder hier am Tisch gern in Ruhe ansehen wollen.
2. ... Unsere ganze Klasse mußte auf den Hof heraustreten und sich in einer langen Reihe aufstellen, und dann gingen die beiden Polizisten die Reihe herum und fragten jeden einzelnen, ob er was von dem Diebstahl wüßte.

an die Reihe kommen – drankommen · + to be s.o.'s turn

aus der Reihe kommen *selten* · to get out of order, to be thrown into disorder, to be messed up *coll*
Eure Eltern waren eine Woche in Bayern, nicht? Hat es die Gerda denn geschafft, eure Mutter zu ersetzen? – Nein. Der ganze Haushalt ist aus der Reihe gekommen. Das Geschirr stand immer ungespült herum, gegessen wurde zu den unmöglichsten Zeiten, die Betten ...

ganz/… **aus der Reihe kommen** *ugs selten* – (ganz)/(sehr/ ziemlich/…) durcheinanderkommen (mit jm./etw.) (1) · to get mixed up, to get muddled up, not to be able to make s. o. out

(wieder) in die Reihe kommen *ugs selten* · 1. to get back on one's feet again, 2. it/s. th. will be all right
1. vgl. – (wieder) in **Schuß** kommen
2. vgl. – das/(etw.) wird schon wieder/… in **Ordnung** kommen/gehen

etw. nicht auf die Reihe kriegen/bringen *ugs* · not to be able to crack it/work it out
Könntest du mir bitte helfen, meine neue Grafikkarte in den Computer einzubauen? Ich glaube, ich krieg' das allein nicht auf die Reihe.

(j. wird) etw. (schon/…) (wieder) auf die Reihe kriegen/ bringen *ugs* · s.o. will crack it, s.o. will get through/pass/… an examination/… *n*
… Komm', jetzt sieh mal nicht so schwarz! Du wirst dein Examen schon auf die Reihe bringen! Du bist doch fit in der Materie! Du mußt nur die Ruhe bewahren, dann wird es schon klappen!

(schön/hübsch/…) der Reihe nach · 1. excuse me, there's a queue here *coll*, there is a queue, you know *coll*, 2. one by one please, one at a time please
1. (Ein Herr in einer Schlange/Reihe ärgerlich zu einem Mädchen, das sich vordrängt/vorpfuschen will:) Auch für Sie, mein Fräulein, gilt: hübsch der Reihe nach! Wir würden alle gern eher drankommen!
2. vgl. – immer (schön/hübsch/…) der **Reihe** nach!

immer (schön/hübsch/…) **der Reihe nach!** · one by one please, one at a time please *coll*
(Der Busfahrer zu den draußen drängenden Fahrgästen:) Nun drängen Sie doch nicht so! Immer der Reihe nach! Es kommt jeder herein. Es gibt Platz genug. Einer nach dem andern!

eine Reihe schließen/(abschließen) *form* · 1. to bring up the rear, 2. to give the final performance/…
1. Vor der Theaterkasse stand eine riesige Schlange/(Reihe). Ganz vorn sah man einige ältere Damen; dann kam eine Gruppe von Männern und Frauen im mittleren Alter; und eine Trupp Studenten schloß die Reihe/stand am Ende.
2. vgl. – (eher:) die **Reihe** beschließen (bei etw.)

in einer Reihe mit jm. **stehen** *form selten* – auf der gleichen/ derselben **Ebene** stehen (wie j./mit jm.) · to be on the same level as s.o., to be on a par with s.o.

jn. mit jm. **nicht in eine Reihe stellen können** *form selten* · not (to be able) to compare s.o. with s.o., not (to be able) to put s.o. on a par with s.o.
… Die Cornelia ist eine gute Schwimmerin, einverstanden. Aber mit der Albertina kann man sie nicht in eine Reihe stellen – die ist noch eine Klasse besser.

aus der Reihe tanzen/(fallen) *ugs* · (s.o. always wants) to be different *n*, to step out of line
(Der Lehrer zu Beginn eines Klassenausflugs:) Alle haben sich an die Anordnung gehalten, höchstens zwei Kilo Gepäck mitzubringen. Nur der Willy Haupt muß mal wieder aus der Reihe tanzen. Erscheint der doch da mit einem riesigen Rucksack …

aus der Reihe treten *form* · to step forward, to step out of line
Heute beim Appell tritt plötzlich der Böckelmann aus der Reihe und bittet ums Wort. »Was gibt's?«, fragt der Offizier erstaunt, »warum treten Sie hervor?« …

in Reihen zu (je) **vier/sechs/…** (Personen/Soldaten/…) **antreten/marschieren/…** *form* · to line up/… in rows of two/ three/…
(Ein Vater zu seinen Kindern; aus seiner Schulzeit:) Wir mußten uns früher noch vor der Schule aufstellen – in Reihen zu (je) vier (Schülern)! Das könnt ihr euch wahrscheinlich gar nicht mehr vorstellen! …

Verräter/Anstifter/… in den eigenen Reihen (haben) *path* · to have a traitor/troublemaker/… in one's ranks/in one's midst
… Leider haben wir es nicht nur mit dem äußeren Feind zu tun! Viel mehr noch machen uns die inneren Feinde zu schaffen – jene Verräter in den eigenen Reihen, die die Ehre unserer Armee in den Schmutz ziehen! …

in geschlossenen Reihen kämpfen/marschieren/… *form* · to march/to fight/… in close ranks
… In geschlossenen Reihen griffen sie den Feind an/liefen sie zum Feind über/… und nicht etwa vereinzelt oder ein Grüppchen, dort ein Grüppchen …

in die Reihen der Terroristen/… **eintreten** *form* – *path selten* · to join the ranks of the terrorists/…
Wenn du einmal in die Reihen der Drogenhändler eingetreten bist, kommst du da so schnell nicht wieder heraus! – Das ist doch bei allen 'Banden' so: das Problem ist nicht: wie herein?, das Problem ist: wie heraus?

die Reihen lichten sich · 1. the audience is thinning out, 2. the ranks are thinning
1. (Gegen Ende einer größeren Karnevalsfeier; eine Frau zu ihrem Mann:) Es wird spät, Reinhard. Du siehst, die Reihen fangen an sich zu lichten. Viele Leute gehen bereits nach Hause. In einem halbleeren Saal macht's keinen Spaß; komm', wir gehen auch.
2. … Der Angriff der feindlichen Truppen erfolgte mit unerwarteter Härte. Auf unserer Seite fiel eine erschreckend große Zahl von Soldaten, sodaß sich die Reihen rasch lichteten und viele Einheiten bald völlig aufgerieben wurden. *mil*

die Reihen schließen *form* · 1. to close ranks, 2. to move closer together
1. Rücken Sie bitte zusammen, meine Damen und Herren! Es gibt so viele Lücken in der Mitte der einzelnen Bänke. So finden die Herrschaften, die noch kommen, keinen Sitzplatz. Also, bitte, schließen sie die Reihen.
2. Meine Damen und Herren, ich bitte höflich, die Reihen zu schließen. Wenn alle so verstreut stehen, finden die Nachfolgenden keinen Platz mehr hier im Foyer. *seltener*

Reihenfolge: in bunter Reihenfolge (sah man Darbietungen/…) *selten* – in bunter **Folge** (sah man Darbietungen/…) · in no particular order, all jumbled up

in zwangloser Reihenfolge (erscheinen/…) *selten* – in zwangloser **Folge** (erscheinen/…) · to list s.th./… in no particular order

reihenweise: reihenweise den Saal verlassen/bestraft werden (in der Schule/…)/… · 1. to punish/… a class en masse, 2. to leave/… the room/… in large numbers, to leave/… the room/… by the dozen
1. (Ein Vater zu einem Lehrer:) Ach, und wenn Sie nicht sicher sind, wer gestört hat und wer nicht, bestrafen Sie die Schüler gleich reihenweise? – Herr Bohnert, ich muß Ordnung in die Klasse bringen, und da läßt es sich manchmal leider nicht vermeiden, daß man auch mal eine ganze Reihe zusammen bestraft. – Sehr gerecht! …
2. (Aus einer Zeitungsnotiz:) Der Vortrag war derart langweilig, daß die Zuhörer schon mehr als eine Viertelstunde vor Schluß das auditorium maximum reihenweise verließen.

Reiher: kotzen wie ein Reiher *vulg* · to puke one's guts up *sl*, to puke one's ring *sl*, to heave like a heron *para*, to pebble-dash the porcelain *sl*, to toss one's cookies *sl*
Der Franzl hat sich gestern abend vielleicht übergeben, so was habe ich überhaupt noch nicht erlebt. Habt ihr den blau gemacht? – Nicht, daß ich wüßte, Helga. – Nun tu doch nicht so, Willi! Der kotzt doch nicht ohne Grund wie ein Reiher!

scheißen wie ein Reiher *vulg selten* · to have a bad case/ dose/… of the shits
So einen Durchfall wie vorgestern abend hab' ich mein ganzes Leben noch nicht gehabt. Ich hab' geschissen wie ein Reiher, sag' ich dir. – Und das alles nur, weil der Fisch nicht in Ordnung war? – Nur?

Reim: auf etw. **keinen Reim (mehr) finden können** ugs selten – sich keinen/(einen) **Reim** auf etw. **machen können** (1; u. U. 2) · not to be able to make s. th. out/to make head or tail of s. th./...

sich so seinen Reim auf etw. **machen** ugs · to put two and two together, to draw one's own conclusions from s. th. n

... Früher erschien er jede Woche ein, zwei Mal, jetzt hatte er sich schon über einen Monat nicht mehr sehen lassen. ... Sie machte sich so ihren Reim darauf. .Für ein 'brennendes Interesse' sprach das nicht gerade ...

sich keinen/(einen) Reim auf etw. **machen können** ugs · 1. 2. (not) to be able to work out what s. th. means/what is going on/... n, not to be able to make head or tail of s. th., not to be able to see rhyme or reason in s. th.

1. ... Was sich der Axel in den letzten Monaten leistet, das ist wirklich schwer zu verstehen. Darauf können wir uns auch keinen Reim mehr machen. – Wenn schon seinen besten Freunden unverständlich ist, was er macht, was sollen dann Außenstehende erst sagen?

2. ... Nein, auf diese neuen Verfügungen kann ich mir auch keinen Reim machen. Ehe ich keine näheren Unterlagen dazu habe, sind die für mich genau so unverständlich und dunkel wie für Sie.

etw. in Reime bringen pej · to make s. th. rhyme, to put s. th. into rhyme

... Das ist doch wohl nicht dasselbe, Peter, dichten oder einen gegebenen Text in Reime bringen!

Reime drechseln ugs pej – **Verse** machen · to write verse, to versify

Reime machen – **Verse** machen · to write verse, to versify

Reime schmieden ugs iron – **Verse** machen · to make rhymes, to versify

reimt: das/etw. **reimt sich nicht** (zusammen) (für jn.) ugs · it/s. th. does not make sense n, it/s. th. doesn't hang together, it/s. th. does not add up

... Erst mit der Gaby ausgehen und dann schlecht über sie sprechen – nein, das reimt sich nicht. Entweder mag ich ein Mädchen – dann kritisiere ich es nicht öffentlich; oder ich gehe mit ihm nicht aus.

Rein-(und)-Raus-Spiel: das **Rein-(und)-Raus-Spiel treiben/ spielen** sal Neol – (eine Partie) **Lochbillard** spielen · to do the old in and out

reinbeißen: (so richtig/...) **zum Reinbeißen sein/aussehen** · 1. to look tempting, 2. to look good enough to eat

1. ... Ah, was sind das Äpfel! So richtig zum Reinbeißen! Saftig, knackig, voller Geschmack! ugs

2. Die Erika, das ist ein Mädchen zum Reinbeißen! – Aber Herbert! – Ja, was ist denn? Ich sag' doch nur, was stimmt. sal

reindrücken: jm. etw. **reindrücken** ugs · 1. not to let s. o. forget s. th. n, to keep reminding s. o. of s. th. n, to impress on s. o. that ... n, 2. to rub s. o.'s nose in it often: he doesn't have to/you don't have to rub my/his/... nose in it, to rub it in that ...

1. Mein Schwiegervater läßt keine Gelegenheit aus, mir reinzudrücken, daß seine Tochter eigentlich viel zu gut für mich ist.

2. vgl. – jm. etw. unter die **Nase** reiben

reine: etw. **(wieder) ins reine bringen** · 1. to sort s. th. out, to put a matter right, 2. to clear s. th. up

1. Es scheint, der Axel eine scharfe Auseinandersetzung mit seinem Abteilungsleiter – dem Herrn Reiher – gehabt. Jetzt weiß er nicht, wie er aus der Sache herauskommen soll. Könntest du das nicht ins reine bringen? Du bist mit dem Reiher doch seit Jahren befreundet. – Na gut, weil's der Axel ist! Ich sprech' mit dem Paul Reiher. Das kommt schon wieder in Ordnung.

2. ... Die ganze Situation ist völlig verfahren. Der eine behauptet dies, der andere jenes; niemand vertraut dem anderen mehr. Ich weiß nicht, wer das wieder ins reine bringen soll.

(wieder) ins reine kommen (mit jm. über etw./mit etw.) – **(wieder) ins reine/(klare) kommen** (mit jm. über etw./mit etw.) · to get s. th. straightened out with s. o., to get s. th. sorted out with s. o.

mit etw. (nicht) ins reine kommen form · 1. (not) to come to grips with s. th., (not) to sort s. th. out, 2. (not) to be able to fathom s. th., (not) to be able to make sense of s. th.

1. Der Hubert ist heute so reizbar ... – Er kommt offensichtlich mit seiner Seminararbeit nicht ins reine. – Ist das Thema zu schwer?

2. Mit diesen Klauseln komme ich einfach nicht ins reine. Einerseits steht da ...; doch in einem anderen Paragraphen liest man dann ... Was gilt denn da nun? Ich verstehe das nicht.

mit sich (selbst) ins reine kommen form · to sort things out in one's own mind, to sort things out with oneself

... Solange er mit sich selbst nicht ins reine kommt, kann er nicht erwarten, daß die menschlichen Beziehungen in der Familie, im Beruf klappen. Erst muß er zusehen, daß er in seinem eigenen Innern für Ordnung sorgt, sich über sich selbst klar wird.

einen Aufsatz/... **ins reine schreiben** Schule u. ä. · to write a fair copy of s. th., to write s. th. out neatly

Schreibst du erst ins Konzept oder sofort ins reine? – Sofort den definitiven Text.

Reinemachen: es ist/in einem Amt/... **großes Reinemachen** ugs · there is a big/... clean-out/a purge/... going on in a department/...

... Wenn die CDU nach achtjähriger SPD-Herrschaft ans Ruder kommt, ist natürlich in allen möglichen Ministerien und Ämtern großes Reinemachen. Die SPD hat seinerzeit auch Hunderte von Leuten in die Wüste geschickt, um ihre Parteifritzen dahinzusetzen!

reinen: mit jm. **(wieder) im reinen sein** · 1. 2. to have got things sorted out with s. o., 2. to have got things straightened out with s. o.

1. ... Ja, mit der Ingrid bin ich wieder im reinen. Wir haben uns gestern ganz offen ausgesprochen; die Mißverständnisse sind alle ausgeräumt.

2. Wie ist das mit dem Vertrag! Bist du mit dem Klausner im reinen? Oder gibt es immer noch einige Punkte, die ihr klären müßt?

mit sich selbst im reinen sein · to have sorted things out in one's own mind, to be clear about things in one's mind, to be at odds with oneself neg

(Der Vater zu seiner Tochter:) Wenn du mit dir selbst im reinen bist, Gretl, dann ist's gut. Kritik und Vorwürfe der anderen, Schwierigkeiten ..., das ist alles nebensächlich, wenn du keine Zweifel an dir selbst hast.

Reinfall: etw. **ist ein Reinfall** ugs – in die **Hose** gehen (1) · s. th. is a flop

reinfallen: auf jn./etw. **reinfallen** ugs – auf etw. **hereinfallen** · to fall for s. o./s. th., to be taken in by s. o./s. th.

reinfliegen: (mit etw.) **reinfliegen** ugs · to be (really/well and truly/...) taken for a ride sl

Mit seinem neuen Wagen ist der Alfred ja jämmerlich reingeflogen! Er hat eine Reparatur nach der andern. – Ja, da haben dem da 'ne Kiste angedreht ...

reingewürgt: (anständig/...) **einen reingewürgt kriegen** (von jm.) sal · to get a right/... bollocking vulg

Der Dornkirch hat gestern von dem Chef anständig einen reingewürgt gekriegt. Der Chef hat ihm u. a. gesagt, wenn er nochmal der Konkurrenz irgendeine Nachricht zukommen lasse, müsse er mit seiner Entlassung rechnen. Und das in einem Ton, sag' ich dir!

reinhängen: sich in etw./da **reinhängen** ugs – (eher:) sich in etw./da **reinknien** · to (really/...) get stuck into s. th.

reinhauen: jm. **eine reinhauen** sal · 1. to clock s. o. one, 2. to give s. o. a right/... bollocking/roasting/...

1. vgl. – jm. eine **Ohrfeige** geben

2. vgl. – jm. eine/einen/eins/(etw.) vor den **Latz** knallen/(hauen/ballern/donnern) (2)

reinhören: mal kurz/... **reinhören** · to listen in on a lecture/...

(Ein älterer Dozent:) Sitten sind das heute! Mitten in der Vorlesung geht plötzlich die Seitentür des Hörsaals auf, eine hübsche junge Dame hört drei, vier Sekunden rein ... – der Stoff scheint sie nicht gerade zu fesseln, denn so plötzlich, wie sie aufgegangen ist, geht die Tür auch wieder zu, und ich kann ungestört weiterreden.

Reinigung: etw. **in die Reinigung geben** · to have s.th. dry-cleaned
Wascht ihr eure Wäsche zu Hause oder gebt ihr sie in die Reinigung?

reinknallen: jm. **eine reinknallen** *sal* – jm. eine **Ohrfeige** geben · to belt/to wallop/to thump/… s.o.

reinknien: sich in etw./da **reinknien** *ugs* · to (really/…) get stuck into s.th.
… Natürlich ist das nicht leicht, sich mit 50 Jahren in eine völlig neue Materie einzuarbeiten! Aber unser Vater hat Energie und Durchhaltevermögen; du wirst sehen, der wird sich da anständig reinknien und nach ein paar Monaten macht er allen anderen was vor.

reinkommen: in etw. **wieder/… reinkommen** *Beruf/Sprache o.ä.* · to get back into s.th.
… Wie war's in England? – Sehr schön! Aber ein paar Tage habe ich schon gebraucht, um wieder in die Sprache reinzukommen.

reinkriechen: jm. **hinten reinkriechen** *vulg* – (euphem für:) jm. in den **Arsch** kriechen · to brown-nose, to lick s.o.'s arse

Reinkultur: etw. **in Reinkultur (sein)** *ugs* · 1. to be pure sentimentality/…, to be unadulterated sentimentality/…, 2. to be one hundred per cent Portuguese/…, to be a musician/… through and through, to be an out-and-out conservative/socialist/…, to be a gentleman/… through and through
1. … Meine Güte, das ist ja Sentimentalität in Reinkultur, was die hier bieten! Solche schmalzigen/gefühlsduseligen/sentimentalen Lieder kann man heute doch nicht mehr hören, ohne ironisch zu reagieren.
2. vgl. – (eher:) etw. **durch** und durch sein/ein durch und durch … sein/ein … durch und durch sein (3, 4, 5, 6)

reinlangen: jm. **eine reinlangen** *sal* – jm. eine **Ohrfeige** geben · to clout s.o.

reinlegen: jn. **reinlegen** *ugs* · 1. 3. to put one over on s.o., to pull a fast one on s.o. *sl*, 1. to trick s.o., 2. 3. to take s.o. for a ride *sl*, 2. to swindle s.o., 3. to fiddle s.o.
1. … Jetzt hat der Oskar den Jürgen schon wieder reingelegt! – Der Oskar pokert seit 15 Jahren, mein Lieber. Das ist ein Profi. Gegen dessen Tricks kommt der Jürgen natürlich nicht an.
2. Das ist regelrecht gemein, wie der Mollberg die Leute reinlegt. Der dreht denen eine miserabel gebaute Etagenwohnung nach der anderen mit den übelsten Tricks an.
3. vgl. – jn. (ganz schön/mächtig/anständig/…) übers **Ohr** hauen

reinpfeifen: sich ein Bier/einen Joint/eine Dröhnung/einen Mann **reinpfeifen** *sal Neol* · to have/to knock back/… a beer/…, to have a fix/a toke/a man/…
Jetzt werd' ich mir erstmal zur Feier des Tages ein paar Bierchen reinpfeifen.

reinreißen: jn. **reinreißen** *ugs* – jn. **reinreiten** · to land s.o. in it, to get s.o. into a mess, to get s.o. in shtook

reinreiten: jn. **reinreiten** *ugs* · to land s.o. in it, to get s.o. into a mess, to get s.o. in shtook
… Andauernd versucht dieser entsetzliche Kerl, seine Kollegen durch irgendwelche Intrigen reinzureiten. Es macht ihm einen geradezu diabolischen Spaß, wenn andere Leute 'am dransten' sind.

sich (mit etw.) (aber) (ganz) **schön**/ziemlich/… **reinreiten** *ugs* – sich (mit etw.) (bei jm.) (aber) (ganz) (schön) in die **Nesseln** setzen · to (really/…) land o.s. in it (with s.th.)

reinriechen: (nur) (**mal kurz**/… **da**/…) **reinriechen** *ugs* · to get a whiff of s.th., to get a taste of s.th.
… Was erzählst du da?: der Alfons ist Diplomat?! Der hat in den diplomatischen Dienst (mal kurz) reingerochen! Ganze drei Monate war er im deutschen Botschaft in Athen beschäftigt …

Reinschiff: Reinschiff machen *Seemannspr* · to clean the decks thoroughly, to swab the decks
Ist euer Schiff eigentlich richtig sauber, wenn ihr Reinschiff gemacht habt? – Sauberer als deine Bude, mein Lieber!

reinschlagen: jm. **eine reinschlagen** *sal* – jm. eine **Ohrfeige** geben · to clock s.o. one, to clout s.o.

reinsemmeln: jm. **eine(n) reinsemmeln** *sal selten* · 1. to clout s.o. one, to put one on s.o., to sock s.o., to biff s.o. 2. to get even with s.o.
1. Als der Paul heute morgen den Johannes zum dritten oder oder vierten Mal dumm angelabert hat, hat der Johannes ihm eine reingesemmelt, daß er umgefallen ist wie ein nasser Sack.
2. Dafür, daß der Fritz mich bei unserem Pauker verpfiffen hat, werde ich ihm noch eine reinsemmeln. Das werd' ich ihm bei passender Gelegenheit heimzahlen.

reinste: j. **ist der reinste** Glückspilz/Angeber/Neger/… *ugs* · to be an out-and-out liar/…, to be a downright liar/…
Dieser Moßbach, das ist der reinste Angeber! Behauptet der doch in der Tat, er spräche Französisch und Englisch wie Deutsch!

reinstecken: es jm. **vorn(e) und hinten/hinten und vorne reinstecken** *sal* · to bombard s.o. with presents/…
… Ja, ja, der Werner kann sich vor Geschenken und Zuwendungen kaum noch retten; die stecken es ihm geradezu hinten und vorne rein. Aber er wird sich nicht bestechen lassen, da bin ich sicher.

reintreten: jn./jm. **hinten reintreten** *sal* – jm. einen **Tritt** in den Arsch geben (1) · to boot s.o. up the arse, to kick s.o. up the arse

rein(-zu-)waschen: (versuchen/…) jn. **rein(-zu-)waschen** *ugs* – (versuchen/…) jn. **weiß (zu) waschen** · to (try to/…) clear s.o., to (try to/…) clear s.o.'s name

sich von jeder Schuld/allem Verdacht/… **reinwaschen** (wollen/…) *ugs* · to (try to/…) clear o.s. of suspicion/… n
… Wenn man doch mal einen einzigen dieser Nazileute sähe, der sich nicht von aller Schuld reinzuwaschen suchte! – Die Schuld liegt bekanntlich immer bei den andern oder bei den Umständen.

reinwürgen: jm. (**anständig**/…) **einen** (eine/eins) **reinwürgen** *sal* · to give s.o. a real/… bollocking *vulg*
Der Chef hat dem Dornkirch gestern anständig einen reingewürgt. In eiskaltem Ton hat er ihm klargemacht, daß er mit seiner Mitteilung an die Konkurrenz das Firmeninteresse verraten hat und bei der geringsten neuerlichen Verfehlung entlassen wird.

reinziehen: sich eine Flasche Champagner/eine anständige Käseplatte/… **reinziehen** *ugs selten* – sich etw. zu **Gemüte** führen · to knock back/to down/… a bottle of champagne, to put away/to polish off/to animalise/… a cheese platter

Reis: ein neues Reis am alten Stamm *form* – *path veraltend selten* · new blood, a scion on an old tree *para*
… Erst haben sie mit allen Mitteln zu verhindern versucht, daß der Prinz eine Bürgerliche heiratet, und jetzt heißt es plötzlich, das wäre eine erwünschte Blutauffrischung in einer uralten Familie – ein neues Reis am alten Stamm.

Reise: die/seine letzte Reise antreten (müssen) *path od. euphem veraltend selten* · 1. to enter on one's last journey, to (have to) go to meet one's maker, 2. to give up the ghost
1. … Martha, es ist zu Ende – diese Sache ist unheilbar. Noch ein paar Monate, und dann habe ich die letzte Reise anzutreten. – Konrad, sprich nicht so! – Auch dem Tod muß man ins Auge sehen, Martha …
2. vgl. – (eher:) seinen/den **Geist** aufgeben (2)

auf die große/letzte Reise gehen (müssen) *path od. euphem veraltend selten* · 1. to go to meet one's maker, 2. to breathe one's last, to give up the ghost
1. vgl. – (eher:) die letzte **Reise** antreten (müssen) (1)
2. vgl. – (eher:) seinen/den **Geist** aufgeben (2)

schon wissen/ahnen/…, **wohin die Reise geht** *ugs* · 1. 2. to know/to sense/… what s.o. is getting at, 1. to know/to sense/… what s.o. is up to, 2. to know/to sense/… what s.o. is driving/playing at
1. … Ach, ich weiß schon, wohin die Reise geht! Erst bittet er mich, ihm für eine Woche zu helfen. Aber dann dauert es einen Monat und er macht auf Moral: »Du kannst mich doch jetzt nicht hängen lassen, mitten in der Arbeit …«. So ist das doch immer.

2. Machst du dir eine Vorstellung, worauf er in seinem Plädoyer hinauswill? – Ich ahne, wohin die Reise geht. Er will das Gericht langsam, aber sicher an den Gedanken gewöhnen, daß der Angeklagte geheime Beziehungen zur Terroristenszene hat.

jn./(etw.) auf die Reise schicken *Sport* · to start s. o./s. th. off
Das ist schon lustig, wenn die bei so einem Marathonlauf/Motorradrennen/... einen Läufer/(eine Maschine)/... nach dem/der anderen auf die Reise schicken!

eine Reise ins Ungewisse (sein) · (s. th. is) a journey into the unknown
... Ach, wissen Sie, Frau Hellmer, ein Berufswechsel ist immer eine Reise ins Ungewisse. Man gibt Bekanntes auf – Menschen und Dinge, die einem vertraut geworden sind; und man weiß doch nie genau, was einen stattdessen erwartet.

reisefertig: reisefertig sein *form* · to be ready to go
... Also, können wir losfahren, seid ihr alle reisefertig? Oder fehlt noch was?

Reisefieber: Reisefieber haben *ugs* · to have travel nerves *n*, to be excited before a journey *n*
... Die letzten Nächte vor der Abreise schläft sie immer schlecht! – Wie, nach so vielen Reisen hat die Sonja immer noch Reisefieber? – Genau so wie vor der ersten Reise!

reisen: zu Pferd/Land(e)/Wasser/... **reisen** *form veraltend selten* · to travel by land/sea/...
... Früher, sinnierte sie, 'reiste' man zu Pferd oder zu Lande – man ritt oder fuhr mit der Kutsche – oder aber zu Wasser – über die Flüsse, Seen, Meere. Heute 'fährt' man mit dem Auto, der Bahn, dem Schiff oder dem Flugzeug. Früher zählte die Reise selbst, heute das rasche Ankommen.

Reisen: auf Reisen sein · 1. to be away (on one's travels), 2. to be/to go/... away on a trip
1. Der Jupp ist nicht da? – Nein, er ist auf Reisen. Er ist für fünf Wochen nach Kanada.
2. Beruflich ist der Udo viel auf Reisen; aber privat fährt er kaum weg.

auf Reisen gehen · to travel (a lot/...)
... Wenn man so viel auf Reisen geht wie du, muß man sich zu Hause ja fast wie ein Fremder vorkommen!

Reißaus: Reißaus nehmen *ugs* – sich aus dem **Staub(e)** machen (1; u. U. 2) · to hop it, to take to one's heels, to scarper

reißen: die Führung/die Macht/... **an sich reißen** *path* · to seize power/..., to usurp/... power
... Der Schaumberg hat die Führung seiner Partei nicht übernommen, Gerd, der hat sie an sich gerissen! Gewaltsamer und mit unschöneren Methoden geht es doch gar nicht!

sich um jn./etw. **reißen** *path* · to scramble for s. th., to fight for s. th.
... Die haben sich da um die letzten Eintrittskarten gerissen, als wenn es um eine Fahrkarte ins Paradies ginge!

das Reißen haben *form veraltend selten* · to have rheumatism, to have pains in one's joints
... Das ist schon eine sehr unangenehme Geschichte, wenn du in allen möglichen Gliedern das Reißen hast! – Daß die gegen Rheuma aber auch kein Heilmittel finden!

Reißer: ein Film/... **ist ein** (richtiger/...) **Reißer** *ugs* · a film/... is a (real/...) smash hit
Der 'Terminator II' ist ein richtiger Reißer. Das ist wirklich ein Kassenschlager ersten Ranges.

Reißwolf: jn. (regelrecht/...) durch den Reißwolf drehen *sal* · 1. to (really/...) put s. o. through it/through the mill/through the wringer/..., 2. to put s. o. through his paces
1. vgl. – jn. (regelrecht/...) durch den **Wolf** drehen
2. vgl. – (eher:) jn. (regelrecht/...) durch die **Mühle** drehen

Reitsitz: im Reitsitz sitzen (auf etw.) · to sit astride a wall/...
Wenn die Christa da auf der Gartenmauer so im Reitsitz sitzt und mit ihren Freunden schäkert, könnte ich jedesmal laut lachen.

Reiz: etw. hat für jn. (absolut/partout/...) **keinen/... Reiz** · s. th. does (not) appeal to s. o. (at all/...)
... Nein, für mich hat das Golfspiel partout keinen Reiz! Ich wüßte auch nicht, was daran so interessant sein soll.

den prickelnden Reiz des Ungewohnten/der Gefahr/der Neuheit/... fühlen/empfinden/... *path* · to feel/to experience/... the thrill of the unusual/danger/..., to feel/to experience/... the lure of the unknown
Ist der prickelnde Reiz des Neuen und Ungewohnten nicht eine der größten Verlockungen des Fernsehens?

einen prickelnden Reiz verspüren/auf jn. **ausüben/...** *ugs – path* · to experience a thrill, to have/to experience/... a tingling sensation
... So, so, flachste/ulkte der Onkel, als er das hörte, einen 'prickelnden Reiz' verspürtest du, als du das erste Mal in die gemischte Sauna gingst, so, so ...! – Ja, du etwa nicht?, gab sein Neffe leicht pikiert zurück. – Ich erinner' mich nicht mehr, ob es prickelte, lachte er, aber Reiz natürlich schon ...

e-r S. keinen Reiz abgewinnen können · + s. th. has no appeal for s. o.
... Ich verstehe gar nicht, was die Leute dabei so schön und interessant finden. Ich kann dem Fußballspiel jedenfalls keinen Reiz abgewinnen. Welch einen Witz soll es haben, wenn da einer einen Ball wegschießt und 21 dahinterherlaufen?

einen starken/großen/... Reiz auf jn. **ausüben** *form* · to fascinate s. o., to hold a great attraction for s. o.
... Venedig hat schon immer einen sehr starken Reiz auf mich ausgeübt. Aber ich hatte nie die Zeit, mich intensiver mit dieser Stadt zu befassen. Jetzt endlich ergibt sich die Gelegenheit, ihrem Zauber eingehender nachzuforschen.

der Reiz e-r S. liegt in etw. · the appeal of s. th. is ..., the attraction of s. th. is ...
Mir ist wirklich unerfindlich, worin der Reiz des Golfspiels liegen soll. Kannst du mir erklären, was daran so interessant ist?

(immer mehr/...) an Reiz verlieren · to lose one's attraction/charm/appeal, to begin to pall
... Die ersten Turniere waren interessant, das stimmt. Aber inzwischen hat die Sache doch sehr an Reiz verloren. Der Ablauf ist immer derselbe, die guten Spieler, ihre Stärken und Schwächen kennt jeder in- und auswendig ...

seinen Reiz verlieren · to lose its charm/appeal/attraction/...
... Am Anfang ist man natürlich ganz gespannt zu sehen, mit welchen Tricks er bei seinen Zaubervorführungen arbeitet. Aber auf die Dauer verliert das seinen Reiz. Da weiß man schon, was kommt, wann die Leute lachen ...

die weiblichen Reize · feminine charms
... Was hast du gegen die weiblichen Reize, Werner?! Wenn du dich davon nicht angesprochen fühlst, dann gönne doch wenigstens den anderen das Vergnügen!

ihre Reize spielen lassen *ugs – path* · to display one's charms
... Wenn diese Frau ihre Reize spielen läßt, bleibst auch du nicht kalt, mein Guter! – Du scheinst die Macht ihrer sogenannten Reize ja gut zu kennen!

seine Reize zeigen *form* · to reveal one's charms
(In einer Diskussion über Mode:) Worauf beruht denn die Macht der weiblichen Kleidermode?: daß die Frauen ihre Reize zeigen – ohne sie zu zeigen! – Wie geht das denn? – Ja, das ist ja gerade die Frage, die die Mode zu beantworten hat!

reizen: hoch reizen · to play for high stakes, to make a high bid, to take risks, to push one's luck
... Genau, wie er im Skat sehr hoch reizt, so riskiert der Willi auch in anderen Dingen ungemein viel. Überall muß er die Möglichkeiten so weit ausreizen/(ausloten/ausschöpfen), alles so weit treiben, wie es eben geht.

es würde jn. **reizen, etw. zu tun/etw. würde ...** · + s. o. would love to do s. th.
... Hm, es würde meinen Bruder schon reizen, eine Zeitung in Südamerika zu arbeiten. Das Problem ist die Schule der Kinder. So

interessant das Angebot auch ist – er wird es nicht annehmen können.

reizend: das kann ja reizend werden *iron* – das kann ja **heiter** werden · it/that's a good start!, it/that's going to be fun!

Reklamefeldzug: einen Reklamefeldzug führen für/gegen etw./(jn.) *iron* – *path* · to launch/... an advertising campaign for s.th., to launch/... a publicity campaign for s.th.
Das Fremdenverkehrsgewerbe führt in der letzten Zeit einen regelrechten Reklamefeldzug für die Safaris in der Sahara. Finden sich ohne diese massive Propaganda nicht genug Leute, die sich dafür interessieren?

Reklametrommel: die Reklametrommel rühren/(schlagen) (für jn./etw.) *iron* – (eher:) die **Werbetrommmel** rühren/ (schlagen) (für etw./jn.) · to beat the drum for s.o.

Rekord: einen Rekord einstellen · to break a record
... Wenn er seinen eigenen Rekord einstellen will, muß er 9,8 laufen; 9,9 hat er schon zweimal geschafft.

einen Rekord halten · to hold the record, to keep the record, to equal the/one's own record
... Schneller als in Los Angelos, wo er bekanntlich die Weltbestzeit lief, wird er nie mehr laufen! Heute nachmittag ist er bestimmt mehr als froh, wenn er den Rekord halten kann. – Meinst du also, er schafft nochmal 9,8?

Rekruten: Rekruten ausheben *mil veraltend selten (eher:)* *Leute/(Soldaten/Rekruten) einziehen* · to levy recruits, to recruit troops
... Und was machen sie, wenn der Nachwuchs beim Heer nicht ausreicht? – Denkbar leicht: sie erlassen ein neues Gesetz und heben so viele Rekruten aus, wie sie brauchen.

Rekurs: Rekurs einlegen *jur veraltend selten* – **Berufung** einlegen · to lodge an appeal against a decision/...

in (gar/überhaupt) **keiner Relation zu** etw. **stehen** – in (gar/ überhaupt) keinem **Verhältnis** zu etw. stehen · to bear no relation at all/... to s.th.

Relief: e-r S. Relief geben/(verleihen) · to bring s.th. out more, to give s.th. more prominence
... Bevor Sie die Arbeit der Kommission vorlegen, Herr Lauser, sollten Sie versuchen, ihr durch stärkere Hervorhebung der wesentlichen Punkte mehr Relief zu geben. So wirkt sie noch ein bißchen flächig.

Reling: über die Reling gehen *sal od. iron* – über **Bord** fallen/ gehen · to go overboard, to go over the side

Remedur: Remedur schaffen *lit veraltend selten* – **Abhilfe** schaffen · to remedy s.th., to put s.th. right

Remmidemmi: Remmidemmi machen *sal* · 1. to make a row/ din/racket, 2. to kick up a fuss
1. vgl. – **Lärm** machen (1)
2. vgl. – (u. U.) **Krach** schlagen

Rendezvous: sich mit jm. **ein Rendezvous geben** *form veraltend selten* · to have a rendezvous with s.o.
... Wenn sich der alte Herr da mit einer Tänzerin ein Rendezvous gibt ...- Herrgott nochmal, ist das so schlimm? Mir scheint, ihr seid neidisch!

Rennen: ein totes Rennen (sein) *Autorennen u. ä.* · it is/was a dead heat
Wer hat gewonnen, Ferrari oder Opel? – Es war ein totes Rennen. Die beiden haben haargenau dieselbe Zeit gefahren.

das Rennen aufgeben · 1. 2. to drop out of the race, to give up, to throw in the towel *coll*
1. ... Wegen eines Motordefekts mußte Ferrari das Rennen bereits in der dritten Runde aufgeben ...
2. ... Wenn du auch diesmal nicht gewählt wirst, kannst du das Rennen aufgeben, Albrecht, dann wählen die dich nie zum Vorsitzenden.

aus dem Rennen ausscheiden · 1. to drop out, 2. to be out of the running
1. (Von einem Autorennen:) Wegen eines Reifenschadens schied Ferrari leider schon nach der dritten Runde (aus dem Rennen) aus.

2. Wieviel Leute bewerben sich eigentlich noch um den Fraktionsvorsitz? – Vier. Aber wenn sie dem Kollermann heute abend in seinem Wahlbezirk nicht das Vertrauen aussprechen – und darauf deutet alles hin –, scheidet er aus dem Rennen aus; mit mir sind es dann nur noch drei.

das Rennen ist gelaufen · 1. it's all over, the race is over, 2. to have cracked it, to have broken the deadlock
1. ... Jetzt ist das Rennen gelaufen, Kurt! Die Wahl ist vorbei, jetzt kannst du nichts mehr ändern! – Aber der Hörber war doch gar nicht wahlberechtigt! ...
2. vgl. – (eher:) die **Kuh** ist vom Eis

(nicht) (noch/...) gut/schlecht/... im Rennen liegen · (not) to be (still) (well/...) in the running *coll*
Einen Preis wird die Bettina zwar nicht machen; aber für ihr Alter liegt sie trotzdem gut im Rennen. Wenn man mit ihren 15 Jahren bei einem so schweren Musikwettbewerb unter die ersten zehn kommt, ist das eine hervorragende Leistung.

das Rennen machen · to win the race
... Es ist nach wie vor völlig offen, wer das Rennen machen wird. Es kann der Kandidat der Rechten sein; aber ebensogut kann diesmal auch der gemeinsame Kandidat der Sozialisten und Kommunisten die Wahl gewinnen.

jn. **aus dem Rennen werfen** · to knock s.o. out, to eliminate s.o.
Beim Europacup ist Italien nicht mehr drin. – Ach, nein? – Nein, die Holländer haben sie aus dem Rennen geworfen. In dem entscheidenden Spiel haben sie 2 : 1 gewonnen.

Rennstall: sich einen Rennstall halten *form* · to run/to own a stable
... Was wird das wohl kosten, sich so einen Rennstall zu halten? – Das kommt darauf an, wieviele Pferde du hast, welche Rassen, welche Ansprüche du an alles stellst ...

Renommée: ein gutes/ausgezeichnetes/... Renommée haben *form* – einen guten/ausgezeichneten/... **Ruf** haben/(genießen) · to have a good/an excellent/... reputation

kein gutes/... Renommée haben *form* – einen schlechten/ keinen guten/einen miserablen/... **Ruf** haben/(genießen) · to have a poor/bad/... reputation, not to have much of a reputation

renovieren: heiß renovieren *sal Neol* · to set fire to a building to get the insurance money *para*
... Man munkelt, der Hübler Sepp hätte heiß renoviert. Stimmt das? – Ich kann mir nicht vorstellen, daß der Sepp seinen Hof selber angezündet hat, um bei der Versicherung abzukassieren. Dazu ist er eigentlich der Typ.

Rente: in/(auf) Rente sein *ugs* · to be drawing one's pension, to have retired
... Der Hermann ist schon in Rente? Seit wann? – Sein letzter Arbeitstag war, glaube ich, der 28. Februar.

in/(auf) Rente gehen *ugs* · to retire, to draw one's pension
... Wenn du vorzeitig in Rente gehst, kriegst du natürlich beträchtlich weniger. Die Pensionszahlungen gehen von einem normalen Pensionsalter – d. h. von 65 Jahren – aus.

jn. **auf Rente setzen** *form selten* – jn. in **Pension** schicken · to pension s.o. off

Reparatur: in Reparatur sein · the car/... is being repaired
... Du hast deinen Wagen immer noch nicht zurück? Wie lange ist der denn jetzt schon in Reparatur? – Eine Woche! Es war leider mehr dran/(kaputt), als wir angenommen hatten.

etw. **in Reparatur geben** · to have a car/... repaired
... Und wo gibst du den Wagen in Reparatur? – Bei Opel natürlich! – Ich meine: bei welcher Opel-Werkstatt?

res: (sofort/...) medias in res/(in medias res) gehen/(kommen/...) *lit* · to plunge (straight/immediately/...) into the middle of things *coll*, to get straight to the heart of the matter
... Unsere Zeit ist knapp bemessen. Ich will mich also nicht lange bei den Präliminarien aufhalten und sofort medias in res gehen; worum es sich handelt, ist folgendes: ...

tua res agitur *lit selten* · tua res agitur, + it concerns you *n*
(Ein Vater zu seinem Sohn:) Wenn Wahlen sind, geht man wählen, Junge! Wie heißt es so schön auf Latein: tua res agitur – 'deine Sache wird verhandelt', – d. h. es geht bei solchen Akten um deine eigenen Dinge.

reservatio: die reservatio mentalis *lit selten* – ein stiller **Vorbehalt**/einen stillen Vorbehalt machen (2) · + to have inner/mental/... reservations about s. th.

Reserve: etw./jn. (noch) **in Reserve haben** · to have s. th. (still) in reserve
... Aber für dringende Notfälle hast du doch noch einige Ersatzteile in Reserve? – Nein, kein einziges. – Wie, du hast alle verkauft? Kein einziges zurückbehalten?

jn. **aus seiner Reserve herauslocken**/... · to break down s. o.'s reserve, to bring s. o. out of his shell, to make s. o. say what he thinks
Und der Krollberg hat sich zu der Sache gar nicht geäußert? – Kein Wort hat er gesagt. Der Paul hat mehrere Male versucht, ihn aus seiner Reserve zu locken. Vergeblich. Was er von der Angelegenheit denkt, ist uns nicht klar geworden.

jn./etw. (noch) **in Reserve halten** · 1. 2. to have s. th./s. o. (still) in reserve, to keep/to be keeping s. th./s. o. in reserve
1. ... Den ganzen italienischen Rotwein würde ich heute nicht anbieten. Ein paar Flaschen sollten wir in Reserve halten – für die nächste Feier.
2. ... Den besten Spieler hält der Trainer noch in Reserve – Barandi. – Ob er den in diesem Spiel überhaupt noch einsetzt?

(viel/...) **(innere) Reserven haben** · to have inner reserves (of strength)
Es ist immer wieder erstaunlich, wie die Albertina mit all diesen Problemen fertig wird! Sie hat eine Widerstandskraft! – Sie hatte immer viel innere Reserven. Vielleicht hat ihre schwere Kindheit die seelische Kraft, die sie von Natur hat, noch verstärkt.

offene Reserven (haben/...) *Unternehmen* · (to have/...) disclosed reserves of ... *form*, to have/... reserves shown on the balance sheet
Wieviel offene Reserven mag eure Firma wohl in der Bilanz aufweisen? – Keine Ahnung. Bestimmt zig Millionen.

stille Reserven (haben/...) *Unternehmen* · (to have/...) hidden reserves, to have secret reserves
... Aber ihre stillen Reserven, Herr Heinze, sind doch bestimmt trotz der rückläufigen wirtschaftlichen Entwicklung noch wie vor unangetastet? – Das wäre ja noch schöner, wenn man schon nach einem Jahr Rezession seine (geheimen) Rücklagen angreifen müßte!

die Reserven einziehen *mil* · to call up the reserves
... Wenn die schon die Reserven einziehen, ist das in der Tat ein bedrohliches Zeichen; da halten sie eine militärische Auseinandersetzung wohl tatsächlich für möglich. – Wie stark ist denn die reguläre Armee?

Resonanz: keine/nur geringe/... **Resonanz finden** (in .../bei .../...) – kein/nur geringes/... **Echo** finden/(ein) starkes/lebhaftes/schwaches/klägliches/... Echo finden (in .../bei .../...) · not to go down very well, to be poorly received, to meet with little/a poor/a tepid/... response

Respekt: mit Respekt (zu sagen) ... *form veraltend selten* – mit **Verlaub**, ... · with respect, ...

höllischen Respekt vor jm./etw. **haben** *ugs* – *path* · to be in awe of s. o., to be dead scared/frightened of s. o.
... Mit der Mutter machen die Kinder, was sie wollen, aber vor dem Vater haben sie einen geradezu höllischen Respekt.

(jm.) **Respekt einflößen** *path* · to command respect (from s. o.), to inspire respect in s. o.
... Eine solche Leistung flößt einem schon Respekt ein – ganz egal, was man von dem Mann sonst hält! – Du bist also auch zu den Leuten übergelaufen, die vor diesem widerlichen Kerl den imaginären Hut ziehen, bloß weil er Erfolg hat! – Bloß?

sich Respekt (zu) **verschaffen** (wissen) *form* · to (know how to) win respect, to (know how to) make o. s. respected
(Ein Lehrer:) Innerhalb kürzester Zeit ist es dem neuen Direktor gelungen, sich Respekt zu verschaffen, und zwar sowohl im Kollegium wie bei den Schülern. Der Mann ist ruhig, weiß, was er will, ist freundlich, aber distanziert und hat Autorität. Still und sicher setzt er sich durch.

jm./(e-r S.) **Respekt zollen** *form* · 1. to show respect to/for s. o./s. th., 2. to pay tribute to s. o./s. th.
1. ... Ob du den Alfons gut oder nicht gut leiden magst, spielt in diesem Zusammenhang gar keine Rolle! Einem Mann, der mit so vielen Schwierigkeiten im Leben fertiggeworden ist und derart glänzende Leistungen vorzuweisen hat, zollt man Respekt!
2. ... Einem derart hervorragenden Roman zollt jeder, der Sinn für Kunst hat, Respekt! *seltener*

jm./(e-r S.) **den schuldigen Respekt zollen** *form veraltend* – (stärker als:) jm./(e-r S.) **Respekt** zollen · to show respect to/for s. o./s. th., to pay tribute to s. o./s. th.

Rest: der schäbige/(kümmerliche/traurige) **Rest** *ugs* · the last few scraps, the leftovers, the last few bits and pieces, the sad remnants
(Die Mutter nach einem Geburtstagsessen:) Jetzt werdet ihr diesen schäbigen Rest doch nicht übriglassen! Das bißchen Fleisch und die paar Spargelstangen könnt ihr doch auch noch essen. Es lohnt sich doch nicht, das zu verwahren.

für den Rest meines/deines/... **Lebens**/meiner/seiner/... **Amtszeit**/... · for the rest of my/your/... life, for the rest of my/your/... natural *coll*
Wenn du eine Million im Lotto gewinnst, brauchst du für den Rest deines Lebens nicht mehr zu arbeiten.

jm./e-r S. **den Rest geben** *ugs* · 1. 2. to finish s. o. off, to put paid to s. o., 3. 4. to be the last straw (for s. o.), to be the final/crushing/... blow
1. ... Ja, er hatte schon länger mit der Lunge Last. Dieser naßkalte Winter hat ihm dann den Rest gegeben. – Wie lange liegt er denn jetzt schon im Krankenhaus?
2. Nach der Revolution ging es mit der Firma beständig abwärts, und manche Male schon sah es so aus, als müßte er Konkurs anmelden. Was ihm dann den Rest gegeben hat, war die Kreditsperre der Bank. Die hat ihn endgültig ruiniert.
3. ... Und was der Firma dann den Rest gegeben hat, war die Kreditsperre der Bank. ...
4. ... Nervös war sie immer, aber sie wußte doch, was sie tat! – Früher ja, aber in den letzten Monaten immer häufiger nicht. Der Tod ihrer ältesten Tochter hat ihr dann den Rest gegeben: von dem Augenblick an war es um ihre innere Widerstandskraft endgültig geschehen.

der Rest ist für die Gottlosen *iron selten* · the rest is for the wicked *para*
(Die Mutter nach dem Kaffee auf einer Geburtstagsfeier:) So, der Rest ist für die Gottlosen. Ihr seid ja jetzt alle picke-packe voll, nicht? Monika, komm', bring' du diese Teilchen doch mal eben nach nebenan, zu Frau Mertens; deren beiden Kinder mögen auch gern Kuchen ...

sich den Rest holen *ugs* · + s. th. lays s. o. low, + s. th. finishes s. o. off
... Der Anton hatte schon lange mit der Lunge zu tun. Auf der Wanderung durch das naßkalte Wetter vor 14 Tagen hat er sich dann den Rest geholt. Da ist alles, was schon lange nicht in Ordnung war, so richtig ausgebrochen. – Liegt er noch im Krankenhaus?

für den Rest seines Lebens ... · for the rest of his/... life
... Mehr als eine Million hat der Hubert bei dem Geschäft verdient? – Fast anderthalb. – Dann ist er ja für den Rest seines Lebens saniert! – Ja, wenn er wollte, brauchte er bis zu seinem seligen Ende keinen Schlag mehr zu tun.

das ist der (letzte) Rest vom Schützenfest *scherzh selten* · that's all there is left, that's the last bit
... Von dem ganzen Kuchen sind nur noch diese beiden Stückchen da? – Das ist der letzte Rest vom Schützenfest! – Ihr habt ja gefressen wie die Scheunendrescher!

der Rest ist Schweigen *Zit* · the rest is silence
(Nach der Schilderung, wie es zu einer Ehescheidung kam:) Tja, das ist's – der Rest ist Schweigen. Die beiden sind endgültig auseinander, die Kinder stecken in einem Heim … na ja …

der Rest der Welt/(Menschheit) *ugs* · the rest of the world/ the human race/… *n*
… Mich interessieren meine Familie – der muß es gut gehen! – und eine Handvoll Freunde. Der Rest der Welt ist mir total gleichgültig. – Das ist ja eine sehr philanthropische Einstellung!

Restchen: das letzte Restchen Mut/Courage/… *iron – path* · the last bit/scrap/… of courage/…
… Und als sie ihr dann sagten, das letzte Stück ginge durch einen einsamen Wald, verließ sie das letzte Stückchen Mut. – Und unter welchem Vorwand hat sie dann abgesagt? 'Angst' konnte sie ja schlecht angeben.

Reste: die sterblichen/irdischen Reste *form* – (eher:) die sterbliche/irdische **Hülle** · the mortal remains

Resümee: ein Resümee geben · to give a brief summary of s.th.
… Können Sie mir von dem Vortrag ein ganz kurzes Resümee geben – nur die Grundgedanken?

das Resümee ziehen · to sum up
… Und wenn du nun das Resümee ziehst: hat sich die Teilnahme an dem Kongreß gelohnt? – Alles in allem ja, Klaus.

Retorte: eine Stadt/… aus der Retorte *ugs* · a laboratory product *n*, a completely/… artificial city/creation/…, a test-tube baby
… Natürlich ist Brasilia keine langsam und organisch gewachsene Stadt! Und trotzdem würde ich sie nicht abfällig eine Hauptstadt aus der Retorte nennen.

ein Baby/Kind/… aus der Retorte/ein Retortenbaby *ugs* · a test-tube baby
… Ich bin ja auch kein großer Freund von der künstlichen Befruchtung außerhalb des Mutterleibs. Aber der Terminus 'ein Kind aus der Retorte' scheint mir fast noch drastischer als die Sache selbst. – Hm! …

Retourkutsche: jm. **eine Retourkutsche geben**/etw. ist eine billige …/… *ugs* · to give/… a cheap/lame/… tit-for-tat reply/answer/retort/…, to make/… a retort that echoes s.o.'s words *n*
… Klar, sie hat ihn vor versammelter Mannschaft 'nervenschwach' genannt, da muß er sie natürlich – ebenfalls vor versammelter Mannschaft – 'sehr reizbar' nennen. Eine billige Retourkutsche (ist das), weiter nichts.

Retourkutsche gilt/(zählt) **nicht** *ugs* · tit-for-tat answers aren't allowed, you can't just repeat my/… words/echo what I've/he's/… just said *n*
(Ein Streit zwischen Bruder und Schwester:) Du lügst mir doch nur was vor! Der Paul war doch gar nicht hier gestern! – Du lügst selber! Denn die Petra war genau so wenig hier wie der Paul! – Komm, Gaby, Retourkutsche gilt nicht. Im übrigen: die Petra war wirklich hier! – Als ob ich das glauben würde!

retten: rette sich, wer kann! *path od. iron* · it's every man for himself!
… In einer solch verzweifelten Lage geht es nur noch nach dem Motto 'rette sich wer kann!'. Da nimmt doch kein Mensch mehr Rücksicht auf die andern.

bist du/ist er/ist der Peter/… **noch zu retten?!**/(nicht mehr zu retten sein) *sal* · 1. have you/has he/has Mary/… gone completely mad?, have you/has he/has Mary/… gone off your/… head?, 2. s.o. must be out of his mind, s.o. must have taken leave of his senses
1. … Was? Du hast dem Mellberg zu verstehen gegeben, daß du seine Manipulation durchschaut hast? Bist du noch zu retten?! Der Mann hat Macht genug, dich aus der Firma herauszuboxen. Wie kann man nur so eine Dummheit machen?!
2. vgl. – (eher:) nicht (so) (ganz/(recht)) bei **Trost** sein (1)

sich nicht/kaum noch zu retten wissen/retten können vor so viel(en) Menschen/Dingen/Arbeit/… *ugs* · 1. to be swamped with applications/offers/…, 2. to be besieged by admirers/…, s.o. can't move for admirers
1. … Hier sind noch zwei Briefe – noch zwei Bewerber. – Noch zwei? Wir wissen uns schon jetzt nicht zu retten vor lauter Kandidaten. – Wieviel sind es denn jetzt? – 17.
2. … Der Klaus – der kann sich doch vor lauter Freundinnen gar nicht mehr retten! – Sind die Mädchen so hinter dem her? Das wußte ich ja gar nicht.

Retter: (der) Retter in der Not (sein)/js. Retter in der Not sein/als js. Retter in der Not erscheinen *path* · to be s.o.'s helper in his hour of need
… Führerschein vergessen – eine Anzeige war unausweichlich – da erschien als Retter in der Not der Klaus Peter Reiners und rief dem Polizisten zu:»Kennst du denn die Karin Breitner nicht mehr, mit der wir neulich die herrliche Fete hatten? Bei der brauchst du doch wohl keinen Ausweis mehr!« Und der Mann ließ mich mit einem ironischen Augenzwinkern weiterfahren.

Rettung: js. **letzte Rettung ist** … *ugs – path* · s.o.'s/s.th. is s.o.'s last hope *n*, s.o.'s/s.th. is s.o.'s last resort
… die Bank hat abgelehnt, die Firma will nicht, Freunde, die ihm so viel leihen könnten, hat er nicht – jetzt ist sein Vater seine letzte Rettung, oder? – Oder ein Bankraub.

Rettungsanker: einen Rettungsanker auswerfen *iron – path selten* · to look for a life-line, to cast about for help
Wieviel Minus hast du in diesem Monat gemacht? – Die Kleinigkeit von 25.000,– Mark. – Dann mußt du ja mal wieder einen Rettungsanker auswerfen, oder? – Ich werde einen kleinen Überbrückungskredit bei der Vereinsbank beantragen.

Rettungsschuß: der finale Rettungsschuß *form Polizei* · a fatal shot to save lives
… Unter normalen Umständen, erklärte der Polizeipräsident, ist es den Beamten natürlich verboten, einen tödlichen Schuß abzufeuern. Aber es gibt Situationen, in denen das die einzige Rettung – vor allem auch für Dritte – sein kann. Denken Sie an Banküberfälle, bei denen unschuldige Kunden plötzlich zu Geiseln werden. In solchen Fällen kann der sogenannte finale Rettungsschuß nicht nur erlaubt, sondern geboten sein.

Revanche: (jm.) **(eine) Revanche geben** (für etw.) · to give s.o. a return game/match
(Der Vater zu seinem Sohn Gerd nach dessen verlorener Schachpartie mit seinem Bruder Paul:) Wenn der Paul gewonnen hat, muß er dir (eine) Revanche geben. Das gehört zu den Regeln eines fairen Wettkampfs.

Revanche nehmen (für etw.) · to get one's revenge (for s.th.)
… Diesmal habe ich verloren. Aber das nächste Mal werde ich Revanche nehmen. Da paß' ich von Anfang an auf. Das nächste Mal gewinne ich, da kannst du sicher sein!

Reverenz: jm. **seine Reverenz erweisen** *form od. iron* · to pay one's respects to s.o.
… Auch der Bundeskanzler ließ es sich nicht nehmen, dem neugewählten amerikanischen Präsidenten so schnell wie möglich seine Reverenz zu erweisen. Eine Sitzung der Vereinten Nationen nutzte er zu einem Höflichkeitsbesuch …

eine/seine Reverenz vor jm. **machen** *form veraltend selten* · to bow to s.o.
… Wenn man heute auch keinen Diener mehr macht: eine Reverenz – d.h. eine höfliche Verbeugung – kann man bei einer solchen Feierlichkeit vor einem derart verdienten Mann schon machen, ohne devot oder altertümlich zu wirken!

seine Reverenzen (vor jm.) **machen** *form veraltend selten* · to bow (to s.o.)
… Ob so ein alter Diener das überhaupt noch merkt, wenn er seine Reverenzen vor dem Besuch macht? – Du denkst an den Pedro bei Graf Costa Lobo? Natürlich merkt er das! Aber solche Verbeugungen gehören für ihn einfach dazu …

Revision: Revision einlegen/beantragen/... *jur* · to lodge an appeal (against a sentence) (on a question of law/on a question of procedure), to appeal (against a sentence) (on a question of law/on a question of procedure)

... Der Anwalt hat nicht mit inhaltlichen Argumenten, sondern aus rein formalen Gründen Revision eingelegt. Das Gericht hat sich nach seiner Auffassung bei dem Urteil mehrere dicke Formfehler zuschulden kommen lassen

Revue: etw. **Revue passieren lassen** *ugs – form* · to go over s.th. in one's mind, to bring s.th. back to mind, to picture s.th. to o.s.

Auf der langen Heimreise, im Zug, ließ ich den ganzen Aufenthalt in Lissabon nochmal Revue passieren: die Stadt auf ihren Hügeln, die Tejobucht, die Fadonächte in der Altstadt ... – alles das zog an meinem inneren Auge wie ein Film vorüber.

Rezept: nach bewährtem Rezept ... *ugs* · according to their/... tried and tested method/formula/pattern/...

(Aus einem kritischen Kommentar einer Oppositionszeitung:) Die Regierung geht mal wieder nach bewährtem Rezept vor: statt ihre verfehlte Politik zu ändern, tauscht sie Minister aus. Mit dieser Methode ist es ihr bekanntlich schon mehrmals gelungen, Krisen zu umschiffen. ...

Rhinozeros: das größte Rhinozeros auf Gottes Erdboden sein *sal selten* – für keine zwei **Pfennige** Verstand haben/nachdenken/aufpassen/... (1) · s.o. is the biggest berk/twerp/knobhead/nitwit/... on God's earth/the earth has ever seen

Rhodos: hic Rhodos/Rhodus, hic salta *lit selten* · hic Rhodos, hic salta, here is Rhodes, now jump *tr*, now is your opportunity to show what you claim you can do *para*

... Was sagst du, du würdest schon hinter den Sinn des Gedichts kommen, wenn du nur wolltest? Hic Rhodos, hic salta: komm' mit in mein Arbeitszimmer, ich hab' den Text da – da kannst du zeigen, was du kannst. Große Sprüche machen kann jeder.

richten: jn./etw. zugrunde richten – jn./etw. **zugrunderichten** · to ruin s.o./s.th., to destroy s.o./s.th.

Richter: der höchste Richter *path od. rel* · the Supreme Judge

... Unser aller höchster Richter, Gott, wird ...

sich zum Richter aufwerfen über jn./etw. *path* · to set o.s. up in judgement over s.o., to presume to pass judgement on s.o.

... Das fehlt mir noch, daß du dich zum Richter über meinen Vater/ die Handlungen meines Vaters aufwirfst! Gerade du! – Ich wollte niemanden 'verurteilen', Petra, ich wollte nur sagen ...

jn./etw. vor den Richter bringen *path selten* – jn./etw. vors/ vor/(vor das) **Gericht** bringen (1; a. 2) · to take s.o. before the judge

sich dem irdischen Richter (durch Flucht/...) **entziehen** *path veraltend selten* · to escape earthly justice by doing s.th.

... Ob du dich dem irdischen Richter durch Flucht entziehst oder die Gesetze mittels eines raffinierten Anwalts umgehst und so der Strafe entkommst, läuft moralisch doch auf dasselbe hinaus!

jn. vor den Richter schleppen *ugs – path* – jn./etw. vors/vor/ (vor das) **Gericht** bringen (1) · to haul s.o. to/before the court

vor dem letzten/höchsten **Richter** stehen *path selten* · to stand before the throne of justice

... Die nennen sich zwar alle Christen, aber sie verhalten sich so, als würden sie nie vor dem letzten Richter stehen!

Richterstuhl: auf dem Richterstuhl sitzen *path od. krit* · to sit on the bench, to sit in the judge's seat

... Mir ist überhaupt gar nicht einsichtig, wie heute noch jemand ruhigen Gewissens und mit sich selbst im reinen auf dem Richterstuhl sitzen und über andere Urteile fällen kann! Wo doch alle Maßstäbe derart durcheinandergeraten sind!

richtig: (sehr) richtig! *ugs – path* · 1. quite right! *n*, 2. that's just it! *n*, that's exactly the point! *n*, you've hit the nail on the head!

1. ... Er arbeitet bei Ihnen seit drei Jahren und vier Monaten? – Sehr richtig! Genau seit drei Jahren und vier Monaten.

2. vgl. – **genau!**/genau das!/ganz genau!/genau das ist es!/(ganz genau das ist es!)

der Junge/... ist richtig *ugs* – (schwer) in **Ordnung** sein · the boy/... is all right/a great guy/...

ganz richtig! · 1. that's right, that's dead/absolutely/... right, 2. absolutely, quite right

1. ... Er hat doch behauptet, ich hätte gelogen, oder? – Ganz richtig, das hat er.

2. vgl. – ganz **recht**!

es/das/(etw.) ist ganz richtig – (eher:) ganz in **Ordnung** sein (2) · it/s.th. is all right

(oben) nicht ganz richtig sein *sal selten* – nicht (so) (ganz/ (recht)) bei **Trost** sein (2) · not to be quite right in the head

bei ihm/ihr/dem/der/dem Peter/... ist es nicht ganz richtig *sal selten* – nicht (so) (ganz/(recht)) bei **Trost** sein (1, 2) · he/you/John/... has/... lost his marbles

da/... ist etwas nicht ganz richtig/etw. ist nicht ganz richtig an/bei/... *selten* – etwas **stimmt** nicht mit/bei jm./an/mit/bei etw./da/... (3, 4) · there's something funny/fishy/... about s.th.

das/(etw.) ist nicht richtig · it/s.th. is not right

... Er hat dem Jungen ein Fahrrad versprochen, wenn er versetzt wird, und jetzt will er es ihm nicht geben? Das ist nicht richtig! Das muß den Jungen ja verbittern.

(ein-)mal so richtig etw. tun (wollen/dürfen/müssen) · 1. to have a really good holiday/... for once, 2. to really tell s.o. what one thinks/... for once

1. Wenn ich doch einmal so richtig Ferien machen könnte! sagte sie – vier Wochen ohne Geldsorgen, ohne die Kinder, ohne Hausarbeit, ja, auch ohne Herbert, bei schönem Wetter ... mal so völlig frei und nach Lust und Laune tun und lassen, was mir in den Kopf kommt! ...

2. ... Wenn ich diesen Schurken doch einmal so richtig die Meinung sagen könnte! Ohne jede Rücksichtnahme mir meinen Ärger von der Seele reden!

soviel ist richtig (daß ...) · it is correct that ...

... Ihren Ausführungen, Herr Breitner, kann ich so nicht zustimmen. Allerdings, soviel ist richtig: mein Sohn ist in den letzten vierzehn Tagen drei Mal zu spät zum Dienst gekommen. Aber Sie müssen die Gründe berücksichtigen ...

und richtig ... *path* · 1. 2. ... and, sure enough, ...

1. Es war angekündigt worden, um 20.00 Uhr käme der Kanzler persönlich/... und richtig, als es 20.00 Uhr schlug, traf .../...

2. ... Um 18.00 Uhr sollten alle Kirchenglocken läuten. Und richtig: Punkt 18.00 Uhr hörte man von allen Seiten das Geläut ...

genau/(gerade) richtig kommen/erscheinen – (genau) im richtigen **Augenblick** (kommen/...) · (to arrive/...) just at the right moment/at the right time/...

Richtige: du bist/der/die ist/... mir der/die **Richtige**! *ugs iron* · you're/he's/... a fine one, you're/he's/... a right one

... Wann bist du ins Bett gegangen? Fünf Uhr heute morgen? Du bist mir der Richtige! Erst fällst du im Examen durch und dann feierst du dreimal so viel wie jemand, der bestanden hat.

das einzig Richtige sein/tun – das einzig **Senkrechte** sein/tun · the only thing to do is ...

gerade/(genau) der Richtige sein, etw. zu tun/der etw. tun muß/dazu/dafür/für etw. *ugs iron* · 1. 2. 3. he's/you're/ John is/Mary is/... a fine one to do s.th.

1. ... Der Peter meint, 16 Wochenstunden ist nicht zu viel. – Der Peter ist gerade der Richtige, das zu sagen. Der beschwert sich schon bei zwölf Wochenstunden.

2. Die Ursel ist gerade die Richtige, den anderen etwas von Fleiß zu erzählen/die den anderen etwas von Fleiß erzählen muß. Gerade die, der größte Faulpelz, den ich kenne!

3. Vielleicht könnte der August den Wagen reparieren. – Der August ist dafür gerade der Richtige! Der kann noch nicht einmal eine Lampe reparieren, geschweige denn/(für weniger) die Lichtmaschine eines Autos.

(genau) das Richtige treffen (mit etw.) · to hit on/to suggest/... just the right thing, to hit on/to suggest/... the very thing

... Mit seinem Ratschlag, der Gerd sollte ein Jahr in Frankreich studieren, hat der Herr Bayer genau das Richtige getroffen. Seitdem der Junge da drüben war, macht ihm das Studium hier viel mehr Spaß.

das einzig Richtige tun und ... · to do the right thing and ...

... Als er sah, daß sich die ganze Diskussion immer stärker zu einer Hetze gegen die Kommunisten entwickelte, tat er das einzig Richtige und verließ den Saal.

(bei jm./da) an den Richtigen kommen/(geraten) ugs iron – (eher:) (mit etw.) (bei jm./da) an die richtige/(rechte) **Adresse** kommen/(geraten)/(an der richtigen/(rechten) Adresse sein) (1, 2) · to come to the right person/place with s. th.

noch auf den Richtigen/die Richtige warten/den Richtigen gefunden haben/... ugs scherzh · to be waiting for Mr/Miss Right

... Die Marlies ist doch schon 31 oder 32 Jahre, oder irre ich mich? – Nein, du irrst dich nicht. – Und da ist sie immer noch nicht verheiratet? – Sie wartet halt noch auf den Richtigen!

da sind die (zwei/beiden/drei/...) Richtigen zusammengekommen/haben sich ... zusammengefunden/getroffen/gefunden ugs iron · + they're a right pair/trio/bunch/...

... Der Olly und die Renate ... – Mensch, da sind die zwei Richtigen zusammengekommen! Die haben nichts als Unsinn/Streiche/Schabernack/... im Kopf, die beiden. – Natürlich! Deshalb sind sie ja so befreundet.

an Gerüchten/Behauptungen/... **ist etwas Richtiges dran** – an Gerüchten/Behauptungen/... ist etwas/nichts/(...) **dran** · there is something in it/the rumours/claims/..., there's some truth in it/ the rumours/claims/...

endlich etwas Richtiges lernen (müssen) · to (have to) have/ to get/... a proper education/training/..., to really (have to) learn s. th., to (have to) learn s. th. solid

(Der Vater zur Mutter:) Du kannst dir gar nicht vorstellen, wie glücklich ich bin, Gisela, daß der Herr Breitmeier diesen Ausbildungsplatz bei Siemens für unseren Jungen gefunden hat. Da lernt der Junge endlich etwas Richtiges. Es geht doch nichts über eine vernünftige Ausbildung.

nichts Richtiges lernen/gelernt haben/können · not to have (to have had) a proper education, not to have (to have had) proper training

Der Robert findet und findet keine Stelle. Aber es ist ja klar: wenn man nichts Richtiges gelernt hat ... – Wie, hat er keine ordentliche Ausbildung (gehabt)?!

Richtigkeit: es hat (alles) seine Richtigkeit mit js. Angaben/... form · + s. o.'s information/statement/... is accurate/ correct/in order/...

(Der Finanzbeamte:) Aber hat es auch seine Richtigkeit mit Ihren Angaben hier? – Aber Herr ..., Herr Börner, glauben Sie denn, daß ich beim Finanzamt falsche Angaben mache?!

richtigstellen: etw. richtigstellen · to correct s. th./s. o., to put s. o. right coll

(Vor Gericht; der Anwalt des Angeklagten:) Wenn hier behauptet wird, der Wagen meines Mandanten habe zu nahe an der Kurve gestanden, dann muß ich das richtigstellen. Der Wagen hat genau 15,55 m von der Kurve entfernt gestanden.

Richtlinie: jm. als Richtlinie (für etw.) dienen form – jm. als **Richtschnur** (für etw.) dienen · to serve as a guiding principle for s. o.

Richtschnur: jm. als Richtschnur (für etw.) **dienen** form · to be a guide-line for s. o., to be a guiding principle for s. o.

(Die Mutter zum Vater:) Wieviel Geld willst du dem Jungen für die Klassenfahrt denn mitgeben? – Als Richtschnur sollte uns vielleicht dienen, was die anderen Eltern ihren Kindern so im Durchschnitt mitgeben.

es sich zur Richtschnur (seines Handelns) machen, etw. zu tun form · to make it one's principle to do s. th., to make a point of doing s. th.

... Du antwortest in der Tat immer sehr schnell auf meine Briefe. – Ich habe es mir zur Richtschnur gemacht, keinen Brief länger als drei Tage unbeantwortet zu lassen – es sei denn, es lägen ganz wichtige Gründe vor. Sonst weiche ich von dieser Maxime nicht ab.

Richtung: Richtung Hannover/Hamburg/... **sein/**fahren/... · to go/to drive/... towards Hannover/Hamburg/...

Der Zug nach Hannover fährt doch auch Richtung Hamburg, oder? – Ja, Hannover liegt auf der Strecke nach Hamburg.

irgendetwas/... in der/dieser Richtung (sein) · (to be) something along those lines, (to be) something of the kind

... Also, du meinst, es war ein Buch zur Entdeckungsgeschichte, das sich der Udo gekauft hat? – Irgendwas in dieser Richtung, das Problematik der Entdeckungen, die Religion als Vorwand zur Unterdrückung, die alten Naturvölker Südamerikas ... – irgendsowas!

sich in Richtung auf ... bewegen/entwickeln/... · to be heading/moving/... towards ...

... Die ganze politische Entwicklung scheint sich mir immer stärker in Richtung auf eine Radikalisierung zu bewegen.

etw. in die/in diese Richtung unternehmen/versuchen/... (müssen) · to try s. th. along these lines, to try s. th. in that direction, to try s. th. of this kind

Wenn Sie als Übersetzer für Französisch in unserer Stadt keine vernünftigen Aufträge bekommen, sollten Sie es vielleicht mal versuchen, ob es für Spanisch besser ist. Haben Sie schon mal etwas in die/ diese Richtung unternommen?

sich nach keiner Richtung (hin) binden/festlegen/... (wollen) · not to (want to) commit o. s. to s. th./to any course

(Der Chef zu einem Mitarbeiter, der die Firma bei einer Konferenz vertritt:) Und dann, Herr Baumgarten, vermeiden Sie es, die Firma auf der Konferenz in irgendeiner Richtung hin festzulegen. Wir müssen auch in Zukunft in allem völlig freie Hand haben.

eine (ganz) neue/andere/(...) Richtung bekommen Gespräche/Verhandlungen u. ä. · to take a (completely) new/different/... turn/course, to move in a (completely/) new/different/... direction

(Über eine Diskussion in der Universität:) Durch die Zwischenbemerkung des Dekans: »Wir müssen vor allem auch die internen Gründe besprechen!« bekam die Diskussion über die Universitätskrise eine ganz andere Richtung. Bis dahin hatten alle nur über mangelndes Personal und über mangelnde Gelder gesprochen; jetzt ging es über inhaltliche, fach- und kulturkritische Fragen.

die richtige/eine falsche/... Richtung einschlagen form · to head to go/... in the wrong/right/... direction, to take the right/wrong/... path

... Schon nach dem Abitur hat der Reinhard eine falsche Richtung eingeschlagen! Er hätte sich nie für die Geisteswissenschaften entscheiden dürfen. Schon damals hat er im Grunde seinen Lebensweg verpfuscht.

einem Gespräch/... eine (ganz) neue/andere/(...) Richtung geben · to change/to alter/... the course of a conversation/ discussion/... (completely)

(Über eine Diskussion in der Universität:) Mit seiner Bemerkung: »Wir müssen vor allem auch die internen Gründe besprechen!« gab der Dekan der Diskussion/Die Bemerkung des Dekans »...« gab der Diskussion über die Universitätskrise eine ganz andere Richtung. Jetzt ging es um die inhaltlichen, geistigen Probleme, während man bis dahin nur über Geld gesprochen hatte.

Richtung halten Schiff u. ä. · to keep on course, to stay on course

(Der Kapitän:) Bei diesem Wellengang ist es in der Tat nicht ganz leicht, Richtung zu halten. – Das werden wir schon schaffen, Käpt'n.

Es ist schließlich nicht das erste Mal, daß wir auch bei Sturm keinen Meter von unserer Strecke abweichen.

(nicht) (immer/...) in js. **Richtung liegen** *form* · (not) (always/...) to be to s.o.'s taste, (not) (always/...) to be s.o.'s kind of thing *coll*
... Ganz egal, ob ihre Geschenke in meiner Richtung lagen oder nicht, Rosa: ich habe mich immer ungemein darüber gefreut, daß die Helma meinen Geburtstag nie vergaß und mir überhaupt etwas schenkte – egal was. Im übrigen: manches traf meine Interessen sogar sehr gut.

Richtung nehmen auf (einen Ort/...) *Schiff u. ä.* · to head for a port/...
Nachdem die 'Augusta' etwa drei Tage im Nordatlantik hin- und hergekreuzt war, nahm sie Richtung auf Oslo.

die ganze Richtung paßt jm. **nicht** *ugs* · + s.o. doesn't like the whole thing/tendency/... *n*, it/that is not the sort of thing s.o. wants *n*, the whole thing/tendency/drift/... doesn't suit s.o. *n*
... Es geht diesen Leuten nicht so sehr um die Frage, ob der Zoll jetzt ein paar Prozent höher oder niedriger sein soll. Die ganze Richtung paßt denen nicht. Am liebsten würden sie die ganze Entwicklung, die irgendwann zu einem völlig freien Markt führen wird, rückgängig machen.

in eine (ganz) andere Richtung schlagen *selten* · to go a completely/... different way, to make a completely/...different choice
... Von ihren fünf Kindern sind vier Musiker. Nur der Jüngste ist in eine ganz andere Richtung geschlagen: er hat keinerlei Sinn für Kunst und ist Kaufmann geworden.

eine Entwicklung/ein Gespräch/... **in seine Richtung steuern** · to steer developments/a conversation/... in the direction one wants them/it to go
Hast du gemerkt, wie der Strunk das Gespräch immer mehr in seine Richtung gesteuert hat? Er hatte von Anfang an vor, das Thema auf Hartmetallplättchen zu bringen; und obwohl die Unterhaltung bei ganz anderen anfing, gelang es ihm, daß am Ende alle nur noch von den Plättchen sprachen.

eine **radikale**/gemäßigte/... **Richtung vertreten** *form* · to have radical/moderate/... (political/...) views/...
Welche Richtung vertritt der Mosbach eigentlich? – Du meinst, politisch? – Ja. – Er dürfte linksliberal sein.

in alle/allen Richtungen auseinanderlaufen/auseinanderstieben/auseinanderrennen/... · to run/to disperse/... in all directions
Kaum hatte es geläutet, da rannten die Schulkinder in alle Richtungen auseinander.

richtunggebend: richtunggebend sein (für jn./etw.) *form* · to be decisive for s.o.'s actions/behaviour, to determine s.o.'s actions/behaviour/..., to direct/to guide/... s.o.'s actions/behaviour/..., to set the pattern for s.o./s.th.
Wenn die christliche sog. Christen die christliche Gotteslehre richtunggebend wäre, donnerte er von der Kanzel, sähe unsere Welt anders aus. Aber wer richtet sich noch nach dieser Sittenlehre?!

riechen: du darfst/er/der Peter darf/... **mal (dran/daran) riechen** (wenn du/... brav bist/.../wenn du dich/... anständig benimmst/...) *sal iron* · you/he/John/... can have a sniff if you're/... good *para*
Mama, laß mich den Pudding doch mal probieren/krieg' ich von dem Pudding auch etwas mit? – Du darfst mal (dran) riechen – aber nur, wenn du schön lieb bist.

ich/der Peter/... **kann das/**etw. **doch nicht riechen** *sal* · how am I/John/... to know that/s.th.? *n*
... Warum war der Karl denn so sauer? – Du kannst fragen! Er hat extra einen Umweg über Dortmund gemacht, um uns zu besuchen, und da bist du nicht zu Hause. – Aber das kann ich doch nicht riechen, daß der Karl über Dortmund zu uns zu Besuch kommt! Warum sagt er denn nichts?!

jn. **nicht riechen können** *sal* · 1. not to be able to stand s.o. *coll*, 2. to hate s.o.'s guts
1. vgl. – jn./etw. nicht **ausstehen** können (1)
2. vgl. – (stärker als:) jn./etw. (nicht) gut/schlecht/... **leiden** können (1)

etw./(jn.) **nicht mehr riechen können** *sal* · s.o. can't stand s.o./s.th. any more
... Sonst ißt du Sauerbraten immer so gern und heute läßt du die Hälfte stehen? – Ich habe in den letzten vierzehn Tagen bestimmt sechs Mal Sauerbraten gegessen. Ich kann Sauerbraten nicht mehr riechen.

sich an etw. (gar/überhaupt) **nicht satt riechen können** *ugs* – sich an etw. (gar/überhaupt) nicht **satt** sehen/hören/riechen/... können (1, 2) · not to be able to get enough of the fragrance/scent/... of s. th.

Riecher: einen (guten/feinen/ausgezeichneten/...) **Riecher für** etw. **haben** *ugs* · to have a (good/excellent/...) nose for s. th., to have a sixth sense for s. th.
Der Manfred hat einen guten Riecher für die Entwicklung der Währungsparitäten. Du machst dir keine Vorstellung, wieviel Geld er schon verdient hat, nur, weil er vorausgesehen hat, wie sich die einzelnen Währungen entwickeln.

den richtigen Riecher für etw. **haben** *ugs* · to have a nose for s. th., to have a sixth sense for s. th.
Wenn du an der Börse Geld verdienen willst, mußt du dem Hafner dein Geld anvertrauen. Der hat den richtigen Riecher für die Entwicklung der Aktienkurse. Du kannst nicht glauben, wie genau der die vorhersieht.

riecht: etw. riecht faul/etwas riecht faul **an** etw. *ugs* · there's something fishy about s. th.
... Aus diesem Geschäft würde ich mich an deiner Stelle heraushalten, Alfons! Das riecht faul/etwas riecht faul daran. – Du meinst ... – Die Leute machen mir keinen ehrlichen Eindruck; die ganze Geschichte scheint mir nicht ganz sauber zu sein.

Riegel: den Riegel vor die Tür/(das Gartentor/...) **schieben** · to bolt the door/gate/...
(Ein Bauer zu seinem Sohn:) Hast du den Riegel vor die Eingangstür geschoben? – Keine Sorge, Vater; das Tor ist zugesperrt.

e-r S. (der Wiederholung eines Vergehens/...) **einen Riegel vorschieben**/(vorlegen) *form* · to put a stop to s. th., to put an end to s. th., to prevent s. th. happening (again)
... 'Um künftigen Schwierigkeiten dieser Art/künftigen Betrügereien/Bestechungsversuchen/... einen Riegel vorzuschieben, wird angeordnet, daß in den letzten sechs Wochen vor den Zeugnissen grundsätzlich keine Auskünfte mehr über den Leistungsstand der Schüler gegeben werden.'

den Riegel an der Tür/einem Gartentor/... **zurückschieben** · to remove/to pull back/... the bolt of a door/gate/...
... Umständlich öffnete die Alte die Haustür: erst hörte man das zweimalige Drehen des Hausschlüssels, dann schob sie den Riegel (an der Tür) zurück, schließlich hakte sie die Kette aus ... – das Ganze war eine richtige Zeremonie ...

Riemen: sich kräftig/... in die Riemen legen (für jn./etw.) *path veraltend selten* – sich kräftig/... in die/ins **Ruder** legen (für jn./etw.) · to put one's back into it/s. th., to move heaven and earth to help s.o.

sich am Riemen reißen *ugs* · 1. 2. to pull one's socks up, to pull o. s. together, 2. to get one's act together
1. (Der Lehrer:) Verdammt nochmal, jetzt reißt euch doch endlich mal am Riemen! Jetzt ist Schluß mit dem Unsinn! Wer sich jetzt nicht zusammenreißt, der bekommt eine saftige Strafarbeit.
2. Wenn du das Examen noch bestehen willst, mußt du dich am Riemen reißen. – Allerdings. Das habe ich auch vor. Warum soll ich nicht ein halbes Jahr mal scharf arbeiten?

den/(seinen) **Riemen enger schnallen** (müssen) *ugs veraltend selten* – den/(seinen) **Gürtel** enger schnallen (müssen) · to (have to) tighten one's belt

Riese: ein abgebrochener Riese (sein) *iron* · (to be) pint-sized, (to be) a titch

... Was will denn dieses Männlein, das da kommt, bei uns? – Dieser abgebrochene Riese ist der älteste Sohn von deinem Freund Klaus Hahrmann. Er hat bestimmt von seinem Vater etwas auszurichten. – Dann laß den 1,42-m-Mann mal rein! ...

kein Riese sein *ugs* · to be no giant

... Gut, der Bernhard ist kein Riese, aber klein kann man ihn doch auch nicht nennen.

ein Riese an Geist/... *path iron* · an intellectual/... giant

... Für euch scheint der Krüger ja geradezu ein Riese an Geist zu sein! – Na, intelligenter als du, Willi, ist er allemal!

ein Riese von einem Mann *path* · a giant of a man

... Der ist nicht groß, der Paul Raschke, das ist ein Riese von einem Mann! Der geht an die zwei Meter!

Riesenroß: ein Riesenroß (sein) *sal selten* – für keine zwei **Pfennige** Verstand haben/nachdenken/aufpassen/... (1) · (to be) a prize idiot/fool/clot/numbskull/knobhead/...

Riesenschritten: mit Riesenschritten auf jn. **zugehen/.../geht die Zeit vorbei/...** *path* · 1. to come up to s.o./... with huge strides, to come striding up to s.o., 2. to be looming up

1. ... Mit Riesenschritten kam er auf mich zugerannt und fragte mich erregt ...
2. Der Termin des Examens rückt mit Riesenschritten näher, und ich kann die Materie immer noch nicht. – Du wußtest doch vorher, daß die letzten Wochen im Nu vergehen ...

es geht mit Riesenschritten voran/(mit Riesenschritten vorangehen/...) *ugs – path* · to be progressing by leaps and bounds, to make huge strides

... Bist du mit dem Arbeitsrhythmus zufrieden? – Es geht mit Riesenschritten voran. – Sagst du das im Ernst? – Natürlich. Übermorgen ist die Übersetzung fertig.

Riff: auf ein Riff auflaufen/(an einem ... kentern) · to run aground/... on a reef

Kommt es eigentlich heute noch häufig vor, Vater, daß Schiffe an Klippen kentern oder in Sandbänken stecken bleiben? – Du willst sagen: auf ein Riff auflaufen. Auf den bekannten Strecken dürfte das heute selten sein.

Rindvieh: ein (ausgemachtes) Rindvieh sein *sal selten* – für keine zwei **Pfennige** Verstand haben/nackdenken/aufpassen/... (1) · to be an absolute meathead/pinbrain/..., to be a prize idiot/...

das größte Rindvieh auf Gottes Erdboden sein *sal selten* – für keine zwei **Pfennige** Verstand haben/nachdenken/aufpassen/... (1) · s.o. is the doziest cretin/... who ever walked God's earth

Ring: damit/mit etw. schließt sich der Ring (der Erzählung/einer Geschichte/eines Beweises/...) · the story/... has come full circle, the circle is completed, the wheel has come full circle

... So, und damit schließt sich der Ring. Die Geschichte fing damit an, daß die beiden jungen Freunde von Hause fortgingen, weil sie keine Arbeit hatten. Jetzt kommen sie nach Hause zurück, nachdem sie zehn Jahre hindurch in der Fremde gearbeitet und genügend Geld verdient haben, um in ihrer Heimatstadt ein Geschäft zu gründen ...

einen Ring bilden (um etw.) · to form a circle (around s.o./s.th.), to form a ring (around s.o./s.th.)

Die Polizei bildete um das brennende Gebäude einen Ring, sodaß niemand von den neugierigen Passanten zu nahe an die einstürzenden Mauern kommen konnte.

Ring frei zur 1./2./... Runde *Boxen dir. R* · seconds out for the first/... round!

... 'Ring frei zur ersten Runde – und schon beginnt der Kampf um die Europameisterschaft im Schwergewicht ...'

den Ring schließen – den **Kreis** schließen (2) · to have come full circle

einen Ring um jn./etw. **schließen** *form selten* · to form a ring around s.o./s.th., to surround s.o./s.th., to encircle s.o./s.th.

... Die Polizei schloß einen Ring um die Verbrecherbande – einen Ring, den diese unmöglich durchbrechen konnte. Erst als die Leute sich so von allen Seiten umzingelt sahen, ergaben sie sich.

selbst/... in den Ring steigen/(klettern) *ugs iron* · to step/to climb/... into the ring, to enter the ring, to get involved

(Bei Schuckert:) Wenn sich der Alte entschließt, bei der Auseinandersetzung um die neuen Verträge selbst in den Ring zu steigen und zu der Sitzung der Abteilungsleiter persönlich zu erscheinen, dann zeigt das, wie beunruhigt er in der Sache ist. Denn wenn eben möglich, hält er sich bekanntlich aus solchen Diskussionen raus.

sich zu einem Ring zusammenschließen *Handel u. ä.* · to form a group

Es scheint, die verschiedenen Supermärkte unserer Stadt haben sich zu einem Ring zusammengeschlossen. – Das heißt, sie werden jetzt alle von einer Zentrale geleitet?

(dunkle) Ringe um die Augen haben – (dunkle/rote) **Ränder** um die Augen haben · to have dark rings around one's eyes

Ringe (in die Luft) blasen · to blow smoke rings

... Wie der Opa da so sitzt, seine Pfeife raucht, Ringe in die Luft bläst – so richtig zufrieden mit sich und der Welt!

die Ringe wechseln/(tauschen) *Eheschließung* · to exchange rings

... Und dann wechselten die gerade vermählten Eheleute die Ringe, zum Zeichen, daß sie für immer zusammengehören ...

Ringelpiez: Ringelpiez mit Anfassen *sal selten* · a hop

Warst du gestern auch auf dem Ringelpiez mit Anfassen bei Harrichs? – Nein. Ich wußte gar nicht, daß die eine Fete/Feier/einen Tanzabend veranstaltet haben.

Ringeltaube: etw. ist eine Ringeltaube *ugs* · s.th. is a rarity n

... So einen alten Eichenschrank findest du in dieser Gegend kaum noch; das ist also, wie man sagt, eine Ringeltaube. An deiner Stelle würde ich den sofort kaufen.

ringen: (schwer) mit sich ringen *path* · to have a long/... inward struggle (before agreeing/...)

... Der alte Herr hat schwer mit sich gerungen, ehe er seinem Sohn die Erlaubnis gab, nach Übersee auszuwandern. – Das versteh' ich, das würde mir auch schwerfallen.

rings: rings um jn. **her** · around s.o.

... Das war schon beeindruckend: nur kleine Grüppchen gleichsam verloren in diesem riesigen Tal, rings um uns her nur Berge, einer höher als der andere ...

ringsherum: ringsherum · all around

... In der Mitte die Musiker, ringsherum die Jungen und Mädchen der Gruppe; man sang, man tanzte, man amüsierte sich ...

ringsum: ringsum *veraltend selten* – **ringsherum** · all around

Rinne: jn. **aus der Rinne auflesen/ziehen** *sal veraltend selten* – (eher:) jn./(js. Namen) aus der **Gosse** ziehen/(schleifen) · to take/to drag s.o. out of the gutter

Rinnstein: im Rinnstein landen/enden *sal veraltend selten* – in der **Gosse** landen · to end up in the gutter, to end up on skid row

jn. **aus dem Rinnstein ziehen/auflesen** *sal veraltend selten* – jn./(js. Namen) aus der **Gosse** ziehen/(schleifen) · to take/to drag s.o. out of the gutter

Rippen: nichts/zu wenig/... auf den Rippen haben *ugs* · 1. to be all/just/nothing but/... skin and bones, not to have enough meat on one, 2. + you could play a tune on s.o.'s ribs, + you can almost count s.o.'s ribs

1. Ißt die Magret so schlecht oder warum hat sie so wenig auf den Rippen? – Findest du, daß sie zu mager ist?
2. vgl. – bei jm. kann man (schon/...) die **Rippen** zählen

jm. **kann man durch die Rippen blasen** *sal selten* – nur (noch)/nichts als/... **Haut** und Knochen sein/nur noch aus ... bestehen · you could play a tune on s.o.'s ribs

jm. **eins in die Rippen geben** *ugs selten* · 1. to give s.o. a dig in the ribs, 2. to give s.o. a friendly/... nudge
1. vgl. – jn. in die **Rippen** stoßen
2. vgl. – jm. einen (freundschaftlichen/...) **Rippenstoß** geben/versetzen

nichts/endlich etwas/... **zwischen die Rippen kriegen/(bekommen)** *sal* · (not) to have a bite to eat *coll*, (not) to have a thing to eat *n*
Mensch, ich hab' vielleicht einen Kohldampf! – Ich auch. Aber das ist auch kein Wunder; wir haben schließlich seit ein Uhr nichts mehr zwischen die Rippen gekriegt.

bei jm. kann man die/alle Rippen im Leib(e)/(unter der Haut) zählen *ugs scherzh selten* – nur (noch)/nichts als/... **Haut** und Knochen sein/nur noch aus ... bestehen · one/you can count s.o.'s ribs

ich kann mir/Peter kann sich/... **das**/(die Pfennige/...) **doch nicht aus den Rippen schneiden**/(durch die/aus den Rippen schwitzen) *sal* · I/he/Peter/... can't just produce it from nowhere *n*, I/he/Peter/... can't just produce it out of thin air/out of a hat *coll*
... Aber ich brauche das Geld für den Ballettkurs, Papa. Wenn ich den Kurs nicht mache, falle ich bei der Schlußprüfung durch. – Aber ich kann mir das/das Geld dafür doch nicht aus den Rippen schneiden, Ursel! Ich weiß beim besten Willen nicht, woher ich die Pfennige nehmen soll.

das kann ich/ich kann es/das **doch nicht durch die Rippen schwitzen** *sal selten* · 1. 2. s.o. has got to get rid of it somehow *n*
1. ... Mein Gott, mußt du schon wieder auf die Toilette? – Kerl, ich kann das doch nicht durch die Rippen schwitzen! – Mir scheint, du hast eine Blase von der Größenordnung, wie sie meine fünfjährige Schwester hat. – Arschloch!
2. ... Wenn ich das dumme Geschwätz höre, 'ein erwachsener Mensch kann seinen Trieb beherrschen', könnte ich in die Luft gehen. Soll ich mir's durch die Rippen schwitzen, oder was?

jn. **in die Rippen stoßen** *ugs* · 1. to give s.o. a dig in the ribs, to give s.o. a nudge in the ribs, 2. to give s.o. a (friendly) dig in the ribs, to give s.o. a (friendly) nudge in the ribs
1. Hallo, Paul! – Hallo, Werner! Schön, daß wir uns mal wiedersehen! Aber das ist doch kein Grund, mich von hinten derart in die Rippen zu stoßen, daß ich fast umfalle.
2. vgl. – jm. einen (freundschaftlichen/...) **Rippenstoß** geben/versetzen (1)

jm. **ein/das Messer/einen/den Degen/... zwischen die Rippen stoßen** *sal selten* · 1. to stick a knife/a sword/... into s.o.'s ribs *n*, 2. to run s.o. through with a sword *n*
1. vgl. – jm. ein/das **Messer** in den Leib stoßen/(jagen/rennen)
2. vgl. – jm. den/einen **Degen** durch/in den Leib bohren/rennen/stoßen/jagen

bei jm. kann man (schon/...) die Rippen zählen *sal selten* · you could play a tune on s.o.'s ribs, you can almost count s.o.'s ribs
Du solltest ein bißchen besser essen, Waltraud, bei dir kann man ja schon die Rippen zählen. – Was? Ich bin dick genug; dicker möchte ich gar nicht sein.

Rippenstoß: jm. **einen** (freundschaftlichen/...) **Rippenstoß geben/versetzen** *ugs* · 1. to give s.o. a (friendly/...) nudge in the ribs, to give s.o. a (friendly/...) dig in the ribs, 2. to give s.o. a dig in the ribs, to give s.o. a nudge in the ribs
1. »Mensch, nun paß doch endlich mal auf,« sagte er zu seinem Nachbarn, indem er ihm einen freundschaftlichen Rippenstoß gab. »Wenn du die ganze Zeit schwätzt, verstehe ich nichts«.
2. vgl. – jn. in die **Rippen** stoßen (1)

rips: und rips, raps war der Teller/die Schüssel/... leer/... *ugs lautmal* · and in a trice the plate/... was empty/... *n*
'So, und wer jetzt schnell fertig wird, dem stifte ich noch ein Eis', sagte der Vater zu seinen Kindern. Du hättest sehen sollen, wie die beiden reingehauen haben: rips, raps, waren die Teller leer.

Risiko: auf mein/dein/... **Risiko** · at my/your/... own risk
Willst du es wirklich wagen, den Hund ohne Impfschein mit über die Grenze zu nehmen? – Natürlich. – Auf dein Risiko! Wenn sie uns an der Grenze wieder umschicken, will ich mit der Sache nichts zu tun haben.

auf eigenes Risiko handeln/etw. tun – auf eigene **Faust** handeln/etw. tun/... (1; a. 2) · to do s.th. at one's own risk

sich auf ein/kein/keinerlei Risiko einlassen · (not) to take a/the smallest/... risk
... Entweder zahlen sie sofort bei Erhalt der Waren – mit fünf Prozent Rabatt; oder erst nach einem Jahr – dann müssen sie 18 Prozent Zinsen zahlen. – Ich würde mich bei denen auf keinerlei Risiko einlassen und die Waren nur gegen sofortige Barzahlung liefern.

das Risiko laufen, zu ... *selten* – **Gefahr** laufen, zu ... · to run the risk of doing/... s.th. *n*

ein/das Risiko auf sich nehmen (etw. zu tun) · to take the risk (of doing s.th.)
... Unter der Bedingung, daß die erst ein Jahr später zahlen, würde ich das Geschäft nicht machen. – Doch, das Risiko nehme ich auf mich. Wer nicht wagt, der gewinnt nicht!

Riß: etw. gibt jm. **einen Riß** *path selten* – jm. einen **Stich** ins Herz geben · to hurt s.o. deeply, to cut s.o. to the quick

ein Riß in der Freundschaft/Beziehung zwischen Menschen/... **vertieft sich**/wird geheilt ... *form* · a rift in s.o.'s/a relationship (with s.o.) has developed/deepened/been patched up/...
Wenn eine Freundschaft einmal einen Riß bekommen hat, ist es schwer, ihn wieder zu heilen, meint unser Paul. Siehst du das auch so?

einen Riß bekommen *Freundschaft/Liebe/...* · + a rift has opened up/developed/... in their/... friendship/..., their/... friendship/relationship/... is starting to break up
... Ich glaube, die Freundschaft zwischen dem Albert und dem Fritz hat einen Riß bekommen. Der Albert hat den Fritz wohl nicht so unterstützt, wie der Fritz in seiner Notlage das erwarten durfte. Das ist jedenfalls mein Eindruck; denn seit einiger Zeit gehen die beiden nicht mehr so herzlich und vertrauensvoll miteinander um wie vorher.

ein tiefer Riß geht durch das Volk/die Gruppe/... *form – path* · + the people/parties/... are completely divided, there is a deep split in/among the people/parties/...
... Es läßt sich nicht länger verheimlichen: in der Frage der Asylbewerber geht ein tiefer Riß durch alle Parteien. Die einen sehen vor allem die menschliche Problematik, die anderen behandeln das Ganze als ein 'Ordnungsproblem'. Zwischen diesen beiden – grundverschiedenen – Ansätzen ist eine Vermittlung kaum noch möglich.

j. hat (bestimmt/...) einen Riß/Risse im Hirn/(Kopf) *sal selten* · s.o. is cracked
... Was der Marquardt sich wohl gedacht hat, als er diesen Unsinn ausheckte! Entweder hat der Mann einen Riß im Hirn oder er war an dem Tag stockbesoffen.

ein tiefer Riß klafft zwischen Menschen/Anschauungen/... *form – path* · 1. 2. there is a deep split between people/ideas/opinions/..., a deep rift has opened up between ... and ...
1. ... Nein, ihre Ehe klappt schon seit etwa drei Jahren nicht mehr. Seitdem die Annemarie berufstätig ist, klafft ein tiefer Riß zwischen den beiden. Im Grunde leben sie aneinander vorbei und haben sich gar nichts mehr zu sagen.
2. ... Nein, die beiden können sich unmöglich auf eine gemeinsame Linie einigen. Zwischen ihren Anschauungen klafft ein so tiefer Riß, daß es einfach undenkbar ist, daß sie eine Brücke zueinander finden.

einen Riß spüren *path selten* · to be deeply/greatly/... shocked by s.th., to be greatly/... pained/hurt by s.th.

... Als er dann sagte, er hätte in seiner Kindheit unter dem Streit seiner Eltern schrecklich gelitten, spürte sie einen Riß. War es ihr doch nicht gelungen, ihren Sohn die Konflikte nicht merken zu lassen? ...

Ritt: auf einen/in einem Ritt *ugs veraltend selten* · (all) in one go, at one go

... Die ganze Übersetzung habt ihr auf einen Ritt gemacht? – Ja, in einer Gewalttour von 17 Stunden ununterbrochener Arbeit.

ein Ritt über den Bodensee (sein) *lit veraltend selten* · (s.o. does not realise that) s.th. is a risky and potentially deadly enterprise *para*

... Diese Verhandlung mit den Banken morgen – das wird ein Ritt über den Bodensee. Der Juniorchef scheint sich noch gar nicht klar darüber zu sein, daß die ihm die Kredite sperren wollen; dann kann er den Laden dichtmachen.

Ritter: ein fahrender Ritter *hist* · a knight errant

... Wenn du wissen willst, was ein fahrender Ritter ist – oder besser: war –, dann mußt du den 'Don Quichote' lesen.

ein irrender Ritter *lit selten* · a knight errant, a rolling stone

... Länger als ein halbes Jahr hält der Adalbert es ja wohl nirgends aus, was? – Der braucht immer wieder neue Abenteuer. – Ein richtiger irrender Ritter, dieser Mann!

sich zu js. Ritter aufwerfen *path od. iron* · to play the part of/to assume the role of/to set o.s. up as s.o.'s knight in shining armour

... Du brauchst dich gar nicht hier zu meinem Ritter aufzuwerfen, Holger! Auch wenn dir diese Rolle gefällt: ich hab' keinen Beschützer nötig. – Ich weiß, du bist eine moderne, unabhängige Frau ...

ein Ritter von der Feder *iron selten* · a man of letters, a scribbler

... »Ihr Beruf?«, fuhr er mich an. – Schriftsteller. – Ach, also noch so ein Ritter von der Feder, der meint, er könnte im Namen der Kunst an allem und jedem herumkritisieren.

ein Ritter ohne Furcht und Tadel (sein) *path selten* · (to be) a knight without fear and without reproach, (to be) a doughty knight

... Wie, der Albert hat den Leuten ins Gesicht gesagt, daß er einen solchen Betrug nicht mitmacht? Hat er keine Angst, daß sie ihm kündigen? – Der Albert ist ein richtiger Ritter ohne Furcht und Tadel. Wenn er etwas für richtig oder nötig hält, macht er es – ganz egal, welche Gefahren damit verbunden sind.

der Ritter von der traurigen Gestalt *lit* · the Knight of the Rueful Countenance

Kennst du den Ritter von der traurigen Gestalt? – Du meinst Don Quichote?

Ritter von der Nadel *iron veraltend selten* · a tailor

... Überleg' mal, was heute ein Anzug vom Schneider kostet! So ein Ritter von der Nadel verdient also eine Heidengeld! Du hast keine Ahnung, Manfred, ...

ein Ritter des Pedals *iron selten* · a knight of the pedal *tr*

... Wieviel fahren die in der Stunde, sagst du, diese Ritter des Pedals? – Ein Radrennfahrer, der im Schnitt nicht wenigstens um die 40/45 fährt, dürfte heute kaum eine Chance haben.

jn. zum Ritter schlagen *hist* · to dub s.o. a knight, to knight s.o.

... Mit wieviel Jahren, sagst du, wurden die Knappen zum Ritter geschlagen?

Ritterschlag: den Ritterschlag empfangen *hist* · to be knighted, to be dubbed a knight, to receive the knightly accolade

Bei der Aufnahme in den Ritterstand empfing ein Knappe im Mittelalter den sogenannten Ritterschlag.

Ritterstand: jn. in den Ritterstand erheben *hist* · to raise s.o. to the knighthood, to knight s.o.

... Wer erhob eigentlich jemanden in den Ritterstand, der König, der Landesherr? – Keine Ahnung.

Ritzen: es zieht durch alle Ritzen *in einem Haus path* · the wind is whistling through the cracks

... Mein Gott, in diesem alten Bau zieht es ja durch alle Ritzen! Da holt man sich ja eine Lungenentzündung! Es scheint, die Mauern bestehen nur aus Löchern!

durch die Ritzen eines alten Hauses/einer undichten Wand/... pfeifen *Wind path* · to whistle through the cracks of an old house/a wall/...

... Es war ein Regen wie lange nicht mehr. Der Wind pfiff durch alle Ritzen des alten Bauernhauses. Die Stadtkinder, die da Ferien machten, hatten Angst, die Mauern würden einstürzen ...

Robe: in feierlicher/großer Robe erscheinen *path veraltend selten* · to appear in/to wear/... evening dress

... Zu dem Empfang erscheinen alle in großer Robe? – Welch eine Frage, Rolf! Natürlich, im Abendanzug/im Abendkleid/in Gala!

Robert: erschossen wie Robert Blum *Spiel mit der zweifachen Bedeutung von 'erschossen' sal veraltend selten* · to be totally/... shattered *coll*

... Mensch, bin ich fertig heute! Total kaputt – erschossen wie Robert Blum!

Rochus: (vielleicht) einen Rochus auf jn. **haben** *sal veraltend selten* – eine Wut/einen Zorn/(einen Ärger) im **Bauch** haben (auf jn./über etw.) · to be (really/...) mad at s.o./furious with s.o./...

Rock: den bunten Rock anziehen (müssen) *ugs veraltend selten* · to (have to) go for a soldier, to (have to) don the king's uniform

Wenn die Entwicklung so weitergeht, müssen wir bald wieder den bunten Rock anziehen. – Mensch, mal' den Teufel nicht an die Wand! Rechnest du schon wieder mit Krieg?

den bunten Rock ausziehen *ugs veraltend selten* · to leave the army, to go back to civvy street, to put on civvies

... Ja, solange es keinen Krieg gibt, macht es vielen Spaß, Soldat zu werden. Aber wenn es ernst wird, möchten die meisten den bunten Rock so schnell wie möglich wieder ausziehen.

seinen Rock ausziehen müssen *ugs veraltend selten* · to be cashiered *n*

... Ihr könnt euch das heute kaum noch vorstellen, welch eine Schande das war, wenn ein Offizier aufgrund irgendeiner Verfehlung seinen Rock ausziehen mußte. Er verlor damit nicht nur seinen Beruf, er verlor jede Achtung in der Gesellschaft.

hinter jedem Rock hersein/herlaufen *sal veraltend selten* · 1. 2. to run/to chase/... after anything in a skirt

1. vgl. – hinter jeder **Schürze** hersein
2. vgl. – jeder **Schürze** nachlaufen

rocks: ein Whisky/Scotch/... on the rocks *Neol Angl* · a whisky/scotch/... on the rocks

... Was heißt 'ein Whisky on the rocks', Papa? – Ein Whisky mit Eiswürfeln.

Rockschöße: mit fliegenden/wehenden Rockschößen davonrennen/... *path veraltend selten* – (so) (schnell) wie der **Blitz** davonrennen/wegsein/irgendwohin rasen/... · to rush off with (one's) coat-tails flying

an js. **Rockschößen hängen/sich an** js. **Rockschöße hängen/ sich jm. an die Rockschöße hängen** *ugs veraltend selten* · 1. to cling to s.o.'s coat-tails, 2. to be tied to/to cling to one's mother's apron-strings

1. ... Statt in den Dingen, für die er zuständig ist, allein zu entscheiden und für die Entscheidungen die Verantwortung zu übernehmen, hängt er sich an die Rockschöße seines älteren Bruders. So etwas von Unselbständigkeit und Mangel an Zivilcourage! *seltener*
2. vgl. – (noch) an **Mutters** Rockschößen/Rockzipfel/(Rock/Schürzenband) hängen

Rockzipfel: jn. gerade noch/... am/beim Rockzipfel erwischen/(halten) *ugs path veraltend selten* · to (just) manage to catch s.o. by his coat tails

... Ich hab' den Herbert soeben noch am Rockzipfel erwischt: als ich da ankam, zog er sich gerade den Mantel an, um abzuhauen. Zwei Minuten später wäre er weg gewesen.

an js. **Rockzipfel hängen**/sich an js. Rockzipfel hängen/sich jm. an die Rockzipfel hängen *ugs veraltend selten* – (noch) an **Mutters** Rockschößen/Rockzipfel/(Rock/Schürzenband) hängen · to be tied to/to cling to one's mother's apron-strings

Rohbau: im Rohbau fertig sein/stehen *Hausbau* · + the shell of the house is complete/has been completed/..., the house is structurally complete
Im Rohbau ist unser Haus jetzt endlich fertig; jetzt kommen die Innenarbeiten. Aber die werden nochmal genauso lange dauern.

Rohr: etwas ist (da/...) im Rohr *ugs selten* · s.th. is brewing, s.th. is afoot
Diese dauernden geheimen Verhandlungen in der Chefetage ... – das ist mir nicht geheuer. Ich weiß nicht, was sich da zusammenbraut, aber irgendetwas ist da im Rohr. – Ich glaube, du machst dir da unnötig Gedanken, Karl.

volles Rohr daherrasen/... *ugs* – volle **Pulle** daherrasen/... · to drive/... flat out

jn. **auf dem Rohr haben** *ugs selten* – es **abgesehen** haben auf jn./etw. (5; u. U. 4) · to have one's eyes on s.o., to have got it in for s.o.

etwas auf dem Rohr haben *ugs selten* – etwas/nichts Gutes/Böses/(...) im **Schilde** führen (1) · to have something nasty up one's sleeve/in mind/...

sich das Rohr verbiegen *sal selten* · to catch V.D., to get the clap
... Wenn er heute mit dieser, morgen mit jener Frau schläft, ist es natürlich immer möglich, daß er sich das Rohr verbiegt. – Zum Glück sind die Geschlechtskrankheiten heute heilbar.

ein Rohr verlegen *sal selten* – regelmäßigen/... **Geschlechtsverkehr** haben · to lay a cable regularly/..., to get one's end away regularly/...

wie ein schwankendes/(wankendes) Rohr im Wind(e) sein/ schwanken wie ein Rohr im Wind *form – path selten* · to be like a reed before the wind
... Einmal war er für die Verhandlungen mit den Chinesen, einmal dagegen; in den letzten Monaten vor seinem Tod wußte man überhaupt nicht mehr, ob er dafür oder dagegen war – er war wie ein schwankendes Rohr im Winde.

Röhre: (dauernd/den halben Tag/...) in die Röhre gucken/ starren/glotzen *ugs selten* · to sit in front of the box *n*, to watch telly *n*
... Nichts gegen Fernsehen! Aber wenn jemand jeden Tag, den der liebe Gott kommen läßt, vier, fünf und mehr Stunden in die Röhre glotzt, ist das doch wohl kein Zeichen dafür, das er im Leben seine Aufgaben erfüllt!

in die Röhre gucken/(schauen) *ugs* – leer **ausgehen** · to be left empty-handed

Rohren: aus allen/vollen Rohren feuern *Schiff mil* · the ship/... fires (with) all its guns
... Das Schiff feuerte aus allen Rohren, aber die Übermacht der Feinde war zu stark; nach einer erbitterten Schlacht von mehr als zwei Tagen mußte sich die Besatzung ergeben.

Rohrkrepierer: ein Rohrkrepierer (sein)/zum ... werden/sich als ... erweisen/... *ugs* · to backfire on s.o. *n*, to boomerang on s.o. *n*
Wenn der Kanzler geahnt hätte, daß sein Vorschlag, die Steuern für die Unternehmer zu senken, in seiner eigenen Partei zum Rohrkrepierer würde, hätte er ihn natürlich nicht gemacht. – Ein alter Hase wie er hätte ja eigentlich vorhersehen müssen, daß der Arbeitnehmerflügel dagegen Sturm laufen würde. – Daß das Ganze die Partei derart erschüttern würde, hat niemand vorausgesehen.

Rohrspatz: frech wie ein Rohrspatz sein *eher von Kindern ugs* – (eher:) frech wie **Oskar** sein · to be as cheeky as they come

schimpfen wie ein Rohrspatz *ugs* · to curse and swear like nobody's business, to scold like a fishwife *n*
Mit der Gisela muß man sich richtig schämen. Jedesmal, wenn ihr etwas nicht paßt, fängt sie an herumzuschnauzen ...! – Ach, schimpft die immer noch wie ein Rohrspatz?

Rohzustand: noch im Rohzustand sein *Werk aus Stein/ Holz/...; Skulpturen/...* · to be (still/...) in a raw/unfinished/rough/... state
... Nein, fertig ist die Skulptur noch nicht – sie ist noch im Rohzustand. Aber die Linien des Ganzen werden so langsam erkennbar. Wenn dich das interessiert, kannst du sie sehen ...

Rolle: eine dankbare/undankbare Rolle (sein/haben/spielen müssen/...) · it is a rewarding/thankless task (for s.o.) (to have to do s.th.)
... Der Kollert mußte einfach nein sagen, ob er wollte oder nicht. Die Bestimmungen ließen ihm nicht den geringsten Spielraum. – Eine undankbare Rolle, den engsten Freunden eine Baugenehmigung abschlagen zu müssen.

die tragende Rolle (in einem Stück) · the main part/the key role/the principal role (in a play)
... Klar, alle Rollen sind wichtig, auch die Nebenrollen. Aber dies Stück lebt entscheidend von der Figur des Königs; das ist die tragende Rolle.

von der Rolle sein *ugs selten* · to be (right/...) out of it, to be left behind, not to be with it
... Vor seinem Auslandsaufenthalt war der Albert einer der führenden Köpfe in seinem Fach; heute ist er (völlig) von der Rolle. Schon bei relativ leichten Problemen hat er Mühe mitzukommen/mitzuhalten; wenn es schwerer wird, ist es aus.

ganz/(...) von der Rolle sein *ugs* · 1. to be really/... wound up, 2. to be completely/... out of it
1. vgl. – ganz/richtig/... **aufgedreht** sein
2. vgl. – völlig/... neben der **Kappe** sein

in der Rolle des .../einer Rolle als ... auftreten · to appear in the role of ..., to play the part of ...
... Es liegt dem Herrn Wolters nun einmal nicht, in der Rolle eines Bittstellers aufzutreten! Wenn die bei Schuckert Hilfe brauchen, sollten sie jemand (anders) schicken, der sich für solche Dinge besser eignet.

seine Rolle in/bei/... ausgespielt haben · to have no further say in/at/..., to be finished in/at ...
Der Heribert Ampert hat bei Schuckert u. Co. keinen großen Einfluß mehr? – Nein; er hat seine Rolle ausgespielt. Seitdem die einen neuen Vorstand haben, hat er nichts mehr zu sagen.

eine Rolle gut/falsch/... besetzen *Theater u. ä.* · to cast the right/wrong actor/actress in a role/part, to cast a part well, to miscast s.o.
... Die Rolle des Helden war mit Marlon Brando natürlich hervorragend besetzt. Aber die Frauenrollen ... –, nein, die hatten gar kein Niveau!

jn. **von der Rolle bringen** *ugs selten* · to cause s.o. to lose ground/to lose touch with developments
... Den Albert hat sein langer Südamerikaaufenthalt von der Rolle gebracht. Vorher war das einer der führenden Köpfe auf seinem Gebiet; heute kommt er schon bei Routineproblemen nicht mehr mit.

jn. **durch die Rolle drehen** *sal selten* – mit jm. **Schlitten** fahren · to bawl s.o. out, to give s.o. hell

aus der Rolle fallen *ugs* · to drop a brick, to drop a clanger, to behave untypically *n*, to forget o.s. *n*
Den Rainer nehme ich zu einer offiziellen Einladung nicht mehr mit! – Ist er schon wieder aus der Rolle gefallen? – Stell' dir vor, da sagt er doch zu der Frau von Prof. Mautner ganz ungeniert, die Bücher, die ihr Mann zur Zeitgeschichte geschrieben hätte, wären alle reaktionär und stumpfsinnig – so vor allen Leuten.

sich (erst noch/...) in seine Rolle finden (müssen) · to (have to) familiarise o.s. with one's role (first/...)
... Das ist doch ganz natürlich, daß der Toni noch etwas unsicher ist. Er ist schließlich erst seit drei Monaten auf diesem Posten und vor-

her hat er etwas ganz anderes gemacht. Er muß sich also erst noch in seine Rolle finden.

sich in der Rolle des ... gefallen · to fancy o. s. in one's role of/as ..., to like to think of o. s. in the role of ...

... Der Harri Meister gefällt sich nun einmal in der Rolle des Ratgebers. Auch wenn seine Ratschläge mitnichten gefragt sind – er erteilt sie.

von der Rolle kommen *ugs selten* · to lose ground, to lose touch with developments, to get left behind

... Vor seinem Auslandsaufenthalt war der Albert einer der führenden Köpfe in seinem Fach. Er ist in Brasilien von der Rolle gekommen. Die schlechten Arbeitsbedingungen, der mangelnde Ansporn, die vielen Verlockungen haben dazu geführt, daß er den Anschluß verpaßt hat. Jetzt ist es zu spät; jetzt kann er nicht mehr mithalten.

die/eine Rolle ist jm. **(wie) auf den Leib geschnitten/genau auf jn. zugeschnitten** · a part/role/... is tailor-made for s. o.

... Aber klar, der Manfred war immer eher eine Repräsentationsfigur als alles andere! Euer Institut auf einem internationalen Kongreß vertreten – diese Rolle ist ihm wie auf den Leib geschnitten. Einen besseren Repräsentanten hättet ihr nie finden können.

eine (bedeutende/wichtige/...)/keine **Rolle spielen**/keine (...) Rolle spielen (bei/in/...) · 1. 2. it doesn't matter, 3. 4. to play an important/significant/... part, to play an important/significant/... role

1. ... Ach, jetzt hab' ich mein Geld vergessen! – (Das) spielt keine Rolle, ich leih' dir was.
2. Ob die Schuhe 135,– oder 145,– Mark kosten, spielt gar keine Rolle. Wichtig ist, daß ich vernünftig darin laufen kann.
3. Wie ich höre, spielt der August Schrumpf neuerdings eine sehr wichtige Rolle da bei Meyer u. Co. – Es scheint, ja. Nach dem Geschäftsführer ist er offensichtlich jetzt der Mann mit dem stärksten Einfluß dort.
4. Bei den Haushaltsberatungen hat diesmal das Argument, daß die Wirtschaft ohne staatliche Eingriffe kaum wieder auf Touren kommt, eine sehr wichtige Rolle gespielt.

eine/die führende/entscheidende/... verhängnisvolle/... **Rolle spielen** · to play an important/a leading/a decisive/... role, to play an important/... part

... Die entscheidende Rolle bei der Revolution hat die kommunistische Partei gespielt. Die hatte zu der Zeit alle Fäden in der Hand.

eine glänzende/klägliche/armselige/jämmerliche/... nicht gerade eine rühmliche/... **Rolle spielen** · to play a decisive/sorry/miserable/... role

Bei den Beratungen um den Etat hat der Finanzminister ja nicht gerade eine sehr rühmliche Rolle gespielt. – Das ist sehr vornehm ausgedrückt. Nach meiner Meinung müßte ein Mann, der sich derart stümperhaft verhält, sofort entlassen werden.

eine untergeordnete/zweitrangige/... **Rolle spielen** · 1. to play a minor/... role, 2. to be of secondary/minor/... importance

1. ... Der Baldur spielt im Baudezernat nur eine sehr untergeordnete Rolle. Auf die Entscheidung wichtiger Projekte hat er so gut wie keinen Einfluß.
2. Für sich genommen, mag die Frage, ob die Zahl der Arbeitslosen um vier oder sechs Prozent gestiegen ist, wichtig sein. Im Zusammenhang der gesamten Wirtschaftsproblematik dürften die zwei Prozent aber nur eine zweitrangige Rolle spielen.

eine doppelte/zweideutige/zwielichtige/... **Rolle spielen** · to play a dubious/... role (in s. th.), to play a double role (in s. th.)

Der Rohrer hat bei den Auseinandersetzungen um die neue Hafenanlage eine ziemlich zwielichtige Rolle gespielt, meinst du nicht auch? Mir ist jedenfalls nie klar geworden, ob er eher dafür oder dagegen war.

die erste/zweite/... **Rolle spielen** (in/bei/...) – die erste/zweite/... **Geige spielen** (in/bei/...) · to play the main part/the lead/the leading role in s. th., to play second fiddle to s. o.

immer/... eine große Rolle spielen wollen/... · to (always/...) want to play a leading/dominant/... part

... Es gelingt dem Alfred einfach nicht, irgendwo eine untergeordnete, dienende Funktion auszuüben. Überall, wo er aufkreuzt, muß er sofort eine große Rolle spielen! Der Junge hat einfach zu viel Prätentionen.

seine Rolle gut/ausgezeichnet/... schlecht/... spielen · to play one's part well/brilliantly/badly/...

Dafür, daß er das erste Mal Delegationsleiter war, hat der Rauschner seine Rolle gut gespielt. Alle Achtung! Sein Vorgänger hätte bei den Verhandlungen nicht so viel erreicht.

eine Rolle als ... spielen/haben *Theater u. ä.* · to play the part of a ...

Kannst du dir vorstellen, daß Gründgens eine Rolle als Detektiv spielt? – Ein Mann wie Gründgens, Ulrich, spielt jede Rolle.

die Rolle der .../des ... **übernehmen/spielen** *Theater u. ä.* · to take/to play/... the part of ...

... Und wer spielt (im 'Faust') die Rolle des Mephisto? – Na, Gründgens selbst natürlich. Wer sollte diese Rolle denn sonst übernehmen?

seine Rolle überziehen (mit etw.) · 1. to go too far (with s. th.) *coll*, to go over the top (with s. th.) *coll*, 2. to push one's luck too far *coll*, to overplay one's hand

1. Scharf auftreten ist eine Sache, unverschämt eine andere. Nein, diesmal hat der Schäfer seine Rolle überzogen. So tritt kein Geschäftsmann auf, der auf einen anständigen Ruf Wert legt.
2. vgl. – seine **Karte** überreizen (mit etw.)

sich in js. Rolle versetzen – sich in js. **Lage** versetzen · to put o. s. in s. o. else's place/position/(...)

eine Rolle vorwärts/rückwärts (machen) *Bodenturnen* · (to do) a forward/backward roll

... Natürlich mußten wir in der Schule auch eine Rolle vorwärts und rückwärts machen. Ich selbst habe mich da, wenn eben möglich, gedrückt. Besonders vor der Rolle rückwärts. Ich hasse die Belastungen der Halswirbelsäule.

die/eine Rolle ist genau auf jn. zugeschnitten – die/eine **Rolle ist jm. (wie) auf den Leib geschnitten/genau auf jn. zugeschnitten** · a part/role/... is tailor-made for s. o.

die Rollen tauschen · 1. to switch roles (with s. o.), 2. to switch round, 3. to switch jobs

1. ... Jetzt hast du die ganze Zeit den Grafen gespielt und ich den Diener, jetzt wollen wir die Rollen mal tauschen. – Einverstanden. Jetzt machst du den Grafen und ich den Diener. *Theater*
2. (Beim Tischtennis:) Erst greifst du an und ich verteidige, und dann tauschen wir die Rollen. Einverstanden?
3. Der Dieter hat gut reden: er fängt um zehn Uhr morgens an, ich um sieben. Ich möchte mal sehen, was er sagen würde, wenn wir die Rollen tauschen.

mit vertauschten Rollen vorgehen/... · + their/... roles were reversed, they/... reversed their/... roles

... Plötzlich, ohne daß sie es merkten, diskutierten die Siglinde und der Lutz mit vertauschten Rollen: er verteidigte die Unabhängigkeit der Frau, und sie gab sich fast wie ein braves Hausmütterchen! – Während sie vorher vehement umgekehrt argumentiert hatten! – Eben! Einfach zu komisch, das Ganze!

mit verteilten Rollen vorgehen/lesen/.../(eine Ehe/... mit verteilten Rollen) · to each play a different role/part/..., to have a division of labour

... Wenn wir da etwas erreichen wollen, müssen wir mit verteilten Rollen vorgehen, der Gerd sorgt für die Finanzierung, der Manfred erledigt die bürokratischen Dinge, die Ilse sorgt für eine passende Ausstattung der Räume ...

etw. ins Rollen bringen *ugs* · to get things going, to set s. th. in motion, to start the ball rolling

Wenn der Schäffer die Angelegenheit nicht durch seine Beschwerde ins Rollen gebracht hätte, hätten die im Ministerium nie davon Notiz genommen, daß aus dem 'Momberg-Institut' nie eine vernünftige Publikation herauskommt, das Institut also auch keine so hohen Zuschüsse verdient.

ins Rollen kommen *ugs* · to get going
Lange sah es so aus, als ob die Verhandlungen gar nicht von der Stelle gingen. Aber so allmählich kommt die Sache ins Rollen, scheint mir.

Rollschuh: Rollschuh laufen · to roller-skate
... Wie, du bist als Junge nie Schlittschuh gefahren? – Nein, nie! Aber dafür habe ich geradezu leidenschaftlich Rollschuh gelaufen. Stundenlang.

Rom: j. war in Rom und hat den Papst nicht gesehen/etw. ist dasselbe/das gleiche/... wie in Rom gewesen sein und den Papst nicht gesehen haben/... *veraltend selten* · s.o. was in London and didn't see the Queen/King, it/doing s.th. is like going to London and not seeing the Queen/King
... Was, du warst in London und hast dir weder das Parlament noch den Tower angeschaut? Das ist dasselbe, als wenn du in Rom gewesen wärst und den Papst nicht gesehen hättest.

Rom wurde (auch) nicht an einem Tag gebaut/(erbaut) · Rome wasn't built in a day
... Herrgott, diese Arbeit wird überhaupt gar nicht mehr fertig! – Du mußt Geduld haben, Junge! Rom wurde auch nicht an einem Tag gebaut. Solche Untersuchungen brauchen ihre Zeit.

Roman: das/etw. ist (ja) ein ganzer Roman *ugs* · it/s.th. is a long story
... Nein, das kann ich dir nicht in ein paar Worten erklären, das ist ein ganzer Roman. Wenn wir mal länger Zeit haben, erzähl' ich dir das alles ganz genau.

das/etw. (was j. erzählt) ist (ja) der reinste/ein richtiger/... Roman *ugs* · that's/s.th./(what s.o. is saying) is (absolutely/...) unbelievable
... Das ist ja der reinste Roman, was du da erzählst! Daß die Verhältnisse in dem Land anders sind als bei uns, das wußte ich ja; aber derart unglaubliche Geschäftssitten hätte ich doch für unmöglich gehalten.

erzähl'/... (jm.) keinen langen Roman/keinen langen Roman hören wollen/... *sal* · don't give me/us/... such a long rigmarole/a whole speech/...
... Ja, und dann meint Vater noch ... – Komm', Erika, erzähl' keinen langen Roman/ich will keinen langen Roman hören. In einem Satz: ist Vater für unsere Reise oder dagegen?

Röntgenaugen: Röntgenaugen haben *scherzh selten* · to have X-ray eyes
... Diesem Mann entgeht nichts, weißt du! Der hat Röntgenaugen. Der braucht nur ein Mal durch den Betrieb zu gehen – dann sieht und merkt er alles.

Röntgenaugen machen *scherzh selten* · to give s.o. a piercing look, to look penetratingly at s.o., to look intently/... at s.o.
... Wenn der Alte seine Röntgenaugen macht, hast du den Eindruck, daß er den Leuten bis in die verborgensten Falten ihrer Seele guckt – oder eine ganze Abteilung gleichsam sezierend in sich aufsaugt. Ich habe so etwas bei einem anderen Menschen noch nie erlebt.

Rose: keine Rose ohne Dornen *oft iron* · no rose without a thorn
... Gesund, vital, schön, fleißig ... – was willst du denn noch mehr?! – Aber eigensinnig, sag' ich dir! Wenn du den Eigensinn dieser Frau kennen würdest ... – Tja, keine Rose ohne Dornen, mein Guter!

(nicht) auf Rosen gebettet sein *path* · + life is/(isn't) a bed of roses for s.o.
... Natürlich hat die Christl kein leichtes Leben, das wissen wir alle! Aber du und ich, wir sind schließlich auch nicht auf Rosen gebettet und wir tun auch nicht immer so, als ob wir kurz vor dem Hungertod stünden ...

Rosenkranz: den Rosenkranz beten *kath – rel* · to say the rosary
... Jeden Abend, den der liebe Gott kommen ließ, betete meine Großmutter den Rosenkranz. – Den ganzen Rosenkranz, Perle für Perle? – Den ganzen Rosenkranz, jawohl. Ich weiß nicht, wieviele Ave Maria das macht, aber ...

rosig: js. Lage/... ist nicht (gerade)/alles andere als/... rosig *iron* · s.o.'s situation/... is far from/not/... rosy
... Wenn sie ihn bei Schuckert fristlos entlassen haben, dürfte seine Situation im Augenblick ja nicht gerade rosig sein! – So kann man sich auch ausdrücken. Ich würde sagen: sie ist ausgesprochen beschissen.

Rosinen: Rosinen im Kopf haben *sal selten* – **Grillen** im Kopf haben · + s.o.'s head is full of big/fancy/... ideas

(große) Rosinen im Kopf haben *sal selten* · to have fancy ideas (in one's head) *coll*
Ich weiß nicht, ob die Pläne, die der Christian hat, groß oder unerfüllbar sind. Aber eines weiß ich: ohne große Rosinen im Kopf zu haben kann dieser Mann nicht leben.

sich die Rosinen aus dem Kopf schlagen (müssen) *sal selten* – sich die **Grillen** aus dem Kopf schlagen · to (have to) get the big/fancy/... ideas out of one's head *coll*

jm. Rosinen in den Kopf setzen *sal selten* · to put big/high-flown/high-falutin'/... ideas into s.o.'s head *coll*
(Ein Mann zu seiner Frau:) Ich verstehe ja sehr gut, daß du die Helga bedauerst! Ich würde es natürlich auch sehr begrüßen, wenn sie sich ihren alten Wunsch, Schauspielerin zu werden, erfüllen könnte. Aber es hat doch keinen Sinn, ihr Rosinen in den Kopf zu setzen. Sie hat drei kleine Kinder! Soll sie die verlassen?

sich die (größten/besten/dicksten) Rosinen aus dem Kuchen picken/klauben *ugs* · to take the best of the bunch, to take the pickings, to skim the cream, to take the raisins out of the cake *para*, to pick and choose
... Du willst dir wieder die Rosinen aus dem Kuchen picken, was?! Du meinst, als Junge brauchst du nur die bißchen staubsaugen, die unangenehmen Arbeiten machen die Mädchen. Von wegen! Diesmal arbeitest du genau so viel wie wir, sonst sprechen wir mit Vater.

Roß: hoch zu Roß *path od. iron* · on horseback, mounted
... So hoch zu Roß früh morgens durch den Wald zu traben – das gibt ein ganz anderes Gefühl als ein Sonntagnachmittagsspaziergang mit der Familie, was?!

jn. vom hohen Roß herab behandeln/ansprechen/... *ugs* · to get on one's high horse with s.o.
Wenn der Hönsch meinen Bruder ganz normal und kameradschaftlich angesprochen hätte – und nicht so vom hohen Roß herab –, dann hätte mein Bruder auch vernünftig reagiert! – Der Hönsch ist nun mal arrogant, das wissen wir doch. Dein Bruder hätte aber ...

das größte Roß auf Gottes Erdboden sein *sal selten* – für keine zwei **Pfennige** Verstand haben/nachdenken/aufpassen/... (1) · to be the doziest cretin/... on God's earth

von seinem hohen Roß heruntersteigen/herunterkommen (müssen) *ugs* · to (have to) get down off one's high horse
... Der Hörster mußte gestern abend offiziell zugeben, daß das Scheitern der Verhandlungen mit Schuckert auf seine ungeschickte Verhandlungsführung zurückzuführen ist. – Daß dieser eingebildete Fatzke mal von seinem hohen Roß heruntersteigen muß, tut mir gut. Was hat er angegeben, ihm könnte in geschäftlichen Verhandlungen niemand das Wasser reichen!

Roß und Reiter *path* · horse and rider
... In wildem Galopp raste er auf den Abgrund zu, den er zu spät erkannte, um anhalten zu können. Und Roß und Reiter stürzten in die Tiefe.

(j. muß/sollte/...) Roß und Reiter nennen *ugs* · to name names, s.o. should/must/... name names
... Ich sag' Ihnen doch: schon vier Mal hat man mir mein Werkzeug hier gestohlen, und ich weiß ganz genau, wer das war. – Wenn Sie das wissen, Kaufmann, bitte, dann nennen Sie uns Roß und Reiter! Mit vagen Andeutungen ist uns nicht gedient. Sagen Sie uns die Namen!

sich aufs hohe Roß setzen *ugs* · to get on one's high horse
Wenn der Kurt unter der Rezession nicht zu leiden hat, ist das kein Grund für ihn, sich aufs hohe Roß zu setzen! – Laß ihn doch! Wenn es ihm Spaß macht, sich so arrogant und überheblich zu geben ... – die Zeiten werden sich auch mal wieder ändern.

auf dem hohen Roß sitzen *ugs* · to be on one's high horse, to give o.s. airs

... Ist das ein Angeber, dieser Kurt! – Laß ihn! Wenn es ihm Spaß macht, auf dem hohen Roß zu sitzen ... Irgendwann wird ihm schon seine Überheblichkeit vergehen. Oder meinst du, seine Lage bliebe immer so blendend, wie sie im Moment ist?

jm. **wie einem kranken/(lahmen) Roß zureden** *ugs selten* – jm. wie einem kranken/(lahmen) **Gaul** zureden · to try/to do everything to bring s.o. round, to try/to do everything to persuade s.o.

Roßkur: eine Roßkur ((durch-)machen) *ugs* · (to follow) a drastic cure *n*, (to cure o.s. by) drastic methods *n*

... Nein, angenehm ist das natürlich nicht: jeden Tag Wechselbäder, jeden Tag alle möglichen Streckübungen, jeden Tag starke Medikamente ... Ganz im Gegenteil: das ist eine Roßkur, was die Ursel da macht. Aber es scheint zu helfen. Sie läuft in der Tat schon wieder viel besser. – Na, dann nimmt man so radikale Methoden/so Gewalttouren in Kauf ...

Roßnatur: eine (richtige/...) **Roßnatur haben** *ugs – path selten* · to be as strong as a horse *n*

... Meine ganze Familie hat momentan die Grippe. Außer meiner Mutter, die hat eine richtige Roßnatur. Ich kann mich nicht erinnern, daß die mal ernsthaft krank gewesen wäre.

Rot: (noch) **etwas Rot auflegen** *form* · to put on some (more) rouge/blusher *n*

... Nur eine Sekunde, ich muß noch eben etwas Rot auflegen. – Nun komm' schon, Mathilde, deine Bäckchen sind süß genug! – Danke.

rot sein *ugs eher: die Roten* · to be left-wing, to be a red

... Was wählt denn der Koch? – Die Sozialisten natürlich. Wußtest du nicht, daß er rot ist?

rot werden/anlaufen/(sein) – (über und über) rot **anlaufen** · to go red all over

Röte: eine fliegende Röte (im Gesicht) *form – path* · + s.o.'s face flushes *n*, s.o.'s face reddens *n*, s.o. blushes *n*

... Als er dann, eher beiläufig, von den sexuellen Beziehungen im Kindesalter sprach, huschte eine fliegende Röte über ihr Gesicht. Nur für einen Moment zwar, aber doch so stark, daß alle es merkten ...

die Röte steigt jm. **ins Gesicht** *form – path* · + s.o. goes/... red in the face, + s.o. blushes

... »Warst du mit eurer ganzen Gruppe tanzen oder nur mit dem Heinz?«, fragte er seine 14-jährige Schwester. Sie merkte, wie ihr die Röte ins Gesicht stieg, als sie antwortete: »Nur mit dem Heinz«. Aber was ging das ihren Bruder überhaupt an?

etw. **treibt** jm. **die Röte ins Gesicht** *form – path* · to make s.o. blush, to make s.o. go red in the face

... »Was, du treibst dich mit deinem Freund bis morgens um fünf Uhr in den Tanzdielen herum?!« Der Stil, in dem ihr Vater sie ausschimpfte, trieb ihr die Röte ins Gesicht. »Trieb sich herum ...« – Verlegenheit, Zorn, Entrüstung, sie wußte nicht, was sie mehr empfand.

Rotieren: ganz schön/... ins Rotieren kommen/am Rotieren sein *ugs* · 1. 2. to get/to be/... flustered, to get into/to be in/... a flap

1. Bei der letzten Aufgabe der Klausur kam ich ganz schön ins Rotieren. Ich hatte ganz schön zu kämpfen, bis ich heraus hatte, welchen Lösungsansatz ich wählen mußte. Fast hätte mir dazu die Zeit nicht gereicht.

2. Im Geschäft sind wir diese Woche ganz schön am Rotieren. Drei Kollegen sind krank und wir haben mehrere Terminarbeiten, die wir nicht aufschieben können.

Rotstift: den Rotstift ansetzen · to make economies, to make spending cuts, to cut back

... Wenn weniger Geld da sind, muß natürlich gespart werden. Aber man muß wissen, wo man den Rotstift ansetzt. Warum immer ausgerechnet bei den Geisteswissenschaften kürzen, wo sowieso nichts zu holen ist?!

dem Rotstift zum Opfer fallen · to be scrapped, to be cancelled, to be scratched

... Die neue Bibliothek wird also doch nicht gebaut? – Nein, sie ist dem Rotstift zum Opfer gefallen. Im Zuge der allgemeinen Sparmaßnahmen wurden auch die Mittel für die Universitätsbauten drastisch gekürzt.

Rotte: eine Rotte Korah *Bibel selten* · the Korahites *rare*, a bunch of rowdies *n*

... Guck' dir das an, Sonja, wie brutal sich diese Schulklasse einen Weg durch diese Tannenschonung bahnt! Wie eine zügellose Horde ziehen die durch den Wald – eine Rotte Korah, wie die Bibel sagt. – Na, wir wollen mal nicht übertreiben, Ernst.

Rotz(e): der ganze Rotz *sal* – der ganze **Kram** (2, a. 1) · the whole bloody show, the whole goddam show *Am*

frech wie Rotz am Ärmel sein *sal selten* – frech wie **Dreck** sein · to be a cheeky little monkey, to be a cheeky little pup

jn. **wie Rotz am Ärmel behandeln** *sal selten* – jn. wie (den letzten) **Dreck** behandeln · to treat s.o. like dirt

Rotz und Wasser heulen *path selten* · to cry one's eyes out, to blubber

(In einem Kaufhof; ein Herr zu einer Verkäuferin:) Was steht denn der kleine Junge da in der Gegend und heult Rotz und Wasser? – Er hat seine Mutti verloren. – Aber die kommt doch wieder! – Das habe ich dem Kleinen auch gesagt. Aber der hört gar nicht zu, was man ihm sagt; er steht nur da und heult und heult ...

jn. **wie Rotze an der Backe behandeln** *sal selten* · jn. wie (den letzten) **Dreck** behandeln · to treat s.o. like dirt

rotzfrech: rotzfrech sein *sal* – frech wie **Dreck** sein · to be a cheeky monkey, to be as cheeky as they come

Roulette: russisches Roulette · Russian roulette

... Das ist doch einfach idiotisch, mit der Piste runterzurauschen, ohne zu wissen, ob nach der Kurve ausreichend Schnee liegt! Das ist geradezu russisches Roulette, was der Rudi da macht! – Was ist das denn? – Du schiebst in eine Kammer der Trommel eines Revolvers eine Patrone ein. Dann läßt du die Trommel rotieren. Anschließend setzt du die Waffe, ohne zu wissen, ob die geladene oder leere Kammer vor dem Schlagbolzen ist, an die Schläfe und drückst ab. So idiotische Duelle oder Mutproben gab's halt – und gibt's, wie du gerade siehst, auch heute!

Rübe: eine freche Rübe *ugs eher: Jungen* · a cheeky little devil/monkey/thing/...

(Ein älterer Herr zu seiner Frau, vor dem Bahnhof:) Was sagt der Junge? – Wenn du den Koffer nicht tragen kannst, dann solltest du keine Reisen machen, sondern zu Hause bleiben. – So eine freche Rübe! – »Paß bloß auf, du Frechdachs ...«

Rübe ab! *sal eher hist* · off with his head!

... Mit Landesverrätern wurde früher nicht lange gefackelt, mein Lieber. Die kamen aufs Schaffott. 'Rübe ab!', war da die Losung. – 'Die Losung', ist gut! Du sprichst fast so wie diese Leute im 18. Jahrhundert.

jm. **eins/(einen) auf die Rübe geben** *sal* – jm. eins/(einen) auf/über/vor den **Dez** geben · to bash s.o./to crack s.o./... on the nut

die Rübe (für jn./etw.) **hinhalten** *sal* · 1. to stick one's neck out for s.o., 2. to risk one's neck for s.o.

1. vgl. – (eher:) den **Kopf** für jn./etw. hinhalten
2. vgl. – (a.) seine **Haut** (für jn./etw.) zu Markte tragen

eins/(einen) auf/über die Rübe kriegen/(bekommen) *sal* · 1. 2. to get a crack on the nut

1. vgl. – eins/(einen) auf/über den **Kopf** kriegen
2. vgl. – (eher:) eins **draufkriegen** (1)

jm. **eins über die Rübe ziehen** *sal selten* – jm. eins/(einen) auf/(über) die **Birne** geben · to give s.o. a crack on the nut, to brain s.o.

Rubel: der Rubel muß rollen *ugs selten* – das **Geld** muß rollen · money has to circulate, money is there to be spent

rüberbringen: etw. (nicht) **rüberbringen** *ugs* · (not) to get s.th. across, (not) to get s.th. over

(Nach einem Kirchgang:) Seltsam, meinte meine Schwester, wirklich seltsam! Woran liegt es bloß, daß es so wenig Priestern gelingt, ihre Botschaft nicht nur inhaltlich, sondern de facto rüberzubringen? – Wie, hat dir die Predigt nicht gefallen? – Rhetorisch war sie blendend! Aber ich kann mir nicht vorstellen, daß sich auch nur ein einziger Kirchenbesucher für das, worum es ging, hat wirklich motivieren lassen.

Rubikon: den Rubikon **überschreiten** *lit oft Perf selten* · to cross the Rubicon

… In dem Augenblick, wo wir die Leute zur Vertragsunterzeichnung nach Deutschland kommen lassen, haben wir den Rubikon überschritten, Herr Schreiner! Da gibt's kein Zurück mehr; denn das würde eine offene Beleidigung sein und unsere gesamten Geschäftsbeziehungen für immer zunichte machen.

Ruch: im Ruch eines … **stehen** *form veraltend selten* – in dem **Ruf** eines … stehen · to have a reputation as …/for being …

ruchbar: das/(etw.) **wird ruchbar** · to become known, to get out

… Du, wenn das ruchbar wird, daß du gar keine Baulizenz für die Garage hast, gibt das ein Heidentheater! – Da kommt in diesem abgelegenen Winkel keiner hinter. Die merken gar nicht, daß ich überhaupt eine Garage baue.

Ruck: in einem Ruck … *ugs selten* · to do s.th. in one go

… Du kannst doch nicht in einem Ruck bis Portugal fahren! – Warum nicht? Es wäre nicht das erste Mal, daß ich 30, 40 Stunden durchfahre.

mit einem Ruck … *ugs selten* · suddenly *n*, overnight *n*

Jahrelang maß er 1,62 m – immer wieder 1,62 m. Aber mit einem Ruck war er plötzlich über 1,70 groß. Gleichsam über Nacht war er 10 cm gewachsen.

mit einem Ruck anfahren/… · to move off/… with a jolt

… Der kann überhaupt nicht fahren, dieser Lokomotivführer! Der fährt jedesmal mit einem Ruck an, und auch wenn er hält, geht das jedesmal in Stößen/ruckartig.

in einem Ruck erledigen/… *ugs selten* – im **Nu**/(in einem Nu) · to do s.th. in a flash/in a trice/in next to no time

e-r S. **einen Ruck geben** *ugs selten* · to get things moving/going/…

Jetzt sind wir schon über zwei Jahre bei diesem Hausbau, und es ist immer noch kein Ende abzusehen. Du mußt der Sache mal einen Ruck geben, Wilfrid, sonst werd' ich noch Großmutter, ehe wir in das Haus einziehen. – Ich weiß nicht, was ich noch tun soll, um den Bau voranzutreiben.

sich (innerlich) einen Ruck geben *ugs* · to force o.s., to pull o.s. together

… Wenn du dir einen Ruck gibst, müßte deine Seminararbeit doch in einer guten Woche gemacht sein. – Vielleicht. Aber ich habe gar keine Lust, mich dazu aufzuraffen. Das Thema hängt mir zum Hals heraus.

einen Ruck nach links/nach rechts/zur Mitte ergeben/(…) *Wahlen o.ä.* · to show/… a strong/powerful/… swing to the left/right/…

Die Wahlen ergaben einen deutlichen Ruck nach links: während im alten Parlament die Sozialisten und Kommunisten zusammen nur 44 Prozent der Abgeordnetensitze hatten, stellen sie im neuen mehr als 65 Prozent.

ruck: hau ruck! *ugs* · heave!

»Hau ruck, hau ruck!«, riefen die Arbeiter, als sie den alten Eckschrank von der Wand wegrückten.

ruck-zuck: etw. **geht ruck-zuck/ist ruck-zuck fertig/…/etw. ruck-zuck machen** *ugs* · 1. s.th. can be done/finished/… in no time/in a flash/in a jiffy/in a trice/…, 2. in no time, in a flash, in a trice

1. … Stell' dich doch nicht so an mit diesen paar Schularbeiten, Kind! Wenn du dich dranmachst, hast du die ruck-zuck fertig. Länger als eine Viertelstunde brauchst du dafür doch bestimmt nicht!

2. vgl. – im **Nu**/(in einem Nu)

Rückantwort: um Rückantwort wird gebeten *Abkürzung:* *U. R. W. G. Auf Einladungskarten u. ä. form* · R.S.V.P

Hast du auf die Einladung zu dem Cocktailabend auf der Botschaft schon geantwortet? – Muß man da antworten? – Natürlich! Hast du das U. R. W. G. nicht gelesen?

Rückblick: im Rückblick auf etw. · looking back on the last/… year/decade/…

Im Rückblick auf die letzten Jahre können wir doch alle mit Überzeugung sagen: die Umstrukturierung war zwar teuer und schwierig, aber sie hat sich gelohnt. Oder ist jemand von euch anderer Ansicht, wenn er auf die letzten Jahre zurückschaut?

einen Rückblick auf etw. werfen *form* · to look back at s.th.

(Bei einem Ehejubiläum:) »Wenn wir heute, nach 25 Jahren, einen Rückblick auf unsere Ehe werfen …« – »Besser nicht, besser nicht!«, unterbrach ihn seine Frau unter dem Gelächter der Gäste, »guck' lieber nach vorn statt nach hinten!«

Rücken: schon/… … Jahre/Jahrzehnte **auf dem Rücken haben** *selten* – schon/… … Jahre/Jahrzehnte/… auf dem **Buckel** haben · to be (already)/…, to have (already/…) over 60/70/…, to have (already/…) clocked up 60/… kms.

den Feind/… **im Rücken haben** · to have the enemy at one's rear

… Jetzt wird's gefährlich! Jetzt haben wir einen Teil der feindlichen Armee vor uns, einen anderen Teil im Rücken …

die Sonne/… **im Rücken haben** · to have the sun/… behind one

Wenn du die Sonne im Rücken hast, brauchst du natürlich keinen Gelbfilter zum Photographieren. Aber wenn du gegen das Licht fotographieren willst, kommst du ohne Filter nicht aus.

einflußreiche Leute/… **im Rücken haben** · to have influential backers, to have influential people behind one

Ich verstehe überhaupt nicht, wie so ein Strohkopf wie der Kallert Leiter des Instituts werden kann. – Der Kallert hat sehr einflußreiche Leute im Rücken. Ein Vetter von ihm ist Bürgermeister, ein anderer Abgeordneter; sein Bruder … Die unterstützen ihn natürlich alle.

einen breiten Rücken haben *selten* · 1. 2. to be able to take a lot *coll*, 1. to have broad shoulders, 2. s.o. has a broad back, s.o. is thick-skinned

1. … Aber wird der Manfred der seelischen Belastung des Postens auch gewachsen sein? – Der Manfred? Der hat einen breiten Rücken, der ist so schnell nicht zu erschüttern.

2. vgl. – einen breiten **Buckel** haben

dir/euch/(ihm/…) juckt wohl der Rücken?! *ugs selten* – dir/euch/(ihm/…) juckt wohl das **Fell?!** · he/you/… is/are asking for it/a good hiding

es läuft/rieselt jm. kalt/eiskalt/(heiß und kalt) über den Rücken/den Rücken herunter/(hinunter) *path* · a cold shiver runs down my/… spine, a shudder runs down my/… spine

… Ich hörte die Bremsen quietschen und sah, wie das Mädchen von dem Auto erfaßt wurde. Mir lief es eiskalt den Rücken herunter. Nie habe ich so einen Schauder gehabt …

der verlängerte Rücken *euphem – iron* · the posterior, the behind, the rear end, the backside

… Wenn du jetzt nicht ruhig bist, Junge, bekommst du was auf den verlängerten Rücken! – Was ist das denn? – Das wirst du dann schon merken. – Ah!! Du meinst den Arsch? – Verdammt nochmal, jetzt ist aber Schluß!

auf js. **Rücken sich bereichern/…** *path* · to get rich/… at s.o.'s expense, to get rich/… on the backs of the workers/…

(Ein kommunistischer Abgeordneter:) Und wie ist das sogenannte Wirtschaftswunder bewerkstelligt worden, meine Damen und Herren? Auf dem Rücken der Arbeiter! Durch die unermüdliche Arbeit von 20 Millionen Werktätigen konnten die Unternehmer …

hinter js. **Rücken** etw. tun/geschehen/… · to do s.th. behind s.o.'s back

… Du hattest dem Jungen doch verboten, den Film zu sehen, Erna, oder? – Ja, aber er ist dann hinter meinem Rücken doch ins Kino gegangen. – Und wie hast du das erfahren?

im Rücken des Feindes/... (operieren/...) · (to operate/...) to/at/... the enemy's rear

... Wenn es uns gelänge, im Schutz der Dunkelheit unbemerkt einen Teil unserer Truppen auf die andere Seite dieses Tals zu bringen und im Rücken des Feindes eine zweite Front aufzubauen ...

sich mit dem Rücken anlehnen an/lehnen gegen/... to lean back against s. th.

... Paß auf, Christa, lehn' dich nicht so mit dem Rücken gegen die Glasvitrine, die kann kaputtgehen! Willst du einen Stuhl mit Lehne? Dann setz' ich mich auf den Schemel.

mit dem Rücken zur Wand kämpfen/... to fight with one's back to the wall, to be up against it, to have/to be standing with/... one's back to the wall

Was kann einem Vertreter der Regierung in solch einer Auseinandersetzung schon passieren? Nichts, gar nichts! Der kämpft/operiert doch immer mit dem Rücken zur Wand. Egal, was er macht, er wird gedeckt. Aber unsereiner geht ein ganz schönes Risiko ein ...

mit dem Rücken zur Tür/Wand/... **stehen**/sitzen/... · to stand/to sit/... with one's back to the door/wall/...

... Aber hast du ihn denn nicht hereinkommen sehen? – Ich saß mit dem Rücken zur Tür, konnte also nicht sehen, wer hereinkam.

jn. (nur/...) **mit dem Rücken ansehen** ugs selten · to ignore s. o. n, to give s. o. the cold shoulder, to snub s. o. n

... Ob sich das gehört oder nicht, Mutter: wer mich derart hintergeht, mit dem will ich nichts mehr zu tun haben. Wenn die Sabine in der Tat auch auf dem Empfang erscheinen sollte, sehe ich sie nur mit dem Rücken an.

jm. den Rücken beugen path selten · to break s. o., to break s. o.'s resistance, to break s. o.'s back

... Von wegen, Widerstand leisten! Die haben ihre Mittelchen, um auch dem hartnäckigsten Mann den Rücken zu beugen! Nach wenigen Wochen ist da jeder so brav wie ein Lamm!

vor jm. **den Rücken beugen** selten · to kow-tow to s. o., to bow down to s. o.

... Wenn ihr einen devoten Menschen wollt – oder sogar einen Arschkriecher –, dann seid ihr mit dem Kornides denkbar schlecht bedient. Der beugt vor niemandem den Rücken – auch vor eurem herrischen Chef nicht!

jm. den Rücken brechen/(beugen) path selten – jm. das **Rückgrat** brechen/(beugen) (1, 2) · to break s. o., to break s. o.'s resistance, to break s. o.'s back, to ruin s. o.

jm. den Rücken decken form · to back s. o. up

Wenn der Parteivorsitzende dem Kanzler die ganzen Jahre hindurch nicht den Rücken gedeckt hätte, hätte er die Vorwürfe, die man ihm jetzt macht, von Anfang an schlucken müssen.

sich den Rücken decken form selten · to cover o. s., to play (it) safe

... Du hast dir doch für diese heikle Aktion den Rücken gedeckt, oder etwa nicht? – Keine Sorge, ich habe mich sowohl bei der Geschäftsleitung wie auch im Aufsichtsrat abgesichert. Auch wenn es schiefgehen sollte: mir kann nichts passieren.

ein schöner Rücken kann auch entzücken scherzh Äußerung; u. a. wenn einem eine Frau äußerlich nicht (wie erwartet) gefällt · + s. o. has a nice/lovely/... back – and nothing else para rare

... Na, hat dir die Mathilde gefallen? – Hm, ich antworte am besten wie mein Vater in solchen Fällen: ein schöner Rücken kann auch entzücken (ein schöner Bauch tut's auch; ein schöner Hals ebenfalls).

jm. in den Rücken fallen · to stab s. o. in the back

... Ja, während unserer gemeinsamen Vorbesprechung stand der Donnert ganz auf unserer Seite. Aber während der Debatte gestern abend ist er dem Gerd dann in den Rücken gefallen: er hat heimlich einen Zettel kursieren lassen, daß er gegen den Antrag ist.

den Rücken (für etw.) **freihaben** · to have a free hand for s. th.

Du meinst, der Chef unterschreibt, was der Peter entscheiden wird, und es gibt keine Querschüsse des Aufsichtsrats? – Nein, der Peter hat für die Verhandlungen den Rücken frei. Die Geschäftsleitung hat ihm ausdrücklich die entsprechenden Vollmachten gegeben.

sich den Rücken freihalten · to cover o. s., to leave o. s. a way out/an escape route/a loophole, not to commit o. s.

... Halt' dir in der kommenden Auseinandersetzung den Rücken frei, Albert! Konkret: sprich mit jedem einzelnen aus der Fraktion, sodaß du sicher sein kannst, daß wenigstens keine Kritik und keine Gegenvorschläge aus den eigenen Reihen kommen.

j. wäre/ist fast/beinahe auf den Rücken gefallen, als .../vor Schreck/vor Überraschung/... ugs euphem – iron – j. hätte sich/hat sich fast/beinahe auf den **Arsch** gesetzt, als .../vor Schreck/vor Überraschung/... · + you could have knocked me/him/... over with a feather when I/... heard/...

auf js. Rücken geht viel · 1. 2. s. o. has a broad back

1. vgl. – einen breiten **Rücken** haben (1)

2. vgl. – einen breiten **Buckel** haben

kaum hat man den Rücken gewendet/(gewandt), da .../... form · one/I/... only has/... to turn one's back and ..., the moment one/... turns one's/... back ...

... Kinder, jetzt hab' ich doch gerade noch gesagt, ihr sollt nicht so einen Lärm machen. Und kaum habe ich den Rücken gewendet, da geht's schon wieder los.

jm./(e-r S.) den Rücken kehren form · 1. 2. 3. to turn one's back on s. o./s. th., 3. to become estranged from s. o.

1. Fünfundzwanzig Jahre hat er in dieser Firma gearbeitet und ihr dann den Rücken gekehrt? – Der Entschluß, sich von der Firma zu trennen, ist ihm sehr schwer gefallen. Aber eine sinnvolle Weiterbeit war hier nicht mehr drin.

2. Nach dreißigjähriger Ehe hat er seiner Frau den Rücken gekehrt?

3. vgl. – jm. den **Rücken** wenden

jn. auf den Rücken legen ugs – (eher:) jn. aufs **Kreuz** legen (1) · to shaft s. o.

einen krummen Rücken machen ugs – form selten · to cringe to s. o., to fawn upon s. o., to kow-tow to s. o.

... Ich kündige! Feierabend! Wer hier nicht nach der Pfeife des Chefs tanzt, wird fertiggemacht. Ich habe keine Lust, dauernd einen krummen Rücken zu machen. Wenn hier nur servile Kreaturen erwünscht sind, dann such der Alte andere Mitarbeiter suchen!

Rücken an/gegen Rücken stehen · to stand back to back

... Das Normale ist, daß man hintereinander steht, aber doch nicht Rücken an Rücken!

jm. den Rücken steifen/stärken ugs · 1. 2. to encourage s. o. n, to give s. o. encouragement n, 2. to give s. o. moral support n

1.(Die Mutter:) Ich habe immer gesagt, der Junge geht zu spät ins Bett. Es ist doch ganz klar, daß er dann in der Schule nichts Vernünftiges leistet. – (Der Vater:) Das meine ich auch. – Ach, das meinst du auch? Aber vorgestern, als ich ihm sagte, er sollte sich hinlegen, hast du ihm noch den Rücken gesteift: »laß ihn noch ein bißchen aufbleiben« ...

2. ... Wenn wir dem Alfons in der Sitzung morgen nicht den Rücken stärken, gibt er auf. Allein hat er nicht genug Courage und Kraft, um sich durchzusetzen.

mit dem Rücken zur Wand kämpfen · to fight with the backing of one's party/..., to fight with one's back covered

Bisher hat der Kanzler immer mit dem Rücken zur Wand gekämpft: die ganze Partei stand hinter ihm. Aber in den letzten Monaten hat sich das geändert; da wird auch in den eigenen Reihen Kritik laut ...

zusehen/(...), daß man mit dem Rücken an die Wand kommt/ mit dem Rücken zur Wand kämpft · to make sure that one has got the backing of one's bosses/...

Wenn du deine Ideen durchsetzen willst, Karl, dann mußt du zusehen, daß du in der Auseinandersetzung mit dem Rücken an die Wand kommst. Dann mußt du den Chef und den Vorstand des Aufsichtsrats auf deiner Seite haben, sodaß dir von oben nichts passieren kann.

mit dem Rücken zur/(an der) Wand stehen · to have one's back to the wall

... Ach, der Brachthäuser hat doch gar keine Chance mehr; der steht doch schon mit dem Rücken zur Wand! Die haben ihn von allen Seiten zugleich angegriffen. Ich wüßte nicht, wie der aus dieser Zwangslage wieder herauskommen könnte.

jm. **den Rücken wenden** *form selten eher: sich von jm.|e-r S. abwenden* · to turn one's back on s.o., to become estranged from s.o.

Unterstützt der Mertens den Karlheinz nicht mehr? – Nein, nach der Auseinandersetzung um die Sanierung der Altstadt hat er ihm den Rücken gewendet/gewandt. Er will mit ihm offensichtlich nichts mehr zu tun haben.

jm. **den Rücken zudrehen** *form* – jm. den **Rücken** zukehren/ zuwenden (1) · to turn one's back on s.o.

jm. **den Rücken zukehren/zuwenden** *form* · 1. 2. to turn one's back on s.o.

1. Das ist ja auch keine Art, jemandem auf offener Straße den Rücken zuzuwenden, wenn man sich nicht mehr mit ihm unterhalten will, ihn so einfach stehen lasssen …

2. Wie es scheint, will der alte Kort von dem Willy nichts mehr wissen. Jedenfalls hat er sich gestern auf dem Empfang nicht eine einzige Minute mit ihm unterhalten. Wenn sie zufällig nahe beieinander standen, hat er ihm sogar ganz auffällig den Rücken zugekehrt.

Rückendeckung: eine gute Rückendeckung haben · to have solid backing, to have solid support

Solange ihn der Parteivorsitzende in allen Konflikten in Schutz nahm, hatte der Kanzler eine gute Rückendeckung: niemand aus seiner Partei griff ihn öffentlich an. Seitdem sich der Parteivorsitzende nicht mehr so vor ihn stellt, fehlt dieser Schutz.

jm. **Rückendeckung geben** · to give s.o. one's backing, to back s.o.

… Ja, gibt der Kanzler dem Fraktionsvorsitzenden denn jetzt, wo es brenzlig wird, keine Rückendeckung? Der hat die Rede doch in seinem Auftrag gehalten! – Du weißt doch, wie so Politiker sind: der Kanzler merkt, daß diese Pläne nicht mehrheitsfähig sind; also läßt er den Mann hängen.

Rückenwind: Rückenwind (ver-)spüren · to feel that one has a tail wind, to feel that the wind is behind one, to get a new lease of life

(Über einen Regierungschef:) Lange Zeit hatte er den Eindruck, daß die Ereignisse einen ungünstigeren Verlauf nahmen und daß seine Popularität sowohl in der Partei als auch beim Volk sank. Aber seit den gewonnenen Landtagswahlen spürte er wieder Rückenwind. Würde es ihm gelingen, den alten Nimbus wiederzuerlangen?

Rückfall: einen Rückfall bekommen/erleiden/haben/… · to have a relapse, to suffer a relapse

… Sei vorsichtig, gerade jetzt, wo du fast wieder in Schuß bist! Wenn du einen Rückfall kriegst, ist das schlimmer als vorher.

rückfällig: rückfällig werden *Verbrechen/Laster/…* · to commit a second/further/… offence

… War dieser Mann nicht schon im vergangenen Jahr wegen Raub angeklagt? – Ja. Er ist rückfällig geworden. – Dann sollte man es diesmal nicht bei einer Geldstrafe bewenden lassen, sondern ihn ins Gefängnis stecken.

rückfragen: (bei jm.) rückfragen *nur Inf u. Part Perf* · 1. to inquire, 2. to check (with s.o.), to check that it is all right before doing s.th.

1. … Ich meine, du hast die Sache schon mit dem Chef besprochen? Da brauchst du vor einer Entscheidung jetzt doch nicht nochmal rückfragen! – Besser ist besser!

2. … Mein Gott, der Hofmann kann aber auch nichts alleine entscheiden. Wegen jeder Kleinigkeit muß er bei seinem Abteilungsleiter rückfragen! – Besser, als wenn er zu eigenmächtig wäre. Oder nicht? *seltener*

Rückgrat: das verlängerte Rückgrat *euphem – iron* – der verlängerte **Rücken** · the posterior

ein Mensch/eine Frau/… **mit Rückgrat sein** · ≠ (kein) **Rückgrat** haben · to be a person/a woman/… with guts, to have guts

ein Mensch/eine Frau/… **ohne Rückgrat sein** · (kein) **Rückgrat** haben · to be a person/… with no guts, to be spineless/gutless

(kein) Rückgrat haben · to have (no) guts *coll*, to be spineless

… Und der Alfred hat nichts gesagt, als der Chef diese Anspielungen auf den Lebenswandel eurer Schwester machte! Er wußte doch ganz genau, daß das alles nur Eifersucht war. – Der Alfred? Der hat doch kein Rückgrat! Wenn dem der Chef sagt, seine Mutter wäre eine Dirne, dann schluckt der das auch.

jm. **das Rückgrat brechen/(beugen)** *oft Perf* · 1. 2. to break s.o., to break s.o.'s resistance, to break s.o.'s back, 3. to ruin s.o.

1. Früher wehrte sich der Erich, wenn man von ihm etwas verlangte, was nicht sauber war. Aber in der letzten Zeit schluckt er alles. – Der Betrug seines Bruders bei der Erbschaft hat ihm das Rückgrat gebrochen. Er hält die Menschen jetzt alle für unanständig, sodaß es sich nicht lohnt, dagegen anzugehen …

2. Der Robert hatte früher immer so eine tolle Energie! Aber in letzter Zeit ist er genau so wie alle anderen hier. – Die Tatsache, daß sie ihm den Breitner vor die Nase gesetzt haben, hat ihm das Rückgrat gebrochen. Er sagt sich, daß es sinnlos ist sich anzustrengen, wenn solche Dummköpfe wie der Breitner doch mehr werden als er.

3. Der Millionenschaden bei dem Geschäft mit den Jugoslawen hat ihm (wirtschaftlich) das Rückgrat gebrochen. Von diesem Schock hat er sich nicht mehr erholt.

aufs verlängerte Rückgrat fallen *euphem – iron* – aufs **Kreuz** fallen · to fall flat on one's back

jm. **das Rückgrat steifen/stärken** *ugs* – jm. den **Rücken** steifen/stärken · to give s.o. moral support

Rückgrat zeigen · to show guts *coll*, to show fight

… Es gibt Situationen, Paul, da muß man einfach Rückgrat zeigen! Wer da keinen Mumm hat und sich unterwürfig verhält, verliert die Achtung der anderen auf immer.

Rückhalt: ohne Rückhalt (jm. vertrauen/etw. unterstützen/…) *form selten eher: rückhaltlos* · to trust/support/… s.o. without reservation/unreservedly/unconditionally/…

Seinem Bruder vertraut der Reinhard ohne Rückhalt. Wenn du lieber mit dem verhandeln willst, ist das also auch recht. Die beiden kennen keine Geheimnisse voreinander.

einen Rückhalt an jm. **haben** – (einen) **Halt** an jm. haben · + to be someone s.o. can lean on, + to be a prop to/for s.o.

Rückhand: (mit) Rückhand spielen/mit der Rückhand schlagen/… *Tennis/Tischtennis* – ≠ (mit) **Vorhand** spielen · to play a backhand (shot), to hit the ball backhand

rückkoppeln: etw. rückkoppeln *selten* · to feed back

(Ein Professor im Hauptseminar:) Von der Methode des Feedbacks – beim Film etwa – können auch wir für manche Untersuchungen viel lernen: Wenn wir die Ergebnisse eines ersten Arbeitsgangs rückkoppeln, d.h. sie in die neuen (Ausgangs-) Überlegungen mit einbeziehen, geben wir den Gedankenschritten eine dynamische Note, die ihnen sonst unweigerlich fehlt.

rücklings: jn. rücklings überfallen/angreifen/… *form veraltend selten* · to attack/… s.o. from the back/from behind/ from the rear/…

… Eine Frau da so rücklings überfallen – eine Gemeinheit! – Wer so etwas macht, kommt natürlich nicht von vorne, Hubert!

Rückschau: Rückschau halten (auf etw.) *form* · to look back at s.th., to review s.th.

Und wenn du jetzt Rückschau hältst: haben sich die vielen Anstrengungen der letzten zehn Jahre gelohnt? – Ja. Ein Rückblick auf das vergangene Jahrzehnt zeigt, daß wir zwar sehr viel Sorgen, aber erfreulich viele Erfolge hatten.

Rückschlüsse: aus etw. Rückschlüsse/einen Rückschluß ziehen · to draw conclusions from s.th., to draw inferences from s.th.

Aus der Tatsache, daß der Herr Dannenberg jetzt seit 14 Tagen fast täglich zu spät zum Dienst kommt, lassen sich doch wohl Rückschlüsse ziehen! – Welche Folgerungen ziehen Sie denn daraus? – Etwa die, daß er sich mit dem Gedanken trägt, die Firma zu wechseln.

Rückschritt: Rückschritte machen/einen Rückschritt machen (in/bei/...) · to go backwards (in/at/...), to regress (in/at/...)
... Wirtschaftlich ist das Land in den vergangenen Jahren nicht vorangekommen. Im Gegenteil: es hat Rückschritte gemacht. Es geht den Leuten schlechter als 1975.

Rücksicht: aus Rücksicht auf jn./(etw.) · out of consideration for s. o./s. th.
Aus Rücksicht auf die Nachbarn spielte der Gerd nie nach 20 Uhr Klavier.

mit Rücksicht auf jn./etw. · 1. out of consideration for s. o./s. th., 2. in view of s. th.
1. Mit Rücksicht auf unsere Eltern gingen wir alle ein wenig langsamer als gewöhnlich. Aber auch so machte uns der Spaziergang viel Spaß.
2. Mit Rücksicht auf die vorgerückte Stunde schlage ich vor, die Redezeit auf fünf Minuten für jede Person zu beschränken.

ohne Rücksicht auf jn./etw. · 1. 2. without considering s. o./s. th., with no regard for s. o./s. th., regardless of s. o./s. th.
1. ... Er hat seine Reise ohne Rücksicht auf seine kranken Eltern geplant? – Du weißt doch, daß ihm seine Eltern völlig gleichgültig sind. *selten*
2. ... ohne Rücksicht auf die Tatsache geplant, daß seine Eltern erkrankt sind? ...

keine Rücksicht kennen · to show no consideration for others, to be ruthless
Wenn es um seinen Vorteil geht, kennt der Helmut keine Rücksicht. Dann walzt er alles nieder, was ihm in die Quere kommt.

Rücksicht nehmen auf jn./etw. · 1. to show consideration for s. o./s. th., 2. to take s. th. into account, to take s. th. into consideration, to make allowances for s. th.
1. Du machst vielleicht einen Lärm, Junge, wenn du abends nach Hause kommst. Kannst du nicht ein bißchen mehr Rücksicht auf die anderen nehmen, die schon schlafen?
2. ... Nein, frontal kann ich die bisherige Außenpolitik in dieser Zeitung natürlich nicht angreifen. Ich muß Rücksicht nehmen auf die öffentliche Meinung und auch an der regierungsfreundlichen Einstellung des Chefredakteurs kann ich nicht einfach vorbeigehen.

mit Rücksicht auf die Tatsache, daß .../**auf** ... *form* – **in Anbetracht der Tatsache, daß** ... + *Gen* · in view of s. th./of the fact that ...

(etwas) Rücksicht üben (jm. gegenüber) *form* · to show (some/a bit of/...) consideration (for s. o./s. th.)
... Du, Georg, du könntest älteren Leuten gegenüber ruhig mal etwas mehr Rücksicht üben! – Was habe ich denn gemacht? – Den alten Mann dort hättest du ruhig vor dir aus dem Aufzug gehen lassen können.

ohne Rücksicht auf Verluste *ugs od. iron* · regardless *n*, regardless of consequences *n*
Nur wenn die Polizei ohne Rücksicht auf Verluste gegen diese Kriminellen vorgeht, können wir hoffen, daß wieder Ruhe in diese Stadt einzieht. – Meinst du wirklich, es spielt keine Rolle, wieviele Leute bei den Auseinandersetzungen geschädigt, verletzt, vielleicht getötet werden?

alle Rücksichten fahren lassen *form* – *path* · to show no consideration whatever for s. o.
... Als er sah, daß seine Mutter mit dem, was er machte, nie zufrieden war, ließ er alle Rücksichten fahren und richtete sich nur noch nach seinen eigenen Plänen und Wünschen.

Rücksprache: nach Rücksprache mit ... *form* · after consultation with s. o., after consulting with s. o.
Nach Rücksprache mit der Geschäftsführung kann ich Ihnen heute mitteilen, Herr Krumm, daß Ihre Lieferbedingungen akzeptiert sind. – Sie hatten also gestern doch noch Gelegenheit, bei der Geschäftsleitung nachzuhören? ...

Rücksprache nehmen/(halten) mit jm. *form* · to consult s. o., to confer with s. o., to get a superior's OK (before doing s. th.)
... Ehe ich eine endgültige Entscheidung treffe, muß ich noch mit dem Chef Rücksprache nehmen. – Und wann wird der Chef Zeit dafür haben, mit Ihnen darüber zu sprechen?

Rückstand: (mit etw.) im Rückstand sein · to be behind with one's work, to have a backlog of work
... Ja, wir sind mit der Arbeit im Rückstand, leider. Eigentlich wollten wir unseren Teil bereits Ende dieser Woche abgeben; aber es wird noch gut vierzehn Tage dauern, ehe wir fertig sind.

mit 2 : 3/1 : 4/drei Punkte/... im Rückstand sein/liegen *Sport* · to be 3/1/... down, to be trailing by 2 goals to nil/...
(Jemand, der zu spät zu einem Tennisturnier kommt:) Na, wieviel führt Boris? – Von wegen, führt! Er liegt mit 1 : 3 im Rückstand.

in Rückstand geraten/(kommen) (mit etw.) *form* · to fall behind (with work), to get behind *coll*
In den ersten Monaten hat er sich streng an die Termine gehalten. Aber seit einem halben Jahr etwa ist er mit zahlreichen Aufträgen in Rückstand geraten.

Rücktritt: seinen Rücktritt einreichen *form* · to tender one's resignation *form*, to hand in one's resignation/notice
Nach der letzten Abstimmungsniederlage hat der Regierungschef seinen Rücktritt eingereicht. – Und wird der Präsident den Rücktritt auch annehmen?

seinen Rücktritt erklären *form* · to hand in one's resignation/notice, to resign
... Wenn man in diesem Land doch wenigstens ein einziges Mal erleben würde, rief er aus, daß ein Minister, der sich unmöglich gemacht hat, die Konsequenzen ziehen und seinen Rücktritt erkären würde!

Rücktrittsgesuch: das/sein Rücktrittsgesuch einreichen *form selten* – seinen **Rücktritt** einreichen · to tender one's resignation, to offer to resign

Rückweg: den Rückweg antreten *form od. iron* · to set off back, to start on one's way back
(Auf einer Wanderung:) Es ist vier Uhr. So langsam müssen wir den Rückweg antreten; sonst es ist dunkel, ehe wir zu Hause ankommen.

jm. den Rückweg versperren/verbauen/verlegen *mil* · to cut off s. o.'s retreat, to block s. o.'s retreat
... Wenn es nur gelänge, wenigstens einem Teil der feindlichen Armee den Rückweg zu verlegen. Etwa am Rhode-Paß. Da müßten sich doch alle Ausgänge dieses Tals sperren lassen ...

Rückzieher: einen Rückzieher machen *ugs* · 1. to back out (on s. th.), 2. to retract, to take back what one has said/..., 3. to back out/off, to climb down, to lower one's sights
1. ... Komm', du hast mir ganz eindeutig versprochen, mir 10.000,– Mark zu leihen, wenn mein Vater mir den Restbetrag für den Wagen gäbe. Du wirst doch jetzt, wo mein Vater so generös war, keinen Rückzieher machen!
2. Als du noch nicht hier warst, hat der Klaus behauptet, du hättest bei Gericht falsche Aussagen gemacht. Jetzt, wo du ihn zur Rede stellst, sagt er, er hätte das nicht so gemeint, direkt 'falsch' könnte man nicht sagen – kurz, er macht mal wieder einen seiner typischen Rückzieher.
3. Am Anfang hatte er erklärt, er würde auf 17% Rabatt bestehen. Aber als ihm der Chef dann kategorisch erklärte, dann müßte man halt auf den Abschluß des Vertrages verzichten, machte er einen Rückzieher und erklärte sich mit 6% einverstanden.

Rückzug: auf dem Rückzug sein *Truppen* · ≠ auf dem/im **Vormarsch** sein (auf ...) · to be on the retreat

einer Armee/... den Rückzug abschneiden *mil* · to cut off s. o.'s retreat
(Bei einer Lagebesprechung:) Wenn unsere sechste Kompanie die Schlacht morgen nicht gewinnt, ist sie verloren! Denn in diesem Kessel ist es für den Gegner ein leichtes, ihr nach allen Seiten den Rückzug abzuschneiden! – An einen Rückzug ist gar nicht zu denken, Herr von Bautsch. Es geht weiter Richtung Noshan!

den Rückzug antreten *mil* · to retreat, to beat a retreat
Statt einzugestehen, daß die Schlacht nicht mehr zu gewinnen war, und den Rückzug anzutreten, gab der Oberbefehlshaber den Befehl: »weiterkämpfen bis zum letzten Mann!«.

zum Rückzug blasen (lassen) · 1. 2. to sound the retreat, 2. to back down
1. Als der General sah, daß die Schlacht verloren war, ließ er zum Rückzug blasen. – Er wollte also keinen Soldaten mehr als unbedingt nötig opfern? *mil*
2. Als der Kanzler sah, daß er bei der Abstimmung über die Vorlage auf keinen Fall die Mehrheit des Parlaments hinter sich bringen würde, ließ er zum Rückzug blasen/blies er zum Rückzug. – Du meinst: er zog die Vorlage zurück. – Genau. *iron*

Rückzugsgefecht: (nur noch/...) **ein Rückzugsgefecht/ Rückzugsgefechte liefern** · 1. 2. to (only/...) fight a rear-guard action
1. Nach der Schlacht bei ... war der Krieg im Grunde verloren. Danach lieferten unsere Truppen nur noch Rückzugsgefechte. – Kamen sie denn wenigstens ohne zu große Verluste in ihre Heimat zurück? *mil*
2. Im Grunde hat der sozialistische Kandidat die Hoffnung längst aufgegeben, bei der Wahl die Mehrheit zu bekommen. Was ihn jetzt nur noch interessiert, ist ein für ihn ehrenvoller Ausgang. – Er liefert also nur noch Rückzugsgefechte?

Ruder: am Ruder sein/(sitzen) *ugs* – am **Drücker** sein/sitzen · to be at the helm/in charge/in control

am Ruder bleiben *ugs* · to stay at the helm, to remain in power *n*
Mal gespannt, wie lange diese Regierung noch am Ruder bleibt.

jn. **ans Ruder bringen** *ugs* – jn. an die **Macht** bringen · to put s.o. in power

das Ruder in der Hand halten/(haben) *ugs* – am **Drücker** sein/sitzen (1) · to be at the helm/in charge/in control

das Ruder in die Hand nehmen *ugs* – (eher:) das **Steuer** in die Hand nehmen/(ergreifen/übernehmen) · to take over, to take control

das Ruder herumwerfen *ugs* – (eher:) das **Steuer** herumwerfen/(herumreißen) · to change course radically, to swing right round, to turn the tide of events

ans Ruder kommen/(gelangen) *ugs* – an die **Macht** kommen · to come to power

(ein wenig/...) aus dem Ruder laufen *selten* · to go (slightly/...) off course, to go (slightly/...) wrong, to go haywire *coll*
In den ersten beiden Jahren, in denen der Albert das Gut leitete, nahm alles eine sehr gute Entwicklung. Aber mit dem überstürzten Kiwianbau ist dann alles ein wenig aus dem Ruder gelaufen. – Aber der Kurt wird das doch wieder in geordnete Bahnen lenken?

sich kräftig/... in die/ins Ruder legen (für jn./etw.) *Ruderboot* · 1. to row strongly/vigorously/..., to put one's back into it, 2. to (really/...) get down to it, to give it all one has got, to go flat out, 3. to do one's utmost for s.o., to do everything one can for s.o., to stand up for s.o.
1. Schau dir das an, wie die sich dort beim Achter da in die Ruder legen! – Wenn die sich in den letzten beiden Wochen vor der Regatta nicht anständig anstrengen und ihre Form verbessern, haben sie keine Chance; die Konkurrenz ist unheimlich hart.
2. vgl. – sich anständig/ordentlich/... ins **Zeug** legen *selten*
3. vgl. – sich für jn./etw. ins **Zeug** legen

Ruf: einen guten/ausgezeichneten/... **Ruf haben** · to have a good/an excellent/... reputation, to enjoy a good/an excellent/... reputation
... Nicht nur persönlich hat er einen ausgezeichneten Ruf, auch sein Geschäft genießt ein sehr hohes Ansehen.

einen schlechten/keinen guten/einen miserablen/... **Ruf haben** · to have a bad/poor/terrible/... reputation
... Sein Geschäft hat keinen guten Ruf. – Er persönlich auch nicht. – Warum ist diese Familie eigentlich so schlecht angesehen?

besser sein als sein Ruf · s.o. is not as bad as he is made out to be
Euer Regierungschef hat eine schlechte Presse, nicht? – Ja. Aber der Mann ist besser als sein Ruf.

ein Unternehmen/... **von Ruf** *form selten* · a company/... with a good reputation, a company/... of high repute, a company/... with a good name
... Nein, ein anerkanntes Unternehmen wie das Ihre, ein Unternehmen von Ruf, kann sich solch eine miserable Arbeit nicht leisten!

einen Ruf (an eine Universität) **annehmen** · to accept a chair at a university, to take up a professorship
Wie ich höre, hat der Brosch einen Ruf nach München. Hat er (den Ruf) schon angenommen?

einen Ruf (an eine Universität) **bekommen/(erhalten)** · to be offered a professorship at a university, to be offered a chair at a university
Bei den Romanisten ist in Heidelberg doch nach wie vor der Kalberg Institutsleiter, oder? – Nein. Er hat einen Ruf nach München bekommen/an die Universität München bekommen.

jn./etw. (bei jm.) **in einen schlechten/üblen/... Ruf bringen** *form* · to give s.o. a bad name
... Dieser Mann wird die Doris noch in einen üblen Ruf bringen! – Warum das denn? – Wenn sie jeden zweiten Abend erst um Mitternacht nach Hause kommt ... – Ach, Mutter ...!

einen guten/ausgezeichneten/... **Ruf genießen** *form* – path – einen guten/ausgezeichneten/... **Ruf haben** · to have a good/an excellent/... reputation, to enjoy a good/an excellent/... reputation

einen schlechten/keinen guten/einen miserablen/... **Ruf genießen** *form* – *iron* – einen schlechten/keinen guten/einen miserablen/... **Ruf haben** · to have a bad/poor/terrible/... reputation

dem Ruf des Gewissens folgen *form od. iron* · to obey the voice of one's conscience
... Und was verpflichtet den Helmut, Jahre zu opfern, um ein Gut zu modernisieren, auf dem er nie leben wird? – Er sagt: seine Verantwortung den dort lebenden Menschen gegenüber. Sein Gewissen fordere ihn dazu auf. – Und dem Ruf seines Gewissens will er dann in den nächsten Jahren folgen? Na, ja! ...

dem Ruf(e) seines Herzens folgen *path od. iron* · to follow the promptings of one's heart
Trotz aller finanziellen und anderen Einwände ist die Ursel dem Ruf ihres Herzens gefolgt und hat den Steinbach geheiratet. – Der/das war ihre große Liebe, nicht?

in einen schlechten Ruf kommen *form* · to gain a bad reputation, to get a bad name
Wenn du nicht in einen schlechten Ruf kommen willst, Junge, halte dich aus solchen unsauberen Geschäften heraus!

in den Ruf kommen, etw. zu tun/sein *form* · to gain a reputation for doing s.th./being unpunctual/...
Wenn du nicht in den Ruf kommen willst, unzuverlässig zu sein, dann würde ich dir raten, den Teil der Arbeit, den du diesmal übernommen hast, pünktlich abzuliefern. Sonst wird niemand mehr etwas auf dein Wort geben.

dem Ruf der Pflicht folgen *form* – *path od. iron* · to follow the call of duty
... Morgen ist zwar kein gesetzlicher, aber ein kirchlicher Feiertag. Wirst du zu Hause bleiben oder dem Ruf der Pflicht folgen und arbeiten gehen?

ist der Ruf erst ruiniert, (dann) lebt sich's völlig ungeniert *ugs* · when/... one's reputation is ruined, one can relax and enjoy life *para*, if you've got no reputation to lose, you're laughing *para*
... Unser Verkehrsminister ist ja wirklich gut für einen Skandal nach dem andern! – Du weißt doch: 'Ist der Ruf erst ruiniert, dann lebt sich's völlig ungeniert'.

im/in dem Ruf stehen, etw. zu tun/sein *form* · to have a reputation for doing s.th./being strict/lax/...
Der Kräutler steht in dem Ruf, im Examen sehr streng zu sein. Stimmt das? – Nein, bei ihm fallen prozentual viel weniger Kandidaten durch als bei allen anderen Prüfern. – Woher kommt denn dieser Ruf?

in dem Ruf eines ... stehen *form* · 1. 2. to have a reputation for being ...

1. ... Er steht in dem Ruf eines Lebemanns. – Was die Leute sich alles erzählen! Ich kenne ihn nur als ausgezeichneten Ehemann.

2. ... Diesen Mann kannst du hier nicht kritisieren. Er steht in dieser Gegend in dem Ruf eines Heiligen.

in keinem guten/einem schlechten/... Ruf stehen *form* – einen schlechten/keinen guten/einen miserablen/... Ruf haben · to have a bad/poor/terrible/... reputation

jm. **geht der Ruf voraus, daß** .../(ein guter ...) *ugs* · + to have a reputation for doing s.th./being ... *n*, + to be preceded by a reputation as ... *n*

... Welchen Architekten hast du denn gewählt? – Herrn Eiffert. – Den Eiffert?! Bei dem bist du in guten Händen. Dem geht der Ruf voraus, daß er die besten Häuser der ganzen Gegend baut.

der Ruf zu den Waffen *path veraltend selten* · (to follow) the call to arms

Früher mag der Ruf zu den Waffen die Leute – oder manche Leute – in Begeisterung versetzt haben; heute löst die Gefahr eines Krieges nur Schrecken aus.

rufen: jn. **rufen lassen** · to send for s.o.

... Ich weiß nicht, wer die Angelegenheit hier in Ihrem Haus bearbeitet hat, Herr Richter Finder ... – Das war der Herr Felten; warten Sie, ich laß ihn sofort rufen – das werden wir bald geklärt haben ...

Rufer: ein Rufer in der Wüste (sein) *path od. iron* · (to be) a voice crying in the wilderness

... Seit Jahren hat euch der Wollmann gewarnt; aber ihr wolltet nicht hören. – Nun laß uns doch mit diesem Wollmann zufrieden, diesem Rufer in der Wüste! – Eben, das ist es: Rufer in der Wüste! Wenn ihr ernstgenommen hättet, was er sagte, dann hättet ihr jetzt keinen Millionenschaden.

Rüffel: einen Rüffel einstecken (müssen) *ugs* · to get a ticking off, to get a telling-off, to get a wigging, to be given a reprimand *n*

... Heute geben Sie Herrn Bäumer sofort den Teil der Post, die für den Chef ist. Ich habe keine Lust, nochmal einen Rüffel einzustecken/einstecken zu müssen, weil der Alte die Korrespondenz so spät kriegt. Der Verweis von gestern genügt mir.

einen (anständigen/tüchtigen/...) **Rüffel kriegen/bekommen** *ugs* · to get a good/severe/... telling-off, to get a good/severe/... ticking-off, to get a good/severe/... wigging

Der Kraler hat heute vom Chef einen tüchtigen Rüffel bekommen. – Ach, deswegen ist er so kleinlaut. Und weswegen hat der Alte ihn so kritisiert?

jm. **einen Rüffel verpassen/geben** *ugs* · to give s.o. a ticking-off

Der Kraler ist heute so mißmutig. – Der Alte hat ihm einen Rüffel verpaßt. Er hatte gestern vergessen, ihm sehr wichtige Korrespondenz vorzulegen. – Er muß ihm wohl einen ernsten Verweis gegeben haben, nach der Reaktion zu urteilen.

Rufweite: außer Rufweite sein/(etw. tun) *form selten* – außer Hörweite sein/(etw. tun) · to be out of earshot, to do/to say s.th. while out of earshot

in Rufweite sein/bleiben/... *form* · to be within earshot, to be within shouting distance, to be within hailing distance

... Gut, wenn du in Rufweite bleibst, Rudi, kannst du noch etwas draußen spielen. Wenn Papa kommt, rufe ich dich dann.

Rüge: eine Rüge bekommen/erhalten *form* · to be reprimanded, to be told off, to be rebuked

(Ein Lehrer:) Wenn der Junge schon zwei Mal vom Direktor ganz offiziell eine Rüge bekommen hat, sich doch nicht gebessert hat, zeigt das doch, daß ihn ein Tadel nicht beeindruckt – so streng er auch sein mag. Also müssen wir zu anderen Mitteln greifen.

jm. **eine Rüge erteilen** *form* · to reprimand s.o. severely, to reprehend s.o.

(Ein Lehrer:) Wenn der Junge sich immer wieder derart unverschämt benimmt, muß der Direktor ihm halt mal ganz offiziell eine Rüge

erteilen. – Einen Tadel nimmt der nicht ernst, auch einen strengen und offiziellen nicht. – Dann muß man ihm mit einem Schulverweis drohen.

Ruhe: ... **in Ruhe** *Abkürzung: i. R.* *form veraltend* · ret.

... Generaloberst i.R. Kurz – d.h. er ist bereits pensioniert? – Er ist seit gut einem Jahr im Ruhestand.

(sich) etw. in Ruhe (überlegen/...) · (to think about s.th.) calmly

... So eine wichtige Sache kann ich doch nicht so hoppla hopp entscheiden, Marta! Das muß ich mir erstmal in Ruhe durch den Kopf gehen lassen. Nächste Woche sage ich dir dann ...

in aller Ruhe ... · 1. (to do s.th.) as if one had all the time in the world/as calmly as you please, 2. to consider/... s.th. calmly

1. ... Im Lautsprecher hörte man schon »Bitte, einsteigen, der Zug fährt gleich ab!«, doch unser Manfred fuhr in aller Ruhe fort zu reden, so, als ob nichts wäre. Erst als der Pfiff ertönte, wurde er munter und stieg rasch (in den Zug) ein.

2. ... In aller Ruhe müssen wir uns jetzt das Weitere überlegen. Es hat jetzt keinen Sinn, uns aufzuregen.

angenehme Ruh'/Ruhe! · sleep well!

... Ich geh' ins Bett. Angenehme Ruhe! – Angenehme Ruhe, Vater! Schlaf' gut! – Ihr auch!

die ewige/(letzte) Ruhe *form* · eternal rest

Der alte Herr Mahnert macht den Eindruck, als hätte er mit dem Leben abgeschlossen. – Ja, er sehnt sich, so scheint es, nach der ewigen Ruhe. Das Leben scheint ihm nichts mehr zu sagen.

immer mit der Ruhe! *ugs* · 1. 2. keep your shirt on!, 1. don't panic, no need to rush, take it easy, 3. things can't be rushed, things take time

1. ... Nun los! Macht schon, wir sind eilig! – Immer mit der Ruhe, mein Lieber! Du kommst schon noch pünktlich zum dem Spiel.

2. ... Und wenn der mir nochmal so kommt, dann schlag' ich ihm den Schädel ein, diesem verdammten ... – Immer mit der Ruhe, Holger! Wer regt sich denn da gleich auf?!

3. vgl. – so schnell schießen die **Preußen** nicht (2)

stoische Ruhe/mit stoischer Ruhe *form* – (ein) stoischer **Gleichmut/mit stoischem Gleichmut** · with stoicism, stoically

in ungestörter Ruhe ... – in aller **Ruhe** ... (1) · (to do s.th.) as calmly as you please

keine Ruhe haben (bis .../...) · 1. to have no peace of mind until s.th. happens, 2. not to rest until one has done s.th.

1. vgl. – (eher:) keine **Ruhe** finden (bis .../...) (1)

2. vgl. – (eher:) nicht **ruhen**, bis (man etw. erreicht/...)

keine/endlich/... Ruhe (vor jm.) haben · 1. to have peace (at last/...), to have peace and quiet (at last/...), 2. (not) to be left in peace (at last/...), to get peace from s.o.

1. ... Uff, endlich sind die Kinder im Bett, endlich haben wir Ruhe.

2. ... Ja, jetzt wirst du wohl Ruhe vor dem Mann haben. Der läßt sich doch nicht nochmal so scharf abweisen. – Du kennst den Hausberg schlecht. Wenn der etwas von dir will, läßt er nicht locker. Da nützt auch Anschnauzen nichts.

j. möchte seine Ruhe haben · s.o. wants a bit of peace and quiet

»Wenn ich den ganzen Tag gearbeitet habe«, erklärte er, »dann möchte ich abends meine Ruhe haben. Dann will ich mich nicht noch mit allen möglichen Problemen der Kinder auseinandersetzen, den Lärm der Nachbarn hören ...«

(endlich/(...)) vor jm. Ruhe haben (wollen) · to (want to/...) be left in peace by s.o.

(Eine Frau zu ihrem Mann:) Können wir nicht einen Kredit aufnehmen und dem Walter das ganze Geld, das wir ihm schulden, jetzt sofort zurückgeben? Ich möchte vor dem Mann endlich meine Ruhe haben. Dieses ewige Nachfragen ... – das ist ja nicht zum Aushalten.

in Ruhe und Abgeschiedenheit *form* – *path* · in peaceful seclusion

... Mein Vater hat keinen anderen Wunsch mehr, als seinen Lebensabend in Ruhe und Abgeschiedenheit zu verbringen. Am liebsten in einem kleinen Ort im Bayrischen Wald oder im Fichtelgebirge. – Na, da ist er ja wirklich fern von aller Hektik.

Ruhe ausstrahlen · to radiate calmness, to radiate composure

… Die meisten Menschen sind doch so nervös und unausgeglichen heute …! Da tut es doppelt gut, wenn man mal einen Mann trifft, der Ruhe ausstrahlt, wie der Herr Hartmann.

sich zur Ruhe begeben *form* · to retire to bed
(Am Telephon; die Ehefrau; abends zehn Uhr:) Es tut mir leid, Herr Staatssekretär, mein Mann hat sich bereits zur Ruhe begeben. Er hat in den letzten Nächten nur vier Stunden geschlafen … – Dann seien Sie doch so gut und richten Sie ihm morgen früh aus, ich …

jn. zur letzten Ruhe betten/(bringen) *form* · to lay s.o. to rest
… In aller Stille wurde er auf dem Waldfriedhof zur letzten Ruhe gebettet.

die/seine Ruhe bewahren *form* · to keep calm, to remain calm, to maintain one's composure
… Wenn man derartige Unverschämtheiten hört, fällt es einem in der Tat nicht leicht, die Ruhe zu bewahren. Aber was soll's? Es bringt nichts, sich aufzuregen.

eine Klasse/ein Kind/… zur Ruhe bringen · to calm the class/child/…, to make the class/… quiet
(Ein Besucher in einer Schule, entrüstet:) Ist das immer so ein Lärm in der Klasse da drüben? Können die Lehrer sich nicht durchsetzen und die jungen Leute zur Ruhe bringen?

sich nicht aus der Ruhe bringen lassen · 1. to be unflappable, 2. to be calmness personified
1. vgl. – die/seine **Ruhe** weghaben
2. vgl. – die **Ruhe** selbst/in Person sein

Ruhe ist die erste Bürgerpflicht! *Zit iron* · orderly behaviour is a citizen's first duty, the main thing is to keep calm
(Ein Dozent zu einer Gruppe erregt diskutierender Studenten:) Warum so erregt, Herrschaften? Auch über einen Institutsstreik läßt sich besonnen und ruhig diskutieren. Sie wissen doch: Ruhe ist die erste Bürgerpflicht. – In Deutschland ja!

plötzlich/… tritt Ruhe ein *form* · + it/everything/… suddenly/… goes quiet
… Ein Durcheinander war das da, ein Reden, Lärmen … Doch plötzlich trat Ruhe ein: der Kanzler betrat den Saal. Von einem Moment auf den anderen erwartungsvolle Stille …

in die ewige/(zur ewigen) Ruhe eingehen *form rel selten* – sanft/(sanft und selig) **entschlafen** · to pass away peacefully

keine Ruhe finden (bis …/…) · 1. to have no peace of mind until s.th. happens, to know no peace until s.th. happens, 2. the child/… isn't happy until it has broken/… the toy/…, 3. not to rest until one has done s.th.
1. Unser Vater fand keine Ruhe, ehe das Haus ganz bezahlt war. Vorher machte er sich stets immer noch Sorgen …
2. Der Junge hat keine Ruhe gefunden, bis das Spielauto kaputt war. Er hat so lange daran herumgebastelt und es in alle möglichen Einzelteile zerlegt, bis er es nicht mehr zusammenkriegte.
3. vgl. – nicht **ruhen**, bis (man etw. erreicht/…)

die letzte Ruhe finden *form* · to be laid to rest
(Über einen Verstorbenen:) Mehr als 25 Jahre hatte er fern von seiner Heimat gelebt, (eine) längere Zeit sogar im Ausland gearbeitet. Aber seine letzte Ruhe hat er dann doch in seiner Vaterstadt gefunden: er wurde auf demselben Friedhof beigesetzt, auf dem auch seine ältere, vor drei Jahren gestorbene Schwester liegt.

in Ruhe und Frieden leben *path* · to live in peace
… Ach, diese ewigen Aufregungen, diese dauernden Auseinandersetzungen, Kämpfe, Streitereien! Daß es nicht möglich ist, auch nur einen einzigen Monat in Ruhe und Frieden zu leben!

keine Ruhe geben/(einem/jm. keine Ruhe geben/endlich/… Ruhe geben) *ugs* · 1. 2. not to stop bothering s.o. about s.th., not to stop pestering s.o. about s.th.
1. … Dieser Junge gibt keine Ruhe, bis er seinen Willen durchgesetzt hat. Jetzt quält er mich schon seit vierzehn Tagen … Er läßt nicht locker!

2. Gibt der Bürkle endlich Ruhe oder belästigt er euch nach wie vor dauernd mit seinen seltsamen Bitten und Forderungen?

zur Ruhe gehen *form selten* – sich zur **Ruhe** begeben · to retire to bed

jn. zur letzten Ruhe geleiten *geh euphem selten* – jn. auf seinem letzten **Weg** begleiten · to pay one's last respects to s.o.

jm. keine Ruhe gönnen (bis …) · to give s.o. no peace (until …), not to leave s.o. in peace (until …)
… Der Peter quält und quält …, der gönnt seinem Vater keine Ruhe, bis er das Fahrrad, das ihm versprochen hat, auch bekommt.

j. sollte/… sich mehr/… Ruhe gönnen · s.o. should allow himself more rest, s.o. should take it easier
… Klar, daß der Rainer nervös ist, abgespannt, matt! Er arbeitet zu viel. Wenn er seine Gesundheit nicht untergraben will, muß er sich mehr Ruhe gönnen. Mehr ausspannen, weniger Hetze – sonst liegt er bald auf der Nase.

Ruhe halten · to be quiet, to keep quiet
… Könnt ihr nicht wenigstens mal eine Stunde Ruhe halten?! Dieser ewige Lärm, diese ewigen Streitereien – das ist ja nicht auszuhalten!

(nicht/wieder) zur Ruhe kommen · 1. 2. (not) to calm down, 1. not to have a moment's peace, 2. (not) to settle down, 3. to have no peace of mind, to know no peace
1. Seitdem die Vorbereitungen für den Kinderärztekongreß auf vollen Touren laufen, kommt meine Mutter nicht mehr zur Ruhe. Neben der Praxis noch diese Arbeit – da kommt sie aus der Hetze gar nicht mehr heraus.
2. … Ihre Schwester muß innerlich zur Ruhe kommen. Solange sie psychisch keine Ruhe findet, wird sie auch physisch nicht gesund.
3. Ehe das Haus nicht ganz bezahlt ist, kommen unsere Eltern nicht zur Ruhe. – Du meinst, sie machen sich zu viele Sorgen? – Einmal das, und dann arbeiten sie einfach zu viel.

jn. in Ruhe lassen (mit jm./etw.) *ugs* · 1. to leave s.o. in peace (with s.th.) n, to leave s.o. alone (with s.th.) n, 2. don't talk to me about …
1. … Kinder, wollt ihr mich jetzt bitte endlich in Ruhe lassen?! Ich habe euch schon ein paar Mal gesagt, ich habe zu arbeiten und kann keinen Ausflug mit euch machen. Jetzt laßt mich endlich zufrieden!
2. vgl. – **geh'/geht/…** mir (nur/bloß) weg mit jm./etw.!

jm. keine Ruhe lassen (ehe … nicht/…) · not to give s.o. a moment's peace (until …), not to give s.o. any peace (until …)
… Der Junge läßt mir keine Ruhe, ehe ich ihm das Spielauto nicht gekauft habe. – Du hast es ihm versprochen! Jungen in seinem Alter quälen dann eben, bis sie das Versprechen erfüllt sehen.

jm. seine Ruhe lassen · to leave s.o. in peace
… Wenn man ihm seine Ruhe läßt, ist der Erich der umgänglichste Mensch der Welt. Aber wehe, wenn man ihn stört oder gar aufregt, dann kann er fuchsteufelswild werden.

sich zur Ruhe legen *form* – sich zur **Ruhe** begeben · to retire (to bed)

Ruhe und Ordnung · law and order
… Ruhe und Ordnung, mein Lieber, sind die erste Bürgerpflicht, das weißt du doch! – Ihr Intellektuellen habt gut spotten. Was würdest du sagen, wenn alles drunter und drüber ginge?

Ruhe im Puff! *sal* · belt up! pipe down! shut it!
(Ein aufs ärgste erregter Vater:) Verflucht nochmal! Ruhe im Puff! Man versteht hier ja sein eigenes Wort nicht mehr. – (Die Mutter:) Heinz, bitte! Auch bei diesem Lärm ist so ein Ton nicht angebracht.

Ruhe da/da hinten/… in den hinteren Rängen/auf den billigen Plätzen! *sal* · keep quiet in the back rows n, keep quiet there at the back n
(Der Lehrer:) So, jetzt Ruhe in den hinteren Rängen! Man versteht ja kein Wort! Wenn ihr da hinten am Unterricht so engagiert mitmachen würdet wie jetzt an der Kritik der Vorschläge zu unserer Klassenfahrt, das wäre was.

immer mit der Ruhe und dann mit 'nem/(einem/dem) **Ruck!** *ugs scherzh* – immer mit der **Ruhe!** (1) · keep calm!, take it easy!

die Ruhe selbst/in Person sein · to be calmness personified, to be calmness itself
Der Peter ist die Ruhe selbst. Da kann passieren, was will, der regt sich nicht auf.

sich zur Ruhe setzen *form* · to retire
Statt wer weiß was für neue Pläne für sein Geschäft zu schmieden, sollte der Hugo so langsam daran denken, sich zur Ruhe zu setzen. Er geht jetzt an die 65; da darf er sich doch wohl in Ehren vom Geschäft zurückziehen.

Ruhe stiften *form* · to calm everyone/the audience/... down
(Während einer hitzigen Debatte in der Schule:) Wenn es nicht einmal dem Direktor gelingt, Ruhe zu stiften, wer soll diese erhitzten Gemüter dann wieder beruhigen?

(die) Ruhe vor dem Sturm *ugs* · (it's/...) the calm before the storm, (it's/...) the lull before the storm
... Als wir den Parlamentssaal betraten, herrschte da eine ausgesprochen fiebrige Atmosphäre. Es war zwar ruhig, aber man hatte den Eindruck, es war die Ruhe vor dem Sturm.

die/(seine) Ruhe weghaben *ugs* · to be unflappable *n*, not to be easily ruffled *n*
Der Axel ist zu bewundern: wie der bei all den Angriffen gegen seine Vorschläge die Nerven behalten hat! – Der Axel? Der hat die Ruhe weg, der ist durch nichts zu erschüttern.

jn. in Ruhe wiegen *form* · to lull s.o. into a false sense of security
... Wenn die Probleme wirklich ernst sind, muß man die Besitzerin informieren, so unangenehm das auch ist! Man kann die alte Dame doch schließlich nicht in Ruhe wiegen, bis ihre Firma zusammenbricht.

ruhe: ruhe sanft! *form veraltend selten* – (er/sie) ruhe in **Frieden!** (2) · may he/she rest in peace

Ruhelage: in Ruhelage (sein)/sich in Ruhelage befinden · 1. to be at rest, to be in an immobile position, 2. when it is standing, when it is in an immobile position
1. ... Das Pendel ist immer noch nicht ganz in Ruhelage. Es geht immer noch eine Idee hin und her ... So – jetzt steht es völlig still.
2. In Ruhelage steht das Rad schief; nur wenn es sich bewegt, ist es gerade. Irgendetwas stimmt da nicht.

ruhen: nicht ruhen, bis (man etw. erreicht/...) *form* · not to rest until one has done s.th.
Der Herr Böttcher ruhte nicht, bis er auch seinen jüngsten Sohn in einer anständigen Stellung untergebracht hatte. Was er alles unternommen hat, um das zu schaffen!

ein Projekt/eine Frage/eine Arbeit/... (einstweilen/...) **ruhen lassen** · to let the matter rest, to put the project/... on ice
... Jetzt würde ich vorschlagen, wir lassen das Projekt der neuen Straße zu unserem Gut erst einmal ruhen. In diesem Jahr wird die Stadt sowieso keinen Zuschuß mehr dazu geben, im nächsten können wir dann ja auf die Sache nochmal zurückkommen.

nicht ruhen und (nicht) rasten/weder ruhen noch rasten, **bis** (man etw. erreicht/...) *form – path* – nicht **ruhen**, bis (man etw. erreicht/... · not to rest until one has done s.th.

Ruhepause: eine (kurze) **Ruhepause einlegen/**... · to have a break, to take a break
... So, jetzt sind wir vier Stunden gefahren, jetzt legen wir mal eine Ruhepause von einem Stündchen ein.

Ruhestand: ... **im Ruhestand** *Abkürzung: i. R. form veraltend selten* – ... in **Ruhe** · retired *abrev.: ret.*

(bereits/seit/...) im Ruhestand sein/(leben) *form veraltend selten* – ... in **Ruhe** · ... to be in retirement
... Seit wann ist Generaloberst Kurz jetzt eigentlich schon im Ruhestand? – Wenn ich mich richtig erinnere, wurde er vor zweieinhalb Jahren pensioniert.

in den Ruhestand treten/(gehen) *form* · to retire, to go into retirement
(Am Telephon:) Nein, Herr Direktor Renschker arbeitet nicht mehr bei uns; er ist am 16. 4. in den Ruhestand getreten. – Und wer ist sein Nachfolger?

jn. (zwangsweise/...) in den Ruhestand versetzen *form* · to pension s.o. off, to retire s.o.
Hast du gehört?: den Direktor Mautner haben sie zwangsweise in den Ruhestand versetzt. Sie waren wohl mit seiner Verkaufspolitik nicht einverstanden. – Wieviel tausend Mark wird der wohl im Monat als Pension beziehen?

Ruhestätte: js. letzte Ruhestätte *form selten* · s.o.'s final resting place
... Solange der Matthias auch fern der Heimat gelebt und gearbeitet hat: als seine letzte Ruhestätte hat er sich immer den Friedhof gewünscht, auf dem auch seine Eltern liegen.

Ruhestellung: in Ruhestellung (sein)/sich in Ruhestellung befinden *form* – (eher:) in **Ruhelage** (sein)/sich in Ruhelage befinden · to be at rest, to be in an immobile position, when it is standing, when it is in an immobile position

in Ruhestellung gehen *mil selten* · to stand down, to move back from the firing line
(Der General:) So, nach dieser Geländeübung gehen wir wieder in Ruhestellung. Da mit einem Angriff der Feinde in den nächsten Tagen nicht zu rechnen ist, werden wir diese Stellung, in der wir uns voraussichtlich noch länger befinden werden, noch ausbauen.

Ruhestörung: nächtliche Ruhestörung *form* · disturbance of the peace
(Ein Nachbar zu zwei jungen Leuten, die sich um 23 Uhr vor der Haustür etwas laut unterhalten:) Wenn Sie jetzt nicht endlich ruhig sind, muß ich Sie leider wegen nächtlicher Ruhestörung anzeigen. Es ist ja nicht das erste Mal, daß Sie spät abends hier Lärm machen!

ruhig: (nur) ruhig! *ugs* – (nur immer) ruhig **Blut!** · keep your shirt on!, keep your hair on!, keep your cool!

Ruhm: sich nicht gerade mit Ruhm bekleckern/(bedecken) *sal oft Perf* · s.o. doesn't exactly cover himself with glory, s.o. doesn't exactly distinguish himself
... Dein Bruder hat sich bei dem Vortragsabend ja nicht gerade mit Ruhm bekleckert. In der Diskussion im Anschluß an seinen Vortrag hat er auf zahlreiche Fragen einfach mit abfälligen Klischees geantwortet statt mit Argumenten. Das war wirklich schwach.

zu Ruhm und Ehren kommen/gelangen *path selten* · to achieve fame and honour, to attain fame and honour
Unser Großvater ist kurz vor dem ersten Weltkrieg nach Brasilien ausgewandert und dort zu Ruhm und Ehren gekommen; er wurde General oder so etwas.

(viel/...) Ruhm ernten (mit etw.) *form* · to win (great/...) fame (with s.th.)
... Mit seinem neuen Roman hat er ja allerhand Ruhm geerntet. – Mal sehen, wie lange dieser Ruhm hält.

sich in seinem Ruhm sonnen · to bask in one's glory, to rest on one's laurels
Statt sich in seinem Ruhm zu sonnen, sollte der Breitkamp lieber darüber nachdenken, ob einige Kritiker seines Romans nicht doch ein wenig Recht haben. – Nun laß den Mann doch wenigstens ein paar Monate ungestört seinen Ruhm genießen, Otto!

Ruhm und Zierde (einer Stadt/...) *form – path veraltend heute mst iron* · the pride and glory (of a town/...)
(Zu dem Bürgermeister einer kleinen Stadt:) Was, ihr wollt das Denkmal von dem Ludwig Hueber umstellen – Ruhm und Zierde unseres Städtchens?! – Ja, eben deshalb, Gustav! Gerade weil wir unserem Ludwig Hueber die ihm gebührende Ehre zuteil werden lassen wollen, soll das Denkmal vor das Rathaus.

deines/seines/... Ruhmes voll sein *path od. iron veraltend* · to be full of your/his/... praise
Der Amerikabesuch des Kanzlers scheint ja ein voller Erfolg gewesen zu sein. Jedenfalls sind die Zeitungen seines Ruhmes voll. – Wie oft hat ihn die Presse schon so überschwenglich gelobt, um ihn schon wenige Tage später aufs schärfste zu kritisieren!

Ruhmesblatt: kein Ruhmesblatt für jn. **sein** *ugs* · s.th. reflects no credit on s.o. *n*, + s.o. does not distinguish himself in s.th. *n*

Die Ostpolitik der letzten Jahre ist für die Regierung kein Ruhmesblatt. – Hältst du sie für schlecht? – Schlecht ist gar kein Ausdruck! Sie ist miserabel.

rühren: du/er/der Peter mußt/solltest/... dich/sich/... schon/... ein bißchen/... rühren *ugs* · you/he/John/... will have to start moving a bit, you/he/John/... will have to get going/to get you/his/... act together

... Ja, wenn du die Genehmigung für eine zweite Etage in deinem Haus wirklich bekommen willst, dann mußt du dich schon ein bißchen rühren, Iris. Oder meinst du, sie bringen sie dir ins Haus?

an etw. (bei jm.) **nicht rühren wollen**/können/dürfen/... · not to (want to/...) touch upon a subject/matter/..., not to (want to/...) bring up a subject/matter/..., not to (want to/...) go into s.th.

... Das ist eine sehr heikle, unangenehme Geschichte! Ein wunder Punkt in seinem Leben, an dem man nicht rühren darf, wenn man ihn nicht aufs tiefste verletzen will.

sich nicht mehr rühren · 1. 2. 3. + that's the end of s.o., + that's put paid to s.o., 4. + we'll/... hear nothing more from s.o. in this matter/...

1. ... Guck' mal, schon wieder ein voller Kinnhaken! Das hält der nicht mehr lange aus. – Da sackt er schon um. – Das mußte ja kommen! K.o., klar. Der rührt sich nicht mehr. Was? Der steht doch wieder auf?? ... *ugs*
2. ... Herr des Lebens, diese verdammte Fliege! Immer an meiner Nase vorbei! ... Patsch! So, die rührt sich nicht mehr! Die hat ausgeflogen! *ugs*
3. ... Mit einem wilden Blick stieß er dem jungen Neger das Schwert in den Leib. 'So, der rührt sich nicht mehr! Wenn die uns hier nachts im dunkeln überfallen, dann können wir die auch niederstechen!' *sal*
4. ... Der Peter hat zu dem Projekt überhaupt nicht mehr Stellung genommen. – Nein, der rührt sich in dieser Sache nicht mehr. Er hat in der letzten Sitzung vom Chef derartig einen auf den Deckel gekriegt, daß er für einige Zeit mucksmäuschenstill sein dürfte. *ugs*

daher rühren, daß ... *form* – (eher:) daher **kommen**, daß ... (2; a. 1) · it is because ..., it is due to the fact that ...

sich (doch gar/...) **nicht/kaum/... rühren können** *ugs* · to have no money to spare, to have no financial leeway *n*

... Der Otto kann sich doch keine Neuanschaffungen leisten! Der kann sich doch so schon kaum rühren! – Wie, ist er finanziell so eingeengt? – Die Firma macht eine ganz üble Durststrecke durch ...

sich nicht rühren und (nicht) regen *path selten* · not to move

(Bei einem Unfall, ein Passant zu einem anderen:) Der Fahrer lebt doch noch? – Ich weiß nicht. Er rührt sich nicht. – Mein Gott, sagen Sie mir nicht, daß er tot ist.

Rühren: ein menschlich'/(menschliches) Rühren fühlen/haben/ verspüren *ugs euphem iron* – eine menschliche **Regung** fühlen/(haben) (2) · to obey the call of nature

rührend: es/das ist rührend von jm., zu .../daß ... *ugs* · that is (very/terribly/...) sweet of him/... to ...

... Was, du hast extra noch einen Umweg von 50 km gemacht, um mir diesen Wein mitzubringen? Das ist ja rührend (von dir)! – Siehst du, so bin ich! So, Scherz beiseite, Christoph, wie geht's? ...

rührt: nichts rührt sich in/auf/... *path* · + there is no sign of life in/...

... Nichts rührte sich in dem weiten Tal; nur die Kirchturmuhr hörte man von Zeit zu Zeit. Sollten die feindlichen Truppen plötzlich in diese Stille mit ihren Maschinengewehren platzen?

j. **rührt und regt sich nicht** *path veraltend selten* · s.o. does not show a sign of life, s.o. does not stir

... Es ist fast 10 Uhr! Die Tanja rührt und regt sich nicht ... – Die ist erst gegen fünf Uhr heute morgen ins Bett gekommen und schläft noch wie ein Stein.

ruht: 'hier ruht ...' *auf Grabsteinen form* – (schon/...) in **Gott** ruhen (1) · 'here lies ...'

Ruin: kurz vor dem Ruin stehen · to be on the brink of ruin

Geht es dem Manfred finanziell wirklich so schlecht, wie alle sagen? – Er steht kurz vor dem Ruin.

Ruine: (schon/...) **eine** (richtige/...) **Ruine (sein)** *sal selten* · to be a (complete/...) physical wreck

... Nein, die Frau Olschberg wird es nicht mehr lange machen, das/ (die) ist schon eine Ruine. – Was sagst du da, Erich? – Findest du etwa nicht, daß die arme Frau aussieht wie eine lebende Leiche?

rumkriegen: jn. **rumkriegen** *ugs* – jn. **herumkriegen** · to talk s.o. round, to talk s.o. into doing s.th.

rummachen: an etw. **rummachen** *sal* · 1. 2. to fiddle around with s.th., to tinker about with s.th.

1. vgl. – an etw. **herumfummeln**
2. vgl. – an etw. **herummurksen**

mit jm./(etw.) **rummachen** *sal* – mit jm./(etw.) **herummachen** · to go out/around with s.o., to get off with s.o.

Rummel: der ganze Rummel *sal* – der ganze **Kram** (1; u.U. 2) · the whole business/carry-on/caboodle

den Rummel kennen *sal* · to know all about it, to know the carry-on/rigmarole/...

... Du weißt ja, wie das geht bei solchen Anträgen! Erst wird die Sache im Haus studiert, dann werden zwei Gutachten von außen eingeholt ... – Du brauchst mir nichts zu erklären; ich kenn' den Rummel!

vielleicht einen/einen großen/... Rummel um jn./etw. **machen** *sal* · 1. 2. to make a big fuss about s.o./s.th. *coll*

1. Die machen vielleicht einen Rummel um die Wiedervereinigung! Zeitungen, Fernsehen, Radio berichten von nichts anderem, eine Feier jagt die andere ... Als wenn es in der Welt heute keine wichtigeren Probleme gäbe! – Du, das sehe ich anders. Wenn ein solches Ereignis gewürdigt wird, ist das kein 'Rummel'!
2. Was die für einen Rummel um den Plötsch machen! Nur, weil der mal einen lesenswerten Roman geschrieben hat! – Dann schreib' du mal etwas, was auf die Bestsellerliste kommt! Dann stehst du genauso im Mittelpunkt!

Rumpelkammer: in die Rumpelkammer gehören *ugs* · it/ s.th. is useless *n*, it/s.th. belongs in the junk-room/attic/... *n*

... Diese alte Kommode gehört in die Rumpelkammer, verdammt nochmal! Diese Manie, solche alten Sachen, die zu nichts mehr taugen, im Wohnzimmer stehen zu lassen!

rund: rund um jn. (her) – **rings** um jn. her · around s.o.

Runde: in fröhlicher/... Runde beisammensein/zusammensitzen/... *ugs* · to sit together with a group of friends/... *n*

'Wer weiß, wie oft wir alle noch so in fröhlicher Runde zusammensitzen, unseren Wein trinken und scherzen können', sinnierte der Vorsitzende des Kegelklubs plötzlich vor sich hin ...

in ihrer/... Runde geht es sehr lebhaft/... zu/... · + we/ they/... have a whale of a time in ..., + ... group *coll*

... Willst du heute wieder zu unserem Kegelabend kommen? – Sehr gern! In eurer Runde ist es wirklich sympathisch und gemütlich zu. Wenn ich in dem Kreis nicht störe, komme ich sehr sehr gern wieder mit.

in der Runde singen/... · to take turns singing, to sing a round

Die Pfadfindergruppe saß da oben auf dem Munckelberg und sang in der Runde: einer nach dem anderen, reihum.

eine/seine Runde drehen · 1. to circle around (before landing), 2. to go for a walk (round the block)/a drive/...

1. ... Warum dreht das Flugzeug eigentlich immer eine Runde, ehe es zur Landung ansetzt, Vater? – Weil es aus einer Richtung kommt, aus der es nicht direkt landen kann. Das siehst du doch.
2. Jeden Abend, den der liebe Gott kommen läßt, dreht der alte Herr Kostner seine Runde durch unser Viertel.

(jm.) **eine Runde geben/spendieren/ausgeben/stiften/**schmei-ßen · to buy a round (of drinks), to stand s.o. a round
(Einer aus einer Gruppe in einem Restaurant:) Der Peter hat heute Geburtstag, der muß eine Runde geben. – Wie wär's, wenn ihr mir zunächst mal ein Bier oder ein Weinchen spendiert? – Das kommt nachher. Erst gibst du uns mal einen aus.

die Runde machen · 1. to do one's round, to go on one's beat, 2. to go for a spin *car*, to go for a walk, 3. to go the rounds, to circulate, to be passed around, 4. to go around, to fly around, to circulate, 5. to do the rounds
1. ... Da, die beiden jungen Polizisten machen wieder ihre abendliche Runde durch unser Viertel.
2. Nach dem Abendessen haben wir gestern abend mit unserem belgischen Gast noch eine Runde mit dem Auto durch München gemacht, so daß er schon einmal einen kleinen Eindruck von der Stadt hat.
3. Während der Kassierer seinen Rechenschaftsbericht gab, machte ein kurzer Brief des Vorsitzenden, der im Krankenhaus lag, die Runde. – Wie, während euer Kassierer da redet, werden da Briefe von einer Hand zur anderen weitergereicht?
4. Während offiziell noch über den Haushalt diskutiert wurde, machte unter den Abgeordneten das Gerücht die Runde, daß der Kanzler zurücktreten wollte. Irgendjemand in der ersten Reihe hatte diese Neuigkeit seinem Nachbarn ins Ohr geflüstert, und im Nu ging sie von einem zum anderen.
5. ... Ja, wenn man zu spät kommt, mein Guter, dann muß man die Runde machen – wie ein kleines Mädchen schön hübsch reihum gehen und einen nach dem anderen begrüßen. Das ist die Strafe für deine Unpünktlichkeit.

eine Runde machen · to go for a walk, to go for a stroll
... Also Tschüß! – Wo gehst du denn hin? – Ich mache noch eine kleine Runde (durch die Stadt/unser Viertel/um den Friedhof/...). In einer Stunde bin ich wieder da.

eine Runde durch die Lokale/... machen *ugs* · to go on a pub crawl
(Nach einem Vortrag:) Machen wir noch eine kleine Runde durch die Schwabinger Lokale? Oder wollt ihr schon nach Hause? – Ein, zwei Bierchen würde ich noch trinken. Aber allzu lange möchte ich nicht mehr rumziehen.

eine Runde schlafen *ugs selten* – ein **Nickerchen**/(Nickerlein) halten/(machen) · to have a nap, to take forty winks

jn. **über die Runden bringen** *ugs* · to help s.o. out, to help s.o. to get through
... Ich weiß zwar noch nicht genau, wie wir dem Albert helfen können. Aber eines weiß ich: wir lassen ihn jetzt, wo er arbeitslos ist, nicht allein. Irgendwie werden wir den schon über die Runden bringen.

etw. (nicht) **gut/... über die Runden bringen** *ugs* · (not) to manage s.th. *n*, (not) to get s.th. through, (not) to pull s.th. off
Der Finanzminister hat in der Tat die ganze Haushaltsvorlage gut über die Runden gebracht. Ich hätte nie geglaubt, daß er das alles so gut über die Bühne bringen würde/das alles so erfolgreich schaffen würde.

seine Runden drehen/(eine Runde drehen) *Sport Rennen ugs* · 1. to do a lap, to do one's laps, 2. to circle around
1. (Ein Zuschauer beim Training:) Wieviel Runden will der Schürmann heute eigentlich drehen? Sechs oder sieben hat er doch bestimmt schon hinter sich.
2. vgl. – seine **Runden** ziehen

jm. **über die Runden helfen** *ugs* · 1. 2. to help s.o. out
1. ... Hätte unser Vater uns nicht über die Runden geholfen, hätten wir die Zusatzausbildung doch gar nicht machen können! Unsere Pfennige hätten dazu nie gereicht.
2. ... Die Verhandlungen waren doch bestimmt schwer für deinen Bruder? – Klar. Allein hätte er sich auch nicht durchgekämpft. Ein erfahrener, ihm wohl gesonnener Kollege hat ihm über die Runden geholfen.

(nicht) **gut/.../noch so gerade/... über die Runden kommen** (mit etw.) *ugs* · 1. to (just about/...) get by, to scrape by, (not) to pull through, 2. (not) to manage s.th. *n*, (not) to pull s.th. off
1. In den Ferien sind wir mit unserem Geld noch so gerade über die Runden gekommen. Mein Bruder hatte noch genau 5,40 Mark in der Tasche, als wir zu Hause ankamen.
2. Die Verhandlungen waren doch bestimmt schwer für deinen Bruder. – Vielleicht. Aber er ist glänzend über die Runden gekommen. Er weiß sich zu wehren, weiß sein Wort zu machen ... Wirklich, alle Achtung, er hat die Sache prächtig hinter sich gebracht.

seine Runden ziehen · to circle around
Das ist schon beeindruckend, wenn so ein Adler über diesen riesigen Tälern seine Runden zieht!

Rundgang: einen Rundgang machen (durch ...) · 1. to walk around a place/..., to do a tour of a place/..., 2. to go for a walk, to go for a stroll
1. Nach einer kurzen Besichtigung von außen machten wir einen Rundgang durch das Innere des Domes. Ein ergreifender Bau!
2. vgl. – eine **Runde** machen

rundheraus: etw. **rundheraus sagen/...** · to say s.th. straight out
... Nun sagen Sie uns doch mal rundheraus, was Sie von der Sache halten, Herr Blum; ohne jede Umschweife!

rundherum: rundherum · all around
... In der Mitte des riesigen Tals ein schmaler Weg, rundherum hohe Berge ...

rundum: rundum *form selten* – **rundherum** · all around

rundweg: rundweg falsch sein/leugnen/... · to flatly deny/refuse/... s.th., to refuse point-blank to do s.th., to be totally/absolutely/... wrong
... Der Max hat rundweg geleugnet, daß er das überhaupt gesagt hat! – Das gibt's doch nicht! Der hat die Stirn, das abzustreiten? – Er weist das kategorisch zurück.

runter: sehr/völlig/ziemlich/(...) **runter sein** *ugs* – (sehr/völlig/ziemlich/...) **down** sein · to be down, to be down in the dumps, to be depressed

runterfallen: hinten 'runterfallen *ugs* · to fall behind *n*, to lag behind *n*
... Bisher hat der Jupp Rasch doch immer den größten Vorteil gehabt! Wenn er jetzt mal hinten 'runterfällt, ist das also kein Beinbruch! – Beschwert er sich denn, er wäre benachteiligt?

runterhauen: jm. eine runterhauen *ugs* – jm. eine **Ohrfeige** geben · to clout s.o., to clock s.o. one

jm. **ein paar runterhauen** *ugs* – jm. ein paar **Ohrfeigen** geben · to clout s.o., to clock s.o. one

sich einen runterhauen *vulg selten* – sich einen **abwichsen** · to wank/to jerk/to toss/... o.s. off

runterholen: jm. einen runterholen *vulg* · to wank/to toss/to jerk/... s.o. off
... Ich kann ja allerhand verstehen! Aber das man einem anderen gegen Geld einen runterholt – das kann ich nicht nachvollziehen! – Ach, und wenn man jemandem umsonst einen ablutscht oder so, das verstehst du? – Das ist doch etwas ganz anderes – oder kann jedenfalls etwas ganz anderes sein, oder?

sich einen runterholen *vulg* – sich einen **abwichsen** · to wank/to jerk/to toss/... o.s. off

sich geistig einen runterholen *vulg selten* · 1. to practise/to indulge in/... intellectual masturbation *sl*, 2. it/s.th. is futile theory, + it/s.th. is intellectual masturbation *sl*
1. ... Ich weiß nicht, was die Leute bei uns in dieses sogenannte Soziologieseminar treibt. Ich habe jedenfalls Besseres zu tun, als meine Zeit mit theoretischem Kram zu vertun und mir geistig einen runterzuholen.
2. vgl. – das/(etw.) ist **Hirnwichserei**

runterkippen: einen Schnaps/ein Glas Bier/... **runterkippen** *ugs* · to knock (a beer/whisky/...) back

... Wie der Otto sich so ein Helles runterkippt! Ein Zug – und dann ist es weg! – Ja, der guckt so'n Glas an, und dann zittert es schon.

runterkriegen: sich nicht runterkriegen lassen (von jm./(etw.) *ugs* – sich nicht **unterkriegen** lassen (von jm./etw.) · not to let s.o. get one down

runtermachen: jn./etw. (richtig/...) **runtermachen** *ugs* · to give s.o. a rocket, to tear s.o. off a strip, to slag s.o. off *sl*, to slate s.o., to run s.o. down

... Von Mitarbeiterführung hat unser Chef keine Ahnung! Ich habe es jetzt schon wiederholt erlebt, daß er Kollegen, deren Art ihm nicht paßt, oder Arbeitsleistungen, die er für unzureichend hält, richtiggehend runtergemacht hat. Von konstruktiver Kritik hat der Mann noch nichts gehört.

runterputzen: jn. nach Strich und Faden/... **runterputzen** *ugs* – jm. (mal/...) anständig/tüchtig/ordentlich/... den **Kopf** waschen · to give s.o. a real/... bollocking/dressing-down/roasting/...

seinen Ärger/... (mit ein paar Bier/...) **runterspülen** *ugs* · to drown one's sorrows (in drink)

(Ein Freund zu einem anderen, abends in der Kneipe:) Mein Gott, Holger, du säufst ja heute abend! ... Was ist denn los? Mußt du irgendeinen Kummer runterspülen? – Die Claudia will die Scheidung beantragen! – Such' dein Heil jetzt bloß nicht im Alkohol, das ist das Falscheste, was du machen kannst!

rupfen: jn. **tüchtig**/... **rupfen** *ugs iron* · to fleece s.o. (left, right and centre), to take s.o. to the cleaners

... Der Holger will mit den Mertens über das Geschäft allein verhandeln? Viel Vergnügen! Die werden dieses kaufmännische Leichtgewicht nach Strich und Faden rupfen. Erinnerst du dich noch, wie sie vor ein paar Jahren deinen Bruder ausgenommen haben?

Rüste: zur Rüste gehen *Sonne/Tag lit veraltend selten* · to set

(Jemand verwahrt sich gegen eine sprachliche Verbesserung:) Ob der Tag zur Rüste geht oder die Sonne – ist das nicht dasselbe? – Zu was geht's? – Zur Neige oder untergeht, Mann! Du kennst nicht einmal so einen schönen alten Ausdruck und willst meine Ausdrucksweise kritisieren!

Rüstzeug: (nicht) **das** (nötige) **Rüstzeug haben/mitbringen/** (besitzen) **für** einen Posten/... · (not) to be equipped for s.th., (not) to be qualified for s.th., (not) to have the qualifications for s.th.

Der Roleber ist ein hochsympathischer Mann, aber ob er für einen solchen Posten das nötige Rüstzeug mitbringt, bezweifle ich. – Du meinst, es fehlen ihm bestimmte Fachkenntnisse? – Ja, und die einschlägige Erfahrung.

sich das (nötige) Rüstzeug aneignen für einen Posten/... · to get/to gain/to acquire/... the necessary qualifications for s.th.

... Ehe du dir Chancen auf die Stelle bei Borchert u. Co. ausrechnest, mußt du dir erstmal das nötige Rüstzeug für einen solchen Posten aneignen! Detaillierte Kenntnisse über die deutsch-französischen Wirtschaftsbeziehungen; Erfahrung im Umgang mit Franzosen ...

Rute: mit eiserner/der eisernen Rute regieren/... *ugs veraltend selten* – mit eiserner **Hand** regieren/... · to rule with a rod of iron

sich (selbst) (da) (vielleicht/...) **eine Rute aufbinden** *ugs veraltend selten* · to make a rod for one's own back, to saddle o.s. with s.th., to lumber o.s. with s.th.

Mit dieser verdammten Kongreßvorbereitung habe ich mir vielleicht eine Rute aufgebunden! Ich hätte mir nie träumen lassen, daß das so eine mühselige und unangenehme Geschichte würde.

sich unter js. **Rute beugen (müssen)** *path veraltend selten* · to (have to) submit to s.o.

Der alte Breisach greift in seinem Betrieb rücksichtslos durch. Wer sich da nicht fügt/gehorcht, fliegt heraus/wird an die frische Luft gesetzt. – Das Seltsame ist, daß sich die Leute unter seiner Rute beugen, ohne zu protestieren.

jm. **die Rute zu kosten geben** *ugs oft iron veraltend selten* · to cane s.o. *n*

... Heute darf euch ein Lehrer ja nicht einmal einen Klaps auf die Backe geben. Wenn wir früher Blödsinn machten, gaben sie uns die Rute zu kosten. – Das zog aber ganz schön/tat aber ganz schön weh, was? – Es hat uns nicht geschadet.

die Rute zu spüren bekommen/kriegen *ugs – iron veraltend selten* · to get the rod, to be given the cane *n*

... Heute dürfen die Lehrer ja nicht einmal eine Ohrfeige geben. Wenn wir früher in der Schule Unsinn machten, kriegten wir die Rute zu spüren.

Rutsch: in einem/(auf einen) Rutsch ... *ugs selten* – in einem **Ruck** ... · in one go

(einen) guten Rutsch! *ugs* – jm. einen guten **Rutsch** (ins neue Jahr) wünschen · happy new year!

auf einen Rutsch bei jm. **vorbeikommen**/vorbeigehen/jn. besuchen/in ein Museum gehen/... *ugs* – (eher:) auf einen **Sprung** bei jm. vorbeikommen/jn. besuchen/in ein Museum gehen/... · to pop in to see s.o./into a museum/...

einen Rutsch machen *ugs oft iron eher: ausrutschen* · to slip *n*, to trip *n*

... Was macht denn die Ingrid da? – Einen Rutsch, wie du siehst. – Köstlich! – Köstlich? – Jetzt sag' bloß, du fängst an zu weinen, wenn ein junges Mädchen ausrutscht und sich auf den Hosenboden setzt.

jm. **einen guten Rutsch (ins neue Jahr) wünschen** *ugs* · to wish s.o. a happy new year

(Gerd zu seinem Bruder:) ... Ja, und einen guten Rutsch (ins neue Jahr) brauche ich dir ja nicht zu wünschen: du kommst Silvester ja zu uns, nicht?

rutschen: das Essen/Gemüse/... **will nicht rutschen** *ugs* · the food/vegetables/... won't go down *n*

... Die rote Beete wird mal wieder nicht rutschen, was? – Müssen wir die wirklich ganz aufessen, Mama! – Die wird gegessen – auch wenn sie euch nicht schmeckt! Rote Beete ist doch so gesund, Kinder.

ins Rutschen kommen/geraten · 1. to (start to) skid, to go into a skid, 2. to get into difficulties, 3. to (start to) slip, to drop off

1. ... Wie ist der Unfall denn passiert? – Ganz einfach: es hatte geregnet; die Straße war ziemlich verschmutzt; auf dem glatten/glitschigen Boden kam der Wagen ins Rutschen und geriet auf die andere Fahrbahn.

2. Bis zur Revolution war die finanzielle Grundlage seiner Firma äußerst solide. Aber dann ist er etwas ins Rutschen gekommen. Hoffentlich kriegt er bald wieder festen Boden unter die Füße. *ugs*

3. ... Bis zum Sommer hat der Junge nie die geringsten Schwierigkeiten im Fach Mathematik gehabt. Aber seitdem er wegen seiner Krankheit fünf Wochen gefehlt hat, ist er etwas ins Rutschen gekommen. – Das ist klar: er hat jetzt einige Lücken, fühlt sich unsicher ... *ugs*

Rutschpartie: eine Rutschpartie machen/sein/... *ugs scherzh* · 1. to slip, to slide all over the place, 2. s.th. is a series/succession/... of slides/skids/... *n*

1. ... So unschön das auch gewirkt haben mag: wir mußten einfach lachen, als die Frau Meineke da plötzlich auf dem verschneiten Weg eine Rutschpartie machte. – Ist sie denn richtig hingefallen?

2. ... Das war kein Spaziergang, das war eine Rutschpartie, was wir da gemacht haben! – Nun übertreib' mal nicht, Hilde! Wir sind zwar hin und wieder ein wenig unsicher gegangen; aber im ganzen war das doch ein herrlicher Spaziergang durch die Schneelandschaft.

rütteln: an etw. ist nicht zu rütteln *ugs* – an etw. gibt es nichts zu **rütteln** (2; a. 1) · + the decision/... is final, there is nothing to be done about it, there is no doubt that ..., + you can't get away from the fact that ...

an etw. gibt es nichts zu rütteln *ugs* · 1. + the decision/... is final, there is nothing to be done about it, 2. there is no doubt that ..., + you can't get away from the fact that ...

1. ... An meiner Entscheidung, das Institut im Juli zu schließen, gibt es nichts zu rütteln, Herr Malmbach! – Aber ... – Herr Malmbach, da gibt es kein Aber; die Entscheidung ist unabänderlich.

2. ... Aber an seiner Feststellung, daß uns die Russen bei den Raketen überlegen sind, gibt es doch nichts zu rütteln! – Selbst wenn diese Feststellung so unzweifelhaft richtig ist, wie du meinst, dann ist doch noch zu berücksichtigen, daß ...

an etw. **nicht rütteln können** *ugs* – an etw. gibt es nichts zu **rütteln** (2) · + there is no doubt that ..., you can't get away from the fact that ...

an etw. **nicht rütteln lassen** *ugs* ·   s.o. won't allow a word to be said against s.th.

Der Herr Bollwert läßt über alles mit sich reden, aber an seiner katholischen Grundüberzeugung läßt er nicht rütteln; die steht für ihn außerhalb jeder Kritik.

etw. **rütteln und schütteln** *path selten* · to shake and shake s.th.

... Er rüttelte und schüttelte den großen, mit Korn gefüllten Sack mit aller Macht, um zu sehen, ob sein Messer in der Tat da hereingefallen war. Aber so sehr er ihn auch hin- und herschüttelte: es erschien kein Messer.

nicht wissen/.../zusehen/..., wie man aus der Sache (wieder) herauskommt/herauskommen soll · 1. 2. not to know/... how to get out of it/a difficult/... situation/...

1. Der Richard hat wohl doch nicht genügend bedacht, daß das ganze Geschäft ziemlich unsicher ist. – Allerdings! Er hat sich da in eine sehr dumme Geschichte eingelassen und weiß jetzt nicht, wie er aus der Sache wieder herauskommen soll.

2. ... Erst hörst du nicht auf meine Ratschläge, und jetzt, wo es kritisch wird, soll ich dir helfen? Nein, mein Lieber, jetzt sieh' zu, wie du aus der Sache (wieder) herauskommst! Ich hab' dir von Anfang an gesagt, du sollst die Finger davon lassen.

(versuchen/...) die Sache herunter(zu)spielen · to (try to/...) play something/a matter/a scandal/... down

... Diebstahl bleibt Diebstahl – auch wenn man von 'Entwendung' und 'Täuschung' spricht! – Da es sich um die Tochter des Innenministers handelt, versucht man, die Sache herunterzuspielen.

das Beste/... an der (ganzen) Sache ist:/ist, daß ... · the best/... thing about it/the whole thing/... is ...

... Das Lustigste an der ganzen Sache ist, daß der Chef dem Albert 'objektiv' Recht gibt. Er darf das nur nicht zugeben, weil der Albert eigenmächtig und verantwortungslos gehandelt hat. Aber in der Sache ist dem Albert gar nicht zu widersprechen.

jm. zeigen/klarmachen, was Sache ist/(dem/... mußt du/... mal ...!) ugs · to show s.o. what the score is, to tell s.o. what's what, to tell s.o. where to get off

Die Ursel meint, nur weil sie Tochter des Chefs ist, kann sie sich den übrigen Mitarbeitern gegenüber wer weiß wie aufspielen. Der mußt du mal zeigen, was Sache ist, Hans-Gerd! – Ich werde sie mir mal vorknöpfen.

für eine verlorene Sache kämpfen · to fight/to be fighting for a lost cause

Der Rechtsanwalt Schnabbe will die Angelegenheit nicht übernehmen, sagst du? – Er meint, es ist sinnlos, für eine verlorene Sache zu kämpfen. Er sieht nicht die geringste Chance, den Prozeß zu gewinnen.

zur Sache kommen · to come to the point, to get on with it, to get down to business/brass tacks/the nitty-gritty/...

So, meine Lieben, jetzt haben wir fast eine Stunde mit allgemeinen Fragen vertan, die Zeit ist ohnehin schon knapp – kommen wir zur Sache: wir wollten uns heute überlegen, wie wir das Erbe unserer Eltern am sinnvollsten aufteilen.

das/(etw.) setzt der Sache die Krone auf ugs selten – das/(etw.) schlägt dem **Faß** den Boden aus · that takes the biscuit, that caps it all!

das/es/etw. ist eine Sache auf Leben und Tod · that/it/s.th. is a matter of life and death

... Nach außen sieht der Streit zwischen den beiden Ländern, meinte er, recht harmlos aus. Aber im Grunde ist das eine Sache auf Leben und Tod. Wer sich in der Auseinandersetzung durchsetzt, gewinnt den alles entscheidenden Markt, und auf diesem Gebiet wird nun einmal heutzutage das Schicksal der Völker entschieden.

(so) wie die Sache (nun einmal) liegt – (eher:) (so) wie die **Dinge** (nun einmal) liegen/(stehen) · as things/matters stand at the moment

jm. zeigen/erläutern/..., wie die Sache liegt – (eher:) jm. zeigen/erläutern/..., wie die **Dinge** liegen · to explain to s.o. how things stand

seine Sache gut/prima/ordentlich/... machen · to do/to be doing one's job well/..., to be getting on well/...

Bist du mit dem Rolf zufrieden? Macht er seine Sache ordentlich? – Ja, das ist ein zuverlässiger und kompetenter Arbeiter.

js. Sache zu seiner eigenen machen form · to make s.o.'s cause one's own, to espouse s.o.'s cause form

Der Rainer setzt sich für den Antrag unseres Jungen mit einem Engagement ein, das ist direkt bewundernswürdig. – Er hat die Sache ganz offensichtlich zu seiner eigenen gemacht; er würde sich persönlich getroffen fühlen, wenn der Antrag jetzt nicht durchginge.

ganze Sache machen · to do s.th. properly, to do s.th. one hundred per cent

Wenn wir uns schon entschließen, das Gut zu modernisieren, dann wollen wir auch ganze Sache machen. Entweder hü oder hott: entweder lassen wir alles so, wie es ist, oder wir modernisieren richtig. Für halbe Sachen bin ich nicht zu haben.

gemeinsame Sache machen (mit jm.) – unter einer **Decke** stecken (mit jm.) · to be in league with s.o., to be in cahoots with s.o. coll

eine große Sache aus etw. **machen** · to make a big thing out of s.th. coll

(In einem Institut:) Hat es wirklich Sinn, aus einem so lächerlichen Streit mit einem Assistenten eine so große Sache zu machen? – Du weißt doch, wie der Institutsleiter ist. Der bauscht doch alles auf.

eine krumme Sache machen ugs – ein **Ding** drehen (1) · to pull a job

j. wird seine Sache (schon) machen/macht seine Sache (schon) · s.o. will manage it all right

... Aber hältst du den Rolf für fähig genug, einen Betrieb von 100 Leuten zu leiten? – Der Rolf wird seine Sache machen, davon bin ich überzeugt. Der Junge ist klug, zuverlässig und willensstark; der wird das schon schaffen.

die Sache ist oberfaul ugs selten · the whole thing/business/... is extremely/... dodgy/shady/fishy/dubious/...

An Ihrer Stelle würde ich mich aus dem Südafrikaprojekt ganz heraushalten. Die Sache ist oberfaul. – Sie meinen, da ist etwas nicht in Ordnung? – Die ganze Geschichte ist höchst unsauber ...

die Sache von der Person trennen · to distinguish between the person and the cause, to distinguish between the person and the job/position

... Ich kann den Bergmann genau so wenig leiden wie du, Klara. Aber wir müssen die Sache von der Person trennen. Es läßt sich doch gar nicht leugnen, daß er als Versicherungsfachmann ganz vorzügliche Arbeit leistet.

(nicht) zur Sache reden · (not) to keep to the point/subject

Der Münzer redet mal wieder gar nicht zur Sache. Das Thema unseres heutigen Diskussionsabends ist der Energiebedarf der Industrieländer. Ein Vergleich zwischen der Arbeitsmoral nach dem 2. Weltkrieg und heute hat mit diesem Thema gar nichts zu tun.

j. wird die Sache schon schaukeln oft: wir werden ... sal – die **Sache** schmeißen · s.o. will manage it/wangle it/... (somehow/...)

die Sache schmeißen oft: der Peterl/... wird ... schon ... ugs · to be able to handle it often: he'll be able to handle it, to be able to cope

Meinst du, der Peter ist Manns genug, um derart komplizierte Verhandlungen zu leiten? – Keine Sorge, der wird die Sache schon schmeißen! Der ist schon mit viel schwierigeren Aufgaben fertig geworden.

mit dem Herbert/.../mit dem Verkauf/..., das ist (so) eine Sache für sich · it is a bit tricky with John/with the sale of ..., it is a bit difficult with John/with the sale of ...

... Würdest du den Olaf denn an meiner Stelle weiterhin unterstützen? – Mit dem Olaf, das ist so eine Sache für sich. Der ist nicht gerade zuverlässig; aber auf der anderen Seite darf man nicht vergessen, daß er ziemlich krank ist, schon viele Dienstjahre auf dem Buckel hat ...

sich seiner Sache (ganz/absolut/...) sicher sein · 1. to be (absolutely/...) sure of what one is saying/..., 2. to be (absolutely/...) sure of oneself

1. Der Gerd war am Dienstag gar nicht krank, sagst du, er hat nur so getan? Bist du deiner Sache sicher? – Ganz sicher! Die Ursel hat ihn in der Stadt getroffen. Er war kerngesund.

2. Der Kurt ist überhaupt nicht nervös. Wenn ich zu einem solchen Vorstellungsgespräch müßte, wäre ich ganz aufgeregt. – Er ist sich seiner Sache sicher. Er weiß, daß er etwas kann, daß er ein gutes Auftreten hat ... – Der Kurt ist sich seiner Sache immer sicher, weißt du. Selbstzweifel kennt der gar nicht.

über der Sache stehen · to be above these petty things

… Als wenn sich ein Mann wie der Dr. Klose in diese kleinlichen Auseinandersetzungen verwickeln ließe! Der steht über der Sache – innerlich und in seinem konkreten Verhalten.

die Sache steht *ugs selten* · it's all settled n, it's in the bag

Was meinst du, wird der Chef das Problem Südafrika lösen können? – Die Sache steht, Paul! – Wie, da gibt's kein Risiko mehr? – Nach der jetzigen Sitzung gibt's an der Realisierung des Projekts nicht mehr den geringsten Zweifel.

die Sache steht gut/schlecht/günstig/…/(fragen/nicht wissen/…, wie die Sache steht) – die **Dinge** stehen gut/ schlecht/günstig/…/fragen/nicht wissen/…, wie die Dinge stehen · things are going well/badly/…/(to ask/not to know/…) how things are going

die Sache steht oberfaul *ugs selten* · it's looking (extremely/…) dodgy

An deiner Stelle würde ich mich aus dem Südafrikageschäft sofort zurückziehen. Die Sache steht oberfaul! – Ach ja? Was ist denn da nicht in Ordnung? – Es sind offensichtlich einige Papiere gefälscht worden …

(hier/da/…) nichts/wenig/… **zur Sache tun** · it/that/s.o.'s opinion/… is neither here nor there, to have nothing (at all/…) to do with it, to be (completely/…) irrelevant

… Hör' zu, Karl, deine Meinung zum Sozialismus tut (hier) nichts zur Sache. Hier geht es ausschließlich um die Frage, ob Gerd in der Sache Recht hat oder nicht. Alles Politische gehört nicht hierhin!

seine Sache verstehen · s.o. knows what he's doing, s.o. knows his stuff, s.o. knows what he's about

Hältst du etwas von dem Manfred Biermann? Kann der etwas in seinem Beruf? – Ja, der versteht seine Sache. Ich wüßte kaum einen anderen so tüchtigen Kreditfachmann zu nennen.

etwas/nichts/… **von der Sache verstehen** · to know s.th./nothing/… about s.th.

… Wenn der Bert dem Schuster über den Mund fährt, ist das zwar nicht sehr schön, aber sehr verständlich. Warum muß der sich dauernd einmischen, wenn er von der Sache nicht das Geringste versteht?!

die Sache der Freiheit/der Franzosen/… **vertreten** *path* · to advocate/to defend/… the cause of freedom/…

Wer, wie du, auf allen offiziellen Veranstaltungen fast fanatisch die Sache der Freiheit vertritt, sollte in seiner Familie nicht den Despoten spielen!

die natürlichste Sache/(von) **der Welt** · the most natural thing in the world

Was hast du gegen Nacktbaden, Peter? Das ist doch die natürlichste Sache von der Welt! – Findest du?

(etw.) um der Sache willen (tun) · to do s.th. for the sake of it/for the sake of the thing/for the love of it

Um der Sache willen macht der Paul da noch ein halbes Jahr weiter mit – obwohl er persönlich davon nur Nachteile hat und ihm die Kollegen alle möglichen Knüppel zwischen die Beine werfen. Er legt halt ungemein viel Wert darauf, daß das Projekt realisiert wird.

der Sache zuliebe (etw. tun) *form* – (etw.) um der **Sache** willen (tun) · to do s.th. for the sake of it/for the sake of the thing/for the love of it

alte Sachen · 1. old things, 2. antiques

1. Herrgott, warum schmeißt ihr die alten Sachen denn nicht endlich mal weg? Die Wohnung ist schon halb zugestellt mit diesem Kram/ Gerümpel.
2. … Der Bosner hat das Haus voller alter Sachen! – Stilmöbel? – Nicht nur Möbel! Porzellan, Lampen, Schmuck …, alles mögliche. Der könnte ein Antiquitätengeschäft aufmachen.

110/140/… **Sachen drauf haben**/fahren/… *ugs* · to be doing 100/150/… (m.p.h.)

… Hast du das gesehen, wie dieser Motorradfahrer an uns vorbeigerauscht ist? So als wenn wir ständen. 170/180 Sachen hatte der doch bestimmt drauf.

---

gern scharfe/pikante/… **Sachen essen**/… · to like hot food, to like spicy food

Wenn du dem Loose eine Freude machen willst, lad' ihn zum Essen bei Rollmann und bestell' ihm ein anständiges Pfeffersteak. Der ißt so scharfe Sachen brennend gern.

was machst du/macht der Paul/… **(denn) für Sachen**?! *ugs* · 1. + what's up with you/him/John/…?, 2. what do you/does he/… think you're/… doing? *coll*, + what has got into you/ him/…

1. … Was macht die Christa denn für Sachen? – Wieso? – Ich höre, sie ist im Examen durchgefallen.
2. (Eine Mutter zu ihrem Sohn:) Ja, sag' mal, Friedel, was machst du denn für Sachen? Du gehst da in den Supermarkt, nimmst verschiedene Artikel mit und erklärst: »Meine Mutter zahlt das morgen.«? So was will ich aber nicht noch einmal erleben.

(die) bewegliche(n) Sachen *jur* · movable property, things personal, movable chattels

… Bewegliche Sachen, Werner, das sind – wie der Name sagt – alle Dinge, die du bewegen – d. h. mitnehmen, fortschaffen usw. – kannst: Möbel, Bilder, Bücher usw. Die unbeweglichen Sachen dagegen – Häuser, feste Anlagen, auch Felder u.ä. – bleiben, wo sie sind; das gehört zu ihrem 'Wesen'. – Ah, das sind also im Grunde nur Übersetzungen von 'Mobilien' und 'Immobilien'?! – Ganz genau!

was sind das denn für Sachen?! *ugs* · 1. 2. what's all this?

1. Was, dein Zimmer ist schon wieder nicht aufgeräumt?! Was sind das denn für Sachen, Ingrid?! Das möchte ich in Zukunft aber nicht mehr sehen.
2. Was sind das denn für Sachen, Renate? Du sagst mir, du stehst im Französischen auf 'Drei', und heute treffe ich zufällig deine Französischlehrerin, und die erzählt mir, wenn das mit dir so weiter ginge, bekämst du eine 'Fünf'?! So geht das aber nicht, meine Liebe!

die handgreiflichsten Sachen nicht sehen/… · not to be able to see the most obvious things, not to be able to see what's under one's nose

Mir scheint manchmal, die Monika lebt auf dem Mond. Da hat sie gestern doch wahrhaftig eine Bestellung von Stilmöbeln unterschrieben und gar nicht gemerkt, daß man ihr ein paar ganz billige imitierte Kommoden als 'Stilmöbel' angedreht hat. Die handgreiflichsten Sachen merkt die nicht!

in Sachen … *form* · 1. in the case of A v. B (=person A versus/against person B), 2. in the matter of …

1. Gibt's Neues in Sachen Humbrecht? – Nein, Herr Anwalt, der Prozeß ist noch genau da, wo er in der vergangenen Woche war.
2. … In Sachen Schuckert & Co. wollte ich Ihnen noch sagen, Herr Direktor Kurz, daß die Lieferbedingungen genau dieselben sind wie die, die wir mit der Firma Hallert vereinbart haben. *seltener*

mach'/macht/… **keine Sachen!** *ugs* · (for God's sake/…) don't do anything stupid/foolish/…!

… Wenn der Export dahin verboten ist, ist er verboten, Ernst! Mach' mir bloß keine Sachen! – Da kommt doch keiner hinter, Mensch!

mit 130/140/… **Sachen daherrasen**/… *ugs* · to tear along/… at 100/126/… (m.p.h.)

Wer ist eigentlich dieser Junge, der da abends immer mit 150 Sachen durch unser Viertel rast? – Mit 150 Sachen? – Na, 110/120 fährt er bestimmt, wenn er die Robert-Koch-Straße heraufgebraust kommt.

das sind ja nette/(schöne) **Sachen** (die ich da höre/die wir da lesen/die der … da erzählt/…) *ugs iron* · + I/we/… have been hearing nice things about you/… *para*

Na, das sind ja nette Sachen, die ich da höre! – Wieso? – Hm … die Tante Hanni sagt, zum Geburtstag eurer Schwester habt ihr zwei Zentner Pflaumen und Kirschen bei dem Bauer Pferdmenges geklaut?

(die) unbewegliche(n) Sachen *jur* – ≠ (die) bewegliche(n) **Sachen** · immovables, real estate

tolle/die tollsten **Sachen machen**/anstellen/… *ugs* · to get up to all kinds of tricks/the wildest things/…

Der alte Blomberg hat in seiner Jugend die tollsten Sachen gemacht! Der ist mit einem Klassenkameraden bis Frankreich zu Fuß gelaufen … Und dann die ganzen Streiche, die er mit seiner Clique hier in der

Gegend ausheckte ... Das war ein Draufgänger, wie er im Buche steht, der Blomberg!

Sachen gibt's! *ugs* · + would you credit it?, + would you believe it?

Der Kallmeier ist in der Aufnahmeprüfung durchgefallen, sagst du? Sachen gibt's! Das war doch immer der beste in der Klasse!

Sachen gibt's, die gibt's gar nicht! *sal* · 1. 2. + would you credit it? *coll*, + would you believe it? *coll*, 1. + you could have knocked me down with a feather! *coll*

1. Was, der Junghans hat mit seinen 63 Jahren nochmal geheiratet, und dann eine blutjunge Frau? Sachen gibt's, die gibt's gar nicht! – Ja, da bleibt einem die Spucke weg, was?

2. vgl. – **Sachen gibt's!**

für halbe Sachen nicht zu haben sein · not to be interested in doing things by halves

Wenn ihr wirklich wollt, daß der Franz Daus da mitmacht, müßt ihr ein Projekt ausarbeiten, das hieb- und stichfest ist. Für halbe Sachen ist der nicht zu haben. Entweder macht er etwas richtig oder er läßt die Finger davon.

mit 160/... Sachen über die Autobahn/... **heizen** *sal* · to belt/to bowl along/to race down the motorway/... at 100/150/... (m.p.h.) *coll*

Der Stefan ist ein unverbesserlicher Raser. Als wir kürzlich zusammen nach Nürnberg gefahren sind, ist er wieder mit 180 Sachen über die Autobahn geheizt.

jm. **aus den Sachen helfen** · to help s.o. out of his coat/things/...

Könntest du Frau und Herrn Hildebrand aus den Sachen helfen, wenn die gleich kommen, Fritz? Während die ablegen/ihren Mantel ausziehen, kann ich den Tisch noch etwas schmücken.

j. **soll sich um seine eigenen Sachen kümmern** – j. soll sich um seine eigenen **Angelegenheiten** kümmern · s.o. should mind his own business

(j. wird doch/...) **keine halben Sachen machen** · (s.o. is not going) to do things by halves

Entweder modernisieren wir richtig oder wir lassen den Hof so, wie er ist. Wir werden doch keine halben Sachen machen!

krumme Sachen machen *ugs* · to get up to crooked business, to pull jobs

... Wenn es darum geht, krumme Sachen zu machen, dann ist er Spitze! Nur auf anständigen und ehrlichen Wegen bringt er nichts zustande.

seine Sachen in Ordnung halten · to keep things tidy

Du hast aber auch alles durcheinander, Bettina! In deinem Zimmer, dem Schrank, die Schulsachen ... – alles! Ist es wirklich so schwer, seine Sachen in Ordnung zu halten?

seine Sachen packen · to pack one's things

So, Kinder, jetzt packt eure Sachen! Wir müssen gehen! Sagt Oma und Opa auf Wiedersehen ...

man muß die Sachen sehen, wie sie sind/wenn man die Sachen sieht, wie sie sind · one has to face facts, one has to see things as they are

... Wir können es uns einfach nicht mehr leisten, auf so großem Fuß zu leben, mein lieber Walter. Die Zeiten haben sich geändert. Es hat gar keinen Sinn, sich da etwas vorzumachen. Man muß die Sachen sehen, wie sie sind.

seine Sachen verstehen – (eher:) seine **Sache** verstehen · to know what one is about

seine sieben Sachen zusammen haben/beisammen haben *ugs selten* · to have got one's things together, to have got one's bits and pieces together

Habt ihr eure sieben Sachen zusammen, Kinder? Wir müssen gehen. – Moment. Es fehlt noch ... – Na, dann beeilt euch, Mensch! Oder meint ihr, ich warte jetzt noch eine Stunde, bis ihr euer Zeug zusammen habt!

seine (sieben) **Sachen zusammenpacken und abhauen**/abschieben/gehen/... *ugs* · 1. 2. to pack one's things and go/...

1. ... Wie hat der arme Kerl denn reagiert, als du ihm so scharf sagtest, du würdest ihm weder Alkohol noch irgendetwas anderes abkaufen? – Wie sollte er schon reagieren?! Er hat seine sieben Sachen zusammengepackt und ist abgeschoben.

2. ... Passen Sie auf, Herr Meier, wenn Sie sich jetzt nicht endlich entschließen, so zu arbeiten, wie sich das gehört, dann können Sie ihre sieben Sachen zusammenpacken und gehen, verstanden?! – Sie können mich doch nicht so einfach an die Luft setzen!

Sächelchen: was sind das denn für Sächelchen? *sal* – was sind das denn für **Sachen**? · what's all this?, what's going on?

das sind ja nette/(schöne) **Sächelchen** (die ich da höre/die wir da lesen/die der ... da erzählt/...) *sal* – (eher:) das sind ja nette/(schöne) **Sachen** (die ich da höre/die wir da lesen/die der ... da erzählt/...) · what's this I've/... been hearing about you/him/...?, + I/we/... have been hearing nice things about you/...

Sachkenntnis: von jeder/jeglicher Sachkenntnis ungetrübt sein/(von keiner Sachkenntnis getrübt sein) *iron* · not to be burdened with any factual knowledge of s.th., not to have the faintest idea of s.th.

Wen willst du nach den Exportbedingungen fragen, den Horst Albers? – Warum, ist der nicht informiert? – Ach, der Horst Albers! ... Das ist ein prächtiger Kerl, natürlich, aber der ist doch von jeglicher Sachkenntnis ungetrübt.

sachte: (immer/...) **sachte** (voran)! *ugs* · 1. 2. go easy!, easy does it!, take it easy!

1. Sachte, sachte, Paul! Wenn du so mit dem Apparat umgehst, wirst du ihn bald kaputt machen.

2. ... Immer sachte! Und eins nach dem andern! Wenn Sie so ungestüm drauflos reden, verstehe ich kein Wort. Also: wer war anwesend, als die Unterhaltung stattfand?

Sachwalter: sich zum Sachwalter e-r S./für etw./zu js. ... machen *form* · 1. 2. to make o.s. the champion of a cause/group/...

1. Ich weiß nicht, Herr Kollege, warum Sie sich zum Sachwalter dieser jungen Leute machen! Sie haben doch juristisch ganz eindeutig Unrecht. – Aber moralisch haben sie Recht, und deswegen setze ich mich so für sie ein.

2. ... warum Sie sich zum Sachwalter der Anliegen dieser jungen Leute ...

Sack: der alte Sack/ein alter Sack *vulg* · the/an old fart, the/an old git

... Was, der Opa von dem Paul ist auch eingeladen? Was macht denn der alte Sack auf einer Geburtstagsfeier von jungen Leuten? – Rudi! – Ja, was ist? – Junge, du kannst den Großvater von dem Paul doch nicht 'alter Sack' nennen! Ich bitte dich!

ein blöder Sack (sein) *vulg* · (to be) a stupid bastard/git/sod, (to be) a dozy/... twat

Der Otto, das ist vielleicht ein blöder Sack! Erst sagt er mir, die Daimler-Benz-Aktien wären gefallen, und nachdem ich alles vorbereitet habe, um welche zu kaufen, kommt er und meint: 'Ich habe mich leider getäuscht'. – Das war schon immer ein Arschloch, dieser Otto Koch.

ein fauler Sack (sein) *vulg* · (to be) a lazy bugger/bastard/sod/git/...

Wenn der Holzmann nicht so arbeitet, wie er sollte, dann muß man das verstehen: der arme Kerl hat zu Hause derart viele Probleme ... – Jetzt komm' du mir nicht auch noch mit dem Quatsch! Der Holzmann ist ein ausgesprochen fauler Sack! Alles andere sind Ausreden, weiter gar nichts!

ein lahmer Sack (sein) *vulg* · to have no pep *n*, to have no go *n*, to have no zip *n*

... Nein, von dem Löhnert kannst du keine Initiative erwarten. Das ist ein lahmer Sack. Der macht nur, was absolut nicht zu vermeiden ist.

ein müder Sack (sein) *vulg* · to have no pep *coll*, to have no go *coll*, to have no zip *coll*
Ich möchte doch nur ein einziges Mal erleben, daß der Krampert eine Arbeit mit Lust und Energie anpackt. Wirklich! Nur ein einziges Mal! Aber das ist bei diesem müden Sack völlig undenkbar.

unbeweglich/schwer/... wie ein nasser Sack sein/(sich hängen lassen wie ...) *sal* · to be as limp/... as a wet sack, to be like a wet rag
(Zu jemandem, der einen Unfall hatte und, von zwei Freunden gestützt, zum Krankenwagen humpelt:) Mensch, Paul, nun laß dich doch nicht so hängen wie ein nasser Sack! Auch wenn man sich den Fuß verstaucht hat, kann man sich doch aufrichten und den anderen die Hilfe so leicht wie möglich machen!

voll wie ein Sack sein *sal selten* – blau wie ein **Veilchen** (sein) · to be as pissed as a newt, to be legless, to be as drunk as a lord *n*

jn. **im Sack haben** *sal selten* – jn. in der **Tasche** haben · to have got s.o. by the short and curlies/by the balls

das/die Pfennige/den Auftrag/... habe ich/haben wir/... im Sack *sal* · 1. 2. to have the money/the order/... in the bag *coll*
1. So, den Auftrag hab' ich im Sack! – Wie? Hat der Brennert in der Tat unterschrieben? – Das nicht. Aber ich hab' ganz klar gemerkt, daß er an dem Geschäft sehr interessiert ist. Bei unserem nächsten Treffen unterschreibt er, da gibt's gar keinen Zweifel mehr.
2. vgl. – das/die Pfennige/den Auftrag/... haben wir/habe ich/... (schon mal) im **Sack**

das/die Pfennige/den Auftrag/... haben wir/habe ich/... (schon mal) im Sack *sal* · to have already/... (got) the order/ the money/... in the bag *coll*
Hat der Brennert den Auftrag in der Tat unterschrieben? – Ja, die 50.000,– Mark habe ich schon mal im Sack. Jetzt müssen wir nur noch die Lieferbedingungen aushandeln. Den Auftrag kann mir jedenfalls keiner mehr nehmen/wegnehmen.

schlafen wie ein Sack *sal* – (eher:) schlafen wie ein **Bär** · to sleep like a log

umfallen wie ein Sack *sal* · to go down/to fall over/... like a sack of potatoes
Schon in der 1. Runde landete Cassius Clay einen linken Haken, und sein Gegner fiel um wie ein Sack. Bum! Es dauerte eine gute halbe Minute, bis er wieder zu sich kam.

in Sack und Asche gehen *lit path selten* – (stärker als:) sich **Asche** aufs Haupt streuen · to wear sackcloth and ashes

den Sack schlägt man/und, den Esel meint man · to kick the dog and/but mean the master *para*, to blame one person and mean another
Jetzt schimpfen sie alle auf den Finanzminister, weil die Steuern so drastisch erhöht wurden. In Wirklichkeit weiß jeder, daß der Kanzler das zu verantworten hat. – Natürlich: den Sack schlägt man und den Esel meint man. An den Kanzler direkt wagen sie sich (mit ihrer Kritik) nicht heran.

es ist leichter/(...), einen Sack Flöhe zu hüten als etw. zu tun (aufpassen usw.) *sal* · s.o. would rather catch a tiger by the tail than look after/... *rare*
Nein, auf die Kinder von Hausmanns aufpassen – nein, das mach' ich nicht mehr! – Warum nicht?! Es ist leichter, einen Sack Flöhe zu hüten als auf diese Kinder aufzupassen. Du machst dir keine Vorstellung, was das für ein Durcheinander bei denen zu Hause ist.

lieber einen Sack Flöhe hüten als etw. tun (aufpassen usw.) *sal* · I'd/he'd rather do anything than ... *n*
Wer geht als Aufsichtsperson mit? Sie, Frau Berger? – Ich! Auf keinen Fall! Lieber einen Sack Flöhe hüten als so eine Mädchenklasse auf einem Ausflug begleiten!/Lieber hüte ich einen Sack Flöhe, als daß ich so eine solche Mädchenklasse auf einem Ausflug begleite.

jm. (mit etw.) **auf den Sack gehen** *sal* – (stärker als:) jm. (mit etw.) auf die **Nerven** fallen/gehen · to really/... get on s.o.'s tits with s.th. *vulg*, to really/... get up s.o.'s nose with s.th.

in den Sack hauen *sal* – die **Fleppen** hinschmeißen/hinwerfen · to pack/to jack/... s.th. in

(anständig/...) **einen auf den Sack kriegen** *sal* – eins **draufkriegen** (3) · to get a good hiding/thrashing/...

was/(etwas) auf den Sack kriegen *sal* · 1. to get a good hiding, 2. to get a clout/a belt/...
1. vgl. – den **Buckel** vollkriegen
2. vgl. – eins aufs **Dach** kriegen/(bekommen)

jm. **wie ein Sack am Leib/Körper herunterhängen** *Anzug/ Kleid/...* *ugs* · to hang down like a sack (from s.o.)
Mein Gott, wie siehst du denn aus, Marlies? Dein Kleid hängt dir ja wie ein Sack am Körper herunter. In einem derart unordentlichen Aufzug kannst du doch nicht in die Schule gehen!

jm. **einen Sack voller Lügen aufbinden** *ugs selten* · to tell s.o. a pack of lies
Was hat der Gerd seinem Vater denn erzählt, warum er gestern erst um ein Uhr nachts nach Hause gekommen ist? – Ach, der hat ihm einen Sack voller Lügen aufgebunden: die Redaktion der Schulzeitung hätte eine Sondersitzung einberufen; die hätte sich hingezogen ... Was weiß ich, was der dem alles vorgekocht/vorgelogen hat!

einen ganzen Sack voll Neuigkeiten mitbringen/auftischen/... *ugs selten* · to bring plenty of/a whole load of/ heaps of/lots of/loads of/... news/...
Jedesmal, wenn mein Onkel in die Stadt fährt, bringt er einen ganzen Sack voll Neuigkeiten mit: die neusten Preise, wer die besten Geschäftsabschlüsse gemacht hat ... Kurz: das, was man in den Medien nicht erfährt, aber für jeden Dorf hier von größtem Interesse ist.

jm. **auf den Sack niesen/husten/treten** *sal Soldatenspr selten* · 1. to kick ass, to kick s.o. around, to push s.o. around *coll*, 2. to (really/...) give s.o. a piece of one's mind *coll*
1. ... Diese Manie, den Leuten auf den Sack zu husten und zu meinen, wenn man das nicht macht – wenn man sie nicht wer weiß wie drillt –, hätte man bald keine vernünftigen Soldaten mehr – diese Manie ...
2. vgl. – jm. (gehörig/...) die **Meinung** sagen

sich **mit Sack und Pack davonmachen/...** *sal* · to slip off/... with bag and baggage *coll*
Wie mir der Kurt erzählt, sind die Müllers gestern morgen in aller Herrgottsfrühe ausgezogen? – Ja, die hatten schon seit Monaten die Miete nicht mehr bezahlt, hatten in den verschiedensten Geschäften Schulden ... Kurz: ihre Lage wurde immer unhaltbarer. Da haben sie es offenbar vorgezogen, sich mit Sack und Pack davonzumachen.

angeben wie ein Sack Seife *sal* · to be a big show-off, to think one is Lord Muck
Seitdem er die Magret von Birksdorf geheiratet hat, gibt der Hans—Dietrich an wie ein Sack Seife. Immer geschniegelt und gebügelt, mit arroganter Miene, leicht genäselter Stimme – und was er alles erzählt ...! Als ob er der Kaiser von China wäre!

jn. **in den Sack stecken** *sal* · 1. 2. to knock spots off s.o. *coll*, 1. to outclass s.o. *coll*, to make mincemeat of s.o., to stuff s.o., 2. to outwit s.o. *n*, to get the better of s.o. *n*
1. Meinst du wirklich, der Günther spielt besser Tennis als der Wolfgang? – Der Günther? Der steckt alle in den Sack, die hier herumlaufen. Der ist eine ganze Klasse besser.
2. Wenn du bei dem Rau nicht aufpaßt, steckt er dich in den Sack. Der ist mit allen Wassern gewaschen, dieser Mann. Gib in den Verhandlungen höllisch acht, sonst macht der dich nach Strich und Faden fertig! *seltener*

Sack Zement! *sal selten* – **Sakrament** (nochmal)! · (cor) blimey!, bloody hell!

den Sack zubinden/(zumachen) *ugs selten* · + it's (all) over and done with, + it's finished, + that's that
... So, jetzt binden wir den Sack zu! Der Hopfen ist glücklich abgeliefert – jetzt wird noch die Maschine gereinigt, und dann brauchen wir ein halbes Jahr nicht mehr an Hopfen zu denken.

du hast/ihr habt/... (zu Hause) wohl Säcke an/vor den Türen (was)?!/hast du/...? *sal selten* · + don't they have doors where you/... come from/...?, were/... you/... born in a field?
Habt ihr zu Hause Säcke an den Türen? Verdammt nochmal, das ist jetzt das dritte oder vierte Mal, daß du hier durchgehst und die Tür offen läßt!

Säckel: genügend/viel/... **im Säckel haben** *ugs selten* · to have plenty of money *n*, to have a bob or two

Der Maxl hat den Rolf Herwig gestern einen Pfennigfuchser genannt. – Ein bißchen geizig ist der Herwig, das stimmt schon. Aber andererseits: der Rolf hat gut reden. Wenn man genügend im Säckel hat, wie er, braucht man natürlich nicht lange zu überlegen, ob man etwas mehr oder weniger ausgibt.

in den/seinen eigenen Säckel arbeiten *ugs selten* – in die/seine eigene **Tasche** arbeiten/wirtschaften/... · to line one's own pockets

sich den Säckel füllen *ugs veraltend selten* · 1. 2. to line one's (own) pockets

1. ... Mein Gott, schimpfte er, die Unternehmer machen vielleicht ein Theater, wenn die Konjunktur mal ein bißchen nachläßt! Jetzt haben sie sich zehn Jahre lang den Säckel gefüllt. Und wenn sie dann mal ein Jahr weniger verdienen, meinen sie, die Welt geht unter.
2. vgl. – in die/seine eigene **Tasche** arbeiten/wirtschaften/...

tief in den Säckel greifen (müssen) *ugs oft iron selten* – (eher:) einen tiefen **Griff** ins Portemonnaie tun (müssen) · to have to pay through the nose for s.th.

Sackgasse: in eine Sackgasse geraten · to reach deadlock, to reach a stalemate, to reach an impasse

Die Verhandlungen scheinen in eine Sackgasse geraten zu sein. Jedenfalls bemerkt man seit wenigstens drei Wochen keinerlei Fortschritte, und niemand sieht so recht einen Ausweg.

in einer Sackgasse stecken · 1. to be at a dead-end, 2. to have reached deadlock/a stalemate/an impasse/...

1. Der Junge steckt in einer Sackgasse. Mit seinem Studium findet er so leicht keine Stelle, zum Wechseln ist es zu spät ... Ich weiß gar nicht, wie der aus dieser Situation wieder herauskommen soll.
2. Die Beratungen über die Fusion der beiden Firmen stecken offensichtlich in einer Sackgasse. – Wie, meinst du, die Verhandlungen gehen ergebnislos zuende?

sich in eine Sackgasse verrennen *selten* · to wind up in a dead-end, to reach a dead end

Wir haben dem Theo oft genug geraten, sein Studienfach rechtzeitig zu wechseln. Die Stellenlage bei den Philologen ist ja seit vielen Jahren schon äußerst schwierig. Aber er wollte absolut nicht hören! Jetzt hat er sich in eine Sackgasse verrannt, jetzt hat er sein Examen und sitzt trotzdem auf der Straße.

säen: säen und ernten/wer sät, will auch ernten/... *form* · to sow and reap, if one sows, one wants to reap

Jetzt haben wir mehr als zehn Jahre unsere ganzen Ersparnisse in die Modernisierung dieses Guts gesteckt, jetzt wollen wir auch Erträge sehen. – Klar! Wer sät, will auch ernten.

Saft: roter Saft *path od. sal* · blood

So ein Blutverlust von fast zwei Litern ist schon ernst! So viel hat man von diesem roten Saft nicht!

(voll) im/in seinem Saft sein/stehen *ugs selten* · 1. 2. to be full of sap, 2. to be full of life and vigour, to be full of zest

1. Der Eckhart ist im Moment nicht zu bremsen. Er klotzt bei der Arbeit ran wie ein Verrückter. In seiner Freizeit ist er ständig auf Achse ... – Das ist völlig normal. Der Junge ist Mitte zwanzig, der steht voll in seinem Saft.
2. vgl. – **Saft** und Kraft haben

ein Mensch/... ohne Saft und Kraft (sein) *ugs – path* · to be wishy-washy, to be weak and lifeless, to have no go, to have no pep, to have no zip

... Für diese Aufgabe benötigen wir einen tatkräftigen Mann, einen Mann von Willensstärke und Energie. So einen Menschen ohne Saft und Kraft wie den Ernst Roschke können wir da nicht brauchen.

Saft und Kraft haben *ugs – path selten* · to be full of life and vigour, to be full of zest/of sap

... Ein Mann, der Saft und Kraft hat, würde dieses heruntergekommene Gut wieder in die Höhe bringen. Aber der Paul ist dafür zu lahm und zu faul.

im eigenen/in seinem eigenen Saft schmoren *ugs* · to do one's own thing, to be left to one's own devices

Bei seiner Arbeit wie in seiner Lebensführung war der Udo Jahre hindurch nur auf sich gestellt, und er hat sich prima durchgekämpft. Aber wenn er jetzt echte Fortschritte machen will, braucht er Kontakte, Erlebnisse, Auseinandersetzungen. Immer im eigenen Saft schmoren ist auf die Dauer steril.

jn. in seinem eigenen/im eigenen Saft schmoren lassen/j. soll in seinem eigenen/im eigenen Saft schmoren *ugs selten* · to let s.o./s.o. can stew in his own juice

... Der Herbert wollte doch absolut alles allein regeln! Ich werd' mich hüten, mich jetzt da einzumischen. Dann hab' ich nachher noch die Schuld für alles. Jetzt laß ich ihn/jetzt soll er in seinem eigenen Saft schmoren. Dann merkt er vielleicht endlich einmal, wohin es führt, wenn man immer nur nach seinem eigenen Kopf handeln will.

saft-: ein saft- und kraftloser Mensch/... *ugs* – (eher:) ein Mensch/... ohne **Saft** und Kraft (sein) · to be wishy-washy, to be weak and lifeless, to have no go, to have no pep, to have no zip

Säfte: schlechte Säfte haben *form veraltend selten* · to have bad humours *rare*

Was meint der alte Herr Fromm eigentlich, wenn er sagt: ich habe nun einmal schlechte Säfte? – Nach der alten Vorstellung von den 'humores', den das Gemüt und die Gesundheit bestimmenden Körpersäften, hält er jede psychologische Behandlung seiner Depressionen für wirkungslos.

Sage: es geht die Sage, daß ... *veraltend selten oft iron* – es geht das **Gerücht**, daß ... · there's a rumour going/flying/around that ..., rumour has it that ...

sagen: ich sag/sag's ja! *ugs* · I told you so, I've always said so *n*, I've always said it *n*

Der Albert ist vom Examen zurückgetreten. Er gibt an, er wäre nicht genügend vorbereitet. – Ich sag's ja: wenn es ernst wird, dann kneift der/dann zieht er sich zurück. Bei schweren Aufgaben hat er sich bisher noch immer gedrückt.

da sag(e) ich nicht nein! · I don't mind if I do, I won't say no

(Bei einem Besuch:) Nehmen Sie noch ein Stückchen Torte, Frau Mertens? – Da sage ich nicht nein! Die schmeckt derart gut, daß man einfach nicht nein sagen kann.

sag'/sagt/... das nicht! · + not necessarily, don't just assume that

... Noch ein paar Monate und dann ist die Regierung am Ende. – Sag' das nicht! Den Kanzler haben sie schon zigmal totgesagt. Bisher hat er sich immer wieder über die Runden gerettet. Ich wäre da jedenfalls nicht so sicher.

sag' mal, spinn' ich, oder ...? *sal* – sag' mal/(sagen Sie mal/...) **spinn'** ich oder ...? · am I going mad or what?

wenn ich es dir/Ihnen/... (doch) sage! *form – path* · that's what I said, that's what I told you

(Ein Abteilungsleiter bei Schuckert:) Haben Sie auch wirklich alle einschlägigen Preise verglichen, Herr Bohlmann? – Wenn ich's Ihnen sage! Darf ich wissen, Herr Schroth, warum Sie mir nicht glauben?

da/nun/... sage noch einer:/daß ... *ugs* – (eher:) (und) da soll (mir/uns) noch einer/(...) **sagen**:/daß ... · don't let anyone tell me/us/... that ...

(ach) was sage ich ... *dir. R* · ... it would cost 50,000 DM/... – what am I talking about/what am I saying – 100,000 DM/...

Um so ein Gut richtig zu modernisieren, brauchst du wenigstens 50.000,– Mark und drei Jahre – ach, was sage ich, da reichen keine 100.000,– und keine fünf Jahre!

sage und schreibe etw. tun *path* · all of, believe it or not, would you believe it

Wenn du alles zusammennimmst, dann verdient der Blecher sage und schreibe 25 bis 30.000,– Mark im Monat. – Nun übertreib' mal nicht! – Wenn ich dir das sage!

das/(etw.) ist gar/(überhaupt) nicht zu sagen *form* – (eher:) jeder/aller **Beschreibung** spotten · to defy description, to beggar/to be beyond/... description

zu etw./dazu wäre noch allerhand/(...) zu sagen · + one could say a lot about it/that/...
... Zu deinen Behauptungen bezüglich der Arbeitsaufteilung wäre noch allerhand zu sagen. Aber ich will die Dinge nicht noch weiter komplizieren. Sprechen wir nicht weiter über das Thema!

zu jm. **'du' sagen/'du' zueinander sagen** *ugs* – mit jm. auf/ (auf dem) **Duzfuß** stehen/miteinander auf Duzfuß stehen · to be on first-name/familiar terms with s. o.

eins muß man (ja) sagen: · one must admit, one must say s. th. for him/...
Eins muß man ja sagen: in dieser abgelegenen Gegend mit ungeschultem Personal eine neue Fabrik aufmachen – das verlangt Mut. Man kann zu dem Ingo stehen, wie man will: daß er Courage hat, kann man nicht leugnen.

einmal/heute hott und einmal/morgen har sagen *ugs selten* – heute hü und morgen hott/(ein-)mal hü und (ein-)mal hott **sagen** · to say one thing one minute and another thing the next, to be always chopping and changing

heute hü und morgen hott/(ein-)mal hü und (ein-)mal hott sagen *ugs* · to say one thing one minute and another thing the next, to be always chopping and changing, to blow hot and cold
Warum arbeitest du nicht mehr mit dem Albert zusammen? – Weil ich auf die Dauer nicht mit einem Mann zusammenarbeiten kann, der heute hü und morgen hott sagt. Der Albert weiß überhaupt gar nicht, was er will. Der ist in der Lage und ändert in wichtigen Dingen dreimal in der Woche seine Meinung.

zu etw. ja sagen – **ja** zu etw. sagen · to agree to s. th.

dazu/zu etw. kann j. **nur ja sagen** *oft 1. Pers ugs* · I am all for it
... Wenn Sie mich nach meiner Meinung fragen: ich kann zu dem Projekt, in unserem Viertel ein Schwimmbad zu bauen, nur ja sagen. Ich war immer für ein Schwimmbad hier ...

ich kann dir sagen: *ugs – path* · I tell you, I can tell you
...Ich kann dir sagen: das war ein Spiel! So ein Tennisspiel habe ich in meinem ganzen Leben noch nicht gesehen!

..., das kann ich dir/euch/(ihm/...) sagen! *ugs* – ..., das kann ich dir/euch/(ihm/...) **flüstern!** · ... I can tell you!, ... take it from me, ... I can tell you (that for free)

das/(...) kann man wohl laut sagen *ugs* · you can say that again
Wenn die das Geld schon vor Jahren bekommen und die Straße trotzdem noch nicht ausgebaut haben, dann ist das ganz einfach Betrug! – Das kann man wohl laut sagen.

j. kann das leicht sagen – (eher:) j. hat gut/(leicht) **reden** · it's easy for s. o. to talk

das kann ich nicht sagen · I wouldn't say that, I can't agree with you there
Der Brode ist ein Faulpelz, nicht wahr? – Nein, das kann ich nicht sagen! Er versteht nicht immer so richtig, worum es geht. Aber faul – nein, das ist er nicht.

ich kann dir/euch/Ihnen nur sagen:/daß ... · all I can say is ...
... Macht, was ihr wollt! Ich kann euch nur sagen: der Mann ist höchst gefährlich und hat schon manch anderen zugrunde gerichtet. Ich denke, das genügt.

da kann ich/(kann man) nur pfui sagen! *ugs – path veraltend selten* · + it's disgraceful, + it's a poor show
(Eine Mutter zu ihrem zehnjährigen Sohn:) Die Ursel hat dir bei der Vorbereitung deiner Klassenarbeit schon x-Mal geholfen, und du willst ihr nicht wenigstens ein Mal helfen?! Da kann ich nur pfui sagen!

das kann ich/(er/der Peter/...) schlecht (genau/...) sagen · + it's hard to say, + it's hard for him/John/... to say
... Wie hoch war denn in diesem Jahr dein Gewinn? – Das kann ich schlecht sagen, weißt du. Ich habe eine Reihe Sonderausgaben gehabt. Es ist also sehr schwierig, einen Gewinn anzugeben, der betriebswirtschaftlich exakt ist.

das kann man wohl sagen *ugs* · 1. 2. you can say that again, you're dead right
1. Bei diesem kalten und nassen Wetter den ganzen Tag auf dem Bau arbeiten, das ist nicht gerade ein Vergnügen! – Das kann man wohl sagen. Ich möchte diesen Beruf nicht haben.
2. Der Otto hat der Ingrid Jahre und Jahre hindurch bei den Schularbeiten geholfen; da hätte sie, wo die Mutter verreist ist, auch mal für ihn kochen können! – Das kann man wohl sagen. Die Ingrid ist ein ausgemachter Egoist.

(jm.) (etw.) klar und deutlich sagen · to tell s. o. (s. th.) straight
Wenn du dem Rainer nicht klar und deutlich sagst, daß du seine diktatorische Art nicht länger mitmachst, wird er seine Haltung wohl kaum ändern. Anspielungen und indirekte Hinweise nützen bei dem jedenfalls nicht das Geringste.

(jm.) (etw.) klar und offen sagen · to tell s. o. (s. th.) frankly
Wenn du dem August klar und offen sagst, daß du für die Arbeit beim besten Willen keine Zeit hast, dann nimmt er dir das auch nicht übel. Du mußt nur direkt mit ihm sprechen und ihm klaren Wein einschenken.

(jm.) (etw.) klipp und klar sagen *ugs* · to tell s. o. straight that ..., to tell s. o. clearly that ... n
... Hast du dem Anton denn zu verstehen gegeben, daß du ihn für unzuverlässig hältst? – Nicht nur zu verstehen gegeben! Ich habe ihm klipp und klar gesagt, daß man mit ihm nicht arbeiten kann und daß er der unzuverlässigste Mitarbeiter ist, den ich bis heute kennengelernt habe.

das/(so etwas/...) darf man (gar) nicht laut sagen *ugs* · + don't let anyone find out n, + mum's the word, + keep it under your hat
Für die Erweiterung des Guts haben wir einen Kredit bekommen, der für die Flurbereinigung bestimmt war – das darf man gar nicht laut sagen. – Ihr habt die Erweiterung also als Flurbereinigung ausgegeben? – Unter uns: so war es.

das möchte ich nicht sagen – (eher:) das würde ich nicht **sagen** · I wouldn't put it like that, I wouldn't go as far as that

das mußt du/muß er/der/sie/die/... gerade sagen! *ugs* · he/ she/you/... is/... a fine one to say that, he/she/you/... of all people says/... that
Der Wolfram meint, wenn ihr euch von Anfang an mehr angestrengt hättet, hätte es nie Schwierigkeiten gegeben. – Das muß der gerade sagen! Der hat doch am wenigsten von allen getan. Das ist gerade der Richtige, um jetzt Kritik zu üben.

ich muß (schon) sagen:/so/... ugs · but I must say ...
... Du wirst mir nicht vorwerfen können, daß ich für die Schwierigkeiten anderer kein Verständnis habe. Aber ich muß schon sagen: so etwas von Mangel an Energie und Willenskraft wie bei dem Paul ist mir noch nicht begegnet.

..., das muß man (schon) sagen *ugs* · 1. 2. ... one must say ..., ... it has to be said
1. Der Karin ins Gesicht zu sagen, sie wäre keine gute Hausfrau, wo sie seit Jahren alles für den Klaus getan hat, was sie konnte – dazu gehört eine gehörige Portion Unverschämtheit, das muß man schon sagen.
2. Fleißig ist er, das muß man schon sagen. Nur halt ungeschickt, unbegabt für diese Aufgabe.

nein zu etw. sagen – **nein** zu etw. sagen · to reject s. th., to say no to s. th.

um nicht zu sagen ... · not to say ...
... Der Mann ist schwer krank – um nicht zu sagen, dem Tode geweiht. Mit dem könnt ihr keine langfristigen Geschäfte mehr machen.

es ist (gar/überhaupt) nicht zu sagen, was/... *path* – (eher:) (das/etw. ist) kaum/(doch) nicht zu **glauben** · it's unbeliev-able what ...

jm. nichts sagen · 1. 2. + not to care for s.th., s.th. doesn't appeal to s.o.
1. Nein, Ferien am Strand sagen mir nichts/das sagt mir nichts. Den ganzen Tag in der Sonne braten, zwischendurch ein paar Mal ins Wasser gehen, abends in irgendeiner Kneipe herumsitzen – ich weiß nicht, welchen Reiz das haben soll.
2. ... Musik sagt ihm nichts. Wenn du ihm zum Geburtstag etwas Künstlerisches schenken willst, dann ein Buch oder ein Bild. Das bedeutet ihm etwas.

das/(etw.) hat (weiter) nichts/nicht viel/... zu sagen – (eher:) das/(etw.) hat (weiter) nichts/nicht viel/... zu **bedeuten** · it/ that doesn't mean anything/much/a great deal/...

nicht mehr papp sagen *sal* · 1. 2. to be full
1. vgl. – nicht mehr papp **sagen** können
2. vgl. – **voll** bis obenhin sein

nicht (mehr) piep (und nicht papp) sagen *sal selten* – keinen **Laut** von sich geben (2) · not to say a dickie-bird

sich selbst sagen:/daß ... · 1. 2. to tell o.s. that ..., to admit to o.s. that ...
1. ... Ich sage mir ja selbst, daß ich dem Bernd in den letzten Jahren Unrecht getan habe. Aber was soll ich machen: es ist geschehen; man kann es nicht mehr rückgängig machen.
2. Wenn sich der Bertolt schon selbst sagt, daß es gar keinen Sinn hat, für den Posten zu kandidieren, dann brauche ich deswegen ja nicht mehr mit ihm zu sprechen.

etw. bei sich (selbst) sagen *form* · to admit to o.s., to ack-nowledge to o.s., to say in one's mind
... Nach außen ließ er sich natürlich nichts anmerken, aber bei sich selbst sagte er: 'die haben doch Recht!'

zu sich selbst sagen · to say to o.s., to speak to o.s.
Mitten in der Diskussion mit seinem Bruder sagte der Clemens plötz-lich zu sich selbst – ich hörte es aus Zufall mit, weil ich direkt hinter ihm stand –: 'Was soll ich mich mit diesem armen Irren noch lange streiten? Der weiß doch gar nicht, was er sagt'. Richtig drollig war das, dieses eingeschobene Selbstgespräch.

(und) da soll (mir/(uns)) noch einer/(...) sagen:/daß ... *ugs* · + you don't expect me/us/... to believe ..., + don't let anyone tell me/us/... that ...
Schau dir das an, jetzt kauft sich der Willy innerhalb von vier Jahren schon den zweiten Mercedes! Da soll noch einer sagen, der hat Geld-schwierigkeiten. – Aber er hat Geldsorgen, Erich! – Dann ist er ver-rückt!

was Sie nicht sagen/du nicht sagst/ihr nicht sagt! *ugs* · you don't say!
... Mein Mann hat sich mehr als jeder andere für diese Firma auf-geopfert, und jetzt ... – Was Sie nicht sagen, Frau Schünemann! – Wie, stimmt das etwa nicht? – Ich will Ihnen und Ihrem Mann nicht zu nahe treten. Aber ... es stimmt nicht.

will sagen *form* · that is to say
... Die ungünstigen Rahmenbedingungen, will sagen, der Währungs-verfall und die Kreditbeschränkungen, haben uns gerade in der Auf-bauphase schwer zu schaffen gemacht ...

das/(etw.) will nichts sagen – (eher:) das/(etw.) hat (weiter) nichts/nicht viel/... zu **bedeuten** · it/that doesn't mean any-thing/much/...

..., das will schon was/etwas sagen · that is saying some-thing
... Klar, offiziell hat die Stadt dem Projekt noch nicht zugestimmt. Aber sie hat bereits zu erkennen gegeben, daß es in der Prioritäten-liste ganz oben steht, das will schon etwas sagen. – Du meinst, im Endeffekt bauen sie das Bad?

ich will dir/euch/Ihnen mal/einmal was/(etwas) sagen *ugs* · let me tell you something
... Ich will Ihnen mal was sagen, Herr Dr. Rosenzweig: Sie mögen ein ausgezeichneter Wissenschaftler sein; vom Umgang mit jungen

Leuten verstehen Sie nichts. Wie Sie seit einem Jahr mit meinem Sohn umgehen, das ...

das würde ich nicht sagen · I wouldn't say that, I wouldn't put it like that
Die Ute ist nicht nur dumm, sie ist auch faul. – Faul – das würde ich nicht sagen. Nein, sie tut ihre Pflicht. Sie ist halt nur relativ wenig begabt.

das sagen Sie/sagt ihr/sagst du! *ugs* · that's what you say
... Die Revolution hat den Leuten doch nur Vorteile gebracht! – Das sagen Sie! Bestimmten Bevölkerungsgruppen geht es heute in der Tat bei weitem besser als noch vor wenigen Jahren. Aber nicht allen!

in/bei/... zu sagen haben · to have the say (in/at/...), to be boss (in/at/...)
... Verdammt nochmal, halt' dich doch endlich mal heraus, wenn es um Entscheidungen in meiner Firma geht! Oder wer hat hier zu sagen, du oder ich?

nichts/etwas/allerhand/... zu sagen haben in/bei/... · 1. 2. to have a/some/no/... say, to have influence, to be influential
1. ... Wer hat Ihnen denn die Genehmigung in Aussicht gestellt? – Der Herr Hamann. – Herr Hamann? Ach, der Herr Hamann, das ist ein ganz untergeordneter Beamter hier, der hat hier nichts zu sagen – der führt aus, was ihm gesagt wird.
2. Wenn du jemanden kennst, der bei der Stadt etwas zu sagen hat, bekommst du die Genehmigung vielleicht. Sonst sehe ich schwarz. Kennst du jemanden? – Ja, den Walter Kröger. – Den Kröger kennst du? Der ist Stadtrat, das ist schon was; dessen Wort hat einiges Ge-wicht ...

jm. (gar/überhaupt) nichts zu sagen haben · to have no right to tell s.o. to do s.th.
Der Josef hat mir gesagt, ich sollte ... – Der Josef hat dir gar nichts zu sagen. Entweder entscheidest du selbst, was du tust, oder du war-test, bis Vater kommt. Seit wann läßt du dir von deinem jüngeren Bruder Befehle geben?

sich nichts (mehr) zu sagen haben · 1. 2. to have nothing more to say to one another
1. ... Warum trennen sie sich nicht, wenn sie sich nichts zu sagen haben? Die beiden sind doch wohl zu jung, um auf Dauer mit je-mandem zusammenzuleben, der auf einer ganz anderen Wellenlänge liegt?!
2. ... Hat es Konflikte gegeben? Oder warum haben sie sich scheiden lassen? – Sie haben sich ganz einfach nichts mehr zu sagen. – Du meinst, der Funken ist weg ...? – Nicht nur das, Klaus. Sie haben verschiedene Interessen, empfinden verschieden ..., kurz: sie können miteinander nichts Rechtes mehr anfangen.

das Sagen haben *Neol* · to have the say, to be the person who makes the decisions
Wenn Sie hier etwas erreichen wollen, müssen Sie sich gut mit Herrn Weicher stellen. Der hat hier das Sagen. – Ach, ich dachte, der Herr Hubertus wäre der entscheidende Mann.

(jetzt/nun) sagen Sie/sagt ihr/sag' bloß (nur):/daß ... *ugs* · 1. 2. don't tell me that ...
1. Der Karl meint, das Wetter wäre für einen solchen Segelwettbe-werb nicht gerade günstig. – Jetzt sag' bloß, der nimmt nicht teil! Wenn er schon mit solchen Bemerkungen anfängt ...
2. Wieviel kostet das Zimmer, sagtest du? – 55,– Mark pro Nacht, stell' dir das vor! – Wie, jetzt sag' bloß, du findest das teuer! In der ganzen Gegend findest du doch sonst nur Zimmer ab 70,– Mark.

wenn ich/man so sagen darf · if I may say so
Diese neue Regelung ist ... verworren, wenn ich so sagen darf. – Verworren ist gut. – Ja, man kommt nicht dahinter, was sich der Gesetzgeber dabei gedacht hat oder ob er sich überhaupt etwas dabei gedacht hat ...

wem sagen Sie/sagst du/sagt ihr das?! *ugs* · you can say that again, + don't I know it?, + I know *n*, you don't need to tell me that
Heute in der Textilbranche den Umsatz zu steigern – das ist sozu-sagen unmöglich. – Wem sagen Sie das?! Ich bin selbst in der Textil-industrie tätig und habe die allergrößten Schwierigkeiten.

sagen hören, daß ... – sagen **hören**, daß ... · to have heard that ...

nicht/(nur) schwer/... nein sagen können · 1. 2. not to be able/to find it hard/... to say no
1. ... Erst versprechen und dann nicht kommen! ... – Der Paul kann nicht nein sagen. Sogar wenn er ganz genau weiß, daß er nicht tun kann, was er verspricht, bringt er es nicht über sich abzulehnen.
2. Du kannst dem Kind doch nicht jeden Willen tun, Gaby! Wenn du deine Aufgabe als Mutter ernstnimmst, mußt du auch mal nein sagen können!

nicht mehr papp sagen können *sal* – **voll** bis obenhin sein (1) · to be full

nicht mehr piep sagen können *sal selten* · 1. to be speechless *n*, not to be able to say a word/get a word out *coll*, 2. not to make another sound, + that's put paid to him/...
1. Was, der Albrecht hat ihr zum Geburtstag ein Auto geschenkt?! – Vor Überraschung konnte sie nicht mehr piep sagen!
2. vgl. – keinen **Mucks** mehr von sich geben/(machen)

ich habe mir sagen lassen:/daß ... · I've been told (that) ...
(Prof. Rössler zu einem ehemaligen Studenten:) Guten Tag, Herr Mankert. Wie geht's Ihnen? ... Was machen Sie beruflich? Ich habe mir sagen lassen, Sie sind in die Politik eingestiegen? – Wer hat Ihnen das erzählt? ...

sich nichts sagen lassen · he/you/... (simply/...) won't be told, + you/... can't tell him/... anything
Der Brenner ist ein bißchen schwierig. – Inwiefern? – Er läßt sich nichts sagen. ... Wenn es nur Widerspruch oder Kritik wäre, die er nicht vertrüge! Aber nein, schon Anregungen oder Empfehlungen nimmt er übel.

sich von jm. nichts sagen lassen · not to take orders from s.o.
... Von ihrem Bruder läßt sie sich nichts sagen. – Da hat sie recht: ihr Bruder hat nicht zu bestimmen, was sie zu tun oder zu lassen hat. – Deswegen braucht sie doch nicht so fürchterlich empfindlich zu sein.

sich von niemandem/keinem/... etwas sagen lassen · s.o. won't be told, s.o. won't take anyone's advice, s.o. won't listen to reason
Dem Burger brauchst du gar keine Anweisungen zu geben, der macht sowieso nur, was er selbst für richtig hält. Der läßt sich von niemandem etwas sagen.

sich das/so etwas/... nicht zweimal sagen lassen · not to have to be told twice
So, Kinder, wenn jetzt noch jemand von euch Hunger haben sollte: hier in der Küche steht noch eine große Schüssel mit Schokoladenpudding. Wer noch etwas will, der kann herkommen. – – Die Kinder ließen sich das natürlich nicht zweimal sagen. In Null Komma nichts drängten sie sich alle in der Küche.

sich sagen lassen müssen, daß ... · to have to put up with the criticism that ...
Nein, diesmal entscheidest du und nicht ich! Denn ganz egal, was ich tu: nachher muß ich mir wieder sagen lassen, ich hätte von der Sache keine Ahnung, würde immer alles falsch entscheiden. Diesmal entscheidest du – und ich kritisiere.

was man auch (dagegen/gegen jn./etw.) **sagen mag, ...** · 1. 2. you can say what you like about John/...
1. Was man auch sagen mag: der Motscher war ein ausgezeichneter Außenminister!
2. Was man auch gegen den Kurt sagen mag: er ist fleißig und ehrlich. Und alles andere interessiert mich wenig.

sagen Sie/sag'/... **mal!** *ugs* · 1. 3. hey, ..., 2. listen here, by the way
1. Sag' mal, wer hat dir eigentlich erlaubt, einfach an meinen Schrank zu gehen und Briefumschläge da herauszunehmen? – Ich hab' gedacht ...
2. Sagen Sie mal, Herr Kreiber, mir ist da zu Ohren gekommen, Sie wären mit der neuen Geschäftsleitung nicht zufrieden. Stimmt das? – Hm ... eh ..., ich meine ...

3. Sagt mal, seid ihr verrückt oder was ist los?!

na sagen Sie/sag'/... **mal!** *ugs* · 1. eh?, come on, tell me, 2. hey, ...
1. Wer hat dir eigentlich erlaubt, einfach an meinen Schrank zu gehen, Paula. Na, sag' mal! – Entschuldige, Vater, aber ...
2. vgl. – (eher:) **sagen** Sie, sag'/... **mal!** (1, 3)

was sagen Sie/sagst du/sagt ihr jetzt/nun · what do you say to that?
... Eine 'Eins' im Staatsexamen! Was sagst du nun?! – Herzlichen Glückwunsch, Junge! Ich geb' zu: ich bin perplex. Ich sag' also gar nichts mehr.

..., wie man (so) zu sagen pflegt/wie man so sagt/wie er/die Frau Müller/... zu sagen pflegt · 1. as the saying goes, 2. as s.o. always/often/... puts it, as s.o. always/often/... says
1. Ob er sich zuerst um das Essen kümmert und dann um das Trinken oder umgekehrt, das ist gehopst wie gesprungen, wie man so sagt/wie man zu sagen pflegt.
2. 'Die springenden Punkte bei der Sache', wie der Hoppe zu sagen pflegt ... – Pflegt der sich so auszudrücken? Das ist mir noch gar nicht aufgefallen. – Ja. Also, die springenden Punkte/der springende Punkt ...

das sagen Sie/sagst du/... **so!** *ugs* · that's what you/... think, you're/... just saying that
Eine solche Arbeit kann man in vier Wochen machen! – Das sagen Sie so! Wissen Sie, wieviel Zeit allein die Klärung der biographischen und bibliographischen Angaben kostet?

..., da kann einer sagen, was er will *ugs* · you can say what you like ...
Die Brigitte ist eine vorzügliche Hausfrau, da kann einer sagen, was er will. – Aber das hat doch auch noch nie jemand bestritten.

sagen wir ...! *ugs* · 1. 2. let's say ..., shall we say ...?, say ...
1. Dreitausend Mark würde ich für den Wagen geben, aber mehr ... – Sagen wir: dreieinhalb, und er gehört Ihnen. – Na, meinetwegen. Was sollen wir noch stundenlang hier herumfeilschen?!
2. Und wann wollen wir uns treffen? – Sagen wir fünf Uhr. Einverstanden? – Ist gut.

auf alles etwas zu sagen wissen · to have an answer for everything, to always have a ready answer
Bei dem Schröder kannst du so viele Argumente bringen, wie du willst – der Mann weiß auf alles etwas zu sagen. Auch in der schärfsten Diskussion bleibt er dir keine Antwort schuldig. ·

(übrigens/...) was ich noch sagen wollte: ... · by the way ..., one other thing I wanted to say ...
... und dann, was ich noch sagen wollte: zu der Sitzung übermorgen kann ich nicht kommen. Meine Schwiegereltern haben goldene Hochzeit.

da sagst du/sagt ihr/... nichts mehr! *ugs* · what do you say to that?
... Ich hab' 'ne 'Eins' in Mathe! Gell, Papa, da sagst du nichts mehr, da bist du platt?!

..., wie man so schön sagt *ugs* · ... as they say, ... as the saying goes
... Dieser Kroll, das ist ein Kerl wie 'n Pfund Wurst, wie man so schön sagt. – Sagt man so? Ich kenne den Ausdruck nicht ...

sagt dir/euch/Ihnen das/der Name/die Qualität/... etwas/was? · does that/the name/... Jones/... mean anything to you?
Bei wem hast du dich denn behandeln lassen? – Bei einem gewissen Dr. Breitkamp. Sagt dir der Name etwas? – Ja, das ist der bekannteste Lungenfacharzt hier am Ort, den kennt jeder.

der eine sagt hü, der andere hott *ugs* · some say one thing, some say another *para*
... Was wollt ihr denn nun, verflixt nochmal – ans Meer, in die Berge oder in die Heide? Der eine sagt hü, der andere hott. Da soll einer draus klug werden!

na, wer sagt's denn?! (es geht doch/...) *ugs* · + there, you
see! (it can be done/...), + what did I tell you! (it can be
done/...)
(Der Chef zu einem Mechaniker, der eine Maschine nach langer
Mühe doch zum Funktionieren bringt:) Na, wer sagt's denn? Es war
zwar nicht einfach, aber Sie haben's geschafft! Wo ein Wille ist, ist
auch ein Weg!

Sahne: das/etw. ist (aller-)erste Sahne *sal Neol* · it/s.th. is
super/great/fantastic/...
... Wie war denn das Konzert von den 'Stones'? Das war allererste
Sahne. Das war das beste Konzert, auf dem ich in den letzten fünf
Jahren war.

Saison: Saison haben *form* · to be in *coll*, to be in fashion, to
be the flavour of the mouth
... Mal hat Mini, mal Maxi Saison! Das ist so wie in allem anderen
auch: heute ist dies begehrt/gefragt, morgen jenes.

Saite: eine Saite anschlagen, die ... · to adopt a tone
... Plötzlich schlug der Mertens eine Saite an, die ich bei ihm gar
nicht kannte und auch gar nicht vermutet hätte: er begann von der
Vergeblichkeit aller Anstrengungen, der Vergänglichkeit des Lebens
zu sprechen. Richtig melancholisch, fast resigniert ... er, den wir alle
nur voller Energie und Dynamik kennen.

eine empfindliche Saite bei jm. **berühren** *form selten* · to
touch a sore spot (with s. o.)
... Mit der Erwähnung der Krankheit seiner jüngsten Tochter hat er
eine empfindliche Saite bei ihm berührt. – Aber er mußte doch davon
sprechen. – Natürlich. Aber das ändert nichts daran, daß der Alte in
diesem Punkt nach wie vor äußerst verwundbar ist.

eine (melancholische/heitere/...) **Saite in** jn. **zum Klingen
bringen** *form* · to strike a melancholy/... chord in s. o.
Die Unterhaltung über die 'Blechtrommel' von Grass, die ich gestern
mit dem Krollmann hatte, brachte in dem Mann eine Saite zum
Klingen, die er sonst immer unterdrückt: er sprach von seiner ost-
deutschen Heimat plötzlich mit einer Wärme und einer Herzlichkeit ...

(viele/...) **gleichgestimmte Saiten haben**/entdecken/(...)
form veraltend · to have/to discover/... many things in common with s. o.
Aus Zufall kamen unsere Ursel und die Kathrin gestern nach der
Arbeit auf moderne Malerei zu sprechen. Und da entdeckten sie zu
ihrer Überraschung, daß sie bei weitem mehr gleichgestimmte Saiten
haben, als sie vermutet hatten. Bisher hatten sie den Eindruck, sie
wären in allem grundverschieden.

verwandte Saiten in jm. **anklingen lassen** · to strike a re-
sponsive chord in s. o.
... Mit seinen Ausführungen über die 'Buddenbrocks' ließ er bei
seinen Zuhörern verwandte Saiten anklingen. Das Motiv des Zerfalls
einer Familie war ihnen nicht nur aus der Literatur bekannt, sie
erlebten es täglich. Und der Redner verstand es, die Problematik so
zu entfalten, daß jeder sie mehr oder weniger als seine eigene verstand.

andere/(neue/strengere) **Saiten** (mit/(bei) jm.) **aufziehen** · to
(start to/have to) get tough with s. o.
Wenn es in Güte und Anstand nicht geht, muß ich andere Saiten
aufziehen, so leid es mir tut. Also: wer in Zukunft seine Arbeit nicht
so macht, wie es angeordnet wird, muß mit scharfen Sanktionen
rechnen. Ihr könnt euch darauf gefaßt machen, daß ich ...

mildere/(gelindere) **Saiten aufziehen** *selten* · to be more lenient with s. o., to be gentler with s. o., not to be so hard on
s. o.
Wenn deine Kinder jetzt so pflichtbewußt und anständig sind, wie du
sagst, dann kannst du ja mildere Saiten aufziehen. Dann brauchst du
nicht mehr so streng zu sein.

in die Saiten greifen *path* · to touch the chords *para*
Wir sitzen hier alle so gemütlich beisammen. Willst du nicht ein
wenig in die Saiten greifen, Uwe? Wo steht deine Gitarre?

in jm. **Saiten zum Klingen bringen** *form* – (eher:) eine (me-
lancholische/heitere/...) **Saite** in jm. **zum Klingen bringen**
· to strike a melancholy/... chord in s. o.

Sakrament: Sakrament (nochmal!) *sal veraltend selten* ·
damn it!, Christ!
Sakrament nochmal, jetzt habe ich doch schon wieder die Manschettenknöpfe verlegt! Das ist ja zum Wahnsinnigwerden.

Salamander: den/einen Salamander reiben *Spr. der Studentenverbindungen* · to scrape one's glass on the table,
empty it, drum it briefly, then bang it down
Liebe Bundesbrüder, zu Ehren unseres Alten Herrn Wiechmann, der
vorgestern zum Präsidenten des hiesigen Landgerichts ernannt wurde, wollen wir jetzt den Salamander reiben. »Alter Herr Wiechmann,
auf dein Wohl!« – Du hättest das Reiben und Trommeln hören sollen, das da so an die 100 Gläser verursachten. – Hat auch jeder sein
Glas ex getrunken?

Salat: da haben wir/habt ihr/... **den Salat!** *sal* – da haben wir/
habt ihr/... die **Bescherung!** · we're/you're/... in the soup,
we're/you're/... in a right mess now

der ganze Salat *sal selten* – der ganze **Kram** (2) · the whole
caboodle/show/..., the whole damn thing

saldo: per saldo *Konto u. ä.* · on balance
(Aus einem Brief einer Bank:) Mit den heutigen Ein- und Ausgängen
ist Ihr Kontostand heute per saldo 35.786,– Mark zu unseren Gunsten ...

noch/... in Saldo sein *form veraltend selten* · to be (still/...)
in debt
Hast du deinen Kontostand bei der Bank eigentlich inzwischen ausgeglichen oder bist du immer noch im Saldo?

in Saldo bleiben *form veraltend selten* · to remain in debt
Hast du deine Schulden bei der Bank eigentlich inzwischen bezahlt? –
Nein, ein paar Monate muß ich noch in Saldo bleiben. Aber ich
denke, bis Anfang des kommenden Jahres kann ich mein Konto
ausgleichen.

Salm: einen langen Salm machen *sal veraltend selten* · to go
into a rigmarole *coll*, to go into a long-winded palaver
... Was für eine Begründung hat der Leitner denn gegeben? – Er hat
(da) einen langen Salm gemacht. Aber um ehrlich zu sein: ich habe
von dem ganzen Gerede kein Wort verstanden. – Wie üblich: er hat
eine Stunde gequatscht und nichts gesagt.

Salut: Salut schießen *form* · to fire a salute
Der Präsident hat ausdrücklich darum gebeten, den Empfang nüchtern zu gestalten. Auf die Ehrenkompanie wollen wir also diesmal
verzichten und so auch darauf, Salut zu schießen.

Salz: das attische Salz *lit selten* · Attic salt, wit
... Das Stück ist inhaltlich gut, ich sage nicht das Gegenteil; aber es
fehlt das attische Salz – jener geistreiche, feine Witz, der seinen früheren Stücken den besonderen Reiz gibt.

das Salz der Erde *form od. iron selten* · the salt of the earth
... Die Menschen – das Salz der Erde? Das meinen die Papageien
vielleicht auch.

das Salz der Ironie *geh selten* · the spice of irony
Der Text ist einfach zu trocken. Es fehlt das Salz der Ironie. – Das
liegt am Thema; das ist eben ernst. – Aber so liest das keiner.

in Salz legen *Fisch/Fleisch/...* · to salt s. th. down, to pickle
s. th.
Legt man eigentlich heute immer noch Fleisch und Fisch in Salz, um
es zu konservieren? – Warum sollte man das nicht mehr tun?

das/etw. ist das Salz in der Suppe *ugs selten* · it/s. th. is a bit
special, it/s. th. has that extra something
(Zu einer Konzertreihe:) Eigentlich waren alle Konzerte gut, da hast
du Recht. Aber was der Reihe ihren herausragenden Wert gegeben
hat, war doch der Abend von Michelangeli. Das war das Salz in der
Suppe!

nicht das Salz zur Suppe/(zum Brot) **haben** *path veraltend
selten* · not to be able to make ends meet, to have next to
nothing, not to know where one's next meal is coming from
Der Kröner und ein ausreichendes Auskommen?! Da bist du aber
schwer im Irrtum! Der hat nicht das Salz zur Suppe, der arme Kerl.
Der weiß kaum, wie er die nötigsten Eßsachen bezahlten soll.

jm. **nicht das Salz in der Suppe gönnen** *ugs veraltend selten* – jm. nicht das **Schwarze** unter dem Nagel/den Nägeln gönnen · to begrudge s. o. the air he breathes

(sich) **nicht das Salz in die/(der/zur) Suppe/(aufs Brot) verdienen** (können) *path selten* · to earn next to nothing/peanuts

… Ich weiß gar nicht, mit welchem Recht der Junge derartige Ansprüche stellt! Er verdient doch nicht das Salz in der Suppe. Nicht einmal die Klavierstunden könnte er von seinem eigenen Geld bezahlen, viel weniger/(für weniger) seinen aufwendigen Lebensstil.

das Salz der Weisheit *lit selten* · the salt of wisdom *tr*
Klugheit, meint mein Onkel, ist etwas Schönes; aber ohne das Salz der Weisheit fehle ihr die eigentlich fruchtbare Dimension.

Salz auf die/in die/in js. Wunde streuen *geh selten* · to rub salt into the wound/s. o.'s wounds

… Die Lage ist doch verdammt schon so kritisch genug! Da brauchst du doch mit deiner ironischen Bemerkung, die 'Ehe sei halt ein Kunstwerk, für das nicht jeder geschaffen sei', nicht noch Salz auf die Wunde zu streuen!

Salzsäule: zur Salzsäule erstarren/erstarrt (sein) *path selten* – wie **versteinert** sein/da stehen/… · to stand there like a pillar of salt, to be rooted to the spot

Samariter: ein barmherziger Samariter *oft iron selten* · a good Samaritan
Na, wenn da jeden Nachmittag ein anderer junger und hübscher barmherziger Samariter erscheint, um für dich zu sorgen, wirst du deine Grippe ja fast genießen, was Sonja?! – Arschloch!

Samariterdienste: Samariterdienste leisten (für jn.) *lit od. iron selten* · to help s. o. out of compassion, to be a Good Samaritan to s. o., to perform a selfless act of kindness
Wenn nicht ein paar zufällig vorbeikommende Leute aus den umliegenden Dörfern Samariterdienste für meinen Bruder geleistet hätten, wäre er bei dem Unfall in jener abgelegenen Gegend glatt verblutet.

Samen: den Samen des Guten in ein Kinderherz/in die Herzen der Kinder/(…) senken *form – path selten* · to sow the seeds of goodness in a child's heart
… Wenn die Menschen einmal erwachsen sind, sind sie nur schwer zu ändern und noch schwerer zu bessern. Deshalb ist es doppelt wichtig, den Samen des Guten in die Herzen der Kinder zu senken, wenn man an das Ideal der Erziehung des Menschengeschlechts glaubt.

den Samen für eine Entwicklung/… legen *form path selten* · to sow the seeds of a development/…, to pave the way for s. th.
Mit seiner Gründung des Instituts zur Erforschung der Gastarbeiterprobleme legte er den Samen für eine ganze Reihe detaillierter Untersuchungen zu dem Thema. Ohne seine Initiative wäre man an diesen Problemen noch lange vorbeigegangen.

Sammelbecken: ein Sammelbecken für jn./(von etw.) **sein** · to be a gathering point/a magnet/… for s. o./s. th.
… Ob diese Partei ein Sammelbecken für Rechtsradikale ist, weiß ich nicht. Mir scheint nur: besser, diese Leute finden sich in Organisationen zusammen, die man einigermaßen überschaut, als sie wirken im Untergrund.

Sammeln: zum Sammeln blasen *form od. iron* · to sound the recall
Warum blasen die denn jetzt um vier Uhr zum Sammeln? – Es gibt einen außerordentlichen Appell. Der General Schmölders will sich ein Bild von dem Zustand der Truppe machen.

Sammlung: du fehlst/der/diese Frau fehlt/… mir/(ihm/meinem Vater/…) noch in meiner/seiner/… Sammlung *sal* · you/he/that woman/… are/… all I need/he needs/…
… Mein Kollege Ulrich würde natürlich ein paar Tage auf Ihrem Landgut verbringen, Herr Wirtz. – Der (Ulrich) fehlt mir noch in meiner Sammlung! – Wie, mögen Sie ihn nicht? – Um ehrlich zu sein: es gibt Besucher, die mir lieber sind.

Samt: in Samt und Seide gekleidet sein/… *path veraltend selten* · to be dressed in silks and satins
… Klar, so ein reicher Bürger, der in Samt und Seide daherspazierte, fühlte sich einem einfachen Volksmann gegenüber – mit seinem schmutzigen Hemd und seiner verschlissenen Hose – haushoch überlegen.

samt: samt und sonders *path* · one and all, to a man, without exception, the whole lot of them *coll*
… Nein, mit diesen Leuten von der Versicherung verhandle ich nicht mehr! Das sind samt und sonders Strolche. – Aber Heinz, wenn ein oder zwei von der Gesellschaft dich inkorrekt behandelt haben, dann heißt das doch nicht, daß alle, ohne Ausnahme, unehrliche Leute sind.

Samthandschuhe: jn. **mit Samthandschuhen anfassen** *form path* – (eher:) jn. mit **Glacéhandschuhen** anfassen · to handle s. o. with kid gloves

Sand: jm. **Sand in die Augen streuen** (wollen/…) · to (try to/…) throw dust in s. o.'s eyes
Mit seinen großen Versprechungen und den dauernden Reden von dem Reichtum seiner Familie will dir der Walter nur Sand in die Augen streuen. – Du meinst, seine Familie ist gar nicht reich und er hält seine Versprechen nicht?

auf Sand bauen/gebaut sein *form* · to build on sand/to be built on sand
Du weißt ganz genau, daß fast alle Leute, die in dieser Firma eine verantwortliche Stelle bekommen sollen, entweder unzuverlässig oder inkompetent sind – oder beides! Seine großen Pläne sind/(Die Firma ist) auf Sand gebaut. Ich wette, das Unternehmen ist nach spätestens zwei Jahren pleite.

auf Sand geraten *selten* · to run aground, to hit trouble
Im Anfang lief das mit dem Umbau der Firma ganz wunderbar. Aber irgendwann sind sie dann auf Sand geraten. Ich glaube, einige Fundamente sind für die neuen Anlagen zu schwach und deswegen bauten sie nicht weiter. Aber ich weiß nicht genau …

es gibt/… **Sand im Getriebe/(der) Sand knirscht im Getriebe** *form* · there is a spanner in the works *coll*
In den ersten beiden Jahren funktionierte das Institut ganz ausgezeichnet. Aber seit einiger Zeit ist da Sand im Getriebe. Es gibt alle möglichen Hemmnisse und Schwierigkeiten, und die Arbeit geht nur sehr mühsam und stockend voran.

Sand ins Getriebe streuen/(werfen/schmeißen) *form selten* · to throw a spanner in the works *coll*
… Es genügen doch wahrhaftig schon die sogenannten objektiven Schwierigkeiten der Firma! Wer da noch obendrein versucht, Sand ins Getriebe zu streuen, ist schlicht und einfach ein Saboteur.

irgendwo gibt es etw./… **wie Sand am Meer** *path* · + there are countless numbers of …, + there are thousands of …, … are ten a penny there, + there are heaps of …
… und Eidechsen gibt es da, wie Sand am Meer! Tausende und abertausende von Eidechsen auf wenigen Quadratkilometern.

jn. **auf den Sand setzen** *ugs selten* · 1. to outclass s. o., to wipe the floor with s. o., 2. to get rid of s. o., to ditch s. o.
1. Die Hedwig hat immer so angegeben, sie könnte so gut Tennis spielen. Aber die Irmtraud hat sie gestern ganz schön auf den Sand gesetzt. – Die Irmtraud!! Die ist Landesjugendmeisterin! Daß die jeden aus eurem Verein leicht besiegt, ist doch klar.
2. … Wenn die könnten, wie sie wollten, würden sie uns auf den Sand setzen, da mach' dir mal keine Illusionen! Die sind doch derart neidisch! – Wie, du meinst ja, die hätten es am liebsten, wenn wir das Projekt gar nicht weiterführen könnten!

eine Klassenarbeit/(…) **in den Sand setzen** *ugs Neol* · to make a mess of s. th., to bomb out
Wenn ich die nächste Französischarbeit wieder in den Sand setze, kriege ich im Zeugnis eine 'Fünf'. – Dann tu halt was, dann verhaust du die Arbeit auch nicht/dann schreibst du die Arbeit auch nicht daneben!

Sand über etw. **streuen** *ugs selten* · to gloss over s. th.
… Mit deiner üblichen Gewohnheit, Sand über unangenehme Dinge zu streuen, kommst du bei dem Holtkamp nicht weiter. Der hat nicht

nur ein gutes Gedächtnis, der ist sozusagen allergisch gegen jedes Verschleierungsmanöver.

im Sand(e) verlaufen · to peter out, to fizzle out, to come to nothing

Die Verhandlungen über die neuen Ex- und Importbedingungen für Stahl sind im Sande verlaufen. – Die haben da monatelang ohne jedes konkrete Ergebnis verhandelt?

Sandbank: auf eine Sandbank geraten/(...) *Schiff* · to hit a sandbank/sandbar

Wie konnte so ein Schiff denn stranden? – Es ist offenbar auf eine Sandbank geraten, die der Steuermann entweder nicht kannte oder deren Höhe er unterschätzt hat. Und nachdem es einmal aufgelaufen war, gelang es nicht mehr, das Schiff wieder flott zu machen.

Sandhasen: einen Sandhasen schieben *Kegeln selten* · to score a nought, to miss completely

Jetzt hab' ich sechsmal gekegelt und sechsmal einen Sandhasen geschoben – immer daneben!

Sandmann: der Sandmann streut den Kindern Sand in die Augen *Kinderspr* – das **Sandmännchen** streut den Kindern Sand in die Augen · the sandman puts sleep in children's eyes

der Sandmann kommt *Kinderspr* – das **Sandmännchen** kommt · the sandman is coming/comes

Sandmännchen: das Sandmännchen streut den Kindern Sand in die Augen *Kinderspr* · the sandman puts sleep in children's eyes

Stimmt das, Mama, daß das Sandmännchen den Kindern Sand in die Augen streut, wenn sie müde sind, damit sie einschlafen?

das Sandmännchen kommt *Kinderspr* · the sandman is coming

Siehst du, Erika, das Sandmännchen kommt: du reibst dir schon die ganze Zeit die Augen. – Das stimmt gar nicht, und ich bin gar nicht müde.

Sang: ohne Sang und Klang wieder abziehen/... *ugs selten* – **sang- und klanglos** wieder abziehen/... · to leave/... without much/any fuss/without much ado/...

mit Sang und Klang eingehen/(...) *ugs – path selten* – **sang- und klanglos** eingehen/(...) · to disappear/to sink/... without trace

mit Sang und Klang in die Festhalle/... **einziehen/...** *path selten* · to come in/... with singing and bands playing

... Mit Sang und Klang zogen sie in die Kirche, voran der Musikchor, dann die Brautleute, dahinter die Hochzeitsgäste und am Ende noch zahlreiche Neugierige/Schaulustige.

sang-: sang- und klanglos wieder abziehen/... *ugs – path* · to leave/... without any fuss/without any ado *n*

... Laut protestierend und gestikulierend kamen sie am Rathaus an und verlangten, mit dem Bürgermeister zu sprechen. Aber der ließ sie einfach draußen warten. Und nachdem sie eine gute Stunde noch da herumpalavert hatten, zogen sie sang- und klanglos wieder ab.

sang- und klanglos eingehen/(...) *ugs* · to get trounced, to be beaten hollow, to be thrashed

Und? Hat unsere Mannschaft in Ulm nun wirklich gewonnen? – Von wegen! Sang- und klanglos eingegangen ist sie: 6 : 1 hat sie eins auf den Deckel gekriegt.

sang- und klanglos verschwinden/... *ugs – path* · to slink off, to sneak off, to slope off

... Das ist ja auch keine Art, erst ein großes Theater aufzustellen, man könnte schließlich nicht auf der Straße schlafen – und dann, wenn der Geschäftsführer mit viel Mühe ein Zimmer frei gemacht hat, sang- und klanglos zu verschwinden, weil einem der Preis zu hoch ist.

Sänger: die gefiederten Sänger *form veraltend selten* · the feathered warblers, woodland birds

Sagt man eigentlich noch die gefiederten Sänger für 'die Vögel (des Waldes)'?

die Sänger des Waldes *form veraltend selten* – die gefiederten **Sänger** · the feathered warblers, woodland birds

darüber/da schweigt des Sängers Höflichkeit *iron Zit selten* · modesty forbids me/... to say ..., let's draw a veil over it/ that/...

... So gegen 19 Uhr kam er mit einem dicken Mercedes vorgefahren und holte die Gertrud ab. Wann er sie dann wieder nach Hause gebracht hat, darüber schweigt des Sängers Höflichkeit.

Sankt-: etw. geschieht/findet statt/... am Sankt-Nimmerleins-Tag *ugs selten* – etw. geschieht/findet statt/... wenn **Ostern** und **Pfingsten/(Weihnachten)** auf einen Tag fällt/fallen/zusammenfallen · s.th. will never happen in a month of Sundays

etw. bis zum Sankt-Nimmerleins-Tag aufschieben/verschieben *ugs selten* – etw. so lange/immer wieder/... aufschieben/verschieben, bis **Ostern** und Pfingsten/(Weihnachten) auf einen Tag fällt/fallen/zusammenfallen · to put s.th. off/ to keep putting s.th. off until doomsday

Sanktionen: Sanktionen gegen jn. **verhängen** *form* · to impose sanctions on s.o.

... Solche Maßnahmen wirken nur, wenn man gegen jeden, der dagegen verstößt, schärfste Sanktionen verhängt. Wenn man keine Strafen verhängen kann oder will, kann man sich die Maßnahmen gleich schenken/sparen.

sapienti sat: sapienti sat *lit selten eigentl.: für den Wissenden (Eingeweihten) ist es genug* · a word to the wise (is enough)

... Und dann stimmt natürlich auch der Hinweis auf das frühere Mietrecht nicht; die Vergleichsmieten waren falsch berechnet ... – Genug, Herbert! Für den Eingeweihten/Fachmann ist jede weitere Erläuterung überflüssig – sapienti sat. Den Prozeß konnte der Olschewski natürlich nicht gewinnen.

Sardinen: eingepfercht/zusammengepreßt/dichtgedrängt/... wie die Sardinen in der Büchse *ugs – path* – eingepfercht/ zusammengepreßt/dichtgedrängt/... wie die **Heringe** in/ auf/... · to be packed like sardines

Sarg: du kannst dir/der soll sich/... schon mal einen Sarg machen lassen *sal* · you can/he can/... say your/... last prayers, you have/he has/... had it

Der Hubert hat gestern vor allen anderen was gegen die Freundin von dem Willy gesagt? Bestell' dem armen Kerl, er soll sich schon mal einen Sarg machen lassen! Wenn der Willy das erfährt, schlägt er ihn windelweich.

Sargnagel: js. Sargnagel sein/ein Sargnagel für jn. sein *path* · to be a nail in s.o.'s coffin

... Dieser ungeratene Junge ist der Sargnagel seines Vaters. Wenn der Alte vorzeitig stirbt, könnt ihr sagen: weil sein Sohn ihm Jahre hindurch nur Verdruß bereitet hat.

saß: das saß! *ugs* · that hit home, that (blow) really told, that hit its target

A: Durch ihre Faulheit haben Sie mich in den letzten beiden Jahren bestimmt um 20.000,– Mark geschädigt! – B: Und Sie haben mich durch die miserablen Arbeitsbedingungen hier gesundheitlich und nervlich aufs stärkste geschädigt, und das zählt mehr als 20.000,– Mark. – C: Das saß. Dagegen wird der Alte nicht viel vorbringen können, denn das meinte er alle hier. Das war ein Volltreffer.

Satan: hol' dich/(den/ihn/...) der Satan! *sal veraltend selten* – der **Teufel** soll dich/ihn/den/sie/... holen! · damn you!, to hell with you!, the devil take you!

ein leibhaftiger Satan sein *path veraltend selten* – ein **Teufel** in Menschengestalt (sein) · to be a devil in disguise, to be the devil incarnate

der Satan soll dich/(ihn/...) holen! *sal veraltend selten* – der **Teufel** soll dich/ihn/den/sie/... holen! · damn you!, to hell with you!, the devil take you!

ein Satan in Menschengestalt sein *path veraltend selten* – ein **Teufel** in Menschengestalt (sein) · to be a devil in disguise, to be the devil incarnate

satt: etw. **satt sein/haben**/es satt sein/haben, etw. zu tun *sal* – etw. **leid** sein/es leid sein, etw. zu tun · to be fed up with doing s.th.

etw. **bis dahin/hierhin satt sein/haben**/es bis dahin/hierhin satt sein/haben, etw. zu tun *sal* – etw. bis dahin/hierhin **leid** sein/es bis dahin/hierhin leid sein, etw. zu tun · to have had it up to here with s.th./s.o.

jn. **satt haben** *sal selten* · to be fed up with s.o., to have had enough of s.o. *coll*
(Ein Abteilungsleiter zum Chef:) Ich bin diesen Merkel einfach satt, Herr Fuchs! Das ist jetzt das dritte Mal, daß der Mann gegen mich intrigiert. Jetzt ist Schluß! Entweder fliegt der raus oder ich gehe!

sich an etw. (gar/überhaupt) **nicht satt sehen**/hören/riechen/... **können** · not to be able to see/hear/... enough of s.th./s.o.
Die Annemarie schaut sich jedes Ballettstück an, das gegeben wird; und wenn ein Stück mehrere Male wiederholt wird, guckt sie es sich mehrere Male an. Die kann sich an Ballett überhaupt gar nicht satt sehen.

sich an etw. (gründlich/richtig/...) **satt gesehen**/gehört/... **haben** · to have had (more than/...) enough of s.th. *coll*, to have had (more than/...) one's fill of s.th. *coll*
Früher gingst du sonntags immer zum Sportplatz, aber in den letzten Jahren nicht mehr. – Ich habe mich am Fußball offengestanden satt gesehen. Mein Bedürfnis scheint für den Rest meines Lebens befriedigt.

etw. **satt kriegen/(bekommen)** *sal* – jn./etw. **leid** werden/es leid werden, etw. zu tun · to get fed up with s.o./s.th., to get sick and tired of s.o./s.th.

jn. **nicht/kaum (noch) satt kriegen**/(bekommen) **können** · + s.o. is insatiable
Unser Rudi, der frißt in letzter Zeit, da ist das Ende von weg! Den kann man kaum noch satt kriegen.

jn./etw. **satt werden**/es satt werden, etw. zu tun *sal* – jn./ etw. **leid** werden/es leid werden, etw. zu tun · to get fed up with s.o./s.th., to get sick and tired of s.o./s.th.

nicht satt werden, etw. zu tun *ugs selten* – nicht **müde** werden, etw. zu tun · never to tire of doing s.th.

Sattel: im Sattel bleiben *selten* – (eher:) sich im **Sattel** halten (können) (2) · to stay in the saddle, to remain in power *para*

vom Sattel fallen · to fall off one's horse
Der Ulrich ist vom Sattel gefallen? Das gibt's doch nicht! – Wenn ich dir das sage: das Pferd bäumte sich auf – und, bums, lag er auf der Erde!

sich im Sattel halten (können) · 1. to stay in the saddle, 2. to remain in power *para*
1. ... Kann sich der Friedel auch im Sattel halten oder fällt er sofort auf die Erde, wenn sich das Pferd aufbäumt?
2. ... Ob sich der Kanzler auch noch im Sattel halten kann, wenn die Angriffe auf seine Politik noch monatelang so weitergehen? – Den wird bis zu den nächsten Wahlen niemand aus seiner Stellung verdrängen. *selten*

jn. **aus dem Sattel heben** · to oust s.o., to replace s.o.
Wenn der Kandidat der Opposition den Kanzler bei den kommenden Wahlen aus dem Sattel heben will, muß er sich anstrengen. Bisher hat sich der Kanzler noch allen Konkurrenten gegenüber als überlegen erwiesen.

jn. **in den Sattel heben** · to hoist s.o. into the saddle *para*, to help s.o. to gain power
... Die Großindustrie hat den Mann in den Sattel gehoben. Ohne die Großindustrie wäre er nie Kanzler geworden.

jm. **in den Sattel helfen** *selten* · to give s.o. a leg up
... Ohne die Unterstützung seines Onkels hätte der Herbert diese Stellung nicht bekommen, so tüchtig er auch ist. – Ach, das wußte ich gar nicht, daß ihm sein Onkel in den Sattel geholfen hat.

sich in den Sattel schwingen · to leap onto one's horse/ saddle
... Behende schwang er sich in den Sattel und ritt davon.

fest im Sattel sitzen/(sein) · to be firmly in the saddle
Meinst du, daß der Kanzler nach wie vor fest im Sattel sitzt? Man hört so häufig, daß sogar seine eigene Partei überlegt, ob es nicht besser wäre, ihn fallenzulassen.

mit dem Sattel wie verwachsen sein *path selten* · + horse and rider are one
Dem Ulrich macht im Reiten so leicht keiner was vor! Wenn der daherreitet, hat man den Eindruck, er ist mit dem Sattel wie verwachsen.

jn. **aus dem Sattel werfen** · 1. to throw s.o., to unseat s.o., to unsaddle s.o., 2. to oust s.o.
1. ... Schon nach 20 Metern hatte ihn das Pferd aus dem Sattel geworfen. – Das habe ich dir doch gesagt: dieser Gaul wirft alle Leute ab, die das erste Mal auf ihm reiten.
2. vgl. – (eher:) jn. aus dem **Sattel** heben

sattelfest: sattelfest sein (in einer Materie/...) *ugs* · to have a good grasp of s.th., to know one's stuff, to be well up in s.th.
(Über einen Freund, der ins Examen geht:) In Literaturwissenschaft hat der Franz seine Schwächen – das wissen wir alle; aber in Linguistik können die den fragen, was sie wollen, da ist er sattelfest. Selbst wenn er nervös ist, kann ihm da nichts passieren.

Sätteln: in allen Sätteln gerecht sein *form selten* · to be able to turn one's hand to anything
Dem Kusenberg kannst du jede Abteilung anvertrauen und jede Aufgabe: der wird mit allem fertig. – Das glaub' ich. Der hatte schon bei Schuckert u. Co. den Ruf, in allen Sätteln gerecht zu sein.

Satz: in den/(zum) Satz geben *Druck* · to send (a manuscript) to be set
... Wenn du das Manuskript schon in den Satz gegeben hast, kannst du also nichts mehr ändern? – Wie du weißt, wird das Buch mit Computersatz hergestellt; Änderungen sind da schon noch möglich. Aber: das wird teuer.

in Satz gehen *Druck* · s.th./a manuscript/... is being/going to be/... typeset
Ist dein Buch fertig? – Ja, im Manuskript. Es geht heute in Satz.

einen Satz machen · 1. to jump, to leap, 2. to be out on the piss *sl*, to be out on the booze *sl*
1. Du kannst nicht einmal über einen so schmalen Bach springen? Herr des Lebens! Es genügt, einen kleinen Satz zu machen! Guck'! – bei diesen Worten machte er einen so gewaltigen Sprung, daß er das Gleichgewicht verlor, nach hinten zurückkippte und in den Bach fiel. Alle lachten natürlich schallend. *ugs*
2. Der Peter ist immer noch im Bett? – Ja, der hat gestern mal wieder einen Satz gemacht. – Herrgott, muß er denn jeden zweiten Abend einen saufen? *sal*

einen Satz heiße Ohren kriegen/verpaßt kriegen/... *sal* · 1. to give s.o./to get a belt round the earhole, 2. to get a clip round the ears, to get a slap on the face
1. ... Mach' mich nicht so schräg an oder ich verpaß dir 'nen Satz heiße Ohren! – Was ist denn los mit dir? Du bist doch sonst gegen Prügel jeglicher Art.
2. vgl. – ein paar **Ohrfeigen** kriegen/(bekommen)

jm. **einen Satz heiße Ohren verpassen** *sal* – jm. ein paar **Ohrfeigen** geben · to give s.o. a clip round the ears

(mit etw.) **das war ein Satz mit X** (war wohl nix) *sal scherzh Jugendspr* · it's/s.th. was a washout/a dead loss/a fiasco, + s.o. bombed out, + s.o. flunked
... Mit der Biologieklausur, das war ein Satz mit X. – Hast du sie verhauen? – Ich hab' 'ne 'Fünf'.

keine drei Sätze zusammenbringen/zusammenkriegen *ugs* · not to be able to string three sentences together

… Meine Güte, Mädchen, du bringst ja keine drei Sätze zusammen! Was ist denn los, warum bist du denn so aufgeregt? Wenn du da so herumstotterst, versteht dich ja kein Mensch.

Sau: eine arme Sau (sein) *sal* · 1. 2. to be a poor devil/wretch/…

1. vgl. – ein armer **Hund** sein
2. vgl. – ein armer **Schlucker** sein

eine faule Sau (sein) *sal* – ein fauler **Sack** (sein) · to be a lazy bugger/bastard/sod/git/…

das/etw. ist unter aller Sau *sal* – das/etw. ist unter aller/(jeder) **Kritik** · it/s.th. is piss-poor, it/s.th. is bloody awful, it/s.th. is the pits

davonrennen/… wie eine gesengte Sau *vulg selten* · to run off/… like a maniac *coll*, to run off/… like a madman *coll*, to run/… like mad *coll*

… Aber als er plötzlich den Gutsbesitzer kommen hörte, rannte er davon wie eine gesengte Sau. So schnell habe ich den Kurt noch nie laufen sehen.

fahren/… wie eine gesengte Sau *vulg* · to be a bloody useless driver/… *sl*, to drive/… like a maniac/madman/lunatic/… *coll*

Mit dem Rudi fahre ich nicht mehr. Der Kerl fährt wie eine gesengte Sau. Der beachtet keine Ampel, rast wie ein Verrückter, nimmt auf Fußgänger nicht die geringste Rücksicht … – verheerend!

schreiben/schmieren wie eine gesengte Sau *vulg* · 1. to have a bloody awful scribble *sl*, to have terrible handwriting/an illegible scrawl *coll*, 2. to have bloody awful handwriting *sl*,

1. Junge, du schreibst wie eine gesengte Sau! Schau dir das an: durchgestrichen, drüber geschrieben, hier ein Tintenfleck, dort Geschmiere vom Radiergummi. So was kannst du doch nicht vorzeigen!
2. vgl. – eine **Schrift** haben wie eine gesengte Sau

bluten wie eine gestochene Sau *vulg* · to bleed like a stuck pig *sl*

… Entsetzlich, dieser Unfall! Der Fahrer blutete wie eine gestochene Sau. – Herbert! Wie kannst du so etwas von einem Menschen sagen, der fast verblutet wäre?!

brüllen/(…) wie eine gestochene/(angestochene) Sau *vulg* · 1. 2. to scream/to squeal/… like a stuck pig *sl*

1. vgl. – (eher:) schreien/brüllen/…, als ob man im **Messer** steckte/stecken würde/(stäke) (1)
2. vgl. – (eher:) brüllen wie ein **Stier** (1)

keine Sau *vulg* – kein **Mensch** · not a bloody soul

jn./etw. zur Sau machen *vulg* · 1. to tear strips off s.th./s.o. *coll*, to tear s.th. to pieces, 2. to lay into s.o. *sl*, to make mincemeat of s.o. *coll*

1. Und was hat der Prof. Kalberg zu deinem Referat gesagt? – Ah, Bernd, es ist besser, wir reden nicht darüber. – Wie, hat er es kritisiert? – Kritisiert ist gar kein Ausdruck, Bernd. Er hat es regelrecht zur Sau gemacht.
2. vgl. – etw./jn. **fertigmachen** (7, 9)

die Sau rauslassen *vulg* · to show the really nasty side of one's character/personality/… *coll*, to let it all hang out *sl*

… Der Oswald gibt sich immer so fein! Ich hatte ihn in der Tat für einen Ehrenmann gehalten. Und da erlaubt er sich solche Gemeinheiten! – Hat er auch dir gegenüber mal die Sau rausgelassen?! Na ja, dann weißt du jetzt, was das für ein Schwein sein kann, wenn es um seine Interessen geht.

das hab' ich schon einer anderen Sau versprochen! *Antwort auf: leck' mich am Arsch vulg* · kiss my arse – no, there's someone else before you *vulg*

… Meinst du etwa, ich laß mir von dir solche Unverschämtheiten gefallen?! – Leck' mich am Arsch, Mensch! – Das hab' ich schon einer anderen Sau versprochen. – Wenn du keine gescheuert kriegen willst, dann …

sauber: du bist/der Peter ist/… wohl nicht (mehr) ganz sauber?!/nicht ganz sauber sein *sal* – nicht (so) (ganz/(recht) bei **Trost** sein · are you/is he/is Peter/… all right in the head?

piek sauber *ugs* · spotless *n*, spick and span *n*

… Alle Zimmer piek sauber! Hast du den ganzen Samstag geputzt und Staub gewischt, Martha? Die Wohnung strahlt/glänzt ja geradezu!

säuberlich: fein säuberlich schreiben/verpacken/… · to pack/to write/to present/… s.th. neatly

… Natürlich sind die Eier fein säuberlich verpackt. Aber: was habe ich von einer schmucken Verpackung, wenn der Inhalt nach nichts schmeckt?!

saublöd: saublöd (sein) *sal* – für keine zwei **Pfennige** Verstand haben/nachdenken/aufpassen/… (2) · (to be) bloody dim/stupid/…, to be as dim/dozy/… as they come

saudumm: saudumm (sein) *sal* – für keine zwei **Pfennige** Verstand haben/nachdenken/aufpassen/… (2) · (to be) bloody dim/stupid/…, to be as dim/dozy/… as they come

Säue: haben wir (etwa) zusammen Säue gehütet?!/wir haben doch/… nicht zusammen Säue gehütet!/wir haben (doch) nicht zusammen Säue gehütet, oder/oder irre ich mich?! *vulg selten* – haben wir etwa zusammen **gekegelt**?!/wir haben doch/… nicht zusammen gekegelt!/wir haben nicht zusammen gekegelt, oder/oder irre ich mich?! · since when have we been bosom buddies?, since when have we been on such familiar terms?, you're/… taking liberties, aren't/… you/…?

sauer: etw. wird jm. (sehr) sauer *ugs* · + to go off s.th., + to get fed up with s.th.

… Am Anfang machte dem Kurt die neue Arbeit im Archiv Spaß. Aber mit der Zeit wurde ihm das ewige Sortieren, Einordnen, Alphabetisieren doch sehr sauer.

sauer sein (auf jn.) *ugs* · 1. 2. to be annoyed/cross/… (with s.o.)

1. Warum bist du heute so sauer? – Ich möchte dich mal sehen, wenn du so behandelt würdest wie ich gestern von dem Krone. Da wärst du bestimmt noch schlechter gelaunt als ich.
2. Der Erich ist vielleicht sauer auf den Biermann! – Warum? – Der hat ihn bei dem Chef angeschwärzt.

ein Auto/… sauer fahren/sauer sein – ein Auto/… sauer **fahren** · to drive a car into the ground, to ruin the engine (of a car)

sauer werden (auf jn.) *ugs* · to get annoyed (with s.o.)

… Als ihn seine Tochter dann zum dritten Mal in demselben Monat um Geld für einen Ball bat, wurde er sauer. »Jetzt wird zunächst einmal richtig für die Schule gearbeitet und dann gefeiert!«, sagte er scharf.

sich eine Arbeit/… sauer werden lassen *ugs* – sich eine Arbeit/… sauer **werden** lassen · to work really/… hard at s.th., to give s.th. everything one has got

saufen: einen saufen *sal* · to knock back a few, to have a good few jars/drinks/…

Gestern haben wir anständig einen gesoffen. Franz hatte sein Diplom gemacht und Peter hatte Geburtstag – Anlässe genug, um ein paar Fläschchen zu trinken.

sich dumm/arm/krank saufen *sal* · 1. to drink o.s. silly, to ruin one's health by drinking *n*, to drink o.s. to death *n*, 2. to drink o.s. stupid

1. … Wenn du den Onkel Fritz als jungen Mann kennengelernt hättest, würdest du anders reden! Der hatte eine geradezu tolle Konstitution! Der war gesünder als alle anderen Geschwister. So traurig es ist, wenn man das sagen muß: der Mann hat sich krank gesoffen!
2. vgl. – seinen **Verstand** versaufen

sich einen saufen *sal* · 1. 2. to get pissed/legless/plastered/...
1. vgl. – (stärker als:) einen **saufen**
2. vgl. – (stärker als:) einen **saufen** gehen

einen saufen gehen *sal* · to go for a drink, to go for a few jars, to go out and crack tubes, to go out on the booze/piss/...
... Ich kann diese vier Wände nicht mehr sehen! Heute abend geh' ich einen saufen. Gehst du mit? – In welche Kneipe willst du denn ziehen?

Säufernase: eine Säufernase (haben) *sal* · to have a boozer's nose
... Dahinten in der Ecke links, der Dicke mit der Säufernase ... – Heinz, es muß doch nicht jede rote Nase eine Säufernase sein! – Unterbrich mich nicht, Mathilde! – Also, der Dicke da, den mußt du ...

Sauklaue: eine Sauklaue haben *vulg* – eine **Schrift** haben wie eine gesengte Sau · to have bloody awful handwriting

Säule: wie eine Säule dastehen *path selten* · to stand (there/...) like a pillar
... Wie eine Säule stand der Roderich da! Die anderen rannten weg, schrien da hinten ..., vor Angst, die Polizei würde auch sie festnehmen. Und er stand da mitten auf der großen Freitreppe, unerschütterlich, ohne eine Miene zu verziehen.

eine Säule der Wissenschaft *path od. iron* · to be a pillar of science
... Die werden doch eine Säule der Wissenschaft wie den Prof. Helmer nicht politisch ... – Der Helmer eine Säule der Wissenschaft? Das ist die größte Flöte, die wir an der ganzen Universität haben. – Aber er hat doch so einen ausgezeichneten Ruf ...

die Säulen des Herkules *lit selten* · the Pillars of Hercules
... Wenn die Schiffe einmal die Säulen des Herkules passiert hatten ... – Wen? – Die Säulen des Herkules. So nannte man im Altertum die Meerenge von Gibraltar. Wußtest du das nicht?

Saulus: vom Saulus zum Paulus werden *geh od. iron* · to see the light, to change one's ways *n*, to change one's allegiance *n*
... Wie, der Heugsberg war doch im vergangenen Jahr noch ein glühender Verehrer des Sozialismus! Und jetzt predigt er die Segnungen des Kapitalismus? – Wie du weißt, ist schon so mancher vom Saulus zum Paulus geworden.

Saures: gib/gebt ihm/ihr/... Saures!/jm. Saures geben *ugs oft iron* · 1. let him/her/... have it, 2. 3. to (really/...) let s. o. have it, to (really/...) lay into s. o. *sl*
1. ... Gib ihm Saures! So ist es richtig, immer feste drauf/(druff)! Der hat euch derart beleidigt, der hat eine anständige Tracht Prügel verdient.
2. ... So ist richtig! Gib im Saures! Wenn jemand mich so beleidigen würde, dann würde ich ihn auch nach Strich und Faden herunterputzen.
3. ... Der hat ihm aber Saures gegeben! – Wer, wem? – Der Kollmann dem Dieter Wall. Der hat den gestern in der Generalversammlung fertiggemacht, da war alles dran. – Hm, der Wall mußte es ja mal hören, oder?

Saus: in Saus und Braus leben *ugs path* · herrlich und in **Freuden** leben · to live it up, to live the high life

Sause: eine Sause machen *ugs selten* – einen **Zug** durch die Gemeinde machen · to do the rounds of the pubs/cafés/...

sausen: eine Gelegenheit/Pläne/... sausen lassen *sal* · to let an opportunity/job go *coll*, to give a film/... a miss *coll*, to drop/to scrub/... plans/... *coll*
Wie, du hast diese einmalige Gelegenheit, billig an ein Haus zu kommen, sausen lassen? – Ach, dieser Papierkram, diese Bürokratie, das macht mich wahnsinnig! Lieber hab' ich kein Haus und dafür meine Ruhe.

jn. sausen lassen *sal selten* · to give s. o. the heave-ho/the brush off/...
(Eine Mutter zu ihrer Tochter:) Ach, Marta, wenn du meine ehrliche Meinung hören willst: das Beste wäre, du würdest den Udo ganz

einfach sausen lassen! Mit dem wirst du nie glücklich! – Ich komm' von dem einfach nicht los, Mutter!

einen sausen lassen *sal* – einen **fahren** lassen · to let one go, to let off, to do one's guts

Sauseschritt: im Sauseschritt daherkommen/zu ... eilen/... *ugs path selten* · to do s. th. at breakneck speed/at the double/as fast as one can
... Wenn du im Sauseschritt zur Apotheke eilst, kommst du vielleicht noch rechtzeitig! – Daß könnte dir so gefallen, Ingrid, daß ich zur Apotheke renne, nur damit du deinen Lippenstift hast.

alles/(etw.) im Sauseschritt machen *ugs selten* – alles/(etw.) **hopp** hopp machen · to do everything/s. th. double quick, to do everything/s. th. at the double

Saustall: wie in einem Saustall aussehen/ein regelrechter/... Saustall sein *vulg* · to look like a real/proper/... pigsty *sl*
Das Badezimmer sieht ja wie ein Saustall aus, Mensch! Hilde, Rosi – so will ich das Badezimmer nicht mehr sehen, hört ihr?! Man muß sich ja schämen, so dreckig und durcheinander ist das.

Sauwut: eine Sauwut auf jn. haben *sal* – (stärker als:) **sauer** sein (auf jn.) (2) · to be bloody furious with s. o., to be bloody mad with s. o.

Schabernack: jm. einen Schabernack spielen *ugs selten* – jm. einen **Streich** spielen (1) · to play a trick/tricks on s. o.

Schabernack treiben/(machen) *ugs* · to play pranks, to get up to all kinds of tricks, to get up to monkey business
Den ganzen Tag, den wir bei Müllers da auf dem Bauernhof waren, haben die Kinder Schabernack getrieben. Erst haben sie den Hund gereizt, sodaß er sein in Verrückter da herumbellte; dann haben sie die Katze in die Küche gebracht und ihr einen Teil unseres Abendessens vorgesetzt; danach ...

Schablone: nach der Schablone handeln/arbeiten/... *selten* · to do s. th. by the book, to do everything according to a set pattern
... Natürlich, nach den Bestimmungen hat der Rolleder vollkommen recht. Aber die Bestimmungen ergeben halt in diesem Fall keinen Sinn. Man kann nicht immer nur nach der Schablone handeln, auch als Beamter nicht. Man muß die Bestimmungen anzuwenden und in bestimmten Fällen auch einmal abzuwandeln wissen.

alles/... nach der gleichen Schablone machen/behandeln/... · to do s. th./to treat s. th./... in a stereotyped way, to do s. th./to treat s. th./... according to a set pattern
(Ein über den Dozenten erboster Student:) Man kann doch nicht jedes Thema nach der gleichen Schablone behandeln, verdammt nochmal! Einleitung – bisherige Untersuchungen zum Thema – eigene Interpretation. Als wenn es keinen anderen vernünftigen Aufbau für ein Seminararbeit gäbe!

nach Schablone etw. erklären/organisieren/erledigen *ugs selten* – nach **Schema F** etw. erklären, organisieren/erledigen/... · + to be done/organised/... in the same old way, to follow/... the usual set pattern, to follow/... the same stereotyped pattern

jn./etw. in eine Schablone zwängen/pressen (wollen) · to try to press/to force/... s. o./s. th. into a stereotype
... Jemand, der frei und unabhängig zu denken gewohnt ist, Walter, ist für diese Parteien vielleicht wirklich nicht geeignet. Die müssen doch jedes Problem/alle Leute in eine Schablone pressen. Sobald einer ungewohnte Gedanken entwickelt, wird er für die ungemütlich.

in Schablonen denken/(vorgehen/reden/...) · to think/to behave/to speak/... in a stereotyped way
(Zu einer Auseinandersetzung mit dem Sozialismus:) Die ganze Diskussion bewegt sich in Schablonen, Kurt! Macht des Staats – Unfreiheit – keine Eigeninitiative. Viel mehr fällt den Leuten zum Sozialismus offenbar nicht ein. Als wenn man hundertfünfzig Jahren der Geschichte mit zwei, drei Klischees/mit solch starren Vorstellungen gerecht würde!

Schach: jm./e-r S. Schach bieten *form* · 1. 2. to put s. o. in check, 2. to check s. o., to stop s. o., 3. to keep s. o./s. th. in check
1. ... Die Partie hat keine fünf Minuten gedauert. Nach einem knappen Dutzend Züge hat der Paul der Ursel Schach geboten. – Die

Ursel hat gerade erst Schach gelernt. Da ist ja klar, daß eine Partie zwischen den beiden schnell entschieden ist.

2. Wenn der Marquardt versucht, sich Rechte und Kompetenzen anzueignen, die ihm nicht zustehen, dann mußt du ihm Schach bieten. Übergriffen mußt du energisch entgegentreten; sonst macht er nach kurzer Zeit mit dir, was er will.

3. Wenn wir dem Rowdytum auf den Fußballplätzen nicht bald Schach bieten, werden wir mit den Ausschreitungen nicht mehr fertig.

jn. in/(im) Schach halten · to cover s.o., to keep s.o. covered

Während vier von der Bande in aller Ruhe die Bank ausplünderten, hielten zwei das Personal mit einem Revolver in Schach. Da gab es also gar keine Möglichkeit, zu fliehen oder zu schreien.

Schach und matt! *Schachspiel* · checkmate

… So, Schach und matt! – Denkste, mein Lieber! Du hast übersehen, daß ich deinen Turm schlagen kann. Noch hast du nicht gewonnen!

Schacher: Schacher treiben (mit einer Ware/…) *path veraltend selten* · to profiteer, to fleece one's customers *coll*, to overcharge s.o., to sting s.o., + to be a rip-off *sl*

Hast du gehört, was der Reuschner für ein Kilo Äpfel nimmt? 5,80 Mark! – Er ist der einzige, der hier am Ort in diesem Jahr Äpfel hat. Das nutzt er aus. – Gut, jeder nutzt eine solche Position ein wenig aus – das ist eine Sache. Eine andere ist es, mit den Produkten Schacher zu treiben. 5,80 Mark, das ist einfach ein Wucherpreis!

schachmatt: schachmatt sein *ugs* · 1. to be checkmated, 2. to be shattered *coll*

1. Tja, Georg, mir scheint, ich bin wieder mal schachmatt. Die Partie geht an dich.

2. vgl. – **erledigt** sein (für jn.) (mit etw.) (2)

Schachtel: eine alte Schachtel (sein) *sal* · (to be) an old bag, (to be) an old rat-bag, (to be) an old boot

… Wenn die Frau Maurer auch kommt, bleibe ich zu Hause. Mit dieser alten Schachtel will ich nichts zu tun haben. – Wenn du wüßtest, wievielen Leuten diese häßliche Alte schon das Leben schwer gemacht hat!

schade: (es ist (wirklich)) schade, daß … · it's a (real/…) pity that …, it's a (real/…) shame that …

… Schade, daß deine Schwester nicht auch mitkommt! – Sie bedauert das auch. Aber es geht wirklich nicht.

es/das/etw. (zu tun) **ist aber auch zu schade!** *path selten* · what a shame!, it's such a shame (to do s.th.)!

Die schöne Jacke, die dir der Onkel Heinz geschenkt hat – in einem einzigen Tag so verschmutzt, daß man sie kaum wiedererkennt! Das ist aber auch zu schade! – Muß man sich da gleich so aufregen, Mutter?

für etw./(um etw. zu bewerkstelligen/…) **ist** jm. **nichts**/(kein Aufwand/…) **zu schade** · nothing is too much trouble for s.o., to spare no expense for s.th.

Für die Ausstattung seines Arbeitszimmers (um ein schönes Arbeitszimmer zu haben/…) ist dem Walter nichts zu schade: kein Zeitaufwand, kein Opfer in anderen Bereichen – und auch kein Umfunktionieren von Möbelstücken. Auch die Kritik seiner Frau nimmt er dafür in Kauf.

es ist schade um jn./etw./um jn./etw. ist es nicht schade/um jn./etw. ist es nicht weiter schade *form* · 1. it's a pity about s.o., it's a shame about s.o., 2. 3. 4. + s.o./s.th. is no (great/…) loss

1. Der Dietmar hat soeben gekündigt. – Ach ja? Es ist schade um den Jungen, er war ein sympathischer und kompetenter Arbeiter; ich hätte ihn gern behalten.

2. Der Rolf hat in der Tat die Minna Bracht geheiratet. – Es ist schade um den Jungen. Er hätte eine bessere Frau verdient.

3. Stell' dir vor, den Molch haben sie bei Schreiber rausgeschmissen/an die frische Luft gesetzt. – Um den Kerl ist es nicht schade. Oder meinst du, so ein Faulpelz und Angeber hätte Anrecht auf unser tiefempfundenes Mitgefühl?

4. Die Stehlampe im Wohnzimmer ist umgefallen und mittendurch gebrochen. – Um diese Lampe ist es nicht schade. Im Gegenteil: jetzt entschließt sich Vater wohl endlich, eine neue zu kaufen. Ich kann das alte Ding schon lange nicht mehr sehen.

zu schade für jn./etw./(zu etw.) **sein** · to be too good for s.o./s.th.

(Eine Mutter:) Nein, für so eine Feier unter jungen Leuten/für so junge Leute ist (mir) dieses Leinentuch (einfach) zu schade! Erstens merken die gar nicht, was das für einen Wert hat, und zweitens werden sie mir das noch mit wer weiß was für Flecken versauen!

sich zu schade sein für etw./dafür, etw. zu tun/(… sein, um etw. zu tun) · to consider it beneath one to do s.th., to consider o.s. too good to do s.th.

Warum hilft denn die Marlies nicht auch, das Unkraut hier auszuziehen? Die ist sich wohl für diese schmutzige Arbeit zu schade, was? Sie kann wohl nur einen Bleistift anfassen?!

sich für nichts zu schade sein · not to consider anything beneath one, to consider nothing beneath one

… Der Dr. Holthaup – ja, das ist ein Kerl! Der ist sich für nichts zu schade! Gestern komm' ich in seine Wohnung, als seine Frau ihm mitteilt: »Die Putzfrau ist krank, die kommt diese Woche nicht« – worauf er in aller Seelenruhe erwidert: »Dann putzen wir beide halt selbst!«

zu schade sein zum Wegwerfen/Verkaufen/… · to be too good to throw away/…

Wenn du den alten Staubsauger nicht mehr brauchst, gib ihn an die Caritas! Zum Wegwerfen ist er zu schade. – Du meinst, die haben für so ein altes Ding noch Verwendung?

Schade(n): es soll dein/ihr/… **Schade(n) nicht sein** *form dir. R* · + you/he/.. won't lose by it, it won't be to your/his/… disadvantage

… Wenn ich daran denke, Herr Direktor Meier, wieviel Zeit der Bamberg schon da reininvestiert hat, wieviel Energie … – alles für die Katz! – Es soll sein Schade nicht sein! Lassen Sie mir nur noch zwei, drei Monate Zeit, dann werde ich ihn für seinen Einsatz gebührend belohnen.

Schädel: nach seinem (eigenen) Schädel handeln/… *sal* – nach seinem (eigenen) **Kopf** handeln/… (1) · to do s.th. in one's own way

einen dicken Schädel haben *sal* – einen dicken **Kopf** haben · to be pig-headed

einen harten Schädel haben *sal* – einen harten **Kopf** haben · to be obstinate, to be pig-headed

einen hohlen Schädel haben *sal* · to be brainless, to have nothing between the ears, to be thick

… Der Schröder begreift das einfach nicht! – Das ist doch ganz klar, daß er das nicht begreift. Der Schröder hat schon immer einen hohlen Schädel gehabt. Der begreift gar nichts!

jm. brummt der Schädel *sal* · 1. 2. s.o.'s head is throbbing *coll*, 3. to have a sore head *n*

1. Bei diesem ewigen Lärm brummt einem ja der Schädel! Es dröhnt alles nur so in meinem Kopf.

2. Nach dieser vierstündigen Klausur brummt mir verdammt der Schädel! – Du scheinst dich ja angestrengt zu haben!

3. vgl. – eine dicke **Birne** haben

jm. dröhnt der Schädel *sal* – jm. brummt der **Schädel** (1, · s.o.'s head is throbbing

jm. platzt (noch/schon/…) **der Schädel** *sal* · 1. s.o.'s head is splitting *coll*, 2. s.o.'s head is throbbing *coll*

1. vgl. – jm. platzt (noch/schon/…) der **Kopf**

2. vgl. – (eher:) jm. brummt der **Kopf**

jm. raucht der Schädel *sal* · 1. s.o.'s head is spinning, 2. s.o.'s head is throbbing *coll*

1. vgl. – jm. raucht der **Kopf**

2. vgl. – (eher:) jm. brummt der **Kopf**

eins/(einen) auf/über den Schädel bekommen *sal* · 1. to get a crack on the nut, 2. to get a smack/a thrashing/…

1. vgl. – eins/(einen) auf/über den **Kopf** kriegen

2. vgl. – (selten) eins **draufkriegen** (1)

du/der Walter/... **wirst dir**/wird sich/... **noch den Schädel einrennen** *sal* · you/John/... is/are/... going to come a cropper if you ...

Mein lieber Junge, du wirst dir noch den Schädel einrennen, wenn du so weitermachst! Schreib' dir das hinter die Ohren, was ich dir jetzt sage: wenn du deinen fürchterlichen Eigensinn nicht endlich abstellst, wirst du im Leben noch die übelsten Erfahrungen machen.

sich (bei jm.) (vergeblich) **den Schädel einrennen** *sal* · 1. you/... can talk/... till you're/... blue in the face, s. o. won't ... *coll*, 2. to beat one's head against a brick wall *coll*

1. ... Und wenn du dir den Schädel einrennst, der Blattner leiht dir die Maschine nicht. Und wenn du jede Stunde bei ihm deswegen vorsprichst!

2. Seit drei Monaten bin ich nun hinter diesen verdammten Unterlagen her. Ohne jeden Erfolg. Dabei war ich bestimmt schon fünfzehn Mal persönlich auf dem Amt! – Bei diesen Leuten im Baudezernat haben sich schon andere (vergeblich) den Schädel eingerannt!

jm. **den Schädel einschlagen** *sal* · 1. 2. to beat s. o.'s head in, 1. 2. 3. to smash s. o.'s skull, 1. 2. to knock s. o.'s brains out

1. ... Die beiden schlagen sich noch den Schädel ein, wenn das so weitergeht! Wenn du hören würdest, was die sich alles an den Kopf werfen! – Aber sie schlagen sich doch nicht? – Noch nicht ...

2. Diesem verdammten Raschke könnte ich den Schädel einschlagen, wirklich! – Was hat der denn jetzt schon wieder gemacht/verbrochen?

3. Hat der alte Raubner seiner Frau wirklich den Schädel eingeschlagen, wie die Leute hier erzählen? – Es scheint in der Tat, ja. Die Polizei hat ihn heute morgen abgeführt. – Das ist ja unfaßbar!

jm. **eins/(einen) auf/über den Schädel geben** *sal* – jm. eins/ (einen) auf/über/vor den **Dez** geben (1) · to crack s. o. on/ over the nut

jm. **nicht in den Schädel gehen** *sal* – jm. nicht in den **Kopf** wollen · + not to (be able to) see the sense of s. th., + not (to be able) to grasp s. th.

jm. **eins/(einen) auf/über den Schädel hauen** *sal* – jm. eins/ (einen) auf/über/vor den **Dez** geben · to crack s. o. on/over the nut

eins/(einen) auf/über den Schädel kriegen *sal* – eins/(einen) auf/über den **Kopf** kriegen · to get hit/bashed/banged on the nut/bonce/...

sich etw. **aus dem Schädel schlagen können**/müssen/... (schlag' dir/schlagt euch/... das/diese .../... aus dem Schädel!) *sal* – sich etw. aus dem **Kopf** schlagen können/müssen/... · get it/that idea/... out of your head!

sich in den Schädel setzen, etw. zu tun/(sich etw. in den Schädel setzen) *sal* – (eher:) sich in den **Kopf** setzen, etw. zu tun/(sich etw. in den Kopf setzen) (2; u. U. 1) · to get/to have got an idea/... into one's head

jm. **den Schädel spalten** *sal selten* – jm. den **Schädel** einschlagen (3; u. U. 1) · to split s. o.'s skull

jn. **vor den Schädel stoßen** *sal selten* – jn. vor den **Kopf** stoßen · to kick s. o. in the teeth

mit dem Schädel durch die Wand gehen wollen/wollen/müssen *sal* – mit dem **Kopf** durch die Wand gehen/gehen wollen/wollen · to have to/want to/... force the issue/rush things/... (pigheadedly/obstinately/...

jm. **nicht in den Schädel wollen** *sal* – jm. nicht in den **Kopf** wollen · + not to (be able to) see the sense of s. th., + not (to be able) to grasp s. th.

sich den Schädel (wegen/über etw./wegen jm./über jn.) **zerbrechen**/(zermartern) *sal* – (eher:) sich den **Kopf** (wegen/ über etw./wegen jm./über jn.) zerbrechen · to rack one's brain about s. th.

Schaden: fort/weg/(ab) **mit Schaden!** *path selten* · (let's) get rid of all this stuff/rubbish/..., away with all this stuff/rubbish/...

... So, jetzt haben wir uns lange genug mit diesen alten Zeitschriften herumgequält! Weg mit Schaden! – Wie, Sie wollen für die weiteren Analysen die älteren Vorarbeiten gar nicht mehr mit heranziehen? – Schluß damit! Ein für allemale! Selbst wenn dadurch diese oder jene Chance verlorengeht!

einen kleinen Schaden haben *ugs selten* – nicht (so) (ganz/ (recht)) bei **Trost** sein · s. o. has a screw loose

Schaden anrichten (mit etw.) *form* · to do harm (with s. th.), to do damage (with s. th.), to cause harm (with s. th.), to cause damage (with s. th.)

... Die Sonja merkt offensichtlich gar nicht, welchen Schaden sie mit ihren dauernden Indiskretionen anrichtet! – Wen hat sie denn jetzt schon wieder geschädigt?

jm./e-r S. **zum Schaden gereichen** *form* · to be to s. o.'s disadvantage, to be to s. o.'s detriment, + to make s. th./s. o. worse off, to do o. s. damage/harm

... Ganz egal, ob mir das zum Schaden gereicht oder nicht: ich werde vor dem Untersuchungsausschuß die Wahrheit sagen. – Nützen wird es dir bestimmt nicht, Walter!

(keinen) Schaden nehmen an seiner Gesundheit/(an seiner Seele) *form* · 1. 2. (not) to damage one's health/one's soul/ psyche, 2. to lose one's soul/(one's health/...)

1. (Der Vater zur Mutter:) Wenn das in dem Ferienheim mit dem Essen nicht so richtig geklärt ist, dann gibst du dem Jungen besser noch 2 – 300,– Mark extra mit, damit er sich etwas Vernünftiges zu essen kaufen kann. Ich will nicht, daß er noch wegen schlechter Ernährung an seiner Gesundheit Schaden nimmt.

2. vgl. – (eher:) **Schaden** leiden an seiner Seele/(an seiner Gesundheit/...)

zu Schaden kommen *form* · 1. to come to grief, to be damaged, 2. to be hurt, to be injured

1. ... Bei den Krawallen, sagst du, sind auch Einrichtungsgegenstände zu Schaden gekommen? – Das ganze Mobiliar der Kantine ist demoliert.

2. ... Wenn der Junge beim Schulturnen zu Schaden gekommen ist, muß doch die Schulversicherung dafür aufkommen!

Schaden leiden *form* – zu **Schaden** kommen (2) · to come to grief, to be damaged, to be hurt, to be injured

mehr Schaden als Nutzen (bei/von etw. haben/...) · + s. th. does (s. o.) more harm than good

... Wenn wir alles zusammennehmen, haben wir von dem langen Auslandsaufenthalt mehr Schaden als Nutzen gehabt. Allein die beruflichen Nachteile wiegen schon mehr als alles andere.

weder Schaden noch Nutzen (an/bei etw. haben) · to get nothing out of s. th., to gain no advantage out of s. th., to break even

Was meinst du, hat der Rühle an dem Geschäft was verdient oder sonst einen Vorteil davon? – Nach meinem Eindruck hat er bei der Sache weder Schaden noch Nutzen.

Schaden leiden an seiner Seele/(an seiner Gesundheit/...) *form* · 1. to lose one's soul/(one's health/...), 2. (not) to damage one's health/one's soul/psyche

1. Was nützt es, wenn ihr die ganze Welt gewinnt, aber an eurer Seele Schaden leidet? *Bibel*

2. vgl. – (eher:) (keinen) **Schaden** nehmen an seiner Gesundheit/(an seiner Seele) (1)

zum Schaden (auch) noch den Spott haben · 1. 2. + the laugh is always on the loser

1. Wer fährt denn da auch wie Caracciola in die Garage herein, Junge? Das mußte ja knallen! – Und der Dieter und die Sabine gukken sich die kaputten Lampen an und lachen sich tot! – Tja ...! Da hast du zum Schaden auch noch den Spott. So ist das, wenn man sich so dumm aufführt!

2. vgl. – das Sprichwort: Wer den Schaden hat, braucht für den Spott nicht zu sorgen.

den Schaden tragen *form* · to have to pay for the damage, to cover the loss

(Nach einem Unfall:) 3.000,– Mark für deinen Wagen, 4.700,– für den anderen – das sind ja hübsche Summen! Wer trägt denn den Schaden – die Versicherung? – Der Andere hat eindeutig Schuld. Also zahlt seine Versicherung meine Reparatur. Seine wird er wohl selbst zahlen müssen.

e-r S./jm. Schaden zufügen *form* · to harm s. o./s. th.

Wenn der Obermaier dem Ansehen des Chefs mit seinen Bemerkungen wirklich Schaden zugefügt haben sollte, dann ist er der erste, der das bereut. Nichts liegt dem Mann ferner, als den Alten zu schädigen.

Schadenersatz: Schadenersatz (für etw.) **leisten** *form* · to pay (s. o.) compensation (for s. th.)

(Ein Anwalt zu einem Autor:) Wenn es einwandfrei erwiesen ist, daß die Bücher durch falsche Lagerung so beschädigt wurden, daß sie nicht mehr verkaufbar sind, muß Ihnen der Verlag für die entgangenen Honorare selbstverständlich Schadenersatz leisten.

schadet: es schadet nichts/schadet es etwas?/was schadet es?/ (es schadet viel/wenig/allerhand/…) – (eher:) es **macht** nichts/was macht es (schon)/(es macht viel/wenig/allerhand/…) · there is no/is there any/… harm in (doing) s. th.

das/etw. **schadet** jm. **gar/überhaupt nichts** · it won't do him/ Anne/… any harm at all

… Nein, nein, das schadet der Antje gar nichts, daß ihr mal jemand scharf die Meinung sagt! Ganz im Gegenteil! Vielleicht fragt sie sich in Zukunft doch mal, ob die anderen nicht auch mal Recht haben können.

Schaf: ein (ausgemachtes) Schaf sein *sal* – für keine zwei **Pfennige** Verstand haben/nachdenken/aufpassen/… (1) · s. o. is a prize/an absolute/… idiot/berk/…

geduldig wie ein Schaf sein *ugs* – (eher:) geduldig wie ein **Lamm** sein · to have the patience of Job, to have the patience of a saint

ein gutmütiges Schaf sein *ugs* · to be a good-natured fool

Der Alfons Scheuner ist wirklich ein herzensguter Kerl. Was der für seinen Chef noch alles nebenher macht! – Ein herzensguter Kerl? Ein gutmütiges Schaf ist das! Der läßt sich von dem alten Geizkragen nach Strich und Faden ausnutzen/ausnehmen.

das schwarze Schaf ((in) der Familie (sein)) · (to be) the black sheep (of the family)

… Ihre Kinder sind eigentlich alle gut geraten – fleißig, strebsam, anständig … Nur der Hans-Georg ist ein wenig aus der Art geschlagen, nicht? Der hat nur Unfug im Kopf. – Der ist halt das schwarze Schaf der Familie.

ein verirrtes Schaf (sein) *rel od. iron selten* · (to be) a lost sheep, (to be) a stray sheep

(Ein Dorfpfarrer:) Wer guten Willens ist, der wird bei unserem Herrn auch Gnade finden. Das gilt insbesondere für die verirrten Schafe – das heißt, für diejenigen unter uns, die vom rechten Weg abgekommen sind, aber zurückfinden wollen.

ein verlorenes Schaf (sein) *rel od. iron selten* · (to be) a lost sheep, (to be) a stray sheep

Ob der Herrgott ein verlorenes Schaf wie mich noch annimmt? – Wie können Sie an dem Großmut unseres Herrn zweifeln? Denken Sie an das Gleichnis vom verlorenen Sohn: gerade die Sünder stehen ihm nahe!

Schäfchen: silberne Schäfchen ziehen am Himmel/Abendhimmel/(…) vorbei/… *form – path selten* · fleecy clouds float past/…

… Schau mal, Gerda, genau wie gestern abend! Wirklich schön, wenn da so silberne Schäfchen am Himmel vorüberziehen! – Seit wann bist du so poetisch, Klaus?

sein Schäfchen zu scheren wissen *ugs selten* · to know what one is about *coll*, to know what one is doing *n*, + there are no flies on him/John/… *coll*

(Die Mutter zum Vater:) Meinst du, der Rüdiger kann sich gegen die Gewandtheit und Raffinesse seiner Geschäftspartner auch durchset-

zen? – Da mach' dir mal/man keine Sorgen! Der Rüdiger weiß sein Schäfchen zu scheren. Der hat bis heute noch kein Geschäft gemacht, von dem er keinen Vorteil gehabt hätte.

sein(e) Schäfchen ins Trockene bringen *ugs* · 1. 2. to see o. s. all right, 1. to cash in, to look after number one, 2. to line one's own pocket, to feather one's own nest

1. Jetzt ist die Gelegenheit für den Verkauf deiner Aktien so günstig wie lange nicht mehr. Und wie die weitere Entwicklung aussehen wird, weiß kein Mensch. – Du meinst, ich soll mein Schäfchen ins Trockene bringen, ehe die Kurse wieder fallen? – Genau das. Sofort verkaufen und das Geld sicher anlegen!

2. … Aber werden die neuen Steuergesetze für die Unternehmer dieser Gegend nicht eine sehr unangenehme Überraschung sein? – Um die mach' dir mal keine Sorgen! Die sind mit allen Wassern gewaschen, die bringen ihr Schäfchen immer ins Trockene.

sein(e) Schäfchen im Trock(e)nen haben *ugs* · to be out of the woods, to be laughing, to have feathered one's nest

… Der Albert meint, ihm wäre das im Grunde egal, ob Schuckert pleite macht oder nicht; er hätte genug andere Kunden für seine Artikel. – Der Albert hat gut reden; er hat sein Schäfchen im Trocknen – die Firma Schuckert hat ihm alles bezahlt, was sie ihm schuldete. Wir dagegen haben noch Außenstände von mehr als 100.000,– Mark.

Schäfchen zählen *ugs selten* – **Schafe** zählen · to count sheep

Schafe: die Schafe von den Böcken sondern/scheiden/trennen *ugs* – die **Böcke** von den Schafen sondern/trennen/scheiden · to separate the sheep from the goats

Schafe zählen *ugs selten* · to count sheep

(Zu einem fünfjährigen Mädchen:) Du kannst nicht einschlafen, Christl? Da mußt du Schafe zählen! Weißt du, wie das geht? – Nein. – Eins, zwei, drei, vier, fünf … wenn du bei 2.000 angekommen bist, schläfst du.

schaffen: etw. beiseite schaffen · 1. to get rid of s. th., to remove s. th., 2. to stash s. th. away, to hide s. th. away

1. Wenn der Sand an dieser Stelle stört, muß man ihn halt beiseite schaffen. Das kostet zwar etwas Arbeit, aber schließlich kann er dem Wagen, der hier herein will, nicht ewig im Weg sein.

2. vgl. – (eher:) jn./etw. auf die **Seite** schaffen (3)

es schaffen/j. wird es/das/(…) schon schaffen · 1. 2. s. o. will pass (exam), s. o. will make it, s. o. will manage, s. o. will cope

1. … Meinst du, die Christiane besteht die Prüfung? – Sie wird es schon schaffen.

2. … Ob die Anforderungen, die der neue Posten an den Erich stellt, nicht doch zu hoch sind? – Der Erich wird das schon schaffen. Der ist schon mit ganz anderen Anforderungen fertig geworden.

sich krumm und bucklig schaffen *path selten* – schuften/arbeiten/… wie ein **Berserker** · to work/… like mad, to work like billy-o

das Herz/die Lunge/… macht jm.(viel/allerhand/…) **zu schaffen** · s. o.'s heart/lungs/… is/are/… giving him trouble

… Ernstere Krankheiten scheint er nicht zu haben. Aber der Magen macht ihm sehr zu schaffen. Er muß sehr aufpassen, was und wieviel er ißt …

mit jm./etw. **zu schaffen haben** · 1. 2. to have trouble with s. o./s. th., to have problems with s. o./s. th.

1. Habt ihr in diesem Jahr wieder mit Einbrechern zu schaffen gehabt? Als ich vor drei Jahren bei euch war, klagtet ihr, die machten euch das Leben sauer.

2. Habt ihr in diesem Sommer wieder mit Wassermangel zu schaffen gehabt? – Ja, leider. Der hat uns wieder allerhand Probleme und Schwierigkeiten gemacht.

mit sich selbst genug zu schaffen haben · to have enough problems of one's own, to have enough on one's own plate

… Nein, der Helmut hat mit sich selbst genug zu schaffen; der hat für die Probleme der anderen bestimmt keinen klaren Kopf! – Ja, das stimmt allerdings, er ist ein ziemlich komplizierter Mensch, der sich das Leben nicht leicht macht.

nichts mehr zu schaffen haben wollen mit jm. – nichts mehr zu **tun** haben wollen mit jm./etw. (1) · to want (to have) nothing more to do with s.o.

es mit jm. **zu schaffen kriegen**/(bekommen) *ugs* – (eher:) es mit jm. zu **tun** kriegen/(bekommen) · to have s.o. to deal with, to have to deal with s.o.

jm. (sehr/viel/allerhand/...) **zu schaffen machen** · 1. + to have a lot of trouble with s.th., 2. to cause s.o. a lot of trouble
1. Seine Übersetzung macht ihm ja wirklich sehr zu schaffen, nicht? – Und ob! Wenn er gewußt hätte, daß die so kompliziert ist und soviel Arbeit mit sich bringt, hätte er sie nie angenommen.
2. Sein Ältester macht dem Heinz sehr zu schaffen. Der arbeitet nicht regelmäßig, führt einen ziemlich lockeren Lebenswandel, hat schlechten Umgang ...

jm. **schwer zu schaffen machen** · 1. 2. to cause s.o. a lot of problems, to cause s.o. a lot of trouble
1. ... Ihre jüngste Tochter macht ihnen schwer zu schaffen. Sie hat eine Krankheit, die die Ärzte bisher nicht heilen können.
2. Die Rezession macht dem Werner sehr schwer zu schaffen. Er hat alle Mühe, sein Unternehmen über Wasser zu halten.

sich zu schaffen machen in/bei/als/... · to keep o.s. busy by doing s.th., to get by by doing s.th., to potter about doing s.th.
Solange er keine andere feste Stellung findet, macht der Richard sich halt als Vertreter in einer Versicherung zu schaffen. Das ist besser als nichts; und einiges Geld verdient er da auch, wenn es auch nicht viel ist.

sich an etw. **zu schaffen machen** · to be fiddling about with s.th., to be messing about with s.th., to be tampering with s.th.
Was macht sich der Walter denn da an dem Radioapparat zu schaffen? – Sagtest du nicht, der wäre kaputt? Er versucht, ihn zu reparieren. – Er soll mal lieber mit seinen Fingern davon bleiben. Er macht ihn nur noch kaputter, als er schon ist.

sich mit etw. **zu schaffen machen** · to get on with s.th., to busy o.s. with s.th.
Der Klaus kommt doch nicht vor elf Uhr, jetzt ist's zehn – ich mach' mir schon mal mit der Argentinien-Korrespondenz zu schaffen. Einen Teil davon kann ich schon erledigen, bis er kommt.

j. **schafft es noch, daß** *ugs* · s.o. will end up (by) losing his job/alienating his boss/...
... Der Hofmeister muß aber auch dauernd irgendwelche Einwände bringen und Komplikationen verursachen. Der schafft es noch, daß der Chef ihm die Leitung der Exportabteilung aus der Hand nimmt (– so gut er ihm im Grunde auch gesonnen ist!)

Schäflein: (alle) meine/deine/... **Schäflein**/(die ganzen Schäflein) *ugs oft iron* · 1. 2. all one's flock, the whole flock
1. (Der Vater zur Mutter:) So, haben wir alle unsere Schäflein zusammen? – Es fehlt noch der Rudi; der spielt draußen irgendwo auf der Wiese. – Manfred, ruf' mal eben den Rudi! Wir müssen gehen. Die anderen sagen schon einmal 'auf Wiedersehen' ...
2. (Ein Kollege zu dem Lehrer, der einen Schulausflug leitet:) Dann sieh' mal schön zu, daß du alle Schäflein zusammenhältst!

alle seine/die Schäflein um sich versammeln/... *ugs oft iron* · to have one's whole/entire/... flock around one
... Am letzten Sonntag hatte Pfarrer Hechel ja mal wieder alle seine Schäflein um sich versammelt. – Stimmt, die Kirche war rappelvoll.

Schafott: das **Schafott besteigen** *hist* · to mount the scaffold, to be guillotined
Weiß man eigentlich genau, wieviele Menschen während der Französischen Revolution das Schafott besteigen mußten?

jn. **aufs Schafott bringen** *hist* · to bring s.o. to the scaffold, to execute s.o.
... Und dann brachten sie schließlich sogar Danton aufs Schafott. – Er wurde auch mit der Guillotine hingerichtet?

auf dem Schafott enden *hist* · to end up on the scaffold, to end up on the gallows
Wer weiß, was aus Maras geworden wäre, wenn er nicht in der Badewanne erdolcht worden wäre. Vielleicht hätte er auch auf dem Schafott geendet. – Wie, mußte auch er fürchten, auf der Guillotine hingerichtet zu werden?

Schafskopf: ein (ausgemachter/...) **Schafskopf sein** *sal* – für keine zwei **Pfennige** Verstand haben/nachdenken/aufpassen/... (1) · to be an absolute clot/twit/nitwit/berk/...

Schale: in **Schale sein** *ugs selten* · to be dressed up, to be dolled up
Warum bist du denn in Schale? Bist du irgendwo eingeladen? – Ich gehe in die Oper. – Aha! Viel Spaß!

ganz groß/(...) **in Schale sein** *ugs* · to be really dressed up, to be dressed up to the nines, to be all dressed up
... Du bist ja ganz groß in Schale heute, Fritz! Mein lieber Mann! Dunkler Anzug und Fliege ... – was ist denn los?

eine rauhe Schale haben · to have a rough exterior
Im Grunde ist die Beate eine herzensgute Frau. Sie hat nur eine sehr rauhe Schale, das stößt viele Leute am Anfang etwas ab. – Mir macht das nichts aus, wenn sich die Leute äußerlich ein wenig rauh geben! Wenn sie ein weiches Herz haben ...!

die Schale seines/des Spott/(Zorns/...) **über** jm./jn. **ausgießen** *form – path selten* · to pour out the vials of wrath/scorn/... on s.o. *rare*
Wenn der Oltmann anfängt, die Schale seines Spotts über andere Leute auszugießen, dann hat der vielleicht eine Schärfe und eine Verachtung im Ton! Du hättest hören sollen, wie der den Rudolf gestern fertiggemacht hat! Mit einem Zynismus ...

rauhe Schale, weicher Kern · the harder the shell, the sweeter the kernel, a rough exterior often hides a soft heart *para*
Nach außen gibt sich der Alte immer so hart; aber im Grunde hat er ein ganz weiches Herz! – Du kennst doch den Spruch: rauhe Schale, weicher Kern. – Genau das!

sich in Schale werfen/(schmeißen) *ugs* · to get dressed up
Heute abend müssen wir uns in Schale werfen, Reinhard; heute sind wir zu dem Empfang in der Botschaft eingeladen ... – Ach, du hast recht! ... Ist mein dunkler Anzug in Schuß? ...

Schalk: der **Schalk guckt**/schaut jm. **aus den Augen** · + to have a mischievous look in one's eyes, + to have a roguish look in one's eyes
Der kleine Paulo ist wirklich köstlich! – Ja, dem guckt der Schalk aus den Augen. Wenn er jemanden necken oder einen Unsinn machen kann, dann ist er sofort dabei. – Und man kann ihm nichts übelnehmen, diesem Schelm! Schon der Blick!

den Schalk in den Augen haben · (eher:) der **Schalk** guckt/schaut jm. aus den Augen · + to have a mischievous look in one's eyes, + to have a roguish look in one's eyes

den Schalk im Nacken haben/jm. sitzt der **Schalk im Nacken** · to be a real joker, to be a real prankster, to be roguish, to be mischievous
Gestern auf dem Kegelabend hat der Friedhelm dem Georg unbemerkt die Autoschlüssel aus der Tasche gezogen. Um nach Hause zu fahren, ruft der Georg plötzlich: »Jetzt hab' ich doch meine Schlüssel vergessen – oder verloren!« – Und der Friedhelm, ganz ahnungslos: »Welche Schlüssel?« ... – Ja, ja, der Friedhelm hat den Schalk im Nacken!

Schall: leerer **Schall** (sein) *path selten* · (to be) empty talk, (to be) hot air, (to be) hollow words
... Leerer Schall, diese Reden! Palaver, um die Leute bei der Stange zu halten, weiter nichts!

(nichts als/(...)) **Schall und Rauch** (sein) *path selten* · it/s.th. does not mean anything, it/s.th. is a waste of breath/ink/..., it/s.th. is nothing but hollow words
... Nichts als Schall und Rauch, was da in den Zeitungen diskutiert wird! Von konstruktiven Gedanken, substantiellen Vorschlägen keine Spur!

schallern: jm. **eine schallern** *sal selten* – jm. eine **Ohrfeige** geben · to belt s.o., to clock s.o. one

jm. **ein paar schallern** *sal selten* – jm. ein paar **Ohrfeigen** geben · to belt s.o., to clock s.o. one

Schallmauer: die Schallmauer durchbrechen *Flugzeuge* · to break the sound barrier

Ich bedaure die Menschen, die unter einer Übungsstrecke von Flugzeugen wohnen, die die Schallmauer durchbrechen. Denn diese Maschinen, die da mit Überschallgeschwindigkeit durch die Luft jagen, machen vielleicht einen Lärm! Für das Nervensystem ist das geradezu ruinös.

Schallplatte: reden/... wie eine **Schallplatte** *ugs* – reden/ schwatzen/plappern/... wie ein **Papagei** · to go on and on talking, to parrot away, to rabbit on

schalten: langsam/spät/nicht richtig/... **schalten** *ugs* · to take ages/a long time/... to latch on/catch on/twig to s.th./get it/...

Was meint der Kurt damit: »Jetzt wird die Ursel von Woche zu Woche dicker«? – Mensch, du schaltest aber langsam heute! Sie ist schwanger.

etw. **auf warm/kalt/klein/groß/... schalten** · to turn the heating/oven/... to low/hot/..., to switch the heating/oven/... to low/hot/...

... Ja, nachts schalten wir die Heizung auf klein. – Ich schalte sie nachts sogar ganz ab; ich schlafe nicht gern bei Heizungsluft. – Das wäre mir jetzt doch zu kalt.

auf stur/entgegenkommend/liebenswürdig/... **schalten** *ugs* · to dig one's heels in, to change one's tune and become friendly/obstructive/obsequious/...

(Nach dem Besuch auf einem Amt:) Ist das ein Strolch, dieser Beamte! Erst behandelt er uns wie den letzten Dreck, und als er erfährt, daß du mit seinem höchsten Chef befreundet bist, schaltet er auf liebenswürdig. So, als ob nichts gewesen wäre.

schalten und walten, wie man will/... · to have a free hand, to be able to do what one likes/chooses/..., to have carte blanche

... Diese dauernden Vorschriften und Kontrollen hier ... – ich wechsel zu Schuckert, da kann ich schalten und walten, wie ich will! – Das glaub' mal nur nicht! Die werden dir da auch sehr schnell Fesseln anlegen.

frei über etw. **schalten und walten können** · to have a (completely/...) free hand with/in s.th.

Kannst du über die Einnahmen des Guts frei schalten und walten? – Natürlich. Warum denn nicht? – Ich hatte angenommen, du wärst deinen Brüdern Rechenschaft schuldig, müßtest dich in bestimmten Dingen mit ihnen verständigen ...

schalten und walten können, wie man will/.../nach Belieben/... schalten und walten können · to have a free hand, to be able to manage/run/... s.th. as one sees fit

In dem neuen Unternehmen kann der Ulrich schalten und walten, wie er will, da macht ihm keiner Vorschriften, redet ihm niemand dazwischen ... Hier dagegen hatte er lediglich auszuführen, was man ihm auftrug.

jn. **frei/nach Belieben/... schalten und walten lassen/**jn. ... lassen, wie er will/wie es ihm beliebt/... · to give s.o. a free hand, to let s.o. manage s.th. as he sees fit

Wenn ihr schon einen neuen Geschäftsführer einstellt, der die Firma wieder in die Höhe bringen soll, dann müßt ihr ihn auch frei schalten und walten lassen. Sonst hättet ihr euch das Gehalt für ihn sparen können; denn eure eigenen Gedanken könnt ihr auch ohne ihn realisieren.

Schalthebeln: an den Schalthebeln der Macht (sitzen/...) · to hold the reins of power

... Man hat leider immer wieder den Eindruck, erklärte mein Bruder leicht gereizt, daß die Leute, die an den Schalthebeln der Macht sitzen, irgendwann das Gespür dafür verlieren, wie das Leben der gewöhnlichen Sterblichen aussieht. – Meinst du etwa mich?, fragte Generaldirektor Preuss pikiert zurück. – Hast du etwa keine Machtstellung inne?

Schaltjahre: alle Schaltjahre (mal/einmal) **vorkommen/**etw. tun/... *ugs selten* – alle **Jubeljahre** (mal/einmal) vorkommen/etw. tun/... · to happen once in a blue moon

Schaltpause: Schaltpause haben/(es herrscht Schaltpause) *ugs* · break in transmission! *tr*, s.o. is not with us

A: Die Annemarie Bachmann ist gestern von zu Hause ausgerissen. Spurlos verschwunden. Was sagst du jetzt? – B: ... – C: Er hat Schaltpause! Er sagt gar nichts. – B: (Nach einer ganzen Weile:) In der Tat, da bleibt mir die Spucke weg. Die Annemarie? Von der hätte ich das am wenigsten gedacht.

Scham: falsche Scham · false shame

... Du weißt doch, wie die Bauersfrauen in dieser Gegend sind. Die würden sich vor einem Arzt nie ausziehen. – Falsche Scham ist das. – Mag sein. Aber jedenfalls ist es so ...

nur keine falsche Scham! *ugs* · 1. 2. (there's) no need to feel embarrassed

1. Mensch, du wirst doch jetzt nicht auf ein herrliches Bad verzichten, nur weil wir keine Badehose bei uns haben. Komm', los, Hose runter – nur keine falsche Scham!

2. Komm', Rudi, ein Stückchen kannst du noch vertragen. Nur keine falsche Scham! In deinem Alter habe ich eine ganze Torte gegessen.

aus falscher Scham etw. **verschweigen/...** · to conceal s.th./not to tell the truth about s.th./... out of false shame

... Du schädigst dich doch nur selbst, Christa, wenn du jetzt aus falscher Scham nicht sagst, wie sich die Sache zugetragen hat! Also: ihr alle habt am Strand nackt gebadet, und auf einmal ruft der Klaus: mir fehlt mein Portemonnaie ...

seine Scham bedecken/verhüllen *form* · to cover one's private parts *euphem*

... So modern und aufgeklärt diese Frauen auch sind: beobachte, wie sie in die Sauna hereinkommen! Fast alle bedecken mehr oder weniger elegant ihre Scham mit dem Handtuch. – Doch nicht nur ihre Scham, Erich! – Ich sage doch: elegant ...

j. **möchte vor Scham in die Erde sinken/versinken** *häufig:* j. hätte ... *versinken mögen path selten* – sich zu **Tode** schämen · s.o. is so ashamed he wishes the ground would open up and swallow him

j. **würde/möchte vor Scham am liebsten in die Erde sinken/ versinken** *häufig: wäre ... versunken path selten* – sich zu **Tode** schämen · s.o. is so ashamed he wishes the ground would open up and swallow him

kein bißchen/keine Spur/... Scham im Leib/(Bauch) **haben** *ugs – path selten* · s.o. doesn't have an ounce of shame in him/in his body

... Stellt der sich doch direkt vor den Bus und pinkelt in die Landschaft! Dieser Rottmann hat aber auch für keine zwei Pfennige Scham im Bauch!

j. **möchte sich vor Scham in ein Mauseloch verkriechen** *häufig: hätte sich ... verkriechen mögen path selten* – sich zu **Tode** schämen · s.o. is so ashamed he wishes the ground would open up and swallow him

j. **würde sich vor Scham am liebsten in ein Mauseloch verkriechen** *häufig: hätte sich ... verkrochen path selten* – sich zu **Tode** schämen · s.o. is so ashamed he wishes the ground would open up and swallow him

j. **möchte vor Scham vergehen** *häufig: hätte ... vergehen mögen path selten* – sich zu **Tode** schämen · s.o. could die/ have died of shame

j. **möchte vor Scham versinken** *häufig: hätte ... versinken mögen path selten* – (eher:) sich zu **Tode** schämen · s.o. could die/have died of shame

j. **möchte sich vor Scham** (am liebsten) **verstecken/hätte sich ... mögen** *ugs – path* – sich zu **Tode** schämen · s.o. could die/have died of shame

rot vor Scham werden – (über und über) rot **anlaufen** · to blush/to go red/... with shame

schäm': schäm' dich/schämt euch/... **was!**/du solltest/ihr solltet/... dich/euch/... was schämen! · you/they/... should be ashamed of yourself/..., shame on you!

Ihr solltet euch was schämen, Kinder, die alte Frau Scheuber so zu ärgern! Wenn es noch junge Leute wären, die sich wehren können! Aber eine Frau von fast 75 Jahren – das ist wirklich unschön!

Schamade: (die) Schamade schlagen/blasen *geh veraltend selten* · 1. to sound the chamade, 2. to give in, to knuckle under *coll*, to climb down *coll*

1. ... Wenn der Gegner die Schamade geschlagen – d. h. mit der Trompete oder der Trommel das Zeichen der Kapitulation gegeben hat –, kann man doch nicht mehr weiterkämpfen! Das verstößt doch gegen jedes Kriegsethos.

2. vgl. – **klein beigeben**

Schamgefühl: kein Schamgefühl haben/besitzen/kennen · to have no sense of shame

... Wie man so über seine Mutter reden kann! Der Mann hat überhaupt kein Schamgefühl!

Schamröte: die Schamröte steigt jm. **ins Gesicht** *form – path –* (über und über) rot **anlaufen** · +s. o. blushes with shame

etw. **treibt** jm. **die Schamröte ins Gesicht** *form – path* · s. th./a remark/... makes s. o. blush, + s. o. blushes with shame

... Die Bemerkungen, die seine Schwester da in aller Öffentlichkeit über ihre Mutter machte, trieben ihm die Schamröte ins Gesicht! Wie konnte sie so etwas erzählen! Am liebsten wäre er aufgesprungen und weggelaufen ...

Schande: mach'/macht/... **mir**/uns/deinem Vater/... **keine Schande!**/(jm. Schande machen) *path* · don't disgrace me/us/the family/..., don't show me/us/the family/...

... Du verhältst dich bei den Schmölders, wie es sich gehört, hörst du! Mach' uns bloß keine Schande! Wenn die dich schon mit in den Urlaub nehmen, mußt du dich auch so benehmen, daß sie es nachher nicht bereuen!

es ist/... eine Schande, daß .../wie .../was .../... *ugs – path* · 1. + to play/... dreadfully *n*, 2. it is a crying shame the way/what/... *n*

1. vgl. – **so schlecht/...** sein/etw. tun, daß es eine **Schande** ist

2. vgl. – (es ist/...) eine **Sünd'** und Schande (wie/was/...) (1, 2)

so schlecht/... sein/etw. tun, **daß es eine Schande ist** *ugs – path* · to do s. th./to play/... appallingly/dreadfully/... *n*

... Und unsere Mannschaft, sagst du, hat bei dem Turnier nicht die beste Figur gemacht? – Nicht die beste Figur gemacht?! Welch ein Euphemismus! Die haben derart miserabel gespielt, daß es eine Schande war!

ein Mädchen/eine Frau in Schande bringen *path veraltend selten* · to bring shame on a girl, to dishonour a girl *rare*

... Herbert, die Zeiten haben sich geändert! Wenn früher ein Junge ein sagen wir 20-jähriges Mächen in Schande brachte, war das Leben für dieses Mädchen ein für allemale verpfuscht. – Schon der Ausdruck: in Schande bringen! – Genau. Er zeigt, wie man damals dachte.

Schande über eine Familie/... bringen *path veraltend selten* · to bring shame on a family

... Wenn es dir schwerfällt zu verstehen, wie nach der Auffassung von früher ein Mädchen mit einem unehelichen Kind Schande über die ganze Familie brachte, lies Hebbels 'Maria Magdalena'!

in Schande geraten *path veraltend selten* – ein Mädchen/eine Frau in **Schande** bringen · + to bring shame/dishonour/... upon o. s.

zu meiner/deiner/ihrer/... **Schande sei gesagt:** .../sei es gesagt(: ...) *path od. iron* · to my/his/... shame it must be said (that ...)

... Er hat erst das Erbe abgewartet und sich dann scheiden lassen? – Zu seiner Schande sei es gesagt: er hat sich benommen wie der letzte Mensch. Ich hätte nie geglaubt, daß der Bodo so unehrenhaft handeln könnte.

ich muß zu meiner Schande gestehen:/daß ... *ugs oft iron* · to my shame I must confess that ...

... Ich muß zu meiner Schande gestehen, daß ich der Barbara eine solche Leistung nie zugetraut hätte. – Du unterschätzt die Leute eben immer wieder.

jm. **der Schande preisgeben** *path veraltend selten* · to expose s. o. to shame

... Wenn das Kind von ihm ist, sollte er die Christl auch heiraten. Oder will er sie der Schande preisgeben?

Schandfleck: einen Schandfleck auf seiner Ehre haben *form path selten* · to have a stain on one's character/honour/reputation/...

Der Reibmann hat meine Finanzführung kritisiert? Der sollte mal ganz schön seinen Mund halten, dieser Mann! Wer einen Schandfleck auf seiner Ehre hat, sollte sich moralische Kritik an anderen sparen/schenken. Ich habe schließlich keine Gelder veruntreut ...

Schandmaul: ein Schandmaul haben/sein *sal selten* – ein grobes/ungewaschenes/(schandbares) **Maul** haben · to have a wicked/slanderous/... tongue, to be foul-mouthed

Schandpreis: einen Schandpreis für etw. **bezahlen** *path veraltend selten* · to pay an exorbitant/a disgraceful price for s. th., to pay through the nose for s. th. *coll*

Hast du gehört, wieviel der Rüdiger für die alte Kommode gegeben hat? – Nein. Ich weiß nur, daß er einen Schandpreis dafür bezahlt hat. – 5.700,– Mark. – Der Mann ist verrückt!

etw. **für einen Schandpreis verkaufen/...** *path veraltend selten* · to sell/... s. th. dirt cheap *coll*, to sell/... s. th. for a song, to sell s. th. for peanuts

Es tut einem in der Seele weh, wenn man sieht, wie diese jungen Leute die Stilmöbel ihrer Eltern verschleudern. Die alte Kommode, die im Flur stand, haben sie geradezu für einen Schandpreis verkauft – für 250,– Mark. – Was?? Die ist wenigstens 3.000,– Mark wert!

Schandtat: zu jeder Schandtat bereit sein *ugs iron* · to be always ready for a prank, to be always ready to get up to mischief, to be game for anything

... Dieser Klaus Bracht ist zu jeder Schandtat bereit! Erst spielt er dem Klassenlehrer einen Streich, dann setzt er einen frech-ironischen Artikel in die Schulzeitung, jetzt versucht er, die Abiturthemen hintenherum zu erfahren ...

zu allen Schandtaten bereit sein *ugs iron* – (eher:) zu jeder **Schandtat** bereit sein · to be always ready for a prank, to be always ready to get up to mischief, to be game for anything

Schanze: sich für jn. **in die Schanze(n) schlagen** *form path selten* – sich für jn. in die **Bresche** werfen/(legen) · to risk one's life for s. o.

schäppert: es schäppert *ugs Fußball u. a.: Tor* – es **klingelt** · + s. o. is letting in goals

Scharen: in Scharen herbeiströmen/den Platz verlassen/... · to flock to a place/.../to come in droves to a place/.../to leave a place/... in droves/to swarm out of a place/...

... Schon 20, 25 Minuten vor Spielschluß verließen die Zuschauer in Scharen den Platz. Und die, die blieben, machten ihrem Unmut über die langweilige Partie in Pfeifkonzerten Luft.

in hellen/(dichten) Scharen daherstürmen/angerast kommen/... *path selten* – in hellen/(dichten) **Haufen** daherstürmen/angerast kommen/... · to rush/to storm/... forward in their dozens/hundreds/...

scharf: (ganz) scharf sein auf jn./etw. · 1. 2. to be (very) keen on s. o., to be (very) hot for s. o. *sl*, to fancy s. o. (very much), 3. to be (very) keen on s. th.

1. Ist der Axel immer noch so scharf auf (kleine) Mädchen? – Was sagst du? – Der Axel Kramm, ist der nach wie vor so hinter den Mädchen her? – Nein. War er das früher? – Ich kann dir was sagen, das war der bekannteste Schürzenjäger der ganzen Gegend. *sal*

2. Verstehst du, warum der Kurt so scharf auf die Tina ist? – Wahrscheinlich einfach deswegen, weil sie die einzige hier ist, die nicht mit jedem ins Bett steigt. Das reizt ihn. *sal*

3. Habt ihr Gurken zu Hause, saure Gurken? – Warum? – Der Klaus ist in den letzten Wochen ganz scharf auf saure Gurken.

(ganz/...) **scharf darauf sein**, etw. zu tun *ugs* · to be (dead/very/...) keen on doing s. th.
Warum bist du eigentlich so scharf darauf, die Berta Rösner kennenzulernen? – Ich hör' von allen Seiten, das wär' so eine tolle Frau ...

Schärfe: die ganze Schärfe des Gesetzes zu spüren bekommen/ (kriegen) *form* – *path* – die ganze **Schwere** des Gesetzes zu spüren bekommen/(kriegen) · to feel the full force/severity/... of the law

scharfmachen: jn. **scharfmachen** (auf jn./etw.) · 1. to turn s. o. on *sl*, to make s. o. horny *sl*, to get s. o. excited, to tease s. o., to lead s. o. on, 2. to whet s. o.'s appetite for s. th.
1. (Der Vater zu seiner 15-jährigen Tochter:) Erst die Jungen scharfmachen und dann sie sitzen lassen und sich über sie mokieren, meine Liebe, das ist sehr unschön! Wenn du nicht willst, daß dir ein Junge zu nahe tritt, dann darfst du ihn auch nicht reizen.
2. Mensch, du machst mich ganz scharf auf deinen selbstgebrannten Korn. Wehe, wenn das Zeug nachher nicht so gut schmeckt, wie du sagst! Du hast den jetzt so gelobt, daß mir schon das Wasser im Munde zusammenläuft.

jn. **gegen** jn. **scharfmachen** *ugs* · to stir up s. o.'s hostility/animosity/... towards s. o.
... Natürlich wird der Engelhard versuchen, dich gegen den Kruse scharfzumachen. Den möchte er, wenn es eben geht, aus der Abteilung herausekeln. – Keine Sorge, Friedel, ich laß mich gegen niemanden aufhetzen.

Scharm: Scharm haben · to have charm, to be charming
... Besonders schön ist sie nicht, einverstanden! Aber sie hat einen Scharm, dem sich niemand entziehen kann.

seinen ganzen Scharm enfalten · to turn on all one's charm
... Sie entfaltete natürlich, wie immer in solchen Verhandlungen, ihren ganzen Scharm, um den Anton auf ihre Seite zu ziehen. Aber du kennst ja den Anton: der läßt sich im Geschäft nur von seinen Interessen leiten; da ändert auch die charmanteste und geschickteste Frau nichts dran.

Scharte: eine Scharte (wieder) auswetzen · 1. 2. to make good a mistake, to make amends for s. th., to redeem o. s., to patch things up, to make up for s. th.
1. ... Einen Fehler kann jeder machen – wenn er die Scharte nachher wieder auswetzt! – Das hat er! Er hat seinen Irrtum in der nächsten Sitzung sofort wieder gutgemacht.
2. Eine Arbeit kann jeder einmal verhauen/daneben schreiben/schlecht schreiben, Junge, das ist nicht so tragisch. Man muß die Scharte nachher nur wieder auswetzen. Wenn du die nächste Arbeit wieder ordentlich schreibst, sieht jeder, daß das nur ein Ausrutscher war.

Schatten: aussehen wie ein Schatten *path selten* – aussehen wie eine (lebende/wandelnde) **Leiche** · to look like death warmed up

einen Schatten haben *ugs selten* – nicht (so) (ganz/(recht)) bei **Trost** sein (2) · s. o. is not right in the head, s. o. is not all there

(auch) nicht den (leisesten) **Schatten eines Beweises/eines Verdachtes haben/...** *path selten* · not to have a shred of evidence, not to have the slightest proof, + not a shadow of suspicion falls on s. o.
... Reine Verleumdung war das! Nicht den Schatten eines Beweises konnten sie erbringen. – Und warum werfen sie dir solche Dinge vor, wenn sie nicht das Mindeste beweisen können?

Lüge/Betrug/Untreue/... wirft einen Schatten auf die Beziehungen zwischen zwei Menschen/das gute Verhältnis/... *form* · lies/deceit/unfaithfulness/... cast a shadow over the relationship between ... and ..., lies/deceit/... cast a cloud on the relationship between ... and ...
Die Leonore und der Dieter verstehen sich nicht mehr so gut wie früher. Das unredliche Vorgehen von dem Klaus bei dem Hausbau hat einen Schatten auf ihr Verhältnis geworfen. Das selbstverständliche Vertrauen unter ihnen ist weg.

Schatten um die/(unter den) Augen haben – (dunkle/rote) **Ränder** um die Augen haben · to have dark/red rings around one's eyes

ein Schatten fällt auf js. Glück/Frcude/... *form* · + to cast a shadow on/over s. o.'s happiness/..., + to cloud s. o.'s happiness/...
Er hatte gerade eine glänzende Stellung gefunden, war glücklich verheiratet, baute ein eigenes Häuschen ... – da fiel ein Schatten auf sein Glück: sein jüngster Sohn erkrankte schwer.

j. **möchte am liebsten vor seinem eigenen Schatten fliehen/ausreißen/**j. flieht/... noch ... *form path selten* · to be afraid/scared/... of one's own shadow
So etwas Furchtsames und Schreckhaftes wie die Ingrid kannst du dir gar nicht vorstellen! Die flieht noch vor ihrem eigenen Schatten! – Woher kommt das denn, daß sie vor allem eine solche Angst hat?

jm. **wie ein Schatten folgen** *path* · to follow s. o. around like a shadow
... Wie ein Schatten folgt der mir, der Rainer! Ich kann überhaupt nirgends mehr hingehen, ohne daß er sich mir sofort an die Fersen heftet. – Das ist unangenehm, Siglinde, das gebe ich zu. Aber ...

sich (noch/...) vor seinem eigenen Schatten fürchten *form path selten* · to be afraid/scared/... of one's own shadow
Mein Gott, Iris, am hellichten Tag hast du Angst, mit uns einen Spaziergang durch den Kerberwald zu machen? Du fürchtest dich wohl vor deinem eigenen Schatten?!

ein Schatten fliegt/huscht/(zieht) **über** js. **Gesicht** *form* · a shadow clouds s. o.'s face
Als der Name 'Harriet Lautner' fiel, huschte ein Schatten über sein Gesicht. Hat es zwischen den beiden etwas gegeben? – Es scheint, der Robert war in die Harriet verliebt und sie hat ihm einen Korb gegeben. – Ah, daher dieser plötzliche Ernst, dieser Moment von Mißmut.

aus dem Schatten heraustreten/(treten) *form selten* · to make one's mark, to step into the limelight
Mit seiner Rede zum Tag der deutschen Einheit ist Robert Bluhme endgültig aus dem Schatten herausgetreten. In Zukunft wird ihn niemand mehr mit jenen Hinterbänklern verwechseln, mit denen niemand eine klare Vorstellung verbinden kann.

aus js. **Schatten heraustreten/treten** *form* · to break free of s. o.'s image/influence, to emerge from s. o.'s shadow, to step out of the shadow cast by s. o.
Nach dem Willen der Partei soll der neue Kanzlerkandidat möglichst rasch aus dem Schatten seines großen Vorgängers heraustreten. Denn nur wenn er in aller Kürze, allen sichtbar, eigenes Profil gewinnt, räumen ihm die Auguren eine Chance ein, gewählt zu werden.

die Schatten werden länger *im Herbst; gegen Abend* · the shadows are getting longer, the shadows are lengthening, the days are drawing in
... Ach, jetzt kommen wieder die langen Wintermonate – die Tage werden kürzer, die Schatten länger ... – Wenn du überhaupt Schatten siehst bei unserem herrlich diesigen Himmel!

im Schatten leben *form selten* · ein **Schattendasein** führen/fristen · to lead an obscure existence, to lead a shadowy existence

in js. **Schatten/im Schatten von** jm. **leben** · to live in s. o.'s shadow
... Der Junge ist hochbegabt. Es merkt nur niemand, weil er nach wie vor im Schatten seines Vaters lebt, der zu den besten Malern gehört, die wir haben.

(einem) Schatten nachjagen *form · path selten* · to chase/be chasing/... shadows
Der Bernhard hat es sich nun einmal in den Kopf gesetzt, Maler zu werden und nur von der Malerei zu leben. – Der Junge jagt Schatten nach. Natürlich kann er Maler werden. Aber die Maler, die nur von ihren Bildern leben, kannst du an einer Hand zählen.

(nur noch) ein Schatten seiner selbst sein *path* · 1. 2. to be only/a mere/... shadow of one's former self
1. Der Herr Kreuner ist für seine 72 Jahre immer noch sehr rüstig. – Ach, das ist nur noch ein Schatten seiner selbst. Den hättest du mit

35,40 kennenlernen müssen. Das war ein richtiger Haudegen, gar nicht kaputt zu kriegen.
2. Der Schmude ist ein guter Kanzler? Der war ein guter Kanzler! Heute ist er nur noch ein Schatten seiner selbst. Wenn du erlebt hättest, wie der früher selbst seine schärfsten Gegner entwaffnete, von seinen Argumenten überzeugte ...!

niemand kann/man kann nicht/... über seinen eigenen Schatten springen · a/the leopard cannot change its/his spots
Natürlich wäre es besser – für sie wie für ihn –, wenn sie sich scheiden ließen. Aber das läßt ihre Erziehung, ihre katholische Einstellung nicht zu. Es hat gar keinen Sinn, lange darüber zu reden. Niemand kann über seinen eigenen Schatten springen.

in js. Schatten/im Schatten von jm./anderer/... stehen · to be in s.o.'s shadow
Es ist verständlich, daß der Herbert das Angebot der Konkurrenz annimmt, da hat er niemanden über oder neben sich, kann schalten und walten, wie er will ... Hier steht er immer im Schatten der beiden jungen Besitzer des Unternehmens, da kann er nie richtig zeigen, was in ihm steckt.

jn./etw. in den Schatten stellen · to outshine s.o., to put s.o. in the shade, to eclipse s.o., to upstage s.o.
1. Warum ist der Meinrad eigentlich so sauer auf den Manfred Siegler? – Das ist doch klar, Mensch! Früher war der Meinrad der beste Tennisspieler, den wir hatten, jetzt redet alle Welt nur von dem Manfred Siegler. Kein Mensch läßt sich gern in den Schatten stellen.

alles/alles bisher Dagewesene/... in den Schatten stellen *path* · to put everything else/... in the shade
Die Tennisturniere in Wimbledon hatten immer ein besonders hohes Niveau. Aber was in den letzten Jahren dort geboten wurde, stellt alles in den Schatten, was man früher für möglich gehalten hätte. So etwas von Konzentration, Treffsicherheit, Kondition hat man dort noch nicht gesehen.

der Schatten des Todes liegt auf jm. *form path* · the shadow of death is on s.o.
Du hast den Bernd Kaup im Krankenhaus besucht? – Ja. – Und? – Auf dem liegt schon der Schatten des Todes. Er sieht bleich wie die Nacht aus, reagiert kaum noch ... Er wird nicht mehr lange leben.

die Schatten der Vergangenheit wirken nach/... *form selten* · + the past/... continues to cast its shadows *tr*
... Jetzt liegt der Tod seiner Frau doch schon mehr als fünf Jahre zurück, und immer noch wirkt der Manfred traurig, melancholisch! – Bei manchen Menschen wirken die Schatten der Vergangenheit das ganze Leben hindurch nach.

seine(n) Schatten vorauswerfen *Kriege/wichtige Ereignisse/...* *path* · events/... are foreshadowed, events/... cast their shadows ahead/before them
Schon Jahre vorher sprachen viele von dem heraufziehenden Krieg. Seltsam! – Solche Ereignisse werfen ihre Schatten voraus. Die Spannungen unter den Ländern nehmen zu, die 'Mißverständnisse' häufen sich ... Kurz: man merkt, es liegt etwas Bedrohliches in der Luft.

(lange/immer längere/...) Schatten werfen · to cast long/... shadows
(Auf einer Wanderung:) Axel, es wird spät! Die Bäume werfen schon ganz lange Schatten. Wir sollten umkehren. Ich möchte in dieser einsamen Gegend nicht in die Dunkelheit kommen.

einen/seinen Schatten auf die Beziehungen/... **werfen** *form* · to cast a shadow over a relationship/s.o.'s happiness/...
... So sehr sie sich auch auf der weiteren Reise bemühten, so zu tun, als sei alles wie früher: ihr Streit hatte einen Schatten auf ihr bis dahin ungetrübtes Glück geworfen.

Schattenboxen: Schattenboxen sein/veranstalten *ugs* · to attack/... imaginary enemies *n*, to shadow-box
... Dieser Rottweiler meint dauernd, er müßte sich gegen irgendwelche Leute verteidigen, die ihn gar nicht angegriffen haben! Neuerdings greift er sogar Kollegen an, die ihm ausgesprochen wohlgesonnen sind. Ein regelrechtes Schattenboxen, was der da veranstaltet!

Schattendasein: ein Schattendasein führen/fristen *form selten* · to lead an obscure existence, to lead a shadowy existence
... Sein ganzes Leben lang hat dieser Mann ein Schattendasein geführt, von niemandem beachtet; und jetzt, wo er tot ist, spricht plötzlich alle Welt von ihm!

aus dem/seinem Schattendasein heraustreten/(hervortreten/herauskommen/...) *form* · to emerge from/to escape from/... a(n)/one's shadowy/obscure/... existence
... Natürlich versucht der Vollmer mit allen Mitteln, die Stelle zu kriegen, die durch den unerwarteten Tod des Abteilungsleiters freigeworden ist! Wer wollte dem Mann auch verübeln, daß er die Gelegenheit nutzt, um endlich aus seinem Schattendasein herauszutreten. Wenn er das jetzt nicht schafft, bleibt er doch ewig ein unbeachteter Buchhalter.

Schattenseite: auf der Schattenseite des Lebens stehen *form selten* · to be on the dark side of life, to be on the seamy side of life, to be on the shady side of life
Wer Geld und Zeit hat, lebt in diesem Land vielleicht besser als überall sonst in Europa. Aber wer auf der Schattenseite des Lebens steht, hat es wohl schwerer als anderswo.

seine Schattenseiten haben · to have its drawbacks/dark sides
... Jeder Beruf, Klaus, hat seine Vor- und Nachteile. Auch der schönste hat seine Schattenseiten, nur daß ein Außenstehender sie meist nicht merkt.

jm. die Schattenseiten e-r S. **vor Augen führen/...** · to describe/point out/... (to s.o.) the drawbacks of s.th.
... Eindringlich führte er seinem Sohn die Schattenseiten vor Augen, die das Leben eines Politikers hat: kein Privatleben, dauernd Angriffe von allen Seiten, viel Betrug, Enttäuschung ... – Und warum malte er dem Jungen die Nachteile und Schwierigkeiten so plastisch aus?

Schattierungen: die Zeitungen/... aller Schattierungen · newspapers of every political/ideological/... shade
... In diesem Punkt sind sich die Presse aller Schattierungen ausnahmsweise einmal einig: die modernen Waffensysteme sind von den Politikern nicht mehr zu übersehen. Das wird von allen ernstzunehmenden Kommentatoren vom äußersten linken bis zum äußersten rechten Spektrum so gesehen.

Schatz: einen Schatz von/(an) Erinnerungen/Erfahrungen/... (haben/...) *form* · to have a rich store of experience, to draw on the rich store of one's experience
... Besonders intelligent ist der Bohrmann in der Tat nicht. Aber er hat einen Schatz an Erfahrungen, der in solchen Verhandlungen ungeheuer viel wert ist.

aus dem (reichen) Schatz seiner Erfahrung(en) schöpfen *path od. iron* · to draw on a wealth/a rich fund/a rich store/... of experience
... Wenn man den alten Braubach so hört, wie er für alle und alles Verständnis hat, immer wieder Parallelen, Lösungen, Auswege findet, dann geht einem auf, wie fruchtbar es sein kann, aus dem Schatz seiner Erfahrungen schöpfen zu können.

j. würde etw. nicht für alle Schätze der Welt hergeben/(gibt ... nicht her) *path* · s.o. would not sell s.th./give s.th. up/part with s.th./... for all the tea in China
... Nein, die alte Kommode, die sie im Flur hat, verkauft sie nicht. Danach brauchst du sie gar nicht zu fragen. Das ist ein Erbstück von ihrem Großvater. Die würde sie für alle Schätze der Welt nicht hergeben/die gibt sie ... nicht her.

schätzen: j. würde sich glücklich schätzen, wenn ... · s.o. would consider himself lucky if ...
Ich versteh' gar nicht, warum du immer an deinen Eltern herumkritisieren mußt. Ich würde mich glücklich schätzen, wenn meine Eltern mich nur halb so viel unterstützen würden, wie deine dich unterstützen!

etw. hoch schätzen · to have a high regard for s.o., to think highly of s.o., to esteem s.o. greatly/...
Persönlich liegt mir der Söll, ehrlich gesagt, wenig – und umgekehrt dürfte es nicht anders sein. Um so höher schätze ich seine absolute Loyalität.

sich glücklich schätzen können (daß …) – sich glücklich **preisen** können (daß …) · s. o. can consider himself lucky that …

(es) zu schätzen wissen, daß …/wenn …/etw. zu schätzen wissen · 1. to appreciate the fact that …, 2. to appreciate s. th.

1. Der Chef weiß es zu schätzen, daß er dem Mittner in allen Dingen rückhaltlos vertrauen kann. Allein schon deshalb zahlt er ihm ein so gutes Gehalt und läßt ihm manche Vorteile zukommen, die er den anderen vorenthält.

2. Der Chef weiß Fleiß zu schätzen, da brauchst du dir keine Sorgen zu machen. Das ist ihm sogar wichtiger als eine sehr hohe Begabung.

Schau: das/etw. **ist eine Schau** *Neol Jugendspr* – das ist eine **Wucht!** · s. th. is really something/out of sight/fantastic/super/…

das/(etw.) **ist (alles) nur/bloß Schau** *ugs* · it's (all) only show *n*

… Ach, die ganzen Verhandlungen hier sind doch nur Schau! Weder die eine noch die andere Seite ist ernsthaft an einer Lösung der Problematik interessiert. Aber wegen der politischen Stimmung im Lande kann man das natürlich nicht zugeben.

eine/die große Schau/(Show) **abziehen** *ugs* · to put on a show *n*

… Bei solchen Parteitagen weiß man schon vorher, wie das abläuft. Erst wird in allen möglichen Arbeitskreisen diskutiert und diskutiert, und am Ende zieht der Vorsitzende eine Schau ab. Das sind richtige Showmaster, diese Politiker heute. Die produzieren sich genau so wie die Leute im Cabaret.

(mal wieder/…) eine Schau machen *Neol Jugendspr* · 1. to show off, to put on a show, 2. to give o. s. airs and graces, 3. to give o. s. airs, to put on airs

1. Guck mal, der Willibald! Der macht mal wieder 'ne Schau! Es weiß doch jeder ganz genau, daß der noch keinen einzigen klassischen Roman gelesen hat. Und der redet daher, als wenn er ein weltbekannter Spezialist in der Balzacforschung wäre.

2. vgl. – den großen **Herrn** spielen

3. vgl. – sich (vielleicht) ein **Ansehen** geben

auf Schau machen *ugs* · to put on a big show, to put on a big act

… So eine pompöse Aufmachung war doch nun wirklich nicht nötig! Was da für ein Geld herausgeschmissen wird, nur für Repräsentationszwecke! – Diese Politiker machen halt auf Schau. Was der Masse nicht in die Augen sticht, zählt nicht, so rechnen die.

zur Schau stehen *form selten* · to be on display/on view

Wielange, sagst du, stehen die neuen Wintermodelle da im Rosensteinpark zur Schau? – Ich glaube, die Ausstellung geht bis zum Ende der kommenden Woche.

jm. **die Schau stehlen** *ugs* · to steal the show from s. o.

Ich würde dir raten, Udo, den Bernd die Festrede halten zu lassen. Wenn du dem die Schau stiehlst, hast du den dein Leben lang zum Feind. Der brennt derartig darauf, da groß herauszukommen …

Modelle/Muster/… **zur Schau stellen** *form selten eher: ausstellen o. ä.* · 1. to put s. th. on show, to display s. th., to exhibit s. th., 2. to put on a friendly face, to feign happiness/…, to pretend to be in a good mood

1. Hiermit geben wir bekannt, daß wir ab heute im Rosensteinpark unsere neuen Wintermodelle zur Schau stellen werden. Die Exposition wird bis Sonntag, den 22.7. einschließlich, geöffnet sein.

2. vgl. – (u. U.) Heiterkeit/… eine freundliche Miene/… ein neues Kleid/… zur **Schau** tragen (1; a. 2)

Heiterkeit/… **eine freundliche Miene/… ein neues Kleid/… zur Schau tragen** · 1. 2. to put on a friendly face, to feign happiness/…, to pretend to be in a good mood, 3. to show s. th. off

1. … Vor anderen Leuten trägt sie natürlich ein freundliches Gesicht zur Schau. Aber zu Hause ist sie unmöglich.

2. Diese Frau trägt immer und immer Heiterkeit zur Schau. Wenn es ihr mal übel geht, macht sie das mit sich selber ab; das merkt keiner. Nach außen ist sie immer gleichbleibend leutselig und gut gestimmt.

3. Die Laura trägt einmal wieder ein neues Kleid von Dior zur Schau. Das wievielte in diesem Jahr? – Das vierte vielleicht. – Na ja, wer angibt, hat mehr vom Leben! *seltener*

schau: (da) schau her! *ugs – form selten* – **sieh** mal an! · look at that!, well I never!

schau, schau! *ugs selten* – **sieh** mal an! · well what do you know, well I never!

Schauder: es läuft jm./jm. **läuft ein Schauder über die Haut** *path* · a shiver runs down s. o.'s spine, a shudder runs down s. o.'s spine

… Wenn man diese Filme über die Konzentrationslager sieht – da läuft einem ja doch ein Schauder über die Haut! – Ich kann so Filme gar nicht sehen, ich halt' das gar nicht aus.

es läuft/(rieselt) jm./jm. **läuft/(rieselt) ein Schauder über den Rücken** *path* – es läuft/rieselt jm. kalt/eiskalt/(heiß und kalt) über den **Rücken**/den Rücken herunter/(hinunter) · a shiver runs down s. o.'s spine, a shudder runs down s. o.'s spine

schauen: nicht nach links und nicht nach rechts/nicht nach rechts und nicht nach links/(weder nach rechts noch nach links/weder nach links noch nach rechts) **schauen** – (eher:) nicht nach links und nicht nach rechts/nicht nach rechts und nicht nach links/(weder nach rechts noch nach links/weder nach links noch nach rechts) **gucken** · not to look to the right or the left

er/die Frau Mitner/… **wird schön schauen** (wenn …) *ugs* – (eher:) er/die Frau Mittner/… wird schön **gucken** (wenn …) · he/Mrs. Jones/… will get the shock of his life when …, + s. o.'s eyes will pop out of his head when he sees …

Schauer: es läuft jm./jm. **läuft ein Schauer den Rücken herunter/(hinunter)** *path* – es läuft/rieselt jm. kalt/eiskalt/(heiß und kalt) über den **Rücken**/den Rücken herunter/(hinunter) · a shiver runs down s. o.'s spine, a shudder runs down s. o.'s spine

Schauergeschichten: mal wieder/… Schauergeschichten erzählen/… · to tell horror stories, to start telling (one's) horror stories (again)

Wenn der Otto anfängt, seine Schauergeschichten zu erzählen, könnte ich aus der Haut fahren. Als wenn ein vernünftiger Mensch das glauben könnte: er allein da im Busch – Löwen …

Schaufenster: daherkommen/… wie aus dem Schaufenster *ugs selten* · to look like one has just stepped out of a magazine, to look like a tailor's dummy

Mein Gott, die Sonja erscheint da wieder wie aus dem Schaufenster! – Du bist ja bloß neidisch, Christa, daß du kein Geld hast, um dich so toll zu kleiden.

Schaufensterbummel: einen Schaufensterbummel machen · to go window-shopping

(Ein deutsches Ehepaar in Mailand, abends 20.00 Uhr:) Was hältst du davon, Alfred, wenn wir nach dem Abendessen noch einen kleinen Schaufensterbummel durch die Innenstadt machen würden? – Du hast doch morgen, wenn ich auf dem Kongreß bin, den ganzen Tag Zeit, dir die Schaufenster/die Auslagen anzugucken, Mathilde!

Schaulust: seine Schaulust befriedigen *bei einem Unfall/… form* · to satisfy one's (morbid/ghoulish/…) curiosity (to see what is happening)

… Wenn die Polizei wenigstens die ganzen Leute wegjagen würde, die da herumstehen und ihre Schaulust befriedigen! Dieses neugierige Volk stört doch nur, und für die Verletzten ist es verdammt nicht angenehm, von dieser Menge anglotzt zu werden.

Schaum: Schaum vor dem Mund haben *pej – path* · to foam/to be foaming at the mouth

… Der Alte hatte Schaum vor dem Mund, so hatte er den Betriebsleiter angeschnauzt. Er war völlig außer sich, hatte völlig die Beherrschung verloren.

Schaum schlagen *ugs selten* · 1. to talk big, to shoot one's mouth off, to be all hot air, 2. to be a boaster/a show-off/...

1. Wenn der Meisel glaubt, er könnte hier in dem Städtchen Schaum schlagen, weil keiner informiert ist, ist er schief gewickelt! Hier weiß inzwischen jeder, daß er nur große Reden führt und nichts leistet. Er täte also gut daran, sich seine Schaumschlägerei/Angeberei/Großsprecherei zu sparen.

2. vgl. – ein **Schaumschläger** sein

zu Schaum werden *form – path selten –* sich in **Wohlgefallen** auflösen (3) · to go up in smoke

Schaumschläger: ein Schaumschläger sein *ugs* · to be a boaster/a show-off/...

... Ach, der Wolters gibt mal wieder an wie ein Sack Seife! 'Abteilungsleiter bei Krupp' ... – einfacher Angestellter ist er, weiter gar nichts! Ein richtiger Schaumschläger, dieser Kerl!

Schauplatz: vom Schauplatz abtreten *form selten* · 1. to disappear from the scene, 2. to go on one's last journey

1. vgl. – von der **Bühne** abtreten/(verschwinden) (2)

2. vgl. – die/seine letzte **Reise** antreten (müssen)

Schauspiel: (jm.) ein lächerliches Schauspiel bieten/geben/... · to make a spectacle of oneself

... Merkst du gar nicht, Olivia, welch ein lächerliches Schauspiel du hier bietest, wenn dir von zehn Gerichten elf nicht schmecken? Was sollen die anderen denn da von dir denken?

ein Schauspiel für die Götter (sein) *ugs –* ein **Anblick** für (die) Götter (sein) · to be a sight for sore eyes

schaustellen: Modelle/Muster/... schaustellen *nur Inf selten –* Modelle/Muster/... zur **Schau** stellen (1) · to put s.th. on show, to display s.th., to exhibit s.th.

Scheffel: in Scheffeln Geld einnehmen/ausgeben/... *path veraltend selten –* **scheffelweise** Geld einnehmen/ausgeben/... · to earn/to spend/... heaps/loads/stacks/... of money

etw. **in Scheffeln einheimsen** *path veraltend selten* · to help o.s. to/to walk off with/... sackfuls of s.th.

Der Besitzer hatte ihnen erlaubt, soviel Obst mitzunehmen, wie sie tragen konnten. Wenn er gewußt hätte, daß sie das derart ausnutzen und die Erdbeeren und Kirschen in Scheffeln einheimsen würden, hätte er die Erlaubnis wohl nicht gegeben.

es **regnet/schüttet wie mit Scheffeln vom Himmel** *path veraltend selten* (stärker als:) es regnet/gießt in **Strömen** · it's tipping down, it's bucketing down

scheffelweise: scheffelweise Geld einnehmen/ausgeben/... *path veraltend selten* · to rake in piles/stacks/... of money, to spend huge amounts/stacks/... of money

... Das mußt du mal sehen, wie diese Politiker auf solchen Kongressen mit dem Geld aasen! Scheffelweise gebe die das aus! – Das war früher, Georg! Heute wird das still abgebucht. – Du hast gut spotten! Du hast genug abzubuchen ...

scheibchenweise: (so) scheibchenweise mit der Wahrheit herausrücken/... *ugs* · to reveal the truth/... a little bit at a time/ bit by bit/little by little /

... Wenn er sofort zu Beginn des Prozesses alles offengelegt hätte, hätte das seinen Eindruck nicht verfehlt. Aber jetzt, in die Enge getrieben, so scheibchenweise mit der Wahrheit herausrücken – weil er gar nicht mehr anders kann –, das wirkt höchstens peinlich.

Scheibe: davon/(von etw.) kannst du dir/kann er sich/... eine Scheibe abschneiden *ugs* · you/he/... could learn a thing or two from s.o., you/he/... could take a leaf out of s.o.'s book

(Der Vater zu den jüngeren Geschwistern:) Der Albert hat gestern ein Konzert gegeben, das war eine Wonne. Davon könnt ihr euch eine Scheibe abschneiden! Wenn jeder von euch in seinem Beruf so weit kommt wie der Albert ...!

von dem/der/dem Peter/... könnte/kann sich manch einer/ könnten/können sich viele/... eine Scheibe abschneiden/da könnte/kann/... von abschneiden *ugs* · they/he/... could learn a thing or two from s.o., they/he/... could take a leaf out of s.o.'s book

Die kritisieren hier immer an dem Bernhard herum! Ich weiß gar nicht, mit welchem Recht. Wenn sie alle wären wie der Bernhard,

sähe die Firma anders aus. Von dem könnten sich die meisten hier eine Scheibe abschneiden.

Scheibenhonig: Scheibenhonig! *ugs –* (euphem für:) (verdammte) **Scheiße!** · sugar!

Scheibenkleister: Scheibenkleister! *ugs –* (euphem für:) (verdammte) **Scheiße!** · sugar!

Scheide: sein Schwert/seinen Degen (wieder) in die Scheide stecken *hist* · to sheathe one's sword

... Steckt euer Schwert in die Scheide und versöhnt euch! Erinnert euch an das Wort der Bibel: 'Wer durch das Schwert tötet, wird durch das Schwert umkommen!'

sein Schwert/seinen Degen **aus der Scheide ziehen** *hist* · to draw one's sword, to unsheathe one's sword

... Schon zog er sein Schwert aus der Scheide, um den vom Pferd gestürzten Feind zu töten, als er sah, wie ähnlich er seinem Bruder war. Ohne auch nur einen einzigen Blick auf den Gestürzten zu werfen, gab er seinem Pferd die Sporen und ritt von dannen.

scheiden: sich scheiden lassen · to get divorced, to get a divorce

Wenn sich deine Eltern wirklich scheiden lassen – bei wem bleibt dann deine jüngste Schwester, bei deinem Vater oder deiner Mutter?

Scheidewand: die/eine Scheidewand zwischen Menschen/... errichten/niederreißen/... *form* · to build/to tear down/to pull down/... a barrier between people/...

... Ohne daß sie sich dessen so recht bewußt geworden waren, war eine Scheidewand zwischen ihnen entstanden. Sie hatten sich innerlich auseinandergelebt, achteten sich auch nicht mehr wie früher – Und jetzt war es schwer, wieder zueinander zu finden, die unsichtbare (Scheide-) Wand (wieder) niederzureißen ...

Scheideweg: an einem/am Scheideweg stehen *form –* an einem/am **Kreuzweg** stehen · to be at a crossroads, to face a crucial decision

Scheidung: in Scheidung leben *form* · to be getting a divorce

Die Klara und der Otto haben sich scheiden lassen? – Die Sache läuft noch; sie leben in Scheidung. – Und ich dachte, die führten eine glückliche Ehe.

Schein: (nur/...) zum Schein etw. tun/sagen · 1. 2. to (only/...) pretend to do s.th., 1. to (only/...) appear to do s.th.

1. Hast du ihm nur zum Schein zugestimmt oder bist du wirklich seiner Meinung?

2. Sie haben die Verhandlungen nur zum Schein geführt. Sie wollen Zeit gewinnen und die Konkurrenz in die Irre leiten. An einem Ergebnis sind sie überhaupt gar nicht interessiert.

den (äußeren) Schein retten · to keep up appearances

... Wenn er nur den äußeren Schein retten kann – alles andere ist ihm egal! Moral hat er sowieso keine. Was ihn interessiert, ist, daß die Leute ein gutes Bild von ihm haben, sonst nichts!

mehr Schein als Sein *form od. iron* · it is all about appearances, it is all just a sham, it is more appearance than reality

... Ach, Hansgerd, nicht nur die Politik oder das sog. offizielle Leben, die ganze Gesellschaft heute ist mehr Schein als Sein!

Schein und Sein *form –* (eher:) **Sein** und Schein · reality and appearance

sich (nicht) durch den Schein täuschen lassen · (not) to be fooled/deceived/... by appearances

Der Rüdiger geht immer so fein gekleidet, ißt nur in den besten Restaurants ... Ich hätte nie geahnt, daß der solche Geldschwierigkeiten hat. – Du hast dich durch den Schein täuschen lassen, wie so mancher andere auch.

der Schein trügt · appearances are deceptive

Der Anton und riesige Schulden?! Bei so einem aufwendigen Lebenswandel?! – Der Schein trügt, mein Lieber. Er gibt zwar ein Heidengeld für sein Privatleben aus, das ist richtig; aber alle seine Besitzungen sind bis zum letzten Pfennig hypothekiert.

den (äußeren) Schein wahren/(aufrechterhalten) · to keep up appearances

Das ist nun einmal so, mein lieber Sohn, in der Gesellschaft mußt du den Schein wahren. Was du wirklich bist, tust und denkst, das interessiert die wenigsten.

Schein und Wirklichkeit *form selten* – **Sein** und Schein · reality and appearance

Scheinwerferlicht: im Scheinwerferlicht (der Öffentlichkeit) stehen *path* – (eher:) im **Rampenlicht** (der Öffentlichkeit) stehen · to be in the limelight, to be in the public eye

Scheiß: jeden Scheiß behandeln/diskutieren/... *sal* – jeden **Dreck** behandeln/diskutieren/... · to discuss/to go over/... every piddling little thing

Scheiß(e) bauen *sal* · 1. 2. 3. 4. to do something bloody stupid
1. ... Mama, ich muß dir was beichten: Ich hab' 'nen Scheiß gebaut. Mir ist ein Malheur passiert, ich hab' eine Delle in euer Auto gefahren.
2. Ich hab' in der letzten Französischarbeit mal wieder Scheiße gebaut. – Sag' bloß, die Note ist schon wieder unter'm Strich! – Nee! Für 'ne 'Vier' hat es diesmal noch gelangt.
3. vgl. – **Bockmist** machen
4. vgl. – **Unsinn** machen

Scheiß machen *sal* · 1. 2. to do something bloody stupid
1. vgl. – **Unsinn** machen
2. vgl. – **Bockmist** machen

Scheiß reden *sal* – (viel/...) dummes **Zeug** reden/... · to talk crap

scheiß: (ach) scheiß drauf! *vulg* · to hell with it!, bugger it!
... Aber die Berta sagt, der alte Sessel gehöre ihr; eure Mutter hätte ausdrücklich bestimmt, daß sie ihn bekommt. – Ach, scheiß drauf! Ich habe keine Lust mehr, mich mit dieser habgierigen Person herumzuschlagen. Sie soll den Sessel mitnehmen, wenn es ihr Spaß macht.

ich scheiß auf/er/der Peter/... scheißt auf etw. *vulg* · 1. 2. + to hell with your/... advice/good intentions/...!, + you/... can stick your/... advice/good intentions/...
1. Wenn ich dir einen Rat geben darf, Christoph ... – Ich scheiß auf deine Ratschläge! Ich weiß selbst, was ich zu tun und zu lassen habe. Dafür brauche ich dich doch nicht!
2. ... Dieses verfluchte Theater mit dieser Reisegesellschaft! Ich scheiß auf die ganzen Ferien in Griechenland, wenn das so weitergeht. Da mach' ich lieber Urlaub im Schwarzwald, als mich noch länger mit diesen Hornochsen herumzuärgern!

Scheißdreck: für/(um) jeden/wegen jedem Scheißdreck *vulg* – für **alles** und für nichts · for every piddling little thing

jeden Scheißdreck behandeln/diskutieren/... *vulg* – jeden **Dreck** behandeln/diskutieren/... · to discuss/... every piddling little thing

etw. geht jn. einen Scheißdreck an *vulg* – etw. geht jn. einen **Dreck** an · it's/that's/... got nothing to do with you/..., it's none of your/... damned business

sich einen Scheißdreck um jn./etw. kümmern *vulg* – sich einen **Dreck** um jn./etw. kümmern · not to care a damn about s.o./s.th., not to give a stuff about s.o./s.th.

sich um jeden Scheißdreck kümmern *vulg* – sich um jeden **Dreck** kümmern · to fuss/worry/... about every piddling little thing

sich um jeden Scheißdreck selbst kümmern (müssen) *vulg* – sich um jeden **Dreck** selbst kümmern (müssen) · to (have to) deal with every little thing oneself, to (have to) do every piddling little thing oneself

du kannst deinen/er kann seinen/... Scheißdreck alleine machen *vulg* – du kannst deinen/er kann seinen/... **Dreck** alleine machen · you/he/... can bloody well do it yourself/.../sort it out yourself/...

über jeden Scheißdreck stolpern *vulg* – sich an jedem **Dreck** stoßen · to find fault with every trifle/every little thing/...

sich an jedem Scheißdreck stoßen *vulg* – sich an jedem **Dreck** stoßen · to find fault with every trifle/every piddling little thing/...

Scheiße: (verdammte) Scheiße! *vulg* · shit!, damn!, bugger it!
Verdammte Scheiße! Jetzt bekomm' ich in Englisch doch keine 'Zwei' mehr, diese Arbeit hat alles versaut.

jn./(etw.) mit Scheiße bewerfen *vulg selten* – jn./etw. in/(durch) den **Dreck** ziehen · to sling mud at s.o.

alles Scheiße, deine Elli/Emma/(...) *vulg selten* – alles **Kakke**, deine Elli/Emma/(...) · it's a real pisser, bugger it, sod it

es scheint, j. hat Scheiße in den Fingern/(Scheiße in den Fingern haben) *vulg selten* – es scheint/..., j. hat **Dreck** in den Händen/(Dreck in den Händen haben) · s.o. seems/... to be a real butter-fingers

mit/bei etw. in die Scheiße gefaßt/gepackt haben/(fassen/ packen) *vulg* · to have (really/...) landed o.s. in it (with s.th.) *sl*
Mit meinem Diplomarbeitsthema habe ich ganz schön in die Scheiße gefaßt! Mittlerweile stellt sich raus, daß das Ganze ein irrsinniger Arbeitsaufwand ist. Das hätte ich nie gedacht.

du hast/der Emil hat/... wohl Scheiße im Gehirn/(Kopf)?! *vulg* – nicht (so) (ganz/(recht)) bei **Trost** sein (1) · you/ he/... have/... got a screw loose

jm. steht die Scheiße bis zum Hals *vulg* · + to be up to one's neck in it *sl*, + to be up shit creek
Wenn der Fred nicht ganz schnell einen guten Auftrag bekommt, sehe ich schwarz. Dem steht die Scheiße bis zum Hals! – Aber der macht doch nicht pleite? – In der Lage, in der er sich befindet, ist auch das leider nicht mehr auszuschließen.

aus der Scheiße heraussein *vulg* · 1. 2. to be (nearly) out of the wood *n*, to be over the worst *n*
1. vgl. – aus dem ärgsten/größten/schlimmsten **Dreck** heraussein
2. vgl. – aus dem **Schneider** (heraus) sein (3)

aus der größten Scheiße heraussein *vulg* – aus dem ärgsten/ größten/schlimmsten **Dreck** heraussein · to be nearly out of the wood, to be over the worst

nur/nichts als/... Scheiße im Kopf haben *vulg* · 1. + s.o.'s head is full of nonsense, 2. s.o. is a bit funny in the head
1. vgl. – nur/nichts als/... **Dummheiten** im Kopf haben
2. vgl. – für keine zwei **Pfennige** Verstand haben/nachdenken/auf-passen/... (1)

Scheiße labern/erzählen *vulg* · to talk shit, to talk crap
... Der Martin labert den ganzen Tag nur Scheiße und wirres Zeug! Ich habe es noch nicht erlebt, daß der mal fünf zusammenhängende und vernünftige Sätze gesagt hätte.

in der Scheiße rühren *vulg* – den alten **Dreck** aufrühren · to shit-stir, to rake up the dirt

da kann man/(kann ich/...) nur noch Scheiße schreien/brül- len! *vulg* · + it's enough to make you/... scream *coll*
... Der Wagen ist schon wieder kaputt? Da kann man nur noch Scheiße schreien!

(ganz schön/...) in der Scheiße sitzen/(stecken) *vulg* – (ganz schön/...) im **Dreck** stecken/(sitzen) · to be up shit creek

Scheiße im Trompetenrohr *oft als Antwort: 'kommt zum Glück nur selten vor'* *vulg* – (verdammte) **Scheiße!** · shit!, damn!

in der Scheiße wühlen *vulg* – im **Schmutz** wühlen · to rake up the dirt, to stir shit

jn. aus der Scheiße ziehen *vulg* – (eher:) jn. aus der **Patsche** ziehen · to bail s.o. out

jn./etw. durch die Scheiße ziehen *vulg* · 1. 2. to run s.o./s.th. down *n*, to knock s.o./s.th. *coll*, to slag s.o./s.th. off/... *sl*, 3. to take the mickey out of s.o./s.th. *coll*, to take the piss out of s.o./s.th. *sl*

1. Jetzt hört ihr endlich auf, den Gerd Möllers durch die Scheiße zu ziehen! Wenn ihr ihn unbedingt schlechtmachen wollt, tut das, wenn ich nicht dabei bin.

2. Ihr könnt dieses Buch so lange durch die Scheiße ziehen, wie ihr wollt, für mich bleibt das ein hervorragender Roman.

3. Warum war der Richard denn plötzlich so wütend? – Der Dietrich und der Karl haben ihn mal wieder durch die Scheiße gezogen. – Die müssen aber auch immer jemanden durch den Kakao ziehen – 'verarschen', wie man heute sagt.

scheißegal: jm. **ist** j./etw. **scheißegal** *vulg* – sich einen **Dreck** um jn./etw. **kümmern** · + s.o. doesn't give a monkey's/a toss/... about s.o./s.th.

scheißen: jm. **was/(etwas) scheißen** *mst: ich/... scheiß dir/... was/werde ... scheißen vulg* – jm. was/etwas/(eins) **husten** · to tell s.o. to (go) jump in the lake/get stuffed

    weiter scheißen, als man gucken kann *vulg* · to shit all over the place, to shit o.s. stupid
    Ich kann dir nur raten, Franz, laß diesen selbstgebrannten Schnaps aus dem Bauch! – Warum? Was soll der schon schaden? – Na gut, wenn du absolut willst! Wenn du nachher weiter scheißt, als du gukken kannst, sag' mir nur nicht, ich hätte dich nicht gewarnt.

Scheißerei: die Scheißerei haben *vulg* · to have the runs *coll*, to have the shits *sl*
Jetzt ist der Paul schon das dritte Mal auf der Toilette! – Der hat die Scheißerei, ganz klar. Ich hab' ihm ja gesagt, er soll diesen selbstgebrannten Schnaps aus dem Bauch lassen. Jetzt kommt er vom Lokus überhaupt gar nicht mehr runter.

    die Scheißerei kriegen *vulg* · to get the runs *coll*
    Wenn du die Scheißerei kriegen willst, Junge, dann brauchst du auf die 24 Matjesheringe nur noch ein paar Stückchen Torte mit Schlagsahne zu fressen.

Scheißeritis: die Scheißeritis haben *vulg – scherzh* – die **Scheißerei** haben · to have the runs, to have the shits

Scheitel: einen Scheitel haben – einen **Scheitel** tragen/den Scheitel links/rechts/in der Mitte tragen · to have a parting, to part one's hair on the right/left

    im Scheitel seiner Bahn stehen *Planet form* · to be at the zenith, to be at the vertex of its orbit
    Genauso wie die Sonne mittags im Zenit steht, so stehen auch alle anderen Planeten irgendwann im Scheitel ihrer Bahn – nur, daß wir das ohne Fernrohr u.ä. nicht sehen.

ein Gentleman/Schauspieler/... **vom Scheitel bis zur Sohle sein** *path* – etw. **durch** und durch sein/ein durch und durch ... sein/ein ... durch und durch sein (5) · to be a gentleman/... from head to toe

    vom Scheitel bis zur Sohle neu eingekleidet sein/... *path* · to buy/... o.s. a completely new set of clothes, to buy/... o.s. a completely new wardrobe, to buy/... o.s. a completely new wardrobe
    Wenn du wirklich gut angezogen herumlaufen willst, Ernst, dann mußt du dich vom Scheitel bis zur Sohle neu einkleiden. Denn von den Sachen, die du trägst, taugt kein einziges mehr was.

    einen Scheitel tragen/den Scheitel links/rechts/in der Mitte tragen · to have a parting on the left/right/in the middle/...
    ... Der Hans trägt neuerdings keinen Scheitel mehr. – Wie hat er die Haare denn jetzt? – Nach hinten zurückgekämmt.

    einen Scheitel ziehen · to part one's hair, to make a parting
    ... Du mußt es noch lernen, einen Scheitel zu ziehen, scheint mir! – Warum? Ist er wieder krumm?

Scheitelpunkt: auf dem Scheitelpunkt (seiner Macht/...) stehen/angelangt sein/(sein/...) *form* · to be at/to have reached/... the summit/acme/height/... of one's power/fame/...
Man hat den Eindruck, daß der Erich in seiner Karriere auf dem Scheitelpunkt angelangt ist: weiter aufwärts kann es nicht mehr gehen; jetzt geht es nur noch bergab.

Scheitern: etw. **zum Scheitern bringen** · to wreck s.th., to ruin s.th.
(Während einer Rede eines Verhandlungsleiters:) Wenn der Kröll die Verhandlungen zum Scheitern bringen will, braucht er nur noch ein paar Minuten so blöd weiterzureden! – Wer weiß?! Vielleicht hat er wirklich den Auftrag, die Verhandlungen platzen zu lassen.

(von vornherein/...) **zum Scheitern verurteilt sein** · to be doomed to failure (from the start/in advance/...)
Ach, diese Verhandlungen waren von vornherein zum Scheitern verurteilt; die hätten wir nie beginnen dürfen. – Das meine ich nicht. Am Anfang sah es doch so aus, als wäre da etwas drin/als wenn es Möglichkeiten zu einem erfolgreichen Abschluß gäbe.

Schellen: jm. **Schellen anlegen** *form* · to handcuff s.o., to put handcuffs on s.o., to snap handcuffs on s.o.
Haben sie die Einbrecher so abgeführt oder haben sie ihnen Schellen angelegt? – Sie haben ihnen Schellen angelegt – an den Händen. (An den Händen haben sie sie festgebunden).

Schelm: der Schelm guckt/schaut jm. **aus den Augen** – (eher:) der **Schalk** guckt/schaut jm. aus den Augen · + to have a mischievous look in one's eyes, + to have a roguish look in one's eyes

    den Schelm in den Augen haben – (eher:) der **Schalk** guckt/schaut jm. aus den Augen · to have a mischievous look in one's eyes, to have a roguish look in one's eyes

    ein Schelm, der Böses dabei denkt *Zit iron* · shame on him who thinks evil of it, honi soit qui mal y pense, evil to him who evil thinks
    ... Jedesmal, wenn man meint, die Verhandlungen stünden kurz vor einem positiven Abschluß, ersetzen die Russen den Verhandlungsleiter durch einen anderen, mit dem Argument, der bisherige sei erkrankt. Ein Schelm, der Böses dabei denkt! – Die wollen kein positives Ergebnis, das ist doch klar.

    den Schelm im Nacken haben/jm. sitzt der Schelm im Nakken – (eher:) **den Schalk im Nacken haben/**jm. sitzt der Schalk im Nacken · to be a real joker, to be a real prankster, to be roguish, to be mischievous

Schelte: Schelte bekommen *ugs eher von Kindern* · to be told off, to get a telling off, to get a scolding *n*
(Ein zehnjähriges Mädchen zu den Eltern einer Freundin:) Heute abend muß ich unbedingt pünktlich zum Abendessen zu Hause sein, sonst bekomm' ich wieder Schelte! – Wie, hat dich dein Vater gestern ausgeschimpft, weil du so spät gekommen bist?

Schema: etw. **immer/... nach demselben/... Schema machen/aufziehen/...** · to (always/...) do s.th. according to the same pattern
(Ein Student:) Jede Seminararbeit, die der Schlosser schreiben läßt, soll nach demselben Schema aufgebaut sein: bisherige Untersuchungen zum Thema – eigene Konzeption – Vergleich. Als wenn es nicht möglich wäre, eine Arbeit anders – originell(er) – anzulegen!

nach Schema F etw. **erklären,** organisieren/erledigen/... *ugs* · to do s.th./to organise s.th./... in the same old way, to follow/... the set pattern *n*, to follow/... the same stereotyped pattern *n*
... Die ganze Studie ist nach Schema F angelegt: kurze Einführung, historischer Abriß, Meinung der anderen Autoren ... Alles routinehaft, wie gehabt!

sich an ein (festes) Schema halten · to do s.th. according to a pattern
An deiner Stelle würde ich mich bei der Seminararbeit an ein festes Schema halten: Einleitung – bisherige Untersuchungen zum Thema – eigene Interpretation. Bei dem Prof. Hauermann ist das bestimmt besser als eine Arbeit, deren Aufbau 'intuitiv' oder 'originell' ist, wie das man nennst.

etw. **in ein (festes/starres) Schema pressen** · to fit s.o./s.th. into a mould, to force s.th. into a stereotype
... Kommunismus, Kapitalismus, Sozialismus ... – als wenn sich fruchtbare Gedanken zur Lösung der gegenwärtigen Krise in solche Schemata pressen ließen!

sich nach einem Schema richten · to stick to a pattern
Wenn du dich in der Seminararbeit nach dem Schema richtest: Einleitung – Übersicht über die bisherige Forschung zum Thema – eigene Interpretation der wichtigsten Texte – Schlußfolgerungen –, dann kann dir wohl wenig passieren.

Schenkel: **sich** (vor Vergnügen/Freude/Überraschung/...) **auf die Schenkel schlagen/(klopfen)** *ugs* · to slap one's thighs in amusement/..., to thump one's thighs in amusement/...
Wer von den großen französischen Romanciers war das noch, der sich vor lauter Freude und Heiterkeit auf die Schenkel zu klopfen pflegte? – Von Balzac wird das erzählt.

schenken: **das/den Besuch/etw. zu tun/... kann/(sollte) sich j. schenken** *ugs* · 1. 2. s.o. can forget it/the idea/... n, s.o. can save himself the trouble, s.o. can give s.th. a miss, 3. you/... can cut out your/... cheeky comments/...
1. Der Herr Blättner meint, vielleicht würde er die Rechenanlage doch noch nicht kaufen. – Wenn er meinte hat, der damit vernünftig umzugehen weiß, kann er sie sich natürlich schenken.
2. ... Den Umweg zu Onkel Nermann können wir uns schenken; der ist jetzt sowieso nicht zu Hause.
3. Deine Frechheiten der Mama gegenüber solltest du dir in Zukunft schenken, Junge! Gerade für dich hat die Mama ungemein viele Opfer gebracht.

sich (einander) **nichts schenken** · to give (each other) no quarter, to go hell for leather (against each other)
(Vor einem Tennisspiel:) Nein, die beiden schenken sich nichts. Im Gegenteil: gerade, weil sie befreundet sind, will der eine den anderen unbedingt schlagen. Du wirst sehen, die gehen beide hart zur Sache und kämpfen bis zum Schluß wie die Löwen.

scheppert: **es scheppert** *ugs Fußball u.a.: Tor* – es **klingelt** · + the keeper let's in a goal, goal!

wenn ..., dann scheppert's *sal* – wenn ... dann **gibt's/**(gibt es) was (1) · if ..., you'll/he'll/... get a good hiding

scher': **scher' dich/schert euch/... weg** (mit ...)! *ugs veraltend selten* – **scher' dich/schert euch/... zum Teufel** (mit ...)! (1, 2) · go to hell (with/...)!

Scherben: **es gibt Scherben/**hat ... gegeben *ugs* · sparks are flying/flew/...
... Ja, leider hat es bei der Auseinandersetzung Scherben gegeben. Das Verhältnis zwischen dem Chef und seinem Vertreter dürfte wohl für immer lädiert sein.

(sei vorsichtig/...!) **sonst gibt's noch/**(...) **Scherben!** · (be careful/...) or else s.th. is going to get bust/broken/smashed, (be careful/...) or else s.th. is going to come to grief
... Wenn das so weitergeht, gibt's noch Scherben! Dann schmeißen sich die beiden Streithähne die Vasen und Blumentöpfe, die hier stehen, an den Schädel.

in Scherben gehen · to be smashed to smithereens/pieces/...
... und nach dem Spiel stürmte eine Gruppe fanatischer FB-Anhänger die Kantine. Scheiben, Teller, Tassen und was weiß ich noch gingen in Scherben.

etw. **in Scherben schlagen** *path* · to smash s.th. to smithereens/pieces/...
... Ein Mann, der sich in seinem Zorn so weit gehen läßt, daß er eine chinesische Vase in Scherben schlägt, dürfte nicht gerade der gegebene Delegationsleiter für nervenaufreibende Verhandlungen sein.

Scherbengericht: **ein Scherbengericht über** jn. **abhalten** *lit* · 1. 2. to ostracise s.o.
1. Haben sie nicht über Sokrates ein Scherbengericht abgehalten? Oder über wen war es? Es war doch in Athen, oder? *hist*
2. Obwohl der Ulrich an der Sitzung selbst nicht teilnehmen konnte, hat man sein Verhalten bei den Wettkämpfen vom vergangenen Sonntag aufs Tapet gebracht und ihn aus dem Verein ausgeschlossen. – Das ist ja nicht gerade schön, über jemanden in seiner Abwesenheit ein Scherbengericht abzuhalten. *selten*

Schere: **die Schere im Kopf (haben)** · to practise self-censorship, to censor o.s.
»Viel schlimmer als die offizielle Zensur«, meinte er, »ist in diesem Land die inoffizielle – die von den Leuten, welche die Presse mehr oder weniger in der Hand haben, indirekt ausgeübt wird. Aber am schlimmsten ist die Schere im Kopf – jene verinnerlichte Zensur, die dem Schreibenden, schon bevor er schreibt, Fesseln anlegt«.

den Gegner/... **in die Schere nehmen** *Ringen* · to get a scissors hold on s.o. *wrestling*, to sandwich s.o. *football*
Hast du gesehen, wie der Dicke den anderen in die Schere genommen hat?! Da kam der natürlich nicht mehr heraus. – Bei der Kraft, die hat, darf man sich erst gar nicht so in die Klemme nehmen lassen.

Scherereien: **Scherereien bekommen/**kriegen/haben (mit jm.) · 1. to have trouble with s.o., 2. to get into trouble/to have trouble/to cause s.o. trouble/... (with s.th./s.o.)
1. Warum hat der Paul eigentlich dauernd Scherereien mit den Nachbarn? – Weil seine Kinder zu viel Lärm machen. – Nur deswegen machen die so ein Theater?
2. vgl. – **Unannehmlichkeiten** bekommen/kriegen/(haben)/jm. ... bereiten (mit jm./etw.)

Scherflein: **ein kleines Scherflein/**sein/... **Scherflein beisteuern/**mit einem ... beitragen *form* · to contribute one's mite
(Der Pfarrer auf der Kanzel:) Mir ist sehr wohl bewußt, meine lieben Brüder und Schwestern, daß der Herr niemanden von euch mit Reichtümern gesegnet hat. Deshalb sage ich: wenn jeder mit einem bescheidenen Scherflein beiträgt, ist das neue Kreuz bald bezahlt.

Scherz: (jetzt/...) **ohne Scherz!** – (eher:) (jetzt/...) **Scherz beiseite!** · no kidding!, joking apart!

ein übler Scherz · a nasty joke, a nasty trick
Der Roland hat den Franzl heute regelrecht zusammengeschlagen, weil er sich wieder über die lange Nase von Rolands Freundin lustig gemacht hat. – Solche üblen Scherze sollte sich der Franzl auch schenken.

etw. **nur/**... **aus/**(zum) **Scherz sagen/**tun – etw. nur/... aus/(zum) **Spaß sagen/**tun · to say s.th./do s.th. as a joke, to say/do s.th. in jest

etw. (**nur/**...) **im Scherz sagen/**(tun) · 1. to say s.th./... (only/...) as a joke, to say s.th./... (only/...) in jest, 2. s.o. is only kidding/joking/... when he says s.th., s.o. says s.th. only for fun
1. Der Bernd ist heute so sauer auf den Meinhard. Was ist los? – Der Meinhard hat ihn gestern im Scherz einen 'feinen Pinkel' genannt. Die haben ja so herumgeblödelt/herumgewitzelt, und da hat er das so gesagt. – Also kein Grund, sauer zu sein!
2. vgl. – etw. nur/... aus/(zum) **Spaß** sagen/tun

(jetzt/...) **Scherz beiseite!** · joking apart (now/...)
... Also, jetzt Scherz beiseite: deine Hose, Otto, ist zwar noch keine Ziehharmonika. Aber so von Zeit zu Zeit könntest du sie bügeln lassen – ich würde sagen, so alle zwei, drei Jahre. – Jetzt fängst du schon wieder an mit deinen Witzchen!

sich einen schlechten/üblen **Scherz mit** jm. **erlauben/leisten** · to play a nasty joke on s.o., to play a nasty trick on s.o.
Mit dem Udo Kremer haben sie sich heute mal wieder einen schlechten Scherz geleistet. Als er zur Mittagspause zurückkam, lag ein Zettel auf seinem Tisch: Anruf deines Ältesten – Schwiegermutter plötzlich gestorben – bitte sofort Beileidstelegramm an Schwiegervater. Aufgeregt wie er war, hat er in der Tat das Telegramm geschickt.

Scherz und Ernst · joking and seriousness
... Ja, der Willi kann einfach Scherz und Ernst nicht auseinanderhalten. Wenn jemand eine humorvolle Bemerkung macht, ist er sofort beleidigt.

halb im Scherz, halb im Ernst etw. sagen · to say s.th. half in jest, half seriously
... das hat ja gehört: halb im Scherz, halb im Ernst sagte er dann plötzlich zu seinem Sozius: ich kann die Praxis auch alleine führen. Wenn du lieber unabhängig und frei sein willst ... – Ich hatte den Eindruck, es war eher ernst als scherzhaft gemeint.

seinen Scherz mit jm./etw. **treiben** *form* · 1. to make fun of s.o./s.th., 2. to have s.o. on, to pull s.o.'s leg, to (really/…) take the mickey out of s.o. *coll*, to (really/…) take the piss out of s.o. *vulg*

1. Was lachen die alle denn da andauernd so lauthals, während der Egon Lange da ganz geknickt/bedrückt/bedröppelt sitzt? – Sie treiben mal wieder ihren Scherz mit seinen religiösen Anschauungen.

2. vgl. – jn. (tüchtig/anständig/so richtig/…) auf den **Arm** nehmen

(keinen) Scherz verstehen (in e-r S.) · 1. 2. (not) to be able to take a joke

1. vgl. – (eher:) (keinen) **Spaß** verstehen (in e-r S.)
2. vgl. – (eher:) (keinen) **Spaß** vertragen (in e-r S.) (1)

(keinen) Scherz vertragen (in e-r S.) · 1. 2. (not) to be able to take a joke

1. vgl. – (eher:) (keinen) **Spaß** vertragen (in e-r S.) (1)
2. vgl. – (eher:) (keinen) **Spaß** verstehen (in e-r S.) (1)

… und ähnliche/(lauter) solche/(…) **Scherze** *ugs iron* · … and what have you

Rauschgift, Diebstähle, Vergewaltigungen und ähnliche Scherze scheinen mir ständig zuzunehmen. – Und ähnliche Scherze ist gut! Ich finde, das sind sehr ernstzunehmende Dinge.

mach'/macht/… **keine Scherze!** *ugs* · you're joking!, you must be kidding!, + this is no time for jokes/joking!

Wenn die Südafrikaner immer noch nicht geantwortet haben, werden sie uns den Auftrag wohl nicht geben! – Machen Sie keine Scherze, Herr Böllner! – Wie erklären Sie sich das lange Schweigen denn, Herr Schuckert?

seine Scherze mit etw./jm. **treiben** *form selten* · 1. to make fun of s.o., 2. to take the mickey out of s.o. *coll*

1. vgl. – seinen **Scherz** mit jm./etw. treiben
2. vgl. – jn. (tüchtig/anständig/so richtig/…) auf den **Arm** nehmen

scherzen: Sie (belieben zu) scherzen/du beliebst zu scherzen/… *iron* · you jest, surely you are in jest, you're joking, you must be kidding

Was soll dieser Edelstein kosten? – 2.700,– Mark. – Du beliebst zu scherzen! – Mitnichten! Das ist mein Ernst. Gestern haben sie mir 3.000,– dafür geboten.

mit jm./(etw.) **ist nicht zu scherzen** *selten* – (eher:) mit jm./(etw.) ist nicht zu **spaßen** · s.o./(s.th.) is not to be trifled with

Scheuer: bereits/… in der Scheuer sein *eher süddt* · to be in the bag

… Zwei Medaillen sind schon nach dem ersten Tag in der Scheuer. Hoffentlich sind die Erwartungen des Publikums nun nicht allzu hoch gespannt, denn in diesem Rhythmus werden unsere Athleten auf keinen Fall weitere Medaillen gewinnen können.

die Scheuer voll haben (von etw.) *ugs selten eher süddt* · s.o.'s barn is full *para*

… Der Rösl hat gut lachen, der hat die Scheuer voll! Aber alle anderen hier müssen jeden Apfel oder jede Birne, die sie kaufen, teuer bezahlen.

scheuern: jm. **eine scheuern** *sal* – jm. eine **Ohrfeige** geben · to clout s.o.

jm. **ein paar scheuern** *sal* – jm. ein paar **Ohrfeigen** geben · to clout s.o.

Scheuklappen: Scheuklappen vor den Augen haben/mit Scheuklappen herumlaufen/… *ugs* · to be blinkered, to wear blinkers

Was der Roderich nicht sehen will, sieht er nicht, und was nicht in seine vorgefaßte Meinung paßt, schon gar nicht. – Der Roderich hatte schon als Junge Scheuklappen vor den Augen.

mit Scheuklappen durchs Leben gehen/spazieren *ugs* · to go through life/to go around/… wearing blinkers

Wenn es der Ingrid absolut Spaß macht, mit Scheuklappen durchs Leben zu gehen, dann laß sie doch! Ich finde es einfach langweilig, immer nur in den eigenen Meinungen, immer nur mit meinen eigenen drei täglichen Erfahrungen zu leben.

Scheunendrescher: fressen/(essen) **wie ein Scheunendrescher** *ugs – path* · to eat like a horse

Mein Gott, der Junge frißt ja wie ein Scheunendrescher! Das ist jetzt die siebte Schnitte!

Schi: Schi fahren/laufen – (eher:) **Ski** fahren/laufen · to ski

Schicht: wenn/… , … dann ist (aber) Schicht *ugs selten* · if …, that's it, if …, then he's/… in for it

… Wenn mir der Kollege Hübler nochmal das Werkzeug wegnimmt, ohne es wieder zurückzubringen, dann ist aber Schicht, dann gibt's ein ordentliches Donnerwetter!

auf Schicht sein/((jetzt/…) Schicht haben/…) *eher Bergmannspr* · to be on shift

(Am Telefon:) Mein Mann ist leider nicht da, der ist auf Schicht. – Er arbeitet noch so spät? – Von zwei bis zehn.

Schicht arbeiten *form selten* · to work shifts, to do shift-work

… Auf die Dauer ist das doch belastend, Schicht zu arbeiten, oder? Morgens ein paar Stündchen, nachmittags ein paar Stündchen … – Am Stück wäre natürlich angenehmer. Aber immer noch besser so als arbeitslos.

eine Schicht fahren *eher Bergmannspr* · to do a shift

(Ein Bergmann/'Kumpel' zum andern:) Wieviele Schichten hast du in diesem Jahr gefahren? – Laut Lohnabrechnung 232. Und wieviele Male warst du unten?

zur Schicht gehen *eher Bergmannspr* · to (go and) do one's shift, to (go and) work one's shift

Jeden Morgen, den der liebe Gott kommen läßt, um sechs Uhr in der Frühe zu Fuß zur Schicht gehen, um dann 'vor Ort' bis sechs Uhr abends zu malochen – hast du dir mal überlegt, was das für ein Leben war?

von der Schicht kommen *eher Bergmannspr* · to return/ come back/… from one's shift

… Von wegen, 35-Stunden-Woche! Mein Großvater fuhr morgens um sechs (in die Grube) ein, und wenn er abends von der Schicht (nach Hause) kam, war es sieben! Von montags bis samstags!

Schicht machen *selten* · 1. to take a day off, to take time off, 2. to stop work/…

1. Bis morgen, Anton. – Nein, bis übermorgen. Morgen komm' ich nicht, morgen mach' ich Schicht. – Ist was besonderes? – Meine Schwester heiratet. Da hab' ich mir einen Tag freigenommen. *eher Bergmannspr*

2. vgl. – **Schluß** machen (mit jm./etw.) (1)

in zwei/drei/… **Schichten arbeiten** *form* · to work in two/ three/… shifts

Der Albert arbeitet siebeneinhalb oder acht Stunden am Tag? – Acht, aber in zwei Schichten. Morgens von sechs bis zehn Uhr und abends von acht bis Mitternacht. – Warum das denn? – Das ist eine Sonderregelung, damit er neben seinem Beruf noch eine Spezialausbildung machen kann.

zwei/drei/… **Schichten machen** *form* · 1. 2. to work in three/… shifts

1. Euer Betrieb macht drei Schichten, nicht wahr? – Ja. Von sechs bis 14, 14 bis 22 und 22 bis sechs Uhr. Die Maschinen laufen durch, es wäre zu teuer und zu langwierig, sie jedesmal an- und abzustellen.

2. vgl. – (eher:) in zwei/drei/… **Schichten** arbeiten

Schick: Schick haben · to have style, to be chic

Die Antje hat Schick, das muß man ihr lassen. Auch mit wenig Geld weiß die sich immer so elegant, so pfiffig zu kleiden …

seinen Schick nicht ganz haben *ugs selten* – nicht (so) (ganz/ (recht)) bei **Trost** sein (2; u. U. 1) · to have a screw loose

schicken: jn. **anschaffen schicken** *sal* – ein Mädchen/… auf den **Strich** schicken · to send a girl out on the streets/on the game/…

einen Antrag/… **bachab schicken** *schweiz* · to knock back an application/… *coll*, to turn down an application/…

… Wenn die meinen zweiten Antrag auf eine Baugenehmigung für das Heim auch bachab schicken, gehe ich mit der Sache ans Gericht! – Mit welcher Begründung haben sie den ersten denn abgelehnt?

sich in etw. **schicken** *form* · to resign o.s. to s.th., to reconcile o.s. to s.th., to submit to s.th.
Wenn es keine weiteren Möglichkeiten mehr gibt, Einspruch einzulegen, müssen wir uns in die Entscheidung des Gerichts schicken. Was nicht zu ändern ist, muß man akzeptieren.

es wird sich (schon/…) alles/… (noch) **schicken** *form veraltend selten* · it will (all) work out, it will all turn out OK/fine/…
Ich gebe zu, Bärbel, im Augenblick sieht die Lage nicht gerade gut aus. Aber ich bin fest überzeugt: das wird sich alles noch schicken. Dein Vater findet bestimmt noch einen Weg, die Dinge zum Guten zu wenden.

schicker: leicht/ganz schön/herrlich/… **schicker sein** *ugs selten* – (ganz schön) einen in der **Krone** haben · to be slightly/pleasantly/… tipsy

Schickimicki: mit allem Schickimicki (ausgestattet sein/…) *ugs Neol* · (to be equipped/…) with all the fancy extras
… Papas' neues Auto ist mit allem erdenklichen Schickimicki ausgestattet: ABS, Airbag, Servolenkung, elektrische Fensterheber, beheizte Außenspiegel und und und …

ein/eine **Schickimicki-Lokal**/-Restaurant/-Typ/-Frau *ugs Neol* · a trendy restaurant/pub/…
… Warst du schon mal im 'Casablanca'? – Nein! Da bringen mich auch keine zehn Pferde rein. Solche gestylten Schickimicki-Typen, wie sie da immer drin rumhängen, kann ich auf den Tod nicht ausstehen.

Schicksal: js. Schicksal ist besiegelt *path* · 1. 2. s.o.'s fate is sealed, 1. s.o.'s goose is cooked *hum*, s.o. has had his chips *coll*
1. Nein, für den Ludwig gibt's keine Rettung mehr, dessen Schicksal ist besiegelt: nach der 'Fünf' in Französisch bleibt er endgültig sitzen/hängen.
2. So grausam es ist, es auszusprechen: sein Schicksal ist besiegelt. Diese Krankheit ist unheilbar.

es war (jm.) **vom Schicksal bestimmt, daß** … *form* · + s.th. is/was/… fated to happen, + s.o. was fated to do s.th.
… Was wir auch taten, um die finanzielle Situation der Firma zu bessern – es nützte nichts! Man hatte das Gefühl, es war vom Schicksal bestimmt, daß wir Bankrott machten.

ein gütiges/(…) **Schicksal hat** jn. **vor** etw. **bewahrt**/davor bewahrt, zu …/(bewahrt jn. …) *form* · fate kindly preserved s.o. from s.th.
Ein gütiges Schicksal hat den alten Herrn Maurer davor bewahrt, diese Schande, die ihr Sohn der ganzen Familie zugefügt hat, noch mitzuerleben. Er wäre daran zugrundegegangen.

seinem Schicksal nicht entgehen können · not to be able to escape one's fate
… Im Grunde kann niemand seinem Schicksal entgehen, wenn es auch, oberflächlich betrachtet, manchmal so aussieht. – Das kommt darauf an, was man unter 'Schicksal' versteht.

sich (nicht) in sein Schicksal fügen/(finden) (können) *form* · (not) (to be able to) to resign o.s. to one's fate
… Der Olaf kann sich einfach nicht in sein Schicksal fügen! Wenn er von der Kommission nicht angenommen wurde, wurde er nicht angenommen. Da ist nun einmal nichts zu machen – selbst wenn er tausendmal recht hat!

sein Schicksal selbst/selber in die Hand nehmen *path* · to take control of one's own fate/destiny, to become master of one's own destiny
Von einem bestimmten Alter an muß man sein Schicksal selbst in die Hand nehmen, Junge, wenn man etwas Wertvolles leisten will. Da kann man sich weder von anderen Menschen noch von den Umständen leiten lassen.

das Schicksal meint es mit jm. (nicht) **gut** · fortune smiles (does not smile) on s.o., fortune favours (does not favour) s.o.
(Ein Vater zu seinen Kindern:) Nein, trotz aller Schwierigkeiten: im Grunde kann ich (über mein Leben) wirklich nicht klagen. Im Gegenteil, auch wenn es oft anders aussah: das Schicksal hat es gut mit

mir gemeint. Schon, wenn ich an die Kriegszeit denke: von unserer Klasse war ich der einzige, der nicht in den Osten mußte …

dem Schicksal in die Speichen greifen/(fallen) *form* – *path veraltend selten* · to force fate, to thwart fate, to influence fate
Sachzwänge! Sachzwänge! Ein Mann, der Mut und Kraft besitzt, läßt sich doch nicht völlig von den sogenannten Sachzwängen beherrschen! Wie sagte Bismarck noch: man muß dem Schicksal in die Speichen greifen! So ist es! – So war es – bei Bismarck, und vielleicht nicht einmal bei ihm.

(gern/…) **Schicksal spielen** (wollen/…) *ugs* · to try/to like trying/… to play the role of fate/destiny/fortune/(…) n
Laß doch die Karin allein entscheiden, ob sie den Werner nun heiraten will oder nicht! Diese Manie, immer Schicksal spielen zu wollen!

(und) wie das Schicksal so spielt · (and) as fate would have it ..
… Ja, und wie das Schicksal so spielt, wurde er nach zwei Jahren von Lissabon nach Warschau versetzt, kurz vor Ausbruch des Zweiten Weltkriegs, der bekanntlich mit dem Überfall auf Polen begann …

das/sein Schicksal aus den Sternen deuten (wollen/…) · to read one's fate/fortune/(…) in the stars
Stimmt es, daß Wallenstein das Schicksal aus den Sternen deuten wollte? Oder ist das eine Erfindung Schillers? – Nein, das hat Schiller den historischen Vorlagen entnommen. Wallenstein ließ regelmäßig die Sterne befragen.

das/etw. **müssen wir**/(…) **dem Schicksal überlassen** · to have to leave s.th. to fate, to have to abandon s.o. to his fate
Und wenn dem Heinrich bei der Rettungsaktion etwas passiert? – Das müssen wir dem Schicksal überlassen. Die Rettung der Kinder muß versucht werden, und wir können nicht mehr tun, als den Heinrich zur Vorsicht zu ermahnen. Alles weitere liegt in Gottes Hand.

jn. **seinem Schicksal überlassen** · to abandon s.o. to his fate
Aber sie können das Mädchen da draußen in den Wellen doch nicht einfach ihrem Schicksal überlassen. Findet sich denn kein einziger mutiger Mann, der versucht, sie zu retten?

vom Schicksal verwöhnt sein · + fate has made things easy for s.o., + fate smiles on s.o.
Die jungen Leute heute, meinte sie, sind vom Schicksal verwöhnt. Die wissen gar nicht, wie gut es ihnen geht. Aber sie werden auch noch erleben, was es heißt, handfeste Schwierigkeiten zu haben.

das Schicksal wollte es, daß …/(will …) *form* · as fate would have it …
Eigentlich wollte ich Lehrer werden. Aber das Schicksal wollte es, daß ich eine Italienerin heiratete und dann als Übersetzer arbeitete. In diesem Beruf bin ich dann schließlich hängen geblieben.

schieb: (nun/…) **schieb**/schiebt/… (aber/…) **ab!** *sal* – **Leine** ziehen · shove off!

schieben: immer alles/(…) **auf andere**/… **schieben** *ugs* · 1. 2. to always blame others for everything/s.th. *n*, to always put the blame for everything/s.th. on others *n*, to always lay the responsibility for everything/s.th. at s.o.'s door
1. Der Jürgen gibt nie zu, wenn er Schuld hat. Er versucht immer, alles auf andere zu schieben.
2. Junge, schieb' doch nicht immer alles auf deinen Bruder! Die Verantwortung für den Verkauf der Maschine hast du und nicht er! Du mußt dafür geradestehen!

unangenehme Erfahrungen/Argumente/… **beiseite schieben** · to push unpleasant experiences/arguments/… aside
… Was er nicht hören will, das schiebt er beiseite – so, als wenn es gar nicht existierte! – Das ist auch eine Kunst!

eine Entscheidung/… **vor sich her schieben** · to put off a decision/…
(Von einem Firmenchef:) Mein Gott, jetzt schiebt er die Entscheidung, ob nun erweitert werden soll oder nicht, fast ein ganzes Jahr vor sich her! Als wenn die Dinge dadurch gelöst würden, daß man sie verschleppt! – Er ist sich offensichtlich immer noch nicht schlüssig, was er machen soll.

schiefgehen: schiefgehen · 1. 2. to fail, to go wrong, to misfire, 3. it will be OK, it will be all right, things will turn out all right
1. … Habt ihr denn überhaupt noch einen Versuch unternommen, die Firma zu retten? – Einen? Sechs oder sieben! Aber alles, was wir unternommen haben, ist schiefgegangen.
2. … Hat der Fritz mit seinen Plänen/mit seinem Projekt/… eigentlich Erfolg gehabt? – Nein, die ganze Sache ist schiefgegangen.
3. (Vor einer Skitour/einer Verhandlung/…:) Also, dann Hals- und Beinbruch!/… toi, toi, toi! – Danke, es wird schon schiefgehen. *iron*

schiefgewickelt: wenn du glaubst/er meint/…, (dann) bist du/ist er/… schiefgewickelt *sal* – wenn du glaubst/er meint/…, (dann) bist du/ist er/… schief **gewickelt** · if you/he/… think/…, (then) you're/… dead wrong/seriously mistaken, if you/he/… think/…, (then) you've/… got another think coming

schieflachen: sich schieflachen *ugs* – sich den **Bauch** halten vor Lachen · to split one's sides (laughing), to laugh till one's sides ache

schieflaufen: schieflaufen *ugs* – **schiefgehen** (1; a. 2) · to fail, to go wrong, to misfire

schiefliegen: schiefliegen (mit etw.) (bei jm.) *ugs* · 1. to be wrong about s.o./s.th., to be mistaken about s.o./s.th., 2. to have got s.o. wrong, to be on the wrong track about s.o./s.th., + s.th. is misplaced, + s.th. will get you/… nowhere
1. Mit deiner Annahme, er hätte seine Situation hier durch Faulheit und Angeberei selbst verdorben, liegst du völlig schief: der Klaus hat hier menschlich und fachlich den besten Eindruck gemacht.
2. Bei dem Schraeder liegst du mit deiner Schärfe schief: der antwortet dir in demselben scharfen Ton, und du erreichst gar nichts. *seltener*

Schielaugen: Schielaugen machen *ugs* – *path* · to glance/to look/… enviously/longingly/greedily/… (at s.th.) *n*
Sobald irgendein Kind ein Bonbon ißt, muß die Annemarie Schielaugen machen. Sie kann einfach nicht neidlos zusehen, daß auch mal ein anderer etwas Leckeres ißt.

schielen: nach etw. schielen *ugs* · 1. 2. to be eyeing s.th., to eye s.th. · to glance to/look/… longingly at s.th. *n*
1. (Der Onkel, der zu Besuch ist:) Ach, hier liegt ja immer noch die Schokolade, die ich mitgebracht habe. Ich hatte sie ganz vergessen. Helga, willst du … – (Die Mutter:) Die ganze Zeit hat sie schon danach geschielt. Sie hat nur nicht gewagt, etwas zu sagen.
2. Seit Jahren schielt der Kerschbaum auf diesen Posten. – Du meinst: die Leitung des Verkaufs? – Ja, es ist seit langen Jahren sein großer Wunsch/Traum, Verkaufsleiter zu werden. – Er spricht aber nie davon.

Schien(en)bein: jn. (sanft/…) vors/(vor das) Schien(en)bein treten *ugs iron* · to kick s.o. on the shin, to twist s.o.'s arm
Wenn der Ludwig dir versprochen hat, den Wagen bis morgen abend zu reparieren, muß er das auch tun. Sonst mußt du ihn mal leicht vors Schienenbein treten, wenn er meint, er könnte sich jetzt vor seiner Verpflichtung drücken.

Schiene: auf der Karriere-/Politik-/…-Schiene (drauf) sein/sich bewegen *ugs Neol* · 1. to follow/to be on/… the career/… track, 2. to be in a groove, to be in a rut
1. Der Hans ist voll auf der Karriere-Schiene drauf. Ihn interessiert nichts außer seinem beruflichen Fortkommen. Alle anderen Ziele sind für ihn ohne Bedeutung.
2. … »Die Routine«, erklärte er, »ist der größte Feind der Kreativität. Denn wenn du mal auf einer bestimmten Schiene drauf bist und dich in einem bestimmten Fahrwasser bewegst, ist es sehr schwer, die gewohnten Pfade zu verlassen, um mal etwas anderes, etwas Außergewöhnliches zu probieren«.

einen Arm/ein Bein/… in Schiene legen *form* · to put an arm/leg/… in a splint
(Der Arzt:) So leid mir das tut, Herr Kremer, den Arm müssen wir in Schiene legen. Im Krankenhaus wird man Ihnen dann einen Gipsverband darummachen.

aus der Schiene/den Schienen springen *Straßenbahn/Zugl.… eher: entgleisen* · to jump the rails, to run off the rails, to be derailed
Offensichtlich hat der Straßenbahnfahrer die Kurve zu schnell genommen, und da ist die Bahn aus der Schiene gesprungen. – Gott sei Dank ist sie nicht umgekippt.

den Arm/das Bein/… in der Schiene tragen/(haben) *form* · to have one's arm in a splint
Hast du einen Skiunfall gehabt oder warum trägst du deinen Arm in der Schiene?

jn. (ganz/…) aus den Schienen werfen *path selten* – jn. (ganz/…) aus dem **Geleise** bringen · to send s.o. (completely/…) off the rails

Schienenweg: auf dem Schienenweg *form veraltend selten* · (to send s.th./…) by rail
… Wird der Transport von dem Granit auf dem Schienenweg nicht zu teuer? – Mit der Bahn ist es doch billiger als mit dem Lastwagen! – Das ja! Ich dachte ans Schiff.

Schierlingsbecher: den Schierlingsbecher trinken/(nehmen/leeren) *hist* · to drink the cup of hemlock
Welcher große Philosoph der Antike hat den Schierlingsbecher getrunken? Walter? – Sokrates. – Glänzend.

schieß: schieß/schießt/… (mal) los! *ugs* · fire away!, go ahead!
… Du hast interessante Neuigkeiten zu berichten? Dann schieß mal los! Ich bin ganz Ohr.

Schießbudenfigur: wie eine Schießbudenfigur aussehen/… *ugs* – wie ein **Hampelmann** aussehen/dahergehen/… · to look/… like a clown/harlequin/scarecrow/…

schießen: das/(etw.) ist (ja/doch) zum Schießen *ugs* – das/(etw.) ist (ja/doch) zum **Lachen** · it's/s.th. is a scream/hoot, it/s.th. is hilarious

(weit/…) daneben schießen mit einer Annahme/… *ugs* · to be (well/…) wide of the mark (with a remark/assumption/…)
… Von wegen, Reichtümer scheffeln! Mit dieser Vermutung schießt du mal wieder meilenweit daneben! Wenn der Franz-Josef das Gut umbaut, will er den Leuten helfen, die da das ganze Jahr über leben …

jm. eine schießen *sal selten* – jm. eine **Ohrfeige** geben · to give s.o. a clip round the ears

ausgehen wie das Hornberger Schießen *ugs* – ausgehen wie das **Hornberger** Schießen · to come to nothing, the long struggle/… produces no tangible result *para*

jm. ein paar schießen *sal selten* – jm. ein paar **Ohrfeigen** geben · to give s.o. a clip round the ears

scharf schießen · 1. to shoot with live ammunition, 2. not to mince one's words, not to pull any punches, to be hard hitting
1. (Vor einer Schießübung, der Unteroffizier:) Heute wird nicht zielos in die Luft herumgeknallt, heute wird scharf geschossen. Verstanden, Leute?! *form*
2. Der Krüger schießt mal wieder scharf heute! – Heute? Hast du schon einmal gehört, daß der mit seinen Gegnern zimperlich/glimpflich/schonend umgeht? – Man kann seine Argumente aber auch in verbindlicherer Form bringen. *ugs*

eine Festung/(…) sturmreif schießen *mil* · to bombard a fortress/a position/… until it can be taken by storm/by assault, to soften up a fortress/position/… by bombardment
(Bei der Besichtigung einer mittelalterlichen Burg:) Entweder mußte man eine solche Festung aushungern oder sie sturmreif schießen – anders war sie nicht zu nehmen. – Hast du schon mal überlegt, wie schwer das war, da raufzuschießen – mit den damaligen Mitteln?

eine Gelegenheit/Pläne/… schießen lassen *ugs* – (eher:) eine Gelegenheit/Pläne/… **sausen** lassen · to ditch plans/…, to drop plans/…, to let an opportunity/… go

die Einbildungskraft/Phantasie schießen lassen *form* · to give one's imagination/… free rein
… Natürlich, meinte sie, müssen die Kinder in der Schule lernen, ihre Gedanken in konzentrierter Form darzustellen und sich an die

Schlaf: der ewige Schlaf *form* · the eternal sleep, one's last sleep

Ich bin derart müde, ja erschossen in den letzten Wochen, Laura, daß ich manchmal den Eindruck habe, daß mir nur der ewige Schlaf Zeit genug geben kann, um mich auszuruhen.

etw. **(wie/schon) im Schlaf (hersagen) können**/beherrschen/(wissen/…)/runterbeten/(sagen) können/… *ugs* · to be able to do s.th. in one's sleep, to be able to do s.th. with one's eyes closed, to be able to do s.th. blindfold

… Nein, mach' dir mal keine Sorgen, Ilse, der Junge bleibt bei dem Vortrag des Gedichts nicht stecken. Der hat das jetzt über Wochen immer wieder gelernt, der kann das jetzt wie im Schlaf.

(noch/schon) halb im Schlaf … · to do/to say/… s.th. while (still/…) half-asleep

Ach, Tanja, wenn der Dieter da, noch halb im Schlaf, von 'Frustation' redet, kann man das doch nicht ernstnehmen. Der war sich doch gar nicht klar, was er sagte! – Eben deswegen zeigt das genau, was er innerlich denkt und fühlt.

sich den Schlaf aus den Augen reiben · to rub the sleep from one's eyes

Die Jutta reibt sich immer noch den Schlaf aus den Augen; dabei ist es jetzt elf Uhr. – Sie ist erst um sechs Uhr in der Frühe ins Bett gekommen; jetzt ist sie natürlich todmüde.

jn. **um den/seinen Schlaf bringen** *form* · to rob s.o. of his sleep, to prevent s.o. sleeping, to keep s.o. awake, to give s.o. sleepless nights

… Die Krankheit ihrer ältesten Tochter bringt die arme Frau jede zweite Nacht um ihren (wohlverdienten) Schlaf! – Irgendwann wird sie auch krank.

nicht im Schlaf(e) daran denken, etw. zu tun *ugs* – (eher:) j. hat nicht im **Traum** daran gedacht, (mit etw.) etw. zu tun · not to dream of doing s.th.

das fällt mir/ihm/dem Peter/… **nicht im Schlaf(e) ein**/es fällt … ein, etw. zu tun *ugs* – (eher:) das fällt mir/ihm/dem Peter/… nicht im **Traum(e)** ein/es fällt … ein, etw. zu tun/ nicht … daran denken · + I/John/… would not dream of doing s.th.

aus dem tiefsten/(…) **Schlaf emporfahren** *path* · to wake up with a start, to start from one's sleep

Was hast du denn da heute nacht plötzlich gehabt? – Wann? – So gegen drei Uhr. Auf einmal fuhrst du aus dem tiefsten Schlaf empor und schriest: »Nein, das mach' ich nicht, und wenn ihr mich noch so bedrängt! Nein! Nein!« – Seltsam! Ich erinner' mich an nichts.

in (den) Schlaf fallen *form selten* · to fall asleep

… So müde wie gestern war ich selten! Ich lag kaum im Bett, da fiel ich schon in den Schlaf. Ich erinnere mich nicht einmal, das Licht ausgeknipst zu haben.

in tiefen Schlaf fallen/sinken *form – path* – in (einen) tiefen **Schlaf** sinken · to fall into a deep sleep

keinen Schlaf finden (können) *form* · not to be able to get to sleep/any sleep

… Der Richard weiß nicht, wie das ist, wenn man vor lauter Problemen keinen Schlaf finden kann, sich die halbe Nacht im Bett herumwälzt … Der kennt das nicht, der hat nie Probleme gehabt.

den Schlaf des Gerechten schlafen *oft iron* · 1. 2. to sleep the sleep of the just

1. Die Rosemarie schläft einmal wieder den Schlaf des Gerechten. So einen tiefen Schlaf wie die möchte ich auch mal haben, wenigstens für vier Wochen.

2. Während wir hier Wache schieben, damit keiner die Werkzeuge klaut, schläft der Willi den Schlaf des Gerechten und kümmert sich um nichts. – Den wirst du auch mit den wichtigsten Dingen nicht um seine Nachtruhe bringen; die ist ihm geradezu heilig.

(noch/…) in tiefstem/tiefem Schlaf liegen *Stadtl…* *path* · to be still fast asleep

… Gegen vier Uhr in der Frühe – das ganze Dorf lag noch in tiefstem Schlaf – verließ sie, von allen unbemerkt, das Haus ihrer Dienstherrin und machte sich auf den Weg in ihre Heimatstadt …

jm. **den Schlaf rauben** *path* · to give s.o. sleepless nights, to deprive s.o. of sleep

»Diese ewigen Geldsorgen«, stöhnte er, »rauben einem den Schlaf! Die Leute machen sich ja keine Vorstellungen, wieviele schlaflose Nächte viele kleine Unternehmer haben!«

jn. **aus dem Schlaf reißen** *path* · to wake s.o. up with a start, to rouse s.o.

Was war denn da heute nacht los? – Die Frau Heinemann hatte einen schweren Herzanfall und wurde mit dem Krankenwagen ins Krankenhaus gefahren. – Diese Sirenen reißen ein ganzes Viertel aus dem Schlaf!

jn. **unsanft aus dem Schlaf rütteln** · to shake s.o. out of his sleep

(Ein Mann, der, von seiner Frau geweckt, sich die Augen reibt:) Was ist denn los? – Da ist der Dr. Klose am Telefon … – Und deswegen mußt du mich derart unsanft aus dem Schlaf rütteln? Du weißt doch, daß ich erst um vier ins Bett gekommen bin! – Du wurdest und wurdest nicht wach …

den letzten/ewigen Schlaf schlafen *form selten* · to sleep one's last sleep *euphem*

Werden unsere Kinder, Klara, wenn wir einmal den ewigen Schlaf schlafen, wohl von uns genauso gut sprechen wie wir jetzt von unseren Eltern?

jn. **in den Schlaf singen** · to sing a child/… to sleep

Als wir noch klein waren, hatte unsere Mutter eine Engelsgeduld. Stell' dir vor: jeden und jeden Abend sang sie uns in den Schlaf. Manchmal konnten wir gar nicht genug kriegen von den Liedern.

in (den) Schlaf sinken *form* · to fall asleep

Meine Güte, was ist das für ein langweiliger Vortrag! Direkt zum Einschlafen! – Ja, dann mal los! Das wäre mal was anderes, wenn hier jemand vor versammelter Mannschaft in den Schlaf sinken würde.

in (einen) tiefen Schlaf sinken *form – path* · to fall into a deep sleep

… Nachdem die Mutter nun schon zum dritten Mal bis tief in die Nacht hinein am Bett ihres kranken Sohnes gewacht hatte, sank sie gegen Morgen erschöpft in einen tiefen, erholsamen Schlaf.

jn. **aus dem Schlaf trommeln** *ugs* · to knock s.o. up

… Ja, das war ein schwerer Beruf, Landarzt. Was meinst du, wie oft unser Vater um Mitternacht oder später aus dem Schlaf getrommelt wurde, weil irgendwo eine Frau ein Kind erwartete, ein alter Mann im Sterben lag … Heute schickt man die Leute einfach ins Krankenhaus.

jn. **in den Schlaf wiegen** · to rock s.o. to sleep

Das möchte ich auch, daß mich jemand, wie die Frau ihr Baby dort, in den Schlaf wiegt. – Aber sonst bist du wunschlos glücklich, oder?

schlaf²: schlaf' gut und träume süß/(und mach ins Bettchen kein Gemüs')/(schlaft/schlafen Sie/…) *ugs iron* · good night, sweet dreams

… So, Ursel, ab, ins Bett! Schlaf' gut und träume süß! – Schlaf gut, Papa. Gute Nacht, Mutti.

Schläfchen: ein Schläfchen machen *ugs selten* – (eher:) ein **Nickerchen**/(Nickerlein) halten/(machen) · to have a nap

schlafen: darüber/über die Angelegenheit **muß**/möchte/(will) ich/er/der Peter/… **(erst) nochmal schlafen** *ugs* · I/he/John/… will have to sleep on it

… Das muß ja nicht unbedingt heute abend noch entschieden werden, oder? – Nein, das nicht. – Darüber muß ich erst nochmal schlafen, ehe ich mich endgültig festlege. Bis morgen nachmittag gebe ich dir eine verbindliche Antwort.

mit jm. schlafen *ugs* – mit jm. ins Bett gehen/zusammen ins Bett gehen · to sleep with s.o.

sanft und selig schlafen *mst iron* – (eher:) den **Schlaf** des Gerechten schlafen · to sleep the sleep of the just

schlafen gehen – ins **Bett** gehen · to go to bed

ein Kind/(…) **schlafen legen** *form* – ein Kind/(…) ins **Bett** legen · to put a child/… to bed

sich schlafen legen *form* – ins **Bett** gehen · to go to bed

jn. **schlafen schicken** *ugs u. a. Boxen* – jn. k. o. **schlagen** · to knock s. o. out, to floor s. o.

Schlafenszeit: zur Schlafenszeit Lärm machen/… *form* · to cause a disturbance/make noise/… after bedtime
Wer zur Schlafenszeit Lärm macht, muß hier mit einer Ordnungsstrafe rechnen. – Klar. Und ab wann ist in diesem herrlichen Städtchen Schlafenszeit? – Ab zehn Uhr. – Prost!

Schlafittchen: jn. **am/(beim) Schlafittchen packen/fassen/(nehmen/kriegen)** *ugs selten* · 1. 2. to grab/… s. o. by the scruff of the neck
1. … Wenn du jetzt nicht aufhörst, August, hier Lärm zu machen und die übrigen Gäste in meinem Lokal zu belästigen, ruf' ich die Polizei. Mit Leuten wie dir machen die kurzen Prozeß: die packen dich am Schlafittchen und nehmen dich mit auf die Wache. Da kannst du deinen Rausch dann auf einer Holzbank ausschlafen.
2. vgl. – (eher:) jn. am/beim **Kanthaken** packen/(fassen) (1)

Schlafläuse: (die) Schlafläuse haben *ugs selten* · to be overtired *n*, to be badly in need of sleep *n*
(Die Mutter:) … Du juckst und kratzt dich überall! Hast du die Schlafläuse? – (Der Vater:) Der Junge geht jetzt seit einer Woche zu spät zu Bett. Kein Wunder, daß die Müdigkeit ihn im ganzen Körper überfällt.

Schlafstelle: (nur/…) eine Schlafstelle bei jm./einer Familie/… **haben/finden/…** *form selten* · to have (only/…) a place to sleep in/at s. o.'s house
Ißt du auch bei den Olbrichs oder schläfst du da nur? – Nein, ich habe bei denen nur eine Schlafstelle und dafür bin ich schon sehr dankbar, denn wie du weißt, ist es in dieser Stadt fast unmöglich, ein Zimmer zu finden.

Schlaftablette: eine richtige/… Schlaftablette (sein) *ugs* · 1. 2. (to be) a deadly/crushing/insufferable/… bore
1. Der Herr Küster ist eine richtige Schlaftablette! In dessen Übersetzungsübungen penne ich fast regelmäßig ein vor Langeweile.
2. Mit dem Hans-Jörg kann man echt nichts anfangen. Der Typ ist ein richtiger Langweiler. – Du hast recht, so eine Schlaftablette wie den habe ich selten erlebt.

Schlaftabletten: Schlaftabletten nehmen · to take sleeping pills
… Wie soll denn der Apotheker vorhersehen, ob jemand Schlaftabletten nimmt, um zu schlafen oder um sich damit umzubringen?! Du kannst den doch nicht für jeden Tablettenmißbrauch zur Rechenschaft ziehen!

Schlafzimmeraugen: Schlafzimmeraugen machen *sal* · to make bedroom eyes (at s. o.)
… Was weiß ich, ob die Elly dem Urs schmachtende Blicke zugeworfen oder Schlafzimmeraugen gemacht hat! So genau hab' ich das nicht kontrolliert. Das einzige, was ich dir sagen kann: die beiden haben sich ganze neun Jahr verliebt zurückgezogen.

Schlag: ein ehrlicher/anständiger/offener/unehrlicher/falscher/… Schlag sein · a/an honest/decent/reliable/dishonest/… breed/person/… , honest/decent/… people/folk
… Nein, in dieser Gegend würde ich nicht gern häufig geschäftlich zu tun haben! – Warum das denn nicht? – Ich finde, es ist ein falscher Schlag hier. Nach den Erfahrungen, die ich mit ihnen bisher gemacht habe, traue ich den Leuten jedenfalls nicht mehr über den Weg.

noch ein Lehrer/… **vom alten Schlag sein** · to be an old-fashioned teacher/…, to be a teacher/… of the old school
… Der Rottmann? … Ja, das ist noch ein Kaufmann von altem Schlag! Der guckt sich seinen Geschäftspartner sehr genau an, bleibt auch in schwierigen Situationen immer fair, steht zu seinem Wort … In jeder Weise solide, der Mann!

ein (ganz) anderer Schlag sein · to be a different type, to be a different breed
… Die Leute sind hier nicht so wie die in Bayern, das ist ein ganz anderer Schlag. – Natürlich, schon ethnisch sind die Bayern und die Schwaben völlig verschieden.

auf einen Schlag *ugs* · 1. all at once, in one go, at a stroke, 2. all of a sudden, at a/one stroke
1. … So ein Geschäft hat selbst der Paul noch nicht gemacht! Auf einen Schlag 170.000,– Mark verdienen – hast du so etwas schon mal gehört? Über einen längeren Zeitraum, in mehreren Operationen – gut! Aber auf einmal, so ruck-zuck?
2. So auf einen Schlag Vater und Mutter verlieren – da braucht man schon Kraft, um das zu überwinden. – So Unfälle sind etwas Unmenschliches!

mit einem Schlag · 1. all at once, in one go, 2. suddenly
1. vgl. – (eher:) auf einen **Schlag**
2. vgl. – (u. U.) auf **einmal** (1)

die sind alle/… vom gleichen Schlag · they/… are all/… tarred with the same brush, they/… are all/… of the same stamp, they are all/… cast in the same mould
Nein, dem Rolf Bergmann gebe ich den Auftrag nicht. Mit dessen Familie habe ich schon genug negative Erfahrungen gemacht. – Aber was hat der denn mit seiner Familie zu tun? – Ach, die sind alle vom gleichen Schlag, da ist der eine nicht besser als der andere.

ein heißblütiger/… Schlag (sein) · 1. (to be) a hot-blooded/… breed/race, 2. (to be) a passionate/… race, (to be) a passionate/… breed (of people)
1. Paß auf, Robert, diese Leute hier darfst du nicht zu ironisch behandeln. Das ist ein heißblütiger Menschenschlag. – Wie, du hältst die für rabiat? – Und ob. Die verlieren jede Selbstbeherrschung, wenn sie sich auch im geringsten gekränkt fühlen.
2. vgl. – ein heißblütiger/… **Menschenschlag** (sein)

ein leichtblütiger Schlag (sein) · (to be) a happy-go-lucky type
… Ja, ja, das ist ein sehr leichtblütiger Schlag hier! Wenn die genug zu essen und zu trinken haben und das Leben genießen können, machen sie sich das Herz nicht mit Problemen und Grübeleien schwer.

ein schwerblütiger Schlag (sein) – ≠ ein leichtblütiger **Schlag** (sein) · to be stolid/phlegmatic/impassive/slowly roused/…

ein schwerfälliger Schlag (sein) · (to be) a ponderous type, (to be) a slow-moving type
… Ehe die das hier mal begriffen haben und sich bewegen …! Mein Gott, ist das ein schwerfälliger Schlag!

etw. **ist ein Schlag (für** jn.) *häufig Imp ugs* · s. th. is a blow for s. o.
Den Robert Heinemann haben sie bei MAN von heute auf morgen entlassen! Das war doch bestimmt ein Schlag für seinen Vater; der alte Herr hielt immer so große Stücke auf seinen Filius. – Der Herr Heinemann konnte das kaum fassen; der Mann kann einem nur leidtun.

etw./das **ist ein schwerer/harter/(fürchterlicher/…) Schlag (für** jn.) *ugs* · it's/s. th. is a heavy/terrible/crushing/… blow for s. o.
Der Konkurs der Firma ist natürlich ein schwerer Schlag, nicht nur für den Herbert, für die ganze Familie. Man kann nur hoffen, daß sie Kraft genug haben, darüber hinwegzukommen.

du hast/der Peter hat/… (ja) einen Schlag *sal* – nicht (so) (ganz/(recht)) bei **Trost** sein (1) · you/Peter/… are/… cracked, you/Peter/… are/… soft in the head

einen Schlag bei jm. **haben** *ugs selten* – bei jm. einen **Stein** im Brett haben · to be in s. o.'s good books, to be well in with s. o.

mich trifft/(rührt) der Schlag *ugs* – *path dir. R selten* · 1. 2. I'm flabbergasted, well I never!
1. Was, der Herbert Altmann hat die Ilse geheiratet? Mich trifft der Schlag! – Ich war genauso von den Socken, als ich das hörte. Na ja …
2. Ausgerechnet ich soll die Rede zum Dienstjubiläum des Alten halten? Mich trifft der Schlag! – Nun beruhig' dich mal, daran wirst du schon nicht sterben.

den/die/die Petra/... **trifft der Schlag (wenn** .../(...)) *ugs – path* – einen **Schlag** kriegen (2) · + he/Mary/... will have a heart attack when he/... hears/..., + he/Mary/... will get the shock of his/... life when ...

ich dachte/(er/die Petra/... dachte/...), **mich**/(ihn/sie/...) **trifft**/(rührt) **der Schlag (als**/...) *ugs – path* · 1. 2. + I/he/Mary/... was flabbergasted when ..., + I/he/Mary/... was/... knocked for six when ..., I/he/Mary/... couldn't believe my/... ears when ...

1. Ich dachte, mich trifft der Schlag, als ich hörte, daß der Herbert Altmann die Ilse geheiratet hat. Vor lauter Erstaunen vergaß ich, danach zu fragen, wann die Hochzeit gewesen ist.

2. Ich dachte, mich trifft der Schlag, als man mir mitteilte, ich müßte die Rede zum 40jährigen Dienstjubiläum des Chefs halten. Ich wußte überhaupt gar nicht, was ich da sagen sollte.

ein Schlag Suppe/(...) *Kantine o. ä. – aus dem großen Topf ugs* · a helping of soup/..., a spoonful of soup/... *n*

... Wollen Sie noch einen Schlag Suppe, Herr Rothe? – Ja, einen Löffel können Sie mir noch geben.

(mit dem) Schlag acht/neun/... **(Uhr)** *ugs* – (eher:) **Punkt** acht/neun/... (Uhr) · on the stroke of eight/nine/... o'clock

jm. **den Schlag des Wagens**/der Kutsche/... **öffnen**/aufhalten/... *form veraltend* · to open the door of a car/carriage/... for s.o.

... Ja, das möchte ich auch: einen dicken Mercedes, mit einem Chauffeur, der einem beim Ein- und Aussteigen den Schlag des Wagens aufhält ... – Hm, die Wagentür mach' ich schon selber auf und zu, wenn es unbedingt sein muß.

zum entscheidenden Schlag ansetzen/ausholen *path* · to get ready/prepare/... to strike the decisive blow

... Jetzt haben wir die Opposition, denke ich, so weit in die Defensive gedrängt, daß wir zum entscheidenden Schlag ansetzen können. – Und er wäre? – Die Steuerpolitik in den Vordergrund rücken. Dann sind ihre Wahlchancen endgültig hin.

zu einem Schlag ausholen · to raise one's arm to strike/punch/... s.o., to make to hit/punch/... s.o.

... Der Junge wollte schon zu einem Schlag ausholen, aber sein Bruder hinderte ihn noch rechtzeitig daran. – Wenn er den Polizisten wirklich geschlagen hätte, könnte er sich jetzt auf einen sehr unangenehmen Prozeß gefaßt machen.

zum entscheidenden/zu einem vernichtenden/zu einem gewaltigen/... **Schlag ausholen** · 1. 2. 3. to prepare to strike the decisive/... blow

1. In den ersten Runden machte Cassius Clay seinen Gegner durch permanente Angriffe mürbe und zu Beginn der vierten Runde holte er zum entscheidenden Schlag aus: er landete einen linken Haken, der seinen Landsmann ins Aus beförderte.

2. ... In dauernden Einzelaktionen über mehrere Monate hatte unsere Armee den Feind bereits sehr geschwächt; jetzt holte sie zum entscheidenden Schlag aus: sie griff von mehreren Seiten auf einmal an. Innerhalb von drei Tagen war der Kampf an dieser Front zu unseren Gunsten entschieden.

3. ... Hintenherum hatte er natürlich schon lange versucht, seinen Konkurrenten um die Parteiführung zu schwächen. Jetzt holte er zu einem vernichtenden Schlag aus. Auf einem außerordentlichen Parteitag erklärte er kategorisch, wenn ein Mann, der mehr als zehn Jahre Mitglied der kommunistischen Partei gewesen sei, demokratischer Parteiführer werden könne, sehe er sich zu seinem großen Leidwesen gezwungen, aus der Partei auszutreten. *path*

einen Schlag bekommen *ugs* – (eher:) einen **Schlag** kriegen · to have a heart attack, to get a shock

sich von dem Schlag noch erholen müssen/noch nicht erholt haben/... *ugs* · to have to recover from a blow, not to have recovered from a blow

Der Christian sieht in diesem Jahr besonders schlecht aus. – Kein Wunder. Du weißt, daß er im vergangenen Jahr seinen Vater und seine Frau verloren hat. Von dem Schlag hat er sich noch nicht erholt.

einen vernichtenden Schlag gegen jn. **führen** *ugs path* · to deal s.o. a crushing blow

Wenn du gegen den Bohnert wirklich einen vernichtenden Schlag führen willst, brauchst du doch nur darauf hinzuweisen, daß er zehn Jahre für die STASI gearbeitet hat. Dann ist der Mann als Kandidat für den Vorsitz der Partei erledigt.

wie vom Schlag gerührt/getroffen sein/dastehen/... *path* · to be thunderstruck

Wie vom Schlag gerührt stand er da, als ihm seine Frau ganz lakonisch erklärte, sie habe von ihrer Ehe genug und daher die Scheidungsklage eingereicht. Noch nach einer Stunde brachte er kein Wort hervor.

ein Schlag ins Gesicht sein (für jn.) *path* · to be a slap in the face for s.o.

Erst erklärt er seinen Leuten, in diesem Jahr gäbe es überhaupt keinen Überschuß, er könne beim besten Willen die Löhne nicht erhöhen – und dann macht er sich zu einer kostspieligen Ferienreise nach Asien auf! – Das ist für die Leute ein Schlag ins Gesicht, da hast du ganz recht.

vom Schlag getroffen werden *path selten* – einen **Schlaganfall** haben · to have had a stroke

ein Schlag unter die Gürtellinie sein *ugs* · it's/s. th. is below the belt, it/s. th. is hitting below the belt

So scharf man einen Wahlkampf auch führt: Liebesgeschichten sind Privatsachen; die haben da nichts zu suchen. Die Anspielung von dem Bohrmann war ein Schlag unter die Gürtelinie. So etwas tut man nicht!

ein Schlag, und du stehst im Hemd da! *Drohung sal selten* · I'll flatten you, I'll lay you out cold

(Zwei Vierzehnjährige, die sich streiten:) Glaubst du etwa, ich hätte Schiß vor dir?! Komm' doch mal ran! Ein Schlag, und du stehst im Hemd da! – Du Großmaul! Wenn du jetzt nicht ruhig bist, muß ich dir wohl wirklich die Fresse polieren.

ein Schlag von hinten (sein) *ugs selten* – ein **Schuß** von hinten (sein) · to be a stab in the back

ein Schlag ins Kontor sein *ugs selten* · it's/s. th. is a real blow, it/s. th. is a nasty shock

Das ist ein Schlag ins Kontor, in der Tat! Der Theo kündigt – damit hätte ich nicht gerechnet! Ich weiß überhaupt nicht, wie ich den ersetzen soll. Wirklich eine unangenehme Überraschung!

einen Schlag kriegen *ugs – path* · 1. to get a shock, 2. you'll/he'll/... die when you/... hear this

1. Als der Theo eiskalt erklärte, wenn er nicht wenigstens 250,- Mark im Monat mehr kriegte, würde er sofort kündigen, hat der Chef doch bestimmt einen Schlag gekriegt, oder? – Überrascht war der Alte schon, aber nicht so, wie du annimmst ...

2. Du wirst einen Schlag kriegen, Mathilde, wenn du hörst, was sich unser lieber August da alles geleistet hat. Mach' dich auf etwas gefaßt! Also: ...

ein Schlag in die Magengrube · a blow/a punch/... in the solar plexus

... Ich weiß gar nicht, wie so Boxer diese Schläge in die Magengrube überhaupt aushalten. Unsereiner würde doch sofort umfallen. – Das verlangt eine ganz spezielle Atemtechnik!

etw. **geht**/(folgt/...) **Schlag auf Schlag** · to happen/... in quick/... succession

Seine Anstellung als Assistent – die Habilitation – der Ruf nach Gießen ...: das ging (alles) Schlag auf Schlag. Er hatte kaum Zeit, eine Sache richtig zu verdauen, da kam schon die nächste.

der Schlag soll dich/ihn/den/sie/... **treffen!** *path veraltend selten* – der **Teufel** soll dich/ihn/den/sie/... holen · + s.o. can go to hell

keinen Schlag tun *ugs* – keine **Hand** rühren (für jn./etw.) (2) · not to do a stroke/a tap/a hand's turn

jm. **einen Schlag versetzen** · 1. 2. to deal s.o. a blow, 1. to strike s.o., to hit s.o., 2. to hurt s.o.

1. ... In seiner Wut holte er aus und versetzte seinem Bruder einen (derartigen) Schlag/einen so harten/... Schlag an die Kinnlade/an die Stirn/..., daß er k.o. zu Boden ging.

2. Mit seinem Vorwurf, sie hätte nie etwas für ihn getan, hat der Kurt seiner Frau einen Schlag versetzt, von dem sich die Arme vielleicht nie wieder richtig erholt.

ein Schlag ins Wasser sein *ugs* · to be a failure, to be a flop, to be a fiasco
Eure Bemühungen, alle Geschwister zu einem gemeinsamen Vorgehen zu veranlassen, waren nicht erfolgreich? – Nein, das Ganze/das ganze Unternehmen/all diese Bemühungen/... war/waren ein Schlag ins Wasser, das hätten wir uns alles sparen können.

einen Schlag weghaben *sal* – nicht (so) (ganz/(recht)) bei **Trost** sein (2; u. U. 1) · s. o. has got a screw loose/bats in the belfry/...

einen Schlag mit der Wichsbürste weghaben/(haben) *sal selten* – nicht (so) (ganz/(recht)) bei **Trost** sein (2; a. 1 · s. o. has got a screw loose/bats in the belfry/...

Schlaganfall: einen Schlaganfall haben *med* · to have/to suffer a stroke
Wie ich höre, hat der Herr Moser einen Schlaganfall gehabt? – Leider sogar einen sehr schweren. Die ganze rechte Seite ist gelähmt.

einen Schlaganfall erleiden *med form* – (eher:) einen **Schlaganfall** haben · to have a stroke

schlagartig: schlagartig aufhören/(...) · to stop/... immediately/quite suddenly/quite abruptly/...
Das hättest du sehen sollen: die Frau Schellner hatte eine halbe Stunde vergeblich versucht, die Jungen zur Ruhe zu bringen; aber kaum tauchte auf dem Flur das Gesicht des Direktors auf, war der Lärm schlagartig vorbei. Von einem Moment zum anderen.

Schläge: wenn ..., dann setzt's Schläge! – (eher:) wenn ..., dann **gibt's/(gibt es)** was! (1) · when ..., there will be hell to pay

(entweder ...) oder es setzt Schläge! – (eher:) (entweder ...) oder es **gibt** was! · (either ...) or there'll be trouble

(...) sonst setzt's Schläge! – (eher:) (...) sonst **gibt's/(gibt es)** was! · or else!

nach allen Seiten/... **Schläge austeilen** · to lash out in all directions
Wo ist denn eigentlich der Hubert? – Als ich hereinkam, prügelte er sich gerade da draußen mit drei oder vier Jungen. – Mit drei oder vier ... – Ja, er war vollauf beschäftigt: er teilte nach allen Seiten Schläge aus, das war eine wahre Wonne.

Schläge beziehen/bekommen/kriegen – den **Buckel** vollkriegen (2; u. U. 1) · to get a good hiding/thrashing/...

jm. **Schläge verabreichen** *oft iron* · to give s. o. a good thrashing/beating/hiding/...
... Schläge sollte man diesem Rüpel verabreichen, und zwar mit dem Stock! Das ist die einzige Sprache, die er versteht.

schlagen: auf die Nieren/den Magen/... **schlagen** *Belastungen/Sorgen/Krankheiten/...* · to affect s. o.'s kidneys/stomach/...
... Du sagst, der Albert ist nicht gut in Schuß. Was hat er denn? – Wahrscheinlich sind ihm die ewigen Intrigen da in der Firma auf die Nieren geschlagen. Ich weiß nicht ... Der Arzt findet nichts Konkretes. Tatsache ist, daß er mit dem Magen Last hat, an Verdauungsstörungen leidet ...

nach jm. **schlagen** *form selten* – auf jn. **herauskommen** · to turn out to be just like one's mother/..., to take after one's mother/...

dazwischen schlagen *ugs* · to wade in, to pile in with fists flying
... Wenn die Polizei kommt und dazwischen schlägt, schimpfen die Leute, das wäre rohe Gewalt. Wenn die Polizei nicht eingreift, heißt es, sie überläßt den Randalierern das Feld. Wie soll sie sich dann bei solchen Tumulten verhalten?!

jn. **halbtot schlagen** · to half kill s. o. *coll*, to beat s. o. to within an inch of his life
(Bei einem Boxkampf:) Mein Gott, wenn das so weitergeht, dann schlägt der Jimmy den Bettau noch halbtot! – Das sieht gefährlicher aus, als es ist, Jürgen!

jn. **k. o. schlagen** *Boxen* · to knock s. o. out
... Schon nach 25 Sekunden schlug Mohamed Ali seinen Gegner mit einem linken Haken k. o. – Anderthalb Millionen in 25 Sekunden!

jn. **krankenhausreif schlagen** *sal* · to beat s. o. to a pulp, to beat the living daylights out of s. o. *coll*, to beat shit out of s. o.
Sei vorsichtig mit deinen Neckereien, Albert! Du wärst nicht der erste, den der Anton krankenhausreif schägt.

etw./**alles kurz und klein schlagen** *ugs* · to smash s. th./everything to pieces, to smash s. th./everything to smithereens
... Vor Wut könnte ich diesen Laden hier kurz und klein schlagen! – Was ist denn los? Was regt dich denn hier plötzlich so auf?

um sich schlagen (vor Zorn/Angst/...) · to lash out in all directions, to hit out in all directions
Wenn der Walter sich so weit vergißt, daß er da mitten im Lokal wie wild/ein Verrückter/... um sich schlägt, darf er sich nicht wundern, wenn kein Mensch mehr was mit ihm zu tun haben will.

sich um etw. **schlagen** *ugs* · to fight over s. th. *n*
... Die haben sich um die Eintrittskarten regelrecht geschlagen. Ich habe so einen Andrang und so ein Getöse in dieser Halle noch nicht erlebt.

sich tapfer/(gut) schlagen *oft: du hast dich/ihr habt euch ja ... ugs* – sich wacker **schlagen** · to put up a brave fight, to hold one's own, to give as good as one gets

jn. **überlegen schlagen** · to outclass s. o., to beat s. o. convincingly
... Von einem Rennen gleichwertiger Pferde kann gar keine Rede sein! Der Holger Batt schlug die anderen derart überlegen, daß man schon von einer Deklassierung sprechen muß.

jn. **vernichtend schlagen** · to trounce s. o., to beat s. o. hollow, to massacre s. o., to wallop s. o., to wipe the floor with s. o.
(Von einem Fußballspiel:) Das letzte Mal haben die Bayern die Duisburger vernichtend geschlagen – 6 : 1! – Da waren die (auch) in Topform. Diesmal können sie froh sein, wenn sie überhaupt gewinnen.

sich wacker schlagen *oft: du hast dich/ihr habt euch ja ... ugs* · to put up a brave fight, to hold one's own, to give as good as one gets
... Na, du hast dich in der Diskussion heute ja wacker geschlagen! Alle Achtung! Du hast besser – und lebendiger – argumentiert als alle, die dich angegriffen haben, zusammen.

jn. **windelweich/grün und blau/(krumm und lahm/(braun und blau/grün und gelb)) schlagen** *ugs – path* · to beat s. o. to a pulp, to beat the living daylights out of s. o., to beat shit out of s. o. *sl*
Der Karl-Heinz ist neuerdings so brav, wenn der Kurt dabei ist! ... – Der Kurt hatte die Nase voll von seinen ewigen Neckereien und hat ihn, als er wieder damit anfing, vorigen Freitag, windelweich geschlagen. Der sah aus, der Karl-Heinz, als ob Mohamed Ali ihn zusammengeschlagen hätte.

eh(e) ich mich/(er/der Peter/... sich/...) schlagen lasse/(läßt/...) *ugs iron dir. R* · if I/he/John/... really have/... to, + if you twist my/his/... arm, I don't mind if I do
... Kannst du dem Klaus denn nicht wirklich nicht noch ein Mal helfen? Mein Gott, du mußt doch verstehen, in welch einer peinlichen Lage der steckt ... – Also gut, ehe ich mich schlagen lasse ...! Aber es ist endgültig das letzte Mal, Albert!

schlagender: ein schlagender Beweis/schlagendes Argument/(...) · convincing proof, convincing evidence, irrefutable proof, a convincing/telling/irrefutable/... argument
Wenn der Otto in der Verhandlung gar nicht unterrichtet war, ist das ein schlagender Beweis, daß die Geschäftsführung ihn draußen halten wollte. Eindeutiger kann man das doch gar nicht zum Ausdruck bringen.

Schlages: anderen Schlages sein *form selten* – ein (ganz) anderer **Schlag** sein · to be of a completely/... different kind/stamp/nature

Menschen/Leute/... meines/deines/unseres/... **Schlages** *form – path* · 1. 2. people of his/your/... kind, people like us/you/... 1. people of his/your/... ilk

1. ... Mit Menschen seines Schlages möchte ich nichts zu tun haben. Mir liegen nun einmal Leute nicht, die nicht klar sagen, was sie denken und was sie vorhaben.

2. Leute unseres Schlages lassen sich nicht nachsagen, Junge, sie lebten auf Kosten anderer. Also: wenn du da irgendwelche Unkosten verursacht hast – ganz egal, ob absichtlich oder nicht –, bezahlst du die, und zwar sofort. *seltener*

Menschen/Leute/... alten Schlages *form – path* · people/... of the old school

... Das sind noch Leute alten Schlages, die Breisings, die arbeiten noch um der Sache willen und nicht nur, um Geld zu machen. – Diese Leute sterben offensichtlich zunehmend aus.

Leute/Menschen/... jeden Schlages *form selten* · people/... of all kinds, people/... of all types

... In diesem Beruf finden Sie Menschen jeden Schlages: Melancholiker, Phlegmatiker, Choleriker ..., Fleißige und Faule, gut und weniger gut Gesinnte ... – was Sie sich nur denken können!

schlagfertig: (sehr/ungemein/...) schlagfertig (sein) · (to be) (very/incredibly/...) quick-witted

... So ein schlagfertiger Junge wie der Rudi ist mir noch nicht begegnet. Der hat ja auf alles sofort eine Antwort, und zwar eine, die sitzt.

Schlaglicht: ein Schlaglicht werfen auf jn./etw. · to give an insight into s.th., to highlight s.th.

... Ihre Bemerkung, zur Not könnte sie auch allein leben, wirft ein Schlaglicht auf den Zustand ihrer Ehe. Die ist schon lange zerrüttet, nur nach außen halten die beiden noch – mühsam – zusammen.

Schlagseite: (leicht(e)/schwer/...) Schlagseite haben · 1. to list/to be listing heavily, 2. to be rolling drunk, to be half-seas-over

1. Schau mal dahinten, das Schiff, das hat Schlagseite! – In der Tat, es kippt immer mehr nach links herüber. Hoffentlich geht es nicht unter.

2. Schau dir das an, wie der Toni daherwankt! – Der hat ganz schön Schlagseite, ja. Der hat bestimmt wieder unten bei Beilmann gesoffen. *ugs*

schlägt's: jetzt schlägt's aber dreizehn/13! *ugs* – es/das wird jm. zu **bunt** (1) · that's the limit!, that's going too far!

Schlagzeilen: Schlagzeilen machen · to hit the headlines, to make headlines/headline news

Der Struß macht mal wieder Schlagzeilen. – Wieder mit Affären? – Natürlich. Oder meinst du, dem geläng' es durch objektive Leistungen, dauernd groß in allen Zeitungen zu stehen?

Schlamassel: da haben wir/habt ihr/... **den Schlamassel!** *sal* – da haben wir/habt ihr/... die **Bescherung!** · we're/... really in a fine mess now, we're/... really up shit creek now

(gar/überhaupt) nicht (mehr) aus dem Schlamassel herauskommen/nicht wissen/keinen Weg sehen/..., wie man aus dem Schlamassel (wieder) herauskommen soll *sal* · 1. 2. not to know how to/not to be able to/... get out of the mess *n*

1. ... Das ist ein Durcheinander hier, ein Mangel an vernünftigen Arbeitskriterien, an Arbeitsethos, an Mitteln ...! So sehr man sich auch anstrengt: man hat den Eindruck, das ist alles für die Katz', man kommt aus dem Schlamassel doch nicht heraus.

2. ... Jahre und Jahre hat er sich nicht richtig um die Firma gekümmert! Kein Wunder, daß es immer mehr bergab ging. Jetzt ist der Karren derart verfahren, daß er gar nicht mehr weiß, wie er aus dem Schlamassel wieder herauskommen soll.

aus dem Schlamassel heraussein *sal* · to have got out of the mess *n*

Bist du aus dem Schlamassel heraus, oder ist die Lage der Firma immer noch so schlecht? – Ich hoffe, im Frühjahr endgültig über den Berg zu sein.

(ganz schön/...) im Schlamassel sitzen *sal* – (eher:) in der **Patsche** sitzen · to be in a real/terrible/... mess

Schlange: sich winden wie eine Schlange *path selten* – sich (drehen und) winden/sich krümmen wie ein **Aal** · to squirm like an eel, to wriggle like a worm/an eel

eine Schlange bilden/es bildet sich ... · 1. to form a line, to form a queue, 2. to form a tailback

1. ... Bei drei Spuren läuft der Verkehr flüssig, ja; aber es genügt eine ganz kleine Baustelle, daß sich sofort wieder eine riesige Schlange bildet.

2. ..., daß die Wagen eine kilometerlange Schlange bilden.

eine Schlange am Busen nähren/(sich) ... **großziehen** *form – path veraltend selten* – eine **Natter** am Busen nähren/(sich) ... großziehen · to nurture a viper in one's bosom

Schlange stehen · to queue up, to form a line, to stand in line

... Guck' dir das an, wieviel Leute da Schlange stehen! Eine Reihe von bestimmt 100 – 150 Personen, nur um Ballettkarten zu kriegen! Nein, da stell' ich mich nicht an; das dauert mir zu lange.

Schlangenlinie: in einer Schlangenlinie/in Schlangenlinien fahren · to swerve about

... Der Fahrer da vor uns ist entweder besoffen oder er hat einen Anfall – der fährt in richtigen Schlangenlinien daher.

Schlappe: jm. eine (schwere) Schlappe beibringen *ugs – form* · to beat s.o. *n*, to defeat s.o. *n*, to foil s.o. *n*, to rebuff s.o. *n*

... Gegen die Münchener haben sie doch bestimmt verloren! – Du irrst, mein Guter. Es gelang ihnen, den Bayern eine Schlappe beizubringen. 3 : 2 haben sie gewonnen.

eine (schwere) Schlappe einstecken müssen/erleiden *ugs – form* · to be badly/heavily/... beaten, to be badly/heavily/... defeated, to suffer a serious/... set-back, to suffer a serious/... reverse

Wieviel haben sie gewonnen? – Gewonnen?! Sie haben eine Schlappe erlitten. Und wie! 5 : 1 haben sie verloren.

schlappmachen: schlappmachen *ugs* – schlapp **machen** · to give up, not to be able to take it, to flake out, to throw in the towel

Schlaraffenland: leben wie im Schlaraffenland *ugs – path selten* · to live in the land of Cockaigne, to live in the land of milk and honey, to lead the life of Riley

... Die Bolkers leben doch wie im Schlaraffenland: die lassen andere für sich arbeiten, reisen in der Weltgeschichte herum, lassen den lieben Gott einen guten Mann sein und genießen die Freuden des Lebens in vollen Zügen!

schlau: aus jm./etw. nicht schlau werden *ugs* – aus jm./etw. nicht **klug** werden · not to be able to make s.o./s.th. out

so schlau wie zuvor/(als wie zuvor) **sein** *ugs* – so **klug** wie zuvor/(als wie zuvor) sein · to be none the wiser, to be no wiser

Schlauch: ein (richtiger/...) Schlauch sein *Zimmer u. ä. ugs* · 1. the room/... is really/... narrow *n*, the room/... is like a shoebox, 2. it/s.th. is a real slog, it/s.th. is tough going

1. ... Das Wohnzimmer ist ein bißchen ungemütlich! – Ja, das ist ein Schlauch! Ein Zimmer, das fast sieben Meter lang und höchstens 2,50 m breit ist, kann halt nicht gemütlich sein – egal, wie man es einrichtet.

2. Diese Übersetzung ist ein richtiger Schlauch. Die zieht sich jetzt schon über drei Monate hin. Ob wir damit jemals fertig werden?

etw. zu tun/das/(etw.) **ist ein Schlauch** *sal* · 1. 2. to be a slog, to be a grind, to be a drag

1. So ein Wörterbuch zu machen, (das) ist wirklich ein Schlauch! Eine Kleinarbeit, sage ich dir! Man hat den Eindruck, man wird überhaupt nicht mehr fertig.

2. Die Verhandlungen mit diesen Chinesen sind ein Schlauch! Die Leute kennen überhaupt keine Zeit, ziehen die Dinge absichtlich in die Länge, reden von tausend Dingen, die mit der Sache gar nichts zu tun haben – ohne auch nur einen Augenblick ihr Interesse aus den

Augen zu verlieren ... Wenn man mit denen fertigwerden will, muß man Nerven wie Drahtseile und eine Engelsgeduld haben.

auf dem Schlauch stehen *sal* · to be flummoxed *n*, to be at a loss *n*, not to know what to do next *coll*
... Wenn du jetzt nicht sofort reagierst, meinen die, du stehst auf dem Schlauch! Und das wäre das Dümmste; denn ein Politiker darf nie den Eindruck geben, keine Antwort zu finden.

schlauchen: (jn.) (ganz schön/...) **schlauchen** *ugs* · to really/... take it out of s.o., to really/... wear s.o. out *n*
Ein Marsch von dreißig Kilometern mit zwanzig Kilo Gepäck – das schlaucht ganz schön.

Schlauer: du bist/der/die/der Peter/..., (das) ist **(mir) ein ganz Schlauer!** *sal iron* · you/he/John/... are/... a real/... slyboots, you/he/John/... are/... a real/... crafty customer
Der Peter, (das) ist (mir) ein ganz Schlauer! Der benutzt für den Hausaufsatz ein kleineres Format in den Schreibmaschinenbögen um mehr Seiten herauszuschinden/(herauszuholen), und meint, der Lehrer merkt das nicht.

nicht schlauer sein/nicht schlauer (aus etw.) geworden sein/ nicht schlauer sein als vorher/zuvor/so schlau sein wie zuvor/(als wie zuvor) *ugs* · 1. to be none the wiser, not to be able to make sense of s.th., 2. to be none the wiser/to be no wiser (than before)
1. ... Wir sind aus seinem Vortrag nicht schlauer geworden. Was uns vorher unklar war, ist uns auch unklar geblieben.
2. vgl. – so **klug** wie zuvor/(als wie zuvor) sein

schlecht: jm. **ist schlecht** – sich gut/glänzend/ausgezeichnet/ schlecht/miserabel/... **fühlen** (2) · s.o. is feeling awful

es wird einem/mir/ihm/... **schlecht bei** etw./wenn .../... *ugs* – *path* · it makes s.o. sick when .../to ...
... Wenn ich diese Verlogenheit sehe, wird mir schlecht/wenn man ..., wird einem ...! Wirklich! Noch gestern hat sie mir erklärt, sie könnte es bei ihrem Mann einfach nicht mehr aushalten. Und heute, wo er ihr einen neuen Pelzmantel mitbringt, ist er der beste Kerl auf Gottes Erdboden!

bei etw./wenn .../... **kann es einem schlecht werden** *ugs* – *path* · + it's enough to make one/s.o. sick to ...
Wenn man so einen Unsinn hört, kann es einem schlecht werden. Nicht einmal die allereinfachsten Grundlagen sind richtig dargestellt. Unerträglich!

nicht schlecht staunen/überrascht sein/... (wenn ...) *ugs* – (ganz) **schön** staunen/überrascht sein/... (wenn ...) · to be really surprised/shocked/... to hear ..., to be pretty surprised/ shocked/... to hear ...

mehr schlecht als recht gemacht sein/können/... · + to do s.th. after a fashion
... Die Marie-Luise meint wohl, wenn sie einen Text mehr schlecht als recht übersetzt hat, hätte sie ihre Pflicht erfüllt. – Was heißt: mehr schlecht als recht? War die Übersetzung etwa nicht gut? – Na, eine Glanzleistung war es nicht gerade. Passabel – d. h. sie ging so durch.

so schlecht und recht etw. tun – (eher:) so **recht** und schlecht etw. tun · to do s.th. after a fashion

sich zum Schlechten wenden *form selten* – eine schlimme/ böse/unheilvolle/... **Wendung** nehmen · events/things/(...) take a nasty/an unpleasant/... turn/a turn for the worse

schlechtmachen: jn./etw. **schlechtmachen** *ugs* – jn./etw. schlecht **machen** · to run s.o./s.th. down, to slag s.o./s.th. off

Schleck: das/etw. **ist kein Schleck** *ugs selten* · 1. s.th. is no picnic, 2. s.th. is no/not much/... fun, s.th. is not a bag of laughs
1. vgl. – (eher:) das/etw. ist kein **Zuckerlecken**/(Zuckerschlecken)
2. vgl. – ... etw. zu tun ..., das ist kein **Spaß**

schleichen: sich aus dem Haus/einer Hütte/... **schleichen** · to sneak out of the house/..., to slink out of a house/...
... Heimlich, ganz heimlich schlich er sich aus dem Haus. Er wollte nicht, daß ihn jemand sah, daß er jemandem Lebewohl sagen mußte ...

Schleichwege: auf Schleichwegen *ugs* – *form selten* · by clan-destine/surreptitious/illicit/... methods/means/(...)
Ich weiß nicht, auf welchen Schleichwegen die an die Unterlagen gekommen sind! Mit korrekten Dingen ist das jedenfalls nicht zugegangen.

Schleier: es fällt jm. **(plötzlich) der Schleier von den Augen** *path* – (eher:) es fällt jm. (plötzlich) wie **Schuppen** von den Augen/(es fallen jm. (plötzlich/...) die Schuppen von den Augen) · the scales (suddenly) fall from s.o.'s eyes

einen Schleier vor den Augen haben *path* · to have a veil before one's eyes, to be blinded by love/anger/...
... Hast du denn nicht gemerkt, daß es ihm nur um dein Geld ging und nicht um dich? – Nein. Ich hatte einen Schleier vor den Augen. Weil ich ihn liebte, meinte ich, er liebte mich auch, und sah alles immer nur in diesem Licht.

jm. **den Schleier von den Augen reißen/**(herunterreißen) *path* · to open s.o.'s eyes to s.th.
... Es war völlig richtig, daß du ihm klaren Wein eingeschenkt hast. Irgendeiner mußte ihm ja mal den Schleier von den Augen reißen. Er konnte doch nicht ewig mit diesen Illusionen seiner Frau gegenüber herumlaufen.

einen Schleier über etw. **breiten** *form* – *path* · to draw a veil over s.th.
... Daß die Regierung versucht, über diese unleidige Affäre einen Schleier zu breiten, ist mehr als verständlich. Aber man wird den Eindruck nicht los, daß der Opposition nicht weniger daran gelegen ist, daß nichts geklärt wird/daß alles vertuscht wird.

jm. **den Schleier vom Gesicht reißen/**(herunterreißen) *path* – (eher:) jm. die **Maske** vom Gesicht reißen/(herunterreißen/ abreißen) · to tear the mask from s.o.'s face

den Schleier (des Geheimnisses/...) lüften *form* – *path* · to lift the veil of secrecy
... Wo ist denn nun Mutters Ehering nach ihrem Tod geblieben? – Jetzt, wo alles vorbei ist, kann ich den Schleier des Geheimnisses ja lüften: kurz bevor sie starb, hat Mutter mich gebeten, man möge sie mit dem Ring beerdigen.

den Schleier nehmen *form selten* · to take the veil
... Was, die Bertha will den Schleier nehmen?! Das kann doch nicht wahr sein! – Doch. Sie hat sich fest entschlossen, Nonne zu werden.

alles/... **wie durch einen Schleier sehen** *form* · 1. 2. 3. to see everything as through a veil, to see everything in a haze, to have a mist in front of one's eyes
1. Heute liegt ein feiner Nebel in der Luft, man sieht alles wie durch einen Schleier.
2. ... Wie benommen trat er auf die Straße. So mir nichts dir nichts entlassen werden – wie konnte er damit rechnen? Er sah alles wie durch einen Schleier. Gehörte er überhaupt noch zu dieser Welt, in der es nur Ungerechtigkeit und Härte gab?
3. Auf Martins Geburtstagsfeier hatten wir alle ein Glas zuviel getrunken. Als wir anschließend einen Spaziergang machten, sah ich alles wie durch einen Schleier.

den Schleier des Vergessens/der Vergessenheit über etw. **breiten** *form* – *path* · to spread the veil of oblivion over s.th.
... Nun gut, ich habe ja nichts dagegen, wenn die Regierung versucht, über die Affären dieses Ministers den Schleier der Vergessenheit zu breiten. Aber die Rolle einer funktionierenden Opposition wäre es doch wohl, darauf zu dringen, Licht in die Sache zu bringen.

etw. **mit dem Schleier der Nächstenliebe/**der Freund-schaft/... **verhüllen/umkleiden** *form* – *path* · to cloak s.th. in a mantle of friendship/philanthropy/..., to do s.th. under the guise of friendship/...
... Heuchler sind das, weiter gar nichts! Wenn die in irgendeinem Land die 'Demokratie' einführen, haben sie ihr eigenes Interesse im Auge, und sonst nichts! Guck' dir nur an, wie die Dritte Welt ausbeuten! Aber selbst das verhüllen sie mit dem Schleier der Nächstenliebe, so als geschähe das alles nur, um den Völkern einen besseren Lebensstandard zu verschaffen! ...

schleierhaft: jm. ist etw. **(völlig) schleierhaft** *ugs* · it is a (complete/…) mystery to me/… how/why/…
Mir ist völlig schleierhaft, wie der Robert eine so ausgezeichnete Stellung aufgeben konnte. Verstehst du das? Mir will das nicht in den Kopf.

Schleife: eine Schleife fliegen/fahren · to fly a loop
Die meisten Flugzeuge, die hier starten, fliegen eine richtige Schleife, ehe sie auf ihrer endgültigen Route sind. – Sie müssen die Stadt vermeiden.

schleifen: jn. **mit zu** jm./durch die ganze Stadt/in ein Museum/… **schleifen** *ugs* · to drag s.o. through the town/museums/…, to drag s.o. along to one's family/friends/…
… Und wie war der Besuch in München? – An sich ganz herrlich. Nur Museen kann ich nicht mehr sehen. Der Herbert hat mich in den sechs Tagen in 13 oder 14 Museen geschleift.

alles/die Dinge **schleifen lassen** *ugs* – (bei jm./in …/…) die **Zügel** schleifen lassen (1) · to let things slide

Schleifer: ein (richtiger/…) Schleifer (sein) *mst militärische Ausbilder ugs* · (to be) a (real/…) slave-driver
Unser Zugführer ist ein richtiger Schleifer. Dem scheint es Spaß zu machen, die Leute durch den Matsch zu jagen und zu piesacken, wo es nur geht. Der Typ ist ein regelrechter Menschenschinder.

Schleimscheißer: ein Schleimscheißer (sein) (in/bei/…/bei jm./jm. gegenüber) *vulg* · (to be) an arse-licker, (to be) a brown-noser *sl*, (to be) a slimy/smarmy/… customer *sl*
Klar, den Untergebenen gegenüber tritt der Kroll scharf und unnachgiebig auf, aber bei dem Chef ist er ein regelrechter Schleimscheißer – anders kann man diese elende Kriecherei/Speichelleckerei gar nicht bezeichnen!

Schlendrian: es ist (wieder/nach wie vor/…**) der alte/(gewohnte) Schlendrian/**(in/bei/… herrscht/… (wieder/…) der alte/(gewohnte) Schlendrian *ugs* · it's the old/usual/… slackness/casualness *n*, it's the old/usual/… slovenliness/slipshod ways/… *n*
… Nach der Revolution ging es eine Zeitlang besser, da gaben sich die Leute etwas mehr Mühe, herrschte eine gewisse Zielstrebigkeit und Ordnung. Aber inzwischen hat der alte Schlendrian wieder Oberhand gewonnen.

es/alles/(etw.) **geht (da/**…**) (wieder) den/seinen/im alten/**(gewohnten) **Schlendrian** *ugs* · it's the old/usual/… rut/routine/…, it's the old/usual/… slackness *n*
… Na, habt ihr endlich Schwung in euren Laden/euer Geschäft gebracht oder geht da nach wie vor alles im alten Schlendrian? – Da hat sich leider nichts geändert, es ist immer noch dieselbe Nachlässigkeit, dieselbe Unordnung und Schlamperei.

Schlenker: einen Schlenker machen (über …) · 1. to swerve, 2. to make a detour
1. … Gott sei Dank fuhr der Wagen nicht schnell. Obwohl der Paul direkt davorlief, gelang es dem Fahrer (deshalb), zugleich scharf zu bremsen und einen Schlenker um den Jungen zu machen. Es sah fast komisch aus, wie der den Wagen um den Paul herumbugsierte.
2. Wenn du auf deiner Portugalfahrt über Straßburg fährst, kannst du auch einen Schlenker über Offenburg machen – das ist doch ein Katzensprung. Der Robert … – Du, ich fahre sowieso schon 5.000 Kilometer, da mach' ich nicht noch Umwege so klein ist auch sind.

Schlepp: im Schlepp eines Kahns/Traktors/… (fahren/…) *ugs selten* – im **Schlepptau** eines Kahns/Traktors/… (fahren/…) · to be towed by a barge/tractor/…

etw./jn. **im Schlepp haben** *ugs selten* – etw./jn. im **Schlepptau haben** · to take a ship in tow, to tow a ship, to have got s.o. in tow, to have dragged s.o. along with one

ein Schiff/Auto/… **in Schlepp nehmen** *ugs selten* – ein Schiff/(Auto/…)/jn. ins **Schlepptau** nehmen (1) · to tow a ship/a car/…

schleppen: jn. **mit zu** jm./durch die ganze Stadt/in ein Museum/… **schleppen** *ugs* – jn. **mit zu** jm./durch die ganze Stadt/in ein Museum/… **schleifen** · to drag s.o. through the town/museums/…, to drag s.o. along to one's family/friends/…

schleppend: sich (nur) schleppend fortbewegen/… · to drag o.s. along *coll*
… Ja, nach seinem Schlaganfall kann er sich nur noch schleppend fortbewegen. – Wahrscheinlich muß er sogar von Glück sprechen, daß er sich überhaupt noch bewegen kann.

Schlepptau: im Schlepptau eines Kahns/Traktors/… (fahren/…) *form selten* · to be towed by a tractor/tug/…
Im Schlepptau eines Traktors kämen wir natürlich durch diesen Schlamm durch! So nicht; so bleibt der Wagen da mit Sicherheit stecken.

etw./jn. **im Schlepptau haben** · 1. to take s.th. in tow, to tow a ship/…, 2. to have got s.o. in tow, to have dragged s.o. along with one *coll*, to have brought s.o. along
1. … Das sieht wirklich drollig aus, wenn so ein kleiner Kahn so ein riesiges Schiff im Schlepptau hat! – Je kleiner so ein Kahn ist, um so wendiger ist er; um so besser kann er die Schiffe also durch diese Flußenge ziehen.
2. … Wen hat denn der Erich da im Schlepptau? – Was weiß ich, wen er da mitbringt! Wahrscheinlich einen Geschäftsfreund. – Daß der aber auch immer unbekannte Leute mit zum Klubabend bringen muß! *ugs selten*

ein Schiff/(Auto/…)/jn. **ins Schlepptau nehmen** · 1. to take a ship in tow, 2. to take s.o. in tow, 3. to take care of s.o., to help s.o. out
1. … An dieser Stelle, erklärte er, müssen Spezialschiffe die Tanker ins Schlepptau nehmen, wegen der engen Fahrrinne, der scharfen Biegung des Flusses und der Strömungen. – Die Tanker schalten dann ihren Motor ab? – Ja, sie werden von den kleinen Schiffen gezogen.
2. Stell' dir vor, der Bichsel versucht, unseren Kurt ins Schlepptau zu nehmen! – Aber der Kurt ist doch erfahren und umsichtig genug, um seine eigene Linie zu verfolgen. Der wird sich doch nicht von dem Bichsel vor seinen Karren spannen lassen!
3. (Ein Vater zu einem Kollegen seiner Tochter:) Könntest du die Bärbel nicht ein wenig ins Schlepptau nehmen, Rudi? Die kommt da in der Uni ganz offensichtlich nicht richtig zurande. – Ich denke, die Bärbel ist zu unabhängig, um sich von mir führen und helfen zu lassen!

sich (nicht) ins Schlepptau nehmen lassen *ugs selten* · (not) to go along with s.o. else's wishes/plans/… *n*
… Bei dem Ulrich brauchst du gar keine Versuche in diese Richtung zu starten. Der läßt sich von niemandem ins Schlepptau nehmen. Es gibt unter den Verwaltungsleuten hier keinen einzigen, der so auf seine Unabhängigkeit bedacht wäre.

Schleudern: jn./etw. **ins Schleudern bringen** · 1. to start s.th. skidding, to make s.th. skid, 2. to make s.o. start to struggle, + to get out of one's depth
1. Brachte der Sturm das Auto ins Schleudern oder wie erklärst du, daß so ein sicherer Fahrer wie der Bertolt den Wagen plötzlich nicht mehr in der Gewalt hatte?
2. … Zunächst verlief die Prüfung ganz ausgezeichnet. Erst mit den Fragen nach der provenzalischen Lyrik brachte mich der Prof. Winkelmann ins Schleudern, und dann, einmal unsicher, habe ich immer mehr danebengehauen. *ugs*

ins Schleudern geraten/kommen · 1. to go into a skid, to start skidding, 2. to start to struggle, to get out of one's depth
1. Wie ist der Unfall denn passiert? – Ein Kind rannte plötzlich auf die Straße, er versuchte mit aller Macht zu bremsen; bei dem nassen Wetter und dem glatten Pflaster kam der Wagen ins Schleudern und prallte gegen eine Laterne …
2. Im ersten Teil des Examens beherrschte der Rolf die Lage fachlich und psychisch völlig; erst als er über das 13. Jahrhundert geprüft wurde, kam er ins Schleudern. Man merkte, daß er in dieser Epoche nicht sicher war. Seine Antworten wurden vage, er selbst nervös … *ugs*

Schleuderpreise: zu Schleuderpreisen verkaufen/… · to sell s.th./… at a knock-down price, to sell s.th./… at a giveaway/throwaway/… price, to sell s.th./… dirt cheap
Wenn wir die Pullover jetzt nicht mehr absetzen, verwahren wir sie bis zum nächsten Herbst. Wir werden die doch jetzt nicht zu Schleuderpreisen an den Mann zu bringen suchen.

Schleusen: die Schleusen des Himmels öffnen sich *path* – der **Himmel** öffnet seine Schleusen · the heavens open

Schliche: alle möglichen/die unglaublichsten/... Schliche anwenden/... *ugs* · to use/... all kinds of ruses/tricks/wiles/dodges/...

Der Franz hat doch bestimmt wieder alle möglichen Schliche angewandt, um seinen Vater dazu zu bewegen, ihm den Wagen für den Ausflug zu leihen? – Natürlich. Er hat erklärt, es führen einige Leute mit, die in der Firma einen sehr großen Einfluß hätten, sodaß die Fahrt für ihn auch beruflich von größtem Interesse wäre; dann ...

alle Schliche kennen · to know all the tricks, to know every trick in the book

Wie der Manfred das bloß immer wieder schafft, die Ausfuhrbestimmungen nach Südafrika zu umgehen ...?! – Der Manfred? Der kennt alle Schliche! Der macht und erreicht, was er will.

jm. auf/(hinter) die Schliche kommen/hinter js. Schliche kommen *ugs* · to find out s.o.'s tricks, to find out how s.o. does his tricks, to get on to s.o., to get wise to s.o.

... Wir haben zwar immer noch nicht ganz begriffen, wie es dem Isenberg immer wieder gelingt, die Abrechnungen in seinem Sinn zu frisieren/verfälschen, aber wir werden ihm noch auf die Schliche kommen, sei sicher!

schlicht: schlicht und einfach – (ganz) **einfach** (1) · (quite) simply

schlicht und ergreifend *iron* · short and sweet

... Heini, wir machen keine große Jubiläumsfeier. Das liegt dem Onkel Willy. Ganz einfach und schlicht. – Ja, ich verstehe schon: schlicht und ergreifend. – Du Spötter! Aber genau das meine ich.

schlicht um schlicht handeln/... *form selten* · to barter

... Damals, direkt nach der Währungsreform, gab's ja kein Geld. Deshalb haben wir, wenn eben möglich, die Güter und Leistungen nicht finanziell beglichen, sondern mit anderen Gütern, mit Gegenleistungen – schlicht um schlicht rechnete man ab.

Schlick: einen Schlick haben *ugs selten* – einen **Schluckauf** haben · to have (the) hiccups

schließen: messerscharf schließen *ugs* – *iron* · to deduce/to conclude/... with razor-sharp logic that ...

... Die Heike sieht man doch nur noch mit dem Aloys! – Und daraus schließt du messerscharf, daß sie in den Aloys verliebt ist? Irrtum, mein Lieber! Die beiden bereiten zusammen ihr Staatsexamen vor.

etw. in sich schließen *form* · to contain (a contradiction), to include/imply/connote/... the idea/...

Die Behauptung, Rußland ist groß, also auch mächtig, schließt einen Widerspruch in sich: Größe kann für ein Land genauso gut hemmend wie förderlich sein.

von sich auf andere/von A auf B schließen · to judge others by one's own standards

... Wenn du keine Feigen magst, heißt das nicht, daß die Lydia die auch nicht mag, Gregor! Du mußt nicht immer von dir auf andere schließen!

schließlich: schließlich und endlich ... *form* – **zuguterletzt** doch/doch noch/dann doch/schließlich doch/dann/... etw. tun · after all, finally, when all is said and done

Schliff: Schliff haben *ugs selten* · to have polish

Der Gerd hat Schliff, das muß man ihm lassen! – Der war eben nicht umsonst jahrelang bei der Luftwaffe. Korrektheit, Ordnung, Auftreten, das lernt man da nach wie vor. – Auch diese preußisch-soldatische Note?

e-r S. fehlt der letzte Schliff · + s.th. (still/...) needs a few finishing touches, + s.th. needs polishing up

... Die Untersuchung hat eine solide Materialbasis und ist sehr gut gegliedert/aufgebaut. Doch es fehlt noch der letzte Schliff. Die verschiedenen Teile sind noch nicht zu einem (harmonischen) Ganzen verwoben und auch der Stil könnte etwas besser sein.

den letzten Schliff bekommen/erhalten/... · + to put the finishing touches to s.th., to be given the finishing touches

... Seine Diktion ist nicht schlecht und seine Mimik ist sogar sehr ausdrucksvoll! Beides müßte allerdings noch den letzten Schliff bekommen, ehe er offiziell als Mime auftritt.

Schliff backen *schweiz ugs* – **Schiffbruch** erleiden (bei jm.) (mit etw./in etw.) (2; u.U. 1) · to fail (in/with s.th.), to founder (with s.th.)

jm. **Schliff beibringen** *ugs selten* · to lick s.o. into shape, to knock the rough edges off s.o.

Dem Moritz muß man mal Schliff beibringen, verdammt nochmal! Der hat seine Hände in den Taschen, wenn er mit Höhergestellten redet; der Schlips sitzt auf halb acht; er läßt die Leute nicht ausreden, quatscht dauernd dazwischen ... Den muß man mal auf Vordermann bringen!

e-r S. **den letzten Schliff geben** – (noch) letzte **Hand** anlegen (müssen) · to put the finishing touches to s.th.

Schliff kriegen/(bekommen) *ugs selten* · to be licked into shape, to learn/... polish

Was den Werner angeht, der hat nichts dagegen, daß sein Sohn zum Militär muß/eingezogen wird. Er meint, da kriegt der Junge endlich mal Schliff. Ich für meinen Teil finde, heutzutage ist das preußisch—ordentliche, zackige Auftreten weniger gefragt.

schlimm: halb so schlimm sein · it/s.th. is not so bad, it/s.th. is not the end of the world

... Mach' dir doch nicht immer solche Kopfschmerzen, Erich, das ist doch alles halb so schlimm! Wir verhungern doch nicht, wenn du einen Monat ein schlechteres Geschäft machst als sonst. Davon geht die Welt doch nicht unter!

(es ist) (schon) schlimm genug, daß ... · it's bad enough that ...

Es ist schon schlimm genug, daß der Junge lügt! Wenn er jetzt auch noch anfängt zu stehlen, weiß ich nicht, wie das mit ihm weitergehen soll.

Schlimmen: zum Schlimmen ausschlagen *form selten* – zum **Bösen** ausschlagen · to turn nasty, to take a turn for the worse

sich zum Schlimmen wenden *form* – eine schlimme/böse/unheilvolle/... **Wendung** nehmen · events/things/(...) take a nasty/an unpleasant/... turn

Schlimmeres: es gibt Schlimmeres als ... *ugs* · there are worse things than ...

... Meine Güte, Ingrid, es gibt Schlimmeres, als eine Mathematikarbeit in den Sand zu setzen! Das darf man doch nicht so tragisch nehmen!

Schlimmes: es ist nichts Schlimmes dabei/(daran), (wenn .../ daß ...) *ugs* – *form* – (eher:) es ist nichts **dabei** (wenn .../ daß ...) (1) · there is no harm in ...

was ist (denn) (schon) Schlimmes dabei/(daran) (wenn .../ daß ...)?! *ugs* – *form* – (eher:) was ist (denn) (schon) **dabei** (wenn .../daß ...)?! · what harm is there in it if ...?

nichts Schlimmes dabei/daran finden (etw. zu tun/wenn .../...) *ugs* – *form* – (eher:) nichts/etwas dabei/daran **finden** (etw. zu tun/wenn .../...) · not to see any harm in doing s.th., not to see any harm in it if ...

Schlimmste: das/etw. ist noch (lange/...) nicht das Schlimmste *ugs* · it/that is not the worst of it, there's (far/...) worse to come

Der Vollmer ist unmöglich! Da kommt der Chef der Konkurrenzfirma persönlich, um über die strittigen Fragen zu besprechen, und er läßt den Mann eine Stunde unten warten! – Das ist noch gar nicht das Schlimmste! Während der Unterhaltung hat er sich dann so erregt, daß er seinem Gast ein paar handfeste Beleidigungen an den Kopf geworfen hat.

auf das/aufs Schlimmste gefaßt sein (müssen) · 1. 2. to (have to) be prepared for the worst

1. Ist es ernst, was der Rainer hat? – Leider! Sehr ernst! Sehr sehr ernst. Wir müssen auf das Schlimmste gefaßt sein.

2. Meinst du, das wird wieder so ein schwieriges Geschäftsjahr? – Es wird noch schwieriger, Ernst. Wir müssen auf das Schlimmste gefaßt sein. – Du machst dir doch keine ernsthaften Sorgen um die Existenz der Firma? – Doch, Ernst!

sich auf das Schlimmste gefaßt machen (müssen) – auf das/ aufs **Schlimmste** gefaßt sein (müssen) · to (have to) be prepared for the worst

es kommt zum Schlimmsten *form path* · if the worst comes to the worst

… Ich halte es eigentlich für ausgeschlossen, daß sie den Erich verurteilen. Aber wenn es wirklich zum Schlimmsten kommen sollte, müssen wir halt die Kinder übernehmen.

aus dem Schlimmsten herauskommen *form selten* – aus dem ärgsten/gröbsten/schlimmsten **Dreck** herauskommen · to get over the worst, to get through the worst

aus dem Schlimmsten heraussein *form* – aus dem ärgsten/ gröbsten/schlimmsten **Dreck** heraussein · to be nearly out of the wood, to be over the worst

es/die Dinge/… (nicht) bis zum Schlimmsten kommen lassen *form selten* – es/die Dinge/… (nicht) bis zum **Äußersten** kommen lassen · (not) to let it/things/… get to this stage, (not) to let the worst come to the worst

mit dem Schlimmsten rechnen (müssen) *form* · to (have to) reckon with the worst

… Geht es der Angelika wirklich so schlecht? … – Leider! Ihre Familie rechnet schon mit dem Schlimmsten! – Aber nein! Sie glauben, sie könnte sterben? Das ist ja entsetzlich! …

schlimmstenfalls: schlimmstenfalls *form* – im schlimmsten **Fall** · if the worst comes to the worst

Schlinge: sich in der eigenen Schlinge fangen/verfangen *form selten* · to be hoist with one's own petard, to be caught in one's own trap

Der Ullrich hat bei den Verhandlungen derart viele Tricks angewandt, daß er sich zuletzt in der eigenen Schlinge verfing: er hatte u. a. die Gewichte der Werkzeuge alle etwas zu hoch angegeben; aber am Ende machten sie den Vorschlag, den Gesamtpreis auf der Basis des Gewichts zu berechnen …

jm. in die Schlinge gehen *form selten* – jm. in die **Falle** gehen · to walk/to fall/… into a trap, to get caught in a trap

jm. die Schlinge um den Hals ziehen/(legen) *ugs – form selten* · to put a noose around s. o.'s neck

… Immer wieder entzog sich dieser Mann der Justiz – mal durch Flucht, mal durch geschickte Manipulationen. Erst durch die Aufdeckung einer riesigen Devisenschiebung gelang es dann doch, ihm die Schlinge um den Hals zu ziehen.

in der Schlinge zappeln *ugs selten* · to flail about in the net, to be caught in the net

(Ein Zuhörer zu einem anderen; während eines Prozesses:) Sehr geschickt, die Fragen von dem Anwalt der klagenden Partei! Jetzt muß der Angeklagte Farbe bekennen; jetzt gibt's keine Ausflüchte mehr. – Du hast recht; den Mann haben sie richtig in die Enge getrieben. Der zappelt in der Schlinge wie so ein armer Vogel.

(es gelingt jm./…) **sich aus der Schlinge (zu) ziehen** – (eher:) (es gelingt jm./…) den **Kopf** aus der Schlinge (zu) ziehen · to (manage to/…) slip the noose/get off scot-free/…

sich in den eigenen Schlingen fangen/verfangen *form selten* – sich in der eigenen **Schlinge** fangen/verfangen · to be hoist with one's own petard, to be caught in one's own trap/snare

Schlingen legen/(stellen) · to set snares

Gibt's eigentlich heute immer noch Jäger, die Schlingen legen, um Hasen zu fangen? Oder werden Hasen heute nur geschossen?

Schlingern: ins Schlingern geraten/kommen *ugs* – ins **Schleudern** geraten/kommen (2; a. 1) · to start to struggle, to get out of one's depth, to go into a skid, to start skidding

Schlips: jn.(gerade noch/…) beim Schlips erwischen *sal selten* · to (just about/…) grab s. o. by the scruff of his neck, to (just about/…) grab s. o. by the coat-tails *coll*

… Der Junge wollte natürlich sofort Reißaus nehmen, als er merkte, daß der Besitzer des Gartens hinter ihm stand. Aber der konnte ihn noch so gerade am Schlips erwischen. »Jetzt hab' ich dich endlich, du Apfeldieb …«

j. muß/… jn. (doch mal/…) **am Schlips fassen/nehmen** *ugs selten* – jn. (scharf/eindringlich/…) ins **Gebet** nehmen · s. o. has to/… have a serious word with s. o., s. o. has to give s. o. a good dressing down

sich einen hinter den Schlips gießen *sal* – einen **saufen** · to go out on the booze

mit Schlips und Kragen erscheinen/… · to turn up in a collar and tie

(Eine Studentin zu einem Kollegen:) Warum erscheinst du denn heute mit Schlips und Kragen? So piekfein sieht man dich ja sonst nie! – Ich habe nach dem Seminar ein Vorstellungsgespräch bei Siemens.

jm. auf den Schlips treten *oft: sich auf den Schlips getreten fühlen sal* · to tread on s. o.'s toes *coll*, to offend s. o. *n*

Der Bernd macht einen so geknickten Eindruck … – Er fühlt sich mal wieder auf den Schlips getreten. Der Wolfgang hat ihm zu verstehen gegeben, daß er ihn beruflich für eine Null hält. – Das hätte er sich ja auch sparen können. So etwas kränkt in der Tat.

Schlitten: Schlitten fahren · to sledge, to go sledging, to toboggan

Bei diesem herrlichen Schnee könntet ihr Schlitten fahren. – Der Schnee ist zu hart, er ist verharrscht, da kann man nicht rodeln.

mit jm. Schlitten fahren *sal* · to bawl s. o. out, to give s. o. hell, to ride roughshod over s. o.

Wenn du sehen würdest, wie der Baumann mit seinen Untergebenen Schlitten fährt, würdest du verstehen, warum er so verhaßt ist. Ich habe nie einen Chef kennengelernt – selbst beim Militär nicht –, der seine Leute derart grob behandelt, derart schikaniert, sie derart 'zur Sau macht'.

unter den Schlitten kommen *ugs selten* – auf die schiefe/ (abschüssige) **Ebene** geraten/(kommen) · to be going downhill, to be on a downward path

vom Schlitten müssen *ugs Neol selten* · to have to stand down, to have to go

… Die Affäre braucht nun einmal ein Opfer. Wenn der Broche nun vom Schlitten muß, heißt das nicht, daß er die Schuld oder Hauptschuld an der ganzen Sache trägt. Sein Weggang reinigt die Luft, weiter nichts.

schlittenfahren: mit jm. **schlittenfahren** *sal* – mit jm. **Schlitten** fahren · to bawl s. o. out, to give s. o. hell, to ride roughshod over s. o.

Schlittschuh: Schlittschuh laufen · to skate

… Das ist schon was Schönes, auf so einem riesigen zugefrorenen See Schlittschuh zu laufen!

Schlitzauge: Schlitzauge, sei wachsam! *sal iron* – (eher:) **Holzauge**, sei wachsam! · watch out!, keep an eye out!, watch your step!, be careful!

Schlitzohr: ein (ausgesprochenes/…) Schlitzohr sein *ugs* · to be a slyboots, to be a sly fox, to be an artful dodger

… Nein, unsympathisch ist der Krüger nicht – ganz im Gegenteil. Halt nur ein ausgesprochenes Schlitzohr! Wäre er nicht so sympathisch, würde man auf seine Schliche nicht so leicht hereinfallen.

Schloß: ins Schloß fallen/fliegen *Tür* · to slam shut, to click shut, to lock

… Mensch, jetzt ist mit dem Wind die Haustür ins Schloß geflogen! Hast du den Knall gehört? Wie komm' ich jetzt bloß wieder rein? …

ein Schloß in die Luft bauen *selten* – **Luftschlösser** bauen · to build castles in the air

(das/(etw.) ist/…) ein Schloß auf dem/im Mond *selten* – (das/ (etw.) sind/…) **Schlösser** auf dem/im Mond · s. o.'s plans/… are (just/…) castles in the air, s. o.'s plans/… are (just/…) castles in Spain, s. o.'s plans are just/… pipe-dreams

jm. ein Schloß auf dem/(im) Mond versprechen *path selten* – jm. goldene **Berge** versprechen · to promise s. o. the moon

ein Schloß vor dem Mund haben *path od. iron veraltend selten* · to have lost one's voice, to be tongue-tied
Hast du ein Schloß vor dem Mund, Helga, oder warum rückst du nicht mit der Sprache heraus? Du weißt doch ganz genau, wie die Dinge sich zugetragen haben; dann kannst du es uns doch auch sagen.

jm. ein Schloß vor den Mund hängen/(legen) *oft iron veraltend selten* · 1. 2. to gag s.o., to shut s.o. up *sl*
1. Kann man dem Freddy kein Schloß vor den Mund hängen? Der macht einen verrückt mit seiner dauernden Quatscherei/Rederei.
2. Wenn man der Augusta ein Schloß vor den Mund hängen könnte, ja, dann könnte man sicher sein, daß niemand etwas von der Sache erfährt. Aber so! – Kann die nicht dichthalten? – Nein.

hinter Schloß und Riegel sein/sitzen *ugs* – hinter schwedischen **Gardinen** sitzen · to be behind bars

unter Schloß und Riegel (sein/haben/...) *form selten* · (to be/to have s.th./...) under lock and key
... An die Unterlagen kann doch keiner dran, nein? – Nein, sie sind alle unter Schloß und Riegel – in unserem Safe. Und dazu habe nur ich einen Schlüssel.

etw. unter Schloß und Riegel halten *form selten* · to keep s.th. under lock and key
... Ich kann dir nur raten, Herbert, diese Unterlagen unter Schloß und Riegel zu halten. – Aber hier im Haus sind sie doch sicher, da geht doch niemand dran. – Ich wiederhole: verschließ die Dinge. Wenn die in falsche Hände kommen ...

hinter Schloß und Riegel kommen/(gesetzt werden/wandern) *ugs* · to be put behind bars, to end up/wind up/... behind bars
... Und was passiert, wenn ich den Teppich, der hier so schön hängt, schlicht und einfach mitgehen lasse? – Dann wirst du wohl hinter Schloß und Riegel kommen, mein Lieber. Da drüben steht ein Polizist, der wird dann seines Amtes walten und dich ins Gefängnis stecken lassen.

jn. hinter Schloß und Riegel setzen/(bringen) *ugs* · to put s.o. behind bars
... Jahrelang hatte er ungeschoren nachts Autos aufgebrochen/geknackt. Vor kurzem hat man ihn aber dabei erwischt, und da man ihm eine ganze Reihe Diebstähle nachweisen konnte, hat man ihn für ein Jahr hinter Schloß und Riegel gesetzt.

hinter Schloß und Riegel sitzen *ugs* – hinter schwedischen **Gardinen** sitzen · to be behind bars

ins Schloß schnappen *Tür* · to click shut
(Nachdem A die Haustür zugemacht hat, B:) Ist die Tür richtig zu? – Hast du nicht gehört, wie sie ins Schloß geschnappt ist?

Schlösser in die Luft bauen *selten* – **Luftschlösser** bauen · to build castles in the air

(das/(etw.) sind/...) Schlösser auf dem/im Mond *selten* · s.o.'s plans/... are (just/...) castles in the air, s.o.'s plans/... are (just/...) castles in Spain, s.o.'s plans are just/... pipedreams
... Die Vorstellungen, die der Siegfried da für die Sanierung der Firma entwickelt, sind doch vollkommen unrealistisch! Da kann ich mich (auch) gleich mit Schlössern auf dem Mond beschäftigen!

Schlösser im Mond bauen *selten* – **Luftschlösser** bauen · to build castles in the air

Schloßhund: heulen/(weinen) wie ein Schloßhund *ugs* – *path* · to cry one's eyes out, to howl one's head off, to whinge
... Du wirst doch jetzt nicht wie ein Schloßhund hier herumheulen! Natürlich ist es nicht gerade angenehm, wenn man ein Jahr wiederholen muß! Aber in deinem Alter überlegt man sich das vorher und flennt nicht nachher da so herum!

Schlot: rauchen/qualmen wie ein Schlot *sal* · to smoke like a chimney
Der Bert qualmt wie ein Schlot, eine Zigarette nach der andern.

Schluck: ein guter Schluck · a good drop, a drink
Heute hat der Dieter seine Meisterprüfung bestanden, heute wird er uns bestimmt einen guten Schluck spendieren ... – Mach' ich! Was wollt ihr denn trinken? Sekt, Wein, Whisky ...?

einen kräftigen Schluck nehmen · to take a good swig of s.th.
(Zu jemandem, der stark erkältet ist:) Hier, Albert, ich hab' dir einen heißen Grog gemacht. Der tut dir bestimmt gut. Nimm mal einen kräftigen Schluck! – Oh, herzlichen Dank, Petra. Den trink' ich jetzt gern.

ein kräftiger/tüchtiger/... Schluck aus der Pulle *sal selten* · a hefty chunk *coll*, a good swig *coll*
Wieviel, sagst du, verlangt der Weinberg für seine Vermittlertätigkeit? – 14% vom Bruttopreis. – Verdammt nochmal, das ist ein kräftiger Schluck aus der Pulle! Die meisten bescheiden sich mit 8 oder 9%.

einen Schluck trinken *ugs* · to have a drop or two, to have a few jars, to have something to drink *n*
Gehst du mit, Peter? Wir wollen bei 'Döhrmann' noch einen Schluck trinken, bevor wir nach Hause gehen. – Gut, einen Schluck – zwei Bierchen, dann hau' ich ab.

Schluckauf: einen Schluckauf haben · to have the hiccups
Gerda, klopf' mir doch mal wieder auf den Rücken! – Hast du schon wieder einen Schluckauf? – Ja, in letzter Zeit ist das ganz fürchterlich. Sobald ich etwas aufgeregt bin, schluck' ich da herum wie ein Verrückter.

schlucken: das/etw. hast/mußt du/hat/muß er/der Peter/... (zu) schlucken *ugs* · you/he/John/... will have to accept it *n*, you/he/John/... will have to put up with it
... Wenn der Otto so faul und unzuverlässig ist, wie du erzählst, mußt du ihm das sagen. Und das hat er zu schlucken! Es ist schließlich dein Betrieb, der darunter leidet. Das muß er sich einfach sagen lassen!

viel/allerhand/... schlucken (müssen) *ugs* · to (have to) put up with a lot/all kinds of things/...
... Was meinst du, was wir früher alles schlucken mußten! Zu Hause, in der Schule, in der Lehre! Meinst du, die Leute hätten uns damals mit Glacéhandschuhen angefaßt, wie euch heute die Eltern, Lehrer, Chefs?!

j. muß erstmal/(erst) dreimal/(trocken) schlucken, ehe/bevor er antworten/etw. sagen/... kann (vor Überraschung/...) *ugs* · to have to take a deep breath before answering/...
Der Peter hat gestern geheiratet! Was sagst du dazu, Gisela? – (Die) Gisela mußte erstmal dreimal schlucken, ehe sie etwas sagen konnte. Der Peter – geheiratet – ohne ihr etwas zu sagen? ...

an etw. (lange/...) zu schlucken haben *ugs* · to take a long time to get over s.th. *n*, to take a long time to come to terms with s.th. *n*
An dieser Kritik, die der Koller da über seinen letzten Roman geschrieben hat, wird der Weinberg lange zu schlucken haben. – Wenn er sie überhaupt jemals richtig verwindet!

Schlucker: ein armer Schlucker (sein) *ugs* · (to be) a poor devil
... Wieviel bekommt der Rottmann denn im Monat? – Das ist ein armer Schlucker – so um die 450,– oder 500,– Mark; davon kann er nicht einmal vernünftig essen.

Schluckspecht: ein (ganz schöner/...) Schluckspecht sein *ugs Neol* · to be a (right/real/...) boozer/piss-artist/piss-head/... *sl*
Der Johann ist ein ganz schöner Schluckspecht. Gestern abend hat er sieben Halbe und vier Korn getrunken.

Schlund: einen Schlund wie die Einkommenssteuer haben *sal selten* · s.o. is like the Inland Revenue – he can never get enough *para*
... Hat der Mann denn immer noch nicht genug?! Er hat doch bestimmt schon ein halbes Dutzend Flaschen (Bier) intus. – Der Robert Heidmann hat einen Schlund wie die Einkommenssteuer; der kriegt nie genug.

jm. etw. **in den Schlund schmeißen/**(werfen) *sal selten* – jm. etw. in den **Rachen** werfen/schmeißen · to chuck s.o. s.th. to keep him happy/to shut him up/to keep him quiet/...

den Schlund nicht vollkriegen/(voll genug kriegen) (**können**) *sal selten* – den **Hals** nicht vollkriegen/(voll genug kriegen) (**können**) · to be never satisfied, he/John/... can't get enough

Schluß: Schluß! *ugs* · that's it, that'll do! stop!
... Nein, jetzt wird nicht länger gespielt! Schluß, habe ich gesagt! Hört ihr?! Feierabend!

Schluß (mit ...)! *ugs* · 1. cut out this nonsense/..., cut it out!, 2. that's enough painting/cleaning/..., 3. that's enough of this translation/..., 4. it's over!, I'm/... finished with s.o.
1. Schluß mit dem Unsinn! Sofort! Hört ihr?!
2. Schluß mit dieser Anstreicherei, Peter! Das Zimmer ist jetzt schön genug.
3. Schluß mit dieser verdammten Übersetzung jetzt! Jetzt habe ich Zeit genug damit verloren! Feierabend!
4. Jetzt ist es aus mit der Ursel. Endgültig aus! Schluß, ein für allemale!

... und damit Schluß! *ugs* · 1. 2. ... and that's that!, and there's an end to it, 2. and that's all there is to it!
1. ... Ich kauf' das Haus, und damit Schluß! Jetzt haben wir lange genug hin- und herüberlegt. Neue Argumente finden wir sowieso nicht mehr – jetzt sag' ich ja, und damit ist die Sache entschieden.
2. ... Du machst die Schularbeiten jetzt und nicht heute abend, und damit Schluß! Jetzt wird kein Wort mehr darüber verloren!

jetzt/dann/... **ist Schluß** (mit etw.) *ugs* · 1. ... that'll be it, that's it, 2. that's enough of this laziness/...!
1. So, jetzt spielt ihr noch eine Runde, und dann ist Schluß, dann geht ihr ins Bett!
2. Jetzt ist Schluß mit dieser Faulenzerei! Jetzt wird gearbeitet! Verstanden?!

bei jm./(was jn. angeht/...) **ist Schluß** (mit jm./etw.) *ugs* · 1. 2. + my/... patience (with s.o.) is at an end/exhausted/..., 3. + I/we/... have had enough of ..., + I/we/... are finished with s.o./s.th.
1. Den Paul habe ich lange genug in Schutz genommen. Jetzt ist Schluß mit meiner Geduld. Irgendwann muß einfach Schluß sein.
2. Bei dem Paul/(was den Paul angeht/betrifft/...) ist Schluß (mit meiner Geduld/...). Den hab' ich sowieso schon viel zu lange unterstützt. Diesem Faulpelz komme ich jetzt in gar nichts mehr entgegen!
3. Was den Otto angeht, ist bei mir Schluß. Der kann von mir nichts mehr ernten/kriegen, aber auch gar nichts mehr.

mit jm. **ist Schluß** · 1. + s.o. is finished, 2. + he/John/... is gone, 3. + I'm finished/whacked/dead beat/shattered/... *coll*
1. ... Du meinst also in der Tat, der Rohloff hat keine Chance mehr, die Firma ist bankrott? – So ist es. Mit dem Mann ist Schluß! »Perdu«, wie Wilhelm Busch sagen würde. *ugs*
2. ... Jetzt ist mit dem Paul auch Schluß! Vor drei Monaten mein Vater, im letzten Monat die Frauke, jetzt der Paul – so stirbt mir einer nach dem andern aus meinem Bekannten- und Verwandtenkreis weg. *sal selten*
3. Uff, nach dieser Klettertour ist mit mir Schluß! Mensch! – Ja, mein Lieber, du mußt so viel rauchen; dann bist du auch nicht so schnell kaputt! *ugs selten*

zum Schluß ... · 1. at the end, 2. in the end, finally
1. ... Jetzt würde ich die Diskussion erstmal laufen lassen, wie sie läuft. Zum Schluß kannst du dann ja deine Fragen stellen. – Wenn am Ende noch jemand zuhört!
2. Erst läßt er uns monatelang alle möglichen Vorarbeiten machen und zum Schluß erklärt er, die ganze Sache wäre nicht rentabel. Das hätte er sich doch eher überlegen können!

nach Schluß der Vorstellung/Veranstaltung/... *form* · at the end of the performance/lecture/...
»... und dann, meine Damen und Herren, lade ich Sie herzlich ein zu dem gemütlichen Zusammensein, das nach Schluß der Veranstaltung in den Räumen des Germanistischen Instituts stattfinden wird ...«

zum Schluß (der Ausführungen/...) **kommen** · 1. to conclude ..., in conclusion I would like to say/..., 2. to finish
1. (In einem Vortrag:) Und damit, meine Damen und Herren, komme ich zum Schluß meiner Überlegungen zur Situation der ehemaligen kommunistischen Staaten ... – (Ein Hörer, leise:) Gott sei Dank! Ich dachte schon, der redet noch eine Stunde!
2. (Der Dozent in einem Seminar:) Die Zeit drängt, wir müssen zum Schluß kommen. Also, wir halten fest: ...

nicht zu einem/zu keinem/keinerlei Schluß kommen · 1. not to come to a conclusion
1. Ihr habt doch stundenlang über die Sache diskutiert, und trotzdem seid ihr nicht zu einem Schluß gekommen? – Nein, trotz aller Debatten ist uns nicht klar geworden, welche Entscheidung für uns die sinnvollste wäre/sind wir uns nicht einig geworden/haben wir uns nicht entschließen können.
2. Du gehst zu den Verhandlungen nicht hin? – Die reden und reden doch nur, die kommen doch sowieso zu keinerlei Schluß. Da kann man sich die Zeit gleich sparen.

Schluß machen (mit jm./etw.) · 1. to stop work/..., 2. to stop the noise/..., 3. to finish off a section of s.th./..., 4. to finish with s.o., to break with s.o., to split up with s.o. *coll*
1. Machen Sie Schluß für heute, Herr Burger! Jetzt ist es acht Uhr, jetzt haben Sie genug getan. – Nur diesen Brief noch ...
2. Wenn ihr jetzt nicht mit dem Lärm hier Schluß macht, gebe ich euch eine saftige Strafe!
3. Machen Sie Schluß mit dem biographischen Teil Ihrer Arbeit, Herr Kaufmann, sonst kommen Sie an die eigentlich wichtigen Punkte überhaupt nicht mehr! Einzelheiten werden Ihnen immer fehlen. Ich kann Ihnen nur den guten Rat geben: schließen Sie diesen Teil ab. *besser: abschließen*
4. Der Jörg hat mit der Gitta Schluß gemacht? – Ja. – Wieviele Jahre sind sie eigentlich zusammen gegangen? *ugs*

mit sich Schluß machen *ugs selten* – sich das **Leben** nehmen · to put an end to it all, to end it all

am Schluß marschieren *ugs* · to bring up the rear
(Auf einem Ausflug; der Lehrer:) Wo ist denn der Heinz Gärtner – mit dem muß ich noch sprechen? – Der marschiert am Schluß, Herr Baumans. Warten Sie, ich rufe ihn.

Schluß, aus, Punktum! *sal selten* – ... und damit **Schluß!** · ... and that's that!, and that's all there is to it!

einen Schluß aus etw. **ziehen** · to draw a conclusion from s.th., to conclude from s.th.
... Trotz des guten Angebots ist der Harry nach wie vor sehr reserviert. – Und welchen Schluß/welche Schlüsse ziehst du daraus? Ist er im Grunde nicht daran interessiert, das Gelände zu kaufen?

Schlüssel: dem Käufer/Mieter/... den/die Schlüssel des Hauses übergeben *form* · to hand over the keys of a house/flat/... to the buyer/tenant/...
... So, der Verkauf des Hauses ist abgeschlossen, alles fix und fertig. Heute morgen habe ich dem Käufer den Schlüssel (des Hauses) übergeben.

schlüssig: sich nicht/noch nicht/... **schlüssig sein** (ob ...) – sich nicht/noch nicht/... **klar** sein (ob ...) · not (yet/...) to have made up one's mind whether to ...

sich (über jn./etw.) **schlüssig werden** – sich (über jn./etw.) **klarwerden** (2; a. 1) · to make up one's mind about s.o./s.th.

Schlußlicht: das Schlußlicht (einer Tabelle/...) **sein/bilden/ (machen)** *ugs* · 1. to be the tail-ender, to be last, to bring up the rear, 2. to be bottom of the league *n*, to be bottom of the table *n*
1. ... Und der Werner, wievielter war er bei dem Rennen? – Der Werner?! Er war das Schlußlicht. – Er war letzter?! Das ist doch nicht möglich!
2. Nach der Niederlage in Dortmund ist Leverkusen wieder das Schlußlicht (der Tabelle).

Schlußpunkt: den/einen Schlußpunkt unter/(hinter) etw. **set-**
zen *form* · 1. 2. to put an end to s.th. once and for all, 1. to
round s.th. off, to make a clean break with s.th., 2. to draw a
line under s.th., to consider s.th. finished, to consider s.th.
over
1. Wenn wir unter die Erhebung nicht bald einen Schlußpunkt setzen, werden wir zur Auswertung der Daten nicht mehr rechtzeitig
kommen. – Aber die Daten sind noch unvollständig. – Aber wohl
ausreichend, um Schlüsse daraus zu ziehen. Schließen wir die Erhebungen ab!
2. vgl. – (eher:) unter etw. einen (dicken)/den **Schlußstrich** ziehen/
(machen) (mit etw.)

Schlußstrich: unter etw. **einen (dicken)/den Schlußstrich zie-**
hen/(machen) (mit etw.) · to draw a line under s.th., to put
an end to s.th. once and for all, to consider s.th. finished, to
consider s.th. over
Von den Erbstreitigkeiten wird jetzt nicht mehr geredet! Kein Wort
mehr! Wir hatten ausgemacht, mit unserer Einigung vom vergangenen Mittwoch einen Schlußstrich unter diese leidige Geschichte zu
ziehen. Daran wollen wir uns auch jetzt halten: die Sache ist endgültig erledigt/abgeschlossen.

Schmach: Schmach und Schande über jn.! *path veraltend sel-*
ten · shame on s.o.!
Schmach und Schande über dieses Mädchen! Als so junges Ding von
einem Mann zum andern zu flattern! – Hör' du mal lieber auf mit
deinem pathetischen Getue! Kümmer' dich lieber um deinen eigenen
Lebenswandel statt um den meiner Cousine!

jn. **mit Schmach und Schande davonjagen/...** *path veraltend*
selten – jn. mit **Schimpf** und Schande davonjagen/.../mit
Schimpf und Schande davongejagt werden/... · to send
s.o. off/to dismiss s.o./... in disgrace, to dismiss s.o. ignom-
iniously, to drum s.o. out of a job/...

Schmachtriemen: den/(seinen) **Schmachtriemen enger schnal-**
len (müssen**)/**(anziehen müssen)/(anschnallen/umschnallen)
sal selten – den/(seinen) **Gürtel** enger schnallen (müssen) ·
to have to tighten one's belt

schmackhaft: jm. etw. **schmackhaft machen** – jm. etw.
schmackhaft **machen** · to make s.th. appetising/attract-
ive/... to s.o.

Schmäh: über jn./etw. **(einen) Schmäh führen** *österr ugs* · 1.
2. to crack jokes about s.o./s.th.
1. vgl. – über jn./etw. **Witze** machen
2. vgl. – j. muß über jn./etw. mal wieder/(...) seine **Witze** machen

jn. **am Schmäh halten** *österr ugs* · 1. to take the mickey/the
piss/... out of s.o. *sl*, 2. to try to kid s.o.
1. vgl. – jn. (tüchtig/anständig/so richtig/...) auf den **Arm** nehmen
2. vgl. – (u.U.) jm. etwas/allerhand/viel/nichts/... **vormachen** (können) (3)

Schmähreden: Schmähreden führen/halten *form veraltend*
selten · to launch diatribes (against s.o.)
Der Anton und vernünftig arbeiten?! Der kann überhaupt nicht richtig arbeiten! Was der kann, das ist andere Leute kritisieren, anderen
etwas am Zeug flicken – Schmähreden führen, dafür ist er wie geschaffen!

jn. **mit Schmähreden überhäufen** *form path veraltend selten*
· to heap abuse on s.o., to tear strips off s.o.
Wenn man den Karl-Heinz hört, dann ist der Gerd Fröbel aber auch
gar nichts wert. – Du müßtest erstmal hören, wie er den persönlich
beschimpft. Als ich die beiden gestern per Zufall auf dem Flur traf,
hat der Karl-Heinz ihn mit Schmähreden geradezu überhäuft.

Schmalhans: bei jm./(in ...) **ist Schmalhans Küchenmeister!**
ugs veraltend selten · their/... cupboard is nearly always
bare *n*, + they/... are/... on short commons
Bei dem Kochs ist offensichtlich Schmalhans Küchenmeister! – Haben sie dir nichts zum Abendessen angeboten? – Eine Schnitte
Schwarzbrot mit Margarine, und damit hatte sich's. – Müssen die
sich nach dem Tod von Herrn Koch derart (im Essen) einschränken?

Schmalspur: ein Schmalspur-akademiker/-pianist/– ... *ugs* ·
1. 2. a small-time academic/pianist/...
1. ... Der Richard hat schließlich auch studiert, ist auch Akademiker. – Der Richard ist Schmalspurakademiker, meine Liebe. Der hat
eine Fachschule besucht, und weiter nichts. Die nennen sich heute
zwar auch 'Studenten'; aber ...
2. ... Der Otto Pianist ... Er hat schon mal ein Konzert gegeben, ja
... – Drei Konzerte! – Gut, drei. Aber deshalb ist man noch kein
Pianist. Ein Schmalspurpianist, das schon, aber mehr nicht.

Schmalz: mit (viel/...) **Schmalz singen** *ugs* · to sing in a
schmaltzy style/..., to sing mawkishly, to sing in a slushy/
sentimental way
... Er hat eine gute Stimme, das kann man nicht leugnen; aber er
singt einfach zu sentimental. – Was heißt zu sentimental? Manche
Lieder wirken erst richtig, wenn sie mit viel Schmalz gesungen werden. Denk' an das Gefühl, mein lieber Erich!

Schmarr(e)n: ein (richtiger/rechter/...) **Schmarr(e)n sein**
Film/Roman/... *süddt ugs* · it/s.th. is a load of rubbish, it/
s.th. is a load of trash
Du hast die neue Inszenierung des 'Faust' in Essen gesehen, nicht?
Lohnt sich das? – Ach, ein regelrechter Schmarren ist das. Das Geld
und die Zeit kannst du dir sparen.

etw. **geht** jn. **einen Schmarren an** *süddt ugs* – etw. geht jn.
einen **Dreck** an · it's none of your/... damned business

schmecken: laß dir's/laßt euch's/... **(gut) schmecken!** *dir. R* ·
I hope you enjoy it!, enjoy your meal!, tuck in! *coll*
... Warte, Manfred, ich mach' mir eben eine Schnitte, dann können
wir die Sache besprechen. Ich bin kurz, bevor du geschellt hast, erst
vom Dienst gekommen. ... So, entschuldige, aber ich hab' in der Tat
Hunger. Zwei Minuten! – Laß dir's gut schmecken! – Also: ...

rauf wie runter schmecken *sal selten* · to taste bloody awful,
to taste foul
... Ach, dieser ewige Mensafraß! Das Zeug schmeckt doch alles rauf
wie runter. – Ihr seid nur verwöhnt! Eine Mensa ist schließlich kein
Luxusrestaurant.

jn. **nicht schmecken können** *ugs selten* – (eher:) jn./etw. nicht
ausstehen können (1) · not to be able to stand s.o./s.th.

die Peitsche/den Stock/... **zu schmecken kriegen/(bekom-**
men) *ugs iron* · to get a taste of the cane/whip/...
... Wenn wir uns früher in der Schule so Stückchen leisteten, dann
kriegten wir den Stock zu schmecken – oder die Peitsche. Und, wenn
ich ehrlich bin: das ist uns gar nicht schlecht bekommen. – Du bist
also für die Prügelstrafe?!

es sich (gut) schmecken lassen · to enjoy a meal, to eat s.th.
with relish, to savour a meal
... Moment, jetzt wird erst einmal ganz gemütlich gegessen. Wenn
meine Mutter schon diese herrliche Kalbshaxe gemacht hat, dann
darf ich es mir ja wohl schmecken lassen! – Hau' rein, du Genießer.
Ich gehe in der Zeit draußen ein bißchen auf und ab ...

etw. **schmeckt wie schon mal gegessen** *sal* · to taste bloody
awful, to taste dreadful *n*
... Mein Gott, diesen Kantinenfraß kriegt man wirklich nicht runter!
Diese sog. Linsensuppe schmeckt wie schon mal gegessen. Selbst
beim Militär schmeckte es noch besser als in diesem Saftladen!

etw./**das schmeckt nach mehr** *ugs* · it/s.th. tastes more-ish
... Das schmeckt nach mehr, was? – Um ehrlich zu sein, ja. –
Komm', dann nimm noch einen Löffel. So ein Schokoladenmus
kriegst du so schnell nicht wieder.

das/(etw.) **schmeckt** jm. **nicht** *ugs* · s.th. does not suit s.o.
n, + s.o. does not like s.th. *n*
... Was sagen eigentlich deine Eltern dazu, daß du zu Hause aus-
ziehst? – Das schmeckt ihnen überhaupt nicht. Wenn es nach ihnen
ginge, müßte ich zu Hause wohnen bleiben, bis ich heirate.

Schmeicheleinheit: eine Schmeicheleinheit *ugs* · flattering remarks *n*, flattery *n*
(Während einer Rede eines Bundestagsabgeordneten:) Mein Gott,
hör' dir das an: »Herr Bundeskanzler hat wie kein anderer die
Entwicklung vorhergesehen ...«! Eine Schmeicheleinheit nach der
andern!

schmeißen: seine Lehre/den Job/... **schmeißen** *ugs Neol* · 1. 2. to chuck a job/..., to pack/to jack/... a job/course/... in

1. ... Wenn ich dieses Jahr keine Gehaltserhöhung bekomme, schmeiß ich den Job. Ich hab' keinen Bock, nur zu rackern und letzlich kommt kaum was dafür rüber.

2. ... Was macht der Marco eigentlich im Moment? – Der sucht gerade einen neuen Ausbildungsplatz. Bei Breuninger & Bauske hat er seine Lehre geschmissen. Die Arbeitsbedingungen waren unerträglich!

mit seinem Geld/seinen Kenntnissen/gelehrten Brocken/(...) **(nur so) um sich schmeißen** *ugs* – (eher:) mit seinem Geld/seinen Kenntnissen/gelehrten Brocken/(...) (nur so) um sich **werfen** · to throw one's money about, to throw one's money around, to chuck one's money about, to flaunt one's knowledge, to bandy foreign words/... about, to bandy erudite/... terms about

das/etw. schmeißt jn. **nicht um** *ugs* – jn. (so leicht nicht) **umwerfen (können)** · it/s.th. is not going to put s.o. off/ throw s.o./set s.o. back/...

Schmerz: ein bohrender/brennender/... **Schmerz** · a stabbing/burning/shooting/... pain

... Eine komische Geschichte! So ein brennender Schmerz auf der Brust ... – Das muß eine Nervensache sein ...

in stillem Schmerz *in Todesanzeigen form* – in tiefer **Trauer** · much loved and sadly missed (by ...), in deep grief *para*

stumm vor Schmerz (sein) *path* · (to be) speechless with grief

... Ihr Vater ... einen Unfall? ... Stumm vor Schmerz antwortete sie nicht einmal, sondern schaute ihren Bruder nur groß an! ...

o Schmerz, laß nach! *sal selten* – (eher:) (ach) du liebes **bißchen!** (2) · oh no!, goodness gracious!

was hast du/hat der Erich/... (denn) **für Schmerzen?** *sal* · + is there anything else you/... want?, + is that all you/... want?, + anything else?, + what's your problem? *n, iron*

... Du, Karl-Heinz, ich muß unbedingt mit dir reden! ... – Was hast du denn für Schmerzen? Brauchst du Geld?

hast du/hat er/hat die Marlies/... **sonst noch Schmerzen?/**sonst hast du/... keine Schmerzen?! *sal* · 1. 2. + is there anything else I can do for you/him/Mary/... *n, iron*

1. ... Könntest du mir für die Fahrt noch 300,– Mark geben, Vater? – Gut, hier hast die 300,– Piepen. Aber damit ist gut, oder? Oder hast du sonst noch Schmerzen? – Nein, danke; sonst hab' ich alles, was ich brauche.

2. Könntest du mir bis Weihnachten 3.000,– Mark leihen, Franz? – Sonst hast du keine Schmerzen, was?!/Hast du sonst noch Schmerzen? Du weißt doch, daß ich selbst mit meinen Flöhen nicht auskomme/durchkomme.

jn./etw. **mit Schmerzen erwarten** *ugs* – *path* · to wait impatiently for s.o./s.th. *n*, to wait anxiously for s.o./s.th. *n*

Ach, endlich bist du da, Jutta! – Wieso endlich? Ich hab' doch gesagt, ich käm' erst gegen elf Uhr. – Natürlich! Aber der Rainer hat dich schon mit Schmerzen erwartet. Ich weiß nicht, was es gibt; er sitzt drüben im Wohnzimmer, ganz ungeduldig ...

sich vor Schmerzen krümmen/winden *path* · to writhe with pain, to double up with pain

... Diese Nierenkolik war nicht auszuhalten! Er wandt sich vor Schmerzen. Daß es in diesem verdammten Nest aber auch keine vernünftigen Medikamente gab! Wieder zuckte er zusammen – ein neuer Anfall, wieder suchte er verzweifelt eine neue Lage ...

Schmerzensgeld: Schmerzensgeld (bezahlen müssen/...) *form* · to demand/to claim/to have to pay/... damages, to demand/claim/have to pay/... compensation

... Der Mann hat öffentlich behauptet, Sie hätten gestohlen?! Den würde ich wegen Verleumdung verklagen und Schmerzensgeld verlangen.

Schmetterling: wie ein Schmetterling von einer Blume zur anderen flattern/(hin- und herflattern) *ugs – form selten* · to flit from one flower to another, to flit from one girl to the next

So etwas Unstetes wie den Albert kannst du dir gar nicht vorstellen. Der kann keine Freundin länger als einen Monat haben, dann wird er schon ungeduldig. Der flattert wie ein Schmetterling von einer Blume zur anderen.

wie ein Schmetterling aus der Puppe kriechen *oft Perf ugs – form selten* · to emerge like a butterfly from its chrysalis, to blossom out, to blossom into flower

Die Iris war bis vor kurzer Zeit noch so ein unscheinbares, nichtssagendes Mädchen! Aber jetzt ist sie wirklich hübsch. Und graziös! – Ja, sie hat sich gut gemacht, sehr gut sogar. Ein wenig poetisch-kitschig formuliert: sie ist wie ein Schmetterling aus der Puppe gekrochen.

schmettern: einen schmettern *sal selten* – einen **saufen** · to knock a few back, to wet one's whistle

Schmidt's: das/etw. **geht ab wie Schmidt's Katze** *sal Neol selten* · to go like the clappers, to go like a rocket

... Mein neues Motorrad geht ab wie Schmidt's Katze! Da kommt anständig Leistung, wenn man am Gasgriff dreht.

Schmiede: vor die rechte Schmiede gehen *ugs selten* · to go to the right address, to go to the right person

... Wenn du wirklich was erreichen willst, mußt du vor die rechte Schmiede gehen – nicht zum Ordnungsamt, sondern vors Gericht! Das ist die richtige Stelle für solche Fälle!

vor die rechte Schmiede kommen *ugs selten* · to go to/to be at/... the right person, to go to/to be at/... the right address

... Du bist also wegen dieses Bordells zum Ordnungsamt gegangen? Und? Bist du da vor die rechte Schmiede gekommen? Sehen die eine Möglichkeit, die Leute aus dieser Reihenhaussiedlung wieder herauszukriegen?

Schmiere: Schmiere bekommen *sal selten* – den **Buckel** vollkriegen (2) · to get a good hiding/leathering/...

Schmiere stehen (bei einem Verbrechen/einem Streich/...) *ugs* · to keep a look-out (during burglary/robbery/...)

... Das dürfte nicht so einfach sein, diese Strolche zu fangen! Du weißt doch, wie das geht: zwei, drei schleichen sich in den Garten, und ein, zwei andere stehen Schmiere, passen auf, ob jemand kommt ...

schmieren: jn. **schmieren** *ugs* · to grease s.o.'s palm, to bribe s.o.

Wie hast du das Dokument denn so schnell bekommen? Hast du den Beamten geschmiert? – Hm, ich hab' ihm einen Hundertmarkschein in die Hand gedrückt. Wenn du das 'schmieren' nennst ...

jm. **eine schmieren** *sal* – jm. eine **Ohrfeige** geben · to clout s.o., to thump s.o.

jm. **ein paar schmieren** *sal* – jm. ein paar **Ohrfeigen** geben · to clout s.o., to thump s.o.

schminken: sich schminken und pudern *path selten* · to put on a lot of make-up

Ist das eigentlich nötig, Mädchen, daß du dich jeden Tag derartig schminkst und puderst? Du läufst ja herum wie eine Kokotte. – Was ist das denn? – Das erklär' ich dir ein anderes Mal. Also: in Zukunft gehst du bitte etwas sparsamer mit dem Lippenstift und dergleichen um, ja?!

Schminkkasten: eine Frau/die Petra/... ist wohl/... in den Schminkkasten gefallen! *ugs iron* · a woman/Mary/... is caked in make-up/heavily made-up, a woman/Mary/... looks as if she's been dipped in the make-up jar *para*

Die Alexandra ist wohl in den Schminkkasten gefallen?! Die sieht ja aus, als ob sie das Make-Up mit dem Spachtel aufgetragen hätte.

Schmiß: Schmiß haben *ugs selten* – **Schliff** haben · to have pep/verve/dash/...

Schmollecke: aus der/seiner Schmollecke herauskommen *ugs* · to stop sulking

... Was ist denn mit der Beate los? – Die schmollt immer noch/ist immer noch beleidigt, weil ich sie heute morgen nicht mitgenommen habe zum Schwimmen? Wenn sie jetzt nicht bald aus ihrer Schmoll-ecke herauskommt, machen wir den Ausflug heute nachmittag auch ohne sie.

in der Schmollecke sitzen *ugs* – **im Schmollwinkel** sitzen · to have the sulks

sich in die Schmollecke zurückziehen *ugs* – sich in den **Schmollwinkel** zurückziehen · to go into one's corner and sulk

Schmollis: mit jm. Schmollis trinken *Studentenspr selten* – (mit jm.) (auf) **Bruderschaft** trinken/anstoßen · to drink with and pledge friendship to s.o. *para*

Schmollmund: einen Schmollmund machen/ziehen *ugs* · to pout
Wenn die Rikarda ihren Schmollmund macht – so wie ein kleines Mädchen –, könnte ich mich kaputtlachen! – Kaputtlachen, wenn ein erwachsener Mensch so kindisch schmollt? Entsetzlich ist das!

Schmollwinkel: aus dem/seinem Schmollwinkel herauskom-men *ugs* – aus der/seiner **Schmollecke** herauskommen · to stop sulking

im Schmollwinkel sitzen *ugs* · to have the sulks
… Den Richard brauchst du gar nicht anzusprechen, der antwortet sowieso nicht. Er ist beleidigt, weil du gesagt hast, er könnte ein bißchen mehr tun. – Ach, sitzt der mal wieder im Schmollwinkel? Ein richtiger Kindskopf, dieser Mann! Der schmollt wie ein kleines Mäd-chen!

sich in den Schmollwinkel zurückziehen *ugs* · to go into one's corner and sulk
… Statt den Beleidigten zu markieren und sich in den Schmollwinkel zurückzuziehen hätte er sich lieber vernünftig zur Wehr gesetzt! Ob-wohl er in der Sache Recht hat, werden die Leute sagen, er benimmt sich wie ein kleines gekränktes Mädchen.

schmoren: jn. schmoren lassen *ugs* · to keep s.o. on tenter-hooks *n*, to let s.o. stew for a bit/…
… Hilfst du dem Peter nun oder nicht? Der muß doch wissen, woran er ist. – Jetzt laß ich den erst einmal schmoren. Als ich in derselben Situation steckte, hat er eine ganze Woche gebraucht, um zu reagie-ren. Er genoß es geradezu, daß ich in der Patsche saß. Jetzt zeig' ich ihm mal, wie das ist.

etw. schmoren lassen *ugs selten* · to leave s.th. undone, not to do s.th. *n*
… Aber Herr Krüger, Sie können doch die Sache nicht wer weiß wie lange schmoren lassen! Die Angelegenheit hätte schon vor Monaten bearbeitet werden müssen!

Schmu: Schmu machen *ugs* · 1. 2. to cheat *n*, to fiddle
1. Wieviel Werkzeuge hast du verkauft? – 4.375. Aber ich hab' nur 4.300 abgerechnet. – Das heißt, 75/das Geld für 75 hast du Schmu gemacht? – Ich werde da derart miserabel bezahlt und ausgenutzt, daß ich mir diese – zugegeben: unlautere – Art mein Gehalt ein wenig aufbessern muß.
2. … Liefern die am Ende der Arbeit auch alle Werkzeuge, die sie sich ausleihen, wieder ab? – Ein paar/etwas machen sie natürlich immer Schmu. Das es hält sich in Grenzen. – Also mit mehr als 15% Schwund brauche ich nicht zu rechnen?

Schmus: auf den Schmus (den j. erzählt/…) eingehen/herein-fallen/… *sal* · to fall for s.o.'s blarney, to be taken in by s.o.'s blarney
Was sagt die Renate? Sie hatte heute so starke Kopfschmerzen, des-halb konnte sie die Schularbeiten nicht machen? Und der Vater hört sich so etwas an? – Der Vater fällt bei diesem Mädchen auf jeden Schmus herein – oder geht zumindest auf jeden Kram ein, den sie erzählt.

(vielleicht/aber auch/…) (einen) Schmus erzählen/… *sal* – (vielleicht/aber auch/…) (einen) **Schmus** machen · to talk a load of nonsense

(vielleicht/aber auch/…) (einen) Schmus machen *sal* · to talk a load of nonsense
Die Olga Heller macht vielleicht einen Schmus! Sie könnte für die Schule nicht vernünftig arbeiten, weil sie zu Hause so viel kochen

muß; und ihr Vater käme oft so spät nach Hause, da würde sie wach; und die Geschwister seien so schwierig … Und das alles in dem gezierten Ton, den sie an sich hat!

Schmutz: etw. geht jn. einen feuchten Schmutz an *sal selten* · 1. 2. it/s.th. is none of s.o.'s bloody/damn/… business
1. vgl. – etw. geht jn. einen feuchten **Kehrricht** an
2. vgl. – etw. geht jn. einen **Dreck** an

jn. mit Schmutz besudeln *form – path selten* – (eher:) jn./ etw. in/(durch) den **Dreck** ziehen · to sling mud at s.o.

jn. mit Schmutz bewerfen *ugs – path selten* · 1. to sling mud at s.o., 2. to heap abuse on s.o.
1. vgl. – (eher:) jn./etw. in/(durch) den **Dreck** ziehen (1)
2. vgl. – (eher:) jm. **Schimpfworte** an den Kopf werfen

Schmutz und Schund · trashy and obscene literature, trash and filth
… Ach, diese ganzen Zeitschriften, das ist doch alles nur Schmutz und Schund! – Lothar, du kannst doch nicht alle Zeitschriften über einen Kamm scheren; das ist doch einfach Unsinn! Die sind doch nicht alle (mehr oder weniger) pornographisch.

vor Schmutz starren *Hose/Anzug/Kleidung/… selten* – vor **Dreck** stehen · to be filthy, to be stiff with dirt

im Schmutz wühlen *ugs – path* · to rake up the dirt, to stir shit *sl*
… Ach, jetzt muß der Otto schon wieder von den Fehltritten der Doris reden und dazu noch seine Witzchen machen! – Laß ihn, der muß eben im Schmutz wühlen! Anständige Themen machen ihm kei-nen Spaß.

jn./etw. durch den Schmutz ziehen/(zerren) *ugs* – jn./etw. in/ (durch) den **Dreck** ziehen · to drag s.th./s.o.'s name through the mud

jn./etw. in den Schmutz ziehen/(treten) *ugs* – jn./etw. in/ (durch) den **Dreck** ziehen · to drag s.th./s.o.'s name through the mud

schmutzig: sich (nicht) (gern) schmutzig machen · 1. (not) to like to get dirty, 2. not to want to get one's hands dirty with s.th.
1. vgl. – sich (nicht) (gern) schmutzig **machen**
2. vgl. – sich (mit etw.) die **Hände** (nicht) schmutzig machen (wollen)

Schnabel: den/seinen Schnabel aufmachen *sal* – (eher:) den/ seinen **Mund** aufmachen/(auftun) · to open one's mouth

den Schnabel (immer/…) (so sehr/so weit/…) **aufreißen** *sal* · 1. 2. to shoot one's mouth off
1. vgl. – das **Maul** (immer/…) (zu sehr/so weit/..) aufreißen
2. vgl. – den **Mund** (mal wieder/…) (so/zu/reichlich) vollnehmen

jm. eins/eine auf den Schnabel geben *sal* · 1. 2. to punch s.o. in the gob/kisser/…
1. vgl. – jm. eins/eine aufs **Maul** geben
2. vgl. – jm. eins/eine auf den **Mund** geben

jm. (ganz) (schön) um den Schnabel gehen *ugs selten* – jm. **Honig** um den Bart schmieren/streichen · to butter s.o. up

reden/(sprechen), wie einem der Schnabel gewachsen ist *ugs* · to say just what one thinks/feels/…, to come straight out with what one thinks, not to mince matters, to call a spade a spade
… Freu' dich doch, Junge, daß die Bauern, wenn sie sich mit dir unterhalten, reden, wie ihnen der Schnabel gewachsen ist: direkt, frei heraus, ohne Umschweife, mit den Ausdrücken, die sie auch unter sich gebrauchen. Nur so erfährst du unverfälscht, was sie denken und wie sie fühlen.

den/seinen Schnabel halten *sal* – den/seinen **Mund** halten · to shut up

bei jm. steht der Schnabel nicht/nicht eine Minute/keinen Augenblick/… still *sal* · s.o.'s tongue is never still, s.o.'s tongue never stops wagging, + s.o. is always rabbiting on
Wenn diese Rosi doch mal eine einzige Minute ihren Mund halten würde! – Eine ganze Minute? Du hast vielleicht Ansprüche. Bei der steht der Schnabel nicht eine Sekunde still.

jm. **den Schnabel stopfen** *sal* – (eher:) jm. den **Mund** stopfen · to shut s.o. up

sich den Schnabel verbrennen *sal* – (eher:) sich den **Mund** verbrennen · to put one's foot in it, to say too much

den Schnabel (gern) **(an anderen Leuten/…) wetzen** *ugs selten* · 1. 2. to pick holes in s.o./in other people's behaviour/…, to find fault with s.o., to slag s.o. off *sl*, to tear strips off s.o.

1. … Und ihr beiden da in der Ecke wetzt schon wieder den Schnabel? – Wieso? – Ich seh' euch doch an, daß ihr wieder über irgendjemanden herzieht. Oder wollt ihr das etwa leugnen?

2. Immer und immer muß dieser Kallmann irgendjemanden schlecht machen, immer und immer wieder seinen Schnabel an anderen Leuten wetzen! – Wenn das wenigstens der einzige wäre, der in diesem Betrieb anderen gern etwas am Zeug flickte.

schnallste: da schnallste ab! *ugs Neol* · 1. you're flabbergasted, eh?, + that's floored you, eh?, 2. you wouldn't believe it, it's something else

1. … Ich bin an der Kunstakademie angenommen worden. Gell, da schnallste ab?! Das hätt'ste nicht gedacht, daß ich das schaffe?

2. … Die Paula spricht ein Englisch, da schnallste ab. Die spricht akzentfrei und mit einer atemberaubenden Geschwindigkeit. – Kein Wunder, sie hat ja schließlich über zehn Jahre in England gelebt.

Schnäppchen: ein Schnäppchen machen (mit etw.) *ugs* · to get a (real/…) bargain, + it's a snip at DM 100/…/at that price/…

… Mit dem Computer hast du echt ein Schnäppchen gemacht. Ein 486er Notebook mit vier MB und sogar noch umfangreicher Software für 2.700,– Mark, das war ein richtiger Gelegenheitskauf. Billiger geht's kaum!

Schnapsdrossel: eine Schnapsdrossel sein *ugs selten* – ein ganz (schöner/…) **Schluckspecht** sein · to be a (right/real/…) boozer/piss-artist/piss-head/…

Schnapsidee: (etw. ist) **eine** (richtige/…) **Schnapsidee** *sal* · it/s.th. is a hare-brained idea, it/s.th. is a crazy idea, it/s.th. is a crackpot idea

… Über Weihnachten nach Tahiti! Eine richtige Schnapsidee ist das! Weihnachten feiert man zu Hause! Der Mann ist nicht bei Trost!

Schnaufer: bis zum letzten Schnaufer arbeiten/… *sal selten* · to work to the last gasp

… Buchstäblich bis zum letzten Schnaufer hat dieser Mann an seinem Werk gefeilt. Noch drei Stunden vor seinem Tod arbeitete er an dem Schlußkapitel …

den letzten Schnaufer tun *sal selten* – jm. brechen die **Augen** · to breathe one's last

Schnauze: frei nach Schnauze *sal* · 1. + to give a rough estimate *n*, + to make a rough guess *n*, 2. as one thinks fit *n*, at one's discretion *n*

1. vgl. – (so) über den **Daumen** gepeilt

2. vgl. – nach **Gutdünken** (die Dinge regeln/…)

eine große Schnauze haben *sal* – einen großen **Mund** haben · to have a big mouth

kannst du deine/kann er seine/… Schnauze nicht aufkriegen/ (aufbringen/auftun)? *sal* – kannst du dein/kann er sein/… **Maul** nicht aufkriegen/(auftun)?!/es scheint/…, j. kann sein Maul nicht aufkriegen/(auftun) · why don't you/doesn't he/… say something?, why don't you/doesn't he/… open your/… mouth and say something?

die Schnauze nicht aufmachen *sal* · not to say a word *n*, not to open one's mouth *coll*

… Jetzt könnt ihr alle groß daherreden! Aber wenn der Chef reinkommt und euch zusammenstaucht, wagt keiner, die Schnauze aufzumachen.

die Schnauze (immer/…) (zu sehr/so weit/…) **aufreißen** *sal* · 1. 2. to shoot one's mouth off

1. vgl. – das **Maul** (immer/…) (zu sehr/so weit/…) aufreißen

2. vgl. – den **Mund** (mal wieder/…) (so/zu/reichlich) vollnehmen

große Schnauze, nichts dahinter *sal* – große **Klappe**, nichts dahinter · to be all mouth, all mouth and no trousers

auf die Schnauze fallen (mit etw.) *sal* · to come a cropper (with s.th.)

Paß auf, daß du bei dem Alten mit deinen Bemerkungen nicht auf die Schnauze fällst, Rudi! – Du meinst, er kann mir das übelnehmen? – Nicht nur das! Den Renneberg hat er aus solchen Gründen an die Luft gesetzt!

jm. **eins/eine auf seine** (große) **Schnauze/(auf die Schnauze) geben** *sal* · 1. 2. to punch s.o. in the gob/kisser/…

1. vgl. – jm. eins/eine aufs **Maul** geben

2. vgl. – jm. eins/eine auf den **Mund** geben

jm. **eins/eine vor die Schnauze geben** *sal* – jm. eins/eine aufs **Maul** geben · to give s.o. a smack in the kisser, to give s.o. a dig in the gob, to sock s.o. in the kisser/gob/mouth/…

die/seine Schnauze halten *sal* – den/seinen **Mund** halten · to shut up

jm. **in die Schnauze hauen/schlagen** *sal selten* – jm. eins/eine aufs **Maul** geben · to give s.o. a smack in the kisser, to give s.o. a dig in the gob, to sock s.o. in the kisser/gob/mouth/…

auf der Schnauze liegen *sal selten* – auf der **Nase** liegen · to be laid up

jm. **die Schnauze polieren/(lackieren)** *sal* – jm. den **Buckel** vollhauen/vollschlagen (1) · to smash s.o.'s face in

jm. **die Schnauze stopfen** *sal* – (eher:) jm. den **Mund** stopfen · to shut s.o. up

sich die Schnauze verbrennen *sal* – sich den **Mund** verbrennen · to put one's foot in it

die Schnauze voll haben von jm./etw./davon, etw. zu tun *sal* · 1. 2. to be fed up with s.o./s.th./doing s.th. *coll*, to be sick to the teeth of s.o./s.th./doing s.th., I've/… had enough of s.o./s.th./doing s.th., + to be sick and tired of s.o./s.th./doing s.th.

1. Die Karin hat mir eraählt, du hättest dem Wall einen sauscharfen Brief geschrieben. – Das hab' ich! Ich hab' die Schnauze voll von dem Kerl. Der macht mich jetzt seit Jahren hintenherum bei den verschiedensten Leuten schlecht. Für mich ist der jetzt gestorben.

2. Der Junge hat die Schnauze voll von dieser Drecksarbeit bei Lohnert! Der wird noch in diesem Monat kündigen. Im Grunde ist er das schon mehr als einem Jahr satt, aber er scheute sich immer wieder, die Folgerungen zu ziehen.

die Schnauze (mal wieder/…) (so/zu) **vollnehmen** *sal* – (eher:) den **Mund** (mal wieder/…) (so/zu/reichlich) vollnehmen · to shoot one's mouth off (again/…)

immer/(…) **mit der Schnauze vorneweg/**(voran) **sein** *sal* · to (always/…) open one's big mouth, to speak without thinking *n*

Ich möchte doch nur ein einziges Mal erleben, daß der Alfons erst nachdenkt, ehe er etwas sagt, auch die anderen zu Wort kommen läßt, sich weniger in den Vordergrund drängt. Immer und ewig ist dieser Kerl mit seiner Schnauze vorneweg!

Schnecke: daher- schleichen/-kriechen/… **wie eine Schnecke** *ugs* · to crawl along, to creep along, to go dead slow, to drive/… at a snail's pace

… Eine geschlagene Stunde sind wir wie eine Schnecke dahergeschlichen! Manchmal fragt man sich, wofür man überhaupt ein Auto hat. Zu Fuß wäre es schneller gewesen!

jn./(etw.) **zur Schnecke machen** *sal* – etw./jn. **fertigmachen** (9; a. 7, 8) · to give s.o. what for/a good dressing-down/…

Schneckenhaus: sich in sein Schneckenhaus zurückziehen *ugs selten* · to retreat into one's shell, to withdraw into one's shell

Geht die Ursel nicht mit schwimmen? – Nein, die will für sich bleiben und lesen. – Mann, in letzter Zeit zieht die sich aber auch immer in ihr Schneckenhaus zurück! Wenn das so weitergeht, wird sie irgendwann noch menschenscheu.

Schneckenpost: mit/auf der Schneckenpost kommen/fahren/… *ugs – iron veraltend selten* · to come at a crawl, to come at a snail's pace

(Zu einem Besucher:) Sechs Stunden von München bis Stuttgart – da bist du ja mit der Schneckenpost gekommen! – In der Tat! Ich habe so eine Verspätung mit dem Zug überhaupt noch nie erlebt. Ein Autounfall an einer Schranke blockierte die Strecke …

Schneckentempo: im Schneckentempo gehen/fahren/… *ugs* · 1. 2. to drive/to walk/… at a snail's pace

1. Wenn wir in diesem Schneckentempo weitergehen, kommen wir nächste Woche zu Hause an!

2. Schon wieder ein Stau! Und was für einer! Eine Schlange von drei, vier Kilometern. In diesem Schneckentempo werden wir für die 60 Kilometer wohl noch drei Stunden brauchen.

im Schneckentempo vorangehen/vorwärtsgehen/… *ugs* · to take/to be taking ages, to make/to be making slow progress

Du baust an deinem Haus zur Zeit gar nicht weiter, nicht? – Doch, ich baue schon weiter, aber es geht leider im Schneckentempo vorwärts. Man merkt die Fortschritte kaum.

Schnee: weiß wie Schnee (sein) *path* · to be as white as snow

… Ein weißes Kleid, sagst du, hatte die Annemarie gestern auf dem Ball an? – Ja, weiß wie Schnee. – Stand ihr das denn?

das/etw. ist Schnee von gestern/(vorgestern/vom letzten/vergangenen Jahr) *ugs* · it/that/s.th. is (all) old hat, it's ancient history

… Komm', hör' auf mit deinen Thesen zum Sozialismus! Das ist Schnee von gestern! Damit lockst du hier keinen Hund mehr hinter dem Ofen hervor!

(bei) Schnee und Regen · come rain come shine, whatever the weather

Wenn der Ulrich sagt, er macht Sonntag eine Wanderung, dann macht er eine Wanderung. Auch bei Schnee und Regen. Der wird dich nachher höhnisch fragen, ob du aus Zucker bist und Angst hast aufzutauen, wenn du nicht erscheinst.

(dahin-) schmelzen wie Schnee an der Sonne · to dwindle fast, to disappear rapidly, to melt/to disappear/… like a snowball in hell

… Bei ihrem hochherrschaftlichen Lebensstil schmilzt natürlich auch so ein Lottogewinn wie Schnee an der Sonne. Von den 120.000,– Mark haben sie in einem einzigen Jahr mehr als die Hälfte verbraten/herausgeschmissen/ausgegeben.

und wenn der ganze Schnee verbrennt: … *path od. iron selten* · come what may, come hell or high water, whatever happens

Und wenn der ganze Schnee verbrennt, wir werden den Umbau des Guts bis zu Ende durchführen. Und wenn wir noch so viel Schwierigkeiten und Scherereien haben!

Schneeballschlacht: eine Schneeballschlacht (machen) · (to have) a snowball fight

… Eine anständige Schneeballschlacht – das ist etwas Herrliches! Die/das haben wir als Jungen dauernd gemacht.

Schneekönig: sich freuen wie ein Schneekönig *sal* · to be as pleased as Punch, to be over the moon *n*, to be like a dog with two tails *rare*

Schau mal, wie glücklich der Jupp ist, daß sie ihn zum Delegationsleiter gewählt haben! Er strahlt übers ganze Gesicht. – Ja, er freut sich wie ein Schneekönig.

Schneid: (keinen) Schneid haben · to have (no) dash, to have (no) verve, to have (no) go

So etwas Lahmes wie diese Leute hier hab' ich nie gesehen! Die haben überhaupt gar keinen Schneid! – Du bist hier nicht bei den alten Preußen, Wilhelm! – Aber derart träge …

jm. den Schneid abkaufen *ugs Sport Kampf* · to take the fight out of s.o., to grind s.o. down, to make s.o. lose his battle

… Bis in die Mitte der zweiten Halbzeit beherrschten die Fortunen eindeutig das Feld. Aber von der Mitte der zweiten Halbzeit an kauften die Dortmunder ihnen zusehends den Schneid ab: sie kämpften bis zum Umfallen und entmutigten die Düsseldorfer vollends, als sie kurz nacheinander zwei sehr schöne Tore schossen …

schneiden: jn. schneiden · 1. to cut s.o., 2. to cut in on s.o.

1. Ich weiß gar nicht, warum mich der Albert in letzter Zeit schneidet! – Hast du nicht die Gretel Moschbach in Grund und Boden kritisiert? Die beiden sind doch eng befreundet! Da ist doch klar, daß er dir aus dem Wege geht und nichts mehr mit dir zu tun haben will.

2. (Auf einer Landstraße:) Hast du gesehen, wie der BMW den Volkswagen beim Überholen geschnitten hat? Unverschämt, jemandem so die Fahrbahn zu 'sperren'!

zum Schneiden (dick) sein *ugs Luft* – die **Luft** ist (in einem Raum/…) zum Schneiden (dick) · + you/one could cut the air in here with a knife, + there's a terrible/… fug in here

schneidende(r): schneidende(r) Wind/Kälte/Frost/… · a cutting wind/…, a biting wind/…, a bitter wind/…

Eine schneidende Kälte ist das heute! Selbst mit den dicken Handschuhen hab' ich das Gefühl, daß mir die Finger abfrieren!

schneidende(r) Hohn/Spott, Kälte, Antwort/… · withering sarcasm/withering contempt/a sharp reply/a caustic reply/…

… Als er seinen Bruder dann 14 Tage später nochmal fragte, ob er ihm zwei-, dreitausend Mark leihen könnte, antwortete er mit schneidender Kälte: »Nein!« Aber mit einer derartigen Verachtung …

Schneider: frieren wie ein Schneider *ugs* · to shiver with cold, to be frozen to the marrow, to be frozen stiff

Die Gerda friert wie ein Schneider in den letzten Wochen. Ich verstehe gar nicht, was mit der los ist. Früher hat sie nie so gefroren.

aus dem Schneider (heraus) sein *ugs* · 1. to have scored/to score more than 30 points at skat, 2. 3. to be out of the wood, 3. to be in the clear, 4. to be over 30

1. Bist du aus dem Schneider? – Moment … Ja, ich hab' haargenau 30 Punkte. *Skat*

2. … Der Friedel hat gut lachen, der ist aus dem Schneider heraus: der hat gestern sein Mündliches gemacht, dem kann nichts mehr passieren. Aber ich steck' noch mitten in dieser Durstphase drin.

3. Die letzten drei Jahre waren für den Peter sowohl finanziell wie beruflich schwierig. Jetzt ist er endgültig aus dem Schneider heraus. – Hat er die Stelle bei Schirmer also gekriegt? Na, dann hat er ja wohl in der Tat alle Schwierigkeiten überwunden.

4. Wie alt ist der Manfred eigentlich? – Der, der ist aus dem Schneider heraus … – Er ist schon über 30? – Allerdings. Er wird im Februar 35. *seltener*

(im) Schneider sein *Skat* – ≠ **aus dem Schneider (heraus) sein** (1) · to have/to have scored less than thirty points

herein, wenn's kein Schneider ist *ugs iron* · come in! *n*

(Es klopft:) Herein, wenn's kein Schneider ist! … Ach, du bist's, Ilonka! Mit dir hätte ich jetzt ja nun nicht gerechnet …

jn. Schneider machen/spielen *Skat* · + not to get thirty points, to schneider s.o.

(Bei einer Skatrunde:) Was ist denn heute los mit dir, Erich? Jetzt haben wir dich schon dreimal Schneider gespielt! – Wenn ihr mir immer so ein erbärmliches Blatt gebt! Mal weiter! Vielleicht seid ihr das nächste Mal Schneider …

Schnelle: auf die Schnelle etw. essen/trinken/jn. besuchen/bei jm. vorbeigehen/… *ugs* · 1. to eat s.th. in a rush, to gulp s.th. down, to have a quickie, 2. to pop in and visit s.o., to round to s.o.'s house/…

1. Das war vielleicht eine Hetze heute! Schon das Frühstück habe ich im Stehen eingenommen – so auf die Schnelle zwei Brötchen gefuttert und eine Tasse Kaffee heruntergeschüttet. Dann die Besuche bei Roberts und Klein, dann …

2. … Wo wir schon einmal in der Gegend sind, könnten wir eigentlich auf die Schnelle den Heinz Knöppel besuchen. – Aber nur auf einen Sprung! Ich habe keine Lust, jetzt noch wer weiß wie viel Zeit zu verlieren!

Schnelligkeit: (mit) (eine(r)) atemberaubende(r) Schnelligkeit (etw. tun) *path* – (eher:) (mit) (eine(r)) atemberaubende(r) **Geschwindigkeit** (etw. tun) · to do s.th. with breath-taking speed

Schnellverfahren: (jn.) **im Schnellverfahren (verurteilen/...)** · to sentence/... s.o. in summary proceedings *form*
(Gegen Kriegsende:) Wenn man die Leute so im Schnellverfahren verurteilt, dann kann man sie auch gleich erschießen. Möglichkeiten, sich zu verteidigen, haben sie sowieso nicht, und das Ergebnis ist dasselbe.

Schnepfenjagd: auf Schnepfenjagd gehen *sal selten* · to go whoring
... Wer hier auf Schnepfenjagd gehen will, hat doch nun wirklich reichste Auswahl. Hier ist doch ein Bordell neben dem andern, und an jeder dritten Ecke stehen die von dir so genannten 'Schnepfen' herum und warten auf Kundschaft.

schnipp: schnipp, schnapp *lautmalerisch ugs* · snip, snip
(Zu einer Freundin:) Ach, Karin, kann man diese entsetzlichen Zöpfe wirklich nicht abschneiden? Komm, ich nehm' eine Schere – und, schnipp schnapp, sind sie weg. – Du bist wohl wahnsinnig, was?!

Schnippchen: jm. ein Schnippchen schlagen *ugs selten* · to put one over on s.o., to cheat s.o. *n*, to trick s.o. *n*, to steal a march on s.o.
Warum ist denn der Kurt so wütend auf den Mainhard? Hat der ihm wieder ein Schnippchen geschlagen? – Und ob! Der Kurt hatte die Absicht, die Helga Oberwallner zum Schlußball als Partnerin einzuladen, und der Mainhard hat sie ihm vor der Nase weggeschnappt.

Schnitt: einen harten Schnitt haben *Film selten* · film-editing with straight cuts
Kennst du den Ausdruck 'einen harten Schnitt haben', Gerd? Du bist doch beim Film. – Ja; das bedeutet: ein Bild folgt rasch und übergangslos auf das andere, ohne jedes Wegtauchen oder langsames Verschwinden des vergangenen Bildes.

einen weichen Schnitt haben *Film selten* · ≠ einen harten **Schnitt** haben · film-editing with gradual cuts

im Schnitt *ugs* – im **Durchschnitt** ... · on average

etw. im Schnitt zeichnen/darstellen/... *form* · to draw s.th./... in section
... Natürlich verstehe ich, Franz, was der Satz: 'der Architekt skizzierte ihm das Haus im Schnitt' bedeuten soll. Und trotzdem kann ich ihn nicht übersetzen. Denn da steht doch nicht, ob das Haus im Quer-, Längs – oder Schrägschnitt gezeichnet wurde.

einen/seinen Schnitt (bei etw.) machen/auf ... kommen *ugs* · to make a good/tidy/... profit, to get a good/... cut
... Wenn er bei dem Geschäft nicht auf seinen Schnitt gekommen ist, wird er sich das nächste Mal nicht bewegen, das liegt doch auf der Hand. – Und du bist sicher, daß er dabei weniger als üblich verdient hat?

Schnitzer: ein (dicker) Schnitzer *ugs* – ein (dicker) **Fehler** · a real/... boob, a real/... howler

schnuppe: j./etw. ist jm. schnuppe *sal* – sich einen **Dreck** um jn./etw. kümmern · + s.o. doesn't give a stuff about s.o./s.th.

Schnur: über die Schnur hauen *ugs selten* – (gern/halt/mal/...) über die **Stränge** schlagen/(hauen) · to kick over the traces

Schnürchen: etw./eine Arbeit/... geht/läuft wie am Schnürchen *ugs* · 1. 2. it's/s.th. is going/goes/... like clockwork
1. Das geht ja heute wie am Schnürchen: ruck, zuck!, eine Kiste nach der anderen. So schnell haben wir den Wagen noch nie aufgeladen.
2. ... Die Übersetzung ging wie am Schnürchen. Die Bettina hat den altfranzösischen Text so herunterübersetzt. Aber bei der Interpretation wurde sie unsicher, stockte ...

etw. klappt wie am Schnürchen *ugs* · 1. 2. it/s.th. is going/goes/... like clockwork
1. Hast du denn die ganzen Unterlagen mühelos zusammengekriegt? – Das hat geklappt wie am Schnürchen. In einer einzigen Woche hatte ich den ganzen Papierkram erledigt.
2. vgl. – etw./eine Arbeit/... geht/läuft wie am **Schnürchen**

j. redet wie am Schnürchen *ugs* · 1. s.o.'s tongue never stops wagging, 2. to talk/to chatter/... non-stop
1. vgl. – bei jm. steht der **Schnabel** nicht/nicht eine Minute/keinen Augenblick/... still

2. vgl. – in einer **Tour** reden/quatschen/... (1)

etw. wie am Schnürchen hersagen/aufsagen/... (können) *ugs* · to (be able to) say/recite/... s.th. off pat
... Ihr lernt ja heute keine Gedichte mehr auswendig. Ich habe früher noch die ganze 'Glocke' wie am Schnürchen hergesagt. – Die ganzen zehn oder mehr Seiten? – Die ganzen zehn oder mehr Seiten, ohne ein einziges Mal zu stocken.

schnurgerade: schnurgerade auf jn./(etw.) zugehen/... · to go straight up to s.o./s.th., to make a bee-line for s.o./s.th.
(Von jemandem, der auf einem Cocktailabend gerade hereinkommt:) Er schaute sich im Saal um, und kaum hatte er den Blumenberg erblickt, da ging er auch schon schnurgerade auf ihn zu, um ihn wegen seines Zeitungsartikels zur Rede zu stellen! – Ja, so ist der Brahmkamp. Immer frontal!

schnurstracks: schnurstracks auf jn./(etw.) zugehen/... *path veraltend* – **schnurgerade** auf jn./(etw.) zugehen/... · to go straight up to s.o./s.th., to make a bee-line for s.o./s.th.

schnurz: j./etw. ist jm. schnurz und piepe *sal selten* – sich einen **Dreck** um jn./etw. kümmern · + s.o. doesn't give a damn about s.o./s.th.

schnurzegal: j./etw. ist jm. schnurzegal *sal* – sich einen **Dreck** um jn./etw. kümmern · + s.o. doesn't give a damn about s.o./s.th.

schnurzpiepegal: j./etw. ist jm. schnurzpiepegal *sal* – sich einen **Dreck** um jn./etw. kümmern · + s.o. doesn't give a damn about s.o./s.th.

Schnute: eine Schnute ziehen/(machen) *ugs* · to pout, to pull a face
An sich kann mein Vater es überhaupt nicht leiden, wenn die Kinder so leicht eingeschnappt sind/beleidigt sind/schmollen/eine Schnute ziehen. Aber bei der Renate findet er es drollig, wenn sie die Unterlippe so nach vorne wölbt und anfängt zu flennen/heulen/weinen.

Schock: unter Schock stehen/(handeln/...) *form* · to be in a state of shock
(Ein Anwalt bei Gericht:) Was meine Mandantin am Unfallort ausgesagt hat, kann nur bedingt herangezogen werden. Frau Siebert stand, wie Sie wissen, unter Schock. Noch im Krankenhaus war sie nicht in der Lage, den Hergang geordnet darzustellen.

Schockwirkung: unter Schockwirkung/(Schockeinwirkung) stehen/handeln/... *form* – unter **Schock** stehen/(handeln/...) · to be in a state of shock

Schöffenstuhl: eine Strafsache/... vor den Schöffenstuhl bringen *jur selten* · + to be tried by a court of lay judges/lay assessors, + to come before a court of lay judges/lay assessors, + to be tried by a jury, + to go before a jury
... Nein, Zivilsachen werden grundsätzlich nicht vor das Schöffengericht – oder wie es auch manchmal heißt – vor den Schöffenstuhl gebracht.

Schokoladenseite: sich von seiner Schokoladenseite zeigen *ugs* · 1. 2. to show o.s. from one's best side, 2. to be at one's most charming
1. ... Auf diesem Bild bist du wirklich gut getroffen! – Da habe ich mich von meiner Schokoladenseite gezeigt.
2. ... Auf dem Betriebsfest hast du dich ja von deiner Schokoladenseite gezeigt. Du hast bei meinen Kolleginnen und Kollegen wirklich gut angekommen, Alfons. Sie waren alle beeindruckt von dir.

Scholle: an die (eigene) Scholle gebunden/(...) sein/sich fühlen *path veraltend selten* · to be attached to/to be bound to/to cling to/... one's native soil
... Dieser Hof hat keine Zukunft, nein! Dazu kommt, daß die jungen Leute sich heutzutage überhaupt nicht mehr an die eigene Scholle gebunden fühlen. Die wechseln mit einer Leichtigkeit in die Stadt, das ist geradezu beeindruckend! Als wenn sie so etwas wie Bindung an den eigenen Grund und Boden gar nicht kennen würden.

Scholli: mein lieber Scholli! *sal selten* – mein lieber **Mann!** (2) · good gracious!, good heavens!, my goodness!

schon: (na) wenn schon! *ugs* · what of it?, what if they/... do/...?, so what?

Wenn du weiterhin so viel krank feierst, wird man dir wohl das Gehalt kürzen. – Na, wenn schon! Was meinst du, was es mich interessiert, ob ich 2.700,– oder 2.500,– Mark verdiene.

(na/...), wo/wenn ich/er/der Peter/... schon einmal/mal dran bin/ist/angefangen habe/hat ..., etw. zu tun/etw. tu/tut/... · 1. as/seeing as/... I/he/Peter/... have/... already started doing s.th./am/... already doing s.th./..., 2. as/seeing as/... I am/we are/John is/... here/..., 3. ... and while we're on the subject ..., ... and while we're at it ...

1. ... Das ist wirklich eine blödsinnige Arbeit. Ich weiß nicht, ob es Sinn hat, daß Herbert damit seine Zeit verliert. – Wo er schon mal angefangen hat, sollte er sie auch bis zu Ende machen. Sonst hätte er erst gar nicht anfangen sollen!

2. ... Wo wir schon einmal in Madrid sind, müssen/sollten wir uns auch den 'Prado' ansehen. – Aber ich hab' heute keine Lust, ins Museum zu gehen. – Die Gelegenheit kriegst du vielleicht nie wieder.

3. vgl. – (eher:) und wenn wir schon einmal/mal **dran** sind, ...

(na/also/...) wenn schon, denn schon! · if you're going to do s.th., do it properly!

... Nein, kein großes Fest, aber eine kleine Party wollten wir schon starten. – Nein! Wenn schon, denn schon! Wenn ihr Trautes 18. Geburtstag richtig feiert, dann stifte ich euch ein großes Festessen; und wenn danach getanzt wird, dann wird natürlich auch für reichlich 'Stoff' gesorgt. Für halbe Sachen habe ich nicht viel übrig, wie ihr wißt.

schön: ..., das ist bald/(schon) nicht mehr schön *ugs* · it/s.th. is beyond a joke, it/s.th. is going too far

(Ein Lehrer zu einem Vater:) Was Ihr Sohn sich hier in letzter Zeit erlaubt, Herr Bentner, das ist schon nicht mehr schön! Jeden zweiten Tag kommt er zu spät; dann geht er früher; den älteren Lehrern gegenüber entwickelt er einen geradezu flegelhaften Ton ... Man muß ja nicht kleinlich sein, aber was zu weit geht, geht zu weit.

(ganz) schön staunen/überrascht sein/... (wenn ...) *ugs* · to be really/pretty/... surprised/shocked/... to hear/...

Wenn der Raymund erfährt, daß die Tina geheiratet hat, wird er ganz schön überrascht sein. Denn mit allem hat er bei seiner ehemaligen Freundin gerechnet, nur damit nicht.

j./etw./das ist/wäre/... schön dumm/blöd/doof/... (wenn ...) *ugs* · s.o./s.th. is/would be/... damned stupid/pretty stupid/ really stupid/... to do s.th.

... Du müßtest aus wirklich schön dumm sein, Tobias, wenn du auf einen Vorschlag eingingst, der dich im Grunde nur schädigt. – Die halten mich offensichtlich für so naiv.

(das ist alles/na/...) schön und gut (aber ...) *ugs* · that's all well and good, but ..., that's all very well, but ...

... An eurer Stelle würde ich das Nachbargut kaufen: bei einer größeren Fläche könnt ihr eure Maschinen rationeller einsetzen, die Grundstückspreise steigen sowieso dauernd ... – Das ist alles schön und gut, aber wir haben das nötige Geld nun einmal nicht.

(das/etw. ist/(wäre)) zu schön, um wahr zu sein *ugs* · it/s.th. is too good to be true

... Ja, und wenn wir dann noch zwei, drei Wochen gemeinsam Ferien machen könnten, an irgendeinem Strand ... – Zu schön, um wahr zu sein, Ute! Wir können schon von Glück reden, daß wir uns hier so häufig treffen können ...

Schönen: die Schönen der Nacht *ugs euphem* · the ladies of the night

... Wenn unser Besuch aus Afrika heute abend unbedingt auf Abenteuer ausgehen will, müßte sich einer von uns nach den einschlägigen Etablissements erkundigen. Oder kennt jemand von euch die Hochburgen der Schönen der Nacht in dieser Stadt?

schonend: jn. schonend auf etw. vorbereiten/jm. schonend die Wahrheit sagen/... · to break it to s.o. gently

... Diese Ärzte hier kennen nur Extreme: entweder lügen sie einem wer weiß wie lange was vor oder sie knallen einem an den Kopf: 'Krebskrank, nichts zu machen'. Als wenn man einem Kranken die Dinge nicht auch schonend beibringen könnte ...

schöner: das wäre ja noch schöner! *ugs iron* · no chance!, that's too much!, that's adding insult to injury

Was, erst beleidigt er mich vor versammelter Mannschaft; dann entschuldigt er sich nicht einmal – und jetzt soll ich ihm auch noch 2.000,– Mark leihen?! Das wäre ja noch schöner! Keinen Pfennig kriegt er!

Schönes: j. hat (da) etwas/was Schönes angerichtet *ugs iron* – (eher:) j. hat sich (da) etwas/was **Nettes** geleistet · s.o. has put his foot in it, s.o. has (gone and) done something brilliant

jm./sich etwas Schönes einbrocken (mit etw.) *ugs iron* · 1. to (really) let o.s. in for s.th., 2. to s.o./o.s. in it

1. ... Mit seinem Angebot, sie bis zum Rossio zu begleiten, hatte er sich etwas Schönes eingebrockt: sie wich den ganzen Tag nicht mehr von seiner Seite.

2. Mit seinem lockeren Mundwerk hat er der Gertrud etwas Schönes eingebrockt! – Wieso? – Er hat so getan, als führe sie ein sehr leichtfertiges Leben, ihr Vater hat davon Wind bekommen, und jetzt ist bei ihr zu Hause der Teufel los.

wenn ..., (dann) kann j. was/etwas Schönes erleben *ugs iron* – (eher:) wenn ..., (dann) kann j. was/etwas **erleben!** · if ..., (then) there'll be hell to pay

j. hat sich (da) etwas/was Schönes geleistet *ugs iron* – j. hat sich (da) etwas/was **Nettes** geleistet · to have put one's foot in it, to have done something brilliant

schönfärben: schönfärben *ugs* · to embellish things, to gloss things/s.th. over

Der Ulrich kann sich einfach nicht daran gewöhnen, die Dinge so darzustellen, wie sie sind. Der muß ständig schönfärben! Ich sage nicht, daß er lügt, aber er beschönigt alles, redet um die Dinge herum ...

Schonfrist: eine Schonfrist haben/bekommen/jm. ... geben/... · to have/to give s.o./... a period of grace

... Die Diskussionen sind ja heute sehr glimpflich verlaufen! Ich hatte gedacht, man würde den neuen Chef wegen der verpfuschten Südafrika-Geschichte attackieren. – Ein halbes Jahr hat er eine Schonfrist; das ist hier so üblich. Dann wird mit harten Bandagen gekämpft.

Schongang: den Schongang einlegen/(einschalten) *ugs oft Sport* · to ease up, to ease off

... Wenn man 4 : 1 führt, strengt man sich nicht mehr sonderlich an, das ist klar. Aber wenn eine Mannschaft schon in der ersten Halbzeit anfängt, den Schongang einzulegen, wird das Spiel einfach zu langweilig. – Haben die so wenig Reserven, daß sie mit ihren Kräften derart haushalten müssen?

im Schongang spielen/gewinnen/... *ugs oft Sport* · to play within oneself/themselves

Da die Dortmunder das Hinspiel in Utrecht 6 : 1 gewonnen hatten, konnten sie das Rückspiel im Schongang bestreiten. – Nach der Devise: bloß keine Anstrengung zu viel? – Genau. – Auf diese Weise werden auch Pokalspiele langweilig.

Schönheit: in Schönheit sterben *Sport* · to play brilliantly and lose

(Über ein Tennisspiel:) Ja, sie hat herrlich gespielt, ganz herrlich! Aber sie hat verloren, Klaus. Sie ist, wie es so schön heißt, in Schönheit gestorben – und das auch im Sinn von schönem Tennis sein.

Schönheitsfehler: (nur/...) einen (kleinen) Schönheitsfehler haben · to have (only/...) a slight flaw, to have (only/...) a slight blemish

Die Übersetzung ist ausgezeichnet! Sie hat vielleicht einen kleinen Schönheitsfehler: an manchen Stellen weicht sie inhaltlich etwas zu stark vom Original ab. Aber nur an manchen Stellen ...

schönmachen: sich schönmachen · to smarten up o.s., to dress up, to get dressed up, to put on make-up

Nimmst du mich so mit ins Theater, Holger, oder muß ich mich erst noch schönmachen? – Kämmen könntest du dich vielleicht, Liesel; aber angezogen bist du doch nun wirklich schön genug – wenn du überhaupt schöne Kleidung brauchst, um zu wirken. – Danke, danke! So galant heute.

schönreden: schönreden *ugs selten* – (eher:) schöne **Worte** machen · to gloss s.th. over

Schönste: aufs/(auf das) Schönste verlaufen/... · to go smoothly, to go without a hitch, to go like a dream
Wir hatten alle ein bißchen Angst vor dieser Jubiläumsfeier. Es gibt so viele Spannungen unter den Mitarbeitern ... Aber Gott sei Dank ist alles auf das Schönste verlaufen. Die Stimmung war ausgezeichnet.

schöntun: jm. schöntun *form selten* · to flatter s.o., to soft-soap s.o., to ingratiate o.s. with s.o.
... Die kann dem Alten so viel schöntun, wie sie will – der geht auf Schmeicheleien nicht ein.

Schönwetter: (bei jm.) um Schönwetter anhalten/bitten *ugs* · to be as nice as pie to s.o., to suck up to s.o., to try to get in with s.o., to try to get into s.o.'s good books
... Jetzt erreicht der Friedberg hier überhaupt nichts mehr, da kann er so viel um Schönwetter anhalten, wie er will. Ein Mann, der derart unerzogen auftritt, wenn er den Eindruck hat, daß die Dinge mal nicht in seinem Sinn laufen, hat seinen Kredit verspielt. Der Chef lacht doch nur, wenn er sich jetzt schön brav gibt, um ihn nachgiebig zu stimmen.

Schönwetter machen *ugs* · 1. to pretend/to say/... that everything in the garden is rosy, 2. to be as nice as pie to s.o., to suck up to s.o., to try to get in with s.o., to try to get into s.o.'s good books
1. ... Der Karlsberg kann so viel Schönwetter machen, wie er will: es weiß doch jeder hier im Haus, daß seine Verhandlungen im Grunde schon jetzt gescheitert sind. – Das kann er doch in seiner Lage gar nicht zugeben. Er muß die Dinge in rosigen Farben malen! *seltener* 2. vgl. – (bei jm.) um **Schönwetter** anhalten/bitten

schöpfen: aus dem vollen schöpfen *ugs* – aus dem **vollen** schöpfen (können) · to (be able to) draw on unlimited resources

Schöpfer: seinem Schöpfer danken/dankbar sein (müssen/sollen/könnnen) für etw. *form – path selten* – dem lieben **Gott** danken/dankbar sein (müssen/sollen/können) für etw. · s.o. can thank his lucky stars for s.th.

Schornstein: rauchen/qualmen wie ein Schornstein *sal selten* – rauchen/qualmen wie ein **Schlot** · to smoke like a chimney

das/sein Geld/... zum Schornstein hinausjagen *sal* – (eher:) das/sein **Geld** mit beiden/vollen Händen zum Fenster hinauswerfen · to throw one's money down the drain

irgendwie/von irgendeiner Arbeit/... muß der Schornstein (ja/schließlich/...) **rauchen** *ugs selten* · + to (have to/...) do s.th. to keep body and soul together, + to (have to/...) make a living somehow/...
... Spaß?! Nein, Spaß macht dem Gerd die Arbeit da schon lange nicht mehr. Aber von irgendwas muß der Schornstein schließlich rauchen. In seinem Alter findet man so leicht nichts anderes, und Privatvermögen hat er nicht.

das/das Geld/die Tasche/... kannst du/kann dein Bruder/... in den Schornstein schreiben *sal* – das/das Geld/die Tasche/... kannst du/kann dein Bruder/... in den **Mond** schreiben · you/your brother/... can write off/forget/... the money/the wallet/...

die Schornsteine rauchen/(der Schornstein raucht) wieder *veraltend selten* · the wheels of industry have started turning again, work has started again
... Seit gestern rauchen die Schornsteine wieder! – Gott sei Dank! Dieser Streik drohte das Land zu ruinieren. Aber es wird doch nicht nur in der Großindustrie wieder gearbeitet, oder?

Schornsteinfeger: aussehen wie ein Schornsteinfeger *ugs* · to look like a chimney-sweep
Du siehst ja aus wie ein Schornsteinfeger! Was hast du denn gemacht? Hast du etwa irgendwo Kohlen eingescheppt? – Du wirst lachen: genau das habe ich getan! Die alte Frau Haberkamp fand niemanden, da habe ich ihr eben die Tonne Koks in den Keller geschaufelt.

Schoß: ein Kind/... auf dem Schoß haben/(halten) · to have a baby/... on one's lap
Die Ursel hat ihr Baby andauernd auf dem Schoß. Sie verwöhnt das Kind richtig, und auch für den Rücken, die Beine usw. ist das nicht gerade das Beste ...

jm. fällt etw. (doch) (nicht) in den Schoß/ist etw. (doch) (nicht) in den Schoß gefallen *ugs* · (not) to (just) fall into s.o.'s lap, (not) to be (just) handed to s.o. on a plate
Der Emil hat ein eigenes Haus, der weiß überhaupt gar nicht, wie allein die Miete das Budget der meisten Leute heute belastet! – Nein, Gerda, so ist das nun auch nicht! Dem Emil ist sein Haus doch nicht in den Schoß gefallen! Er hat dafür lange Jahre hart gearbeitet und zahlt noch heute den Kredit zurück, den er seinerzeit dafür aufgenommen hat.

(noch/...) im Schoß(e) der Erde (ruhen/...) *form path selten* · to be (still/...) in the bowels of the earth
Die reden da dauernd von den begrenzten Mengen der Rohstoffe. Das scheint mir alles ziemlich vage Spekulation. Was da alles noch im Schoße der Erde ruht, weiß doch kein Mensch.

jm. (nur so/...) in den Schoß fallen *ugs* · to (just/...) fall into s.o.'s lap
... Andere müssen sich Jahre und Jahre abmühen, und dem Kurt fallen die einträglichsten Posten nur so in den Schoß. – Wie kommst du da jetzt drauf? – Gestern haben sie ihm – völlig unerwartet – auch noch einen Aufsichtsratsposten bei Siemens angeboten.

im Schoß(e) der/seiner Familie *form* · in the bosom of the/one's family
»Na«, sagte er, als er aus Ägypten zurückkam, »es ist schön, Reisen zu machen, neue Länder kennenzulernen, mit anderen Menschen Bekanntschaft zu machen. Aber schöner ist es, sich im Schoße der Familie wohlzufühlen.« – »Wie nett!«, bemerkte die kleine Andrea schelmisch.

ein Kind/... auf dem Schoß halten – (eher:) ein Kind/... auf dem **Schoß** haben · to have a baby/... on one's lap

in den Schoß der Kirche zurückkehren *form path rel* · to return to the bosom of the Church
(Die Mutter zu einer Freundin:) Ja, Erna, das ist leider wahr: unser Klaus will von der Religion nichts mehr wissen. Aber ich habe die Hoffnung noch nicht aufgegeben, daß er in den Schoß der Kirche zurückkehren wird. Wenn er älter wird ...

auf js. Schoß sitzen · to sit on s.o.'s lap, to sit on s.o.'s knee
... Ja, das gefällt dir, Ute, da auf Onkel Willis Schoß zu sitzen und Schokolade zu futtern! Der muß sein Patenkind natürlich wieder verwöhnen!

ein Kind/Baby/(etwas Kleines) im Schoß(e) tragen *form veraltend selten* – ein **Kind** unter dem Herzen tragen/(haben) · to be with child, to be expecting/pregnant

(längst/...) im Schoß(e) der Vergessenheit ruhen/(liegen) *form – path veraltend* · to have sunk into oblivion (long ago/...)
... Ach, diese alten Forstbestimmungen! Sie ruhen doch längst im Schoße der Vergessenheit! Sie sind zwar offiziell nie widerrufen worden; aber es erinnert sich kein Mensch mehr daran.

(noch/...) im Schoß(e) der Zeit/(Zukunft) **ruhen** *form – path veraltend selten* · to (still/...) lie/be lying in the womb of time/(the future) *rare*
... Wer kann das schon sagen, ob die historische Entwicklung wirklich zu einem einzigen Weltstaat führt oder ob alles wieder auseinanderbricht. Das ruht im Schoße der Zeit. – Du bist ja richtig poetisch gestimmt heute, Karl-August!

mit fliegenden Schößen durch den Saal rauschen/... *Kellner veraltend eher iron* · to rush through the room with one's coat-tails flying
... Mein Gott, das ist ja ein Hotel von Anno Tobak! Wenn ich schon die ganzen Kellner da mit fliegenden Schößen durch den Speisesaal eilen sehe, muß ich schon lachen. – Freu' dich doch, daß sie so beflissen und eilfertig sind!

Schotten: Schotten dicht! *ugs eher norddt* · close the bulk-heads!, batten down the hatches!

Schotten dicht! Merkt ihr denn nicht, daß ein Gewitter im Anzug ist? – Wir haben doch die Fenster und Türen schon längst zugemacht, Kerl nochmal!

die Schotten dichtmachen *ugs eher norddt* · 1. to close all the doors and windows n, 2. to (be able to) shut up shop, to pack everything in

1. ... Wenn ihr übers Wochenende auch wegfahrt, macht mir ja die Schotten dicht! – Keine Sorge, Vater, wir werden alle Türen und Fenster doppelt und dreifach abschließen. – Ein Mal genügt. Aber alle!

2. vgl. – (eher:) den **Laden** dichtmachen (können)

schräg: (ganz schön/...) **schräg sein** *sal* · 1. to be weird/sus-picious/dubious/... *coll*, 2. to be well-oiled, to have had a drop too much

1. ... Der Typ, mit dem die Gerda immer rumhängt, ist ganz schön schräg! – Stimmt, ist wirklich ein komischer Vogel. Sein Verhalten ist ganz schön exzentrisch.

2. vgl. – (ganz schön) einen in der **Krone** haben

Schranken: sich (keine) Schranken auferlegen *form* · (not) to hold back, (not) to restrain o.s.

Dieser Riedler ist unmöglich! Der redet in Gegenwart von Damen so, als wenn er in seinem Skatklub säße, völlig frei und ungezwun-gen. – Dieser Mann legt sich nirgends Schranken auf, weder im Reden noch im Handeln.

Schranken errichten *form selten* · to tell s.o./let s.o. know/... how far he can go, to tell s.o./... the score *coll*, to tell s.o. where to get off *coll*

Gewisse Dinge sind erlaubt und gewisse eben nicht! Wenn der Herbert das nicht begreift, müßt ihr halt Schranken errichten, ihm un-mißverständlich klarmachen: bis hierher (kannst du gehen) und nicht weiter!

die letzten/auch diese/... **Schranken fallen zwischen** zwei/ mehreren Menschen *form selten* · the last barriers between them/... fall

Bis zu ihrer gemeinsamen Reise nach Ägypten gab es bei aller Liebe und Freundschaft doch noch gewisse Reserven zwischen ihnen. Aber auf der Reise scheinen auch diese Schranken gefallen zu sein.

jn. in die Schranken fordern *hist od. path selten* · to chall-enge s.o., to throw down the gauntlet to s.o.

Jetzt bin ich es satt, daß der Wamper mich immer und überall hin-tenherum kritisiert, endgültig satt! Auf unserer nächsten gemeinsa-men Sitzung fordere ich ihn in die Schranken: da soll er in offener Diskussion, vor allen Leuten, sagen, was er an meinen Entscheidun-gen auszusetzen hat.

sich vor den Schranken des Gerichts verantworten (müssen/ vor ... stehen/erscheinen/(...) *form – path selten* · to be summoned to court, to (have to) go/appear before a court, to be taken to court

Wenn der Peter nichts auf dem Kerbholz hat, warum muß er sich denn dann vor den Schranken des Gerichts verantworten? – Irgend-jemand hat ihn angezeigt – mit einer Verleumdung. Also muß er bei Gericht erscheinen, das ist doch evident.

jn. vor die Schranken des Gerichts zitieren/(fordern) *form – path selten* · to call s.o. to appear in court

... Natürlich können die auch den Bundeskanzler vor die Schranken des Gerichts zitieren! Ein Richter kann jeden Bundesbürger vorladen lassen, dessen Aussage er für notwendig hält. Ohne Ansehen der Person!

js. Möglichkeiten/Entfaltung/den Entwicklungsmöglichkei-ten/... sind enge Schranken gesetzt/(gezogen) *form* · there are strict/... limits to the possibilities/development/...

Der industriellen Entwicklung in einem so kleinen Land mit so we-nigen Rohstoffen sind naturgemäß sehr enge Schranken gesetzt.

js. Hilfe/... sind keine Schranken gesetzt *form od. iron* · + s.o. doesn't have to limit his assistance/support/..., there are no limits to s.o.'s support

... Wenn ich der Barbara 5.000,– Mark gebe, kommt sie dann durch? – Ich denk', schon. Aber deiner Unterstützung sind natürlich keine Schranken gesetzt. Du kannst ihr auch 20.000,Mark geben.

jn. in Schranken halten *form selten* · to keep s.o. in his place

Der Täubner nimmt sich in letzter Zeit zu viel heraus! – Du läßt ihn zu frei gewähren. Der Täubner gehört zu den Menschen, die man in Schranken halten muß. Wenn du dem nicht genau vorschreibst, was er zu tun und zu lassen hat, tanzt er dir auf dem Kopf herum.

etw. in Schranken halten *form* · to check s.o., to set limits to/to impose limits on/... s.th., to keep s.th. under control

... In den letzten Jahren ist hier geradezu wie wild gebaut worden. Wenn die das jetzt nicht ein bißchen in Schranken halten, ist die Gegend bald kaputtgebaut. – So etwas ist schwer zu begrenzen.

sich in Schranken halten *form selten* · to restrain o.s., to keep o.s. in check

Wenn er sich auch im Zorn besser in Schranken halten könnte – und im Genuß von Alkohol –, ja, dann wäre der Rüdiger der perfekte Ehemann.

keine Schranken kennen *form selten* · to know no bounds, not to know when to stop, + there is no restraining s.o.

An sich ist der Robert ein prächtiger Kerl. Nur: wenn er wütend oder erregt ist, kennt er keine Schranken. – Das stimmt. Ein Schuß Selbstbeherrschung täte ihm gut.

die/alle Schranken niederreißen/(übertreten/...) *form selten* · to tear down/... all barriers

In einem haben die Leute, die die Revolution unterstützen, völlig recht: zahlreiche Gesetze und Sitten unseres Landes sind überholt und müssen unbedingt geändert werden. Aber das ist doch kein Grund, alle Schranken niederzureißen, wie es zur Zeit Mode ist.

die trennenden Schranken (zwischen mehreren Menschen) **niederreißen** *form – path* · to break down/to tear down/... the barriers between people/...

... Das wäre natürlich schön, wenn er die trennenden Schranken einfach niederreißen könnte. Aber so einfach ist das nicht! Sein neuer Kollege kommt aus einer ganz anderen Welt, seine Anschauungen sind fast in allem anders; dazu fühlt er sich in der neuen Umgebung noch unwohl. Nichts natürlicher also, als daß sie sich miteinander schwertun, ein Fremdheitsgefühl nicht überwinden können ...

jm./e-r S. Schranken setzen *form* – (eher:) jm./e-r S. **Gren-zen** setzen · to set limits to s.th., to impose limits on s.o./s.th.

für jn. in die Schranken treten *form – path selten* – sich für jn. in die **Bresche** werfen/(legen) · to stand up for s.o., to speak out on s.o.'s behalf, to throw o.s. into the breach for s.o.

mit jm. in die Schranken treten *hist selten* · to enter the lists against s.o., to duel with s.o.

Du willst wohl wie die Leute vor 100 oder 200 Jahren mit dem Jür-gen in die Schranken treten, was? – Was soll das heißen? – Ja, wenn man euch beide reden hört, muß man den Eindruck gewinnen, daß ihr euch auf ein Duell vorbereitet.

die Schranken (des Erlaubten) überschreiten (mit etw.) *form selten* – die **Grenzen** des Erlaubten überschreiten (mit etw.) · to overstep the mark, to exceed/to go beyond/... the bounds/limits (of what is permissible)

jn. in seine Schranken (ver-)weisen/(zurückweisen) *form* · to put s.o. in his place

Meint deine Sekretärin schon wieder, sie müßte dir Ratschläge ge-ben, deine Entscheidungen kritisieren? Die mußt du mal deutlich in ihre Schranken verweisen; sonst ist sie bald der Chef.

Schräubchen: bei jm. ist ein Schräubchen locker/(los/lose) *sal* – nicht (so) (ganz/recht)) bei **Trost** sein (1; a. 2) · s.o. has got a screw loose

Schraube: eine alte Schraube (sein) *sal selten* – eine alte **Schachtel** (sein) · (to be) an old boot/old bag/old rat-bag

jn. in der Schraube haben *selten* · to have got s.o. by the balls *vulg*

... Du sagst: der Erich muß diesen Auftrag übernehmen, ob er will oder nicht, denn die Partei hat ihn in der Schraube. Können die ihn denn zwingen? – Zwingen ... Wenn er es nicht macht, ist sein Einfluß und seine Karriere hin. Ich weiß nicht, ob du das Druck oder Zwang nennst.

das/etw. ist eine Schraube ohne Ende *form selten* · it/s. th. is a never-ending spiral

Mit dem Umbau dieses Gutes werdet ihr nie fertig, das ist eine Schraube ohne Ende! Wenn ihr einen Teil beendet habt, kommt ein neuer!

bei jm. **ist eine Schraube locker/(los/lose)** *sal* – nicht (so) (ganz/(recht)) bei **Trost** sein (1; a. 2) · s. o. has got a screw loose

die Schraube überdrehen *ugs selten* · to go too far, to overdo it, to overtighten the screw

… Daß die Gewerkschaften Lohnforderungen stellen, ist ihr gutes Recht; dafür sind sie da. Aber man kann die Schraube auch überdrehen. 12% in einem Jahr, in dem die Inflation bei 5 oder 6% liegt – das ist einfach zu viel.

jn. **in die Schrauben nehmen** *form selten* – (eher:) jm./bei jm. die **Daumenschrauben** anlegen/(anziehen/ansetzen/aufsetzen) · to put the screws on s. o.

Schraubstock: etw./(jn.) **wie einen Schraubstock umklammern/(…)** *path selten* · to hold/to grasp/… s. th. in a vice-like grip

(Aus einem Bericht:) Es kostete einige Mühe, dem Gefangenen das Gewehr zu entwinden, das er, fast wie einen Schraubstock, verzweifelt umklammert hielt. Nachdem man ihn schließlich entwaffnet hatte, …

Schrebergärtner: ein geistiger Schrebergärtner (sein) *sal selten* – ein geistiger **Kleinrentner** (sein) · to be parochial/limited/narrow-minded

Schreck(en): (ach) du lieber/(heiliger) Schreck(en)! *ugs path* – (eher:) (ach) du liebes **bißchen**! · oh my goodness!

ach, du mein Schreck! *path selten* – (ach) du liebes **bißchen**! · good heavens!, goodness me!, good grief!

starr vor Schreck sein *path* – vor **Schreck(en)** wie gelähmt sein · to be paralysed with fear

o Schreck', laß nach! *sal* – *iron* – (eher:) (ach) du liebes **bißchen**! · good heavens!, goodness me!, good grief!

mit dem (bloßen) Schrecken davonkommen · to escape with a fright

… Um ein Haar wären wir alle Mann hoch in den Abgrund gefahren. Der Kurt hat den Wagen buchstäblich auf den letzten Zentimetern noch zum Stehen gekriegt. – Na ja, dann seid ihr ja nochmal mit dem Schrecken davongekommen.

jm. (mit etw.) **einen Schrecken einjagen** *path* · to give s. o. a fright, to give s. o. a scare, to give s. o. a shock

… Was sagst du, meine Schwester hat einen Unfall gehabt? – Ja, aber einen ganz harmlosen! Es ist ihr nichts passiert. – Ah! Du hattest mir schon einen Schrecken eingejagt! – Keine Sorge! Es gab nur Blechschaden …

der Schreck(en) fährt jm. **ins Gebein** *path veraltend selten* – der **Schreck(en)** fährt jm. in die/alle Glieder/(Knochen) · the shock goes right through s. o., + s. th. gives s. o. a terrible fright

vor Schreck(en) wie gelähmt sein *path* · to be paralysed with fear

… Sie war vor Schreck wie gelähmt, als sie das kleine Baby die Treppe herunterstürzen sah. Statt sofort hinterherzueilen, stand sie da wie versteinert.

der Schreck(en) fährt jm. **in die/**alle **Glieder/(Knochen)** *path* · the shock goes right through s. o., + s. th. gives s. o. a terrible fright

… Plötzlich schreit mir der Bodo – er hatte sich in der Dunkelheit unbemerkt hinter mich geschlichen – mit aller Kraft in die Ohren: »Buh!« Mensch, der Schreck fuhr mir in alle Glieder! …

der Schreck(en) sitzt/steckt jm. **(noch) in allen/den Gliedern** *path* · + s. o. is still shaking like a jelly (with fright), + s. o. still has not got over/recovered from/… the fright

… Uff, der Schreck steckt mir noch in allen Gliedern! Einen Meter weiter, und wir wären alle Mann hoch in den Abgrund gestürzt.

jn. **in Schrecken halten** *form selten* · to terrorise s. o., to cow s. o., to rule by fear

… Dieser Mensch meint, man muß die Leute nur in Schrecken halten, dann läuft alles gut. – Das ist eben ein Diktator.

der Schreck(en) sitzt/steckt jm. **(noch) in allen/den Knochen** *ugs path* – der **Schreck(en)** sitzt/steckt jm. (noch) in allen/den Gliedern · + s. o. is still shaking like a jelly (with fright), + s. o. still has not got over/recovered from/… the fright

vor Schreck(en) verstummen · to be struck dumb with fright/fear/terror…, to be speechless with fear/fright/shock/terror…

Als der Klassenlehrer mit den Arbeitsheften erschien, verstummte die ganze Klasse vor Schreck. Auf eine Mathematikarbeit war keiner gefaßt gewesen.

j. **muß zu seinem Schrecken feststellen, daß** … · to discover/to find out/… to one's dismay that …, to discover/to find out/… to one's horror that …

Ich war immer der Meinung gewesen, unser Junge wäre ziemlich glücklich verheiratet. Bei meinem letzten Besuch mußte ich aber zu meinem Schrecken feststellen, daß er kurz vor der Scheidung steht.

e-r S. **den Schrecken nehmen** · to help s. o. get over/overcome/conquer/… his fear/anxieties

(Über einen abgelegenen Meeresstrand:) Die Leute haben ganz einfach Angst gekriegt, hier zu schwimmen, nachdem die beiden jungen Männer ertrunken sind. Und es dürfte auch nicht ganz einfach sein, ihnen den Schrecken wieder zu nehmen.

jn. **in Schrecken setzen** *path* · to frighten s. o., to scare s. o., to terrify s. o., to put the wind up s. o.

(Herbert zu Bertold:) Wenn du die Annemarie in Schrecken setzen willst, mußt du dir schon was anderes einfallen lassen. Im Dunkeln »muh« brüllen/ihr Angst vor ihrem Mann machen/… genügt da nicht. – (Bertold zu Annemarie:) Siehst du, der Herbert hält dich für eine couragierte und moderne Frau!

der Gedanke an/… **hat nichts von seinem Schrecken verloren** *form* · the thought of the war/… has lost none of its terrors

Der Krieg ist zwar schon gut vierzig Jahre vorüber, aber ich finde, der Gedanke an die Greuel jener Jahre hat nichts von seinem Schrecken verloren.

Schreckgespenst: das Schreckgespenst der Hungersnot/des Krieges/… **heraufbeschwören/an die Wand malen** *form* – *path* · to conjure up the spectre of unemployment/war/…

Die Zeitungen gefallen sich darin, von Krisen zu reden! Was soll es für einen Sinn haben, jetzt das Schreckgespenst der Massenarbeitslosigkeit an die Wand zu malen?! Als wenn es irgendjemandem helfen würde, wenn die Leute schon Jahre, bevor es so weit ist, Angst haben – wenn es überhaupt dahin kommt!

Schrecksekunde: eine kurze/lange Schrecksekunde haben · to have lightning-fast reactions, to have lightning reflexes, to have quick/sharp/slow/… reactions

Mensch, der Rudi hat aber eine kurze Schrecksekunde! Unten an der Kreuzung Lothar-Manfredstraße lief ein Kind bei rot über die Straße, und der Rudi hat sofort gebremst – im selben Augenblick!

Schrei: der letzte Schrei · all the rage, the latest thing, the last word in fashion/…

… Nein, Minirock, das ist längst passé. Der letzte Schrei ist oben ohne.

schreiben: eine Klassenarbeit/(…) daneben schreiben *Schule o. ä.* · to flunk an exam/a test/(…), to fail an exam/a test/(…), to do badly in an exam/a test/(…)

Hat der Hermann die letzte Englischarbeit denn wieder daneben geschrieben? Oder warum macht er sich solche Sorgen? – Ja, leider; es war wieder eine 'Fünf'.

wie gestochen schreiben · to have neat handwriting, to have clear handwriting

Schau mal hier, ein alter Brief meines Vaters! Was man so beim Aufräumen alles findet! – Zeig' mal! Mann, der hatte aber eine schöne und gleichmäßige/ebenmäßige Schrift! – Mein Vater schrieb wie gestochen!

ein Wort/... groß schreiben · to write s.th./to spell s.th./... with a capital letter

Schreibt man 'Recht' in der Wendung 'Recht haben' eigentlich groß oder klein? – Ich glaube, man findet beides. Ich würde 'Recht' hier mit Großbuchstaben schreiben – wie 'das Recht'.

ein Wort/... klein schreiben · ≠ ein Wort/... groß **schreiben** · to write s.th./to spell s.th./... with (a) small letter/letters, to type s.th. in lower case

sich 'von' schreiben (können) *oft iron* · to have a 'von' before one's name, to be an aristocrat

Der Klaus von Reißdorf bildet sich vielleicht was darauf ein, daß er sich 'von' schreiben kann! – Dabei ist sein Adel erst ganze vier Generationen alt.

wenn ... dann/... kann sich j. 'von' schreiben *ugs* · if ..., (then) s.o. can thank his lucky stars

... Wenn der Alfred den Posten in München wirklich kriegt, kann er sich 'von' schreiben. – Du wirst schon sehen, den kriegt er. Der Alfred ist ein ausgesprochener Glückspilz.

sich gesund schreiben lassen/jn. gesund schreiben *form* · to get/to be given/... a clean bill of health

... Sind Sie denn immer noch krank? – Der Arzt hat mich zwar gesund geschrieben, aber ich fühle mich nach wie vor nicht gesund. Ich habe fast permanent Magenschmerzen, Brechreiz ... – Dann gehen Sie doch privat mal zu einem anderen Arzt.

sich krank schreiben lassen *form* · to get a medical certificate (excusing one from work) *para*, to be off sick, to take time off sick

... Mein lieber Herr Kolber, wenn Sie sich gesundheitlich nicht auf der Höhe fühlen, gehen Sie zum Arzt und lassen sich krank schreiben! Aber einfach so fehlen, das geht nicht. Wer nicht zum Dienst kommt, hat vom Arzt die entsprechenden Unterlagen beizubringen.

schreien: ach und weh schreien *path selten* · to weep and wail, to scream one's head off, to scream blue murder

Junge, auch wenn es weh tut: wer schreit denn da so ach und weh wie ein kleines Mädchen? – Wenn du wüßtest, was das für Schmerzen sind!

sich heiser schreien *ugs oft iron* · to scream o.s. hoarse, to shout o.s. hoarse, to cry o.s. hoarse

... Die Anhänger der Schalker schrien sich buchstäblich heiser – aber alle Anfeuerungen nützten nichts, die Münchener gingen als überlegene Sieger vom Platz.

das/(etw.) ist (ja) zum Schreien *sal* – das/(etw.) ist (ja) zum **Kranklachen** · it/s.th. is a scream/a hoot/...

Schrein: jn./etw. im Schrein des/seines Herzens/der/seiner Seele bewahren *form – path veraltend selten* · 1. to lock s.o.'s image/memory away in one's heart, to maintain a vivid/... image/memory/... of s.th./s.o. in one's heart, to treasure the memory of s.o./s.th.

1. ... und obwohl sie sich in ihrem Leben nie mehr begegneten, bewahrte sie ihn bis zu ihrem Tode im Schrein ihrer Seele ...

2. ... Obwohl sie nie mehr dorthin zurückkam, bewahrte sie das Gut, auf dem sie ihre ersten zehn Lebensjahre verbracht hatte, immer lebendig und unversehrt im Schrein ihres Herzens.

schreist: du schreist dich weg/da schreist du ... sal · + it's enough to make you/... weep *coll*, + it makes one/you/... want to weep *coll*

... Wenn du den Unsinn siehst, der sich in diesem Laden Tag für Tag abspielt ... – du schreist dich weg! Unglaublich, sag' ich dir!

schreit: der eine schreit hü, der andere hott *sal* – der eine **sagt** hü, der andere hott · some say one thing, some say another

schreiten: munter/rüstig/voller Mumm/... fürbaß schreiten *veraltend path od. iron selten* · to stride/... merrily/undaunted/... onwards, to carry on blithely/regardless/...

... Das hättet ihr sehen müssen, wie behende der alte Herr Hühnemann den Berg da raufgegangen ist! Die halbe Reisegesellschaft stöhnte schon, nicht wenige weitaus jüngere Leute machten eine Verschnaufpause nach der andern – aber unser Herr Hühnemann schreitet munter fürbaß, so, als wenn gar nichts wäre.

Schrift: eine unleserliche Schrift haben – eine **Schrift** haben wie eine gesengte Sau · to have bloody awful handwriting

eine Schrift haben wie eine gesengte Sau *vulg* · to have bloody awful handwriting *sl*

... Mein Gott, der Mann hat eine Schrift wie eine gesengte Sau! Von dem, was der da hinschmiert, kann man ja kein einziges Wort lesen!

schriftlich: etw. schriftlich haben · to have s.th. in writing

... Hast du die Zusage schriftlich oder ...? – Bisher hat mir der Chef nur mündlich – und im Vertrauen – gesagt, ich könnte mit der Beförderung rechnen. Aber dessen Wort gilt mehr als jedes Schriftstück.

Schriftliches: nichts/(...) Schriftliches (über etw.) in der Hand/in Händen haben · to have nothing in writing (about s.th.)

Wie willst du beweisen, daß der Kutscher dir die ganze Jahresproduktion abkaufen wollte, wenn du nichts Schriftliches (darüber) in der Hand hast? Der wird das natürlich abstreiten.

Schriftverkehr: im Schriftverkehr mit jm. stehen (wegen ...) *form selten* – (eher:) in/(im) **Briefwechsel** mit jm. stehen (wegen ...) · to be in correspondence with s.o. about s.th.

in Schriftverkehr mit jm. treten *form selten* – **Korrespondenz** mit jm. aufnehmen · to enter into correspondence with s.o.

Schritt: vom Erhabenen/(...) zum Lächerlichen/(...) ist es nur ein Schritt · it is but/only/... one step from the sublime to the ridiculous

... Vorsicht, Heinz, mit großen Worten oder gar pathetischen Formulierungen! Bis zu einem gewissen Punkt mag das die Leute mitreißen. Aber das kann unvermittelt ins Gegenteil umschlagen. Du weißt ja: vom Erhabenen zum Lächerlichen ist es nur ein Schritt.

einen Schritt näherkommen/vortreten/zurücktreten/zur Seite treten/... · to come a bit closer, to step/to take a step forward/sideways/back/...

(Der Leiter bei einer Gymnastikübung:) Vielleicht treten alle einen Schritt zurück. Dann wird der Kreis größer und jeder hat mehr Platz.

den entscheidenden Schritt (nicht) wagen/riskieren/... · (not) to dare to take the decisive step, (not) to risk taking the decisive step/making the decisive move/..., (not) to dare to take the plunge

Wenn der Erwin wirklich entschlossen ist, kaufmännischer Leiter der Firma zu werden, muß er die Auseinandersetzung mit dem Ammann geradezu suchen, sodaß klar wird, daß er die stärkere Persönlichkeit ist. – Diesen entscheidenden Schritt wagt er nicht.

im gleichen Schritt marschieren/... – (eher:) im **Gleichschritt** marschieren/... · to march in step

im Schritt reiten/gehen/fahren/daherschleichen/... · 1. to go at a crawl, to go at walking pace, to go »dead slow«, 2. to walk, to ride/to walk at walking pace

1. ... Über eine derart vereiste Autobahn sollte man nicht im Schritt, sondern gar nicht fahren. Wie lange habt ihr für die 50 Kilometer denn gebraucht? – Drei Stunden.

2. ... Das Pferd ging im Schritt? – Von wegen! Es kam im Galopp daher.

keinen Schritt nachgeben/... – um keinen/nicht um einen **Fußbreit** nachgeben/... · not to yield an inch, not to give/budge an inch

seinen Schritt beschleunigen *form selten* – seine **Schritte** beschleunigen · to increase one's pace, to speed up, to step on it

(wenn du/der Peter/... einsiehst/..., was falsch war/...,
dann ist das/...) **der erste Schritt zur Besserung** *oft iron* · (if
you realise/accept/... that/..., it is) the first step towards im-
provement
... Na ja, wenn du einsiehst, Junge, daß du deiner Mutter mit deinem
Verhalten sehr weh getan hast, dann ist das der erste Schritt zur
Besserung. Dann wollen wir kein Wort mehr darüber verlieren.

im Schritt bleiben · to keep in step
(Während einer Parade:) Meine Güte, kannst du denn wirklich nicht
im Schritt bleiben? Merkst du denn nicht, daß du immer einen
Bruchteil einer Sekunde später oder früher deine Beine vorwärtssetzt
als die andern?

den zweiten Schritt vor dem ersten tun/(machen) · to try to
run before one can walk, to put the cart before the horse, to
do things the wrong way round
... Nein, erst bringen wir das Dach in Ordnung und danach renovieren wir die Zimmer, nicht umgekehrt. Es hat doch keinen Sinn,
den zweiten Schritt vor dem ersten zu tun! Wenn wir erst die Zimmer
renovieren, verdirbt uns der Regen im Herbst die Arbeit wieder, ehe
das Dach gemacht ist.

im Schritt fahren · to crawl, to drive at walking pace
Das war eine Schlange, sag' ich euch! Mehr als eine Stunde sind wir
da im Schritt gefahren. Ein junger Mann, der zu Fuß ging, kam
schneller vorwärts als wir.

einen Schritt zu weit gehen · to go one step too far
... Es ist völlig richtig, wenn der Aloys sich eine unfaire Behandlung
durch die Kommission nicht gefallen läßt und sich gegen Inkorrekt-
heiten zur Wehr setzt. Aber er ist einen Schritt zu weit gegangen.
Man kann die Mitglieder doch nicht offiziell einfach 'gekauft' und
'korrupt' nennen.

ein Pferd/(...) **im Schritt gehen lassen** · to walk a horse
... Hier auf diesem unebenen Gelände würde ich die Pferde im
Schritt gehen lassen. Da wir noch Zeit genug haben, brauchen wir
die Tiere doch nicht zu strapazieren.

Schritt halten (**können/wollen/**...) (**mit** jm./etw.) · 1. 2. 3.
to (be able to/try to/...) keep up with s.o./s.th., to (be able to/
try to/...) keep pace with s.o./s.th.
1. ... Nein, Gerd, wenn du so schnell läufst, kann ich unmöglich
Schritt halten. Du mußt bedenken, daß du fast doppelt so lange
Beine hast wie ich.
2. Wenn man heute mit der Entwicklung Schritt halten will, muß
man immer und immer wieder rationalisieren. Wer dazu keine Lust
oder keine Möglichkeit hat, ist in wenigen Jahren völlig überholt.
3. Wenn du nicht richtig informiert bist, kannst du mit der Entwicklung in deinem Fach natürlich nicht Schritt halten; das ist ja klar.

keinen Schritt aus dem Haus tun/(machen) *form* – (eher:)
(nicht) **herausgehen** · not to go out/leave the house/...

aus dem Schritt kommen *form* · to get out of step
(Bei einer Parade:) Ich weiß gar nicht, was heute mit mir los ist, ich
komm' andauernd aus dem Schritt! – Du bist eben nicht zum Marschieren geboren.

j. **hat vielleicht/**(...) **einen Schritt am Leib** *sal selten* · s.o.
walks incredibly fast, s.o. moves/... at quite a pace/a cracking pace/...
Der Georg hat vielleicht einen Schritt am Leib! Wenn man mit dem
mitkommen will, muß man regelrecht rennen.

bleib'/bleibt/... **mir/**(ihm/dem Peter/...) (**bloß**) **drei Schritt(e)**
vom Leib(e)/der/die Ursel/... soll mir ... vom Leib(e) blei-
ben/... *sal selten* · 1. keep your distance *coll*, 2. keep away
from me *coll*
1. Bleib' mir bloß drei Schritt vom Leibe, sag' ich dir! Wenn du schon
ein halbes Pfund Knoblauch essen mußt, dann belästige wenigstens
die anderen nicht mit dem Geruch!
2. Gerda, komm', sei doch nicht so beleidigt, ich hab' das doch nicht
so gemeint! – Bleib' mir bloß drei Schritt vom Leib, du Lügner! Von
dir hab' ich ein für allemale die Nase voll. Du kannst dir deine
Annäherungsversuche in Zukunft sparen!

sich jn. **drei Schritt(e) vom Leib(e) halten** *sal selten* · to
keep s.o. at arm's length *coll*
Den Kastner ..., hm, den würde ich mir an deiner Stelle drei Schritte
vom Leib halten. Wenn du dem ein einziges Mal entgegenkommst,
bittet der dich alle drei Tage um einen neuen Gefallen. – Schon von
anderer Seite habe ich mir sagen lassen, daß man bei dem auf Distanz gehen muß.

im Schritt reiten · to ride at walking pace
Warum reitet der Mann hier im Schritt? – Was weiß ich? Vielleicht ist
sein Pferd müde; vielleicht ist er vorher länger im Galopp geritten ...

Schritt für Schritt vorangehen/.../seinem Ziel näher kom-
men/... · to progress/to reach one's goal/... gradually, to
progress/to reach one's goal/... step by step/bit by bit/little by
little
... Schritt für Schritt kam er seinem ersehnten Ziel näher, jedes Jahr
ein bißchen. Nach einem knappen Jahrzehnt war er geschäftsführen-
der Direktor der Firma.

js. Macht/Einfluß/... **Schritt um Schritt zurückdrängen/**...
· to reduce s.o.'s power/influence/... gradually/step by step/
bit by bit/little by little
Die Macht, die der Küfer hier hat, ist einfach zu groß geworden; die
müßt ihr reduzieren. – Das ist nicht so einfach, wie du denkst. –
Wenn ihr sachte zu Werke geht, wird das schon gehen. Schritt um
Schritt müßt ihr dessen Einfluß zurückdrängen.

Schritt vor Schritt setzen *form selten* · to watch every step,
to tread carefully
(Beim Abstieg von einem Kirchturm:) Vorsicht, Heike! Die Stufen
sind ziemlich ungleich. – Ich seh' schon. Man muß Schritt vor Schritt
setzen – langsam und vorsichtig.

keine drei Schritt' weit sehen können – keine drei **Schritte**
weit sehen können · not to be able to see the nose/one's
hand/... in front of one's face

jm. **auf Schritt und Tritt begegnen/**... · 1. 2. to keep coming
across/bumping into/... s.o., to meet/to bump into/... s.o.
everywhere one goes/at every turn
1. Den Robert Milkereit kennst du nicht? Dem begegnen wir doch
auf Schritt und Tritt im Kaffee Hermelin. Wir beide zusammen haben ihn bestimmt schon zehn Mal begrüßt.
2. In einer modernen Erzählung begegnet einem auf Schritt und
Tritt idiomatische Ausdrücke. – Das hängt vom Text ab. Viele Autoren gehen damit auch sehr sparsam um.

immer/... **im gleichen Schritt und Tritt gehen/**.../arbeiten/...
ugs selten · 1. 2. to (always/...) go at the same (old) pace, to
(always/...) go/work/... at the same old speed/trot/...
1. Ach, diese Wanderungen mit der Familie! Diese ewigen Wanderungen, die überhaupt kein Ende nehmen! Und dann immer im gleichen Schritt und Tritt!
2. Immer im gleichen Schritt und Tritt, das ist das Motto in dieser
Abteilung! Undenkbar, daß die einmal schneller arbeiten! Immer
derselbe – gemütliche – Rhythmus!

jm. **auf Schritt und Tritt folgen** · 1. to dog s.o.'s footsteps,
to follow/... s.o. wherever he goes, to follow/... s.o. everywhere he goes, 2. to follow s.o. around like a shadow
1. Die kleine Betty folgt ihrem Papi auf Schritt und Tritt. Guck' dir
das an: wohin er auch geht, sie trottet hinterher.
2. vgl: – jm. wie ein **Schatten** folgen

jm. **auf Schritt und Tritt nachstellen** *selten* – jm. wie ein
Schatten folgen · to follow s.o. around like a shadow, to
dog s.o./s.o.'s footsteps

den ersten Schritt tun · 1. 2. to make the first move, to take
the first step
1. ... In einer solchen Sache ist es schwer, die grundlegende Entscheidung zu treffen, anzufangen. Aber wenn man mal den ersten
Schritt getan hat, fällt einem alles Weitere zunehmend leichter.
2. ... Im Grunde sind sie alle beide ganz unglücklich mit ihrem
Streit. Aber jetzt hat jeder natürlich seinen Stolz ... – Du willst sagen, jetzt will keiner von beiden den ersten Schritt tun? – Genau.

keinen Schritt vor die Tür tun/(machen) *form* – (eher:) (nicht) **herausgehen** · not to leave the house/put one's nose out of the door/...

einen großen/wichtigen/entscheidenden/... **Schritt vorwärts/ nach vorn tun (mit** etw.) *form* · to take a big/a decisive/an important/... step up/forwards
... Mit seiner Berufung als persönlicher Referent des Innenministers hat der Manfred in seiner politischen Karriere einen entscheidenden Schritt nach vorn getan. Das war geradezu ein Sprung.

keinen/einen **(einzigen) Schritt (mit** etw.) **vorankommen** · 1. 2. (not) to make (any/much/...) progress, (not) to make (any/ much/...) headway, 2. (not) to get (any) further
1. ... Die Verhandlungen sind im letzten Monat keinen einzigen Schritt vorangekommen. Wenn es so weiter geht, finden die nie ein Ende.
2. vgl. – (eher:) einen/keinen (einzigen)/nicht einen **Schritt** weiter- kommen (in e-r S.)

den entscheidenden Schritt (nicht) wagen · (not) to dare to take the decisive step, (not) to risk taking the decisive step/ making the decisive move/..., (not) to dare to take the plunge
... Systematisch Beziehungen aufbauen, Standvermögen zeigen, überall dabei sein – klar, das gehört dazu. Aber wenn du den ent- scheidenden Schritt nicht wagst, nützt das alles nichts. – Und der wäre? – Wenn du Vorsitzender des Vorstands werden willst, mußt du den Kampf mit den Konkurrenten suchen und dich gegen sie profi- lieren.

den Schritt wechseln *mil u. ä.* · to change step
Warum läßt der Unteroffizier denn andauernd den Schritt wechseln? Manchmal scheint mir, daß in dieser Kompanie die Hauptübungen darin bestehen, in wechselnden Rhythmen zu marschieren.

ein wichtiger/entscheidender/... **Schritt sein auf dem Weg zu** ... · (to be) an important step towards ..., (to be) an im- portant step in the direction of ...
... Dieser Roman ist für den Lauterbach ein geradezu entscheiden- der Schritt auf dem Weg zur Anerkennung, wenn nicht zum Ruhm. Er hat sich damit definitiv in den Kreis derer hineingeschrieben, die in diesem Lande zählen.

keinen Schritt vom Weg(e) weichen *form* · not to deviate an inch (from one's path)
(Zu einem jungen Habilitanten:) Wenn man sich einmal entschieden hat, die wissenschaftliche Laufbahn einzuschlagen, darf man wohl keinen Schritt mehr vom Wege weichen; denn sonst erreicht man sein Ziel entweder gar nicht oder allzu spät.

keinen Schritt (von der Stelle) weichen/zurückweichen/... *path* – keinen/(nicht einen) **Fußbreit** (von der Stelle) wei- chen/zurückweichen · not to budge an inch

bis hierher/hierhin und keinen Schritt weiter! *path* – bis **hier- her** und nicht weiter! · this/thus far and no further!, that's as far as you go!

jn./etw. **einen guten**/wichtigen/entscheidenden/... **Schritt weiterbringen/**(... (in e-r S.) · to advance s. o.'s plans (con- siderably/...), to further s. o.'s cause (considerably/...)
... Seine Interventionen beim Oberbürgermeister hat uns in unseren Plänen einen entscheidenden Schritt weitergebracht. Wenn der Ober- bürgermeister für den Bau ist, müßte der Vorschlag im Stadtparla- ment durchgehen.

(noch/...) einen Schritt weitergehen (als j.) · to go a step further (than/...) and ...
... Wenn du schon dagegen bist, daß wir nach Brasilien exportieren, dann würde ich noch einen Schritt weitergehen; dann würde ich die prinzipielle Frage stellen, ob sich die Firma überhaupt so stark auf den Export verlegen sollte.

einen/keinen (einzigen)/nicht einen Schritt weiterkommen (in e-r S.) · (not) to make (any) headway, (not) to get (any) further, (not) to make (any) progress
Habt ihr eigentlich Fortschritte gemacht in euren Verhandlugen? – Nein, wir sind keinen einzigen Schritt weitergekommen.

seinen Schritt zur Tür/... wenden *form* · to turn towards the door/..., to make for the door/...
... Unser Herbert wendete schon seinen Schritt zur Tür, als ihm der Chef nachrief: »Nun reagieren Sie doch nicht so beleidigt und schroff! Meine Bemerkung war doch nicht böse gemeint. Bleiben Sie, dann ...«

Schritt mit der Zeit halten *form selten* – mit der **Zeit** gehen · to move with the times

einen Schritt vor und zwei zurückgehen *ugs* · to go one step forward, two steps back
... Du sagst, die Verhandlungen gehen einen Schritt vor und zwei zurück. Warum brecht ihr sie dann nicht ab? – Besser verhandeln – selbst wenn es längere Zeit Rückschritte gibt – als Krieg führen!

jn. **von einem unklugen**/unbedachten/unüberlegten/... **Schritt zurückhalten** · to prevent s. o. from making a stupid/ unwise/... move
... Wenn die Ana mich nicht von dem – unüberlegten – Schritt zu- rückgehalten hätte, hätte ich in meiner Wut den Kaufvertrag zerris- sen. Aber Gott sei Dank hat mich die Ana vor dieser Dummheit bewahrt.

vor dem entscheidenden Schritt zurückscheuen/zurückwei- chen/... – den entscheidenden **Schritt** (nicht) wagen · (not) to dare to take the decisive step, (not) to risk taking the de- cisive step/making the decisive move/..., (not) to dare to take the plunge

Schrittchen: Schrittchen für Schrittchen! *ugs selten* · (to do s. th.) step by step, (to do s. th.) little by little
... Bei so einem Projekt, Herbert, mußt du Ruhe haben – innere und äußere Ruhe! – und eins nach dem andern erledigen. Bloß nichts überstürzen – oder wie Mutter sagt: Schrittchen für Schrittchen!

Schritte: etw. beflügelt js. Schritte *path od. iron* · s. th. lends s. o. wings, s. th. spurs s. o. on, s. th. wings s. o.'s steps
Seitdem der Rolf mit der Sonja befreundet ist, treibt er den Hausbau mit einer ganz anderen Energie voran als vorher. – Die Liebe/die Aussicht auf ein glückliches Leben zu zweit in dem neuen Haus/... beflügelt seine Schritte.

(nur/...) ein paar Schritte sein bis (zu)/.../voneinander ent- fernt wohnen/... · to live/... (only) a stone's throw away from s. o.
... Woher sollen wir uns kennen? – Ihr wohnt doch nur ein paar Schritte voneinander entfernt. Du, Helmut, wohnst, wenn ich nicht irre, Heumadenstr. 27, der Herr Schäfer Ecke Heumaden-Giselastr. – In der Tat ein Katzensprung! Aber wir kennen uns nicht.

ein paar Schritte spazieren gehen/durch das Viertel ma- chen/... · to go for a short walk, to go for a short stroll
Nach dem Abendessen pflegt mein Vater noch ein paar Schritte um den Häuserblock zu machen – so zwanzig, fünfundzwanzig Minuten. Er meint, so ein kleiner Bummel ist seine Schlafpille.

seine Schritte beschleunigen *form selten* · to increase one's pace, to speed up, to step on it *coll*
(Ein älteres Ehepaar:) Wenn wir unsere Schritte nicht ein wenig be- schleunigen, bekommen wir den Zug nicht mehr, Joseph. – Ich kann beim besten Willen nicht schneller gehen, Anna. Dann müssen wir halt den nächsten Zug nehmen.

diplomatische Schritte einleiten (um ...) *form* · to make diplomatic moves (to ...), to make a démarche (to ...), to take diplomatic measures (to ...)
... Die Fluggäste der entführten Boeing 727 befinden sich nach wie vor an Bord der Maschine. Die Regierung hat bereits diplomatische Schritte in Tripolis eingeleitet, um die Entführer von der Sinnlosig- keit ihres Unternehmens zu überzeugen ...

die ersten Schritte einleiten *form* · to take the preliminary steps
Wenn das Anhörverfahren noch in diesem Jahr offiziell aufgenom- men werden soll, erklärte der Vorsitzende des Gerichts, müssen wir spätestens bis zum Ende des Monats die ersten Schritte einleiten – die Unterlagen bearbeiten, die Zeugen feststellen ...

bleib'/bleibt/... **mir/uns/(ihm/...) drei Schritte vom Leib(e) mit** etw. *sal* – bleib'/bleibt/... mir/uns/(ihm/...) **vom Hals** mit etw. · get off my/... back with s.th., leave me/us/... in peace with s.th.

sich jn./(etw.) **drei Schritte vom Leib(e) halten** *sal* – sich jn./etw. **vom Hals halten** (1) · to keep s.o./(s.th.) at arm's length

seine Schritte zu/auf ... zu/... **lenken** *form* · to turn one's steps towards ..., to direct one's steps towards ...
... Fast ohne es zu wollen, lenkte er seine Schritte zum Rathaus. Wenn die Unterlagen für seinen Hausbau nicht noch in dieser Woche fertig wurden, konnte er nicht mehr damit rechnen, das Haus vor dem Winter fertigzustellen.

kleine/kurze/große/lange **Schritte machen** · to take long/short/... strides, to take long/short/... steps
... Mensch, Helga, kannst du nicht schneller gehen? – Ich hab' nun mal nicht so lange Beine wie du, Karl! Guck' mal, wie große Schritte du machst! Wenn du einen Schritt machst, muß ich zwei machen.

ein paar Schritte machen/(tun) – ein paar **Schritte** spazieren gehen/durch das Viertel machen/... · to go for a short walk, to go for a short stroll

keine drei Schritte weit sehen können · he/we/... can hardly see a thing/one's hand in front of one's face/...
... Stockdunkel war es, als wir nach Hause kamen. Man konnte keine drei Schritte weit sehen.

die nötigen/einschlägigen/... **Schritte tun** (um etw. zu erreichen/damit etw. geregelt wird/...) – die nötigen/einschlägigen/... **Schritte** unternehmen (um etw. zu erreichen/damit etw. geregelt wird/...) · to take the necessary steps (to ensure ...)

juristische/gerichtliche/disziplinarische/... **Schritte gegen** jn./etw. **unternehmen** *form* · 1. to take legal/disciplinary/... steps against s.o., 2. to take legal/disciplinary/... steps to improve/prevent/...
1. Wenn der Mühlberg absolut nicht einsehen will, daß er hier morgens pünktlich zu erscheinen hat, bleibt uns nichts anderes übrig, als disziplinarische Schritte gegen ihn zu unternehmen. – Was wollen Sie denn dann tun? – Zunächst bekommt er eine 'offizielle Verwarnung', und wenn das auch nicht(s) hilft, muß man halt an eine Kündigung denken.
2. ... Welche Schritte hat die Regierung denn im letzten Jahr gegen die Arbeitslosigkeit unternommen? Kannst du mir das sagen? Nichts haben die gemacht, haargenau nichts!

die nötigen/einschlägigen/... **Schritte unternehmen** (um etw. zu erreichen/damit etw. geregelt wird/...) *form* · to take the necessary steps to do s.th./ensure that s.th. happens/...
Hast du auch alle einschlägigen juristischen Schritte unternommen, daß euer Haus hypothekiert werden kann? – Meinst du, ich will die Hypothek haben und scheue mich dann vor den Regelungen, die nötig sind?

die nötigen/einschlägigen/... **Schritte veranlassen** (damit etw. geregelt wird/...) *form* · to ensure that the necessary steps are taken to do s.th.
... Sie Wert darauf legen, daß der Transport noch in dieser Woche durchgeführt wird, müssen Sie noch heute die einschlägigen Schritte veranlassen, d.h. die Transportfirma wählen, die Ladung wiegen lassen usw.

(jm.) **um (entscheidende/...) Schritte voraus sein** · to be well ahead of s.o., to be streets ahead of s.o. *coll*
Als Outsider kann man natürlich nicht beurteilen, ob die Japaner den Europäern in der Elektronik in der Tat um entscheidende Schritte voraus sind oder ob die europäischen Unternehmen eine Angstkampagne starten mit dem Argument: wenn wir die nicht bald einholen, sind wir verloren.

sich weitere Schritte vorbehalten *form* · to reserve the right to take further measures
(Der Anwalt eines Hausbesitzers an einen Mieter:) Sehr geehrter Herr Rainberg, da Sie trotz mehrmaliger Aufforderung Ihrer Ver-

pflichtung zur Zahlung der Miete bis zum heutigen Datum nicht nachgekommen sind, sieht sich der Hausbesitzer, Herr Schroff, zu seinem großen Bedauern gezwungen, Ihnen hiermit fristlos zu kündigen. Weitere Schritte behalten wir uns vor. – (Die Frau des Mieters zu ihrem Mann:) Weitere Schritte behält er sich vor: Was will er denn noch gegen uns unternehmen?

mit schleppenden Schritten gehen/(...) · to shuffle along
Wenn die Karin so langsam und träge daherschlurft, muß ich immer an meine Großmutter denken. Die ging auch, so lange ich sie kannte, immer mit (so) schleppenden Schritten.

gemessenen Schrittes daherkommen/... *oft iron* · to walk towards s.o./... with a measured tread
Wenn der von Baulitzsch da so gemessenen Schrittes durch den Raum spaziert, weiß ich nie, ob der von Natur so 'pfornehm' geht oder als wandelnde Reklame für adeliges Benehmen einherschreitet.

langsamen/schnellen/gemessenen/... **Schrittes auf** jn. **zugehen**/... *form* · to walk up to s.o. with slow steps/at a slow pace/quickly/with a measured tread
... Langsam, ja geradezu gemessenen Schrittes ging er auf seinen Bruder zu und fragte ihn gleichsam offiziell: »Bist du nun bereit, auf gleicher Rechtsbasis mit mir zusammenzuarbeiten, oder ziehst du es vor, wenn wir die Firma aufteilen?«

leichten Schrittes dahereilen/... *oft iron* · to walk with light steps, to tread lightly
(Zu einer älteren Mitarbeiterin:) Ach, Frau Sanders, wenn ich Sie so leichten Schrittes daherhuschen sehe, bin ich immer neidisch! – Besten Dank für das Kompliment, Herr Feldkamp. Aber Sie sind doch nun wirklich auch nicht langsam oder schwerfällig!

schwebenden Schrittes dahergehen/... *oft iron* · to glide along
... Wer ist eigentlich die ätherische junge Dame, die hier immer am späten Nachmittag schwebenden Schrittes durch den Flur geistert?

Schrittempo: im Schrittempo fahren – im **Schritt** fahren · to drive at walking pace, to drive dead slow

Schrittgeschwindigkeit: (mit/in) **Schrittgeschwindigkeit fahren** *form* – im **Schritt** fahren/reiten/fahren/daherschleichen/... (1) · to go at a crawl, to go at walking pace, to go »dead slow«

Schrittmacherdienste: (jm.) **Schrittmacherdienste leisten** · to smooth the path (for s.o.)
... Hat euch bei dem ganzen Projekt niemand geholfen? – Am Anfang hat mein Vater (ein paar) Schrittmacherdienste geleistet – einige methodische Hinweise gegeben, zwei, drei, nützliche Kontakte hergestellt ...; aber nachher haben wir alles allein gemacht.

Schrot: ein ... **von altem Schrot und Korn (sein)** *path* · (to be a teacher/doctor/...) of the old school
... Ja, der Dr. Boller, das ist noch ein Arzt von altem Schrot und Korn! Der geht noch bei Sturm und Regen in die entlegensten Häuser, um den Alten zu helfen; der erscheint auf den Hochzeiten so gut wie bei den Beerdigungen; der hat immer das richtige Wort parat ...

(noch/...) **ein ... von echtem Schrot und Korn (sein)** *path* · 1. to be a man/... of sterling qualities, to be a sterling fellow/..., to be an actor/officer/... through and through, 2. (to be a teacher/doctor/...) of the old school
1. ... Der alte Seiffert ist ein Betriebsleiter von echtem Schrot und Korn. Der kümmert sich nicht nur um die Werkzeuge oder um die Firma; der interessiert sich für jeden einzelnen seiner Leute, hilft ihnen, packt mit an ... Auf den kannst du Häuser bauen!
2. vgl. ... ein ... von altem **Schrot** und Korn (sein)

Schrott: etw. **ist** (nur/der letzte/...) **Schrott** *ugs* · to be (nothing but/...) trash/junk/rubbish/...
... Den Gang zum Antiquariat Schroeder kannst du dir sparen, Erich; was der an alten Büchern hat, ist der letzte Schrott. Geschenkt zu teuer, die Schinken, die da verkauft werden.

einen Wagen/(...) **zu Schrott fahren** *ugs* · to drive a car into the ground, to write off a car
... Das ist jetzt schon der zweite Wagen, den der Junge zu Schrott fährt! – Wie, wieder Totalschaden? – Natürlich! Der Klaus kann von Glück reden, daß er überhaupt noch lebt.

schrotten: einen Wagen/... **schrotten** *ugs Neol* – einen Wagen/... zu **Schrott** fahren · to drive a car into the ground, to write off a car

Schrullen: (nichts als/...) **Schrullen im Kopf haben** *ugs* · 1. s.o. has got nothing but nonsense/silly ideas/... in his head, 2. 3. + s.o.'s head is full of strange/weird/... ideas/notions/whims/...
1. vgl. – nur/nichts als/... **Dummheiten** im Kopf haben
2. vgl. – (eher:) **Grillen** im Kopf haben
3. vgl. – (eher:) **Grillen** haben

sich Schrullen in den Kopf setzen *ugs selten* – sich **Grillen** in den Kopf setzen · to get/to start getting strange/weird/... ideas (into one's head)

Schub: jn. **auf den Schub bringen** *veraltend selten* · to deport s.o., to take s.o. to the frontier for deportation *form*
... Früher wurden diese Leute einfach mit Sammeltransporten über die Grenze abgeschoben – auf den Schub gebracht, wie das hieß; heute muß man wegen jedem einzelnen ein ordentliches Gerichtsverfahren einleiten. – Mein Gott, Albert, wie du von den Zigeunern redest!

Schublade: (nicht) **für die Schublade sein**/(schreiben/... *ugs Bücher u. ä.* · + (not) to write s.th. without intending to publish it *para*
... Wenn er das Buch schon geschrieben hat, dann will er es natürlich auch publizieren. Oder meinst du, das wäre für die Schublade?

Schubs: jm. **einen** (kleinen/kräftigen/...) **Schubs geben** *ugs* · to give s.o. a good/slight/... shove, to push/nudge/prod/... s.o.
... Guck', jetzt steht die Birte genau am Rand des Beckens, jetzt brauchst du ihr nur einen (ganz kleinen) Schubs zu geben, und schon liegt sie im Wasser.

Schuh: wo drückt (dir/ihm/dem Peter/...) (dich/ihn/den Peter/...) (denn) **der Schuh?** *ugs* · what's bothering you/him/John/...?, what's biting you/him/John/...?, what's troubling you/him/John/...?, what's bugging you/him/John/...?
... Guten Morgen, Ulrich. ... Du ... Ich muß unbedingt einmal länger mit dir sprechen ... – Wo drückt (dir) denn der Schuh, Heinz? Wenn ich dir helfen kann: du weißt, daß ich immer für dich da bin ... – Paß auf: ...

j. **kann sich/will sich nicht/... den Schuh anziehen**/den Schuh zieht sich j. nicht an/... *ugs* · if the cap fits, wear it/s.o. should wear it
... Mein lieber Herr Breuer, sagte sie plötzlich ganz bissig, es gibt nicht nur ichbezogene Frauen, es gibt auch ichbezogene Männer. Wenn sie sich den Schuh anziehen wollen, habe ich nichts dagegen!

umgekehrt wird ein Schuh draus *ugs dir. R* · the reverse/the opposite is true, it works both ways/the other way round too
... Die überhöhten Preise und die rückläufige Produktion heizen die Inflation noch mehr an. – Umgekehrt wird ein Schuh draus: die hohe Inflationsrate läßt die Preise weiter steigen und die Produktion weiter sinken. – Ich sehe das umgekehrt.

(nicht) wissen/(...), wo jm./(jn.) **der Schuh drückt** *ugs* · (not) to know/(...) what is bothering/biting/troubling/bugging/... s.o.
Der Rudi macht in der letzten Zeit einen so besorgten Eindruck. Wenn ich wüßte, wo ihm der Schuh drückt, würde ich versuchen, ihm zu helfen. Aber er sagt nichts; er verschließt sich vor allen Leuten.

sich die Schuhe nach etw. **ablaufen/abrennen** *ugs* – (eher:) sich die **Hacken** nach etw. ablaufen/abrennen/wundlaufen · to use up a lot of shoe leather looking for s.th.

das/(etw.) **zieht einem glatt die Schuhe aus!** *sal selten* · it/s.th. is god-awful/bloody dreadful/..., it's enough to make one/you/... cringe
... Der Kantinenfraß schmeckt heute mal wieder! Das zieht einem glatt die Schuhe aus.

du hast/ihr habt/... **deine**/eure/... **Schuhe noch nicht bezahlt** *ugs dir. R* · new shoes, eh?
... Du hast deine Schuhe noch nicht bezahlt, was? – Weil die Sohlen so knarren, meinst du? – Natürlich. ...

jm. etw./(die Schuld/Verantwortung/...) **in die Schuhe schieben** *ugs* · to pin/to put the blame (for s.th.) on s.o., to blame s.o. (for s.th.)
... Wenn die Unterlagen nicht rechtzeitig fertig geworden sind, liegt das ganz allein an dir, mein lieber Bernd. Denn du hast den Antrag fast einen ganzen Monat zu spät gestellt. Es hat also gar keinen Sinn, jetzt zu versuchen, der Rosemarie das/die Schuld/Verantwortung/ die unangenehmen Folgen in die Schuhe zu schieben.

sich das/diese Erfahrung/(...) **an den Schuhen abgelaufen haben** *ugs selten* · to use/to wear out/... a lot of shoe leather finding s.th. out, to walk one's legs off looking for/trying to do/... s.th.
... Unser größtes Problem, wissen Sie, ist die mangelnde Zahlungsmoral. Andauernd muß man mahnen, bitten, anrufen, schreiben ... – Davon kann ich ein Lied singen. Diese Erfahrung habe ich mir buchstäblich an den Schuhen abgelaufen. Ich war drei Jahre 'Geldeintreiber' bei Schuckert – d.h. mußte zu den säumigen Kunden gehen ...

j. **möchte nicht in** js. **Schuhen stecken** *ugs selten* – j. möchte nicht in js. **Haut** stecken · he/John/... would not like to be in s.o.'s shoes

Schuhgröße: nicht js. **Schuhgröße sein** *sal selten* – nicht js. **Kragenweite** sein · it/he/... is not s.o.'s cup of tea

Schuhgröße Geigenkasten *sal* · to have huge plates of meat
... Für den Sepp findet man nun einmal unter den normalen Modellen keine Schuhe! – Welche Größe hat der denn? – Schuhgröße Geigenkasten – 46 oder so.

Schuhlotter: den Schuhlotter haben *schweiz ugs* · are your/... shoelaces coming loose again? *n*, are your/... shoelaces coming off again? *n*
... Hast du schon wieder den Schuhlotter? Was hast du denn da für Schuhriemen, daß die dauernd lose sind?

Schuhnummer: nicht js. **Schuhnummer sein** *sal selten* – nicht js. **Kragenweite** sein · it/he/... is not s.o.'s cup of tea

ein paar/(mindestens zwei) **Schuhnummern zu groß für** jn. **sein** *sal* – (eher:) ein paar/(einige) **Nummern** zu groß für jn. sein (2; u.U. 1) · s.th. is beyond s.o., s.th. is too big/difficult/... for s.o. to cope with, s.o. is in a different league from s.o., s.o. is in a different class from s.o.

Schuhputzer: ich bin/(du bist/...) **doch nicht** js. **Schuhputzer!** *sal selten* – ich bin/(du bist/...) doch nicht js. **Hausdiener** · I'm not/you're not/... your/his/... slave/servant/skivvy/...

jn. **wie einen Schuhputzer behandeln** *sal selten* – jn. wie (den letzten) **Dreck** behandeln · to treat s.o. like dirt

Schuhsohlen: sich die Schuhsohlen nach etw. **ablaufen/abrennen** *ugs* – (eher:) sich die **Hacken** nach etw. ablaufen/abrennen · to use up a lot of shoe leather looking for s.th.

Schulbank: noch/noch immer/... **die Schulbank drücken** *ugs* · to be (still/...) at school
Ist die Beate nicht schon 21 Jahre? – Ja. – Und da drückt sie immer noch die Schulbank? – Sie ist zweimal sitzen geblieben und ein Jahr hat sie durch Krankheit verloren ...

mit jm. **(zusammen)**/gemeinsam/zusammen/miteinander **die Schulbank gedrückt haben**/(drücken)/(... auf einer Schulbank gesessen haben)/(sitzen)) *ugs* · to have been at school together with s.o.
... Ihr kennt euch? – Schon über 20 Jahre. Wir haben zusammen die Schulbank gedrückt. – Ihr seid also beide aus Gelsenkirchen? – Sogar aus demselben Stadtteil. Fünf oder sechs Jahre sind wir auf dasselbe Gymnasium gegangen/gepilgert.

Schulbeispiel: ein Schulbeispiel sein für etw. · to be a classic example of s.th., to be a textbook example of s.th.

… Diese Rezension ist ein Schulbeispiel für Kritiksucht, Neid und Beckmesserei. Wer lernen will, wie unfähige und mißgünstige Kreaturen zu kritisieren pflegen, sollte sich dies Elaborat eindringlich zu Gemüte führen. Es ist geradezu ein paradigmatischer Text.

Schulbildung: eine gute/ausgezeichnete/… Schulbildung genossen haben/(…) *form* · to have had a good/excellent/… education, to have had a good/excellent/… schooling

… Man merkt dem Heinemann eben doch immer wieder an, daß er eine ganz ausgezeichnete Schulbildung genossen hat. Ganz egal, ob es um Fremdsprachen geht, um historische, geographische oder naturwissenschaftliche Kenntnisse: der Mann hat eine ganz vorzügliche Übersicht.

schuld: (nicht) schuld sein (an etw.**)** – **(keine) Schuld haben (an** etw.**)** · + it is (not) s.o.'s fault, s.o. is (not) to blame for s.th.

jm./e-r S. an etw. **schuld geben** *form selten* · 1. to attribute the fault (for s.th.) to s.o., 2. to blame s.o. for s.th.
1. vgl. – jm. die **Schuld** (an etw.) beimessen
2. vgl. – jm. die **Schuld** (an etw.) geben

Schuld: die moralische Schuld (haben für/tragen an/…**)** · to bear the moral responsibility for s.th. *form*

… Juristisch ist der Lambert natürlich an dem Unfall schuld; er hatte getrunken und ist dann falsch gefahren. Aber die moralische Schuld trägt der Heinzpeter; denn der hat den Lambert ermuntert, noch zu steuern.

jn. trifft keine Schuld *form* – **(keine) Schuld haben (an** etw.**)** · + s.o. is not to blame for s.th., s.th. is not s.o.'s fault

(tief) in js. **Schuld sein** *form* – *path selten* · to be (deeply/…) indebted to s.o., to be (deeply/…) in debt to s.o.

Wer so tief in jemandes Schuld ist wie du bei dem Professor Herrmann, der sollte sich jeder Kritik enthalten, und wenn sie noch so berechtigt wäre! Ohne den Prof. Herrmann wärst du nicht einmal Assistent geworden, für weniger Ordinarius! Deine ganze Karriere verdankst du diesem Mann!

(keine) Schuld haben (an etw.**)** · 1. 2. (not) to be to blame for s.th., (not) to be s.o.'s fault

1. … Wer hat denn nun Schuld an der Niederlage, der Torwart, der zwei Tore hätte halten müssen, oder die ganze Mannschaft, die eine triste Vorstellung bot?
2. … Wenn der Peter nicht mithelfen will, kann ich doch nichts dafür! Ich kann ihn doch nicht zwingen! – Hab' ich gesagt, daß du Schuld hast?

die Schuld auf jn. **abwälzen** *ugs* – *path* · 1. to shift the blame/responsibility for s.th. on to s.o., 2. to pin the blame for s.th. on s.o.
1. vgl. – die **Schuld** auf jn./etw. schieben
2. vgl. – jm. etw./(die Schuld/Verantwortung/…) in die **Schuhe** schieben

jm. die Schuld (an etw.**) beimessen** *form* – (eher:) jm. die **Schuld** (an etw.) geben · to attribute the fault for s.th. to s.o.

(schwer) mit Schuld beladen sein *path* · to be burdened with guilt

… Wer so schwer mit Schuld beladen ist wie der Rösner, sollte eigentlich niemanden kritisieren! – Wieso? Was hat der denn verbrochen? – Verbrochen …

sich keiner Schuld bewußt sein · not to be conscious of having done any wrong, not to feel responsible for s.th.

… Wenn die Briefe an Schuckert nicht rechtzeitig fertig geworden sind, muß das doch nicht an dem Herrn Hausmann liegen. Er ist sich jedenfalls keiner Schuld bewußt. – Aber ich hatte ihm doch ausdrücklich sagen lassen, diese Briefe zuerst zu schreiben. – Man hat ihm offensichtlich Ihre Anordnung nicht weitergegeben.

eine Schuld nicht bezahlen (können) – (eher:) (seine) **Schulden** nicht bezahlen (können) · not (to be able) to repay a debt

seine Schuld eingestehen *form* · 1. to plead guilty, 2. to confess one's guilt, to admit one's guilt

1. Gesteht der Angeklagte seine Schuld ein? – Nein, er beteuert weiterhin, daß er unschuldig ist. *eher: zugeben, daß man schuldig ist*
2. Wenn der Büttner wenigstens seine Schuld eingestehen würde! Aber erst macht er die größten Dummheiten und dann schiebt er die Schuld/Verantwortung auf andere Leute! *eher: zugeben, daß man Schuld hat*

sich frei von Schuld fühlen *path* · to consider o.s. blameless

Ihr behauptet alle, der Hanspeter wäre für den Streit verantwortlich. Ich habe mit ihm gesprochen; er fühlt sich frei von Schuld. – Natürlich! Der hat nie Schuld, egal, was er macht!

jm. die Schuld (an etw.**) geben** · to blame s.o. for s.th.

… Wer hat denn nun Schuld, der Bertolt oder ich – Ich weiß nicht, wem von euch beiden ihr die Schuld geben soll, und, offengestanden: das interessiert mich im Grunde auch gar nicht. Entscheidend ist …

immer/… ander(e)n/(jm.**) die Schuld geben (müssen)** – immer alles/(…) auf andere/… **schieben** (1; a. 2) · to always/… blame others for s.th.

eine Schuld auf sich laden *path* · to burden o.s. with guilt, to incur guilt

Du meinst, jeder, der damals in die nationalsozialistische Partei eingetreten ist, hat schon dadurch eine Schuld auf sich geladen? – Wer Mitglied von Parteien wird, die gegen ihre Gegner verbal derart brutal vorgehen, macht sich in jedem Fall (schwer) schuldig.

(eine) schwere Schuld auf sich laden *oft Perf path* · to incur great/… guilt

Dadurch, daß der Richard seine beiden Kinder nach der Scheidung einfach in ein Heim gesteckt hat, hat er nach meiner Meinung eine schwere Schuld auf sich geladen. Die beiden hängen so an ihren Eltern.

die Schuld liegt (nicht) bei jm. – **(keine) Schuld haben (an** etw.**) (2)** · the fault does not lie with s.o./s.th.

eine Schuld auf sich nehmen – (eher:) die **Verantwortung** auf sich nehmen · to take the blame for s.th.

die Schuld auf jn./etw. **schieben** *ugs* · 1. 2. to blame s.o. (else)/s.th. *n*, to put the blame on s.o./s.th. *n*, 3. to pin/to put the blame (for s.th.) on s.o., to blame s.o. (for s.th.) *n*

1. Mit dem Kirchner brauchst du gar nicht zu reden, das hat gar keinen Sinn. Der kann so viel falsch gemacht haben, wie er will, der gibt das nie zu. Der gehört zu den Menschen, die die Schuld grundsätzlich auf andere Leute schieben.
2. Der Rainer ist herrlich. Erst faulenzt er das halbe Jahr, und wenn die Ernte dann miserabel ausfällt, schiebt er die Schuld auf das Wetter.
3. vgl. – jm. etw./(die Schuld/Verantwortung/…) in die **Schuhe** schieben

die/alle/jede/jegliche/… Schuld von sich schieben *ugs* – *form* · 1. 2. to refuse to take the responsibility for s.th./(s.o.) *n*, to deny all/any/… responsiblility for s.th. *n*, to (strenuously/emphatically/…) deny that one is guilty of s.th., to protest one's innocence

1. Es ist ja klar, daß der Rückert jetzt die Schuld von sich schiebt! Das hat aber gar nichts zu bedeuten. Er hat die Lieferung angeordnet; also ist er für die – mißliche? – Folgen verantwortlich.
2. vgl. – (eher:) die/alle/jede/jegliche/… **Schuld** von sich weisen

(tief) in js. **Schuld stehen/(stecken)** *form* – *path* – (tief) in js. **Schuld** sein · to be (deeply/…) indebted to s.o., to be (deeply/…) in debt to s.o.

wer ohne Schuld ist, der werfe den ersten Stein *Bibel dir. R path* · let him who is without guilt cast the first stone

… Natürlich hat sie sich dem Otto gegenüber inkorrekt verhalten! Aber es ist nicht meine Sache, über ihr Verhalten zu Gericht zu sitzen. Im übrigen: 'Wer ohne Schuld ist, der werfe den ersten Stein'. Ihr kennt ja den Spruch.

Schuld und Sühne · guilt and atonement, crime and punishment

… Es ist nun einmal leichter, Peter, sich auf die Kanzel oder ans Rednerpult zu stellen und von Schuld und Sühne zu reden, als seine Schuld auch wirklich zu sühnen!

die/keine Schuld tragen (an etw.**)** *form* – (eher:) (keine) **Schuld** haben (an etw.) · not to be to blame

die/alle/jede/jegliche/... **Schuld von sich weisen** *form* · 1. 2. to (strenuously/emphatically/...) deny that one is guilty of s.th., to protest one's innocence, to refuse to take the responsibility for s.th. (s.o.), to deny all/any/... responsiblility for s.th.

1. ... Der Angeklagte weist jede Schuld von sich. Er behauptet, in der fraglichen Zeit überhaupt nicht in Deutschland gewesen zu sein und mit dem Verbrechen nicht das geringste zu tun zu haben.

2. vgl. – die/alle/jede/jegliche/... **Schuld** von sich schieben

jm. **die Schuld zuschieben** *ugs* · 1. to blame s.o. *n*, 2. to pin the blame for s.th. on s.o.

1. vgl. – die **Schuld** auf jn./etw. schieben (1)

2. vgl. – jm./etw./(die Schuld/Verantwortung/...) in die **Schuhe** schieben

Schuldbekenntnis: ein Schuldbekenntnis ablegen *form oft path* · 1. 2. to make a confession, 2. to make an admission of guilt

1. Hat der Angeklagte ein Schuldbekenntnis abgelegt? – Ja. Er hat sich in allen Punkten für schuldig erklärt.

2. ... Wenn die Partei verlangt, daß man ein Schuldbekenntnis ablegt – ganz gleich, ob man wirklich schuldig ist oder nicht –, dann bleibt einem halt nur die Wahl: entweder dieser Forderung nachzukommen oder ausgeschlossen zu werden.

Schulden: frei von Schulden sein *Haus usw.* · to be unmortgaged, to be unencumbered, to be free of debts

Ist das Grundstück eigentlich inzwischen frei von Schulden? – Fast. Es steht noch eine Hypothek von 12.000,– Mark drauf.

(seine) Schulden nicht bezahlen (können) · not (to be able) to pay one's debts

(Gerd zu Herbert:) Mein guter Herbert, erst solltest du mal deine Schulden bezahlen und dann kannst du über Mißwirtschaft reden! – (Klaus zu Gerd:) Wie, schuldet er dir noch Geld? – (Gerd:) Mir nicht, aber meiner Schwester.

(immer tiefer/...) in Schulden geraten/(kommen) (bei jm.) *form* · to get deeper and deeper into debt with s.o., to plunge deeper and deeper into debt with s.o.

... Wir müssen uns jetzt endlich ernstlich vornehmen, fest zu sparen; sonst geraten wir immer tiefer in Schulden. Jetzt haben wir ein Minus von über 15.000,– Mark auf unserem Konto.

mehr Schulden als Haare auf dem Kopf haben *ugs – path –* bis an den/(über den) **Hals** in Schulden stecken · to be up to one's neck in debt

Schulden machen · to get into debt, to run up debts

... Wenn du modernisieren willst, mußt du Kredite aufnehmen, und Kredite sind Schulden. Wenn du keine Schulden machen willst, kannst du also nicht modernisieren.

(tief) in Schulden stecken *form selten –* bis an den/(über den) **Hals** in Schulden stecken · to be up to one's neck in debt

sich in Schulden stürzen *ugs – path* · to plunge o.s. into debt

... Natürlich hätte ich gern ein eigenes Haus. Aber ehe ich mich dafür in wer weiß wie hohe Schulden stürze, bleibe ich lieber in einer Mietwohnung.

Schuldenlast: eine schwere Schuldenlast tragen *form – path selten* · to bear a (heavy/...) burden of debts, to have heavy liabilities

... Ob das psychisch so leicht ist, den Banken Jahre und Jahre Hunderttausende von Marken an schlecht gedeckten Krediten zu schulden ... – ich weiß nicht. Ich würde so eine schwere Schuldenlast jedenfalls nicht gern tragen.

Schuldfrage: die Schuldfrage aufrollen *form* · to raise the question of guilt, to bring up the question of guilt

... Wenn man erst einmal anfängt, die Schuldfrage aufzurollen, kommt man aus der Sache natürlich nicht mehr heraus. Statt die Problematik zu lösen, beschäftigt man sich dann nur noch damit, wer wann wo was warum falsch gemacht hat!

die Schuldfrage aufwerfen *form* · to raise the question of guilt, to bring up the question of guilt

... Nein, die Schuldfrage will ich gar nicht aufwerfen. Erstens ist die schwer zu klären und zweitens führt das auch gar nicht weiter. Ich will nur genau wissen, wie sich die Dinge abgespielt haben.

Schuldienst: in den Schuldienst gehen *form* · to go into teaching, to go into the teaching profession

... Wer in den Schuldienst geht, wird Beamter, Ludwig! – Wenn er Lehrer an einer staatlichen Schule wird! – Klar!

im Schuldienst tätig sein/(stehen) *form* · to be a teacher, to be in the teaching profession

... Wenn du kein Beamter werden willst, kannst du nicht im Schuldienst tätig sein, Ludwig! – Dann werde ich an eine Privatschule oder an ein Privatinstitut gehen.

schuldig: jm. etw. schuldig sein *form* · 1. to owe s.o. s.th., 2. to owe s.o. an answer/explanation/...

1. Ach, gut, daß ich dich treffe, Dieter. Ich bin dir noch 50,– Mark schuldig. Hier ... – Danke. Ich hatte gar nicht mehr daran gedacht. Da bin ich wieder 50,– Mark reicher, siehst du.

2. ... Wir sind euch noch eine Antwort auf die Frage schuldig/noch Rechenschaft wegen ... schuldig/eine Erklärung für ... schuldig ...

Schuldigen: den Schuldigen nicht weit zu suchen brauchen *ugs* · you/... don't need to/have to look far (to find the culprit)

Wenn du wissen willst, Peter, wer das Geld vom Tisch genommen hat, brauchst du den Schuldigen nicht weit zu suchen: ich selbst habe es eingesteckt. Es fehlten noch Brot und Wurst fürs Abendessen, es war gar kein Geld mehr im Haus ...

Schuldigkeit: j. hat nur/... seine Schuldigkeit getan *form* · to do/to have done no more than/... one's duty

... Sie brauchen mir nicht zu danken, Frau Hauff! Wenn ich Ihnen das Empfehlungsschreiben gegeben habe, dann habe ich nichts weiter als meine Schuldigkeit getan. Sie haben die ganzen zwanzig Jahre für meine Firma eine vorbildliche Arbeit geleistet. Da ist es nur meine Pflicht, Ihnen für Ihren nächsten Lebensplan in Frankreich die Wege zu ebnen.

Schuldkonto: etw. geht/kommt auf js. Schuldkonto *ugs – form selten –* jn./etw. auf dem **Gewissen** haben (2) · to have s.th. on one's conscience

jn./etw. **auf dem/seinem Schuld(en)konto haben** *ugs – form selten –* jn./etw. auf dem **Gewissen** haben · to have s.th./s.o. on one's conscience

Schule: an der Schule sein · to teach, to be a school-teacher

Wenn man das ganze Leben an der Schule ist, verwechselt man die Menschen vielleicht doch ein wenig mit den Schülern, oder? – Ach, Richard, jetzt hör' doch mal auf mit deiner Kritik an den Lehrern!

aus js. Schule sein *form* · to have studied under s.o., to have been taught by s.o.

... Ist dir aufgefallen, wie exakt der Müller übersetzt? Da wird jedes Wort bedacht, jede Entsprechung sorgfältig abgewogen. – Ja, der ist aus der Schule von Prof. Haverkamp. Die Übersetzer, die bei ihm ihre Ausbildung gemacht haben, übersetzen alle so.

(noch) (ein ...) aus der (guten) alten Schule sein · 1. 2. to be a diplomat/teacher/... of the old school

1. Hast du gemerkt, wie dezent der Höffner gekleidet war, wie gekonnt er sich verbeugt, wie elegant er sich ausdrückt! – Das ist noch ein Diplomat aus der alten Schule/Der Höffner, der ist noch aus der alten Schule; der weiß noch, wie man sich benimmt, wie man auftritt.

2. ... Streng ist der, sage ich dir! – Der ist eben noch aus der alten Schule. Für den gilt: Dienst ist Dienst und Schnaps ist Schnaps. Wenn gearbeitet wird, wird gearbeitet.

von der/einer Schule abgehen *form* · to leave school

Der Jürgen will von der Schule abgehen. Er sagt, er will was Praktisches lernen. Das Gymnasium ist ihm zu theoretisch, zu weltfremd.

jn. **in die/eine Schule aufnehmen** *form* · to accept s.o. as a pupil, to take s.o. on, to give s.o. a place at a school

Haben Sie euren Hans-Peter noch in die Albertus-Magnus-Schule aufgenommen? – Warum zweifelst du? – Man hatte mir gesagt, sie wäre überfüllt.

eine harte Schule durchmachen *form* · to go/to have been through a hard school, to learn in a hard school

(Der Großvater zu seinem Enkel:) Uns wurde als Lehrling nichts geschenkt! Wir mußten ran, hart ran. Bei Wind und Wetter. Und die Bezahlung war jämmerlich. Aber ich habe es nie bereut, eine (so) harte Schule durchgemacht zu haben. Denn ich habe damals, fachlich und menschlich, gelernt, wie man im Leben mit Schwierigkeiten fertig wird.

jn. aus der Schule entlassen *form* · + to leave school, + to complete one's schooling

… Mit 16 Jahren wurde er aus der Schule entlassen. Anschließend machte er eine Lehre bei Siemens …

an die/(zur) Schule gehen – in den **Schuldienst** gehen · to go into teaching, to go into the teaching profession

hinter/neben die Schule gehen *ugs veraltend selten* – die **Schule** schwänzen · to play truant, to skip school, to bunk off, to skive off

in die Schule gehen · 1. 2. to go to school

1. … Nein, jetzt hab' ich keine Zeit mehr, jetzt muß ich in die Schule gehen. – Ich dachte, du wärst schon längst in der Schule gewesen! Habt ihr denn nachmittags Schule?
2. … Gehen eure Kinder noch in die Schule? – Die beiden Jüngeren. Die Älteste ist bereits im Beruf.

bei jm. in die Schule gehen *form* · to be/to have been schooled by s.o., to study/to have studied under s.o., to be/to have been taught by s.o.

… Kein Mensch an dieser Universität interpretiert wie der Bergmann! – Der ist noch bei den großen Philologen der dreißiger, vierziger Jahre in die Schule gegangen. So etwas prägt einen fürs Leben.

zur Schule gehen – in die **Schule** gehen (2; a. 1) · to go to school

durch eine harte Schule gehen *form* – eine harte **Schule** durchmachen · to go/to have been through a hard school, to have learned in a hard school

aus js. Schule kommen *form* – aus js. **Schule** sein · to have studied under s.o., to have been taught by s.o.

die Schule des Lebens *form* · the school of life

… Wichtiger als die Schule hier, in die ihr ein paar Jahre geht, Kinder, ist die Schule des Lebens. Da müßt ihr lernen, im Leben!

durch die Schule des Lebens gehen (müssen) *form selten* · to (have to) go through the school of life, to (have to) learn in the school of life

… Nimm doch nicht immer so ernst, Paul, was der Christoph sagt! Er ist noch jung und unerfahren. Wenn er mal durch die Schule des Lebens gegangen ist, wird er anders reden.

Schule machen · to set a precedent, to become the accepted thing, to catch on

Der Scheuner hat sich angewöhnt, einen über den anderen Tag eine halbe Stunde zu spät zum Dienst zu erscheinen. – Das können wir nicht durchgehen lassen. Denn wenn das Schule macht, kommt bald kein Mensch mehr pünktlich.

jn. in eine harte Schule nehmen *form selten* · to put s.o. through a tough apprenticeship, to make s.o. learn the hard way, to put s.o. through the mill *coll*

… Unsere Meister haben uns in eine harte Schule genommen; es wurde einem nichts geschenkt. Aber sie meinten es gut mit uns, man lernte etwas und man wußte, daß man sich in Notfällen auf sie verlassen konnte.

aus der Schule plaudern/(schwatzen) *ugs* · to reveal confidential information

… Hat der Rädle also gestern bei euerem gemeinsamen Essen mal wieder aus der Schule geplaudert? – Ja, was der von den übrigen Gesellschaftern der Firma erzählte, war höchst instruktiv. – Der sollte ja eigentlich für sich behalten, was er von den Kollegen weiß …

die Hohe Schule reiten *form selten* · to ride haute école

… Das kann schließlich nicht jeder, die hohe Schule reiten! Das verlangt eine ganz besondere Ausbildung. – Wo lernt man das übrigens heute? Weißt du das?

die Schule schwänzen *ugs* · to play truant, to skip school, to bunk off *coll*, to skive off *sl*

Meine liebe Ursula, wenn du noch einmal die Schule schwänzt, kriegst du eine saftige Strafe, verstanden?! Es ist für dich genau so eine Pflicht, zur Schule zu gehen, wie für mich, zum Büro zu marschieren. Von wegen, da einfach fehlen!

(noch) aus der (guten) alten Schule stammen · 1. 2. 3. to be a diplomat/… of the old school

1. vgl. – (noch) (ein …) aus der (guten) alten **Schule** sein
2. vgl. – (noch/…) ein … von echtem **Schrot** und Korn (sein)
3. vgl. – ein … von altem **Schrot** und Korn (sein)

alle Schulen durch sein/durchgemacht haben *ugs selten* · to have been through it all, to have seen it all

… Nein, in seiner Branche/in seinem Fach/… kannst du dem Herrn Reuser nichts mehr beibringen. Der ist alle Schulen durch. Du mußt bedenken, daß er diesen Job seit 30 Jahren an den verschiedensten Stellen macht. Da hat man natürlich alle einschlägigen Erfahrungen hinter sich.

schulfrei: schulfrei sein/haben · to have the day off school

(Ein Vater:) Warum ist/habt ihr denn heute schon wieder schulfrei? – Heute ist Abitur.

Schulgebrauch: für den Schulgebrauch *form* · for use in schools

… Gut, für den Schulgebrauch reicht diese Grammatik vielleicht aus; für eine wissenschaftliche Beschäftigung mit dem Französischen ist sie absolut unzureichend.

Schulgeld: j. sollte/kann sich sein Schulgeld wiedergeben/zurückgeben lassen!/laß dir/laßt euch/… *sal* · school didn't do you/him/… much good, did it?, school wasn't much use to you/…, was it?, a fat lot you/… learnt at school!

Du hast doch Französisch gelernt, Albert, nicht? Könntest du mir mal eben diese Aufschrift übersetzen? – Hm …, ist sehr schwer … Hm … – Ich seh' schon: du verstehst den Text genau so gut wie ich. Laß dir dein Schulgeld wiedergeben, mein Lieber!

Schuljungen: jn. wie einen (dummen) Schuljungen abkanzeln *ugs* · to reprimand s.o./to tell s.o. off/… like a schoolboy

… Selbstverständlich haben sie das Recht, Herr Maurer, in aller Deutlichkeit zu sagen, was ich falsch gemacht habe. Nur lasse ich mich von Ihnen nicht wie einen dummen Schuljungen abkanzeln! Wenn Sie hier Chef sind, heißt das nicht, daß Sie mit den Untergebenen umspringen können, wie Ihnen das gerade paßt.

jn. wie einen (dummen) Schuljungen behandeln *ugs* · to treat s.o. like a schoolboy

… Das hättest du miterleben sollen, wie der Bäumler auf dem Ausflug den Alfons Trautner behandelt hat, wie einen Schuljungen! – Dabei ist der sein Alfons Kollege! – Natürlich. Aber der scheint ihn für einen geistigen Kleingärtner zu halten. – Das ist kein Grund, ihn verächtlich zu behandeln.

Schulmeister: den Schulmeister herauskehren *ugs pej* · to be pedantic *n*, to act the schoolmaster

… Ach, diese ewigen moralpädagogischen Bemerkungen! Dieses andauernde: 'Das müßten Sie so machen …, das ist nicht so zu machen, sondern so …' Ich kann diesen Berger einfach nicht mehr hören! Immer und immer muß der den Schulmeister herauskehren.

Schulreife: die Schulreife haben *form* · to be ready to go to/to start/… school

(Eine Lehrerin zu einem Vater, der seinen Sohn mit fünf Jahren einschulen möchte:) Nach meinem Eindruck hat Ihr Junge die Schulreife noch nicht. Er ist noch sehr verspielt, hat sehr viel Mühe, sich zu konzentrieren; er kann nicht stillsitzen …

Schulter: jn. über die Schulter ansehen · to look down one's nose at s.o.

Hast du gesehen, wie der Direktor die Erika über die Schulter ansah – fast unmerklich, mit einem leicht spöttischen Blick –, als sie anfing zu prahlen, was für ein großartiger Techniker ihr Mann ist?

(sich) die Jacke/… über die Schulter hängen · to put a jacket/pullover/… round one's shoulders

Willst du wirklich nicht besser die Jacke mitnehmen? Gegen Abend wird es kalt. – Gib her, ich hänge sie über die Schulter. Wenn es dann kälter wird, ziehe ich sie an.

jm. (freundschaftlich/vertraulich/...) **auf die Schulter klopfen**/(schlagen) · 1. to give s.o. a friendly slap on the back, 2. to pat s.o. on the back

1. ... Plötzlich klopfte mir in dem Gedränge jemand auf die Schulter und rief: »Georg, Mensch, du auch hier? Wie geht's dir? ...«

2. ...»Nur Mut, mein Junge!«, sagte der Vater und klopfte seinem Sohn freundschaftlich auf die Schulter. »Frisch gewagt ist halb gewonnen.«

auf js. **Schulter lasten** *Verantwortung/... path* – (eher:) auf js. **Schultern** lasten · to rest on s.o.'s shoulders

den Gegner/... **auf die Schulter legen** *Ringen* · to force an opponent onto his shoulders/onto his back

... Gewonnen hat, wer den Gegner auf die Schulter legt. Aber er muß ganz glatt mit der ganzen Schulter auf dem Boden liegen.

auf js. **Schulter liegen** *Verantwortung/... form* – (eher:) auf js. **Schultern** ruhen · to rest on s.o.'s shoulders

etw./(Ratschläge/Warnungen/...) **auf die leichte Schulter nehmen** · to pooh-pooh warnings/advice/..., not to take warnings/... seriously, to make light of injuries/threats/...

... Man hatte ich Richard mehrere Male eindringlich davor gewarnt, nach dem Skatabend im 'Heidekrug' mit dem Wagen nach Hause zu fahren, da die Polizei dort häufig Alkoholkontrollen durchführt. Aber er hat das immer auf die leichte Schulter genommen. Jetzt steht er da ohne Führerschein. So leichtsinnig sollte ein Mann in seinem Alter eigentlich nicht mehr sein.

auf js. **Schulter ruhen** *Verantwortung/... form* – (eher:) auf js. **Schultern** ruhen · to rest on s.o.'s shoulders

Schulter an Schulter (mit jm. stehen/...) *path* · to stand shoulder to shoulder with s.o.

... Man stell' das nur mal plastisch vor: 100.000 Leute, Schulter an Schulter, nur, um ein Fußballspiel zu sehen!

Schulter an Schulter mit jm. **arbeiten**/kämpfen/... *path* – (eher:) Seite an Seite mit jm. arbeiten/kämpfen/... · to work/to fight/... side by side with s.o.

jm. **über die Schulter sehen** · to look over s.o.'s shoulder

... Unbemerkt schlich er sich an sie heran und sah ihr über die Schulter: was las sie da? ...

jm. **freundschaftlich**/mit einem tadelnden Blick/... **auf die Schulter tippen** · to tap s.o. on the shoulder (in a friendly way/with a reproachful look/...)

(Eine Schülerin über einen Lehrer:) Wenn er mich verbessern oder mir einen Rat geben will, soll er mir das klar sagen, aber mir nicht so gönnerhaft auf die Schulter tippen! Ich bin doch nicht seine Tochter – oder seine Freundin!

jm. **die kalte Schulter zeigen** · 1. 2. to give s.o. the cold shoulder, to cold-shoulder s.o., 3. to ignore s.o./s.th.

1. Wenn du dem Herbert damals nicht geholfen hast, als er Hilfe brauchte, darfst du dich nicht wundern, wenn er dir jetzt die kalte Schulter zeigt. – Muß er deshalb gleich so kalt und verächtlich reagieren?

2. Obwohl ich den neuen Einkaufsleiter immer höflich grüße und ihn vom ersten Augenblick an ausgesprochen zuvorkommend behandelt habe, zeigt mir der Mann noch heute die kalte Schulter. – Man hat ihn wahrscheinlich, bevor er hierher kam, gegen dich geimpft.

3. vgl. – (eher:) jn. links **liegenlassen**

breit in den Schultern sein · to be broad-shouldered, to have a broad back

Findest du nicht auch, daß der Jürgen im Verhältnis zu seiner sonstigen Konstitution ungewöhnlich breit in den Schultern ist?

vom Alter/... **gebeugte Schultern** *path* · shoulders bowed down by age/..., shoulders bent with age/...

... Wenn der Herr Kremer mit seinen vom Alter gebeugten Schultern so dasteht und den Bauarbeiten zusieht, macht er doch einen ziemlich hinfälligen Eindruck.

mit hängenden Schultern dastehen/... *form – path* · to sit/to stand/... (there) with drooping shoulders

... Nein, Herr Schwarze, so leid es mir tut, ich kann Ihren Sohn nicht bei uns einstellen. – Der alte Mann saß da mit hängenden Schultern

und hörte kaum noch zu. Was sollte aus seinem Ältesten werden, wenn ihn nicht einmal mehr seine Bekannten einstellten?

sich an js. **Schultern hängen** · to cling to/to climb up/to hang on to/... s.o.'s shoulders

(Eine Tante:) Der Ulli und die Petra scheinen ihren Vater für ein Turngerät zu halten. Wie die sich an dessen Schultern hängen, sich hochziehen ...

(enttäuscht/...) **die Schultern hängen lassen** *form – path selten* · to hang one's head, to be downhearted, to drop one's shoulders (out of disappointment/...)

... Du wirst doch jetzt nicht die Schultern hängen lassen, Erich, und Trübsal blasen! Wenn sie dich hier abgelehnt haben, werden sie dich bei einer anderen Firma annehmen. – Das meinst du, Bärbel ...

bedauernd/... **die Schultern hochziehen** *selten* – die **Achseln** zucken/mit den Achseln zucken · to shrug one's shoulders

jm. **auf die Schultern klettern** *Kind – Vater/...* · to climb onto s.o.'s shoulders

... Kaum saß der Vater hinter dem Tisch auf dem Sofa, kam auch schon sein Jüngster angelaufen und kletterte ihm auf die Schultern. Das war schon eine Art Ritus, gehörte sozusagen fest zum Abendessen.

auf js. **Schultern lasten** *Verantwortung/... form – path* · the burden (of responsibility) rests on s.o.'s shoulders

... So ein Schwächling wie Du, mein guter Manfred, sollte sich eigentlich die dauernde Kritisiererei sparen/schenken. Wenn auf deinen Schultern derart viel Verantwortung lasten würde wie auf denen des Kanzlers, wärst du daran schon längst zerbrochen.

auf js. **Schultern liegen** *Verantwortung/... form* – auf js. **Schultern** ruhen · the responsibility (for s.th.)/... rests on s.o.'s shoulders

etw. **auf seine Schultern nehmen** *form selten* – etw auf seine (eigene) **Kappe** nehmen · to take the responsibility for s.th.

auf js. **Schultern ruhen** *Verantwortung/... form* · the responsibility (for s.th.)/... rests on s.o.'s shoulders

... Ruht denn die ganze Verantwortung für das Unternehmen einzig und allein auf den Schultern deines Vaters? – Ja, er trägt die ganze Verantwortung allein.

auf js. **Schultern stehen** *form selten* · to be based on/to follow from s.o.'s work

... Die Arbeit, die der Dr. Höller macht, kannst du nicht mit der deines Bruders vergleichen, Richard! Dein Bruder steht auf den Schultern seines Lehrers, der wiederum auf denen einer langen Tradition; einer stützt sich auf die Ergebnisse des andern. Der Dr. Höller dagegen fängt auf seinem Gebiet bei Null an.

auf beiden Schultern tragen *selten* – (eher:) auf beiden **Schultern** Wasser tragen · to have a foot in both camps

auf beiden Schultern Wasser tragen *selten* · to have a foot in both camps

... Es ist ja sehr ehrenwert von dem Rolf, wenn er in diesem leidigen Streit weder für den Chef noch für den Abteilungsleiter Partei ergreifen will ... – Er will beiden gerecht werden, objektiv sein. – Klar. Aber wielange wird er es durchhalten, auf beiden Schultern Wasser zu tragen?!

sich einen Mantel/... **um die Schultern werfen** · to put a coat/jacket/... around one's shoulders

Willst du dir den Mantel wirklich nur so um die Schultern werfen, statt ihn richtig anzuziehen? – Ja, warum nicht? Stört dich das?

die Schultern zucken/(mit den Schultern zucken) – (eher:) die **Achseln** zucken/mit den Achseln zucken · to shrug one's shoulders

Schupp: jm. einen (kleinen/kräftigen/...) **Schupp geben** *ugs* – (eher:) jm. einen (kleinen/kräftigen/...) **Schubs** geben · to give s.o. a good/slight/... shove, to prod s.o. slightly/hard/...

Schüppe: jn. (tüchtig/anständig/so richtig/...) **auf die Schüppe nehmen** *ugs selten* – jn. (tüchtig/anständig/so richtig/...) auf den **Arm** nehmen · to take the mickey out of s.o.

Pro 'Spritze' um die 100,– Mark – das könnte hinkommen, und vier-, fünfmal spritzen für sehr viele Abhängige auch!

sich den goldenen Schuß setzen *Droge Neol* · to OD

... Ob jemand Schlaftabletten nimmt oder sich den goldenen Schuß setzt – ist das so ein großer Unterschied? – Aber beim goldenen Schuß will er sich doch nicht töten, Günther! ...

einen/(richtigen/kräftigen/...) **Schuß tun** *ugs* – (eher:) einen (richtigen/kräftigen/...) **Schuß kriegen** · s.o. has really/... shot up

einen Schuß weghaben *sal selten* – nicht (so) (ganz/(recht)) bei **Trost** sein (1; a. 2) · s.o. is off his rocker

Schusse: im Schusse sein *Pflanzen form selten* · to be growing profusely/..., to be shooting up

Was soll das heißen, Vater: 'die Stauden sind im Schusse'. – 'Sie wachsen gerade sehr kräftig', Junge.

Schüssel: aus einer Schüssel essen *ugs veraltend selten* · John/... and Fred/... are inseparable

... Ja, der Walter und der Rudi, die essen seit Jahren aus einer Schüssel! Die bringt nichts auseinander. – Schön, junge Menschen zu sehen, die ein solches Zusammengehörigkeitsgefühl entwickeln und miteinander durch dick und dünn gehen!

es mit vollen Schüsseln halten *ugs veraltend selten* · to like big helpings, to like one's food

Der Herr Kronberg scheint es mit vollen Schüsseln zu halten. – Du meinst, weil er einen so prächtigen Bauch hat? Ich weiß nicht, ob das vom üppigen Essen kommt.

vor leeren Schüsseln sitzen *ugs veraltend selten* · to go hungry, to have nothing to eat *n*

... Die Leute können sich hier ja heute gar nicht mehr vorstellen, wie das ist, wenn man vor leeren Schüsseln sitzt! – Das Gedächtnis der Menschen ist eben kurz. Hoffentlich kommt die Zeit so schnell nicht wieder, wo man hungern muß.

Schußfahrt: in Schußfahrt (ab-)fahren *Ski form* – **Schuß** fahren · to schuss down

Schußfeld: freies Schußfeld haben · to have a clear view of the target, to have a clear field of fire

Hermann! Wo du kein freies Schußfeld hast, kannst du doch nicht schießen! Du siehst hier doch gar nicht, wo du hinschießt!

ins Schußfeld geraten *ugs* – *form* · to come under fire, to come in for criticism

... Nach der Wahlniederlage ist natürlich nicht nur der Kandidat, sondern sind auch jene Spitzenpolitiker ins Schußfeld geraten, die sich für seine Kandidatur eingesetzt haben. Plötzlich werden auch sie von allen Seiten angegriffen.

Schußlinie: sich in der Schußlinie befinden *ugs* – *form* – (eher:) in der **Schußlinie** stehen · to be under fire, to have come under fire

sich in die Schußlinie begeben *ugs* – *form selten* · to expose o.s. to criticism *n*, to come under fire

... Mit seinem Vorschlag, die Entwicklungshilfe zu erhöhen, begibt sich der Minister natürlich in die Schußlinie; das ist klar; denn bei der angespannten Haushaltslage ist im Augenblick wohl niemand dafür. – Ja, er weiß, daß man ihn scharf attackieren wird; das nimmt er in Kauf.

in die Schußlinie geraten/(kommen) *ugs* – *form* · to come under fire

... Bisher wurden nur der Außen- und der Verteidigungsminister kritisiert; aber jetzt ist auch der Kanzler selbst in die Schußlinie geraten.

in js. Schußlinie geraten/(kommen) *ugs* – *form* · to come under fire from s.o.

Paß auf, daß du mit deinen Vorschlägen nicht in die Schußlinie des Außenministers gerätst! Wenn der sich auf dich einschießt, kannst du im Parlament nichts mehr werden; dann wirst du bald von allen Seiten attackiert.

aus der Schußlinie kommen *ugs* – *form* · to get out of the firing line

Wenn die Parteiführung endlich aus der Schußlinie (massenhafter Kritik/...) kommen will, muß sie möglichst schnell einen neuen Par-

teivorsitzenden präsentieren, der das Vertrauen der breiten Mehrheit hat! Gelingt ihr das nicht, wird die Kritik in den nächsten Monaten noch zunehmen.

in der Schußlinie stehen *ugs* – *form* · to be under fire, to have come under fire

... Steht der Chef selbst/persönlich in der Schußlinie? – Nein, an den wagen sie sich (noch) nicht heran/dran. Sie kritisieren einzelne Abteilungsleiter und seinen Privatsekretär. Bisher!

Schußwaffe: von der Schußwaffe Gebrauch machen *form* · to use firearms

... Wenn es den Polizisten unter keinen Umständen erlaubt wäre, von der Schußwaffe Gebrauch zu machen, stünden sie nicht wenigen Verbrechen und Verbrechern gegenüber auf völlig verlorenem Posten. Manchmal müssen sie schießen – leider!

Schußweite: außer Schußweite sein · to be out of range

(Aus einem historischen Roman:) ... Uff, rief er erleichtert aus, jetzt können diese Canaillen so viel schießen, wie sie wollen, jetzt sind wir außer Schußweite. – Dank unserer großartigen Pferde.

noch/... **in Schußweite sein** – ≠ außer **Schußweite** sein · to be still/... within range

Schuster: ein (richtiger/...) **Schuster sein** *sal* · to be a real/... botcher, to be a real/... bungler

Wenn du dein Auto vernünftig in Schuß kriegen willst, kannst du es nicht bei dem Heubert machen lassen; das ist doch ein richtiger Schuster. Sobald es etwas schwieriger wird, arbeitet der geradezu miserabel/saumäßig.

sich benehmen/ein Benehmen haben/(...) **wie ein Schuster** *sal* – sich benehmen/ein Benehmen haben/(...) wie eine offene **Hose** · to behave like a peasant/tramp/pig

Schusterjungen: es regnet Schusterjungen *ugs* – *path selten* – es regnet/gießt in **Strömen** · it's bucketing down, it's tipping down

Schusters: auf Schusters Rappen *ugs veraltend* – per **pedes** apostolorum · on Shanks's pony

Schutt: ein Haus/eine Stadt/... **in Schutt und Asche legen** *path selten* · to reduce a town/... to rubble, to raze a town/... to the ground

(Eine Unterhaltung während des Krieges:) Eine Stadt von mehr als 250.000 Einwohnern in einer einzigen Nacht in Schutt und Asche zu legen ... – ist das noch 'menschlich', selbst im Krieg? – Früher baute man Dörfer und Kleinstädte – um sie im Krieg dem Erdboden gleichzumachen; heute baut man Großstädte – mit demselben Ergebnis.

in Schutt und Asche liegen *path selten* · to be in ruins

(Eine Unterhaltung während des Krieges:) Und Essen? – Der ganze Nordteil liegt in Schutt und Asche. Da steht kein Haus mehr auf dem andern. – Mein Gott!

in Schutt und Asche versinken/sinken *path selten* · to be reduced to rubble, to be razed to the ground

... Wieviele Städte allein im Zweiten Weltkrieg in Schutt und Asche versanken! – Aber sie wurden alle wieder aufgebaut. – Hoffentlich nicht, um bald wieder dem Erdboden gleichgemacht zu werden.

in Schutt und Asche verwandeln *path selten* – (eher:) in **Schutt** und Asche legen · to reduce s.th. to rubble

schütteln: sich einen schütteln *vulg selten* – sich einen **abwichsen** · to give o.s. one off the wrist

schüttet: es schüttet – (stärker als:) es regnet/gießt in **Strömen** · it's bucketing down, it's tipping down

Schutthaufen: ein Haus/eine Stadt/... **in einen Schutthaufen verwandeln** *ugs* – *path* – in **Schutt** und Asche legen · to reduce a town/a village/... to a pile of rubble

Schutz: jm. seinen Schutz angedeihen lassen *form veraltend selten* · to grant s.o. one's protection, to take s.o. under one's wing

... Wenn Sie die Güte hätten, Herr Dr. Kroll, meinem Sohn Ihren Schutz angedeihen zu lassen, täten Sie mir einen ungemein großen

Gefallen. Sie wissen, er kennt sonst niemanden hier, fängt ganz neu an ... – Ich werde mich seiner annehmen, Herr von Rauschenberg.

sich in js. **Schutz begeben** *hist* · to place o. s. under s. o.'s protection
... Von den religiösen Eiferern der Gegend verfolgt, begab er sich in den Schutz des Herzogs von Mailand. So war er vor jedem Anschlag auf sein Leben sicher.

jm. **Schutz(e) bieten gegen** jn./etw. *form* · to provide protection against s. o./s. th., to protect s. o. against s. o./s. th.
... Nein, Gesetze, Paragraphen u. ä. bieten doch keinen Schutz, bemerkte er bitter; nicht selten begründen und rechtfertigen sie das Unrecht sogar.

unter/im Schutz der Dunkelheit entkommen/... *form* · to escape/... under cover of darkness
... Unter dem Schutz der Dunkelheit gelang es den Einbrechern, durch die Maschen der Polizei zu schlüpfen.

Schutz finden (vor jm./etw.) · to take/to be given refuge (from s. o./s. th.)
... Nicht wenige Menschen, erklärte er, haben vor den Verfolgungen durch die Nazis in Lissabon Schutz gefunden.

unter dem Schutz(e) des Gesetzes stehen *form – path* · to be protected by the law, to enjoy the protection of the law
... Ich versteh' nicht, wie sie diese Ausländer einfach aus der Wohnung schmeißen können! Stehen die denn nicht auch unter dem Schutze des Gesetzes? – Sie haben denselben gesetzlichen Schutz wie wir. Sie hätten sich wehren sollen.

jm. **Schutz gewähren** *form* · to grant s. o. refuge, to grant s. o. protection
... Einem Menschen, der verfolgt wird, gewährt man Schutz, das ist doch ganz klar. Dabei spielt überhaupt keine Rolle, welche politischen oder anderen Anschauungen er vertritt.

im Schutz(e) der Nacht entkommen *form selten* · to escape/ to get away/... under cover of night
... Es gelang den Einbrechern, im Schutz der Nacht unbemerkt zu entkommen. Als man den Raub bemerkte und die Polizei verständigte, waren sie schon über alle Berge. – Es war heute Nacht nicht nur besonders finster, es lag auch ein dichter Nebel über der Stadt; das hat ihnen die Flucht natürlich erleichtert.

jn. **in Schutz nehmen gegen** jn./etw. · 1. to defend s. o. against s. o./s. th., to protect s. o. against s. o./s. th., 2. to stand up for s. o., to take s. o.'s side
1. Man muß die Kinder heute gegen alle möglichen Leute in Schutz nehmen: gegen Erwachsene, die kein Verständnis für Kinder haben; gegen Lehrer, die den Unterricht verwissenschaftlichen; gegen Politiker, die vorgeben, für die Jugend etwas zu tun, aber nur ihr eigenes Interesse im Auge haben ...
2. ... Das fand ich doch sehr anständig, daß Emil seinen Freund gegen die Vorwürfe des Chefs in Schutz genommen hat. Ohne zu zögern, hat er die Dinge richtiggestellt – trotz der Nachteile, die er dadurch haben kann.

jm. **Schutz und Schirm gewähren** *path hist* · to grant s. o. protection
... Solange ihm der Prinz Conti Schutz und Schirm gewährte, konnten seine Feinde ihm nichts anhaben. Aber konnte er sein Lebenlang von der Gnade des Prinzen abhängig sein, von dessen Gütern leben? ... Und seine Feinde hatten einen langen Atem.

unter js. **Schutz und Schirm stehen** *path hist* – ≠ jm. **Schutz und Schirm gewähren** · to be under s. o.'s protection, to enjoy s. o.'s protection

sich unter js. **Schutz stellen** *hist* – sich in js. **Schutz begeben** · to place o. s. under s. o.'s protection

Schutz suchen vor Verfolgungen/Kälte/Regen/... · to seek shelter from s. th./s. o., to take shelter from s. th./s. o.
... In einer alten Bauernhütte suchten sie Schutz vor dem Gewitter, das so plötzlich ausgebrochen war.

in Schutz und Trutz zusammenstehen/(zusammenhalten) *path veraltend selten* · to stand together to defy/resist/... one's enemies, to stand together in offence and defence *para*

(Aus einer politischen Rede:) Wenn unsere Völker in Schutz und Trutz zusammenstehen, kann ihnen nichts passieren; vereint brauchen sie keinen Angriff und keine Bedrängnis zu fürchten.

Schütze: Schütze Arsch (im letzten Glied) (sein) *vulg* · (to be) the lowest of the low *sl*, (to be) just a bloody squaddie
... Eine Sache ist es, den Krieg als Leutnant oder General mitzumachen, Paul, eine andere, als Schütze Arsch nichts anderes als Kanonenfutter zu sein.

Schutzengel: einen Schutzengel haben/(...) *ugs* · to have a guardian angel
... Mann, da hast du aber einen Schutzengel gehabt! Bei einem solchen Unfall unverletzt ...!

Schützenhilfe: von jm. **Schützenhilfe bekommen** *ugs* · to get/ to receive/to be given/... backing from s. o., to get/to receive/ to be given/... support from s. o.
Bisher hatten die Gewerkschaften den Eindruck, mit ihrem Kampf um eine Neuregelung der Arbeitszeit allein auf weiter Flur zu sein. Doch unerwartet bekamen sie gestern Schützenhilfe vom Arbeitgeberverband. Herr Krause erklärte, auch die Arbeitgeber seien dafür ...

jm. **Schützenhilfe leisten** *ugs* · to back s. o. up, to support s. o.
... Allein erreiche ich beim Chef natürlich gar nichts! Wenn mir nicht ein paar Leute auch aus anderen Abteilungen Schützenhilfe leisten, brauche ich den 'Kampf' erst gar nicht anzufangen. – Geh' man ruhig rauf zum Alten. Du kannst sicher sein, daß sich eine ganze Reihe von Kollegen dann um dein – und unser aller – Anliegen einsetzen wird.

Schußlinie: jn. **aus der Schußlinie (heraus-)nehmen** *ugs – form* · to withdraw s. o. from the line of fire
... Die Opposition hat sich in den letzten Monaten so richtig auf den Verteidigungsminister eingeschossen. Es vergeht kaum eine Woche ohne eine scharfe Attacke gegen den Mann. Warum nimmt der Kanzler ihn nicht aus der Schußlinie? – Wahrscheinlich, um nicht selbst ins Kreuzfeuer der Kritik zu geraten.

Schutzgeld: Schutzgeld zahlen/... *Neol* · to pay protection money
(Ein ausländischer Gastwirt:) In Deutschland gibt es kaum ein italienisches Lokal oder ein chinesisches Restaurant, das kein Schutzgeld zahlt. Schutzgelderpressungen sind eine der Haupteinnahmequellen der Mafia und der chinesischen Triaden.

Schutzwall: einen Schutzwall gegen etw. **errichten** · 1. to build/... a protective barrier against s. th., 2. to build/... a protective wall against s. o./s. th.
1. ... Wenn wir gegen die periodischen Überschwemmungen keinen Schutzwall errichten, können wir das Dorf aufgeben.
2. Gegen die Überflutung unseres Landes durch Millionen und Millionen von Gastarbeitern müssen wir einen Schutzwall errichten! – Und wenn die Regierungen der Herkunftsländer Maßnahmen ergreifen, um sich vor der Überschwemmung durch unsere Exportgüter zu schützen? *path selten*

schwach: in etw. **schwach sein** · to be weak at languages/ maths/...
... Ja, in Fremdsprachen ist der Gustav ziemlich schwach; dafür ist er aber in Deutsch der Beste der Klasse. – Und in Mathematik? – Da ist er (weder schwach noch stark)/mittel.

jm. **wird schon ganz/**(...) **schwach** *ugs* · + s. o. is feeling (quite/...) faint
... Du, Albert, bei dieser stickigen Luft halte ich das Gedränge hier nicht länger aus. Wenn wir jetzt nicht sehen, daß wir hier herauskommen, falle ich wieder in Ohnmacht. Mir wird schon ganz schwach.

nur/bloß/ja/... **nicht schwach werden!** *ugs* – nur/bloß/ja/... nicht schwach **werden!** · don't give in!, don't weaken!, we/... must/... not waver, we/... must/... not give in, we/... must/... not weaken

Schwäche: js. **Schwäche sein** · 1. to be s. o.'s weak point, 2. to be s. o.'s weakness, to be s. o.'s failing
1. ... Ja, gut, die Übersetzungsklausur ist in der Tat nicht gut gelaufen – Übersetzen ist nun einmal Giselas Schwäche; dafür ist sie aber

in allen anderen Fächern, die jetzt noch geprüft werden, ein As. Du wirst sehen: die macht ihr Examen noch mit 'Eins'.
2. Der Kurt kann sich nun einmal nicht damit abfinden, daß eine bestimmte Arbeit eine bestimmte Zeit in Anspruch nimmt; der will immer alles sofort fertig haben. – Er ist zu ungeduldig, das stimmt; das ist seine Schwäche. Aber dafür arbeitet er mit einer Zielstrebigkeit und einem Eifer wie niemand sonst hier.

eine Schwäche für jn./etw. **haben** · 1. 2. 3. to have a soft spot for s.o./s.th., to be partial to s.o./s.th., to be fond of s.o./s.th., to have a weakness for s.o./s.th.
1. ... Das ist jetzt seine dritte blonde Freundin! – Er hat eine Schwäche für Blondinen!
2. Der Gerd hat eine Schwäche für gute Weine. Wenn du ihm einen guten Weißwein anbietest, hast du ihn schon für dich eingenommen.
3. ... Ja, für gut erzählte Witze hat er eine Schwäche. Wenn jemand anfängt, mit Geist Witze zu erzählen, strahlt er.

bloß/nur/ja/... keine Schwäche zeigen! ugs – form selten – nur/bloß/ja/... nicht schwach **werden!** · don't give in!, don't weaken!, we/... must/... not waver, we/... must/... not give in, we/... must/... not weaken

(auch) **seine Schwächen haben** · everyone has his failings, everyone has his weak points
... Er will immer alles sofort fertig haben; der hat einfach gar keine Geduld! – Jeder Mensch hat seine Schwächen. Aber dafür arbeitet er mit einem Eifer und einer Zielstrebigkeit wie niemand sonst hier.

Schwachheit: bilde dir/bildet euch/... (bloß/ja/nur) keine Schwachheiten ein!/er/die Ursel/... soll sich ... einbilden! sal · 1. 2. don't fool/delude yourself, John/they/... shouldn't fool/delude himself/..., don't kid yourself/he/they/... shouldn't kid himself/...
1. ... Das Beste wäre, Mama, wir führen in den kommenden Herbstferien nach ... – Mein lieber Junge, bilde dir bloß keine Schwachheiten ein! In den Herbstferien wirst du was für die Schule tun, damit du endlich mal vernünftige Noten nach Hause bringst!
2. Der Gustav meint, bei der allgemeinen Steigerung der Lebenshaltungskosten müßte eigentlich bald eine Lohnerhöhung für ihn fällig sein. – Der soll sich bloß keine Schwachheiten einbilden. Er verdient doch seit Jahren schon mehr als andere in vergleichbaren Stellungen!

Schwall: ein Schwall von schönen Worten/... path · a torrent of fine/... words, a flood of fine/... words
... Statt mich mit einem Schwall von schönen Worten zu empfangen, wäre er mir besser in der Sache entgegengekommen! – Das ist seine Taktik: die Leute mit wer weiß was für Lobsprüchen und ähnlichem Zauber überschütten und sie dann attackieren.

Schwamm: den Schwamm haben/in etw. ist/sitzt der Schwamm (drin) · to have dry rot
... In eurem Badezimmer sitzt der Schwamm, sagst du? Dann hilft nichts, als alle Wände völlig neu zu verputzen und den Boden neu zu machen. Sonst kriegt ihr die Nässe nie raus.

Schwamm drüber! ugs · + let's forget it!, + let bygones be bygones
... So, jetzt reden wir nicht mehr darüber! Schwamm drüber! Wir einigen uns da sowieso nicht, also ist es besser, das Thema nicht mehr zu berühren.

er/der Maier/... kann sich mit dem Schwamm kämmen/frisieren sal selten · he/Maier/... can polish his head with a rag
... Gut, von einem bestimmten Alter an steht vielen Männern eine Glatze. Einverstanden! Aber wenn man sich schon mit 30, 35 mit dem Schwamm frisieren kann, ist das nicht gerade der wahre Jakob/ ist das nicht gerade das Gegebene.

einen Schwamm im Magen haben/es scheint, j. hat einen Schwamm im Magen ugs selten · to have swallowed a sponge para, to have an insatiable thirst para
... Du hast wohl einen Schwamm im Magen, was? – Warum? – Weil du schon drei Gläser Wasser heruntergekippt und immer noch Durst hast.

Schwan: mein lieber Schwan! sal · 1. now listen here!, 2. blimey!, bloody hell!
1. vgl. – mein lieber **Mann!** (3)
2. vgl. – leck' mich am/(im) **Arsch!** (2)

Schwang: in Schwang kommen ugs selten – in **Mode** kommen · to come into fashion

Schwange: im Schwange sein/es ist im Schwange, daß ... ugs selten – (in) **Mode** sein/es ist Mode, daß .../..., das ist Mode · it/s.th. is in fashion, it is fashionable to ...

schwanger: mit einem Kind/(...) schwanger gehen form selten – ein **Kind** unter dem Herzen tragen/(haben) · to be pregnant

mit einem Gedanken/Plan/... schwanger gehen path – iron – mit einem Gedanken/Plan schwanger **gehen** · s.o. is full of plans/thoughts/..., + s.o.'s mind is teeming with plans/ thoughts/...

Schwanken: ins Schwanken geraten/(kommen) Vertrauen/ Überzeugung/... form · to start to waver
Bisher hat mein Vater dem Küßler blind vertraut. Aber nach der Affäre mit dieser Firma Braun ist dieses Vertrauen ein wenig ins Schwanken geraten. – Der Küßler hat sich da sicherlich nicht richtig verhalten; aber nicht aus unlauteren Absichten, sondern aus Unbeholfenheit. Was seine Gesinnung angeht, braucht dein Vater daher nach wie vor keinerlei Zweifel zu haben.

Schwankungen: großen Schwankungen ausgesetzt sein form · to be subject to substantial/major/... fluctuations
Die Wechselkurse sind in den letzten Jahren großen Schwankungen ausgesetzt. – Es war schon schlimmer. Denk' an das Auf und Ab in den siebziger Jahren!

schwant: mir/meinem Vater/... schwant so etwas/(...) ugs · + I/he/... have/... a feeling that something nasty is going to happen, + I/he/... sense/... that s.th. nasty is going to happen, + I/he/... have/... a sense of foreboding about s.th.
... Ich hoffe nur, daß wir bei der Petra heute abend keine böse Überraschung erleben. Mir schwant so etwas ... – Was meinst du, genauer? – Ich hab' den Eindruck, daß die sich aus unserem Übersetzerteam ganz zurückziehen will.

Schwanz: kein Schwanz sal – kein **Mensch** · not a bloody soul

mit hängendem/eingezogenem Schwanz abziehen/(wegge-hen/...) sal selten · 1. 2. to creep off/to slink off/... with one's tail between one's legs, 2. to draw in one's horns coll, to back down n, 3. to have a hangdog look about one n, to stand around/... looking sheepish/crestfallen n
1. Gestern hat mein Mann dem Gerd den Marsch geblasen, weil er sich mir gegenüber so unerzogen verhält. Meinst du, er hätte sich wenigstens verteidigt? Nichts! Er ist mit eingezogenem Schwanz abgezogen. – Na, dann hat er sich aber doch wenigstens geschämt. – Ich bin nicht dahintergekommen, ob es Scham war, Verlegenheit, Angst oder sonstwas.
2. vgl. – (eher:) den **Schwanz** einziehen (und abhauen/...) (1; u. U. 3)
3. vgl. – (eher:) wie ein begossener/(nasser) **Pudel** dastehen/...

einen Schwanz bauen ugs Univ. u. ä. – einen **Schwanz** machen · to fail in a subject and have to repeat the subject

den Schwanz zwischen die Beine nehmen/klemmen und abziehen/abhauen/... sal selten · 1. 2. to slink off/... with one's tail between one's legs, 3. to be/to go away crestfallen
1. vgl. – (eher:) mit hängendem/eingezogenem **Schwanz** abziehen/ (weggehen/...)
2. vgl. – (eher:) den **Schwanz** einziehen (und abhauen/...)
3. vgl. – (eher:) wie ein begossener/(nasser) **Pudel** dastehen/...

den Schwanz (in einer Reihe/Schlange) bilden ugs selten · to be at the end of the queue n, to bring up the rear
(Vor einer Theaterkasse:) Bist du gerade erst gekommen? – Ja. Warum? – Weil du den Schwanz bildest in der Schlange. – Irgendeiner muß der Letzte sein.

den Schwanz einziehen (und abhauen/...) *sal* · 1. to slope off/to creep off/to slink off/... with one's tail between one's legs, 2. to draw in one's horns *coll*, to back down *n*

1. ... Hat er sich denn wenigstens verteidigt, als ihn der Chef so ausgeschimpft/angeschnauzt hat? – Ach, der und sich verteidigen! Er hat den Schwanz eingezogen und ist kleinlaut abgezogen/abgehauen. – So ein Feigling!

2. ... Wenn du etwas erreichen willst, darfst du dich nicht mit allem, was die vorschlagen, zufriedengeben und nur, weil du zu ängstlich bist, etwas zu sagen, den Schwanz einziehen! Da mußt du kämpfen!

zwei rechts, zwei links, am Schwanz gekräuselt *sal iron* – zwei **rechts**, zwei links ... · knit two, purl two

den Schwanz hängen lassen *sal selten* – den **Kopf** hängen lassen · to hang one's head, to be downcast/down-hearted

einen Schwanz machen *ugs Univ. u. ä.* · to fail in a subject and have to repeat the exam

... Na, hast du dein Examen endlich hinter dir? – Fast. – Wie, hast du einen Schwanz gemacht? – Ja, Altfranzösisch. Das muß ich nochmal wiederholen!

jm. auf den Schwanz treten *oft: sich auf den Schwanz getreten fühlen sal selten* – jm. auf den **Schlips** treten · to tread on s.o.'s toes, to offend s.o.

Schwarm: js. (großer) **Schwarm sein** *ugs oft iron* – js. große **Liebe** sein · to be s.o.'s heart-throb

ein ganzer Schwarm von Mädchen/... *ugs* · (to be surrounded/... by) a bevy of young girls/..., (to be surrounded/... by) a swarm of young girls/...

... Jedesmal, wenn ich ihn sehe, ist euer Werner von einem ganzen Schwarm hübscher Mädchen umgeben! Mal vier, mal fünf ... – Du bist doch nicht neidisch?

Schwärmen: (leicht/...) **ins Schwärmen geraten** · 1. to go into raptures (easily/...), to tend to enthuse, to tend to gush, 2. to go into raptures about s.th.

1. Die Rita ist ein sehr sympathisches Mädchen, da gibt's gar keinen Zweifel. Aber sie gerät leicht ins Schwärmen, nicht? – Ist es ein Nachteil für ein 16-jähriges Mädchen, wenn es sich schnell begeistert und dabei auch ein wenig überschwenglich ist?

2. vgl. – ins **Schwärmen** kommen (wenn man von ... redet/...)

ins Schwärmen kommen (wenn man von ... redet/...) · 1. to go into raptures about s.th., 2. to go into raptures (easily/...), to tend to enthuse, to tend to gush

1. ... An sich ist der Fiedler ja ein sehr nüchterner Mann. Aber wenn er von seinen Jahren in Mexiko spricht, kommt er geradezu ins Schwärmen. – Das muß ja auch ein herrliches Land sein ...

2. vgl. – (eher:) (leicht/...) ins **Schwärmen** geraten

Schwarte: eine alte/dicke/... **Schwarte** *ugs* · a thick/weighty tome

... Wieviel Seiten hat das Buch denn? – Das ist eine dicke Schwarte – an die 1.000!

dir/euch/(ihm/...) juckt wohl die Schwarte?! *sal selten* – dir/euch/(ihm/...) juckt wohl das **Fell**?! · he/you/... is/are asking for it/a good hiding

jm. die Schwarte gerben/(klopfen) *ugs iron veraltend selten* – jm. das **Fell** versohlen · to tan s.o.'s hide

arbeiten/schuften/..., daß/(bis) die Schwarte kracht *sal veraltend selten* · 1. 2. to work o.s. into the ground, to work o.s. to the bone, to sweat blood, to work like buggery *vulg*

1. Gestern haben wir geschuftet, daß die Schwarte krachte! – So wild? Was habt ihr denn gemacht? – Wir haben den ganzen Garten umgegraben. – Gratuliere.

2. Wenn ich die Seminararbeit bis Samstag fertig haben will, muß ich die nächsten Tage arbeiten, daß/bis die Schwarte kracht. – Na, dann viel Vergnügen!

schwarz: (etw.) **schwarz machen/**verdienen/fahren/hören/... *ugs* · 1. to moonlight, + to get a job/... done by a moonlighter, + to get s.th. done by s.o. who is working on the side, 2. to travel by bus/train/... without paying *n*, to dodge one's fare

1. ... Wenn du die Zimmer schwarz machen läßt, kommst du vielleicht mit 2.000,– Mark aus; aber wenn alles durch die Bücher geht/aber wenn du ganz normal einen Handwerker kommen läßt, dann reichen keine 4.000.

2. Ob ich mit der Straßenbahn schwarz fahre oder du schwarz fernsiehst, ist doch wohl dasselbe, Mann! Kritisier' dich doch erst mal selbst, ehe du den anderen vorwirfst, sie wären inkorrekt/sie würden nicht zahlen, was sie zu zahlen haben.

schwarz sein *ugs selten eher: die Schwarzen* · to be a staunch Catholic

Der Koch und die Sozialisten wählen? Unmöglich! – Ach, ist der schwarz? – Pechschwarz. Schon der Papst ist dem zu liberal.

eine Straße/... ist schwarz von Menschen/... *path selten* · a street/... is chock-a-block with people

... Das hättest du sehen sollen: die ganze Innenstadt total blockiert! Die Straßen waren schwarz von Menschen! Nur, weil die Fußballnationalmannschaft da ankam!

in Schwarz gehen/gekleidet sein *form* · to be dressed in black

Ist bei den Reiners jemand gestorben? Die Frau Reiner geht seit gestern in Schwarz. – Der Vater von Herrn Reiner – er wird morgen beerdigt.

in tiefes Schwarz gekleidet sein *form selten* – (stärker als:) in **Schwarz** gehen/gekleidet sein · to wear black, to be in deep mourning

Schwarz tragen *form* · to wear black

... Bei einer Beerdigung trägt man Schwarz, verdammt nochmal, auch heute noch! Wie kannst du denn da in einem braunen Anzug erscheinen?!

hier/da/... steht (doch) schwarz auf weiß (geschrieben/gedruckt) *ugs* – hier/da/... steht (doch) schwarz auf weiß (geschrieben/(gedruckt)) · it/s.th. is down here/... in black and white

etw. schwarz auf weiß haben *ugs* – etw. schwarz auf weiß **besitzen** · to have it in black and white (that ...)

jm. schwarz auf weiß beweisen/zeigen/... *ugs* · to prove s.th. to s.o. by showing him in black and white, to show s.o. s.th. in black and white, to have it in writing that ... *n*

Wie kann er es wagen, nach wie vor zu leugnen, daß sein Bruder das Geld veruntreut hat! Ich hab' es ihm doch schwarz auf weiß bewiesen. In einem Brief an einen gemeinsamen Freund gibt sein Bruder das doch selber zu, und ich hab' ihm diesen Brief gezeigt!

etw. schwarz auf weiß besitzen *ugs* – etw. schwarz auf weiß **besitzen** · to have it/s.th. in black and white/in writing

aus schwarz weiß machen *ugs* – aus schwarz weiß **machen** · to turn black into white

da kannst du/kann er/... warten/(das dauert/...), bis du schwarz wirst/er schwarz wird/... *sal* · you/he/Mary/... can wait till the cows come home

... Die Ingrid sich entschuldigen?! Da kannst du warten, bis du schwarz wirst. Und wenn hundertmal bewiesen wird, daß sie dir Unrecht getan hat – die entschuldigt sich nie!

Schwarzarbeit: Schwarzarbeit machen *ugs* – schwarz **arbeiten** (1) · to moonlight

Schwarze: nicht das Schwarze unter den Nägeln haben/besitzen *path veraltend selten* – (so) arm wie **Job** sein · to be as poor as a church mouse

jm. nicht das Schwarze unter dem Nagel/den Nägeln gönnen *path veraltend selten* · to begrudge s.o. the air he breathes

... Ein fürchterlich neidisches Geschöpf, diese Marlies! Die gönnt den anderen nicht das Schwarze unter dem Nagel. Selbst bei ihren Geschwistern ist sie so. Sie brauchen nur eine Kleinigkeit geschenkt zu bekommen, nur irgendetwas zu haben, was sie nicht hat – schon fängt sie an, Szenen zu machen.

(mitten/genau) ins Schwarze treffen (mit etw.) · 1. to hit the bull's eye, 2. to hit the nail on the head

1. ... Sofort mit dem ersten Schuß hat er mitten ins Schwarze getroffen. – Genau ins Ziel? – Haargenau.

2. ... Genau, ganz genau, Herr Kolvenbach! Ob der Schmude oder der Struß die Wahl gewinnt, ist völlig belanglos. Erstens machen die beiden in allen wichtigen Fragen sowieso die gleiche Politik, und zweitens geht es heute im Kern um ganz andere Fragen. Mit dieser Bemerkung haben sie genau ins Schwarze getroffen.

Schwarzmarkt: **der Schwarzmarkt** – der schwarze **Markt** · the black market

Schwarzmalerei: **Schwarzmalerei betreiben**/das ist/... Schwarzmalerei *ugs – form* · to paint a black/pessimistic/gloomy/... picture of s.th., to paint a picture of gloom and doom

... Wenn das mit der Arbeitslosigkeit im Osten so weitergeht, dann geht's mit unsrer Wirtschaft endgültig den Bach runter! – Na, nun betreib' mal keine Schwarzmalerei, die Konjunktur wird sich schon wieder erholen.

schwarzsehen: **schwarzsehen** – schwarz **sehen** · to be pessimistic

Schwatz: **auf einen Schwatz vorbeikommen**/... *ugs selten* – auf ein **Schwätzchen** vorbeikommen/... · to come by/to drop in/... for a chat/a natter/...

einen kleinen Schwatz halten *ugs selten* – (eher:) ein (kleines) **Schwätzchen** halten · to have a little chat

Schwätzchen: **auf ein Schwätzchen vorbeikommen**/... *ugs selten* · to come round/to pop round/to pop over/... for a chat

(Eine ältere Dame am Telefon zu einer Freundin:) Hast du keine Lust, heute nachmittag auf ein Schwätzchen hier vorbeizukommen? Ich wollte dir noch erzählen, wie das mit der Schneiderin gelaufen ist ... – Gut! Aber nur für ein Stündchen. Eigentlich habe ich heute gar keine Zeit zum Plaudern ...

ein (kleines) **Schwätzchen halten** *ugs selten* · to have a chat with s.o., to have a little gossip with s.o.

... Nein, gegen das Einkaufen hat die Marlies gar nichts! Im Gegenteil, es macht ihr sogar Spaß, aus dem Haus zu kommen, andere Leute zu treffen, mit diesem und jenem ein (kleines) Schwätzchen zu halten ... – Ist das so eine Plaudertante?

Schwebe: **es/das/**(etw.) **ist in der Schwebe** *ugs* · it/s.th. is still undecided *n*, it/s.th. has not been settled *n*, it/that/s.th. is still up in the air

Ist eigentlich schon entschieden, ob du Betriebsleiter wirst oder nicht? – Nein, das ist nach wie vor in der Schwebe.

es/das/(etw.) **bleibt in der Schwebe** · it/s.th. remains undecided, it/s.th. has not been decided/settled/...

... Es kann doch nicht ewig in der Schwebe bleiben, ob du Betriebsleiter wirst oder nicht! Irgendwann muß das doch endlich mal entschieden werden! Ein halbes Jahr Unsicherheit genügt doch wahrhaftig!

eine Entscheidung/... **in der Schwebe halten** · 1. 2. to leave s.th. undecided, 1. to leave s.th. open

1. Es scheint dem Körber geradezu Spaß zu machen, die Entscheidung, ob du Betriebsleiter wirst oder nicht, möglichst lange in der Schwebe zu halten. Jedenfalls warten wir jetzt schon monatelang vergeblich auf eine Entscheidung.

2. vgl. – (eher:) eine Entscheidung/... in der **Schwebe** lassen

sich in der Schwebe halten *form selten* · to hover, to hang in the air, to keep one's balance

(Über eine Zirkusvorstellung:) Und dann diese Artisten: Etwa die Trampolingruppe! Wie da einer über den anderen flog und sich dabei, leicht wie ein Vogel, in der Luft gleichsam in der Schwebe hielt, so, als wäre er schwerelos ... – das war schon Klasse!

eine Entscheidung/... **in der Schwebe lassen** · 1. 2. to leave s.th. undecided, 2. to leave s.th. open

1. ... An deiner Stelle würde ich da gar nichts entscheiden, weder positiv noch negativ. – Aber ich kann das doch nicht so in der Schwebe lassen. Die Leute müssen doch wissen, woran sie sind ...

2. vgl. – (eher:) eine Entscheidung/... in der **Schwebe** halten

Schweden: **wie die Schweden hausen** *hist* · to act/to behave/... like vandals

... Wie die Schweden haben diese Soldaten hier gehaust! Überall, wo sie einquartiert waren, sind Teller, Tische, Schränke zertrümmert; die

Parkanlagen der Stadt sind verwüstet; zig Frauen wurden vergewaltigt ...

schweigen: **eisern schweigen** *ugs – path* · to remain resolutely silent *n*, not to say a word *n*

So sehr sie auch in ihn drangen, ihnen zu sagen/(ihnen zu verraten), wer auf der Sitzung zum Institutsleiter gewählt worden war – der Peter schwieg eisern. Es war nichts aus ihm herauszubringen.

ganz zu schweigen von.../davon, daß ... · to say nothing of the fact that ..., quite apart from the fact that ..., not to mention ...

Seine Bemerkung, die Gertrud wüßte nicht, was Treue ist, war einfach eine Unverschämtheit – ganz zu schweigen von der Tatsache, daß/ganz zu schweigen davon, daß/(ganz davon zu schweigen, daß) er der Letzte ist, der eine solche Bemerkung machen dürfte.

(nicht) schweigen können – (nicht) dicht **halten** (können) · to keep mum

jn. **mit eisigem Schweigen empfangen**/.../es herrscht ... · to receive s.o./to react to s.o./... with stony silence, to listen to s.o. in stony silence

... Und? Wie haben sie den Festredner empfangen? – Mit eisigem Schweigen! Es herrschte eine feindselige Stille in dem Saal, wie ich sie so noch nicht erlebt habe.

das Schweigen (endlich/...) brechen · to break the silence

... Über ihre eigene Habsucht betreten, saßen sie da am Tisch und schauten verlegen vor sich hin – bis der älteste Sohn des Verstorbenen das Schweigen mit der Bemerkung brach: 'Wir sollten es uns wegen des Erbes nicht so schwer machen' ...

jn. **zum Schweigen bringen** · 1. 2. to shut s.o. up *sl*, to silence s.o.

1. ... Ganz egal, womit ihr dem Kurt Beimann droht: den bringt ihr nicht zum Schweigen. Wenn der weiß, daß die Akten gefälscht waren, wird er es in der Sitzung auch sagen, selbst auf die Gefahr hin, daß er Nachteile dadurch hat.

2. ... Und dann haben sie schließlich auch den Mertens zum Schweigen gebracht. – Das heißt: kaltgestellt, eingesperrt? – Klar. Er war der letzte der Opposition, der seine Stimme noch gegen das Unrechtsregime erhob. Das konnten sie natürlich auf die Dauer nicht dulden. *seltener*

sich (über jn./etw.) **in Schweigen hüllen** *form* · to maintain one's silence, to remain silent about s.th., to wrap o.s. in silence/a cloak of silence

A: Komm', nun sag' schon, Erich, was da in der Sitzung beschlossen wurde! B: Stell' dich nicht so an. Wir sind doch schließlich unter uns! C: Der Erich hat heute ein Schloß vor dem Mund! ... Sie mochten so viel auf ihn einreden, wie sie wollten, Erich hüllte sich (hartnäckig) in Schweigen.

in Schweigen verharren *form* – (eher:) in **Stillschweigen** verharren · to maintain silence on/about s.th., to remain silent on/about s.th.

Schweigeminute: e-r Pers./e-r S. **in einer Schweigeminute gedenken** *form* · to hold a minutes' silence in memory of s.o.

Bei der Abschlußkundgebung der Friedensdemonstration im Hofgarten in Bonn gedachten die Demonstrationsteilnehmer in einer Schweigeminute der Gefallenen der beiden Weltkriege.

Schweigepflicht: **unter Schweigepflicht stehen** *form selten* · to be sworn to secrecy, to be bound to observe confidentiality

... Selbst, wenn er wollte, könnte der Anton dir nicht erzählen, was in der Sitzung des Vorstands besprochen wurde. Wie alle anderen Teilnehmer auch, steht er natürlich unter Schweigepflicht.

Schweiger: **ein großer Schweiger sein** *ugs* · a strong silent type, a man/... of few words, a clam, a (very/...) taciturn person *n*

... Nein, der Herr Steiger sagt bei den Diskussionen nie etwas! Das ist ein großer Schweiger! – Besser gut zuhören als schlecht reden!

Schwein: (vielleicht/... ein) **Schwein haben** *sal* · to be (dead/...) lucky

Der Manfred hat vielleicht ein Schwein! Jetzt hat er schon zum zweiten Mal in der Lotterie gewonnen. So ein Glück möchte ich auch mal haben.

ein (regelrechtes/...) **Schwein** (sein) *sal* · 1. to be a filthy pig, to be a dirty pig, 2. to be a real bastard
1. Mein Gott, was bist du wieder dreckig, Junge! Ich weiß gar nicht, wie du das machst! Ein richtiges Schwein!
2. ... Fachlich ist er gut, das hat noch nie jemand bestritten; aber menschlich/moralisch ist er ein regelrechtes Schwein.

ein armes Schwein (sein) *sal* · 1. to be a poor devil, 2. to be a poor sod *sl*
1. vgl. – ein armer **Hund** (sein)
2. vgl. – ein armer **Schlucker** (sein) *seltener*

besoffen wie ein Schwein (sein) *sal* – blau wie ein **Veilchen** (sein) · to be as pissed as a newt, to be legless, to be as drunk as a lord

ein faules Schwein (sein) *sal* – ein fauler **Sack** (sein) · to be a lazy bugger/bastard/sod/git/...

bluten wie ein Schwein *sal* – bluten wie eine gestochene **Sau** · to bleed like a pig

kein Schwein *sal* – kein **Mensch** · not a bloody soul

da haben wir/(habt ihr/...) das falsche Schwein geschlachtet *sal selten* · to back the wrong horse *coll*, to make the wrong choice *n*
Euer Landhaus habt ihr verkauft und die Etage in der Stadt behalten? Da habt ihr das falsche Schwein geschlachtet. In der Gegend, wo euer Landhaus steht, ist eine größere Industrieanlage geplant; die Grundstückspreise werden da also in Kürze sprunghaft in die Höhe gehen.

ich glaub', mein Schwein pfeift *sal Neol* – ich glaub', ich **spinn**'! · I don't believe it!

j. wird das Schwein schon töten/(schaukeln) *oft: wir werden ... sal selten* – j. wird das **Kind** schon schaukeln · s. o. will manage it

sich wie die Schweine benehmen/(...) *ugs* · to behave like pigs
... Im Geschäftsleben muß man hart sein, auch manchmal rücksichtslos – ich bin der Letzte, der das nicht versteht. Aber diese Leute von Schuckert haben sich doch wie die Schweine benommen: die Gewichte sind gefälscht, die Abrechnungen stimmen nicht, die Briefe strotzen vor Lügen ... Unverschämter und unschöner geht's doch gar nicht.

haben wir etwa zusammen Schweine gehütet?!/wir haben doch/... nicht zusammen Schweine gehütet!/wir haben (doch) nicht zusammen Schweine gehütet, oder/oder irre ich mich?! *sal* – haben wir etwa zusammen **gekegelt?!/**wir haben doch/... nicht zusammen gekegelt!/wir haben nicht zusammen gekegelt, oder/oder irre ich mich?! · + you've got a nerve to take liberties like that, since when have we been on such familiar terms?

Schweinegeld: ein Schweinegeld kosten/ausgeben/... *sal* – ein **Vermögen** kosten/ausgeben/... · to cost/to spend/... a packet

Schweinehund: bei jm. **zeigt sich/...** der innere Schweinehund *ugs selten* · + to reveal/... one's true (nasty) nature, + to reveal/... one's true (nasty) self
Der Malberg hat gestern auf der Sitzung gesagt, du wärst für die Leitung der Delegation nicht der richtige Mann. – Ah! ... Bisher hat er es honoriert, daß ich ihm die Stellung hier besorgt habe. Aber jetzt zeigt sich bei ihm doch der innere Schweinehund. Er ist doch allzu neidisch und ehrgeizig ...

seinen inneren Schweinehund überwinden *ugs* · 1. to overcome one's weaker self *n*, to conquer one's lack of will-power *n*, to overcome one's fear *n*, 2. to overcome one's baser instincts *n*
1. ... Komm', Manfred, überwinde deinen inneren Schweinehund! Sei kein Frosch! Du wirst doch wohl noch Mut genug haben, auf diesen Berg zu klettern!

2. Es kostet den Richard eine unendliche Mühe, seinen inneren Schweinehund zu überwinden und (neidlos) anzuerkennen, daß der Christoph besser ist als er. Immer muß er Spitzen machen; ja, sogar Intrigen sind ihm nicht fremd ... *seltener*

Schweinestall: wie ein Schweinestall aussehen/ein regelrechter Schweinestall sein *sal* – wie in einem **Saustall** aussehen/ein regelrechter/... Saustall sein · it's like a pigsty here/in ..., it's a real pigsty here/in ...

Schweinsgalopp: im Schweinsgalopp davonlaufen/angelaufen kommen/... *ugs veraltend selten* · to go galumphing off, to go charging off
... Geradezu drollig sah das aus, wie die ganze Gruppe erwachsener Männer im Schweinsgalopp daherlief: so ungelenk und steif, so wackelig und hampelig ... Man mußte direkt lachen.

Schweiß: an etw. **hängt viel Schweiß** *path* · 1. + to be hard work, a lot of hard work goes/went/... into s.th., 2. + to involve a lot of hard work
1. ... An so einem Buch hängt viel Schweiß! Wenn man vorher wüßte, wieviel Mühe es kostet, so etwas zu schreiben, würde man erst gar nicht anfangen.
2. vgl. – (eher:) etw./etw. zu tun kostet viel **Schweiß**

etw./etw. zu tun kostet viel Schweiß *path* · 1. to involve a lot of hard work, 2. + to be hard work, + a lot of hard work goes/went/... into s.th.
1. ... So ein Landgut aufzuziehen kostet viel Schweiß. – Allerdings. Es kostet wenigstens zehn Jahre Arbeit, Mühe, Sorgen.
2. vgl. – (eher:) an etw. hängt viel **Schweiß**

(wie) in Schweiß gebadet sein *path* · 1. to be dripping with sweat, 2. to be bathed in sweat
1. (Der Vater zur Mutter:) Wo ist denn der Martin? Ißt der nicht mit zu Abend? – Ich habe ihn erstmal in die Badewanne geschickt. Er kam wie in Schweiß gebadet nach Hause. Er hat den ganzen Nachmittag Fußball gespielt. – Bei dieser Hitze!
2. ... So nervös habe ich den Kellermann noch nicht gesehen! Der war wie in Schweiß gebadet. Hast du gesehen, wie er sich dauernd mit dem Taschentuch über die Stirn fuhr – und nicht nur über die Stirn?

in Schweiß kommen/geraten · to break into a sweat, to start sweating
... Ja, mein Guter, so einen Garten umgraben ist was anderes, als am Schreibtisch sitzen und idiomatische Ausdrücke sammeln, was? Dabei kommt man in Schweiß.

der Schweiß steht jm. **wie Perlen auf der Stirn** *path* · to have beads of sweat on one's forehead
... So nervös habe ich den Kellermann noch nicht erlebt. Der Schweiß stand ihm wie Perlen auf der Stirn. – Sehr unangenehm, wenn man am Kopf zu stark schwitzt ...

der Schweiß bricht jm. **aus allen Poren** *path selten* · to be dripping with sweat
... Vor Aufregung und Angst brach ihm der Schweiß aus allen Poren! Er konnte einem wirklich leid tun: so vor allen Leuten derart fertig, in Schweiß gebadet, völlig verwirrt ...

der Schweiß fließt jm. **von der Stirn** · the sweat is dripping off s.o.'s forehead/brow
... Unangenehm, wirklich sehr unangenehm, wenn einem der Schweiß so von der Stirn fließt! Die Brille wird feucht, man sieht nicht mehr richtig ...

kalter Schweiß steht jm. **auf der Stirn** *path Angst u.ä.* · + to have cold sweat on one's forehead
Sollte das Gerücht stimmen? Flugzeugentführung? Kalter Schweiß stand ihr auf der Stirn. War es wirklich die Maschine, in der ihr Mann saß? ...

jm. tritt der (kalte) Schweiß auf die Stirn *path Angst u.ä.* · + to break out in a cold sweat
(Der Vater beim Abendtisch:) ... Und dann noch eine kleine Zwischenfrage an dich, Dietrich: wo warst du gestern abend noch gegen 11, 12 Uhr? – Dem Jungen trat der kalte Schweiß auf die Stirn. Hatte der Vater Wind bekommen von dem Bankeinbruch, den sie geplant hatten? Das konnte doch nicht sein ...

sich den Schweiß von der Stirn wischen · to wipe the sweat from one's brow

… Hast du gesehen, wie er sich den Schweiß von der Stirn wischte? – Ja, mehrere Male. Solche Reden nehmen ihn ganz enorm mit, und vor Erregung schwitzt er dann wie verrückt.

der Schweiß steht jm. in dicken Tropfen auf der Stirn *path* – der **Schweiß** steht jm. wie Perlen auf der Stirn · + to have beads of sweat on one's forehead

von Schweiß überströmt … *path* – (wie) in **Schweiß** gebadet sein (2; a. 1) · to be dripping/pouring/… with sweat

(sich) im Schweiße seines Angesichts sein Brot verdienen (müssen)/(arbeiten müssen/…) *lit path veraltend* · to earn one's bread in the sweat of one's brow

… Großvater hat nicht so ein feines Leben gehabt wie du! Seine Eltern hatten kein Geld, um ihn aufs Gymnasium zu schicken. Von seinem 14. Lebensjahr an mußte er im Schweiße seines Angesichts sein Brot verdienen. Das solltest du bedenken, wenn …

schweißgebadet: schweißgebadet etw. tun *path* – (wie) in **Schweiß** gebadet sein (1) · to be bathed in sweat

Schweißperlen: jm. stehen Schweißperlen auf der Stirn *path* · there are/… beads of sweat on s.o.'s brow

… Was?!, tobte er – dicke Schweißperlen standen ihm auf der Stirn –, was erlaubt sich der Herr von der Oppositon da zu behaupten? Die Regierung hätte die Wahlen manipuliert?! Unerhört, so etwas! …

schweißtriefend: schweißtriefend … – (wie) in **Schweiß** gebadet sein (1) · to be dripping with sweat

Schwelle: die Schwelle des Bewußtseins (nicht (mehr)) erreichen *form selten* · (not) to reach the threshold of consciousness

(Beim Psychiater:) … Irgendeinen Grund muß es ja geben, wenn Sie so viele Schlafschwierigkeiten haben. Sorgen, Angst wegen der hohen Belastung ihrer Firma? – Nein. Zumindesten sind sie mir nicht bewußt. – Vielleicht sitzen Ihre Ängste und Sorgen so tief, daß sie die Schwelle des Bewußtseins nicht erreichen? …

an der Schwelle des Grabes/(zum Grab(e)) stehen *path selten* – mit einem **Bein** im Grab(e) stehen · to have one foot in the grave

über die Schwelle des Hauses treten *form selten* – (eher:) die **Schwelle** des Hauses überschreiten · to cross the threshold

die Schwelle des Hauses überschreiten *form selten* · to cross the threshold

… Man hat den Eindruck, wenn man da ankommt: sobald man die Schwelle des Hauses überschritten hat, wird jeder Schritt, den man macht, überwacht. – Der Edgar ist nun einmal im Geheimdienst tätig! Ein normaler Sterblicher kommt da erst gar nicht rein.

an der Schwelle zum Jenseits stehen *path selten* – mit einem **Bein** im Grab(e) stehen · to have one foot in the grave

j. darf nicht mehr über die/js. Schwelle kommen *form selten* – meine/seine/…/(Erichs/…) **Schwelle** nicht/nie wieder/mehr übertreten (dürfen) (2) · s.o. is not allowed to set foot in s.o.'s house again

an der Schwelle der 40/40er/50/50er/…/der 40er/50er/… Jahre stehen *path* · 1. to be coming up to 30/40/…, 2. to be on the threshold of s.th.

1. Wie alt ist der Ernst? – Er steht an der Schwelle der 40/40er. – Was, der geht schon an die 40? – Er ist in der vergangenen Woche 38 geworden/er hat in der vergangenen Woche seinen 39. Geburtstag gefeiert.

2. … Wir stehen an der Schwelle eines neuen Jahrtausends. In diesem Jahrtausend werden wir uns eine Energieverschwendung wie bisher nicht mehr leisten können.

an der Schwelle einer neuen Zeit/eines neuen Lebensabschnitts/… stehen *path* · to be on the threshold of a new phase in one's life/era/…, to be on the verge of a discovery/…

… Die Susanne steht an der Schwelle eines neuen Lebensabschnitts: sie heiratet nächste Woche; ihren Beruf wird sie dann aufgeben; dazu

wollen ihr Mann und sie nach Österreich umziehen … Kurz: es wird für sie alles anders sein als bisher.

über die Schwelle treten *form selten* – die **Schwelle** des Hauses überschreiten · to cross the threshold

meine/seine/…/(Erichs/…) Schwelle nicht/nie wieder/mehr übertreten (dürfen) *form selten* · 1. I/… shall/will never set foot in s.o.'s house/… again, 2. you/they/John/… will never darken my/… door again

1. … Wer mich derartig miserabel behandelt wie der Jupp, den werde ich doch nicht besuchen! Nein, dessen/seine Schwelle werde ich in meinem ganzen Leben nie wieder übertreten!

2. … Stimmt das der Jupp darf seine Schwelle nicht mehr übertreten? – Es scheint, daß er sich gestern mit dem Karl derart gestritten hat, daß ihm der sein Haus für alle Zeiten verboten hat.

jn. von der Schwelle weisen *form selten* · to turn s.o. away from s.o.'s door, to send s.o. away

… Es ist einfach keine Art, jemanden, der uns aufsucht, um sich zu entschuldigen, von der Schwelle zu weisen. Ganz egal, was vorgefallen ist. Jemanden, der sich entschuldigen will, läßt man herein!

Schwemme: zur Schwemme führen/reiten *Pferde* · to water one's horse(s), to bring a horse to water

… Er sagt, er muß seine Pferde noch zur Schwemme führen. – Wo trinken die denn? – In einem kleinen See unten an der Straße.

jn. in die Schwemme reiten *ugs selten* · 1. to get/to persuade/… others to drink with one, 2. to create difficulties for s.o.n

1. (In einer Kneipe:) Wenn er kein Bier/… trinken will, dann laß ihn doch, Otto! Warum willst du die andern immer in die Schwemme reiten? – (Ein Dritter:) Es schmeckt ihm allein nicht.

2. vgl. – jn. in **Schwierigkeiten** bringen (2)

Schwenker: einen Schwenker machen *ugs* · to do a volte-face, to change direction

… Zahlt sich das aus, so kurz vor der Wahl einen Schwenker zu machen? – Der Kanzler mußte die Ostpolitik ein wenig umorientieren, wenn er Auseinandersetzungen innerhalb seiner eigenen Partei vermeiden wollte. Aber meinst du, der Richtungswechsel ist zu abrupt?

Schwenkung: (plötzlich/…) eine Schwenkung (nach links/…) machen · 1. to (suddenly/…) swing to the right/left/…), 2. to make an about-turn, to change one's views completely, to change one's tune *coll*

1. … Plötzlich machte der Hebekran eine Schwenkung zur Seite. Zwei ältere Frauen wären beinahe von ihm erfaßt worden …

2. … Wir kannten den Berkemeier alle als gesetzten, konservativen Mann. Daß der plötzlich eine Schwenkung nach links machen und kommunistische Gedanken vertreten würde, damit konnte niemand rechnen. *seltener*

Schwere: die ganze Schwere des Gesetzes zu spüren bekommen/(kriegen) *form – path* · to feel/to suffer/… the full weight/severity of the law

… Das ist doch klar: wenn die Leute, die sogar Schulkinder zur Droge verleiten, nicht die ganze Schwere des Gesetzes zu spüren bekommen, läßt diese Unwesen nie nach. Bei diesen Leuten muß man hart und unerbittlich durchgreifen.

die ganze Schwere der Verantwortung lastet auf jm./auf js. Schultern *form – path* – auf js. **Schultern** ruhen · the whole/… burden of responsibility rests on s.o.'s shoulders

Schwerenot: das/es ist, um die Schwerenot zu kriegen (mit etw./(jm.)) *form veraltend selten* – das ist zum **Bebaumölen** (mit etw./jm.) (1, 2) · it's/s.th. is enough to drive you/one up the wall

Schwerenot nochmal/noch einmal! *form veraltend selten* – (ach) du lieber **Gott**! · oh Lord!, oh no!

schwerfallen: jm. schwerfallen/es fällt jm. schwer, etw. zu tun – ≠ jm. **leichtfallen**/es fällt jm. leicht, etw. zu tun · + to find it hard to do s.th.

Schwergewicht: das Schwergewicht auf etw. **legen** · to put the main emphasis on s. th., to stress s. th., to concentrate on/focus on/emphasise s. th.

Auf welches Gebiet willst du das Schwergewicht legen, wenn du die portugiesisch-deutschen Beziehungen in unserem Jahrhundert untersuchst? – Besonders interessiert mich die Gastarbeiterproblematik; ihr werde ich am eingehendsten nachgehen.

das Schwergewicht einer Untersuchung/meiner/seiner/... Arbeit/Tätigkeit/... **liegt in**/auf/... · the main focus of this study/... is ..., the main emphasis of this study is on ...

... Die Arbeit untersucht die Beziehungen zwischen Deutschland und Portugal während des 19. Jahrhunderts. Ihr Schwergewicht liegt auf der allgemeinen politischen Geschichte; doch kommen auch soziale, kulturelle und religiöse Fragen zur Sprache. ...

das Schwergewicht verlagern form – (eher:) die **Akzente** verlagern · to shift the emphasis

schwerhalten: schwerhalten · to be difficult to do s. th.

... Es dürfte in der Tat schwerhalten, in dem Gebiet eine Baugenehmigung zu bekommen. Wenn man da keine ganz besonderen Gründe angeben kann, keine einflußreichen Beziehungen hat ... Also, ich glaube kaum, daß es geht.

schwerhörig: schwerhörig sein – schwer **hören** · to be hard of hearing

schwermachen: jm. etw./eine Arbeit/eine Entscheidung/... **schwermachen** · to make s. th. difficult for s.o.

... Die Tatsache, daß die Frau krank ist, macht mir die Entscheidung wirklich schwer. Unter normalen Umständen würde ich ihre Bewerbung ablehnen. Aber so ...

schwernehmen: etw. **schwernehmen** form selten · to take s. th. to heart, to take s. th. seriously, to take s. th./a rejection/a failure hard

... Wenn der Detlev sagt, daß seine Frau ihn verlassen will und er nicht weiß, was er mit den Kindern machen soll, dann muß ich das schwernehmen, Helga. Es ist schließlich mein Bruder. Würde dich so etwas bei deinem Bruder etwa nicht belasten?

Schwerpunkt: den Schwerpunkt verlagern form · to change the emphasis, to switch the emphasis

Wenn wir überleben wollen, meint er, müssen wir den Schwerpunkt der ganzen Politik verlagern – von der Ökonomie zur Ökologie. D. h. dann muß die Wirtschaft von ihrer heute herrschenden in eine dienende Funktion zurück.

Schwerste: das Schwerste hinter sich haben/ist überstanden/... · to be over the worst, to have the worst part behind one

... So, mit der Übersetzungsklausur ist das Schwerste überstanden! Die Klausuren, die jetzt noch kommen, beunruhigen mich nicht mehr.

Schwert: das/etw./etw. zu tun **ist ein zweischneidiges Schwert** · it/s. th. is a double-edged sword, it/s. th. cuts both ways

Das Kaufangebot des Nachbarguts/... – das ist ein zweischneidiges Schwert. Greife ich zu, dann muß ich damit rechnen, daß die Erträge niedriger sind als erwartet und die Familie Opfer für etwas bringt, was diese Opfer nicht wert ist; kaufe ich es nicht, versäume ich vielleicht die letzte Gelegenheit, unser Gut zu vergrößern und es damit für die Zukunft krisenfester zu machen.

(ständig/...) das Schwert des Damokles über sich haben/über sich fühlen/.../**das Schwert des Damokles schwebt über** jm. geh selten – (ständig/...) ein **Damoklesschwert** über sich haben/über sich fühlen/.../das Damoklesschwert schwebt über jm. · to have the sword of Damocles (hanging) constantly/... above one's head

jm. **das/ein Schwert durch/in den Leib bohren/rennen/stoßen/ jagen** veraltend – jm. den/einen **Degen** durch/in den Leib bohren/rennen/stoßen/jagen · to run s.o. through with a sword

das/sein Schwert in die Scheide stecken mst hist · to sheathe one's sword

... Wutentbrannt stürzte er sich auf seinen Feind, um ihn niederzustechen. Aber als er ihm in die Augen sah und darin die Ähnlichkeit

mit seiner ehemaligen Geliebten entdeckte, steckte er abrupt sein Schwert in die Scheide und ging schweigend weg.

das Schwert aus der Scheide ziehen mst hist – ≠ das/sein Schwert in die Scheide stecken · to unsheathe one's sword

durch das Schwert sterben geh veraltend – durch das **Eisen** sterben · to be put to the sword

sich in sein Schwert stürzen path hist · to fall onto one's sword

... Tabletten zu schlucken, um sich das Leben zu nehmen, ist im Grunde eine ziemlich elende Form des Selbstmords, oder? – Es ist die Form des modernen Stadtmenschen. Von dem kannst du nicht erwarten, daß er sich wie die alten Römer in sein Schwert stürzt.

sein Schwert in die Waagschale werfen path veraltend · to resort to military force, to bring force to bear on s. th.

... Wenn es partout nicht auf friedlichem Wege geht, müssen wir halt unser Schwert in die Waagschale werfen! – Sie meinen, Herr Botschafter, Ihr Land wird dem Irak mit Krieg drohen und diese Drohung notfalls auch wahrmachen? – Wenn alle anderen Mittel versagen ...

das/sein Schwert ziehen mst hist – ≠ das/sein **Schwert** in die Scheide stecken · to unsheathe one's sword

das/sein Schwert zücken mst hist eher path – iron – ≠ das/ sein **Schwert** in die Scheide stecken · to unsheathe one's sword

Schwertstreich: eine Stellung/eine Stadt/... ohne Schwertstreich(e) einnehmen/(...) mil veraltend selten · to conquer/ to take a position/town/... without a fight, + surrender without resistance

... Die Stadt wurde ohne Schwertstreich eingenommen: die Truppen, die sie verteidigen sollten, ergaben sich geschlossen den Angreifern, und die Bevölkerung leistete keinerlei Widerstand.

schwertun: sich mit jm./etw. **schwertun** – sich mit jm./etw. schwer **tun** · to find it hard to get on with s.o., to find s. th. hard going, to make heavy weather of s. th., to struggle with s. th.

Schwester: eine barmherzige Schwester ugs iron selten · a sister of mercy

... Plötzlich fängt der Reinhard da gestern an, uns einen Vortrag über Huren zu halten. Sogar da sähe man, wie sich die Zeiten geändert hätten. Heute ginge es auch ihnen nur noch ums Geld, während es früher eine ganze Menge barmherziger Schwestern gegeben hätte, die den treuen Kunden auch mal umsonst ihre Dienste anboten ...

Schwierigkeit: darin liegt/lag/... (ja) (eben/...) **die Schwierigkeit** · that is the problem, that is the difficulty, the trouble is that ..., the problem is that ..., the snag is that ...

... Können wir den Coelho überhaupt als Lektor einstellen? Er wohnt doch schon zwei Jahre in Deutschland. – Darin liegt ja gerade die Schwierigkeit! Nach den Bestimmungen muß der Bewerber die letzten fünf Jahre in seinem Heimatland gewohnt haben.

jn. in Schwierigkeiten bringen · 1. to put s.o. in a difficult position, 2. to create difficulties for s.o.

1. ... Die plötzliche schwere Erkrankung seiner Frau hat ihn auch finanziell in Schwierigkeiten gebracht. Er hat mehrere höhere Kredite abzuzahlen; jetzt fällt ihr Gehalt aus ...
2. ... Welchen Sinn soll es haben, den Baumann beim Chef in Schwierigkeiten zu bringen? Selbst wenn er Fehler gemacht hat: halt' dich da heraus! Die Beziehungen zwischen ihm und dem Chef dürfen auf keinen Fall gestört werden.

in Schwierigkeiten geraten · to get into difficulties

... Mehr als eine Generation war dieses Unternehmen führend in seiner Branche. Erst nach dem Tod der Söhne des Gründers ist es in Schwierigkeiten geraten, zunächst in technische und dann auch in finanzielle Schwierigkeiten.

(jm.) Schwierigkeiten machen · to make difficulties (for s.o.), to complicate things/matters (for s.o.)

Die Genehmigung für die Straße liegt doch vor! Was macht die Stadtverwaltung denn jetzt noch für Schwierigkeiten? – Frag' mich!

Du weißt doch, wie die sind. Wenn die anderen Leuten keine Steine in den Weg legen können, fühlen die sich doch frustriert!

jm. **Schwierigkeiten in den Weg legen** – (eher:) jm. **Steine in den Weg legen** · to put obstacles in s. o.'s path

schwimmen: sich (noch) frei schwimmen (müssen) *ugs* · to (have to) learn to stand on one's own two feet, to (have to) break free of s. o.'s influence

… Der Körber ist sein ehemaliger Lehrer, mußt du bedenken! Da ist doch klar, daß der Franz sich in seinen Entscheidungen etwas gehemmt fühlt. Er muß sich noch freischwimmen. Du wirst schon sehen: nach einiger Zeit wird er die Institutsführung ganz locker handhaben.

ins Schwimmen geraten/kommen *ugs* – ins **Schleudern** geraten/kommen (2) · to go into a skid, to start skidding, to start to struggle, to get out of one's depth

einen Vorteil/… schwimmen lassen *ugs selten* · to let a chance go, to pass up an opportunity

… Statt einen reinen Textband einen Text- und Bildband zu machen – das ist doch ein hervorragender Vorschlag. Auch finanziell ist das für dich viel besser. Diesen Vorteil würde ich doch nicht schwimmen lassen, nur weil dein Mitarbeiter keine Bildbände mag.

Schwindel: der ganze Schwindel *sal* – der ganze **Kram** · the whole business/caboodle/…

den Schwindel (aus eigener Erfahrung/…) **kennen/…** *sal* · to know that trick (from experience/…) *n*

… Wenn du Wert darauf legst, die Genehmigung schnell zu bekommen, wäre es ratsam, wenn du dem Bürgermeister von einem seiner Parteifreunde vorgestellt würdest. – Mir brauchst du keine Ratschläge zu geben, Dieter, ich kenn' den Schwindel. Ich hab' schon einen guten Bekannten, der auch in der SPD ist, gebeten, besagte Funktion zu übernehmen …

von dem (ganzen) Schwindel nichts wissen/hören/… wollen/ die Nase voll haben/… *sal* · not to want to know anything about/to hear anything about/to have anything to do with/… the whole damned business

… Und dann ist da noch die Sache mit Venezuela, Herr Direktor; es ist immer noch nicht geklärt, wo die 700.000,– Mark geblieben sind … – Das muß der Herr Kreuder klären. Ich möchte mit diesem ganzen Schwindel nichts zu tun haben.

Schwindel treiben mit etw. *eher passiv: es wird … getrieben ugs* · + a lot of cheating goes on with development aid/ subsidies/…, + a lot of swindling goes on with development aid/subsidies/…

(Im Entwicklungsministerium:) Sie wissen doch genau, Herr Staatssekretär, daß die Gelder/Subventionen/… fast nie in die Hände derer gelangen, für die sie bestimmt sind. – Natürlich wissen wir, daß mit den Hilfsgeldern sehr viel Schwindel getrieben wird. Aber sollen wir wegen dieser Machenschaften die Entwicklungshilfe ganz einstellen?

Schwinden: im Schwinden begriffen sein *Ansehen u. ä. form od. iron* · to be dwindling

Hast du auch den Eindruck, daß das Ansehen, das der Bürgermeister hier in der Stadt genießt, abnimmt? – Allerdings. – Und worauf führst du zurück, daß es abnimmt?

Schwindsucht: die Schwindsucht im Beutel/Geldbeutel haben *ugs – path veraltend selten* – keinen **Pfennig** mehr haben (1) · to be skint, to be cleaned out

sich die Schwindsucht an den Hals ärgern (über/mit) *path veraltend selten* · to get/to give o.s. ulcers worrying about s. o.'s th., to worry o. s. sick about s. th.

Jetzt ist Schluß! Wenn der Junge absolut nicht lernen will, dann läßt er's! Dann geht er von der Schule ab und wird Handwerker. Ich hab' doch keine Lust, mir wegen so eines Faulpelzes die Schwindsucht an den Hals zu ärgern! Der Ärger, den ich im Betrieb habe, reicht mir.

schwingt: ein Vorwurf/eine Kritik/… **schwingt in** js. Worten/ Bemerkung/… **unüberhörbar/(…) mit** · there is an unmistakeable note of criticism/reproach in s. o.'s words/remarks/…

… Ich weiß nicht, ob der Dieter seine Bemerkung so kritisch gemeint hat, wie du sie aufgefaßt hast. – Doch, eine gewisse Kritik, ein ge-

wisser Vorwurf schwang da unüberhörbar mit. Ich kenn' doch den Dieter und weiß doch, wie der seine Kritik zu äußern pflegt.

Schwingung(en): in Schwingung(en) kommen · to start to swing, to start to vibrate

(Der Offizier einer Truppe:) Vorsicht auf dieser Brücke! Wenn die einmal in Schwingung kommt, schaukelt die gleichsam von alleine. Bloß kein Gleichschritt!

Saiten/eine Brücke/… in Schwingung(en) versetzen · to start s. th./to set s. th. vibrating, to start s. th. oscillating

… Der Marsch der Kompanie über den Rhein hat die ganze Brücke in Schwingungen versetzt. – Ist die Kompanie denn im Gleichschritt darüber gegangen? – Ja. – So eine Dummheit!

Schwips: einen (richtigen/…) **Schwips haben/ein leichter Schwips …** *ugs* · to be a bit tipsy

(Der Vater zur Mutter:) Mein Gott, Hilde, ein zwanzigjähriges Mädchen kann doch mal einen Schwips haben! Die Helga ist doch nicht betrunken!

Schwitzen: ins Schwitzen kommen · to start to sweat

Bei dieser Arbeit kommt man ins Schwitzen, was? – Das kann man wohl sagen. Ich bin geradezu in Schweiß gebadet.

etw. schwitzen lassen *Kochen* · to brown s. th. in fat, to steam s. th.

Am besten schmeckt dieser Kohl, wenn du ihn eine zeitlang in Butter und Zwiebeln schwitzen läßt. – Wie lange? – Meine Frau dämpft ihn, glaube ich, so um die 20, 25 Minuten.

Schwitzkasten: bei jm. im Schwitzkasten sein *ugs Ringen* – (eher:) jn. im **Schwitzkasten haben** · to be in a headlock

jn. im Schwitzkasten haben *ugs Ringen* · to have s. o. in a headlock, to get s. o. in a headlock

… Wenn er dich erst einmal im Schwitzkasten hat, bist du verloren. Du mußt also durch rasche Bewegungen – besonders durch gute Beinarbeit – zu verhindern suchen, daß er dich mit seinen langen Armen zu fassen kriegt und dir die Luft abschnürt.

jn. in den Schwitzkasten nehmen *ugs Ringen* · to get s. o. in a headlock

… Er wird bestimmt versuchen, dich mit seinen langen Armen zu fassen und in den Schwitzkasten zu nehmen. Du mußt also sehr gewandt und flink ringen, sodaß er dich gar nicht richtig zu packen kriegt. Sonst schnürt er dir die Luft ab, und du hast verloren.

schwo(o)fen: schwo(o)fen gehen · to go for a bop, to go bopping, to go to a bop, to shake a leg

… Hast du Lust, Tanja, heute abend mal 'ne Runde schwo(o)fen zu gehen? Ich hab' mal wieder so richtig Lust auf einen gemütlichen Kneipenabend.

schwören: auf jn./etw. **schwören** · 1. 2. to swear by s. o./s. th.

1. … Welchen Arzt ruft ihr denn gewöhnlich? – Unser Klaus schwört auf den Dr. Karstens. Für ihn ist das der einzige Arzt in unserer Gegend, der etwas kann und der sich um seine Patienten richtig kümmert.

2. Der Udo erzählte mir, er hätte da so ein neues Medikament gegen Grippe? – Ach, du meinst 'Pudablox'? Ja, ja, der Udo schwört auf das Zeug. Er behauptet, bei ihm sei eine Grippe damit in drei Tagen wie weggeblasen.

felsenfest schwören *path* – (eher:) **Stein** und Bein schwören · to swear blind that …, to swear by all that's holy that …

bei allem, was einem heilig ist, schwören *form – path* – **Stein** und Bein schwören · to swear blind that …, to swear by all that's holy that …

hoch und heilig schwören *form – path* – **Stein** und Bein schwören · to swear blind that …, to swear by all that's holy that …

ich könnte schwören/er/der Peter (sagt, er) könnte schwören, daß … *ugs* · I could swear …, he/John/… says he could swear that…

… Ich könnte schwören, daß ich den Mann da schon irgendwo gesehen habe. – Und wo, weißt du nicht? – Nein, das ist es ja, was mich so irritiert. Aber ich bin ganz sicher, daß ich ihn irgendwoher kenne. …

schwören bei allem, was einem teuer ist *form – path –* (eher:) Stein und Bein schwören · to swear by all that's holy that ...

Schwulibus: in Schwulibus sein *ugs iron selten* – in der **Patsche** sitzen (2; a. 1) · to be in trouble, to be in a tight spot, to be in a (real/...) fix, to be in dire straits

Schwulitäten: in Schwulitäten sein/sich in Schwulitäten befinden *ugs* – in der **Patsche** sitzen (2; a. 1) · to be in trouble, to be in a tight spot, to be in a (real/...) fix, to be in dire straits

jn. **in Schwulitäten bringen** *ugs* – jn. in die **Patsche** reiten/(bringen) · to land s. o. in it, to be the cause of s. o.'s difficulties *n*

in Schwulitäten kommen/geraten *ugs* · 1. to get into a fix, 2. to get into trouble/into a mess
1. vgl. – in die **Patsche** geraten/(kommen)
2. vgl. – in die **Bredouille** geraten/(kommen) (1)

Schwung: ein ganzer Schwung Akten/Wäsche/... *ugs* · a whole load/bunch/heap/... of clothes/washing/files
... Hier liegt noch ein ganzer Schwung dreckiger Wäsche, Mutter. Sollen wir diesen ganzen Plunder/(diese ganzen Sachen) nicht gleich mit in den Wagen packen und in die Wäscherei bringen?

(so) (richtig/...) in Schwung sein *ugs* – (so) (richtig/...) in **Fahrt** sein (mit/bei etw.) (1)) · to really get going

(keinen) Schwung haben *ugs* · 1. to be full of pep, to be full of zest, to be full of verve, 2. to have no go, to have no zest, to have no pep, to have no verve
1. ... Dieses Stück hat Schwung, sage ich dir! Da ist eine Szene lebendiger als die andere. Das vibriert nur so!
2. ... Dieser Mann hat einfach keinen Schwung, in nichts! Selten habe ich einen jungen Menschen gesehen, der so saft- und kraftlos ist wie der Meinert.

etw. **(gut/**glänzend/...) **in Schwung haben** *ugs selten* – etw. (gut/glänzend/...) in **Schuß** haben (1; u. U. 2) · to have/to keep/... s. th. in good/perfect/... running order

in etw. **kommt Schwung** *ugs* · + to (really/...) get going
... Na, jetzt scheint ja doch noch Schwung in die Verhandlungen zu kommen! – Das wurde aber auch Zeit. Derart lahm und lustlos weiterzuverhandeln hätte ja auch wohl keinen Sinn gehabt!

allmählich/... Schwung bekommen *ugs* · to (gradually/...) get going, to (gradually/...) liven up
... Na, so allmählich bekommt die Feier Schwung. Bis jetzt war es etwas langweilig/lahm/tot. – Du wirst sehen: in ein, zwei Stunden geht's hier hoch her.

jn./etw. **in Schwung bringen** *ugs* · 1. 2. to put life into s. o./s. th., to galvanise s. o., to liven s. o./s. th. up, 1. 2. 3. to shake s. o./s. th. up, 3. to put more life into s. th., to get s. th. going
1. ... Mit seiner Energie und seinem Enthusiasmus hat der Herbert die ganze Gruppe in Schwung gebracht. Am Anfang hatte kaum jemand so richtig Lust; aber schon nach wenigen Tagen waren alle mit Eifer bei der Sache, voller Schaffensfreude ...
2. ... Wenn du nicht selbst mal in den Betrieb gehst und die Leute in Schwung bringst, werden die mit der Arbeit überhaupt nicht mehr fertig. – Verdammt nochmal, es ist doch nicht meine Aufgabe, das Personal anzutreiben!
3. Die Abteilung muß man mal in Schwung bringen! Das ist die einzige Abteilung in der ganzen Firma, die ausgesprochen schlecht arbeitet. Es scheint, daß die Leute da überhaupt gar keinen Spaß an ihrem Beruf haben. *seltener*

Schwung in etw. **bringen** *ugs* – jn./etw. in **Schwung** bringen (1, 3) · to liven s. o./s. th. up

seinem Auftreten/seinem Stil/... (mehr/...) **Schwung geben** *ugs* · to put more verve into one's presentation/..., to put more pep/zest/go/... into one's presentation/...
Junge, wenn du so lahm und träge auftrittst, hört dir natürlich kein Mensch gern zu. Ein junger Mensch wie du wird doch wohl noch in der Lage sein, seinem Auftreten (mehr) Schwung zu geben!

etw. **in Schwung halten** *ugs selten* – etw. in **Ordnung** halten · to keep s. th. tidy/in order/in good shape

Schwung holen *Schaukel u. ä.* · to work a swing, to gain momentum, to build up momentum
(Ein Zuschauer zu einem Jungen, der schaukelt:) Ja, das möchte ich auch haben: einen Vater, der mich dauernd anstößt! Das ist natürlich bequemer als selbst Schwung zu holen!

in Schwung kommen *ugs* · to get going
So allmählich kommt die Gruppe in Schwung. Endlich! Bisher war der Arbeitsrhythmus allzu lahm.

(erst) (einmal) (richtig/...) in Schwung kommen/(geraten) *ugs* – (erst) (einmal) (richtig/...) in **Fahrt** kommen/(geraten) (2; a. 1) · to really/... get going

Schwung hinter die Arbeit/... setzen *ugs selten* · to get down to it, to get cracking on s. th./a piece of work/... *sl*
Wenn ihr heute noch fertig werden wollt, müßt ihr Schwung hinter die Arbeit setzen. – Bei dieser Hitze und dann am Freitag nachmittag, da ist es schon verständlich, daß die Leute nicht so zügig arbeiten.

den Schwung verlieren · to lose momentum
... Am Anfang haben alle begeistert gearbeitet. Aber als die Sache überhaupt keine richtigen Fortschritte machte, hat einer nach dem anderen den Schwung verloren. Heute schleppt sich das Projekt so dahin.

schwupp: ... und schwupp, war er/... weg!/... *ugs bei Zaubertricks usw.* · and hey presto it/he/... was/... gone!
... So, Kinder jetzt paßt mal schön auf! Ihr seht hier dieses Ei und hier diesen Hut – unser Clown drehte ihn mit der Rechten hin und her. Also: ich werde jetzt ein paar Worte sagen – so, paßt auf! – und schwupp, das Ei ist weg! Habt ihr gesehen?: im Nu verschwunden! Futschikato! Nein, auch in dem Hut ist es nicht, seht her ...

(etw.) in einem/auf einen Schwupp erledigen/... *ugs selten* – im **Nu**/(in einem Nu) · to do s. th. in a trice/in a flash/...

schwuppdiwupp: ... und schwuppdiwupp, war er/... weg!/... *ugs bei Zaubertricks usw.* – ... und **schwupp,** war er/... weg!/... · and hey presto it/he/... was/... gone!

Schwur: und/aber/... **wenn es zum Schwur kommt/**es kommt zum Schwur · ... but when it comes to the crunch
... Klar, jetzt, wo wir unter uns sind und niemand festgenagelt wird/niemand (ganz ernst) beim Wort genommen wird, sind alle dafür, daß der Vorsitzende (unseres Vereins) abgesetzt wird. Aber wenn es zum Schwur kommt – beispielsweise in einer offiziellen Abstimmung –, findet sich wieder nur eine Handvoll von Leuten, die den Mut haben, bei dieser Forderung zu bleiben.

Scylla: zwischen Scylla und Charybdis stehen/(zu entscheiden/wählen haben/...) *lit selten* · to be between Scylla and Charybdis, to be caught between the devil and the deep blue sea/between a rock and a hard place
... Wenn du das Geschäft machst, riskierst du, für Millionen von Marken Maschinen zu liefern und am Ende das Geld nicht zu sehen. Aber wenn du es nicht machst, kommt die Firma aus ihrer miserablen Lage nicht heraus. – Genau, ich stehe zwischen Scylla und Charybdis: was ich auch tu, es ist immer riskant.

se: per se *ugs* · (s. o. doesn't understand it/...) anyway
... Der Marlies brauchst du diese Dinge erst gar nicht zu erklären; die versteht die per se/sowieso/ohnehin nicht.

Sechser: ein(en) Sechser (im Lotto) (haben) *ugs* · to have six winning numbers in the national lottery *n*, to win the sweepstake *n*
... Ein Sechser im Lotto, Junge – da bist du ein gemachter Mann! Das ist der höchste Preis; denn das bedeutet, daß du alle sechs Ziffern richtig hast.

nicht für einen Sechser Fleiß/Takt/Energie/Humor/... **haben** *ugs veraltend selten* – keine **Spur**/(nicht die Spur) von Fleiß/Takt/Energie/Humor/... haben (1; u. U. 2) · not to have a trace of humour/decency/...

nicht für einen Sechser/für keinen Sechser **Verstand haben** *ugs veraltend selten* – für keine zwei **Pfennige** Verstand haben/nachdenken/aufpassen/... (1) · to be as thick/dim/... as they come

See: auf hoher/(offener) See *form* · at sea, on the high seas
... Hier in der Nähe des Hafens ist der Wellengang ziemlich schwach; aber gleich, auf hoher See, wird das anders. – Ist nicht gerade draußen auf dem Meer der Wellengang niedriger?

auf See bleiben *oft Perf form selten* · to be lost at sea
... Bei seiner letzten Atlantiküberquerung ist Onkel Hermann auf See geblieben. – Und wieviele Jahre war er schon Seemann gewesen, bis er dann auf dieser Fahrt umkam?

zur See fahren *form selten* · to be a sailor, to be a merchant seaman
... Dein Cousin, der Michael Kalberg, ist richtiger Matrose? – Ja, er fährt schon seit mehr als sechs Jahren zur See. Zur Zeit pendelt er auf dem Atlantik hin und her.

in See gehen *form selten* – in **See** stechen · to set sail, to put to sea

zur See gehen *form selten* – (eher:) zur **Marine** gehen · to join the navy

auf/in die offene/(hohe) See hinausfahren · to put to sea
... Sieh da, der Dampfer dort, er verläßt gerade die äußere Hafenzone, um auf die offene See hinauszufahren.

in See stechen *form selten* · 1. 2. to set sail, to put to sea
1. ... Punkt drei Uhr stachen wir mit der 'Augusta' in See!
2. ... Wissen Sie, wann dieser Kreuzer in See sticht? – Die Abfahrt ist für 14 Uhr vorgesehen. *seltener*

Seele: die arme Seele *rel* – (eher:) die armen **Seelen** · the poor soul

etw. **brennt** jm. **auf der Seele**/es brennt jm. auf der Seele, etw. zu tun *path* · + s.o. is dying to tell s.o./do s.th./... *n*, + s.o. can't wait to do s.th. *n*
Es brennt mir geradezu auf der Seele, dem Hubert Haverkamp mal anständig die Meinung zu sagen! Der muß einfach mal hören, was die Leute hier im Betrieb wirklich von ihm denken!

mit ganzer Seele Künstler/... sein *path* – (eher:) mit **Leib** und Seele Künstler/... sein · to be an artist/... heart and soul

mit ganzer Seele etw. tun *path* – (eher:) mit **Leib** und Seele etw. tun · to do s.th. with heart and soul/with complete dedication/...

von/aus ganzer Seele ... *path* · 1. to thank s.o. sincerely, 2. to regret s.th. deeply/sincerely/..., 3. to utterly/... detest s.o./s.th., 4. to rejoice with all one's heart/wholeheartedly
1. vgl. – jm. von **Herzen** danken/dankbar sein/...
2. vgl. – (eher:) von/aus ganzem **Herzen** bedauern/...
3. vgl. – (eher:) aus/(in) tiefster **Seele** verabscheuen/...
4. vgl. – (eher:) aus voller **Seele** frohlocken/jubeln/...

jm. **aus innerster Seele** danken/dankbar sein/... *path* – (eher:) jm. aus tiefster **Seele** danken/dankbar sein/... · to be deeply grateful to s.o.

keine Seele (war auf der Straße/...) *path selten* – keine lebende **Seele** (war auf den Straßen/...) · (there was) not a soul (on the streets/...)

keine lebende Seele (war auf den Straßen/...) *path* · (there was) not a soul (on the streets/...)
... Zwei Uhr nachts ... alles still ... keine lebende Seele auf den Straßen ...

es liegt jm. **auf der Seele, daß** ... · it's/s.th. weighs heavily on s.o.'s mind (that ...), it's/s.th. worries/bothers/oppresses/... s.o. (that ...)
Es liegt mir auf der Seele, daß der Vertrag mit Schuckert u. Co. nach wie vor nicht geklärt ist. Wenn ich nur wüßte, wie ich das beschleu-

nigen könnte. Das wächst sich allmählich zu einem richtigen Alptraum aus.

bei meiner Seele! *path selten* · 1. upon my word!, 2. so help me God
1. ... Aber Mutter, bei meiner Seele, ich habe den Ring nicht da weggenommen! Wie kannst du von mir denn so etwas überhaupt annehmen!
2. vgl. – so wahr mir **Gott** helfe!

etw. **schneidet einem**/(jm.) **in die Seele** *path selten* – etw. greift ans **Herz**/es greift ans Herz, wenn ... · to be heartbreaking/heart-rending to see ...

jn. **in tiefer Seele beleidigen**/verletzen/... *path selten* · 1. 2. to mortally offend s.o., +to be mortally offended
1. vgl. – jn. tödlich **beleidigen**/tödlich beleidigt (sein)
2. vgl. – jn. tödlich **verletzen**/tödlich verletzt (sein)

aus tiefster Seele bedauern/... *path* – von/aus ganzem **Herzen** bedauern/... · to regret s.th./... deeply/sincerely

jm. **aus tiefster Seele danken**/dankbar sein/... *path* – jm. von **Herzen** danken/dankbar sein/... · to thank s.o. from the bottom of one's heart

aus/(in) tiefster Seele verabscheuen/... *path* · 1. 2. to (utterly/...) hate s.o./s.th., to hate/to detest/... s.o./s.th. with all one's heart
1. ... Verschone die Sonja mit diesem Mann! Bitte! – Warum? Was ist denn los? – Sie verabscheut ihn aus tiefster Seele. Sie braucht nur seinen Namen zu hören, und schon wird sie bitter.
2. Der Richard verabscheut es aus tiefster Seele, wenn jemand verlogen ist.

in tiefster Seele gerührt/getroffen/.../jn. ... verletzen/... *path* – (eher:) **zutiefst** gerührt/getroffen/... · to be moved to the depths of one's being/to one's very soul

aus voller Seele frohlocken/jubeln/... *path* · to rejoice/... wholeheartedly
... Endlich war er wieder frei, endlich hatte er den Militärdienst hinter sich! Er frohlockte aus voller Seele. So heiter und frohgemut hatte er sich seit Jahren nicht gefühlt.

die Seele von .../des/der ... **sein** *path* · to be the heart and soul of s.th., to be the moving spirit behind s.th.
... Die Seele des ganzen Unternehmens ist der Bruder des Inhabers. Wenn der nicht wäre, würden sich die Leute für ihre Arbeit nicht so begeistern lassen, nicht so gut miteinander auskommen. Und nichts würde so gut klappen, denn er kümmert sich um alles, dieser Mann.

eine durstige Seele sein *ugs* – (eher:) eine durstige **Kehle** sein · to be a thirsty soul

eine gute Seele sein *form* · to be a good soul *coll*, to be one in a million, to be a real dear *coll*
Die Frau Ruprecht hat wirklich Herz! – Das ist eine gute Seele, die Frau, immer hilfsbereit, immer voller Verständnis!

eine treue Seele sein *ugs* · to be a good-natured soul, to be a faithful soul
... Der Herbert ist so eine richtige treue Seele! – Das ist er. Leider nutzen die anderen seine Anhänglichkeit, seine Hilfsbereitschaft und Gutmütigkeit schamlos aus.

eine gute Seele haben *form selten* – ein gutes **Herz** haben · to be good-hearted, to have a good heart

js. Gesang/Spiel/... **hat keine Seele**/fehlt die Seele/... *path* · s.o.'s playing/singing/... lacks soul
... Technisch spielt er gut, keine Frage; aber seinem Spiel fehlt die Seele. Beethoven oder Mozart klingen plötzlich, als ob auch sie in erster Linie Techniker gewesen wären – hohl.

eine schwarze Seele haben *path selten* · to have a black soul
... Mit dieser Frau Bollig kann man nicht umgehen! Diese Frau ist einfach bösartig – wie man früher sagte: sie hat eine schwarze Seele.

sich sein Leid/seinen Kummer/... **von der Seele reden**/weinen/... (**müssen**) · to (have to) unburden one's heart *lit*, to (have to) get it/s.th. off one's chest
... Sie muß sich ihr Leid von der Seele reden. Unterbrich sie nicht! Es ist gut, daß sie spricht, sich öffnet, da kommen die Dinge heraus und belasten sie nicht mehr so stark.

die/seine Seele aushauchen *path od. iron selten* – seinen/den **Geist** aufgeben (2) · to give up the ghost

jm. etw. **auf die Seele binden** *eher iron selten* · to impress upon s.o. that ..., to urge s.o. to ...
Was hat dir deine Mutter denn vor dem Abschied noch so im Vertrauen gesagt? – Sie hat mir auf die Seele gebunden, nicht immer so spät ins Bett zu gehen. – Das schärft sie dir wohl immer ein, wenn sie zu Besuch kommt, was?

seine Seele dem Bösen verschreiben *form lit veraltend selten* – (eher:) seine **Seele** dem Teufel verschreiben · to sell one's soul to the devil

jm. **auf der Seele brennen** *form* – etw. brennt jm. auf der **Seele**/es brennt jm. auf der Seele, etw. zu tun · + s.o. is dying to tell s.o./do s.th./..., + s.o. can't wait to do s.th.

in js. Seele wie in einem (offenen) Buch lesen (können) *form* · to (be able to) read s.o. like a book
... Nein, der Annemarie gegenüber kann der Jürgen keine Geheimnisse haben: die liest in seiner Seele wie in einem offenen Buch.

in tiefster Seele ergriffen sein *path* · to be deeply moved, to be moved to the depths of one's being *path*
... Alle Teilnehmer an der Totenmesse waren in tiefster Seele ergriffen von den bewegenden Worten, mit denen der Priester der beiden tapferen jungen Männer gedachte, welche ihr Leben darangesetzt hatten, um eine weitere Explosion in der nahegelegenen Fabrik zu vereiteln.

die Seele des Ganzen sein *path* · 1. to be the life and soul of the group/party/..., 2. to be the heart and soul of s.th., to be the moving spirit behind s.th.
1. Wenn der Haverkamp nicht dabei gewesen wäre, wäre die Reise nicht so gut verlaufen. Er war die Seele des Ganzen; ohne ihn ging nichts.
2. vgl. – die **Seele** von .../des/der ... sein

etw. **ist** jm. (so richtig/(recht)) **aus der Seele gesprochen** · + to say exactly what s.o. feels/is thinking/..., + to take the words right out of s.o.'s mouth
Deine Bemerkung, die Ärzte sollten weniger ans Geld und mehr ans Heilen denken, war ihm so richtig aus der Seele gesprochen. – Warum? – Weil der Hansgert, der daneben stand, so ein typischer Vertreter dieser 'Verwaltungsärzte' ist, die er nicht ausstehen kann.

js. **Seele ist (schon/...) bei Gott** *path veraltend selten* · + s.o. is in heaven
Lebt deine Großmutter noch, Elfriede? – Nein, ihre Seele ist schon bei Gott.

seine Seele Gott empfehlen/(befehlen) *form veraltend selten* · to commend o.s. to God, to commend one's soul to God
(Von dem Tod der Großmutter:) Nachdem sie die letzte Ölung empfangen und ihre Seele Gott empfohlen hatte, schlief sie friedlich hinüber.

auf js. **Seele herumtreten** *path selten* – auf js. **Herz** herumtreten · to trample on s.o.'s feelings

jm. (mit etw.) **auf der Seele knien** *ugs path selten* – jm. (mit etw.) in den **Ohren** liegen (2; u. U. 1) · to go on and on at s.o. (about s.th.)

j. **gähnt sich (noch) die Seele aus dem Leib** *ugs* – *path* · to yawn one's head off *n*
Mein Gott, die Petra gähnt und gähnt – irgendwann gähnt sie sich noch die Seele aus dem Leib! Hat sie die letzte Woche nicht geschlafen oder warum ist sie so müde?

jm. **die Seele aus dem Leib fragen** *sal selten* – jm. **Löcher** in den Bauch fragen · to drive s.o. up the wall with questions

sich die Seele aus dem Leib husten *ugs* – *path* · to cough one's heart out, to have a (terrible/...) racking cough
Mein Gott, wart ihr mit dem Jungen schon beim Arzt? Der hustet sich ja die Seele aus dem Leib! – Es ist Keuchhusten. Wir haben das zu spät erkannt.

jm. **die Seele aus dem Leib prügeln** *sal selten* – jm. den **Buckel** vollhauen/vollschlagen (1) · to beat the living daylights out of s.o.

sich die Seele aus dem Leib reden *ugs* – *path selten* · you/she/Mary can talk till you are blue in the face, you/... will never persuade/..., to talk one's head off
Und wenn du dir die Seele aus dem Leib redest, Christa, du wirst den Reutler nie dazu überreden, den Gerd in seiner Firma anzustellen.

sich die Seele aus dem Leib rennen *ugs* – *path selten* · to run like mad, to run till one drops
Habt ihr den Zug gestern abend noch gekriegt? – Ja, aber wir haben uns die Seele aus dem Leib gerannt. Wir kamen völlig außer Atem am Bahnhof an.

sich die Seele aus dem Leib schreien *ugs* – *path selten* · 1. 2. to shout/to scream/... one's head off
1. (Die Mutter zu ihrem Sohn:) »Hans! Hans! Hans! ...« – Herrgott nochmal, reagier' doch endlich, Junge; der Peter schreit sich doch da unten die Seele aus dem Leib. Tu doch nicht so, als ob du ihn nicht hören würdest!
2. Was hat denn der Dieter? Er schreit sich ja die Seele aus dem Leib. – Er will unbedingt die Schokolade wieder haben, die ihm die Mutter abgenommen hat. – Und deswegen macht er so ein Theater?

etw./es tut jm. **in der Seele leid** *path* – von/aus ganzem **Herzen** bedauern/... · + to regret s.th. deeply/sincerely

jm. **auf der Seele liegen**/(lasten) · 1. 2. to weigh on s.o.'s mind, 3. to weigh heavily on s.o.'s mind
1. Die kommenden Verhandlungen mit Schuckert u. Co. liegen dem Albert (schon jetzt) auf der Seele. – Werden die so schwierig sein? – Und ob!
2. Ich muß unbedingt mit dem Ernst sprechen. Diese Auseinandersetzung von vorgestern abend liegt mir auf der Seele. Das muß so schnell wie möglich geklärt werden.
3. vgl. – jm. schwer auf der **Seele** liegen/(lasten)

jm. **schwer auf der Seele liegen**/(lasten) *path* · to weigh heavily on s.o.'s mind
... Was bedrückt die Christl eigentlich so? – Ich weiß auch nicht, was ihr so schwer auf der Seele liegt. Ob es das bevorstehende Examen ist, ob sie Probleme mit dem Gerd hat oder ob zu Hause etwas nicht stimmt – ich weiß (es) nicht.

jm. **zentnerschwer auf der Seele liegen**/(lasten) *iron* – jm. schwer auf der **Seele** liegen/(lasten) · to weigh heavily on s.o.'s mind

js. **Seele liegt offen vor** jm. *form* – in js. **Seele** wie in einem (offenem) Buch lesen (können) · s.o.'s soul is like an open book for s.o.

eine Seele von Mensch/von einem Menschen sein *path* · to be a real/... angel, to be a good soul
Die Frau Ruprecht hat Herz, nicht? – Die Frau Ruprecht? Das ist eine Seele von Mensch. Immer hilfsbereit, immer voller Verständnis, voller Güte ... Eine Perle, diese Frau!

sich etw. von der Seele reden (müssen) *ugs* · to (have to) get s.th. off one's chest
... Der Udo redet und redet, der hört überhaupt nicht mehr auf! – Laß ihn! Der muß sich den Kummer, den er mit der Helga hat, von der Seele reden. Jetzt hat er endlich einen verständnisvollen Zuhörer gefunden ...

jetzt/nun/... hat die liebe/(arme) **Seele (endlich) Ruh!** *ugs iron* · 1. 2. now you/he/... are/... satisfied, + that'll put him/... out of his misery!, now we'll/... have some peace at last
1. (Der Vater zu seinem fünfjährigen Sohn:) Hat der Onkel Alfred dir endlich das Auto mitgebracht, das er dir schon so lange versprochen hatte? – Ja, Papa. – Na, dann hat die liebe Seele ja jetzt Ruh, was?!
2. (Der Vater zu seinem fünfjährigen Sohn, der seit Stunden sein neues Auto auseinandermontiert:) Das Auto ist kaputt, sagst du? Na, dann hat die liebe Seele ja jetzt Ruh!/Jetzt hat die liebe Seele (endlich) Ruh!

sich etw. von der Seele schreiben (müssen) *ugs* · to (have to) get s.th. off one's chest by writing it down

... Ob sie sich ihren Kummer von der Seele redet oder schreibt, ist doch egal, Klaus! Was interessiert, ist, daß sie innerlich wieder frei wird. Wenn sie also mit niemandem reden will, dafür aber endlose Briefe an den Richard schreibt, laß sie um Gottes willen gewähren!

jm. (mit etw.) (so richtig/(recht)) aus der Seele sprechen/ (reden) – etw. ist jm. (so richtig/(recht)) aus der **Seele** gesprochen · + to say exactly/... what s.o. feels/is thinking/...

seine Seele dem Teufel verschreiben *form* – *lit veraltend* · to sell one's soul to the devil

Wer hat noch seine Seele dem Teufel verschrieben? War das nicht Faust? – Ja – nach dem Zeugnis der Literatur und der Geschichte. Aber wenn man die Menschheit so beobachtet, dann möchte man meinen, daß eine Unzahl von Menschen ihre Seele dem Teufel verschreibt, ohne es zu merken.

etw./es ist jm. in tiefster Seele verhaßt *path* – aus/(in) tiefster **Seele** verabscheuen/... · + to (utterly/...) hate s.o./s.th., + to hate/to detest/... s.o./s.th. with all one's heart

eine schwarze Seele verraten *ugs path veraltend selten* · to reveal/... one's black soul *n*

... Wer so bösartig, ja gemein handelt, wie der Hubert, verrät eine schwarze Seele. Mit einem solchen Menschen kannst du nicht umgehen, Junge.

jm. in der Seele wehtun *mst: es tut jm. ... path* · 1. it hurts me/... deeply, + I/... am deeply sorry about ..., 2. it breaks my/his/Mary's/... heart to ...

1. Es tut mir in der Seele weh, dich mit meinen Worten so getroffen zu haben. Aber ich mußte dir das einfach sagen – so sehr ich das bedaure.
2. Es tut mir in der Seele weh, das Elend dieser Leute hier zu sehen. Wirklich! Ob du es glaubst oder nicht: es macht mich unendlich traurig. Wenn man da nur etwas tun könnte! *seltener*

jm./js. Worten/... aus voller Seele zustimmen *path* – (eher:) jm./js. Worten/... von ganzem **Herzen** zustimmen · to agree wholeheartedly with s.o./what s.o. says

eine Bevölkerung/... von 5.000/... Seelen/(ein Dorf/... beherbergt/...) *form* · a village/... of 5,000/... souls/(a village/... houses/...) 5,000/... souls

... Wie kann ein Mann, der in einem kleinen Dörfchen von nicht einmal tausend Seelen lebt, die Probleme einer Großstadt beurteilen?! – Mein guter Friedel, erstens hat der Ort keine 1.000, sondern 3.000 Einwohner, und zweitens hat der Walter über zwanzig Jahre in München gewohnt.

die armen Seelen *rel* · the poor souls (in purgatory)

Die armen Seelen im Fegefeuer müssen für ihre Sünden büßen? – Nach kirchlicher Lehre ja, Elisabeth.

zwei Seelen wohnen in js. Brust/(zwei Seelen in seiner Brust haben) *lit* · two souls dwell in my/... breast, + s.o. is torn in two directions, there are two opposing sides to s.o.'s character

Ich hatte den Günther immer für ernst und zuverlässig gehalten. Aber wie ich jetzt sehe, ist er im Grunde ein ziemlich leichtsinniger Mensch. – Der Ausdruck 'im Grunde' ist vielleicht hier fehl am Platz. Bei dem Günther kann man sagen: es wohnen zwei Seelen in seiner Brust. Auf der einen Seite ist er ernsthaft, tiefsinnig, ja skrupulös; auf der anderen hat er eine Ader, die ihn zu den leichtsinnigsten Unternehmungen treibt.

wie die Seelen im Fegefeuer umherirren *form selten* – wie der ewige **Jude** sein/(ein ewiger Jude sein) · to wander around like a lost soul/like (the) tormented souls in purgatory

zwei Seelen und ein Gedanke *dir. R* · two minds with but a single thought, great minds think alike

A: ... Und dann ist das Risiko der Sache gar nicht hoch genug zu veranschlagen ... – B: (gleichzeitig:) ... Und das hohe Risiko der Sache ... – A: Zwei Seelen und ein Gedanke, was? – B: In der Tat, du hast mir die Worte aus dem Mund genommen. – A: Gedankenübertragung!

Seelenfang: auf Seelenfang ausgehen *ugs* · to go around trying to convert people

... Seltsam, wirklich seltsam, daß all diese Leute, die auf Seelenfang ausgehen, immer wieder so viele Zuhörer finden, die auf ihren Schmus hereinfallen! – Die Menschen sind halt leichtgläubig! – Nicht nur das: die meisten müssen offensichtlich an irgendetwas glauben. Und wenn sie nichts 'Gehaltvolles' haben, fallen sie auf die erstbesten Sprüche herein.

Seelenheil: auf sein/(js.) Seelenheil bedacht sein *path od. iron* · 1. 2. to be concerned/worried/... about the salvation of one's/s.o.'s soul, 1. to have the salvation of one's/s.o.'s soul in mind

1. ... Ich weiß nicht, sinnierte er vor sich hin, ob die Menschen, die so angestrengt auf ihr Seelenheil bedacht sind, die Ichbezogenheit nicht ins Metaphysische treiben. Das Gute soll man tun, weil es das Gute ist – nicht um einer Belohnung willen.
2. vgl. – (eher:) um js./(sein) **Seelenheil** besorgt sein

um js./(sein) Seelenheil besorgt sein *path od. iron* · 1. 2. to be worried/anxious/... about the salvation of s.o.'s/one's soul, 2. to have the salvation of one's/s.o.'s soul in mind

1. ... Wenn du wirklich so um das Seelenheil deiner Tochter besorgt bist, wie du sagst, Erna, dann hilf ihr mit allen Mitteln – persönlich und finanziell –, aus ihrer Notlage wieder herauszukommen. Dann kommt sie auch wieder zu innerer Ruhe – und findet auch wieder zu Gott zurück.
2. vgl. – (eher:) auf sein/(js.) **Seelenheil** bedacht sein

Seelenruhe: in aller Seelenruhe etw. tun *ugs* · 1. 2. to do s.th. (as) calm as you like, to do s.th. as cool as you please

1. ... Obwohl wir nur noch 25 Minuten bis zur Abfahrt des Zuges Zeit haben, packt er noch in aller Seelenruhe ein paar Bücher ein/ erzählt er noch in aller Seelenruhe die neusten politischen Witze/...
2. ... Das Publikum zischte immer stärker, doch er fuhr in aller Seelenruhe fort mit seiner Kritik an der Außenpolitik der Regierung. Er ließ sich durch die Mißfallensäußerungen nicht im geringsten beirren.

Seemann: das/etw. kann doch einen Seemann nicht erschüttern *sal oft dir. R* · it's/s.th. does not bother/worry/... the likes of him/us/..., it's/s.th. is not the end of the world *coll*

... Angenehm ist das nicht, wenn einem die Frau davonrennt, das nicht. Aber das kann doch einen Seemann nicht erschüttern! Schlimmer ist, wenn wir den nächsten Krieg verlieren! – Jetzt hör' doch mal auf mit deinen Sprüchen, Erich! Willst du denn wirklich ...

das/etw. ... wirft/haut den stärksten Seemann um *sal iron selten* – das/etw. wirft/haut den stärksten **Neger** um/(von der Palme) · it/this vodka/... has got a real kick in it, it/this vodka/... will knock you out in no time, it/this vodka/... will blow your head off

Seemannsgarn: (ein) Seemannsgarn spinnen *selten* · to tell yarns, to spin yarns

Der Onkel Bernhard erzählt mal wieder ein paar von seinen Abenteuergeschichten, die er als junger Matrose erlebt – oder gehört – hat. Wie er als Seemann zu sagen pflegt: er spinnt mal wieder Seemannsgarn.

Seemannsgrab: ein/(sein) Seemannsgrab finden *path selten* · to go to a watery grave

... Wenn ein Kapitän mit seinem Schiff untergeht, Herbert, dann 'stirbt er nicht', sondern 'findet den Tod in den Wellen' oder – noch schöner – 'sein Seemannsgrab'. – Noch schöner? Du bist aber makaber heute.

Seenot: ein Schiff/... ist in Seenot/(wird aus Seenot gerettet) *form* · a ship/... is in distress/(to rescue a ship in distress)

... Was kann man denn da machen, wenn ein Schiff in Seenot ist? – Zunächst einmal Flugzeuge – Helikopter – (per Funk) kommen lassen, damit auf alle Fälle die Mannschaft gerettet wird. Dann ...

Seeweg: auf dem Seeweg reisen/... *form* · to go somewhere by sea

Fliegst du nach Venezuela oder fährst du auf dem Seeweg dahin?

Segel: die Segel einholen · to take in the sails
Wir müssen schleunigst die Segel einholen, es gibt Sturm.

unter Segel gehen *form selten* · to set sail
Wollt ihr schon unter Segel gehen? – Ja, wir segeln in einer Viertelstunde los. Wenn du mit uns hinausfahren willst, entscheide dich jetzt.

die Segel hissen/aufziehen · to hoist sail
Wie lange braucht ihr eigentlich, um auf eurem Boot die Segel zu hissen?

die Segel streichen *ugs* · 1. 2. to throw in the towel, to give in *n*, to submit *n*, to give up *n*
1. ... Wenn es keinen Sinn mehr hat (für die Besatzung eines Schiffs), soll man die Segel streichen. – Klar! Aber der Kapitän hatte nun einmal den Befehl, unter allen Umständen weiterzukämpfen. – Dann mußte er dem Befehl zuwiderhandeln und sich trotzdem ergeben.
2. ... Ja, wir hatten vor, eine Aktion gegen die Hausverwaltung zu starten. Aber die Stadt drohte, uns in dem Fall an die Luft zu setzen – das Haus gehört der Stadt, wie du weißt, und wir mußten die Segel streichen.

mit vollen Segeln auf ein/sein Ziel lossteuern/losgehen/(...) *path* · 1. 2. to go straight for one's goal, to go full tilt for s.th., to give it everything one has got
1. Wenn der Helmut sich einmal entschieden hat, dann geht er mit vollen Segeln auf sein Ziel los. Dann läßt er sich durch nichts und durch niemanden mehr ablenken.
2. Meinst du wirklich, der Kurt schafft es, Minister zu werden? – Ich bin todsicher. Der steuert mit vollen Segeln auf sein Ziel los. Guck' doch: seine Wahl zum Vorsitzenden des Finanzausschusses zeigt doch schon ...

segeln: durch die Prüfung/durchs Examen/(...) **segeln** *sal* – **durchfallen** · to fail/to flunk/... an exam

Segelohren: Segelohren haben/... *ugs selten* · to have big ears
... Der Karl hat keine großen und auch keine abstehenden Ohren! Was der hat, das sind richtige Segelohren. Der kann sich ein Flugzeug sparen. – Sei nicht so gemein, Christoph!

Segen: (es ist) ein (wahrer) Segen, daß ... *path* · it's a (real/...) blessing that ...
... Ein Segen, daß der Junge eine so robuste Gesundheit hat! Er hätte diese Strapazen sonst nie ohne Schaden überstanden.

ist das der ganze Segen? *ugs iron selten* · is that all?
... Was hast du denn nun für die Kinder mitgebracht? Pack' doch mal aus! – Also, hier, einen Indianergürtel für den Klaus und hier, einen Achatring für die Christine. – Ist das der ganze Segen? – Hm ..., ja das ist alles. – Aus Brasilien hättest du ja schon ein bißchen mehr mitbringen können, oder meinst du nicht?

etw. bringt (jm.) **(keinen) Segen** *path* · (not) to benefit s.o., (not) to be a blessing to s.o., (not) to do s.o. (any) good
... Geld, das unehrlich verdient wurde, bringt keinen Segen, Junge! Was man damit an äußerem Reichtum gewinnt, zahlt man mit innerer Verarmung!

auf js. Tun/Arbeit/... **liegt kein Segen** *path selten* · + s.o. has no luck with his work, there's a jinx on all s.o.'s efforts/ on s.o.'s work/...
... Auf der Arbeit unseres Jungen liegt kein Segen, Albert. So viel er sich auch bemüht – es mißrät ihm alles. Denkt er zu viel ans Geld und zu wenig an den Sinn seiner Arbeit – d. h. ist es persönliche Schuld? Oder wird er, wie man so sagt, vom Schicksal verfolgt? Weißt du eine Antwort?

auf etw. **ruht kein Segen** *path selten* · no good can come of it/s.th., there is no blessing on s.th., there is a curse on s.th.
... Ja, natürlich, der Onkel Heinz hat ein riesiges Vermögen, während alle anderen in der Familie sehr bescheiden leben. Aber lieber so bescheiden! Denn auf diesem Vermögen ruht kein Segen. Diese Unehrlichkeiten, Schiebereien, Gewissensbisse, Sorgen ... – nein, so viel/die Seelenruhe ist der größte Reichtum nicht!

meinen/deinen/... Segen hat er/sie/der Peter/... (den Segen seines Vaters/... habt ihr/...) *ugs* · he has/you have/John has/... my/... blessing
Wenn der Junge unbedingt Musik studieren will – meinen Segen hat er. Ich bin zwar nicht gerade begeistert von dieser Berufswahl; aber er muß selbst wissen, was er tut.

den Gläubigen/... **den Segen erteilen/spenden** *rel* · to give s.o. one's blessing, to give s.o. one's benediction
Spendet der Heilige Vater den Gläubigen, die nach Rom kommen, eigentlich täglich den päpstlichen Segen?

seinen Segen (zu etw.) geben *ugs* · 1. 2. to give one's blessing to s.th., to say s.th. is OK, to OK s.th., to give one's OK to s.th.
1. Hat dein Vater zu deinen Plänen denn schon seinen Segen gegeben? – Ich hab' ihn noch gar nicht gefragt. – Wird er denn ja dazu sagen? – Ich hoffe. Sicher bin ich allerdings nicht.
2. (Die Mutter zu den Kindern:) Na ja, wenn Papa seinen Segen schon gegeben hat, dann will ich nichts sagen. Obwohl ich eigentlich gegen diese Reise bin.

seinen väterlichen Segen (zu etw.) geben *ugs iron* – seinen **Segen (zu etw.) geben** · to give one's paternal blessing to s.th. *para*

(es ist) ein Segen Gottes, daß ... *path selten* – (es ist) ein (wahrer) **Segen, daß** ... · it's a blessing that ...

sehen: ich seh' es/das/(...) noch wie heute · I can see it now as if it were yesterday
... Wir gehen am Strand entlang und plötzlich – ich seh' das noch wie heute – fliegt einem Mädchen vor uns das Oberteil des Bikinis weg. Alles rennt hinterher, lacht ...

ich denk', ich seh' nicht recht! *ugs* · I couldn't believe my eyes, I thought/... I was seeing things
... Plötzlich schellt's, und wer steht da in der Tür? – Ich denk' ich seh' nicht recht! – mein Bruder, der in Brasilien lebt.

soweit ich sehe · as far as I can tell, as far as I can judge
(Ein Granithändler zu einem Kollegen:) Wie entwickelt sich der Markt in den letzten Wochen in Amerika? – Soweit ich sehe, gibt es Anzeichen zur Besserung. Aber sicher bin ich noch nicht.

das sehe sich einer an *ugs* – das sehe/(guck') sich **einer an!** · just look at that!

sehe ich so/danach aus?! *ugs* · + what do you take me for?
(Ein Firmenchef zu einem Geschäftsfreund, der ihn abholen will:) Sie werden mich ja am Flughafen nicht vergeblich warten lassen, nicht? – Sehe ich so aus? – Ich hab' schon soviel erlebt, wissen Sie ... – Aber doch nicht mit mir!

wenn ich den/die/den Ernst/... **sehe, dann ...** *ugs* · whenever I see him/her/John, I...
Wenn ich den Prof. Maurer sehe, dann krieg' ich jedes Mal schlechte Laune. Was der mir im Leben alles eingebrockt hat! ...

ich sehe einige/..., die nicht da sind *ugs* – *iron* · I see some people are missing
(In der Schule:) ... Guten Morgen! ... Hm ... Ich sehe wieder einige, die nicht da sind! Wieder krank?! ... Klar, Montagmorgen ... Wenn sie doch mal dienstags krank würden oder donnerstags! ... Na, dann wollen wir mal sehen, was die Anwesenden von dem Stoff vom Freitag behalten haben ...

... wohl/..., oder wie sehe ich das? *ugs* · 1. 2. ... am I right?
1. ... Wenn Schuckert plötzlich so mit den Preisen heruntergeht, hat er bestimmt finanzielle Sorgen und muß unbedingt verkaufen, oder wie sehe ich das? – Ich weiß nicht, Herr Pauly, ich kann Ihnen da leider keine Antwort geben.
2. ... Der Schuckert meint wohl, er könnte jeden beliebigen Preis verlangen, oder wie sehe ich das?! – Finden Sie die Preise derart überhöht? – Das ist Wucher, was der Mann da treibt!

du mußt/solltest/.../er muß/sollte/... **auf etw. sehen** · you must/should/.../he must/should/... consider s.th./look to the consequences/...
... Du mußt auf die Folgen einer solchen Entscheidung sehen, Werner! Im Moment sieht natürlich alles rosig aus. Aber hast du dir die Folgen schon einmal überlegt, die das haben kann?! Darauf mußt du achten!

(immer nur/...) auf seinen Vorteil/Ruf/auf sich selbst/... **sehen** – (immer nur/...) auf seinen Vorteil/Ruf/auf sich selbst/... **bedacht sein** · to be (always/...) out for one's own advantage/to boost one's reputation/...

jm./e-r S./**sich ähnlich sehen** · to look like s.o., to resemble s.o. closely/strongly/...
Die Gisela und die Bettina sehen sich so ähnlich, daß man sie kaum unterscheiden kann.

jm. **sprechend ähnlich sehen** *selten* – (schwächer als:) jm./e-r S./sich täuschend ähnlich **sehen** · to be a dead ringer for s.o., to be the spitting image of s.o.

jm./e-r S./**sich täuschend ähnlich sehen** · a and b look remarkably alike, a and b look remarkably similar
Die Gisela und die Bettina sehen sich täuschend ähnlich! – Sie sind eineiige Zwillinge. Sogar die Mutter hatte manchmal Mühe, sie auseinanderzuhalten.

sich (leider) **außerstande sehen,** etw. zu tun *form* – sich (heute/...) **außerstande** fühlen/sehen, etw. zu tun · to be (unfortunately/...) unable to do s.th. (for s.o.), (unfortunately/...) not to be in a position to do s.th. (for s.o.)

sich **bemüßigt sehen,** etw. zu tun *mst iron* · (not) to feel called upon/obliged to do s.th.
... Nein, ich seh' mich nicht bemüßigt, Leuten zu helfen, die absolut keinen Rat annehmen wollen! Es gibt eben Menschen, die verdienen keine Hilfe.

(alles/schon) **doppelt sehen** *ugs* · to see/to be seeing double
Der Rolf wankt daher, als ob er alles doppelt sähe. – Wer weiß, vielleicht tut er das auch; er scheint ja wirklich anständig einen in der Krone zu haben.

das/(...) **darfst du/darf man nicht so eng sehen!**/etw. zu eng sehen *ugs* · 1. you/... mustn't take it to heart, you/... mustn't let it get to you/..., 2. + it's not the end of the world
1. ... Mach' dir nichts draus, wenn du mal 'ne 'Fünf' geschrieben hast, Klaus! Das kann jedem mal passieren. Das darfst du nicht so eng sehen.
2. ... Nun macht doch nicht so ein Heckmeck, wenn ich mal eine Viertelstunde später komme! Das dürft ihr nicht so eng sehen, das ist doch noch im Rahmen!

sich e-r S. **gegenübergestellt sehen** *form* · to be confronted with s.th.
Der Robert hatte immer angenommen, die Kollegen würden ihn unterstützen, wenn es einmal nötig wäre. Er war daher sehr überrascht, als er sich jetzt bei der Auseinandersetzung mit dem Chef allen möglichen Anfeindungen gegenübergestellt sah. Sich dagegen zur Wehr zu setzen war gar nicht so einfach ...

sich (leider) **genötigt sehen,** jn. zu bestrafen/... *form* · to find o.s. compelled to do s.th., to feel compelled to do s.th.
... Wenn Sie jetzt noch einmal zu spät kommen, sehe ich mich leider genötigt, zu Strafaktionen Zuflucht zu nehmen. Oder glauben Sie im Ernst, Herr Kastner, Sie könnten hier jeden zweiten Tag ungestraft zu spät kommen?

es (nicht) **gern sehen, wenn/daß** .../etw. (nicht) gern sehen · (not) to like people to be untidy/..., to hate people to be untidy/unpunctual/...
Mein Vater sieht es nun einmal nicht gern, wenn die Leute nachlässig gekleidet/schlampig herumlaufen/mein Vater sieht Schlampigkeit nun einmal nicht gern! – Aber was ist denn dabei? Es gibt doch wahrhaftig wichtigere Dinge. – Klar. Aber er hat für Nachlässigkeiten einfach nichts übrig.

grau in grau **sehen** *ugs – iron selten* – schwarz **sehen** · to see the gloomy side of things, to look on the dark/black/gloomy/... side of things

alles grau in grau **sehen** *ugs od. iron selten* – alles durch eine/(die) schwarze/(düstere) **Brille** sehen · to take a pessimistic/gloomy/bleak/... view of things/the world/...

grau in grau **sehen für** jn./etw. *ugs od. iron selten* – schwarz **sehen** für jn./etw. · to be pessimistic about s.o./s.o.'s future/...

jn. **lieber/am liebsten von hinten sehen** *ugs iron* · to be glad to see the back of s.o.
... Der Robert kommt nicht mit auf das Fest? Gott sei Dank! – Warum 'Gott sei Dank'? Du siehst den wohl lieber von hinten, was? –

Wenn ich ehrlich sein soll: ja. Ich bin immer froh, wenn ich nichts mit ihm zu tun habe.

klar sehen – klarsehen · to see s.th. clearly

sich mit e-r S. **konfrontiert sehen** *form* – sich e-r S. gegenübergestellt **sehen** · to be confronted with s.th.

weder (nach) links noch (nach) rechts sehen/nicht (nach) links und nicht (nach) rechts sehen – weder nach **links** noch nach rechts/nicht nach links und nicht nach rechts gucken/schauen/(sehen/blicken) (und auf sein Ziel lossteuern/...) · to pursue one's goal singlemindedly

mal sehen! · we'll see, maybe
... Und kommst du übernächsten Sonntag zu Gerds Geburtstag? – Mal sehen! – Wie, überlegst du da noch?

mal sehen, ob/wie/wann/... · I wonder if ...
... Mal sehen, ob der Klaus zu Vaters Geburtstag wirklich erscheint ... – Wie, zweifelst du da noch? – Offengestanden, ja.

laß dich/laßt euch/... hier (bloß/nur) nicht mehr sehen! *ugs* · don't show your face in here again!
... Laß dich hier bloß nicht mehr sehen, sag' ich dir! Wenn du noch ein Mal mein Lokal betrittst, ruf' ich die Polizei und laß dich vor versammelter Mannschaft an die Luft setzen. So ein Betrüger wie du hat hier nichts verloren.

ich/(j.) möchte doch (mal) sehen, ob j. es wagt, zu .../.../ob/wer/wie/... *ugs* · I'd like to see if s.o. dares to .../whether s.o. ...
Der Rottmann meint, ich hätte Angst, auf dem Empfang, den er gibt, zu erscheinen, nur weil unser Richard ihm Geld schuldet? Was hab' ich denn mit den Schulden meines Bruders zu tun? Natürlich geh' ich dahin. Ich möchte doch mal sehen, ob der Mann es wagt, vor anderen Leuten dieses Thema anzuschneiden.

das/den/die möchte ich/(möchten wir) **mal sehen/**den/die möchte ich/(möchten wir) mal sehen, der/die ... *ugs* · 1. 2. I'd like to see s.o. do that, 3. I'd like to meet the man/... who could do s.th./that
1. Der Christoph hat behauptet, im Notfall könnte er die Übersetzung auch alleine machen. – Das möchte ich mal sehen! Behaupten kann er das natürlich. Aber machen?!
2. ... Das möchte ich mal sehen. Das versteht dann keiner, was der sich dann zusammenübersetzt.
3. ... Wenn du für deine Zusammenarbeit mit ihm Bedingungen stellst, die ihm nicht passen, ist er in der Lage, das Projekt allein durchzuführen. – Den möchte ich mal sehen, der so eine umfangreiche und komplizierte Sache alleine macht!

das Unglück/(...) **nahen sehen** *path selten* · to see s.th. coming
Jetzt hat die Ursel ihr Knie kaputt, nicht? Das (Unglück) hab' ich nahen sehen. Sie hat keine Konstitution für so einen hochgezüchteten Leistungssport.

rot sehen (wenn ...) *ugs* · to see red (when ...)
Ich geb' dir einen guten Rat, Michael: wenn wir heute abend zu Herrn Eichler gehen, vermeide das Thema 'Entwicklungshilfe'. Wenn das Thema zur Sprache kommt, sieht der rot. Es braucht nur das Wort 'Entwicklungshilfe' zu fallen, dann flippt er schon aus.

sich an etw. (gründlich/richtig/...) **satt sehen/**gar nicht satt sehen können · to get a real eyeful of s.th. *coll*, not to be able to see enough of s.th.
... Der Robert?! Der kann so viel an Nacktbadestrände gehen, wie er will – an schönen Frauen wird der sich nie satt sehen.

schwarz sehen · to be pessimistic
... Was die Entwicklung in Mitteleuropa angeht, so sehe ich schwarz. – Warum? Ich bin da gar nicht so pessimistisch. Im Gegenteil, ...

alles schwarz sehen – alles durch eine/(die) schwarze/(düstere) **Brille** sehen · to take a pessimistic/gloomy/bleak/... view of things/the world/...

schwarz sehen für jn./etw. · 1. 2. to be pessimistic about s.o./s.o.'s future/..., + things look bleak for s.o. (if ...)
1. Wenn die Entwicklung so weiter geht, Walter, sehe ich schwarz für deine Zukunft. Ich weiß nicht, wie du eine vernünftige Stelle finden

sollst, wenn man auf deinem Gebiet einen Arbeitsplatz nach dem anderen wegrationalisiert.

2. ... Ich sehe schwarz für deine Tochter. Wenn sie ihren Arbeitsstil nicht gründlich ändert, fällt sie (im Examen) durch, ja, verdirbt sich u. U. ihr ganzes Leben.

jn. häufig/... bei sich sehen *form selten* · to have s.o. round to one's house (frequently/...)

... Guten Tag! Wie geht's Ihnen, Herr Wallberg? ... Wir haben Sie schon lange nicht mehr bei uns gesehen. Hätten Sie nächsten Samstag Zeit? Sie würden uns eine große Freude machen, wenn wir Sie zum Abendessen bei uns begrüßen dürften ...

jn./etw. noch (deutlich/genau/...) vor sich sehen · I/(he/...) can still see him/... before me/... now

... Ob ich mich noch an den Ernst Kluckner erinnere? Was für eine Frage! Ganz deutlich sehe ich ihn noch vor mir, wie er da auf der Couch sitzt, das linke Bein über das rechte geschlagen, lässig zurückgelehnt ...

du sollst/ihr sollt sehen – es wird schon alles gut ablaufen/... *ugs* · you'll see – it will be all right

... Nun mach' dir mal so viele Sorgen, Doris! Du sollst sehen: nach zwei, drei Monaten ist der Junge wieder gesund! ...

sich veranlaßt sehen, etw. zu tun *form* · to feel compelled to do s.th.

Da die Belegschaft monatelang auf Hochtouren gearbeitet hatte, sah sich der Chef – ganz gegen seine Gewohnheit – veranlaßt, jedem zu Weihnachten eine Extragratifikation zu zahlen.

das/(...) darfst du/darf man/... nicht so verbissen sehen!/ etw. zu verbissen sehen *ugs* – (stärker als:) das/(...) darfst du/darf man/... nicht so **eng** sehen/etw. zu eng sehen · you/one/... shouldn't be so uptight about it/s.th., you/one/... shouldn't take it so seriously

wir wollen/werden sehen *ugs* · let's wait and see, we'll see

... Kann ich nun davon ausgehen, daß Sie den Antrag unterstützen, Herr Huntsch? – Wir wollen sehen, Herr Rennecke. Vielleicht rufen Sie mich in zwei bis drei Wochen nochmal an, dann kann ich Ihnen sicherlich schon Genaueres sagen.

wir wollen doch mal sehen, wer hier zu bestimmen/zu sagen hat/... *ugs* · we'll see who's in charge around here/...

... Der Herr Kähler hat gesagt, die Preise sollen ab sofort um 7% erhöht werden? Obwohl ich ausdrücklich angeordnet hatte, die alten Preise noch wenigstens drei Monate beizubehalten? Ich wiederhole hier klipp und klar: die Preise bleiben die alten! Wir wollen doch mal sehen, wer hier zu bestimmen hat, der Herr Kähler oder ich!

jn/etw. zu sehen bekommen · 1. 2. to get to see s.o./s.th., to see s.o./s.th.

1. ... Ich weiß nicht, was sie bei solchen Führungen durch das Archiv zu zeigen pflegen. Wenn ihr die Geheimdokumente zu sehen bekommt, die die haben, dann lohnt sich der Besuch. Sonst kaum, denn die anderen Sachen sind ziemlich banal.

2. Habt ihr bei eurem Besuch bei Schuckert auch den Chef persönlich zu sehen bekommen? – Nein, der ist nicht in Erscheinung getreten.

erst sehen, dann glauben · seeing is believing, first you see, then you believe

... Glaubst du denn nicht, daß so eine herrliche Villa zwei Millionen wert ist? – Ich glaub' gar nichts, ehe ich sie nicht gesehen habe. – Du bist wie der heilige Thomas: erst sehen, dann glauben.

jn./sich (nur) vom Sehen (her) kennen – jn./sich (nur) von/ (vom) **Ansehen** (her) kennen · to know s.o./each other (only/...) by sight

jn.nicht sehen können *ugs* – jn./etw. nicht **ausstehen** können (1) · not to be able to stand s.o.

jn./etw. nicht mehr sehen können/wollen *ugs* · 1. 2. s.o. can't stand the sight of s.o./s.th.

1. ... Herrgott, schon wieder Erbsensuppe! Ich kann keine Erbsensuppe mehr sehen!

2. ... Halt mir diesen Hochstätter vom Hals, Doris. Ich kann diesen Blödmann einfach nicht mehr sehen! So ein eingebildeter Fatzke – nervenaufreibend!

sich an etw. (gar/überhaupt) **nicht satt sehen können** – sich an etw. (gar/überhaupt) nicht **satt** sehen/hören/riechen/... können (1) · not to be able to see enough of s.th.

jn./etw. zu sehen kriegen – jn./etw. zu **sehen** bekommen · to get to see s.o./s.th., to see s.o./s.th.

sich (nicht/nicht mehr/(mal) wieder/...) **sehen lassen** (in/ bei/...) *ugs* · 1. to come and see s.o. n, 2. (not) to show one's face (any more)

1. Wenn du nach Süddeutschland kommst, laß dich bei uns in München sehen! Wenn du willst, kannst du bei uns schlafen. München ist immer eine interessante Abwechslung ...

2. Ist der Rolf Mutsch nicht mehr zu den Trainingsabenden gekommen? – Nein. Seitdem er gegen den Willy und den Georg haushoch verloren hat, hat er sich hier nicht mehr sehen lassen.

sich sehen lassen können *ugs* · it/s.th. is something to be proud of, it/s.th. is an impressive/... achievement

... Dieser Roman kann sich sehen lassen! Ein hervorragendes Buch!

sich mit jm./etw. (nicht/nicht mehr) **sehen lassen können** (in/ bei/...) *ugs* · 1. to cut a fine figure (in a suit/...), to look good, 2. s.o. can be proud to be seen with s.o., 3. + one can't take s.o. anywhere, s.o. can't show his face there/in .../... any more

1. Wo hast du diesen Anzug gekauft? Mensch, (was) steht der dir gut! Mit diesem Anzug kannst du dich sehen lassen! Damit gibst du eine stattliche Figur ab. Verdammt nochmal!

2. ... Verheiratet oder nicht, mit dieser Frau kann er sich überall sehen lassen. Wenn eine Frau derart hinreißend schön ist, derart viel Charme hat, fragt doch kein Mensch mehr, ob man auch geheiratet hat. Mit der kann er sogar bei offiziellen Anlässen erscheinen. – Komm', nun beruhig' dich, Rainer!

3. Laß bloß den Dieter zu Hause, wenn du das nächste Mal zu Beyers gehst! – Warum? – Der kann sich da nicht mehr sehen lassen. Er hat sich das letzte Mal, als sie ihn eingeladen hatten, vollaufen lassen und dann ein paar Gäste äußerst unhöflich behandelt.

sehen müssen, wie man mit etw. **fertig wird**/aus e-r S. wieder herauskommt/.../jetzt/dann/... muß/soll j. (selbst/allein) sehen, wie ... *ugs* – **zusehen** müssen, wie man mit etw. fertig wird/aus e-r S. wieder herauskommt/.../jetzt/dann/... muß/ soll j. zusehen, wie ... · s.o. will just/... have to get on with it/to see how he copes/...

du hättest/ihr hättet/... das/etw./jn. sehen sollen *ugs* · you should have seen s.o./s.th.

... Du hättest deine Tochter in dieser Prüfung sehen sollen, Erich! Dann würdest du anders von ihr reden! Klasse, sage ich dir! Einfach Klasse! – Aber zu Hause ... – Komm', sei ruhig!

j. will/wird/... sehen, was sich tun/machen läßt – j. will/ wird/... sehen/zusehen/schauen/..., was sich **tun** läßt · s.o. will see what can be done

Sehnsucht: jn./etw. **mit Sehnsucht erwarten** *path* · to wait longingly for s.o., to long for s.o. to return

... Wirklich rührend zu sehen, wie diese Frau von bald 50 Jahren ihren Mann bei jeder Reise mit Sehnsucht zurückerwartet! – Meine Mutter war genauso. Wenn mein Vater weg war, zählte sie die Stunden.

vor Sehnsucht nach jm. **vergehen**/sich verzehren *path od. iron* · to pine away, to pine for s.o./s.th.

... Drei oder vier Monate ohne den Richard?! Nein, das hält die Susanne nicht aus. Da vergeht sie vor Sehnsucht.

sei: wie dem auch sei · whatever happens, be that as it may

... Einige behaupten, der Herbert habe mit dem Streit angefangen; andere sagen, die Stimmung sei schon vorher sehr gereizt gewesen und im Grunde seien die Gäste von Anfang an auf eine harte Auseinandersetzung aus gewesen. Wie dem auch sei: man schreit Leute, die man eingeladen hat, einfach nicht so an!

es sei denn, daß ... · unless ...

... Die CDU wird dem Gesetzesvorschlag der Regierung nicht zustimmen, es sei denn, daß die Regierung noch einige substantielle Änderungen daran vornimmt/es sei denn, die Regierung nimmt ...

sei's drum! – sei's **drum**! · never mind!, forget it!

... (und) sei es auch nur, um .../weil .../wegen .../... – ... (und) sei es auch **nur**, um .../weil/.../wegen .../... · even if it is only to .../because .../...

sei es ... sei es/oder ... · (whether it's) John/... or Joe/...
... Irgendjemand wird uns bei dem Umzug schon helfen – sei es der Rolf oder der Herbert oder ...; irgendeiner wird schon erscheinen. Und wer es ist, ist ja im Grunde egal, nicht?!

es sei dem, wie ihm wolle/(sei es, wie es wolle) *form* – (eher:) wie dem auch sei · whatever happens, be that as it may

Seide: damit/(mit etw.) **kann ich/**er/der Peter/... **keine Seide spinnen** *ugs selten* · + it/s.th. is no good to me/him/John/...
... Aus Eisen habe ich die Plättchen nirgends bekommen, ich habe dir daher diese Plastikplättchen mitgebracht. – Damit kann ich keine Seide spinnen. – Was? – Die nützen mir (leider) gar nichts. Die sind in der Maschine sofort kaputt.

eine/keine gute Seide miteinander spinnen *selten* – einen/keinen guten **Faden** miteinander spinnen · to get on well together

Seife: wie Seife schmecken *sal* · to taste bloody awfully, to taste of nothing *n*
Mein Gott, wo die dieses Fleisch bloß gekauft haben! – Wie, schmeckt es dir nicht? – Doch, ausgezeichnet – wie Seife! – Holger! Du stellst dich aber auch immer an! – Dann probier' du das Zeug mal! Ob du das runterkriegst ...

Seifenblasen: js. Hoffnungen/... **sind nur Seifenblasen** *ugs – path selten* · s.o.'s hopes/expectations/... are (nothing but) soap bubbles *tr*
... Ich verstehe überhaupt nicht, wie sich der Bernd bei derart hochqualifizierten Konkurrenten auf die Stelle noch Hoffnungen machen kann. Merkt er denn nicht, daß das Illusionen sind – Seifenblasen?!

Seifenblasen machen/aufsteigen lassen · to blow bubbles
... Wie, habt ihr als Kinder nie Seifenblasen aufsteigen lassen? – Du meinst, einen Strohhalm in schaumiges Wasser halten und dann reinpusten? – Natürlich haben wir das gemacht! Aber ...

wie Seifenblasen zerplatzen/(platzen) *Hoffnungen/Gerüchte/*... *ugs – path* · to go up in smoke, to burst like soap-bubbles
... Bei seinem ausgezeichneten Examen hatte er sich die schönsten Hoffnungen gemacht. Sie sind alle wie Seifenblasen zerplatzt. Auf seine zehn Bewerbungen hat er nicht eine einzige positive Antwort bekommen.

Seifensieder: jm. geht ein Seifensieder auf *ugs iron selten* – jm. gehen die **Augen** auf · + to see the light

Seil: am gleichen Seil ziehen *selten* – am gleichen/an einem/(an demselben) **Strang** ziehen · to pull together, to join forces

Seilchen: Seilchen springen · to skip
... Spring' Seilchen, Mensch, alle drei, vier Stunden 15 Minuten – wie die kleinen Mädchen oder die Boxer, dann wirst du nicht dick! – Du bist ja verrückt! Ich bin weder Boxer noch ein kleines Mädchen. Das fehlte mir noch, da herumzuhüpfen, nur, um nicht zuzunehmen.

Seiler: des Seilers Tochter heiraten *iron veraltend selten* · to be hanged
... Ja, und dann, mit 35 Jahren, hat er des Seilers Tochter geheiratet – was bei seinem Lebenswandel ja auch kein Wunder war. – Was hat er, Papa? – Er wurde gehenkt, Kinder, aufgehängt – mitten auf dem Marktplatz.

sein: was darf/(soll) **es sein?** *form* · what would you like?
(In einem Restaurant:) Was darf es sein? – Bringen Sie uns bitte ein Wiener Schnitzel und ein Pfeffersteak! – Und zu trinken? – Zwei Pils, bitte.

das sein · 1. 2. to be the one who ..., are you/is he/... the person/boy/girl/... who ...?
1. (Ein Schüler zu einem anderen:) Der Bublitz hat heute von einem Oberprimaner gesprochen, der schon einen Roman geschrieben hat. Bist du das? – Ja, das bin ich.

2. (Ein Schüler zu einem anderen:) Bist du das, der schon einen Roman publiziert hat, oder wer soll das sein? – Wie kommst du dadrauf? – Der Bublitz sprach von einem Oberprimaner; ich wüßte nicht, wer da sonst in Frage käme.

es sein · 1. it's me/him/John/..., 2. to be the one who ...
1. (J. klopft:) Ja, wer ist da? – Ich bin es, Karl!
2. vgl. – (eher:) das **sein** (2)

hier ist gut sein *Verkürzung des Zitats: 'Hier ist gut sein, hier laßt uns eine Hütte bauen' ugs oft iron* · 1. 2. this is a good place to stop/stay/... *n*, it's lovely/pleasant/... here *n*
1. (Der Vater auf einer Wanderung:) Hier ist gut sein, an diesem herrlichen Bach und unter diesen Tannen könnten wir eine Zeitlang Rast machen, meint ihr nicht? So ein schönes Plätzchen finden wir so schnell nicht wieder.
2. (Auf einer Reise, vor einem Hotel:) Hier ist gut sein. Hier könnten wir ein paar Tage bleiben.

(das) kann sein · maybe, that may be so
... Aber der Hoffmann ist doch ehrlich! Oder etwa nicht? – Kann sein! ... Wer weiß? ... Kann auch nicht sein, nicht? ... – Na, komm' Erich, du wirst doch nicht ... – Richard, das Geld fehlt, und kein anderer als der Hoffmann hat den Schlüssel zum Tresor ...

das/den Unsinn/... **läßt du/**laßt ihr/... **mal/**(...) **hübsch/ganz schön sein** (hörst du/...)! *ugs* · you'd better cut that/that nonsense/... out
(Der Vater:) Ich habe da heute per Zufall euren Klassenlehrer, den Herrn Rollmann, getroffen. Der hat mir erzählt, du machst dir in letzter Zeit einen Scherz daraus, deinem Nachbarn mitten in der Stunde Gedichte vorzutragen. Das läßt du mal hübsch sein, hörst du! Sonst werd' ich dir mal ganz andere Gedichte beibringen!

laß/... **es genug sein** (mit ...)/(es genug sein lassen) *form selten* · let's stop now, let's call it a day *coll*
(Ein Prüfer zu andern während eines Examens:) Lassen Sie es genug sein, Herr Kollege! Der Kandidat wird sich mit der Materie wohl oder übel noch einmal beschäftigen müssen. Wir haben die Zeit sowieso schon überschritten ...

laß/laßt/... (es) **gut sein!** – laß/laßt/... **gut** sein! · forget it!, let it go!, leave it!

jn./etw. los sein – jn./etw. **lossein** · to get rid/to have got rid of s.th.

(das) mag sein · that may be, maybe
... Aber der Erich ist doch tüchtig und fleißig ...! – Das mag sein, Bärbel; das kann ich nicht beurteilen. Aber er hat eben kein Benehmen. Und Leute, die kein Benehmen haben, kann ich nun mal nicht ausstehen.

so dumm/einfältig/begriffsstutzig/... **möchte ich auch mal sein!** *sal* · how can anyone be so stupid/naive/...?
Hat der Klaus wirklich geglaubt, was Gerd und Ulrich ihm da alles vorgeschwindelt haben? – Natürlich! – So leichtgläubig möchte ich auch mal sein! Aber nur für fünf Minuten! Wie kann ein erwachsener Mann so ein dummes Zeug glauben?

muß das sein? *ugs* · + do you/does he/... have to?
... Ihr laßt aber auch immer die Türen auf, Kinder! Muß das sein?! Herrgott nochmal! Ich kann doch nicht den halben Tag damit verbringen, die Tür zuzumachen.

(noch/...) **nichts sein** – (noch/...) **nichts** sein · to be (still/...) a nobody, nothing has happened/there's no news/... yet

für sich (allein) sein (wollen) – für **sich** (allein) sein (wollen) · to (want to) be alone/on one's own/(...)

ich will/(er/der Peter/... will/...) **mal nicht so sein** *ugs* · all right, just this once, I'll/(he'll/John'll/...) do s.th. just this once
Gib mir doch noch eine Mark für ein Eis, Papa! Nur noch ein Mal! – Gut, ich will mal nicht so sein. Noch eins. Aber dann ist Schluß. Auch die Großzügigkeit muß mal ein Ende haben.

es hat nicht sollen sein *path iron – resign* · it was not to be
... In der Tat: ich hab' wieder Pech gehabt! Sie haben einen anderen vorgezogen. Schade, die Stelle hätte ich wirklich gern gehabt. Na ja, es hat nicht sollen sein. Wir wollen uns keine grauen Haare deswegen wachsen lassen ...

(schließlich/…) wer sein *ugs – path –* (schließlich/…) **wer sein** · to be someone/someone important (after all/…)

das kann wohl sein · maybe s. o. did, quite possibly, that is quite possible, that may well be
… Aber im vergangenen Jahr hat mir Ihr Kollege Schramm doch noch gesagt, die Perspektiven wären ausgezeichnet! – Das kann wohl sein/das ist schon möglich; aber leider haben sich die Dinge in diesem Jahr grundlegend geändert. In unserer Branche ist die Lage ausgesprochen kritisch.

(nicht) an dem sein (was j. sagt/behauptet/…) *form* · + what s. o. says/claims/… is not the case
… Ich glaube gern, daß der Dieter dir gesagt hat, man hätte ihm eine Beförderung versprochen. Aber es ist leider nun einmal nicht an dem, was der Dieter behauptet. – Wie, er hat mich belogen? – Ob er gelogen hat oder nicht, magst du selbst beurteilen – es stimmt nicht!

jetzt/… an jm. sein, etw. zu tun *form* – es **ist** jetzt/… an jm., etw. zu tun · it is now/… s. o.'s duty/job/… to do s. th., it is now/… up to s. o. to do s. th.

jm. **(nicht) nach** etw. **sein/danach sein,** etw. zu tun (jm. ist nicht danach, etw. zu …) – (eher:) jm. ist (nicht) danach **zumute,** etw. zu tun/(jm. ist (nicht) nach etw. zumute) · + s. o. does not feel like doing s. th., + s. o. does not feel in the mood to do s. th.

alles, was sein ist, mitnehmen/… *form – path veraltend* · to take/… everything I/he/we/… own/…, to take everything that is mine/yours/his/…
… So, das ist jetzt das letzte Mal, daß ich mich mit euch streite! Endgültig! Ich ziehe aus! Morgen früh laß ich einen Kombiwagen kommen und nehme alles, was mein ist, gleich mit. Viel hab' ich ja sowieso nicht mehr hier …

etw. **sein lassen** *ugs* · 1. 2. to stop doing s. th. *n*, to cut it out, to put a stop to s. th.
1. Wenn du jetzt den Unsinn nicht sein läßt, Walter, muß ich dich leider bestrafen, hörst du?!
2. … Laß doch die ewigen Streitereien mit deiner Schwester sein! Das geht einem ja auf die Nerven! Also Schluß jetzt, klar?!

es (dann doch/…) **sein lassen** *ugs* · to drop the idea (after all/…), to forget the idea (after all/…), to leave it at that (after all/…), to let it be (after all/…), to decide not to do s. th. (after all/…) *n*
… Eigentlich wollte ich diesem kleinen Frechdachs mal eine saftige Strafe geben. Aber als ich dann sah, wie glücklich er da auf der Straße spielte, habe ich es doch sein lassen.

es sich/sich's wohl sein lassen *form selten* – es sich gut/ (wohl) **gehen** lassen · to enjoy life, to live it up

mehr sein als scheinen *path* · to be more than one appears to be/seems to be
… Eigentlich sollte man ja mehr sein als scheinen, nicht?! Aber hierzulande ist es umgekehrt; hier zählt der Schein, nicht das Sein.

es/etw. hat nicht sein sollen/(sollen sein) *form – path* · it was not to be
… Die Eltern haben alles getan, um den Jungen wieder gesund zu kriegen, wirklich alles. Aber es hat nicht sein sollen. Es war wohl Gottes Ratschluß, daß er starb.

Sein oder Nichtsein *path Zit* · to be or not to be, life or death
… Diese Verhandlungen werden über die ganze Zukunft der Firma entscheiden, mein guter Herr Mertens; um Sein oder Nichtsein geht es da! – Ach, Herr Oswald, das Unternehmen geht immer irgendwie weiter. Wir wollen mal nicht dramatisieren!

Sein und Schein · reality and appearance
… Ja, mein Guter, Sein und Schein! Du mußt lernen, das auseinanderzuhalten! Es ist nicht jeder ein Gentleman, der einen dicken Mercedes fährt.

Seine: jedem das Seine · to each his own, to each what is rightfully his
Nicht: allen dasselbe, sondern: jedem das seine, das müßte die Lösung der sozialen Konflikte sein. – Gut. Aber was ist für jeden 'das seine'; was steht jedem einzelnen zu?

jedem das Seine, mir das Doppelte! · (scherzhaft für:) jedem das **Seine** · to each his own (and double to me!) *para*

ganz der Seine sein *path od. iron* · to be all his
… Ich weiß, ich weiß, Bärbel!: du bist ganz der Seine, Peter ganz der Deine – ihr seid das ideale Ehepaar! – Du Spötter! – Aber nein! …

das Seine tun *oft Perf form* · to do one's bit, to do one's best
… So, ich habe das Meine getan, damit die Arbeit rechtzeitig fertig wird. Wenn der Termin jetzt trotzdem überschritten wird, liegt es an euch. Was in meinen Kräften stand, das habe ich gemacht.

die Seine werden *path od. iron selten* · to become his
(Der Bruder augenzwinkernd zu seiner Schwester, indem er auf ihren Freund zeigt:) Wie ich eben hörte, willst du die Seine werden? – (Sie, leicht errötend:) Ja, wir heiraten im nächsten Monat.

das Seine zusammenhalten *form* · to hang on to/to keep hold of what one owns
… Natürlich ist Besitz eine Chance – wenn man daraus etwas macht. Aber wenn man sein ganzes Leben nur damit verbringt, das Seine zusammenzuhalten, ist es wohl doch eher der Tod der Seele und des Geistes, oder?

er und die Seinen/sie und die Ihren/… *form* · 1. he and his family/she and her family/…, 2.all the best/… to you and yours
1. Kommt der Kurt mit seiner Familie nicht? – Er und die Seinen haben gestern überraschend beschlossen, nach Frankreich zu fahren.
2. (Als Briefschluß:) … Ihnen und den Ihren recht freundliche Grüße, Ihr Kurt Biedenmeyer.

den Seinen gibt's der Herr im Schlaf *ugs dir. R* · + some people have all the luck, the devil looks after his own
Was, du hast in der Mathematikarbeit eine 'Eins' geschrieben?! Den Seinen gibt's der Herr im Schlaf! – Von wegen! Ich hab' geschuftet wie ein Wilder. – Das glaub' ich.

ein Mädchen/eine Frau zu der Seinen machen *path od. iron selten* · to make a girl/woman/… his own
Na, hat der Detlev die Gisela endlich zu der Seinen gemacht? – Ja, sie haben letzten Sonntag geheiratet.

seinesgleichen: er und seinesgleichen/sie und ihresgleichen *sal* · him and his kind/you and your kind/…
… Ach, mit Ihnen und Ihresgleichen sollte man überhaupt gar nicht umgehn! Ihnen fehlen doch die elementarsten Grundlagen des Anstands und der Erziehung!

nur mit seinesgleichen umgehen/verkehren/… *form* · to consort/to spend time/… only with one's own kind/one's ilk/one's equals/…
… Nein, uns lädt der Hausmann nicht ein! Der geht nur mit seinesgleichen um – mit Generaldirektoren, bekannten Managern, Politikern …

mit jm. **wie mit seinesgleichen umgehen/**verkehren/… *form* – jn. wie **seinesgleichen** behandeln · to treat s. o. as one's equal

jn. **wie seinesgleichen behandeln** *form* · to treat s. o. as one's equal
Der Prof. Herrmann ist ja eigentlich viel mehr als der Anton Dollinger. Aber ich habe den Eindruck, daß er ihn wie seinesgleichen behandelt. – Wenn der eine beruflich weiter ist als der andere, ist das kein Grund, auch privat Unterschiede zu machen.

ein Stil/eine Unverschämtheit/ein Taktgefühl/..., **der**/die/ das **seinesgleichen**/ihresgleichen **sucht** *path* – ein Stil/eine Unverschämtheit/ein Taktgefühl/... der/die/das seinesglei- chen/ihresgleichen **sucht** · a style/a sense of tact/... that is unequalled/unprecedented/..., a cheek that takes some beating

Seinige: das Seinige tun *oft Perf form* – (eher:) das **Seine** tun · to do one's bit

Seite: auf der Seite liegen/schlafen/schwimmen/... · to lie/to sleep/to swim/... on one's side
... Du schläfst immer auf der Seite?! – Immer. Und zwar immer rechts. Auf dem Rücken oder auf der linken Seite kann ich gar nicht schlafen.

von seiner/ihrer/... **Seite**/(der Seite seines Vaters/...) **nichts zu befürchten haben**/... *form* · to have nothing to fear from that direction/your father's direction/...
... Wenn du von Peters Seite nichts zu befürchten hast: alle anderen befürworten deinen Antrag. – Bei dem Peter brauche ich keine Sorge zu haben; der unternimmt nichts gegen mich.

von seiner/ihrer/... **Seite**/(der Seite seines Vaters/...) **haben wir keine Hilfe zu erwarten**/kann er auf nichts zählen/... geschieht nichts/... *form* · we/... cannot expect any help/ count on anything/... from that quarter, we/... cannot expect any help/count on anything/... from that direction/from his/ John's/... direction
... Vielleicht kann uns der Bertold Meißner helfen. – Nein, seit dem Streit vom vergangenen Herbst haben wir von seiner Seite nichts mehr zu erwarten.

die juristische/technische/... **Seite** einer Sache/Angelegen- heit/... · the legal/technical/... side of the matter, the legal/ technical/... aspect of the matter
... Die menschliche Seite der Sache war noch schwieriger als die juristische, und die war schon nicht leicht. Die beiden hatten sich derart verfeindet, daß der eine gegen alles war, was dem andern auch nur irgendwie hätte nützen können. Finde da mal eine Lösung!

von anderer Seite hört j./wird jm. erzählt/... · 1. I've/... heard from other sources (that ...), I've/... been told by other sources that ..., 2. to hear from/to be told by/... a third party ...
1. Ihr mögt durchaus recht haben mit eurer Behauptung, daß der Oberbürgermeister gegen die Einrichtung eines weiteren Kaufhauses in der Innenstadt ist. Von anderer Seite wurde mir allerdings gesagt, er sei dafür. – Wer hat dir das gesagt? – Ein Beamter aus dem Baudezernat.
2. vgl. – von dritter **Seite** hört j./wird jm. erzählt/...

von berufener Seite ... *form* · by a competent authority, by someone who knows, by an expert
(Ein Vater:) Mein lieber Junge, wenn dir von berufener Seite geraten wird, unter allen Umständen auf Bier zu verzichten, dann könntest du diesen Ratschlag auch beherzigen. Der Prof. Raschke ist für das, was du da an den Nieren hast, schließlich d i e Kapazität!

von der/dieser Seite kenne ich ihn/sie/... **gar nicht**/haben wir sie/die beiden/... noch nie erlebt/... · I/... didn't know/I've never experienced/... that side of your/his/... character
... Der Karl hat da herumgeschimpft/herumgeschnauzt, da war das Ende von weg. – Von dieser Seite kannte ich ihn gar nicht. Ich hatte ihn immer nur als ruhigen und besonnenen Diskussionspartner er- lebt. – Er kann auch wütend werden, und wenn er wütend wird, dann ist es aus!

von dritter Seite hört j./wird jm. erzählt/... · to hear from/ to be told by/... a third party ...
... Was Ihnen von dritter Seite erzählt worden sein mag, hat nicht die geringste Bedeutung! Das wäre ja noch schöner, daß fremde Leute uns in unsere Planungen hineinredeten. Halten Sie sich also an das, was w i r Ihnen sagen!

auf der falschen/richtigen Seite fahren/gehen/... · to dri- ve/... on the wrong/right side of the road
Wie konnte denn auf einer so geraden Straße ein Unfall passieren? – Der entgegenkommende Lastwagen fuhr auf der falschen Seite. –

War der Fahrer betrunken? – Wahrscheinlich. Sonst wäre er wohl nicht links gefahren statt rechts.

komm'/(kommen Sie)/setz' dich/(setzen Sie sich)/... **an mei- ne**/(deine/...) **grüne Seite!** *ugs* · come and sit next to me *n*, come and sit close to me *n*
... Ah, Dietlinde, sieht man dich auch mal wieder? Komm', setz' dich an meine grüne Seite! – Da sitzt doch schon die Iris. – Die sitzt da immer, die kann heute mal nach rechts herüberrücken.

etw. kann/... **von keiner Seite geleugnet werden**/... *form* · + nobody can deny/dispute/... that ...
... Wie das juristisch aussieht, weiß ich nicht. Aber daß ein Bordell in einem Wohnviertel wie dem Muckensturm die größten Belästigun- gen mit sich bringt, kann doch von keiner Seite geleugnet werden. – Mein Lieber, deren Anwälte werden dir sogar 'beweisen', daß das gar kein Bordell ist.

die linke Seite *Stoff eher: von/(auf) links* · the reverse si- de, the wrong side, the inside
... Natürlich ist die Jacke abgetragen! Aber die linke Seite ist noch gut. – Du meinst, ein Schneider könnte sie auf links wenden und ... – Not macht erfinderisch, heißt es. Für die Ute gäbe das bestimmt noch ein schönes Jäckchen.

von maßgebender Seite hören/... · to hear/... from authorit- ative sources, to hear/... s.th. from influential sources
... Wenn mir von maßgebender Seite versichert wird, daß der Wirt- schaftsminister zurücktritt, wird das schon stimmen. – Ich weiß nicht, was für sog. 'maßgebende' Quellen du da hast ...

von der mütterlichen/väterlichen Seite (her) *form* · on/from one's mother's/father's side
... Wie ich höre, sind Sie mit Herrn Schlumberger verwandt? – Er ist ein Cousin zweiten Grades von mir. – Von der väterlichen Seite, vermute ich. – Nein, von der mütterlichen Seite her: über den jüng- sten Bruder meiner Mutter.

eine neue Seite seines Wesens/... **kennenlernen**/... · to get to know/... a new side to s.o.'s character/..., to get to know/... a new aspect of s.o.'s character/...
... Gestern kam der Herr Röder plötzlich auf seine verstorbene Frau zu sprechen. Da lernt man eine ganz neue Seite dieses Mannes ken- nen. Nichts mehr von dieser abweisenden Kühle, die er sonst hat. Im Gegenteil ...

etw. von einer neuen Seite (aus) betrachten/... · to look at s.th./... from a new perspective/angle/viewpoint/...
... Die Wirtschaft beurteilt die Wirtschaft mit wirtschaftlichen Da- ten. Wäre es nicht aufschlußreicher, die Krise der Wirtschaft einmal von einer neuen Seite aus zu beleuchten – etwa von Mentalitätsfra- gen her oder allgemeinen Normvorstellungen?

auf der sicheren Seite (sein) *Neol* · to believe/... that one is in the clear, to believe/... that one is safe
... Den Vorwurf, die Forschungsergebnisse dienten auch der chemi- schen Kriegsführung, konnte Direktor Klöpfer zwar nicht ganz ent- kräften. Trotzdem wähnt er sich und sein Unternehmen auf der si- cheren Seite; denn: ohne ihre Forschungen wäre eine effektive Schädlingsbekämpfung heute weithin unmöglich.

zur stärkeren/schwächeren Seite halten/die stärkere/schwä- chere Seite unterstützen/... · to support/... the stronger side
Ein Feigling ist das, der Peter; ein ganz entsetzlicher Feigling! Der hält immer zur stärkeren Seite. Sobald jemand mehr Macht hat als die anderen, ist der Peter für ihn.

von gut/(wohl) unterrichteter Seite hören/erfahren/... *form* · to hear/to learn/... from well-informed sources (that ..)
Wie wir von gut unterrichteter Seite erfahren, soll die Kraftfahrzeug- steuer in den nächsten Monaten entscheidend erhöht werden. – Seid ihr da sicher? – Es wurde uns von Leuten gesagt, die in aller Regel bestens informiert sind.

von zuverlässiger Seite wissen/... *form* · to have it from re- liable souces (that ...), to have heard from reliable sources that ...
... Ich weiß von zuverlässiger Seite, daß die Amerikaner kein Schei- tern der Verhandlungen wollen. – Ich weiß nicht, welche Quelle du zuverlässig nennst. Ich habe mir das Gegenteil erzählen lassen.

auf js. **Seite sein** · 1. 2. to be on s.o.'s side, 2. to root for s.o., to support s.o.

1. (Ein Anwalt zu seinem Mandanten:) Von diesem Prozeß haben Sie nichts zu befürchten, Herr Görres; das Recht ist eindeutig auf Ihrer Seite. – Meinen Sie? – Die Rechtslage ist ganz eindeutig. Den Prozeß können Sie nicht verlieren.

2. vgl. – auf js. **Seite** stehen

js. **schwache Seite sein** · 1. it/s.th. is s.o.'s weak spot, 2. + to have a weakness for s.o./s.th., + to have a soft spot for s.o./s.th.

1. Warum muß der Moser mich auch ausgerechnet über das 14. Jahrhundert prüfen, wo gerade das Spätmittelalter meine schwache Seite ist! – Das kann der doch nicht wissen, in welchen Jahrhunderten du gut und in welchen du weniger gut Bescheid weißt!

2. ... Ja, und dann hatten sie noch ein paar junge Tänzerinnen eingeladen, um die Jubiläumsfeier am Ende etwas aufzulockern. Da ging der alte Körner natürlich überhaupt nicht mehr nach Hause. – Klar, junge Mädchen sind von jeher seine schwache Seite. Dafür hat er schon eine Vorliebe gehabt, als er noch 25 Jahre jünger war.

js. **starke Seite sein** · to be s.o.'s forte, to be s.o.'s strong point, to be s.o.'s strong suit

Der Albrecht hat vielleicht ein Glück gehabt: der Prof. Kollmann hat ihn nur übers 19. Jahrhundert geprüft, und das 19. Jahrhundert ist seine starke Seite. Nirgendwo sonst ist er so bewandert.

etwas/Geld/... **auf der Seite haben** ugs selten – etwas/Geld/... auf der hohen **Kante** haben · to have s.th./money/... put by, to have s.th./money/... put away

(auch) seine gute Seite haben · it/s.th. has its points too, it/s.th. has its good side too

auch/... **eine menschliche Seite haben** · there is a human side to it/the problem/... (too), there is a human aspect to it/the problem/... (too)

... Rein juristisch ist die Angelegenheit klar: die Krankenschwester durfte dem Patienten ein so starkes Medikament nicht geben, ohne vorher mit dem Arzt zu sprechen. Aber die ganze Sache hat auch eine menschliche Seite. Der Patient hatte unausstehliche Schmerzen, der entscheidungsbefugte Arzt war nicht zu finden ... – man kann die Schwester schon verstehen ...

jn. **auf seiner Seite haben** · to have s.o. on one's side

... Wenn du den Schlüter und den Breuer auf deiner Seite hast, müßtest du die Mehrheit hinter dich bringen können. Die beiden haben in der Versammlung ein ganz enormes Gewicht. – Aber ich bin nicht sicher, ob sie mich/mein Anliegen unterstützen werden.

e-r S. **die beste Seite abgewinnen** · to make the best of s.th.

... Natürlich verstehe ich, daß ihr den Klassenausflug lieber nach Paris als ins Moseltal gemacht hättet. Aber statt jetzt wer weiß wie da herumzukritisieren, solltet ihr der Sache die beste Seite abgewinnen: die Mosellandschaft ist sehr schön, der Wein schmeckt ausgezeichnet, ihr habt Gelegenheit zu Ausflügen mit dem Schiff, zum Tanzen, zum Feiern ...

e-r S. **eine neue Seite abgewinnen** · to discover new aspects of s.th.

... Ich weiß nicht, wie der Fuchs das schafft, diesem banalen Roman immer wieder eine neue Seite abzugewinnen. Jedes Jahr interpretiert er diesen Text von einer neuen Warte aus/(unter einer neuen Perspektive).

(jn.) **von der Seite angreifen** · 1. to attack s.o. from the flanks, to attack s.o.'s flanks, 2. to attack s.o. from the side

1. ... Hat die gegnerische Armee von vorn angegriffen? – Nein, von der Seite. *Krieg*

2. ... Von der Seite mußt du den Mann angreifen und nicht von vorne! Du mußt ausnutzen, daß er so ungelenkig ist, dann machst du mit ihm, was du willst. *Ringen o.ä.*

jn. (dumm/blöd/...) **von der Seite anquatschen** sal – jn. (dumm/blöd/...) von der **Seite** anreden · to sidle up and make a stupid remark to s.o.

jn. (dumm/blöd/...) **von der Seite anreden** ugs · to sidle up and make a stupid remark to s.o. n

(Im Kino; ein junger Mann zu seiner Frau:) Wer ist dieser Kerl, der dich da so dumm von der Seite angeredet hat? – Ich kenn' ihn nicht.

– Was wollte er denn? – Er hat mich gefragt, ob ich hier in der Stadt wohne. – Der braucht wohl mal einen Tritt ins verlängerte Rückgrat, was?!

jn. **von der Seite ansehen**/(anschauen) – jn. schief **ansehen** · to look askance at s.o.

von seiner/ihrer/... **Seite**/(der Seite seines Vaters/...) **aus** haben wir keine Hilfe zu erwarten/... *form* – (eher:) von seiner/ihrer/... **Seite**/(der Seite seines Vaters/...) haben wir keine Hilfe zu erwarten/kann er auf nichts zählen/... geschieht nichts/... · to have nothing to expect/not to expect any help/... from his/her/my father's/... direction

eine empfindliche Seite (bei jm.) **berühren** – (eher:) einen wunden **Punkt** (bei jm.) berühren · to touch a sore point with s.o., to touch a raw nerve with s.o.

jn./etw. **auf die Seite bringen** selten – jn./etw. auf die **Seite** schaffen (1, 3) · to bump s.o. off, to stash/to hide/... s.th. away

jn. **auf seine Seite bringen** · 1. 2. to win s.o. over, to get s.o. on to one's side

1. Wenn es dir gelingt, den Schlüter und den Bergmann auf deine Seite zu bringen, wirst du in der Abstimmung die Mehrheit haben; die beiden haben einen enormen Einfluß. – Aber mit welchen Argumenten soll ich die dazu bewegen, mich/mein Anliegen zu unterstützen?

2. vgl. – (eher:) jn. auf seine **Seite** ziehen

eine (ganz) neue Seite an jm./(etw.) **entdecken**/(...) · to discover a (completely/...) new side to s.o.'s character/...

Wenn man sich so in aller Ruhe und vertraulich mit ihm unterhält, entdeckt man ganz neue Seiten an dem Rudolf – Züge, die man nie bei ihm vermutet hätte. So ist er in allem, was andere betrifft, im Grunde äußerst sensibel. Nur nach außen legt er sich eine so rauhe Schale um.

jn. **an**/(bei) **seiner schwachen Seite fassen** · to take advantage of s.o.'s weak spot, to attack s.o.'s weak spot

Meinst du, der Schlüter ließe sich dazu gewinnen, für unseren Antrag zu stimmen? – Wenn du ihn an seiner schwachen Seite faßt, bestimmt. – Und die wäre? – Du versprichst ihm, daß er im nächsten Jahr eine längere Auslandsfahrt machen kann. Nichts macht er lieber als reisen; da kannst du ihn packen.

an meiner/deiner/... **Seite gehen**/(an der Seite seines Vaters/... gehen) form · to walk at s.o.'s side

Ach, sieh da, die Heidi Monkert! Übrigens: wer geht denn da an ihrer Seite? – Das ist ihr Freund, ein gewisser Jörg Neubert.

auf die Seite gehen · (eher:) zur **Seite** gehen · to move aside, to move out of the way, to make way for s.o.

jm. **nicht von der Seite**/nicht von js. Seite **gehen** – nicht von js. **Seite** weichen/jm. nicht ... · not to leave s.o.'s side

zur Seite gehen · to move aside, to move out of the way, to make way for s.o.

Bitte Platz machen! Meine Damen und Herren, gehen Sie doch bitte zur Seite, damit der Arzt (hier) durchkommt! Blockieren Sie dem Arzt den Weg doch nicht! Bitte!

auf einer/der rechten/linken Seite gelähmt sein · to be paralysed on/down the right/left side

... Auf welcher Seite ist dein Großvater gelähmt? – Links. – Dann kann er also doch noch normal schreiben? – Das ja.

sich an js. **Seite halten** form · to stay by s.o.'s side

... Halt' dich an Muttis Seite, Karin! Hier bei mir gehst du zu nahe an der Straße.

zur stärkeren/schwächeren/... Seite halten · to support the stronger/weaker/... side

... Ach, das ist doch ein reiner Opportunist, der Georg! Dem ist völlig egal, wer bei diesen Auseinandersetzungen recht oder unrecht hat, der hält zur stärkeren Seite – und damit ist das Problem für den erledigt.

jn. **von seiner schlechtesten/besten/… Seite kennenlernen** · to get to know s.o.'s best/worst/… side(s)

… Ja, wenn es zu Streitereien kommt, kann die Waltraud unmöglich sein! – Du meinst, ich hab' sie gestern von ihrer schlechtesten Seite kennengelernt? – Klar! Oder meinst du, die wäre immer so giftig?

jm. (dumm/blöd/…) **von der Seite kommen** *sal* – (eher:) jn. (dumm/blöd/…) von der **Seite** anreden · to sidle up and say s.th. to s.o.

von d e r Seite darfst du/darf er/… mir/(ihm/…) **nicht kommen!**/wenn du/er/… mir/… von d e r Seite kommst/ kommt/…, dann … *ugs* – so darfst du/darf er/… mir/ (ihm/…) nicht **kommen**/wenn du/er/… so kommst/ kommt/…, dann … · don't/you'd better not/he'd better not/… try that one/that trick on me/(him/…)

komm'/kommt/… **mir**/(ihm/dem Gerd/…) **nur/bloß nicht von d e r Seite**/wenn du … mir/… von d e r Seite kommst, … *ugs* · don't try that trick on me/us/(…), don't (try to) pull that one on me/us/(…)

(Es) tut mir leid, Lambert, wenn du mir nicht hilfst, kann ich an deinem Projekt nicht länger mitmachen. – Komm mir bloß nicht von d e r Seite, mein Lieber! Wenn du bei mir nicht länger mitarbeiten willst, dann bleib' zu Hause; das mußt du selbst wissen. Jedenfalls: mit Drohungen erreichst du bei mir gar nichts.

etw. **auf die Seite legen**/(schaffen) · 1. 2. to put s.th. on one side, 3. to put s.th. aside, to put s.th. away for a rainy day *coll*

1. (Beim Zusammenstellen von Unterlagen:) Diese Papiere legst du am besten erstmal auf die Seite, die brauchen wir vielleicht später noch – im Augenblick geht es um die juristischen Unterlagen. Leg' da die drüben auf den Rauchtisch!
2. … Diese Bretter brauchen wir jetzt nicht, die können wir auf die Seite legen – für die nächste Reparatur der Scheune, da kommen sie uns zustatten.
3. … Natürlich haben sie während ihres langen Berufslebens ein paar Groschen auf die Seite gelegt. Aber was hilft das schon, bei dem bescheidenen Lohn, den sie immer hatten? Die Hälfte dieser Ersparnisse wurde allein durch die Inflation aufgefressen.

sich auf die faule Seite legen *ugs selten* – sich auf die faule **Haut** legen · to (lie down/sit back/… and) do nothing

jn. **auf die**/(zur) **Seite nehmen** (um mit ihm vertraulich zu sprechen/…) · to take s.o. aside

Wer war das, der dich da nach dem Vortrag auf die Seite nahm, um mit dir ein paar vertrauliche Worte zu wechseln? – Ach, du meinst den Kurt Bertram? Der wollte mich fragen, wie das Examen seines Sohns gelaufen ist. Das sollte natürlich niemand hören/mitkriegen.

etw./alles/das Leben/… **von der angenehmen/heiteren Seite nehmen** · to look (only/…) on the bright/pleasant/… side (of life), to see (only/…) the bright/pleasant/… side (of life)

Du mußt das Leben von der heiteren Seite nehmen, Gisela! Wenn du dir für alles und für nichts solche Sorgen machst, machst du dir es doch nur unnötig schwer. Halt' dich an das Angenehme; das gibt es doch auch – und gar nicht so wenig!

etw./alles/das Leben/… **von der leichten Seite nehmen** · to see the bright side of things

… Man darf sich das Leben auch nicht allzu schwer machen, Ingrid. – Du meinst, man soll es von der leichten Seite nehmen? – Nicht nur, aber auch.

jn. **an/(bei) seiner schwachen Seite packen** – jn. an/(bei) seiner schwachen **Seite** fassen · to attack s.o.'s weak spot

an js. **Seite rücken** *oft: komm', rück an meine Seite! o.ä. ugs* · come closer! *n*, to move up close to s.o. *n*

… Warum setzt du dich so weit weg von mir, Karin? Komm', rück an meine Seite! Oder willst du heute abend nichts mit mir zu tun haben?

zur/(auf die) **Seite rücken**/rutschen · to move over a bit, to move up

… Kannst du ein wenig zur Seite rücken, Herbert? Dann kann sich die Dame auch noch hier hinsetzen.

jn./etw. **auf die Seite schaffen** · 1. to get rid of s.o. *sl*, to bump s.o. off *sl*, 2. to demote s.o., to put s.o. out of harm's way *coll*, to put s.o. out to grass, 3. to stash s.th. away, to hide s.th. away

1. … Und dann haben sie den ehemaligen Chef der Sicherheitspolizei unbemerkt auf die Seite geschafft. – Ermordet? – Mit an Sicherheit grenzender Wahrscheinlichkeit.
2. Es ist anzunehmen, daß sie den Luftwaffengeneral Steinitz auf die Seite geschafft haben. – Du meinst: kaltgestellt, oder? – Ich möchte nicht hoffen, daß sie ihn umgebracht haben. *seltener*
3. … Ach, der Beutel hat doch wenigstens eine halbe Tonne von den Werkzeugen auf die Seite geschafft. – Der hat die verschwinden lassen, ohne mit irgendeinem von der Geschäftsleitung darüber gesprochen zu haben.

etw. **zur Seite schieben** · to push s.th. to the side

(In einem Zug:) Wenn Sie Ihren Koffer ein wenig zur Seite schieben würden, käme man leichter hier durch. … – Ah, warten Sie, ich rücke ihn sofort da weg!

sich auf js. **Seite schlagen**/(stellen) – **Partei** ergreifen (für/ gegen jn./Argumente/…) (2) · to take s.o.'s side (for/ against s.o./s.th.)

Rechte/Vorteile/… **auf** js. **Seite sehen** *form* · to believe that s.o. has more/greater/… privileges/advantages/…

Der Albrecht meint, die beiden anderen Abteilungsleiter seien ihm gegenüber privilegiert. – Ach, der Albrecht, der sieht immer irgendwelche Vorteile auf deren Seite. Das ist Einbildung, sonst nichts.

etw./die Dinge/… **von der besten Seite sehen** · to see the good/positive/bright/… side of things

Es gibt Leute, die sehen alles von der besten Seite, und es gibt andere, die finden alles schlecht, weil sie das Gute an den Dingen überhaupt nicht wahrnehmen.

zur Seite sehen *form selten* · to look away, to look in a different/the opposite/… direction

… Nur, um mich nicht grüßen zu müssen, hat er zur Seite gesehen! So ein Feigling! – Auf so einem Empfang gibt sich der Oswald nicht mit so kleinen Leuten wie uns ab. – Ach, und dann guckt er einfach weg, wenn er uns sieht?!

Seite an Seite gehen/… *path* · to walk/… side by side

Wenn der Udo und die Bärbel da so Seite an Seite herspazieren, geben sie wirklich ein schönes Paar ab, findest du nicht?

Seite an Seite mit jm. **arbeiten**/kämpfen/… · to work/to fight/… side by side with s.o.

… Natürlich kenne ich den Alfons Koppel, sogar sehr gut. Wir haben schließlich jahrelang Seite an Seite gearbeitet. Bei Schuckert u. Co.; da waren wir fünf oder sechs Jahre zusammen in derselben Abteilung.

auf der einen Seite …, auf der anderen Seite · on the one hand … on the other hand …

Bist du eigentlich für oder gegen die Beitragserhöhung? – Ich bin mir gar nicht so richtig schlüssig. Auf der einen Seite finde ich, hat der Vorsitzende recht, wenn er sagt, der Verein kann nicht dauernd im Minus stehen; auf der anderen Seite sind 750,– Mark im Jahr für viele Mitglieder einfach zu viel.

sich an js. **grüne Seite setzen** *ugs* – komm'/(kommen Sie)/setz' dich/(setzen Sie sich)/… an meine/(deine/…) grüne **Seite!** · to come and sit next to s.o., to come and sit close to s.o.

an js. **Seite sitzen** · to sit at s.o.'s side

… An der Seite des Hausherrn saß der bolivianische Konsul. – Rechts von ihm? – Natürlich. – Und zu seiner Linken?

an der (linken/rechten) Seite sitzen · to sit at the (left/right) side

… Ich vermute, der Rohländer saß vorne am Tisch/(an der Stirnseite)? – Nein, denk' dir, er saß an der Seite – wenn auch ziemlich vorne; er war rechts der dritte.

jm. **zur Seite sitzen** *form* – (eher:) an js. **Seite** sitzen · to sit at s.o.'s side

zur Seite sprechen *Theater* · to make an aside
(Ein jüngerer Theaterbesucher zu einem älteren:) Statt zu seinem Gesprächspartner spricht der 'Arzt' dauernd zum Publikum! – Er muß ja zur Seite sprechen – diese Bemerkungen sind nach dem Willen des Autors fürs Publikum bestimmt. Aber im Grunde hast du recht: das kommt zu häufig vor.

zur Seite springen · to jump out of the way
… Wenn ich nicht im letzten Augenblick zur Seite gesprungen wäre, hätte mich dieser Idiot glattweg überfahren! – Ich wußte gar nicht, daß du so gut springst. – Du hast gut spotten …

jm. zur Seite springen · to come quickly/… to s.o.'s assistance
(Kommentar zu einem Überfall:) Wenn zwei Kunden dem Kassierer nicht sofort zur Seite gesprungen wären, hätte der Räuber wahrscheinlich ein leichtes Spiel mit ihm gehabt.

an js. Seite stehen · 1. to stand at s.o.'s side, 2. to stand by s.o.
1. … Wer ist das, der da an ihrer Seite steht? – Wer? – Der da links von ihr, Mensch! – Ach, du meinst den Ewald Burg …
2. … Ganz egal, wie ihr Mann sich verhält und was ihm zustößt: die Gerda steht an seiner Seite. Sie sagt, eine Ehe sei gerade das: daß man zu dem anderen hält – auch wenn man mit ihm im Einzelfall nicht übereinstimmt. *form seltener*

auf js. Seite stehen · to be on s.o.'s side, to root for s.o., to support s.o.
… Auf wessen Seite steht der Ulli, auf der Seite der Münchener oder der Stuttgarter? – Er hält zu den Münchenern/er ist für die Münchener.

jm. zur Seite stehen *form* · 1. 2. to stand by s.o.'s side, to support s.o., to help s.o.
1. … Den positiven Abschluß der Arbeit verdanke ich weitgehend meinem älteren Kollegen Fritz Dannemann. Er hat mir bei allen Schwierigkeiten und Widerwärtigkeiten unverbrüchlich zur Seite gestanden.
2. Die alte Frau Hamann kann sich nicht einmal das Essen mehr selbst zubereiten. Wenn ihre älteste Tochter ihr nicht zur Seite stünde, weiß ich gar nicht, was aus ihr würde.

(immer/…) auf der Seite des Stärkeren/Schwächeren/… stehen/sein – zur stärkeren/schwächeren Seite halten/die stärkere/schwächere **Seite** unterstützen/… · to (always/…) be on the side of the stronger/weaker/… person/group/…

sich auf js. Seite stellen *form* – (eher:) **Partei** ergreifen (für/gegen jn./Argumente/…) (2) · to take s.o.'s side, to side with s.o.

dem/der/dem Maier/… kann sich j. nicht an die Seite stellen *form* – (eher:) mit dem/der/dem Maier/… kann sich j. nicht **messen** · s.o. cannot compare himself/put himself on a par/… with him/her/Smith/…

e-r S. läßt sich nur/… etw. an die Seite stellen *form – path* · + s.th. can only be compared with …, + to compare s.th. with s.th.
(Aus einem historischen Roman:) Den Gewaltmärschen Bolivars über die Anden lassen sich in der gesamten Geschichte der Neuzeit nur die Märsche an die Seite stellen, die Napoleon mit der Großen Armee nach Rußland machte. Alle anderen Kriegszüge verblassen gegen diese Leistung.

jm. jn. zur Seite stellen *form* · to provide s.o. with an assistant/…, to employ/… an assistant to help s.o.
(Bei Schuckert:) Wenn er allein mit der Arbeit nicht durchkommt, müssen wir ihm einen Sachbearbeiter/(Assistenten/Helfer/…) zur Seite stellen. Besser, wir bezahlen einen Mann mehr, als die Arbeit bleibt liegen.

sich jm. immer/unbedingt/… an die Seite stellen wollen *form* · to (always/…) have to/try to/… match s.o., to (always/…) have to/try to/… equal s.o., to (always/…) have to/try to/… put o.s. on a par with s.o.
Der Kurt will sich immer dem Albert Streßmann an die Seite stellen. Aber wenn sie auch beide Industrielle sind: der Streßmann hat einen ganz anderen Horizont, ein ganz anderes Auftreten. Der Kurt mag

noch so gut verkaufen und planen: mit dem Streßmann kann er sich nicht messen.

jn. in die Seite stoßen · to nudge s.o.
(Bei einem Vortrag:) »Komm'«, sagte er zu seinem Freund, indem er ihn unauffällig in die Seite stieß, »komm', wir gehen. So einen Zauber kann man doch nicht hören.«

auf die Seite treten *form selten* – zur **Seite** gehen · to move aside, to move out of the way, to make way for s.o

auf js. Seite treten *form selten* · to go over to s.o.'s side
… Früher hat mein Vater immer den linken Flügel der Partei unterstützt und nie die Linie von dem Ortmann. Erst während der Wiedervereinigungsphase ist er auf seine/dessen Seite getreten.

zur Seite treten *form* – (eher:) zur **Seite** gehen · to move aside, to move out of the way

zur stärkeren/mächtigeren/… Seite übergehen/wechseln · to switch to the stronger/more powerful/… side
… Ja, so ist das nun einmal: wenn deine Richtung an Einfluß verliert, verlierst du in der Partei auch deine Freunde! Und zwar haarscharf in demselben Rhythmus! Einer nach dem anderen geht dann zur stärkeren Seite über.

sich von einer Seite auf die andere wälzen *im Bett: Schmerz/Nervosität/Hitze/…* · to toss from side to side
… Bei dieser Hitze kann ja kein Mensch schlafen! Die halbe Nacht habe ich mich von einer Seite auf die andere gewälzt!

nicht von js. Seite weichen/jm. nicht … path · not to leave s.o.'s side
Wo die Rosemarie ist, da ist auch der Peter; er weicht nicht von ihrer Seite. – Sie beschwert sich schon, daß sie keinen Schritt mehr allein tun kann.

sich von einer (ganz) anderen Seite zeigen · 1. to show a different side of one's character/personality/…, 2. to show/to reveal/… a (completely/…) new side to one's character
1. … Gestern auf dem Gartenfest hat sich der Prof. Kallmann von einer ganz anderen Seite gezeigt – Privat ist er immer so herzlich und entgegenkommend. Nur in der Uni ist er so reserviert.
2. vgl. – (eher:) sich von einer (ganz) neuen **Seite** zeigen

sich von seiner/der besten Seite zeigen · to show o.s. at one's best, to put one's best foot forward
… Bei den Leonards hat sich der Junge heute von seiner besten Seite gezeigt: hilfsbereit, konziliant, höflich … – Ja, wenn er will, dann kann er hochsympathisch sein.

sich von seiner guten Seite zeigen · to show one's good/best side, to show the positive side of one's character
… Na, heute zeigt sich der Herschmann endlich mal wieder von seiner guten Seite: er spricht leutselig mit den Arbeitern, geht auf ihre Fragen ein und macht sogar zwischendurch mal einen Witz. … In den letzten Tagen war er unausstehlich.

sich von seiner/der schlechtesten/häßlichsten Seite zeigen · to show/… the worst side of one's character
… Mußt du dich denn gerade, wenn du zu einem Vorstellungsgespräch gehst, von deiner schlechtesten Seite zeigen?! – Wenn die so blöde Fragen stellen, kriegen sie auch blöde Antworten, das ist doch wohl klar. – Junge, so bekommst du nie eine Arbeit.

sich von einer (ganz) neuen Seite zeigen · to show/to reveal/… a (completely/…) new side to one's character
Bisher hatte ich den Kurt Rollmann für einen ausgesprochenen Egoisten gehalten. Aber letzten Dienstag hat er sich von einer ganz neuen Seite gezeigt. Er hat dem Willy angeboten, ihn so lange finanziell zu unterstützen, bis er endgültig aus dem Schlamassel heraus ist. Das hätte ich nie von ihm erwartet.

jn. auf die Seite ziehen (um ihm vertraulich …) · to take s.o. aside, to take s.o. to one side
… Du kannst den Minister doch auf einer solchen Cocktail-Party nicht plötzlich auf die Seite ziehen, um mit ihm irgendetwas vertraulich zu besprechen! Das sieht doch jeder. – Natürlich! Aber es hört keiner, was wir sagen!

jn. **auf seine Seite ziehen** · 1. 2. to win s. o. over, to get s. o. on to one's side

1. ... Mit allen möglichen Versprechungen suchte der Heribert mich auf seine Seite zu ziehen. Aber ich kann seine Grundsätze und Projekte einfach nicht offiziell unterstützen.

2. (eher:) jn. auf seine **Seite** bringen

auf Seiten von/des/der/... · among ...

Während wir unseren Sieg feierten, gab es auf Seiten der Verlierer offensichtlich sehr hitzige Diskussionen.

von Seiten/seiten des/der/... · on the part of ..., by ...

Bisher können zu dem Sprengstoffattentat auf den amerikanischen General keine genauen Angaben gemacht werden. Von seiten der Bundesanwaltschaft wurden inzwischen bereits Ermittlungen eingeleitet.

zu beiden Seiten des/der ... · 1. 2. on both sides of s. o./s. th., on each side of s. o./s. th.

1. Zu beiden Seiten des Hausherrn eine Dame?! Das war wohl ein Versehen?

2. ... Zu beiden Seiten des Flusses eine riesige Ebene, links mit niedrigen Bäumen bewachsen, rechts kahl und grau ...

alles/etw. hat seine zwei Seiten · + there are two sides to everything

... Gut, du sitzt den lieben langen Tag am Schreibtisch, bist immer in deinen eigenen vier Wänden. Aber dafür hast du deine Ruhe, brauchst dich nicht andauernd mit anderen Leuten herumzuschlagen, wie ich als Industriekaufmann. – Du hast recht: alles hat seine zwei Seiten. Der Beruf, der nur Vor- und keine Nachteile hat, muß noch erfunden werden.

(auch) seine guten Seiten haben · 1. to have one's good points, too, 2. it has its points, too, it has its good side, too

1. ... Natürlich hat der Erich auch seine guten Seiten. Das bestreite ich gar nicht. Er ist fleißig, gewissenhaft, hat Ausdauer ... Aber als Person ist er halt unsympathisch und unehrlich.

2. vgl. – (auch) sein **Gutes** haben

seine guten und seine schlechten Seiten haben · 1. to have one's good and one's bad points, 2. + there are two sides to everything

1. ... Der Ulrich hat seine guten und seine schlechten Seiten – wie wir alle! Oder kennst du jemanden, der nur positive Charakterzüge hat?

2. vgl. – alles/etw. hat seine zwei **Seiten**

nach allen Seiten auseinanderlaufen/... · to run off/... in all directions

(Beim Versteckspielen:) Kaum hatte der Vater seinen Kopf an den Baum gelehnt und angefangen zu zählen, da liefen die Kinder nach allen Seiten auseinander. Wo sollte er da zuerst suchen? Unten am Bach oder oben bei den Felsen? ...

sich nach allen Seiten umsehen/(...) · to look round/... on all sides/in all directions

... Vorsichtig sah er sich nach allen Seiten um, ob ihn auch niemand beobachtete; aber es war keine Menschenseele zu sehen ...

nach allen Seiten (hin) vorsorgen/(...) · to cater for every eventuality, to make provisions for every eventuality

Der Wolfgang Mitschner hat nach allen Seiten hin vorgesorgt: für den Fall, daß ihm gesundheitlich oder im Beruf etwas passiert, hat er einschlägige Versicherungen abgeschlossen. Wenn es in Deutschland kritischer wird, kann er nach Venezuela umziehen; da hat er ein größeres Gut. Für seine Frau und seine Kinder ...

von allen Seiten kommen/... · to come from all directions

... Plötzlich kamen von allen Seiten Glückwünsche, Anfragen, Einladungen ... Vor dem Konzert in der Mozarthalle hat sich kein Mensch für den Mann interessiert!

sich jn./etw. von allen Seiten ansehen · 1. to (have to) study s. o. from all sides, 2. to look s. th. over/to examine s. th./... from all sides

1. vgl. – jn./etw. von allen **Seiten** betrachten (müssen) (1)

2. vgl. – jn./etw. von allen **Seiten** mustern (2)

von verschiedenen Seiten auf jn. **zukommen/**jn. auf etw. ansprechen/... · to approach s. o./... from various sides, to approach s. o. from various quarters

... Nachdem er einige größere linguistische Untersuchungen über Rumänien geschrieben hatte, kam man von verschiedenen Seiten mit der Bitte auf ihn zu, ein allgemeineres einführendes Werk zu diesem Land zu verfassen. – Wer? Weißt du da Genaueres?

etw. **von allen Seiten beleuchten** · to examine/study/... s. th. from all angles

... Er hat die Frage von allen Seiten beleuchtet: unter politischer, historischer, geographischer, soziologischer, wirtschaftlicher ... Perspektive.

jn./etw. **von allen Seiten betrachten (müssen)** · 1. to (have to) study s. th. from all sides, 2. to look s. o./s. th. over/to examine s. o./s. th./... from all sides, 3. to (have to) look at s. th. from all sides

1. Von allen Seiten betrachtete er das Haus, von vorn, von hinten ... Aber je genauer er es sich ansah, um so weniger gefiel es ihm.

2. vgl. – (eher:) jn./etw. von allen **Seiten** mustern (2)

3. vgl. – (eher:) etw. von allen **Seiten** sehen (müssen)

(ganz) neue Seiten an jm./etw. **entdecken** · 1. 2. to discover new sides to s. o./s. th., to discover new aspects to s. o./s. th.

1. ... Entdeckst du nach zehn Ehejahren immer noch neue Seiten an deiner Liebsten? – Aber sicher.

2. Hat es heute noch Sinn, über Dichter wie Goethe zu forschen? Kann man da/(an dem) noch neue Seiten entdecken? Ist da nicht alles bereits bekannt – wenigstens alles, was wichtig ist?

auf beiden Seiten gelähmt sein – ≠ auf einer/der rechten/linken **Seite** gelähmt sein · to be paralysed on/down both sides

sich die Seiten halten vor Lachen ugs – (eher:) sich den **Bauch** halten vor Lachen · to split one's sides (laughing), to laugh till one's sides ache

die angenehmen/schönen/... Seiten des Lebens (genießen/kennenlernen/...) · to know/to experienced/to have experienced/... the pleasant sides of life

... Der Paul kennt nur die angenehmen Seiten des Lebens. Wenn er nur die Hälfte der Sorgen hätte, die der Richard hat, würde er anders reden.

jn./etw. **von allen Seiten mustern** · 1. 2. to look s. o./s. th. over/to examine s. o./s. th./... from all sides

1. ... Mißtrauisch musterte sie ihn von allen Seiten. Was wollte er bloß von ihr? – »Du examinierst mich wie ein Reitpferd«, platzte er schließlich lachend heraus. »Warum bist du so mißtrauisch?«

2. ... Er musterte den Schrank von allen Seiten. Paßte er wirklich zu den Möbeln, die sie schon hatten?

etw. **von allen Seiten sehen (müssen)** · to (have to) look at s. th. from all sides

... Nein, da kann ich dir nicht zustimmen! Vom juristischen Standpunkt aus hast du natürlich recht. Aber man muß die Sache von allen Seiten sehen, nicht nur aus juristischer Perspektive, und da stellt sich das Problem doch etwas anders dar, als du es siehst.

... **Seiten stark/ein** ... Seiten starker Band/starkes Buch/... · a book/... six hundred/... pages thick/long

... ein stattliches Werk, an die 600 Seiten stark. – 600 Seiten? Das ist ja enorm. Solch umfangreiche Dissertationen gibt es heute kaum noch.

auf Seiten der Münchener/meines Vaters/... **stehen** – auf js. **Seite** stehen · to support/to root for/... Munich/Liverpool, to be on one's father's/... side

auf beiden Seiten Wasser tragen selten · to serve two masters, to favour both sides, to have a foot in both camps

... Ich werde nun mal den Eindruck nicht los, daß der Schroer auf beiden Seiten Wasser trägt: heute redet er in unserem Sinn, morgen im Sinn unserer Konkurrenten. Er will es halt mit keiner Partei/(Seite) verderben.

die Seiten wechseln *Fußball/Tennis u. ä.* · to change ends, to change over
(Bei einem Tennisspiel:) Es fehlt nicht mehr viel, dann werden die Seiten gewechselt, dann hat der Boris die Sonne im Rücken; vielleicht kommt er dann doch etwas besser zum Zug.

Seitenblick: etw. **mit einem Seitenblick auf** jn./(etw.) **sagen/ tun** · to say s. th./to do s. th. with a sidelong glance at s. o., to say s. th./to do s. th. with one eye on s. o./s. th.
... Natürlich hat er den Vorschlag, das Haus der Eltern zu verkaufen, mit einem Seitenblick auf seinen Bruder gemacht. Er möchte sehen, wie der sich dann verhält.

jm. **einen verstohlenen/verständnisvollen/...** **Seitenblick zu- werfen** · to give s. o. a furtive/sympathetic/... glance
... »Wenn Sie keine Rechnung brauchen«, murmelte der Verkäufer, indem er mir einen verstohlenen Seitenblick zuwarf, »dann kann ich Ihnen unter Umständen 10% Ermäßigung geben ...«

Seitengewehr: das Seitengewehr aufpflanzen *veraltend selten* · to fix one's bayonet
... Das Seitengewehr, das man aufpflanzte, Klaus, war ein kurzes Bajonett, das man auf das Gewehr steckte, parallel zum Lauf. Das 'aufpflanzen' ist also eine Metapher.

Seitenhieb: mit einem Seitenhieb auf jn./js. Äußerungen etw. **bemerken/...** · to take a side-swipe at s. o./s. th., to make/to get in/... a dig at s. o./s. th. *coll*
Der Reinhard kann aber auch keine Bemerkung ohne irgendeinen Seitenhieb auf seinen Bruder machen! Daß der sich diese dauernden indirekten Attacken überhaupt gefallen läßt!

jm. **einen Seitenhieb verpassen/versetzen/**(geben) *ugs* · to take a side-swipe at s. o., to make a dig at s. o.
Hast du gemerkt: der Kassierer nutzte den Rechenschaftsbericht, um dem Vorsitzenden einen Seitenhieb zu verpassen. – Du meinst das mit dem 'etwas großzügigen Geschäftsjahr?' Das war in der Tat eine unüberhörbare kritische Anspielung.

seitenlang: sich seitenlang über etw. **auslassen/...** · to devote pages to (discussing/analysing/...) s. th.
(Zu einem Rechtskommentar:) Wie kann ein so vernünftiger Mann wie der Wasmeier sich seitenlang über den 'ruhestörenden Lärm' auslassen? Verstehst du das? – Du meinst, da genügt ein kurzer Hinweis? – Aber klar! Drei Zeilen!

seitens: seitens des/der/... *form* – **von Seiten/**seiten des/der/... · on the part of ..., from ..., by ...

Seitensprung: einen Seitensprung machen/Seitensprünge ma- chen/sich einen Seitensprung/Seitensprünge erlauben/lei- sten *ugs* · to have a sting, to have an affair, to have a bit on the side
... Jetzt laß mich zufrieden mit deinem Gerede von ehelicher Treue! Ich frag' dich doch schließlich auch nicht, wieviel Seitensprünge du schon gemacht hast!

Seitenstiche: Seitenstiche/(Seitenstechen) **haben** · to have/to get a stitch
... Ich möchte mal sehen, wie du reagieren würdest, wenn du so Seitenstiche hättest! Da würdest du auch nicht mehr schön gerade dastehen! Was meinst du, was wehtut!

Seitenwege: Seitenwege gehen *selten* · to be (always/...) up to underhand/illicit/... activities, to be (always/...) up to tricks/ dodges/... *coll*
Hat der Küpper in der Tat Werkzeuge unterderhand/unter der Hand/ schwarz verkauft? – Ich weiß nicht, aber es ist durchaus möglich; der geht doch immer Seitenwege.

-seits: ich ... meiner-/er ... seiner-/sie ... ihrer-/... seits *form* · (I/he/she/...) for my/his/her/... part, as for me/him/her/...
(In einer Besprechung:) Und was haben Sie inzwischen in der Sache unternommen, Herr Brandes? – Ich habe meinerseits/Ich meinerseits habe erst einmal abgewartet, was die Geschäftsleitung sagen wird ...

Sekt: Sekt oder Selters *ugs selten* · champagne or mineral water *tr*
»In der früheren DDR«, erzählte er, »hieß es für viele Menschen 'Sekt oder Selters', Freiheit oder Gefängnis. Die sogenannte 'Repu-

blikflucht' mit allen ihren Risiken war für Tausende die einzige Möglichkeit, ein menschenwürdiges Leben zu führen«.

Sekunde: eine Sekunde (bitte)! · just a second!, one moment, please!
(In einem Geschäft:) Würden Sie mir eben ... – Eine Sekunde, bitte! Sie kommen sofort dran. Ich muß nur eben diese Notiz zu Ende schreiben.

(genau) auf die Sekunde (ankommen/...) – (stärker als:) (genau) **auf die Minute** (ankommen/...) · to arrive/... on the dot/..., to be punctual/... to the second

auf die Sekunde genau (ankommen/...) – (stärker als:) (ge- nau) **auf die Minute** (ankommen/...) · to arrive/... on the dot/..., to be punctual/... to the second

Sekundenschnelle: in Sekundenschnelle *ugs* – *path* – **im Nu/** (in einem Nu) · in a second/flash/trice

selbst: die Ehrlichkeit/der Anstand/... **selbst sein** – etw. **durch und durch** sein/ein durch und durch ... sein/ein ... durch und durch sein (1) · to be honesty/decency/... itself

j. **ist gar/überhaupt nicht mehr er selbst** *path* · s. o. is not himself any more
Was ist eigentlich in letzter Zeit mit der Birgit los? Die ist gar nicht mehr sie selbst! – Sie muß zu Hause sehr große Probleme haben. Sie macht in der Tat den Eindruck eines Menschen, der sein inneres Gleichgewicht völlig verloren hat.

(ganz) aus sich selbst *form selten* – (eher:) (ganz) aus eige- nem/(freiem) **Antrieb** · (to do s. th.) completely on one's own initiative

(ganz) von selbst (etw. tun) – (ganz) aus eigenem/(freiem) **Antrieb** · to do s. th. on one's own initiative, to do s. th. off one's own bat

wie von selbst laufen/gehen/funktionieren/... · to work/... automatically, to work/to run/... by itself
... Ach, weißt du, die Arbeit war halb so schlimm! Nachdem die Apparate alle richtig eingestellt waren und wir uns aufeinander eingestellt hatten, lief die Sache sozusagen wie von selbst.

jn./etw. **sich selbst überlassen/**(sich selbst überlassen sein) · 1. to leave s. o. to his own devices, 2. to leave s. o. on his own, 3. to leave s. th. to its own devices, to leave s. th. to itself
1. Wenn die Kinder schon in so frühem Alter fast den ganzen Tag sich selbst überlassen sind, ist es kein Wunder, daß sie zu den Eltern keine Bindungen haben. – Aber viele Eltern können sich um ihre Kinder kaum kümmern.
2. ... In solch einer verzweifelten Lage kannst du den Bert doch nicht sich selbst überlassen, Manfred! Da mußt du ihm beistehen – psychologisch und finanziell.
3. ... Kümmerst du dich nicht mehr um die Angelegenheit? – Ich habe mich jetzt monatelang darum gekümmert – ohne jeden Erfolg. Jetzt überlaß ich die Sache sich selbst. Wie sie läuft, so läuft sie.

etw. (nur/...) **um seiner selbst willen** tun *form* · to do s. th. for one's own sake
... Nicht für mich gehst du in die Schule, Junge, sondern um deiner selbst willen. Ich habe keinen Vorteil davon, wenn du gut ausgebildet bist und deshalb bessere Startchancen hast.

e-e S. **um ihrer selbst willen** tun *form* · to do s. th. for its own sake
Du mußt nicht immer fragen: Was habe ich davon? Was bringt das ein? Was verdiene ich damit? Du mußt die Dinge um ihrer selbst willen tun!

selbständig: selbständig sein · to be self-employed, to work freelance
Wie ich höre, arbeitet der Aloys nicht mehr bei Schuckert? – Nein, seit etwa einem halben Jahr ist er selbständig. Er hat am Heideplatz ein Elektrogeschäft aufgemacht.

Selbstanzeige: Selbstanzeige erstatten *jur* · to denounce o. s.
... Wenn der Willi wirklich Wert darauf legt, daß die Vorwürfe offiziell geklärt werden, muß er Selbstanzeige erstatten. – Sich selbst

anklagen? – Ja, wenn die, die ihm die Vorwürfe machen, das nicht tun, muß er es selbst tun – wenn er wirklich eine juristische Klärung will.

Selbstbeherrschung: seine Selbstbeherrschung bewahren *form* – (eher:) die **Fassung** bewahren · to keep one's self-control

die/seine **Selbstbeherrschung verlieren** *form* – (eher:) (völlig/...) die **Fassung** verlieren (1) · to lose one's self-control

Selbstbekenntnis: ein Selbstbekenntnis ablegen *form selten* – ein **Schuldbekenntnis** ablegen · to make a confession/an admission of guilt

Selbstbesinnung: jn. (endlich/...) zur Selbstbesinnung bringen *form selten* · to bring s.o. to his senses (at last/...)

... Das kann doch einfach nicht so weitergehen, daß der Heinzpeter so unverantwortlich in den Tag hineinlebt und weder beruflich noch privat Boden unter die Füße kriegt! Gibt es denn wirklich niemanden, der den Jungen (endlich) zur Selbstbesinnung bringt/bringen kann?

(endlich/...) zur Selbstbesinnung kommen *form selten* · to (finally/...) come to one's senses, to come to one's senses (at last/...)

... Manchmal sind Schicksalsschläge ganz heilsam, weißt du. Schau dir den Heinzpeter an! Nach dem Tod seines Vaters ist er endlich zur Selbstbesinnung gekommen. – Du meinst, er hätte sonst ewig so unreflektiert und unverantwortlich weitergelebt?

Selbsteinschätzung: eine gesunde Selbsteinschätzung · 1. a healthy appraisal of one's own merits, a just sense of one's own worth, 2. to have an exaggerated opinion of oneself, to have an over-sized ego

1. ... Natürlich sollte man seinen Einfluß, seine Kenntnisse usw. nicht überschätzen! Aber fast noch schädlicher ist es, wenn man sich unterschätzt – vor lauter Skrupeln kommt man dann zu gar nichts. – Eine gesunde Selbsteinschätzung: das wäre das Richtige. Aber das ist nicht ganz einfach.
2. vgl. – ein gesteigertes/übertriebenes/... **Selbstgefühl** haben/besitzen/... *iron*

Selbstgefühl: ein gesteigertes/übertriebenes/... Selbstgefühl haben/besitzen/... · to have an exaggerated opinion of oneself, to have an over-sized ego

... Nein, einen Angeber würde ich den Paul auch nicht nennen! Aber du mußt zugeben: ein übertriebenes Selbstgefühl hat er! – Er leistet auch was! – Klar. Aber trotzdem ...

Selbstgespräche: (lange/...) Selbstgespräche führen/halten · to talk to oneself

Wenn der alte Herr Krause da durch unseren Park spaziert und lange Selbstgespräche führt, tut er mir richtig leid. Wie einsam muß der sich fühlen, wenn er sich permanent mit sich selbst unterhält!

Selbsthilfe: zur Selbsthilfe greifen · 1. to take matters into one's own hands, 2. to do s.th. oneself, to help oneself

1. Wenn uns hier in der Tat niemand aus der Patsche hilft, müssen wir zur Selbsthilfe greifen. Komm', Ernst, wir schlagen von den Bäumen hier ein paar Äste ab und versuchen den Wagen dann damit aus dem Matsch herauszubringen.
2. (In einem Geschäft:) Es scheint, es will uns hier keiner bedienen. Dann müssen wir halt zur Selbsthilfe greifen und die Sachen persönlich aus den Regalen holen.

Selbstjustiz: Selbstjustiz üben *form selten* · to take the law into one's own hands

... Schau dir diese Prozesse an – ein Jahr, zwei Jahre, drei Jahre ..., ohne jedes konkrete Ergebnis! Ich kann einen Vater schon verstehen, der, verbittert, darauf sinnt, jemanden, der seine Tochter mißhandelt und umgebracht hat, eigenmächtig zu bestrafen/zu erschießen. – Man kann doch in einem Rechtsstaat keine Selbstjustiz üben!

Selbstkostenpreis: etw. zum Selbstkostenpreis verkaufen/... · to sell/... s.th. at cost price

... Wenn wir diese alten Reifen wenigstens noch zum Selbstkostenpreis loswürden! Dann hätten wir zwar keinen Gewinn gemacht, aber auch keinen Verlust! Doch ich fürchte ...

Selbstkritik: Selbstkritik üben *form* · to practise self-criticism, to criticise o.s.

... Die anderen zu kritisieren ist natürlich leicht, klar! Schwieriger ist es, Selbstkritik zu üben. Überleg' doch mal, was du in den Verhandlungen alles falsch gemacht hast! Statt nur den Otto zu tadeln, könntest du ja auch mal mit dir selbst ins Gericht gehen!

Selbstmord: das/etw. ist (ja) der reinste Selbstmord! *ugs* · *path* · 1. 2. 3. s.th./it is (sheer/...) madness!, s.th./it is (absolutely/...) suicidal

1. Diese Arbeit ist der reinste Selbstmord! Selbst der Peter, der Kräfte hat wie ein Bär, hat schon erklärt, daß er sich nach etwas anderem umsehen will. Selbst dem ist das zu hart.
2. 50 Seiten in drei Tagen übersetzen?! Das ist ja der reinste Selbstmord! So einen Auftrag würde ich nie annehmen. Ich mach' mich doch für diese Leute nicht kaputt!
3. Was?! Dem Heinzen meine Kundenliste anvertrauen?! Das wäre ja der reinste Selbstmord! Der würde mir einen Kunden nach dem anderen abspenstig machen.

Selbstmord begehen *form* – sich das **Leben** nehmen · to commit suicide

durch Selbstmord enden · 1. to end up killing o.s., to end up committing suicide, 2. to take one's life, to commit suicide

1. ... Der Richard – der endet noch durch Selbstmord, wenn er so weitermacht. Wenn er nachher von der Droge nicht wieder abkommt ... Oder hältst du für möglich, daß er, krank und kaputt, dahinsiecht? Ich nicht.
2. vgl. – sich das **Leben** nehmen

Selbstpreis: etw. zum Selbstpreis verkaufen/... *Handel selten* – etw. zum **Selbstkostenpreis** verkaufen/... · to sell s.th./... at cost price

Selbststudium: etw. im Selbststudium erlernen/... *form* · to learn s.th. on one's own, to teach oneself s.th.

... Geschichte oder so was kann man vielleicht im Selbststudium lernen. Aber Sprachen?! Da braucht man doch wohl jemanden, der einem wenigstens die Aussprache beibringt! – Mit den heutigen technischen Mitteln – Kassetten, Platten u.ä. – kann man das vielleicht auch allein machen.

Selbsttäuschung: einer Selbsttäuschung erliegen/zum Opfer fallen *form* · to suffer from a delusion, to be deluding o.s.

... Wenn dieser Mann meint, nicht nur seine Familie, sondern auch alle anderen Leute würden sich immer wieder seinem Willen und seinem Druck beugen, erliegt er natürlich einer argen Selbsttäuschung. Er ist schließlich kein Cäsar – auch, wenn er das zu glauben scheint!

sich einer Selbsttäuschung hingeben *form* – *ugs* · to delude o.s.

Der Brüggemann schätzt dich, Paul, solange er dich braucht. Gib' dich da bloß keiner Selbsttäuschung hin.

selbstverdient: selbstverdientes Geld/(selbstverdiente Pfennige/...) *form* · money one has earned oneself

(Ein Vater zur Mutter:) Wenn der Junge einmal selbstverdientes Geld nach Hause bringt, kann er machen, was er will! Aber solange er auf Papas Kosten lebt – oder auf Kosten des Staates –, ist er nun einmal nicht sein eigener Herr.

selbstvergessen: (ganz) selbstvergessen dasitzen/... *form* · to be lost to the world, to be oblivious of everything around one, to sit (there) absent-mindedly/in a brown study

Wenn jemand mitten während der Arbeitszeit da so selbstvergessen sitzt, daß er gar nicht mehr merkt, was um ihn herum (überhaupt) vorgeht, dürfte er als Leiter einer Maschinenabteilung wohl nicht der geeignete Mann sein. Der merkt unter Umständen nicht einmal, wenn ein Unfall passiert.

Selbstverlag: im Selbstverlag erscheinen/herausgeben/... · to publish s.th. oneself (as an author), to publish s.th. at one's own expense

... Totale Unabhängigkeit hast du natürlich nur, Christoph, wenn du selbst einen Verlag gründest und dann all deine Bücher im Selbstverlag herausbringst! Denn jeder Verlag hat natürlich seine wirtschaftlichen, politischen, kulturellen oder sonstigen Interessen!

selbstverständlich: etw. **ganz selbstverständlich tun** · to do s.th. as a matter of course, to do s.th. as if it were the most natural thing in the world

... Mann, ist jedes Mal ein Theater, wenn die Ulrike mal die kleinste Hilfe leisten soll! Da lob ich mir doch die Fatima: als die Helga ins Krankenhaus mußte, hat sie ganz selbstverständlich hier gekocht und geputzt – so, als ob das das Natürlichste von der Welt wäre!

Selbstverständlichkeit: das/(etw.) **ist doch eine Selbstverständlichkeit!** *path* · not at all!, don't mention it!, it was nothing!

... Und nochmals ganz herzlichen Dank, Frau Mertens, daß sie heute morgen auf unsere Kinder aufgepaßt haben (als meine Frau ins Krankenhaus mußte)! – Aber das ist doch eine Selbstverständlichkeit, Herr Rausch! Das würde doch jeder tun in einem solchen Fall!

etw. **mit der größten Selbstverständlichkeit tun** · 1. 2. to do s.th. as if it were the most natural thing in the world, 1. (to do s.th.) as casual as you please, 2. to do s.th. as a matter of course

1. ... Und plötzlich, mitten im Essen, steht der mit der größten Selbstverständlichkeit auf und holt sich seine Zigarette. Als wenn es das Normalste der Welt wäre zu rauchen, wenn alle anderen noch essen! Unmöglich!

2. vgl. – (stärker als:) etw. ganz **selbstverständlich** tun

Selbstverständnis: nach seinem/ihrem/... **(eigenen) Selbstverständnis** *form* · as he/... sees himself/..., according to his/... self-image

Der Olaf meint, er würde in der Firma seit Jahren bei den Beförderungen benachteiligt. Wenn es nach der Leistung und den Kenntnissen ginge – und nicht nach Beziehungen –, müßte er eine ganz andere Position haben. – Nach seinem eigenen Selbstverständnis müßte er Generaldirektor sein, das ist klar.

Selbstzweck: etw. **als Selbstzweck betreiben** · to do s.th. as an end in itself/for its own sake

... Sport betreibt man doch nicht als Selbstzweck, Mensch! – Sondern? – Um gesund zu bleiben, Geld zu verdienen, bekannt zu werden – was weiß ich! Aber doch nicht nur um seiner selbst willen!

selig: nach zwei/drei/... **Gläsern/... schon selig sein** *ugs* · to be tipsy after (only/...) 2/3/... glasses/..., to be merry after (only/...) 2/3 glasses/...

Der Christian hatte doch nur zwei Bier getrunken. Da muß man doch noch (Auto) fahren können! – Vielleicht ist er nach zwei Bier schon selig! Es gibt halt Leute, die sind nach ein paar Tropfen betrunken.

Seligkeit: bei meiner ewigen **Seligkeit!** *path selten* · I swear to God

... Nein, ich habe das Geld nicht hier weggenommen, Frau Schröder. Bei meiner ewigen Seligkeit! – Schon gut, schon gut, Gerlinde! Ich glaube dir ja ...

in die ewige **Seligkeit eingehen** *rel od. iron* · 1. to enter heaven, to gain eternal bliss, 2. to give up the ghost

1. (Der Pastor auf der Kanzel:) Wer in die ewige Seligkeit eingehen will, muß hier auf Erden danach leben. Aber es gibt Menschen, die sich Christen nennen und meinen, sie könnten es schlimmer treiben als die Heiden und trotzdem nach dem Tod auf die Gnade unseres Herrn bauen.

2. vgl. – seinen/den **Geist** aufgeben (1) *iron selten*

die ewige **Seligkeit erlangen/...** *rel – path* · to attain eternal bliss, to attain eternal life, to attain everlasting life

... Wenn sich die Birte etwas weniger darum kümmern würde, ihre ewige Seligkeit zu erlangen, und dafür etwas mehr für ihre kranke Mutter sorgte, schiene mir das christlicher. Die hat eine Angst, sie kommt nicht in den Himmel, daß die ewigen Freuden noch aufgrund dieser Angst verpaßt!

in **Seligkeit schwimmen** *path selten* · to be blissfully happy

Die ... Beatrix ist einmal wieder verliebt und überglücklich. Sie schwimmt geradezu in Seligkeit.

selten: selten schön/fleißig/blöd/... *ugs* · (to be) exceptionally beautiful/stupid/hard-working/... *n*

... Es gibt natürlich Leute, die sind dumm, klar! Aber dieser Kaufmann, der ist selten dumm – d.h. der Grad seiner Dummheit ist schon eine Rarität! – Der Kaufmann scheint es dir angetan zu haben! Nun beruhig' dich doch mal!

Seltenheitswert: Seltenheitswert haben · to have rarity value, to be rare

... »Wo finden Sie heute noch einen Schneider?«, fragte er. »Solche Leute haben Seltenheitswert.«

Semester: (schon/...) ein älteres/höheres **Semester (sein)** *iron* · 1. to have been studying for years, 2. to be no spring chicken

1. Wie lange studiert der Heribert eigentlich schon? – Hm, der/das ist schon ein älteres Semester. Er dürfte kurz vor dem Examen stehen.

2. Wie alt ist eigentlich der Heinrich Berger? – Das ist schon ein älteres Semester. – Was nennst du 'älteres Semester'? 40, 50, 60? – Um die 40 dürfte er sein.

semmelblond: semmelblond *selten* · flaxen-haired

... Was nennst du semmelblondes Haar? – Na, so schön gelblich-blond wie ein frisches Brötchen – so wie dein Haar zum Beispiel. – Danke!

Semmel(n): jm. **auf die Semmel(n) schmieren, daß ...**/jm. das auf ... *sal selten* – jm. aufs **Butterbrot** schmieren/(streichen), daß .../jm. das aufs Butterbrot schmieren · to keep rubbing in the fact that ...

wie warme **Semmeln abgehen/(weggehen)** *eher süddt* – wie frische **Brötchen** abgehen/(weggehen) · + to sell like hot cakes

Sendepause: Sendepause haben/(es herrscht Sendepause) *ugs* · 1. to be silent, to stop talking, there's a break in transmission *tr*, 2. break in transmission! *tr*, s.o. is not with us

1. (Ein etwas autoritärer Lehrer zu seinen Schülern:) Meine Damen und Herren, wenn ich Ihnen etwas erzähle, dann haben Sie Sendepause, es sei denn, Sie wollten sich konstruktiv am Unterricht beteiligen.

2. vgl. – **Schaltpause** haben/(es herrscht Schaltpause)

Sender: jm. **auf den Sender gehen** *sal selten* – jm. auf die **Nerven** fallen/gehen · to get on s.o.'s nerves

Sendung: auf **Sendung gehen** *Neol* · 1. to be premiered, to be shown for the first time, 2. to go on the air, to start broadcasting

1. ... Wenige Tage nach Kriegsbeginn ging Möllers Film 'Die Lust am Untergang' auf Sendung. Das Fernsehpublikum war schockiert.

2. ... Inzwischen sind alle Medien-Privatiers voll auf Sendung gegangen. Ist das Fernsehangebot also besser – oder nur reicher?

Senf: mach/macht keinen langen **Senf!** *sal selten* – erzähl'/erzählt/... (jm.) keine langen **Geschichten!** (2) · can't you/... cut it short/get to the point/...

j. **muß immer/unbedingt/... seinen Senf dazutun/**(dazugeben) *sal* · s.o. always has to have his say, s.o. always has to put his oar in/to add his penni'orth

... Ich hab' dich doch gar nicht nach deiner Meinung gefragt, Petra, oder?! Ich weiß gar nicht, warum du immer deinen Senf dazutun mußt! Halt' doch deinen Mund, wenn du nicht gefragt wirst!

Senge: wenn ..., dann/... **setzt es Senge** *ugs norddt mitteldt* – wenn ..., dann/... setzt es **Prügel** · if ..., (then) s.o. is going to get a hiding/thrashing/...

Senge kriegen/beziehen/bekommen *ugs norddt mitteldt* – den **Buckel** vollkriegen (2; a. 1) · to get a hiding/thrashing/...

sengen: sengen und brennen *path hist* · to burn and pillage a town/village/...

Das muß man sich mal vorstellen, was das für die Bevölkerung bedeutete: wenn da so feindliche Truppen durchs Land zogen, um wahllos zu sengen und zu brennen – d.h. Brand zu stiften und zu plündern.

Senkel: jn. **in den Senkel stellen** *ugs selten* – jm. den **Marsch** blasen · to give s.o. a rocket

senkrecht: immer schön senkrecht (bleiben)! *sal* · 1. stay on your feet/your pins/(…)!, keep your end up!, don't back down!, 2. chin up!, keep smiling!, keep your pecker up!

1. … Ich werde mich doch von diesem Franz Mohn nicht ins Boxhorn jagen lassen! Immer schön senkrecht bleiben! Wenn er nochmal kommt und mir Befehle erteilen, mich zu seinem Diener machen will, dann werd' ich ihm anständig Paroli bieten!

2. vgl. – halt'/haltet/… die **Ohren** steif!

Senkrechte: das einzig Senkrechte sein/tun *sal* · the only right/sensible/… thing to do is … *n*

… Das einzig Senkrechte in einer solchen Lage ist, den Umsatz zu steigern. Wenn du schon den Maschinenpark dafür hast … Das ist das einzig Richtige/Vernünftige, was du tun kannst.

Senkrechtstarter: ein Senkrechtstarter (sein) · (to be) a whizz-kid *sl*, (to be) a high flier

Mein Vater kann ein gewisses Mißtrauen gegen diese Senkrechtstarter nicht überwinden. Er meint, es ist einfach nicht gesund, gleichsam sofort und über Nacht Karriere zu machen – weder persönlich noch beruflich.

Sensation: Sensation machen/(erregen) *ugs* · to cause a sensation, to cause a stir

Wollte die Frau des Botschafters mit ihrem gewagten Kleid Sensation machen oder nur zeigen, daß sie mit der Mode geht? – Na, auffallen wollte sie wohl schon, wenn auch vielleicht nicht gerade 'sensationell'.

Sense: Sense! *sal* · 1. that's it, 2. that's enough of …

1. vgl. – **Schluß!**

2. vgl. – **Schluß (mit …)! (1)**

… **und damit Sense!** *sal* – … und damit **Schluß!** (1; a. 2) · … and that's that, … and that's all there is to it

jetzt/dann/… ist Sense (mit etw.) *sal* – jetzt/dann/… ist **Schluß** (mit etw.) (1; u. U. 2) · that'll be it, that's it

bei jm./was jn. angeht/… ist Sense (mit jm./etw.) *sal* – bei jm./(was jn. angeht/…) ist **Schluß** (mit jm./etw.) · I'm/we're/… finished as far as s.o./s.th. is concerned

von der Sense des Todes dahingemäht werden *path veraltend selten* · to be snatched away by death, to be snatched away by the Grim Reaper

… Ganze Städte wurden damals von der Pest entvölkert, Tausende und Tausende von Menschen von der Sense des Todes dahingemäht …

Sensenmann: der Sensenmann hält reiche Ernte *path veraltend selten* · death takes a heavy toll, the Reaper reaps a rich harvest *tr*

… Und in diesem schrecklich kalten Winter damals hat der Sensenmann reiche Ernte gehalten: nicht weniger als 3000 Menschen starben allein in der Bretagne …

Sensorium: kein/(ein) Sensorium haben für etw. *form selten* – kein **Gefühl** haben/(Gefühl haben) für etw. (2; a. 3; u. U. 1) · to have no feeling for s.th.

sensu: sensu lato *geh selten* – ≠ im engen **Sinn** · in the broad sense (of the word/phrase)

sensu strictu *geh selten* – im engen **Sinn** · in the narrow sense/in the strict sense (of the word/phrase)

Serie: in Serie gehen · to go into full-scale production

… Bisher sind sie bei den neuen Modellen immer noch in der Experimentierphase. Erst wenn sie in Serie gehen, werden sie billiger. – Kann man schon absehen, ab wann die serienmäßig hergestellt werden?

in Serie herstellen/… · + to go into full-scale production, to mass-produce s.th.

… Im Augenblick sind diese neuen Modelle noch in der Versuchsphase; die Einzelanfertigungen werden also teuer. Aber wenn sie erst mal in Serie hergestellt werden, dürften sie höchstens noch die Hälfte kosten.

Sermon: einen langen Sermon machen *sal* – einen langen **Salm** machen · to go into a long rigmarole about s.th.

Servus: sein Servus unter etw. **setzen/druntersetzen** *ugs selten* – seinen **Kaiser-Wilhelm** unter etw. setzen/(druntersetzen) · to put one's signature to s.th.

Sesam: (ein) Sesam, öffne dich *Märchenspr* · open sesame

… Die kleine Angela meint wohl, ihr Papa kennt irgendsoein Sesam, öffne dich – so ein Zauberwort, bei dem alles kommt, was man gerade braucht – Geld, Essen, Trinken, Spielsachen …

seßhafter: ein seßhafter Gast/(Kunde/…) **sein** *iron selten* – ein (richtiges/regelrechtes) **Klebpflaster** sein · to be almost a permanent fixture

setzen: auf jn./etw./**ein Pferd setzen (können)** · 1. to rely on s.o., 2. to choose s.th., to plump for s.th., to go for s.th., 3. to place a bet on a horse/…, to back a horse/…

1. … Auf den August kannst du setzen! In Notfällen ist der immer da!

2. … Der eine Arzt schlug dieses Medikament vor, der andere jenes – ich hab' auf 'Voltax' gesetzt. – Und? Bist du deine Beschwerden losgeworden? – Nein. Das Mittel hat nicht gebracht, was ich mir davon versprochen habe.

3. … Mehr als die Hälfte der Wetten waren auf 'Hippolyte' gesetzt worden. Deshalb war die Überraschung groß, als dieses Pferd, weit abgeschlagen, nur als sechstes durchs Ziel ging.

jn./(etw.) **über** einen Fluß/See/… **setzen** · to ferry s.o. across a river

… Hier ist zwar ein Boot angekettet. Aber ich glaube nicht, daß uns zu dieser nächtlichen Stunde jemand über den Fluß setzt. – Wie kommen wir dann rüber/(herüber)?

auf alles oder nichts setzen *path selten* – aufs **Ganze** gehen · to go all out, to risk all or nothing, to go the whole hog

etw. **beiseite setzen** *form* · to leave s.th. on one side

… Jetzt wollen wir die Frage, wer zuerst auf die Idee gekommen ist, mal beiseite setzen! Viel wichtiger ist doch, daß wir jetzt alle Entscheidungen sorgfältig abwägen.

etw./**etwas/nichts/… dagegen setzen (können/…)** – etw./etwas/nichts/… **dagegensetzen** (können/…) · to (be able to) produce counter-arguments (against s.th.)

sich dahinter setzen *ugs* · to put a lot (of work) into s.th. *n*, to put one's back into s.th., to throw o.s. into s.th.

Der Paul hat die Übersetzung in der Tat in der vorhergesehenen Frist geschafft. – Er hat sich aber auch dahinter gesetzt. Er hat jeden Tag acht bis zehn Stunden daran gearbeitet.

hoch/niedrig setzen *Roulette u.ä.* · to play for high/low/… stakes

(Beim Roulette:) Wieviel hast du gesetzt? – 150,– Mark. – Du setzt aber hoch! – Wer niedrig setzt, gewinnt wenig. – Und wer hoch setzt, verliert viel.

etw. **(wieder) instand setzen** *form* · to repair s.th., to fix s.th., to get s.th. (back) into working order

… Kaputtmachen kann jeder! Aber die Sachen wieder instand setzen, das ist schon schwieriger.

jn. **instand setzen,** etw. zu tun *form selten* – jn. in die **Lage** versetzen, etw. zu tun · to enable s.o. to do s.th.

jn. **matt/schachmatt setzen** – jn. **mattsetzen** · to checkmate s.o., to eliminate s.o.

jn. **über** jn. **setzen** *form* – jm. jn. vor die **Nase** setzen · to put a new man/woman/… over s.o., to appoint s.o. over s.o.'s head

etw./**es setzt etwas/**(viel/nichts/…) **ab** *ugs – form selten* · to bring in some money/…, to bring s.th. in

… Verdienst du dabei viel? – Hm, etwas setzt es schon ab. Aber wenn man den ganzen Aufwand rechnet, ist es nicht übermäßig viel.

wenn …, dann setzt's was *ugs* – (eher:) wenn …, dann **gibt's/**(gibt es) was (1) · if …, there'll be hell to pay

seufzen: seufzen und klagen *path selten* · to weep and wail, to moan and sigh

... Es hat nicht viel Sinn, Mathilde, zu seufzen und zu klagen – davon wird die Lage nicht besser. Wir müssen uns mit dem Tod des Jungen abfinden und unser Leben wieder neu gestalten.

Seufzer: einen Seufzer ausstoßen *path* · to sigh, to heave/to fetch/... a sigh

... Ach, Gott! Welch ein Jammer! – Meinst du, wenn du solche Seufzer ausstößt, ist es leichter, eine Stelle für unsere Angela zu finden, Gertrud?

einen Seufzer der Erleichterung ausstoßen *path* · to breathe a sigh of relief, to heave a sigh of relief

... War sie also doch nicht durchgefallen ... – sie stieß einen Seufzer der Erleichterung aus. Den Assistenten, der ihr die gute Nachricht gab, hätte sie am liebsten umarmt. Welch eine Last er ihr von der Seele genommen hatte!

den letzten Seufzer tun/(aushauchen/ausstoßen) *path od. sal selten* – jm. brechen die **Augen** · to breathe one's last

Sex: (viel/(...)) **Sex haben** *ugs* · to be sexy

Für den Heiner muß eine Frau Sex haben. Alles andere interessiert ihn nicht – oder zumindesten recht wenig.

Sexbombe: eine Sexbombe (sein) *sal* · to be a sex bomb

B.B., sagst du, ist eine Sexbombe? – Ja, warum? – Für die Älteren ist das das Markenzeichen einer Sexbombe der siebziger Jahre. – Papa, Brigitte Bardot war doch keine Sexbombe. – Ach, nein? Was dann? Klär' du mich mal auf!

Sextanerblase: eine Sextanerblase haben *ugs scherzh selten* · to have a weak bladder, to have the bladder of a five-year-old *para*

... Mein Gott, jetzt geht der Junge schon zum dritten Mal auf die Toilette! Ist er krank? Oder hat er eine Sextanerblase?

sexy: sexy sein/aussehen/... *ugs* · to be/to look/... sexy

... So, du findest die Sonja sexy? – Du nicht? – Nein, mich regt die absolut nicht an.

Show: eine/die große Show abziehen *ugs* – (eher:) eine/die große **Schau**/(Show) abziehen · to put on a show, to put on one's/an act

(mal wieder/...) **eine Show machen** *ugs* – (eher:) (mal wieder/...) eine **Schau** machen · to show off

jm. **die Show stehlen** *ugs* – (eher:) jm. die **Schau** stehlen · to steal the show from s.o.

sich: außer sich sein (vor Wut/...) – **außer** sich sein (vor Wut/...) · to be beside o.s. (with anger/...)

nicht/nicht ganz/schon wieder/... **bei sich sein** *selten* · 1. 3. not to be quite/... oneself *coll*, 1. 3. 4. not to be all there *sl*, 2. to come to/to have come to/to come round, to have regained consciousness, 4. s.o. must be out of his mind, s.o. must have taken leave of his senses

1. ... Die ist überhaupt gar nicht bei sich, die Petra – jedenfalls hat man in letzter Zeit diesen Eindruck. Oder geht dir das nicht so? – Doch. Auf mich wirkt sie auch immer so, als wäre sie nicht ganz da. 2. Ist der Verunglückte schon wieder bei sich? – Nein, er ist immer noch nicht wieder zur Besinnung gekommen. 3. Meine Güte, wann bist du ins Bett gekommen? Es scheint, du bist noch gar nicht ganz bei dir. – Wirke ich noch so verschlafen? ... *selten* 4. vgl. – (u. U.) nicht (so) (ganz/(recht) bei **Trost** sein

für sich (allein) sein (wollen) · 1. 2. to (want to) be on one's own

1. Wenn die Birte für sich sein will, dann wollen wir sie nicht stören. Man braucht das Alleinsein von Zeit zu Zeit. 2. Warum willst du denn immer für dich allein sein, Mädchen? Spiel doch auch mal mit den andern Kindern!

ganz in sich sein *selten* · 1. 2. to be self-absorbed, to be withdrawn

1. Die Petra ist ganz in sich – fast zu sehr für meinen Geschmack. Nicht nur, daß sie sich nicht durcheinanderbringen läßt und nach

ihrem eigenen Rhythmus lebt; sie nimmt auch an Freud und Leid der anderen und an den Dingen der Welt vielleicht (etwas) zu wenig Anteil. 2. Den Rolf braucht man heute gar nicht anzusprechen, der ist heute ganz in sich, der reagiert sowieso nicht (vernünftig). – Ist denn etwas Besonderes passiert, daß er so in sich gekehrt ist?

unter sich sein/bleiben/... · 1. 2. to be/to remain/... among ourselves/themselves/...

1. ... Wenn wir unter uns sind, dann kannst du mir erzählen, wie das zugegangen ist. Aber hier, vor den anderen, sollten wir das Thema nicht berühren. 2. ... Am liebsten blieb die Gruppe unter sich. Wohl spielten sie manchmal auch mit anderen Kindern, aber selten; in der Regel trafen sie sich nur untereinander.

so etwas an sich haben (was/das/...) · 1. 2. to have something about one, + there is something about him/her/John/..., 3. to have a certain something, to have something

1. ... Ich kann gar nicht genau sagen, warum die Ursel alle Leute so fasziniert. Sie hat so etwas an sich ..., so einen hintergründigen Charme ... 2. Er hat so etwas an sich, der Willy, daß man leicht dazu neigt, ihn für geistig unbeweglich zu halten. Aber damit tut man ihm Unrecht. Der Eindruck täuscht. 3. vgl. – (so) ein gewisses **Etwas** (haben)

es (in letzter Zeit/...) **(so) an sich haben, zu ...** – es (in letzter Zeit/...) (so) an sich **haben, zu ...** · to have a tendency (recently/...) to do s.th.

(mit etw.) **viel/wenig/nichts/... auf sich haben** – es **hat** (mit etw.) viel/wenig/nichts/... auf sich · + it/s.th. doesn't mean anything/much/a lot/..., + it/s.th. means a lot/nothing/..., what is there to it?, there's nothing to it, + that's quite something

jn. **hinter sich haben** · to have s.o. behind one, to have s.o.'s backing, to have s.o.'s support

... Wenn er den Chef hinter sich hat, kann ihm doch nichts passieren! – Er ist sich aber nicht sicher, ob er auf den Alten rechnen kann/ob der Alte ihn unterstützt/deckt.

etw. **hinter sich haben** – etw. hinter sich **haben** · to have (got) s.th. behind one

es in sich haben – es in sich **haben** · to be tough, to be tricky, to be awkward, to be strong

etw. **noch vor sich haben** · to have s.th. ahead of one, to have s.th. in front of one

Hat er sein Examen schon gemacht? – Nein, er hat es noch vor sich. – Wann ist denn der Termin? – Nächsten Mittwoch.

jn./etw. (ganz/nur/...) **für sich haben wollen** · 1. 2. to want s.o./s.th. for oneself

1. Mein Gott, die Bettina kann nicht vertragen, wenn der Rainer auch nur einen Augenblick mit einem anderen Mädchen redet; sie will ihn nur für sich haben. – Das wird sich mit der Zeit schon geben! 2. ... Du, Papa, die Bertl will das Puppenhaus nur für sich haben. Aber du hast doch extra gesagt, das ist für uns beide!

an sich ... · 1. 3. in principle, 1. 2. 3. basically, 2. at heart, 3. fundamentally

1. ... An sich ist der Prof. Köpcke mit der Arbeit einverstanden. – Aber? – Er meint, das Fazit am Schluß könnte etwas anders aussehen. – Nun, das Schlußkapitel ist doch schnell geändert. 2. An sich ist der Rolf ein herzensguter Kerl. Nur hin und wieder vergißt er sich und packt die Leute mit einer Härte und einer Schroffheit an, die im Grunde gar nicht zu seiner Natur paßt. 3. vgl. – an und für **sich**

an und für sich ... · 1. 2. in principle, basically, 1. fundamentally, 2. at heart

1. An und für sich habe ich gar nichts dagegen, Gerd, wenn du mit der Ursel nach Frankreich fährst. Nur: seid vernünftig! 2. vgl. – (eher:) an **sich** ... (1, 2)

(so) (ganz) (allein) für sich (dahin-) **leben**/(arbeiten/…) · 1. 2. to live all on one's own, to be all on one's own, to lead a hermit's life

1. … Seit Jahren lebt diese alte Frau allein für sich dahin. – Hat sie denn keine Kinder? – Doch. Aber die besuchen sie nicht. – Und Geschwister? – Die sind alle schon tot.

2. Der Herr Sölln lebt richtig für sich – kümmert sich um niemanden, besucht niemanden, wird von niemandem besucht … Eine ausgesprochene Einsiedlernatur!

(so) halb für sich (etw.) **sagen**/murmeln/… · to say/to mutter/… s.th. to oneself, to say/… s.th. sotto voce/under one's breath

… So halb für sich murmelte er: »Welch ein Schwachsinn!«. Aber gleichsam erschreckt über sich selbst, drehte er sich um, um zu sehen, ob jemand in der Nähe war, der diese Bemerkung gehört/mitgekriegt haben könnte …

(ganz) von sich aus – (ganz) aus eigenem/(freiem) **Antrieb** · (entirely/…) on one's own initiative, (entirely/…) off one's own bat

(ganz) aus sich heraus – (ganz) aus eigenem/(freiem) **Antrieb** · (entirely/…) on one's own initiative, (entirely/…) off one's own bat

etw. **vor sich hin reden**/sagen/(sprechen/singen/…) · 1. 2. 3. to mutter/to sing/to speak/… to oneself

1. Was schimpft der Holtkamp da vor sich hin? – Weiß ich nicht. Interessiert mich auch nicht. Wenn er sich an niemanden wendet … – Seinem Herzen Luft zu machen wird er ja wohl noch dürfen.

2. … 'Blödsinn', murmelte er vor sich hin; aber er wagte nicht, seinem Vorgesetzten gegenüber offen eine negative Stellungnahme zu vertreten. So blieb denn alles beim alten. – Das ist Blödsinn: sich nur so etwas in den Bart zu murmeln.

3. Die Heidi singt den halben Tag vor sich hin. – Was denn? – Alle Lieder, die sie im Kindergarten lernt.

sicher: ganz sicher etw. tun · to do s.th. definitely, to do s.th. certainly, to be sure/certain to do s.th.

Solche Unverschämtheiten, wie sie sich der Leistner gestern erlaubt hat, läßt sich der Kurt nicht bieten. Der geht heute ganz sicher zum Chef und beschwert sich. – Meinst du? – Das ist für mich todsicher.

sich (ganz) sicher sein · to be sure of s.th., to be certain of s.th.

… Heißt der wirklich Hornberg – oder war es Humberg? – Ich bin mir nicht mehr ganz sicher; aber ich meine: Hornberg.

…, da kannst du/könnt ihr/… **sicher sein!** ugs · you can be sure of that

… Der Direktor wird dem Otto eine anständige Strafe aufbrummen, da kannst du sicher sein! In solchen Dingen ist mit dem nicht zu spaßen.

(nicht/nie) vor jm./etw. **sicher sein (können)** · 1. (not/never) to be safe with/from s.o., 2. (not/never) to be safe from s.th.

1. Vor dem Koller mußt du dich in acht nehmen, vor dem kannst du nie sicher sein. Der stellt sich mit dir jahrelang gut – und plötzlich bekämpft er dich bis aufs Messer.

2. … Vor plötzlichen Hagelschauern seid ihr hier wohl nie sicher, was? – Leider nicht. Die kann es immer geben.

sicher ist sicher! · it's better to be on the safe side, better safe than sorry coll

Vielleicht sollten wir den Wagen vor der Reise doch nochmal gründlich überholen lassen. Sicher ist sicher. Es wäre schon unangenehm, wenn wir in der Türkei Scherereien mit dem Auto hätten.

so sicher sein wie zweimal zwei vier ist ugs · so sicher sein/kommen wie das **Amen** in der Kirche · to be as sure as death, to be as sure as eggs is eggs

sichergehen: sichergehen – sicher **gehen** · to be sure that …

Sicherheit: (schon/…) **in Sicherheit sein** · to be safe, to be out of danger, to be out of range

… Als die Polizei ankam, um den Dealer festzunehmen, war er schon in Sicherheit: er hatte sich über die Grenze abgesetzt.

mit schlafwandlerischer/(nachtwandlerischer) **Sicherheit** etw. tun *path* · to do s.th. with the sureness of a sleepwalker tr, to do s.th. with uncanny sureness, to do s.th. with instinctive sureness

… Mit schlafwandlerischer Sicherheit ging die Sonja sofort auf die Stelle zu, wo ihre Kollegen ihren Pullover versteckt hatten. Seltsam, so eine Sicherheit!

mit tödlicher Sicherheit passieren/… ugs – *path* · + s.th. will definitely happen n, s.o. is dead certain to get/…

Wenn du in der Innenstadt auf der Karl-Eugen-Str. mit 80 (Kilometer Stundengeschwindigkeit) gefahren bist, bekommst du mit tödlicher Sicherheit ein Strafmandat. Die haben da mehrere Radarkontrollen.

jn./etw. **in Sicherheit bringen** · 1. to rescue s.o., to get s.o. to safety, to get s.o. out of harm's way, 2. to put s.th. in a safe place

1. (Aus einem Bericht aus der Nazizeit:) Gott sei Dank gelang es den Eltern wenigstens noch rechtzeitig, ihre beiden Kinder in Sicherheit zu bringen. Ein Geschäftsfreund nahm sie mit nach Schweden. – Sie wären sonst auch ins KZ gekommen? – Warscheinlich. Oder man hätte sie umgebracht.

2. (Ein 'Oppositioneller' in der ehemaligen DDR:) Ich weiß gar nicht, wo ich die Unterlagen in Sicherheit bringen soll! Wenn die in die Hände der STASI fallen, sind wir verloren.

sich in Sicherheit bringen · 1. 2. to escape, to get to safety

1. Die Explosion hat in der Tat einen beträchtlichen Sachschaden angerichtet. Gott sei Dank hatte ein Werkmeister kurz vorher gemerkt, was da vorging, so daß sich die Belegschaft noch rechtzeitig in Sicherheit bringen konnte.

2. Wenige Minuten, bevor die Polizei erschien, gelang es den Drogenhändlern, sich in Sicherheit zu bringen. – Sie wurden also nicht geschnappt? – Nein.

der Sicherheit halber etw. tun · to do s.th. (just) to be on the safe side coll

… Der Sicherheit halber würde ich neben dem Personalausweis auch den Reisepaß mitnehmen. Offiziell genügt zwar der Personalausweis; aber für alle Fälle …; man kann nie wissen.

mit an Sicherheit grenzender Wahrscheinlichkeit ugs · almost certainly n, with almost complete certainty n

… Du meinst, der Tony kommt heute wirklich nicht mehr? – Mit an Sicherheit grenzender Wahrscheinlichkeit – nein! Er kommt sozusagen nie nach zehn Uhr. Wenn es später wird, bleibt er unterwegs irgendwo im Hotel.

sich/(etw./jn.) **in Sicherheit wiegen**/(wähnen) *form selten* · to think/… that one is safe, to be lulled into a false sense of security

Da sich die Drogenhändler in dem abgelegenen Nest/Städtchen in Sicherheit wiegten, machten sie sich fast offen an die Schüler heran, um sie zum Kaufen zu animieren. Doch eines Morgens gab es plötzlich eine Razzia, und bei der wurden fast alle geschnappt.

sicherstellen: etw. **sicherstellen** *form* · 1. to take s.th. into safekeeping, to impound s.th., 2. to confiscate s.th., to seize s.th.

1. … Den Restbestand von 'Kaltex' müssen wir also sicherstellen, Herr Rohlfs. Nachdem feststeht, das es giftig ist, darf das Zeug auf keinen Fall mehr verwendet werden.

2. Bei der Razzia an die Terroristen konnte die Polizei u.a. eine Anzahl von Waffen und Geheimplänen sicherstellen, die ihr die weitere Verfolgung sehr erleichtern werden.

Sicherung: (bei) jm. **geht/brennt die Sicherung**/gehen/brennen die Sicherungen **durch** ugs · + s.o. blows a fuse, + s.o. blows his top

… Selbstbeherrschung ist nicht gerade Willis besondere Stärke. Oft gehen bei ihm schon bei geringstem Anlaß die Sicherungen durch. Er tobt dann da herum wie ein Wilder.

Sicht: (heute/… ist eine) **gute**/schlechte/… **Sicht** · 1. 2. the visibility is good/poor/… today/…

1. Heute ist ja eine hervorragende Sicht! – Ja, so klar treten einem die Gegenstände sonst nie ins Auge.

2. Wegen schlechter Sicht konnte das Flugzeug nicht landen. *form*

von ... hat man/j. eine hervorragende/... Sicht · + there is a magnificent/amazing/... view from ...
(Bei einer Bergbesteigung:) Bald sind wir oben, und dann wirst du staunen: vom Gipfel hat man eine geradezu einmalige Sicht. Da liegt dir die Hälfte der ganzen Provinz zu Füßen.

aus meiner/seiner/... Sicht · from my/his/... point of view, as I/he/Mary/... see(s) it
(Ein Großhändler:) Gut, der Philipp als Landwirt mag der Meinung sein, daß die Verpackung der Kiwis sekundär ist. Aus unserer Sicht ist das natürlich völlig anders. Ohne eine absolut sichere und einwandfreie Verpackung läuft die Vermarktung nicht. Wenn er das nicht einsehen will, wird er nicht exportieren können.

aus damaliger/heutiger/(...) Sicht · from today's perspective, from the perspective of the time, as people see it today/saw it then
... Natürlich, aus heutiger Sicht ist das Verhalten vieler Leute während der Zeit der Diktatur völlig unverständlich. Man muß sich in die damaligen Verhältnisse zurückversetzen, wenn man ihnen gerecht werden will.

ein Wechsel/(...) auf Sicht *form* · a bill/... payable at sight
(Zu einem jüngeren Kollegen:) Wenn der Wechsel 'auf Sicht' ausgestellt ist, muß er natürlich gedeckt sein, wenn Ihr Bruder ihn vorlegt/präsentiert; denn das bedeutet ja gerade 'auf Sicht'.

bei Sicht fällig/zahlbar/(...) *Wechsel u. ä. form* · payable/... at sight
(Zu einem jüngeren Kollegen:) Wenn der Wechsel bei Sicht fällig ist, dann nichts wie zur Bank! Oder worauf wartet Ihr Bruder noch, bis er ihn vorlegt?

auf kurze Sicht · in the short term, in the short-term perspective
Lohnt sich für dich denn der Kauf eines neuen Wagens überhaupt schon? – Auf kurze Sicht nicht: der alte läuft ja noch ganz gut. Aber wenn ich bei meinen Berechnungen von fünf, sechs oder mehr Jahren ausgehe, dann sieht das schon anders aus.

auf lange/(weite) Sicht · in the long term, in the long run
... Wenn du nur für dieses oder für dies und das nächste Jahr rechnest, dann lohnt sich der Kauf eines neuen Autos natürlich nicht. Aber auf lange Sicht schon.

auf längere Sicht · 1. 2. in the long term, in the long run
1. Nur für ein, zwei Jahre lohnt sich der Kauf eines Autos nicht; da ist Taxifahren billiger. Auf längere Sicht sieht die Rechnung allerdings ganz anders aus.
2. Auf längere Sicht werden sich die Investitionen hier mit Sicherheit auszahlen!

vierzehn Tage/... nach Sicht zahlbar/(...) *Wechsel u. ä. form* · to be payable 14/... days after sight
(Zu einem jüngeren Kollegen:) Wenn der Wechsel erst drei Wochen nach Sicht fällig wird, ist der Mann doch schon über alle Berge, wenn Ihr Bruder den vorlegt! – Wie, Sie meinen, deswegen wäre er erst so spät zahlbar?

(schon/...) außer Sicht sein *form* · to be (already/...) out of sight
(Am Hafen:) Ja, zum ersten Mal fuhren die Eltern allein in Urlaub – eine Schiffsreise nach Brasilien. Die Kinder winkten ihnen zu, als das Schiff abfuhr, winkten und winkten – und standen dann versonnen am Kai, bis das Schiff aufs offene Meer hinausfuhr und schließlich außer Sicht war.

(schon/...) in Sicht sein · 1. to be (already/...) in sight, 2. land ahoy!, 3. there are some signs of a change of government/...
1. ... Ist das Schiff schon in Sicht? – Bei dem Nebel kann man es noch nicht sehen; es ist aber bereits kurz vor der Hafeneinfahrt. *form*
2. ... Ob man die Begeisterung und die Erleichterung der (alten) Entdeckungsfahrer überhaupt nachempfinden kann, die der Ruf auslöste: 'Land in Sicht!'?
3. Ist bei euch in der Tat schon wieder ein Regierungswechsel in Sicht? – Die Zeitungsartikel legen eine solche Vermutung nahe.

klare Sicht haben · to have good visibility
... Wenn man klare Sicht hat, ist so eine Bergwanderung etwas Wunderbares. Aber bei trübem, nebligem Wetter macht es mir wenig Spaß.

auf Sicht fliegen/(...) *form* · to fly by VFR (visual flight rules)
Wenn die Piloten heute nur auf Sicht fliegen würden, erklärte er, würde bei dem Nebel und den Wolken ja niemand landen (und starten) können. Die Radar- und anderen Navigationsgeräte sind also grundlegend für einen reibunslosen Ablauf des modernen Flugverkehrs.

(allmählich/...) in Sicht kommen *form* · to come (slowly/gradually/...) into sight
... Seltsam, wie so ein Schiff ganz fern am Horizont auftaucht, langsam in Sicht kommt, bis es dann schließlich immer deutlichere Konturen gewinnt und ...

Sichtweite: (schon/...) außer Sichtweite sein *form* – (eher:) **(schon/...) außer Sicht sein** · to be (already/...) out of sight

in Sichtweite *(sein)* · to be in sight
(Am Hafen:) Wenn das Schiff schon in Sichtweite ist – wie die gerade durchsagen –, müßten wir es doch auch sehen, verdammt nochmal! – Die meinen vielleicht, daß man es mit dem Fernrohr schon sieht. – Das heißt doch nicht Sichtweite! Willst du uns jetzt auch noch veralbern?

Sie: eine Sie *iron* · a she, a female
... Da steht draußen jemand und möchte dich sprechen. – Ein Er oder eine Sie? – Eine Sie. – Ah, das ist sicherlich die Ute Meinert. Sag' ihr, sie soll hereinkommen.

mit jm. per Sie sein *form* · jn. mit **Sie** anreden · to use the polite form of address to s.o.

jn. mit Sie anreden *form* · to use the polite form of address to s.o.
Redest du den Karl Berger mit Du oder Sie an? – Den Berger sieze ich.

zu etw. mußt du/muß man/... Sie sagen *ugs* – alle **Achtung** vor jm./etw.! (2) · one has to hand it to s.o. (for doing s.th.)

Sieb: wie ein Sieb durchlöchert sein *von Kugeln/... path* · to be riddled (with bullets/...)
... Wie die Verrückten müssen die auf den flüchtigen Terroristen geballert haben: sein Körper war durchlöchert wie ein Sieb. – Sie wollten ihn auf keinen Fall entkommen lassen, das ist doch klar.

etw. (zu) tun ist dasselbe/das gleiche wie/das nenne ich/... mit dem/einem Sieb Wasser schöpfen *geh selten* · 1. 2. doing s.th./trying to do s.th. is a waste of time *n*, doing s.th./trying to do s.th. is like pouring water into a sieve/like carrying water in a sieve *para*
1. Jetzt gehe ich schon über 14 Tage alle möglichen Quellen durch, um Belege zu dem vermuteten Briefwechsel zwischen den beiden Autoren zu finden. Aber bisher habe ich kein einziges Wort dazu gefunden. – Das ist also dasselbe wie mit einem Sieb Wasser schöpfen, was du da machst. – Es sieht leider fast danach aus.
2. In dieser Gegend Mücken bekämpfen ist dasselbe wie mit einem Sieb Wasser schöpfen. Denn kaum hörst du auf damit, das Mittel in den Zimmern herumzustreuen, dann sind sie wieder da.

Sieben: eine böse Sieben sein *form* – *path veraltend selten* · to be a (real/...) vixen, to be a (real/...) shrew/battleaxe/ratbag/... *sl*
... Oh! Das ist eine böse Sieben, die Frau Schirmer! Das ist das übelste Weibsbild, das mir bis heute in die Quere gekommen ist.

Siebenmeilenstiefel: Siebenmeilenstiefel anhaben *ugs selten* · to have one's seven-league boots on, to be wearing seven-league boots, s.o. must be wearing seven-league boots
... Meine Güte, es scheint, der Heinz-Peter hat Siebenmeilenstiefel an! Der legt vielleicht ein Tempo vor! – Der ist 1,87 m groß; wenn der einen Schritt macht, müssen wir zwei machen.

mit Siebenmeilenstiefeln gehen/kommen/marschieren/... *ugs selten* · to have one's seven-league boots on
... Bist du mit Siebenmeilenstiefeln gekommen? Du hast doch gerade erst vor fünf Minuten angerufen, du gingst unten im Geschäft weg. – Ich bin halt etwas schneller gegangen. – Du mußt ja gerast sein.

Silberstreifen: einen Silberstreifen/(Silberstreif) **am Horizont sehen/**(…) *path* · to see a ray/gleam/… of hope, to see the light at the end of the tunnel *coll*
Nach dem Urteil der Fachleute bieten die Konjunkturdaten leider keinerlei Anlaß zur Hoffnung auf Besserung der Wirtschaftslage. Nur die Regierung sieht einen Silberstreifen am Horizont. Nach ihr soll es einige Anzeichen – besonders in Übersee – geben, die darauf hindeuten, daß es bald wieder aufwärts geht.

Silhouette: sich als Silhouette vor/gegen etw. **abheben/abzeichnen** *form* · to be silhouetted against the sky/…
(Auf einer Fahrt nach Bourges:) Schau mal die Kathedrale dahinten! Wie die sich da so als Silhouette vor der ganzen Innenstadt abhebt – das ist schon beeindruckend.

simplicitas: Sancta simplicitas! *geh iron selten* – (du) heilige **Einfalt!** · sancta simplicitas

sind: als da sind? *iron* · and what would they be?, what for example?, namely …?
… Und dann gibt es da noch einige rein praktische Gesichtspunkte, die beim Abfassen des Textes zu beachten sind. – Als da sind?/Nämlich? – Ein ausreichender Abstand vom Seitenrand …

singen: j. **kann** einen Text/… **schon singen** *ugs* · to know s. th. inside out, to know s. th. backwards
… Ach, Papa, jetzt werd' ich die Lektion doch nicht nochmal durchgehen! Ich hab' sie bestimmt schon fünf- oder sechsmal durchgearbeitet. Ich kann sie schon singen!

da/(hier/dabei/bei etw./…) **hilft kein Singen und kein Beten** *path iron* – da/(hier/dabei/bei etw./…) hilft kein **Jammern** und kein Klagen · it's no good moaning and groaning (now/about it/…), it's no good whingeing (now/about it/…)

singen und klingen *path selten* · to sing and play
… Und wenn dann am Ende die Musikchöre singen und klingen, dann ist das ganze Dorf in Hochstimmung.

von Abenteuern/… **singen und sagen** *path veraltend selten* · to recount the adventures of …
… Ja, diese alten Heldenlieder, die von Abenteuern, Ritterturnieren, holden Damen singen und sagen – das ist Dietlindes Lieblingslektüre!

sinken: moralisch (schwer) **sinken** *form path* · to sink low, to go downhill, to sink deeper and deeper
… Der Erich war so ein korrekter und anständiger Kerl früher. Aber seitdem er in der Clique um den Herbert Brautwein steckt, ist er moralisch schwer gesunken. In seinem Beruf leistet er nichts mehr, er säuft …

tief sinken *form path* · 1. 2. to sink low
1. Wo, sagst du, hast du den Anton gesehen? – Als Kraftfahrer bei Schuckert. – Der Arme! Er ist tief gesunken. Vom Fabrikbesitzer zum Kraftfahrer …, mein Gott!
2. … Lebt der Uwe in der Tat vom Drogenhandel? – Ich habe ganz eindeutige Beweise. – Mein Gott, (was) ist der tief gesunken! Und was war das früher für ein anständiger Kerl – bis seine Ehe in die Brüche ging.

Sinn: im bildlichen Sinn *form* – (eher:) im übertragenen **Sinn** · to mean/to interpret/… s. th. in the figurative sense, to mean/to interpret/… s. th. figuratively

in diesem Sinn … · (I have written/…) to this effect
… Und dann sollten Sie sich mit der Konkurrenz abstimmen, welche Minimalpreise anzusetzen sind. – Den wichtigsten Firmen habe ich bereits in diesem Sinne geschrieben, Herr Direktor Beutel. …

im eigentlichen Sinn *form* – (eher:) im wörtlichen **Sinn** · literally, in the literal sense

im engen Sinn *form* · in the narrow sense (of the word/phrase), in the strict sense (of the word/phrase)
… Wenn du das Wort in engem Sinn nimmst, heißt es natürlich nur 'ein abkürzendes Zeichen', etwa in der Stenographie. Aber in einer weiteren Bedeutung will 'Sigel' auch soviel sagen wie 'Chiffre', eine Art Kennwort, in dem sich bestimmte Anschauungen konzentrieren.

einen Terminus/… **in gutem Sinn meinen/**ein Wort in gutem Sinn gebrauchen/… *form* · to use a word/term/… in the positive sense
… Der Moritz ist ein richtiger Strolch! – Strolch? – Ich meine das/das Wort/ich gebrauche das Wort/… in gutem Sinn – für 'Schelm', 'Stromer'. – Ah so, ich dachte, du hieltest ihn für unehrlich oder so.

im übertragenen Sinn *form* · to mean/to interpret/… s. th. in the figurative sense, to mean/to interpret/… s. th. figuratively
… Das kannst du doch nicht wörtlich nehmen, das mußt du im übertragenen Sinn verstehen! Das Ganze ist ein Gleichnis …

im weiten Sinn *form* · ≠ im engen **Sinn** · in the wider sense (of the word/phrase)

im wörtlichen Sinn *form* · literally, in the literal sense
Was heißt das: etwas 'sine ira et studio' untersuchen? – Im wörtlichen Sinn: 'ohne Zorn und Eifer'. Damit ist gemeint: etwas unparteiisch untersuchen, an etw. ohne Erregung, also nüchtern herangehen und ohne Übereifer, d. h. in Ruhe und Abgeklärtheit.

im strengen Sinn etw. **sein/tun** · to be/(to do) s. th. in the strict sense (of the word/phrase/…)
… Alfred ist katholisch, sagst du? – Im strengen Sinn vielleicht nicht/ im strengen Sinn katholisch ist er vielleicht nicht/im strengen Sinn ist er vielleicht nicht katholisch. Er wurde halt katholisch getauft, katholisch erzogen; aber er praktiziert nicht.

(ganz/(gar/überhaupt nicht)) **in** js. **Sinn(e)/**im Sinn(e) e-r S. **sein** · 1. 2. 3. (not) to be (at all) in accordance with s. o.'s wishes/with the law/with the government's wishes/intentions/…
1. Wie der Klaus da vorgeht, das ist gar nicht im Sinn seines Vaters. Ganz im Gegenteil: wenn der alte Herr das wüßte, würde er es auf das schärfste mißbilligen.
2. Im Sinne des Gesetzes ist das ja nicht, was ihr hier macht! – Was weißt du denn vom Sinn des Gesetzes? – Genug, um zu verstehen, daß ihr euch nicht daran haltet.
3. … Ich kann nicht glauben, daß diese Bemerkung des SPD-Abgeordneten im Sinne der Regierung ist. Die bekommt durch solche Ausführungen doch nur Scherereien!

ein … im besten Sinn (sein) – ein … im besten **Sinn** des Wortes (sein) · (to be) a performer/… in the best sense of the word

ein … im wahrsten Sinn (sein) · 1. (to be) a performer/… in the true sense of the word, 2. (to be) a performer/… in the best sense of the word
1. vgl. – (eher:) ein … im wahrsten **Sinn** des Wortes (sein) (1)
2. vgl. – (eher:) ein … im besten **Sinn** des Wortes (sein)

(ganz/(gar/überhaupt nicht)) **nach** js. **Sinn sein** · 1. to suit s. o. down to the ground, to be (exactly/…) what s. o. likes, 2. (not) to suit s. o., (not) to be to s. o.'s taste, (not) to be what s. o. likes/enjoys
1. … Ah, der Abend war ganz nach ihrem Sinn: es wurde getanzt, gelacht, gescherzt, gesungen. Du hast doch bestimmt gemerkt: die Gerda war ganz in ihrem Element.
2. … Nein, diese Wanderung ist gar nicht nach seinem Sinn. So stundenlang durch die Gegend laufen, das findet der Rolf stocklangweilig. Wenn es nach ihm ginge, würden wir alle Fußball spielen.

so recht/richtig nach js. **Sinn sein** – (ganz/(gar/überhaupt nicht)) nach js. **Sinn** sein (1) · to be very much/… to s. o.'s taste, to be greatly/… to s. o.'s liking

jm. **seltsam/**… **zu Sinn sein/**nicht wissen/… wie jm. zu Sinn ist *veraltend selten* · + s. o. feels strange/…
… Nun, wie ist dir zu Sinn nach deinem bestandenen Examen? – Wie soll mir schon zumute sein? Ich fühle mich natürlich erleichtert. Aber sonst – wie immer!

einen/keinen/seinen **Sinn haben** · 1. 2. + there is a/no point in (doing) s. th., + there is a/some/no sense in doing s. th.
1. … Fünf Tage vor Ferienbeginn haben doch Klassenarbeiten keinen Sinn! Ich verstehe nicht, was unser Lehrer dabei denkt! – Damit wir bis zum Schluß arbeiten, zählt er die Arbeit schon fürs nächste Schulhalbjahr. Es hat also schon seinen Sinn, was er macht, leider!

2. ... Du brauchst dich da gar nicht länger zu bemühen! Das hat doch keinen Sinn. Sie erkennen doch nicht an, was du tust. Das ist alles zwecklos!

(viel/wenig/keinen ...) **Sinn für** jn./etw. **haben** · 1. (not) to get on with children, (not) to have a way with children, 2. to have a feeling for music/art/..., to have an appreciation of s.th./to have no appreciation of s.th./s.o., to have a sense of style/beauty/...
1. ... Nein, die Lisbeth hat überhaupt keinen Sinn für Kinder. Insofern ist es schon gut, daß sie nicht geheiratet hat.
2. ... Hat der Kurt denn überhaupt Sinn für Musik? – Der Kurt? Mein Lieber, der spielt selbst ganz ausgezeichnet Geige. Wenn jemand hier Verständnis für Musik hat, dann der/dann ist er es!

einen **heiteren**/frohen/aufrechten/(ehrlichen)/(...) **Sinn haben** form · 1. 2. to have a cheerful/honest/... nature
1. Wenn alle Menschen einen so heiteren Sinn wie eure Lene hätten, dann wäre das Leben auf dieser Welt eine richtige Wonne.
2. ... Wer einen so anständigen und aufrechten Sinn wie euer Manfred hat, ist zu solch einer Gemeinheit überhaupt gar nicht fähig! Das sind natürlich alles wieder nur Verleumdungen.

etw. **im Sinn haben** form – (eher:) etwas/viel/allerhand/nicht viel/... **vorhaben** (mit jm./etw.) (1, 2) · to have s.th. in mind

mit jm./etw. **wenig/viel**/nicht viel/... noch etwas/... **im Sinn haben** ugs · 1. (not) to rate s.o., (not) to get on with s.o., not to want to have anything to do with s.o., 2. to have plans for s.o., to have s.th. in mind for s.o., 3. not to care for cheese/...
1. ... Mit dem Otto hat der Blättner, glaub' ich, nicht viel im Sinn. – Du meinst, er hält nicht viel von ihm? – Ich weiß nicht, ob er nicht viel von ihm hält, ob er ihn nicht mag oder was sonst für Gründe vorliegen. Ich habe nur immer wieder gemerkt, daß er ausweichend antwortet, wenn die Rede auf den Otto kommt.
2. Dem Reußner gibt der Chef die interessantesten Aufgaben, die Aufgaben, bei denen man am meisten lernt! – Es scheint, er hat mit dem Mann noch allerhand im Sinn. – Sag' bloß, er will den zu seinem Nachfolger machen!
3. ... Und was wird er zum Nachtisch wollen? Käse? – Nein, mit Käse hat er nicht viel im Sinn. – Wenn er keinen Käse ißt, dann mag er vielleicht Pudding?

etwas/nichts Gutes/Böses/(...) **im Sinn haben** form – (eher:) etwas/nichts Gutes/Böses/(...) im **Schilde** führen · to have something nasty/wicked/... in mind, to have something nasty up one's sleeve

einen **sechsten Sinn für** etw. **haben** · to have a sixth sense for s.th.
Wie ist denn der Meinhard überhaupt auf die Idee gekommen, daß der Prof. Kaufmann gerade Schiller im Examen prüft? – Der hat einen sechsten Sinn für solche Dinge. Das ist schon das dritte oder vierte Mal, daß er vorhersieht, was in einer Prüfung drankommt.

plötzlich/... **fährt (es)** jm. **durch den Sinn, daß** ... selten · it suddenly/... comes to s.o.'s mind that ...
... Plötzlich fuhr ihm durch den Sinn, daß er seiner Schwester versprochen hatte, sie am Wochenende zu besuchen. Das hatte er vollkommen vergessen. Er mußte sie sofort anrufen und ...

plötzlich/... **fährt es** jm. **in den Sinn** · it suddenly/... occurs to s.o., + the thought/... suddenly/... occurs to s.o.
... Während die ganze Gruppe ausgiebig das Für und Wider des Südafrikageschäfts diskutierte, fuhr es mir plötzlich in den Sinn: 'und wenn es da zu einem Bürgerkrieg kommt? Was dann?' Ein blitzartiger Gedanke, der mich bei den weiteren Verhandlungen nicht mehr loslassen sollte.

jm. **fehlt der Sinn für** etw./(jn.) · + to have no feeling for s.th., + not to be able to appreciate s.th.
... Dem Paul fehlt nun einmal der Sinn für Musik! So wie du nicht beurteilen kannst, ob ein mittelalterliches Gedicht schön ist oder nicht, so hört der Paul nur Töne – und nicht mehr.

etw. **geht**/(fährt) jm. (immer wieder/...) **durch den Sinn** – (eher:) jm. (immer wieder/...) durch den **Kopf** gehen · s.th. keeps going through s.o.'s mind

in js. **Sinn handeln**/reden/... · 1. to act/to speak/... in accordance with s.o.'s wishes, to do as s.o. would have done, 2. to act/to speak/... according to the party lines, to act in accordance with the party's/... wishes
1. Der Dieter handelt ganz im Sinn seines Vaters, wenn er die Verhandlungen scharf führt und jeden Kompromiß in der Sache ablehnt. Genau so würde der alte Herr die Verhandlungen auch führen/genau das will der alte Herr/...
2. Was der Detlev sagt, braucht man nicht so ernst zu nehmen. Der redet sowieso nur im Sinn seiner Partei.

(nicht) **im Sinn des Gesetzes**/der Bestimmung/... **handeln**/vorgehen/... · (not) to act/... according to a (strict) interpretation of the law, (not) to act/... in (strict) accordance with the law
(Ein Beamter, der einem Antragsteller entgegenkommen will:) Ich weiß nicht, ob ich im Sinn der gesetzlichen Regelungen handle, wenn ich Ihnen die Genehmigung gebe; aber ich will mal nicht so genau hinschauen!

das/so eine Idee/... **käme ihr**/dem Peter/... **nicht**/nie/... in den Sinn – das/so eine Idee/... käme ihr/dem Peter/... nicht/nie/... in den Kopf · it/such an idea/... would never enter my/his/Mary's/... mind

plötzlich/... **kommt es** jm. **in den Sinn, zu** ... – plötzlich/... kommt es jm. in den Kopf, zu ... · to (suddenly/...) occur to s.o. to do s.th.

nach dem Sinn (des Vertrages/...)/dem Sinn (des Vertrages/...) nach ≠ nach dem **Buchstaben** (des Vertrages/...)/dem Buchstaben (des Vertrages/...) nach · according to the spirit of the contract/..., according to the intention of the contract/...

jm. **geht der Sinn für** jn./etw. **ab** · 1. + (not) to care much/... for s.th., 2. + to have no feeling for s.th.
1. vgl. – (viel/wenig/keinen/...) **Sinn für** jn./etw. **haben** (1)
2. vgl. – jm. fehlt der **Sinn** für etw./(jn.)

jm. **steht der Sinn nicht danach**, etw. zu tun/nach etw. · 1. 2. + (not) to feel like doing s.th.
1. Gehst du mit, heute abend, ins Theater? – Was gibt's denn? – Schillers 'Don Carlos'. – Ach, weißt du, mir steht heute eigentlich nicht der Sinn danach, mir so ein ernstes Stück anzusehen. Ich glaub', ich geh' ins Kino und guck' mir einen Lustfilm an.
2. ... Ich zweifle sehr, ob ihm der Sinn danach steht, diese beiden dicken Romane auf die Verwendung des Konjunktivs hin zu analysieren. Ich glaub', er weiß, was er lieber tut.

nicht im Sinn(e) des **Erfinders** sein ugs · it/that is not what s.th. was intended for
... Ein so schönes Buch einfach dazu zu benutzen, um die Lampe höher zu stellen – das ist eigentlich nicht im Sinne des Erfinders! – Das Buch geht doch davon nicht kaputt, Walter!

etw. **dem Sinn nach**/(nach dem Sinn) **erfüllen** ≠ etw. dem **Buchstaben** nach/(nach dem Buchstaben) erfüllen · to be true to/to conform to/to act in accordance with/... the spirit of s.th.

einen/keinen Sinn geben · there is a/no point in (doing) s.th.
Dreizehn Jahre zur Schule und sieben Jahre zur Universität zu gehen, um anschließend arbeitslos zu sein – gibt das einen Sinn?

e-r S. **einen neuen Sinn geben** · to give s.th. a new purpose, to give s.th. a new direction
Wenn es der PAO nicht gelingt, ihrem Grundsatzprogramm einen neuen Sinn zu geben, wird die Partei keine Wahl mehr gewinnen. Die Vorstellungen, die diese Partei bisher geleitet haben, sind alle überholt.

jm. **nicht aus dem Sinn gehen** form · + I/he/John/... can't get it/the thought/... out of my/... mind
... Seine Bemerkung 'Wenn die Agnes nochmal weggeht, bring' ich mich um' geht mir nicht aus dem Sinn. – Mußt du auch immer daran denken? Ob der Kurt das wahrmacht?

jm. (immer wieder/...) **durch den Sinn gehen** – (eher:) jm. (immer wieder/...) durch den **Kopf** gehen · + s.o. keeps thinking of s.o./s.th., the thought/... of s.o./s.th. keeps going through s.o.'s mind

(zu sehr/...) **nach dem Sinn gehen** – ≠ sich (sehr/zu stark/...) an den **Buchstaben** halten · to stick/... (too closely/...) to the spirit of the law

den Sinn des Gesetzes erfüllen *form* – ≠ den **Buchstaben** des Gesetzes erfüllen · to fulfill/to observe/to adhere to/... the spirit of the law

sich (nur/zu sehr/...) **an den Sinn des Gesetzes halten** *form* – ≠ sich (nur/zu sehr/...) an den **Buchstaben** des Gesetzes halten · to stick/... (only/too closely/...) to the spirit of the law

js. **Sinn steht nach Höherem** *path od. iron* · + to have aspirations to higher things
Der Erich wird sich doch nicht das ganze Leben in diesem Nest verkriechen, um an dieser provinziellen Musikhochschule zu unterrichten! – Du meinst, sein Sinn steht nach Höherem? – Allerdings. Sein ganzes Bestreben geht danach, freischaffender Künstler zu sein.

jm. **ganz aus dem Sinn kommen** *oft Perf form selten* · it completely/... slips my/his/... mind, + I/we/John/... completely/... forget/...
... Paul, du wolltest doch am Montag der Ingrid die biographischen Zusammenhänge eines Gedichts von Baudelaire erklären! – Mensch, du hast recht! Das ist mir ganz aus dem Sinn gekommen! Ehrlich: ich hab' das völlig vergessen. Sag' der Ingrid ...

jm. **nicht aus dem Sinn kommen** *form* – (eher:) jm. nicht aus dem **Sinn** gehen · + not to be able to get s.o./s.th. out of one's mind

laß (es) dir/laßt (es) euch/... **(ja/nur/bloß) nicht in den Sinn kommen,** etw. zu tun *ugs* – *form* – (eher:) laß (es) dir/laßt (es) euch/... **(ja/nur/bloß) nicht einfallen,** etw. zu tun/(sich einfallen lassen, etw. zu tun) · don't even think of doing s.th., just don't try to do s.th.

tun, was einem (gerade) in den Sinn kommt – (eher:) tun, was einem (gerade) in den **Kopf** kommt · to do the first thing that comes into one's head

etw. **sagen/reagieren/..., wie es einem (gerade) in den Sinn kommt** – (eher:) etw. sagen/reagieren/..., wie es einem (gerade) in den **Kopf** kommt · to say/to do/... the first thing that comes into one's head

jm. **im Sinn liegen** *veraltend selten* · to be on s.o.'s mind
... Ach, seit Jahren liegt dem Alfred dieser Hausbau im Sinn – er hat das Für und Wider, die Risiken, alles, was damit zusammenhängt, zig Mal hin- und herüberlegt. Aber es scheint, gerade, weil ihn das so viel beschäftigte, ist er nie zu einem Schluß gekommen.

einen/keinen Sinn machen · 1. (not) to make sense, 2. + there is no point in (doing) s.th.
1. vgl. – (eher:) einen/keinen **Sinn** geben
2. vgl. – (u. U.) einen/keinen **Sinn** haben (1)

etw. **in diesem/einem anderen/in js. Sinn meinen** · 1. 2. to mean s.th. in this/... sense/differently/in the same sense as John/...
1. ... Nein, ich hab' das in einem anderen Sinn gemeint, als du es verstanden hast! Ich wollte nicht sagen, daß ..., sondern ...
2. ... Du hast meine Ausführungen nicht ganz richtig verstanden. Ich hab' das in Rainers Sinn gemeint. Der Rainer sagte eben: ...; genauso meine ich, daß ...

dem Sinn nach ... · according to the spirit of the law/text/...
... Dem Sinn nach mag die Interpretation, die du da von der neuen Bestimmung gibst, durchaus zutreffen. Ich weiß nur nicht, ob sich eine solche Auffassung ohne Schwierigkeiten mit dem Wortlaut vereinbaren läßt.

sich (zu sehr/...) **nach dem Sinn richten** – ≠ sich (sehr/zu stark/...) an den **Buchstaben** halten · to stick/adhere/... (too closely/...) to the spirit of s.th.

das/(etw.) **ist nicht der Sinn der Sache** · 1. that's not the object of the exercise, that's not the point of the thing, 2. that's not the way to do things
1. ... Die wollen doch mit den Vorträgen die Probleme, die wir mit Rußland haben, nicht noch vergrößern! Das ist doch bestimmt nicht der Sinn der Sache! – Natürlich nicht! Aber es gibt halt immer wieder Leute, die solche Veranstaltungen in i h r e m Sinn umfunktionieren.
2. Einen dicken Wagen kaufen und dann kein Geld für Versicherung, Steuern und Benzin haben ... – das ist doch nicht der Sinn der Sache! Dann kaufst du dir besser gleich einen kleinen Peugeot.

sich etw. aus dem Sinn schlagen können/müssen/... (schlag' dir/schlagt euch/... das/diese .../... aus dem Sinn!) *ugs* – (eher:) sich etw. aus dem **Kopf** schlagen können/müssen/... (schlag' dir/schlagt euch/... das/diese .../... aus dem Kopf!) · to get the idea/the thought of (doing) s.th. out of one's mind/head

das/(etw.) **ist nicht der Sinn der Übung** *ugs* – das/(etw.) ist nicht der **Sinn** der Sache (1) · it/that is not the object of the exercise

einem Text/... **einen anderen/... Sinn unterlegen** *form selten* · to read a different meaning into a text/...
(Zu einem Kollegen; in einem Amt:) Wenn Sie den Bestimmungen einen Sinn unterlegen, der mit Sicherheit gegen die Intentionen des Gesetzgebers geht, können Sie den Antrag natürlich genehmigen; aber ... – Entschuldigen Sie, mich interessieren keine hypothetischen Intentionen, mich interessiert der vorliegende Text, und der spricht für meine Deutung.

etw. **ohne Sinn und Verstand sein/tun/...** *ugs* · 1. 2. to be/to do s.th./... without rhyme or reason, to do s.th. without thinking
1. ... Der Peter handelt da einmal wieder ohne Sinn und Verstand! Ich möchte wirklich mal wissen, wann in dessen Kopf endlich ein bißchen Vernunft kommt. Der reinste Unsinn, was der da macht!
2. War die Aufführung gestern gut? – Das ist ein Stück ohne Sinn und Verstand. Ich jedenfalls habe da weder einen vernünftigen Gedanken noch künstlerische Elemente entdecken können.

Sinn und Verstand haben *ugs* · 1. to have a bit of/... intelligence/common sense, to have brains, 2. to make sense *n*, to have any logic/sense/... in it
1. ... Wer auch nur ein Minimum an Sinn und Verstand hat, sieht doch sofort, daß das vollendeter Unsinn ist, was der Mann da erzählt. Ich sage, ein Minimum an Intelligenz – ich verlang' ja nicht viel ...
2. ... Sag' mal, hat diese neue Regelung eigentlich Sinn und Verstand? Mir kommt das Ganze ziemlich absurd vor.

weder Sinn noch Verstand haben *ugs* · 1. not to make any sense at all *n*, 2. to have neither rhyme nor reason to it
1. Was der Peter da erzählt, hat weder Sinn noch Verstand! Das ist ausgesprochener Unsinn!
2. Dieses Gesetz hat weder Sinn noch Verstand! Es nützt weder der Wirtschaft noch dem Staat! Ich möchte mal wissen, was für Esel dafür verantwortlich sind. *seltener*

etw. **mit Sinn und Verstand tun** · to do s.th. sensibly/logically/rationally/...
Wenn der Klaus das ganze Projekt mit Sinn und Verstand geplant und umsichtig durchgeführt hätte, hätte er alles in gut einem Monat reibungslos über die Bühne gebracht. Aber wenn man die Dinge derart querköpfig und linkisch anpackt, provoziert man natürlich eine Komplikation nach der anderen.

jm. **schon anders/... zu Sinn werden** *veraltend selten* · + to (start to) feel funny/... *n*, + to (start to) feel strange/... *n*
Im Anfang hatte ich das Unternehmen für völlig gefahrlos gehalten. Aber als ich dann die engen Pfade und steilen Abhänge sah, wurde mir anders zu Sinn. – Und wie? – Na, mir war so ähnlich zumute wie jemandem, der gerade ein Himmelfahrtskommando übernommen hat.

jm. **nicht aus dem Sinn wollen** *form* · 1. 2. + s.o. cannot get s.o./s.th. out of his mind
1. vgl. – jm. nicht aus dem **Sinn** gehen

2. vgl. – (eher:) jm. nicht aus dem **Kopf** wollen

jm. **nicht in den Sinn wollen** *form* – (eher:) jm. nicht in den **Kopf** wollen (2; a. 1) · not (to be able) to grasp s. th., not (to be able) to see the sense of s. th.

ein ... im besten Sinn des Wortes (sein) · (to be) a performer/... in the best sense of the word
Der Schildberg ist ein ausgezeichneter Interpret – ein Interpret im besten Sinn des Wortes: er macht seinen Hörern/Lesern/... bis in die letzten Nuancen verständlich, worum es dem Komponisten/dem Autor/... letztlich geht.

ein ... im wahren Sinn des Wortes (sein) · 1. 2. to be an out-and-out gambler/..., to be a gambler/... through and through
1. vgl. – (eher:) ein ... im besten **Sinn** des Wortes (sein)
2. vgl. – (eher:) ein ... im wahrsten **Sinn** des Wortes (sein)

ein ... im wahrsten Sinn des Wortes (sein) · 1. (to be) a performer/... in the true sense of the word, 2. (to be) a performer/... in the best sense of the word
1. Der Günther, das ist ein Spielertyp im wahrsten Sinn des Wortes: der spielt noch mit dem Leben seiner eigenen Familienangehörigen, ja, mit seinem eigenen Schicksal. Nichts behandelt der ernst. – Doch! Das Spiel!
2. vgl. – ein ... im besten **Sinn** des Wortes (sein)

ein Leben/... ohne Sinn und Zweck · a life/... without meaning and purpose
... So ein Leben ohne Sinn und Zweck würde mein Bruder überhaupt gar nicht aushalten! Sobald der den Eindruck hat, er muß etwas tun, was im Grunde gar keinen Sinn hat, wird er ganz nervös. So etwas immer, das ganze Leben hindurch ...! Unerträglich!

Sinn und Zweck e-r S. **(ist es/...)** · the object of s. th. is to ..., the aim of s. th. is to ...
... Sinn und Zweck dieser Veranstaltung? Das kann ich dir ganz genau sagen: dem Bürger den Schrecken zu nehmen vor den Musikstücken, die, sagen wir mal, von Schönberg komponiert wurden. – Danke, jetzt fühle ich mich orientiert.

die fünf Sinne · the five senses
... Welches sind die fünf Sinne? Weißt du das? – Mal sehen, ob ich sie zusammenkriege: das Gehör, das Gesicht oder das Sehen, der Geruch, der Geschmack und ... – Das Gefühl oder das Fühlen. – Ah ja, genau.

jm. **schwinden die Sinne** *form selten* – die **Besinnnung** verlieren · + to lose consciousness, to pass out

jm. **vergehen die Sinne** *form selten* – die **Besinnung** verlieren · + to lose consciousness, to pass out

seine fünf Sinne nicht (recht) beisammen/zusammen/(beeinander) haben (du hast/er/der Heinz hat/... wohl ...?!) *ugs* – (eher:) nicht (so) (ganz/(recht)) bei **Trost** sein (1; u. U. 2) · not to be all right in the head/(are you/is he/is John/... all right in the head?)

js. **Sinne erwachen** *sexuell form* · s. o.'s senses awaken
... Ja, ja, meinte sie, früher sprach man davon, daß bei den Mädchen mit 14, 15 Jahren die Sinne erwachen; heute machen sie schon Jahre früher ihre sogenannten 'Erfahrungen'. Schon der Ausdruck illustriert, wie sich die Zeiten geändert haben. Bei der allgemeinen Reizüberflutung können die Sinne gar nicht mehr nach ihrem Rhythmus 'erwachen'.

seiner (fünf) Sinne nicht/nicht mehr mächtig sein *form od. iron* · 1. to be out of one's mind, 2. to be beside o. s. (with anger/...)
1. vgl. – (eher:) nicht (so) (ganz/(recht)) bei **Trost** sein
2. vgl. – (u. U.) **außer** sich sein (vor Wut/...)

die Sinne verlieren *selten* – die **Besinnung** verlieren · to lose consciousness, to pass out

seine fünf Sinne (nicht) zusammenhalten (können)/... müssen *ugs selten* · (not) to be able to control o. s., to fly off the handle easily
... Nein, den Schollberg nehme ich nicht mehr mit! Das ist doch keine Art, bei Schuckert da plötzlich derart unqualifiziert daherzu-

reden/loszubrüllen! Wer seine fünf Sinne nicht zusammenhalten kann, ist für solche Verhandlungen ungeeignet.

(endlich mal/...) seine fünf Sinne zusammennehmen/(nimm/ nehmt doch ...!) *ugs selten* · to use one's brains, to use one's loaf
Jetzt nehmt doch endlich mal eure fünf Sinne zusammen, Kinder, und denkt nach! Wenn ihr euch nicht konzentriert und nicht vernünftig überlegt, schreibt ihr natürlich nie einen anständigen Aufsatz!

ich bin doch nicht/der/die Marlies/... ist/... doch nicht von Sinnen! *ugs* · I/she/Mary/... haven't/... taken leave of my/... senses!
... Die Käthe unterschreibt doch keinen Vertrag, der ihr nur Nachteile bringt! Die ist doch nicht von Sinnen!

nicht (ganz) bei Sinnen sein *ugs* – (eher:) nicht (so) (ganz/ (recht)) bei **Trost** sein (1) · not to be right in the head

(vor Wut/...) ganz/(wie) von Sinnen sein · 1. to be over the moon *coll*, to be cock-a-hoop *coll*, 2. to be beside o. s. with rage *coll*
1. Er war ganz von Sinnen, seitdem er wußte, daß die Margret ihn doch heiraten wollte. Vor Freude verlor er fast den Kopf. *seltener*
2. vgl. – **außer** sich sein (vor Wut/...)

mit offenen Sinnen durchs Leben gehen *path* · to be open-minded, to be open to new experiences/...
... Wer mit offenen Sinnen durchs Leben geht, meint mein Vater, wird bald merken, was wichtig und was unwichtig ist. Nur wer sich in sich selbst vergräbt oder immer wieder auf dieselben Gedanken und Gefühle zurückkommt, lernt im Grunde nie dazu.

js. (ganzes)/all mein/dein/... Sinnen und Trachten richtet sich auf/geht auf/darauf, etw. zu tun *path selten* · 1. 2. all his/... thoughts and wishes are concentrated on/devoted to/... (doing) s. th., all his/... thoughts and energies are concentrated on/devoted to/... (doing) s. th.
1. ... Sein ganzes Sinnen und Trachten geht auf die Musik/auf seine Karriere als Musiker. Andere Dinge scheinen in seinem Kopf und in seinem Herzen überhaupt keinen Platz zu finden.
2. Sein ganzes Sinnen und Trachten richtet sich darauf, seinem Bruder eins auszuwischen. – Und warum? – Das weiß ich auch nicht. Aber Tatsache ist, daß er seit Jahren nichts anderes im Kopf hat.

eines Sinnes sein (mit jm.) (in e-r S.) *form* – (eher:) einer **Meinung** sein (mit jm.) (in e-r S.) · to be of one mind with s. o. (about s. th.), to see eye to eye about/on s. th.

frohen Sinnes (sein) *path selten* – frohen **Mutes** (sein) · (to be) in a cheerful mood, (to be) in good spirits

gleichen Sinnes sein (wie j.) *form selten* · 1. 2. to agree with s. o., to think along the same lines as s. o.
1. vgl. – einer **Meinung** sein (mit jm.) (in e-r S.) (1)
2. vgl. – (u. U..) derselben/der gleichen **Meinung** sein (wie j.) (1)

leichten Sinnes etw. tun *form* · 1. 2. to do/to say/... s. th. lightheartedly, to do/to say/... s. th. in a carefree way/...
1. ... Leichten Sinnes, ja beschwingt zog er los, ohne sich im geringsten Gedanken zu machen, ob sein Geld und seine Ausrüstung für eine so lange Reise auch reichen würden. ...
2. ... Leichten Sinnes hatte er die Stellung angenommen, glücklich, endlich Arbeit zu haben, und in dem festen Vertrauen, da etwas Vernünftiges leisten zu können. Wie konnte er ahnen, daß ihn Intrigen und Widerwärtigkeiten erwarteten, wie er sie noch nie erlebt hatte?

offenen Sinnes für alles Schöne/... **(sein)** *form path* · to have an open mind to beauty/..., to be open to beauty/...
... Wer offenen Sinnes für die Schönheiten der Natur durch diese Landschaft spaziert, kann sich doch nur erhoben fühlen! Nur wer sich verschließt oder einfach keinen Sinn für die Schönheit hat, kann behaupten, es wäre langweilig hier!

ander(e)n Sinnes werden *form selten* · 1. to think better of it, 2. to change one's mind
1. vgl. – sich eines Besseren **besinnen**

2. vgl. – (u. U.) sich eines **ander(e)n** besinnen

Sinneswandel: einen Sinneswandel vollziehen *form* · to have a change of heart, to have a change of mind

… Jahrzehntelang hat der Erich sich für seine Kinder geradezu kaputtgemacht. Aber als er sah, wie ichbezogen und hart sie reagierten, wenn er mal ihre Hilfe brauchte, vollzog er einen Sinneswandel. Hilfe, sagt er seither, verdient nur, wer selber hilft – ganz egal, ob Kinder oder nicht.

sinnlich: sehr sinnlich sein *path od. iron* · to be (very/…) sensual

… So, so, der Alfons ist sehr sinnlich, meinst du. Hast du es denn schon experimentiert? – Idiot! Ich mein', er macht auf die Mädchen diesen Eindruck …

sinnlos: sinnlos besoffen/(…) (sein) *sal* – blau wie ein **Veilchen** (sein) · to be pissed out of one's mind

sintemal: sintemal und alldieweil *veraltend selten scherzh* · because, since, seeing as how

(In einer Wirtshausrunde:) »Tja«, stöhnte der Kurt plötzlich halb verzweifelt und halb belustigt: »Sintemal und alldieweil meine Tochter jetzt zum dritten Male hintereinander sitzen geblieben ist, spendiere ich jetzt eine Runde.« – »Wahrlich ein guter Anlaß,« pflichteten die anderen bei.

Sintflut: nach uns/(mir) die Sintflut! *ugs* · + I/we/… don't care what happens after I'm/we're/… gone, après moi le déluge

Wenn man sich anguckt, wie die Leute mit der Natur umgehen – das ist schon erschreckend! – Ja, ja, nach uns die Sintflut!, das ist die Devise. Ein Verantwortungsgefühl kommenden Generationen gegenüber gibt es nicht mehr.

eine Sintflut von Angeboten/Prostesten/… *path selten* · a flood of protests/offers/…

Obwohl die Entscheidung, eine Straße durch den Stadtpark zu bauen, eine Sintflut von Protesten hervorrief, wurde sie nicht revidiert. – Wieviel Leute haben denn da wohl protestiert? – Zahlen kann ich dir nicht nennen. Aber es hagelte geradezu Proteste!

Sippe: er und seine/sie und ihre ganze Sippe *sal* – (eher:) er und seine/sie und ihre ganze **Sippschaft** · him and his whole clan, him and his whole tribe, him and the whole bunch of them

Sippschaft: er und seine/sie und ihre ganze Sippschaft *sal* · him/… and his whole clan, him/… and his whole tribe, him/… and the whole bunch of them

… Mit dir und deiner ganzen Sippschaft will ich nichts mehr zu tun haben! Die ganzen 'Mombergs' können mir in Zukunft gestohlen bleiben – ein für allemale!

Sisyphusarbeit: eine Sisyphusarbeit (sein) · (to be) a Sisyphean task, (to be) a labour of Sisyphus, (to be) a never-ending task

… Diese Gedichtübersetzung ist eine regelrechte Sisyphusarbeit! Wenn man glaubt, man hätte es geschafft, sieht man, daß das Ganze völlig anders gemeint ist, als es zu Anfang schien – und man kann wieder von vorne anfangen. Und so ad infinitum.

Sitte: es ist Sitte, daß …/es ist (nun einmal) so Sitte/… · it is the custom (for s. o. to do s. th.), it is the practice (for s. o. to do s. th.)

Früher war es Sitte, daß die Männer die Frauen zum Tanzen aufforderten – und nicht umgekehrt. Aber heute sieht man zahlreiche junge Mädchen, die die Jungen auffordern.

Sitte und Anstand verletzen/… *form veraltend* · to offend/ to be an affront to common decency

Warum soll es gegen Sitte und Anstand gehen, Mutter, wenn wir da nackt baden? – Weil man das nicht tut in einem Land, in dem andere Sitten herrschen. Die Leute fühlen sich dadurch schockiert.

(das/(etw.**) sind (ja)) rauhe Sitten!** *ugs* · it/that/s.th. is a pretty rough way of behaving

… Nicht gehorchen? – das gab's gar nicht. Und wenn du dem Chef Widerworte gabst, mußtest du darauf gefaßt sein, daß er dir eine saftige Ohrfeige verpaßte. – Rauhe Sitten! – Das hat uns nicht geschadet.

auf gute Sitten achten *form* · to insist on good manners

… Mein Vater hat zu Hause immer ganz streng auf gute Sitten geachtet. Damals schien uns das lästig. Heute sind wir ihm dankbar, daß wir wissen, was sich gehört, was nicht.

(die) Sitten und Gebräuche · the manners and customs, the customs and traditions

… Du darfst die Dinge hier in Venezuela nicht mit europäischen Maßstäben beurteilen, Friedrich! Die Sitten und Gebräuche sind halt anders hier.

gegen die guten Sitten verstoßen · to offend against good manners

… Ich weiß nicht: verstößt es hier gegen die guten Sitten, wenn man gegen 9 Uhr abends noch Klavier spielt? – Aber Herbert! Du bist in Deutschland! Da ist so etwas geradezu kriminell!

Sittenrichter: sich (in …/über jn.) **zum Sittenrichter aufwerfen/**(machen) *ugs – path* · to set o.s. up as a judge (in a matter/…/over s.o.)

… Was, der Hubert hat unser Vorgehen kritisiert? Ausgerechnet dieser Mann?! Das fehlt mir noch, daß so ein Kerl sich zum Sittenrichter darüber aufwirft, wie wir unsere Familienangelegenheiten regeln!

Situation: in einer ausweglosen Situation (sein) – (eher:) (in) eine(r) ausweglose(n) **Lage** (sein) · to be in a hopeless situation

die Situation beherrschen – (eher:) die **Lage** beherrschen · to control a/the situation

jn./(etw.) **in eine unangenehme/**mißliche/verzwickte/… **Situation bringen** – jn./(etw.) in eine unangenehme/mißliche/verzwickte/… **Lage** bringen · to put s. o. in an awkward/difficult/… situation/position

die Situation retten · to save the situation

… Mit seiner abfälligen Bemerkung über die Kommunisten hatte der Walter uns alle in eine unangenehme Lage gebracht. Der Gastgeber war überzeugter Kommunist – und einer der anständigsten Leute, die wir kannten. Wer die Situation rettete, war der Humpert. Er lachte in die Runde: »Was, Kommunisten? Die sind immer noch besser als unsere Parteifreunde!«

sich in js. **Situation versetzen** – (eher:) sich in js. **Lage** versetzen · to put o.s. in s. o.'s situation/position

situiert: gut situiert sein *form* · to be well-situated financially

… Was ist eigentlich aus dem Anton Hartmann geworden? Hast du noch Beziehungen zu ihm? – Der ist gut situiert! Er hat einen führenden Posten bei Siemens.

Sitz: ein luftiger Sitz *ugs* · an airy position, a breezy position

… Eine ganze Reihe von Leuten, selbst Erwachsene, saßen da auf den Bäumen, die um das Stadion herumstehen, und sahen sich von diesen luftigen Sitzen aus das Spiel an.

seinen Sitz in … **haben** *form* · 1. + his/… see is in …, his residence is in …, 2. + its headquarters are in …, it has its headquarters in …

1. Wo hat unser Bischof seinen Sitz, Vater? – In Rottenburg. Stuttgart gehört zur Diözese Rottenburg; da residiert also auch der Bischof.

2. Die Firma hat in Köln ihren Sitz, oder? – Nein, die Zentrale ist in Düsseldorf.

auf einen Sitz vier Wacholder trinken/… *ugs selten* · to drink/… four gins/… in one go

… Wie kann man bloß vier Steinhäger so auf einen Sitz trinken. – Auf einen Sitz. – Ja, so hintereinander weg hat der Ulrich die runtergeschüttet.

sich von seinem Sitz/ihren Sitzen **erheben** *form mst Plural* · to stand up, to rise from one's seat

… Als der Ehrengast hereinkam, erhoben sich alle Mitglieder des Vereins von ihren Sitzen.

eine Nachricht/eine Mitteilung/… **hätte/hat** jn. **fast/beinahe vom Sitz gehauen** (so überrascht/(erschreckt/…) ist er) *sal* – (eher:) eine Nachricht/eine Mitteilung/… hätte/hat jn. fast/beinahe vom **Stuhl** gehauen (so überrascht/(erschreckt/…)

ist er) · the news/… staggered me/him/…, the news/… left me/him/… flabbergasted, the news/… almost knocked me/him/… sideways

es hätte/hat jn. **fast/beinahe vom Sitz gehauen** (als …/vor Schreck/Überraschung/…) sal – (eher:) j. wäre/ist fast/beinahe vom **Stuhl** gefallen, als …/…/vor Schreck/Überraschung/…) · the news/… staggered me/him/…, the news/… left me/him/… flabbergasted, the news/… almost knocked me/him/… sideways

jn. (nicht gerade/…) **vom Sitz reißen/hauen** sal – (eher:) jn. (nicht gerade/…) vom **Stuhl** reißen/hauen · the film/… is nothing much to write home about/go overboard about/…

Sitz und Stimme haben/mit Sitz und Stimme vertreten sein/… *in einer Organisation/… form* · to have a seat and a vote
Haben eigentlich alle Universitätsrektoren in der Vollversammlung des UKU Sitz und Stimme? – Ja, und dann sind da noch die Kultusministerien vertreten; deren Vertreter haben auch (das) Abstimmungsrecht.

sitzen: so wahr ich hier sitze! *ugs – path selten* – so wahr mir **Gott** helfe! · as sure as I'm sitting here

sitzen · 1. I hope/… you've/… got it, I hope/… it's sunk in, 2. to have been working on s.th., 3. to be inside *coll*, to do time *coll*, to do porridge *coll*, 4. to be among friends/…, 5. 6. to hit home, to be telling, to cut s.o. to the quick, 7. (not) to fit s.o.
1. (Die Lehrerin auf einem Gymnasium:) So, ich hoffe, das, was ein 'präpositionales Objekt' ist, das sitzt jetzt! Nachdem wir das so lange besprochen haben … Oder sollen wir noch ein paar Beispiele durchgehen? – Nein, Frau Berghoff, das können wir jetzt. *ugs*
2. … Jetzt sitze ich schon mehr als drei Wochen an dieser/über dieser Arbeit und sehe immer noch kein Ende ab.
3. … Wie lang hat der arme Kerl gesessen? – Sechs Jahre, glaub' ich. – Mann, sechs Jahre im Gefängnis! Ob er darüber hinwegkommt? *ugs*
4. … Na, ich sitze hier ja unter lauter Freunden, ich kann also ehrlich sprechen: …
5. … Bum! Der Schlag saß. Davon wird sich der Molly nicht wieder erholen. Du wirst sehen, der geht gleich k. o.
6. … Diese Bemerkung saß, die hat die Opposition im tiefsten getroffen. Das war ein Schlag, von dem sie sich so schnell nicht wieder erholt.
7. … Dieser Anzug sitzt überhaupt gar nicht! Ich komm' mir darin vor wie ein Kommunionkind. – Aber die Maße … – Die Maße, die Maße …! Den hat ein Anfänger zurechtgeschneidert! *form*

auf seinen Pfennigen/(seinen Büchern/…) **sitzen** *ugs* · 1. not to want to spend one's money *n*, 2. not to want to part with s.th.
1. … Keine fünf Mark leiht dir dieser Geizkragen! Der sitzt auf seinem Geld!
2. … Vielleicht kann dir der Peter den Roman leihen; der besitzt das Buch. – Der Peter? Der sitzt auf seinen Büchern! Da müßten Zeichen und Wunder geschehen, wenn der mir den Roman leihen sollte.

beim Bier/Wein/… **sitzen** *ugs* · to sit over a glass of wine/beer/…
… Wenn er beim Wein sitzt, eine Zigarre raucht und sich mit seinen Freunden unterhält, ist er wunderbar. Aber im Geschäft …!

im Vorstand/… **sitzen** *ugs* · to sit/to be on the board of …
… Ach, der Bernd erreicht hier alles, was er erreichen will. Wer im Aufsichtsrat der beiden wichtigsten Unternehmen der Region sitzt, kennt jeden, hat alle möglichen Einflußmöglichkeiten …

über den Büchern/seinen Mathematikaufgaben/der Steuererklärung/… **sitzen** *ugs* – über den/seinen **Büchern** hokken/sitzen · to pore over one's books/homework/tax returns/…

über einem Roman/… **sitzen** *ugs* · to be working on a novel/… *n*
… Und woran arbeitet der Erich Kräutner zurzeit? – Zurzeit sitzt er über einem Roman, der die Oktoberrevolution als Hintergrund hat und …

richtig/falsch/schief/fest/locker/… **sitzen** · 1. s.o.'s tie is(n't) straight/loose/…, 2. the binding/… is loose
1. (Die Mutter:) Wie läufst du denn da rum, Toni? Der Schlips sitzt ja ganz schief! – Wenn es dich stört, ziehe ich ihn natürlich gerade. Das merk' ich das nicht.
2. … Der Einband (um das Buch/…) sitzt ja ganz locker! Kann man den nicht irgendwie wieder festmachen?

wie angegossen sitzen *form* · a jacket/… fits like a glove, it/s.th. is a perfect fit
… Diese Jacke sitzt wie angegossen. Die nehm' ich sofort. Die sitzt besser als die meisten Jacken, die ich mir beim Schneider habe machen lassen.

es bleibt (immer/…) etwas/etw. sitzen (auf jm.) (von übler Nachrede/…) – (eher:) es bleibt (immer/…) etwas/etw. **hängen** (von übler Nachrede/…) · something always sticks *gossip/scandal/…*

dick drin sitzen *ugs* – dick **drinsitzen** · to be right in it, to be heavily involved in s.th.

tief sitzen (bei jm.) · to be deep-seated
… Hm, der Affekt gegen seine Tochter sitzt offensichtlich sehr tief; davon wird man ihn so leicht nicht befreien können.

trocken sitzen *ugs* · 1. 2. to sit without a drink *n*, to sit with one's glass empty *n*
1. (In einem Restaurant:) Jetzt sitz' ich schon über zehn Minuten trocken. Wenn mir der Ober jetzt kein (neues) Bier bringt, steh' ich auf und hau' ab.
2. … Komm', wir hauen ab, Rolf! Jetzt sind wir schon fast eine halbe Stunde hier und haben immer noch nichts zu trinken. Oder willst du hier den ganzen Abend trocken sitzen?

jn. **dick sitzen haben** *sal* · to be sick to death of s.o.
… Bleib' mir bloß mit diesem Kurt vom Hals! Du weißt genau, daß ich den dick sitzen habe. – Nein, ich weiß von nichts. Warum bist du denn so sauer auf ihn? Was hat er gemacht?

(ganz schön) einen sitzen haben *sal* – (ganz schön) einen in der **Krone** haben · to be well-oiled, to have had a drop too much

sitzen bleiben · 1. to have to repeat a year, 2. to be left on the shelf
1. Ist der Paul in der Tat sitzen geblieben? – Ja! Er hat eine '5' in Englisch und eine in Mathematik. Mit einer '5' in zwei Hauptfächern kann man nicht versetzt werden. *Schule*
2. … Die Monika hat keinen Mann gefunden? – Nein, die ist sitzen geblieben, wie man so schön sagt. – Das heißt, an sich wollte sie schon heiraten …

auf etw. sitzen bleiben *Handel ugs* · to be left with s.th., to be left with s.th. on one's hands, to be unable to sell s.th.
… Warum will er das Buch denn nicht drucken? – Er sagt, auf meinem letzten Schmöker wäre er so sitzen geblieben, er hätte davon kaum ein Viertel der gedruckten Exemplare verkauft.

(zufällig/…) neben jn. **zu sitzen kommen** · to happen to sit next to s.o.
… Bei der Eröffnungsfeier zu den Berliner Festspielen kam ich per Zufall neben den Innensenator zu sitzen. Die Gelegenheit habe ich natürlich genutzt, um …

jn. **(auf etw.) sitzen lassen** *ugs* · 1. 3. to walk out on s.o., 1. to get up and leave s.o., 2. to leave s.o. with s.th. on his hands, 3. to jilt s.o., to leave s.o.
1. … Plötzlich stand er auf und ging. – Wie, er hat dich einfach da sitzen lassen? – Genau so war es.
2. Wenn ihr die Ersatzteile bestellt habt, müßt ihr sie jetzt auch kaufen! Der Schildberg wird sie doch extra aus München angefordert. Den könnt ihr doch jetzt nicht einfach auf den Dingern sitzen lassen! – Ach, die Teile verkauft der sofort an jemand anders.
3. Der Manfred hat die Olga sitzen lassen? – Ja, und das nach einer Freundschaft von mehr als drei Jahren! – Und warum? – Keine Ahnung, warum er plötzlich nichts mehr von ihr wissen will.

einen solchen Vorwurf/... **nicht auf sich sitzen lassen (kön-**
nen) *ugs* · not to take a reproach/criticism/... lying down, not
to let a reproach/criticism/... go unchallenged, not to let s.o.
get away with a reproach/criticism/...
Den Vorwurf von dem Ernst, du wärst in Preisfragen nicht korrekt,
kannst du unmöglich auf dir sitzen lassen, Fritz! Wenn du den nicht
ganz energisch zurückweist, meinen die anderen, er hätte Recht, und
dann ist dein guter Name als Geschäftsmann hin.

bei jm. sitzt das Messer/(der Revolver/...) (sehr) locker *ugs*
· + to be quick to use a gun/knife/..., + to be trigger-happy, +
to pull a knife at the slightest excuse, + to whip out a knife at
the slightest excuse
... Eine Messerstecherei? Mitten auf der Königstraße? – Du kennst
doch diese Jugoslawen! Bei denen sitzt das Messer immer sehr lok-
ker. Da genügt eine kleine Beleidigung – und schon gibt's eine Messerstecherei.

Sitzfleisch: (kein) Sitzfleisch haben/(...) *ugs* · 1. s.o. can/
can't sit still, s.o. can't stick at anything, 2. s.o. is good at
sitting it out, s.o. has a lot of/... staying power, 3. to be a
visitor/... who sticks/hangs/... around for ever/ages/... *n*, to
be a visitor/... who just won't leave *n*
1. Der Paul hat überhaupt kein Sitzfleisch! Wenn der eine halbe
Stunde über seinen Büchern gesessen hat, dann meint er, er wäre ein
Held. – Er ist noch jung, er braucht Bewegung.
2. Zu den Zollverhandlungen sollten wir vielleicht den Ohlschlegel
als Repräsentanten schicken. Der hat das meiste Sitzfleisch. Der
kann da stunden- und tagelang an den Sitzungen teilnehmen, ohne
ungeduldig zu werden.
3. vgl. – (u. U.) ein (richtiges/regelrechtes) **Klebpflaster** sein

Skandal: es ist (geradezu/...) ein Skandal, wie .../etw. ist ein
Skandal *ugs* – *path* · it's a scandal – the way s.o. ..., it's
scandalous – the way s.o. ...
... Wie dieser Mann mit dem Geld seiner Eltern umgeht, ist einfach
ein Skandal! Der schmeißt es geradezu zum Fenster hinaus. – Und
warum lassen die sich so ein unmögliches Verhalten bieten?

Skat: Skat kloppen/(dreschen) *sal* · to play skat
Hast du Lust, morgen abend ein paar Runden Skat mitzuspielen? –
Ich hab' in der nächsten Woche mein Examen, ich hab' keine Zeit,
Skat zu kloppen.

Skelett: ein richtiges (wandelndes) Skelett sein *path* · 1. 2. to
be a walking skeleton
1. vgl. – (eher:) nur (noch)/nichts als/... **Haut** und Knochen sein/nur
noch aus ... bestehen
2. vgl. – (eher:) aussehen wie eine (lebende/wandelnde) **Leiche**

Ski: Ski fahren/laufen · to ski, to go ski-ing
Ski fahren ist für den Herbert der schönste Sport, den es gibt.

Sklave: ein Sklave seiner Geliebten/Leidenschaften/... sein
path · 1. 2. to be a slave to s.o./s.th./drink/...
1. ... Der Kurt? Der hat doch überhaupt gar keinen eigenen Willen
mehr! Das ist doch ein Sklave der Hildegard! – Sklave ...? – Jawohl,
Sklave. Der macht nur, was die will, und wenn es das dummste Zeug
ist!
2. ... Dieser Mann ist ein Sklave seiner Trunksucht. Der versäuft
seinen ganzen Verstand.

sich zum Sklaven seiner Geliebten/seiner Leidenschaften/...
machen *path* · 1. to be/to become s.o.'s slave, 2. to become
a slave to s.th., to become addicted to s.th.
1. ... Wenn die Hildegard heute ausgehen will, dann soll sie
draußen essen! Aber ohne mich. Diesmal gebe ich nicht nach. Ich
mache mich doch nicht zum Sklaven dieser Frau. Die meint, sie
äußert einen Wunsch, und schon springe ich.
2. ... Junge, wenn das so weitergeht, machst du dich zum Sklaven
deiner Zigarillos. Wenn du mal keine Zigarillos hast, bist du ungenießbar. Auch das Rauchen muß man unter Kontrolle halten.

Sklavenleben: ein Sklavenleben führen/(haben) *path selten* –
ein **Hundeleben** führen/(haben) · to lead a dog's life

Skrupel: keine Skrupel haben, etw. zu tun – (eher:) keine
Bedenken haben/(tragen), etw. zu tun · to have no qualms/
scruples about doing s.th.

Slalom: (im) Slalom fahren *Ski/Kanu/...* · to do the slalom, to
slalom
(Zu einem Skifahrer:) Fährst du lieber Slalom oder machst du lieber
Abfahrtslauf? – Oh, da so in Kurven durch die Tore durchsausen,
das macht schon Spaß.

so: ach/ah so! · oh, I see
... Nein, die Richtlinien sollen nicht geändert werden! Man will sie
zeitweilig außer Kraft setzen. – Ach so! Ich hatte gedacht .../Ach so,
jetzt versteh' ich! Ich hatte angenommen ...

das/etw. ist nun einmal/mal so/wird nun einmal/mal so ge-
macht/... – **nun einmal** ... · it/that is just/simply the way
things are/...

gerade (mal) so über die Runden kommen/... · to just about make it/pass the exam/..., to only just make it/pass the
exam/...
... Ja, ja, bei dieser Einzelprüfung ist er gerade mal so durchgekommen! Aber das war doch reiner Zufall! Im Gesamtexamen kommt er
mit Sicherheit nicht durch.

j. **ist nicht so** *ugs* · s.o. is not like that
... Die Frau Schlüter kannst du ruhig fragen, wie das Medikament
bei ihr gewirkt hat; die ist nicht so. – Du meinst, sie empfindet das
nicht als indiskret? – Auf keinen Fall! Die ist völlig natürlich, überhaupt nicht empfindlich, entgegenkommend ... Keine Sorge!

und wenn du/sie/der Peter/... noch so ... – es wird nicht
gehen/... – und wenn du/sie/der Peter/... noch so ... – es
wird nicht gehen/er/... wird es nicht schaffen/... · however
much you/... talk/..., it won't be possible/won't work/..., however hard you/he/... work/..., it won't be possible/won't
work/...

j. **kann noch so viel tun/hochherzig sein/... – es nützt alles**
nichts/... – und wenn du/sie/der Peter/... **noch** so ... – es
wird nicht gehen/er/... wird es nicht schaffen/... · s.o. can
be as generous/... as he/... likes/..., it's no good/it won't
make any difference

(ach) nur so! *ugs* – ich **meine/(er meint/...) (ja) nur (so)** · +
it was just a thought, I didn't mean it like that

nur so ... · 1. + s.o. didn't really mean it, 2. really
1. ... Wollte er ihn damit beleidigen? – Nein, er hat das nur so gesagt/
dahingesagt. Wahrscheinlich hat er sich überhaupt gar nichts dabei
gedacht.
2. ... Ein Wetter war das! Donner, Platzregen, der Wind blies einem
nur so um die Ohren ...! – Und bei einem solchen Wetter bist du
herausgegangen?!

je mehr ..., um so ... – je mehr ..., um so ... · the more ...
the more ...

mir/(ihm/dem Heribert/...) ist so, als wenn/als ob/als ... +
Konj. Irreal. form – mir/(ihm/dem Heribert/... **ist (so), als**
wenn/als ob/als ... + *Konj. Irreal.* · + s.o. feels as if ...

10,– Mark/100 Meter/... oder so *ugs* · about 10 marks/...,
10 marks or so
... Wie lange braucht man denn von hier nach Bamberg? – Ach,
anderthalb Stunden oder so, würde ich schätzen.

bald so, bald anders/so – bald so, bald anders · now this
way, now that

einmal so (und) einmal anders *ugs* – **bald** so, bald anders ·
now this way, now that

mal so, mal anders/so *ugs* – **bald** so, bald anders · now this
way, now that

heute so und morgen anders/so *ugs* – **bald** so, bald anders ·
now this way, now that

das/etw. ist so und nicht anders/wird ... gemacht/...! *ugs* ·
1. this/that is the way to do it, this way and no other, 2. it is
exactly as I/... said/...
1. (Der Firmeninhaber zu einer neuen Sekretärin:) Verdammt nochmal, der Briefkopf wird so gemacht, wie ich Ihnen das gestern ge-

zeigt habe, Fräulein Huber! So und nicht anders! – Aber ... – Da gibt's kein Aber!
2. ... Du kannst so viel reden, wie du willst, Otto, das ist so, wie ich gesagt habe – so und nicht anders!

so eine Art von ... – eine **Art** (von) ... · a kind of ..., a type of ..., a sort of ...

so bald wie/(als) möglich – so **bald** wie/(als) möglich · as soon as possible

so einer bist du/ist das/...! *path od. iron* · that's the sort of person you are/she is/...
... Die Else hat mir doch schon wieder Geld aus dem Portmonnaie genommen! – Was, die Else nimmt dir Geld weg, ohne dich vorher zu fragen?! Ach, so eine ist das! – Die meint das doch so, aber ...

nein, so etwas/was! *path* – (nein) so **etwas** · well I never!, would you believe it!

so etwas wie ... – so **etwas** wie ... · something like ...

nicht so ganz – nicht so **ganz** · not exactly, not really

etw. **so gut es geht**/so gut, wie man kann/so gut, wie es einem möglich ist/... tun – etw. so **gut** tun, wie man kann/ wie es einem möglich ist/.../etw. tun, so **gut** man kann/... · to do s.th. as best one can/as well as one possibly can

so gut wie nichts – so gut wie **nichts** · hardly anything, next to nothing

(schon) so mancher – (schon) so **mancher** ... · quite a few people/...

(nein) so nicht! *ugs* · I'm/... not having that!, I'm/... not taking that!, s.o. won't get anywhere like that
.. Nein, so nicht! In dem Ton/mit solchen Methoden/mit solch einer Unverschämtheit/... kann er mir nicht kommen! Auf diese Weise erreicht er bei mir nichts/auf so eine Verhandlungsführung gehe ich nicht ein/...!

so so! *ugs* · 1. oh yes?, 2. so so
1. ... Und dann sind die Länder der Dritten Welt schließlich selbst schuld, daß sie keine Fortschritte machen! – So so! – Was heißt da so so? Sind Sie etwa anderer Meinung?
2. vgl. – (eher:) so **la** la!

das macht/... der **eine so und der andere so**/der eine so, der andere so *ugs* · 1. 2. some do it one way, some do it another
1. ... Mit welchen Methoden werden solche Texte denn interpretiert? – Hm, das macht der eine so, der andere so. Da gibt es keine allgemein verbindlichen Methoden. Im Grunde macht das jeder so, wie es für richtig hält/wie er will.
2. ... Mit welchen Methoden interpretiert ihr solche Texte denn? – Hm, der eine so, der andere so. ...

so oder so · 1. definitely, whatever happens, 2. one way or another
1. vgl. – auf jeden **Fall** (2)
2. vgl. – (eher:) entweder **so** oder so

entweder so oder so! *ugs* · one way or another
... Irgendwie müssen wir das hinkriegen/muß das einfach klappen – entweder so oder so! – Das finde ich auch: auf irgendeinem Weg muß es einfach gehen.

etw. **so oder so tun** · 1. 2. anyway, whatever happens
1. vgl. – auf jeden **Fall** (2)
2. vgl. – (eher:) etw. **sowieso** (nicht) tun/sein

ich will (er/der Peter/... will/...) **mal nicht so sein** *ugs* – ich will/(er/der Peter/... will/...) mal nicht so **sein** · all right, just this once

so um/gegen sechs/sieben/... Uhr/so um den 18./19. Januar/... · about 7 o'clock/..., round about 7 o'clock/the 18/19 January/...
... Wenn du so gegen sechs Uhr kämst, das wär das beste. Sagen wir: zwischen halb sechs und halb sieben, ja?!

na, so **was/(etwas)!** *ugs* – *path* · well I never!
Schau mal, wie der Jupp Dellermann zu der Jubiläumsfeier kommt! In demselben Anzug, in dem er zum Dienst erscheint. – In der Tat! Na, so was! Der weiß wohl nicht, was sich gehört!

nein, so was/(etwas)! *ugs* – *path* – (nein) so **etwas** · well I never!

der/die/das eine ist so gut/brauchbar/schön/... **wie der/die/das andere** – der **eine** ist so gut/... wie der andere · one is much the same as another, there's not much to choose between them

so stark wie gefräßig/so reich wie geizig/so lang wie breit/... **sein** *form* · to be as rich/... as one is mean/...
... Du hast schon recht: reich ist der Klose, sehr reich sogar – so reich wie geizig. – Wie, hältst du ihn für geizig? – Das ist ein ganz elender Geizkragen, dieser Mann!

so gut wie sicher/ausgemacht/unmöglich/... – das/(etw.) ist so **gut** wie sicher/entschieden/fertig/... · it's as good as certain/settled/...

es gibt/... so '**ne und so 'ne** *ugs* · there are some who do and some who don't, some do, some don't, + it takes all sorts
... Meinst du nicht auch, daß die hier mehr klauen als in Deutschland? – Ach, das ist wie überall woanders auch: es gibt so 'ne und so 'ne. – Ich will doch sagen, daß alle Leute stehlen – die Menschen sind nirgends gleich, das ist klar; ich meine, im Schnitt ...

sobald: sobald wie/(als) möglich – so **bald** wie/(als) möglich · as soon as possible

Socken: jm. **(dicht/hart) auf den Socken sein** *sal selten* – jm. (dicht/hart) auf den **Fersen** sein · to be hard on s.o.'s heels

von den/allen Socken sein *sal* · 1. 2. to be stunned, to be shocked *n*, 1. 2. 3. to be flabbergasted *coll*, 3. to be dumbfounded *n*
1. ... Sie war von allen Socken! Der Rainer sollte entlassen werden, fristlos? Mit allem hätte sie gerechnet, nur damit nicht.
2. Als ich die Schweinereien sah, die der sich da geleistet hatte, war ich von allen Socken. So etwas hätte ich ihm nie zugetraut.
3. vgl. – (eher:) (ganz) (einfach) **baff** sein

mit qualmenden Socken daherrennen/angerannt kommen/... *sal selten* · 1. to come rushing/... up, 2. to shoot off
1. vgl. – (wie ein Wilder/...) **angeschossen** kommen
2. vgl. – (so) (schnell) wie der **Blitz** davonrennen/wegsein/irgendwohin rasen/...

sich auf die Socken machen *sal* – sich auf die **Beine** machen · to get going, to make a move

Sodom(a): Sodom(a) und Gomorr(a) *lit path* · (to be) a real/... Sodom and Gomorrah
... Nach Paris?? Unsere Doris allein für ein halbes Jahr nach Paris?? Aber Herbert! Diese Stadt ist doch ein regelrechtes Sodoma und Gomorra. In so einen Sündenpfuhl willst du das Mädchen schicken? – Seit wann kennst du dich über Paris so gut aus?

sofort: per sofort *form od. iron selten* · right away, immediately, as of now
... Und ab wann kommen wir in den Genuß dieser verbilligten Karten? – Per sofort. Ich gebe Ihnen die entsprechenden Unterlagen gleich mit.

Sog: einen starken/... Sog auf jn. **ausüben** *form* – *path* · to exert a powerful attraction on s.o., to attract s.o. strongly, to appeal strongly/... to s.o.
... Die Rechtsparteien üben einen immer stärkeren Sog auf die Bevölkerung aus, scheint mir. – Sie haben Erfolg vorzuweisen. Es ist also kein Wunder, wenn sich die Leute immer stärker von ihnen angezogen fühlen.

von dem Sog der Großstadt/(der neuen Musikströmung/...) **erfaßt/... werden** *form* – *path* · to be caught up in the whirlpool of the city, to come under the influence of modern ideas/...
... Du sagst, Christa, der Junge ist vom Sog der Großstadt erfaßt worden? Das heißt doch nicht, daß er auf die schiefe Ebene geraten

ist? – Er läßt sich von Leuten und Einflüssen treiben, Hans, die ihm nicht guttun.

in den Sog einer schlechten Gesellschaft/der Stadt/... **geraten** *form* – *path* · to come under the influence of a group/...
... Bis zum Abitur führte die Iris ein innerlich unabhängiges und diszipliniertes Leben. Aber auf der Universität ist sie immer stärker in den Sog einiger Studentengruppen geraten, für die das Studium offensichtlich nur ein Anlaß ist, um das Leben zu genießen. Und von Semester zu Semester fällt es ihr schwerer, sich von dem negativen Einfluß dieser Leute zu lösen.

Sohle: einen aus der siebten Sohle holen/das ist einer ... *sal selten* · to hawk up *sl*, to phleg up, to gob
Kennst du den Ausdruck 'einen aus der siebten Sohle holen'? – Wenn jemand unanständig-derb den Schleim aus dem Hals zieht, um zu spucken, nicht? – Genau! – Ja, den kenn' ich. Aber er wird wohl nicht in allen Gegenden Deutschlands gebraucht.

eine kesse/(heiße) Sohle aufs Parkett legen *ugs selten* · to dance in a lively/dynamic/... way/...
... Sonst wirkt die Bettina immer so still, fast schüchtern ...! Schau mal, was die mit dem Sigi für eine kesse Sohle aufs Parkett legt! – Wenn die tanzt, kommt sie so richtig aus sich raus. Dann ist sie fetziger als wir alle zusammen.

auf leisen Sohlen herangeschlichen kommen/sich ... davonschleichen/... *ugs* · 1. to sneak off/... quietly/noiselessly/..., 2. to sneak softly/noiselessly/quietly/... into ..., 3. to come tip-toeing up to s.o., to steal up on s.o., to creep up on s.o.
1. Du hast dich wohl heute morgen auf leisen Sohlen aus dem Haus geschlichen, was, Erich? Jedenfalls habe ich nichts gehört. – Ich wollte niemanden wecken und habe mich so vorsichtig wie möglich bewegt.
2. ... Auf leisen Sohlen schlich er sich in das Arbeitszimmer seines Vaters, um zu spionieren, ob der Brief, den er suchte, nicht auf dem Schreibtisch lag. Wenn der Vater ihn von unten hören, ihn erwischen würde, dann würde es ein fürchterliches Theater geben, aber ...
3. (Der Vater zur Mutter:) Sieh da, unser Freddy! Er braucht bestimmt wieder Geld. Wenn er so auf leisen Sohlen angeschlichen kommt, weiß ich schon, was los ist. – Sei doch nicht so scharf, Egon! – Ich mag diese übervorsichtige, überkluge Art nicht!

mit nackten Sohlen – (eher:) mit bloßen **Füßen** · in/with bare feet

sich das/diese Erfahrung/(...) **an den Sohlen abgelaufen haben** *ugs selten* – sich das/diese Erfahrung/(...) an den **Schuhen** abgelaufen haben · to have used up a lot of shoe leather finding s.th. out

jm. unter den Sohlen brennen *ugs selten* – jm. auf/(unter) den **Nägeln** brennen · it/s.th. can't wait, to be very urgent, to have to be done urgently

sich an js. Sohlen heften/(hängen)/sich jm. an die ... *ugs selten* – sich an js. **Fersen** heften/(hängen) · to stick/to stay close to s.o.'s heels, to keep right behind s.o.

sich die Sohlen nach etw. **wundlaufen**/(ablaufen) *ugs* – (eher:) sich die **Hacken** nach etw. ablaufen/abrennen/wundlaufen · to wear o.s. out looking for s.th.

Sohn: der verlorene Sohn *Bibel* · the Prodigal Son
... Der Junge hat doch bestimmt zehn Jahre nichts von sich hören lassen! Und da nehmen ihn die Eltern mit offenen Armen auf, so als wenn nichts gewesen wäre! – Das weißt du doch aus der Bibel, wie das ist: der verlorene Sohn, der zurückkommt, steht unserem Herzen am nächsten.

der größte/bekannteste/berühmteste/... **Sohn der Stadt**/seiner Heimatstadt/... *form* – *path* · the greatest/most famous/... son of our/his/... town
... Endlich entscheidet sich diese Stadt, ihrem größten Sohn ein Denkmal zu setzen. – Entschuldige, wer ist denn der bekannteste Mann, der hier geboren wurde? ...

jn. **wie einen** (verlorenen) **Sohn aufnehmen**/... *path selten* · to take s.o. in as if he were one's son, to put s.o. up as if he were one's son
... An die Wolters werde ich mich mein ganzes Leben dankbar erinnern. Als ich nach meiner Rückkehr aus Brasilien völlig allein und ohne Bleibe dastand, haben die mich wie einen Sohn bei sich aufgenommen. – Wie lange hast du bei denen gewohnt?

jn. **wie einen/seinen Sohn behandeln**/lieben/... *path* · to treat/... s.o. like a son
... Das hätte der Alfons dem alten Herrn Gärtner nicht antun dürfen! Ganz egal, was vorgefallen ist! Der Alte hat ihn immer wie einen Sohn behandelt, hat alles für ihn getan, was er nur tun konnte. Nein, so hätte er ihm das nicht vergelten dürfen!

auch du, mein Sohn Brutus *mst scherzh Zitat* · et tu, Brute
... »Was, ihr wollt heute nachmittag alle weggehen«, fragte die Mutter, »und mich hier alleine lassen? ... Auch du, mein Sohn Brutus?«, fügte sie nach leichtem Zögern hinzu, in dem sie ihren Mann ganz verschmitzt ansah.

der Sohn des Hauses *form od. iron* · the son of the family
... Alle anderen müssen sich draußen zehn Mal die Schuhe abputzen! Nur der Sohn des Hauses, der kann natürlich mit seinen drekkigen Schuhen hereinkommen. – Wenn sein Vater das sieht, kriegt er genau so eins aufs Dach wie alle andern, die nicht zur Familie gehören.

sich um jn. wie um den/seinen eigenen Sohn kümmern *path selten* · to take care of/to look after s.o./... like one's own son
... Und Sie halten wirklich während unserer Abwesenheit ein Auge auf unseren Helmut? – Fahren Sie beruhigt in Urlaub, Frau Gerhard! Ich werde mich um den Jungen wie um meinen eigenen Sohn kümmern.

ganz der Sohn seines Vaters sein *ugs selten* · to be just like his father, like father like son, to be very much his father's son
... Du hättest den Freddy da sehen sollen! Als die Dinge nicht so liefen, wie er sich das vorgestellt hatte, fing er an, die Leute anzuschnauzen. – Ja, ja, das ist ganz Freddy/das ist ganz der Sohn seines Vaters!

der treue/ein treuer Sohn des spanischen/... **Volkes** *form* – *path veraltend selten* · a loyal son of Germany/Spain/..., a faithful son of Germany/...
... »Thomas Mann«, erklärte Prof. Herzberg, »war durch und durch deutsch, ja, aber einen treuen Sohn des deutschen Volkes kann man ihn natürlich nicht nennen. Dafür war er innerlich viel zu unabhängig, zu sehr Weltbürger«.

solche: e S. als solche · his job/... as such
... Seinen Beruf als solchen hat er gern. Aber nicht das, was da drum und dran hängt!

es gibt/... solche und solche *ugs* – (eher:) es gibt/... so 'ne und so 'ne · some do some don't, it takes all sorts

... **und solche, die es** (einmal) **werden wollen** *iron* · ... and those who would like to become husbands/philosophers/..., and those who would like to become such
(Der Pfarrer:) Das Buch ist gedacht für Eheleute – und (für) solche, die es werden wollen. (Alfons:) Na, dann ist es nichts für uns beide, Gisela. Wir wollen ja nicht heiraten. – Ach, nein?

Sold: in js. **Sold stehen** *mil veraltend* · to be in s.o.'s pay, to be in s.o.'s employ
In wessen Sold steht diese Truppe denn? – Wenn man das genau wüßte! Es blickt doch keiner mehr durch, wer diese ehemaligen Fremdenlegionäre hier weiter bezahlt und dirigiert.

Soldat: Soldat spielen (müssen/wollen/...) *ugs* – zur **Armee** gehen · to (have to/...) play soldier, to (have to/...) join up/join the army/...

unter die Soldaten gehen *ugs iron selten* – zur **Armee** gehen · to join the army

solide: (sehr) solide sein/leben *ugs* · to be respectable, to be sober, to be steady, to lead a respectable/sober/steady/... (sort of) life
... Während seiner Studentenzeit hat der Ulrich ziemlich viel getrunken und war auch in anderen Dingen nicht gerade ein Vorbild, das

stimmt; aber seitdem er im Beruf steht, ist er sehr solide. – Ein Muster an Enthaltsamkeit ...? – Maßvoll, diszipliniert!

solide werden *ugs* · to become respectable, to settle down
... Wenn der Kurt seine Ausschweifungen nicht bald einstellt, nicht endlich solide wird, dann sehe ich für seine Zukunft schwarz.

soll: was soll das (denn)?! *ugs* · 1. 2. what are/... you/... trying to do? 1. what's all this?, why are/... you/... doing that, what do you/... think you're/... doing?
1. (Die Mutter:) Nun stoß doch die Iris nicht immer in die Seite, Matthias! Was soll das denn?! Suchst du Streit?
2. (Der Vater:) Hier ist schon wieder ein Brief von der Schule, Junge. Du kämst jeden zweiten oder dritten Tag zu spät. Was soll das?! Willst du die Lehrer alle gegen dich haben? Oder was denkst du dir dabei?

was soll das Klagen/Weinen/...?! *path od. resign* · what's the good of crying/moaning/...?, what's the point crying/moaning/...?
... Was soll das Klagen?! Es hat doch keinen Sinn/es geht doch alles, wie es geht.

was soll das alles/ich weiß gar nicht/... was das alles soll *ugs* · what's the point of it?/I don't know/understand/... what the point of it is
... Diese ganzen Vorträge und Diskussionen, ich weiß überhaupt gar nicht, was das alles soll. Es zieht doch niemand irgendwelche Folgerungen daraus. Das ist doch alles nur Theorie ...

dich/die/den Peter/... **soll doch** ...! *ugs* – der **Teufel** soll dich/ihn/den/sie/... **holen**! · damn you/John/...!, to hell with you/John/...!, the devil take you/John/...!

da soll doch ...! *ugs veraltend* – da soll doch (gleich) das (heilige) **Donnerwetter** dreinfahren/dreinschlagen! · + I'll/... raise the roof, + I'll/... come down on him/... like a ton of bricks, there will be hell to pay/an almighty row

und da soll einer (noch) ... – und da soll **einer** (noch) ...! · can you expect me/him/... to believe/..., am I/is he/... supposed to believe/...

der/die/... soll/sollen nur kommen! *ugs* – der/die/... soll/sollen nur **kommen**! · + just let him/them/... try!

was soll j. **mit** etw.? · what am I/is he/... supposed to do with s.th.?, + what good is s.th. to s.o.?
... Und dann steht da im Keller noch ein alter Spaten. – Was sollen wir mit einem Spaten? Von uns arbeitet doch sowieso niemand im Garten! Den könnt ihr also auch wegwerfen.

was soll's? *dir. R* · what the hell, what the heck
... Zuerst fühlte ich mich in der Tat ein wenig verletzt. So eine scharfe Reaktion hatte ich von dem Kurt nicht erwartet. Aber was soll's?! Er ist nun einmal ein bißchen eigenartig. ...

Soll: sein Soll erfüllen *ugs* · to meet one's target, to achieve one's target, to fulfil one's quota, to do one's duty
Habt ihr heute euer Soll erfüllt? – Jawohl! Wir haben genau die dreißig Seiten gemacht/übersetzt/..., die wir uns für einen Tag vorgenommen hatten.

Soll und Haben *form veraltend selten* · debit and credit
... Hast du eigentlich, Werner, Soll und Haben schon einmal genau geneinander abgewogen? – Ja. Die Grundstücke, die Häuser und unser Barvermögen haben zusammen einen Wert von rd. zwei Millionen, die Kredite, Verpflichtungen und Schulden von knapp einer Million ...

sollen: es hat nicht sollen sein *path iron* – *resign* – es hat nicht sollen **sein** · it was not to be

sollte: man sollte (ja) (eigentlich) glauben/meinen/annehmen/..., **aber** (nein) ... · you/one/(...) would think that ..., but
Man sollte ja eigentlich meinen, der Ernst hätte aus seinem Zusammenstoß mit dem Chef neulich gelernt. Aber nein: jetzt beschwert er sich schon wieder, schon wieder in diesem unerzogenen Ton, schon wieder in dieser aggressiv-fordernden Haltung ... – Bis der Alte ihn rausschmeißt.

das sollte man meinen – das sollte man **meinen** · one/you/... would think so

solo: gerade/mal wieder/momentan/... **solo sein** *ugs* · to be on one's own, to be footloose and fancy free
... Bist du noch mit der Brigitte zusammen? – Nein, momentan bin ich mal wieder solo. Wir haben uns am Wochende getrennt.

ganz solo (sein) *ugs selten* · to be (all) on one's own, to be on one's tod
... Bist du allein zu Haus? – Völlig allein – ganz solo.

Sommer: mitten im Sommer · in the middle of summer
... Du kannst doch nicht mitten im Sommer Ski fahren! – Warum nicht? In Südamerika. – Da ist jetzt kein Sommer. – Ah so!

im Sommer des Lebens stehen *path selten* – in der **Blüte** seines/des Lebens stehen · to be in the prime of life

Sommer wie Winter *form* – sommers wie winters · summer and winter, all the year round

Sommerfrische: in die Sommerfrische fahren/gehen · to go on one's summer holiday
... Du hast gut reden, du machst jedes Jahr fünf oder sechs Wochen Urlaub, fährst in die Sommerfrische – in den Schwarzwald, an die Ostsee, was weiß ich, wohin ... Ich mach' seit sieben Jahren sozusagen überhaupt keine Ferien mehr.

sommers: sommers wie winters *form path* · summer and winter, all the year round
... Immer und immer diese harte Arbeit hier auf dem Lande, vom frühen Morgen bis zum späten Abend, bei jedem Wetter, sommers wie winters – das verlangt eine Zähigkeit, sag' ich dir, die ihr in der Stadt überhaupt nicht mehr kennt!

sondergleichen: ein Schelm/Schurke/Verbrecher/gerissener Hund/Lügner/eine Frechheit/Unverschämtheit/... **sondergleichen sein** *ugs* – *path* · 1. 2. to be an out-and-out/a downright rogue/villain/liar/...
1. Mit dem Rosenzweig soll ich Geschäftsverbindungen aufnehmen?! Du weißt nicht, was du sagst. Das ist doch ein Gauner sondergleichen! Das ist der gerissenste, ja unehrlichste Autohändler, den du dir vorstellen kannst.
2. ... Es ist doch eine Frechheit sondergleichen zu behaupten, ich hätte das Geld eingesteckt! So etwas Dreistes hat die Welt doch noch nicht gesehen!

sonderlich: nicht sonderlich glücklich/froh/... **(sein)** *ugs* · not to be particularly happy/glad/..., to be hardly pleased/happy/...
Wie hat der Prof. Siebert denn reagiert, als du ihm gesagt hast, du müßtest deine Doktorarbeit wahrscheinlich abbrechen. – Na, sonderlich glücklich war er natürlich nicht, das kannst du dir ja denken. Aber der Mann hat Verständnis ...

Sonderstellung: eine Sonderstellung einnehmen in/bei/... · to have a special position in/at/..., to occupy a special position in/at/...
... Der Herr Hauptberger nimmt hier eine Sonderstellung ein. Er bekommt von der Universität lediglich eine kleine Unkostenvergütung; ansonsten lebt er von seinem Privatvermögen. Dementsprechend sind natürlich auch die Verpflichtungen, die er hat, sehr reduziert ...

sone: es gibt/... **sone und sone** *ugs* · 1. 2. there are all sorts of people/...
1. ... »Ich weiß nicht, ob man ein ganzes Volk so allgemein beurteilen kann,« bemerkte sie skeptisch. »Es gibt doch immer sone und sone«. – Daß die Leute verschieden sind, liegt auf der Hand. Aber trotzdem wirst du doch nicht leugnen, daß es so etwas wie 'bayrisch' gibt.
2. ... Die Menschen sind wohl weder alle gut noch alle böse; es gibt sone und sone!

Sonn- und Feiertagen: an Sonn- und Feiertagen *form od. iron* · to be closed/... on Sundays and public holidays
Werktags ist das Museum von 9 bis 17 Uhr geöffnet, samstags von 9 bis 12 und an Sonn- und Feiertagen ist geschlossen.

Sonne: bei aufgehender Sonne – ≠ **bei sinkender Sonne** · at sunrise, at dawn, when the sun rises

geh'/geht/... mir/ihr/der Klara/... aus der Sonne! *ugs iron selten* – (jm.) aus dem **Licht** gehen/treten · get out of my/her/Mary's/... light

jm. **lacht die Sonne** *path* · life is good to him/you/Mary/...
... Ja, der Wanda lacht die Sonne. Die hat nur Glück im Leben, macht nur positive Erfahrungen. Da kann man leicht ausgeglichen und heiter gestimmt sein! Aber ich ...

endlich/heute/... lacht die Sonne (mal wieder/...)/(die Sonne lacht (mal wieder/...)) *path* · the sun is shining again/... at last/...
Na endlich! Heute lacht die Sonne mal wieder. – Das wurde aber auch Zeit! Nach den Wochen und Wochen Regen.

unter/(in) der sengenden Sonne ... *path selten* · in the scorching/blazing/blistering/... heat
Unter dieser sengenden Sonne den ganzen Tag graben – das ist (ja) auch nicht jedermanns Sache! Bei solch einer Hitze geht so ein Bundesrepublikaner am liebsten gar nicht an die Luft – oder schwimmen.

bei sinkender Sonne *form selten* · as the sun set/was setting
... Im Morgengrauen, bei aufgehender Sonne, waren wir losgefahren; gegen Abend, bei sinkender Sonne, kamen wir wieder zu Hause an.

der Glücklichste/(...) **unter der Sonne sein** *path* – der **Glücklichste** unter der Sonne sein · to be the happiest man/woman/... on earth

sich in der Sonne aalen *ugs* – (da sitzen/da liegen/... und) sich die **Sonne** aufs Fell/auf den Panz/Pelz brennen lassen · to laze about/to loaf about/... in the sun

sich von/(in) der Sonne braten lassen *ugs* · to roast in the sun, to toast o.s.
... Wie man sich nur so stundenlang von der Sonne braten lassen kann! Wenn ich eine halbe Stunde in dieser prallen Sonne liege, wird mir das schon zu viel.

(da sitzen/da liegen/... und) **sich die Sonne aufs Fell/auf den Panz/Pelz brennen lassen** *sal* · to bask in the sun *coll*
Tja, so ein Leben möchte ich auch mal haben – den ganzen Tag da im Garten liegen und mir die Sonne auf den Pelz brennen lassen! – Du bist herzlich eingeladen. – Ich muß arbeiten; ich kann es mir nicht leisten, hier herumzufaulenzen wie du.

(die) Sonne im Herzen haben *path* · to have a sunny disposition, to have a sunny nature, to have a cheerful nature, to be a cheerful soul
Das ist ein richtiges Goldkind, diese Ulrike! Wirklich! Die hat die Sonne im Herzen, diese Kleine! – Hoffentlich bewahrt sie sich diese frohgemute Stimmung und dieses innere Glück ihr ganzes Leben hindurch.

die Sonne steht hoch am Himmel · the sun is high in the sky
... Wieviel Uhr haben wir eigentlich? – Hm, die Sonne steht schon hoch am Himmel ... Halb elf, elf dürfte es inzwischen sein.

die Sonne steht im Mittag *form selten* – die **Sonne** steht im Zenit · the sun is at its zenith

Sonne und Mond · the sun and the moon
... Nun, unter den Planeten sind Sonne und Mond nun einmal diejenigen, die für die Erde – und damit für den Menschen – die weitaus größte Bedeutung haben. Es ist also mehr als verständlich ...

Sonne, Mond und Sterne · the sun, (the) moon and (the) stars
... Die Sterne, das ist doch etwas ganz anderes als die Planeten, Papa! Warum faßt man denn da Sonne, Mond und Sterne einfach so zusammen? – Vielleicht, weil 'Stern' hier 'alle Gestirne des Himmels' bedeutet.

die Sonne steht im Scheitel ihrer Bahn *form selten* – die **Sonne** steht im Zenit · the sun is at its zenith

die Sonne bringt es/etw. an den Tag *path* · + the truth will out, + (one day) the truth about s.o./s.th. will come out
... Irgendwann wird es die Sonne schon an den Tag bringen, was der Kurt für ein Schuft ist, was für Schweinereien gemacht hat! – Und wenn es nicht herauskommt, niemand es erfährt?

die Sonne zieht Wasser *selten* · sunshine often brings rain after it *para*
(Vor einem geplanten Spaziergang:) Ach, es wird schon nicht regnen! Im Augenblick scheint doch sogar die Sonne! – Das sehe ich auch. Aber die Sonne zieht Wasser, wie mein Großvater zu sagen pflegte; d. h. sie bringt den Regen gleichsam hinter sich her. – So, so! Du hast also keine Lust zum Spaziergengehen? ...

die Sonne steht im Zenit *form* · the sun is at its zenith
Was meinst du, steht die Sonne jetzt genau im Zenit oder fehlt da noch etwas? – Warte mal! ... Ich hab' den Eindruck, sie steht in der Tat genau senkrecht.

Sonnenaufgang: bei/vor/nach Sonnenaufgang · (to leave/...) before/at/after dawn, (to leave/...) before/at/after sunrise
Sind die Helga und der Peter schon weg? – Schon lange. Sie sind schon vor Sonnenaufgang abgefahren.

Sonnenbad: ein Sonnenbad nehmen · to sunbathe
... Bei diesem herrlichen Wetter nehme ich jetzt erstmal ein Sonnenbad. – Aber leg' dich nicht zu lange in die Sonne! Du bist das nicht mehr gewöhnt.

Sonnenbrand: einen Sonnenbrand haben · to be sunburnt, to have sunburn
... Das ist doch ganz klar, daß du einen Sonnenbrand hast! Wenn du sofort am ersten Tag, an dem du am Meer bist, vier Stunden oder mehr in der Sonne liegst!

einen Sonnenbrand kriegen/bekommen · to get sunburnt, to get sunburn
Sei vorsichtig, Gisela! Die Sonne ist hier ungeheuer stark. Und du bist die Meeresluft nicht gewöhnt. Leg' dich heute, am ersten Tag, höchstens eine halbe Stunde in die Sonne! Sonst bekommst du mit Sicherheit einen Sonnenbrand.

sonnenklar: das/etw. ist doch sonnenklar! *ugs* · 1. 2. it/that/s.th. is as clear as daylight
1. Was, du verstehst den Sinn dieses Textes nicht? Das ist doch sonnenklar, was die sagen wollen/der ist doch meinen. Das heißt: ... Ich weiß gar nicht, was es da an Schwierigkeiten geben soll.
2. vgl. – das fühlt (doch) (selbst) ein **Blinder** mit dem Krückstock/das kann (doch) (selbst) ein Blinder mit dem Krückstock fühlen

Sonnenschein: ein kleiner/richtiger/... Sonnenschein sein *ugs* – *path* · to be a real little sunshine
... Dieser Junge ist ein richtiger Sonnenschein! Immer heiter und fidel, voller Güte und Herzlichkeit ... Ich hab' so ein frohsinniges Kind selten gesehen.

bei strahlendem Sonnenschein ... · in brilliant sunshine
(Bei einer zweiten Besichtigung einer Burg:) Das letzte Mal haben wir die Besichtigung bei strahlendem Sonnenschein gemacht. Das ist natürlich ein ganz anderer Eindruck als bei diesem trüben Wetter.

Sonnenseite: nur/... die Sonnenseite des Lebens kennen/... *path selten* · to know/to have experienced/... only the bright side of life
... Der Albert weiß nicht, wie das ist, wenn man nicht weiß, wie man am nächsten Tag sein Brot kaufen und seine Kinder ernähren soll. Der hat nur die Sonnenseite des Lebens kennengelernt. Wenn von Schwierigkeiten und Not die Rede ist, kann er sich das nur vage vorstellen.

auf der Sonnenseite des Lebens stehen *path* – ≠ auf der **Schattenseite** des Lebens stehen · to be on the sunny/bright/... side of life

Sonnenstich: du hast/er/die Petra/... hat/... wohl einen Sonnenstich?! *sal* – (eher:) nicht (so) (ganz/(recht)) bei **Trost** sein (1) · you/he/Mary/... must be mad/nuts/daft/crazy/...

einen leichten Sonnenstich haben · to get a touch of the sun, to get a touch of sunstroke
... Wenn du dich stundenlang von der prallen Sonne braten läßt, brauchst du dich doch nicht zu wundern, wenn du nachher ganz

verbrannt bist und dich schlecht fühlst. Einen leichten Sonnenstich hast du gestern bestimmt gehabt!

Sonnenstrahl: ein kleiner/(richtiger/...) Sonnenstrahl sein *ugs* – *path selten* – ein kleiner/richtiger/... **Sonnenschein** sein · to be a real/... little sunshine

Sonnenuhr: pünktlich wie die Sonnenuhr sein *sal selten* – pünktlich wie ein/(die) **Maurer** (sein) · to be super-punctual

Sonntagsfahrer: ein Sonntagsfahrer (sein) *ugs* · (to be) a Sunday driver
... Heute ist Feiertag, Christel, paß auf im Verkehr! Die Straßen sind bestimmt wieder voll von diesen Sonntagsfahrern, die einen Unsinn nach dem andern machen!

Sonntagsstaat: im Sonntagsstaat erscheinen/... *oft iron* · to appear/... dressed up in one's Sunday best
Warum erscheinst du denn im Sonntagsstaat? Das ist doch eine ganz normale Veranstaltung! – Ich dachte, es wäre eine hochoffizielle Sache. Deshalb hab' ich mich in Schale geschmissen.

sonst: genau so/anders sein/... wie/als sonst · 1. 2. 3. just the same as .../different from .../the same as ... always/...
1. ... Meine Güte, was hat sich der Klaus verändert! – Verändert?! Ich finde ihn genau so locker und fidel wie sonst! – Aber Kurt! Der Junge ist doch ganz anders als früher! Viel reflektierter!
2. Warum ordnen sie die Unterlagen denn heute ganz anders als sonst ein, Herr Beilner? – Ich versuch' heute mal ein neues System. Falls es nicht klappt, machen wir es morgen wieder wie bisher (immer).
3. Wie ordnen wir die Sachen ein? Wie sonst? – Wie immer/üblich.

wer sonst – wenn nicht/...? · who else if not your/... parents/...
... Wenn dir nicht einmal deine Eltern helfen – wer sonst soll dir dann helfen?

sonst nirgends/nichts (mehr)/... · nowhere/nothing/... else
... Gold findet man nur in Südafrika, sonst nirgendwo auf der Welt? – Ach, Unsinn, Junge! In Brasilien gibt's Gold, in ...

sonst noch jemand?/sonst keiner/wer sonst noch/... · anyone else/no one else/who else/...?
(Ein Assistent zu einer Gruppe Studenten:) Gut, diese vier Kollegen wollen noch an dem Oberseminar von Herrn Prof. Schreiber teilnehmen. Wer sonst noch?/Hat sonst noch jemand/einer von Ihnen diesen Wunsch?/Sonst niemand mehr?

was ist los/...? – **sonst ist es (immer) so** ruhig hier/... · what's wrong? – it's usually so lively/... here/...
... Das ist ja heute hier eine richtige Grabesstille! Ist was Besonderes passiert? Sonst ist immer so viel Lärm ...

meinen/glauben/..., man wäre sonst wer/(was) *ugs selten* – meinen/glauben/..., man wäre wer **weiß** wer/was · to think one is the cat's whiskers, to think that one is someone really special

Sonntagskind: ein Sonntagskind (sein) – ein **Kind** des Glückes/Glücks sein · (to be) a lucky devil/fellow/girl/...

Sonntagsreden: Sonntagsreden halten/... *ugs* · to get up on one's soap box and preach
... Ja, ja, natürlich sind seine Reden 'moralisch fundiert', wie du sagst. Aber seien wir doch mal ehrlich: es ist leicht, Sonntagsreden zu halten! Schwer ist es, moralische Grundsätze (in dieser Welt) auch durchzusetzen.

Sorge: das/(etw.) ist meine/deine/... geringste Sorge! *ugs* · it/s.th./doing s.th. is the least of my/his/... worries
... Und wenn du keinen geeigneten Mitarbeiter findest? – Das ist meine geringste Sorge. Einen Mitarbeiter werde ich schon finden und im letzten Fall mach' ich die Sache allein. Nein, was mir Kopfschmerzen macht, ist die allgemeine Auftragslage.

keine Sorge! (das geht schon in Ordnung/das erledigt j. schon/...) *ugs* · 1. 2. don't worry! (it will be all right/...)
1. ... Und wenn er dir das Geld nicht zurückgibt? – Keine Sorge, Ulrike, er gibt mir das Geld schon wieder. Der Anton ist doch kein Dieb!

2. Du denkst doch daran, den Bernd anzurufen? – Keine Sorge! Ich rufe ihn noch heute abend an.

(wie/...), das/(etw.) laß/laßt/... mal/(man)/(nur) seine/ihre/... Sorge sein! *ugs* · let me/him/... worry about/take care of/see to/... that!
Ob ich dem Otto helfe oder nicht, das laß mal meine Sorge sein! Das geht dich beim besten Willen nichts an, Marlies!

wie/..., das/(etw.) soll/(braucht) nicht js. **Sorge (zu) sein** *ugs* · + you don't/he doesn't/... need to worry about it/s.th., + we'll/... take care of that for you/him/...
Wenn ich die Vertretung in Oberfranken übernehmen soll, dann brauche ich einen Wagen. Aber mir fehlt das Geld ... – Wie Sie an den Wagen kommen, Herr Kutscher, das soll nicht Ihre Sorge sein. Den stellen wir Ihnen selbstverständlich zur Verfügung.

in Sorge sein um jn./etw. *path* · to be worried about s.o./s.th., to be anxious about s.o., to be concerned about s.o.
... Wenn der Alfons bei diesen gefährlichen Schneestürmen da oben in den Bergen ist, dann ist es doch wohl selbstverständlich, daß die Frau Krüger in Sorge um ihren Jungen ist. Da würde sich doch jeder Sorgen machen.

wenn das deine/seine/Karls/... einzige Sorge ist!/wenn es ..., wie/... man etw. macht/... *ugs* · + he/Mary/... has (really/...) got problems!, if that's all he/Mary/... has got to worry about
Die Karin überlegt und überlegt, wohin sie in den nächsten Ferien fahren soll! – Wenn das ihre einzige Sorge ist! Der Robert weiß nicht einmal, wie er im Sommer sein Essen und Trinken bezahlen soll, wenn er nicht endlich bald eine Stelle findet. An Ferien ist gar kein Denken.

jm. Sorge machen · 1. 2. to worry s.o., to cause s.o. worry
1. Die Ana macht mir Sorge. Sie sieht jetzt schon wochenlang derart schlecht aus ...
2. ... Ihr Gesundheitszustand fängt an, mir Sorge zu machen.

sich um jn./etw. **Sorge machen** – sich um jn./etw. **Sorgen machen** · to worry about s.o./s.th.

(viel) Sorge und Mühe (mit jm./etw. haben) *path* · to have (a lot of) headaches and heartaches with s.o./s.th., to have (a lot of) worry and trouble with s.o.
... Sie machen sich keine Vorstellungen, Frau Heinze, was wir mit dem Kind für Sorge und Mühe gehabt haben. Dauernd krank, dauernd Schulschwierigkeiten, dauernd Probleme mit den andern Kindern ... – das war ein regelrechter Passionsweg. – Na, Passionsweg ...

für etw. **Sorge tragen** *form* · to see to it that ..., to ensure that ..., to make sure that ...
(Ein Freund zu einem Vater:) Wenn du nicht dafür Sorge trägst, daß der Dieter genügend Zeit und Ruhe hat, kann er sich für seine Aufnahmeprüfung zur Musikhochschule natürlich nicht vernünftig vorbereiten! – Einverstanden! Aber deshalb kann er zu Hause doch mal ein Stündchen helfen!

du hast/sie/der Paul/... hat (vielleicht) Sorgen! *ugs oft iron* · you've/he's/Mary's/... got problems!
Die Gisela überlegt und überlegt, ob sie im Sommer nach Spanien oder nach Schweden fahren soll. – Die hat Sorgen! Unsereiner wäre froh, wenn er für zwei, drei Wochen überhaupt irgendwohin fahren könnte!

(aber/(doch)) sonst/(ansonsten/im übrigen) hast du/hat er/... keine Sorgen?! *sal* – nicht (so) (ganz/(recht)) bei **Trost** sein (1) · but apart from that you are/he is/Mary is/... all right, are you/...?, + anything else bothering you/him/...?

deine/seine/... Sorgen/die Sorgen von dem Meier/... möchte ich/(möchte er/...) haben *ugs* – du hast/sie/der Paul/... hat (vielleicht) **Sorgen!** · I wish/(he wishes/...) I/... had your/his/Smith's/... problems!

aller Sorgen ledig sein *path selten* · to be free of all one's troubles/worries/problems/..., to be rid of all one's troubles/worries/problems/...
Wenn dir euer Landgut soviel Kopfschmerzen macht, dann verkauf' oder vermiet' es doch; dann bist du aller Sorgen ledig. – Daran hab' ich auch schon gedacht. Aber ich hänge zu sehr an dem Gut.

jm. **Sorgen machen** – jm. **Sorge** machen · to worry s. o., to cause s. o. worry

sich um jn./etw. **Sorgen machen** · 1. 2. to worry about s. o./s. th.
1. Um euren Ältesten braucht ihr euch keine Sorgen zu machen. Der ist intelligent, hat einen starken Willen, Ausdauer ...; der kommt immer durch/(der kommt immer durchs Leben).
2. ... Heutzutage muß man sich leider um die Zukunft der Kinder Sorgen machen. Es weiß doch kein Mensch mehr, was uns die nächsten Jahre bringen werden.

Sorgenkind: js. **Sorgenkind sein** *ugs – path* · s. o. is our problem child, s. th. is our biggest headache
Unsere beiden Ältesten haben uns nie irgendwelche Probleme gemacht. Unser Sorgenkind ist unsere Jüngste. Einmal stimmt etwas mit ihrer Gesundheit nicht, dann gibt es Schwierigkeiten in der Schule ...

Sorgfalt: **es an der nötigen Sorgfalt fehlen lassen** *form* · not to take the necessary care
Wie konnte das denn passieren, daß der Hubert sich bei der Zimmerbestellung vertan hat? – Er hat es bei der Planung der Reise ganz einfach an der nötigen Sorgalt fehlen lassen. Überhaupt: der Junge ist einfach nicht gewissenhaft und zuverlässig genug.

Sorte: diese Psychologen/Chemiker/... **sind eine ganz seltsame/(komische) Sorte** (Mensch) *ugs* · these psychologists/chemists/... are a strange/weird/... bunch
... Nein, unsympathisch kann ich den Mann wirklich nicht nennen! Ich finde nur keinen Zugang zu ihm. – Diese Philosophen, weißt du, sind eine ganz seltsame Sorte! An die muß man sich erst gewöhnen.

eine Frau/... **von der netten Sorte** *ugs selten* · a woman/... of the nicer/better/... sort
... Mit der Anneliese Mautsch kommst du bestimmt zurecht. Das ist eine Sekretärin von der netten Sorte! – Na, hoffen wir, daß du recht hast und sie so sympathisch ist, wie du sagst.

ein Gauner/Lügner/Dieb/... **der übelsten Sorte** *ugs – path* – ein Gauner/Lügner/Dieb/... **der übelsten Art** · to be a liar/thief/... of the worst/nastiest/... kind

nicht zu der Sorte gehören/(nicht von der Sorte sein) *sal* · he/John/... is not one of them, he/John/... is not one of those/that type/that kind/...
Bei dem Klaus hat man immer den Eindruck, daß er Homo/Homosexueller ist. Oder findest du das nicht? – Aber nein! Zu der Sorte gehört er nicht!

... **in allen Sorten und Preislagen** · goods/products/... of all sorts at all price levels
... Tonbandgeräte kriegst du in allen Sorten und Preislagen, angefangen von 2, 300,– Mark bis 5, 6.000,– (Mark).

soso: **soso!** *ugs* – so la la! · so-so, not bad, mustn't grumble

soso lala! *sal* – (eher:) so la la! · so-so, not bad, mustn't grumble

soundso: **soundso viel/teuer/groß/...** · that costs/... such and such/so-and-so much
Und wie soll ich den Kostenvoranschlag für die Reise machen? – Du erkundigst dich nach dem Fahrpreis – macht soundso viel, dem Preis pro Übernachtung – für 11 Tage ergibt das die Summe von soundso viel Mark pro Kopf – usw.

(der) Herr/(die) Frau/Herr Doktor/... **Soundso** *sal* · Mr What's his name, Mrs What's her name, Mr/Mrs So-and-so
... Die Frau ... eh ..., wie hieß sie noch? ... die Frau Soundso meint ... – Das ist mir ganz egal, was diese Frau da meint! Ich meine ...

soviel: **soviel steht fest/**ist gewiß/kann man schon sagen/... · one thing is clear/definite/..., one thing is certain/...:
... Wie die Sache am Ende genau ausgehen wird, weiß kein Mensch. Aber trotzdem, soviel kann man schon sagen: einen eindeutigen Sieger wird es nicht geben.

dreimal/viermal/... noch einmal/... **soviel** (wie ...) · three/four/... times as much as, three/four/... times more than ...
... Ach, diese Leute verdienen fünfmal soviel wie du – wenn nicht mehr! – Dann müßten sie ja 20.000,– Mark im Monat haben. – Haben sie auch.

etw. **ist soviel wie** eine Liebeserklärung/Zustimmung/Zusage/Absage/... · it/s. th. is tantamount to an agreement/order/..., it is as good as an agreement/order/...
... Ich kenn' den Brief nicht, den der Schuckert dem Alten geschrieben hat, kann also nicht beurteilen, ob er den Auftrag annimmt oder nicht. – Der Brief war soviel wie eine Zusage – ich habe ihn gelesen. – Aber eine wirklich bindende Zusage beinhaltete er nicht, oder? – Das nicht, aber ich finde, er kann nicht mehr zurück.

sowas: na/nein sowas?! *ugs path* – (nein) so **etwas** · well I never!

soweit: **soweit sein** *ugs* · 1. to be ready, 2. when the time came (for s. o. to do s. th.), 3. it is time, the time has come, this is it
1. ... So, ich bin soweit, wir können gehen. – Siehst du, Gerd, so ist das: wenn er fertig ist, sagt er: wir können gehen. Vorher können alle stundenlang warten.
2. ... Ein ganzes Jahr hatte er sich auf die Aufnahmeprüfung zur Musikhochschule vorbereitet. Als es dann endlich soweit war, konnte er die Stücke aus dem ff.
3. 'Ich fühle, es ist soweit', flüsterte sie. 'Meine Stunde hat geschlagen. Der Herrgott verzeihe mir, was ich an Unrecht getan habe! Das waren ihre letzten Worte ...

ich bin/Peter ist/... **soweit fertig/...** · I am/John is/it is/... more or less ready
(Am Telephon; aus einer Autowerkstatt:) Ja, Ihren Wagen können Sie abholen, Herr Reuter, der ist soweit fertig. – Da ist jetzt alles in Ordnung, fehlt nichts mehr? – Ich will nochmal nachsehen, Herr Reuter; aber ich glaube nicht ...

jm. **geht es/... soweit ganz gut/...** · + s. o. is feeling not too bad, + s. o. is feeling quite/pretty/... well
... Wie geht's Ihrem Vater? Hat er die Operation gut überstanden? – Danke. Im Augenblick fühlt er sich soweit ganz gut. Wenn in den nächsten Wochen keine Komplikationen mehr auftreten ...

Sowieso: (der) Herr/(die) Frau/Herr Doktor/... **Sowieso** *sal selten* – (der) Herr/(die) Frau/Herr Doktor/... **Soundso** · Mr/Mrs/Dr/... So-and-so

das/(so etwas/...) **sowieso (nicht)!** · that's clear!, that's obvious!, that goes without saying
... In diesem Sommer wirst du aber drei oder vier Wochen Urlaub machen, Heinz. – Das sowieso! Darüber brauchen wir gar nicht mehr zu sprechen. Die Frage ist nur noch, w o.

etw. **sowieso (nicht)** tun/sein · 1. 2. he/Paul/... won't do/be/... anyway, 3. definitely, no matter what
1. ... Der Paul kommt doch sowieso nicht! Ich weiß gar nicht, warum ihn einlädst!
2. Es hat gar keinen Sinn, die Margret zu fragen, ob uns hilft. Die sagt sowieso nein/die hat sowieso keine Zeit.
3. vgl. – (a.) auf jeden **Fall** (2)

sowohl: **sowohl als auch** · both
Ist euer Dieter eher an den geisteswissenschaftlichen oder an den naturwissenschaftlichen Fächern interessiert? – Sowohl als auch. Der Junge ist äußerst vielseitig.

Spalier: **Spalier bilden** · to form a guard of honour
... Am Eingang der Kirche hatten eine Reihe von Freunden und Kollegen Spalier gebildet – eine kleine Gasse, durch die er mit seiner jungvermählten Frau mit etwas unsicheren Schritten hindurchging.

Spalier stehen *selten* · to line the route
... Stundenlang hatten die Leute zu beiden Seiten der Straße gewartet, bis das Präsidentenauto endlich kam. – Wenn es den Leuten Spaß macht, Spalier zu stehen ... Ich bin dazu nicht zu gewinnen.

Spalt: **einen Spalt (breit) öffnen/offen stehen** · 1. to open a door/... slightly, 2. to open one's eyes slightly
1. ... Also meinetwegen, einen Spalt breit kannst du das Fenster öffnen. Aber wirklich nur ein bißchen; sonst fliegen einem dauernd die Papiere vom Tisch.
2. ... Einen Spalt breit öffnete der Alte die Augen – beinahe wie eine Katze – und schaute in die Richtung, wo sein Sohn stand. Dann wandte er sich um und ging gemessenen Schrittes ins Wohnzimmer zurück. Ein fast makabres Schauspiel!

Spaltbreit: einen Spaltbreit öffnen/offen stehen/... – **einen Spalt** (breit) öffnen/offen stehen (1; a. 2) · to open s.th. slightly, + the door is slightly/... ajar

Späne: mach'/macht/... **keine Späne!** *sal selten* · don't kick up a fuss *coll*, don't make a fuss *n*
... Komm', Rudi, mach' keine Späne! Wenn die Sache bis Samstag fertig sein soll, müssen wir natürlich härter rangehen als bisher. Das ist doch kein Grund, hier herumzuschimpfen, Theater zu machen ...

arbeiten/rangehen/..., **daß die Späne** (nur so) **fliegen** *ugs selten* · to work/... till sparks fly *tr*, to (really/...) make sparks fly
Mann, ihr steckt ja voller Energie heute, ihr geht ja ran, daß die Späne nur so fliegen! – Wenn schon gearbeitet wird, dann auch richtig.

(mal wieder/...) **Späne machen** *sal selten* · 1. 2. to kick up a fuss *coll*, to make a fuss *n*
1. Statt zu helfen, so daß wir mit der Arbeit endlich fertig werden, macht der Ludwig mal wieder Späne. Eine solche Arbeit, das wäre eine Zumutung, dafür wäre er nicht hier angestellt ... – du kennst das Theater ja, das der aufführt!
2. Wenn der Kröll derart unmögliche Dinge von dir verlangt, dann mußt du Späne machen. Ich würde mich jedenfalls gegen solch ein Ansinnen ganz energisch zur Wehr setzen.

ordentlich/... **Späne machen** *ugs Neol* · to step on it, to let out the throttle, to go at full throttle
... Wenn du mit dem Motorrad im Sand fährst, mußt du ordentlich Späne machen, sonst liegst du gleich auf der Schnauze. Da mußt du wirklich richtig Gas geben.

Spanier: stolz wie ein Spanier (sein) *veraltend selten* · (to be) as proud as a Spaniard *tr*
... Der Toni ist nicht eitel, der ist stolz – das ist etwas ganz anderes! Stolz wie ein Spanier! – Du scheinst das zu mögen. – Gegen Stolz hab' ich nichts, während ich Eitelkeit nicht ausstehen kann.

Spannemann: Spannemann machen *sal selten* · to rubberneck, to be agog *n*, to stand gaping *n*
... Das hättest du sehen sollen, als die Polizei da plötzlich in die Bank kam und von einem der Kunden die Personalien verlangte. Gesagt hat keiner was – es ging die anderen ja nichts an; aber gebannt standen die Leute da und machten Spannemann: wie würde das bloß ausgehen? ...

spannen: (total/...) **auf etw. spannen** *ugs Neol* · to be on tenterhooks about s.th. *n*, to wait impatiently for s.th. *n*
Der Peter spannt schon total darauf, ob er nun an der Kunstakademie angenommen wird.

seine Hoffnungen/Erwartungen/(...) **sehr hoch spannen**/zu hoch spannen *form* · to pitch one's hopes/expectations/demands/... too/very/... high, to have too great expectations
... Ihr müßt eure Hoffnungen nicht zu hoch spannen, dann seid ihr auch nachher nicht enttäuscht! – Du willst doch bestimmt nicht, daß wir uns keine Hoffnungen machen, Mutter. – Natürlich nicht. Ich will nur nicht, daß ihr euch übertriebene Hoffnungen macht.

Spannkraft: (keine) Spannkraft (mehr) **haben**/...es fehlt jm. die (nötige) Spannkraft, um zu .../... · to lack/to have lost/... (one's) vigour, to lack/to have lost/... resilience/buoyancy/dynamism/...
Die ständigen Auseinandersetzungen haben den Möllers mürbe gemacht. Jedenfalls macht er auf mich den Eindruck, daß er nicht mehr genug Spannkraft hat, um einen solch verantwortungsvollen Posten richtig auszufüllen. – Das stimmt. Wenn es hart auf hart geht, hält er nicht mehr mit.

Spannung: jn./etw. **mit Spannung erwarten**/... · to await s.o./s.th. with excitement/excitedly/eagerly/..., to look forward to s.th. excitedly/...
... Dem Lokalderby sieht natürlich die ganze Stadt mit Spannung entgegen. Das ist jedes Jahr dasselbe: die Leute fiebern geradezu vor Aufregung. Wer ist besser: Schwarz-Weiß oder Rot-Weiß?

(dauernd/...) **in Spannung leben** (mit jm.) · to live in constant/... tension (with s.o.)
... Wäre es nicht vielleicht doch besser – auch für die Kinder –, wenn sich die beiden scheiden ließen? Man kann doch nicht permanent in Spannung (miteinander) leben! Die ständige gereizte Atmosphäre macht auf die Dauer alle krank.

Spannungsfeld: im Spannungsfeld der Großmächte/gegensätzlicher Interessen/... **liegen**/... · to be in the area of conflict between opposing interests/powers/..., to be in the field of tension between opposing interests/powers/... *rare*
... Polen liegt traditionsgemäß im Spannungsfeld westlicher und östlicher Interessen, es wird sich nie definitiv nach der einen oder anderen Seite entscheiden können. – Wird es dann je zur Ruhe kommen?

Sparbüchse: hier hast du ... Mark/... **für die Sparbüchse**/jm. ... Mark/Pfennige/... **für die Sparbüchse geben**/... · here is something for your/... money box, to give s.o. s.th. for his money box
Wieviel Mark hat dir der Onkel Herbert eigentlich für die Sparbüchse gegeben, Christa? – Ich weiß es gar nicht. Er hat die Markstücke selbst ganz schnell hereingeworfen.

sparen: nicht mit Lob/... **sparen** · to be unstinting/to be lavish in one's praise, not to stint one's praise
... Der Prof. Moser kann scharf sein in seiner Kritik, das stimmt; aber wenn jemand eine gute Leistung bringt, dann spart er auch nicht mit Lob.

eisern sparen *ugs – path* – jeden **Pfennig** sparen · to save every single penny

das/den Besuch/etw. zu tun/... **kann**/(sollte) **sich** j. **sparen** *ugs* – das/den Besuch/etw. zu tun/... kann/(sollte) sich j. **schenken** · s.o. can forget it/the idea/..., s.o. can save himself the trouble, to give s.th. a miss, you/... can cut out your/... cheeky comments

Sparflamme: etw. auf Sparflamme halten *ugs* · to (just/...) keep s.th. ticking over
... Haben die eure Afrika-Untersuchungen eigentlich weitergefördert? – Sie haben das Projekt auf Sparflamme gehalten, d.h. uns immer gerade so viel gegeben, daß wir nicht sagen konnten, es lohne sich nicht mehr, unter diesen Umständen daran weiterzuarbeiten.

auf Sparflamme kochen *ugs selten* · to soft-pedal, to go easy
Hast du schon mal erlebt, daß sich der Albert bei seinen Übersetzungen wirklich anstrengt? Der kocht doch seit Jahren nur auf Sparflamme. – Warum sollte er sich auch ein Bein ausreißen? Er ist reich ...

auf Sparflamme schalten *ugs* · to start to cut back, to start to economise/retrench/...
... »Erst schmeißen sie das Geld zum Fenster raus«, schimpfte er, »und dann schalten sie auf Sparflamme! Politiker, scheint mir fast, sind wie Kinder – sie fallen von einem Extrem ins andere«.

Sparren: einen Sparren (zuviel/zuwenig) (im Kopf) **haben** *sal selten* – nicht (ganz/(recht)) bei **Trost** sein (1; u.U. 2) · to have a screw loose

du hast/der Peter hat/... **wohl**/... **einen Sparren ab/lose/locker** *sal Neol* – nicht (so) ganz/(recht) bei **Trost** sein · you/Peter/... must have/have got/... a screw loose

Sparstrumpf: Geld/... **in den Sparstrumpf stecken** *veraltend iron selten* · to put money in a stocking, to put/to keep/... one's money under a mattress
... Wenn du schon Geld hast, dann mußt du es auch richtig anlegen! Die paar Zinsen, die du auf der Bank kriegst ..., da kannst du die Pfennige auch gleich wie unsere Großmutter in den Sparstrumpf stecken!

Spaß: (bei jm./mit etw.) **das geht über den Spaß** *ugs selten* – (bei jm./mit etw.) **das geht** zu weit · it/that/s.th. is beyond a joke, it/that/s.th. is going too far

... etw. zu tun ..., **das ist kein Spaß** *ugs* · (doing s.th./to do s.th.) is no joke, it's no joke to do s.th.

So einen Roman von 700 Seiten übersetzen, das ist kein Spaß, weißt du. Das kostet Monate und Monate angestrengte Arbeit.

ein teurer Spaß sein *ugs* · to be an expensive business, to cost a pretty penny, to cost a bob or two

... Wieviel kostet denn eine solche Reise? – So um die 12 – 14.000,– Mark dürfte sie schon kosten. – Das ist ja doch ein teurer Spaß! Aber die Haucks haben's ja!

seinen Spaß daran haben, etw. zu tun/(seinen Spaß an etw. haben) · to get a kick out of doing s.th. *coll*, to enjoy doing s.th.

... Dieser Junge hat seinen Spaß daran, die anderen Leute zu ärgern!

etw. **nur/... aus/(zum) Spaß sagen/tun** *ugs* · s.o. is only kidding/joking/... when he says s.th., s.o. says s.th. only for fun

... Mein Gott, Lisbeth, das darfst du doch nicht so ernst nehmen! Der Harald hat das doch nicht so gemeint; er hat das doch nur aus Spaß gesagt. – Ach, aus Spaß?! »Ich wär' einfach zu dumm für ihn!« Das sind ja nette Späße!

wenn ..., (dann) hört der Spaß (aber) **auf!** *sal* · if ..., that's getting beyond a joke/that's not funny any more/...

Herbert, wenn du mir jetzt nochmal mein Bier wegtrinkst, (dann) hört der Spaß aber auf! Du bist wohl verrückt geworden?! Aber echt! Was zu weit geht, geht zu weit!

(jetzt/...) **Spaß beiseite!** – (jetzt/...) **Scherz** beiseite! · joking apart

aus dem Spaß wird Ernst – (seltener und schwächer als:) aus dem **Spaß** wird bitterer Ernst · it turns (dead) serious, the joking turns into deadly earnest

aus dem Spaß wird bitterer Ernst · the joke turns deadly earnest *tr*

... Zunächst frotzelten sich die beiden, wie so oft schon, nur ein bißchen an. Aber plötzlich – ich weiß auch nicht mehr, wie das kam – wurde aus dem Spaß bitterer Ernst. Der Hansgert nannte die Iris eine perfekte Lügnerin, sie schrie, er könnte doch überhaupt gar nichts außer mit anderen Frauen bumsen. Ein Heidentheater!

aus Spaß an der Freud(e) *ugs iron* · 1. 2. to do s.th. for the fun of it, to do s.th. (just/...) for the hell of it, to do s.th. (just/...) for the crack

1. Warum macht sich der Adalbert so viel Mühe mit all den Übersetzungen, wenn er das gar nicht nötig hat? – Aus Spaß an der Freude, Josef! Der Adalbert übersetzt halt gern.

2. Hat dein Bruder dem Hintergedanken gehabt, er könnte den Oswald auch mal brauchen, oder warum hat er ihm geholfen? – Nur so – aus Spaß an der Freude! Muß man bei allem und jedem Pläne und Hintergedanken haben?

(doch/...) **(nur/bloß/...) Spaß machen** *ugs* · s.o. is only joking, s.o. is only kidding

... Papa sagt, er will mir den Tennisklub nicht weiterbezahlen. – Ach, der macht doch nur Spaß! – Nein, er meint es ernst. – Ach, Friedel, er will doch aufziehen. Merkst du das denn nicht?/Er scherzt doch nur. Merkst du ...

jm. (großen/viel/keinen/...) **Spaß machen** (etw. zu tun)/es macht jm. ... · + (not) to enjoy (doing s.th.) (much/...), to get a lot of/little/no/... enjoyment out of doing s.th.

Gehst du mit schwimmen? – Ach, weißt du, in der Halle macht mir das keinen Spaß/macht es mir keinen Spaß zu schwimmen. Wenn es draußen wäre, ginge ich gern mit.

sich den Spaß machen, etw. zu tun · to get a huge/... kick out of doing s.th. *coll*, to take great delight in doing s.th.

(Bericht über eine Fete:) Und dann, so gegen Mitternacht, haben sich der Otto und der Klaus den Spaß gemacht, die Sicherungen herauszudrehen und zu verstecken. – Da saßt ihr also alle im Dunkeln? ...

sich einen Spaß daraus machen, etw. zu tun/(aus etw. machen) · to enjoy doing s.th.

... Nein, das sieht der Opa nicht als Arbeit an. Ganz im Gegenteil, der macht sich einen Spaß daraus, mit euch nach Bayern zu fahren. Du glaubst gar nicht, wie gern der reist.

Spaß muß sein · there's no harm in a joke

(Eine Frau zu ihrem Mann:) Was, sagst du, kostet die Änderung meines Kleids? – 783,– Mark. – Was?? Das ist ja Wahnsinn! – Wie du siehst, bist du eine teure Frau. – Das ist aber wirklich zu teuer. – Na, komm', Liesel, Spaß muß sein – 321,80 Mark. – Ah, ich dachte schon ...

(etw.) **aus (lauter) Spaß und Tollerei/(Dollerei)** (tun) *ugs* – (etw.) aus (lauter) **Jux** und Tollerei/(Dollerei) (tun) · to do s.th. just for the crack/for fun/for the hell of it/...

seinen Spaß mit jm./etw. **treiben** *form selten* · 1. 2. to make fun of s.o./s.th., 2. to have s.o. on, to pull s.o.'s leg *coll*, to (really/...) take the mickey out of s.o. *coll*, to (really/...) take the piss out of s.o. *vulg*

1. ... Beherrsch' deine Spottlust, Franz! Keine ironischen Fragen! Der Koopmann schätzt das gar nicht, wenn man mit ihm seinen Spaß treibt/treiben will.

2. vgl. – (eher:) seinen **Scherz** mit jm./etw. treiben

jm. **den/den ganzen/(...) Spaß verderben** (mit etw.) · to spoil s.o.'s fun/all s.o.'s fun

... An sich macht meine Frau solche Schiffsreisen sogar sehr gerne. Aber die Frau Reinke hat ihr mit ihrer ewigen Rederei von Krankheiten den ganzen Spaß verdorben. Am Abend war sie froh, daß die Reise endlich zu Ende war.

(keinen) Spaß verstehen (in e-r S.) · 1. 2. to enjoy/... a joke/a bit of fun/..., s.o. won't stand for any nonsense, (not) to be able to take a joke

1. Wenn verhandelt wird, wird scharf und zielstrebig verhandelt. Da wird nicht herumgeredet, geblödelt ... In diesem Punkt versteht der Alte keinen Spaß. Er wird fuchsteufelswild, wenn die Leute nicht spuren.

2. vgl. – (eher:) (keinen) **Spaß** vertragen (in e-r S.)

(keinen) Spaß vertragen (in e-r S.) · 1. 2. (not) to be able to take a joke, to enjoy/... a joke/a bit of fun/..., s.o. won't stand for any nonsense

1. So etwas Empfindliches/so etwas von Empfindlichkeit wie die Christl habe ich mein ganzes Leben noch nicht gesehen. Die versteht überhaupt keinen Spaß. – Die läßt sich nicht gern dazu mißbrauchen, andere zum Lachen zu bringen, das ist alles. Scherz versteht sie schon.

2. vgl. – (eher:) (keinen) **Spaß** verstehen (in e-r S.)

Späßchen: (mal wieder/...) seine Späßchen machen *ugs* · to crack one's little jokes (again/...)

... Was sagt der Fritz da? – Wenn der Krüger noch ein kleines bißchen zunähme, sähe er genau so aus wie ein 500-Liter-Weinfaß. – Der macht mal wieder seine Späßchen. Er sollte mal lieber selbst aufpassen, daß er nicht so zunimmt.

seine Späßchen mit jm./etw. **treiben** *ugs selten* – seinen **Spaß** mit jm./etw. treiben · to make fun of s.o./s.th.

seine Späße mit jm./etw. **treiben** *ugs* – *form selten* – seinen **Spaß** mit jm./etw. treiben · to make fun of s.o./s.th.

spaßen: mit jm./(etw.) **ist nicht zu spaßen** · + s.o. is not to be trifled with

Bei dem Schorndörfer mußt du vorsichtig sein, Alfons, mit dem ist nicht zu spaßen. Der kann ungemein hart, ja grausam werden, und zwar aus den nichtigsten Anlässen.

nicht mit sich spaßen lassen (in .../...) · s.o. doesn't/won't stand for any nonsense (in money matters/...)

... Natürlich ist der Wolters sympathisch, entgegenkommend, alles, was du willst. Aber in Finanzdingen läßt er nicht mit sich spaßen. Wenn da etwas nicht stimmt, ist er ungeheuer scharf.

spät: besser spät als nie *iron* · better late than never

... Aber vor Anfang des nächsten Monats kann ich dir beim besten Willen das Geld nicht zurückgeben. Reicht das? – Besser spät als nie! – Sehr entgegenkommend! – Entschuldige! Aber ich warte jetzt schon vier Monate ...

später: (also dann/...) bis später/(auf später) · see you later

(Auf einem Empfang, nach einer kürzeren Unterhaltung mit einem Kollegen:) Also dann, bis später! Wir sehen uns ja nachher bestimmt nochmal. Ich muß mit dem Herrn Ullrich da drüben noch über etwas sprechen ...

jn. (immer wieder/...) **auf später vertrösten/**(...) · to put s.o. off/to keep putting s.o. off until sometime in the future
... Nein, Herr Koch, Sie werden zugeben, daß das so nicht weitergehen kann. Sie vertrösten mich jetzt seit einem halben Jahr (immer wieder) auf später. Wann bekomm' ich denn nun endlich die Genehmigung? In zehn Jahren nützt sie mir nichts mehr.

Spatz: wie ein Spatz essen ugs · to peck at one's food, to eat next to nothing
... Natürlich kostet es etwas, wenn die Irmgard hier einen oder zwei Monate verbringt. Aber das Essen brauchst du sozusagen nicht zu rechnen: die ißt doch wie ein Spatz; die ißt kein Viertel von dem, was unser Rudi vertilgt.

lieber einen Spatz/(einen Spatzen/den Spatzen) **in der Hand als eine/**(die) **Taube auf dem Dach** · a bird in the hand is worth two in the bush
... Wie soll ich mich entscheiden? Auf der einen Seite das Angebot von Schuckert u. Co. – hochinteressant, wenn auch noch nicht ganz sicher –, auf der anderen eine todsichere Sache bei Kreudel – ein Routineberuf ... – Wenn ich dir raten darf: lieber einen Spatz in der Hand als eine Taube auf dem Dach. Wenn du das bei Kreudel nicht annimmst und aus der anderen Sache nichts wird, stehst du nachher ohne jede Stelle da/hast du nachher gar nichts.

das/(etw.) **pfeifen die Spatzen (doch schon/**...) **von den Dächern/**von allen Dächern/(vom Dach) ugs · + it/the news/... is all over town, + it/s.th. is common knowledge
... Der Kanzler ist es satt, sich mit seiner eigenen Partei herumzuschlagen. Er trägt sich mit Rücktrittsabsichten. – Bist du da sicher? – Das ist allgemein bekannt, das pfeifen die Spatzen schon von den Dächern.

er/der Herbert/... **hat wohl/**bestimmt/... **(einen) Spatzen unter dem Hut/**hat er/der ... (einen) Spatzen unter dem Hut?! ugs selten · can't you/can't he/... raise his/... hat? para
Hat der Kollberg Spatzen unter dem/unterm Hut oder warum tippt der nur mit dem Zeigefinger gegen die Hutkrempe, statt den Hut zu ziehen, wenn er jemanden grüßt?

Spatzenhirn: (aber auch) **ein Spatzenhirn/Spatzengehirn haben** sal – (eher:) (aber auch) ein **Gehirn** wie ein Spatz haben · to be bird-brained

Spätzünder: ein Spätzünder sein ugs – schwer/langsam von **Begriff** sein · to be slow on the uptake

Spätzündung: Spätzündung haben ugs · to be slow to catch on, to be slow on the uptake
(Kommentar, nachdem der Leiter einer Jugendgruppe ein Buch über Spanien verschenkt hat:) Wenn der Otto sofort geschaltet hätte, hätte er das Buch bekommen. Aber ehe der mal begriffen hatte, worum es ging, hatten sich schon zwei Mädchen gemeldet. – Hatte er mal wieder Spätzündung? Na ja, vielleicht wird der Otto auch nochmal wach.

spe: ein/der Leiter/Chefarzt/Pianist/... **in spe** geh · our/ your/... future director of finance/manager/... n
... Guten Morgen, Herr Radbruch. ... Ich darf Sie gleich mit unserem Finanzdirektor in spe bekannt machen: Herr Dr. Kruse – Herr Dr. Radbruch. ... – Angenehm. ... Sie werden, wie geplant, am kommenden Ersten hier anfangen? ...

specie: sub specie aeternitatis lit · sub specie aeternitatis, from the viewpoint of eternal values para
... Sub specie aeternitatis ist die Entscheidung wahrscheinlich richtig. Aber was für ein Leben erwartet den Jungen als Maler? – Was heißt schon 'sub specie aeternitatis'? Der Junge malt nicht, weil er sein ewiges Heil davon erwartet, sondern weil er ohne zu malen im Leben keinen Sinn sieht. – Eben: S i n n . Das ist doch eine zeitlose – ewige – Perspektive, oder?

Speck: ran an den Speck! sal selten – ran an die **Arbeit!** · get down to it!, get cracking!

Speck ansetzen ugs · to put on weight n, to get fat
Mein Gott, was hat der Ullrich Speck angesetzt! Der ist ja doppelt so dick wie im vergangenen Jahr! – Doppelt so dick?! ...

(anständig/...) **Speck drauf haben/**(Speck auf den Knochen/ dem Leib haben) sal selten · s.o. has got plenty of/... fat on him, s.o. is well padded
... Der Willy kann ruhig mal hinfallen, der merkt das ja kaum. Der hat so viel Speck drauf – der ist bestens gepolstert.

voll(er) Speck und Dreck ugs – (eher:) voll/(voller) **Dreck** und Speck · filthy dirty

mit Speck fängt man Mäuse · good bait catches fine fish, you have to throw a sprat to catch a mackerel
Wenn du dem Heinemann aus Brasilien ein paar Edelsteine mitbringst, hast du ihn für immer gewonnen. Der ist geradezu versessen auf Edelsteine. – Du meinst: mit Speck fängt man Mäuse? – Es kann dir doch nicht schaden, wenn dir der Chef gewogen ist, oder?

den Speck (schon) riechen ugs selten – den **Braten** (schon) riechen · to get wind of s.th., to sense s.th. in the air, to smell a rat

Speck auf den Rippen haben sal selten – (anständig/...) **Speck** drauf haben/(Speck auf den Knochen/dem Leib haben) · s.o. has got plenty of/... fat on him, s.o. is well padded

keinen Speck auf den Rippen haben sal · s.o. has no flesh on him coll, s.o. is all skin and bones
... Natürlich würde ich so eine Frau nicht heiraten! Die hat ja keinen Speck auf den Rippen! – Für dich muß eine Frau also dick sein? – Natürlich nicht! Aber auch nicht so hager!

Speckbauch: einen regelrechten/... **Speckbauch haben/krie-gen/bekommen** sal · to get/to be putting on/... a real/... paunch/potbelly/beer gut/... coll
... Wenn du so weitermachst mit deinem Bierkonsum, dann kriegst du einen regelrechten Speckbauch, mein Lieber. – Herzlichen Dank! Recht freundlich, Gerda!

Speien: zum Speien unangenehm/langweilig/... **sein** ugs – path selten · to be deadly boring, to be awfully/... tiresome/unpleasant/...
... Ach, diese entsetzlichen Seminarsitzungen! Das ist zum Weglaufen – zum Speien langweilig, wie eine ältere Kollegin gestern bemerkte.

Speis: Speis(e) und Trank geh od. iron · a/the meal n, food and drink
(Beim Abschied:) Und ...: herzlichen Dank für Speise und Trank! – Ach, du hast ja fast nichts gegessen während der Tage. Aber: alles Gute – und bald besuchst du uns mal wieder!

Speisekarte: nach der Speisekarte essen form selten – nach der **Karte** essen · to eat à la carte

speiübel: es wird jm. **speiübel** (bei etw./wenn ...) ugs – path selten – es dreht sich einem/(jm.) der **Magen** um/(herum) (wenn man/(er/...) sieht/(hört/...), (wie/daß ...)) (1) · + to feel like throwing up, + to feel terribly queasy, + to feel like one is going to be violently sick

Spektakel: es gibt Spektakel sal – es gibt **Theater** (wenn ..., dann gibt's .../als ..., da gab's .../...) (2; u.U. 1) · there'll be hell to pay/trouble/...

Spektakel machen sal · 1. to make a din, 2. to kick up a fuss
1. vgl. – **Lärm** machen
2. vgl. – (eher:) **Krach** schlagen

Spender: wer ist der edle Spender?/darf man fragen, wer ... ist?/... ugs iron · to whom am I/are we/... indebted?
... Hm, schon wieder ein Bier! Das ist ja herrlich heute! Darf man fragen, wer diesmal der edle Spender ist? – Das hat der Günther ausgegeben. Zu Ehren seines Ältesten. Der hat gestern seine Meisterprüfung bestanden.

Spendierhosen: (heute/...) **die/**seine **Spendierhosen anhaben** ugs selten · to be in a generous mood n, to be feeling generous n
Mann, der Paul hat heute die Spendierhosen an! Das ist jetzt schon die dritte Runde, die er gibt! Was ist denn los? – Er wurde gestern

zum Obermedizinalrat ernannt. – Ah, dann versteh' ich, daß er so freigiebig ist.

die Spendierhosen anziehen *ugs selten* · to be in a generous mood *n*, to be feeling generous *n*, to put one's hand in one's pocket

... Der Chef könnte die Spendierhosen häufiger anziehen! Oder was meinst du? Bei der diesjährigen Betriebsfeier war er ja wirklich sehr freigiebig. – Da wollen wir aber doch nicht gleich noch mehr fordern.

Spendierlaune: (heute/...) **in Spendierlaune sein** *ugs* – (heute/...) die/seine **Spendierhosen** anhaben · to be in a generous mood, to be feeling generous, to put one's hand in one's pocket

Sperenzchen: die Sperenzchen lassen *ugs* – die **Fisimatenten** lassen · to stop messing about

Sperenzchen machen *ugs* – **Fisimatenten** machen (1; a. 2) · to mess about, to make a fuss

Sperling: lieber einen/(den) Sperling in der Hand als eine/(die) Taube auf dem Dach *selten* – lieber einen **Spatz**/(einen Spatzen/den Spatzen) in der Hand als eine/(die) Taube auf dem Dach · a bird in the hand is worth two in the bush

er/der Herbert/... hat wohl/bestimmt/... einen Sperling unter dem Hut/hat er/der/... einen Sperling unter dem Hut?! *ugs selten* – er/der Herbert/... hat wohl/bestimmt/... (einen) **Spatzen** unter dem Hut/hat er/der/... (einen) Spatzen unter dem Hut?! · can't you/can't he/... raise his/... hat?

Spesen: außer Spesen nichts gewesen! *Industrie/Wirtschaft/...* *ugs* – *iron* · it was a waste of time and money

... Na, wie war deine Reise nach Nigeria? Hast du ein paar anständige Aufträge mitgebracht? – Die Reise an sich war schön, aber Aufträge ... – Ah, ich seh' schon: außer Spesen nichts gewesen. – Nein, so kann man's auch nicht sagen. Die Perspektiven sind nicht schlecht ...

Spesenritter: ein Spesenritter *ugs iron* · s.o. who runs up a lot of expenses *n*, s.o. who splashes out on his expense account

... Dieser Mann fährt auf Firmenkosten weg, ißt auf Firmenkosten, kauft sich bei Auslandsreisen nach Übersee auf Firmenkosten Spezialkleidung ... Und was bringt er an Aufträgen? ... Nein, so einen Spesenritter können wir hier nicht brauchen – der ist was für den Staatsdienst!

Spezielles: auf dein/(euer/...) (ganz) Spezielles! *ugs – path* – auf dein/euer/... **Wohl!** · your health!

Sphären: (immer/nur/...) **in höheren Sphären schweben** *oft iron* · to be lost/absorbed/... in higher regions, to have one's head in the clouds

... Für jemanden, der wie du, immer nur in höheren Sphären schwebt, sind solche finanziellen Überlegungen, wie ich sie jetzt anstelle, vielleicht ziemlich abgeschmackt. Aber ... – Wenn ich versuche dahinterzukommen, ob uns die Naturauffassung Goethes heute noch etwas zu sagen hat, schwebe ich dann in höheren Sphären?

Spiegel: glatt wie ein Spiegel (sein) *selten* – **spiegelglatt** (sein) · to be like glass, to be as slippery as glass

... **im Spiegel der Presse**/der Neuerscheinungen/der Arbeiterklasse/... · as seen by the press/the public/..., as mirrored in the press/public opinion/..., as reflected in the press/public opinion/...

... Wie heißt nochmal das Thema deiner Dissertation? – 'Das Deutschlandbild im Spiegel der französischen Geschichtsschreibung im letzten Drittel des 19. Jahrhunderts'. – Und was dachten und schrieben die damaligen französischen Historiker über Deutschland?

schau' dich/schaut euch/... **mal (selbst/selber) im Spiegel an**/guck' .../guck'/... mal ... in den Spiegel/(sieh/...)! *ugs* · (why don't you) look in the mirror

Es ist doch eine Gefühllosigkeit sondergleichen, seine Schwester dauernd so abwertend und grob zu behandeln, wie das der Bernd tut! – Guck' du doch mal selbst in den Spiegel! Gehst du mit deinen beiden Schwestern etwa 'geschwisterlicher' um?

steck dir/steckt euch/... **das**/... **hinter den Spiegel!** *ugs* · remember s. th.! *n*, don't forget s. th.! *n*

(Die Mutter zu ihrer Tochter:) Wenn du andauernd vergißt, morgens auf deinen Stundenplan zu gucken, steck' dir den Plan hinter den Spiegel – dann packst du auch die richtigen Sachen ein! – Was willst du damit sagen?

du kannst dir/er kann sich/... etw. **hinter den Spiegel stecken** *sal* · 1. remember to do it/that/s. th. *n*, take s. o.'s advice/... to heart, 2. he knows/you know/... what he/you/... can do with his/your/...

1. (Der Vater zu seinem Sohn:) Mein lieber Junge, diesen Ratschlag von Onkel Werner, jeden Tag regelmäßig eine Stunde Französisch extra zu machen, kannst du dir hinter den Spiegel stecken! Wenn du den beherzigst, wirst du bestimmt nicht mehr lange auf 'Fünf' stehen.

2. vgl. – du kannst dir/er kann sich/... etw. **einsalzen**

einen geheimen Brief/ein schlechtes Zeugnis/... **nicht (gerade/...)/hinter den Spiegel stecken** *ugs selten* · to keep a letter/a bad school report/... out of sight *n*, to keep a letter/... well hidden *n*

... Diese Unterlagen zeigst du ja niemandem, nicht?! Das geht wirklich niemanden etwas an! – Du meinst wohl, ich steck' die hinter den Spiegel, was?! Du hast Ideen! ../Das ist doch klar, Gerd; solche Sachen steckt man doch nicht (gerade) hinter den Spiegel! Keine Sorge: die Sachen sind ganz sicher verstaut/(versteckt).

j. wird sich/... etw. (wohl/...) nicht hinter den Spiegel stecken *ugs selten* · s. o. is not likely to frame s. th.

Hast du eigentlich schon die Rezension über Bernds Wörterbuch gelesen? – Ja. – Und? – Hm, die wird er sich wohl nicht/dürfte er sich wohl kaum hinter den Spiegel stecken. – Ist die so negativ? – Ziemlich, ja ...

jm. einen/den Spiegel vorhalten/vors Gesicht halten *ugs selten* · to hold a mirror up to s. o., to show s. o. his face in the mirror *n*

Der Adalbert kritisiert dauernd die anderen, sie träten den Ausländern so feindselig gegenüber; aber er ist doch selbst nicht besser! – Sag' ihm das mal, halt' ihm mal einen Spiegel vors Gesicht, damit ihm endlich bewußt wird, wie er selber handelt.

Spiegelfechtereien: Spiegelfechtereien (treiben) · + it/s. th. is (just/...) shadow-boxing, + it's all a sham, + it's all eyewash/ bluff/... *coll*

... Ach, in Wirklichkeit will kein Mensch von denen eine Kürzung der Beamtengehälter! Das sind alles nur Spiegelfechtereien (die die da treiben). Das Volk soll meinen ... Reden für die Dummen, die daran glauben!

spiegelglatt: spiegelglatt (sein) · to be like glass, to be as slippery as glass

... Rolf, gestern abend hat's geregnet, heute nacht war Frost; die Straßen sind spiegelglatt. Da kannst du doch nicht mit dem Wagen nach Stuttgart fahren!

Spiegelschrift: (in) **Spiegelschrift** (schreiben/...) · to read/... mirror writing, to read/write/... backwards

... Ich bewundere den Mosbach! Wie der ganze Texte seitenverkehrt lesen kann ... – Der hat jahrelang als Setzer gearbeitet – zu einer Zeit, als man noch mit der Hand setzte. Der könnte dir auch einen ganzen Roman in Spiegelschrift schreiben/setzen/...

spiel': so spiel' ich/(spielt er/mein Vater/...) **nicht mit** *ugs* – so **mach'** ich/(macht er/mein Vater/...) nicht mit! · if that's the way it is/..., count me/my father/... out!

Spiel: ein Spiel sein (für jn.) *ugs selten* – ein **Kinderspiel** sein (für jn.) · it/s. th. is a piece of cake/doddle for s. o., it/s. th. is child's play for s. o.

ein abgekartetes Spiel sein · it/s. th. is all rigged in advance, it/s. th. is a put-up job, it/s. th. is all pre-arranged, it/s. th. is a pre-arranged affair

... Kaum hatte der Riemert das Thema 'Erhöhung der Abgeordnetendiäten' angeschnitten, da meldeten sich eine ganze Reihe Abgeordneter zu Wort und begründeten mit den unterschiedlichsten Argumenten ... – Das war natürlich ein abgekartetes Spiel. Die haben vorher hinter verschlossenen Türen ausgemacht, wer welche Argumente bringt, das ist doch klar.

im Spiel sein · 1. 2. to be involved in s. th., to play a part in s. th.
1. ... Bei seinem Verhalten scheinen nun auch einige Motive im Spiel zu sein, die nicht so ganz ehrenhaft sind. – Ausgeschlossen! Wenn solche Gründe da mitspielten, wäre der Kurt mir gegenüber nicht nach wie vor so offen!
2. ... Bei den meisten Unfällen dieses Winters war Glätte im Spiel.

mit im Spiel sein · s. th. is involved
Wenn die Bettina so bescheiden auftritt, ist das doch wohl nicht nur eine Frage des Temperaments. Eine gehörige Dosis Berechnung dürfte doch da auch mit im Spiel sein, oder? – Ja, die spielt vielleicht auch mit, aber ...

genügend/... Spiel haben *Räder u. ä.* · to have enough (free) play, to have enough clearance
... Die Lenkung müssen Sie noch nachstellen lassen; sie hat viel zu viel Spiel. – Beim Fahren merke ich nichts! Die Räder reagieren doch sofort, wenn ich das Steuer bewege! ...

freies Spiel haben *selten* – freie **Hand** haben · to have a free hand

gewonnenes Spiel haben (bei jm./etw.) · to have won before one has started, to have it in the bag *coll*, to be home and dry *coll*
... Bei so einem schwachen Verhandlungspartner hat ein Mann wie der Gerd natürlich von vornherein gewonnenes Spiel! Da setzt er jede Bedingung durch, die ihm paßt.

(ein) leichtes Spiel mit/bei jm. (bei etw.) **haben** · 1. + to be easy game for s. o., + to be a pushover for s. o. *coll*, 2. + it/ s. th. is easy for s. o., s. o. has got an easy job of it
1. ... Klar, bei/mit der Ingrid hat der Matthias leichtes Spiel, die läßt sich alles gefallen. Bei der Klara wäre das schon schwerer; mit der würde er nicht so leicht fertig.
2. ... Bei derart glatten Ausgangsbedingungen hat der Wollmann natürlich leichtes Spiel. Selbst ein weniger geschickter Delegationsleiter würde da seine Gesichtspunkte durchsetzen.

jetzt/... beginnt/... das alte Spiel von neuem/... *ugs* · + here we go again!
Hat Großvater dem Vertragsentwurf für den Verkauf des Hauses nun zugestimmt? – Im Prinzip ja. Aber er meint, einige Einzelheiten müßten noch geändert werden. – Ach, jetzt fängt das alte Spiel von neuem an! Schon dreimal hat er 'im Prinzip' zugestimmt und nachher bei den Einzelheiten nein gesagt.

es steht alles auf dem Spiel//heute/... steht alles auf dem Spiel *selten* – es geht ums **Ganze** · everything hinges on the game today/...

etw. (nur/...) als Spiel auffassen/ansehen/betrachten · to treat/to regard/... as a (mere) game
... Der Ursula ist überhaupt noch gar nicht klar geworden, wie ernst die Sache ist, wie hart die Kandidaten ausgewählt werden. Die faßt die ganzen Probearbeiten als Spiel auf.

das Spiel ist aus · that's that, the game is up
(Kommentar, nachdem die letztmögliche Bewerbung auch danebengegangen ist:) Wieder eine Absage! Ich muß mich damit abfinden: in München werde ich nicht genommen. Das Spiel ist aus! – Kannst du es nicht nochmal versuchen? – Nein. Aus Altersgründen nicht. Aus und vorbei!

aus dem Spiel bleiben · + to keep s. th. out of s. th., to be kept out of s. th., to have no place in s. th.
... Politische Argumente sollten bei diesen Verhandlungen aus dem Spiel bleiben. Erstens komplizieren sie die Dinge nur und zweitens haben sie, von der Sache her, da auch nichts zu suchen.

jn./etw. ins Spiel bringen · 1. 2. to bring s. o./s. th. into it
1. ... Von dem Rolf Böttcher war doch in den Diskussionen bisher nie die Rede! Warum bringst du den denn jetzt plötzlich ins Spiel? – Weil ich meine, daß er für den Posten genauso gut in Frage kommt wie alle anderen bisher besprochenen Kandidaten.

2. ... Politische Argumente sollte man da nicht ins Spiel bringen. Die würden die Sache noch mehr komplizieren. – Die haben da auch gar nichts zu suchen.

js. **Spiel durchschauen** · to see through s. o.'s game, to know what s. o. is up to/what s. o.'s game is
Der Bodo Kramm meint in der Tat, er könnte mit dem Einkaufsleiter von der Firma Rebe Jahre und Jahre aufs engste zusammenarbeiten, ohne daß wir sein Spiel durchschauen. Als wenn uns nicht klar wäre, daß die beiden bei den jeweiligen Geschäften Bedingungen ausmachen, die ihnen als Privatleuten zugute kommen.

etw. (zu) **tun ist ein Spiel mit dem Feuer** · to do s. th. is playing with fire
... Mein Lieber, so ein Thema in der Öffentlichkeit (zu) behandeln – das ist ein Spiel mit dem Feuer! Sei bloß vorsichtig! Es können dir die größten Unannehmlichkeiten daraus entstehen.

das Spiel verloren geben *selten* · to throw in the towel *coll*, to give the game up for lost
... Jetzt, wo wir so lange durchgehalten haben und endlich eine Chance sehen, unser Ziel zu erreichen, willst du das Spiel verloren geben? – Ich gebe auf, weil ich die Chance, die ihr seht, beim besten Willen nicht erkennen kann.

ins Spiel kommen · to come into play, to come into it, to be involved, to come into consideration
... Kommen da noch andere Erwägungen/Argumente/... ins Spiel – außer denen, die jetzt diskutiert wurden? – Inoffiziell spielt bei der Besetzung der Stelle natürlich noch vieles eine Rolle, was ...

das freie Spiel der Kräfte · the free play of market forces
... Nein, den Markt kann man heute nicht mehr völlig dem freien Spiel der Kräfte überlassen. Ganz gleich, welcher Wirtschaftstheorie man anhängt: Korrekturen seitens des Staates sind unumgänglich.

jn./etw. **aus dem Spiel lassen** · 1. 2. 3. to leave s. o./s. th. out of it
1. ... Nein, laßt mich da bitte aus dem Spiel! Ich möchte mit der Sache nichts zu tun haben. – Aber du kannst dich doch da nicht einfach heraushalten!
2. ... Die Frau Gerlinde sagt auch ... – Laß die Frau Gerlinde aus dem Spiel! Die hat mit der Angelegenheit nicht das Geringste zu tun. Was die sagt oder nicht sagt, spielt also gar keine Rolle.
3. Politische Gesichtspunkte würde ich an deiner Stelle aus dem Spiel lassen. Erstens komplizieren sie die Verhandlungen nur, und zweitens kann kein Mensch absehen, wie sich die politischen Verhältnisse in der nächsten Zeit entwickeln werden.

wie im Spiel (etw.) **lernen** · to learn s. th. by playing/like a game
Die ersten Rechenoperationen sollten Kinder wie im Spiel lernen. – Vielleicht sogar be im Spiel. W ie im Spiel sollte man vieles auch noch später lernen, sogar noch als Erwachsener.

das Spiel machen *oft: j. wird ... schon machen* · to win a game
Wenn ich das Spiel jetzt verliere, scheide ich aus dem Turnier aus. – Keine Angst, du wirst das Spiel schon machen.

ein Spiel der Natur *selten* · a freak of nature
... Schau mal her, wieder so ein Spiel der Natur! Oder hast du schon einmal so seltsame Tulpenblätter/eine so seltsame Form von Tulpenblättern gesehen?

jn. **aus dem Spiel nehmen** *Sport* · to take s. o. off, to substitute s. o., to pull s. o. off
(Während eines Fußballspiels:) Warum nimmt der Trainer den Linksaußen aus dem Spiel? Das ist doch eine ausgesprochene Flasche! – Er hat offensichtlich keinen besseren.

jn. **ins Spiel schicken** *Sport* · to send s. o. on, to play s. o., to select s. o.
... Einen Mann, der noch nicht ganz gesund ist, schickt man nicht ins Spiel! – Wenn der Trainer keinen besseren hat? ... – Auch dann nicht!

das/ein Spiel des Schicksals *selten* · a whim of fate, a whim of chance, the vagaries of fate, a trick of fate
Als ich in London arbeitete, war der Kurt Schößle auch gerade in London beschäftigt – bei einer Bank. Und als ich dann nach Rio

wechselte, traf ich ihn dort auch wieder. – Ein Spiel des Schicksals ... – Oder Zufall ...

etw. aufs Spiel setzen · to risk one's health/life/..., to put s.th. at a risk

Natürlich werden wir bei dieser Arbeit unser Bestes geben. Aber unsere Gesundheit werden wir nicht aufs Spiel setzen. Für sichere Arbeitsbedingungen muß also gesorgt sein. – Kein Mensch verlangt, daß ihr eure Gesundheit riskiert.

alles aufs Spiel setzen – (eher:) **aufs Ganze** gehen · to go the whole hog, to risk everything

Spiel im Spiel (sein) *Theater Film* · (s.th. is) a play within a play

... Der zweite Teil des Films/des Theaterstücks spielt in einem Theater: die Schauspieler proben für die Première eines bekannten Stücks – ich glaube, der 'Medea' ... – Ein Spiel im Spiel also? – Genau.

js. Spiel spielen · to play s.o.'s game

Ich bin immer noch nicht dahintergekommen, wessen Spiel der Christoph spielt – ob er im Sinn des Chefs handelt oder der Gesellschafter. – Vielleicht spielt er sein eigenes Spiel und tut nur so, als ob er sich um die Interessen der anderen kümmern würde.

(mit jm.) ein doppeltes Spiel spielen – (eher:) (mit jm.) ein **Doppelspiel** spielen/treiben · to play a double game with s.o.

ein falsches Spiel (mit jm.) **spielen** · to play false (with s.o.), not to play straight (with s.o.)

Dem Daniel Hoppe vertrau' ich nicht. Ich habe den Eindruck, der spielt ein falsches Spiel (mit uns). Nach außen tut er so, als wäre er für die Kandidatur von dem Willy Rausch; aber in Wirklichkeit tut er alles, um dessen Kandidatur zu hintertreiben.

ein gewagtes/riskantes/gefährliches/(...) Spiel spielen · to play a risky/dangerous/... game

In einem Land wie Chile heute für den Sozialismus werben ...: der Günther spielt da ein gefährliches Spiel. Wenn sie ihn dabei erwischen, muß er mit dem Schlimmsten rechnen.

ein offenes/ehrliches/(...) Spiel spielen · to play straight, to play fair

Mit dem alten Friedeburg verhandle ich gern. Bei dem weiß man, woran man ist; der macht nichts hintenherum, läßt einen über seine Absichten von Anfang an nicht im Unklaren, kennt keine Geheimniskrämerei ... Kurz: der Mann spielt ein offenes Spiel.

ein übles/grausames/(arges) Spiel mit jm. **spielen/treiben** *path* – (eher:) jm. übel/(arg/grausam/...) **mitspielen** · to treat s.o. shabbily, to do the dirty on s.o., to handle s.o. roughly

auf dem Spiel stehen · 1. 2. to be at stake

1. ... Bei diesen Verhandlungen steht die Zukunft unseres Vaterlandes auf dem Spiel! – Wenn es da wirklich um die Zukunft unseres Landes ginge, müßten die Dinge ganz anders vorbereitet und diskutiert werden.

2. In dieser Sache steht meine/deine/... Ehre/Glaubwürdigkeit/.../die Linie unseres Unternehmens/... auf dem Spiel! – Wie, zweifelt jemand daran, daß du/... glaubwürdig/... bist/...? Da gibt's doch wohl keine Gefahr!

sein Spiel mit jm. **treiben** *form* · to play/to be playing games with s.o.

... Was sagt der Bodo? Ich verstehe überhaupt nicht, was seine Antwort mit meiner Frage zu tun hat. – Merkst du denn gar nicht, daß er nur sein Spiel mit dir treibt? Eine klare Antwort vermeidet er bewußt.

(mit jm.) ein doppeltes Spiel treiben – (mit jm.) ein **Doppelspiel** spielen/treiben · to play a double game with s.o.

ein falsches Spiel (mit jm.) **treiben** – ein falsches **Spiel** (mit jm.) spielen · to play false (with s.o.), not to play straight (with s.o.)

ein gewagtes/riskantes/gefährliches/(...) Spiel treiben – (eher:) ein gewagtes/riskantes/gefährliches/(...) **Spiel** spielen · to play a risky/dangerous/... game

das Spiel zu weit treiben – den **Bogen** überspannen (2; u. U. 1) · to go too far, to push one's luck too far

jm. das/sein Spiel verderben *selten* · to spoil s.o.'s little game, to queer s.o.'s pitch *coll*, to put a spanner in the works *coll*

Der Kössler wollte mal wieder – in gewohnter Manier – selbstherrlich die Preise erhöhen und die Zahlungsbedingungen nachträglich ändern. Aber der alte Schuckert hat ihm mit seiner Entscheidung, die Platten bei der Konkurrenz zu kaufen, das Spiel verdorben.

dem Spiel (regelrecht/...) **verfallen sein** *path* – (eher:) vom **Spielteufel** besessen sein/den Spielteufel im Leib haben · to be addicted to gambling

das Spiel wendet sich/wird sich (wieder) wenden *selten* – das **Blatt** wendet sich/wird sich (wieder) wenden/... · the tables have turned, the boot is on the other foot

ein Spiel des Zufalls (sein) · (s.th. is) a whim of chance/a quirk of fate

... Nein, da suchst du völlig vergeblich nach nachvollziehbaren Kriterien! Ob du von solchen Kommissionen angenommen oder abgelehnt wirst, ist ein Spiel des Zufalls, weiter (gar) nichts. – Nicht eher eine Frage der Interessen?

Spielalter: im Spielalter sein/ins ... kommen/aus ... herauskommen/... · to be at/past/to get beyond/... the playing stage/the stage of playing games *para*

(Der Professor in einem Universitätsseminar:) Meine Damen und Herren, jetzt lassen Sie bitte dieses blödsinnige Werfen mit diesen Gummibärchen! Aus dem Spielalter müßten Sie doch allmählich heraus sein! Aber es gibt halt Leute, die benehmen sich noch mit 50 wie Kinder!

Spielball: ein Spielball in js. **Hand/Händen sein** · to be a pawn of s.o., to be s.o.'s puppet

... Der Kremer hat doch überhaupt gar kein eigenes Gewicht, keine eigenen Interessen zu vertreten. Das ist ein Spielball in den Händen der Firma Schuckert u. Co. Die machen mit dem, was sie wollen.

ein Spielball in den Händen der Mächtigen sein *path* · to be a pawn in the hands of the powerful, to be a puppet of the powerful

... So wie der Chef mit dir macht, was er will, Anton, so macht der Kahl mit unserem CDU-Mann Reich, was er will. Sind wir im Grunde nicht alle nur ein Spielball in der Händen der Mächtigen? – Oder der Schicksalsmacht? ...

ein Spielball der Wellen (sein) *Schiff* · to be tossed about by the waves, to bob up and down on the waves

Nachdem die Maschinen ausgefallen waren und das Steuer versagt hatte, wurde das Schiff ein Spielball der Wellen. Es tanzte da auf dem Meer wie eine kleine Nußschale.

Spielbein: Spielbein, Standbein (Spielbein, Standbein) *ugs selten* · to shift one's weight from one leg to the other

Guck' dir das an, wie der Günther da herumwippt: Spielbein, Standbein, Spielbein, Standbein. Der steht keine zwei Minuten auf demselben Bein. – Der arme Kerl ist einfach zu schwer, um während einer solchen Zeremonie von gut zwei Stunden wie ein preußischer Soldat da zu stehen.

Spielchen: jetzt/... beginnt/... das alte Spielchen von neuem/... *ugs* – jetzt/... beginnt/... das alte **Spiel** von neuem/... · + here we go again!

js. Spielchen durchschauen *ugs* – js. **Spiel** durchschauen · to see through s.o.'s game, to know what s.o. is up to/what s.o.'s game is

sein Spielchen mit jm. **treiben** *ugs* – sein **Spiel** mit jm. treiben · to play/to be playing games with s.o.

das Spielchen zu weit treiben *ugs* – den **Bogen** überspannen · to overstep the mark, to go too far, to overdo s.th.

jm. das/sein Spielchen verderben *ugs* – js. **Plan** durchkreuzen (2) · to foil s.o., to throw a spanner in s.o.'s works

spielen: den großen Interpreten/.../**den** Beleidigten/... **spielen** · 1. to act the great performer/critic/..., to play the great critic/expert/..., to put on one's great critic/expert/... act, 2. to act all offended/...

1. Schau dir den August an, der spielt mal wieder den großen Literaturkenner! In Wirklichkeit hat er sich seine Kenntnisse in den Zeitungsfeuilletons zusammengelesen. Wie der sich immer aufspielt!
2. Komm', jetzt spiel' nicht den Beleidigten! Du weißt ganz genau, daß der Richard das nicht so gemeint hat!

hoch spielen · 1. 2. to play for high stakes
1. Wenn ich schon zum Roulettespiel gehe, dann spiele ich auch hoch. Sonst lohnt es sich nicht.
2. Entweder klappt die Sache – dann habe ich auf einen Schlag 2 – 300.000,– Mark verdient. Oder sie klappt nicht – dann muß ich halt in den nächsten Jahren etwas bescheidener leben. – Spielst du immer so hoch?

ins Rote/Bräunliche/... **spielen** – einen **Stich** ins Rote/ Bräunliche/... **haben** · to have a tinge of red/brown/..., to have a reddish/brownish/... tinge

klein-klein spielen ugs selten · to play short passes
(Während eines Fußballspiels:) Wenn denen nichts anderes einfällt, als immer so klein-klein zu spielen, schießen die Münchener nie ein Tor. Die Leverkusener Abwehr ist nur durch weiträumige Pässe zu überwinden und nicht durch dieses engmaschige Spiel.

va banque spielen *Roulette u. fig* · 1. 2. to play va banque, 1. to take a big risk, 2. to risk everything on one go/throw/...
1. Der Dieter geht davon aus, daß man bei einer Bewerbung wie der seinen die Bedingungen so hoch schrauben muß wie eben möglich – selbst auf die Gefahr hin, daß man abgelehnt wird. Denn wenn man einmal angefangen hat, gibt es keinen Spielraum mehr für Verhandlungen. – Das nenne ich va banque spielen.
2. Kann man heute im Roulette überhaupt noch va banque spielen? – Du meinst, um den gesamten Einsatz der Bank? – Ja. – Ich weiß nicht. *selten*

(mal wieder/völlig/...) **verrückt spielen** ugs · 1. to be in one of one's crazy/mad/... moods again, 2. to play up
1. ... Was schnauzt denn der Blecher hier herum? – Ah, der spielt mal wieder verrückt. Du kennst den doch. Bloß weil ein Brief einen Tag später rausgegangen ist als vorgesehen, führt er ein Theater auf, als wenn die Welt untergegangen wäre.
2. ... Wieviel Uhr ist es? – Sechs Uhr. – Meine Uhr spielt heute völlig verrückt. Ich hab' viertel nach drei.

sein Geld/seine Beziehungen/(seinen Einfluß)/... **spielen lassen** ugs · to bring one's connections/money/influence/... to bear
Der Küpper wird seinen Jungen schon unterbringen! Wenn er seine Beziehungen spielen läßt, hat der in einer Woche eine Stelle. – Hat er denn so gute Beziehungen? – Ja, und er weiß sie zu nutzen.

spielend: etw. **spielend lernen**/sich etw. spielend aneignen/... · to learn/... s. th. easily, to learn s. th. effortlessly, to win at a canter
Die Grundlagen der Statistik lernst du spielend. Für jemanden, der Mathematik kann, ist das überhaupt kein Kunststück.

Spielfeld: jn. **vom Spielfeld**/(des Spielfelds) **verweisen** *form selten* – jn. **vom Platz** stellen/(verweisen/weisen) · to send s. o. off

Spielplan: vom Spielplan absetzen *Theater u. ä.* · to drop s. th. from the programme, to remove s. th. from the programme
... Wenn keine Leute kommen, setzen sie das Stück vom Spielplan ab, das ist doch klar. Das muß man sich mal vorstellen: von einem deutschen Theaterprogramm wird die 'Don Carlos' gestrichen, weil das Publikum ausbleibt!

auf den Spielplan setzen *Theater u. ä.* · to perform a play/..., to include a play/... in the programme
Wie oft setzen Sie bei Euch so im Schnitt den 'Faust' auf den Spielplan? – So alle drei, vier Jahre.

Spielraum: Spielraum haben · to have scope, to have room to manoeuvre
... Haben die Leute überhaupt Spielraum für unterschiedliche Entscheidungen? Oder hat man Ihnen derart präzise Richtlinien mit auf den Weg gegeben, daß für Verhandlungen im eigentlichen Sinn gar kein Platz/Raum mehr bleibt?

freien Spielraum haben · to have a free hand
... Ich hab' da bei Schuckert ziemlich viel freien Spielraum, weißt du. Schon deswegen macht mir die Arbeit Spaß. Ich kann sehr viel selbst entscheiden, allerhand Initiative entfalten ...

jm. (einen gewissen/...) **Spielraum geben**/(gewähren) · to give/... s. o. a certain amount of/... room for manoeuvre
... Natürlich kann der Müller als Verkaufsleiter nicht alles allein entscheiden. Aber innerhalb seines Bereichs müßt ihr ihm schon einen gewissen Spielraum geben. Sonst braucht ihr keinen Verkaufschef.

jm. **freien Spielraum geben**/(gewähren) · to give s. o. a free hand, to give s. o. carte blanche to do s. th.
Wenn ihr den Forbach als Delegationsleiter wählt, müßt ihr ihm ganz klare und eindeutige Richtlinien mit auf den Weg geben. Freien Spielraum nicht lassen; denn dann trifft er, der kann machen, was er will, und trifft die kuriosesten Entscheidungen.

jm. **freien Spielraum lassen** · to give s. o. plenty of scope, to give s. o. plenty of/... room for manoeuvre
Die lassen mir da bei Schuckert u. Co. ziemlich viel freien Spielraum, weißt du. Schon deswegen macht mir die Arbeit da Spaß. Ich kann da sehr viel selbst entscheiden, viel eigene Initiative entfalten ...

Spielregeln: sich an die Spielregeln halten/(die ... beachten) · to stick to the rules, to play the game
... Mein guter Bode, wenn Sie in der Politik Karriere machen wollen, müssen Sie sich an die Spielregeln halten! – Und dazu gehört, die eigene Partei grundsätzlich nicht zu kritisieren? – So ist es. Wenn Sie gegen diesen Grundsatz verstoßen, können Sie da nichts werden.

gegen die Spielregeln verstoßen · to break the rules
Wie kann ein so erfahrener Mann wie der Scharfstadt gegen die elementaren Spielregeln der Politik verstoßen und seine eigene Partei kritisieren?!

Spiels: (so/...) genug des grausamen Spiels! ugs – iron · let us put him/John/... out of his misery
(Ein Prüfer zum andern:) So, Herr Kollege, genug des grausamen Spiels! Es hat keinen Sinn, den Kandidaten noch länger auf die Folter zu spannen: er muß die Prüfung in Mittelalterlicher Geschichte nochmal wiederholen.

spielt: ein Theaterstück/Roman/... **spielt in**/auf/... · the play/ novel/... is set in the 18th century/...
... Der Roman spielt im 18. Jahrhundert, meine Damen und Herren! Da können Sie nicht die Maßstäbe von heute anlegen.

da/bei dem Karl/... **spielt sich nichts ab** ugs · + s. o. is out of luck with s. o., nothing doing!, + you have/he has/... no chance with me/her/Mary/...
Der Lothar meint, er könnte mit seinem Charme auch die Helga bezirzen. Aber bei der/da spielt sich nichts ab! Die ist bei dem Manfred in festen Händen.

j. **spielt nicht mehr mit** ugs · s. o. is not going to play along any more, s. o. is not going to play along with s. th. any more
... Das kann ich gut nachfühlen, daß der Otto allmählich sauer wird. Jedesmal, wenn was Besonderes anfällt, soll er die Arbeit machen; aber sonst zählt er nicht – von Dank und Anerkennung ganz zu schweigen. Irgendwann spielt er nicht mehr mit/sagt er: Schluß, das ist doch klar/da würd' ich auch nicht mehr mitspielen.

Spielteufel: vom Spielteufel besessen sein/den Spielteufel im Leib haben *path* · 1. 2. to have the gambling bug
1. (Mutter – Vater:) Aber der Junge kann doch nicht jede zweite Woche zum Roulette gehen! Das geht doch einfach nicht. – Ich weiß auch nicht, was man da machen soll. Der ist vom Spielteufel (regelrecht) besessen.
2. Ihr seid wohl vom Spielteufel besessen, was?! Jetzt spielt ihr schon an die zehn Stunden ohne Unterbrechung Skat!

in jn. **ist der Spielteufel gefahren** *path* – (inch zu:) vom **Spielteufel** besessen sein/den Spielteufel im Leib haben (2; a. 1) · s.o. is addicted to gambling

Spieltisch: den lieben langen Tag/die ganze Nacht/... **am Spieltisch sitzen/verbringen** *selten* · to spend the whole day/night/... at the gaming table, to spend the whole day/night/... at the card table

... Hat der Alfons gestern wieder die halbe Nacht am Spieltisch gesessen? – Die halbe? Um sechs Uhr ist er nach Hause gekommen. – Ich weiß nicht, was aus dem noch wird/werden soll! Er kann doch nicht dauernd und dauernd in den Spielhöllen hängen/er kann doch nicht nur Skat spielen!

Spielverbot: Spielverbot haben/kriegen/(...) *Sport* · to be banned from playing for 2/3/... games/weeks/...

... Ja, bei einer roten Karte kriegst du vier Wochen Spielverbot, oder besser: du darfst bei vier Spielen nicht mitspielen.

Spielverderber: ein (richtiger/...) **Spielverderber (sein)** *ugs* · to be a real/... spoilsport

(In einer Gruppe von zwei Mädchen und zwei Jungen:) (Ulli:) Wie wär's, wenn wir heute nachmittag alle zusammen schwimmen und heute abend tanzen gehen würden? (Petra:) Ach, ich hab' keine Lust zum Tanzen! (Dieter:) Sei kein Spielverderber, Petra. Zwei Jungen und ein Mädchen – das macht doch gar keinen Spaß! Da können wir uns gleich alle das Tanzen schenken.

Spielzeug: für jn. **nur ein Spielzeug sein** *ugs – path* – (stärker, negativer als:) ein **Spielball** in js. Hand/Händen sein · to be a mere/nothing but a/... plaything for s.o.

Spieß: den Spieß gegen jn. **kehren/wenden** *path selten* · to direct one's attacks on/at s.o.

Bisher haben die bürgerlichen Parteien immer nur die Kommunisten offen angegriffen. Aber in der gestrigen Parlamentssitzung kehrten sie den Spieß plötzlich gegen die Sozialisten. Es scheint, daß sie sich die jetzt aufs Korn nehmen wollen.

schreien/brüllen/..., **als ob man am Spieß steckte/stecken würde/(stäke)/schreien/...** **wie am Spieß** *path* · 1. 2. to scream/to squeal/... like a stuck pig

1. vgl. – schreien/brüllen/..., als ob man im **Messer** steckte/stecken würde/(stäke)

2. vgl. – brüllen wie ein **Stier** (1)

den Spieß umdrehen/(umkehren) · to turn the tables on s.o.

Der Roloff hat gestern auf der Sitzung den Brahmkamp vielleicht scharf angegriffen wegen der Einkaufspolitik! Meine Güte! – Kein Wunder. Auf den vergangenen Sitzungen hat ihn der Brahmkamp wegen der Verkaufspolitik kritisiert; jetzt hat er den Spieß umgedreht.

Spießruten: Spießruten laufen *ugs* · to run the gauntlet

Mein Gott, (was) ist das ein Theater, ehe man diese Unterlagen mal beisammen hat! Da muß man regelrecht Spießruten laufen, von einer Behörde zur anderen. Und überall muß man wieder von neuem erklären, warum, weshalb, wieso, einen guten Eindruck machen ...

Spinat: wie kommt Spinat auf(s) Dach? *sal selten* – wie kommt **Kuhscheiße** auf(s) Dach? · + who flung dung?

Spindel: so dünn wie eine Spindel sein *path veraltend selten* *eher v. Mädchen* (u. Frauen) – (eher:) **spindeldürr** sein · to be tall and spindly

spindeldürr: spindeldürr sein *path veraltend* · to be as thin as a rake

... Nein, mit so einer spindeldürren Frau möchte ich auch nicht verheiratet sein! Übrigens: war die Frau Pflüger immer so hager?

spinn': ich glaub', ich spinn'! *sal* · I don't believe it!

(Ein junger Pianist:) ... 10.000,– Mark will dieser Mann mir für ein einziges Konzert zahlen? Ich glaub', ich spinn'! – Also, ran! Nutz' die Chance, Karl! Zeig', was du kannst!

sag' mal/(sagen Sie mal/...), **spinn' ich oder ...?** *sal* · am I imagining things or what?

(Ein junger Pianist:) Sag' mal, Doris, spinn' ich oder was ist los? Der Böttcher will mir für ein einziges Konzert 10.000,– Mark zahlen? Ist das wirklich wahr? – Er hat das am Telefon so gesagt.

Spinne: pfui, Spinne! *ugs – path selten* · ugh!, yuck!

... Ist das ein Dreck hier in der Toilette! Pfui, Spinne! Da muß man sich ja ekeln!

spinnefeind: jm./**sich spinnefeind sein** *ugs – path* · to hate s.o.'s/each other's guts

... Der Kreuder und der Raschke verstehen sich nicht besonders gut, nicht? – Das ist sehr vornehm ausgedrückt. Die (beiden) sind sich spinnefeind. Wenn die könnten, wie sie wollten, würde der eine den anderen vernichten.

spinnen: spinnen *sal* – nicht (so) (ganz/(recht)) bei **Trost** sein (1, u. U. 2) · s.o. is crackers/nuts/round the twist/...

Spinnenbeine: richtige/... Spinnenbeine haben *ugs selten* – **Beine** so dünn wie Streichhölzer haben · to have matchstick legs

Spionage: Spionage treiben *form* · to spy, to practise espionage, to carry out espionage

... Dieses ganze Getöse, wenn da ein russischer Spion entdeckt wird, gehört zum politischen Handwerk! Denn jeder Eingeweihte weiß doch, daß alle Länder Spionage treiben – wir auch.

spiritus: (der) spiritus rector (e-r S.) **(sein)** *ugs – lit* · to be the driving force behind s.th.

Wer hat das Projekt eigentlich eingeleitet? – Der spiritus rector der ganzen Angelegenheit war der Dr. Irmann. Und obwohl er es nicht selber durchführt, steht er nach wie vor dahinter, liefert die entscheidenden Ideen, spornt die Leute an – ist also nach wie vor die treibende Kraft des Ganzen.

Spitz: mein lieber Spitz! *sal* · 1. good God!, I can tell you!, 2. my friend!, pal!, matey!

1. ... Das war vielleicht ein harter Kampf! Mein lieber Spitz! Damit hätte keiner gerechnet.

2. ... Unersteh' dich bloß nicht, hier nochmal Äpfel zu klauen! Mein lieber Spitz! Das nächste Mal gibt's eine saftige Strafe!

es/(etw.) **steht auf Spitz und Knopf/Spitz auf Knopf** *eher süddt* · it's touch and go (with s.o.)

... Bekommst du nun eigentlich die Stelle oder nicht? – Es steht auf Spitz und Knopf. Von den elf Kandidaten sind noch drei im Rennen, einer aus Hamburg, einer aus Köln und ich.

spitz: (ganz) spitz sein auf jn. *ugs selten* – (eher:) (ganz) **scharf** sein auf jn./etw. (1, 2) · to be really/... horny, to be hot for s.o., to have the hots for s.o.

spitz aussehen/(geworden) **sein/...** *ugs* · to look haggard *n*, to look pinched *n*, to look peaky

... Die Bettina sieht so spitz aus in letzter Zeit! Was ist los? Hat sie Sorgen? Oder warum kriegt sie so einen hageren Gesichtsausdruck?

etw. (sehr) **spitz sagen/anmerken/bemerken/.../spitz sein** *ugs* · to make a pointed remark, to make a barbed comment, to have a sharp tongue, to make a sharp-tongued comment

... Dieser Kollmann! ... Erst eröffnet er die Sitzung mit der Bemerkung, er sei höchlich erstaunt, daß am Freitag nachmittag jemand erschienen ist. Und dann – kaum hat sich der erste zu Wort gemeldet – bemerkt er spitz: »Jetzt kommen auch noch Wortmeldungen! Hat sich denn jemand ausnahmsweise auf die Thematik vorbereitet?«

Spitze: Spitze sein *ugs* – (einfach) **Klasse** sein · to be great/fantastic/super/out of this world/...

einfach Spitze sein *ugs* – (einfach) **Klasse** sein · to be great/fantastic/super/out of this world/...

einsame Spitze sein *ugs – path* · to be in a class of one's own

Von allen Teilnehmern war der Paul mit Abstand der Beste. Einsame Spitze, sag' ich dir!

an der Spitze sein · 1. to be at the top of the table, 2. 3. to be in the lead, to be in front

1. vgl. – vorn/oben (in der Tabelle)/im Mittelfeld/unten (in der Tabelle)/abgeschlagen **stehen**

2. vgl. – vorn/im Mittelfeld/abgeschlagen/hinten/gleichauf/... **liegen**
3. vgl. – u. U. an der **Spitze** stehen (1, 2)

eine Bemerkung/... **ist eine Spitze gegen** ... *ugs* · it/a remark/... is a dig at s. o., it/a remark/... is directed at s. o., it/a remark/... is a side-swipe at s. o.
... Was hat er gesagt?: die Vorlage der Kommission verrät ein gewaltiges Maß an Arbeit und Engagement? – Das war natürlich eine Spitze gegen die von der Regierung eingesetzte Kommission. Die hat nämlich ihre Zeit ganz offensichtlich verschlafen.

e-r S. **die Spitze abbrechen** · to take the sting out of s. th.
Als der Bracht gestern, wie üblich, versuchte, seine Widersacher durch ein paar scharfe ideologische Bemerkungen in die Defensive zu bringen, verstand es der Röttger, diesen Angriffen die Spitze abzubrechen, indem er ironisch fragte: Handelt es sich eigentlich um finanztechnische Probleme hier oder um ein politisches Grundsatzreferat unseres verehrten Kollegen Bracht? Alle lachten oder lächelten ...

jm./(e-r S.) **die Spitze bieten** *path selten* · to stand up to s. o./s. th.
... Und wenn er noch so scharf und eigenmächtig auftritt: du mußt ihm die Spitze bieten! Du darfst dich auf keinen Fall von ihm in die Defensive drängen lassen, sonst bist du verloren.

(nur/bloß) die Spitze des Eisbergs (sein) *ugs* · to be (only/just/...) the tip of the iceberg
(Aus einer Zeitungsmeldung:) Die bisher bekanntgewordenen Unregelmäßigkeiten bei der Finanzierung dieser Partei sind mit Sicherheit nur die Spitze des Eisbergs. Das ganze Ausmaß der Bestechungen, Veruntreuungen und Entwendungen werden wir wahrscheinlich nie erfahren.

die Spitze halten · to keep the lead, to stay in first place, to stay at the top of the table/league/...
... Zurzeit liegen die Hamburger noch vorn, aber es scheint sehr ungewiß, ob sie die Spitze halten können; denn die Mannschaft befindet sich in einem regelrechten Formtief.

an der Spitze liegen – vorn/im Mittelfeld/abgeschlagen/hinten/gleichauf/... **liegen** · to be in the lead

150/200/... Kilometer/... **Spitze machen** *ugs* · to have/to do/... a top speed of 200 k. p. h./...
Was nützt dir ein Wagen, der 250 oder 300 km Spitze macht, wenn du solche Höchstgeschwindigkeiten in der Praxis doch nie fahren kannst?

e-r S. **die Spitze nehmen** – (eher:) e-r S. die **Spitze** abbrechen · to take the sting out of s. th.

sich an die Spitze einer Bewegung/... **setzen** · to become the leader of a movement/...
Wer weiß – sinnierte unser Karlheinz häufiger –, vielleicht wäre aus der NSDAP nie eine ernstzunehmende Partei geworden, wenn sich Hitler nicht an die Spitze der gesamten nationalen Bewegung gesetzt hätte. Erst als er die Dinge in die Hand nahm, schlugen die Kräfte auf breiter Ebene durch.

an der Spitze stehen · 1. to be at the top, 2. to be at the head of the company/..., 3. to be at the top/in the middle/at the bottom/... of the table/league/division/...
1. ... Wie ist eigentlich so eine Partei organisiert? – An der Spitze steht der Präsident; dann kommt das sogenannte Präsidium; dann ...
2. ... Der Werner hängt jetzt von keinem mehr ab in seinen Entscheidungen, sagst du? – Er steht jetzt an der Spitze: die Gesellschafter haben ihn zum allein zeichnungsberechtigten Direktor ernannt.
3. vgl. – vorn/oben (in der Tabelle)/im Mittelfeld/unten (in der Tabelle)/abgeschlagen **stehen**

auf der Spitze stehen · to be upside down
... Hast du schon einmal einen Kegel auf der Spitze stehen sehen, Junge? Natürlich nicht! Genau so wenig findest du eine griechische Säule gleichsam 'auf dem Kopf'. Hättest du dir das nicht denken können?

es/die Dinge/eine Diskussion/... **auf die Spitze treiben** · 1. 2. to go too far, to go to extremes, 1. to push one's luck too far *coll*
1. ... Jetzt hört ihr auf mit dem Unsinn! – Sie treiben es einmal wieder auf die Spitze. Ehe du kein Machtwort sprichst oder sogar zu Strafen greifst, werden sie wohl keine Ruhe geben.

2. ... Der Kurt treibt die Diskussion mit dem Abteilungsleiter wieder einmal auf die Spitze. Er ist offenbar nicht zufrieden, wenn sich die Argumente in normalem Rahmen bewegen. – Und wenn der Abteilungsleiter dann schließlich platzt und ihn einen Querkopf nennt, fühlt er sich obendrein noch beleidigt.

Spitzenklasse: Fabrikate/Qualitäten/Muster/... **der Spitzenklasse** · top class products/models/quality/...
... Für Modelle der Spitzenklasse werden in der Tat 150 bis 200.000,– und mehr Mark pro Stück gezahlt; aber natürlich nur für die weltweit führenden Automodelle.

Spitzenklasse sein *ugs* – *path* · 1. 2. to be top-class
1. ... Dieser Mann ist Spitzenklasse, absolute Spitzenklasse! So wie der spielen vielleicht noch drei, vier andere in der Welt, mehr nicht.
2. Diese Mannschaft/dieser Wagen/... ist Spitzenklasse (absolute Spitzenklasse)!

spitzhaben: etw. **spitzhaben** *ugs* · to twig to s. th., to cotton on to s. th., to get wise to s. th.
... Wenn die Karin mal spitz hat, daß der Gerd sie nie heiraten wird, ist die Verbindung von einem Tag auf den andern gelöst. – Und wie soll sie das rauskriegen, wenn er es niemandem sagt?

spitzkriegen: etw. **spitzkriegen** *ugs* – etw. spitz **kriegen** · to cotton on to s. th., to tumble to s. th.

Spleen: du/er/der Peter/... **hast/hat/... ja einen Spleen!** *sal* – nicht (so) (ganz/(recht)) bei **Trost** sein (1) · you/he/Peter/... are/... a bit dotty/cracked/daft/...

einen kleinen Spleen haben *sal* – nicht (so) (ganz/(recht)) bei **Trost** sein (1; u. U. 2) · you/he/Peter/... are/... a bit dotty/cracked/daft/...

Splitter: den Splitter im Auge/(den Augen) des/der ander(e)n sehen, aber nicht den Balken im eigenen/(in den eigenen)/in seinem/(seinen) eigenen *Bibel* · to see the mote in s. o. else's/another's/... eye but not the beam in one's own
... Mein Lieber, wenn du die anderen immer so scharf kritisierst, dann frag' dich auch mal, wie du selbst handelst! Mir scheint immer: du siehst den Splitter im Auge der anderen, aber nicht den Balken in deinem eigenen.

splitterfasernackt: splitterfasernackt *ugs* – *path selten* · 1. 2. stark naked, starkers, in the buff
1. vgl. – im **Adamskostüm**
2. vgl. – im **Evaskostüm**

splitternackt: splitternackt *ugs* · 1. 2. stark naked, starkers, in the buff
1. vgl. – im **Adamskostüm**
2. vgl. – im **Evaskostüm**

Sporen: einem Pferd/... **die Sporen geben** · to spur a horse
... Und als er dann an der alten Kiefer vorbeiritt, an der sie sich immer heimlich getroffen hatten, gab er dem Pferd die Sporen. Nein, bloß jetzt nicht an diese Zeiten denken! Weg, schnell weg! Im Galopp ritt er davon.

sich die (ersten) Sporen (in/bei/...) **verdienen** *ugs* · to win one's spurs (in/at/...), to make a name for oneself (in/at/...)
(Aus einer Rede zu einem Dienstjubiläum:) Der Jubilar begann seine glanzvolle Karriere als 25jähriger bei Schuckert u. Co. Dort verdiente er sich auch die ersten Sporen im Exportgeschäft, ehe er später so herausragende Erfolge haben sollte. Dann wechselte er zu ...

sich (erst einmal/...) die Sporen verdienen (müssen) (in/bei/...) *ugs* · 1. 2. to (have to) win one's spurs (first/...) (in/at/...)
1. ... Ja, der Schreibert ... – heute ist er angesehener Chefredakteur einer großen Zeitung. Weißt du, als was der angefangen hat? Seine Sporen hat er sich als Sportberichterstatter verdient. Nachher war er dann längere Zeit Auslandskorrespondent ...

2. (Ein Bankdirektor über einen neuen Mitarbeiter, der ins Ausland will:) Erst muß er sich mal hier im Haus die Sporen verdienen. Dann kann er damit rechnen, ins Ausland geschickt zu werden.

dem Pferd/Gaul/... **die Sporen in die Weichen drücken** · to dig the spurs into a horse's/... flanks

... Daß einem Pferd das nicht wehtut, wenn der Reiter ihm die Sporen in die Weichen drückt!

spornstreichs: spornstreichs davongehen/auf jn. zugehen/... *path veraltend* · to walk off/... straight away, to walk off/... immediately

... Kaum erschien der Bachmann an der Ecke, machte sich der Scherer spornstreichs davon. Was ist denn da los zwischen den beiden?

Sport: etw. **(nur/bloß) aus Sport machen/**betreiben/... *ugs* · to do s.th. just for fun *n*

... Natürlich, Musik macht der Heinz nur aus Sport! Beruflich hat er damit nichts im Sinn. Das macht ihm Spaß – weiter nichts.

sich einen Sport daraus machen, jn. zu ärgern/... *ugs* · to make a sport out of (doing) s.th., to get a kick out of (doing) s.th.

... Es scheint, die Jungen aus der 9b machen sich in letzter Zeit einen Sport daraus, dem Mädchen die Schultaschen wegzunehmen. Da muß man mal einschreiten. – Solange sie denen nicht übel mitspielen ... Die Taschen wegnehmen – das sind ja noch harmlose Scherze!

Sport treiben/(betreiben) · to do sport

(Beim Arzt:) Treiben Sie Sport? – Ich schwimme ein bißchen – jede Woche ein- bis zweimal eine Stunde. – Schwimmen ist natürlich sehr gut. Eine andere Sportart betreiben Sie nicht? – Nein ...

Spott: etw. **nur zum Spott sagen/**bemerken/... · to say s.th. as a jibe, to make a jibe about s.th.

... Warum hat der Riedke in der Sitzung eigentlich diese Bemerkung von der 'fehlenden mathematischen Begabung der meisten Buchhalter' gemacht? Das gehörte doch gar nicht dahin. – Nur zum Spott natürlich. Er wollte den Baumann mal wieder verarschen – weil die Abrechnungen nie stimmen.

seinen Spott über jn./etw. **ausgießen** *path selten* · to pour scorn on s.o./s.th.

... Natürlich war das lächerlich, was der Bierwe da erklärt hat. Aber das ist doch kein Grund, seinen Spott über den armen Mann auszugießen. Er hat das doch alles gut gemeint. Du bist einfach zu höhnisch und sarkastisch!

jm. zum Spott dienen *form – path* · to be a laughing stock (for s.o.)

Ach, der Kugel/die Reden von dem Kugel dient/dienen den Leuten von der Opposition doch nur zum Spott! – Nicht nur denen! Sogar seine eigenen Parteifreunde lachen schon über seine Argumente. – Die sind auch wirklich lächerlich.

nur/bloß/nichts als Spott ernten *form* – nur/bloß/nichts als **Hohn** und Spott ernten · to meet with nothing but/... scorn and contempt

nur/bloß/nichts als Spott und Hohn ernten *form – path* – nur/bloß/nichts als **Hohn** und Spott ernten · to meet with nothing but/... scorn and contempt, to be laughed out of court

jn./(etw.) **dem Spott** (der Leute/andern/...) **preisgeben** *path selten* – jn./etw. lächerlich **machen** · to make s.o. look stupid/silly/... in s.o.'s eyes/..., to ridicule s.o./s.th.

seinen Spott mit jm. **treiben** *form selten* · to make fun of s.o.

Statt dem Jungen zu helfen oder ihm wenigstens einen guten Ratschlag zu geben, treibt der Ulrich doch noch seinen Spott mit ihm. Sagt der dem doch, als er von dem schlechten Examen hört: Ach, weißt du, es gibt heute so viele Berufe, die jeder Kerl ausführen kann; da ist für dich überhaupt nichts verloren.

spottbillig: spottbillig sein *ugs* – das ist (ja/wirklich/geradezu) **geschenkt** · to be dirt cheap

Spottgeld: etw. **für/(um) ein Spottgeld kaufen/**bekommen/... *ugs* – etw. für 'n/(für einen) **Appel** und Ei kaufen/bekommen/... · to buy/to get/... s.th. dirt cheap

etw. **für/(um) ein Spottgeld verkaufen/**hergeben/... *ugs* – etw. für 'n/(für einen) **Appel** und Ei verkaufen/hergeben/... · to sell/... s.th. dirt cheap/for peanuts/for a song/...

Spottpreis: das/etw. **ist (ja/**wirklich/geradezu) **ein Spottpreis** *ugs* – das ist (ja/wirklich/geradezu) **geschenkt** · s.th. is ridiculously cheap

etw. **zu einem/für einen Spottpreis kaufen/**bekommen/... *ugs* – etw. für 'n/(für einen) **Appel** und Ei kaufen/bekommen/... · to buy/to get/... s.th. for a song/for next to nothing/for peanuts

etw. **zu einem/für einen Spottpreis verkaufen/**hergeben/... *ugs* – etw. für 'n/(für einen) **Appel** und Ei verkaufen/hergeben/... · to sell/... s.th. dirt cheap/for peanuts/for a song/...

Spottreden: Spottreden führen/... *form* · to make satirical speeches, to lampoon s.o./s.th.

(In einer Sitzung:) Ich hau' ab. Tschüß Gerd. Ich hab' einfach keine Lust mehr, mir diese dauernden Spottreden von dem Riedke anzuhören. Wenn der meint, er könnte alle Welt verarschen, dann soll er das tun – aber ohne mich!

Sprache: (nun/...) **(mal/**...) **heraus/raus mit der Sprache!** *ugs* · come on, out with it!

... Nun mal heraus mit der Sprache! Was ziehst du nun vor? Willst du lieber nach Griechenland oder lieber an die Nordsee im Sommer? Ich seh' bei dir nach wie vor nicht klar. Nun sag' doch mal (klar), was du denkst/willst!

die Tatsachen/... **sprechen eine deutliche/**harte/... **Sprache** · the facts/... speak for themselves

... Ob wir das wahrhaben wollen oder nicht, ist leider nebensächlich: die Tatsachen sprechen eine eindeutige Sprache. Der Georg hat das Geld da weggenommen – die Beweise sind absolut schlüssig.

etw. **verschlägt** jm. **die Sprache** – jm. die **Rede** verschlagen · to take s.o.'s breath away, to leave s.o. speechless

etw. **zur Sprache bringen** · to bring up a subject/question/..., to broach the subject of .../the question of.../..., to raise the matter/question/subject/... of ...

Willst du morgen auf der Sitzung auch die neue Stipendienregelung diskutieren lassen? – Ich weiß nicht, ob ich das Thema zur Sprache bringen soll. Das ist ein heißes Eisen.

die Sprache auf etw. **bringen** *form selten* – etw. zur **Sprache** bringen · to bring the conversation/... round to s.th.

eine kühne Sprache führen *form* · to be really/... outspoken, to go out on a limb

Der Bertram führt ja eine kühne Sprache! Hier vor versammelter Mannschaft die Verkaufspolitik des Chefs kritisieren, und dann in dem scharfen Ton! Der hat Mut.

eine unverschämte Sprache führen *ugs – form* – (eher:) freche/unverschämte/... **Reden** führen · to talk outrageously/impudently/..., to shoot one's mouth off impudently/...

(nicht) mit der Sprache herausrücken (wollen)/(herauswollen) · 1. 2. (not) (to want) to come out with it, (not) (to want) to own up to s.th. 1. to beat about the bush, (not) (to want) to disclose/reveal/divulge s.th.

1. ... Was haben die beiden denn für Schwierigkeiten? Kann man da helfen? – Ich weiß nicht. Sie rücken nicht mit der Sprache heraus. Ich habe sie schon drei Mal gefragt, aber sie antworten entweder gar nicht oder ausweichend.

2. ... Klar, daß er nicht mit der Sprache herausrücken will! So eine Schweinerei scheut sich jeder zuzugeben.

zur Sprache kommen · to come up, to be raised, to be mentioned, to be brought up

Kommt morgen auf der Sitzung auch die neue Stipendienregelung zur Sprache? – Nur, wenn jemand das Thema ausdrücklich aufs Tapet bringt. Persönlich sähe ich es lieber, wenn darüber vorerst nicht diskutiert würde.

einer Sprache mächtig sein *path* – e-r S. **mächtig** sein · to have a command of (a language/...)

eine andere Sprache sprechen/(reden) **(als** j.) · to be on a (completely/…) different wavelength from s.o., not to speak the same language as s.o.

… Ich kann mir nicht vorstellen, daß die beiden jemals einen gemeinsamen Nenner finden! Der Rausch spricht doch eine ganz andere Sprache als der Rudi! – In der Tat: die Art, die Dinge zu sehen, ist völlig unterschiedlich bei den beiden.

jetzt/… eine andere Sprache sprechen/(reden) **(als** vorher/…) · to change one's tune now/since … *coll*

… Als er von den Aufträgen, die ich ihm besorgte, abhing, hat er mich als seinen Freund behandelt und mir versprochen, mich im kommenden Jahr an seiner Firma zu beteiligen. Jetzt, wo er die Großaufträge von Schuckert hat, spricht er plötzlich eine andere Sprache. Jetzt bin ich der 'Herr Kollege Kreuder', er der 'einzige Besitzer auf Lebenszeit' …

dieselbe/die gleiche Sprache sprechen/(reden) **(wie** j.) · to speak the same language as s.o.

… Hm, ich könnte mir schon vorstellen, daß sich der Rausch und der Rudi gut verstehen werden. Bei allen Unterschieden in den Einzelheiten: die beiden sprechen im Grunde dieselbe Sprache/im Grunde spricht der Rudi dieselbe Sprache wie der Rausch. Sie haben dieselbe Art, die Dinge zu sehen, dieselben Ausgangspunkte …

eine deutliche Sprache (mit jm.) **sprechen**/(reden) · to tell s.o. straight out, to speak bluntly to s.o., to put it (to s.o.) bluntly/frankly/…

Wenn der Schulte auf die vielen Andeutungen und eher indirekten Empfehlungen absolut nicht eingeht, dann mußt du halt eine deutliche Sprache mit ihm sprechen. Manche Leute reagieren halt erst, wenn man ihnen klipp und klar sagt, was man denkt/will.

eine unmißverständliche Sprache (mit jm.) **sprechen**/(reden) · to speak bluntly (to s.o.)

Mit Diktatoren, erklärte er, muß man nun einmal eine unmißverständliche Sprache sprechen; denn jede Konzilianz und jedes Entgegenkommen legen sie sogleich als Schwäche aus.

die Sprache verlieren · 1. to lose one's tongue, 2. to be struck dumb

1. … Nun sag' doch was, Mensch, oder hast du die Sprache verloren?! – He …, he … – He! He! Meinst du, so versteht jemand, was du willst?

2. … Vor Schreck verlor er die Sprache: während der ganzen Sitzung brachte er kein Wort mehr hervor. *seltener*

jm. **die Sprache verschlagen** – jm. die **Rede** verschlagen · to take s.o.'s breath away, to leave s.o. speechless

jm. **bleibt die Sprache weg** *selten* · 1. 2. to be flabbergasted, to be speechless

1. vgl. – (ganz) (einfach) **baff** sein
2. vgl. – jm. bleibt die **Spucke** weg (1)

die Sprache wiederfinden · to be able to speak again

… Es dauerte eine ganze Zeit, bis die Helga die Sprache wiederfand. – Du, im Grunde ging es mir genauso. Ich mußte mich von dem Schrecken auch erstmal erholen und habe auch eine ganze Zeit keinen Ton herausgebracht.

die alten Sprachen – ≠ die neueren **Sprachen** · ancient languages

(die/eine) lebende(n) Sprache(n) *form* · living/modern languages

… 'Lebende Sprachen', Paul, das sind die Sprachen, die heute noch gesprochen werden – also Englisch, Französisch, Deutsch usw. –, im Gegensatz zu den sog. 'toten Sprachen' – wie Latein, Altgriechisch, Hethitisch usw. –, die wir nur aus schriftlichen Zeugnissen oder anderen Quellen kennen.

die neueren Sprachen · modern languages

… Die 'neueren Sprachen', Klaus, das sind die in Europa vom Mittelalter an gesprochenen Sprachen – Spanisch, Portugiesisch, Italienisch, Französisch, Deutsch, Englisch … –, im Gegensatz zu den 'alten Sprachen' – Griechisch und Latein.

(die/eine) tote(n) Sprache(n) *form* – ≠ (die) lebende(n) **Sprachen** · (the) dead languages

in sieben Sprachen schweigen *path od. iron selten* · not to say a word, to keep mum *coll*

Und, was hat der Kollwitz zu den Vorschlägen gesagt? – Nichts, gar nichts. Er hat die ganze Zeit still da gesessen und Pfeife geraucht. – Ja, ja, das ist so seine Art, wenn solche brenzligen/kritischen Fragen behandelt werden: dann schweigt er in sieben Sprachen.

(zwei) **verschiedene Sprachen sprechen** – ≠ dieselbe/die gleiche **Sprache** sprechen/(reden) (wie j.) · to speak a different language from s.o., not to speak the same language as s.o.

Sprachengewirr: ein babylonisches Sprachengewirr – (eher:) eine babylonische **Sprachverwirrung** · a confusion of tongues, a Babel

Sprachgefühl: ein gutes/…/kein Sprachgefühl haben · (not) to have a good/… feeling for language, (not) to have a flair for languages

… Wenn jemand nun einmal kein Sprachgefühl hat, dann kannst du ihm die Feinheiten der Sprache so lange erklären, wie du willst – das nützt alles nichts. Aus jemandem, der keinen Sinn für Musik hat, macht man auch keinen vernünftigen Pianisten oder Geiger.

sprachlos: (ganz einfach/völlig/…) **sprachlos sein** · 1. 2. to be flabbergasted, to be speechless

1. vgl. – (ganz) (einfach) **baff** sein
2. vgl. – jm. bleibt die **Spucke** weg (1)

Sprachrohr: js. **Sprachrohr sein**/Sprachrohr e-r S. sein *ugs* · 1. 2. to be s.o.'s mouthpiece

1. Was der Lemmert sagt, spielt keine Rolle, sagst du? Da bist du schwer im Irrtum: der Lemmert ist das Sprachrohr von dem Rausch, und was der von der Sache denkt, das interessiert doch wohl.

2. … Der Lemmert ist doch nur das Sprachrohr von dem Rausch/ der Regierung! Eine eigene Meinung hat der doch gar nicht!

sich zu js. **Sprachrohr**/zum Sprachrohr e-r S. **machen** *ugs* · to become s.o.'s mouthpiece

Der Lemmert hat sich in letzter Zeit zum Sprachrohr des Kanzlers gemacht. Eine eigene Meinung hat er überhaupt nicht mehr. Er wiederholt nur noch, was der Kanzler sagt.

Sprachverwirrung: eine babylonische Sprachverwirrung · a confusion of tongues, a confusion of languages, a Babel

… Nein, nie mehr gehe ich auf einen solchen Kongreß! Das ist ja eine geradezu babylonische Sprachverwirrung: 'Merkmal', 'Sem', 'Semem', 'Semantem', 'Plerem', 'Noem' … – und das alles durch andere 'eme' hochkompliziert definiert … Diese Leute verstehen sich doch selbst nicht mehr!

sprechen: für/gegen etw. **sprechen**/alles/vieles/einiges/ nichts/… · spricht für/gegen/dafür/dagegen, daß … · 1. 3. there is (not) much/little/… to be said for s.th., there are many/… points/arguments/… in favour of doing s.th., 2. to speak against s.th., s.th. can be said against s.th., 3. to be an argument for s.th.

1. … Vieles spricht in der Tat dafür, daß wir das Angebot annehmen. Aber es gibt auch einige wichtige Gründe dagegen/die dagegen sprechen.

2. … Was spricht eigentlich gegen seine Beförderung? – Nichts. Gar nichts. Ich jedenfalls habe nur Argumente dafür.

3. … Wenn ihre Geschicklichkeit und ihr Fleiß auch dafür sprechen, daß wir ihr Gehalt erhöhen, so darf man doch nicht außer acht lassen, daß sie sehr häufig krank ist und schon deswegen weniger oder jedenfalls nicht mehr leistet als die Kolleginnen.

(nur/…) **auswärts sprechen** *sal iron selten* – (eher:) (nur/…) auswärts **reden** · to talk foreign

fließend Englisch/Französisch/… **sprechen** · to speak English/French/… fluently

… Der Krone? … – das ist eine ausgesprochene Koryphäe. Ein hervorragender Fachmann. Dazu spricht er vier Sprachen fließend – Englisch und Spanisch sozusagen wie Deutsch.

frei sprechen · to speak without notes
... Der einzige Redner, der frei gesprochen hat, war unser Reinhard. Alle anderen hatten ein Konzept.

von jm./(etw.) immer/... gering sprechen *form selten* – von jm./etw. immer/... (sehr) schlecht **reden** · to say/to be always saying bad things about s. o.

jn. e-r S. **ledig sprechen** *form veraltend selten* – jn. (von etw.) **freisprechen** · to acquit s. o. of s. th.

nicht mit jm./miteinander sprechen · not to be speaking to s. o., not to be talking to s. o., not to be on speaking terms with s. o.
... Der Riedmüller und der Bode sprechen seit neuestem nicht mehr miteinander. Weißt du, was da los ist, warum die sich verfeindet haben?

schlecht sprechen von jm./etw./über jn. · to say bad things about s. o.
... Selbst in der Phase, in der ihr untereinander verfeindet wart, Tobias, hat der Anton nie schlecht über dich (persönlich) gesprochen – das muß man anerkennen!

jn. (einer Tat) **schuldig sprechen** *form* · to find s. o. guilty (of a crime)
... Gut, das Gericht hat ihn schuldig gesprochen; das ist die legale – oder positivistische – Seite der Sache. Die eigentliche Frage ist aber doch, ob er moralisch schuldig ist oder nicht.

für sich (selbst) **sprechen** · 1. 2. arguments/s. o.'s behaviour/... speak/... for themselves/itself
1. Die Argumente, die er vorbringt, sprechen für sich. Da braucht er doch keine besonderen Empfehlungen mehr!
2. ... Seine (praktische) Verhaltensweise spricht für sich; da erübrigen sich weitere Erklärungen. Er ist eben gegen das Projekt, ob uns das paßt oder nicht.

vor sich hin sprechen – vor sich **hin**-sprechen/-reden/-dösen/... (1) · to talk to o. s./to mutter to o. s./to doze/...

(heute/...) **nicht zu sprechen sein** (für jn.)/für niemanden zu sprechen sein · 1. 2. not to be available for s. o., 1. not to be able to see s. o., 2. not to be in for s. o.
1. Warum ist der Bürgermeister heute nachmittag nicht zu sprechen? – Er hat eine wichtige Kreistagssitzung; da kann er beim besten Willen niemanden empfangen.
2. Für den Hausmann bin ich nicht zu sprechen, hören Sie, Frau Gerlach?! Wenn der kommt oder anruft – ich bin nicht da!

heute/in letzter Zeit/... schlecht/(nicht gut) zu sprechen sein *ugs* · s. o. is not very approachable today/... *n*, s. o. is not in a good mood today/... *n*
... Wenn Sie in der Angelegenheit keine abschlägige/negative Antwort vom Chef bekommen wollen, würde ich Ihnen nahelegen, morgen nochmal vorbeizukommen. Im Vertrauen: er ist heute schlecht zu sprechen. – Na, dann hoffen wir, daß er morgen besser gelaunt ist!

gut/schlecht/weniger gut/... **auf jn./etw. zu sprechen sein** *ugs* · 1. 2. not to have a good word to say for s. o./s. th., not to think much of s. o./s. th., not to think very highly of s. o./s. th., not to rate s. o./s. th. highly, to be on bad terms with s. o., to be well-disposed/ill-disposed towards s. o./s. th.
1. ... Nein, auf die Ilse ist der Herr Baumann nicht sehr gut zu sprechen. Er hält offensichtlich nicht allzuviel von ihr. – Mag er sie als Person nicht oder beruflich nicht? – Keine Ahnung.
2. ... Nach seinen monatelangen negativen Erfahrungen ist er auf das Medikament natürlich nicht gut zu sprechen.

jn. **zum Sprechen bringen** · to make s. o. talk
... Mit Drohungen bringt ihr den Angeklagten nie zum Sprechen! – Wie denn?

sich (selbst) **gern sprechen hören** *ugs* – sich (selbst) gern reden/sprechen **hören** · to like the sound of one's own voice

auf jn./etw. zu sprechen kommen · 1. to get round to s. th., to turn briefly to s. th., to get round to the subject of s. th., 2. to touch on s. th.
1. ... Nun, welche Themen wurden in dem round-table-Gespräch behandelt? – Zunächst ging es um die Umweltverschmutzung, dann

kam man – ziemlich kurz – auf die Ölkrise zu sprechen, und zuletzt diskutierte man die unterschiedlichen Regierungsformen.
2. ... Kam der Richter auch auf den familiären Hintergrund der Dinge zu sprechen? – Ja, aber eigentlich eher aus Zufall. Er ging dann auch nicht sehr ausführlich darauf ein.

die Vernunft/sein Herz/... **sprechen lassen** · to listen to reason, to follow the dictates of one's heart
(Zu einem Freund:) Komm', Erich, nun laß mal dein Herz sprechen und gib deiner Tochter einen Hundertmarkschein, damit sie anständig Fasching feiern kann!

mit sich sprechen lassen *selten* – mit sich **reden** lassen · to be approachable, to be open to discussion

wir sprechen uns noch?/! · 1. we'll be seeing each other soon/later/shortly/..., won't we, 2. + you haven't heard the last of this! *coll*
1. ... Wir sprechen uns noch, Herr Kreuder? Sie fahren doch noch nicht nach Hause? – Nein, ich wollte heute sogar noch in München übernachten. Wollen wir zusammen zu Abend essen/abend essen?
2. ... Warte, mein Lieber, wir sprechen uns noch! Wenn du glaubst, du könntest mich ungestraft derart beleidigen, dann bist du schief gewickelt! Das kriegst du wieder, da kannst du Gift drauf nehmen! *sal*

Spreu: die Spreu vom Weizen sondern/trennen/scheiden *form* · to separate the wheat from the chaff
... Ihr könnt doch nicht alle Leute in einen Pott werfen! Ich gebe zu, es gibt einige hier, die arbeiten miserabel. Aber es gibt doch auch andere, die sehr ordentlich ihre Pflicht erfüllen. Ihr müßt die Spreu vom Weizen trennen!

spricht: aus jm. spricht nur Neid/Dankbarkeit/Liebe/... · + to be the voice of envy/greed/... *form*
... Den Riedke kann ich überhaupt gar nicht mehr hören! Aus dem Mann spricht doch nur Neid und Ressentiment! Hast du den schon einmal irgendjemanden oder irgendetwas loben hören?

springen: noch eben/... zum Bäcker/ins Haus/... springen (müssen) *ugs* · 1. 2. to nip out to the baker's/into one's room/..., to pop out to the baker's/...
1. Wieviel Uhr ist es? – Fünf vor Sechs. Warum? – Ich muß eben noch zum Bäcker springen. Wir haben kein Brot mehr. Einen Augenblick! Ich bin im Nu wieder da.
2. ... Warte, ich muß mal eben in mein Zimmer springen und meinen Bruder anrufen. Ich bin in zwei Minuten wieder da, dann können wir abfahren.

jn. **nur für sich**/für seine persönlichen Angelegenheiten/... **springen lassen** *ugs* · to get others to run one's errands/... *n*
... Das ist doch einfach keine Art, seine Untergebenen so für seine persönlichen Dinge springen zu lassen! Die sind schließlich hier für den Dienst angestellt und nicht, um dauernd für den Chef durch die Landschaft zu rasen!

Geld/ein paar Pfennige/... **springen lassen** *ugs* · to treat s. o. to a meal/drinks, to fork out some money/..., to buy/to stand/... s. o. a round
... Komm', Albert, nach so einem blendenden Geschäft kannst du mal ein paar Pfennige springen lassen! Wie wär's, wenn du uns heute abend in den 'Silberkuhlshof' zu einem kleinen Umtrunk einladen würdest?

Springer: ein junger Springer (sein) *ugs selten* – ein junger **Spund** (sein) · (to be) a greenhorn, (to be) a young pup, (to be) a whippersnapper

Springinsfeld: ein (junger) **Springinsfeld** (sein) *ugs selten* – ein junger **Spund** (sein) · (to be) a greenhorn (to be) a young pup, (to be) a whippersnapper

springt: es springt da/bei etw. allerhand/viel/... (für jn.) **raus/heraus** *ugs* · + s. o. will make/made/... DM 6,000/... out of s. th., + to make a lot (of money) out of s. th.
... Wieviel springt denn bei diesem Geschäft für dich heraus? – Hm, um die 5, 6.000,– Mark im Monat dürfte ich daran schon verdienen.

bei der kleinsten Andeutung/.../man braucht jm. nur einen Wink zu geben/wenn j. mit dem kleinen Finger winkt/... (dann) **springt** j. **schon** *ugs* · 1. 2. all s.o. needs to do is click his fingers/make a gesture/... and s.o. jumps to it
1. Die Erika braucht dem Ernst nur mit dem kleinen Finger zu winken, dann springt der schon. Das ist der reinste Sklave seiner Frau.
2. Der Koller hat vielleicht eine Angst vor dem neuen Chef, das kannst du gar nicht glauben. Bei der kleinsten Andeutung, die der Alte macht, (da) springt er schon.

Spritze: jm. **eine Spritze geben** *med* · to give s.o. an injection, to give s.o. a jab *coll*
... Die Spritze hat dir die Ärztin gegeben? – Nein, die Schwester.

an der Spritze hängen *Neol* · to be on the needle
Wieviele von den Lagerinsassen an der Spritze hängen, wollte und konnte der Kommandant nicht sagen. Aber daß die Drogen eine ernsthafte Gefahr für seine Leute darstellten, versuchte er erst gar nicht zu leugnen.

jm. **eine Spritze in Höhe von 100/5.000/... Mark/... geben/ verpassen** *ugs iron selten* · to give s.o. a bribe of 100/5,000/... marks/... *n*
... 'Jeder Mann hat seinen Preis', stellte Froissart sehr richtig fest. Für 1.000,– Mark kannst du diesen Mann nicht kaufen. Aber wenn du ihm eine Spritze in Höhe von 50 oder 100.000,– Mark verpaßt, erledigt er für dich die größten Schweinereien.

eine Spritze kriegen/bekommen *med* · 1. to get an injection, to be given an injection, to be given a jab *coll*, 2. to be given a nudge/prod
1. ... Vier Spritzen hast du heute bekommen? – Ja, in diesem Krankenhaus gehen die ran, sag' ich dir.
2. Der Wienert ist plötzlich so entgegenkommend! Hat der eine Spritze gekriegt? – Der Juniorchef hat ihm gesagt, gute Beziehungen zu uns lägen im Interesse seiner Firma. – Ah, das bestätigt meinen Eindruck, daß er geimpft wurde. *ugs seltener*

jm. **eine Spritze verpassen/**(geben) *ugs selten* · to give s.o. a backhander *sl*, to give s.o. a bribe *n*, to give s.o. money under the table
Könntest du dem Klemmer nicht mal eine (kleine) Spritze verpassen, daß er meinen Antrag unterstützt? Du kennst ihn seit Jahren ... – Ich tu das nicht gern, weißt du. Ein Beamter sollte in seinen Entscheidungen frei und unbeeinflußt sein. Aber ...

Spritzer: **ein junger Spritzer** (sein) *ugs selten* – **ein junger Spund** (sein) · (to be) a greenhorn, (to be) a young pup, (to be) a whippersnapper

spritzig: spritzig und witzig *ugs – path* · (to be) full of wit and sparkle, (to be) witty and ebullient, (to be) witty and lively
... Natürlich ist euer Fred auf solchen Abenden spritzig und witzig – manchmal entwickelt er für meinen Geschmack sogar zu viel 'Witz'; aber im Alltag finde ich ihn ausgesprochen ernst und fast ein bißchen 'zähflüssig'.

Spritztour: eine Spritztour machen *ugs* · to go off for a spin to ...
(Zu einem jungen Liebespaar:) Ja, das hätte ich auch gern: so übers Wochenende, mit Papas Wagen, auf Papas Kosten, mal eben eine kleine Spritztour nach Paris machen!

Sprossen: die oberste(n) Sprosse(n) erreichen/... *form* · to reach the top, to reach the top rung of the ladder
... Was will der Lothar denn noch mehr? Mit der Ernennung zum Generaldirektor hat er in seinem Beruf die oberste Sprosse erreicht – mehr kann er nun wirklich nicht werden –, familiär fehlt ihm auch nichts ...

auf einer der unteren/... Sprossen (auf) der Leiter zum Erfolg/... stehen *form selten* · to be on the bottom rung of the ladder
Der Rudolf Hartmann steht noch am Anfang seiner Karriere, oder nicht? – Karriere ...? In seinem Beruf steht er auf der untersten Sprosse der Leiter, die nach oben führt. Er ist ganz simpler Bankangestellter.

Spruch: ein weiser Spruch! *ugs – iron* · words of wisdom!, how very true!
Wer die anderen dauernd so neckt wie der Manfred, darf sich nicht wundern, wenn die ihn auch mal auf den Arm nehmen. – Ein weiser Spruch! – Stimmt das etwa so? – Natürlich. Aber es scheint mir nicht sehr originell.

(das sind) (alles/...) (nur/bloß) dumme/leere/(...) Sprüche *ugs* · it is (nothing but/only/...) talk, it is (nothing but/only/...) empty phrases/empty patter/hollow phrases/...
... Und dann hat er noch von der Verantwortung der Industrienationen für die Dritte Welt gesprochen, von der humanen Verpflichtung Europas, des christlichen Abendlandes ... – Ach, (das sind) (alles) dumme Sprüche! Praktisch ist das alles völlig wirkungslos. Es kling gut – und damit hat sich's dann auch.

(mal wieder/...) Sprüche klopfen/(machen/klopppen) *ugs* · 1. 2. to talk big (again/...), 1. to spout slogans, 2. to shoot one's mouth off (again/...)
1. ... 'Freiheitlich-demokratische Grundordnung', 'abendländische Werte' ...: paß mal auf, Richard, wir haben dich nicht eingeladen, damit du hier Sprüche klopfst. Wir wollen eine seriöse, fundierte Diskussion über die konkreten Möglichkeiten, die Arbeitslosenzahl zu senken.
2. vgl. – (eher:) den **Mund** (mal wieder/...) (so/zu/reichlich) vollnehmen

(jm. mit) **dumme(n)/nichtssagende(n) Sprüche(n)** (kommen/...) *ugs* · to palm s.o. off with empty/... phrases, don't give me/... these empty phrases, come off it!
... Und an unsere gemeinsame Verantwortung für das Haus unserer Eltern denkst du gar nicht? – Komm' mir doch nicht mit dummen Sprüchen, Robert! Gemeinsame Verantwortung?! Hast du in deinem ganzen Leben schon einmal einen einzigen Pfennig für unsere Eltern geopfert?

große Sprüche machen/(kloppen) *ugs* · to talk big
(Der Vater zu seiner Tochter:) Dein Freund ist auch einer von denen, die nur große Sprüche kloppen können. Wenn aber den Worten Taten folgen sollen, dann kommt nicht viel.

jm. **mit leeren/nichtssagenden/... Sprüchen abspeisen** *ugs* · to fob s.o. off with empty/... phrases
'Was man sich eingebrockt hat, muß man auch auslöffeln', 'jeder ist seines eigenen Glückes Schmied' ... – statt den Jungen mit solchen hochtrabenden Sprüchen abzuspeisen, solltest du ihm lieber helfen!

Sprüchlein: sein Sprüchlein hersagen/herunterleiern/... *ugs* · 1. 2. to say one's piece
1. Die Zeiten, in denen man offiziell Gäste empfing, indem irgendein kleines Mädchen ein Sprüchlein hersagte, sind doch wohl vorbei, oder?
2. Als Vertreter mußt du gewandt sein, auf die Leute eingehen können, wenn du Erfolg haben willst. Da genügt es nicht, sein Sprüchlein herzusagen und zu meinen: also kaufen die Leute.

spruchreif: noch nicht spruchreif sein *ugs* · it's/s.th. is not definite yet *n*, it/s.th. is not yet ready for a decision *n*
... Nein, vorläufig ist die Sache überhaupt noch gar nicht spruchreif. Es fehlen noch die einschlägigen Unterlagen. Im Moment kann man also keinerlei Entscheidung treffen, weder dafür noch dagegen; es ist also sinnlos, überhaupt schon zu diskutieren!

sprühen: vor Lebenslust/Freude/... (geradezu/...) sprühen *path* · to bubble over with the joy of life, to sparkle with wit
... Ich weiß auch nicht, was mit diesem Mädchen seit zwei, drei Jahren los ist! Immer so niedergeschlagen, manchmal fast verbittert. Und wie heiter und ausgelassen sie als Kind war! Sie sprühte geradezu vor Lebenslust!

Sprung: (schon/...) auf dem Sprung sein *ugs* – (immer/ schon/...) auf dem **Sprung** stehen (müssen) (1; u. U. 2) · to be just coming, to be (almost) ready to leave, to be just about to come, to (have to) jump when s.o. calls, to be in a rush

nur/... auf dem Sprung sein *ugs* · to (just/...) pop in for a moment, to be in a rush
... Hallo, Jürgen! Hast du gerade einen Moment Zeit und ... – Du, im Moment kann ich dir leider nicht helfen. Ich bin gerade auf dem Sprung. Ich muß dringend noch in die Stadt fahren und ein paar Sachen besorgen, bevor die Geschäfte zumachen.

bis/nach/... ist es (nur) ein Sprung *ugs* – (eher:) bis ...*/nach .../... ist es (nur) ein* **Katzensprung** · to be only a stone's throw to/from/...

einen Sprung haben · to be cracked

Schau mal, die Tasse hat einen Sprung! Ist sie hingefallen? – Nicht, daß ich wüßte! Zeig' mal! ... Ah, ja, ein Riß, fast von oben bis unten ...

auf einen Sprung bei jm. **vorbeikommen/**jn. besuchen/in ein Museum gehen/... *ugs* · to pop in to see s.o./into a museum/...

Du könntest den Ernst anrufen und ihm sagen, daß wir morgen nach Stuttgart fahren und auf einen Sprung bei ihm vorbeikommen. Aber nur ganz kurz – für eine, höchstens zwei Stunden.

nur auf einen Sprung fortgehen/weggehen/in die Stadt gehen/... *ugs* · to nip out for a bit/..., to drop in to see s.o., to (just/...) nip into town/...

... Bleibst du lange weg? – Nein, ich geh' nur auf einen Sprung in die Stadt. Ich bin gleich wieder da.

js. Gedanken/... **machen einen Sprung** · + to jump (suddenly/...) from x to y/from one subject to another/..., + to (suddenly/...) change the subject

(Von einem Vortrag:) Eine Viertelstunde oder länger sprach er von den Trinkwasserproblemen. Aber dann machten seine Gedanken einen (gewaltigen) Sprung, und er fing an, gegen die Sexualmoral der katholischen Kirche zu wettern.

(so/...) **Sprung auf, marsch, marsch!** *sal selten* – (nun) (mal) **los!** · off we go!, let's get going!

einen Sprung machen *ugs selten* – js. Gedanken/... machen einen **Sprung** · + to jump (suddenly/...) from x to y/from one subject to another/..., + to (suddenly/...) change the subject

beim Vorlesen/... **einen Sprung machen** · to skip a passage/..., to miss out/to leave out/... a passage/..., to change the topic

(Kommentar eines Zuhörers, der den vorgelesenen Text genau kennt:) Da macht er doch schon wieder einen Sprung! – Er überschlägt bestimmte Passagen extra/mit Absicht?

einen (richtigen/kräftigen/...) **Sprung machen** *ugs* – (eher:) *einen (richtigen/kräftigen/...)* **Schuß** kriegen · s.o. has really/... shot up

einen (großen/...) Sprung (nach vorn/vorwärts/nach oben/...) **machen** *ugs* · 1. to make a big/... leap forward, 2. to take a big/... step forward

1. In diesem Jahr hat die Renate wirklich einen großen Sprung gemacht. – Du meinst, in ihrer Entwicklung? – Ja, und auch in ihrer Einstellung zur Schule usw. Ich finde, im Vergleich zum vergangenen Jahr ist das ein gewaltiger Fortschritt.

2. Mit seiner Berufung zum persönlichen Referenten des Innenministers hat der Richard einen großen Sprung nach vorn gemacht, oder? – Ja, das war wahrscheinlich der entscheidende Schritt. Jetzt ist er aus der anonymen Masse heraus, die nie richtig weiterkommt.

einen Sprung in der Schüssel haben *sal selten* – nicht (so) (ganz/(recht)) bei **Trost** sein (1) · to be slightly/... cracked/screwy/...

(immer/schon/...) **auf dem Sprung stehen (müssen)** *ugs* · 1. to be just coming, to be (almost) ready to leave *n*, to be just about to come *n*, 2. to (have to) jump when s.o. calls, to be in a rush

1. Braucht der Herbert noch lange? – Nein, er steht schon auf dem Sprung. Er ruft eben noch einen Kunden in Ulm an, dann kommt er. Den Mantel hat er schon an.

2. ... Herrgott nochmal, der Schöne meint, wenn er einen ruft, müßte man in zwei Minuten bei ihm sein. Man kann doch nicht ständig auf dem Sprung stehen. Jeder von uns hat schließlich seine eigene Arbeit, zu der er Ruhe und Konzentration braucht.

ein Sprung ins Ungewisse/(Dunkle) (sein) *path* · (it/s.th. is) a leap in the dark

... So ein Wechsel nach Mexiko ist natürlich interessant; aber es ist doch ein Sprung ins Ungewisse, oder nicht? – Hm, der Vertrag hat

eine Klausel, die ihm den Rückweg offenhält. Ich glaube, das Ganze sieht kühner aus, als es ist.

den Sprung (nicht) wagen *ugs – form* · (not) to dare to take the plunge

... Hü oder hott, Junge! So einen Posten bieten sie dir kein zweites Mal an! Jetzt mußt du dir schlüssig werden – rasch! –, ob du den Sprung in die freie Wirtschaft wagen willst oder nicht. – Du weißt, daß ich nicht an meinen Beamtenrechten klebe; aber ein Risiko ist es schon ...

ein Sprung ins kalte Wasser sein *ugs* · it/s.th. is a big risk, it is/doing s.th. is/... (like) jumping in at the deep end

... Natürlich ist es ein Sprung ins kalte Wasser! Das kann man, wenn man ehrlich ist, gar nicht leugnen; denn wie sich die Dinge genau entwickeln werden, übersieht heute kein Mensch. Aber ich mußte die Entscheidung für oder gegen eine Modernisierung des Guts jetzt treffen. Auch wenn die Folgen für mich nicht den Hoffnungen und Erwartungen entsprechen sollten: noch länger ließ sich die Sache nicht aufschieben.

Sprungbrett: etw./eine Stellung/... **als Sprungbrett (für eine andere Stellung/...) benutzen/...** *ugs* · to use s.th. as a springboard for s.th.

Hat der Klaus wirklich Interesse an dem Beruf als Abgeordneter oder benutzt er den Posten nur als Sprungbrett (für etwas anderes/für eine andere Stellung)? – Er will natürlich nicht sein Leben lang Abgeordneter spielen. Aber das heißt nicht, daß er in dem Posten n u r ein Mittel zum Zweck sieht, um möglichst schnell woanders weiterzukommen.

Sprünge: die Natur/(...) **macht keine Sprünge** · nature/... does not make (sudden) leaps

... In allem, was 'natürlich' ist, lehrte man früher, herrscht das Gesetz der Kontinuität, der stetig-kontinuierlichen Entwicklung. 'Die Natur macht keine Sprünge', hieß das Diktum. War das zu klassisch gedacht?

jm./e-r S. **auf die Sprünge helfen** *ugs* · 1. 2. to help s.o. out, 1. to help s.o. *n*, to jog s.o.'s memory, 2. to give s.o. a hand, 3. to get s.th. going

1. (Bei einem Vortrag; der Vortragende:) Wie war noch der Name? ... Ich komme im Moment nicht darauf ... Wer hilft mir auf die Sprünge? – (Zuruf aus dem Zuhörerkreis:) Rathenau! – Richtig! Rathenau also, der damalige Außenminister, ging davon aus, daß ...

2. ... Wenn mir der Osterkamp damals nicht auf die Sprünge geholfen hätte, wäre ich nie wieder auf die Beine gekommen. – Aber er hat doch gar nicht viel getan, oder? – Er hat mich dem Chef meiner jetzigen Firma empfohlen, und das war entscheidend. *seltener*

3. ... Wenn wir dem Export nach Portugal jetzt nicht bald auf die Sprünge helfen, wird der nie vernünftig funktionieren? – Haben Sie genaue Pläne, was wir da tun können, sodaß er sich wie gewünscht entwickelt? *seltener*

jm. **auf die/hinter die Sprünge kommen** *ugs selten* – jm. auf/(hinter) die **Schliche** kommen/hinter js. Schliche kommen · to find out/to get wise to s.o.'s tricks

keine großen Sprünge machen (können) (mit/(von) etw.) *ugs* · s.o. can't get far on that/his salary/..., s.o. can't (exactly/...) live it up on that, s.o. can't splash out on that/his salary/...

... Wieviel verdient der Udo im Monat? – 1250,– Mark. – Hm, damit kann er ja keine großen Sprünge machen, mit zwei Kindern ... – Keine großen Sprünge machen? Nicht einmal für das Notwendigste reicht das.

Spucke: jm. **bleibt die Spucke weg** *sal* · 1. 2. + s.o. is flabbergasted *coll*, 1. + it takes s.o.'s breath away *coll*, s.o. is speechless *coll*, 2. + s.o. is dumbfounded *n*

1. ... Sie erhob derart ungeheure Anschuldigungen gegen ihren Mann, daß diesem einfach die Spucke wegblieb!

2. vgl. – (ganz) (einfach) **baff** sein (2; u.U. 1)

spucken: ich spucke/du spuckst/... **auf** etw. *sal selten* – ich **pfeife/**du pfeifst/... auf etw. · I/you/... couldn't care less about/don't give a damn about/... s.o./s.th.

Spuk: mach'/macht/... **keinen Spuk**/nicht soviel Spuk (darum)! *sal selten* – mach'/macht/... keine **Späne!** · don't kick up a fuss, don't make a fuss

dem Spuk ein Ende bereiten · to put an end to the whole nightmare/the horrific episode/...

... Die Geiselnahme in einer Filiale des Bankhauses Geiz & Scheffel ging nochmal glimpflich ab. Einer beherzten Kundin gelang es, den Räuber zu entwaffnen und somit dem Spuk ein Ende zu bereiten.

wie ein Spuk verflogen sein/(...)/der (ganze) Spuk ist wie verflogen *ugs* · the whole fuss was over *n*, the whole palaver was over *n*, the whole dreadful episode/experience/... was over

Den ganzen Abend phantasierten die Christl und die Margret da besorgt herum, was sie machen würden, wenn sie ihr Abitur nicht schaffen, und dann, so gegen 11 Uhr, kam ihr Vater nach Hause, frisch und munter wie immer, und der ganze Spuk war verflogen.

spukt: bei dir/dem Ernst/... spukt's wohl?! *sal* – nicht (so) (ganz/(recht)) bei **Trost** sein (1) · are you/is he/is John/... all right in the head?

Spund: ein junger Spund (sein) *ugs* · (to be) a greenhorn, (to be) a young pup, (to be) a whippersnapper

Der Alfons Isenheim meint, er könnte hier groß daherreden und wer weiß was für Ratschläge geben?! Der hat doch noch gar keine Ahnung von dem Geschäft! So ein junger Spund sollte erstmal Erfahrungen sammeln, ehe er den Mund so voll nimmt.

Spur: eine heiße Spur · (to have) a good lead

Hast du schon gelesen?: in der Sache der Kindesentführung da in der Rosastraße scheint die Polizei endlich eine heiße Spur zu haben. – Hoffentlich stimmt, was die Zeitungen schreiben. Häufig stellen sich solche Erfolgsmeldungen über klare Hinweise, eindeutige Spuren oder sichere Erkenntnisse nachher als Ente heraus.

nicht die Spur (etw. tun) *ugs* – nicht im **geringsten** (1, u. U. 2) · not (to do s. th.) at all, not (to do s. th.) in the least, not a bit

eine Spur Salz/.../(Glück/...) *form – path selten* · 1. a pinch/a dash of salt/..., 2. a little bit of luck/...

1. vgl. – eine **Prise** Salz/...

2. vgl. – (u. U.) ein **Quentchen** Glück/(Zufall/...)

keine Spur (etw. tun/davon/von etw. ist ... wahr/...) *ugs – path* · 1. not a word of it/not a bit of it/... is true/..., 2. not at all, not in the least

1. Ist es wahr, daß du dem Bernd gesagt hast, ich wäre unzuverlässig? – Keine Spur davon ist wahr. *seltener*

2. vgl. – (eher:) nicht im **geringsten** (1; a. 2)

jm./e-r S. auf der Spur sein · 1. to be on s. o.'s trail, to be on to s. o., to be on s. o.'s tracks, 2. to have a good lead on s. th., to be on the track of s. th., to have a good/shrewd/... idea what caused/... s. th.

1. Ist die Polizei den Drogenhändlern schon auf der Spur? – Keine Ahnung. Nach dem, was wir bisher beobachten, sieht es leider nicht danach aus, als ob sie wüßten, wo die sich verstecken halten.

2. ... Wie es scheint, ist man den Erregern dieser seltsamen Epidemie bereits auf der Spur. – Hoffentlich! Hoffentlich werden sie bald entdeckt!

auf richtiger/falscher Spur sein/auf der richtigen/falschen Spur sein – (eher:) auf richtiger/falscher **Fährte** sein/auf der richtigen/falschen Fährte sein · to be on the right/wrong track

auf der richtigen/falschen Spur sein/fahren · 1. 2. to be in the right/wrong lane

1. ... Er fuhr doch nicht links? – Nein, er fuhr auf der richtigen Spur – sogar ganz weit rechts. Nein, so kann man den Unfall nicht erklären!

2. ... Du, wenn du da vorne nach links abbiegen willst, bist du hier auf der falschen Spur. Da mußt du dich links einordnen! – Ach ja! Danke!

keine Spur/(nicht die Spur) **von** Fleiß/Takt/Energie/Humor/... **haben** *ugs – path* · 1. 2. not to have an ounce/a shred/... of tact/talent/energy/...

1. ... Der Junge hat aber auch keine Spur von Takt! Aber auch nicht ein Minimum!

2. ... Dieser Mann, der keine Spur von Talent hat, will uns hier Ratschläge und Empfehlungen geben?!

es fehlt jede Spur von jm./etw. · 1. there is no trace of s. o., + nobody has any idea of s. o.'s whereabouts, 2. there is no trace/sign of the book/...

1. ... Kein Mensch weiß, wo er sich versteckt hält! Seit seiner Flucht aus Bielefeld fehlt von ihm jede Spur.

2. ... Von dem Buch fehlt jede Spur – ich weiß überhaupt nicht mehr, wo ich das suchen soll. *selten*

nicht die Spur wissen/können/vorbereitet sein/... *ugs – path selten* · 1. not to have the slightest (idea/...), 2. s. o. is not a bit/not at all/... prepared/...

1. ... Weißt du eigentlich, was in dieser Kommissionssitzung gespielt wurde? – Keine Spur! Ich kümmer' mich auch nicht darum; ich will davon nichts wissen – gar nichts.

2. ... Der Egon ist mal wieder keine Spur vorbereitet! Wenn er sich für diese Sitzung wenigstens ein bißchen angelesen hätte! Aber nein: nichts, gar nichts hat der gemacht!

jn. von der/einer Spur abbringen/ablenken · 1. to throw s. o. off the scent, 2. to put s. o. on the wrong track

1. Wenn es uns jetzt nicht gelingt, diese verfluchten Hunde von unserer Spur abzubringen, wird die Polizei uns schnappen.

2. ... Halt doch deinen Mund, Otto! Wenn der Richard endlich eine Idee hat, wo und wie er unter Umständen an die biographischen Angaben kommt, (dann) hat es doch keinen Sinn, ihn durch unsachgemäße Ratschläge wieder von seiner Spur abzubringen!

keine Spur von einer Ahnung haben (von etw.) *ugs – path mst iron selten* – keine blasse/nicht die leiseste/mindeste **Ahnung** haben (von etw.) · not to have the faintest/foggiest/... idea about s. th.

jm./e-r S. auf der Spur bleiben · 1. 2. to keep track of s. o./s. th.

1. ... Aber haben sie genügend Hinweise, um den Terroristen auf der Spur bleiben zu können? – Sie haben die Spur jetzt nun einmal; jetzt können sie die Leute ohne weitere Hinweise verfolgen.

2. ... Mal gespannt, meinte er, ob es gelingt, den Aids-Erregern auf der Spur zu bleiben und dann auch wirksame Medikamente dagegen zu entwickeln.

nicht die Spur von einer Bohne ((von etw.) verstehen/begreifen/...) *sal – path selten* – (stärker als:) nicht die **Bohne** (von etw.) verstehen/begreifen/... · not to be able to make head or tail of s. th., not to understand/... a word of s. th.

jn. auf js. Spur bringen · to put s. o. on to s. o., to put s. o. on to s. o.'s trail

... Ich würde doch wirklich mal gern wissen, wer die Polizei auf die Spur dieses Drogenhändlers gebracht hat! – Vielleicht hat ein Konkurrent Hinweise gegeben.

jn. auf die richtige Spur bringen – (eher:) jn. auf die richtige **Fährte** bringen · to put s. o. on the right track

jn. auf eine/die falsche Spur führen/locken – (eher:) jn. auf eine/die falsche **Fährte** führen/locken · to put s. o. on the wrong track, to send s. o. on a wild goose chase

aus der Spur geraten/(kommen) *Auto u. ä.* · to go off course

(Nach einem Unfall:) Ich versteh' gar nicht, wie der Wagen plötzlich aus der Spur geraten konnte! Plötzlich treibt der da nach links! ...

Spur halten *Auto u. ä. selten* · to hold its course

(Ein Mechaniker zu einem Kunden:) Das ist schon sehr wichtig, Herr Fischer, daß der Wagen Spur hält – besonders beim Bremsen. Wenn er da seitlich wegrutscht, können Sie doch gar nicht sicher fahren.

(einer genaueren Prüfung/...) **(nicht) Stand halten** *form* – (einer genaueren Prüfung/...) (nicht) **standhalten** · s.o.'s claims/theories bear/do not bear closer scrutiny

über/unter seinem Stand heiraten *form* · to marry above/beneath oneself

Der Schramberg hat unter seinem Stand geheiratet, findest du nicht? Als Großindustrieller die Tochter eines Fahrradhändlers ... – Um ehrlich zu sein, Kurt: weder bei einem Großindustriellen noch bei einem Fahrradhändler handelt es sich um einen 'Stand'. Wenn Prinz Karl die Kleine geheiratet hätte, ja, dann ...

der Stand des Barometers/der Arbeitslosenzahl/... erreicht seinen/ihren höchsten/tiefsten Punkt – seinen höchsten/tiefsten/(...) **Stand** erreichen · to reach its highest level, to reach its highest reading, to peak/to reach a low

etw. (wieder) in Stand setzen – etw. (wieder) instand **setzen** · to repair s.th., to fix s.th., to get s.th. (back) into working order

jn. in den Stand setzen, etw. zu tun *form* · to enable s.o. to do s.th., to put s.o. in a position to do s.th., to make it possible for s.o. to do s.th.

Wenn ihr von dem Untersuchungsausschuß eine vernünftige Arbeit erwartet, dann müßt ihr die Leute auch in den Stand setzen, sich die einschlägigen Unterlagen zu beschaffen und sie in Ruhe durchzulesen!

aus dem Stand springen · to jump from a standing position

Aus dem Stand springt der 4,50 m? – Aus dem Stand! Ohne jeden Anlauf!

seinen Stand verändern *iron selten* – den **Bund** fürs/(für das) Leben schließen · to enter into the bond of marriage

Standarte: bei der Standarte bleiben *von der Ehefrau ugs veraltend selten* · to stand by one's husband, to remain loyal to one's husband

... Das einzige, was diesen Mann an seiner Frau interessierte, war, daß sie bei der Standarte blieb. Ob sie ihn liebte oder nicht, war ihm egal – treu mußte sie sein, oder, noch genauer: Sie durfte ihn nicht 'entehren'.

den Kampf für etw./... auf seine Standarte schreiben *path veraltend selten* – den Kampf für etw./... auf seine **Fahnen** schreiben · to take up the cause of s.th., to take up cudgels on behalf of s.o./s.th.

Standbein: ein Standbein unserer Wirtschaft/... **sein** *form selten* · exports/... are one of the pillars of our/... economy/...

... Der Export, betonte er, ist nun einmal ein ganz wichtiges Standbein unserer Wirtschaft. Wenn er zu stark nachläßt, ist das Ganze in Gefahr.

noch/... ein Standbein im Ausland/in Ägypten/in Süddeutschland/... haben · to have another/a solid/a dependable/... base abroad/in France/...

(Ein Firmeninhaber:) Gott sei Dank hat unsere Firma noch ein solides Standbein in Portugal. Wenn wir dieses Zweigwerk nicht hätten, würde ich den nächsten Jahren auch sorgenvoller entgegensehen; doch so bin ich zuversichtlich!

Standbein, Spielbein (Standbein, Spielbein) – (eher:) **Spielbein**, Standbein (Spielbein, Standbein) · to shift one's weight from one leg to the other

das Standbein wechseln *form* · to shift one's weight from one leg to the other

... Wenn du auf dem Sportplatz stehst, kannst du von einem Bein auf das andere treten, das Gewicht verlagern ... Da hält man anderthalb Stunden natürlich leicht aus. Aber bei so einer Parade kannst du das Standbein nicht wechseln; da mußt du stehen wie ein Stock.

Ständchen: jm. ein Ständchen bringen · to serenade s.o.

Was ist denn das für ein Gesang da draußen? Hör' mal, Elfriede! – Der Musikverein der Stadt bringt dem Ehepaar Rohlfs ein Ständchen. Die haben heute goldene Hochzeit. Du weißt, der alte Rohlfs hat selbst mehr als 20 Jahre in dem Musikverein mitgesungen ...

Stande: gut/... im Stande sein *form selten* – (wieder) in guter/... **Verfassung** sein · to be in good form

Ständer: einen Ständer haben *sal* – einen **stehen** haben · to have a hard on, to have the horn, to have a stiffie

standfest: nicht mehr ganz standfest sein *ugs scherzh* · to be shaky/wobbly on one's feet, to be a bit wonky

Schau doch mal, der Robert ist auch nicht mehr ganz standfest. Wie der daherwankt/daherschwankt/dahertorkelt! – Wie kann einer sicher auf den Beinen sein, wenn er mehr als zehn Bier intus hat!

standhalten: (einer genauen Prüfung/...) **(nicht) standhalten** *form* · s.th./s.o.'s arguments/... will (not) bear closer scrutiny/examination/...

... Auf den ersten Blick sieht seine Argumentation einleuchtend aus, das gebe ich zu. Aber einer genaueren Prüfung hält sie nicht stand. Da stellt sich dann bald heraus, daß die Prämissen, auf denen sie beruht, falsch sind.

Standpauke: jm. eine Standpauke halten *ugs* · to give s.o. a real/... telling-off/ticking-off/dressing-down

Heute hat mein Vater dem Fred eine Standpauke gehalten, da war das Ende von weg. Eine herrliche Moralpredigt mit Einleitung, Mittelteil und Schluß!

Standpredigt: jm. eine Standpredigt halten *ugs* – (eher:) jm. eine **Standpauke** halten · to read the Riot Act to s.o., to give s.o. a roasting/a dressing-down/...

Standpunkt: das/so eine Äußerung/... ist (doch) kein Standpunkt · that's the wrong attitude, what kind of attitude is that?

... Wenn der mich betrügt, dann betrüg' ich ihn auch! – Das ist kein Standpunkt, Karl! – Ich laß mich doch nicht ausnehmen! – Betrug mit Betrug vergelten und das dann rechtfertigen – das ist keine Art! Das tut ein anständiger Mensch nicht.

von seinem/ihren/... Standpunkt aus recht haben/... · s.o. may be right/... from his/her/... point of view

... Persönlich teile ich seine Meinung absolut nicht. Aber ich muß zugeben: von seinem Standpunkt aus hat er recht. Wenn man davon ausgeht, daß die Industrie sowieso nicht mehr investiert, dann braucht man ihr auch keine Anreize und Vergünstigungen zu geben.

auf seinem/einem Standpunkt beharren · 1. 2. to insist on one's point of view, to maintain one's point of view

1. vgl. – bei seiner **Meinung** bleiben

2. vgl. – (eher:) auf seinem/einem **Standpunkt** bestehen (1)

auf seinem/einem Standpunkt bestehen · 1. 2. to insist on one's point of view, to maintain one's point of view

1. ... Ich habe ein Anrecht auf diesen Zuschuß – das können die doch gar nicht bestreiten? – Aber bei ihrem Gehalt ... – Ich bestehe auf meinem Standpunkt: Wer heute vier Kinder großzieht, hat ein Anrecht auf solch eine Unterstützung – ganz gleich, was er verdient. Also ...

2. vgl. – bei seiner **Meinung** bleiben

(immer) **seinen Standpunkt durchsetzen** (wollen/müssen) *ugs* – (immer) seine **Meinung** durchsetzen (wollen/müssen) (1; u. U. 2) · to (always/...) want/try/... to get one's own way

jm. seinen Standpunkt klarmachen *ugs* · to tell s.o. where one stands, to make one's point of view clear to s.o.

... Jetzt hab' ich es satt mit diesem ewigen Hin und Her, diesen ewigen Änderungen – endgültig satt! Jetzt werd' ich dem Brauer mal meinen Standpunkt klarmachen, und dann legt der für den Ex- und Import eine Linie fest! So kann das auf keinen Fall weitergehen. – Sag' ihm nur nicht zu scharf die Meinung!

jm. (mal) den Standpunkt klarmachen (müssen) *ugs selten* · to (have to) give s.o. a piece of one's mind

... Wenn die Firma offiziell mit Südafrika die Geschäftsbeziehungen aufrecht erhält, Herr Direktor Schreiber, dann kann der Herr Müller als verantwortlicher Mann für den Ein- und Verkauf doch nicht dauernd gegen Südafrika Stellung nehmen. Was?! Tut der das? Dem werde/muß ich mal den Standpunkt klarmachen. Natürlich hat der sich nach der offiziellen Firmenpolitik zu richten – genau wie alle anderen auch!

auf dem Standpunkt stehen, daß ... · to hold the view that ..., + in my/... view ...
... Ich steh' auf dem Standpunkt, daß ... – Halt' du deinen Mund, Richard! Deine Meinung interessiert in diesem Zusammenhang überhaupt gar nicht.

auf einem anderen Standpunkt stehen · to take a different view, to disagree, to see things differently
Der Kollberg ist der Meinung, daß die Industrieländer insgesamt einen viel höheren finanziellen Beitrag leisten müßten zur Überwindung der Not in der Dritten Welt. – Da stehe ich auf einem ganz anderen Standpunkt. Wir müssen denen zeigen, wie man die Probleme technisch besser in den Griff kriegt. Aber finanzielle Hilfen – nein, die helfen im Grunde doch nicht.

auf seinem/einem Standpunkt verharren · 1. 2. to insist on one's point of view, to maintain one's point of view
1. vgl. – bei seiner **Meinung** bleiben
2. vgl. – (eher:) auf seinem/einem **Standpunkt** bestehen (1)

den/einen anderen/seltsamen/.../Standpunkt vertreten · 1. to take the view that ..., 2. to take a different/strange/... view
1. vgl. – auf dem **Standpunkt** stehen, daß ...
2. vgl. – auf einem anderen **Standpunkt** stehen

Standquartier: Standquartier beziehen *mil veraltend selten* · to establish its fixed headquarters (in/at ...)
... Und dann bezog die französische Armee für mehrere Monate in der Nähe von Metz Standquartier.

Stange: von der Stange sein/kaufen/... *ugs* · s.th. is off the peg, to buy s.th. off the peg
Hast du den Anzug bei einem Schneider machen lassen oder ist der von der Stange? – Wie, merkt man das nicht, daß das ein Maßanzug/ ein Anzug nach Maß und kein Konfektionsartikel ist?

eine (ganz) schöne Stange angeben *sal* · to brag/to show off/ to boast a hell of a lot/like nobody's business/..., to lay it on thick
Seitdem der Fritz stellvertretender Direktor geworden ist, gibt er ja eine ganz schöne Stange an! – Laß ihn! Wer angibt, hat mehr vom Leben, sagt man.

vielleicht eine Stange angeben *sal* – angeben wie ein **Sack** Seife · to be a big show-off, to fancy o.s. no end, to think one is the cat's whiskers

bei der Stange bleiben *ugs* · to stick at it, to keep at it
... Meine liebsten Freunde, wenn wir jetzt gemeinsam beschließen, alle zusammen die Werke von Torga ins Deutsche zu übersetzen, (dann) gehe ich davon aus, daß nachher auch, wenn Schwierigkeiten auftreten – egal, welcher Art –, jeder von euch bei der Stange bleibt. Konkret: Keiner von euch wird irgendwann abspringen, keiner mit Erklärungen kommen wie 'ich kann nicht mehr mitmachen, weil ...'. Einverstanden?

eine schöne/hübsche/(ganze) Stange Geld ausgeben/verdienen/kosten/... *ugs* · to spend/to earn/to cost/... a tidy sum, to spend/to earn/to cost a small fortune, to cost a pretty penny
Während der Ferien haben wir ja doch eine schöne Stange Geld ausgegeben! Verflixt nochmal! Ich hätte nicht gedacht, daß sie so teuer würden.

jm. die Stange halten *ugs* · 1. 2. to stand by s.o. n, to stand up for s.o., to stick up for s.o.
1. Die Gertrud hat ihrem Mann immer die Stange gehalten – auch in den Jahren, als ihm alle Welt wegen der Scheckaffäre aus dem Weg ging. Sie hat immer zu ihm gehalten.
2. ... An deiner Stelle würde ich nicht so gutgläubig mit seiner weiteren Unterstützung rechnen. Du weißt doch: 'In der Not gehen hundert Freunde auf ein Lot.' – Nein, der Kurt hält mir die Stange. Da bin ich ganz sicher. Der läßt mich jetzt nicht hängen.

jn. bei der Stange halten *ugs* · to make/to force/to persuade/... s.o. to stick at it
... Wird der Richard auch abspringen oder wird es dir gelingen, ihn bei der Stange zu halten? – Ich bin fest davon überzeugt, daß er bei dem Projekt weiter mitmacht. Er ist viel zu anständig, um uns in einer solchen Notlage im Stich zu lassen.

(mal eben/...) eine Stange Wasser irgendwo hinstellen/in die Ecke stellen (müssen) *sal* · 1. 2. to have to have a slash
1. vgl. – ein kleines **Geschäft** machen (müssen)
2. vgl. – dahin/(wohin) gehen/müssen, wo (auch) der **Kaiser** zu Fuß hingeht

eine Stange Zigaretten · a carton of 200/... cigarettes, a carton containing 10 packets of cigarettes
... Wieviel Packungen hat eigentlich eine Stange Zigaretten, Papa?

einem Pferd die Stangen geben *Pferderennen* · to give a horse the reins
... Warum gibt man nur im Endspurt den Pferden die Stangen – d.h. freien Lauf – und nicht schon vorher? Kannst du mir das erklären, Holger – du kennst dich doch in Pferderennen aus.

Stapel: etw. vom Stapel lassen · 1. to launch a ship/tanker, 2. to make a remark, to spout commonplaces, to crack jokes
1. vgl. – ein Schiff/Tanker/... vom **Stapel** (laufen) lassen *form*
2. vgl. – (eher:) Gemeinplätze/Bemerkungen/Witze/... zum **besten** geben (2; a. 1) *ugs*

eine Rede/(...) vom Stapel lassen *sal* – (eher:) eine **Rede** halten · to make/to deliver/... a speech

ein Schiff/Tanker/... vom Stapel (laufen) lassen *form* · to launch a ship/yacht
... Der neue Tanker, der da in der Werft lag, ist gar nicht mehr da! – Er ist in der letzten Woche fertig geworden. Sie haben ihn gestern vom Stapel laufen lassen.

vom Stapel laufen *Schiff/Tanker/...* · to be launched
... Der neue Öltanker, der da in der Werft lag, ist nicht mehr da? – Er ist in der vergangenen Woche vom Stapel gelaufen. – Den haben sie ja schnell gebaut, verdammt nochmal!

(ein Schiff) auf Stapel legen *form* – (eher:) auf **Kiel** legen · to lay down a ship

Star: jm. den Star stechen/(heilen) *form selten* – jm. die **Augen** (über/für etw.) öffnen (1) · to open s.o.'s eyes to s.th.

stark: das/(etw.) ist stark! *ugs* – das/(etw.) ist ein starkes **Stück**! · it/s.th. is a bit much

5/10/... mm/cm/... stark sein · to be 5/10/... mm./cm./inches/...
... Was meinst du, was so ein Eichentisch wiegt! Allein die Tischplatte ist um die zwei Meter lang, über anderthalb Meter breit und bestimmt 5, 6 cm stark ...

die Besatzung eines Schiffs/... ist ... Mann stark *form* · 1. 2. + there are 50/300/... men in the crew
1. vgl. – die Besatzung eines Schiffs/... ist ... **Mann** stark
2. vgl. – die Basatzung eines Schiffs/... ist ... **Köpfe** stark

ein 500 Seiten/... starkes Buch/starker Band/... · a 500–page book/..., a book/... 500 pages long
... Wer mehrere Hunderte (von) Seiten starke Bücher über Spanien geschrieben hat, sollte das Land doch eigentlich kennen, oder?

Stärke: js. Stärke sein · 1. s.o.'s strength is .., s.o.'s strong point is .., 2. to be s.o.'s forte, to be s.o.'s strong point, to be s.o.'s strong suit
1. ... Seine Stärke sind sein Verhandlungsgeschick und die sympathische Art, in der er sich gibt. Damit erzielt er seine Erfolge. – Irgendein Erfolgsgeheimnis muß man haben.
2. vgl. – js. **Seite** sein

js. Stärke liegt im Schwimmen/im Verhandeln/... · s.o.'s strong point is swimming/negotiating/..., s.o.'s forte is swimming/negotiating/...
... Die technischen Daten erarbeiten, Berichte schreiben, Korrespondenz führen – all das fällt ihm gar nicht leicht. Seine Stärke liegt im Übersetzen. Da ist er ausgesprochen gut.

Stärkung: eine Stärkung zu sich nehmen *mst iron* · to take some refreshment
(Auf einer Wanderung:) Jetzt sind wir drei Stunden gelaufen, jetzt muß ich doch mal eine kleine Stärkung zu mir nehmen. – Wenn du nicht alle zwei, drei Stündchen was ißt, fällst du um, was?!

starr: starr vor Kälte/Schrecken/(Erstaunen/...) **sein** *path* · 1. to be frozen stiff, to be numb with cold, 2. 3. to be paralysed with fright/fear

1. ... In ihrem leichten Mantel mußte die Luisa ja frieren! Bei 12° minus ...! – Frieren ist gar kein Ausdruck. Die Arme war starr vor Kälte!

2. vgl. – starr vor **Schreck** sein

3. vgl. – vor **Schreck(en)** wie gelähmt sein

starr und steif dastehen/sitzen/... *path* · to stand/to sit/... there stiffly, to stand/to sit/... there as stiff as a statue

Starr und steif saß der Herr Alberts da den ganzen Abend auf dem Sofa, ohne auch nur ein einziges Mal an der Unterhaltung aktiv teilzunehmen. Ist der so gehemmt oder warum saß er da wie eine Statue aus Marmor?

starren: vor sich hin starren · to stare into space, to stare in front of one

... Statt auf die Fragen, die man ihm stellte, einzugehen, starrte der Angeklagte die ganze Zeit vor sich hin. Es war schwer zu erkennen, ob aus Eigensinn und Verbohrtheit oder aus Erschütterung. An dem, was da zwischen seinem Anwalt und dem Richter vorging, nahm er nicht den geringsten Anteil ...

Start: (ein) fliegender Start *Rennen* · a flying start

... Ja, bei einem Staffellauf starten die weiteren Läufer nicht aus dem Stand, sondern nehmen schon vorher einen Anlauf, so daß sie schon auf Höchstgeschwindigkeit sind, wenn ihnen der vorhergehende Läufer den Stab in die Hand drückt; d. h., sie haben einen fliegenden Start. – Gibt es so etwas auch für Rad- oder Autorennen – mit einer vorhergehenden Anfahrt?

(alles) klar zum Start *Sport u. ä.* · ready, ready to start, ready to go

»Alles klar zum Start?«, fragte der Trainer die Schwimmer, bevor es an den Startblock ging. Seine Truppe war nicht nur startklar, sie brannte geradezu darauf, sich mit den Gegnern zu messen ...

(ein) stehender Start *Rennen* – ≠ (ein) fliegender **Start** · a standing start

einen guten/glänzenden/... schlechten/miserablen/... **Start haben in**/bei/... · to get off to a good/brilliant/.../poor/... start

... Und? Kommt der Peter mit seinem neuen Beruf zurande? – Ja, er hat sogar einen glänzenden Start gehabt. Schon am dritten oder vierten Tag hat er für den Chef eine sehr schwierige Sache gelöst, die dem schon seit Monaten auf der Seele lag.

am Start sein *Wettkämpfe/Rennen* · to be at the start, to be on the starting line, to be at the starting post *horse-racing*, to be on the starting grid *motor-racing*

(Ein Veranstalter:) Von Jahr zu Jahr nehmen an diesem Rennen mehr Fahrer teil. Beim ersten Mal hatten wir 25 Meldungen. Im letzten Jahr waren 80 Fahrer am Start; dieses Jahr sind es 115.

den Start freigeben *Wettkampf* · to give the starting signal (for s. th.), to clear for take-off *aviat*

... Haben sie den Start für das Rennen schon freigegeben? – Ja, es geht sofort los.

an den Start gehen *Wettkämpfe/Rennen* · 1. to start, 2. to be at the start, to be on the starting line, to be at the starting post *horse-racing*, to be on the starting grid *motor-racing*

1. (Ein Veranstalter:) Ob wieder so viele Fahrer an den Start gehen wie im Vorjahr, läßt sich voraus natürlich nicht sagen. Bisher war es allerdings so, daß die Zahl von Jahr zu Jahr gestiegen ist.

2. vgl. – am **Start** sein

starten: zu früh/(spät) **starten** · 1. to go into the lead too early, to jump the gun, 2. to start too early/late

1. Hast du nicht auch den Eindruck, daß der Laue bei dem letzten Waldlauf zu früh gestartet ist? – Natürlich! Der hatte sein Pulver schon verschossen, als es interessant wurde und um die Entscheidung ging.

2. (Der Berater des Kanzlers vor einer Wahl:) Sie haben Recht, es ist nicht ratsam, zu früh zu starten. Dann sind die Argumente schon zu Tode geritten, ehe es in die entscheidende Phase (des Wahlkampfs) geht. *ugs*

etw. starten lassen *ugs* · to start s. th. *n*, to begin s. th. *n*

... Wann laßt ihr dieses Jahr eure Karnevalsfeier starten? – Am 7. Februar. Du kommst doch auch wieder, nicht? – Natürlich. Wenn ihr etwas organisiert, bin ich immer dabei.

Starthilfe: Starthilfe geben/brauchen/... *form* · to help s. o. to start his car, to help s. o. to get his car started

Wenn der Wagen absolut nicht anspringt, muß ich beim ADAC anrufen, daß die einen Wagen vom Pannendienst schicken, der uns Starthilfe gibt.

(eine) Starthilfe geben/brauchen/... *form* · 1. 2. to give s. o. help to get off the ground, to give s. o. help in starting a business

1. Wenn ihm die Bank eine Starthilfe von 50/60.000,– Mark gibt, sehe ich überhaupt keine Probleme. Innerhalb von sechs bis neun Monaten ist alles angelaufen, und dann fängt er an zu verdienen.

2. ... Wenn das neue Institut rasch und zuverlässig funktionieren soll, brauchen die natürlich eine Starthilfe – Gelder, klar, aber vor allem auch wissenschaftliche und organisatorische Anleitung. Nach relativ kurzer Zeit müßte es dann aber ohne jede Unterstützung reibungslos arbeiten.

Startlöchern: (schon/...) in den Startlöchern hocken/sitzen/ (sein) *ugs selten* · they/... are already/... on their marks, they/... are all set to go

... Nächste Woche beginnt offiziell der Wahlkampf. – Ob die Parteien vorbereitet sind? – Was für eine Frage! Die Kandidaten sitzen schon in den Startlöchern, das ist doch klar. Du wirst sehen: vom ersten Tag an sind sie voll da!

Startschuß: den Startschuß (zu etw.) **geben** · 1. to fire the starting pistol, to fire the starting shot, 2. to give the go-ahead for s. th.

1. Gerade wollte er den Startschuß geben, da merkte er, daß einer der Läufer noch gar nicht in seinem Startloch hockte. *Wettkampf*

2. ... Hat der Außenminister bereits den Startschuß zum Beginn der Diskussion gegeben? – Er hat die Debatte gerade eben mit einer eigenen Stellungnahme eröffnet. *ugs*

Startverbot: Startverbot haben *Rennen form* · to be banned (from competition)

... Wenn ihr bester Schwimmer Startverbot hat, wird die Mannschaft den Wettkampf wohl kaum gewinnen. – Warum darf der Lamberg eigentlich nicht starten? – Er ist wegen Doping gesperrt.

Station: freie Station (haben) (in/bei/...) *form selten* · to have free board and lodging

.. Wenn sie aufgrund ihres Stipendiums in dem Heim freie Station hat, müßte sie mit 600,– Mark im Monat doch auskommen! – Freie Station – du meinst: Essen, Trinken und Wohnen frei? – Ja.

Station machen in/bei/... · to stop off in/at/...

Auf unserer Reise nach Süddeutschland machen wir in Mannheim Station, um einen alten Studienkollegen zu besuchen. – Für längere Zeit? – Nein, nur für ein paar Stunden.

Statt: an deiner/seiner/... **Statt** ... *form veraltend selten* – an deiner/seiner/... **Stelle** ... · instead of you/him/John/..., in your/his/John's/... place

Stätte: keine/eine bleibende Stätte haben *form selten* · 1. (not) to have a permanent home, 2. to have a/no fixed abode

1. ... Das ist schon unangenehm, wenn man keine bleibende Stätte hat, so von einem Haus zum anderen zieht, bald diesem, bald jenem zur Last fällt ... – Und wie lange hat es gedauert, bis eure Wohnung wieder instandgesetzt war?

2. ... Nein, die haben keine bleibende Stätte, diese Leute. Das sind regelrechte Nomaden. – Ich wußte gar nicht, daß es heute noch Menschen gibt, die von Ort zu Ort, von Land zu Land wandern – freiwillig!

eine bleibende Stätte finden in .../... *form selten* · to find/to establish/... a permanent residence in ...

... Nach jahrelangem dauerndem Wechsel von einer Universität zur andern fand er dann schließlich in Passau eine bleibende Stätte – sowohl beruflich wie auch familiär. – Wie lange lebt er da jetzt?

die heiligen Stätten *Bibel bzw. Israel* · the holy places
... Genau so, wie für die Christenheit die Orte, an denen Christus geboren wurde und gelebt und gewirkt hat – Bethlehem, Jerusalem usw. – die sogenannten heiligen Stätten sind, so sind es für die Araber Mekka, Medina und andere.

Statur: von kräftiger Statur ... *path od. iron* · to be strongly built, to be powerfully built
Ein Mann von so kräftiger Statur wie du, Otto, wird doch wohl noch einen Zentner Kartoffeln in den Keller tragen können!

Status: der status nascendi/etw. in statu nascendi beobachten/... *lit – form* · to observe/... s. th. as it is developing/coming into being
... Wenn du, Klaus, wie deine Mutter und ich, nicht in diese Wirtschaftswunderwelt hineingewachsen wärst, sondern sie in statu nascendi erlebt hättest – in ihrem Entstehen also und den ersten Phasen ihrer Entwicklung –, dann würdest du das alles völlig anders beurteilen!

der status quo/(in statu quo sein/...) *form* · the status quo
... Ach, beide Seiten haben keinerlei Interesse, den status quo zu ändern, denn jede Änderung des augenblicklichen Zustands würde beiden doch nur Nachteile bringen. – Aber die Stadt kann doch nicht ewig geteilt bleiben!

der status quo ante/(in statu quo ante sein/...) *form selten* · (to restore) the status quo (ante)
... Und wenn es uns gelänge, den status quo ante wiederherzustellen, d. h. den Zustand vor Beginn der Produktion der neuen Maschinen, dann wäre das natürlich ein optimales Verhandlungsergebnis.

Staub(e): in Staub und Asche sinken *form – path selten* · to sink into dust and ashes
... In einer einzigen Nacht sinkt da eine halbe Stadt in Staub und Asche – und die Verantwortlichen, die die Bomber geschickt haben, jubeln vom Sieg der Gerechtigkeit und der Zivilisation! ...

zu Staub und Asche werden *form – path selten* · 1. to return to dust, 2. to crumble into dust, to disintegrate
1. ... 'Was ist schon das Leben'?, sinnierte er. Am Ende werden wir doch alle zu Staub und Asche. – Nur unser Körper, Bernd, nur der Leib! – Meinst du?
2. vgl. – (u. U.) in/zu **Staub** zerfallen (1)

(viel/allerhand) Staub aufwirbeln *ugs* · to cause a big stir, to create a big stir, to stir up a lot of dust, to cause aggro *sl*
Die Bemerkung des Innenministers, die Friedensbewegung bestehe hauptsächlich aus Kommunisten, hat allerhand Staub aufgewirbelt. – Die Bemerkung war auch ausgesprochen unfair und häßlich. – Ist das ein Grund, daß sich die Welt derart erregt? – Ich finde schon.

den Staub Londons/Münchens/... **von den Füßen schütteln** *lit – path selten* · to shake the dust of London/Munich/... off one's feet
... und als er dann, 18jährig, den Staub Londons von den Füßen schüttelte und sich nach Amerika aufmachte – um sein Vaterland nie mehr wiederzusehen, nicht wahr? – Ja, ganz richtig, die ...

vor jm. **im Staub(e) kriechen** *path veraltend selten* · to grovel at s. o.'s feet
... Der Chef hat mich gestern abend spät noch angerufen und mir gesagt, wenn du dich bei ihm in aller Form entschuldigen würdest, dann würde Gnade vor Recht ergehen lassen und die Kündigung rückgängig machen. – Ich werd' doch vor dem Mann jetzt nicht im Staub kriechen. Ich finde schon woanders eine Arbeit.

sich aus dem Staub(e) machen *ugs* · 1. 2. to make o. s. scarce, to beat it, to clear off, to slope off
1. ... Als der Junge den Gutsbesitzer sah, machte er sich schleunigst aus dem Staub. Wenn der ihn beim Kirschenklauen erwischen würde ...!
2. ... Als er merkte, daß ich ihn zur Rede stellen wollte, machte der Ulli sich aus dem Staub. Unter irgendeinem Vorwand entschuldigte er sich bei der Marta, er könnte nicht länger bleiben, und ging. So ein Feigling!

Staub putzen · to do the dusting, to dust the shelves/tables/...
Heute abend kommen die Hinrichs. Da muß ich wenigstens noch Staub putzen – wenn ich schon die Wohnung nicht putze/wische.

Staub saugen · 1. to vacuum, to hoover, to do the hoovering, 2. to hoover a room/..., to vacuum a room/...
1. Hast du in den Zimmern schon Staub gesaugt? – Nein, der Apparat funktioniert nicht. – Was, ist der Staubsauger schon wieder kaputt?
2. vgl. – **staubsaugen**

viel/... Staub schlucken (müssen) · to (have to) swallow dust *tr*
... Hätte ich geahnt, daß die Strandwege hier derart trocken sind und derart befahren, hätte ich den Spaziergang nicht vorgeschlagen. So viel Staub hab' ich in meinem ganzen Leben noch nicht geschluckt! Jedes Auto wirbelt eine meterlange Wolke auf!

zu Staub werden *rel – path* · to return to dust, »to dust thou shalt return« *Bibl*
'Staub warst du und zu Staub wirst du wieder werden' – heißt es nicht so in der Bibel?

sich vor jm. **in den Staub werfen** *path veraltend selten* · to throw o. s. at s. o.'s feet, to grovel at s. o.'s feet, to prostrate o. s. before s. o.
... Ach, komm' mir doch nicht mit diesem elenden Kirchner! Das ist doch ein Kriecher/(Schleimscheißer), wie er im Buche steht! Wenn es heute noch üblich wäre, würde der sich vor dem Chef doch ganz konkret in den Staub werfen

Staub wischen – **Staub** putzen · to do the dusting, to dust the shelves/tables/...

in/zu Staub zerfallen *form selten* · 1. to crumble into dust, to disintegrate, 2. to return to dust
1. ... Die ganze Figur ist in Staub zerfallen, in nichts aufgelöst! – Nicht in nichts, in Staub! – Das sieht dir ähnlich, dich noch darüber zu mokieren, daß meine Lehmfigur völlig zerfallen ist. – Warum läßt du sie denn da in der Hitze stehen?
2. vgl. – zu **Staub** und Asche werden (1)

jn./etw. **in**/(durch) **den Staub ziehen/zerren** *ugs selten* – (eher:) jn./etw. in/(durch) den **Dreck** ziehen · to drag s. th./s. o.'s name/... through the mud

staubsaugen: (etw.) staubsaugen · 1. to hoover a room/..., to vacuum a room/..., 2. to vacuum, to hoover, to do the hoovering
1. Hast du die Zimmer schon gestaubsaugt? – Nein, der Staubsauger ist kaputt.
2. vgl. – **Staub** saugen

Staubwolke: eine (dichte/...) **Staubwolke hinter sich lassen**/**aufwirbeln**/... · to raise a (thick/...) cloud of dust, to leave a (thick/...) cloud of dust behind one
... Fahr' langsamer, Junge! Über diese Wege kann man nicht so rasen. Wenn du dich umgucken könntest, dann würdest du sehen, was du für eine Staubwolke aufwirbelst!

Staubzucker: j. bläst jm. (noch/...) **Staubzucker in den Arsch**/(Hintern) *vulg – iron selten* – j. bläst jm. (noch/...) **Zucker** in den Arsch/(Hintern) · to wait on s. o. hand and foot *n*, to suck up to s. o.

staunen: nicht schlecht staunen *ugs* · to be pretty amazed, to be astonished/flabbergasted/...
... Was hat denn der Klaus gesagt, als du da plötzlich aufgetaucht/erschienen bist? Der hat doch bestimmt nicht schlecht gestaunt! – Er war von allen Socken, das ist doch klar. Er konnte ja auch wirklich nicht mit mir rechnen.

aus dem Staunen (gar/überhaupt) **nicht (mehr/wieder) herauskommen** *ugs* · not to be able to get over one's astonishment/surprise/...
... Das hättest du sehen sollen, wie überrascht der Herbert war. Der kam aus dem Staunen überhaupt gar nicht wieder heraus. Noch Stunden später hatte er sich nicht wieder gefangen und wiederholte immer wieder: »So eine Überraschung ...«

jn. **in Staunen setzen**/versetzen – (eher:) jn. in **Erstaunen** setzen/versetzen · to astonish s. o.

stechen: ins Rote/Bräunliche/... stechen *form selten* – einen Stich ins Rote/Bräunliche/... haben · to have a reddish/brownish/... tinge

Steckdose: alles/... bis zur Steckdose liefern *Neol* · to supply everything/... right down to the wallsockets *tr*
... Wer baut eigentlich dieses Krankenhaus, das sie den Äthiopiern schenken wollen? – Das werden wohl komplett die Franzosen liefern – sozusagen bis zur Steckdose.

stecken: immer/... voller Ideen/Pläne/... stecken *ugs* · to be (always/...) bursting with/full of ideas/plans/...
Der Manfred Wiesloch ist die Phantasie und der Tatendrang in Person. Der Mann steckt immer voller Pläne, hat immer wieder neue Ideen ... – Aber er ist doch ein bißchen wechsel- oder sprunghaft, oder?

jm. eine Neuigkeit/... stecken *ugs* · to tell s.o. s.th., to let s.o. know s.th.
... Vielleicht sollte man dem Albrecht doch mal stecken, daß die meisten Kollegen gegen seine Pläne sind. Sonst geht der von ganz falschen Voraussetzungen aus. – Willst du ihm das bei passender Gelegenheit mal beibringen?

dem/der Christa/... werd' ich/(wird er/der Karl/...) es (aber) stecken *ugs selten* · I'll/he'll/John'll/... give s.o. a piece of my/his/... mind, I'll/he'll/John'll/... give s.o. what for *sl*, I'll/he'll/... tell s.o. what's what
... Dem werd' ich es aber stecken! So eine Unverschämtheit! Noch heute abend werd' ich diesem Kerl ganz gehörig die Meinung geigen!

in etw. nicht drin stecken – in etw. (nicht) **drinstecken** · not to be involved in s.th., not to be a part of s.th.

hinter etw. stecken · to be behind s.th.
... Nein, ich kann dir auch nicht sagen, wer oder was hinter dieser plötzlichen politischen Kehrtwendung steckt. Ob der Kanzler das persönlich eingeleitet, ob die Wirtschaft das veranlaßt hat ... – ich weiß es nicht.

sich hinter jn. stecken *ugs selten* · to get in with s.o.
... Wenn du wirklich darauf aus bist, für Schuckert als Vertreter zu arbeiten, mußt du dich hinter den Albert Schlosser stecken. Der ist mit dem Juniorchef befreundet und kann so für dich sicherlich allerhand tun.

in Oberbayern/Brasilien/... stecken *ugs* · to be in Bavaria/Brazil/..., to be hiding somewhere *n*, where has s.o. got to?
... Weißt du eigentlich, wo der Herbert Brachthäuser zur Zeit steckt? Ich hab' ihn völlig aus den Augen verloren. – Ich glaub', der lebt in Rio de Janeiro. Das letzte Lebenszeichen von ihm kam jedenfalls aus Rio.

jn. ins Gefängnis/Zuchthaus/KZ/... stecken *ugs* · to put s.o. in prison/... *n*, to stick s.o. in prison/..., to put s.o. away, to put s.o. inside
... Wenn du damit auffällst, stecken die dich ins Gefängnis, mein Lieber! – Wegen Steuerhinterziehung ins Gefängnis? – Aber klar! Du warst zu lange in Südamerika, du hast keine Ahnung, wie so ein ordentliches Wirtschaftsland funktioniert.

sein Geld/... in Aktien/einen Handel/... stecken *ugs* · to put money into shares/..., to invest money in shares/...
... In so ein zerfallenes Gut würde ich keine einzige müde Mark stecken, und schon gar nicht meine letzten Ersparnisse! Jede Mark, die man da investiert, ist doch verlorenes Geld.

du kannst dir/er kann sich/... etw. sonstwohin stecken *sal euphem* – du kannst dir/er kann sich/... etw. **einsalzen** · you know where you/can/he knows where he can/... stick it/s.th.

stecken bleiben · 1. to get stuck, to get bogged down *coll*, 2. to falter
1. ... Paß auf, daß du mit deinem Wagen auf dem Weg davorne nicht stecken bleibst; der ist völlig verschlammt. – Ich werd' da schon durchkommen.
2. ... Wie kann der Mann denn da plötzlich mitten im Vorlesen stecken bleiben? – Es scheint, vor lauter Nervosität flimmerte ihm der ganze Text vor den Augen. Schon vorher stockte er ja ein paar Mal kurz ...

einen Schlüssel/... **stecken lassen** · to leave a key/... in the lock
... Stell' dir vor, da komm' ich in mein eigenes Haus nicht rein, weil irgendeiner von den Jungen den Schlüssel innen in der Haustür stecken läßt und ich nicht aufschließen kann! – Hast du denn nicht geschellt? – Die Schelle hört man oben in den Schlafzimmern nicht!

Steckenpferd: js. Steckenpferd ist ... *ugs* · photography/... is s.o.'s hobby *n*
... Photographieren ist sein Steckenpferd, das wird dem Peter nie langweilig. Übrigens: Was hast du für ein Hobby?

sein Steckenpferd reiten *ugs* · to ride one's hobby horse, to go on about one's hobby horse
... Statt über das angegebene Thema zu sprechen, ritt er mal wieder sein Steckenpferd und redete anderthalb Stunden über die Planetenbahnen. – Wie, redet er öfter darüber? – Öfter?! Dauernd!

Stecknadel: es konnte keine Stecknadel zu Boden/zur Erde fallen/hätte ... fallen können (so dicht gedrängt standen die Leute/...) *ugs – path* · there wasn't enough room to swing a cat *sl* /to fart *vulg*/... (it was so crowded/...)
... Das Gedränge hättest du sehen sollen! Wie die Heringe standen die Leute da eingepfercht. Da hätte keine Stecknadel zur Erde fallen können, so wenig Platz war da. – Nun übertreib' mal nicht so.

man hätte eine Stecknadel zu Boden/(auf die Erde) fallen hören können (so still war es/...) *ugs – path* · (it was so quiet/...,) you/one/... could have heard a pin drop
... Als er dann auf die Gefahren eines Atomkriegs zu sprechen kam, ruhig und eindringlich, anhand präziser Unterlagen, da wurde es plötzlich still im Saal. Ja, man hätte eine Stecknadel zu Boden fallen hören können, so still war es plötzlich. Wie gebannt hörten die Leute ihm zu. ...

eine Stecknadel im Heuhaufen/(Heuschober) suchen *ugs – path veraltend selten* · looking for s.th. is like looking for a needle in a haystack
... Nach diesem Brief zu suchen wäre Unsinn! Den haben wir vor Jahren geschrieben, und er muß irgendwo in den Kisten stecken, denen wir die alte Korrespondenz aufbewahren. Genauso gut könnte man eine Stecknadel im Heuschober suchen.

etw./(jn.) wie eine Stecknadel suchen *ugs – path* · to search high and low for s.th.
... Ich habe diesen verdammten Ausweis im ganzen Haus wie eine Stecknadel gesucht – ich kann ihn nicht finden. In jeder Ecke, jeder Schublade, auf jedem Schrank habe ich gesucht – vergeblich.

Steckschach: (eine Partie) Steckschach spielen *sal selten* – (eine Partie) **Lochbillard** spielen · to have it off

steckt: in jm. steckt etwas/eine ganze Menge/noch allerhand/... · + s.o. has got what it takes, + s.o. has got it in him, + s.o. has got something
Hältst du den Klaus Breiser für begabt? – Ja. Er muß zwar noch allerhand lernen, aber in dem Jungen steckt etwas. Das wird bestimmt einmal ein ausgezeichneter Techniker.

es steckt nichts/nicht viel/wenig/viel/allerhand/... dahinter – nichts/nicht viel/wenig/(viel)/... **dahinter** sein · there is nothing/not much/little/... behind s.th., there is no/not much/little/... substance to it

in etw. steckt viel Mühe/Arbeit/... · a lot of work/effort/... goes into s.th.
... Du machst dir keine Vorstellung, Richard, wieviel Kleinarbeit in so einem Wörterbuch steckt. Mit diesem Arbeitsaufwand kannst du fünf Promotionen bestreiten.

eine Krankheit/... steckt schon lange/drei Monate/... in jm. – jm. schon lange/drei Monate/... in den **Knochen** liegen · to have been incubating in s.o. for a long time/three months/..., to have been in s.o.'s system for a long time/three months/...

da/es steckt etwas dahinter · there is something behind it
... Vorsicht, mein Lieber! Paß auf! Wenn der Paul Troll dir ein solches Angebot macht, dann steckt (da) etwas dahinter. – Das meine ich eben auch. Der macht doch nichts ohne Hintergedanken. Und dann ein solches Angebot! ...

Stegreif: aus dem Stegreif eine Rede halten/singen/etw. vortragen/jm. etw. nicht sagen können/... · 1. to give an ad-lib speech *coll*, to give an impromptu speech, to improvise, 2. to do s. th. just like that *coll*, to do s. th. off the cuff *coll*

1. Eine Rede halten kann jeder, das ist keine Kunst. Aber aus dem Stegreif eine gute Stunde die Ost-Westbeziehungen zugleich detailliert und übersichtlich darstellen – ohne jede Vorbereitung, so Knall auf Fall –, das macht dem Meinert so schnell keiner nach.
2. vgl. – (eher:) (so) aus dem **Stand** (heraus) jm. etw. nicht sagen können/eine Rede halten/... (1)

Stehaufmännchen: ein (richtiges/...) Stehaufmännchen sein *sal* · to be s. o. who keeps bouncing back, to be s. o. you/one can't keep down

... Schon beeindruckend, wie schnell sich der Steiner jedesmal von einer politischen Schlappe/Niederlage erholt! – Ja, ja, der Mann ist ein richtiges Stehaufmännchen. Den boxen sie heute nieder und morgen ist er wieder da.

stehe: so wahr ich hier stehe! *path selten* · 1. 2. as true as I'm standing here, 1. as God is my witness, 2. so help me God

1. vgl. – **Gott** ist mein Zeuge, daß ...
2. vgl. – (u. U.) so wahr mir **Gott** helfe!

wie stehe ich/stehst du/steht der Karl/... nun/jetzt/(...) da? *ugs* · 1. how does that make me/him/(...) look?, 2. how about that, eh?, not bad, eh?

1. ... Wie kannst du dem Birwe denn sagen, Christa, daß ich gar nicht krank war, sondern zu Hause an ein paar Privatsachen gearbeitet habe? Wie stehe ich denn nun da? Der Mann muß meinen, daß ich ihn betrüge.
2. ... Na, wie stehe ich nun da?! Hab' ich das nicht prima gemacht/hingekriegt?! – Komm', nun gib mal/man nicht so an, Rudi! – Du willst nur nicht zugeben, daß du mir geglaubt hättest, daß ich die Sache so glänzend über die Bühne bringe!

ich stehe/(er/der Karl/... steht/...) für nichts *path selten* · I'm/he is/Karl is/... not taking the responsibility, + on your/his/... head be it *coll*

... Wenn du unbedingt mit meinem Wagen fahren willst ... Du weißt, daß er nicht in Ordnung ist. Ich stehe für nichts. – Klar, Lambert, daß ich auf meine Verantwortung fahre. Ich muß heute abend noch in Fürth sein ...

stehen: auf Schokolade/Tee/... **stehen** *ugs* · to like s. th., to be fond of s. th., to fancy s. th., to be keen on s. th.

(Zu einer Besucherin:) Nimmt Ihr Mann zum Frühstück Tee oder Kaffee? – Kaffee! Mein Mann steht auf Kaffee – seit eh und je; Tee sagt ihm nichts.

auf jn./eine Frau/einen Typen/... **stehen** *ugs Neol* · (voll) auf jn./etw. **abfahren** (2) · to go for a woman/a guy/..., to fancy a woman/a guy/...

kurz vor dem Examen/dem Ruin/dem Krieg/... **stehen** · to be about to do one's exams, to be on the verge of ruin/war/...

(Ein Vater:) Junge, wenn man so kurz vor dem Examen steht, dann schenkt man sich den Karneval! Es fehlt doch nur noch eine Woche bis zum Schriftlichen, oder?

unter Schock/Alkohol/Drogeneinfluß/... **stehen** · to be in a state of shock, to be under the influence of alcohol/drugs/...

... Ist das denn so schlimm, wenn jemand mal ein Bierchen trinkt?! – Mal ein Bierchen trinkt? Der Heinz Otto steht alle drei Tage unter Alkohol. Manchmal kann er kaum allein nach Hause gehen ...

zu seinem Versprechen/seiner Zusagen/dem, was man gesagt hat/... **stehen** · to stand by what one has said/one's promises/..., to stick to what one has said/one's promises/...

... Wenn der Friedel in der Tat gesagt hat, daß die UCD eine Scheiß-Partei ist, sollte er die Konsequenzen ziehen und austreten. – Heute behauptet er natürlich, so hätte er das gar nicht gesagt. – Ach, er steht nicht einmal zu seinem Wort? Leute ohne Ehrgefühl sollte man rausschmeißen.

vorn/oben (in der Tabelle)/im Mittelfeld/unten (in der Tabelle)/abgeschlagen **stehen** *Sport* · to be at the top/in the middle/at the bottom/... of the table/league/division/...

Hast du schon die Tabelle der Bundesliga gesehen? Der HSV steht wieder vorn; an zweiter Stelle Bayern München; Kaiserslautern ist

nach seiner Niederlage gegen Frankfurt wohl endgültig abgeschlagen – fünf Punkte Differenz werden sie wohl nicht mehr aufholen können; ganz unten steht nach wie vor Bielefeld ...

(politisch) links/rechts/(in der Mitte) stehen · to be right/left wing, to be centre-left, to be centre-right

... Steht der Kremer links oder rechts? – Du meinst, politisch? – Ja. – Eher rechts. Mitte-rechts, würde ich sagen.

positiv/negativ zu etw./jm. **stehen** – (eher:) positiv/negativ zu etw./jm. **eingestellt** sein · to have a positive/negative attitude to s. th./s. o.

jm. gut/nicht gut/ausgezeichnet/... (schlecht/...) stehen *Kleidung* · to suit s. o. (well/...)

Wo hast du das Kleid gekauft? – Bei Birnbaum. Warum? – Es steht dir ausgezeichnet. – Findest du? – Jetzt tu bloß, als ob du nicht wüßtest, daß du superchic darin aussiehst!

auf groß/klein stehen *Ofen o. ä.* · to be on high/low

(Die Tochter zur Mutter:) Wenn der Ofen die ganze Zeit auf klein steht, wird die Suppe natürlich nie mehr warm! – Ach, du lieber Gott, hab' ich vergessen, ihn auf groß zu stellen, als du kamst? ...

jm. (schon) bis hierher/hierhin/hier oben stehen *in der Regel mit der Geste: die ausgestreckte flache Hand macht eine Bewegung quer zur Nase sal* – jm. (schon) zum **Hals(e)** heraushängen/herausstehen/(herauswachsen/herauskommen) · to have had it up to here (with s. o./s. th.)

sich gut/glänzend/... schlecht/miserabel/... **stehen** (in/bei/...) · 1. 2. 3. 4. to be well-off/badly-off/better off than s. o./better off than before/... in/at/..., 1. to be doing well/OK/... financially

1. Ich verstehe überhaupt gar nicht, warum der Axel immer so sparsam ist und sich soviel Gedanken macht. Er steht sich doch gut, oder etwa nicht? – Ja, finanziell dürfte er eigentlich keine Sorgen haben ... – Eben! ...
2. ... Bei Martens hat der Albert schlecht verdient, waren die Arbeitsbedingungen schwer ..., gut, aber jetzt, bei Schuckert u. Co., steht er sich doch gut. Was hat er denn jetzt noch zu klagen?
3. Wer hat eigentlich mehr Vorteile von euren Geschäftsbeziehungen, der Breitner oder du? – Im ganzen steht er sich vielleicht ein bißchen besser dabei als ich. Aber ich verdiene dabei auch nicht schlecht.
4. ... Sei du mal schön ruhig! Bodo! Du stehst dich bei dieser Arbeit doch von allen am besten! Du tust doch am wenigsten!

sich gut/glänzend/... schlecht/miserabel **mit** jm. **stehen** · 1. 3. to be on good/familiar/... terms with s. o., 1. to get on like a house on fire with s. o., 2. not to get on with s. o.

1. vgl. – auf gutem **Fuß** mit jm. stehen
2. vgl. – nicht auf gutem/(auf schlechtem) **Fuß** mit jm. stehen
3. vgl. – mit jm. auf vertrautem **Fuß** stehen

abseits stehen · 1. to be offside, to be in an offside position, 2. to stand apart, to keep to oneself, 3. not to join in, to remain/to keep/... aloof

1. ... Stand der Müller bei dem zweiten Tor wirklich abseits? – Ganz klar! Bestimmt einen halben Meter! *Fußball o. ä.*
2. ... Warum steht die Margret denn da so abseits? Habt ihr Streit mit ihr? – Nein. – Dann hol' sie doch mal her, Anneliese! Sie steht ja da, als wenn sie gar nicht zu unserer Gruppe gehören würde.
3. ... Sind alle Mitglieder Ihrer Organisation aktiv dabei? – Nun, in einer so großen Organisation wie der unseren gibt es immer einige, die ein wenig abseits stehen ... – Außenseiter? – Ja, oder solche, die aus zeitlichen oder anderen Gründen weniger intensiv mitmachen. Aber die übergroße Mehrheit ist sehr engagiert.

allein stehen · 1. 2. to be alone

1. ... Menschen, die allein stehen, können einem nur leidtun. Wer hilft denen denn heute noch?
2. (Ein resignierter Vater, dessen Frau gestorben ist:) Was nützt es dir, wenn du zwei, drei oder noch mehr Kinder in die Welt gesetzt hast? Wenn es drauf ankommt, stehst du doch allein.

mit einer Meinung/... (ganz) allein(e) (da-)stehen · to be in a minority of one (with one's opinion/...)

... Mit seiner Anschauung, daß die katholische Kirche mit ihrer Ehemoral Recht hat, steht der Ludwig in unserem Bekanntenkreis alleine (da). – Ob andere seine Auffassung teilen oder nicht, dürfte dem Ludwig sicherlich schnuppe sein.

beiseite stehen *form selten* · 1. not to be considered, to be left aside, to be ignored, 2. not to join in, to remain/to keep/... aloof

1. ... Während für die Ausstellung alle Maschinenmodelle berücksichtigt wurden, die Schuckert in den letzten beiden Jahren entwickelt hatte – völlig unabhängig von ihrer Qualität und ihrem Preis –, standen von den älteren Modellen auch die beiseite, die es durchaus verdient hätten, einem interessierten Publikum vorgeführt zu werden.

2. vgl. – (eher:) **abseits stehen** (3)

bereit stehen (für) (etw.) · 1. to stand by, to be standing by, 2. to be available

1. ... Mehr als 250.000 Soldaten standen für den Landkrieg bereit. Er konnte also jeden Tag beginnen ...

2. ... Ich weiß gar nicht genau, wieviele Computer da für unsere Arbeit bereit stehen. Der verantwortliche Mann der Stadt sagte mir gestern, er wolle uns um die sechs, sieben Geräte zur Verfügung stellen.

es würde jm. besser/(gut) stehen, zu .../wenn ..., als zu .../ statt zu ... *form selten* – es würde jm. besser zu **Gesicht** stehen, zu .../wenn ..., als zu .../statt zu ... · + s.o. would be better off doing s.th. instead of ...

nicht zum besten stehen mit jm./etw. *form* – mit jm./etw. steht es nicht zum **besten** · it does not look too good with s.o./s.th.

drüber stehen *ugs* · 1. 2. to be above such things

1. vgl. – über den **Dingen** stehen

2. vgl. – (a.) über diesen/solchen/... **Dingen** stehen

mit jm. **auf du und du stehen** *ugs* – mit jm. auf/(auf dem) **Duzfuß** stehen/miteinander auf Duzfuß stehen · to be on first-name terms with s.o., to be pally with s.o.

jm. **(innerlich) fern stehen** · not to be/to feel/... close to s.o., not to be on close terms with s.o.

... Du hast Recht: seit fast dreißig Jahren arbeite ich mit dem Haverkamp hier zusammen. Und trotzdem: innerlich stehe ich dem Mann nach wie vor fern; ich finde einfach keinen richtigen Zugang zu ihm.

frei stehen *Häuser u. ä.* · 1. to be detached, 2. to be empty, to be unoccupied, to be vacant, + to leave a house/flat/... empty

1. ... Ein Reihenhaus ist für mich kein 'Haus', Christa! Als 'Haus' bezeichne ich ein Gebäude, das frei steht. – Dann gibt es in den Städten aber wenig 'Häuser'. Denn wenn es auch oft keine Reihenhäuser im strengen Sinn sind, so stehen doch die meisten Häuser aneinander.

2. vgl. – **leer stehen**

jm. **bis hier/da oben stehen** *mit einer Geste: Hand quer auf Halshöhe oder unter der Nase sal* · + to have had it up to here

... »Mir stehen die Intrigen in diesem Laden inzwischen bis hier oben! Es ist wirklich zum Kotzen!«, schimpfte er. – Ich kann dir das nachfühlen, Walter. Auf die Dauer würde ich bei einem solchen Betriebsklima auch zuviel kriegen.

hinter jm./etw. **stehen** *ugs* · 1. 2. to be behind s.o./s.th., to back s.o./s.th., to give s.o./s.th. one's backing

1. ... Steht der Herr Bierbaum auch wirklich hinter dem Klaus? – Aber natürlich! Er unterstützt ihn voll und ganz. – Und hinter dem Projekt steht er auch? – Jawohl.

2. ... Ob der Oberbürgermeister wirklich dahinter steht, weiß ich nicht. Natürlich: er hat sich in dem Interview dafür ausgesprochen. Aber er könnte auch schlecht anders. Aber ob er innerlich dafür ist, ob er sich wirklich dafür einsetzt – da habe ich meine Zweifel.

(sehr/so/...) **hoch/am höchsten** (von einer Gruppe/...)/... **stehen** · (not) to be (very/so/...) high up (in a hierarchy/...)

... Kann denn der Steinmann da bei der Stadt nichts für dich tun? – So hoch steht der nicht. Wenn es um Entscheidungen von solcher Tragweite geht, haben (weit) höhere Instanzen das Sagen.

hoch stehen *Sonne – ≠ tief* **stehen** · to be high in the sky

für etw. **läßt** j. **alles andere/jede Mahlzeit/... stehen** *ugs* · s.th. is s.o.'s favourite dish *n*, s.o. prefers a dish/... to everything else *n*

... Der hat vielleicht reingehauen, der Udo! – Was hattest du denn gemacht? – Kalbshaxe. – Ach, Kalbshaxe! Dann ist alles klar! Für eine Kalbshaxe/dafür läßt der Udo alles/jedes andere Essen stehen.

leer stehen *Haus u. ä.* · to be empty, to be unoccupied, to be vacant, + to leave a house/flat/... empty

... Stellen Sie sich das bloß mal plastisch vor, Herr Richter: während Tausende und Tausende in dieser Stadt händeringend nach Wohnungen suchen, lassen diese Leute das Haus drei volle Jahre leer stehen/steht dieses Haus ... leer! ...

(politisch) **links stehen** · to be left-wing

Ob jemand links oder rechts steht, Petra, interessiert mich nicht – genau so wenig wie, ob jemand Katholik oder Protestant ist. Worauf es ankommt, ist die innere Haltung! – Meinetwegen. Aber der Franz ist doch Kommunist, oder? – Nennst du die Kommunisten links?

machtlos vor etw. **stehen** · to be (completely/...) helpless in the face of s.th., to be (completely/...) powerless in the face of s.th.

Machtlos stehen die demokratischen Parteien vor dem Wirtschaftschaos, dem Verfall der öffentlichen Ordnung, der steigenden Unzufriedenheit. Ist es da ein Wunder, wenn die Militärs damit drohen, die Macht zu übernehmen?

sich müde stehen *selten* · to stand till one drops, to stand until one is exhausted

(Vor einem Amt:) Nein, in dieser Schlange warte ich nicht! Das dauert doch Stunden! Ich hab' doch keine Lust, mich müde zu stehen!

jm. **(innerlich) nahe stehen** · to be/to feel/... close to s.o., to be on close terms with s.o.

... Der einzige in diesem ganzen Institut, dem ich innerlich nahe stehe, ist die Frau Meisner. Alle anderen hier bleiben für mich im Grunde ewig Fremde.

völlig/... neben sich stehen *ugs Neol* · 1. to be out of it, 2. to be cracked/a bit gaga/...

völlig/... neben der **Kappe** sein (2)

2. vgl. – nicht (so) (ganz/recht) bei **Trost** sein

jm. **(schon) bis oben stehen** *sal* · I/we/he/... have/... had it up to here

... Nicht nur du, Ulrich, bist diese ewigen Intrigen in diesem Laden satt, uns allen steht das schon bis oben. Aber solange da ein paar Leute nicht an die frische Luft gesetzt werden, wird sich daran wohl nichts ändern. Leider!

(bei jm.) **(nicht) (gerade/...) obenan stehen** *selten* · (not) to be at the top of the list of priorities

... Mal gespannt, wann die im Parlament endlich das neue Hochschulrahmengesetz behandeln! – Ach, Peter, das Hochschulrahmengesetz steht bei denen nicht gerade obenan, das weißt du doch. Zunächst einmal kommt jetzt die Steuerreform. – Universitätsprobleme haben für diese Leute nie Priorität/stehen bei diesen Leuten nie auf der Prioritätenliste!

jm. **bis obenhin stehen** *sal* · + to have had enough of s.th.

... Dieses BWL-Studium steht mir bis obenhin. Ich mache noch den Abschluß, dann studiere ich was Vernünftiges. Von dem Wirtschaftskram hab' ich echt die Nase voll.

pari stehen (Chancen/...) *ugs selten* · the odds are even, the chances are fifty-fifty

... Bisher ist es völlig offen, wer die Wahl gewinnt. Die Chancen der beiden großen Parteien stehen pari.

(politisch) **rechts stehen** – ≠ (politisch) links **stehen** · to be right-wing

sich (innerlich) fern stehen · not to (never/...) be on close terms with each other, not (never/...) to be/to feel/... close to each other

... Der Haverkamp und mein Bruder können so lange zusammenarbeiten, wie sie wollen – innerlich werden die sich immer fern stehen.

sich (innerlich) nahe stehen · to be/to feel/... close to each other, to be on close terms with each other

... Ich weiß nicht, ob sich der Haverkamp und mein Bruder innerlich nahe stehen; ich weiß nur, daß sie sehr kollegial miteinander umgehen und in allem, was das Institut betrifft, immer an einem Strick ziehen.

still stehen · to stand still

... Von einem zehnjährigen Jungen kann man nicht verlangen, anderthalb Stunden still zu stehen. Schon ein Erwachsener wird bei diesen Feierlichkeiten ungeduldig.

tief stehen *Sonne* · to be low in the sky

(Auf einer Wanderung:) Wir sollten uns so langsam auf den Heimweg einstellen. Die Sonne steht schon ziemlich tief, in anderthalb bis zwei Stunden ist es dunkel.

trocken stehen *Kuh u. ä.* · to be dry

(Frage an einen Milchbauern:) Nimm mal an, du hast so eine Kuh zehn Jahre: wieviel Jahre gibt sie Milch und wieviel Jahre steht sie – im Durchschnitt – trocken?

über jm. **stehen** · 1. 2. to be s.o.'s boss/superior/..., to have s.o. under one

1. vgl. – jn./eine Abteilung/... **unter sich haben**
2. vgl. – ≠ unter jm. **stehen**

unter jm. **stehen** · to be under s.o., to be subordinate to s.o.

... Und der Verkaufsleiter, der steht unter dir? Oder ist er dir gleichgestellt? – Rangmäßig ist er mir untergeordnet. Aber in der Praxis spielt das kaum eine Rolle.

(bei jm.) **untenan stehen** *selten* – ≠ (bei jm.) (nicht) (gerade/...) **obenan stehen** · to be low on/at the bottom of/... s.o.'s list of priorities

plötzlich/... vor jm./etw. **stehen** · 1. 2. to (suddenly/...) be standing in front of s.o./s.th.

1. Gestern schlendere ich in aller Gemütsruhe durch die Innenstadt, und plötzlich steht der Thilo Kraemer vor mir. – Ich dachte, der wohnt jetzt in Augsburg. – Er war geschäftlich hier in München. Wir hatten uns schon Jahre nicht mehr gesehen ...

2. ... Die Richtung, in die wir gehen mußten, wußte ich, aber mehr auch nicht. Und da wir nicht fragen wollten, gingen wir so nach Gefühl. Aber siehe da, plötzlich standen wir vor dem Museum. Es war viel näher, als ich angenommen hatte ...

(sehr) wackelig stehen *Unternehmen u. ä; Schüler u. a.* · 1. to be wobbly, to be shaky, to be in a bad way/in trouble/..., 2. + s.o.'s maths/... is shaky

1. ... Im nächsten Jahr, im nächsten Jahr ... – wer weiß ob Schuckert da überhaupt noch existiert! – Wie, meinst du, die machen pleite? – Im Augenblick steht die Firma jedenfalls sehr wackelig, da muß man mit allem rechnen.

2. ... Du sagst, der Heinz steht in der Schule/in Mathematik/... sehr wackelig. Der bleibt aber doch nicht sitzen? – Wer weiß? ...

zu jm. **stehen** · 1. to stand by s.o., 2. to stand up for s.o.

1. vgl. – zu jm. **halten** (2; u. U. 1)
2. vgl. – jm. die **Stange halten** (1; a. 2)

einen stehen haben *sal* · to get a hard on

(Zwei Freundinnen in einer Unterhaltung über einen jungen Mann:) Der Peter hat nur das Eine im Kopf. Der braucht nur eine Frau zu sehen, die ihm halbwegs gefällt oder die etwas aufreizend aussieht, dann hat er gleich einen stehen.

stehen bleiben · 1. 2. 3. to stop, 2. to come to a standstill

1. Mit der Marta spazieren (zu) gehen ist wirklich aufreibend. Alle paar Meter bleibt sie stehen, um irgendeine Pflanze zu bestaunen, nach jedem Vogel in irgendeinem Baum Ausschau zu halten ...

2. ... Und plötzlich blieb die Maschine stehen, mit einem Ruck, und was wir auch versuchten: sie fing nicht wieder an zu laufen. ...

3. Wieviel Uhr hast du? – Acht Uhr. – Acht Uhr? Unmöglich! Es ist wenigstens halb zehn. – Moment mal ... Du hast recht, Mann: meine Uhr ist stehen geblieben. Ich hatte vergessen, sie aufzuziehen.

bei etw./hierbei/dabei **kann**/darf/sollte/wird/... j. **nicht stehen bleiben** · we/... cannot/should not/must not/... leave it at that, we/... cannot/should not/must not/... stop at that

... Natürlich, wir müssen den Export steigern, wenn wir aus den roten Zahlen herauskommen wollen. Aber dabei können wir nicht

stehen bleiben; das ist nur der erste Schritt. Danach – oder schon gleichzeitig – müssen wir alles tun, um die Personalkosten zu reduzieren.

wie angewurzelt stehen bleiben (vor Schrecken/...) – wie **angewurzelt** dastehen/stehenbleiben/... (vor Schrecken/...) *path* · to stand rooted to the spot (with fear/surprise/...)

einen Zug/ein Auto/... zum Stehen bringen *form* · to bring a car/train/... to a stop, to stop a car/train/...

... Plötzlich platzte der Reifen weg. Bei der Geschwindigkeit und der Nässe war es gar nicht leicht, den Wagen zum Stehen zu bringen, ohne einen Unfall zu verursachen oder von der Straße abzukommen ...

wo waren wir/... stehen geblieben? *Schulspr* · 1. 2. where were we?, where did we get to?, where did we stop?

1. (Nach einer Unterbrechung; der Lehrer:) Wo waren wir stehen geblieben, bevor der Herr Direktor hereinkam? – Auf der Seite 12, zweiter Absatz, 'wenn die allgemeinen Bedingungen ...' – Ach ja, fahren wir da also fort ...

2. Wo waren wir gestern stehen geblieben, Erich? – Bei der Frage, wie sich der Sozialismus definieren läßt. – Gut, dann ...

zum Stehen kommen *Auto/Zug/... form* · 1. to stop, to come to a standstill/halt, 2. to come to a stop

... Zwei, drei Meter weiter, und der Wagen wäre in das Schaufenster gefahren. Er kam noch so gerade vor der Laterne, die da an der Ecke steht, zum Stehen. – Wie hat der Willi das denn gemacht, wenn die Bremse versagte? – Indem er vom dritten in den zweiten und dann in den ersten Gang runterschaltete und dann die Handbremse zog.

2. vgl. – (Zug: eher) zum **Halten** kommen

jm. teuer zu stehen kommen – jm. teuer zu stehen **kommen** · to cost s.o. dear, + to pay dearly for s.th.

stehen können *Schwimmen* · to be able to stand (up)

... Nichtschwimmer dürfen natürlich nur in dem Teil des Beckens/da schwimmen, in dem/wo man stehen kann.

seinen Schirm/... in/auf/... stehen lassen · to leave an umbrella/... behind

Hast du meinen Schirm hier weggenommen, Christa? – Ja. – Und wo ist er? – Hm ..., ich hab' ihn in der Turnhalle stehen lassen. – Ja, und? – Als ich gestern nachschaute, war er weg. – Dann kaufst du mir von deinem Taschengeld einen neuen, meine Liebe!

ein halbes Kotelett/... stehen lassen · to leave a chop/..., to leave food untouched

... Aber Junge, willst du denn so ein herrliches Schnitzel stehen lassen? – Ich krieg' es beim besten Willen nicht mehr auf/ich kann nicht mehr essen, beim besten Willen nicht, Vater. Es war einfach zu viel.

Worte/... stehen lassen · to leave s.th. unchanged, to leave s.th. in, to let s.th. stand as it is

... Nein, diesen Absatz würde ich stehen lassen. Selbst auf die Gefahr hin, daß er auf Kritik stößt: den würde ich nicht streichen. – Aber die haben mir nahegelegt, alles aus dem Manuskript herauszunehmen, was Anstoß erregen könnte.

eine Erinnerung/... stehen lassen · not to go into s.th., not to spoil a memory/...

(Nach der Trennung einer Freundschaft:) Sprechen wir jetzt nicht mehr von diesem nächtlichen Spaziergang, Willy! Lassen wir ihn/ unsere Erinnerung daran/alles so stehen, wie es auf oder in uns gewirkt hat! Wenn wir weiter darüber reden, werden wir auch unsere letzten schönen gemeinsamen Stunden noch zerstören.

jn. (einfach/...) stehen lassen · to (just/...) leave s.o. standing

... Stell' dir vor, ich unterhalte mich mit diesem Kerl da ganz gemütlich an der Ecke Olga-Martinstr., da kommt die Christl Roth, lächelt ihn an ... und was macht der?: dreht sich um, läßt mich da einfach an der Ecke stehen und spaziert mit ihr von dannen.

einen stehen lassen *sal* – einen **fahren** lassen · to let one go, to let off, to drop one's gut

alles stehen und liegen lassen und abhauen/... ugs · to (just/...) drop everything and leave, to leave everything behind

... Aber man kann doch als verheiratete Frau und Mutter von drei Kindern nicht von einem Tag auf den andern alles stehen und liegen lassen und verschwinden! – Was heißt: 'Man kann nicht?' Wenn man es einfach nicht mehr aushält ...

so müde sein, daß man im Stehen schlafen könnte *path* – **todmüde** (sein) · to be dead tired, to be dead beat, to be shattered

Stehkonvent: einen Stehkonvent abhalten/(...) *iron selten* · to be having a good natter, to stand around chatting/talking/...
... Den Klaus Richard? Ja, den hab' ich gesehen. Der hält draußen auf dem Flur mit einigen Leuten aus dem Französischseminar einen Stehkonvent ab. – Wo stehen die? – Vor dem Hörsaal 312. Die siehst du sofort – ein Grüppchen, das da über Politik diskutiert ...

stehlen: sich aus dem Haus/dem Zimmer/... **stehlen** · 1. to steal out of the house/room/..., 2. to sneak out of a house/..., to slink out of a house/...
1. ... Ist der Anton schon weggegangen? – Ja, der hat sich eben, als ihr so scharf diskutiert habt, aus dem Zimmer gestohlen. – Das hab' ich gar nicht bemerkt ...
2. vgl. – (eher:) sich aus dem Haus/einer Hütte/... **schleichen**

steht: das Referat/der Artikel/... **steht** *ugs* · the talk/article/... is ready, the talk/article/... is completed
... Wie lange wirst du für die Vorbereitung deines Referats noch brauchen? – Das Referat/der Text steht. Ich brauch' das ganze nur noch mit der Maschine zu tippen/(abzuschreiben).

auf Diebstahl/Steuerhinterziehung/Verführung Minderjähriger/... **steht** Gefängnis/Zuchthaus/die Todesstrafe/... *form* · + theft/tax evasion/statutory rape/... is punishable by imprisonment/the death penalty/...
... Auf Mord steht doch auch bei euch die Todesstrafe, oder? – Nein, die Todesstrafe ist bei uns abgeschafft. Wer jemanden ermordet, kriegt lebenslänglich/(kommt lebenslänglich ins Zuchthaus/Gefängnis).

wo steht (denn) (geschrieben), daß .../es steht (doch) nirgends (geschrieben), daß ... *ugs* · 1. 2. who says that ...?, where does it say that ...?, there is no law that says that ...
1. ... Aber man kann doch die Arbeitszeit nicht noch weiter verkürzen! – Warum denn nicht? Wo steht denn geschrieben, daß der Mensch dazu geschaffen wurde, sein ganzes Leben nichts anderes zu tun als zu arbeiten?! – Ja, ja, gut! ...
2. ... Wo steht denn geschrieben, daß ich die Abrechnungen immer machen muß?! Das soll jetzt mal ein anderer machen!

es steht gut/glänzend/... **um** etw./(jn.)/(mit jm.) *form* – (eher:) es ist gut/glänzend/... um etw./(jn.)/(mit etw./jm.) **bestellt** · + s.o.'s prospects are excellent, + s.o.'s future looks bright/rosy/..., + this area/... is well-off for wine/..., the wine/... here is excellent/..., + s.o. is well-off, + s.o. is in an excellent position/...

es steht nicht gut/schlecht/... um etw./(jn.)/(mit jm.) *form* – um etw./(jn.)/(mit etw./jm.) ist es nicht gut/... **bestellt** · + the situation/... is difficult, + it is difficult to find s.o./s.th., + s.th. is in bad way

(so) **ähnlich steht es/**(die Sache) **mit** jm./etw. (auch) · it's the same with me/Mary/my brother/..., it's the same story with him/Mary/...
Ich hatte angenommen, ich würde sofort einen neuen Job finden. Von wegen/Flötepiepen! Jetzt bin ich schon fast drei Monate arbeitslos. – Mit meinem Bruder steht es ähnlich. Der sucht seit anderthalb Monaten vergeblich eine Stelle.

es steht (allein/ganz) **bei** jm., **ob** .../... *form* · it is (entirely/...) up to him/John/... whether to ...
... Wir haben getan, was wir konnten, um dem Utz diese Stelle zu besorgen. Jetzt steht es bei ihm, ob er sich da gut einlebt, was er daraus macht ... Wir können jetzt nichts mehr tun.

es steht (noch/...) **dahin, ob** .../... *form* · it remains to be seen whether ...
Man hat eine ganze Reihe Maßnahmen getroffen, um die Arbeitslosenzahl zu senken; aber ob diese Maßnahmen wirklich helfen/greifen, das steht noch dahin. – Das müßte sich aber bald zeigen.

alles steht durcheinander in .../bei .../... – alles ist/steht/liegt/... bunt/kunterbunt/(wirr) **durcheinander** in/bei/... · everything is in a complete mess at/in/...

etw. **steht und fällt mit** etw. · it/s.th. (all) depends on s.th./whether ...
Was meinst du, wird aus deiner Professur noch etwas? – Die steht und fällt mit den neuen Sparmaßnahmen. Wenn die Mittel/Gelder der Universitäten nochmal gekürzt werden, dann wird die Stelle gestrichen. Aber wenn die Universitäten diesmal ungeschoren davonkommen, dann bekomme ich die Stelle.

es steht jm. (völlig) **frei/**(offen), **ob/wie/...** · it is (completely/...) up to you/John/... whether/how/..., + s.o. is (completely/...) free to do s.th.
... Es steht Ihnen frei, ob Sie zuerst den historischen und dann den theoretischen Teil der Arbeit fertigstellen wollen oder umgekehrt. – Wenn ich da wählen kann, mache ich zuerst den historischen.

das/etw. **steht** jm. **(schon) bis hier/hierher/hier oben** *mit einer Geste: offene Hand quer unter der Nase sal* – jm. (schon) bis oben **stehen** · + I/we/he/... have/... had it up to here

es steht zu hoffen/befürchten/(...), **daß** ... *form* · 1. 2. it is to be hoped/feared/... that/...
1. vgl. – es steht zu **hoffen**, daß ...
2. vgl. – es steht zu **befürchten**, daß ...

da steht man/stehst du/... **machtlos vis-à-vis/**gegenüber/(davor) *sal* · one is/you are/... powerless
... Was willst du da machen, wenn die ganze Belegschaft wie ein Mann gegen die Entscheidung der Geschäftsleitung, eine Stunde länger zu arbeiten, protestiert und einfach nicht weiterarbeitet? Da stehst du machtlos vis-à-vis!

hier/da/... **steht** (doch) **schwarz auf weiß (geschrieben/**(gedruckt)) *path* · it's (down) here in black and white
... Wenn hier schwarz auf weiß (geschrieben) steht, daß die Steuern erhöht werden, kannst du doch nicht behaupten, sie werden gesenkt! – Was die da schreiben, hat gar nichts zu bedeuten. Ich weiß aus sicherer Quelle, daß die Steuern gesenkt werden.

wie steht's? *ugs selten* – was macht die **Kunst?** · how's tricks?, how are things?

Stehvermögen: Stehvermögen haben/zeigen/beweisen/... · to have/... staying power, to have/... stamina
... Wenn du bei diesen Leuten kein Stehvermögen hast, wirst du nach Strich und Faden fertiggemacht. Die sind in der Lage und verhandeln monatelang, immer mit demselben undurchdringlichen Lächeln, immer mit derselben Zähigkeit! – So schnell laß ich mich nicht mürbe machen.

steif: steif vor Kälte/... **sein** *path* – **starr** vor Kälte/Schrecken/Erstaunen/... sein (1) · to be frozen stiff, to be numb with cold, to be paralysed with fright/fear

Steigbügel: jm. **den Steigbügel halten** · 1. to hold s.o.'s stirrup, 2. to advance s.o.'s career, to help s.o., to give s.o. a leg-up *coll*
1. ... Wem hält man den Steigbügel, Papa? – Einem Reiter, der aufs Pferd steigt, mein Junge. *Reiten*
2. ... Wenn der Koller den Kanzler bedingungslos unterstützt, ist das kein Wunder. Der Kanzler hat ihm schließlich in allen kritischen Phasen seiner politischen Karriere den Steigbügel gehalten. Ohne ihn wäre er beispielsweise nie Parteivorsitzender geworden. *form selten*

Steigbügelhalter: js. **Steigbügelhalter sein** *form selten* – jm. den **Steigbügel** halten (2) · to advance s.o.'s career, to help s.o., to give s.o. a leg-up *coll*

steigen: dahinter steigen *ugs* – dahinter **kommen** · to find out, to work out

hinter jn./js. Absichten/Pläne/.../(etw.) **steigen** *ugs* – hinter jn./js. Absichten/Pläne/.../(etw.) **kommen** · to find out what s.o. is up to, to work out what s.th. is about

Stein: hart wie Stein sein *Brot u. ä. path* · to be stone-hard
… Dieses Brot kann man doch nicht mehr essen, das ist doch hart wie Stein! – Das liegt hier schon mehr als eine Woche …

kalt wie Stein sein *path selten* – kalt wie **Marmor** sein · to be as cold as marble

(schließlich/…) nicht aus Stein sein *ugs* · 1. 2. not to be made of stone, to be only human
1. … Ob ich mich habe rühren lassen? Natürlich! Ich bin ja schließlich nicht aus Stein. Eine solch bewegende Geschichte rührt jeden, der (ein) Herz hat.
2. … Du mußt ein bißchen mehr Rücksicht auf deine Mutter nehmen, Otto! Die ist schließlich nicht aus Stein! Wenn du vor allen Leuten so negativ von deiner Kindheit sprichst, muß sie sich getroffen/verletzt fühlen.

schlafen wie ein Stein *ugs* – *path* – schlafen wie ein **Bär** · to sleep like a log

kein Stein bleibt auf dem ander(e)n *path selten* · not a stone is/was left standing, + to be smashed to pieces
… Wenn diese Kämpfe noch einen einzigen Monat so weitergehen, bleibt hier kein Stein auf dem anderen. Dann ist diese Stadt vom Erdboden wegrasiert.

keinen Stein auf dem ander(e)n lassen *path* · not to leave a stone standing, to flatten (a building), to smash s. th. to pieces, to raze s. th. to the ground
War eure Stadt im Krieg zerstört? – Zerstört? Sie war vom Erdboden wegrasiert! Die Alliierten haben keinen Stein auf dem andern gelassen.

(für jn./(jm.)) ein Stein des Anstoßes (sein) *form* · the obstacle (for s. o.) is …, the stumbling block (for s. o.) is/…, the bone of contention (for s. o.) is …
An sich ist der Dr. Posser natürlich der geeignetste Kandidat für den Posten des Oberbürgermeisters. – Und warum wählen sie ihn dann nicht? – Ich glaube, der Stein des Anstoßes ist nach wie vor die Tatsache, daß er mit einer Schauspielerin in wilder Ehe zusammenlebt. – Ah, das schockiert die allerchristlichen Abgeordneten?

es friert Stein und Bein *path veraltend selten* · it's freezing, it's perishing *coll*, it's brass monkeys *coll*
Mensch, das friert ja Stein und Bein heute! Wieviel Grad mögen das sein? – 15/20 Grad unter Null … – Diese Kälte geht einem durch alle Knochen.

Stein und Bein schwören *path veraltend selten* · to swear blind that …, to swear by all that's holy that …
… Der Karl hat Stein und Bein geschworen, er hätte das Geld nicht vom Tisch genommen. Und jetzt sagt der Klaus, er hätte mit eigenen Augen gesehen, wie der Karl es weggenommen hat. Kann man dem Jungen denn überhaupt nicht mehr glauben?

bei jm. einen Stein im Brett haben *ugs* · to be in s. o.'s good books, to be well in with s. o.
… Der Fischer hat bei unserem Chef einen Stein im Brett. Dem schlägt der Alte so leicht nichts ab/der kann sich ruhig mal eine Dummheit leisten. – Warum ist der Chef denn gerade dem Fischer so wohl gesonnen? …

es könnte einen Stein erbarmen/erweichen (wenn …/…) *path selten* – etw. greift ans **Herz**/es greift ans Herz, wenn … · to be heartbreaking/heart-rending to see …

(j. dachte, j. würde/…) zu Stein erstarren/wie zu Stein erstarrt dastehen/… *path selten* · 1. (s. o. thought s. o. would) turn to stone, 2. to stand there petrified, to be rooted to the spot, to stop in one's tracks
1. Als ich sah, wie der Jörg wie zu Stein erstarren, so ausdruckslos wurde sein Gesicht, als er von der Scheidungsklage seiner Frau hörte. Ihn trösten zu wollen hatte gar keinen Sinn, er stand völlig teilnahms- und regungslos da.
2. vgl. – wie **versteinert** sein/da stehen/…

eine Figur/… in Stein hauen/meißeln *path* · to carve s. th. in stone
(Vor dem Beethovendenkmal in Bonn:) So in Stein gehauen wirkt ein Mann wie Beethoven doch ganz anders als auf einer Fotografie, oder?!

einen Stein statt ein Herz haben *path selten* – ein **Herz** aus Stein haben · to have a heart of stone

jm. fällt ein Stein vom Herzen · + it/that is a weight/load off s. o.'s mind
… Ach, Manfred! Mir fällt ein Stein vom Herzen – Mutter hat die Operation glücklich überstanden. Uff!

jm. einen Stein vom Herzen nehmen (mit etw.) *selten* · to take a load off s. o.'s mind *coll*, to take a weight off s. o.'s mind
… Was?! Vater hat die Operation glücklich überstanden? Bestimmt? Gott sei Dank! Mit dieser Nachricht nimmst du mir einen Stein vom Herzen. Was habe ich eine Angst gehabt, daß da etwas schiefgeht.

einen Stein statt des Herzens unter der Brust haben *path selten* – ein **Herz** aus Stein haben · to have a heart of stone

jm. fällt kein Stein aus der Krone (wenn/…) *ugs* – jm. fällt keine **Perle** aus der Krone (wenn/…) · it won't hurt s. o. to …, it won't do s. o. any harm to …

der Stein kommt ins Rollen · the ball starts rolling
… Aber die Abrechnungen im Institut werden doch seit eh und je nachlässig gemacht! – Es war halt niemandem aufgefallen – bis ein Vertreter des Finanzministeriums bei einem offiziellen Abendessen zufällig davon hörte. – Und da kam der Stein ins Rollen? – Ja, denn der hatte natürlich nichts Eiligeres zu tun als die Bücher prüfen zu lassen, und da war der Skandal da.

den Stein ins Rollen bringen · 1. 2. to set the ball rolling, to get things going
1. … Aber die Abrechnungen in dem Institut werden doch schon seit zig Jahren so nachlässig gemacht! – Es war niemandem aufgefallen – bis der Leiter auf einem offiziellen Empfang eine leichtsinnige Bemerkung machte, die einen zufällig anwesenden Vertreter des Finanzministeriums hellhörig werden ließ. – Und der brachte dann den Stein ins Rollen? – Klar. Er veranlaßte eine genaue Prüfung der Bücher …
2. … Erst eine leichtsinnige Bemerkung des damaligen Leiters brachte den Stein ins Rollen. …

jm. fällt ein Stein von der Seele *path* – jm. fällt eine **Last** von der Seele/(vom Herzen) · it/that is a weight/load off s. o.'s mind

jm. einen Stein setzen *form* · to put up a gravestone (for s. o.)
… Natürlich setzen wir unserem Vater einen Stein – ganz egal, ob unsere Mutter das will oder nicht. Zu einem vernünftigen Grab gehört auch ein Stein.

(j. meint/…, etw. ist/…) der Stein der Weisen *iron* · to think s. th. is/to think one has found/… the philosopher's stone
Der Toni redet daher, als hätte er den Stein der Weisen gefunden! Als ob sich ein derart kompliziertes Problem mit so ein paar Ideen lösen ließe, auf die jeder kommt, der ein bißchen nachdenkt.

(j. dachte, j. würde/…) zu Stein werden *path selten* · 1. 2. (l/we/they/… thought s. o. would) turn to stone
1. Sa sah aus, als würde er zu Stein werden, so eisig guckte der Willy uns an, als wir ihm erklärten, nicht er, sondern der Ullrich würde die Fahrt leiten.
2. vgl. – (j. dachte, j. würde/…) zu Stein erstarren/wie zu Stein erstarrt dastehen/… (1)

den ersten Stein auf jn. werfen *mst innerhalb des ganzen Zitats, wie im Beispiel Bibel* · to be the one who casts the first stone, let him who is without guilt cast the first stone
… Wer so einen Lebenswandel führt wie der Ulli, der soll ruhig mal … – Mein lieber Georg: 'Wer ohne Schuld ist, werfe den ersten Stein', so oder so ähnlich steht es in der Bibel. Wir wissen nicht, wie und warum der Ulli auf die schiefe Ebene geraten ist. Ich für meinen Teil werde mich jedenfalls hüten, den Stab über ihn zu brechen. Mir tut er nur leid.

steinalt: steinalt (sein) *ugs* – so alt wie **Methusalem** sein/werden/… · to be really ancient

Steine: jm. **Steine statt Brot geben** *Bibel veraltend selten* · to give people stones to eat instead of bread *para*

... Dieses ganze Gerede nützt doch niemandem! Die Leute brauchen Hilfe, kein Geschwätz. – Ganz meiner Meinung, Toni, ganz meiner Meinung! Was soll es, den Leuten Steine statt Brot zu geben? Also, jetzt mal ganz konkret: was können wir tun?

lieber Steine klopfen/(karren) *ugs – path* · s.o. would do anything rather than that, s.o. would rather break stones than do that *para*

... In so einem Intrigantenladen arbeiten?! Und das Jahre und Jahre?! Auf keinen Fall! Lieber Steine klopfen!

jm. **Steine in den Weg legen** · to put obstacles in s.o.'s path, to make things/life/... difficult for s.o., to put a spoke in s.o.'s wheel *coll*

... Ich weiß gar nicht, warum der Hausmann unserem Jürgen dauernd Steine in den Weg legen muß! Wenn er ihn in seiner Karriere schon nicht fördern will, dann soll er sich wenigstens aus allem heraushalten! Aber diese dauernde Querschießerei, diese Sucht, Hindernisse aufzubauen ...! Entsetzlich!

(jm.) **die Steine aus dem Weg räumen** *selten* · to smooth s.o.'s path, to make things easy for s.o.

... Wenn mir jemand dauernd die Steine aus dem Weg räumen würde, wie dein Vater es bei dir tut, dann wäre ich auch schon viel weiter. – Meinst du, nur mein Vater ... – Ach, nun sag' bloß noch, daß der nicht immer sofort in Aktion tritt, wenn irgendwelche Schwierigkeiten auftauchen, um seinem Töchterchen den Weg zu ebnen.

(jm. etw. sagen/... ist dasselbe wie) **den Steinen** (zu) **predigen** *ugs* – (eher:) (vor) tauben **Ohren** predigen · telling s.o. s.th. is like talking to a brick wall

Steinerbarmen: zum Steinerbarmen sein *path selten* – etw. greift ans **Herz**/es greift ans Herz, wenn ... · it/s.th. is enough to melt a heart of stone, to see/... s.th. is enough to melt a heart of stone

zum Steinerbarmen heulen/(weinen) *path selten* – heulen/(weinen) wie ein **Schloßhund** · to cry one's eyes out, to howl one's head off

Steinerweichen: zum Steinerweichen sein *path selten* – etw. greift ans **Herz**/es greift ans Herz, wenn ... · it/s.th. is enough to melt a heart of stone, to see/... s.th. is enough to melt a heart of stone

zum Steinerweichen heulen/(weinen) *path selten* – heulen/(weinen) wie ein **Schloßhund** · to cry one's eyes out, to howl one's head off

steinreich: steinreich sein *ugs* – **Geld** wie Heu haben · to be filthy rich, to be rolling in it

Steinwurf: (nur) einen Steinwurf weit sein/entfernt sein/liegen/... *ugs veraltend selten* · to be/to live/... (only) a stone's throw away from s.o.

... Wenn der Bäcker nur einen Steinwurf weit weg ist, dann könnte die Christl doch vielleicht eben ein paar frische Brötchen holen. – (Christl:) Ich geh' schon, Onkel Herbert. Das ist doch gleich dort drüben.

Steinwüste: eine (einzige/regelrechte/...) **Steinwüste sein** *path* · to be (a real/nothing but a/...) rocky desert/stony desert/desert of rock/desert of stone

(In den nordportugiesischen Bergen:) Mein Gott, ist das eine rauhe, unwirtliche Gegend hier – eine richtige Steinwüste! – Rauh – ja, Steinwüste – nein! Im Gegenteil: ein erhabener Eindruck, ein Gefühl des Ewigen! – Ja, wie die Wüste!

Stelldichein: sich ein Stelldichein geben *veraltend selten* · to have a rendezvous (with s.o.), to have an assignation (with s.o.)

(Ein Freund zu einem Vater:) Aber wenn sich eure Ursel und der Peter ein ganzes Jahr hindurch regelmäßig nachts heimlich getroffen haben, dann hättet ihr doch herauskriegen müssen, wann und wo. – Ich bin doch kein Polizist, Mensch, der ausspioniert, wo sich junge Leute ein Stelldichein geben!

Stelle: an deiner/seiner/... **Stelle** ... · if I were you/him/..., if I was you/him/...

... An deiner Stelle würde ich ein bißchen vorsichtiger sein bei dem Albert. Du weißt nicht, was er dem Richard alles weitersagt von dem, was du ihm erzählst.

an Stelle von jm./etw. · 1. 2. instead of s.o./s.th. 1. in place of s.o.

1. ... An Stelle von dem alten Herrn Maurer erschien der Herr Malberg. – Und hat er den Alten gut vertreten? – Ausgezeichnet.
2. ... Gut, wenn ihr die Geschichtsbücher noch nicht habt, dann machen wir in der nächsten Stunde an Stelle von Geschichte Deutsch und in der übernächsten Deutsch statt Geschichte.

an erster/(zweiter/...) **Stelle** etw. **tun** *form* · (to do s.th.) first of all, (to do s.th.) first and foremost/in second/... place

... An erster Stelle würde ich die finanzielle Seite klären. Das ist das Wichtigste. Dann kommt das andere.

an anderer Stelle (etw. genauer ausführen/...) *form* · I/... have explained/... in greater detail/... elsewhere

(Aus einer wissenschaftlichen Arbeit:) Ich habe an anderer Stelle bereits darauf aufmerksam gemacht, daß 'perfektiv' und 'imperfektiv' keine Begriffe zur Fassung der Zeit, sondern Aspektkategorien sind; ich brauche also hier nicht näher darauf einzugehen. An dieser Stelle will ich lediglich darauf hinweisen, daß ...

auf der Stelle zu etw. **bereit sein/**... *form* · to be prepared to do s.th. right away/straight away

... Hat der Walter den Vorschlag denn angenommen? – Auf der Stelle. Ich hatte ihm die Sache kaum bis zu Ende erklärt, da sagte er schon: 'einverstanden'.

an dieser Stelle (darauf hinweisen/...) *form* – ≠ an anderer **Stelle** (etw. genauer ausführen/...) · to mention/... here/at this point/...

an exponierter Stelle stehen/(...) *form – path* · to be in a prominent position

... Wer heute an exponierter Stelle steht, Herbert, ist doch im Grunde ein Sklave der öffentlichen Meinung! Überleg' mal, was die Zeitungen alles über die Leute bringen, die 'oben sind'! Die wissen oder erfahren doch alles, wenn sie wollen.

an führender Stelle an etw. **mitwirken/**mitarbeiten/... *form* · to play a leading part in (doing) s.th., to play a prominent part in (doing) s.th.

... Der Otto Paulik? Wußtest du nicht, daß der an führender Stelle an den Verträgen mitarbeitet, die der Bund mit Ländern der Dritten Welt schließt? Das ist einer der wichtigsten Leute auf diesem Gebiet.

sich an höherer Stelle erkundigen/an höherer Stelle vorsprechen/... *form* · to ask/to enquire/to complain to/... a higher authority, to complain/... to s.o. higher up

... Wenn ich bei Ihnen die Bescheinigung nicht bekomme, muß ich ja wohl an höherer Stelle vorsprechen. – Das bleibt Ihnen unbenommen. Wenn Sie meinen, daß Sie bei den höheren Instanzen mehr erreichen ...

eine offene/freie **Stelle** · a vacancy

... Du sagst, es gibt um die vier Millionen Arbeitslose. Weißt du auch, wieviel offene Stellen es laut offizieller Statistik gibt? – Eine halbe Million. – Mehr! In manchen Berufen suchen die Leute verzweifelt nach Personal und finden keins.

an der üblichen Stelle liegen/sitzen/... · to leave/to be/... in the usual place

(Eine Mutter zu ihrem Sohn, der am Abend ausgehen will:) Den Schlüssel laß ich wieder an der üblichen Stelle. – Hinter dem Rosenstrauch im Garten, nicht? – Ja.

an erster/zweiter/.../der ersten/zweiten/... **Stelle sein** – an erster/zweiter/... **Stelle stehen** (1) · to be/to come/... first/second/..., to be in first/second/... place

an erster/zweiter/... **Stelle** etw. **sein** *form* · to be first and foremost a translator/..., to be in the first/second/... place a designer/interpreter/...

... An erster Stelle ist unser Klaus-Peter literarischer Übersetzer; erst danach – an zweiter Stelle – dolmetscht er von Zeit zu Zeit für Schuckert!

an führender Stelle (in der Industrie/Wirtschaft/...)/(bei ...) **tätig sein**/**arbeiten**/... *form* – (eher:) einen führenden **Posten** (in der Industrie/Wirtschaft/...)/(bei ...) haben · to have a prominent/leading/... position in industry/commerce/...

j. möchte nicht an js. Stelle sein – j. möchte nicht in js. **Haut** stecken · I/he/Mary/... would not like to be in s.o.'s shoes

ohne Stelle sein · to be out of work, to be without a job
... Jetzt ist der Friedhelm schon mehr als ein Vierteljahr ohne Stelle. – Irgendwann wird er schon was finden. Ein junger Mann, der arbeiten will, bleibt doch nicht ewig arbeitslos.

(in .../bei ...) (nicht) an der richtigen Stelle sein *form* · (not) to be in the right place, (not) to have come to the right place
... Guten Tag. ... Ich komme wegen der Verlängerung meines Reisepasses ... – Da sind Sie hier nicht an der richtigen Stelle. Da müssen Sie zur Paßabteilung, Zimmer 7, gehen.

eine schwache Stelle sein (in etw.) · s.th. is a weakness in s.o.'s argument/performance/..., s.th. is a weak point in s.o.'s argument/performance/...
... In einem Punkt hat mich seine Gedankenführung nicht überzeugt: da, wo er von der prinzipiellen Überlegenheit des sozialistischen Systems spricht. – Das ist eine schwache Stelle in dem Buch, das finde ich auch/das ist eine schwache Stelle in seiner Beweiskette, das meine ich auch.

eine wunde/verwundbare/(empfindliche) Stelle von/(bei) jm. **sein** *selten* · it's/s.th. is a sensitive spot with s.o. *coll*, it's/s.th. is a sore point with s.o.
Über den Tod seiner Frau solltest du mit dem Herrn Wolff nicht sprechen. Das ist eine verwundbare Stelle bei ihm, noch immer.

zur Stelle sein · 1. 2. 3. to be here/there, 2. to be on the spot, 3. to be at hand
1. ... So, Herr Schulze, wir sind zur Stelle. Es kann losgehen. – Ihr kommt einmal wieder auf die Minute. Prima. Fangen wir an!
2. So einen Freund wie den Friedel gibt es nicht noch einmal. Wenn man den braucht, ist er zur Stelle. Sofort.
3. Die Christa ist immer zur Stelle, wenn ihre Hilfe erwartet wird. Ohne zu zögern und egal, bei wem.

eine führende Stelle (in der Industrie/Wirtschaft/...) (bei ...) **haben** *form* – (eher:) einen führenden **Posten** (in der Industrie/Wirtschaft/...)/(bei ...) haben · to have a prominent/leading/... position in industry/commerce/...

keine/(eine) **schwache Stelle haben** *selten* · to have (no) weaknesses, to have a/no weak point(s)
... Wenn der Kreuder euch in eurer Arbeit derart scharf kritisiert, müßt ihr euch wehren! Der hat doch bestimmt auch eine schwache Stelle/(schwache Stellen). – Der nicht! Dieser Mann ist unangreifbar.

(in/bei/...) eine/seine Stelle antreten (als ...) *form* · to take up a/one's post (as ...) (in/at/...)
Am 15. Dezember wird der neue Generalkonsul hier endlich seine Stelle antreten. – Hoffentlich ist er kompetenter als der jetzt (aus dem Dienst) scheidende.

seine Stelle gut/... **ausfüllen** · to do one's job well, to be well fitted for a post/job/...
Obwohl der Krumm jahrelang in einem ganz anderen Sektor gearbeitet hat, füllt er seine neue Stelle hervorragend aus. Kein Mensch hier hätte gedacht, daß er in so kurzer Zeit einen so kompetenten und effektiven Verkaufsleiter abgeben würde.

eine wunde Stelle (bei jm.) **berühren** *selten* – einen wunden **Punkt** (bei jm.) berühren · to touch on a sore point (in s.o.'s life/...)

dem Gegner/... **eine/keine schwache Stelle bieten**/(zeigen) *form selten* · to reveal/... a/no weakness/weak point/chink in one's armour
Es war nicht klug von dem Walter zuzugeben, daß er den Hergang der Sache nur durch Erzählungen Dritter kennt. Dadurch hat er der gegnerischen Partei eine schwache Stelle geboten, die sie jetzt natürlich ausnutzt.

etw. nicht von der Stelle bringen/(kriegen) – etw. nicht vom **Fleck** bringen/(kriegen) · + s.th. cannot be budged/moved/shifted/...

jn. an/(bei) **seiner schwachen Stelle fassen** *selten* – jn. an/(bei) seiner schwachen **Seite** fassen · to take advantage of s.o.'s weak spot, to attack s.o.'s weak spot

eine Stelle finden · to find a job
... Der Ulrich ist schon wieder arbeitslos? – Ja, und was noch schlimmer ist: in seinem Beruf ist es verteufelt schwer, eine Stelle zu finden.

(mit etw.) an die richtige Stelle gehen · 1. 2. to go to the right place (with s.th.)
1. ... Bist du denn mit deinem Antrag auch an die richtige Stelle gegangen? – Natürlich – zum Sozialamt. Bevor ich mich auf den Weg gemacht habe, habe ich doch extra noch da angerufen, um mich zu vergewissern, daß die für die Sache auch zuständig sind.
2. vgl. – sich an die richtige **Stelle** wenden (mit etw.)

die erste/zweite/... **Stelle nach**/vor **dem Komma** *Math* · (to calculate s.th./to work s.th. out/...) to one/two/... decimal place(s)
... Wie genau müssen wir das Ergebnis ausrechnen? – Bis zur zweiten Stelle nach dem Komma. Es handelt sich schließlich um Prozentsätze; die wollen wir schon genau haben.

an erster/zweiter/... **Stelle kommen** · 1. 2. to come first/second/..., to be first/second/...
1. vgl. – (eher:) an erster/zweiter/... **Stelle** stehen (1)
2. vgl. – (eher:) an erster **Stelle** stehen (1)

(bei jm.) an erster/letzter/... **Stelle kommen** · 1. to come first/last/second/... (with s.o./in s.o.'s eyes/...), 2. school/your/... job/... comes first, school/your/... job/... takes priority (over other things)
1. ... An erster Stelle kommt bei meinem Vater der Beruf! Alles andere ist demgegenüber sekundär. – Auch die Familie?
2. vgl. – an erster **Stelle** stehen (1)

nicht von der Stelle kommen (mit etw.) – nicht vom **Fleck** kommen (mit etw.) (2; u.U. 1) · not to be making any headway with s.th., not to be getting anywhere with s.th.

(bei jm./da) an die richtige Stelle kommen/(geraten) (mit etw.) · to get to/to reach/... the right place, to get to/to reach/... the right department
... Ich habe bestimmt bei vier oder fünf Ämtern angerufen, ehe ich endlich an die richtige Stelle kam. – Welches Amt ist denn für die Sache zuständig? – Das Sozialamt.

etw. nicht von der Stelle kriegen/(bekommen) · not to be able to move s.th., not to be able to shift s.th.
(Beim Umräumen in einer Wohnung:) Vielleicht sollten wir auch den Eichenschrank ein bißchen zur Seite rücken! – Den Schrank? Den kriegen wir allein nicht von der Stelle. Wenn du den wegrücken willst, mußt du ein paar Möbelpacker kommen lassen.

an erster/zweiter/der ersten/der zweiten/... **Stelle liegen**/rangieren/(plaziert sein/...) – an erster/zweiter/... **Stelle stehen** (1) · to be in first/second/... place, to be ranked/placed/... first/second/...

sich zur Stelle melden *form* · to report (back)
(Der Abteilungsleiter zu Mitarbeitern, die teilweise im Außendienst arbeiten:) Wenn ihr vom Außendienst zurückkommt, dann meldet ihr euch zur Stelle. Und zwar sofort. Damit jeder weiß, daß ihr wieder da seid.

jn. an/(bei) **seiner schwachen Stelle packen** *selten* – jn. an/(bei) seiner schwachen **Seite** fassen · to take advantage of s.o.'s weak spot, to attack s.o.'s weak spot

an js. Stelle rücken · to take s.o.'s place, to replace s.o.
... Der stellvertretende Direktor wird im kommenden Januar pensioniert, dann rückt unser Willy an seine/(dessen) Stelle.

(nicht) von der Stelle rücken · (not) to move up/to move over, not to budge
(In einem Zug:) Da vorne hätte noch eine Person Platz – wenn die Dame, die da am Fenster sitzt, von der Stelle rücken würde. Aber die

tut so, als merkte sie nicht, daß x Leute stehen, und bleibt stur fast mitten auf der Bank sitzen.

sich nicht von der Stelle rühren – sich nicht vom **Fleck** rühren · not to move/budge/stir/(…), to stay put

jn. (jm.) (sofort/…) zur Stelle schaffen *form oft Imp* · tell s.o. to come here at once, find s.o. and bring him/… here at once

(Der Chef zu seiner Sekretärin:) Wer ist für diesen Brief hier verantwortlich? – Hm …, den hat der Herr Kramm geschrieben. – Ist der in seinem Zimmer? – Nein, er ist gerade herausgegangen, um … – Schaffen Sie mir den Mann sofort zur Stelle! Ich will den unverzüglich wegen dieses Briefs hier sprechen!

an erster/zweiter/… Stelle stehen · 1. to be in first/second/… comes first, school/your/… job/… takes priority (over other things)

1. Wer steht eigentlich in der Bundesliga zurzeit an der Spitze? – An erster Stelle steht nach wie vor Bayern München, an zweiter Köln, dann kommt Hamburg …

2. vgl. – an erster **Stelle** stehen

an erster Stelle stehen · 1. school/your/… job/… comes first, school/your/… job/… takes priority (over other things), 2. to be in the front line, to be in the forefront of s.th.

1. … Und dann habe ich noch Geigenstunde heute nachmittag … – Junge, an erster Stelle steht die Schule. Wenn die Zeit nicht reicht, um die Klassenarbeit für morgen vorzubereiten, mußt du die Geigenstunde verlegen. Die Schule ist das Wichtigste, alles andere kommt nachher.

2. vgl. – (eher:) an vorderster **Stelle** stehen

an der ersten/zweiten/… Stelle stehen – an erster/zweiter/… **Stelle** stehen (1) · to be/to come/… first/second/…, to be in first/second/… place

an vorderster Stelle stehen *form* · to be in the front line, to be in the forefront of s.th.

… Es ist nun einmal etwas anderes, ob du an vorderster Stelle stehst – für alles mit geradestehen mußt, jede Auseinandersetzung selbst mit auszutragen hast – oder ob du einer von den vielen bist, die erst im zweiten oder dritten Glied 'kämpfen'.

an führender Stelle (in der Industrie/Wirtschaft/…)/(bei …) **stehen** *form* – (eher:) einen führenden **Posten** (in der Industrie/Wirtschaft/…/(bei …) haben · to have a leading position in industry/commerce/…

eine Stelle suchen · to look for/to be looking for a job

… Der Ulrich ist nach wie vor arbeitslos? – Ja – Sucht er denn überhaupt eine Stelle? – Was für eine Frage, Kurt! Meinst du, es macht dem Jungen Spaß, auf der Straße zu liegen?

dafür/wenn etw. nicht stimmt/… laß ich mich auf der Stelle totschlagen *ugs – path* · may the Lord strike me down if s.th. is (not) true/…

… Herr Brahmkamp, ich wiederhole – jetzt zum dritten Mal –: der Herr Ohliger hat das haargenau so behauptet, wie ich Ihnen das gesagt habe. Dafür laß ich mich auf der Stelle totschlagen/wenn das nicht stimmt/nicht wahr ist/… laß ich mich auf der Stelle totschlagen.

eine wunde/(empfindliche) Stelle treffen – (eher:) einen wunden/(empfindlichen) **Punkt** treffen · to touch s.o.'s sore point

jn. an einer/seiner wunden Stelle treffen (mit etw.) · to touch s.o.'s sore point

… Mit deiner Frage nach seiner Beförderung hast du den Albert an einer wunden Stelle getroffen. – Wieso? – Weil alle aus der Gruppe, die mit ihm zusammen angefangen haben, befördert worden sind – außer ihm.

an js. Stelle treten *form* · to take s.o.'s place

Wüßtest du jemanden, der an Richards Stelle treten könnte, wenn der seinen Posten als Verkaufschef aufgäbe? Ich kenne niemanden, der ihn auch nur halbwegs zufriedenstellend ersetzen könnte.

auf der Stelle treten (mit etw.) · not to make/to be making any progress (with s.th.), not to make/to be making any headway (with s.th.), to be stuck

Wie geht es mit deiner Dissertation? – Ach, seit Wochen trete ich auf der Stelle. Ich sitze noch genau an demselben Problem, von dem ich damals sprach.

sich an js. Stelle versetzen · 1. 2. to put o.s. in s.o. else's position, 2. to put o.s. in s.o. else's place

1. Du mußt diese Dinge nicht von deiner Perspektive aus beurteilen, Ernst, du mußt dich an Herberts Stelle versetzen! Er hat keinen festen Vertrag, so wie du, er kann von einem Tag auf den anderen entlassen werden. Da kann man nicht so auftreten, wie du dir das leisten kannst.

2. vgl. – (eher:) sich in js. **Lage** versetzen

an höchster/… Stelle vorsprechen *form – path* · to go right to the top , to appeal to the highest authority

… Wenn ich bei Ihnen kein Recht bekomme, muß ich mich an höhere Instanzen wenden! – Und wenn Sie an höchster Stelle vorsprechen, d. h. den Minister persönlich aufsuchen – die Antwort wird immer dieselbe sein: Sie haben in der Sache kein Recht, Herr Schubert!

wenn j. an deiner/seiner/… Stelle wäre, … – an deiner/seiner/… **Stelle** … · if s.o. were in your/his/… position …

(nicht) von der Stelle weichen · 1. not to retreat, not to budge an inch, 2. to refuse to move, to refuse to budge

1. … Drei Tage und drei Nächte dauerte der Angriff der Feinde. Aber trotz deren Übermacht wich unsere Armee nicht von der Stelle.

2. … Obwohl ihm der Polizist befahl zu verschwinden, wich er nicht von der Stelle. 'Das ist mein Freund', sagte er, 'und solange kein Arzt kommt, der ihn versorgt, bleibe ich hier am Unfallort neben ihm'.

sich an die höchste/… Stelle wenden *form – path* · to go right to the top, to appeal to the highest authority

… Wir haben uns in der Sache an die höchste Stelle gewandt, an die man sich wenden kann: wir haben den Minister persönlich angeschrieben. Alles vergeblich!

sich an die richtige Stelle wenden (mit etw.) · to go to the right place (with s.th.)

… Hast du dich mit deinem Antrag denn auch sofort an die richtige Stelle gewandt? – Natürlich! Ans Sozialamt der Stadt Heilbronn. Das ist für die Angelegenheit zuständig.

eine Zahl/(…) mit zwei/drei/… Stellen *Math* · (eher:) eine einstellige/zweistellige/dreistellige/… **Zahl** · a two-/three-/four-/… figure number

die amtlichen Stellen *form* · the authorities, official bodies

… Glaubst du denn wirklich, die amtlichen Stellen behandeln einen Kurden oder Sudanesen genauso wie einen Deutschen?! Wer die Behörden kennt … – Das ist doch überall so: die Bürokratie …

(keine) schwache(n) Stellen haben *selten* – keine/(eine) schwache **Stelle** haben · to have (no) weaknesses, to have a/no weak point(s)

js. schwache Stellen kennen/ausnutzen · to exploit s.o.'s weaknesses

… Wenn der Scherer jede Schwäche bei euch ausnutzt, müßt ihr euch wehren! Dann müßt ihr seine schwachen Stellen ausnutzen. – Wenn wir sie kennen würden!

stellen: etw. **auf groß/klein/laut/leise/eins/zwei/drei/… stellen** *Geräte* · 1. 2. to put the oven/boiler/… on high/low/1/2/…, to turn the oven/boiler/… on high/low/1/2/…

1. … Die Suppe kocht schon, Else, stell' den Gasherd bitte auf klein; sonst kocht sie über.

2. … Das Wasser wird überhaupt nicht mehr heiß! Hast du den Ofen auch auf groß/auf 'drei' gestellt, Else?

eine Frage/… beiseite stellen *form* · to leave a question/… aside

… Die Problematik der genauen statistischen Erfassung wollen wir jetzt erstmal beiseite stellen, Herr Lauffer – darauf komme ich später noch zu sprechen; jetzt soll es uns erst einmal darum gehen zu klären, wie …

etw. **bereit stellen** (für jn./etw.) · to provide s.th. (for s.o.), to supply s.th. (to s.o.), to make s.th. available (to s.o.)
... Wenn wir die Arbeit rasch und gut machen sollen, Herr Bürgermeister, dann müssen wir auch davon ausgehen können, daß die Stadt geeignete Räume und Geräte (für uns) bereit stellt. ...

den Whisky/... **kalt stellen** – jn./etw. **kaltstellen** (2) · to put whisky/... in the fridge, to chill wine/champagne/...

etw. **richtig stellen** – etw. **richtigstellen** · to correct s.th., to put s.th. right

sich (der Polizei) **stellen** · to give o.s. up (to the police)
Der gesuchte Entführer des kleinen türkischen Mädchens hat sich gestern abend (freiwillig) (der Polizei) gestellt.

sich blöd stellen *sal* – sich dumm **stellen** · to act stupid, to act dumb, to pretend not to know

sich tot/krank/... **stellen** · 1. 2. to pretend to be dead/ill/...
1. vgl. – so **tun**, als ob/wenn man etw. täte/...
2. vgl. – sich krank **stellen**

sich dumm stellen *ugs* · to act stupid, to act dumb, to pretend not to know *n*, to play the innocent
... Aber, hm ..., aber ... was meinst du damit ...? – Stell' dich nicht dumm, Renate, du weißt ganz genau, was ich meine! Also, jetzt sag' ich dir zum letzten Mal: wenn du noch ein Mal ...

sich gegen jn./etw. **stellen** · to oppose s.o./s.th.
... Wenn sich der Parteivorstand nicht gegen den Mietka gestellt hätte, dann hätte der Mann in der Tat eine außenpolitische Grundsatzdebatte angezettelt. Gott sei Dank hat der Vorstand das rechtzeitig verhindern können; denn unsere Partei hätte da u.U. schön dumm ausgesehen.

sich mit jm. **gut stellen** · to get on to good terms with s.o., to get into s.o.'s good books *coll*
... Mit dem Sekretär des Chefs würde ich mich an deiner Stelle von Anfang an gut stellen. Du weißt, wie das ist: wenn man mit solchen Leuten nicht (gut) auskommt, pflegt die ganze Arbeit erschwert zu werden.

sich hinter jn. **stellen** · to support s.o., to back s.o. up
Wenn du den Betriebsrat frontal angreifst, stellt sich natürlich die ganze Belegschaft hinter ihn, das ist doch klar. Aber sonst unterstützen den die Leute keineswegs in allen Fragen.

sich krank stellen · to pretend to be ill, to feign illness
... Der Kurt ist krank? – Nein, er ist nicht krank, er tut nur so. – Das heißt: den Kollegen gegenüber stellt er sich krank? – Ja. – Und warum?

jn. **neben** die größten Dichter/bekanntesten Architekten/... **stellen** *form* · to put s.o. on a par with s.o.
... Wenn du den Heinemann neben die größten Autoren stellst, die unsere Stadt in den letzten hundert Jahren hervorgebracht hat, ist das deine Sache, Klaus! Für mich ist der Mann ein drittklassiger Schreiberling.

sich stur stellen *ugs* · to dig one's heels in, to refuse to give in *n*
... Wenn sich der Adalbert stur stellt, ist mit dem einfach nicht mehr zu reden. Dann kann man die besten Argumente bringen – man erreicht absolut nichts.

sich taub stellen *ugs* · 1. to pretend not to hear *n*, 2. to play deaf, to feign deafness *n*
1. ... Du stellst dich wohl taub, was, Kurt?! Du hast ganz genau verstanden, was Onkel Heinz gesagt hat. Tu bloß nicht so!
2. Wenn der Kurt nicht hören will, dann hört er nicht; dann stellt er sich taub.

etw. **über** etw./e-e S. über die/eine andere **stellen** · to put a above b, to attach more importance to a than to b, to consider a more important than b
... Meinst du wirklich, Erich, daß die Politiker heute im engeren Sinn politischen Fragen über die wirtschaftlichen stellen? Ich habe eher den Eindruck, daß sie die Wirtschaft wichtiger nehmen als alles andere.

jn. **vor** die Entscheidung/... **stellen, ob**/(...) ... · to confront s.o. with the decision whether ...
... Die rasante Entwicklung der Technik stellt doch alle sogenannten unterentwickelten Länder vor die Frage/Entscheidung, ob sie sich wer weiß wie verschulden – um auch zu industrialisieren – oder ob sie den Zug ein für allemale verpassen wollen; an dieser Entscheidung kommt kein Land vorbei.

sich (schützend) vor jn. **stellen** · 1. to shield s.o., to stand in front of and protect s.o. *para*, 2. to back s.o. up, to stand up for s.o.
1. Noch heute ist es die Pflicht der Leibwächter arabischer Herrscher, sich schützend vor ihren Herrn zu stellen, wenn etwa auf ihn geschossen wird. Daß sie dabei ihr Leben riskieren, liegt auf der Hand.
2. ... Ein anständiger Chef stellt sich vor seine Untergebenen, wenn sie von Dritten angegriffen werden.

die Suppe/... **warm stellen** · to keep soup/... warm
... Mutti, Papa kommt später zum Essen. Er hat gerade angerufen. Er sagt, du solltest ihm das Essen warm stellen, wenn es geht.

sich (nur) so stellen, als ob – (eher:) (nur) so tun/sich (nur) so stellen/(nur) fingieren/((nur) so machen/...) als **ob** · to pretend to do/to be doing s.th./to be s.th.

sich so stellen, als ob/wenn man etw. täte/... – (eher:) so **tun**, als ob/wenn man etw. täte/... · to pretend to do/to be doing s.th.

sich nur so stellen, als ob/wenn man etw. tun würde/wollte/... – (eher:) nur so **tun**, als ob/wenn man etw. tun würde/wollte/... · to act as if one was doing/wanted to do s.th., to go through the motions of doing s.th.

Stellensuche: auf Stellensuche sein/gehen *form selten* · to be looking for a post/job/position, to be/to go job-hunting *coll*
Daß man als 20–, 25–, 30–, vielleicht auch noch 35-Jähriger eine Stelle sucht, gehört zu dieser Lebensphase; aber als 55-Jähriger immer wieder auf Stellensuche gehen müssen – wie der Herr Schröder –, das ist schon belastend.

stellenweise: stellenweise · in places, in parts
... Ein seltsames und höchst heterogenes Buch! Stellenweise stocklangweilig und stellenweise so interessant und aufschlußreich, daß man 'große Literatur' zu lesen meint.

Stellenwert: einen hohen/(...) Stellenwert (in/bei/...) **haben** *form* · to be crucial, to play an important/crucial/vital/... role
(In einer Diskussion:) Für ein Land, in dem der Export einen derart hohen Stellenwert hat wie in Deutschland, ist die allgemeine Entwicklung der Weltwirtschaft vor gerade zu entscheidender Bedeutung. – Seit wann ist der Export für unser Land eigentlich so wichtig?

stellst: wie stellst du dich/stellt sich der Karl/... **zu** etw./... *form* · what do you/does he/does Mary/... think about s.th.?
... Mal gespannt, wie sich der Hansgerd zu unserem Vorschlag stellt, erst am Ende des Jahres abzurechnen. – Er wird davon nicht gerade begeistert sein. Aber ich glaube schon, daß er am Ende zustimmt.

Stellung: in sitzender Stellung · seated, sitting down
(Ein Heilpraktiker zu einer Patientin:) Bei einer solchen Gelenküberung mit dem Bein müssen Sie liegen, Frau Schreiber; in sitzender Stellung können sie die nicht so machen, wie es sein muß.

bei jm. **in Stellung sein** *veraltend selten* · to be in service with s.o., to be in s.o.'s employ
... Welch ein Mädchen möchte heute schon irgendwo in Stellung sein? – Es will eben keiner mehr dienen! – Na, möchtest du irgendwo Dienstmädchen oder Hausgehilfin spielen?

ohne Stellung sein – ohne **Stelle** sein · to be out of work, to be without a job

eine leitende Stellung haben/innehaben/(...) *form* · 1. 2. to have/to occupy/to hold/... a leading position, to have a managerial position, to have an executive position
1. Hat der Robert Windisch in eurer Firma eigentlich eine leitende Stellung, wie er behauptet? – Ja. Er ist einer der drei Geschäftsführer, die wir haben.

2. vgl. – (eher:) einen führenden **Posten** (in der Industrie/Wirtschaft/...)/(bei ...) haben

eine vorgeschobene Stellung halten/aufgeben/... (müssen/...) *mil* · to have/to hold/to give up/... an advanced position
Besser eine vorgeschobene Stellung rechtzeitig aufgeben als die ganze Besatzung verlieren – so muß General Schroth gedacht haben, als er den Befehl gab, die schon im feindlichen Gebiet liegende Insel Radum sofort zu räumen. – Damit ging natürlich eine wertvolle Operationsbasis für den weiteren Krieg verloren.

die Stellung behaupten · 1. 2. to hold one's position
1. Der Finanzminister ist zu bewundern! Wie der bei den dauernden, härtesten Angriffen der Opposition die Stellung behauptet! – Der ist so schnell nicht zu erschüttern! Und da die Partei sein Konzept voll deckt, ist seine Position kaum zu schwächen.
2. vgl. – (eher:) die **Stellung** halten (1)

Stellung beziehen (zu etw.) · 1. 2. to say where one stands, to state/... one's position/point of view/..., to take a stand (on an issue/question/...)
1. ... Nein, nein, ganz egal, was er für eine Meinung hat: Stellung beziehen muß er! Sich heraushalten, der Stimme enthalten, das gibt es hier nicht.
2. vgl. – (eher:) **Stellung** nehmen zu etw. (2)

eine Truppe/... in Stellung bringen *mil* · to move troops/... into position
(Ein General vor einer Schlacht zu einem Oberst:) Wer hat eigentlich die Dritte Kompanie auf der Anhöhe vor Radum in Stellung gebracht? – Oberstleutnant Seidel. Er kennt die Gegend da am besten.

eine marktbeherrschende/... Stellung einnehmen/(...) *form* · to dominate the market/..., to have a dominant position in the market/...
... Selbst wenn OPUX eine derart marktbeherrschende Stellung einnimmt, wie du sagst, dann heißt das doch nicht, daß sie den ganzen Markt beherrscht; dann kann man doch immer noch mit anderen Artikeln konkurrieren.

in Stellung gehen *mil* · to take up (one's) position, to get into position
Wo ist die Armee in Stellung gegangen? – Auf einer Anhöhe vor Radum. Dort bereitet sie die entscheidende Schlacht vor.

(zu jm.) in Stellung gehen *veraltend selten* · to go into service (with s.o.)
(Aus Portugal:) Noch vor 25 Jahren waren viele Mädchen in der Provinz heilfroh, wenn sie in die Stadt in Stellung gehen konnten; heute will niemand mehr Dienstmädchen oder Hausgehilfin sein.

die Stellung halten · 1. 3. to hold one's position, 2. to hold the fort *coll*
1. ... Ob unsere Armee diese vorgeschobene Stellung wird halten können? – Ganz sicher! Die läßt sich da nicht mehr vertreiben, und wenn die feindlichen Truppen noch so sehr angreifen! *mil*
2. (Einer von zwei jungen Männern, die abends auf einem Landgut das Obst vor Dieben schützen sollen:) Geh' du ruhig Abend essen, Gerd, ich halte die Stellung. – Meinst du, einer reicht, um aufzupassen?
3. vgl. – (eher:) die **Stellung** behaupten (1)

Stellung nehmen für/gegen jn./Argumente/... *selten* – **Partei** ergreifen (für/gegen jn./Argumente/...) (3; a. 2) · to take sides for s.o., to side with s.o., to opt for s.o./s.th., to side with an argument/...

Stellung nehmen zu etw. · 1. 2. to state one's position (on a subject/...), to give one's opinion on s.th., to comment on s.th.
1. Bevor der Parteivorstand zu dem Antrag nicht offiziell Stellung genommen hat, kann er nicht behandelt werden. – Und wie lange wird es noch dauern, bis der sich dazu (verbindlich) äußert?
2. ... Hat der Chef zu dem Projekt überhaupt keine Stellung genommen? – Nein, weder direkt noch indirekt. Wir haben keine Ahnung, was er davon hält.

die Stellung räumen/aufgeben/(...) *mil* · to withdraw from a position, to abandon a position
Wenn man eine Stellung nicht halten kann, räumt man sie, schimpfte er; man bringt doch die eigenen Truppen nicht derart in Gefahr!

Stelzen: auf Stelzen gehen *selten* · to be stilted
Mein Gott, dieser Ratzke gibt sich in letzter Zeit vielleicht gekünstelt und hochgestochen! – Ja, ja, der geht auf Stelzen, dieser Mann. – Lächerlich, ein so hochtrabendes Wesen zur Schau zu stellen und sich so zu zieren!

Stempel: e-r S. den Stempel des/der .../seinen Stempel/den Stempel seiner Persönlichkeit **aufdrücken** *path* · to leave one's mark on s.o./s.th.
Der Präsident von Mexiko hat der Weltwirtschaftskonferenz von Anfang an seinen Stempel aufgedrückt. Seinen wohldurchdachten Vorschlägen und vor allem seiner persönlichen Faszinationskraft konnte sich niemand entziehen.

den Stempel von/des/eines/... **tragen** *form – path* · to bear the stamp of ...
... Dieser Text trägt den Stempel eines überragenden Stilisten! – Was liest du denn da? – Die Erzählungen von Poe, in der Übersetzung Baudelaires. – Wenn ein Genie ein anderes übersetzt, kann die Sprache nicht banal sein.

stempeln: stempeln gehen *ugs* · 1. to go on the dole, to sign on, 2. to be on the dole, to (have to) sign on
1. Wenn ich keine Arbeit finde, geh' ich halt stempeln. Wenn ich schon 15 Jahre hindurch in die Arbeitslosenunterstützung eingezahlt habe, ziehe ich da auch mal (et)was (he)raus. – Das ist auch eine Anschauung.
2. Ist der Ulli immer noch ohne Stelle? – Er geht nach wie vor stempeln, leider.

Stengel: einen Stengel haben *sal selten* – einen **stehen** haben · to have a hard on, to have the horn, to have a stiffie

j. wäre/ist fast/beinahe vom Stengel gefallen, als .../vor Schreck/Überraschung/... *sal* – j. hätte sich/hat sich fast/beinahe auf den **Arsch** gesetzt, als .../vor Schreck/vor Überraschung/... · s.o. was flabbergasted to hear that ...

sterb': lieber/eher sterb' ich (als zu .../als daß ich ...) *path* · I would rather die than (do s.th.)
... Nein, von diesem Gut ziehe ich nicht weg, ganz egal, was kommt! Lieber sterb' ich.

Sterbebett: auf dem Sterbebett jm. **anvertrauen/...** *form* · to confide in s.o./to tell s.o. a secret/... on one's death-bed
... Hat der alte Herr Roder denn nie jemandem etwas von dem Bankbetrug erzählt? – Doch. Wenige Wochen, bevor er mit ihm zu Ende ging, (schon) auf dem Sterbebett, da hat er seiner Frau die Geschichte anvertraut.

auf dem Sterbebett liegen *path selten* · to be on one's death-bed, to be dying, to be at death's door
... Ja, in der Tat, so allmählich möchte ich den Vertrag unter Dach und Fach haben. Wenn ich (mal) auf dem Sterbebett liege, dann interessiert er mich nicht mehr, dann schreib' ich keine Bücher mehr. – Na, vorläufig leben Sie ja noch, Herr Brauer, und sind, wie ich sehe, gesund und munter.

Sterbehilfe: (jm.) **Sterbehilfe leisten/geben** *form* · to administer euthanasia to s.o.
(In einer Diskussion:) Ist es wirklich verwerflich, wenn eine Krankenschwester einem unheilbar kranken Patienten, der entsetzlich leidet und sie anfleht, ihm eine 'erlösende' Tablette oder Spritze zu geben, in der Tat Sterbehilfe leistet? War oder ist das im privaten Bereich nicht ähnlich?

sterben: durch jn. **sterben** *selten* – durch/(von) js. **Hand** sterben · to die at s.o.'s hand

davon/daran/... wird man/j. **nicht gleich/sofort sterben** *sal* · + it/s.th. won't kill you/him/...
Der Albert macht vielleicht ein Theater, weil die Aufträge in diesem Monat rückläufig sind! Mein Gott! Die Familie wird doch nicht gleich sterben, wenn sie mal statt 10.000,– 'nur' 7 oder 8.000,– Mark im Monat hat!

zum Sterben einsam (sein) *path selten* · to be desperately lonely
... Was den Lebensrhythmus angeht, sind der Rudi und die Inge doch geradezu Extreme. Während er vor lauter Trubel in seinem Beruf kaum noch zu sich selbst kommt, ist sie zum Sterben einsam.

Sie lebt nicht nur fast die ganze Woche in ihrem Häuschen allein, sie fühlt sich auch allein und verlassen.

sich zum Sterben langweilen *ugs – path selten –* sich zu **Tode** langweilen · to be bored to death

zum Sterben langweilig sein *ugs – path selten* · to be deadly boring
Wenn der Film so weiter geht, schlaf' ich gleich ein. Der ist ja zum Sterben langweilig!

ein Thema/... **sterben lassen** *ugs* · to kill a subject/... off, to let a subject/... fade from public attention *n*
... Schon geschickt, wie die Regierung jedes Thema, das ihr mißliebig ist, einfach durch Nichtbeachtung sterben läßt! Wirklich gekonnt!

im Sterben liegen · to be dying
Wie es heißt, liegt der Ministerpräsident im Sterben? – Ja, eine Rettung ist wohl nicht mehr möglich. Mal gespannt, wer nach seinem Tod ans Ruder kommt.

zum Sterben müde sein *ugs – path selten –* **todmüde** (sein) · to be dead tired, to be dead beat, to be shattered

zum Sterben verurteilt sein *path selten –* ein **Mann** des Todes sein · to be a doomed man/woman/...

sterbens-: sterbens-krank/-langweilig/-matt/(...) (sein) *form* ·
1. to be mortally ill, 2. to be deadly boring, 3. to be dead tired/ dead beat/...
1. vgl. – (eher:) **todkrank** (sein)
2. vgl. – zum **Sterben** langweilig sein
3. vgl. – (eher:) **todmüde** (sein)

Sterbenswort: kein Sterbenswort verlieren über jn./etw. *ugs –* (eher:) kein **Sterbenswörtchen** verlieren über jn./etw. · not to say a single word about s.th., not to say a dickie-bird about s.th.

Sterbenswörtchen: (jm.) kein Sterbenswörtchen (von etw.) erzählen *ugs* · 1. 2. not to breathe a word to s.o. about s.th.
1. vgl. – (jm.) kein **Sterbenswörtchen** (von etw.) sagen
2. vgl. – (jm.) kein **Sterbenswörtchen** (von etw.) verraten

(jm.) kein Sterbenswörtchen (von etw.) sagen *ugs* · 1. (to do s.th.) without saying a word to anyone, 2. not to say a word about s.th., not to breathe a word (to s.o.) about s.th., 3. not to make a sound, not to say a dicky-bird
1. Was, er hat zum zweiten Mal geheiratet, ohne mir ein Sterbenswörtchen davon zu sagen? – Warum sollte er dir das vorher erzählen? Es geht dich doch gar nichts an.
2. vgl. – (jm.) kein **Sterbenswörtchen** (von etw.) verraten
3. vgl. – keinen **Laut** von sich geben (2)

ohne ein Sterbenswörtchen zu sagen ... *ugs –* (eher:) ohne ein **Wort** zu sagen ... · without saying a word ...

kein Sterbenswörtchen verlieren über jn./etw. *ugs* · 1. 2. not to say a word about s.th./s.o.
1. ... Was, der Rudi hat zum zweiten Mal geheiratet, ohne mir gegenüber ein Sterbenswörtchen darüber zu verlieren?! – Er hat niemandem was davon erzählt.
2. ... Und was hat die Ricarda über meinen Bruder Paul gesagt? – Gar nichts! Seit dessen Affäre mit der Französin vom vergangenen Sommer verliert die über den Paul kein Sterbenswörtchen mehr. *seltener*

(jm.) kein Sterbenswörtchen (von etw.) verraten *ugs* · 1. not to say a word about s.th., 2. not to breathe a word (to s.o.) about s.th.
1. Die Ulla ist mit ihrem Freund allein in Ferien gewesen? Sie hat mir kein Sterbenswörtchen davon verraten.
2. Du verrätst deinen Eltern kein Sterbenswörtchen von dem, was wir hier besprechen, hörst du?! – Keine Sorge, ich halte absolut dicht.

Sterbesakramente: die Sterbesakramente empfangen/(bekommen) *form – rel* · to receive the last rites, to receive the last sacraments
Der alten Frau Relitzer geht es sehr schlecht. Heute nacht hat sie bereits die Sterbesakramente empfangen. – Heute nacht? Die Ange-

hörigen rechnen also schon so bald mit Ihrem Tod, daß sie den Priester nachts gerufen haben?

jm. **die Sterbesakramente geben** *form – rel* · to administer the last rites to s.o., to administer the last sacraments to s.o.
Habt ihr eigentlich schon den Pfarrer benachrichtigt, daß er Großmutter die Sterbesakramente gibt? – Nein, aber du hast recht: da man leider täglich auf das Schlimmste gefaßt sein muß, sollten wir ihn noch heute Bescheid sagen.

Sterblicher: ein (ganz) gewöhnlicher Sterblicher (sein) *ugs selten* · to be a (perfectly) normal man/woman/person/... *n*
... Nein, bei dem Innenminister brauchst du nicht die geringsten Umstände zu machen, Friedel. Das ist ein ganz gewöhnlicher Sterblicher. Und er geht mit jedem ganz natürlich und auf gleicher Ebene um.

Stern: js. guter Stern sein *path selten* · 1. 2. to be s.o.'s lucky star
1. Der Bodo Lösberg ist mein guter Stern. Du glaubst gar nicht, vor wieviel Schaden der mich schon bewahrt hat, durch seine Ratschläge und seine Unterstützung.
2. Der Bodo Lösberg ist mein guter Stern. Jedesmal, wenn er in irgendeiner Sache, in der ich nicht mehr weiter weiß, eingreift, geht sie gut/glücklich aus.

js. **Stern ist im Aufgehen/(geht auf)** *form* · s.o.'s star is in the ascendant
... Du hast recht, bisher ist ihr Name nur in den Kreisen der Eingeweihten bekannt. Aber ihr Stern ist im Aufgehen. Sei sicher, noch ein, zwei Jahre, und sie ist eine allgemein anerkannte Tänzerin/ Schauspielerin/...

ein/js. guter Stern bewahrt ihn vor .../davor, zu .../... *path selten* · a lucky star saves me/him/John/... (from doing s.th.)
... Ja, in der verzweifelten Lage, in der ich damals steckte, war ich drauf und dran, zur Droge zu greifen, mich auf dunkle Geschäfte einzulassen ... Ich weiß gar nicht, welch ein guter Stern mich davor bewahrt hat/aber Gott sei Dank hat mich mein guter Stern davor bewahrt.

unter einem glücklichen/günstigen/guten Stern geboren sein · to be born under a lucky star
Der Robert Adams ist einer! Er ist unter einem guten Stern geboren; der hat nur Glück im Leben, dieser Mann!

js. **Stern ist gesunken** · s.o.'s star has set
Noch vor zwei, drei Jahren war die Barrocca in aller Munde. Aber seitdem ist ihr Stern ständig gesunken.

auf einem (ganz) anderen Stern leben · to live/to be living on a different planet
Manchmal habe ich den Eindruck, die Hannelore lebt auf einem ganz anderen Stern. In allem hat sie andere Maßstäbe als die anderen Leute, andere Anschauungen, andere Präferenzen ... – Aber sie fühlt sich dabei doch nicht einsam? – Ich weiß nicht.

js. **Stern ist im Sinken/(sinkt)** · s.o.'s star is on the decline
Die Barrocca ist nach wie vor eine ausgezeichnete Schauspielerin, das ist klar; aber ihren Höhepunkt hat sie überschritten, ihr Stern ist im Sinken.

unter einem/keinem glücklichen/günstigen/guten Stern stehen · 1. 2. (not) to be blessed with good fortune, to be ill-starred, to stand under a lucky/an unlucky star *lit*
1. Die Modernisierung deines Guts steht unter einem glücklichen Stern, nicht? Die Regierung gibt jetzt für solche Dinge günstige Kredite, die Landwirtschaft gewinnt enorm an Bedeutung ... Mir scheint, du hast die Sache genau richtig und in genau dem richtigen Augenblick angepackt.
2. ... Die Modernisierung seines Landguts steht leider unter keinem/ nicht unter einem glücklichen Stern. Die Revolution hat den Markt völlig durcheinander gebracht, das Personal ist ungemein anspruchsvoll geworden ... Hoffentlich ruiniert er sich nicht an der Sache.

ein neuer Stern am Theaterhimmel/(Filmhimmel) (sein) *path* · a new star is born/has arrived/... in the theatrical world/ the film world/...
(Aus einer Zeitungskritik:) Ein neuer Stern am Theaterhimmel: Francisca Barrocca! Eine Vollblutschauspielerin, wie man sie seit

Jahren nicht mehr gesehen hat. Und dabei hinreißend schön, faszinierend ...

js. **Stern ist im Untergehen** *form* – (eher:) js. **Stern** ist im Sinken/(sinkt) · s.o.'s star is on the decline/wane

Sternbild: im Sternbild des kleinen Bären/... stehen *form* · to be in the constellation of the Little Bear/Ursa Minor/...

... Welcher so stark leuchtende Stern, sagst du, steht im Sternbild des kleinen Bären? Der Polarstern?

Sternchen: mit 1/2/3/... **Sternchen versehen sein/(... haben)** *form Reiseführer u. ä.* · to have 1/2/3/... asterisks, to have 1/2/3/... stars

... Wenn diese Kirche in deinem Reiseführer mit drei Sternchen versehen ist, wird sie schon sehenswert sein; daran zweifel' ich gar nicht. Aber ich hab' jetzt keine Lust, mir eine Kirche anzugucken – egal, wie schön sie ist!

Sterne: die Sterne tanzen jm. **vor den Augen** *ugs* – *path* · 1. + to see stars, 2. s.o.'s head is spinning

1. ... Und plötzlich schlug ich in dem dunklen Gang mit dem Kopf derart hart gegen die Wand, daß mir die Sterne vor den Augen tanzten.

2. vgl. – (eher:) jm. dreht sich alles vor den **Augen**

die Sterne befragen *form veraltend* · to consult the stars
Stimmt es, daß Wallenstein über seine Zukunft die Sterne befragen ließ? Oder hat Schiller das erfunden? – Nein, das ist historisch. Der Sternenglaube war damals sehr verbreitet.

die Sterne vom Himmel holen (wollen) (für jn.)/meinen/..., man könnte/... die Sterne (für jn.) vom Himmel holen/... *ugs – path selten* · 1. to attempt the impossible, 2. to bend over backwards to make s.o. happy

1. ... Aber das ist doch einfach unmöglich! So gut und so ausdauernd er auch arbeitet und so viel Einfluß er auch hat: der Mersebach kann doch nicht die ganze Provinz hier umkrempeln! – Die bisherigen Erfolge bei der Agrarreform haben ihn derart beschwingt, daß er jetzt die Sterne vom Himmel holen will.

2. Der Toni ist derart verliebt, daß er für die Christl die Sterne vom Himmel holen möchte/daß er ... am liebsten die Sterne vom Himmel holen würde/(für sie die Sterne vom Himmel holt).

zwei/drei/... Sterne auf den Schulterstücken haben *form mil* · to have 2/3/... stars on one's epaulettes, to be a 2/3/...-star general

... Kennst du dich in den Orden und Ehrenzeichen aus? Zum Beispiel der Mann dort drüben in der Uniform – der hat zwei Sterne auf den Schulterstücken. Heißt das, daß das ein Zweisternegeneral ist?

Sterne sehen · 1. 2. to see stars
1. ... Wenn du jetzt nicht deine Klappe hältst, knall' ich dir eine, daß du Sterne siehst. *sal*

2. vgl. – die **Sterne** tanzen jm. vor den Augen (1) *ugs*

unter fremden Sternen leben/eine Arbeit finden/... *form – path lit* · to live/to seek work/... in foreign parts, to live/to seek work/... in foreign climes

»Wenn man mit dem Gedanken auswandert«, sinnierte sie, »irgendwann in seine Heimat – als gemachter Mann – zurückzukehren, ist das vielleicht nicht so schwer. Aber wenn man mit dem Gefühl weggeht, für immer unter fremden Sternen zu leben, dürfte das einem schon ans Herz gehen«.

es steht in den Sternen (geschrieben) (daß ...) *path selten* · it is written in the stars that ...

... Aber es stand in den Sternen geschrieben, daß er mit seinem Kampf um die Unabhängigkeit des Landes scheitern sollte ...

etw. **aus den Sternen deuten** (wollen/...) · to (try to/...) read the stars, to cast a horoscope

... Natürlich haben die Menschen immer wieder versucht, das Schicksal aus den Sternen zu deuten, und trotz aller sog. Wissenschaftlichkeit unserer Experten hat das Horoskop u.ä. ja auch noch heute eine ganz enorme Wirkung; doch ...

nach den Sternen greifen (wollen) *path* · 1. 2. to reach for the stars

1. ... Junge, es hat keinen Sinn, nach den Sternen zu greifen/nach den Sternen greifen zu wollen. Steck' dir Ziele, die erreichbar sind!

2. ... Ja, wenn man jung, gesund und kräftig ist, will man leicht nach den Sternen greifen. Halte dich an das, Gerd, was möglich, was realisierbar ist. Sonst vertust du deine ganze Energie für nichts.

ein mit Sternen übersäter/(besäter) Himmel *path selten* · a star-spangled sky, a starry sky

... Ganz abgesehen vom Klima und vom Wetter, meinte er: schon das Stadtlicht läßt den Eindruck, unter einer Sternenglocke zu stehen – einem mit Sternen übersäten Himmel, der von allen Seiten auf uns herabfunkelt –, nie und nimmer aufkommen.

in den Sternen lesen wollen/können/... · to (try to/be able to/...) read the stars

... Ja, wenn man in den Sternen lesen könnte, was einem die Zukunft bringt, dann könnte man sich die ganzen sogenannten wissenschaftlichen Vorhersagen sparen. Aber leider sind die Sterne nicht zuverlässiger in ihren Aussagen als die Futurologen.

(noch) in den Sternen (geschrieben) **stehen** *ugs* · to be (still) in the lap of the gods

... Ob ich den Posten kriege oder nicht, das steht (noch) in den Sternen. – Wie, das ist nach wie vor nicht entschieden? – Nein, das ist noch völlig ungewiß.

unter fremden Sternen sterben *form – path lit* · to die in foreign climes

(Aus einem Geschichtsbuch:) Es erhöhte den Ruhm der Entdeckungsfahrer dann oft noch, wenn sie nicht in der Heimat, sondern unter fremden Sternen starben; in der Welt, in die sie aufgebrochen waren, blieben sie, verklärt ...

sternhagelvoll: sternhagelvoll sein *sal* – blau wie ein **Veilchen** (sein) · to be legless/ratarsed/pissed out of one's head

Steuer: das Steuer (der Regierung) (fest/...) **in der Hand haben/halten** *form* · 1. to be firmly/... in control, to have s.th. firmly under control, to be in the driving seat *coll*, 2. to be in charge

1. Ich verstehe überhaupt gar nicht, wie ein Mann, der jetzt schon mehr als ein Jahr das Steuer nicht mehr richtig in der Hand hält, noch Regierungschef sein kann.

2. vgl. – (eher:) am **Drücker** sein/sitzen (1)

das Steuer in die Hand nehmen/(ergreifen/übernehmen) *form* · to take over, to take control

Als der jetzige Kanzler das Steuer in die Hand nahm, war der ganze Staatshaushalt durcheinander. Erst seitdem er die Regierung leitet, sind die Finanzen Stück für Stück konsolidiert worden.

das Steuer herumwerfen/(herumreißen) *path* · 1. to change course radically, to swing right round, 2. to turn the tide of events

1. ... Einverstanden, die Politik in diesem Land muß in allen wesentlichen Punkten geändert werden; darin ist den Sozialisten zuzustimmen. Aber nicht von heute auf morgen. Man kann nicht jahrzehntelang eine Rechtspolitik machen und dann von einem Tag auf den andern das Steuer herumwerfen.

2. Wenn der Kanzler jetzt nicht endlich das Steuer herumwirft, sehe ich keine Aussichten auf Besserung mehr. Wenn er den Mißständen jetzt nicht konsequent Einhalt gebietet, ist es zu spät.

am/(hinter dem) Steuer sitzen · to drive, to be at the wheel
Wenn man die ganze Woche hindurch jeden und jeden Tag am Steuer sitzt, dann freut man sich, wenn man wenigstens sonntags den Wagen einmal nicht sieht.

am Steuer stehen/(sitzen) · to be at the helm
... Der Kapitän ist der oberste Befehlshaber oder, wenn du willst, der Chef eines Schiffs; am Steuer steht der Steuermann ...

Steuerbord: nach Steuerbord drehen *Schiff* · to move/... to starboard

... Das Schiff dreht nach Steuerbord. Sind wir schon in der Nähe des Hafens? – Liegt der denn rechts von uns? ...

Steuern: Steuern hinterziehen · to evade taxes
... Wie willst du einem Menschen, der die deutsche Mentalität nicht kennt, Ursel, klarmachen, was 'Steuern hinterziehen' bedeutet?! Dem Staat nicht (zu) geben (versuchen), was ihm eigentlich auch gar nicht zusteht – eben die Steuern –, heißt für weniger autoritätsgläubige Völker: ein wenig dazu beitragen, die natürliche Gleichheit wiederherzustellen.

Steuerschraube: die Steuerschraube anziehen *path* · to tighten the tax screw, to put the screws on the taxpayer

… Wollen die die Steuerschraube in der Tat noch weiter anziehen? – Wo sollen sie sonst die ganzen Gelder herholen, um die Schulden zu bezahlen? Die Steuern werden weiter erhöht werden; die einzige Frage ist, welche Steuern.

an der Steuerschraube drehen · to raise taxes

Wenn die Regierung immer und immer wieder an der Steuerschraube dreht, darf sie sich nicht wundern, wenn die Stimmung in der Bevölkerung miserabel ist. Von Zeit zu Zeit … gut, da lassen sich Leute Steuererhöhungen gefallen. Aber doch nicht dauernd!

die Steuerschraube überdrehen · to squeeze the taxpayer too hard

… Die Steuern erhöhen, Franz, ist eine Sache, die Erhöhungen übertreiben, eine andere! Die Regierung hat in den letzten Jahren die Steuerschraube überdreht. Das muß die Leute verbittern.

Stich: einen (leichten) **Stich haben** *Milch/Butter/…* *ugs* · 1. 2. to be/to have gone off (slightly/…), to be slightly rancid *n*, 2. to be going sour, to be turning

1. Die Butter schmeckt so komisch … – Das finde ich auch, die hat einen Stich. – Aber ich habe sie doch gestern erst gekauft. Wie kann die denn da schon (etwas) ranzig sein?

2. Die Milch ist sauer, sagst du? – Noch nicht direkt sauer. Aber gut ist sie auch nicht mehr, sie hat einen Stich. – Dann trink' sie lieber nicht.

einen Stich haben *sal* – nicht (so) (ganz/(recht)) bei **Trost** sein (1; a. 2) · s.o. is nuts/crackers/round the bend/…

einen Stich ins Rote/Bräunliche/… **haben** *form* · to have a tinge of red/brown/…, to have a reddish/brownish/… tinge

… Der Grundton des Anzugs ist braun, klar; aber er hat einen Stich ins Rötliche, oder irre ich mich? – Ja, er schimmert etwas/eine Idee rötlich, das meine ich auch.

einen Stich in der Birne haben *sal* – nicht (so) (ganz/(recht)) bei **Trost** sein (1; a. 2) · s.o. is off his rocker

(einer genaueren Prüfung/…) **(nicht) Stich halten** *form selten* – (einer genauen Prüfung/…) (nicht) **standhalten** · s.th./s.o.'s arguments/… will (not) bear closer scrutiny

jm. **einen Stich ins Herz geben** *path* · a remark/comment/… cuts s.o. to the quick

… Seine Bemerkung, er hätte in seiner Kindheit furchtbar unter dem dauernden Streit seiner Eltern gelitten, gab seiner Mutter einen Stich ins Herz. Was hatte sie nicht alles getan, um die Kinder das nicht so sehr fühlen zu lassen. War das alles vergeblich gewesen? …

jn./etw. im Stich lassen · 1. to leave s.o. on his own *n*, 2. to leave s.o. in the lurch, to let s.o. down, 3. s.o.'s memory/… lets him down, 4. to give way, to give out, to give up the ghost, 5. to abandon s.th., to leave s.th. *n*

1. Warum stehst du denn allein hier herum und weinst, Toni? – Die anderen haben mich im Stich gelassen! Erst haben wir alle zusammen im Sandkasten gespielt, und dann sind die anderen plötzlich alle weggelaufen. *ugs*

2. … Es ist ganz einfach eine Schweinerei, den Albert in der entscheidenden Sitzung so erbärmlich im Stich zu lassen! Nach eurer jahrelangen Zusammenarbeit – von eurer (vermeintlichen?) Freundschaft gar nicht zu reden – konnte er davon ausgehen, daß ihr seinen Antrag unterstützen würdet. Ihn so hängen lassen, grenzt an Verrat. *ugs*

3. … Jetzt läßt mich doch schon wieder mein Gedächtnis im Stich! Wie hieß der damalige Kanzler noch? – Bethmann-Hollweg. – Ach ja, klar! Also, Bethmann-Hollweg …

4. … Plötzlich ließen Vater die Beine im Stich, er fing an zu wanken und rutschte schließlich ein paar Meter den Abhang hinunter. – Auf so steilen Wegen versagen auch jüngeren Leuten die Beine!

5. … Ich glaube, der Hanspeter würde sein Landgut nie im Stich lassen. Auch, wenn man ihn zum Präsidenten wählen würde, bliebe er da wohnen.

einen Stich machen *Skatspiel usw.* · to make/to win a trick

Wieviel Stiche hast du schon (gemacht), Ernst? – Beruhigt euch, erst drei. Ich spiel' doch jetzt erst das vierte Mal auf. – Du Witzbold! Aber warte, bald sind wir dran.

jm. (mit einer Bemerkung/…) **einen Stich versetzen** *path* · to take a dig at s.o., to take a sideswipe at s.o., to make a jibe at s.o., to get at s.o.

Mit seiner Bemerkung von den 'unerfahrenen jungen Leuten, die überall mitreden wollen', wollte der Herr Marquardt doch bestimmt dem Heinz-Peter einen Stich versetzen, oder? – Natürlich. Wem sonst? – Schön finde ich solche Bemerkungen nicht; so etwas verletzt immer.

das/(etw.) ist ein Stich ins Wespennest *ugs* – in ein **Wespennest** stechen/(greifen) · s.o. is stirring up a hornet's nest by doing s.th.

Stichprobe: eine Stichprobe/Stichproben machen · to make spot checks, to take/to test random samples of s.th.

… Bei 25, 30 Tonnen können wir doch nicht Apfel für Apfel kontrollieren! – Das liegt auf der Hand. Aber ihr könnt Stichproben machen – aus jeder zehnten Kiste einen oder zwei herausnehmen und sehen, wie sie sind.

Stichwort: (jm.) **das Stichwort geben** (zu etw.) (mit etw.) · 1. 2. to give s.o. a/the cue for s.th., 2. to start s.th. off, to spark s.th. off

1. … Also, wenn ich dir das Stichwort gebe – 'Rosengarten' –, dann setzt du ein. Aber du mußt nur auf dieses Wort zu achten; es kommt in meiner Tirade nur ein Mal vor … *Theater u. ä.*

2. Mit seiner Bemerkung 'zur unverantwortlichen Belastung des Haushalts durch die Verteidigungsausgaben' gab der Beilmann das Stichwort zu einer vehementen Diskussion über die Verteidigungspolitik der Regierung. Ob zufällig oder mit Absicht so scharf formuliert: die Gemüter erregten sich und der ganze Parteitag wurde ausgesprochen hitzig.

(jm.) **das Stichwort liefern** (zu etw.) (mit etw.) – (jm.) das **Stichwort** geben (zu etw.) (mit etw.) (2) · to give s.o. the cue for s.th.

das Stichwort sagen *Theater u. ä.* – (jm.) das **Stichwort** geben (zu etw.) (mit etw.) (1) · to give s.o. the cue for s.th.

Stiefel: …, **(das) sind zweierlei Stiefel** *ugs* · … are two completely different matters *n*, … is a different kettle of fish altogether

… Ob die Industrie an Länder der Dritten Welt hochgefährliche Waffen verkauft oder ob wir mit unserer Industrie die Erde direkt in Gefahr bringen, das ist im Kern dasselbe. – Nein. Umweltzerstörung und Waffenlieferungen, (das) sind zweierlei Stiefel! Das eine ist eine Zerstörung, die sich nicht vermeiden läßt – eine Begleiterscheinung; das andere geht auf Zerstörung aus. Das kann man also gar nicht miteinander vergleichen.

das/(etw.) zieht einem (ja) **die Stiefel aus!** *sal selten* · it's enough to make you/one/(me) cringe, it makes you/one(…) want to weep

… Wenn man das sieht, was die sich hier zusammenmurksen – mein Gott, das zieht einem die Stiefel aus! Eine derart miserable Parlamentsarbeit haben wir noch nie gehabt! Unerträglich!

sich vielleicht/… einen Stiefel einbilden *ugs selten* · to really/… fancy o.s., to think one is the cat's whiskers

… Der Kolon bildet sich vielleicht einen Stiefel ein! Mensch! – Du weißt doch: 'wer angibt, hat mehr vom Leben'. Laß ihn, den Armen! Er schadet doch niemandem mit seiner Angeberei.

jm. **die Stiefel lecken** *ugs* – *path veraltend selten* · to lick s.o.'s boots

… Ein elender Schleimscheißer/Speichellecker/Kriecher, dieser Köschner! Der leckt doch jedem die Stiefel, von dem er sich auch nur irgendeinen Vorteil verspricht!

einen ordentlichen/… Stiefel vertragen/(trinken) **(können)** *ugs* · to (really/…) be able to hold one's liquor

… Ja, der Kurt verträgt schon einen ordentlichen Stiefel. Zehn, zwölf Bier merkt man dem nicht an.

es/alles/(etw.) geht immer (so) im alten/nach dem alten Stiefel weiter *ugs selten* – es/alles/(etw.) geht (da/…) (wieder) den/seinen/im alten/(gewohnten) **Schlendrian** · it's still the old/usual/… rut/routine/…/the old/usual/… slackness/…

seinen/den alten Stiefel weitermachen *ugs selten* · to carry on as usual/as before/..., to plod on in the same old way
... Du kannst doch einen 60-jährigen Menschen nicht mehr in seinem Lebensrhythmus und in seinen Arbeitsmethoden ändern! Ganz egal, welche neuen Verfahren du ihm anpreist – der macht natürlich den alten Stiefel weiter!

einen Stiefel zusammenfahren *ugs* · to drive dreadfully/awfully/...
Mensch, Peter, du fährst heute einen Stiefel zusammen! So miserabel bist du noch nie Auto gefahren.

(sich) (vielleicht/...) einen Stiefel zusammenreden/zusammenschwätzen/zusammenschreiben/... *ugs selten* · to talk/to write/... a load/pile/... of rubbish/nonsense/poppycock/drivel/..., to talk/to write/... a load/pile/... of crap *sl*
... Mein Gott! Wenn man schon so dummes Zeug von sich gibt, dann sollte man sich wenigstens kurz fassen. Dieser Röder schreibt sich vielleicht einen Stiefel zusammen! Ein Artikel von 86 Seiten – nur Unsinn!

einen tüchtigen Stiefel zusammenreden/(...) *ugs selten* · to talk a lot/a load/... of nonsense
... Na, der Anton und der Gustav haben gestern ja mal wieder einen tüchtigen Stiefel zusammengeredet! Wenn die einmal anfangen ... – Laß sie, Erna! Es tut ihnen gut, von ihrer Militärzeit zu schwatzen.

das/(etw.) haut einen/(jn.) aus den Stiefeln! *sal selten* – das/(etw.) **haut** einen/(jn.) **hin!** · it's staggering, it's flabbergasting

aus den Stiefeln kippen *sal Neol selten* · to be legless after 2/3/... beers/..., to pass out/to flake out/... after 2/3/... beers/... *coll*
... Der Peter kann absolut keinen Alkohol vertragen. Der kippt schon nach drei Gläsern Bier aus den Stiefeln. Der hat dann schon Mühe, allein nach Hause zu kommen.

Stiefkind: **ein/(js.) Stiefkind sein** · to be a/the poor cousin
... Ach, Kulturpolitik war immer ein Stiefkind (der Politik) in diesem Land! Ganz egal, ob die Kassen voll oder leer sind: das interessiert diese Politiker nicht; denen geht's um die Wirtschaft.

jn. wie ein/(als) Stiefkind behandeln *path* · to treat s.o. like a poor cousin
... Schon im Elternhaus wurde die Berta wie ein Stiefkind behandelt. Der Vater zog die jüngere Schwester vor, und die Mutter den Bruder. Und jetzt, sagst du, geht ihr Mann auch so kalt und abweisend mit ihr um?

ein (richtiges/...) Stiefkind des Glücks sein *path selten* · to be a stepchild of fortune, + fortune never smiles on him, he/John/... is always having bad luck
Wie es scheint, hat der Michael in seinem neuen Job genau so viele Schwierigkeiten wie in dem alten. Und wenn man sich dann noch die Sorgen vor Augen hält, die er mit seiner Familie hat ... Das ist ein richtiges Stiefkind des Glücks, dieser Mann!

stiefmütterlich: **etw. (sehr/etwas/ziemlich) stiefmütterlich behandeln**/... *ugs* · to treat a subject/... sketchily, to treat s.o. poorly/shabbily/..., to neglect s.o./s.th.
(Aus einer Kritik/Rezension eines literaturwissenschaftlichen Buches:) Während das Leben des Autors und die Zeitumstände sehr ausführlich und präzise dargestellt sind, werden die literaturhistorischen Filiationen doch etwas stiefmütterlich behandelt. Und das Wenige, was dazu ausgeführt wird, ist größtenteils seit vielen Jahren bekannt.

Stielaugen: **Stielaugen machen/bekommen/kriegen** *ugs* · 1. 2. + s.o.'s eyes are popping/will pop/... out of his head, to gawk, to gape *n*
1. (Sohn – Mutter:) Die Bauernkinder hier machen vielleicht Stielaugen, wenn ich mit meinem Mercedes daherfahre! – Klar. Für die Leute ist so ein Mercedes das, was für dich ein Schloß ist!
2. ... Komm', Jörg, nun gib dem kleinen Jungen hier auch ein paar Riegel Schokolade mit! Siehst du nicht, was er für Stielaugen macht?

Stier: **brüllen wie ein Stier** *ugs* – *path* · 1. 2. to bawl one's head off, to bellow like a bull, 1. to roar with pain
1. Als der Arzt versuchte, dem Bernd den Arm wieder einzurenken, brüllte er wie ein Stier.
2. Brüllt euer Unteroffizier immer so da rum wie ein Stier? – Ja, das ist der übliche Ton hier. Hier wirst du nicht angesprochen; hier wirst du angeranzt/angeschnauzt/angeschissen.

den Stier bei den Hörnern packen/fassen (nehmen) *ugs – path selten* · 1. 2. to take the bull by the horns
1. ... Nein, solche Leute wie den Riedel kannst du nicht mit Samthandschuhen anpacken. Wenn du dein Geschäft endlich frei von Intrigen haben willst, mußt du den Stier bei den Hörnern packen – den Mann zur Rede stellen, ihm sagen: entweder benehmen Sie sich jetzt anständig oder sie fliegen raus/werden entlassen.
2. Mit halbherzigen Maßnahmen kommen wir den Schwierigkeiten hier doch nie bei! Wir müssen den Stier bei den Hörnern packen! *seltener*

wie ein Stier auf jn. **losgehen** *path* · to charge at s.o. like a bull
... Wie ein Stier ging der Herausforderer von der ersten Sekunde an auf Mohammed Ali los! Doch Ali ließ sich durch diese wilden/ungestümen Attacken nicht im geringsten aus dem Konzept bringen und ...

Stiernacken: **einen (richtigen/...) Stiernacken haben** *ugs* · to have a neck like a bull
... Schau mal, dieser Beinert, der die Delegation unserer Gesprächspartner leitet, hat einen regelrechten Stiernacken! Ob er auch entsprechend draufgängerisch und hartnäckig ist? – Das werden wir in den Verhandlungen sehr bald sehen!

stiften: stiften gehen *sal* – sich aus dem **Staub(e)** machen (1; u. U. 2) · to hop it, to skedaddle, to do a bunk

Stil: **Stil haben** · to have style
Die Wohnung von dem Klaus hat Stil, das muß man anerkennen – wenn es auch nicht gerade unser Stil ist. Der Mann hat Geschmack.

(jn.) in großem Stil (empfangen/verabschieden/...) · to receive s.o./to send s.o. off/... on a grand scale, to receive s.o./to send s.o. off/... in grand style
Der neue amerikanische Botschafter wurde in großem Stil empfangen – auf einem grandiosen Fest in der Botschaft, zu dem mehr oder weniger alles erschien, was Rang und Namen hat.

etw. in großem Stil aufziehen/(...) · to throw a party/hold a celebration/... in grand style
... Von wegen, eine kleine Geburtstagsfete! Die hatten das Fest in ganz großem Stil aufgezogen: eine bekannte Kappelle, Vertreter der Stadt, Festreden ... großartiger geht's gar nicht.

im großen Stil leben *selten* – auf großem **Fuß(e)** leben · to live in great style

still: **es wird still um** jn./etw. · 1. 2. + one doesn't hear much about s.o./s.th. any more/these days/...
1. ... Um den ehemaligen Präsidenten Hausmann ist es still geworden. – Ja, man hört nichts mehr von ihm.
2. ... Um die Ostpolitik ist es still geworden. Das ist doch bestimmt kein Zufall. – Die Parteien wollen offensichtlich nicht, daß darüber weiter diskutiert wird. *seltener*

still vor sich hin gucken/schauen/sinnieren/schreiben/stricken/... · to write/to knit/... quietly away
... Lustig, wie die Agnes auf so einem Familienabend stundenlang vor sich hin stricken kann, ohne ein einziges Wort zu sagen! – Aber sie kriegt alles mit!

still und heimlich weggehen/etw. wegnehmen/... *ugs* · 1. to slope off, to sneak off, 2. to do s.th. on the sly
1. Ist der Otto schon weg? – Ja, er ist heute nacht um vier Uhr aufgestanden und so gegen fünf still und heimlich aus dem Haus gegangen. Ich hab' es nur gemerkt, weil ich zufällig auf die Toilette ging.
2. Ich werde dir helfen, Christa, mir still und heimlich meinen Füller wegzunehmen! Man kann doch wohl fragen! *ugs*

stillbleiben: stillbleiben · 1. to keep still, 2. to keep one's hands/head/... still

1. (Zu einem Kind:) Wenn die Schwester dir die Spritze gibt, mußt du stillbleiben, ganz stillbleiben; dann tut das auch nicht weh. Das wirst du doch wohl noch schaffen: dich einen Augenblick mal gar nicht zu bewegen.

2. vgl. – (eher:) **stillhalten**

Stille: eine gefräßige Stille *sal* · + they're/... too busy eating to talk, + they're/... only quiet when they're stuffing their faces, a voracious silence *para*

... Kaum stand das Essen auf dem Tisch, war der Lärm wie verflogen! Und kurz darauf bemerkte mein Vater: 'Wohltuend, diese gefräßige Stille, nicht wahr, Ute?! Schade, daß man den Kindern nicht immer was zwischen die Kiemen stopfen kann, wenn sie so einen Krach machen!'

ein Knall/Schuß/... zerreißt die Stille *path* · a bang/shot/... shatters the silence

... Plötzlich zerriß ein Schuß die Stille der friedlich daliegenden Seelandschaft. Was war das? Ein Jäger, ein Verfolger, ein Mörder ...? Wir lauschten angestrengt ...

in aller Stille jn. beerdigen/heiraten/... · 1. to have/to hold/... a quiet funeral, 2. to have a quiet wedding

1. (Ein alter, kranker Mann zu seiner Frau:) ... und nun eins, Klara: ich will in aller Stille beerdigt werden, ohne jedes Aufsehen. Du weißt, daß ich diesen ganzen Rummel nie gemocht habe.

2. Der Bernd und die Ute haben geheiratet? – Ja, in aller Stille. Es waren nur die beiden Elternpaare und zwei Freunde zugegen. Und Anzeigen haben sie überhaupt keine verschickt.

eine tiefe Stille liegt über einer Gegend/einem See/... *path* · there is a deep silence over a lake/an area/...

... Nein, diese herrliche Gegend darfst du nicht im Sommer besuchen, wenn sie von den Touristenschwärmen entweiht wird! Komm' im September, Anfang Oktober. Du wirst sehen: die tiefe Stille, die dann über diesen Tälern liegt, gibt dir so etwas wie eine Vorahnung des Ewigen.

stillegen: eine Anlage/... **stillegen** · to close s.th. down, to shut s.th. down

... Wenn die Zeche nicht mehr rentabel arbeitet oder zu wenig Aufträge vorliegen, muß sie stillgelegt werden. So leid einem das tut: besser aufhören als aus den roten Zahlen gar nicht mehr herauskommen!

stillen: im stillen denken/sich im stillen sagen/... · to think to oneself

... Er antwortete nichts, aber im stillen dachte er: 'So ein Unsinn!'

sich im stillen wundern/freuen/... · to wonder in one's own mind, to be delighted but not to show it, to think s.th./... without saying anything

... Nach außen versuchte er, sich nichts anmerken zu lassen; aber im stillen wunderte er sich doch, wie vertrauensselig und naiv die Leute waren. Würden sie wirklich einen Vertrag unterschreiben, der ihm alle entscheidenden Rechte einräumte? ...

Stillen: die Stillen im Lande *oft iron* · the quiet ones

... Ach, in den Zeitungen, im Radio, im Fernsehen, da kommen doch überall immer nur dieselben Leute zu Wort! Was die Stillen im Lande denken, das erfährt doch keiner.

stillhalten: den Kopf/die Hände/... **stillhalten** · to keep one's hands/head/... still

(Ein Fotograf:) Wenn sie den Kopf nicht ganz stillhalten, kann ich kein vernünftiges Bild machen. Bleiben Sie bitte ganz ruhig!

stillhalten *ugs* · to keep quiet *n*, to grin and bear it, to endure s.th. *n*, to shut up and put up with s.th.

... Bei diesen Attacken und Beleidigungen kann man doch nicht ewig stillhalten! Da muß man sich doch zur Wehr setzen!

stilliegen: stilliegen – außer **Betrieb** sein (1) · to be shut down

Stillschweigen: über etw. **Stillschweigen bewahren** *form* · to maintain silence on/about s.th., to remain silent on/about s.th.

... Wenn Sie über unsere Verhandlungen Stillschweigen bewahrt hätten, Herr Maier, dann wäre uns der Zuschlag erteilt worden. Durch Ihre Indiskretion(en) wurde die Konkurrenz hellhörig und jagte uns den Auftrag ab. ...

sich in Stillschweigen hüllen *form* – *path* – (eher:) sich (über jn./etw.) in **Schweigen** hüllen · to maintain silence on/about s.th., to remain silent on/about s.th.

etw. mit Stillschweigen übergehen · to pass s.th. over in silence

... Und wie hat der Herr Krämer reagiert, als der Erich von der 'Unverschämtheit' sprach, mit der ihn die Firma Krämer seit langem behandle? – Er hat gar nicht reagiert – hat die Bemerkung mit Stillschweigen übergangen.

in Stillschweigen verharren *form* – *path* · to remain silent, to maintain (one's) silence

... Aber Sie müssen dazu doch etwas zu sagen haben! Es ist nur zu Ihrem Nutzen, wenn Sie reden ... – Der Angeklagte verharrte in Stillschweigen. Was nutzte es zu reden? Man würde ja doch jedes Wort so deuten, wie man es wollte ...

stillschweigend: stillschweigend etw. tun · to do s.th. silently/without saying a word/...

(Tochter – Mutter:) Ich hab' aber noch Hunger! – Du hast genug gegessen. Jetzt hörst du auf und gehst ins Bett! – Damit ging die Mutter in die Küche. Aber kaum hatte sie die Tür hinter sich zugemacht, da schob der Vater dem Mädchen stillschweigend eine Schnitte hin, die er für sich gemacht hatte.

stillsitzen: stillsitzen · to sit still

(Der Vater bei Tisch:) Herrgott, Junge, ist es wirklich so schwer, mal fünf Minuten stillzusitzen? Dieses ewige Hin und Her am Tisch macht einen ja verrückt! Es scheint, du hast Quecksilber im Hintern.

Stillstand: etw. **zum Stillstand bringen** *form* · 1. 2. to bring s.th. to a standstill

1. Der lange Streik hat das ganze Geschäftsleben in unserer Branche zum Stillstand gebracht, und es wird einige Zeit dauern, ehe das mal wieder so richtig anläuft.

2. vgl. – (u. U.) zum **Erliegen** bringen

zum Stillstand kommen *form* – (eher:) zum **Erliegen** kommen · to come to a standstill

stillstehen: stillstehen · 1. to have stopped, not to be working, 2. to stand still

1. ... Warum stehen denn hier alle Maschinen still? – Stromausfall, Herr Schröder. Seit drei Stunden läuft hier nichts!

2. ... Nun bleib' doch mal stillstehen, Junge! Du bist ja ein richtiger Zappelphilipp! – Ewig stehen und stehen! Wann kommen wir denn nun endlich dran, Mama?

stillvergnügt: stillvergnügt (vor sich hinsummen/...) *ugs* · to be quietly/inwardly contented/(to hum contentedly away to oneself/...)

Wenn der Raymund da so stillvergnügt vor sich hinflötet, könnte man geradezu neidisch sein. Immer mit sich und der Welt zufrieden, dieser Mann! Was hat der ein ausgeglichenes Temperament!

Stils: eine Veranstaltung/... **großen Stils** (sein) *form* – (eher:) etw. in großem **Stil** aufziehen/(...) · (s.th. is) an event/... in the grand style, (s.th. is) a large-scale operation/...

Stimmbruch: im Stimmbruch sein *Änderung der Stimme in der Pubertät* · + s.o.'s voice is breaking

... Das ist doch ganz klar, daß der Junge nicht vernünftig singt! Er ist im Stimmbruch. In diesen Jahren kann kaum jemand den Ton richtig halten.

in den Stimmbruch kommen · + s.o.'s voice is starting to break, + s.o.'s voice is breaking

Bei vielen Jungen ist das einfach zu drollig, wenn sie in den Stimmbruch kommen. Da sprechen sie plötzlich ganz tief, wie der Vater, aber gleichsam wackelig, mit hohen Tönen dazwischen ...

Stimme: etw. **verschlägt** jm. **die Stimme** – jm. die **Rede** verschlagen · to take s.o.'s breath away, to leave s.o. speechless

(nicht) gut bei Stimme sein *ugs Sänger* · (not) to be in good voice *n*

(In einer Oper:) Da ruft gerade die Kreidel an; sie sagt, sie wäre heute nicht gut bei Stimme. Erkältung … – Ach, du lieber Gott! Aber sie singt doch? – Natürlich, sie singt ihre Rolle. Die Frage ist nur, wie.

(nur/bloß) (eine) beratende Stimme haben in/bei/… *jur* · to have (only/…) an advisory role, to be there/here/… (only/…) in an advisory capacity

… Kannst du da mit abstimmen, Werner? – Nein, ich habe in dem Gremium nur beratende Stimme. Gott sei Dank, übrigens. Da kann ich mich wenigstens etwas aus den Kontroversen heraushalten.

eine belegte Stimme (haben) · to be hoarse

(Zu einem Mädchen, das Gesangunterricht nimmt:) Wenn du eine belegte Stimme hast, Ute, kannst du doch nicht singen! – Das geht dann vielleicht weg. Ich bin doch nicht (richtig) heiser. – Na ja, zum Üben braucht die Stimme u. U. nicht ganz klar zu sein, aber …

eine tragende Stimme haben · to have a voice that carries, to have a resonant voice

(Ein Student zu einem anderen:) Den Prof. Hertlein versteht man auch in den letzten Reihen eines großen Hörsaals mühelos. Er spricht zugleich deutlich und gleichsam 'gemessen'. – Da siehst du, was es für ein Vorteil ist, wenn man eine tragende Stimme hat.

hier/da/in der Sache/Materie/… hat j. keine Stimme *ugs selten* · to have no say in s. th.

… Mein lieber Junge, du verstehst etwas von Mathematik oder von Physik. Aber hier geht es um historische Fragen, und da hast du keine Stimme. Deshalb hältst du dich besser da heraus!

js./die innere Stimme warnt jn., etw. zu tun/… *form selten* · a voice within warns s.o. to do s. th., an inner voice warns s.o. to do s. th.

… Am liebsten hätte ich diese Frau vors Gericht gebracht. Sie hatte den Kindern derart viel Leid zugefügt! Aber meine innere Stimme warnte mich davor, so zu reagieren. Ich erinnerte mich, daß sie in ihrem Leben viel Schweres durchgemacht hat …

eine innere Stimme sagt jm./… *form oft rel* · a voice within tells him/me/John/… to …, a still small voice tells him/me/John/… to …

(Aus einer Biographie:) Eine innere Stimme riet ihm, nach Afrika zu gehen und den Schwarzen zu helfen. Er folgte diesem Ruf: kaum hatte er sein medizinisches Staatsexamen hinter sich, ging er in ein Tropenkrankenhaus im Tschad.

seine Stimme abgeben *form* · to cast one's vote (for s.o./s. th.), to vote (for s.o./s. th.), to go to the polls

(An einem Wahltag:) Morgen, Herr Albers. Na, haben Sie Ihre Stimme schon abgegeben? – Nein. Ich wähle nicht! – Sie wählen nicht? Sie nehmen die Grundrechte der Demokratie gar nicht wahr? – Die Leute machen mit unserer Stimme doch, was sie wollen! …

die Stimme des Blutes/Bluts *path* · the call of the blood

Gibt es eigentlich so etwas wie die 'Stimme des Bluts'? Konkret: hat ein Kind etwa zu seiner leiblichen Mutter eine tiefere Bindung als zu einer Adoptivmutter – vorausgesetzt natürlich, daß es von der von klein auf mit aller Liebe aufgezogen wurde?

sich der Stimme enthalten *form* · to abstain

(Ergebnis einer Abstimmung:) Zwei stimmten dafür, drei dagegen und einer enthielt sich der Stimme.

seine/die Stimme gegen jn./etw. **erheben** *form* · to raise one's voice in protest against s.o./s. th., to protest against s. th.

(In einem Verein:) Wenn der Kreuder wirklich Gelder veruntreut hat, müßte man ihn ja eigentlich absetzen. – Natürlich! Aber wer erhebt schon seine Stimme gegen einen Mann, der die halbe Stadt beherrscht? Das wagt doch keiner.

jm./e-r Partei/… seine Stimme geben · to vote for s.o./s. th.

(Vor einer Wahl:) Das letzte Mal habe ich die 'Gelben' gewählt; aber nach den Erfahrungen der letzten Jahre gebe ich denen meine Stimme nicht mehr.

die Stimme des Gewissens · the voice/the dictates of one's conscience

Auf die Stimme des Gewissens sollt ihr hören, mahnte der Pfarrer die jungen Leute, nicht auf die Gesetze! Die ändern sich sowieso dauernd!

die Stimme heben · to raise one's voice

… Der Chef braucht die Stimme doch nur ein klein bißchen zu heben, dann zittert schon alles! So einen Strang haben die Leute vor dem Alten – besonders vor seinen Zornesausbrüchen.

der Stimme seines Herzens folgen *path od. iron veraltend* – **dem Ruf(e) seines Herzens folgen** · to follow the promptings of one's heart, to obey the voice of one's heart

die Stimme der Natur *path selten* · the voice of nature

… Tja, man kann die Stimme der Natur nicht einfach ignorieren! – Das heißt aber doch nicht, daß man jedem Trieb folgen muß! – So meine ich das auch nicht. Aber man kann eben auch nicht immer gegen seine innerste Natur leben!

seine Stimme ölen *sal* · 1. to practise singing *n*, to do singing practice *n*, 2. to wet one's whistle

1. … Warum hat die Ursel denn heute nachmittag keine Zeit? – Die muß ihre Stimme ölen, das weißt du doch. Die muß jeden Nachmittag ihre Stimmübungen machen, wenn sie etwas werden will als Sängerin.

2. … Könnte ich bitte ein Glas Wasser haben? Ich muß mal meine Stimme ölen, ich bin vom vielen Reden ganz heiser.

mit lauter/leiser/gepreßter/… Stimme etw. **sagen** · to say s. th. out loud/aloud/in a loud voice/quietly/…

(Ein Chef zu dem Vater eines jungen Arbeiters:) Ob ich Ihrem Jungen vor versammelter Mannschaft mit lauter Stimme sage, er soll dies oder das erledigen, oder ob ich ihn, wenn ich allein mit ihm spreche, in normalem Ton darum bitte: das Ergebnis ist haargenau dasselbe – er tut es nicht.

die Stimme senken · to lower one's voice

… Nachdem der Redner die Warnungen vor einem Krieg laut und mit Pathos vorgetragen hatte, senkte er plötzlich die Stimme und sagte, fast leise, beschwörend: 'Aber liegt das alles noch in unserer Hand?' – Der Mann beherrscht offensichtlich das rhetorische Handwerk.

(die) 1./2./… Stimme singen *Gesang* · to sing the first/second/… part

… Wenn der Karl die 1. Stimme/(erste Stimme) singt, muß der Helmut die 2./(zweite) singen. – Ja, die beiden passen gut zusammen. Das Lied würde dann bestimmt prima klingen.

mit gedämpfter/(halber) Stimme sprechen/etw. **sagen** · to lower one's voice, to speak in an undertone

… Sprich doch leiser, Junge! Du weißt doch, daß die Klara … – Aber Mutter, man kann doch nicht immer und ewig mit gedämpfter Stimme sprechen! Das ist doch kein Kloster hier und auch kein Krankenhaus!

die Stimme der Vernunft · the voice of reason

… Natürlich kann ich verstehen, daß du hier am liebsten aufhören würdest. Aber die Stimme der Vernunft muß dir doch sagen, Junge, daß du in deinem Alter so leicht nicht etwas Neues findest, wo du so viel verdienst. – Deshalb bleib' ich ja, Vater. Aber man kann auch nicht das ganze Leben nur nach der Vernunft leben.

die Stimme des Volk(e)s *path* · the voice of the people, public opinion

… Die Stimme des Volkes! Stimme des Volkes! Das Volk wiederholt, was man ihm vorschwätzt, nichts weiter! – Du hast ja eine herrliche Meinung vom Volk!

die Stimme der Wahrheit *path* · the voice of truth

… In diesem Prozeß wird doch nur gelogen, Mensch! Und zwar von allen Seiten! Selbst bei dem Richter hofft man vergebens, die Stimme der Wahrheit zu hören.

es werden Stimmen laut, die/daß/… · there is a growing number of people calling for …, there is a growing body of opinion which says that …/in favour of …

Bisher war die allgemeine Meinung die, daß es zu dem Kanzler keine ernsthafte Alternative gibt. Aber in letzter Zeit werden Stimmen laut, die seinen Rücktritt fordern.

die negativen/… Stimmen mehren sich/die Stimmen mehren sich, daß …/… · there is a growing number of people calling for/against s.o./s. th., more and more people are calling for/protesting against/… s.o./s. th.

Bisher war die Verteidigungspolitik ein Gebiet, um das sich kaum jemand ernsthaft kümmerte. Aber seit einigen Monaten mehren sich die Stimmen, die an dem offiziellen Kurs Kritik üben.

alle/die Mehrheit der/... **Stimmen auf sich vereinigen/**vereinen *Wahl* · to gain all/the majority of/... the votes

(Nach der Wahl eines Oberbürgermeisterkandidaten:) Herrn Dr. Engelbert gelang es, 45% der abgegebenen Stimmen auf sich zu vereinigen; danach kam Herr Sattler, mit 25% der Stimmen, dann Herr Drewes – er bekam 11%...

stimmen: mit Ja/Nein stimmen · to vote yes/aye/no/nay, to vote for/against s.th.

... Wenn die Mehrheit der Stadtverordneten in der entscheidenden Abstimmung mit Nein gestimmt hat, ist nichts zu machen, Herr Reiners! Dann kann Ihr Antrag nicht genehmigt werden.

jn. nachdenklich stimmen · to set s.o. thinking, to make s.o. think, to give s.o. food for thought

... Ihr plötzliches Zögern, mit ihm gemeinsam den Urlaub an der Adria zu verbringen, stimmte ihn nachdenklich. Was war los? Wollte sie sich nicht binden? Oder war ihre Liebe doch nicht so stark?

hinten und vorn(e)/vorn(e) und hinten/von vorn(e) bis hinten nicht stimmen *ugs* – **von vorn(e) bis hinten falsch/Unsinn/gelogen/...** sein (2) · to be wrong from beginning to end, to be completely and utterly wrong/untrue/incorrect/...

Stimmenfang: auf Stimmenfang ausgehen *ugs* · to go out to catch votes, to go canvassing *n*, to go vote-catching

... »Was ist ein Wahlkampf schon anderes,« sagte sie verbittert, »als organisiert auf Stimmenfang auszugehen?«

stimmt: stimmt auffallend! *sal* · too true, how right you are!

... Ach, die Parteien sind doch alle vollkommen korrupt! – Stimmt auffallend! – Bitte? – Ich meine, Sie haben mehr als Recht.

etwas stimmt nicht mit/bei jm./**an/mit/bei** etw./**da/...** · 1. there is something odd about him/that man/..., there is something fishy about him/that man/..., 2., 3. there is something wrong with s.o./s.th.

1. ... Irgendetwas stimmt bei diesem Mann nicht! Ich an deiner Stelle würde jedenfalls kein Geschäft mit ihm machen, ehe ich mich nicht ausführlich erkundigt hätte. Die ganze Sache kommt mir nicht geheuer vor.

2. ... Herr Schneider, die Unterlagen wegen unseres Weinimports aus Jugoslawien müssen sie nochmal sorgfältig durchgehen. Da stimmt etwas nicht. Eben kam ein Anruf vom Zoll, daß eine ganze Reihe wichtiger Angaben fehlen ...

3. vgl. – (nicht) (ganz) im Lot sein (1)

bei dir/ihm/dem Heinz **stimmt es wohl nicht ganz!** *sal selten* – nicht (so) (ganz/recht) bei **Trost** sein (1) · you/he/John/... must be out of your/... mind!

stimmt's: stimmt's oder hab' ich recht? *ugs scherzh* · am I right or am I right?

17 x 17 ist 289! Ja, rechne ruhig nochmal nach mit deinem Taschenrechner! ... Na? Stimmt's oder hab' ich recht, Klaus?

Stimmung: (heute/...) nicht in der (richtigen) **Stimmung sein,** etw. zu tun/zum Tanzen/... · (not) to be in the mood to do s.th./for doing s.th. (today/...)

Hast du eine Lust, mit uns ins Theater zu gehen? Es wird die 'Minna von Barnhelm' gegeben. – Ach, ich bin heute nicht in der Stimmung, eine Komödie zu sehen.

in guter/schlechter/... **Stimmung sein** · 1. 2. to be in a good/bad/... mood

1. vgl. – (eher:) (in) guter/blendender/bester/... **Laune** sein
2. vgl. – (eher:) schlechter **Laune** sein/(bei schlechter Laune sein)/schlechte Laune haben

in aufgeräumter Stimmung sein *form* – guter **Dinge** sein (1) · to be in good spirits, to be cheerful

in (etw.) **gedrückter/**(bedrückter) **Stimmung sein** · to feel/to be feeling gloomy, to feel/to be feeling (pretty/...) low, to be in low spirits, to be down in the dumps

... Und wie fandest du den Klaus? – Er war natürlich in gedrückter Stimmung. Wenn jemand durchs Examen fällt/rauscht, ist er nicht gerade glänzend aufgelegt, das ist klar. Aber er wird sich schon wieder fangen!

in gehobener Stimmung (sein) · to be in high spirits

(Kommentar zu einem gemütlichen Beisammensein:) In der gehobenen Stimmung war es dann natürlich unmöglich, plötzlich mit einer so häßlichen Geschichte wie den Intrigen von dem Rauschner zu kommen. So dringend der Chef auch davon informiert werden muß – wir mußten das aufschieben ...

auf die Stimmung drücken *ugs* · to spoil the atmosphere, to dampen s.o.'s spirits

(Über eine Jubiläumsfeier:) An sich war die Feier sehr schön – nur daß der Unfall des ältesten Sohnes von dem Kortner natürlich etwas auf die Stimmung drückte. – Es war aber doch nichts Ernstes? – Nein. Aber so eine richtig heitere Atmosphäre will dann natürlich nicht (mehr) aufkommen.

die Stimmung heben/zu heben versuchen/... · to (try to/...) cheer s.o. up, to (try to/...) raise s.o.'s spirits, to (try to/...) improve the atmosphere/s.o.'s mood

... Die Nachricht von dem Unfall hatte die Stimmung auf den Nullpunkt sinken lassen. Alle waren nachdenklich, niedergeschlagen. Die Annelise Helmbach suchte die Stimmung zwar ein wenig dadurch zu heben, daß sie von ihrer Israelreise erzählte; aber vergeblich.

in Stimmung kommen/(geraten) · to get in the mood, to liven up *coll*, to get going *coll*

... Es dauert immer eine gewisse Zeit, bis der Thilo in Stimmung kommt. Aber wenn es endlich so weit ist, dann ist er der fidelste Kerl, den man sich denken kann/trägt der Mann Gedichte vor, da bist du von den Socken.

Stimmung machen *ugs* · to liven up (a party/...), to liven things up

... Wir müssen mal ein bißchen Stimmung hier machen, Hans! Das ist ja eher eine Beerdigungsfeier als ein Geburtstagsfest! Wolf! Anna! Dieter! Kommt mal her! Wir organisieren jetzt einen kleinen Sketch, um den Verein hier zu animieren.

für/gegen jn./etw. **Stimmung machen** *ugs* · to beat the drum for s.o./s.th., to stir up (public) opinion in favour of/against/... s.o./s.th.

(Vor einer Betriebsratswahl:) Der Schlesinger – das ist ein Kerl, den müßt ihr wählen! – Ja wann machst du für den Schlesinger Stimmung, Alfred? Ich dachte, du wärst für den Breitner. – Seit der Schlesinger sich für die Erhöhung der Forschungszuschüsse eingesetzt hat, bin ich nur noch für ihn. – Das merkt man!

jm. die Stimmung verderben (mit etw.) · to spoil s.o.'s mood, to put a damper on things for s.o.

... Die überraschende Nachricht, daß seine Schwester für ein Jahr nach Venezuela geht, hatte ihm die Stimmung verdorben. Die ganze Feier machte ihm jetzt überhaupt keinen Spaß mehr.

jn. in gute/schlechte/... **Stimmung versetzen** · to get s.o. into a good/... mood

... Wenn du den alten Kreudel in gute Stimmung versetzen willst, mußt du das Klavierspiel seiner Tochter loben. Du wirst sehen: dann ist er in kürzester Zeit der bestgelaunte Mann der Welt.

(sehr) von Stimmungen abhängig sein – (schwächer als:) (so) seine **Launen** haben · to be (very) moody

Stimmungsbarometer: ein Stimmungsbarometer sein/abgeben/... · it/s.th. is a barometer of public opinion/of the public mood

... So eine Landtagswahl ist zwar keine Abstimmung über die Bundesregierung, aber ein Stimmungsbarometer ist sie auch in dieser Hinsicht – so einigermaßen weiß man nachher auch, wie hoch die Leute in Bonn im Kurs stehen.

das Stimmungsbarometer steht auf Null · the mood is at an all time low/is very bleak/...

(Während einer Feier:) Das Stimmungsbarometer steht auf Null. Wenn nicht bald etwas passiert, hauen die Leute ab. – Seltsam, daß auf diesen Betriebsfeiern hier nie eine vernünftige Stimmung aufkommen will.

Stimmungsbild: ein Stimmungsbild von einem Fest/... **geben/**zeichnen/entwerfen/... *form selten* · to give/... a report on the atmosphere at the party/..., to paint/... an impressionistic picture of s.th.

... Das wäre schon schön, wenn Sie mal in unserer Verbandszeitung ein Stimmungsbild von dem Sylvesterball geben könnten. Eine halbe

Seite – mehr nicht. Worauf es ankäme: die Atmosphäre wiederzugeben, die da herrschte. Die Einzelheiten interessieren nicht …

Stimmungskanone: eine (richtige/…) **Stimmungskanone (sein)** *ugs – path* · to be the life and soul of the party, to be s.o. who really livens things up

Der Albert ist eine richtige Stimmungskanone! Wenn der auf einer Fete auftaucht, ist nach fünf Minuten alles am Lachen. Er versteht es so richtig, die Leute mit seiner guten Laune anzustecken.

Stimmungsmache: etw. **ist** (doch nur/…) **Stimmungsmache** *ugs* · s.th. is an attempt to manipulate public opinion, s.th. is only/all just/… hype

… Ach, diese ganze Lobhudelei der Regierung durch die führenden Zeitungen in den letzten Wochen ist doch nur Stimmungsmache: die Leute sollen den Kahl wiederwählen! – Daß die Menschen sich aber auch immer wieder so manipulieren lassen!

Stimmwechsel: im **Stimmwechsel sein** *selten* – im **Stimmbruch** sein · + s.o.'s voice is breaking

stink-: stink-besoffen/-faul/-fein/-langweilig/-reich/-sauer/-wütend/-vornehm/… **(sein)** *sal* · 1. to be plastered, 2. to be bone-idle, 3. to be a right toff, 4. to be deadly boring, 5. to be rolling in it, 6. to be mad at s.o., 7. to be hopping mad

1. vgl. – blau wie ein **Veilchen** (sein)
2. vgl. – vor **Faulheit** stinken
3. vgl. – ein feiner/vornehmer **Pinkel** (sein)
4. vgl. – zum **Sterben** langweilig sein
5. vgl. – **Geld** wie Heu haben
6. vgl. – (stärker als:) **sauer** sein (auf jn.) (2)
7. vgl. – auf **achtzig** sein

stinkig: (ganz schön) **stinkig sein** *sal Neol* · to be in a vile/rotten/stinking/… mood

… Unser Chef war heute ganz schön stinkig. Dem muß mal wieder irgendeine Laus über die Leber gelaufen sein. Und wir durften seine miese Laune dann ausbaden.

Stinkklaue: eine **Stinkklaue haben** *sal* – eine **Schrift** haben wie eine gesengte Sau · to have bloody awful handwriting

stink(e)sauer: **stink(e)sauer** (auf jn.) **sein**, (weil …) *sal* · to be pissed off (with s.o.)

… Der Bettina solltest du heute lieber aus dem Weg gehen, die ist stink(e)sauer auf dich, weil sie dich gestern versetzt hast.

stinkt: so faul sein, **daß man stinkt** *sal selten* – vor **Faulheit** stinken · to be as lazy as they come

Stinkstiefel: ein richtiger/der letzte/(…) **Stinkstiefel sein** *sal selten* · to be a real/an absolute/… bastard

… Unser Vorarbeiter ist ein richtiger Stinkstiefel! Er ist hinterhältig und schikaniert die Leute, wo er nur kann. (Das ist) ein richtig widerwärtiger Typ!

stinkt: das/(etw.) **stinkt** jm. **(schon/**allmählich/…**)** *sal* · + to be fed up with s.th./s.o. *coll*, + to be getting fed up with s.th./s.o. *coll*, + to be cheesed off with s.o./s.th.

… Immer Biologie, Biologie! Das stinkt mir schon! Was interessiert mich, wie ein Maikäfer aussieht! – Das ist genau so ein Fach wie jedes andere; dafür mußt du also auch arbeiten – ganz egal, ob dir das paßt oder nicht und ob du das leid wirst oder nicht!

es stinkt etwas an der Sache/dieser Angelegenheit/… *sal* – etwas **stimmt** nicht mit/bei jm./an/mit/bei etw./da/… (2) · there's something fishy/dodgy/… about it/this business/…

Stinkwut: eine **Stinkwut haben** (auf jn.) *sal* · to be livid with s.o. (about s.th.), to be hopping mad about s.th.

Wenn der Alte den Mertens heute sieht, gibt's einen Skandal. Der hat eine Stinkwut auf den Mann. – Was ist denn los? – Es scheint, er hat sich einige Indiskretionen über den Vertrag mit Schuckert erlaubt. – Wenn das stimmt, dann ist der Alte mit Recht sauer/wütend.

stinkwütend: **stinkwütend sein** (auf jn./über etw.) *sal* · 1. 2. to be livid/hopping mad/… about s.o./s.th.

1. vgl. – eine Wut/einen Zorn/(einen Ärger) im **Bauch** haben (auf jn./über etw.)

2. vgl. – (eher:) auf **achtzig** sein

Stint: sich **freuen wie ein Stint** *ugs veraltend selten* – sich freuen wie ein **Schneekönig** · to be as pleased as Punch about s.th.

Stippvisite: (nur/…) **eine Stippvisite** (sein/machen) (in/bei/…) *ugs* · (just/…) a flying visit

Hat euch der Rolf Schroers auf seiner Reise nach München eigentlich auch besucht? – Ja, eine Stippvisite hat er bei uns gemacht: von 9.30 bis 10.15 war er bei uns. – Warum so empfindlich, Richard? …

Stirb: das ewige **Stirb und Werde** *geh* · the eternal cycle of death and renewal *para*

(Ein älterer Herr auf einer Wanderung zu seiner Frau:) Dieser immerwährende Kreislauf der Natur, dieses ewige Stirb und Werde ist im Grunde etwas Wunderbares. Es gibt einem das Gefühl, bei aller Vergänglichkeit an etwas Dauerndem teilzuhaben.

stirbt: davon/daran **stirbt man**/stirbst du/stirbt er/sie/(der Paul/…) **nicht gleich**/(sofort)/daran/… wird … nicht gleich … sterben/daran … ist noch niemand/keiner gestorben *ugs* · + it/s.th. won't kill you/him/…, + it/s.th. won't do you/him/Mary/… any harm, + it/s.th. never did anyone any harm

(Mutter – Vater:) Ein ganzes Theaterstück von einem Tag auf den anderen vorbereiten – wenig ist das für den Jungen in der Tat nicht! – Natürlich ist das nicht wenig. Aber davon stirbt man doch nicht gleich/aber daran ist noch niemand gestorben/aber ich habe noch nie gehört, daß jemand daran gestorben wäre. Der soll sich mal anstrengen, statt da herumzulamentieren.

Stirn: die **Stirn haben**, etw. zu tun *path* – die **Frechheit** haben, etw. zu tun · to have the effrontery to do s.th., to have the cheek to do s.th.

mit eiserner Stirn standhalten/Widerstand leisten/… *path selten* · to stand up to s.th./to withstand s.th./… unflinchingly/without flinching/unyieldingly/…

… Das hättest du sehen müssen, wie der Alte die schärfste Kritik mit eiserner Stirn über sich ergehen ließ und dann, so als ob nichts passiert wäre, seelenruhig erklärte: »Ich darf also zusammenfassen: einige von Ihnen stehen meinen Gedanken immer noch etwas reserviert gegenüber; aber Gegenvorschläge hat es ja keine gegeben, sodaß ich mich in allem Wesentlichen bestätigt sehen darf.«

mit frecher Stirn behaupten/erklären/lügen/… *path* · to have the barefaced cheek to say/do/… s.th., to tell a barefaced lie, to have the gall to say/… s.th., to have the effrontery to say/… s.th., to have the nerve to say/… s.th.

(Der Direktor zu dem Vater eines Schülers:) Ist das denn eine Art, Herr Baumann, auf die Frage von Herrn Riegel, wo die Kreide ist, mit frecher Stirn zu erklären: 'Das ist doch nicht mein Problem'! Während man sie dazu noch gerade versteckt hat?!

jm. etw./(seine Gedanken/…) **von der Stirn ablesen**/(absehen) (können) – jm. etw. an den **Augen** ablesen/(absehen) (können) · to tell what s.o. is thinking from his eyes

jm./e-r S. die Stirn bieten *path* · 1. 2. to stand up to s.o., to show s.o. a bold face

1. … Wenn dieser Mann von euch Arbeiten verlangt, die er nicht verlangen darf, dann müßt ihr ihm die Stirn bieten. Das geht einfach nicht. – Gegen den kommt man nicht an. Er ist nun einmal der Abteilungsleiter …

2. … Wenn wir seinen Attacken und Drohungen jetzt nicht endlich die Stirn bieten, dann ist es zu spät! – Wir hätten uns schon viel eher zur Wehr setzen sollen!

seine/die Stirn in Denkfalten ziehen *iron selten* · to knit one's brows

… Auf wieviel Prozent schätzen Sie den Konjunkturanstieg im nächsten Jahr, fragte ein Journalist unserer Gruppe einen aus dem Kreis der sogenannten fünf Weisen. Der Mann zog seine Stirn in Denkfalten und meinte: »Vielleicht zwischen zwei Komma fünf und drei Komma zwei.« Wir hatten alle Mühe, nicht laut zu lachen.

die Stirn in Falten ziehen/(legen) · to frown, to knit one's brows *form*

… 'Wieviel Geld haben wir noch bis zum Ende des Monats?', fragte der Vater, '450,– Mark?' … Er zog die Stirn in Falten … 'Damit kommen wir nicht aus, auf keinen Fall.' …

etw. **ist** jm. **auf die Stirn gebrannt** *path veraltend selten* – jm. steht etw. im **Gesicht** geschrieben · shyness/cunning/... is written all over s. o.'s face

die **Lüge/Unwahrheit/(...) steht** jm. **auf der Stirn geschrieben** *path selten* – jm. steht etw. im **Gesicht** geschrieben · a lie/... is written all over s. o.'s face

da/wenn man so etwas hört/liest/..., **kann man sich nur an die Stirn greifen**/fassen/(packen) *ugs selten* – sich an den **Kopf** fassen (2) · all one can do when one reads/hears/... it/ these things/... is throw one's hands up in despair

mit eiserner Stirn leugnen *path selten* · to deny s. th. brazenly

(Ein Zeuge bei Gericht:) Auch wenn der Angeklagte mit eiserner Stirn leugnet, die Tat begangen zu haben – ich habe doch gesehen, wie er den Schmuck da weggenommen hat! Wie kann man das nur derart dreist leugnen!

mit frecher/(eiserner) Stirn lügen *path* · to tell a barefaced lie, to be a barefaced liar

... Ausreden, Notlügen ... – gut, dafür hab' ich Verständnis; man kommt daran manchmal nicht vorbei. Aber mit frecher Stirn lügen, wenn sich die Gesprächspartner Auge in Auge gegenübersitzen – nein das geht für meinen Geschmack zu weit. Mit solch dreisten und schamlosen Leuten gehe ich auch geschäftlich nicht gern um.

die Stirn runzeln – die **Stirn** in Falten ziehen/(legen) · to frown, to knit one's brows *form*

sich vor die Stirn schlagen *ugs* – (eher:) sich an den **Kopf** fassen (1) · to throw one's hands up in despair

sich an die Stirn tippen *iron od. euphem* · to tap one's forehead

... Man zeigt doch anderen nicht den Vogel, Jürgen! So was! – Ich kann mir doch wohl noch an die Stirn tippen! – Paß bloß auf! Du meinst wohl, du kannst uns jetzt obendrein noch auf den Arm nehmen, was?!

js. **Stirn umwölkt sich** *path* · + anger/... clouds his brow

... 'Was hat der Junge behauptet? Der dauernde Streit seiner Eltern hätte ihn aus dem Haus getrieben'? ... Der Gesichtsausdruck des Alten wurde immer finsterer, seine Stirn umwölkte sich ... 'Das wird er mir büßen! Es ist eine unverschämte Lüge'! ...!

niemand/kein Mensch/... weiß, was hinter js./**seiner**/ihrer/... **Stirn vorgeht** *form* – (eher:) in den **Kopf** gucken kann man keinem/niemandem/keinem Menschen · no one knows what is going on in s. o.'s mind/head

die Stirn kraus ziehen – die **Stirn** in Falten ziehen/(legen) · to frown, to knit one's brows *form*

Stirnseite: die Stirnseite eines Hauses/des Gebäudes/(einer Bank/...)/eines Tisches/Zimmers/... · the front end of a room/..., the front of a room/..., the gable end of a house, the end wall of a house

... Nein, nicht hinten an die Wand – vorne, an der Stirnseite des Raumes, würde ich die Stühle für die geladenen Gäste hinstellen. Da sieht sie jeder.

Stock: stumm wie ein Stock (sein) *ugs selten* – stumm wie ein **Fisch** (sein) · to be as mute as a fish, to be as close as a clam

ich glaub', ich geh' am Stock! *ugs* – *path Neol* · I'm deadbeat (already), I'm totally knackered/shagged-out/... already *sl*

(Auf einer Wanderung:) Wie weit ist es noch? – Schätzungsweise sechs bis sieben Kilometer. – Was, so weit noch?! Ich glaub', ich geh' am Stock! Ich bin jetzt schon völlig fertig.

bei/wenn ..., dann/... **gehst du/geht man/geht der/die Karin/... am Stock!** *sal nicht 1. Pers* · 1. + it/s. th. takes it out of you/one, + it/s. th. is (really/...) shattering/knackering /..., 2. s. o. will be dead-beat/shattered/knackered/whacked/..., 3. + it's a real struggle (doing s. th.) *coll*, + it really takes it out of you/one *coll*

1. Das ist vielleicht eine Schufterei, sag' ich dir, da gehst du am Stock! Der Boden ist derart hart und ausgetrocknet, daß man ihn

erstmal mit der Spitzhacke auflockern muß, ehe man ihn umgraben kann. Nach zwei, drei Stunden ist man völlig kaputt!

2. ... Bei einer so harten Arbeit geht der doch am Stock, dieser Bürofritze/Bürohengst! – Unterschätz' den Willy nicht! Der hat zwar nie Gartenarbeit gemacht, aber er ist kräftig und hat eine enorme Willenskraft.

3. ... Das ist ein Text! Mensch, da gehst du am Stock (wenn du den übersetzen mußt)! Lieber Chinesisch lernen als so ein Gedicht übersetzen! *seltener*

wie ein Stock dastehen/dasitzen/... *sal* · 1. 2. to stand/to sit there like a (stuffed) dummy, 2. to stand/to sit there and say nothing *n*, to be completely/... unresponsive *n*

1. ... Was stehst du denn da herum wie ein Stock?! Nun sag' doch etwas! Hast du das Portemonnaie da weggenommen oder nicht? Los, Mensch, reagier', antworte!

2. ... Nein, den Kellermann kann man einfach nicht einladen! Den ganzen Abend sitzt der Mann da herum wie ein Stock! Nicht ein einziges Mal hat er den Mund aufgemacht. So einen steifen Menschen habe ich lange nicht mehr gesehen!

am Stock gehen · to use a walking stick, to walk with a stick
Seit seiner Operation muß der alte Herr Schirmer am Stock gehen. Ob er jemals wieder ohne Gehhilfen laufen kann?

jn. **in den Stock legen** *hist selten* · to put s. o. in the stocks
(Ein Vater zu seinen Kindern:) In der Erfindung von Folter- und Strafinstrumenten war der Mensch offensichtlich immer sehr einfallsreich. So legte man im Mittelalter verurteilte oder mißliebige Menschen in den 'Stock' – das war ein raffiniert gebautes Gestell, in dem man Hände, Arme, Füße, Beine oder auch den Hals ähnlich wie in einem Schraubstock festklemmen konnte.

den Stock zu schmecken/(spüren) **kriegen** (bekommen) *ugs iron veraltend* – den **Buckel** vollkriegen (2) *mit dem Stock* · to be given a caning

im Stock sitzen *hist selten* · to sit in the stocks
... »Und wie lange mußte so ein Verurteilter dann im Stock sitzen«, fragten die Kinder den Vater, der ihnen von diesem mittelalterlichen Strafgestell erzählt hatte.

über Stock und (über) Stein/(Steine) **laufen/**springen/hüpfen/... *veraltend selten* · to run/to hop/... up hill and down dale/over hedge and ditch

Kennst du das Kinderlied: 'Hopp, hopp, hopp, Pferdchen, lauf' Galopp! Über Stock und über Steine, Pferdchen, brich dir nicht die Beine! Hopp, hopp, hopp, Pferdchen, lauf Galopp!'?

über Stock und (über) Stein gehen/(...) *veraltend selten* · to go across country, to go up hill and down dale

... Das ist klar – wenn ihr nicht über die Wege, sondern querfeldein/ quer durch den Wald geht, ermüdet das natürlich! – Dem Rolf macht ein Spaziergang nun einmal nur Spaß, wenn man über Stock und Stein läuft.

(so) **dasitzen**/dastehen/sich verbeugen/..., **als hätte man einen Stock verschluckt** *ugs* – *path* · to sit/to stand/... bolt upright, to sit/to stand/... as if one had swallowed a ramrod, to sit/to stand/... there as stiff as a poker

Der Scherer sitzt da, als hätte er einen Stock verschluckt! – Er sitzt immer so steif. – Etwas hat eine so kerzengerade Haltung allerdings auch für sich, findest du nicht?

stockbesoffen: stockbesoffen (sein) *sal* – blau wie ein **Veilchen** (sein) · to be dead drunk/as pissed as a newt/pissed out of one's head/...

stockblau: stockblau (sein) *sal* – blau wie ein **Veilchen** (sein) · to be dead drunk/as pissed as a newt/pissed out of one's head/...

stockblind: stockblind (sein) *ugs* – *path* · to be as blind as a bat, to be completely blind *n*
... Deine Schwiegermutter sieht überhaupt nichts mehr? – Nein, gar nichts! Die arme Frau ist stockblind.

stockdumm: stockdumm (sein) *ugs* – *path selten* – für keine zwei **Pfennige** Verstand haben/nachdenken/aufpassen/... (1) · to be as thick as they come

stockdunkel: stockdunkel *path selten* – **pechschwarz** (2) · pitch-black

Stocken: etw. **zum Stocken bringen** · to cause s. th. to slacken off/to flag/to stagnate/to fall off/to slow down
… Die restriktivere Kreditpolitik der Banken hat seinen Handel mit Südamerika ins Stocken gebracht! – Aber er wird diese finanziellen Engpässe doch überwinden, so daß die Geschäfte bald wieder anlaufen? – Wir wollen's hoffen.

ins Stocken geraten · 1. to (start to) falter, 2. to come to a halt, to come to a stop
1. An sich ist der Hartmann ja nie um Erklärungen verlegen. Aber als man ihn nach der Rede auf den Bauskandal der 'Alten Heimat' ansprach, geriet er doch ins Stocken. 'Ja … hm .., das ist ein heikles Kapitel …', er suchte ganz sichtbar nach ein paar plausiblen Sätzen.
2. Die Arbeiten an der neuen Schwimmhalle sind leider ins Stocken geraten. Ob das Geld ausgegangen ist?

ins Stocken kommen – ins **Stocken** geraten (1; u. U. (2) · to (start to) falter, to come to a halt, to come to a stop

stockfinster: stockfinster *path* – **pechschwarz** (2) · pitch-black

Stockhiebe: jm. **Stockhiebe versetzen/verpassen** *ugs* – *path selten* – jm. den **Buckel** vollhauen/vollschlagen (2) *mit dem Stock* · to beat s. o. with a stick, to give s. o. a caning

stockkonservativ: stockkonservativ/stockkatholisch/stocknüchtern/(…) *ugs* – *path* – etw. **durch** und durch sein/ein durch und durch … sein/ein … durch und durch sein (5) · to be (ultra-)arch-conservative, to be ultra-conservative, to be a dyed-in-the-wool conservative

stocknüchtern: stocknüchtern (sein) *ugs* – *path od. iron* · (to be) stone-cold sober, (to be) as sober as a judge
… Du warst doch nicht blau, als die Polizei dich da angehalten hat? – Blau?! Von wegen! Ich war stocknüchtern! Nicht ein einziges Bier hatte ich getrunken. – Da hast du ja Glück gehabt.

stocksauer: stocksauer **(auf** jn.) **sein** (weil …) *sal* – **stink(e)sauer** (auf jn.) sein (weil …) · to be pissed off with/really mad at/… s. o. (because …)

stocksolide: stocksolide sein/leben *ugs* – *path od. iron* – (stärker als:) (sehr) **solide** sein/werden · to be absolutely respectable

stocksteif: stocksteif dasitzen/dastehen/… *ugs* – *path* – (so) dasitzen/dastehen/sich verbeugen/…, als hätte man einen **Stock** verschluckt · to sit there/to stand there/… as stiff as a poker/like a ramrod/…

stocktaub: stocktaub (sein) *ugs* – *path* – taub wie eine **Nuß** sein · to be as deaf as a post

stockzu: stockzu (sein) *sal* – blau wie ein **Veilchen** (sein) · to be totally/… plastered/…

Stoff: aus anderem Stoff (gemacht) sein (als j.) *form* – aus anderem **Holz** (geschnitzt) sein (als j.) · to be made of different stuff from s. o.

aus demselben/dem gleichen Stoff (gemacht) sein (wie j.) *form* – aus demselben/dem gleichen **Holz** (geschnitzt) sein (wie j.) · to be cast in the same mould (as s. o.)

aus hartem Stoff (gemacht) sein *form selten* – aus hartem **Holz** geschnitzt sein · to be made of stern stuff

etw. **gäbe (den) Stoff für einen/zu einem (ganzen) Roman/…** · s. th. would provide material for a novel/…, s. th. would fill a novel/…, s. th. would furnish matter for a novel/…, s. th. would make a good novel/play/…
… Ach, weißt du, meine Erfahrungen mit dieser italienischen Granitfirma gäben Stoff für einen ganzen Roman! Wenn ich dir das alles erzählen wollte, säßen wir morgen früh noch hier.

viel Stoff zum Lachen/Witzeln/Reden/Überlegen/… geben · to be a (great/…) source of amusement/merriment, to give rise to (many/…) jokes, to provide food for thought
Die Geschichte mit dem Besuch, den der Otto Blum unserem Landwirtschaftsminister – privat in dessen Wohnung! – gemacht hat, ja, die hat viel Stoff zum Lachen gegeben. Da meint dieser alte Herr doch wahrhaftig, er könnte den Minister über die konkreten Probleme eines bayrischen Bauern aufklären …

jm. **geht der Stoff aus** · + to be running out/to have run out of material
… Seit vier Jahren hat der Robert kein Buch mehr publiziert. Ist ihm der Stoff ausgegangen? Sieht er im Schreiben keinen Sinn mehr? Gibt es private Gründe? Wir wissen es nicht.

stolpern: über eine Bemerkung/ein Wort/… stolpern *ugs* · 1. 2. to be thrown by s. th., to come unstuck over s. th., to be puzzled by s. th. *n*
1. … Ein bißchen Sinn für die Sprache der Jugend muß man als Lehrer, Professor, Richter usw. schon haben, meinte er, sonst stolpert man über jeden zweiten Satz! – Das war doch immer so, daß ein großer Teil der Älteren die Sprache der Jüngeren unerzogen oder grob fand und daran Anstoß nahm; das ist doch gar nichts Neues.
2. (Über eine mündliche Übersetzung im Examen:) Die ersten zehn, zwölf Zeilen liefen ganz ausgezeichnet. Aber dann stolperte ich über das Wort 'abrasar' – das kannte ich nicht; der Butze wurde sauer – und dann lief nichts mehr, ich verhedderte mich immer mehr …

ins Stolpern kommen/(geraten) *ugs* – ins **Schleudern** geraten/kommen (2) · to stumble, to lose one's thread

Stolz: j. **hat (schließlich/…) (auch) seinen Stolz** · after all/… s. o. has his pride
… Sein Vater soll den eigenen Sohn um Geld bitten?! Du hast Ideen! Der Mann hat schließlich seinen Stolz, und der junge Mann nach allem, was der alte Herr für ihn das ganze Leben hindurch getan hat, in einer solchen Notlage nicht von selber hilft …!

(überhaupt/gar) **keinen Stolz haben** · to have no pride
… Dem Wörner brauchst du nur ein paar tausend Mark zu bieten, dann behauptet der auf der nächsten Sitzung genau das Gegenteil von dem, was er heute behauptet hat. Der Mann hat überhaupt gar keinen Stolz!

j./etw. **ist** js. **ganzer Stolz/(der (ganze) Stolz der Familie/seiner Vaterstadt/… sein)** *path* · to be s. o.'s pride and joy, to be the pride and joy of one's family/…
… Nein, auf seinen ältesten Sohn läßt der Fritz nichts kommen, der ist sein ganzer Stolz, dieser Junge/dieser Junge ist sein ganzer Stolz! – Mit Recht übrigens. Der Junge ist hochbegabt, sehr gewinnend, ungemein bescheiden …, darauf kann er wirklich stolz sein!

js. **Stolz (mit Gewalt) (nicht) brechen (können)** · (not) (to be able) to break s. o.'s pride
… Ach, der Mann weiß natürlich genauso gut wie wir – nein besser! –, daß er falsch gehandelt hat. Aber er hat nun einmal seinen Stolz, und mit Gewalt werden wir diesen Stolz auch nicht brechen. Wir sollten versuchen, ihm eine goldene Brücke zu bauen. Dann wird er schon einlenken.

seinen Stolz dreinsetzen, etw. zu tun/(in etw. setzen) · to take a pride in doing s. th.
Wird der Albert mit seiner neuen Aufgabe da bei Schuckert u. Co. fertig? – Ich hoffe, ja. Die Sache ist schwer, sehr schwer! Aber er setzt seinen Stolz drein, die Schwierigkeiten zu überwinden und dem Chef zu zeigen, daß er auch mit solchen Aufgaben zu Rande kommt.

stolzieren: durch einen Saal/… stolzieren *ugs iron* · to strut around, to swagger around, to prance around, to stalk out of a room/…
(Auf der Empore eines auditorium maximum:) Wer ist denn der Mann, der da unten vor dem Rednerpult wie eine Primadonna auf und ab stolziert? – Den kennst du nicht? Das ist der Klein, unser neuer Universitätspräsident! – Spaziert der da immer so herum wie ein Truthahn?

stopft: Schokolade/… **stopft** *ugs* · chocolate/… constipates, chocolate/… causes constipation *tr*
… Nein, Schokolade kann ich nicht viel essen; die stopft dermaßen … – Dann mußt du anschließend etwas nehmen, was die Verdauung

fördert! – Bitte, erst bremsen, dann beschleunigen – du willst wohl, daß ich mir den Darm völlig ruiniere?!

Storch: jetzt/nun/da brat'/(brate) **mir (doch/**(aber)) **einer 'nen/** (einen) **Storch!** *sal* · 1. damn it!, bloody hell!, oh no!, 2. well I never!, well I'll be damned!

1. Jetzt brat' mir doch einer 'nen Storch! – Was ist denn los? – Jetzt hab' ich doch meine Autopapiere zu Hause liegen lassen! Wir müssen umkehren. – Ach, du lieber Gott! 50 km um?!
2. ... Was sagt der? 'Amerika oder England – das läuft alles auf dasselbe hinaus?' Nun brat' mir doch einer 'nen Storch! Wie kann ein studierter Mann so einen Unsinn erzählen/verzapfen?!

eine Frau **hat der Storch ins Bein gebissen** *scherzh selten* · 1. + she's expecting a baby, + she's expecting a little stranger, 2. the stork has brought her/... a baby

1. Mir scheint, der Storch hat die Uschi schon wieder ins Bein gebissen! Oder ...? – Du bist ein Blitzmerker, Erich! Sie ist schon im 5. Monat.
2. vgl. – der **Klapperstorch** ist bei/zu jm. gekommen *seltener*

der Storch ist bei/zu jm. **gekommen** *ugs zu Kindern* – (eher:) der **Klapperstorch** ist bei/zu jm. gekommen · the stork has visited s.o./s.o.'s house

(noch/...) **an den Storch glauben** *ugs zu/bei Kindern* – (eher:) (noch/...) **an den Klapperstorch glauben** · to (still/...) believe that babies are brought by the stork

wie ein Storch im Salat da herumspazieren/...(sich benehmen/...) *sal* · to behave like a clodhopper, to be clumsy *n*, to be uncouth *n*, to pick one's way gingerly/... *n*

(Auf einem Botschaftsempfang:) Schau dir den Otto Kunz an, wie der da herumläuft – wie ein Storch im Salat! – Aber Willi, sei doch nicht immer so boshaft! – (Es) ist doch wahr! Schon dieser Schritt – dieser breitbeinige, holprige Schritt eines Bauern!

Stoß: einen sicheren Stoß haben *form Billard* · to have a sure stroke

Den Herrn Löns beim Billard zu beobachten ist ein Vergnügen! Der hat die Ruhe weg. Und was der für einen sicheren Stoß hat! Beeindruckend. Die Kugel geht genau dahin, wo er sie hinhaben will.

einen Stoß erleiden/erhalten/bekommen *form Selbstvertrauen u. ä.* · to suffer a setback, to be given a jolt

Seit dem Scheitern der Verhandlungen mit Schuckert wirkt der Leibholz fast ein wenig unsicher oder schüchtern. Sein Selbstvertrauen scheint doch einen Stoß erlitten zu haben. – Das tut ihm nur gut. Er gab sich immer viel zu selbstsicher.

jm. **einen Stoß geben** *ugs selten* · to prod s.o. *n*, to give s.o. a push *n*

(Die Mutter zum Vater:) Wenn der Junge weiterhin so träge ist, Walter, bleibt er sitzen. Du mußt ihm mal einen Stoß geben. Wenn ich ihm was/etwas sage, nimmt er das ja sowieso nicht ernst. – Ich werd' ihn mir morgen mal vorknöpfen.

sich (innerlich) einen Stoß geben *ugs* – (eher:) sich (innerlich) einen **Ruck** geben · to give o.s. a jolt

jm. **den letzten Stoß geben** *ugs selten* – jm./e-r S. den **Rest** geben (1; u. U. 3) · to give s.o. the coup de grâce, to finish s.o. off

jm./e-r S. **einen Stoß versetzen** · 1. to give s.o. a shove, to give s.o. a push, to elbow s.o. *n*, 2. to shake s.o.'s self-confidence

1. (Am Eingang zu einem Fußballplatz:) Mein Gott, sind das Rüpel hier! Jetzt hat mir doch schon zum zweiten Mal jemand einen Stoß versetzt, daß ich fast umgefallen wäre. ...
2. ... Die äußerst negative Rezension seines letzten Buches hat dem Selbstvertrauen unseres verehrten Institutsleiters offensichtlich einen Stoß versetzt. Er gibt sich in der letzten Zeit jedenfalls beträchtlich bescheidener. – Keine Sorge, der wird sich schon wieder fangen! *ugs*

mit kräftigen Stößen schwimmen/rudern/... · to swim/to row/... with powerful/... strokes

... Plötzlich hatten wir das Gefühl, nicht mehr zurückzukommen. Die Strömung trug uns immer weiter raus. Mit immer kräftigeren Stößen schwammen wir dagegen an – vergeblich! Gott sei Dank war seitlich von uns die Hafenmauer. Die konnten wir erreichen ...

stoßen: jm. etw. **stoßen** *sal* · to tell s.o. s.th. in no uncertain terms ... *coll*, to tell s.o. s.th. pretty clearly ... *n*

(Der Vater über seine Tochter zu seinem Bruder:) Die Sigrid ist heute so entgegenkommend! ... – Ich habe dem Mädchen gestern abend doch mal gestoßen, daß das so nicht weitergehen kann. Sie wird ja immer patziger! – Sehr gut! Irgendeiner mußte ihr das ja mal beibringen. Von uns nimmt sie ja nichts mehr an – aber wenn du das sagst ... Prima!

auf jn./etw. **stoßen** · 1. to come across s.th./s.o., to come upon s.th./s.o., 2. to (suddenly/...) be standing in front of s.o./s.th.

1. Bei der Lektüre von Goethes 'Egmont' stieß ich gestern zufällig auf eine Formulierung, die mir zu denken gab: ...
2. vgl. – (eher:) plötzlich/... vor jm./etw. **stehen** (1)

sich an etw. **stoßen/**sich daran stoßen, daß ... · to object to s.th./to the fact that ..., to take exception to s.th., to disapprove of s.th.

... Und? Ist der Rollmann mit deinem Bericht über die Zunahme der Jugendkriminalität einverstanden? – Im ganzen ja. Aber er stößt sich daran, daß ich der allgemeinen politischen Entwicklung auch einen Teil Schuld zuschreibe.

zu jm. **stoßen** *mil u. ä.* · to join s.o., to meet up with s.o.

... Ich würde sagen: eure Gruppe marschiert von der Südseite los, wir von der Nordseite. Auf halber Höhe treffen sich die beiden Wege; da könnt ihr dann zu uns stoßen, sodaß wir den Gipfel alle gemeinsam besteigen.

Stoßgebet: ein Stoßgebet zum/(gen) **Himmel senden/schicken** *ugs – path oft iron* · to say a quick/a little prayer

... Mensch, als da plötzlich der Lastwagen von der Seite auf unsere Straße gebraust kam, habe ich aber doch ein Stoßgebet zum Himmel geschickt. So einen Schrecken habe ich lange nicht mehr gekriegt. Ich bin ja sonst alles andere als fromm, aber ...

Stoßseufzer: einen Stoßseufzer ausstoßen *path* – einen **Seufzer** ausstoßen · to give a sigh

stößt: das/etw. **stößt** jm. **sauer auf** *sal* – jm. sauer **aufstoßen** · to leave a nasty taste in the mouth

Stottern: etw. auf Stottern kaufen *sal selten* – (eher:) etw. auf **Raten** kaufen · to buy s.th. on hire purchase

ins Stottern kommen *ugs* · to start stuttering, to start stammering

... Der Rolf ist ja beileibe nicht auf den Mund gefallen! Aber als der alte Herr Blecher ihm so aus heiterem Himmel sagte: »Wie ich höre, behandeln Sie bei meinem Sohn jetzt denselben Zahn zum dritten Mal!«, kam er doch ins Stottern: »Hm ... ja ... wissen Sie, es gibt Zähne, die sind ein wenig schwierig ...«

Srafanzeige: Strafanzeige erstatten (gegen jn.) *form* – (eine) **Anzeige** erstatten (gegen jn.) · to bring a charge against s.o.

Strafe: etw. ist die gerechte Strafe (für etw.) · + s.o. is only getting his just deserts, that/s.th. is a just punishment for s.th., that/s.th. is what he/you/John gets/... for (doing) s.th.

... Der Udo ist wieder betrunken Auto gefahren und man hat ihm den Führerschein abgenommen, höre ich gerade. – Das ist die gerechte Strafe für seinen Leichtsinn. Warum läßt er keine Taxe kommen, wenn er blau ist?

etw./etw. tun zu müssen **ist eine (wahre) Strafe (für** jn.) *path* · it's really/... tiresome having to do s.th., it's a real bind/pain/... having to do s.th. *sl*, it's a real drag having to do s.th. *sl*

... Ach, diese gesellschaftlichen Verpflichtungen! Heute auf einer Cocktailparty, morgen bei einer Einweihung ... – das ist eine Strafe, weißt du! – Na, du wirst schon nicht daran sterben, Alfons! Denk' mal an die zahllosen Privilegien, die du als Botschafter hast!

zur Strafe ... · ... as a punishment ...

... Der Heinz hat seinen Klassenlehrer belogen? Dann fährt er zur Strafe am Wochenende nicht mit in den Schwarzwald! Lügner können nen wir nicht gebrauchen.

Strickmuster: etw. **geht (immer/**...**)/alles/**... **geht/**... **nach dem gleichen/**(demselben) **Strickmuster** ugs iron · everything/things/... (always/...) follow(s) the same pattern n, everything/things/... (always/...) go according to the same pattern n

... Jede Sitzung läuft in diesem herrlichen Institut nach demselben Strickmuster ab: alles wartet, dann erscheinen die Herren Ordinarien mit einer halben Stunde Verspätung gemeinsam, einer von ihnen bemerkt, man habe es eilig, ein anderer: also, zu Punkt eins der Tagesordnung schlage ich vor ... – erledigt! – und so hakt man eine Sache nach der anderen in dem Sinne ab, den die Herren vorher abgesprochen haben. Immer dasselbe Spiel!

Strippe: jn. **an der Strippe haben** ugs · to have s.o. on the line, to have s.o. on the phone, to have s.o. on the blower

Mit wem telefonierst du denn da schon wieder? – Ruhe, unterbrich mich jetzt nicht! Ich hab' endlich den Sachbearbeiter für unseren Hausbau an der Strippe; hinter dem telefoniere ich schon tagelang (hinter-)her.

jn. **fest an der Strippe haben** ugs selten · to have s.o. firmly/ well/... under control, to keep s.o. on a tight rein

Die Ursel, die hat ihre drei Kinder fest an der Strippe. Alle drei machen genau, was sie zu machen haben. – Kinder müssen mit fester Hand erzogen und geführt werden, da hat die Ursel ganz recht.

jn. **fest an der Strippe halten** ugs selten · to keep s.o. on a tight rein

... Nein, den Dieter mußt du fest an der Strippe halten! Ob dir das recht ist oder nicht! Der verträgt es nicht, wenn man ihm Spielraum gibt, ihn frei agieren läßt; der nutzt das sofort aus.

dauernd/schon wieder/... **an der Strippe hängen** ugs · to hog the phone, to be always on the phone n

(Ein Vater von seinem Sohn:) Dieser Kerl macht mich verrückt! Den halben Tag hängt er an der Strippe und quasselt mit seiner Freundin dummes Zeug. – Dann verbiete ihm das Telefonieren doch einfach! Dann hast du Ruhe.

sich (gleich/...**) an die Strippe hängen (und** ...**)** ugs · to get (straight/...) on the phone and ..., to get (straight/...) on the blower and ...

... Herrgott nochmal, Ulrike, du brauchst dich doch nicht bei jedem Wehwehchen sofort an die Strippe zu hängen und den Arzt deswegen zu belästigen! – Aber wofür hat der denn ein Telefon, wenn man nicht anrufen soll?

jn. **an die Strippe kriegen/**(bekommen) ugs · to get s.o. on the phone, to get s.o. on the blower

... In der Tat, am besten wäre, wir würden das mit dem alten Schukkert sofort telefonisch klären. – Ich weiß nicht, ob wir den jetzt an die Strippe kriegen. Nachmittags macht der immer seine Geschäftsbesuche.

Stroh: **wie Stroh brennen** · to burn like straw, to go up like dry tinder

Vorsicht mit dem Feuer hier in den Holzhäusern, vor allem mit den Zigaretten! Diese Häuser brennen wie Stroh. Es genügt ein Funke, um wer weiß was für einen Brand zu verursachen.

wie nasses Stroh brennen selten · to burn like wet straw

... Mit diesem Holz wird der Kamin das Zimmer nie vernünftig wärmen! Das brennt genauso gut wie nasses Stroh! – Es ist noch zu grün, kann also gar nicht gut brennen.

leeres Stroh dreschen ugs · 1. 2. to talk a lot of hot air, to talk a lot of claptrap, to blather, to churn out platitudes

1. ... Dieser Meinert ist doch gar nicht fähig, einen vernünftigen Gedanken zu fassen. Alles, was der kann, ist leeres Stroh dreschen ... – Du kannst doch nicht behaupten, Ernst, daß alles leeres Geschwätz ist, was er sagt. – Doch, haargenau das behaupte ich!
2. vgl. – (eher:) **Phrasen** dreschen

Stroh im Kopf haben sal selten – keine/(wenig) **Grütze** im Kopf haben · to have no brains, to be thick/dim

wie Stroh schmecken Apfelsinen usw. · not to have any taste, to taste of nothing

... Die Apfelsinen schmecken ja wie Stroh! So etwas Trockenes und Fades kann man ja gar nicht herunterwürgen!

strohdoof: **strohdoof sein** sal · to be as thick as two short planks/...

... Die Gisela ist wirklich strohdoof! Wenn Dummheit weh täte, müßte sie den ganzen Tag vor Schmerzen schreien.

strohdumm: **strohdumm (sein)** ugs – (so) dumm wie **Bohnenstroh** sein · to be as thick as two short planks

Strohfeuer: (nur/...) **ein Strohfeuer (sein)** Liebe/Begeisterung/... · it/s.th. is just/... a passing fancy, it/s.th. is just/... a flash in the pan

... Ach, das war doch keine echte Liebe, das war nur ein Strohfeuer, weiter nichts – eine Leidenschaft, die heute anfängt und morgen aufhört.

Strohhalm: **wie ein Strohhalm knicken/umfallen/**... Bäume/ Masten/... – bei Unwetter u.ä. ugs – path · to snap/to break/... like straws

... So einen Sturm haben wir hier seit Jahren nicht mehr gehabt. Die Tanne, die vorn am Eingangstor stand, knickte wie ein Strohhalm um: bum, war sie weg.

nach dem (rettenden/...**)/einem (rettenden/**...**) Strohhalm greifen** ugs – path · to clutch at a/any straw

... Aber der Hanno kann doch nicht annehmen, daß sie bei so viel Kandidaten jemanden wählen, der die grundlegenden Bedingungen für die Stelle nicht erfüllt! – Wenn man in einer so verzweifelten Lage steckt wie er, dann greift man nach einem rettenden Strohhalm!

sich (wie ein Ertrinkender) an einen/den letzten/(...**) Strohhalm klammern** ugs – path · to clutch at any straw

Glaubt der Hanno denn wirklich, daß sie von den vielen Kandidaten gerade ihn wählen – wo er doch die ungünstigsten Voraussetzungen mitbringt? – Er klammert sich an einen Strohhalm. Er hat nichts anderes. Wenn auch das nicht klappt, ist er arbeitslos.

(zuletzt noch/...**) über einen Strohhalm stolpern** ugs · to stumble over a straw, to trip up over something insignificant para

... Wenn du die Hauptfächer alle prima hinter dich gebracht hast, dann wirst du dir doch das Examen nicht gerade wegen eines so leichten Fachs wie Erdkunde verderben. – Manche Leute stolpern über einen Strohhalm, das weißt du doch.

Strohkopf: **ein Strohkopf sein** sal – keine/(wenig) **Grütze** im Kopf haben · to be empty-headed, to be thick

Strohmann: **ein/der Strohmann sein/**(den Strohmann abgeben/machen) (für ...) ugs · to be a front man for s.o./s.th.

... Der Bruckner ist doch bestimmt ein Strohmann für irgendeine Gesellschaft, die die Firma Maier aufkaufen will! – Ob er in seinem eigenen Namen verhandelt oder im Auftrag von Leuten, die im Hintergrund bleiben wollen, das weiß ich natürlich nicht.

einen Strohmann vorschieben/jn. als ... ugs · to use (s.o. as) a front man

... Und warum verhandelt der Wiegand nicht in eigenem Namen? Warum schiebt er den Rothmann als Strohmann vor? – Weil die Gegenpartei nicht wissen soll, daß die Firma Schuckert hinter dem ganzen Projekt steht.

Strohsack: **(ach) (du) heiliger/**(gerechter) **Strohsack!** sal selten – (eher:) (ach) du liebes **bißchen!** · good grief!, good gracious!, oh my goodness!

Strom: **sich vom Strom der Menge/**(der Massen/...) **treiben/ tragen lassen** path · to drift along with the crowd, to be carried along by the crowd

... Du brauchst überhaupt gar nicht zu wissen, wo es hergeht; du läßt dich einfach vom Strom der Menge treiben, dann landest du ganz von selbst am Fußballstadion! – Da scheint ja die halbe Stadt auf den Beinen zu sein, wenn der HDF spielt!

im Strom der Menge/Masse untergehen ugs – path selten · to disappear into the crowd

... Unmöglich, bei den Massen, die da aus dem Fußballstadion strömen, einen Dieb zu verfolgen! Der taucht doch im Strom der Menge unter!

ein Strom von Menschen ergießt sich auf die Straße/in den Wald/an den Strand/... *path* · a flood of people pour on to the streets/into the countryside/..., + people stream (out) to the countryside/the beaches/...

... Und freitags, nach dem Mittagessen, ergießt sich dann ein Strom von Menschen in die Berge und an die Seen der Umgebung. Die Großstadt spuckt ihre Bewohner aus ...

gegen/(wider) **den Strom schwimmen** · to swim against the tide

... Du willst immer gegen den Strom schwimmen, Manfred! Das geht auf die Dauer nicht! Es ist ja nichts dagegen zu sagen, daß du dir eine unabhängige Meinung bildest. Aber gegen die allgemeinen Konventionen anzugehen – das ist heute noch weniger möglich als früher.

mit dem Strom schwimmen · 1. 2. to swim with the current, to swim with the tide, to go with the tide

1. ... Ein bißchen muß halt jeder mit dem Strom schwimmen. Oder kannst du dir vorstellen, daß heute noch einer gegen die allgemeinen Konventionen ankommt?

2. ... Nein, ein Opportunist ist der Robert wohl nicht. Wenn er mit dem Strom schwimmt, dann wohl deswegen, weil er im Grunde gar keine eigene Meinung hat.

unter Strom stehen *form* · to be live

(Zu einem Kind:) Geh' bloß nicht an diese Drähte hier, Karli, die stehen alle unter Strom. Der Bauer will mit dieser elektrischen Umzäunung verhindern, daß die Tiere das Feld verlassen – oder Fremde (von außen) auf das Feld gehen.

total/... unter Strom stehen *ugs Neol* · 1. to be under a lot of/constant/... pressure *n*, to be under a lot of/constant/... stress *n*, to have a lot of/... stress *n*, 2. to be tanked up

1. ... Es wird Zeit, daß ich Urlaub kriege! In letzter Zeit stehe ich in der Firma ständig unter Strom. Wir haben einfach viel zu viel zu tun. Ich bin völlig überarbeitet.

2. ... Der Wilfried steht fast jeden zweiten Abend unter Strom, wenn er nach Hause kommt. Ich fange langsam an, mir wegen seiner ständigen Sauferei Sorgen zu machen.

ein Strom von Tränen ... *path* – **Ströme** von Tränen (vergießen/...) · (to weep/...) floods of tears

in den Strom der Vergessenheit geraten/(sinken/versinken) *path* · to pass/to sink/to disappear/... into oblivion

... Ach, das wird mit diesem Modell genauso gehen wie mit den 100 oder 200 vorherigen: man wird ein, zwei Wochen heftig darüber diskutieren, und dann gerät es in den Strom der Vergessenheit – in das alles verschlingende Mühlrad der sogenannten Geschichte.

ein Strom von Worten ... *path* · a torrent of words, a stream of words, a flood of words

... Meine Güte, der Odebrecht redet ja vielleicht auf einen ein! Gegen solch einen Strom von Worten kommt man überhaupt gar nicht an!

der Strom der Zeit *path* · the flow of time, the march of time

... Was ist schon das Leben eines einzelnen, ja einer ganzen Epoche im ewigen, grenzenlosen Strom der Zeit? Generationen, Völker, Staaten, Kulturen kommen und vergehen ...

stromabwärts: stromabwärts · downstream

... Stromabwärts fährt der Dampfer bestimmt 50, 60 Kilometer in der Stunde; da dauert die Fahrt also nicht lange. Aber ganz anders ist es, wenn du die Reise stromaufwärts machst. Gegen die Strömung fährt er höchstens 30, 35 Kilometer.

stromauf: stromauf, stromab segeln/fahren/... *form – path* · to sail/... up and down the river

(Zu dem Kapitän eines Schleppers:) So jeden Tag stromauf, stromab fahren – ist das nicht langweilig? – Sie meinen: weil es immer denselben Strom/Fluß rauf und runter geht? Nein! Das Wasser, das Licht, die Schiffe, die ich ziehe ... – das wechselt ständig.

stromaufwärts: stromaufwärts – ≠ **stromabwärts** · upstream

Ströme: es fließen Ströme von Blut *path* · there are rivers of blood, there is heavy bloodshed

... Fragt bei diesem Krieg überhaupt noch einer der Verantwortlichen, wieviel unschuldige Zivilisten dabei umkommen, wieviele Men-

schen verletzt, verstümmelt werden? Ströme von Blut fließen da, von denen niemand spricht!

Ströme von Schweiß fließen jm. **übers Gesicht** *path od. iron selten* – **Ströme** von Schweiß vergießen · + the sweat is pouring/streaming/... down s. o.'s face

Ströme von Schweiß vergießen *path od. iron* · to sweat buckets, to sweat heavily/copiously/..., to sweat like a pig *coll*

... Ströme von Schweiß hab' ich vergossen bei der Schlepperei! – (Du) Armer Kerl! – Du hast gut spotten. Dann schaff' du doch mal eine Tonne Brennholz in den Keller bei dieser Hitze!

Ströme von Tränen (vergießen/...) *path* · (to weep/...) floods of tears

... Ströme von Tränen hat sie vergossen, die Arme, als der Gerhard wegging! – Besser hätte sie ihn vorher anständig behandelt, statt nachher so zu heulen!

es regnet/gießt in Strömen · to pour with rain, to bucket down *sl*, to pelt down

... Es ist unmöglich, jetzt einen Spaziergang zu machen, es regnet in Strömen! – Es kann so stark regnen, wie es will, ich mache jetzt einen Spaziergang! Wo ist der Schirm?

in Strömen fließen *Bier/Wein/...* *path od. iron* · the wine/beer/... is flowing/flows/... freely

... Die Stimmung war glänzend, Wein und Bier flossen in Strömen, die (Tanz-)Kapelle war ausgezeichnet ... Kurz: eine Feier, wie sie im Buche steht.

Strömung: gegen eine/die Strömung ankämpfen/... · to struggle against the current, to fight against/to resist/... a trend/fashion/...

... Warum soll der Kurt andauernd gegen eine übermächtige Strömung ankämpfen? Wenn die überwiegende Mehrheit absolut will, daß der Export eingeschränkt wird, dann sollen sie ihn einschränken! Der Kurt ist doch nicht dazu da, sich dauernd den unsinnigen Entschlüssen der Mehrheit zu widersetzen!

sich von der allgemeinen Strömung nach oben tragen/(treiben) **lassen**/von der ... getragen/gespült werden · to be swept to the top by the current *para*

... Ich glaube, im Grunde hatte der Brode gar keine eigenen Verdienste, Argumente, Pläne. Er wurde ganz einfach von der allgemeinen Strömung nach oben gespült. – Dann hat er also wenigstens der damaligen allgemeinen Meinung geschickt Ausdruck verliehen. – Das natürlich! Sonst wäre er kein Kanzler geworden.

sich von einer (...) Strömung treiben lassen · to drift with the current

... Du mußt dir selbst eine Meinung bilden, Gerhard! Wenn du dich immer nur von der allgemeinen Strömung tragen läßt, wirst du heute dies und morgen jenes denken; denn es gibt nichts Schwankenderes als die Auffassung der Masse.

strotzen: vor Gesundheit/Energie/Fehlern/Schmutz/... **strotzen** · 1. to be riddled with mistakes, to be teeming with mistakes, to be bursting with health/energy/..., to be brimming over with health/energy/..., to be bristling with weapons/missiles/..., 2. to be as fit as a fiddle, 3. to be filthy, to be filthy dirt

1. ... Diese Übersetzung strotzt vor Fehlern – jedes dritte Wort ist falsch! – Nun übertreib' mal nicht, Klaus!

2. vgl. eine **Bärengesundheit** haben

3. vgl. – vor **Dreck** stehen

Strudel: (ganz gegen seinen Willen/...) **in den Strudel der Ereignisse mit hineingerissen werden/...** *path* · to be caught up (against one's will/...) in the whirlpool of events

... Die Regierung hat sich bis zuletzt mit all ihren Kräften um eine friedliche Beilegung des Konflikts bemüht. Wenn sie dennoch in den Strudel der Ereignisse mit hineingerissen wurde, kann man das also nicht ihr zur Last legen; die Verantwortung liegt bei denen, die diesen Krieg wollten!

im Strudel der Ereignisse untergehen/... *path* · to be lost/... in the whirlpool of events

... Natürlich haben Experten schon vor Jahren darauf aufmerksam gemacht, daß ... Aber solche Erkenntnisse gingen damals im Strudel der Ereignisse unter. – Welcher Ereignisse? – Nun, der politischen Wirren, der Kriege ... Da war für solche nuancierten Erwägungen im öffentlichen Bewußtsein kein Platz.

sich in den Strudel des Vergnügens werfen/schmeißen *ugs – path selten* – sich dem **Vergnügen** in die Arme werfen · to start living it up, to start enjoying life

Strumpf: Geld/(...) **im Strumpf haben/aufbewahren/...** *ugs veraltend selten* · to keep money/valuables/... in a stocking/ an old sock/(...), to keep money under the mattress
... Aber du wirst doch nicht wie ehedem unsere Großmutter dein Geld im Strumpf aufbewahren, statt es auf der Bank oder sonstwo anzulegen, sodaß es wenigstens Zinsen bringt!

Geld/... **in den Strumpf stecken** *ugs veraltend selten* · to keep one's money in an old sock/under the mattress/..., to put s.th. aside for a rainy day
Bei der Frau Möllers hat man immer den Eindruck, sie will von ihrem Haushaltsgeld am Ende eines jeden Monats etwas in den Strumpf stecken. Als wenn so lächerliche Sparsümmchen heute überhaupt noch etwas nützten würden!

sich auf die Strümpfe machen *sal selten* – sich auf die **Beine** machen · to get going, to be off, to be on one's way

js. **Strümpfe ziehen Wasser** *ugs selten* · s.o.'s stockings sag n
... Sicher, sicher, schöne Strümpfe verschönern die Beine einer Frau! Aber Strümpfe, die Wasser ziehen – entsetzlich! – Du meinst: wenn sie rutschen und dann Falten werfen? – Ja, was sonst?

Stube: die gute Stube *form veraltend* · the parlour
... Du kennst das wahrscheinlich gar nicht, Theo: die gute Stube – das heißt, das Wohn- oder Besuchszimmer, das man nur zu besonderen Anlässen betritt ...

(immer) rein/(rin) in die gute Stube! *ugs scherzh veraltend* · come on in!, come right in!
... Guten Tag, Magda! Tag, Gerd! Wie geht's? – Danke, gut. Und euch? – Wir haben keinen Grund zur Klage. ... Wir wollten nicht stören ... – Rin in die gute Stube! Ihr stört überhaupt nicht. Ganz im Gegenteil! ...

immer/... **in der Stube hocken** *veraltend selten* – immer/... in der **Bude** sitzen · to be (always/...) stuck at home

immer/... **in der Stube sitzen** *veraltend selten* – immer/... in der **Bude** sitzen · to be (always/...) stuck at home

Stubenhocker: ein Stubenhocker (sein) *ugs* – immer/... in der **Bude** sitzen · to be a stay-at-home

stubenrein: (nicht) stubenrein (sein) · 1. (not) to be housetrained, 2. (not) to be clean, (not) to be decent
1. ... Junge, wenn der Hund nicht stubenrein ist, können wir ihn bei Kochs nicht mit in die Wohnung nehmen. Was meinst du, was das für ein Theater gäbe, wenn der da irgendwo sein Geschäft erledigte.
2. ... Ist der Witz auch stubenrein? Sonst behalt' ihn für dich – unsere Bärbel ist es nicht gewohnt, in Männergesellschaft schlechte Witze zu hören! – Keine Angst, Albert; der ist ganz harmlos. Also: ... *seltener*

Stück: j. **ist mein/dein/...** **bestes Stück** *sal* · 1. s.o. is my/ their/... pride and joy, 2. s.o. is a real/absolute/... treasure
1. Unsere Doris? Das ist unser bestes Stück! Von allen Kindern hat sie uns immer am meisten Freude und am wenigsten Sorgen gemacht.
2. ... Die Fräulein Hildekamp? Die kündige ich nie – da kann es der Firma so schlecht gehen, wie es will. Das ist unser bestes Stück. So wie die arbeitet hier kein zweiter.

der Rock/der Mantel/... **ist mein/**sein/... **bestes/(gutes) Stück** *ugs* · the dress/coat/... is the best I've/... got
... Gut, ich leih' dir mein Kleid für deinen Tanzabend. Aber geh' mir bloß gut damit um! Es ist mein bestes Stück.

drei Stunden/sieben Tage/... **am/an einem/(im) Stück reden/ regnen/...** · to rain/... for hours/weeks/... on end, to rain/... non-stop for days/weeks/...
Meine Güte, jetzt regnet es schon fast drei Wochen an einem Stück! Ob das gar nicht mehr aufhört? – Deutschland! Deutschlands herrliches Klima – Regen! – Aber doch nicht ununterbrochen!

aus einem Stück (geschnitten/geschnitzt/...) **sein** · to be carved from the solid, to be all of a piece
... Die ganze Figur ist aus einem Stück geschnitzt/gehauen/...? – Natürlich! Solche Figuren kann man doch nicht aus mehreren Teilen zusammenstückeln/zusammenkleben/... .

ein freches/(dreistes) Stück (sein) *sal* · to be a cheeky/brazen/... so-and-so, to be a cheeky/... thing/beggar/...
... Was sagt er? Der Franz Müller wäre erstens saudumm und zweitens stinkfaul! Ist das ein freches Stück! Wie kann man andere in der Öffentlichkeit in einem solchen Ton miesmachen?!

ein faules Stück (sein) *sal* – ein faules **Aas** (sein) · to be a lazy bugger *male*, to be a lazy sod *male*, to be a lazy bitch *fem*, to be a lazy cow *fem*

ein ganzes Stück größer/kleiner/dicker/... **sein als** ... · to be a good bit bigger/smaller/further/..., to be a lot bigger/ smaller/further/...
... Nein, nach München und nach Ingolstadt, das ist von hier aus nicht dasselbe! Nach München ist es ein ganzes Stück weiter – wenigstens 40, 50 Kilometer.

ein gemeines Stück (sein) *sal* · (to be) a nasty bitch, (to be) a nasty piece of work
... So ein gemeines Stück! Da geht die doch in der Tat zum Chef und erzählt dem, wenn ich im Betrieb nicht viel täte, dann käme das daher, weil ich so viel schwarz arbeite! Eine richtige Gemeinheit!

es ist (noch/...) ein (ganz) gutes Stück (Weges) (bis ...) – es ist (noch) ein gutes/(ganzes) **Ende** (bis ...) · there is (still/...) a good way to go till ..., there is (still/...) quite a way to go till ...

es ist (noch) ein (ganz) schönes Stück (bis ...) *ugs* – es ist (noch) ein gutes/(ganzes) **Ende** (bis ...) · there is (still/...) a good way to go till ..., there is (still/...)quite a way to go till ...

das/(etw.) ist ein starkes Stück! *ugs* · that's a bit much
... Obwohl du schriftlich hast, daß dich keinerlei Schuld trifft, haben sie dich verklagt! Das ist ein starkes Stück, in der Tat! – So etwas leistet sich nur ein Unternehmen, das nicht den mindesten Anstand hat.

ein Stück gemeinsam gehen/jn. ... begleiten/... · to walk/to go/... part of the way together/...
(Die Mutter zu ihrem Sohn:) Bist du mit dem Paul Welters nach Hause gekommen? – Ein Stück sind wir zusammen gegangen. Aber an der Giselastraße haben wir uns getrennt; er mußte noch woandershin.

..., das Stück für ... Mark/... *form* · 40/... pfennig/... a piece, 40/... pfennig/... each
... Ja, die Kerzen habe ich ziemlich billig bekommen, das Stück für 40 Pfennig.

etw. **am Stück kaufen/**verkaufen/... · to buy/to sell/... chesse/sausage/... unsliced
Schinken mußt du am Stück kaufen, Bettina! (In Scheiben) geschnitten wird er schnell trocken und verliert schnell seinen Geschmack.

nach Stück bezahlt werden/... · to do piece work/to pay s.o. piece work/...
(Von einem alten Steinmetzbetrieb in Portugal:) Der Mann zahlt seine Leute noch wie vor fünfzig Jahren nach Stück: soundsoviel Steine, Figuren usw. hat der Arbeiter gemacht, also kriegt er soundsoviel. – Es gibt also keinen (festen) Monatslohn? – Nein.

... pro Stück · ... each, ... for each one
(Bei der Besichtigung einer Flaschenfabrik:) Guck' dir diese Galerien von Flaschen an, Toni! Das hört überhaupt gar nicht mehr auf. Denk' dir, wir kriegten pro Stück nur fünf Pfennig – da wären wir steinreich.

von dem/der/dem Peter/... **könnte sich manch einer/**könnten sich viele/... **ein Stück abschneiden/**da könnte ... von abschneiden *ugs* – (eher:) von dem/der/dem Peter/... könnte/ kann sich manch einer/könnten/können sich viele/... eine **Scheibe** abschneiden/da könnte/kann ... von abschneiden · a lot of people/... could take a leaf out of his/John's/... book

da kannst du dir/kann er sich/… **ein Stück (von) abschneiden** *ugs* – (eher:) davon/(von etw.) kannst du dir/kann er sich/… eine **Scheibe** abschneiden · you could take a leaf out of his/John's/… book

ein hartes Stück Arbeit sein *path* · it/s.th. is a really tough job *coll*
… So ein Garten sieht zwar sehr klein aus …, aber grab' ihn mal um! Das ist ein hartes Stück Arbeit, sage ich dir.

ein schönes Stück Arbeit sein/kosten *ugs* · it/s.th. is a tough job
Bis wir den ganzen Garten fertig haben, das wird noch etwas dauern. Das ist ein schönes Stück Arbeit.

ein schweres Stück Arbeit sein *path* · 1. 2. it/s.th. is a really tough job, 1. s.th. takes a lot of work
1. … So ein Gedicht übersetzen, weißt du, das ist ein schweres Stück Arbeit. Ein Außenstehender macht sich gar keine Vorstellung, was da für eine Arbeit drinsteckt.
2. vgl. – (eher:) ein hartes **Stück** Arbeit sein

jm. ein Stück Blei in den Leib schicken *iron selten* · to fill s.o. with lead, to shoot s.o.
… Ja, ja, so war das! Er hatte geglaubt, ungestraft da einbrechen zu können; aber ehe er sich versah, hatten sie ihm ein Stück Blei in den Leib geschickt. – Rauhe Sitten, so ohne Warnung auf die Leute zu schießen!

etw. für ein Stück Brot kaufen/bekommen/verkaufen/hergeben/… *ugs selten* · 1. to buy/to get/… s.th. for a song, to buy/to get/… s.th. for next to nothing, to buy/to get/… s.th. for peanuts, 2. to sell/… s.th. for next to nothing, to sell/… s.th. for peanuts
1. vgl. – etw. für 'n/(für einen) **Appel** und Ei kaufen/bekommen/…
2. vgl. – etw. für 'n/(für einen) **Appel** und Ei verkaufen/hergeben/…

sich vorkommen/(fühlen) **wie ein Stück Dreck** *sal* – *path* · to feel like a piece of dirt *coll*
… Nein, bei diesen zwielichtigen Geschäften mach' ich nicht länger mit! Schon das Milieu! Da kommst du dir vor wie ein Stück Dreck, weißt du! Nein, ein bißchen Selbstachtung möchte ich mir schon bewahren.

jn. wie ein Stück Dreck behandeln *sal* – jn. wie (den letzten) **Dreck** behandeln · to treat s.o. like dirt

jm. fehlt ein Stück (vom) Film *ugs* · 1. 2. + to have a black-out
1. … Und an die letzte Stunde vor deinem Unfall kannst du dich überhaupt nicht erinnern? – Nein, da fehlt mir ein Stück Film. – Das ist ein klassischer Fall von Gedächtnisausfall bei einer Gehirnerschütterung.
2. … Gestern abend war ich total zu. Ich weiß noch, daß mich die Vera zur Tür gebracht hat, aber dann fehlt mir ein Stück vom Film. Wie ich heimgekommen bin, weiß ich nicht mehr.

ein schönes Stück Geld ausgeben/kosten/verdienen/… *ugs selten* – eine schöne/hübsche/(ganze) **Stange** Geld ausgeben/verdienen/kosten/… · to spend/to earn/to cost/… a tidy sum, to spend/to earn/to cost a small fortune

dasitzen/… **wie ein Stück Holz** *sal* – wie ein **Stock** dastehen/dasitzen/… (2; a. 1) · to stand/to sit there like a (stuffed) dummy, to stand/to sit there and say nothing, to be completely/… unresponsive

sich das größte Stück vom Kuchen nehmen *ugs* – den **Löwenanteil** bekommen/für sich behalten/… · to get/to keep/… the lion's share

sich mal wieder/vielleicht/… **ein Stück leisten** *ugs selten* – sich mal wieder/vielleicht/… (ein) **Stückchen** leisten · to make an exhibition of oneself, to put one's foot in it

dies/(…) **Stück Malheur** *sal veraltend selten* · a sad case, a miserable specimen, a pathetic specimen
… Ach, dieser Krämer! Der ist doch sowohl moralisch wie sozial völlig heruntergekommen. Schau dir bloß an, wie der herumläuft – wie Vagabund! Als wenn ich mit diesem Stück Malheur auch nur einen Augenblick etwas zu tun haben wollte!

jn. wie ein Stück Mist behandeln *sal* – jn. wie (den letzten) **Dreck** behandeln · to treat s.o. like dirt

nur noch/nichts als/… **ein Stück Papier sein** *ugs* · 1. 2. s.th. is (just/nothing but/…) a piece of paper
1. … Geld …? Mein Vertrauen darin wird immer geringer. Erinnere dich nur daran, wie das 1929 war: da waren die ganzen Geldscheine von einem Tag auf den anderen nur noch ein Stück Papier.
2. … Aber du hast doch extra mit dem Kollert einen Vertrag darüber abgeschlossen! – Ach, dieser Vertrag ist ein Stück Papier und weiter nichts. Was will ich denn machen, wenn der sich nicht an den Vertrag hält?!

etw. ist nicht das Stück Papier wert, auf dem es gedruckt ist/… *ugs* – *path selten* · s.th. is not worth the paper it is written on
… Ach, dieser Vertrag ist doch nicht das Stück Papier wert, auf dem er gedruckt wurde. Jede der beiden Parteien wird bei der ersten Gelegenheit, bei der sie einen Nachteil in der (Vertrags-)Bindung sieht, alles tun, um sich nicht daran zu halten.

ein Stück meines/seines/… **Selbst** *path* · a part of myself, a bit of myself
… Ach, wissen Sie, der Umbau dieses Landguts war für mich nicht eine Tätigkeit unter vielen, kein 'Job'! In diese Arbeit habe ich ein Stück meines Selbst eingebracht. Ich wäre heute nicht der, der ich bin, ohne diesen Umbau, für den ich Jahre hindurch eher noch innerlich als äußerlich mein Letztes gab.

einen Text/… **Stück für Stück durcharbeiten/**durchgehen/… · to go through (a novel/…) line by line, to work one's way through (a novel/…) line by line
… Stück für Stück haben wir diese Novelle durchgearbeitet, ja, Zeile für Zeile!

etw. Stück für Stück kontrollieren/nachzählen/(…) · to check/to count/… s.th. one by one, to check/to count/… every single item
… Wenn die die ganzen Äpfel Stück für Stück nachzählen will, werden wir wohl bis morgen abend hier stehen und warten!

das/etw. **ist ein Stück aus dem Tollhaus** *ugs veraltend selten* · it/s.th. is pure lunacy, it/s.th. is pure madness
Was das Parlament sich da in der letzten Sitzung geleistet hat, ist nicht mehr und nicht weniger als ein Stück aus dem Tollhaus! – In der Tat! Man hat zunehmend den Eindruck, die Abgeordneten lassen, wenn sie das Parlament betreten, ihren Verstandeskasten draußen.

jn. wie ein Stück Vieh behandeln *sal* – jn. wie (den letzten) **Dreck** behandeln · to treat s.o. like dirt

ein gutes Stück vorankommen/weiterkommen · to make good progress, to make a lot of headway, to get a lot/a good bit/… done
(Abends, zu Kollegen, mit denen man einen längeren Text übersetzt:) So, heute sind wir ja ein gutes Stück weitergekommen! – Wieviel haben wir denn gemacht? – 14 Seiten.

ein Stück (des) Weg(es) *form selten* · (to accompany/… s.o.) for part of the way
… Wenn ich Sie, Herr Dr. Hartmann, auf Ihrem Verdauungsspaziergang ein Stück Weges begleiten darf …? Ich hätte mit Ihnen sehr gern die Frage der neuen Computeranlage besprochen. Das können wir draußen vielleicht mit mehr Ruhe als im Betrieb.

ein gutes Stück Weg(es) *form veraltend selten* · a good bit of the path/way/journey/…
(Auf einer Wanderung zu einem quängelnden Jungen:) Ein gutes Stück Weg haben wir schon hinter uns, Richard; jetzt fehlt noch ein Stückchen, dann sind wir da. Mehr als zwei Drittel haben wir schon gemacht.

Stückchen: es ist (noch) ein gutes Stückchen (bis …) *ugs* – es ist (noch) ein gutes/(ganzes) **Ende** (bis …) · there is still quite a way to go till …

es ist (noch) ein (ganz) schönes Stückchen (bis …) *ugs* – es ist (noch) ein gutes/(ganzes) **Ende** (bis …) · there is still a good way to go till …, there is still quite a way to go till …

da kannst du dir/kann er sich/... **ein Stückchen (von) ab-schneiden** ugs – (eher:) davon/(von etw.) kannst du dir/ kann er sich/... eine **Scheibe** abschneiden · you could take a leaf out of his/John's/... book

von dem/der/dem Peter/... **könnte sich manch einer**/könnten sich viele/... **ein Stückchen abschneiden**/da könnte ... von abschneiden ugs – (eher:) von dem/der/dem Peter/... könnte/kann sich manch einer/könnten/können sich viele/... eine **Scheibe** abschneiden/da könnte/kann ... von abschneiden · a lot of people/... could take a leaf out of his/ John's/... book

sich mal wieder/vielleicht/... **(ein) Stückchen leisten** ugs selten · to make an exhibition of oneself, to put one's foot in it
Der Kurt hat sich mal wieder ein Stückchen geleistet! Stell' dir vor, auf dem Empfang der Botschaft gestern erscheint der doch wahrhaftig in Knickerbockers!

Stücke: in Stücke fliegen ugs selten · to be smashed to pieces/smithereens/..., to shatter n, to fall apart n, to burst apart n
... Wütend schmiß er die Vase auf den Boden, sodaß sie in Stücke flog.

in tausend Stücke fliegen ugs – path selten – in tausend Stücke zerspringen/zerplatzen/(...) · to shatter into a thousand pieces

in Stücke gehen ugs selten · to be smashed to pieces/..., to shatter n
... Denk' dir, der schöne Krug, den ich aus Spanien mitgebracht habe, ist hingefallen und in Stücke gegangen!

große Stücke von jm./**auf** jn. **halten** ugs · to think highly of s.o., to have a high opinion of s.o., to think the world of s.o.
... Der Prof. Holzmann hält ja große Stücke auf Ihren Sohn, Herr Mertens. Ich habe ihn gestern auf einem Empfang getroffen, da hat er Ihren Kurt in den höchsten Tönen gelobt: »hochintelligent, zielbewußt, anständig ...«. Meine Anerkennung!

etw. in Stücke hauen ugs · to smash s.th. to pieces
Wenn ich könnte, wie ich wollte, würde ich diese verdammte Kommode in Stücke hauen! Was dieses alte Ding uns schon geärgert hat!

etw. in tausend Stücke reißen/zerreißen ugs – path – etw. in **Fetzen** reißen/(zerreißen) · to tear s.th. to shreds, to tear s.th. into little pieces

j. **läßt sich für** jn. **in Stücke reißen**/(würde sich ... lassen) ugs – path · s.o. would do anything for s.o.
Für den Laszó tut die Inge alles, für den läßt sie sich in Stücke reißen, so sehr liebt sie ihn! Du glaubst gar nicht, was sie schon an Kritik, an Drohungen, an Opfern auf sich genommen hat, weil sie mit einem Türken geht.

j. **würde** jn. **am liebsten/könnte** jn. **in Stücke reißen** ugs – path · s.o. could/would like to tear s.o. limb from limb/to pieces
... Dieser verfluchte Kirchner!, brüllte er plötzlich los. Wenn ich könnte, wie ich wollte, würde ich diesen elenden Verleumder in Stücke reißen! Wenn ich diesen Kerl vor die Flinte kriege, zerreiß ich ihn in der Luft!

etw. in Stücke schlagen ugs – etw. in **Stücke** hauen · to smash s.th. to pieces

j. **könnte** jn. **in Stücke schlagen** ugs – path selten · I/... could kill him/..., I/... could strangle him/..., I/... could murder him/..., I/... could throttle him/...
Laß mich um Gottes willen mit diesem Fritz Ungerlein zufrieden! Wenn ich nur den Namen höre, krieg' ich schon zuviel. Den könnte ich in Stücke schlagen, diesen Kerl!

sich die besten Stücke aus der Suppe fischen ugs – sich die besten/fetten **Brocken** aus der Suppe fischen · to choose the best bits for oneself

in tausend Stücke zerspringen/zerplatzen/(...) ugs – path · to shatter into a thousand pieces
... In seiner Wut schmiß er die Vase mit aller Kraft gegen die Wand, sodaß sie in tausend Stücke zersprang.

jm./**sich in manchen/vielen/allen Stücken gleichen/ähnlich sein** · 1. 2. to be similar in some/many/several/... respects/ points/..., 2. to have many points in common
1. ... In vielen Stücken sind sich die beiden ähnlich, da gebe ich dir recht. Aber es gibt Dinge, da unterscheiden sie sich radikal – zum Beispiel in ihrer politischen Einstellung.
2. ... In manchen Stücken gleichen sich die Programme der beiden Parteien, das ist schon richtig. Aber wenn man genauer hinsieht, dann merkt man, daß die Ausgangspunkte und die Zielsetzungen doch verschieden sind. ...

mit jm. **in manchen/vielen/allen Stücken übereinstimmen** (...) · to agree with s.o./... on many points/in many respects/...
In vielen Stücken stimme ich mit dem Klaus überein; aber das heißt noch lange nicht, daß ich blind unterschreibe, was er sagt oder schreibt.

(ganz) aus freien Stücken etw. tun · to do s.th. of one's own free will
Der Friedhelm hat keinen Grund, sich heute über seine Wohnung zu beschweren. Niemand hat sie ihm aufgedrängt. Er hat sich damals aus freien Stücken dafür entschieden.

Stücklohn: im Stücklohn arbeiten form veraltend – im **Ackord** arbeiten/stehen/(...) · to do piece-work

Stückwerk: etw. ist Stückwerk · s.th. is a torso, s.th. is incomplete, s.th. is patchy
... Ach, nicht nur die historischen Kapitel sind unbefriedigend – die ganze Untersuchung ist Stückwerk! Ein paar Gedanken sind neu – einverstanden; aber das Buch als ganzes überzeugt hinten und vorne nicht!

Student: ein ewiger Student (sein) ugs iron · (to be) an eternal student
... Im wievielten Semester ist der Kai denn eigentlich? – Im fünfzehnten. – Das scheint ja auch ein ewiger Student zu sein. Der hat wohl Gefallen an dem süßen Studentenleben gefunden. – Mit geregelter Arbeit hat er es leider noch sie so sehr gehabt.

studierter: ein studierter Mann/Mensch/.../eine studierte Frau/... form · an educated person/man/woman/..., a person who has had an academic education
... Wenn sich ein Bauer oder Arbeiter so etwas leistet ... – meinetwegen! Aber ein studierter Mann – ein 'Akademiker'! – müßte eigentlich andere Umgangsformen haben!

Stufe: die oberste(n) Stufe(n) erreichen/... form – die oberste(n) **Sprosse(n)** erreichen/... · to reach the top/the top rung of the ladder/...

auf gleicher/der gleichen/derselben Stufe stehen (wie j./**mit** jm.) – auf der gleichen/derselben **Ebene** stehen (wie j./mit jm.) · to be on the same level as s.o.

kulturell/... **auf hoher/niedriger Stufe stehen** · to be on a high/low/... level, to be of a high/low/... standard
... In der Technik ... ja, in der Technik sind wir kaum zu übertreffen. Aber stehen wir auch kulturell auf einer so hohen Stufe?

auf hoher/niedriger Stufe stehen (in einem Volk/bei .../...) der Anbau von etw./... · to be of high/low/poor/... quality, to be of a high/low/poor/... order
... Der Maisanbau steht in dieser Gegend seit vielen Jahrhunderten auf einer sehr hohen Stufe. Schon im 16. Jahrhundert rühmen Reisende aus Mitteleuropa die hohe Qualität des hiesigen Maisbrots.

eine Stufe/zwei/mehrere/... Stufen/... **höher/tiefer stehen**/(...) als ... · to be on a higher/lower/... level than ..., to be one/two/... stage(s) higher/lower/... than ...
(Nach der Besichtigung eines Entwicklungslandes:) So sehr die sich auch bemühen und so viele Fortschritte die auch machen: technisch werden sie immer ein paar Stufen tiefer stehen als wir. – Wie, Sie meinen, die hinken ewig hinterher?

jn./etw. **auf eine/die gleiche Stufe stellen** – (eher:) jn./etw. auf die gleiche/dieselbe **Ebene** stellen (mit jm./etw./wie jn./etw.) · to put s.o./s.th. on a par with s.o./s.th.

sich (nicht) mit jm. **auf eine/die gleiche Stufe stellen (können)** · 1. s.o. can/cannot put himself on a level with s.o., s.o. can/cannot put himself on a par with s.o., 2. + s.o. is no match for him/her/Smith/…, s.o. is not in the same league as him/her/Smith/…
1. … Du kannst dich doch nicht mit dem Dr. Biermann auf eine Stufe stellen, Junge! Bei aller Anerkennung deiner Kenntnisse und Fähigkeiten: der hat doch eine ganz andere Erfahrung, eine ganz andere Übersicht!
2. vgl. – mit dem/der/dem Maier/… kann sich j. nicht **messen** (1; u. U. 2)

Stufe für Stufe hochklettern/… *form – path selten* · to climb the ladder to success rung by rung *para*, to make gradual progress *coll*
… Die einen, meinte der Albert plötzlich ganz nachdenklich, machen eine Blitzkarriere, die anderen klettern Stufe für Stufe hoch – worauf unser Klaus spöttisch einwarf: und die dritten bringen es zu nichts.

von Stufe zu Stufe aufsteigen/… *form – path selten* – **Stufe für Stufe hochklettern/**… · to climb the ladder to success rung by rung *para*, to make gradual progress

von Stufe zu Stufe sinken *form – path selten* · to slump/to descend/to sink/… by stages
Seit dem Tod seiner Frau ist der Rosbach von Stufe zu Stufe gesunken: zuerst moralisch, dann finanziell, schließlich sozial. Immer weiter ging es mit ihm bergab, bis er das Wrack war, das du heute kennengelernt hast.

die Stufen zum Erfolg/Ruhm eine nach der andern hinaufsteigen/(emporsteigen/erklimmen/…) *path selten* – **die Leiter** des Erfolgs/(…) (von Stufe zu Stufe) hinaufsteigen/ (emporsteigen/erklimmen/…) · to climb the ladder of success

die Stufen hinauffallen/herauffallen *ugs selten* – **die Treppe** hinauffallen/herauffallen/rauffallen · to strike it lucky, to rise in the world, to be kicked upstairs

zwei/(drei/…) **Stufen mit einem/jedem Satz/Schritt nehmen** · to take two/three/… stairs at a time, to run up the stairs two/three/… at a time
… Schau dir das an, wie der Kurt die Treppe heraufstürmt! Zwei, drei Stufen nimmt er mit einem Satz!

jm. **Stufen (ins Haar) schneiden** *ugs selten* – jm. **Treppen** (ins Haar) schneiden/es sind allerhand Treppen drin/… · to layer s.o.'s hair

Stufenleiter: die Stufenleiter des Erfolgs (Stufe für Stufe) **hinaufsteigen/**(emporsteigen/erklimmen/…) *path selten* – die **Leiter** des Erfolgs/(…) (von Stufe zu Stufe) hinaufsteigen/ (emporsteigen/erklimmen/…) · to climb the ladder of success rung by rung

Stuhl: ein harter/weicher/blutiger Stuhl/einen harten/weichen/ blutigen Stuhl haben *form* · to have blood in one's stools, to have hard/soft stools
… Wenn du einen blutigen Stuhl hast, mußt du zum Arzt! Aber sofort! Schließlich hast du was Ernstes … – Nun dramatisier' doch nicht immer gleich so! Nur weil ich mal Blut scheiß, bin ich schließlich schon halb tot, was?

jn. **durch den elektrischen Stuhl hinrichten/**… · to send s.o. to the (electric) chair, to go to the electric chair
Seit wann kommen die Leute, die zum Tode verurteilt werden, in Amerika eigentlich auf den elektrischen Stuhl?

ein heißer Stuhl *Jugendspr Neol selten* · a chopper, a hot pair of wheels
(Ein Vater zu seinem Sohn:) Was sagst du da: heißer Stuhl? Was ist das denn? – Du weißt aber auch gar nichts. Ein schweres Motorrad natürlich.

jm. **den Stuhl unter dem Arsch wegziehen** *vulg* – jm. den **Stuhl** unter dem Hintern wegziehen · to pull a/the chair from under s.o.

j. **wäre/ist fast/beinahe vom Stuhl gefallen,** als …/…/vor Schreck/Überraschung/… *sal* · 1. 2. + you could have knocked me/… down with a feather when …, l/he/John/… was flabbergasted when … *coll*, l/he/… nearly died when …
1. Als der Bohnekamp hörte, der Chef würde ihn für den Schaden zur Verantwortung ziehen, wäre er fast vom Stuhl gefallen. Kein Wort brachte er mehr heraus. Stumm saß er da und brütete vor sich hin.
2. … Vor Überraschung wäre ich beinahe vom Stuhl gefallen! Auf alles war ich gefaßt gewesen, aber nicht auf diese Entscheidung!

eine Nachricht/eine Mitteilung/… **hätte/hat** jn. **fast/beinahe vom Stuhl gehauen** (so überrascht/(erschreckt/…) ist er) *sal* · the news/… stuns me/him/John/…, + I am/he is/… knocked for six by the news/…
Die Nachricht, daß man ihn wegen der Schecksache angeklagt hat, hätte/hat den Bertram fast vom Stuhl gehauen. Damit hätte er nie gerechnet.

es hätte/hat jn. **fast/beinahe vom Stuhl gehauen** (als …/…/ vor Schreck/Überraschung/…) *sal* – j. wäre/ist fast/beinahe vom **Stuhl** gefallen, als …/…/vor Schreck/Überraschung/… · s.o. was knocked for six/stunned/flabbergasted/… when he heard/…

jm. **den Stuhl unter dem Hintern wegziehen** *sal* · to pull a/ the chair from under s.o.
… Das kann gefährlich sein, Junge, dem Vordermann gerade, wenn er sich hinsetzten will, den Stuhl unter dem Hintern wegzuziehen! Wenn er unglücklich fällt, kann er sich etwas am Rückgrat holen.

an seinem Stuhl kleben *ugs* · 1. 2. to cling on to one's office/ position, he/the minister/… is not to be shifted from office
1. … Hast du schon mal erlebt, daß einer von diesen Ministern freiwillig geht?! Selbst bei den übelsten Skandalen nicht – denk' an den Würner. Wie die Kletten am Anzug kleben die an ihrem Stuhl! Regelrecht wegboxen muß man die, wenn man sie loswerden will!
2. … Wenn Sie wollen, können Sie die Stelle morgen mit einem anderen besetzen! Ich klebe nicht an meinem Stuhl! Beileibe nicht! Ich kenne interessantere Aufgaben als diesen Job hier.

der Stuhl Petri *oft: auf dem Stuhl Petri sitzen geh* · the Holy See, the See of Rome
Erinnerst du dich noch, Mathilde, wer damals auf dem Stuhl Petri saß, als Heinrich IV. seinen berühmten Gang nach Canossa machte? – War das nicht (Papst) Gregor VII.?

jn. **(nicht gerade/**…) **vom Stuhl reißen/hauen** *ugs* · to take s.o.'s breath away, to knock s.o. out, it/s.th. is nothing to write home about, it/s.th. is no great shakes, it/s.th. doesn't exactly take our/… breath away
… Nein, direkt schlecht oder langweilig war sein Vortrag nicht; aber was er brachte und wie er es brachte, hat die Kommission auch nicht gerade vom Stuhl gerissen! Man hat hier schon bessere Vorträge gehört.

an js. **Stuhl sägen/**wird gesägt/die/einige Leute/… sägen … *ugs* · to try to/… undermine s.o.'s position *n*, to saw away at s.o.'s chair
… Ich glaube, unser Wirtschaftsminister wird sich nicht mehr lange halten können. Wegen seiner diversen Affären und Skandale wird schon kräftig an seinem Stuhl gesägt. Noch ein Fehltritt, und er ist weg vom Fenster.

sich rittlings auf einen Stuhl setzen *ugs* · to sit astride a chair
… Plötzlich drehte sie den Stuhl herum und setzte sich rittlings darauf – sodaß die Lehne, die sie gleichsam umarmte, zwischen ihren Beinen war. Lustig sah das aus …

auf dem päpstlichen Stuhl sitzen *ugs oft iron* · to be Pope
… Ach, warf er ein, ob ein Italiener, ein Spanier oder ein Pole auf dem päpstlichen Stuhl sitzt: die Kurie hat, wie jede andere Regierung auch, eine bestimmte geistige und politische Linie, an der selbst ein großer Papst nur verhältnismäßig wenig ändert.

jm. **den Stuhl vor die Tür setzen** *ugs iron* · to kick s.o. out
… Hat Direktor Kunz sich Walters Beschwerden denn überhaupt angehört? – Natürlich nicht. Er hat dem Walter kurz und bündig den Stuhl vor die Tür gesetzt. – Er hat ihn rausgeschmissen!

js. **Stuhl wackelt** *Pol o.ä. ugs* · s.o.'s position is under threat, s.o.'s position is threatened/not secure/… *n*
… Nachdem sich der Wirtschaftsminister diese unseriösen Finanzaffären erlaubt hat, wackelt sein Stuhl. – Wie, meinst du, der muß gehen? – Das ist durchaus möglich.

mitj./etw. **(nicht) zu Stuhle kommen** *ugs* · 1. not to be able to reach agreement with s.o., 2. not to be able to get on with/ to cope with/… s.o.
1. vgl. – mit jm./etw. (nicht) zu **Potte** kommen
2. vgl. – (u.U.) mit jm./etw. zurande **kommen**

sich zwischen alle (verfügbaren) Stühle setzen · to fall between all the stools, to become isolated/to lose support/… because one is unable to make up one's mind/… *para*
… Wenn du jetzt immer noch nicht eindeutig Partei ergreifst – entweder für den Bertold oder den Bodo Wirth –, setzt du dich zwischen alle Stühle! Dann hast du nach der Wahl – ganz egal, wie sie ausgeht! – niemanden mehr, der dich unterstützt.

sich zwischen zwei Stühle setzen *selten* – sich zwischen alle (verfügbaren) **Stühle** setzen · to fall between all the stools, to become isolated/to lose support/… because one is unable to make up one's mind/… *para*

zwischen allen Stühlen sitzen · to fall between several stools, to have no support from any side
… Der Werner hat jahrelang laviert, jahrelang bald mit dieser, bald mit jener Gruppe gestimmt. Es ist also kein Wunder, daß er jetzt zwischen allen Stühlen sitzt. Ich sage dir ganz offen: ich persönlich unterstütze ihn auch nicht mehr.

zwischen zwei Stühlen sitzen · to fall/to have fallen between two stools
… Der Detlev hat einfach zu lange gezögert, sich eindeutig zu entscheiden! Erst hat er so getan, als zöge er Berlin vor; dann hat er Paris Liebeserklärungen gemacht – so immer hin und her! Jetzt vertraut ihm weder eine Universität noch die andere. – Er sitzt also zwischen zwei Stühlen? – Leider. Es ist durchaus denkbar, daß er jetzt weder die eine noch die andere Stelle kriegt.

Stuhlgang: keinen/regelmäßigen/(…) Stuhlgang haben/… *form* · (not) to have regular bowel movement
(Ein Arzt zu einem Patienten:) Ein regelmäßiger Stuhlgang ist gerade für jemanden wie Sie, Herr Kreuth, der seit Jahren schon Last mit Magen und Darm hat, sehr wichtig! Achten Sie auf Bewegung, auf verdauungsfördernde Nahrung …!

Stummel: den Stummel quälen *sal selten* · to light up *coll*, to light up fag
… Willst du schon wieder den Stummel quälen, Junge?! Du hast doch in der kurzen Zeit, die wir zusammen sind, bestimmt schon sechs oder sieben Zigaretten geraucht!

Stumpf: eine Bevölkerung/…/ein Übel/… mit Stumpf und Stiel ausrotten/(vernichten/ausreißen) *path* · 1. to wipe s.o./s.th. out, to exterminate s.th., 2. to eradicate s.th., to destroy/… s.th. root and branch
1. … Mit Stumpf und Stiel haben sie diesen Volksstamm ausgerottet. Nicht einmal die Frauen und Kinder haben sie verschont. …
2. … Wenn wir dieses Übel jetzt nicht mit Stumpf und Stil ausrotten, haben wir jedes Jahr wieder dieselben Schwierigkeiten! – Aber deswegen können wir doch nicht alle Leute einsperren, bei denen irgendein Verdacht auf Drogenhandel besteht!

Stumpfsinn: das/etw./was j. sagt/… ist (doch) (alles) Stumpfsinn *sal* – das/etw./was j. sagt/… ist (doch) (alles) **Käse** (1) · it/s.th./what s.o. says/… is a load of rubbish/nonsense/crap/codswallop/…

Stumpfsinn brüten *sal selten* · 1. to brood *n*, 2. to brood away *n*
1. … Ihre Gefahr ist immer und immer wieder dieselbe: Stumpfsinn zu brüten, statt die Probleme nüchtern zu analysieren und, vor allem,

sie konkret anzupacken. Die Probleme sind also im Kern nicht sachlicher, sondern persönlicher/psychologischer Natur: die Eva sackt seelisch gleichsam in sich selbst zusammen.
2. vgl. – vor sich **hinbrüten**

in Stumpfsinn verfallen *sal* · to lapse into apathy
… Statt in Stumpfsinn zu verfallen, sollte die Evi die Probleme konkret anpacken. Dann würde sie auch aus ihrer psychischen Verklemmung herauskommen. – Das ist doch ein Zirkel, Herbert: sie brütet – ich gebe zu: stumpfsinnig – vor sich hin, weil sie nicht die Kraft und die Fähigkeit hat, die Probleme nüchtern zu sehen und anzugehen.

stumpfsinnig: ich/(er/Peter/…) könnte stumpfsinnig werden (wenn …)/dabei kann man ja … *sal selten* – ich/(er/Peter/…) könnte wahnsinnig **werden** (wenn …) · + it/s.th. is enough to drive me/him/John/… mad, + it/s.th. dulls the brain

Stund': (und) zur Stund(e) war j. **geheilt/gesund/(…)** *Bibel veraltend* · and at once/from that hour on s.o. was cured/healed/…, thenceforth/thenceforward s.o. was healed/…, from that time forth s.o. was healed/…
… Ja, Christus legte ihm die Hände auf, und zur Stunde war der Mann geheilt. – Von einem Moment auf den andern? – Von einem Moment auf den andern!

von Stund' an *form selten path od. iron* · from then on, from now on, thenceforth
… Stell' dir vor: ihr Vater legte ihr eindringlich ans Herz, abends früher ins Bett zu gehen – und von Stund an hielt sie sich an diese Bitte. – Unglaublich, bei einem 19-jährigen Mädchen!

Stündchen: js. letztes Stündchen/(Stündlein) **hat geschlagen/** (ist gekommen) *ugs zyn* – js. **Stunde** hat geschlagen (1, 2) · s.o.'s last hour has come, + s.o. is for it

manches liebe Stündchen in/bei/… verbracht haben/… *ugs form selten* – manche schöne **Stunde** in/bei/… verbracht haben/… · to have spent many happy hours in/at/…

manches schöne Stündchen in/bei/… verbracht haben/… *ugs* – manche schöne **Stunde** in/bei/… verbracht haben/… · to have spent many happy hours in/at/…

Stunde: jede viertel/halbe/… Stunde · every quarter of an hour/half an hour/…
… Ich kann doch nicht jede viertel Stunde ans Telefon gehen, Herr Siebert! Da komme ich doch nicht mehr zum Arbeiten!

bis zur Stunde *form selten* · up to now, until now, up to this moment
(Zu einem Verkäufer:) Ist denn der Herr Balert nicht bei Ihnen vorbeigekommen, um die Rechnung für mich zu bezahlen? – Bis zur Stunde ist niemand gekommen. – Seltsam! … Wenn er bis jetzt nicht hier war, hat er das wohl vergessen. Dann zahl' ich die Rechnung also jetzt selbst.

die blaue Stunde *selten* · the twilight hour
Sicher, das Erwachen des Tages in der Früh ist etwas Wunderschönes. Aber für den Melancholiker hat die sogenannte blaue Stunde ihren besonderen Reiz – die Zeit der Dämmerung, in der sich langsam und sachte das ruhige, bergende Dunkel der Nacht über die vorwitzige Helle des Tages legt.

seit dieser/jener Stunde *form* · since that time, since that moment
… Ich erinnere mich noch genau, wie mir der Reichert auf der entscheidenden Sitzung plötzlich sagte: ich unterstütze Ihr Projekt – auch wenn alle anderen dagegen sind. Seit dieser Stunde empfinde ich für diesen Mann nur noch Dankbarkeit.

in elfter Stunde *form path selten* – fünf **Minuten** vor zwölf · just in time, in the nick of time, at the last minute

ein Mann/eine Frau/… **der ersten Stunde** · a man/a woman/… of the first hour *para*
… Die wenigen großen alten Leute des Parlaments, die noch leben, meinte er – das sind alles Männer der ersten Stunde: Sie haben alle – ausnahmslos! – direkt nach 45 entscheidend an dem Neuansatz der Demokratie mitgewirkt.

zur festgesetzten Stunde *form* · at the appointed time, at the appointed hour

(Der Parteivorsitzende zu den Mitgliedern des Präsidiums am Ende einer Sitzung:) Ich wäre Ihnen dankbar, meine Damen und Herren, wenn Sie morgen zur festgesetzten Stunde alle pünktlich erscheinen würden. Wir haben wieder ein sehr dickes Programm! ... Dann also bis morgen um 20 Uhr!

zu früher Stunde *form* · at an early hour

... Zu so früher Stunde ...? Ich hatte dich immer für einen Langschläfer gehalten. – So, so! ... Paß auf, was mich am frühen Morgen zu dir führt, ist folgendes: ...

zu gelegener Stunde kommen/... *form selten* · to come/to arrive/... at the right time, to come/to arrive/... at a convenient time

... Der Prof. Schlosser meinte, wenn du zu gelegener Stunde kämst, könntest du ruhig wegen deiner Arbeit zu ihm nach Hause kommen. – Und welche Zeit dürfte da richtig sein? ...

eine geschlagene Stunde warten/dauern/... *path* · to wait/to last/... a full hour

... Jetzt warte ich schon eine geschlagene Stunde hier, und er ist immer noch nicht zurück! – Eine ganze Stunde? Wieviel Uhr ist es denn? ...

das ist/jetzt kommt/... js. **große Stunde** · now comes/this is/... s. o.'s big moment

(Ein Freund leise zu einem anderen, vor einer Rede:) Jetzt kommt Werners große Stunde! Du wirst sehen: der legt denen jetzt eine Bilderbuchrede dahin und danach macht er mit dem ganzen Parteiladen hier, was er will.

zu jeder Stunde bereit sein/... *path* · to be ready at any time

... Wenn du für deinen Umzug Hilfe brauchst, Karl: wir sind zu jeder Stunde bereit, hier zu erscheinen! – Herzlichen Dank! Ich hoffe, es wird nicht nötig sein; sonst rufe ich an.

in letzter Stunde *form selten* – fünf **Minuten** vor zwölf · just in time, in the nick of time, at the last minute

manche liebe Stunde in/bei/... **verbracht haben**/... *form selten* – manche schöne **Stunde** in/bei/... verbracht haben/... · to have spent many happy hours in/at/...

zu nächtlicher Stunde *form* · in the middle of the night, during the night

Was soll denn dieser Lärm da draußen zu nächtlicher Stunde? Seid ruhig, es ist schließlich ein Uhr!

zu nachtschlafender Stunde *form path* – zu nachtschlafender **Zeit** · in the middle of the night

jm./jedem/... **schlägt seine/die Stunde** · 1. it comes to us all/..., 2. s. o.'s turn has come, everyone has to take his turn

1. ... Er ist an Krebs gestorben? – Ja, vor einem Monat. – Jedem schlägt ja mal die Stunde. Aber in so jungen Jahren – das ist doch grausam!

2. ... Nein, jetzt muß die Erna auch mal die Schriftführung übernehmen, auch wenn sie für diese Arbeit nicht gerade geboren ist! Keiner von uns spielt gerne den Schriftführer, aber jedem schlägt mal die Stunde. Diesmal ist sie dran. *path seltener*

manche schöne Stunde in/bei/... **verbracht haben**/... · to have spent many happy hours in/at/...

(Ein Mann zu seiner Frau, bei einem Spaziergang durch den (Münchner) Englischen Garten:) Hier haben wir manche schöne Stunde zusammen verbracht, was, Elly? – Vor 25 Jahren. – Als wir noch jung und schön waren, ja. Wie die Zeit vergeht! ...

in einer schwachen Stunde – in einem schwachen **Augenblick** · in a moment of weakness

ihre schwere Stunde *form veraltend* · the ordeal of giving birth

... Trotz aller beruhigenden Gespräche, aller Aufklärung: sie hatte Angst vor ihrer schweren Stunde, fürchterliche Angst. Hatte ihre Mutter ihr nicht immer erzählt, daß die Schmerzen bei einer Geburt fast unerträglich sind?

manche schwere Stunde mit jm. **zusammen durchgemacht haben**/... *form – path* · to have seen/been through/... hard times together with s. o.

... Ich weiß nicht, Gerda, ob es Freundschaft ist, was den Bodo und mich verbindet. Wir haben im Krieg so manche schwere Stunde zusammen durchgemacht ... – das schweißt zusammen.

zu später/(vorgerückter/vorgeschrittener)/**mitternächtlicher Stunde** *form* · at a late/advanced/... hour, in the middle of the night

... Guten Abend, Fritz. Wie geht's? Was führt dich her zu so später Stunde? – Halb zwölf ..., es ist doch nicht zu spät ...? – Keine Sorge, du weißt doch, ich gehe nie vor ein Uhr ins Bett ...

ein Buch/... **für eine stille Stunde**/in einer stillen Stunde über etw. nachdenken/... *form* · to think about/to ponder on/... s. th. in a quiet moment, to set (s. th.) aside for a quiet moment

... So Knall auf Fall kann ich mich natürlich nicht entscheiden, Herr Krause. Ich werde mir Ihren Vorschlag in einer stillen Stunde einmal ganz gründlich durch den Kopf gehen lassen. Ich melde mich dann.

zu stiller Stunde ... *form* – in stillen **Stunden** ... · in quiet moments

in einer stillen Stunde jm. etw. erzählen/... *form* · to tell s. o. s. th./to confide in s. o./... in a quiet moment

... Wenn der Herr Vorweg dir in einer stillen Stunde anvertraut hat, daß er nicht mehr lange in eurer Firma ist, dann behalt' das für dich, Heinz! Normalerweise öffnet sich der Mann niemandem gegenüber – auch dann nicht, wenn Zeit, Ruhe und eine vertrauensvolle Atmosphäre jeden anderen dazu bewegen könnten.

zu ungelegener Stunde kommen/... *form* · to come/... at an inconvenient time/moment

(Ein Besucher:) Sonntag abend ... – ich fürchte, ich komme zu ungelegener Stunde! – Ach, Herr Dr. Rauschner, ich bitte Sie, Sie stören gar nicht. Kommen Sie rein! – Was mich am heiligen Sonntagabend herführt, ist folgendes: ...

die Uhr/die Glocke/... **schlägt nur**/(...) **zur vollen Stunde** *form* – (eher:) die Uhr/die Glocke/... gibt nur die vollen **Stunden** an/schlägt nur ... · the clock/the bell/... strikes only on the hour

zu/(in) **vorgerückter Stunde** *form* · at a late hour, at an advanced hour

... Zu vorgerückter Stunde vertraute sie mir dann schließlich an, daß ... – Was heißt: zu vorgerückter Stunde? – Na, so gegen Mitternacht ... Aber darum geht es jetzt nicht, Herbert. Sie sagte mir also ...

in zwölfter Stunde *form path selten* – fünf **Minuten** vor zwölf · at the twelfth hour

keine ruhige Stunde (für sich) **haben** · 1. 2. not to have a minute's/moment's peace, not to have a minute/moment to oneself, to be on the go all the time

1. Seitdem der Alex bei Schuckert u. Co. erster Direktor ist, hat er keine ruhige Stunde mehr. Vom frühen Morgen bis zum späten Abend ist das eine einzige Hetzerei.

2. ... Ach, dieses verfluchte Telephon! Kann man denn keine einzige ruhige Stunde für sich haben?! Geh' du dran, Birte! – Was soll ich denn sagen? – Meinetwegen sag', ich wär' tot. Ich will jetzt meine Ruhe haben und von keinem gestört werden.

die Stunde der Geister *Volksglaube/Märchen/...* · the witching hour

... Um 11 Uhr kommen keine Gespenster, Kind. Die Stunde der Geister ist 12/(24) bis 1 Uhr.

js. **Stunde ist gekommen** · 1. s. o.'s time has come, 2. s. o.'s hour has come, s. o.'s chance has come

1. ... Ich fürchte, seine Stunde ist gekommen. Die Ärzte haben keine Hoffnung mehr. ...

2. vgl. js. **Stunde** hat geschlagen (3)

js. **Stunde hat geschlagen** *path* · 1. 2. 3. s. o.'s hour has come, 1. the game is up *coll*, 3. s. o.'s chance has come

1. (In einem Wildwestfilm:) Jetzt hat deine Stunde geschlagen, du Canaille! Da! – bei diesem Wort streckte er seinen Todfeind mit einem einzigen Schuß zu Boden ...

2. ... Endlich hat s e i n e Stunde geschlagen! Dieser Schurke hat andere derart grausam behandelt; jetzt wird endlich auch einmal mit ihm abgerechnet. – Was für eine Strafe wird er denn kriegen?

3. ... Hat jetzt endlich die Stunde der Opposition geschlagen? – Du meinst, ob die bei den Schwierigkeiten, die die Regierung hat, jetzt eine Chance hat, ans Ruder zu kommen? – Wenn nicht jetzt, dann nie!

jm. **klarmachen**/..., **was die Stunde geschlagen hat** *ugs* · to tell/... s.o. what the score is, to tell s.o. what he is in for

... Hat der Anton denn immer noch nicht begriffen, daß er nie eine Stelle findet, wenn er das Examen wieder nicht besteht?! Oder warum ist er nach wie vor so sorglos und faul? Dem muß mal einer klarmachen, was die Stunde geschlagen hat! Ernster kann's für ihn doch wohl kaum noch werden!

wissen/verstanden haben/..., **was die Stunde geschlagen hat** *ugs* · to know/to understand/to realise/... what the score is

Seitdem der Chef ihm die Leviten gelesen hat, hat der Anton doch begriffen, was die Stunde geschlagen hat, oder? – Ja, ihm ist klargeworden: wenn er sich nochmal so eine Dummheit leistet, wird er an die Luft gesetzt.

ihre Stunde kommen/nahen fühlen *form veraltend* · 1. to feel/... one's hour of death approaching, to feel/... that one's time has come, to feel/... that one's sands are running out, 2. to feel/... that one's time has come

1. (Die Mutter zu den Verwandten:) Wenn Vater seine Stunde kommen fühlt, wird er uns schon sagen, wie er sich das Erbe vorstellt. Aber vorläufig ist es ja Gott sei Dank noch nicht so weit.

2. (Aus einer Novelle des 19. Jahrhunderts:) Ohne ein Wort zu sagen, stand sie plötzlich auf und ging nach oben. Sie fühlte ihre Stunde nahen. Alle verstanden sofort. Man rief den befreundeten Hausarzt – und neun Stunden später erfüllte das Schreien des so lang ersehnten Erben das Haus ...

js. **Stunde kommt** (auch) noch/(...) · s.o.'s time will come (yet/...)

... Nein, diesmal wird der Klose sicherlich nicht zum Kanzlerkandidaten gewählt. Aber seine Stunde kommt noch, davon bin ich überzeugt. Der Mann hat von Jahr zu Jahr mehr Stimmen hinter sich; irgendwann wird das zur Mehrheit reichen.

die Stunde Null · a/the new beginning, point zero, a/the new starting point

Ist die Zeit der Wiedervereinigung für Deutschland eine Stunde Null? Was meinst du? – Bisher habe ich das Gefühl, daß ein wirklicher Neubeginn noch nicht eingesetzt hat.

die Stunde des Pan *geh selten* · the hour of Pan *rare*

(Ein Spanier zu einem Deutschen:) Was heißt schon: 'sommerlich—heiße Mittagszeit'?! Ihr wißt doch hier gar nicht, was das ist! Was 'die Stunde des Pan' wirklich bedeutet, kannst du nur in einem südlichen Land erfassen.

die Stunde der Rache naht/ist gekommen *path* · the hour of revenge is approaching/has come, the time of revenge is coming/has come

... Heute abend auf der Sitzung werde ich diesem Hildebrandt seine zahlreichen Gemeinheiten endlich heimzahlen können. Heute ist er isoliert. Endlich! Endlich ist die Stunde der Rache gekommen – ich gestehe, daß mir der Gedanke wohltut. – Frohlocke nicht zu früh, Hubert!

die Stunde des Abschieds/... **schlägt** *form – path od. iron* · it is time to leave/to go/to say goodbye, now is the time to say goodbye

(Am Ende eines Besuchs:) So, Bärbel: so leid es uns tut, die Stunde des Abschieds hat geschlagen. Es ist sieben Uhr; wir müssen gehen. – Das nächste Mal bleibt ihr länger. – Das nächste Mal kommst du mal zu uns! Und länger! ...

Stunde um Stunde verging/warteten sie da/... *path* · hour after hour passed/went by/...

... Stunde um Stunde verging, und sie waren noch immer im Ungewissen. Um neun Uhr war ihr Vater operiert worden; jetzt war es zwei Uhr – und immer noch wußten sie nicht, wie es gelaufen war. Würden sie noch lange da sitzen und warten, warten ...?

von Stunde zu Stunde ungeduldiger werden/... · to become/get/... more anxious/impatient/... from hour to hour, to become/get/... more anxious/impatient/... by the hour

(Von Eltern, die in einem Krankenhaus während der Operation ihres Sohnes warten:) Nahm die Geduldsprobe denn überhaupt kein Ende? Jetzt war es schon fast Mittag! ... Von Stunde zu Stunde wurde die Spannung stärker; die Mutter hatte sich in eine Ecke des Zimmers gesetzt und starrte vor sich hin, der Vater schaute alle paar Minuten verstohlen auf die Uhr ...

die Stunde der Wahrheit *path* · the moment of truth

(Während eines mehrere Monate dauernden Prozesses:) Ich habe den Eindruck, so langsam dürfte die Stunde der Wahrheit kommen. Der Angeklagte wurde von allen Seiten derart in die Enge getrieben, daß ihm nicht mehr viele Möglichkeiten zu weiteren Verschleierungen und Ausflüchten bleiben.

die/seine Stunde wahrnehmen *form selten* – **die Gelegenheit** beim Schopfe fassen/(packen) · to snap at a/the chance to do s.th., to seize an opportunity with both hands

die Stunde X *ugs* · the moment of truth, the critical moment

... Gut, vorläufig hast du natürlich Luft! Solange die staatlichen Zuschüsse fließen, ist die Rentabilität gesichert. Aber die Zuschüsse werden nicht mehr lange gezahlt. Und dann? Was machst du, wenn die Stunde X kommt: keine Zuschüsse mehr und Rückzahlung der Kredite?!

alle zwei/sechs/... (halbe/viertel/...) **Stunden** · 1. 2. every half hour/every quarter of an hour/... 1. every two/six/... hours

1. ... Dieser Seiffert ist verrückt geworden! Alle paar Stunden ruft er hier an und fragt, ob seine Maschine fertig ist – obwohl wir ihm schon mehrfach gesagt haben, daß er sich bis zum Ende der nächsten Woche gedulden muß ...

2. vgl. – (eher:) jede viertel/halbe/... **Stunde**

(manch'/...) **bittere Stunden durchmachen**/... *path* · to go through hard times

... Ja, heute geht es dem Christoph sowohl gesundheitlich wie finanziell blendend. Aber wenn du wüßtest, wieviele bittere Stunden der in der Anfangsphase des Berufs durchgemacht hat. Er war damals zeitweise am Ende seiner psychischen und physischen Kräfte.

das/etw. **sind/waren böse Stunden für** jn. *path veraltend* · those are/were terrible/desperate/... times for s.o.

... Noch heute spricht die Margreth nicht darüber, wie sie sich fühlte, als ihre jüngste Tochter die Krebsoperation hatte. Das waren böse Stunden für die junge Mutter. Hin- und hergerissen zwischen Hoffnung und Verzweiflung ...

in langen Stunden über etw. **nachsinnen**/... *form – path veraltend* · to spend hours and hours thinking about/pondering over/... s.th., to spend long hours thinking about/pondering over/... s.th.

... Meinst du nicht auch, Alfred, daß die Geisteswissenschaften in der herkömmlichen Form keine Zukunft haben? – Ich weiß nicht. In meinem Sommerurlaub am Meer, im vergangenen Juli, habe ich gerade über diese Frage in langen Stunden nachgedacht; sie beschäftigt, ja beunruhigt mich seit Jahren ... Ich weiß nicht ...

in stillen Stunden ... *form* · in quiet moments

... In stillen Stunden überlege ich mir doch manchmal, ob es richtig war, diesen Beruf zu wählen. Bei diesen miserablen Perspektiven ...

die Uhr/die Glocke/... **gibt nur die vollen Stunden an**/schlägt nur ... · the clock/bell/... only strikes the hour/on the hour

... Diese Kirchturmuhr macht mich noch wahnsinnig! – Sie gibt doch nur die vollen Stunden an! – Nur?! Jede Stunde, Tag und Nacht, dieses entsetzliche bim-bam, bim-bam! 8, 10, 12 Mal hintereinander! ...

Stunden geben – **Privatstunden** geben · to give private lessons, to coach (a pupil)

js. **Stunden sind gezählt** *path* · 1. 2. s.o.'s days are numbered

1. Wird der Hamann noch lange hier Generaldirektor sein? – Nein, dessen Stunden sind gezählt. Er hat sich im letzten Jahr derart un-

beliebt gemacht, daß man ihn bei der erstbesten Gelegenheit mit Sicherheit an die Luft setzt.
2. … Nein, die Sache ist unheilbar. Seine Stunden sind gezählt. Machen wir uns keine Illusionen …

Stunden nehmen/haben (bei jm.)/**kriegen/bekommen** (bei/von jm.) – (eher:) **Privatstunden** nehmen/haben (bei jm.)/kriegen/bekommen (bei/von jm.) · to take/to have private lessons (with s. o.)

die Stunden vergingen/(vergehen) **wie Minuten** *path selten* · the hours flew by, the hours were/went/passed like minutes
… So einen interessanten Kongreß hab' ich noch nicht mitgemacht. Die Stunden vergingen wie Minuten! – Nicht möglich?! Ausgerechnet auf einem Kongreß vergeht dir die Zeit im Fluge?!

Stunden um Stunden vergingen/warteten sie da/… *path* – (eher:) **Stunde um Stunde** verging/warteten sie da/… · hour after hour passed by/…, they/… waited/… for hours on end

(**schon**/…) **die Stunden zählen** (**bis**/(zu) …) · to count/to be counting the hours (until …)
… Die Ute sehnt sich doch bestimmt danach, ihre Doktorprüfung endlich hinter sich zu haben. – 'Sich sehnen' ist gar kein Ausdruck. Sie zählt schon die Stunden bis zu ihrem Rigorosum. »Danach«, sagt sie, »bin ich endlich ein freier Mensch!«

Stundenkilometer: … **Stundenkilometer fahren** *form* – (eher:) … **Kilometer** (in der Stunde) fahren · to travel at 30/100/… kilometres per hour

Stundenlohn: im Stundenlohn arbeiten *form selten* · to be paid by the hour, to get an hourly wage
… Ein Beamter oder ein fest Angestellter hat natürlich sein monatliches Gehalt. Aber sehr viele, die einen bestimmten Ferienjob machen, arbeiten im Stundenlohn – d. h. kriegen pro Stunde soundso viel.

Stundenschlag: mit dem Stundenschlag acht/neun/… (Uhr) *path selten* – **Punkt** acht/neun/… (Uhr) · on the stroke of nine/ten/… o'clock

stundenweise: stundenweise arbeiten/bezahlt werden/… · to work/to be paid/… by the hour
… Läuft es nicht auf dasselbe hinaus, ob du stundenweise bezahlt wirst oder einen entsprechenden Monatslohn hast? – Nein! Denn wenn du für jede einzelne Stunde bezahlt wirst, die du arbeitest, bekommst du keinerlei Sozialleistungen, Ansprüche auf Pension usw.

Stündlein: js. **letztes Stündlein hat geschlagen**/ist gekommen *sal* – js. **Stunde** hat geschlagen (1, 2) · s. o.'s hour has come, the game is up

Stunk: es gibt Stunk *sal* · 1. there is trouble, there is aggro, there is a real stink, 2. there'll be a big to-do when …, there'll be hell to pay when …, there'll be a big fuss when …
1. … Auf der Sitzung gestern hat es Stunk gegeben. Der Holters und der Herrmann haben sich wegen der Dividende in die Wolle gekriegt … – Diesmal waren es der Holters und der Herrmann, sonst sind es andere. Auf euren Sitzungen gibt es doch immer Streit.
2. vgl. – (eher:) es gibt **Theater** (wenn …, dann gibt's …/als …, da gab's …/…) (2; u. U. 1)

Stunk machen (wegen/…) *sal* · 1. to kick up a stink (about s. th.), to kick up a row (about s. th.), 2. to kick up a fuss, to make a fuss *n*
1. … Ach, der Karl ist ein Querulant, der macht wegen allem Stunk. Ganz egal, worauf man sich einigt, der fühlt sich immer benachteiligt, findet immer einen Grund, um sich zu beschweren.
2. vgl. – **Krach** schlagen

Stups: jm. **einen Stups geben** *ugs* · to give s. o. a nudge, to give s. o. a push, to nudge s. o.
… Wenn sie absolut nicht ein wenig zur Seite rücken wollte, hättest du ihr einen Stups geben sollen – so einen kleinen Stoß (mit dem Ellbogen oder dem Gesäß) in die Seite; dann hätte sie schon Platz gemacht. – Dann hätte ich sie auch gleich mit beiden Händen wegstoßen/(wegstupsen) können.

Stupsnase: (eine richtige/…) **Stupsnase (haben)** *ugs* · to have a real/… snub nose
… 'Stupsnase' – den Ausdruck kennst du nicht? – er beschreibt eine kleine, ganz platte Nase, die leicht nach oben gebogen sein kann.

Sturm: (es setzt) ein Sturm auf die Lebensmittelläden/… (ein) *path – iron* · + people storm the shops/…, + people flock to the shops/…, there is a run on the banks/…
… 1. Juli, erster Tag der neuen Währung! Gleich morgens um acht setzt ein Sturm auf die Banken ein. Die Leute wollen das neue Geld in Händen halten, einkaufen, wegfahren … – es irgendwie umsetzen. Um zu spüren: das ist ein neuer – reeller – Wert; damit beginnt ein neues Leben …

ein Sturm der Begeisterung bricht los/auslösen/entfachen/… *path* · + to cause/to unleash/… a wave of enthusiasm/a storm of applause/…
… Kaum war das Spiel zu Ende/kaum war der Schlußpfiff ertönt/…, da brach ein Sturm der Begeisterung los. Die Menge war geradezu außer sich: so ein Spiel hatte man in diesem Stadion vielleicht noch nie gesehen.

zum Sturm blasen *mil veraltend selten* · to sound the attack
… Um sechs Uhr morgens bliesen die Feinde zum Sturm. Wir hatten mit diesem Angriff nicht gerechnet …

einen Sturm der Empörung/Entrüstung entfachen/entfesseln *path* · to trigger off/to give rise to/… a storm of protest/indignation/…
… Mit seiner Bemerkung, die kapitalistischen Ausbeuter brauchten den Krieg, um ihre Macht zu erhalten, entfachte dieser Erzkommunist im Parlament natürlich einen Sturm der Entrüstung. – Genau das wollte er. Denn das hält er für den Beweis, daß er den wunden Punkt getroffen hat.

eine Festung/… jn./js. Herz/… im Sturm erobern · 1. to take (a fortress/…) by storm, 2. to sweep s. o. off her/… feet, to take s. o.'s heart by storm
1. … Sie wollten die Festung im Sturm erobern, sie mit einem einzigen Angriff nehmen. Aber der Gegner schlug alle Attacken geschickt zurück. *mil veraltend selten*
2. … Ja, der Manfred Briesolt hat ihr Herz im Sturm erobert … – Liebe auf den ersten Blick? – Hm! … *path od. iron*

im Sturm erprobt sein *path od. iron selten* · to be/to have been steeled by experience, to have been through it all
… Dem August Lindmann kannst du ruhig ganz klar und offen sagen, wie gefährlich die Lage ist. Der läßt sich durch nichts erschüttern. – Der ist im Sturm erprobt, was? In seinem Beruf wird er ja laufend solche kritischen Situationen zu bestehen haben.

Sturm laufen gegen etw. · to be up in arms against s. th., to protest vehemently/strongly/… against s. th.
… Wochenlang sind wir gegen die Entscheidung der Geschäftsleitung Sturm gelaufen! Vergeblich! Wie vehement er auch dagegen anging und was er auch vorbrachte: er redete bei den Leuten wie gegen eine Wand.

Sturm läuten/klingeln/schellen *ugs* · to keep ringing the doorbell *n*, to ring the doorbell loudly *n*
… Was soll das denn, Junge, immer so Sturm zu läuten?! Man meint ja, es brennt, wenn du anfängst mit dieser Klingelei.

eine Festung/eine Frau/… im Sturm nehmen · 1. 2. to take a fortress/… by storm, to take s. o.'s heart by storm, to sweep s. o. off her/… feet
1. Wenn der Rudi eine Frau nicht im Sturm nehmen kann, interessiert sie ihn nicht mehr. Am besten, sie steigt eine Stunde, nachdem er sie kennengelernt hat, mit ihm ins Bett. Bloß nichts langsam wachsen lassen! *sal selten*
2. vgl. – eine **Festung**/… jn./js. Herz/… im **Sturm** erobern (1)

(**durch**) **Sturm und Regen** (**laufen**/…) *path* · to go out in the wind and rain
… Wenn du wie ich jeden und jeden Morgen durch Sturm und Regen laufen müßtest, dann würdest du die Verkehrverhältnisse hier auch kritischer beurteilen! – Durch Sturm und Regen? Schon regnen tut es doch hier wenig, und stürmen … – alle Jubeljahre mal!

ein Sturm im Wasserglas (sein) · it/s.th. is a storm in a teacup

... Da hat sich nun alle Welt wer weiß wie aufgeregt, und in Wirklichkeit war alles halb so schlimm. Ein Sturm im Wasserglas, weiter nichts.

in vielen Stürmen erprobt sein *path od. iron* – im **Sturm** erprobt sein · to be/to have been steeled by experience, to have been through it all

den Stürmen des Lebens trotzen/ausgeliefert sein *path selten* · to face/to weather/to brave/... the storms of life

... Solange du noch auf der Universität bist, Junge, kannst du gar nicht wissen, wie hart solche Preiskämpfe ausgefochten werden. Wenn du einmal den Stürmen des Lebens ausgeliefert bist und deinen Mann stehen mußt, dann sprechen wir uns wieder!

stürmisch: nicht so stürmisch! *ugs* · take it easy!, hold your horses!

(Ein Bruder zum andern:) Du hast den Kredit für unseren Hausbau also bekommen?! Dann man her mit meinem Teil! – Nicht so stürmisch, Anton! Erst müssen wir mal genau die Unkosten aufteilen und die Rückzahlung untereinander abstimmen! ...

Sturmschritt: im Sturmschritt daherkommen/zu ... eilen/... *path od. iron* · to walk/... at the double

(Ein Junge, der an der Klassentür steht:) Ruhe, Kinder, Ruhe! Der Möller kommt da schon im Sturmschritt an. Mensch, der hat vielleicht einen Zahn drauf, sag' ich euch! Seid ruhig, Mann! ...

stürmt: es stürmt und regnet *path* · it is storming and raining

... Mein Gott, ist das ein Wetter! Es stürmt und regnet ...! – Ende November. Da kann man hier nichts anderes erwarten; da regnet es eben. – Aber so ein Sturm ...?!

Sturmwind: wie ein Sturmwind losschießen/irgendwohin schießen/(davonrennen)/(irgendwohin rasen)/angerast kommen/... *ugs – path* – (so) (schnell) wie der **Blitz** davonrennen/wegsein/irgendwohin rasen/... · to run off/to shoot off/... like greased lightning

Sturzbach: ein Sturzbach von Worten/Flüchen/... **prasselt auf** jn. **herab/**... *path selten* · a torrent of abuse/curses/... rains down on s.o.

... Ein Sturzbach von Flüchen und Beschimpfungen prasselte auf den Alten nieder, als er den Leuten erklären wollte, daß in diesem Jahr eine Gehaltserhöhung nicht drin/möglich ist. So eine Flut von Schimpfworten hatte ich unter gesitteten Menschen eigentlich für unmöglich gehalten.

sturzbetrunken: sturzbetrunken (sein) *sal* – blau wie ein **Veilchen** (sein) · to be as pissed as a newt

stürzen: sich förmlich/... **auf das Essen/**... **stürzen** *ugs – path* · to make a beeline for s.th. n, to go straight for s.th. n, to swoop on s.th., to pounce on s.th.

(Die Mutter zu den Kindern, die von einer Wanderung zurückkommen:) Mein Gott, habt ihr zehn Tage gefastet oder warum stürzt ihr euch so auf das Essen? Wascht euch erst mal vernünftig die Hände!

Sturzflug: etw. im Sturzflug angreifen/... · to dive-bomb a target/..., to dive and attack a target/...

... 'Von außen' beobachtet, ist das ein glänzendes Schauspiel, wenn da so im Sturzflug Industrieanlagen, Stauwerke, Depots oder sonstwas angegriffen werden, klar! – Und die Piloten, wie fühlten die sich, wenn sie mit den Maschinen steil herunter- und wieder heraufsausten? Nicht selten inmitten der Raketen der feindlichen Abwehr ...

Stuß: Stuß machen *sal* – Unsinn machen · to mess/to fool/... around

Stuß reden/... *sal* – (viel/...) dummes **Zeug** reden/... · to talk twaddle/nonsense/...

Stütze: eine Theorie/... **findet** (in der Praxis/...) **keine/ihre/ eine Stütze** *form* · a theory/an argument/... is (not) borne out/supported by the facts/...

... Schon aus Gründen mangelnder Kohärenz hat mich diese Theorie nie überzeugt! Wenn sie in der Praxis wenigstens noch teilweise ihre Stütze fände ...! Aber nein! Alle Daten, die uns vorliegen, widersprechen ihr total! ...

eine Stütze an jm. **haben** *form* · + to be a support for s.o.

... Gott sei Dank hat sie wenigstens an ihrem ältesten Sohn noch eine Stütze; sonst würde die arme Frau ja ganz allein dastehen! – Ja, ihr Sohn hilft ihr, wo er kann. Aber leicht ist es für sie trotzdem nicht.

j. ist die Stütze seines/... **Alters** *form* – *path selten* · he/ Mary/... is the support of his/our/... old age

... Seine älteste Tochter – das ist die Stütze seines Alters! Was würde der Herr Bausch machen, wenn er dieses Mädchen nicht hätte?!

als Stütze für sein Gedächtnis dienen *form selten* – jm. als **Gedächtnisstütze** dienen · to serve as a memory aid, to serve to jog s.o.'s memory

von der Stütze leben *sal Neol selten* · to live on the dole, to be on the dole

... Hat der Jakob eigentlich wieder einen Job gefunden? – Nein, leider noch nicht. Er lebt nach wie vor von der Stütze. – Das ist ja auch kein Zustand, auf Dauer von der Arbeitslosenunterstützung zu leben!

die Stützen der Gesellschaft *form* · the pillars of society

... Wer weiß, sinnierte er, ob die sog. Stützen der Gesellschaft – d.h. die Leute mit Einfluß und Macht – heute nicht mehr denn je allem Ideellen und Schönen gegenüber zumindest in ihrem Handeln völlig verschlossen sind?

Substanz: das/etw. **geht an die Substanz** · it/s.th. gets one/ you down, it/s.th. takes it out of you

... Ihr Mann sieht in den letzten Monaten doch ziemlich mitgenommen aus, Frau Mertens. Er ist doch nicht krank? – Das nicht! Aber er macht jetzt seit Jahren keinen Urlaub mehr! Dieser pausenlose Streß geht natürlich an die Substanz. Wenn er nicht bald mal ausspannt, wird er krank.

die Substanz angreifen · to break into one's capital, to start spending one's capital

... Wenn die Rücklagen und der diesjährige Gewinn der Firma nicht reichen, um den Neubau zu bezahlen, müssen wir wohl oder übel die Substanz angreifen. – Ein gefährlicher Weg!

von der Substanz zehren/leben · to live on one's capital

... Von Gewinn dürfte bei dem Werner doch schon seit zwei, drei Jahren nicht mehr die Rede sein! – Nein, er zehrt von der Substanz. – Eine Zeitlang mag das gutgehen, denn seine Firma ruhte ja auf soliden Grundlagen. Aber zu lange ...

Suche: auf der Suche sein (nach jm./etw.) · 1. 2. 3. to be looking for s.o./s.th.

1. Seit Monaten sind wir auf der Suche nach einem neuen Mitarbeiter. Aber wir finden keinen geeigneten.

2. Hallo, Ricky! Was machst du denn hier in der Stadt? – Ich bin auf der Suche nach einer Spezialpappe. Unser Meister will absolut so ein Zeug, das es nirgends gibt – 'Baromox'. Du hast auch keine Ahnung, wo ich das kriege?

3. ... Ach, da bist du ja, Erich! Ich bin gerade auf der Suche nach dir. Zu Hause sagte man mir, du wärst Richtung Olgaplatz spaziert ... – Ja, was gibt's denn, daß du so hinter mir her bist? *seltener*

sich auf die Suche begeben nach jm./etw. *form od. iron* – sich auf die **Suche** machen (nach jm./etw.) (2, 3) · to go and look for s.o./s.th., to start looking for s.o./s.th., to go in search of s.o./s.th.

(jetzt/...) **auf die Suche gehen (nach** jm./(etw.)) – sich auf die **Suche** machen (nach jm./etw.) (1) · to go and look for s.o./s.th., to start looking for s.o./s.th., to go in search of s.o./s.th.

sich auf die Suche machen (nach jm./etw.) · 1. 2. 3. to go and look for s.o./s.th., to start looking for s.o./s.th., to go in search of s.o./s.th.

1. ... Ob wir wollen oder nicht, wir müssen uns auf die Suche nach einem neuen Mitarbeiter machen. Mit drei Leuten – das ist auf die Dauer einfach zu wenig.

2. ... Helmut! Es tut mir leid: du mußt dich auf die Suche nach dieser Presspappe machen. Wir brauchen das Zeug heute unbedingt. Ich weiß auch nicht, wo es das gibt – aber du wirst es schon finden.

3. ... Weißt du auch nicht, wo unser Christoph ist, Monika? – Nein, Frau Höller; ich hab' ihn heute noch nicht gesehen. – Dann muß ich mich wohl oder übel auf die Suche (nach ihm) machen; er muß zum Arzt ...

jn. auf die Suche schicken (nach jm./etw.) *selten* · to send s.o. (off) to look for s.o./s.th.

(Ein Meister zu seinem ältesten Gesellen:) Weißt du auch nicht, Heribert, wo man diese Spezialpappe kriegt? – Nein. – Dann müssen wir unseren neuen Lehrling mal auf die Suche schicken. Ich brauch' das Zeug. – Da kann er aber unter Umständen lange suchen ...

suchen: jn. polizeilich/(amtlich/durchs Radio/...) suchen (lassen) *form* · to put out a police/... message for s.o.

... Wenn man seinen Aufenthaltsort nicht anders ausfindig machen kann, muß man ihn eben polizeilich suchen lassen! Dieser Mann muß gefunden werden – egal, wie! Und zwar schnellstens!

in allem etwas suchen · to be (always/...) looking for something bad/something sinister in everything

... Aber der Christoph wittert hinter dem Vorschlag von dem Baumanns die Absicht, die Geschäftsleitung bei den Leuten unbeliebt zu machen. – Ach, der Christoph sucht in allem etwas! Man darf auch nicht immer und immer mißtrauisch sein und Intrigen wittern.

da/dafür/für .../... **mußt/kannst du dir**/muß/kann er/der Karl sich/... **einen anderen suchen** *sal* · he/you/John/... will have to look for/find/... someone else (for that) *n*

... Ja, und da meinte der Roland, du könntest ihm bei der Durchsicht der Unterlagen vielleicht ein wenig zur Hand gehen. – Ich? Der spinnt wohl? Nein, dafür muß er sich einen anderen suchen. Als wenn ich Lust hätte, tagelang solche blöden Unterlagen durchzugehen!

so einen guten Spieler/**lieben** Menschen/guten Apparat/... **kannst du**/kann man/... **lange suchen** *ugs* – so einen guten Spieler/lieben Menschen/guten Apparat/... findest du/findet man/... nicht alle **Tage**! · such good players/nice people/reliable machines/... are few and far between/thin on the ground

jn. steckbrieflich suchen *Polizei* – jn. steckbrieflich **verfolgen** · to put s.o. on the wanted list, to put out posters for s.o.'s arrest

nichts zu suchen haben in/bei/... *ugs* · 1. 2. 3. s.o. has got no business to be here/in s.o.'s room/to be rummaging in s.o.'s papers/...

1. ... Was machst du denn da in meinem Zimmer? Dir ist es wohl nicht gut, was?! Wenn ich nicht in meinem Zimmer bin, hast du da nichts zu suchen, hörst du?

2. (Die Mutter zu ihrem Sohn:) Was hast du denn in Vaters Schubladen zu suchen? – Ich brauche ... – Warte mal schön, bis Vater wieder zu Hause ist! Wer geht denn da einfach an anderleuts Sachen?!

3. ... Auf diesem Kongreß hat der Weilberg doch gar nichts zu suchen! Der ist doch Mediziner, kein Philologe. – Er ist mit einem Freund hier ... – Um sich nachher zu mokieren, ich weiß. Der soll mal schön da bleiben, wo er hingehört!

was suchst du/sucht er/der Karl/... **in**/bei/...? *ugs* – nichts zu suchen haben in/bei/... (2) · what are you/is he/is John/... doing here/in .../at .../...?

ein Stil/eine Unverschämtheit/**ein** Taktgefühl/..., **der/die/das seinesgleichen/ihresgleichen sucht** *path* · 1. s.o.'s style/tact/... is unequalled/unparalleled/unrivalled, 2. s.o.'s check/nerve/impudence/... is unbelievable, + I've/... never known the like of such cheek/impudence/...

1. Die Roswitha hat ein Taktgefühl, das seinesgleichen sucht! Einfach großartig!

2. ... Mein lieber Herr Bormann, Ihr Verhalten ist eine Unverschämtheit, die ihresgleichen sucht! Ich habe seit mehr als 25 Jahren mit dieser Firma zu tun und ich bin während dieser ganzen Jahre noch nicht ein einziges Mal derartig unverschämt behandelt worden. Auf Wiedersehen!

Süden: der sonnige Süden · the sunny south

Wenn die Leute von Portugal reden, erklärte er, dann denken sie an den sonnigen Süden. Sie wissen nicht, daß es in weiten Teilen des Landes im Winter wochen-, ja monatelang regnen kann.

im Süden stehen · to be in the south

... Nein Klaus, wenn die Sonne im Süden steht, braucht sie nicht genau im Zenit zu stehen. Der Zenit ist genau der Scheitelpunkt ihrer südlichen Bahn!

Suff: etw. im Suff sagen/tun *sal* · to say/to do s.th. when one is drunk/tight/plastered/..., to say/to do s.th. while under the influence (of alcohol) *coll*

... Der Kai hat das doch im Suff gesagt, Mensch, der meint das doch nicht so! – Nüchtern oder blau: im Grunde meint er, was er gesagt hat, und deshalb wird er mir Rede und Antwort stehen.

sich dem Suff ergeben *sal* · to hit the bottle, to take to the bottle

... Und der Alfred Köster, habe ich mir sagen lassen, ist dem Alkohol verfallen? – Er ist mit dem Tod seiner Frau nicht fertiggeworden. – Ach, und da hat er sich dem Suff ergeben? – So kann man es auch ausdrücken.

sich dem stillen Suff ergeben *sal* · to drink on the quiet, to be a secret drinker *coll*

... Ja, und nach dem Tod seiner Frau hat er sich dann dem stillen Suff ergeben. – Das heißt, er hat dann Abend für Abend allein so vor sich hingesoffen? – Ja, so traurig es ist: so war es.

dem Suff verfallen sein *sal* · to be on the bottle, to have taken to the bottle

... Und der Alfred Köster, habe ich mir sagen lassen, ist dem Suff verfallen? – Er ist mit dem Tod seiner Frau nicht fertiggeworden. – Und da hat er im Alkohol Trost gesucht?

suite: en suite *geh selten* · in succession *n*

... Der Autor wird auf dem Rezitationsabend doch nicht zig Gedichte en suite vortragen! Es wird Pausen geben, er wird manches ausführlicher erklären oder kommentieren ... Das geht doch nicht so eins nach dem anderen, wie sich die Veranstalter das vorzustellen scheinen.

Sukzession: die apostolische Sukzession *form kath* · the Apostolic Succession

(In einer Vorlesung über Dogmatik:) Nach der Lehre der Kirche wurden Amt und Aufgabe der Apostel durch die Zeiten hindurch ununterbrochen von den Priestern fortgeführt. Das ist die sog. apostolische Sukzession. Sie ist einer der Pfeiler des Traditionsverständnisses der katholischen Kirche ...

summa: in summa *lit selten* – kurz und gut · in short

summa cum laude *Doktorexamen* · a distinction in the doctoral examination *the highest of four grades in Ph. D. examination in German, Austrian, Swiss universities*

... Die beste Note in einem Doktorexamen, Peter, ist nicht 'sehr gut' – wie bei euch in der Schule; die beste Note ist summa cum laude.

summa summarum *selten* · in toto, all in all

... Mit den Äpfeln haben wir rund 13.500,– Mark eingenommen, mit dem Wein etwa 25.000,– Mark; dazu kommen die Erdbeeren, die Kirschen, dann noch etwas Gemüse ... So summa sumarum dürfte das Gut in diesem Jahr 50 – 55.000,– Mark eingebracht haben.

Sümmchen: ein hübsches/schönes Sümmchen (Geld) ausgeben/verdienen/kosten/... *ugs* – eine schöne/hübsche/(ganze) **Stange** Geld ausgeben/verdienen/kosten/... · to spend/to earn/to cost/... a pretty penny/a tidy sum/...

Summe: die Summe allen Wissens/aller Kenntnisse/Erkenntnisse/... *path* · the sum total of all knowledge/information/...

... Meinst du wirklich, daß so ein großes, mit Computerhilfe verfaßtes, aktuelles Konversationslexikon die Summe der Erkenntnisse der modernen Wissenschaften bietet?

die Summe (aus) seiner wirtschaftlichen Arbeit/... **ziehen** *form veraltend selten* · to sum s.th. up, to evaluate s.th.

(Zu einem Geschäftsfreund:) Wenn du die Summe deiner gesamten Arbeit bei Schuckert ziehst: kommst du zu einem positiven oder negativen Ergebnis? – Unterm Strich ist das Resultat positiv – bei allen Schwierigkeiten und Enttäuschungen, die es im einzelnen gab.

Summen: von ferne hört man das eintönige Summen der Bartwickelmaschine! *ugs – path sal selten –* so'n **Bart**! · it's/ that's an oldie, it's/that's a real old chestnut

Sumpf: im Sumpf der Großstadt/von Paris/... **untergehen/versinken/**... *ugs – path od. zyn* · to go under/to be caught up in/... the squalor of the big city, to sink in the slough of the big city

... und dann, mit 16 Jahren, wechselte er, von einem Tag auf den anderen, von seinem Dörfchen nach München, zu einer alten Tante – ... um im Sumpf der Großstadt zu versinken, nicht wahr? – Sei nicht so zynisch! Wenn der Junge den Gefahren und Verlockungen der Großstadt nicht widerstehen konnte, ist das seine Schuld? – Nein, meine.

da/in/... **da tut sich ein wahrer Sumpf auf** *ugs – path Neol* · it's/s. th. is a real can of worms

(In einem Zeitungsartikel:) In den Ermittlungen zur kriminellen Vergangenheit vieler Mitglieder der Freiwilligen Polizeireserve in Berlin tut sich nach Angaben eines Ermittlers ein richtiger Sumpf auf.

in einen (regelrechten/...) **Sumpf geraten** *ugs – path* · to get caught up in bad company, to get in with a shady crowd, to get mixed up/... with scum/...

(Mutter – Vater:) Mein Gott, was sind denn das für Typen, mit denen der Bodo neuerdings ständig zusammen ist?! Mir scheint, der Junge ist in einen richtigen Sumpf geraten. – Stell' dich nicht so an, Erna! – Wenn er nachher verdorben ist, dann kümmerst du dich um ihn ...

Sumpfblüte: eine Sumpfblüte, wie sie in so einer Großstadt gedeiht/... *path – iron* · city slickers, the dregs of city life

... Ach, du kennst doch diese Typen, tobte er: bumsen, saufen, Drogen nehmen – das ist deren Leben! Sumpfblüten, wie sie in einer Großstadt wie Paris, London oder auch Hamburg und München gedeihen. Auf dem Land findest du solche Typen nicht!

Sums: einen/keinen großen/(nicht) viel **Sums um** etw./(jn.) **machen** *ugs veraltend selten –* (nicht) viel/kein **Aufhebens** um jn./etw./von jm./etw. machen · (not) to make a great to-do about s.th.

Sünde: (es ist/...) **eine Sünd' und Schande (wie**/was/...) *ugs – path* · 1. 2. 3. it's a scandal/a disgrace/a crying shame/... the way s.o. does s.th./what s.o. does

1. Wie der Roland mit seinem neuen Plattenspieler umgeht, das ist eine Sünd' und Schande. Der hat überhaupt kein Gefühl dafür, daß man für die Dinge, die man besitzt, auch verantwortlich ist.
2. Was der Ernst sich in der Schule leistet, das ist eine Sünd' und Schande. Wirklich! Das blamiert die ganze Familie.
3. Wie der Kurt mit seinen Untergebenen umgeht, das ist eine Sünd' und Schande! Der behandelt die wie den letzten Dreck.

(so) **faul wie die Sünde sein** *path selten –* vor **Faulheit** stinken · to be bone-idle, to be as lazy as they come

häßlich wie die Sünde sein *path selten –* häßlich wie die **Nacht** sein · to be as ugly as sin

schön wie die Sünde sein *path v. Frauen* · to be as lovely as sin *para*

... Du kennst die Frau nicht, sonst würdest du anders reden! Von wegen: »da widersteht man doch«! Schön wie die Sünde ist die, sag' ich dir, und charmant, das glaubst du gar nicht! – Du scheinst ja ganz hingerissen zu sein.

jn. **hassen wie die Sünde** *path selten –* jn./etw. hassen wie die **Pest (1)** · to hate s.o.'s guts

etw. **meiden/(fliehen) wie die Sünde** *path selten* · to avoid s. th. like the plague

... Ein Glas Wein oder auch ein Bier trinke ich gern, sehr gern sogar; aber Schnaps meide ich wie die Sünde! – Gott sei Dank sind die Menschen verschieden. Ich meide weder den Schnaps noch die Sünde!

es ist eine (himmelschreiende) Sünde, daß ... *path* · it's a crying shame what .../that ...

Es ist eine himmelschreiende Sünde, daß diese Leute das alte Rathaus da abreißen, um ein Kaufhaus dahin zu pflanzen. Unglaublich, so ein Banausentum!

in Sünde fallen/geraten *form – path veraltend selten* · to fall, to sin

... Was heißt schon: 'sie war in Sünde gefallen'? Das ist alles eine Frage der Perspektive. Für die heute herrschenden Vorstellungen liebte sie den Mann, schlief mit ihm – und bekam dann ein Kind. Heute vermeidet man das Kind; die Bedingungen sind also andere.

das/etw. **ist eine Sünde wider den Heiligen Geist** *path – iron* · that/it/s. th. is a sin against the Holy Ghost

(In einer Übung an der Universität:) Herrschaften! Sie beherrschen ja nicht einmal die elementarsten Grundregeln der Semantik! Wie diese sprachlichen Strukturen erklären, das ist ja geradezu eine Sünde wider den Heiligen Geist. Was würden Sie von einem Arzt sagen, der die Milz in den Oberschenkel verlegt?!

mit einem Mann/einer Frau **in Sünde leben** *form veraltend selten* · to live in sin with a man/woman

(In einer Diskussion über die Ehe:) Wenn nach kirchlicher Vorstellung Menschen, die zusammen leben, ohne verheiratet zu sein, in Sünde leben, heißt das doch, daß die Kirche definiert, was 'Sünde' ist. In unserer 'modernen Zeit' ist das eigentlich ein unhaltbarer Zustand.

in Sünde verstrickt sein *rel form – path* · to be entangled in sin, to be steeped in sin

(Der Pfarrer auf der Kanzel:) Ein jeder von uns, meine lieben Brüder und Schwestern, ist in Sünde verstrickt. Niemandem steht es daher zu, auf seinen Nächsten einen Stein zu werfen. Bitten wir den Herrn, gemeinsam, daß er uns die Kraft gibt, dem Bösen zu widerstehen ...

eine Sünde wert sein *path – iron selten* · it's worth it

Natürlich ist das eigentlich unverantwortlich, für ein einziges Konzert 500,– Mark auszugeben! Aber Bernstein – Bernstein in natura zu erleben, das ist doch eine Sünde wert, Birte! Oder bist du etwa anderer Meinung?

für seine Sünden büßen (müssen) *path od. iron* · to have to pay for one's sins, to have to atone for one's sins *form*, to have to expiate one's sins *form*

... Kein Wunder, daß der Alfons auf der Nase liegt! Bei dem Lebenswandel, den er seit Jahren führt! – Du meinst, er muß jetzt für seine Sünden büßen?

die Sünden des Fleisches *form – path od. iron veraltend* · the sins of the flesh

(An einen befreundeten Priester während eines guten Essens:) Sag' mal, gehört das Fressen eigentlich auch zu den Sünden des Fleisches? – Aber natürlich! Die Völlerei ... – Ah, die Völlerei ... – du sagst es ...

jm. **seine Sünden vergeben** *rel* · to forgive s.o. his sins

(Ein junger Priester zu einem Freund:) Nur Gott kann uns die Sünden vergeben. Diese ganzen politischen Prozesse haben für mich nur dann einen Sinn, wenn die Betroffenen persönlich einen Schritt weitergehen, mit sich selbst ins reine kommen und irgendwann dann wohl auch den Herrn um Vergebung bitten.

Sündenbock: der Sündenbock sein/den Sündenbock abgeben/ spielen/einen Sündenbock suchen/brauchen/... *ugs* · to be/ to look for/to need/... a scapegoat for s.th.

... Was kann denn der Werner damit zu tun, wenn du eine schlechte Klassenarbeit schreibst? Du suchst wohl einen Sündenbock, was? – Er hätte länger mit mir üben können! – Sei froh, daß er überhaupt mit dir übt! Jetzt soll er noch schuld sein, daß du schlechte Zensuren nach Hause bringst?! Köstlich!

Sündengeld: ein Sündengeld kosten/ausgeben/... *ugs – path selten –* ein (kleines) **Vermögen** kosten/ausgeben/... · to cost/to spend/... a small fortune

Sündenpfuhl: in einem (richtigen/...) **Sündenpfuhl leben** *path veraltend selten* · to live in a (real/...) den of iniquity, to live in a cesspool/sink/... of vice/iniquity/...

... Die Beate? Was die macht? Um es dir ganz klar zu sagen: die lebt, wie man früher in solchen Fällen zu sagen pflegte, in einem Sündenpfuhl. Die ist moralisch völlig heruntergekommen.

Sündenregister: ein langes Sündenregister haben *mst iron* · to have a long list of sins

(Ein Dritter bei einer Diskussion eines befreundeten Ehepaars:) Wenn man euch so hört, muß man ja wohl zu dem Schluß kommen, daß ihr beide ein langes Sündenregister habt! – (Er:) So? Hört sich das so an, als wenn unsere Ehe nur aus Seitensprüngen bestünde? – (Sie:) Jetzt tu du auch noch so! ...

jm. **sein Sündenregister vorhalten** *ugs* · to go through the list of s.o.'s sins

A: ... Und du hast schließlich auch nicht gerade wie ein Musterknabe gelebt! Wenn ich bloß an die Affäre mit der Anna denke! Und du ... – B: Und du? Du hast doch jeden dritten Monat einen neuen Freund! – C: Was soll das eigentlich, daß ihr euch jetzt gegenseitig euer Sündenregister vorhaltet? Wird dadurch auch nur ein einziges eurer Probleme gelöst?

Sünder: wie ein ertappter Sünder dastehen/... *ugs* · to stand there like a thief caught in the act, to stand there like someone caught red-handed

(Der Chef:) Sagen Sie mal, Breitner, Sie werden doch nicht behaupten, daß der Brief hier nicht angekommen ist?! Die Post funktioniert wohl in ganz Deutschland, nur bei uns nicht, was?! – Unser Herr Breitner stand da wie ein ertappter Sünder. Die Sache war peinlich ...

ein hartgesottener Sünder (sein) *path od. iron* · (to be) a hardened sinner

... Der Rösner bereuen oder sich gar ändern?! Da kennst du den Rösner aber schlecht! Das ist ein hartgesottener Sünder. Eher läßt der sich ins Zuchthaus werfen, als daß er seinen lockeren Lebensstil ändert.

ein reumütiger Sünder (sein) *path od. iron* · (to be) a repentant sinner

... Erst bringt er meinen Antrag in der entscheidenden Sitzung zu Fall und dann will er zu meinem Geburtstag hier erscheinen?! Der Kurt ist wohl verrückt! – Das tut ihm heute leid, Fritz! – Du meinst, der erscheint hier als reumütiger Sünder? Bist du naiv! Der will sich wieder mit mir gutstellen, weiter nichts.

dastehen/da sitzen/... wie ein verlorener Sünder *ugs* – (so) **klein** und häßlich da herumsitzen/da stehen/... (1) · to sit/ to stand around looking subdued

ein verstockter Sünder *rel – path* · an obdurate sinner

... Will sich der Rudi nicht ändern – oder will er nicht einmal einsehen, daß er auf dem falschen Weg ist? – Leider das letzte! Der Rudi ist das, was die Kirche einen verstockten Sünder nennt – oder nannte; ein fast verbohrter Mann.

Superlativen: etw./(jn.) (jm.) **in Superlativen anpreisen/**(...) *ugs* · to praise/... s.th. in superlatives

... Guck' mal, was hier steht: »wäscht auch den stärksten Flecken im Nu weg, schont die Kleidung, ist preiswert ...« – Ach, die preisen doch jedes Waschmittel in Superlativen an!

nur in/(in lauter) **Superlativen reden** (von jm./etw.) *ugs* · to talk (only/...) in superlatives about s.th.

Wenn der Kurt von Brasilien spricht, gerät er ins Schwärmen; da redet er nur noch in Superlativen. – Hat es ihm da so gut gefallen? – Offensichtlich.

Süppchen: (gern/...) **sein Süppchen am Feuer anderer kochen** *ugs pej selten* · to use others for one's own ends, to take advantage of s.o. else's efforts *n*

Ständig versucht der Alfons, sich Vorteile auf Kosten anderer zu verschaffen! Jetzt ist er schon wieder dabei, sein Süppchen am Feuer anderer zu kochen: Kaum hat mein Bruder eine neue Handelsverbindung nach Brasilien aufgetan, da ruft der Alfons da an, versucht, sich da einzuschmeicheln ... Scheußlich!

sein eigenes Süppchen kochen *ugs pej* · to pursue one's own goals *n*, to be out for what one can get

... Klar, in so einer Beiratssitzung kocht natürlich jeder auch sein eigenes Süppchen! Dem Bürgermeister geht es hierum, dem Baudezernent darum, dem Kulturrat wieder um etwas anderes. – Aber wenn dabei die gemeinsame Orientierung und eine sinnvolle Kooperation nicht verlorengeht, kann man das doch übergehen.

Suppe: draußen/in der Stadt/unten im Tal/... ist/herrscht/ (hängt) vielleicht/... eine Suppe *sal* · it's a real pea-souper out there/in town/in the valley/...

(Auf einer Autofahrt:) Mein Gott, ist das eine Suppe heute! Wenn der Nebel so stark bleibt, kommen wir bis heute abend nicht nach Köln. Man sieht ja keine 50 Meter weit.

jm. **läuft die Suppe am ganzen Körper/die Stirn/... runter/**... *sal selten* · + to be pouring with sweat *coll*, + to be dripping with sweat *coll*, + to sweat copiously *n*

(Nach einer Rede eines Freundes:) Hast du gemerkt, wie dem Friedhelm die Suppe übers ganze Gesicht lief? – Der schwitzt immer so, wenn er angespannt ist. Das ist unangenehm!

die Suppe auslöffeln müssen/sollen/können/dürfen *sal* – etw./ das **ausbaden** müssen/sollen/können/dürfen (2) · to (have to) carry the can for s.th., to have to take the rap for s.th., to have to take the flak for s.th., to be left holding the baby

die Suppe auslöffeln müssen, die man sich eingebrockt hat *sal* – etw./das **ausbaden** müssen/sollen/können/dürfen (1) · to (have to) carry the can for s.th., to have to take the rap for s.th., to have to take the flak for s.th., to be left holding the baby

die Suppe auslöffeln müssen/sollen/können/dürfen, die ein anderer/... **einem eingebrockt hat** *sal* – etw./das **ausbaden** müssen/sollen/können/dürfen (2) · to (have to) carry the can for s.th., to have to take the rap for s.th., to have to take the flak for s.th., to be left holding the baby

jm. **eine schöne Suppe einbrocken** (mit etw.) *sal selten* – jm./ sich etwas **Schönes** einbrocken (mit etw.) (2) · to (really) land s.o. in it

sich eine schöne Suppe einbrocken (mit etw.) *sal selten* – jm./ sich etwas **Schönes** einbrocken (mit etw.) (1) · to (really) let o.s. in for s.th.

jm. **in die Suppe fallen** *sal selten* · to turn up/to arrive/... while s.o. is eating *n*, to turn up/to arrive/... while s.o. is in the middle of his meal *n*

(Beim Essen:) A: Da schellt's! Guck' mal eben, wer da ist! – B: Das ist bestimmt der Hansgert. – C: Meinst du, der fällt uns schon wieder in die Suppe? – (Hansgert:) Tag zusammen. Entschuldigt, daß ich euch nochmal beim Essen überfalle. Ich wollte nur ...

das macht die Suppe (auch) nicht fett! *sal* – das macht den **Braten** (auch) nicht fett · that isn't going to improve things/ matters/...

aussehen/ein Gesicht machen/..., **als hätte j. einem in die Suppe gespuckt/**als hätten sie einem in die Suppe gespuckt *sal selten* – aussehen/..., als wäre einem die **Butter** vom Brot gefallen · to look as if the bottom has dropped out of one's world

etw. **ist wie eine Suppe ohne Salz** *veraltend selten* · it's like ham without eggs, it's like soup without salt

... Eine Jubiläumsfeier ohne Festrede? – das geht doch nicht, das wäre wie eine Suppe ohne Salz, Herr Berger! Nein, die Festrede gehört dazu; die gibt dem Ganzen erst die richtige Weihe.

jm. **in die Suppe spucken** *sal selten* – jm. (gehörig/...) die **Suppe** versalzen (mit etw.) (2) · to (really/...) spoil s.o.'s fun/pleasure/..., to (really/...) put a spoke in s.o.'s wheel, to (really/...) put a spanner in s.o.'s works

jm. (**gehörig/**...) **die Suppe versalzen** (mit etw.) *sal* · 1. to (really/...) spoil s.o.'s fun/pleasure/..., 2. to (really/...) put a spoke in s.o.'s wheel *coll*, to (really/...) put a spanner in s.o.'s works, to thwart s.o.'s plans *coll*

1. ... Der Rainer hatte sich so über seine Noten gefreut! Warum mußt du ihm da mit deinen Bemerkungen, daß heute das Abitur nichts mehr wert ist, die Suppe versalzen?!

2. Der Humbert wollte mir mal wieder eins auswischen und an meiner Stelle nach München fahren. Aber diesmal habe ich ihm ganz schön die Suppe versalzen. Ich hab' dem Chef mitteilen lassen, ich wäre leider krank, die Reise nach München hätte auch noch Zeit; doch die unangenehme Geschichte mit Schuckert u. Co. –, die müßte unbedingt erledigt werden. Und da der Herr Humbert Krahle so gern reise ...

Süßholz: Süßholz raspeln *ugs selten* · to (try to/...) ooze charm, to fawn (on s.o.), to keep flattering s.o. *n*, to softsoap s.o.

... »Ein hervorragendes Kleid, das Sie da anhaben, gnädige Frau!« ... »Sie sehen heute mal wieder hinreißend aus!« ... »Ja, Ihr Sohn, das ist eine Künstlernatur durch und durch!« ... Herrgott nochmal, wie kann ein erwachsener Mensch da den ganzen Abend nur Süßholz raspeln?!

suum: suum cuique *lit selten* – jedem das **Seine** · suum cuique, to each his own

System: in js. Vorgehen/... **liegt System**/wie j. vorgeht/..., das ist System · there is method in/behind s.o.'s actions/behaviour/..., + s.o. is doing s.th. systematically
... Nein, das ist kein Zufall! Das ist jetzt schon das dritte Mal, daß er während meiner Abwesenheit mit dem Chef über meine Abteilung spricht. Das ist System/darin liegt System! Er will mein Ansehen beim Chef Stück für Stück untergraben.

dahinter/(hinter etw.) **steckt System** *ugs* – etw. hat **Methode** · there's a method behind it/s.th., it/s.th. is quite deliberate

ein System in etw. **bringen** *form* · to introduce a system into s.th.
... Du mußt ein System in die Kartei bringen, Lothar! Wenn sie nicht nach einheitlichen Prinzipien angelegt ist, kann man natürlich nichts finden.

Szene: die politische/künstlerische/literarische/... **Szene** · the political/literary/... scene
... Wenn du die politische Szene in Bonn kennen würdest, Herbert, wäre dir klar, warum dein Bruder gar nicht anders reagieren kann. Nur wer die Spielregeln und die ganze Atmosphäre da nicht kennt, kann sich über seine Reaktionen wundern.

Applaus/Beifall/(...) auf offener Szene *Theater u.ä.* · to applaud/to be applauded/... during the scene/during the performance/...
... So viel Applaus auf offener Szene wie gestern habe ich in einem Kölner Theater noch nicht erlebt. Alle paar Minuten wurden die Darsteller von einem geradezu frenetischen Beifall unterbrochen.

die Szene beherrschen · to dominate the scene
Wie immer, beherrschte der Parteivorsitzende die Szene auf dem Parteitag souverän. Wo er auch auftrat, er stand im Mittelpunkt; und selbst da, wo er nicht erschien, drehte sich im Grunde alles um ihn.

die Szene betreten *path* · to appear on the scene, to enter
... Die inszenieren so einen Parteitag wie ein Regisseur eine Theateraufführung. Man braucht sich nur anzugucken, wie plötzlich

alles in gespannter Aufmerksamkeit Richtung Podium guckt, wenn der Kanzler die Szene betritt. Solange er unsichtbar war, quatschten noch alle da herum ...

in Szene gehen *form* · to have its premiere, to be premiered, to be staged, to be performed
Wann geht denn nun der Don Carlos in Stuttgart in Szene – in der kommenden Woche oder erst nach Weihnachten? – Ich glaube, die Premiere ist erst im Januar.

jm. **eine Szene machen** *ugs* · to make a scene, to create a scene
... Wenn ihm seine Frau jeden zweiten Abend eine Szene macht, braucht sie sich nicht zu wundern, wenn er bis tief in die Nacht irgendwo Skat spielt. Das täte ich auch, wenn mir die Betty dauernd Vorwürfe machen, dauernd mit mir herumstreiten würde.

etw. **in Szene setzen** · to stage-manage s.th., to stage s.th.
... Wir müssen den Parteitag so in Szene setzen, daß alle Welt den Eindruck absoluter Geschlossenheit hat und der Kahl als unangefochtener Chef dasteht. – Das ist doch wohl keine Kunst für eure Genies des politischen Showgeschäfts!

sich in Szene zu setzen wissen/es verstehen/(...), sich in Szene zu setzen · 1. to know how to put o.s. in the limelight, to know how to draw attention to oneself, to know how to grab the limelight, to play to the gallery, to steal the show, 2. to know how to assert o.s.
1. ... Die Frau Schreiber versteht es, sich in Szene zu setzen! – Ja, sie ist nicht nur ausnehmend schön, sie weiß aufzutreten, sich zu unterhalten ... – Für mich ist etwas zuviel Effekthascherei dabei!
2. vgl. – (eher:) sich/etw. zur **Geltung** zu bringen wissen (1)

Szepter: das Szepter (fest/...) in der Hand halten/haben *form* · to be firmly in control, to rule the roost
... Nein, das glaub' ich kaum, daß sich der König mit dem Gedanken trägt, zugunsten seines ältesten Sohns vorzeitig abzudanken. Vorläufig jedenfalls hat er das Szepter noch fest in der Hand.

Szylla: zwischen Szylla und Charybdis *lit selten* – zwischen **Scylla** und Charybdis stehen/(zu entscheiden/wählen haben/...) · to be between Scylla and Charybdis, to be caught between the devil and the deep blue sea/between a rock and a hard place

T

Tabak: das ist starker Tabak (was sich j. (da) leistet/herausnimmt/...) *ugs* · it's a bit much, the way s. o. behaves/..., it's over the top, the way s. o. behaves/...
Was sich der Peter da in der Firma so alles erlaubt, das ist starker Tabak, das muß man schon sagen. Wenn ein anderer nur halb so unverschämt und frech wäre, hätte man ihn schon längst rausgeschmissen. Aber der Sohn vom Chef ...

Schweinehund/Saustall/..., das ist starker Tabak *ugs* · bastard/pigsty/... it's strong stuff/those are strong words/it's not pulling any punches/...
'Opportunist', 'Zyniker', 'Lügner' – das ist starker Tabak. – Die sind in ihrem Urteil über Politiker nicht zimperlich hier.

Tabellenform: etw. in Tabellenform zusammenstellen/... *form* · to put s. th. into tabular form, to produce a table of s. th., to produce a chart of s. th.
... Das Übersichtlichste wäre, wenn du die Daten zur wirtschaftlichen Entwicklung Perus in Tabellenform zusammenstellen würdest; da könnte man mit einem Blick erfassen, worauf es ankommt.

tabellenförmig: etw. tabellenförmig zusammenstellen/... *form* – etw. in **Tabellenform** zusammenstellen/... · to put s. th./... into tabular form

Tablett: jm. etw. auf einem silbernen Tablett servieren/anbieten/... *iron selten* · to hand s. th. to s. o. on a silver platter, to hand s. th. to s. o. on a plate
... Auch wenn du mir das Auto auf einem silbernen Tablett servierst, Albert, es bleibt eine alte Kiste. – Du willst es also doch nicht kaufen? – Unter den Bedingungen, die du vorschlägst nicht. Das ist doch kein Porsche.

nicht aufs Tablett kommen *sal selten* – (nicht) in **Frage** kommen (3; u. U. 2) · to be out of the question

Tabletten: Tabletten nehmen/schlucken · to take tablets, to take pills, to pop pills *coll*
Statt zum Arzt zu laufen und Tabletten zu nehmen, solltest du gesünder leben und mehr ausspannen, Heinz! Die vielen Medikamente machen dich nur noch kränker.

Tabletten schlucken · to pop pills *coll*, to take tablets
»Besser als wegen jedem Wehwehchen Tabletten zu schlucken,« schimpfte sie, »ist es, vernünftiger zu leben!«

tabula: tabula rasa machen (mit etw.) *lit selten* – reinen **Tisch** machen (mit etw.) (1; a. 2) · to sort s. th. out once and for all, to make a clean sweep of s. th.

Tacheles: Tacheles reden *ugs* · to talk straight with s. o., to do some straight talking with s. o., to talk turkey with s. o., to lay s. th. on the line to/for/...
Wenn der Kurt auf gutes Zureden absolut nicht eingehen will, müssen wir halt mal Tacheles reden. – Sei vorsichtig! Du weißt, der nimmt auch kein Blatt vor den Mund! – Das will ich ja gerade!

Tadel: jn. trifft kein Tadel *form selten* · + s. o. is not to blame
Es ist wirklich dumm, daß die Unterlagen nicht termingemäß fertig sind. – Hat Albert sie denn nicht rechtzeitig eingereicht? – Doch. Den Albert trifft in der Sache kein Tadel. Aber ...

ohne Tadel sein *form selten* · to be blameless, to be irreproachable
... Ich weiß nicht, Heinz, warum du mit dem Jungen so schimpfst; er ist ohne Tadel! – Er hat bei einem Juweliergeschäft Schulden gemacht. – Nein, das war die Anna! Der Junge hat sich während deiner Abwesenheit absolut korrekt verhalten.

einen Tadel einstecken (müssen) *form selten* · to be rebuked for s. th., to be reprimanded for s. th., to get brickbats (for one's pains)
... Hm, das kann ich schon verstehen, daß der Richard enttäuscht ist. Wenn man alles getan hat, was man tun konnte, und trotzdem einen Tadel einstecken muß, verletzt das. – Ach, der Chef hat ihm Vorwürfe gemacht?

ein Leben/einen Lebenswandel/... ohne jeden Tadel führen/ sich ... verhalten/... *form* · to lead an irreproachable/blameless/... life
(Die Großmutter:) Manchmal scheint mir, ihr beurteilt die Bettina deswegen so scharf, weil sie ein Leben ohne jeden Tadel führt; weil sie sich nie und nirgends auch nur das Geringste zuschulden kommen läßt, müßt ihr unbedingt andere Schwächen an ihr finden.

Tafel: nach der Tafel *form selten* – nach **Tisch** · after dinner/ lunch/...

vor der Tafel *form selten* – vor **Tisch** · before dinner/lunch/ the meal/...

während der Tafel *form selten* · over the meal, in the course of the dinner/meal(...), at table
... Schon während der Tafel willst du so ein heikles Thema zur Sprache bringen? – Natürlich. Mit dem Essen werden die Leute abgelenkt; und wenn es Ihnen physisch gutgeht, kann man sie eher psychisch belasten. Oder?

die Tafel aufheben *form selten* · to end the meal, to say/to announce/... that the meal has ended
... Als der Hausherr sah, daß das Gespräch am Tisch zu stocken begann, hob er die Tafel auf und bat die Gäste in den Salon.

zur Tafel bitten *form* · to ask s. o. to table
»Darf ich zur Tafel bitten?«, sagte die Hausherrin, indem sie kurz ins Wohnzimmer kam. »Endlich«, flüsterte einer der jungen Gäste seinem Nachbarn zu, »ich habe vielleicht einen Hunger!«

die Dame des Hauses/die Gastgeberin/... zur Tafel führen *form selten* – die Dame des Hauses/die Gastgeberin/... zu **Tisch** führen · to show the lady of the house/... to the table

jn. an die Tafel holen *Schulspr* · to get/to ask/... a pupil to write s. th. on the board
... Heute hat mich unser Mathe-Lehrer doch schon wieder an die Tafel geholt, um mich eine Aufgabe vorrechnen zu lassen!

etw. an die/auf die Tafel schreiben *Schulspr* · to write s. th. on the board, to write s. th. on the blackboard
(Der Lehrer:) Muß ich das Wort an die Tafel schreiben oder genügt es, wenn ich es buchstabiere?

etw. auf die Tafel schreiben *Schulspr veraltend* · to write on a slate
Schreiben die I-Männchen bei euch immer noch im Anfang auf die Tafel?

Tafelfreuden: den Tafelfreuden huldigen *form oft iron selten* · to indulge one's appetite, to indulge in the pleasures/... of the table, to over-indulge
Wenn man so wie du den Tafelfreuden huldigt, darf man sich nicht wundern, wenn man zunimmt! – Den Tafelfreuden huldigt? Was eß ich denn schon? – Nichts! Absolut nichts! Erst ein kleines Kotelett von einem Kilo, dann ... Dazu anderthalb bis zwei Flaschen Wein ...

tafeln: anständig tafeln *mst iron* · to have a real slap-up meal, to dine magnificently
... Na, wie war gestern das Geburtstagsessen bei dem Dieter? – Ganz toll! Wir haben mal wieder anständig getafelt. Dieter hatte ein Fünf—Gänge-Menü aufgefahren, das war vom Feinsten.

Tag: auf den Tag ankommen/fertig werden/... – auf den **Tag** genau ankommen/fertig werden/... · to arrive/to finish s. th./... to the day

(noch/...) bei Tag(e) *selten* – (noch/...) ei **Tageslicht** · (still/...) in/during daylight

ewig und einen Tag warten/dauern/.../für ... etw. tun *ugs* ·
1. 2. 3. 4. 5. to wait an eternity/ages for s.th., to take an
eternity (for s.o.) to do s.th.
1. vgl. – seit einer halben **Ewigkeit**/schon eine halbe Ewigkeit etw.
tun/(warten/dauern/...)
2. vgl. – bis in alle **Ewigkeit** (etw. tun)
3. vgl. – für alle **Ewigkeit** (etw. tun)
4. vgl. – eine halbe **Ewigkeit** warten/dauern/...
5. vgl. – jn./sich seit einer **Ewigkeit**/(eine Ewigkeit) nicht mehr sehen/
gesehen haben

etw. **ist nur für den Tag (geschrieben**/bestimmt/...) *form* ·
to be written/intended/... (only/...) for the moment, to be (on-
ly/merely/...) of topical interest, to be ephemeral
... Alles, was dieser Mann schreibt, ist nur für den Tag. Gedanken,
die für längere Zeit Bestand haben, suchst du bei dem vergebens.

einen schönen guten Tag! *path od. iron* · good day to you!
(Der Chef vor einer Sitzung:) Meine Damen und Herren: einen schönen guten Tag. Was uns heute zusammenführt, ist ...

am hellichten Tag etw. **stehlen**/jn. überfallen/... · to steal
s.th./to mug s.o./... in broad daylight
... Daß irgendwo eingebrochen wird, ist nichts Ungewöhnliches.
Aber am hellichten Tag, in einem Viertel, in dem starker Verkehr ist
...! – Vielleicht gerade deshalb: es rechnet keiner damit, daß jemand
sozusagen vor aller Augen einen Einbruch riskiert.

bis auf den/zum **heutigen Tag** *form path* · from that day to
this, to this (very) day, up to the present day
Wie kommst du eigentlich mit deinem neuen Mitarbeiter Biedenhof
zurande? – Denkbar schlecht. Der hat mir gleich zu Beginn seiner
Tätigkeit in unserer Firma in einer Sitzung ein paar grobe Beleidigungen an den Kopf geworfen, und bis auf den heutigen Tag warte
ich vergeblich auf eine Entschuldigung oder auf ein anderes Benehmen.

mit dem heutigen/(heutigem) **Tag** ... *form* · as of today,
today
(In einem Kündigungsschreiben:) Wenn meine fast zwanzigjährige
Tätigkeit bei der Firma Schuckert mit dem heutigen Tag endet, bin
ich der erste, der das bedauert. Doch blieb mir bei den anhaltenden
Auseinandersetzungen leider keine andere Wahl ...

heute/... **jährt sich** (zum zweiten/dritten/... Mal) **der Tag,
an dem**/(wo) ... *form – path* · it is 2/3/... years ago to-
day/... that ...
Ist heute nicht der 25. Februar? – Ja, warum? – Dann jährt sich heute
zum zweiten Mal der Tag, an dem ich hier zum Abteilungsdirektor
ernannt wurde. – Das heißt: Sie geben heute abend einen aus, Herr
Krause?

j./etw. **muß jeden Tag kommen**/erscheinen/hereinkom-
men/... · s.o./s.th. is bound/sure/... to come/... any day
now
Guten Tag! Haben Sie die Spezialbohrer inzwischen bekommen? –
Nein, noch nicht. Aber die müssen jeden Tag kommen. – Dann
schau ich morgen noch mal herein.

der Jüngste Tag/(am Jüngsten Tag/...) *rel* – das Jüngste/
Letzte **Gericht** · the Last Judgement

den lieben langen Tag faulenzen/... *ugs* · to lie around/to
laze around/... all day long
So ein Leben möchte ich auch haben, den lieben langen Tag in der
Sonne liegen, abends ausgehen, hin und wieder zur Abwechslung in
die Berge fahren ... – Laß mich doch wenigstens einen Monat im
Jahr mit gutem Gewissen faulenzen!

es ist (schon/...) **lichter Tag** *form selten* · it is (already/...)
daylight, it is (already/...) light
(In einem Hotel, morgens beim Aufwachen:) Das Zimmer ist stock-
finster mit diesen Rolladen. Wieviel Uhr mag es sein? – Nach dem
Betrieb draußen zu urteilen ist es bestimmt schon lichter Tag. Sieben
Uhr? ...

zwei Tabletten/vier Seiten/... **pro Tag** · 2 tablets/four pag-
es/... a day
(Beim Arzt:) Wieviele Tabletten muß ich täglich nehmen, Herr Doktor? – Zwei pro Tag, Frau Mertens.

morgen ist auch noch ein Tag *ugs* · tomorrow is another day
So, Gerda, jetzt mach' endlich Feierabend! Jetzt hast du lange genug
gearbeitet. Morgen ist auch noch ein Tag!

das/(dies/...) **ist ein schwarzer Tag für** jn. · this/it is a black
day for s.o.
Das war ein schwarzer Tag gestern für die Hamburger. Einmal die
Niederlage – die Hoffnungen auf die Meisterschaft können sie jetzt
endgültig begraben. Und dann die Verletzung von Monkau! So viel
Pech haben sie lange nicht mehr gehabt.

j. **stiehlt mir**/ihm/dem Peter/... (nur/auch noch/...) **den Tag**
sal *selten* · s.o. is (just/...) wasting my/his/John's/... time *n*
Ach, du liebes Christkindchen! Da kommt die Rosemarie. Jetzt
stiehlt die mir auch noch den Tag! Der Besuch von der Karin hat mir
gerade gereicht! Komm', geh du an die Tür, Dieter, und sag', ich wär'
nicht da. Wenn ich die hereinlasse, ist der Tag endgültig verloren.

jetzt wird's/da wurd's/... **Tag!** *ugs* – *path selten* · + I've got
it!, the penny's dropped!
... Ich habe immer noch nicht kapiert. Wie ...? – Paß auf: Zunächst
berechnest du den Einfallswinkel der Sonne, dann ... – Ah, zunächst
den Einfallswinkel?! Jetzt wird's Tag! Jetzt endlich versteh' ich ...

jeden zweiten Tag · every other/second day
Habt ihr jeden Tag Französisch? – Nein, jeden zweiten Tag, d.h.
montags, mittwoch, freitags.

(so) **frisch wie der junge Tag sein**/aussehen *path selten* – (so)
frisch wie der junge **Morgen** aussehen · to be as fresh as a
daisy, to look as fresh as a morning rose

heute/... **seinen freien Tag haben** · to have one's day off
today/...
Wann hat euer Dienstmädchen seinen freien Tag? – Dienstags.
Dienstags geht sie entweder mit ihrem Freund aus oder fährt zu
ihren Eltern.

(so) **schön wie der junge Tag sein**/aussehen/... *path selten* ·
(so) schön wie der junge **Morgen** sein/aussehen · to be as
lovely as the day

heute/... **seinen großen Tag haben** *ugs* · to have one's big
day today/..., + it is a great day for s.o.
Mann, der Dieter hat ja gestern seinen großen Tag gehabt! Erst der
erste Platz im 100-Meter-Lauf und dann noch diese großartige Leistung im Weitsprung! – Die Leute redeten deshalb ja auch nur von
ihm ...

heute/... **einen guten**/... **Tag (erwischt) haben** · to be on
song today/..., to be in good form today/..., to be having a
good day today/...
Mensch, die Stuttgarter haben aber heute einen guten Tag. So gut
spielen die doch seit Monaten nicht mehr!

heute/... **keinen guten Tag (erwischt) haben** – heute/... einen
schlechten/schwarzen/... **Tag (erwischt) haben** · to be having an off-day today/..., to be having a bad day today/...

heute/... **einen schlechten**/schwarzen/... **Tag (erwischt) haben** · to be having an off-day today/..., to be having a bad
day today/...
(Auf einem Fußballplatz:) Hm, die Stuttgarter scheinen heute ja einen schlechten Tag zu haben, die spielen ja geradezu miserabel. –
Ach, am letzten Samstag waren sie auch nicht besser. Die stecken
ganz offensichtlich in einer Krise.

heute/... **seinen guten Tag (erwischt) haben** · 1. to have/to
be having a good day today/..., 2. to have/to be having one
of one's good days/on days today/...
1. (In einem Kegelclub:) Du hast wohl heute deinen guten Tag, Emil,
was? Guck' mal, schon wieder alle 9! – Nachmachen, mein Lieber!
Kunst kommt von Können!
2. Du hattest doch da was mit dem Chef zu regeln, nicht? Dann geh'
heute zu ihm rauf! Der Alte hat heute seinen guten Tag. Ich weiß
auch nicht, was passiert ist; aber den hab ich seit Monaten nicht
mehr so gut gelaunt gesehen wie heute. Das mußt du ausnutzen

keinen guten Tag mehr haben in/bei/... *path* · + s.o.'s life at/in/... has been hell *coll*, s.o. has had a hard time at/in/...

Seitdem der August dem Chef ganz offen gesagt hat, daß er mit der allgemeinen Firmenpolitik nicht einverstanden ist, hat er (bei dem) keinen guten Tag mehr. Der Alte macht ihm das Leben zur Hölle.

man soll/... **den Tag nicht vor dem Abend loben** · 1. 2. let's not count our chickens before they're hatched, don't count your chickens before they're hatched

1. ... Besser könnte die Entwicklung gar nicht sein! – Laßt uns den Tag nicht vor dem Abend loben, Herr Heinze! Im vergangenen Jahr sah in der ersten Jahreshälfte auch alles ganz rosig aus, und am Schluß war das Saldo doch negativ. – Aber diesmal ... – Laßt uns abwarten! ...

2. ... So ein Bombengeschäft haben wir seit Monaten nicht mehr gemacht! – Wir wollen den Tag nicht vor dem Abend loben, Fritz. Noch haben die den Vertrag nicht unterschrieben. – Aber die unterschreiben, da kann doch gar nichts mehr schiefgehen.

von einem Tag auf den anderen · 1. 2. overnight, just like that, 2. from one day to the next, 3. s.th. can/cannot be done/... overnight

1. Stell dir vor, der Onkel Rainer hat unserem Fritz von einem Tag auf den anderen eine neue Stellung besorgt. Der hat ihn am Sonntag deswegen gefragt, am Montag konnte er anfangen zu arbeiten. Unglaublich!

2. Erst verschleppt er die Sachen wer weiß wie lange, und jetzt soll ich ihm von einem Tag auf den anderen die Unterlagen besorgen. Drei, vier Wochen brauche ich dafür wenigstens!

3. vgl. – (nicht) von **heute** auf morgen zu machen sein/...

etw. von einem Tag auf den anderen schieben/verschieben/... · to keep putting off a decision/... (until the next day)

... Entweder ja oder nein, Paul! Ich will jetzt wissen, woran ich bin. Es hat doch keinen Sinn, die Entscheidung von einem Tag auf den anderen zu schieben!

(nicht) von einem Tag auf den ander(e)n zu machen sein/... – (nicht) von **heute** auf morgen zu machen sein/... · (not) to happen/... overnight

einen Tag um den ander(e)n *form selten* – jeden zweiten **Tag** · every other/second day

schön wie der junge Tag aussehen/(...) *eher von Frauen path selten* · to be as lovely as the day *para*, to be radiantly beautiful *para*

Ein herrliches Mädchen, die Christa! Frisch wie nur etwas, schön wie der junge Tag, dabei völlig natürlich ...

(schon/...) den ganzen Tag auf den Beinen sein · to be/to have been on the go all day long, to be/to have been on one's feet all day long, to be up and about all day

... Ach, wenn man so den ganzen Tag auf den Beinen war, dann tut es doch gut, sich abends ein Stündchen in den Sessel zu setzen und sich auszuruhen. – Heute bist du aber auch überhaupt nicht zur Ruhe gekommen, nicht?!

bei Tag(e) besehen *form od. iron* – bei **Licht(e) besehen** · on closer consideration, in the cold light of day

etw. an den Tag bringen *path* · 1. 2. to bring s.th. to light

1. vgl. – etw. ans **Licht** bringen

2. vgl. – (eher:) etw. zutage **fördern** (2)

heute/... **einen guten**/blendenden/.../**schlechten**/schwarzen/... **Tag erwischt haben** *ugs* · 1. 2. to be having a good/bad/... day/an off-day/... today

1. vgl. – heute/... einen guten/... **Tag** (erwischt) haben

2. vgl. – heute/... einen schlechten/schwarzen/... **Tag** (erwischt) haben

heute/... **seinen guten Tag erwischt haben** *ugs* – heute/... seinen guten **Tag** (erwischt) haben (1) · to have/to be having a good day today/..., to have/to be having one of one's good days/on days today/...

auf den Tag genau ankommen/fertig werden/... · to arrive/to finish s.th./... dead on time, to arrive/to finish s.th./...on the very day, to complete s.th./... to the day

Bist du eigentlich mit deiner Staatsarbeit termingemäß fertiggeworden? – Auf den Tag genau. Wir mußten die Arbeit am 21. November, bis 24 Uhr nachts, eingereicht haben. Am 21. November mittags war ich fertig.

jeder Tag, den der liebe Gott/(Gott) **kommen**/(werden) **läßt**, ... *ugs* – *path* · every single day *n*, every day God sends

Jeden Tag, den der liebe Gott kommen läßt, macht der alte Herr Krämer nach dem Abendessen einen Spaziergang durch unser Viertel – ganz egal, ob die Sonne scheint oder ob es regnet oder schneit.

den ganz Tag/(...) **am Herd stehen** *ugs* – (eher:) den ganzen **Tag**/(...) am Kochtopf stehen · to spend the whole day chained/tied to the stove

der Tag des Herrn *path* · the Lord's Day

Junge, heute ist der Tag des Herrn, da werden keine schweren Arbeiten gemacht! – Aber ich muß noch ... – Du weißt, ich schätze es nicht, wenn man den Sonntag zum Werktag/Alltag macht.

über den Tag hinausweisen/hinausgehen *Gedanken/... form* · to go beyond momentary/topical/... concerns/matters/interests

... Hat der Jürgen Heller überhaupt Gedanken, die über den Tag hinausgehen? Ich habe immer den Eindruck, der schwatzt nur nach, was er im Radio hört und in der Zeitung liest – heute dies und morgen jenes.

(bis) (weit) in den Tag hinein schlafen/im Bett liegen/... · to stay/to lie/... in bed till late in the day, to lie in

... Nein, auch im Urlaub steht mein Bruder relativ früh auf. – Auch, wenn er spät ins Bett geht? – Auch dann. Ihn stört es, bis in den Tag hinein zu schlafen/bis weit in den Tag hinein im Bett zu liegen.

in den Tag hineinleben · to live from day to day, to take each day as it comes

So sorglos wie der Peter Roth möchte ich auch mal sein! Der lebt derart unbekümmert in den Tag hinein, daß man geradezu neidisch wird.

(so/...) in den Tag hineinreden/hineinschwätzen/... *ugs selten* · to talk away, to chatter away

Hat das überhaupt Hand und Fuß, was der Dieter da erzählt? – Ach, Unsinn! Der schwätzt mal wieder so in den Tag hinein! – In seiner Stellung kann er sich das aber eigentlich nicht erlauben, so unüberlegt daherzureden.

(so) in den Tag hineinwurschteln *sal* · to just/... muddle along from one day to the next

... Ohne jede Zielsetzung – weder im Kleinen noch im Großen – wurschtelt dieser Mann in den Tag hinein! Ich habe so etwas von Ordnungs- und Orientierungslosigkeit bei einem Menschen von 45 Jahren überhaupt noch nicht gesehen!

der letzte Tag des Jahres · the last day of the year, New Year's Eve

... Jetzt werdet ihr euch doch am letzten Tag des Jahres nicht noch Moralpredigten halten! – Warum soll ich dem Herbert nicht auf dem heiligen Sylvester sagen, daß ich im neuen Jahr seine ewigen Auseinandersetzungen nicht mehr mitmache?!

sich einen Tag im Kalender (rot) anstreichen *ugs* · 1. 2. to make s.th. a red-letter day

1. Am 29.09. hast du Geburtstag? Den Tag werde ich mir im Kalender rot anstreichen. – Mal gespannt, ob du den Geburtstag nicht trotzdem verpaßt.

2. Ist dir schon aufgefallen, daß unser Sohn den Abwasch gemacht und die Küche aufgeräumt hat? – Was, das gibt's doch nicht?! Diesen Tag muß ich mir im Kalender rot anstreichen. *iron*

den ganzen Tag/(...) **am Kochtopf stehen** *ugs* · to spend the whole day chained/tied to the stove

... Die Frauen haben heute nun einmal keine Lust, den ganzen Tag am Kochtopf zu stehen! – Wenn es kein lebendiges Familienleben mehr gibt, Werner, kann man schlecht erwarten, daß jemand sein halbes Leben in der Küche verbringt!

an den Tag kommen *path* – ans **Licht** kommen · to come to light

js. **Tag kommt (auch) noch**/(...) *path* – (eher:) js. **Stunde** kommt (auch) noch/(...) · + s.o. will have his day too/...

den ganzen Tag/(...) **in der Küche verbringen**/... *ugs* – den ganzen **Tag**/(...) am Kochtopf stehen · to spend the whole day cooking/over the stove/...

j. **redet**/erzählt/... **viel, wenn der Tag lang ist** *sal* · + you can't put any trust in what s.o. says *n*, s.o. says a lot of things, but ... *n*
... Aber der Paul Hirsch hat doch gestern gesagt ... – Ach, der Paul redet viel, wenn der Tag lang ist. Das darfst du nicht so ernst nehmen.

(nur/...) **für den Tag leben** *form selten* · to live for the moment, to live for the present
Der Albert Steßmann gibt sein Gehalt bis auf den letzten Pfennig aus; der spart keinen Groschen. – Der lebt für den Tag. Vielleicht hat er recht. Vielleicht sollte man heute in der Tat überhaupt nicht mehr an die Zukunft denken und die Stunden genießen, so gut es eben geht.

Kenntnisse/Fleiß/Zynismus/... **an den Tag legen** *ugs* – *path* · to show knowledge/enthusiasm/..., to reveal knowledge/enthusiasm/...
Der Dalmann hat in den Verhandlungen mit Schuckert u. Co. einen Fleiß und eine Geschicklichkeit an den Tag gelegt, die ich ihm nie zugetraut hätte.

sich einen schönen/(guten) **Tag machen** · to make a day of it, to have a nice day
Kinder, ihr habt morgen frei/schulfrei, wegen der Zeugniskonferenzen; dann nehme ich mir auch frei, und wir machen uns mal einen schönen Tag. Wie wär's, wenn wir nach Starnberg hinausfahren, zwei, drei Stündchen schwimmen, anschließend irgendwo gut essen ...

sich einen vergnügten Tag machen · to treat o.s. to a day off, to have a good time
Übermorgen geh' ich nicht in's Geschäft, Renate; übermorgen machen wir uns einen vergnügten Tag. Was hälst du davon, wenn wir nachmittags rausfahren und abends mal wieder tanzen gehen?

sich gleichen/(...) **wie Tag und Nacht** *iron selten* · to be as different as chalk and cheese
Bei dem Walter und dem Bodo würde man nicht sagen, daß sie Brüder sind. Die sind wirklich in allem verschieden, sowohl innerlich wie äußerlich. – Deshalb sagt ihr Vater immer scherzhaft: meine beiden Söhne gleichen sich wie Tag und Nacht.

verschieden sein/sich **unterscheiden wie Tag und Nacht** *path* · to be as different as chalk and cheese
Der Walter und der Bodo sollen sich ähnlich sein? Worin denn? Ich finde, die sind verschieden wie Tag und Nacht!

(bei) Tag und (bei) Nacht arbeiten/üben/... · to work/to practise/... day and night
Wenn der Börner weiterhin Tag und Nacht schuftet, wie er das im letzten Jahr gemacht hat, ist er mit seiner Gesundheit bald am Ende.

den Tag zur Nacht und die Nacht zum Tag machen *path selten* – die **Nacht** zum Tag(e) machen (1) · to turn night into day (and day into night)

jm. **guten Tag sagen** · 1. to say hello to s.o., to greet s.o., 2. to pop in and say hello to s.o. *coll*
1. Sag' mal, Gerd, wenn man jemanden auf der Straße trifft, den man kennt, dann sagt man doch guten Tag! – Ich hab' den Herrn Hartmann doch gegrüßt!
2. ... Wenn wir schon in Augsburg sind, könnten wir eigentlich dem Bodo Eggers (mal eben/...) guten Tag sagen. – Einverstanden. Aber nur kurz! – Klar. Für lange Besuche habe ich sowieso nichts übrig, das weißt du ja.

bis in den Tag hinein/(bis in den hellen Tag hinein/weit (bis) in in den Tag hinein) **schlafen**/pennen/(im Bett liegen) *selten* – bis in die **Puppen** schlafen/pennen/(im Bett sein) · to stay out/to stay in bed/... till all hours

Tag und Stunde (für ein Treffen/...) **vereinbaren**/... *form selten* · to fix/to arrange/... a/the date and a/the time (of a meeting/...)
Habt ihr für eure Sitzung schon Tag und Stunde vereinbart? – Ja, am kommenden Freitag, den 7., um 18 Uhr.

der Tag hat (nun einmal/...) **nur**/bloß **24 Stunden** · there are only 24 hours in a day (after all/...)
... Nein, trotz aller Bemühungen bin ich mit der Interpretation nicht ganz fertig geworden, obwohl ich die ganze Woche von morgens bis abends daran gearbeitet habe. Aber der Tag hat nun einmal nur 24 Stunden, und irgendwann muß man auch mal schlafen, sich ausruhen ...

Tag für/(um) **Tag** – Jahr **für** Jahr/Tag für Tag/Woche für Woche/Monat für Monat/... · day after day, day in day out

Tag um Tag verging/... *path* · day after day went by/...
(Von einer Mutter, die auf ihren Sohn wartet, der im Ausland ist:) Tag um Tag verging, und ihr Sohn kam nicht. Am 25. September wollte er da sein, hatte er geschrieben; jetzt war schon der 10. Oktober, und sie wartete immer noch vergeblich.

von Tag zu Tag besser/schlechter werden/... · to be better/worse/... from day to day
Die wirtschaftliche Entwicklung verschlechtert sich von Tag zu Tag. Wenn das so weitergeht, dann nimmt die Arbeitslosenzahl bald monatlich um zwei bis drei und mehr Prozent zu.

den (ganzen) Tag totschlagen *ugs* · to do nothing all day long *n*, to waste the whole day *n*
Nun, bist du weitergekommen heute mit deiner Erzählung? – Heute habe ich gar nicht daran gearbeitet, heute habe ich mal gar nichts getan. – Wie, du hast den ganzen Tag totgeschlagen? – So würde ich das nicht nennen. Ich war derart müde/erschossen/... Ich mußte einmal einen Tag aussetzen/ausspannen.

den Tag überdauern *form selten* · to survive, to last
... Wenn jeden Monat Tausende von Büchern erscheinen, ist es doch kein Wunder, wenn kaum noch eins den Tag überdauert! So schnell sie erscheinen, so schnell verschwinden sie auch wieder. – Wie alles heute.

den Tag überstehen *form* – *path selten* · to get through each day
(In einem Land der Dritten Welt:) Reichtümer?! Daran ist gar kein Denken! Wir müssen hier sehen, daß wir den Tag überstehen; und das ist schon schwer genug. – Kommt ihr heute noch schwerer durch als vor vier Jahren, als ich zum letzten Mal hier war?

Tag der offenen Tür *form* · an open day
Du, was ist das eigentlich genau der »Tag der offenen Tür«? – So nennen sie neuerdings den Tag – oder die Tage –, an denen in bestimmten Kulturorganisationen, Jugendhäusern usw. besondere Veranstaltungen stattfinden, zu denen die ganze Bevölkerung geladen ist, an denen Diskussionen abgehalten werden ...

jm. **einen guten Tag wünschen** *form od. iron selten* – jm. guten **Tag** sagen (1) · to wish s.o. good day

der Tag X *ugs* – die **Stunde** X · the great day

etw. **an den Tag ziehen** *path selten* – etw. zutage **fördern** (1) · to bring s.th. to light

tagaus: tagaus, tagein *path* – Jahr **für** Jahr/Tag für Tag/Woche für Woche/Monat für Monat/... · day in day out

Tage: eine Frau/die Christa/... **hat ihre Tage** *form* – die **Regel** haben · + it's her/Mary's/... time of the month, she/Mary/... is having her period

alle acht Tage ... · once a week, every week
(Ein Lehrer zu einem Kollegen:) Wie oft kontrollierst du die Schularbeiten in der Mittelstufe? – So alle acht Tage einmal. Und du? – Meist auch nur einmal, manchmal aber auch zweimal in der Woche.

heute/... **über acht Tage** *selten* – heute/... in acht **Tagen** · a week from today

auf seine alten Tage noch etw. tun/erleben/... *oft iron* – in seinen alten **Tagen** noch etw. tun/erleben/... · to do s.th./to experience s.th./... in one's old age

dieser Tage · a few days ago, a few days back, recently, in the next few days
(Eine Mutter zu ihrer Tochter, die häufiger am Wochenende nach Hause kommt:) Dieser Tage kam ein Brief für dich hier an – hier ... ich weiß nicht, was es ist ... – Zeig' mal ... Ach, ja. Wann ist der gekommen? – Ich weiß nicht mehr genau. So vor vier, fünf Tagen vielleicht. ...

ewig und drei Tage warten/dauern/.../für ... etw. tun *ugs selten* · 1. 2. 3. 4. 5. to wait for ever and a day (for s.o./s.th.)
1. vgl. – seit einer halben **Ewigkeit**/schon eine halbe Ewigkeit etw. tun/(warten/dauern ...)
2. vgl. – bis in alle **Ewigkeit** (etw. tun)
3. vgl. – für alle **Ewigkeit** (etw. tun)
4. vgl. – eine halbe **Ewigkeit** warten/dauern/... (2)
5. vgl. – jn./sich einer **Ewigkeit**/(eine Ewigkeit) nicht mehr sehen/gesehen haben

so einen guten Spieler/lieben Menschen/guten Apparat/... **findest du**/findet man/... **nicht alle Tage** *ugs* · + players/craftsmen/... like him/John/... are few and far between, + such good players/nice people/reliable machines/... don't grow on trees
... Ein erstklassiger Schleifer, dieser Wallmann! So einen Schleifer findet man nicht alle Tage!

das waren goldene Tage (damals/...) *path selten* · 1. 2. those were the days
1. ... Das waren goldene Tage damals in München, was? So eine schöne Studentenzeit gibt es heute wahrscheinlich kaum noch.
2. Erinnerst du dich noch an deinen letzten Besuch hier vor drei Jahren. – Ja, das waren goldene Tage damals. Nach so schönen Tagen sehne ich mich seit der Zeit vergeblich.

die närrischen Tage · Fasching, Fasching celebrations
... Was bezeichnest du als närrische Tage? Das sind doch nicht alle Faschingstage! – In der Hauptsache natürlich Faschingsmontag und – dienstag, aber nicht nur, Peter!

über Tage arbeiten/... *Bergwerk* – ≠ unter **Tage** arbeiten/... · to work at the surface, to do pithead work, to work in an open-cast mine

(noch) bis in unsere Tage *form* · to this day, up to the present day, until now
... Bei aller Industrialisierung und Technisierung, bei allem Fortschritt, Herr Bartsch: Sie wissen genau so gut wie ich, daß die große Mehrheit der Menschheit bis in unsere Tage ein sehr hartes und mühseliges Leben hat.

unter Tage arbeiten/... *Bergwerk* · to work under ground, to work below the surface
Dein Vetter arbeitet auf Zeche Amalie? – Ja. – Unter Tage oder über Tage? – Unter Tage. Er ist Obersteiger da und fährt jeden Tag selbst ein.

alle zwei Tage – jeden zweiten **Tag** · every other/second day

noch ist/es ist noch **nicht aller Tage Abend** *path* · it's early days yet, there's still a hope/a chance/...
... Hat der Richard überhaupt noch Chancen, sich wenigstens einigermaßen glimpflich aus der Affäre zu ziehen. Die Anwälte der Gegenseite haben ihn derart in die Zange genommen. – Warte mal ab! Noch ist nicht aller Tage Abend. Ich würde mich nicht wundern, wenn der noch ein paar Trümpfe in petto hätte und das Blatt zu seinen Gunsten wenden würde.

seine Tage als Rentner/... **beschließen** *path* – *iron mst abwertend* · to end one's days as a pensioner/..., to wind up as a pensioner/... *coll*
... Ich werde mich (von dieser Filiale) versetzen lassen, und zwar bald! – Warum das denn? – Weil ich sonst zu alt für einen Wechsel werde. Und ich habe keine Lust, meine Tage als Zweigstellenleiter einer Bank in diesem (Provinz-) Nest zu beschließen.

(schon/...) bessere Tage gesehen haben *path* · to have seen better days
Dem Herrn Leuschner scheint es ja nicht gerade gut zu gehen, wenn man nach seiner Kleidung usw. urteilen kann. – Nein; der arme Mann hat schon bessere Tage gesehen. Seitdem sie ihn bei Schuckert herausgeworfen haben, ist er nie mehr richtig auf die Beine gekommen. Und was hatte er für einen guten Posten da!

(in seinem Leben/...) wenig/... gute Tage gesehen haben *path selten* · not to have had much joy out of life, not to have had much of a life
... Ja, der alte Herr Molitor hat in seinem Leben nicht viele gute Tage gesehen! Er hat zwei Weltkriege mitgemacht; zwischen den Kriegen war er jahrelang arbeitslos; die paar Pfennige, die er sich gespart hatte, hat ihm die Inflation 1929 weggenommen; im zweiten Weltkrieg hat er zwei Söhne verloren ...

js. **Tage sind gezählt** *path* – js. **Stunden** sind gezählt · s.o.'s days are numbered

die Tage von etw. **sind gezählt** *selten* · the days of s.th. are numbered
... Tja, mein Lieber, jetzt kommt die Rezession, die Tage des sorglosen Lebens sind gezählt! – Abwarten, Klaus, abwarten! Vielleicht geht es schon bald wieder aufwärts.

sich ein paar schöne/(gute) Tage machen · to spend a few days on holiday, to take a short holiday/a few days off
In den Herbstferien der Kinder machen wir uns mal ein paar schöne Tage, was, Elly? Wie wär's, wenn wir an den Chiemsee führen, ein wenig wanderten, ein wenig die bayerischen Schlösser besichtigten ...

das/etw. **kann einem**/jm. **alle Tage passieren** · it's/s.th. can happen to anyone, it's/s.th. can happen any time
... Ich weiß nicht, warum der Hanspeter sich so aufregt! Von der Polizei zu Unrecht angehalten werden – das kann einem alle Tage passieren!

aussehen/ein Gesicht machen/... **wie drei/(sieben/acht) Tage Regenwetter** *ugs* · to look as miserable as sin, to have a face as long as a wet weekend
... Was ist denn passiert? Du siehst ja aus wie drei Tage Regenwetter! – Halt den Mund, Mensch! – Was ist denn los? Warum guckst du so niedergeschlagen/so mißmutig drein? – Ich bin im Examen durchgefallen. – Was??

es ist nicht alle Tage Sonntag *selten* · Sunday comes once a week, Sunday doesn't come every day *para*
(Ein Werkmeister zu seinen Leuten:) Der Betriebsausflug am Wochenende ist vorbei! Jetzt geht's wieder ran! Leider ist nun mal nicht alle Tage Sonntag!

schon/... die Tage zählen (bis .../...) · to count/to be (already/...) counting the days (until ...)
Der Paul kann es doch bestimmt schon gar nicht mehr abwarten, bis er nach Amerika fährt, was? – Natürlich nicht. Er zählt schon die Tage bis zum Beginn der großen Ferien.

Tagebuch: Tagebuch führen *form* · to keep a diary
Während deiner Reise nach Skandinavien hast du Tagebuch geführt? – Ja, zum ersten Mal in meinem Leben habe ich alle Eindrücke, Erlebnisse und Gedanken Tag für Tag aufgeschrieben.

Tagen: heute/... in acht Tagen · (in) a week from today/...
Wann fangen die Sommerferien an? – In acht Tagen. – Was, schon am nächsten Donnerstag? – Jawohl, genau in einer Woche.

in seinen alten Tagen noch etw. tun/erleben/... *path od. iron* · to do s.th./to experience s.th./... in one's old age
(Ein 60-jähriger Mann:) Mein Gott, Ilse, wenn sich die internationale Lage weiterhin so verschlechtert, werden wir in unseren alten Tagen noch einen dritten Weltkrieg erleben. – Mal den Teufel nicht an die Wand, Gustav!

in fernen Tagen ... *path selten* · in the distant future
... Ja, dann schönen Rückflug nach Brasilien, Herr Costa! Ich denke daran, dort nach meiner Pensionierung mal längere Zeit zu verbringen. Wenn wir uns in fernen Tagen in Rio wiedersehen ...

in gesunden Tagen *form selten* · while s.o. is still in good health/healthy/...
Wenn sich der Klaus-Peter in gesunden Tagen nicht dazu entschließen konnte, das Gut zu modernisieren, dann wird er das jetzt, wo er alt und krank ist, bestimmt nicht tun.

in guten und in bösen Tagen zusammenhalten/zusammenstehen/(...) *form* · to stick together/... in good times and in bad, to stick together/... through thick and thin
... Die beiden haben schwere Jahre durchgemacht, sehr schwere Jahre. Aber sie haben in guten und in bösen Tagen immer zusammengehalten. Ja, je schwieriger die Probleme wurden, umso mehr haben sie sich gegenseitig geholfen.

in den heutigen Tagen *form selten* – die heutige **Zeit** · in this day and age

noch/selbst/... **in unseren Tagen** *form* · even/... today, even/... in our day(s)
... Herr Bartsch, Ihr Optimismus in allen Ehren: aber wenn selbst in unseren Tagen Millionen von Menschen hungern und zig Millionen nur das Existenzminimum haben, kann man doch nicht sagen, daß heutzutage alles zum besten steht.

von längst vergangenen Tagen erzählen/... *path selten* · to talk of/... days long past, to talk of/... days long gone
Wenn unser Großvater anfängt, von längst vergangenen Tagen zu erzählen, hören selbst meine Eltern fasziniert zu. Der hat eine Gabe, die alten Zeiten heraufzubeschwören, das ist fantastisch!

heute/.. in vierzehn Tagen · a fortnight from today, in a fortnight, two weeks today, in two weeks' time
Wann fangen die Sommerferien an? – In vierzehn Tagen. – Was, schon am übernächsten Donnerstag? – Ja, genau in zwei Wochen.

tagen: (bis zum frühen Morgen/fünf/sechs/... Uhr morgens/ in der Frühe/...) **tagen** *ugs* · to have drinking session until 3/4/... o'clock, to have an all-night session drinking
... Wie lange haben die da gestern noch gesoffen? – Gestern?! Die haben bis heute morgen fünf Uhr getagt.

Tages: die Aufgaben/Anforderungen/... **des Tages** *form* · the tasks/the demands/... of the hour, the tasks/the demands/... of the day
... Nein, von allgemeinen Programmen und Normen hält der Oswald wenig. Er meint, worauf es ankommt, das ist, daß jeder die Pflichten des Tages erfüllt.

der Lärm/... **des Tages** · the noise/the stress/... of the day
In so einem ruhigen Viertel wie du möchte ich auch wohnen. Welch eine Wohltat, sich wenigstens abends und nachts von dem Lärm und der Aufregung des Tages richtig erholen zu können.

eines (guten/schönen) **Tages** · one of these days, one fine day
... Heute bist du andrer Meinung, klar, aber eines guten Tages wirst du hoffentlich auch noch verstehen, daß es weit schwieriger ist, seine tägliche Arbeit sorgfältig zu leisten, als große Entwürfe zu machen.

unter Tages *form selten* – **tagsüber** · during the day

nach des Tages Last und Mühe *form – path selten* · after the labours and burdens of the day *para*
... Laß den Onkel Herbert doch in Ruhe seine Zigarre rauchen, Petra! So ein unschuldiges Vergnügen hat er sich nach des Tages Last und Mühe doch wohl redlich verdient.

zu jeder Tages- und Nachtzeit *ugs – path* · at any time of the day or night, at all hours
... Glaubst du etwa, der Richard ist zu jeder Tages- und Nachtzeit zu Hause?! Du mußt ihm schon sagen, wann du bei ihm vorbeikommst. Wenigstens so ungefähr.

Tagesanbruch: bei Tagesanbruch (losfahren/...) · (to leave/...) at daybreak/at dawn/at the crack of dawn
Morgen müssen wir sehr sehr früh aufstehen, Kinder. – Wenn es noch dunkel ist, Papa? – Ja. Bei Tagesanbruch möchte ich bereits aus der Stadt heraus und auf der Autobahn sein. Sonst kommen wir bis morgen abend nicht in Clermont-Ferrand an.

vor Tagesanbruch (aufstehen/...) · (to get up/...) before dawn
Wann bist du eigentlich aufgestanden, Ute? Ich habe schon so früh Lärm gehört im Haus. – Schon vor Tagesanbruch. Um halb fünf.

Tagesgespräch: Tagesgespräch sein/bilden · to be the talk of the town
... Die 9,9 im Hundertmeterlauf waren gestern Tagesgespräch. – Das ist ja auch eine glänzende Leistung. Es ist also ganz normal, wenn alle Leute davon reden.

Tageskurs: Devisen/... **zum Tageskurs** kaufen/Geld zum ... wechseln/... *form* · to buy/to exchange/... money at the current rate of exchange
Zu welchem Kurs hast du den Scheck gewechselt? – Zum Tageskurs natürlich. – Klar. Und der war gestern? – Eine Mark – 79,83 Escudos.

Tageslicht: (noch/...) **bei Tageslicht** · in daylight, in the daylight
... Bei Tageslicht arbeitet es sich hier doch ganz anders als bei einer Lampe!

etw. ans Tageslicht bringen/(ziehen) *path selten* · 1. 2. to bring s.th. to light
1. vgl. – etw. ans **Licht** bringen
2. vgl. – etw. zutage **fördern** (1; u. U. 2)

ans Tageslicht kommen *path selten* – ans **Licht** kommen · to come to light

das Tageslicht scheuen *path selten* – das **Licht** scheuen · to fear/to shun/... the light of day

Tage(s)lohn: im Tage(s)lohn stehen/arbeiten/... (bei einer Firma/...) *form veraltend selten* · to be on daily wages (in a company/...), to be on a day rate (in a company/...)
Du sagst, Klaus ist bei Schuckert nicht fest angestellt? – Nein, steht da im Tageslohn, wie man früher sagte. Das heißt, er wird jeden Tag ausbezahlt und kann jeden Tag entlassen werden.

Tagesordnung: (in letzter Zeit/heute/jetzt/...) **an der Tagesordnung sein** · these crimes/incidents/... are the order of the day
... Leider sind solche Verbrechen hier in den letzten Jahren an der Tagesordnung. – Und wie erklärst du das, daß so etwas heute gang und gäbe ist?

etw. von der Tagesordnung absetzen *form* · to remove an item from the agenda, to withdraw an item from the agenda, to take an item off the agenda
... Nach dem ursprünglichen Programm sollte auf der Sitzung doch auch über die Beitragserhöhung diskutiert werden, oder nicht? – Doch. Aber dieser Punkt ist im letzten Moment von der Tagesordnung abgesetzt worden.

(heute/...) **zur Tagesordnung gehören** *mst neg* · it/s.th. is quite common these days/...
... Es gehört heute leider zur Tagesordung, schimpfte er, daß ältere Leute in der Straßenbahn stehen müssen. (Es vergeht) kaum ein Tag, an dem ich das nicht erlebe!

etw. auf die Tagesordnung setzen *form* · to put s.th. on the agenda
... Wird denn auf der Sitzung auch über die Ausländerproblematik gesprochen? – Ja, das Thema haben sie in der letzten Minute noch auf die Tagesordnung gesetzt.

auf der Tagesordnung stehen *form* · to be on the agenda
... Das Thema der Ausländerproblematik steht doch gar nicht auf der Tagesordnung! – Hast du das Programm für die Sitzung zur Hand? Laß mal sehen! ... Du hast recht, von der Ausländerproblematik steht da nichts ...

etw. von der Tagesordnung streichen *ugs* – etw. von der **Tagesordnung** absetzen · to remove an item from the agenda, to withdraw an item from the agenda (über etw.) **zur Tagesordnung übergehen** · 1. to proceed to the agenda, to get down to business, 2. to carry on as usual, to proceed/to carry on/to act/... as if nothing had happened

1. (Zu Beginn einer Sitzung; jemand schneidet ein Thema an, das nicht auf der Tagesordnung steht; der Vorsitzende:) Meine Damen und Herren, wir können beim besten Willen unsere Zeit nicht damit vertun, diese Problematik weiter zu dikutieren. Wir müssen zur Tagesordnung übergehen. Unser Programm ist ohnehin schon derart dicht ...

2. ... Und wenn ich den Dieter bei seinem Besuch hier auf die Scheckfälschung hin anspreche? – Das interessiert ihn gar nicht; darüber geht der zur Tagesordnung über. – Wie, den interessiert nicht, ob man ihn bei der Bank für einen Dieb hält oder nicht? – Du wirst sehen: der geht darüber hinweg, als wenn er damit nicht das geringste zu tun hätte. *ugs*

Tageszeit: zu jeder Tageszeit · any time, at any hour
... Und wann kann ich bei euch vorbeikommen, um mir das Buch zu holen? – Zu jeder Tageszeit – wann immer du willst.

jm. **die Tageszeit (ent-)bieten** *form veraltend selten* – jm. guten Tag sagen (1) · to wish s.o. good day

taghell: taghell erleuchtet/(...) sein · to be as bright as day
Was ist denn bei den Herrmanns los? Das ganze Haus ist ja taghell erleuchtet! – Die geben ein großes Fest. Der älteste Sohn hat in der letzten Woche seinen Doktor gemacht.

täglich: jn. **täglich und stündlich** ermahnen müssen/... *form – path selten* · to have to tell s.o./warn s.o./... constantly/all the time/...
... Wenn du hinter diesem Jungen nicht täglich und stündlich hinterher bist, tut er nichts! Immer und immer muß man den treiben!

Tags: anderen Tags *form selten* – **tags** darauf/zuvor/davor (1) · the following day, the next day

tags: tags darauf/zuvor/davor *form selten* · 1. the following day, the next day, 2. the day before, the previous day
1. ... Am 29. September kam er aus Mexiko zurück. Tags darauf stellte er sich bei seinem neuen Chef vor.
2. ... Am 30. September stellte er sich bei seinem neuen Chef vor. Tags zuvor war er noch in Mexiko gewesen.

tagsüber: tagsüber · during the day
(Zu einem musikfreudigen Nachbarn:) Tagsüber können Sie hier machen, was Sie wollen, das ist mir egal, Herr Schröder! Aber abends spät und vor allem nachts will ich meine Ruhe haben.

tagtäglich: tagtäglich · day in day out, day after day, every single day
... Das verstehe ich schon, daß dem Wolters (mal) der Kragen geplatzt ist. Wenn man tagtäglich dieselben Unverschämtheiten schlukken muß, wird einem das irgendwann zuviel.

Tag(e)werk: ein schweres Tag(e)werk haben *form veraltend selten* · to have a hard job to do, to have a hard day's work
... Wer hat heute schon ein so schweres Tagewerk, wie der Opa es hatte, der 35 Jahre lang hart in der Schmiede gearbeitet hat?! – Hm. Trotz der Maschinen gibt es das auch heute noch; man nennt es nur anders.

seinem Tag(e)werk nachgehen *form veraltend selten* · to do one's day's work
... Ach, Jungs, früher ging die große Mehrheit der Bevölkerung, ohne groß darüber nachzudenken, ihrem Tagwerk nach. Feiern, reisen, ... das war seltener Luxus. Schau dir den Opa an: 35 Jahre ist dieser Mann treu und brav jeden Tag zu Krupp marschiert. Das war sein Leben. ...

sein Tag(e)werk verrichten/vollbringen *form veraltend selten* · to do one's day's work
Solange der Peter sein Tagwerk nicht vollbracht hat, denkt er nicht an Ausgehen, Feiern, Wegfahren. Darin ist er ganz 'klassisch': erst die tägliche Pflicht(erfüllung), dann das Amüsement.

Taille: auf Taille gearbeitet sein/... *Kleidung* · to be fitted at the waist, to be waisted
... Wenn ich so eine Figur hätte wie Karin, würde ich mir meine Kleider auch auf Taille arbeiten lassen. Ihr stehen solche eng anliegenden Sachen – aber mir nicht.

auf Taille sitzen *Kleidung* · to be close-fitting, to be fitted
... Wenn du schon ein Kleid haben willst, das echt auf Taille sitzt, solltest du es dir auch bei einer guten Schneiderin machen lassen. – Der Peter meint, bei meiner Figur säßen auch Kleider von der Stange ganz ausgezeichnet.

Takt: (viel/wenig/keinen/...) Takt haben · (not) to have (any/much/...) tact, to have (no) tact
Der Albert hat überhaupt keinen Takt. Der ist in der Lage und fragt eine ältere Dame, die bei seinen Eltern zu Besuch ist, was sie von den Sexualnormen der heutigen jungen Generation hält.

den Takt angeben *selten* – den Ton angeben (2, 3) · to set the tone, to have the most say, to have the greatest influence

im Takt bleiben · to stay in time, to keep in time
(Der Musiklehrer:) Ihr müßt im Takt bleiben, Kinder! Nicht immer schneller werden! Singen ist doch kein Wettrennen.

jn. **(ganz) aus dem Takt bringen** *Musik* · to put s.o. off the beat, to put s.o. out of time, to put s.o. off
... Nun bringe den Jungen mit deinen blödsinnigen Fausthieben auf den Tisch doch nicht dauernd aus dem Takt! Es fällt ihm sowieso schon schwer, den Takt zu halten. Aber wenn du dann noch permanent auf den Tisch trommelst, hat er überhaupt keinen Rhythmus mehr.

(den) Takt halten *Musik* · to keep time
Bei diesem Lied ist es verflixt schwer, den Takt zu halten. – Du meinst, weil der Rhythmus mehrere Male wechselt? – Ja, man kommt dauernd raus/man kommt dauernd aus dem Takt, wenn man nicht höllisch aufpaßt.

(ganz) aus dem Takt kommen *Musik* · to lose the beat, to get out of step
Der Friedel kommt bei der leichtesten Störung aus dem Takt. – Spielt er dann statt 4/4 8/8 Takt? – Das wäre gar nicht so schlimm. Nein, er spielt überhaupt keinen gleichmäßigen Rhythmus mehr.

jn. **nach Takt und Noten anschnauzen/**verhauen/verreißen/... *iron veraltend selten* – nach **Strich** und Faden regnen/jn. anschnauzen/verhauen/... (2) · to give s.o. a good/thorough/... dressing down/..., to give s.o. a good/sound/... thrashing/...

den Takt schlagen *Musik* · to beat time
(Der Musiklehrer:) So, damit ihr jetzt endlich genau singt, schlage ich mit dem Zeigestock den Takt auf dem Boden. Also: 1, 2, 3; 1, 2, 3 ...

gegen den Takt verstoßen · to offend against tact
Eine Sache ist es, Gerd, mal aus Versehen gegen den Takt zu verstoßen, eine andere, überhaupt keinen Takt zu haben! Der Albert weiß überhaupt nicht, was Taktgefühl ist; der verstößt ständig dagegen – ohne es zu merken!

Takte: mit jm. (mal) ein paar Takte reden (müssen) *ugs selten* · to (have to) have a serious talk/a few words with s.o.
... Ich glaube, mit unserem Sohn werde ich mal ein paar Takte reden müssen! Er hat in der Schule wieder einen Verweis bekommen. Das ist jetzt schon der zweite in diesem Monat. So geht das nicht weiter!

ein paar Takte zulegen in/bei/... *ugs* · to speed up, to increase the tempo, to up the tempo, to get a move on
... Wenn ich mit meiner Dissertation bis zum Mai fertig werden will, muß ich nun wohl oder übel (im Arbeitstempo) ein paar Takte zulegen, sonst schaffe ich es nicht.

taktfest: nicht ganz taktfest sein *Musik oft iron* · to have difficulty keeping time, not to be able to keep time
Die Waltraud singt nicht nur gut, sie singt herrlich! Nur ist sie leider nicht ganz taktfest. – D.h., bei schweren Partien kommt sie leicht aus dem Takt? – Nicht nur bei schweren ...

Taktgefühl: ein feines/kein/... Taktgefühl haben · to have (no) tact
... Warum soll so etwas – wie alles andere auch – nicht von Volk zu Volk verschieden sein? Warum soll ein Volk nicht mehr Taktgefühl haben als ein anderes? – Und da meinst du, Portugiesen hätten besonders viel Takt?

Taktik: die Taktik der verbrannten Erde *mil* · (to pursue/to adopt/…) a scorched earth policy

Welch ein Wahnsinn, bei den heute gegebenen technischen Möglichkeiten die Taktik der verbrannten Erde zu verfolgen und mit dem Anzünden von Hunderten von Ölfeldern Luft, Erde und Wasser zu verseuchen!

Tal: aus dem Tal (wieder) **heraussein**/herauskommen/… *ugs* – (eher:) aus der **Talsohle** (wieder) heraussein/herauskommen/… · to have got over a bad patch, to have turned the corner, to be out of the woods

Talent: (aber auch/…) **ein Talent haben, immer das Falsche zu tun**/ungewollt Streit zu entfachen/bei anderen anzueken/… *ugs* · to have a knack of doing s.th. wrong, to have a gift for always doing the wrong thing *tr*

… Der Ulrich hat irgendetwas von den 'hochkonservativen Familien' gesagt, und da war die Renate natürlich beleidigt. Dabei wollte er damit gar keine Anspielung auf ihre Familie machen. – Der hat aber auch ein Talent, andere Leute, ohne es zu wollen, zu verletzen! – Ach, passiert dem so etwas öfter? – Dauernd!

jetzt stehen wir da mit unserem Talent! *ugs* · look where our stupidity/cleverness/… has got us *para*, it's a fine mess we're in now

(Gegen Mitternacht:) Was? Keiner zu Hause? Wie sollen wir denn jetzt reinkommen, wenn keiner einen Schlüssel bei sich hat? – Jetzt stehen wir da mit unserem Talent! Hab' ich nicht gesagt, wir sollten von Schicky zu Hause anrufen?! – Das hättest du doch machen können, du Schlauberger!

mit seinen Talenten wuchern *form Bibel* · to make the most of one's talents, to turn one's talents to good account

Verstehst du, wie ein Mensch, der so außergewöhnlich begabt ist wie der Detlev, trotzdem nur Sorgen, Probleme, Geldschwierigkeiten haben kann? – Er versteht es nicht, mit seinen Talenten zu wuchern. Man muß nicht nur begabt sein, wenn man es im Leben zu etwas bringen will; man muß seine Fähigkeiten auch (gezielt) einsetzen können.

Taler: ein paar Taler *veraltend selten* – ein paar **Groschen** · a few pence/cents/…

keinen Taler wert sein *veraltend selten* – nicht die **Bohne** wert sein (2) · not to be worth a light

Talglicht: jm. **geht ein Talglicht auf** *sal selten* – jm. gehen die **Augen** auf · + s.o. sees the light, + s.o. gets it

Talsohle: in einer/(der) **Talsohle sein/stecken**/(stehen) *ugs* · to be going through a bad patch, to be in the doldrums, to be struggling, to be going through a depression

… Ja, die Bochumer stecken zur Zeit in einer Talsohle. Die haben einige Spieler verletzt, Schwierigkeiten mit dem Trainer … Aber das ist mit Sicherheit bald überwunden, und dann spielen die wieder besser.

aus der Talsohle (wieder) heraussein/herauskommen/… · to have got over a bad patch, to have turned the corner, to be out of the woods

… Du sagst jetzt seit Wochen, die Bochumer stecken in einem Formtief. Dieses Formtief dauert aber verdammt lange! – Die haben zu viele Spieler verletzt. Sobald die wieder einsatzfähig sind, wird die Mannschaft aus der Talsohle schon wieder herauskommen!

die Talsohle (bereits) **durchschritten haben**/(durchschreiten)/… *form* · to be over the worst

… Wenn wir den fünf Wirtschaftsweisen, den Gutachtern der Bundesregierung, Glauben schenken dürfen, haben wir die Talsohle der gegenwärtigen Rezession durchschritten. – Nun, dann wollen wir mal hoffen, daß es wieder aufwärts geht!

Tamtam: **viel**/wenig/allerhand/(vielleicht) ein/…) **Tamtam machen** (um jn./etw.) *sal* · 1. (not) to kick up a (big/…) fuss/stink about s.th., 2. 3. to make a din/a racket/a row/…

1. vgl. – (nicht) viel/kein **Aufhebens** um jn./etw./von jm./etw. machen
2. vgl. – (eher:) **Krach** schlagen
3. vgl. – (eher:) **Lärm** machen

tangieren: jn. **nicht tangieren** *form* · not to concern s.o., not to affect s.o., + s.o. is not involved in s.th.

… Die Angelegenheit Kuba tangiert mich nicht, Herr Baumann! Das Geschäft wollten Sie am Anfang unbedingt allein in die Hand nehmen! Also sind Sie auch jetzt, wo es schwer wird, allein dafür zuständig.

Tanne: **kerzengerade** (gewachsen sein/…) **wie eine Tanne** *form* – *path selten* · to be/to sit/… as straight as a ramrod

Mit seinen sechzig Jahren hat Herr Baumann immer noch eine herrliche Haltung. Du mußt mal darauf achten, wie er am Tisch steht: kerzengerade, wie eine Tanne.

schlank wie eine Tanne (sein) *form* – *path selten* · to be as slender as a reed

… Oh, Marlies, 'schlank wie eine Tanne', 'scheu wie ein Reh', was für hübsche Vergleiche hast du noch auf Lager?

Tantalusqualen: **Tantalusqualen ausstehen**/(erleiden/erdulden/…) *lit* – *path* · to suffer the torments of Tantalus *rare*, + it/s.th. is tantalising for s.o.

… Du kannst den Jungen doch nicht den Apfelkuchen vor die Nase setzen und ihm dann verbieten, davon zu essen! Da muß der arme Kerl doch geradezu Tantalusqualen ausstehen.

Tante: **eine alte**/komische/seltsame/… **Tante** (sein) *sal* · (to be) a strange/funny/… old dear, (to be) a strange/funny/… old lady

Die Frau Weber ist schon 'ne ulkige Tante! Kommt die da doch morgens um 11 Uhr im Morgenrock und Pantoffeln an die Haustür …!

die Tante Meier *sal selten* · the loo *n*

… Wo ist hier die Tante Meier, Emil? Ich muß mal eben für kleine Mädchen. – Der zweite Gang links. Da siehst du schon ein Schild: WC.

mal (eben)/… zu Tante Meier (gehen) müssen *sal selten* – mal (eben) heraus/raus **müssen** · to have to go to the toilet/loo/…

Tanz: **einen Tanz haben** in/bei/mit jm./… *sal* · 1. 2. to have a (real/…) song and dance with s.o. (about s.th.)

1. Wenn du keinen Tanz mit dem Chef haben willst, dann frage lieber vorher, ob er dich für den Besuch bei deiner Tante beurlaubt. – Was kann er denn sonst nachher machen? – Was er machen kann? Er kann dich nach Strich und Faden anschnauzen und dir mit der Entlassung oder ähnlichen Sanktionen drohen.

2. … Du machst dir keine Vorstellung, was ich mit dem Körber für einen Tanz gehabt habe, ehe der mir die Genehmigung für die Reise gegeben hat. – Habt ihr öfter solche Auseinandersetzungen? – In letzter Zeit leider ja.

jn./(eine Dame/…) **zum Tanz/Tanzen auffordern** *form* · to ask a girl/lady/… to dance, to ask s.o./to invite s.o. to dance

Die Klara weiß immer noch nicht, welche Schuhe sie heute abend auf dem Ball anziehen soll. – Ach, das ist doch ganz egal! Die wird doch sowieso von niemandem (zum Tanz) aufgefordert. – Sei deiner Schwester gegenüber nicht immer so hartherzig und spöttisch, Klaus!

vielleicht/… einen Tanz aufführen (wenn/als ob/…) *sal* · to make a song and dance (about s.th.) (when/if/…)

Nur weil er die Miete zweimal eine Woche später bekommen hat, hat unser Hausbesitzer heute einen Tanz aufgeführt, als ob wir bei ihm eingebrochen hätten.

zum Tanz aufspielen · to strike up a dance tune, to (start to) play dance music

… Und dann, nach dem Abendessen, spielte noch eine Jazz-Band zum Tanz auf. – Na, das war also eine tolle Feier.

das/etw. wird noch einen Tanz geben/ein Tanz werden *sal* · there's going to be hell to pay, there's going to be a (real/…) to-do

Hast du schon daran gedacht, was passiert, wenn der Alte erfährt, daß der Hölscher die Rechnungen gefälscht hat? Das wird ein Tanz werden. Der wird den ganzen Laden hier durcheinanderwirbeln.

zum Tanz(en) gehen *form* – (eher:) **tanzen** gehen · to go dancing

ein/der Tanz um das/ums goldene Kalb *Bibel path od. iron* · the worship of the golden calf
… Ach, meinte er resigniert, die ganze Weltgeschichte ist doch nichts anderes als ein Tanz um das goldene Kalb! Im großen und im kleinen! Nervus rerum – um die Pfennige geht's, und alles andere ist nur das Drumherum, Betrug, Lüge …

jetzt/… geht der Tanz los *sal* · + here we go again!, the fuss/the carry-on/… is starting
… Ach du liebes bißchen, jetzt geht der Tanz wieder los! – Der Korbach schimpft schon, noch ehe der Walter ganz im Büro ist. Nur weil er eine halbe Stunde zu spät gekommen ist. Das ist zwischen den beiden in den letzten Wochen jeden zweiten Tag so ein Theater.

jm. einen Tanz machen *sal* · to give s.o. a hard time, to make a song and dance about s.th.
Du kannst dir gar nicht vorstellen, was mir der Chef heute für einen Tanz gemacht hat, weil ich mich für zwei Tage hatte beurlauben lassen. Er hat mich angeschnauzt wie nur etwas, mir gedroht, mich bei der geringsten Verfehlung zu entlassen …

vielleicht/… einen Tanz um jn. **machen** *sal selten* · to make a (huge/…) fuss of s.o. *coll*
(Bei einer Jubiläumsfeier:) Mensch, die machen hier vielleicht einen Tanz um den Außenminister! Wenn wir bei jedem Besuch eines Ministers so einen Wind machen würden, was …? – Was mich noch mehr stört, ist das Getue, die Umstände … Na ja, sie sind halt so hohen Besuch nicht gewöhnt.

ein (richtiger/…) Tanz auf dem Seil (sein) *path veraltend selten* – ein (richtiger/…) **Drahtseilakt** (sein) · it/s.th. is a (real/…) tightrope act

das/etw. ist ein (regelrechter/…) Tanz auf dem Vulkan *path* · it's a dance on the edge of a volcano, it's (like) sitting on a powder-keg, it's playing with fire
(Während der Revolutionszeit:) Die Lage in Portugal im Augenblick? Das ist ein richtiger Tanz auf dem Vulkan. Da kann jeden Augenblick der Bürgerkrieg ausbrechen.

sich im Tanz wiegen *form* · to sway to the rhythm of a dance
(Eine Dame mittleren Alters:) Oh ja, langsamen Walzer tanze ich gerne, sehr gerne sogar – besonders, wenn der Partner die Schwingungen der Musik so richtig ausanzt. Sich so im Tanz wiegen, das ist doch ein herrliches Gefühl!

Tanzbein: das Tanzbein schwingen *ugs* · to shake a leg, to have a knees-up, to trip the light fantastic *hum*
… Ja, und dann haben wir im Anschluß an die offizielle Feier noch ein wenig das Tanzbein geschwungen. – Bei den Martins? – Nein, wir sind ins 'Paradies 2007' gezogen.

Tänzchen: ein Tänzchen haben in/bei/mit jm./… *ugs iron selten* – einen **Tanz** haben in/bei/mit jm./… · to have a (real/…) song and dance with s.o. (about s.th.)

tanzen: hautnah tanzen *ugs* · to dance very close to s.o. *n*, to dance close up to s.o. *n*
(Auf einem Tanzfest:) Der Walter versucht mal wieder, auf Tuchfühlung zu gehen. Guck' dir das an! Der kann nur hautnah tanzen, dieser Mann!

tanzen gehen · to go dancing
Nach Jahren wollen unsere Eltern heute abend mal wieder tanzen gehen. – Ach ja? Wohin denn? – Ich glaub', in die 'Colly-Bar'.

Tanzstunde: Tanzstunde haben · to have dancing lessons, to have dancing classes
… Nein, morgen abend habe ich keine Zeit, morgen habe ich Tanzstunde. – Ach, du lernst tanzen. Wie oft mußt du denn dahin in der Woche? – Ein Mal. Jeden Donnerstagabend.

in die Tanzstunde gehen · to take dancing lessons, to go to dancing class
… Wenn du ein ganzes Jahr in die Tanzstunde gegangen bist, mußt du doch einen Tango sauber tanzen können!

Tapet: etw. aufs Tapet bringen *ugs* – etw. zur **Sprache** bringen · to bring up/to broach/to raise/… a subject/…

aufs Tapet kommen *ugs* – zur **Sprache** kommen · to come up, to be raised, to be mentioned, to be brought up

Tapeten: die Tapeten wechseln *ugs* · to have a change of scene/scenery
… So, in diesem Restaurant haben wir jetzt lang genug gesessen; jetzt wollen wir die Tapeten mal wechseln! Ich schlage vor, wir ziehen rüber in die 'Colly-Bar'.

Tapetenwechsel: ein(en) Tapetenwechsel (brauchen/vornehmen/…) *ugs* · 1. 2. 3. to need/… a change of scene
1. Jetzt bist du schon über zehn Jahre bei dieser Firma. Wäre es nicht gut, wenn du mal einen Tapetenwechsel vornehmen würdest? – Daran habe ich auch schon gedacht. Ich habe schon Fühler zu BMW und Daimler Benz ausgestreckt. Neue Erfahrungen täten mir in der Tat gut.
2. … Unterkirchen reicht mir jetzt! Wir wohnen jetzt hier schon zwölf Jahre. Ich brauche unbedingt einen Tapetenwechsel. – Ziehst du nach Oberkirchen? – Du Witzbold.
3. Diesmal bin ich wirklich froh, wenn der Urlaub kommt. Ich kann den Laden hier schon nicht mehr sehen …; überhaupt dieses ganze Unterkirchen … – Ein Tapetenwechsel wir dir bestimmt gut tun. Wo geht's denn diesmal hin im Urlaub?

tappen: im Dunkeln/(Finstern) tappen – im **Dunkeln** tappen · to grope in the dark

Tarantel: wie von der Tarantel gestochen/(gebissen) aufspringen/wegrennen/… *ugs* – *path od. iron* · to jump up/… as if something had bitten him *n*, to jump up/… as if stung by a bee *n*
Was rennt denn der Ulli plötzlich wie von der Tarantel gestochen los? – Dahinten kommt sein Großvater. Er weiß schon, daß der ihm wieder ein Eis spendiert.

Tarif: nach/über/unter Tarif bezahlen/(zahlen) · to pay s.o./to earn/… above/below the agreed rate, to pay s.o./to earn/… above/below union rates
Wenn du über Tarif bezahlt wirst, Karl-Heinz, dann darfst du auch nicht streiken. Sonst könnte die Firmenleitung mit Recht argumentieren: 'also zahlen wir nur, was mit den Gewerkschaften vereinbart wird.'

Tasche: jn. in der Tasche haben *ugs selten* · to have s.o. under one's thumb, to have got s.o. by the short and curlies *sl*
… Aber läßt sich der Bertram das denn bieten/gefallen? – Ach, der Chef hat den Bertram doch in der Tasche. Seitdem er ihn bei der Scheckfälschung erwischt hat, kann der Mann sich doch gegen nichts mehr wehren.

das/die Pfennige/den Auftrag/… habe ich/haben wir/… in der Tasche *ugs selten* · 1. 2. + it/the money/the order/… is in the bag
1. vgl. – das/die Pfennige/den Auftrag/… habe ich/haben wir/… im **Sack** (1)
2. vgl. – (a.) das/die Pfennige/den Auftrag/… haben wir/habe ich/… (schon mal) im **Sack**

jm. in die Tasche/in die Tasche seines Freundes/… arbeiten *ugs* · to line a friend's/… pockets
… Statt hier im Sinne der Firma vernünftige Arbeit zu leisten, arbeitet der Börner seinem Freund Möllers bei Schuckert in die Tasche! Er versucht, jeden Einkauf so zu deichseln, daß der Möllers einen Vorteil davon hat.

in die/seine eigene Tasche arbeiten/wirtschaften/… ugs · to line one's own pockets
Statt für die Firma zu arbeiten, hat der Herbert jahrelang in die eigene Tasche gewirtschaftet. Bei seinen Besuchen als Vertreter von Schuckert u. Co. hat er so viele Aufträge wie möglich einer Verkaufsorganisation zugeschanzt, die er mit seinem Bruder hat. – Statt für Schuckert zu arbeiten? – Ja.

etw. aus/seiner eigenen/(eigener) Tasche bezahlen/(zahlen/finanzieren/…) *ugs* · to pay for s.th. out of one's own pocket
… Aber mußt du die Reise denn aus eigener Tasche bezahlen? – Wer sollte mir das Geld dafür denn sonst geben? Oder willst du sie mir bezahlen? – Ich dachte, du würdest auf Firmenkosten fahren.

in js. Tasche fließen/wandern/(...) *ugs* – in js. **Taschen** fließen/wandern/(...) · to go into/to find its way into/... s.o.'s pockets

tief in die Tasche greifen (müssen) *ugs* – *path* – einen tiefen **Griff** ins Portemonnaie tun (müssen) · to (have to) dig deep in one's pocket

eine Branche/(etw.) **wie seine eigene Tasche kennen** *ugs selten* · 1. 2. to know s.th. like the back of one's hand, to know s.th. inside out
1. ... Die Metallbranche kennt der Robert wie seine eigene Tasche! – Und woher kennt er die so genau? – Er war mal einige Jahre Vertreter für Werkzeuge.
2. vgl. – jn./etw. in- und auswendig/(inwendig und auswendig) **kennen** (1)

jm. **auf der Tasche liegen** *ugs* · to live off s.o. *n*, to live at s.o.'s expense *n*, to freeload on s.o., to sponge off s.o.
Kommt die Bettina für sich selbst auf oder liegt sie noch immer den Eltern auf der Tasche? – Du weißt doch, daß sie auf der Kunstakademie ist. Wie sollte sie das denn selbst bezahlen?

sich (selbst) was/(etwas)/allerhand/... in die Tasche lügen/ sich in die eigene ... *ugs* · to delude o.s., to kid o.s., to fool o.s.
Der Albert meint, im Grunde wäre der Karl-Heinz gar nicht benachteiligt, wenn ... – Ach, der Albert lügt sich mal wieder was in die Tasche! Wenn er ehrlich ist, dann weiß er ganz genau, wie ungerecht der Vorschlag ist, den er da macht. Aber er will es nicht wissen. Wie gern sich die Leute doch immer wieder selbst betrügen, wenn es um ihren Vorteil geht!

jn. **in die Tasche stecken** (im Rechnen/Sport/...) *ugs selten* – jn. in den **Sack** stecken · to outclass s.o., to make mincemeat of s.o., to stuff s.o., to knock spots off s.o., to run rings round s.o.

etw. **in die/seine eigene Tasche stecken** *ugs* · to pocket s.th.
Hat der Thilo den Differenzbetrag, den er auf der Reise nicht ausgegeben hat, wirklich nicht wieder zurückgegeben? – Nein, den hat er in die eigene Tasche gesteckt. – Wenn der Chef dahinter kommt, schmeißt er ihn raus.

(es verstehen) jm. (das) Geld/immer wieder ein paar Mark/... **aus der Tasche (zu) ziehen/**(lotsen) *ugs* – (es verstehen) jm. das **Geld** aus der Tasche (zu) ziehen · to (know how to) get money/... out of s.o.

in js. Taschen fließen/wandern/(...) *ugs* · to go into/to find its way into/... s.o.'s pockets
... In wessen Taschen sind denn die ganzen Gelder geflossen, die die Industrie da gespendet hat? In die der Parteien natürlich! Privatpersonen haben sich daran nicht bereichert!

jm. **die Taschen füllen** *ugs* · to line s.o.'s pockets
Die Kunst einer guten Politik besteht zunächst einmal darin, erklärte uns Onkel Jupp, den Partei- und anderen Freunden die Taschen zu füllen. Natürlich muß man den Profit der eigenen Cliquen dann als Allgemeinwohl verkaufen.

sich (doch nur/...) die (eigenen) Taschen füllen *ugs selten* – in die/seine eigene **Tasche** arbeiten/wirtschaften/... · to (just/...) line one's own pockets

jm. **die Taschen leeren** *ugs selten* · to empty s.o.'s pockets, to fleece s.o.
Die Kunst des Lebens besteht darin, meint Onkel Jupp, auf möglichst einfache Weise an andererleuts Geld zu kommen. – Solange man nicht geradezu hinterhältig versucht, den andern die Taschen zu leeren! ... – Du mußt zugeben: die Grenze ist schwer zu ziehen.

Taschendiebe: vor Taschendieben wird gewarnt *form dir. R* · Beware of pickpockets
Köstlich, dieses Schild in den Straßenbahnen, Kaufhäusern usw.: Vor Taschendieben wird gewarnt! Als wenn man gegen diese Burschen etwas machen könnte!

Taschenformat: ... **in/(im) Taschenformat** · a pocket-sized cassette recorder/...
... Dann mußt du dir eben (Kassetten-)Rekorder in Taschenformat besorgen, wenn du heimlich aufnehmen willst, was die da beraten! – Gibt es denn so kleine Dinger, die in die Tasche passen? – Natürlich!

Taschengeld: für ein Taschengeld arbeiten/etw. reparieren/... *ugs selten* – für ein **Trinkgeld** arbeiten/etw. reparieren/... · to work/to repair s.th./... for next to nothing

etw. **für ein Taschengeld kaufen/**bekommen/... *ugs selten* – (eher:) etw. für 'n/(für einen) **Appel** und Ei kaufen/bekommen/... · to buy/to get/... s.th. for a song/for next to nothing/for peanuts

(nur/...) **ein Taschengeld kosten** *ugs selten* – 'n/(einen) **Appel** und Ei kosten · to cost next to nothing

etw. **für ein Taschengeld verkaufen/**hergeben/... *ugs selten* – (eher:) etw. für 'n/(für einen) **Appel** und Ei verkaufen/hergeben/... · to sell/... s.th. for next to nothing/for peanuts

Taschenmesser: wie ein Taschenmesser zusammenklappen *sal selten* · to collapse *n*, to double up *n*
... Halt du mal lieber deinen Mund, Klaus! Du würdest eine so schwere Arbeit keine Stunde aushalten, du würdest wie ein Taschenmesser zusammenklappen! – Der Klaus und bei einer schweren Arbeit zusammenbrechen! Du machst aber Witze, Gerd!

Tasse: eine trübe Tasse (sein) *sal* · to be a (real/right/...) wet blanket, to be a (real/right/...) drip, to be as dull as ditchwater
... Es gibt bessere Dozenten hier, das gebe ich zu, aber ... – Bessere Dozenten ...: du drückst das sehr vornehm aus, sehr euphemistisch. Der Hortmann, das ist eine ausgesprochen trübe Tasse. Der taugt fachlich nichts und als Person ist er maßlos langweilig!

hoch die Tassen! *sal selten* · bottoms up!
... Was hat der Otto da für einen neuen Spruch? – 'Hoch die Liebe, hoch die Tassen, in Afrika ist Muttertag!' – Hoch die Tassen – d.h. hoch die Gläser? – Klar! Was sonst?

nicht alle Tassen im Schrank haben *sal* – nicht (so) (ganz/(recht)) bei **Trost** sein (1) · s.o. is a bit cracked

nicht mehr alle Tassen im Schrank haben *sal* – (eher:) (so) nicht (ganz/(recht)) bei **Trost** sein (2) · s.o. has lost his marbles

Tasten: in die Tasten greifen *Klavier path* · to play the piano, to strike up a tune
... Ja, und so gegen Mitternacht griff dann der Erich in die Tasten, und die ganze Gesellschaft, feucht-fröhlich beschwingt, schmetterte zwei, drei Stunden lang Studentenlieder.

mächtig in die Tasten greifen *ugs* – *path* · to play the piano with verve/gusto/enthusiasm/..., to thump the keyboard, to hammer away at the keys
... War das eine Stimmung gestern auf der Geburtstagsfeier meines Vaters! Die Leute haben getanzt, mein Bruder hat mächtig in die Tasten gegriffen – die Gäste waren begeistert von seinem Klavierspiel, und selbst so schüchterne Damen wie meine Tante Rosa fingen an, aus voller Kehle zu singen –, ...

auf die Tasten hauen/hämmern/dreschen *ugs* · to hammer away at the keyboard
(In einem Foyer eines Hotels:) Mein Gott, dieser Pianist haut auf die Tasten, als wenn er den Flügel zertrümmern wollte! Was spielt der denn da überhaupt?

Tat: eine (große) Tat (vollbringen) *path* · to achieve/to accomplish/... an impressive/... feat
... Alle Achtung, das war eine Tat/da hast du eine (große) Tat vollbracht: die ganze Generalversammlung davon zu überzeugen, daß die Firmenpolitik von Grund auf geändert werden muß! Verdammt nochmal, das hätte ich mir nicht zugetraut!

in der Tat ... · indeed, really, in fact, yes, it was mysterious/inexplicable/..., yes, he is a strange person/...
... Sein Verhalten war in der Tat unerklärlich. Aber wirklich: wie konnte er sich nur so verhalten?!

eine rettende Tat *path selten* · to come to s. o.'s rescue, to save the situation, to save s. o.'s bacon *coll*
... Du weißt nicht, wie dankbar ich dir bin, Ulrich! Diese 15.000,– Mark, die du unserem Willi geliehen hast – das war eine rettende Tat. Er war drauf und dran, sein Studium aufzugeben, weil die dauernden Geldprobleme einen vernünftigen Arbeitsrhythmus unmöglich machten.

sich zu keiner Tat aufraffen können *path selten* · not (to be able) to rouse o. s. to do s. th., not to be able to bring o. s. to do s. th.
... Ah, Ideen hab' ich auch, mein Lieber! Damit brauchst du mir nicht zu kommen! Wo es drauf ankommt, ist, sie zu verwirklichen! Hast du dich auf deinem Landgut etwa schon einmal zu einer Tat aufraffen können? Wenn ich mich nicht irre, läuft da doch noch alles wie vor hundert Jahren.

sich nicht zur Tat aufraffen können *path selten* · not to bring o. s. to do s. th., not to pull o. s. together and do s. th.
... Ich weiß nicht, wie lange der Walter die ganzen Pläne für den Umbau des Guts schon fix und fertig vorliegen hat. Aber er kann sich einfach nicht zur Tat aufraffen. – Eine solche Entscheidung würde mir auch schwerfallen. Das sind zehn Jahre Arbeit und Sorgen, Heinz.

seine Worte/... **durch die Tat beweisen** *path* · to prove s. th./that one means s. th./that one is sincere/... by one's actions
... Es interessiert mich überhaupt gar nicht mehr, was der Udo verspricht! Dafür hat er seine Versprechen schon viel zu oft gebrochen. Wenn er Wert darauf legt, daß ich ihm wieder vertraue, dann muß er seine Worte endlich durch die Tat beweisen.

jn. **auf frischer Tat ertappen**/(erwischen/schnappen/...) · to catch s. o. red-handed, to catch s. o. in the act
Wie kannst du denn beweisen, daß er das Geld da weggenommen hat? – Ich hab' ihn auf frischer Tat ertappt. Er steckte die Scheine gerade in sein Portemonnaie, als ich die Treppe herunterkam und sagte: »Morgen Peter. Du steckst da doch nicht etwa mein Geld ein?!«

zur Tat schreiten *path – iron* · to proceed to action, to move into action, to get down to it
... So, jetzt haben wir lange genug geredet, jetzt schlage ich vor, wir schreiten zur Tat, und zwar unverzüglich! Also, Robert, du nimmst Teil 1, ich Teil 2, die Erika Teil 3 ...

Gedanken/Pläne/... **in die Tat umsetzen** · to put a plan/scheme/... into action, to translate a plan/... into action
Vorschläge haben wir jetzt genug. Jetzt gilt es, wenigstens einen davon in die Tat umzusetzen. – Und welchen? Welchen willst du realisieren/verwirklichen?

eine (große) Tat vollbringen *path* – eine (große) Tat (vollbringen) · to achieve/to accomplish an impressive/... feat

Tatbestand: den Tatbestand aufnehmen *Gericht/Polizei u. ä.* · to establish the facts of the case
(In einem Verkehrsprozeß:) Ja, und können Sie den genauen Hergang belegen? Haben Sie Zeugen, die den Unfall beobachtet haben? Hat die Polizei den Tatbestand aufgenommen?

den Tatbestand des/der/... **erfüllen** *jur* · to constitute murder/theft/fraud/...
(Ein Anwalt zu einem Kollegen:) Glauben Sie, Herr Kollege, daß das, was sich dem Mohlke nachweisen läßt, den Tatbestand des Mords erfüllt? – Der Staatsanwalt sieht es so; aber ob das Gericht dem folgt – ich bin nicht sicher.

täte: ich/ihr/der Willy/... wüßte/wüßtet/... (auch), **was ich/... lieber täte/**tätet/... *ugs* · I/he/Mary/... could think of better things to do, I/he/Mary could think of things I'd/... rather do
... Nein, heute kann ich nicht mitgehen, heute muß ich die Wohnung putzen. – Was mußt du? – Die Wohnung putzen. Tja, ich wüßte auch, was ich lieber täte! Aber es muß halt sein. Die ist dermaßen schmutzig/dreckig ...

Tateinheit: ... **in Tateinheit mit** ... *jur* · murder/... in concomitance/concomitantly with rape/..., murder/... with rape/...
(Ein Junge zu seinem Vater:) Hier in der Zeitung steht: 'Überfall in Tateinheit mit Vergewaltigung ...' – was soll das heißen? – Sie haben

die Frau überfallen und dabei (zugleich) vergewaltigt; beide Verbrechen machen zusammen eine Tat aus – oder eine Tat stellt zwei Verbrechen dar.

Taten: seine Worte/... **durch Taten beweisen** *path* – seine Worte/... **durch die Tat** beweisen · to prove s. th./that one means s. th./that one is sincere/... by one's actions

(nun/jetzt) **laßt** (mal/...)/**will** j./... (endlich) **Taten sehen!** *ugs path – iron* · + I want/he wants/... to see actions/some action, not words
... So, jetzt haben wir lange genug Pläne geschmiedet, jetzt möchte ich Taten sehen! Wann fangen wir mit dem Granitabbau konkret an? – Nun, erstmal ... – Nichts, erstmal ...! Wann geht's los? Am nächsten Ersten?

tätig: schriftstellerisch tätig sein *form* · to write, to do some writing
Der Mosbach, hör' ich, ist nicht nur Bankkaufmann, er ist auch schriftstellerisch tätig? – Ah, er hat eine kleine Erzählung und eine Handvoll Gedichte geschrieben. Ob das einen Schriftsteller aus— macht ..

tätig werden – (in e-r S.) tätig **werden** · to take action (in a matter)

Tätigkeit: außer Tätigkeit sein *Maschinen u. ä. form* – (eher:) außer **Betrieb** sein (1) · not to be operating, not to be running

in Tätigkeit sein *Maschinen u. ä. form* – (eher:) in **Betrieb** sein (1) · to be running, to be in operation

noch in Tätigkeit sein *Vulkan o. ä.* · to be (still/...) active
... Wir haben irgendwo gelesen, daß dieser Vulkan noch in Tätigkeit ist. Stimmt das? – Ja, der 'arbeitet' noch.

seine Tätigkeit aufnehmen (bei ...) *form* – seine **Arbeit** aufnehmen (bei ...) · to commence one's duties (at/in/...), to start work (at ...)

eine (feste/...) Tätigkeit ausüben *form veraltend* · to work, to do work, to do a job
... Der Großvater von dem Rolf lebte von den Einkünften seiner Häuser. Ich glaube, er hätte es geradezu als Schande empfunden, eine feste Tätigkeit ausüben zu müssen. Es fällt uns in der heutigen Berufs- und Arbeitswelt nicht leicht, diese Einstellung zu verstehen und zu akzeptieren.

eine fieberhafte/(fiebrige) **Tätigkeit entfalten** *ugs – path* · to become feverishly active *n*, to throw o. s. into a frenzy of activity
... Mehr noch als der Außenminister entfaltete der Kanzler in den letzten Monaten eine geradezu fieberhafte Tätigkeit. Eine Konferenz jagte die andere, eine Reise folgte auf die andere ...

an eine geregelte Tätigkeit gewöhnt sein/einer ... nachgehen *form* · to be used to doing a regular job, to be accustomed to doing a regular job
... Ach, Klaus! Wer an eine geregelte Tätigkeit gewöhnt ist, findet überhaupt gar keinen Spaß daran, heute dies und morgen jenes zu machen, heute hart und morgen gar nicht zu arbeiten! Mein Bruder weiß einfach nicht, was ein normaler Beruf ist!

eine Maschine/Anlage/... **außer Tätigkeit setzen** *form selten* – eine Maschine/Anlage/(Fabrik/...) außer **Betrieb** setzen · to stop a machine/..., to switch off a machine/..., to close down/.../to shut a factory/...

eine Maschine/... (wieder/...) **in Tätigkeit setzen** *form selten* – eine Maschine/... (wieder/...) ... in **Betrieb** setzen · to start a machine/... up

in Tätigkeit treten *Vulkan o. ä. form selten* · to become active
... Ist dieser Vulkan in den letzten Jahrhunderten schon mal in Tätigkeit getreten? – In den letzten Jahrhunderten? Noch vor 12 Jahren ist er ganz plötzlich ausgebrochen!

tatkräftig: tatkräftig mit anpacken/helfen/... · to really get stuck in *coll*, to lend s.o. a hand

Dein Bruder, Birgit, ist wirklich ein prächtiger Kerl! Der scheut sich vor keiner Arbeit. Bei unserem Umzug in der vergangenen Woche hat er tatkräftig mit angepackt. Ich glaub', der hat mehr geschleppt als die Transportarbeiter.

Tätlichkeiten: in Tätlichkeiten ausarten · + they/the MPs/... come to blows, it degenerates into violence

... Wo gibt's denn so was, daß Diskussionen in Tätlichkeiten ausarten?! – Das siehst du doch: in unserem herrlichen Parlament. Da prügeln sich die eigenen Parteifreunde! – Es ist einfach unglaublich!

Tatsachen: (das sind/...) die nackten Tatsachen *path* · (these are/...) the hard facts, (this is/...) the unpalatable truth

... Es tut mir leid, Herr Krause, daß ich Ihnen nichts anderes, Angenehmeres berichten kann. Aber ich meine, es hat keinen Sinn, die Augen vor der Realität zu verschließen. Das sind die nackten Tatsachen. Mit ihnen müssen wir fertigwerden.

den Tatsachen ins Auge sehen/(schauen/blicken) – einer Gefahr/... ins **Auge** sehen (schauen/blicken) · to face (the) facts

den Tatsachen (geradezu/...) ins Gesicht schlagen *path* – (eher:) der **Wahrheit** (geradezu/direkt/...) ins Gesicht schlagen · it/s.th. is a barefaced lie, it/s.th. flatly contradicts the facts

den Tatsachen ins Gesicht sehen – einer Gefahr/... ins **Auge** sehen (schauen/blicken) · to face (the) facts

vollendete Tatsachen schaffen · to present s.o. with a fait accompli, to create a fait accompli

Bevor die Leute dahinterkommen, was du richtig vorhast, mußt du vollendete Tatsachen schaffen. Dann müssen sie das nachher sanktionieren, ob sie wollen oder nicht. Wenn du erst um eine Genehmigung nachsuchst, kommst du aus der Bürokratie nicht mehr heraus.

die Tatsachen sprechen eine deutliche/harte/... Sprache *form* – *path* – die Tatsachen/... sprechen eine deutliche/harte/... **Sprache** · the facts speak for themselves

die Tatsachen sprechen lassen · to let the facts speak for themselves, to look at the facts

(Der Chef zu einem Bewerber:) So, Sie behaupten also nach wie vor, Ihre Papiere sind hervorragend? Dann wollen wir mal die Tatsachen sprechen lassen. (Zu seiner Sekretärin:) Holen Sie doch mal die Unterlagen Meinert herein! ... Sehen Sie, Ihre Entlassungspapiere von Schuckert beispielsweise deuten an, daß Sie gern krank feiern ...

vor vollendeten Tatsachen stehen *selten* · to be faced with/to be confronted with/... a fait accompli

... Du hast den Vertrag akzeptiert? – Mir blieb gar nichts anderes mehr übrig! Ich stand vor vollendeten Tatsachen. Meine beiden Teilhaber hatten schon unterschrieben, und deren Unterschrift ist juristisch ausreichend. Mir blieb nur noch, gute Miene zum bösen Spiel zu machen.

jn. vor vollendete Tatsachen stellen · to present s.o. with a fait accompli

Wenn die Regierung die Leute immer nur vor vollendete Tatsachen stellt, meinte er, dann darf man sich nicht wundern, daß sie an dem Sinn der Demokratie zweifeln. Denn unter Demokratie verstehen sie, daß sie mitentscheiden können, gefragt werden ...

die Tatsachen verdrehen · to distort the facts

... Ich geh' nun einmal nicht gern mit verlogenen Leuten um! Diese Mumbachs verdrehen einem doch sämtliche Tatsachen! Von dem, was die behaupten, stimmt nichts! Das ist alles entstellt.

Tattergreis: ein (alter) Tattergreis (sein) *sal* · (to be) an old dodderer

... Nein, mit dem Seniorchef verhandle ich nicht mehr! Das ist doch ein alter Tattergreis, der schon gar nicht mehr weiß, was er sagt! – Paul! Wie kannst du so von dem alten Herrn Schäuble sprechen?! ...

Tatterich: einen/(den) Tatterich haben *sal* · to have the shakes

... Wen meinst du? Ach, den uralten Professor Mohnert, den, der schon einen Tatterich hat? – Einen Tatterich? – Hast du nie gemerkt,

daß seine Hände in einem durch zittern, ja, manchmal sogar der ganze Körper?

den Tatterich kriegen/(bekommen) *sal selten* · to get the shakes

(Zu einem jüngeren Mann:) Wir wollen mal sehen, was du sagst, wenn du mal 75 bist und 'den Tatterich kriegst', wie du das nennst! – So habe ich das doch nicht gemeint, Friedhelm. Mir tut der alte Herr Merkel mit seinem Zittern am ganzen Körper/an allen Gliedern ja leid, aber ...

Tatverdacht: unter Tatverdacht stehen *jur* · to be under suspicion

Ich möchte wirklich wissen, wer die Unterlagen da bei Schuckert entwendet hat. – Es scheint, der alte Kröner steht unter Tatverdacht. Er ist schon zweimal von der Polizei vernommen worden.

tau: (na,) denn man tau! *sal eher norddt* · good luck!

... In einer Stunde wollt ihr den ganzen Berg erklimmen?! Na, denn man tau! Wenn ihr oben seid, gebt ihr mir ein Funksignal. Ich trink' inzwischen auf der Terrasse hier ein paar Bierchen und kontrollier' dann, ob ihr die Zeit in der Tat einhaltet.

Tau: vor Tau und Tag aufstehen/... *form* – *path selten* · to get up at the crack of dawn, to rise with the lark

... Ich habe doch keine Lust, vor Tau und Tag aufzustehen, nur weil Herbert die Reise nach Clermont-Ferrand in einem Tag machen will! – Wann aufzustehen? – Schon vor Tagesanbruch, Mensch, bevor der Tau gefallen ist. Kennst du den Ausdruck etwa nicht?

Tau treten *veraltend selten* · to walk barefoot in the morning dew *para*

... Wenn der Dieter dauernd so niedrigen Kreislauf hat, soll er morgens in aller Frühe aufstehen und Tau treten! – Du scherzt wohl, was? Als wenn das Herumtreten in nassem Gras was helfen würde! Dann schon lieber ein Wechselbad: heiß – kalt – heiß – kalt! – Gut! ...

taub: gegen alle Bitten/Ratschläge/.../allen Bitten/Ratschlägen/... gegenüber taub sein/bleiben *ugs* · to be deaf to all pleas/advice/... *n*

... Wer nicht hören will, muß fühlen, heißt es. Wenn einer jahrelang allen Bitten, Ratschlägen, Ermahnungen gegenüber taub ist, muß er auch allein sehen, wie er durchkommt, wenn es ihm schlecht geht.

Tauben: hier/bei .../... fliegen einem die gebratenen Tauben nicht in den Mund *ugs selten* · + nobody is going to hand you anything on a plate, nothing is just going to fall into your/... lap

(Zu einem neuen Kollegen:) Mein lieber Freund, hier wird gearbeitet, hörst du! Hier fliegen einem die gebratenen Tauben nicht in den Mund! Wer sich nicht anstrengen will, ist hier fehl am Platz. In unserer Branche überlebt nur, wer rangehen kann.

warten, bis/daß einem die gebratenen Tauben in den Mund/ins Maul fliegen *ugs selten* · to wait for s.th. to fall into one's lap

... Wenn du dich im Geschäftsleben duchsetzen willst, dann mußt du rangehen! Da kannst du nicht warten, bis dir die gebratenen Tauben ins Maul fliegen! Das ist ein tagtäglicher Kampf! Wer den nicht durchsteht, geht unter.

Taubenschlag: das ist hier/diese Wohnung/dies Büro/... ist (ja) der reinste Taubenschlag *ugs* · it's like Piccadilly Circus here/in this house/..., it's like Waterloo Station here/..., it's like being in the middle of Times Square here/in this house/...

Kinder, jetzt ist aber Ruhe hier! Das ist ja der reinste Taubenschlag. Jetzt überlegt ihr euch, ob ihr drin oder draußen spielen wollt, und dann bleibt die Tür zu! Dieses ewige Hin und Her macht einen ja verrückt/rammdösig!

es geht in/bei/... zu wie in einem/(im) Taubenschlag *ugs* · it's like Piccadilly Circus in/at/..., it's like Waterloo Station in/at/..., it's like being in the middle of Times Square in/at/...

Heute morgen ging es bei uns auf dem Amt zu wie in einem Taubenschlag. Die Leute gaben sich die Klinke buchstäblich in die Hand: wenn der eine herausging, kam der andere herein.

Tauchstation: auf Tauchstation sein *ugs* – (res. zu:) auf **Tauchstation** gehen · to have gone to ground, to have disappeared from the scene

auf Tauchstation gehen *ugs* · to go to ground, to make o. s. scarce, to keep a low profile
Was macht eigentlich der Otto Bollmann? Ich hab' den bestimmt schon ein halbes Jahr nicht mehr gesehen. – Seitdem die Behörden wegen Steuerhinterziehung hinter ihm her sind, ist er auf Tauchstation gegangen. Kein Mensch weiß, wo er sich zur Zeit aufhält.

Taufe: ein Kind/... aus der Taufe heben/(über die Taufe halten) *form selten* · to be a godparent to s. o., to present a child at the font, to stand sponsor to a child
... Nein, Sonntag morgen hatte ich in der Tat keine Zeit. Da haben wir mein jüngstes Patenkind aus der Taufe gehoben. – Ach ja? Ein Junge oder ein Mädchen? – Ein Mädchen. – Und du bist also Patenonkel? Herzlichen Glückwunsch!

etw. aus der Taufe heben *ugs* · to start a scheme/... *n*, to found an organisation/... *n*, to start s. th. up *n*, to launch s. th. *n*
Erinnerst du dich noch, Fritz, aus welchem Anlaß und auf welcher Sitzung das 'Komitee zur Bekämpfung des Drogenmißbrauchs' aus der Taufe gehoben wurde? – War das nicht auf der Jahrestagung der 'Gesellschaft für angewandte Medizin', im November 73? Ich meine, da wäre das 'Komitee' gegründet worden ...

taufrisch: taufrisch (sein) *path* · (to be) dewy, (to be) fresh as the dew
... Gut, Gras kann taufrisch sein, Blumen meinetwegen auch – aber Hemden oder gar ein Anzug?! Das scheint mir eher eine Metaphorik der Werbesprache.

Taumel: im Taumel der Leidenschaft/der Sinne *form – path* · in the fever of passion
(Aus einem älteren billigen Roman; auf einer Schiffsreise:) Und im Taumel der Leidenschaft ließ sie sich dann dazu hinreißen, mit ihm in seine Kajüte zu gehen und die Nacht dort zu verbringen. Das böse Erwachen kam neun Monate später ...

Tausch: etw. im Tausch für/gegen etw. **bekommen** *form selten* · to exchange s. th. for s. th., to barter s. th. for s. th., to get s. th. in exchange for s. th.
... Nein, diese alte Kommode habe ich nicht gekauft, die habe ich von der Familie Körber im Tausch gegen den alten Eichenschrank bekommen, der oben im Flur stand. – Den Eichenschrank hast du dafür weggegeben? Bist du wahnsinnig?! ...

etw. in Tausch geben (gegen etw.)/(für etw.) *form selten* · 1. 2. to barter s. th., to exchange s. th. for s. th.
1. ... Und was hat er dir für diesen alten Sessel bezahlt? – Ich habe ihn gar nicht bezahlt. Ich habe unsere alte Kommode dafür in Tausch gegeben.
2. Hast du schon gehört?: Mutter hat die schöne alte Kommode gegen einen Sessel in Tausch gegeben.

einen guten/schlechten/... Tausch machen · 1. 2. to make a poor/good/bad/lousy/... deal, 1. to get s. th. good/bad/lousy/... deal, 2. to make a good/bad/... exchange
1. ... Und was hat er dir für das alte Fahrrad gegeben? – Sechs Langspielplatten. – Sonst nichts? Da hast du aber einen miserablen Tausch gemacht.
2. ... Nein, ich arbeite nicht mehr in der Zentrale in Augsburg; ich bin jetzt in München, wo die Firma eine Filiale hat. – Da hast du ja einen herrlichen Tausch gemacht! In München zu leben ist doch viel interessanter als in Augsburg.

etw. in Tausch nehmen (gegen etw.)/(für etw.) *form selten* · 1. 2. to take s. th. in exchange for s. th.
1. ... Daß ein erfahrener Antiquitätenhändler für diesen herrlichen Sessel nur eine alte Kommode in Tausch nimmt ... – Mein Guter, davon verstehst du nichts. Der weiß genau, was er tut: die Kommode ist wenigstens dreimal so viel wert.
2. ... Vielleicht nimmt Herr Hölzer unsere alte Kommode gegen den Sessel in Tausch. – Frag' ihn mal, ob er sie nimmt!

täuschst: wenn du glaubst/..., (dann) täuschst du dich/... (gewaltig) *ugs* – schwer im **Irrtum** sein · if you think/believe/..., (then) you've got another think coming/you're seriously mistaken

täuscht: wenn mich nicht alles täuscht, (dann ...) ... · ... if I'm not completely mistaken ..., ... unless I'm completely wrong ...
Wenn mich nicht alles täuscht, haben wir heute den 19. Mai, oder? – Ja, warum? – Da hat meine älteste Schwester Geburtstag. Ich muß mal sofort da anrufen ...

Täuschungen: sich (über jn./etw./was jn. betrifft/...) **(keinerlei/allerhand/...) Täuschungen/keiner Täuschung hingeben** *form od. iron* – (eher:) sich (über jn./etw./was jn. betrifft/...) **(keinen) Illusionen hingeben** · to have (no) illusions (whatever/...) as far as s. o./s. th. is concerned

Tausend: ei, der Tausend! *veraltend selten* · 1. 2. bloody hell!, damn!, bugger me! *vulg*
1. vgl. – leck' mich am/(im) **Arsch!** (2)
2. vgl. – (a.) (verdammte) **Scheiße!**

einer unter/von tausend sein – einer unter **Tausenden** sein · to be one of thousands (who does/do s. th.)

potz tausend! *veraltend* · 1. 2. bugger me! *vulg*, bloody hell!
1. vgl. – (verdammte) **Scheiße!**
2. vgl. – leck' mich am/(im) **Arsch!** (2)

Tausende: Tausende und Abertausende/(Tausende) (von jungen Menschen/...) *path* – **Hunderte** und Aberhunderte (von jungen Menschen/...) · thousands and thousands (of young people/...)

in die Tausende gehen · 1. there are thousands, 2. to run into thousands
1. ... Wieviele Leute nahmen denn wohl an der Demonstration teil? – Das ist schwer zu schätzen. Auf jeden Fall ging das/(es) in die Tausende. – Mehr als 5.000? – Vielleicht.
2. ... Wenn das nur ein paar hundert Mark mehr ausmachen würde im Jahr, dann wäre mir das egal, ob der Hausbesitzer die Miete erhöht oder nicht. Aber die Differenz geht in die Tausende.

einer unter Tausenden sein · to be one of thousands (who does/do s. th.)
... Ja, wenn es da nur ein paar Leute gäbe, die das machen, dann hätte man Chancen, bekannt zu werden. Aber da ist man nicht einer unter Hunderten, sondern unter Tausenden. Das ist doch eine Modesache heute.

zu Tausenden kommen/heranströmen/... · to cross the border/... in thousands
Nach der Revolution kamen die Leute täglich zu Tausenden über die Grenze.

zu Tausenden und Abertausenden kommen/heranströmen/... · *path* – zu **Tausenden** kommen/heranströmen/... · to cross the border/... in thousands and thousands

unter Tausenden nicht einer (macht/...) *path* – unter **Hunderten** nicht einer/nicht einer unter Hunderten (macht/...) · not one in a thousand

Tausenderlei: an Tausenderlei (auf einmal) **denken müssen/** (...) *ugs* – *path* · to have to think of thousands of things (at once)
... Nun laß mich doch endlich zufrieden mit dem Geschwätz! Wenn du an Tausenderlei zu denken hättest, wie ich, dann würdest du auch mal was vergessen! Du hast nur deine Hausarbeit, du weißt nicht, wie das ist, wenn jeden Augenblick was anderes auf dich zukommt!

tausendfach: jm. etw. tausendfach vergelten/zurückgeben/... *path* · to repay s. o./... a thousand times over, to repay s. o./... a thousandfold
... Wenn der Franz meinem Bruder in der Anfangsphase der Firma geholfen hat, dann hat mein Bruder ihm das tausendfach vergolten. Allein im vergangenem Jahr hat er ihm bestimmt 30, 40.000 Mark geliehen.

tausendmal: jm. **tausendmal danken/...** *path* – (eher:) jm. von **Herzen** danken/dankbar sein/... · to thank s.o. a thousand times over

Tauziehen: es gibt/... ein Tauziehen (um etw.) · it is a real/... tug-of-war, there is a real/... tug-of-war/tussle/fight/... going on for s.th.
... Das ist vielleicht ein Tauziehen um den Export nach Südafrika! Nicht nur unter den verschiedenen Parteien wird da schwer gerungen! Nein, innerhalb jeder Partei gibt es mehrere Fronten! Ich bin gespannt, was da am Ende für eine Entscheidung herauskommt.

Team: im Team arbeiten · to work in a team, to do teamwork
... Nein, ich arbeite nicht gern im Team. Das hört sich zwar sehr schön an, aber in der Praxis funktioniert die Zusammenarbeit und vor allem die Frage der Verantwortlichkeit dann nachher doch nicht ...

ein Team bilden · to form a team, to make up a team
... Für einen allein ist so ein dickes Buch natürlich sehr viel. Aber wenn zwei, drei Leute ein Team bilden, müßte das doch in ein paar Monaten zu übersetzen sein.

Techtelmechtel: ein Techtelmechtel mit jm. **haben** *sal* · to be having an affair with s.o. *coll*, to be having a fling with s.o., to be carrying on with s.o.
Sag' mal, stimmt es, daß die Ursel ein Techtelmechtel mit dem Peter Scheuber hat? – Laß sie doch, Mädchen! Was gehen dich die amourösen Beziehungen der Ursel an? – Ich meine nur ...

Tee: (ganz schön) **einen im Tee haben** *sal selten* – (ganz schön) einen in der **Krone** haben · to be well/... lit up, to be blotto

einen Tee geben *veraltend* · to give a tea party
... So, deine Tante gibt einen Tee?! Einen five-o'-clock-tea?! Für die feinen Damen unserer Mini-Metropole?! – Stört dich das?!

abwarten und Tee trinken! *ugs jovial* · let's wait and see!
... Was meinst du, wann werden wir die Unterlagen endlich kriegen? – Abwarten und Tee trinken, Gerd! Ich habe mir schon abgewöhnt, mit bestimmten Daten zu rechnen; damit macht man sich nur nervös. Wenn sie fertig sind, sind sie fertig.

teelöffelweise: jm. etw. **teelöffelweise beibringen/...** *ugs selten* – jm. etw. in kleinen **Dosen** beibringen/beibiegen/(erzählen/...) · to break it to s.o./... in small doses

teeren: jn. **teeren und federn** *hist selten* · to tar and feather s.o.
Die Menschen kommen vielleicht auf Ideen, wenn sie jemanden strafen oder entehren wollen! Wußtest du, daß man die Leute lynchte, indem man ihren Körper zunächst mit Teer bestrich und mit Federn schmückte? 'Jemanden teeren und federn' nannte man das.

Teich: der große Teich/über den großen Teich fahren/... *ugs* · to cross the big pond
Bist du schon einmal über den großen Teich gefahren? – Gefahren nicht, nur geflogen. – Ah, so tage- und nächtelang über den Atlantik zu fahren – das muß ein Erlebnis sein!

Teil: zum Teil ... · 1. some (of the) guest-workers/..., 2. to be partly right/..., 3. to be partly right and partly wrong
1. Zum Teil haben die Gastarbeiter in der Tat sehr große Schwierigkeiten. Aber ein anderer Teil von ihnen lebt doch gar nicht schlecht, oder?
2. ... Zum Teil hat der Germann Recht, wenn er die schlechte Behandlung der Gastarbeiter kritisiert. Auf der anderen Seite muß man daran denken, daß es zahlreichen Deutschen auch nicht gut geht.
3. ... Zum Teil hat er Recht, zum Teil nicht. Wenn er die Arbeitsbedingungen kritisiert, dann muß man ihm zustimmen; aber die menschliche Atmosphäre in dem Betrieb ist ausgesprochen gut. Wenn er da Schwierigkeiten hat, dann liegt das an ihm selbst.

zum größten Teil ... · most of them/us/..., for the most part
... Wo sind denn die Leute alle hingegangen, als es so plötzlich anfing zu regnen und zu donnern? – Zum größten Teil haben sie sich in den umliegenden Wirtschaften niedergelassen. Aber eine kleine Minderheit ist ganz tapfer durch das Unwetter nach Hause gelaufen/gepilgert.

der klagende/beklagte Teil *jur* · the plaintiff
... Der Angeklagte behauptet, der klagende Teil sage objektiv die Unwahrheit. – Und was sagt der Kläger zu diesem Vorwurf?

ich für meinen Teil *form* – ich für meine/(du für deine/...) **Person** · I for my part, personally, I ..., as far as I am concerned

ein gut' Teil größer/kleiner/dicker/... als/ein gut' Teil von ... *form veraltend selten* · 1. a good number of ..., most of ..., 2. to be a good bit bigger/smaller/further/..., to be a lot bigger-/smaller/further/...
1. Wo sind denn die ganzen Werkzeuge geblieben, die du noch von deinem Vater hier im Keller hattest? – Ein gut' Teil (davon) habe ich verkauft. Und den Rest habe ich unter dem Rolf, dem Friedel und dem Maxl aufgeteilt.
2. vgl. – (eher:) ein ganzes **Stück** größer/kleiner/dicker/... sein als ...

(auch/...) sein/seinen Teil abkriegen *ugs* · to cop it, to be on the receiving end, to get one's fair share, to get what was coming to one
... Der Börner ist auf die Feuerwehr bestimmt genau so schlecht zu sprechen wie du. Der hat schließlich auch sein Teil abgekriegt: das Feuer hat einen beträchtlichen Teil seines Waldes beschädigt. – Und das alles, weil die Feuerwehr hier nicht funktioniert ...

sein/seinen Teil beitragen/beisteuern · 1. to chip in, to make a contribution, 2. to do one's bit, to pull one's weight
1. ... 10.000,– Mark ist eine hohe Summe, das stimmt. Aber wenn jeder sein Teil beisteuert, ist es nicht zuviel. Wir sind 25, das macht für jeden 400,– Mark. Daran geht keiner von uns zugrunde.
2. ... Die Aufgabe ist nicht einfach. Sie verlangt Energie, Ausdauer, Disziplin. Aber wenn jeder von uns sein Teil beiträgt, dann werden wir das schaffen. Davon bin ich überzeugt.

sein/seinen Teil bekommen haben *ugs selten* – sein/(seinen) **Teil** weghaben/(abhaben) · s.o. has got what was coming to him

sich sein/(seinen) Teil denken · to have one's own thoughts on the matter, to draw one's own conclusions
... Hat der Direktor denn nichts gesagt, als du da so nachlässig angezogen erschienen bist? – Nein, kein Wort! – Hm, der wird sich sein Teil gedacht haben.

j. hat den besseren/(das bessere) Teil erwählt/(gewählt) *mst path – iron selten* · to have made the better/wiser/... choice, to have chosen the better part *Bibl*
Der Holger hat richtig gehandelt, als er sofort nach der Ausbildung nach Südamerika auswanderte. Wirklich: der hat den besseren Teil erwählt. Er lebt dort herrlich und in Freuden, während wir hier schuften und schuften und doch zu nichts kommen.

jm. seinen/(sein) Teil geben *ugs selten* · to give s.o. what for *sl*, to give s.o. what he's got coming to him
... Mach' dir mal keine Sorge: der Hubert nimmt kein Blatt vor den Mund. Der wird dem Baumann schon seinen Teil geben! Ich würde nicht gern zu hören kriegen, was der dem unter die Nase reibt. Ich kenn' doch den Hubert.

j. wird sein/(seinen) Teil noch kriegen/(bekommen)/kriegt/ (bekommt) ... noch *ugs* · 1. s.o. will get what is coming to him, 2. s.o. will get his come-uppance
1. ... Ich kriege eine Tracht Prügel, und der Peter, der genau dasselbe gemacht hat wie ich, soll nicht bestraft werden? – Der Peter kriegt sein Teil noch, mach' dir mal keine Sorge, den knöpf' ich mir auch noch vor.
2. ... Daß der Baumann bei seinen ewigen Intrigen aber auch (selbst) immer ungeschoren davonkommt! – Der wird sein Teil noch kriegen, davon bin ich überzeugt. Irgendwann sind die das in der Geschäftsleitung satt und setzen ihn an die Luft.

ein Teil meines/deines/... Selbst *path selten* – ein **Stück** meines/seines/... Selbst · a part of myself/yourself/..., a bit of myself/yourself/...

seinen/sein Teil zu tragen haben *form selten* – sein **Kreuz** zu tragen haben · to have one's cross to bear

sein/(seinen) Teil weghaben/(abhaben) *ugs* · 1. 2. s. o. has got what was coming to him

1. ... So, der Manfred hat sein Teil weg, endlich! – Wie, haben die anderen Jungen ihn verhauen? – Ja. Das hatte er schon lange verdient!

2. ... Wenn der Baumann jetzt nicht endlich mit den Intrigen aufhört, spreche ich mit dem Chef! – Der Baumann hat sein Teil schon weg! Über irgendwelche Wege ist dem Alten etwas zu Ohren gekommen; er hat den Baumann in eine andere Abteilung versetzt und ihm gedroht, ihn bei der nächsten Unregelmäßigkeit zu entlassen.

weite Teile der Bevölkerung/(...) – (eher:) weite **Kreise** der Bevölkerung/(...) · large sections of the population/(...)

die/(einzelnen) Teile runden sich zu einem (geschlossenen) **Ganzen/**die ... zu ... runden *form* · the (separate) parts form a whole

(Ein Professor zu einem Doktoranden:) Für sich sind fast alle Kapitel, die Sie mir bisher abgeliefert haben, ganz in Ordnung. Aber die einzelnen Teile runden sich noch nicht zu einem Ganzen. Es fehlt noch der durchgehende Faden, der jedem einzelnen Teil seine genaue Funktion gibt ...

da muß man/... beide Teile hören · one/you/we/... has/... to hear both sides of the story

... Gut, das behauptet der Herr Schreiner! Aber in solchen Dingen muß man beide Teile hören – wie bei Gericht. Jetzt wollen wir also erstmal abwarten, was die Frau Mertens dazu sagt.

etw. in seine/hundert/... Teile zerlegen · to take s. th. apart, to take s. th. to pieces, to dismantle s. th.

... Erst wenn du so eine Maschine in ihre Teile zerlegen und sie dann wieder zusammenbauen kannst, hast du genau verstanden, wie sie funktioniert.

teilen: teile und herrsche *form selten* – **divide** et impera · divide and rule

(sich) etw. (fein) **brüderlich teilen** *ugs* · to share and share alike

... Werdet ihr euch den Gewinn jetzt brüderlich teilen – der Werner 50% und du 50%?

sich gabelförmig teilen *Wege/Straßen/...* · to fork

(Jemand, der sich nach dem Weg erkundigt:) Wenn sich die Straße vor dem Ortseingang gabelförmig teilt, heißt das ... – Links geht es durch die linke Ortshälfte, rechts durch die rechte; der Ort liegt also quer zu dieser Straße. Sie fahren rechts.

Teilen: zu gleichen Teilen aufteilen/kaufen/... · 1. to divide s. th. up equally, to split s. th. up equally, 2. to buy/... equal shares of/in s. th.

1. ... Wir haben die Schokolade genau zu gleichen Teilen aufgeteilt, Papa! Jeder von uns hat sechs Riegel bekommen.

2. Habt ihr das Gut zu gleichen Teilen gekauft? – Nein. Mein Bruder hat 75%, ich 25%. – Dann dürfte es nicht ganz leicht sein, die Einkünfte in der Praxis genau aufzuteilen.

zu gleichen Teilen an mehrere Leute gehen/... · equal shares go/are given/... to several/different/... people

... Das war schon ganz im Sinn meines Vaters, daß die Fabrik nach seinem Tod zu gleichen Teilen an alle Kinder ging. Er wollte immer, daß wir alle, mit gleichen Rechten und Pflichten, sein Werk weiterführen.

teilhaben: jn. **an etw. teilhaben lassen** *form* · to let s. o. share in/participate in/become involved in/(...) s. th.

Wenn du Wert darauf legst, daß sich deine Söhne für die Firma interessieren, mußt du sie auch an dem Auf und Ab des Unternehmens teilhaben lassen! Dann müssen sie informiert sein, die Gründe für die einzelnen Entscheidungen kennen, ihre eigene Meinung mit einbringen können ...

teilhaftig: e-r S. **teilhaftig sein** *form veraltend selten* · to enjoy a reputation/..., to be blessed with s. th., to partake of s. th.

Wenn jemand eines derart großen Ansehens teilhaftig ist wie der Prof. Runge, kann er natürlich auch mal offiziell abweichende Meinungen äußern. Aber man muß so ein Ansehen erst mal haben!

e-r S. **teilhaftig werden** *form veraltend selten* – e-r S. teilhaftig **werden** · to partake of s. th.

Teilnahme: jm. seine (aufrichtige/...) **Teilnahme aussprechen** *form* – jm. seine (aufrichtige/...) **Anteilnahme** aussprechen · to express one's sincere/... sympathy/condolences to s. o.

teils: teils – teils · 1. so so, sort of, half and half, yes and no, 2. to be partly right and partly wrong

1. Gefällt es dem Helmut in Venezuela? – Teils – teils. Mit den Leuten kommt er sehr gut zurecht, und das Land ist wunderbar; aber die Arbeitsbedingungen sagen ihm gar nicht zu.

2. vgl. – (u. U.) zum **Teil** ...(3)

Teilstrecken: einen Weg/... **in Teilstrecken zurücklegen/...** *form* · to do a journey/to drive from a to b/... in stages

... Und wieviel Tage wirst du für die 3.000 km brauchen? – Ich mach' das natürlich in Teilstrecken. München – Nancy ein Tag, Nancy – Südfrankreich ein Tag, und dann der spanische Teil; drei, vier Tage also.

Teilzahlung: etw. **auf Teilzahlung/**(in Teilzahlung(en)) **kaufen** *form* – (eher:) etw. auf **Raten** kaufen·· to buy s. th. on hire purchase

etw. **in Teilzahlungen zurückzahlen/**(abstottern/...) *form* · to pay s. th. off in instalments

Wenn ich kein Geld habe, den Wagen sofort zu bezahlen, wird eben kein neuer Wagen gekauft! Oder meinst du, ich werd' die Kiste in 24 oder 36 Teilzahlungen abstottern?! – Aber alle Welt kauft heute auf Raten, Vater! – Aber ich nicht!

Telefon: dauernd/schon wieder/... **am Telefon hängen** *ugs* – dauernd/schon wieder/... an der **Strippe** hängen · to be (constantly/...) on the phone/the blower/...

sich (gleich/...) ans Telefon hängen (und ...) *ugs* – sich (gleich/...) an die **Strippe** hängen (und ...) · to get (straight/...) on the phone and ..., to get (straight/...) on the blower and ...

Tellerrand: nicht über den Tellerrand hinausgucken (können) *ugs* – nicht weiter denken/sehen, als die/seine **Nase** reicht · not to be able to see (any) further than one's nose, not to be able to see beyond the end of one's nose

Tellerwäscher: vom Tellerwäscher zum Millionär (werden/(...)) · to go from rags to riches, to go from barrow-boy to millionaire

Welche Filme haben eigentlich diesen amerikanischen Mythos von dem armen jungen Mann, der sich durch Kraft und Initiative emporarbeitet und steinreich wird, in Europa verbreitet – diese Fabel 'vom Tellerwäscher zum Millionär'?

Tempel: zum Tempel hinausfliegen *sal iron selten* – **rausfliegen** · to be chucked/kicked/... out

jn. **zum Tempel hinausjagen/**(herausjagen)/hinauswerfen *sal iron selten* · to kick s. o. out *coll*, to throw s. o. out *n*, to boot s. o. out

... Wenn du jetzt mit deinen ironischen Bemerkungen über meinen Aufsatz nicht aufhörst, Manfred, jage ich dich zum Tempel hinaus! – Mann, das wird ja gefährlich! – Im Ernst, mein Guter: ich setz' dich an die frische Luft!

Temperament: sein/(das) **Temperament geht mit** jm. **durch** *ugs* · + s. o. loses his temper with s. o., s. o.'s temper gets the better of him

... Was der Richard dir da alles an den Kopf geworfen hat, das war wirklich nicht schön. Aber das darfst du nicht so ernst nehmen. Sein Temperament ist mit ihm durchgegangen. Er meint das nicht so. – Ein Mann in seiner Stellung müßte sich beherrschen können.

seinem Temperament die Zügel schießen lassen *selten* · to give vent to one's temperament, to give one's temperament free rein

... Ich finde, Helmut, in deinem Beruf muß man sich beherrschen und seine Zunge im Zaum halten können. Da darf man seinem Temperament nicht die Zügel schießen lassen! Auch wenn du recht hast: einen älteren Mann wie den Herrn Horn kannst du doch nicht vor versammelter Mannschaft so abkanzeln!

Temperamentsache: das/etw. **ist Temperamentsache** *ugs* · it/ s.th. is a matter of temperament
... Persönlich würde ich auch nicht gern jeden Morgen und jeden Abend 45 Minuten mit dem Wagen zum Geschäft bzw. nach Hause fahren. Aber das ist Temperamentsache. Dem Rolf macht es nichts aus.

Temperamentsbolzen: ein (richtiger/...) **Temperamentsbolzen sein** *ugs* – *path* · to be a real live-wire, to be a really/... lively/vivacious/... character
... Der Juan ist ein richtiger Temperamentsbolzen. Der Typ ist ein richtiges Energiebündel.

Temperatur: (erhöhte) **Temperatur haben** *form* · to be running a temperature, to have a temperature
... Nein, Fieber hat er noch nicht, aber (erhöhte) Temperatur: 38°.

temperiert: gut/angenehm temperiert sein *Essen/Trinken; Zimmer u. ä.* · to be the right temperature
... Angenehm temperiert, dieser Raum – nicht zu warm und nicht zu kalt! Was habt ihr da für eine Heizung?

Tempo: (nun mal/...) **ein bißchen Tempo!** *sal* · hurry up!, get a move on!, let's see some speed!
... Nun mal ein bißchen Tempo, Mensch! Könnt ihr nicht schneller machen? Los, dalli, dalli!

(vielleicht/...) **ein Tempo draufhaben/vorlegen** *ugs* · 1. to be going at a fair old speed/at a fair lick, to be really moving, to be really motoring, 2. to be (really/...) going some
1. (Auf der Autobahn; eine Gruppe junger Leute:) Mensch, der Kurt legt mal wieder ein Tempo vor! Wie schnell fahren wir jetzt, Kurt? 160? 170?
2. ... Mann, der Karl legt vielleicht ein Tempo vor! In diesem Rhythmus kann er doch unmöglich den ganzen Tag arbeiten.

ein wahnsinniges/irres/... Tempo draufhaben *ugs* – einen **Affenzahn** draufhaben · to go at break-neck speed, to go like the clappers

auf's Tempo drücken *ugs* · 1. to speed up, to get a move on, 2. to force the pace
1. ... Wenn wir wirklich um 12.00 Uhr in München sein wollen, müssen wir auf's Tempo drücken. – Ich fahr' doch schon 180. Schneller fährt der Wagen nicht.
2. (Bei einem Fußballspiel:) Endlich drückt unsere Mannschaft auf's Tempo. – Hoffentlich ist es nicht zu spät. Die hätten schon viel früher Druck machen müssen.

Tempo dahinter machen/da Tempo hinter machen *ugs selten* – **Dampf** dahinter setzen/(machen) · to get things moving

Tempo machen *ugs* – auf's **Tempo** drücken (2) · to force the pace

das Tempo machen *Rennen o. ä.* · to set the pace
(Aus einem Bericht über ein Autorennen:) In der letzten Runde machte vor allem Proust das Tempo. Das Feld der übrigen Fahrer hatte Mühe, ihm zu folgen.

tempora: tempora mutantur *lit selten* · tempora mutantur, the times are changing
... Tja, das ist nicht mehr so wie noch vor 15, 20 Jahren! Ein Studium garantiert heute nicht mehr automatisch einen lukrativen Beruf. – Tempora mutantur ... – So etwas mußt du heute auch übersetzen: 'die Zeiten ändern sich'; Latein versteht heute keiner mehr.

tempore: cum tempore *mst abgekürzt: c. t. Univ. u. ä.* · fifteen minutes after the official starting time *university lectures in Germany*
... Es ist fünf vor drei ... Wann fängt der Vortrag an, c. t. oder s. t.? – c. t. – Ah, dann haben wir ja noch 20 Minuten Zeit; dann trink' ich noch rasch einen Kaffee.

ex tempore eine Rede halten/singen/etw. vortragen/... *lit selten* – aus dem **Stegreif** eine Rede halten/singen/etw. vortragen/jm. etw. nicht sagen können/... (1) · to give an impromptu speech, to sing/to speak/... ex tempore

pro tempore *lit selten* – fürs **erste** (1) · pro tempore, pro tem, for the moment/the time being

sine tempore *mst abgekürzt: s. t. Univ. u. ä.* – ≠ cum **tempore** · punctually, dead on time, on the dot

Tendenz: eine steigende/fallende Tendenz (haben) · to be rising/falling, to have an upward/downward tendency
Wie überall, so haben die Preise auch bei uns in den letzten Jahren eine sehr stark steigende Tendenz. – Aber sie steigen nicht wie in anderen Ländern – um 50, 100 und mehr Prozent im Jahr.

eine Tendenz zum Großen haben *selten* – einen **Hang** zum Großen haben · to like to do things in style/on a grand scale

Teppich: den roten Teppich ausrollen (für jn.) *hist selten* · to bring out/to roll out the red carpet (for s.o.)
Mein Gott, was hofieren die den amerikanischen Präsidenten! Daß sie zu dessen Ankunft auf dem Flughafen keinen roten Teppich ausrollen – wie zu Kaiser Wilhelms Zeiten –, das ist aber auch alles!

auf dem Teppich bleiben (bleib'/bleibt ...!/du mußt/er sollte/...) *ugs* · don't exaggerate!, be realistic!, to keep one's feet on the ground
... Komm', jetzt bleib' mal auf dem Teppich, Kurt! Daß es die Ausländer hier nicht leicht haben, gebe ich gern zu; aber von einer Ausländerverfolgung kann doch nun wirklich keine Rede sein.

etw. **unter den Teppich kehren**/(fegen) *ugs* · to sweep s.th. under the carpet
... Ach, diesen Leuten kannst du erzählen, was du willst: Aspekte, die sie nicht interessieren, werden unter den Teppich gekehrt. – Und da kannst du nichts gegen machen? – Nein. Gesichtspunkte, die ihnen nicht in den Kram passen, zählen nicht; dagegen kann man nichts an.

Termin: zu Termin stehen *form veraltend selten* · to be due
(In einer Bank:) Steht eigentlich der erste Kredit, den Sie uns eingeräumt haben, schon zu Termin? – Ja, die Rückzahlung ist in gut einem Monat fällig.

terminus: der terminus ad quem *jur selten* · the deadline, the terminus ad quem, the date by which ...
... Also, die Regelung gilt bis zum 31. 12. 96 und keinen Tag länger? – Das ist nach dem Vertrag der terminus ad quem. Die Gültigkeit kann natürlich verlängert werden.

der terminus ante quem *jur selten* · the terminus ante quem, the date before which ...
... Die Regelung sagt doch ausdrücklich, alles, was vor dem 1. 1. 85 in dieser Sache passiert ist, fällt unter die Strafverfolgung. Das ist der terminus ante quem. Also wird die Steuerhinterziehung vom Jahre 1981, deren Herr Baumann angeklagt ist, juristisch verfolgt.

der terminus post quem *jur selten* · the terminus post quem, the date after which ...
Von welchem Datum an werden die Parteispenden nach dem neuen Gesetz nicht mehr juristisch verfolgt? – Ich glaube, der terminus post quem ist der 31. 12. 95.

der terminus a quo *jur selten* · the terminus a quo, the date from which ...
... Von welchem Datum an wurden die Parteispenden nach dem neuen Gesetz gerichtlich verfolgt? – Ich glaube, der terminus a quo ist der 1. 1. 82.

terra: (eine) **terra incognita** (sein) *lit selten* · (to be) a terra incognita
Im Grunde ist der größte Teil Afrikas für uns doch noch immer eine terra incognita. Was wissen wir schon von den Sitten der einzelnen Stämme, ihren Sprachen, ihrer Geschichte ...? So gut wie nichts.

Terrain: sich auf unsicheres Terrain begeben *form selten* · to move on to unfamiliar ground, to move into unfamiliar territory
... Die Verkaufsbedingungen diskutiere ich mit Herrn Schuckert gern allein. Aber wenn es um die Kreditfragen geht, rufe ich dich dazu. Da bin ich nicht firm, und ich begebe mich nun einmal nicht gern auf unsicheres Terrain.

sich auf unsicherem Terrain bewegen *form selten* · to be on uncertain ground

… Wenn du in den Kreditfragen nicht firm bist, laß den Herrn Klose das mit dem alten Schuckert durchsprechen! Es ist nicht empfehlenswert, sich in solch wichtigen Fragen auf unsicherem Terrain zu bewegen!

(mit etw.) (ein) neues Terrain erschließen *form* · to open up new ground (with s. th.)

… Der Ulrich meint, mit seiner Arbeit im Bereich der Kernfusion hätte Professer Müller-Mückendorf, zumindest in Deutschland, neues Terrain erschlossen. – Da bin ich mir nicht so sicher, ob das wirklich so neu ist, woran der forscht.

an Terrain gewinnen *selten* – an **Boden** gewinnen (2) · to gain ground

das Terrain sondieren/(erkunden) *selten* – das **Gelände** sondieren/(abtasten) · to see how the land lies, to sound s. th. out

an Terrain verlieren *selten* · to lose ground

In den letzten beiden Jahren haben die Sozialisten an Terrain verloren: damals standen nach den Meinungsumfragen rund 45% der Bevölkerung hinter ihnen, heute sind es etwa 35%.

tertium: das/ein tertium comparationis *lit* · a common element, a third term

… Bei jedem Vergleich brauchst du ein tertium comparationis – nicht nur bei der Übersetzung von einer Sprache in die andere. – Aber was ist denn dann genau das von den verglichenen Elementen unabhängige Dritte, das für beide einen identischen Bezugspunkt abgibt?

tertius: (der) tertius gaudens (sein) *lit selten* – der lachende **Dritte** sein · to be the third person who benefits from a dispute, to be the lucky bystander, to be the tertius gaudens *rare*

Testament: da/dann kannst du/kann er/… gleich/sofort/… dein/sein/… Testament machen *sal* · 1. you/he/John/… can make your/… will right away/…, 2. if …, then he/you/… has/… had it, if …, (then) he/you/… is/… in for it

1. … Der Walter will mit dem Rockmann boxen? Da kann er gleich sein Testament machen. Der wird ihn windelweich schlagen. – Abwarten und Tee trinken!

2. … Wenn er nicht gesonnen ist, von Anfang an hart zu kämpfen und sich gegen jede Anfeindung entschlossen zur Wehr zu setzen, kann er gleich sein Testament machen: in diesem Beruf geht jeder, der sich auch nur das Mindeste gefallen läßt, nervlich und dann auch gesundheitlich kaputt.

tête: ein tête-à-tête *ugs veraltend* · to have a tête-à-tête with s. o.

… Wenn die Kathrin schon zustimmt, sich mit dem Friedel zu einem tête-à-tête zu treffen, dann dürfte sie für ihn schon einiges empfinden. – Das meine ich auch. So leicht läßt sie sich bekanntlich nicht zu einem vertraulichen Stelldichein gewinnen.

teu: teu, teu, teu! *ugs* · 1. touch wood, 2. good luck, I'll keep my fingers crossed

1. Bist du mit dem Motor, den du aus zweiter Hand gekauft hast, zufrieden? – Bisher funktioniert er ausgezeichnet. Teu, teu, teu!

2. … Tja, alles Gute für heute abend! Ich hoffe, daß dich die Mehrheit auf der Sitzung unterstützt! – Bisher hat sie das bei den entscheidenden Anlässen immer getan. – Teu, teu, teu!

teuer: sündhaft teuer sein *ugs* – *path* – ein (kleines) **Vermögen** kosten/ausgeben/… (1) · to be outrageously expensive, to cost a (small) fortune

Teufel: ein armer Teufel (sein) *ugs* · (to be) a poor devil, (to be) a poor wretch

… Sei doch nicht so neidisch, Kurt! Du kannst doch so einem armen Teufel wie dem Herrn Drewes wohl gönnen, daß er mal ein paar Mark in der Lotterie gewinnt! Und was sind denn schon 6.000,– Mark für so einen armen Schlucker – bei vier Kindern? …

kein Teufel *ugs selten* – kein **Mensch** · not a bloody soul

ein (richtiger/regelrechter) kleiner Teufel (sein) *ugs* · 1. 2. to be a (real/…) little devil, to be a holy terror

1. Du machst dir gar keine Vorstellungen, wie die Wohnung aussieht, wenn wir abends mal weg sind. Der Dieter stellt sie buchstäblich auf den Kopf. Ein kleiner Teufel ist das, wirklich!

2. … Jetzt holt der Rudi doch schon wieder, ohne zu fragen, die Plätzchen aus dem Schrank und verteilt sie unter seinen Freunden! Das ist ein richtiger kleiner Teufel, dieser Junge. Dem kann man sagen, was man will: gegen seinen Eigensinn kommt man nicht an.

der reine/reinste Teufel sein *path selten* – ein **Teufel** in Menschengestalt (sein) · to be a devil in disguise, to be the devil incarnate

ein wahrer/(leibhaftiger) Teufel sein/(der reine Teufel sein) *path selten* – ein **Teufel** in Menschengestalt (sein) · to be a devil in disguise, to be the devil incarnate

daß dich/den/ihn/… der Teufel (…)! *sal* · damn you/him/…!, to hell with you/him/…!

Der Kurt hat angerufen und gesagt, er könne dich da leider nicht unterstützen, denn … – Daß den der Teufel …! Dieser verdammte Kerl hilft einem aber auch nie, wenn man ihn braucht!

fahr'/… zum Teufel! *sal veraltend selten* – der **Teufel** soll dich/ihn/den/sie/… holen! · damn you!, to hell with you!, the devil take you!

geh' zum Teufel (mit …)! *sal selten* – (eher:) scher' dich/schert euch/… zum **Teufel** (mit …)! (2; u. U. 1) · get out of it!, go to hell!, to hell with you/… translation/…

hol' dich/den/ihn/die/sie/… der Teufel! *sal veraltend selten* – der **Teufel** soll dich/ihn/den/sie/… holen! · damn you/…!, to hell with you/…!, the devil take you/…!

hol' mich der Teufel, wenn …! *sal veraltend selten* – der **Teufel** soll mich holen, wenn …! · I'll be damned if …

hol's der Teufel! *ugs veraltend selten* – **verdammt** (nochmal)! · damn!, damn it!

pfui Teufel! *ugs* – *path* · ugh!, yuck!, it's disgusting!

… Was, in einem so schmutzigen Raum haltet ihr euren Klubabend ab? Pfui Teufel, da muß man sich ja ekeln! – Stell' dich nicht so an, Gertrud!

jn. reitet der Teufel *ugs* – *path* · 1. 2. s. o. has taken leave of his senses, 1. s. o. must be crazy, 2. + what has got into him/…?

1. … Schaut euch das an, wie dieser Junge mit seinem Fahrrad den Berg herunterrast! Den reitet der Teufel! Es genügt ein kleiner Stein, und er macht/baut einen ganz schönen Unfall.

2. Den Obermaier reitet wohl der Teufel, was?! – Warum? Was ist denn los? – Er kritisiert in der Delegiertenversammlung der Gewerkschaft vor allen Leuten ganz offen die Geschäftsführung unserer Firma. Er muß sich doch im klaren sein, daß er damit die Firma schädigt und seine Stellung riskiert.

scher' dich/schert euch/… zum Teufel (mit …)! *sal* · 1. get out of it!, go to hell!, 2. to hell with your/… translation/…

1. … Papa, ich wollte bloß noch fragen, ob … – Scher' dich zum Teufel, Kerl! Jetzt hab' ich dir schon dreimal gesagt, du sollst mich zufrieden lassen, und du störst mich immer noch!

2. … Richard, ich wollte dich bloß fragen, ob du mir hier bei dieser Übersetzung mal eben … – Scher' dich zum Teufel mit deiner verdammten Übersetzung! Ich hab' selbst genug zu tun; ich kann mich doch nicht ewig noch um deine Übersetzungen kümmern!

(…,) (das) weiß der Teufel! *sal selten* – (…,) (das) weiß der **Henker!** · God knows!, Christ knows!

weiß der Teufel, wo/wann/wie/ob/…! *sal selten* – weiß der **Henker**, wo/wann/wie/ob/…! · God knows where/when/how/if/…!

wie der Teufel rasen/reiten/… *ugs* – *path* · to drive/… like a maniac

… Nein, mit dem August fahre ich nicht mehr. Der rast ja wie der Teufel! Jeden Augenblick muß man Angst haben, daß der Wagen gegen einen anderen knallt, aus der Kurve geschleudert wird …

zum Teufel (nochmal/noch einmal)! *sal selten* – **verdammt** (nochmal)! · damn!, damn it!

was/wer/wo/... **zum Teufel** ...? *sal* · 1. 2. what/who/where/... the hell ...
1. Wer zum Teufel hat mir schon wieder das Portemonnaie hier weggenommen? Jetzt ist aber Schluß mit dem Unsinn! Verflixt nochmal!
2. Wo zum Teufel habe ich bloß meine Brille gelassen? Diese Sucherei ist ja zum Verrücktwerden!

zum/(beim) **Teufel sein** *sal* · 1. 2. it's/s.th. has gone to pot, it's fucked *vulg*, 1. it's/s.th. has gone down the drain, it's/s.th. is buggered *vulg*, 2. it's/s.th. is smashed
1. Jetzt habe ich mich heute morgen endlich dazu entschlossen, den Apparat zu kaufen, und du läßt ihn fallen. Die 230,– Mark sind zum Teufel! – Nun reg' dich doch nicht so auf! Wieviel Geld haben wir für andere Dinge schon sinnlos herausgeschmissen!
2. vgl. – im **Arsch** sein (1)

(den) Teufel auch! *ugs veraltend selten* – **verdammt** (nochmal)! · damn!, damn it!

zum Teufel mit dem Herbert/der Anna/...! *sal selten* · blast your/... mother/...!, to hell with him/...!
... Zum Teufel mit deiner Mutter! Müssen wir denn wirklich in alle Überlegungen meine Schwiegermutter einbeziehen?! – Robert, den Ton erlaube ich nicht, wenn wir von meiner Mutter sprechen!

wie der leibhaftige Teufel aussehen *path selten* · to look like the devil himself, to look like the devil incarnate
... Richtig böse sieht der aus, der Mertens! Meinst du nicht auch? – Ja. Unsere Ana sagt immer: der sieht aus wie der leibhaftige Teufel.

den Teufel im Balg haben *sal* · den **Teufel** im Leib(e) haben · to have the devil in one, to be full of devilment, to be a real/... demon, to be a real/... devil

den Teufel mit/(durch) Beelzebub austreiben · to replace one evil with another, to rob Peter to pay Paul
Vielleicht gewöhnt sich der Heinz das Rauchen leichter ab, wenn er hin und wieder ein Stückchen Schokolade ißt, ein paar Plätzchen futtert ... – Du willst wohl den Teufel mit Beelzebub austreiben, was? Für ihn als Diabetiker ist Schokolade bestimmt nicht weniger schädlich als das Rauchen.

vom Teufel besessen sein *veraltend selten* · to be possessed by the devil
... Von Hexen zum Beispiel sagte man früher, sie wären vom Teufel besessen. – Das heißt, von Weibern, die man als besonders boshaft empfand? – Oder von solchen, die man gleichsam dämonisierte.

mit dem Teufel im Bunde stehen/sein/(es scheint, j. steht ...) *lit – path* · 1. 2. to be in league with the devil
1. ... Denk' an Faust, dann weißt du, was es heißt, mit dem Teufel im Bunde zu stehen!
2. Wenn man sieht, was der Heinrich alles schafft und erreicht, dann könnte man meinen, er steht mit dem Teufel im Bunde. Für mich sind seine Erfolge jedenfalls nicht mehr rational erklärbar. *selten*

der Teufel steckt/sitzt im Detail · working out the details is the tricky bit, it's the small print that causes problems/is tricky/...
(Zu einem Linguisten:) Große Gedanken kann jeder entwickeln – sofern er ein bißchen Intelligenz hat. Der Teufel steckt im Detail. Da muß man natürlich hart arbeiten, die Einzelelemente zusammentragen, konfrontieren ... denken Sie an das Wort: 'lieber eine gesicherte Erkenntnis im kleinen als hundert große Theorien!

da soll doch der Teufel dreinschlagen! *sal selten* · 1. damn it!, blast!, Christ Almighty!, 2. damn the lot of them/you/(...)!, + you/they/... can go to hell/to blazes/...!
1. Da soll doch der Teufel dreinschlagen! Jetzt habe ich doch schon wieder meine Lesebrille vergessen!
2. Diese Klasse ist faul wie Mist! Da soll doch der Teufel dreinschlagen! Nicht einmal ein stinkeinfaches Diktat können die vernünftig schreiben!

den Teufel danach fragen, ob ... *sal* – einen **Dreck** danach fragen, ob ... · I/he/John/... don't/... give a damn if/whether ...

in den/die/den Peter/... **ist wohl der Teufel gefahren?** *ugs* – *path* · + has he/John/... taken leave of his/... senses?
In den Ulrich ist wohl der Teufel gefahren, was?! Der rast ja mit seinem Fahrrad daher, als wenn er nicht ganz gescheit wäre!

zum Teufel gehen *sal selten* · 1. to bust, to be bust, to be ruined *n*, 2. it/s.th. will fall through, it/s.th. will come to nothing/go phut, + s.o. can kiss goodbye to s.th.
1. Wenn du weiterhin so wüst mit dem Apparat umgehst, geht er bald zum Teufel. – So schnell geht so ein Apparat nicht kaputt, Mutter.
2. Wir müssen uns jetzt ernsthaft um die Pässe kümmern. Sonst geht unsere Reise nach Rußland zum Teufel. Schon ist die Zeit sehr knapp. Wenn wir das jetzt nicht sofort in Angriff nehmen, können wir die Fahrt in den Mond schreiben. *seltener*

sich den Teufel auf den Hals laden *ugs veraltend selten* · to make a rod for one's own back, to put an albatross around one's neck, to saddle o.s./to lumber o.s./... with a problem/difficulty/...
... Ich soll für den Kredit, den der Rudolf Bertheim aufnimmt, bürgen? Wie käme ich denn dazu?! Wenn der den dann in der Tat nicht oder zu spät zurückzahlt, bin ich dran! Ich werde mir doch nicht den Teufel auf den Hals laden. Meine finanzielle Situation ist schon jetzt alles andere als leicht.

bei etw./in etw./da/... **hat der Teufel seine Hand in Spiel**/muß der Teufel seine Hand im Spiel haben *ugs* · 1. 2. there must be some jiggery-pokery behind it, there's something dodgy/fishy/... going on
1. ... Haben sie dich immer noch nicht offiziell zum Ministerialdirigenten ernannt? Seltsam! Die inoffizielle Entscheidung liegt doch schon ein halbes Jahr zurück. – Ich verstehe das auch nicht mehr. Da muß der Teufel seine Hand im Spiel haben.
2. ... Jetzt stimmt doch schon wieder irgendetwas in diesen Plänen nicht! Dabei sind die doch als wenigstens dreimal durchgerechnet worden. Da hat der Teufel seine Hand im Spiel, scheint mir fast.

der Teufel soll dich/ihn/den/sie/... **holen!** *sal* · damn you!, to hell with you!, the devil take you!
Werner, ich kann dich leider nicht unterstützen, denn ... – Der Teufel soll dich holen! Du hilfst einem nie, wenn man dich braucht!

der Teufel soll mich holen, wenn ...! *sal* · the devil take me if I know/..., + I'll be damned if I know/... that/...
... Aber du hättest doch wissen müssen, daß du den Erich mit dieser Entscheidung schädigst! – Der Teufel soll mich holen, wenn ich auch nur im Traum daran gedacht hätte, daß die Entscheidung den Erich schädigen könnte!

jn. zum Teufel jagen *sal* · 1. 2. to send s.o. packing, to kick s.o. out
1. ... Und, wie hat der Kohler reagiert, als du bei ihm vorsprachst wegen deiner Bewerbung in seiner Fabrik? – Er hat mich zum Teufel gejagt. – Was?! Das ist doch nicht möglich! – Wenn ich dir das sage! Ich hatte mein Anliegen kaum vorgetragen, da setzte er mich kurz und bündig an die Luft.
2. ... Seit einem Jahr schon hatte ich vor, diesen Faulpelz zu feuern/herauszuwerfen. Im letzten Monat habe ich mich dann endgültig entschlossen, ihn zum Teufel zu jagen.

mit Blumenkohl/Bratkartoffeln/... **kann man**/kannst du sie/den Herrn Meinert/... **zum Teufel jagen!** *sal* · + I/he/John/... can't stand cauliflower/... *n*
... Heute abend gibt's Erbsensuppe. – Erbsensuppe?! Du weißt doch ganz genau, daß man mich mit Erbsensuppe zum Teufel jagen kann/Mit Erbsensuppe kann man mich zum Teufel jagen. Warum mußt du denn ausgerechnet an den wenigen Abenden, an denen ich zu Hause esse, etwas kochen, was ich nicht ausstehen kann?!

auf Teufel komm' heraus/raus feiern/... **reden**/Geld ausgeben/Aktien zusammenkaufen/... *ugs* · 1. 3. to spend money/to work/... like mad/like crazy/like there was no tomorrow/..., 2. to be hell-bent on doing s.th., 2. to say the first thing that comes into one's head
1. Der Willy hat schon wieder kein Geld mehr? – Da fragst du noch? Wenn man am Anfang des Monats auf Teufel komm' heraus ausgeht und feiert, ist man mit seinen Pfennigen natürlich bald am Ende.

2. ... Statt vernünftig und klar auf die Fragen zu antworten, redete er auf Teufel komm' heraus. Was ihm gerade in den Kopf kam, das brachte er/spuckte er aus.

3. ... Plötzlich kaufte er auf Teufel komm' heraus alle möglichen Aktien. Als wenn er damit in ein paar Monaten Millionär werden könnte! Wie ein Verrückter!

sich den Teufel um jn./etw. **kümmern** *sal* – sich einen **Dreck** um jn./etw. kümmern · not to care a damn about s.o./s.th., not to give a stuff about s.o./s.th.

den Teufel im Leib(e) haben *sal* · 1. 2. 3. 4. to have the devil in one, 3. to be a real vixen, 4. to be a real/... demon, to be a real/... devil

1. Der Rainer ist ein bißchen wild, ja, aber besser als umgekehrt, als zu lahm ... – Du hast gut reden, du brauchst diesen Wildfang nicht den ganzen Tag zu ertragen. Der hat den Teufel im Leib, dieser Junge!

2. ... Dieser Junge hat den Teufel im Leib! Hubert!! Verdammt nochmal! Jetzt hörst du mit dem Lärm auf! Das ist ja zum Wahnsinnigwerden!

3. Sei vorsichtig mit der Marlene, Dieter! Wenn du etwas sagst, was ihr gegen den Strich geht, dann brüllt sie da herum wie eine Verrückte. Dieses Weibsbild hat den Teufel im Leib, bei der kann man sich gar nicht genug in acht nehmen.

4. Dieses Pferd hat den Teufel im Leib. Das wirft den geschicktesten Reiter ab.

hier ist/**da** war/bei/auf/... **ist**/... der Teufel los *ugs* – hier ist/ da war/bei/auf/... ist/... die **Hölle** los (2) · all hell breaks/ broke loose in/at/...

wenn ..., (dann) ist der Teufel los/als ..., (da) war der Teufel los *ugs* · when s.o. ..., there'll be hell to pay

Wenn Frau Hellweg dahinter kommt, daß wir das Klassenbuch verbrannt haben, dann ist der Teufel los! Dann gibt's ein Theater, wie man es an unserer Schule noch nicht erlebt hat, da kannst du Gift drauf nehmen.

ein Teufel von einem Mann/einer Frau (sein) *path selten* – ein **Teufel** in Menschengestalt (sein) · to be a devil in disguise, to be the devil incarnate

ein Teufel in Menschengestalt (sein) *path* · to be a devil in disguise, to be the devil incarnate

So ein boshafter und tückischer Mensch wie der Hubert Reichert ist mir noch nicht begegnet. Ein Teufel in Menschengestalt, dieser Kerl!

zum Teufel nochmal/(noch einmal)! *sal* – **verdammt** (nochmal)! · damn!, damn it!

sich einen/den Teufel um jn./etw. **scheren** *sal* – sich einen **Dreck** um jn./etw. kümmern · not to care a damn about s.o./s.th., not to give a stuff about s.o./s.th.

j. soll sich zum Teufel scheren (mit etw.) *sal* · 1. 2. he/ John/... can go to hell

1. Papa, der Richard fragt, ob er ... – Der Richard soll sich zum Teufel scheren! Ich habe ihm schon dreimal gesagt, er soll mich heute nachmittag in Ruhe arbeiten lassen, und jetzt stört er mich immer noch!

2. ... Der Richard fragt, ob du ihm bei der Übersetzung ... – Der Richard soll sich mit seiner Übersetzung zum Teufel scheren! Als wenn ich nichts anderes zu tun hätte, als dauernd für diesen Dummkopf Übersetzungen zu machen!

jn. zum Teufel schicken *sal selten* – jn. zum **Teufel** jagen · to send s.o. packing, to kick s.o. out

hinter dem Geld/(...) **hersein wie der Teufel hinter der armen Seele** *ugs* – *path* – hinter dem **Geld** hersein wie der Teufel hinter der armen Seele · to be money-mad

bei etw./in etw./da/... **ist der Teufel im Spiel**/muß der Teufel im Spiel sein *ugs* – bei etw./in etw./da/... hat der **Teufel** seine Hand im Spiel/muß der Teufel seine Hand im Spiel haben · there must be some jiggery-pokery behind it, there's something dodgy/fishy/... going on

j. wird den Teufel tun (und ...) *ugs path* – ich **denk'**/er denkt/ unsere Eltern denken/... (gar) nicht dran/(daran) · I'm/ he's/my parents are/... damned if I'm/... going to do s.th.

das/diesen Text/die Pläne/... **soll der Teufel verstehen!** *ugs path selten* · 1. 2. + it's beyond me/(...) why/how/... 1. + I/... can't make head or tail of it/the text/..., 2. + I/... can't fathom why ...

1. ... Das soll der Teufel verstehen! Rudi, kannst du mir diese Mathematikaufgabe erklären? – Warte mal ... Nein, die versteh' ich auch nicht. Wer hat euch die denn gegeben?

2. ... Das soll der Teufel verstehen, warum der Obermaier plötzlich so wütend/sauer auf mich ist! Bisher hat er mich immer ausgesprochen höflich behandelt. Ob da wieder jemand eine Intrige gesponnen hat? Irgendetwas stimmt da nicht.

mal'/malt/... **den Teufel nicht an die Wand**/man soll den Teufel ... malen/j. malt den Teufel mal wieder ... *ugs* · 1. don't tempt providence, don't tempt fate, don't invite trouble by talking like that/saying such things/..., 2. s.o. should not tempt providence, s.o. should not tempt fate, s.o. should not invite trouble by talking like that/...

1. Jetzt ist schon wieder Dezember, und es hat sozusagen noch nicht geregnet. Das wird doch wohl nicht wieder so ein dürres Jahr? – Robert, mal' den Teufel nicht an die Wand! Noch so ein trockenes Jahr wie dies und wir sind ruiniert!

2. Der Herr Meiners fürchtet, wenn die Arbeitslosenzahl noch zwei, drei Jahre so weiter steigt, dann haben wir wieder so unsichere politische Verhältnisse wie zur Weimarer Zeit. – Der Herr Meiners malt den Teufel mal wieder an die Wand. Der rechnet immer mit dem Schlimmsten.

etw. fürchten wie der Teufel das Weihwasser *ugs* – *path* · to fear nothing more than s.th. *n*, to be terrified of s.th. *n*, to avoid s.th. like the plague

... Die Gisela und einen Spaziergang durch den Wald im Dunkeln machen! Du hast Ideen! Die fürchtet die Dunkelheit wie der Teufel das Weihwasser. Wenn sie wirklich einmal im Dunkeln heraus muß und sich plötzlich in ihrer Nähe etwas bewegt, kann sie geradezu hysterisch werden.

wenn der Teufel will (dann ist alles möglich/...)! *ugs* · if the devil's got his hand in it, anything can happen, that's the way it goes, that's the way it crumbles

Ich habe gehört, sie haben im letzten Augenblick doch einen anderen Kandidaten gewählt? Wie war das denn möglich? Du warst doch haushoher Favorit! – Wenn der Teufel will! Mir ist das alles auch völlig unerklärlich.

jn. zum Teufel wünschen *sal selten* – j. könnte jn. auf den **Mond** schießen · s.o. could wring s.o.'s neck

es müßte (schon) mit dem Teufel zugehen (wenn etw. **nicht** gutgehen/klappen/... **sollte**/...) *ugs* · it would be a terrible stroke of bad luck if ...

... So, Martha, jetzt habe ich's geschafft! Jetzt sind die schwersten Klausuren/Arbeiten vorbei! – Freu' dich nicht zu früh, Werner! – Nein, jetzt müßte es schon mit dem Teufel zugehen, wenn ich noch durchfallen sollte/wenn ich das Examen nicht bestehen sollte/...

Teufelchen: ein Teufelchen (sein) *ugs (oft) von Kindern* – (eher:) ein (richtiger/regelrechter) kleiner **Teufel** (sein) · (to be) a real little devil, (to be) a holy terror

Teufels: bist du/ist er/... des Teufels?/du bist/er ist/... wohl des Teufels *ugs path veraltend selten* – nicht (so) (ganz/ (recht)) bei **Trost** sein (1) · have you/has he/... taken leave of your/... senses?

j. ist rein des Teufels *form* – *path veraltend selten* · s.o. has taken leave of his senses, s.o. is mad/crazy/...

... Wenn der Brinkmann mit seinen Transaktionen mal auffällt ...! – Wie, ist das gefährlich, was er macht? – Gegen alle Gesetze – und riskant wie nur etwas! Der ist rein des Teufels, dieser Mann! Wirklich!

ich will des Teufels sein, wenn ...! *path veraltend selten* – der **Teufel** soll mich holen, wenn ...! · I'll be damned if ...

des Teufels Gebetbuch/Gesangbuch *ugs selten* · the devil's prayerbook

Ähnlich, wie man sagt, 'jemand ist dem Spielteufel verfallen', wenn jemand der Spielleidenschaft frönt – erklärte er –, so nennt man die Spielkarten des Teufels Gebet- oder Gesangbuch. Das Spiellaster wird also mit dem Teufel in Verbindung gebracht.

aussehen wie des Teufels Großmutter *sal – path selten* · to look like the devil's daughter, to be as ugly as sin

… Wie eine Hexe sieht sie aus, die Frau Scheuerbauch – genau wie des Teufels Großmutter!

jn. **in des Teufels Küche bringen** *ugs* · to get s.o. into trouble, to get s.o. into a mess/hot water/…

… Die ständig steigenden Zinsen drohen den Alfons allmählich in des Teufels Küche zu bringen. Er hatte sich mit seinen Krediten sowieso schon übernommen. Wenn das so weitergeht, wird er bald nicht mehr wissen, wie er die Rückzahlungsraten locker machen soll.

in Teufels Küche kommen/geraten, wenn …/… *ugs* · s.o. will get into a hell of a mess if …, s.o. will be up shit creek if …

… Ich würde bei dem derzeitigen hohen Zinsniveau nicht solche hohen Kredite aufnehmen. Wenn du nachher die Raten nicht zurückzahlen kannst, kommst du in Teufels Küche. So eine Bank kennt kein Pardon, wenn es ernst wird! (Da kannst du in die übelste Lage kommen).

in (drei)/(in des) Teufels Namen kann/soll/… j. etw. tun *sal –* in **Gottes** Namen kann/soll/… j. etw. tun · for heaven's sake s.o. should/can/…

Teufelskreis: den Teufelskreis durchbrechen/aus dem Teufelskreis wieder herauskommen/… *path* · to get into/to break out of/… a vicious circle

Wenn ich keine ruhige und geräumige Wohnung habe, kann ich in meinem Beruf nicht vernünftig arbeiten. Wenn ich nicht vernünftig arbeiten kann, verdien' ich nichts. Wenn ich wenig verdiene, kann ich keine ruhige Wohnung mieten … Ein regelrechter circulus vitiosus. Ich weiß gar nicht, wie ich aus diesem Teufelskreis herauskommen soll.

Text: weiter im Text! *ugs* · 1. (but) to continue, 2. (let's) carry on, (let's) get on with it

1. (Bericht über einen Vertragsabschluß:) Ja, und wenn ich das eben einflechten/einfügen darf: bei den Verhandlungen hat sich gezeigt, wie wichtig es ist, Sprachen zu können. Wir hätten nie ein so gutes Ergebnis erzielt, wenn wir nicht alle fließend Englisch sprächen. Aber weiter im Text: der erste Teil der Lieferung wird also …

2. (Beim Tischtennis, in einer Pause:) So, weiter im Text! Peter, Aloys, Rudi – es geht weiter. Jetzt haben wir uns lange genug ausgeruht. Sechster Satz … wer hat Angabe? …

jn. **(ganz) aus dem Text bringen** *ugs selten* – jn. (ganz) aus dem **Konzept** bringen · to put s.o. off, to put s.o. off his stroke, to interrupt s.o.'s train of thought

(ganz) aus dem Text kommen *ugs selten* – (ganz) aus dem **Konzept** kommen/(geraten) · to lose one's thread

jm. **den Text lesen** *ugs veraltend selten* – jm. eine **Standpauke** halten · to give s.o. a real/… telling-off/ticking-off/dressing-down

Tezett: jn. **bis zum Tezett ausnutzen/ausnehmen/ausquetschen/…** *ugs – path selten* · 1. to bleed s.o. white, 2. to squeeze the last drop out of s.o.

1. vgl. – (eher:) jn. aufs **Blut** aussaugen

2. vgl. – (eher:) jn. bis zum **letzten**/(bis aufs letzte) ausquetschen (2)

etw. **bis zum/(ins)/(bis ins letzte) Tezett kennen/(…)** *ugs – path* – (eher:) jn./etw. bis ins **letzte** kennen/(…) (2) · to know s.th. inside out/like the back of one's hand/…

Theater: das/etw. ist (doch alles nur/…) Theater *ugs* · 1. 2. it's (all just/…) play-acting, it's all/… a big act

1. … Mach' dir keine Sorgen, Margot, das ist alles nur Theater. Sie versuchen, dich mit ihren Drohungen einzuschüchtern. Wenn sie merken, daß sie damit bei dir nichts erreichen, werden sie ganz freundlich.

2. … Ach, diese ganzen Vorträge … – das ist doch alles bloß Theater. Bombastische Reden, große Theorien … An den ganzen Kram glauben die doch selbst nicht.

es gibt Theater (wenn …, **dann gibt's** …/**als** …, **da gab's** …/…) *ugs* · 1. there'll be hell to pay when …, 2. there'll be a big fuss when, there'll be a big to-do when …

1. Wenn (es) herauskommt, daß der Walter die Noten gefälscht hat, dann gibt es Theater. Dann wird eine Sonderkonferenz einberufen, werden die Eltern angeschrieben …

2. … Falls der Böllner heute abend in der Tat den Antrag stellen wird, die Vorstandswahl vom vergangenen Monat zu wiederholen, dann gibt's Theater. Dann wirst du die turbulenteste Sitzung erleben, die du dir vorstellen kannst.

am/(beim) Theater sein · to work in the theatre, to be on the stage, to be in the theatre

… Deine Tochter, hab' ich gehört, ist Schauspielerin, nicht? – Ja. – Beim Film oder beim Theater? – Bei den städtischen Bühnen in Bochum.

laß/laßt/… das Theater/(das Theater lassen) *ugs* · stop playing games!, stop/cut out/… the nonsense!, stop messing around!

… Jetzt läßt du das Theater, Gerda, verstanden?! Jetzt ißt du den Spargel auf, ohne dich so anzustellen, als wenn das Gift wäre!

vielleicht/… ein Theater aufstellen/aufführen *ugs* · to make a (real/…) song and dance (about s.th.), to make an awful/… hullaballoo (about s.th.)

Der Klaus Hinze stellt vielleicht ein Theater auf, weil man ihm die Autotür aufgebrochen hat! Mein Gott! Wenn man den hört, könnte man meinen, sein ganzes Leben wäre verpfuscht. Dabei ist lediglich eine kleine Scheibe zerstört.

zum Theater (gehen) (wollen)/**wollen** *form* · to (want to) go on the stage

Stimmt es, daß eure Ingrid nach dem Abitur zum Theater will?

(erst/(…)) … **((und)dann)/…** **ist das Theater groß** *ugs* · 1. 2. (first/(…))… ((and) then)/…) there's a big fuss

1. … Erst faulenzt er wer weiß wie lange, und dann ist das Theater groß! Dann soll ich zur Schule pilgern, mit den Lehrern sprechen; dann ist jede Klassenarbeit eine kleine Tragödie …

2. … Erst spuckt er große Töne: man müßte schließlich etwas riskieren, und so … Aber wenn die Sache dann am Ende schiefgeht, ist das Theater groß. Dann stellt er sich an, als wenn die Welt unterginge.

vielleicht/… ein Theater inszenieren *ugs* · to (really/…) put on a performance

Der Rudi hat vielleicht ein Theater inszeniert, um die Mehrheit auf der Sitzung dazu zu bringen, einen weiteren technischen Direktor einzustellen! In einem geradezu dramatischen Ton beschwor er die Gefahr, daß es mit der Firma abwärts ginge, die Aufträge ausblieben … Man hätte meinen können, wir stünden kurz vor dem Ruin.

Theater machen *ugs* · 1. to make a fuss, 2. to make a song and dance, to make a scene

1. … Kaum hat er einmal ein bißchen mehr zu arbeiten, macht er Theater. Als wenn es zu seinen Rechten gehörte, sich nie anstrengen zu müssen!

2. Wenn die Mietzahlung nicht bis zum Ende der ersten Woche des Monats bei dem Hauswirt eingeht, macht er Theater. Dann schreibt er Mahnbriefe, droht mit der Kündigung …

vielleicht/… ein Theater machen *ugs* · to make a big fuss

… Mach' doch nicht so ein Theater, Doris! Man kann doch auch mal etwas essen, was einem nicht schmeckt, ohne sich sofort so anzustellen. Herr des Lebens!

(nur/mal wieder/…) Theater spielen *ugs* · to be (just/…) play-acting (again/…), to be (just/…) putting on a big act (again/…)

Die Carola spielt mal wieder Theater, was? Was für Schmerzen hat sie heute? – Zahnschmerzen, sagt sie. – Und welche Klassenarbeit wird heute geschrieben, daß sie absolut nicht in die Schule will?

jm. **Theater vormachen/vorspielen** *ugs* · to try and fool s.o., to try and kid s.o.

(Der Vater zu seinem Sohn:) Wieviel Schulden hast du noch bei dem Autohändler? – Schulden? Keinen Pfennig mehr! – Komm', Junge, spiel' mir hier kein Theater vor! Also, heraus mit der Sprache! ...

Theke: etw. **unter der Theke kaufen/verkaufen** *veraltend selten* – etw. unter dem/unterm **Ladentisch** kaufen/verkaufen/... · to buy/to sell/... s.th. under the counter

Thema: etw. **ist für** jn. (gar/überhaupt) **kein Thema** (mehr) *ugs* · it/s.th. is out of the question, it/s.th. is not a matter for discussion

(Ein Vertreter zu dem Geschäftsführer einer Firma:) Und wenn Sie die Plättchen auch exportieren würden? – Der Export ist für uns überhaupt kein Thema. Unsere Produktion ist schon für den Inlandsmarkt viel zu klein; außerdem erzielen wir hier bessere Preise ... – der Export stand daher bei uns nie zur Diskussion.

vom Thema abschweifen · to wander off the subject, to stray from the subject

... Wenn jemand eine Rede von einer Stunde hält und dabei 45 Minuten vom Thema abschweift, darf er sich nicht wundern, wenn das Publikum am Ende in ein Pfeifkonzert ausbricht. – Dieser Mann redet doch immer von allen möglichen Sachen – nur nicht von dem, was er ankündigt.

ein neues/anderes/... Thema anschneiden · to bring up a new/... subject, to raise a new/... subject, to broach a new/... subject

... Und sollten wir in diesem Zusammenhang nicht auch die Frage erörtern, inwieweit die allgemeine politische Lage für den Rückgang unseres Exports mitverantwortlich ist? – Ich glaube nicht, daß wir dies Thema heute anschneiden sollten. Das ist ein Komplex für sich.

das Thema begraben *ugs* – (eher:) die **Sache** begraben · to drop the subject

beim Thema bleiben · to stick to the subject, to stick to the point, to keep to the subject, to keep to the point

... Bitte, Albert, bleib' beim Thema! Was du da sagst, gehört gar nicht hierhin/gehört gar nicht in diesen Zusammenhang.

(nicht) zum Thema gehören · it/s.th. is to the point, it/s.th. has nothing to do with it/the subject, it/s.th. is completely irrelevant

... Wir sprechen von den Absatzbedingungen, Herr Bohnert! Die Kreditproblematik gehört nicht zum Thema; die müssen wir auf einer eigenen Sitzung durchsprechen.

Thema Nummer eins/(Thema eins) *ugs* · 1. sex, 2. the main/... subject of conversation *n*, the main/... talking point *n*

1. ... Und, worüber ging das Gespräch nach dem offiziellen Teil gestern auf dem Cocktail? – Ach, Gerd, wie immer bei den Holbergs, war Thema Nummer eins dran. Frauen, Männer, Sex – über was anderes können die dort nicht reden.
2. ... Bis vor wenigen Wochen wurde in diesem Land über nichts anderes als über die Wiedervereinigung geredet. Inzwischen ist der Golfkrieg Thema Nummer eins.

das Thema des Tages · the talking point of the day, the number one talking point at the moment

Hast du schon gehört, Udo, der Junior-Chef will eine Schwarze heiraten! – Wer hätte das nicht gehört, Mensch?! Das ist doch das Thema des Tages. Die ganze Belegschaft redet von nichts anderem.

das Thema verfehlen *oft: Thema verfehlt Schule u. ä.* · to miss the subject, to go off the subject, not to write on the subject

(Ein Schüler zu einem andern:) Wenn du das Thema verfehlt hast, ist der Aufsatz natürlich 'Fünf'/daneben, das ist doch klar. – Aber was ich geschrieben habe, ist doch gut! Das sagt der Haubuch doch selbst! – Du hast eine andere Thematik behandelt als die, die gefragt war – alles andere zählt für die Note nicht.

das Thema wechseln · to change the subject

... Mir scheint, jetzt haben wir lange genug über die Arbeitslosigkeit diskutiert. Ich schlage vor, wir wechseln das Thema und überlegen uns, wir wir am günstigsten und preiswertesten unser Klubhaus renovieren.

Theorie: das/etw. **ist graue Theorie** *pej – path* · s.th./it is all just theory, s.th./it is mere theory

... Was die da am grünen Tisch entwickeln, ist doch alles nur graue Theorie. Die sollten sich erst einmal gründlich in der Praxis umsehen, wie die Dinge funktionieren, ehe sie ihre 'Modelle' basteln.

grau ist alle Theorie *Zit path* · theory is no good/no use/worthless/... without practice

... Jetzt haben sie schon 15 oder mehr sogenannte 'Modelle' zur Reduzierung der Arbeitslosigkeit entwickelt, und die Arbeitslosenzahl steigt munter weiter. – Grau ist alle Theorie!

das/etw. **ist reine/**(pure) **Theorie** *pej* · that/it/s.th. is pure theory, that/it/s.th. is mere theory

... Was der Schubert da erzählt, ist reine Theorie. In der Praxis kann man mit solchen Überlegungen nicht das Geringste anfangen.

Thermometer: das Thermometer steht auf ... Grad (über Null/unter Null)/sinkt unter Null/steigt über Null/steht auf dem Nullpunkt/... · the temperature is 3°/..., the temperature rises to/falls to/falls below/... 3°/...

(Anfang März:) Tagsüber ist es schon ziemlich warm; die Sonne hat schon viel Kraft. Aber nachts sinkt das Thermometer immer noch unter Null.

Thomas: ein ungläubiger Thomas (sein) *ugs* · to be a doubting Thomas

... Was der Kurt nicht mit eigenen Augen gesehen oder selbst kontrolliert hat, glaubt er nicht. So einen ungläubigen Thomas wie den hab' ich noch nicht gesehen.

Thron: den Thron besteigen *geh – form* · to ascend the throne, to accede to the throne

... Und als Karl V. im Jahre 1516 den (spanischen) Thron bestieg ...

dem Thron entsagen *geh – form* · to abdicate

Eigentlich kommt es sehr selten vor, daß ein König/Herrscher dem Thron entsagt. Da müssen schon sehr wichtige Gründe vorliegen. – Welcher König hat denn zum Beispiel abgedankt?

jn. **auf den Thron erheben/**(heben) *geh – form* · to raise s.o. to the throne, to put s.o. on the throne

Nach dem Tod des Königs D. Sebastião bei Alkasar erhoben die Stände den Kardinal Henrique auf den Thron.

jn./(etw.) **auf den Thron heben** *ugs – path selten* · to talk s.o. up *coll*

... Und wenn sie noch so lange versuchen, den Bluhm auf den Thron zu heben: der Mann ist und bleibt eine Flöte! – Ach, lächerlich, einem solchen Mann eine so überragende Bedeutung zu geben!

j. sollte/... **von seinem Thron herabsteigen** *ugs selten* · s.o. should come down off his high horse

... Wie wär's, Paul, wenn du mal von deinem Thron herabsteigen würdest? Deinen eingebildeten Ton kann hier keiner mehr ertragen. – Wie, was hab' ich denn ...? – Komm', hör' auf! Entweder benimmst du dich jetzt ganz normal oder du kannst uns mitsamt deiner Arroganz gestohlen bleiben.

auf den Thron kommen *form* – den **Thron** besteigen · to ascend the throne, to accede to the throne

auf dem Thron sitzen · 1. 2. to be on the throne

1. ... Ach, das ist doch völlig egal, wer da auf dem Thron sitzt! Die Könige haben in den 'demokratischen Monarchien' doch sowieso nichts mehr zu sagen. *ugs mst pej*
2. ... Wo ist denn unser Klein-Udo? – Ich glaub', der sitzt auf dem Thron? – Schon wieder? Der Junge hat bestimmt Durchfall. *sal*

jn./(etw.) **vom Thron stoßen** *ugs – path selten* · to dethrone s.o., to depose s.o.

... Ich glaube nicht, daß es der Clique um den Hartmann gelingen wird, den Rolf Schrader vom Thron zu stoßen. Der ist seit mehr als 15 Jahren Leiter des Ein- und Verkaufs; die Firma verdankt ihm zu einem guten Teil die marktbeherrschende Stellung – so schnell wird die Geschäftsleitung den nicht fallen lassen!

auf den Thron verzichten *form* · to abdicate

(Der Vater zu seiner Tochter:) Natürlich kommt das vor, Ursel, daß ein Thronfolger auf den Thron verzichtet! – Nur um frei zu sein, wird er dann kein König oder keine Königin? – Entscheidend ist die Frage des 'nur', weißt du.

js. **Thron wackelt** *ugs selten* – (eher:) js. **Stuhl** wackelt · s.o.'s position is shaky, s.o.'s job is insecure/in jeopardy/...

Thronfolge: die Thronfolge antreten *form* · to succeed to the throne
(Nach der Beerdigung eines verstorbenen Monarchen:) Wann soll der junge König die Thronfolge offiziell antreten?

Tick: einen (kleinen) Tick haben *sal selten* – nicht (so) (ganz/(recht)) bei **Trost** sein (1) · to be a bit soft in the head

einen Tick auf jn. **haben** *ugs selten* · 1. to have s.th. against s.o. *n*, to have a grudge against s.o. *n*, 2. to have it in for s.o.
1. Was hat Herr Bachmann eigentlich neuerdings gegen seine Sekretärin? – Ist dir das auch schon aufgefallen? Er hat einen Tick auf Fräulein Büchner – einen richtigen Affekt, nicht?!
2. Mit ihrem Lateinlehrer kommt die Hannelore nicht zurecht. Sie meint, er hätte einen Tick auf sie. Ja, sie geht sogar so weit, zu behaupten, daß er einen regelrechten Kieker auf sie hat.

(in letzter Zeit/...) den Tick haben, zu .../man wäre .../... *ugs* · 1. 2. to have got it into one's head (recently/...) that ..., to have got the crazy idea (recently/...) that ...
1. Die Petra hat den Tick, sie wäre zu dick. – Quatsch! – Natürlich. Aber sag' ihr das mal; dann schnauzt sie dich noch an.
2. Die Ursel hat in letzter Zeit den Tick, von jedem Mann, der einen Bart hat, zu behaupten, er wäre ein outsider (der Gesellschaft). – Laß sie reden! Das gibt sich von selbst wieder. *seltener*

tickt: j. **tickt nicht (ganz) richtig/**bei jm. tickt es ... *Jugendspr* – nicht (so) (ganz/(recht)) bei **Trost** sein · s.o. is a bit soft in the head

tief: bis tief in die Nacht/den Herbst/den Winter/(...) *path* · late into the night, till late at night, till the middle of autumn/winter/..., right into autumn/winter/...
... Ich bin natürlich glücklich, Junge, daß du dein Studium ernstnimmst und dich gewissenhaft auf das Examen vorbereitest. Aber man kann auch des Guten zuviel tun. Du wirst doch jetzt nicht wochenlang bis tief in die Nacht arbeiten!

im tiefen Afrika/... *path* · in deepest Africa/...
... Die Leute haben gut reden: hier wird gearbeitet ... Wenn die im tiefen Afrika säßen, bei 40 und mehr Grad über Null, dann würde ich mal gerne sehen, wieviel von ihrer Arbeitswut übrig bliebe – oder wie wenig.

Tief: in einem Tief sein/stecken – in einer/(der) **Talsohle** sein/stecken/(stehen) · to be very depressed/down/..., to be at a low-point/a low ebb/...

tiefbetrübt: tiefbetrübt (von etw.) sein/etw. tun *path* · to be deeply distressed/to be deeply afflicted by s.th., to be deeply grieved by s.th.
... Tiefbetrübt von ihrer Bemerkung, Liebe sei doch wohl was anderes als Leidenschaft, fragte sie, leise: »War es denn immer nur Leidenschaft?«

tiefbewegt: tiefbewegt (von etw.) sein/etw. tun *path* · (to be) deeply moved by s.th.
... Tiefbewegt von ihrer Anteilnahme an seinem Leid sagte er ihr eines Abends: »Ohne dich, Ursula, hätte ich die Zeit nach dem Tod von Bettina nicht ohne seelischen Schaden überwunden. Du weißt nicht, wie dankbar ich dir bin.«

Tiefe: ein Ruf/Schrei/... aus der Tiefe *path* · a cry/... from far below, a cry/... from the depths
... Plötzlich hörten sie aus der Tiefe ein verzweifeltes »Hilfe! Hilfe!«. Sie stürzten an den Rand des Abhangs und sahen unten in dem kleinen Bergsee ...

der Strudel/... reißt/... jn./etw. **in die Tiefe** *path* · a maelstrom/a current/... drags s.o./s.th. down into the depths
... Strudel, wie sie hier herrschen, reißen nicht nur Menschen, die reißen ganze Schiffe in die Tiefe.

Gedanken/... **von großer/**solcher/... **Tiefe** *path* · thoughts/ideas/... of such depth, thoughts/ideas/... of such profundity
(Der Vater zu seinen Kindern in einem Gespräch über Liebe und Erotik:) Wenn ihr eine Vorstellung davon bekommen wollt, wie die Alten von der Liebe dachten, lest Platons 'Gastmahl'. Gedanken von solcher Tiefe und Erhabenheit sind zu dem Thema vielleicht nie mehr geäußert worden.

bei einem Thema/... (mehr) in die Tiefe gehen · to go into s.th. in (more) depth
(Ein Lehrer zu einem Schüler:) Du hättest bei der Interpretation des 'Faust' mehr in die Tiefe gehen sollen, dann hätte ich dir eine bessere Note geben können.

in der Tiefe/(den Tiefen) seines Herzens jn. **(doch) lieben/...** *form* – *path* – in tiefstem/in seinem tiefsten **Herzen** jn. doch/... lieben/.../jm. glauben/... (1) · to still/... love s.o. in one's heart of hearts

in die Tiefe stürzen *path* · to plunge/to fall/... into the depths
... »Vorsicht! Vorsicht! Vorsicht!«, ermahnte der Vater die Kinder, als sie den schmalen Bergpfad hinaufgingen. »Wenn ihr hier in die Tiefe stürzt, gibt's keine Rettung«.

in der Tiefe versinken *path* · to sink into the depths
... Gab es bei diesem Wellengang noch eine Rettung? Würde nicht das ganze Schiff, mit Mann und Maus, in der Tiefe versinken? ... Nie hatte er sich den Atlantik so gefährlich vorgestellt ...

alle Tiefen und Höhen des Lebens kennen/durchgemacht haben/... *form* – *path selten* – alle **Höhen** und Tiefen/(Tiefen und Höhen) des Lebens kennen/durchgemacht haben/... · to have experienced/gone through all the ups and downs of life, to have experienced/gone through all the vicissitudes of life

Tiefflug: im Tiefflug über ein Dorf hinweggrasen/... · to fly at low altitude over a village/...
(In einer kleineren Universität der Provinz:) Wie soll man vernünftig unterrichten, wenn alle zehn Minuten ein Geschwader von Düsenflugzeugen im Tiefflug über die Universität hinwegdröhnt?

Tiefgang: (keinen) (geistigen) Tiefgang haben *ugs* · to be profound *n*, to lack depth
... Sicher, die Frau Lohre ist gewandt, sie weiß auch über alles ihr Wort zu machen ... – aber sie hat einfach keinen Tiefgang. Was sie sagt, stimmt zwar; aber es ist alles doch sehr oberflächlich, manchmal sogar ausgesprochen banal.

tiefgreifende: tiefgreifende Änderungen/... *path* · far-reaching changes/..., profound changes/..., extreme changes/...
... Die Wandlungen, die die Länder der sogenannten Dritten Welt heute in wenigen Jahren durchmachen, meinte er, sind derart tiefgreifend, daß man sich fragen kann, ob es sich nachher überhaupt noch um dieselben Länder handelt ...

tiefgründig: tiefgründige Gedanken/(...) · profound thoughts/insights/...
... Wenn man einmal so tiefgründige Gedanken zur Liebe gelesen hat – meinte er nachdenklich –, wie wir sie bei Platon, Schopenhauer oder auch Max Scheler finden, kommt einem fast alles, was heute zu dem Thema gesagt wird, entsetzlich fade vor.

Tiefpunkt: auf dem/seinem Tiefpunkt ankommen/(...) *Entwicklung/... form* · to reach a low, to reach an all-time low, to hit rock-bottom *coll*, to bottom out
... In der Tat: die Aufträge sind in den letzten vier Jahren kontinuierlich zurückgegangen. Aber wir hoffen, daß diese Entwicklung jetzt auf ihrem Tiefpunkt angekommen ist, daß es also von nun an wieder aufwärts geht.

einen seelischen Tiefpunkt haben · to be at a psychological lowpoint
... Findest du nicht auch, daß der Christoph in den letzten Tagen sehr deprimiert wirkt? – Das gibt sich wieder. So hin und wieder hat er mal einen seelischen Tiefpunkt.

Tiefsinn: Tiefsinn stapeln *ugs* · to pontificate, to make profound noises, to talk in a high-falutin' way
'... die prozentualen Verteilungsquoten müssen umgestaltet werden, wenn unsere Zeit vor den ihr gestellten gewaltigen technischen und humanen Problemen bestehen will ...': welch ein Zauber! Binsenwahrheiten, aufgeputscht! – Natürlich. Aber glaubst du, ein Politiker kommt heute durch, wenn er darauf verzichtet, Tiefsinn zu stapeln?

Tiefstand: einen bedenklichen/... Tiefstand erreichen/... *path* · to reach a/an alarming/... low
... Unser Umsatz ist jetzt seit drei Jahren beständig gesunken und in diesem Jahr auf einen schon bedrohlichen Tiefstand angekommen. Gelingt es uns jetzt nicht, diesen Trend zu stoppen, werden wir einen Teil der Belegschaft entlassen müssen.

Tier: ein hohes/(großes) Tier *sal* · a big noise, a big nob
Was macht eigentlich der Vater von Birte? – Er ist irgendein hohes Tier in der Stahlbranche. Generaldirektor bei Thyssen oder so was.

ein richtiges/... Tier sein *ugs – path selten* · 1. to be a real workhorse, 2. to be a real hulk
1. ... Der Kurt Schuster ist ein richtiges Tier! Der schuftet wie ein Berserker.
2. Der Hannes ist ein richtiges Tier; ich habe noch nie so einen Muskelprotz gesehen wie ihn.

sich wie ein (wildes) Tier benehmen/(verhalten) *ugs – path* · to behave like a wild animal
(Kommentar zu einer Gefängnisstrafe von 20 Jahren:) Wer sich wie ein Tier benimmt, darf sich nicht wundern, wenn er entsprechend bestraft wird. Hast du dir schon mal überlegt, was dazu gehört, ein junges Mädchen zu überfallen, zu vergewaltigen und aufs grausamste zu töten?

zum Tier herabsinken *path selten* · to sink to the level of animals
... Leider, bemerkte er, haben die Nazizeit, die Stalin-Epoche, die Greuel in Algerien, die Terrorherrschaft in Kambodscha, der Irak—Krieg und vieles andere gezeigt, daß der Mensch auch in unserem scheinbar so aufgeklärten Jahrhundert immer wieder zum Tier herabsinkt.

das Tier im Menschen (kommt hoch/...) *ugs – path* · the beast in man (will emerge/...)
... Im Moment geht es den Leuten gut; da sind sie freundlich und geben sich gesittet. Warte mal, wenn es wieder kritischer wird – da kommt dann sofort wieder das Tier im Menschen hoch. – Du hast ja ein verdammt negatives Bild vom Menschen!

Tierchen: jedem Tierchen sein Pläsierchen! *ugs* · whatever turns you/... on, if that's what s.o. wants, every man/woman to his/her taste *para*
... Wenn der Gerhard absolut schwimmen gehen will heute nachmittag, soll er es tun. Jedem Tierchen sein Pläsierchen! Ich finde, es ist heute zu kalt und zu windig zum Schwimmen. Aber wenn es ihm Spaß macht ...

Tiere: sich wie die Tiere benehmen/(verhalten) *ugs – path* – sich wie ein (wildes) Tier benehmen/(verhalten) · to behave like wild animals

sich Tiere halten · to keep animals
... Ob ich mir Tiere halte oder nicht, ist doch meine Sache!, schimpfte er. Wenn die Entwicklung so weitergeht, brauche ich in Zukunft noch eine Sondergenehmigung, wenn ich mir einen Kanarienvogel zulegen will! – Aber Pferde, Gerd ...

Tierfreund: ich bin ja (ein) Tierfreund *sal* · I'll let you off this time *para*
(Ein größerer Junge zu einem kleineren:) Eigentlich müßte ich dir für deine Sprüche ein paar aufs Maul hauen. Aber du hast Glück: ich bin ja ein Tierfreund.

tierisch: das/etw. ist tierisch gut/(schlecht/...) *ugs Neol* · 1. 2. s.th. is really good/great/magic/brill/super/ace/...
1. ... Das Konzert von Sting war tierisch gut! – Mir hat sein Konzert auf der Loreley besser gefallen.
2. ... Diese Marmelade schmeckt tierisch gut, da könnte ich mich dumm und dämlich dran fressen.

tigern: in die Stadt/ins Dorf/... tigern *sal* · to traipse into town/...
... Wenn wir hier in der Hütte keinen Zucker haben, dann trinken wir den Kaffee eben ohne Zucker, verdammt nochmal! Oder meinst du, ich hätte Lust, extra runter in das Dorf zu tigern, um ein Viertelpfund Zucker zu kaufen? Du weißt doch, daß die Straße zugeschneit ist.

Tinte: das/etw. ist (doch) klar wie dicke Tinte! *sal selten* – das fühlt (doch) (selbst) ein **Blinder** mit dem Krückstock/das kann (doch) (selbst) ein Blinder mit dem Krückstock fühlen · it/s.th. is crystal-clear

in die Tinte geraten, wenn .../... *sal selten* – in **Teufels** Küche kommen/geraten, wenn .../... · s.o. will get into a hell of a mess if ..., s.o. will be up shit creek if ...

sich (mit etw.) (ganz schön/...) in die Tinte setzen *sal selten* – sich (mit etw.) (bei jm.) (aber) (ganz) (schön) in die **Nesseln** setzen · to get into hot water (with s.th.), to put o.s. in a spot (with s.th.), to land o.s. in it (with s.th.), to put one's foot in it (with s.th.)

(ganz schön/...) in der Tinte sitzen *sal* – (ganz schön/...) im **Dreck** stecken/(sitzen) · to be (really/...) in the soup/in a mess, to be (really/...) in the shit

allerhand/viel/... rote Tinte verbrauchen (bei etw./...) *Schulspr* · to cross a lot out, to do a lot of corrections
... Bei der Korrektur deines Diktats hat euer Lehrer ja allerhand rote Tinte verbraucht: 34 Fehler! Da ist ja fast genauso viel rot wie blau.

über etw. ist (schon/bereits/...) allerhand/viel/... Tinte verspritzt worden/zu Papier gebracht worden/(...)/es lohnt sich nicht/..., über etw. ... zu verspritzen/... *ugs* · a lot of ink has been spilt about s.th.
Über die allgemeinen Ursachen der sogenannten Krise ist jetzt genug Tinte verspritzt worden. Jetzt geht es darum zu versuchen, mit dieser Krise so gut wie möglich fertigzuwerden. Und da helfen uns allgemeine Erwägungen ohnehin nicht weiter.

Tip: ein heißer Tip *ugs Neol* · a hot tip
... Welche Bar hat euch der Taxifahrer empfohlen? – Er meinte, wir sollten mal ins 'Sunny' gehen. – Stimmt, der Laden wird als heißer Tip gehandelt, wenn man die Nacht nicht unbedingt allein verbringen will.

jm. einen Tip geben *ugs* · 1. 2. to give s.o. a tip
1. ... Sie suchen ein Paar schöne, gemütliche Schneestiefel? Wenn ich Ihnen einen Tip geben darf: bei 'Schreibers' sind gestern mehrere schöne Modelle hereingekommen. – Vielen Dank für den Hinweis! Ich werde sofort dahingehen.
2. ... Ich war ein wenig ratlos, wie ich den Kontakt zu dem Chef persönlich am besten herstellen sollte. Schließlich gab mir mein Bruder den Tip, mit einem gemeinsamen Bekannten zu dem Kegelabend zu gehen, zu dem der Chef einmal in der Woche geht. – Und dieser Ratschlag hatte den gewünschten Erfolg.

tipp-topp: tipp-topp (sein/funktionieren/gearbeitet sein/...) *ugs* · 1. an article/piece of work is first-class, an article/... is tip-top, 2. a suit/... fits perfectly, 3. s.o.'s behaviour/... is impeccable, s.o.'s record/... is flawless/immaculate/...
1. ... Ihre Arbeit ist tipp-topp, Herr Baumanns; ich habe daran nicht das Geringste auszusetzen.
2. ... Der Anzug sitzt tipp-topp. Er könnte nicht besser sitzen.
3. ... Der Holger hat ein tadelloses Benehmen. Tipp-topp, sage ich dir!

Tippeltappeltour: es geht alles seine/(in seiner) Tippeltappeltour *ugs selten* · it's ticking over, it's the same old routine, the usual
... Na, wie laufen die Dinge zur Zeit in eurem Betrieb? – Ach, weißt du, es geht alles seine Tippeltappeltour – wie immer ruhig und stetig weiter/voran.

tippen: an etw. ist nicht zu tippen *ugs selten* – an etw. gibt es nichts zu **rütteln** (1) · the decision/... is final, there is nothing to be done about it

Tisch: bei Tisch *form* · during meals, at table
... Gerd, ich schätze es nicht besonders, wenn bei Tisch Zeitung gelesen wird. Das weißt du doch. Laß uns doch wenigstens beim Essen ein wenig miteinander plaudern.

nach Tisch *form* · after lunch/dinner/the meal

… Was machst du nach Tisch? – Nach dem Essen mache ich zunächst einmal einen kleinen Verdauungsspaziergang …

vor Tisch *form* · before lunch/dinner/the meal

… Vor Tisch muß ich noch schnell einen Brief schreiben. – Kannst du das nicht auch nach dem Essen machen?

flach/(eben) **wie ein Tisch (sein)** *ugs* · to be as flat as a board

… und plötzlich tat sich vor uns eine riesige Ebene auf, flach wie ein Tisch! Und …

zu Tisch sein *form* · to be having (one's) lunch/dinner/…

(Anruf in einer Firma:) Ich würde gern Herrn Dr. Meise sprechen. – Einen Moment bitte! … Hören Sie? Herr Dr. Meise ist leider schon zu Tisch. Könnten Sie nach der Mittagszeit, so gegen 15 Uhr, nochmal anrufen?

eine Behauptung/ein Vorschlag/… **ist vom Tisch** *ugs* · 1. a statement/… has been knocked on the head *sl*, a statement/… has been dropped/taken back, 2. to have been forgotten

1. … Aber ist nun eure Behauptung, wir hätten euch nicht unterstützt, vom Tisch oder nicht? Wenn ihr das zurücknehmt – ausdrücklich oder stillschweigend, das ist uns egal –, dann können wir weiter zusammenarbeiten, sonst nicht.

2. Die Vorschläge, die die Sozialisten zur Abrüstung gemacht haben, sind vom Tisch. Davon redet keiner mehr, selbst die Sozialisten nicht. Die werden im Parlament also nicht einmal zur Debatte gestellt.

etw. am grünen Tisch entscheiden/(festlegen/verhandeln/…) · 1. 2. to decide s.th./to make a decision/… on a purely theoretical basis, 1. to decide s.th. from an ivory tower, to decide s.th./… academically

1. … Heute wird doch alles und jedes am grünen Tisch entschieden!, schimpfte er. Oder kennt ihr noch führende Politiker, führende Verwaltungsleute, führende Sachbearbeiter, die noch Zeit, Muße und vor allem die Bereitschaft haben, die Probleme an Ort und Stelle zu studieren?

2. vgl. – (eher:) etw. vom grünen **Tisch** aus regeln/festlegen/erledigen/…

etw. vom grünen Tisch aus regeln/festlegen/erledigen/… · 1. 2. to decide s.th./… on a purely theoretical basis, 2. to decide s.th. from an ivory tower, to decide s.th./… academically

1. Solche Dinge kann man nicht vom grünen Tisch aus mit ein paar Federstrichen erledigen! Dazu gehören Praxis und Erfahrung. Aber Sie wissen ja, wie das heute ist: Theorien, Modelle, Planspiele beherrschen das Feld.

2. vgl. – (eher:) etw. am grünen **Tisch** entscheiden/(festlegen/verhandeln/…)

oben am Tisch sitzen/Platz nehmen/… · to sit/… at the top/head of the table

(Vor einer Sitzung:) Vielleicht nimmt Herr Schönberg oben am Tisch Platz – da kann er seine Funktion als Dolmetscher wohl am besten ausüben. Die portugiesische Delegation setzt sich dann an die Fensterseite, und unsere sechs Leute gegenüber …

am runden Tisch zusammensitzen/diskutieren/konferieren/…/sich am runden Tisch zusammensetzen/… · to get round a table and talk, to hold round-table talks

… Eigentlich sollten sich alle Vertreter des Unternehmens wenigstens ein Mal im Jahr am runden Tisch zusammensetzen und gemeinsam die Probleme, die sie haben, diskutieren.

den Tisch abdecken · to clear the table

… Und wer von euch deckt nach dem Essen (den Tisch) ab? Du, Christa? – Ich habe gestern und vorgestern abgeräumt. Heute kann der Kurt wenigstens mal die Teller und das Besteck in den Schrank tun.

vom Tisch aufstehen · to get up from the table

… Diese Leute haben aber auch keinen Funken von Erziehung!, sagte er, noch immer erbost. Da stehen doch die Kinder vom Tisch auf, noch ehe alle mit dem Essen fertig sind! Was für Barbaren!

getrennt von Tisch und Bett leben/(…) *form* · to be separated (for a certain period) *para*

… Die Kriterien, wann eine Ehe als gescheitert anzusehen ist, haben sich geändert. Früher hieß es: wenn die Partner soundso lange – drei Jahre oder so – getrennt von Tisch und Bett gelebt haben, ist das ein objektiver Scheidungsgrund. Heute ist das Zerrüttungsprinzip das entscheidende …

zu Tisch bitten *form* – zur **Tafel** bitten · to ask s.o. to table

zerstrittene Parteien/Personen/… **an einen Tisch bringen**/(an einem Tisch zusammenbringen) · to get the disputing parties/… around a conference table, to initiate conciliatory talks

… Der Wurzner und der Teubner haben sich inzwischen derart verfeindet, daß nur eine längere persönliche Aussprache die Luft wieder reinigen könnte. Was meinst du, könnte es dem Zeltner gelingen, die beiden an einen Tisch zu bringen? Der kennt sie beide sehr gut, ist von beiden gut gelitten. Vielleicht setzen sie sich zusammen, wenn er sie darum bittet.

den Tisch decken · to lay the table

… Heute könntest du mal den Tisch decken, Udo! Deine Schwestern haben das die ganze Woche allein gemacht. Und so schwer ist das ja nicht, Teller, Tassen, Besteck usw. dahinzustellen.

unter den Tisch fallen *ugs* · to go by the board, to be disregarded *n*

… In dieser Kommission zählen nur die wissenschaftlichen Publikationen der Bewerber. Die Frage, ob jemand Landeskenntnisse hat oder nicht, fällt da völlig unter den Tisch. Darauf achtet kein Mensch.

etw. unter den Tisch fallen lassen *ugs* · to leave s.th. out of consideration *n*

… Wir hatten schon so viele Stunden darüber diskutiert, welche Maßstäbe für die Auswahl unseres Repräsentanten in Japan entscheidend wären – da habe ich die Frage des Alters mit Absicht unter den Tisch fallen lassen. Sonst wären wir gar nicht mehr fertig geworden.

Argumente/… **vom Tisch fegen** *ugs* · to sweep (arguments/…) aside, to brush (arguments/…) aside, to dismiss arguments/… *n*

Das Argument: 'Wer in der Politik ehrlich bleiben will, kommt nicht weit' ist sicherlich nicht so leicht vom Tisch zu fegen, wie du meinst. – Willst du damit das Schweinereien rechtfertigen?

jm. auf den Tisch flattern *Briefe u.ä. ugs* · to land/to turn up/to arrive/… on s.o.'s desk

(Ein ärgerlicher Firmenchef:) Wenn wir jeden Brief, der uns hier auf den Tisch flattert, beantworten würden, dann würden wir nichts anderes mehr tun, als Post zu erledigen.

die Dame des Hauses/die Gastgeberin/… **zu Tisch führen** *form* · to show the lady of the house/… to the table

… Und du, Humbert, wirst die Ehre haben, die Dame des Hauses zu Tisch zu führen. – Ich werde mein Möglichstes tun, sie wie eine Königin vom Empfangsraum in den Eßsalon zu geleiten.

zu Tisch gehen (mit jm.) *form* · to have lunch/dinner (with s.o.), to go to lunch/dinner (with s.o.)

(Die Sekretärin:) Wann gehen Sie heute zu Tisch, Herr Direktor Kruse? – Heute gehe ich mit Besuch essen – um halb zwei.

am Tisch der Großen sitzen *path selten* · 1. to sit/to eat/(…) with the grown-ups, 2. to sit with the great, to be one of the super-powers

1. Heute, bei den kleinen Familien, gibt es kaum noch die Sitte, daß die Kinder, getrennt von den Erwachsenen, an einem eigenen Tisch essen. Da gibt es dann natürlich auch nicht mehr die Ehre, am Tisch der Großen sitzen zu dürfen … *veraltend selten*

2. … Wer sitzt eigentlich am Tisch der Großen – wie die Journalisten die Teilnahme an den 'exklusiven' internationalen Konferenzen nennen? – Im Kern das gute Dutzend Industriestaaten: Amerika, Japan, Kanada, Frankreich, Deutschland, England …

(einmal anständig/…) auf den Tisch hauen *ugs* · to take a hard line (for once/…), to put one's foot down (for once/…), to thump the table (for once/…)

Wenn die Leute unsere Argumente absolut nicht ernstnehmen wollen, müssen wir mal auf den Tisch hauen! Die scheinen zu glauben, sie brauchten sich nur taub zu stellen, dann kämen sie mit allem durch. So nicht!

etw. **auf den Tisch des Hauses legen**/blättern/knallen/(...) *ugs – path* · 1. to pay cash down, to put money/... on the table, 2. to slam/... s.th. on the table, to fling/... s.th. on the table

1. ... »Du Küken«, schrie er seine jüngere Schwester an, »wenn ich hier jeden Monat anderthalbtausend Mark auf den Tisch des Hauses blättere/lege, darf ich doch Mutter wohl noch bitten, für meine Feier heute abend ein paar Sachen extra vorzubereiten. Verdien' du erstmal was/etwas, dann kannst du deinen Senf dazugeben!«

2. ... Das hättest du sehen sollen, gestern, wie unser Rudolf ganz majestätisch hereinspaziert kam und seine Promotionsurkunde auf den Tisch des Hauses knallte. Wir haben alle laut gelacht, und mein Vater stand auf, verbeugte sich und sagte gravitätisch: »Geruhen der Herr Doktor Platz zu nehmen?«

das Geld/den Betrag/die 1.000,– Mark/... **bar auf den Tisch des Hauses legen** *ugs – path* – etw. in klingender **Münze** zahlen/bezahlen/... (1) · to put the money/DM 100/... on the table, to pay cash on the nail

zum Tisch des Herrn gehen *rel geh* · to take/to receive/(...) holy communion

... Wenn mein Vater zur Messe geht, geht er auch zum Tisch des Herrn. Eine Messe ohne Kommunion ist für ihn keine Messe.

etw. **unter den Tisch kehren** *ugs* – (eher:) etw. unter den **Teppich** kehren/(fegen) · to sweep s.th. under the carpet

(gar nicht erst/...) auf den Tisch kommen *ugs* · (not to even/...) come up for discussion, (not to even/...) be brought up *n*, (not to even/...) be raised *n*

Es ist einer fruchtbaren Zusammenarbeit unter den Mitarbeitern sicherlich auf die Dauer abträglich – erklärte er –, wenn die Probleme unserer Gesellschaft gar nicht erst auf den Tisch kommen. Die Schwierigkeiten, die aufkommen, müssen diskutiert werden. Also bitte nichts unter den Teppich kehren!

du ißt/es wird gegessen/..., **was auf den Tisch kommt** *ugs* · you'll/... eat what you/... get/what you/... are/... given/ what's put in front of you/...

(Sohn – Mutter:) Nein, Erbsensuppe möchte ich nicht; die mag ich nicht, das weißt du doch. – Du ißt, was auf den Tisch kommt, Rainer, hörst du?! Wo kämen wir denn hin, wenn ich für jeden extra kochen müßte, je nach Geschmack?

reinen Tisch machen (mit etw.) · 1. 2. to sort s.th. out (once and for all/...), 3. to make a clean sweep

1. ... Mit diesen Abrechnungen müssen wir jetzt endlich reinen Tisch machen. Mit diesem Durcheinander muß endgültig Schluß sein. *selten*

2. (Auf einer Versammlung mehrerer Erben:) Ich muß gestehen, daß ich das Hin und Her jetzt satt bin. Ich finde, wir sollten heute endlich mal reinen Tisch machen, d.h. genau klären, wer von uns was bekommt. Sonst weiß man ja nie, woran man ist.

3. ... Wenn ihr nicht Bankrott machen wollt, dann müßt ihr euch einen Geschäftsführer besorgen, der reinen Tisch macht – der mit der Schlamperei ein für allemale aufräumt, und zwar ohne Rücksicht auf die Stellung der Betroffenen.

vom Tisch müssen *ugs* · s.th. has to/must be dropped/ scrubbed/withdrawn/...

... Erst müssen die Sozialpläne dieser Leute vom Tisch, dann bin ich gern bereit, Koalitionsgespräche mit ihnen zu führen. Erst aber müssen diese Pläne verschwinden.

jn./alle/... **unter den Tisch saufen** *sal* · to drink s.o./every-one/... under the table

... Nein, mit dem Otto Brachthäuser kannst du nicht mithalten. Der säuft hier jeden unter den Tisch. Der marschiert noch, wenn er an die 30, 35 halbe Liter intus hat, wie eine Eins hier aus dem Lokal. – Dann geb' ich mich natürlich von vornherein geschlagen.

auf den Tisch schlagen/hauen *ugs* – (eher:) mit der **Faust** auf den Tisch schlagen/(hauen) · to thump the table

sich an den Tisch setzen · 1. to sit at a table, 2. to sit down to a meal/to lunch/to dinner/...

1. ... Willst du dich nicht dort drüben an den Tisch setzen? Da kannst du besser schreiben.

2. ... Als ich schellte, setzten sich die Müllers gerade an den Tisch. – Das war ja nicht gerade der richtige Zeitpunkt: genau zum Essen hereinzuplatzen.

sich (mit jm.) **an einen Tisch setzen und** .../um/... – (eher:) **sich** (mit jm.) **zusammensetzen** und .../um/... · to sit round a table with s.o. and .../to ...

sich mit jm. **nicht (mehr) an einen Tisch setzen** · not to want/... to share a table with s.o. (any more), not to want/... to sit at the same table with s.o. (any more)

... Den Hartkamp hast du auch eingeladen? Dann komm' ich nicht. Mit diesem Mann setz' ich mich nicht mehr an einen Tisch. Der hat mich jetzt drei Mal geschäftlich aufs Schändlichste betrogen; mit dem will ich nichts mehr zu tun haben.

sich zu Tisch setzen *form selten* · to go to table, to sit down to a meal

(Die Frau zu ihrem Mann, vor einem Empfang:) Und wann, hattest du dir vorgestellt, sollten sich die Herrschaften zu Tisch setzen? – So gegen halb neun. – Gut, ich laß das Essen also für halb neun vorbereiten und bitte die Gäste im Salon dann wie immer persönlich zu Tisch.

sich an den/(einen) gedeckten Tisch setzen (können) *form* · s.o. has got it made *coll*, s.o. has got everything laid on

... Du hast aber auch optimale Bedingungen, Herbert, das darfst du nicht vergessen: du kannst dich jeden Tag an den gedeckten Tisch setzen; du hast Geld genug, um dir alle guten Konzerte anzuhören, alle notwendigen Noten zu kaufen; du kannst ungestört üben, solange du willst ...

(mit) bei den Erwachsenen/Großen/... **am Tisch sitzen** · to sit with the grown-ups/...

... Mir ist das egal, ob die Kinder an einem sog. Kindertisch essen oder mit den Erwachsenen am Tisch sitzen.

(mit jm.) **zu Tisch(e) sitzen**/(sein) *form selten* · to be having lunch/dinner/to be dining with s.o.

(Am Telefon:) Nein, Herr Direktor Fischer ist im Augenblick nicht zu sprechen. Er sitzt mit Kunden zu Tisch. – Er kommt aber nach dem Essen wieder rein? ...

jn./alle/... **unter den Tisch trinken** *ugs* – (eher:) jn./alle/... unter den **Tisch** saufen · to drink s.o./everyone/... under the table

Argumente/Vorschläge/... (einfach/...) ... **vom Tisch wischen** · to sweep aside ideas/arguments/..., to dismiss s.th. out of hand

... Du kannst doch seine Gründe nicht einfach vom Tisch wischen! Wenn der Klaus auch noch jung ist: die Gründe, die er vorbringt, sind durchaus ernstzunehmen.

jn. **über den Tisch ziehen** *ugs Neol* · to put one over on s.o., to outmanoeuvre s.o. *n*

... Wenn die CSU erklärt, sie werde sich in den Koalitionsverhandlungen auf keinen Fall von der FDP über den Tisch ziehen lassen, dann sagt sich ein Außenstehender natürlich: »Siehst du, die Politik ist die Kunst, den anderen dranzukriegen/über den Löffel zu barbieren«.

vor Tische hörte man's anders! *ugs iron* · s.o. has changed his tune, s.o. sang a different tune before

... Der Hausmann erklärt gerade, daß er das Projekt zu seinem großen Bedauern nicht unterstützen kann. – Vor Tische hörte man's anders. – Bitte? – Ich meine: bevor er für den Posten des Stadtkämmerers vorgeschlagen wurde, äußerte er sich zu dem Projekt durchaus positiv. – Da brauchte er euch noch. – Eben!

Tischgebet: das Tischgebet sprechen *rel* · to say a prayer before a meal, to say grace before meals

... Hast du schon ein einziges Mal jemanden in einem Restaurant ein Tischgebet sprechen sehen? Ich noch nicht! Also laß mich mit diesem abendländisch-christlichen Europa zufrieden! – Aber Christian, so kannst du das doch nicht sehen ...

Tischleindeckdich: in/bei/... ein richtiges/wahres Tischleindeckdich finden *Märchenspr selten* · s.o. is on to a good thing at ... *coll*, s.o. has got a real/... cushy number at ... *coll*

... Das kann ich schon verstehen, daß euer Kurt am liebsten immer bei eurem Onkel bleiben würde. Da hat er offensichtlich ein richtiges Tischleindeckdich gefunden. Er braucht nicht zu arbeiten, das Essen ist gut und kommt wie von selbst auf den Tisch ...

Tischtuch: das Tischtuch zwischen uns/mir und ihm/... ist zerschnitten/(entzweigeschnitten)/wir haben/die haben/... das Tischtuch ... *form selten* · + to have broken off relations with s.o., + to have fallen out with s.o., + not to be on good/speaking/(...) terms with s.o.

... Mit meiner Schwester sprechen? Das geht leider nicht: das Tischtuch zwischen uns ist zerschnitten. Nach dem Streit wegen des Umbaus des Hauses haben wir die Beziehungen zueinander völlig abgebrochen.

Titel: einen Titel führen *form* · to hold a title, to have a title

... Wenn ein Mann einen Titel führt, kann ein junger Mensch wie Du ihn auch damit anreden, Bernd! – Aber Vater, es sagt doch heute kein Mensch mehr: »Guten Tag, Herr Oberstudienrat Schulte!«

seinen Titel verteidigen *Sport* · to defend one's title

... Nach den Regelungen muß ein Boxweltmeister innerhalb von soundsoviel Monaten seinen Titel verteidigen. – Und wer bestimmt den Herausforderer?

Titte: eine linke Titte sein *sal Jugendspr* · to be a nasty bastard, to be a nasty piece of work, to be a shit *vulg*

... Der Johann ist voll 'ne linke Titte! Der haut jeden, sogar seine Freunde, in die Pfanne, wenn er dadurch einen Vorteil hat. Der würde sogar seine eigene Großmutter verschachern, wenn er davon einen Vorteil hätte.

Toast: einen Toast auf jn. **ausbringen** *form od. iron* · to propose a toast to s.o.

... Ich würde sagen, daß jemand heute abend auf der Jubiläumsfeier auch offiziell einen Toast auf den alten Herrn Schubert ausbringen müßte. Willst du das nicht machen, Willy? Du bist der älteste Mitarbeiter ... – Ich, und einen Trinkspruch ausbringen?

Tobak: das ist starker Tobak (was sich j. (da) leistet/herausnimmt/...) *ugs scherzh* – das ist starker **Tabak** (was sich j. (da) leistet/herausnimmt/...) · it's a bit much/it's going a bit far/it's over the top/... (what s.o. does/says/...)

Schweinehund/Saustall/..., **das ist starker Tobak** *ugs scherzh* – Schweinehund/Saustall/..., das ist starker **Tabak** · blimey blimey!/... it's strong stuff, blimey!/... it's not pulling any punches/it's over the top/it's a bit much

toben: vor Wut/Schmerz/... **toben** *ugs path* · to go wild/to go berserk/... with rage/pain/...

... Ob der Mann vor Wut tobte oder aus einem anderen Grund, ist mir völlig egal, Paul! Ein erzogener Mensch brüllt und gestikuliert nicht derart unbeherrscht da herum!

Toben: das Toben der Elemente *path* · the raging of the elements

... Plötzlich brach ein Unwetter los. Die Wellen peitschten über die Reeling, das Schiff schaukelte wie eine Nußschale hin und her; und die Touristen, vom dem Toben der Elemente in geradezu panischen Schrecken versetzt, schrien um Hilfe oder verkrochen sich in irgendeine Ecke und harrten ängstlich der Dinge, die da kommen sollten.

Tobsuchtsanfall: einen Tobsuchtsanfall kriegen/(bekommen)/haben *ugs – path* · to blow one's top, to fly into a rage, to flip one's lid, to go up the wall

Wenn mein Vater hört, daß mein Bruder im Examen durchgefallen ist, kriegt der einen Tobsuchtsanfall. – Ist der so cholerisch? – Was heißt cholerisch? Der platzt einfach vor Wut und Entrüstung über diesen Faulpelz.

Tochter: höhere Töchter *mst iron* · well-educated young ladies, upper middle-class girls

... Ja, ja, dieses Internat war fast ein Jahrhundert hindurch ein Internat für höhere Töchter. – Und welche 'besseren' Familien oder Kreise schickten ihre Töchter hierher?

die Töchter Evas *iron* · the daughters of Eve

... Nun laß mal deine dauernden Spitzen gegen die Frauen! Du bist doch der erste, der sich schrecklich langweilen würde, wenn es die Töchter Evas nicht gäbe.

die Tochter des Hauses *form od. iron* · the daughter of the house, the young lady of the house

... Wenn die Mutter krank ist, könnte die (einzige) Tochter des Hauses dem alten Herrn Fischer ja mal ein wenig zur Seite stehen! Aber die junge Dame ist offensichtlich mit wichtigeren Dingen beschäftigt! ...

Tod: wenn .../(...), **das wäre mein/dein/... Tod/(der Tod seines Onkels/...)** *path* · s.th. would be the death of one/him/John/...

... Wenn seine jüngste Tochter jetzt auch noch mit ihrem Freund durchbrennen würde, das wäre sein Tod/(dann wäre das sein Tod). – So schnell stirbt sich nicht. Der Alte ist härter, als man meint. Das würde er schon überleben.

betrübt bis in den Tod *path selten* – zu **Tode** betrübt (sein) · to be deeply saddened/grieved/distressed/(...)

im Wald/im Gebirge/... **lauert der Tod** *path veraltend* · death lurks in the woods/mountains/...

... Nicht nur im Wald oder im Gebirge, Mutter, überall lauert der Tod. Schon wenn du mit dem Auto durch die Stadt fährst, riskierst du dein Leben! – Ach, Junge! ...

der nasse Tod *form selten* · death by drowning

... Wenn schon im Krieg sterben, dann lieber den nassen Tod als den Tod an der Front! – Meinst du, ertrinken ist weniger grausam? – Es ist natürlicher.

der schwarze Tod *form hist* · the Black Death

Nannte man die Pest 'den schwarzen Tod' wegen der dunklen Flekken, die sie mit sich bringt? – Wahrscheinlich.

treu bis in den Tod *path* · true unto death, faithful unto death

... Was meinst du: gibt es so etwas, treu bis in den Tod? – Ja, warum denn nicht? – Man hört dauernd von Scheidungen, Seitensprüngen, Kälte, Kampf ...

der weiße Tod *form selten* · death in the snow

... Seltener als 'der schwarze Tod' ist wohl der Ausdruck 'der weiße Tod' – der Tod im Schnee, in den Bergen durch Lawinen ...

(jn. **zum) Tod durch Erschießen/durch den Strang/durch das Beil/(...) (verurteilen)** *form* · (to sentence s.o. to) death by firing squad/hanging/...

Wird heute noch irgendwo jemand zum Tod durch das Beil verurteilt, Vater? – Keine Ahnung. In unseren Breiten jedenfalls nicht. Sehr viele dagegen werden erschossen. – Und gehängt?

etw. **ist der Tod des Vertrauens/der/jeder Zusammenarbeit/...** *path* · s.th. is the death/the end of any trust/cooperation/...

... Der Waidmann hat seinen Sozius, den Herrn Lauffer, jetzt schon zum zweiten Mal um runde 10.000,– Mark geschädigt! Ein solches Verhalten ist doch der Tod einer jeden konstruktiven Zusammenarbeit! – Natürlich. Der Lauffer wird auch die Konsequenzen daraus ziehen und sich aus der Gemeinschaftspraxis zurückziehen.

mit Tod abgehen *sal veraltend selten* – seinen/den **Geist** aufgeben (2) · to give up the ghost

dem Tod ins Auge gesehen/(geschaut) haben/(den Tod ... sehen/schauen) *path* · 1. 2. to look/to have looked death in the face

1. ... Bei den Kämpfen im Dschungel haben wir dem Tod mehr als ein Mal ins Auge gesehen. Aber wir haben Glück gehabt, wir sind jeder Gefahr mit heiler Haut entkommen.

2. ... Ja, bei diesem Unfall haben wir dem Tod ins Auge gesehen. Hätte man uns nicht in aller Eile ins Krankenhaus gebracht, hätten wir den Zusammenstoß kaum überlebt.

den sicheren Tod vor Augen haben *path* · to go to meet certain death, to know one is going to die

... Ach, Junge, wenn man den sicheren Tod vor Augen hat, steht einem der Sinn doch nicht mehr nach billigen Lügen! Der Onkel Georg hat höchstens noch zwei, drei Monate zu leben; der wird in der Erbsache schon die Wahrheit gesagt haben.

den Tod vor Augen sehen *path* · to face death
… Wenn man, wie der Hubert Klein, den Tod vor Augen sieht, gibt es wohl nur noch eine Alternative: entweder man schaut auf die Vergänglichkeit des Lebens mit innerer Heiterkeit oder man verkrampft sich in kreatürlicher Angst.

(bleich) wie der (leibhaftige) **Tod aussehen** *path* · to be deathly pale, to look like death warmed up *coll*
… Was ist denn los? Du siehst ja bleich wie der Tod aus! Warst du krank? – Ich habe einige Wochen im Krankenhaus gelegen, bin seit Monaten nicht mehr richtig an die Luft gekommen …

etw./(jn.) auf/(für/in) den Tod nicht ausstehen können/es … können, wenn …/… *path* · 1. s.o. can't stand s.th., s.o. loathes s.th., 2. to hate s.o.'s guts *coll*, not to be able to stand s.o.
1. Unser Bernd kann es auf den Tod nicht ausstehen, wenn jemand dauernd an anderen herumkritisiert und selber nichts leistet. – Das kann ich verstehen, das hasse ich auch. – Aber so …
2. Der Anton und die Iris sind wie Feuer und Wasser, nicht? – Ui …! Wenn die ihren Gefühlen freien Lauf ließen …! Die können sich auf den Tod nicht ausstehen, die beiden. Ich glaube, wenn sie könnten, wie sie wollten, sie würden sich bis aufs Messer bekämpfen.

jn. zum Tod durch das Beil verurteilen *hist* – (j. zum) **Tod** durch Erschießen/durch den Strang/durch das Beil/(…) (verurteilen) · to sentence s.o. to death by beheading, to sentence s.o. to be beheaded

etw. mit seinem/dem Tod bezahlen/(zahlen) *form* – etw. mit dem/seinem **Leben** bezahlen · to pay for s.th. with one's life

etw. mit dem Tod(e) büßen · to pay for s.th. with one's life
Verrät jemand wichtige Staatsgeheimnisse, muß er diesen Verrat u. U. mit dem Tode büßen. Ein feindlicher Spion dagegen wird heutzutage kaum zum Tode verurteilt, man tauscht ihn gegen eigene Spione aus.

jn. dem Tod entreißen *path selten* · to snatch s.o. from the jaws of death
(In einer harten Diskussion über Ärzte:) Wenn ein Soldat einen Kameraden unter Einsatz seines Lebens dem Tod entreißt, ist das doch eine andere Leistung, als wenn ein Operateur, assistiert von allen möglichen Hilfsmitteln der Technik und allem möglichen Personal, ohne jedes Risiko einen Kranken für 15 bis 20.000,– Mark heilt, Mensch!

der Tod hält furchtbare/grausame/reiche Ernte *geh path* – der Tod/die Pest/… hält furchtbare/grausame/reiche **Ernte** · war/plague/… takes a heavy toll

der Tod hat jn. ereilt/ereilte jn. *form* – *path* · death overtakes s.o., + s.o. meets his death
… Und noch ehe er all seine Kredite zurückgezahlt hatte, ereilte ihn der Tod. – Wie alt war er, als er starb? – Ganze 57 Jahre.

den Tod erleiden *form* – *path selten* · to meet with death, to suffer death
… Wieviel Millionen von Menschen allein im zweiten Weltkrieg den Tod erlitten haben! Da sind wahrscheinlich mehr umgekommen als in allen vorhergehenden Kriegen zusammen! …

jn. vom Tod(e) erretten *path* · to rescue s.o. from death, to save s.o.'s life
… Jemanden vom Tode erretten verlangt fast immer Mut; jemandem das Leben schenken Großmut.

der Tod nimmt jm. die Feder aus der Hand *form* – *path selten* · death overtakes s.o. before he could complete/… his book/…, + s.o. dies before he can complete/… his book
… Noch auf dem Sterbebett arbeitete er an einem Roman über ein Thema aus der zeitgenössischen Geschichte – bis ihm der Tod am vergangenen Sonntag die Feder aus der Hand nahm.

(bei einem Unfall/…) den Tod finden *form* · to die/to be killed/… (in an accident/…), to meet one's death (in an accident/…)
Wieviel Menschen fanden bei dem Flugzeugabsturz den Tod, sagst du?

einen nassen Tod finden *form selten* – sein **Grab** in den Wellen finden · to go to a watery grave

einen frühen/… Tod finden *form path* · to die young, to meet an early death
… Mit wieviel Jahren, sagst du, ist sie gestorben? – Mit 26. – Mein Gott! Sterben gehört zum Leben, aber einen so frühen Tod finden …

jm. in den Tod folgen *form selten* · to follow s.o.
Bei der Kathrin hab' ich immer den Eindruck, am liebsten würde sie dem Walter in den Tod folgen. Das Leben scheint für sie nach seinem tragischen Unfall überhaupt keinen Sinn mehr zu haben. – Aber sie wird sich doch wohl nicht das Leben nehmen?! – Das wohl nicht …

den Tod am Galgen sterben *hist* · to die on the gallows
… Den Tod am Galgen sterben oder auf dem elektrischen Stuhl: ist das so ein Unterschied? – Ich finde schon.

für jn./etw. in den Tod gehen *path* · 1. 2. to die for s.o./s.th.
1. … Weil er das Versteck seines Sohnes nicht verraten hat, haben sie ihn hingerichtet? – Ja, er ist für seinen Jungen in den Tod gegangen.
2. … Den Rädler können sie so viel foltern, wie sie wollen, der wird von seiner Überzeugung nicht abgehen. Der gehört zu den Leuten, die für ihre Anschauung in den Tod gehen.

der Tod hat jn. gestreift *form* – *path selten* – dem **Tod** ins Auge gesehen/(geschaut) haben/(den Tod … sehen/ schauen) · + s.o. has looked death in the face

dem Tod(e) geweiht (sein) *path* · (to be) doomed to die
… Denk' an Stalingrad – oder Kuwait: 200.000 Soldaten, und mehr, ohne die geringste Aussicht, aus dem Kessel wieder herauszukommen, dem Tode geweiht … – so sehen heute die Kriege aus.

(schon/…) vom Tod(e) gezeichnet (sein) *path* · to (already/…) have the mark of death on one
Wie geht es der Oma? – Schlecht, sehr schlecht. Sie ist schon vom Tode gezeichnet. Der Arzt sagte mir gestern, daß sie höchstens noch einige Wochen zu leben hätte.

jn. bis in den Tod hassen *path* · to hate s.o.'s guts *coll*, to loathe s.o., to hate s.o. like poison
… Wie man jemanden, mit dem man fast 50 Jahre zusammengelebt hat, derart hassen kann, ist mir ein Rätsel. – Enttäuschte Liebe … Frustration … ein verpfuschtes Leben … – Haßt man jemanden dann bis in den Tod?

Liebe/Treue/Dankbarkeit/(…) über den Tod hinaus *path* · love/loyalty/… which goes beyond the grave, everlasting/undying/… love/gratitude/…
… Liebe über den Tod hinaus – ach, wie schön! – Du Spötter! Stört es dich, wenn einer das Gefühl hat, jemanden auf einer Ebene zu lieben, an die alles Sterbliche nicht heranreicht?

sich den Tod holen *oft: du holst dir/… noch den Tod ugs* – *path* · you'll/he'll/John'll catch your/… death (of cold/…)
Zieh' dich wärmer an, Margret, bitte! Du holst dir noch den Tod, wenn du immer so leicht angezogen in die eisige Kälte hinausgehst.

der Tod holt jn. früh/schon in jungen Jahren/plötzlich/… *form* – *path* – (eher:) einen frühen/… **Tod** finden · + s.o. dies too young/suddenly/…, + s.o. meets a sudden death

jn. in den Tod jagen *ugs* – *path* · to send s.o. to his death
… Das sich solche Diktatoren nicht scheuen, Tausende und Abertausende ihrer eigenen Leute in den sicheren Tod zu jagen, das sehen wir immer wieder. Aber demokratische Regierungen sollten den Krieg eigentlich vermeiden! – Wenn's geht, Hubert!

mit dem Tod(e) kämpfen *path* – mit dem **Tod(e)** ringen · to be fighting for one's life, to be wrestling with death

auf den Tod krank sein *path selten* – **todkrank** (sein) · to be critically ill, to be mortally/dangerously/(…) ill

ein Kampf/(…) auf Tod und Leben *path* – ein **Kampf** auf Leben und Tod/(auf Tod und Leben) · it's a struggle/fight to the death

es geht um Tod oder Leben *path* · it is a matter of life or death
… Bei dieser Operation geht es um Tod oder Leben. – Es ist aber für den Jochen die einzige Chance. Wenn er sich nicht operieren läßt, hat er mit Sicherheit nur noch zwei oder drei Monate zu leben.

etw./(jn.) **auf/(für/in) den Tod nicht leiden können**/es … können, wenn …/… *form – path –* etw./(jn.) **auf/(für/in) den Tod** nicht ausstehen können/es … können, wenn …/… · s.o. loathes s.th., s.o. hates s.o.'s guts

dem Tod(e) nahe sein *form* · to be close to death, to be at death's door
… Der Herr Berger hat wohl nicht mehr lange zu leben? – Nein, er ist dem Tode nahe. Eine andere Antwort wäre eine Lüge. Der Priester hat ihm vorgestern schon die Sterbesakramente gegeben.

der Tod nimmt jm. **den Pinsel aus der Hand** *form – path selten* · + to die while painting, death takes the brush from s.o.'s hand
… Er malte buchstäblich bis zu seinem letzten Atemzug – bis der Tod ihm den Pinsel aus der Hand nahm.

mit dem Tod(e) ringen *path* · to be fighting for one's life, to be wrestling with death
Wie geht es dem Albert? Ich höre, er ringt mit dem Tode? – Er hat eine sehr schwierige Operation hinter sich, die er offensichtlich nicht so überstanden hat, wie die Ärzte das gehofft hatten. Im Augenblick sieht es in der Tat sehr kritisch aus.

…, **bis daß der Tod euch scheide** *form – path* · till death us/you/… do part
… 'Und ihr werdet euch die Treue halten, bis daß der Tod euch scheide': so ähnlich heißt es doch wohl noch immer bei der Trauungszeremonie, oder?

den Tod auf dem Scheiterhaufen sterben *hist* · to be burnt at the stake
… Die Menschheit erfindet immer neue Grausamkeiten! Mal sterben wer weiß wieviele den Tod auf dem Scheiterhaufen, mal werden sie vergast, mal mit Giftgas umgebracht … – Und dann die entsetzlichen Folterungen, bevor man sie verbrannte oder vergaste …

dem Tod (noch einmal/…) von der Schippe/(Schaufel) **springen** *mst Perf ugs veraltend selten* · to escape death by a hair's breadth, to escape death by the skin of one's teeth
… Ja, da hab' ich nochmal Glück gehabt! Der Krebs war noch ganz im Anfangsstadium. Ein, zwei Monate später wäre die Operation zu spät gewesen. Wie du siehst, bin ich dem Tod nochmal soeben von der Schippe gesprungen.

dem Tod (noch einmal/…) ein Schnippchen schlagen *ugs selten* – **dem Tod** (noch einmal/…) von der Schippe/(Schaufel) springen · to cheat death

mit dem Tod(e) spielen *ugs* · to dice with death, to risk one's life *n*
(Während der Nazizeit:) Du wirst doch nicht offiziell erklären, daß du gegen die Judenpolitik bist! Du spielst mit dem Tode, Mann!

kurz vor dem Tod(e) stehen/(sein) · to be at death's door, to be close to death
Wie ich höre, ist der Manfred Kugler unheilbar krank? – Ja, sie haben die Sache zu spät entdeckt. Leberkrebs. Er steht kurz vor dem Tod … – Mein Gott, in so jungen Jahren …

jn. **zum Tod durch den Strang verurteilen** *form –* (jn. zum) **Tod** durch Erschießen/durch den Strang/durch das Beil/(…) (verurteilen) · to sentence s.o. to death by firing squad/hanging/beheading/…

Tod und Teufel! *ugs – path selten –* **verdammt** (nochmal)! · damn!, damn it!

über Tod und Teufel reden/.. *ugs- path* · to talk about everything under the sun
… Ich vermisse so richtig diese langen Nächte in unserer alten Wohngemeinschaft, wo wir bis zum Morgengrauen über Tod und Teufel geredet haben.

weder Tod noch Teufel fürchten *form – path selten* · to fear nothing, to fear neither death nor devil
… Der Kurt Rammsord ist ein Haudegen, der weder Tod noch Teufel fürchtet! Das kann ich schon verstehen, daß der am liebsten bei den Befreiungstruppen in Afrika mitkämpfen würde. Solche hochgefährlichen Situationen sind sein Lebenselement.

jn. **in den Tod treiben** *path* · 1. 2. to drive s.o. to his death
1. … Dieses Weibsbild hat ihren Mann in den Tod getrieben und will uns jetzt etwas von Moral erzählen?! – Herbert! Woher willst du wissen, warum der Herr Wonnemann sich das Leben genommen hat? – Weil er eine so blendende Ehe führte, natürlich!
2. … Du willst den Jungen doch nicht in den Tod treiben?! Oder was soll diese Rederei von der Opfergesinnung, die man als Soldat auch heute noch braucht?

nichts als/nur der Tod kann uns/sie/… **trennen** *path* · only death can separate/come between them/us/John and Mary/…
… Ich weiß nicht, wie ich den Jungen von dieser Frau wegbringe. – Mein lieber Rudolf: den kriegst du von der Bettina überhaupt nicht mehr weg! Die beiden sind ein Herz und eine Seele; nur der Tod kann die trennen.

js. **Tod und Verderben sein** *path selten* · to be s.o.'s ruin, to mean/to be/… death and destruction for s.o.
… Noch ein Jahr so, und der Wolfgang ist psychisch, physisch und finanziell erledigt. Diese Frau ist sein Tod und Verderben!

jm. **(nur/…) Tod und Verderben bringen** *path selten* · to mean/to spell/to be/… (only/…) death and destruction for s.o.
… Als junger Mann war der Wolfgang nicht nur gesund und kräftig, sondern auch anständig und strebsam. Aber von dem Moment an, wo er die Angela kennenlernte, ging es mit ihm bergab – zunächst finanziell, dann auch gesundheitlich und moralisch – bis zum völligen Ruin. Diese Frau hat ihm nur Tod und Verderben gebracht.

Tod und Verderben speien *Geschütze u. ä. form – path selten* · to belch forth death and destruction
… Wenn schon die (russischen) 'Stalinorgeln' in den Schlachten im Osten Tod und Verderben spien, wie du sagst – was soll man denn dann von den Bombenteppichen sagen, mit denen die Amerikaner und ihre Alliierten den Irak eindeckten?

jm. **Tod und Verderben wünschen/an den Hals wünschen** *sal - path selten* · to wish death and destruction to s.o. *para , n*
… Dieses Weibsbild hat meinen Sohn auf dem Gewissen!, schrie sie! – Und deswegen wünschst du ihr Tod und Verderben an den Hals? – Wenn du es genau wissen willst: ja!

jn. **auf den Tod verletzen** *form – path selten –* jn. tödlich **beleidigen**/tödlich beleidigt (sein) · to deeply/mortally/… wound/offend/insult s.o., + to be terribly/deeply/mortally/… offended/insulted

jn. **zum Tod(e) verurteilen** *form* · to sentence/to condemn s.o. to death
… Er wurde zum Tod verurteilt? – Nein, er bekam 'lebenslänglich'. Das heißt, nach zehn, zwölf Jahren läuft er wieder frei herum. – Bitte?

jn. **auf den Tod verwunden** *form – path selten –* jn. tödlich **verletzen**/tödlich verletzt (sein) · to mortally wound/offend/… s.o.

den Tod in den Wellen finden *path selten –* sein **Grab** in den Wellen finden · to go to a watery grave

jm. **den Tod wünschen** *path –* (weniger stark als:) jm. **Tod** und Verderben wünschen/an den Hals wünschen · to wish s.o. dead

etw. **mit seinem/dem Tod zahlen** *form –* etw. mit dem/seinem **Leben** bezahlen · to pay for s.th. with one's life

jm. **auf den Tod zuwider sein** *form – path* · + not to be able to abide s.th.
… Ich weiß gar nicht, was der Fidi gegen Tomaten hat! – Ich auch nicht. Ich weiß nur, daß ihm Tomaten auf den Tod zuwider sind.

sich zu Tode arbeiten/schuften/… *path –* (eher:) sich **kaputtarbeiten** · to kill o.s. working, to work o.s. to death

sich zu Tode ärgern *path –* (eher:) sich **kaputtärgern** · to be annoyed to distraction about s.th.

jn. **zu Tode beleidigen**/zu Tode beleidigt (sein) *path* – (eher:) jn. tödlich **beleidigen**/tödlich beleidigt (sein) · to mortally wound/offend s.o./to be mortally wounded/offended/...

zu Tode betrübt (sein) *path* · (to be) deeply saddened/grieved/distressed/(...)

... Zu Tode betrübt vernahm der Alte die Nachricht, daß sein ältester Sohn entlassen worden war. – Aber der Junge kann doch woanders eine andere, vielleicht sogar eine bessere Stelle finden. Das ist doch kein Grund, derart niedergeschlagen und traurig zu sein.

himmelhoch jauchzend, zu Tode betrübt *Diktum* · up one minute – down the next, on cloud nine/on top of the world one minute – down in the dumps the next

... Gestern war er doch noch ganz froh und heiter! Was hat er denn plötzlich? – Himmelhoch jauchzend, zu Tode betrübt – weißt du nicht, daß es Menschen gibt, die heute überschwenglich froh und morgen ganz traurig gestimmt sind?

zu Tode erschrecken/erschrocken (sein) *path* · to be frightened to death, to be scared to death, to be frightened out of one's wits, to be scared stiff/out of one's skin *coll*

... Zu Tode erschrocken rannte sie hinauf in das Zimmer ihres Vaters: »Guck' mal, was hier steht: die Maschine ist abgestürzt!« – Welche Maschine? – Die, mit der Richard kommen wollte. – Zeig' mal her, die Zeitung! ... Ach, das ist doch ein ganz anderes Flugzeug! ...

zu Tode fallen *path selten* – zu **Tode** stürzen · to plunge to one's death

jn. **zu Tode foltern** *hist* – *path* · to torture s.o. to death

... Komm', Hubert, hör' mir auf mit deinen 'Erklärungen' der von der Kirche mit zu verantwortenden Verfolgungen! Allein während der Inquisitionszeit sind doch Tausende und Abertausende von Menschen zu Tode gefoltert worden!

sich zu Tode frieren *path selten* – (eher:) frieren wie ein **Schneider** · to freeze to death

sich zu Tode grämen *path* · to die of grief, to die of sorrow, to pine away with grief

... Du wirst dich doch jetzt nicht zu Tode grämen, Vater! Die Firma wird sich schon wieder erholen. – Nein, Junge! Von diesem Schlag erholt die sich nicht mehr. Mein Lebenswerk ist vernichtet! ...

einen Hasen/ein Reh/... **zu Tode hetzen**/(jagen) · to hunt a hare/a deer/... to death, to hound s.o. to death

... Mit fünf oder sechs Jagdhunden hetzten sie die Hasen (buchstäblich) zu Tode. Da ist mir schon lieber, wenn sie sie gleich erschießen/(abknallen).

sich zu Tode hungern *path selten* · to starve o.s. to death

... Eine Sache ist es, für seine Kinder Opfer zu bringen, eine andere, sich für sie buchstäblich zu Tode zu hungern. Ihr könnt euch das heute gar nicht mehr vorstellen. Wenn meine Großmutter sich für ihre drei Söhne das Essen nicht jahrelang vom Munde abgespart hätte, wäre sie nie so früh erkrankt und gestorben.

zu Tode kommen (bei einem Unfall/...) *form* · to die/to be killed (in an accident/...)

... Wußtest du, daß bei uns allein im Straßenverkehr mehr als 10.000 Menschen im Jahr zu Tode kommen?

sich zu Tode langweilen *form* – *path* · to be bored to death *coll*

Wie gefällt es dem Jean Claude denn nun in Chateauroux? – Hm, in der Schule scheint die Atmosphäre ganz gut zu sein. Aber das Städtchen bietet halt nichts. Der Junge langweilt sich da zu Tode.

jn. **zu Tode martern** *hist* – *path* · 1. to torture s.o. to death, 2. to torture s.o./an animal to death

1. vgl. – jn. zu **Tode** foltern
2. vgl. – (u. U.) jn./ein Tier zu **Tode** quälen (2)

jn. **zu Tode prügeln** *path selten* · to beat s.o. to death
Heute kann man sich kaum noch vorstellen, was – und wie – früher in der Schule geschlagen wurde. Daß man die Kinder nicht zu Tode prügelte, war alles. – Jetzt wollen wir aber nicht übertreiben, Iris.

jn./ein Tier **zu Tode quälen** *path* · 1. 2. to torture s.o./an animal to death

1. ... Die quälen in den Versuchsanstalten die Tiere doch zu Tode! – Wenn die Wissenschaft Fortschritte machen soll ... – Wissenschaft! ... Fortschritte ...! Müssen deshalb unzählige Tiere täglich so lange gequält werden, bis sie sterben?!

2. ... Wenn diese Frau jetzt noch einen einzigen Ton sagt, dann knallt's! Die hat ihren Mann regelrecht zu Tode gequält und will uns jetzt mit 'humaner Gesinnung' kommen?

Beispiele/Argumente/... **zu Tode reiten**/(hetzen) *ugs – path* · to flog examples/arguments/... to death

... Ach, jetzt kommt der Körber doch schon wieder mit dem Beispiel von dem Freund, der leichtsinnig eine feste Stelle aufgab und dann jahrelang in der Luft hing! Selbst, wenn er recht hat: er reitet das Beispiel zu Tode/(er hat das Beispiel zu Tode geritten). Wir können es einfach nicht mehr hören!

sich zu Tode saufen *ugs – path* · to drink o.s. to death
Wenn der Utz sich unbedingt zu Tode saufen will, dann soll er nur so weitermachen! Im übrigen wäre er ja nicht der erste in seiner Familie, der sich mit Bier und Schnaps zugrunderichtet.

sich zu Tode schämen *path* · to be utterly ashamed, s.o. almost dies of shame

... Wie hat denn der Herr Bodmer reagiert, als seine Tochter mit der Bemerkung herausplatzte 'Sex zu zweit oder zu dritt, was macht das schon für einen Unterschied'? – Er hat sich zu Tode geschämt. Er kaute an seiner Zigarre und sagte den ganzen Abend kein Wort mehr.

sich zu Tode schinden *path selten* · to work o.s. to death
... Nein, meinte er, sich kaputtarbeiten ist schlimm, aber sich zu Tode schinden ist entsetzlich; da forciert man seinen eigenen Ruin gleichsam Stückchen für Stückchen.

jn. **zu Tode schlagen**/(prügeln/...) *path selten* · to beat s.o. to death
... Einige Polizisten haben bei dem allgemeinen Tumult völlig die Nerven verloren und sind wie wahnsinnig auf die Demonstranten losgegangen. Einen haben sie buchstäblich zu Tode geschlagen.

tausend Tode sterben *path veraltend selten* – tausend **Ängste** ausstehen · to die a thousand deaths

zu Tode stürzen *path selten* · to plunge to one's death
... Sie machen sich gar kein Bild, welche Angst ich immer ausstehe, wenn unser Junge an den Skiwettbewerben teilnimmt. Ich fürchte immer, er stürzt zu Tode.

etw. **mit dem Tod(e) sühnen** · 1. to atone for s.th./a crime/... with one's death, 2. to pay for s.th. with one's life
1. ... Mein Gott, Christel, wenn der Werner zu viel getrunken hat, dann hat er diese Leidenschaft mit dem Tod gesühnt! Lassen wir ihn doch jetzt wenigstens in Frieden ruhen. Was soll es für einen Sinn haben, jetzt noch Kritik zu üben? ...
2. vgl. – (eher:) etw. mit dem **Tod(e)** büßen

wenn ..., **dann**/sonst/... bin ich/**bist du**/ist der Kurt/... **des Todes**/... *path veraltend selten* · if you/I/..., (then) you are/... a dead man
(Im Krieg; zu einem Gefangenen:) Wo stecken die Partisanen? Heraus mit der Sprache! Wenn du jetzt nicht die Wahrheit sagst, bist du des Todes!

ich will des Todes sein, wenn ... *path veraltend selten* · may I be struck dead if ...
(Bei Gericht:) Was ich hier sage, ist die Wahrheit, die reine Wahrheit! Ich will des Todes sein, wenn sich nicht alles genau so zugetragen hat, wie ich es jetzt sage.

eines gewaltsamen/unnatürlichen/(...) Todes sterben *form* · to die a violent/an unnatural/... death
... Klar, ein Revolutionsführer muß natürlich immer damit rechnen, eines gewaltsamen Todes zu sterben. Denn es gibt immer Gegner, die genau so wenig davor zurückschrecken, Waffengewalt anzuwenden, wie die Revolutionäre selbst.

eines natürlichen Todes sterben *form* · to die a natural death
... Ich möchte wissen, wieviele von diesen Revolutionsführern eines natürlichen Todes sterben. Die meisten werden doch bestimmt umgebracht.

Todesangst: vielleicht/... eine Todesangst ausstehen *path* – **Todesängste** ausstehen · to be scared to death/out of one's wits, to be in mortal dread

Todesängste ausstehen *path* · to be scared/frightened/... to death, to be in mortal dread

Wenn unser Junge an den Skiwettbewerben teilnimmt, stehe ich jedesmal Todesängste aus. Diese Sprünge, die die da machen ...

Todesgefahr: jn. aus einer Todesgefahr erretten/(...) *path* · to save s. o.'s life, to save/rescue/... s. o. from mortal danger

... Hast du etwa schon mal jemanden aus einer Todesgefahr errettet? – Nein, ich nicht. Aber hier unser Roland, der hat im letzten Jahr ein zwölfjähriges Mädchen in letzter Sekunde aus dem Meer gefischt.

in Todesgefahr schweben/(sein) · to be (still/...) in danger, to be in danger of death

Hat der Wilfried die Operation überstanden? – Ja, aber ... – Aber ...? Schwebt er noch in Todesgefahr? ...

Todesnot: in höchster Todesnot jn. um Hilfe rufen/... *form* – *path* · to scream out/... when (one is/...) in mortal danger, to scream out/... when (one is/...) in peril of death/in deadly peril/in mortal peril/(...)

... Jetzt drangen die Flammen auch in das oberste Stockwerk des Internats. »Nun helft uns doch!«, riefen die Kinder in höchster Todesnot. War da noch Hilfe möglich? ...

in Todesnöten sein *form* – *path selten* · to be in mortal danger, to be in a desperate situation

(In einer Diskussion über Asylanten:) Wenn jemand in Todesnöten ist, hilft man ihm! – In Todesnöten? ... – Ja, in ihrem Land verhungern die! Was heißt denn da 'Wirtschaftsflüchtlinge'? – Aber wir können doch nicht die halbe Welt bei uns aufnehmen!

Todesopfer: zahlreiche/... Todesopfer fordern *form* · to cause 100/... deaths, to claim 100/... lives, to cause 100/... fatalities

(Aus einem Pressebericht:) Nach bisher unbestätigten Meldungen forderte das Erdbeben über 10.000 Todesopfer. Das Stadtzentrum von Agadir ist völlig zerstört. ...

Todesqualen: Todesqualen ausstehen *form* – *path selten* · to suffer agony/agonies, to be in dreadful pain

... Du machst du keine Vorstellungen, was für Schmerzen das sind! Todesqualen habe ich ausgestanden! – Na, na ... – Du hast gut reden! ...

Todesstoß: jm./einem Tier/(e-r S.) den Todesstoß versetzen/ (geben) · 1. 2. to give s. o./an animal the coup de grâce

1. vgl. – (eher:) jm./e-r Tier/(e-r S.) den **Gnadenstoß** geben (2, 4)

2. vgl. – (eher:) jm./e-r S. den **Rest** geben (2)

Todesstrafe: auf etw. steht (die) Todesstrafe *form* · + s. th./an offence/a crime/... carries the death penalty/is punishable by death

... Du, da herrscht jetzt Kriegsrecht, auf Streik steht da jetzt die Todesstrafe! Das ist nicht wie hier, wo die Leute nicht einmal entlassen werden, wenn sie streiken. ...

Todesverachtung: etw. mit Todesverachtung tun *path od. iron* · 1. to do s. th. with death-defying courage/bravery/..., to show/to display/... fearlessness in the face of death, 2. to do s. th. with utter disgust

1. ... Ich versteh' nicht, wie ein Rennfahrer, der alle vierzehn Tage mit Todesverachtung über den Nürburgring rast, Angst vor einer Operation haben kann!

2. ... Komm', jetzt iß den Spargel auf! – Ich mag keinen Spargel! – Jetzt wird der Spargel aufgegessen, und zwar sofort!! – Es war geradezu belustigend zu beobachten, wie sich das Mädchen dann mit Todesverachtung eine Gabel nach der anderen langsam in den Mund stopfte.

todkrank: todkrank (sein) · 1. 2. to be critically ill, to be mortally/dangerously/(...) ill

1. ... Der Herr Kruse ist todkrank, sagst du? Was hat er denn? – Darmkrebs.

2. ... Seltsam letzte Woche war der Willi noch todkrank, und heute läuft er quietschfidel da herum.

todlangweilig: todlangweilig (sein) *path* – **sterbens-**krank/ -langweilig/-matt/(...) (sein) · (to be) deadly boring

todmüde: todmüde (sein) *ugs* · 1. 2. to be dead tired, to be dead beat, to be shattered

1. ... Das Kind muß ins Bett! Es ist todmüde! Die Augen fallen ihm schon zu.

2. ... War das eine aufreibende Woche! Ein Tag schlimmer als der andere! Seid mir nicht böse, ich leg' mich hin – ich bin todmüde!

todsicher: todsicher (sein) *path* · (to be) dead certain

... Meinst du wirklich, daß sich in diesem Geschäft fünfstellige Beträge verdienen lassen? – Das mein' ich nicht, das ist todsicher. Da gibt's überhaupt gar keinen Zweifel.

Todsünden: die sieben Todsünden *rel* · the Seven Deadly Sins

... Ach du, spottete sie, du weißt überhaupt nicht, was sündigen heißt! Wie könntest du die sieben Todsünden kennen? – Was?! Paß auf, ich zähl' sie dir mal auf: »Geiz, Neid, Hochmut, Wollust, Völlerei, Zorn und Herzensträgheit«. Ich war als Schüler in Religion doch nicht umsonst ein As!

toi: toi, toi, toi! *ugs* – **teu**, teu, teu! · touch wood!, good luck!

Toilette: in großer Toilette erscheinen/... *form veraltend selten* · to appear/... in full dress

Amüsant, so eine Festgesellschaft in großer Toilette! Die Damen im Abendkleid, die Herren im Frack, Smoking oder wenigstens im dunklen Anzug ... Wirklich amüsant! Manche kommen einem vor wie Figuren aus dem Wachsfigurenkabinett.

(noch) bei der Toilette sein *form veraltend selten* · to be (still/...) getting dressed/ready

(Ein Kollege, der einen anderen mit dem Wagen zum Dienst abholt:) Fährt deine Frau mit in die Stadt? – Sie würde schon gern. Aber sie ist noch bei der Toilette. Wenn du so gut bist und fünf bis zehn Minuten wartest ... – Wenn sie als 'gute Dame' zum Ankleiden nicht noch länger braucht ...

auf die Toilette gehen · to go to the toilet

(Vor einer Sitzung, jemand zu einem Kollegen:) Eine Sekunde, ich komm' sofort. Bevor es losgeht, geh' ich noch rasch auf die Toilette.

Toilette machen *form veraltend selten* · to make one's toilet, to get dressed and ready

... Und dann mußt du noch eine Stunde rechnen, um Toilette zu machen. – Eine Stunde?! Ich brauche höchstens eine halbe, um mich für den Ball zurechtzumachen.

toll: bist du/seid ihr/... toll?! *sal* – nicht (so) (ganz/(recht)) bei **Trost** sein (1) · are you/is he/... completely/... mad?

sich gebärden/... wie toll *path selten* · to behave like a madman, to go wild, to throw a fit *coll*

... Das hättest du sehen sollen, wie der Junge da herumtobte. Er gebärdete sich geradezu wie toll! – Und das alles nur, weil er nicht mit seiner Freundin in Urlaub fahren darf?

toll und voll sein *sal selten* – (ganz schön) einen in der **Krone** haben · to be well-oiled, to have had a drop too much

Tollhaus: es geht hier/dort/in .../.../zu/... wie in einem Tollhaus *ugs veraltend selten* – es geht hier/dort/in/.../... zu/... wie in einem/im **Irrenhaus** · it's like bedlam/a madhouse/... here/in .../at ...

reif fürs Tollhaus sein *sal veraltend selten* – reif fürs **Irrenhaus** sein · to be ready for the madhouse

Tomate: eine treulose Tomate sein *ugs iron* · 1. a fine friend you are/he is/.., 2. s. o. is a faithless friend *n*, 3. s. o. is faithless *n*

1. ... Du hattest doch gesagt, du kämst gestern. – Ja, aber ich hatte keine Zeit. – Du bist vielleicht eine treulose Tomate! Da sitzen der Dieter und ich da herum und warten auf den dritten Mann zum Skat, und du erscheinst nicht.

2. Hat der Peter schon etwas aus den USA von sich hören lassen. – Der Peter ... – das ist eine treulose Tomate! Wenn der eine Haustür hinter sich zugemacht hat, hat er die Familie vergessen.

3. Die Bettina nimmt die Seitensprünge ihres Manns wohl gar nicht ernst, was? – Die hat sich damit abgefunden: ihr Mann ist halt eine

treulose Tomate. Solange es nichts wirklich Ernstes ist … Warum die Dinge dramatisieren? *seltener*

rot wie eine Tomate werden *sal* – (über und über) rot **anlaufen** · to go as red as a tomato

Tomaten auf den Augen haben *sal* – **Knöpfe** auf/(vor) den Augen haben · to be blind

jn. **mit faulen Tomaten bewerfen** · to pelt s.o. with rotten tomatoes, to throw rotten tomatoes at s.o.
… Den einen pfeifen sie aus, den andern bewerfen sie mit faulen Eiern, den dritten mit faulen Tomaten …! Ein herrlicher Wahlkampf!

Ton: der gute/(feine) Ton/(es herrscht ein guter Ton in/bei/…) · good manners prevail in …, good form prevails in …
… Es tut einem doch gut, in einer Stadt zu wohnen, in der noch ein guter Ton herrscht, wo Anstand, Umgangsformen, gutes Benehmen noch nicht altmodisch wirken, oder?

in scharfem Ton sprechen/… · to speak to s.o. in a strict tone/in a stern tone/…
… Wenn du mit diesem Jungen nicht in scharfem Ton sprichst, nimmt der gar nicht ernst, was du sagst, und macht weiter, was er will!

den Ton angeben · 1. 2. 3. to set the tone, 1. to give the pitch, 2. 3. to have the most say, to have the greatest influence
1. … Bevor unser Chorleiter für die einzelnen Stimmen den Ton angibt, schlägt er jedesmal mit der Stimmgabel auf das Notenpult. *Musik*
2. … Klar, im Prinzip haben alle dieselben Rechte. Aber du mußt doch zugeben, daß in der Praxis der Otto den Ton angibt: was der sagt, wird gemacht; was der meint, ist kurze Zeit später die Meinung aller …
3. Im letzten Jahr haben in unserem Verband die Liberalen den Ton angegeben. Aber das wechselt in mehr oder weniger regelmäßigen Abständen. Noch vor gar einem Jahr beherrschten die Konservativen alle wesentlichen Gremien.

einen anderen/härteren/umgänglicheren/… **Ton anschlagen** · 1. 2. to adopt a different/… tone, 1. to take a tougher line
1. … Wenn der Junge auf gutes Zureden nicht eingeht, muß ich, so leid es mir tut, einen anderen Ton anschlagen. Ich kann auch mit ihm wie ein Feldwebel mit seinen Soldaten umgehen. Wenn er es absolut will!
2. … Wenn sie keinen anderen Ton anschlagen, ist unsere Unterhaltung beendet, noch ehe sie begonnen hat! Ich habe es doch nicht nötig, mich von Ihnen derart unerzogen anfahren zu lassen!

eine Figur/… **in Ton bilden** *Bildhauer* · to make a clay figure/…
… Eine Figur in Ton bilden kann jeder, Klaus! Die Frage ist, ob die Tonfigur schön wird oder nicht!

keinen Ton von sich geben – keinen **Laut** von sich geben · not to make a sound

zum guten Ton gehören *oft: es gehört …, daß …* · it is the done thing (to do s.th.), it is considered good form (to do s.th.), it is considered good manners (to do s.th.)
… Ja, es gehört nun einmal zum guten Ton, auf solchen Festen mit Krawatte zu erscheinen. Warum, weiß ich auch nicht. Aber es ist Sitte.

den Ton (nicht) halten (können) *Singen* · (not) (to be able) to keep in tune/to sustain pitch/to keep the pitch/(…)
… Ihre Stimme ist gut, sehr gut sogar. Aber sie kann den Ton nicht halten. Achte mal drauf: sie geht bei jedem Lied tiefer und tiefer …

keinen Ton (mehr) hervorbringen (können) · not to be able to say a word, to be speechless
… Was sagt er da?: sie hätte ihn nie geliebt?! Sie brachte keinen Ton mehr hervor! So ein Vorwurf …, so ein Mißtrauen … – war das möglich?!

eine Figur/… **aus Ton kneten** · to model a figure with clay
… Habt ihr eigentlich auch in der Schule im Fach 'Kunst' Figuren aus Ton/(einer Tonmasse) geknetet?

einen (entsetzlichen/…) **Ton am Leib haben** *sal* · it's terrible/…, the way s.o. talks to his parents/… *n*
… Ich kann dir nur sagen, Paul: wenn der Junge mit mir so reden würde, wie er mit seinen Eltern redet, würde ich ihm links und rechts was hinter die Ohren geben. Der hat ja einen fürchterlichen/hat ja vielleicht einen Ton am Leib, dieser Kerl!

der Ton macht die Musik *ugs* · it's not what you say – it's the way that you say it *n*
… Sagen kann man alles! Es fragt sich nur, wie! Der Ton macht die Musik! Wie der Otto seine Kritik vorbringt, das ist einfach unerzogen!

der/js. Ton ist rauh, aber herzlich *ugs* – **rauh**, aber herzlich (2; a. 1) · the tone is rough but warm-hearted

keinen Ton sagen – keinen **Laut** von sich geben (2) · not to make a sound, not to say a dicky-bird

im Ton eines Schulmeisters reden/… *pej* · to speak/… in a schoolmasterly tone *tr*
… »Und dann«, verkündete er im Ton eines Schulmeisters, »muß ich darauf hinweisen, meine Damen und Herren, daß das provokative Tragen von Plaketten den inneren Frieden unterminiert und daher letztlich einen Verstoß gegen unsere freiheitlich-demokratische Grundordnung darstellt, der nicht toleriert werden kann …«

keinen Ton sprechen – keinen **Laut** von sich geben (2) · not to make a sound

Ton in Ton aufeinander abgestimmt sein/… *selten* · the stones/walls/… are colour-coordinated, the tones are harmonised
… In der Tat, du hast Recht: der Granit der Fassade hat die verschiedensten Nuancen. Aber das Ganze ist so gelungen Ton in Ton aufeinander abgestimmt, daß der Gesamteindruck kaum schöner sein könnte.

den Ton treffen · 1. 2. to strike the right note
1. … Wenn jemand Sänger werden will, muß er den Ton treffen (können), und zwar haargenau. Und nicht wie die Christl statt f fis usw. singen.
2. … Nein, es ist in der Tat nicht so ganz einfach, mit den Leuten über dieses heikle Thema zu reden. Man muß den Ton treffen/man muß es verstehen, den Ton zu treffen – ihren Ton. Sonst erreicht man gar nichts, findet man nicht den geringsten Anklang.

den/diesen/… **Ton verbitte ich mir/**(j. verbittet sich den/diesen/… Ton) *form* · I/he/… won't be spoken to like that
(In einem Amt:) … Wenn es Ihnen Spaß macht zu querulieren … – »Spaß macht zu querulieren« – hören Sie mal, diesen Ton verbitte ich mir! Sie haben hier als Beamter ihre Pflicht zu tun und mit den Bürgern in einem anständigen Ton umzugehen – ob Ihnen das Thema paßt oder nicht!

sich im Ton vergreifen *form* · to use the wrong tone
… Und wenn du hundertmal Recht hast, Junge: du kannst mit dem alten Herrn Körner doch nicht wie mit deinesgleichen reden! – Ich gebe zu, Vater, ich habe mich im Ton vergriffen. Aber du mußt gestehen: der Herr Körner reizt einen dazu, mit seiner Selbstgerechtigkeit!

tonangebend: tonangebend (sein) – den **Ton** angeben (2, 3) · to have the most say, to set the tone

Tonart: eine andere/härtere/umgänglichere/… **Tonart anschlagen** *iron selten* – einen anderen/härteren/umgänglicheren/… **Ton** anschlagen · to adopt a different/tougher/more conciliatory/… tone

etw. **in allen Tonarten loben/**preisen/(…) *ugs iron selten* · to sing the praises of s.th., to praise s.th. to the skies
… Natürlich hat jeder Verkäufer die Tendenz, seine Artikel in allen Tonarten zu loben. Aber da man das schon vorher weiß, kann man sich doch entsprechend einstellen. Es ist doch niemand gezwungen, solche Lobsprüche ernstzunehmen!

etw. **schon/**… **in allen Tonarten singen können** *sal* · we've/… heard it/this/… a thousand times before, we/… know this story/… off by heart *coll*
… Natürlich, Mutti, wir müssen leiser sein, ordentlicher, zuverlässiger, fleißiger … Das sagst du uns jeden Tag. Das (Lied) können wir

schon in allen Tonarten singen. – Und trotzdem seid ihr nach wie vor unordentlich, laut, faul und dazu noch frech!

Töne: hast du Töne! *ugs* · 1. 2. well I never!, did you ever?, that's unbelievable, that takes the biscuit, hark at that!

1. Der Peter hat sein Abitur mit 1,0 gemacht! – Hast du Töne! – Ja, stell' dir das vor: das beste Examen der ganzen Schule. – Nicht möglich!

2. Jetzt wollen sie die Steuern schon wieder erhöhen. – Hast du Töne! Das ist doch schon das dritte Mal in diesem Jahr. Unerhört!

das sind ja ganz neue Töne! *ugs iron* · + s.o. has changed his tune

… Was?! Jetzt will der Paul plötzlich in die Partei eintreten? Das sind ja ganz neue Töne! Bis vor kurzem waren doch alle Politiker für ihn nur elende Parteifritzen. Was da nur hinter steckt?!

ganz neue/ungewohnte/… Töne von sich geben *ugs iron* · to have changed one's tune completely/…

… Seit seiner Wahl zum Bürgermeister gibt der Schroers ganz neue Töne von sich. Jetzt sind die Politiker nicht mehr elende Parteifritzen; jetzt handelt es sich plötzlich um Menschen, die sich unter Einsatz aller Kräfte um unser Land verdient machen …

große Töne reden *ugs selten* – große/(dicke) **Töne** spucken/(schwingen) · to talk big, to shoot one's mouth off

große/(dicke) Töne spucken/(schwingen) *sal* · 1. 2. to talk big, to shoot one's mouth off

1. Der Udo spuckt aber große Töne! Nur weil er eine 'Eins' geschrieben hat, meint er, er wäre der Beste, Größte, Bedeutendste von allen. Er posaunt da herum, da ist das Ende von weg!

2. … Nun spuck' mal nicht so große Töne – »das machen wir schon, das machen wir schon«! Nachher, wenn es ernst wird, bist du der erste, dem die Kenntnisse fehlen – oder die Courage –, die Sache auch durchzuführen.

etw./(jn.) (jm.) in den höchsten Tönen anpreisen/(…) *path* – etw./(jn.) (jm.) in **Superlativen** anpreisen/(…) · to praise/… s.th. in superlatives

jn./(etw.) in den höchsten Tönen loben/preisen *path* · to praise s.o./s.th. to the skies *coll*

… Heute lobt er seinen Lehrer in den höchsten Tönen und morgen kritisiert er ihn in Grund und Boden. Was soll man davon halten?

Tonfall: mit singendem Tonfall sprechen/einen … haben · to have/to talk with/… a singsong intonation, to have/to talk with/… a lilting cadence

… Ja, du hast Recht: die Brasilianer haben einen singenden Tonfall, die Portugiesen nicht. Viele führen das auf die Neger zurück, die das Brasilianische ja seit dem 16./17. Jahrhundert zunehmend prägen.

tonlos: etw. tonlos sagen/… · to speak/to say s.th. in a flat voice, to say s.th. tonelessly

… Mein Gott, wird der Junge die Operation überleben?!, sagte sie leise, fast tonlos zu ihrem Mann …

Tönnchen: ein Tönnchen *ugs – iron* · to be a dumpling

… Dick, faul, gefräßig, arbeitsscheu und trinkfest – was?! – Nein, nur dick – und klein! – Ein Tönnchen also! Stell' ihn mir doch mal vor, deinen kleinen und dicken Bruder!

Tonne: eine (richtige/…) Tonne *eher von Frauen sal* · a (real/…) fatty, a (real/…) lump of lard, a (real/…) balloon

… Die Frau Kröll ist dick, das gebe ich zu, sehr dick sogar. Wenn du dir erlaubst, sie eine Tonne zu nennen, wie nennst du dann deinen mindestens ebenso dicken Freund Rudi Heitkamp? – Einen Fettkloß.

Topf: zusammenpassen/… wie Topf und Deckel *sal* – (eher:) zusammenpassen/… wie **Pott** und Deckel · to be made for one another

noch nicht in dem Topf sein, wo's kocht *ugs selten* · to be still in the discussion phase *n*, to be tentative *n*

… Ja, die Verhandlungen über den Bau der neuen Autobahn haben offiziell eingesetzt, das stimmt schon. Aber die ganze Geschichte ist noch nicht in dem Topf, wo's kocht. Die entscheidenden Gremien sind überhaupt noch nicht gebildet worden. – Man ist also im Grunde noch bei den Preliminarien? – So ist es.

auf den Topf müssen *mst Kinder* · 1. to have to go on the pot/potty, 2. to have to go to the loo

1. (Frage an eine junge Mutter:) Meldet sich euer Uli, wenn er auf den Topf muß? – Ja, der macht mit seinen 18 Monaten nicht mehr in die Hose.

2. … Warte mal, bevor wir losfahren, muß ich nochmal schnell auf den Topf (gehen). – Ich möchte es einmal erleben, daß du nicht auf die Toilette rennst, bevor du aus dem Haus gehst.

ein Kind/… auf den Topf setzen · to put a baby/child/… on the pot/potty

Du, Helga, du mußt den kleinen Ulli auf den Topf setzen, der druckst da herum … Wenn es nicht schon zu spät ist, wenn er nicht schon in die Hose gemacht hat.

auf dem Topf sitzen *mst Kinder* · 1. to be on the potty, 2. to be on the loo

1. (Der Vater zur Mutter:) Wie lange sitzt der Uli denn eigentlich schon auf dem Topf? Mir scheint, der will da gar nicht mehr runter.

2. … Kannst du bitte die Petra mal ans Telefon rufen? – Geht schlecht, die sitzt gerade auf dem Topf.

alles/verschiedene Dinge/… in einen Topf werfen/schmeißen *sal* – alles/verschiedene Dinge/(Menschen) … über einen **Kamm** scheren · to lump everything/different things/… together

Töpfchen: ein Kind/… aufs Töpfchen setzen *Kinderspr* – ein Kind/… auf den **Topf** setzen · to put a baby/child/… on the pot/potty

Töpfe: (gern/…) andern/andern Leuten/… in die Töpfe gukken/immer/… … gucken müssen *sal selten* · to like sticking/poking/… one's nose into other people's business

… Paß mal auf, mein Lieber: was die Monika und ich für ein Leben führen, wofür wir unser Geld ausgeben usw., das geht dich überhaupt gar nichts an! Kümmere du dich um deine eigene Familie! Diese Manie, den anderen immer in die Töpfe zu gucken!

topfit: topfit (sein) *ugs* · to be top fit

(Kommentar während eines Tennisspiels:) Schon beeindruckend, wie schnell der Volker Krankheiten und Verletzungen wegsteckt! Vorige Woche war er völlig down und heute ist er topfit. Schau dir das an, wie der spielt. Der Mann ist in Superform.

Topform: in Topform sein *ugs* – in **Hochform** sein · to be in top form

topp!: topp! *ugs selten* · done!, it's a deal!, agreed!

… Also, um zum Schluß zu kommen: du verkaufst mir deinen Wagen für 6.000,– Mark, und ich verkaufe dir meinen alten Hebekran für dieselbe Summe. Topp? – Einverstanden, Erich! Topp!

Topp: vor Topp und Takel *Seemannspr* · (to clean/… a ship) before the masts and sails are put up

(Zu Freunden, die ein Segelboot haben, das repariert wird:) Ihr macht doch euer Segelboot vor Topp und Takel in Schuß – wie man so schön sagt –, d.h. bevor oder ohne daß die Segelausrüstung (wieder) angebracht wird, oder? – Klar, besegelt wird nachher.

über die Toppen flaggen/geflaggt sein/haben *Seemannspr* · the ship/… is dressed overall

… Man konnte das Segelschiff schon deswegen von so weit sehen, weil es über die Toppen geflaggt hatte, wie die Seeleute oder Segler sagen; d.h.: alle Segel waren bis obenhin, bis an die Spitze der Masten gespannt.

Tor: ein reiner Tor *selten* · a simpleton

Was ist für dich 'ein reiner Tor', Paul? Ein völliger Dummkopf oder ein gutgläubiger Mensch, der aufgrund seiner Einfalt 'rein' bleibt? – Beides. Das eine im aktuellen, das andere im historisch-philosophischen Sinn.

das Tor hüten *Fußball usw. form* – zwischen den **Pfosten** stehen · to be in goal

jm. das Tor zu etw. öffnen *form – path selten* · 1. to open s.o.'s eyes to s.th., to introduce s.o. to s.th., 2. to open the door to s.th. for s.o.

1. … Bis zu ihrem 15. Lebensjahr hatte meine Schwester keinerlei musikalische Erfahrung, weder aktiv noch passiv. Wer ihr dann das

Tor zur Musik geöffnet hat, war ihr Patenonkel. Er nahm sie mit in Konzerte, schenkte ihr gute Bücher, sie bekam Klavierstunden ...
2. ... Wenn mein Bruder dir nicht das Tor zum Auswärtigen Amt geöffnet hätte, Walter, hättest du doch nie eine politische Karriere gemacht. Erst der Kontakt zum damaligen Außenminister und einigen anderen Koryphäen, die mein Bruder gut kannte, haben dir den Weg geebnet.

ein Tor schießen *Fußball* · to score a goal
... Wie steht's? – 2 : 1. – Und wer hat die Tore geschossen?

ins eigene Tor schießen *ugs selten* – **ein Eigentor** schießen · to score an own goal

nur/... auf ein Tor spielen *Fußball o. ä.* · to bombard the goal, to be camped in the other team's half/penalty area/...
... Gibt's denn so was?! Die spielen eine ganze Halbzeit nur auf ein Tor und verlieren doch! – Beim Fußball zählen die Tore, Klaus, und nicht, ob der Ball mehr vor dem eigenen oder dem gegnerischen Tor ist.

vor den Toren der Stadt *hist* · just outside the town/city gates
... Und vor den Toren der Stadt hatte eine Gruppe von Gauklern ihre Zelte aufgeschlagen, vielleicht 200 Meter vom östlichen Stadttor entfernt ...

im Tor stehen *Fußball u. ä.* · to be in goal
(Ein VFA-Anhänger zum andern:) Ist der Kobasch wieder fit? – Ich glaube, ja. – Wenn der im Tor steht, gewinnen wir; mit einem anderen Torwart bin ich da sehr im Zweifel.

Toresschluß: kurz vor Toresschluß kommen/etw. einreichen/... *ugs* · 1. 2. to arrive/to hand s.th. in/... at the last minute, to arrive/to hand s.th. in/... at the eleventh hour
1. (Ein Geschäftsfreund zum andern:) Na, du kommst ja mal wieder kurz vor Toresschluß! – Wann schließt ihr denn? – Um fünf Uhr. Jetzt ist es zehn vor (fünf). – Ach, ich dachte, um sechs. Entschuldige ...
2. ... Ja, wir haben die Unterlagen kurz vor Toresschluß doch noch eingereicht. Der letzte Abgabetermin war der 18. September, wir haben sie am 17. abgegeben.

Torkel: (vielleicht/...) Torkel haben *ugs selten* – (vielleicht/...) (ein) **Schwein** haben · to be dead lucky

Torschlußpanik: Torschlußpanik haben/bekommen *ugs* · to be afraid of/worried about/... being left on the shelf, to be worried that one has missed the boat/left it too late/...
... Die Petra hat Torschlußpanik, weil sie schon auf die Dreißig zugeht. Sie versucht um jeden Preis, sich einen Typen zu angeln.

Tort: jm. zum Tort etw. tun *geh veraltend selten* · to do s.th. to spite s.o./to vex s.o.
(A:) Ob der Felix der Tante Berta zum Verdruß, Trotz oder Tort die Tür so feste zuschmeißt, ist doch wohl gleichgültig: er will sie damit ärgern! – (B:) Es ist wirklich ein Tort. Denn die gute Frau hat es mit dem Felix immer nur gut gemeint und ihn selbst, was den Lärm angeht, immer nur gebeten, doch etwas Rücksicht zu nehmen, und nie geschimpft.

jm. **ein Tort antun** *form veraltend selten* · to do s.o. wrong, to do s.o. an injustice
... Wenn der Herr Birner für diese Fragen nicht zuständig ist, trifft ihn doch auch keinerlei Schuld! Mit Ihrer Kritik haben Sie ihm ein Tort angetan, das er Ihnen mit Recht übelnimmt. – Aber eine Kränkung lag mir ganz fern, Herr Koller. ...

Tortur: etw. zu tun ist eine (wahre) Tortur *ugs – path* · to be a real/... torture, to be a real/... ordeal
(Eine Lehrerin zu einer Kollegin:) Die Untertertia B im Zaum zu halten, das ist eine wahre Tortur! Wenn ich die morgens gehabt habe, bin ich noch den ganzen Nachmittag erledigt. Nervenaufreibend!

tot: schon halb tot sein *sal* · to be (already/...) half dead
... Ja, wenn ihr erst einen Arzt ruft, wenn euer Vater schon halb tot ist, ist natürlich nichts mehr zu machen. Gerade bei ernsten Krankheiten muß man rechtzeitig eingreifen.

(schon/...) halb tot sein vor Angst/... *ugs – path* · to be scared stiff, to be half dead with fear
... Nun halt du mal ganz schön deinen Mund, Christian! Du warst bei unserer Bergwanderung doch schon halb tot vor lauter Schiß! Du kannst doch den anderen nichts mehr von Mut erzählen! ...

tot und begraben sein *sal selten* · to be dead and buried
... Was macht eigentlich eure Kiwianpflanzung? – Gar nichts macht die! Die ganze Sache ist seit mehr als zwei Jahren tot und begraben! Da denkt kein Mensch mehr dran! Die Kostenvoranschläge für die Anlage waren einfach zu hoch.

bring'/bringt/... mir/(...) den/die Frau/..., tot oder lebend *path od. iron früher in Steckbriefen* · bring him/them/ Smith/... to me dead or alive
... Was, der Peterson hat den Firmenwagen zu Schrott gefahren? Bringt mir den Mann sofort her, tot oder lebend!

mehr tot als lebendig sein/ankommen/... (vor Erschöpfung/ (Angst/...)) *ugs – path* · to arrive/... more dead than alive (with exhaustion/fear/...)
Das war vielleicht ein mühsamer Aufstieg! Mehr tot als lebendig kamen wir oben auf dem Gipfel an ...

Tote: mit etw./diesem Schnaps/... kann man Tote aufwecken/ erwecken *ugs iron* · it/this whisky/... is strong/... enough to raise the dead *tr*
... Dieser Rum besteht ja fast nur aus purem Alkohol! – Ja, der ist ja so stark, daß man damit Tote aufwecken kann.

ein Lärm/..., um Tote aufzuwecken *ugs – path* – ein Lärm/..., um einen **Toten** aufzuwecken · a racket/din/noise/... to wake the dead

ein Lärm/..., um einen Toten aufzuwecken *ugs – path* · a racket/din/noise/... to wake the dead
... Das war im Theater, ein Durcheinander, sag' ich dir, und ein Lärm – um einen Toten aufzuwecken! Ohrenbetäubend!

die Toten soll man (in Frieden) ruhen lassen/laß/... die Toten ... ruhen! *form selten* · one shouldn't speak ill of the dead
Die Frau Röder ... eine furchtbar neidische, gehässige Frau war das! – ... Komm', Gisela, laß die Toten ruhen! Dir persönlich hat sie im übrigen nichts zuleide getan. Aber wie dem auch sei: sie ist jetzt tot, und wir wollen nichts Nachteiliges mehr über sie sagen.

töten: ich/(er/Frau Maier/...) könnte mich (sich/...) töten (wenn ich sehe/(er sieht/...))/... *ugs – path* · ich/(er/Frau Maier/...) könnte mir/(sich/...) die **Haare** (einzeln) ausraufen (wenn ich sehe/(er sieht/...,)) · I/he/Smith/... could kick myself/... (when I/... see/.../for doing s.th.)

Totenbett: auf dem Totenbett jm. **anvertrauen/...** *form* – (eher:) auf dem **Sterbebett** jm. anvertrauen/... · to confide s.th. to s.o./to confide in s.o./... on one's death-bed

Totenglocke: die Totenglocke läutet *veraltend selten* · the death-knell is heard, the funeral bell tolls
... Ja, da auf dem Land läutet, wenn jemand stirbt, nach wie vor die Totenglocke.

Totenhemd: das Totenhemd hat keine Taschen *ugs* · you can't take it with you, the shroud has no pockets *para*
... Was soll ich mit meinen 70 Jahren noch sparen? Mitnehmen kann ich sowieso nichts. Das Totenhemd hat bekanntlich keine Taschen.

Totenschein: den Totenschein ausstellen *form* · to issue the death certificate
... Erst wenn ein Arzt den Totenschein ausgestellt hat, kannst du dich um die offiziellen Dinge kümmern, wie Beerdigung, Erbe usw.

totenstill: es ist totenstill in/auf/bei/... *path* – es herrscht/(...) **Totenstille** · it is deathly still in/at/..., it is as silent as the grave in/at/...

Totenstille: es herrscht/(...) Totenstille *path* · there is a deathly hush, there is a deathly silence
... Plötzlich hörte man ein paar Schüsse und einen Trupp Soldaten heranmarschieren. Die Menschen verstummten. Totenstille herrschte

auf dem Marktplatz. Ein geradezu gespenstiges Schweigen. Was war geschehen? ...

Totenwache: die Totenwache halten *form* · to keep a vigil by a dying person's bedside, to keep the deathwatch

... Wann ist Deine Mutter gestorben? – Gestern vor einer Woche, nachts um drei Uhr. – Hast du die Totenwache gehalten? – Wir Kinder haben uns abgewechselt: mal der eine ein paar Stunden, mal der andere.

totlachen: sich totlachen *ugs – path –* sich den Bauch halten vor Lachen · to kill o.s. laughing

das/etw. **ist** (ja) **zum Totlachen** *sal* – das/etw. ist (ja) zum **Kranklachen** · it's/s.th. is killingly funny

totlaufen: sich totlaufen *oft: die Sache hat sich ... ugs* · to peter out, to die out, to run out of steam, to fizzle out, to run its course

... Natürlich, eine gewisse Zeit funktioniert das. Aber die Sache hat sich totgelaufen. Heute nimmt kein vernünftiger Mensch mehr solche Vorschläge ernst/von irgendeinem Moment an zählen solche Gesichtspunkte nicht mehr/irgendwann ist man seine Erklärungen leid/...

totmachen: sich für jn./etw. **totmachen** *ugs selten* – sich (für jn./etw.) **kaputtmachen** (2) · to kill o.s. for s.o./s.th., to work o.s. to death for s.o./s.th.

totmalochen: sich (für jn./etw.) **totmalochen** *sal selten* · 1. to work o.s. to death for s.o., 2. to kill o.s. for s.o./s.th.

1. vgl. – sich **kaputtarbeiten** (1; a. 2)
2. vgl. – sich (für jn./etw.) **kaputtmachen** (2)

toto: in toto *lit selten* – **alles** in allem · all in all, in toto

totquatschen: jn./etw. (regelrecht/...) **totquatschen** *sal* · 1. to talk s.o. into the ground, 2. to flog a topic/... to death *coll*

1. Hast du die Argumente verstanden, die der Gunscher vorgebracht hat? – Natürlich nicht. Die waren auch nicht zu verstehen. – Der Mann redet und redet ... – Aber sein Ziel hat er erreicht: alle haben für seinen Vorschlag gestimmt; es wußte keiner mehr was dagegen zu sagen. – Ja, ja, er hat die Leute buchstäblich totgequatscht.
2. Jetzt haben sie ein ganzes Jahr von 'Deutschland', 'deutscher Einheit', 'deutscher Nation' geredet – jetzt weiß endgültig kein Mensch mehr, was das ist! – Die Leute quatschen doch jedes Thema tot!

totreden: jn./(etw.) **totreden** *ugs* – jn./etw. (regelrecht/...) **totquatschen** (1; u. U. 2) · to talk s.o. into the ground, to flog a topic/... to death

totsagen: jn. **totsagen**/(schon/...) totgesagt worden sein *ugs* · to say that s.o. is finished

... Nein, den Burzel würde ich nach wie vor nicht abschreiben. Den haben sie schon mehrere Male totgesagt/(der war schon mehrere Male totgesagt worden), und noch jedes Mal war sein Einfluß nach einiger Zeit stärker, als er vorher je gewesen war.

totsaufen: sich totsaufen *sal* · to drink o.s. to death *coll*

... Natürlich trinkt der Detlev zu viel! Wenn er so weitermacht, ist er in zwei, drei Jahren kaputt. Wir haben ihm das alle schon gesagt – ohne jeden Erfolg. Aber gut: wenn er sich unbedingt totsaufen will, dann laß ihn!

totschlagen: jn. **totschlagen** · to kill s.o., to beat s.o. to death

Stimmt es, daß in diesem Krieg die Soldaten zig Zivilisten einfach totgeschlagen haben? – Es scheint, ja.

lieber/eher läßt sich j. **totschlagen, als daß er** ... *ugs – path* · I/he/John/... would rather die than ...

... Nein, lieber läßt sich der Rainer totschlagen, als daß er eine Arbeit annimmt, bei der er jeden Morgen und jeden Abend anderthalb Stunden fahren muß. Die können ihm bieten, was Sie wollen – die nimmt er nie!

und wenn du mich/der Peter sie/... **totschlägst**/totschlägt/..., **ich**/sie/der Albert weiß es **nicht**/tu/tut/... es nicht/... *ugs – path selten* · I/... can't remember/... for the life of me/him/(...)

... Aber du mußt doch wissen, wer in der Sitzung neben dir gesessen hat! – Und wenn du mich totschlägst: ich kann es dir nicht sagen. Ich habe überhaupt nicht darauf geachtet.

totschweigen: etw. **totschweigen** · to hush s.th. up, to keep quiet about s.th.

... Irgendwann mußten diese ungesetzlichen Praktiken der Parteien, sich Geld zu beschaffen, ja ans Licht kommen. Das konnte ja nicht ewig totgeschwiegen werden. – Warum nicht? Wer weiß, von wievielen Machenschaften wir nie etwas erfahren?

totstellen: sich totstellen · to pretend to be dead, to play dead

... Schau mal, Erich: stellt sich dieses Tier hier tot, weil es Gefahr wittert, oder ist es wirklich tot?

totweinen: sich totweinen *path* · to cry one's eyes out

... Mein Gott, die Arme hat sich totgeweint, als der Walter in Brasilien war! Wie eine Frau von 20 Jahren nur dermaßen heulen kann, weil ihr Freund weg ist!

totzukriegen: (so schnell/...) **nicht totzukriegen sein** *ugs* · 1. 2. s.o. can go on for ever, s.o. is a bundle of energy

1. ... Die Frau Ellert ist nicht 'elanvoll' – das ist ein Energiebündel! Der kannst du Arbeit geben, so viel wie du willst – die ist nicht totzukriegen!
2. ... Natürlich ist so ein Umbau auch eine große psychologische Belastung! Aber der Herr Richard ist strapazierfähig; so schnell ist der nicht totzukriegen.

Tour: alles geht wieder/... auf die alte Tour *ugs* · everything is going on in the same old way, everything has fallen back into the same old rut

... Eine Zeitlang sah es in der Tat so aus, als käme mit dem neuen Kanzler auch ein neuer Geist in die Politik. Aber inzwischen geht alles wieder auf die alte Tour. Dieselben Manipulationen wie früher, dieselben Lügereien, dieselbe Verachtung der Interessen der breiten Masse ...

(auf) die angenehme Tour *ugs* · (to do things) in a relaxed way/in a laid-back way

... Nein, der Herr Kolbmann wird uns auf der Konferenz nicht hetzen. Der pflegt solche Dinge auf die angenehme Tour zu machen: gut essen und trinken, die Verhandlungen in Ruhe führen, die Gegend genießen ...

(auf) die billige Tour *ugs* · + s.th./it/... is a shoddy excuse/trick/..., + s.th./it/... is a cop-out

... Der Petersen meint, wenn er dir zu wenig für die Werkzeuge gezahlt hätte, hättest du ihm das ja schreiben und ihn mahnen können. – Das ist eine billige Tour. Er wußte doch ganz genau, was die Dinge kosten. Als wenn es Sinn hätte, auf so einen Schmus überhaupt einzugehen.

auf die/(mit der) **Tour darf man** jm. **nicht kommen**/... *ugs* · don't try that one on me/them/..., he/John/... shouldn't try that one on me/them/...

... Wenn du mir den Betrag nicht bis zum Ende der nächsten Woche überweist, muß ich zu anderen Mitteln greifen. – Du, auf die Tour darfst du mir nicht kommen! Wenn du meinst, mich mit Drohungen einschüchtern zu können, bist du auf dem Holzweg. Noch einmal so ein Ton, und wir sind für immer geschiedene Leute.

in einer Tour *ugs* – in **einem** durch · all in one go

in einer Tour reden/quatschen/... *ugs* · 1. to talk/to chatter/... non-stop, to talk/... incessantly, to talk/... the whole time, 2. + s.o.'s tongue is never still, + s.o.'s tongue never stops wagging, s.o. is always rabbiting on

1. Der Hermann redet in einer Tour! Der hört nicht zu, der läßt andere nicht zu Wort kommen, der unterbricht sich nicht, um nachzudenken – nichts! Nur reden und reden!
2. vgl. – (eher:) bei jm. steht der **Schnabel** nicht/nicht eine Minute/keinen Augenblick/... still

(auf) die gemütliche Tour *ugs* · at a gentle pace, at a leisurely pace, to take one's time doing s.th.

... Ja, der Roman ist tatsächlich nicht gerade kurz – er hat 376 Seiten. Aber ich übersetze ihn in aller Ruhe, weißt du, jeden Tag so zwei, drei Seiten – auf die gemütliche Tour.

etw. auf die kalte Tour durchkriegen/erledigen/... *ugs selten* · to arrange s.th./... on the quiet

Nachdem die Regierungskoalition die umstrittene Novellierung des Datenschutzgesetzes im Eilverfahren durch die Gremien gepeitscht und verabschiedet hatte, wurde die Regelung auf die kalte Tour/ auf kaltem Weg von der Mehrheit der Opposition im Bundesrat gekippt.

eine krumme Tour *sal* · 1. 2. (to do s. th./to achieve s. th./...) by dishonest means/by devious methods/by dirty tricks/by skulduggery/...

1. ... Nein, so eine krumme Tour mache ich nicht mit! Ich will nicht auf unrechten Wegen an Geld kommen. – Stell' dich doch nicht so an, Mensch! Bist du etwa immer korrekt?

2. vgl. – krumme **Touren**/(auf krummen Touren etw. erreichen wollen/...)

auf die krumme (schräge/schiefe) **Tour** etw. erreichen wollen/... *sal* – krumme **Touren**/(auf krummen Touren etw. erreichen wollen/...) · to do s. th./to try to achieve s. th./... by dirty tricks, to do s. th./... by devious methods/means/..., to do s. th. by dishonest methods/means/..., to do s. th. by skulduggery

das/(etw.) **ist die sanfte Tour** *ugs* · it/s. th. is a/the gentle approach *n*, it/s. th. is a/the diplomatic approach *n*

... Früher tobte er, wenn die Leute solche Fehler machten. Heute sagt er ganz ruhig: »Aber Herr Kruse, so ein Pech! Wenn Sie das nächste Mal genauer achtgeben, passiert das sicherlich nicht mehr!« – Das ist die sanfte Tour! Die Haltung, die dahinter steht, ist dieselbe geblieben. – Natürlich.

auf die sanfte Tour *ugs* · (to achieve s. th./...) by gentle/ gradual/... methods *n*

Wenn du bei dem Schäufele etwas erreichen willst, darfst du nicht brüsk vorgehen. Auf die sanfte Tour – das ist bei ihm der einzige Weg. Ganz sachte, aber bestimmt; einen Schritt nach dem anderen.

(jm.) auf die schmeichlerische Tour (kommen/...) *ugs* · (to try/...) to suck up to s. o., to (try to/...) curry favour with s. o.

Vermeide bei einem Chef jedes Lob! Wenn er auch nur im geringsten den Eindruck hat, daß ihm jemand auf die schmeichlerische Tour kommt, ist er bei ihm verloren/unten durch.

(ganz) auf die schnelle Tour etw. **deichseln**/hinkriegen/... *ugs* · to wangle s. th. through/to fix s. th./... in no time/in a flash/...

... Natürlich schaffen es viele Leute in diesen Zeiten des Umbruchs, auf die schnelle Tour reich zu werden. Viele verarmen dann aber genau so schnell wieder, wie sie zu Geld gekommen sind.

j. hat mal wieder/... **seine Tour** *sal* · s. o. is in one of his moods (again/...) *coll*

... Was gibt die Ingrid denn plötzlich so bissige Antworten? – Laß sie Aloys, sie hat mal wieder ihre Tour. Du weißt doch, wie das bei ihr ist: von Zeit zu Zeit hat sie halt solche Anfälle (von Schroffheit/ Mißmut/...)

(etw.) auf die weiche/(süße) **Tour** (versuchen/...) *ugs* – auf die sanfte **Tour** · (to try to) achieve s. th./...) by soft-soaping s. o.

auf Tour sein *ugs selten* · 1. to be on tour, 2. to be on an outing, to be on an excursion, 3. to be (off) on a business trip

1. ... Eure Christiane ist wieder auf Tour? – Ja. Sie macht mit der (Ballett-)Company eine Tournee durch Südamerika.

2. ... – Sie ist mit ihrer Jugendgruppe nach Frankreich gefahren.

3. ... – Sie ist unterwegs, um zu sehen, ob sie den Absatz ihrer Modezeitschriften erhöht.

auf Tour gehen *ugs selten* · 1. to go on tour, 2. to set off on a trip

1. ... Wann geht eure Christiane auf Tour? – Offiziell ist die Tournee vom 6.4. bis zum 3.5., aber die (Ballett-)Company fährt schon zwei Tage früher ab.

2. ... – Die Gruppe fährt am 28.5. mit dem Intercity Köln-Paris los und bleibt bis Mitte Juni in Frankreich.

(mal wieder/...) seine Tour kriegen *sal* · to get into one of his moods (again/...) *coll*, to have one of his moods *coll*

Wenn die Ingrid ihre Tour kriegt, ist sie in der Lage und antwortet den ganzen Tag bissig. – Ach ja, hat die von Zeit zu Zeit solche Anfälle?

auf die dumme Tour reiten/(reisen) *sal selten* · to try it on (with s. o.), to try one's tricks on s. o., to try to con s. o.

(Eine Sekretärin zu ihrem Chef:) Der Herr Großbaum läßt fragen, ob die Werkzeuge nach wie vor denselben Preis haben wie im vergangenen Jahr. – Dieser Mann reitet mal wieder auf die dumme Tour. Erstens sind die Werkzeugpreise genauso gestiegen wie alles andere auch und zweitens hatte ich ihm im vergangenen Jahr ausdrücklich einen einmaligen Sonderpreis gemacht. Das weiß er doch alles ganz genau.

krumme Touren/(auf krummen Touren etw. erreichen wollen/...) *sal* · 1. 2. to do s. th./to try to achieve s. th./... by dirty tricks, to do s. th./... by devious methods/means/..., to do s. th. by dishonest methods/means/..., to do s. th. by skulduggery

1. ... Es weiß doch jeder hier, daß Herr Wolters auf krummen Touren Bürgermeister geworden ist. – Wieso auf krummen Touren? – Er hat eine Reihe von Abgeordneten vor der Wahl unter Druck setzen lassen, anderen hat er handfeste materielle Vorteile zugeschanzt/zukommen lassen ...

2. vgl. – eine krumme **Tour**

auf vollen Touren arbeiten/... *ugs* · to work flat out, to be in full swing, to beaver away, to be hard at it, to run at full speed *engine*

... Als ich da ankam, etwa eine Viertelstunde nach Dienstbeginn, arbeiteten alle schon auf vollen Touren. – Bei denen geht es immer vom ersten Moment an mit der ganzen Kraft und allem Einsatz los.

j. hat mal wieder/... **seine Touren** *sal* – j. hat mal wieder/... seine **Tour** · s. o. is in one of his moods (again/...)

auf Touren sein *ugs* · 1. 2. to get into one's stride, 1. to be in full swing, 2. to (really) get going

1. ... Er hat lange gebraucht, um sich einzuspielen. Aber jetzt ist er auf Touren. Schau dir das an, welch ein Tempo er jetzt vorlegt, wie er schmettert, mit welch einer Präzision er die Bälle zurückgibt ...

2. vgl. – (so) (richtig/...) in **Fahrt** sein (mit/bei etw.) (1)

jn. auf Touren bringen *ugs* · 1. to (really/...) get s. o./(s. th.) going, 2. to make s. o. hopping mad, to make s. o.'s blood boil, to make s. o. flip his lid

1. ... Nach einer Stunde brachte dann die 'Jolly-Band' die Festgesellschaft auf Touren: man tanzte, man sang, die Stimmung wurde immer ausgelassener ...

2. vgl. – (u. U.) jn. auf **achtzig** bringen

auf Touren kommen *ugs* · 1. 3. to get going, 1. to get into one's stride, 2. to run at full speed, to reach top speed, to get into top gear, 3. to be in full flow, to get started, to get warmed up

1. (A zu B:) Nun sei doch nicht so lethargisch! Du schläfst wohl noch, was? In dem Rhythmus werden wir nie fertig! – (C:) Ehe die Annemarie morgens auf Touren kommt ... – dauert immer eine ganze Zeit. Sie läuft langsam an, wie eine große Maschine.

2. Wie lange braucht die Maschine, bis sie auf Touren kommt? – Das geht relativ schnell. In zehn Minuten läuft sie auf Hochtouren/mit ihrer maximalen Umdrehungszahl. *seltener*

3. vgl. – (eher:) (erst) (einmal) (richtig/...) in **Fahrt** kommen/(geraten) (1, 2)

(mal wieder/...) seine Touren kriegen *sal* – (mal wieder/...) seine **Tour** kriegen · to get into/to be in one of his moods (again/...)

auf vollen Touren laufen *ugs* · 1. to be in full swing, 2. to run at full speed

1. Sind die Vorbereitungen für den Kongreß schon angelaufen? – Angelaufen? Die laufen seit vier Tagen auf vollen Touren.

2. ... Bisher hatten wir Gott sein Dank immer genug Aufträge. Deshalb laufen unsere Maschinen ständig auf vollen Touren. Wenn wirklich einmal eine heruntergeschaltet wird, dann, weil sie irgendeinen Defekt hat.

krumme Touren reiten *ugs* · to use/to resort to/... dirty tricks, to use underhand methods, to be up to monkey business

... Wenn wir versuchen würden, hintenherum ... – Paß mal auf, Peter: hier werden keine krummen Touren geritten! Ich lege Wert darauf, daß unsere Methoden von A bis Z sauber und korrekt sind.

Tournee: auf Tournee sein *Theater u. ä.* · to be on tour
Die Company/eure Rikarda ist auf Tournee? – Ja, sie macht eine Gastspielreise nach New York.

auf Tournee gehen *Theater u. ä.* · to go on tour
… Nein, in der nächsten und übernächsten Woche gibt es keine Ballettvorstellungen, da geht die Company auf Tournee. – Wohin führt die Gastspielreise?

Trab: (nun) (mal) ein bißchen/… Trab! *sal selten* · get a move on!
… Kann das nicht schneller gehen/könnt ihr nicht schneller laufen/ kommen/…?! Los, Mensch, nun mal ein bißchen Trab!

ständig/immer/… auf Trab sein *sal* · 1. 2. s. o. is always/ constantly/… on the go *coll*, 2. s. o. is always/constantly/… on the move *coll*
1. … Diese Frau ist aber auch immer auf Trab! Mal im Keller, mal im Garten, und am Bügelbrett, und beim Einkaufen. Ich möchte doch mal erleben, daß sie auch nur eine Stunde stillsitzt.
2. vgl. – ständig/immer/… auf **Achse** sein/liegen (2)

jn./etw. auf (in) Trab bringen *sal* – jn./etw. in **Schwung** bringen · to put life into s. o./s. th., to liven s. o./s. th. up, to shake s. o./s. th. up

mach'/macht/… (mal) ein bißchen/… Trab dahinter! *sal selten* · get a move on!, make it snappy!
… Mensch, macht mal ein wenig Trab dahinter! Wenn ihr in diesem Rhythmus weiterarbeitet/weiterschaufelt/…, werdet ihr für das bißchen wohl vier Wochen brauchen!

jn. (dauernd/…) auf/(in) Trab halten *ugs* · to keep s. o. on the go (all the time/…), to keep s. o. at it (all the time/…)
… Ich verstehe gar nicht, wie Frauen in unserem Alter eine solche Langeweile haben können. Ich freue mich immer, wenn ich mal eine Stunde zur Ruhe komme. – Du hast fünf Kinder, Marlies; die halten dich natürlich immer auf Trab. Aber wenn jemand nur ein oder sogar gar kein Kind hat, wie die Ursel …

auf Trab kommen *ugs* · to get going
(Bei einer Gemeinschaftsübersetzung:) Na, so allmählich kommen wir endlich auf Trab. – Wie, gefiel dir der Rhythmus bisher nicht? – Offengestanden fand ich das ganze bisher ein bißchen lahm.

im Trab reiten · to trot, to ride at a trot
… Läßt der Weg es zu, da im Trab zu reiten? Denn wenn wir die ganze Strecke im Schritt reiten müssen, brauchen wir bestimmt drei Stunden.

ein Pferd/… in Trab setzen · to trot a horse, to put a horse into a trot
… Kaum hatte Toni 'seinen Braunen' in Trab gesetzt, da vergaß er auch schon alles andere um sich her. So durch die Landschaft zu traben – gab es etwas Schöneres?!

sich in Trab setzen *Pferde* · to begin to trot, to break into a trot
… Und dann setzten sich alle 15 Ponys auf ein Zeichen hin in Trab und trotteten um den ganzen Sportplatz herum. …

Tracht: jm. eine (gehörige/anständige/…) Tracht Prügel geben/verabreichen/verpassen *ugs* – jm. den **Buckel** vollhauen/vollschlagen (2; a. 1) · to give s. o. a good hiding

eine (gehörige/anständige/…) Tracht Prügel kriegen/(bekommen)/beziehen *ugs* – den **Buckel** vollkriegen (2; a. 1) · to get a good hiding

Trachten: js. (ganzes)/all mein/dein/… Trachten ist auf etw. gerichtet/geht auf/…/darauf, etw. zu tun *form – path selten* – js. (ganzes)/all mein/dein/… **Sinnen** und Trachten richtet sich auf/geht auf/darauf, etw. zu tun (2; u. U. 1) · all my/ your/… thoughts and efforts are concentrated on/directed towards/… (doing) s. th.

Tradition: an der/unserer/… Tradition festhalten und …/… Tradition des/der/… festhalten/… Tradition, zu …, festhalten *form* · to adhere to a tradition and …/…, to stick to a tradition and …/…
(Aus einer Festrede:) Und indem wir an unserer Tradition festhalten, auf unserer Jahreshauptversammlung ein verdientes Mitglied offiziell

zu ehren, darf ich jetzt Herrn Dr. Breitkamp bitten, nach vorn zu kommen. Herr Dr. Breitkamp hat …

träge: geistig träge sein *euphem – iron* · to be mentally lazy
(Der Vater zu dem Klassenlehrer seines Sohnes:) So, geistig träge, sagen Sie, ist unser Rudolf? Sie meinen also, dumm? – Hm …

tragen: ein Kind/… huckepack(e) tragen *ugs* – ein Kind/… huckepack(e) **nehmen** · to give a child/… a piggy-back

oben ohne tragen *ugs* · to go topless
(Vor einem Empfang; die Frau zu ihrem Mann:) Und was für eine Bluse ziehe ich denn da zu diesem Jackenkleid an? – Ach, Sigrid, dieses ganze Kleiderzeremoniell! Eine moderne Frau trägt heute oben ohne. – Das möchte ich sehen, wenn ich da barbusig erscheine, was du und die anderen dann sagen würden!

schwer an etw. (zu) tragen (haben) *path* · to find s. th. hard to bear, to find it hard to cope with s. th.
… Von wegen, leichtgefallen! Der Erich hat an seiner Scheidung das ganze Leben hindurch schwer getragen! Noch kurz vor seinem Tod hat er mir gesagt, wie leid ihm die Bettina getan hat.

sich tragen *wirtschaftlich* · to be self-supporting, to be self-sustaining
… Du sagst, ihr habt keinen Gewinn gemacht … – das ist im ersten Jahr ganz normal … Aber wirtschaftet doch auch nicht? – Nein. Der Granitabbau trägt sich Gott sei Dank schon jetzt.

Tragen: etw. zum Tragen bringen *Fähigkeiten/Aufwand/Energie/…/das Ganze/die Sache/… form* · 1. to bring s. th. to fruition, 2. to make the best use/the most/… of s. th.
1. … Jetzt habt ihr so viel Geld und Energie darein gesteckt, einen neuen Exportmarkt in Mexiko aufzubauen; jetzt müßt ihr das alles auch zum Tragen bringen. Jetzt müssen sich eure Anstrengungen auszahlen!
2. Der Ulrich versteht es leider nicht, seine Fähigkeiten und sein Engagement zum Tragen zu bringen. Andere erreichen mit der Hälfte an Zeit und Energie das Doppelte.

(nicht) zum Tragen kommen *Fähigkeiten/Aufwand/Energie/…/das Ganze/die Sache/… form* · 1. 3. (not) to bear fruit, (not) to achieve results, 2. (not) to come across, (not) to become noticeable
1. Wenn uns der Staat mit seinen Bestimmungen dauernd Fesseln anlegt, kommen unsere Bemühungen natürlich gar nicht zum Tragen. Da können wir heute dies und morgen das erreichen; aber richtigen Erfolg haben wir dann nie.
2. … Seine praktische Sprachfertigkeit kommt bei diesen theoretischen Tests überhaupt nicht zum Tragen. – Das finde ich auch: die Kinder, die weniger reflektiv und analytisch sind, kommen bei diesen Methoden nicht zum Zug; ihre Fähigkeiten können sich überhaupt nicht (richtig) auswirken.
3. … Jetzt haben wir jahrelang wer weiß wie viel Energie und Geld in die Sache gesteckt, jetzt muß das Ganze auch zum Tragen kommen. Sonst war der Aufwand vergeblich.

Tragweite: von (sehr) geringer Tragweite sein *form* · not to be (very) important/significant/momentous/…
… An sich mögen seine Überlegungen richtig sein; aber sie sind halt von (sehr) geringer Tragweite. Für unsere Entscheidung haben sie jedenfalls wenig Gewicht.

von (sehr) großer Tragweite sein *form* · to have far-reaching implications, to have far-reaching consequences, to be of great moment/importance/significance
(Aus einer Kritik:) Ein Werk von größter Tragweite: ein Roman, der die zeitgenössischen Probleme vor dem Hintergrund der europäischen Entwicklung in den letzten hundert Jahren darstellt und sie damit in eine ganz andere Perspektive rückt. …

Tran: (noch/…) im Tran sein *sal* · 1. to be (still) half-asleep/(only/…) half-awake *n*, to be (still/…) in a daze *n*, 2. to be drunk/tight/legless/…
1. … Jetzt? Jetzt sofort soll ich den Text aufsetzen? Um sechs Uhr in der Frühe? – Du bist wohl noch im Tran, was? Bist du wieder wer weiß wie spät ins Bett gegangen? – Nein, aber ehrlich, Heiner: um diese Zeit kann doch kein normaler Mensch klar denken.

2. … Jetzt ist es 11 Uhr, und der Horst ist immer noch im Tran! – Die haben bis vier Uhr heute morgen gesoffen. – Ah, dann verstehe ich alles. Er ist noch halb blau.

(noch halb) im Tran etw. tun *sal* · 1. to do s. th. while/when/… half-asleep *n*, to do s. th. (while) in a daze *coll*, 2. to do/to say/… s. th. when one is in a daze/stoned/befuddled/…

1. … Wann ist das Examen? Morgen früh um 7 Uhr? Das kann doch nicht wahr sein! Du willst mich wohl auf den Arm nehmen? Man kann doch nicht noch halb im Tran auf wer weiß was für verzwickte Fragen vernünftige Antworten geben!

2. … Das darfst du nicht so ernst nehmen, was dir der Helmut gestern an den Kopf geworfen hat. Er hat das doch alles im Tran gesagt! – Was heißt, im Tran? Er sagt, wenn er blau ist, nur das, was er auch meint und was er sich im nüchternen Zustand zu sagen scheut.

(ganz) wie im Tran etw. tun *sal* · to do s. th. in a daze *coll*, to do s. th. as if in a dream

… Er war von dem Sturz noch ganz benommen. Wie im Tran setzte er seine Brille wieder auf, klemmte die Aktentasche unter den Arm und ging auf den Bahnsteig. Wie ein Schlafwandler, der 'seine Wege' geht.

Träne: mit einer Träne im Knopfloch … *iron selten* · 1. wiping away a(n) (imaginary) tear, 2. to be moved to tears by s. o.'s kindness/…

1. … Wenn du gesehen hättest, wie gekonnt-rührselig sie den Schutzmann bezirzte: »Aber sehen Sie, Herr Wachtmeister, ich muß ganz schnell zum Krankenhaus. Mein Enkel …« Sie weinte fast. Dabei gibt's überhaupt gar keinen Enkel! Sie genoß das Ganze regelrecht in ihrer gespielten Sentimentalität. Und mit einer Träne im Knopfloch brachte sie es schließlich dahin, daß sich der Polizist gerührt entschuldigte, sie wegen der Geschwindigkeitsübertretung angehalten zu haben …

2. Mit einer Träne im Knopfloch hat sich am Montag Dr. Schulz, unser Abteilungsleiter, verabschiedet, als er in Pension ging. Er versuchte zwar, seine Gefühle zu unterdrücken, aber jeder von uns merkte, wie gerührt er war. *seltener*

jm. keine Träne nachweinen *ugs* · to be glad to see the back of s. o., not to shed any tears over s. o.

… Der Herr Heubert hat bei euch gekündigt? – Gott sei Dank! Dem weint bei uns niemand eine Träne nach. – War er so unbeliebt? – Der Mann ist eine Null.

keine/keine einzige/… Träne vergießen wegen jm./e-r S. · + it's/s. th. is not worth crying over/about *coll*

… Nun mach' dir doch nicht solchen Kummer wegen der Schule, Kind! Eine Arbeit kann jeder mal verhauen/verpatzen/in den Sand setzen. Deswegen wirst du doch wohl keine Träne vergießen! Das ist der Anlaß doch beileibe nicht wert.

keine Träne wert sein *ugs selten* · it's/s. th. is not worth crying over/about

… Kind, eine verhauene Arbeit ist keine Träne wert! Die nächste schreibst du wieder besser, und damit ist die Sache erledigt. Du wirst dir doch über solche lächerlichen Dinge jetzt nicht wer weiß was für Kummer machen!

jm. kommen die Tränen – (ganz) feuchte/(nasse) **Augen** bekommen · + s. o.'s eyes fill with tears, tears well up in s. o.'s eyes

unter Tränen gestehen/sagen/… *form* · in tears s. o. admits/…, amid tears s. o. admits/…

… Unter Tränen gestand er dann schließlich, dreimal zehn Mark aus Vaters Portemonnaie genommen zu haben. – Hoffentlich war das Heulen nicht umsonst, das heißt, fängt er mit seinen Unehrlichkeiten nicht wieder an, wenn sich alle wieder beruhigt haben.

sich/jm. die Tränen abwischen – sich/jm. die **Tränen** aus dem Gesicht wischen · to wipe away one's/s. o.'s tears, to dry one's/s. o.'s tears

in Tränen aufgelöst/(gebadet) sein *path* · to be in tears, to be dissolved in tears

… Da kommt eure Ute. In Tränen aufgelöst/(sie ist in Tränen aufgelöst) … Was ist denn los, Ute? Was/warum heulst/(weinst) du denn

so? … Hier, nimm mal mein Taschentuch und putz dir die Tränen ab! … Nun sprich dich mal aus! Was ist los? …

die Tränen stehen jm. **in den Augen** · + to have tears in one's eyes

… Die Tränen standen unserem Vater in den Augen, so gerührt war er über die bewegenden Worte, die der alte Chef persönlich auf der Jubiläumsfeier seiner langjährigen Arbeit widmete.

jm. treten/(steigen) die Tränen in die Augen – (ganz) feuchte/(nasse) **Augen** bekommen · + s. o.'s eyes fill with tears, tears come to s. o.'s eyes

mit Tränen in den Augen gestehen/etw. sagen/… · to confess/to say/… s. th. with tears in one's eyes

… Hast du schon gehört, Birte?: der Klaus Bracht ist verunglückt. – Der Udo hat es mir erzählt, antwortete sie, mit Tränen in den Augen. Der liebe Gott gebe, daß der Junge ohne bleibende Schäden durchkommt …

von Tränen (ganz) getrübte Augen (haben) *path selten* · to have eyes dimmed with tears

Hast du die Gisela Weber nach dem Tod ihrer Mutter schon mal gesehen? – Nein, warum? – Die läuft mit von Tränen getrübten Augen durch die Straßen. Ein Jammer, ein sonst so frohsinniges Mädchen so traurig zu sehen!

jm. die Tränen in die Augen treiben · 1. 2. to bring tears to s. o.'s eyes, 1. to make s. o.'s eyes water, 2. to move s. o. to tears

1. … Dieser Qualm treibt einem die Tränen in die Augen! – Das kann man wohl sagen. Hier müßte man mit einer Gasmaske arbeiten.

2. … Die unbarmherzige Härte, mit der die Polizei die jungen Leute niederschlug, trieb einigen von uns die Tränen in die Augen … *path*

in Tränen ausbrechen *path* · to burst into tears

Als der Arzt das Schicksal der Verletzten schilderte, brachen mehrere Frauen in Tränen aus.

die/dicke Tränen rollen jm. **über die Backen/(Wangen)** · (the) tears roll down s. o.'s cheeks

… »Aber ich wollte dem Friedhelm den Stein doch gar nicht an den Kopf werfen«, schluchzte er. Die Tränen rollten ihm über die Backen. Er hatte sich geärgert und da …

die/dicke Tränen kullern jm. **die Backen/(Wangen) herunter** *ugs* – die/dicke **Tränen** rollen jm. über die Backen/(Wangen) · (the) tears roll down s. o.'s cheeks

Tränen der Freude weinen/vergießen *form – path* · to weep tears of joy

… War er doch heil und gesund zurückgekommen! Sie weinte Tränen der Freude. Was hatte sie sich für Sorgen gemacht; gerade in den letzten Monaten des Krieges! …

zu Tränen gerührt sein · to be moved to tears

Unser Vater war zu Tränen gerührt, als auf der Feier zu seinem 30. Dienstjubiläum der Chef persönlich seine langjährige Arbeit würdigte. Er fand derart bewegende Worte …

sich/jm. die Tränen aus dem Gesicht wischen · to wipe away one's/s. o.'s tears, to wipe the tears from one's/s. o.'s eyes, to dry one's/s. o.'s tears

… Wer weint denn da so, Junge? Komm', nun wisch' dir mal die Tränen aus dem Gesicht! …

die/seine Tränen hinunterwürgen/hinunterschlucken · to choke back tears, to fight back tears

… Nur mit Mühe gelang es ihr, die Tränen hinunterzuwürgen, so bewegt war sie über die ritterliche Haltung ihres Freundes. Wenn sie sich vor den anderen nicht geschämt hätte, hätte sie losgeheult.

Tränen lachen · to laugh till one cries, to laugh till tears roll down one's cheeks

Der Hanno ist eine Art, die Lehrer durch den Kakao zu ziehen! Unnachahmlich! Wir haben Tränen gelacht auf dem Schulfest.

unter Tränen lachen *selten* · to laugh through one's tears, to laugh amid tears

… Sie weinte, natürlich, und sie hatte, bei Gott, Grund genug zum Weinen. Aber als Kurt mit seinen humorvollen Bemerkungen die

Ironie der ganzen Situation heraushob, mußte sie natürlich immer wieder lachen. – Und was sagte der Heinz, als er seine Frau so unter Tränen lachen sah?

jm. keine Tränen nachweinen *ugs* – (eher:) jm. keine **Träne** nachweinen · not to shed any tears over s.o.

den Tränen nahe sein · to be close to tears
Als meine Schwester sah, wie ritterlich sie ihr Freund gegen die Vorwürfe ihrer Kolleginnen verteidigte, war sie den Tränen nahe. Sie wußte, daß er sie liebte, ja; aber daß er sich so unbedingt für sie einsetzte, rührte sie zutiefst.

jn. bis zu Tränen reizen *path selten* · to make s.o. cry, to reduce s.o. to tears
… Der Junge hat keine Ruhe, bis seine Schwester anfängt zu heulen! So lange muß er sie ärgern! – Dann mußt du als Vater mal eingreifen, Joseph! Wenn er sie das nächste Mal bis zu Tränen reizt, gibst du ihm so lange was auf seinen Allerwertesten, bis er anfängt zu jammern.

mit den Tränen ringen *path* – (eher:) den **Tränen** nahe sein · to fight back the tears

jn. zu Tränen rühren *path selten* · to move s.o. to tears
Die Rede, die der Chef auf der Jubiläumsfeier zu Ehren meines Vaters hielt, rührte ihn zu Tränen. Ich habe meinen Vater in meinem ganzen Leben noch nie so gerührt gesehen.

in Tränen schwimmen *form* – *path selten* – in **Tränen** aufgelöst/(gebadet) sein · to be in tears, to be dissolved in tears

die Tränen (immer/…) **(sehr) locker sitzen haben**/bei jm. sitzen … locker *ugs* · to be weepy, to be easily moved to tears, to cry easily
(A zu B:) Aber Elly, so etwas ist doch kein Grund zum Weinen! – (C:) Sie hat die Tränen immer sehr locker sitzen. Bei dem geringsten Anlaß fängt sie an zu heulen.

jm. (die) Tränen trocknen helfen *path selten* · to help s.o. to get over s.th.
… Du weißt nicht, wie das ist, Wolfram, wenn man in einem Jahr seinen Mann und seinen einzigen Sohn verliert und niemanden hat, der einem die Tränen trocknen hilft! Die Frau Hasberg steht doch mit ihrem Leid völlig allein da!

sich einige/ein paar Tränen verdrücken/(zerdrücken) *ugs* · to wipe away a few tears
Hast du bemerkt?: als der Herr Holters von den Sorgen der alleinstehenden Mütter sprach, saß der Helmut da ganz betroffen in der Ecke und verdrückte sich einige Tränen. Er hat bestimmt an seine eigene Mutter gedacht.

(dicke/allerhand/…) Tränen vergießen *path* · 1. 2. to cry like a baby, to cry one's eyes out
1. … Was er für Tränen vergossen hat! Du machst dir kein Bild. Er hat geheult wie ein Schloßhund.
2. … So einen stämmigen Jungen dicke Tränen vergießen zu sehen, das trifft einen schon. – Und warum heulte der Robert so?

heiße Tränen vergießen *form* – *path* · to shed hot tears
… Jetzt, wo die Petra todkrank ist, vergießt er heiße Tränen! Vorher hat er sich einen Dreck um sie gekümmert! – Paul, der Schmerz von dem Christoph ist echt – ganz egal, was vorher war.

keine Tränen vergießen wegen jm./e-r S. – keine/keine einzige/… **Träne** vergießen wegen jm./e-r S. · not to cry because of s.o./s.th., + s.o./s.th. is not worth crying about

bittere Tränen weinen *form* – *path* · to shed bitter tears
… Hatte er mit seiner Undankbarkeit und Schroffheit seine Mutter nicht zutiefst getroffen? Er war völlig zerknirscht, weinte bittere Tränen. Wie konnte er sein Unrecht nur wiedergutmachen? …

blutige Tränen weinen *geh path* – (stärker als:) bittere **Tränen** weinen · to shed bitter tears

heiße Tränen weinen *form* – *path* – (eher:) heiße **Tränen** vergießen · to shed hot tears

in Tränen (geradezu/…) zerfließen *form* – *path* · to be dissolved in tears, to melt into tears
Die Bettina ist untröstlich. Sie zerfließt geradezu in Tränen. Immer wieder schluchzt sie: »Wie kann ich das bloß wiedergutmachen? Wie konnte ich nur so ungerecht und hartherzig sein? …«

Tränendrüsen: auf die Tränendrüsen drücken *ugs* · 1. 2. to turn the tear taps on, 1. to be a (real/…) tear-jerker, 2. to lay on the agony
1. Ach, dieser scheinheilige Film will mit allen Trickschen auf die Tränendrüsen drücken … – ich hab' dafür einfach keinen Sinn!
2. … Mein lieber Junge, du kannst auf die Tränendrüsen drücken, soviel du willst: du gehst heute abend nicht ins Kino, sondern pünktlich ins Bett! Ihr schreibt morgen eine Arbeit, und da mußt du ausgeschlafen sein. Und wenn du noch so lange versuchst, mich mit deinen Krokodilstränen zu rühren: es bleibt dabei!

auf die Tränendrüsen wirken *ugs* · to make people/… cry *n*, to bring s.o. to the verge of tears
… Ja, der Arme hat sein ganzes Leben nichts anderes im Sinn gehabt als das Wohl seiner Kinder und seiner Frau! Nur die wollten nichts von ihm wissen! Natürlich! … Ich bin ganz gerührt, vor Mitleid! Ich weine fast …! – Sag' ich doch: der Mann versteht es, auf die Tränendrüsen zu wirken/solche Sprüche wirken auf die Tränendrüsen!

Trank: ein bitterer Trank (sein) *form selten* · (it/s.th. is) a bitter pill to swallow
… Nochmal ins Krankenhaus?! Nochmal dieselbe Operation?! Das ist ein bitterer Trank! Aber es läßt sich wohl nicht vermeiden, wenn er die Niere retten will.

Tränke: Vieh/… zur Tränke führen · to lead cattle/horses/… to the watering place, to lead cattle/horses/… to the trough
Heute gibt es in den Ställen überall fließendes Wasser, da werden die Pferde nicht mehr zur Tränke geführt. Aber noch bei unserem Großvater …

Trantüte: eine (richtige/…) **Trantüte sein** *sal* · to be a real/… slow-coach, to be a real/… drip
… Die Angelika ist eine richtige Trantüte! Die weiß nie, was sie will, und braucht ewig, bis sie sich aufraffen kann, etwas zu tun.

Trara: ein großes Trara machen (wegen e-r S.) *sal* · 1. 2. (not) to make a lot of fuss (about s.th.), (not) to make a big fuss (about s.th.)
1. vgl. – (nicht) viel/kein **Aufhebens** um jn./etw./von jm./etw. machen
2. vgl. – (u. U.) **Theater** machen

(nicht) **viel Trara machen** (wegen e-r S.) *sal* – (nicht) viel/kein **Aufhebens** um jn./etw./von jm./etw. machen · (not) to make a lot of fuss (about s.th.), (not) to make a big fuss (about s.th.)

Tratschweib: ein (altes/richtiges/…) **Tratschweib (sein)** *sal* – ein (altes/richtiges/…) **Waschweib** (sein) (1, 2) · (to be) a real/… gossip, (to be) a real/… chatterbox, (to be) a real/… washerwoman

Tratte: eine Tratte auf jn. **ausstellen** *Bankwesen veraltend* · to issue a bill of exchange in s.o.'s name, to draw a draft on s.o.
… Wenn die Leute in Mitteleuropa Geld brauchen, erklärte er, nehmen sie einen Kredit auf. Das ist in Portugal natürlich genau dasselbe. Aber daneben herrscht noch immer sehr der Usus, daß jemand eine Tratte ausstellt: d. h. einen Wechsel, den der Gläubiger als Zahlungsmittel akzeptiert und dessen Wert die Bank vorstreckt und der Bezogene – d. h. der Schuldner – am Fälligkeitstag zu zahlen hat.

Traualtar: die Braut/ein Mädchen/… zum Traualtar führen *path od. iron selten* – (eher:) die Braut/ein Mädchen/… zum **Altar** führen · to lead a bride/a woman/… to the altar/…

vor den Traualtar treten *path veraltend selten* · to go to the altar
… Wenn zwei junge Leute vor den Traualtar treten, finde ich das nicht nur normal, sondern schön. Aber zwei Sechzigjährige? Müssen die noch heiraten? Und dann mit dem ganzen kirchlichen Zeremoniell? – Warum denn nicht?

mit jm. vor den Traualtar treten *path od. iron* · to lead s.o. to the altar
… Mensch, der Hermann hat sich aber eine hübsche Freundin angeschafft! Wenn er mit der mal vor den Traualtar tritt, wird mancher vor Neid erblassen. – Wer sagt denn, daß die heiraten will?

Traube: es hängt eine Traube von Menschen in .../vor/... *ugs – path* · there is a whole/... bunch of people/..., there is a whole/... crowd of people/..., people are clustering/thronging/crowding/... around ... *n*

... Und als wir fünf, sechs Minuten vor Abfahrt des Zuges in die Bahnhofshalle gestürzt kamen, sahen wir zu unserem Schrecken, daß eine Traube von Menschen vor dem einzigen Fahrkartenschalter hing. Es war gar kein Denken daran, noch rechtzeitig eine Fahrkarte zu bekommen, bei diesem Gedränge ...

für jn. **saure Trauben sein** *geh selten* · it's just sour grapes on his/their/John's/... part *n*

... Das glaube ich gern, daß der Robert verkündet, die Universitätskarriere interessiere ihn nicht. Das sind für ihn saure Trauben – d. h. er wertet das ab, weil es für ihn unerreichbar ist.

die Trauben hängen jm. **zu hoch** *lit* · it's (just) sour grapes *n*, it's (just) a case of sour grapes *n*

... Selbstverständlich muß nicht jeder Universitätsprofessor werden. Auch der Robert sagt sich, daß er sich schönere Dinge vorstellen kann, als ewig hinter den Büchern zu sitzen. – Der Robert? Dem hängen die Trauben wohl zu hoch? Bevor das mit seiner Habilitation schiefging, hat er nichts anderes im Kopf gehabt, als die Universitätskarriere anzustreben. Und jetzt, wo er das nicht schafft, soll die plötzlich unangemessen sein?

die Trauben sind jm. **zu sauer** *lit* – die **Trauben** hängen jm. zu hoch · it's (just) sour grapes *n*, it's (just) a case of sour grapes *n*

in dichten Trauben am Strauch hängen/(...) *Beeren* · to hang in thick clusters on the bush

... Hast du das mal gesehen, wenn die Johannisbeeren in dichten Trauben an den Sträuchern hängen? Ein Strauch neben dem anderen; ein ganzes Feld von prallvollen Johannisbeersträuchern ...

trauen: sich nicht in/aus/... trauen · not to dare to go out/in/...

... Die Waltraud hat eine derartige Angst vor Gewittern, daß sie sich an gewittrigen Tagen kaum aus dem Haus traut! ...

jm./e-r S. **nicht recht/nicht so richtig trauen** – jm. nicht (ganz) geheuer **vorkommen**/(sein) · + not to really/... trust s.o./s. th., + to think there's something weird/fishy/not quite kosher about s.o./s. th.

sich (kirchlich/staatlich) trauen lassen *form* · to have a church wedding, to be married in church

... Daß die Ursel und der Rainer geheiratet haben, wußte ich. Was ich nicht weiß: haben sie sich kirchlich trauen lassen? – Nein! Sie haben nur standesamtlich geheiratet; auf dem Standesamt Augsburg-Nord wurden sie getraut.

Trauer: in stiller Trauer *in Todesanzeigen form* – in tiefer **Trauer** · much loved and sadly missed (by ...)

in tiefer Trauer *in Todesanzeigen path* · much loved and sadly missed (by ...), in deep grief *para*

... Heute verstarb mein lieber Mann, unser geliebter Vater ... Herr Alfred Bierwe. In tiefer Trauer Maria Bierwe, Heinzpeter Bierwe ...

in Trauer erscheinen/... *form* · to wear /... mourning

... Natürlich mußt du zur Beerdigung in Trauer erscheinen! – D. h. in Schwarz? – Nein, knallrot, Ute!

die Trauer ablegen *form selten* · to stop wearing mourning, to come out of mourning

... Und nach wieviel Wochen hat der Herr Bütz die Trauer wieder abgelegt? – Wochen? ... Seine Frau war noch keine drei Tage beerdigt, da lief er schon wieder in normaler Kleidung herum.

Trauer anlegen *form selten* · to go into mourning, to start wearing mourning

Meinst du, der Herr Opitz wird jetzt nach dem Tod seiner Frau Trauer anlegen? – Auf gar keinen Fall! Der trägt dieselbe Kleidung weiter wie bisher.

Trauer tragen *form* · to wear mourning

Wie lange trägt man bei euch in Deutschland Trauer, wenn jemand aus der Familie gestorben ist?

Trauerkleidung: Trauerkleidung tragen *form* · to wear mourning, to wear mourning clothes

... Gut, zur Beerdigung trage ich natürlich Trauerkleidung, Mutter. Aber ab morgen laufe ich wieder in meinem normalen Anzug herum. Warum soll ich meine Trauer über Vaters Tod Menschen gegenüber zeigen, die damit gar nichts zu tun haben?

Trauerspiel: etw. ist ein (regelrechtes/...) **Trauerspiel**/es ist ein Trauerspiel, wie ... *ugs* · it's really/... pathetic, the way/...

(In der Oper, ein Mann zu seiner Frau:) Wie die Wiedberg da singt, das ist doch ein Trauerspiel! Auf jeder Provinzbühne wird besser gesungen.

es ist ein (wahres/...) **Trauerspiel** (mit jm./etw.) *ugs* · it's (really/...) deplorable, it's a shame *n*, it's a disaster/catastrophe/calamity/...

... Es ist ein wahres Trauerspiel mit diesem Jungen! Er lernt nicht, er hat nur Mädchen im Kopf, er wirft mit dem Geld nur so herum ...! Ich weiß nicht, wo das noch hinführen soll.

Traum: etw. ist wie ein Traum · it's/s. th. is like a dream

... Und plötzlich der Sonnenuntergang: die riesige Meseta eine einzige rotbraun-goldene Fläche. Unwirklich. Wie im Traum.

es ist jm. **alles/.../kommt** jm. **alles/... so vor/... wie ein Traum** · s. th./everything/... seems like a dream (to s.o.)

(Nach der Rückkehr mit dem Flugzeug:) Ich bin noch gar nicht richtig hier. Mir ist alles wie ein Traum. Ich sehe euch hier zwar alle vor mir, kenne euch – aber so, als wenn es im Film wäre ...

aus, der Traum! *ugs* · 1. it's all over, that's the end of that dream, 2. that's put paid to my/his/John's/... dream

1. ... Jetzt habe ich doch so gehofft – und auch geglaubt –, die würden mich annehmen. Na ja, aus, der Traum! – Wie, haben sie dir eine Ablehnung geschickt? – Ja, hier ist sie.

2. ... Durchgefallen! Ich komm' also nicht auf die Ballettakademie; und im nächsten Jahr bin ich zu alt ... Aus der Traum! Die Ballettkarriere kann ich in den Mond schreiben, ein für allemale.

der/dieser Traum ist aus! *ugs* – (eher:) aus, der **Traum!** · it's all over, that's the end of that dream, that's put paid to my/his/John's/... dream

der/dieser Traum ist ausgeträumt *ugs* – (eher:) aus, der **Traum** · the/that dream is over

den .../diesen/... **Traum ausgeträumt haben** *ugs* · + that/the/this dream is over

... Nein, Balletttänzerin kann die Christa nicht mehr werden. Diesen Traum hat sie ausgeträumt, nachdem sie diese Kniegeschichte hatte/ diese Verletzung am Knie hatte.

das fällt mir/ihm/dem Peter/... nicht im Traum(e) ein/es fällt ... ein, etw. zu tun/nicht ... daran denken *ugs* · + I/he/ John/... wouldn't dream of doing s. th.

Der Ulrich meint, du könntest vielleicht schon einmal die Fahrkarten für ihn besorgen ... – Das fällt mir nicht im Traume ein! Der meint, er kann sich hier bis zum letzten Augenblick amüsieren und die Arbeit machen die andern! So weit kommt das!

sich wie im Traum fühlen – (eher:) es ist jm. alles/.../kommt jm. alles/... so vor/... wie ein **Traum** · + it seems like a dream to s.o.

j. **hat nicht im Traum daran gedacht,** (mit etw.) etw. zu tun *ugs* · not to have had any intention of doing s. th.

... Der Bodo hat dir deine Bemerkung, ein Bankbeamter sei nun einmal ein armer Schlucker, ziemlich übel genommen! – Aber ich habe im Traum nicht daran gedacht, ihn damit zu beleidigen. Ich hab' das völlig sachlich/objektiv gemeint.

(immer noch/...) einem **Traum nachhängen** · to (still/...) dream of doing s. th., to (still/...) cherish an illusion

... Hängt der Rudi eigentlich immer noch seinem Traum nach, in München zu arbeiten? – Ja, wenn er könnte wie er wollte, würde er schon morgen dorthin ziehen.

j./etw. **ist der Traum meiner**/deiner/... **schlaflosen Nächte** *sal oft iron* · 1. to be the man/woman/... of s.o.'s dreams, 2. + it is s.o.'s dream to have s.th. *n*

1. ... Erika, Erika ... – das Mädchen ist wohl der Traum deiner schlaflosen Nächte, was? – Ja, und warum nicht? Hast du etwas dagegen?
2. ... Jaja, ein Haus am Meer, an einem einsamen Strand ... – das ist der Traum seiner schlaflosen Nächte. – Aber sonst hat er keine Wünsche?

(immer) noch/... **den (alten) Traum träumen**, zu ... *path* · to (still/...) have the same dream of doing s.th., to (still/...) have the old dream of doing s.th.

... Der Peter? ... Nach wie vor träumt er den alten Traum, sich ein Häuschen am Meer zu kaufen und während seiner Freizeit zu malen. – Ob dieser Traum noch in Erfüllung geht? ...

wie ein Traum zerrinnen *path* · to vanish like a dream

... Als ihm plötzlich klar wurde, wie gleichgültig seiner Frau das alles war, zerrannen seine Pläne wie ein Traum! Was hatte es für einen Sinn, wer weiß wie lange Opfer für ein Landgut zu bringen, wenn dann aus einem sinnvollen Leben zwischen ihnen doch nichts würde? Illusion, das Ganze!

der Mann/die Frau/... **ihrer/seiner Träume sein** *path od. iron*
– j./etw. ist der **Traum meiner/deiner**/... **schlaflosen Nächte** (1) · to be the man/the woman/... of her/his/... dreams

Träume sind Schäume · dreams are but/mere/... shadows
Aus meiner Bewerbung in München wird nichts! Den Traum, nach München zu ziehen, kann ich wohl endgültig aufgeben! – Träume sind Schäume, Gerd, das weißt du doch!

so/... **werden Träume wahr!** *path – iron* · 1. 2. it's (like) a dream come true

1. ... Gestern hat der Rainer die Bestätigung von der Kunsthochschule bekommen, daß er im Wintersemester anfangen kann zu studieren. – Na, so werden Träume wahr! Dann steht seinem Berufswunsch, Grafiker zu werden, ja nichts mehr im Wege.
2. ... Mensch, wenn du wirklich nach Rio versetzt wirst, werden ja Träume wahr! Ein schöneres Leben kannst du dir doch gar nicht wünschen.

jn. **aus seinen Träumen aufschrecken** · to startle s.o. from his sleep, to awaken s.o. rudely

... Das Klingeln des Telefons schreckte sie aus ihren Träumen auf.

etw. **in seinen kühnsten Träumen nicht zu hoffen wagen**/(für möglich halten) *oft: ich/er/... hätte ... ugs – path* · I/he/... would never in my/... wildest dreams have dared to hope that .../(believed it possible that ...)

In meinen kühnsten Träumen hätte ich nicht zu hoffen gewagt, daß der Chef mir 300,– Mark Gehaltszulage gibt. Schon mit 100,– oder 150,– Mark wäre ich hochzufrieden gewesen.

jn. **aus seinen Träumen reißen**/(wachrütteln/...) · to disillusion s.o., to awaken s.o. from his dreams

... Es ist natürlich grausam, wenn jemand so aus seinen Träumen gerissen wird. Aber die Lisbeth kann doch nicht bis zu ihrem 60. Lebensjahr in einer Scheinwelt leben. Irgendwann muß ihr doch mal jemand die Dinge so vor Augen führen, wie sie sind. Ihr Sohn ist nun einmal kein begabter Pianist!

jn. **aus seinen Träumen schrecken** *path selten* · to startle s.o. out of his dreams

(Der Mann zu seiner Frau, morgens um sieben Uhr:) Mußt du mich wirklich so brüsk wachrütteln/aus dem Schlaf rütteln? – Entschuldige! Habe ich dich aus deinen Träumen geschreckt? Da ist dein Chef am Telefon, ziemlich nervös ... – Ach, auch das noch! Am frühen Morgen! ...

träumen: j. **hätte sich nicht/nie träumen lassen, daß** .../(hätte sich etw. nicht träumen lassen) *ugs* · s.o. would never have thought it possible that ..., s.o. would never have dreamt that ...

Noch mit 30 Jahren hätte ich mir nicht/nie träumen lassen, daß ich einmal in Brasilien leben würde. Das kam völlig überraschend. – Du fühlst dich doch wohl dort? – Und ob! Aber es wäre mir halt nie in den Sinn gekommen, daß sich diese Möglichkeit einmal ergeben würde.

Traumland: jn. **ins Traumland schicken** *iron Boxen* – jn. k. o. **schlagen** · to send s.o. to the land of dreams *para*, to knock s.o. out

träumt: j. **träumt zuviel** *ugs* · + s.o.'s hopes are too high, s.o. is too much of a dreamer

... Ich hatte fast damit gerechnet, diesmal würde ich die Mehrheit auf meiner Seite haben! Wieder eine Illusion! – Du träumst zuviel, Gerd! Diese Leute wirst du nie für deine Gedanken gewinnen können. Schlag' dir das aus dem Kopf!

Traumwelt: sich in eine Traumwelt flüchten *form* · to take refuge in/to escape to/... a dream-world/a world of dreams, to take refuge in/to escape to/... a world of make-believe

Je weniger die sogenannte Wirklichkeit geistigen und moralischen Ansprüchen genügt, um so mehr Menschen flüchten sich in eine Traumwelt. Das ist uns seit der Romantik ja wohlvertraut. Aber löst eine solche Weltflucht etwas?

traurig: (es ist) (schon) traurig genug (daß .../...) · it's bad enough (that ...) *coll*, it's a poor show (that ...) *coll*

(Es ist) (schon) traurig genug, daß die jungen Leute heute nur sehr schwer einen Arbeitsplatz finden. Aber wenn man dann noch erklärt, wer nicht arbeite, habe in dieser Gesellschaft keine Funktion, macht man es ihnen doppelt schwer.

(das/es ist) **traurig, aber wahr** *ugs oft iron* · it's/s.th. is sad but true

Tja ..., durchgefallen! Nichts zu machen! Ich muß mich damit abfinden. Traurig, aber wahr.

Traute: keine (rechte) Traute haben *ugs* · 1. not to have the guts to do s.th., not to have the nerve to do s.th., 2. not to have the heart to do s.th.

1. (Bei einem Skikurs:) (A zu B:) So, Ludwig, jetzt fahr' du auch mal den Abhang hinunter. Komm', los! – (C:) Er hat keine Traute. – (A:) Im Anfang muß man ein bißchen Angst überwinden, dann ist alles geschafft.
2. ... Und hast du ihr auch gesagt, daß sie sich Illusionen hingibt, daß der Heinz sie zwar schätzt, aber nicht liebt? – Ich hatte einfach keine Traute. Das würde so ein harter Schlag für sie sein ...

Trebe: auf (der) Trebe sein/sich ... befinden *ugs selten* · to run away from home and live rough/live on the streets/..., to be a runaway

(In einer Diskussion über junge Leute, die keine feste Bleibe haben:) Wenn jemand von zu Hause ausreißt, muß er wissen, wohin er gehen kann. Ich habe nichts übrig für junge Menschen, die wer weiß wie lange auf der Trebe sind. Nach einiger Zeit können sie sich überhaupt nicht mehr an ein normales Leben gewöhnen.

auf (die) Trebe gehen *ugs selten* · to live rough, to live on the streets

(Zu einem Jungen, der von zu Hause weg will:) Von zu Hause weggehen, das ist leicht, Utz! Aber wohin dann? Du willst doch nicht etwa auf die Trebe gehen? – Immer noch lieber mit anderen herumziehen, Herr Schüßler, als in einer Familie leben, in der es nur Haß und Streit gibt.

Treff: da/(in einer solchen Lage/...) **ist Treff Trumpf** *ugs selten* · it's a matter of luck

... Ob ich auf dem Feld besser einen Apfelgarten anlege oder Gemüse anbaue – ich weiß es nicht! Das eine wie das andere kann gut oder schlecht ausgehen/Erfolg oder Mißerfolg bringen. – Da ist der Treff Trumpf, was?! – So ist's, Paul. Nur richtig tippen.

treffen: auf jn./eine Stelle in einem Buch/... **treffen** – (eher:) auf jn./etw. **stoßen** · to come across a passage in a book/...

es gut/schlecht/... **treffen in**/bei/... · to be lucky/unlucky with s.o./s.th., to strike lucky with s.o./s.th.

... Bei einem Schüleraustausch gibt es natürlich immer gewisse Unregelmäßigkeiten. Aber ihr habt ausgesprochen Glück gehabt; denn euer Klaus hat es bei der französischen Familie gut getroffen/... konnte es in Frankreich ja nicht besser treffen/...: die Leute sind sehr sympathisch; die Kinder verstehen sich gut ...

es gut/schlecht/... **treffen mit** jm./etw. (bei jm.) · to strike lucky/unlucky with s.o./s.th.

Mit seiner neuen Sekretärin hat der Alfons es wirklich gut getroffen. Die kann etwas, ist fleißig, dazu charmant, intelligent ... Eine bessere konnte er kaum finden.

jn. **tief treffen** *oft Perf* · to hurt s. o. deeply/badly/..., to hit s. o. hard

Dein Vorwurf, sie hätte die Erziehung der Kinder wohl nicht ernst genug genommen, hat die Angela tief getroffen. Schon drei Mal sagte sie zu mir: »Es ist unfaßlich, wie der Ernst mir so einen (schwerwiegenden) Vorwurf machen kann.«

jn. **tödlich treffen** *path* – jn. tödlich **beleidigen**/tödlich beleidigt (sein) · to wound/to offend/... s. o. mortally

Treffen: Argumente/Gründe/... **ins Treffen führen** *form* – *path* – (eher:) Argumente/Gründe/... ins **Feld** führen · to put forward arguments/..., to produce reasons/...

Treffer: einen Treffer erzielen/(landen) *Los form* · 1. to win, to have a win, to win s. th., 2. to score a goal/...

1. ... Ich hab' bestimmt schon hundertmal ein Los gekauft, aber bis heute noch keinen einzigen Treffer erzielt.

2. Hat unser Torjäger Moltke heute eigentlich schon einen Treffer erzielt. – Nein, bis jetzt hat ihm der Torwart der gegnerischen Mannschaft keine Chance gelassen, ein Tor zu schießen.

Treiben: ein buntes/lustiges/tolles/(...) **Treiben** *veraltend* · hustle and bustle, lively activity, bustling activity

... Auf eurem Dorf-Jahrmarkt mag das noch wie vor Generationen ein buntes und lustiges Treiben sein; was wir hier auf dem Oktoberfest erleben, würde man wohl besser als Rummel bezeichnen.

ein emsiges/geschäftiges **Treiben** (herrscht in .../...) *form* · it/s. th. is bustling with activity, there is a lot of hustle and bustle (in/at/...), there is a lot of coming and going (in/at/...)

... Als wir so gegen sechs Uhr in der Frühe auf dem Großmarkt ankamen, herrschte dort schon ein emsiges Treiben. – Die fangen um vier, halb fünf an; um sechs ist bei denen schon fast Hochbetrieb.

treiben: es mit jm./miteinander **treiben** *path veraltend selten* · to have it off with s. o. *coll*

... »Und dann trieb er es mit ihr in den umliegenden Wäldern« – was soll das heißen, Papa? – Daß er mit ihr sexuelle Beziehungen hatte.

es zu arg/(schlimm) **treiben** *path* · 1. to go too far, to push one's luck too far, to overstep the mark, 2. to take things too far, to overdo it, to go over the top

1. ... Alle jungen Leute freuen sich, wenn sie ausgehen können, feiern, mit ihren Freunden und Freundinnen tanzen ... Aber die beiden haben es zu arg getrieben. Die haben überhaupt nicht mehr gearbeitet, so getan, als wenn sie, auf Papas Kosten, in Saus und Braus leben könnten ...

2. vgl. – (eher:) es zu bunt/(toll) **treiben**

es zu bunt/(toll) **treiben** · to take things too far, to overdo it, to go over the top

... Unsinn machen – gut und schön, das macht jede Klasse. Aber ihr treibt es zu bunt: Tische und Stühle umwerfen, mit der Kreide die Wände bemalen, Honig auf den Lehrerstuhl schmieren – das geht beim besten Willen zu weit.

es schlimm/(...) **treiben** *path veraltend* · to overdo it, to go too far

... Gegen Freundinnen hat ja kein Mensch was und gegen ein paar Gläser Bier oder Wein auch nicht. Aber man kann auch übertreiben. – Sie finden, der Alfons ... – Der Alfons hat es jahrelang wirklich schlimm getrieben. Meinst du, seine Gesundheit wäre ohne Grund ruiniert?

es zu weit treiben – den **Bogen** überspannen (2) · to go too far, to push one's luck too far

j. wird es noch so weit treiben, daß .../(hat es (schließlich/...) so weit getrieben, daß .../...) · if s. o. goes on like that, he'll be thrown out/...

... Die Anneliese wird es noch so weit treiben, daß ihr Vater sie aus dem Haus wirft! Was die sich alles erlaubt!

es zu wild treiben · to go too far, to overstep the mark

Kein Mensch hat was dagegen, Kinder, wenn ihr hier am Wochenende ein Fest macht. Aber heute nacht habt ihr es wirklich zu wild getrieben. Das war ja bis vier, fünf Uhr in der Frühe ein Lärm, um Tote aufzuwecken!

sich (immer nur/...) **treiben lassen** · to (just/...) drift

... Ja, der Hanspeter läßt sich immer nur treiben, der entwickelt überhaupt keine (eigene) Initiative!

sich von der allgemeinen Stimmung/... **treiben lassen** · to swim/to go with the tide, to follow the majority view/opinion/...

... Nein, daß der Christian wirklich für eine antirussische Politik ist, kann ich nicht glauben. Der läßt sich von der allgemeinen Atmosphäre treiben, weiter nichts. – Er könnte wenigstens ein bißchen nachdenken, um zu einer persönlichen Stellungnahme zu kommen.

trennen: sich gütlich trennen – im **Guten** auseinandergehen · to part on good terms, to separate amicably

Trennung: die Trennung von Kirche und Staat/Staat und Kirche *form* · the separation of church and state

Für viele Menschen – und Staaten – ist die absolute Trennung von Kirche und Staat die einzige saubere Regelung einer pluralistischen Gesellschaft.

in Trennung leben *form* · to be separated

Führt der Klaus eigentlich immer noch seine glückliche Ehe mit der Frauke? – Nein, die beiden leben schon seit einem Jahr in Trennung.

die/eine Trennung von Tisch und Bett *form* – getrennt von **Tisch** und Bett leben/(...) · (a) separation from bed and board

Trennungsstrich: einen (klaren/eindeutigen/(...)) **Trennungsstrich ziehen**/(machen) **zwischen** ... (und ...) · to make a clear distinction between a and b, to draw a clear line between a and b, to make a clean break with one's past

... Ernsthafte Schwierigkeiten, mit denen zu ringen sich lohnt, sind eine Sache; Probleme, die künstlich geschaffen werden und gegen die man kämpft wie gegen Windmühlen, eine andere! – Ich weiß nicht, ob man da immer einen so klaren Trennungsstrich ziehen kann. Sehr häufig geht doch eins in das andere über.

treppauf: treppauf treppab (laufen/...) *form* – *path* · (to run/...) up and down stairs

... Herr des Lebens, Kinder, jetzt rennt ihr schon eine ganze Stunde in einem durch treppauf treppab! Das macht einen ja rammdösig! Jetzt spielt ihr entweder oben oder unten!

Treppe: auf halber Treppe wohnen/... *form selten* · to live/... on the mezzanine

... Wenn sie nicht Parterre und auch nicht erste Etage wohnen, wo wohnen sie dann? Das Haus geht doch nur bis zur ersten Etage! – Sie wohnen auf halber Treppe – d. h. auf dem Treppenabsatz zur ersten Etage, und zwar nach hinten hinaus.

eine Treppe höher/tiefer **wohnen**/... · to live/... one floor higher/lower, to live/... one storey higher/lower, to live/... one floor up/down

(In einem vierstöckigen Haus; ein Besucher, der in der 2. Etage geschellt hat:) Entschuldigen Sie, wohnt hier Familie Radler? Es ist schon dunkel draußen, ich konnte die Namen an der Schelle nicht lesen. – Eine Treppe höher/die wohnen eine Treppe höher, in der dritten Etage, links.

die Treppe heruntergefallen/hinuntergefallen **sein** *ugs selten* · s. o. has been to the sheep-shearer's

(A zu B:) Schau mal, der Peter ist die Treppe heruntergefallen! – (Peter:) Sind meine Haare so schlecht geschnitten oder warum sagst du das? – (A:) Nein, wir scherzen nur.

die Treppe hinauffallen/herauffallen/rauffallen *ugs* · to strike it lucky, to get a better position/... by sheer luck, to be kicked upstairs

... Die wollten den Kurt mit der Versetzung von der Zentrale in München nach Freising bestrafen. Aber wenn man genau hinsieht, hat er jetzt eine bessere Stellung als früher. Er verdient mehr, hat eine angesehenere Position ... – Du hast Recht: er ist die Treppe hinaufgefallen.

jm. **Treppen (ins Haar) schneiden**/es sind allerhand Treppen drin/... *Friseur ugs* · to layer s. o.'s hair *n*

... Bei welchem Friseur warst du eigentlich? – Warum fragst du? – Weil man den Eindruck hat, daß sich deine Mutter an den Haaren versucht hat, so viele Treppen hat er da reingeschnitten. Dein Hinterkopf sieht aus wie eine Gartenlandschaft an einem Berghang. – Herzlichen Dank für diesen aufmunternden Kommentar!

Tresor: Schmuck/... in den Tresor geben *form selten* · to put jewellery/valuables/... in a safe/bank vault

Wenn ihr für Monate verreist, würde ich an eurer Stelle wenigstens den wertvollsten Teil eures Schmucks in den Tresor geben. Eure Bank hat doch bestimmt so etwas. Zu Hause könnte ja doch mal eingebrochen werden ...

Tressen: die Tressen bekommen *veraltend selten* · to get one's stripes

Wann hat der Aloys eigentlich die Tressen bekommen? – Du meinst, wann er General geworden ist? – Ja. – Vor knapp einem halben Jahr.

jm. **die Tressen herunterreißen** *veraltend selten* · to demote s.o., to reduce s.o. to the ranks

... Diesem Mann sollte man die Tressen herunterreißen! Wenn man sich überlegt, daß so ein Mann als Offizier/General/... für die Ausbildung anderer und den Geist der Armee mitverantwortlich ist ...! Unmöglich! Degradieren sollte man ihn, und zwar sofort!

die Tressen verlieren *veraltend selten* · to lose one's stripes, to be reduced to the ranks

... Wenn sich früher ein Offizier auch nur halb so viel geleistet hätte wie unser Unteroffizier Scherer, hätte er schon längst seine Tressen verloren.

treten: jn. muß man/(muß ich/...) dauernd/... treten *ugs* · to (have to) keep kicking s.o.

Es ist anstrengend, mit Leuten zusammenzuarbeiten, die man permanent treten muß, die keinerlei Eigeninitiative haben, keinerlei Interesse daran, daß die Sachen gemacht werden ...

jm. **zu nahe treten** · to hurt s.o.'s feelings, to offend s.o.

Die Ursel sagt, du hättest sie beleidigt ... – Beleidigt? Womit denn? Hab' ich da irgendeine Dummheit gemacht, ohne es zu merken? – Na, mach' dir nicht zu viele Gedanken! Die Ursel fühlt sich nämlich immer sehr leicht beleidigt. Alle Naselang beschwert sie sich, irgendjemand wäre ihr zu nahe getreten.

näher treten · 1. to come closer, to come up, to gather round, 2. (not) to wish to give further consideration to s.th., (not) to wish to take up s.th., (not) to wish to pursue s.th./a proposal/...

1. (Auf einem Markt:) Treten Sie näher, meine Damen und Herrn! Kommen Sie heran und überzeugen Sie sich mit ihren eigenen Augen, daß 'Bisor' jeden Flecken im Nu zum Verschwinden bringt! ...
2. vgl. – e-r S. (nicht) **nähertreten** (wollen)

zutage treten · to come to light, to come to the surface, to come out, to be revealed

... Bei der Diskussion gestern traten doch einige Mißverständnisse zutage, an die wir vorher nicht glauben wollten. – Es ist immer gut, in solchen Situationen offen seine Meinung zu vertreten. Da zeigt/ (offenbart) sich dann häufig allerhand, was man vorher nicht gesehen hat.

kürzer treten müssen *ugs* · 1. to have to tighten one's belt, to have to cut back, 2. to have to take it easy

1. ... Wenn die Realeinkommen in der Tat zurückgehen, müssen die Leute halt kürzer treten! – Das machen Sie der Bevölkerung mal klar, daß es Grenzen des Wachstums gibt!
2. ... Nach seiner Operation mußte Fischer monatelang kürzer treten, und es ist nach wie vor ungewiß, ob er noch rechtzeitig vor den Wettbewerben wieder voll trainieren und seine alte Form wiedergewinnen kann.

in js. Zimmer herrscht eine derartige Unordnung/..., **daß man nicht (mehr) weiß, wohin man treten soll** *ugs selten* · s.o.'s room/... is so untidy/... that one doesn't know where to step *tr*

... Natürlich muß nicht immer alles fein säuberlich geordnet sein. Aber bei dem Klaus geht das zu weit. Der hat in seinem Zimmer ein Durcheinander, daß man gar nicht mehr weiß, wohin man treten soll.

Tretmühle: die tägliche Tretmühle *ugs – path selten* · the daily grind

... Ja, die tägliche Tretmühle nimmt einen schon mit! Immer dieselbe Hast, immer das harte Muß, der Druck von oben, der Kampf unter den Kollegen ... Man braucht allerhand Nerven, um das durchzuhalten.

in der Tretmühle stecken/(stehen/sein) *ugs – path selten* – in der **Mühle** stecken · to be caught up/... in the daily grind/ rut/...

treu: der/die/der Peter/... ist aber/(ja) treu! *ugs selten* · 1. 2. he/you/... is/... hopeful!, some hope!, 1. s.o. is naive/gullible

1. ... Und dann meint der Christian, du könntest vielleicht einen Koffer von ihm mit nach Portugal nehmen. – Der ist aber treu! Unser Auto ist sowieso schon überladen. Wie stellt der sich das denn vor?
2. ... Aber im nächsten Jahr, meint der Christian, wäre der Umsatz schon deswegen besser, weil der Export mit Chile einsetzt. – Der ist aber treu! Glaubt er denn wirklich, was da jetzt auf dem Papier ausgehandelt wurde, ließe sich so schnell in die Praxis umsetzen? Der ist wirklich naiv.

jm. **treu sein/bleiben** · to be/to remain true to s.o., to be/to remain faithful to s.o.

... Ganz egal, was passiert, Klaus – dir bleib' ich immer treu! – Versprich nicht mehr, als du halten kannst, Paula! – Glaubst du nicht, daß wir uns das ganze Leben (hindurch) die Treue halten? – Ach, Paula ...!

treu und bieder (sein) *veraltend* · (to be) faithful and honest, (to be) faithful and trusting, (to be) faithful and straightforward, (to be) solid and reliable

... Der Kurt Heinemann? Ein treuer und biederer Arbeiter, wie man ihn immer seltener findet. – Den Eindruck hatte ich auch immer: er ist von jener Treuherzigkeit, schlichten Einfalt und Bescheidenheit, die in unserer hochgestochenen Welt fast deplaziert wirkt.

treu und brav seine Pflicht tun/... *ugs* · to do one's duty/... faithfully

... Wer zehn Jahre hindurch treu und brav seine Pflicht getan hat – ohne jemals unangenehm aufzufallen, ohne dauernd Forderungen zu stellen und um vermeintliche 'Rechte' zu kämpfen –, der sollte auch entsprechend behandelt werden!

Treu(e): meiner Treu! *ugs veraltend selten* · my word!, my goodness!

Meiner Treu! Das ist aber eine tolle Übersetzung! So eine Leistung hätte ich dem Ingmar nie zugetraut.

auf Treu und Glauben etw. tun · to do s.th. in good faith, to do s.th. on trust

... Nein, auf Treu und Glauben tut in unser juridifizierten Welt kein Mensch mehr was, rief er aus! Heute muß alles vertraglich festgeschrieben werden!

jm. etw. **auf Treu und Glauben überlassen/...** eine Abmachung/... **auf Treu und Glauben** *form* · to give/to lend/... s.o. s.th. on trust, to have a gentleman's agreement about s.th.

... Hast du dir das nicht schriftlich geben lassen, daß du ihm die Maschine für ein halbes Jahr leihweise zur Verfügung stellst? – Nein, das ist eine Sache auf Treu und Glauben/nein, ich habe sie ihm auf Treu und Glauben überlassen. Ich werde doch mit dem Alfons keine schriftlichen Verträge machen!

Treu und Glauben brechen *form – path selten* · to break faith, not to honour a gentleman's agreement

... Schlimmer als Verträge zu brechen, meinte er nachdenklich, ist, gegen Treu und Glauben zu verstoßen! In dem einen Fall hebt man mehr oder weniger äußerliche Vereinbarungen auf, in dem anderen eine menschliche Bindung!

die eheliche Treue · marital fidelity

... Lies Racines 'Phèdre', Klaus, dann verstehst du, daß auch die eheliche Treue ihren Kern in der geistigen Einstellung hat – also 'Untreue' auch ohne das berühmte Faktum vorliegen kann.

(jm.) **die Treue brechen** *form selten* · to be untrue to s.o., to be unfaithful to s.o., to break faith with s.o., to betray s.o., to deceive s.o.

… Wenn jemand sagt: X hat Y die Treue gebrochen, denkt alle Welt (zunächst) an die eheliche Treue. Als wenn Treubruch nicht im Kern eine Lösung der Bindung von Mensch zu Mensch wäre und sich daher in allen Bereichen äußern kann!

… **in alter Treue, Dein(e)** … *Briefschluß path* · as ever, yours …, yours truly …

… Und dann werde ich dir selbstverständlich die Pfennige überweisen. In Notzeiten kannst du immer auf mich zählen. In alter Treue, Dein Kurt.

jm./**sich einander ewige Treue geloben** *path od. iron* · to vow to be eternally faithful (to each other)

… Nein, mir ist es lieber, meinte der Großvater, wenn sich junge Menschen im Überschwang der Gefühle ewige Treue geloben, als wenn sie ihre Ehe sofort mit Zweifeln – kleingläubig – beginnen.

jm./e-r S. **die Treue halten** · to remain loyal to s.o., to remain true to s.o., to keep faith with s.o.

Was eine Bindung wert ist, meint mein Vater, zeigt sich erst in Schwierigkeiten. Jemandem in Krankheit, Not, Armut, Gefahr die Treue halten – das erst adelt sie.

Tribut: jm./einem Volk/… **(einen) Tribut auferlegen** *hist* · to impose a tribute on a people/nation

… Und wie eh und je legen die Sieger dem Besiegten einen Tribut auf – nur, daß diese Tributzahlungen heute anders heißen und in anderer Form geleistet werden. Aber an der Sache als solcher hat sich nicht das Mindeste geändert.

(einen) **Tribut zahlen** *hist* · to pay tribute

Wie eh und je müssen die unterworfenen Völker – oder die besiegten Nationen – einen Tribut zahlen. Ob man das nun 'Tribut' nennt, 'Reparationen', 'Wiederaufbauleistungen' oder sonstwie, es läuft auf dasselbe hinaus.

einer langen Anstrengung/… **seinen Tribut zahlen** *form – path* · + the long and hard season/… is taking its toll on the team/…

… Den monatelangen harten Kämpfen zahlte die Mannschaft jetzt doch ihren Tribut: die Spieler wurden zusehends nervöser, die Kondition schwächer, die Präzision im Zusammenspiel ließ nach. Kurz: es machte sich bemerkbar, daß der Kräfteverschleiß zu groß (gewesen) war.

e-r S./jm. **(den schuldigen) Tribut zollen** *form – path* · to pay tribute to s.o./s.th., to pay due respect to s.o.

… Persönlich mag ich den (Schriftsteller) Kreisler nicht besonders. Aber wenn er hier nach Esslingen kommt und einen Vortrag hält, gehe ich selbstverständlich dahin. Denn seinem Mut, seiner Einsatzbereitschaft und seiner Integrität sollte man schon den schuldigen Tribut zollen.

Trichter: jm. etw. **mit dem Nürnberger Trichter beibringen/ einpauken/einbläuen** *ugs* – jm. etw. mit dem **Nürnberger** Trichter beibringen/einpauken/einbläuen · to drum s.th. into s.o.

jn. **auf den Trichter bringen** *sal* · 1. to get s.th. over *coll*, to get s.th. across *coll*, 2. to teach s.o. the knack of doing s.th., to show s.o. how to do s.th.

1. Manche Leute erklären und erklären, und je länger sie reden, um so weniger versteht man. Und andere bringen einen sofort auf den Trichter: schon bei den ersten Worten ergibt sich der sogenannte Aha-Effekt.

2. … Du weißt nicht, wie man die Formulare so ausfüllt, daß man Tausende von Marken an Steuern spart? Dann laß dich mal von dem Karl auf den Trichter bringen; der hat den Dreh raus.

jn. **auf den richtigen Trichter bringen** *sal* – (eher:) jn. auf den **Trichter** bringen (1) · to get s.th. over *coll*, to get s.th. across *coll*

jm. **auf den Trichter helfen** *sal selten* – jm./e-r S. auf die **Sprünge** helfen (1) · to help s.o., to jog s.o.'s memory

auf den Trichter kommen *sal* · 1. to get it *coll*, to catch on *coll*, to get the hang of s.th. *coll*, 2. I/he/… would never have hit on that idea *n*, I/he/… would never have thought of that one *n*

1. Manche Leute erklären und erklären, und je länger sie reden, um so weniger versteht man. Und bei anderen kommt man schon bei den ersten Worten auf den Trichter.

2. vgl. – (eher:) auf den **Dreh** wäre j. nicht gekommen

auf den richtigen Trichter kommen *sal* – auf den **Trichter** kommen (1) · to get it, to catch on, to get the hang of s.th.

Trick: ein fauler Trick *ugs* · a nasty trick

… Hätte der Heinemann bei Schuckert nicht bedeutet hätte, man könnte für seinen Sohn später womöglich einiges tun, hätte er der Firma das Grundstück nicht verkauft. Dabei weiß jeder Eingeweihte, daß der alte Schuckert den jungen Heinemann nicht ausstehen kann. – Das sind faule Tricks, Erich! Ich hab' für solche Machenschaften wenig übrig.

der Trick dabei ist/das ist der …/… *ugs* · the trick is to …

… Wenn man die Sache richtig einfädelt, Paul, kriegt man auch die Genehmigung. Der Trick dabei ist (nur), daß man da in den Ämtern den richtigen Mann zur richtigen Zeit bestechen muß! – Herzlichen Dank für den Hinweis. Du scheinst dich in diesen Finessen ja bestens auszukennen.

den Trick heraushaben (wie man etw. macht) *ugs* – den (richtigen) **Dreh** (fein) heraushaben/(weghaben) (wie man etw. macht (2; u.U. 1) · to have (got) the knack of doing s.th.

den Trick kennt j.! *ugs* · I/he/… know/… that trick!, I/he/… know/… that dodge!

(Ein Bankkollege zu einem anderen:) Der Herr Ott sagt, im nächsten Halbjahr erwarte er ein paar höhere Eingänge – ein kurzfristiger Kredit wäre also gar kein Risiko. – Den Trick kennen wir! Bis heute bestanden dessen außerplanmäßigen Eingänge alle nur in seiner Fiktion. Damit will er uns nur fangen.

(das/(etw.) ist) **Trick siebzehn** *sal* · it/s.th. is the old trick, it/s.th. is the old play

… Wie hast du das denn hingekriegt, vom Bürgermeister sofort empfangen zu werden? – Trick siebzehn! Ich hab' sagen lassen, das Ergebnis unserer Verhandlung würde in der Presse erscheinen. Du weißt doch, was für einen Strang der vor der Presse hat.

Trickkiste: (tief/mächtig) **in die Trickkiste greifen** (müssen) (um …) *ugs* · to (have to) dig into one's bag of tricks (to do s.th.), to have to pull out all the stops (to do s.th.)

… Um ein Haar hätte der deutsche Meister (im Tischtennis) die Partie verloren. Er mußte mächtig in die Trickkiste greifen, um seinen Gegner doch noch niederzuringen. Ein paar glänzend getäuschte Angaben, einige sehr geschickte Rückhandbälle gaben dem Spiel doch noch eine andere Wendung …

aus der Trickkiste stammen *ugs* · to be out of/to come out of/… s.o.'s bag of tricks

Wie habt ihr es denn geschafft, bei den Verhandlungen mit Bauer & Co. doch noch zu einem brauchbaren Ergebnis zu kommen? – Das haben wir dem Herrn Peters zu verdanken. Er hat den ursprünglichen Vertrag weitgehend umgeschrieben. Die Formulierungen der wichtigsten Passagen stammen aus seiner Trickkiste. Sie lassen uns genug Spielraum und sind auch für die Leute von Bauer akzeptabel.

Trieb(e): seine(n) Trieb(e) befriedigen *form* · to gratify one's desire(s), to satisfy one's (sexual) urge(s)

… Du bist also wirklich der Auffassung, den Geschlechtstrieb zu befriedigen ist nicht besser und nicht schlechter als den Trieb, zu essen, zu trinken oder andere zu beherrschen? – Natürlich! Es sind alles natürliche Instinkte, denen man folgt.

triefen: vor Weisheit/Mildtätigkeit/… **triefen** *ugs – path pej* · to be a fount of wisdom, to ooze friendliness/…, to gush with friendliness/…, to overflow with friendliness/…

… Aber der Herr Kösters hat euch doch vorgestern noch seinen wohlgemeinten Ratschlag eingehend begründet, klug begründet … – Äußerst klug! Überwältigend klug! Überhaupt: unser Herr Kösters trieft vor Weisheit! Wenn man den reden hört, meint man, Platon persönlich vor sich zu haben.

trifft: es trifft sich gut/schlecht, **daß** .../... · it is lucky/unlucky that ..., it's a lucky/an unlucky coincidence that ...

... Es trifft sich gut, Paul, daß du dies Problem gerade heute zur Sprache bringst. Heute haben wir Herrn Maltzahn zu Gast; er ist gerade für diese Fragen zuständig. Er wird dir sofort eine kompetente Antwort geben können.

es trifft jn. **hart, daß** .../(etw. ...) *path* · it hurts s.o. badly/deeply/... that ..., it affects s.o. deeply that ...

... Wie wird der Robert denn damit fertig, daß man ihm die Prokura entzogen hat? – Hm, es trifft ihn schon hart, daß der alte Schuckert ihm nicht mehr vertraut. So leicht wird er darüber nicht hinwegkommen.

Triller: einen Triller haben *sal selten* – nicht (so) (ganz/(recht)) bei **Trost** sein · s.o. is not all there, s.o. has lost his marbles

trillern: einen trillern *sal selten* – einen **saufen** · to go for a drink, to have a few jars/beers/...

Trine: eine dumme/blöde/(alberne) **Trine** (sein) *Frauen sal selten* – eine dumme/blöde/alberne **Gans** (sein) · (to be) a silly/empty-headed/... goose

eine faule Trine (sein) *Frauen sal selten* – ein faules **Luder** (sein) · to be a lazy bitch, to be a lazy cow

trinken: einen trinken *ugs* – einen **saufen** · to go for a drink, to have a few jars/beers/...

sich einen trinken *ugs* – sich einen **saufen** · to get pissed/legless/plastered/...

ex trinken *Studentenverbindungen u. ä.* · to drink s.th. down in one, to knock s.th. back in one, to drink s.th./knock s.th. back/to empty one's glass/... in one gulp

... Einen Dreiliterhumpen trinkt dieser Mann ex, sagst du? – Wenn du ihm hundert Mark bietest, säuft der auch einen Humpen von fünf Litern auf einmal aus!

Whisky/... **pur trinken** · to drink whisky neat

... Du sagst, der Georg trinkt den Whisky pur? Aber Eis tut er doch rein? – Das schon! Aber keinen Tropfen Wasser.

einen zuviel trinken *oft Perf ugs* – einen über den **Durst** trinken · to have one too many, to have one over the eight

Trinkgeld: für ein Trinkgeld arbeiten/etw. reparieren/... *ugs* · to work/... for next to nothing, to work/... for peanuts

... Der Fritz arbeitet da doch für ein Trinkgeld! Für so einen lächerlichen Lohn finden die überhaupt keinen anderen mehr. Da können sie also auch nicht erwarten, daß er sich wer weiß wie anstrengt.

etw. **für ein Trinkgeld kaufen/**bekommen/... *ugs* – (eher:) etw. für 'n/(für einen) **Appel** und Ei kaufen/bekommen/... · to buy/to get/... s.th. for a song/for next to nothing/for peanuts

(nur/...) ein Trinkgeld kosten *ugs selten* – 'n/(einen) **Appel** und Ei kosten · to cost next to nothing

etw. **für ein Trinkgeld verkaufen/**hergeben/... *ugs* – (eher:) etw. für 'n/(für einen) **Appel** und Ei verkaufen/hergeben/... · to sell/... s.th. for next to nothing/for peanuts

Trinkspruch: einen Trinkspruch auf jn. **ausbringen** *form* – einen **Toast** auf jn. ausbringen · to propose a toast to s.o.

Trio: ein fideles/(lustiges) **Trio bilden/**... *ugs* · to be a merry trio

Der Paul, die Anneliese und der Michael bilden wirklich ein fideles Trio. Immer munter, immer lustig, zu Streichen aufgelegt ...

Trip: auf Trip sein *Drogenszene* · to be tripping, to be high

... Was ist denn mit dem Thomas los? Der hat so einen glasigen Blick! – Ach, der ist mal wieder auf Trip! Vorhin hat er mit dem Hartmut zusammen 'ne Pfeife geraucht.

auf dem Lern-/Kultur-/Arbeits-/feministischen/vegetarischen/... **Trip sein** *ugs Jugendspr* · 1. 2. to be going through an anarchist/a feminist/a vegetarian/... phase, to be on an anarchist/a feminist/... trip

1. Wenn die Martina auf dem Lerntrip ist, kannst du aber auch gar nichts mit ihr anfangen. Dann ist sie von morgens bis abends nur am Pauken.

2. Der Alex ist mal wieder auf dem vegetarischen Trip. Momentan kannst du ihn mit allem jagen, was auch nur entfernt nach Fleisch aussieht.

auf Trip gehen *Drogenszene* · to trip *sl*, to get high *sl*

... So ab und zu 'nen Joint zu rauchen und auf 'nen Trip zu gehen ist ja o.k.. Aber ständig bedröhnt sein, das bringt's irgendwie nicht.

einen Trip (ein)schmeißen *Drogenszene* · to pop drugs *sl*, to fix *sl*

... Mir ist es absolut schleierhaft, wie der Jens seinen Kokainkonsum finanziert. Der schmeißt doch einen Trip nach dem anderen ein.

Tritt: falschen Tritt haben *mil selten* · to take a wrong step, to be out of step

(Beim Marschieren, ein Soldat zu einem Kameraden:) Schau dir mal den Robert an: wenn wir das linke Bein vorsetzen, setzt der das rechte vor. – Der hat immer falschen Tritt. Der lernt das Marschieren nie.

jm. **einen Tritt in den Arsch geben** *vulg* · 1. to give s.o. a kick up the arse, to give s.o. a kick up the backside, 2. 3. to kick s.o. out, to boot s.o. out, to get rid of s.o. *coll*

1. ... Wenn du jetzt nicht deine blöde Schnauze hältst, gebe ich dir 'nen Tritt in den Arsch! – Versuch's mal! Dann scheuer' ich dir eine, daß dir Hören und Sehen vergeht!

2. Wenn man die Leute braucht, holt man sie in Scharen her. Und wenn man sie nicht mehr braucht, dann gibt man ihnen einen Tritt in den Arsch, nicht? Dann können sie wieder in ihre Länder zurückfahren ...

3. ... Das war damals so: wenn die Fabriken Arbeiter brauchten, stellten die sie zu halbwegs vernünftigen Bedingungen ein. Und wenn es wirtschaftlich dann wieder abwärts ging, gab man ihnen einen Tritt in den Arsch.

jm./... **muß man/**... dauernd/... **einen Tritt in den Arsch/Hintern geben/verpassen** *sal* · + s.o. needs a good kick up the behind/up the backside/in the pants/... now and again/...

Dem Peter muß man ständig einen Tritt in den Arsch geben, sonst lernt der überhaupt nichts.

einen Tritt in den Arsch kriegen *vulg* – ≠ jm. einen **Tritt** in den Arsch geben · to get a kick up the arse

wieder Tritt fassen *form* · to get back on one's feet again

... Die lange Krankheit und dann die familiären Probleme haben den Otto Bracht völlig aus der Bahn geworfen! Und wann er wieder Tritt faßt – oder ob er überhaupt wieder Tritt faßt/(Tritt fassen kann) –, das steht in den Sternen.

jm. **einen Tritt geben** · to kick s.o., to give s.o. a kick

... Aber, Junge, du kannst dem Peter doch nicht einfach einen Tritt geben! – Der hat mich auch getreten. – Was sind das denn für Sitten, sich gegenseitig mit Fußtritten zu traktieren!

Tritt halten *mil selten* · to keep in step, to march in step

(Beim Marschieren, ein Soldat zu einem andern:) Schaffst du das wirklich nicht, Willi, Schritt zu halten? Du marschierst dauernd anders als die anderen.

jm. **einen Tritt in den Hintern geben** *sal* – jm. einen **Tritt** in den Arsch geben (1; a. 2, 3) · to give s.o. a kick up the backside

einen Tritt in den Hintern kriegen *sal* – einen **Tritt** in den Arsch kriegen (1) · to get a kick up the backside

(wieder) in Tritt kommen *form selten* – wieder **Tritt** fassen · to get back on one's feet again

einen Tritt kriegen *ugs selten* – ≠ jm. einen **Tritt** in den Arsch geben (3) · to get a kick up the arse/backside/...

ohne Tritt marsch! *mil selten* · break step!

Hier steht: 'Der Unteroffizier gibt das Kommando: Los – marschiert – ohne Tritt marsch!' Das heißt? – Daß die Soldaten nicht im Gleichschritt gehen, sondern jeder in seinem (eigenen) Rhythmus.

einen falschen Tritt tun *form selten* · to miss one's step, to go over on one's ankle

... Paß auf, daß du auf dieser unebenen Treppe keinen falschen Tritt tust! Du wärst nicht der erste, der sich hier den Fuß verstaucht.

Trittbrettfahrer: ein (richtiger/...) Trittbrettfahrer (sein) *ugs*
· a (real/...) free-rider, a (real/...) free-loader

... Von dem Schubert kannst du nicht erwarten, daß er eine eigene Meinung äußert, sich für irgendein Projekt persönlich engagiert oder sich für die Gruppe als Ganze einsetzt. Dieser Mann will in der und über die Partei weiterkommen – sonst gar nichts. – Ein Trittbrettfahrer also? – Ja.

trocken: trocken sein *sal* · to be on the wagon

Seit wann trinkt der Jupp zum Abendessen Sprudelwasser? – Seit Donnerstag! Der arme Mann ist trocken. Sein Hausarzt hat ihm gesagt, wenn er so weitersäuft, hat er bald seine Leber kaputt.

etw. trocken bemerken/ein (ziemlich) trocken geschriebenes Buch/... *ugs* · to remark/to reply/... drily, to remark/to reply/... in a matter-of-fact way/tone/...

... Wer gibt schon 2.000,– Mark aus, nur um einen erstklassigen Anzug vom Schneider zu tragen?, fragte er selbstbewußt in die Runde. – Ich, bemerkte Onkel Herbert trocken. – Alles lachte.

das Brot/die Schnitte/ein Brötchen/... trocken essen/hinunterwürgen/... · to eat dry bread

... Mein Lieber, als ich so alt war wie du, habe ich nicht selten das Brot trocken herunterwürgen müssen. – Da war nichts drauf? – Nichts. Es gab nichts. Wir waren froh, wenn wir Brot hatten.

ein trockener Portwein/Sekt/... · a dry port/champagne/...

... Warum nennt man eigentlich einen herben Sekt trocken? – Du kannst aber auch Fragen stellen, Marlies!

auf dem Trockenen sitzen/(sein) *ugs* · 1. to be waiting for one's beer/wine/..., to be dying of thirst, 2. to be in a tight spot, to be up shit creek *sl*, 3. not to have a penny left, not to have a penny to one's name, to be penniless, 4. to be broke, to be skint *sl*

1. (In einem Restaurant:) Herr Ober, Sie haben uns offensichtlich vergessen! Wir sitzen jetzt bestimmt schon eine halbe Stunde auf dem Trockenen. – Ach, Entschuldigung! Ein Pils für jeden, nicht? Kommt sofort.

2. ... Wenn sogar Schuckert die Ersatzteile nicht hat, hat sie kein Mensch hier in der Gegend! Jetzt sitzen wir auf dem Trockenen. Oder weiß einer von euch (einen Ausweg), wie wir die Maschinen wieder flottkriegen können? Ich weiß jedenfalls nicht mehr weiter.

3. vgl. – keinen **Pfennig** mehr haben (1)

4. vgl. – (eher:) **blank** sein

trockenlegen: jn./einen Sumpf/... trockenlegen · 1. to drain marshes/..., 2. to ban alcohol, to impose prohibition, 3. to change a baby, to change a baby's nappies

1. ... Das dürfte einige Arbeit und einiges Geld kosten, diesen Sumpf hier trockenzulegen. – Deshalb hat man das ja auch bisher nicht gemacht. Wenn es einfacher wäre, gäbe es den Sumpf schon lange nicht mehr. *form*

2. ... Die Hälfte der Bevölkerung besteht bald aus Alkoholikern, wenn es so weitergeht mit der Sauferei, entrüstete er sich. – Na, und?, entgegnete unser Richard lakonisch. Willst du deshalb das Land trockenlegen? – Manchmal meine ich, ein strenges Alkoholverbot wäre in der Tat besser. *sal seltener*

3. vgl. – ein Baby/den Jungen/... trocken **legen**

trockensitzen: (jn.) trockensitzen (lassen) *ugs* · to have nothing to drink *n*, to leave s.o. with nothing to drink *n*

... Erich! Wie kannst du denn die Maiers einladen, ohne mir ein Wort zu sagen? Wir haben keinen Tropfen Alkohol mehr im Haus. – Dann trinken sie eben Milch! – Du kannst doch den Herrn Maier nicht den ganzen Abend trockensitzen lassen! ...

Trödel: das ist vielleicht/immer/... ein Trödel, bis alles fertig/beisammen/... ist/... *sal selten* · it's such a lengthy business (to do s.th.) *coll*, it's such a palaver (to do s.th.)

... Ach, diese Vorbereitungen für den Urlaub am Strand ... – unausstehlich! Das ist vielleicht ein Trödel, bis man alles zusammen hat. Da wird tagelang nichts anderes gemacht als herumgesucht, eingekauft, gepackt ...

Trommel: die Trommel rühren (für etw./jn.) *ugs* – die **Werbetrommel** rühren/(schlagen) (für etw./jn.) · to beat the drum for s.o./s.th.

Trommelfell: da/bei diesem Lärm/... platzt einem (ja) das Trommelfell *ugs* – *path* · + the noise/... is ear-splitting

(Bei der Besichtigung einer Werkzeugfabrik:) Mein Gott, was ist das für ein Krach hier! Da platzt einem ja das Trommelfell! Daß die Leute das den ganzen Tag überhaupt aushalten!

Trommelfeuer: ein Trommelfeuer auf jn. loslassen *ugs* – *path* · to bombard s.o., to lay into s.o., to have a real go at s.o.

... Zunächst war die Unterhaltung ruhig und sachlich. Aber plötzlich ließ der August Weber ein Trommelfeuer auf mich los, da war alles dran. »Du mußt doch verstehen ..., das kannst du doch nicht übersehen ..., das muß jetzt sofort gemacht werden ...« So ging das eine geschlagene Stunde lang.

Tropf: ein armer Tropf sein *ugs selten* – ein armer **Irrer** sein · to be a poor fool/devil/wretch/...

tröpfchenweise: jm. etw. tröpfchenweise beibringen/beibiegen/(erzählen/...) *ugs* – jm. etw. tröpfchenweise/(tropfenweise)/häppchenweise **beibringen**/beibiegen/(erzählen/...) · to break it/the bad news/... to s.o. gently/in small doses/bit by bit/...

Tropfen: ein bitterer Tropfen (in einem an sich schönen Erlebnis/...) **sein** *form* – *path* · a drop of bitterness (in a cup of joy)

... Ohne den Unfall wäre die ganze Reise ein voller Erfolg gewesen, denn so eine schöne Reise haben wir bestimmt seit 10, 15 Jahren nicht mehr gemacht. – Na, und so schlimm war der Unfall ja Gott sei Dank nicht. – Nein, aber ein Wermutstropfen.

es regnet/... in dicken/(großen) Tropfen · it is tipping/belting/bucketing/... down, the rain is falling in large drops

... Es verlangte regelrechten Mut, bei diesem Wetter herauszugehen. Der Wind war fast zu einem Sturm geworden, der Regen fiel in dicken Tropfen ...

ein edler/guter Tropfen *path* Wein · a vintage wine, a good drop

... So, zur Feier des Tages holt der Raul jetzt einen edlen Tropfen rauf, den wir im vergangenen Jahr aus Südfrankreich mitgebracht haben – einen Bordeaux, wie man ihn hier gar nicht findet.

ein schwerer Tropfen Wein · to be strong stuff, to be powerful stuff, to be heady

... Mann, ist das ein schwerer Tropfen! Wenn man davon drei, vier Gläser trinkt, ist man hinüber.

keinen Tropfen Milch/Wein/Benzin/... mehr haben · not to have a drop of milk/wine/... (left) in the house/...

... Mein Gott, Ernst, wie kannst du denn die Schlüters einladen, ohne mir etwas zu sagen?! Wir haben keinen Tropfen Wein mehr im Haus. – Dann trinken sie eben Buttermilch. – Du hast gut spotten. Wie stehe ich denn da?

jm. den letzten Tropfen Blut aussaugen *form* – *path selten* – jn. bis aufs **Blut** aussaugen · to bleed s.o. white

ein bitterer Tropfen in dem/im Kelch/Becher der Freude sein *form* – *path veraltend selten* – ein bitterer **Tropfen** (in einem an sich schönen Erlebnis/...) sein · to be a drop of bitterness (in a cup of joy)

ein Glas/einen Becher/... bis auf den/bis zum letzten Tropfen leeren/austrinken *path* · to drink a glass of beer/... down to the last drop, to drink every drop

... Er hat das ganze Glas auf einmal/(in einem Zug) ausgetrunken? – Bis auf den letzten Tropfen, Christa! – Der Manfred ist ein Säufer!

(nur/...) ein Tropfen auf den heißen Stein sein · to be a (mere/...) drop in the ocean

... In diesem Monat hast du ja ganz gut verdient. Da kannst du einen Teil deiner Schulden schon wieder zurückzahlen. – Was habe ich schon verdient? Um die 3.800,– Mark. Davon kann ich vielleicht 500,– Mark sparen. Bei 7.000,– Mark Schulden ... – (das ist) ein Tropfen auf den heißen Stein.

ein Tropfen Wermut (in einem an sich schönen Erlebnis/...) **sein** *form – path selten* – ein bitterer **Tropfen** (in einem an sich schönen Erlebnis/...) sein · (to be) a drop of bitterness (in a cup of joy)

tropfnaß: tropfnaß sein *ugs selten* – bis auf die **Knochen** durchnäßt/naß sein · to be dripping wet

Trost: ein Trost, daß (wenigstens/...) ... *ugs* · it's some consolation at least that ..., at least ..., it's lucky that ...
... Dieses Jahr sind aber auch fast alle Ernten schlecht! Ein Trost, daß wenigstens die Preise relativ gut sind; sonst müßten wir uns zum Hungerkünstler entwickeln.

das/(etw.) ist ein billiger Trost *ugs* · 1. it/s.th. is not much consolation, 2. some comfort that is!
1. vgl. – das/(etw.) ist ein schwacher **Trost**
2. vgl. – das/(etw.) ist ein schöner/herrlicher/(...) **Trost**

das/(etw.) ist ein schöner/herrlicher/(...) Trost *iron* · some comfort that is! *coll*
... Wenn du jetzt weniger verdienst, brauchst du dich auch nicht mehr so anzustrengen! – Das ist ein schöner Trost! Wovon soll ich dann leben, wenn mein Gehalt nicht reicht?

das/(etw.) ist ein schwacher Trost *ugs* · that/s.th. is not much/poor consolation
... So schlimm ist das doch nun auch wieder nicht, wenn man mal sitzen bleibt! Du bist schließlich noch jung! – Das ist ein schwacher Trost. Erstens rechtfertigt das mein Sitzenbleiben nicht, und zweitens bin ich die Schule sowieso schon leid.

zum Trost (kann j. ja dann/...) · to make up for it/as a consolation/... (s.o. can ...)
(Bei Schuckert:) Wenn die Bank den Kredit nicht rechtzeitig zahlt, können wir auch die Gehälter nicht pünktlich zahlen. – Zum Trost kriegen die Leute dann später zehn Prozent mehr. – Ich weiß nicht, ob sie damit zufrieden/(einverstanden) sind.

js. einziger Trost sein · 1. 2. s.o./s.th. is s.o.'s only comfort 1. s.th. is s.o.'s only/sole consolation
1. ... Du hast völlig recht: dummer hätte ich mich in den Verhandlungen gar nicht anstellen/(verhalten) können. Mein einziger Trost ist, daß der Chef selbst auch nicht intelligenter war. – Ein schwacher Trost! *ugs*
2. ... Nach dem Tod ihres Mannes ist ihr Sohn ihr einziger Trost. Wenn sie den nicht hätte, würde ihr das Leben wohl nichts mehr sagen. *form – path seltener*

js. ganzer Trost sein *form – path selten* – (eher:) js. einziger **Trost** sein (2) · s.o./s.th. is s.o.'s only comfort

nicht (so) (ganz/(recht)) bei Trost sein *ugs* · 1. s.o. must be out of his mind, s.o. must have taken leave of his senses, 2. s.o. is not all there
1. ... Was sagt er, wir sollen auf eine Gehaltserhöhung verzichten, damit das Direktorium mehr Entscheidungsspielraum hat? Er ist (wohl) nicht ganz bei Trost?! Einmal hat das eine nichts mit dem anderen zu tun, und dann verdienen wir so schon wenig genug.
2. ... Ihr dürft nicht so ernst nehmen, was Großmutter sagt. Sie ist nicht mehr so ganz bei Trost – ihr wißt doch, daß ihr Gedächtnis sehr häufig aussetzt. *seltener*

jm. Trost spenden *form* · to comfort s.o., to give s.o. (a bit of) support
... Tut mir aufrichtig leid, Agnes, heute nachmittag habe ich keine Zeit. Ich gehe zum Tee zu Mathilde. Sie fühlt sich seit dem Tod ihres Mannes so verlassen und unglücklich. Ich will ihr ein bißchen Trost spenden.

Trostpflaster: jm. ein Geschenk/gutes Wort/... als Trostpflaster geben *ugs* · to give s.o. a pay rise/... as/by way of consolation *n*, to give s.o. a consolation prize
(Der Chef in einer Personaldebatte:) Wenn wir den Mann aus firmenpolitischen Gründen nicht befördern können, dann sollten wir ihm vielleicht als Trostpflaster wenigstens eine Gehaltserhöhung von 2 oder 300,– Mark geben. – Ein schwacher Trost, Herr Fischer! Meinen Sie, daß 300,– Mark dem Franzbach viel helfen?

Trott: der alltägliche Trott *ugs* – das tägliche/ewige **Einerlei/** das Einerlei des Alltags · the daily trot/grind

es ist (wieder/nach wie vor/...) der alte/(gewohnte) Trott/ (in/bei/... herrscht/... (wieder/...) der alte/(gewohnte) Trott) *ugs* – es ist (wieder/nach wie vor/...) der alte/(gewohnte) **Schlendrian/**(in/bei/... herrscht/... (wieder/...) der alte/(gewohnte) Schlendrian) · it's the same old/the usual/... slackness/casualness/slovenliness/...

es/alles/(etw.) geht (da/...) (wieder) den/seinen alten/im alten/(gewohnten) Trott *ugs* – es/alles/(etw.) geht (da/...) (wieder) den/seinen/im alten/(gewohnten) **Schlendrian** · it's the same old routine, it's the same old jog-trot

es/(etw.) geht immer/(...) im gleichen/(in demselben) Trott *ugs* · it's the same old routine, it's the same old jog-trot
Na, läuft der Laden bei euch zügiger, nachdem ihr einen neuen Chef habt? – Ach, es geht immer im gleichen Trott. Die Leute sind so an die Routine gewöhnt – die werden in ihrem ganzen Leben in diesem lahmen Rhythmus arbeiten.

jn./etw. (nicht) aus dem (alten/gewohnten) Trott bringen *ugs* · (not) to get s.th. out of its rut, (not) to shake s.o./s.th. out of his/its complacency, (not) to shake s.o./s.th. up
Wenn nicht einmal Wirtschaftskrisen und Existenzbedrohung den Laden aus dem Trott bringen, dann wird auch eine neue Geschäftsführung keinen Schwung da reinbringen können. – Aber es muß doch etwas gegen diesen Schlendrian zu machen sein!

im Trott gehen *Pferde* · to trot, to go at a trot, to ride at a trot
... Entweder wir reiten richtig oder gar nicht! So im Trott gehen, das macht mir keinen Spaß.

aus dem Trott geraten/kommen *ugs* · to get out of a routine *n*, to get out of one's rut
Wenn man einmal aus dem Trott kommt, kostet es einen verdammt viel Mühe, wieder hereinzukommen! Seltsam, wie uns der eintönige Rhythmus des Alltags so in seinen Bann schlägt!

endlich/... aus dem (alten/(gewohnten)) Trott herauskommen *ugs* · to get out of a rut at last/...
(Bei Schuckert:) Wenn dieser Laden nicht endlich bald aus dem alten Trott herauskommt, machen wir irgendwann pleite. Diese lässige Art und diesen Schlendrian kann sich heute kein Unternehmen mehr ungestraft leisten.

in den alten/gleichen/gewohnten Trott zurückfallen/(verfallen) *ugs* · to fall back into the same old rut, to fall back into the same old jog trot
... Ja, ein paar Monate lang ging in der Tat alles ein wenig zügiger und ordentlicher. Aber das hat nicht lange vorgehalten. Inzwischen ist alles/der ganze Laden/sind alle Leute/... in den alten Trott zurückgefallen. Es ist wieder derselbe Schlendrian wie früher.

Trottel: ein gutmütiger Trottel *sal* · an amiable idiot *n*, a good-natured idiot *n*
... Ja, ja, Herz hat er, das stimmt; sehr viel sogar! Aber leider geht das auf Kosten der Intelligenz! – Sei nicht so zynisch, Christoph! Schließlich wirst du deinen Onkel noch als gutmütigen Trottel dahinstellen.

Trotz: jm./e-r S. zum Trotz etw. tun *form* · 1. to do s.th. despite s.o./s.th., to do s.th. in defiance of s.o./s.th., 2. to do s.th. despite/in spite of unfavourable/... circumstances
1. ... Den Bürokraten und Planern zum Trotz haben wir bei der Durchführung der Arbeiten auf das Wohlbefinden der künftigen Benutzer der Badeanlagen den entscheidenden Wert gelegt – und nicht auf sog. moderne Linienführung.
2. Allen widrigen Umständen/ungünstigen Bedingungen/... zum Trotz haben wir die Untersuchung termingerecht abgeschlossen.

jm./e-r S. Trotz bieten *form selten* – jm./e-r S. die **Stirn** bieten · to stand up to s.o./s.th.

Trotzalter: im Trotzalter sein/(stehen) · to be going through the defiant phase
(Ein Vater zu seiner Frau:) Wenn der Junge jetzt noch ein Mal auch nur ein einziges Widerwort gibt oder sich nochmal erlaubt, stur das

Gegenteil von dem zu machen, was man ihm sagt, kriegt er von mir eine Strafe, die sich gewaschen hat! – Ach, Herbert, der Junge ist im Trotzalter. Man sollte das wohl alles nicht so ernstnehmen; das gibt sich von selber wieder.

Trotzkopf: seinen Trotzkopf aufsetzen ugs – (eher:) seinen **Dickkopf** aufsetzen · s.o. is being pig-headed again

Trüben: im Trüben fischen – im Trüben **fischen** · to fish in troubled waters

Trübsal: Trübsal blasen ugs · to mope n, to be down in the dumps

... Natürlich ist es nicht gerade angenehm, beide Eltern im Krankenhaus zu haben. Aber deswegen wirst du doch jetzt nicht Trübsal blasen! Jetzt bloß nicht den Kopf hängen lassen und schwarzen Gedanken nachhängen!

Trübsinn: in Trübsinn verfallen form – path · to become melancholic, to become gloomy, to give o.s. up to melancholy/gloom/(...)

... So hart es klingt, Georg: das Leben geht weiter – auch nach dem Tod der Grete. Du wirst doch jetzt nicht in Trübsinn verfallen und den ganzen Tag apathisch da herumsitzen und vor dich herumgrübeln!

Trudeln: ins Trudeln kommen/(geraten) ugs Flugzeuge u.ä. · to go into a spin, to start spinning

... Wie ist denn der Absturz passiert? – Zunächst flog die Maschine ganz gleichmäßig, drehte eine Runde nach der anderen. Aber plötzlich, bei einer Abwärtsdrehung, kam sie ins Trudeln, torkelte immer mehr und fiel schließlich am linken Rand des Fluggeländes zur Erde.

Trugschluß: auf einem Trugschluß beruhen form · to be based on a false conclusion, to be based on a fallacy, to be based on a misapprehension

Wir hatten angenommen, bei kürzerer Fahrzeit würde auch der Fahrpreis niedriger werden. Aber diese Annahme beruhte leider auf einem Trugschluß. Denn um eine kürzere Fahrzeit zu erzielen, setzte die Gesellschaft neue Wagen ein – und diese Mehrkosten waren natürlich wieder hereinzuholen ...

Trümmer: der ganze Ort/... **sank in Trümmer** path · the whole village/... was reduced to rubble, the whole village/... was reduced to ruins

... Ich weiß nicht, ob du informiert bist, daß die halbe Stadt bei einem einzigen Angriff in Trümmer sank. Das Viertel beispielsweise, in dem ich wohnte, war ein einziger Schutthaufen.

in Trümmer gehen ugs – path – kaputt **gehen** (1; u.U. 2) · to be smashed to/to break into/... pieces, to be smashed to smithereens

etw./alles in Trümmer schlagen ugs – path – etw./alles kurz und klein **schlagen** · to smash s.th./everything to pieces/smithereens/...

der ganze Ort/... **liegt in Trümmern** path · the whole village/area/... is in ruins

... Hat der Bombenangriff denn auch in der Hauptstadt großen Schaden angerichtet? – Leider, Herr Minister. Das halbe Regierungsviertel liegt in Trümmern.

unter den Trümmern des Hauses/... **begraben werden** path · to be buried in the ruins/beneath the rubble of a house/...

... Tausende und Abertausende von Menschen wurden von den Bombenangriffen nachts überrascht, sodaß das Haus buchstäblich über ihrem Kopf zusammenstürzte und sie unter den Trümmern begraben wurden.

Trümmerhaufen: nur noch ein (einziger) **Trümmerhaufen sein** ugs – path · to be (just/nothing but/...) a pile of rubble, to be (just/nothing but/...) a heap of rubble

... Ja, und als wir aus dem Bunker heimkamen, sahen wir, zu unserem Schrecken, daß zahlreiche Häuser unserer Straße nur noch ein einziger Trümmerhaufen waren. Und euer Haus? – War ebenfalls dem Erdboden gleichgemacht.

ein Haus/ein Viertel/... in einen Trümmerhaufen verwandeln ugs – path – in **Schutt** und Asche legen · to reduce a house/an area/... to rubble

Trumpf: heute/... **ist**/... Linguistik/Soziologie/... **Trumpf** ugs – heute/... ist/... Linguistik/Soziologie/... **angesagt** · linguistics/sociology/... is the big thing/is what counts/is the flavour of the month/... these days/...

jm. **sagen/zeigen/klarmachen, was Trumpf ist**/(dem/... mußt du/... mal ...!) ugs selten – jm. zeigen/klarmachen, was **Sache** ist/(dem/... mußt du/... mal ...!) · to tell s.o. what's what, to tell s.o. where to get off

noch/... **einen Trumpf haben** – noch/... einen **Trumpf** in der Hand haben/(halten) · to still/... have a trump card left, to still/... have an ace up one's sleeve

noch/... **einen verborgenen Trumpf haben** – noch/... einen verborgenen **Trumpf** in der Hand haben/(halten) · to (still/...) have an ace up one's sleeve, to (still/...) have a card up one's sleeve

noch einen Trumpf im Ärmel haben – noch/... einen (verborgenen/...) **Trumpf** in der Hand haben/(halten) · to (still/...) have an ace up one's sleeve, to (still/...) have a card up one's sleeve

einen/den/seinen Trumpf ausspielen · to play one's trump card

... Wenn die mir sagen, ich hätte das Haus schon lange instandsetzen müssen, dann präsentiere ich ihnen die Briefe der Stadtverwaltung, aus denen hervorgeht, daß alle diese Häuser abgerissen werden sollen. – Diesen Trumpf würde ich an deiner Stelle nicht sofort ausspielen. Ein so entscheidendes Argument würde ich bis zum Schluß aufheben.

den/seinen höchsten/(...) **Trumpf ausspielen** selten · to play one's best card

... Du mußt in den Verhandlungen das entscheidende Argument, die entscheidenden Daten bis zum Schluß aufbewahren. Bloß nicht sofort den höchsten Trumpf ausspielen! Dann hast du ja nichts mehr in der Hinterhand.

den/seinen letzten Trumpf ausspielen · to play one's last trump card

... Ich würde dieses entscheidende Argument nicht gleich zu Beginn der Verhandlung vorbringen. Es ist taktisch klüger, nicht sofort den letzten Trumpf auszuspielen. Versuchen wir erst mal, mit den anderen Argumenten, die für unsere Ansicht sprechen, zu gewinnen.

noch/... **einen Trumpf in der Hand haben/(halten)** · to have another card up one's sleeve

... Na, einen Trumpf hat der Peter in seiner Auseinandersetzung mit seiner Partei ja noch immer in der Hand! – Und der wäre? – Er ist der einzige, der die Beziehungen zu Frankreich übersieht. Und so einen Mann brauchen die! ...

noch/... **einen verborgenen Trumpf in der Hand haben/(halten)** · to (still/...) have an ace up one's sleeve, to (still/...) have a card up one's sleeve

... Der Werner ist so sicher! Dabei ist die Lage für ihn doch fast aussichtslos! – Er hat bestimmt noch einen (verborgenen) Trumpf in der Hand. Du sollst sehen: wenn die gewonnenes Spiel zu haben glauben, kommt er mit irgendeiner Erklärung, irgendeinem Dokument oder so, das die Sache zu seinen Gunsten entscheidet.

einen/den Trumpf aus der Hand geben · to give up/to waste/... a trump card

... Natürlich werden die Verhandlungen für den Robert nicht ganz einfach sein. Aber er hat den anderen doch immer eins voraus: er hat den Markt. Und diesen Trumpf gibt er natürlich nicht aus der Hand.

jm. **einen/den Trumpf aus der Hand winden** path selten · to wrest the trump from s.o.'s hand

... Das ist ein sehr wichtiges Argument, und das spricht nun einmal für ihn und nicht für uns. Es dürfte schwerfallen, ihm diesen Trumpf aus der Hand zu winden.

seine/alle Trümpfe (auch/...) **ausspielen** · to play all one's trump cards

... Bessere Argumente konnten sie doch gar nicht haben! Diese Trümpfe hätten sie auch ausspielen müssen! Wenn sie solche Vorteile nicht nutzen, dürfen sie sich nachher nicht beklagen, wenn die Sache schiefgeht.

alle Trümpfe (sofort zu Beginn/...) **ausspielen** · to play all one's trumps (at once/at the beginning/...)

... Statt erst einmal abzuwarten, welche Argumente sie präsentieren, hat der Häusler alle Trümpfe sofort ausgespielt – die Entfernung vom Hauptwerk, die verstreute Lage der Kunden usw. Jetzt kann er eigentlich kaum noch etwas bringen.

alle Trümpfe in der Hand/den Händen haben/halten · to have all the trumps in one's hand

... Kein Wunder, daß der Bertold so selbstsicher auftritt! Er hat alle Trümpfe in der Hand: er entscheidet allein; sein Verhandlungsspielraum ist größer als der der Konkurrenz; er ist besser informiert; und schließlich: wenn trotzdem etwas schiefgehen sollte, leidet er am wenigsten darunter.

alle Trümpfe in der Hand behalten · to keep all one's trumps in hand

... Es ist fast immer die Verhandlungstaktik des Alten, bis zum Schluß alle Trümpfe in der Hand zu behalten und seine Partner dann mit einem Überraschungscoup zu überfahren.

die besten/(...) **Trümpfe** (sofort zu Beginn/...) **aus der Hand geben** · to throw away one's greatest advantages (right at the beginning/...), to play one's best trumps (at the beginning/immediately/...), to waste one's best trumps

... Wenn du einmal zugegeben hast, daß sie für die Verspätung der Zahlung und die inzwischen erfolgte Wertminderung des Objekts keine Schuld trifft, hast du die besten Trümpfe aus der Hand gegeben. Denn solche formalen Dinge sind nun einmal entscheidend.

jm. **die** (**besten/**...) **Trümpfe aus der Hand nehmen** · to steal s.o.'s thunder

Der Hubert versteht es immer wieder, seinen Verhandlungspartnern auch die besten Trümpfe aus der Hand zu nehmen. Egal, was die vorbringen – ihm fällt ein schlagendes Gegenargument ein!

jm. **die Trümpfe aus der Hand winden** *path selten* · to wrest the trumps from s.o.'s hand *para*, to get the better of s.o.

... Das war nicht einfach, dem Herrn Wirtz die Trümpfe – so einen nach dem anderen – aus der Hand zu winden. – Ich verstehe immer noch nicht, wie du das geschafft hast. Denn er hatte doch in der Tat im Grunde die besseren Argumente auf seiner Seite.

Trunk: sich dem Trunk ergeben *form* – *iron selten* – sich dem **Suff** ergeben · to hit/to start to hit/... the bottle, to take to drink

einen Trunk tun *form selten* · to have a drink, to get s.th. to drink, to wet one's whistle

... Moment, ich komme gleich. Jetzt muß ich erstmal einen Trunk tun. Ich habe vielleicht einen Durst nach diesem Spaziergang durch die Hitze.

dem Trunk verfallen sein *form* – *iron selten* – sich dem **Suff** ergeben *res* · to have hit/to have taken to/... the bottle, to be a victim of the demon drink

Trunkenheit: wegen Trunkenheit am Steuer bestraft werden/ den Führerschein verlieren/... *form* · to get an endorsement/to lose one's license/... for drunken driving

... Weshalb haben sie dem Anton den Führerschein abgenommen? – Wegen Trunkenheit am Steuer. Er hatte 1,7 Promille.

Truppe: von der schnellen Truppe sein *sal oft iron* · they're fast workers *coll*

... Die haben das ganze Haus in drei Monaten hochgezogen?! Die sind aber von der schnellen Truppe! Hoffentlich ist auch alles ordentlich gemacht! Bei der Eile ...

neue/wiederum/... **Truppen an die Front werfen** *mil* · to send fresh/... troops to the front

... Was hat es denn für einen Sinn, immer wieder neue Truppen an die Front zu werfen, wenn uns die Feinde derart überlegen sind, daß die Niederlage unabwendbar ist?! Die Truppen, die jetzt noch kämpfen müssen, sind doch nur Kanonenfutter.

Truthahn: herumstolzieren/(...) **wie ein Truthahn** *sal* – herumstolzieren/(...) wie der/(ein) **Hahn** auf dem Mist · to strut around like a turkey-cock

sich gebärden/aufblasen wie ein Truthahn *sal* – sich aufblasen wie ein **Frosch** · to puff o.s. up like a frog

Tschau: Tschau! *ugs Neol* – **Tschüß!** · bye!, see you!, ta-ra!

Tschüß: Tschüß! *ugs* · bye!, bye-bye!, cheerio!

... Es ist drei, ich muß gehen! Also, Tschüß Karin, bis morgen! – Tschau! Bis morgen um sechs.

tu: für dich/Sie/... **tu ich/tun wir/**... **alles** *path od. iron* · I/he/John/... will do anything for you/them/Mary/...

Tag, Herr Mertens. Mein Rad hat mal wieder einen Platten. Könnten Sie mir das bis heute abend flicken? – Für dich tu ich alles, Uschi! – Mal ehrlich, Herr Mertens! Geht das? – Ich sag' doch: für dich tut alles möglich. Also komm' um sechs Uhr vorbei; dann kannst du dein Rad wieder mitnehmen.

tu, was du/tut was ihr/... **nicht lassen kannst**/könnt/...! *ugs* · go ahead if you have to, if you must you must, do it if you must

... So Klara, heute abend spiele ich mal wieder anständig Skat. Jetzt habe ich schon einen ganzen Monat nicht mehr gespielt ... – Eigentlich solltest du dich nach den anstrengenden Wochen ausruhen, vernünftig ausschlafen. Aber meinetwegen, tu, was du nicht lassen kannst!

nichts tu ich/tut j. **lieber als das!** *oft iron* · there is nothing I/he/John/... would rather do than ...

Meinst du, die Ulrike könnte uns beim Backen helfen? – Nichts tut sie lieber als das, Mutti. Kuchen backen ist ihre größte Leidenschaft.

tu/tut/... (**nur/bloß/doch/**...) **nicht so!** *ugs* · come off it!, stop pretending!

... Ja, wenn es nicht gerade in die Berge wäre, dann würde ich gerne mitfahren. – Tu doch nicht so, Bernd! Das Ganze hat doch mit den Bergen gar nichts zu tun. Du willst doch bloß deshalb ans Meer, weil die Bettina dann auch mitfährt. Meinst du, ich wär' blöd (und hätte das nicht längst kapiert)?!

Tube: (**anständig/**...) **auf die Tube drücken** *sal* · 1. 3. to step on it *coll*, 1. to motor, to put one's foot down *coll*, to go some, 2. to get a move on *coll*

1. Wieviel Minuten habt ihr von Bochum hierher gebraucht? – 17. – Mensch, da habt ihr aber anständig auf die Tube gedrückt! Da seid ihr doch bestimmt 130/140 im Schnitt gefahren.

2. Wenn wir in diesem Rhythmus weiterarbeiten, werden wir an diesem Büchlein wohl bis Weihnachten sitzen. Jetzt wollen wir mal (anständig) auf die Tube drücken. Wenn wir richtig rangehen, müßten wir die Übersetzung doch in zehn Tagen schaffen! *selten*

3. vgl. – **Gas** geben

Tuch: etw. ist ein rotes Tuch für jn./**wirkt auf** jn. **wie ein rotes Tuch** *ugs* · s.th. makes s.o. see red, s.th. is like a red rag to a bull (to s.o.)

Ich geb' dir einen guten Rat, Michael: wenn wir heute abend zu Herrn Eichler gehen, vermeide das Thema 'Entwicklungshilfe'. Dies Thema ist für den Mann ein rotes Tuch. Es braucht nur das Wort 'Entwicklungshilfe' zu fallen, dann wird er schon sauer.

Tuchfühlung: mit jm. **Tuchfühlung aufnehmen** · to establish contact with s.o.

... Wie erst jetzt bekannt wird, sollen maßgebliche Vertreter der Parteien mit der Regierung in Ostberlin Tuchfühlung aufgenommen haben, um einen Austausch von inhaftierten Agenten zu erreichen. – Von derartigen Kontakten war bislang nie die Rede! – Eben!

auf Tuchfühlung gehen *sal* · to get up close to s.o. *n*

... Der Walter versucht mal wieder, auf Tuchfühlung zu gehen. Der kann nicht anders tanzen als eng angepreßt an seine Partnerin. Guck' dir das an!

Tuchfühlung (mit jm.) **halten/**(haben) *sal* · to keep close to s.o. *n*, to keep in close physical contact with s.o. *n*

... Guck' dir das an, wie der Kurt und die Inge tanzen! – Sie halten Tuchfühlung – nicht nur, wenn sie zusammen durch den Park bummeln, auch sonst: sie haben halt engsten Kontakt miteinander. – Spötter!

auf Tuchfühlung (mit jm.) **kommen** *sal* · to get up close to s.o. *n*

Wenn der Walter nochmal versucht, auf Tuchfühlung zu kommen, tanze ich nicht mehr mit ihm. Ich tanze nicht mit Leuten, die sich nur an den Partner schmiegen wollen. Ich tanze wegen der Musik.

auf Tuchfühlung (näher-) **rücken** *sal* · to get up close/closer to one another *n*, to huddle together *n*

Je später es wurde, um so mehr rückten Jungen und Mädchen auf Tuchfühlung! – Das kann bei einem Faschingsfest ja nicht ausbleiben! Solange es noch beim Aneinanderrücken/(Aneinanderpressen) bleibt …

in Tuchfühlung (mit jm.) **sitzen** *sal* · to sit close to s.o. *n*

… Na, so in Tuchfühlung mit einer so reizenden jungen Dame zu sitzen, und dann bei diesen vielen langen Tunnels, durch die der Zug fährt … – das muß dir doch Spaß machen! – Halt den Rand, Kerl!

in Tuchfühlung (mit jm.) **stehen** *sal* · to be pressed up close to s.o. *n*, to be huddled up with s.o. *n*

Widerlich, diese Fahrten mit dem Bus, wo die Leute wie die Heringe zusammengepreßt sind! – Hm, es gibt Menschen, die haben das gern, so in Tuchfühlung mit anderen zu stehen. – Eben, das ist es ja! Besonders bestimmte Männer! …

Tücke: (das ist) **die Tücke des Objekts** *oft iron* · 1. 2. these things have a will of their own!

1. … Diese Schraube muß doch da reinpassen! Ich versteh' das überhaupt gar nicht. Jetzt sitz' ich hier schon eine halbe Stunde und krieg' das Ding nicht rein. – (Das ist) die Tücke des Objekts, Rainer! – Jetzt hör' du mal auf mit deinen Witzchen!

2. … Der Radioapparat funktioniert doch schon wieder nicht! Obwohl wir ihn erst vorgestern von der Reparatur zurückbekommen haben! – Das ist die Tücke des Objekts. Solche Apparate haben halt ab und zu ihre Mucken.

seine Tücken haben *ugs* · 1. 2. to be temperamental, to be difficult, to be unpredictable, to have its pitfalls/vagaries

1. Nimm' dich vor der Ellen in acht, die hat ihre Tücken! Wenn die schlecht geschlafen hat oder sonst aus irgendeinem Grund schlecht gelaunt ist, ist sie unmöglich.

2. … Der Wagen hat seine Tücken in letzter Zeit. Jetzt springt er schon zum dritten Mal nicht an, und kein Mensch versteht, warum nicht.

voller Tücken stecken *selten* · to be full of snags/dangers/pitfalls/…

(Bei der Kontrolle von Geschäftsunterlagen:) Vorsicht bei diesem Angebot! Die Unterlagen stecken voller Tücken! – Allerdings, Herr Schuckert! Da waren gewiefte Leute am Werk, die uns das Fell über die Ohren ziehen wollten. Aber wir sind ja auch nicht von gestern.

tun: jm. **ist es um** jn./etw. **zu tun** *form veraltend* · + to do s.th. for the sake of s.o./s.th.

… Wenn der Herr Sembort sich in seinem Alter noch soviel Arbeit aufhalst, dann, weil es ihm um seine Kinder, um sein Landgut, um die Leute, die da leben, zu tun ist. Wenn es ihm um seinen eigenen Vorteil ginge, würde er seine Kraft und sein Geld woanders investieren.

jn. **auf** eine (andere/…) Schule/aufs Gymnasium/… **tun** · to send s.o. to a (different/…) school/…

Auf welche Schule willst du euren Willi nach dem vierten Schuljahr tun? – Auf die Realschule. Mir scheint, die entspricht seinen Anlagen am ehesten.

(immer) (so) freundlich/vertraulich/fremd/vornehm/… **tun** · to act friendly/polite/…

Der Miesbach tut in letzter Zeit immer so höflich! Ob der etwas von mir will? – Hat er dich denn sonst unhöflich behandelt? – Das nicht gerade … – sachlich, nüchtern!

nichts anderes tun (als …) · to do nothing but …, all he/… does is …

… Diese Alte da gegenüber tut den ganzen Tag nichts anderes als aus dem Fenster zu gucken und die Leute anzustieren. Vom frühen Morgen bis zum späten Abend hängt die am Fenster und …

besser daran tun, zu/wenn …, als … · s.o. would be better off doing s.th., s.o. would be better advised to do s.th., s.o. would do better to do s.th.

(Ein Vater zu seinem Sohn:) Du tätest besser daran, Albert, mehr für die Universität zu tun, als deine ganze Zeit dazu zu verwenden, der Christa in ihren Schulproblemen zu helfen. Nichts gegen die Christa und gegen deine Hilfsbereitschaft! Aber deine Ausbildung geht vor!

sein Bestes tun/(versuchen) – sein **Bestes** tun/(versuchen) · to do one's best, to do the best one can

jetzt muß/will/… ich/… **mal**/… **ein bißchen tun** *ugs* · now I have to/want to/… get on with my work

(In einer Unterhaltung nach dem Mittagessen:) So, jetzt wollen wir mal ein bißchen tun, sonst ist der Nachmittag gleich um! Ich komm' mit der Arbeit schon so kaum durch; da kann ich meine Zeit hier nicht mit euch verplaudern – so angenehm das auch ist.

dick tun (mit etw.) *sal selten* – sich dick **machen** (mit etw.) (2) · to shoot one's mouth off (about s.th.), to brag (about s.th.)

es tun *sal euphem* · to do it

… Wie kommt der Otto denn sexuell zurande, wenn die Bettina dauernd monatelang weg ist? – Ist das deine Sache – oder meine, ob der es dann tut, ob er es nicht tut, mit wem er es tut und wo …?!

etwas/was tun · to do something

Wenn man im Leben weiterkommen will, muß man was tun. Mit Bequemlichkeit und Faulenzerei ist noch nie jemand etwas geworden.

jm. **etwas tun** (wollen) *ugs* · 1. 2. to (want to) do s.th. with/to s.o., 1. to (want to) hit s.o. *n*, to (want to) hurt s.o. *n*

1. … Peter! Peter! Komm! Schnell! Der Ulli will mir etwas tun! – Was ist denn schon wieder los? Was will denn der Ulli schon wieder? – Er will mich schlagen. – Und warum? Hast du ihn wieder geärgert?

2. vgl. – (eher:) jm. etwas **antun** (wollen) (1)

etwas/nichts/… dafür/für die Sache/(…) **tun** *ugs* · to (have to) work (hard/…) for s.th./to get/to achieve/… s.th., to (have to) do a lot/… for s.th./to get/… s.th.

… Der Karl hat die Genehmigung bekommen und du nicht, das ist richtig. Aber schau dir mal an, was der Karl alles dafür getan hat/dafür alles getan hat/(alles für die Sache getan hat). Er ist von Pontius zu Pilatus gelaufen, hat alle möglichen Anträge gestellt …

(wer weiß wie/…) groß tun (mit etw.) *ugs selten* – sich dick **machen** (mit etw.) (2) · to shoot one's mouth off (about s.th.), to brag (about s.th.)

jm. **gut tun** – jm. **guttun** · to do s.o. good

gut daran tun, zu …/wenn … · to be well-advised to do s.th., s.o. would do well to do s.th.

Du tätest gut daran, Ernst, zu deiner Sekretärin ein bißchen auf Distanz zu gehen. Im Betrieb fangen die Leute schon an, sich zuzuflüstern/zuzuraunen/zu munkeln, du hättest was mit ihr …

sich an etw. **gütlich tun** *form selten* – sich gütlich an etw. tun · to treat o.s. to s.th., to get stuck into s.th.

wenn/…, dann/… hat er/sie/Peter/… **es mit mir**/Walter/… **zu tun** *oft: wenn …, dann kriegt/(bekommt) es j. mit jm. zu tun* *ugs* – es mit jm. zu tun kriegen/(bekommen) · if s.o. …, he'll have me/… to deal with, if s.o. …, he'll be in trouble with me/…

kann ich etwas für Sie/dich/euch/… **tun**? · what can I do for you?, can I help you?

(Ein Professor, der aus seinem Dienstzimmer kommt, zu einem auf dem Flur wartenden Studenten:) Guten Tag, Herr Schreiber. Kann ich etwas für Sie tun? – Guten Tag, Herr Professor. Nein, danke. Ich warte auf Herrn Dr. Rosenbach. …

gegen etw./dagegen **kann man nichts tun** · there is nothing to be done + one/we/… can't do anything about it, there's nothing you/… can do about it

… Der Walter ist halt faul wie Mist! Dagegen kann man nichts tun! – Das Taschengeld streichen! – Das habe ich schon versucht. Es hilft auch nicht.

es nicht mehr lange tun *ugs* – es nicht mehr lange **machen** (3) · it's/s.o. won't last much longer

sich mit jm./in/bei/… leicht tun – sich mit jm./in/bei/… **leichttun** · (not) to find things easy, (not) to find it easy to do s.th., to find it easy to get on with s.o.

sich leichter tun, wenn/mit …/… · s.o. would find it easier if …, s.o. would be able to manage more easily if …

… Natürlich sind das für die Hilde harte Monate jetzt bei der Vorbereitung des Kongresses! Zum Teil macht sie sich das Leben allerdings selbst schwerer als nötig: Sie würde sich zum Beispiel viel leichter tun, wenn sie manches an ihre Kolleginnen delegieren würde. Aber sie will unbedingt alles allein machen! …

sein Möglichstes tun (um etw. zu erreichen/…) – sein **Möglichstes** tun (um etw. zu erreichen/…) · to do one's utmost (to achieve s.th./…), to do everything in one's power (to achieve s.th./…)

nichts tun · 1. to do nothing, 2. to have a cushy number *coll*, to take it easy, to swing the lead *coll*

1. Wenn er in der Schule mitkommen will, muß er etwas tun, das ist doch klar. So intelligent, daß er es sich leisten kann, nichts zu tun, und trotzdem durchkommt, ist er nicht.

2. vgl. – eine ruhige **Kugel** schieben

jm. nichts tun *ugs* · 1. 2. not to hurt s.o. *n*, not to harm s.o. *n*

1. … Keine Angst, Christl, der Hund tut dir nichts. – Bestimmt nicht? – Nein, er beißt nicht. Du kannst ruhig in seine Nähe gehen.

2. Ich weiß nicht, warum du vor Herrn Walters eine solche Angst hast. Er tut dir doch nichts!

nichts dafür/für die Sache/… tun *ugs* · to do nothing for the cause/…, not to contribute anything to s.th.

… Der Karl hat die Genehmigung bekommen und du nicht, das stimmt. Aber du hast auch nichts dafür getan/hast auch nichts für die Sache/Angelegenheit/… getan. Während er sich die Hacken abgerannt und mit allen möglichen Leuten verhandelt hat, hast du hier gemütlich herumgesessen und abgewartet.

not tun – (jm.) **nottun** · to be needed, to be necessary

recht daran tun, zu …/wenn … *form selten* · to be right to do s.th.

… Der Ernst tut schon recht daran, bei seiner Sekretärin eher zu viel als zu wenig auf Distanz zu gehen. Du weißt doch, wie schnell die Leute im Betrieb anfangen zu reden – besonders, wenn es sich um den Junior-Chef handelt.

sich mit jm./etw. schwer tun · 1. not to get along with s.o., to find it hard to get on with s.o., 2. to find s.th. hard going, to make heavy weather of s.th., to struggle with s.th.

1. Wie ich höre, tut sich der Alfons ein wenig schwer mit seiner Schwiegermutter? – Die gute Frau ist auch nicht einfach, weißt du? Selbst für einen weniger komplizierten Charakter als den Alfons wäre es nicht leicht, mit ihr zu Rande zu kommen.

2. Hat sich der Alfred inzwischen an seinen Posten als Aufsichtsratsvorsitzender gewöhnt? – Hm, er tut sich immer noch sehr schwer (mit dieser Aufgabe). Wie du weißt, hat er sie nur sehr widerwillig angenommen; er steckt nicht in der Materie, ist kein geborener Redner …

das Seine tun *oft Perf form* – das **Seine** tun · to do what one can, to do one's bit, to do one's best

das Seinige tun *oft Perf form* – das **Seine** tun · to do one's bit, to do one's best

nur so tun *ugs* · 1. 2. s.o. is (only/…) pretending to be poor/hard-working/…, to make out that one is poor/…

1. … Nein, der Otto Scholz ist nicht arm, er tut nur so! – Und was hat er für ein Interesse daran, daß ihn die Leute für arm halten?

2. … Die Ulrike, fleißig? Die tut nur so! In Wirklichkeit ist sie faul wie Mist.

(noch) ein Übriges tun und … *form* · to do one last thing and …, to do one more thing and …

(Ein Vater und eine Lehrerin:) Unsere Christine war in den letzten Wochen derart nervös, Frau Haller; ich weiß nicht, ob man ihre

Arbeiten da als Maßstab nehmen kann. – Sie hat alle vier Arbeiten verhauen/(mangelhaft geschrieben), Herr Kerner. Dann habe ich sie mehrere Male im Mündlichen geprüft – da hat sie jedes Mal versagt. Aber gut: ich will noch ein Übriges tun und in der Zeugniskonferenz ausdrücklich darauf hinweisen, daß das Kind innerlich durcheinander war.

jm. unrecht tun – jm. **Unrecht** tun · to do s.o. an injustice

unrecht daran tun, zu …/wenn … *form selten* – ≠ recht daran **tun**, zu …/wenn … · not to be right to do s.th.

sich wichtig tun (mit etw.) *ugs selten* – sich wichtig **machen** (mit etw.) · to draw attention to oneself (with s.th.), to show off (with s.th.), to try to get attention (with s.th.)

sich etwas/allerhand/(viel/…) zugute tun auf etw. *form* – (eher:) sich etwas/allerhand/(viel/…) **zugutehalten** auf etw. (1, 2) · to pride o.s. (greatly/enormously/…) on s.th.

jm. etwas/viel/… zuleide tun – jm. etwas/viel/… **zuleide** tun (1, 2) · to harm s.o., to do a great deal/a lot of/… harm to s.o.

jm. nichts/niemandem etwas/… zuleide tun (können) – niemandem/keinem ein/jm. nie ein/kein **Härchen** krümmen · he/John/… wouldn't hurt a fly, not to do s.o. any harm

nichts (anderes) tun als arbeiten/intrigieren/schwimmen/… · to do nothing but work/swim/…

… Hör' mir auf mit dem Rolf Schreiner! Dieser Mann tut nichts (anderes) als intrigieren. Es gibt kaum jemanden unter seinen Kollegen, gegen den er nicht schon eine Intrige gesponnen hätte.

es mit jm. zu tun bekommen *oft: wenn …, dann kriegt/(bekommt) es j. mit jm. zu tun ugs* – es mit jm. zu **tun** kriegen/(bekommen) · if s.o. …, he'll have me/… to deal with, if s.o. …, he'll be in trouble with me/…

jm. etwas zu tun geben *ugs selten* · to give s.o. work, to take s.o. on

… Wenn dir der Kreuder in den schweren Jahren in seiner Fabrik etwas zu tun gegeben hat, wirst du ihn doch jetzt, wo er dich braucht, nicht im Stich lassen! Was hättet ihr gemacht damals, als nirgends eine Arbeit zu finden war?!

jn. tun und gewähren lassen *form selten* · to let s.o. do what he likes/wants/…

Unsere Mutter hat uns sozusagen nie befohlen:»tut dies, tut das und das nicht!« – Sie hat euch einfach tun und gewähren lassen? – Ja. Aber dafür war unser Vater sehr streng.

noch etw./… für jn. zu tun haben · to have s.th. for s.o. to do

(Ein Chef zu einem jungen Angestellten:) Könnten Sie heute abend ein Stündchen länger bleiben, Herr Bergmann? Ich hätte da noch etwas Dringendes für Sie zu tun … – Kann das vielleicht ein anderer übernehmen? Meine Mutter hat heute Geburtstag …

mit jm./etw. zu tun haben – (eher:) mit jm./etw. zu **schaffen** haben · to have dealings with s.o., to have trouble with s.o./s.th., to have problems with s.o./s.th.

(viel/wenig/allerhand/…) **(in/**bei/…) **zu tun haben** (mit jm./ etw.) · to be in London/… a lot, to be in London/… often/…, to (often/…) have to go to London/…

… Ja, in der letzten Zeit habe ich ziemlich viel in München zu tun – bestimmt einmal in der Woche –, und zwar bei/(mit) Siemens/und zwar mit dem Herrn Breugel.

in/bei/… **(es) immer/… mit Herrn X/Frau Y/… zu tun haben** · to have dealings with Mr/Mrs/… X/… in/at …, to be in touch with Mr/Mrs/… X in/at …

… Kennst du alle leitenden Leute dieser Firma näher? – Nein, nur einen Teil. In der Regel habe ich es dort mit dem Verkaufsleiter und dem technischen Direktor zu tun. Die anderen kenne ich daher entweder gar nicht oder nur sehr oberflächlich.

nichts/wenig/viel/allerhand/… **mit jm. zu tun haben** · 1. 2. 3. to have a lot/not much/… to do with s.o., 1. 3. to have dealings with s.o.

1. Hast du eigentlich immer noch viel mit Herrn Holtkamp zu tun? – Du meinst, geschäftlich? Nein, ich habe sozusagen keine Verbindung mehr mit ihm.

2. … Was hat der Klaus denn mit der Frau Möller zu tun? – Das ist seine Tante, Mann! Er wird sich doch wohl noch darum kümmern dürfen, wie seine Tante hier in der Firma behandelt wird!

3. Habt ihr nach wie vor viel mit der Firma Schuckert zu tun? – Ja, sehr viel sogar.

nichts/wenig/allerhand/schon etwas/… mit etw. zu tun haben · 1, 2, 3, 4, 5, 6, 7 to have s.th./nothing/not much/… to do with s.o./s.th., 5. 7. to be (very much) s.o.'s business

1. … Und dann muß der Axel Biermann noch die Briefe aus Kuba beantworten. – Mit der Angelegenheit Kuba hat der Axel Biermann doch gar nichts zu tun. Das gehört doch in ein ganz anderes Ressort.

2. … Und dann müssen wir noch die Angelegenheit Kuba besprechen. – Aber diese Angelegenheit hat mit dem, was wir gerade verhandeln, nicht das geringste zu tun. Das ist doch ein ganz anderes Gebiet, das wir auf einer späteren Sitzung zu behandeln haben.

3. … Kümmere dich gefälligst um deine eigenen Angelegenheiten. Was ich mit meiner Freizeit mache, ist meine Sache. Damit hast du nichts zu tun.

4. … Was hat denn die Angelegenheit Kuba mit dem zu tun, was wir gerade verhandeln? Nichts!

5. … Hast du etwa was damit zu tun, was ich mit meiner Freizeit mache? Kümmere dich um deine eigenen Angelegenheiten!

6. … Hm, das hat mit der Angelegenheit Kuba sogar allerhand zu tun: …

7. … Mit dem, was du in deiner Freizeit machst, habe ich sogar sehr viel zu tun! Schließlich geht das aus meiner Tasche, was du da ausgibst!

(es) mit den Nerven/dem Herzen/… **zu tun haben** · to have heart/liver/kidney/… trouble

… Hat es die Frau Schneider immer noch mit der Leber zu tun? – Leider ja. Es sieht fast so aus, als ob ihre Leber überhaupt nicht mehr hundertprozentig gesund wird.

nichts zu tun haben · 1. to have nothing to do, 2. to be free, to have nothing on

1. … Du hast wohl nichts zu tun, was? Oder warum störst du die Leute hier? Warte, wenn du dich langweilst, ich habe da eine interessante Aufgabe für dich: …

2. … Nein, heute nachmittag habe ich Gott sei Dank nichts zu tun. Da kann ich mit euch raus/heraus/(hinaus) ans Meer fahren.

(noch/…) in/bei/… zu tun haben · to have things/something to do in Ulm/…

… Und dann haben wir noch in Ulm zu tun! Das würden wir wohl am besten erledigen, wenn wir nach Augsburg fahren; von da ist es ein Katzensprung nach Ulm.

noch zu tun haben (mit etw./bei jm./…) · 1. to (still/…) have s.th. to do, 2. to have business with s.o./s.th.

1. … Nein, heute nachmittag habe ich noch zu tun, da kann ich nicht mit schwimmen gehen. – Was mußt du denn noch machen? …

2. … Ja, und dann haben wir morgen noch bei BMW zu tun. – Privat, wegen eures Autos, oder geschäftlich? – Ich muß da noch wegen eines größeren Auftrags verhandeln.

mit sich selbst genug zu tun haben/(mit sich (selbst) zu tun haben) – mit sich selbst genug zu **schaffen** haben · to have enough problems of one's own, to have enough on one's own plate

nichts/nichts mehr zu tun haben wollen/(mögen) **mit** jm./etw. · 1. 2. to want nothing more to do with s.o./s.th., 1. to want (to have) no further dealings with s.o

1. … Und dann hat der Otto Wirtz angerufen; er will dich sprechen wegen … – Mit diesem Mann will ich nichts mehr zu tun haben. Er hat mich jetzt schon zum zweiten Mal geschäftlich hintergangen. Jetzt ist es aus. Von dem Mann will ich nichts mehr sehen und hören.

2. … Mit dieser Angelegenheit will der Chef nichts mehr zu tun haben. Wenn Sie also vermeiden wollen, daß Sie einen Rüffel kriegen, belasten Sie ihn nicht mehr damit.

j. **will/wird/… sehen/**zusehen/schauen/…, **was er tun kann** · s.o. will see what he can do

… Du, Heinz, ich brauche unbedingt eine Genehmigung für den Anbau einer Garage. Du bist doch beim Bauamt. Kannst du mir da nicht helfen? – Ich will sehen, was ich tun kann, Peter. Aber versprechen kann ich dir nichts.

---

es mit jm. **zu tun kriegen/**(bekommen) *oft: wenn …, dann kriegt/*(bekommt) *es j. mit jm. zu tun* ugs · if s.o. …, he'll have me/… to deal with, if s.o. …, he'll be in trouble with me/…

Wenn der Manfred nochmal solche Unwahrheiten über die Helene verbreitet, kriegt er es mit mir zu tun. Dann werde ich ihm mal zeigen, wie man mit Leuten umgeht, die andere verleumden.

j. **kann/… etw. tun oder lassen** ugs · s.o. can/… do or not do s.th.

… Wenn ich dem Ernst den guten Rat gegeben habe, bei seiner Sekretärin ein bißchen mehr auf Distanz zu gehen, dann nur seinetwegen. Er kann das jetzt tun oder lassen, lassen – das ist seine Sache.

tun und lassen können, was man will/was einem gefällt/… · to be able to do as one pleases, to be able to do as one likes

… Nichts schöner als Ferien mit Onkel Karli! Da kann man um elf Uhr aufstehen, um zwei Uhr nachts ins Bett gehen, mittags frühstücken und abends zu Mittag essen. Kurz: man kann tun und lassen, was einem paßt. Er läßt einen völlig frei.

j. **will/wird/… sehen/**zusehen/schauen/…, **was sich tun läßt** · s.o. will see what can be done

Du bist doch beim Bauamt, Peter. Kannst du mir nicht helfen, eine Genehmigung für den Anbau einer Garage zu kriegen? – Ich will mal sehen, was sich tun läßt. Das gehört zwar nicht in mein Ressort; aber ich spreche mal mit dem Kollegen …

(nur) so tun, als ob – (nur) so tun/sich (nur) so stellen/(nur) fingieren/((nur) so machen/…) als **ob** · to (just/…) pretend to do s.th., to (just/…) pretend that …, to go through the motions of doing s.th.

so tun, als ob/wenn man etw. **täte/**… · to pretend that …, to make out that … coll

Der Rupprecht tut so, als wüßte er Bescheid. In Wirklichkeit weiß er gar nichts.

nur so tun, als ob/wenn man etw. **tun würde/**wollte/… · to only pretend/to be only pretending that …, to make out that … coll

Der Jürgen tut nur so, als wenn er mit der Familie in Ferien fahren wollte. In Wirklichkeit hat er ganz andere Pläne. Du wirst sehen: in letzter Minute findet er eine Ausrede und fährt nicht mit.

so tun, als ob man etw. **wäre** · to pretend that …

… Ständig tut er so, als ob er hochanständig wäre, gar nicht wüßte, was Lüge oder Betrug ist. Aber wer ihn kennt …

jm. **(nur/sehr/besonders/…) darum zu tun sein**, etw. **zu** tun/… um etw. zu tun sein/… darum zu tun sein, daß …/… **form** – es **geht** jm. (nur/sehr/besonders/…) darum, etw. zu tun/um etw./daß …/… **form** · (1, 2, 4; a. 3) · + s.o.'s main/only/primary/… concern is …, + s.o. is mainly/only/primarily/… interested in s.th./in doing s.th.

ich/sie/der Peter/… **kann tun, was ich/**… **will**, es klappt nicht/… · whatever I/she/Peter/… do/does/…, it's no good/it doesn't work/…

… Aber der Alfons bemüht sich doch? – Ja. Aber der Arme kann tun, was er will: die Leute sind mit ihm nicht zufrieden. Und wenn er sich noch so anstrengt!

Tun: js. **Tun und Lassen** *form selten* · what s.o. does or/and doesn't do

Weißt du auch nicht, Gregor, wo unsere Anneliese steckt? Wirklich nicht? – Aber Frau Merlies, was habe ich mit dem Tun und Lassen Ihrer Tochter zu schaffen? Sie ist alt genug, selbst zu entscheiden, was sie macht.

js. **Tun und Treiben** *form selten* – js. **Tun** und Lassen · s.o.'s activities, what s.o. does

tunc: ex tunc *jur selten* · from then on, from that point on, thenceforward

… Ich bin überhaupt kein Freund von solchen rückwirkenden Bestimmungen. Nun denn! … Sie wurde am 31.10.91 erlassen, um vom 31.10.89 Gültigkeit zu haben, nicht? Ex tunc war jeder Export nach Südafrika frei, oder? …

Tunke: (ganz schön/...) **in der Tunke sitzen** *sal selten* – (ganz schön/...) im **Dreck** stecken/(sitzen · s.o. is (really/...) in the shit

Tüpfchen: das Tüpfchen auf dem i *ugs selten* – der **Punkt** auf dem i · the dots on the i's

Tüpfelchen: kein Tüpfelchen an etw. ändern/... *ugs* – keinen **Deut** an etw. ändern · not to change a single comma (in a document)

das Tüpfelchen auf dem i *ugs selten* – der **Punkt** auf dem i · the dots on the i's and crosses on the t's

Tür: bei offener/geschlossener Tür · (to work/to sit/...) with the door open/closed
... Macht die Tür zu, Kinder! Man kann doch nicht bei offener Tür arbeiten!

jm. **zeigen, wo die Tür ist** *sal* – jm. zeigen, wo der **Zimmermann** das Loch gelassen hat · to show s.o. the door, to kick s.o. out

(jm.) **zwischen Tür und Angel noch eben sagen**/... *ugs* · 1. 2. to say/to do/... s.th. in passing, to say/to do/... s.th. as an afterthought, to say/to do/... s.th. by the way
1. ... In der Tat: es ist keine Art, eine Dame so zwischen Tür und Angel einzuladen. – Wie war das denn genau? – Er hatte den Hut schon auf, die Türklinke in der Hand – da wandte er sich um und meinte: »Ach, was ich noch sagen wollte, Frau Helms, Sie kommen ja auch morgen zum Cocktail zu uns, nicht? ...«.
2. ... Hat der Chef dir denn nicht informiert? – Doch, so zwischen Tür und Angel hat er mir gesagt, morgen nach Dienstschluß gäbe es eine Sitzung. Aber ich hatte diese Bemerkung, die er so im Vorübergehen machte, nicht als offizielle Mitteilung aufgefaßt.

jm. **die Tür aufhalten** · to open the door for s.o., to hold the door open for s.o.
... Peter, einer Dame hält man die Tür auf, wenn man irgendwo hereingeht! Daß man dir das aber auch immer wieder sagen muß!

jn. **zur Tür hinaus befördern** *sal* – jm. zeigen, wo der **Zimmermann** das Loch gelassen hat · to show s.o. the door, to kick s.o. out

jm. **die Tür einrennen**/(einlaufen) (mit etw.) *sal* – (eher:) jm. die **Bude** einrennen/(einlaufen) (mit etw.) · to keep knocking on s.o.'s door and pestering him with s.th.

an die Tür gehen (um nachzuschauen/...) · to answer the door
... Da hat's geschellt. Gehst du mal eben an die Tür, Paul, um zu schauen, wer da ist?

ein bißchen/... **vor die Tür gehen** *ugs* · to go out for a quick stroll/walk/..., to stretch one's legs
(Ein älterer Mann nach dem Abendessen:) Während du die Sachen in Ordnung bringst, Lene, geh' ich noch ein bißchen vor die Tür. Ich hab' heute noch so wenig Bewegung gehabt ... Ich bin in einer halben Stunde wieder da.

(immer gleich/...) mit der Tür ins Haus fallen *ugs* · 1. to (always/...) blurt s.th. out straight away, 2. to (always/...) come right out with what one wants/...
1. Statt meinen Vater erstmal langsam auf unsere Ferienpläne vorzubereiten, kam unser Peter gestern abend von der Arbeit herein, steuert schnurstracks auf meinen Vater zu und sagt:»Wir fahren im Sommer nach Norwegen.« – Und? Hat er etwas erreicht? – Du weißt doch, wie mein Vater reagiert, wenn jemand so mit der Tür ins Haus fällt. Er hat gelächelt und dann ganz ruhig geantwortet:»Jetzt ist ja noch Winter«.
2. ... Wenn du mit dem Klöpfer über die umstrittene Vertragsklausel sprichst, bereite erstmal das Gelände vor, sprich zunächst von anderen Dingen ..., vorsichtig, weißt du, vorsichtig! Bloß nicht mit der Tür ins Haus fallen! Dann hast du deine Chancen schon verspielt, ehe die Unterhaltung begonnen hat.

zur Tür hinausgehen *veraltend selten* · to go/to walk/... out of the house, to leave the house/room/...
(Die Mutter nach einem Streit zwischen Vater und Sohn:) Ich fürchte, Werner, der Junge wird unsere Wohnung nicht mehr betreten.

Hast du gesehen, mit welch einem Gesichtsausdruck er zur Tür hinausging? – Dann soll er bleiben, wo der Pfeffer wächst! Der meint wohl, er könnte uns auf dem Kopf herumtanzen!

j. **sollte/... vor seiner eigenen Tür kehren** *ugs* · s.o. should put his own house in order, s.o. should set his own house in order
Statt dauernd an den anderen/den Nachbarn/... herumzukritisieren, sollte der Ricky lieber vor seiner eigenen Tür kehren. Sein Lebenswandel ist doch wahrhaftig nicht so, wie er sein sollte.

vor verschlossene Tür kommen · to be left standing on the doorstep, to be locked out
Gestern haben wir einen Abstecher nach Husum gemacht, um bei dem Jens Albers vorbeizuschauen. Aber leider sind wir vor verschlossene Tür gekommen. Die ganze Familie war ausgeflogen.

jm. **die Tür (direkt) vor der Nase zuschlagen**/zuschmeißen/ (...) *ugs* · 1. 2. to slam the door right in s.o.'s face
1. ... Der Haussmann hat doch genau gemerkt, daß wir auch noch mit dem Aufzug fahren wollten. Aber statt eine Sekunde zu warten, schlägt er uns die Tür vor der Nase zu.
2. (Eine Frau zu jemandem, der an der Haustür geschellt hat:) »Sie Betrüger werden ihren Fuß nicht mehr über meine Schwelle setzen!«, schrie sie und schlug dem Mann die Tür vor der Nase zu.

sich die/eine Tür (für etw.) **offenhalten** · 1. 2. to keep one's options open, 2. to keep a possibility in reserve, 3. to leave the door open for s.th.
1. Bevor du die Stelle bei Siemens sicher hast, darfst du bei Schuckert auf keinen Fall definitiv absagen. – Klar, solange es da nicht entschieden ist, muß ich mir bei Schuckert die Tür offenhalten.
2. ... Ich würde den Vertrag noch nicht definitiv abschließen. Bis zur Realisierung des Geschäfts geht wenigstens noch ein halbes Jahr ins Land. Wer weiß, wie die allgemeine Lage dann ist. Ich würde mir eine Tür offenhalten. Denk' dir, du willst im letzten Augenblick von dem Geschäft zurücktreten und kannst es nicht ...
3. vgl. – die/eine **Tür** für etw. offenlassen

die/eine Tür für etw. **offenlassen** · to leave the door open for s.th.
... Vielleicht wäre es günstiger, die Abmachungen zunächst nicht schriftlich zu fixieren. Ich würde in jedem Falle vorläufig die Tür für Änderungen offenlassen. Bisher kann man doch noch gar nicht absehen, wie sich die Dinge entwickeln werden.

die Tür ins Schloß werfen/fallen lassen/(...) · to shut the door, to slam the door shut, to let the door click to
Ach! Jetzt hab' ich die Tür ins Schloß fallen lassen und keinen Schlüssel bei mir. – Ist denn niemand zu Hause, wenn du heute abend heimkommst?

jn. **vor die Tür setzen** *ugs* – (eher:) jn. an die (frische) **Luft** setzen/(befördern) (2) · to kick s.o. out

vor der Tür stehen · to be just around the corner, to be coming up soon
... Jetzt, wo die Zeugniskonferenzen vor der Tür stehen, ist es ein bißchen spät, anzufangen zu arbeiten! Das hättest du früher tun müssen.

vor verschlossener/zuer Tür stehen · to be locked out, to be confronted with a closed door *para*
(Zwei Brüder kommen von der Schule:) Ach, du lieber Gott, jetzt ist Mutter nicht da! Jetzt stehen wir hier vor verschlossener Tür! – Hast du auch keinen Schlüssel bei dir? – Iwo! ...

jm. **Tür und Tor einrennen**/(einlaufen) (mit etw.) *ugs* – *path selten* – jm. die **Bude** einrennen/(einlaufen) (mit etw.) · to keep hounding and badgoing

e-r S. **ist Tür und Tor geöffnet** (mit e-r S.)/(e-r S. Tür und Tor öffnen) *path* · + to open the door to s.th., + to open the floodgates to s.th., + to leave the door open to s.th.
... Wenn man die Abrechnungen nicht haargenau prüft, ist natürlich dem Mißbrauch Tür und Tor geöffnet. Dann bezahlt nachher kein Mensch mehr sein Essen aus eigener Tasche.

von Tür zu Tür gehen/laufen/... · to go from door to door, to go round the houses
... Nein, angenehm ist das nicht, so von Tür zu Tür zu laufen und seine Zeitschriften anzupreisen.

Tür an Tür mit jm. **wohnen** · 1. 2. to live next door to s. o.
1. ... Ihr kennt euch? – Ja, der Walter und ich wohnten während unser Studentenzeit in München Tür an Tür – in der Türkenstr. 15. Er in der 3. Etage links, ich rechts.
2. vgl. – **Haus** an Haus mit jm. wohnen

jm. **die Tür weisen** *form* – jm. zeigen, wo der **Zimmermann** das Loch gelassen hat · to show s. o. the door, to kick s. o. out

ach, du kriegst die Tür nicht zu! *sal* – ach, du kriegst die **Motten!** · good gracious!, good heavens!, godfathers!

endlich/... die Tür hinter sich zumachen können · to be able to close the door at last/..., to be on one's own at last/...
... Uff! Endlich können wir die Tür hinter uns zumachen! Ein bißchen Besuch ist ja schön! Aber ein derartiger Betrieb ..., nein! Naja, jetzt sind wir ja wieder unter uns ...

hinter/(bei) verschlossenen Türen tagen/etw. entscheiden/... · to make decisions/... behind closed doors
Der Parteivorstand tagt einmal wieder hinter verschlossenen Türen. Kein Außenstehender ist zugelassen; nicht einmal wir wissen, wer an der Sitzung teilnimmt und was besprochen wird. Alles streng vertraulich.

an allen/wer weiß wie vielen/... Türen anklopfen · to knock on so many/God knows how many/... doors
... Ich weiß gar nicht mehr, an wievielen Türen ich angeklopft habe. Bei zwanzig Familien habe ich bestimmt geschellt/nachgefragt/... – Und keiner war bereit, etwas zu geben? – Kein einziger. Sie haben alle sofort abgewinkt.

offene Türen einrennen mit etw. *ugs* · to force an open door, to preach to the converted, to tell s. o. what he already knows, not to need to tell s. o. s. th.
(Einige Lehrer unter sich, nach einem Elternabend:) Mit dem vehement vorgetragenen Vorschlag, die mündlichen Leistungen stärker zu werten, rennt der Herr Mauntz doch offene Türen ein. Das haben wir doch schon längst beschlossen.

in/überall/... offene Türen finden (mit etw.) · to be given a warm welcome in .../everywhere/..., to be warmly welcomed in .../everywhere/..., to be well received in .../everywhere/...
Die SPD-Abgeordnete Frau Holms hat mit ihrer Anregung, für die geistig behinderten Kinder eine Sondersammlung durchzuführen, überall offene Türen gefunden. Bei der Stadt sagte man dem Plan sofort Unterstützung zu, die Kirchen wollen ihn fördern, einige Verbände haben bereits Sammlungen eingeleitet ...

in/überall/... verschlossene Türen finden (mit etw.) · to get nowhere with s. th.
... Kein Wunder, daß er überall verschlossene Türen fand. Wer kauft schon eine Zeitschrift für Südeuroparforschung. Im übrigen sind auch die Zeiten vorbei, wo man mit dem Verkauf an der Haustür große Geschäfte machen konnte.

an alle/wer weiß wie viele/... Türen klopfen – (eher:) an allen/wer weiß wie vielen/... **Türen** anklopfen · to knock on so many/God knows how many/... doors

vor verschlossene Türen kommen *selten* – vor verschlossene **Tür** kommen · to be left standing on the doorstep, to be locked out

jm. **stehen alle/(die) Türen offen** · all doors are open to s. o.
Dem Peter Bohm stehen alle Türen offen: er hat sein juristisches Staatsexamen mit 'gut' gemacht, hat sehr einflußreiche Eltern, ist sympathisch, vielseitig ... Der hat überall die besten Chancen.

jm. **alle Türen offenhalten** · to keep s. o.'s options open
... Der Vater möchte dem Jungen natürlich so lange wie möglich alle Türen offenhalten. Deshalb schickt er ihn ins Ausland, läßt ihn Sprachen lernen usw. Aber über kurz oder lang muß er sich wohl für ein Studium entscheiden – und das ist dann doch eine Art Vorentscheidung.

Türen für etw. **offenlassen** *selten* – (eher:) die/eine **Tür** für etw. offenlassen · to leave the door open for s. th.

Türken: einen Türken bauen *selten* · to put up a façade, to exhibit/... a fake, to make a boob, to make a blunder
... Wenn die Statue bis Donnerstag nicht fertig ist, stellen wir einen Gipsabdruck dahin. – Du kannst doch für die offizielle Eröffnung der Ausstellung keinen Türken bauen, Heinz! Wenn die Leute das merken, daß eines der wichtigsten Austellungsstücke unecht ist, gibt das einen Skandal.

Turkey: auf (dem) Turkey sein *Neol Drogenszene* · to be on treatment to cure drug addiction
... Wenn jemand auf (dem) Turkey ist, ist er bei Gott nicht zu beneiden. Ich möchte so Entzugsqualen nicht durchmachen. – Du hast ja auch vorher die Freuden nicht gehabt.

auf (den) Turkey kommen *Neol Drogenszene* · to dry out, to start treatment to cure drug addiction, to go on a withdrawal cure
... Stellst du dir das wirklich so schlimm vor, wenn einer auf (den) Turkey kommt? – Entzugserscheinungen sind immer qualvoll – schon beim Alkohol. Bei Drogen dürfte eine Entziehungskur entsetzlich sein.

Türklinke: sich die Türklinke bei jm./... (geradezu/...) **in die Hand geben** *ugs* – sich die **Klinke** bei jm./... (geradezu/...) in die **Hand** geben · to go in and out of s. o.'s office/... in quick succession

(die) Türklinken (bei jm.) **putzen** *ugs selten* – (die) **Klinken** (bei jm.) putzen · to go begging/selling from door to door

Turm: in einem elfenbeinernen Turm sitzen/(leben) – in einem **Elfenbeinturm** sitzen/(leben) · to be/to live/... in an ivory tower

jn. **in den Turm werfen** (lassen) *hist* · to throw s. o. into prison
Früher warfen sie die Leute in den Turm, heute stecken sie sie ins Gefängnis.

Turn: auf dem Turn sein/einen Turn haben *Neol Drogenszene selten* · to be high, to be on drugs
Wenn der Willy auf dem Turn ist, ist er derart happy, daß er sich Sorgen überhaupt gar nicht vorstellen kann. – Und wenn er keine Drogen genommen hat? – Dann kann er sehr melancholisch sein.

Turnschuh: fit wie ein Turnschuh sein *ugs Neol* – **topfit** (sein) · to be in top form, to be fighting fit

Turnus: in regelmäßigem/... Turnus · to do s. th./... in rotation, to meet/to take place/... at regular intervals
... Wo sagst du, trifft sich euer Skatklub? – Bei den Mitgliedern (zu Hause) – in regelmäßigem Turnus: die erste Woche im Monat bei dem einen, die zweite bei einem andern ... Da wir zu viert sind, geht das fast immer monatsweise auf.

Türschloß: ins Türschloß fallen/fliegen – (eher:) ins **Schloß** fallen/fliegen · to click to, to click shut

Turteltaube: verliebt (sein) wie eine Turteltaube/die Turteltauben *path – iron selten* – bis über beide/die **Ohren** verliebt sein (in jn.) · to be all lovey-dovey, to be billing and cooing

zart/zärtlich wie eine Turteltaube/wie die Turteltauben *path – iron* · to be all lovey-dovey *coll*, to be billing and cooing
Wenn die Monika etwas von ihrem Mann will, kann sie zärtlich wie eine Turteltaube sein. – Und sonst, willst du sagen, ist sie ein Besen? – Das nicht gerade. Aber alles andere als zärtlich ...

sich benehmen/... wie die Turteltauben *ugs selten* · to be all lovey-dovey, to be like lovebirds
... Die Ina und der Hannes benehmen sich ja wie die Turteltauben! – Laß sie doch! Die zwei sind halt ineinander verknallt.

Tusch: einen Tusch blasen/schmettern *ugs – path* · to play a fanfare *n*
... Und als das hohe Brautpaar aus der Kirche trat, schmetterte die Kapelle, die sich schon vor dem Hauptportal aufgestellt hatte, einen Tusch; und dann hielt der Bürgermeister der kleinen Gemeinde eine flammende Rede zu Ehren des jungen Ehepaars.

Tuschkasten: eine Frau/... **ist der reinste Tuschkasten**/sieht aus wie ein ... *sal selten* · s.o. is made up to the eyeballs, s.o. has got her full/all her/... war-paint on

... Schminkt sich deine Schwester immer so? – Bisher nicht. Ich weiß auch nicht, was die plötzlich hat. – Mensch, die sieht ja aus wie ein Tuschkasten! – Na, so schlimm ist es ja nun auch wieder nicht.

Tussi: 'ne Tussi aufreißen *Neol sal* · to pick up a bird/a piece of stuff/a piece of skirt/...

... Das könnte dem so passen! Der erscheint hier einmal, reißt 'ne Tussi auf und verschwindet wieder. Als ob die Mädchen unserer Gruppe Freiwild wären!

tut: was tut's?! *selten* – was **soll's**?! · what the hell!, what the heck!

etw./j. **tut's**/tut es **auch**/noch/nicht mehr/(...) · 1. 2. 3. (not) to be good enough (any more/...), (not) to do the trick, 3. to be still running along OK, to be still up to it

1. ... Nein, eine Schere habe ich nicht dabei/bei mir, aber ein gutes Taschenmesser. – Ein Messer/das tut's auch. Kannst du es mir kurz leihen?
2. (Zu einem Geschäftsfreund:) Warum willst du unbedingt einen Fachübersetzer einstellen? Ein ganz gewöhnlicher Franzose, der hier in Deutschland lebt, einigermaßen Deutsch spricht und ein bißchen Ahnung von Autos hat, tut es auch. Deine Briefe sind doch nicht schwer zu übersetzen.
3. ... Warum soll ich ein neues Auto kaufen? Unser alter Opel tut es doch noch! – Aber wer weiß, wie lange noch? – Dann können wir immer noch einen neuen kaufen.

es tut nichts/was tut es (schon)/(tut es etwas?) *selten* – es **macht** nichts/was macht es (schon)/(es macht viel/wenig/allerhand/...) · what does it matter if ..., what of it if ...

es tut sich etwas/nichts/viel/allerhand/... in/bei/... *ugs* · 1. things are moving, things are happening, 2. s.th. is happening, s.th. is going on, s.th. is afoot, 3. nothing is happening, 4. there is nothing happening there/in .../at ..., there is no action there/in .../at ...

1. Wochenlang kamen die Verhandlungen nicht von der Stelle. Aber jetzt tut sich etwas, endlich! Man weiß zwar noch nicht genau, wohin die Reise geht; aber es ist Bewegung in das Ganze gekommen ...
2. Paß auf, Ulrich, es tut sich etwas. – Du meinst ...? – Ich meine: paß auf! Irgendetwas liegt in der Luft. Ich habe zwar noch nicht genau begriffen, was die Geschäftsleitung mit unserer Abteilung vorhat. Aber ich bin sicher, daß wir uns auf einige Überraschungen gefaßt machen müssen. – Hoffentlich nicht auf allzu unangenehme.
3. ... Ach, dieses Institut könnten sie genauso gut schließen. Was die in einem ganzen Jahr publizieren, ist nicht der Rede wert. – Und warum machen sie es nicht wirklich dicht, wenn sich da nichts tut?
4. vgl. – (eher:) in/bei/da/dort/... ist viel/nicht viel/allerhand/wenig/nichts/... **los**

das allein/... **tut's nicht** · s.th./that alone/... is not enough

... Ist die Frau Grell denn für diesen Posten geeignet? – Ich glaube schon. Sie ist ungeheuer fleißig und sorgfältig. – Das allein tut's nicht. Man braucht da auch Gewandtheit, ziemlich breite Grundkenntnisse ...

unter dem tut er's/tun sie's/... **nicht** *ugs* – unter dem/(darunter) **macht** er's/machen sie's/... nicht · he/they/John/... won't do it for less

der Hund/... **tut dir**/dem Klaus/... (doch) **nichts!** *ugs* · the dog/... won't hurt you/John/..., the dog/... won't harm you/John/..., the dog/... won't do you/John/... any harm

(Zu einem zögernd hereinkommenden Mädchen:) Komm' ruhig rein, Paula! Der Hund tut dir nichts! Du brauchst keine Angst zu haben. – Wirklich nicht? Er knurrt so ...

wo tut es denn weh? *ugs selten* · what's the trouble?, what's the problem?, what's up?

(Ein junger Angestellter, der zum Chef kommt:) Herr Brenner, ich muß unbedingt mal mit Ihnen sprechen – vertraulich! Ich hab' da ein Problem ... – Kommen Sie rein, Hartmann! Wenn ich Ihnen helfen kann ... Wo tut es denn weh? – Also: ...

aber sonst/(ansonsten/im übrigen) **tut dir**/ihm/dem Peter/... **nichts weh** (oder)?! *sal* – nicht (so) (ganz/recht) bei **Trost** sein (1) · but apart from that you are/he is/... all right, are you/...?, are you/is he/... all right in the head?

Tüte: das/(etw.) **kommt (gar/überhaupt) nicht in die Tüte** *sal* – (nicht) in **Frage** kommen (3) · not on your life, no way, it/that/s.th. is out of the question, nothing doing, no go, no dice

in die Tüte blasen (müssen)/jn. in die Tüte blasen lassen *Alkoholkontrolle ugs* · to have to blow into the bag, to be breathalysed *n*

... Irgendwann, schimpfte er, kommt es so weit, daß man in ganz Europa kein einziges Glas Bier oder Wein mehr trinken kann! Neuerdings lassen sie die Leute auch in Portugal in die Tüte blasen! – Herbert, bei der Unzahl von Unfällen muß es doch Kontrollen geben!

angeben wie eine Tüte (voll) Mücken/(Wanzen) *sal* – angeben wie ein **Sack** Seife · to be a big/terrible show-off, to show off like nobody's business, to think one is Lord Muck

Tüten kleben/(drehen) *ugs veraltend* · to sew mailbags *sl*, to be in clink *sl*

... Nun, ein Vergnügen ist es ja nicht gerade, jahrelang hinter schwedischen Gardinen zu sitzen und Tüten zu kleben! – Tüten zu kleben! – Das war früher die Arbeit der Strafgefangenen; deshalb sagt man das noch heute so.

Tuten: von Tuten und Blasen keine Ahnung haben *sal* · 1. 2. not to know the first thing about s.th. *n*, not to have a bloody clue (about anything)

1. ... Sag' doch dem Herbert, er soll dir ein paar Tips geben, wie du die Aufgaben am besten löst! – Der Herbert hat von Tuten und Blasen keine Ahnung. Ob ich den frage oder den nächstbesten Bauarbeiter, kommt auf dasselbe hinaus: der versteht von diesen Dingen gar nichts.
2. ... Was redest du denn hier groß herum?! Du hast doch von Tuten und Blasen keine Ahnung! Du weißt nicht, was ausgemacht wurde, kennst den augenblicklichen Stand der Verhandlungen nicht ... – also, halt' dich da heraus!

Tüttelchen: kein Tüttelchen verraten/mehr oder weniger/... *ugs veraltend selten* · not to say a dicky bird (about s.th.)

Die Iris kann dichthalten, alle Achtung! Der Klaus hat mit allen Mitteln versucht, aus ihr herauszubringen, was wir mit dem Haus unserer Eltern beschlossen haben; aber sie hat kein Tüttelchen verraten.

Typ: (nicht) js. **Typ sein** · 1. 2. (not) to be s.o.'s type

1. ... Charakterlich mag ich den Walter sogar sehr. Aber er ist eben nicht mein Typ! – Nicht dein Typ! Es hat doch keiner von dir verlangt, dich in ihn zu verlieben!
2. ... Nein, ich komme mit dem Walter nicht so recht zurande. Warum, weiß ich auch nicht. Er ist einfach nicht mein Typ. – Mein Gott, erwachsene Menschen müssen doch fruchtbar und vernünftig miteinander arbeiten können, auch wenn sie verschieden geartet sind!

ein (ganz) **schmieriger Typ**/(...) (sein) *sal* · (to be) a slimy/nasty/... character/bastard/guy/...

... Der Franz Kohler ist ein ganz schmieriger Kerl! Dem traue ich nicht über den Weg.

ein toller/fitter/... **Typ sein** *ugs* · 1. 2. to be a great guy/bloke/..., to be a fantastic guy/bloke/...

1. ... Der Hannes ist schon irgendwie ein toller Typ! – Stimmt, der sieht wahnsinnig gut aus.
2. ... Der Axel ist irgendwie ein toller Typ. Er kennt sich in allen möglichen Sachen gut aus, ist erfolgreich und dabei nicht die Spur arrogant ...

dein (sein/...) **Typ ist hier**/da/in/bei/... **nicht gefragt** *mst dir. R sal* · you're not wanted round here/in .../..., + we/... don't want your kind around here/...

(Zu einem Kollegen:) Ich hätte ja eigentlich erwartet, daß der alte Schuckert mich zu den Verhandlungen mit Bosch hinzuziehen würde. – Dein Typ ist da nicht gefragt, weißt du. Du bist den Leuten zu offen, zu direkt, vielleicht auch zu schroff ...

dein/(sein/...) **Typ wird hier nicht verlangt!** *mst dir. R sal* · + we/... don't want your/his/... sort around here, he/you/... is/... not wanted around here

... Und wenn ich dazu mal etwas sagen darf: ... – Halt' du dich da heraus/raus, Otto! Dein Typ wird hier nicht verlangt. – Wenn das so ist, dann kann ich ja gehen. (Wiedersehen)!

Type: (vielleicht) **eine (komische**/seltsame) **Type (sein)** *sal* – ein sonderbarer/komischer/wunderlicher **Heiliger** (sein) · (to be) an odd bird, (to be) a queer fish, (to be) a bit of a weirdo

typisch: das ist typisch Albert/Karin/Onkel Herbert/... Mann/Frau *ugs* · 1. 2. 3. it/that/s. th. is typical of John/you/him/..., it/that/s. th. is John/you/him/... all over

1. ... Eine halbe Stunde vor dem Spiegel verbringen, (das ist) typisch Frau! – Ah, typisch Frau! Als wenn du nicht noch länger brauchtest, um dich schön zu machen, als ich! Ich erinner' dich nur an den Cocktail bei Meyers. Wer hat da eine halbe Stunde auf wen gewartet?

2. vgl. – das ist **ganz** Albert/Karin/Onkel Herbert/...

3. vgl. – das/(etw.) **sieht** dir/ihm/dem Peter/... ähnlich! (1)

das/etw. **ist typisch für** jn. *ugs* · it/that/s. o. is typical of s. o.

... Ihr habt bei Hempelmayer zu Abend gegessen? Das war ja nicht gerade billig, was?! – Es hat kein Mensch von uns auch nur einen Pfennig bezahlt: dein Onkel Richard hat alle Mann hoch eingeladen. – Das ist typisch für meinen Onkel: junge Leute um sich scharen und die dann freihalten.

tz: jn. **bis zum tz ausnutzen**/ausnehmen/ausquetschen/... *ugs – path selten* – jn. bis zum **Tezett** ausnutzen/ausnehmen/ausquetschen/... · to bleed s. o. white, to squeeze the last drop out of s. o.

etw. **bis zum**/(ins)/(bis ins letzte) **tz kennen**/(...) *ugs – path* – etw. bis zum/(ins)/(bis ins letzte) **Tezett** kennen/(...) · to know s. th. inside out/like the back of one's hand/...

Übel: es ist immer/immer noch/immer wieder **das alte Übel** (mit jm./etw.)/(mit jm./etw., das ist …) *ugs* – es ist immer/immer noch/immer wieder das alte **Leiden** (mit jm./etw.)/mit jm./etw., das ist … · it is still/always/… the same old story with s.o./s.th.

das kleinere Übel (sein) (für jn.) · (to be) the lesser evil (for s.o.)
Wenn der Otto keine andere Alternative hat als die, entweder auf dem Land zu arbeiten oder umzuziehen, wird er wohl das Angebot auf dem Land annehmen. – Du meinst, das ist für seine Familie das kleinere Übel?

ein notwendiges Übel · a necessary evil
… Wenn du das Projekt durchführen willst, wirst du sehr viel unterwegs sein. Das Familienleben wird dadurch nicht gerade gefördert. – Solche notwendigen Übel sind im Leben in Kauf zu nehmen.

das/(etw.) ist vom Übel *form* · to be bad, to be a bad thing, to be an evil
Wenn man eine Fremdsprache eine Zeitlang weniger schreibt, macht das nicht so viel aus. Aber sie jahrelang weder schriftlich noch mündlich praktizieren – das ist vom Übel. Dann ist man nachher ganz unsicher.

zu allem Übel (auch noch/dann noch/…) – zu allem **Überfluß**/(zum Überfluß) (auch noch/dann noch/…) · to cap it all, on top of all this, to make matters worse

ein Übel durch ein anderes vertreiben *form selten* – den **Teufel** mit/(durch) Beelzebub austreiben · to replace one evil with another, to rob Peter to pay Paul

das Übel bei der Sache ist, daß … – (eher:) das **Dumme** (bei der Sache) ist, daß … · the nasty thing about it/s.th. is …

das Übel/(etw.) mit der Wurzel ausrotten/(ausreißen) · to eradicate an evil, to pull s.th. out by the root
Die Korrespondenz wird bei euch weiterhin viel zu spät erledigt! Wenn der Chef diesen Mißstand wirklich abstellen will, muß er das Übel mit der Wurzel ausrotten: eingehende Post wird grundsätzlich innerhalb von drei Tagen bearbeitet. Wer sich nicht daran hält, wird entlassen.

das Übel bei der Wurzel packen · to get down to the root of the problem
Wenn die Berta zu faul ist – und nicht ihre lange Krankheit für die schlechten Noten verantwortlich ist –, mußt du das Übel bei der Wurzel packen: sie zur regelmäßigen Arbeit zwingen, und wenn sie es nicht tut, zu entsprechenden Strafen greifen.

übel: (gar) **nicht** (so) **übel sein** *ugs* · 1. 2. 3. not to be so/too/all that/… bad
1. Was hältst du von Bettina? – Auf den ersten Blick wirkt sie ein wenig verschlossen und undurchsichtig. Aber sie ist nicht übel, weißt du. Wenn du sie erstmal näher kennst, wirst du merken, daß sie im Grunde anständig und herzlich ist.
2. Der Anzug, den du da anhast, ist nicht übel. Wo hast du den gekauft?
3. Wie findest du Peters Übersetzung von Baudelaire? – Nicht übel. Er hat Stilempfinden.

es wird jm. **übel** · 1. + to feel sick, + to feel ill, 2. it/s.th. is enough to make one sick
1. … Fühlst du dich nicht gut? – Bei der Wackelei des Schiffs ist mir übel geworden. Aber es geht schon wieder etwas besser. Danke.
2. Es wird einem übel, wenn man die Schweinereien sieht, die sich die Politiker in allen Ländern leisten. – Nur die Politiker?

Übelkeit: es erregt jm. **Übelkeit** (wenn …/…) *form – path selten* – es wird jm. **übel** (2) · it/s.th. makes s.o. feel sick, it/s.th. causes/brings on/… nausea

Übeln: von zwei/den beiden Übeln das kleinere wählen · to choose the lesser of two evils
… Wenn du in jedem Fall Nachteile in Kauf zu nehmen hast, würde ich von den beiden Übeln wenigstens das kleinere wählen! Lieber jeden Tag zwei Stunden mehr arbeiten als einen Intriganten als Mitarbeiter nehmen.

übelnehmen: jm. etw. **übelnehmen** · to hold it against s.o. that …, to resent the fact that …, to take it amiss that …
Der Herr Weyer hat es uns übelgenommen, daß wir ihn nicht zu unserer Gartenparty eingeladen haben. – Er hat uns seinerzeit auch nicht eingeladen. Wenn er jetzt beleidigt ist, ist das seine Sache.

Übelstand: (man muß/…) **einem Übelstand abhelfen** *form* · to remedy an ill, to remedy a grievance, to eradicate an ill
(In der Stadtverwaltung:) Das Wasser ist nicht in Ordnung? Dem Übelstand müssen wir so schnell wie möglich abhelfen. Wir können doch die Gesundheit der Leute nicht gefährden.

übelwollen: jm. **übelwollen** · 1. to have got something against s.o., to have got it in for s.o. *coll*, 2. to wish s.o. ill, to wish s.o. harm, to be ill-disposed towards s.o.
1. Ehe ich alle Zeugnisunterlagen zusammen habe, will die Kommission meine Kandidatur nicht anerkennen. – Wollen die dir übel? – Nein, das wohl nicht. Sie sind halt nur wahnsinnig genau und kleinlich.
2. Ich verstehe nicht, warum dich der Herr Walters so abweisend und unhöflich behandelt. Du hast ihm doch nie etwas zuleide getan. – Der Mann will jedem übel, der mehr weiß und mehr kann als er. Ressentiment.

über: den ganzen Tag/das ganze Jahr/(…) **über** *form* · all day long, throughout the day/year/…
… Wenn der Junge den ganzen Tag über gearbeitet hat, Richard, dann laß ihn doch jetzt machen, was er will! Der Abend gehört dann ihm.

Fragen **über** Fragen/Erklärungen **über** Erklärungen/Zweifel **über** Zweifel/… · one question/statement/… after another, statement/question/… after statement/question/…
Seit der neuen Besucherregelung mit Ostberlin laufen bei den Behörden Fragen über Fragen ein/werden Erklärungen über Erklärungen gegeben/ergeben sich Zweifel über Zweifel/…

über sein · 1. 2. not to be wanted, 1. 3. to be left over, 1. not to be needed, 2. to be out of place
1. … Wenn ihr absolut Skat spielen wollt, (dann) sind Christa und ich ja (hier) über. – Aber warum denn? – Ihr wißt ganz genau, daß wir kein Skat spielen können. Also Tschüß. – Aber … – Tschüß! *ugs*
2. … Mein lieber Hartmann, um ehrlich zu sein: Sie sind hier über. Leute, die, statt zu arbeiten, Intrigen spinnen, brauchen wir hier nicht. Ende des Monats ist hier für Sie Feierabend. *sal*
3. vgl. – (eher:) **übrig** sein

jm. **über sein** (in etw.) *ugs* · 1. to be better than s.o. *n*, to be superior to s.o. *n*, to have the edge on s.o., 2. to stuff s.o.
1. … Wenn du ehrlich bist, mußt du doch zugeben, daß dir der Heinz-Peter über ist. Rundheraus gesagt: er ist einfach intelligenter.
2. vgl. – (eher:) jn. in den **Sack** stecken (1)

(schon/weit) über 50/60/70/… (Jahre) sein · to be (already/well/…) over 60/70/…
Wie alt schätzt du die Frau Schulte – 52, 53? – Oh, nein! Die ist weit über 60! 64, 65 bestimmt. – Das sieht man ihr aber nicht an.

jn. **über haben** *ugs selten* · to be sick and tired of s.o./s.th., to be fed up with s.o. *sl*, to have had more than enough of s.o.
… Den Herrn Braubach hast du auch eingeladen? Mußte das sein? Du weißt doch ganz genau, Ernst, daß ich diesen Mann über habe. Seit der Schmuck-Affäre kann ich den einfach nicht mehr sehen.

etw. **über haben** · 1. to have s. th. left over, 2. to have/to wear/... s. th. over s. th.

1. Wenn wir gestern sechs Stücke Kuchen gekauft und vier gegessen haben, müßten wir doch noch zwei über haben! Komisch!

2. ... Und über dem dicken Pullover hatte er noch eine weite Lederjacke über, die ihm übrigens prächtig stand. ...

es über haben, etw. zu tun/(jn./etw. über haben) *ugs selten* – etw. **leid** sein/es leid sein, etw. zu tun (1) · to be sick and tired/to be fed up to the back teeth/... of doing s. th.

etwas für jn./etw. **über haben** *ugs* – etwas für jn./etw. **übrig** haben · to have a lot of/no/little time for s. o./s. th., to have a soft spot for s. o., to be fond of s. o./s. th.

nichts/viel/wenig/nicht das Geringste/... **für** jn./etw. **über haben** *ugs* – nichts/nicht viel/wenig/nicht das Geringste/... für jn./etw. **übrig** haben · to have no time (at all) for s. o./s. th., not to have much/to have little time for s. o./s. th.

nichts mehr für jn./etw. **über haben** *ugs* – nichts mehr für jn./etw. **übrig** haben · to have no time for s. o./s. th. any more/..., not to care for s. o./s. th. any more/..., not to be interested in s. o./s. th. any more/...

über und über bedeckt sein mit/... *form – path* · 1. to look s. o. up and down, to be covered/... all over in .../with ..., to be completely/... covered/... in .../with ..., to be full of s. th., 2. to go red all over

1. vgl. – jn./etw. von **oben** bis unten mustern/prüfen/kontrollieren/.../überschüttet sein mit/voll von/... (2)

2. vgl. – (über und über) rot **anlaufen**

es über werden, etw. zu tun *form ugs selten* – jn./etw. **leid** werden/es leid werden, etw. zu tun (1) · to get/to become/... sick and tired of doing s. th.

überall: von überall her · to come/... from all over, to come from all over the place/from all four corners of the earth

Nach Lourdes kommen Pilger von überall her – aus Spanien, Deutschland, Belgien, den USA ... – aus aller Herren Länder.

überall und nirgends sein/sich zu Hause fühlen/arbeiten/... *ugs* – to be/to feel at home/... everywhere and nowhere

1. ... Geboren ist der Meinhard in Peru, nicht? Dann hat er ein paar Jahre in Argentinien gelebt, jetzt ist er hier in Deutschland ... Wo fühlt er sich eigentlich zu Hause? – Überall und nirgends. Er fühlt sich in keinem dieser Länder fremd – aber so richtig zu Hause fühlt er sich auch in keinem.

überbekommen: das/(etw.) **überbekommen** *form selten* · to be fed up with s. th. *sl*, to be sick and tired of s. th. *coll*, to get fed up with/sick and tired of/... s. th. *coll*

... Immer und immer wieder die alten Probleme durchsprechen – das bekommt man doch über! – Wirst du das allmählich auch leid?

eins/(einen) mit dem Stock/... **überbekommen** *form veraltend selten* · to get a good/... beating with a stick, to get a good caning

Bei diesem Jungen wäre es schon angebracht, wenn er hin und wieder eins mit dem Stock überbekäme! – Der Vater schlägt seine Kinder nicht – und schon gar nicht mit dem Stock.

überbieten: sich in Höflichkeiten/Entgegenkommen/... (geradezu/...) **überbieten** *path mst pej* · to go out of one's way to be polite/friendly

Wenn der Herr Kroller mich sieht, überbietet er sich geradezu in Gefälligkeiten und Höflichkeiten. Warum? – Ach, das ist nur, weil du jetzt der entscheidende Mann hier bist. Der überschlägt sich bei jedem so, den er für mächtig hält.

überbraten: jm. **eins**/(einen) (mit dem Stock/...) **überbraten** *sal selten* – jm./einem Tier **eins**/(einen) **überziehen** · to clock s. o. one, to belt s. o. (with a stick/...)

überbrennen: jm. **eins**/(einen) (mit dem Stock/...) **überbrennen** *ugs selten* – jm./einem Tier **eins**/(einen) **überziehen** · to clock s. o. one, to belt s. o. (with a stick/...)

überbrücken: etw. **überbrücken** · 1. to bridge the gap between a and b, 2. to tide s. o. over, to get through a difficult period financially

1. ... Ich möchte in meiner Rede natürlich weder der einen noch der anderen Partei zu nahetreten. Die Gegensätze sind/die Kluft ist derart tief ... Kannst du mir keinen Tip geben, wie ich die am geschicktesten überbrücke?

2. ... Ein paar Wochen kann der Paul den Geldmangel natürlich überbrücken, indem er sich etwas leiht oder einen kurzfristigen Kredit aufnimmt. Aber wenn die Durststrecke zu lang wird, weiß ich nicht, wie er bis zum Eingang der (staatlichen) Zuschüsse durchkommen soll.

überdreht: überdreht sein *ugs* · to be hyped-up, to be over-excited *n*, to be wound up

Hat die Doris zu viel gearbeitet oder hat sie zu viel Sorgen ... – oder warum ist sie so überdreht? Die redet und redet, macht alles ganz hastig, bleibt keine fünf Minuten bei derselben Sache ... Die war doch sonst nicht so!

Überdruß: etw. **bis zum Überdruß** tun/gehört haben/durchgenommen haben/... *path* · to have heard/practised/... s. th. till it is coming out of one's ears *coll*, to have heard/practised/... s. th. ad nauseam

... So, jetzt haben wir bis zum Überdruß gehört, welche Sorgen unsere Monika hat; jetzt wollen wir das Thema mal wechseln und uns etwas Erfreulicherem zuwenden. – Da hast du recht, Hermann, ich kann das auch nicht mehr hören.

überdrüssig: e-r S./(etw.) **überdrüssig sein**/es überdrüssig sein, etw. zu tun *form* – etw. **leid** sein/es leid sein, etw. zu tun (1; u. U. 2) · to be sick and tired of (doing) s. th.

e-r S./(js.) **überdrüssig werden**/es überdrüssig werden, etw. zu tun *form* – jn./etw. **leid** werden/es leid werden, etw. zu tun (1; u. U. 2) · to get/to become/... sick and tired of (doing) s. th.

übereck: übereck stehen/etw. übereck stellen/... *selten* · to put/to place/... s. th. crosswise/diagonally/..., to put/to place/... s. th. at an angle to s. th.

... Denk' dir, du hast in einer Ecke deines Zimmers einen Sessel stehen – Richtung Zimmermittelpunkt – und stellst nun einen Tisch quer davor – so, daß er an beiden Wänden in derselben Entfernung von der Eckkante des Zimmers ankommt: dann hast du den Tisch haargenau übereck (auf-) gestellt. Hast du den Ausdruck nie gehört?

übereinkommen: (mit jm.) **übereinkommen**, etw. zu tun/... *form* · 1. 2. to agree with s. o. to do s. th./that ...

1. Wenn du mit dem Hoffmann übereingekommen bist, daß ihr euch den Gewinn teilt, wird er sich auch daran halten. Bis heute hat er jedenfalls noch jede Vereinbarung eingehalten.

2. ... Na, habt ihr euch endlich geeinigt? – Ja; wir sind übereingekommen, daß er zwei Drittel und ich ein Drittel vom Gewinn kriege.

Übereinkunft: eine Übereinkunft treffen (mit jm.) *form* – (eher:) eine **Vereinbarung** treffen (mit jm.) · to reach/to come to/... an agreement (with s. o.)

Übereinstimmung: in Übereinstimmung mit jm. etw. tun *form* · to do/to say/... s. th. in accordance with s. o./s. th., to do/to say/... s. th. in agreement with s. o./s. th.

... Sind Sie auch sicher, Herr Kraft, daß Sie mit ihrer Entscheidung, den Auftrag unter den angebotenen Bedingungen abzulehnen, in Übereinstimmung mit ihrem Chef handeln? – Todsicher! Der Chef hat sich gestern noch in genau diesem Sinn geäußert.

in beiderseitiger Übereinstimmung wurden einige Klauseln geändert/... *form oft jur* · to do s. th. by mutual agreement

... Wenn der Vertrag in beiderseitiger Übereinstimmung geändert wurde, können Sie sich jetzt doch nicht beschweren, Herr Schneider! Wenn Sie mit der Änderung nicht einverstanden waren, hätten Sie nicht zustimmen dürfen.

mehrere Dinge/... in Übereinstimmung bringen *form* · to reconcile several different things/aspects/...

... Das Buch soll das Material möglichst vollständig präsentieren, aber nicht zu dick sein; auf einer Seite soll viel draufstehen, doch ohne daß die Übersicht zu sehr leidet ... Ich bin gespannt, ob es dem

sich seinen Gefühlen/Eindrücken/... **überlassen** · to abandon o.s. to one's feelings/thoughts/..., to give o.s. up to one's feelings/thoughts/...

Nichts Schöneres, als am Strand in der Sonne zu liegen und sich ungestört und frei seinen Träumen überlassen zu können!

jn. sich selbst überlassen · to leave s.o. to his own devices, to leave s.o. to himself

... Aber ihr könnt die Kinder doch nicht den ganzen Tag sich selbst überlassen! Es muß doch irgendjemand da sein, der sich um sie kümmert, ihnen das Essen macht, sie abends versorgt ...

etw. sich selbst überlassen · to leave s.th. to take care of itself

... So ein Landgut kann man nicht sich selbst überlassen. Dann läuft es nicht. Da muß man ständig präsent sein, ständig dafür sorgen, daß alles zeitig und sachgemäß erledigt wird ...

(ganz) sich selbst überlassen sein · 1. 2. to be left completely/... to one's own devices

1. ... Diese beiden Kinder sind den ganzen Tag über sich selbst überlassen. Beide Elternteile sind berufstätig; Verwandte oder Bekannte, die sich um sie kümmern könnten, haben sie keine ... Sie können einem wirklich leid tun. So den lieben langen Tag allein zu Hause ...

2. ... Der Kurt klagt, er sei bei dieser Arbeit ganz sich selbst überlassen? Er hat sich jetzt mehr als ein halbes Jahrlang in die Materie eingearbeitet und beschwert sich immer noch, wenn er einmal schwierigere Probleme ohne anderleuts Hilfe und Ratschläge lösen muß?

Überlaufen: zum Überlaufen voll (sein) *form – path selten eher: etw. läuft bald/gleich über* · (to be) full to overflowing

... Guck' dir das bloß an, wie der Junge den Leuten den Wein einschenkt! Die Gläser sind zum Überlaufen voll! – Das macht er natürlich extra – damit die Gäste mit den Gläsern balancieren müssen ...

überlaufen: überlaufen sein · 1. 2. s.o./s.th. is overrun with/ deluged with/... patients/... 1. + a doctor's list is very full

1. ... Hat der Dr. Heinzen eigentlich viele Patienten? – Der? Der ist ständig überlaufen. Wenn du bei dem einen Termin haben willst, mußt du wenigstens einen Monat vorher anrufen.

2. ... Du weißt doch, wie überlaufen das Kurheim 'Waldesruh' ist! Da mußt du wenigstens ein halbes Jahr vorher einen Platz reservieren.

es überläuft jn. **heiß** *form – path* · a hot flush comes over s.o., + s.o. feels hot under the collar

... Als ich plötzlich hörte, wie jemand in dem Raum sagte: »Und Fräulein Rosenbaum ist auch in diese Sexparty-Affäre verwickelt«, überlief es mich heiß. Die engste Freundin meiner Schwester macht so was?! Du kannst dir gar nicht vorstellen, wie erschrocken und beschämt ich war.

es überläuft jn. **siedend heiß** *form – path* · es **überläuft** jn. heiß · a hot flush comes over s.o., + s.o. feels hot under the collar

es überläuft jn. **heiß und kalt** *form – path* · 1. 2. hot and cold shudders go up and down s.o.'s spine

1. vgl. – es **überläuft** jn. heiß

2. vgl. – (eher:) es läuft/rieselt jm. kalt/eiskalt/(heiß und kalt) über den **Rücken**/den Rücken herunter/(hinunter)

es überläuft jn. **kalt** *form – path* · (eher:) es läuft/rieselt jm. kalt/eiskalt/(heiß und kalt) über den **Rücken**/den Rücken herunter/(hinunter) · cold shudders go up and down s.o.'s spine

überleben: das überlebe ich/überlebt er/... **nicht**/das werden wir/werdet ihr auch noch überleben/du wirst es/ihr werdet es/... überleben/... *ugs path od. iron* · 1. I'll/he'll/John will/... never get over it, + it will be the death of me/him/..., 2. 3. you'll/he'll/... survive, + it won't kill you/him/...

1. ... Was, unseren Heribert haben sie schon wieder entlassen? Das ist ja einfach unerhört! Nein, das überlebe ich nicht! Nein, so etwas! – Mensch, sei ruhig, Anna! Wenn du jetzt auch noch mit deinem Theater kommst ...

2. ... Verflucht, jetzt ist zu allem Übel auch noch der Verteiler am Wagen kaputt! – Das wirst du auch noch überleben.

3. ... Angenehm ist das nicht, weißt du, diese dauernden Auseinandersetzungen mit dem Wenzel ... – Wie ich dich kenne, wirst du's überleben ... – Jetzt fang' du auch noch mit deinen ironischen Bemerkungen an! ...

sich überleben/überlebt sein *Sitten/Anschauungen/...* · to (have) become out-moded, to (have) become out of date, to have had its day

... Die Vorstellung, einen Kinderwagen zu schieben sei 'unmännlich', hat sich einfach überlebt/ist überlebt. Das paßt nicht mehr in die moderne Welt (von heute).

Überlebensgröße: ... in Überlebensgröße *Bild/Skulptur u.ä. form* · larger-than-life size

Ist es unbedingt nötig, vor dem Eingang des Schlosses eine Bronzestatue des Gründers der Dynastie in Überlebensgröße aufzustellen? Hätte es nicht auch eine kleinere Figur getan?

überlegen: es sich anders überlegen · 1. to change one's mind, 2. to think better of it

1. vgl. – sich eines **ander(e)n** besinnen

2. vgl. – (eher:) sich eines **Besseren** besinnen

ohne zu überlegen, helfen/zustimmen/... · to agree/to help/... without thinking twice, to agree/to help/... without a moment's thought

Könntest du mir unter Umständen 2, 3.000,– Mark leihen?, fragte seinen Bruder. Und ohne zu überlegen antwortete der: ja. – Es tut einem gut, eine so prompte, spontane Hilfsbereitschaft zu sehen ...

sich etw. reiflich überlegen *form* · to consider s.th. carefully, to give s.th. a lot of thought

... Du willst dein Studienfach wechseln? Hast du dir das auch reiflich überlegt? – Ich habe alles Für und Wider monatelang gegeneinander abgewogen, Vater. Es hat keinen Sinn, Philologie weiterzumachen ...

es sich zweimal/(sorgfältig) überlegen, ob man etw. tut *ugs* · to consider carefully before doing s.th. *n*, to think hard before doing s.th./about whether to do s.th.

... Ich kündige bei Schuckert! Karriere mache ich da nie! – Du, das würde ich mir an deiner Stelle zweimal überlegen, Karl. Selbst, wenn du da keine große Karriere machst: du hast da eine sichere Stelle, die Arbeitsatmosphäre ist angenehm ... Du könntest eine Kündigung schnell bereuen.

das hättest du dir/hätte er sich/... **vorher überlegen müssen!** *ugs* · you/he/... should have thought about that before, you/he/... should have thought about that sooner

... Ich hab' dem Paul Beutel zugesagt, ihm in Garmisch ein Konzert zu besorgen, ja, das stimmt. Aber – der singt dermaßen schlecht! ... – Das hättest du dir vorher überlegen sollen. Jetzt kannst du den Mann unmöglich hängen lassen.

jm. (weit) überlegen sein · 1. 2. to be (far) superior to s.o./s.th.

1. vgl. – jn. in den **Sack** stecken (1)

2. vgl. – jm. **über** sein (in etw.) (1)

jm. haushoch/turmhoch/himmelweit überlegen sein *ugs – path* – jn. in den **Sack** stecken (1) · to be vastly superior to s.o./s.th.

überlesen: etw. überlesen · 1. to miss s.th., to overlook s.th., 2. to skim a text/..., to take a quick look at s.th.

1. Ein Klassenkamerad zu einem anderen, bei der Rückgabe einer Klassenarbeit:) Hat der Häusler den Fehler wirklich überlesen oder wollte er dir eine 'Eins' geben und ist daher extra darüber hinweg gegangen?

2. vgl. – (u.U.) etw. **überfliegen**

Übermacht: in der Übermacht sein *mil* · to be superior in strength, to be superior in numbers

... Die Feinde waren halt in der Übermacht: sie waren zahlenmäßig überlegen und sie hatten die besseren Waffen. Dagegen war auf die Dauer nichts zu machen.

die Übermacht haben *mil* · to be superior in strength, to be superior in numbers, to have superior strength
... Die Truppen der Alliierten haben nicht nur zahlenmäßig, sie haben vor allem technisch die Übermacht. In spätestens zwei, drei Monaten haben die den Widerstand der feindlichen Verbände gebrochen ...

übermannen: jn. übermannen *Rührung u. ä. path od. iron* · to overcome s. o.
... Plötzlich übermannte ihn das Mitleid und er sagte zu seinem Bruder: »Wenn ich dir 20, 30.000,– Mark Starthilfe gebe, kommst du dann durch?« Der, ganz überrascht, antwortete: »Plötzlich so teilnahmsvoll! ... Was ist denn los? ... Aber wenn du mich so fragst ...«

Übermaß: Arbeit/Sorgen/... **im Übermaß haben** *form – path selten* · to have too much work/too many worries/..., to have an excessive amount of work/..., to have more than enough worries/...
.. Mein Mann arbeitet gern, sehr gern sogar. Aber in den letzten Monaten ist es wirklich zuviel! Und wenn man ständig Arbeit im Übermaß hat, geht die Freude daran irgendwann verloren.

im Übermaß seiner Freude/seines Leids/... gab er dann nach/... *form – path selten* · to do s. th. in a transport of joy, to do s. th. in the extremity of one's suffering/misery/...
Monatelang hatte die Ingeborg ihren Vater vergeblich darum gebeten, sie mit ihrem Freund nach Frankreich fahren zu lassen. Aber als sie dann das beste Zeugnis der ganzen Klasse nach Hause brachte, gab er im Übermaß seiner Freude zu der Reise doch seinen Segen.

Sport/... **im Übermaß treiben**/betreiben/... *form* · to overdo s. th., to do s. th. to excess, to do too much sport/...
... An sich, bemerke es trocken, sind die meisten Sportarten natürlich gesund. Aber im Übermaß betrieben ... – dann ist es wie mit anderen Dingen auch: was zu viel ist, ist zu viel.

Übermut: aus Übermut/vor lauter/voller ... · to do s. th. out of pure/sheer/... high spirits/exuberance
Unser Klaus – du weißt, wie ernst und gesetzt er sonst ist – war über sein gutes Abschlußexamen gestern derart 'happy', daß er vor lauter Übermut unten im Garten den anwesenden jungen Damen im Sonntagsanzug einen Handstand nach dem anderen vorführte. Zum Schießen, sag' ich dir!

übernehmen: es **übernehmen**, etw. zu tun/das ... · to (have to) do s. th., to (have to) take on the job of doing s. th., to (have to) take on the task of doing s. th., to (have to) take care of s. th.
... Wenn sich keiner von euch getraut, mit dem alten Schuckert zu verhandeln, werd' ich das ja wohl wieder (selbst) übernehmen müssen.

sich übernehmen (mit etw.)/(bei etw.) · 1. 2. to take on too much (with s. th.), to overdo things, to bite off more than one can chew (with s. th.)
1. Mit der Übersetzung der Gedichte von Baudelaire hat sich der Alfons wohl doch ein wenig übernommen, oder? – Du meinst, das wäre zu schwer für ihn? – Ich weiß nicht, ob er für eine solche Aufgabe die nötigen künstlerischen/ästhetischen Qualitäten hat/(mitbringt).
2. Der Alfons wirkt so matt in den letzten Wochen! – Der hat sich bei der Übersetzung der Gedichte von Baudelaire übernommen. Jeden Tag vom frühen Morgen bis zum späten Abend eine solch schwierige Arbeit – das ist einfach zu viel.

überraschen: lassen wir uns überraschen!/(ich laß mich/er läßt sich/... überraschen) · 1. 2. let's wait and see
1. ... Ob es sich lohnt, zu diesem Vortrag zu gehen? – Lassen wir uns überraschen! – Meinetwegen. Ich bin gespannt.
2. ... Es hat gar keinen Sinn, jetzt jeden Tag neue Vorhersagen zu machen. Man muß halt abwarten. – Genau. Lassen wir uns überraschen! Beeinflussen können wir die Entwicklung sowieso nicht. Also, warten wir ab!

Überraschung: das/etw. **ist** (für jn.) **eine unliebsame Überraschung** · it's/s. th. is an unpleasant surprise (for s. o.)
... Daß sein Sohn im Examen durchgefallen war, war für den alten Herrn eine sehr unliebsame Überraschung. Er hatte ihn immer für fleißig und tüchtig gehalten, hatte in der Firma schon einen Posten für ihn reserviert ...

überrennen: jn./etw. (mit etw.) **überrennen** · 1. to overrun enemy positions/..., 2. to overwhelm s. o. (with s. th.)
1. ... Die in monatelanger Arbeit angelegten Stellungen/(Gräben und Minenfelder) der Iraker wurden von den Alliierten im Nu überrannt. In drei Tagen war diese Hürde genommen ... *mil*
2. ... Der Peter hat den alten Herr Krause mit seinem Ungestüm und seinen hochfliegenden Plänen regelrecht überrannt. Der arme Mann hatte kaum etwas verstanden, worum es ging, da hatte ihm der Peter schon die Genehmigung/Zustimmung 'entrissen'. *ugs*

Überreste: die sterblichen/(irdischen) **Überreste** *form* – die sterbliche/irdische **Hülle** · the mortal remains

überrieselt: es überrieselt jn. **heiß** *form – path od. iron selten* – es **überläuft** jn. heiß · a hot flush comes over s. o., + s. o. feels hot under the collar

es überrieselt jn. **siedend heiß** *form – path od. iron selten* – es **überläuft** jn. heiß · a hot flush comes over s. o., + s. o. feels hot under the collar

es überrieselt jn. **heiß und kalt** *form – path od. iron selten* · 1. 2. hot and cold shudders go up and down s. o.'s spine
1. vgl. – es **überläuft** jn. heiß
2. vgl. – es läuft/rieselt jm. kalt/eiskalt/(heiß und kalt) über den **Rücken**/den Rücken herunter/(hinunter)

es überrieselt jn. **kalt** *form – path od. iron selten* – (eher:) es läuft/rieselt jm. kalt/eiskalt/(heiß und kalt) über den **Rücken**/den Rücken herunter/(hinunter) · cold shudders go up and down s. o.'s spine

überrumpeln: jn. (mit etw.) **überrumpeln** *ugs* · to take s. o. by surprise, to catch s. o. unawares, to catch s. o. off guard, to catch s. o. napping
Der Peter versuchte zwar, den Herrn Krause durch betont forsches Auftreten und eine geradezu lakonische Darstellung der Pläne zu überrumpeln. Aber der Alte ließ sich nicht irremachen und sagte: »Sachte, Herr Koch! Erst müssen wir alles in Ruhe durchsprechen, dann können wir entscheiden«.

übersät: übersät sein mit etw. *form – path* · 1. to be covered with s. th., 2. to be studded with stars/star-studded
1. ... Mensch, so Windpocken, das ist vielleicht eine dumme Geschichte! Mein ganzer Körper war mit Pocken und dann mit Flecken übersät. – Ich kenn' das. Vor lauter Flecken sieht man kaum noch die Haut, nicht? ...
2. ... Eine herrliche Nacht! Vollmond, ein glasklarer Himmel, mit Sternen übersät ...

übersättigt: übersättigt sein (von etw.) · to be satiated with s. th., to be sated with s. th., to be glutted with s. th. *market*
Eine Gesellschaft, die von allem übersättigt ist, meinte er, – die zu viel Geld, zu viel Freizeit, zu viele Angebote hat, die von Reizen überflutet wird –, wird auf die Dauer abstumpfen.

überschattet: von etw. **überschattet sein** *path* · to be overshadowed by s. th.
... So schön die Feier auch war: sie war überschattet von dem Unfall des jüngsten Sohnes von unserem Chef. Eine völlig ungezwungene und heitere Stimmung wollte daher nicht aufkommen ...

Überschau: jm. **eine** (kurze/knappe) **Überschau über** etw. **geben** *form selten* – jm. eine (kurze/knappe) **Übersicht** über etw. geben · to give s. o. a brief overview of s. th.

überschlafen: etw. **nochmal**/erstmal/... **überschlafen wollen/müssen** *ugs* · to have to/to want to/... sleep on it
... Laß mich die ganze Sache nochmal überschlafen, Paul! Morgen sag' ich dir dann Bescheid, ob ich mich zu dem Kauf entschließe oder nicht.

Überschlag: einen Überschlag machen *form* · to make a rough estimate, to make a rough calculation
... Mit welchen Gesamtkosten rechnest du? – Das kann ich noch nicht so richtig sagen. Vor etwa sechs Monaten habe ich einen Überschlag gemacht, da kam ich auf rund 175.000,– Mark. Aber das war nur eine sehr ungefähre Gesamtberechnung.

überschlagen: etw./jn. **überschlagen** · 1. to skip s.th., to miss s.th., to leave s.th. out, 2. to work s.th. out/to estimate s.th./... (roughly/...)

1. ... Wenn du den Text schon vorliest, dann mußt du ihn auch ganz vorlesen, Christoph! Dann kannst du die Stellen, die dir nicht passen, nicht einfach überschlagen.

2. ... So ungefähr müßtest du die Unkosten doch (im Kopf) überschlagen können! Oder machst du dir überhaupt keine konkreten Vorstellungen?

sich überschlagen · 1. to turn over, 2. to crack, 3. to do a somersault, to go head over heels, 4. to fall over o.s. to be friendly/...

1. ... Der Wagen hat sich zweimal überschlagen, sagst du, und ihm ist nichts passiert? – So war es: der Porsche drehte sich um sich selbst, als wäre er eigens dafür konstruiert, landete wieder auf den Rädern und fuhr dann in einen riesigen Heuhaufen, der neben der Landstraße aufgetürmt und Gott sei Dank naß war.

2. ... Vor lauter Aufregung überschlug sich seine Stimme, sodaß aus der Schimpfkanonade ein ziemlich lächerliches Schauspiel wurde ...

3. ... Der Junge überschlug sich geradezu vor Freude, als er den neuen Roller da stehen sah ...

4. ... Es ist anzuerkennen, wenn jemand fleißig, dienstbeflissen, hilfsbereit ist. Aber muß man sich dem Chef gegenüber vor lauter Eifer und Dienstbeflissenheit (gleichsam) überschlagen? Mir gefällt so ein hektischer Übereifer jedenfalls nicht. *path*

überschneiden: sich überschneiden · areas of responsibility/subjects/interests/... overlap

Da niemand die Pläne koordiniert, überschneiden sich die Maßnahmen der einzelnen Behörden ständig. Heute reißen sie die Straße auf, um die Wasserrohre zu erneuern. Wenn man gerade dabei ist, alles wieder zuzuschütten, reißen sie sie erneut auf, um das Telefonnetz auszubessern ...

überschreiten: die 50/60/70/... **überschreiten** · to be past 50/60/...

Wie alt schätzt du den Herrn Bäumler – 54, 55? – 54, 55 – von wegen! Der hat die 60 längst überschritten. 63, 64 ist er bestimmt.

überschütten: jn. **mit** Geschenken/Vorwürfen/... **überschütten** · to shower s.o. with s.th.

Welch einen Sinn hat es, die Kinder zu Weihnachten derart mit Geschenken zu überschütten, daß sie sich kaum noch durchfinden?

Überschwang: im jugendlichen/in seinem jugendlichen **Überschwang** etw. tun *form – path* · in one's/their/... youthful exuberance

... Mein Gott, wenn die jungen Leute ihr Examen feiern und in ihrem Überschwang bis spät in die Nacht singen, muß man doch nicht gleich mit der Polizei drohen! Waren diese Rohrers nie jung und ausgelassen?

im Überschwang der Gefühle/der Freude/... *path od. iron veraltend* · out of sheer exuberance

(Ein Freund zu einem Tennisspieler:) Wenn die Iris im Überschwang der Begeisterung gesagt hat: »Keiner geht mir über den Freddy!«, dann darfst du das nicht zu ernst nehmen. Natürlich schätzt sie dich. Aber sie war von deinem Spiel einfach hingerissen; in nüchterner Verfassung wird sie auch ihr Verhältnis zu dir nüchterner formulieren.

Übersee: in/aus/nach **Übersee** · to go overseas, to come from overseas, to be overseas

In den letzten Jahren wanderten die meisten Südeuropäer nach Mitteleuropa aus. Früher gingen die meisten nach Übersee – nach Brasilien, Afrika, Nordamerika ...

übersehen: jn./etw. **übersehen** · 1. not to notice s.o., not to see s.o., 2. 3. to ignore s.o., 2. 4. to overlook s.th./s.o., 2. to miss s.o., to fail to see s.o., 5. to get a good view of s.th., to be able to look out over ...

1. ... Hat er dich wirklich übersehen, oder hat er nur so getan, als ob er dich nicht gesehen hätte?

2. ... Er hat dich nicht mit Absicht übersehen! Sei doch nicht so empfindlich!

3. ... Wenn du nicht mit ihm sprechen willst, dann übersiehst du ihn eben!

4. ... Ach, diese Passage hatte ich ganz übersehen. Steht da etwas Wichtiges?

5. ... Am besten stellen wir uns oben in die Linkskurve. Von da aus kann man das Spielfeld am besten übersehen.

Übersicht: jm. eine (kurze/knappe) **Übersicht über** etw. **geben** · to give a brief/... survey/a brief/... overview/an overall view/a brief/... outline/... of s.th.

(Zu Beginn eines Vortrags:) Es ist nicht ganz einfach, meine Damen und Herren, Ihnen in der gebotenen Kürze eine klare und verständliche Übersicht über die augenblickliche Lage in Ecuador zu geben; denn vieles scheint noch sehr widersprüchlich, undefiniert. Aber ich will es versuchen ...

überspannt: (ein bißchen/...) **überspannt sein** · to be a bit/... extravagant, to be a bit/... eccentric, to be a bit/... over the top, to be a bit/... overexcited

Findest du die Heidrun nicht auch ein bißchen überspannt? – Wieso? – Die redet nie in einem völlig natürlichen Ton. Ich hab' immer den Eindruck, sie hat gleichsam einen Gang zu viel drauf. – Eine Idee überkandidelt ist sie vielleicht; aber mich stört das nicht ...

überspielen: jn./etw. **überspielen** · 1. to beat s.o., to outplay s.o., 2. to gloss over s.th., to cover s.th.

1. (über einen Fußballspieler:) Wie der da ruck zuck zwei, drei Gegner überspielt – die stehen läßt, als wenn die gar nicht da wären –, das ist schon gekonnt! ...

2. ... Natürlich versuchte der alte Herr, die taktlose Bemerkung seines Sohnes durch ein paar Witze zu überspielen; aber es merkte natürlich jeder, daß er sich stocksauer war.

überspitzen: etw. **überspitzen** · to go too far, to exaggerate, to push s.th. too far, to overstate one's case

... Eine Sache ist es, Verträge genau auszuarbeiten, Herr Rösner, eine andere, in dem Bemühen um Genauigkeit zu weit zu gehen. Ich denke, der Entwurf, den wir jetzt haben, genügt durchaus; wir wollen die Dinge nicht überspitzen – sonst kommen wir mit dem alten Schuckert nie mehr klar ...

überspringen: eine Zeile/Klasse/... **überspringen** · 1. 2. to skip a class/line/..., to miss out a class/line/...

1. ... Der Udo Kremer liest ausgezeichnet vor. Leider passiert es ihm hin und wieder, daß er eine Zeile überspringt. Übrigens seltsam: nur Zeilen – Worte überliest er nie ...

2. ... Der Georg Müller hat das (neunjährige) Gymnasium in sieben Jahren gemacht! – Der hat zwei Klassen übersprungen? – So ist es. Wegen ganz außergewöhnlicher Leistungen ...

übersprudeln: vor guter Laune/Witz/... (geradezu/...) **übersprudeln** *ugs – path* · to bubble over with enthusiasm/good humour/...

So wie gestern hab' ich den Rolf nie erlebt! Der sprudelte geradezu über vor guter Laune, Einfallsreichtum, Witz. Ich weiß gar nicht, wieviele Stunden der die ganze Gesellschaft sozusagen allein unterhalten hat.

übersprühen: übersprühen vor Freude/(...) *ugs – path* – fast außer sich geraten vor **Freude** · to sparkle with wit, to be effervescent

überstehen: etw. (gut/schlecht/...) **überstehen** · 1. 2. (not) to get over s.th. (well/...), (not) to recover from s.th.

1. Hat der Engelbert die Operation gut überstanden? – Ja, es geht ihm schon wieder blendend.

2. ... Dieses verdammte Examen liegt mir im Magen! – Nun mach' dir mal keine Sorgen, das wirst du schon überstehen!

übersteigen: js. Kräfte/... **übersteigen** · to be beyond s.o., to be beyond the limits of s.o.'s comprehension, to exceed s.o.'s capacity

... Dieser Text übersteigt ganz einfach seine Fähigkeiten! Ganz wird er den nie verstehen!

überstimmen: jn. **überstimmen** · to outvote s.o., to vote a motion/... down

... Wenn sie die absolute Mehrheit haben, können sie die Opposition natürlich immer überstimmen. – Und das findest du demokratisch? – Was heißt demokratisch? Das sind die Spielregeln.

überströmen: vor Huldigungen/Ehrenbezeugungen/... (geradezu/...) **überströmen** *form – path selten* · to overflow with gratitude/kindness

... Seine Rede strömte über vor Huldigungen an seinen alten Lehrer, den Prof. Rosenberg. Kein Mensch hätte dem Krollmann ein derartiges Pathos und einen dermaßen überschwenglichen Stil zugetraut ...

Überstunden: Überstunden machen · to work overtime, to do overtime

... Wenn man jeden zweiten Tag Überstunden macht, muß man natürlich irgendwann abgespannt sein! Hast du das überhaupt nötig, dauernd so lange zu arbeiten?

überstürzen: etw. **überstürzen/**überstürzt handeln · to rush things, to rush into s.th., to rush one's fences, to act rashly

... Eins nach dem andern, meine Herrschaften! Wir wollen die Dinge nicht überstürzen!/Nur nichts überstürzen!

übertreffen: sich (geradezu/...) **selbst übertreffen** *path* · to (truly/absolutely/...) surpass o.s., to (truly/absolutely/...) excel o.s.

So gut wie gestern hat der Boris wahrscheinlich noch nie gespielt. Gestern hat er sich selbst übertroffen!

übertrumpfen: jn. **übertrumpfen** · to beat s.o., to outdo s.o., to overtrump s.o.

... Der Rainer Spörl hat bisher auf diesem Turnier noch jeden geschlagen und immer den besten Eindruck hinterlassen. Wenn du den übertrumpfen willst, mußt du noch allerhand dazulernen.

übertun: sich übertun (bei etw.) *selten* – sich **übernehmen** (mit etw.)/(bei etw.) (2) · to overdo it, to overdo things, to strain o.s.

... Das Wasser ist nicht gerade warm, das gebe ich zu. Man muß sich (etwas) überwinden, wenn man hereingeht. Aber wenn man einmal drin ist, ist es wunderbar.

übertünchen: etw. **übertünchen** *ugs* · to cover s.th. up, to disguise the fact that ..., to gloss s.th. over

... Der Fischer meint in der Tat, wenn er sehr freundlich ist, die Sachen hübsch einpackt und sie uns ans Auto schaffen läßt, könnte er die Tatsache übertünchen, daß die Preise höher sind als überall woanders. So ein Schlawiner!

übervorteilen: jn. **übervorteilen** *form* · to cheat s.o., to put one over on s.o. *coll*, to dupe s.o.

... Wenn der Schuckert noch einmal versucht, mich (bei den Abmachungen/Käufen/...) zu übervorteilen, breche ich die Geschäftsbeziehungen zu ihm ab. Ich mag keine unseriösen Geschäftspartner.

überwältigend: nicht gerade/(sehr) **überwältigend** *ugs iron* · nothing/not much to write home about/to go overboard about, not exactly brilliant

... Na, wie hat der Bert gespielt? – Hm, nicht gerade überwältigend. – Wie, sag' bloß, das war ein Reinfall! – Das nicht! Aber besonders gut war es auch nicht.

überwerfen: sich (mit jm.) **überwerfen** *form* · to fall out with s.o.

... Jetzt hat sich der Herbert doch mit seinem neuen Sozius auch überworfen! – Gehen die jetzt auch auseinander? – Es scheint so. Es scheint, er kriegt mit jedem Streit.

überwinden: sich (nicht) **überwinden** (können), etw. zu tun/sich .. müssen ... · 1. (not) to have to/(be able to) force o.s. to do s.th., 2. (not) to be able to bring o.s. to do s.th.

1. ... Das Wasser ist nicht gerade warm, das gebe ich zu. Man muß sich (etwas) überwinden, wenn man hereingeht. Aber wenn man einmal drin ist, ist es wunderbar.

2. vgl. – es fertig **bringen**, etw. zu tun/und ... (2)

Überzahl: in der Überzahl sein · to be in the majority, to outnumber s.o., to be superior in numbers

... die Feinde waren schließlich weit in der Überzahl; sie hatten mehr als 600.000 Soldaten, wir um die 400.000.

in großer Überzahl erscheinen/... · to turn up/to appear/... in great numbers

... Wenn die vom Albert-Ludwig-Gymnasium zu dem Wettkampf in so großer Überzahl erscheinen, daß wir nicht einmal die Hälfte der Leute zum Auswechseln haben, sind wir natürlich im Nachteil! – Und warum kommen von unserer Schule nicht genau so viele wie von ihrer?

überzählen: jm. **eins überzählen** *ugs – iron selten* – jm. eine **Ohrfeige** geben · to clout s.o.

jm. **ein paar überzählen** *ugs – iron selten* – jm. ein paar **Ohrfeigen** geben · to clout s.o.

überzeichnen: etw. **überzeichnen** *form* · to exaggerate s.th., to overdraw s.th.

... Natürlich, reich ist das Land nicht. Aber man kann auch nicht sagen, daß ein großer Teil der Bevölkerung sozusagen am Hungertuch nagt. – Er hat den Aspekt der Armut also in seinem Vortrag überzeichnet? – Ja.

überzeugt: fest/felsenfest überzeugt sein von etw. · to be absolutely convinced that ..., to be firmly convinced that ...

Die Doris ist felsenfest davon überzeugt, daß ihr Mann noch einmal 1. Direktor der Firma wird. – Hoffentlich trügt sie diese Überzeugung nicht.

sehr von sich (selbst) überzeugt sein *ugs* · to be very full of oneself, to have a high opinion of oneself, to be very sure of oneself

Was hältst du von dem Richard Münk? – Hm, unsympathisch ist er nicht. Aber er ist sehr von sich überzeugt, nicht? – Du meinst, er ist ein Angeber? – Das wäre wohl zu scharf formuliert. Aber er hat ein sehr ausgeprägtes Selbstbewußtsein, oder meinst du nicht?

zu sehr/(zu stark) **von sich (selbst) überzeugt sein** *ugs* · to be too full of oneself, to have too high an opinion of oneself, to be too sure of oneself

Was hältst du von Richard Münk? – Hm, unsympathisch ist er nicht. Aber er ist zu sehr von sich selbst überzeugt. – Du meinst, er ist ein Angeber? – Einen Schuß Bescheidung und Selbstkritik könnte er schon vertragen.

Überzeugung: die Überzeugung vertreten, daß ... *form* · to be convinced that ..., to be of the firm conviction that ...

... Ich vertrete nun einmal die Überzeugung, daß die soziale Marktwirtschaft das effektivste Wirtschaftssystem ist! – Das ist dein gutes Recht. Aber ebenso haben andere das Recht, eine andere Anschauung zu vertreten.

Überzeugungsarbeit: (noch viel/...) **Überzeugungsarbeit leisten (müssen)** *Neol* · to (have to) do a lot of persuading, to (have to) do a lot of propaganda work

(In einer internen Parteibesprechung:) Wenn wir die Mehrheit der Bevölkerung dazu bringen wollen, den neuen Steuerplänen (innerlich) zuzustimmen, müssen wir noch allerhand Überzeugungsarbeit leisten; denn bisher stehen die meisten diesen Plänen äußerst skeptisch gegenüber.

überziehen: jm./einem Tier **eins/**(einen) **überziehen** *euphem selten* · to give s.o. a hiding *coll*, to give s.o. a clout *sl*, to clout s.o. *sl*, to clobber s.o. *sl*

... Bei diesem Jungen wäre es schon angebracht, wenn der Vater ihm hin und wieder eins überziehen würde. – Sie haben Recht; aber der Vater schlägt seine Kinder nicht. Nie – egal, was vorfällt.

jm./einem Tier **ein paar überziehen** *euphem selten* · to give s.o. a hiding *coll*, to clout s.o. *sl*

... Mit dem Stock sollte man diesem Flegel ein paar überziehen, mit dem Stock! – Nun reg' dich doch nicht so auf, Fred! – Es ist doch wahr: mit dem Knüppel müßte man dem den Hintern versohlen!

Übles: (paß auf/...) der/die Helga/... will dir/euch/... **Übles** *path* · (watch out) he/Mary/... has got it in for you, (watch out) he/Mary/... wishes/... you ill

Nimm' dich vor dem Peter in acht, Kurt, der will dir Übles! – Was soll er schon vorhaben? – Wie ich höre, will er dich beim Chef schlecht machen, um deine Stellung zu unterminieren ...

übrig: übrig sein · 1. 2. 3. to be left over

1. Wir hatten elf Stücke Kuchen, und es waren acht Personen. Dann müssen also noch drei Stücke übrig sein.

2. Heute brauchst du nicht zu kochen, Rosa. Von der Feier gestern ist noch so viel übrig, das reicht noch für heute und für morgen.

3. Wir sind sieben Personen, das Spiel können aber höchstens sechs spielen. Dann ist einer übrig. Was machen wir da?

etw. übrig haben – etw. **über** haben (1) · to have s.th. left over

etwas für jn./etw. **übrig haben** *ugs* · 1. 2. 3. to have a lot of/ no/little time for s.o./s.th., to be fond of s.o./s.th. *n*, 1. to have a soft spot for s.o.

1. Ich verstehe nicht, daß die Lydia für so einen Nichtsnutz wie den Heinz etwas übrig haben kann! – Das Schlimme ist, sie liebt ihn nicht nur, sie schätzt auch noch seine 'moralischen Qualitäten'.

2. ... Für Machtnaturen hat der Meier etwas übrig. Die können immer mit seiner Sympathie rechnen.

3. ... Für Musik hat unsere Petra etwas übrig, dafür nimmt sie viele Opfer in Kauf.

nichts/nicht viel/wenig/nicht das Geringste/... **für** jn./etw. **übrig haben** *ugs* · 1. 2. 3. to have no/little/not much/... time for s.o./s.th.

1. ... Nein, wissen Sie, für Leute, die kein Rückgrat haben, hat der Chef nichts übrig. Was die sonst noch sind oder können, interessiert ihn dann weniger.

2. ... Für den Gerd scheint die Anna allerhand übrig zu haben. – Schon von anderen Seiten habe ich gehört, sie hätte eine Schwäche für ihn.

3. ... Für die Malerei hat unsere Petra wenig übrig. Mit einem Bild kannst du ihr also keine besondere Freude machen.

nichts mehr für jn./etw. **übrig haben** *ugs* · 1. 2. to have no time for s.o./s.th. any more, not to care for s.o./s.th. any more, not to be interested in s.o./s.th. any more, 3. + s.o. is finished, + s.o. has had it/... as far as s.o. is concerned *n*, + s.o. has gone too far

1. ... Haben sie sich in der Tat scheiden lassen? – Ja. Es scheint, die Leni hat schon lange nichts mehr für ihn übrig. – Und ich hatte immer gedacht, sie würde den Hermann nach wie vor aufrichtig lieben!

2. ... Für die Schule habe ich nichts mehr übrig. Die interessiert mich absolut nicht mehr.

3. vgl. – (eher:) bei jm. **ausgeschissen** haben

übrigen: im übrigen · besides, ..., anyway, ..., by the way, ..., incidentally, ...

... Warum soll ich wer weiß wie um eine Gehaltserhöhung kämpfen? Ich komme mit meinem Gehalt aus. Im übrigen fruchten solche Kämpfe bei dem Alten ohnehin wenig. ...

Übriges: (noch) ein Übriges tun und ... *form* – (noch) ein Übriges **tun** und ... · to do one last thing and ..., to go one step further and ...

übriggeblieben: j. **ist (noch) von gestern übriggeblieben** *sal* · s.o. is left over from yesterday *para*

Was sitzt denn dieser alte Mann hier zu früher Morgenstunde völlig allein auf der Gartenterasse? – Der ist von gestern übriggeblieben. Der Kegelklub des Ortes hatte gestern abend seine Jahresfeier. Da wurde natürlich anständig gesoffen. Der hat den Heimweg offensichtlich nicht mehr geschafft.

übriglassen: jm. etw. **übriglassen** – jm. etw. übrig **lassen** · to leave (a piece/... of) s.th. for s.o.

Übung: aus der/außer **Übung sein** – aus der **Übung** kommen *res* · to be out of practice

in (der) Übung bleiben · to keep in practice, to keep one's hand in

Beim Geräteturnen mußt du ständig in der Übung bleiben. Da kannst du nicht einfach ein paar Wochen aussetzen. Dann hast du den Anschluß verpaßt.

aus der Übung kommen · to get out of practice

... Und er konnte früher so gut Französisch! Eine Schande, wirklich! Nicht einmal eine einfache Unterhaltung kann er jetzt noch bestreiten. – Er ist halt aus der Übung gekommen. Sprachen wollen praktiziert werden, und er spricht seit fast zehn Jahren kein Wort Französisch.

geistliche Übungen *rel* · spiritual exercises

Was sind 'geistliche Übungen', Vater? – Alles, was du nicht machst: Fasten, Abstinenz üben, beten ... – alles, was die (echten) geistigen Kräfte stärkt.

Ufer: (ein Kollege/...) vom ander(e)n Ufer (sein) *sal* – (ein Kollege/...) von der ander(e)n **Fakultät** (sein) · to be one of them

das rettende Ufer (erreichen/...) *path* · to reach the safety of the shore, to survive, to make it

(Ein Firmenchef, dem das Wasser bis zum Hals steht:) Wenn die versprochenen Zuschüsse rechtzeitig kommen, kriegen wir die Sache nochmal hin; sonst müssen wir in der Tat dichtmachen. – Ich kann euch nur wünschen, Helmut, daß ihr das rettende Ufer nochmal rechtzeitig erreicht.

jn./etw. **ans Ufer spülen** · to wash s.o./s.th. ashore

(Nach einer Schiffskatastrophe:) Konnten die Leichen, die ans Ufer gespült wurden, eigentlich alle identifiziert werden?

über die/seine Ufer treten *Fluß* · to burst its banks, to break its banks

... Zur Zeit der Schneeschmelze treten die Flüsse in dieser Gegend jedes Jahr über die Ufer. Aber so eine Überschwemmung wie dieses Jahr haben wir schon ewig nicht mehr gehabt ...

Uferlose: etw. ins Uferlose ausarten lassen *path* · to let s.th. get completely/... out of hand

... Hin und wieder kann man den Leuten wohl auch mal erlauben, sich während der Arbeitszeit ein Fußballspiel im Fernsehen anzugucken. Aber ins Uferlose ausarten lassen kann man solche Usancen natürlich nicht; sonst nimmt nachher kein Mensch die Arbeit mehr ernst.

ins Uferlose gehen · to go on for ever, to be endless, to be interminable

Die Publikationen zur Universitätsreform gehen inzwischen ins Uferlose, die übersieht kein Mensch mehr.

ans Uferlose grenzen *Beleidigungen o.ä. path* · to go beyond all bounds, to know no bounds, to be over the top *coll*

... Was dieser Mann den führenden Politikern der Oppositionsparteien in den letzten Monaten alles an Beleidigungen an den Kopf geworfen hat, grenzt ans Uferlose! Daß sich da kein Mensch wehrt ...!

sich ins Uferlose verlieren *path* · to ramble on and on, to ramble from one point to the next

(Während eines Vortrags, ein Zuhörer zu seinem Nachbarn:) Ich hatte von dem Vortrag einen Überblick über die wesentlichen politischen und wirtschaftlichen Daten Nigerias erwartet. Aber dieser Mann verliert sich ins Uferlose. Wenn das mit den Einzelheiten so weitergeht, werden wir bald vor lauter Bäumen den Wald nicht mehr sehen.

Ufern: (auf) zu neuen Ufern! *lit – path selten* · off to new shores, off to new pastures

Kaum hatte der Karl-Heinz seinen Doktor fertig, da sagte er: auf zu neuen Ufern! – So ist der: immer weiter im Leben! Immer wieder neue Aufgaben anpacken!

zu neuen Ufern aufbrechen/sich zu ... aufmachen/... *geh – path selten* · to set off for new shores

Kaum hatte der Außenminister die Grundlinien der Europapolitik mit den Partnern abgestimmt, da brach er schon zu neuen Ufern auf. Jetzt ging es ihm darum, die Beziehungen zu den osteuropäischen Ländern auf eine neue Basis zu stellen.

Uhr: eine innere Uhr (haben) · to have an inner clock, to be good at judging/telling/... the time

... Wenn ich mit dem Bewußtsein ins Bett gehe: morgen früh muß ich um soundsoviel Uhr raus, werde ich auch dementsprechend wach. – Du brauchst also nie einen Wecker? – Nein! Ich hab', wie du siehst, eine innere Uhr; die funktioniert besser als ein Wecker.

rund um die Uhr arbeiten/laufen/... *ugs* · to work/to be in operation/... round the clock

... Du sagst, eure Maschinen laufen rund um die Uhr. Wann werden sie denn dann gewartet? – Alle vier Wochen am Wochenende.

js. **Uhr ist abgelaufen** · 1. 2. the sands of time are running out for s.o., 3. + s.o. is nearing his end

1. Die Uhr dieser Regierung ist abgelaufen. Je schneller sie zurücktritt, um so besser. Die löst nichts mehr. *selten*

2. Die Uhr des Kanzlers ist abgelaufen. Wenn er jetzt nicht zurücktritt, verliert er nicht nur allen Einfluß, sondern auch noch seinen Ruf. *path selten*

3. vgl. – es geht (mit jm.) zu **Ende** *ugs selten*

wissen/verstanden haben/..., **was die Uhr geschlagen hat** *form selten* – wissen/verstanden haben/..., was die **Stunde** geschlagen hat · to know/to understand/to realise/... what the score is

auf die/seine Uhr gucken/sehen · to look at one's watch
... Entschuldigung, wie spät ist es? – Warten Sie, ich guck' mal eben auf die Uhr ... Viertel vor sechs. – Danke.

js./die Uhr geht nach dem Mond *sal* – nach dem **Mond** gehen · your/... watch/... is way out, your/my/... watch/... is hopelessly/... wrong

nach der Uhr sehen · to see what the time is, to look at the time
Könntest du mal eben nach der Uhr sehen, Heinz? Ich muß um sieben in der Uni sein. – Moment ... Da hast du noch Zeit. Halb sechs.

in/... gehen die Uhren anders · 1. 2. + they do things differently here/in/..., time passes more slowly/more quickly here/in/...
1. ... Nein, das geht da nicht so nüchtern und zügig wie bei uns! In Portugal gehen die Uhren anders. Wenn du da Geschäfte machen willst, mußt du dir die Zeit nehmen und erstmal gute persönliche Beziehungen herstellen ... – Das meinst du ...
2. Wie ihr wißt, gehen in Portugal die Uhren trotz aller Modernisierungen anders. Man hat nach wie vor ehr ein vorindustrielles Verhältnis zur Zeit – was sich natürlich in allen Sitten wiederspiegelt.

Uhrzeigerrichtung: (eine Bewegung/...) **entgegen der Uhrzeigerrichtung** (durchführen/...) – ≠ (eine Bewegung/...) im **Uhrzeigersinn** (durchführen/...) · to go/... anti-clockwise

(eine Bewegung/...) **in Uhrzeigerrichtung** (durchführen/...) – (eher:) (eine Bewegung/...) im **Uhrzeigersinn** (durchführen/...) · to go/... clockwise

Uhrzeigersinn: (eine Bewegung/...) **entgegen dem Uhrzeigersinn** (durchführen/...) – ≠ (eine Bewegung/...) im **Uhrzeigersinn** (durchführen/...) · to go/... anti-clockwise

(eine Bewegung/...) **im Uhrzeigersinn** (durchführen/...) · to go/to move/... clockwise
(Der Vater vor einem Kartenspiel:) Zuerst kommt der Jüngste dran, das ist Helga. Und dann kommt Peter ... Immer im Uhrzeigersinn, d.h. rechts herum – seht ihr, so: Helga – Peter – Christa – ich.

Uhrzeit: nach der Uhrzeit sehen *form selten* – nach der **Uhr** sehen · to check/to look at/... the time, to see what time it is

Ukas: einen Ukas erlassen *sal selten* · to issue a decree, to issue an ukase
... Du wirst sehen: wenn die Unsitte, während der Arbeitszeit Radio zu hören, weiter einreißt, wird der Alte einen Ukas erlassen, daß es grundsätzlich verboten ist, ein Radiogerät mit in die Firma zu bringen. Das wäre nicht die erste Verfügung dieser Art.

Ulk: Ulk machen *selten* · to clown around, to play around, to lark around
Ist Ulk machen dasselbe wie 'Unsinn machen' Papa? – Nicht ganz: es ist eher Spaß, lustiger Unfug.

(einen) **Ulk mit** jm. **treiben** *ugs selten* – mit jm. seine **Possen** treiben · to play tricks/pranks on s.o.

Ulknudel: eine (richtige/...) **Ulknudel (sein)** *ugs eher von Frauen und Mädchen selten* · to be a real laugh, to be dead funny
... Die Britta ist eine richtige Ulknudel! Als sie gestern auf Petras Fete auflief, kamen wir aus dem Lachen nicht mehr heraus.

Ultimatum: jm. **ein Ultimatum stellen** *form* · to issue an ultimatum, to give s.o. an ultimatum
... Die Terroristen haben der Regierung ein Ultimatum gestellt: entweder werden bis heute abend 21 Uhr 15 namentlich genannte Terroristen aus den Gefängnissen entlassen, oder sie erschießen die drei Geiseln.

Ultimo: bis Ultimo Mai/Juni/... *form veraltend selten* · until the last of May/June/...
(In einer Bank:) Gut, wir gewähren Ihnen den Überziehungskredit zunächst bis Ultimo Juli. Am 31. Juli werden wir die ganze Problematik anhand der neuen Daten dann nochmal durchsprechen.

per Ultimo *form veraltend selten* · by the end of the month
Ob mir mein Gehalt am 1., am 15. oder per Ultimo überwiesen wird, ist mir gleichgültig. Nach dem zweiten Monat hat sich doch alles eingespielt. – Wir können ihnen das also jeweils am Monatsletzten überweisen? – Meinetwegen.

ultra: (das) non/(nec) plus ultra (für jn.) **sein** *lit* · to be the be-all and end-all (for s.o.), to be the non plus ultra (for s.o.)
... Kandinsky? Das ist für unseren Herbert das non/nec plus ultra. Bessere Gemälde kann er sich überhaupt gar nicht vorstellen.

um: Jahr um Jahr/Tag um Tag/Woche um Woche/Monat um Monat *form* – (eher:) Jahr **für** Jahr/Tag für Tag/Woche für Woche/... · year in year out/day in day out/week in week out/month in month out/...

um die Hälfte/ein Drittel/ein Vielfaches/zehn Meter/... **größer/länger/... als** ... · one and a half/third times as expensive/big/... as ..., far bigger/longer/... than ...
... Wenn das Buch um die Hälfte teurer ist als im vergangenem Jahr, muß es wohl gut verkauft werden.

so um sechs/sieben/... Uhr/den 18./19. Januar/... – **so um/gegen** sechs/sieben/... Uhr/so um den 18./19. Januar/... · round about six/seven/... o'clock/the 18th/19th/... of January/...

um sein · 1. 2. 3. to be over, to be finished
1. Sind die Ferien schon um? – Ja, gestern war erster Schultag.
2. ... Jetzt habt ihr ja erstmal zehn Tage Ferien? Die sind im Nu um.
3. Wann waren eigentlich die großen Ferien um? Erinnerst du dich noch an das Datum? – Letzter Ferientag war der 27. August.

etw. **um haben** · to have s.th. on
... Du hast eine lange Hose an und keinen Gürtel um? Das gibt's doch nicht! – Ich trage nie einen Gürtel!

etw. **um- und umwenden/-drehen/...** *form selten* · to turn s.th. over and over
(Der Vater zu seiner Tochter:) Du kannst den Umschlag so viel um- und umwenden, wie du willst – da steht keine Anschrift drauf. – Soll ich nicht wissen, für wen der Brief ist?

Umblasen: zum Umblasen dünn (sein) *ugs iron selten* · s.o. is so thin you could knock him down with a feather
Mein Gott, was ist die Gisela dünn! Zum Umblasen! – Dann blas' mal! Was meinst du, wie sicher die stehen bleibt. Denn die ist alles andere als schwach, so schmal und schmächtig sie auch aussieht.

umbringen: sich vor (lauter) Eifer/Sorgen/(Freude)/... (fast/noch) **umbringen** *path* · 1. 2. s.o. will kill himself with worry/jealousy/...
1. Herrgott, diese Frau bringt sich vor lauter Sorgen noch um! Es hat doch keinen Sinn, sich wegen allem und jedem wer weiß was für Sorgen zu machen!
2. vgl. – (eher:) sich **überschlagen** (3)

sich (fast/noch) **umbringen für** jn./wegen etw. *ugs* – *path* · to do everything for s.o., to wait on s.o. hand and foot
... Die Marlene bringt sich für den Ernst noch um! Es ist ja sehr schön, wenn eine Frau treu für ihren Mann sorgt. Aber man kann es auch übertreiben!

ich/(er/Frau Maier/...) könnte mich/(könnte sich/...) umbringen (wenn ich sehe/(er sieht/...)) *ugs* – *path* – ich/(er/Frau Maier/...) könnte mir/(sich/...) die **Haare** (einzeln) ausraufen (wenn ich sehe/(er sieht/...)) · I/he/Mrs. Jones/... could kick myself/... (when I/... see/.../for doing s.th.)

Umbruch: den Umbruch machen *Buchdruck* · to make up the pages, to do the layout

Den Umbruch machen – das heißt doch, die Seiten satztechnisch im endgültigen Format anordnen, nicht? – Genau.

umdrehen: sich wortlos/(schweigend) umdrehen und weggehen/... · to turn round without a word and walk out/go/leave the room/...

... »Und Sie«, fuhr er plötzlich meinen Bruder an, »und Sie haben auch ein gut Teil Schuld an der Misere! ...« – Mein Bruder schaute dem Alten scharf in die Augen, drehte sich wortlos um und verließ den Raum. Wenn der Chef so anfing, war jedes Wort zuviel.

jede Mark/jeden Groschen/Pfennig/... **dreimal umdrehen (ehe** j. sie/ihn/... ausgibt/...) *ugs* · to (have to) count/watch every penny, to (have to) think twice about every penny one spends

... Dieser Geizkragen und euch zu einer Betriebsfeier einladen?! Daß ich nicht lache! Der dreht doch jeden Pfennig erst dreimal um, ehe er ihn ausgibt.

umfallen: umfallen *ugs* · to do an about-face, to do a U-turn, to go back on one's word *n*

... Erst gibt er sich wer weiß wie moralisch und sagt, bei einem Export nach Südafrika mache er auf keinen Fall mit, und kaum bietet man ihm eine stattliche Provision, da fällt er um! Eine so standfeste Gesinnung möchte ich auch mal haben.

tot umfallen *ugs – path* · to drop down dead

... Übernimm' dich nicht, Paul, paß auf mit deinem Kreislauf und mach' ein bißchen Sport! Du wärst nicht der erste, der in diesem Laden plötzlich tot umfällt.

ich will (auf der Stelle) **tot umfallen, wenn** ... *ugs – path* – ich will des **Todes** sein, wenn ... · may I be struck dead if ...

zum Umfallen müde/kaputt/erschöpft/... sein *ugs – path* – sich nicht/kaum noch/... auf den **Beinen** halten können (1) · to be (so tired that one is) fit to drop, to be so tired one could drop

Umfang: einen beträchtlichen Umfang haben *sal – iron* · to have quite a girth

Wenn die Helga weiter so zunimmt ... – Findest du sie dick? – Was heißt schon dick? Sie hat halt einen beträchtlichen Umfang. – Du bist wirklich böse!

etw. **in seinem ganzen Umfang erfassen**/verstehen/... *form – path* · to see/to grasp/... s.th. as a whole

... Der eine sieht die kaufmännische Seite, der andere die agrarische, der dritte die soziologische ... Was auf dem Landgut fehlt, ist jemand, der die Aufgaben in ihrem ganzen Umfang erfaßt.

allmählich/... (einen) **größeren Umfang annehmen** *form* · to gradually/... assume greater proportions

Im Anfang habe ich die Belastung durch die Arbeit an dem Wörterbuch gar nicht ernstgenommen. Aber so allmählich nimmt die Sache doch einen größeren Umfang an; so nebenbei läßt sich das nicht mehr erledigen. Ich muß mir also überlegen ...

etw. **in großem**/größerem/... **Umfang betreiben** *form* · to do s.th. on a large/larger scale

... Hat der Schönberg da so ein paar Kiwistauden angepflanzt oder betreibt er den Kiwianbau in großem Umfang? – Von wegen ein paar Stauden! Der Mann hat eine Kiwiplantage von 15 Hektar.

in vollem Umfang etw. **erfüllen**/... *form* · to carry out one's duties/... thoroughly/completely/...

(Der Rektor zu einem Vater, der sich über einen Lehrer beschwert:) Herr Krummbaum, eine Kritik an Herrn Bollinger muß ich scharf zurückweisen. Herr Bollinger gehört zu unseren besten Lehrern, der seine Pflicht und Aufgaben bisher immer in vollem Umfang erfüllt hat.

Umfrage: Umfrage halten (bei einer Gruppe/unter ...) *form selten* · to ask around (in a group/among ...)

... Du sagst immer, die meisten wollen lieber von sechs bis zwei als von acht bis vier arbeiten. Ich kann das eigentlich gar nicht glauben und muß doch mal Umfrage halten. – Hör' dich ruhig mal um. Du wirst bald sehen ...

Umgang: das/ein solcher Mensch/... **ist kein Umgang für** jn. *form* · s.o. is not the right company for s.o., s.o. is not fit company for s.o.

... Sohn eines Metzgers – das ist doch kein Umgang für euren Jürgen! – Hansgerd! Erstens ist es nicht deine Sache zu bestimmen, mit wem der Junge umgeht, und zweitens handelt es sich bei diesem Sohn eines Metzgers um einen hochsympathischen und hochintelligenten Jungen.

schlechten Umgang haben *form* · to keep bad company

... Das mag schon sein, daß der Fred schlechten Umgang hat, Eva. Aber du kannst doch nicht alles, was der Junge leistet, immer damit erklären, daß seine Kollegen, Freunde, Freundinnen oder wer auch immer einen schlechten Einfluß auf ihn ausüben.

mit jm. **Umgang haben**/pflegen *form od. iron* · to have to do with s.o., to associate with s.o., to have relations with s.o.

... Nein, mit dem Reuter hatte mein Bruder keinen näheren Kontakt! Mit Leuten, die politisch ultrarechts stehen, pflegt er keinen Umgang.

umgarnen: jn. **mit** Lügen/Schmeicheleien/... (zu) **umgarnen** (suchen) *form – path* – jn. mit Lügen/Schmeicheleien/... (zu) **umstricken** (suchen) · to (try to) beguile s.o./ensnare s.o./... (with lies/flattery/...)

Umgebung: die nähere/weitere **Umgebung** *einer Stadt*/... · the immediate/... surroundings of a town/..., the environs of a town/..., the countryside near/surrounding/... a town/...

... Und nicht zuletzt gehört die weitere Umgebung zum Reiz dieser Stadt. Das Voralpenland, die Berge ...; auch dadurch übt München eine so starke Anziehungkraft aus.

in unmittelbarer Umgebung/in der unmittelbaren Umgebung (von ...) · in the immediate vicinity of ...

... Du kannst da doch keinen Steinbruch aufmachen, wenn in unmittelbarer Umgebung wer weiß wieviele Wohnhäuser stehen! – Wie groß muß die Entfernung denn sein? – Ja, wenigstens 500 Meter.

umgedreht: das/es/(etw.) **ist gerade umgedreht** *ugs selten* – das/es/(etw.) ist gerade **umgekehrt** · it's/s.th. is exactly the opposite

umgefallen: j. **wäre**/ist **fast**/beinahe **umgefallen, als** .../vor Schreck/vor Überraschung/... *ugs – path* – j. hätte sich/hat sich fast/beinahe auf den **Arsch** gesetzt, als .../vor Schreck/vor Überraschung/... · s.o. was almost knocked for six when he heard/saw/...

umgehen: mit dem Gedanken/(Plan/...) **umgehen, zu ...** *form* – sich mit dem/(den) **Gedanken** tragen, zu ... · to be toying with the idea of doing s.th., to be planning/contemplating doing s.th.

(nicht) (gut/...) mit Kindern/Kranken/Alten/... **umgehen können** · (not) to be able to get on with s.o., (not) to be able to cope with s.o., (not) to be able to handle s.o.

Wenn man in den Sozialdienst will, muß man mit kranken und behinderten Menschen umgehen können. Hat eure Christl für so etwas Geschick?

jn. **schlecht umgehen**/(...) **können** · we/... can hardly bypass s.o.

... Das Beste wäre natürlich, wenn wir gleich mit dem Leiter der Verkaufsabteilung sprechen könnten. – Aber wir können den Chef schlecht einfach umgehen, als wenn er uns persönlich auf die günstige Marktlage aufmerksam gemacht hat.

Umgehung: unter Umgehung der Gesetze/Vorschriften/... *form* · by getting round the laws/regulations/..., by circumventing/bypassing/... the laws/regulations/...

... Auf legalem Weg kannst du das Zeug nicht nach Südafrika exportieren! Nur unter Umgehung der einschlägigen Vorschriften. – Gut, dann umgehen wir die einschlägigen Vorschriften eben.

umgekehrt: das/es/(etw.) **ist gerade umgekehrt** · it's the other way round, it is exactly the opposite, it is exactly the reverse, the boot is on the other foot

... Klar, der Paul reizt mich, dann werde ich scharf und schließlich gibt es handfesten Streit. – Karin, nun sei doch mal ehrlich: das ist gerade umgekehrt! Du reizt den Paul so lange, bis er scharf wird, und dann gibt's Krach.

umgewandelt: j. ist (in letzter Zeit/...) **wie umgewandelt** *path* – ein (ganz) anderer **Mensch** (geworden) sein/ein (ganz) anderer Mensch sein als früher/sonst/... (2; u. U. 3) · s. o. has been a changed man/woman/... (recently/...), s. o. is a completely/... different person

umgucken: sich in einem Haus/einer Stadt/... **ein wenig/... umgucken** – sich in einem Haus/einer Stadt/... ein wenig/... **umsehen** · to look/to have a look/... round a town/a house/...

du wirst dich/er/der Peter wird sich/... (noch) **umgucken!** *ugs* · 1. 2. you/they/John/... are/... in for a shock
1. Du wirst dich noch umgucken, mein Lieber, wenn du weiterhin dem Chef gegenüber so ungefällig und ungezogen bist. Meinst du, der läßt sich das immer bieten/gefallen? – Was kann er mir denn schon antun? – Das wirst du dann sehen.
2. ... Der Friedhelm wird sich noch umgucken! – Was willst du damit sagen? – Wenn er sich nicht ganz gehörig ändert, wird er im Leben noch viele Schwierigkeiten haben.

umhaben: etw. umhaben – etw. **um** haben · to have s. th. on

umhergeistern: umhergeistern in/auf/... *ugs* · 1. the idea is going around that ..., 2. to wander around *n*
1. Seitdem der Franz so rasch promoviert hat, geistert in der Fakultät die Vorstellung um, in der Anglistik würde einem der Doktor geschenkt. Seltsame Vorstellung!
2. ... Was geistert denn der Otto hier mitten in der Nacht durch die Herberge? – Der ist blau und muß raus.

umhinkommen: nicht umhinkommen, etw. zu tun – nicht umhin **können**, etw. zu tun · I/he/John/... have/... to do s. th., I/he/John/... can't help doing s. th.

umhinkönnen: nicht umhinkönnen, etw. zu tun – nicht umhin **können**, etw. zu tun · I/he/John/... have/... to do s. th., I/he/John/... can't help doing s. th.

umhören: sich (nach jm./etw.) **umhören** · to ask around (among) one's colleagues/friends/... (about s. o./s. th.), to keep one's ears open for s. th.
Kannst du dich nicht mal nach einer Fremdsprachensekretärin mit guten Spanischkenntnissen umhören, Rudi? Du kennst so viele Leute. Ich habe in meinem Bekanntenkreis schon herumgefragt – aber ohne Ergebnis.

umkämpft: erbittert/heiß umkämpft sein *mst mil* · to be bitterly fought over, to be hotly/bitterly/... contested, to be hotly/bitterly/... disputed
(Aus einer Kriegsgeschichte:) Monatelang waren die Brücken über diesen Fluß erbittert umkämpft; denn beide Parteien wußten: wer sie in der Hand hat, hat einen kaum auszugleichenden strategischen Vorteil. Allein hier fielen auf beiden Seiten mehr als 4.000 Soldaten ...

umkippen: umkippen *ugs* – (eher:) **umfallen** · to do an about-face, to do a U-turn, to go back on one's word

Umklammerung: sich aus der Umklammerung lösen/befreien *form* · to break out, to break out of a stranglehold
Während der ersten halben Stunde wurde die Stuttgarter Elf von den Hamburgern arg bedrängt; Angriff folgte auf Angriff, eine Situation war gefährlicher als die andere. Aber dann gelang es den Stuttgartern, sich aus der Umklammerung zu lösen, die Partie offen zu gestalten ...

umkleiden: etw. mit schönen Worten/... **umkleiden** *form* · to gloss s. th. over, to dress s. th. up in fine words
... Ganz egal, mit welchen schönen Erklärungen du das umkleidest: Leute in Deutschland zu polnischem Lohnniveau arbeiten zu lassen ist und bleibt unfair.

umkommen: vor Hitze/Kälte/... **(fast) umkommen** *ugs* – *path* · + the heat/cold/... is killing me/us/...
(In einem Brief aus Brasilien:) Wenn es bei euch zur Zeit sehr kalt ist, dann kommen wir hier vor Hitze und Feuchtigkeit fast um. 35 Grad im Schatten und 95 Prozent Luftfeuchtigkeit ist in den letzten Wochen schon wenig.

Umkreis: im Umkreis von 30/... km/... · within a radius of 20/30/... kms/...
... Ja, das war ein riesiger Waldbrand. Im Umkreis von 20, 30 Kilometern siehst du keinen einzigen Wald mehr, in dem das Feuer keinen Schaden angerichtet hätte.

umkrempeln: man/j. kann jn. **nicht umkrempeln** *ugs selten* · one/s. o. cannot change s. o., one/s. o. cannot make a different person out of s. o., one/s. o. cannot make s. o. change his ways
... Wenn er bei uns mitmachen will, dann muß er zuverlässiger werden! – Heinz, wir können den Ullrich nicht umkrempeln! Entweder wir nehmen ihn so, wie er nun einmal ist, oder wir verzichten auf seine Mitarbeit.

sich nicht/so wenig wie j. **umkrempeln können** *ugs selten* – nicht/so wenig wie j. aus seiner **Haut** können/herauskönnen · one can't change the way one is, one can't change one's character/ways

Umlage: eine Umlage machen *form* · to share the costs, to split the costs
(Der Präsident und der Kassierer eines Tennisclubs diskutieren die Finanzierung einer neuen Anlage:) 800.000,– Mark ..., das würde bedeuten: wenn wir eine Umlage machen, entfallen auf jedes Mitglied rund 4.000,– Mark. – Wenn Sie von 200 Mitgliedern ausgehen. Aber den Jugendlichen oder den Inaktiven kann man wohl nicht zumuten, sich mit einem solchen Betrag an den Kosten zu beteiligen. ...

Umlauf: im Umlauf sein *Geld u. ä.* · to be in circulation
Sind die neuen Olympia-Münzen schon im Umlauf? – Ja, die kann man schon kaufen.

etw. in Umlauf bringen *form* · 1. to bring money/... into circulation, 2. to circulate s. th.
1. vgl. – etw. in **Umlauf** setzen
2. vgl. – etw. unter die **Leute** bringen (2)

in Umlauf kommen *form selten* · 1. to come into circulation, 2. to be started, to be spread
1. ... Wann sind eigentlich die neuen Zehnmarkstücke in Umlauf gekommen?
2. ... Wenn solche Gerüchte einmal in Umlauf gekommen sind, verbreiten sie sich weiter wie Wellen – bis sie irgendwann wieder versanden.

etw. in Umlauf setzen *form* · 1. to issue bank notes/coins/..., 2. to spread a rumour/...
1. Wurden die neuen Olympia-Münzen schon in Umlauf gesetzt? – Ja, die kann man schon kaufen.
2. vgl. – etw. unter die **Leute** bringen (2)

etw. aus dem Umlauf ziehen *form selten* – jn./etw. aus dem **Verkehr** ziehen (1, 2) · to withdraw s. th. from circulation

umlegen: jn. umlegen *sal* · to bump s. o. off
... Wieviel Leute hat der umgelegt, sagst du? – Nach der Anklage der Staatsanwaltschaft soll er sieben Morde auf dem Gewissen haben.

eine Frau/ein Mädchen umlegen *sal selten* – jn. aufs **Kreuz** legen (2) · to shaft/to lay/... a woman/girl/...

ummünzen: etw. (in etw.) **ummünzen** (wollen/...) *ugs* · to (want to) convert s. th. into s. th. *n*, to (want to) change s. th. into s. th. *n*, to interpret s. th. as s. th. *n*
... Haben Sie dem Vorschlag des Betriebsrats wirklich zugestimmt, Herr Ammann? – Ich habe gesagt: das muß sehr sorgfältig geprüft werden; ich für meinen Teil bin zu einer solchen Prüfung bereit ... Die Leute versuchen also, meine Äußerung in eine Zustimmung umzumünzen. ...

umnachtet: geistig umnachtet sein *form* – in geistiger **Umnachtung** sein Lebensende verbringen/sterben/... · to be mentally disturbed/deranged, to be insane

Umnachtung: in geistiger Umnachtung sein Lebensende verbringen/sterben/... *form* · to spend one's last years in a state of mental derangement
Stimmt es, Vater, daß Nietzsche die letzten Jahre seines Lebens in geistiger Umnachtung verbracht hat? – Die letzten Jahrzehnte seines Lebens war er 'nicht mehr ganz da', wie man so sagt.

umnebeln: jn. mit/(durch) etw. **umnebeln** (wollen/...)/sich von etw. ... lassen *ugs* · to try to bamboozle s.o. with s.th./to allow o.s. to be bamboozled by s.o./s.th.

... Was die alles für Gesichtspunkte präsentieren, um ihre Meinung durchzusetzen! Einer sophistischer als der andere! – Aber du läßt dich doch von diesem ganzen Wortkram nicht umnebeln, oder? – Manchmal ist es nicht ganz einfach, klaren Kopf zu behalten ...

umrahmt werden/(sein) *form* – den **Rahmen/**einen ... Rahmen für etw. abgeben · to be framed by s.th., to be given a setting/framework

umreißen: etw. in groben Zügen/wenigen Worten/**kurz/**... **umreißen** *form* – (eher:) etw. (nur) in (groben) **Umrissen** andeuten/zeichnen/schildern/sehen/... (2) · to give s.o. a rough sketch/outline/... of s.th.

Umrissen: etw. (nur) in (groben) **Umrissen andeuten/**zeichnen/schildern/sehen/... · 1. to give a rough outline of s.th., 2. to see/... the contours/outlines of s.th.

1. ... Er hatte ja nicht viel Zeit. Deshalb hat er uns nur in groben Umrissen skizziert, worum es bei den Verhandlungen gehen wird. Morgen abend wird er uns alles genau(er) erklären.

2. ... So in Umrissen sieht man auch die alte Villa auf der Zeichnung. Die Fassade, die großen Fenster links, der Dachfirst – all das ist zu erkennen.

umsatteln: umsatteln *ugs oft Univ.u.ä.* · to switch subjects, to change courses

... Wenn du in der Tat das Studienfach wechseln willst, dann möglichst früh. Je eher du umsattelst, um so weniger Semester verlierst du.

umschalten: umschalten (auf etw.) *ugs* · to switch to s.th., to change to s.th.

... Um 9 Uhr landwirtschaftliche Fragen, um 10 finanzpolitische, um 11 Außenpolitik ... – so geht das den ganzen Tag. Das Schwierigste dürfte sein, ständig umzuschalten. – Darin bewundere ich den Kanzler: wie der sich von einem Moment auf den anderen auf neue Themen und Personen einstellt.

auf stur/entgegenkommend/liebenswürdig/... **umschalten** *ugs* – auf stur/entgegenkommend/liebenswürdig/... **schalten** · to dig one's heels in, to change one's tune and become friendly/obstructive/obsequious

Umschau: Umschau halten in/bei/... *form* · to look out for s.th. in/at/..., to look around for s.th. in/at/..., to keep an eye out for s.th. in/at/... *coll*

... Ich weiß gar nicht, ob es das Buch noch zu kaufen gibt. – Dann mußt du mal ein bißchen Umschau halten in den einschlägigen Büchereien und Antiquariaten. Wenn du dich nicht umsiehst, findest du es natürlich nicht.

umschauen: sich nach jm./etw. **umschauen** – Ausschau halten nach jm./etw. (2, 3) · to look around for/to keep an eye out/... for s.o./s.th.

du wirst dich/der Peter wird sich/... **noch umschauen!** *ugs* · s.o. is in for a shock

... Der Karl will nach Berlin ziehen? Der wird sich noch umschauen! Dort zu leben ist unheimlich teuer.

umschichtig: umschichtig arbeiten/(...) *form selten* · to work in shifts

... Und wenn wir umschichtig arbeiten würden: von 6 – 14 Uhr Granitabbau, von 14 – 22 Uhr Granit verlegen – kämen wir dann mit dem Personal aus? – Wenn wir so abwechselnd vorgingen, vielleicht, Herr Schuckert.

umschriebener: ein genau umschriebener Schmerz/... umschriebenes Geschwür/... *form selten* · an exactly/precisely/... localised pain/...

... Solange der Schmerz nicht genau umschrieben ist, kann man keine sichere Diagnose stellen. Diffuse Schmerzen in jener Gegend können die verschiedenartigsten Ursachen haben.

umschwärmen: jn. **umschwärmen** *oft: umschwärmt sein von* ... *ugs* · to swarm around s.o., to besiege s.o., to flock around s.o.

Umschwärmt von der Hälfte der Jungen unseres Viertels, kommt sich die Iris natürlich wie eine kleine Königin vor. Wollen wir mal

sehen, wie sie sich gibt, wenn sich die Verehrer zurückziehen. – Wenn! ...

Umschweife: (jm.) etw. **ohne Umschweife sagen/**klarmachen/... – **geradeheraus** sein/jm. etw. sagen · to tell s.o. (s.th.)/... straight on/without beating about the bush

keine Umschweife machen *form selten* · 1. 2. not to beat about the bush, not to mince one's words

1. vgl. – **geradeheraus** sein/jm. etw. sagen
2. vgl. – kein **Blatt** vor den Mund nehmen

umschwenken: umschwenken *ugs* · to change one's policy, to do an about-turn, to do a U-turn, to switch one's allegiance

... Wenn die Industrie merkt, daß die liberale Linie keine Zukunft hat, wird sie schon rechtzeitig umschwenken, da mach' dir mal keine Sorge! Die hat bis heute noch immer frühzeitig ihre Orientierung geändert, wenn es ihr angebracht schien.

Umschwung: ein Umschwung zum Besseren/(...) · a dramatic/... change for the better/(a turn for the worse/...)

... Wenn die Entwicklung noch ein paar Monate so weitergeht – d.h., wenn es nicht sehr bald einen Umschwung zum Besseren gibt –, sehe ich schwarz. – Bisher gibt es leider keinerlei Anzeichen dafür, daß der Abwärtstrend gestoppt wird. Im Gegenteil! ...

umsehen: sich nach jm./etw. umsehen – Ausschau halten nach jm./etw. (2, 3) · to look around for/to keep an eye out/... for s.o./s.th.

du wirst dich/er/der Peter wird sich/... **noch umsehen!** *ugs* – (eher:) du wirst dich/er/der Peter wird sich/... (noch) **umgucken!** · you/they/John/... are/... in for a shock

sich in einem Haus/einer Stadt/... ein wenig/... **umsehen** · to have a look round the town/the city centre/...

... Wenn wir bis zum Beginn der Sitzung noch zwei Stunden Zeit haben, schlage ich vor, wir sehen uns ein bißchen in der Stadt um. Ein kleiner Bummel durch die Innenstadt tut uns allen sicherlich gut.

im Umsehen war der Termin verstrichen/... *form selten* · before you know where you are/in no time/before you can say Jack Robinson/... the time passes/...

... Du mußt dir vorher genau überlegen, was du sagen willst, und in ein paar Minuten alles präzis bringen. Die Zeit, die die dir geben, ist im Umsehen vorbei. – Ein paar Minuten genügen; was ich zu sagen habe, ist im Nu gesagt.

umsetzen: sein Geld/seine Pfennige/seine paar Mark/... (in) Schnaps/schöne Kleider/... **umsetzen** *ugs* · to blow all one's money on beer/booze/clothes/..., to spend all one's money on beer/clothes/... n

... Ich werde doch keinen Mann unterstützen, der seine letzten Pfennige in Bier und Schnaps umsetzt! – Wenn er sich betrinkt, Marta, dann aus Verzweiflung. Sei nicht so hartherzig – und so spießbürgerlich!

umsonst: das/... soll er/der Peter/... nicht umsonst gesagt/getan/... haben! *ugs* · 1. + it won't go unnoticed, he/John/... will get his reward, 2. + I'll/... get even with him/John/... for that, he/John/... will regret having said that

1. ... Der Werner hat dir 10.000,– Mark bis zum Ende deines Studiums geliehen? Das soll er nicht umsonst getan haben! Du weißt, daß ich mit dem Sohn seines Chefs gut befreundet bin. Ich werde mich da ganz energisch für ihn einsetzen.

2. ... Der Peter hat behauptet, ich hätte das Geld da weggenommen?! Das soll er nicht umsonst gesagt haben! Ich werde den Leuten hier in der Firma mal klarmachen, was das für ein Schurke ist. Bisher habe ich geschwiegen. Aber jetzt ...

umspringen: (doch) (nicht) unerzogen/grob/wer weiß wie/... mit jm. **umspringen** (können) *ugs* · to treat s.o. badly/roughly/... n, to push/to kick/... s.o. around

Wenn der Kruse meint, er könnte mit seinen Angestellten umspringen, wie ihm das paßt, hat er sich schief gewickelt. Entweder behandelt er uns, wie sich das gehört, oder wir suchen uns einen anderen Job.

Umstände: erschwerende Umstände *form* · aggravating circumstances

... Wenn keine erschwerenden Umstände eintreten, dürfte die Umstellung der Wirtschaft in zwei bis drei Jahren zu machen sein. – Und was könnte diesen Prozeß verlangsamen oder komplizieren? – Eine allgemeine Wirtschaftsrezession, neue politische Spannungen …

mildernde/(strafmildernde) Umstände (bekommen/…)/jm. mildernde Umstände zubilligen/… *jur od. iron* · to plead mitigating circumstances, to grant s.o. extenuating circumstances

Warum hat der Koller eigentlich mildernde Umstände bekommen/ warum hat das Gericht dem Koller eigentlich mildernde Umstände zugebilligt? – Man hat ihm zugute gehalten, daß er eine äußerst unglückliche Kindheit verlebt hat und an periodischen Depressionen leidet.

(aber/…) **ohne (große) Umstände!** · without fuss, without putting yourselves/ourselves/… out, without going to any bother/trouble/…

… Wenn Sie wollen, essen Sie mit uns zu Abend! – Aber ohne Umstände! – Ohne Umstände! Wir essen genau dasselbe, was wir essen würden, wenn Sie nicht da wären! – Gut, unter diesen Bedingungen nehme ich Ihr Angebot gern an.

in andere Umstände kommen *form selten* · to be expecting, to be pregnant

(Eine schwangere Frau zu ihrer jüngeren Schwester:) Wenn du mal in andere Umstände kommst, wirst du auch merken, daß man die seltsamsten Eßgelüste hat, wenn man schwanger ist.

(keine) **Umstände machen** · (not) to be formal, (not) to stand on ceremony

Bei den Möllers brauchst du keine Umstände zu machen! Da kannst du dich wie zu Hause fühlen. Die sind gegen jede Förmlichkeit. Gib dich also ganz ungezwungen und natürlich.

keine langen/(nicht viel) Umstände machen (bei etw.) (mit jm.) · 1. not to mess around with s.o./s.th., 2. not to go to any trouble/bother about s.th.

1. vgl. – nicht (erst) lange **fackeln** (mit jm.) (bei/mit etw.) (2; u. U. 1)
2. vgl. – nicht viel **Federlesens** (mit jm.) machen

nicht viel Umstände mit jm. **machen** – nicht viel **Federlesens** (mit jm.) machen (2) · to make short work of s.o./s.th., to give s.o. short shrift

wenn es Ihnen/dir/… **keine Umstände macht**/(…) *form* · if it is no trouble …, if it is not inconvenient …

… Wenn Sie wollen, können Sie hier bei uns übernachten. – Wenn es Ihnen keine Umstände macht, Frau Grüner, nehme ich das Anbgebot dankend an. – Was soll das für Umstände machen? Das Gästezimmer steht für solche Fälle immer parat.

in anderen Umständen sein *form* – ein **Kind** unter dem Herzen tragen/(haben) · to be with child, to be expecting/pregnant

in gesegneten Umständen sein *form – path selten* – ein **Kind** unter dem Herzen tragen/(haben) · to be with child, to be expecting/pregnant

unter Umständen … · 1. 2. 3. 4. possibly, perhaps

1. Kommst du heute abend? – Unter Umständen. Ich muß mir das nochmal überlegen. – Und wovon hängt deine Entscheidung ab?
2. Kommst du heute abend? – Unter Umständen ja/nicht. Wenn ich eben Zeit habe, erscheine ich.
3. Du, unter Umständen kommt der Willy schon heute abend von der Reise zurück und nicht erst übermorgen. – Unter Umständen – möglicherweise – eventuell …, so kann er sich immer.
4. … Am besten nimmst du ein paar dicke Pullover mit. Zu dieser Jahreszeit kann es unter Umständen in Oberbayern noch Schnee geben.

unter allen Umständen – auf jeden **Fall** (1) · whatever happens

unter den gegebenen Umständen – (so) wie die **Dinge** (nun einmal) liegen/(stehen) · as things stand, as things are, as matters lie

unter (gar) keinen Umständen – auf keinen **Fall** · in/under no circumstances, on no account, certainly not, definitely not

es geht jm./… **den Umständen entsprechend** · + s.o. is as well as can be expected in the circumstances

(Nach einer Operation; eine Freundin:) Wie geht's eurem Hanspeter? – Den Umständen entsprechend. – Ist er bereits außer Gefahr? – Das wohl. Aber er fühlt sich noch sehr schwach, hat noch viele Schmerzen …

Umstandskrämer: ein Umstandskrämer (sein) *ugs* · (to be) a fuss-pot

(Der Chef zu einem Abteilungsleiter:) Der Herr Lötzel beschwert sich, Sie hätten ihn vor der gesamten Abteilung einen Umstandskrämer genannt. – Herr Meinert: Wenn jemand grundsätzlich nach dem Motto vorgeht: 'warum einfach, wenn es auch umständlich geht', kann man ihn schlecht anders nennen. – Herr Lötzel ist ein wenig kompliziert, das stimmt schon; aber man muß das nicht unbedingt vor allen Leuten so drastisch formulieren. …

umstehend: umstehend/(auf der umstehenden Seite) wird näher erläutert/… *form* · s.th. is explained/… overleaf

(Bei der Ausfüllung eines Formulars:) Hier steht: »umstehend wird näher erklärt, was unter 'Kapitalrückfluß zu verstehen ist«. Ich habe auf der Rückseite geguckt, aber nichts gefunden …

umstricken: jn. mit Lügen/Schmeicheleien/… (zu) **umstricken** (suchen) *form – path* · to (try to) take s.o. in by lies/flattery/…, to (try to) ensnare s.o. with lies/flattery/…

… Als wenn sich so ein erfahrener Mann wie der Herr Käufer von den Versprechungen und Schmeicheleien dieses Vertretertyps umstricken ließe! Mach' dir mal keine Sorgen: der läßt sich von niemandem fangen/(einwickeln) und entscheidet völlig objektiv.

umtaufen: wenn …/…, **(dann) laß ich mich**/(läßt er/der Peter sich/…) **umtaufen!** *sal selten* · 1. 2. if …, then I'm a Dutchman, 2. I'll eat my hat if …

1. Wenn ich das Examen diesmal wieder nicht schaffe, laß ich mich umtaufen! Diesmal hab' ich mich derart gut vorbereitet, daß eigentlich gar nichts schiefgehen kann!
2. vgl. – (eher:) ich freß einen **Besen**, wenn … (2; u. U. 1)

umtun: sich nach jm./etw. **umtun** *ugs* · 1. to look around for s.th., 2. to keep an eye out for s.o./s.th.

1. Wenn diese Maschine zu schwach ist, müssen wir uns nach einer stärkeren umtun. Das Geld müssen wir investieren.
2. vgl. – **Ausschau** halten nach jm./etw. (2)

Umweg: auf dem Umweg über jn./etw. (zum Ziel kommen/…)/der Umweg über … *form* · indirectly via ..

(Während einer Grundsatzdiskussion der Oppositionspartei:) Wenn wir im Parlament einen Antrag gegen den Ausbau des Flughafens einbringen, unterliegen wir natürlich. Die einzige Möglichkeit, die ich sehe, um das Projekt zu stoppen, wäre der Umweg über eine Volksbefragung. – Die Sache landet doch nachher wieder im Parlament, und da unterliegen wir auch dann, wenn die Volksabstimmung zu unseren Gunsten ausfällt.

auf Umwegen … · 1. by a roundabout route/way/…, by a circuitous route/way/…, 2. by a roundabout route, by devious means, by indirect means, deviously, indirectly

1. … Nein, über den Hauptweg dürfen wir nicht gehen, da sehen sie uns sofort. Wir müssen uns auf Umwegen an die Hütte heranschleichen.
2. … Der Peter? Der erreicht sein Ziel immer! Wenn nicht direkt, dann auf Umwegen.

umwenden: sich wortlos/(schweigend) **umwenden und weggehen**/… – sich wortlos/(schweigend) **umdrehen** und weggehen/… · to turn round without a word and walk out/go/leave the room/…

umwerfen: Pläne/… **umwerfen** *ugs* – (eher:) Pläne/… über den **Haufen** werfen/(schmeißen/stoßen) (1; a. 2) · to knock plans/… on the head, to upset plans/…

jn. (so leicht nicht) **umwerfen** (können) *ugs* · to be difficult/… to upset s.o. *n*, to be difficult/… to bowl s.o. over, to be difficult/… to ruffle s.o.

Der Kurt war gestern ganz durcheinander/(aus der Fassung), sagst du? Dann muß aber was Wichtiges/Schlimmes vorgefallen sein. Denn so leicht wirft den doch nichts um.

umwerfend: **umwerfend komisch/**(drollig, ulkig/...) *form – path* · hilarious, irresistibly funny/..., a scream, a hoot
Als mein Vater hörte: »Die Kleine wirft jeden Großen um«, machte er eine umwerfend komische Miene. Man hatte den Eindruck, daß er zugleich schallend lachen und das Mädchen mißbilligend ansehen wollte. Das sah einfach zu ulkig aus.

Umwertung: **die Umwertung aller Werte** *Moral/Ideen/...* · the transvaluation of all values, the re-evaluation of all values
Wer hat von der Umwertung aller Werte gesprochen? Nietzsche? – Er und zig andere. Das war lange Zeit hindurch eine Art Modebegriff, um unsere moderne Epoche zu charakterisieren, in der – nach dieser Vorstellung – keiner der klassischen Werte mehr Gültigkeit hat.

umwoben: **von** Legenden/Sagen/... **umwoben sein** *form veraltend selten* · surrounded with legend, shrouded in legend
... Du kennst doch das von Sagen umwobene Schloß 'Breitenstein' nicht – in der Nähe von Hagen? Die Siegfried-Sage beispielsweise ist aufs engste damit verknüpft. Also, da ...

Unannehmlichkeiten: **Unannehmlichkeiten bekommen/kriegen/**(haben)/jm. ... bereiten (mit jm./etw.) · to get into trouble/to have trouble/to cause s.o. trouble/... with s.th.
Wenn du ins Ausland fährst, mußt du deine Papiere in Ordnung haben, Werner. Sonst kriegst du an der Grenze, in den Hotels usw. allerhand Unannehmlichkeiten. – Du redest, als wenn du schon mal solche Schererei gehabt hättest.

unausgemacht: **es bleibt unausgemacht (ob .../...)** – es **bleibt** unausgemacht (ob .../...) · to be unclear/uncertain/... whether ..., to be hard to tell whether ...

es unausgemacht lassen (müssen/...) (ob .../...) – es unausgemacht **lassen** (müssen/...) (ob .../...) · to (have to) leave it undecided (whether ...)

unbedarft: **ziemlich/sehr/...** **unbedarft sein/ein ziemlich/...** unbedarftes Geschöpf/Menschenkind/... sein *ugs* · to be clueless, to be gormless, to be dumb *n*, to be naive *n*
... Mein Gott, was redet sich die Frau Schwan für ein dummes Zeug zusammen! Und von einer Banalität ist die ...! – Die Frau ist genau so unbedarft wie ihre Mutter, die mein Onkel immer die 'selige Einfalt' nannte.

unbedingt: **unbedingt** (etw. tun wollen/versuchen/...) – mit aller **Gewalt** (etw. tun wollen/versuchen/...) · to absolutely want to/have to/... do s.th.

sich auf jn. unbedingt verlassen können/jm. ... vertrauen .../... · to be able to rely completely/... on s.o.
Wenn der Heinz dir versprochen hat, daß er dir hilft, wenn du finanziell Schwierigkeiten hast, dann tut er das auch. Todsicher! Das ist ein Mann, auf dessen Wort man sich unbedingt verlassen kann.

Unbehagen: **ein leises/**(leichtes) **Unbehagen beschleicht/**(überkommt/...) jn. *oft iron* · + to have an uneasy feeling, a feeling of uneasiness comes over me/us/...
... Als der Zöllner dann sagte: »Dann machen Sie mal den Kofferraum auf«, beschlich uns doch ein leises Unbehagen. Zwischen den Büchern hatten wir bestimmt 15 oder 20 Kisten Zigarren. Aber als er die Bücher sah, meinte er: »Ist gut, fahren Sie weiter!« Erleichtert atmeten wir erst einmal tief durch und zischten dann ab.

Unbekannt(e): **ein Verfahren/...** **gegen Unbekannt** einleiten/... *jur* · to bring a charge/... against person or persons unknown
... Wo kein Kläger ist, ist bekanntlich auch kein Richter! – Aber wir wissen doch nicht, wer den Diebstahl begangen hat! – Wenn du Wert darauf legst, daß die Polizei etwas unternimmt, mußt du eine Anzeige gegen Unbekannt erstatten.

der große Unbekannte *form – path od. iron* · the mystery man
... Aber wer hat den chinesischen Geheimdienst da denn in der Hand? – Wenn man das wüßte! Den großen Unbekannten kennt hier im Westen kein Mensch. – Herr Zubel, bitte! Als ob unser finden-den Leute das nicht wüßten! Es gibt doch heute auf der Welt keine mysteriösen politischen Drahtzieher mehr! Das ist was für die Drogenmafia! ...

unbekannterweise: grüßen Sie/grüß/... Ihre/Deine Frau/... **unbekannterweise von mir/...** *form* · ... although I don't know him/her/them/...
Warum sagt der Herbert zu dir: »Grüßen Sie Ihre Frau unbekannterweise recht herzlich von mir«? Kennt der die Erika nicht? – Nein, die beiden haben sich nie gesehen.

unbeleckt: **von etw. (völlig) unbeleckt sein** *sal* – (von etw.) keine/... **Ahnung haben** (1) · to be untouched by s.th., not to have a clue about s.th.

unbemittelt: (ja/doch/...) **nicht ganz unbemittelt sein** *iron* · not to be exactly penniless, not to be entirely without means
Wenn der Rößler dir 20.000,– Mark leiht, tut dem das doch nicht weh! Der Mann ist nicht ganz unbemittelt. – Einverstanden! Aber andere sind noch viel reicher und leihen einem trotzdem keinen Pfennig.

unbenommen: **es ist/**bleibt jm. **unbenommen, etw. zu tun** *form* · + s.o. is perfectly entitled to do s.th., + s.o. is free to do s.th., + s.o. is at liberty to do s.th.
(Der Professor zu einem Studenten:) Wenn Sie mit meiner Note nicht einverstanden sind, ist es Ihnen unbenommen, sich beim Prüfungsamt zu beschweren. – Aber nein, Herr Professor ... – Wenn sie sich benachteiligt fühlen ... – das ist Ihr Recht. Ich halte Ihre Note sogar für zu gut ...

unberufen: **unberufen** (unberufen)! *selten* – (eher:) **teu**, teu, teu! · touch wood!

unberührt: **unberührt sein/**unberührt in die Ehe gehen/... *veraltend* · to be a virgin/to be a virgin when one marries/...
(Zu einem Freund, der bald heiratet, in einer Diskussion:) Ich versteh' nicht genau, was du willst, Klaus! Du kannst doch keine Frau haben, die zugleich sexuelle Erfahrung hat und unberührt in die Ehe geht! Bei allem Verständnis für gewisse Wünsche: das scheint mir wirklich unmöglich.

unbeschadet: **unbeschadet** e-r S. *form selten* · without prejudice to s.th., regardless of s.th., notwithstanding s.th.
(In einem Verlagsbrief:) (A:) Unbeschadet späterer ernsthafterer Mängelrügen machen wir Sie schon jetzt darauf aufmerksam, daß die von Ihnen gewählte Papierqualität nicht unseren Vorgaben entspricht. (B zu C:) Wenn Sie schon sagen, daß diese Beschwerde weitere nicht ausschließt, dann werden wir uns ja auf allerhand gefaßt machen können.

unbesorgt: **sei/**seien Sie/... **unbesorgt/**j. kann unbesorgt sein *form* · you/he/... can set your/... mind at rest, you/he/... don't need to worry (about s.th.)
... Der Möllers ist korrekt! Sei unbesorgt, der verkauft dir keine defekte Maschine. – Kann ich da wirklich ganz sicher sein? – Todsicher!

unbewandert: **in etw. (ziemlich) unbewandert sein** *selten* – ≠ in etw. (sehr/äußerst/...) **bewandert** sein · not to be well-versed in s.th., to be ignorant of s.th.

unbeweibt: **noch/**nach wie vor/... **unbeweibt sein** *iron* · to be (still/...) wifeless, to be (still/...) a bachelor
... Wie alt ist der Holger eigentlich? – 35. – Und in dem Alter ist er noch immer unbeweibt? – Ob unbeweibt ist oder nicht, entzieht sich meiner Kenntnis; verheiratet – das ist er nicht!

unbezahlbar: j./etw. **ist unbezahlbar** *ugs* · 1. s.o. is worth his weight in gold, 2. s.th. is invaluable, 3. s.o. is priceless
1. Der Pohl ist einfach unbezahlbar! Dem kannst du jede beliebige Arbeit geben, er kommt damit zurecht.
2. ... Diese Schuhe sind unbezahlbar! Was ich mit denen schon alles gemacht habe! Solche Schuhe kriegt man heute überhaupt gar nicht mehr.
3. So amüsiert wie gestern habe ich mich lange nicht mehr! – Das ist das Verdienst von dem Klaus Schulte. Der Mann ist unbezahlbar. Was der für Einfälle hat, für einen Witz, einen Humor ... einfach großartig!

und: **na, und?** *ugs* · 1. 2. so what?, what about it?
1. ... Ja, und übermorgen will sie schon wieder wegfahren, nach Mittenwald. – Na, und? Was hast du denn damit zu tun, wie oft die Christa wegfährt und wohin! Du bezahlst ihr die Reisen doch nicht.

2. ... Und dann verlangt er noch einen Zuschuß für die Reise! – Na, und? Er hat doch völlig recht. Soll er etwa auf eigene Kosten bei dieser Kälte für die Firma durch die Lande reisen?

Versprechen und Halten/**Verstehen und** Verständnis haben/... **ist**/(sind) **zweierlei** · making and keeping a promise/ reading and understanding a poem/... are two different things

... Aber die Ursel hat das Gedicht doch gelesen; dann kann sie doch sagen ... – Entschuldige, Petra, ein modernes Gedicht lesen und ein modernes Gedicht verstehen ist zweierlei. Ich kenne eine ganze Reihe von Leuten, die viel lesen, aber nur sehr wenig richtig verstehen. Deren Urteil ist natürlich wenig wert.

j. frißt und frißt/säuft **und** säuft/arbeitet **und** arbeitet/... · to work and work/to eat and eat/to read and read/... ·

(Zu einer Mutter, die sich beklagt, daß ihr Sohn in der Schule schlecht steht:) Aber euer Willi ist doch nicht faul! – Ganz im Gegenteil! In den letzten Wochen sitzt der hier den ganzen Nachmittag und ochst und ochst/arbeitet und arbeitet/lernt und lernt/...; aber es kommt bei der ganzen Arbeiterei offensichtlich wenig heraus.

(nur) **zwei und** zwei/drei **und** drei/vier **und** vier/... **nebeneinander**/hintereinander hergehen/marschieren/... *form selten* · to march/to walk/... two/three/... abreast, to march close behind one another/... in twos/threes/fours/...

... Hast du dir mal überlegt, wie lang die Schlange gewesen sein muß, als Hannibal auf diesen schmalen Bergpässen, auf denen nur zwei und zwei, maximal drei und drei nebeneinander hermarschieren können, mit seinen Heeren die Alpen überquerte? ...

der/die/der Alfred/... **und** singen/diktieren/arbeiten/...! · Bert/... – reciting a poem/singing a song/...

... Ja, und dann könnte der Bert doch auch ein Gedicht aufsagen ... – Der und ein Gedicht aufsagen!! – Wie, tut er das nicht? – Gar kein Denken dran!

besser und besser/schlimmer **und** schlimmer/fleißiger **und** fleißiger/... werden/... *path* · to get worse and worse/better and better/...

... Schließlich wurden die Schmerzen stärker und stärker, bis zuletzt nur noch Morphiumtabletten halfen, sodaß er in einen permanenten Dämmerzustand verfiel.

und und und *ugs* · and so on, and so on and so forth, et cetera et cetera

... Ach, das ist eine Hetzerei in dem Laden: Briefe diktieren, Telefonate, Sitzungen, Vertreter empfangen und und und.

Undank: nur/mal wieder/... **Undank ernten** (bei jm.) *form – path* · to get no thanks for s.th. *coll*, to meet only with ingratitude

... Ich werde doch meine Zeit, mein Geld, meine Energie nicht mehr in diesen Haufen investieren! Bei denen erntet man doch nur Undank! – Haufen ... Undank. – Wenn du wüßtest, was ich bei denen schon alles erlebt habe. Die wissen doch gar nicht, was Dankbarkeit – oder sagen wir: Anerkennung – ist!

Undank ist der Welt(en) Lohn *lit – path Zit* · one should never expect thanks for anything, that's all the thanks you get/one gets/..., ingratitude is the way of the world *para*

... 30 Jahre habe ich für diesen Verein gearbeitet! Und da behandeln die mich so?! – Undank ist der Welten Lohn, Richard! Das war schon immer so und wird immer so bleiben.

undicht: noch undicht sein *sal selten* – nicht ganz **dicht** sein (2) · s.o. is not all there, s.o. is off his rocker

Unding: etw. **ist ein Unding**/es ist ein Unding, zu .../daß .../... *ugs – path* · it is out of order to expect/..., it is absurd to expect/..., it is preposterous to expect/..., it is ridiculous/ grotesque/... to expect/...

... Es ist doch einfach ein Unding, von einem dreizehnjährigen Jungen zu verlangen, eine Arbeit über die Kriegsschuldfrage zu schreiben! Ein Lehrer, der eine solche Aufgabe stellt, kann sie doch nicht alle beisammen haben!

uneben: (gar) **nicht uneben sein** *ugs iron* · 1. a suggestion/an idea/... is not bad at all, 2. not to be so/too/all that/... bad

1. Der Vorschlag, den der Peter da macht, ist gar nicht uneben! Was meinst du, Klaus? – Ich finde den auch nicht schlecht. Vielleicht wäre das eine Lösung.

2. vgl. – (gar) nicht (so) **übel** sein (1)

uneinig: (sich) **uneinig sein** (in e-r S.) – **uneins** sein (in e-r S.) · to be at variance with s.o. (about s.th.), to disagree with s.o. (about s.th.)

uneins: uneins sein (in e-r S.) *form* · to be at variance with s.o. (about s.th.), to disagree with s.o. (about s.th.), to be at cross-purposes (about s.th.), to be divided on an issue/...

... Wenn ihr zusammen eine Gesellschaft bilden wollt, müßt ihr zumindest in den Grundfragen übereinstimmen. Wenn ihr da uneins seid, fangt ihr lieber erst gar nicht an.

mit jm. **uneins sein** (in e-r S.) *form selten* · to disagree with s.o. (about s.th.), not to be able to agree with s.o. (about s.th.)

... Ich sehe nicht, wie du mit dem Müller eine Gesellschaft bilden kannst, wenn du mit ihm in den Grundfragen uneins bist. Zumindest da müßtet ihr euch einig sein.

mit sich selbst uneins sein *form* – mit sich selbst (nicht) **eins** sein · (not) to be at one with oneself

Unendliche: bis ins Unendliche weiterdiskutieren/.../(eine Sache an die andere reihen/...) *path* · to go on for ever, to discuss/... s.th. endlessly

... Es hat doch keinen Sinn, hier bis ins Unendliche weiterzudiskutieren! Irgendwann muß Schluß sein. Ich stelle also den Antrag, darüber abzustimmen, ob ...

sich im Unendlichen schneiden · 1. to intersect at infinity, 2. to be poles apart, to be worlds apart

1. Zwei Parallelen schneiden sich bekanntlich (erst) im Unendlichen. *Math*

2. Genau wie zwei Parallelen, so schneiden sich die Gefühle von dem Ernst und der Petra im Unendlichen! Die laufen doch völlig berührungslos nebeneinander her, die beiden! *ugs iron selten*

unerfindlich: es ist jm. **unerfindlich, wie**/wieso/... (j. ... konnte/...) *path* · it is a mystery to me/him/... how/why/...

Es ist mir einfach unerfindlich, wie die Doris so etwas behaupten konnte! Das geht in meinen Kopf nicht hinein.

unerklärlich: es ist jm. **unerklärlich, wie**/wieso/... (j. ... konnte/...!) *path* – es ist jm. **unerfindlich,** wie/wieso/... (j. ... konnte/...) · + s.o. cannot explain how/why/..., s.th. is inexplicable

Unermeßliche: (bis) ins Unermeßliche steigen/... *Wünsche/ Spannungen/Ausgaben/...* *path* · to know no bounds, to go right off the scales *coll*, to assume gigantic proportions

... Erst will sie ein neues Jackenkleid, dann einen Pelzmantel; jetzt kommt sie mit einem Abendkleid aus echter Seide. Wenn das so weitergeht, steigen ihre Wünsche bald ins Unermeßliche.

unfaßbar: es ist (jm.) **unfaßbar, wie**/wieso/... (j. ... konnte/...!) *path* – es ist jm. **unerfindlich,** wie/wieso/... (j. ... konnte/...) · it is incomprehensible to me/her/John/... why/ how/..., + s.o. can't make out/grasp/understand/... how/ why/...

Unflat: jn. **mit Unflat bewerfen** *veraltend selten* · 1. to drag s.o.'s name through the mud, 2. to heap abuse on s.o.

1. vgl. – jn./etw. in/(durch) den **Dreck** ziehen (1)

2. vgl. – (eher:) jm. **Schimpfworte** an den Kopf werfen

unflott: nicht unflott sein/(ein nicht unflotter Mensch/...) *ugs iron* · to be not bad, to be not untasty

Deine Schwester ist nicht unflott, Karl! – Was meinst du damit? – Hm, nicht gerade häßlich, lebendig, charmant, aufrichtig ... – Sie scheint dir ja gefallen zu haben? – Wenn ich das Gegenteil behaupten würde, müßte ich lügen.

Unfrieden: (mit jm.) **in Unfrieden leben** *form* · to live in conflict with s.o., to live in a state of strife with s.o., to live in discord with s.o.

(Der Vater zu einer älteren Tochter:) Auseinandersetzungen gehören wohl zu einer Ehe und wahrscheinlich auch von Zeit zu Zeit ein handfester Streit. Aber wenn man ständig in Unfrieden miteinander lebt, sollte man sich wohl besser scheiden lassen.

Unfrieden stiften (unter den Leuten/...) *form* · to sow discord (among people/...), to stir up trouble (among people/...), to stir up strife (among people/...)

... Überall, wo dieser Mensch hinkommt, muß er Unfrieden stiften! Es scheint, er ist nur zufrieden, wenn es Streit und Haß gibt.

Unfug: grober Unfug *form od. jur.* · disorderly conduct, a public nuisance, public mischief

... In der Innenstadt die Papierkörbe anstecken – das ist kein Scherz mehr, Kinder, das ist grober Unfug! Seid froh, daß euch die Polizei nicht erwischt hat.

Unfug machen · 1. 2. to get up to mischief/monkey business *coll*

1. Was machen denn diese jungen Bengels da für einen Unfug? Wollen die den Zaun da abreißen/die Laternen da einschmeißen?

2. vgl. – **Unsinn** machen

Unfug treiben *ugs – form* · 1. 2. to get up to mischief/monkey business

1. vgl. – (eher:) **Unsinn** machen

2. vgl. – (eher:) **Unfug** machen (1)

ungeachtet: ungeachtet e-r S. *form selten* · despite our/... warnings/..., in spite of our/... warnings/...

(Aus einem Schreiben der Schulleitung an die Eltern eines Schülers, dem der Schulverweis droht:) Ungeachtet aller guten Ratschläge, aller Mahnungen und aller Warnungen ist das Verhalten Ihres Sohnes seinen Lehrern gegenüber leider weiterhin unerzogen, rücksichtslos und grob. Wir sehen uns daher zu unserem Bedauern gezwungen, ...

Ungeduld: vor Ungeduld vergehen/(sterben) *path* · to be dying with impatience, to be burning with impatience

... Nun laß die Karin mal endlich ihr Gedicht vortragen! Die kann es schon gar nicht mehr abwarten, bis sie drankommt – ja, die vergeht (schon) vor Ungeduld!

ungefähr: nicht von ungefähr ... *form* · it is no (mere/...) accident that ..., it is no coincidence that ..., it is by no means pure chance that ...

... Bisher scheint mir der Vertrag keineswegs unter Dach und Fach zu sein. Es gibt noch viele strittige Punkte. Nicht von ungefähr hat der Chef gestern vor übertriebenen Hoffnungen gewarnt. – Natürlich, er hatte seine Gründe. Aber ...

wie von ungefähr ... *form veraltend selten* · as if by accident, quite casually

... Wie von ungefähr zog er sein Portemonnaie aus der Tasche und schaute darin nach, als ob er seinen Ausweis suchte. – Aber der Beamte verstand die Geste doch sofort, oder? – Natürlich wußte er sofort, daß der Karl ihn schmieren wollte. Aber das sah alles so zufällig aus ...

ungefrühstückt: ungefrühstückt erscheinen/... *ugs selten* · to turn up/... somewhere without having had breakfast, to turn up/... somewhere on an empty stomach

Morgen erscheinst du mir hier nicht mehr ungefrühstückt, mein Lieber! Das Frühstück wird zu Hause eingenommen, nicht hier im Dienst!

ungegessen: ungegessen erscheinen/... *ugs selten* · to turn up/... somewhere without having eaten, to turn up/... somewhere on an empty stomach

Wie kannst du denn da um vier Uhr nachmittags noch ungegessen erscheinen? – Ich war unterwegs und wollte die Fahrt nicht unterbrechen, nur um Mittag zu essen. – Nur? ... Du bist wohl verrückt!

Ungelegenheiten: jm. Ungelegenheiten bereiten/(machen) *form* · to inconvenience s.o., to put s.o. out

(Beim Personalchef:) Entschuldigen Sie, wenn ich störe, Herr Bitzer. Ich will Ihnen keine Ungelegenheiten bereiten. Aber ich brauche da fürs Finanzamt eine Erklärung ... – Kommen Sie rein, Herr Siebert. Was sein muß, muß sein – auch wenn es nicht ganz angenehm ist. Also: ...

ungelogen: ungelogen *ugs* · honest, honestly, straight up *sl*, not a word of a lie

... Wieviel hast du gestern für das gemeinsame Abendessen bezahlt? 400,– Mark, sagt der Walter? – Ja, ungelogen, 400,– Mark. – Das kann doch nicht sein! – Willst du die Rechnung sehen. Moment! ...

Ungemessene: (bis) ins Ungemessene steigen/... *Wünsche/Spannungen/Ausgaben/*... *path selten* – (bis) ins **Unermeßliche** steigen/... · to know no bounds, to go right off the scales, to assume gigantic proportions

ungemütlich: wenn .../..., **(dann) wird** j. **ungemütlich/**kann j. ungemütlich werden *ugs* – ungemütlich **werden** (können) · if ..., (then) s.o. will get/turn/... very nasty

ungenießbar: j. **ist heute/**war gestern/... **ungenießbar** *ugs* · s.o. is unbearable today/... *n*

Die Ute ist ja heute ungenießbar! Was ist denn passiert? – Was interessiert mich, warum die alle drei Tage so miserabel gelaunt ist!

Ungerechtigkeit: das/etw. **ist eine himmelschreiende Ungerechtigkeit** *path* · it's/s.th. is an injustice that cries to heaven *rare*

... Der faule Hund von Schröder ist in den letzten beiden Jahren zweimal befördert worden! Ich hingegen rackere mich ständig für die Firma ab und bekomme nicht mal eine kleine Gehaltserhöhung! Das ist eine himmelschreiende Ungerechtigkeit!

ungerührt: völlig ungerührt (von etw.) antworten/reagieren/... · to be completely unmoved by s.th., to answer/to react/... without being in the least moved by s.th.

... Der Chef hat von Herberts Entschuldigung überhaupt nichts angenommen? – Nein! Völlig ungerührt (von seiner zerknirschten Haltung) erklärte er: »Ich habe Ihnen gestern gesagt, Sie sind entlassen, und dabei bleibt's!«

Ungeschick: Ungeschick läßt grüßen! *ugs* · butter-fingers!

Verflucht nochmal, jetzt schlage ich mir mit diesem verdammten Hammer doch schon zum zweiten Mal auf die Finger! – Ungeschick läßt grüßen! – Daß du noch deinen Senf dazugibst, darauf hab' ich gerade noch gewartet.

Ungestüm: mit/in jugendlichem Ungestüm ... *path od. iron* · with youthful impetuosity/exuberance

... Wenn der Utz da mal in jugendlichem Ungestüm mit dem Rad durch den Hotelgarten braust, ist das doch kein Verbrechen, verdammt nochmal! Diese Leute tun so, als wenn sie nie jung gewesen wären! Der Junge ist ein bißchen wild, ja, aber ...

Ungewisse: eine Fahrt/Entscheidung/... **ins Ungewisse** *form* · a journey into the unknown, a leap in the dark

... Wie soll ich mich für oder gegen den Hopfenanbau entscheiden, wenn ich nicht weiß, wie die Bedingungen hier in einem Jahr aussehen? – Kein Mensch weiß das – nicht nur du nicht! – Also ist es eine Entscheidung ins Ungewisse! – Natürlich. Aber sie muß getroffen werden – so oder so.

im ungewissen sein *form* · to be in the dark (about s.th.), to be unsure (about s.th.), to be in doubt (about s.th.)

Hat der Richard immer noch keine Nachricht erhalten, ob er angenommen wurde oder nicht? – Nein, er ist immer noch im ungewissen.

jn. (über etw.) **im ungewissen lassen** *form* · 1. 2. 3. to leave s.o. in the dark about s.th. *n*, 4. to keep s.o. on tenterhooks

1. ... Nein, ich weiß wirklich nicht, wie der Herr Rössler sich entscheiden wird. Er hat mich über seine Absichten im ungewissen gelassen, um mich nicht in die Angelegenheit hineinzuziehen.

2. vgl. – jn. (über etw.) im **dunkeln** lassen (1)

3. vgl. – jn. (über etw.) im **unklaren** lassen

4. vgl. – (eher:) jn. auf die **Folter** spannen

Unglück: zu allem Unglück (auch noch/dann noch/...) – zu allem **Überfluß/**(zum Überfluß) (auch noch/dann noch/...) · to make matters worse, to cap it all

ein Unglück kommt selten allein · it never rains but it pours

... Erst verliert sie ihren Vater und jetzt wird sie auch noch entlassen! – Genau, wie das Sprichwort sagt: 'ein Unglück kommt selten allein'.

in sein Unglück rennen *path* – (eher:) ins/in sein **Verderben** rennen · to rush headlong into disaster, to be on the road to ruin

jn. ins Unglück stoßen/stürzen/(bringen) *path* · to bring disaster on s.o., to ruin s.o.

... Mit der Ablehnung seiner Kandidatur hat die Kommission den armen Kerl ins Unglück gestürzt: er hat keinerlei andere berufliche

Perspektiven, seine Frau ist schwer krank ... Von diesem Schlag wird er sich weder finanziell noch psychologisch erholen.

sich (selbst) ins Unglück stürzen *path* · to bring about one's own downfall, to rush headlong into disaster
... Mit der Ablehnung der Assistentenstelle hat sich der Werner doch selbst ins Unglück gestürzt! Wer am Anfang seiner Karriere steht, kann es sich nicht leisten, solche Angebote abzulehnen. Jetzt bietet ihm keiner mehr eine Stelle an, das ist doch klar!

... um das Unglück vollzumachen, ... *ugs* – *path* – zu allem **Überfluß**/(zum Überfluß) (auch noch/dann noch/...) · ... and then to cap it all, ... and then on top of all this, ... and then to make matters worse

das Unglück will/wollte es, daß ... *path* · as bad luck would have it/...
... An sich standen unsere Chancen gar nicht schlecht. Aber das Unglück wollte es, daß einen Tag vor dem entscheidenden Turnier unser bester Spieler krank wurde. – Das war ja nun wirklich Pech.

Unglücksrabe: ein (richtiger/...) **Unglücksrabe (sein)** *path od. iron* · to be a poor thing, to be an unlucky thing
... Jetzt kommt doch schon zum zweiten Mal genau der Stoff in der Arbeit dran, den ich nicht vorbereitet habe! – Du bist ja ein richtiger Unglücksrabe, du Armer! Wie wär's, wenn du das nächste Mal den ganzen Stoff vorbereiten würdest?!

Unglückssträhne: eine (richtige/...) **Unglückssträhne (haben)** – ≠ eine (richtige/...) **Glückssträhne** (haben) · to have a (real/...) run of bad luck

Unglücksvogel: ein (richtiger/...) **Unglücksvogel (sein)** *path od. iron selten* – ein (richtiger/...) **Unglücksrabe** (sein) · to be an unlucky sort of person, to be luckless/unlucky

Unglückswurm: ein (richtiger/...) **Unglückswurm (sein)** *path selten* – ein (richtiger/...) **Unglücksrabe** (sein) · to be an unlucky sort of person, to be luckless/unlucky

Ungnade: bei jm. in Ungnade sein *oft iron* · to have fallen out of favour with s.o., to be in s.o.'s bad books *coll*
(A.) Antwortet dir die Petra heute nicht? – (B zu C:) Der Kurt ist bei ihr heute in Ungnade. Er hat auf dem Ball gestern zweimal mit der Liesel getanzt.

in Ungnade fallen (bei jm.) *form od. iron* · to be/fall out of favour (with s.o.)
Wer einmal bei dem Kanzler in Ungnade gefallen ist, für den ist es aus. Es dauert zwar lange, bis er jemandem seine Unterstützung entzieht; aber dann ist der Betreffende für immer abgeschrieben.

jn. in Ungnade fallen lassen *form selten* · + to fall into disfavour with s.o., to withdraw one's support for s.o.
... Da muß schon allerhand passieren, ehe der Kanzler (mal) jemanden in Ungnade fallen läßt! Im allgemeinen hält er seinen Leuten auch dann noch die Stange, wenn andere sie längst fallengelassen hätten.

Ungunst: die Ungunst der Verhältnisse führt dazu, daß/... *form* · a combination of unhappy circumstances leads to/ means that/...
Obwohl alle ihr Bestes gaben, war das Gesamtergebnis ziemlich dürftig. Die Ungunst der Verhältnisse machten ein gutes Ergebnis schon im Ansatz unmöglich: ein überaus feuchtes Klima, miserable Arbeitsbedingungen ...

zu js. Ungunsten/zu Ungunsten von jm. · 1. 2. to s.o.'s disadvantage, to the disadvantage of s.o.
1. ... Ich verstehe schon, daß sich der Herbert beschwert. Ich habe mich in der Tat zu seinen Ungunsten verrechnet. Statt der 2.900,– Mark, die ihm zustanden, hat er nur 2.700,Mark bekommen.
2. vgl. – **zuungunsten** von jm. + *Gen* (1)

ungut: nichts für ungut (aber/doch/...) *form* · no offence!, no harm meant!, I hope you don't mind me saying so, but ...
... Nichts für ungut, Rolf: (aber) den Text mußt du nochmal überarbeiten. Das kannst du so nicht veröffentlichen. Du nimmst mir diese Bemerkung ja nicht übel ...

Unheil: Unheil stiften *form* · to do damage, to cause mischief
Ein einziger Mitarbeiter, der nichts kann, der nur intrigiert ... – was der für ein Unheil stiften kann, das ist unglaublich! Du glaubst gar nicht, was dieser Rößler die Firma schon geschädigt, für Unfrieden gestiftet hat! ...

unhold: jm./(e-r S.) unhold sein *geh od. iron veraltend selten* · to be ill-disposed to s.o.
(A:) Warum bist du dem Kurt denn heute so unhold, Petra? – (B:) Er hat gestern auf dem Ball zweimal mit der Liesel getanzt. – (Petra:) Ach, du meinst, deswegen wär' ich ihm böse? – (B.) Ja, warum behandelst du ihn denn sonst so ungnädig? – (Petra:) Das ist doch wohl meine Sache!

Uniform: die Uniform anziehen (müssen) *selten* – den bunten **Rock** anziehen (müssen) · to (have to) doff the king's/ queen's uniform

die Uniform ausziehen *selten* – den bunten **Rock** ausziehen · to leave the army/service, to put aside one's uniform

jn. in eine Uniform stecken *ugs* · to put s.o. in uniform, to send s.o. to join the army/navy/...
... Es wird Zeit, daß sie den Jungen in eine Uniform stecken und ihm endlich mal Schliff beibringen/beibiegen! – Wie kannst du so etwas sagen, Albert? Als wenn es keine vernünftigeren Methoden gäbe, junge Leute zu erziehen, als der Drill beim Militär.

unisono: unisono antworten/einfallen/... *lit selten* · im **Chor** antworten/einfallen/... · to answer/to come in/... unisono

Universität: an der Universität sein/(arbeiten) · to be at university, to work at the university
... Was macht dein Vater eigentlich beruflich? – Er ist an der Universität. Er ist Professor (für Germanistik/...)/akademischer Rat/... in Heidelberg

auf die/(zur) Universität gehen · to go to university
Nach dem Abitur will euer Ulli doch auf die Universität (gehen), oder? – Ja, er will Jura studieren.

zur/(auf die) Universität gehen · to go to university
Geht euer Ulli noch zur Universität oder steht er bereits im Beruf? – Er studiert noch; noch ein Jahr, dann müßte er fertig sein.

Unkenntlichkeit: jn. bis zur Unkenntlichkeit entstellen/ (...)/bis ... entstellt sein/(...) *form* · to disfigure s.o./to be disfigured/... beyond recognition
... Ein ganz entsetzlicher Unfall! Der Beifahrer war bis zu Unkenntlichkeit entstellt. Die eigene Frau, die gut zehn Minuten später zum Unfallort kam, erkannte ihn nicht wieder.

Unkenntnis: jn. über etw. in Unkenntnis lassen *form* · not to inform s.o. about s.th., to leave s.o. in the dark about s.th., to leave s.o. in ignorance of s.th.
... Das Beste wäre, wir würden den Chef in der Sache überhaupt gar nicht informieren. – Bist du noch bei Sinnen? Du kannst doch den Alten über ein so wichtiges Geschäft nicht in Unkenntnis lassen!

unklaren: sich über jn./etw. im unklaren sein · 1. 2. not to be sure about s.o./s.th., not to know what to make of s.o./s.th.
1. ... Im Grunde bin ich mir über den Herrn Reimann immer noch im unklaren. Er ist derart undurchsichtig ... – Seine nächsten Kollegen wissen nicht, woran sie bei ihm sind. – Wie soll ich es als Chef dann wissen?!
2. ... Nach wie vor sind sich unsere leitenden Leute über die Exportchancen in Mexiko im unklaren. Der eine vermutet dies, der andere jenes – Sicheres weiß keiner.

sich (nach wie vor/...) im Unklaren sein, ob ... – sich nicht/ noch nicht/... **klar** sein (ob ...) · to be (still/...) unsure/ undecided whether ...

jn. (über etw.) im unklaren lassen · to leave s.o. in the dark about s.th.
... Du kannst doch deine Eltern über deine beruflichen Pläne nicht im unklaren lassen! Wo sie dich immer so unterstützt haben! – Wenn ich ihnen klaren Wein einschenke, gibt's nur Streit. Sie sind dagegen, daß jemand Schauspieler wird.

Unkosten: sich (allerhand/...) **Unkosten machen** *form selten* · to go to a lot of/great/... expense (for s. o./s. th.)

... Wenn der Alte sich schon so viel Unkosten macht und euch die teuren Möbel dahinstellt, dann müßt ihr das auch honorieren; dann müßt ihr mit den Sachen auch so umgehen, als wenn es eure eigenen wären. Oder würdet ihr euer Geld gern zum Fenster hinausschmeißen?

sich in Unkosten stürzen (für jn./etw.) *ugs – path* · 1. to go to a lot of/great/... expense (for s. o./s. th.) *n*, 2. to (have to) pay through the nose for s. th.

1. ... Aber du wirst dich doch für so einen Faulpelz nicht noch in Unkosten stürzen, Ernst! Der Junge soll erstmal anständig seine Pflicht tun. Dann kann er erwarten, daß andere ihm so teure Sachen kaufen.

2. vgl. – einen tiefen **Griff** ins Portemonnaie tun (müssen)

sich (nicht) (gerade) in geistige Unkosten stürzen *sal* · (not) (exactly) to strain o. s., (not) (exactly) to kill o. s., (not) (exactly) to bust a gut

... Bei dieser Arbeit hast du dich ja auch nicht gerade in geistige Unkosten gestürzt! – Wieso? Hältst du sie für schlecht? – Man merkt, daß du sie so hingeschrieben hast, Anstrengungen aus dem Wege gegangen bist.

die Unkosten für etw. **tragen** – die **Kosten** für etw. tragen · to bear the costs of s. th., to meet the costs of s. th., to finance s. th.

Unkraut: Unkraut vergeht nicht *ugs* · it would take a lot to finish me/you/John/... off, a bad penny always comes back

... Und dann, Mutter, wünschen wir dir vor allem, daß du auch in den nächsten Jahre bei Gesundheit bleibst ... – Unkraut vergeht nicht, das wißt ihr doch.

das Unkraut mit der Wurzel ausreißen/(ausrotten) *selten* – das **Übel/**(etw.) mit der Wurzel ausrotten/(ausreißen) · to eradicate an evil, to pull s. th. out by the root

unkundig: e-r S. **unkundig sein** *mst iron* · not to be able to do s. th., to be ignorant of s. th.

... Sagen Sie mal, Schlüter, sind Sie des Lesens unkundig? Da steht doch ganz deutlich: Vorsicht, die Flasche nicht schütteln! Wenn Sie weiter so kräftig schütteln, fliegt uns das Zeug gleich um die Ohren!

unlängst: unlängst *form* – vor **kurzem** · not long ago, a short while ago, recently

unlieb: jm. **ist/wäre** etw. **(nicht) unlieb/**jm. ist/wäre (nicht) unlieb, wenn .../... · 1. + I/he/John/... wouldn't say no to ..., 2. 3. + I/he/John/... wouldn't mind if ..., and I/he/John/... would be (quite/...) glad if ...

1. ... Ja, eine Tasse Tee wäre mir jetzt nicht unlieb. Nach dieser Wanderung durch die Kälte ... – die täte mir gut.

2. ... Es wäre uns in der Tat unlieb, wenn der Schlosser auf seiner Kandidatur bestehen würde und wir ihn ablehnen müßten. – Warum? Ihr urteilt völlig objektiv und mit allem übrigen habt ihr nichts zu tun. – Unangenehm ist es doch.

3. ... Es wäre uns nicht unlieb, wenn der Schlosser seine Kandidatur zurückziehen würde. Eine Ablehnung wäre immer unangenehm, nicht nur für ihn, auch für uns.

Unmasse: eine Unmasse von ... *ugs – path selten* – eine **Unmenge** von ... · an enormous/a huge/... amount of ..., masses and masses of ...

Unmenge: eine Unmenge von ... *path* · 1. 2. masses of ..., huge amounts of ..., huge numbers of ..., loads of ..., enormous quantities of ..., oodles of ...

1. ... Wenn man jeden Tag eine Unmenge von Tabletten zu sich nimmt, darf man sich nicht wundern, wenn der Körper irgendwann streikt. Zuviel ist zuviel!

2. ... Mücken, Mücken, Mücken! Du kannst dir gar nicht vorstellen, welch eine Unmenge von Mücken einen an diesen finnischen Seen beglücken.

Unmengen (von ...) **essen/**trinken/... *ugs – path* · to eat/to drink/... huge/vast/... amounts/quantities/... of

... Viel Obst essen ist ja gesund. Aber der Hubert verschlingt geradezu Unmengen von Birnen, Äpfeln, Pflaumen ... Man versteht gar nicht, wie so viel in einen Menschen überhaupt reinpaßt.

Unmensch: ich bin/er/der Peter/... **ist/**... **doch kein Unmensch** *ugs – path* · 1. 2. I/he/John/... am/is/... not a monster, I/he/John/... am/is/... not inhuman

1. ... Wenn mich jemand anständig fragt, komme ich ihm selbstverständlich, wenn eben möglich, entgegen. Ich bin doch kein Unmensch! Aber einfach drei Tage unentschuldigt vom Dienst fernbleiben, das geht nun einmal zu weit.

2. ... Ich verstehe gar nicht, daß du diese Angelegenheit nicht klären kannst! Sprich doch mal ganz offen mit dem Chef! Das ist doch kein Unmensch, der läßt doch mit sich reden/mit dem kann man doch reden.

Unmögliche(s): das Unmögliche möglich machen *path od. iron* · to make the impossible possible *para*, to do the impossible *para*

... Ich habe Ihnen ja gesagt, Herr Ottmann, an sich wird eine solche Genehmigung überhaupt gar nicht mehr gegeben. Es gibt da eine Verfügung des Innenministers, die das strikt untersagt. Aber trotzdem: ich will sehen, was sich machen läßt. Vielleicht gelingt es uns, das Unmögliche möglich zu machen.

(geradezu/...) **Unmögliches leisten** *path* · 1. 2. to do the impossible

1. ... Ich weiß nicht, wie der Hubert das macht: der koordiniert da in der Firma alle Arbeiten, dann betreut er dabei noch die wichtigsten Kunden ... Der Junge leistet geradezu Unmögliches!

2. Der Keuder leistet in den Finanzen wirklich Unmögliches. Wenn das so weitergeht, kriegt die Firma irgendwann vom Staat mehr Steuern zurück, als sie an Geld überhaupt ausgibt. Ich verstehe nicht, wie der das hinkriegt.

Unmögliches von jm. **verlangen/**(fordern) *form – path* · to demand/to expect/... the impossible from s. o./of s. o.

... Daß ihr das Mädchen hart rannehmt, ist in Ordnung. Aber 40 Seiten an einem Tag (tippen) – das ist nun wirklich übertrieben! Ihr dürft von den Leuten nicht Unmögliches verlangen.

Unordnung: in Unordnung sein/sich ... befinden *form* · to be in disorder, to be in a mess

(Der Chef zu einer Angestellten:) Wenn sich die Akten alle in Unordnung befinden, Fräulein Bäumler, dann kann man natürlich nichts finden. Jetzt räumen Sie erst mal alles auf, wie es sich gehört/jetzt bringen Sie erst mal Ordnung in das Ganze – dann kommen wir auf den Fall Schlüter zurück.

etw. **in Unordnung bringen** *form* – (eher:) jn./etw. (ganz/ völlig/...) **durcheinanderbringen** (1) · to turn s. th. upside down, to make a complete mess of s. th.

in Unordnung geraten *form* · to get into a mess, to get into disorder, to get mixed up

Wie kannst du die Briefe, die du suchst, denn überhaupt finden? Die sind ja alle durcheinander. – Sie sind bei dem Umzug in Unordnung geraten. Aber ...

Unordnung machen *selten* · to make a mess, to turn everything upside down, to throw everything into disorder

... Der Ricky meint in der Tat, er kann mit seinen Feiern jeden zweiten Tag die halbe Wohnung auf den Kopf stellen und das Aufräumen besorgen andere! – Der weiß das Leben zu organisieren. – Mutter: die einen machen Unordnung, die anderen Ordnung.

Unordnung schaffen *form selten* – **Unordnung** machen · to make a mess, to turn everything upside down, to throw everything into disorder

Unperson: jn. **zur Unperson erklären** *form – path selten* · to declare s. o. an unperson *tr*

Seitdem der Fiedenburg in der Zeitung Kritik an der Regierungspolitik geübt hat, hat die Partei ihn offensichtlich zur Unperson erklärt. Er wird überall geschnitten; sein Name erscheint offiziell überhaupt nicht mehr ...

Unrat: Unrat wittern *path veraltend selten* – **Verdacht** schöpfen · to smell a rat

Unrecht: im Unrecht sein – ≠ im **Recht** sein · to be wrong, to be in the wrong

Unrecht haben · to be wrong
(Ein Vater zu seinem Sohn:) Die Liesel behauptet, du hättest den Schlüssel zuletzt gehabt; du sagst, sie hätte ihn verschlampt/(verlegt). Wer hat denn nun Recht? – Die Liesel hat Unrecht. Ich hab' ihr den Schlüssel doch gestern abend vor dem Schlafengehen noch gegeben.

(da/mit etw./...) **nicht (so) ganz Unrecht haben** · not to be entirely wrong there/with s.th., not to be so far out there/with s.th., not to be so wide of the mark there/with s.th.
... Auf den ersten Blick wirkt seine Reaktion sehr überzogen, ja brüsk, das gebe ich zu. Aber wenn man sich die Sache genauer durch den Kopf gehen läßt, merkt man bald, daß er mit seiner Schärfe nicht so ganz Unrecht hat. Denn leider ist es nun einmal so, daß ...

es geschieht jm. **Unrecht** *form* · + to suffer an injustice, + to be the victim of an injustice
... Sind Sie wirklich der Meinung, daß dem Jungen Unrecht geschehen ist? – Das bin ich. Als sich die Klasse da so unmöglich benommen hat, war unser Junge zu Hause, krank; und trotzdem ist er genauso bestraft worden wie alle anderen.

zu Unrecht ... · wrongly, unjustly
Wenn du den Toni zu Unrecht bestraft hast, mußt du dich bei ihm entschuldigen, Karl! Sonst ist der Junge mit Recht verbittert.

sich im Unrecht befinden *form selten* – ≠ im **Recht** sein · to be in the wrong, to be wrong

Unrecht bekommen/kriegen (bei) · to lose a case, to be shown to be wrong
Wenn du bei Gericht Unrecht bekommen hast, heißt das nicht, daß du auch Unrecht hast. Was heute bei Gericht passiert, hat oft mit Gerechtigkeit nur wenig zu tun.

jm. **Unrecht geben** · to disagree with s.o., to contradict s.o., to say that s.o. is wrong
Mein Lieber, euer Gerd hat nicht den geringsten Grund, sich zu beschweren. Ich gebe ihm Unrecht, wenn er Unrecht hat; wenn er Recht hat, bin ich der letzte, der ihm widerspricht.

jn. **ins Unrecht setzen** · to prove that s.o. is wrong, to put s.o. in the wrong
Der Peter ist ständig darauf aus, irgendwelche Gesetze, Regelungen, Normen zu finden, nach denen die anderen im Unrecht sind. – Das ist ja nicht gerade schön, eine solche Manie, andere ins Unrecht zu setzen.

sich ins Unrecht setzen · to put o.s. in the wrong
... Scharf kannst du sein, das macht gar nichts. Aber du darfst dich auf keinen Fall ins Unrecht setzen. – Ich werde mich hüten, irgendetwas zu sagen oder zu tun, was nicht stimmt oder was nicht erlaubt ist.

jm. **Unrecht tun** · to do s.o. an injustice
... Entschuldige, Rudolf, ich habe dir gestern Unrecht getan. Ich habe mir heute nacht die ganze Sache nochmal durch den Kopf gehen lassen: dein Verhalten war völlig korrekt. Ich hätte dir also keinerlei Vorwürfe machen dürfen.

Unrechten: (mit etw.) (bei jm./da) **an den Unrechten kommen/** (geraten) *form selten* – (mit etw.) (bei jm./da) an die richtige/(rechte) **Adresse** kommen/(geraten)/(an der richtigen/ (rechten) Adresse sein) 1), 2) · to have come/gone/... to the wrong person with s.th.

unreine: ins unreine reden/(sprechen) *sal selten* · to sort s.th. out/to get s.th. straight/... in one's mind first/..., to work out a rough version of what one is going to say *para*
(Zu jemandem, der anfängt zu stottern/der sich verhaspelt:) Komm', jetzt red' erst mal ins unreine, Otto, und dann erklärst du uns genau, wie sich die Sache zugetragen hat! Wenn du so daherstotterst (und alles durcheinanderbringst), versteht kein Mensch was.

ins Unreine schreiben *form* · to write s.th. out in rough draft, to write a rough draft of s.th., to do a rough draft of s.th.
... An eurer Stelle würde ich den Aufsatz erst ins Unreine schreiben, ihn dann nochmal in Ruhe durchlesen, die Fehler verbessern, unter Umständen hier und da noch etwas zufügen, wegstreichen oder umstellen – und dann erst, am Ende, würde ich die definitive Version ins Reine schreiben. Zeit habt ihr doch genug.

Unruhe: in Unruhe geraten *form* · to become anxious, to become restless, to get worried, to get agitated
... Wenn du sagst, du bist um acht zu Hause und um zehn immer noch nicht da bist, ist es doch mehr als verständlich, wenn deine Frau in Unruhe gerät!

Unruhe stiften *form* · to make trouble, to create unrest
... Wenn mir dieser neue Mitarbeiter weiterhin Unruhe unter den Leuten stiftet, setz' ich ihn an die Luft. Wir hatten so ein schönes, ruhiges Betriebsklima, ehe der Mann hier aufkreuzte. Wenn der meint, er kann hier alle und alles durcheinanderbringen und die Leute noch aufwiegeln, ist er schief gewickelt.

jn. **in Unruhe versetzen** *form* · to worry s.o., to make s.o. anxious, to make s.o. uneasy
... Wenn du schon vorhersehen kannst, daß du vor zehn, elf Uhr nicht zu Hause sein kannst, dann sag' doch nicht, du kämst um acht. Es hat doch keinen Sinn, die Erna dauernd in Unruhe zu versetzen!

uns: unter uns (gesagt): · between you and me, between you, me and the gatepost
... Unter uns: ich habe den Eindruck, Erika ist schwanger. Aber sage es niemandem! – Nun, wenn du mir schon unter vier Augen deine Eindrücke mitteilst, laß mich deine Worte mit demselben Vertrauen erwidern: ...

hier/... sind wir unter uns · here/... we are alone, here/... we are on our own
... Jetzt, wo wir unter uns sind, kann ich es ja sagen: Klaus hat recht mit seiner Bemerkung, daß die Artikel, die wir ihm geliefert haben, nicht ganz einwandfrei sind. Eben, als er dabei war, konnte ich das ja nicht sagen/zugeben, aber ...

unschlüssig: sich noch/... unschlüssig sein (ob ...) – sich nicht/ noch nicht/... **klar** sein (ob ...) · to be (still/...) in two minds about whether ...

Unschuld: weiß wie die Unschuld (sein) *iron selten* – weiß wie **Schnee** (sein) · to be as pure as the driven snow

in aller Unschuld etw. **sagen/**bemerken/tun *oft iron* · 1. to say s.th./to make a remark/... in all innocence, 2. to say s.th./to make a remark/... with an air of innocence
1. ... Aber der Ulrich hat (sich) wirklich nichts (Böses) dabei gedacht, er hat das in aller Unschuld so dahergesagt! – Natürlich! In aller Unschuld! Gerade der Ullrich!
2. Erst sagte der Peter, die Übersetzung, die unser Kurt da gemacht habe, sei zwar nicht gut, aber ... – und dann fingen alle anderen schon an zu grinsen/ironisch zu lächeln ... – und dann hast du die Stimmung ausgenutzt und in aller Unschuld festgestellt: 'das russische Original liest sich leichter', nicht?

eine Unschuld vom Lande (sein) *veraltend selten mst iron* · (to be) a naive country girl
Eine Unschuld vom Lande nannte man früher ein einfältiges Bauernmädchen – oder ein Mädchen, das so wirkte.

einem Mädchen/... **die Unschuld rauben** *path od. iron* · to rob a girl/a woman/... of her virginity
Was, euer Friedel will die Herbstferien mit der Christa Hubschmid in Spanien verbringen? Der will der Kleinen doch wohl nicht die Unschuld rauben? – Frag' ihn mal!

(gern/leicht/...) **die gekränkte Unschuld spielen** *ugs* – die beleidigte/(gekränkte) **Leberwurst** spielen · to like to play the offended innocent

seine Unschuld verlieren *path od. iron* · to lose one's virginity
Eine ganze Woche allein weg mit dem Dieter ...?! Paß auf, Michaela, sonst verlierst du mit dem noch deine Unschuld! – Woher weißt du denn, daß ich die überhaupt noch habe?

unschuldig: daran/(an etw.) **unschuldig sein** *iron* · to have (had) no part in s.th., to have nothing to do with s.th.
... Und dann so ein tolles Haus dahinsetzen – das ist doch 'ne Leistung; das muß man doch anerkennen! – Daran/(an dem Haus) ist mein Vater unschuldig! Das hat mein Onkel Paul gebaut und auch finanziert. Aber trotzdem: du hast Recht, wenn du sagst, daß die Haltung der Familie meinem Vater gegenüber nicht gerade schön ist.

Unschuldslamm: ein Unschuldslamm (sein) *iron* · (to be) a little innocent, (to be) as innocent as a lamb

… Aber wenn wir andern sich gestern deiner Meinung nicht angeschlossen haben, Paul, hab' ich doch keine Schuld! – Aber nein! Du bist, wie immer, ein Unschuldslamm! Du hast doch nicht erklärt, meine Gedanken seien etwas unausgegoren … – Aber … – Aber, aber …! Komm', hör' auf, Mensch! …

Unschuldsmiene: eine Unschuldsmiene aufsetzen *ugs* · to put on an innocent face, to put on an innocent expression

(Der Vater zu seinem Sohn:) Rudi, wer hat Muttis Portemonnaie hier weggenommen? – Rudi setzt eine Unschuldsmiene auf: »Keine Ahnung!« – Rudi, tu' nicht so – ich seh' dir doch an, daß du genau Bescheid weißt! Also: raus mit der Sprache! Oder muß ich zu anderen Mitteln greifen? …

unsereiner: unsereiner/(unsereins) (ist ja schon mit wenigem zufrieden/kann sich so etw. nicht leisten/…) · the likes of us/people like us (cannot afford such things/…)

Was die Möllers alles für Fahrten machen! Im Sommer nach Italien, im Herbst nach Spanien, über Weihnachten nach Südamerika … Wenn unsereiner mal in den Schwarzwald fährt, gibt es schon Leute, die neidisch werden.

Unsicheren: sich (nach wie vor/…) im Unsicheren sein, ob … *selten* – sich nicht/noch nicht/… klar sein (ob …) · to be (still/…) unsure/undecided whether …

Unsinn: (etw. ist) blühender/blanker/glatter/(lauterster) Unsinn *ugs iron* – (etw. ist) lauter Unsinn · (s. th. is) absolute/utter/complete/… nonsense/rubbish/baloney/…

das/etw. ist höherer Unsinn · it/s. th. is high-falutin' nonsense, it/s. th. is pure nonsense

(In einem modernen Theaterstück:) Sag' mal, Erich, im Ernst: ist das absurdes Theater – mit einem hintergründigen Sinn – oder höherer Unsinn? – Mir scheint das so sinnvoll wie die Steuergesetzgebung unserer Regierung.

(etw. ist) lauter Unsinn · 1. 2. it/s. th. is complete/… nonsense/…

1. … Was der Dieter da erzählt, ist lauter Unsinn. Er hat von dem Problem aber auch nicht das Mindeste begriffen.
2. … Aber das ist doch lauter Unsinn, was der Junge da sagt. Das hat doch alles weder Hand noch Fuß.

so ein Unsinn! *ugs* · what a load of nonsense/rubbish/…

… Die Ricarda behauptet, die Englisch-Klausur wäre sehr schwer gewesen. – So ein Unsinn! Die war nicht vorbereitet, das ist alles. Die Klausur war sogar ungewöhnlich leicht!

nur/nichts als/… Unsinn im Kopf haben – nur/nichts als/… Dummheiten im Kopf haben · + s.o.'s head is full of silly ideas

Unsinn machen · to mess about/around, to fool about/around

Statt aufzupassen und mitzuarbeiten macht die Klasse bei dem Musiklehrer nur Unsinn. – Nun ja, Musik … – Was heißt 'Musik' …?! Meinst du, das wäre ein Fach, in dem die Schüler nur Blödsinn machen und alles auf den Kopf stellen sollen?

Unsinn treiben *form* – (eher:) Unsinn machen · to mess about/around, to fool about/around

Unsinn verzapfen *sal* – (viel/…) dummes Zeug reden/… · to talk rubbish/twaddle/…

Unsterblichkeit: über die Unsterblichkeit der Maikäfer philosophieren/… *iron selten* · to discuss high-falutin' trivia *para*, to argue about how many angels dance on the head of a needle

… Drei Stunden über die Frage diskutieren, ob 'Haß' ein Gefühl ist oder eine vitale Kraft, das reicht doch wohl. Ich geh' jetzt. Meinetwegen könnt ihr den Rest des Abends über die Unsterblichkeit der Maikäfer philosophieren.

Unstern: (j. scheint) unter einem Unstern geboren (zu) sein *form – path selten – ≠* unter einem glücklichen/günstigen/guten Stern geboren sein · s. o. was/(s. o. seems to have been) born under an unlucky star

unter einem Unstern stehen *form – path selten* – unter einem/keinem glücklichen/günstigen/guten Stern stehen (2) · to be ill-starred

ein Unstern waltet über etw. *form – path selten* – unter einem/keinem glücklichen/günstigen/guten Stern stehen (2) · + s. th. is ill-starred

Unsummen: Unsummen für etw./(jn.) ausgeben *path* · to spend huge/vast/… sums on s. th./s. o., to spend a small fortune on s. th./s. o.

… Ach, bestimmt seit zehn Jahren steckt er sein ganzes Geld in dieses Landgut. Unsummen hat er inzwischen dafür ausgegeben. Es scheint, daß das Geld für ihn da gar nicht zählt.

unten: von unten auf dienen/(seine Karriere beginnen/sich von unten auf hochdienen/unten anfangen/…) · to rise from the ranks, to come up through the ranks, to work one's way up

Eine Sache ist es, sofort als Offizier, Leutnant oder so anzufangen, eine andere, von unten auf zu dienen. – Du meinst, als Schütze Arsch anzufangen und sich dann langsam hochzudienen? Das geht doch gar nicht.

bei jm. unten durch sein *ugs* – bei jm. ausgeschissen haben · s. o. is finished as far as I'm/he's/… concerned

(sich) unten herum (warm anziehen/…) · to dress warm/… down below

… Wenn du schon mit der Blase so viele Schwierigkeiten hast, dann solltest du dich unten herum auch warm anziehen. Es gibt doch so schöne dünne Wollhosen jetzt.

ein Durcheinander/eine Unordnung/…, daß man kaum noch/nicht mehr weiß/(…), was unten und (was) oben ist *ugs – path selten* · such a mess/jumble/such disorder/… that one can't tell up from down *para*

… Ich verstehe überhaupt nicht, daß du bei diesem Durcheinander noch weißt, was unten und was oben ist! – Das sieht nur so aus, Papa. Ich finde hier in meinem Zimmer immer alles sofort.

unterbuttern: jn. unterbuttern *ugs* · to keep s. o. down, to dominate s. o. *n*

Daß die Lydia sich frustriert und verbittert fühlt, kann ich schon verstehen. Der Bernd hat sie doch das ganze Leben untergebuttert. – Bei dem kriegt doch kein Mensch ein Bein auf die Erde! – (Das ist) ein schwacher Trost für sie.

unterderhand: unterderhand – unter der Hand · on the quiet, on the sly, secretly

unterdrückt: unterdrückt und geknechtet (werden/…) *path veraltend selten* · to be oppressed and enslaved

… Was es heißt, Kinder, das ganze Leben hindurch unterdrückt und geknechtet zu werden und auch für seine Kinder und Kindeskinder keine anderen Perspektiven zu sehen als diese permanente Versklavung, könnt ihr heute an Ländern wie dem Irak beobachten.

unterfang': unterfang' dich/unterfangt euch/… (nur/bloß nicht) (zu …)/wenn du dich unterfängst/… *form – path selten* – untersteh' dich/untersteht euch/… (nur/bloß (nicht)) (zu …)/wenn du dich unterstehst/… (2, 3, 4) · (just/…) don't dare to do s. th./if you dare to do s. th./…

Untergang: dem (sicheren) Untergang entgegengehen *path* · to be heading for (certain) disaster, to be heading for (certain) destruction

… Einfach unverständlich, wie der Mann es wagen kann, eine Weltmacht wie Amerika zum Krieg herauszufordern! Der geht doch mit seinem ganzen Volk dem sicheren Untergang entgegen.

dem Untergang geweiht/(preisgegeben/verfallen) sein *form – path* · to be doomed

… Und von diesem Augenblick an war die Armee dem Untergang geweiht; da gab es keine Rettung mehr.

Untergewicht: Untergewicht haben – ≠ Übergewicht haben (1) · to be underweight

Untergrund: in den Untergrund gehen *Pol* · to go underground
… Wer in der Nazizeit gegen Hitler war und das politisch vertreten wollte, mußte entweder ins Ausland oder in den Untergrund gehen. – Oder beides verbinden! – Genau! Denn nicht wenige Leute schnappten sie auch im Ausland.

im Untergrund leben *Pol* · to live in the underground
Jahrelang im Untergrund leben – das dürfte nicht so ganz einfach sein. Schon der psychische Druck! Man muß doch ständig darauf gefaßt sein, daß einen die Polizei, der Geheimdienst usw. entdeckt, daß man angezeigt oder denunziert wird …

Unterhalt: den Unterhalt für die Familie/(…) verdienen *form* · to earn enough to support one's family/…, to earn a livelihood, to earn a living
… Wenn der Mann allein den ganzen Unterhalt für die Familie verdient, sollte er auch in der Hauptsache entscheiden können, wofür das Geld ausgegeben wird, oder? – Gut. Und wenn die Familie von dem Geld der Frau lebt? – Dann gilt Entsprechendes, Paula.

unterhaken: sich unterhaken *ugs* · to link arms with s.o. *n*, to go arm in arm with s.o.
… Wenn sich der Peter und die Barbara unterhaken, heißt das doch nicht, daß sie ineinander verliebt sind, Vater! – Hm, die gingen da so vertraut Arm in Arm über die Ludwigstraße …

sich bei jm unterhaken/jn. unterhaken *ugs* · to link arms with s.o. *n*
Wenn der Peter sich bei der Karin unterhaken darf, dann darf ich das doch auch – nicht Karin? – Komm'! Dann nimmt mich der Peter rechts und du links unter den Arm und so ziehen wir gemeinsam in den Saal. Die andern werden schön gucken!

Unterhaltung: die Unterhaltung auf jn./etw. bringen – das **Gespräch** auf jn./etw. bringen · to steer the conversation around to s.o./s.th.

die Unterhaltung an sich reißen – das **Gespräch** an sich reißen · to monopolise the discussion

die Unterhaltung auf das Thema '…' bringen – das **Gespräch** auf jn./etw. bringen · to steer the conversation round to a subject

unterkriegen: sich nicht unterkriegen lassen (von jm./etw.) *ugs* · 1. 2. not to let s.o./s.th. get one down
1. … Wenn hier einer neu ist, dann versuchen alle, ihn zu ihrem Sklaven zu machen. Da mußt du aufpassen. Aber du läßt dich ja nicht so leicht unterkriegen, nicht wahr?! – Ich werde mich schon zu wehren wissen.
2. Die Lage von dem Scherer ist nicht beneidenswert: finanzielle Sorgen, Krankheiten in der Familie, berufliche Schwierigkeiten … Aber Gott sei Dank läßt er sich nicht so schnell unterkriegen. – Das ist seine Rettung, daß er den Kopf nicht hängen läßt, zu kämpfen weiß!

Unterkunft: Unterkunft und Verpflegung (frei haben/…) *form* · (to have free/…) board and lodging
… Hast du nur das Schlafen frei? – Nein, Unterkunft und Verpflegung, also auch das Essen.

Unterlagen: Bewerbung/… mit den üblichen Unterlagen … *form* · applications with/including the usual documents
(Ausschreibung in der 'Zeit':) Der Kreis Gütersloh … beabsichtigt, ein Verwaltungsarchiv einzurichten … Gesucht wird zum nächstmöglichen Zeitpunkt ein ARCHIVAR. … Bewerbung mit den üblichen Unterlagen sind bis zum 31. 10. zu richten an: …

Unterlaß: ohne Unterlaß etw. tun *path selten* · 1. to do s.th. continuously, to do s.th. incessantly, to do s.th. without respite, 2. to do s.th. non-stop
1. Ohne Unterlaß betete die alte Frau für die Genesung ihres Sohnes. Stunden um Stunden …
2. Mein Gott, dieser Junge redet ohne Unterlaß! Von morgens bis abends in einer Tour.

unterlegen: jm. (weit) unterlegen sein (an etw.) · 1. 2. to be (far) inferior to s.o.
1. … Nein, das muß ich schon zugeben: der Klaus spielt bei weitem besser als ich; dem bin ich weit unterlegen. Das war kein Pech heute …

2. … Hör' doch endlich auf mit deinem Ressentiment! Wenn du ehrlich bist, mußt du doch zugeben, daß du dem Heinz-Peter unterlegen bist. Rundheraus gesagt: er ist einfach intelligenter.

Untermiete: zur Untermiete wohnen/jn. … nehmen *form* · to be s.o.'s tenant, to lodge with s.o., to take s.o. in as a lodger
Leute, die es nicht nötig haben, nehmen natürlich keine Studenten zur Untermiete. – D. h. je besser es einem Land geht, um so schwerer für die Studenten, ein Zimmer zu finden?

Unterricht: den Unterricht schwänzen *ugs* – die **Schule** schwänzen · to bunk off/to skive off/… lessons/school

Unterrock: jedem Unterrock nachlaufen/… *sal selten* · to chase after anything in a skirt
… Hast du schon gehört? Der Hubert ist schon wieder verliebt. – 'Verliebt'? Wenn jemand, wie der, jedem Unterrock nachläuft, kann man doch wohl nicht mehr von 'Liebe' sprechen – und auch nicht von 'verlieben'.

Untersatz: der fahrbare Untersatz *sal* · wheels
Wenn man überlegt, was so ein Auto heute alles kostet … – Klar. Aber ohne so einen fahrbaren Untersatz unternimmt man nichts.

unterscheiden: sich in nichts unterscheiden von … · to be no different from …
… Der Wein, den die uns hier unter dem Namen 'Backnanger Rosengarten' vorsetzen, unterscheidet sich in nichts von dem, den wir gestern unter dem Namen 'Korber Spätlese' getrunken haben. Haargenau derselbe Wein.

zwischen Recht/… **und** Unrecht/… **nicht unterscheiden können** · not to be able to distinguish between right and wrong/…, not to be able to tell the difference between x and y
… Mein lieber Rolf, mir ist inzwischen völlig gleichgültig, was du denkst oder nicht denkst. Wenn jemand zwischen notwendiger Härte und Rücksichtslosigkeit nicht unterscheiden kann, ist er als Leiter eines solchen Unternehmens nicht zu gebrauchen. Wenn da nicht durchgegriffen wird, verläuft alles im Sande.

mein und dein nicht unterscheiden können *ugs iron* · not to be able to distinguish mine and thine/yours and mine/…
Wenn Leute lügen, ist das schon unangenehm genug; aber wenn jemand mein und dein nicht unterscheiden kann, sollte man den Umgang mit ihm meiden. – Ich weiß nicht …, mich stört lügen vielleicht mehr als stehlen.

Unterschied: ein großer/himmelweiter/… Unterschied (sein) · there is/… a huge difference between a and b, there is a world of difference between a and b
… Das ist doch wohl ein himmelweiter Unterschied, ob jemand durchgreift oder rücksichtslos ist! Ja, die beiden Haltungen kann man überhaupt gar nicht miteinander vergleichen.

der kleine Unterschied *iron* · la petite différence
… So ähnlich sich Mann und Frau heute auch geben: da gibt es immer noch den kleinen Unterschied. – Da scheinst du sehr stolz drauf zu sein, auf deinen Unterschied, was, Willy? – Na, du kannst damit nicht aufwarten, Ursel, so viel du auch redest!

im Unterschied zu jm. · unlike you/his colleagues/…
… Der Herr Heitmann ist streng, ja scharf, das gebe ich zu. Aber im Unterschied zu fast allen anderen Abteilungsleitern ist er absolut gerecht.

alle (Leute) **ohne Unterschied behandeln** *form* · to treat everyone alike/equally, to make no distinction of persons
Ganz egal, ob jemand Minister, Professor oder einfacher Arbeiter ist – mein Vater behandelt alle ohne Unterschied.

einen/keinen Unterschied machen zwischen … und … · 1. 2. to make a/no distinction between a and b
1. … Eins muß man dem Chef lassen: er macht nicht den geringsten Unterschied zwischen Deutschen und Ausländern. Er behandelt jeden absolut gleich.
2. … Aber welchen Unterschied machst du denn zwischen 'jn. aufziehen' und 'jn. durch den Kakao ziehen'? Für mich ist das dasselbe.

ein Unterschied wie Tag und Nacht (sein) *path* · a and b are poles apart, a and b are two different worlds

Ob du in Brasilien lebst oder in Deutschland, das ist ein Unterschied wie Tag und Nacht. – Was ist denn so verschieden in den beiden Ländern? – Alles. Paß auf: ...

Unterschlupf: jm. **Unterschlupf bieten** *form* · to provide shelter for s.o.

... Als wir am Wochenende auf unserer Bergwanderung von einem Gewitter überrascht wurden, fanden wir Gott sei Dank eine Hütte, die uns Unterschlupf bot.

Unterschlupf finden (in/...) (vor/...) *form* · to find shelter (from s.o./s.th.) with s.o., to be given shelter (from s.o./s.th.) by s.o., to be taken in and hidden from s.o. by s.o.

... Und was meinst du, wie schwer das für die armen Leute war, irgendwo vor den Nazis Unterschlupf zu finden. Denn jeder, der einen Juden bei sich aufnahm oder gar versteckte, mußte selbst damit rechnen, ins Konzentrationslager zu kommen. ...

Unterschlupf suchen (in/...) (vor/...) *form* · to use a place as a hide-away (from s.o.), to look for a hide-away (in/...), to seek shelter/cover

... Ja, und in dieser elenden Hütte da haben während des Kriegs einige Juden vor der Verfolgung der Nazis Unterschlupf gesucht. – Und sie wurden da nicht gefunden?

unterschreiben: das/... kann ich/(er/der Peter/...) **nur unterschreiben!** *ugs* · I'll/we'll/he'll/(...) second that, I'll/we'll/he'll/(...) endorse that, I/he/... can only agree with s.o./s.th. *n*

... Wenn dein Onkel sagt, daß du für eine solche Aufgabe zu weich und zu nachgiebig bist, dann kann ich das nur unterschreiben! Als Manager brauchst du heute eine Kälte und eine Härte, die dir in der Tat fehlen. Da hat dein Onkel völlig recht/da muß ich deinem Onkel voll und ganz zustimmen.

Unterschrift: seine Unterschrift geben (für etw.) *form* · to put one's signature (to s.th.), to sign s.th.

... Der Vertragsentwurf ist gestern schon herausgegangen/abgeschickt worden. – Und der Chef wird seine Unterschrift geben? – Er hatte gegen den Entwurf nicht die geringsten Bedenken.

seine Unterschrift unter etw. **setzen** · to put one's signature to s.th., to sign s.th.

(Ein Chef zu seiner Sekretärin:) Fräulein Schönherr, unter diesen Brief setz' ich meine Unterschrift nicht! Der steckt ja voller Rechtschreibefehler. Den schreiben Sie bitte nochmal – und zwar so, daß ich ihn unterschreiben kann, ohne mich schämen zu müssen!

jm. die Korrespondenz/... **zur Unterschrift vorlegen** *form* · to give s.o. s.th. to sign, to present s.th. (to s.o.) for signature

Mußt du dem Chef jeden Brief zur Unterschrift vorlegen? Oder kannst du manches auch selbst unterschreiben?

unterspielen: etw. **unterspielen** *ugs selten* – etw. **herunterspielen** · to play s.th. down

Unterste: das Unterste zuoberst kehren *form* – *path* · to turn everything upside down

... Das ist doch keine Art, Kinder, wenn man eingeladen ist, das Unterste zuoberst zu kehren! Schaut euch mal das Zimmer an: da habt ihr ja wirklich alles durcheinander gebracht! – Der Rudi sagt, seine Eltern haben nichts dagegen, wenn er die Bude auf den Kopf stellt.

untersteh': untersteh' **dich**/untersteht euch/... (nur/**bloß** **(nicht)**) (zu ...)/wenn du dich unterstehst/... *path* · 1. (just) you dare do s.th., 2. don't (you) dare to do s.th., 3. if s.o. dares to do s.th., ..., 4. s.o. had better not dare to do s.th.

1. Untersteh' dich, Junge, nochmal an meinen Schreibtisch zu gehen! Dann ist aber was los! Dann kriegst du eine Strafe, die du so schnell nicht vergessen wirst!

2. Untersteht euch bloß nicht, an den Kuchen zu gehen! Der ist für Sylvester. Hört ihr? Wehe euch, wenn ihr es wagt, da dran zu gehen!

3. Wenn sich der Reimann untersteht, an diese Unterlagen zu gehen, kriegt er es mit mir zu tun. Aber das wagt er auch nicht, sei unbesorgt.

4. Der Reimann soll sich mal unterstehen, an die Unterlagen zu gehen! Dann kriegt er es (aber) mit mir zu tun! Aber das riskiert er nicht.

unterstreichen: das/... kann ich/(er/der Peter/...) **nur unterstreichen!** *ugs* – (eher:) das/... kann ich/(er/der Peter/...) nur **unterschreiben!** · I can/must/... second that, I can only agree with that

etw. **dick unterstreichen** · to underline s.th. heavily

(Der Vater bei der Durchsicht einer Französisch-Klassenarbeit seines Sohnes:) Warum ist denn das Wort 'sot' dick unterstrichen? – Es muß 'saut' sein; wir haben den Unterschied zwischen 'sot', 'saut' und 'sceau' – die Worte werden ja alle gleich ausgesprochen – vor der Arbeit extra gelernt.

untersuchen: sich (ärztlich) untersuchen lassen *form* · to have a medical examination, to have a check-up

... Entweder läßt man sich richtig untersuchen oder gar nicht, Paula! Nur zum Arzt laufen, damit der einem mehr oder weniger aufs Geratewohl ein paar Pillen verschreibt, scheint mir unsinnig und verantwortungslos.

Untersuchungshaft: sich in Untersuchungshaft befinden/in ... sein/sitzen *jur* · to be (held) on remand/in custody, to be awaiting trial

... Wenn sich jemand in Untersuchungshaft befindet, Ursel, dann heißt das nicht, daß er schuldig ist; denn der Prozeß hat ja noch nicht begonnen. – Und warum läßt man ihn dann nicht frei herumlaufen? – Weil man Angst hat, daß er weiter Verbrechen begeht oder daß er sich versteckt.

jn. **in Untersuchungshaft nehmen** *jur* · to commit s.o. for trial

... Statt den Mann gegen eine Kaution frei herumlaufen zu lassen, hätte man ihn von Anfang an in Untersuchungshaft nehmen sollen!

untertan: jm./(e-r S.) (regelrecht/...) **untertan sein** *path* · 1. to be s.o.'s subject, 2. to be (completely/...) subservient to s.o., to be (completely/...) at s.o.'s beck and call

1. ... Dem König mögen die Menschen früher untertan gewesen sein; dem Präsidenten ist man heute 'nur' Achtung schuldig. – Ich weiß nicht, was du 'untertan' nennst.

2. Die Moni ist dem Manfred regelrecht untertan. Der braucht bloß mit dem Kopf zu nicken, dann springt sie schon. – Ein bißchen mehr Eigenständigkeit wäre in der Tat angebracht, da hast du schon Recht.

untertauchen: untertauchen *ugs* · to disappear, to go underground

Seitdem die Anklage gegen den Max vorliegt, ist er untergetaucht. Kein Mensch weiß, wo er steckt.

Unterton: etw. mit einem Unterton von Spott/Ironie/(Schärfe/mit einem spöttischen/... Unterton) **sagen**/... · to say s.th./... with an undertone of irony/mockery/...

... 6.500,– Mark, das ist doch ein stattliches Gehalt, bemerkte er mit einem Unterton von Ironie. – Sein Sohn, dem die Ironie nicht entging, erwiderte wie aus der Pistole geschossen: »Wollen wir tauschen?«

unterwegs: die halbe Stadt/das ganze Dorf/... ist unterwegs – die halbe Stadt/das ganze Dorf/... ist auf den **Beinen** · half the town/village/... is out and about/on its feet/...

bei einer Frau/einem Mädchen **ist ein** Kind/ein Baby **unterwegs** *ugs* – ein **Kind** unter dem Herzen tragen/(haben) · a woman/... is expecting/pregnant

von unterwegs anrufen/schreiben/... · to send a card/to phone s.o./... while one is away, to send a card/to phone s.o./... from en route

... Wie lange fährst du bis Portugal? – Drei Tage. – Ruf' doch von unterwegs mal an! – Von Frankreich, morgen.

unterworfen: jm./e-r S. **unterworfen sein** *form* · 1. to be subject to s.o./s.th., 2. to be s.o.'s subject, to be (completely/...) subservient to s.o., to be (completely/...) at s.o.'s beck and call

1. ... Na schön ist das nicht, der Willkür so eines Haustyrannen unterworfen zu sein! – Warum wehrt sich die Moni nicht? – Wehr'

dich mal gegen so einen Mann! Sie macht das Klügste, was sie machen kann: stellt sich gefügig – und agiert hintenherum.
2. vgl. – (u. U.) jm./(e-r S.) (regelrecht/...) **untertan** sein

unterzukriegen: nicht unterzukriegen sein ugs – sich nicht **unterkriegen** lassen (von jm./etw.) · s. o. will not let s. o./s. th. get him down

unumwunden: etw. **unumwunden zugeben/**(gestehen/...) · to confess/... s. th. frankly
... Ja, ich gebe unumwunden zu, daß ich damals gelogen habe. Hätte ich die Wahrheit gesagt, hätten mich die Leute erschossen. Warum soll ich einen Hehl daraus machen, daß ich meine Haut retten wollte?

Unvermeidliche: sich ins Unvermeidliche fügen (müssen) form – path · to (have to) accept the inevitable, to (have to) submit to the inevitable
... Aber wenn nun wirklich nichts zu ändern ist, Mädchen, dann mußt du dich ins Unvermeidliche fügen. Die Portugiesen sagen: 'O que não tem remédio, remediado está' – 'was nicht zu ändern/lösen ist, ist geändert/gelöst'.

unverrichteterdinge: unverrichteterdinge wieder umkehren/zurückkommen/... – unverrichteter **Dinge** wieder umkehren/zurückkommen/... · to turn around/to go back/... without doing what one came to do/without achieving anything/...

unverrichtetersache: unverrichtetersache wieder umkehren/zurückkommen/... form – (eher:) unverrichteter **Dinge** wieder umkehren/zurückkommen/... · to turn around/to go back/... without doing what one came to do/without achieving anything/...

Unverschämtheit: eine bodenlose Unverschämtheit path · (that/it/s. th. is) quite/absolutely/... outrageous!
... Das ist doch eine bodenlose Unverschämtheit! Erst verspricht er mir felsenfest, mir die Werkzeuge bis zum 15. des laufenden Monats zu liefern, und nachdem er den Auftrag im Sack hat, läßt er drei Monate lang nichts von sich hören.

die Unverschämtheit haben/(besitzen), etw. zu tun – die **Frechheit** haben, etw. zu tun · to have the nerve/gall/cheek to do s. th.

unverständlich: es ist jm. **unverständlich, wie/**wieso/... (j. ... konnte/...) – es ist jm. **unerfindlich,** wie/wieso/... (j. ... konnte/...) · it is incomprehensible to s. o. how/why/...

Unverständnis: auf Unverständnis stoßen (bei jm.) form · to meet with incomprehension
... Seine Ablehnung eines so günstigen Angebots ist natürlich allgemein auf Unverständnis gestoßen. – Das ist auch nicht zu verstehen – und schon gar nicht gutzuheißen.

unverwehrt: es ist jm. **unverwehrt,** etw. zu tun form · + s. o. is at liberty to do s. th.
... Stimmt die Abrechnung auch? – Es ist dir unverwehrt, dir von meiner Sekretärin die Unterlagen geben zu lassen und sie zu prüfen. – Unverwehrt? ... – Ja, ich will dich nicht und die anderen können dich nicht daran hindern.

unwert: e-r S. unwert sein form – path selten · to be unworthy of s. th.
... Ein Mann wie der Brahmkamp ist einer jeden Anerkennung und eines jeden Lobes unwert! Sogar, wenn er mal etwas Vernünftiges geleistet hat: wer sich so viel Schurkereien hat zuschulden kommen lassen, verdient keine Lobrede!

Unwesen: dem Unwesen steuern form – path selten · to combat the problem
... Natürlich ist diese Trägheit, diese Schlamperei, diese Intrigiererei unerträglich. Aber hast du eine Idee, wie man dem Unwesen steuern könnte? Ich weiß jedenfalls nicht, was man dagegen tun kann/wie man das ändern kann.

sein Unwesen treiben in/bei/... form – path – die Gegend/... unsicher **machen** · to get up to mischief/to get up to tricks/... in/at/..., to make an area unsafe/...

Unwissenheit: jn. **in Unwissenheit halten** form · to keep s. o. in ignorance (of s. th.)
Wenn die Regierungen die Völker in Unwissenheit halten, wissen sie schon, warum. – Aber sie informieren ihre Völker doch. – Aber falsch!

jn. (über etw.) **in Unwissenheit lassen** form selten – jn. (über etw.) im **ungewissen** lassen · to leave s. o. in the dark (about s. th.)

Unzahl: eine Unzahl von ... path · a host of ..., huge/vast/ enormous numbers of ..., masses of ...
... Mücken, Mücken, Mücken, sag' ich dir! Eine Unzahl von Mücken in dieser Gegend!

Unzeit: zur Unzeit kommen/... form selten · to come/... at the wrong time, to come/... at an inopportune moment
... Es schellt. ... – 11 Uhr! ... Das ist bestimmt der Gregor. Der kommt mal wieder zur Unzeit. – Dieser Mann scheint überhaupt keine Zeiten zu kennen.

Unzucht: Unzucht treiben (mit jm.) path veraltend selten · to fornicate (with s. o.)
... Wenn früher ein Mann etwa mit einer von ihm abhängigen Frau 'Unzucht trieb', war das Ergebnis ein 'Kind der Liebe'. Komisch!

unzugänglich: allen Bitten/Mahnungen/... **unzugänglich sein** form · to be impervious to advice/warnings/...
... Hundertmal habe ich diesem Jungen gesagt, er soll ein Taxi nehmen, wenn er getrunken hat, und nicht mehr selbst fahren! Aber er war allen Mahnungen und Ratschlägen unzugänglich. Jetzt hat er den Schaden ...

Unzutreffendes: Unzutreffendes bitte streichen! auf Formularen · delete if not applicable
(Auf einem Antragsformular für Krankheitsbeihilfe:) Das Kind hat das 25. Lebensjahr bereits vollendet ... nicht vollendet: Unzutreffendes bitte streichen! – Also, streich' durch: bereits vollendet. Unsere Bettina ist erst 24.

uralters: von uralters her path selten · from time immemorial
... Ach, diese Sitten herrschen hier schon von uralters her. Mein Onkel erzählt schon von seinem Urgroßvater – höre: Urgroßvater –, daß der das genauso gehandhabt hat wie wir heute. Da hat sich seit zig Generationen nichts geändert.

urbi: urbi et orbi (den Segen erteilen/...) Papst · to give the Easter blessing, to give the urbi et orbi blessing
... Und dann erteilte der Papst den Gläubigen seinen österlichen Segen – urbi et orbi, wie es seit Jahrhunderten Sitte ist: der Stadt (Rom) und der Welt.

Urfehde: Urfehde schwören hist · to abjure (all) vengeance, to swear an oath of truce
(Zu einem Geschichtslehrer:) Und was geschah (im Mittelalter) mit den Leuten, die Urfehde geschworen hatten und dann doch Rache übten oder weiterkämpften? – Sie waren vogelfrei.

Urgroßvaters: aus Urgroßvaters Zeiten/(Urgroßvaterszeiten) **stammen** ugs – path – von/(aus) **Anno** Tobak stammen · to be from/to date from/... way back when

Urgrund: der Urgrund allen/(alles) Seins Philosophie · the source of all being, the ultimate ground of all being
Wenn die Philosophen vom Urgrund allen Seins und die religiösen Menschen von Gott sprechen, meinen sie dann dasselbe?

Urheber: der geistige Urheber form od. iron · the spiritual father
Der geistige Urheber eines Buches heißt Autor. Dann heißt der eines Musikstücks, Gerd? – Komponist. – Bravo!

Urin: etw. **(so) im Urin haben/**(spüren) sal · to have a gut feeling about s. th., to feel s. th. in one's bones/water
... Du wirst sehen: die Ute lehnt die Einladung ab. – Aber woher/wie willst du das wissen? – Ich hab' das so im Urin. Du wirst sehen! – Du mit deinen Gefühlen/Ahnungen! – Hab' ich bisher nicht immer Recht gehabt?

Urlaub: auf Urlaub sein *mst mil* · to be on leave of absence, to be on furlough
Euer Heinz ist auf Urlaub? – Ja. – Und wann muß er wieder zu seiner Truppe? – Bis zum 7. September hat er frei.

in/(auf) Urlaub sein · to be on holiday, to be on leave
(Am Telefon:) Nein, (es) tut mir leid, Herr Dr. Hilty ist nicht da; er ist in Urlaub. Er kommt erst am 2. September zurück/er ist erst am ... wieder da.

in/(auf) Urlaub fahren · to go on holiday
Wann fahren Sie diesmal in Urlaub, Herr Wolters? – Ich fahre gar nicht, ich gehe in Urlaub – ich bleib' nämlich hier in München. Weihnachten.

in/(auf) Urlaub gehen · to go on holiday
Dieses Jahr geht mein Vater Weihnachten in Urlaub und nicht im Sommer. – Das heißt: die Kinder fahren in den großen Ferien diesmal allein weg?

auf Urlaub kommen *bes. mil* · to get one's leave, to get one's furlough
Wann kommt euer Heinz auf Urlaub? – Vom 13. August bis zum 5. oder 6. September; am 7. muß er, glaub' ich, wieder bei der Truppe sein.

Urlaub machen – in/(auf) **Urlaub** gehen · to go on holiday

von jm./etw. **Urlaub machen** *selten* · to take a holiday from s.th./s.o., to get away from s.th./s.o.
... So hin und wieder, meinte er nachdenklich, sollte man wohl von allen, die einem nahe stehen, und allem, was man gern hat, Urlaub machen. Eine gewisse innere und äußere Distanz öffnet uns dann wieder für das, worauf es bei diesen Bindungen ankommt.

(sich) drei Tage/... Urlaub nehmen · to take three/... days/... leave, to take three/... days/... holiday, to take three/... days/... off
(Ein Vater:) Nein, ein verlängertes Wochenende reicht nicht, um mit dem Kind nach Zürich zu einem Spezialisten zu fahren; da muß ich mir schon ein, zwei Tage Urlaub nehmen. – Gibt dir der Chef denn nicht so frei, wenn du ihm erklärst, daß es um eine schwere Krankheit deiner Tochter geht?

Urlaub auf den/(einen) gelben Schein machen *ugs* · to be off sick, to wangle time off work with a sick note
... Ist der Jürgen immer noch krank? – Ich kann's mir eigentlich nicht vorstellen. Ich möchte wetten, der simuliert mal wieder den Schwerkranken und macht Urlaub auf den gelben Schein. – Du meinst, er hat mal wieder einen Arzt gefunden, der ihn krank schreibt, obwohl er kerngesund ist?

jn. aus dem Urlaub zurückrufen (lassen) *Abgeordnete, Politik u.ä.* · to recall s.o. from (his) holiday, to call s.o. back from leave
Wegen der Polenkrise hat der Kanzler den Außen- und Verteidigungsminister aus dem Weihnachtsurlaub zurückrufen lassen. – Daran kannst du ermessen, wie ernst er diese Krise nimmt.

urlaubsreif: urlaubsreif sein *ugs* · to be ready for a holiday
... Uff! Diesmal bin ich aber wirklich urlaubsreif! So kaputt wie in diesem Sommer war ich noch nie. – Dann laß es langsamer gehen, Ingo. Im übrigen: der Urlaub kommt ja auch bald.

Urne: zur Urne gehen *form selten* – zur **Wahl** gehen · to vote, to cast one's vote, to go to vote, to go to the polls

das Volk/... **zu den Urnen rufen** *form* · to call on the people to vote
... Wenn man die Leute zu oft zu den Urnen ruft, kommen sie nicht mehr. Schauen Sie sich die Wahlbeteiligung bei den Bundestags- und Landtagswahlen in den letzten Jahren an; sie wurde von Jahr zu Jahr niedriger

Ursache: keine Ursache! *form* · don't mention it, you're welcome
Halte doch dem Herrn dort mit dem Koffer mal die Tür auf, Christl! – – Herzlichen Dank, junges Fräulein! – Keine Ursache!

alle Ursache haben, etw. zu tun *form* – (eher:) allen **Grund** haben, etw. zu tun · to have every reason to do s.th.

keine Ursache haben, etw. zu tun *form* – (eher:) keinen **Grund** zum Klagen/Weinen/... haben · to have no reason to do s.th., to have no grounds for doing s.th.

keine ersichtliche Ursache haben/es gibt ..., etw. anzunehmen/... *form* – (eher:) keinen ersichtlichen **Grund** haben/es gibt ..., etw. anzunehmen/... · to have no apparent reason/there is no apparent reason for (assuming) s.th.

jm. **Ursache geben**, etw. zu tun *form selten* · to give s.o. cause to do s.th.
... Hat mein Bruder jemals Ursache gegeben, an seinen Versprechen zu zweifeln? Warum zweifelt ihr dann?

kleine Ursache, große Wirkung *mst iron* · great oaks from little acorns grow, a small cause – a big effect *para*
... Er hatte es mal wieder versäumt, Öl nachzufüllen. Kurz nach Salamanca fing der Wagen dann an zu stottern und genau an der portugiesischen Grenze gab er dann den Geist auf. – Kleine Ursache, große Wirkung! – Ganz genau!

Ursache und Wirkung auseinanderhalten/verwechseln/... · to distinguish between/to confuse/to mix up/... cause and effect
Wenn das Geld knapper wird, fahren die Leute nicht mehr so lange und nicht mehr so weit in Urlaub – und nicht wird das Geld knapper, weil die Leute in Urlaub fahren, wie der Peter sagt. Er verwechselt Ursache und Wirkung.

Urschleim: vom Urschleim an *sal selten* · 1. since the flood, from the beginning, 2. since time immemorial
1. ... Das Trägheitsgesetz dürfte doch wohl vom Anfang der Welt an geherrscht haben, oder? – Klar: Vom Urschleim an.
2. vgl. – seit uralten **Zeiten**

beim Urschleim anfangen (etw. zu erzählen/...) *sal selten* – bei **Adam** und Eva anfangen (etw. zu erzählen/...) · to start from the beginning, to go back to the primeval slime *para*

Ursprung: seinen Ursprung in etw. **haben** *form* · to originate from s.th., to be caused by s.th., to be the result of s.th.
... Der Niedergang dieser Firma, stellte er lakonisch fest, hat seinen Ursprung in der Verschwendungssucht des Besitzers. Damit fing das ganze Übel an.

Urständ: fröhliche Urständ feiern *bes südd veraltend* · 1. to come back to life, to be resurrected, to pop up again *coll*, 2. to come back with a vengeance
1. ... Jahrelang hatte man die Osterprozession hier nicht mehr abgehalten. Aber als man sich in diesem Jahr dann wieder dazu entschloß, feierten all die untergegangen geglaubten Sitten wieder fröhliche Urständ: das Schlagen mit dem Kreuz an das Hauptportal der Kirche, die geheime Wahl der Kreuzträger ...
2. ... Und plötzlich feierten all die Mißstände wieder fröhliche Urständ, die man längst für ausgerottet gehalten hatte: falsche Gewichte der Sendungen, Etikettenschwindel, verspätete Lieferungen ... – all diese Unsitten fingen von einem Tag auf den anderen wieder von neuem an.

Urteil: ein/kein gutes/treffsicheres/ausgewogenes/... Urteil haben (in/...) · (not) to have a sound/reliable/... judgement
In allgemeinen politischen Fragen hat der Werner ein sehr gutes Urteil, aber in wirtschaftlichen Dingen ist er ein ausgesprochener Laie; was er da sagt, entbehrt meistens jeder Grundlage.

über jn./etw./in e-r S. **kein Urteil haben** · 1. to be in no position to judge s.o./s.th., 2. to have no opinion about s.o./s.th.
1. ... Nein, dazu will ich gar nichts sagen; mit währungspolitischen Fragen habe ich mich nie beschäftigt, da habe ich also gar kein Urteil.
2. ... Über den Herrn Baumanns kann Peter doch gar kein Urteil haben; den kennt er doch erst seit vorgestern. *seltener*

ein salomonisches Urteil (fällen/sprechen/…) · to pronounce/… a judgement of Solomon

… Ein salomonisches Urteil – was das ist?: ein weises und zugleich gerechtes Urteil.

ein vernichtendes Urteil (über jn./etw. abgeben/fällen/…) · to pass a crushing/devastating/… judgement on s.o./s.th., to make a devastating appraisal/criticism of s.o./s.th.

.. Wie kann man bloß über seinen engsten Mitarbeiter so ein vernichtendes Urteil fällen?! – Der Alte hält absolut nichts von diesem Kropmann – weder fachlich noch menschlich!

das Urteil über etw. ist noch nicht gesprochen *form* · the question has not yet been settled/decided, it is too early to judge s.th./s.o., it is too early to pass judgement on s.o./s.th.

… Das Urteil darüber, ob die Wiedervereinigung für Deutschland gut oder schlecht war, ist noch längst nicht gesprochen, meinte er. Das läßt sich erst nach langen Jahren absehen.

ein Urteil (über etw.) fällen · to pass a judgement (on s.th.), to pronounce a judgement (on s.th.)

… Der Wienke hat doch von dem ganzen Zusammenhang überhaupt keine Ahnung! Statt so ein abwegiges Urteil zu fällen, hätte er besser den Mund gehalten! – Was hat er denn genau gesagt?

jm. sein Urteil sprechen *form selten* · to pronounce s.o.'s sentence

… Du kannst dem Rolf ja selbst sagen, was du von ihm denkst …! –

Ich weiß nicht, warum ich dem sein Urteil sprechen soll. Ich bin weder mit ihm befreundet noch habe ich sonst irgendeinen Grund, ihn gleichsam vor sich selbst zu warnen!

sich selbst sein Urteil sprechen *form selten* · to pronounce one's own sentence

… Meinst du etwa, der Hoffmann wäre mit sich selbst in der ganzen Sache zufrieden? Der ist klarsichtig und unbefangen genug und hat sich mit Sicherheit längst selbst sein Urteil gesprochen. Nur wird er das uns nicht gerade auf die Nase binden.

Urzeiten: seit Urzeiten *path* – seit **Menschengedenken** · since time immemorial

vor/(zu) Urzeiten *path selten* – vor undenklichen **Zeiten** · ages ago, an eternity ago, ages and ages ago

usum: in/ad usum Delphini *eig.: 'zum Gebrauch des Schülers' lit selten* · (a simple example/…) for the benefit of a pupil

… Das Beispiel, das du deinem Sohn da aus der Gerichtspraxis gegeben hast, war aber nicht ganz korrekt, Hermann! – Ich weiß, ich weiß. Es war auch nur ad usum Delphini gedacht. Der Junge sollte nur eine Vorstellung davon gewinnen, welche Rolle Richter, Ankläger, Rechtsanwalt spielen.

Usus: es ist (so) Usus, daß …/es ist (nun einmal) so Usus/… *geh* – es ist **Sitte**, daß …/es ist (nun einmal) so Sitte/… · it is customary to do s.th.

va banque: va banque spielen *Roulette u. fig* – va banque spielen · to play va banque

vadis: quo vadis ('wohin gehst du (Herr)?') *lit selten* · whither goest thou?, where are you off to? *n*, where are you going? *n*
(In einer Innenstadt:) Na, quo vadis, Herr Dr. Hermann – so am frühen Morgen, so eilig …? – Zum Finanzamt; ich hab' da so einen dringenden Bescheid bekommen …

Vakuum: ein aufgeblasenes Vakuum (sein) *sal selten* – ein aufgeblasenes **Nachthemd** (sein) · (to be) a complete/… no-nentity

Valet: jm./e-r S. Valet sagen *form veraltend selten* · 1. to say farewell to s.o./s.th., to say goodbye to s.o./s.th., 2. to bid s.o. adieu, 3. to bid s.o. farewell
1. … Warum willst du der alten Waschmaschine Valet sagen? Die läßt sich doch noch reparieren! – Ich bin die ewigen Reparaturen leid. Jetzt kaufe ich eine neue. Die alte kommt weg!
2. vgl. – jm. **Lebewohl** sagen

vanitas: vanitas vanitatum ('die Eitelkeit der Eitelkeiten') → 'Eitelkeit, Eitelkeit') *lit – bibl selten* · vanitas vanitatum, vanity of vanities
Mode! Mode! Mode! – als wenn das Leben nur aus Mode bestünde! – So ist das, mein Guter: vanitas vanitatum – alles wertlos – eitles Getue.

Vasallen: jn. zu seinem Vasallen machen *form veraltend selten* – jn. zu seiner **Kreatur** machen · to make s.o. one's vassal

Vater: ach, du dicker Vater! *sal selten* – (ach) du liebes **bißchen** (1; a. 2) · good grief! good gracious!

geistlicher Vater *form – rel* · reverend gentleman
Dein Bruder ist doch Priester, nicht? – Ja, Pastor. Warum? – Läßt der sich heute noch 'geistlicher Vater' titulieren?

der Heilige Vater *form – rel* · the Holy Father
… Eigentlich seltsam, einen Menschen nur der Funktion wegen 'heilig' zu nennen, findest du nicht? Oder wie soll man den Titel 'Heiliger Vater' für den Papst sonst verstehen?

unser himmlischer Vater *rel* · our heavenly Father, our Father in heaven
'… und unser himmlischer Vater wird uns hoffentlich die Hartherzigkeit vergeben, mit der wir die Fremden behandelt haben …'

wie ein (richtiger) Vater zu jm. sein *form* – jn. wie einen/ seinen **Sohn** behandeln/lieben/… · to be like a father to s.o.

ein kesser Vater (sein) *sal selten* · (to be) a bull-dyke *n*, (to be) butch
Weißt du, was ein kesser Vater ist? – Natürlich! Eine Frau, die in einer lesbischen Beziehung die Rolle des Mannes übernimmt. – Gut. Und die sich dazu nach außen auch betont männlich gibt.

der/js. leiblicher/(leibhaftiger) Vater (sein) *form* · (to be) s.o.'s natural father
… Was heißt: der Herr Krause ist nicht der 'richtige Vater' von dem Kurt? Auch als Adoptivsohn hat man doch einen 'richtigen' Vater! – Ich meine: er ist nicht sein leibhaftiger Vater; das hast du doch genau verstanden.

aus, dein treuer Vater! *ugs iron selten* · that's the end of that!, that's put paid to that!
… Mit dieser Änderung der Dienstordnung sind meine weiteren Aufstiegschancen blockiert. Aus, dein treuer Vater! Ich werde mich an den Gedanken gewöhnen müssen, auf diesem Amt mein Leben zu beschließen.

(…, oder) ist/war dein/euer/… Vater Glaser/(Glasermeister)?!/dein/… Vater ist/… wohl Glaser *sal* · you're not transparent, you know
He, geh' mal ein bißchen zur Seite! Oder ist dein Vater Glaser?! – Entschuldige! Ich habe nicht gemerkt, daß ich dir die Sicht versperre.

Vater und Mutter … · father and mother
Wenn die Dietlinde so scheu und psychisch so wenig robust ist, hängt das mit Sicherheit auch damit zusammen, daß sie schon in früher Kindheit Vater und Mutter verloren hat.

Vater Rhein *path od. iron veraltend selten* · Father Rhein
Ist Vater Rhein eigentlich immer noch verseucht, daß er bald 'kippt'. – Wie ich höre, ist gerade der Rhein durch allerlei Maßnahmen in den letzten Jahren viel sauberer geworden.

nach alter Väter Sitte *path od. iron* · in the time-honoured way, in the traditional way
Sylvester verbringe ich nach alter Väter Sitte im Kreise der Familie. Da werden Spiele gespielt, wird gesungen, Musik gehört … Das ist bei uns seit Generationen so.

Väter und Söhne · fathers and sons
… Ja, meinte er nachdenklich, Väter und Söhne, das ist ein spannungsreiches Kapitel!

Vater Staat *oft iron* · the State
… Das Volk arbeitet und Vater Staat nimmt die Steuern ein, sahnt ab, was? – Ist denn der Staat nicht auch das Volk?

Vaterauge: das Vaterauge wacht *ugs – iron selten* · 1. my/… father keeps his eye on me/…, 2. God is omnipresent, God sees everything
1. (Ein 16-jähriger Junge zu einem Freund:) Bei uns ist das anders als bei euch: mein Vater arbeitet zu Hause. Da kann ich keine Mädchen mit auf die Bude nehmen. – Das Vaterauge wacht? – Und ob! Mein Vater merkt und kontrolliert alles.
2. (Bei einer Diskussion über das Christentum:) Schon eine seltsame Gottesvorstellung: daß der Weltenschöpfer sich damit beschäftigt, Klein-Udo und Klein-Erna zu beaufsichtigen. Nach dem Motto: das Vaterauge wacht. – Wenn Gott alles sieht, heißt das doch nicht, daß er 'beaufsichtigt', Paul!

Väterchen: Väterchen Frost *ugs selten* · Jack Frost
Väterchen Frost scheint es in diesem Winter ja gut mit uns vorzuhaben! Jetzt friert es doch hier bestimmt schon gut drei Wochen.

Väterchen Staat *iron* – **Vater** Staat · the State

Vaterfreuden: Vaterfreuden entgegensehen *path oft iron* · to be an expectant father, to be about to become a father
Der Peter wirkt in den letzten Wochen so ernst und glücklich. – Tja …, er sieht Vaterfreuden entgegen. – Was? … Wann soll das Kind denn kommen?

Vätern: sich zu seinen/(den) Vätern versammeln/zu … versammelt werden *sal selten* · to be gathered to one's fathers, to have gone to one's fathers
… Wenn du dich mal zu deinen Vätern versammelst, werden dich die Leute genauso schnell vergessen, wie sie deinen Vater vergessen haben, als er tot war. Mach' dir da bloß keine Illusionen!

Vaters: von Vaters Seite kommen/stammen/etw. haben/… – ≠ von **Mutters** Seite kommen/stammen/etw. haben/… · to come from/… one's father's side

Vaterstelle: an Vaterstelle stehen (bei einem Kind) *form selten* · to act as s.o.'s father, to take the place of s.o.'s father
… Wenn dein Onkel Hermann bei dir nach dem Tod deines Vaters an Vaterstelle stand, dann muß er doch den Vertrag über den Verkauf des Hauses mit unterschrieben haben, Richard! Deine Mutter kann das Haus doch gar nicht allein verkaufen. – Offiziell/juristisch war ein anderer als Vormund eingesetzt worden; mein Onkel sorgte 'väterlich' für uns.

(bei einem Kind) (die) Vaterstelle vertreten *form selten* · to take the place of a child's father, to take the place of a father to a child
… Ich war noch keine elf Jahre alt, da starb mein Vater; mein Onkel Hermann, ältester Bruder meiner Mutter, ließ sich überreden, bei

mir die Vaterstelle zu vertreten, und damit begannen jene unglücklichen Jahre, in denen …

Vaterunser: jm. **kann man ein Vaterunser durch die Rippen/
(Backen) blasen** *sal selten* – nur (noch)/nichts als/… **Haut
und Knochen sein/nur noch aus** … **bestehen** · one/you
could play a tune on s.o.'s ribs, + s.o. is nothing but skin and
bone

Veilchen: blau wie ein Veilchen (sein) *sal* · to be as pissed as
a newt, to be legless, to be as drunk as a lord *n*

Gestern sind der Fritz und der Albert nach Feierabend noch in eine
Bar gezogen und haben sich vollaufen lassen. Sie waren blau wie ein
Veilchen, als sie da herauskamen. Du hättest sehen sollen, wie sie
daherwankten. Der Fritz stimmte dann noch Soldatenlieder an …

ein (ganz schönes/…) **Veilchen haben** *ugs selten* – ein blaues
Auge haben · to have a black eye

j. **blüht wie ein Veilchen** (im Moose/im Verborgenen) *form
selten* · to be self-effacing *para*, to be shy and retiring, to
blush unseen

Die Hannelore lebt so zurückgezogen und wirkt immer so bescheiden, so still, ja fast unscheinbar. – Das sieht nur so aus. Sie blüht wie
ein Veilchen, im Verborgenen. Je besser man sie kennt, um so besser
merkt man, wieviele Interessen sie hat, was sie alles bewegt …

veilchenblau: veilchenblau sein *sal* – (eher:) blau wie ein **Veilchen** (sein) · to be as pissed as a newt, to be legless, to be
as drunk as a lord

Veitstanz: einen Veitstanz aufführen *ugs veraltend selten* · 1.
2. to make a real/… song and dance about s.th., 1. to kick
up a terrible/… fuss about s.th. *sl*, to jump and leap about, to
leap and hop about, 2. to give s.o. a hard time

1. … Wenn die Albertina nicht kriegt, was sie will, wird sie einen
Veitstanz aufführen! – Sie kann so viel Theater und Szenen machen,
wie sie lustig ist, meinetwegen kann sie sich auf den Kopf stellen und
mit den Beinen Hurra schreien – diesmal setzt sie ihren Dickkopf
nicht durch.

2. vgl. – (eher:) jm. einen **Tanz** machen

veni: veni, vidi, vici ('Ich kam, sah, siegte') *lit selten* · veni,
vidi, vici

… Wenn die meinen, die Schlacht wird ein Spaziergang werden –
nach dem Motto veni, vidi, vici –, sind sie schwer im Irrtum. Wer
weiß, ob die Alliierten die Iraker überhaupt besiegen.

venia: die venia legendi *Univ.* · the right/qualification/… lecture at a university (as a professor)

… Wenn der Reinhard Privatdozent ist, hat er auch die venia legendi. Es gibt keinen Privatdozent, der (an der Uni) nicht lesen darf –
und nicht lesen muß, es sei denn, er wird davon ausdrücklich dispensiert.

Ventil: ein Ventil brauchen/suchen (für seinen Zorn/…) *ugs* ·
to look for/to need/… an outlet for one's anger

Was schimpft der Otto denn da so unvermittelt mit der Marta herum? – Ach, der braucht mal wieder ein Ventil für seinen Ärger. Vater
hat ihm verboten, mit seiner Freundin übers Wochenende herauszufahren, und jetzt sucht er die erstbeste Gelegenheit, seinen Zorn an
anderen auszulassen.

Verabredung: wie auf Verabredung etw. tun · to do s.th. as if
it was planned, to do s.th. as if they/… had planned it, to do
s.th. as if it was pre-arranged

… Und plötzlich fingen beide an, wie auf Verabredung, gegen Herrn
Mayers vom Leder zu ziehen. Aber ich sage dir: genau so, als wenn
sie sich abgesprochen hätten.

verabschieden: sich auf französisch/(englisch) verabschieden
form – iron veraltend selten · to leave without saying goodbye, to take French leave

… Ist denn der Franz schon weg? Ich wollte ihm doch noch etwas
sagen. – Der hat sich nach dem letzten Walzer auf französisch verabschiedet. Nur aus Zufall habe ich ihn hier heraushuschen sehen.

verachten: (auch) **nicht zu verachten sein** *ugs* · not to be bad
either, not to be sneezed at

(Kommentar nach einem Abend bei einem Freund:) Ja, der Rotwein,
den uns der Erich da vorgesetzt hat, war ganz ausgezeichnet. Aber
der Weißwein war auch nicht zu verachten.

Verachtung: jn. **der** (allgemeinen) **Verachtung preisgeben/
(anheimgeben)** *form – path* · to make s.o. the object of
general contempt

… Ach, was sollten wir diesen Nichtsnutz noch großartig bestrafen?
Der Sinn der Strafe setzt ein gewisses Vertrauen in die Person voraus,
den Glauben an die Möglichkeit zur Besserung … – Was habt ihr
denn dann gemacht? – Wir haben ihn der allgemeinen Verachtung
preisgegeben, weiter nichts.

jn. **mit Verachtung strafen** · to treat s.o. with contempt

… Ich würde diesen Menschen, der dich so geschädigt hat, an deiner
Stelle mit Verachtung strafen: ihn gar nicht mehr beachten, links
liegen lassen, und wenn er mir entgegenkäme, an ihm vorbeigehen,
als wäre er Luft.

veralbern: jn. **veralbern** *ugs* · 1. 2. to make fun of s.o., to
mock s.o., to take the mickey out of s.o.

1. vgl. – jn. (tüchtig/anständig/so richtig/…) auf den **Arm** nehmen

2. vgl. – jn. **verarschen** (2)

verändern: j. **möchte sich verändern** · to (want to) change
one's job, to (want to) better o.s. professionally

… Wie soll man verstehen, Karl, daß dein Sohn sich verändern
möchte, wenn er bei Schuckert den besten Posten hat, den man sich
(nur) denken kann?!

sich zu seinem Vorteil/Nachteil verändern · to change for
the better/the worse

… Die Christa hat sich in den letzten Jahren ja enorm verändert! –
Zu ihrem Vorteil oder Nachteil? – Zu ihrem Vorteil. Sie ist schöner,
offener, spontaner, als sie war!

veranlagt: tief veranlagt sein *form* · to have deep emotions/
feelings/…, to feel deeply

… Wer tief veranlagt ist – wie eure Helga –, meinte sie, der wird in
unserem herrschenden Gesellschaftssystem eher gehemmt als gefördert. Das ist heute ganz auf schnelle und oberflächliche Typen zugeschnitten: es wird alles nur noch angezapft

Veranlassung: aus gegebener Veranlassung … *form selten* –
(eher:) aus gegebenem **Anlaß** · for reasons you/we/… all
know, because of the circumstances you/we/… all know

auf Veranlassung von … *form* · at the behest of s.o., at the
instigation of s.o., + s.o. is behind it/s.th.

… Auf wessen Veranlassung ist der Brief denn überhaupt geschrieben worden, Herr Baumann? – Das hat der Chef persönlich ange-
ordnet/veranlaßt; daran können wir also offiziell keine Kritik
üben …

(keine) Veranlassung haben, etw. zu tun – (keinen) **Anlaß**
haben, etw. zu tun · to have (no) reason to believe/to do/…
s.th., to have (no) grounds for thinking/believing/… s.th.

es besteht Veranlassung, auf etw. hinzuweisen/… *form* ·
there is good reason to do s.th.

Schau mal, Mutti, hier steht: es besteht Veranlassung, auf Taschendiebe aufmerksam zu machen. Was soll das bedeuten? – Wahrscheinlich ist in diesem Park schon vielen Leuten etwas aus der Tasche gestohlen worden. Da wollen sie uns warnen.

(jm.) **Veranlassung (dazu) geben**, zu/daß … *form* – (jm.)
Anlaß (dazu) geben, zu …/daß … · to give s.o. reason/
grounds/… for doing s.th.

veranschlagt: js. Einfluß/…/die Kosten für etw./… **kann/
können** (gar/überhaupt) **nicht hoch genug veranschlagt werden** *form – path* · 1. 2. s.o.'s influence/the costs of …/…
cannot be overestimated

1. Ihr redet andauernd von Herrn Martin? Hat er denn in all diesen
Dingen das letzte Wort? – Ach, weißt du, dessen Einfluß kann gar
nicht hoch genug veranschlagt werden. Ohne den läuft in der Firma
nichts.

2. Wenn von der mangelnden Bereitschaft der Unternehmer zu investieren die Rede ist, dann muß man immer wieder auf die hohen
Pesonalkosten hinweisen. Der Faktor Lohnkosten ist bei dieser Problematik gar nicht hoch genug zu veranschlagen.

verantworten: mehr reden/schwätzen/versprechen/..., **als man verantworten kann** *ugs* · to promise more than one can do/deliver, to take on too big a commitment

(A zu B:) Ah, 15, 20.000,– Mark werden wir dir schon leihen können. – (C zu A:) Nun versprich mal nicht mehr, als du verantworten kannst, Bodo! Du weißt doch noch gar nicht, wie deine Aktien stehen! – Keine Sorge, diese Summe hab' ich immer! Ich pflege keine Versprechungen zu machen, die ich nachher nicht halten kann.

sich für etw. **verantworten müssen** (bei jm.) *form* · to have to take the responsibility for s.th., to have to assume the responsibility for s.th.

... Wenn der Meinert das Rundschreiben veranlaßt hat, muß er sich für die Folgen beim Chef verantworten! Ich weiß nicht, warum man (dann) den Krüger zur Rechenschaft ziehen will!

Verantwortung: die Verantwortung für jn./etw. **haben/tragen** · to bear the responsibility for s.o./s.th., to be responsible for s.o./s.th.

Wenn der Prof. Mollemann für die Finanzen des Instituts die Verantwortung trägt, dann muß er auch bei den Entscheidungen, was mit dem Geld gemacht wird, das letzte Wort haben.

sich vor der Verantwortung drücken *ugs* · to shirk one's responsibility, to pass the buck

... In diesen herrlichen Kommissionen kann sich jeder einzelne wunderbar vor der Verantwortung drücken, schimpfte er. Dieses ganze 'demokratische' System krankt daran, daß man niemanden persönlich für eine Entscheidung haftbar machen kann!

(eine) schwere Verantwortung auf sich laden (mit etw.) *path* · to take on a heavy responsibility (with/by doing s.th.)

Mit seiner Entscheidung, die Firma in Zukunft hauptsächlich auf den Export nach Übersee zu orientieren, hat der Schuckert eine sehr schwere Verantwortung auf sich geladen. Wenn die Sache schiefgeht, ist er unter Umständen allein an dem Bankrott des Unternehmens schuld.

die Verantwortung auf sich nehmen · to take the responsibility (for s.th.)

... Wenn bewiesen ist, daß der Schulte das Geld gestohlen hat, müßte man ihn anzeigen. – Nehmen Sie dafür die Verantwortung auf sich! – Ich denke, das geht seinen offiziellen Weg, hier in der Bank. – Aber persönlich will keiner die Verantwortung dafür übernehmen!

die Verantwortung für (jn./etw.) **übernehmen** · to take the responsibility for s.o./s.th., to carry the can for s.o./s.th. *sl*

... Und wer übernimmt nachher die Verantwortung, wenn es schiefgeht? Niemand, wie immer! Dann hat wieder keiner Schuld, will es wieder niemand gewesen sein ...

jn. **zur Verantwortung ziehen** (wegen) *form* – (eher:) jn. zur **Rechenschaft** ziehen (wegen) (2; a. 1) · to call s.o. to account for s.th.

verargen: jm. etw. **nicht verargen können** *form* – jm. etw. (nicht) **verübeln** (können) · (not) to be able to blame s.o. (for doing s.th.), (not) to hold s.th. against s.o.

verarschen: jn. **verarschen** *sal* · 1. to take s.o. for a sucker, 2. to take the piss out of s.o., to take the mickey out of s.o. *coll*

1. Was diese Regierung die Leute verarscht? Nichts von dem, was sie verspricht, hält sie; alles wird manipuliert, die breite Bevölkerung wird nach Strich und Faden ausgenutzt ...

2. vgl. – jn. (tüchtig/anständig/so richtig/...) auf den **Arm** nehmen

verausgaben: sich verausgaben *form* · to use up all one's energy, to wear o.s. out, to over-exert o.s.

Wenn du einen Langstreckenlauf durchhalten willst, mußt du deine Kräfte haargenau einteilen. Da darfst du dich nicht auf den ersten paar hundert Metern verausgaben! Dann fehlt dir nachher die Luft.

Verband: im Verband fahren/fliegen *form* · to fly/... in formation

Flogen die Alliierten bei ihren Luftangriffen auf die deutschen Großstädte eigentlich im Verband oder einzeln?

Verbannung: in die Verbannung gehen *hist* · to be banished, to go into exile

Früher gingen die politisch Verfolgten in die Verbannung, heute ins Exil.

in der Verbannung leben *hist* · to live in exile

Früher lebten politisch verfolgte Menschen in der Verbannung, heute im Exil.

jn. **in die Verbannung schicken** *hist* · to banish s.o.

Kaiser, Könige oder auch Päpste schickten ihre Widersacher in die Verbannung; heute sagt man: X, Y, Z mußte ins Exil gehen.

verbauen: sich die Zukunft/die Möglichkeiten zum Weiterkommen/... **verbauen** *ugs* · to spoil one's opportunities for the future/one's prospects of success/...

Junge, ein Abschlußexamen muß man einfach bestehen! Du willst dir doch nicht deine Zukunft verbauen?! Ohne Examen bringst du es doch zu nichts in dieser Gesellschaft, in der für alles und für nichts ein sogenanntes 'Diplom' verlangt wird.

verbeißen: sich in etw. **verbeißen** *ugs* · to become set on s.th., to become fixated on s.th., to become obsessed with s.th.

... Immer und immer wieder kommt der Kruse auf die 'ungerechten' Währungsparitäten' zurück. Es scheint, er hat sich in diese Frage regelrecht verbissen!

sich das Lachen/(...) **verbeißen müssen**/... nicht ... können/... *ugs* · (not) (to be able) to keep a straight face, (not) (to be able) to stifle one's laughter *n*

... Ich weiß nicht, wie es der Albert schafft, sich das Lachen zu verbeißen! Wenn mein Chef dauernd so einen Unsinn verzapfen würde, würde ich todsicher loslachen. – Beherrschung, Beherrschung, Kurt!

verbessern: sich (mit etw.) **verbessern** · to better o.s.

... Mit seiner neuen Stellung bei Siemens hat sich der Uwe doch nun wirklich entscheidend verbessert! Das Gehalt ist höher, die Arbeitsbedingungen sind besser ...

j. **möchte sich verbessern** · to want to better o.s.

... Wenn der Rudolf sich verbessern möchte, sollte er mal bei Schukkert u. Co nachfragen. Die suchen einen Außenhandelsfachmann, und da hätte er mit Sicherheit ein höheres Gehalt als da, wo er jetzt arbeitet.

verbeten: das möchte ich mir auch/doch sehr verbeten haben *form – iron* · I won't have it!

(A zu B:) Aber Robert, der Junge wollte dich mit der Anrede: »Tag, Herr Oberstuhlrat!« doch nicht beleidigen! – (B:) Das möchte ich mir auch sehr verbeten haben! – (C:) Unser Peter witzelt halt gern ... – (B:) Aber doch wohl nicht auf Kosten von Oberstudienräten!

verbiestert: (regelrecht/...) **verbiestert sein** *ugs – path* · to be grumpy, to be embittered, to be crabbed, to be sour

Mit der Ute ist in letzter Zeit gar kein Umgehen. Seitdem der Willi sie sitzen gelassen hat, ist sie regelrecht verbiestert. – War das nicht immer eine Furie? – Etwas bissig war sie manchmal. Aber jetzt ist sie bitter böse.

verbieten: sich von selbst verbieten *form* · to be unthinkable, to be out of the question

... Es ist ganz egal, ob wir juristisch zu diesem Schritt berechtigt sind oder nicht! Ein solches Risiko einzugehen verbietet sich von selbst. Kein vernünftiger Anwalt würde Ihnen zu diesem Schritt raten, Herr Wolters.

verbinden: sich ehelich verbinden *form od. iron selten* – den **Bund** fürs/(für das) Leben schließen · to enter into the bond of marriage, to take marriage vows

Verbindung: eine schlagende Verbindung *Studentenverbindung, in der Mensuren geschlagen werden: Chor, Burschenschaften* · a duelling fraternity

Wieviele Mensuren muß ein Mitglied einer schlagenden Verbindung heute eigentlich schlagen? – Ich glaube, nur eine. – Und dann mit Gesichtsschutz usw.? – Natürlich! Die berühmten 'Schmisse' sind doch passé.

X in Verbindung mit Y ... *form* · 1. 2. together with ..., in conjunction with ...

1. In Verbindung mit einigen Abteilungsleitern, die ihn in der Sache voll und ganz unterstützten, ist es unserem Chef gelungen, Herrn Roleber durch ein Disziplinarverfahren loszuwerden. Allein hätte er das nie geschafft.

2. Seine enormen Kenntnisse auf diesem Gebiet, in Verbindung mit seiner Arbeitskraft und seinem Engagement, berechtigen Herrn Petersen ...

nur/... in Verbindung mit dem Ausweis/... **gelten/**(...) *form* · to be valid/... (only/...) in conjunction with an identity card/..., to be valid/... (only/...) with an identity card/...
Gilt eine Scheckkarte allein, Papa, oder nur in Verbindung mit einem Ausweis?

eine gute/schlechte/... **Verbindung** zur Uni/zum Arbeitsplatz/... **haben** · to have a good connection to the city centre/one's place of work/...
... Hat man von eurem Viertel eine gute Verbindung zur Innenstadt? – Eine ausgezeichnete! Fünf Minuten (mit dem) Bus, 7 Minuten (mit der) U-Bahn, dann bin ich da.

die Verbindung zu jm./dahin/... **nicht abreißen lassen** · not to break off one's connections with s.o./a place/..., to keep in touch with s.o./a place/..., not to lose touch with s.o./a place/...
Obwohl Christian doch jetzt schon fast zehn Jahre von Mexiko zurück ist, hat er die Verbindung dahin nicht abreißen lassen. Er schreibt viel; er telefoniert mit seinen Freunden dort; er lädt jeden ein, der herüberkommt; ein Mal war er auch selbst in Ferien drüben! ...

Verbindung aufnehmen zu/mit jm. *form* – **Kontakt** aufnehmen zu/mit jm. · to get in touch with s.o., to contact s.o.

die Verbindung zu/(mit) jm. **aufrechterhalten** *form* · to keep in touch with s.o., to keep in contact with s.o.
Hast du eigentlich die Verbindung zu dem Heinz Keilbach aufrechterhalten oder hast du keinen Kontakt mehr zu ihm, seitdem du hierher nach Ulm gezogen bist?

keine Verbindung bekommen *Telefon* · not to be able to get through to s.o.
Ich habe gestern mehr als eine halbe Stunde versucht, euch anzurufen. Aber ich habe es nicht geschafft. – Hat unsere Bettina da wieder so lange telefoniert? – Nein, ich habe gar keine Verbindung bekommen. Das Netz Braga war wie 'leer'.

mit jm. **in Verbindung bleiben** *form* · to keep in touch with s.o.
(Beim Abschied nach einem gemeinsamen Essen, bei dem sich die beiden in Frage stehenden Herren kennengelernt haben:) Auf Wiedersehen, Herr Korber. Es hat mich gefreut, Sie kennenzulernen. Wir bleiben in Verbindung miteinander, nicht wahr? – Sehr gern. Ich lasse von mir hören. Auf Wiedersehen, Herr Schramm.

jn./etw. **(immer/leicht/...) in Verbindung bringen mit** jm./etw. · to connect s.o./s.th. with s.o./s.th., to associate s.o./s.th. with s.o./s.th., to mention s.o.'s name in connection with s.o./s.th.
... Aber der Günther Hefele hat mit der Affäre doch nicht das geringste zu tun! Ich weiß gar nicht, warum du ihn immer damit in Verbindung bringst. – Ist er denn nicht verantwortlich für diese Abteilung? – Ich sage dir jetzt zum dritten Mal: nein.

eine Verbindung eingehen (mit etw./jm.) *form* · 1. to combine with s.th., to form a compound with s.th., 2. to start a relationship with s.o., to start a liaison with s.o., to start an affair with s.o.
1. Bestimmte chemische Stoffe gehen eine Verbindung miteinander ein, andere verbinden sich nicht miteinander.
2. Der Karlheinz, höre ich, ist eine Verbindung mit einer Spanierin eingegangen? – Ja, ich weiß nicht, ob er sie heiraten will, aber ... – Ach, ich dachte, er wäre schon mit ihr verheiratet.

eine eheliche Verbindung mit jm. **eingehen** *form od. iron selten* – den **Bund** fürs/(für das) Leben schließen · to enter into the bond of marriage, to take marriage vows

sich mit jm./einer Firma/... **in Verbindung setzen** *form* · to get in touch with s.o./a company/..., to contact s.o./a company/...
... Sie sollten sich noch heute morgen mit der Firma Schuckert u. Co. in Verbindung setzen, Herr Mertens, wegen der Lieferung der Radkappen. – Ich werde gleich da anrufen.

in Verbindung mit etw. **stehen** *form* · to be connected with s.th.
... Meinst du wirklich, die Auftragsrückgänge stehen in Verbindung mit der Golfkrise? – Aber natürlich hängt das damit zusammen. Es fehlt halt ein wichtiger Markt.

in (ständiger/permanenter/...) **Verbindung stehen mit** jm. *form* – in (ständigem/permanentem/...) **Kontakt** stehen mit jm. · to be in constant/... touch with s.o.

in Verbindung mit jm. **treten** *form selten* – **Kontakt** aufnehmen zu/mit jm. · to get in touch with s.o., to contact s.o.

Verbindungen haben – (eher:) gute **Beziehungen** im Rücken haben · to have good connections, to be well connected

(gute) Verbindungen haben – (eher:) (gute) **Beziehungen** haben · to have good connections, to be well connected

die Verbindungen zu jm. **abbrechen** – (eher:) die **Beziehungen** zu jm. abbrechen · to sever one's connections with s.o.

die Verbindungen zu jm./dahin/... **nicht abreißen lassen** – die **Verbindung** zu jm./dahin/... nicht abreißen lassen · not to break off one's connections with s.o./a place/..., to keep in touch with s.o./a place/..., not to lose touch with s.o./a place/...

Verbindungen zu jm. **anknüpfen** – (eher:) **Beziehungen** zu jm. anknüpfen · to establish relations/links/... with s.o.

die Verbindungen zu/(mit) jm. **aufrechterhalten** *form* – die **Verbindung** zu/(mit) jm. aufrechterhalten · to keep in touch with s.o., to keep in contact with s.o.

seine Verbindungen spielen lassen *ugs* – (eher:) seine **Beziehungen** spielen lassen · to pull a few strings

verbis: expressis verbis *lit* · (to state/...) expressly (that ...) *n*, to give specific instructions/... to do s.th.
... Der Chef hatte doch expressis verbis angeordnet, zuerst die Auslandspost zu erledigen. – Hat er das? Ich hab' das nicht gehört. – Bevor er am Freitag abend wegging, hat er das doch ausdrücklich gesagt.

nudis verbis *lit selten* · simply and briefly *n*, in a few words *n*
... Vielleicht könnten Sie uns, Herr Bothe, den Ausgang der Sache rasch erklären – nudis verbis, wie mein alter Lateinlehrer zu sagen pflegte: mit ein paar dürren Worten, ohne jedes Beiwerk.

verbitte: ich verbitte mir/... j. hat sich ... verbeten *form* – path · I won't have that *coll*, I won't tolerate this/... tone
... So ein Rechtsverdreher! – Ich verbitte mir diesen Ton, Herr Fischer, wenn sie von meinem Vater reden! – Entschuldigung, aber ...

verbleiben: dahingehend verbleiben, daß ... *form* · to agree to do s.th., to arrange to do s.th.
(Gegen Ende einer längeren Verhandlung:) Ja, und wie sollen wir uns nun einigen? – Wie wär's, wenn wir dahingehend verbleiben/verblieben, daß die Preise bis Juni nächsten Jahres dieselben bleiben und von da an jährlich um acht Prozent erhöht werden? – Einverstanden.

verblieben: wir sind/ihr seid **so verblieben, daß/**wie ... *form* · we/... agreed to ..., we/... arranged to ...
... Wie seid ihr denn nun verblieben? Hilft dir der Klaus oder nicht? – Wir haben uns nach einer langen Diskussion darauf verständigt, daß er die erste Hälfte macht und ich die zweite.

Verblüffung: zu js. **maßlosen Verblüffung** *path* · to s.o.'s utter amazement
... Kein Mensch hatte damit gerechnet, daß sich der Klaus hier nochmal sehen lassen würde – nach dem Streit von gestern. Aber zu unserer maßlosen Verblüffung war er heute nachmittag wieder da – so, als wäre nichts gewesen.

verblühe: verblühe!/(verblüht/...) *ugs – iron selten* – **Leine** ziehen (1) · get lost!, hop it!

verbo: sit venia verbo ('man möge das Wort durchgehen lassen') *lit selten* · sit venia verbo, excuse the expression *n*
Durch dieses herrliche alte Viertel eine Durchgangsstraße zu legen ist doch ein Verbrechen! Sit venia verbo: man nehme mir das Wort nicht übel – aber anders kann man das kaum bezeichnen.

verbohren: sich in etw. **verbohren** *ugs* · to become dead set on doing s.th., to become fixated on doing s.th., to become obsessed with doing s.th. *n*, to have got it into one's head to do s.th.

... Unser Alfons hat sich in die Idee verbohrt, hier Radieschen anzubauen. Dabei ist sowohl die Erde wie der Markt dafür überhaupt gar nicht günstig. Aber du weißt ja, wie der ist: wenn er sich etwas in den Kopf setzt, ist er nicht mehr davon abzubringen.

verbohrt: verbohrt sein *ugs* · to be inflexible *n*, to be pig-headed, to be stubborn *n*

... Direkt dumm ist der Klaus wohl nicht, aber ganz entsetzlich verbohrt. Er steckt voller fixer Ideen, ja, ist überhaupt ein eigensinniger und engstirniger Mann, mit dem man eigentlich über gar nichts vernünftig diskutieren kann.

Verborgenen: im Verborgenen geschehen/etw. tun *form* · to happen/to do s.th. secretly/in secret

... Selbstverständlich war unsere Mutter manchmal verzweifelt, hat geweint ..., aber im Verborgenen, ohne daß eines von uns Kindern das mitkriegte.

verboten: bei jm. **sieht es verboten aus** *ugs* – verboten **aussehen** (2) · + s.o.'s place looks a real mess

verbraten: Geld/... **verbraten** *sal* · to blow one's money/...

... Dieser Meinert kann nichts als andererleuts Geld verbraten! Wer derart leichtsinnig Ausgaben macht, dürfte eigentlich über nichts zu bestimmen haben!

verbraucht: verbraucht sein · to be worn out

... Ich bin vielleicht müde in letzter Zeit! ... – Das gibt sich wieder, Erich. Du bist noch jung und kannst dich rasch wieder erholen. Schlimmer ist, wenn jemand verbraucht ist – wie dein Onkel Heinz. Die jahrzehntelange Anspannung hat den für immer verschlissen.

Verbrechen: ein Verbrechen gegen die Menschlichkeit *jur* · a crime against humanity

Wenn jemand ein ganzes Volk vernichtet oder vernichten will, dann dürfte das doch wohl den Tatbestand 'Verbrechen gegen die Menschlichkeit' erfüllen. Wie können dann die westlichen Politiker, die sich ständig auf die Menschenrechte berufen, mit so einem Verbrecher überhaupt umgehen?

verbrechen: ein Stück/Buch/Haus/... **verbrechen** *ugs* – *iron* 1. to perpetrate a play/essay/book/..., to be guilty of a play/ essay/..., 2. to be responsible for a book/a house/...

1. ... Wer hat denn dieses Haus hier verbrochen? Mein Gott! So ein Seifenkasten inmitten alter Fachwerkhäuser! Der Architekt gehört ins Zuchthaus!

2. ... Ich weiß nicht, wieviele Bücher der Schrader bereits verbrochen hat. Vier oder fünf bestimmt ...

verbreiten: sich über etw./(jn.) **verbreiten** · to hold forth on s.th., to expatiate on s.th./(s.o.)

Wenn der Herr Morsch anfängt, sich über seine Erfahrungen in Südamerika zu verbreiten, hört er nicht mehr auf.

Verbreitung: Verbreitung finden *form* · to spread, to become widespread

»Mit der Aufklärung«, so erklärte er, »fanden dann in ganz Europa auch die Ideen der Gewaltenteilung Verbreitung.« – Aber auf der Iberischen Halbinsel wurde das doch erst später dikutiert, oder?

verbrieft: etw. verbrieft und besiegelt haben *form* – *path selten* · to have s.th. signed and sealed, + s.th. is all signed and sealed

... Kannst du das denn hieb- und stichfest beweisen, daß du der alleinige Erbe des Hauses bist? – Das habe ich Gott sei Dank schwarz auf weiß, ja, verbrieft und besiegelt: mein Vater hat zwei Monate vor seinem Tod bei einem Notar ein Testament hinterlegt, in dem alles haargenau festgelegt ist.

verbuchen: (etw. als) einen (persönlichen) Erfolg/... **für sich verbuchen können** *form* – *path* · to be able to claim the credit/... for s.th., to notch s.th. up/to chalk s.th. up as a success/..., to be able to claim s.th. as a personal success/...

Die Konferenz von Halle kann der Außenminister als einen persönlichen Erfolg für sich verbuchen. Er hat sie angeregt; er hat ihr von

Anfang bis Ende seinen Stempel aufgedrückt, und schließlich gibt auch das Ergebnis seiner Politik voll und ganz recht.

verbummeln: die Zeit/den ganzen Tag/... (mit etw.) **verbummeln** *ugs* · to waste one's time/the whole day/... *n*, to fritter away one's time/the whole day/...

... Gerald, ich finde, du solltest dich lieber auf deine Mathematikklausur vorbereiten, statt den ganzen Nachmittag zu verbummeln.

verbummelt: in letzter Zeit/schon lange/... **verbummelt sein/ ein verbummelter ... sein** *ugs* · to be/to have been an idler/ a good-for-nothing recently/for some time

... Ach, geh' mir weg mit dem Köstner. Das ist ein (ganz) verbummelter Geselle! Hast du schon mal erlebt, daß der auch nur einen einzigen Monat regelmäßig arbeitet, ja, überhaupt einen regelmäßigen Tagesrhythmus hat?

Verbund: im Verbund stehen/arbeiten/(..) (mit einem (anderen) Unternehmen/...) *form* · to cooperate with s.o./a company/...

Arbeiten unsere Elektrizitätswerke eigentlich nur technisch miteinander im Verbund oder rechnen die auch gemeinsam ab?

verbunden: jm. **sehr verbunden sein**/sich ... fühlen *für Unterstützung u. ä. form* · to be/to feel/... very grateful to s.o., to be/to feel/... very obliged to s.o.

... Sag' deinem Vater nochmal, daß ich ihm für seine Unterstützung wirklich sehr verbunden bin. Ohne seine Hilfe hätte ich die Stelle nie bekommen. Wenn er mal was braucht ...

jm./e-r S. (durch langjährige Freundschaft/durch jahrelange Arbeit/in Liebe/...) **verbunden sein**/sich ... verbunden fühlen *form* · 1. 2. to be attached to s.o./s.th. 1. to be close to s.o., to be involved with s.o.

1. ... Ja, der Jürgen fühlt sich Herrn Reidle durch langjährige gemeinsame Arbeit, durch gemeinsame Anstrengungen, gemeinsame Sorgen verbunden.

2. Seit ihrer Jugend fühlt sich die Olga dem Theater verbunden. Schon damals gab es kaum eine Woche, in der sie nicht zu irgendeiner Vorstellung ging; schon damals verfolgte sie die bekannten Inszenierungen ...

falsch verbunden sein *Telefon* · to have got the wrong number

Hallo? – Ja, Mertens hier. Wer spricht da bitte? – Ach, Entschuldigung, da bin ich falsch verbunden. Ich hatte die Nummer 34 56 78 wählen wollen. – Hier ist 34 56 79! – Entschuldigen Sie bitte!

verbuttern: Geld/... **verbuttern** *sal selten* – Geld/... **verbraten** · to blow one's money/...

Verdacht: den Verdacht haben, daß ... · 1. 2. to suspect s.o. of doing s.th., to suspect that ...

1. Wer hat denn die Schokolade hier weggenommen? Ich habe den Verdacht, das war mal wieder unsere liebe Renate. Renate! Mal ehrlich! – Hm, ja, hm ... – Ja, schon gut ...

2. Meinst du, die Arbeitslosenzahlen werden noch weiter steigen? – Ich bin kein Hellseher. Aber ich habe den Verdacht, Herbert, daß die Situation noch weit kritischer ist, als die Regierung zugibt. – Das vermute ich leider auch.

jn. **im/in Verdacht haben** (etw. getan zu haben) · to suspect s.o. of doing/having done s.th.

... Es fehlen rd. 100.000,– Mark in der Kasse, sagst du? Habt ihr jemand Bestimmten in Verdacht? – Es gibt natürlich eine ganze Reihe von Mutmaßungen. Aber bisher fehlen konkrete Anhaltspunkte.

etw. **(nur so/...)** **auf Verdacht tun** *ugs* · to do s.th. on spec, to do s.th. on the strength of a hunch, to do s.th. just in case

... Aber so einfach auf Verdacht sagen: »Du bist bestimmt im Examen durchgefallen«, ohne im geringsten informiert zu sein ..., das ist doch stark, oder? – Hm, die Wahrscheinlichkeit, sich zu irren, war bei dem Richard ziemlich gering. – Du Witzbold!

auf jm. **ruht der Verdacht,** etw. getan zu haben *form veraltend od. iron selten* – in dem/im **Verdacht** stehen, etw. getan zu haben/(in dem/im Verdacht des Diebstahls/... stehen) · + s.o. is suspected of having done s.th.

sich dem Verdacht aussetzen, daß ... *form* · to expose o.s. to the suspicion of doing s.th., to risk being suspected of s.th.

Der Herbert sollte seine Reiseabrechnungen grundsätzlich von seiner Sekretärin machen und von einem Kollegen gegenzeichnen lassen! Sonst setzt er sich noch dem Verdacht aus, daß er auch seine Privatreisen aus der Staatskasse finanziert.

jn. in Verdacht bringen · to lead to s.o. being suspected of s.th., to cause s.o. to be suspected of s.th.

... Ich weiß nicht, ob ihm seine engen Verbindungen zu Palästinensergruppen in Verdacht gebracht haben oder was es sonst war: seit einem Jahr etwa kursiert hier das Gerücht, der Rothmann hat Drähte zur Terroristenszene.

jn. in den Verdacht des Diebstahls/... **bringen** *form selten* · to suspect s.o. of theft/..., to cast suspicion on s.o.

... Der einzige, der wußte, wo das Geld lag, ist der Alfred Schlüter. – Aber du wirst den Alfred doch nicht in den Verdacht des Diebstahls bringen! – Ich verdächtige niemanden, Heinz; ich sage nur, was Tatsache ist.

über jeden/(allen) Verdacht erhaben sein *path* · 1. to be above suspicion, 2. to be above/beyond reproach

1. ... Könnte denn nicht auch die Annemarie das Portemonnaie hier weggenommen haben? – Die Annemarie?! Die ist über jeden Verdacht erhaben. So ein korrektes und ehrliches Dienstmädchen haben wir noch nie gehabt.
2. vgl. – über allen/jeden Zweifel/jede Kritik/(jede mögliche Beschuldigung/...) erhaben sein (1)

in Verdacht geraten/(kommen)/in den Verdacht geraten/ (kommen), zu ... · to be suspected of (doing) s.th., to come under suspicion of (doing) s.th.

Der Herr Wallmann ist in den Verdacht geraten, mit Haschisch gehandelt zu haben. – Gibt es denn Beweise dafür? – Beweise nicht, aber Anhaltspunkte. – Das möchte ich erstmal genauer wissen, ehe ich das glaube. Du weißt doch, wie die Behörden sind ...

Verdacht schöpfen · to become suspicious

... Du, es genügt, daß die Polizei auch nur im geringsten Verdacht schöpft, dann sind wir verloren hier. – Aber wie soll die Polizei auf die Idee kommen, daß wir hier Waffen herstellen? Es gibt doch überhaupt keinen Anlaß für irgendeinen Verdacht.

in dem/im Verdacht stehen, etw. getan zu haben/(in dem/im Verdacht des Diebstahls/... stehen) · to be suspected of doing s.th./of theft/...

... Weißt du, wer im Verdacht steht, die Unterlagen gestohlen zu haben? – Nein. – Der Herr Braubach. – Da möchte ich erstmal abwarten, ob es Beweise gibt, ehe ich das glaube ...

verdammt: verdammt (nochmal)! *sal* · 1. damn!, damn it!, 2. bugger it!, sod it!

1. Jetzt ist mir doch die Vase hingefallen! Verdammt nochmal! – Kaputt? – Ja! Scheiße!
2. vgl. – leck' mich am/(im) **Arsch!** (2)

j./etw. ist verdammt schwer/scharf/faul/arrogant/schön/... *sal* · 1. s.o. is damned/bloody lazy/..., 2. s.th. is damned/ bloody heavy/...

1. Dieser Schröder ist verdammt faul! So was von Faulheit sieht man selten! Mensch!
2. Die Kiste ist aber verdammt schwer! Kerl nochmal!

verdanken: jm. **viel/.../eine Hilfe/Stelle/... zu verdanken haben** · to have s.o. to thank for one's job/..., to owe one's job/... to s.o., to owe s.o. a great deal

... Mein lieber Richard, gegen den Herrn Schwarze darfst du nichts sagen. Ihm hast du deinen Posten zu verdanken! Wenn er sich nicht so für dich eingesetzt hätte, hätten sie dich bei Schuckert nie genommen.

verdenken: jm. etw. **nicht verdenken können** · I/... can't blame s.o. for doing s.th.

... Natürlich ist es hart, eine Frau mit einem Kind sitzen zu lassen. Aber verdenken kann ich dem Aloys das nicht/aber verdenken kann man dem Aloys nicht, daß er irgendwann die Nase voll hatte. Die Erika war immer derart rücksichtslos mit ihm, derart egoistisch ... Das mußte einfach mal kommen.

Verderben: (j. wird) jn. (noch) (mit) **ins Verderben reißen** *path* · (s.o. will) drag s.o. down with one into misfortune/ruin

Wenn der Kröger kriminelle Sachen macht, müßt ihr euch von ihm trennen, Richard, und zwar unverzüglich! Sonst reißt der Mann euch noch mit ins Verderben!

ins/in sein Verderben rennen *path* · to rush headlong into ruin/disaster

Wenn ihr den Herbert jetzt nicht warnt und zurückhaltet, rennt er blindlings in sein Verderben. Der Chef wartet doch nur darauf, daß er ohne Grund krankfeiert und dabei erwischt wird, um ihn herauszuschmeißen.

jn. ins Verderben stürzen *path* · to ruin s.o., to bring ruin on s.o., to be s.o.'s undoing

... Will er das Mädchen denn unbedingt ins Verderben stürzen? Oder wie soll ich mir erklären, daß er mit ihr allein in Urlaub fährt, gegen den Willen ihrer Eltern, ohne Rücksicht auf die Bemerkungen der Lehrer, der Mitschüler ... Die Ursel ist schließlich erst siebzehn Jahre ...

sich (selbst) ins Verderben stürzen *path* – sich (selbst) ins **Unglück** stürzen · to bring about one's own downfall, to rush headlong into disaster

verderben: es mit jm. verderben (mit/durch etw.) *form* · to spoil one's chances with s.o., to fall out with s.o.

Mit seiner Bemerkung über die 'Roten' hat es der Peter mit dem Kramer verdorben. Warum mußte er auch eine solch dumme Bemerkung machen, wo er doch wußte, daß der Kramer zum linken Flügel der Sozialisten gehört? Ihre persönlichen Beziehungen dürften fürs erste hin sein.

es mit niemandem verderben wollen · to try to please everyone, to want to keep in with everyone *coll*

Gestern noch hat mir der Heinz gesagt, er wäre für das Projekt, und heute erzählt er dem Herrn Baumanns, er wäre dagegen! – Weil du dafür bist und der Herr Baumanns dagegen. So ist der Heinz: er will es mit niemandem verderben, deshalb redet er den Leuten nach dem Mund.

Verdienst: jm. etw. **als/(zum) Verdienst anrechnen** *form* · to give s.o. the credit for doing s.th.

Wenn sich der Kanzler die rasche Koalitionsbildung als Verdienst anrechnet, hat er so Unrecht nicht. Er hat den Gedanken zuerst gehabt, und keinem anderen Politiker würden alle Koalitionsparteien ihr Vertrauen schenken.

sich etw. zum Verdienst anrechnen *form* · to take the credit for doing s.th., to claim the credit for doing s.th.

... Der Herr Möllers redet so, als ob er die Sache geregelt hätte! – Nun, er rechnet es sich zum Verdienst an, als erster darauf hingewiesen zu haben, und da hat er ja wohl Recht ...

(jn.) nach Verdienst und Würdigkeit (belohnen/...) *form selten* · to reward/... s.o. according to his deserts, to reward/... s.o. according to his merits

... Nein, hier wird niemand vorgezogen und niemand nachgesetzt, hier wird jeder nach Verdienst und Würdigkeit behandelt!

sich um jn./etw. **große/(...) Verdienste erwerben** *mst Perf form* · to render s.o./a country/an institution/... great services

Wer sich um die Firma derart große Verdienste erworben hat wie der Herr Meinert, den entläßt man nicht – auch wenn er mal eine fatale Fehlentscheidung trifft. – Frühere Verdienste interessieren in diesem Laden nicht; hier interessiert nur der momentane Erfolg.

verdient: j. **verdient es**/etw. **nicht anders/besser** · + it serves s.o. right, s.o. doesn't deserve any better, s.o. deserves no better

... Endlich hat Peter auch mal eine 'Fünf'! – Wie, du freust dich, wenn dein Freund eine schlechte Zensur hat? – Der verdient es nicht besser. Was meinst du, was der die anderen immer aufzieht, wenn sie eine 'Fünf' haben und er eine gute Zensur hat.

j. verdient(e)/hätte (es) verdient, für etw. **gehängt zu werden** *path selten* · s.o. deserves to be shot for (not) doing s.th.

Nur weil er zu bequem ist, sich rechtzeitig zu erkundigen, läßt sich der Anton einen Zuschuß in Millionenhöhe entgehen?! Für so eine Nachlässigkeit verdiente er, gehängt zu werden!

etw. **redlich verdient haben** · to thoroughly/... deserve s. th., to have richly/... deserved s. th.

... Wenn jemand das ganze Jahr hindurch hart gearbeitet hat, dann hat er seinen Urlaub doch nun wirklich redlich verdient, oder? Ich versteh' gar nicht, Aloys, warum du deinem Bruder die Reise nach Ägypten nicht gönnst.

es nicht um jn. **verdient haben** (daß er einen so hart/... behandelt/...) *path* · s. o. does not deserve that from you/him/ John/..., s. o. does not deserve to be treated/... like that by you/him/John/...

... Peter! Deiner Mutter gegenüber schlägst du einen anderen Ton an, verstanden! Sie hat es nicht um dich verdient, daß du so mit ihr sprichst. Ganz egal, was jetzt vorgefallen ist. Sie hat Jahre und Jahre für dich geopfert! Und das wirst du anerkennen! Sonst ...

sich um jn./etw. **verdient machen** *form* · to render outstanding services to s. o.

... Herr Dr. Fricke hat sich insbesondere durch seine weitsichtige Produktgestaltung um unsere Firma verdient gemacht.

verdonnern: jn. **zu** einer Strafe/... **verdonnern** *sal* · to sentence s. o. to 2 years/... in prison/... *n form*

Wer sich vollaufen läßt und sich dann ans Steuer setzt, den sollen sie meinetwegen auch zu einer Gefängnisstrafe verdonnern. Ohne saftige Strafen lernen diese Leute doch nicht.

verdösen: etw. **verdösen** *sal selten* · to (clean/completely/...) forget to do s. th. *coll*

... Jetzt sag' bloß, Christl, du hast über deinen vielen Briefen die Einkäufe verdöst! – Entschuldige, Mutter, ich hab' in der Tat vergessen, zum Supermarkt zu gehen ...

verdreschen: jn. **verdreschen** *ugs* – jm. den **Buckel** vollhauen · to give s. o. a thrashing

verdrießen: laß es dich/Sie/... nicht verdrießen *form selten* · don't be put off by s. th., don't let s. th. put you/... off/annoy you/...

... ich verstehe sehr gut, Herr Dr. Wehrhahn, daß Ihnen diese dauernden Ausschußsitzungen auf die Nerven gehen. Lassen Sie es Sie nicht zu sehr verdrießen! – Wir werden's schon überleben, Herr Mertens.

sich die Feier/den Genuß/die Ferien/... **nicht verdrießen lassen** *form* · not to let s. o. spoil one's fun/party/holiday/...

... Wenn dir dein Bruder den Urlaub in Ägypten nicht gönnt, Bernd, dann laß ihn, verdammt nochmal! Du hast dir den Urlaub redlich verdient. Laß dir jetzt von diesem Neidhammel bloß die Reise nicht verdrießen!

verdrücken: sich verdrücken *ugs* – sich aus dem **Staub(e)** machen (2) · to beat it, to slip away

(schon/...) **etwas/... verdrücken können** *ugs* · s. o. can (really/...) put it away, s. o. can (really/...) polish off his food (in no time/...)

Euer Kurt ißt ja nicht gerade wenig! – Ja, der kann schon etwas verdrücken. Er ist jetzt in dem Alter, wo man drei Koteletts vertilgt, ohne es zu merken.

Verdrückung: (arg/sehr/...) **in Verdrückung kommen** *ugs* – in (große/arge/...) **Bedrängnis** kommen · to get into serious/... trouble, to get into dead/... shtook *sl*

verdufte: verdufte/verduftet/...! *sal* – **Leine** ziehen (1) · clear off!, get lost!

verdunkeln: Tatbestände/... **verdunkeln** *ugs selten* · to hush s. th. up *n*, to cover s. th. up *n*, to obscure the facts/...

... Natürlich versucht der Mann mit allen Mitteln, den Hergang der Ereignisse zu verdunkeln. Und er kann auch gar nicht anders. Denn wenn auch nur die Hälfte der Schiebereien ans Licht kommt, gibt das eine Mordsaffäre.

Verdunkelungsgefahr: (jn.) **wegen Verdunkelungsgefahr** (in Haft nehmen/...) *jur* · to imprison s. o./... because of the danger of suppression of evidence, to imprison s. o./... because of the danger of collusion

Wegen Verdunkelungsgefahr jemanden in Untersuchungshaft stecken, das heißt doch, weil man fürchtet, daß er Unterlagen ver-

schwinden läßt, Komplizen warnt, Spuren verwischt usw., oder? – Ja, Karin.

verdünnisieren: sich verdünnisieren *sal oft Perf* – sich aus dem **Staub(e)** machen · to clear off, to make o. s. scarce

Verdünnung: etw. **bis zur Verdünnung** tun *sal selten* – etw. bis zur **Bewußtlosigkeit** tun · to do s. th. ad nauseam

verduseln: etw. **verduseln** *sal selten* – etw. **verdösen** · + s. th. slips s. o.'s mind, to forget s. th.

verehelichen: sich verehelichen *iron* – sich die **Hand** zum Bund(e) reichen · to get married

verehren: jm. etw. **verehren** *iron* · to to make s. o. a little gift of s. th.

Dein Vater hat dir seinen alten Schreibtisch verehrt? Das finde ich aber sehr schön von ihm! – Du hast Recht, Utz! Ich hätte nie damit gerechnet, daß er mir den schenken würde.

Verehrung: jm. **seine Verehrung bezeugen** *form* · to pay one's respects to s. o.

Wenn der Herr Maunz sich entschließt, zur Jubiläumsfeier von Prof. Herrmann hier zu erscheinen, dann will er seinem alten Lehrer nochmal persönlich seine Verehrung bezeugen. Es gibt wohl niemanden, den er in seinem Leben jemals so hochgeschätzt hätte.

Verein: das ist vielleicht/.../ihr seid ja/... ein Verein *sal* · you're/... a right bunch!, what a bunch you/... are!, you/ they/... are a fine bunch!

(Zu dem Leiter einer Jugendgruppe:) Die Stadt stellt euch hier kostenlos ein Haus zur Verfügung, und ihr seid zu faul, das wenigstens einigermaßen in Ordnung zu halten? Ihr seid (mir) ja vielleicht ein Verein!

der ganze Verein *sal* · 1. 2. the whole bunch, the whole lot of them/us/...

1. ... Erst machten sie alle zusammen hier Schularbeiten, und dann ist der ganze Verein schwimmen gegangen. – Alle? Jungen und Mädchen, die Großen und die Kleinen? – Alle.

2. ... So, jetzt kann mir der ganze Verein gestohlen bleiben, jetzt geh' ich spazieren! – Du kannst doch deine Eltern und deine Geschwister nicht einfach allein dasitzen lassen!

im Verein mit jm. **vorgehen/**etw. **entscheiden/...** *form selten* · to decide on s. th./to do s. th./... in conjunction with s. th.

... Allein würde ich das an deiner Stelle nicht machen. Aber wenn du im Verein mit der gesamten Geschäftsleitung vorgehst, riskierst du nichts. – Bring' die Geschäftsleitung mal dahin, sich einig zu sein und mich dann geschlossen zu unterstützen!

im trauten/in trautem Verein (mit jm.) (dasitzen/...) *ugs* · (to be) dead pally with s. o., (to be) in a cosy twosome with s. o., (to be) in an unlikely twosome with s. o.

Da denk' ich, der Herbert hat mit Gerda Streit/steht mit Gerda auf Kriegsfuß – und gestern komme ich aus Zufall in die 'Wally-Bar', und wen sehe ich da: unseren Herbert und die Gerda, im trauten Verein an einem Ecktisch sich ein Fläschchen Sekt zu Gemüte führen ...

Vereinbarung: (Sprechstunde/...) **nach vorheriger Vereinbarung** *Arzt o. ä.* · By Appointment (Only)

... Schau mal eben, Kurt, da auf dem Arztschild, wann der Dr. Klaes Sprechstunde hat. – ... 'Sprechstunde nach vorheriger Vereinbarung' steht da. – Dann muß ich da anrufen, um einen Termin auszumachen. Danke.

eine Vereinbarung treffen (mit jm.) *form* · to make an arrangement (with s. o.)

... Wenn man einmal eine Vereinbarung getroffen hat, muß man sich auch daran halten! Wo kämen wir sonst hin, wenn sich die Menschen nicht einmal an das hielten, was sie selbst vereinbart haben!

vereinigen: sich nicht miteinander vereinigen lassen *Meinungen/... form* · to be incompatible

... Widersprechen sich diese beiden Theorien eigentlich? – Ja, die lassen sich nicht miteinander vereinigen – so sympathisch uns das wäre ...!

vereinnahmen: jn. (zu) **vereinnahmen** (suchen/...) · to (try to/...) monopolise s. o., to (try to/...) make demands on s. o., to want s. o. all to o. s.

... Tritt bloß nicht in diese Gesellschaft ein, Alfons! Da bist du deine Unabhängigkeit los! Die vereinnahmen jeden, der so dumm ist, bei ihnen Mitglied zu werden. – Man darf sich eben nicht vereinnahmen lassen. – Das ist leicht gesagt. Wenn du mal drin bist, kannst du dich gegen den direkten und indirekten Druck nur noch schwer wehren.

vererben: jm. etw. **vererben** *iron* to bequeath s. th. to s. o.

(Ein Sohn zu seinem Vater:) Wenn du mir deinen alten Schreibtisch verehren willst, würde mich das sehr freuen. Aber die alten Bilder hier in deinem Arbeitszimmer – willst du die nicht lieber der Christa vererben?

verewigen: sich (mit etw.) **verewigen** *iron* · 1. to make one's mark (with s. th.), to achieve/... immortal fame/immortality/... (with s. th.), 2. to make a pile, to do its business *coll*

1. ... Wenn sich der Christoph mit einem Buch über Camões verewigen will, soll er das tun! Ich persönlich habe das Schreiben aufgegeben; ich glaube nicht mehr an den Sinn von Büchern.

2. ... Mein Gott, ist dieser Aussichtsplatz verdreckt! Allein dieser Hundekot! Ich weiß gar nicht, wieviele Köter sich da verewigt haben.

Verfahren: ein schwebendes Verfahren *jur* · a case which is sub judice, a case which is still pending

... Da das Gerichtsverfahren nach wie vor nicht abgeschlossen ist, kann der Präsident zu der Sache keinerlei Stellungnahme abgeben; denn ein schwebendes Verfahren kann er natürlich nicht eingreifen.

verfahren: eine Sache/Situation/Geschichte/Verhandlungen/.../(...) **ist**/sind gründlich/rettungslos/**völlig**/... **verfahren** · the thing/situation/... is hopelessly/... muddled, the thing/situation/... is in such a tangle/is so confused/...

... Der eine entscheidet so, der zweite genau entgegengesetzt, der dritte läßt die Dinge schleifen ... – du weißt doch, wie das in dieser Familie ist. Inzwischen ist die ganze Erbschaftsgeschichte derart verfahren, daß kein Mensch mehr weiß, wie man aus der Sache wieder herauskommen soll.

Verfall: in Verfall geraten *form* · to fall into ruins, to go to the dogs *coll*

... Solange sich der alte Herr Brändel persönlich um das Gut gekümmert hat, lief da alles ganz ausgezeichnet. Aber nachher geriet es zunehmend in Verfall. Heute ist es völlig heruntergewirtschaftet.

dem Verfall preisgeben *form* – *path selten* · to let s. th. go to rack and ruin

... Wenn die Stadt die herrlichen alten Häuser im Zentrum nicht dem Verfall preisgeben will, muß sie da schleunigst was tun. Noch ein, zwei Jahre, dann sind diese Häuser wohl kaum noch zu retten.

verfallen: auf einen Gedanken/... **verfallen**/darauf verfallen, zu ... · to hit upon a strange/... idea, to think s. th. up, to come up with the brilliant idea of doing s. th.

... Wenn die Stadt schon auf den seltsamen Gedanken verfallen ist, direkt hinter dem alten Kloster ein Sportzentrum einzurichten, dann könnte sie dieses Zentrum doch wenigstens ästhetisch auf die Umgebung abstimmen!

jm./einem Laster/... (völlig/...) **verfallen sein**/(verfallen) *path* · 1. to be enslaved by s. o., to be completely/... under s. o.'s spell, 2. to be addicted to s. th.

1. ... Der Alfons und dieser Frau Widerstand leisten?! Daß ich nicht lache! Der ist diesem Weibsbild doch völlig verfallen – ein Sklave, der gar keinen eigenen Willen mehr hat.

2. ... Nein, wenn jemand dem Alkohol mal so verfallen ist wie der Otto, dann gibt es keine Rettung mehr. ...

verfangen: bei jm. **nicht verfangen** *schöne Worte u. ä.* · s. o.'s fine words/flattery/excuses/... cut/... no ice with s. o.

... Wenn du meinst, du könntest den alten Herrn Wörner mit ein paar Lobsprüchen für dich gewinnen, bist du schief gewickelt! So was verfängt bei dem Mann nicht.

Verfassung: (wieder) **in guter/... Verfassung sein** · to be fit (again), to be in good shape (again/...), to be in good condition (again/...)

Euer Werner war krank, habe ich gehört? – Ja, Grippe. Aber inzwischen ist er schon wieder in bester Verfassung. Er war gestern schon wieder schwimmen. ...

j. **ist heute**/war gestern/... **nicht in der Verfassung**, etw. zu tun · s. o. is not in the mood today/was not in the mood yesterday/... to do s. th., s. o. is/was/... not in a fit condition to do s. th.

... Bitte, verschone mich heute mit den Erbschaftssachen, Klaus! Ich bin nicht in der Verfassung, das durchzudiskutieren. Der plötzliche Tod, das Drum und Dran der Beerdigung ... – das alles hat mich derart mitgenommen, daß ich jetzt erstmal etwas Ruhe brauche ...

verfechten: sein Recht/js. Ansprüche/... **verfechten** *ugs pej* · to defend one's/s. o.'s rights, to stand up for one's/s. o.'s rights/..., to fight for one's rights/..., to assert one's/s. o.'s claim to s. th.

... Natürlich ist es verständlich und berechtigt, daß jeder seine Rechte verteidigt. Aber wenn der Paul schon mit allen Mitteln, die ihm zu Gebote stehen, seine Ansprüche an dem alten Haus verficht, dann sollte er wenigstens verstehen, daß seine Geschwister nicht weniger zimperlich vorgehen.

verfliegen: regelrecht/... **verfliegen** *Zeit* · to fly

... Man hat den Eindruck, der Urlaub hat gerade richtig angefangen, da ist er schon bald um! – Du hast Recht. Die Tage hier in Rimini sind regelrecht verflogen.

verflixt: verflixt (nochmal)!/(verflixt noch eins) *ugs* · 1. damn it!, blast it!, 2. bugger me! *vulg*

1. vgl. – **verdammt** (nochmal)!

2. vgl. – leck' mich am/(im) **Arsch!** (2)

j./etw. **ist verflixt schwer**/scharf/faul/arrogant/... *ugs* – j./ etw. ist **verdammt** schwer/scharf/faul/arrogant/schön/... · s. o. is damned/bloody lazy/..., s. th. is damned/bloody heavy/...

verflixt und zugenäht *ugs iron* – **verdammt** (nochmal)! (1) · damn and blast!

verflochten: eng/(...) mit etw. **verflochten sein** *form* · to be closely connected with s. th., to be interlinked with s. th.

(Aus einer Rezension:) Das Thema der Liebe ist in dem Werk derart eng mit der Darstellung der Sozialstruktur verflochten, daß man das eine ohne das andere überhaupt gar nicht verstehen oder behandeln kann.

verflucht: verflucht (nochmal)! *sal* · 1. damn it!, blast it!, 2. bugger me! *vulg*

1. vgl. – **verdammt** (nochmal)! (1)

2. vgl. – leck' mich am/(im) **Arsch!** (2)

verflüchtigen: sich verflüchtigen *mst Perf ugs* · to vanish, to disappear, to grow weak

... Wo ist denn der Schlüssel geblieben, verflixt nochmal? Den hab' ich doch eingesteckt! – Der hat sich verflüchtigt. – Aber wirklich, Mensch! Der muß doch da sein! Warte ...

Verfolg: im Verfolg des Verfahrens/der Angelegenheit *jur selten* · in the course of the matter, in pursuance of this matter

(Aus einer offiziellen Stellungnahme:) Eingeleitet wurde das Verfahren vom Innenministerium. Wenn dann im Verfolg der Angelegenheit auch das Außenministerium eingeschaltet wurde, dann deswegen, weil ...

verfolgen: jn. **steckbrieflich verfolgen** *jur* · to put out a warrant for s. o.'s arrest, to put s. o. on the wanted list, to put out posters for s. o.'s arrest

... Haben sie diesen Nierwizc immer noch nicht (gefunden)? Der wird doch schon seit Monaten steckbrieflich verfolgt! – Es scheint, daß die Polizei von ihm keine Spur von ihm hat. – Trotz all der Plakate, der Aushänge usw.?

etw./jn. **strafrechtlich verfolgen** *jur* · to prosecute s. o./s. th.

... Natürlich muß so ein Überfall auf offener Straße strafrechtlich verfolgt werden. Wenn man Gewalttäter nicht bestraft, wen soll man denn noch bestrafen?

Verfolger: (es gelingt jm./...) **seine Verfolger ab-(zu)–schütteln** · 1. 2. to manage/..., to shake off one's pursuers/..., to manage/... to lose one's pursuers

1. ... Die Polizei war doch hinter ihnen her? – Ja, aber sie schafften es, ihre Verfolger abzuschütteln. – Sie sind in der Tat entkommen?

2. ... Bis zur vierten Runde lagen alle gleichauf. Erst dann gelang es Norten, seine Verfolger abzuschütteln. Bis zum Ziel gab er seine Führung dann nicht mehr ab ...

verfressen: verfressen sein *sal* · to be greedy *n*, to be a greedy guts

... Ißt die Lene immer so viel? – Ja, leider. Das Mädchen ist regelrecht verfressen. – Hat sie denn wenigstens 'Geschmack'? – Oh ja, sie weiß, was gut ist.

verfügen: verfügen Sie/... über mich/...! *form – path* · + I am/ we are/... at your disposal

... Wenn ich Ihnen in der Sache irgendwie helfen kann, Herr Dr. Rösner. – Verfügen Sie über mich! – Haben Sie aufrichtigen Dank für Ihr Angebot, Herr Schösner. Aber ich glaube, die Angelegenheit wird jetzt durch meinen Bruder zu unser aller Zufriedenheit gelöst werden.

Verfügung: jn./etw. zur Verfügung haben · 1. 2. to have s.o./s.th. at one's disposal

1. Wenn der Schubert vernünftige Mitarbeiter zur Verfügung hätte, würde er die Arbeit schnell erledigen. Aber das Ministerium bewilligt ihm lediglich eine Sekretärin.
2. Wieviel Geld hast du für die Reise zur Verfügung? – Mein Vater war diesmal sehr großzügig; er hat mir 1.200,–Mark gegeben.

(eine) einstweilige Verfügung (erlassen/erwirken/...) *jur* · (to issue/to get/...) an interim injunction (against s.o.)

... Ein ordentliches Gerichtsverfahren dauert Wochen, ja Monate. Wir müssen also sofort eine einstweilige Verfügung erwirken, die es diesen Journalisten untersagt, eine solche Behauptung weiter zu verbreiten. – Und du meinst, das Gericht wird eine solche Anordnung sofort erlassen?

die letztwillige Verfügung *form selten* · a last will and testament

Ist eigentlich eine 'letztwillige Verfügung' und ein 'Testament' dasselbe, Vater? – Ein Testament muß in Gegenwart eines Notars gemacht werden, eine letztwillige Verfügung drückt nur den letzten Willen des Verstorbenen aus – ganz gleich, wie und wo sie niedergelegt wurde.

sich zur Verfügung halten *form* · to be available, to hold o.s. ready, to stand by

Wegen der Polenkrise konnte unser Albert über Weihnachten nicht wegfahren. Der Kanzler hatte angeordnet, daß sich alle leitenden Mitarbeiter im Kanzleramt ständig zur Verfügung zu halten hätten. – Im Grunde standen sie also die ganze Zeit auf dem Sprung? ...

jm. zur Verfügung stehen · 1. to be available to s.o., 2. to be at s.o.'s service, 3. + to have s.th. at one's disposal

1. ... Wieviel Leute stehen dir denn für die Arbeit zur Verfügung? – Warte mal: sechs, sieben ... neun Personen. Über neun Leute kann ich ständig disponieren.
2. Wenn Sie für die Arbeit noch jemanden brauchen, Herr Goldknecht: ich stehe Ihnen jederzeit zur Verfügung.
3. ... Ich weiß nicht, welche Hilfsmittel ihm zur Verfügung standen. Deshalb kann ich nicht beurteilen, ob die Sache schiefgegangen ist, weil er schlecht gearbeitet hat, oder ob es an den Bedingungen lag.

jm. zur freien Verfügung stehen *selten* – jm. zur **Verfügung** stehen (3; a. 1) · to be completely at s.o.'s disposal, to be for s.o. to do with as he likes

jm. jn./etw. zur Verfügung stellen · 1. to provide s.o. with s.th./s.o., to put s.th. at s.o.'s disposal, 2. to lend s.o. s.th.

1. ... Stell' dir vor, sogar eine Sekretärin haben sie ihm zur Verfügung gestellt für die Vorbereitung des Kongresses. ...
2. ... Und wie kommen wir nach Steinbach? – Mein Vater stellt uns seinen Wagen zur Verfügung. – Für alle drei Tage? – Ja, er gibt uns den Wagen für die drei Tage. ...

sein Amt/seinen Posten/(...) zur Verfügung stellen *form* · to tender one's resignation, to offer to resign, to offer to give up one's post

... Wenn Sie mit meiner Geschäftsführung nicht einverstanden sind, meine Damen und Herren, stelle ich meinen Posten zur Verfügung. Ich klebe nicht an meinem Stuhl. Vielleicht kommen sie mit einem anderen Geschäftsführer besser aus ...

sich (jm./e-r Organisation/...) (freiwillig/...) **zur Verfügung stellen** *form selten* · to join a party/organisation/..., to put o.s. at the disposal of s.o./an organisation/..., to make o.s. available to s.o./an organisation/...

... Wenn er sich damals der Partei freiwillig zur Verfügung gestellt hat, kann er doch heute nicht behaupten, er wäre kein Nazi gewesen. – Was heißt schon 'freiwillig'? – Ich meine: ohne handfesten Druck.

eine Verfügung treffen *form* · to issue instructions that/to the effect that ...

Wenn das Institut die Verfügung getroffen hat, daß grundsätzlich keine Bücher mehr ausgeliehen werden dürfen, müssen wir uns daran halten, ob wir wollen oder nicht.

vergackeiern: jn. vergackeiern *sal selten* – jn. **verarschen** · to pull s.o.'s leg, to take the mickey out of s.o.

vergaffen: sich in jn. **vergaffen** *sal veraltend selten* · 1. 2. to fall for s.o., to be smitten with s.o.

1. vgl. – sich in jn. **verlieben**/in jn. verliebt sein (1)
2. vgl. – jm. zu tief ins **Auge** gesehen/(geblickt) haben

vergaloppieren: sich (ganz schön/...) **vergaloppieren** *ugs* – in die **Irre** gehen · to make a real/... boob, to drop a real/... clanger

vergangen: vergangen und vergessen sein *path selten* · 1. 2. it's/... all in the past, it's/... all over and done with

1. ... Ach, sagte er mit einer wegwerfenden Handbewegung: ganz egal, was du für diesen Saftladen geleistet hast – sobald du weg bist, ist das vergangen und vergessen. Deren Gedächtnis reicht so weit wie das eines Flohs, und was Dankbarkeit ist, wissen die gar nicht.
2. ... An diese dumme Geschichte wollen wir jetzt nicht mehr denken – das ist vergangen und vergessen. Jetzt geht es mir nur darum, ob man dem Mann in Zukunft vertrauen kann.

Vergangenheit: eine bewegte/dunkle/... Vergangenheit haben · 1. to have a murky past, 2. to have a turbulent past, to have an eventful past, 3. to be a woman/... with a past

1. Ich weiß nicht, ob man Herrn Braun so viel Vertrauen entgegenbringen sollte. Er hat eine ziemlich dunkle Vergangenheit, weißt du. – So? Was hat er denn gemacht, was dir so 'dunkel' erscheint?
2. ... Dieser Mann hat eine sehr bewegte Vergangenheit. Im Krieg war er in Rußland, dann in Ostberlin; später arbeitete er für einen großen Konzern in Südamerika ... – bis er schließlich bei uns eine politische Karriere begann. *form – iron*
3. ... Eine Frau, die eine so bewegte Vergangenheit hat ... – Du meinst, so viele Liebhaber, oder? ... – Der ganze Lebensstil, den sie hatte ... *form – iron*

die unbewältigte Vergangenheit *Pol* · a past which has not been mastered, a past with which s.o./a country/... has not come to terms

Es mag schon sein, meinte er nachdenklich, daß die nationalsozialistischen Jahre für unser Volk eine unbewältigte Vergangenheit sind. Nur: wer soll diese Vergangenheit bewältigen? Und wie? Es gibt Dinge, die sind im Grunde gar nicht zu bewältigen.

das/etw. gehört der Vergangenheit an *form* · s.th. is a thing of the past, s.th. is all in the past

... So, von dieser Affäre wollen wir jetzt kein Wort mehr hören! Das gehört der Vergangenheit an. In Zukunft überlegen wir bei solchen kritischen Dingen gemeinsam, wie am besten vorgehen; dann passiert so etwas nicht nochmal.

Vergasung: etw. bis zur Vergasung tun *sal – path* · to do s.th. till one is blue in the face, to repeat/... s.th. ad nauseam

... Macht ihr denn diese Übungen schon lange? – Seit sechs oder sieben Wochen jeden Tag, stundenlang – bis zur Vergasung! Deshalb sind wir alle schon regelrecht allergisch dagegen.

vergattern: jn. zu etw. vergattern *ugs* · to order s.o. to do s.th. *n*, to instruct s.o. to do s.th. *n*

Kommst du am Wochenende mit ins Kino? – Ich habe leider keine Zeit. Mein Chef hat mich dazu vergattert, einen Bericht für die Vorstandssitzung am Montag fertig zu machen.

vergeben: sich nichts vergeben, wenn .../... – jm. fällt keine **Perle** aus der Krone (wenn/...) · + it would not hurt s.o. to do s.th., s.o. would not lose face by doing s.th., s.o. would not compromise himself by doing s.th.

schon/... vergeben sein *ugs* · 1. to have already promised s.o. the next dance, 2. to have s.th. (else) on *n*
1. (Auf einem Tanzabend:) Tag, Marta! Hast du Lust, den nächsten Tanz mit mir zu tanzen? – Tag, Udo. Klar, Lust hätte ich schon. Aber ich bin schon vergeben. Der Rolf Walker hat mich schon gefragt. – Dann den übernächsten. ...
2. ... Otto, was ich noch sagen wollte: wir geben morgen abend eine Weinfete. Wenn du Lust hast ... – Verdammt! Morgen bin ich schon vergeben. Morgen veranstaltet unser Tennisclub einen Tanzabend ... *seltener*

das/etw. soll (alles) vergeben und vergessen sein/ist ... *path (od. iron)* · it/that is all over and done with, it/that is all forgiven and forgotten
... Ich weiß, der Junge hat dir mit seiner Bemerkung sehr Unrecht getan ... – Nein, das meine ich nicht; das soll alles vergeben und vergessen sein. – Worum geht es dir denn dann? – Der Junge sollte sich endlich seiner Mutter gegenüber anständig verhalten!

Vergebung: Gott/(...) um Vergebung bitten *mst rel* · to ask God for forgiveness
... Gott sollt ihr um Vergebung bitten, nicht die Menschen! Die Menschen haben zu entschuldigen, nicht zu vergeben.

vergehen: fast vergehen vor Sehnsucht/Erwartung/Schmerz/ (...) *form* – *path* · to pine away (with longing/expectation/...)
Jetzt ist die Anabela doch schon sechs oder sieben Jahre verheiratet! Und trotzdem: wenn der Christoph verreist ist, vergeht sie fast vor Sehnsucht! So als wenn Sie gestern verliebt hätten!

vergelten: Böses mit Bösem/Gutes mit Gutem/Böses mit Gutem/Gutes mit Bösem/Gleiches mit Gleichem vergelten · 1. to return evil for evil, to retaliate, 2. to return good for evil, 3. to repay good with evil, 4. to return like for like, to give measure for measure
1. ... Ihr sollt nicht Böses mit Bösem und auch nicht Gleiches mit Gleichem vergelten – ihr sollt Gutes wie Böses mit Gutem vergelten! – 'Schlägt dich einer auf die rechte Backe, dann halte ihm auch die linke hin', nicht?
2. vgl. – **Böses** mit Gutem erwidern/(vergelten)
3. vgl. – **Gutes** mit Bösem vergelten/(erwidern)
4. vgl. – **Gleiches** mit Gleichem vergelten/(erwidern)

jm. etw. hundertfach/tausendfach/(vielfach/...) vergelten *path* · to repay s.o. a hundred/a thousand/many/... times over
... Kein Mensch hat jemals geleugnet, daß euer Dieter meinem Bruder am Anfang seiner Karriere sehr geholfen hat. Aber ihr scheint mir manchmal zu vergessen, daß mein Bruder dem Dieter das hundertfach vergolten hat. Ohne die jahrelange massive Unterstützung durch unseren Walter wäre der Dieter nach wie vor der Leiter einer kleinen Provinzbank und nicht ein angesehener Bankdirektor.

Vergeltung: nach Vergeltung schreien *path* · to cry out for revenge
... Ein Mord schreit nach Vergeltung! Die Sitte der Blutrache ist doch nichts anderes als eine der Formen, in diesem unabweisbaren Drang nach Vergeltung, nach Sühne Ausdruck gibt!

vergessen: das/die Angelegenheit/... kannst du/kann er/... vergessen! *ugs* · you/he/... can forget it/the whole thing/...
... Du meinst in der Tat, nach dieser ergebnislosen Sitzung können wir den Auftrag vergessen? – Genau das meine ich, Herbert; den können wir in den Mond schreiben. Wenn wir heute nichts Konkretes erreicht haben, ist da nichts mehr drin.

das Geld/... kannst du/kann er/... vergessen *ugs* · you/he/... can forget it/the house/the money/...
... Du als Anwalt meinst also, der Prozeß ist nicht zu gewinnen? – So ist es. Das Haus, um das es euch da geht, könnt ihr vergessen. Das wird eurer Familie nie zugesprochen. ...

... – **nicht zu vergessen** ... *form selten* · not to mention ...
... Ihr macht euch gar keine Vorstellungen, was die Modernisierung so eines Betriebs für eine Arbeit macht – nicht zu vergessen die Sorgen, die finanziellen Probleme ...

jm. etw. nie vergessen · to always remember s.o. for s.th.
... Seine Hilfe in diesen kritischen Monaten werde ich ihm nie vergessen! – Vielleicht kommt er auch einmal in die Lage, daß er Unterstützung braucht. – Dann helfe ich ihm sofort.

wie kann/... sich j. so weit/... vergessen, zu ... · how can s.o./... so forget himself as to do s.th.?
... Daß man scharfe Auseinandersetzungen mit seinem Vater haben kann, liegt auf der Hand; und ich akzeptiere auch, daß da manches harte, unschöne Wort fällt. Aber daß sich jemand derartig vergessen kann, daß er seinen Vater schlägt – wie der Manfred –, das versteh' ich nicht mehr.

Vergessen: dem Vergessen anheimfallen *form* – *path od. iron veraltend* · to be forgotten, to fall into oblivion
... In den langen Jahren ist die Angelegenheit dem Vergessen anheimgefallen. Das ist ganz natürlich. Nach so langer Zeit würdest du dich auch nicht mehr an solche Dinge erinnern.

Vergessenheit: der Vergessenheit anheimfallen *form* – *path od. iron veraltend* – dem **Vergessen** anheimfallen · to fall into oblivion

in Vergessenheit geraten *form* · to be forgotten
(Jemand zu seinem Bruder, vier Monate nach dem Tod des Vaters:) Du, was ich noch sagen wollte: wie steht es eigentlich mit dem Verkauf von Vaters Aktien? Seit Monaten sprichst du nicht mehr davon. Ist die Sache in Vergessenheit geraten?

vergiß: vergiß es/vergeßt es/...! *ugs* · 1. 2. forget it
1. ... Du meinst in der Tat, Erna, der Kaunert wird mir das Geld nicht zurückzahlen?! – Vergiß es, Paul! – Aber ich werde doch 30.000,– Mark nicht so einfach in den Mond schreiben! ...
2. ... Was hast du gesagt? Ich hab' dich nicht verstanden. – Ach, vergiß es, es war nicht so wichtig.

Vergleich: das ist (ja) (gar/überhaupt) kein Vergleich/etw. ist ... mit etw. · there is no comparison!, + it/s.th. is nothing compared to ...
Der Peter hat viel gearbeitet in den letzten Monaten, das ist keine Frage. Aber wenn man daneben hält, was der Rudolf in der Zeit gemacht hat ... – das ist überhaupt kein Vergleich! Wenn der Peter 60, 70 Seiten übersetzt hat, dann hat der Rudolf an die 250, 300 übersetzt ...

im Vergleich zu jm./etw. · compared with/to s.o./s.th., in comparison with s.o./s.th.
Absolut gesehen, arbeitet der Peter nicht wenig; aber im Vergleich zu seinem Bruder ist es doch ziemlich kümmerlich, was er leistet.

den/einen Vergleich (nicht) aushalten mit jm./etw. · s.th. does not stand comparison with s.th./(s.o.), s.th. does not bear comparison with s.th./(s.o.)
... Euer Paul ist nicht faul, das mein. Aber seine Arbeitskraft hält einen Vergleich mit dem, was die anderen beiden engeren Mitarbeiter des Chefs machen, nicht aus; die beiden leisten entschieden mehr.

sich durch einen Vergleich einigen *jur* – einen **Vergleich** schließen · to reach an out-of-court settlement with s.o., to settle (s.th.) out of court

der/dieser/... Vergleich hinkt · it/that is a lame/poor/... comparison, the/... comparison is inappropriate/feeble/...
... Die Revolution in Portugal ist genauso wenig ein Erfolg gewesen wie die in Peru ... – Dieser Vergleich hinkt, Albert. In Peru – Genau sind solche Vergleiche nie, aber ...

einen Vergleich schließen *jur* · to reach an out-of-court settlement (with s.o.), to settle (s.th.) out of court
... Statt einen Prozeß zu führen, der Jahre dauern kann, sollten die beiden Parteien einen Vergleich schließen! – Daran scheinen sie auch schon zu denken. Sie arbeiten bereits an einer Kompromißformel.

in (gar/überhaupt) keinem Vergleich zu etw. **stehen** – in (gar/überhaupt) keinem **Verhältnis** zu etw. stehen · not to be able to stand comparison with s.th., to bear no relation to s.th.

einen Vergleich ziehen zwischen ... *form* · to make a comparison between x and y, to draw a comparison between x and y

Was soll es für einen Sinn haben, zwischen dem Leben in einem hochindustrialisierten Land wie Deutschland und dem in Peru oder sonst einem kleinen Land der Dritten Welt einen Vergleich ziehen zu wollen? Das/(diese beiden Dinge) läßt/(lassen) sich (einfach) nicht vergleichen.

(lange/(...)) Vergleiche anstellen/(machen) *ugs* · to make (idle/...) comparisons

(Der Leiter einer Gruppe von Arbeitern, die Granit abbaut und unter der es Streit wegen der Arbeitsbelastung gibt:) Wenn der Fritz mehr Überstunden gemacht hat, dann hat der Robert in den letzten Wochen die härtere Arbeit gehabt. Aber es scheint mir ziemlich unfruchtbar, jetzt lange Vergleiche anzustellen. Worauf es jetzt ankommt, ist, daß wir an einem Strick ziehen und endlich die Produktion steigern.

vergleichen: mit dem/der/dem Maier/... kann sich j. nicht vergleichen – **mit dem/der/dem Maier/... kann sich j. nicht messen** · s. o. is not in the same class/league/... as Smith/...

vergleichsweise: vergleichsweise viel/teuer/billig/... sein · (to be) comparatively/relatively expensive/cheap/...

... Für deinen alten Gebrauchtwagen hast du 10.000,– Mark gezahlt? Das finde ich vergleichsweise teuer, sehr teuer sogar. Für die doppelte Summe kriegst du einen neuen derselben Marke.

Vergnügen: mit Vergnügen *form* · with pleasure, I'd/... be delighted

... Wenn Sie Lust haben mitzugehen, Herr Schonau ... Wir wollen uns heute abend in den 'Kammerspielen' den 'Don Carlos' angukken. – Mit Vergnügen, Herr Bohnert. Ins Theater gehe ich immer gern.

mit dem größten Vergnügen! *path od. iron* – (stärker als:) **mit Vergnügen!** · with the greatest of pleasure

etw. (nur/bloß) zum Vergnügen tun · to do s. th. (just/purely/...) for fun/for the pleasure of it

... Der Aloys verdient nichts mit seinen Übersetzungen, sagst du? – Nein, keinen Pfennig. Er macht das nur zum Vergnügen.

etw. zu tun, das ist kein/alles andere als ein Vergnügen *ugs* · it is not much fun (doing s. th.), it is no picnic (doing s. th.)

Einen halben Morgen lang Kartoffeln schälen – das ist alles andere als ein Vergnügen!

ein teures Vergnügen sein *ugs* · it/s. th. is an expensive hobby *n*, it/s. th. is an expensive bit of fun

... Auto fahren ist ein teures Vergnügen, Ulrich! Wenn du alles zusammenrechnest, kommst du auf Summen, die du für andere Dinge nie ausgeben würdest.

ein (sehr) zweifelhaftes Vergnügen (sein) *ugs* · it/s. th. is a dubious pleasure

... Jetzt hast du gerade eine so herrliche Reise hinter dir und willst schon wieder weg? – Diese Reise war ein sehr zweifelhaftes Vergnügen, weißt du. Die Hälfte der Zeit hatten Vater und Mutter Streit miteinander; die andere Hälfte regnete es oder ...

mit wem habe/... ich/... das Vergnügen, zu ...? *dir. R oft iron* · to/with whom do I have the pleasure of talking?

(Auf einem Cocktail; eine Diskussion unter zwei Männern in einer kleinen Gruppe:) Nein, die Russen sind heute nicht mehr gefährlich! – Ich weiß nicht, mit wem ich das Vergnügen habe zu diskutieren, aber ... – Möller ist mein Name, Dr. Franz Möller, vom Osteuropainstitut. – Angenehm! Schreiber – vom Bundeskriminalamt. Also, Herr Möller, ich kann Ihnen da ganz und gar nicht zustimmen ...

ein/sein diebisches Vergnügen haben an etw./daran, etw. zu tun *ugs* – **eine/seine diebische Freude** haben an etw./daran, etw. zu tun · to take a mischievous delight in s. th./in doing s. th., to take a fiendish delight in doing s. th.

es bereitet/macht jm. **kein/... Vergnügen,** etw. zu tun · + (not) to enjoy doing s. th., s. th. gives s. o. (no) pleasure

... Glaubst du, es macht mir Vergnügen, den Jungen immer und immer wieder zum ordentlichen Arbeiten anzuhalten?! Aber es muß halt sein!

sich dem Vergnügen in die Arme werfen *ugs path od. iron selten* · to start living it up, to start enjoying life

... So, jetzt habe ich mehr als dreißig Jahre geschuftet wie ein Wilder, jetzt ist Schluß! – Was heißt, jetzt ist Schluß? Willst du dich jetzt dem Vergnügen in die Arme werfen? – Das nicht gerade. Aber jetzt laß ich es langsam gehen und suche die angenehmen Seiten des Lebens zu genießen ...

jm. **(großes/viel/kein/...) Vergnügen bereiten** (etw. zu tun) *form* – (eher:) jm. (großen/viel/keinen/...) **Spaß** machen (etw. zu tun)/es macht jm. ... · + to get/to derive/... great/no/not much/... pleasure from doing s. th.

an etw. (nicht) (viel/...) **Vergnügen finden/**(nicht) (viel/...) Vergnügen daran finden, etw. zu tun *form* – (eher:) jm. (großen/viel/keinen/...) **Spaß** machen (etw. zu tun)/es macht jm. ... · to get/to derive/... great/no/not much/... pleasure from doing s. th.

ein (geradezu) kindliches Vergnügen an etw. **finden/**... daran finden, etw. zu tun · to get a (really/...) childish pleasure out of doing s. th., to get a (really/...) childish kick out of doing s. th. *coll*

Unser Erich findet ein kindliches Vergnügen daran, seinen Professor durch falsche bibliographische Hinweise irrezuführen. Wie sich ein erwachsener Junge an solch lächerlichen Dingen so erfreuen kann! Seltsam!

jm. **(großes/viel/kein/...) Vergnügen machen** (etw. zu tun) – (eher:) jm. (großen/viel/keinen/...) **Spaß** machen (etw. zu tun)/es macht jm. ... · + to get/to derive/... great/no/not much/... pleasure from doing s. th.

sich das Vergnügen machen, etw. zu tun – (eher:) sich den **Spaß** machen, etw. zu tun · to get pleasure out of doing s. th., to get a kick out of doing s. th.

sich ein Vergnügen daraus machen, etw. zu tun/(aus etw. machen) – (eher:) sich einen **Spaß** daraus machen, etw. zu tun/(aus etw. machen) · to get pleasure out of doing s. th., to get a kick out of doing s. th.

vergolden: sich sein Dichthalten/seine Scheckfälschung/... **vergolden lassen** *ugs – iron* · to make s. o. pay/cough up/... for s. th.

... Ich gebe zu: der Christoph hat unseren Rolf auch in Situationen gedeckt, die alles andere als 'sauber' waren; er hat sich nicht gescheut, sich die Finger schmutzig zu machen, um den Christoph aus der Patsche zu ziehen. Aber ..., aber er hat sich diese Dienste vergolden lassen. Ich weiß nicht, wieviel tausend Mark der Christoph ihm schon zugesteckt hat.

vergönnt: es ist jm. **(nicht) vergönnt,** zu ... *form* · it is not granted to him/... to do s. th.

... Der Mann ist krank, sehr krank, Peter! Wer weiß, ob es ihm noch vergönnt sein wird, seine Kinder verheiratet zu sehen. Ist es da nicht verständlich, daß ...

vergreifen: sich an jm./js. Eigentum/... **vergreifen** *form – path* · 1. to lay hands on s. th., to misappropriate s. th., to touch/to break into/... money/..., 2. to assault s. o. sexually, to indecently assault s. o.

1. ... Und wenn ich hungern würde, rief er aus, ich würde es doch nicht wagen, mich an dem Geld meines Vaters zu vergreifen!

2. Weißt du eigentlich, warum der Otto sich mit seinem Sozius zerstritten hat? – Er behauptet, der hätte sich an seiner Ältesten vergriffen. – An der Erika? Wie ich die kenne, wird das eher umgekehrt gewesen sein: sie wird alles getan haben, um ihn zu 'reizen' ...

vergucken: sich in jn. **vergucken** *ugs veraltend selten* · 1. 2. to fall for s. o., to be smitten with s. o.

1. vgl. – sich in jn. **verlieben/**in jn. verliebt sein (1)

2. vgl. – jm. zu tief ins **Auge** gesehen/(geblickt) haben

verhackstücken: jn. regelrecht/... **verhackstücken** *sal selten* – etw. (genußvoll/...) **auseinanderpflücken** · to tear s. o. to pieces, to tear strips off s. o.

Verhaft: in Verhaft sein *form veraltend selten* – in **Haft** sein/ sich … befinden · to be in custody, to be on remand

jn. in Verhaft nehmen *form veraltend selten* – jn. in **Haft** nehmen · to take s.o. into custody

verhallen: ungehört verhallen *path* · to go unheard, to go unheeded

… Wenn da draußen auf dem Meer jemand ertrinkt, kann er so viel um Hilfe rufen, wie er will – seine Rufe werden ungehört verhallen! – Bei dem Wellengang, der hier herrscht, hört das kein Mensch, da hast du Recht.

verhalten: sich mucksmäuschenstill verhalten · to keep as quiet as a mouse, to keep mum *coll*, to keep one's head down *coll*

… Hat dich denn nicht wenigstens der Manfred in Schutz genommen, als der Chef dir diese Vorwürfe machte? – Kein Mensch hat etwas gesagt. Die haben sich alle mucksmäuschenstill verhalten, vor lauter Angst, ein einziges Wort könnte ihn gegen sie aufbringen.

Verhältnis: im Verhältnis zu jm./etw. – im **Vergleich** zu jm./ etw. · in comparison to/with s.o./s.th.

im Verhältnis ist es/(etw.) **viel**/wenig/gering/klein/… · in relative terms it is not much/a small amount/…, s.th. is a relatively small/… amount/…

(Zu einer Übersetzung:) Auf den ersten Blick scheinen 20 Seiten in drei Tagen natürlich viel. Aber der Eindruck täuscht; ja, im Verhältnis ist es sogar wenig. Denn der Text war ungewöhnlich leicht und es war genau die Textsorte, die der Werner seit Jahren übersetzt.

ein Verhältnis mit jm. **haben** *ugs* – ein **Techtelmechtel** mit jm. haben · to be having an affair with s.o., to be having a fling with s.o., to be carrying on with s.o.

ein/kein Verhältnis haben zu etw./jn. – (viel/wenig/keinen/…) **Sinn** für jn./etw. haben · to have a/no feeling for s.th., (not) to be able to relate to s.th.

ein festes Verhältnis (mit jm.) **(sein/haben)** · 1. 2. to go/to be/to be going steady with s.o., to have/to be having a serious relationship with s.o.

1. Die Ursel und der Peter gehen schon seit Jahren miteinander, nicht? – Ja, das ist ein festes Verhältnis. Sobald der Peter sein Examen hat, heiraten die beiden.

2. … Aber ein Mädchen mit fünfzehn Jahren muß doch nicht unbedingt schon ein festes Verhältnis haben!

ein freundschaftliches Verhältnis (zu jm.) **haben** *form* – mit jm./miteinander auf freundschaftlichem **Fuß** stehen · to be on friendly terms with s.o.

ein gespanntes Verhältnis zu jm. **haben** – mit jm. auf gespanntem **Fuß** stehen · to be on bad terms with s.o., to live in a state of tension with s.o., + s.o.'s relationship with s.o. is strained

ein gutes Verhältnis zu jm. **haben** – auf gutem **Fuß** mit jm. stehen · to be on good terms with s.o.

mit jm. **ein Verhältnis/ein festes Verhältnis eingehen** *form* · to start a serious relationship

Wer mit zwanzig Jahren ein festes Verhältnis eingeht, meint mein Vater, weiß einfach nicht, was er tut. Mit zwanzig Jahren ist man doch (charakterlich) noch gar nicht fertig. Unter Umständen wünscht sich der Mann mit fünfundzwanzig Jahren eine ganz andere Frau, die Frau einen ganz anderen Mann …

(endlich/…) ein Verhältnis gewinnen zu jm./etw./(kein Verhältnis gewinnen (können) zu jm./etw.) · 1. 2. to be able to relate to s.th./s.o. (at last/…), to be able to get on with s.o./s.th. (at last/…)

1. … So sehr der Rainer sich auch bemüht, zur modernen Malerei gewinnt er kein Verhältnis. Sie bleibt ihm fremd. – Mir liegt sie auch nicht sehr, offengestanden.

2. … Ja, die Karin hat in den letzten Ferien in einem Kinderdorf gearbeitet. Es ist ihr nicht ganz leicht gefallen, aber einen Erfolg hat diese Arbeit mit Sicherheit gehabt: sie hat endlich ein Verhältnis zu Kindern gewonnen. Vorher hatte sie überhaupt keinen richtigen Sinn für Kinder.

mit jm. **in einem gespannten/**(in gespanntem) **Verhältnis leben** *form* – (eher:) mit jm. auf gespanntem **Fuß** stehen · + s.o.'s relationship with s.o. is strained, s.o. lives in a state of tension with s.o.

in (gar/überhaupt) keinem Verhältnis zu etw. stehen · not to be able to stand comparison with s.th., to bear no relation to s.th.

… Das, was der Peter macht, steht in überhaupt keinem Verhältnis zu dem, was sein Vater leistet. Das kann man überhaupt gar nicht miteinander vergleichen. Mir ist völlig schleierhaft, wie man in dieser Familie die Arbeit des alten Herrn so wenig honorieren kann.

in freundschaftlichem Verhältnis zu jm. **stehen** *form* – (eher:) mit jm./miteinander auf freundschaftlichem **Fuß** stehen · to be on friendly terms with s.o.

im umgekehrten/(in einem umgekehrten) **Verhältnis stehen zu** etw. · to be inversely proportional to s.th., to be in inverse proportion to s.th.

… Seine Einnahmen stehen im umgekehrten Verhältnis zu seinen Ausgaben. Wenn er 100,– Mark einnimmt, gibt er 200,– aus. – Dann ist er also permanent bankrott? – Du sagst es.

in einem verwandtschaftlichen Verhältnis zu jm. **stehen** *form selten* · to be related to s.o.

… Der Hubert Glocke und der Alfons Herrschel kennen sich? – Ja, die stehen sogar in einem verwandtschaftlichem Verhältnis zueinander. Ich weiß zwar im Augenblick nicht genau, wie; aber um mehrere Ecken sind sie miteinander verwandt.

das/(etw.) **geht über** js. **Verhältnisse** · it/s.th. is beyond s.o.'s means

… Der Werner verdient zwar nicht schlecht, zugegeben, aber ein eigenes Haus, das geht über seine Verhältnisse/(aber ein eigenes Haus geht über seine Verhältnisse), das kann er unmöglich bezahlen.

(in) zerrüttete(n) Verhältnisse(n) (leben/…) *form* · to come from/to live in/… a broken home

… Daß die Monika psychisch labil ist, ist mehr als verständlich. Sie ist in völlig zerrütteten Verhältnissen aufgewachsen. Der Vater war ein notorischer Trinker, die Mutter depressiv, die Ehe lief nie gut; es gab ernste finanzielle Probleme …

über seine Verhältnisse leben · to live beyond one's means

Ich verstehe einfach nicht, daß der Bodo mit seinem Geld nicht auskommt. Der verdient doch mehr als wir alle. – Das ist sehr einfach zu verstehen: er verdient 4.000,– Mark im Monat und gibt 5.000,– aus. – Ja, wenn er über seine Verhältnisse lebt …

(so) wie die Verhältnisse (nun einmal) **liegen** – (eher:) (so) wie die **Dinge** (nun einmal) liegen/(stehen) · as things (now) stand

unter anderen/günstigeren/(…) **Verhältnissen** … · under/in more favourable/different/… circumstances, in more favourable/different/… conditions

… Der Hubert hat sein ganzes Leben nur Schwierigkeiten gehabt – als Kind zu Hause, in der Ehe und in der Firma – und er hat trotzdem eine ansehnliche Stellung erreicht. Unter anderen Verhältnissen wäre er – bei seiner Arbeitskraft und seiner Intelligenz – Generaldirektor oder so was geworden.

in kleinen/(engen) **Verhältnissen leben/aufwachsen/…** *ugs* · to live in poor conditions *n*, to come from a humble/poor/… background *n*

… Ich weiß nicht, ob der Kurt so eng – wenn nicht gar engstirnig – ist, weil er immer in kleinen Verhältnissen gelebt hat, oder ob die Familie nie aus ihren kleinen Verhältnissen herauskommt, weil sie engstirnig ist.

aus ärmlichen Verhältnissen kommen/stammen · to come from a poor background

… Natürlich mußte die Familie von dem Holger mit jedem Pfennig rechnen! Aber das mußten wir zu Hause auch – und trotzdem bin ich nicht geizig oder schrappig. Es muß doch nicht jeder, der aus ärmlichen Verhältnissen kommt, ein Pfennigfuchser sein!

aus (ganz) kleinen Verhältnissen kommen/stammen/(...) *ugs* · to come from a poor/humble/... background, to come from a lower middle-class/working-class/(...) background

... »Es muß doch nicht jeder, der aus kleinen Verhältnissen kommt, engstirnig sein!«, rief er plötzlich ärgerlich aus. Herrgott nochmal, diese Manie, alles soziologisch oder durch die Umwelt erklären zu wollen! Ich kenne Leute, die stammen aus ganz armen Bauernfamilien und sind großzügiger und weitherziger als unsere Paradebürger.

in geordneten/(...) **Verhältnissen leben** *form* · to lead/to live/... a settled life, to lead/to live/... a well-ordered life

... Die Karin – gut, die feiert mal, die schlägt auch mal über die Stränge; aber sie lebt in geordneten Verhältnissen. Bei der Gertrud dagegen weiß man überhaupt nicht, woran man ist. Beruflich hängt sie in der Luft; bei ihr zu Hause geht alles durcheinander; was ihre Freundschaften angeht ... – na ja!

Verhaltungsmaßregeln: jm. **Verhaltungsmaßregeln erteilen (wollen/**...) *form* · to (try to/...) dictate rules of conduct to s.o.

(A zu B:) Wenn der Christoph mir einen gutgemeinten Rat geben will, laß ich mir das gefallen – er ist schließlich älter und erfahrener als ich. Aber Verhaltungsmaßregeln laß ich mir von ihm nicht/(keine) erteilen. Ich bin schließlich nicht sein Sohn oder sein Angestellter.

Verhandlung: zur Verhandlung kommen *form* · to come up for hearing

(Vor einem Prozeß:) Werden heute schon die zentralen Vorwürfe, die gegen den Angeklagten erhoben werden, zur Verhandlung kommen? – Wohl kaum. Es wird erwartet, daß heute zunächst darüber entschieden wird, ob der Angeklagte verhandlungsfähig ist oder nicht.

Verhandlungen aufnehmen (mit jm.) (über etw.) *form* · to enter into negotiations (with s.o.) (about s.th.), to start negotiations (with s.o.) (about s.th.)

... Habt ihr die Verhandlungen mit der Universität Lissabon über einen Austausch von Wissenschaftlern schon aufgenommen? – Eine Delegation unserer Universität fährt nächste Woche dorthin, um darüber zu verhandeln.

in Verhandlungen eintreten/(treten) (mit jm.) (über etw.) *form* · to enter into negotiations (with s.o.) (about s.th.)

Die israelische Regierung sagt zwar immer wieder, sie erkenne grundsätzlich für jedes Volk das Recht auf eine eigene Nation an, weigert sich aber beharrlich, mit den wichtigsten Palästinenserorganisationen in Verhandlungen einzutreten.

mit jm. **in Verhandlungen stehen** (über etw.) *form* · to be negotiating (with s.o.) (about s.th.)

Habt ihr mit Schuckert den Vertrag eigentlich schon abgeschlossen? – Nein, wir stehen mit ihnen noch in Verhandlungen. Aber die stehen kurz vor dem Abschluß.

Verhandlungsweg: (etw.) **auf dem Verhandlungsweg** (lösen/...) *form* · to solve a problem/... by negotiation

... Besser etwas auf dem Verhandlungsweg lösen, Junge – solange die Verhandlungen auch dauern! – als Krieg anzufangen!

Verhängnis: jm. **wird** etw. **zum Verhängnis** · s.th. is s.o.'s undoing, s.th. is s.o.'s downfall

... Jahre und Jahre führte er in dem Nest ein ganz normales bürgerliches Leben, ohne daß irgendjemand auf die Idee gekommen wäre, er könnte der gesuchte Kindesmörder sein. Und er hätte bis an sein Lebensende so weitergelebt, wenn ihm nicht seine Angeberei/Schwatzsucht/Sucht nach Ruhm/... zum Verhängnis geworden wäre. Bei einer Diskussion über die Polizei tönte er: »Die?! Die finden doch niemanden!« Einige der Zuhörer wurden hellhörig ...

verhaspeln: sich verhaspeln *ugs* · 1. to get into a muddle, to get tangled up, to get mixed up, to stumble over one's words, 2. to get everything mixed up, to get everything muddled up

1. ... Ich versteh' gar nicht, daß der Mann keine klaren und eindeutigen Erklärungen geben kann! Der verhaspelt sich doch in jedem dritten Satz. – Der Otto Schuster war immer ein 'Konfusionsrat'. Schon in der Schule versprach er sich ständig, stotterte da rum, redete wirres Zeug ...

2. vgl. – alles/... **durcheinanderwerfen**

verhauen: eine Prüfung/einen Test/... **verhauen/**... *ugs* – eine Klassenarbeit/... in den **Sand** setzen · to completely/... bomb out in/flunk/... an exam/...

verheiratet: ich/er/der Peter/... **bin/**ist/... **(doch/**...) **nicht mit** jm. **verheiratet!** *sal* · I/you/John/... am/... not married to him/Mary/..., I/he/John/... am/... not his/her wife/husband

... Warum der Prof. Schramm seine Vorlesungen immer morgens um acht Uhr hält? Wie soll ich das wissen?! Ich bin doch nicht mit ihm verheiratet!

verheizen: Truppen/... **verheizen** *ugs* · to use troops/... as cannon-fodder, to send troops/... to their death

... Ich weiß gar nicht, wieviel Soldaten dieser entsetzliche Kerl sinnlos verheizt hat! 30 – 40.000 sind doch bestimmt umgekommen.

verhext: (es scheint) etw. **ist verhext** *ugs* – etw. hat sich (wohl/bestimmt/...) selbstständig **gemacht!** · + (there seems) to be a jinx on s.th., s.th. keeps disappearing

heute/hier/... **ist aber auch/**(...) **alles (wie) verhext/**scheint aber auch/(...) alles (wie) verhext zu sein *ugs* – *path* · 1. 2. + there seems to be a jinx on everything today/...

1. Heute scheint aber auch alles verhext zu sein, verdammt nochmal! Es klappt aber auch gar nichts!

2. Heute ist aber auch alles verhext! Jetzt suche ich schon wieder etwas. – Was ist es denn diesmal? – Meinen grüngestreiften Schlips. Weißt du zufällig, wo ich den gelassen habe?

verhindert: geschäftlich verhindert sein *form* · to be unable to come/to attend/... for reasons of work/because of business commitments, + work/business commitments prevent s.o. from doing s.th.

(Der Repräsentant eines Großunternehmens; auf einer Konferenz:) Herr Dr. Markuse läßt sich entschuldigen; er ist leider geschäftlich verhindert und konnte deshalb nicht zur Eröffnungssitzung kommen. Wenn es ihm seine Verpflichtungen erlauben, wird er an den letzten Sitzungen aber persönlich teilnehmen.

verhinderter: ein verhinderter Pianist/Architekt/... **sein** *ugs* · to be an architect/a politician/... manqué, to be a would-be architect/politician/...

... Ich staune immer wieder, was der Jakob bei der Umstrukturierung seines Guts für Ideen entwickelt! Vor allem in der architektonischen Anlage des Ganzen. – Das ist ein verhinderter Architekt, da hast du völlig Recht. Ja, die meisten Architekten würden das wahrscheinlich nicht so gut machen.

verhohnepiepeln: jn. **verhohnepipeln** *sal* – jn. (tüchtig/anständig/so richtig/...) auf den **Arm** nehmen · to take the mickey out of s.o., to pull s.o.'s leg, to send s.o. up

Verhör: ein Verhör mit jm. **anstellen** *form od. iron* · to interrogate s.o., to grill s.o.

... Der Besitzer des Guts meint, Sie wären ja gerade da vorbeigekommen, Herr Rainer, als die Bande aus dem Obstgarten herauskam. Er würde gern einmal mit Ihnen sprechen ... – Er will wohl ein Verhör mit mir anstellen, was? Als ob mich interessierte, ob die Jungen da ein paar Äpfel geklaut haben oder nicht.

jn. (mal ernsthaft/...) **ins Verhör nehmen** *form selten* · to take s.o. to task, to question s.o., to interrogate s.o., to have a serious word with s.o. about s.th., to quiz s.o.

(Vater – Lehrer:) Sie sagen, mein Sohn geht abends mit einer Gruppe Jungen und Mädchen in zwielichtige Lokale ...? Da muß ich den Burschen aber mal ins Verhör nehmen. – Hoffentlich schenkt er Ihnen auch reinen Wein ein.

jn. **einem Verhör unterziehen** *form* · to cross-examine s.o., to grill s.o., to subject s.o. to an interrogation

... Obwohl der Direktor der Schule jeden einzelnen der Jungen, die an dem Streich beteiligt waren, einem ausführlichen Verhör unterzog, bekam er nicht heraus, wer die Zeugnisunterlagen aus dem Sekretariat entwendet hatte. – Das heißt, alle hielten dicht? – Alle!

verjubeln: sein Geld/... **verjubeln** *sal* · to blow money/...

... Was weiß ich, womit der Krause sein Geld verjubelt hat – mit Frauen, Alkohol oder sonstwie. Das einzige, was ich weiß: es ist ihm gelungen, die 300.000,– Mark, die er von seiner Mutter geerbt hat, in vier Jahren kleinzukriegen.

verjüngt: wie verjüngt aussehen/... · to look younger, to look rejuvenated
(Ein Besucher zu der Frau eines Freundes:) Das letzte Mal, als ich bei euch war, wirkte der Georg matt, ja fast verbraucht. Aber heute sprüht er geradezu vor Lebenslust. – Er war mit einem Kollegen 14 Tage in Griechenland und ist wie verjüngt von der Reise zurückgekommen. Ich hab' ihn seit Jahren nicht so munter gesehen.

verkalkt: (schon ganz/total) **verkalkt sein** *sal* · to be senile , to be gaga
Wenn man derart verkalkt ist wie der alte Herr Börne, sollte man eigentlich keine Firma mehr leiten. Der Mann bingt ja keine drei vernünftigen Sätze mehr zustande.

verkamisolen: jn. **anständig/...** verkamisolen *ugs veraltend selten* – jm. den **Buckel** vollhauen/vollschlagen · to give s. o. a good thrashing/leathering/...

verkasematuckeln: etw. verkasematuckeln *sal selten* · 1. to put s. th. away *food*, to knock s. th. back *drink*, to get through s. th. *food, drink,* 2. to explain s. th. to s. o. *n*
1. ... Was die da gestern auf der Fete in kürzester Zeit an Würstchen, Kuchen, Bier, Schnaps und was weiß ich noch alles verkasematuckelt haben, das geht auf keine Kuhhaut!
2. ... Kannst du mir das mal genauer/im einzelnen verkasematuckeln, was unter 'Semantem' zu verstehen ist? Die allgemeinen Erklärungen in diesem linguistischen Wörterbuch versteh' ich nicht.

Verkauf: zum Verkauf stehen *form* · to be for sale
... Mein Gott, was stehen hier viele Häuser zum Verkauf! Hier scheint es ja geradezu ein Überangebot an Immobilien zu geben.

verkaufen: Wein/(...) **offen verkaufen** · to sell wine/... by the glass
(In einem Restaurant:) Wenn die den 'Bernkastler' offen verkaufen, trink' ich ein Gläschen; eine Flasche ist mir zu viel.

sich verkaufen *path* · to sell o. s.
(In einer Diskussion über die Prostitution:) Hm, die einen verkaufen sich körperlich, die anderen seelisch. Welche Prostitution schlimmer ist, weiß ich nicht.

sich gut/schlecht/... verkaufen können *ugs* · (not) to be able to sell o. s. well/...
... Heute genügt es nicht, gute Noten zu haben, man muß sich auch gut verkaufen können und es verstehen, seine Fähigkeiten und seine Persönlichkeit im rechten Licht erscheinen zu lassen.

jn. **für dumm verkaufen wollen/**meinen/..., man könnte jn. für dumm verkaufen *sal* · to take s. o. for a fool *n*, to think s. o. is stupid *n*, to think s. o. was born yesterday
... Aber, weißt du, ob ein Auto in dieser Größenordnung neu ist oder ob es 50, 60.000 Kilometer drauf hat, das läuft im Grunde auf dasselbe hinaus. – Du willst mich wohl für dumm verkaufen, was? Als wenn ich dir diese Kiste für 15.000,– Mark abkaufte! Da müßte ich ja verrückt sein.

sich nicht für dumm verkaufen lassen (von jm.) *sal* · not to be taken for a ride, I/he/... wasn't born yesterday
Der Kurt will mir seinen Wagen andrehen – für 15.000,– Mark. – Aber darauf gehst du doch nicht ein, was? – Natürlich nicht. Ich laß mich doch von dem nicht für dumm verkaufen.

Verkehr: (geschlechtlichen) **Verkehr haben** (mit jm.) *form* · to have sexual intercourse with s. o.
... Aber Herr Doktor, muß ein Mädchen mit sechzehn Jahren denn heute mit einem jungen Mann Verkehr haben, um als 'natürlich' und 'normal' zu gelten? – Von welchem Alter an eine Frau anfangen 'sollte', Geschlechtsverkehr zu haben, das ist sehr diskutierbar, Frau Färber.

der fließende Verkehr/fließender Verkehr *form* – ≠ der ruhende **Verkehr/**ruhender Verkehr · moving vehicles

der ruhende Verkehr/ruhender Verkehr *form* · stationary vehicles
... Du, hier steht etwas von 'ruhendem Verkehr'. Was soll das denn sein? – Nicht das, woran du wieder denkst! Das ist Bürokratenjargon und heißt so viel wie 'die Gesamtheit der Autos, die parken, der Flugzeuge, die irgendwo warten', usw.

den Verkehr mit jm. **abbrechen** *form selten* – die **Beziehungen** zu jm. abbrechen · to break off relations with s. o., to no longer associate with s. o.

etw. **in (den) Verkehr bringen** *form* – etw. in **Umlauf** setzen (1) · to put s. th. into circulation

eine Straße/... **für den Verkehr freigeben** *form* · to open (a road) to/for traffic
... Ja, die Autobahn Porto – Coimbra scheint sozusagen fertig zu sein. – Aber für den Verkehr freigegeben ist sie noch nicht, oder? – Ich glaub', doch.

mit jm. **Verkehr pflegen** *form selten* – mit jm. **Umgang** haben/pflegen · to associate with s. o.

in brieflichem Verkehr mit jm. **stehen** (wegen ...) *form veraltend selten* – in/(im) **Briefwechsel** mit jm. stehen (wegen ...) · to correspond/to be in correspondence with s. o. (about s. th.)

eine Straße/... **dem Verkehr übergeben** *form* · to open a road/... to traffic
... Wann, sagst du, hat der Minister die Autobahn Porto – Coimbra dem Verkehr übergeben? – Die Einweihung war am vergangenen Sonntag.

jn./etw. **aus dem Verkehr ziehen** *form* · 1. to decommission *vehicles*, to withdraw s. th. from circulation, to withdraw s. th./take s. th. out of/... service, 2. to withdraw (banknotes/coins) from circulation, 3. to put s. o. out of circulation, to take s. o. out of circulation
1. (Der Verantwortliche für den Straßenbahnverkehr einer Stadt:) Die alten Fahrzeuge von 1956 müssen wir wirklich aus dem Verkehr ziehen. Sie sind inzwischen doch zu langsam, und gemütlich sind sie auch nicht. – Dann müssen wir wenigstens 200 neue Fahrzeuge bauen lassen, um die alten zu ersetzen.
2. (Auf einer Bank:) Von den alten Hundertmarkscheinen haben Sie keine mehr? – Nein. Sie wurden vor vierzehn Tagen aus dem Verkehr gezogen. Es waren zu viele gefälschte Noten von der Serie im Umlauf.
3. ... Es scheint, den Postminister wollen sie jetzt doch aus dem Verkehr ziehen. – Wird das dem Kanzler doch allmählich zu viel, was der sich leistet? *ugs*

verkehren: mit jm. **geschlechtlich verkehren** *form* · to have sexual intercourse with s. o.
... Was weiß ich, Otto, ob die Frau Schlüter und der Herr Bösner geschlechtlich miteinander verkehren oder nicht! Das interessiert mich auch gar nicht.

verkehrt: gar/(überhaupt) **nicht verkehrt sein/**etw. ist so verkehrt nicht *Gedanken/Vorschläge u. ä.* · not to be so far wide of the mark, not to be a bad idea
... Ich weiß nicht, warum du deinem Sohn so barsch über den Mund fährst, Hubert! Was der Junge da sagt, ist doch gar nicht verkehrt. Entweder hat die Regierung systematisch gelogen oder sie ist völlig inkompetent.

etw. **verkehrt herum** anhaben/anziehen/halten/... – etw. verkehrt/falsch **herum** anhaben/anziehen/halten/... · to have s. th. on to/wear s. th./... the wrong way round

etw./(alles) **verkehrt herum** machen/(tun) – etw./(alles) verkehrt/falsch **herum** machen/(tun) · to do s. th. the wrong way round/back to front/...

Verkehrten: (mit etw.) (bei jm./da) **an den Verkehrten kommen/**(geraten) *ugs* – (mit etw.) (bei jm./da) an die richtige/(rechte) **Adresse** kommen/(geraten)/(an der richtigen/(rechten) Adresse sein) (1, 2) · to come/to have come to the wrong person with s. th.

Verkettung: durch eine unglückliche **Verkettung von Umständen** ... *form* – *path* · by/as a result of/... a chain of unfortunate accidents/circumstances
... So richtig 'Schuld' hat an dem Desaster eigentlich niemand! – Du meinst, es wurde durch eine unglückliche Verkettung von Umständen hervorgerufen? – Ja, genau. Erst starb der Firmenbesitzer, dann

brach der Granitmarkt in den Ländern zusammen, in die sie am meisten exportierten, dann ...

verklickern: jm. etw. **verklickern** *sal* · 1. 2. to explain s.th. to s.o. *n*, to make s.th. clear to s.o. *n*

1. ... Kannst du mir mal auf die Schnelle verklickern, wie ich mit dem Programm WordPerfect eine Tabelle erstellen kann? – Kein Problem, das ist schnell erklärt. ...

2. ... Ich glaube, dem Michael werde ich mal verklickern müssen, daß seine Frau fremdgeht.

verkloppen: jn. **anständig/**... **verkloppen** *sal* – jm. den **Buckel** vollhauen/vollschlagen · to give s.o. a good beating/hiding/...

verknallen: sich in jn. **verknallen/**in jn. verknallt sein *sal* – sich in jn. **verlieben/**in jn. verliebt sein · to be/to fall head over heels in love with s.o.

verkneifen: sich eine spitze Bemerkung/... **(nicht) verkneifen (können)/**(es) sich nicht verkneifen können, zu ... *ugs* · not to be able to resist saying s.th.

... Als der Rudolf wieder anfing, auf die Industrie zu schimpfen, konnte ich mir doch nicht verkneifen zu bemerken/sagen: aber du lebst doch von der Industrie, gerade als Philologe! Oder erarbeitet ihr die Unkosten eurer Institute etwa selbst?! Du hättest sehen sollen, wie sauer er reagierte.

verknusen: jn. **nicht verknusen können** *ugs* – jn./etw. nicht **ausstehen** können (1) · not to be able to stand s.o.

verkrachter: ein verkrachter Möbelfabrikant/Versicherungs-fachmann/Student/... *ugs* · 1. 2. to be a failed wine-dealer/student/... *n*

1. ... Ach, nun komm' mir doch nicht mit dem Schönberger, diesem verkrachten Spirituosenhändler! – Verkrachten ...? – Ja, wußtet du das etwa nicht? Der Mann hat ein großes Spezialgeschäft für französische Weine gehabt. Aber es kam, wie es kommen mußte bei so einem Menschen, der weder arbeiten noch rechnen kann: in zwei Jahren war er pleite.

2. ... Der Willi Häusler? Das ist ein verkrachter Student. Leider! Er hat bestimmt vierzehn Semester studiert ... – Und nie Examen gemacht? – Nie. Er hat Land und Leute studiert, wie man sagt, sonst nichts.

verkriechen: neben dem/der/dem Maier/... **kannst du dich/**kann er sich/... **verkriechen** *sal selten* – mit dem/der/dem Maier/... kann sich j. nicht **messen** · you/he/... aren't/... a patch on Smith/...

verkrochen: j. hätte sich (vor Verlegenheit/Scham/...) **am liebsten irgendwo verkrochen** *ugs – path* – j. wäre am liebsten in den **Erdboden** versunken/hätte in den Erdboden versinken mögen · s.o. is so ashamed/embarrassed/... that he wishes the ground would open up and swallow him

ich möchte doch wissen/..., **wohin sich** mein Schlüssel/... **verkrochen hat** *ugs selten* · I'd like to know where my keys/... have got to

... Ich möchte doch zu gern wissen, wohin sich mein Schirm schon wieder verkrochen hat. Das ist jetzt das dritte Mal in dieser Woche, daß ich den verlege/wie ein Verrückter suche.

verkrümeln: sich verkrümeln *sal* – sich aus dem **Staub(e)** machen (2) · to slip off

verkünden: lauthals verkünden, daß .../(etw. lauthals verkünden) *ugs* · to proclaim loudly that ..., to proclaim at the top of one's voice that ...

... Noch gestern hat der Anton lauthals verkündet, er würde das alles alleine schaffen, und heute schon bittet er andere um Hilfe? – Wenn der Anton große Reden führt, darf man das nicht so ernst nehmen.

verkuppeln: jn. (mit jm.) **verkuppeln** *ugs* · to pair s.o. off with s.o.

... Meine Oma ist unmöglich. Die versucht immer, alle möglichen Leute, von denen sie glaubt, daß sie ein schönes Paar abgäben, zu verkuppeln.

verladen: jn. **verladen** *ugs* · 1. 2. to take s.o. for a ride *sl*, 1. to con s.o., 2. to pull a fast one on s.o. *sl*, to fiddle s.o., to put one over on s.o.

1. ... »Die Regierungskoalition«, meint Vanessa, »hat die Wähler ganz schön verladen! Erst hieß es, zur Finanzierung der deutschen Einheit seien Steuererhöhungen nicht erforderlich. Nach der Wahl war von diesem Versprechen keine Rede mehr. Jetzt appelliert man wegen der nun unumgänglich gewordenen Steuererhöhungen an die Solidarität des Wählers mit den 'Brüdern und Schwestern im Osten'«.

2. vgl. – jn. (ganz schön/mächtig/...) über's **Ohr** hauen

Verlangen: (kein) Verlangen nach etw. **haben/**(tragen)/... danach tragen, etw. zu tun *form od. iron* · to wish/to desire to do s.th., to have no wish/desire to do s.th.

... Wenn du mir bei dieser Übersetzung hilfst, spendiere ich dir eine Reise an die Riviera. – Ich trage gar kein Verlangen danach, an die Riviera zu fahren. Wenigstens zurzeit interessiert mich das gar nicht.

Verlängerung: in die Verlängerung gehen *Sport* · to go to/into extra time

... Bei dieser Weltmeisterschaft geht aber auch jedes zweite Spiel in die Verlängerung! Als ob die Spieler nicht nach 90 Minuten/(nach der normalen Spielzeit) schon kaputt genug wären!

verlangt: j. wird am Telefon/(...) **verlangt** · s.o. is wanted on the telephone

(Der Vater, den Telefonhörer in der Hand, zu seiner Tochter:) Ist der Hansgerd oben? Er wird hier am Telefon verlangt – von einer gewissen Hildegard ... – Ach, ich weiß gar nicht, ob der die überhaupt sprechen will ...

das/etw. **ist ein bißchen/reichlich viel verlangt** *ugs* · that/s.th. is asking a bit/too/... much, that/s.th. is too much to expect

... Ich brauche die Teppiche aber schon bis Anfang der kommenden Woche! – Bis Mitte des Monats können wir Ihnen die Teppiche liefern; aber bis Anfang nächster Woche, gnädige Frau ... – ist das nicht ein bißchen viel verlangt? – Wenn es wirklich nicht geht ...

das/etw. **wäre zuviel verlangt** · it/s.th. is too much to ask *coll*

(Ein verärgerter Kunde; in einer Autowerkstatt:) Bis heute abend kann ich die Reparatur natürlich nicht erwarten – das wäre in der Tat zuviel verlangt. Aber bis morgen abend müßte das doch gehen, verdammt nochmal! Oder ist das auch noch zu kurzfristig?

das/etw./etw. **zu tun ist (doch) nicht zuviel verlangt** *ugs* · it/s.th./that s.o. should do s.th. is not too much to ask, it/s.th./that s.o. should do s.th. is not too much to expect

... Herrgott nochmal! Wenn du hin und wieder mal einkaufen, hin und wieder mal deiner Mutter beim Putzen helfen mußt, ist das zuviel verlangt? Du meinst wohl, du könntest den halben Tag feiern, während andere für dich arbeiten, was?!

es verlangt jn. **nach** jm./e-r S. *geh veraltend od. iron* · + to long for s.o./s.th., + to yearn for s.o./s.th.

... So, nach dieser Arbeit im der Hitze verlangt es mich nach einem anständigen Glas Bier. – Ich hab' schon ein paar Flaschen kaltgestellt – in weiser Voraussicht; du brauchst deinen Gelüsten also keinen Zwang anzutun.

Verlaß: auf jn. **ist** (kein/nicht viel/wenig/...) **Verlaß** – sich auf jn. **verlassen** können · s.o. can't be relied on

verlassen: ..., **darauf kannst du dich/**er sich/... **verlassen!/**(verlaß dich/... drauf!) *ugs* – ..., das kann ich dir/euch/ihm/... schriftlich **geben!** · ..., I can tell you/him/... that for free

sich auf jn. **verlassen können** · to be able to rely on s.o.

... Nein, die Zusammenarbeit mit Herbert Körber ist nicht sehr angenehm. Man kann sich auf diesen Mann nicht verlassen: heute kommt er zu spät, morgen geht er zu früh; das eine macht er halb, das andere schlecht ... Bei dem muß man alles kontrollieren.

wenn du dich/der Peter sich/... **auf** jn. **verläßt, (dann) bist du/**ist er/... **verlassen!** *ugs – path* · if you/John/... rely/... on s.o., then you've/... had it

... Wenn du dich auf die Claudia verläßt, dann bist du verlassen! Diese Frau ist die Unzuverlässigkeit in Person.

Verlaub: mit Verlaub, ... *form* · with respect, if you will forgive me/my saying so, if you will pardon me/my saying so

... Was der Krothmann da vorbringt, ist Quatsch! – Mit Verlaub, Herr Dr. Krämer: 'Quatsch' scheint mir nicht der richtige Ausdruck, um die Meinung unseres Mitarbeiters zu qualifizieren.

mit Verlaub zu sagen *form selten* – mit **Verlaub,** ... · with respect, if you will forgive me/my saying so, if you will pardon me/my saying so

Verlauf: im Verlauf des Tages/der folgenden Wochen/Jahre/... der Diskussion/... *form* · 1. in the course of/during the day/the following weeks/years/..., 2. in the course of time/the years/...

1. ... Wenn der Mann im Verlauf der Diskussion doch wenigstens ein Mal den Mund aufgemacht hätte! Aber die ganze Zeit über saß er stumm dabei ...!

2. vgl. – (u. U.) im **Laufe** der Zeit/der Jahre/der folgenden Wochen/... der Diskussion/...

der Verlauf der Dinge *form selten* · the course of events, as things turned out

... Wir hatten angenommen, alle Arbeiten würden innerhalb eines Jahres fertiggestellt werden können. Leider war der Verlauf der Dinge dann aber ganz anders, als wir vorhergesehen hatten: das Personal arbeitete schlecht, der ständige Regen verzögerte den Rhythmus ...

einen guten/... Verlauf nehmen *form* · to go well, to go smoothly

... Wenn die Konferenz einen so guten Verlauf genommen hat, verdanken wir das natürlich in erster Linie dem Geschick der beiden Delegationsleiter. Im Anfang sah es ja gar nicht so aus, daß alles so reibungslos über die Bühne gehen würde.

seinen Verlauf nehmen · 1. 2. to run its course, to take its course

1. vgl. – seinen (geordneten) **Gang** gehen/(nehmen)

2. vgl. – (eher:) seinen **Lauf** nehmen

verlaufen: reibungslos verlaufen · to go off smoothly, to go off without a hitch, to go off well

(Ein Lehrer zu einem Kollegen:) Na, ist eure Klassenfahrt reibungslos verlaufen? – Ja, Gott sei Dank ist alles ohne unangenehme Zwischenfälle über die Bühne gegangen.

verlautbaren: etwas/nichts verlautbaren lassen (von etw.) *eher von Ämtern/Kommissionen/...* *form* – etwas/nichts **verlauten** lassen (von/etw.) (2) · to announce s. th./nothing officially, to issue a statement/a bulletin/(...) to the effect that ...

verlauten: etwas/nichts verlauten lassen (von etw.) · 1. 2. (not) to say s. th. about s. th., 1. (not) to breathe a word about s. th. *coll*, 2. to give an indication about s. th./whether/...

1. ... Er wird doch wohl von unserer Abmachung nichts verlauten lassen? – Aber nein! Du kennst den Herrn Scheible schlecht. Der ist verschwiegen wie ein Grab.

2. Hat der Chef eigentlich gar nichts verlauten lassen, in welchem Sinn die Venezuela-Sache entschieden werden soll? – Nein, er hat die Angelegenheit mit keinem einzigen Wort erwähnt/er hat über diese Angelegenheit (noch) kein einziges Wort fallen lassen.

verlegen: sich auf etw. **verlegen** · 1. 2. to go over to (doing) s. th., 1. to switch to s. th., to take to (doing) s. th., 2. to resort to s. th., to change to s. th.

1. ... Seitdem Naturseide nicht mehr läuft/geht, hat sich die Firma auf die Verarbeitung von Kunstfasern verlegt! – Und der Wechsel hat sich ausgezahlt?

2. ... Wenn Drohen nichts hilft, wird er sich aufs Bitten und Weinen verlegen, du wirst sehen! Wenn er nur zum Ziel kommt ...

(sehr) um etw. **verlegen sein** *form selten* · to need s. th., to be in need of s. th., to be at a loss for an excuse/words/...

... Ich bin sehr um eine gute portugiesische Grammatik verlegen. Kannst du mir eine empfehlen? – Lernst du Portugiesisch? – Ja, in einem Intensivkurs ... Ich brauch' unbedingt eine gute Grammatik ...

nicht/nie/... **um** eine Ausrede/... **verlegen sein/**((doch/...) um eine Antwort/Erklärung/... verlegen sein) *ugs* – etw. bei der **Hand** haben (3) · not/never/... to be at a loss for words/an excuse/...

Verlegenheit: im Augenblick/... etwas/... **in Verlegenheit sein** · to be in financial difficulties just now/at the moment/..., to be short of cash/strapped for cash/... at the moment *coll*

... Du, Walter, könnte ich dir die 600,– Mark leihen oder zwei Monate später zurückgeben? Ich bin zurzeit ein bißchen in Verlegenheit ... – Natürlich kannst du mir das später wiedergeben. Brauchst du noch was? Ich bin zurzeit ziemlich flüssig.

jn. (arg/sehr/ziemlich) in Verlegenheit bringen · 1. to embarrass s. o. (greatly/...), 2. to put s. o. in an awkward/a difficult/... situation

1. Mit deiner Frage, ob sie verheiratet ist, hast du die Dietlinde in Verlegenheit gebracht. – Warum eigentlich? – Weil sie hier immer in Begleitung eines jungen Herrn erscheint, mit dem sie ein festes Verhältnis hat.

2. vgl. – jn./(etw.) in eine unangenehme/mißliche/verzwickte/... **Lage** bringen (2)

jm. aus der/einer Verlegenheit helfen – (eher:) jm. aus der **Patsche** helfen (2) · to help s. o. out of an awkward situation

in die Verlegenheit kommen (können), etw. tun zu müssen/ etw. zu brauchen/... · to get into the embarrassing/difficult/ awkward/... situation (of having to do s. th.), to get into a predicament and have to ...

... Nun tu mal nicht so überheblich, wenn dein Cousin sich in der unangenehmen Lage, in der er nun einmal steckt, an dich um Hilfe wendet! Du kannst auch nochmal in die Verlegenheit kommen, Hilfe zu brauchen. Wer sagt dir, daß es in deiner Branche immer so gut geht?

jn. (arg/sehr/ziemlich) in Verlegenheit setzen *selten* · 1. to embarrass s. o., 2. to put s. o. in an awkward/unpleasant/... situation

1. vgl. – jn. (arg/sehr/ziemlich) in **Verlegenheit** bringen (1)

2. vgl. – jn./(etw.) in eine unangenehme/mißliche/verzwickte/... **Lage** bringen (2)

verletzen: jn. tödlich verletzen/tödlich verletzt (sein) · 1. to injure s. o. fatally/(to be) fatally injured, 2. to terribly/deeply/ mortally/... offend/wound/insult/... s. o., to be terribly/deeply/ mortally/... offended/wounded/insulted/...

1. ... Er war sofort tot bei dem Unfall? – Nein, tödlich verletzt. Gestorben ist er dann im Krankenhaus.

2. vgl. – jn. tödlich **beleidigen/**tödlich beleidigt (sein)

Verletzungen: den/seinen Verletzungen erliegen *form* · to die of one's injuries, to succumb to one's injuries

1. (Aus einer Zeitungsnotiz:) An der Ecke Krausstr. – Eckarthsplatz ereignete sich gestern abend gegen zehn Uhr erneut ein schwerer Unfall. ... Zwei Insassen des Personenwagens waren auf der Stelle tot; der Fahrer wurde bewußtlos ins Krankenhaus gebracht, wo er nach zwei Stunden seinen Verletzungen erlag. ...

verleugnen: seine Herkunft/seinen Geiz/... nicht verleugnen können · + one's greed/where one comes from/... (always/...) comes through, + one's greed/where one comes from/... (always/...) reveals itself/cannot be denied/is obvious/is undeniable *para*

So sehr sie sich auch bemüht, Hochdeutsch zu sprechen: ihre schwäbische Herkunft kann die Bärbel nicht verleugnen; das hört man immer noch durch.

sich verleugnen lassen *form path* · to tell s. o. to say that one is not there *para*, to get/to instruct/... s. o. to say that one is not there *para*

... Es ist wirklich nicht schön, wenn sich jemand andauernd verleugnen läßt. Bei dem Herrn Hägele kannst du anrufen, wann du willst – jedesmal sagt die älteste Tochter: »Mein Vater ist nicht zu Hause«.

verlieben: sich in jn. **verlieben/**in jn. verliebt sein · 1. to fall in love with s. o., 2. to be in love with s. o.

1. ... Der Paul hat schon wieder eine neue Freundin. – Der verliebt sich aber auch jeden zweiten Monat. Wer ist es denn jetzt?

2. Der Paul ist vielleicht in die Anneliese verliebt! Mein Gott! Der Arme vergeht fast vor Liebe! – Du Spötter!

sich unsterblich verlieben/... verliebt sein *path od. iron* · to fall hopelessly/head over heels/... in love with s.o., to be hopelessly/head over heels/... in love with s.o.

... Natürlich versteht jeder, daß sich ein 17-jähriges Mädchen leicht verliebt. Aber wie jemand alle drei Monate in einen anderen Jungen unsterblich verliebt sein kann, ist schon schwerer verständlich.

zum Verlieben sein/aussehen *ugs* – zum **Anbeißen** sein · to look lovable/adorable/cute/sweet/...

verlieren: nichts mehr zu verlieren haben · to have nothing more to lose

... Wenn der Herbert bereits zweimal abgelehnt wurde, hat er nichts mehr zu verlieren – mehr als dreimal darf man nicht kandidieren. Wenn die ihn heute wieder so unfair behandeln, kann er denen also alles ins Gesicht schleudern, was er auf der Seele hat.

Verliererstraße: auf der Verliererstraße liegen/sein/sich befinden *oft im Sport Neol* – ≠ auf der **Gewinnerstraße** liegen/sein · to be heading for defeat

verließen: und da verließen sie ihn *sal dir. R.* · 1. and that's as far as s.o. got, s.o. ran out of inspiration/ideas/..., 2. 3. s.o. didn't have a clue, s.o. was at a loss, 3. s.o. ran out of inspiration

1. (Während A stockt:) B: Und da verließen sie ihn. – A: Ja, weißt du denn, was 'albaricoque' heißt? – Ich habe nie Spanisch gemacht. – Sonst wüßtest du es, klar! – Sei doch nicht gleich so beleidigt, Mensch!
2. ... Er kam so groß herein, da dachte ich:»endlich ein Mann, der etwas von der Maschine versteht«. Aber als er den Schaden dann sah ... – Da verließen sie ihn? – Ja, allerdings. Da wußte er genau so wenig weiter wie wir.
3. ... Erst ging das in seinem mündlichen Examen ja noch einigermaßen. Aber als Prof. Kaufmann dann nach dem Verhältnis Ostrom – Westrom fragte ... – Da verließen sie ihn? – Da hat er sozusagen nichts mehr gesagt. Über diese Epoche wußter er offensichtlich gar nicht Bescheid.

verloren: bei/(an) jm. **ist jede** Hilfe/alle Mühe/jedwede Anstrengung/alle Geduld/... **verloren** · all (my/...) help/all (my/...) trouble/efforts/patience/... is/... wasted on s.o., there's no helping s.o.

(Der Vater, wütend, zu seiner Frau über den ältesten Sohn:) Jetzt laß ich diesem stinkfaulen Gesellen schon monatelang Nachhilfestunden geben, und immer noch bringt er schlechte Noten nach Hause! Bei dem ist aber auch jede Hilfe verloren.

für jn./etw. **verloren sein** · s.o. is out for s.o./s.th., s.o. is unavailable for s.o./s.th.

(Bei einer Verletzung eines Fußballspielers:) Bänderriß? Dann ist der Mann für die Weltmeisterschaft/für den Nationaltrainer verloren. Ehe er wieder in Schuß ist, vergehen Monate! – Wann fangen die Weltmeisterschaftsspiele denn an? – In fünf Wochen.

rettungslos verloren sein *path* · + that is the end of s.o., s.o. is as good as dead

... Wenn so ein Asylbewerber aus dem Iran abgewiesen wird und in seine Heimat zurück muß, ist er doch rettungslos verloren! Die bringen den doch um! – Auch, wenn er sich nichts hat zuschulden kommen lassen?

unwiederbringlich verloren sein *form – path* · to be gone for ever, to be irretrievably lost *para*

... Wenn die Leute Pleite gemacht haben und kein Geld mehr da ist, sind die Pfennige, die du dem alten Herrn Renner geliehen hast, natürlich unwiederbringlich verloren! – Das sind ja heitere Aussichten.

nichts verloren haben in/bei/... *ugs* – nichts zu **suchen** haben in/bei/... · s.o. has got no business to be here/in s.o.'s room/to be rummaging in s.o.'s papers/...

an jm. **nichts/**nicht viel/(...) **verloren haben** *ugs* · + s.o. is no (great/...) loss

... Der Beutel hat gekündigt. Er will zur Konkurrenz. – An dem haben wir nichts verloren, Uwe! Der hat doch in den letzten beiden

Jahren nichts Vernünftiges zustande gebracht. – Hoffentlich finden wir rasch einen besseren Verkäufer.

sehr (an Schönheit/...) **verloren haben** · to lose some/a lot/... of one's beauty/...

... Ich habe die Gisela jetzt längere Zeit nicht gesehen ... Findest du nicht auch, daß sie sehr verloren hat? – Du meinst, an Schönheit? – Das stört! Nein, ich meinte, sie ist nicht mehr so frisch, so spontan, so anziehend wie sonst.

jn./etw. **verloren geben** · 1. to give up, to throw in the sponge, 2. to write s.th. off, to forget about s.th., 3. to give s.o. up for lost, to give up all hope of rescuing s.o./finding s.o. alive/...

1. ... Ehe ein Spiel zu Ende ist, gibt man es nicht verloren, Junge! – Aber ich konnte doch gar nicht mehr gewinnen. – Und trotzdem gibt man nicht auf, ehe Schluß ist.
2. ... In der Straßenbahn hast du die Tasche liegen lassen? Dann ist sie weg. – Wie, du meinst, die kann ich verloren geben? – Ja, die kriegst du nicht wieder. *seltener*
3. ... Haben sie die Besatzung des Schiffs wirklich verloren gegeben? – Offensichtlich sehen sie keine Möglichkeit mehr, sie zu retten. *seltener*

an jm. **ist ein** Maler/Musiker/Politiker/... **verloren gegangen** *oft iron* · + s.o. would have made a good/brilliant/... actor/politician/painter/...

(Zu einem jüngeren Bruder:) Die alte Kirche da müßt ihr abzeichnen? Das ist doch kein Kunststück! Gib' mal die Fotografie und die Malutensilien her! Ich zeichne sie dir. – An dir ist ja offensichtlich ein Maler verloren gegangen. – Um Maler zu werden, mußt du schon etwas mehr können!

verloren gehen – verloren **gehen** · to get lost

verlöten: einen verlöten *sal selten* – einen **saufen** · to knock back a few beers/glasses of wine/...

Verlust: in Verlust geraten *form selten* – (jm.) abhanden **kommen** · to get/to become lost, to get mislaid

Verluste an Menschenleben sind/... **nicht zu beklagen** *form* · there are no fatalities, there is no loss of life

(Über einen Unfall:) Insgesamt gab es bei diesem Massenunfall elf Verletzte; der Sachschaden geht in die Hunderttausende; aber Verluste an Menschenleben sind Gott sei Dank nicht zu beklagen.

verlustieren: sich in/auf/... **verlustieren** *ugs iron* · to amuse o.s./to enjoy o.s./to swan about/... in/at/...

... Während du dich da am Strand verlustierst, meine Liebe, muß unsereiner hart arbeiten! – Mein Gott, jetzt bist du schon neidisch, wenn ich einmal ein paar Tage ausspanne und die Sonne genieße?!

Verlustliste: etw. auf die Verlustliste setzen *ugs* · to write s.th. off, to give s.th. up for lost

(Bei Schuckert:) Ich bin ganz sicher, daß wir noch drei oder vier von diesen Rohplatten hatten. – Sie sind aber nicht auffindbar, Herr Schuckert. – Na gut, dann müssen wir die Dinger halt auf die Verlustliste setzen und neue bestellen.

vermeiden: etw. schlecht vermeiden/(...) **können** · + there's nothing else for it, not to have much choice but to do s.th.

... Kostet es dich keine Überwindung, jeden Tag das Badezimmer zu putzen, Helena? – Und ob mich das Überwindung kostet! Aber ich kann es schlecht vermeiden, das Badezimmer sauberzumachen; und herausschmeißen kann ich diesen Geschäftsbesuch auch nicht.

vermelden: nichts zu vermelden haben in .../... *sal* · s.o. has no say in this/in this matter/... *coll*

... Der Kurt meint ... – Der Kurt?! Der hat doch in dieser Angelegenheit gar nichts zu vermelden. Erstens versteht er von der Sache nichts und zweitens geht ihn das nichts an. Er soll also mal ganz schön seinen Mund halten.

vermerken: übel vermerken, daß .../(etw. übel vermerken) *ugs* · to take it amiss that ...

... Der Herr Brüggemann wurde plötzlich so still, fast mißmutig! – Er hat offensichtlich übel vermerkt, daß euer Franz bei der Erstattung der Reisekosten (durch die Firma) ein Geschäft machen will. Solche Sachen kann er nicht leiden.

vermessen: (wie kann) **sich** (j.) **vermessen,** zu ... *form – path* · how dare s.o. ...?, to be so bold as to ...
 ... Der Herr Mombach sagt, das Buch Ihres Bruders sei zwar dick, aber inhaltsarm. – Wie kann sich der Herr Mombach vermessen, über dieses Buch ein Urteil abzugeben?! Der versteht doch von der Materie überhaupt gar nichts. So eine Anmaßung!

wie kann er/der Peter/... (nur) **so vermessen sein,** zu ... *form – path* – (wie kann) sich (j.) **vermessen,** zu ... · how can he/ Peter/... be so presumptuous (as to say ../...)

vermissen: Fleiß/Anstand/... **vermissen lassen** *form oft iron* · to lack energy/manners/..., to have no energy/manners/...
 ... Guck dir den Rabbel an! Der unterhält sich seit einer Stunde mit der alten Frau Schreiner und hat nach wie vor brav den Hut auf dem Kopf. – Der Mann läßt halt immer wieder Umgangsformen vermissen! Aber wo sollen die bei dem auch herkommen?

vermißt: **in**/bei/da/... (gar/überhaupt) **nicht vermißt werden** *sal* · s.o. is not missed (at all/...) in/at/... *tr,* + one does not notice/hardly notices/... if s.o. is not there *n*
 Ist der Hubert nicht gekommen, um zu helfen? – Ach, der Hubert! Der wird hier gar nicht vermißt. – Wie, du meinst ... – Ich meine, daß wir ohne den Hubert genau so gut, wenn nicht besser arbeiten als mit ihm.

vermöbeln: jn. **vermöbeln** *sal* – jm. den **Buckel** vollhauen/ vollschlagen · to do s.o. over, to work s.o. over, to beat s.o. up

Vermögen: das/(etw.) **geht über** js. **Vermögen** *form* – (eher:) das/(etw.) geht über js. **Verhältnisse** · it/s.th. is beyond s.o.'s means

ein (kleines) **Vermögen kosten**/ausgeben/... · to cost a (small) fortune *coll,* to spend a (small) fortune (on s.th.) *coll*
 Einen maßgeschneiderten Anzug kann sich heute kaum noch einer leisten; der kostet ein Vermögen.

ein Vermögen machen *ugs* · to make a fortune , to make a mint/a pile/...
 ... Die Leute träumen davon, für ein paar Jahre nach Mitteleuropa zu gehen und ein Vermögen zu machen! Das ist natürlich eine Illusion. Selbst wenn man sehr sparsam lebt, viele Überstunden macht, Nebenarbeiten annimmt – so schnell wird man auch dann nicht reich.

sein (ganzes) **Vermögen versaufen** *sal* · to drink away one's fortune, to guzzle away one's fortune
 ... Wenn der Utz regelmäßig gearbeitet hätte, wäre er heute glänzend gestellt. Denn er ist begabt und hat ein beträchtliches Vermögen geerbt – eine herrliche Startchance. Aber der Mann hat sein ganzes Vermögen versoffen.

ein Vermögen wert sein · to be worth a fortune
 ... Selbst eine kleine Zeichnung von Picasso ist heute ein Vermögen wert!

Vermutung: die **Vermutung nahelegen,** daß ... · to lead one to suppose that ..., to strongly/... suggest that ...
 Wenn die Firma immer mehr Leute entläßt, legt das natürlich die Vermutung nahe, daß sie ernsthafte Schwierigkeiten hat. Eine andere Folgerung kann man daraus doch nur schwer ziehen.

vernagelt: **wie vernagelt sein** *ugs – path selten* · to be completely out of it, to be (very/dead/...) slow on the uptake
 ... Ich weiß nicht, was mit mir los ist heute! Ich bin wie vernagelt. Die einfachsten logischen Zusammenhänge begreif' ich nicht. – Hast du zuviel gesoffen gestern? – Im Gegenteil, ich war um zehn Uhr im Bett. – Dann liegt's daran!

vernarrt: (ganz) **vernarrt sein in** jn. *ugs –* sich in jn. **verlieben/** in jn. verliebt sein (2) · to be besotted with s.o.

vernaschen: eine Frau/ein Mädchen **vernaschen** *sal* · to make it with s.o., to have it off with s.o. *coll,* to lay s.o.
 ... Mein Gott, wenn der Junge mal ein paar Studentinnen vernascht, ist das so schlimm? Im übrigen: die lassen sich doch nur zu gern verführen!

Vernehmen: dem **Vernehmen nach**/(sicherem/allem/(...) Vernehmen nach) soll j. etw. getan haben/... *form* · according to reports s.o. did s.th., from what one hears/I hear/... s.o. did s.th.
 Haben sie den Botschafter nach dieser dummen Affäre wirklich vom Dienst suspendiert? – Dem Vernehmen nach soll er zur Berichterstattung nach Bonn gerufen worden sein. Ich habe jedenfalls so etwas in diese Richtung gehört ...

Vernunft: das/etw./etw. zu tun **ist gegen**/(wider) **alle Vernunft** *path* · that/s.th. is against all reason
 ... Gegen jugendliche Demonstranten mit derart strengen gesetzlichen Maßnahmen vorzugehen – das ist gegen alle Vernunft. Das muß die jungen Leute doch erst recht gegen den Staat einnehmen!

Vernunft annehmen · 1. to be sensible, to be reasonable, 2. to listen to reason, to see reason, to come to one's senses
 1. ... Nein, ich ziehe keinen Pullover an und nehme auch keinen Pullover mit, und wenn es am Meer noch so kalt ist! – Nun nimm' doch Vernunft an, Gerd! Willst du dir denn eine Lungenentzündung holen?
 2. ... Ich weiß gar nicht, wie alt dieser Junge noch werden muß, ehe er Vernunft annimmt! – Er kommt halt auf seinen Vater; der war ja auch mit 25 Jahren noch sehr unvernünftig! – Was sagst du da, Emilie?!

(immer/...) **gegen die Vernunft anrennen** (wollen) *ugs – path* · to (always/...) fly in the face of reason
 ... Dieser Junge will einfach keine Lehre annehmen! Statt die Dinge so zu machen, wie man es ihm erklärt und wie es sinnvoll ist, muß er ständig nach seinem eigenen Kopf handeln. – Es gibt halt Leute, die machen sich eine Art Sport daraus, ihr ganzes Leben gegen die Vernunft anzurennen.

jn. (wieder) **zur Vernunft bringen** *ugs –* (eher:) jn. (wieder) zur **Räson** bringen · to make s.o. see reason

zur Vernunft kommen *ugs* · 1. 2. to see reason, 2. to listen to reason, to come to one's senses
 1. ... Daß der Klaus das nicht einsieht! Wie kann man nur so verstockt, so bockig sein! – Irgendwann wird er schon zur Vernunft kommen. Nur Geduld!
 2. vgl. – **Vernunft** annehmen (2)

jm. **Vernunft predigen** *ugs* · to (try to/...) talk sense into s.o., to (try to/...) reason with s.o., to (try to/...) make s.o. see reason
 ... Jetzt habe ich den Norbert doch schon so oft ermahnt, keinen Alkohol zu trinken, wenn er Auto fährt, umd immer wieder erwisch' ich ihn mit einer Fahne. – Ich habe es schon lange aufgegeben, dem Jungen Vernunft zu predigen. Es gibt Leute, die werden nur durch Schaden klug.

vernünftig: (an sich/eigentlich) **ganz vernünftig** kochen/übersetzen/... (**können**) · s.o. can cook/translate/... reasonably well/pretty well/...
 (Zwei Lehrer:) Wie soll man dem Jungen in Französisch eine gute Note geben, wenn er nicht einmal eine vorbereitete Übersetzung akzeptabel ist. – Das war eine Ausnahme, Herr Lohmann. An sich übersetzt der Fischer (eigentlich) ganz vernünftig. Seine Schwächen liegen eher in der Grammatik.

das einzig Vernünftige sein/tun – das einzig **Senkrechte** sein/ tun · the only sensible thing to do is ...

nichts Vernünftiges sein/werden/... – nichts **Gescheites** sein/ werden/... · to be no good, not to be up to much

verpassen: jm. **eins verpassen** *ugs –* jm. eins **auswischen** · to get one's own back on s.o., to put one over on s.o.

jm. **eine verpassen** *ugs –* jm. eine **Ohrfeige** geben · to clout s.o.

jm. **ein paar verpassen** *ugs –* jm. eine paar **Ohrfeigen** geben · to clout s.o.

verpennen: etw. **verpennen** *ugs –* etw. **verschwitzen** · to clean forget s.th., to miss s.th.

verpetzen: jn. (bei jm.) **verpetzen** *Schülerspr* · to tell on s.o., to sneak on s.o., to snitch on s.o.

Wer seine Mitschüler verpetzt, wird mit Recht von den anderen gemieden. Denunziantentypen geht man aus dem Weg.

verpfeifen: jn. **verpfeifen** *sal* · to grass on s.o., to split on s.o., to squeal on s.o.

... Wenn der Krahe bei Gericht wirklich ein paar seiner Komplizen verpfiffen hat, dürfte er seines Lebens nicht mehr sicher sein. Mit Verrätern aus den eigenen Reihen machen solche Leute kurzen Prozeß.

Verpflegung: ein Zimmer/Unterkunft/... **mit voller Verpflegung** *form* · a room/accommodation/... with full board

Ein Zimmer mit voller Verpflegung 70,— Mark – das finde ich nicht teuer. Neben dem Frühstück, dem Mittag- und dem Abendessen bieten sie nachmittags zudem noch Kaffee und Kuchen an ...

verpicht: verpicht sein auf etw. *selten* – **erpicht** sein auf etw. · to be keen on s.th.

verpissen: sich verpissen *vulg* · 1. to piss off, 2. to slip away

1. vgl. – sich **verziehen** (2)

2. vgl. – (eher:) sich aus dem **Staub(e)** machen

verplappern: sich verplappern *ugs* · to blab, to let the cat out of the bag, to open one's big mouth too wide

Stimmt es, daß die Anna dem Kurt verraten hat, daß ich zu Hause bin? – Sie hat sich verplappert. Der Kurt sagte: »Leider ist die Ursel nicht da ...«, da rutschte ihr heraus: »Doch, die sitzt oben in der Mansarde und liest ...«. Und dann kam der Stein natürlich ins Rollen.

verplätten: jm. **eins verplätten** *ugs selten* · 1. to belt s.o., to punch s.o., to sock s.o. one, 2. to take pot shots at s.o., to gun s.o. down

1. ... In seiner Wut holte er aus und verplättete seinem Bruder eins. – Er schlug ihn? – Er versetzte ihm einen derartigen Schlag gegen die Kinnlade, daß er wie ein Sack zu Boden fiel.

2. ... Paßt auf mit der Schießerei hier, sonst trefft ihr schließlich noch einen Spaziergänger! – Das wär' mal was anderes, diesen Spießbürgern eins zu verplätten! – Du hast sie wohl nicht alle auf der Latte, was?!

verplempern: Geld/... **verplempern** *sal* · to squander money/..., to waste money/..., to fritter away money/...

... Wenn jemand sein ganzes Geld für allen möglichen Kleinkram/nutzloses Zeug verplempert, verdient er doch kein höheres Taschengeld, Paul! Du mußt lernen, mit Geld umzugehen!

verpönt: es ist verpönt, zu/wenn/... · it is frowned on to ..., it is taboo to ..., it is considered unacceptable/looked down on/... to ...

... In Europa ist es heute verpönt, wenn die Frauen mit einem Schleier herumlaufen, in den arabischen Ländern ist es umgekehrt. Das ist alles eine Frage der Sitten, der Tabus.

verpulvern: Geld/... **verpulvern** *sal* – Geld/... **verbraten** · to blow money/...

verputzen: zehn Stück Kuchen/... **verputzen** (können) *sal* · to (be able to) polish off ten/... pieces/... of cake/..., to (be able to) put away ten/... pieces/... of cake/..., to (be able to) demolish ten/... pieces/... of cake/...

... Ist das das siebte oder das achte Stück Torte, das du da gerade verputzt, Heiner? – Die sind doch so klein hier, die Stückchen, Mutter. – Na, meinetwegen kannst du so viel verschlingen, wie du willst.

etw. **nicht verputzen können** *sal selten* · not to be able to stand s.th. *coll*

... Wenn du auf ein gutes Verhältnis zu dem Brinkmann Wert legst, darfst du keine Ausreden erfinden! Der kann nun einmal keine Ausreden verputzen. Wenn mal etwas schief läuft, schenke ihm reinen Wein ein. Sonst wird er stocksauer.

verquatschen: sich verquatschen *sal* – (eher:) sich **verplappern** · to blab, to let the cat out of the bag, to open one's big mouth too wide

Verrat: Verrat üben *form selten* · to betray s.o., to rat on s.o. *coll*

... Nein, ein Gesetz das jemanden belohnt, der seine Komplizen angibt, ist in sich unsittlich! Man belohnt keinen, der Verrat übt!

verraten: verraten und verkauft sein *ugs* – *path* · to be finished, to be done for, to have had it, to be really/well and truly/... in the soup

... Haben sie den Ernst Jahnke in der Tat bei einer Scheckfälschung erwischt? – Ja. – Und jetzt? – Und jetzt?! Jetzt ist er verraten und verkauft, das kannst du dir doch vorstellen. Scheckfälschung, als Bankangestellter ... – er kann froh sein, wenn sie ihm keinen Prozeß machen.

sich **verraten und verkauft fühlen** *ugs* – *path* · to feel betrayed *n*, to feel let down

(Bei Aufdeckung eines unerlaubten Waffenexports:) Ich hab' doch gesagt, der Friedel soll die Finger davon lassen und auf keinen Fall seine Unterschrift unter die Papiere setzen! Jetzt steht er da mit seinem Talent! Er hat unterschrieben, und die andern behaupten natürlich, sie wußten von nichts. Wie fühlt sich der Friedel denn überhaupt? – Verraten und verkauft, das ist doch klar. Wie soll man sich schon anders fühlen, wenn man von allen Seiten im Stich gelassen wird.

verratzt: verratzt und verkauft sein/(verratzt sein) *sal* – *path* – (eher:) **verraten** und verkauft sein · to be finished, to be done for, to have had it, to be really/well and truly/... in the soup

sich **verratzt und verkauft fühlen** *sal* – *path* – (eher:) sich **verraten** und verkauft fühlen · to feel betrayed, to feel let down

verrechnet: wenn du glaubst/er meint/..., (dann) hast du dich/hat er sich/... **verrechnet** *sal* – wenn du glaubst/er meint/..., (dann) bist du/ist er/... schief **gewickelt!** · if you think/he believes/... then you are/he is/... seriously mistaken

Verrecken: nicht ums/(zum) **Verrecken** jn. dazu bringen, etw. zu tun/(etw. zum Verrecken nicht tun) *sal* – *path* · + there's no way s.o. is going to do s.th., try as you like – you are not going to make me/... do s.th.

... Die können mir bieten, was sie wollen, die bringen mich ums Verrecken nicht dazu, den Text zu übersetzen. Auf keinen Fall!

verrenken: sich förmlich verrenken, um etw. zu erreichen/... *ugs* – *path selten* · to make contortions (in order) to achieve s.th., to bend over backwards to do s.th. *coll*

... Wenn sich jemand förmlich verrenkt, um einen Posten zu erreichen, wird er seine Gründe haben. Entweder hat er es bitter nötig oder die Stelle fasziniert ihn. – Hat der Robert sich denn so stark bemüht ...? – 'Bemüht' ist gar kein Ausdruck.

Verrenkungen: (alle möglichen/...) **Verrenkungen machen**, um ... *ugs* – *path* · to go into contortions to ..., to go to extraordinary lengths (to justify/explain/... s.th.)

... Was hat der Busch dem Schuckert denn erzählt, um die Fehlkalkulation zu erklären? – Er hat alle möglichen Verrenkungen gemacht, um den alten Herrn davon zu überzeugen, daß die Schuld nicht bei ihm lag. Aber der hat bloß gegrinst. Du weißt doch, wie der reagiert, wenn jemand anfängt, 'um die Ecke zu denken'.

verrennen: sich in eine Idee/... **verrennen** *ugs* · to become obsessed with an idea/... *n*, to get set on an idea/...

... Wenn sich der Klaus einmal in ein bestimmtes Projekt verrannt hat, kommt er nicht mehr davon los. Dann entwickelt er geradezu eine Art Eigensinn.

Verrichtungen: seinen Verrichtungen nachgehen *form veraltend selten* · to go about one's daily tasks

... Wenn der Alfons den ganzen Tag seinen Verrichtungen nachginge, statt dauernd Ausflüchte zu suchen, um die Arbeit zu unterbrechen, würde er natürlich ungleich mehr leisten.

verrollen: sich verrollen *sal selten* – ins **Bett** gehen (2) · to hit the hay

verrückt: du/er/mein Vater/... **bist**/ist **wohl verrückt** (geworden)!/du bist/... (ja) verrückt! *sal* – nicht (so) (ganz/ (recht) bei **Trost** sein (1) · you are/he is/my father is/... crazy

ich bin doch nicht/der/die Marlies/... ist/... doch nicht **verrückt!** *sal* – ich bin doch nicht/der/die Marlies/... ist/... doch nicht von **Sinnen!** · I/she/Mary/... haven't/hasn't/... taken leave of my/... senses!

ich werd' verrückt! *ugs* · 1. 2. I'll be damned!, well of all the ..., I don't believe it!
1. (Ein Schüler:) Ich werd' verrückt! Jetzt hab' ich dieselbe Note wie in der letzten Arbeit, für die ich keinen Streich getan hatte. Wozu bereite ich mich dann so gut vor, wenn sich das gar nicht auswirkt?
2. (In München auf dem Marktplatz:) Das ist doch die Eva Schenk! Ich werd' verrückt! Die Eva! Was macht die denn hier? ...

schmerzen/... **wie verrückt** *ugs* – *path* · 1. 2. to hurt/... like nobody's business 1. to hurt like mad, to hurt like crazy, 2. to run/... like mad, to lie one's head off
1. ... Das schmerzt wie verrückt! Das ist kaum auszuhalten, sag' ich dir!
2. vgl. – rennen/rasen/.../draufschlagen/.../lügen/stehlen/... wie nur **etwas** (1, 2)

wie verrückt ... *ugs* – wie **wahnsinnig** ... · to work/to study/ to practise/... like mad, to work/to study/to practise/... like crazy

(ganz) verrückt sein auf etw. *ugs* – *path* – (ganz) **versessen** sein auf etw. · to be mad/crazy/wild/... about s.th., to be (very/dead/...) keen on s.th.

(ganz/geradezu/...) verrückt sein nach jm./(auf jn.) *ugs* – *path* · to be crazy about s.o./s.th., to be mad about s.o./s.th.
... Jetzt war die Helga mal zwei Tage nicht hier, und schon ist der Walter ganz aus dem Häuschen. Der ist geradezu verrückt nach dem Mädchen!

Verrückter: wie ein **Verrückter** etw. tun *ugs* – *path* – rennen/ rasen/.../draufschlagen/.../lügen/stehlen/... wie nur **etwas** (1, 2) · to run/to hit s.th./... like a maniac/like mad, to lie one's head off, to steal like nobody's business

schreien/brüllen/... **wie ein Verrückter** *ugs* – *path* – (eher:) schreien/brüllen/... wie ein **Wahnsinniger** (1) · to scream/ to shout/... like a madman, to scream/to shout/... like a lunatic

Verrücktes: so was/(etwas) **Verrücktes!** *ugs* · what a nuisance!, it/that is bloody stupid/annoying/irritating/...!
(Unterwegs, plötzlich:) Mensch, jetzt hab' ich doch mein Portemonnaie vergessen! So was Verrücktes!

Verrücktwerden: das ist zum **Verrücktwerden** (mit etw./jm.) *ugs* – das ist zum **Bebaumölen** (mit etw./jm.) · it/s.th. is enough to drive you/one mad

Verruf: jn. in **Verruf** bringen (bei jm.) *form* · to bring s.o. into disrepute (with s.o.)
... Ernst, wenn du so schlecht von der Christl sprichst, bringst du sie da in der Firma noch bei den Kollegen in Verruf! – Ach, die können doch unterscheiden, was persönliche Kritik und was ehrenrührig ist.

in **Verruf geraten/kommen** *form* · to fall into disrepute
Durch die Spendenaffäre ist der Minister doch arg in Verruf geraten, nicht? Auch wenn das offiziell keiner zugibt: sein Ansehen ist sehr stark lädiert.

Vers: sich keinen/(einen) **Vers auf**/(aus) etw. **machen können** *ugs* – (eher:) sich keinen/(einen) **Reim** auf etw. machen können · not to be able to make sense of s.th., (not) to be able to make head nor tail of s.th.

Versagen: menschliches **Versagen** *form* · human error
Die allermeisten Unfälle, erläuterte der Fahrlehrer, gehen nicht auf Materialfehler, sondern auf menschliches Versagen zurück.

versagen: sich eine spitze Bemerkung/... **nicht versagen können**/(es) sich nicht versagen können, zu ... *form* – (eher:) sich eine spitze Bemerkung/... (nicht) **verkneifen** (können)/ (es) sich nicht verkneifen können, zu ... · not to be able to resist doing s.th., not to be able to refrain from doing s.th.

versagt: js. Bein/Stimme/Gedächtnis/... eine Maschine **versagt** · 1. s.o.'s legs give way/s.o. loses his voice/s.o.'s memory lets him down/s.o. has a blackout/..., 2. to conk out *coll*
1. ... Plötzlich versagte das linke Bein, und sie fiel hin ...
2. ... Wenn eine Maschine dauernd versagt, Reinhard, muß man sie ersetzen – so teuer das auch wird.

versalzen: js./jm. die Pläne/... **versalzen** *sal* · to spoil s.th. *n*, to put the mockers on s.th.
... Was, der Alfred hat zu Vater gesagt, er würde mich an seiner Stelle nicht nach Frankreich fahren lassen? Das kriegt er wieder! Dem werde ich seine Ferienpläne auch versalzen! – Wie denn? – Das werdet ihr bald sehen ...

versanden: **versanden** *selten* – im **Sand(e)** verlaufen · to peter out, to fizzle out, to come to nothing

versaubeuteln: etw. **versaubeuteln** *sal* · 1. to mess s.th. up *coll*, to ruin s.th. *n*, 2. to lose s.th. *n*, to mislay s.th. *n*
1. ... Da wasch' und bügel' ich wer weiß wie lange, damit der Junge zu der Feier in gutem Zeug erscheint, und der versaubeutelt die Sachen in ein paar Minuten! Guck' mal, wie der aussieht! Wie ein Landstreicher!
2. ... Wo hast du denn das silberne Feuerzeug, das dir Onkel Hugo geschenkt hat? – Ich fürchte, das habe ich versaubeutelt. Feuerzeuge verliere ich nun einfach zu leicht.

Versäumte: das **Versäumte nachholen** *form* · to make up for what one has missed
... Wenn du fast zwei Monate in der Schule gefehlt hast, wirst du dich ja jetzt anständig ranhalten müssen, um das Versäumte nachzuholen. – Klar! Mal gespannt, was die in der Zeit alles gemacht haben.

verschanzen: sich hinter jm./e-r Bestimmung/Ausrede/... **verschanzen** *ugs* · to hide behind an excuse/an argument/..., to use s.th. as an excuse
(Zu einem Kriegsverbrecherprozeß:) Der Mann verschanzt sich hinter dem 'Befehl zum Gehorsam'. – Ich möchte mal einen einzigen Naziprozeß erleben, in dem der Angeklagte den Mut aufbringt zu sagen: ich habe Schuld.

verscheißern: jn. **verscheißern** *vulg* · 1. to take the piss out of s.o., 2. to pull s.o.'s leg
1. vgl. – jn. **verarschen** (2)
2. vgl. – (a.) jn. (tüchtig/anständig/so richtig/...) auf den **Arm** nehmen

verscherbeln: **verscherbeln** *sal* – etw. zu **Geld** machen (1) · to flog s.th., to turn s.th. into cash, to sell s.th. off

verscherzen: sich etw. durch Ironie/Leichtsinn/... **verscherzen** · to spoil things for oneself by making ironical remarks/ by carelessness/..., to throw away one's chance/... by making ironical remarks/by carelessness/..., to forfeit s.th. by making ironical remarks/by carelessness/...
Der Detlev ist ein richtiger Esel. Er hat sich die ganze Sympathie, die der Chef für ihn hatte, durch seine dauernde Kritisiererei und seine Ironien verscherzt. – Das wird er bestimmt nochmal bedauern.

es sich mit jm. **verscherzen** · to spoil one's chances with s.o.
... Ganz egal, was der alte Schuckert denkt: ich fahre übers Wochenende nach München. Der muß eine solche Sitzung doch nicht unbedingt an einem Wochenende anberaumen. – Ich würde es mir an deiner Stelle mit dem Mann nicht verscherzen. Wer weiß, wie oft du den noch brauchst? Und du kennst ihn lange genug: mit sich spaßen läßt er nicht.

Verschiedenes: da hört sich doch **Verschiedenes auf!** *sal* – da **hört** (sich) doch (einfach) alles auf! · that really is the limit!

verschießen: sich in jn. **verschießen**/in jn. verschossen sein *sal* – sich in jn. **verlieben**/in jn. verliebt sein · to fall head over heels in love with s.o.

verschiffen: sich verschiffen *vulg selten* · 1. 2. to slip off/ away, to beat it

1. vgl. – sich **verziehen** (2)

2. vgl. – (eher:) sich aus dem **Staub(e)** machen

Verschiß: (jn.) in den Verschiß (tun) *ugs Studentenverbindung selten* – (jn.) in den **Bierverschiß** (tun) (2; u. U. 1) · to make s. o./to condemn s. o. to/... down a tankard of beer in one go

jn. **in Verschiß tun** *sal selten* · to send s. o. to Coventry, to ostracise s. o. *n*, to give s. o. the cold shoulder, to cut s. o.

... Wenn der Rainer die anderen dauernd verpetzt/('bei den Lehrern verrät'), habt ihr ganz Recht, ihn in den Verschiß zu tun. Denunzianten entzieht man die Achtung und man schneidet sie.

in Verschiß geraten/(kommen) (bei jm.) *sal selten* · to be sent to Coventry by s. o., to be cut by s. o.

Nachdem der Karlheinz zweimal hintereinander einen Mitschüler verpetzt/('beim Lehrer verraten') hat, ist er bei seinen Klassenkameraden total in Verschiß geraten. – Mit Recht. Einen solchen Kerl kann man doch nicht achten.

verschissen: (es) bei/(mit) jm. verschissen haben *vulg selten* – bei jm. **ausgeschissen** haben · s. o. has had it/has had his chips as far as s. o. is concerned, s. o. is on s. o.'s shit-list

verschlagen: was hat jn./(wie ist j.) nach ... verschlagen?/(es hat ...) · what brought you/them/... to Glasgow/...?

... Was hat euch denn nach Siegen verschlagen? Ihr seid doch von Hause alles andere als Sieger- oder Rheinländer ... – Ja, das war wirklich Zufall. Mein Mann bekam ein Angebot von der neuen Universität dort ... und nach einigem Zögern haben wir das angenommen und sind dorthin gezogen ...

an eine (unbekannte/...) Küste/an einen (unbekannten/...) Ort/... **verschlagen werden** · to be cast ashore on an island/ an unknown coast/in an unknown place/..., to be washed up on an unknown coast/in an unknown place/..., to fetch up on an unknown coast/in an unknown place/...

... Und dann wurden sie, nach tage- und nächtelangem ziellosen Umhertreiben auf dem stürmischen Meer, an eine Küste verschlagen, die niemand von ihnen je gesehen hatte ...

verschlägt: das verschlägt nichts *form selten* · that/it/s. th. does not make any difference *n*, that makes no odds *coll*

... Aber ich hatte Ihnen doch extra am Telefon gesagt, ich würde die definitiven Angaben bis zum Ende des Monats persönlich machen. – Das verschlägt nichts, Frau Bohnert. Sie hatten die Angaben laut Verfügung vom 17.11. bis zum 15. Dezember zu machen; jetzt haben wir den 28. Sie werden also wohl oder übel mit einer Strafe rechnen müssen.

verschlampen: etw. verschlampen/verschlampt sein *sal* · 1. to let o. s. go, to go to seed, 2. to (go and) forget to do s. th. *coll*, 3. to (go and) lose s. th. *coll*

1. ... Die Christa Mutsch ist in den letzten Monaten regelrecht verschlampt. Schon äußerlich – ungepflegtes Haar, schmutzige Kleidung ... Und im Dienst macht sie nichts mehr ordentlich ...

2. ... Hast du es etwa schon wieder verschlampt, die Unterlagen für die Kasse rechtzeitig einzureichen? Daß du aber auch nichts rechtzeitig und ordentlich machen kannst!

3. ... Hat der Kurt doch wahrhaftig das Bild von meinem Großvater verschlampt. Und das war so ein schönes Gemälde! – Aber das muß doch zu finden sein, Klara!

verschleppen: eine Gastritis/... verschleppen · to aggravate an illness by neglect, to let an illness drag on and get worse

... Statt seine Magengeschichte ernstzunehmen und sofort zu behandeln, hat er sie wer weiß wie lange verschleppt. Jetzt hat er eine chronische Gastritis, und es dürfte sehr schwer sein, sie wieder ganz wegzukriegen.

verschließen: sich einer Erkenntnis/... nicht verschließen (können) *form* · not to be able to close one's eyes to the fact that ..., not to be able to ignore that ..., not to be able to deny that ..., to have to admit that ...

So schwer es dir auch fällt, Paul: du wirst dich doch der Einsicht nicht verschließen, daß es ein Fehler erster Ordnung war, das Studium nicht zügig durchzuziehen. – Ich muß dir leider Recht geben, Walter. Ich wollte das lange Zeit einfach nicht wahrhaben ...

verschlimmbessern: etw. verschlimmbessern *ugs* · to make s. th. worse by trying to correct/improve/... it *para*, to correct s. th. incorrectly

Hat der Herr Mauritz deine Übersetzung mal nachgesehen? – Ja. Und er hat auch allerhand 'Korrekturen' angebracht. Nur stimmen die leider fast alle nicht. Statt den Text zu korrigieren, hat er ihn verschlimmbessert.

verschlossen: sehr verschlossen sein · to be extremely reserved

... Ernst und nachdenklich sein ist eine Sache, Waltraud, verschlossen eine andere. Wenn das mit dem Friedel so weitergeht, findet bald kein Mensch mehr einen Zugang zu dem Jungen.

jm. **verschlossen bleiben** *form* · it/s. th. is a closed book to s. o.

... Der Ulli ist alles, was du willst: intelligent, fleißig, korrekt, strebsam ... Aber was den Reiz und den Wert eines Gedichts ausmacht, das bleibt ihm wohl doch verschlossen. Dafür braucht man einen ästhetischen Sinn, der ihm abgeht.

verschludern: etw. verschludern (lassen) *sal* · 1. to mess s. th. up, to ruin s. th. *coll*, 2. to squander s. th., to waste s. th. *n*, to fritter s. th. away, 3. to let o. s. go, to go to seed

1. ... Wie der Klaus mit seinen Büchern umgeht! Der verschludert das schönste Buch in Null Komma nichts!

2. ... Seine geistigen Fähigkeiten, Ernst, muß man genau so trainieren wie die körperlichen! Die darf man nicht verschludern lassen!

3. vgl. – etw. **verschlampen**/verschlampt sein (1)

Verschluß: unter Verschluß sein *form* · to be under lock and key

... Das sind streng vertrauliche Akten, da kann keiner dran; die sind in dem Zimmer des Chefs unter Verschluß.

etw. **unter/(hinter) Verschluß bringen** *form selten* · to put s. th. under lock and key

(Der Chef zu seiner Sekretärin:) Bringen Sie das Protokoll von der heutigen Sitzung sofort unter Verschluß, Frau Spitzer! Das ist streng vertraulich; Sie lassen also an die Unterlagen niemanden heran!

etw. **unter Verschluß halten** *form* · to keep s. th. under lock and key

Wissen Sie, wo die Unterlagen über das Exportgeschäft mit Italien sind, Fräulein Franke? – Die hält Herr Direktor Mertens persönlich unter Verschluß. Er will nicht, daß jemand ohne sein Wissen und seine Einwilligung da rangeht.

etw. **unter Verschluß nehmen** *form* · to put s. th. under lock and key

Die Vorschläge für die Examensklausuren werden unmittelbar, nachdem die einzelnen Dozenten sie eingereicht haben, vom Vorsitzenden des Prüfungsamtes unter Verschluß genommen.

verschmelzen: in eins verschmelzen/verschmolzen sein/(Leib und Seele ...) *path veraltend selten* · 1. 2. to merge into one, to fuse, to blend into one

1. ... Menschen, die sich wirklich lieben, sagt meine Mutter, sehnen sich danach, in eins zu verschmelzen. Sie meint, solange jeder 'für sich bleibe', überwinde die Liebe vitale Schranken nicht. – Das hört sich sehr platonisch an, meinst du nicht?

2. (In einer Philosophie-Vorlesung:) Wie Leib und Seele zusammenhängen, meine Damen und Herren, darüber gibt es viele Theorien, aber im Grunde weiß das kein Mensch. Ja, wer weiß, ob Leib und Seele letztlich nicht nur zwei Erscheinungsformen ein und desselben Grundes sind? Wie wäre es sonst zu erklären, daß sie in begnadeten Stunden in eins verschmelzen?

verschmerzen: etw. (nicht) leicht/... verschmerzen (können) *ugs* · (not) (to be able) to get over s. th., (not) to mind losing s. th.

... Wenn die Firma diesen Auftrag nicht bekommen hat, bekommt sie den nächsten – oder übernächsten. – Aber es ging um eine halbe Million! – Zurzeit können wir die leicht verschmerzen. – Habt ihr so ein gutes Polster an Aufträgen/so reichliche Reserven?

verschnabulieren: etw. verschnabulieren *ugs selten* · to gobble s. th., to wolf s. th. down, to animalise s. th.

Hast du die ganzen Pralinen schon verschnabuliert, Petra? – Die waren so lecker! – Ich seh's!

Verschnaufpause: eine Verschnaufpause machen/einlegen *ugs* · to have a breather, to take a breather, to have/to take a rest

(Auf einer Bergwanderung; der Vater:) Jetzt sind wir gut zwei Stunden gegangen, jetzt könnten wir eigentlich einmal eine kleine Verschnaufpause einlegen. – (Seine Frau:) Geht dir schon die Puste aus, Richard? Deine Zigarren! …

verschnupft: verschnupft sein · 1. to have a cold, to be bunged up, 2. to be peeved, to be offended, to be piqued, to be narked *coll*

1. … Ullrich, jetzt putzt du dir aber immer sorgfältig die Nase, hörst du! Und daneben nimmst du jetzt dreimal am Tag diese Tropfen. Jetzt bist du schon mehr als einen Monat so verschnupft. Das kann doch nicht ewig so weitergehen! Sonst kriegst du noch einen chronischen Schnupfen.

2. Ist die Henrike immer noch so verschnupft? – Was heißt verschnupft? Mit deiner ungerechten Kritik hast du sie wirklich gekränkt. – Und sie ist immer noch verärgert? – Gekränkt, sage ich doch. *ugs*

verschossen: (ganz) verschossen sein in jn. *sal* – sich in jn. **verlieben**/in jn. verliebt sein (2) · to be head over heels in love with s.o.

verschreiben: sich der Chemie/… **verschreiben** *veraltend od. iron* · to devote o.s. (wholeheartedly/…) to s.th.

… Wenn sich der Dr. Faustus der Alchimie verschrieben hat, dann verschreibst du dich der Chemie, was Paul? Jedenfalls habe ich den Eindruck, daß du dich ihr mit nicht weniger Eifer widmest. – Gut. Aber du hältst mich doch nicht für einen Sklaven meines Fachs und nicht für wundergläubig, oder?

verschrien: verschrien sein als Säufer/Raufbold/…/(sehr unehrlich/…) *ugs* · to be notorious as a drinker/unreliable/…, to have a bad name for being a drinker/…, to have the reputation of being a drinker/unreliable/… *n*

… Du gehst mit dem Sepp Lößl um? – Ja, warum nicht? – Er ist als Säufer, Raufbold und Streithahn verschrien. – Was die Leute erzählen, interessiert mich nicht. Ich komme mit ihm gut aus.

Verschulden: ohne (eigenes) **Verschulden** (in einer bestimmten Lage stecken/…) *form* · (to be/to find o.s. in a difficult situation/…) through no fault of one's own

… Wenn jemand ohne Verschulden in eine Notlage gerät, ist das eine Sache, meinte er scharf; wenn jemand nie vernünftig arbeitet, sein halbes Vermögen versäuft und dann Schwierigkeiten hat, eine andere!

verschuldet: sehr/stark verschuldet sein *form* · to be heavily in debt, to be heavily indebted

… Du sagst, dein Bruder ist stark verschuldet. Wofür hat er denn das ganze Geld gebraucht? – Er hat sehr hohe Kredite aufgenommen, um sein Landgut zu modernisieren.

verschütt: verschütt gehen *sal* · 1. to do a vanishing trick, to do a disappearing act, 2. to go for a burton, 3. to be put/… behind bars, 4. to die, to be killed

1. (u. U.) Ist der Paul gestern mal wieder verschütt gegangen? Oder warum treibt er sich so lange im Bett? – Ja, die haben eine Sauftour durch unser Viertel gemacht. – Er ist ja eigentlich aus dem Alter heraus, in dem man alle paar Tage unter die Räder kommt.

2. vgl. – verloren **gehen**

3. vgl. – (u. U.) hinter **Schloß** und Riegel kommen/(gesetzt werden/ wandern) *sal selten*

4. vgl.-(a.) zu **Tode** kommen *sal selten*

verschwinden: neben jm./etw. **(regelrecht/…) verschwinden** *ugs* · to be dwarfed by s.o./s.th., to pale into insignificance beside s.o./s.th.

… Der Quadflieg ist ja wahrhaftig nicht klein, aber neben dem Zeidler verschwindet er regelrecht! – Aber der Zeidler ist auch ein richtiger Hüne! Der geht doch an die zwei Meter!

spurlos verschwinden · 1. 2. to vanish without trace, to disappear without trace

1. … Kein Mensch weiß, wohin der Junge gegangen ist. Seit gut einer Woche ist er spurlos verschwunden.

2. Ich versteh' gar nicht, wo ich mein Portemonnaie gelassen habe! Es ist spurlos verschwunden. Ich hab' überall gesucht; ich kann es nirgends finden.

jn./etw. **verschwinden lassen** *ugs* · 1. to hide s.o./s.th., to spirit s.o./s.th. away, 2. to pinch s.th., to help o.s. to s.th.

1. vgl. – jn./etw. auf die **Seite** schaffen (2, 3)

2. vgl. – (eher:) etw. **mitgehen** lassen/(heißen)

etw. **in/unter/… etw. verschwinden lassen** · to hide s.th. in/ under/…

… Eine peinliche Situation: der Paul liest da in aller Ruhe einen Brief einer Freundin – da platzt seine Frau ins Zimmer, er weiß nicht, wo er den Brief so schnell verschwinden lassen soll, wird rot … – sie stutzt, schaut ihn groß an und sagt: »Ich störe wohl« – um sich sogleich auf dem Absatz umzudrehen und aus dem Zimmer zu stürzen.

mal eben/… verschwinden müssen *ugs* – mal eben/… **austreten** (gehen) müssen · to have to pay a call, to have to go to the loo/John/…, to have to see a man about a dog

verschwindend: eine verschwindend kleine Zahl/Menge/… – eine verschwindend **kleine** Zahl/Menge/… · a minute amount/…, a tiny number/…

verschwindet: er/sie/Peter/… **verschwindet** (richtig/regelrecht/direkt/…) **neben** jm. *ugs* · to be dwarfed by s.o., to look tiny beside s.o.

Wenn man den Heinzpeter und die Ulrike nebeneinander sieht, dann merkt man erstmal, wie groß der Heinzpeter ist. Neben dem verschwindet die Ulrike geradezu.

verschwitzen: etw. verschwitzen *ugs* · to forget s.th. *n*, to clean forget s.th.

… Jetzt hab' ich doch in der Tat verschwitzt, die Briefe meines Vaters zur Post zur bringen! – Du vergißt auch nochmal deinen Arsch, Peter!

verschworen: es hat sich (aber auch/wirklich/…) **alles gegen** jn. **verschworen** *form – path* · (absolutely/…) everything is going against s.o., (absolutely/…) everything seems to be conspiring against s.o.

Mensch, heute hat sich aber auch alles gegen uns verschworen: erst springt der Wagen nicht an; dann vergißt die Petra ihr Badezeug; jetzt vertrittst du dir den Fuß … Verdammt nochmal! Mal gespannt, was uns jetzt noch passiert!

Verse: etw. in Verse bringen *form* · to put s.th. into verse

… Eigene Gedichte zu schreiben – das traue ich dem Adalbert nicht zu. Aber was er glänzend kann, ist, gegebene Texte in Verse bringen. Neulich hat er aus einer Erzählung von Dürrenmatt ein episches Gedicht gemacht.

Verse drechseln *ugs krit* – **Verse** machen · to write verse, to versify, to write poetry

Verse machen *ugs* · to write verse, to versify, to write poetry

Macht eure Christine immer noch Verse? – Aber fleißig! Sie hat schon einen ganzen Gedichtband fertig.

Verse schmieden *ugs iron* – **Verse** machen · to write verse, to versify, to write poetry

Versehen: (ganz) aus Versehen (etw. tun/geschehen) · 1. 2. to do s.th. by mistake, to do s.th. inadvertently

1. … Verdammt nochmal, tritt mir doch nicht dauernd auf die Füße! – Entschuldige! Aber es war doch nicht extra, es war aus Versehen. – Das möchte ich annehmen, daß es nicht mit Absicht war. Aber es tut trotzdem weh.

2. … Er kann gar nicht mehr sagen, warum er den Brief weggeworfen hat. (Es war) ganz aus Versehen. – So beim Ordnungmachen einfach weggeworfen …? – Wahrscheinlich.

verselbständigt: etw. hat sich (wohl/bestimmt/…) **verselbständigt**/(sich verselbständigen) *ugs selten* – etw. hat sich (wohl/bestimmt/…) selbständig **gemacht**! · it/s.th. has grown legs

versenken: sich in ein Buch/Thema/... (geradezu/...) **versenken** *path* · to immerse o.s. in s.th.
... Nein, ein so dicht geschriebenes Buch kann man nicht flüchtig lesen! – Aber man braucht sich auch nicht gerade jeden Tag stundenlang darein zu versenken! – Warum nicht?

Versenkung: aus der Versenkung auftauchen *sal oft Perf* · to re-appear, to re-emerge on the scene
Erinnerst du dich noch an den PSU-Politiker Mohlke? – Natürlich! 'Der schöne Erich'. Von dem spricht seit Jahren kein Mensch mehr. Er war in Ungnade gefallen. – Er ist aus der Versenkung wieder aufgetaucht. Er kandidiert für den Vorsitz des Kreisverbandes Cattbus.

in der Versenkung verschwinden *sal oft Perf* · 1. to disappear from the scene, to sink into oblivion, 2. to disappear completely *n*
1. Was ist eigentlich aus dem Schlagersänger Ricksy geworden? – Ach, der ist in der Versenkung verschwunden; von dem spricht kein Mensch mehr. – Noch vor einem Jahr war er in aller Munde.
2. Von den Plänen zur Steuerreform redet heute keiner mehr! – Natürlich nicht. Die sind in der Versenkung verschwunden. Da weder die CDU noch die FDP Interesse daran hat, tut die Regierung alles, damit das Thema nicht aufs Tapet kommt.

jn./etw. in der Versenkung verschwinden lassen *sal* · 1. 2. to drop s.o./s.th. completely, to ditch s.o./s.th.
Nachdem der Roleber öffentlich an der Regierungspolitik Kritik geübt hat, haben sie ihn in der Versenkung verschwinden lassen. Sie haben ihn bei den letzten Neuwahlen einfach nicht mehr als Kandidaten aufgestellt und ihn dann totgeschwiegen.
2. Die Pläne zur Steuerreform hat die Regierung wohl in der Versenkung verschwinden lassen? – Du kannst fragen! Was soll Sie für ein Interesse daran haben, daß über solch ein heißes Eisen diskutiert wird?

versessen: (ganz) versessen sein auf etw. *path* · to be mad/crazy/wild/... about s.th., to be (very/dead/...) keen on s.th.
... Auf Pudding ist die Kleine ganz versessen. Davon kann sie eine ganze Schüssel allein vertilgen/essen. – Und Schokolade! Ist sie darauf auch so scharf/ist sie da auch so scharf drauf?

versetzen: jn. versetzen · 1. to transfer s.o., 2. to move (a pupil) up (to the next year at school) *para*, 3. to let s.o. down, to stand s.o. up
1. Hast du schon gehört, daß der Ulrich versetzt wurde? Er arbeitet jetzt bei der Filiale der Firma in Landshut.
2. ... Meinst du, die werden den Hanspeter noch versetzen? – Nein, das glaub' ich nicht. Er wird wohl sitzenbleiben.
3. vgl. – jn. **draufsetzen** *ugs*

sein Silberbesteck/... **versetzen** *ugs* · to sell s.th. *n*, to flog s.th., to pawn s.th., to hock s.th.
... So eine Unverantwortlichkeit, das alte Besteck zu versetzen, statt einen Kredit aufzunehmen! – Der Doris sagen die alten Sachen nichts. Die würde am liebsten alle Erbstücke zu Geld machen.

jm. eins versetzen *ugs* – (eher:) jm. eins **auswischen** · to put one over on s.o., to get one's own back on s.o.

versichern: jm. ehrenwörtlich versichern, daß .../.../(jm. etw. ehrenwörtlich versichern) *path* · to solemnly assure s.o. that ..., to give s.o. one's word of honour that ...
... Aber der Herr Köster hat mir ehrenwörtlich versichert, daß sich die Geschichte genau so zugetragen hat, wie ich es dir jetzt erzähle. – Tut mir leid, Christian: so stimmt es nicht. Ich war schließlich dabei. ...

hoch und heilig versichern *form* – *path* · to swear blind that ...
... Der Alfons hat das Geld doch da weggenommen, sagst du? Aber er hat doch hoch und heilig versichert, er hätte das Portemonnaie gar nicht gesehen. – Er hat trotzdem gelogen. Die Ana hat gesehen, wie er es wegnahm. Sie kam gerade zur Tür herein.

du/er/Peter/... kannst/kann/... versichert sein, daß ... *form* – *path* · s.o. may/can rest assured that ...
... Herr Schirmer läßt fragen, ob du nach wie vor hinter dem Projekt stehst. – Sag' Herrn Schirmer: er kann versichert sein, daß ich alles in meiner Macht Stehende tun werde, damit die Sache realisiert wird.

versieben: etw. versieben *ugs* · to mess s.th. up, to spoil s.th.
... So eine Chance kriegt der Rolf so schnell nicht wieder, sei sicher! Wie man so was durch Trägheit und Schusselei versieben kann, geht mir in meinen Gehirnkasten nicht rein. – Manche Leute versauen sich die schönsten Möglichkeiten halt selbst.

es bei jm. **versieben** (mit/durch etw.) *ugs selten* – es mit jm. **verderben** (mit/durch etw.) · to spoil one's chances with s.o., to fall out with s.o.

versiehst: (und) ehe du dich versiehst/er sich versieht/.../ehe man sich/(sich's/sich dessen) versieht (ist es passiert/ist die Zeit um/...) · 1. 3. before you know where you are, before I/you/... know what is happening, in no time, in next to no time, 2. before you can say Jack Robinson
1. Man meint immer, so eine halbe Stunde Examen ist viel. Aber ehe man sich versieht, ist die Zeit um. – Wenn es gut läuft. Sonst kann einem die Zeit sehr lange werden.
2. Unser Heinz wollte mal wieder, wie üblich, ein paar dumme Bemerkungen machen. Aber ehe er sich versah, hatte er eine Ohrfeige sitzen. – Wie, der Kial hat ihn geohrfeigt? – Sofort. Der Heinz hatte den Mund kaum aufgemacht, da hatte er die Ohrfeige schon weg.
3. ... Ich würde da vorsichtig sein, an deiner Stelle. Die Leute reagieren verdammt hart. Wenn du da nicht aufpaßt, hast du, ehe du dich versiehst, einen Prozeß am Hals. – Na, so schnell schießen die Preußen nicht. – Du wirst dich wundern!

versiert: in etw. (sehr/äußerst/...) **versiert sein** *geh* – in etw. (sehr/äußerst/...) **bewandert** sein · to be well-versed in s.th.

versilbern: etw. versilbern *sal* – sein Silberbesteck/... **versetzen** · to flog s.th., to turn s.th. into cash

versinkt: (wenn .../...) dann/... versinkt alles um jn. **her** *path selten* · (if/when/...,) everything around s.o. is blotted out, (if/when/...,) s.o. becomes oblivious to everything around him
... Aber hat sie euch wirklich nicht gesehen? – Wahrscheinlich nicht. Wenn die Erika im Konzertsaal sitzt, dann versinkt alles um sie her, weißt du; dann existieren für sie nur noch die Musik.

versippt: versippt (und verschwägert) sein (mit jm.) *ugs pej selten* · to be related (to s.o.) *n*, to be interrelated *n*
... Das ganze Land wird von einem Familienclan regiert. Die Minister, die Leiter des Informationsdienstes, die höheren Chargen des Militärs ... – die sind alle miteinander versippt und verschwägert.

versoffener: ein versoffener Kerl/... (sein)/versoffen sein *sal* · to be boozy, to be a boozy beggar, to be a piss-head
... Der Hansgerd trinkt nicht mal hin und wieder einen, Klara, der Hansgerd ist versoffen. – Werner! ... – Es tut mir leid, dir das sagen zu müssen: ich würde einen notorischen Alkoholiker nicht heiraten.

versohlen: jn. anständig/... versohlen *sal* – jm. den **Buckel** vollhauen/vollschlagen · to give s.o. a good thrashing/hiding/...

versorgt: (gut/...) versorgt sein · to be well provided for
... Wenn der Heinz eine unkündbare Stelle hat, ist er doch blendend versorgt! Ich versteh' nicht, warum er sich dann immer noch beklagt.

verspielt: bei jm. **verspielt haben** *ugs selten* – (eher:) bei jm. **ausgeschissen** haben · s.o. is finished/has had it/has had his chips/(...) as far as s.o. is concerned, s.o. has spoilt his chances with s.o.

verspinnen: sich in eine abseitige Idee/... **verspinnen** *ugs* · to get carried away with notions of ..., to indulge in fantasies/notions/... of ...
... Es hat doch beim besten Willen keinen Sinn, Susi, daß du dich in den Gedanken verspinnst, du könntest beim Ballett eine glänzende Karriere machen. Dafür reichen weder deine Begabung noch unsere Beziehungen. Von dieser Wunschvorstellung mußt du dich ein für allemal freimachen.

versponnen: etwas/leicht/ein bißchen/(...) versponnen sein · to be somewhat/slightly/a bit/... eccentric, to be somewhat/slightly/a bit/... airy-fairy, to have one's head in the clouds
Findest du den alten Herrn Lauterbach nicht auch ein bißchen versponnen? – Er lebt in seiner eigenen Welt, ja. – Man weiß nie so

recht, ob das, was er sagt, nur seltsam, hintergründig oder wirklich tiefsinnig ist.

(ganz) in sich selbst versponnen sein *ugs* · to have one's head in the clouds, to live in a world of one's own
... Die Marlies ist ein herzensgutes Mädchen, daran gibt es nicht den geringsten Zweifel. Aber sie ist zu sehr mit sich selbst beschäftigt, träumt und grübelt zuviel. Ganz in sich selbst versponnen, merkt sie überhaupt gar nicht, wie sehr dem Rudi eine Gefährtin fehlt, die die Probleme des Lebens mit ihm zusammen anpackt.

versprechen: sich etwas/einiges/manches/viel/allerhand/wenig/nichts von jm./etw. **versprechen** · 1. 2. (not) to expect a lot/great things/... from s.o./s.th., to have high hopes of s.o./s.th.
1. ... Vater hatte sich so viel von dem neuen technischen Direktor versprochen, hatte geglaubt, der würde die Mängel in unserer Werkzeugherstellung endlich beheben ... Aber wie man jetzt sieht, hätte er sich das Geld für diesen Mann sparen können.
2. Hattest du dir von den Verhandlungen eigentlich etwas versprochen? – Offengestanden, ja. Ich hatte angenommen, man würde wenigstens zu einem halbwegs vernünftigen Kompromiß kommen.

jm. **hoch und heilig versprechen**, daß/.../(jm. etw. hoch und heilig versprechen) *path* – jm in die **Hand** (hinein) versprechen, daß .../... · to swear blind that ..., to swear by all that's sacred that ...

mehr versprechen, als man halten kann · to promise too much, to promise more than one can keep
... Nun versprich mal nicht mehr, als du halten kannst, Erich! Bis Juli kannst du doch die Arbeit unmöglich machen! – Warum denn nicht? Wenn ich zwei Leute zusätzlich einstelle ... Also, Herr Moser, bis Mitte Juli haben Sie die ganze Veranda fix und fertig.

versprechen und halten ist/(sind) zweierlei · making a promise is one thing, keeping it (is) another, making and keeping a promise are two different things
... Aber er hatte mir doch fest versprochen ... – Versprochen, versprochen! Merke dir, Klaus: versprechen und halten sind zweierlei. Wenn die Leute nur die Hälfte von dem einhalten würden, was sie versprechen, sähe die Welt anders aus.

Versprechen: jm. **das Versprechen abnehmen**, etw. zu tun *form* · to make s.o. promise to do s.th.
Vor seiner Abfahrt nach Nigeria hat mir der Richard das Versprechen abgenommen, seiner Frau und den Kindern in schwierigen Situationen zu helfen. Dann muß ich das auch tun; dann kann ich jetzt, wo eine solche Lage entstanden ist, nicht so tun, als ob ich gar nichts versprochen hätte.

jn. **mit leeren**/nichtssagenden/... **Versprechen abspeisen** *ugs* · to fob s.o. off with empty/... promises
... Statt dem Mann einen Auftrag zu geben, hast du ihn wiederum mit leeren Versprechen abgespeist, Erich! Er braucht Aufträge. Von Versprechungen, aus denen dann doch nichts wird, kann er nicht leben.

sein Versprechen einlösen *form* · 1. 2. to keep one's promise
1. Der Herr Alt hatte dir doch versprochen, den Wagen noch am Wochenende zu reparieren, nicht? – Ja. – Und? Hat er sein Versprechen eingelöst? – Ja, er hat den Wagen am Samstag repariert.
2. vgl. – (eher:) sein **Versprechen** halten

sein Versprechen erfüllen *form selten* · 1. 2. to keep one's promise
1. vgl. – sein **Versprechen** einlösen
2. vgl. – sein **Versprechen** halten

jm. **ein Versprechen geben** *form* · to promise s.o. s.th., to give s.o. one's word that ...
... Wenn der Franz dir das Versprechen gegeben hat, daß er dir bei der Übersetzung hilft, wird er das auch tun. Bis heute hat er jedenfalls noch immer gehalten, was er versprochen hat.

sein Versprechen halten · to keep one's promise
Dein Vater hatte dir doch versprochen, dir eine Reise nach Paris zu spendieren, wenn du das Abitur bestehen würdest, nicht? – Ja, das hat er. – Und? Hat er sein Versprechen gehalten?

zu seinem Versprechen stehen – (eher:) zu seinem **Wort** stehen (1) · to stand by one's promise

Versprechungen: große Versprechungen machen *ugs* · to make great/big/... promises
... Erst große Versprechungen machen und dann still und leise verschwinden ... – nein, das ist nicht die Art des feinen Mannes! Was man verspricht, muß man halten, heißt es – zu Recht!

Verstand: etw. **mit Verstand** tun · to have thought about what one is doing, to do s.th. with discrimination
... Der Holger hat seinen Wagen mit Verstand gewählt, das muß man sagen. Er hat nicht nur auf das Äußere geguckt; er hat sich genau gefragt, wofür er ihn braucht, was an Benzin frißt, an Steuern kostet ... Er hat ihn wirklich mit Überlegung gekauft.

etw. **mit Verstand** essen/trinken/rauchen/... *selten* · 1. to really savour s.th., to eat/to drink/... with relish, 2. to eat/to drink/to smoke/... with moderation/sensibly/...
1. (Auf einer Feier; beim Aperitif:) Wenn uns der Herbert schon so einen herrlichen Rotwein mitbringt, dann müssen wir den auch mit Verstand trinken! – Du meinst, mit Andacht genießen? – Genau! Also ... 'zum Wohl!'
2. ... Ach, Helga, wenn jemand mit Verstand trinkt, schädigt das nicht. Laß den Bodo mal. Der übertreibt doch nun wirklich nicht.

etw. **ohne Verstand** tun *ugs selten* – etw. ohne **Sinn** und Verstand sein/tun/... (1) · to do s.th. thoughtlessly

bei klarem/vollem Verstand sein/eine Operation mitmachen/... · to be operated on/... while fully conscious
... Hast du die ganze Operation bei klarem Verstand mitgemacht? – Für eine Nasenoperation braucht man doch keine Vollnarkose! – Das wäre nicht mein Fall, das alles hellwach zu verfolgen ...!

(aber wirklich/...) **kurz von Verstand sein** *sal* – für keine zwei **Pfennige** Verstand haben/nachdenken/aufpassen/... (1) · to be as thick as they come

nicht (so) richtig/recht/ganz bei Verstand sein *sal* – nicht (so) (ganz/(recht)) bei **Trost** sein (1; u.U. 2) · to be a bit dim

nicht mehr (so) richtig/recht bei Verstand sein *sal* – nicht (so) (ganz/(recht)) bei **Trost** sein (2; a. 1) · to be a bit gaga, to have lost one's marbles

einen hellen/klaren Verstand haben · 1. 2. to have a lucid mind, to be bright
1. Den Kurt kannst du nicht irremachen; der hat einen klaren Verstand! Der läßt sich so leicht nicht durcheinanderbringen.
2. ... Es ist eine Freude, sich mit dem Jungen zu unterhalten. Er hat einen klaren Verstand, der Kleine. Wirklich! Herrlich, wie klar der denkt!

(aber wirklich/...) **einen kurzen Verstand haben** *sal* – für keine zwei **Pfennige** Verstand haben/nachdenken/aufpassen/... (1) · to be as thick as they come, to be as thick as two short planks

einen praktischen Verstand haben · to be practically minded
... Laß den Rolf mal! Der kann zwar keine großen Reden halten und tut sich mit allem, was theoretische Kenntnisse verlangt, vielleicht ein bißchen schwer. Aber dafür hat er einen instinktsicheren praktischen Verstand. Die Probleme, die er als Schreinermeister hat, hat er bis heute immer glänzend gelöst.

einen scharfen Verstand haben · to have a keen mind
... Ja, ja, unser Bodo denkt sehr exakt. Schon unser Vater sagte immer: der Junge hat einen scharfen Verstand.

hast du/hat er/der Heinz/... denn gar keinen Verstand?! *sal* · are you/is he/is John/... out of your/... mind?, are you/is he/John/... mad?, have you/has he/has John/... (got) no sense?
... Hast du denn gar keinen Verstand? Daß man für so einen alten und miserablen Apparat keine 800,– Mark zahlt, weiß doch sogar ein Kind!

j./etw. **bringt mich**/ihn/Peter/... noch um den Verstand *ugs* – *path* – (eher:) jn. verrückt **machen** (mit etw.) · s.o./s.th. will drive me/him/John/... out of my/... mind j./etw. **raubt mir**/ihm/Peter/... **noch den Verstand** *ugs – path* – (eher:) jn. verrückt **machen** (mit etw.) · s.o./s.th. will drive me/him/John/... out of my/... mind

j. **sitzt auf seinem Verstand** *sal selten* – für keine zwei **Pfennige** Verstand haben/nachdenken/aufpassen/... (1) · s.o. is as thick as a brick

das/(etw.) **überschreitet meinen**/(seinen/...) **Verstand!** *mst Präs form – path selten* · it/s.th. is beyond me/...

... Wie jemand, der fast 30 Jahre im Geschäft ist, so einen Unsinn machen kann, das überschreitet meinen Verstand! Wirklich, das geht in meinen Kopf nicht rein!

seinen Verstand nicht (so) recht beisammen haben *sal* – nicht (so) (ganz/(recht)) bei **Trost** sein (1; u.U. 2) · not to be completely with it, not to be all there

mehr Verstand im kleinen Finger haben als die ander(e)n/andere/er/Karl/du/... **im Kopf** (haben/hat/hast/...) *sal* · to have more sense in one's little finger than you/John/... have/... in your/... head

... Ich weiß nicht, ob der Kurt intelligent genug ist, um eine Modernisierung einer solchen Fabrik durchzuführen. – Der Kurt?! Der hat mehr Verstand im kleinen Finger als du im Kopf! – Danke! – Das Problem liegt nicht da! Die Frage ist, ob er Energie genug hat.

den/seinen **Verstand an der Garderobe abgeben** *sal* · to leave one's brains in the cloakroom *para*

... Der Berger ist doch sonst so ein vernünftiger Mann! Aber wenn er hier auf den Sitzungen als offizieller Vertreter der Stadt erscheint, ist er unmöglich. Man hat dann jedesmal das Gefühl, der Mann gibt seinen Verstand an der Garderobe ab.

über js. **Verstand gehen** *sal* – jm./für jn. zu **hoch** sein · to be above s.o.'s head

zu Verstand kommen *ugs* · 1. to see reason, 2. to come to one's senses

1. vgl. – (eher:) zur **Vernunft** kommen
2. vgl. – (eher:) **Vernunft** annehmen (2)

das/... **muß jm. doch der/sein Verstand sagen, daß** .../(sein Verstand sagte jm., daß ...) *sal* · surely/... your/his/... common sense must tell you/... that ...

... Natürlich gibt es dafür keine eigenen Bestimmungen! Aber es muß deinem Bruder doch der Verstand sagen, daß er von elf oder zwölf Veranstaltungen nicht drei oder vier einfach verpassen kann. Dafür sind doch keine Bestimmungen nötig!

jm. **bleibt der Verstand stehen** *sal* · 1. + s.o. is flabbergasted, 2. s.th. takes s.o.'s breath away, 3. s.o. is stunned/dumbfounded

1. vgl. – jm. bleibt die **Spucke** weg
2. vgl. – (auch) jm. bleibt die **Luft** weg (1)
3. vgl. – (eher:) (ganz) (einfach) **baff** sein

(als .../...,) (**da**/...) **steht einem**/jm. **der Verstand still** *oft Imp sal* · 1. + s.o. is flabbergasted, 2. s.th. takes s.o.'s breath away, 3. s.o. is stunned/dumbfounded

1. vgl. – (eher:) jm. bleibt die **Spucke** weg
2. vgl. – (auch) jm. bleibt die **Luft** weg (1)
3. vgl. – (eher:) (ganz) (einfach) **baff** sein

den Verstand verlieren *ugs* · to lose one's mind, to go mad, to go out of one's mind

... Ja, und bei all diesen Sorgen, den Krankheiten, den dauernden Angriffen der anderen hat sie dann schließlich den Verstand verloren. – Sie ist ...? – Ja, sie ist im klinischen Sinn geistesgestört. – Für immer? – Wer weiß? Wir wollen es nicht hoffen.

du hast/er/Peter hat/... **wohl** (völlig) **den**/deinen/seinen/... **Verstand verloren?** *sal* – (eher:) nicht (so) (ganz/(recht)) bei **Trost** sein (1) · are you/is he/is Mary/... out of your/... mind?

seinen Verstand versaufen *sal* · to drink o.s. stupid

(Bei einer Feier:) Komm', wir gehen, Rainer! Ich halte dieses dumme Geschwätz von dem Bollmann einfach nicht mehr aus. – Das ist auch nicht auszuhalten! Der Mann ist total verkalkt/hinüber! Und was war das für ein feinsinniger und intelligenter Mensch! Der Wein! ... Der Mann hat seinen Verstand regelrecht versoffen!

j. **muß seinen ganzen Verstand zusammensuchen**/zusammennehmen, um ... *sal* · to really/... put one's mind to s.th.

... Ein verdammt kniffliges Rätsel!, rief er plötzlich aus. Da muß man wirklich seinen ganzen Verstand zusammensuchen, um hinter die Lösung zu kommen.

(wenn/... falls in der Tat/...) (**dann**) **zweifelt man**/zweifle ich/zweifelst du/... **an** js. **Verstand/muß** ... **zweifeln** *sal* · when one sees/..., one begins to have/one has/... doubts about s.o.'s sanity

... Wenn man sieht, wie der Karl-Heinz sein Geld geradezu zum Fenster hinauswirft, muß man an seinem Verstand zweifeln/zweifelt man an seinem Verstand. Wirklich! So kann nur ein Verrückter handeln. Was der sich wohl dabei denkt?

Verständnis: (viel/wenig/kein/...) **Verständnis für** jn./etw. **haben** – (viel/wenig/keinen/...) **Sinn für** jn./etw. haben · to have no/little/a lot of/... feeling for s.th., to have no patience with s.o., to have no time for s.o.

Verstandskasten: j. **sitzt auf seinem Verstandskasten** *sal* – für keine zwei **Pfennige** Verstand haben/nachdenken/aufpassen/... (1) · s.o. is as thick as they come, s.o. is as daft as a brush

das/(etw.) **überschreitet meinen**/(seinen/...) **Verstandskasten!** *mst Präs sal – path selten* – das/(etw.) überschreitet meinen/(seinen/...) **Verstand** · it/s.th. is beyond me/him/..., it/s.th. is above my/his/... head

einen klaren Verstandskasten haben *ugs* – (eher:) einen hellen/klaren **Verstand** haben · to have a lucid mind, to be bright

seinen Verstandskasten nicht (so) recht beisammen haben *sal* – nicht (so) (ganz/(recht)) bei **Trost** sein (1; u.U. 2) · s.o. is not all there, s.o. is a bit gaga

über js. **Verstandskasten gehen** *sal* – jm./für jn. zu **hoch** sein · to be above s.o.'s head

das/... **muß jm. doch der/sein Verstandskasten sagen, daß** ... *sal* – das/... muß jm. doch der/sein **Verstand** sagen, daß .../(sein Verstand sagte jm., daß ...) · surely/... your/his/... common sense must tell you/... that ...

jm. **bleibt der Verstandskasten stehen** *sal* · 1. + s.o. is flabbergasted, 2. + s.th. takes s.o.'s breath away, 3. + s.o. is stunned/dumbfounded

1. vgl. – jm. bleibt die **Spucke** weg
2. vgl. – (a.) jm. bleibt die **Luft** weg (1)
3. vgl. – (eher:) (ganz) (einfach) **baff** sein

(als .../...) (**da**/...)/(wenn ..., dann .../...) **steht einem**/jm. **der Verstandskasten still** *sal* · 1. + s.o. is flabbergasted, 2. + s.th. takes s.o.'s breath away, 3. + s.o. is stunned/dumbfounded

1. vgl. – (eher:) jm. bleibt die **Spucke** weg
2. vgl. – (a.) jm. bleibt die **Luft** weg (1)
3. vgl. – (eher:) (ganz) (einfach) **baff** sein

du hast/er/Peter hat/... **wohl** (völlig) **den**/deinen/seinen/... **Verstandskasten verloren?** *sal* – (eher:) nicht (so) (ganz/(recht)) bei **Trost** sein (1) · have you/has John/... gone completely/... mad?, are you/is John/... completely/... out of your/... mind?

seinen Verstandskasten versaufen *sal selten* – seinen **Verstand** versaufen · to drink o.s. stupid

(wenn .../...) (**dann**) **zweifelt man**/zweifle ich/zweifelst du/... **an** js. **Verstandskasten/muß** ... **zweifeln** *sal* – (wenn/... falls in der Tat/...) (dann) zweifelt man/zweifle ich/zweifelst du/... an js. **Verstand/muß** ... zweifeln · when one sees/..., one begins to have/one has/... doubts about s.o.'s sanity

verstecken: j. **braucht sich nicht zu verstecken** (was etw. angeht/(mit etw.)) *ugs* · he/Mary/... can hold his/... own with anyone, he/Mary/... need not fear comparisons

Die Petra ist immer so schüchtern ... – Sie meint, sie hätte nicht genug Charme, sei nicht schön genug ... – Was? Die braucht sich doch nun bestimmt nicht zu verstecken! – Sag' ihr das mal! Dir glaubt sie vielleicht, wenn du ihr zu verstehen gibst, daß du sie als Frau überzeugend findest.

vor/neben dem Herbert/... **brauchst du dich/... nicht zu verstecken** *ugs* · you don't/she doesn't/... need to fear comparison with s.o.

... Warum bist du eigentlich immer so schüchtern, fast bedrückt, wenn die Petra da ist? – Ach, Vater! Die Petra ist schön, intelligent, der liegen die Männer zu Füßen ... – Marlies! Du brauchst dich vor der Petra doch weiß Gott nicht zu verstecken! Im Gegenteil, ein Mann mit Geschmack wird dich mit Sicherheit vorziehen. Was dir fehlt, ist ein Schuß Selbstvertrauen.

sich hinter jm./etw. **verstecken** *ugs* · to use s.o./s.th. to hide behind, to hide behind s.o./s.th., to use s.o./s.th. as a pretext

Die Ingrid sagt, ihr Vater erlaubt nicht ... – Ach, sie hat keinen Mut zu sagen, daß sie uns nicht helfen will. Deshalb versteckt sie sich hinter ihrem Vater und sagt, der erlaubt nicht, daß sie mitgeht. Das ist nur ein Vorwand, weiter nichts.

in etw. **kann sich** j. **vor/(neben)** dem/der/dem Maier/... **verstecken** *ugs selten* – mit dem/der/dem Maier/... kann sich j. nicht **messen** · s.o. is no match for him/her/Smith, s.o. is not in the same league as him/her/Smith/...

Verstecken: (er/sie/der Peter/... meint, er könnte/...) **mit/**(vor) jm. **Verstecken/**(Versteck) **spielen** *ugs selten* · (s.o. thinks he can/...) play hide and seek with s.o.

... Gestern hat der Karl mir noch gesagt, er könne mir erst nächste Woche sagen, wie er sich entscheide - und hintenherum höre ich, daß er sich längst entschieden hat. – Er bildet sich also ein, er könnte mit dir Verstecken spielen?! – Offensichtlich. Als wenn ich das/ihn nicht durchschaute!

Versteckspiel: (er/sie Peter/... meint, er könnte/...) **mit** jm. **ein/sein Versteckspiel treiben** *ugs – form selten* – (er/sie/Peter/... meint, er könnte/...) mit/(vor) jm. **Verstecken/**(Versteck) spielen · (s.o. thinks he can/...) play hide and seek with s.o.

verstehen: versteh'/verstehen Sie/... mich/(ihn/den Peter/...) **nicht falsch!** · don't get me/him/(...) wrong

... Verstehen Sie mich nicht falsch, Herr Lohre: ich will nicht sagen, daß Sie Unrecht haben. Ich meine nur, ein Jurist könnte die Sache auch anders beurteilen. – Ich verstehe Sie schon richtig. Die Fragen, die Sie mir stellen, habe ich mir selbst schon gestellt. ...

etwas/viel/allerhand/einiges/nichts/... **verstehen von** etw. · (not) to know a lot/a thing or two/anything/... about s.th.

... Wenn jemand von etwas nichts versteht, sollte er wenigstens den Mund halten. Aber keine Ahnung haben und dann noch groß daherreden – das geht ein bißchen zu weit!

es (gut/ausgezeichnet/... nicht) **verstehen,** etw. zu tun · to (really/...) know how to do s.th.

Die Elly versteht es wirklich gut, mit Kindern umzugehen. Das liegt ihr.

sich (gut/blendend/... schlecht/miserabel/...) (mit jm.) **verstehen** · 1. 2. 3. (not) to get on well with s.o., 1. 3. to get on with s.o. like a house on fire *coll*

1. ... Ob der Klaus und die Beate gut miteinander auskommen? Nicht gut – blendend! Die verstehen sich geradezu ausgezeichnet, die beiden.

2. ... Wohl noch nie habe ich Eheleute gesehen, die sich so schlecht verstehen wie Herr und Frau Beutel!

3. ... Der Paul und die Gerda, ja, die verstehen sich, das sieht man sofort.

sich blind verstehen *Sport u. ä.* · they could play blindfold, to have an almost telepathic understanding

... Diese Mannschaft ist derart gut aufeinander eingespielt, daß sich die Spieler blind verstehen. Wenn der Rechts- oder Linksaußen etwa

flankt, weiß er, wohin, wie weit – und in der Mitte wissen sie schon, wie die Flanke kommen wird ...

sich darauf verstehen, mit schwierigen Problemen fertig zu werden/... sich auf etw. verstehen · to be an expert at (doing) s.th., to be a dab hand at (doing) s.th. *coll*

Euer Peter versteht sich darauf, Hunde zu dressieren! Wie der auch mit schwierigen Tieren fertig wird ... – alle Achtung!

sich dazu verstehen, etw. zu tun *form* · to agree (reluctantly/...) to do s.th., to be prepared to do s.th., to (be able to) bring o.s. to do s.th.

... Könntest du nicht vielleicht Herrn Ziebel fragen, ob er uns bei dieser Übersetzung helfen kann? Du kennst ihn doch gut, nicht? – Ja, sehr gut sogar. Aber ob er sich dazu versteht, so simple juristische Texte zu übersetzen, das weiß ich nicht.

jm. etw. **zu verstehen geben** · to give s.o. to understand that ...

... Hat er denn gesagt, daß deine Examensarbeit daneben ist? – Er hat mir mit mehreren unmißverständlichen Andeutungen zu verstehen gegeben, daß sie nicht gerade gut ist.

es machen, so gut man es versteht *form* · to do s.th. as best one can, to do s.th. to the best of one's ability

... Na, gut ist der Schrank ja nicht repariert! – Ach, Alfons! Der Junge ist kein Schreiner! Er hat es gemacht, so gut er es versteht. Er schließt doch jetzt wenigstens! ...

das/daß etw. gemacht wird/geschieht/... **versteht sich** *form* · it goes without saying that s.th. will be done/will happen/...

... Wenn jeder von euch dieselbe Arbeit gemacht hat, muß auch jeder dasselbe verdienen, das versteht sich. – Das ist noch lange nicht so selbstverständlich, wie du meinst. Bei Schuckert u. Co. zum Beispiel ...

das/etw. **versteht sich (von selbst)** · of course (not), that/ s.th. goes without saying

... Von unseren finanziellen Sorgen erzählst du Vater nichts, Erna! – Natürlich nicht; das versteht sich doch von selbst, das brauchst du mir gar nicht erst zu sagen!

versteifen: sich auf etw. **versteifen/**sich darauf **versteifen,** zu .../daß ... *ugs* · to become set on s.th., to have got it into one's mind to do s.th., to insist on doing s.th. *n*

... Wenn sich der Chef einmal darauf versteift hat, daß alle Abteilungsleiter haargenau dieselben Rechte und Pflichten haben, dann geht er von dieser Auffassung wohl auch nicht mehr ab. Du kennst doch seinen Starrsinn.

versteigen: sich zu der Behauptung/... **versteigen** *ugs – path* · to presume to claim that ..., to venture to claim/... that ..., to go so far as to say/claim/... that ...

... Was der Herr Hartmann da alles erzählt hat! Stell' dir vor, er verstieg sich sogar zu der Behauptung, der Export ließe sich innerhalb von vier Monaten verdoppeln, wenn man die Sache nur richtig anpackten würde.

versteigern: etw. **meistbietend versteigern** *mst pej* · to sell s.th. to the highest bidder

– Das Beste wäre wohl, wir würden diese alte Kommode meistbietend versteigern! – Bist du verrückt: ein Erbstück unserer Mutter verkaufen!! Und dann noch so, auf einer Versteigerung!!

versteinert: wie versteinert **sein/**da stehen/... *path* · to stand there petrified, to be rooted to the spot, to stop in one's tracks

... und plötzlich rollte eine mannshohe Welle heran und begrub die beiden jungen Leute unter sich, die sich da etwas weiter hinaus ins Meer gewagt hatten. Wie versteinert standen wir am Strand, ohnmächtig, etwas zu tun, und starrten auf den Punkt, wo sie verschwunden waren ...

verstockt: verstockt **sein/**ein verstockter ... *ugs – path* · to be stubborn *n*, to be obstinate *n*, to be unrepentant *n*

... Natürlich hat der Dieter Unrecht! Aber das wird er nie einsehen! Der Junge ist nach der Scheidung der Eltern regelrecht verstockt; an den kommt keiner mehr dran!

js. **Vertrauen genießen** *form* · to enjoy s.o.'s confidence, to be in s.o.'s confidence

… Sag' mal, Herbert, du genießt doch das Vertrauen eures Instituts-leiters, nicht? – Ja, warum? – Ich muß eine Arbeit über Rumänien schreiben; ihr habt da fast alle wichtigen Bücher zum Thema. Könntest du ihn nicht mal fragen, ob ich bei euch 15, 20 Titel entleihen kann?

jm. **Vertrauen schenken** *form* · to trust s.o., to put one's trust in s.o.

(Zu einem Pächter, der einen betrogen hat:) Ich habe Ihnen die ganzen Jahre über Vertrauen geschenkt, Herr Büttner. Deshalb habe ich auch Ihre Abrechnungen nie geprüft. Aber Sie haben dieses Vertrauen leider schändlich mißbraucht. …

jn. **ins Vertrauen ziehen** *form* · to take s.o. into one's confidence

… Und wenn wir den Herrn Köster ins Vertrauen ziehen würden? – Ist er diskret? – Absolut. – Dann meinetwegen. Er hat eine langjährige Erfahrung auf dem Gebiet. Vielleicht kann er uns weiterhelfen.

Vertrauensbeweis: jm. **einen Vertrauensbeweis geben**/etw. ist … · to give s.o./… a sign/mark of confidence, s.th. is a sign/mark of confidence

… Wenn der Chef dir die ganzen Abrechnungen in die Hand gibt und sie nicht einmal kontrolliert, ist das doch ein enormer Vertrauensbeweis! Ich weiß nicht, was du noch willst, Christoph!

Vertrauensfrage: die Vertrauensfrage stellen *Pol* · to ask for a vote of confidence

… Und wenn die Mehrheit des Parlaments dem Kanzler bei diesem Gesetzesvorschlag die Zustimmung versagt? – Für den Fall ist er entschlossen, die Vertrauensfrage zu stellen. – Und falls die Mehrheit da auch gegen ihn ist? – Dann muß er zurücktreten.

vertraulich: plump vertraulich (sein/jn. ansprechen/jm. … kommen/…) *ugs* · to be too familiar with s.o. n, to be too chummy with s.o.

… Nun, meine Schwester mag plump vertrauliche Leute nun einmal nicht! – Plump vertrauliche Leute? – Ja, wie wollen Sie das denn anders nennen, wenn jemand, der Sie nur von ferne kennt, plötzlich mit ihr redet, als wären sie die dicksten Freunde …

vertraut: jm. **vertraut sein** · + to be familiar with s.th.

… Sind Ihnen die Verhältnisse in Lateinamerika ein wenig vertraut? – Sehr gut sogar. Ich habe mehrere Jahre in Südamerika gelebt; ich kenne die Verhältnisse also aus eigener Anschauung bestens. …

mit jm./etw. **vertraut sein** · 1. to get to know and trust s.o., 2. to be familiar with s.th.

1. (Von einem kleinen Mädchen:) Ja, ja, das ist immer so. Im Anfang ist sie etwas schüchtern. Aber das gibt sich dann schnell. Und wenn sie mit Ihnen erst einmal vertraut ist, dann werden Sie sehen, daß sie das lustigste Mädchen von der Welt ist.

2. … Aber er macht ja einen Fehler nach dem andern! – Das ist kein Wunder; er ist mit den Spielregeln noch nicht vertraut. Er spielt heute erst zum zweiten oder dritten Mal Skat …

vertreten: etw. **(nicht) vor** jm. **vertreten (können)** · (not) to be able to justify s.th. to s.o.

(Ein Verkaufsleiter zu einem Kunden:) Herr Breuer, die Bedingungen, die ich mit Ihnen hier vereinbare, muß ich vor dem Chef vertreten können. Was Sie da vorschlagen, ist einfach nicht drin. Das kann ich dem Chef guten Gewissens nie vorschlagen!

Vertreter: ein (ganz) übler Vertreter sein *sal* – ein (ganz) übler **Kunde** sein · to be a (really/…) nasty piece of work

Vertretung: in Vertretung von/des … *form* · in place of s.o., standing in for s.o., deputising for s.o., on behalf of s.o.

… In Vertretung des Präsidenten war der Leiter der Abteilung …, Herr … erschienen. – War der Präsident (persönlich) verhindert oder wollte er nicht kommen? – Wie soll man das wissen?

vertrimmen: jn. **anständig/… vertrimmen** *sal* – jm. den **Buckel** vollhauen/vollschlagen · to clobber s.o., to wallop s.o.

vertun: seine **Zeit/den ganzen Tag/… mit** etw. **vertun** · to waste one's time/hours/… doing s.th.

(Ein Vater zu seinem Sohn:) Wenn du deine ganze Zeit mit Fußball-spielen und ähnlichem Zauber vertust, wirst du weder in der Schule noch später im Leben etwas Vernünftiges leisten!

verübeln: jm. etw. **(nicht) verübeln (können)** · (not) to be able to blame s.o. (for doing s.th.), (not) to hold s.th. against s.o.

… Daß die Arbeiter ihren Lohn verlangen, ist doch wohl ihr gutes Recht! Das kann ihnen der Chef doch beim besten Willen nicht verübeln! – Darum geht's doch gar nicht, Ernst. Der Alte nimmt den Leuten doch nicht übel, daß sie ihren Lohn fordern. Er ist verbittert, daß sie in einer derart heiklen Situation von einem Tag auf den anderen die Arbeit niederlegen.

verunglücken: tödlich verunglücken – ums **Leben** kommen · to be killed in an accident

veruzen: jn. **veruzen** *ugs selten* – jn. (tüchtig/anständig/so richtig/…) auf den **Arm** nehmen · to take the mickey out of s.o., to pull s.o.'s leg

verwachsen: zu einer Einheit/(…) **verwachsen** · to grow into a unit, to become a unit

… Ja, früher waren das zwei getrennte Abteilungen. Aber sie wurden schon vor gut zehn Jahren zusammengelegt. Und inzwischen sind sie so sehr zu einer Einheit verwachsen, daß man sie nicht wieder trennen kann, ohne das Ganze zu zerstören.

mit seiner Arbeit/seinem Garten/…/(jm.) völlig/… **verwachsen sein** *path veraltend* · 1. to be completely caught up in one's work/…, 2. to be very close to s.th./s.o., to have (very/…) close ties with s.th./s.o.

1. … Nein, der Dieter würde seinen Beruf nie wechseln – und wenn man ihm das Dreifache bieten würde. Der ist mit seiner Arbeit so verwachsen, daß er sich gar nicht vorstellen kann, etwas anderes zu tun.

2. … Wer mit seinem Gut derart verwachsen ist wie der Ernst, wird das nie verkaufen – und wenn es noch so viel Minus macht.

Verwahr: etw. **in Verwahr geben** *form* · to hand/to give/… s.th. in for safe-keeping

Während der Ferien könnten wir eigentlich unsere Edelsteine in Verwahr geben. Bei einer Bank zum Beispiel. – In einem Tresor? Das ist keine schlechte Idee. Da wären sie natürlich sicher.

etw. **in Verwahr nehmen** *form* · to keep s.th. in a safe deposit, to keep s.th. in custody

… Weißt du zufällig, ob die Bank auch Edelsteine in Verwahr nimmt? Wir sind im Sommer fast zwei Monate nicht da; da würden wir sie schon gern irgendwo deponieren, wo sie sicher sind.

verwahren: sich gegen etw. **verwahren** *form* · to protest (strongly/…) about/against s.th.

… Aber sind Sie sicher, daß die Abrechnungen stimmen? – Aber Herr Schlüter! Ich verwahre mich ganz energisch gegen jeden Verdacht, daß unser Herr Breitkamp in den Abrechnungen nicht 100%-ig korrekt ist. Schon den leisesten Zweifel daran muß ich ganz entschieden zurückweisen …

Verwahrung: gegen etw. **Verwahrung einlegen** *form selten* · to lodge a protest about/against s.th.

… Der Mauritzen kann gegen meine ihm gegenüber geäußerten Zweifel an den Abrechnungen des Herrn Breitkamp so viel und so energisch Verwahrung einlegen, wie er will: ich bleibe bei meinen Zweifeln!

etw. **in Verwahrung geben** *form* · to hand/to give/… s.th. in for safe-keeping

… Wenn du so lange fort bist, kannst du die ganzen Unterlagen nicht zu Hause liegen lassen! Die mußt du in Verwahrung geben! – Kannst du mir jemanden nennen, der sie während meiner Abwesenheit aufheben könnte und bei dem sie sicher sind?

etw. **in Verwahrung nehmen** *form* · to take s.th. into safe-keeping

… Kannst du mir jemanden nennen, der während meiner langen Abwesenheit die wichtigsten Unterlagen über unser Landgut in Verwahrung nehmen könnte? Es müßte jemand sein, der Platz hat, wo die Dinge sicher sind …

verwaist: verwaist sein/ein verwaistes Kind/eine verwaiste Wohnung/… · 1. to be orphaned, to be an orphan, 2. to be abandoned, to be deserted

1. … Wenn du die Monika gerecht beurteilen willst, mußt du dir vor Augen halten, daß das Mädchen seit zehn Jahren verwaist ist. Der

Vater starb, da war sie gerade fünf Jahre, und die Mutter vor zehn Jahren ...

2. ... Das ist jetzt schon das siebte oder achte verwaiste Haus, das wir auf unserer Wanderung sehen! Sind die Leute, die darin wohnten, in die Stadt abgewandert?

verwalken: jn. **anständig/**... **verwalken** *sal* – jm. den **Buckel** vollhauen/vollschlagen · to give s.o. a good working-over, to clobber s.o.

Verwaltung: etw. **in Verwaltung nehmen** *form selten* · to take over the management of s.th.

... Wann hat der Sohn die Güter in Verwaltung übernommen, sagst du? – Vor rund zehn Jahren. Der alte Herr Schönberg ist vor acht Jahren gestorben; etwa zwei Jahre vor seinem Tod hat er sich aus allen Geschäften zurückgezogen.

jm. etw. **zur Verwaltung übergeben/**(geben) *form* · to put s.th. into s.o.'s hands, to hand over the control/management/running/... of s.th. to s.o.

... Wenn der alte Herr Schönberg seinem ältesten Sohn seine ganzen Güter zur Verwaltung übergeben hat, dann zeigt das, daß er sich aus den geschäftlichen Dingen ganz zurückziehen will. Mal gespannt, wie der Sohn mit den Aufgaben fertig wird.

verwamsen: jn. **anständig/**... **verwamsen** *sal selten* – jm. den **Buckel** vollhauen/vollschlagen · to wallop s.o.

verwandelt: j. **ist** (in letzter Zeit/...) **wie verwandelt** – ein (ganz) anderer **Mensch** (geworden) sein/ein (ganz) anderer Mensch sein als früher/sonst/... (2; u. U. 3) · s.o. is a completely different person

verwandt: entfernt/**(weitläufig) verwandt sein mit** jm. · to be distantly related to s.o.

... Ob ich den Rolf Beder kenne? Sehr gut kenn' ich den! Wir sind sogar entfernt miteinander verwandt. Ein Onkel von ihm ist ein Bruder eines angeheirateten Cousins von mir.

geistig verwandt sein *form* – es gibt eine geistige/seelische/(gefühlsmäßige/...) **Verwandtschaft** zwischen A und B · to have/to feel/... a spiritual affinity with s.o.

Verwandte: **Verwandte sind auch Menschen** *sal* · relatives are human beings too *tr*

... Laß mich um Gottes willen zufrieden mit den Leuten aus unser Familie! Du weißt doch, wie gern ich die alle sehe – von hinten! Mein Vater hatte schon Recht: 'Verwandte sind auch Menschen!'

Verwandtschaft: **in** js. **Verwandtschaft** · among one's relatives

Der Gerd hat wenigstens vier Leute in der/seiner Verwandtschaft, die beim Theater sind. Ein Onkel, eine Cousine ...

die nähere Verwandtschaft · close relatives

... Gut, die nähere Verwandtschaft – Eltern, Geschwister, Großeltern –, das läßt er sich noch gefallen! Aber von den übrigen Verwandten will mein Bruder niemanden sehen.

die weitere Verwandtschaft – ≠ die nähere **Verwandtschaft** · distant relatives

es gibt eine geistige/seelische/(gefühlsmäßige/...) **Verwandtschaft zwischen A und B** *form* · there is a spiritual/emotional/... affinity between A and B

... Familiär und beruflich haben der Schlosser und der Brauer nichts miteinander zu tun. Aber es gibt zwischen ihnen – das empfinde ich genau so wie du – eine geistig-seelische Verwandtschaft. Sie sehen, empfinden, beurteilen die Dinge aus derselben Perspektive.

verwaschene: ein(e) (ziemlich/arg/...) **verwaschene(r)** Art/ Formulierung/Schilderung/... *ugs* · a wishy-washy manner/expression/..., a nondescript appearance, a woolly formulation/...

... Wenn der Alte den Moser nicht mag, dann liegt das an dessen verwaschener Art. Bei dem ist nichts klar – nie versteht man genau, was er will! Schon äußerlich: ungebügelte, ungepflegte, immer halb offene Jacke ... – der Alte kann so was nicht ausstehen.

verwässerte: ein(e) (sehr/ziemlich/...) **verwässerte** Darstellung/Text/... · a watered-down version/text/...

... In der ursprünglichen Version war in dem Protokoll die Rede von 'Diebstahl', 'Täuschung' u. ä.. Die neue Version gibt von dem ganzen Vorgang eine ziemlich verwässerte Darstellung. Jetzt spricht man von 'unklaren Besitzverhältnissen' u. ä.. Man will offensichtlich alle Beteiligten möglichst schonen.

verwechseln: **mein und dein verwechseln** *ugs iron* – (eher:) mein und dein nicht **unterscheiden** können · not to distinguish between mine and thine

mir und mich verwechseln *ugs iron* · to murder the language *coll*, not to know one's grammar, to make basic grammatical mistakes

... Du kannst doch von jemandem, der mir und mich verwechselt, beim besten Willen nicht erwarten, Hermann, daß er dir einen gestochenen Bericht über den ganzen Vorgang verfaßt! Der Blüter hat die Volksschule besucht, weiter nichts; mit der deutschen Grammatik wird der sein Leben lang auf Kriegsfuß stehen.

jm. **zum Verwechseln ähnlich sein/ähnlich sehen/**(gleichen/...) · to be the spitting image of s.o.

Findest du nicht auch, daß die Margret ihrer Cousine zum Verwechseln ähnlich sieht? – Klar. Wenn ich keine äußeren Anhaltspunkte habe, halte ich die beiden heute noch nicht auseinander.

sich zum Verwechseln ähnlich sein/ähnlich sehen/(gleichen/...) – sich gleichen/ähnlich sehen wie ein **Ei** dem andern · to be as like/alike as two peas

Verweilens: **hier/da/**(...) **ist meines/**(deines/seines/...) **Verweilens nicht länger** *form od. iron selten* – hier/da/... ist meines/ (deines/seines/...) **Bleibens** nicht länger · I am/(you are/ he is/...) not going to stay here/(there/...) any longer

Verweis: jm. **einen Verweis erteilen/**geben *form* · to write a letter to a pupil's parents about his misconduct, to threaten to suspend a pupil, to reprimand s.o.

(Der Vater zu seinem Sohn:) Du sagst, der Direktor hat euch allen wegen der Protestaktion ganz offiziell einen Verweis erteilt. Aber doch nicht schriftlich? – Nein, mündlich. Aber die Sekretärin hat das schriftlich festgehalten. – Hm, das ist also doch schon mehr als einfach ein Tadel.

verweisen: jn. **auf den** dritten/vierten/... **Platz verweisen** *Wettkämpfe* · to beat/to push s.o. into second/third/... place, to relegate s.o. to second/third/... place

... Otto Lohburg war zwar als hoher Favorit in den 5.000-Meter—Lauf gegangen; aber der Aachener Rudi Welch und der Oberkirchener Matz Kroll verwiesen ihn auf den dritten Platz. Beide liefen ihre persönliche Bestzeit.

Verwendung: **zur besonderen Verwendung** *form* · for a special purpose

... An dieses Geld können wir nicht so ohne weiteres heran! Das ist ein Sonderfonds – 'zur besonderen Verwendung', d. h. wir müssen dem Ministerium in ganz spezifisches Projekt präsentieren, wenn wir dieses Geld ausgeben wollen.

verwichsen: jn. **anständig/**... **verwichsen** *sal* – jm. den **Buckel** vollhauen/vollschlagen · to give s.o. a good hiding

verwickeln: jn. **in etw. verwickeln/in etw. verwickelt sein** · + to be involved in s.th., + to be mixed up in s.th., + to be embroiled in s.th., + to be entangled in s.th.

Der Herr Hartmann wirkt in letzter Zeit so nervös ... – Es scheint, er ist da in eine dumme Exportgeschichte verwickelt ...; chemische Kampfstoffe, die in den Irak gingen ... – Der wird sich doch wohl nicht die Finger in unsauberen Machenschaften verbrannt haben?!

etw./die **Sache/der Fall/**... **ist/**(liegt/...) **sehr verwickelt/eine verwickelte Sache/**... · it/s.th./the matter is very/... involved/complicated/complex/intricate

... Diese Erbschaftsgeschichte wird so rasch nicht geregelt sein. Die Sache ist sehr verwickelt. Es gibt kein Testament, manche Eigentumsfragen sind nicht ganz klar, die Geschwister verstehen sich nicht ...

Verwirrung: eine babylonische Verwirrung *path od. iron* · Babylonian confusion

... In diesem Laden geht aber auch alles drunter und drüber! War das immer so eine babylonische Verwirrung hier?

jn./(etw.) (ganz) **in Verwirrung bringen** *form* · to (completely/...) confuse s.o., to fluster s.o.

... Nun sei du doch mal ruhig, Axel! Du bringst den Jungen doch ganz in Verwirrung! Laß ihn in Ruhe nachdenken, dann kommt er schon drauf! – Jetzt soll ich dafür verantwortlich sein, daß er alles durcheinanderwirft! Köstlich!

(ganz)/(sehr/ziemlich/...) **in Verwirrung geraten** *form* – (ganz)/(sehr/ziemlich/...) **durcheinanderkommen** (mit jm./ etw.) (1) · to become (completely/very/...) confused/bewildered

Verwirrung stiften (in/unter mehreren/...) *form* · to cause confusion (in/among/...)

... Die plötzliche Entscheidung des Kanzlers, eine große Koalition anzusteuern, hat in allen Parteien große Verwirrung gestiftet. Niemand war darauf vorbereitet und niemand weiß so richtig, wie er reagieren soll.

verwunden: jn. **tödlich verwunden**/tödlich verwundet (sein) – jn. tödlich **verletzen**/tödlich verletzt (sein) (1) · to cut s.o. to the quick/to be cut to the quick, to mortally offend s.o./to be mortally offended

verwundern: es ist (wirklich/...) **nicht zu verwundern, daß** ... *form* · it is hardly surprising that ..., it is no wonder that ...

... Wenn der Junge derart brüsk mit seinen Schulkameraden umgeht, wie du sagst, ist es doch nun wirklich nicht zu verwundern, daß niemand mehr was von ihm wissen will!

verwundert: **baß verwundert sein** (über jn./etw.) *form – path selten* – baß **erstaunt** sein (über jn./etw.) · to be (really/...) taken aback by s.o./s.th.

Verwünschungen: **Verwünschungen ausstoßen** (gegen jn.) *form – path selten* · to shower curses on s.o., to utter oaths against s.o.

... Statt hier alle möglichen Verwünschungen gegen deinen Bruder auszustoßen ... – Was auszustoßen? – statt hier wie wild auf deinen Bruder zu fluchen – wenn dir dieser Ausdruck lieber ist –, solltest du lieber versuchen, dich in seine Lage zu versetzen und ...

verwursteln: etw. **verwursteln** *oft: verwurschteln sal selten* · to make a (complete/...) mess of s.th., to make s.th. into a complete/... muddle *coll*

... Seine dauernden Korrekturen, Änderungen, Streichungen haben den Text schließlich derart verwurschtelt, daß kein Mensch mehr durchkommt. Ein heilloses Durcheinander!

verwurzelt: **tief in** jm. **verwurzelt sein** *path Glaube/Überzeugung/...* · to be deeply rooted (in s.o.)

... Die Überzeugung, daß die Familie eines der höchsten Güter in dieser Welt ist, war in meinem Großvater so tief verwurzelt, daß es ihm nicht im Traum eingefallen wäre, meine Großmutter sitzen zu lassen. Diese Überzeugung war so tief und selbstverständlich, daß sie gar nicht reflektiert wurde.

(tief) **verwurzelt sein in** seiner Heimat/... *path* · to be deeply rooted in one's town/region/..., to have deep roots in one's town/region/...

... Der Peter nach München ziehen? Unmöglich! Der ist in seiner schwäbischen Heimat derart verwurzelt, daß ich mir nicht vorstellen kann, daß er da jemals wegzieht.

verzahnen: mehrere Dinge/... **miteinander verzahnen** · to link/to dovetail/to connect up/... several things

... Ach, weißt du, sagte er, in diesen hochindustrialisierten Gesellschaften ist inzwischen – wie in einer riesigen Maschine – alles so miteinander verzahnt, daß du keine Einzelheit mehr richtig ändern kannst, ohne das Ganze zu zerstören. Ein riesiges Räderwerk!

verzeichnen: es sind 10/50/100/... Todesfälle/Rücktrittsgesuche/... **zu verzeichnen** *form* · three/10/1000/... cases of/... have been recorded, there have been 10/1000/... cases of ...

... Allein in den letzten drei Monaten sind in dieser Regierung nicht weniger als vier Rücktrittsgesuche zu verzeichnen! Stellt das einer

Regierung nicht ein Armutszeugnis aus, wenn andauernd jemand sein Rücktrittsgesuch einreicht?

einen Erfolg/... **zu verzeichnen haben** *form – path* · to have scored a success

(Aus einem Zeitungsartikel:) Auf ihrer Südamerikareise hatte die Stuttgarter Elf mehrere großartige Erfolge zu verzeichnen: sie gewann in Rio de Janeiro, erkämpfte in Porto Alegre ein ehrenvolles Unentschieden ...

verzeih': verzeih'/verzeihen Sie/...! *form* – (stärker als:) **Entschuldigung!** · excuse me!

Verzeihung: Verzeihung *form* – (stärker als:) **Entschuldigung!** · excuse me!, sorry!

jn. **um Verzeihung bitten** *form* · 1. 2. to ask s.o./God for forgiveness

1. vgl. – (stärker als:) jn. um **Entschuldigung** bitten
2. vgl. – Gott/(...) um **Vergebung** bitten

verzetteln: sich/seine Kraft/seine Energie/... **in Kleinigkeiten/ Einzelheiten/...** **verzetteln** *ugs* · to fritter away one's time/ energy/... on s.th., to dissipate one's energy/... on s.th.

... »Dieser Maurer«, warf der Ulli plötzlich in die Diskussion, »wird nie eine vernünftige Arbeit auf die Beine stellen, weil er sich ständig in unwesentlichen Einzelheiten verzettelt, statt die großen Linien im Auge zu behalten und konstruktiv zu arbeiten«.

Verzicht: **unter Verzicht auf** etw. *form* · by relinquishing one's rights/..., if s.o. relinquishes/gives up/... his rights to s.th.

... Unter Verzicht auf alle Rechte, die ihm nach seinem zwanzigjährigen Dienst zustehen, kann er natürlich sofort kündigen. Aber wer verzichtet schon gern auf Rechte, die er in zwanzig Jahren mühselig erworben hat?

Verzicht leisten auf etw. *form* · to renounce s.th., to waive s.th., to disclaim s.th.

... Warum sollst du auf einen Teil deines Gehalts Verzicht leisten?! Der steht dir zu; also verzichtest du darauf auch nicht.

Verzicht üben *form selten* · 1. 2. to do without

1. ... Die Nachzahlung steht dir zu. Warum sollst du da Verzicht üben?! Sollen die 'Dicken' doch mal auf einen Teil ihres Gehaltes verzichten!
2. ... Man muß doch nicht jeden Tag rauchen! Man kann doch auch mal Verzicht üben! – Sei nicht so spartanisch!

verzichten: **auf** etw./(jn.) **verzichten können** · to be able to do without s.th. (s.o.)

(In einem Geschäft:) Auf Zigaretten kann mein Mann verzichten, das macht ihm nichts aus; aber seine Tasse Kaffee muß er morgens haben.

verziehen: **sich verziehen** · 1. 2. to disappear, 1. to disperse, 2. to make off, to get out of it, to be off, to make tracks, 3. to make o.s. scarce, to beat it, to clear off, to slope off

1. ... Es scheint, das Gewitter hat sich verzogen und wir können weiter wandern.
2. (Der Gastgeber zu einem sehr unerwünschten Gast:) Paß mal auf, Karl, wenn ich dir einen guten Rat geben darf: verzieh' dich, möglichst rasch und möglichst unauffällig! Wenn ich dich in fünf Minuten noch hier sehe, gibt's einen Skandal, verlaß dich drauf! *sal*
3. vgl. – (eher:) sich aus dem **Staub(e)** machen *sal*

Verzierungen: **brich dir**/brecht euch/... (man) (nur/bloß) **keine Verzierungen ab**/(aus der Krone)! *sal selten* – **brich dir**/ brecht euch/... (man) (nur/bloß) keinen/nichts ab! · get off your high horse, don't make such a fuss/a song and dance

verzogen: **nach unbekannt verzogen** *Postvermerk* · »no longer at this address«, »moved to an unknown address«

... Schau mal: der Brief, den ich dem Rolf Schroers geschrieben habe, kommt mit dem Vermerk 'nach unbekannt verzogen' zurück. Wohnt der nicht mehr da? – Wie du siehst, nein. – Er hätte aber doch wenigstens seine neue Adresse hinterlassen können!

Verzückung: in Verzückung geraten *path od. iron* · to go into raptures (over s. o./s. th.), to go into ecstasies (over s. o./s. th.)

Wenn die Klara von Boris Becker redet, gerät sie geradezu in Verzückung! – Das ist das Backfischalter; das darfst du nicht so ernst nehmen.

Verzug: in Verzug sein (mit einer Zahlung/...) *form* · to be in arrears (with the rent/payments/...)

... Du machst so ein mürrisches Gesicht ... – Ja, ich lese hier diesen Brief von unserem ordnungsliebenden Hausbesitzer. Er macht mich darauf aufmerksam, daß wir mit der Mietzahlung in Verzug sind. Heute ist der neunte; laut Mietvertrag müssen wir bis zum fünften zahlen ...

im Verzug sein *form selten* – (eher:) im **Anzug** sein *Gefahr, Gewitter/...; Truppen/...* (3) · to be advancing, to be looming/imminent/...

ohne Verzug (zahlen/...) *form* · (to pay/...) without delay, (to pay/...) forthwith

... Wir bitten Sie, die Rechnung jetzt ohne Verzug zu zahlen. Sollten Sie die Zahlung noch weiter hinauszögern, sähen wir uns zu unserem Bedauern gezwungen, juristische Schritte einzuleiten.

in Verzug geraten (mit einer Zahlung/...) *form* · to fall into arrears with payments/repayments/..., to fall behind with payments/repayments/...

(Aus dem Brief einer Bank:) Sehr geehrter Herr Dr. Mertens: Wir bedauern, Ihnen mitteilen zu müssen, daß Sie mit Ihrer Zinszahlung ein weiteres Mal in Verzug geraten sind. Wir möchten Sie höflich bitten, die Zahlungen in Zukunft pünktlich zu leisten. Andernfalls ...

Verzweifeln: das ist zum Verzweifeln (mit etw./jm.) *path* – das ist zum **Bebaumölen** (mit etw./jm.) · it's/s. th. is enough to drive s. o. to despair

Verzweiflung: jn. zur Verzweiflung bringen (mit etw.) *path* · 1. 2. to drive s. o. to despair (with s. th.), 3. to drive s. o. mad/crazy/... (with s. th.), to drive s. o. up the wall (with s. th.), to drive s. o. round the bend (with s. th.)

1. Die Trägheit und Frechheit seines ältesten Sohns bringt meinen Bruder geradezu zur Verzweiflung. Manchmal würde er ihn am liebsten aus dem Haus jagen.

2. Mit ihren dauernden Extratouren und Extrawünschen bringt die Marlies ihre Mutter zur Verzweiflung. Die arme Frau weiß überhaupt gar nicht mehr, was sie am besten kochen soll, wie sie die Tochter am besten kleiden soll ...

3. vgl. – (eher:) jn. verrückt **machen** (mit etw.)

(bei etw./jm. kann man/...) **in Verzweiflung geraten** *path* · it's/s. th./s. o. is enough to drive one/s. o. to despair, it/s. th./s. o. is enough to make one despair

... Bei derart ernsten Krankheiten in der Familie kann man schon in Verzweiflung geraten! Hoffen wir nur, daß der Alfons sich bald wieder fängt! – Wenn wenigstens mal einer helfen würde!

jn. zur Verzweiflung treiben (mit etw.) *path* · to drive s. o. to despair (with s. th.)

... Diese Frau treibt doch mit ihren Ansprüchen, ihren Extravaganzen und ihrem unmöglichen Temperament den geduldigsten Mann zur Verzweiflung! Ich versteh' gar nicht, daß der Bertold die nicht längst in die Wüste geschickt hat!

verzwickt: etw./die Sache/der Fall/... ist/(liegt/...) **sehr verzwickt**/eine verzwickte Sache/... *ugs* – etw./die Sache/der Fall/... ist/(liegt/...) sehr **verwickelt**/eine verwickelte Sache/... · s. th./the matter/the case/... is very tricky/complicated/..., it is a very tricky/complicated matter/...

Veto: (ein/sein) Veto einlegen · 1. 2. to veto s. th., to use one's veto to prevent/stop/... s. th.

1. ... Der UNO-Sicherheitsrat wird doch dauernd blockiert! Entweder legt Amerika (ein) Veto ein oder Rußland oder sonstwer! *Pol*

2. (Während einer Vorbesprechung von vier Mitgliedern einer fünfköpfigen Gesellschaft:) Genau wie das letzte Mal, sind wir vier uns einig, welche Entscheidung wir treffen wollen. Es wäre drei zu eins, wenn der Fritz wieder sein Veto einlegt. – Wenn der wieder dagegen ist/ wieder nicht mitmacht, kündige ich meine Mitgliedschaft auf. *ugs – form*

Vetternwirtschaft: das/(etw.) ist die (reinste/...) Vetternwirtschaft *ugs* · it's/s. th. is (all/...) nepotism

... Es ist überall das gleiche! Vetternwirtschaft, wohin man schaut, in der Politik genauso wie in der Wirtschaft. Ohne Beziehungen läuft überhaupt nichts; jeder mauschelt mit jedem.

Vexierspiegel: wie in einem Vexierspiegel ... *form* · (to see/... s. th.) as in a distorting mirror

(Über einen Tennisclub:) Wenn man das Leben dieses Clubs von innen genauer beobachtet, hat man, wie in einem Vexierspiegel, ein Bild von den Parteien – ein wenig verzerrt, klar, weil es hier um Sport geht und dort um Politik –, aber im Grunde dieselbe Cliquenwirtschaft, dieselben Machenschaften ...

vice: (und/auch/...) vice versa *lit selten* · (to apply/...) (also/...) vice versa

... Ihren Stammkunden sollte eine seriöse Firma schon besonderes Verständnis entgegenbringen. Das gilt natürlich auch vice versa. – Eben, eben! Das gilt auch umgekehrt! Aber mach' das den Kunden mal klar!

victis: vae victis ('wehe den Besiegten') *lit selten* · vae victis, woe to the defeated

... Bei diesem Krieg kann man wirklich in Anlehnung an die alten Römer sagen: vae victis. Wer verliert, wird gnadenlos vernichtet.

Vieh: zum Vieh werden *sal selten* · to behave like an animal

... Wenn du wissen willst, Junge, was der Ausdruck 'zum Vieh werden' bedeutet, dann lies nach, was die Iraker in Kuwait für Greueltaten angerichtet haben! ...

viel: ein bißchen viel sein – (ein bißchen/...) **happig** sein (1) · to be a hell of a lot, it's a bit much

nicht zu viel und nicht zu wenig · just the right amount, not too much and not too little

... Ist das Mittel nicht zu stark? – Man muß es in Maßen nehmen, klar – nicht zu viel und nicht zu wenig! Aber dann wirkt es Wunder. – Und es hat keine (unangenehmen) Nebenwirkungen? – Nein.

um vieles größer/kleiner/besser/schlechter/... als ... *form* · to be a great deal bigger/better/... than s. o./s. th., to be considerably bigger/better/... than s. o./s. th.

(Ein Vater zu einem Klassenlehrer:) Die meisten Schüler, sagen Sie, Herr Hartmann, sind um vieles sprachgewandter als unser Rainer? Was kann ich tun, damit der Abstand wenigstens verringert wird?

vielleicht: ist das vielleicht nichts? *ugs – path oft iron* · that's quite something, that's not bad at all

(Ein Sohn zu seinem Vater:) Eine 'Eins' im Staatsexamen – ist das vielleicht nichts? – Alle Achtung, Junge! Ich hätte dir das, offengestanden, nicht zugetraut. Was wünschst du dir zur Belohnung?

Vielfache: das kleinste gemeinsame Vielfache *Math* · the lowest common multiple

Wenn 18, 36 und 42 alle durch sechs teilbar sind, sind sie auch durch drei teilbar, denn sechs ist ein Vielfaches von drei. Drei läßt sich aber nicht wieder in ein Produkt zerlegen. Also wäre drei das kleinste gemeinsame Vielfache – wenn sich 18, 36 und 42 nicht auch durch zwei teilen ließen: zwei ist kleiner als drei, und kleiner als zwei ist nur noch eins, das nicht zählt, weil sich alle natürlichen Zahlen durch eins teilen lassen.

um ein Vielfaches größer/breiter/länger/... (sein) · (to be) many times bigger/wider/... than ...

Sie sagen, Herr Doll, die Rennstrecke da in Brasilien wäre um ein Vielfaches länger als der Nürburgring. Wieviel mal länger denn wohl? – Dreimal etwa.

vielsagend: jn. vielsagend anschauen/anlächeln/... · to give s. o. a meaningful look/glance/...

Als der Schuckert in der Sitzung gestern von 'mangelnder Kooperation' sprach, schaute er den Mayer so vielsagend an. Wollte er damit zum Ausdruck bringen, daß den Mayer für wenig kooperativ hält? – Ich glaube eher, er wollte zeigen, daß der Mayer und er gemeinsam genau wissen, worum und um wen es geht, und entsprechende Maßnahmen treffen werden.

viere: alle viere von sich strecken *ugs – path* · 1. to give up the ghost, 2. to put one's feet up *n*, to stretch out and make o. s. comfortable

1. ... Ich möchte wirklich wissen, wer dem Hund das giftige Fleisch dahin gelegt hat! Den könnte ich töten, diesen Kerl! Wenn du das

miterlebt hättest, wie das arme Tier gewinselt hat, ehe es alle viere von sich streckte ... *seltener*

2. ... Ach, (was) ist das schön, so alle viere von sich zu strecken und sich's gemütlich zu machen! – Aber deswegen könntest du doch wenigstens einigermaßen zivilisiert da sitzen, Peter, oder ...? – Mensch, Else ...!

auf allen vieren sich an etw. **heranschleichen**/... *ugs* · to creep/... up to s.th. on all fours
(Eine Pfadfindergruppe:) Auf allen vieren schlichen wir uns an den Lagerplatz heran, und in der Tat, es gelang uns, die Fahne herunterzuziehen, ehe die Verteidiger es merkten.

auf allen vieren gehen *ugs* – *path selten* · to be hardly able to stand, to be shattered *coll*
... Nachdem wir anderthalb Stunden wie verrückt Fußball gespielt hatten, gingen wir auf allen vieren. – Ja, so ist das, wenn man so selten Sport treibt! Da kann man sich nachher kaum noch bewegen, wenn man mal ein bißchen Fußball spielt.

auf allen vieren kriechen *ugs* · to crawl around on all fours
Uschi, eure kleine Fernanda kriecht auf allen vieren hier durchs Wohnzimmer! – Sobald Besuch kommt, krabbelt sie ins Wohnzimmer. Das ist immer so.

Viertel: das akademische Viertel *form* · 1. 2. the academic quarter of an hour *the practice of starting a lecture 15 minutes after the official start*
1. Wann fängt der Vortrag an? Um 8 Uhr s.t. (= sine tempore) oder (mit akademischem Viertel, d.h.) c.t. (= cum tempore)? – C.t. 8.15 Uhr.
2. ... Nein, ganz pünktlich fängt der Dr. Kiefer bestimmt nicht an. Er ist an das akademische Viertel gewöhnt ...

vino: in vino veritas *geh* · in vino veritas
(Abends spät, unter befreundeten Geschäftsleuten:) Na ja, um ehrlich zu sein, Franz: deine Vorschläge glänzen nicht gerade durch Treffsicherheit. – Ah, jetzt kommt's raus – in vino veritas! –, jetzt läßt du endlich die Katze aus dem Sack und sagst offen, was du von meinen Vorschlägen hältst; nachdem du anderthalb Flaschen von diesem herrlichen Mosel intus hast ...

viribus: viribus unitis vorgehen/etw. versuchen/... *lit selten* – mit vereinten **Kräften** vorgehen/etw. versuchen/... · to do s.th. by a united effort

Visage: jm. **die Visage polieren** *vulg selten* – jm. den **Buckel** vollhauen/vollschlagen (1) · to smash s.o.'s face in

Visier: jn. **im Visier haben** *form* – *iron* · to have one's sights on s.o., to be out to get s.o., to be out for s.o.'s blood, to have lined s.o. up in one's sights
... Drei Leute, hat der Alte gesagt, würde er an die frische Luft setzen. Zwei sind bereits herausgeflogen. Ich weiß zwar nicht, wen er jetzt noch im Visier hat; aber eins weiß ich: der Dritte fliegt auch.

ein festes Ziel/eine neue Stelle/... **im Visier haben** *form* – *path selten* · to have a goal/target/... to aim at, to have s.th. to set one's sights on
... Wenn man so in den Tag hineinwurschtelt, macht die Arbeit natürlich wenig Spaß. Man muß ein Ziel im Visier haben! – Welches Ziel sollte sich der Bernd in diesem Job schon setzen?

jn./etw. **ins Visier bekommen** *Gewehr u.ä.* · to get s.o./s.th. in one's sights
(Zu einem Jäger:) Hast du den Bock dahinten rechts an der Lichtung wirklich immer noch nicht ins Visier bekommen? – Doch, jetzt hab' ich ihn – haargenau!

etw. **ins Visier fassen** *form od. iron selten* · to set one's sights on s.th.
... Guck' dir das mal an, wie der Otto den neuen Anzug von dem Herrn Schenker ins Visier faßt! Herrlich! – Der Schenker sieht in dem Ding aber auch aus wie ein Kommunionkind.

das Visier herunterlassen *ugs* – *form selten* · to put up one's guard
... Mein Vater hätte von dem Herrn Bäumler natürlich gern gehört, was er von der Entscheidung des Chefs hält, grundsätzlich nicht nach Südafrika zu liefern. Aber sobald er die Rede auf dieses Thema brachte, ließ der Bäumler das Visier herunter.

(nicht) **mit offenem Visier kämpfen**/(...) *geh selten* · (not) to be open (in one's dealings), (not) to be open and above board (in one's dealings)
... Aber es ist doch sinnlos, nach außen so zu tun, als ob er mit uns übereinstimmt, und uns hintenherum zu bekämpfen! – Der Peter sagt nie offen, was er denkt, kämpft nie mit offenem Visier; daran mußt du dich gewöhnen.

das Visier lüften *geh selten* · 1. to raise one's visor, 2. to show one's hand, to put one's cards on the table
1. ... Niemand kannte den fremden Ritter, der da plötzlich auf dem Turnier erscheinen war ... bis er plötzlich, seinem Todfeind gegenüber stehend, das Visier lüftete: der Bruder des Infanten, Rodrigo! *hist*
2. ... Solange er sich bedeckt hält, persönlich gar nicht (als Angreifer) in Erscheinung tritt – solange kannst du dich nicht wirkungsvoll zur Wehr setzen. Du mußt ihn zwingen, das Visier zu lüften! *form*

jn./etw. **ins Visier nehmen** *form* · 1. to set one's sights on s.th., to aim to do s.th., to set o.s. the goal of doing s.th., 2. to pick on s.o. *coll*, to have got it in for s.o. *sl*, to keep tabs on s.o. *sl*, to target s.o., to aim at s.th./s.o., to take aim at s.th./s.o.
1. ... Seit neuestem hat auch die Lichtensteiner Bürgerinitiative die Stillegung aller Atomanlagen ins Visier genommen. An jedem Wochenende soll zwei Monate lang auf dem Marktplatz und vor dem 'Kaufhof' eine Plakataktion auf die Gefahren dieser Anlagen aufmerksam und für alternative Energieformen werben.
2. vgl. – (sich) jn. aufs **Korn** nehmen

Visite: Visite machen *Krankenhausärzte* · to do one's round
(Ein Patient in einem Krankenhaus zu einer Schwester:) Macht der Chef am Samstag auch Visite? – Ja. – Und er geht auch durch alle Zimmer? – Ja. Aber er kommt erst gegen 11 Uhr.

Visitenkarte: seine Visitenkarte abgeben *form* · to present one's visiting card
... Natürlich, du kannst da schellen, ganz höflich deine Visitenkarte abgeben und bitten, einen Moment mit dem Minister privat sprechen zu dürfen. Der Minister wird dir ebenso höflich sagen lassen, daß er es außerordentlich bedauert, schon Besuch zu haben.

seine Visitenkarte in/bei/... **hinterlassen** *ugs* – *iron* · to leave one's visiting card
... Mein Gott, sieht dieses Zimmer aus! – Da haben die Kinder von den Öschkers ihre Visitenkarte hinterlassen. – Durcheinander laß ich mir ja noch gefallen! Aber so ein Schmutz! Solche Leute kann man ja nicht einladen.

vista: (etw.) **prima vista spielen** *geh selten* – (etw.) vom **Blatt** spielen · to sight-read s.th.

Vitamin: (etw. mit (Hilfe von)) **Vitamin B** (schaffen/...) *sal* · to get/... a position/... through connections *n*, to get/... a position/... through knowing the right people *n*, to get/... a position/... through contacts *n*
... Wie eine solche Krücke wie der Holbach bloß Universitätsprofessor geworden ist! – Vitamin B! Sein Vater ist Professor in Freiburg, der Kultusminister von Rheinland-Pfalz ist ein Onkel von ihm ... – Immer das alte Lied: man muß Beziehungen haben!

vitro: in vitro *form* · in vitro
... Meinst du wirklich, eine Befruchtung unter natürlichen Bedingungen und eine in vitro – d.h. im Reagenzglas – ist identisch? – Keine Ahnung. Bei Mäuseeiern ist mir das auch ziemlich gleichgültig; aber in vitro entstandene Kinder möchte ich nicht haben.

Vivat: ein Vivat auf jn. **ausbringen** *geh selten* – ein **Hoch** auf jn. ausbringen · to give three cheers for s.o.

vivo: in vivo Untersuchungen anstellen/... *form selten* – (eher:) am lebenden **Objekt** Untersuchungen anstellen/... · to conduct experiments/... with live animals

voce: sotto voce *Musik selten* · sotto voce
... Gedämpft, zurückhaltend in Ton und Ausdruck, fast ängstlich im Anschlag – nein, so klingt diese Sonate nach nichts! – Mein Klavierlehrer sagte, sie müßte sotto voce gespielt werden. – Hm ...

sub voce *lit selten* · under the heading of …

Hast du schon einmal den Ausdruck sub voce gehört? – Nein. Was soll das denn heißen? – 'Unter dem Wort', 'unter dem Stichwort' – 'unter dem Thema', wo man etwas Bestimmtes findet.

Vogel: ein komischer Vogel (sein) *sal* · 1. (to be) a queer bird, 2. (to be) a queer fish, (to be) a strange fellow

1. Der Brahmkamp ist ein komischer Vogel, was? – Das kann man wohl sagen! Anvertrauen würde ich dem nichts! – Hm, ich weiß nicht, ob man das gerade so sehen muß. Aber …
2. vgl. – ein sonderbarer/komischer/wunderlicher **Heiliger** (sein)

ein linker/schräger **Vogel (sein)** *sal* · (to be) a shifty customer, (to be) a dodgy customer

… Hm, um ganz ehrlich zu sein: so ganz trau' ich deinem Kollegen Hubert Schulte nicht über den Weg. Das scheint mir ein linker Vogel zu sein. – Was sagst du? – Entschuldige! So leid es mir tut: für astrein halte ich den nicht.

ein lockerer/loser Vogel (sein) *sal* · (to be) a fast liver, (to be) a loose liver, (to be) a disreputable character *coll*

… Ein lockerer Vogel, dieser Schorsch, nicht?! – In seinem Kern ist er ernster, als es scheint. Aber nach außen wirkt er in der Tat nicht nur munter und leichtsinnig, sondern auch ein wenig zügellos, unordentlich. Da gebe ich dir Recht.

ein lustiger Vogel (sein) *ugs* – ein lustiger **Bruder** (sein) · (to be) an amusing character/fellow/chap/…

ein seltsamer/seltener Vogel (sein) *sal* · 1. 2. (to be) a queer fish, (to be) a queer bird

1. vgl. – ein sonderbarer/komischer/wunderlicher **Heiliger** (sein)
2. vgl. – ein komischer **Vogel** (sein) (1)

du/er/der Peter/… **hast**/hat **(ja) einen Vogel!** *sal* · 1. he/you/John/… is/… round the twist, he/you/John/is/… round the bend, he/you/John/… is crazy *n*, 2. s.o. must be out of his mind, s.o. must have taken leave of his senses

1. … Was sagt er, Russisch ist leichter als Englisch? Er hat ja einen Vogel! Er verwechselt Englisch wahrscheinlich mit Chinesisch.
2. vgl. – nicht (so) (ganz/(recht)) bei **Trost** sein (1)

den Vogel abschießen *ugs mst Perf* · to get the best deal, to come off best

(Die Mutter zu den Kindern, nach dem Besuch eines Onkels:) Na, da könnt ihr ja alle mal wieder zufrieden sein, was?! Wie immer, hat Onkel Rudolf für jeden von euch ein herrliches Geschenk mitgebracht. Den Vogel hat natürlich wieder die Uschi abgeschossen: ihre Puppe ist bestimmt das Beste von allem.

der Vogel ist ausgeflogen *ugs* · the bird has flown

… Jetzt machen wir extra einen Umweg von 50 km, um den Hermann in seinem neuen Haus zu besuchen, und da ist der Vogel ausgeflogen! So was! Der ist doch sonst zu dieser Zeit immer zu Hause!

(jetzt heißt es/…:) Vogel, friß oder stirb/(friß, Vogel, oder stirb!) *ugs* · (now it's a case of) do or die, (now it's a case of) sink or swim

… Jetzt hast du überhaupt gar keine Wahl mehr! Jetzt heißt es: Vogel, friß oder stirb! Entweder machst du jetzt ganz genau, was die verlangen, oder du verlierst für immer ihre Unterstützung. Ein Mittelding, einen Kompromiß, Ausflüchte – das gibt es jetzt nicht mehr!

der Vogel ist ins Garn/auf den Leim gegangen *ugs selten* · s.o. fell for it, s.o. took/rose to the bait

… Und? Hast du ihm die alte Kiste andrehen können? – Stell' dir vor: ja! Der Vogel ist ins Garn gegangen. Er hat wirklich geglaubt, daß das noch der erste Motor ist, daß der Wagen erst zwei Besitzer gehabt hat …

wie der der Vogel Strauß den Kopf in den Sand stecken/ (vorgehen/sich verhalten/…) *ugs* · to bury one's head in the sand

… Mein guter Richard, seine Schwierigkeiten hat jeder im Leben, und auch gefährliche Situationen haben wir alle mal durchzustehen. Da hat es keinen Sinn, wie der Vogel Strauß den Kopf in den Sand zu stecken! Da heißt es: den Gegebenheiten mutig ins Auge sehen, sich ihnen stellen …!

(eine/die) Vogel-Strauß-Politik (machen/betreiben/…) *ugs* · to pursue/… a head-in-the-sand policy

… Ach, diese Vogel-Strauß-Politik – alles auf Schau! – löst kein einziges grundlegendes Problem! Und glauben Sie, daß man ewig so tun kann, als ob es gar keine grundlegenden Probleme wären? Irgendwann bricht das Ganze zusammen und es gibt ein böses Erwachen …

jm. den/(einen) Vogel zeigen *sal* · to tap one's forehead at s.o.

Man zeigt doch den anderen nicht den Vogel, Klaus! – Ich kann doch wohl noch meinen Zeigefinger an meine Stirn rechts oder links tippen!

Vogelfluglinie: in der Vogelfluglinie … *selten* – **Luftlinie** … · … as the crow flies

vögeln: (mit jm.) vögeln *vulg* · to screw (s.o.), to screw around

… Der Jens hat nichts als Sex im Kopf. Wenn der nicht herumvögeln kann, ist er krank.

Vogelperspektive: aus der Vogelperspektive etw. sehen/… · to get/… a bird's-eye view of s.th.

… Lustig, so aus der Vogelperspektive sieht die ganze Stadt wie ein kleines gemütliches Tal aus. – Hattest du Stuttgart noch nie aus dem Flugzeug gesehen?

Vogelscheuche: wie eine Vogelscheuche aussehen/(…) *sal* · to look like a scarecrow

Schau dir diese Alte da an, wie häßlich die aussieht: eingefallene Backen, hervorspringende Nase, kalte gierige Augen … – wie eine Vogelscheuche! – Roland! Stell' dir vor, du sähst so aus! – Welch ein Gedanke!

vogue: en vogue sein *selten* – (in) **Mode** sein/es ist Mode, daß …/…, das ist Mode (1; a. 2) · to be in vogue

Volk: das auserwählte Volk *rel* · the chosen people

… Eigentlich eine seltsame Vorstellung, daß ein allmächtiger und allwissender Gott ein auserwähltes Volk für sein Wirken in dieser Welt 'braucht' – oder findest du nicht? – Halten sich denn nur die Juden für auserwählt?

(so ein) blödes Volk *sal* · these stupid people *n*, these idiots *n*, these numbskulls

… Wir werden doch unsere Zeit nicht damit verlieren, diesem blöden Volk mühsam einzutrichtern, daß nur eine regelmäßige Arbeit auf lange Sicht zum Ziel führt. Wenn diese Leute das nicht begreifen wollen, lassen sie's lassen!

viel/… fahrendes Volk *hist* · travelling people, wayfaring people

… Das 'fahrende Volk', Dietlinde, das waren die Schauspieler, 'Künstler', die durchs Land fuhren und an den verschiedensten Orten ihre Bühne aufbauten und 'Volkstheater' machten. Denk' an Molière! …

junges Volk/das junge Volk *ugs veraltend* – junges **Gemüse**/das junge Gemüse · young people

das kleine Volk *ugs veraltend selten* · the little ones, the little folk, the small fry

(Die Dame des Hauses vor einem größeren Mittagessen:) So, die Erwachsenen nehmen an dem großen Tisch in der Mitte Platz, das kleine Volk an den beiden Ecktischen.

viel Volk war zusammengeströmt/hatte sich eingefunden/… *ugs veraltend* · a lot of people had gathered *n*, large crowds/ masses of people/… had gathered *n*

… Wieder einmal war der bekannte Jesuitenpater Ruppert in das Städtchen gekommen, um seine alljährlich Osterpredigten zu halten. Viel Volk war auf dem Kirchplatz zusammengeströmt …

etw. unters/(unter das) Volk bringen *sal* – etw. unter die **Leute** bringen (2; a. 1) · to sell s.th., to spread a rumour/…

ein Volk von Krämern *pej* · a nation of shopkeepers

Hat de Gaulle die Engländer nicht als ein Volk von Krämern bezeichnet? – So ähnlich jedenfalls. Ich weiß nicht mehr, ob er 'Krämer', 'Händler' oder einen anderen verwandten Terminus gebraucht hat.

dem Volk aufs Maul schauen/(sehen) *hist* · to listen to what people say, to listen to the man in the street

Wenn man dem Volk aufs Maul schaut – wie Luther sagte –, dann gewinnt man nicht nur ein Verständnis dafür, wie es spricht, sondern auch, wie es denkt und empfindet!

Völkchen: ein lustiges/fröhliches Völkchen *ugs* · a lively lot, a lively crowd, a merry crowd

(Ein Spaziergänger zu dem Leiter einer jungen Wandergruppe:) Na, das ist ja ein lustiges Völkchen, das Sie hier durch die schwäbische Alb führen! Die einen singen, die anderen plaudern angeregt miteinander, wieder andere spielen fangen ... – das lob' ich mir!

ein seltsames Völkchen *ugs – iron* · they are a weird/funny/ peculiar/... bunch/lot/crowd/...

... Man sollte doch erwarten, nach dieser glänzenden Ernte wären alle hochzufrieden. Aber nein: sie reden weiter von Krise. Die Reaktionen dieser Leute werde ich nie so richtig verstehen. – Man muß ja auch nicht alles verstehen, Friedhelm! Das ist halt ein seltsames Völkchen hier.

ein Völkchen für sich sein *ugs – iron* · to be a race apart

(Über die Bewohner einer abgelegenen Provinz:) Die Leute sind sympathisch, ja; aber es ist nicht so ganz einfach, mit ihnen zurechtzukommen. Man muß sie zu nehmen wissen. Das ist ein Völkchen für sich, weißt du.

Völkerwanderung: das ist/es ergießt sich/... **eine richtige/... Völkerwanderung** (zu/nach/in/...) *ugs – path* · it is (like) a mass migration (to/in/at/...) *para*

Was war denn da bei euch los gestern? Das war ja eine richtige Völkerwanderung in eurem Viertel. – Gestern war das Lokalspiel Schwarz-Weiß gegen Rot-Weiß. – Ah! Fußball! Alles klar. Da ist natürlich die halbe Stadt auf den Beinen.

Volksmund: im Volksmund sagt man .../heißt j. .../... · 1. s.o. is popularly/commonly/... known as Joe/..., 2. in the vernacular it is known as/called/...

1. ... Sein richtiger Name ist Joseph Maria Robbe; im Volksmund heißt er nur 'der fidele Jupp'.

2. ... Der wissenschaftliche Terminus ist Syphilis; im Volksmund sagte man früher (die) Franzosenkrankheit. ...

Volksreden: (mal wieder/...) (lange/(große)) **Volksreden halten**/halt'/haltet/... keine ...! *sal* · 1. to start/to stop speechifying/spouting (again), cut the cackle !, we don't want any speeches, no speechifying, please, 2. to make speeches (again/...), to speechify (again/...), to spout (again/...)

1. ... Komm', halt' keine langen Volksreden, Paul; es hört dir sowieso keiner zu. Sag' kurz und bündig, was du willst!

2. vgl. – (eher:) (mal wieder/...) (lange/(große)) **Reden** an sein Volk halten (1)

Volksseele: die Volksseele kocht/.../die kochende/empörte **Volksseele/**... *path od. iron* · feelings are running high, the crowd are seething/raging/infuriated/..., the populace are seething/raging/infuriated/...

... Das Spiel Bayern München – 1. FC Köln wurde zu einem regelrechten Hexenkessel, als der Schiedsrichter nach einem zweifelhaften Foul von Thun an Littburski auf Elfmeter entschied. Die Volksseele kochte, und es hätte nicht viel gefehlt, dann hätten die empörten Bayern-Fans den Rasen gestürmt ...

voll: voll bezahlen/zahlen/zählen/(...) · to pay the full price, to count as an adult

... Daß ein achtjähriges Kind hier voll bezahlen muß, ist unverschämt! Kinder zahlen doch überall weniger als Erwachsene!

jn. **voll** unterstützen/voll hinter jm. stehen/... *ugs* · to give s.o. one's complete backing *n*, to be right/fully behind s.o. *n*

... Wenn der Kanzler wirklich voll hinter dem Gesundheitsminister stehen würde, dann würde der sich mit seinen Forderungen auch durchsetzen. Er deckt ihn zwar nach außen; aber im Grunde hätte er lieber eine weichere Linie in der Gesundheitspolitik. Deshalb unterstützt er ihn immer nur halbherzig.

voll sein *sal* – blau wie ein **Veilchen** (sein) · to be as pissed as a newt, to be legless, to be as drunk as a lord

brechend voll sein · to be packed, to be jam-packed, to be chock-a-block, to be chocker

... Die Straßenbahn war brechend voll; kein einziger Fahrgast mehr hätte da hereingepaßt.

(noch/...) **ganz voll sein von** etw. *ugs – path selten* · to be (still/...) full of (one's experiences/...)

... Mein Gott, der Junge redet den ganzen Tag nur von Brasilien! – Ja, er ist noch ganz voll von seinen Erlebnissen dort. Und wie sagt man: 'Wovon das Herz voll ist, davon läuft der Mund über'.

gepfropft/gepreßt voll sein *Behälter/Raum/... selten* · 1. 2. to be jam-packed, 1. to be bursting, 2. to be packed, to be chock-a-block, to be chocker *sl*

1. Wenn der Sack doch schon gepreßt voll ist, kannst du nicht noch mehr Kartoffeln da reinpressen! Voll ist voll!

2. vgl. – (a.) brechend **voll** sein

gerammelt/gerappelt voll sein *sal* – brechend **voll** sein · to be packed, to be jam-packed, to be chock-a-block, to be chocker *sl*

gerüttelt voll sein *ugs selten* – knüppeldick **voll** sein · to be full to bursting, to be bursting at the seams

ein Text/... **ist gespickt voll mit** Fehlern/Lügen/... *ugs – path* · a text/... is riddled with mistakes/... , a speech/... is full of lies/...

... Die ganze Darstellung, die der Anwalt der Gegenpartei von der Angelegenheit gibt, ist gespickt voll mit Unwahrheiten, Herr Richter. Ich darf Ihnen diese Unwahrheiten Punkt für Punkt aufzählen: ...

gesteckt voll sein *ugs selten* – brechend **voll** sein · to be packed, to be jam-packed, to be chock-a-block, to be chocker

gestopft voll sein *Koffer usw. selten* – brechend **voll** sein · to be packed, to be jam-packed, to be chock-a-block, to be chocker

gestrichen voll sein *Löffel u.ä. selten* · a level teaspoon/ tablespoon/(...) of ...

(Beim Backen; Mutter und Tochter:) Gut, zwei Eßlöffel Zucker, das müßte genügen. Aber die Löffel müssen gestrichen voll sein.

knüppeldick voll sein *ugs – path selten* · to be full to bursting, to be bursting at the seams

... Der Sack platzt gleich, wenn du noch mehr Kartoffeln da hineinpreßt! Er ist doch so schon knüppeldick voll!

picke packe voll sein *Kinderspr* · 1. 2. 3. 4. to be all full up

1. vgl. – brechend **voll** sein

2. vgl. – gepfropft/gepreßt **voll** sein

3. vgl. – knüppeldick **voll** sein

4. vgl. – **voll** bis obenhin sein (1)

prall voll sein *selten* · 1. 2. to be full to bursting

1. vgl. – gestopft **voll** sein

2. vgl. – knüppeldick **voll** sein

voll wie nur etwas/was sein *sal* – blau wie ein **Veilchen** (sein) · to be as pissed as a newt, to be legless, to be as drunk as a lord

voll bis obenhin sein *sal* · 1. to be full up, 2. to be as pissed as a newt, to be legless, to be as drunk as a lord

1. ... Nein, ich kann wirklich nicht mehr. Das ist das achte Stück Kuchen, Tante Marta, ich bin voll bis obenhin.

2. vgl. – blau wie ein **Veilchen** (sein)

jm. **voll und ganz** Recht geben/zustimmen/... *path* · to think that s.o. is absolutely right *n*, to agree absolutely/completely/... with s.o. *n*

... Ganz genau! Ich stimme dir voll und ganz zu, Liesel, und ich verstehe überhaupt gar nicht, wie man da anderer Meinung sein kann.

voll und ganz zufrieden/beschäftigt mit/einverstanden/… sein/Recht haben/versagen/… *path* · 1. 2. to agree completely with s.o./to be completely satisfied with s.th./to fail completely/…, 3. completely, utterly, totally

1. Der Herr Körbes ist mit deiner Übersetzung voll und ganz zufrieden. Er hat keinen einzigen Punkt kritisiert.

2. … Ganz genau! Du hast voll und ganz Recht! Ich weiß gar nicht, wie man da anderer Meinung sein kann.

3. vgl. – (eher:) **ganz** und gar …

in/mit/… **vollem** Tempo/voller Fahrt/voller Kenntnis/vollem Bewußtsein/vollem Lauf/vollem Galopp/voller Größe/vollem Ernst/… · at full speed/in full knowledge of s.th./to have full understanding for s.o./(to be) fully conscious/(to be) life-size/to be deadly/absolutely/… serious/…

… Aber hat der Herr Krüger das wirklich ernst gemeint? – Mit vollem Ernst, Peter! Der Mann ist durch und durch davon überzeugt, daß er Recht hat!

vollauf: vollauf damit beschäftigt sein/damit zu tun haben/…/ (zufrieden sein/…) *form – path* · to have quite enough to do (with s.th.), to have one's hands full with s.th.

… Jetzt werden keine weiteren Artikel mehr in unser Programm aufgenommen! Wir sind mit dem bisherigen Programm vollauf ausgelastet. Jeder weitere Artikel würde unsere Kapazität übersteigen.

vollaufen: sich vollaufen lassen *sal* · to get paralytic, to get tanked up, to get canned, to get rat-arsed, to get pissed

… Ist es denn wirklich nötig, sich jeden zweiten Tag so vollaufen zu lassen, Willi?! Gegen ein paar Gläschen Bier oder Wein hat ja niemand was; aber muß es immer so viel sein?!

Vollbart: sich einen Vollbart stehen lassen · to grow a beard

… Jetzt sag' bloß, der Kurt läßt sich auch noch einen Bart stehen! – Einen Vollbart, Christa! – Ach, du liebes bißchen! Der und Vollbart!

Vollbesitz: (noch/nicht mehr/…) **im Vollbesitz seiner** (geistigen/körperlichen) **Kräfte sein** *form* · to be in full possession of one's (physical and mental) faculties

… Ja, heute kann der Heupel nicht mehr so (wie er möchte/will). Du hättest ihn erleben sollen, als er noch im Vollbesitz seiner Kräfte war. Da hatte man den Eindruck, er wäre überhaupt gar nicht kaputtzukriegen.

Vollbremsung: eine Vollbremsung machen *ugs – path* · to slam on the brakes, to put the brakes full on, to do an emergency stop

… Wie fährst du denn? Einfach so in den Kreisverkehr rein? Wenn der BMW da rechts keine Vollbremsung gemacht hätte, wärst du ihm genau reingefahren. – Hat der wirklich so scharf gebremst?

jn. **zur Vollbremsung zwingen** *ugs – path* · to force s.o. to/ to make s.o./… slam on the brakes, to force s.o. to/to make s.o./… put the brakes full on

… Junge, wie fährst du denn?! Einfach mit Karacho in den Kreisverkehr rein?! Hör' dir das an, wie die Bremsen von dem BMW da rechts quietschen! Den hast du geradezu schulgerecht zur Vollbremsung gezwungen!

Volldampf: mit Volldampf arbeiten/… *ugs – path* · to go flat out, to go at s.th. full tilt

… Es kommt alles auf den Rhythmus an! Wenn wir von Anfang an mit Volldampf übersetzen, werden wir mit dem Text vielleicht bis Anfang Mai fertig. – Man kann keine zwei Monate auf vollen Touren arbeiten, Ricky.

mit Volldampf an etw. **herangehen**/… *ugs – path* · to go flat out at s.th., to give s.th. everything one has got

… Der Klaus ist fertig geworden, weil er vom ersten Tag des Stipendiums an mit Volldampf an seine Arbeit gegangen ist. Wenn du genau so gehandelt und dich vom ersten Augenblick an mit aller Energie an das Projekt gemacht hättest, hätte die Frist für dich auch gereicht.

Volldampf dahinter setzen/(machen) *ugs – path* – (eher:) **Dampf** dahinter setzen/(machen) · to get things moving

mit Volldampf voraus *form – path selten* · full steam ahead, full speed ahead

… Mit welchen Worten verabschiedete er sich: mit Volldampf voraus? – Ja, er gebrauchte dieses alte Seemannskommando – wenn ein Schiff ins Meer ausläuft – beim Abschied von seinen Kindern am Flughafen. – Hm!

Volle: ins Volle greifen (können) *selten* · to have everything in plenty, to (be able to) draw on ample resources, to (be able to) help o.s. to averything

… »Ach ja«, sagte er fast mißmutig, »Menschen, die wie ihr im Überfluß leben und – egal, worum es sich handelt: Geld, Essen, Trinken, Schmuck … – immer ins Volle greifen können, werden nie verstehen, wie es ist, wenn man bei allem und jedem überlegen und rechnen muß.«

(mitten/genau) **ins Volle treffen** (mit etw.) *ugs selten* – (mitten/genau) ins **Schwarze** treffen (mit etw.) (2) · to score a bull's eye

in die Vollen gehen *ugs* · 1. 2. to go flat out, to stretch o.s., 3. to (really/…) splash out, to (really/…) lash out

1. … Wie, meinen Sie, er wird nie wieder so ganz gesund? – Klinisch wird er wahrscheinlich wieder gesund. Aber so richtig in die Vollen gehen, das wird er wohl nie wieder können; dafür wird er nie wieder die Kraft und die Energie haben.

2. … Wenn ihr in der Tat bis zum ersten mit der Sache fertig werden wollt, müßt ihr jetzt aber in die Vollen gehen. – Jetzt?? Wir arbeiten doch schon seit Wochen mit aller Kraft.

3. … Euer Herbert ist mal wieder in die Vollen gegangen! – Wenn er nicht mit vollen Händen Geld ausgeben kann, hat für ihn so ein Ausflug offensichtlich keinen Reiz. *seltener*

im Vollen leben *selten* · to live in plenty, to live in luxury

… Ihr habt gut reden, ihr lebt im Vollen! Unsereiner dagegen muß froh sein, wenn er das Notwendigste bezahlen kann. An Luxus ist gar kein Denken!

aus dem Vollen leben/wirtschaften · to live off the fat of the land

… Dein Unternehmen macht seit Jahren dicke Geschäfte, du hast hohe Reserven und kannst aus dem Vollen wirtschaften! Ich dagegen muß bei jeder Ausgabe erst dreimal nachdenken, wie ich das am günstigsten finanziere, wo ich das Geld abzweige …

aus dem Vollen schöpfen (können) · to (be able to) draw on unlimited resorces

… Der Meinhard kann aus dem Vollen schöpfen. Wenn der mal ein Jahr einen geringeren Umsatz hat, macht ihm das nicht das geringste aus. Aber unsereiner hat eben keine großen Reserven; wir leben sozusagen von der Hand in den Mund …

voller: (ein bißchen/etwas/…) **voller werden** *ugs* · to fill out a bit/…, to put on (a bit of/…) weight

… Tag, Hartwig, wie geht's? Wir haben uns ja ewig nicht mehr gesehen! – Tag, Günther. Mir geht's gut, und dir? – Danke, ich kann auch nicht klagen. – Du bist etwas voller geworden, seit wir uns das letzte Mal gesehen haben, nicht? – Ja …? – Entschuldige! Das ist warscheinlich nur so ein Eindruck von mir! …

Völlerei: sich der Völlerei ergeben *path hist selten* · to give o.s. up to gluttony, to indulge in gluttony

… Sich der Völlerei ergeben, meinte er, das klingt nach wortgewaltigen Predigern aus den vergangenen Jahrhunderten. Heute sagt man schlicht und einfach: sich den Bauch vollschlagen, zu viel fressen und saufen … – Das Gefühl für die Sündhaftigkeit ist verloren gegangen! …

vollfressen: sich bis oben/obenhin vollfressen *sal* · to stuff o.s., to pig o.s., to gorge o.s. *coll*

… Erst frißt er sich bis oben voll und dann kotzt er wie ein Reiher! Fürchterlich! – Herbert! Der Junge kann doch an seinem Geburtstag mal ein Stück Torte mehr essen …

Vollgas: mit Vollgas arbeiten/… *ugs – path selten* – mit **Volldampf** arbeiten/… · to work/… flat out

mit Vollgas fahren/daherrasen/in die Kurve gehen/… · to drive flat out *coll*, to drive at full throttle *coll*

… Guck' dir diesen Kerl an, der ist wahnsinnig! In so eine scharfe Kurve mit Vollgas zu gehen! – Nun, scharfe Kurve … – Aber das ist doch keine Stelle, an der man voll auf die Tube drückt!

Vollgas geben · to step on/to slam on/... the accelerator *coll*, to put one's foot right down *coll*

... Wenn er im Auto sitzt, verliert dieser Mann seinen Verstand. Sogar in den Kurven gibt er Vollgas. Wenn er aus dem Wagen nicht alles herausholt, was drin ist, ist er nicht zufrieden.

Vollgefühl: im Vollgefühl seiner Überlegenheit/Würde/... *path – iron* · fully aware of one's dignity/...

... Das hättest du sehen sollen, wie der Udo da im Vollgefühl seiner Überlegenheit den anderen vordozierte, was unter dem 'Planckschen Wirkungsquantum' zu verstehen ist. – Hat er das denn selbst begriffen?

Vollgenuß: im Vollgenuß von etw. **sein** *form – path selten* · to fully enjoy the fruits of s. th.

... es ist schön zu sehen, wenn jemand nach jahrelangen Entbehrungen und Anstrengungen im Alter im Vollgenuß dessen ist, was er geschaffen hat – findest du nicht? – Ja. Du denkst an Onkel Herrmann, der sein Landgut weidlich genießt, oder?

in den Vollgenuß von etw. **kommen** *form – path selten* · to be able to enjoy s. th. fully

... Hoffen wir, daß der Herr Rausch noch lange genug lebt und daß sich die jahrelangen Opfer und Investitionen nicht nur finanziell bezahlt machen, sondern daß er auch noch in den Vollgenuß all dessen kommt, was er geschaffen hat.

Vollidiot: ein Vollidiot sein *sal* – für keine zwei **Pfennige** Verstand haben/nachdenken/aufpassen/... (1) · to be a complete idiot

Vollkraft: in der Vollkraft seiner/(ihrer) Jahre ... *form – path selten* · in one's prime

... Wenn er das mit 40, 45 – in der Vollkraft seiner Jahre – nicht geschafft hat, dann wird er das mit 55, 60 schon gar nicht schaffen! Was meinst du, was so eine Umstellung eines ganzen Instituts für eine Energie kostet!

Vollmachten: jn. mit allen Vollmachten ausstatten *form* · to invest s. o. with full powers, to grant s. o. full powers

... Das ist das erste Mal, so weit ich zurückdenken kann, daß der Chef einen Repräsentanten der Firma mit allen Vollmachten ausstattet! Bisher hat er sich die letzte Entscheidung immer selbst vorbehalten.

Vollmast: eine Fahne/Flagge auf Vollmast setzen *form selten* – ≠ eine Fahne/Flagge auf **Halbmast** setzen · to hoist a flag to full mast

auf Vollmast stehen *Fahne/Flagge form selten* – ≠ auf **Halbmast** stehen · to be at full mast

Vollmond: wie ein Vollmond strahlen *sal selten* – übers/(über das) ganze **Gesicht** strahlen/(grinsen/...) · to beam from ear to ear

Vollpension: Vollpension haben/wählen/nehmen/... *form* · to have/... full board (and lodging)

Wenn du ein Semester in Florenz unterrichtest, nimmst du dann Vollpension/ein Zimmer mit Vollpension? – Nein, nur mit Frühstück. Mittags und abends will ich mit dem Essen nicht gebunden sein.

Vollrausch: einen Vollrausch haben/etw. im Vollrausch tun *ugs – path* · to be completely drunk *n*, to be legless *sl*, to be blotto *sl*, to be canned *sl*

... Es ist einfach unverantwortlich, sich im Vollrausch ans Steuer zu setzen! – Aber der Hubert hatte doch höchstens drei Bier getrunken! – Komm', red' keinen Unsinn, Fred! Der war total zu.

vollschlagen: sich (mal richtig/...) **vollschlagen** *sal selten* – (eher:) sich den **Bauch** vollschlagen/(vollfressen) · to (really/...) stuff o.s., to (really/...) stuff one's face

Vollständigkeit: (nur/bloß) der Vollständigkeit halber ... · (just/only/...) for the sake of completeness

(Ein Professor bei bibliographischen Angaben:) Die beiden folgenden Titel gebe ich Ihnen nur der Vollständigkeit halber an – sie sind in der Methode überholt; doch wenn wir schon einmal dabei sind, die einschlägigen Werke zur portugiesischen Sprachgeschichte zusammenzustellen, dann sollen die auch nicht fehlen.

Volltreffer: einen Volltreffer erzielen (mit etw.) *ugs – path* · 1. 2. to hit the bull's eye

1. ... Mit seiner ironischen Bemerkung:»Englisch kann Otto schließlich auch«, hat der Schönberg natürlich einen Volltreffer erzielt. Da mußten die anderen alle lauthals lachen. Der Otto gibt immer so an mit seinen Sprachkenntnissen – dabei kann er nicht einmal vernünftig deutsch.
2. vgl. – (eher:) (mitten/genau) ins **Schwarze** treffen (mit etw.)

Volte: eine Volte reiten *Reiten form selten* · to ride a volt

... Ja, so eine kunstvolle Figur, im Kreise reiten – eine Volte reiten, wie die Reiter sagen – ...

die/eine Volte schlagen *form selten* · 1. to do a sleight of hand, 2. to pull a trick, to work a fiddle

1. Kartenspiele, bei denen es entscheidend auf eine bestimmte Karte ankommt, könnt ihr gegen den Karlheinz nicht gewinnen: der versteht es, die Volte zu schlagen wie kaum ein anderer. – Die Volte zu schlagen? – Der bringt beim Mischen den Trumpf – oder eine andere gewünschte Karte – genau dahin, wo er ihn hinhaben will.
2. ... Wie hat der Kurt die Leute denn davon überzeugt, daß das Hallenbad gerade in unser Viertel gehört? – Der hat da wieder irgendeine Volte geschlagen ... – du kennst doch den Kurt: irgendein Kniff fällt dem immer ein.

von: ein 'von' sein *ugs – iron* · to be a 'von', to have a 'von' before one's name, to be an aristocrat, to be a titled person

... warum nennen die Leute den Mann eigentlich Graf Rambsdorf? Wenn er Graf ist, ist er doch ein 'von'; er heißt also Graf von Rambsdorf!

von der Sache **her**/vom Thema her/(vom Zusammenhang her/...) interessant sein/... · + the subject/... is interesting/...

... Methodisch dürfte das Buch veraltet sein. Trotzdem wäre ich dir dankbar, wenn du es mir aus Paris mitbringen würdest. Es interessiert mich von der Sache her.

(angefangen) von ... **über** ... **bis (zu)** ... · from ... to ... to ...

(Von einem Parteikongreß:) Meine Güte, was waren das langweilige und nichtssagende Reden! Angefangen von der des Kanzlers über die des Fraktionsvorsitzenden bis zu denen der Präsidiumsmitglieder und einiger Abgeordneter: alles ein und derselbe Zauber!

ein 'von und zu' sein *sal oft iron* · to be a 'von und zu', to have a 'von und zu' in front of one's name

... Klaus! Du kannst den Mann doch nicht einfach 'Herrn Lunkewitz' nennen! Die Familie gehört zum preußischen Hochadel. – Auch wenn er ein 'von und zu' ist: für mich ist und bleibt das der Herr Lunkewitz!

vonnöten: vonnöten sein *form* – **nötig** sein (1) · to be necessary

vonstatten: vonstatten gehen *form* – vonstatten **gehen** · to proceed

vor: etw. noch vor sich haben – etw. noch vor **sich** haben · to have s.th. (still/...) before one

vor-: alles/etw. hat seine Vor- und Nachteile – alles/etw. hat seine zwei **Seiten** · it/everything has its advantages and disadvantages, + there are pros and cons to everything

die Vor- und Nachteile (e-r S. abwägen/...) – das **Für** und Wider (e-r S. abwägen/...) · to weigh (up) the pros and cons of s.th.

jm etwas/allerhand/... **vor-** heulen/-jammern/-klagen/-lügen/-kohlen/-schwindeln/-... *ugs* · to moan to s.o. about s.th./to whinge to s.o. about s.th./to pour forth a tale of woe/to tell s.o. a pack of lies/...

... Natürlich hat es die Erna schwer! Aber andere Leute haben es auch schwer! Ich kann es einfach nicht ausstehen, wenn jemand den anderen dauernd etwas vorjammert! – Ist das so schlimm mit ihrer Klagerei?

(nicht) vor- und zurückgehen/-weichen/-marschieren/.../weder vor noch zurück – ... · (not) (to be able) to go/to move/... backwards or forwards

(Auf der Autobahn, in einem Stau wegen eines Unfalls:) Ich hätte davorne die Ausfahrt nehmen sollen. Jetzt können wir nicht mehr vor und zurück/weder vor noch zurück. Ich hoffe nur, daß die Polizei bald kommt und die Sache geklärt wird. Sonst stehen wir hier noch bis heute abend.

Vorabend: am Vorabend von/des/... · on the evening before the wedding/the party/...

»Stell' dir vor, am Vorabend der Hochzeit erklärt dir die Braut, sie will nicht – wo treibst du von einem Tag auf den andern eine neue Heiratskandidatin auf?« ... – Was liest du da für einen Schmöker?

Vorahnung: (so) eine/die Vorahnung haben, daß/als ob/... ·
1. to have a presentiment that s.th. is going to happen, to have a premonition that s.th. is going to happen, 2. to have a funny feeling that ...

1. ... Wenn das Fest nicht in letzter Minute doch noch ins Wasser fällt! – Wie kommst du denn da drauf? – Ich hab' so eine Vorahnung! – Du mit deinen Vorahnungen!

2. vgl. – so die leise **Ahnung** haben, daß/als ob/...

voran: immer langsam voran! *ugs* – immer mit der **Ruhe**! (1) · take it easy, no need to rush

... voran, ... hinterdrein *ugs selten* · ahead ... in the rear, ahead ... bringing up the rear

... Das sah schon lustig aus, wie die ganze Familie da den Abhang heraufkletterte: der Vater voran, die Kinder hinterdrein ... – Die Mutter ganz am Ende, nicht? – Klar! Das sah wirklich amüsant aus.

vorangehen: (nicht/schleppend/mühsam/... gut/...) vorangehen/es geht mit etw. (nicht/...) voran · 1. 2. (not) to make good/rapid/... progress, (not) to make headway, not to come along very well

1. Mein Gott, der Bau der Halle geht ja überhaupt nicht voran! Jetzt arbeiten sie schon seit Monaten, und man hat den Eindruck, sie hätten gestern erst angefangen.

2. Mit deinem Englisch geht es ja offensichtlich sehr schleppend voran, Herbert!? – Wie kommst du darauf? – Ich habe gestern deinen Englischlehrer getroffen. Er sagt, deine Fortschritte in den letzten Monaten seien minimal ...

vorankommen: in etw. (nicht/mühsam/... gut/...) vorankommen · (not) to make (good/much/...) progress, (not) to make (good/much/...) headway

... Während der Anton in den Sprachen sehr gut vorankommt, hat er in den Naturwissenschaften die größten Schwierigkeiten; da macht er sozusagen keine Fortschritte.

mit etw. (nicht/mühsam/... gut/...) vorankommen · (not) to make good/much/... headway with s.th., (not) to make good/much/... progress with s.th., + the work/... is coming along well/is not making any progress/...

Bist du in den Ferien mit deiner Übersetzung vorangekommen? – Ja, sehr gut sogar. Ich bin fast 60 Seiten weiter als vor den Ferien.

voranlassen: jn. voranlassen – jm. den **Vortritt** lassen (1) · to let s.o. go first

Vorarbeit: gute/ausgezeichnete/... (schlechte/...) Vorarbeit leisten · to do good/... groundwork, to prepare the ground well/..., to do good/... preliminary work

... Nein, lange brauchen wir für die Sache bestimmt nicht mehr. Ihr Schwager hat ja bereits glänzende Vorarbeit geleistet: er hat alle bibliographischen Angaben zuammengestellt, die wichtigsten Bücher kommen lassen ...

voraus: (etw.) im/(zum) voraus (tun) · 1. 2. to do s.th. in advance, to do s.th. beforehand

1. ... Ja, wenn Sie sicher sein wollen, daß Sie in dem Konzert einen Platz haben, müßten Sie die Karte im voraus bestellen. – Und wieviele Wochen im voraus? – Wenigstens einen Monat.

2. ... Bezahlt wird bei Erhalt der Ware und nicht im voraus! Warum soll ich denn im voraus bezahlen, was ich noch gar nicht gesehen habe? Ich kaufe doch nicht die Katze im Sack.

jm. (in etw.) (weit/um ...) voraus sein – jm. (in etw.) (weit/um ...) **voraussein** · to be well/far/... ahead of s.o.

voraushaben: jm. etw. voraushaben *form selten* · to have the advantage over s.o. in s.th., to have the advantage of s.th. over s.o.

An Intelligenz stehen sich unsere beiden Jungen gegenseitig wahrscheinlich nicht nach. Aber euer Helmut hat unserem Peter doch eine ganz gehörige Portion Willenskraft und Engagement voraus.

vor jm. etw. voraushaben *form selten* · to have the advantage of s.th. over s.o.

An Intelligenz und Willenskraft stehen sich unsere beiden Jungen wahrscheinlich nicht nach. Aber euer Helmut hat vor unserem Peter doch die viel bessere Ausbildung voraus.

voraussein: jm. (in etw.) (weit/um ...) voraussein · 1. 2. to be a long way/... ahead of s.o., 3. to be ahead of one's time

1. ... Ihr Sohn ist bestimmt nicht unbegabter als unser Peter. Nur, daß der Peter ihm im Englischen und in Mathematik voraus ist. Er hat die beiden Fächer halt schon ein Jahr länger als Ihr Junge.

2. (Auf einer Reise von Deutschland nach Südfrankreich:) Wir sind jetzt fünf Stunden unterwegs und haben ca. 400 Kilometer gemacht. Ob Gisela und Klaus schon weiter sind als wir – sie sind um die gleiche Zeit abgefahren? – Der Klaus fährt sehr schnell. Sie dürften uns voraus sein ... *seltener*

3. Goethe ...? Der war seiner Zeit um Jahrhunderte voraus! – Um Jahrhunderte?

Voraussicht: nach menschlicher Voraussicht ... *form* · as far as can be anticipated

(Beim Arzt:) Aber kann meinem Vater beim Flug nichts passieren? – Nach menschlicher Voraussicht nicht, Herr Köpcke – obwohl natürlich auch ein Arzt kein Hellseher ist.

in weiser/kluger Voraussicht etw. getan haben/(etw. tun) *oft iron* · to have done s.th./to have been sensible enough to do s.th./(to do s.th.) with great/wise/... foresight *para*

(Auf einer Wanderung in die Berge:) Mensch, was ist das plötzlich kalt! – Kalt? Das finde ich nicht. – Ja, du hast gut reden! Du hast schon in weiser Voraussicht eine Spezialjacke mitgenommen. Aber ich in meinem simplen Anorak ...

aller Voraussicht nach ... · in all probability

Wann kommt die Petra von München zurück? – Aller Voraussicht nach am 11. November. Aber hundertprozentig sicher ist das noch—nicht.

Vorbau: einen ganz schönen/... Vorbau haben/... *sal – iron* · to be well-stacked

... Die Ute hat in den letzten beiden Jahren einen herrlichen Vorbau gekriegt! – Walter! – Ja, sag' bloß, das stimmt nicht! Die hat einen Busen für drei!

vorbauen: vorbauen *ugs* · 1. to take precautions against s.th. happening *n*, to provide against s.th. going wrong *n*, to make provisions to prevent s.th./to ensure that .../... *n*, 2. to make provisions for one's old age/...

1. ... Wenn du vermeiden willst, daß dir die Maschine im letzten Moment einen Streich spielt, mußt du vorbauen: vorher eine Revision machen lassen, einen Techniker im Reichweite haben ...

2. vgl. – **Vorsorge** (für sein Alter/...) treffen/(tragen)

Vorbedacht: etw. mit/(aus/voll) Vorbedacht tun *form* · to do s.th. deliberately, to do s.th. intentionally

... Die zertrümmerten Fensterscheiben waren doch kein Zufall! Die Demonstranten hatten sich doch mit Vorbedacht schon vorher mit Steinen und ähnlichen 'Wurfgeschossen' versorgt ...

Vorbehalt: mit/unter dem Vorbehalt, daß ... *jur* · with the proviso that ..., with the reservation that ...

... Gut, ich unterschreibe diese Klausel – allerdings unter dem Vorbehalt, daß der Vertrag als ganzer so genehmigt wird, wie er jetzt vorgesehen ist. Vermerken Sie das bitte ausdrücklich: wenn irgendeine andere Klausel geändert wird, wird diese Klausel auch—hinfällig ...

ein stiller Vorbehalt/einen stillen Vorbehalt machen- *form* ·
1. 2. to have inner reservations (about s.th.), to have mental reservations (about s.th.)

1. Die Jesuiten, erklärte sie, entwickelten die Lehre von dem stillen Vorbehalt. Das heißt: wenn jemand etwas unter Zwang sagen oder

tun muß, im Stillen aber dagegen ist, während er es tut, ist er in seinem Gewissen und Gott gegenüber nicht daran gebunden.

2. ... Im Grunde war Herr Bohm immer skeptisch! Schon am Tage nach der Vertragsunterzeichnung hat er mir erklärt, er habe nur mit stillem Vorbehalt unterschrieben. – Und warum hat er seine Unterschrift darunter gesetzt, wenn er im Stillen dagegen oder wenigstens nicht überzeugt war?

vorbehalten: jm. **vorbehalten sein** *form od. iron* · + s.o. is the one to do s.th., + s.o. has the privilege of doing s.th.

... Die ganze Nachbarschaft hat unter dem dauernden Gebell dieses Hundes gelitten. Aber es war eurem Rudi vorbehalten, sich eine Büchse zu besorgen und den Ruhestörer beim Schein des Vollmonds abzuknallen. – Eben, das ist unser Rudi!

vorbei: vorbei sein · 1. the pain/... has gone, the pain/... has stopped, 2. it is past two/... o'clock, it is gone two/... o'clock, 3. it/s.th. is over, it/s.th. is over and done with, 4. 5. to be over/finished

1. ... Uff, der Schmerz ist vorbei! – Die Pillen haben also doch gewirkt?

2. Es war schon zwei Uhr vorbei, als er zum Essen kam ...

3. ... Erinnere dich doch an deine Schulzeit, da ... – Die Schulzeit ist für mich vorbei; daran will ich jetzt nicht mehr denken ...

4. vgl. – (eher:) **um** sein (2; a. 1)

5. vgl. – (eher:) **vorüber** sein (1)

es ist vorbei mit jm./etw. (für jn.) – es ist **aus** mit jm./etw. (für jn.) (1, 2) · it's all up with s.o., s.th. is over and done with s.o./s.th.

als der Rettungswagen kam/..., **war es**/(...) **mit ihm**/... **schon vorbei** *ugs* · when the ambulance arrived/... it was all over (with him/...)/it was too late for John/...

... Bei so einem Unfall kann nur sofortige Hilfe Rettung bringen. Aber du weißt, wie das in diesem Land ist: eh man einen kompetenten Arzt erst mal erreicht hat ... Als der dann endlich erschien, war es mit dem Rudi schon vorbei; da war er schon über eine Stunde tot.

an jm./etw. **vorbei** – **gehen**/-laufen/-rennen/-fahren/–... · 1. 2. to walk/to drive/to run/... past s.o./s.th.

1. ... Da läuft dieser Mann doch auf der Franz-Liszt-Straße direkt an mir vorbei, ohne mich zu sehen! So ein Träumer!

2. ... Fast wäre ich in der Tat an seinem Haus vorbeigefahren. Es liegt ein bißchen zurück ... Im letzten Moment sah ich es dann aber doch ...

vorbeibenehmen: sich **vorbeibenehmen** *selten* – sich daneben benehmen · to show o.s. up, to blot one's copybook

vorbeigehen: bei jm. **(kurz/...) vorbeigehen** · 1. to drop in on s.o., to call in on s.o., to stop by at s.o.'s house, to drop by at s.o.'s house, 2. to drop in at the chemist's/...

1. ... Du gehst doch heute abend, wenn du nach Hause fährst, bestimmt kurz bei dem Axel Heinrichs vorbei, oder? – Ja, ich hatte vor, kurz bei ihm hereinzuschauen. Warum? ...

2. ... Könntest du nicht eben bei der Apotheke vorbeigehen und mir die Tabletten kaufen? – Eben vorbeigehen? Das ist für mich ein ganz schöner Umweg ...

achtlos an etw./(jm.) **vorbeigehen** · to go past/... s.th. without noticing it, to pass by/... s.o./s.th. without paying any attention to it/indifferently/...

... Wenn man an allen Schönheiten der Landschaft achtlos vorbeigeht, Heribert, dann sagt einem so eine Wanderung natürlich nicht viel. Aber wenn du ein Auge dafür hast, fühlt man sich in dieser herrlichen Gegend doch richtig erfüllt.

etw. **(nur) (so) im Vorbeigehen** (tun) · 1. to (just/...) do s.th./to (just/...) say hallo/... in passing, 2. to mention s.th./... in passing, to mention s.th./... by the way

1. ... Hat dich der Herr Wenke nicht gegrüßt? – Doch – im Vorbeigehen. – Wie, er ist nicht einmal stehen geblieben?

2. vgl. – (u. U.) etw. (nur) (so) en **passant** (tun)

an jm./etw. **nicht vorbeigehen können** *ugs selten* – an jm./etw. nicht **vorbeikönnen** · not to be able to get past s.o., not to be able to avoid dealing with s.o., not to be able to get round s.th.

eine/die Gelegenheit/(Pläne/...) **vorbeigehen lassen** *selten* · 1. to let a chance/... slip, 2. to miss a chance/...

1. vgl. – eine Gelegenheit/Pläne/... **sausen** lassen

2. vgl. – die **Gelegenheit** versäumen

vorbeikommen: bei jm./etw. **vorbeikommen** · 1. to call in on s.o., to drop by at s.o.'s house, 2. to pass by a shop

1. (Am Telefon:) Ja, und wenn du das nächste Mal wieder in die Gegend von Stuttgart kommst, dann kommst du für ein Stündchen bei uns vorbei. – Abgemacht. Ich schau' dann bei euch herein.

2. ... Falls du heute nachmittag, wenn du in die Stadt gehst, bei einer Apotheke vorbeikommst, könntest du mir ein paar Tabletten gegen Kopfschmerzen mitbringen ...

vorbeikönnen: an jm./etw. **nicht vorbeikönnen** *ugs* · 1. not to be able to get past s.o., not to be able to avoid dealing with s.o., 2. not to be able to get round s.th.

1. Wenn du bei Schuckert Erfolg haben willst, mußt du dich gut mit dem Koppmann stellen. Der hat dort überall seine Finger drin; an dem Mann kann keiner vorbei.

2. ... Wenn die Bestimmung existiert, können wir daran nicht vorbei – so leid es uns auch tut.

vorbeireden: an jm./an der Sache/am Thema/.../aneinander **vorbeireden** · 1. to miss the point, to fail to get to the point, to skirt round a subject, 2. to talk/to be talking at cross purposes

1. ... Was der Werner sagt, ist zwar alles ganz interessant und mag sogar stimmen; aber er redet mal wieder an der Sache vorbei. Es geht um die Marktchancen dieses Spezialwörterbuchs. Was er vorbringt, gilt für allgemeine Wörterbücher.

2. ... Wenn der eine nicht zuhört, wenn der andere etwas sagt, werdet ihr euch hier noch lange vergeblich streiten! Merkt ihr gar nicht, daß ihr seit geraumer Zeit aneinander vorbeiredet? Der Walter spricht von den Marktchancen, der Otto von den politischen Rahmenbedingungen.

vorbelastet: erblich **vorbelastet sein** *form od. iron* · + it/s.th. runs in the family, + it/s.th. is inherited, + it/s.th. is hereditary

... Es scheint, der Kurt Becher hat ein Alkoholproblem. – Der Kurt ist da wohl erblich vorbelastet. Sein Vater war zeitlebens ein starker Trinker.

familiär vorbelastet sein *form od. iron* – (eher) erblich **vorbelastet** sein · + it/s.th. runs in the family, + it/s.th. is inherited, + it/s.th. is hereditary

Vorbereitung: in Vorbereitung sein · to be in preparation

Ist der Vertrag eigentlich bereits in Vorbereitung oder ist man immer noch bei den allgemeinen Vorüberlegungen? – Nein, er wird schon ausgearbeitet.

noch in der Vorbereitung stecken/(stehen) · to be still in the preparatory phase/stages/...

... Nein, mit den konkreten Arbeiten auf den Feldern hat man noch nicht begonnen. Die ganze Modernisierung steckt noch in der Vorbereitung.

Vorbereitungen treffen (für etw.) *form* · to make preparations (for s.th.)

... Du sagst, du mußt für den Kongreß noch alle möglichen Vorbereitungen treffen. Was ist denn da noch alles vorzubereiten?

vorbeten: jm. etw. **vorbeten** *sal* · to spell s.th. out in detail for s.o. *coll*

... Wenn du dem Hausmann nicht haarklein vorbetest, was er bei Schuckert zu sagen hat, macht er dort nur Unsinn. – Mein Gott, der Mann ist doch kein Schüler mehr!

Vorbild: jm. **als**/(zum) **Vorbild dienen** *form* · to serve as a model for s.o.

(Aus einer literaturwissenschaftlichen Vorlesung:) Homer diente/die Ilias und die Odyssee dienten Vergil/der Aneis als Vorbild, und von diesen beiden Dichtern/und von diesen drei Werken stammen dann – mehr oder weniger direkt – alle historischen Epen der europäischen Literatur ab.

(jm.) jn./etw. **als (leuchtendes) Vorbild hinstellen** *form – path* · to hold s.o. up as a shining example to s.o.

(Zu einem befreundeten Ehepaar:) Wenn ihr dem Jungen andauernd seinen älteren Bruder als Vorbild hinstellt, verliert er irgendwann jedes Selbstvertrauen. Daß ihr euren Ältesten für einen Prachtkerl haltet, weiß er inzwischen; man braucht es ja nicht immer wieder zu betonen.

sich jn./(etw.) **zum Vorbild nehmen** · 1. to take s.o. as a model, to take s.o. as an example, 2. to take a leaf out of s.o.'s book

1. ... Wenn ihr euch Goethe zum Vorbild nehmt, meinte er, dann seid ihr in fast allen Lebenslagen gut beraten. Er ist auch heute noch ein Leitstern, an dem man sich in allen wesentlichen Fragen orientieren kann.

2. vgl. – (eher:) sich ein **Beispiel** nehmen an jm./dem Verhalten/... (1)

vorblasen: (jm. etw.) **vorblasen** *Schule sal selten* – (jm. etw.) **vorsagen** · to whisper the answer to s.o.

vordem: vordem *veraltend selten* · 1. a long time ago, 2. in the dim and distant past, 3. in days of yore/old

1. vgl. – vor langer **Zeit** ...

2. vgl. – (u. U.) vor grauen **Zeiten** (1)

3. vgl. – (u. U.) vor **Zeiten**

Vordergrund: sich in den Vordergrund drängen · 1. 2. to push o.s. forward, to push o.s. to the fore, to try to get into/to hog the limelight *coll*, 3. to come (increasingly/...) to the fore, to be uppermost

1. (Der Leiter eines Internats zu einer Mutter:) Ihr Sohn muß lernen, Frau Rolfs, sich einzuordnen. – Tut er das nicht? – Nein, er versucht ständig, sich in den Vordergrund zu drängen. Immer und überall will er der erste sein, Sonderrechte haben, eine Vorzugsbehandlung genießen ...

2. (Ein Student zu einem überehrgeizigen Kollegen:) Und ist es schlimm, wenn der Prof. Holzmann heute mal nicht auf dich aufmerksam wird, mal nicht merkt, daß du besser Spanisch kannst als wir? Du hast eine Art, dich immer in den Vordergrund zu drängen, die Aufmerksamkeit auf dich zu ziehen, die ist wirklich unangenehm.

3. vgl. – (stärker als:) (immer mehr/...) in den **Vordergrund** treten

sich (immer mehr/...) **in den Vordergrund drängen/schieben** · (immer mehr/...) in den **Vordergrund** treten (1; a. 2) · to push/to keep pushing o.s. forward, to try to hog the limelight

in den Vordergrund rücken · to come to the fore

Während in den früheren Jahren eher die wirtschaftlichen Fragen des Landes beachtet und diskutiert wurden, rücken seit einiger Zeit die Probleme der Mentalität, der Geschichte in den Vordergrund.

sich in den Vordergrund spielen *ugs* · to push o.s. forward, to grab the limelight

Wer es versteht, sich ständig derart geschickt in den Vordergrund zu spielen wie der Braun, wird überall Karriere machen, wo es auf Effekthascherei ankommt. Ob ein solcher Mann auch solide Arbeit leistet, ist natürlich eine andere Frage.

im Vordergrund stehen · to be uppermost, to be the centre of attention, to be prominent, to have priority

... Im Augenblick können wir uns leider um die kulturellen Fragen nicht so kümmern, wie wir das gerne täten; im Augenblick stehen brennendere Probleme im Vordergrund: die Probleme der Arbeitslosigkeit, der allgemeinen wirtschaftlichen Entwicklung ...

jn./etw. **in den Vordergrund stellen/rücken** · 1. to emphasise s.th., to give priority to s.th., to highlight s.th., 2. to make s.o. the centre of attention

1. ... In seiner Rede stellte der Kanzler die Friedensbemühungen in den Vordergrund. Demgegenüber rangierten alle anderen Fragen – selbst die wirtschaftlichen – erst an zweiter Stelle.

2. ... Immer und überall sucht der Alte seinen Sohn in den Vordergrund zu stellen. Als ob die anderen leitenden Angestellten in der Firma nicht genau so viel leisteten! Als ob nur wichtig wäre, was sein Sohn macht! *seltener*

(immer mehr/...) **in den Vordergrund treten** · 1. 2. to come (increasingly/...) to the fore, to be uppermost

1. In den letzten Jahren treten die Probleme der Jugendarbeitslosigkeit in Europa immer mehr in den Vordergrund. Früher sprach kein Mensch davon; aber inzwischen ist es das Problem Nummer eins.

2. ... Allmählich traten wirtschaftliche Gesichtspunkte in den Vordergrund. Von kulturellen Dingen, von der Mentalität der Völker, von ihrer Geschichte, ihrer Religion sprach man immer weniger.

jn./etw. **aus dem Vordergrund verdrängen** *selten* · to push s.o. off centre stage, to grab the limelight from s.o. *coll*

... Wenn der Einfluß des Herrn Höffner weiterhin so zunimmt wie bisher, dann wird der Mann den Parteivorsitzenden bald aus dem Vordergrund verdrängen.

vorderhand: vorderhand nichts in die Wege leiten/... *form selten* · for the time being, for the present

... Und? Was wirst du tun nach dieser hinhaltenden Auskunft? – Vorderhand werde ich gar nichts tun – abwarten! – Selbst wenn du erst mal abwartest: an einer Entscheidung wirst du wohl nicht vorbeikommen.

Vordermann: jn./etw. **auf Vordermann bringen** *ugs* · 1. 2. to lick s.o./s.th. into shape, 3. to brush s.th. up, to polish s.th. up

1. (Ein neuer, junger Direktor zu dem Firmeninhaber:) Das ganze Personal hier ist faul, träge, schlampig. Die müssen alle auf Vordermann gebracht werden! – Dafür habe ich Sie als neuen Leiter eingestellt, Herr Mertens, daß Sie zurechtrücken, was falsch ist, die Firma wieder in Schwung bringen.

2. ... Das dürfte nicht so ganz einfach sein, dieses Institut wieder auf Vordermann zu bringen. Das wird jetzt seit Jahren schlecht geleitet. Da sind alle möglichen Unsitten derart eingerissen ...

3. ... Jetzt muß ich aber doch mein Spanisch mal auf Vordermann bringen. Wir fahren im Sommer nach Spanien ... – Na, dann polier' deine Kenntnisse mal schön!

Vordermann halten *mil* · to cover off, to stand right in line

... Bei den Appellen muß jeder ganz genau Vordermann halten, einer genau hinter dem anderen stehen. Sonst wird unser Unteroffizier/Spieß wild.

vordrängen: sich vordrängen · 1. to push in, to jump the queue, 2. to push o.s. forward, to push o.s. to the fore, to try to get into/to hog the limelight

1. (In einer Schlange, ein Herr zu einem Jungen:) Einer nach dem andern, Junge! Hier wird sich nicht vorgedrängt!

2. vgl. – (eher:) sich in den **Vordergrund** drängen (1, 2)

vorerzählen: jm. etw. **vorerzählen wollen**/... *ugs* · to (try to) tell s.o. stories

... Die Aussichten, die Stelle in München zu kriegen, scheinen für den Jupp ja prima zu sein. – Glaubst du das, was der uns da vorerzählt? Ich halte das alles für Schwindel.

Vorfahrt: Vorfahrt haben/die ... beachten *Verkehr* · to have the right of way/to give way/to yield right of way

(Kommentar zu einem Unfall:) Wenn der Klaus die Vorfahrt nicht beachtet hat, hat er Schuld, das ist doch ganz klar! Egal, ob der andere, der von rechts kam, schnell oder langsam fuhr.

Vorfeld: im **Vorfeld** der Wahlen/Untersuchungen/... *form* · in the run-up to the elections/..., in the preliminary stages of negotiations/investigations/...

... Jede Partei versucht natürlich, sich im Vorfeld der Wahlen Vorteile zu sichern. Wenn auch die sogenannte heiße Phase des Wahlkampfes erst in drei Wochen beginnt, so denken alle Parteien doch schon jetzt an nichts anderes ...

vorfühlen: bei jm. **vorfühlen** *ugs* · to put out feelers about s.th., to sound s.o. out about s.th., to make tentative enquiries about s.th.

Könntest du bei eurem Institutsleiter nicht mal vorfühlen, ob nach den Semesterferien neue Hilfskräfte gebraucht werden? – Wenn sich eine Gelegenheit ergibt, will ich gern mal nachfragen – obwohl das vorsichtig passieren muß.

vorführen: jn. regelrecht/... **vorführen** *Neol ugs* · to show s.o. up, to run rings round s.o.

... Herrlich war das, ganz einfach herrlich, wie der Siebert in der Diskussion den Minister immer stärker in Widersprüche verwickelte, so daß schließlich auch dem Dümmsten klarwerden mußte, daß er die Bevölkerung monatelang getäuscht hatte! Er hat den Mann (da vor versammelter Mannschaft) regelrecht vorgeführt.

Vorgefühl: im Vorgefühl des/seines Glücks/der kommenden Ereignisse/... *form* – *path* · in anticipation of his victory/success/...

(Während einer Wahlkampagne:) Im Vorgefühl seines (sicheren) Sieges verteilt der Kanzler bereits Ministerposten! – Er mag ja Recht haben mit seiner Annahme; aber so sicher, wie er meint, scheint mir sein Sieg nicht.

vorgehen: gegen jn./etw. **gerichtlich vorgehen** *form* · to sue s. o., to take legal action against s. o.

... Wenn die den dauernden Lärm absolut nicht einstellen wollen, müssen wir halt gerichtlich gegen sie vorgehen! – Du wirst doch gegen die Schlüter keinen Prozeß anstrengen, Vater!

Vorgeschmack: jm. **einen Vorgeschmack von** etw. **geben** · to give s. o. a foretaste of s. th.

... Die scharfe, frostige Unterhaltung heute hat uns einen Vorgeschmack davon gegeben, wie es auf der nächsten Sitzung zugehen wird, auf der die entgegengesetzten Interessen voll aufeinandertreffen. Das war heute eine kleine Kostprobe!

vorgestern: Ideen/Anschauungen/... **von vorgestern** *ugs* · old-fashioned views/ideas/..., antiquated/outmoded/... views/ideas/...

... Und warum soll der Rolf dem Baby nicht mal die Flasche geben?! Das sind doch Anschauungen von vorgestern!

Vorhaben: ein ehrgeiziges Vorhaben sein · it/s. th. is an ambitious/... project, it/s. th. is an ambitious/... scheme/plan/...

... Eine Firma dieser Größenordnung von Grund auf zu modernisieren – das ist ein ehrgeiziges Vorhaben! Ich kann dem Herrn Breisig nur von ganzem Herzen einen vollen Erfolg wünschen.

vorhaben: etwas/viel/allerhand/nicht viel/... **vorhaben** (mit jm./etw.) · 1. 2. to plan to do s. th., 3. to have s. th./a lot/not much/... planned, to have s. th./a lot/not much/... on, to have s. th./a lot/not much/... lined up, 4. to have plans for s. o./s. th., to have s. th. in mind for s. o./s. th.

1. Hältst du auch einen Vortrag auf dem Kongreß, Karl? – Das hatte ich eigentlich nicht vor. – Und warum (willst du das) nicht?

2. ... Wenn du sowieso vorhast, nach Köln zu fahren, dann kannst du nur kurz in Bonn vorbeifahren und ... – Und wer sagt dir, daß ich beabsichtige, nach Köln zu fahren?

3. ... Und was machst du Sonntag? – Sonntag habe ich gar nichts vor; Sonntag bleib' ich zu Hause und ruh' mich aus.

4. vgl. – mit jm./etw. wenig/viel/nicht viel/... noch etwas/... im **Sinn** haben (2)

vorhalten: jm. Fehler/Dummheiten/... **vorhalten** · to reproach s. o. for s. th., to rebuke s. o. for s. th.

... Natürlich war meine Entscheidung falsch! Grundfalsch sogar! Aber der Paul ist der letzte, der das Recht hätte, mir das vorzuhalten; denn gerade er hat mich doch zuerst zu dieser Entscheidung gedrängt.

Vorhaltungen: jm. **Vorhaltungen machen** *form* · to reproach s. o. for s. th., to rebuke s. o. for s. th., to remonstrate with s. o. about s. th.

... Der Humbert hat dir Vorhaltungen wegen deines Lebenswandels gemacht? – Ja. Er meint, ich müßte mehr arbeiten, mehr schlafen, dürfte weniger ausgehen, weniger trinken ...

Vorhand: (die) Vorhand haben *Skat u. ä.* · to have the lead, to lead

(Beim Skatspiel:) Wer hat Vorhand jetzt? – Karl! Du gibst, Erich, und Karl spielt auf.

(mit) Vorhand spielen *Tennis/Tischtennis* · to play forehand

... Du darfst den Herbert nicht Vorhand spielen lassen! Da ist er sehr stark; dann schmettert er jeden zweiten Ball. – Aber es ist einfach langweilig, immer nur in die linke Ecke zu spielen.

vorhanden: vorhanden sein *form* · to be in stock/available, + to have s. th. in stock/available

... Wenn noch gut 100 Ersatzteile vorhanden sind, brauchen wir keine neuen zu bestellen. Erst wenn wir nur noch um die 20, 25 haben, wird das nötig.

Vorhang: der eiserne Vorhang *Pol* · the Iron Curtain

Seit wann nennt man die Grenze zwischen den sozialistischen Ländern und Westeuropa eigentlich den eisernen Vorhang?

vor den Vorhang treten *Theater* · to come out in front of the curtain, to take a curtain call

(Nach einer Aufführung:) Nicht nur der Börner, auch der Kallmeyer hätte am Ende zum Applaus vor den Vorhang treten müssen. Er hat doch bestimmt nicht schlechter gespielt.

vorher: genau so weit wie vorher sein *ugs* – genau so **weit** wie vorher sein · to be no better off than one was before, to have got no further than one was before

vorhinein: im vorhinein *selten* – ≠ im **nachhinein** · from the outset/the beginning/the start

vorigen: wie im vorigen erwähnt/schon gesagt/... *form veraltend selten* · as mentioned/... above

(Aus einer soziologischen Arbeit:) Und dann sind noch, wie im vorigen (Ende Kap. IV, Anfang dieses Kap.) bereits ausgeführt, die Generationskonflikte zu berücksichtigen, die ...

vorkauen: jm. etw. **vorkauen** *ugs* · to spell s. th. out for s. o., to spoon-feed s. o.

Wenn man dem Wolfgang nicht alles vorkaut, alles bis in die letzten Einzelheiten erklärt, dann weiß er nicht, wie er die Arbeiten anzupacken hat.

Vorkehrungen: Vorkehrungen treffen (für etw.) *form* · 1. to make arrangements, 2. to take precautions against s. th. happening

1. Ich muß noch einige Vorkehrungen treffen, damit auf dem Kongreß nichts schiefläuft. Ich komme also heute nicht zum Mittagessen, Hilde. – Hast du da immer noch nicht genügend vorbereitet?

2. ... Was kann man schon gegen eine allgemeine Wirtschaftskrise für Vorkehrungen treffen? Dagegen kann man sich im Grund nicht schützen. – Das würde ich nicht sagen. Du kannst dir private Rücklagen verschaffen, auf berufliche Sicherheit besonderen Wert legen ...

vorknöpfen: sich jn. **vorknöpfen** *ugs* · 1. to give s. o. a good/proper/... talking-to, to take s. o. to task, to put s. o. on the carpet, 2. I/we/... will have to give him/that fellow/... a piece of my/... mind

1. Der Willy ist jetzt so fleißig! – Sein Vater hat ihn sich vorgeknöpft. Es dauert lange, bis der Alte etwas sagt; abert wenn er loslegt, dann wackeln die Wände.

2. vgl. – die/den Burschen/... werd'/werde ich mir (mal) **kaufen**/werden wir uns .../mußt du dir .../müßt ihr euch ...

vorkommen: jm. **böhmisch vorkommen** *ugs selten* – jm. spanisch **vorkommen** · it/that/s. th. seems odd to me/...

jm. **nicht (ganz) geheuer vorkommen**/(sein) *ugs* · 1. s. o./s. th. doesn't seem one hundred per cent kosher to s. o., + s. o. feels/... there is something weird/dodgy/funny/strange/... about s. o./s. th., 2. + to feel uneasy about s. th. n, + to think/... that s. th. is strange/odd/weird/..., 3. to seem suspect to s. o., to seem weird/strange/odd/... to s. o.

1. ... Mit diesem Herrn Bender würde ich keine Geschäfte machen. Ich kann mir nicht helfen, er kommt mir nicht ganz geheuer vor. – Meine Mutter meint auch, bei dem Mann stimmt etwas nicht.

2. ... Dieses Geschäft kommt mir nicht geheuer vor. Da würde ich meine Finger heraushalten. – Ich sehe da absolut nichts Zwielichtiges oder gar Anrüchiges.

3. ... Seine übertriebene Höflichkeit kam meiner Schwester nicht geheuer vor. Was mochte nur dahinterstecken?

sich (ganz) klein und häßlich vorkommen *ugs* · 1. 2. to feel shabby in comparison with s. o.

1. ... Wenn man diese Pracht hier sieht, die Eleganz in der Kleidung, den ganzen Lebensstil, den diese Leute pflegen, kommt man sich ganz klein und häßlich vor! – Nun tu mal nicht so, Adalbert! Du lebst doch wahrhaftig nicht bescheiden.

2. (Ein junger Architekt:) Stell' dir vor, da komme ich in die 'Krone' und höre da zwei unserer Starachitekten bei einer lebhaften Unterhaltung über das Schwimmbad, das ich hier gebaut habe. Der eine meint, der Stein wäre falsch gewählt, der andere, die Proportionen

stimmten nicht; schließlich sprachen sie dem Ganzen noch die ästhetische Dimension ab. Ich kam mir ganz klein und häßlich vor.

jm. **spanisch vorkommen** *ugs* · it/that/s.th. seems odd to me/... *n*

... Der Preis, der hier angeschlagen ist, soll veraltet sein? Das kommt mir spanisch vor! Seit wann stehen denn in einem Kaufhaus auf den Artikeln veraltete Preise? Da stimmt doch was nicht!

jm. **verdächtig vorkommen** · 1. 2. to seem suspicious to s.o., 1. 2. 3. to seem suspect to s.o., 3. to seem weird/strange/odd/... to s.o.

1. ... Dieser Mann kommt mir verdächtig vor ... – Du meinst, er hat Dreck am Stecken? – Ich will nichts behaupten. Aber es würde mich nicht wundern, wenn er etwas auf dem Kerbholz hätte.

2. ... Ob mir der Dieter das Geld gestohlen hat? Es kommt mir jedenfalls verdächtig vor, daß er seit einigen Wochen so viel/oft ausgeht. Das tat er früher nie. Und er spricht auch kaum noch mit mir ...

3. vgl. – jm. nicht (ganz) geheuer **vorkommen**/(sein) (3; a. 1, 2)

sich (ganz/...) **wichtig vorkommen** *ugs* · to be getting too big for one's boots, to fancy o.s., to think one is it

(In einem Universitätsinstitut; die Sekretärin zum Ordinarius:) Der Herr Dr. Kruse hat hier überhaupt gar nichts anzuordnen! Seitdem der seinen Vertrag als Assistent hat, kommt er sich offensichtlich ungeheuer wichtig vor. Ich werd' mit dem Mann mal reden.

jm. **(so) vorkommen, als ob**/wenn ... – j./etw. **kommt** jm. (so) vor, als ob/wenn ... · + to get the impression that ..., it seems to me/him/... that ...

Vorlage: 1.000,– Mark/... **in Vorlage bringen** *kaufm selten* · to make a down payment of DM 1,000/..., to make an advance payment of DM 1,000/...

(Ein Makler zu einem Kunden:) Offiziell ist die Etage zwar noch nicht verkauft, aber ein Interessent hat bereits 20.000,– Mark in Vorlage gebracht. Das ist für uns bindend.

in Vorlage treten *kaufm selten* · to make a down payment, to make an advance payment

(Ein Makler zu einem Kunden:) Die einzige Möglichkeit, sich die Etage zu sichern, wäre, ich sage wir 15 – 20.000,– Mark in Vorlage zu treten. Eine solche Vorauszahlung wäre für beide Seiten bindend.

vorlassen: jn. **vorlassen** – jm. den **Vortritt** lassen · to let s.o. go first

Vorliebe: etw. **mit Vorliebe tun** *oft liebevoll* – *krit* · to be particularly/especially/... fond of doing s.th., to particularly like doing s.th.

Wenn der Karl nicht wenigstens ein Mal in der Woche im Kino war, fühlt er sich unglücklich, und mit Vorliebe guckt er sich Wildwestfilme an; daran kann er sich offenbar gar nicht sattsehen.

(vielleicht) **eine Vorliebe haben für** jn./etw. · 1. to have a soft spot for s.o./s.th., to have a predilection for s.o./s.th., to be partial to s.o./s.th., 2. to be very/... fond of s.th., to be very/... keen on s.th., to particularly like (doing) s.th.

1. Die neue Freundin, die der Peter hat, ist wieder so jung, nicht? – Ja, der Mann hat eine Vorliebe für kleine Mädchen, das ist direkt köstlich.

2. Unsere Berta hat eine Vorliebe für den Wintersport, die ich mir gar nicht erklären kann! Niemand sonst in unserer Familie macht im Winter Urlaub. Aber Berta erklärt jedes Jahr von neuem, Skifahren, das wäre für sie das Richtige.

vorliebnehmen: mit jm./etw. **vorliebnehmen (müssen)** *form* – *iron* · to (have to) make do with s.o./s.th.

... Wenn du keine anderen Leute findest, mußt du halt mit ungelernten Arbeitern vorliebnehmen. Da ist nun einmal nichts zu machen.

vormachen: jm. **etwas**/allerhand/viel/nichts/... **vormachen (können)** *ugs* · 1. to (try to/...) fool s.o., to try it on, to (try to/...) kid s.o., 2. to pull that one on s.o., + (not) to let s.o. fool/kid/... one, 3. to think/... one can fool/kid s.o., to think/... one can pull the wool over s.o.'s eyes

1. Stimmt es, daß die Betti Chefsekretärin bei Siemens geworden ist? – Ach, sie macht dir mal wieder etwas vor. Hast du das etwa geglaubt?

2. Stimmt es, daß die Betti Chefsekretärin bei Siemens geworden ist? – Ach, laß dir doch nichts vormachen! Eine Schreibkraft dritter Ordnung kann sie da sein. Aber Chefsekretärin! ...

3. ... Glaubst du etwa, du kannst mir etwas vormachen?! Ich durchschaue doch noch, was wahr ist und was nicht! Da kannst du so lange lügen, färben, bluffen, wie du willst!

in etw. kann jm. **niemand**/keiner/... **etwas**/was **vormachen** *ugs* · in maths/... no one is better than s.o., in maths/... no one can teach s.o. anything

... In Sprachen ist der Albert nicht sonderlich begabt, das gebe ich zu, aber in Mathematik kann ihm keiner etwas vormachen; da ist er bei weitem der Beste der Klasse.

sich **etwas**/allerhand/viel/einiges/nichts/... **vormachen** *ugs* · 1. 2. to delude o.s., 1. to kid o.s., 2. to kid o.s., 3. s.o. sees things as they really are, s.o. is nobody's fool, + there are no flies on s.o.

1. Der Peter meint, bei der Kandidatur um den Direktorenposten hätte er durchaus eine Chance. – Der macht sich allerhand vor. Er hält sich offensichtlich für einen großen Kaufmann ...

2. ... Es hat nicht viel Sinn, uns Illusionen zu machen, Christa: der Junge ist wirklich nicht sehr begabt. Was sollen wir uns da etwas vormachen?

3. ... Nein, der Chef macht sich nichts vor. Der nicht! Wenn einer die Dinge nüchtern und realistisch sieht, dann der!

sich **selbst etwas**/allerhand/viel/einiges/nichts/... **vormachen** *ugs* · 1. 2. to fool o.s., to delude o.s., to kid o.s.

1. vgl. – sich (selbst) was/(etwas)/allerhand/... in die **Tasche** lügen/ sich in die eigene ...

2. vgl. – sich etwas/allerhand/viel/einiges/nichts/... **vormachen** (2)

Vormarsch: auf dem/im **Vormarsch** sein (auf ...) · 1. to be on the advance, to be advancing, 2. to gain/to be gaining ground

1. (Aus einem Heeresbericht:) Unsere Truppen haben den Ring, den die feindlichen Armeen um die Hauptstadt gelegt hatten, durchbrochen und sind jetzt auf dem Vormarsch auf Bagdad. Sie werden diese Stadt in spätestens drei, vier Tagen erreicht haben. ... *Truppen*

2. Trotz einer groß angelegten Impfaktion ist die Cholera in Peru weiter auf dem Vormarsch.

Vormund: ich brauche/er/der Karl braucht/... **keinen Vormund** *ugs* · I/he/Peter/... don't/... need anyone to tell me/him/... what to do/what to say/..., I/he/Peter/... don't/... need anyone to tell me/him/... what to do/to give me/... orders/...

(Nachdem der Vater den älteren Sohn gefragt hat, wer die Scheibe kaputtgemacht hat, fragt er den jüngeren; es antwortet aber der ältere:) Wie ich schon sagte, der Franzl ... – Laß den Franzl doch selber reden, verdammt nochmal! Der braucht doch keinen Vormund. Also, Franzl, wie war das? ...

Vormundschaft: über jn. die **Vormundschaft haben** *jur* · to take over the guardianship of s.o.

... Wer hat denn seit dem Tod der Eltern über die noch minderjährigen Kinder die Vormundschaft? – Ich glaube, ein Onkel, Bruder der Mutter, hat die übernommen.

(für jn.) die **Vormundschaft führen** *jur selten* · to take over the guardianship (of s.o.)

Wenn dem Bruder der Mutter vom Gericht nach dem Tod der Eltern die Vormundschaft über die noch minderjährigen Kinder zugesprochen wurde, muß er diese Funktion doch auch wahrnehmen! Oder kann jemand anders für ihn die Vormundschaft führen? Ich verstehe in dieser Familie überhaupt nichts mehr.

unter Vormundschaft stehen *jur* · 1. to be in ward, to be under guardianship, 2. to be a ward of court, to be legally incompetent

1. ... Denk' daran, wenn ihr die Erbschaftssache regeln wollt, daß der jüngste Sohn, Albert, minderjährig ist und unter Vormundschaft steht. – Wer ist denn der Vormund? – Ein Onkel von ihm, Herr Paul Bode. – Schon lange? – Seitdem seine Eltern tot sind.

2. ... Das kann Frau Rainers gar nicht für sich selbst entscheiden. Sie wissen wahrscheinlich nicht, daß sie unter Vormundschaft steht? Sie wurde im letzten Jahr vom Gericht wegen Geistesgestörtheit entmündigt.

jn. **unter Vormundschaft stellen** *jur* · 1. 2. to make s.o. a ward of court, 1. to put s.o. under guardianship, 2. to declare s.o. legally incompetent

1. ... Wer sorgt denn für den Jungen, nachdem jetzt auch die Mutter verstorben ist? – Ein Onkel von ihm – privat; gesetzlich ist noch gar nichts geregelt. – Man hat ihn also noch nicht unter Vormundschaft gestellt?

2. ... Wenn die Frau in der Tat geistesgestört ist und ein Haus nach dem andern zu Schleuderpreisen verkaufen will, dann muß man sie unter Vormundschaft stellen. Anders geht es doch gar nicht!

vorn(e): (nochmal/noch einmal/...) **von vorn(e) anfangen/...** · 1. 2. to start from scratch, to start all over again

1. Die ganze Seite ist voller Fehler. Das kann unmöglich so bleiben. Ich würde deshalb vorschlagen: ihr fangt mit der ganzen Übersetzung nochmal von vorne an. – Das Ganze noch einmal?

2. ... Komm', Christina, wir vergessen, was gewesen ist, und fangen nochmal von vorne an.

von vorn(e) bis hinten falsch/Unsinn/gelogen/... sein *ugs* · 1. it/the trial is a farce from start to finish, 2. s.th./it is a pack of lies from A to Z

1. ... Dieser ganze Prozeß ist von vorn(e) bis hinten Unsinn. Nicht nur formal gibt es die größten Mängel, schon die Anklageschrift ist völlig haltlos. Das Ganze ist eine Farce.

2. Das ist doch von vorn(e) bis hinten gelogen! Als wenn er auch nur ein einziges Wort von dem, was er da erzählt, selber glaubte!

vorn(e) und hinten nicht/nicht vorn(e) und nicht hinten **reichen/**langen/... *ugs* · it/s.th. is nowhere near enough, it/ s.th. is nothing like enough

Bei den Ausgaben, die wir mit den Kindern haben, reicht mein Gehalt vorne und hinten nicht. Wenn wir nicht noch Nebeneinkünfte hätten und die Elfriede nicht auch noch arbeitete, könnten wir nicht einmal die laufenden Unkosten bezahlen.

vorn(e) und hinten falsch/Unsinn/gelogen/... **sein** *ugs* – von **vorn(e)** bis hinten falsch/Unsinn/gelogen/... sein · it/the trial is a farce from start to finish, s.th./it is a pack of lies from A to Z

etw. **von vorn(e) bis hinten lesen/**studieren/durcharbeiten/ (beherrschen/...) *ugs* · to read/to study/... s.th. from beginning to end/from A to Z/from cover to cover/...

Hast du das Buch richtig durchgelesen oder nur so angelesen? – Von wegen, angelesen! Ich habe den ganzen Schmöker von vorne bis hinten durchgearbeitet, Seite für Seite!

sich jn./etw. **von vorn(e) und hinten anschauen/**begucken/ angucken/... – sich jn./etw. von vorn(e) und hinten **ansehen** · to look s.o./s.th. over carefully

vorn(e) und hinten nichts haben *ugs selten* · not to have a penny to one's name

... Ausgerechnet den Bert Kramer hast du um Unterstützung gebeten? Der hat doch selbst vorne und hinten nichts. Bei dem Brand vor zwei Jahren hat er alles verloren; er weiß kaum, wie er sich über Wasser halten soll.

vornean: immer vornean sein *ugs selten* · to be always ahead n, to be always in front n

(Auf einer Wanderung:) Guck' dir den alten Herrn Vorweg an: (der ist) immer vornean! – Das ist ein alter Wanderer. Wenn er nicht ganz vorn (an der Spitze) marschiert, ist er nicht zufrieden.

vorneherein: von vornherein etw. tun/sagen/behaupten/... · 1. 2. to say/... s.th. from the start, to say/... s.th. from the outset

1. ... Die Margot ist ja doch gemütlich, verdammt nochmal! – Ich habe dir ja von vornherein gesagt, du solltest sie nicht als Sekretärin einstellen. Aber du wolltest ja nicht hören. Jetzt ist es zu spät.

2. ... Wenn ihr von vornherein sagt, das wird nichts/daraus wird nichts, dann brauchen wir ja gar nicht erst anzufangen. Laßt uns doch erstmal Erfahrungen sammeln, ehe wir (solche) Urteile fällen!

vornehmen: jn. vornehmen · to serve s.o. first, to serve s.o. before others

(In einer Schlange; ein Herr zu der Verkäuferin:) Ich weiß nicht, warum sie die Dame (hinter mir) vornehmen wollen; wir haben es alle eilig. Einer nach dem andern!

sich viel/wenig/nichts/zu viel/... **vornehmen** · 1. to plan s.th., to plan to do s.th., 2. to plan/to be planning to do s.th./a lot/..., to take something/a lot/... on

1. Nimm dir für morgen abend nichts vor, Albert; morgen sind wir bei Rolebers eingeladen. – Ich weiß; ich halte mir den Abend frei.

2. ... In den Ferien werde ich Französisch nachlernen, eine Seminararbeit vorbereiten und mich in Italienisch in Form bringen. – Da hast du dir ja allerhand vorgenommen!

sich jn. **vornehmen** *ugs* · 1. 2. to (have to) have a serious word with s.o., to (have to) give s.o. a good talking-to

1. vgl. – die/den Burschen/... werd'/werde ich mir (mal) **kaufen/**werden wir uns .../mußt du dir .../müßt ihr euch ...

2. vgl. – sich jn. **vorknöpfen** (1)

vorneweg: immer vorneweg sein *ugs* – immer **vornean** sein · to be always ahead, to be always at the front

vornüber: vornüber fallen/... *form* · to fall forwards

... So vornüber die Mauer herunterzustürzen ist natürlich kein Vergnügen; aber nach hinten wäre noch viel schlimmer gewesen – bei dem tiefen Abhang! – Aber so mit dem Kopf nach unten ... – er hätte tot sein können!

vornweg: vornweg laufen/... *form selten* · to walk on/... ahead, to walk/... in front, to walk/... at the front

... Wenn der Schröder als Gruppenleiter auf dieser Wanderung wieder unbedingt vornweg gehen und das Tempo angeben will, legen wir mal einen scharfen Schritt vor. Mal sehen, wie lange es ihm dann Spaß macht, den Verein anzuführen.

vorpreschen: zu weit/... **vorpreschen** *ugs* · to plunge headlong into s.th., to rush forward, to rush into things, to rush things

(Zu einem Abgeordneten der Opposition:) Wenn die Nahostpolitik der Regierung in der Parlamentsdebatte in allgemeiner Form kritisiert wird, reicht das. Es ist nicht ratsam, bei dem augenblicklichen Stand der Verhandlungen zu weit vorzupreschen. Die Dinge können sich schon bald wieder ändern! Kein Schritt weiter als unbedingt nötig (um der Regierung eins auszuwischen)!

Vorrang: (für jn.) **den Vorrang haben** (vor etw.) · to take precedence (over s.th.) (for s.o.), to come first (for s.o.), to have priority (for s.o.)

(Zwei Deutschlehrer:) Was liest man, was liest man nicht – die Entscheidung fällt mir immer schwerer. – Für mich hat nach wie vor die klassische Literatur Vorrang. Da werden die wesentlichen Themen der europäischen Geistesgeschichte paradigmatisch behandelt. Alle anderen Epochen – auch unsere – kommen erst danach – so wichtig sie im einzelnen auch sein mögen.

jm./e-r S. **den Vorrang geben** · 1. to rate s.o. more highly than s.o., to give s.o. precedence over s.o., 2. to give s.th. priority, to consider s.th. more important

1. ... Das mußt du selbst wissen, für wen du dich entscheidest. Das kommt darauf an, wem du fachlich den Vorrang gibst. – Fachlich ist der Herr Pott zweifellos besser. ...

2. ... Welche Sprache man mehr lernen soll, das ist so eine Frage; es kommt darauf an, was man lieber hat. – Das meine ich nicht! Das ist keine Frage persönlicher Liebhaberei; es kommt darauf an, welcher man aus sachlichen Erwägungen heraus den Vorrang gibt.

jm. **den Vorrang lassen** · to let s.o. take precedence

... Als wenn es eine Schande wäre, einem alten verdienten Professor in der Institutshierarchie den Vorrang zu lassen! Der Alfons meint, er müßte immer und überall der erste sein!

jm. **den Vorrang streitig machen (wollen)** · to challenge s.o.'s supremacy, to challenge s.o.'s pre-eminence

... Leider will in diesem Institut ständig der eine dem andern den Vorrang streitig machen! Als wenn es auf die offizielle Hierarchie und nicht auf die wissenschaftliche Leistung ankäme!

Vorrangstellung: eine Vorrangstellung einnehmen/innehaben *form* · to be pre-eminent, to be supreme

Früher galt in Europa Französisch als die wichtigste Sprache; wer etwas werden wollte, mußte französisch sprechen (können). Heute nimmt Englisch eine Vorrangstellung ein.

Vorrat: etw. **auf Vorrat haben** · to have a stock of s.th., to have s.th. in stock

Warum kaufst du denn sofort zehn Schreibblöcke, wenn du nur zwei brauchst? – Ich habe gern ein paar auf Vorrat. Manchmal gibt es plötzlich ganz viel Arbeit; dann brauch' ich nicht erst herumzulaufen, um welche zu kaufen.

etw. **auf Vorrat kaufen/anschaffen/anlegen/...** · to stock up with s.th., to lay s.th. in stocks, to lay in supplies of s.th.

Hast du immer noch Wein von 1974? – Ja, ich habe damals auf Vorrat gekauft. – Wohl für zwanzig Jahre, was?

vorrätig: vorrätig sein *form* – **vorhanden** sein · to be available

etw. **vorrätig haben** *form* · to have s.th. in stock

... Solange wir noch Dutzende von Ersatzteilen vorrätig haben, werden keine neuen gekauft! Erst, wenn nur noch wenige da sind!

vorrechnen: jm. seine Fehler/Dummheiten/Untaten/... **vorrechnen** *ugs* · to enumerate s.o.'s mistakes/... to s.o. *n*, to spell out s.o.'s mistakes/... to s.o.

... Du bist gerade der Richtige, mir die Fehler, die ich bei dem Geschäft gemacht habe, in dieser kleinlichen Weise vorzurechnen! Wenn ich dir gegenüber genauso verfahren würde, könnte ich dir bis heute abend ein Sündenregister vorhalten.

Vorrede: sich (nicht lange) bei der Vorrede aufhalten *ugs* – sich (nicht lange) bei den **Präliminarien** aufhalten · not to waste time on preliminary remarks, to keep the introduction short

Vorreiter: (für jn./etw.) den Vorreiter machen *ugs* · 1. to lead the way, to be the first to do s.th., to be at the forefront, 2. to go first, to show s.o. how to do s.th.

1. ... In allen wesentlichen Neuerungen hat er Schuckert den Vorreiter gemacht. Nicht nur hinsichtlich des Maschineneinsatzes, auch in der Organisation des Ein- und Verkaufs hat er moderne Maßstäbe eingeführt, bevor die anderen an so etwas wie 'Marketing' dachten.
2. (Der Leiter einer Turnriege:) Wer probiert das neue Reck denn nun als erster/zuerst? (Schweigen ...) Na, wenn keiner von euch will, mach' ich selbst den Vorreiter. *seltener*

vorsagen: (jm. etw.) **vorsagen** *Schule ugs* · to whisper the answer to s.o. *n*, to prompt s.o. *n*

(Der Lehrer, der Vokabeln abfragt:) Wenn ich jetzt noch einen einzigen (von euch) vorsagen höre oder sehe, bekommt die ganze Klasse eine saftige Übungsarbeit. Ich will die Vokabeln von dem hören, den ich aufgerufen habe – und nicht von irgendeinem andern.

Vorsatz: einen Vorsatz/gute Vorsätze fassen *form* · to make a resolution to do s.th., to resolve to do s.th.

... Wenn der Rudi den Vorsatz gefaßt hat, weniger Bier zu trinken, dann ist das doch nur in Ordnung! Was soll denn dieser dauernde Versuch, ihn zum Saufen zu animieren?! Besser würdest du dir auch selbst vornehmen, weniger zu trinken! ·

Vorschein: etw. zum Vorschein bringen · 1. to produce s.th., 2. to bring s.th. to light

1. ... Verschmitzt griff der Onkel in die Tasche und brachte eine Tafel Schokolade zum Vorschein. »Ah!«, schrien die Kinder, »ich ...!«
2. ... Die Diskussion gestern brachte einige Charaktermängel zum Vorschein, die wir bei der Bettina gar nicht vermutet hätten: eine gewisse Unehrlichkeit, Neid ...

zum Vorschein kommen · 1. to appear, to come through, to show through, 2. to come to light

1. ... Nein, der Regen dauert nicht lange. Schau, da oben hinter den Wolken kommt schon die Sonne wieder zum Vorschein.
2. ... Bei der Diskussion gestern kamen doch einige Charaktermängel zum Vorschein, die die Bettina besser verborgen gehalten hätte. Eine gewisse Unehrlichkeit, Neid ...

vorschieben: jn./etw. **vorschieben** *ugs* · 1. to use s.o. as a mouthpiece, to get s.o. to plead one's case, 2. to use s.th. as a pretext/excuse/... *n*

1. (Ein Vater zu seinen Kindern:) Wenn der Klaus in den Ferien nach Frankreich fahren will, kann er mich selbst fragen! Da braucht er nicht die Ursel vorzuschieben!

2. ... Der Peter muß immer einen Grund vorschieben, warum er gerade nicht helfen kann! Als wenn man das nicht durchschaute. Der einzige echte Grund ist der, daß er nicht helfen will.

vorschießen: jm. etw. **vorschießen** *ugs* · to advance s.o. money *n*, to give s.o. an advance, to give s.o. a sub

... Wenn die Firma mir einen Teil meines Gehaltes vom nächsten Monat (schon jetzt) vorschießen könnte, könnten wir das Auto vielleicht kaufen, ohne einen Kredit aufnehmen zu müssen. – Meinst du, die lassen sich zu einem Vorschuß bewegen?

Vorschlag: jn./etw. **in Vorschlag bringen** *form veraltend selten* · to propose s.th., to make a proposal

... Ich weiß, daß der Herr Schaub einen neuen Sachbearbeiter und mehrere organisatorische Änderungen in Vorschlag gebracht hat, weil die Abteilung mit der Arbeit nicht durchkommt. Ich weiß aber nicht, ob die Geschäftsleitung diesen Vorschlag akzeptiert.

(jm.) **ein(en) Vorschlag zur Güte** (machen) · (to make/...) a conciliatory proposal

(Ein Firmenchef zu seinem Anwalt:) Ein letzter Vorschlag zur Güte: Herr Böttcher bezahlt die Hälfte der Lieferung sofort und die andere Hälfte erst in einem Jahr. Wenn er auch auf diesen Vorschlag nicht eingeht, müssen wir wohl oder übel die Gerichte bemühen.

vorschreiben: sich (von jm.) (natürlich/...) **nichts vorschreiben lassen** *ugs* · not to allow s.o. to dictate to one/s.o., not to be told by s.o. *often: (of course/...) I am not going to let s.o. tell me what to do/...*

... Wenn der Otto Haubrich meint, mir einen guten Rat geben zu sollen, will ich mir gerne anhören, was er mir zu sagen hat. Aber vorschreiben laß ich mir von diesem penetranten Besserwisser natürlich nichts! Schließlich habe ich für das Projekt die Verantwortung und nicht er.

Vorschrift: Dienst/(Arbeit/...) **nach Vorschrift** *form* · to work to rule

(Von dem Flughafenpersonal:) Nein, das ist kein Streik, Herta, was die machen, das ist Dienst nach Vorschrift! – Aber das sieht aus wie ein Streik. – Sie wollen beweisen, daß alles blockiert wird/nichts läuft, wenn sie nur das tun, was in den Vorschriften steht.

sich (von jm.) (natürlich/...) **keine Vorschriften machen lassen** *ugs* – sich (von jm.) (natürlich/...) nichts **vorschreiben** lassen · not to allow s.o. to dictate to one/s.o., not to be told by s.o. *often: I am not going to let s.o. tell me what to do/...*

Vorschub: e-r S. **Vorschub leisten** (mit e-r S.) *form* · to aid and abet s.th., to encourage s.th. *n*, to promote/to favour/to foster/... s.th. *n*

Während wir uns alle erdenkliche Mühe geben, die Korrespondenz in diesem Haus endlich auf den aktuellen Stand zu bringen, leistet der Chef mit seiner Nachsicht und seinem übertriebenen Entgegenkommen der Schlamperei und Nachlässigkeit noch Vorschub!

Vorschuß: jm. **einen Vorschuß geben/(gewähren/bieten)** (auf ein Gehalt/(...)) · to give s.o. an advance (on salary/...), to give s.o. a sub *coll*

(Eine Frau zu ihrem Mann:) Könnte die Firma dir auf die nächsten zwei, drei Gehälter keinen Vorschuß geben? Dann müßten wir für den neuen Wagen gar keinen Kredit aufnehmen.

vorschweben: jm. **vorschweben** *Gedanken/Pläne/...* *ugs* · + to have s.th. in mind, + to be thinking of doing s.th.

Was hast du für den Sommerurlaub geplant? – – Mir schwebt eine Griechenlandreise vor. Mal sehen, ob Zeit und Geld dafür reichen.

Vorsehung: (mal ein wenig/...) **Vorsehung spielen** *ugs* · to play Providence

Die Ursel hat sich immer noch nicht entschlossen, sich um den Posten als Chefsekretärin bei Schuckert u. Co. zu bewerben! – Dann werde ich mal ein wenig Vorsehung spielen. Ich werde dem Herrn Schuckert, ihr einen kurzen Brief schreiben und sie fragen zu lassen, ob sie sich nicht für den Posten interessiert ... – Dann nimmt sie ihn natürlich. – Eben!

Vorsicht: zur Vorsicht etw. tun · to do s.th. just in case ..., to do s.th. as a precaution

Meinst du, es wird heute nachmittag noch regnen? – Das kann man nicht vorhersehen. Aber zur Vorsicht nehme ich jedenfalls einen Schirm mit.

Vorsicht bei der Einfahrt des Zuges! *form* · stand back please, stand back when the train approaches the platform
(Auf einem Bahnhof; die Ansage:) Auf Gleis 17 hat in Kürze Einfahrt der TEE – 'Theodor Storm', fahrplanmäßige Ankunft 15.27 Uhr, Abfahrt 15.41 Uhr. Vorsicht bei der Einfahrt des Zuges!

j./etw. ist mit Vorsicht zu genießen *ugs* · 1. to have to watch one's step with s.o., to have to treat s.o. with kid gloves, 2. 3. s.o./s.th. is bad news
1. ... Vor dem Herrn Böhlich würde ich mich in acht nehmen. Der kann sehr unangenehm werden, weißt du. – Der Paul hat mir gestern auch schon gesagt, der wäre mit Vorsicht zu genießen.
2. ... Hm, dieser Fisch, scheint mir, ist mit Vorsicht zu genießen! – Wie, riecht er schlecht? – Ganz in Ordnung scheint er mir nicht zu sein. – Dann essen wir natürlich nichts davon. *seltener*
3. vgl. – (eher:) mit jm. ist nicht gut **Kirschen** essen

Vorsicht ist die Mutter der Porzellankiste *sal* · better safe than sorry *coll*, caution is the mother of wisdom *para*
Paßt auf mit dem neuen Apparat, Kinder! Vorsicht ist die Mutter der Porzellankiste! – Keine Sorge, Mutti, wir gehen schon vorsichtig damit um; er geht schon nicht kaputt.

Vorsicht ist besser als Nachsicht *ugs* · better safe than sorry
... Besser, du nimmst einen Pullover zuviel mit als zu wenig, Christa! In den Bergen kann es sehr kalt werden. Vorsicht ist besser als Nachsicht. Wenn du nachher eine Grippe oder so hast, laborierst du wer weiß wie lange da herum. Besser, du siehst dich von vornherein vor.

Vorsicht walten lassen (in/bei/...) *form* · to practise caution (in/at/...), to be cautious/wary/... (in/at/...)
... Ja, bei Gericht würde ich Vorsicht walten lassen. Besser ein Wort zu wenig als eins zuviel! Und die Unwahrheit sollte man schon gar nicht sagen! – Du hast ja eine Angst vor dem Gericht, Ingrid!

Vorsichtsmaßregeln: Vorsichtsmaßregeln treffen *form* · to take precautionary measures
Du machst dir kein Bild, was für den Besuch von Breschnew alles für Vorsichtsmaßregeln getroffen wurden. Das geht in die Millionen, was dafür herausgeschmissen wird. – Hm! ... Stell' dir vor, da passiert was!

Vorsitz: unter dem Vorsitz von ... *form* · under the chairmanship of ...
Wenn die Sitzung unter dem Vorsitz des Firmenchefs stattgefunden hat, dürften wohl sehr wichtige Fragen behandelt worden sein; denn normale Sitzungen leitet der Alte doch sozusagen nie.

den Vorsitz haben/führen *form* · to be chair/chairman/chairwoman/chairperson/..., to chair a meeting/discussion/...
... Ich weiß nicht, wer in der Berufungskommission den Vorsitz hat ... – Die Berufungskommission leitet der jeweilige Dekan; das ist zur Zeit Prof. Möller. – Also: dann müßte man mit Herrn Möller sprechen, um ...

Vorsorge: Vorsorge (für sein Alter/...) **treffen**/(tragen) *form* · to make provisions for one's old age/...
Wenn du im Alter keine Schwierigkeiten haben willst, Paul, mußt du frühzeitig Vorsorge treffen: Versicherungen abschließen, für die Wohnung sorgen ...

Vorspiegelung: (unter) **Vorspiegelung falscher Tatsachen**/von falschen Tatsachen (versuchen .../...) *form* · (to try) (to obtain a position/...) by false pretences
... Ja, und dann hat er unter Vorspiegelung falscher Tatsachen versucht, Direktor des Instituts zu werden. – Was hat er denn behauptet/angegeben, was nicht stimmt?

vorsprechen: bei jm./(in ...) **vorsprechen** *form* · to call on s.o.
... Und wenn du mal bei Prof. Martini/(im italienischen Institut) wegen der Möglichkeit eines Stipendiums vorsprechen würdest? Vielleicht erreichst du da was. – Du hast Recht. Ich werde ihn in der nächsten Woche aufsuchen/Ich werde da mal hingehen. ...

Vorstehenden: im Vorstehenden *form* · as mentioned above *n*
Hier steht: 'wie im Vorstehenden bereits näher erläutert, hat der Antragsteller die Pflicht ...'. Wo steht das denn? Das müßte doch vorher kommen. Ich habe das gar nicht gelesen ...

vorstellen: jm. vorstellen, daß .../(jm. etw. vorstellen) *form selten* · to point out to s.o. that ..., to point s.th. out to s.o.
... Und dann stellte mir mein Vater vor, wie langwierig und wie schwer es sein würde, die Lizenz zu bekommen. – Du hattest dir davon vorher nicht die geringsten Vorstellungen gemacht, nicht? – Natürlich nicht! Als ich das alles hörte ...

nichts/etwas/(allerhand/viel/einiges/wenig/...) **vorstellen** *ugs* · 1. 2. to be someone, 1. to look the part, to be/to look/... impressive, to cut a fine figure, 2. to count for something, 3. not to look anything special, 4. to be someone (after all/...)
1. ... Nein, so einen Mann kann man doch nicht zum Begleiter der Gäste eines angesehenen Unternehmens machen! Da muß man doch etwas vorstellen! – Was willst du damit sagen? – Na, da muß man eine vernünftige Figur haben ...
2. Hat der Kurt eigentlich inzwischen eine angesehene Stellung? – Ja, der stellt etwas vor! Er ist Direktor bei Siemens.
3. vgl. – nach nichts/etwas/(einigem/wenig) **aussehen** (1)
4. vgl. – (eher:) (schließlich/...) **wer** sein

das/(etw.) **kann ich mir/**(kann er sich/...) **lebhaft vorstellen!** *ugs* · I/(he/...) can well imagine that
... Mein Vater war vielleicht sauer, als meine Schwester da gegen Mitternacht betrunken nach Hause kam! – Das kann ich mir lebhaft vorstellen! Dein Vater hat ein ganz klassisches Frauenbild; für den ist so etwas unmöglich!

das/(etw.) **muß man sich/**(muß sich j.) **mal plastisch vorstellen!** *ugs – path* · just imagine it!, just picture it!
... Drei Personen – zwei Flaschen Whisky – in weniger als 24 Stunden. Das muß man sich mal plastisch vorstellen (was das heißt)! – Das ist in der Tat eine 'Leistung'/kaum zu fassen!

sich (gar/überhaupt/einfach) **nicht vorstellen können, daß** ... · not to be able to imagine that ...
Ich kann mir gar nicht vorstellen, daß die Olga so unehrlich ist, wie der Karl behauptet! – Oh, das kann ich schon glauben. – Ich halte das für unmöglich.

vorstellig: vorstellig werden bei jm./einer Behörde/der Polizei/ Gericht/... (wegen e-r S.) *form veraltend* · to go/to come to s.o. and complain, to complain to s.o./the authorities/the police, to approach s.o.
(Zwei Polizeibeamte:) Hier ist ein Brief von einer gewissen Frau Öschker wegen eines Nachbarn, der Klavier spielt. – Ach, die kenn' ich, die ist schon x-mal bei uns vorstellig geworden. Die beschwert sich dauernd. Mal über Klavierspiel, mal über Hundegebell ...

Vorstellung: keine Vorstellung! *ugs selten* – keine **Idee!** · no idea!

eine/keine **Vorstellung haben, wie** etw. ist/.../**von** etw./(jm.) · 1. 2. (not) to have an idea of s.th., (not) to be able to picture s.th., (not) to be able to form an idea of s.th.
1. Hast du eine Vorstellung (davon), wie so eine Bergbesteigung vor sich geht? – Nein! Ich kenne sie weder aus eigener Anschauung noch aus Filmen, Zeitschriften usw. Ich habe also gar keine/mache mir also gar keine Vorstellung.
2. ... Haben Sie eine Vorstellung von der Lichtqualität des Raums? – Nein. Ich kann Ihnen dazu gar nichts sagen.

nur eine schattenhafte Vorstellung von etw. **haben** · to have only a vague/shadowy/... notion/idea/... of s.th.
... An sich kenne ich mich in der französischen Geschichte ganz gut aus. Aber vom 13. Jahrhundert habe ich in der Tat nur eine schattenhafte Vorstellung.

eine kümmerliche/triste/(traurige/...) **Vorstellung geben** *ugs* · to put up a poor/sad/... performance
(Zu der Frau eines Professors, der eine junge Dame aus der Nachbarschaft geprüft hat:) Na, was hat die Doris denn (im Examen) für eine Figur gemacht? – Eigentlich dürfte ich dir das ja gar nicht sagen, Mechtild! Die hat eine ziemlich triste Vorstellung gegeben. – Aber sie ist doch nicht durchgefallen?

sich eine/keine **Vorstellung machen von** etw./wie etw. ist/.../ (von jm.) · 1. to have an/no idea how/what/..., 2. not to be able to imagine *often: you can't imagine how ...*
1. ... Sie machen sich keine Vorstellung von dem Dreck, der dort auf den Straßen liegt! So dreckige Straßen hält man gar nicht für möglich.

2. ... Das war ein Rennen! Du machst dir keine Vorstellung (davon), Fritz, wie die beiden bis zum letzten Meter um den ersten Platz kämpften.

sich eine falsche/keine genaue/... **Vorstellung machen von** .../**wie**/wann/... · 1. to have no/a wrong/... idea of s.th./how/why/..., to be under a false impression of how/why/..., 2. to form an impression/a clear picture of s.th.

1. ... Man kann sich doch zur Wehr setzen, wenn man derart ungerecht behandelt wird! – Du machst dir eine falsche Vorstellung von dem Geist – oder Ungeist –, der in dieser Behörde herrscht. Da kann sich keiner beschweren. Da wird gemacht, was die da oben wollen, und aus!
2. Wenn du dir eine genaue Vorstellung davon machen willst, Klaus, wie ein Arbeiter heute lebt, dann mußt du selbst mal einige Zeit in einer Fabrik arbeiten, Kontakte aufnehmen ... Dann weißt du es, und zwar ganz genau.

jm. **Vorstellungen machen** form selten – jm. **Vorhaltungen machen** · to reproach s.o. for s.th., to rebuke s.o. for s.th., to remonstrate with s.o. about s.th.

sich falsche/keine genauen/... **Vorstellungen machen von** .../**wie**/wann/... – sich eine falsche/keine genaue/... **Vorstellung machen von** .../wie/wann/... · to have no/a wrong/... idea of s.th., not to be able to imagine s.th.

Vorstellungskraft: etw. **übersteigt die**/js. **Vorstellungskraft** form – path – etw. übersteigt das/js. **Vorstellungsvermögen** · to be beyond s.o.'s powers of imagination, to be beyond belief

Vorstellungsvermögen: etw. **übersteigt das**/js. **Vorstellungsvermögen** form – path · to be beyond s.o.'s powers of imagination, to be beyond belief

... Die Zerstörungen der Stadt übersteigen das Vorstellungsvermögen! Es wird noch lange dauern, ehe die breite Öffentlichkeit eine Ahnung von dem Ausmaß an Verwüstung und an Schrecken bekommt, die hier seit den monatelangen Bombardierungen herrschen.

Vorstoß: einen **Vorstoß machen** · 1. to go/to push/... forward, to attack, 2. to make an approach, to have a go

1. ... Das war doch kein Spiel, Mensch! Die ganze Zeit über immer nur auf Verteidigung spielen! ... – Na, so hin und wieder hat unsere Mannschaft doch auch mal einen Vorstoß gemacht ... – Ja, ja, alle 10, 15 Minuten hat sie ein Mal angegriffen ... Sport
2. Wie lange liegt unser Antrag jetzt beim Bauamt? – Etwa ein Jahr. – Dann würde ich sagen, wir machen jetzt nochmal einen Vorstoß. Vielleicht etwas massiver als damals. Mit der Drohung, wenn die Sache jetzt nicht endlich entschieden würde, übergäben wir den Fall der Presse oder dem Gericht ... ugs

Vortag: am **Vortag** form · on the day before s.th., on the eve of s.th.

... Am 30. 4. sollte die Sitzung sein; am Vortag – am 29. 4. also, als ich ihn in der Stadt traf – wußte der Herbert immer noch nicht, wie er sich entscheiden sollte.

Vortäuschung: (unter) **Vortäuschung falscher Tatsachen**/von falschen Tatsachen (versuchen .../...) form – (eher:) (unter) **Vorspiegelung** falscher Tatsachen/von falschen Tatsachen (versuchen .../...) · (to try to obtain s.th.) under false pretences

Vorteil: für jn. **(nur) von Vorteil sein** · 1. 2. to be to s.o.'s advantage, to be to s.o.'s benefit, to be advantageous for s.o.

1. ... Ich weiß nicht, ob der Weggang von dem Baumann für die Arbeiter von Vorteil ist. Das war zwar ein harter Chef; aber die Arbeit hat – und das kam jedem einzelnen zugute.
2. (Ein Institutsleiter zu Studenten:) Auch wenn es zunächst nicht so aussieht: es ist für sie alle nur von Vorteil/kann für ... sein, wenn hier härter durchgegriffen wird. Dann weiß jeder, woran er ist, das Studium wird gestrafft und die Durchfallquote wird auch niedriger.

jm. **gegenüber im Vorteil sein** · to have an advantage over s.o.

... Ganz klar, daß der Dieter in Französisch besser ist als die anderen! Er war fünf Jahre auf einer französischen Schule; da ist er den anderen gegenüber natürlich enorm im Vorteil.

das/etw./(j.) **hat den Vorteil, daß** ... · 1. 2. to have the advantage of doing/having done s.th.

1. Wenn wir erst die Übersetzung und dann die Interpretation machen, hat das den Vorteil, daß wir den Text schon sehr gut kennen, wenn wir ans Interpretieren gehen. Die eine Arbeit bereitet die andere vor.
2. ... Diesmal hat Dortmund den Vorteil, daß das Spiel vor eigenem Publikum stattfindet. – Wollen mal sehen, wie die Mannschaft den Heimvorteil nutzt.

sehr auf seinen (eigenen) Vorteil bedacht sein · to have an eye to one's own interests, to be (very much) out for one's own advantage

... Der Karlheinz ist doch ein ziemlicher Egoist, der ist in all diesen Verhandlungen eigentlich nur auf seinen Vorteil bedacht. – Solange er korrekt ist, nehme ich ihm das nicht übel; denn alle anderen denken auch in erster Linie an sich selbst.

jm./(e-r S.) **zum Vorteil gereichen** form – ≠ jm./(e-r S.) zum **Nachteil** gereichen · to be to s.o.'s advantage

etw. **zu seinem Vorteil nutzen/ausnutzen** · to turn s.th. to one's advantage, to take advantage of s.th.

Wenn der Kurt all die Beziehungen, die er hat, zu seinem Vorteil genutzt hätte, wäre er heute ein gemachter Mann. Aber er nutzt seine Chancen nicht – in keinem Lebensbereich!

sich zu seinem Vorteil verändern · to change for the better

Die Bettina hat sich sehr zu ihrem Vorteil verändert! Sie ist viel hübscher geworden, auch viel sympathischer, offener ...

einen Vorteil/Vorteile **ziehen aus** etw. · to take advantage of s.th., to benefit from s.th., to gain advantage from s.th.

... Wenn der Richard schon so lange in der Politik gearbeitet hat, dann soll er auch aus seinen Bekanntschaften und Beziehungen Vorteile ziehen/einen Vorteil ziehen! – Der macht sich seine Beziehungen schon zunutze, keine Sorge!

Vortrag: einen **Vortrag** (über etw.) **halten** · to give a lecture on s.th.

Wenn der Anton für jeden Vortrag, den er hält, um die 500,– Mark bekommt, verdient er damit wahrscheinlich fast so viel (Geld) wie mit seinem eigentlichen Gehalt. Er bekommt doch alle paar Tage von irgendeiner Universität, einem Institut oder sonst einer Organisation eine Einladung, über dies oder das Thema zu sprechen.

Vortritt: den **Vortritt haben** form · to go first

... Damen haben den Vortritt, Junge; dann kommen die Herren – und dann bist du an der Reihe!

jm. **den Vortritt lassen** form · to let s.o. go first

... Erst geht die Dame hier herein und dann du, Friedel! Älteren Leuten läßt man den Vortritt.

vorüber: **vorüber sein** · 1. 2. 3. to be over

1. ... Die herrliche Reise war vorüber, jetzt ging die Arbeit wieder an. Doch noch lange lebte sie innerlich von diesem Urlaub ...
2. vgl. – (eher:) **um** sein (2; a. 1)
3. vgl. – (eher:) **vorbei** sein (3)

vorübergegangen: Sorgen/... **sind an** jm. **nicht spurlos vorübergegangen**/(gehen ... vorüber) · cares/worries/difficulties/... have left their mark on s.o., cares/worries/... have had their effect on s.o.

... Meine Güte, wie sieht der Joseph Reichmann alt aus! – Der Tod seiner Frau, die schwere Krankheit seiner Ältesten, die finanziellen Sorgen – all das ist natürlich an ihm nicht spurlos vorübergegangen!

vorübergehen: etw. **(nur) (so) im Vorübergehen** (tun) – etw. (nur) (so) en **passant** (tun) · to do s.th. in passing

an etw. **nicht vorübergehen können** – (eher:) an jm./etw. **nicht vorbeikönnen** (2) · not to be able to avoid s.th./to get round s.th./...

eine Gelegenheit/Chance/... **vorübergehen lassen** – (eher:) eine Gelegenheit/Pläne/... **sausen** lassen · to let an opportunity/... slip

vorüberziehen: etw. (in Gedanken) **an sich vorüberziehen lassen** – etw. **Revue** passieren lassen · to bring s. th. back to mind, to go over s. th. in one's mind, to review s. th.

Vorurteilen: in Vorurteilen befangen sein *form veraltend* · to be prejudiced
… Meine Eltern lassen meine beiden Schwestern grundsätzlich nicht länger als bis zehn Uhr wegbleiben! – Und die Jungen? – Bei denen drücken sie ein Auge zu. – Ich hätte nicht gedacht, daß die noch so in Vorurteilen befangen sind. Heutzutage sind Jungen und Mädchen in den allgemeinen Fragen der Erziehung doch wohl gleich zu behandeln.

Vorwand: unter dem Vorwand … · under the pretext that …
Unter dem Vorwand, die Reise wäre für seine Eltern zu teuer, hat sich der Peter Haubach von unserer Klassenfahrt befreien lassen. – Und woher weißt du, daß ein Vorwand ist – daß es den Haubachs wirklich schwerfällt, so aufwendige Fahrten zu zahlen?

etw. **zum/(als) Vorwand nehmen** · to use s. th. as a pretext (not) to do s. th.
… Ach, der Herbert wollte im Grunde nie zu dieser Einladung gehen! Deshalb kam ihm die – sehr leichte – Erkältung gar nicht so ungelegen; er konnte sie zum Vorwand nehmen, um da nicht zu erscheinen.

vorwärts: etw. **vorwärts und rückwärts aufsagen/… können** *ugs* · to know s. th. inside out, to know s. th. backwards
(Ein Schüler zu einem Bekannten seines Vaters:) Jetzt haben wir Monate damit verbracht, die Wirtschaftsdaten Amerikas und Rußlands zu lernen! Die können wir allmählich vorwärts und rückwärts herunterleiern. Aber von China oder Südamerika hören wir kein Wort.

vorwärtsbringen: jn./etw. **vorwärtsbringen** *ugs* · 1. to bring s. o. on, to help s. o. to get on, to give s. o. a helping hand, 2. to speed s. th. up, not to get anywhere with s. th., to make progress/headway/… with s. th.
1. … Wenn du den Jungen im Leben wirklich vorwärtsbringen willst, dann schick' ihn eine Zeitlang ins Ausland! Nichts fördert einen begabten jungen Menschen so wie ein Auslandsaufenthalt.
2. … In den letzten Monaten habe ich die Modernisierung der Firma kein bißchen vorwärtsgebracht. Ich bin immer noch da, wo ich im Mai auch schon war.

vorwärtskommen: vorwärtskommen *ugs* · 1. to get on, 2. to make progress on/with s. th., to get somewhere/anywhere with s. th.
1. … Wenn der Junge in seinem Fach wirklich vorwärtskommen will, sollte er eine Spezialisierung in Amerika machen. Wenn er sich dazu entschließt, stehen ihm nachher hier alle Türen offen.
2. Bist du in den letzten Wochen mit deiner Übersetzung vorwärtsgekommen? – Kein Wort! Ich bin noch genau da, wo ich schon war, als wir uns das letzte Mal trafen.

Vorwissen: ohne js. **Vorwissen geschehen/… form** · to be done/… without s. o.'s knowledge
… Wenn man mich rechtzeitig informiert hätte, hätte ich versucht, eine andere Entscheidung herbeizuführen. Aber das Ganze wurde ohne mein Vorwissen in die Wege geleitet …

Vorwurf: jm. **einen Vorwurf/Vorwürfe machen** · to blame s. o., to hold s. th. against s. o., to reproach s. o.
… Wenn der Junge gar nicht wußte, daß eine Klassenarbeit geschrieben werden sollte, (dann) kannst du ihm keinen Vorwurf machen; dann konnte er nicht auf die Idee kommen, sich darauf vorzubereiten. Er hat also keine Schuld …

sich einen Vorwurf/Vorwürfe machen · to reproach o. s. for doing s. th., to blame o. s. for doing s. th.
… Natürlich ist die Versicherung teuer! Aber ich schließe sie trotzdem ab. Wenn wirklich mal etwas passieren sollte, dann mach' ich mir nachher keine Vorwürfe.

sich keinen Vorwurf/keine Vorwürfe zu machen haben – ≠ sich einen **Vorwurf/Vorwürfe machen** · to have nothing to reproach o. s. for

sich ein Thema/Motiv/einen bestimmten Stoff **zum Vorwurf nehmen** *künstl Schaffen form* · to take s. th. as the subject of a novel/play/…
… Wenn sich etwa ein Autor wie Thomas Mann ein Thema aus der Bibel zum Vorwurf nimmt – denken Sie beispielsweise an den Josephsroman –, dann zeigt das, meine Damen und Herren, wie wichtig auch noch heute die Kenntnis der Heiligen Schrift zum Verständnis der Kunst ist …

sich bittere Vorwürfe machen *path* · to reproach o. s. bitterly
… Du glaubst gar nicht, wie leid dem Jürgen das tut, daß er Christa damals so kalt und schroff behandelt hat. Er macht sich heute bittere Vorwürfe. – Das hilft der Christa wenig.

jn. **mit Vorwürfen traktieren** *ugs* · to bombard s. o. with reproaches
… Der Udo ist doch der erste, der offen zugibt, daß er in der Sache falsch entschieden hat. Aber wenn du ihn jetzt noch länger mit Vorwürfen traktierst, bringst du ihn noch dahin, daß er sagt: es war alles richtig.

Vorzeichen: ein gutes/schlechtes Vorzeichen (für etw.) sein – ein gutes/schlechtes/böses **Omen** (für etw.) sein · s. th. is a good/bad/… omen for s. th., s. th. augurs well/badly/… for s. th.

mit umgekehrtem/umgekehrten Vorzeichen · (to be the same,) only the other way round
Ob jemand ganz links oder ganz rechts ist, läuft irgendwo auf dasselbe hinaus. Der eine Extremismus ist im Grunde wie der andere – nur mit umgekehrtem Vorzeichen.

unter einem negativen/ungünstigen/(unguten)/(negativem/ungünstigem/(ungutem)) Vorzeichen stehen/(beginnen/stattfinden/…) – ≠ unter einem positiven/günstigen/(guten)/(positivem/günstigem/(gutem)) **Vorzeichen** stehen/(beginnen/stattfinden/…) · to be/… under a bad/unfavourable/… sign, to augur badly/unfavourable for s. th.

unter einem positiven/günstigen/(guten)/(positivem/günstigem/(gutem)) Vorzeichen stehen/(beginnen/stattfinden/…) *form* · to take place/to begin/… under positive/favourable/auspicious/… conditions/circumstances/…
(Zur Eröffnung eines Kongresses von Zeithistorikern:) Meine Damen und Herren, ich glaube, unser diesjähriger Kongreß steht unter einem sehr günstigen Vorzeichen. Aufgrund der entspannten politischen Großwetterlage werden in zahlreichen Ländern die Archive geöffnet; auch die ausländischen Forscher sollen zu allen Quellen Zugang bekommen … Unsere Arbeit wird also in den nächsten Jahren aller Voraussicht nach fruchtbarer und nicht zuletzt auch unter humanen Gesichtspunkten schöner sein.

vorzeigbar: (gar) **nicht vorzeigbar sein** *sal* · not to be presentable
… Nein, Junge, wenn du mit mir zu dem Kongreß gehen willst, ziehst du dich vernünftig an! In dieser Hippie-Kluft bist du doch gar nicht vorzeigbar! Glaubst du, ich habe Lust, mich deinetwegen zu schämen?!

Vorzeit: aus grauer Vorzeit stammen/… *path veraltend selten* · to come/… from the dim and distant past
… Nein, Mammute gibt es heute natürlich nicht mehr. Aber den Biologen sind sie trotzdem bestens vertraut. – Aus grauer Vorzeit? – Nicht aus dem vergangenen Jahrhundert, klar! …

in nebelhafter/grauer Vorzeit *path veraltend selten* · in the dim and distant past
… In nebelhafter Vorzeit mögen da einmal Urwälder gestanden haben, das weiß ich nicht. Aber soweit unsere gesicherten Kenntnisse gehen, war das immer eine wüstenähnliche Landschaft.

Vorzug: das/etw. hat den Vorzug, daß … – das/etw./(j.) hat den **Vorteil**, daß … (1) · + the advantage (of s. th.) is that …

jm./e-r S. **den Vorzug geben** *form* · to prefer s. o./s. th. to s. o./s. th., to give s. o./s. th. preference
(Nach zwei Vorstellungsgesprächen, ein Kommissionsmitglied zu einem anderen:) Ich weiß nicht, welchen Kandidaten Sie vorziehen, Herr Bertram: den ersten – er wirkte intelligenter, aber ein wenig

überheblich – oder den zweiten, der einen etwas bescheideneren Eindruck machte. – Ich gebe dem zweiten den Vorzug. Und Sie?

alles/etw. hat seine Vorzüge und Nachteile – (eher:) alles/etw. hat seine zwei **Seiten** · it/everything has its advantages and disadvantages, + there are pros and cons to everything

vorzuweisen: gute Noten/eine langjährige Erfahrung/... **vorzuweisen haben** · to have good/... marks/qualifications/experience/..., to possess good/... qualifications/..., to produce references/..., to demonstrate ability/...

... Wenn jemand zehn Jahre Praxis vorzuweisen hat, dürfte er einem Anfänger doch wohl vorzuziehen sein! – Abwarten! Bei diesen Universitätskommissionen ist alles möglich. Die können auch jemanden wählen, der weder praktisch noch theoretisch was Vernünftiges geleistet hat.

vorzuwerfen: sich nichts vorzuwerfen haben · to be blameless, to have nothing to reproach o.s. for

... Ganz egal, was aus dem Verfahren wird: unser Richard hat sich nichts vorzuwerfen. Er hat sich in der Firma immer völlig korrekt verhalten.

einander/sich nichts vorzuwerfen haben · one is as bad/stupid/crazy/... as the other

(Über Eheleute, die miteinander in Streit liegen:) Ach, die beiden haben sich/(einander) gar nichts vorzuwerfen! Die sind beide gleich egoistisch, gleich rabiat, gleich unehrlich. Da hat keiner ein Recht, dem anderen Vorwürfe zu machen.

Votum: sein Votum abgeben *geh – iron* · to give one's vote *n*, to decide *n*

... Und was sagt der Holger zu dem Vorschlag? – Er hat sein Votum noch nicht abgegeben. – Und wann gedenkt er sich zu äußern/wann gedenkt er, dazu Stellung zu nehmen?

vulgo: Mosius, **vulgo** Moser/Beuthaus vulgo Maier/... *lit – iron* · ... known as ... *n*, ... otherwise known as ... *n*, ... also known as ... *n*, ... aka ... *n*

Wenn ich den Prof. Kruse mit seinem X, vulgo Y höre, muß ich immer an meinen Onkel Jupp denken: 'ich darf euch hier Herrn Schulze vorstellen, bekannt unter seinem gewöhnlichen Namen Maier ...'

Vulkan: auf einem Vulkan leben *path* · to be sitting on a powder-keg, to be living on the edge of a volcano, to be dancing on the edge of a volcano

(Ein Gast in einem Land, in dem die politischen Verhältnisse äußerst gespannt sind:) Die Menschen wirken alle so bedrückt, so gespannt. Liegt etwas in der Luft? – Wir leben hier auf einem Vulkan, Klaus. Hier kann jede Minute eine Revolution ausbrechen ...

auf einem Vulkan tanzen *path* · to be sitting on a powder-keg, to be dancing on the edge of a volcano

... Diese Leute hier feiern und feiern – und dabei kann jeden Augenblick eine Revolution ausbrechen und das Land in ein Chaos stürzen. – Sie tanzen auf einem Vulkan. Und sie sind sich dessen bewußt!

Waage: 80 kg/zuviel Gewicht/... **auf die Waage bringen** *oft hyperb – iron* · to weigh in at 90/... kilos/..., to tip the scales at 90/... kilos/...

... Wenn man fast 90 Kilo auf die Waage bringt, könnte man mal langsam dafür sorgen, ein wenig abzunehmen! – Wiegt der Klaus 90 Kilo?

sich die Waage halten · 1. 2. to be (roughly/...) equal, to balance one another out, one thing counterbalances the other

1. ... Der Einfluß, den Herr Bode beim Chef hat, ist stärker als deiner? – Stärker vielleicht nicht, aber schwächer auch nicht! Unser Einfluß dürfte sich die Waage halten.

2. ... Nein, unser Herbert hat keine besonders hervortretenden Charaktermerkmale. Wie bei den meisten Menschen halten sich auch bei ihm positive und negative Eigenschaften die Waage.

die Waage neigt sich (eher/...) **zu dieser Seite/**... *form selten* · the scales are tipping in this/... direction

Was meinst du, wen wird die Kommission wählen, den Stumpf oder den Hempel? – Im Augenblick neigt sich die Waage eher zu der Seite von dem Hempel. Aber das letzte Wort ist da noch nicht gesprochen; die Stimmung kann auch wieder umschlagen.

Waagschale: (schwer/sehr/nicht/...) **in die Waagschale fallen** *selten* – (nicht) ins **Gewicht** fallen · (not) to carry (much) weight, not to cut any ice

jedes Wort/... **auf die Waagschale legen** *selten* – jedes Wort/... auf die **Goldwaage** legen · to take every word/... s.o. says too seriously/literally

seinen ganzen Einfluß/sein (ganzes) persönliches Ansehen/... **in die Waagschale werfen** (damit etw. erreicht wird/...) *path* – sein ganzes **Gewicht** in die Waagschale werfen (damit etw. erreicht wird/...) · to bring all one's influence to bear

Wache: auf Wache sein *mil o. ä.* – (eher:) **Wache** stehen (1) · to be on watch/on guard duty/on sentry duty

Wache haben *mil o. ä.* · 1. 2. to be on watch/on guard duty/on sentry duty

1. Wer hat eigentlich heute abend Wache? – Ich glaube, heute ist Peter Münch dran.

2. vgl. – (eher:) **Wache** stehen (1)

(die) **Wache beziehen** *mil o. ä. form selten* – (eher:) auf **Wache ziehen** · to go on/to mount guard

Wache halten *form* – **Wache** stehen (1; a. 2) · to be on watch/on guard duty/on sentry duty, to keep a vigil

jn. **mit auf die Wache nehmen** *Polizei* · to take s.o. (along/...) to the police station

(Zwei Polizisten zu einem Autofahrer, den sie angehalten haben:) (Es) tut uns leid:/ Wenn Sie uns jetzt nicht sofort Ihre Personalien angeben, müssen wir Sie mit auf die Wache nehmen. – Glauben Sie etwa, ich sage Ihnen auf der Wache mehr als hier?

Wache schieben *ugs* – **Wache** stehen (1) · to be on guard duty/on sentry duty/on watch

Wache stehen *form* · 1. to be on guard duty/on sentry duty/on watch, 2. to watch by a sick person's/a dying person's/... bedside, to keep a vigil by a sick person's/a dying person's/... bedside

1. So den lieben langen Tag vor der Kaserne Wache stehen ist ja auch nicht gerade eine angenehme Aufgabe! – Das ist todlangweilig! Immer nur aufpassen, wer herausgeht und hereinkommt, ob irgend etwas Besonderes vorfällt ...

2. ... Und wer von den Kindern hat in ihrer Todesnacht Wache gestanden? – Die beiden ältesten Söhne.

auf Wache ziehen *ugs selten* · to go on guard, to go on sentry duty, to mount guard

... Um wieviel Uhr mußt du auf Wache ziehen? – 22 Uhr. – Und bis wann geht das dann? – Bis sieben Uhr morgens. – Ist das nicht langweilig, stundenlang vor der Kaserne Wache zu schieben? – Und ob!

Wachen: im Wachen und im Schlafen keine Ruhe finden/an etw. denken/... *form – path selten* · to find no peace/... in one's thoughts and in one's dreams *para*, to be pursued/... by s.th. day and night

... Arbeiten ist ja ganz schön und große Ziele haben auch. Aber wenn du da ein Projekt hast, das dir keine Ruhe mehr läßt, das dich im Wachen und Schlafen verfolgt – und das über lange Monate! –, dann hört der Spaß auf.

wachhalten: js. Interesse/Andenken/... **wachhalten** · 1. to hold s.o.'s interest/..., to sustain s.o.'s interest/..., 2. to keep s.th. alive

1. ... Den Kontakt zu dem Börne würde ich schon aufrechterhalten. Wenn du sein Interesse an euren Steinen nicht auch durch eine persönliche Beziehung wachhältst, ist er in der Lage, irgendwann woanders zu kaufen.

2. ... Die Verantwortlichen versuchen, das Andenken an den großen Sohn der Stadt durch jährliche Festspiele in der Bevölkerung wachzuhalten ...

wachrufen: eine Erinnerung/ein Erlebnis/... **in jm. wachrufen** *form* · to bring back a memory/..., to evoke a memory/...

... Als sie anfing, von ihrer Reise nach Rio zu erzählen, rief das in mir plötzlich die Erinnerung an eine wunderschöne Woche wach, die ich dort mit einer ehemaligen Freundin verbracht habe – eine Erinnerung, die wie aus einem vormaligen Leben in mir aufstieg ...

wachrütteln: jn. **wachrütteln** · 1. to shake s.o. to wake him up, to rouse s.o., 2. 3. to shake s.o. out of his lethargy/apathy/..., to shake s.o. up

1. Die Christa muß man regelrecht wachrütteln. Wenn man sie nicht regelrecht hin- und herrüttelt, wacht sie nicht auf.

2. Wo der Klaus nur immer mit seinen Gedanken ist! Guck', jetzt schwebt er schon wieder in den Wolken. Klaus! Klaus! ... So ist das andauernd. Wenn man ihn nicht wachrüttelt, schläft er mit offenen Augen. *seltener*

3. ... Er scheint sich überhaupt gar nicht bewußt zu sein, wie sehr er seine Mutter mit seinem Verhalten kränkt. Er geht derart verschlafen durch die Welt ... – Dann muß man ihn mal wachrütteln. In seinem Alter sollte man schon merken, was man tut.

Wachs: bleich wie Wachs (sein)/(werden) (vor Schreck/...) *path* – (eher:) weiß wie **Kalk** (sein)/(werden) (vor Schreck/...) · to go/to turn/... (as) white as a sheet

weich wie Wachs sein *ugs – path* · 1. 2. to be as soft as butter

1. ... Der Herbert ist weich wie Wachs! Mit dem kann man machen, was man will; der setzt einem überhaupt keinen Widerstand entgegen!

2. vgl. – (eher:) weich wie **Butter** sein

(so) (weich) (wie) Wachs in js. **Händen/**(Hand) **sein** *path* · to be wax in s.o.'s hands, to be putty in s.o.'s hands

... Sie war einfach zu jung für diesen Mann. Fast zehn Jahre lang war sie wie Wachs in seinen Händen, ein williges Werkzeug, das sich voll und ganz unterordnete.

bleich wie Wachs werden *path* – (eher:) **kreidebleich/**kreideweiß/kreideblaß werden · to go/to turn/... (as) white as a sheet

weich wie Wachs werden *ugs – path* · to turn as soft as wax, to become as good as gold

… Eben noch war sie widerspenstig wie nur etwas! Aber jetzt, wo ihr Vater erscheint, wird sie weich wie Wachs; da macht sie alles ganz brav, was sie zu machen hat.

wachsen: in die Höhe/Breite **wachsen** · to grow taller/to shoot up/to fill out

… Mein Gott, ist euer Richard im letzten Jahr kräftig geworden! – Ja, er ist zugleich in die Höhe und in die Breite gewachsen! Bekannte, die ihn länger nicht gesehen haben, erkennen ihn kaum wieder.

(wie geht's deinem Jungen/deiner Tochter/…?) **er/sie/… wächst und gedeiht** *ugs* · (how is your son/daughter/…?) he/she/… is coming along fine/he/she/… is coming along famously/…

… Ah, Bettina! Wie geht's? Lange nicht gesehen. … Was macht dein Jüngster? – Der wächst und gedeiht. Er wird mit jedem Monat größer, stärker – und frecher. – Na ja, das wollen wir ja, oder? …

Wachtel: eine alte **Wachtel** (sein) *sal selten* – eine alte **Schachtel** (sein) · (to be) an old boot, (to be) an old ratbag

wackelig: (alt und schon/…) (sehr/…) **wackelig sein** *ugs* · 1. 2. to be quite tottery, to be wobbly on one's legs

1. vgl. – (sehr/…) wackelig/(unsicher) auf den **Beinen** sein
2. vgl. – (sehr) schwach auf den **Beinen** sein

Waffe: jn. mit der **Waffe** in der Hand antreffen/… *form* · to catch/… s.o. with a weapon, to catch/… s.o. with firearms

… Du weißt doch ganz genau, Oskar, daß es verboten ist, eine Pistole bei sich zu führen! Wenn die Polizei dich hier mit einer Waffe in der Hand erwischt, hast du ein Verfahren am Hals.

mit der Waffe in der Hand kämpfen/… *path* · to fight with one's weapon in one's hand, to fight with one's sword/gun/… in one's hand

Es ist doch ein Unterschied, ob man auf irgendeinen Knopf drückt und damit in ein paar tausend Kilometern Entfernung irgendeine Zerstörung provoziert oder ob man mit der Waffe in der Hand kämpft! – Du meinst, da braucht man mehr Mut?

zu den Waffen eilen *path veraltend* · to rush to take up arms, to hasten to take up arms

Als der erste Weltkrieg ausbrach, eilten die Männer in Scharen zu den Waffen; im zweiten Weltkrieg wurden die meisten Leute nur widerwillig Soldat.

(keine) **Waffen bei sich führen** *form* · (not) to carry arms, (not) to bear arms, (not) to carry a weapon *n*

Während es in Europa streng verboten ist, ohne besondere Genehmigung Waffen bei sich zu führen, laufen in Amerika alle möglichen Leute mit einem Revolver herum.

zu den Waffen greifen *path* · to take up arms, to resort to arms

Hoffen wir, daß die europäischen Völker nicht noch einmal zu den Waffen greifen, um Mißverständnisse und Feindseligkeiten durch einen Krieg zu klären …

unter (den) Waffen halten *form* · to have under arms

Wieviel Leute hält die Bundesrepublik zur Zeit unter Waffen? – Ist die Armee nicht 500.000 Mann stark?

die Waffen aus der Hand geben · to give away one's weapons, to throw away one's weapons

Mit Anstand ist gegen den Schröder nichts zu machen; der kennt nur Macht. – Eben! Deshalb hätte der Richard die Unterlagen, aus denen eindeutig hervorgeht, daß der Schröder Geld unterschlagen hat, fürs erste behalten müssen. Jetzt hat er die Waffen aus der Hand gegeben; jetzt kann er nichts mehr machen.

mit geistigen Waffen kämpfen · to fight with intellectual weapons

Statt sich zu schlagen, handgreiflich zu werden, Kriege zu führen, sollten die Menschen mit geistigen Waffen kämpfen – die Wahrheit ihrer Anschauungen und Argumente durch Überzeugungskraft unter Beweis stellen! – Das sind fromme Wünsche, Heinz.

mit den Waffen klirren *ugs selten* – mit dem **Säbel** rasseln · to rattle one's weapons/arms

die Waffen nieder! *hist selten* · lay down your arms!, down with your arms!

Weißt du, wann der Ausdruck »die Waffen nieder« aufgekommen ist? – Nein. Der könnte ewig sein. Denn Kriege gab's immer und die Aufforderung, die Waffen niederzulegen, auch.

die Waffen niederlegen – (eher:) die **Waffen** strecken (1) · to lay down one's arms

jn. **zu den Waffen rufen** *path veraltend selten* – jn. zu den **Fahnen** rufen · to call (s.o.) up

die Waffen ruhen lassen *form* · to lay down one's arms, to stop fighting, not to take up arms

… Es heißt zwar, alle kriegführenden Parteien hätten sich auf einen Waffenstillstand verständigt und wollten ab Sonntag die Waffen ruhen lassen; aber es kann noch keiner so richtig daran glauben …

jn. **mit seinen eigenen Waffen schlagen** · to beat s.o. with his own weapons, to beat s.o. at his own game, to defeat s.o. with his own arguments

Sagt der Herr Kröder nicht immer, was zählt, ist die Unterschrift – ganz gleich, ob man gelesen hat oder nicht, was man unterschreibt? Jetzt hat er selbst in seinem neuen Vertrag mit der Firma eine Klausel unterschrieben, deren Tragweite er vorher nicht gesehen hat. Jetzt kann ihn der Chef doch mit seinen eigenen Waffen schlagen …

die Waffen schweigen *form* · the guns are silent, the guns have fallen silent

… Hoffen wir, daß es endlich zu einem dauerhaften Frieden kommt! – Na, seit einer Woche schweigen ja wenigstens schon mal die Waffen. Nach sechs Jahren ununterbrochener Kämpfe … – Du hast Recht, Richard. … Aber es hat halt alle Welt Angst, daß die Kämpfe wieder losgehen …

unter (den) Waffen stehen/(sein) *form selten* · to be under arms

… Wieviel Soldaten stehen denn zur Zeit bei euch unter Waffen? – Ich glaube, unsere Armee ist 500.000 Mann stark.

die Waffen strecken · 1. to lay down one's arms, to surrender, 2. to admit defeat

1. … Erst als die Feinde von allen Seiten auf die Hauptstadt zumarschierten, hat die Armee die Waffen gestreckt. – Hätte sie einige Wochen vorher kapituliert, hätte man vielen Soldaten Tod und Gefangenschaft ersparen können. *form selten*
2. … Als man ihnen einen Brief vorlegte, in dem er selbst zum Boykott der Geschäftsleitung aufrief, mußte er die Waffen strecken. Gegen diesen Beweis gab es kein Mittel mehr, sich zu verteidigen.

Waffel: jm. **eins auf die Waffel hauen/geben** *sal selten* – jm. eins/eine aufs **Maul** geben (1) · to give s.o. a sock/punch/… in the kisser

Waffengewalt: mit **Waffengewalt** Einlaß erzwingen/… *form* · to gain entry/… by force of arms

… Wie sind die denn überhaupt ins Haus reingekommen/(hereingekommen)? Freiwillig haben die Schusters sie doch bestimmt nicht hereingelassen. – Sie haben sich den Einlaß mit Waffengewalt erzwungen! – Sie hatten Pistolen bei sich? – Natürlich.

Wagen: jm. **an den Wagen fahren** *sal selten* – jm. an den **Karren** fahren/(führen/schieben) · to call s.o. all the names under the sun, to bawl s.o. out like nobody's business, to give s.o. a real earful, to pitch into s.o.

abwarten/erst mal sehen/…, **wie der Wagen läuft** *ugs selten* · to wait and see/… how things go

… An deiner Stelle würde ich mich jetzt noch nicht definitiv entscheiden, sondern erst noch ein, zwei Monate abwarten, wie der Wagen läuft. – Meinst du, in zwei Monaten weiß man genau(er), wohin die Reise geht?

jm. **an den Wagen pinkeln/pissen** *vulg selten* – jm. an den **Karren** fahren/(führen/schieben) · to call s.o. all the names under the sun, to bawl s.o. out like nobody's business, to give s.o. a real earful

jn. **vor seinen Wagen spannen** (wollen/…) *ugs selten* – jn. vor seinen **Karren** spannen (wollen/…) · to rope s.o. in, to get s.o. to work on one's behalf

wagt: wer wagt, (der) **gewinnt!** · nothing ventured nothing gained, who dares wins

… Fast ohne Startkapital ein solches Unternehmen gründen – das verlangt Mut. Aber der Alfons hat es geschafft. Heute ist er ein reicher Mann. – Er hatte immer als Motto: wer wagt, der gewinnt. Und die Entwicklung seiner Firma hat ihm recht gegeben.

Wahl: das/(etw.)/(j.) **ist erste/zweite/dritte/… Wahl** · it/s.th. is best/second/third/… quality, these goods/… are rejects

(In einem Kaufhaus:) Schau mal, diese Hemden hier – die sind ja verdammt billig! – Das ist dritte Wahl! Laß bloß die Finger davon!

keine andere Wahl haben (als etw. zu tun) – jm. **bleibt** nichts (anderes) übrig (als etw. zu tun) · to have no choice (but to do s.th.)

zwei/drei/… Dinge/Menschen **zur Wahl haben** · to have two/three/… things/people/… to choose from

… Wenn Sie drei oder vier gute Kandidaten zur Wahl haben, sind Sie ja in einer fast beneidenswerten Lage! – Na, wissen Sie, Herr Schreiber: wer die Wahl hat, hat die Qual. Die Kommission kann sich nur schwer einig werden.

Strümpfe/Kleider/Kassetten/… **erster**/zweiter/dritter/… **Wahl** · grade one eggs/stockings/…, second/third/… quality cassettes/…

Hast du schon gesehen: bei Schramm in der Innenstadt bieten sie Schuhe zu sehr ermäßigten Preisen an. – Das sind Schuhe dritter Wahl. – Mir sahen sie gar nicht so schlecht aus.

der Kandidat/der Mann/die Frau/… **meiner/ihrer/… Wahl** *form* · s.o.'s preferred candidate, the candidate of s.o.'s choice, his/her/… intended

… Die einen sind für den Strunck, die anderen für den Hempel; wieder andere sähen gern einen jüngeren Mann auf dem neuen Lehrstuhl. … – Wer ist denn der Kandidat deiner Wahl? – Ich bin für Hempel. Das ist nach meiner Meinung der qualifizierteste von allen.

ein Buch/… **nach seiner/freier Wahl bekommen/**… *form* · a book/… of one's choice

Na, hast du von deinem Vater wegen deines guten Zeugnisses wieder eine Platte nach freier Wahl bekommen – wie im vergangenen Jahr? – Du wirst lachen: es war wieder genau dieselbe Szene. – Und welche Platte hast du gewählt?

jm. **bleibt keine andere Wahl** (als etw. zu tun) – jm. **bleibt** nichts (anderes) übrig (als etw. zu tun) · + to have no choice (but to do s.th.)

er/sie/Peter/… **ist in der Wahl seiner Eltern** (nicht) **(sehr) vorsichtig gewesen** *ugs* – *iron* · he/she/Peter/… was (not) (very) careful in the choice of his parents

… Der Alexander hat gut reden, er ist reich, hat keine Sorgen … – Er ist eben in der Wahl seiner Eltern sehr vorsichtig gewesen. Das hättest du auch sein sollen. – Jetzt mach' du auch noch deine Witzchen!

die/js. Wahl fällt auf jn./etw. *form* · the choice falls on s.o., + s.o./s.th. is chosen

… Wenn die Wahl des Kommissionsvorsitzenden ebenfalls auf den Hempel fällt, dann haben die anderen Bewerber wohl keine Chance mehr. – Die Frage ist nur, ob der Vorsitzende sich wirklich für den Hempel entscheidet. Das ist noch keineswegs sicher.

jm. **steht die Wahl frei,** zu … oder zu …/ob … oder …*form* · + s.o. is free to choose s.th./to do s.th./…

Bei deinem glänzenden Abiturzeugnis steht dir die Wahl frei, ob du Medizin oder Ingenieurwissenschaften studieren willst. Nur: du mußt dich bis zum 15. März entscheiden.

zur Wahl gehen *form* · to vote, to cast one's vote, to go to vote, to go to the polls

Wenn man schon für die Demokratie ist, dann muß man auch zur Wahl gehen! – Und wenn man nicht weiß, welcher Partei man seine Stimme geben soll?

in die engere/engste Wahl kommen *form* · to be short-listed, to get on the short-list

… Wenn die dem Richard schreiben, daß er in die engste Wahl kommt, dann heißt das doch wohl, daß er auf der Vorschlagsliste an erster Stelle steht. Oder wie verstehst du das?

jm. **die Wahl lassen** · to let s.o. choose, to leave it up to s.o. to choose

… Was machen wir denn nun zuerst, Margreth – die Übersetzung oder die Gedichtinterpretation? – Mir ist das ganz egal. Ich laß dir die Wahl. – Ich wäre eher für die Interpretation. – Gut!

geschickt/… in der Wahl seiner Mittel sein · not to be fussy/to be clever/… in the choice of one's methods

Mann, der neue Einkaufschef greift vielleicht durch! Ich kann dir was sagen! Der scheut vor nichts zurück. – Du meinst den Dr. Schreiber? Ja, der war in der Wahl seiner Mittel noch nie zimperlich.

wer die Wahl hat, hat die Qual · the bigger the choice, the harder it is to choose, to have an embarras de choix *lit*, to be spoilt for choice, to face an agonising choice

… Was soll ich denn jetzt nehmen, hier den beigen Pullover oder den braunen da? – Tja, wer die Wahl hat, hat die Qual. Wenn die Verkäuferin den braunen nicht noch geholt hätte, hättest du ohne zu zögern den beigen gewählt …

vor der Wahl stehen, (entweder) zu … oder zu … · to be faced with a choice between (doing) A or B, to have to choose between (doing) A or B

Jetzt, wo der Betrug, den der Herr Ellwert begangen hat, klipp und klar bewiesen ist, kannst du dich als Chef der Firma nicht mehr aus der Sache heraushalten. Jetzt stehst du vor der Wahl, ihn an die Luft zu setzen oder zu riskieren, von niemandem mehr ernstgenommen zu werden.

jm. etw. **zur Wahl stellen/**jm. zur Wahl stellen, (entweder) zu … oder zu … · 1. 2. to give s.o. the choice between (doing) A or B

1. Man hat dem Hansgert in seiner Firma zur Wahl gestellt, (entweder) im Innen- oder im Außendienst zu arbeiten.
2. Man hat dem Hansgert in der Firma den Innen- und den Außendienst zur Wahl gestellt. – Und was hat er genommen/gewählt? *seltener*

jn. **vor die Wahl stellen,** (entweder) zu … oder zu … · to present s.o. with/to offer s.o. a choice between (doing) A or B, to confront s.o. with a choice between (doing) A or B

Nach meinem Abitur hat mich mein Vater vor die Wahl gestellt, entweder Ingenieurwissenschaften oder Betriebswirtschaftslehre zu studieren. – Und du hast weder das eine noch das andere gewählt? – Ich habe Philologie studiert, ja – aber auf eigene Kosten.

sich zur Wahl stellen *form* · to stand for election, to run for election

… Ihr habt morgen im Tennisclub Vorstandswahlen, nicht? Wieviele Kandidaten werden sich denn wohl für die Präsidentenposten zur Wahl stellen? – Wahrscheinlich wird es nur einen einzigen Kandidaten geben – den bisherigen Präsidenten. – Ah, er stellt sich also doch zur Wiederwahl? Ich hatte gehört, er wollte nicht mehr kandidieren.

eine/die Wahl treffen *form* · to make a choice, to choose

Wofür hast du dich nun entschieden? Was willst du studieren: Medizin oder Ingenieurwissenschaften? – Es fällt mir schwer, die Wahl zu treffen, offen gestanden …

wählen: wählen gehen – zur **Wahl** gehen · to vote, to cast one's vote, to go to the polls

Wahlgang: im ersten/zweiten/… **Wahlgang gewählt werden/** sein *form* · to be elected/… in the first/second/… ballot, to be elected/… in the first/… round of voting

Wenn der Födisch im ersten Wahlgang gewählt werden will, muß er mehr als 50% der insgesamt abgegebenen Stimmen bekommen. Im zweiten Wahlgang dagegen ist gewählt, wer die meisten Stimmen hat – egal, wieviele es prozentual sind.

Wahn: etw. **ist eitler/leerer Wahn** *path selten* · s.th. is a delusion, s.th. is an illusion, s.th. is a vain hope

… Hältst du Liebe etwa auch für einen leeren Wahn – eine Illusion, die wir haben, wenn wir jung sind, und die nichts anderes ist als 'sublimierter Instinkt' – oder gar Wortgeklingel?!

in dem Wahn leben, daß ... *form – path* · to labour under the delusion that ...

Wenn der Uwe meint, er könnte bei Schuckert wer weiß was für Bedingungen stellen, nehmen die einen andern. Es gibt noch drei oder vier gute Bewerber für den Posten. – Der Uwe lebt in dem Wahn, er wäre unersetzlich. – Da ist er schwer im Irrtum. – Mir brauchst du das nicht zu sagen!

Wahnsinn: das/(etw) **ist** (ja) (der helle/heller/der reinste/reiner/reinster) **Wahnsinn** *ugs – path* · 1. it's (absolutely/...) unbelievable, it's (absolutely/...) incredible, it's unreal, 2. it's (absolutely/...) crazy, it's lunacy, it's sheer madness *sl*

1. ... Was die da für Zeiten laufen, das ist der helle Wahnsinn! In der Zeit, in der du eine Runde läufst, machen die zwei. – Nun übertreib' mal nicht! – Dann geh' mal hin! Da bleibt dir die Spucke weg!
2. Diese Rüstungspolitik, das ist der reinste Wahnsinn! – Das sagen alle, und trotzdem machen alle diese Politik. Weißt du einen Weg, wie man aus diesem infernalischen Zirkel herauskommt?

das/etw. **ist** (der absolute/helle/...) **Wahnsinn!** *ugs – path* · 1. it's/s.th. is way out, it's/s.th. is fantastic/incredible/wild/..., 2. it's/s.th. is absolute/... madness, it's/s.th. is absolute/... lunacy

1. ... Das Konzert von 'Pink Floyd' war der absolute Wahnsinn! Ich kann mich nicht erinnern, jemals auf einem so tollen Konzert gewesen zu sein.
2. ... Was, der Kurt ist bei diesem Wetter mit dem Wagen unterwegs? Das ist doch der absolute Wahnsinn, bei diesem Glatteis Auto zu fahren!

jn. (noch) zum Wahnsinn treiben (mit etw.) *ugs – path* · 1. 2. to drive s.o. mad/insane/...

1. ... Diese Leute treiben mich mit ihren ewigen Intrigen und ihrem gegenseitigen Mißtrauen noch zum Wahnsinn! Statt vernünftig zu arbeiten, verbringen sie ihre Zeit damit, anderen Knüppel zwischen die Beine zu werfen. Zum Verrücktwerden!
2. ... Dieser Baulärm hier kann einen zum Wahnsinn treiben!

du bist/der Peter ist/... **(wohl/ja) des Wahnsinns fette Beute!** *sal* · you are/Peter is/... completely and utterly mad/out of your/... mind/off your/... head

... Was sagt der Blankmeier – das Ozonloch ist eine Erfindung gewinnsüchtiger Physiker? Der Mann ist ja des Wahnsinns fette Beute! Daß ein erwachsener Mensch sich nicht schämt, so einen blühenden Unsinn von sich zu geben!

du bist/der Peter ist /... (wohl/ja) **vom Wahnsinn umzingelt!** *sal* – du bist/der Peter ist/... (wohl/ja) des **Wahnsinns** fette Beute! · you are/Peter is/... out of your/... mind/off your/... rocker

dem/(in) **Wahnsinn verfallen** *path* – den **Verstand** verlieren · to lose one's mind, to go mad, to go out of one's mind

Wahnsinnig(er): wie wahnsinnig ... *ugs* · to work/to study/to practise/... like mad, to work/to study/to practise/... like crazy

Wir haben in den letzten fünf Wochen wie wahnsinnig übersetzt – und sind trotzdem nicht fertig geworden.

j. könnte wahnsinnig werden (vor Schmerz/Angst/...) *ugs – path* · + it's/s.th. is enough to drive s.o. mad (with pain/fear/...)

(Ein an der Wirbelsäule Verletzter:) Das sind Schmerzen, weißt du, die sind kaum auszuhalten! Manchmal könnte ich geradzu wahnsinnig werden! – Warum nimmst du kein Morphium? – Ich will mich an das Zeug nicht gewöhnen. ...

rennen/rasen/... draufschlagen/... **wie ein Wahnsinniger** *ugs – path* – rennen/rasen/.../draufschlagen/.../lügen/stehlen/... wie nur **etwas** (1, 2) · to run/to rush/to hit out/... like a madman

schreien/brüllen/... **wie ein Wahnsinniger** *ugs – path* · 1. to scream/to shout/... like a madman, to scream/to shout/... like a lunatic, 2. to yell/... one's head off

1. Der Verletzte schrie wie ein Wahnsinniger. Nie werde ich diese Schreie vergessen; sie gingen uns durch Mark und Bein.
2. vgl. – (eher:) sich (fast) die **Kehle** aus dem Hals schreien (nach jm.)

Wahnsinnigwerden: das/es/(etw.) **ist zum Wahnsinnigwerden** (mit jm./etw.) *ugs – path* – das ist zum **Bebaumölen** (mit etw./jm.) · it's/s.th. is enough to drive you/... round the twist/up the wall/round the bend/...

wahr: das/(etw.) **ist schon bald (gar) nicht mehr wahr**/(... schon (gar) nicht mehr wahr) *ugs – iron* · it's/s.th. was ages ago

... Das wußte ich gar nicht, daß der Otto Habicht geschieden ist. Wann war das denn, wann hat er sich scheiden lassen? – Ach, das liegt schon lange zurück – das ist schon bald gar nicht mehr wahr. Warte mal ... vor 24, 25 Jahren ...

das darf/kann (doch) nicht wahr sein! *sal* · it/that can't be true *n*, + I don't believe it! *n*, + you're having me on!

... Den Holger Franzen haben sie zum Professor ehrenhalber gemacht?! Das kann doch nicht wahr sein! – Wenn ich dir das sage! Du kannst es in der Zeitung nachlesen. – So eine Flöte?! Unglaublich!

so wahr ich hier sitze/stehe/(den Apfel hier esse/...) *ugs – path* · as surely as I am sitting here/eating this apple/..., as true as I am sitting here/...

(Ein älterer Mann zu seiner Frau:) Ich kenne die Frau Werner wirklich nicht, Helga. Ich hab' die nie gesehen – so wahr ich hier sitze!

das/etw. **ist** (bestimmt/...) **das Wahre** *ugs* · it/that/s.th. is just the job, it/that/s.th. is just what the doctor ordered

... Wenn du Zeit hast, jetzt so 14 Tage Ferien am Meer zu machen – das wäre bestimmt das Wahre. Danach wärst du wieder hundertprozentig fit.

das/etw. **ist** (auch/nun/...) **(nicht) das Wahre** *ugs* – das/etw. ist (ja nun) (nicht) der wahre **Jakob** · it's/s.th. is just (not) the ticket, it's/s.th. is (not) the real McCoy, it's/s.th. is (not) the real thing, it's (not) the answer

das einzig Wahre sein/das/etw. ist (doch) ... *ugs – path* · 1. 2. it's/s.th. is just the job, it's/s.th. is the only thing to do/the only thing for it is to do s.th., it's/s.th. is just what you/... need

1. Wenn du dich bei deiner sitzenden Tätigkeit fit halten willst, mußt du Sport treiben. Nichts wie Sport treiben – das ist das einzig Wahre; das ersetzt jede Tablette und jeden Arzt.
2. ... Bei so einer Hitze, da muß man schwimmen gehen. Das ist das einzig Wahre. Jede andere Beschäftigung wird bei so einem Wetter zu einer Plage.

das einzig Wahre an der Geschichte/an dem was j. sagt/..., ist .../ist, daß ... *ugs* · the only true thing about the story/about what s.o. says is ... *n*

... Du behauptest also, was die Helga da erzählt, stimmt nicht? – Das einzig Wahre an dem, was sie erzählt, ist, daß ich etwa eine Stunde vor Schluß der Veranstaltung weggegangen bin. Alles andere ist erfunden.

es ist etwas Wahres an einer Behauptung/... es ist etwas Wahres dran/daran · there is some truth in what s.o. says, there is a grain of truth in what s.o. says/...

... Der Kurt kann den Kronen nicht leiden, das ist klar. Aber wenn er sagt, daß der Mann hinterhältig und gemein ist, dann ist da etwas Wahres dran. – Auch wenn er damit nicht (so ganz) unrecht hat: das heißt doch nicht, daß der Kronen als Abteilungsleiter nichts taugt, wie der Kurt uns das immer weismachen will.

(es ist) ein wahres Glück/eine wahre Schande/... *path* · (it is) a real piece of luck/shame/disgrace/...

... Eine wahre Schande, was der Junge sich da leistet, wirklich!

wahrhaben: etw. nicht wahrhaben wollen · to refuse to admit s.th., not to want to admit s.th.

Der Kurt will einfach nicht wahrhaben, daß der Herr Kronen ein guter Abteilungsleiter ist! Ständig kommt er damit, der Mann wäre hinterhältig, gemein ... Als wenn das etwas mit seinen fachlichen Qualitäten zu tun hätte!

Wahrheit: es ist eine alte/traurige/bittere/... Wahrheit, daß .../das/(etw.) ist eine ... Wahrheit · it is an old/a sad/bitter/... truth that ...

Ein Lehrer muß ein bißchen von einem Zoodirektor haben, sonst ist er verloren. Das ist eine alte Wahrheit. – Tja ..., so sehr manche das auch leugnen möchten: es stimmt leider.

in Wahrheit verhält es sich ganz anders/... *form* · in truth the situation is quite different, in reality the situation is quite different

Der Schünemann tut immer so, als ob er bei dem Geschäft schlecht weggekommen wäre. In Wahrheit ist es genau umgekehrt: mein Bruder hätte allen Grund, sich zu beklagen; der Schünemann hat herrlich verdient.

die nackte Wahrheit *path* · the plain truth

... Er muß sich damit abfinden, ob es ihm schwerfällt oder nicht: die Christl liebt ihn nun einmal nicht. Das ist die Wahrheit – die nackte Wahrheit.

(jm.) die ungeschminkte Wahrheit (ins Gesicht) sagen/... · to tell s.o. the plain unvarnished truth

... Ich kann Leute nicht ausstehen, die nicht sagen, was sie denken. Da ziehe ich es schon vor, wenn man mir die ungeschminkte Wahrheit ins Gesicht sagt.

bei der Wahrheit bleiben · to tell/to stick to the truth

... Und dann hat der Rudi ... – Der Rudi? Oder du? Du wirst doch wohl (noch) bei der Wahrheit bleiben?! – Aber ich lüg' doch gar nicht! Es war wirklich der Rudi! Also, dann hat der Rudi ...

(um) der Wahrheit die Ehre zu geben *oft: um der Wahrheit die Ehre zu geben, ... form od. iron* · to tell you the truth ..., to be perfectly frank/honest/...

Na, Herbert, wie gefällt dir mein neuer Hut? – Hm, hm ..., na, um der Wahrheit die Ehre zu geben: es ist nicht genau das Modell, das ich kaufen würde. Aber ...

glauben/..., die Wahrheit (allein) gepachtet zu haben *ugs* · to think one has a monopoly of the truth

... Daß der Alfons fest davon überzeugt ist, recht zu haben, glaube ich gern. Aber die anderen haben für ihre Auffassung doch schließlich auch sehr plausible Gründe. Der Alfons meint immer, er hätte die Wahrheit gepachtet.

der Wahrheit (geradezu/direkt/...) ins Gesicht schlagen *path* · it/s.th. is a barefaced lie, it/s.th. is patently untrue

... Was du da sagst, Kurt, das schlägt doch der Wahrheit geradezu ins Gesicht! – Du willst mir doch nicht sagen, daß ich dich belüge! – Wenn du nicht lügst, dann weißt du nicht, wovon du redest. Mit den Tatsachen hat das jedenfalls nicht das Geringste zu tun, was du da erzählst.

jm. die Wahrheit ins Gesicht schleudern *path selten* · to tell s.o. the truth straight to his face

... Nun gut, wenn Sie absolut wollen, daß ich Ihnen die Wahrheit ins Gesicht schleuder': Ihre Frau betrügt Sie! – Was?? – Jetzt wissen Sie's! Und jetzt lassen Sich mich endlich zufrieden mit Ihren dauernden Fragen, Ihrem dauernden Bohren ...!

(jetzt/endlich/...) mit der Wahrheit herausrücken *ugs* · to (finally/...) come out with the truth *tr*, to (finally/...) own up to s.th.

... Ja, wir mußten dem Jungen ziemlich lange zureden, bis er endlich mit der Wahrheit herausrückte und gestand, daß er die Fensterscheibe eingeschlagen hatte.

die Wahrheit ans Licht bringen *form – path* · to bring the truth to light, to establish the truth

... Ach, ich weiß überhaupt gar nicht, was diese ganzen politischen Prozesse überhaupt sollen! Die Wahrheit bringen die doch sowieso nicht ans Licht! – Da hast du allerdings Recht. Je mehr da geredet wird, um so weniger findet man sich durch.

es mit der Wahrheit nicht so genau nehmen · + to have to take what s.o. says with a pinch of salt

... Ja, sympathisch ist der Krüger, gar keine Frage, und kompetent auch! Nur mit der Wahrheit, damit nimmt er's nicht so genau. Man darf nicht alles glauben, was er so erzählt ...

jm. (mal) ordentlich die Wahrheit sagen (müssen) *ugs* – mit jm. (mal) **Fraktur reden** (müssen) · to (have to) do some straight talking with s.o., to be blunt with s.o.

jm. ungeschminkt/(unverhüllt) die Wahrheit sagen · to tell s.o.the plain truth, to tell s.o. the unvarnished truth

... Wenn ich dir ungeschminkt die Wahrheit sagen darf, Klaus ... – Ich bitte dich darum: sag' mir klar, wie die Dinge stehen! – Die

Mehrheit der Kommission ist für den Hempel. Die Leute meinen, du hättest nicht genug Lehrerfahrung ...

mit einer Bemerkung/... (genau/...) die Wahrheit treffen · to put one's finger on it (with a remark/...), to hit the nail on the head (with a remark/...)

... Mit deiner Bemerkung, daß der Roman zwar gut geschrieben, aber im Grunde oberflächlich und banal ist, hast du genau die Wahrheit getroffen. Genau so ist es!

der Wahrheit zuliebe (muß man sagen/zugeben/...) · to be truthful ..., to be fair (one has to say/to admit/...), to do s.o. justice (one has to say/to admit/...)

... Ich kann die blasierte und wichtigtuerische Art von dem Richard genauso wenig leiden wie ihr. Aber der Wahrheit zuliebe muß man doch zugeben, daß er sehr hilfsbereit und sympathisch sein kann.

jm. (mal) ein paar/einige unangenehme Wahrheiten sagen (müssen) *ugs* · to (have to) tell s.o. a few home truths

Wie es scheint, hat der Chef dem Biermann ein paar unangenehme Wahrheiten gesagt. – Das wurde auch wirklich Zeit. Der tut ja fast gar nichts mehr. Er hatte eine deutliche Zurechtweisung bitter nötig.

Wahrheitsbeweis: den Wahrheitsbeweis antreten *jur path* · to prove the truth of one's statement/allegation/..., to supply proof of one's statement/...

(Vor Gericht:) Wenn ich behaupte, Herr Richter, daß der Anwalt der Gegenpartei bewußt die Unwahrheit sagt, dann weiß ich, was ich sage. Ich kann für diese Behauptung den Wahrheitsbeweis antreten. Mir liegt hier ein Brief vor, den der Anwalt ...

wahrmachen: seine Drohungen/... wahrmachen · to carry out one's threats/...

... Du drohst und drohst und drohst! Aber wenn du deine Drohungen nicht wahrmachst, brauchst du dich nicht zu wundern, wenn keiner mehr ernstnimmt, was du sagst.

Wahrscheinlichkeit: aller Wahrscheinlichkeit nach passieren/... · in all probability s.th. will happen/...

Wann kommt der Peter zurück? – Aller Wahrscheinlichkeit nach schon heute abend. Aber hundertprozentig sicher ist das noch nicht. Er ruft gegen ein Uhr nochmal an.

währt: was lange währt, wird endlich gut/(wird endlich endlich) · it is/was/will be/... worth it in the end, good work takes time

(In einem Brief:) Sie haben bestimmt schon gar nicht mehr damit gerechnet, daß meine Dissertation überhaupt nochmal fertig würde. Aber Sie wissen ja: was lange währt, wird endlich gut. Vor einem Monat habe ich sie eingereicht. 468 Seiten ...

Waisenkind: gegen jn./jm. gegenüber ein Waisenkind sein *sal* – (eher:) ein reiner/der reinste **Waisenknabe** sein in etw./auf einem Gebiet/... gegen jn./jm. gegenüber · to be a mere novice compared to s.o., to be a complete beginner compared to s.o., to be no match for s.o., not to be a patch on s.o.

Waisenknabe: ein Waisenknabe sein in etw./auf einem Gebiet/... *sal* – (eher:) ein völliger/blutiger **Laie** sein in etw./auf einem Gebiet/... · to be a complete ignoramus in a field/subject/...

ein reiner/der reinste Waisenknabe sein in etw./auf einem Gebiet/... gegen jn./jm. gegenüber *sal* · 1. 2. to be a complete ignoramus in a field compared to s.o., to be a mere novice in a field compared to s.o. *coll*, to know next to nothing about s.th. *coll*

1. ... Ich verstehe gar nicht, wie der Rudolf es wagen kann, bei einer solchen Diskussion überhaupt den Mund aufzumachen. Der ist doch auf diesem Gebiet der reinste Waisenknabe! Was versteht der von Zinspolitik? Nichts! Absolut gar nichts!

2. ... Der Rudolf scheint sich ja doch einigermaßen in die Fragen der Zinspolitik eingearbeitet zu haben. – Ja, hier in diesem Kreis sieht das so aus, als wenn er etwas könnte ... Aber gegen den Herrn Wolters ist er immer noch der reinste Waisenknabe. Wenn der die internationalen Zusammenhänge erklärt, dann versteht unser Rudolf nur noch Bahnhof.

Wald: ich glaub', ich steh' im Wald! *sal selten* – ich glaub', ich **spinn'!** · I just don't believe it!, you're having me on!

ein Wald von Antennen/Pfosten/... *form – path* · a forest of aerials/masts/...
... Mein Gott, die verschandeln dieses herrliche alte Viertel durch den Wald von Antennen, die sie überall anlegen! – Es will nun einmal jeder fernsehen, Klara – du doch auch!

einen (ganzen) Wald absägen *ugs – path selten* – (stärker als:) einen **Ast** durchsägen · to snore loud enough to wake the dead

nicht für einen Wald von/voll Affen *sal selten* – nicht um alles in der **Welt** · not for love or money, not at any price

den Wald vor lauter Bäumen nicht (mehr) sehen *ugs* · not to be able to see the wood for the trees
Hast du schon bemerkt, daß viele Leute vor lauter Details gar nicht (mehr) verstehen, worum es eigentlich geht? – Sie sehen vor lauter Bäumen den Wald nicht mehr, wie man so schön sagt, nicht? Ja, diese Leute begegnen einem tagtäglich.

durch Wald und Feld streifen/laufen/... *form – path selten* · to roam/... through woods and fields
Der Beruf eines Försters – das ist doch was Herrliches! So den ganzen Tag durch Wald und Feld streifen, die Tiere beobachten, auf die Gesundheit der Bäume achten ... – Über die Felder geht er ja vielleicht weniger; aber im Grunde hast du recht ...

durch Wald und Flur streifen/laufen/... *form – path veraltend selten* – durch **Wald** und Feld streifen/laufen/... · to roam/... through woods and fields

wie man in den Wald hineinruft/(es hineinschallt), **so schallt es heraus** · you get as much as you give, you are treated as you treat others
Und wie hat der Ingo auf deine Bitte reagiert, dir bei der Ausfüllung der Formulare zu helfen? – Kurz und trocken geantwortet: »Laß mich zufrieden!« – Ach ja? Weil du vorgestern, als er dich wegen einiger Spanischprobleme fragte, so reagiert hast? Da siehst du, so ist das im Leben: wie man in den Wald hineinruft, so schallt es heraus.

Wald- und Wiesen-: ein Wald- und Wiesenarzt/-anwalt *ugs* – ein **Feld**- Wald- und Wiesenarzt/-anwalt · a run-of-the-mill doctor/lawyer/...

Waldfee: husch, husch, die Waldfee! *mst zu Kindern* · off to bed with you!, off you go!, off with you!
(Der Vater abends zu den Kindern:) Ab, in die Falle, Kinder! Husch, husch, die Waldfee! Es ist neun Uhr! Also los!

Wall: wie ein Wall standen die Massen/... *path selten* – wie eine **Mauer** stehen · the crowds/the masses/... formed a solid wall

Wallung: jn. in Wallung bringen *path veraltend selten* – jn. auf **achtzig** bringen · to make s.o.'s blood boil, to enrage s.o., to inflame s.o.

in Wallung geraten *path od. iron veraltend* – js. **Blut** gerät in Wallung · s.o.'s blood is up, s.o.'s blood starts to seethe, s.o.'s blood starts to boil

Walroß: schnaufen/schnauben wie ein Walroß *sal* · to puff like a grampus *rare*
(Bei einem Schwimmturnier:) Wenn der dicke Roßberg da aus dem Wasser steigt, schnauft der wie ein Walroß! – Ich möchte dich mal sehen nach so einem Hundertmeter-Kraulen! Wie du dann schnaufen/(atmen) würdest.

Walstatt: auf der Walstatt bleiben *path hist selten* – auf dem **Kampfplatz** bleiben · to fall in battle

walten: das Walten Gottes *form – path selten* · the workings of God, the hand of God
... Wenn man dich über Religion reden hört, Kai, hat man immer den Eindruck, du würdest den lieben Gott auf einen kalkulierenden Mathematiker reduzieren! Dieser Rationalismus sollte nach den Erfahrungen unseres Jahrhunderts eigentlich endgültig überholt sein. Das Walten Gottes ist nun einmal unergründlich – ob uns das gefällt oder nicht.

Gnade/... **walten lassen** *form* · to show mercy/...
... Statt dem Angeklagten seine unglückliche Kindheit und seine ständigen Geldsorgen zugutezuhalten und Gnade walten zu lassen, glaubte das Gericht, es müsse ein Exempel statuieren. Das Urteil fiel also hart aus – vielleicht sogar übertrieben hart ...

Walze: auf der Walze/(Walz) **sein** *veraltend selten* · 1. to be on the road, to be on one's travels, 2. to be (constantly/...) on the move, to be (constantly/...) on the go
1. ... Plötzlich traten zwei als Zimmerer gekleidete junge Burschen in die Wirtsstube und erklärten, sie wären auf der Walze, ob sie um eine kleine Spende für ihre Übernachtung bitten dürften ... – Wie im Mittelalter, als die Handwerksburschen noch von Ort zu Ort wanderten, was?
2. vgl. – (a.) ständig/immer/... auf **Achse** sein/liegen

immer (wieder) dieselbe/(die gleiche) **Walze** (abspielen/ablaufen lassen) *sal selten* – (immer) (wieder) mit derselben/(der gleichen) **Platte** kommen · to come up with the same old thing/story/..., to go on in the same old way, to harp on the same old thing

auf die Walz(e) gehen *veraltend selten* · to go off on one's travels, to be an itinerant journeyman
(Ein Schreinergeselle:) Ach, wissen Sie, im Grunde finde ich schade, daß die Handwerker heute nicht mehr auf die Walze gehen. Ich würde gern so von Ort zu Ort wandern, bei verschiedenen Meistern arbeiten, fachliche und andere Erfahrungen sammeln ...

Wälzen: das/etw. **ist** (ja) **zum Wälzen** *sal selten* – das/etw. ist (ja) zum **Kranklachen** · it/s.th. makes s.o. roll up (with laughter)

die Schuld/Verantwortung/... **auf jn. wälzen** *ugs – path* · 1. 2. to shove the blame/responsibility/... on to s.o. else
1. vgl. – die **Schuld** auf jn./etw. schieben (1)
2. vgl. – jm. etw./(die Schuld/Verantwortung/...) in die **Schuhe** schieben

Wand: weiß/bleich wie die Wand (sein)/(werden) (vor Schreck/...) *path* – weiß wie **Kalk** (sein)/(werden) (vor Schreck/...) · to be/to turn/... as white as a sheet

er/sie/der Peter/... **denkt** (auch/...) **nicht von hier bis an die Wand** *sal selten* · not to think for a moment *n*, not to use one's loaf
... Was, du hast nicht gemerkt, daß der Karl dich mit dieser Frage nur hereinlegen wollte? Du denkst aber auch nicht von hier bis an die Wand! Wenn jemand wie der Karl so unvermittelt eine so dumme Frage stellt wie 'wo warst du gestern abend', dann fühlt doch ein Blinder mit dem Krückstock, daß etwas dahinter steckt.

etw. errichtet eine Wand zwischen zwei Menschen/... *path* – etw. errichtet eine **Mauer** zwischen ... · to set up/to create/... a barrier between/...

man/(j.) rennt bei jm. gegen eine Wand (mit etw.) *ugs* · with him/them/... you/... come up against a brick wall
... Wenn der Paul nicht will, dann will er nicht! Dann kannst du reden wie ein Missionar – dann rennst du bei dem gegen eine Wand!

eine spanische Wand · a folding screen
... Früher, wo die Leute auch hier sehr oft zu mehreren in einem Zimmer übernachteten – ohne Badezimmer! –, da war eine spanische Wand schon nützlich, weißt du. Etwa beim Waschen ...

zwischen ... uns/... **gibt es/steht eine Wand** *path* · there is a barrier between us/them/...
Meinst du nicht, daß die Alexandra und der Michael doch noch zueinander finden, aus ihrer Ehe doch noch etwas wird? – Ich glaube kaum. Die beiden verstehen sich einfach nicht mehr; im Grunde sind sie einander völlig fremd geworden, steht eine Wand zwischen ihnen ...

wenn ..., dann wackelt die Wand/als ..., da wackelte die Wand/... *ugs – path* · if/when ..., sparks fly, if/when ..., feathers start to fly, if/when .../... he/they/... raises/... the roof/ things really swing/all hell breaks loose/... *coll*
Im allgemeinen ist mein Vater die Ruhe in Person. Aber wenn er mal sauer wird und jemanden anbrüllt, dann wackelt die Wand.

jn. **an die Wand drücken**/(drängen) *ugs – path* · 1. to put one over on s.o., to get the better of s.o., to outdo s.o., to eclipse s.o., to drive s.o. to the wall, 2. to push s.o./s.th. into the background, to upstage s.o.
1. Der Erich Kaufmann kann sich überhaupt gar nicht einordnen! Er versucht ständig, die anderen an die Wand zu drücken. Nur er zählt, sonst keiner! – Starallüren! Solche Leute wie er vertragen niemanden neben sich; für sie bilden die anderen nur die Kulisse ...
2. vgl. – jn./etw. in den **Hintergrund** drängen (1)

j. **könnte** jn. **an die Wand klatschen** *sal selten* · s.o. could kill/murder/strangle/throttle/... s.o.
... Den Günther könnte ich an die Wand klatschen! Seinetwegen fällt unser geplanter Schulausflug ins Wasser.

(...) **immer an der Wand lang**! *sal* · keep close to the wall *n*
Du liebe Güte, was hatten wir gestern abend einen sitzen/einen in der Krone! Nur mit größter Mühe gelangten wir nach Hause – immer an der Wand lang. – Aber Anton, da muß man sich ja schämen, wenn du da so betrunken nach Hause torkelst, dich immer irgendwo festhalten mußt ...

das Gespenst der Hungersnot/des Krieges/... **an die Wand malen** *path* – das **Schreckgespenst** der Hungersnot/des Krieges/... heraufbeschwören/an die Wand malen · to conjure up the spectre of starvation/war/unemployment/...

bei jm. **wie gegen eine Wand reden** *ugs* · talking to him/John/... is like talking to a brick wall
Bei dem Thilo ist einfach nichts zu machen! Egal, mit welchen Argumenten man kommt, er läßt sich nicht überzeugen! Bei dem Mann redet man wie gegen eine Wand! – Wenn er absolut keinen Rat annehmen will, dann muß er nachher halt selbst sehen, wie er die Suppe auslöffelt, die er sich einbrockt.

jn. **an die Wand spielen** *ugs – path* · 1. to upstage s.o., to steal the show from s.o., to outdo s.o., to outshine s.o., 2. to outclass s.o., 3. to outmanoeuvre s.o.
1. ... Mein Gott, ist das ein Schauspieler, der Gerd Möbe! Der beherrscht die Bühne, daß alle anderen geradezu verschwinden! Selbst eine so gute Schauspielerin wie die Käthe Heuber spielt der an die Wand!
2. ... Diese Pokalspiele führen natürlich manchmal zu den drolligsten Begegnungen. Bayern München gegen TUS Pfrondorf: da kannst du dir ja vorstellen, wie das war! Die Bayern haben die Pfrondorfer regelrecht an die Wand gespielt. Der Ball war sozusagen nur in der Pfrondorfer Hälfte ...
3. ... Aber hat der Ingo sich gegen all die Intrigen denn nicht wehren können? – Der Abteilungsleiter hat ihn regelrecht an die Wand gespielt: beim Chef geschickt gegen ihn operiert, die Kollegen ihn eingenommen – und das alles so gekonnt, daß er gar keine Waffen dagegen hatte.

jn. **an die Wand stellen** *ugs* · to put s.o. up against a wall (and shoot him), to send s.o. to the firing squad
... Mit Deserteuren machte man kurzen Prozeß! Die stellte man an die Wand. – Wie, die wurden einfach erschossen? – Nachdem sie in aller Eile von einem Standgericht abgeurteilt worden waren ...

Wand an Wand mit jm. **wohnen** *selten* · 1. 2. to live next door to s.o.
1. vgl. – **Tür** an Tür mit jm. wohnen (1)
2. vgl. – (u. U.) **Haus** an Haus mit jm. wohnen

bleich wie die Wand werden *path* – (eher:) **kreidebleich**/kreideweiß/kreideblaß werden · to turn as white as a sheet

Dias/Bilder/... **an die Wand werfen** *selten* · to project pictures/... on the wall
... Wenn ihr einen Projektor habt, könnten wir uns in der Tat die Bilder mal ansehen, die die Ursel von Ägypten gemacht hat. – Einverstanden. Wo? – Unser Eßzimmer ist ziemlich groß und da stehen auch verhältnismäßig wenig Möbel drin; das würde sich geradezu anbieten, um die Dias an die Wand zu werfen.

Wandalen: wie die Wandalen hausen *path veraltend selten* – wie die **Schweden** hausen · to behave like vandals

Wände: (nur/...) **die nackten Wände** (um sich haben/...) *selten* · (to be surrounded/... (only/...) by) bare walls
(Bei einem Umzug:) So, die neue Wohnung haben wir. Jetzt fehlen nur noch die Möbel. – Nur noch! ... Wenn man nur die nackten Wände um sich hat, sieht man erst, wie wichtig die Möbel sind.

wenn ..., **dann wackeln die Wände**/als ..., da wackelten die Wände/... *ugs – path* – (eher:) wenn ..., dann wackelt die **Wand**/als ..., da wackelte die Wand/... · if ..., then all hell breaks loose/all hell broke loose when ...

ich/(er/der Peter/...) **könnte die Wände hochgehen**/(heraufklettern) (wenn .../...) *ugs – path* – ich/(er/der Peter/...) könnte wahnsinnig **werden** (wenn .../...) · + it/s.th. is enough to drive you/me/John/... up the wall

das/(es) **ist, um die Wände hochzugehen**/(heraufzuklettern) (mit etw./jm.) *ugs – path* – das ist zum **Bebaumölen** (mit etw./jm.) · it's enough to drive you/one/... crazy/mad/wild/..., it's enough to drive you/one/... up the wall

da/bei jm./... **haben die Wände Ohren** *ugs* · here/in this hotel/... the walls have ears
... Hier im Hotel sollten wir ein bißchen vorsichtig sein mit unseren Äußerungen über unsere Pläne für die morgige Sitzung, Erich; hier haben die Wände Ohren! Das ist das Stammhotel der Konkurrenz. Jedes Wort, das ein Kellner oder sonstwer aufschnappt, wird sofort an die weitergetragen ...

wenn diese/... Wände reden könnten *path* · if (these) walls could speak
... Sie machen sich ja keine Vorstellung, Herr Metzner, was in diesem Haus gelogen, intrigiert, verfälscht wird. Wenn diese Wände reden könnten! Aber was sollen wir unsere Zeit und unsere Nerven mit diesen unschönen Dingen vertun?! Reden wir von was Angenehmeren! Was macht Ihr neuer Roman? Erscheint er bald? ...

schimpfen/fluchen/..., **daß die Wände wackeln** *ugs – path* – wenn ..., dann wackelt die **Wand**/als ..., da wackelte die Wand/... · to swear like a trooper, to curse like mad/like a good one/...

lachen/..., **daß die Wände wackeln** *ugs – path* – sich den **Bauch** halten vor Lachen · to split one's sides (laughing), to laugh till one's sides ache

schreien/brüllen/..., **daß die Wände wackeln**/(zittern) *ugs – path* · to raise the roof by shouting/screaming/playing loud music/..., to be screaming/playing music/... fit to raise the roof
... Was ist denn da unten im Keller los? Die Kinder brüllen ja da herum, daß die Wände wackeln. – Der Toni spielt mit seinen Freunden Tischfußball. – Aber deshalb braucht man das Haus doch nicht gleich abzureißen. Der Lärm ist ja nicht auszuhalten!

jm. **an die Wände wollen/gehen wollen**/(gehen) *sal selten* – jm. ans **Leder** wollen (1) · to be out to get s.o.

Wandel: im Wandel der Zeiten ... *geh – path selten* · through the ages, over/throughout the centuries
... Du brauchst nur zehn Jahre nicht da gewesen zu sein, dann kennst du die Stadt kaum wieder. – Ja, im Wandel der Zeiten verändern die Länder ihr Gesicht! – Schwätzer! Nennst du etwa zehn Jahre 'Zeiten'?

Wänden: in seinen (eigenen) vier Wänden sein/leben/wohnen/... *ugs* · to live/... in one's own four walls
Wenn ich den ganzen Tag im Geschäft verbracht habe, dann bin ich froh, wenn ich abends in meinen eigenen vier Wänden bin. Dann habe ich keine Lust, wieder auszugehen, Besuche zu machen ...

immer in seinen vier Wänden hocken/bleiben/.../sich in seinen vier Wänden verkriechen/... *ugs* · to be always stuck at home, to be a stay-at-home
Die Julia sieht man aber auch nie und nirgends! Es scheint, daß die aus dem Haus überhaupt gar nicht herausgeht. – Das stimmt. Die verkriecht sich in ihren vier Wänden und will von niemandem und von nichts etwas wissen.

ich/(er/der Peter/...) **könnte an den Wänden hochgehen/** (heraufklettern) (wenn .../...) *ugs – path* – ich/(er/der Peter/...) könnte wahnsinnig **werden** (wenn/...) · + it drives me/him/... mad when/...

das/(es) **ist, um an den Wänden hochzugehen/**(heraufzuklettern) (mit jm./etw.) *ugs – path* – das ist zum **Bebaumölen** (mit etw./jm.) · it's enough to drive you/one/... crazy/mad/ wild/..., it's enough to drive you/one/... up the wall

nicht aus seinen vier Wänden (heraus-) kommen *ugs* – (eher:) nicht aus der **Bude** (heraus-)kommen · to be stuck at home all the time

zu den Wänden reden *ugs* – (eher:) (vor) tauben **Ohren** predigen · talking to s.o./... is like talking to a brick wall, to preach to deaf ears

sich (nur) in seinen eigenen vier Wänden wohlfühlen/(...) *ugs* · to be happy/to feel comfortable/... (only) in one's own four walls
... Ja, das stimmt: der Bertolt geht nur sehr wenig aus. Es scheint, daß er sich nur in seinen eigenen vier Wänden wohlfühlt. – Ständig zu Hause – für mich wäre das nichts.

wandelnde: die wandelnde Güte/Hilfsbereitschaft/Liebe/... **sein** *path* – etw. **durch und durch** sein/ein durch und durch ... sein/ein ... durch und durch sein (1) · to be kindness/ helpfulness/... personified/in person, to be the epitome of kindness/...

wandern: (sofort/...) in den Papierkorb/ins Feuer/in den Abfalleimer/... **wandern** *ugs* · to go straight into the waste-paper bin, + to chuck s.th./... straight into the waste-paper bin, to get binned
... Du machst dir gar keine Vorstellungen, wieviel Reklamesendungen da jeden Tag kommen! Der halbe Briefkasten voll! – Und was machst du mit dem ganzen Zeug? – Das wandert alles sofort in den Papierkorb.

Wanderschaft: auf der Wanderschaft sein *veraltend selten* – zum **Wanderstab** greifen *res* · to be on one's travels

auf (die) Wanderschaft gehen/ziehen *veraltend selten* – zum **Wanderstab** greifen · to set out on one's travels *n*

Wanderstab: den Wanderstab ergreifen *veraltend selten* – (eher:) zum **Wanderstab** greifen · to set out on one's travels, to take to the road

zum Wanderstab greifen *veraltend selten* · to set out on one's travels, to take to the road
... Nach Abschluß seiner Schulzeit entschloß er sich, zum Wanderstab zu greifen; monatelang pilgerte er kreuz und quer durch Frankreich, Deutschland, die Schweiz ...

Wangen: das Blut/(die Röte) steigt jm. **in die Wangen** *form – path selten* – das **Blut** schießt jm. in den Kopf (vor Scham/ Zorn/...) · the blood rises to s.o.'s cheeks

Wank: keinen Wank tun *schweiz ugs* – keine **Hand** rühren (für jn./etw.) (2) · not to do a stroke, not to lift a finger

wanken: js. Überzeugung/.../(jn.) **ins Wanken bringen** · to shake s.o.'s faith/convictions/...
... Weder der allgemein herrschende 'praktische Atheismus' noch die vielen negativen Erfahrungen in seiner persönlichen Umgebung können seine religiöse Überzeugung ins Wanken bringen. Da ist er unbeirrbar.

ins Wanken kommen/(geraten) · to begin to waver, to begin to falter, to become shaky
»Wenn man sieht, wieviel Ungerechtigkeit und Leid in der Welt herrscht«, meinte er, »dann kann der Glaube, den man von zu Hause mitgekriegt hat, schon ins Wanken kommen. Oder bist du da gegen alle Zweifel gefeit?« wandte er sich plötzlich an seine Schwester ...

nicht wanken und nicht weichen *path selten* · 1. not to move an inch, not to budge an inch, not/never/... to waver, to be as firm as a rock, 2. to stand/... like a wall
1. Was immer das Schicksal ihnen bringen würde – sie hatten sich fest vorgenommen, nicht zu wanken und nicht zu weichen ...

2. vgl. – (eher:) wie eine **Mauer** stehen

Wanne: in die Wanne steigen *ugs* · to take a bath
... So, jetzt steig' ich erstmal in die Wanne und nehm' ein anständiges Bad. Wenn jemand anrufen sollte, Gerda, sagst du, ich wäre nicht zu Hause.

Wanst: sich den Wanst vollschlagen/(vollfressen) *sal* – sich den **Bauch** vollschlagen/(vollfressen) · to stuff o.s.

Wappen: einen Löwen/... im Wappen führen *hist* · to have s.th. on one's coat of arms, to bear s.th. on one's coat of arms
... Der Wolfram? Der kommt aus einer hochadligen Familie. Erinnerst du dich nicht mehr, wie er vor ein oder anderthalb Jahren so nebenbei einfließen ließ: »Ja, ja, mein Vater braucht immer noch die alten Briefbögen mit dem Wappenzeichen. Übrigens: wir führen eine Lilie im Wappen, deshalb bin ich so naiv ...«?

war: ich war/er/der Karl war/... essen/baden/einen trinken/... · I/he/Karl/... was/... at your/... place, we/... were/... out drinking/swimming/..., we/... went swimming/out for a drink/...
... Ich war gestern nachmittag bei euch; aber es war niemand zu Hause. – Wir waren schwimmen. Das Wetter war so schön ...

Ware: heiße Ware (verkaufen/...) *ugs selten* · (to sell/to buy/...) hot goods
(An der Grenze:) Du wirst doch hier bei einem fliegenden Händler keine Uhr oder sowas kaufen! Das ist doch alles heiße Ware. – Was interessiert mich, ob das gestohlen ist oder nicht ...

gute Ware hält sich *ugs iron* · I'm/you're/... not bad for my/ your/... age
... Mensch, Werner, wir haben uns bestimmt zehn Jahre nicht gesehen, und du siehst genauso jung und rüstig aus wie damals! – Tja, gute Ware hält sich. Wenn man innerlich jung bleibt ... – Du willst damit doch nicht sagen, daß ich innerlich verrostet bin? ...

wär(e): (so) das wär's! · that's it!
(Ein Junge, nach der Installation einer neuen Steckdose:) So, das wär's! Hast du sonst noch was zu reparieren, Mutter? – Bist du schon fertig? Das ging ja schnell. Wenn du mir noch einen Gefallen tun willst ...

wie wär's mit ... *ugs* · how about ...?, what about?
(Zu ein paar jungen Männern, die im Garten gearbeitet haben:) So, jetzt habt ihr doch bestimmt Durst. Wie wär's mit einem anständigen Bier? – Haben Sie schon ein's kaltgestellt, Herr Maurer? Ich glaub' nicht, daß jemand nein sagt.

und der/die/das wäre? · what might it be?, what is it?
Du, Ute, was unseren Urlaub betrifft, hab' ich einen Vorschlag. – Und der wäre? – Wir fahren in die Bretagne.

wenn ich du/Sie wäre (dann ...) *ugs* – an deiner/seiner/... **Stelle** ... · if I were you/if I was you/(...)

wenn j./etw. nicht (gewesen) wäre · 1. if Bettina/... weren't here, if it wasn't for Bettina/..., 2. if it hadn't rained, if it hadn't been for John/...
1. (In einer Gruppe, die zusammen ausgehen will, zu einem Freund, abseits von den anderen:) Wenn die Bettina nicht wäre, würde ich sagen, wir gehen ins Cabaret. – Die Bettina und ins Cabaret! – Eben! Die ist immer so zurückgezogen ...
2. Wenn der Regen nicht gewesen wäre, wären wir mit der Arbeit rechtzeitig fertig geworden. – Wenn ...

(so) als wenn nichts wäre, erklären/... – mit der selbstverständlichsten **Miene** der Welt erklären/... · to tell s.o./to reveal s.th./... as if it were the most natural thing in the world

das wär's für heute/jetzt/...! *ugs* · that's it for today/now/..., that's enough for today/now/...
(Abends, 19.00 Uhr:) So, das wär's für heute! Jetzt hab' ich 15 Seiten übersetzt, das reicht. Jetzt ist Schluß!

wie wär's/(wäre es), **wenn ...** + *Konj. Irreal.* · how about doing s.th./going to the cinema/...?
Wie wäre es, wenn wir heute abend ins Kino gingen? Was hältst du davon?

warm: weder warm noch kalt sein/(nicht warm und nicht kalt sein) *sal* – (eher:) weder **kalt** noch warm sein/(nicht kalt und nicht warm sein) · not to care much either way

Wärme: jn. mit Wärme aufnehmen/empfangen/... *form – path selten* · to welcome/... s.o. warmly, to welcome/... s.o. cordially
... Nein, der Adalbert hat doch jeden aus seiner Familie immer mit Wärme (bei sich) aufgenommen, die Leute wer weiß wie lange umsonst bei sich wohnen lassen ... – ich verstehe nicht, wie die ihm vorwerfen können, er wäre kalt, egoistisch ...

Warmer: ein Warmer sein *sal selten* – von der andern **Fakultät** sein · to be a queer, to be a poof

Warmes: etwas/nichts Warmes essen/... · (not) to have a hot meal/cooked meal
... Und wo ißt du zu Mittag? – Zu Mittag esse ich nur eine Kleinigkeit, meistens ein Brötchen ... – Also kalt? Und abends, sagst du, ißt du auch kalt. Aber das geht nicht, Kind! Du mußt wenigstens einmal am Tag etwas Warmes essen.

warmhalten: ihn/sie/den Peter **muß**/sollte/... **sich j. warmhalten** *ugs* · to keep in with s.o., to keep on the right side of s.o.
Du, den Herrn Breitner solltest du dir warmhalten! Der kann dir nochmal sehr nützlich sein. – Das hab' ich mir auch schon überlegt. Aber auch abgesehen von diesen Utilitaritätsgesichtspunkten möchte ich den Kontakt zu ihm behalten. Ich finde ihn sympathisch.

warmherzig: ein warmherziger Mensch/... **(sein)**/(warmherzig sein) – ein warmes **Herz** haben · (to be) a warm-hearted person

warmlaufen: sich warmlaufen *Sport* · to warm up
(Aus einer Radioübertragung eines Fußballspiels:) Das Spiel wird jeden Augenblick beginnen; die Spieler laufen sich bereits warm ...

den Motor/Wagen/... warmlaufen lassen · to warm up the engine
... Mit diesen vereisten Scheiben kann man doch gar nicht fahren! – Wir müssen halt eine Viertelstunde vorher den Motor warmlaufen lassen und die Heizung anstellen, damit das Eis schmilzt. Die Zeit müssen wir uns nehmen.

warmwerden: in .../... **(nicht) warmwerden** *ugs* · (not) to warm to s.th., (not) to get used to s.th. *n*
Na, hast du dich in Stuttgart mittlerweile eingelebt? – Offengestanden, nein! Ich werde da nicht warm. Ich glaube, ich kann da ein ganzes Jahrzehnt leben und fühle mich immer noch nicht heimisch.

(nicht) (leicht/...) warmwerden mit jm./(etw.) *ugs* · (not) to find it hard to get on with s.o., (not) to be able to/to find it hard to warm to s.o.
Mit dem Heribert werde ich einfach nicht warm! – Warum denn nicht? Er ist anständig, gut erzogen ... – Ich behaupte nicht das Gegenteil. Aber ich finde einfach keinen richtigen Kontakt zu ihm.

Warte: von meiner/seiner/... **Warte (aus)**/(von der Warte meines Onkels/... aus) *form* · from my/his/... point of view, from my/his/... standpoint/perspective
... Ich würde die ganzen Transporte an deiner Stelle nicht von einem Transportunternehmen machen lassen, ich würde einen Lastwagen kaufen. Den kannst du nachher ja wieder verkaufen. – Von deiner Warte aus hast du wahrscheinlich Recht. Aber wir haben keine Leute für so was; schon mit dem Fahrer gäb' es Probleme ... Nein, so eine kleine Firma wie unsere fährt wohl mit einem Transportunternehmen besser.

etw. von der hohen/hoher/einer hohen/einer so hohen/einer höheren/... **Warte aus betrachten**/beurteilen/... · to see/to judge/... s.th. from a lofty/superior/such a superior/... standpoint
Der Prof. Köhler meint, die hohen Arbeitslosenzahlen seien natürlich erschreckend; aber dadurch werde die Wirtschaft wie die Politik zu einer Anpassung an die neuen weltpolitischen Daten gezwungen. – Für jemanden, der die Dinge aus einer so hohen Warte beurteilt, mag darin ein Trost liegen. Den Millionen, die nicht wissen, wie sie den nächsten Tag herumbringen, sagt so eine Perspektive wenig.

warten: na, warte/wartet! *ugs* · just you wait!
... Du hast mir meine Pralinen weggegessen? Na warte! Ich werde schon eine Gelegenheit finden, mich zu rächen.

etw. kann warten · it/that/s.th. can wait
... Und dann müssen wir noch den Brief an Schuckert schreiben. – Der/das kann warten; das/der hat Zeit bis morgen oder übermorgen, wenn nicht sogar bis nächste Woche ...

da kannst du/kann er/kann der Herr Maier/... **lange warten!**/wenn ..., dann ... *sal* · 1. 2. if ..., he/Mary/... has got a long wait *coll*, if ..., he/Mary can wait till the cows come home
1. ... Du meinst wirklich, ich müßte mich bei dir entschuldigen? Da kannst du lange warten!
2. Wenn die Elly sich einbildet, ich würde extra noch bei ihr vorbeifahren, um sie heute abend zum Kino abzuholen, dann kann sie lange warten! Ich bin doch nicht ihr Chauffeur.

(nicht) lange auf sich warten lassen · 1. (not) to keep s.o. waiting, 2. (not) to be long in coming
1. Läßt euer Willy immer so lange auf sich warten? – Wie lange wartest du denn jetzt schon hier? – Na, bestimmt eine halbe Stunde.
2. Statt sich sachlich und vernünftig zu geben, trat der Robert, als er bei uns anfing, sofort in seiner gesamten herrischen und arroganten Art auf. Die Schwierigkeiten ließen denn auch nicht auf sich warten. Schon nach vierzehn Tagen fragte mich der Abteilungsleiter: »Was haben Sie uns denn da für einen Mann empfohlen? ...«

da kannst du/kann er/kann der Herr Maier/... **warten, bis du**/er/... **schwarz wirst**/wird/... *sal* – (stärker als:) da kannst du/kann er/kann der Herr Maier/... lange **warten!**/wenn ..., dann ... (1; u. U. 2) · you/he/Smith/... can wait till you're/... blue in the face

Warteschleife: eine/mehrere/... **Warteschleife(n) drehen** *Flugzeug* · to circle over an airport while waiting for permission to land *para*, to do turning loops
(Ein Flugpassagier zu einem Nachbarn:) Wir sind schon in Frankfurt, nicht? – Natürlich. Ich kenne eine ganze Zeit. Die Maschine scheint bisher keine Landeerlaubnis zu haben, denn wir drehen seit wenigstens zehn Minuten hier Warteschleifen

warum: warum? darum! *sal* · why? because!, why? that's why!
Christine, iß vernünftig und steck' den Finger nicht immer in den Mund! – Warum? – Darum! ... Ich hab' dir doch schon tausendmal gesagt: das ist eben so! Das machen alle Leute so, die gut erzogen sind. – Warum?

warum und wieso/(weshalb) *ugs* · (to ask/...) why
... Was? Wir sollen heute nachmittag alle herauf zu ihm ins Zimmer kommen? Ja, hast du ihn denn nicht gefragt, warum und wieso? – Als wenn das Zweck hätte! Als wenn er seine Gründe vorher aufdeckte!

nach dem Warum und Wieso/(Weshalb) **fragen** *ugs* · to ask about/... the whys and wherefores
... Warum?! Warum?! Als wenn es Sinn hätte, jetzt noch lange nach dem Warum und Wieso zu fragen! Jetzt müssen wir sehen, daß wir wenigstens die dringendsten Probleme einigermaßen lösen. Die Gründe werden wir nie richtig erfahren ...

was: ach, was! – ach, was! · of course not, you're joking

das ist schon was! *ugs* – das ist schon **etwas** · that's quite a lot, that's not bad, that's quite something

(na) so was! *ugs* – na, **so** was/(etwas)! · well I never!

(nein) so was! *ugs* – (nein) so **etwas!** · well I never!

so was von + *Subst (abstr)* *ugs* · so **etwas** von + *Subst (abstr)* · such + *noun (abstr)* · such stupidity/...

das ist doch wenigstens was *ugs* – das **ist** doch wenigstens was · that's at least something

schon was sein *ugs* – schon **etwas** sein · to be somebody, to be something

was mit jm. **haben** *ugs* – **etwas** mit jm. haben · to have s. th. going with s. o.

so was an sich haben (was/das/...) – so etwas an **sich** haben (was/das/...) · to have something about one, + there is something about him/her/John/...

... und was nicht alles *ugs* – (eher:) ... und was/(wer/wem/...) **weiß** ich noch alles/... und ich weiß nicht, was/(wer/wem/...) noch alles) (2; u. U. 1) · ... and God knows what else

was für ein ...! · what an idiot/...!
Was für ein Esel, der Lambert! Schlägt der doch wahrhaftig das Angebot des alten Schuckert aus, bei ihm die Exportabteilung zu übernehmen! Nein, (was) ist das ein Dummkopf!

was ist das (für) ein ...! *ugs* – **was** für ein ...! · what an idiot/...!

und was für einer/eine/eins! *ugs* · and what an idiot/...!
... Das ist ja doch ein Esel, der Lambert – so ein gutes Angebot abzulehnen! – Und was für einer! So ein Angebot kriegt er sein ganzes Leben nicht wieder.

so was wie ... *ugs* · (s. o. is a copywriter/a travel agent/...) or something of the sort
Was ist der Vater von dem Axel eigentlich von Beruf? – Genau weiß ich das nicht. So was wie Werbeagent. So in der Richtung jedenfalls.

Wäsche: (die) große/kleine Wäsche · big/small items of washing, a large amount of washing
(Zwei Frauen:) Die große Wäsche – Bettücher, Decken, die größeren Kleidungsstücke – die bringe ich in die Wäscherei; aber die kleine Wäsche wasche ich selbst. – Seitdem ich eine Maschine habe, wasche ich alles selbst. ...

(gerade/...) in der Wäsche sein · s. th. is in the wash
... Wo ist denn mein Seidenhemd schon wieder geblieben? – Das ist in der Wäsche, Alfons. – Verdammt nochmal, jedesmal, wenn ich eine Sitzung habe und das Seidenhemd tragen will, wird das gerade gewaschen. ...

(große) Wäsche haben *form* · to have one's wash-day
(Zwei Frauen:) Tut mir leid, Frau Mertens, heute bin ich eilig, ich hab' Wäsche heute. – Ach, sie waschen selbst? Ich dachte, Sie gäben Ihre Wäsche (zum Waschen) weg.

etw. in die Wäsche geben *form* · to have s. th. washed, to have s. th. laundered
Gibst du die Hemden deines Mannes in die Wäsche oder wäscht du sie selbst? – Ich gebe sie aus/ich laß sie bei ... waschen.

jm. an die Wäsche gehen *sal selten* – jm. ans **Leder** gehen · to go for s. o., to attack s. o.

(ganz/vielleicht) blöd/stumpfsinnig/dumm/... aus der Wäsche gucken *sal* – **Augen** machen wie ein gestochenes Kalb (1) · to look really/... stupid/vacant/..., + s. o.'s jaw drops in surprise/...

(total/...) belämmert aus der Wäsche gucken *sal* · to look stupid *n*, to look a right Charley
(Der Vater zu seinem Sohn:) Peter, du solltest etwas mehr für dein Examen lernen! Wenn du durchfällst, weil du nicht genug gelernt hast, guckst du hinterher belämmert aus der Wäsche.

(man soll) seine schmutzige Wäsche (nicht) vor anderen/allen Leuten/in der Öffentlichkeit/(...) waschen *ugs* · one should not wash one's dirty linen in public
... Christa, wenn du mit dem Kurt was zu klären hast, dann macht das unter euch (beiden allein) ab! Ihr werdet doch jetzt eure schmutzige Wäsche nicht hier vor allen Leuten waschen!

jm. an die Wäsche wollen *sal selten* – jm. ans **Leder** wollen (1) · to try to get at s. o.

waschecht: ein waschechter Berliner/Schwabe/... *ugs* · a genuine Bavarian/..., a true-blue Bavarian/..., a Bavarian/... through and through
... Der Kurt? Das ist ein waschechter Bayer! Sein Vater ist Bayer, seine Mutter ist Bayerin, er selbst ist in Erding bei München gebo-

ren. – Ja, und er gibt sich ja auch immer hundertprozentig bayrisch ...

Waschküche: das ist/draußen ist/... eine richtige Waschküche *ugs* · it's a pea-souper (out there/...)
Warst du schon draußen heute? – Nein. Warum? – Das ist eine richtige Waschküche. Man sieht keine dreißig Meter weit. Ich erinnere mich nicht, daß wir in diesem Jahr schon einmal einen solch' dichten Nebel gehabt hätten.

Waschlappen: ein (alter/richtiger/...) **Waschlappen** (sein) *sal* · 1. (to be) a real/... wimp, 2. (to be) a real/... softie/drip
... Der Robert ...?! Das ist ein richtiger Waschlappen! Der hat Schiß vor allem und vor jedem. Wenn es n i c h t geeignet ist, mit dem Chef ein klares Wort zu reden – weil er zu feige ist –, dann (ist es) der Robert!
2. ... Hast du schon einmal erlebt, wie sich dieser Waschlappen von seiner Frau herumkommandieren läßt?

Waschweib: ein (altes/richtiges/...) **Waschweib** (sein) *sal* · 1. 2. (to be) a real/... gossip, (to be) a real/... chatterbox, (to be) a real/... washerwoman
1. Da steht dieser Emil Schuster doch schon wieder auf dem Flur und quatscht mit den jüngeren Kolleginnen über andere Leute, statt zu arbeiten! Ein richtiges Waschweib, dieser Kerl! Den halben Tag verbringt er damit, irgendwo herumzustehen und zu tratschen.
2. ... Nichts, aber auch gar nichts kann dieser Mensch für sich behalten! Ein altes Waschweib ist das, dieser Fritz Heubner! Wenn du willst, daß deine vertraulichen Dinge morgen in der Zeitung stehen, dann mußt du sie ihm erzählen!

Wasser: ein fließendes Wasser *form* – (eher:) ein fließendes **Gewässer** · a stretch of running water

das große Wasser/über das/übers große Wasser fahren/... *ugs selten* – (eher:) der große **Teich**/über den großen Teich fahren/... · the pond

er/sie/der Peter/die Industrie/... kocht auch nur/bloß mit Wasser *ugs* – da/in .../bei .../... wird auch nur/bloß mit **Wasser** gekocht · he/she/John/industry/... is/... no better than anyone else, he/she/John/industry/... can't perform miracles (either)

Kritik/... läuft/(geht) an jm. **ab wie Wasser** *ugs* · it/criticism/... is like water off a duck's back
Die Vorhaltungen, die der Chef dem Klaus neulich gemacht hat, scheinen ja keine großartigen Wirkungen gehabt zu haben. – Keine großartigen? Gar keine! So etwas läuft bei dem ab wie Wasser. Kritik, Tadel, Ermahnungen ... – das macht auf den nicht den geringsten Eindruck.

ein stehendes Wasser *form* – ≠ ein fließendes **Gewässer** · a stretch of stagnant/dead water

ein stilles Wasser sein · s. o. is a deep one, s. o. is a deep character, s. o. is a dark horse
... Ja, ja, das stimmt: der Berni macht einen etwas harmlosen Eindruck, wirkt etwas naiv. Aber täusch' dich nicht: das ist ein stilles Wasser! Der weiß haargenau, was er will, ist sehr klug und weiß Menschen wie Dinge prächtig in seinem Sinn zu steuern.

weiches Wasser · soft water
... Mein Gott, bei eurem weichen Wasser braucht man eine halbe Stunde, bis die Seife vom Körper abgeht! – Das läßt sich nicht ändern, Paula; das Wasser hat nun mal wenig Kalk.

jm. das Wasser abgraben · to cut the ground from under s. o.'s feet
... Wenn sie dem Mann alle Zuschüsse streichen, eine Lizenz nach der anderen entziehen und so das Wasser abgraben, dann ist ja klar, daß er pleite macht! – Das wollen sie doch gerade! – Warum? Warum einem so tüchtigen Mann die Existenzgrundlage entziehen?

sein/(sich das) Wasser abschlagen *form veraltend selten* – ein kleines **Geschäft** machen (müssen) · to have/to go for/... a slash

das Wasser schießt/(steigt) jm. **in die Augen** *form euphem selten* – (ganz) feuchte/(nasse) **Augen** bekommen · + s. o.'s eyes fill/brim/... with tears

auf diesem Weg nicht weiterkommen/nichts erreichen/... · you/he/... will not get far/... this way, you/he/... will not achieve anything/... this way

Versucht der Manfred immer noch, sein Ziel zu erreichen, indem er auf seine vermeintlichen Rechte pocht, sich stur stellt? – Ja, leider. – Auf diesem Weg erreicht er bei dem Chef nichts, gar nichts.

etw. **ist ein dorniger/**(steiniger/...) **Weg** *path* · s.th. is a hard road to travel

Wenn man genauer hinsieht, ist so eine Universitätskarriere für die meisten ja doch ein sehr dorniger Weg: jahrelang Prüfungen, Arbeiten, eine starke Konkurrenz – und dazu noch die Unsicherheit, ob man überhaupt eine feste Stelle bekommt ...

mein/sein/... **erster Weg** (nach der Reise/...) führte mich/ihn/... zu/nach/... · + the first thing I/he/... did/... (after the journey/...) was to ...

... Nach seiner Ankunft in Deutschland führte ihn sein erster Weg zu seinen Eltern. Mehr als ein Jahrzehnt schon hatte er sie nicht mehr gesehen. Aufgeregt wie ein kleiner Junge, setzte er sich am Flughafen in ein Taxi.

auf gesetzlichem Weg etw. lösen/... *form* · to solve/... s.th. by recourse to law, to solve/... s.th. by legal means/through the courts

... Aber man kann doch nicht alles und jedes auf gesetzlichem Weg regeln! Wir haben doch sowieso schon viel zu viele Gesetze und Verordnungen ...

etw. **auf gütlichem Weg** lösen/regeln/... *form* – etw. (nur/...) im **Guten** lösen/regeln/... (können) · to settle/... a dispute/... amicably

auf halbem Weg umkehren/stehenbleiben/... · to turn back halfway, to stop halfway

... So ein Blödsinn: da bereiten wir uns wer weiß wie lange darauf vor, zu Fuß auf den Rodbachgipfel zu steigen, und dann kehren wir auf halbem Weg um! – Und warum? Hat jemand unterwegs schlapp gemacht?

jn./js. Einfluß/... **auf kaltem Weg** ausschalten/unschädlich machen/... *form* · to get rid of s.o./to put a stop to s.o.'s activities/... by the back door/by underhand means/unceremoniously/on the quiet/without bothering about niceties *coll*

... Nein, eine offene Auseinandersetzung werden sie natürlich nicht riskieren. Dafür sind sie zu feige. Sie werden versuchen, unseren Herbert auf kaltem Weg aus der Partei herauszuboxen.

auf künstlichem Weg ... *form selten* · by artificial means, artificially

Bei vielen Völkern, meinte er, gab es jahrhundertelang die Vorstellung, ein Kind, das aus lebendigster Liebe kommt, sei besonders schön. In einem Zeitalter, in dem viele Frauen ihre Kinder auf künstlichem Wege empfangen, wirken solche Vorstellungen überholt.

auf dem kürzesten Weg nach Rom/... fahren/gehen/... · to take the shortest/... route to Rome/...

... Jetzt kommst du erst? Es ist halb zwölf. Wann bist du denn von zu Hause weggefahren? – Schon um neun Uhr. Und ich bin auf dem kürzesten Weg gefahren – über Ulm. Aber es ist Nebel, da geht es nicht schneller.

etw. **auf dem kürzesten/**(auf kürzestem) **Weg** erledigen/... – (eher:) auf dem schnellsten **Weg** irgendwohin fahren/gehen/.../etw. auf dem schnellsten Weg erledigen/.../auf schnellstem ... (2) · to do s.th. as quickly/speedily/... as possible

etw. **liegt am/**auf dem/(an/auf js.) **Weg** · it/s.th. is on my/... way

... Nein, ich möchte dich nicht noch mit diesem Einkauf belästigen. – Belästigen?! Das liegt am Weg! Wenn ich zum Musikhaus Scherber gehe, komme ich sowieso an dem Geschäft vorbei. Da kann ich dir das Müsli doch eben kaufen ...

auf dem schnellsten Weg nach Rom/... fahren/gehen/.../etw. auf dem schnellsten Weg erledigen/.../auf schnellstem ... · 1. to drive/to go/... somewhere by the fastest route, 2. to complete/... s.th. as speedily as possible

1. Du bist schon da? Bist du über die Autobahn gefahren? – Ja, und vorher über die B1. Ich bin also auf dem schnellsten Weg gekommen – wenn auch nicht auf dem kürzesten.

2. ... Sieh zu, daß du die Versicherungsfragen auf dem schnellsten Weg erledigst! Sonst hast du nachher eine Krankheit und hast keinen Schutz. – Das ist klar, daß ich das so schnell wie möglich mache; aber von heute auf morgen geht es nun einmal nicht.

etw. **auf schriftlichem Weg** lösen/regeln/... *form* · to do/to deal with/... s.th. in writing

... Nein, solche Sachen würde ich nicht mündlich besprechen; das würde ich auf schriftlichem Weg zu bereinigen suchen.

dem/einem solchen Vorgehen/... **steht nichts im Weg**(e) *form od. iron* · there's no reason why not, that/that procedure should not present any problems

... Könnten wir uns vielleicht zum Abendessen treffen, um die Dinge durchzusprechen? – Dem steht nichts im Wege. Einverstanden. Wo sollen wir essen?

e-r S. **steht nichts im Weg** · there is nothing to prevent s.th./s.o. doing s.th.

... »Das ist ein offizieller Kongreß«, erklärte er, »Einreisebeschränkungen gibt es dort nicht mehr ... – eurer Teilnahme steht also nichts im Weg. Ihr müßt euch nur rechtzeitig anmelden.«

auf ungesetzlichem Weg etw. lösen/... *form* – ≠ auf gesetzlichem **Weg** etw. lösen/... · to solve/... s.th. by illegal means

bis dahin/... **ist noch ein weiter Weg** · there's a long way to go until ..., it/s.th. is still a long way off

... Und wenn du dann Ordinarius bist ... – Ordinarius! Bis dahin ist noch ein weiter Weg, Bärbel. Erst muß ich mal mit meiner Habilitation fertig werden; dann geht das Gerangel um die Verlängerung meines Vertrags los ... Wenn alles gut läuft, kann ich in fünf oder zehn Jahren Ordinarius sein.

jn. **von seinem Weg abbringen** · to deflect s.o. from his course

... Ja, der Kurt ist ein Mann von großer Entschlossenheit und Willenskraft. Wenn er sich einmal etwas vorgenommen hat, kann ihn niemand mehr von seinem Weg abbringen.

jn. **vom rechten Weg abbringen** *form* · to lead s.o. astray

Was sind das eigentlich für Jungen, mit denen der Walter neuerdings verkehrt? – Ich weiß nicht. Warum? – Ich habe sehr den Eindruck, die werden unseren Sohn noch vom rechten Weg abbringen. Seitdem er mit denen umgeht, arbeitet er nicht mehr wie früher, kommt dauernd spät nach Hause, ist verschlossen ...

sich nicht von seinem Weg abbringen lassen · not to allow s.o./s.th. to deflect one from one's course, not to let s.o./s.th. deflect one from one's course

Wenn du als Pianist Karriere machen willst, Christian, dann darfst du dich durch nichts und durch niemanden von deinem Weg abbringen lassen. Auch von der Bärbel nicht. Da mußt du unbeirrt dein Ziel im Auge behalten und nur das tun, was diesem Ziel dient.

vom Weg abkommen · to take the wrong path, to lose one's way, to get lost

(Auf einem Spaziergang:) Erika, wir müssen umkehren, wenigstens bis zur letzten Abbiegung. Wir sind vom Weg abgekommen. Hierher sind wir noch nie gegangen, und wenn wir hier weitergehen, kommen wir ganz woanders raus als da, wo wir hinwollen.

vom rechten Weg abkommen *form* · 1. to lose one's way, 2. to go astray, to get into bad ways

1. vgl. – (eher:) vom **Weg** abkommen

2. vgl. – (eher:) auf die schiefe/(abschüssige) **Ebene** geraten/(kommen)

vom Weg der Pflicht/des Gesetzes/der Moral/... **abkommen/abweichen** *form* – *path* · to leave/to deviate from/... the path of duty/morality/...

Wenn du einmal vom Weg der Moral abkommst, sagte er zu seinem Sohn, dann ist es aus. Das kannst du immer wieder beobachten. Nur die wenigsten fangen sich nachher wieder und finden zu einem geradlinigen Lebensweg zurück.

den Weg abkürzen/(abschneiden) · to take a short-cut

(Auf einer Wanderung:) Müssen wir wirklich um die ganze Flußbiegung herumgehen, um in die Stadt zu kommen? Kann man den Weg nicht abkürzen? – Ich wüßte nicht, wie. Es gibt nun einmal keine Brücke in unmittelbarer Nähe.

jm. **einen Weg abnehmen** · to run an errand for s.o., to do an errand for s.o., to save s.o. a journey

… Sie wollen gerade in die Stadt, um Blumen zu kaufen, Frau Mertens? Den Weg kann ich Ihnen abnehmen. Ich muß sowieso in die Stadt; dann bringe ich Ihnen die Blumen mit.

jm. **den Weg abschneiden** · to block s.o.'s way, to cut s.o. off

(Bei einem Indianerspiel:) Die anderen wollen die Burg bestimmt von hinten erreichen; denn das ist viel näher. Nur wenn wir ihnen den Weg abschneiden, können wir verhindern, daß sie gewinnen. – Wie sollen wir ihnen in diesem breiten Gelände den Weg versperren? Das ist doch ganz unmöglich. Oder kennst du da eine Stelle …?

(nicht) vom rechten/(geraden) Weg abweichen *form* · (not) to stray from the straight and narrow, (not) to stray from the right path

… »Und vor allem«, sagte ihm sein Vater, »weiche nie vom rechten Weg ab, dem Weg, den dir dein Gewissen vorschreibt! …«

j. **auf kaltem Weg(e) aussperren** · to lock s.o. out unceremoniously/without bothering about the niceties/without bothering about formalities

… Am vergangenen Wochenende hat mich mein Vermieter auf kaltem Wege ausgesperrt, indem er während meiner Abwesenheit den Schließzylinder meiner Wohnung ausgetauscht hat.

für etw./e-e S. **den Weg bahnen** *form* · 1. 2. to pave the way for s.o./s.th., to clear the way for s.o./s.th.

1. … Wer hat denn den Geschäften in Brasilien den Weg gebahnt, der Kreismann oder du? Nun also?! Wenn er sie eingeleitet hat und mit den ersten großen Risiken und Schwierigkeiten fertiggeworden ist, kannst du jetzt nicht das Verdienst für dich beanspruchen!
2. Die Entwicklung der Antibiotika hat ganz neuen medizinischen Behandlungsmethoden den Weg gebahnt – Methoden, die früher undenkbar waren und sich gegen die verschiedensten Hindernisse erst durchsetzen mußten.

sich einen/den **Weg bahnen** (durch …) · 1. to clear a way through a forest/…, 2. to clear a path through difficult terrain/a crowd/…

1. … Mit einem Haumesser bahnten sie sich den Weg durch den Busch.
2. vgl. – sich **Bahn** brechen (durch unwegsames Gelände/eine Menge/…)

jn. **auf seinem letzten Weg begleiten** *form* · to pay one's last respects to s.o., to go to s.o.'s funeral, to accompany s.o. on his last journey

… Der Franz sollte mit seiner Grippe ja eigentlich nicht mit zur Beerdigung gehen. Schließlich stirbt er auch noch. – Sei nicht makaber, Klaus! Er war mit dem Richard so eng befreundet, da will er ihn natürlich auf seinem letzten Weg begleiten.

jm. **den Weg bereiten** *form selten* – jm./e-r S. den **Weg** ebnen (1, 2) · to pave the way for s.o.

den Weg für etw. **bereiten** *form* – jm./e-r S. den **Weg** ebnen (3, 4) · to pave the way for s.th.

einen neuartigen/ungewöhnlichen/seltsamen/… **Weg beschreiten** *path* – andere/neuartige/ungewöhnliche/seltsame/… **Wege** beschreiten · to break new ground, to tread a new/an unusual/a strange/… path

den Weg der Tugend/… beschreiten *form – path* · to follow the path of virtue/…

… Seine fromme Mutter hatte ihn gelehrt, den Weg der Tugend und Rechtschaffenheit zu beschreiten, und von diesem Weg wich er sein ganzes Leben hindurch nicht ein Mal ab.

auf dem Weg der Besserung sein/sich … befinden *form* · to be on the road to recovery, to be getting better

… Lange Zeit sah es in der Tat so aus, als würde er nie wieder gesund. Aber jetzt ist er Gott sei Dank auf dem Weg der Besserung. In vier, fünf Wochen müßte er eigentlich wieder ins Büro gehen können.

etw. **auf den Weg bringen** *form* · to initiate s.th., to get s.th. started

… Der neue Umweltminister machte den Entwurf zum Naturschutzgesetz, den bereits sein Vorgänger auf den Weg gebracht hatte, sofort zu seiner Sache. Schon nach zwei Monaten präsentierte er dem Parlament eine ausgereifte Vorlage, die …

Waren/Pakete/… **auf den Weg bringen** *form* · to post goods/parcels/…, to send goods/parcels/… off

(Der Vater zur Mutter:) Schau dir das an, jetzt liegen die Päckchen doch immer noch hier herum! Wann will der Junge sie denn endlich auf den Weg bringen? Oder meint er, die Sachen kämen dadurch nach Polen, daß man sie fein säuberlich einpackt? – Heute nachmittag geht er zur Post, Richard.

jn. **auf den rechten/(richtigen) Weg bringen** *form* · to put s.o. on the right track

Trotz seines unmoralischen Lebenswandels ist der Rudi im Grunde kein übler Kerl. Was er braucht, ist ein Mensch, der ihn liebt und der stark genug ist, ihn (wieder) auf den rechten Weg zu bringen.

jm./e-r S. **den Weg ebnen** · 1. to smooth the way for s.o., 2. 3. 4. to pave the way for s.th.

1. … Sein Bruder hat ihm den Weg geebnet! Er hat ihm die Anstellung bei Bosch besorgt, bei der Geschäftsleitung gute Worte für ihn eingelegt, ihm die weiteren Beziehungen verschafft … Ohne seinen Bruder hätte er nie eine solche Karriere gemacht.
2. Die sozialen Ungerechtigkeiten haben den Radikalen den Weg geebnet, und nichts weiter, schimpfte er. Ohne diese Ungerechtigkeiten wäre ihnen jeder Einfluß versperrt geblieben.
3. Haben die sozialistischen Strömungen im 19. Jahrhundert der Soziallehre der Kirche den Weg geebnet oder war es eher umgekehrt?
4. … Die Industrialisierung hat letztlich auch dem Materialismus den Weg geebnet, meinst du?

seinen/einen eigenen **Weg einschlagen** *form* · to go one's own way

… Von einem bestimmten Alter an, meint mein Vater, sollten die Kinder unter allen Umständen einen eigenen Weg einschlagen. Wenn sie sich zu spät oder gar nicht – dazu entschließen, ihr eigenes Leben zu leben, kommt es später nur zu leicht zu unlösbaren Konflikten mit den Eltern.

den falschen Weg einschlagen *form selten* · to make a wrong choice, to take the wrong turning, to follow the wrong road

… Der Wolfgang hat einfach zu spät gemerkt, daß er den falschen Weg eingeschlagen hat, als er sich für das Medizinstudium entschied. Er ist nicht zum Arzt geboren. – Welchen Lebensweg hätte er denn nach deiner Meinung wählen sollen?

einen neuen/(anderen) Weg einschlagen *form selten* · to adopt a new/different/… method, to follow a new avenue

(Ein Arzt:) Wenn die bisherigen Behandlungsmethoden nicht geholfen haben, Frau Schmitz, dann müssen wir halt einen anderen Weg einschlagen. Wir werden Sie schon wieder gesund kriegen!

den richtigen Weg einschlagen *form selten* – ≠ den falschen **Weg** einschlagen · to make the right choice, to follow the right road

jm. **auf halbem Weg entgegenkommen** · 1. 2. to meet s.o. half-way, 2. to make a compromise, to come to a compromise

1. … Schaut mal, da kommen uns Onkel Heinz und Tante Martha schon auf halbem Weg entgegen. … Tag … Tag … Na, dann können wir das letzte Stück bis zu eurem Gut ja zusammen gehen. …
2. … Damit ihm eine Bitte um Entschuldigung nicht zu schwer fiele, kam sie ihm auf halbem Weg entgegen und sagte: »Gestern waren wir wohl beide nicht sehr gut gelaunt, nicht wahr?« …

sich/(einander) **auf halbem Weg entgegenkommen** · 1. 2. to come to a compromise, to meet one another half-way

1. … Wenn jeder von euch beiden etwas nachgibt und ihr euch so auf halbem Weg entgegenkommt, dann müßt ihr euch doch auf eine gemeinsame Linie einigen können!
2. … Wir werden im Handel schon einig werden. Wenn wir einander auf halbem Weg entgegenkommen … – Das meine ich auch: ihr müßt euch in der Mitte treffen. Und das müßte doch möglich sein, daß jeder von seinen Maximalforderungen in etwa so viel abrückt wie der andere.

(etw. ist/...) **der** (richtige) **Weg zum Erfolg** · (s.th. is/...) the road to success

... Du weißt immer ganz genau, was für andere der richtige Weg zum Erfolg ist, Heinz! Nur was dich selbst betrifft, lassen die Erfolge nach wie vor auf sich warten. – Herzlichen Dank für das Kompliment, Otto!

einen Weg finden (müssen) (um .../wie .../...) · to have to find a way (of doing s.th.)

... Wir müssen einfach einen Weg finden, um dieses Problem zu lösen/wie wir dieses Problem lösen können. – Es dürfte schwer sein. – Natürlich wird das schwer sein. Aber irgendwie muß es gehen!

den Weg allen Fleisches gehen *path veraltend selten* · to go the way of all flesh

»Verehrte Hinterbliebene! Der Tod des Heimgegangenen mahnt uns, daß jeder einzelne von uns, früher oder später, den Weg allen Fleisches zu gehen hat, niemand von uns dem Tode entrinnt ...«

der Weg ist (endlich/...) **frei für** jn./etw. · 1. 2. the way is (now/finally/...) clear for s.o./s.th.

1. ... Der Klotzmann hat seine Kandidatur zurückgezogen. Damit ist jetzt der Weg für den Otto Rausch frei. Wenn nicht noch etwas ganz Außergewöhnliches dazwischenkommen sollte, wird er auf der nächsten Sitzung zum Vorsitzenden gewählt.
2. Nachdem der Vermittlungsausschuß eine Kompromißlösung erarbeitet hat, der alle Parteien zustimmen, ist endlich der Weg frei für eine gesetzliche Neuregelung der Krankenversicherung.

jm. **den Weg freigeben** (etw. zu tun) *form selten* · to give s.o. the all clear to do s.th., to give s.o. the green light to do s.th.

Mit der Entscheidung, alle Exportbeschränkungen aufzuheben, hat die Regierung im Grunde auch allen Unternehmen, die Waffenexport betreiben, den Weg freigegeben.

jm. **den Weg freimachen** *selten* · jm./e-r S. den **Weg** ebnen (1) · to clear the way for s.o.

dieser/... Weg ist für ihn/Helga/... **nicht gangbar** *form* · it/s.th. is not practicable for Mary/him/..., it/s.th. is not feasible for Mary/him/..., this option is not open to Mary/him/...

... Wenn der Klaus die Stelle bekommen will, müßte er ein paar Artikel schreiben, die im Sinn der wichtigsten Kommissionsmitglieder sind. – Dieser Weg ist für ihn nicht gangbar. Da würde er seine innere Unabhängigkeit aufgeben. Das würde er geradezu als Prostitution empfinden.

es muß doch einen Weg geben (wie .../...) · there has to be some way of doing s.th.

... Natürlich ist das schwer! Aber es muß doch einen Weg geben, wie man das lösen kann! Strengt euch mal an, laßt euch mal etwas einfallen! Irgendwie muß das doch möglich sein!

jm. Reiseproviant/Ratschläge/ein gutes Wort/... **mit auf den Weg geben** · 1. to give s.o. food/sandwiches/... to take with him, 2. to give s.o. a piece of advice (before he goes/...)

1. ... Warte, Elly, ich muß eben unserem Axel noch ein paar Butterbrote mit auf den Weg geben. Die machen heute mit der Klasse eine Wanderung ...
2. (Zwei Brüder, die von einem Besuch bei ihrer Großmutter kommen:) Das ist wirklich eine sympathische Frau, die Oma, nicht? Man kann natürlich nicht da weggehen, ohne daß sie einem ein paar fromme Ratschläge mit auf den Weg gibt. Aber sie sagt das alles so herzlich, das ist alles so ehrlich gemeint, daß man ihr auch die altmodischsten Ermahnungen unmöglich übelnehmen kann ...

einen anderen/(über einen anderen) **Weg gehen** · to go/to be going a different way/in a different direction

... Gehst du nicht mit hierher? – Nein, ich gehe heute einen anderen Weg. Ich muß noch beim Einwohnermeldeamt vorbei ... – Na, dann bis gleich, im Geschäft. – Tschüß.

einen anderen/... Weg gehen/nehmen *form* · to (have to) find another means/method/way (of doing s.th.)

... Wenn der Klaus uns nicht helfen kann oder will, müssen wir halt einen anderen Weg gehen. Irgendwie werden wir das Geld schon kriegen. – Und wie? – Z. B., indem wir eine Hypothek auf das Haus aufnehmen.

jm./e-r S. **aus dem Weg(e) gehen** · 1. to get out of s.o.'s way, 2. 3. 4. 5. to avoid s.o./s.th., 3. 4. 5. to give s.o. a wide berth, to steer clear of s.o./s.th.

1. ... Werner, geh' doch mal den Packern aus dem Weg! Sonst kommen die mit den Möbeln ja gar nicht da durch. – Ah, Entschuldigung! ...
2. ... Seit unserer Auseinandersetzung auf der letzten Sitzung geht mir der Herr Altkamp aus dem Weg! – Nun, angenehm war das ja auch für ihn nicht gerade, was du da vorgebracht hast. Ich verstehe schon, daß er keine große Lust verspürt, dir jetzt zu begegnen, sich mit dir zu unterhalten ...
3. ... So einem Intriganten wie dem Herrn Burdach würde ich an deiner Stelle aus dem Wege gehen, Anton. Das Beste ist, mit solchen Leuten überhaupt nichts zu tun zu haben.
4. ... Dieser Mann geht aber auch jeder Arbeit, jeder Anstrengung aus dem Weg! Entsetzlich!
5. ... Der Udo? Das ist ein Mann, der keiner Schwierigkeit aus dem Wege geht. Ein ausgezeichneter Mitarbeiter!

seinen eigenen Weg gehen – eigene/seine eigenen **Wege** gehen (1) · to go one's own way

seinen geraden Weg gehen *path selten* · to pursue one's path single-mindedly

(Aus einer Grabrede:) Der Verstorbene hat sein Lebenlang unbeirrt an seinem Ziel festgehalten und ist immer seinen geraden Weg gegangen. ...

den letzten Weg gehen *form selten* – seinen letzten **Gang** tun · to go on one's last journey

einen schweren Weg gehen *form selten* · to have a hard life, to have a hard time of it

... Der Herr Weinert ist als Junge einen schweren Weg gegangen: sein Vater ist früh gestorben, seine Mutter war sehr krank; er mußte schon mit 13/14 Jahren den Lebensunterhalt für die Familie mitverdienen. Das hat ihn für sein ganzes Leben geprägt. Ohne diese schweren Jahre wäre er sicherlich nicht ans Trinken gekommen ...

(**unbeirrt/...**) **seinen Weg gehen** · 1. 2. to go one's own way undaunted, not to deviate from one's chosen path

1. ... Laß den Heribert mal! Der geht seinen Weg. Er ist nicht auf den Kopf gefallen, und vor allem: er weiß, was er will und läßt sich so schnell nicht beirren.
2. ... Natürlich kostet es viel Kraft, böswilligen Angriffen zu widerstehen und unbeirrt seinen Weg zu gehen. Aber du wirst es schon schaffen.

den Weg gehen, den alle/wir alle gehen müssen *path od. iron selten* – seinen letzten **Gang** tun · to go the way of all flesh, to go the way we must all go one day *para*

auf dem Weg der Genesung sein/sich ... befinden *geh – form* – (eher:) auf dem **Weg** der Besserung sein/sich ... befinden · to be on the way to recovery

den Weg zu den/(in die) **Herzen finden** *form – path* · to move people, to stir people's feelings/emotions, to touch people

... Wieviele Politiker schaffen es schon, den Weg zu den Herzen zu finden? Die meisten sprechen nur die Interessen an. Ein Mann wie der heilige Franziskus oder eine Frau wie die Mutter Teresa – solche Menschen sprechen die Menschen innerlich an.

den Weg alles Irdischen gehen *selten* · 1. to go the way of all flesh, 2. to break, to bust

1. vgl. – den **Weg** allen Fleisches gehen *path*
2. vgl. – (eher:) kaputt **gehen** (1) *iron*

jm. **in den Weg kommen** · 1. to cross s.o.'s path, 2. (if nothing happens/...) to prevent him, (if nothing crops up/...) and stops him, 3. to trespass/to poach on s.o. else's territory

1. ... Sag' diesem Walter Kaufmann, wenn er mir nochmal in den Weg kommt, dann kann er was erleben! Wehe, wenn ich den Kerl nochmal treff'! – Warum bist du denn auf so sauer?
2. vgl. – (eher:) jm. in die **Quere** kommen/etw./nichts/... kommt jm. in die Quere (2)

3. vgl. – (eher:) jm. ins **Gehege** kommen/(geraten) (2)

js. Weg kreuzen *path selten* · to cross s.o.'s path

… Daß er damals, kurz nach seinem Staatsexamen, den Weg dieses großen Gelehrten kreuzte, sollte richtungsweisend für sein ganzes Leben werden. – Wo ist er Einstein eigentlich zum ersten Mal begegnet? Weißt du das?

jm. über den/(in den) Weg laufen *ugs* · to run/to bump into s.o.

… Wann ich die Christl zum letzten Mal gesehen habe? Erst gestern ist sie mir in der Stadt über den Weg gelaufen. Ich kam gerade aus dem Kaufhof heraus, als sie hereinwollte …

an/auf js./am/auf dem Weg liegen · it/a house/… is on s.o.'s way

… Wenn wir auf die Rotenburg wandern, könnten wir bei Tante Marta vorbeigehen. Das liegt doch am Weg. – Wenn sie da ist … Du hast recht, an ihrem Haus kommen wir (sozusagen) direkt vorbei.

sich auf den Weg machen – sich auf die **Beine** machen · to get started, to get going, to get moving

sich unverzüglich/… auf den Weg machen · to get going immediately/…, to make tracks, to set off right away/…

Wenn ihr den Zug wirklich noch kriegen wollt, müßt ihr euch unverzüglich auf den Weg machen. Da dürft ihr keine Minute mehr verlieren.

einen Weg für jn. machen · to do an errand for s.o.

… Ich wäre Ihnen wirklich sehr dankbar, Herr Scherer, wenn Sie diesen Weg für mich machen könnten. Ich fühle mich heute so schwach … – Seien Sie unbesorgt, Frau Bierwe, ich komme ohnehin am Rathaus vorbei, da hole ich die Papiere für Sie ab.

(j. wird) seinen Weg (schon/…) machen – j. wird sein **Glück** (schon/…) machen · s.o. will get by all right, s.o. will make his way

(eben/rasch/…) (noch/…) einen Weg machen müssen *selten* · to (have to) do an errand

(Zu einem Besucher:) Entschuldige, ich muß rasch noch einen Weg machen. Ich bin in einer Viertelstunde wieder da. Du kannst im Wohnzimmer warten – du kennst dich ja aus … Ich bin gleich wieder zurück.

seinen Weg nehmen *form* – seinen (geordneten) **Gang** gehen/(nehmen) · to run its course

der Weg nach oben · the way to the top

… Wenn der Weg zur Hölle mit guten Vorsätzen gepflastert ist – wie es so plastisch heißt –, dann pflegt der Weg nach oben – zum Erfolg in dieser Welt – mit Verhaltensformen gepflastert zu sein, für die man den Teufel verantwortlich machen kann.

jm. bleibt kein anderer Weg offen (als zu …) *form selten* · + s.o. has no choice/alternative (but to …)

… Wenn er unabhängig und frei schreiben will, bleibt ihm kein anderer Weg offen, als auf sein Landgut zu ziehen und auf alle Karrierepläne und Spekulationen auf Einfluß zu verzichten.

etw./(jn.) aus dem Weg räumen · 1. 2. 3. to get rid of s.o./s.th., 1. to clear s.th. out of the way, to overcome difficulties, 2. to remove s.th., 3. to bump s.o. off, to demote s.o., to put s.o. out of harm's way, to remove s.o. from office

1. … Es war abzusehen, daß sie erst manche Schwierigkeiten aus dem Weg räumen mußten, bevor das Geschäft voll anlaufen konnte. – Aber nachdem die beseitigt waren, klappte es, nicht wahr? *form*

2. vgl. – etw. beiseite **schaffen** (1) *form*

3. vgl. – (u. U.) jn./etw. auf die **Seite** schaffen (1, 2) *sal*

etw. aus dem Weg schaffen *form* · 1. 2. to clear s.th. out of the way 1. to get rid of s.th.

1. vgl. – (eher:) etw. beiseite **schaffen** (1)

2. vgl. – (eher:) etw./(jn.) aus dem **Weg** räumen (1)

seinen Weg (genau/klar/…) vor sich sehen *form* · to have a clear view of the way ahead, to have a clear/precise/… idea of what one wants to do

Weiß euer Helmut eigentlich schon, was er werden will? – Ja, er sieht seinen Weg genau vor sich: zuerst will er Jura studieren; dann möch-

te er zwei, drei Jahre ins Ausland gehen, um seine Sprachkenntnisse zu verbessern. Und danach tritt er in das Geschäft seines Vaters ein.

noch einen langen/weiten/(zwei Stunden/ein gutes Stück/…) Weg vor sich haben (bis …) · 1. 2. to have (still/…) a long way to go, to (still/…) have a long way ahead of one

1. … Na, wo wandert ihr denn hin mit euren großen Rucksäcken? – Wir wollen auf das 'Jägerhow'. – Da habt ihr ja noch einen langen Weg vor euch. – Wie lange geht man denn da von hier aus? – Fünf, sechs Stunden müßt ihr schon rechnen.

2. … Ah, bis er Ordinarius ist, hat er noch einen weiten Weg vor sich. Vorläufig ist er nicht einmal habilitiert.

auf halbem Weg steckenbleiben (mit etw.) · to run out of steam half way, to get bogged down half way

… Die Projekte waren doch so gut angelaufen. Und jetzt, höre ich, sie sind auf halbem Weg steckengeblieben, können wahrscheinlich gar nicht zuende geführt werden … – Das Ministerium hat die weiteren Untersuchungen blockiert …

es gibt/… in/auf/… weder Weg noch Steg/nicht Weg noch Steg *form veraltend selten* · there are no paths or tracks whatever in/on/…

… Der Aufstieg auf den Berg war ungewöhnlich mühsam. Auf der Seite, an der wir hochgingen, gab es weder Weg noch Steg, sodaß wir quer über die Hänge und Almen gehen mußten. …

in …/… Weg und Steg kennen *form veraltend selten* – jn./etw. in- und auswendig/(inwendig und auswendig) **kennen** (1) · to know every inch of an area/…, to know an area inside out

auf Weg und Steg auf etw. treffen/… *veraltend selten* · to come across s.th./… at every turn

(Auf einer Wanderung:) In diesem Wald trifft man auf Weg und Steg auf Pilze. Ich erinnere mich nicht, jemals so viele Pilze gesehen zu haben.

da/hier/…/jm./e-r S. im Weg(e) stehen (in/bei etw.) · 1. to be in the way, 2. 4. 5. 6. to be a hindrance to s.o./s.th., 2. to be in s.o.'s way, to stand in s.o.'s way, 3. to prevent s.th., 4. 5. 6. to block s.th.

1. Herbert, könntest du ein wenig zur Seite treten? – Stehe ich hier im Weg? – Ja. Die beiden Jungen wollen gerade mit ihren Rädern hier durch …

2. Privat ist der Herr Koppmann gar nicht unsympathisch. Aber im Geschäft ist er nicht nur zu ehrgeizig; er ist auch falsch. Er scheut sich nicht, durch Intrigen die Leute auszuschalten, die ihm in seiner Karriere im Wege stehen.

3. … Persönlich würde ich Ihnen gern die Genehmigung geben, Herr Fischer; aber dem stehen leider die neuen Regelungen im Wege. – Und die lassen sich nicht umgehen? – Schwerlich.

4. … Wenn jemand einer vernünftigen Neuorientierung dieses Betriebs im Wege steht, dann ist es der Juniorchef. Mit seiner Manie, in alles hineinzureden, mit seiner Ignoranz und Arroganz verhindert er jede Verbesserung – ja, macht die Dinge nur noch schwieriger!

5. … Im Grunde stehen ihm sein eigener Ehrgeiz und seine Eitelkeit im Wege. Wäre er weniger ehrgeizig und weniger eitel, dann wäre er ruhiger und ausgeglichener und würde auch viel mehr Echo finden bei seinen Kollegen.

6. … Wer dem Chef bei seinen Plänen am meisten im Wege steht, ist sein eigener Sohn. Der hat völlig andere Vorstellungen als der Vater und versucht mit allen Mitteln zu verhindern, daß dessen Pläne realisiert werden.

sich selbst im Weg(e) stehen · to be one's own worst enemy

Ist es Bescheidenheit oder Mangel an Selbstbewußtsein, daß der Rainer nie ein richtiges Echo findet? Ich habe jedenfalls das Gefühl, daß er sich beständig selbst im Weg(e) steht.

auf halbem Weg stehenbleiben · 1. 2. 3. to stop half-way, to turn back half-way

1. … Ja, ja, wir waren alle lustig und fidel losmarschiert. … Aber auf halbem Weg blieb der Walter Dörr plötzlich stehen und sagte: »Ich fühle mich nicht, wie es sein soll; ich kehre um.« – Und die anderen sind weitergegangen.

2. … Was willst du da schon machen, wenn der Wagen auf halbem Weg stehenbleibt und einfach nicht mehr will? – Wo ist das denn passiert? – In der Gegend von Besançon. Da hatten wir noch rund 500 Kilometer vor uns. …

3. ... Wenn der Junge schon drei Jahre auf dem Gymnasiums hinter sich hat, muß er auch Abitur machen! Oder will er auf halbem Weg stehenbleiben? Ohne Abiturzeugnis bringt man es in der heutigen Zeit doch zu nichts!

sich jm. **in den Weg stellen** (bei etw.) · 1. to bar s.o.'s way, to block s.o.'s path/way, 2. to obstruct s.o./s.th., to hinder s.o. in his efforts/... to do s.th.

1. ... Gerade, als er das Klassenzimmer verlassen wollte, stellte sich ihm der Albert Krause in den Weg. »Hier kommst du nicht vorbei! ...« Da wußte er, was auf ihn zukommen würde. ...

2. ... Mit allen Mitteln versuchte er, die Mißstände im Büro abzustellen. Aber leider gab es immer wieder Leute, die sich ihm in den Weg stellten. Die einen waren anderer Meinung als er und suchten deshalb zu verhindern, daß er die Dinge in seinem Sinne änderte; andere waren neidisch und mißgünstig ...

jm. **nicht über den Weg trauen** ugs · not to trust s.o. an inch, not to trust s.o. as far as one could throw him

... Warum magst du den Herrn Schierse eigentlich nicht? Hältst du ihn auch für falsch, wie die Christl? – Ja. Ich traue dem Mann nicht über den Weg. Wenn ich ganz ehrlich sein soll: ich halte den für fähig, jeden seiner Mitarbeiter hintenherum mit allen Mitteln zu schädigen.

jm. **ist nicht über den Weg zu trauen** ugs · + s.o. cannot be trusted, + s.o. is untrustworthy

Du, bei dem Herrn Schierse würde ich an deiner Stelle vorsichtiger sein. Dem Mann ist nicht über den Weg zu trauen. – Bisher hat er sich mir gegenüber immer sehr anständig verhalten. – Aus Berechnung. Ich kann dir nur sagen: paß auf! Der Mann ist falsch, verschlagen.

sich auf halbem Weg(e) treffen · 1. 2. to meet one another half-way

1. ... Du kommst von Saarbrücken, ich von Frankfurt; da können wir uns auf halbem Weg treffen und von Karlsruhe aus gemeinsam nach Stuttgart weiterfahren.

2. vgl. – (eher:) sich/(einander) auf halbem **Weg** entgegenkommen

jm. **in den Weg treten** · 1. 3. to bar s.o.'s way, 2. to stop s.o./s.th., to put a stop to s.th., 3. to block s.o.'s path/way

1. ... Gerade wollte er das Gebäude verlassen, da trat ihm ein Polizist in den Weg. »Halt! Ihre Papiere, bitte!« ... Wollte man ihn festnehmen?

2. ... Ich verstehe überhaupt gar nicht, daß dieser Mann jahrelang immer dieselben Schweinereien machen kann, ohne daß ihm jemals einer in den Weg tritt. – Ach, diese Politiker! Die hindern sich doch nicht gegenseitig. Solange er (nach außen) nicht auffällt ... selten

3. vgl. – sich jm. in den **Weg** stellen (bei etw.) (1)

auf dem Weg der Tugend schreiten path od. iron veraltend selten · to follow the path of virtue

... Aber, Vater! Wie kannst du denn die Christa für liederlich halten?! Die schreitet doch immer auf dem Weg der Tugend. Sie ist doch immer zu allen Leuten nett und in allen Dingen sehr korrekt. Mit einem Satz: sie ist das bravste Mädchen, das man sich vorstellen kann!

auf halbem Weg(e) umkehren · to turn back half-way

... Das Schneetreiben wurde schließlich so stark, daß wir auf halbem Wege umkehren mußten. – Wie weit seid ihr denn gekommen? – Bis zur Elmau. Das ist höchstens die Hälfte des Weges ...

jm. (mit etw.) **den Weg verbauen** ugs · 1. 2. to spoil s.o.'s chances/prospects (by doing s.th.), to ruin s.o.'s chances/ prospects (by doing s.th.)

1. Wenn man Medizin studieren will, muß man das Abitur mit eins Komma drei oder sowas machen, und diesen Durchschnitt hat der Albert nun einmal nicht – Mit diesen Regelungen hat die Regierung ihm und Tausenden von anderen jungen Leuten den Weg verbaut.

2. ... Ja, seine jahrelange Faulheit hat ihm den Weg verbaut. Mal sehen, was er jetzt macht.

sich (mit etw.) **selbst den Weg verbauen** ugs · to spoil one's (own) chances/prospects/... (by doing s.th.), to ruin one's (own) chances/prospects/... (by doing s.th.)

Wenn der Albert vernünftig gearbeitet hätte, hätte er sein Abitur auch mit eins Komma zwei oder sowas gemacht; dann könnte er jetzt auch Medizin studieren. – Ja, mit seiner jahrelangen Faulheit

hat er sich (nur) selbst den Weg verbaut. Mal sehen, wozu er sich jetzt entscheidet.

den Weg verfehlen oft: den Weg kannst du/kann Helmut/... gar/überhaupt nicht verfehlen/... · to miss it/to get lost often: you/he/... can't miss it/get lost

... Ja, und wie kommt man dann von der Hauptstraße zu eurem Gut? – Du biegst kurz vor Rastberg, an einer Ecke, wo eine Würstchenbude steht, rechts in eine Waldstraße ein. Die fährst du 1,5 km; dann ... und dann ... Das ist ganz einfach zu finden. Den Weg kannst du gar nicht verfehlen.

jm. **den Weg verlegen** veraltend selten · to block s.o.'s way/ path/route/...

... Wenn unsere Truppen dem Gegner den Weg zur Burg verlegen könnten ... – Ich wüßte nicht, wie das geschehen sollte, Herr Kommandant. Schon zahlenmäßig sind wir nicht in der Lage, das breite Tal zu sperren ...

jm. **den Weg versperren** form – sich jm. in den **Weg** stellen (bei etw.) (1) · to block s.o.'s path/way

jm. **den Weg/(...) verstellen** form selten · to block s.o.'s path/way

... Schon wieder ein Lastwagen, der uns hier den Weg verstellt! Wann werden die Leute endlich lernen, daß das ein Zugang zu einem Landhaus ist und kein Parkplatz?!

jm. **den Weg vertreten** veraltend selten – sich jm. in den **Weg** stellen (bei etw.) (1) · to block s.o.'s path/way

an etw. **führt kein Weg vorbei**/daran führt kein Weg vorbei/ da führt kein Weg dran vorbei · 1. 2. there is no getting round it/s.th., there is no getting away from it/s.th.

1. ... Ganz egal, welche Ideologie man vertritt: wenn wir uns weiterhin bekämpfen, statt an einem Strick zu ziehen, werden wir das Institut bald ruinieren. An dieser Erkenntnis führt kein Weg vorbei. – Das ist richtig. Aber ...

2. Wenn ihr mehr verdienen wollt, dann müßt ihr mehr arbeiten! Da führt nun einmal kein Weg dran vorbei/daran führt nun einmal kein Weg vorbei. Eine Wirtschaftsordnung, die den Leuten aufgrund politischer Diskussionen dicke Gehälter garantiert, gibt es nicht – und kann es nicht geben.

jm. **seinen Weg** (genau/...) **vorzeichnen** form selten · to trace out the course of s.o.'s life for him

... Auch wenn mein Vater mir meinen Weg in allen Einzelheiten vorgezeichnet hätte – mit allen Schwierigkeiten, Dummheiten usw. –, ich hätte doch alles genau so gemacht, wie ich es ohne seine Vorgaben gemacht habe.

(nicht) vom rechten/(geraden) **Weg(e) weichen** form – (eher:) (nicht) vom rechten/(geraden) **Weg** abweichen · not to swerve/deviate/... from the straight and narrow

den Weg des geringsten Widerstands gehen/(wählen) · to take/to choose/to follow the line of least resistance

... Ja, da muß man kämpfen, sich einsetzen! Wenn man immer nur Dinge macht, mit denen man bei niemandem und nirgends aneckt ... – Leider muß man sich damit abfinden, daß die meisten Menschen den Weg des geringsten Widerstandes gehen ... – Vis inertiae! – Wollen wir mal sehen, wie weit du kommst – ohne oder gegen die vis inertiae!

dieser/... Weg führt zum Ziel · this path leads to the goal

... Es scheint, daß die staatlichen Zuschüsse für unser Projekt prinzipiell gesperrt sind. – Wenn dieser Weg nicht zum Ziel führt, müssen wir einen anderen wählen. Hast du schon mal Organisationen kontaktiert, die Forschungsprojekte fördern?

der Weg zum Ziel ist dornig/(steinig/...) form – path selten · it's a tough path to follow

... Pianist will er werden? Das ist ein schwerer Beruf. Da braucht man Fleiß, Ausdauer, Widerstandskraft gegen alle möglichen Hindernisse ... Der Weg zum Ziel ist dornig in diesem Beruf.

es führt kein Weg zurück form · there is no going/turning back, there is no way back

(Ein Politiker eines sozialistischen Landes:) Wenn wir die Marktwirtschaft einmal einführen, müssen wir deren Spielregeln folgen – so hart die für weite Kreise unseres Volkes auch sein werden. Dann führt kein Weg mehr zurück.

jn. auf den rechten/richtigen Weg zurückbringen *form* · to get s.o. back onto the straight and narrow, to get s.o. to go straight again

Ich stelle es mir nicht leicht vor, drogenabhängige und straffällig gewordene Jugendliche auf den rechten Weg zurückzubringen.

geh' deiner Wege!/(geht eurer Wege/…) *form veraltend selten* · be off with you!, on your way!, leave us/… alone!

… Paul, bitte! Stör' uns hier nicht wieder bei unserer Arbeit mit deinen wohlfeilen Ratschlägen. Geh' deiner Wege! Mach' du, was du für richtig hältst – und laß uns machen, was wir für richtig halten!

bis dahin/bis das passiert/… **hat es noch gute Wege** *form veraltend selten* · bis dahin/bis das passiert/…, läuft/(fließt) noch viel **Wasser** den Berg hinunter/(hinab) · there's a good way to go till then, + it/that/s. th. is a long way off/ a good way off/… yet

hier/… **trennen sich unsere**/… **Wege** · this/… is where we/… part company, this/… is where we/… say goodbye

… So, hier trennen sich unsere Wege, Herr Weinberg. Sie müssen jetzt nach links, ich weiter geradeaus. – Herzlichen Dank, Frau Mosbach. Es war nett, ein Stück des Spaziergangs mit Ihnen zusammen zu machen. Richten Sie Ihrem Mann schöne Grüße von mir aus …

andere/neuartige/ungewöhnliche/seltsame/… **Wege beschreiten** *path* · 1. 2. to adopt different/new/unusual/strange/… methods

1. … Wenn wir aus der Sackgasse herauskommen wollen, müssen wir neue Wege beschreiten! Mit den herkömmlichen Methoden kommen wir da nicht weiter.

2. … Wenn unsere gütlichen Ermahnungen nichts fruchten, müssen wir halt andere Wege beschreiten – so leid uns das tut! Dann müssen wir zu Disziplinarmaßnahmen greifen.

jm./e-r S. die Wege ebnen – (eher:) jm./e-r S. den **Weg** ebnen (1, 2) · to pave the way for s.o./s.th.

andere/neuartige/ungewöhnliche/seltsame/… **Wege einschlagen** *form* – (eher:) andere/neuartige/ungewöhnliche/seltsame/… **Wege** beschreiten (1) · to break new ground, to tread different/new/unusual/… paths

seine eigenen/eigene Wege einschlagen *form selten* · to go one's own way

Wenn die Kinder frühzeitig ihre eigenen Wege einschlagen, ist das doch nur gut, Susanne! – Bevor sie innerlich und äußerlich für das Leben gerüstet sind, können sie schwerlich dafür die (ganze) Verantwortung übernehmen, Peter.

krumme Wege einschlagen *ugs selten* · to stray from the straight and narrow

… Wann und wodurch ist der Junge eigentlich auf die schiefe Ebene geraten? – So genau weiß ich das auch nicht. Ich erinnere mich nur, daß er nach dem Abitur plötzlich anfing, krumme Wege einzuschlagen. Er fälschte damals einige Unterschriften; auch von Gelddiebstahl war die Rede …

andere/neuartige/ungewöhnliche/seltsame/… **Wege gehen** · 1. to go different ways, 2. to adopt different/new/unusual/strange/… methods

1. … Wenn der Klaus das schafft, muß der Herbert das doch auch können! – Die beiden gehen nun einmal unterschiedliche Wege, Gerd. Sie sind völlig unterschiedlich geartet; das muß man respektieren. Man kann doch nicht verlangen, daß alle jungen Leute ihr Ziel auf dieselbe Art und Weise zu erreichen suchen.

2. vgl. – andere/neuartige/ungewöhnliche/seltsame/… **Wege** beschreiten (1)

heimliche/geheime/dunkle/finstere/… **Wege gehen** *form* · to use/to adopt/… underhand/devious/dubious/… methods

… Warum legt er uns das Projekt nicht offen auf den Tisch, erklärt uns nicht, was er vorhat, welche Mitarbeit jeden von uns erwartet? Warum muß er immer heimliche Wege gehen – so, als täte er etwas Verbotenes?

ausgetretene Wege gehen *form* – sich in gewohnten **Bahnen** bewegen (3) · to follow a well-trodden path/well-trodden paths

eigene/seine eigenen Wege gehen · 1. 2. to go one's own way, 2. to do things in one's own way

1. Von einem bestimmten Alter an müssen die Kinder eigene Wege gehen. Da können die Eltern vielleicht noch helfen, raten …, aber leiten, dirigieren, das geht dann nicht mehr.

2. … Dieser Mann muß aber auch immer eigene Wege gehen! Warum kann er sich nicht wenigstens ein einziges Mal einfügen und mit allen anderen Kollegen zusammen an e i n e m gemeinsamen Projekt arbeiten?

getrennte Wege gehen · to go (our/…) separate ways, to part company

… Ja, wenn wir uns eher hindern als fördern, Kurt, dann ist es vielleicht doch vernünftiger, wenn wir getrennte Wege gehen. – Du meinst, wir sollten uns scheiden lassen? …

krumme Wege gehen *ugs* – krumme **Touren** reiten · to use/ to resort to/… dirty tricks, to use underhand methods, not to play straight

seiner Wege gehen *form veraltend selten* · 1. to go off on one's own, 2. to go one's own way

1. (Auf einer Gruppenwanderung:) Der Heinz Busch geht da so allein für sich … – Ja, das ist so seine Art. Eben kam er kurz herüber, um seine Schwester um ein Glas Wasser zu bitten; aber dann ging er wieder seiner Wege. Er sinniert so vor sich hin, genießt die Gegend …

2. (Die Mutter zum Vater:) Warum regst du dich dauernd über den Jungen auf? Er ist fleißig, strebsam, anständig … Was willst du mehr? Laß ihn seiner Wege gehen. Er hat noch nie jemanden um Unterstützung gebeten. Also soll er tun und lassen, was er für richtig hält!

verbotene Wege gehen *form* · to resort to forbidden methods

Vorsicht, Herbert, Vorsicht! In deiner Position muß man es sich dreimal überlegen, ob man verbotene Wege geht. Du brauchst nur ein einziges Mal damit aufzufallen, gegen die Bestimmungen verstoßen zu haben, dann bist du deine Stelle los.

unsere/ihre Wege kreuzen sich · our/their paths have crossed

… Ach, du kennst den Bertram Richter? – Ja, unsere Wege haben sich mehrere Male gekreuzt. Als Referendare kamen wir zur Ausbildung an dasselbe Gericht; ein paar Jahre später waren wir längere Zeit Kollegen in einer Gutachterkommission der Landesregierung …

etw. in die Wege leiten *form* · to get s.th. under way, to get s.th. started, to get s.th. organised, to arrange s.th.

… Wenn du die Beiträge für die Festschrift rechtzeitig bekommen willst, mußt du die Sache bald in die Wege leiten. Du weißt, wie lange so etwas dauert. – Ich habe mit den Vorbereitungen schon angefangen, die wichtigsten Leute, die für einen Beitrag in Frage kommen, schon angeschrieben …

jm. stehen alle Wege offen · + the world is s.o.'s oyster, + s.o. has every opportunity

… Der Toni? Der ist fertiger Ingenieur, promoviert, Sohn eines begüterten und einflußreichen Vaters … – dem Mann stehen alle Wege offen!

viele Wege führen nach Rom · all roads lead to Rome, there is more than one way of doing s.th., there's more than one way to skin a cat *coll*

Wenn du zuerst dein Staatsexamen und dann deinen Doktor gemacht hast, Erich, dann heißt das nicht, daß alle das so halten müssen. Viele Wege führen nach Rom. Wenn der Paul glaubt, für ihn ist es günstiger, erst zu promovieren, dann laß ihn.

jn. seiner Wege schicken *form veraltend selten* · to send s.o. packing

… Zweimal hat er seine Hilfe angeboten; da hast du ihn seiner Wege geschickt. Da kannst du nicht erwarten, daß er jetzt nochmal kommt und fragt, ob er dir helfen kann. – Und jetzt würde ich ihn wirklich brauchen. – Dann hättest du ihn nicht einfach so wegschicken sollen …

unsere/ihre/… Wege trennen sich · 1. 2. + we/they must/… go our/… separate ways

1. … So, hier trennen sich unsere Wege: Sie müssen weiter geradeaus, dann kommen Sie von selbst zum Rathaus; ich gehe hier rechts ab …

2. ... Wie, ihr wollt euch scheiden lassen? – Unsere Wege trennen sich. Marta hat Ziele, die nicht die meinen sind, Freunde, die mir nichts sagen ... Es ist wohl für uns beide besser, wir ziehen einen Schlußstrich.

neue Wege weisen *form* · to move in new directions, to open up new paths

... Die Bedingungen sind andere als früher; deshalb müßten auch die Lösungen anders aussehen. Wir brauchen Regierungen, die neue Wege weisen.

auf krummen Wegen etw. tun/versuchen/... *ugs* – **krumme Touren/**(auf krummen Touren etw. erreichen wollen/...) · to do s.th./to try to achieve s.th./... · by dirty tricks, to do s.th./... · by devious methods/means/..., to do s.th. by dishonest methods/means/..., to do s.th. by skulduggery

woher des Weges? *form veraltend selten mst iron* · whence comest thou?, where have you been?, where have you come from?

Guten Abend, Uschi. Woher des Weges zu dieser späten Stunde? – Ich komm' vom Tanzen. – Na, da hast du dich hoffentlich gut amüsiert.

wohin des Weges? *form veraltend selten mst iron* · whither goest thou?, where are you off to?, where are you going?

Guten Abend, Uschi. So eilig? Wohin des Weges? – Ich bin verabredet – zum Tanzen. – Na, dann viel Spaß! – Danke.

da kommt ein Wanderer/Onkel Fritz/... **des Wegs (daher)/** (des Weges (daher)) *form veraltend selten Märchenstil* · to come along the path, to come walking up

... Und gerade, als die Jungen zum Abendessen heimgehen wollten, kam ein Wanderer des Wegs daher, ein Mann, den sie bis dahin noch nie in diesem Wald gesehen hatten. Wo mochte er herkommen, wohin mochte er gehen, zu dieser späten Stunde, in diesem abgelegenen Winkel ...?

(unbeirrt/...) seines Weges gehen *form selten* – (unbeirrt/...) seinen **Weg** gehen (2) · to go one's way regardless/...

wegen: von wegen! *ugs* · 1. 2. 3. you're/you must be joking, 2. no way!

1. Drei Mark kostet das, sagt er?! Von wegen! Dreißig! – wenn nicht mehr.

2. Gibst du mir deinen Wagen heute abend, Fred? – Von wegen! Wenn du ein Auto kaputtfahren willst, leih' dir das von Papa!

3. Hilfsbereit soll er sein? Von wegen! Er ist ein Egoist, wie er im Buche steht.

Wegfall: in Wegfall kommen *form selten Amtsdeutsch* · to be discontinued, to be dropped

(Auf einem Amt:) Solange die Bestimmung noch besteht, daß jeder Brief, bevor er herausgeht, dem Direktor vorgelegt werden muß, müssen wir sie auch anwenden – trotz aller Verzögerungen, die das mit sich bringt. Aber Gott sei Dank soll diese Bestimmung ja bald in Wegfall kommen.

weggeblasen: wie weggeblasen sein *ugs* – *path* · to have vanished n, to have disappeared n

... Er nahm eine Tablette, und schon eine halbe Stunde später waren seine Zahnschmerzen wie weggeblasen.

weggetreten: geistig weggetreten sein *sal* · 1. to be miles away, to be completely out of it, 2. to daydream n, 3. not to be all there

1. (Bei einem Vortrag:) Schau dir den Walter Brecht dort an, der hört gar nicht mehr zu, der schläft ... – Ja, der ist geistig weggetreten. Das Thema scheint ihn nicht zu interessieren.

2. vgl. – mit offenen **Augen** schlafen

3. vgl. – (u. U.) nicht (so) (ganz/(recht)) bei **Trost** sein (2)

weggezaubert: wie weggezaubert sein *ugs* – *path* · 1. 2. to have vanished into thin air

1. Vor ein paar Minuten lag hier doch noch wenigstens eine halbe Tonne Holz! Das ist alles schon weggeschafft? Das ist ja wie weggezaubert! Toll! *seltener*

2. vgl. – wie **weggeblasen** sein

weghaben: was/allerhand/... **weghaben** *ugs* – (eher:) allerhand/etwas/viel/... **draufhaben** · to really know one's stuff, to really know what one is talking about

etwas/irgendetwas/was weghaben *ugs selten* · to have caught s.th., to have got s.th.

Du hustest ja heute! – In der Tat! Irgendetwas hab' ich weg. Der Heimweg durch die kalte Nacht gestern ist mir nicht bekommen. Irgendetwas habe ich mir da geholt. – Hoffentlich ist es nichts Ernstes.

einen weghaben *sal* · 1. to be plastered/sloshed/blotto/..., to be a bit gaga, 2. to have lost one's marbles

1. vgl. – (eher:) (ganz schön) einen in der **Krone** haben

2. vgl. – (eher:) nicht (so) (ganz/(recht)) bei **Trost** sein (1; u. U. 2)

(ganz schön) einen weghaben *sal* – (eher:) nicht (so) (ganz/(recht)) bei **Trost** sein (1; u. U. 2) · to be as nutty as a fruitcake

es weghaben, wie man etw. tut/... *ugs* – (eher:) den (richtigen) **Dreh** (fein) heraushaben/(weghaben) (wie man etw. macht) (2) · to have got the knack of doing s.th., to have worked out how to do s.th.

weghören: weghören *ugs* · 1. to stop listening n, not to listen n, 2. to play deaf, to feign deafness

1. ... Holger, könntest du bitte mal einen Moment rausgehen? Wir haben was Vertrauliches zu besprechen. – Stellt euch nicht so an, ich hör' weg.

2. vgl. – sich taub **stellen** (2)

wegkippen: wegkippen *sal* – die **Besinnung** verlieren · to pass out, to keel over

wegkommen: gut/glänzend/... schlecht/miserabel/... besser/schlechter als .../... **wegkommen** (mit etw./(jm.)) (bei etw./(jm.)) · 1. 2. 3. 6. 7. to come off very well/badly/best/worst/..., 1. 2. 3. to come out of s.th. very well/..., 4. to have done very well/badly/... with s.o./s.th., 5. to be well/... off with s.o., to get off lightly with s.th., 6. to get the best deal, to steal the show, 7. to be left empty-handed, not to get a look-in *coll*

1. ... Aber die Christa ist doch bei der Aufteilung der Arbeit glänzend weggekommen! Und ausgerechnet sie muß sich beschweren! Sie hat doch am wenigsten von allen zu tun.

2. ... Aber die Christa ist doch bei der Aufteilung der Arbeit besser weggekommen als alle anderen! Und ausgerechnet sie muß sich beschweren?

3. ... Aber die Christa ist doch mit der Arbeit, die man ihr zugeteilt hat, noch sehr gut weggekommen. Es hätte viel ungünstiger für sie kommen können. Sie hätte beispielsweise die ganze Korrespondenz kriegen können.

4. ... Ach, der Udo soll sich nicht immer beklagen. Der ist mit seiner Frau glänzend weggekommen. Die Bettina ist fleißig, ehrlich, bescheiden ... Wenn die Ehe nicht so klappt, wie er sich das vorstellt, liegt das in erster Linie an ihm selbst!

5. ... Ja, bei ihrem Vater, da kommt sie gut weg! Viel zu gut! Die müßte sie viel strenger anpacken. – Ach, und das will die Mutter dann ausgleichen? – Es scheint manchmal so.

6. am besten wegkommen: vgl. – den **Vogel** abschießen

7. schlechter wegkommen (als j./als früher/...): vgl. – das **Nachsehen** haben

nicht/schlecht/... **über** etw. **wegkommen** *ugs* · not to get over s.th., to find it hard/... to get over s.th.

Wenn die Birte ihre Enttäuschung nach einem Jahr immer noch nicht überwunden hat, dann muß man ja fast fürchten, daß sie nie darüber wegkommt.

machen, daß man wegkommt *ugs* – **machen**, daß man fortkommt/wegkommt · to get the hell out of it, to hop it

weglaufen: jm. **nicht weglaufen** *ugs* – das/etw. **läuft** dir/dem Schulz/... (schon/doch) nicht weg! · it's th. will keep

wegmachen: einen wegmachen *sal* · 1. to have it off with s.o. *coll*, 2. to wank/to jerk/to toss/... o.s. off *vulg*

1. ... Na, Freizügigkeit in der Liebe ist eine Sache, nackt am Strand liegen und dann vor anderleuts Augen einen wegmachen eine andere. Oder gehört der Beischlaf etwa für dich in die Öffentlichkeit?

2. vgl. – sich einen **abwichsen**

wegputzen: jn./etw. **wegputzen** · 1. 2. to massacre s.o. *sl*, 1. to slaughter s.o. *sl*, to mow s.o. down, 2. to trounce s.o., to clobber s.o. *coll*, 3. 4. to polish s.th. off

1. ... Plötzlich erscheint da die Armee und schießt wie wild in die Menge. Ich weiß nicht, wieviele Demonstranten die weggeputzt haben. Offiziell spricht man von zwölf Toten; in Wirklichkeit waren es bestimmt fünfmal so viele. *sal*

2. ... Mein Gott, die Bayern haben die Bochumer regelrecht weggeputzt! 7 : 1! Das ist keine Niederlage, das ist ein Desaster. *sal*

3. ... Das hättest du sehen sollen: ruck-zuck waren die Teller leer. In weniger als zehn Minuten hatten die Kinder den ganzen Kuchen weggeputzt! *ugs*

4. vgl. – (eher:) zehn Stück Kuchen/... **verputzen** (können)

wegscheren: sich wegscheren *mst: scher' dich/... weg! sal selten* – **Leine** ziehen (1) · to get lost

wegschnappen: jm. etw./eine Frau/... **wegschnappen** *ugs* · to snatch s.th. away from s.o., to pinch s.o.'s girl-friend/...

(Auf einem Tanzabend:) Der Georg hat doch genau gemerkt, daß die Sabine mit mir tanzen möchte. Da finde ich es nicht gerade schön, daß er bei jedem neuen Tanz aufspringt und versucht, sie mir wegzuschnappen.

wegsein: ganz wegsein (als/mit etw./...) *ugs* · 1. to be stunned by s.th./when ..., to be dumbfounded by s.th./when ..., to be flabbergasted by s.th./when ..., 2. to be over the moon about s.th./when ..., to be delighted with s.th./when ..., to be in raptures about s.th./when ..., 3. to be flabbergasted, to be dumbfounded

1. Hast du den Franzl beobachtet? Er war ganz weg, als er sah, daß ich ihm die Hildegard mitbrachte. – Na, klar, mit solch einer unangenehmen Überraschung hatte er natürlich nicht gerechnet. Verliebt, wie er in die Hildegard nun einmal ist ...

2. Unser Sohn ist ganz weg mit der Autorennbahn, die er von seiner Oma gekriegt hat. Er denkt an nichts anderes mehr als an seine Rennbahn.

3. vgl. – (ganz) (einfach) **baff** sein (1; u. U. 2)

ganz wegsein (von/(mit)jm./(etw.)) *ugs – path* – rein **wegsein** (von/(mit) jm./(etw.)) · to be mad/crazy/wild about s.o./s.th., to be nuts on/over/about s.o.

ganz wegsein in jn./etw. *ugs – path selten* · 1. 2. to be mad about s.o./s.th., to be gone on s.o./s.th., to be wild/crazy/... about s.o./s.th.

1. Der Paul ist ganz weg in die Iris. So etwas von Verliebtheit ...!

2. Guck' dir das an, wie er nach der Quarzuhr von dem Helmut schielt! – Ja, ja, er ist ganz weg in diese Uhr. Du wirst sehen, morgen hat er dieselbe.

(einen Augenblick/...) (**richtig**/...) **wegsein** *ugs* · to be out cold (for a moment/...)

... Er war mit einer solchen Wucht gegen den Laternenpfahl gestoßen, daß er für einen Augenblick richtig weg war. – Aber ist er dann doch sofort wieder zu sich gekommen?

rein **wegsein** (von/(mit) jm./(etw)) *ugs – path* · to be mad/crazy/wild about s.o./s.th., to be nuts on/over/about s.o.

... Ich kann dir sagen, die sind alle rein weg von der neuen Sekretärin des Chefs. – Wie, ist die so schön? – Hinreißend, sage ich dir. – Du bist also auch hingerissen?

über etw./darüber/drüber **wegsein** *ugs* · 1. 2. to have got over s.th., to be over s.th.

1. Hat die Birte ihre Enttäuschung endlich überwunden? – Ich weiß nicht, ob sie wirklich drüber/darüber weg ist; aber sie läßt sich nichts mehr anmerken.

2. ... Ist dein Vater immer noch nicht darüber hinweg, daß er aufgrund seiner schweren Verletzung kein Klavier mehr spielen kann? – Gerd, es gibt Dinge, über die kommt man nie hinweg. Das Klavier war für meinen Vater das Leben.

weit **wegsein** *ugs* · to be miles away

... »Wie bitte?«, stotterte er ganz verwirrt, und man sah ihm an, daß er weit weg gewesen war. Hatte er nur in sich hineingeträumt oder war er in Gedanken wieder in Peru gewesen, bei den Indios ...?

wegstecken: etw. **wegstecken** *ugs Neol* · to get over s.th., to put s.th. behind one

... Dem Mann ist in den letzten beiden Jahren die Frau und die jüngste Tochter weggestorben! Das kann man nicht so leicht wegstecken! Da wärst du bestimmt auch durcheinander!

wegstehlen: sich (aus einer Runde/...) **wegstehlen** *selten* · to steal away (from a gathering/a group/...)

... Natürlich würde ich mich auch gern aus dem Staub machen! Aber wie, ohne daß alle sofort merken?! – Das ist es ja gerade! Man kann sich von dieser entsetzlichen Cocktailparty nicht wegstehlen, ohne sofort dumm aufzufallen!

wegsterben: jm wegsterben *ugs* · to die on s.o.

... Dem Kaufmann ist im letzten Jahr seine Frau und sein ältester Sohn weggestorben! Der hat was durchgemacht!

wegwerfen: das/etw./... **kannst du**/kann der Maier/... **wegwerfen** · + it/s.th. is only fit for the dustbin/trashcan, + it/ s.th. is no use *n*, + it/s.th. is no good *n*

... Diesen Mixer kannst du wegwerfen, der ist nichts mehr wert! – Man kann ihn doch reparieren lassen. – Das wird teurer als ein neuer. Den kannst du auf den Sperrmüll werfen!

sich an jn. **wegwerfen** *Frau form – path veraltend selten* · to throw o.s. at s.o., to waste o.s. on s.o.

... Eine Frau, die sich an einen Mann wegwirft, tönte unser Giesbert plötzlich, darf sich doch nicht wundern, wenn der sie nicht achtet. Die Marlies schläft doch mit jedem! Als wenn der Gerd da irgendeine Verpflichtung hätte!

wegwerfend: mit einer **wegwerfenden** Bewegung/Kopfbewegung/(...) antworten/... · to reply/... with a disparaging/dismissive/... gesture/remark

... Meine Frage war vielleicht ein bißchen unglücklich, das gebe ich zu. Aber trotzdem ist es keine Art, mit einer wegwerfenden Kopfbewegung vor allen Leuten zu antworten: »Auf so einen Quatsch geh' ich nicht ein!«

wegwischen: Argumente/Vorschläge/... mit einer (nachlässigen/...) Handbewegung/... **wegwischen** *ugs* – Argumente/Vorschläge/... mit einer (nachlässigen/...) **Handbewegung** vom Tisch wischen · to dismiss arguments/suggestions/... with a flick of the hand/with a gesture/...

wegzaubern: etw. (doch) **nicht wegzaubern können** *sal* – ≠ etw. (doch) nicht **herbeizaubern** können · not to be able to just spirit s.th. away, not to be able to make s.th. vanish into thin air

Wegzehrung: die letzte Wegzehrung empfangen/(bekommen) *rel veraltend selten* – die **Sterbesakramente** empfangen/(bekommen) · to receive the last rites/the last sacraments/extreme unction

jm. **die letzte Wegzehrung geben** *rel veraltend selten* – jm. die **Sterbesakramente** geben · to give/to administer/... the last rites to s.o., to give/to administer/... the last sacraments to s.o., to give s.o. extreme unction

weh: oh weh! *path* · oh dear!, oh my goodness!, dearie me!

... Wie bitte? Die Katze hat ihren Hamster totgebissen? Oh weh! Da wird die alte Dame aber traurig sein.

mit/(unter) vielem Weh und Ach *path selten* · 1. with/after/(...) a lot of moaning and groaning, with/after/... a lot of complaining, 2. to do s.th. (but only/...) after/with a lot of moaning and groaning

1. ... Der Willy hat sich also doch entschlossen, die Operation durchführen zu lassen? – Ja, mit vielem Weh und Ach. – Nun, leicht ist eine solche Entscheidung ja auch nicht. – Aber dieses Klagen und Stöhnen hättest du hören müssen ...

2. vgl. – (unter) **Heulen** und Zähneknirschen etw. schließlich doch/... tun/...

weh(e) dem, der ...! *path* · 1. 2. woe betide anyone who ...

1. Wehe dem, der lügt! Er wird seiner Strafe nicht entgehen.

2. Wehe dem, der jetzt nochmal schwätzt! Der kriegt eine Strafe, die sich gewaschen hat!

weh mir (wenn …)! *path selten* · woe is me!

Weh mir! Wenn der Chef dahinterkommt, daß ich den Brief verlegt habe, schmeißt der mich raus! – Nun mach' doch nicht so ein Theater hier, Gerda! Statt hier herumzuschreien, suchst du den Brief besser.

Wehen: (die) Wehen haben *Geburt* · to have contractions

(Eine junge Frau zu einer anderen:) Was, du hast nur vier Stunden die Wehen gehabt und dann ist alles reibungslos verlaufen? Ich hab' fast zwanzig Stunden in den Wehen gelegen.

in den Wehen liegen *Geburt* · to be in labour

(In einem Krankenhaus:) Nein, Frau Möllers können Sie im Augenblick unter keinen Umständen sprechen; sie liegt in den Wehen … – Sie liegt schon in den Wehen? Dann warte ich, bis das Kind da/geboren ist.

Wehgeschrei: j. **veranstaltet/**es erhebt sich/… **ein lautes/**… **Wehgeschrei** *path od. iron veraltend selten* · + (loud/…) cries of lamentation break out/are heard/…, + (loud/…) wailing breaks out/is heard/…

… Nein, auch auf dem Friedhof kann ich so ein lautes Wehgeschrei nicht ausstehen. Ich finde: je mehr die Leute schreien, um so weniger leiden sie wirklich. – Vielleicht ist das die biologische Funktion des Schreiens: das Leid abzubauen.

in (ein) **lautes/**(…) **Wehgeschrei ausbrechen** *path selten* – in (ein) **lautes/**(…) **Wehklagen** ausbrechen · to break out into loud/… wailing/lamentation/cries of woe

Wehklagen: in (ein) **lautes/**(…) **Wehklagen ausbrechen** *path veraltend selten* · to break out into loud/… wailing/lamentation/cries of woe

… Bei uns ist es ja heute geradezu ungehörig, in lautes Wehklagen auszubrechen – egal, was passiert. Das ist in der Südromania – besonders auf dem Land – zum Teil noch ganz anders. Da erlebst du etwa bei einer Beerdigung u. U. noch 'richtiges Wehgeschrei'.

Wehr: sich zur Wehr setzen *form* · 1. 2. to defend o.s., to put up a fight, 1. to resist, to make a stand

1. Unsere Truppen haben sich, so gut sie konnten, zur Wehr gesetzt. Aber die Übermacht der Feinde war zu groß. Selbst die tapferste Verteidigung war da zum Scheitern verurteilt.

2. vgl. – (eher:) sich seiner **Haut** wehren (1)

Wehrdienst: jn. **zum Wehrdienst einberufen** *form* · to call s.o. up for military service, to draft s.o.

In welchem Monat berufen sie bei euch die Leute zum Wehrdienst ein? – Das ist ganz verschieden. Sie können jemanden genau so gut im Frühjahr einziehen wie im Sommer, genau so gut im Mai wie im September oder Dezember.

zum Wehrdienst eingezogen werden *form* · to be conscripted, to be called up (for military service), to be drafted (for military service)

… Werden denn zurzeit alle Jungen eines Jahrgangs zum Wehrdienst eingezogen? – Nein. Etwa ein Drittel braucht keinen Militärdienst zu leisten.

seinen Wehrdienst leisten/(ableisten) *form* · to do one's military service

… und dann muß ich noch meinen Wehrdienst leisten, da gehen auch nochmal anderthalb Jahre mit ins Land! – Befreit werden kannst du nicht? – Ich sehe nicht, wie. Außerdem müßte ich dann einen Ersatzdienst machen: statt Soldat wäre ich dann Pfleger in einem Krankenhaus, einem Altersheim oder so …

den Wehrdienst verweigern *form* · to refuse to do military service (on grounds of conscience), to be a conscientious objector

… Wann hat es das in der Geschichte schon gegeben, meinte er, daß ein junger Mensch aus Gewissensgründen den Wehrdienst verweigern konnte?!

wehtun: jm. **wehtun** (mit etw.) · 1. 2. to hurt s.o. with s.th., 2. to offend s.o. by (saying/…) s.th.

1. Paß auf, Junge, du stößt das kleine Kind da und tust ihm weh (mit deinem Stock).

2. … Entschuldigen Sie bitte, ich wollte Ihnen mit meiner Bemerkung nicht wehtun. Ich wollte nur sagen … – Ist schon gut. Wenn es auch schmerzt: in der Sache haben Sie völlig recht. *path*

sich wehtun · to hurt o.s.

… Er war zwar mit dem Kopf gegen die Windschutzscheibe gebumst; aber zum Glück hatte er sich nicht wehgetan.

sich nicht wehtun *ugs* – (eher:) sich kein **Bein** ausreißen · not to kill o.s., not to bust a gut

Wehwehchen: allerlei/tausend(-erlei) **Wehwehchen haben/**über … **klagen/**… *ugs mst iron* · to have all kinds of/thousands of/… little aches and pains

Solange ich den Roland kenne, klagt der über zig Wehwehchen: mal tut es hier weh, mal dort; mal ist dieses Organ nicht in Schuß, mal jenes. Aber eine wirklich ernste Krankheit hat er in all den Jahren noch nicht gehabt.

Weib: wie ein/ein richtiges altes Weib sein *sal* · to be a real old woman

… Der Kloser ist wie ein altes Weib: klatsch- und tratschsüchtig; neidisch, engherzig …! Entsetzlich, dieser Kerl!

ein böses Weib (sein) *ugs veraltend selten* · (to be) a wicked woman

… Die alte Bärtuch ist das, was man früher ein böses Weib nannte! Wenn der Rudi die 'eine alte Hexe' schimpft, darf man ihm zwar nicht zustimmen; aber Recht hat der Junge.

ein tolles Weib (sein) *sal* – ein tolles **Weibsbild** (sein) · (to be) quite a woman, (to be) a bit of all right

jn. **zum Weib(e) begehren** *veraltend od. iron* – jn. zur **Frau** begehren · to seek s.o.'s hand in marriage

Weib und Kind(er) (verloren haben/…) *path veraltend* – **Frau** und Kind(er) (verloren haben/…) · (to lose/to have lost/…) wife and children

ein Weib nehmen *veraltend eher iron selten* – in den (heiligen) **Stand** der Ehe treten · to take a wife

jn. **zum Weib(e) nehmen** *veraltend eher iron selten* – jn. in den **Hafen** der Ehe führen · to take a wife, to make an honest woman of s.o.

sich ein Weib suchen *iron* – sich eine **Frau** suchen · to look for a wife

Weibsbild: ein unmögliches/elendes/verfluchtes/… **Weibsbild (sein)** *sal* · (to be) a dreadful/impossible/… woman

… Die Frau Bärtuch hat angerufen? Sag', ich wäre nicht da – oder tot –, wenn sie nochmal anruft. Mit diesem entsetzlichen Weibsbild will ich nichts zu tun haben.

ein tolles Weibsbild (sein) *sal* · (to be) quite a woman, (to be) a bit of all right, to be one hell of a woman

Daß die Babette dem Toni den Kopf verdreht hat, kann ich schon verstehen. So ein tolles Weibsbild verdreht den Männern nun einmal leicht den Kopf! Der Toni ist nicht der erste, dem das passiert!

weich: zu weich sein *ugs* · to be too soft, to be too easy-going

… Der Junge braucht eine harte Hand. Er muß spüren, daß er mit seinem Willen nicht immer durchkommt. Was nützt es, wenn der Vater ihn ausschimpft, dann aber doch alles durchgehen läßt, was er macht? – Der Alte ist eben zu weich! – Das ist, was ich sage.

Weichen: die Weichen (für etw.) **richtig/falsch stellen** · to start s.o. on/s.th. on the right/wrong path, to set the (right/wrong) course (for s.o./s.th.)

Von all meinen ehemaligen Klassenkameraden hat eigentlich der Klaus Bergmann am mühelosesten und reibungslosesten Karriere gemacht. – Sein Vater hatte die Weichen frühzeitig/von vornherein richtig gestellt: er studierte sofort nach dem Abitur Informatik – damals ein sehr seltener und gefragter Tätigkeitsbereich; da konnte eigentlich gar nichts mehr schiefgehen.

weichen: nicht von jn. **weichen** *form selten* – nicht von js. **Seite** weichen/jm. nicht … · not to budge from s.o.'s side

weichherzig: zu weichherzig sein – zu **weich** sein · to be too soft-hearted

weichklopfen: jn. **weichklopfen** *sal* · to soften s.o. up, to keep on at s.o./to keep pounding away at s.o./... until he relents

... So schnell wird man den Kreuth nicht dazu bewegen können, den Preis zu akzeptieren! – Dann muß man ihn weichklopfen: die Aufträge stornieren, die Qualität seiner Materialien infragestellen ... Irgendwann wird er schon mürbe (werden).

weichkochen: jn. **weichkochen** *sal selten* – jn. **weichklopfen** · to soften s.o. up

weichkriegen: jn. **weichkriegen** *sal selten* · to soften s.o. up

... Sei unbesorgt, den Mann werden wir schon weichkriegen. Wir verfügen über einige Druckmittel, die seinen Widerstand brechen werden!

weichmachen: jn. **weichmachen** *sal selten* · 1. to soften s.o. up, 2. to wear/to grind/... s.o. down

1. Nach tage- und nächtelangem Verhör hatten sie den Regimegegner schließlich weichgemacht: widerstandslos antwortete er auf alle Fragen.

2. vgl. – (eher:) jn. mürbe **machen** (2)

weichwerden: weichwerden *ugs* · 1. to weaken, to knuckle under, 2. to give in *n*, to relent *n*

1. ... Der Angeklagte Regimekritiker scheint ja nun doch bereit zu sein auszusagen. – Bei den tage- und nächtelangen Verhören wird jeder irgendwann weich. Irgendwann hört die Widerstandskraft einfach auf.

2. ... Und wenn er dich noch so lange bittet, dir tage- und nächtelang in den Ohren liegt: du darfst nicht weichwerden. Wenn du jetzt nachgibst, bist du verloren; dann hat er dich in der Hand.

Weide: Vieh/... **auf die Weide führen**/treiben · to take/to lead/ to drive/... cows/cattle/... to pasture/to grass

... Finden eure Kühe den Weg nicht allein? Muß die immer jemand auf die Weide führen?

Weidmannsheil: kann man Weidmannsheil wünschen? *Jagd selten* · 1. to wish s.o. good hunting, to wish s.o. good sport, 2. to hope that s.o. has had good hunting

1. Also, Karl, ich wünsche dir Waidmannsheil. Wenn du morgen früh nicht mit einer anständigen Wildsau erscheinst, wirst du erst gar nicht hereingelassen.

2. (Ein Gast in einer Wirtschaft zu zwei Jägern, die hereinkommen:) Kann man Weidmannsheil wünschen? – Nee ..., heute haben wir nichts geschossen, nicht einmal einen Hasen.

Weigerungsfall: im Weigerungsfall *form* · in case of refusal, in the event of refusal

(In einem Amt:) Wenn der Mann eine Erklärung unterschreibt, daß er keine Arbeit annimmt, können wir ihm wohl eine Aufenthaltsgenehmigung geben. – Und was machen wir im Weigerungsfall? – Wenn er sich weigert, diese Bedingung zu akzeptieren, fährt er wieder zurück.

Weihe: e-r S. **die rechte/richtige Weihe geben** (durch .../...) *path* · to mark the occasion/... appropriately, to give the occasion/... an appropriate note of solemnity

... Ja, wenn ihr den Präsidenten schon persönlich einladen wollt, dann müßt ihr der Feier auch die richtige Weihe geben. Dann muß der Musikchor unserer Stadt für eine stimmungsvolle Untermalung sorgen ...

die höheren/niederen Weihen *rel fig* · 1. 2. (the) higher/lower orders, (the) major/minor orders

1. Weißt du, was die höheren bzw. niederen Weihen sind, Kurt? – Ja. Früher empfing der höhere Klerus die höheren, der niedere Klerus die niederen.

2. In Anlehnung an den Sprachgebrauch der Kirche sagt man heute etwa von jemandem, der (an der Universität) die letzte Examenshürde, die Habilitation, hinter sich hat: nachdem er jetzt die höheren Weihen hat, wird seine Karriere ja wohl gesichert sein.

die Weihen empfangen/(bekommen) *rel – form selten eher: zum Priester/Bischof/... geweiht werden* · to take holy orders

... Schon ein Jahr, nachdem er die Weihen empfangen hatte, sagst du, hat euer Klaus das Priesteramt wieder aufgegeben? Hätte er sich das nicht vorher überlegen können? – So einfach ist das nicht, mein Guter! ...

jm die Weihen erteilen *rel – form selten eher: jn. zum Priester/Bischof/... weihen* · to ordain s.o. *priest*, to consecrate s.o. *bishop*

... Wer wird euch denn die Weihen erteilen, der Weihbischof oder der Erzbischof selbst? – Die Priesterweihe übernimmt grundsätzlich der Weihbischof. Daher ja auch der Name.

Weihnacht(en): grüne Weihnacht(en) – ≠ weiße **Weihnacht(en)** · Christmas without snow

weiße Weihnacht(en) · a white Christmas

... Was redet der Otto da? 'Weiße Ostern'? Das dürfte es ja wohl nicht geben? Es gibt Weihnachten mit Schnee, aber doch nicht Ostern.

das/etw. ist (ein Gefühl), wie wenn Weihnachten und Ostern auf einen Tag fällt/(fallen) *ugs selten* · it is like Christmas in July

... Heute ist echt ein toller Tag! Zuerst kam der Brief, daß ich von der Harvard Universität angenommen bin, und dann haben mir meine Eltern eröffnet, daß sie mir zu dem bestandenen Abitur eine Reise nach Mexico schenken wollen. Das ist ein Gefühl, wie wenn Weihnachten und Ostern auf einen Tag fallen

Weihnachtsgans: jn. **ausnehmen wie eine Weihnachtsgans** *sal* · to have s.o. for breakfast, to run rings round s.o., to fleece s.o., to clean s.o. out, to have the shirt off s.o.'s back

... Wie kann sich der Neuling bloß allein in solch komplizierte Verhandlungen mit Maklern wagen? Das liegt doch auf der Hand, daß die Leute den ausnehmen wie eine Weihnachtsgans! – Wie, meinst du, der Udo hat bei dem Geschäft Minus gemacht? – Ich meine das nicht, ich weiß das! Die haben den Udo ausgequetscht, wie sie meinen Bruder im vergangenen Jahr ausgequetscht haben. Laß ihn nur so weitermachen, dann steht er bald im Hemd da.

Weihnachtsmann: (noch/...) an den Weihnachtsmann glauben *ugs* · to believe in Santa Claus, to believe in fairies

... Du glaubst wohl noch an den Weihnachtsmann, was?! Das kann man doch nicht für bare Münze nehmen, was der Ulrich uns da erzählt! Wie kann man nur so naiv sein?!

Weihnachtstisch: jm. etw. **auf den Weihnachtstisch legen** · to put a present on the Christmas tables, to give s.o. a Christmas present

... Seltsam: bei uns zu Hause gab es nie einen Weihnachtstisch, darauf konnte man also auch keine Geschenke legen; die legte man unter den Weihnachtsbaum/Christbaum.

Weihrauch: jm. **Weihrauch streuen** *path veraltend selten* · 1. 2. to praise s.o. to the skies, to shower praises on s.o., to sing s.o.'s praises, 3. to soft-soap s.o., to butter s.o. up

1. vgl. – ein **Loblied** auf jn./(etw.) anstimmen

2. vgl. – js. **Lob**/das Lob e-r S. singen

3. vgl. – (u.U.) (stärker als:) jm. **Honig** um den Bart schmieren/ streichen

weiland: wie weiland ... *veraltend – iron* · as ... in the past, as ... in days of yore

... Ach nein, der arme Rauschner wurde von seiner Partei gedrängt, diese ganzen Schweinereien zu machen! Er hat überhaupt keine Schuld. Wie weiland Josef Köchler. Er war auch an seinen ganzen Reichtum gekommen, fast ohne es zu merken; man hatte ihn fast gezwungen, reich zu werden ... Du erinnerst dich?! ... Köstlich!

Weilchen: (für) ein Weilchen · to wait/... a while, to wait/... a bit, to wait/... a good while

(Zwei junge Damen, die zu einem Amt kommen, vor dem eine längere Schlange steht:) Willst du dich wirklich hier anstellen? – Ich brauch' die Unterlagen dringend. – Da wirst du ein Weilchen hier stehen, bis du drankommst. Ein, zwei Stunden dauert das bestimmt.

über ein Weilchen *form veraltend selten* – über ein **kleines** · soon afterwards, a short while later

Weile: eine ganze Weile · a good while, quite a while

... Wie lange hast du denn gewartet? – Ich weiß nicht mehr genau. Aber ich habe eine ganze Weile vor dem Versicherungsgebäude gestanden. Dreiviertelstunde bestimmt.

eine geraume Weile *form veraltend selten* – eine ganze **Weile** · a good while, quite a while

bis dahin/bis das passiert/…/mit etw./damit hat es noch eine gute Weile *form veraltend selten* · 1. it will be a good while/ quite a while/… before s. th. happens, 2. there is plenty of time till then/…, there's no rush with s. th.
1. vgl. – bis dahin/bis das passiert/…, läuft/(fließt) noch viel **Wasser** den Berg hinunter/(hinab)
2. vgl. – es hat (noch) **Zeit**, bis …/das/etw. hat (noch) Zeit/mit etw. hat es (noch) Zeit (3; u. U. 1)

eine kleine/(kurze) Weile … *selten* · a short while, a little while
… Gut, wenn es schnell geht … Eine kleine Weile wart' ich. Aber höchstens zehn Minuten. Wenn du dann nicht zurück bist, hau' ich ab/geh' ich.

eine lange Weile *selten* · a good while, a fair old while *coll*, a long time
… Ach, ich habe eine lange Weile da herumgestanden, bestimmt dreiviertel Stunde, wenn nicht noch länger. Aber als du dann immer noch nicht kamst, bin ich gegangen.

über eine Weile … *form veraltend selten* · in a (short) while, soon
… Natürlich, im Augenblick redet alle Welt von nichts anderem als von seiner Scheidung. Aber über eine Weile ist auch das vergessen. – Das weiß ich nicht, ob die Leute das so bald vergessen.

weilt: j. weilt schon drei Jahre/lange Zeit/… **nicht mehr unter uns** *form od. iron* – schon/… unter der **Erde** liegen · s. o. is no longer with us/s. o. has not been with us for a year/…

Wein: ein offener Wein · an open wine, to sell/… wine by the glass
… Eine so hervorragende Qualität sollte man nicht als offenen Wein verkaufen, Ulli! Der gehört in vernünftige Flaschen, mit einem schönen Etikett.

jm. **reinen/(klaren) Wein einschenken** · 1. 2. to tell s. o. the truth, to come clean, to tell s. o. straight
1. … Ich sehe überhaupt keinen Grund, warum ich den Herbert über die Hintergründe der Angelegenheit im Ungewissen lassen sollte. Sobald ich ihn treffe, werde ich ihm klaren Wein einschenken. Er muß doch wissen, woran er ist!
2. … Aber wenn du eindeutig im Recht bist, dann frag' doch nach, warum sie dir eine Lizenz nicht geben! – Ach, das hat gar keinen Zweck. Die schenken einem doch keinen reinen Wein ein. Die kommen dann mit irgendwelchen Erklärungen und Begründungen, mit denen man gar nichts anfangen kann.

Wein auf Flaschen ziehen *form* – (Wein) auf **Flaschen** ziehen · to bottle wine

alten Wein in neue Schläuche füllen *geh* · to put old wine into new bottles, to put old wine into new skins *rare*
… Die reden da so großartig vom 'Schutz des Privateigentums durch gezielte steuerliche Maßnahmen'. In Wirklichkeit handelt es sich um verschleierte Kredite – dasselbe also, was schon tausendmal praktiziert wurde, um den Wohnungsbau anzukurbeln/zu fördern. – Natürlich. Sie füllen alten Wein in neue Schläuche.

im Wein ist Wahrheit *geh selten* – in **vino** veritas · in vino veritas

Wein, Weib und Gesang *hist – iron* · wine, women and song
… Hast du schon mal erlebt, daß der Holger auch nur vier Wochen am Stück vernünftig arbeitet?! – Der genießt das Leben! – Allerdings! Wein, Weib und Gesang – das ist seine Devise.

der Wein löst jm. **die Zunge** – jm. die **Zunge** lösen (1) · wine loosens s. o.'s tongue

weinen: das/es ist zum Weinen (mit jm./etw.) *ugs* – das/es ist zum **Davonlaufen** (mit jm./etw.) · it/s. th. makes you/one (want to) weep, it/s. th. is enough to make you/one weep

jn. **zum Weinen bringen** · to make s. o. cry
(Der Vater zur Mutter:) Es scheint, der Junge hat seinen Spaß daran, seine Schwester zum Weinen zu bringen! Oder warum trommelt er

immer so lange auf sie ein, bis sie anfängt zu heulen? – Er fühlt sich hier zu Hause zurückgesetzt. Eifersucht – das ist alles!

weinen und klagen *path veraltend selten* · to cry and moan (about s. th.)
… Es hilft uns jetzt nicht weiter, zu weinen und zu klagen! Statt zu lamentieren, heißt es jetzt, mit aller Kraft versuchen, aus dieser Notlage wieder herauszukommen!

leise weinend abziehen/sich verdrücken/… *ugs – iron* · to slink off/… with one's tail between one's legs
… Als er merkte, daß die Situation für ihn brenzlig wurde, hat er sich leise weinend verdrückt. So ein Feigling! – Was heißt leise weinend? – Ganz vorsichtig, daß ihn nur keiner sah …

Weines: voll des süßen Weines … *veraltend path* · (to be) heavy with wine, (to be) in one's cups
… Und du hast das ernstgenommen, was er dir da, voll des süßen Weines, alles versprochen hat? – Beschwipst oder nicht, beschwingt oder schlecht gelaunt: versprochen ist versprochen!

Weinlaune: etw. in einer Weinlaune tun *ugs* · to do s. th./to promise s. th./… after a few glasses/… of wine *n*, to do s. th./to promise s. th./… when in one's cups
… Ach, das darfst du doch nicht ernstnehmen! Der Kurt hat ihr das in einer Weinlaune versprochen! Wenn er ein paar Gläschen drin getrunken hat, verspricht er den Leuten immer alles mögliche. Nachher denkt er nicht mehr dran …

Weise: in althergebrachter/auf althergebrachte Weise *form veraltend selten* · in the traditional way, in accordance with tradition
… Die feiern da ihre Ernten nach wie vor auf althergebrachte Weise: mit Volkstänzen, Liedern, gemeinsamem Essen … – Schön, wenn sich solche Traditionen doch noch irgendwo halten!

auf (ganz) besondere Weise *form* · particularly, especially
… Dem Herrn Körber ist unser Peter auf ganz besondere Weise verpflichtet: der hat ihm sowohl die Stelle bei Schuckert als auch die ersten Kontakte nach Brasilien verschafft.

in besonderer Weise *form* · in a special way, to give s. o./… special treatment, to give s. o./… preferential treatment
… Ob der Berger unseren Paul wirklich in besonderer Weise behandelt … – Du meinst, bevorzugt? – Nein, nicht unbedingt! Anders als die andern! … –, also, ob das wirklich so ist, kann ich nicht sagen.

in entgegenkommender Weise etw. tun *form* · to treat s. o./… in an obliging/accommodating/(…) manner
… Ja, er hat uns in sehr entgegenkommender Weise behandelt: uns ein Zimmer reservieren lassen, zum Abendessen eingeladen, ein paar Sehenswürdigkeiten der Stadt gezeigt … Zuvorkommender hätte er kaum sein können.

in gewisser Weise – in gewissem **Grad(e)** · to a certain extent, to a certain degree

in gewohnter Weise … *form selten* · as usual, in the usual way
… Und wie lief die Jubiläumsfeier ab? – In gewohnter Weise – wie die letzten Feiern auch. Es gab nichts, was aus dem Rahmen gefallen wäre …

in herabsetzender Weise (von jm. sprechen/…) *form* · (to speak/…) disparagingly about s. o., (to speak about s. o.) in a disparaging way
… Wenn der Karl über mich in derart herabsetzender Weise reden würde, wie er das über den Herrn Kollberg getan hat, würde ich auch nicht mehr mit ihm umgehen. – Was hat er denn so Negatives über den Kollberg gesagt?

in hergebrachter/auf hergebrachte Weise *form veraltend selten* – (eher:) in althergebrachter/auf althergebrachte **Weise** · in the traditional way, in accordance with tradition

in keiner Weise *form* · in no way, by no means, definitely not
… Auch wenn diese jungen Leute formal im Unrecht sind, ist das Vorgehen der Polizei in keiner Weise zu rechtfertigen!

in keinster Weise *form* – *path* – (stärker als:) in keiner **Weise** · in no way, by no means, certainly not

jm. etw. **auf schonende Weise nahebringen/**... · to break it/ the news/... to s.o. gently
... Kannst du der Helga nicht auf schonende Weise beibringen, daß ihre Diplomarbeit 'daneben' ist? Du bist doch mit ihr befreundet ... – Ich weiß nicht, wie ich das machen soll. Wenn sie das erfährt, kriegt sie einen Schock – egal, wie behutsam man da vorgeht.

jeder/... **auf seine/(nach seiner) Weise** · everyone/... in his own way, everyone/... after his own fashion
... Wie Sie den Stoff vorbereiten, meine Damen und Herren, das ist mir egal! Das macht jeder auf seine Weise – der eine so, der andere anders. Können müssen Sie die Sachen!

in der übelsten/(auf die übelste) Weise etw. tun *form* · to do s.th. in the nastiest way
Wenn der Fritz die Leute in der übelsten Weise verleumdet, darf er sich nicht wundern, wenn niemand mehr mit ihm umgehen will.

in der Weise vorgehen/(...), daß ... *form* · to do s.th. in such a way that ...
... Und wie organisieren wir das am besten? – Am besten gehen wir wohl in der Weise vor, daß wir einen größeren Saal in einem bekannten Restaurant mieten, etwa dem 'Karlshof', und ...

weisen: einen Vorwurf/... (weit) **von sich weisen** *path* · to repudiate a suspicion/..., to reject an accusation/... out of hand
... Natürlich weist der Schröder den Vorwurf, er wäre im Anfang gegen das Projekt gewesen, heute weit von sich. Jetzt, wo alles so prima geklappt hat! ... Das ändert aber nichts an der Tatsache, daß er sich noch auf der vorletzten Vollversammlung ganz entschieden dagegen ausgesprochen hat.

Weisheit: das/etw. **ist eine alte Weisheit** *selten* · it/s.th. is an old wisdom/truth, it/that is nothing new
... Ich weiß gar nicht, warum du dich so aufregst! Daß die Leute, die einen Staat in der Hand haben, sich nicht gegenseitig umbringen, das ist doch nichts Neues/das ist eine alte Weisheit. Das war immer so und wird immer so bleiben.

deine/seine/... Weisheit kannst du/kann er/... für dich/ sich/... behalten *sal* – (eher:) deine/seine/... **Weisheiten** kannst du/kann er/... für dich/sich/... behalten · he/you/ John/... can keep his/... pearls of wisdom to himself/...

mit seiner Weisheit am Ende sein *ugs* – (eher:) mit seiner **Kunst** am Ende sein · to be at one's wit's end

meinen/glauben/..., **die Weisheit** (allein/(für sich)) **gepachtet zu haben/**reden/..., als ob/... gepachtet hätte *sal* · to think/... one knows it all, to think/to believe/... one has a monopoly of wisdom/knowledge/... *coll*
(Ein Teilnehmer an einer Diskussion zu seinem Nachbarn:) Der Rudi redet, als ob er die Weisheit allein gepachtet hätte. Die anderen können doch auch denken, Mensch! – Das ist ein Klugscheißer, der Mann; der redet immer und überall so großspurig daher.

die Weisheit (aber auch) **nicht (gerade) mit Schaumlöffeln/ (Löffeln) gefressen haben** *sal* – (eher:) (aber auch) ein Gehirn wie ein Spatz haben · not to be all that bright, to be a bit dim

meinen/glauben/..., **die Weisheit mit Löffeln/Schaumlöffeln gefressen zu haben** *sal* · s.o. thinks/imagines/... he knows it all
... Hör' dir den Rudi an, wie geschwollen der daherredet! Der scheint zu glauben, er hätte die Weisheit mit Löffeln gefressen. In Wirklichkeit redet er nur dummes Zeug. – Das war doch schon immer so: je dümmer einer ist, umso aufgeblasener gibt er sich.

der Weisheit letzter Schluß (ist, daß .../...) *oft iron* · 1. the answer to everything/... is ..., the best/the cleverest idea/... they/... can come up with is ..., 2. the moral of the tale is ...
1. ... Nach den neusten Plänen will man die Einnahmen dadurch erhöhen, daß man die Steuern auf Tabak, Alkohol und Benzin drastisch heraufsetzt. – Wenn das der Weisheit letzter Schluß ist ...! So einen Plan hätten wir beide auch entwickeln können!

2. ... Und der Weisheit letzter Schluß: daß der Mensch was lernen muß. *iron Diktum*

das/etw. **ist/**scheint jm. **auch nicht (gerade) der Weisheit letzter Schluß** *oft iron* · it/s.th. isn't exactly a brilliant idea, it/ s.th. isn't the ideal solution
... Eine Hypothek auf das Haus zu setzen, um eine zweite Etage zu bauen, die man im Grunde gar nicht braucht, scheint mir auch nicht gerade der Weisheit letzter Schluß. Stell' dir bloß mal vor, im Geschäft gibt es einen Rückschlag. Dann steht der Ulrich ganz schön dumm da.

deine/seine/... **Weisheiten kannst du/**kann er/... **für dich/ sich/... behalten** *sal* · he/you/John/... can keep his/... pearls of wisdom to himself/...
... Mein Bruder gibt zu bedenken, ob man der Krise in der Firma nicht dadurch beikommen könnte, daß man den Export steigert. – Sag' deinem Bruder, er kann seine Weisheiten für sich behalten! Als wenn wir auf einen so naheliegenden, banalen Gedanken nicht schon längst selbst gekommen wären!

weismachen: das/**so etwas/... kannst du/**kann er/... **jemand anders/**(jemand anderem)/**einem anderen weismachen** ((aber/...) nicht mir/ihm/dem Peter/...) *sal* · you don't expect me/him/... to believe that ...?, *coll*, you want me/... to believe that ...? *n*
Dein alter Wagen soll noch 160 km in der Stunde fahren? Das kannst du einem anderen weismachen, aber mir doch nicht! So einen Unsinn glaubst du doch selbst nicht!

das/so etwas/... **kannst du/**kann er/... **mir/**ihm/... **doch nicht weismachen** *sal* – das/so etwas/... kannst du/kann er/... mir/ihm/... doch nicht **erzählen** · don't give me/... that, s.o. can't/... fool me/...

weiß: soviel ich **weiß** · 1. 2. as far as I know, ...
1. Der Albert fehlt? – Soviel ich weiß, ist er krank. Jedenfalls hat mir der Karl das gestern abend gesagt.
2. vgl. – meines **Wissens/**(seines/... Wissens) (1)

wer weiß? · who knows?
Woher hat der Albert denn plötzlich soviel Geld? – Wer weiß? Vielleicht hat er im Lotto gewonnen.

wer weiß, vielleicht/... · who knows, maybe ...
Meinst du, daß die Ursel auch zu dem Seminarfest kommt? – Wer weiß, vielleicht. – Du hast also weder mit ihr noch mit anderen darüber gesprochen? – Ich kann nur Vermutungen äußern.

wer weiß, ob/wann/wie/wer/...? · 1. 2. who knows whether/ when/how/...?
1. Wann wollte der Kanzler erscheinen? Um sieben? – Wer weiß, ob er überhaupt kommt? – Wie, ist das noch nicht sicher?
2. ... Du mußt auf alles gefaßt sein! Wer weiß, was für Vorwürfe er dir noch macht?

wer weiß, wie .../wann .../wo .../wie oft/(häufig) .../wie dick .../... · 1. God knows/goodness knows/heaven knows/... how often/..., 2. ... God knows when/...
1. Ich habe dir schon wer weiß wie oft gesagt, Ulrike, daß ich nicht will/ich will nicht, daß du abends allein durch den Park gehst. Und immer wieder tust du es! Irgendwann laß ich dich abends überhaupt nicht mehr heraus!
2. ... An sich habe ich gar nichts dagegen, daß du tanzen gehst. Aber sobald man dir die Erlaubnis gibt, nutzt du es aus, kommst wer weiß wann nach Hause. – Wer weiß wann! – Ja, das letzte Mal war es vier Uhr morgens. Oder etwa nicht?

inwendig weiß j. etw., **aber/**nur/... **auswendig nicht** *ugs iron selten* · s.o. knows it but cannot show it
... Der Friedel sagt, er hätte den ganzen Stoff genau gewußt; er wäre nur entsetzlich nervös gewesen und hätte deswegen nichts gesagt. – Inwendig weiß er immer alles, nur auswendig nicht!

j. **weiß es nicht besser/anders** · s.o. doesn't know any better
... Das darfst du nicht so ernst nehmen, was der Waldemar da zu den neuen Steuergesetzen sagt. Er weiß es halt nicht besser. – Wenn er in der Materie nicht drinsteckt, sollte er seinen Mund halten.

und/noch ehe j. **weiß, wie ihm geschieht** *mst Imp:* ... *ehe j. wußte, wie ihm geschah* – (und) ehe du dich **versiehst**/er sich versieht/.../ehe man sich/(sich's/sich dessen) versieht (ist es passiert/ist die Zeit um/...) (2) · and before s.o. knows where he is ...

j. weiß, was es heißt, etw. zu sein/tun · to know what it means to do s.th.
... Ich möchte den Raimund mal sehen, wenn er ein solches Unternehmen zu leiten hätte! Kritisieren ist leicht! Ich weiß, was es heißt, sich jeden Tag dem Konkurrenzkampf stellen zu müssen. Das ist nicht so einfach, wie so eine Beamtenseele sich das ausmalt!

weiß ich! *sal* – (eher:) was **weiß** ich! · what/how do I know, how should I know

was weiß ich! *ugs* · 1. 2. how should I know?, no idea
1. ... Was der Herbert verdient? Was weiß ich! Frag' ihn selbst, wenn es dich so interessiert!
2. ... Hat die CDU dem Projekt eigentlich auch zugestimmt? – Was weiß ich! Es ist mir auch völlig gleichgültig, welchen Projekten die zustimmt und welchen nicht.

... oder was weiß ich *ugs* · ... or something
... Was für Obstsorten will der Ludwig da eigentlich anbauen? – Pflaumen oder Pfirsiche oder was weiß ich! Besser fragst du die Lisbeth, die ist genau informiert. Mich interessiert das im Grunde auch gar nicht.

... und was/(wer/wem/...) weiß ich noch alles/... und ich weiß nicht, was/(wer/wem/...) noch alles *path* · 1. ... and what have you, and so on, 2. ... and goodness/God/heaven/(...) knows what/who/where/... else
1. ... Was gab es denn zu essen? – Ach! Alle möglichen Vorspeisen, dann Fisch, Fleisch, Languste und was weiß ich noch alles.
2. ... Was hat er denn für Argumente vorgebracht? – Daß er zu wenig verdient, im Geschäft schlecht behandelt wird, die Arbeitsbedingungen den Bestimmungen nicht entsprechen, für die Alterssicherung nicht genügend gesorgt ist und was weiß ich noch alles.

j. weiß nicht, ob er lachen oder weinen soll *ugs* · one doesn't know whether to laugh or cry
... Wenn man so einen Blödsinn hört, dann weiß man nicht, ob man lachen oder weinen soll! 'Die Leute arbeiten hier mehr als in jedem anderen Land' – das ist zum Totlachen, was der Willi für Anschauungen entwickelt! – Wenn es nicht so traurig wäre – für einen Wirtschaftsfachmann! – Eben!

j. weiß, was er lieber tut/täte *ugs* · s.o. can think of a lot of things he'd rather do
... Den ganzen Nachmittag idiomatische Ausdrücke kontrollieren ... – du, ehrlich gesagt, ich weiß, was ich lieber täte! – Ich ginge auch lieber schwimmen, Mensch ... – Nein, das mein' ich nicht. Aber Sprachproblemen nachgehen – ist nicht gerade mein Fall! ...

wenn ... nicht/..., dann weiß ich es nicht *ugs* · if that isn't a good/... salary/..., I don't know what is
... Der Detlev verdient 7.000,– Mark netto, sagst du? Wenn das kein gutes Gehalt ist, dann weiß ich es nicht. Ich versteh' nicht, wie er da noch über Geldsorgen klagen kann.

wer weiß was (für etw.) ... · 1. 2. God knows what, goodness knows what, all kinds of thing/inducements/...
1. ... Der Staiger hat dem August wer weiß was geboten – einen Dienstwagen, Wohnung frei, Übernahme der Altersversicherung und was weiß ich noch alles –: er hat nicht angenommen.
2. ... Dem August kannst du wer weiß was für Angebote machen; wenn er nicht will, nimmt er nicht an. Und wenn das noch so verlockend ist, was man ihm bietet!

wer weiß was alles *path* – (eher:) wer **weiß** was (für etw.) ... (1) · God/who knows what else

... und wer weiß was noch alles/... und wer weiß was alles noch/(und wer weiß was noch) *path* – (eher:) ... und was/(wer/wem/...) **weiß** ich noch alles/... und ich weiß nicht, was/(wer/wem/...) noch alles · and God/who knows what else

ich weiß, was ich weiß *ugs* · I know what I know
... Du kannst mir erzählen, was du willst, du bringst mich nicht von meiner Meinung ab. Ich weiß, was ich weiß. – Ja, was weißt du denn? Dann rück' doch mal endlich mit der Sprache heraus! ...

meinen/glauben/..., man wäre wer weiß wer/was *ugs* · 1. 2. to think one is the cat's whiskers, to think that one is someone really special
1. ... Der kann nichts, dieser Krollmann, und meint, er wäre wer weiß wer! Unausstehlich, so eine hohlköpfige Arroganz!
2. Der Windisch meint wohl, er wäre wer weiß wer, was?! – Warum? – Der behandelt die Leute vielleicht mit einer Überheblichkeit!

weißblond: weißblond *Haar* · to be ash-blonde
(In Nordportugal:) Seltsam, es gibt hier Leute, die mit ihrem weißblonden Haar germanischer aussehen als die meisten in Deutschland. – Das sind vielleicht Nachkommen der (alten) Sueben.

Weißbluten: jn. **bis zum Weißbluten ärgern**/peinigen/quälen/reizen *ugs* – *path selten* – jn. bis aufs **Blut** peinigen/quälen/reizen/(ärgern/hassen/...) · to torment/pester/annoy/... s.o. till he can take it no more

Weiße: das Weiße im Auge · the white of the eye
... Solange die Blutergüsse die Pupille nicht schädigen, sondern nur in dem Teil des Auges vorkommen, den man das Weiße des Auges nennt, kann die Klara doch nicht erblinden, oder? – Die Retina kann zerfallen, Bertold! Das ist die Gefahr bei starkem Diabetes.

jm. nicht das Weiße im Auge gönnen *path selten* – jm. nicht das **Schwarze** unter dem Nagel, den Nägeln gönnen · to begrudge s.o. everything/the air he breathes/...

Weißglut: jn. (bis) **zur Weißglut bringen**/treiben/(reizen/ärgern) *ugs* – *path* · to make s.o. livid, to make s.o.'s blood boil, to infuriate s.o.
Der Jürgen scheint es regelrecht zu genießen, wenn er die Leute aufregt. In den Diskussionen kommt er so lange immer wieder mit denselben Gegenargumenten, bis er einen zur Weißglut gebracht hat. Erst wenn man geradezu außer sich ist vor Zorn, dann ist er zufrieden.

weißt: ..., daß du es nur weißt/daß ihr es nur wißt/...! *ugs* – *form* – *path* · I just want you/... to know *n*, just as long as you/... know *n*, just so you/... know *n*
... Wenn du so weiter machst mit deiner Quertreiberei, dann laß ich mich scheiden. Daß du es nur weißt! Das mach' ich nicht länger mit. – Meinst du, du könntest mich mit solchen Drohungen einschüchtern?

weißt du was/wißt ihr was/...: ... *ugs* · 1. 2. I know what, 3. do you know what?
1. Weißt du was, Renate: heute abend gehen wir mal anständig essen. – Das ist eine Idee, Gerd! ...
2. Wißt ihr was, Kinder: jetzt schreibt ihr dem Weihnachtsmann mal alle einen ausführlichen Brief und erklärt ihm genau, was ihr euch als Geschenke wünscht.
3. Weißt du was? Die Annemarie will sich scheiden lassen. – Nicht möglich!

weißwaschen: (versuchen/...) jn. **weiß (zu) waschen** *ugs* – *form* · to (try to/...) whitewash s.o.'s reputation, to (try to/...) clear s.o.'s name
... Ach, als wenn die ihren eigenen Parteifreund belasten würden! Du hast vielleicht Ideen! Ganz egal, was der gemacht hat, die versuchen auf jeden Fall, ihn weißzuwaschen. – Du gehst also davon aus, daß die Untersuchungskommission zu dem Ergebnis kommt, daß er unschuldig ist? – Auf jeden Fall.

Weisung: Weisung haben, etw. zu tun *form selten eher: angewiesen sein* · to have instructions to do s.th., to have received instructions to do s.th.
... Warum gibt er dir die Genehmigung denn nicht, wenn er persönlich nichts dagegen hat? – Er hat Weisung, niemanden vom Dienst zu beurlauben, ohne vorher mit dem Personalchef zu sprechen. An diese Vorschrift/Weisung muß er sich halten.

weit: (schon/...) (sehr) weit sein (mit etw.) · to get far with s.th. *often: (not) to have got far with s.th.*
... Ist der Karl eigentlich schon sehr weit mit der Übersetzung des Romans von Saramago? – Oh, ja! Er ist fast fertig.

bis dahin/bis das passiert/... ist es noch weit · if/that/s.th. is still a long way off
... Wenn ich mein Abitur in der Tasche habe, studier' ich in Paris. – Bis dahin ist es noch weit, Junge! Jetzt sieh erst mal zu, daß du dein Abitur auch schaffst. Wenn es dann so weit ist, hast du immer noch genug Zeit, um zu entscheiden, was du dann machst. Vorläufig fehlen noch wenigstens vier Jahre.

es ist so weit *ugs* · ready!, we're/... ready
(Vor einer Urlaubsreise, die Mutter zum Vater:) Es ist so weit, die Koffer sind gepackt, wir können abfahren. – Endlich! Ich dachte schon, ihr würdet den ganzen Kleiderschrank mitnehmen und heute mit dem Einpacken nicht mehr fertig.

so weit sein – soweit sein · to be ready, when the time came (for s.o. to do s.th.), it is time, the time has come, this is it

(schon) so weit sein, daß ... · 1. to get/to have got so far that ..., 2. to have reached the stage that/where/...
1. ... Der Karl macht Urlaub? Ist er mit seiner Übersetzung des Romans von Saramago denn schon fertig? – Das nicht. Aber er ist doch schon so weit, daß er sich ein paar Tage Urlaub leisten kann.
2. ... Natürlich ist das unerzogen, wenn jemand zu spät kommt und sich nicht entschuldigt! Aber man gewöhnt sich dran. Inzwischen bin ich schon so weit, daß ich es als ausgesprochenes Entgegenkommen empfinde, wenn einer eine Entschuldigung präsentiert.

wie weit ist die Übersetzung/das Essen/...? · how far have you/has he/... got with the cooking/translation/...
(Der Vater zur Mutter:) Wie weit ist das Essen, Marlene? Dauert das noch lange? Ich muß heute zeitig wieder ins Geschäft. – Es ist gleich fertig, Ulli.

es weit haben (bis zu/...) · 1. to have far to go (to ...), to have a long way to go (to ...), 2. to have the furthest to go, to have the longest journey
1. Wie weit hast du es bis zur Schule? – Rund ein/einen km.
2. Von allen Kollegen hat der Herr Krause es am weitesten bis zum Büro. Er fährt über eine Stunde.

weit besser/schlechter/genauer/... als ... · far better/... than ..., much better/... than ...
Der Kurt arbeitet gut, aber der Emil arbeitet doch weit besser. – Weit besser? Ich weiß nicht, ob der Unterschied so groß ist.

weit und breit ist niemand zu sehen/kein Haus/... · no one/ no house/... can/... be seen for miles around
... Das war vielleicht ein Theater, sag' ich dir: plötzlich macht es 'rupp-rupp-rupp', und der Wagen steht; kein Benzin mehr; weit und breit keine Tankstelle ...

so weit, so gut! · so far so good
... Der Sigi hat an dem Projekt mitgearbeitet, also hat er ein Anrecht auf seinen Anteil an dem Gewinn! So weit, so gut. Aber das heißt doch nicht, daß er jetzt entscheiden – oder mitentscheiden – kann, wie es weitergeht. Er schießt übers Ziel hinaus! Von einem solchen Recht ist in keinem Vertrag die Rede!

von weit her kommen/angereist kommen/... *form – path* · to come from a long way away
(Eine Schulleiterin zu Besuchern:) Nicht wenige von unseren Schülern kommen von weit her – die einen aus Kronbach, andere aus Wertheim, wieder andere aus Lortzheim. Das ist ein Schulweg von 30, 40 Kilometern.

es ist mit etw./(jm.) **nicht** (gerade) **weit her**/mit etw./(jm.) ist es nicht gerade weit her – es ist mit etw./(jm.) nicht (gerade) weit **her**/mit etw./(jm.) ist es nicht (gerade) weit her · + s.o./s.th. is not up to much, + s.o./s.th. is not much to write home about, + s.th. is no great shakes

weit nach Mitternacht/ein Uhr/... *form selten* · well after midnight/one o'clock/...
Wenn der Junge jeden zweiten Tag weit nach Mitternacht ins Bett kommt, kann er in der Schule natürlich nichts Gescheites leisten. Acht Stunden Schlaf braucht er in seinem Alter wenigstens.

weit über 1.000 Personen/70 Jahre/... · well over 1,000 people/70/...
... Der Heinz-Otto 55 Jahre?! Der ist weit über 60! Der geht an die 70.

genau so weit wie vorher sein · to be no better off than one was before, to have got no further than one was before
... Jetzt hat er sich jahrelang angestrengt, um seine Doktorarbeit fertigzukriegen! Und was hat er jetzt davon? Nichts! In der Universität gibt es sowieso keine Stellen, und in der freien Wirtschaft nützt ihm der Titel sozusagen nichts. Er ist also genau so weit wie vorher.

weit weg sein *ugs* – weit **wegsein** · to be miles away

Weite: die lichte Weite *Architektur usw.* · the inside width, the inside diameter, the clear span (of a bridge)
Es ist gar nicht so einfach, die lichte Weite etwa eines gotischen Fensters oder eines Brückenbogens zu schätzen. Die Mauern, Pfeiler, Bögen täuschen und lassen den Hohlraum größer oder kleiner erscheinen.

(es gelingt jm.) **das Weite (zu) gewinnen** · to take to one's heels, to (manage to) get away/escape/...
Wir hatten angenommen, wir hätten den Feldhasen sicher in unserem Sack eingebunden; aber es gelang ihm irgendwie, sich zu befreien und das Weite zu gewinnen. – Wie ...? – Ja, plötzlich sahen wir, wie er über einen Graben sprang, und ehe einer von uns ein Gewehr zur Hand nehmen konnte, war er weg.

das Weite suchen *ugs – form* – sich aus dem **Staub(e)** machen · to beat it

sich ins Weite verlieren *form selten* – sich in der **Ferne** verlieren · to fade in the distance, to be lost in the distance

weitem: von weitem · from a distance
... Von weitem sieht die Burg in der Tat sehr gut erhalten aus. Aber wenn du näher herangehst, merkst du bald, daß ...

bei weitem besser/dicker/schwärzer/.../bei weitem weniger fleißig/klug/.../bei weitem nicht so gut/dick/fleißig/... bei weitem der größte/beste/dickste/... · 1. far better/thicker/ higher/..., by far the best/thickest/highest/..., 2. nothing like as good/thick/high/... as ...
1. ... Das ist bei weitem der beste Roman, den ich in den letzten fünf Jahren gelesen habe! Aber wirklich: mit Abstand!
2. Kurt ist tüchtig, einverstanden. Aber er leistet bei weitem nicht das, was sein Bruder leistet. Da besteht noch ein großer Unterschied zwischen den beiden.

weiter: nicht weiter stören/hindern/... *ugs* · it doesn't really bother s.o.
... Natürlich war da viel Lärm! Aber der Christian hat sich dadurch nicht weiter beirren lassen; er hat den ganzen Nachmittag durch übersetzt und ist mit der Arbeit nahezu fertig.

halt, nicht weiter! *form* · stop, no further!
Was heißt hier: »Halt, nicht weiter!«? Das ist doch ein öffentlicher Weg! – Eben nicht! Das ist der Eingang zu einer Kaserne. Und jetzt bleiben Sie stehen! Sofort!

nur immer so weiter! *ugs* · 1. 2. keep it up!, keep up the good work!
1. Der Beginn konnte nicht besser sein. Nur immer so weiter, dann haben wir das ganze Projekt in höchstens zwei Jahren erledigt!
2. Jetzt hast du schon zum dritten Mal eine Arbeit in Deutsch und Mathematik verhauen! Nur immer so weiter! Dann wirst du im Sommer herrlich sitzen bleiben!

und weiter? *ugs* – na, **und!** · yes, go on, and then ...?

und so weiter (und so fort/weiter) · and so on and so forth, et cetera et cetera
... Du machst dir keine Vorstellung, was es da alles zu sehen gibt: alte Burgen, Schlösser, Museen, herrliche Flußtäler, Höhlen aus der Steinzeit ... und so weiter und so weiter!

weiter nicht stören/hindern/... *ugs* – nicht **weiter** stören/ hindern/... · it doesn't really bother s.o./isn't in s.o.'s way/...

nur weiter so! *ugs oft iron* – nur immer so **weiter** (2) · keep it up, keep up the good work

das weitere · the rest, everything else
... Jetzt wollen wir nur rasch klären, wann wir morgen abfahren; das weitere regeln wir dann heute abend beim Abendessen.

alles Weitere · everything else, all the other points/details/...
... Heute wollen wir uns nur mit der Frage beschäftigen, ob der Beitrag erhöht werden soll oder nicht. Alles Weitere können wir dann auf unserer nächsten Sitzung besprechen.

alles Weitere veranlassen *form* · I/... will see to everything else, I/... will ensure that everything else is done, I/... will see to the rest
(Ein Firmenchef zu einem Abteilungsleiter, der ihn auf einer Reise begleiten wird:) Sorgen Sie dafür, daß die Unterlagen für die Besprechung bei Schuckert vollständig und in Ordnung sind. Alles Weitere – Flugkarten, Hotel, Termine usw. – werde ich veranlassen; da brauchen Sie sich nicht drum zu kümmern.

des weiteren ... *form* · furthermore, in addition
... Der Vortragende legte die Verflechtung von Wirtschaft, Sozialstruktur und religiösen Anschauungen dar. Des weiteren machte er auf die Zusammenhänge aufmerksam, die ...

bis auf weiteres ... · 1. until further notice, 2. for the time being
1. Wegen des Ölmangels wurde das Autofahren an Sonn- und Feiertagen bis auf weiteres verboten.
2. ... Es tut mir leid, aber bis auf weiteres können wir keine Anträge mehr entgegennehmen. Vielleicht versuchen Sie es in vier, fünf Wochen nochmal.

(so) ohne weiteres · 1. easily, without any difficulty, 2. just like that, without so much as a by-your-leave
1. Aber ist es so ohne weiteres möglich/geht es so ohne weiteres, den Kurs abzubrechen? – Ja, die Erlaubnis bekommen sie ohne weiteres/ohne jede Schwierigkeit!
2. vgl. – (so) **mir** nichts dir nichts

weitergehen: weitergehen/so kann das nicht weitergehen/... · 1. to go on, to continue, 2. 3. to go on like this, to continue like this
1. ... Und wie geht die Geschichte weiter? – Den Schluß erzähle ich euch morgen.
2. ... Das ist ja ein Durcheinander hier, eine Schlamperei. Das kann unmöglich so weitergehen, Kinder. Das müßt ihr doch selbst einsehen.
3. ... Wenn das hier so weitergeht, kündige ich. Es hat doch keinen Sinn, bei einer Firma zu arbeiten, bei der es von Tag zu Tag schlechter läuft.

weiterkommen: mit etw./jm. nicht weiterkommen – mit etw./jm. nicht weiter **kommen** · not to get any further with s.th., not to make any progress with s.th., not to get anywhere with s.o.

zusehen/machen, daß man weiterkommt *ugs* · to clear off, to pass on to the next door/customer/... *n*
(Zu jemandem, der Zeitschriften an der Tür anbietet:) Vor allem dürfen Sie nicht versuchen, die Leute durch wer weiß wieviel Reden, Argumente usw. zu überreden. Das gibt nur Ärger und ist verlorene Zeit. Wenn jemand nicht rasch zugreift, machen Sie, daß Sie weiterkommen.

sieh zu/seht zu/.../mach'/macht/..., daß du weiterkommst/ihr weiterkommt/...! *ugs – iron* – **Leine** ziehen (1) · hop it!, buzz off!, clear off!

weiterkönnen: nicht weiterkönnen (in etw.) *ugs* – nicht weiter **können** (in etw.) · to be stuck, not to be able to go any further

weitersagen: jm. etw. weitersagen · to pass it/s.th. on, to tell s.o. s.th.
... Wenn die Olga dir das (nur) im Vertrauen erzählt hat, dann darfst du das jetzt auch nicht weitersagen – auch deinem besten Freund nicht. Ein korrekter Mensch tut so etwas jedenfalls nicht.

weitertragen: ein Gerücht/... weitertragen *selten* · to repeat (rumours/...), to spread (rumours/...)
Alles, was der Klaus hört, glaubt er und muß es so weitererzählen, als wäre es ein Evangelium. Die dummsten Gerüchte trägt der weiter.

weiterwissen: nicht mehr weiterwissen – mit seiner **Kunst** am Ende sein · to be at one's wit's end, to be at a complete loss

weither: von weither kommen/angereist kommen/... · to come/... from all over, to come/... from a long way/miles around
... Ja, ja, die Stadt ist ein Einkaufszentrum; die Leute kommen von weither, um hier einzukaufen. Es gibt Menschen, die kommen von Dörfern oder Kleinstädten, die 50, 60 Kilometer weit weg sind.

weithergeholt: weithergeholt sein – weit **hergeholt** sein/scheinen/... · to be far-fetched

weithinaus: auf weithinaus *selten* – auf lange **Zeit** · for a long time

weitsichtig: weitsichtig (sein) · 1. (to be) long-sighted, 2. (to be) far-sighted
1. ... Mit zunehmendem Alter werden die Leute in der Regel weitsichtiger. Vielleicht braucht er in ein paar Jahren gar keine Brille mehr, wenn seine Kurzsichtigkeit schon jetzt nachläßt.
2. ... Ja, mein Vater war immer sehr weitsichtig; der hat die ganzen Probleme schon sehr früh kommen sehen und entsprechend Vorsorge getroffen ...

weittragende: weittragende Folgen/Konsequenzen/... haben · to have far-reaching consequences/repercussions/...
... Wie soll ich das wissen, ob ein solcher Fauxpas in diesem Institut eine Woche später vergessen ist oder aber weittragende Folgen hat? Eher würde ich allerdings das zweite annehmen. – Du meinst, daß der Volker seiner Karriere damit sehr geschadet hat?

Weizen: mein/... Weizen blüht *form selten* · 1. s.o.'s efforts are bearing fruit, 2. (when/...) s.o.'s ship comes home
1. Jahrelang hat der Udo vergeblich versucht, seine Anschauungen in der Partei durchzusetzen. Aber seit dem letzten Parteitag kann er sich gratulieren: sein Weizen blüht. Alle Welt wiederholt nur noch seine Gedanken.
2. ... Ehe dein Weizen da mal blüht, kannst du Jahre arbeiten! Von heute auf morgen hat da noch keiner Erfolg gehabt.

weizenblond: weizenblond Haar *selten* · flaxen (blonde)
... 'Weizenblondes Haar' – das hab' ich noch nie gehört! Was ist denn das für ein blond? – Ich vermute, wie Weizen!

welche: ihr seid mir/das/(die/die Dorfbewohner/...) sind mir vielleicht welche! *ugs* · you are/he is/... a right one!, I like that!
... Das/(die) sind mir vielleicht welche! Erst stöhnen sie hier herum, sie hätten kein Geld, und dann fahren sie nach Afrika in Urlaub.

viele/... Kleider/..., aber was für welche! *iron* · yes, but you should have seen them!
... Gab es denn da keine Auswahl? – Doch! Es gab sogar wahnsinnig viele Modelle! Aber was für welche! Eins häßlicher als das andere.

Fehler/Schmerzen/Modelle/..., **und was für welche!** *path selten* · 1. and what pains!/... , 2. and what models/mistakes/...!
1. ... Da mußt du aber Schmerzen gehabt haben! – Und was für welche! Ich kann dir (was) sagen, die waren kaum auszuhalten.
2. ... Und die unterschiedlichsten Modelle gab es da, und was für welche! Eins schöner, ausgefallener als das andere.

derjenige, welcher sein (in/bei/...) *ugs* · s.o. is the one who decides/who has the say/..., s.o. is the one/the man/the person/... to talk to
Wenn Sie hier etwas erreichen wollen, müssen Sie mit Herrn Schreuner sprechen. Das ist hier derjenige welcher. – Das hätte man mir schon gesagt. Es scheint, ohne Herrn Schreuner läuft hier nichts.

Welle: (die) grüne Welle/grüne Welle haben/es ist grüne Welle *Verkehr* · to have green lights all the way, phased/synchronised/linked/... traffic lights
Wenn man die grüne Welle hat, ist man von uns aus in gut zehn Minuten im Stadtzentrum. Aber wenn man bei jeder zweiten Ampel Rot hat, kann es eine halbe Stunde dauern.

die neue Welle *Filmel...* · the New Wave

'Kampf auf dem Mars' – was ist das denn für ein Film? – Das ist so eine Zukunftsvision – die neuesten Waffen, Roboter usw., die sich da einen Kampf liefern. – Ach, so ein Film der neuen Welle der 'Super—Zukunfts-Horror-Schau'. Nein, das interessiert mich nicht.

(die) rote Welle/rote Welle haben/es ist rote Welle *iron* · to have red lights against you/one/... all the way, to have the lights against you/one/... all the way

Mein Gott, jetzt haben wir schon das vierte Mal hintereinander (bei der Ampel) Rot. – Ja, das ist (die) rote Welle. Du sollst sehen: bei der nächsten Ampel kommt wieder rot. Deshalb schaffen die so viele Computer an, damit man an jeder Kreuzung halten muß!

eine Welle der Begeisterung *path* · a wave of enthusiasm

... Der neue Dirigent scheint in der Tat eine großer Gewinn für das kulturelle Leben unserer Stadt zu sein. Mit seinem ersten Konzert hat er geradezu eine Welle der Begeisterung ausgelöst ...

auf einer Welle des Erfolges schwimmen *path* · to be on the crest of a wave

... Ob sich der Erfolg hält oder nicht, das kann man nicht vorhersehen. Im Augenblick schwimmt er jedenfalls auf einer Welle des Erfolgs und sieht nichts danach aus, daß sich das so bald ändern würde.

in den Wellen begraben werden *path selten* – sein **Grab** in den Wellen finden · to go to a watery grave

die Wellen des Jubels/der Empörung/der Aufregung/(...) gehen hoch *path selten* – hohe **Wellen** schlagen · spirits are high, the wave of enthusiasm/... rises higher and higher, + to cause a big stir, feelings run high

die Wellen (wieder) glätten · to calm things down

... Die Stimmung wurde immer gereizter, und eine Zeitlang sah es in der Tat so aus, als würde die Versammlung in einem allgemeinen Tumult enden. Aber dann gelang es dem Vorsitzenden Gott sei Dank doch, die Wellen wieder zu glätten.

die Wellen glätten sich (wieder) · things calm down

... Die Stimmung wurde immer gereizter, und eine Zeitlang sah es so aus, als würde die Versammlung in einem allgemeinen Tumult enden. Aber dann glätteten sich die Wellen Gott sei Dank doch wieder.

sich (das Haar in) Wellen legen (lassen) · to have one's hair waved, to have a perm *coll*

Seit wann läßt sich die Gertrud Wellen legen? – Ach, du lieber Gott! Bestimmt schon ein Jahr! Hast du die noch nie mit Dauerwellen gesehen?

Wellen schlagen · to cause a stir, to create a stir

Der Bestechungsskandal in der Armee hat Wellen geschlagen. Sogar die ausländische Presse hat ausführlich davon berichtet.

hohe Wellen schlagen · 1. + spirits are really high, 2. to cause a big/major/... stir, to cause feelings to run high

1. ... Der Jubel schlug immer höhere Wellen. Die Leute konnten sich kaum fassen vor Freude.
2. Die Empörung über die Gefangennahme des amerikanischen Generals durch die Terroristen hat hohe Wellen geschlagen. Alle Zeitungen, ganz gleich, welcher Farbe, haben entrüstete Artikel darüber gebracht.

die Wellen der Begeisterung/Empörung/Aufregung/(...) **schlagen immer höher** *path* · the wave of enthusiasm/indignation/... rises higher and higher

(Über ein Tennisspiel:) Je länger das Spiel dauerte, um so überlegener wurde nun Boris. Die Wellen der Begeisterung schlugen immer höher ...

hohe Wellen werfen *selten* · to whip up high waves

(Am Meer:) So hohe Wellen wie heute hat das Meer noch nie geworfen! – In den vierzehn Tagen, die du hier bist, nicht. Sonst ist das Meer hier sehr oft so stürmisch/wild.

Wellenberg: auf einem Wellenberg sein/... · to be on the crest of a wave

... Von fern sah das natürlich lustig aus: das Schiff erschien auf einem Wellenberg – um sofort danach in einem (Wellen-)Tal wieder zu verschwinden. Aber hast du schon mal überlegt, wie sich die Besatzung bei diesem Sturm gefühlt haben muß?

Wellenlänge: die gleiche Wellenlänge haben (wie j.) *ugs* · to be on the same wavelength (as s.o.)

... Nicht nur in der Musik, in allen künstlerischen Fragen haben die beiden die gleiche Wellenlänge! Ihre Reaktionen und Urteile sind fast immer identisch.

etw. **liegt nicht auf/ist nicht** js. **Wellenlänge** *ugs* · it's.th. is not for him, it's.th. is not his scene/kind of thing/bag/...

... Nein, moderne Malerei, das liegt nicht auf seiner Wellenlänge. Dafür wird er sich auch dann kaum begeistern lassen, wenn du ihn durch ein Museum führst und die Ästhetik der einzelnen Künstler erklärst.

auf einer/der gleichen/derselben Wellenlänge liegen (wie j.) *ugs* – die gleiche **Wellenlänge** haben (wie j.) · to be on the same wavelength (as s.o.)

Wellental: in einem Wellental sein/... – ≠ auf einem **Wellenberg** sein/... · to be in the trough of a wave

Welt: nicht die Welt sein *ugs* · 1. 2. it isn't all that much/long/...

1. ... Wieviel soll die Reparatur kosten? – 1.000,– Mark. – Na, das ist ja nicht die Welt. – Du findest das wenig?
2. ... Da kann man sich doch zwei Monate hinsetzen und die Grammatik lernen! Acht Wochen ... – das ist doch nicht die Welt – Um Grammatik zu lernen, ist das entsetzlich lang!

schon/noch nicht/... auf der Welt sein · to be (already/...) alive, to be (already/...) born

... Du redest von der Nachkriegszeit, als wenn du sie selbst mitgemacht hättest. Aber du warst damals doch noch gar nicht auf der Welt.

das Theater/Bücher/... **ist/sind meine/deine/.../(js.) Welt** *form* · the theatre/books/... is/are my/her/... world

... Bücher sind seine Welt. Wenn er ein Buch zur Hand nehmen kann, lebt er auf; die Wirklichkeit 'als solche' dagegen sagt ihm nicht viel.

die (Erste/Zweite)/**Dritte**/(Vierte) **Welt** · the (First/Second)/Third/(Fourth) World

... Natürlich, Deutschland gehört zur Ersten Welt – wie alle anderen hochindustrialisierten Länder auch! Aber Brasilien zum Beispiel? – Das ist ein Schwellenland – zwischen der Ersten und der Dritten Welt. – Und Äthiopien gehört (für dich) also zur Vierten Welt? – Ja. Wie so viele andere afrikanischen Staaten.

alle Welt · 1. 2. everybody, 1. the world and his wife, 2. the whole world

1. ... Es ist direkt lächerlich von der Gerda, sich so hochnäsig zu geben, wo doch alle Welt weiß, woher sie kommt und wer sie ist.
2. ... Und plötzlich redet alle Welt nur von Krise. Wenn dann jemand sagt, so schlimm sei das nicht, muß er damit rechnen, für verrückt gehalten zu werden.

... in alle Welt gehen/verschickt werden/... · to be sent/delivered/... to all parts of the world/all over the world/...

... Eine Firma, deren Erzeugnisse in alle Welt gehen, braucht sich doch wohl keine Sorgen zu machen! – Wer garantiert Ihnen, daß der freie Welthandel so weitergeht?

aus aller Welt (Informationen beziehen/zu einem Kongreß kommen/...) – aus aller **Herren** Länder angereist kommen/... · to get information/people attend a congress/... from all over the world

wer/wo/was/wohin/... in aller Welt!/(?) *path* · 1. who/where/what/how/... on earth ...?, 2. where/who/... in the world

1. ... Ich laß mir doch nicht vorwerfen, ich sei ein Betrüger! – Wer in aller Welt behauptet das denn?! Wir haben lediglich festgestellt, daß dein Brief der Tatsachen anders resümiert, als sie sich zugetragen haben. Von Betrug hat kein Mensch geredet.
2. ... Aber wo in aller Welt gibt's das denn, Verständnis, Hilfe, Entgegenkommen? – Na, jetzt hör' aber auf! Es gibt doch noch Gegenden, wo diese Tugenden noch nicht ausgestorben sind!

in aller Welt bekannt sein/... *form* – *path* · to be known/famous, throughout the world, to be known/famous/... all over the world/the world over

... Morris?! Der ist in aller Welt bekannt, der braucht das deutsche Publikum überhaupt nicht mehr!

vor aller Welt etw. tun · to do s.th. in public, to do s.th. in front of everybody

... Sie ist wahrhaftig nicht prüde. Aber (so) vor aller Welt da nakkend herumlaufen – nein, das ist nicht ihre Sache.

um alles in der Welt *form – path* · 1. at all costs, come what may, 2. for God's sake, for goodness' sake

1. ... Ganz egal, was es kostet: er will um alles in der Welt vermeiden, daß die Sache ans Gericht geht. – Lieber zahlt er freiwillig Zigtausende von Marken? – Ja! Bloß nicht ans Gericht! – das ist seine Devise.

2. Um alles in der Welt, was habt ihr denn da wieder für einen Unsinn angestellt?! *selten*

nicht um alles in der Welt *form – path* · not for anything in the world, not for love or money, not at any price

... Nicht um alles in der Welt wird sich die Ute von dem Klaus dazu bewegen lassen, mit ihm zusammen Urlaub zu machen. Nie und nimmer!

die Alte Welt · the Old World

Europa nennt man die Alte Welt, Amerika die Neue.

(von) etw./jm./davon/das gibt es genug/noch andere/noch mehr/... auf der Welt *ugs* · 1. 2. there are plenty of ... in the world

1. Der Reichenbach sollte sich nicht so viel einbilden. Sanskrit-Spezialisten gibt es noch mehr auf der Welt. – Klar, er ist nicht der einzige; aber allzu viele gibt es davon nun auch nicht wieder nicht.

2. ... Kind, wenn du die Kette hier nicht kaufst, kaufst du sie woanders. Korallenketten gibt es genug in der Welt. – Aber nicht so schöne! – Auch so schöne!

kein Mensch/niemand/nichts/... auf der Welt · no one/nobody/nothing/... in the world

... Du willst den Dieter dazu bewegen, fleißiger zu sein?! Viel Glück! Das haben schon andere vergeblich versucht, weißt du. Nichts und niemand auf der Welt bringen den Jungen dazu, mehr zu arbeiten, als er unbedingt muß.

das Schönste/... auf der Welt · s.th. is the finest/best/nicest/... thing in the world, + there is nothing finer than ...

... Ein Aufenthalt am Meer ist schön, meinte sie; aber das Schönste auf der Welt ist doch das Skifahren in den sonnig-klaren Winterbergen.

j./das/Lissabon/... ist (doch)/(schließlich auch/...) nicht aus der Welt *ugs* · 1. 2. s.o./it/Lisbon/... is not that far away *n*, a town/village/... is not that cut off/remote/out of the way/... *n*

1. ... Und wenn der Karl-Heinz nach Lissabon umzieht, sehe ich ihn überhaupt nicht mehr! – Nun beruhig' dich doch mal, Christa! Lissabon ist doch nicht aus der Welt. Da kannst du doch hinfahren, ihn besuchen ...

2. ... Wenn du den Christoph unbedingt sehen willst, dann besuch' ihn! Er ist doch nicht aus der Welt! Setz' dich in den Wagen und fahr' los! In drei oder vier Stunden bist du in Regensburg.

(es scheint/...,) j./etw. ist nicht von dieser Welt *form* · 1. 2. (it seems/...) it's.th./s.o. is not of this world

1. ... eine Inszenierung von einer geradezu unwirklichen Schönheit – einer Schönheit, die nicht von dieser Welt ist: reines Gebilde der Phantasie, ätherisch ...

2. Manchmal wirkt der Bernhard so versponnen und geheimnisvoll, daß man glauben könnte, er wäre nicht von dieser Welt.

in dieser und in jener Welt *form – path selten* · in this world and in the next world

... Mein Lieber, wenn es ein Jenseits gibt, dann dürfte da auch das Sittengesetz herrschen. Entweder es gibt überhaupt keine Moral, oder sie ist in dieser und in jener Welt identisch ... – Wenn du es sagst ...

die große Welt *path selten* · 1. high society, 2. to introduce s.o. into society, 3. the big wide world, the macrocosm

1. Zu dem lange angekündigten Gala-Abend unserer Staatsoper fand sich die große Welt unserer Stadt und unseres Landes ein: der Ministerpräsident war erschienen, begleitet von ...

2. vgl. – (eher:) jn. in die **Gesellschaft** einführen

3. ... Ja, der erste Teil des 'Faust' spielt in der 'kleinen', der zweite in der 'großen' Welt. – Und was ist diese große Welt? – Die Welt des Geistes, der von Griechenland, Rom, dem Christentum geschaffenen – halb mythischen – Vorbilder; im Gegensatz zur lokal gebundenen 'Umwelt' des Menschen.

abseits von der großen Welt leben/... *form* · to live away from the centre of things, to live a secluded life

... Der Schondorf hat sein ganzes Leben abseits von der großen Welt verbracht – und ist doch ein großer Künstler geworden. Eines der unzähligen Beispiele dafür, daß man sich nicht unbedingt unter den bekannten Leuten und in den einflußreichen Kreisen bewegen muß, um was zu werden.

die halbe Welt einladen/... *ugs* – (eher:) **Gott und alle/(die)/die halbe Welt einladen/...** · to invite/... the world and its wife

was kost' die Welt? *ugs – path selten* · the world is mine/his/..., I/... feel on top of the world

... So überglücklich und ausgelassen hab' ich die Elly noch nie gesehen. Die war so richtig in der Stimmung (als ob sie ausrufen wollte:) 'Was kost' die Welt?'

das/Lissabon/... liegt (doch)/(schließlich auch/...) nicht aus der Welt *ugs* – j./das/Lissabon/... ist (doch)/(schließlich auch/...) nicht aus der Welt (1) · it/Lisbon/... is not at the other end of the world (after all)

die Neue Welt – ≠ die Alte Welt · the New World

nicht die Welt kosten/bezahlen für/... *oft: das/... kostet (doch) nicht die Welt/...! ugs* · s.th. does not cost the earth

... Vielleicht solltest du doch eine Zentralheizung in euer Haus einbauen lassen. Das kann doch nicht die Welt kosten. – Hm, mit 10 bis 15.000,– Mark muß ich schon rechnen. – Wirklich?

nicht um die Welt *selten form – path* – nicht um alles in der Welt · not for love or money, not at any price

für/(um)/nichts in der Welt *form – path* – nicht um alles in der Welt · not for love or money, not at any price

rund um die Welt reisen/fliegen/... · to travel/to fly/... around the world

... Brasilien, New York ..., dann Japan, China ..., da fehlt ihm ja nicht mehr viel, um rund um die Welt zu fliegen. – Na, eine richtige Weltreise – um die ganze Erde – ist das noch lange nicht.

die/eine verkehrte Welt · a topsy-turvy world, a world turned upside down, a crazy/mad/... world

... Man weiß überhaupt gar nicht mehr, woran man ist heute. Es ist wie in bestimmten Theaterstücken des Barock: man hat den Eindruck, in einer verkehrten Welt zu leben. Alles ist anders, als es sein sollte – oder als man es für richtig oder natürlich hält.

die vornehme Welt *form – path* · polite society, fashionable society

... Die vornehme Welt – das heißt: die höheren, gebildeten Kreise –, gibt es so etwas überhaupt noch, oder gibt es nur noch die sogenannten 'reichen Knöpfe/(Knöppe)'? – Frag' mich!

es zieht jn. **in die weite Welt** *form – path* · + to have an urge to go abroad, + to feel drawn to/to want to get out into/... the big wide world

(Ein Vater zu einem Freund:) Ich bin nicht sicher, ob unser Jüngster immer hier arbeiten wird. Ja, wer weiß, ob er überhaupt in Deutschland bleibt? Der ist anders als seine Geschwister. Der will andere Menschen kennenlernen, andere Erfahrungen machen, herumkommen. Den zieht es in die weite Welt, weißt du.

die Welt von heute/morgen/... · today's world/tomorrow's world/...

... Wenn du in der Welt von heute bekannt werden willst, Franz, kannst du an den Massenmedien nicht vorbeigehen. Die machen nun einmal heute den Ruf.

der Welt (freiwillig/...) **Ade/(Valet) sagen** *path od. iron selten* · 1. to say farewell to this world/this vale of tears, 2. to take one's life

1. vgl. – diesem **Jammertal** Ade/(Valet) sagen

2. vgl. – sich das **Leben** nehmen

die Welt scheint/… aus den Angeln gehoben *path selten* ·
the world is/seems to be/… out of joint, the world seems to
have been turned upside down, it seems as if the world has
been turned upside down

… Die ganzen furchtbaren Kriegsjahre hindurch schien es, als sei die
Welt aus den Angeln gehoben. Nichts war mehr festgefügt, weder in
der Wirklichkeit noch im Geistigen …

**j. will/fühlt sich, als könnte er/… die Welt aus den Angeln
heben** *path* · s. o. wants to/s. o. feels as if he could/… change the world completely, s. o. wants to/s. o. feels as if he
could/… turn the world upside down

… Wenn ich die Fabrik übernehme, dann werde ich die von oben bis
unten umkrempeln. – Mach' dir nicht zu viele Illusionen, Herbert!
Wenn man so jung ist wie du, dann meint man, man könnte die Welt
aus den Angeln heben. Je älter man wird, um so klarer sieht man
dann die Grenzen, die einem gesetzt sind.

sich (mit offenen Augen/…) die Welt angucken · to look at
the world, to take a real interest in what is happening in the
world

… Wenn man das Leben darstellen will, muß man sich die Welt
zunächst einmal angucken, verdammt nochmal! Ich jedenfalls bin
kein großer Anhänger der Leute, die meinen, sie könnten alles aus
ihrem (lieben) Ich hervorzaubern.

etw. in alle Welt ausposaunen *ugs – path* – (eher:) etw. in
alle **Welt** hinausposaunen · to broadcast s. th. all over the
place

sich seine eigene Welt bauen · to create a world of one's
own

… Seit dem Tod seiner Frau und seiner ältesten Tochter hat er sich
immer stärker zurückgezogen. Er lebt da auf seinem Gut bei Starnberg, wandert und liest viel, meditiert, baut sich seine eigene Welt …

solange die Welt besteht/(steht)/existiert · 1. since the beginning of time, until the end of time, as long as the world
exists, 2. in living memory

1. Kriege wird es geben, solange die Welt besteht. Damit muß man
sich abfinden.
2. vgl. – seit **Menschengedenken**

**j. meint/… (sofort/…), die Welt bräche/bricht zusammen/
(stürzt zusammen/fällt zusammen/fiele zusammen)** *ugs* – j.
meint/… (sofort/…), die **Welt** würde zusammenbrechen/
(zusammenstürzen/zusammenfallen) · s. o. thinks s. th. is
the end of the world

**da/hier/in diesem Tal/… ist die Welt wie/scheint die Welt/…
mit Brettern zugenagelt/(vernagelt)** *ugs – path selten* · this
place/this valley/… is like the end of the earth, this place/…
is like the back of beyond, this place/… is where civilisation
ends, + it is a long way from the big wide world

… Mein Gott, wenn es hier regnet oder wenn es gar nebelig ist, dann
hat man den Eindruck, daß man aus diesem Tal überhaupt nicht
mehr herauskommt, daß man von allem völlig abgeschnitten ist. Die
Welt scheint hier dann wie mit Brettern zugenagelt!

eine Veranlagung/Talente/… mit auf die Welt bringen · to
be born with talents/abilities/…, to inherit talents/abilities/…

Wenn man so viele Talente wie der Klaus mit auf die Welt bringt,
dann muß man auch etwas leisten! – Du denkst wohl an das Gleichnis von den Talenten aus der Bibel, was? – Ist doch wahr! Der weiß
gar nicht, wieviele Vorteile er hat im Verhältnis zu denen, die sich
alles erst mühsam erarbeiten müssen …

ein Kind/ein Mädchen/… zur Welt bringen · to give birth to
a child/a girl/…, to bring a child/… into the world

… So als wenn es gestern gewesen wäre, erinnere ich mich noch an
den Tag, an dem die Bettina unseren Ältesten zur Welt brachte.

die Welt für einen Dudelsack ansehen *sal selten* – den **Himmel** für einen Dudelsack ansehen · to think life is just a
bowl of cherries, to think everything in the garden's lovely

für jn. stürzt eine/(die) Welt ein *path* · the bottom has fallen
out of s. o.'s world, s. o.'s whole world has collapsed about
him

… Als er dann erfuhr, daß sich die Frau, um die er jahrelang ge-
worben hatte, mit einem anderen verheiratet hatte, stürzte eine Welt
für ihn ein. – Der Ärmste! – Du Spötter! Ist für dich noch nie alles
zusammengebrochen? …

davon/von etw./… stürzt (doch) die Welt nicht ein *ugs* –
davon/von etw./… bricht/stürzt/fällt die **Welt** (doch) nicht
zusammen · it/s. th. is not the end of the world

j. meint/… (sofort/…), die Welt würde einstürzen/(einfallen)
ugs – j. meint/… (sofort/…), die **Welt** würde zusammen-
brechen/(zusammenstürzen/zusammenfallen) · s. o. thinks
s. th. is the end of the world

der Welt entsagen *form* · to renounce the world

… Sich in die Einsamkeit zurückziehen, der Welt entsagen – doch,
das tun auch heute noch manche Menschen. Denke nur an bestimmte (Mönchs-)Orden. Wenn sie auch kleiner sind als früher, sie sterben
nicht aus.

eine (ganz) neue Welt eröffnet sich jm. *form – path* – eine
(ganz) neue **Welt** geht jm./(für jn.) auf · a whole new world
opens/has opened/… up for s. o.

mit sich und der Welt fertig sein *form – path* · to be finished
with the world, to have given up

… Ja, man hat in der Tat den Eindruck, daß der Manfred mit sich
und der Welt fertig ist. Phasen, in denen er gleichsam in ein schwarzes Loch fiel, hatte er ja schon immer. Die Enttäuschung mit der
Ingrid hat ihm den Rest gegeben. Ich glaube nicht, daß er sich nochmal fängt.

die Welt ist aus den Fugen (geraten) *path* · the time is out of
joint, the world is out of joint, (the) times are chaotic/confus-
ed/…

… In der Tat, Michael, du hast recht: heute ist auf nichts mehr
Verlaß; alles geht durcheinander; überall geht es drunter und drüber.
Die Welt ist aus den Fugen geraten.

die Welt gerät/(ist) aus den Fugen *path* · the world is going
to pieces, the world is topsy-turvy

Wenn man die Politik heute verfolgt – überall –, dann hat man den
Eindruck, die Welt gerät aus den Fugen. – Diesen Eindruck hatten
die Leute vor Jahrhunderten auch schon. Auch da sagte man schon,
alles gehe drunter und drüber und irgendwann würde die Welt wie
ein Kartenhaus zusammenstürzen.

aus der Welt gehen *form selten* – (euphem für:) sich das
Leben nehmen · to take one's life, to leave this world

wissen müssen/wissen/ …, was in der Welt vor sich geht · to
have to know/to know/… what is going on in the world

… Du schimpfst immer auf die Zeitungen und trotzdem liest du
sie dauernd! – Man muß doch schließlich wissen, was in der Welt vor
sich geht! – Du sagst doch immer, es wäre sowieso gelogen, was da
drin steht.

eine (ganz) neue Welt geht jm./(für jn.) **auf** *form – path* · 1.
2. a whole new world opens/has opened/… up for s. o.

1. Du kannst dir gar nicht vorstellen, welche Fülle von neuen Eindrücken auf uns einstürzte, als wir damals nach Mexiko fuhren. Eine
ganz neue Welt ging uns da auf.
2. … Bei der Lektüre dieses Buchs geht einem eine ganz neue Welt
auf. Das mußt du lesen, unbedingt; das erschließt einem Zusammenhänge, an die man vorher noch gar nicht gedacht hat.

so was/(etwas) hat die Welt noch nicht gesehen *ugs – path* · +
there has never been anything like it, + the like of it has
never been known, + it is incredible/fantastic/…

… Ein bißchen gemütlich und faul – gut, das laß ich mir gefallen.
Aber so was wie der Robert – das hat doch die Welt noch nicht
gesehen! Der ist schon zu faul, um sich morgens vernünftig anzuziehen, dieser Kerl!

durch die Welt gondeln *ugs* · to go globetrotting, to travel
around the world *n*, to go swanning around the world

… Wo ist die Ursel? In Ägypten? – Ja, in der Wüste. – Das möchte
ich auch, so wochenlang durch die Welt gondeln. Unsereiner muß
schön brav in diesem Nest seine Brötchen verdienen.

(immer so/...) **finster**/mißmutig/... **in die Welt gucken/** (schauen) *ugs* · to (always/...) look glum/depressed/down in the dumps/...

Der Sigmund guckt in der letzten Zeit so mißmutig in die Welt! Was ist los? – Weiß ich! Vielleicht hat seine Freundin mit ihm Schluß gemacht. – Sei nicht so böse! Der wirkt doch nicht ohne Grund so bitter!

fröhlich/... **in die Welt gucken/**(schauen) *ugs* · to look cheerful/happy/... *n*

Wenn alle so fröhlich in die Welt gucken würden wie der Georg, sähe das Leben heiterer aus! Welch eine Frohnatur, dieser Junge!

mit sich und der Welt in Hader leben *form – path selten –* mit sich und der **Welt** in Streit leben · to be at loggerheads with all and sundry/everyone/...

weit/viel/... **in der Welt herumkommen** – weit/viel/... **herumkommen** · to travel around (a lot), to get around (a lot), to see a lot of the world

etw. **in alle Welt hinausposaunen** *ugs* · to broadcast s.th., to broadcast the fact that ..., to tell all comers that .../about s.th./...

Richard, du solltest nicht in alle Welt hinausposaunen, daß dir der Chef ein höheres Gehalt bezahlt als deinen Kollegen. Dadurch schaffst du dir nur Feinde. Solche Dinge bindet man nicht jedem zweiten auf die Nase, so was behält man für sich.

in die Welt hinausziehen *path hist* – (eher:) in die weite **Welt** ziehen · to set out into the big wide world

die Welt kennen · 1. 2. to know the world, 2. to have been around, to know the ways of the world

1. Der Ulrich ist viel gereist, nicht? – Ja, und weit! Er kennt die Welt. Er war in Südamerika, in Afrika; die europäischen Länder hat er größtenteils schon als Schüler besucht ...

2. ... Als wenn ihr Herrn Biermann mit solch lächerlichen Behauptungen durcheinanderbringen könntet! Als wenn er so naiv wäre! Der kennt die Welt, mein Lieber; der hat Lebenserfahrung genug, um sofort zu verstehen, worauf das Ganze hinausläuft und warum ihr das alles angezettelt habt. *seltener*

die halbe Welt kennen/... *ugs* – (eher:) **Gott** und alle/ (die)/die halbe Welt kennen/... · to know the world and its mother

auf die/(in die/zur) **Welt kommen** · 1. to be born, to come into the world, 2. to see the light of day

1. Unser Sohn kam ganz genau am 14. November 1969, abends 20.15 Uhr auf die Welt.

2. vgl. – (eher:) das **Licht** der Welt erblicken

in einer anderen Welt leben · 1. 2. to live in a different world

1. ... Manchmal erschreckt mich Richards Mangel an Realismus. Es ist, als lebe er in einer anderen Welt.

2. ... Nein, dieses politische Theater interessiert unseren Hermann nicht. Er lebt in einer anderen Welt – der seiner griechischen Philosophen, der antiken Kunst ...

in seiner eigenen Welt leben · to live in a world of one's own

... Wie kann es einheitliche und verbindliche Maßstäbe geben, wenn jeder in seiner eigenen Welt lebt, Peter?! – Ich meinte das nicht geistig! In den 'technischen' Regelungen des Zusammenlebens muß es einheitliche Spielregeln geben!

in einer Welt für sich leben · 1. to live in a world of one's own, 2. to live in a different world

1. ... Ja, der Hubert Bracht, das ist ein echter Künstler, ein Mensch, der in einer Welt für sich lebt. Deshalb hat er auch für dieses pseudokünstlerische, politisierte Theater nicht das mindeste übrig.

2. vgl. – in einer anderen **Welt** leben (2)

jm. **steht die** (ganze) **Welt offen** *path* · the world is s.o.'s oyster

... Der Gerd ist reich, hat keinerlei Verpflichtungen – klar, dem steht die Welt offen. Aber welcher normale Sterbliche kann sich schon so frei den Ort, wo er leben will, den Lebensstil, den Beruf – oder die Beschäftigung – wählen?

etw. **in alle Welt posaunen** *ugs* – (eher:) etw. in alle **Welt** hinausposaunen · to broadcast s.th., to broadcast the fact that ..., to tell all corners that .../about s.th./...

Schwierigkeiten/Unstimmigkeiten/... **aus der Welt schaffen** · 1. to get rid of s.th., to abolish s.th., to eliminate s.th., 2. to clear up difficulties/misunderstandings/...

1. Ach, diese ewigen Intrigen, dieser ewige Kampf und Neid unter den Menschen! – Ja, leider kann man Egoismus, Haß und Eifersucht nicht aus der Welt schaffen. Sie gibt es nun einmal; man muß sich damit abfinden.

2. Bei nächster Gelegenheit werde ich den Karl Bauschner ansprechen. Ich möchte die Unstimmigkeiten, die sich da auf der vorletzten Sitzung ergeben haben, endlich aus der Welt schaffen.

aus der Welt scheiden *form selten* · 1. to take one's life, 2. to leave/to depart this world

1. vgl. – (euphem für:) sich das **Leben** nehmen

2. vgl. – jm. brechen die **Augen**

sich (so recht und schlecht/...) durch die Welt schlagen *ugs selten* · 1. 2. to struggle along, 1. to struggle through, 2. to get by

1. ... Der Krieg hat dem Mann alles genommen: Familie, Beruf, Besitz. Seitdem schlägt er sich so recht und schlecht durch die Welt. – Wie, ist er nie mehr richtig auf die Beine gefallen? – Nein.

2. vgl. – (eher:) sich (so) **durchschlagen** (1)

Kinder/Gerüchte/... **in die Welt setzen** *ugs* · 1. to bring a child/... into the world, 2. to start/to put about a rumour

1. Erst acht Kinder in die Welt setzen und dann von der Überlastung der Mütter reden, reimt sich das? – Ich finde, daß man das so nicht sehen kann; ich finde es schön, wenn eine Frau viele Kinder hat.

2. Ich möchte doch wirklich wissen, wer dieses dumme Gerücht, ich würde zu einer anderen Firma wechseln, in die Welt gesetzt hat – Ich glaube, der Heinz Schuster hat davon gesprochen. – Aber da ist doch kein Wort von/aber davon ist doch kein Wort wahr; das ist doch reine Erfindung.

alle Welt spricht von jm./etw. *ugs* · everyone is talking about s.o./s.th.

... Alle Welt sprach mal wieder von Karli Möller. Er hatte in der 89. Minute ein Bilderbuchtor geschossen und damit den 2 : 1 – Sieg gerettet. Ein Tor, wie man es nur alle Jubeljahre ein Mal sieht.

sich aus der Welt stehlen *euphem selten* · to steal out of the world *para*, to take one's life

... Sich so mit Schlaftabletten aus der Welt zu stehlen ... – ist das nicht doch ein bißchen feige? – Ob man das so sehen kann ... Wenn sich jemand das Leben nimmt, dürften so schwere Gründe vorliegen, daß der Begriff 'Feigheit' nicht mehr paßt.

mit sich und der Welt in Streit leben · to be at loggerheads with all and sundry/everyone/...

... Der Willi hat nicht nur mit dir Krach, der hat mit allen Leuten Schwierigkeiten. Und nach meiner Meinung liegt das einfach daran, daß er mit sich selbst uneins ist. – Du meinst, der lebt mit sich und der Welt in Streit? – So ist es.

durch die Welt tingeln *ugs* – durch die **Welt** gondeln · to go globetrotting, to travel around the world, to go swanning around the world

j. **könnte die ganze Welt umarmen** (vor Glück/Freude/...) *path* · s.o. could hug everyone

Euer Peter hat sich über seinen Erfolg bei dem Klavierabend ja sehr gefreut, nicht? – Gefreut ist gar kein Ausdruck. Der könnte die ganze Welt umarmen, der Junge, so glücklich ist er.

sich in der Welt umsehen · to see something of the world

Euer Herbert will nach Beendigung seines Studiums nicht sofort in den Beruf gehen? – Nein, er will erstmal ein wenig in der Welt umsehen. Er möchte für ein Jahr nach England, dann nach Amerika, nach Möglichkeit noch nach Südamerika ...

davon/... **geht die Welt** (doch) **nicht unter!** *ugs* · 1. 2. + it/ that is not the end of the world

1. vgl. – das ist (doch) kein **Beinbruch!**

2. vgl. – davon/von etw./… bricht/stürzt/fällt die **Welt** (doch) nicht zusammen

… und wenn die Welt dabei untergeht *ugs* – *path* · … come what may, … and to hell with the consequences
… Wenn es um wichtige Dinge in seinem Beruf geht, dann ist unser Peter radikal und kompromißlos. Dann versucht er mit aller Macht, seine Vorstellungen durchzusetzen – und wenn die Welt dabei untergeht.

die ganze Welt um sich herum vergessen *path* · to forget everything around one
Wenn der Rudi Klavier spielt, vergißt er die ganze Welt um sich herum, da existiert für ihn nur noch das Stück, das er gerade spielt. – Schön, eine solche Haltung.

die Welt nicht mehr verstehen *path* · to no longer understand the world, to be completely/… baffled
… Sein Vater wollte sich scheiden lassen? Der Peter verstand die Welt nicht mehr. Da hält ein Mann eine schwierige Ehe 30 Jahre durch, um sich mit 67 scheiden zu lassen?!

in die weite Welt wandern *path hist* – in die weite **Welt** ziehen · to set out into the big wide world

mit sich und der Welt zerfallen sein *form path selten* · to be at odds with oneself and the world, to be disillusioned
Nach dem Tod seiner Frau und den Enttäuschungen mit seinen Teilhabern in der Firma ist mein Bruder mit sich und der Welt zerfallen. – Aber er neigte immer ein wenig zu Weltschmerz und Trübsinn, oder nicht? – Das schon; aber so bedrückt und niedergeschlagen wie zurzeit habe ich ihn noch nie erlebt. Er glaubt an niemanden und nichts mehr.

in alle Welt zerstreut sein · to be scattered all over the world/the globe/…
Wenn man den Ausdruck 'in alle Welt zerstreut sein' hört, denkt man am ehesten an die Juden, die in der Tat auf den verschiedensten Flecken dieser Erde wohnen, obwohl sie – zumindest im religiösen Sinn – ein einziges 'Volk' bilden.

durch die Welt ziehen · to roam through/to wander through/… the world
… Wäre das wirklich was für dich, Gregor, so wie ein Zigeuner durch die Welt zu ziehen?

in die weite Welt ziehen *path hist* · to set out into the big wide world
Früher zogen die Handwerksburschen, bevor sie sich an einem Ort fest niederließen, erstmal in die weite Welt. – In die weite Welt …: das waren damals die umliegenden Städte und Dörfer. – Nein, nicht nur! Viele gingen bis nach Italien …

mit sich und der Welt zufrieden sein · to be content with oneself and the world *tr*
… Der Herbert ist reich, hat eine sympathische Frau, einen interessanten Beruf … – da kann man natürlich mit sich und der Welt zufrieden sein! – Der Herbert ist mit sich selbst im reinen – das ist das Entscheidende!

nobel/(vornehm) geht die Welt zugrunde! *ugs iron* · splash out and to hell with the consequences, there is nothing like doing things in style
Du sagst, du hast 150.000,– Mark Schulden bei der Bank und kaufst trotzdem eine neue Wohnzimmereinrichtung? – Nobel geht die Welt zugrunde! – Das scheint mir aber auch. Na ja, komm' du mir nochmal mit Geldschwierigkeiten!

sich in der Welt nicht mehr zurechtfinden · not to be able to cope with the world any longer
… Wenn jemand derart lange in russischer Gefangenschaft war wie der Herr Blütner, ist es doch mehr als verständlich, daß er sich in der Welt nicht mehr zurechtfindet. Denk' an die unzähligen Menschen, die immer hier gelebt und trotzdem die größte Mühe haben, mit sich und dem Leben zurande zu kommen. Es ist doch alles so unübersichtlich und kompliziert geworden!

sich von der Welt zurückziehen · to withdraw from the world
… Du brauchst dich ja nicht gerade wie ein Mönch von der Welt zurückzuziehen. Aber warum sollen wir in dieser schmutzigen und lärmenden Großstadt bleiben, wenn wir ein so schönes Landgut haben?

für jn. **stürzt/(fällt/bricht) die/eine Welt zusammen** *path* – für jn. stürzt eine/(die) **Welt** ein · the bottom has fallen out of s.o.'s world, s.o.'s whole world has collapsed about him

davon/von etw./… bricht/stürzt/fällt die Welt (doch) **nicht zusammen** *ugs* · it/s.th. is not the end of the world
… Herrgott, Junge, wenn eine Frau sich mal in einen anderen Mann verliebt, dann bricht die Welt doch nicht zusammen! Die wird schon wieder zurückkommen, die Doris. Stell' dich doch nicht so an wie ein kleiner Junge, dem die Eisenbahn kaputtgeht.

j. **meint/… (sofort/…), die Welt würde zusammenbrechen/ (zusammenstürzen/zusammenfallen)** *ugs* · to think/… that s.th. is the end of the world
… Nein, ein Mensch, der bei den geringsten Schwierigkeiten meint, die Welt würde zusammenbrechen, ist für diesen Beruf nicht geeignet! Hier sind Leute gefragt, die kämpfen können, die Nerven haben, die sich nicht aus der Ruhe bringen lassen …

Weltbrand: einen Weltbrand entfachen *path* · to blow up the entire world, to start a world war
… Für die Betroffenen, meinte er, waren Kriege immer schrecklich. Daran hat sich auch nichts geändert. Aber daß es die technischen Mittel heute einigen Mächten erlauben, einen Weltbrand zu entfachen, das ist neu. Daß ein paar Leute die ganze Menschheit in einen Abgrund stürzen können – das hat es nie gegeben.

Welten: Welten liegen zwischen … (und …)/zwischen … (und …) liegen Welten *form* – *path* · 1. 2. there's a world of difference between A and B, + A and B are worlds apart
1. Shakespeare und Beckett …, die lassen sich doch überhaupt nicht vergleichen! Es liegen Welten zwischen diesen beiden Autoren.
2. vgl. – (eher:) (… und …) trennen **Welten**/Welten trennen … (und …)

… und … trennen Welten/Welten trennen … (und …) *form* – *path* · 1. 2. + A and B are worlds apart, there's a world of difference between A and B
1. … Peter Kramer und Alfons Schröder würde ich überhaupt gar nicht zusammen erwähnen. Die sind doch in allem verschieden, in ihrem Charakter, ihren Interessen … Die beiden trennen Welten. – So verschieden, wie es auf den ersten Blick aussieht, finde ich die gar nicht.
2. vgl. – (eher:) **Welten** liegen zwischen … (und …)/zwischen … (und …) liegen Welten

Weltgeltung: js. Name/… hat Weltgeltung *path* · to have a world-wide reputation, to be world-renowned
… Aber ist der Herr Kollberg wirklich so bekannt in seinem Fach? – Ja. Sein Name hat Weltgeltung; den kennen sie in Amerika genau so wie in Rußland – und in Europa sowieso.

Weltgeschichte: da hört sich doch die Weltgeschichte auf! *sal selten* – da **hört** (sich) doch (einfach) alles auf! · that really is the limit!

in der Weltgeschichte herumfahren/umherfahren/herumfliegen/(…) *ugs* · to travel around all over the place
… Der Rudi fährt da in der Weltgeschichte herum, und ich soll schön brav in diesem Nest/Kaff bleiben und für ihn mitarbeiten?! – Der Rudi hat sein Staatsexamen bestanden, und dafür hatte ich ihm eine längere Reise versprochen! …

Weltklasse: Weltklasse sein *ugs path* · to be world class
… Der Mann ist nicht 'gut' und auch nicht 'Spitze' – der ist Weltklasse, mein Guter! Der braucht den Vergleich mit den berühmtesten Leuten seines Fachs nicht zu scheuen.

Weltmaßstab: im Weltmaßstab · on a world scale
… Für Portugal mag das eine große Firma sein, aber doch nicht im Weltmaßstab!

Weltmeister: in etw. Weltmeister sein *sal* – *iron* · s.o. is an expert liar/…, s.o. is an world champion when it comes to lying/… *para*
… Eine klare Darstellung von dem Hergang des Unfalls kann er nicht geben, aber im Lügen ist er Weltmeister! – Wieso? – Er hat doch gestern der Christa in der Tat erzählt, er hätte überhaupt gar nicht am Steuer gesessen.

Weltrang: ein Künstler/... **von Weltrang** *path* · an artist/... with a/of worldwide reputation

... Wenn ein Schriftsteller von Weltrang wie der Heinze erklärt ... – Von Weltrang? ... – Der Heinze ist eindeutig einer der ganz großen Romanciers unserer Zeit, daran gibt's gar keinen Zweifel. Also: wenn der erklärt ...

Weltreise: etw. **ist eine/keine Weltreise** *ugs* · it's (not) a world tour *para*, it's not that far, it's (not) a trip round the world *para* (Wegen einer defekten Lichtmaschine; zu einem Mechaniker:) Meinen Sie, daß der Wagen die Strecke (von München) nach Nürnberg noch macht? Das ist ja keine Weltreise! – Normalerweise nicht! – Malen Sie den Teufel nicht an die Wand! Die zwei Stunden macht er doch noch? Oder?

Weltruf: ein Künstler/... **von Weltruf** *path* · an artist/... with a/of worldwide reputation

Ob der Heinze ein guter oder gar ein großer Künstler ist, kann ich nicht beurteilen. Aber eins ist sicher: das ist ein Mann von Weltruf. Jeder, der sich mit Literatur beschäftigt, kennt den – egal, in welchem Land.

js. Name/... **genießt Weltruf** *form* – *path* – (eher:) js. Name/... hat **Weltgeltung** · s.o./s.th. enjoys an international/a worldwide reputation, s.o.'s name is known all over the world

Weltruhm: zu Weltruhm gelangen/... · to become world-famous

Als Philologe kannst du doch nicht zu Weltruhm gelangen, Heinz! Wenn es dir darum geht, mußt du Tennisspieler werden; da kennen und verehren dich die Leute in der ganzen Welt.

Weltuntergang: das/(etw.) ist doch kein Weltuntergang *ugs* – davon/von etw./... bricht/stürzt/fällt die **Welt** (doch) nicht zusammen · it/s.th. is not the end of the world

weltweit: weltweit bekannt/anerkannt/... · to be known/famous/recognized/... throughout the world, to be world-famous, to have a world-wide reputation, to be sold/... world-wide, to be a world-wide success/...

... Als ob der Hans sich was daraus macht, wenn seine Kollegen ihn kritisieren! – Ein Mann wie er, der weltweit bekannt ist, wäre auch schön dumm, wenn er etwas auf das Geschwätz von Leuten gäbe, die fünf Kilometer von Tübingen entfernt schon keiner mehr kennt.

Weltwunder: jn. **anstarren/(...) wie ein Weltwunder** *sal* · to look at/to stare at/... s.o. as if he is from another planet

... Das war das erste Mal, daß in diese weit abgelegene Gegend ein Ausländer kam – und dann noch so ein großer blonder, blauäugiger Germane! Die portugiesischen Kinder – und nicht nur sie – starrten den Wanderer an wie ein Weltwunder.

Wende: um die/(an der) Wende des zehnten/fünfzehnten/... Jahrhunderts *form* · at the turn of the tenth/fifteenth/... century

Um die Wende des 15. Jahrhunderts – ist das nun Ende des 14. oder Ende des 15./Anfang des 16.? – Das letzte. Deshalb sagt man auch, expliziter: um die Wende vom 15. zum 16. Jahrhundert.

wenden: sich ratsuchend an jn. **wenden** *form* · to turn to s.o. for advice, to seek s.o.'s advice

... Mit der Firma ging es immer weiter bergab. Was sollte er machen? In seiner Not wandte er sich ratsuchend an einen Freund meines Vaters, der seit langen Jahren eine ganz ähnliche Firma leitete. – Und der half dem Konkurrenten aus der Patsche? – Er gab ihm eine ganze Reihe höchst nützlicher Informationen.

Wendepunkt: (in seinem Leben/...) an einem Wendepunkt anlangen *mst Pret form* · to reach/to have reached/... a turning point (in one's life/career/...)

... Ja, bisher verlief sein Leben ziemlich gradlinig: Schule – Abitur – Studium – Arbeit in der Firma seines Vaters. Aber mit der Ernennung zum Vorsitzenden des Industrieverbands ist er an einen Wendepunkt angelangt. Jetzt muß er weitere Maßstäbe anlegen, 'politisch' vorgehen. Er wird sich da völlig umstellen müssen.

wendet: wie man/j. das/es/(etw.) auch wendet – die Tatsache bleibt, wie sie ist/... *form* – (eher:) etw./das kann j. **drehen** und wenden, wie/(so viel/so lange) er will/... – die Tatsache bleibt, wie sie ist/... · whatever way one looks/you look/... at it/s.th., the fact remains that ...

jetzt/... **wendet sich** etw. **gegen** jn. (selbst) · 1. 2. to rebound on s.o.

1. ... Da hat der Albert wer weiß was für Arbeit drangesetzt, um eine Entscheidung für die Erweiterung des Exports herbeizuführen, und jetzt wendet sich die ganze Sache gegen ihn! – Ja, so geht das manchmal im Leben; da hat man nur Nachteile, wenn man sich anstrengt.

2. ... Das geschieht ihm recht: jetzt hat sich sein intrigantes Verhalten gegen ihn selbst gewandt! Jetzt werden sie ihn an die Luft setzen.

Wendung: einem Gespräch/e-r S. **eine andere/neue/unerwartete/interessante/... Wendung geben** *form* · to change the direction (of a conversation/...)

... Wie hat er denn reagiert, als du anfingst, ihn nach der Abrechnung der Bücher zu fragen? – Wie immer, wenn ihm das Thema nicht paßt: er hat dem Gespräch eine andere Wendung gegeben. Plötzlich fing er an, statt von den Büchern von Automarken zu reden.

eine Wendung um/von 180/hundertachtzig Grad machen/vollziehen · to make a (complete/...) U-turn, to make a 180 degree turn

... Gestern Kommunist und heute Kapitalist – und nach wie vor angesehen? ... – Ja, mein Guter, auch das will gekonnt sein: so eine Wendung um 180 Grad vollziehen, ohne dabei auf den Arsch zu fallen!

eine andere/neue ... Wendung nehmen *form* · + there is a surprising/... turn of events, events/things/... turn out differently

... Natürlich hatten wir alle damit gerechnet, die beiden würden über kurz oder lang heiraten. Aber dann nahm die Geschichte plötzlich eine andere Wendung. Der Rolf lernte eine Französin kennen; es gab Eifersuchtsszenen – und siehe da, zwei, drei Monate später waren sie auseinander.

eine schlimme/böse/unheilvolle/... Wendung nehmen *form* · events/things/(...) take a nasty/an unpleasant/... turn

... Wie hat sich die Angelegenheit mit dem Ulli entwickelt? – Sie hat leider eine schlimme Wendung genommen. Einige Leute behaupten beobachtet zu haben, wie er am späten Abend aus dem Fenster von Schmidts Wohnung stieg, und wollen das bei Gericht zu Protokoll geben. Ich fürchte, er wird nicht ohne Gefängnis davonkommen.

eine unerwartete Wendung nehmen *form* · to take an unexpected turn

... Dieses Theaterstück hat einige überraschende Stellen, an denen die Handlung eine unerwartete Wendung nimmt; sie geht völlig anders weiter, als man erwartet.

eine Wendung zum Guten/Besseren nehmen *form* · to take a turn for the better

Lange Zeit sah es so aus, als ob sein Familienleben endgültig zerstört wäre. Aber dann nahm alles doch noch eine Wendung zum Guten: er bekam eine bessere Stellung, seine Frau gewann wieder Vertrauen zu ihm ...

eine Wendung zum Schlimmen/Bösen/(Üblen) nehmen *form* – eine schlimme/böse/unheilvolle/... **Wendung** nehmen · events/things/(...) take a nasty/an unpleasant/... turn/a turn for the worse

wenig: ein wenig (...) – ein **bißchen** (...) · a bit, a little bit

(das/etw. ist) ein bißchen wenig (für ...) *iron* · (it's/...) not (very) much, (it's/...) rather too little

... Ganze drei Seiten haben sie übersetzt – in fast 15 Stunden? Ein bißchen wenig, findest du nicht auch? – Sie haben natürlich nicht die ganze Zeit übersetzt ...

herzlich wenig (geleistet haben/...) *iron* · (to have done/achieved/...) precious little

(Der alte Schuckert, von einem Abteilungsleiter:) Meinetwegen kann der Mann schon heute abend kündigen! Was hat der in den letzten drei Jahren schon geleistet? Herzlich wenig – um nicht zu sagen: gar nichts!

ein klein wenig · 1. 2. a little bit

1. Hast du eigentlich zugenommen? – Ein klein wenig – ein halbes Kilo. – Das ist ja wirklich nicht viel.

2. ... Ein klein wenig würde ich mich ja schon anstrengen. Auch wenn du nicht mehr durchfallen kannst: so ein (kleines) bißchen tun kann nie schaden.

ein ganz klein wenig – (weniger als:) ein klein **wenig** · a very little bit, a teeny weeny bit

nicht wenig erstaunt sein/... · I/he/John/... am/is/... not a little surprised/...
... Ich war ja doch nicht wenig überrascht, als ich bei dem Walter Herritzen meinen Bruder traf. Damit hatte ich nun wirklich nicht gerechnet.

wenig genug! · not a lot, not much
... Du solltest nicht so unzufrieden sein, Horst! Er hat dir doch wenigstens 85,– Mark Gehaltserhöhung gegeben. – Wenig genug! – Wieviel hattest du denn erwartet? – Na, mindestens 200,– Mark.

einige wenige · a few (demonstrators/...)
... Wenn da einige wenige Demonstranten für Unordnung sorgen, geht doch die Welt nicht unter! Mehr als ein, zwei Dutzend Leute waren das doch bestimmt nicht!

... **(und) noch weniger/**... (und) ... noch weniger ... – ... (und) schon gar **nicht** ... · ... and certainly not to ..., s.o. certainly won't be able to ...

um so weniger, als ... · all the less because/as/..., even less because/as/..., especially as
Wenn die Christa den Peter nicht mehr unterstützt, kann ihr das keiner übelnehmen – um so weniger, als sie auch nicht mehr die Kräftigste ist. Aber auch so: hat der Heinz ihr in den langen Ehejahren auch nur ein einziges Mal uneigennützig beigestanden?

nichts weniger sein/(...) **als** ... *form* · 1. it/s.th. is nothing less than ..., 2. it/s.th. is nothing but ...
1. ... Von wem ist das Ding da? – Das Ding da? Was du da siehst, mein Lieber, das ist nichts weniger als ein Originalbild/Originalstich von Secco aus dem 16. Jahrhundert.
2. ... Was er da erzählt, ist nichts weniger als Unsinn! – Nein, so kann man das auch nicht sagen ... – Unsinn, sag' ich dir, und nichts anderes!

nichts weniger sein als klug/fleißig/... · he/John/... is anything but clever/...
... Der Robert? Der ist nichts weniger als klug. Von allen Mitarbeitern, die ich habe, ist er bei weitem der dümmste.

weniger wäre mehr (gewesen) *ugs – iron* · less would be/(would have been) better, it's quality not quantity that counts, it could do with cutting
... Die Gedanken, die Sie in ihrer Arbeit entwickeln, sind nicht schlecht. Aber das ist alles zu weitschweifig, es wimmelt von Wiederholungen ... – Sie meinen, Herr Professor ... – Um ehrlich zu sein: weniger wäre mehr. Man hat den Eindruck, zum Kürzen fehlte Ihnen am Ende die Zeit.

um ein weniges jünger/dicker/... *form od. iron veraltend selten* – ein **bißchen** (...) (2) · to be a little bit younger/fatter/... than ...

Wenigkeit: meine/deine/... **Wenigkeit** *ugs iron* · 1. 2. yours truly, my/your/(...) humble self, little me/(you/...), little old me/(you/...)
1. ... Dann wären wir also vier, der Franz, die Angelika, ihr Bruder und meine Wenigkeit.
2. ... Ja, wohin wollen wir denn nun fahren? – Was meine Wenigkeit betrifft: mir ist das ganz egal. Irgendwohin, wo man keine Bundesbürger trifft.

wenigste: (doch) das wenigste sein, was man tun sollte/... *form* – (doch) das **mindeste** sein, was man tun sollte/... · that/s.th. is the least one can/should do

das/etw. **ist das wenigste** (das/was/...) *form* · 1. 2. that/it/ s.th. is the least they/he/you/... could/should/... do
1. ... Aber entschuldigt hat er sich doch? – Das ist ja wohl das wenigste, oder? Aber den Schaden, den er mit seinen unvorsichtigen Bemerkungen angerichtet hat, kann er mir doch gar nicht wieder gutmachen.
2. ... Aber wenn sie mich nach zwanzigjähriger Dienstzeit rausschmeißen, müssen sie mir doch eine Entschädigung geben, oder? – Das ist das wenigste, was sie tun müssen. Aber erstmal müssen sie ganz plausible Gründe haben – und ihre Vorwürfe belegen! –, um dich überhaupt entlassen zu können.

wenn: es war/..., **wie wenn** ... · it was as if ...
... Es war eine Atmosphäre da in dem Saal, wie wenn der eine den anderen zerstören wollte: feindselig, aggressiv, von einer brutalen Härte ... So, als ob einer dem anderen jeden Augenblick den Schädel einschlagen wollte.

(bei allem/allem und jedem/allen Projekten/...) **tausend Wenn und Aber haben** *ugs – path* · to have innumerable/ endless/... reservations (about everything/every little thing/ all the projects/...) *n*
... Verdammt nochmal, dieser Mann hat aber auch bei allem und bei jedem tausend Wenn und Aber! Der kann keine einzige Besprechung über irgendein Projekt führen, ohne tausend Einschränkungen zu machen, x Änderungsvorschläge zu bringen ...

hier/da gibt's kein/(...) **Wenn und (kein) Aber** (,...) *ugs – form* · no ifs and buts!
... Aber wenn der Karli noch aufbleiben darf, dann will ich auch noch aufbleiben! – Da gibt's überhaupt gar kein Wenn und kein Aber, mein Lieber! Der Karli ist vierzehn, und du bist neun! Du gehst jetzt ins Bett, ohne eine einzige Widerrede, verstanden?!

mit viel(em) Wenn und Aber/(wenn und aber) **zustimmen/**... *ugs – form* · (to agree to/... s.th./...) with/after many ifs and buts
... Nun? Hat der Rainer endlich zugestimmt? – Ja, mit vielem Wenn und Aber ... – Na, daß er allerhand Einschränkungen machen würde, hatten wir ja erwartet. Hauptsache, er macht mit.

(ja) wenn das Wenn und das Aber nicht wär' ... (dann wäre die ganze Welt nicht mehr) *ugs* – wenn der **Hund** nicht geschissen hätte ... (hätte er einen Hasen gefangen) · if pigs could fly, if ifs and ans were pots and pans, there'd be no trade for tinkers *rare*

wenn ..., **dann** · if ..., (then) ...
... Wenn der Klaus mitgeht, dann geh' ich auch mit! – Wenn ..., dann! Aber ob der Klaus wirklich mitgeht oder nicht, wird er dir vorher nicht verraten.

wenn ... **nun einmal** ... – wenn ... **nun einmal** · now/ seeing/considering that we/... have started/... the project/...

wenn j./etw. **nur/bloß** ...! – wenn j./etw. **nur** ... · if only he/ Mary/... would come/..., if only he/Mary/... were here/...

wenn j./etw. **nur/bloß nicht** ...! – wenn j./etw. **nur** nicht ...! · let's hope s.o. doesn't ..., as long as s.o. doesn't ...

wenn (...) **auch, so** (...) **doch nicht/**kein/... · even though s.o. is ..., s.o. is/s.o. may be strict/... but ...
Wenn der Koller auch streng ist, so kann man doch nicht sagen, daß er die Leute überlastet! Selbst in der Strenge weiß der Mann Maß zu halten.

(na) wenn schon! *ugs* – (na) wenn **schon**! · · what of it?, what if they/... do/...?, so what?

(na/also/...) **wenn schon, denn schon!** *ugs* – (na/also/...) wenn **schon**, denn schon! · if you're going to do s.th. – do it properly

(und) wenn j./etw. **auch noch so** ... – und wenn du/sie/der Peter/... **noch** so ... – es wird nicht gehen/er/... wird es nicht schaffen/... · however much s.o./s.th. does s.th., it still won't be possible/..., you/he/John/... can do s.th. as much as you/... like/..., it still won't be possible/...

wer: meinen/glauben/..., **man wäre wer weiß wer/was** *ugs* – meinen/glauben/..., man wäre **wer** weiß wer/was · to think one is it/the cat's whiskers/...

(schließlich/...) **wer sein** *ugs* · to be someone (after all/...)
... Hören Sie mal, Sie können doch mit Herrn Dr. Wolters nicht in diesem Ton reden! Der Herr Dr. Wolters ist schließlich wer! – Das ist mir ganz egal, ob Herr Wolters hier eine angesehene Stellung hat oder nicht. Wenn mich jemand so behandelt, wie er es getan hat, muß er sich diesen Ton schon gefallen lassen.

wer da? *ugs mst mil veraltend selten* · who goes there?

… Papa, es hat geklopft! – Ja? … Wer da? … – Ich bin's, Herr Petersen, Mertens! … – Ach, Herr Mertens, einen Moment, ich mach' sofort auf …

Werbetrommel: die Werbetrommel rühren/(schlagen) (für etw./jn.) *ugs* · to beat the big drum for s.o./s.th., to push s.o./s.th.

Wenn du diese Artikel verkaufen willst, mußt du die Werbetrommel rühren. Ohne eine massive Reklame werden sich nicht allzu viele Leute dafür begeistern.

werden: ich werd' nicht mehr/(wieder)! *dir. R ugs selten* · good grief!, well I'm blowed!, God Almighty!

Der Rolf hat den neuen Wagen des alten Herrn Waiser zu Schrott gefahren?! Ich werd' nicht mehr! Wie sollen wir das dem alten Herrn überhaupt beibringen?! Und die Unkosten? Wer soll die zahlen?! Mein Gott, schlimmer konnte es uns kaum treffen, Beate! …

wo werd' ich denn?! *ugs – form selten* · no, of course not

… Du erzählst doch Vater nicht, daß wir vielleicht acht oder zehn Tage länger in Frankreich bleiben?! – Wo werd' ich denn?! Das würde doch nur Theater geben.

wo werd' ich denn davon sprechen/jemandem etwas erzählen/so dumm sein und zustimmen/… *ugs – form selten* · 1. 2. (no), of course I'm not going to tell/to agree/…, why would I go and do something like that?

1. … Aber du wirst niemandem … – Ach, wo werd' ich denn jemandem was davon erzählen?! Erstens hab' ich dir versprochen, daß von mir niemand etwas davon erfährt! Und zweitens würde ich mir damit doch nur selbst schaden!

2. … Du wirst auf so ein Angebot doch hoffentlich nicht eingehen? – Wo werd' ich denn so dumm sein und auf einen Vorschlag eingehen, bei dem ich nur verliere? Du hältst mich wohl für verrückt, was?

daraus/aus diesem Text/… **werde einer klug!** · I can't make head or tail of it/this text/… *coll*

… Aus diesem Gedicht werde einer klug, verdammt nochmal! Oder kannst du mir sagen, was damit gemeint ist? – Du kannst beruhigt sein, Erich: ich versteh' das auch nicht.

etwas/nichts/… **werden aus** etw./jm. · 1. nothing much will come of it/s.th., 2. + s.o. will achieve great things, + s.o. will not get anywhere/achieve anything

1. vgl. – aus etw. **wird** etwas/nichts/eine große Sache/(allerhand/viel)/…

2. vgl. – aus jm. **wird** nichts/etwas Bedeutendes/etwas/(allerhand/viel)/(…)

(einer Religion/(einer Gruppe/jm.) **abtrünnig werden** *form* · to desert one's church/a group/…, to apostatize *rare*

(In einer Diskussion über das Christentum im Mittelalter:) Und was machte man mit den Leuten, die abtrünnig wurden? – Das waren Ketzer! Die wurden geächtet – wenn man sie nicht verfolgte. Aber so viele Menschen wurden ihrem Glauben ja nicht untreu. Der gehörte zu ihrem Leben – wie alle übrigen Sitten und Gebräuche.

aktenkundig werden *mst Perf form* · it's.th./a crime/… is on record, it/s.th./a crime/… is on file

… Dieser Betrüger will uns hier noch mit Moral kommen?! – Betrüger? … – Natürlich ist das ein Betrüger! Der hat doch wer weiß wie viele Schecks gefälscht! Das ist doch aktenkundig geworden! Frag' mal deinen Freund Erich Hausner, der ist Anwalt, der kann dir den Prozeß genau erzählen! …

nicht alt werden in …/bei jm. *ugs* – nicht **alt** werden in/…/bei jm. · not to stay long/spend much time/… in …/at s.o.'s place/…

heute (auch) **nicht mehr alt werden** *ugs* – heute (auch) nicht mehr **alt** werden · not to stay long/spend much time/… in …/at s.o.'s place/… today/this evening/…

alt und grau werden (bei/über etw.) *path* – **alt** und grau werden (bei/über etw.) · to go old and grey doing s.th.

das/es/(etw.) **muß**/kann/sollte/… **anders werden** (mit …) · 1. 2. it/this/things/… has/… got to change, it/this/things/… has/… got to be done differently, 3. it/things/… can turn out differently

1. … Das muß anders werden hier, und zwar sofort! – Was muß anders werden, Erich? – Alles! Die Art zu arbeiten, der Umgang unter den Kollegen, die Organisation – das muß sich alles von Grund auf ändern.

2. … Mein lieber Richard, jetzt bist du das letzte Mal um drei Uhr nachts nach Hause gekommen! Klar?! Wenn das nicht anders wird mit dir, sperr' ich dir dein Taschengeld, und du gehst überhaupt nicht mehr aus!

3. … Aber meinst du wirklich, die Wirtschaftskrise verschärft sich immer mehr? – Es kann natürlich alles wieder anders werden. Genau weiß das kein Mensch. Aber im Augenblick sieht es halt nicht danach aus.

js./e-r S. **ansichtig werden** *form selten* · 1. 2. to set eyes on s.o./s.th., to catch sight of s.o./s.th.

1. … Aber als er dann der Bewässerungsanlagen ansichtig wurde, änderte er seine Meinung: das Gut war zwar im äußeren Erscheinungsbild alt, aber technisch war es auf dem neuesten Stand. Das wurde ihm ganz klar, als er diese hervorragende Anlage sah.

2. Bist du bei deinem Besuch in der Firma Schuckert des Firmeninhabers überhaupt ansichtig geworden? – Natürlich nicht. Du weißt doch, daß er sich Unbekannten gegenüber immer unsichtbar macht. *seltener*

um ein paar Mark/ein hübsches Sümmchen/… **ärmer werden** *ugs* · to be a few marks/pounds/… poorer off, to have spent a good few bob/quid/… on s.th.

Na, da bist du ja mal wieder um eine stattliche Summe ärmer geworden! Wieviel hat die Kücheneinrichtung denn nun eigentlich gekostet?

(auf jn./etw.) **aufmerksam werden** · to notice s.o./s.th.

… Wie sind die auf den Diebstahl denn überhaupt aufmerksam geworden? Die prüfen doch sonst nicht, wie viele Geschenkexemplare sie im Archiv haben! – Der Prof. Schuster wollte eines dieser Bücher mit in die Ferien nehmen und stellte plötzlich fest, daß das ganze Regal leer war …

jm. **beschwerlich werden** *form* · to be difficult for s.o., + find s.th. hard work

… Euch macht das Reisen Spaß, Kinder, das ist klar. Aber mit dem Alter werden ihm lange Auto- oder Zugfahrten beschwerlich. – Der Herr Landsberg ist 84, und ihm fällt das alles ganz leicht.

sich e-r S. **bewußt werden** · to realise s.th., to become aware of s.th., + it dawns on s.o. that …

… So allmählich wurde sie sich des Unrechts bewußt, das sie ihrem Freund angetan hatte. Es wurde ihr klar, daß er nur wegen ihrer Mutter nicht mitgekommen war. Ihre Eifersuchtsszenen waren also völlig unbegründet.

brüchig werden *Freundschaft/Ehe/… form* · the relationship/marriage/… is breaking up/crumbling/…

… Nach der Geschichte, die der Ulli mit der Italienerin hatte, ist das Verhältnis zwischen ihm und der Inge ziemlich brüchig geworden! – Aber das geht/die gehen doch nicht auseinander? – Wer weiß?

jm. **zu bunt werden** *ugs* – es/das wird jm. zu **bunt** · to be getting too much (for s.o.), to be going too far (for s.o.)

(ein bißchen) **deutlich(er) werden** (**müssen**) *ugs* · to (have to) put it (more) bluntly, to (have to) make o.s. clear/clearer

… Wenn der Hörber meint, er könnte die Anordnungen einfach ignorieren, muß man halt mal deutlich/ein bißchen deutlicher werden. – Man kann den alten Mann doch nicht anschnauzen, Peter! – Aber scharf zurechtweisen!

dick und rund werden *ugs* – (eher:) kugelrund **werden** · to balloon out

eidbrüchig werden *form selten* · to break one's oath/word

… Der Sanders hat dem Wolfgang feierlich geschworen, ihm das ganze Leben hindurch das Strandhaus einen Monat im Sommer zur Verfügung zu stellen, wenn der Wolfgang es ihm verkaufen würde. Und hat seinen Schwur nicht gehalten? Das ist eine Gemeinheit! Leute, die eidbrüchig werden, kann man nur verachten.

sich einig werden (mit jm.) – sich **einig** werden (mit jm.) · to come to/to reach/… an agreement (with s.o.)

(mal/...) energisch werden (müssen) *ugs* · to (have to) put one's foot down, to (have to) get on to s. o. (about s. th.)
Haben die vom Baudezernat die Unterlagen immer noch nicht geschickt? – Ich hab' keine Unterlagen gesehen. – Dann muß ich wohl mal energisch werden. Morgen werd' ich denen mal den Marsch blasen, und wenn die Dinger dann immer noch nicht kommen, werd' ich den Bürgermeister einspannen ...

etwas/was werden · to get somewhere, to get anywhere, to get on
Wenn du etwas werden willst in diesem Land, Paul, dann mußt du dir frühzeitig menschliche Verhaltensformen abgewöhnen und die Ellenbogen gebrauchen. Und vor allem: einer Partei beitreten. Dann hast du Chancen, ein einflußreicher Mann zu werden.

fahnenflüchtig werden *mil form* · to desert (the army/...)
... Was heißt schon 'Deserteur', Walter? Der Haumann ist fahnenflüchtig geworden – wenn du das so nennen willst –, als der Krieg längst verloren war und Hunderttausende von Soldaten sinnlos in den Tod geschickt wurden. Ich hätte an dessen Stelle genau so gehandelt.

fällig werden *Zahlungen form* · to be due for payment
... Und wann werden die Ratenzahlungen fällig? – Im kommenden Januar. Von da ab muß monatlich eine Rate bezahlt werden.

fertig werden *sal – euphem selten* · to come, to come off, to come one's load
... Ein Beischlaf, ohne fertig zu werden – gibt es das auch? – Du wirst auch noch in das Alter kommen, in dem ein Orgasmus nicht alle drei Tage selbstverständlich ist, mein Guter, und verstehen, daß jemand damit nicht 'fertig wird' – im wörtlichen wie im übertragenen Sinn.

(mit etw./jm.) (nicht) fertig werden – **(mit etw./jm.) (nicht) fertigwerden** · (not) (to be able to) cope (with s. th./s. o.)

gut/glänzend/... schlecht/... mit etw./jm. fertig werden – **gut/glänzend/... schlecht/... mit etw./jm. fertigwerden** · (not) to cope well/brilliantly/... with s. th./s. o.

feuerrot werden *ugs – path* · (über und über) rot **anlaufen** · to go as red as a beetroot, to go red all over

(wieder) flott werden · 1. + to refloat a ship, 2. to get going (again/...), to get started
1. ... Meinen Sie, es wird gelingen, die 'Augusta' hier wieder loszueisen? – Keine Sorge, das Schiff wird schon wieder flott werden. Sie ist nur ganz minimal hier in eine Felsspalte geklemmt ...
2. vgl. – (u. U.) wieder/... in **Fluß** kommen/(geraten)

flügge werden *iron* · to leave the nest, to become independent
(Ein Besucher zu einem Ehepaar:) Seid ihr allein zu Hause? – Ja, die Kinder sind mal wieder ausgeflogen. – So allmählich werden die flügge, nicht? Das ist bei uns dasselbe. Mir persönlich ist es im Grunde nur lieb, wenn sie unabhängig werden und selbst etwas unternehmen; aber die Helga ...

frech werden *ugs* · to get fresh, to get uppity
(Zu jemandem, der in einem Amt anfängt zu schimpfen:) Erst machen Sie uns hier falsche Angaben und dann wollen Sie noch frech werden? Warten Sie, ich rufe mal eben den Chef! Der wird Ihnen schnell beibringen, wie Sie sich hier zu benehmen haben.

jm. fremd werden · to become alien to s. o.
Wenn ich ganz ehrlich bin, Ulrike: nach den langen Jahren in Argentinien sind mir Land und Leute hier fremd geworden. Ich empfinde das hier nicht mehr als meine Heimat und ich bin sehr im Zweifel, ob das Gefühl jemals wiederkommt.

sich/(einander) fremd werden · to grow apart, to become strangers to one another
Seltsam, wie sich zwei Menschen, die seit 25 Jahren zusammen leben und sich jeden Tag sehen, von einem bestimmten Zeitpunkt an fremd werden können! – Die innere Entwicklung läuft halt auseinander.

fündig werden *mst iron* · to make a find, to come up with s. th.
Du hast mir in der vergangenen Woche erzählt, Peter, für deine Jubiläumsrede am Sonntag suchtest du noch nach ein paar geeigneten Zitaten aus dem 'Faust'. Bist du inzwischen fündig geworden?

gefügig werden *form* · + to make s. o. submit to one's will, + to make s. o. bend to one's will/buckle down
... Der Junge will nicht gehorchen?! Sperr' ihm das Taschengeld, dann wird er schon gefügig! – Der Klaus nicht! Mit solchen Mittelchen kriegt man diesen Dickkopf nicht klein.

gegangen werden *ugs iron* · to get the boot, to get fired, to get the push
Der Kurt arbeitet nicht mehr bei Schuckert? Warum hat er denn da gekündigt? – Er hat nicht gekündigt, er ist gegangen worden. – Hat er sich was zuschulden kommen lassen?

aus jm./etw. nicht gescheit werden *ugs* – (eher:) aus jm./etw. nicht **klug** werden · not to be able to make s. o./s. th. out

etw./e-r S. gewahr werden *form* · 1. 2. to become aware of s. th./s. o., 1. to find s. th. out, 2. to realise s. th., + it dawns on s. o. that ...
1. Wenn der Alte jemals erfährt, daß wir hier einen gemeinsamen Plan gegen ihn aushecken ... – Wie soll er das/(dessen) gewahr werden? Von uns erzählt es ihm keiner, und sonst weiß es niemand.
2. vgl. – sich e-r S. bewußt **werden** *selten*

grau werden *form selten* · to go grey
... Als wir ihn dann nach vielen Jahren wiedersahen, war er grau geworden, ging schwerfällig und gebückt ...

grob werden (gegen jn.) · to get abusive (to s. o.), to get rude (to s. o.), to become offensive (to s. o.)
... Wenn Sie sich doch beschweren wollen, dann in einem anderen Ton, mein guter Herr Breuer! Unerzogene und gar unflätige Ausdrücke erlaub' ich hier nicht. Wer bei mir grob wird, fliegt raus.

das/(...) kann ja gut werden *ugs iron* – (eher:) das kann ja **nett** werden · this can be/can turn out to be charming/delightful/really nice/...

e-r Person/e-r S. habhaft werden *form* · 1. 2. to get hold of s. o./s. th.
1. ... Erst müssen sie dieser Verbrecher mal habhaft werden, dann können sie sie bestrafen! – Irgendwann werden sie die schon schnappen/kriegen.
2. Wenn die Spione in der Tat der Geheimdokumente habhaft geworden sind, dann gnade uns Gott! – Du meinst, wenn die feindliche Regierung die hat, müssen wir auf alles gefaßt sein?

handelseinig werden *form* · to have an agreement with s. o., to reach an agreement with s. o., to agree terms with s. o.
(Ein Dritter zu zwei Bekannten, die um den Preis eines alten Autos diskutieren:) Na, seid ihr euch endlich handelseinig geworden? – Nein, nach meiner Meinung ist der Preis, den der Peter verlangt, überhöht.

handelseins werden *form selten* – handelseinig **werden** · to have an agreement with s. o., to reach an agreement with s. o., to agree terms with s. o.

handgemein werden *form* · to come to blows (with s. o.)
Stimmt es, daß da gestern abend an der Kasse ein Leute handgemein wurden? – Ja, es pfuschten sich ein paar vor, andere brüllten: »Zurück!«, einige zerrten sie dann mit Gewalt zurück – und schließlich gab es ein allgemeines Handgemenge, bei dem einige kräftige Fausthiebe ausgeteilt wurden.

handgreiflich werden *form* · to become/to get/to turn/... violent, to (start to) use one's fists, to resort to fisticuffs
Scharf diskutieren ist eine Sache, handgreiflich werden eine andere. Wie kann man mit Leuten über Politik reden, die einen, wenn es hitziger wird, schlagen wollen?!

in/bei/... heimisch werden · to get to/come to/feel at home in/at/...
... Ich kann in diesem Nest so lange leben, wie ich will – heimisch werde ich hier nie! – Wo fühlst du dich denn heute heimisch? – Im Grunde nirgends.

das/(...) kann ja heiter werden *ugs iron* – das kann ja **nett** werden · it's going to be nice, it's going to be charming

hellhörig werden · to prick up one's ears

… Ich hatte nie auch nur den geringsten Zweifel an Werners Ehrlichkeit. Erst als er mit seinen 'im Nu verdienten Geldern' prahlte, wurde ich hellhörig. Wo sollte er 'im Nu' so hohe Summen verdienen? Nachdem ich dann seinen Bekanntenkreis durchleuchtet hatte, mußte ich feststellen, daß er in den Drogenhandel verwickelt ist.

hitzig werden *form* · to flare up, to fly into a temper, to fly into a rage, to blow up

… Menschen, die sich nicht beherrschen können, eignen sich nicht als Diplomat. Wenn der Herr von Schongau wirklich hitzig geworden ist – er hat da offenbar regelrecht rumgebrüllt –, dann hat er seinen Beruf im Grunde verfehlt.

das/(…) kann ja hübsch werden *ugs iron* – das kann ja **nett** werden · it's going to be nice, it's going to be charming

(sich) e-r S. inne werden *form veraltend selten* · to become aware of s. th., to become cognizant of s. th.

Ist sich der Herbert eigentlich schon so richtig des Verlustes inne geworden, den der Tod des Chefs auch für ihn bedeutet? – Ich habe nicht den Eindruck, daß ihm das so ganz bewußt ist.

mit jm. **intim werden** · to become intimate with s. o.

Die Carolina ist immer derart nüchtern und abweisend! Ich glaub', intim werden könnte ich mit der nie! – Das ist doch auch nicht nötig, oder?! Du hast doch schon eine gute Freundin, der du alles anvertrauen kannst.

fast/noch/… irr(e) werden (vor Angst/…) *path selten* · to go (almost/…) out of one's mind (with fear/…)

(Auf einer Bergwanderung:) Wenn dieser Schneesturm nicht bald nachläßt, Heiner, werde ich noch irre. – Menschen, die ihre Angst nicht beherrschen können, Klara, sollten eigentlich keine Berge besteigen!

an jm./js. Verhalten/… **irre werden** *form selten* · to lose faith in s. o./s. o.'s behaviour/…

… Von außen gesehen, ist das Verhalten des Chefs in dieser Affäre in der Tat nicht mehr verständlich. Wenn wir ihn nicht so genau kennen würden und nicht 100%ig sicher wären, daß er korrekt handelt, könnte man an ihm/seinem Verhalten wirklich irre werden.

an seinem Entschluß/Vorsatz/… (nicht) **irre werden** *form selten* · (not) to waver in one's resolution, (not) to lose faith in oneself

Trotz der jahrelangen großen Schwierigkeiten, trotz der vielen Kritik, der Entmutigungen und Enttäuschungen: an seinem Vorsatz, das Gut zu einem modernen Landgut umzubauen, ist er nie irre geworden, und daran hat er auch von anderen nie rütteln lassen.

irrsinnig werden *selten* · 1. to lose one's mind, 2. to drive s. th. mad/up the wall/… with s. th., 3. + it drives me/him/… mad to/when/…

1. vgl. – den **Verstand** verlieren
2. vgl. – jn. verrückt **machen** (mit etw.)
3. vgl. – ich/er/der Peter/…) könnte wahnsinnig **werden** (wenn/…)

kahl werden · to go bald

Der Heinz wird immer kahler. Wenn er so weitermacht, hat er bald eine Glatze.

was nicht ist, kann noch werden *ugs* – was nicht **ist**, kann noch werden · give s. o. time, s. th. may work out if given time

kirre werden *ugs selten* – gefügig **werden** · to be brought to heel, to yield, to submit, to become docile/compliant

jm. (endlich/plötzlich/…) **klar werden** – jm. wird (endlich/plötzlich/…) etw. **klar**/es wird jm. (endlich/plötzlich/…) etw. klar · it's/s. th. (suddenly/…) becomes clear to s. o.

sich (über jn./etw.) **klar werden** – sich (über jn./etw.) **klarwerden** · to make up one's mind about s. o./s. th., to get s. th. clear in one's mind

ganz klein werden *ugs* – ganz **klein** werden · to become subdued, to go all meek and humble

(ganz) klein und häßlich werden *ugs* – ganz **klein** werden · to shut up, to go all quiet

(ganz) kleinlaut werden – (ganz) **kleinlaut** werden · to become subdued, to go all meek and humble

aus jm./etw. **nicht klug werden** – aus jm./etw. nicht **klug** werden · not to be able to make s. o./s. th. out

daraus/aus diesem Text/… soll einer klug werden! – daraus/aus diesem Text/… **werde** einer klug! · I can't make head or tail of it/this text/…

(vor Scham/…) knallrot werden *ugs* – *path* – (über und über) rot **anlaufen** · to go bright red (with shame/…)

(vor jm.) kniefällig werden *path veraltend selten* – einen **Kniefall** vor jm. machen/(tun) · to go crawling to s. o., to go down on one's knees to s. o.

kopfscheu werden *ugs* · to become unnerved, to let o. s. be intimidated *n*, to get disconcerted *n*

… Wenn der Alte da herumbrüllt, laß ihn brüllen, Klara! Du darfst auf keinen Fall kopfscheu werden! Denn vor lauter Angst und Unsicherheit machst du dann natürlich noch viel mehr falsch!

krebsrot werden *ugs* – (über und über) rot **anlaufen** · to go bright red

kreideweiß/kreidebleich/kreideblaß werden *path* – **kreidebleich**/kreideweiß/kreideblaß werden · to go/to turn/… as white as a sheet

(ganz) kribblig werden *ugs* · 1. + it/s. th. (really/…) gets on s. o.'s nerves, + it/s. th. makes s. o. irritable *n*, 2. to be on edge, to become edgy, to become jumpy

1. (Von einer Verhandlung zweier Delegationen:) Als ich den Mann da in aller Ruhe und in wohlgesetzten Worten die dreistesten Lügen verbreiten hörte, wurde ich ganz kribblig. Am liebsten hätte ich den vor versammelter Mannschaft geohrfeigt. – Hast du ihn denn nicht wenigstens nachher in aller Form zurechtgewiesen?
2. Wenn der Fuchs ein gutes Geschäft wittert, wird er ganz kribblig. Vor lauter Nervosität vergißt er dann den besten Wein, der vor seiner Nase steht.

kugelrund werden *ugs* · 1. 2. to get/to become tubby, to get/to become roly-poly, to get/to become plump *n*, to get/to become barrel-shaped

1. Wenn du so weiterfrißt, Mädchen, wirst du kugelrund! – Laß die Betti doch essen, Fritz, wenn es ihr schmeckt!
2. Mein Gott, was hat der Otto zugenommen! Der ist ja kugelrund geworden!

jm. (doch/doch ein bißchen/…) **lang werden** – jm. wird es/das/etw. (doch/doch ein bißchen/…) **lang** · to go on for/to last/… (a bit) too long for s. o.'s liking, to take (a bit) too long for s. o.'s liking

jm. **lästig werden** · to become a nuisance for s. o., to become annoying for s. o.

… Auf die Dauer wird einem jeder Besuch lästig, Kinder. Aber ein paar Tage könnt ihr hier schon bleiben, ohne im geringsten das Gefühl zu haben, irgendjemanden zu stören.

laut werden *Stimmen/Meinungen/Gerüchte/Klagen/…* · doubts/… have been raised about s. o./s. th., criticism/… has been expressed about s. o./s. th., there have been an increasing number of calls for s. o./s. th.

… Seltsam: nachdem der Mann über zehn Jahre die Außenpolitik zur Zufriedenheit aller bestimmt hat, werden in den letzten Monaten immer mehr Stimmen laut, die seinen Rücktritt fordern.

leichenblaß werden – **kreidebleich**/kreideweiß/kreideblaß werden · to turn white as a sheet

jn./etw. **leid werden**/es leid werden, etw. zu tun – jn./etw. **leid** werden/es leid werden, etw. zu tun · to get sick of s. o./s. th./doing s. th.

jn./etw. los werden – jn./etw. **loswerden** · to get rid of s. o./s. th.

etw. nicht los werden (können) – etw. nicht **loswerden** (können) · not to be able to get rid of s. th.

matsch werden *sal selten* · to be beaten *n*, to lose *n*
(Beim Kartenspiel:) Jetzt hab' ich schon dreimal hintereinander verloren! Wenn ich das nächste Spiel wieder matsch werde, hör' ich auf.

nicht mehr werden *sal selten* · 1. 2. not to get back on one's feet, not to get sorted out
1. Wenn die Ursel sich endlich bald wieder fängt, wird die überhaupt nicht mehr! – Psychische Dinge dauern lange, Otto. Sie ist doch heute schon nicht mehr so durcheinander wie direkt nach der Scheidung. Das wird schon wieder werden.
2. ... Wie geht's denn eurer Oma? – Nicht gut. Sie liegt immer noch im Krankenhaus. Wahrscheinlich wird sie nicht mehr. Wir müssen leider damit rechnen, daß sie den Schlaganfall nicht überlebt.

meineidig werden *jur* · to perjure o. s., to commit perjury
(Zu einem Zeugen bei Gericht:) Natürlich werden die dich vereidigen! Die Aussagen, die du in diesem Prozeß machst, gelten als eidesstattliche Erklärungen; sie müssen also haargenau stimmen. Oder willst du etwa meineidig werden?

mopsig werden *sal selten* – frech **werden** · to get fresh, to get uppity

es müde werden, etw. zu tun *form veraltend selten* – jn./etw. **leid** werden/es leid werden, etw. zu tun · to get tired of s. o./s. th./doing s. th.

nicht müde werden, etw. zu tun *path* – nicht **müde** werden, etw. zu tun · never to tire of doing s. th., never to stop doing s. th.

mündig werden *jur* · to come of age, to reach one's majority
Wenn ein Mensch mit 18 Jahren mündig wird, heißt das doch nicht, daß er alle Dinge des Lebens allein entscheiden 'sollte', Hansgerd! Das heißt lediglich, daß er sie entscheiden kann und juristisch die Verantwortung dafür trägt.

munter werden *ugs* · to liven up
(Auf einem Klubabend zu einer jungen Nachbarin, die in einer Diskussion einen kecken Einwurf macht:) Na, endlich wirst du auch munter, Klara! Bisher hast du da so still und teilnahmslos herumgesessen ... – (Ein Dritter:) Das Thema 'Selbstverantwortung der Frau' hat sie wach gemacht. – (Klara:) Der Kaffee hat meine Lebensgeister wieder geweckt, sonst gar nichts.

mürbe werden · to be worn down, to break down, to give in
(Zur Verhandlungsführung einer russischen Delegation:) Die meinen, wenn sie die Verhandlungen monatelang verzögern, würden wir irgendwann mürbe. Da sind sie aber im Irrtum. Soviel Durchhaltevermögen wie die haben wir auch.

nachdenklich werden · to begin to have second thoughts, to stop to think, to start wondering, + s. th. gives s. o. food for thought
... Als ein Freund ihm klarmachte, daß seine Mutter völlig allein dastehen würde, wenn er nach Brasilien ging, wurde er doch nachdenklich. Sollte er das Angebot also doch ablehnen?

nervös werden · to get nervous
(Vor der entscheidenden Sitzung sehr kritischer Verhandlungen:) Jetzt müssen wir Nerven und Ruhe behalten, sagte der Delegationsleiter. Wer jetzt nervös wird, gefährdet die ganzen Verhandlungen.

das/(...) kann ja nett werden! *ugs* – das kann ja **nett** werden · this could be really nice/charming/...

nichts werden · 1. not to achieve anything, 2. to come to nothing
1. vgl. – (eher:) aus jm. **wird** nichts/etwas Bedeutendes/etwas/(allerhand/viel)/(...) (1), (3)
2. vgl. – (eher:) aus etw. **wird** etwas/nichts/eine große Sache/(allerhand/viel)/... (1, 2)

das/(...) kann ja niedlich werden! *ugs* – *iron* – das kann ja **nett** werden · this could be really nice/charming/...

wieder nüchtern werden *ugs* – wieder **nüchtern** sein/werden (2) · to sober up

j. kann jm. später mal/... nützlich werden · s. o. might be useful to me/you/... one day/some time/...
... Ich würde den Auberg an deiner Stelle nicht so brüsk behandeln. Der Mann kann dir nochmal sehr nützlich werden! – Ach, du meinst, wenn man jemanden braucht, behandelt man ihn anständig; sonst ist das egal?

obdachlos werden *form* · to be made homeless
... Ihr wißt nicht, wie das ist, wenn eine Bombe auf euer Haus fällt und ihr obdachlos werdet! Und genau so wenig scheint ihr mir zu verstehen, wie es den Millionen von Menschen ergeht, die vor unseren Augen von Haus und Heimat vertrieben werden. Was heißt denn da 'Wirtschaftsflüchtlinge'?

offenbar werden *form* · to become clear/obvious/plain/... that ...
... So allmählich wird doch offenbar, daß der Roth dem neuen Posten nicht gewachsen ist. – Du hast recht. Selbst wenn man wollte – es läßt sich nicht mehr verheimlichen.

offenkundig werden *form veraltend selten* – offenbar **werden** · to become clear/obvious/plain/... that ...

ohnmächtig werden – die **Besinnung** verlieren · to lose consciousness, to pass out

pampig werden *sal* · to get stroppy
... Komm', nun werd' hier bloß nicht pampig, mein Lieber! Wenn du meinst, du könntest dich hier aufspielen und mit Frechheit was erreichen, bist du ganz gewaltig auf dem Holzweg!

patzig werden *sal* · to get cheeky, to get stroppy, to get fresh, to talk back *n*, to answer back *coll*
... Jedesmal, wenn die Liesel Unrecht hat, wird sie patzig. Und zwar in einer so unangenehmen Weise, daß man Lust hätte, ihr eine zu knallen. – Ich kann diese Frechheit und diese Keiferei auch nicht ausstehen.

persönlich werden · to get personal
(In einer Diskussion:) ... Ja, ja, das ist ja ganz klar, daß der Friedel für die Sozialisten ist! Der hat ja auch noch nie richtig gearbeitet, noch nie Verantwortung getragen! Da muß der Staat dann für ihn aufkommen! – Herbert, jetzt werde bitte nicht persönlich! Wir diskutieren hier die Vor- und Nachteile von Kommunismus, Sozialismus, Kapitalismus. Mit dem persönlichen Lebenswandel von uns dreien hat das nichts zu tun.

publik werden *form* · to become public knowledge
... Wenn das publik wird, was die sich hier zusammengelogen haben, gibt das einen Skandal. – Erstens kommt das nicht heraus und zweitens haben sich die Leute inzwischen daran gewöhnt, daß in der Politik Lug und Trug gang und gäbe sind.

puterrot werden *ugs* – *path* – (über und über) rot **anlaufen** · to go red all over

quengelig/(quenglig) werden *ugs* · to get grizzly, to start whining
(Die Mutter zum Vater bei einem Besuch:) Der Kleine wird quengelig – ein sicheres Zeichen, daß er müde ist. Wir müssen gehen. – Das ist das letzte Mal, daß ich den Jungen sonntags mitnehme. Ich laß mir von diesem Knatschkopf doch nicht noch meine wenigen freien Stunden verderben!

jn./etw. quitt werden *ugs selten* – jn./etw. **loswerden** · to get rid of s. o./s. th.

mit jm. (wieder) quitt werden *ugs selten* – (wieder) ins reine/(klare) **kommen** (mit jm. über etw./mit etw.) (1) · to be all square with s. o., to have sorted things out with s. o.

rabiat werden *ugs* · to go wild, to go berserk, to lose one's rag
... Treib' die Dinge nicht zu weit, Martin! Du weißt, wie der Herr Ritter ist! Der hat allerhand Geduld; aber wenn ihm der Geduldsfaden reißt, dann wird er rabiat. Dann schont er niemanden und nichts mehr. Du erinnerst dich, wie rücksichtslos er im vergangenen Jahr bei dem Fred zugeschlagen hat.

j. **könnte rasend werden** (vor Ungeduld/Ärger/…) *ugs –
path* · s.o. could scream/explode (with anger/impatience/…)

Jetzt stehe ich doch schon fast eine Stunde hier und warte auf den
Erich! Ich könnte rasend werden! Diese dauernde Unpünktlichkeit!
Irgendwann platzt mir der Kragen endgültig – dann hau' ich ab, ein
für allemale!

rechtskräftig werden *jur* · to come into force, to become law
… Erst mit der Unterschrift des Bundespräsidenten wird die Entlassung eines Ministers rechtskräftig. Bisher ist der Wurm offiziell also
noch im Amt.

das kann ja reizend werden *ugs iron* – das kann ja **nett** werden · it's going to be nice/charming/…

(ganz) rot werden – (über und über) rot **anlaufen** · to go
red all over

ruchbar werden *form* · to become known, + if the word gets
out that …

Wenn es ruchbar wird, daß mein Bruder in diese Affäre verwickelt
ist, Klaus, ist er seinen Posten los! – Keine Sorge, das kommt nicht
raus. Die halten alle dicht – schon in ihrem eigenen Interesse. –
Schon ein Verdacht oder Gerücht würde genügen … – Keine Sorge,
Klaus!

jn./etw. satt werden/es satt werden, etw. zu tun *sal* – jn./
etw. **leid** werden/es leid werden, etw. zu tun · to get tired of
s.o./s.th./doing s.th.

sauer werden (auf jn.) *ugs* – **sauer** werden (auf jn.) · to get
mad/cross/annoyed/… with s.o.

jm. **(sehr) sauer werden** *ugs selten* – etw. wird jm. (sehr)
sauer · + to go off s.th., + to get fed up with s.th.

schamrot werden *form – path* – (über und über) rot **anlaufen**
· to go red all over/to blush/… with shame

scharf werden · to get tough
(Ein Lehrer:) Wenn es mit Güte nicht geht, muß ich halt scharf werden: wer jetzt noch redet, kriegt einen Eintrag ins Klassenbuch und
übersetzt mir bis morgen zwei Seiten aus unserem Lektüreheft. Jetzt
ist Schluß, meine Lieben!

scheu werden *Pferd* – wild **werden** (2) · to shy, to take fright,
to rear up

aus jm./etw. nicht schlau werden *ugs* – aus jm./etw. nicht
klug werden · not to be able to make s.o./s.th. out, not to
know what to make of s.o./s.th., not to be able to make
sense of s.th.

schlecht werden *Obst/Gemüse/…* · to go off, to go bad
Was hat es für einen Sinn, die Erdbeeren so lange zu verwahren, bis
sie schlecht werden?! – Mutter wollte dir doch nur einen Gefallen
tun. Ich weiß. Aber Erdbeeren verderben nun einmal schnell! Das
weiß sie doch auch!

sich (über jn./etw.) **schlüssig werden** – sich (über jn./etw.)
klarwerden · to make up one's mind about s.o./s.th.

an jm. schuldig werden *form selten* · to wrong s.o.
(Der Vater zu einem Vorgesetzten seines Sohnes:) Wenn Sie/wenn
Ihre Firma an dem Jungen nicht schuldig werden wollen/will, bringen Sie die Sache ins Gericht in Ordnung. Sie haben schließlich meinen Sohn dazu veranlaßt, mit dem überladenen Wagen zu fahren. Sie
tragen also die Verantwortung für die Folgen!

bei jm. schwach werden · 1. not to be able to resist s.o., 2.
to have a soft spot for s.o., to have a weakness for s.o./s.th.
… Wie ich die Vera finde? Die Vera ist eine tolle Frau, bei ihr könnte
ich mir vorstellen, schwach zu werden.
2. vgl. – eine **Schwäche** für jn./(etw.) haben

nur/bloß/ja/… **nicht schwach werden!** *ugs* · 1. don't give in!,
don't weaken!, 2. we/… must/… not waver, we/… must/…
not give in, we/… must/… not weaken
1. Der Peter quält und quält, wir sollen ihn in den Ferien Geld
verdienen lassen. – Nur nicht schwach werden! Der Junge braucht
die Ferien, um sich zu erholen und um den Stoff fürs nächste Jahr
vorzubereiten. Laßt euch also bloß nicht umstimmen.

2. Die ziehen die Verhandlungen extra in die Länge. – Natürlich.
(Jetzt gilt es,) ja nicht schwach (zu) werden! Jetzt müssen wir zeigen,
daß wir uns nicht zermürben lassen.

in seinem Entschluß/seiner Entscheidung/seinem Glau-
ben/… **schwankend werden** *form* – in seinem Entschluß/sei-
ner Entscheidung/seinem Glauben/… **wankend werden** ·
to begin to waver in/about one's decision/in one's faith/…

schwarz werden *Skat* · to be whitewashed, to lose every
trick
(Beim Skat:) Du wirst sehen, Heinz, diesmal werdet ihr wieder
schwarz! – Hast du wieder so ein tolles Blatt? Na, spiel' mal! Mal
sehen, ob wir nicht wenigstens einen Stich kriegen. Das gibt's doch
nicht, Mensch!

sichtbar werden *form* · 1. 2. to become visible, to become
obvious
1. vgl. – zutage **treten**
2. vgl. – offenbar **werden**

was soll nun werden? *path* · + what are/… we/… going to do
now?, what is going to happen now?, + what do/… we/… do
now?
(Die Ehefrau, nach dem Konkurs der Firma ihres Mannes, zu ihrem
Bruder:) Was soll nun werden? Kannst du mir das sagen, Robert? In
dieser Stadt können wir unmöglich bleiben – die Leute zeigen ja
schon mit dem Finger auf uns. Wie sollen wir das Studium der Kinder bezahlen? … Ich könnte verrückt werden, wenn ich über all das
nachdenke …

was soll (nur/bloß) aus jm. **werden?** · 1. + what is he/
John/… going to be?, 2. 3. what is going to become of s.o.?
1. … Was soll denn aus eurem Peter werden? – Darüber habe ich mir
noch gar keine Gedanken gemacht. Der Junge ist schließlich erst
zwölf Jahre. Im übrigen muß er das selbst wissen. Die Zeiten, wo die
Eltern mehr oder weniger bestimmten, welchen Beruf die Kinder
ergreifen, sind ja wohl vorbei.
2. … Was? Die Polizei hat den Herbert schon wieder festgenommen?
Was hat er denn diesmal gemacht? Mein Gott! Was soll aus dem
Jungen bloß noch werden?! *path*
3. … Sag' mal, kannst du nicht arbeiten oder willst du nicht? Ich
weiß gar nicht, was aus dir werden soll! Ein Junge von 16 Jahren
muß doch zwei, drei Stunden hart arbeiten können!

spitz werden *ugs* · to be/to get/… spiteful *n*, to make pointed
remarks/comments/… *n*
… Ich weiß gar nicht, warum der Richard immer so spitz werden
muß! – Was hat er denn jetzt schon wieder gesagt? – Als ich ihm
erzählte, daß wir im Sommer nach Kreta wollen, meinte er: »Ihr
habt's ja, und die alte kretische Kultur muß ein gebildeter Bürger
einfach kennen!«

straffällig werden *jur* · to commit a criminal offence
… Kommt das eigentlich in die Papiere, wenn man straffällig wird? –
Wenn du wegen krimineller Dinge mit dem Gesetz in Konflikt
kommst, ja; wenn es sich um zivilrechtliche Fragen handelt, nein.

stutzig werden *ugs* · to start/… to wonder, to start thinking,
to become/… suspicious *n*, to smell a rat
… Als er mich dann innerhalb von einer Woche zum dritten Mal
fragte, ob mein Vertrag verlängert würde, wurde ich stutzig: wollte er
etwa auf die Stelle?!

sündig werden *rel – path veraltend selten* · to be/to become
guilty of sin
(Ein Priester in einer Predigt:) Wer nicht sündig werden will, darf
nicht tatenlos zusehen, wie sich der Gebrauch von Drogen in unserer
Stadt immer mehr ausbreitet. Wie wollte man so etwas vor Gott und
den Menschen verantworten?!

(in e-r S.) tätig werden *form od. iron* · to take action (in a
matter)
… Sind eigentlich die Gerichte in dieser Sache schon tätig geworden?
– Gott sei Dank noch nicht. Bisher hat noch keiner geklagt, und
auch die Staatsanwaltschaft hält sich noch zurück. Wenn das wirklich einen Prozeß gibt, sind alle Beteiligten dran – nicht nur wir!

tätlich werden *form od. iron selten* – handgemein **werden** ·
to come to blows (with s.o.)

e-r S. **teilhaftig werden** *form path od. iron* · 1. 2. to be
blessed with s.th., to partake of s.th., to enjoy s.th.
1. (Aus einer Rede:) Wenn man in seinem Leben so großer Ehren
und eines so hohen Ansehens teilhaftig geworden ist wie Herr Direktor Stinnes, dann darf man wohl sagen: es war ein erfülltes Leben.
2. ... Warum willst du unbedingt vermeiden, Gisela, daß dein Bruder
einiger Sexerlebnisse teilhaftig wird, die dir offensichtlich fehlen? –
Manchmal könnte ich dich ohrfeigen, Peter!

totenblaß werden *path* – **kreidebleich**/kreideweiß/kreideblaß
werden · to turn deathly white

treubrüchig werden *Verträge u.ä. form selten* · not to honour an agreement, to break faith with s.o.
... Mit dem Herbert Brendel kann man doch Verträge schließen,
ohne fürchten zu müssen, daß er treubrüchig wird. – Natürlich! Auf
den Mann ist absolut Verlaß.

es über werden, etw. zu tun *form selten* – jn./etw. **leid** wer-
den/es leid werden, etw. zu tun (1) · to get tired/sick and
tired/... of doing s.th.

etw./(jn.) **überdrüssig werden**/(es überdrüssig werden, etw.
zu tun) *form selten* – jn./etw. **leid** werden/es leid werden,
etw. zu tun · to grow tired of s.o./s.th./doing s.th.

umrahmt werden (von etw.) *form* – den **Rahmen**/einen ...
Rahmen für etw. abgeben · to be framed by s.th., to have
s.th. as a backdrop/setting/...

(sehr) **unangenehm werden** (können) · I/he/John/... can get
(very/...) nasty *coll*, I/he/John/... can turn (very/...) nasty *coll*
Im allgemeinen kommt man mit dem Klaus Mehnert glänzend aus.
Aber wenn er schlecht gelaunt ist oder die Dinge nicht so laufen, wie
es sein soll, kann er sehr unangenehm werden. Dann geht man ihm
am besten aus dem Weg.

mit jm. **uneins werden** (in etw.) *form selten* · to fall out with
s.o. over s.th., to disagree with s.o. over s.th.
Wie ich höre, arbeitet der Reinhard nicht mehr mit dem Schließberg
zusammen. – Nein! Er ist mit ihm in der Verkaufspolitik uneins geworden. – Na, irgendwann mußte das ja zu einem Streit/(Zerwürfnis)
kommen. Die beiden haben doch in allen wesentlichen Fragen derart
unterschiedliche Vorstellungen ...

ungemütlich werden (können) *ugs* · 1. 2. s.o. can get/
turn/... nasty
1. Wenn ihr jetzt nicht ruhig seid, Kinder, werde ich ungemütlich! –
Au, jetzt wird's gefährlich! ... Was passiert denn dann, Papa? – Das
wirst du dann schon sehen! Und jetzt hältst du sofort deinen vorlau-
ten Mund, verstanden?! Sonst knallt's!
2. Im allgemeinen kommt man mit dem Helmut gut klar. Er ist
ruhig, besonnen, hilft gerne ... Nur wenn jemand meint, er könnte
ihn necken/aufziehen, weil er so klein (geraten) ist, dann kann er
ungemütlich werden.

(jm.) **untreu werden** · 1. to be unfaithful to s.o., 2. to break
faith with s.o.
1. vgl. – einen **Seitensprung** machen/Seitensprünge machen/sich einen
Seitensprung/Seitensprünge erlauben/leisten
2. vgl. – (jm.) die **Treue** brechen

einem Ideal/... **untreu werden** · to abandon one's princip-
les/ideals/..., to be untrue to one's principles/ideals/...
... Du wirst doch jetzt am Ende deines Lebens nicht den Grundsätzen untreu werden, die dich über 50 Jahre lang geleitet haben! – Du
meinst, ich soll für meine Prinzipien hungern – und die Kinder verhungern lassen?!

sich selbst untreu werden · to be untrue to oneself, to abandon one's principles/ideals/...
Wenn er diesen Passus unterschreibt, wird sich der Heiner selbst untreu. Er hat das ganze Leben den Grundsatz vertreten, Privatleben
und Beruf sind getrennt zu halten. Da kann er doch jetzt keine Klausel unterschreiben, die im stärksten Maße in sein Privatleben eingreift.

verrückt werden *sal* – den **Verstand** verlieren · to go crazy/
mad

verrückt werden (mit/(bei) etw.) *ugs* – jn. verrückt **machen**
(mit etw.) · to go crazy with s.th.

ich/(er/der Peter/...) **könnte verrückt werden** (wenn .../...)
ugs – path – (eher:) ich/(er/der Peter/...) könnte wahnsinnig
werden (wenn/...) · I/(he/John/...) could go crazy (when
.../...)

verschüttet werden · to be buried alive, to be trapped
... Zeche Rollkamp! Ist das nicht die Zeche, auf der im letzten Jahr
mehr als zwanzig Bergleute verschüttet wurden? – Ja! Das war übrigens schon das zweite Grubenunglück da in dem Jahr. Bei dem ersten kam man an die Bergleute noch rechtzeitig heran, sodaß es
wenigstens keine Toten gab.

vertragsbrüchig werden *jur* · to commit a breach of contract
... Nehmen wir einmal an, der Schreiber ist wirklich vertragsbrüchig
geworden, wie der Ulli behauptet. Berechtigt das den Ulli, den Vertrag ebenfalls zu brechen?

mit jm. **zu vertraulich werden** *ugs* · to get too familiar with
s.o. *n*, to take liberties with s.o. *n*, to get too pally with s.o.
coll
... Ein Chef muß zu seinen Leuten eine gewisse Distanz bewahren,
sagte er; auch zu den engeren Mitarbeitern. – Und die zu ihm! – Das
sowieso! Wenn jemand von denen zu vertraulich wird, wird man ihn
in aller Form zurechtweisen. Ein gutes Verhältnis ist eine Sache,
übertriebene Vertraulichkeit eine andere.

mit jm. **vertraut werden** · to get on friendly terms with s.o.,
to get to know s.o.
... Sie ist von Natur aus sehr reserviert, sehr scheu; sie braucht ihre
Zeit, bis sie mit neuen Mitarbeitern vertraut wird. Aber wenn sie sich
einmal an jemanden gewöhnt, jemanden innerlich akzeptiert hat,
dann ist sie eine äußerst liebenswürdige und zuverlässige Kollegin.

(ein bißchen/etwas/...) **voller werden** · to fill out (a little/a
bit/...)
Ist die Olga in den letzten Monaten nicht voller geworden? – Die ist
doch nicht dick! – Ich sagte: 'voller', nicht 'dick', Anton! Sie hat
doch – sichtbar – zugenommen, oder?

volljährig werden (mit 18/... Jahren/...) *jur* · to come of
age at 18/..., to reach one's majority at 18/...
Wenn man mit 18 volljährig wird, darf man also auch mit 18 alles
entscheiden! – Man darf – juristisch; die Frage, Karl, ist nur, ob man
kann – menschlich gesehen.

vorstellig werden bei jm./in/... (um ...) *form* · to go to s.o.
to complain about s.o./s.th., to approach s.o.
Jetzt ist der Schulsprecher doch schon wieder bei dem Direktor vorstellig geworden, um sich über den Herrn Eberle zu beschweren! Das
ist doch bestimmt schon das fünfte Mal, daß er deswegen da erscheint! – Daß der Direktor den Jungen überhaupt empfängt!

wach werden · 1. 2. to wake up
1. ... Wenn ich nach zwei, drei Uhr (nachts) wach werde, schlafe ich
nicht mehr ein, dann ist die Nacht kaputt.
2. ... Endlich ist sie wach geworden! Ich hatte schon gefürchtet, der
Peter könnte sie ganz schön täuschen! – Na, so naiv und vertrauensselig ist die Ursel ja nun auch wieder nicht. *seltener*

wahnsinnig werden *ugs selten* – den **Verstand** verlieren · to
go mad

wahnsinnig werden (mit/(bei) etw.) *ugs – path* – jn. verrückt
machen (mit etw.) · to go mad (with s.th.)

ich/(er/der Peter/...) **könnte wahnsinnig werden** (wenn/...)
ugs – path · + it drives me/him/... mad to/when/...
Wenn ich diesen Unsinn sehe, den die hier machen, dann könnte ich
wahnsinnig werden. Wirklich! Wenn du das jeden Tag mitmachen
mußt, wirst du verrückt.

wahr werden · to come true, to happen, to come about, to
become reality
Findest du, daß der Onkel Herbert Recht hat, Papa, daß die nächsten Jahrzehnte wirklich so gefährlich werden? – Ich weiß nicht,

Junge; vielleicht … – Wenn auch nur die Hälfte davon wahr werden sollte: das wäre ja schrecklich.

in seinem Entschluß/seiner Entscheidung/seinem Glauben/… **wankend werden** *form* · to begin to waver (in one's decision/…)
Eigentlich wollte ich in diesem Jahr einmal Winterurlaub machen. Aber durch Christophs Einladung, im Juli in sein Haus am Gardasee zu kommen, bin ich wieder wankend geworden. Was meinst du?

in …/… **(nicht) warm werden** *ugs* – in …/… (nicht) **warmwerden** · (not) to warm to s.th., (not) to get used to s.th.

(nicht) (leicht/…) warm werden mit jm./(etw.) *ugs* – (nicht) (leicht/…) **warmwerden mit** jm./(etw.) · (not) to be able to (really/…) warm to s.o.

was werden *ugs* – etwas/was **werden** · to get somewhere, not to get anywhere, to go places

was willst du/will er/der Peter/… (einmal) **werden**?/er/… will … werden · what do you/does he/John/… want to be?
… Und was willst du einmal werden, Kurt? Weißt du das schon? – Ja, Elektriker. – Prima; das ist ein schöner Beruf.

(plötzlich/…) (ganz) weich werden *ugs* · to (suddenly/…) be/become/… as good as gold
Schau dir das an: den ganzen Nachmittag war die Gertrud mit ihrer Mutter so frech und widerspenstig, wie man nur sei kann. Und kaum ist der Vater da, wird sie ganz weich. – Ja, ja, so ist das! Wenn der Alte da ist, hat sie Strang; da ist sie, wie man so schön sagt, gefügig wie ein Lamm.

(ganz) weiß werden · 1. to go white, to turn/… (very/…) pale, 2. + s.o.'s hair is turning white
1. … Vor Schreck/Angst/… wurde sie ganz weiß.
2. Der Herbert wird alt! – Wie kommst du dadrauf? – Hast du nicht gemerkt, daß er weiß wird? – Du kannst vielleicht übertreiben! Bei den paar grauen Haaren! – Weißen Haaren!

weltkundig werden *form od. iron veraltend selten* · to become news all over the world, to hit the headlines all over the world
… Ob die Notiz vom Erscheinen dieses Buchs nun weltkundig wird oder nicht, spielt doch nicht die geringste Rolle! So ein Schmöker braucht doch nicht in der ganzen Welt bekannt zu werden. – Auch wenn der Autor dein Bruder ist, nicht?

immer weniger werden *ugs selten* · to get/to be getting/… thinner and thinner *n*
Die Maria wird auch immer weniger! Wenn sie so weitermacht, dann ist sie bald nur noch ein Strich!

nicht weniger werden (wenn …/…) *Arbeit/Sorgen/…* · not to become less, not to decrease, not to let up
… Na, wenn die Kinder erstmal größer sind … – Dann werden die Sorgen auch nicht weniger! In den kleinen Dingen des Alltags ist man dann weniger gebunden – das schon, aber die Sorgen sind eher noch größer als jetzt.

wild werden *ugs – path* · 1. 2. to go wild, to go mad, to have kittens *sl*, to have a fit *sl*
1. Du, erzähl' dem Herbert bloß nicht, daß ich gegen den Kauf der Wohnung bin. Dann wird er wild! – Laß ihn doch wild werden! Du kannst ihm doch nicht dauernd nach dem Mund reden, nur weil er sonst anfängt zu toben.
2. (Zu einem Jungen, der Reitstunde nimmt:) Paß auf, daß das Pferd nicht wild wird, Rolf! Es kennt dich noch nicht; da darf man es nicht so antreiben. – Wird es so schnell scheu?

ich/(j.) **könnte wild werden, wenn**/… *ugs – path* · + it makes me/… furious when/…
Wenn ich diesen Unsinn sehe, den die da tagtäglich machen, könnte ich wild werden! – Das kann ich dir nachfühlen, Gerd. Was die sich leisten, geht wirklich zu weit. Irgendwann explodiert da jeder.

es will nicht werden *form selten* · it's no good, it's no use
… Na, geht es mit deiner Firma endlich wieder aufwärts, nachdem du einen neuen Geschäftsführer eingestellt hast? – Um ehrlich zu sein, Walter: nein. Es will nicht werden. Da steckt der Wurm drin, in diesem Laden.

das/es wird schon werden! *ugs selten* · it'll be all right
… Ich fürchte so, daß das schiefgeht … – Bloß keine Sorge, das wird schon werden! Ich weiß gar nicht, warum das nicht klappen sollte.

das/(es) wird schon wieder werden! *ugs* · 1. 2. everything/it/… is going to be all right
1. … Ich verstehe, daß dir das schwerfällt: wochenlang im Krankenhaus, die Schmerzen … Aber jetzt darfst du den Mut nicht sinken lassen. Das wird schon wieder werden. So alt bist du noch nicht, daß das nicht alles wieder ausheilt.
2. Nun mach' dir doch nicht immer solche Sorgen! Das wird schon wieder werden. Wenn du dies Jahr Minus gemacht hast, dann machst du dafür im nächsten Plus.

wortbrüchig werden *form* · to break one's word
… Aber du wirst doch zu dem stehen, was du versprochen hast?! Du wirst doch jetzt nicht wortbrüchig werden! – Habe ich schon irgendein Mal nicht gehalten, was ich versprochen habe?

zunichte werden *Pläne/Hoffnungen/…* *form* · to come to nothing, to be dashed/shattered/…
Durch die Revolution sind seine Pläne, in Portugal eine Zweigfirma aufzubauen, zunichte geworden. – Wenn sich die Pläne im Augenblick nicht realisieren lassen, so ist es vielleicht in ein paar Jahren möglich.

zuschanden werden *form – path veraltend selten* – zunichte **werden** · to come to nothing, to be dashed/shattered/…

jm. **zuteil werden** *form* · + to be accorded the honour of s.th., + to have the honour of s.th.
… Hast du auf deiner Rom-Fahrt auch an einer Papstaudienz teilnehmen können? – Nein, dieses Glück ist mir nicht zuteil geworden. Es gab keine Gelegenheit dazu.

jm. **zuviel werden** · to be/to get/to be getting/… too much for s.o.
… 30 Stunden Arbeitszeit in der Woche – dann drei Kinder – daneben ihre Verpflichtungen im Lyons-Club …: wird ihr das nicht zuviel?

bei jm. **nichts mehr werden können** *ugs* – bei jm. **ausgeschissen haben** · s.o. has had his chips/s.o. is finished as far as s.o. is concerned

sich eine Arbeit/… **sauer werden lassen** *ugs* · to work really/… hard at s.th., to give s.th. everything one has got
Der Erich hat sich die Übersetzung von Baudelaire wirklich sauer werden lassen! Er hat keine Mühe gescheut, um die Feinheiten des Originals so gut wie möglich herauszuholen. Tag und Nacht hat er über den Gedichten gesessen.

jm. etw. **zuteil werden lassen** *Vergünstigungen/…* *form* · to bestow favours/… on s.o., to grant privileges/… to s.o.
Das Parlament versucht natürlich, seinen eigenen Abgeordneten gewisse Vorteile zuteil werden zu lassen. Das ist doch ganz normal. Oder hast du schon einmal eine Regierungsform gesehen, in der die, die oben sind, sich nicht gegenseitig Vergünstigungen zukommen lassen?

… und solche, die es (einmal) werden wollen *iron* – … und **solche, die es (einmal) werden wollen** · and those who would like to become doctors/…

im Werden sein *form od. iron* · to be in progress, to be in the making
… Ich dachte, deine Doktorarbeit wäre längst fertig! Die ist also immer noch im Werden! – Große Dinge brauchen Zeit! – Ah, so!

(noch) im Werden (begriffen) sein *form od. iron* · 1. 2. to be (still/…) in the early stages, to be (still/…) in the embryonic stage, it's/s.th. is being built/produced/…
1. … Ich würde die Lederfabrik von den Hornbergs gern mal besichtigen. – Da mußt du noch ein, zwei Jahre warten – die ist noch im Werden begriffen! – Ach, die gibt's also noch gar nicht? Der Klaus Hornberg sprach immer von 'unserer Fabrik' …
2. Na, Paul, hast du dein Projekt, auch nach Venezuela zu exportieren, realisieren können? – Hm, die ganze Sache ist noch im Werden begriffen, weißt du. Die Kontakte zu knüpfen und das Ganze zu organisieren verlangt doch mehr Zeit, als ich gedacht hatte …

das Werden und Vergehen ((in) der Natur) *geh – form* · growth and death, coming into being and dying
… Der ewige Kreislauf der Natur, das Werden und Vergehen im Großen und im Kleinen …

werfen: sich vor den Zug/vor die Straßenbahn/in die Ruhr/… **werfen** · to throw o.s. in front of a train/tram/…
Kannst du das verstehen, wie sich jemand vor einen Zug werfen kann?! – Die Leute müssen entsetzlich verzweifelt und verstört sein. 'Verstehen' kann man einen solch grausamen Selbstmord in der Tat kaum.

sich aufs Zeichnen/… **werfen** *ugs – form* · to throw o.s. into an activity/task/…, to dedicate o.s. heart and soul to drawing/…
Nachdem der Margreth klar geworden ist, daß sie als Pianistin keine Zukunft hat, hat sie sich aufs Malen geworfen. – Aber sie will doch wohl hoffentlich jetzt keine Malerin werden? – Wer weiß?

sich (im Schlaf/Traum/…) **hin und her werfen** *ugs – path selten* · to toss and turn (in one's sleep/…)
(Eine junge Frau zu ihrem Mann:) Meine Güte, was war denn los mit dir heute nacht? Du hast dich ja hin und her geworfen! – Ach ja? Hab' ich gar nicht gemerkt. – Von einer Seite zur andern, bestimmt zwei Stunden …

sich ins Kleid, in den Anzug/in den Mantel/… **werfen** *ugs – path selten* · to throw on a coat/jacket/…
… Plötzlich schellte das Telefon. Ihr Bruder. Ihr Vater hatte einen Unfall gehabt. Sie warf sich in den Mantel und eilte zum Wagen …

mit seinem Geld/seinen Kenntnissen/gelehrten Brocken/ (…) **(nur so) um sich werfen** *ugs* · 1. to throw one's money about, to throw one's money around, to chuck one's money about, 2. to flaunt one's knowledge, to bandy foreign words/… about, 3. to bandy erudite/… terms about
1. Der Klaus wirft mit seinem Geld nur so um sich. Als ob ein Junge aus einer so guten Familie es nötig hätte, so protzig aufzutreten, um sich die Achtung anderer zu erwerben!
2. … Ich mag Meinarts großspurige Art nicht. Den ganzen Tag wirft er mit seinen Kenntnissen nur so um sich …
3. vgl. – mit gelehrten **Brocken** um sich werfen

Werk: am Werk(e) sein · 1. 2. to be at work
1. Jetzt arbeiten die doch schon vierzehn Tage an diesen Rohren, und immer noch haben wir kein Wasser. – Ach, da sind bestimmt wieder Leute am Werk, die von der Sache nichts verstehen, irgendwelche Schuster, die mehr kaputt als ganz machen.
2. … Ah, jetzt fehlt m i r mein Portemonnaie! Gestern haben sie dem Dieter unten im Restaurant Geld gestohlen; jetzt ist (hier im Zimmer) mein Portemonnaie dran … Da sind bestimmt irgendwelche Diebe/Strolche/… am Werk, die sich genau auskennen. …

ab Werk (kostet etw. … Mark) · (a product/… costs DM 1000/…) ex works
123.000,– Mark kostet die Maschine, sagen Sie – ab Werk? D.h., dazu kommt noch der Transport? …

frisch ans Werk! *ugs veraltend* · to work!, let's get down to it! *n*
Los, Kinder, frisch ans Werk! Je früher wir anfangen und je kräftiger wir rangehen, um so eher sind wir fertig.

ein gutes Werk (an jm.) **(tun)** *form od. iron* · to do a good deed
… Der Motsch hat mir auf diesem Kongreß wirklich sehr geholfen! Wenn ich mich da erkenntlich zeigen könnte … – Wenn Sie ein gutes Werk tun wollen, Herr Schuckert: geben Sie seinem Sohn eine Stelle in Ihrer Firma. Der Herr Motsch wäre selig, wenn er seinen Filius endlich in einem soliden Unternehmen untergebracht sähe.

es ist das Werk eines Augenblicks *oft: es war … path veraltend* · it is all over in a moment, it is a matter of a moment
… Plötzlich funkelte es in seinen Augen, und er eilte zu der Leiter, auf der sein Schwager stand, und gab ihr einen heftigen Stoß. Es war das Werk eines Augenblicks – und in der nächsten Sekunde bereute er schon, was er da getan hatte. Es war geschehen: Mann und Leiter kippten nach hinten …

ans Werk gehen *form veraltend selten* · to work, to get down/to settle down to work
… An jenem Tag fiel es ihm besonders schwer, morgens ans Werk zu gehen; denn seine Sorgen hatten ihn die ganze Nacht nicht zur Ruhe kommen lassen.

das Werk meiner/deiner/… Hände/(der Hände meines Onkels/…) *form – path veraltend selten* · all her/your/… own work!
… Schau hier, Fritz, diese Statue, rief er, indem er mit der einen Hand auf eine Bronzebüste und mit der anderen auf seine jüngste Tochter zeigte, das Werk ihrer Hände! – Wie, das hat die Ursel gemacht? – Eigenhändig, ohne jede Hilfe!

sich ans Werk machen *form veraltend selten* – (eher:) ans Werk gehen · to set to work

etw. **ins Werk setzen** *form selten* · to put s.th. into effect, to carry s.th. out, to set s.th. in motion
… Mir ist noch gar nicht klar, wie ich das Ganze ins Werk setzen soll. Zunächst, sagst du, sind die einschlägigen Meßapparate zu besorgen – da fangen meine Probleme schon an: wo, bei wem? Dann brauchen wir unbedingt einen Spezialwagen. Und dann … ja, und dann, und dann … Ich sehe wirklich noch nicht, wie ich das alles so anfangen soll, daß aus dem Unternehmen auch etwas wird.

gute Werke (tun) *eher rel* · to do good works
(In einer Diskussion über religiöse Fragen:) Ob es die guten Werke sind, die uns 'erlösen', oder die Gnade Gottes – das ist bekanntlich seit Luther ein häufig und kontrovers diskutiertes Thema. – Die Grundfrage ist, ob jemand allein aus eigener Kraft im vollen Sinne 'gut' handeln kann.

im Werke sein *geh – form od. iron selten* · to be under way, to be in the pipeline
… Irgendwann kommt bestimmt so etwas wie ein Weltstaat – wenn auch niemand weiß, wann und wie er aussehen wird. Ist er nicht schon heute im Werke?

vorsichtig/behutsam/… zu Werke gehen · to set about (doing) s.th. carefully/cautiously/…, to proceed carefully/ cautiously/…
… Wenn du da Erfolg haben willst, mußt du vorsichtig zu Werke gehen, Schritt für Schritt … – Selbst wenn ich behutsam vorgehe, glaube ich nicht an einen Erfolg.

Werke der Liebe tun/(…) *form – path veraltend selten* · to do/to perform/… good deeds
Statt immer wieder zu analysieren, Berichte zu verfassen und Enqueten durchzuführen, sollten sie helfen – Werke der Liebe tun! –, dann würde das Elend auf der Welt schon abnehmen.

Werkzeug: ein (willenloses) Werkzeug in js. **Händen sein** *form – path* · to be a mere tool in s.o.'s hands
… Aber hat sie sich denn nicht gewehrt, nicht einfach gesagt: »das mach' ich nicht«!? – Die Ana und sich wehren?! Die ist doch ein willenloses Werkzeug in den Händen des Chefs.

Wermutstropfen: ein Wermutstropfen im Becher der Freude sein *geh – path selten* – ein bitterer **Tropfen** (in einem an sich schönen Erlebnis/…) sein · s.th. is a drop of bitterness in the cup of joy

wert: allerhand/viel/… nichts/wenig/… wert sein · to be worth a lot, not to be worth much/a lot/…, not to be much use/up to much/… *coll*
Unser Staubsauger ist aber auch wirklich gar nichts wert! Das Geld hätten wir uns sparen können. Jetzt ist er schon wieder kaputt!

jm. **etwas wert sein/was ist jm. wert** · to be worth something to s.o.
(Ein Antiquar zu einem 'Büchernarr':) Tag, Herr Roleder … Ich habe hier eine Rarität für Sie … Eine Erstausgabe der Werke von Jean Paul. Sehen Sie … Was ist Ihnen diese Edition wert? – 600,– Mark. – Nein, dafür kann ich sie Ihnen beim besten Willen nicht geben …

heute/gestern/… nichts wert sein *ugs* · to be feeling off colour today/at the moment/…
… Nur gut, daß die Vorführung nicht heute ist! – Warum? – Weil ich heute absolut nichts wert bin. – Was hast du denn? – Ich weiß nicht. Es ist einfach nichts mit mir los heute.

j. ist es nicht wert, daß ... *ugs* · s.o. does not deserve help/..., s.o. is not worthy of help/...

... Jetzt haben wir dem Jungen so oft geholfen ... – da könnte er uns doch auch mal einen Gefallen tun. – Manche Leute sind es einfach nicht wert, daß man ihnen hilft! Damit muß man sich leider abfinden.

jn./etw. e-r S. (für) wert finden/befinden/erachten/halten *form veraltend selten* · (not) to consider/deem/... s.o./s.th. worthy of an article/a review/...

... Nein, so ein mißglücktes Buch befinden die in einer wissenschaftlichen Zeitschrift natürlich gar nicht einer Kritik wert. – Bist du auch dieser Meinung? Oder findest du, das könnten sie da schon besprechen?

es nicht/nicht einmal/... **für wert halten**/(erachten), etw. zu tun – es nicht/nicht einmal/... für wert **halten**, etw. zu tun · not even to consider it necessary/worthwhile to do s.th.

Wert: (einen)/**keinen Wert haben** – einen/keinen **Sinn** haben · + there is no point in s.th.

etw. **unter (seinem)** (wirklichen) **Wert kaufen**/verkaufen/... · to sell/... s.th. for less than it is worth, to sell/... s.th. for less than its true value

... Natürlich will ich das Gut verkaufen! Aber die Angebote, die ich bisher bekommen habe, sind einfach nicht seriös. Ich sehe nicht ein, warum ich es unter Wert verkaufen soll!

e-r S. großen/keinen/nicht den geringsten/... **Wert beimessen**/(beilegen) *form* · (not) to attach great/no/not much importance to s.th., (not) to set great/much/... store by s.th.

... Seien sie unsicher, daß unsere Regierung dem Austausch von Jugendlichen zwischen den beiden Ländern den größten Wert beimißt! – Wenn dies Austauschprogramm für Sie so wichtig ist, wie Sie sagen, dann dürfen wir auch mit entsprechenden Zuschüssen rechnen, nicht wahr?

an Wert gewinnen/sie hat ... gewonnen *form* · 1. to (greatly/...) change for the better, to really/... come along, 2. to increase in value

1. Die Karin hat in den letzten Jahren enorm an Wert gewonnen! Sie ist viel reifer, reflektierter und auch interessierter als früher.

2. ... Da bin ich nicht so sicher, ob Immobilien auch in den kommenden Jahren beständig an Wert gewinnen! *seltener*

großen/den größten/viel/(allerhand)/... keinen/nicht den geringsten/... **Wert legen auf** jn./etw. · 1. to think highly of s.o., not to think much of s.o., (not) to rate s.o. highly, 2. 3. to attach great/the greatest/no/... importance to s.th., to be very much/greatly/... interested in s.th.

1. ... Du, den Klaus solltest du etwas vorsichtiger anfassen, sonst hört der auf. – Der Klaus kann meinetwegen sofort Schluß machen. Auf den Mann lege ich überhaupt keinen Wert. – Aber Wolf ... – Ich sage dir doch: es ist mir völlig egal, ob der mitmacht oder nicht.

2. ... Der Robert sagt, auf der Versammlung würdest du wahrscheinlich auch einige Insider des Drogengeschäfts kennenlernen. – Antworte ihm, daß ich auf solche zwielichtigen Bekanntschaften keinerlei Wert lege.

3. ... Wenn ich dazu nur kurz bemerken darf ... – Sie können sich ihre Bemerkung sparen; ich lege auf Ihre Meinungsäußerung nicht den geringsten Wert.

im Wert sinken – ≠ im **Wert** steigen · to decrease in value

im Wert steigen · to increase in value

... Nein, er kauft die antiken Möbel nicht, weil er sie so gern hat; er betrachtet das als Geldanlage. Und in der Tat: bis heute sind antike Möbel beständig im Wert gestiegen.

Wert und/oder Unwert e-r S. · the value or otherwise of s.th.

... Ganz egal, was der Junge später wird, Paul – ein solches Studium ist immer sinnvoll. – Ich maße mir über den Wert oder Unwert eines Philologiestudiums heute kein Urteil an. Ich meine nur: wenn jemand sich für ein bestimmtes Fach entscheidet, sollte er wissen, wofür er das studiert.

innere Werte (haben) *oft iron* · to have moral values/qualities

... Weißt du, was den Werner an der Hilde so fasziniert? Die ist weder schön noch tüchtig noch begabt ... – Die hat halt sehr viel innere Werte, die du noch nicht erkannt hast. – Und die wären?

Wertschätzung: sich hoher/großer/... **Wertschätzung erfreuen** *form* · to be held in high esteem

... Was der Herr Prof. Machaelis für einen Ruf hat? ... Der erfreut sich hoher Wertschätzung. Er dürfte von allen Dozenten unseres Instituts der geachtetste sein.

Wesen: ein lautes/vorlautes/aufdringliches/zurückhaltendes/ ... **Wesen haben** *form* · to be a loud-mouthed/unpleasant/ pushy/... character

... Warum der Rudi in den Diskussionen nie schweigt, selten zuhört und den anderen dauernd ins Wort fällt? Ganz einfach: weil er nicht anders kann! Der hat nun einmal ein sich vordrängendes, lautes, rücksichtsloses Wesen.

ein bestrickendes Wesen (haben) *geh – path veraltend selten* · to have a captivating/winning/charming/alluring/... personality

... Mit seinem bestrickenden Wesen gelingt es ihm immer wieder, die Frauen in seinen Bann zu schlagen. – Der Christian ist aber auch ein wunderbarer Kerl! Es ist wirklich schwer, sich seinem Charme zu entziehen. – Du scheinst ja fast etwas neidisch zu sein!

ein einnehmendes Wesen haben · 1. to have an engaging/ winning/... personality, 2. to be always asking for money, s.o. takes everything he can get

1. Die Sybille hat wirklich ein einnehmendes Wesen. Man muß sie einfach gern haben, ob man will oder nicht.

2. ... Was, du willst schon wieder irgendwelche Beiträge kassieren? Du hast aber auch ein einnehmendes Wesen, Kerl nochmal! Ich möchte dich doch ein Mal treffen, ohne daß du mich um Geld angehst. *iron*

so ein kleines Wesen ... *form – path* · (such) a little thing, (such) a little mite

... Das ist doch immer wieder niedlich, so ein kleines Wesen; wie es da so in der Wiege liegt, am Schnuller lutscht ...

kein lebendes Wesen ... *path* · not a living soul

Ist das wirklich so ein einsamer Strand? – Wenn du im Frühling dorthin gehst oder im Herbst – also außerhalb der Saison –, dann triffst du da kein lebendes Wesen an; dann hast du den ganzen Strand für dich allein.

ein weibliches Wesen (im Haus ...) *ugs* · a woman's touch is needed/... here/in this house/...

(Ein Witwer zu einem Besucher:) Was die Ordnung angeht ... – da dürfen Sie nicht so genau hingucken, Herr Meinert. Es fehlt hier einfach ein weibliches Wesen im Haus. – An heiratslustigen Damen ist doch kein Mangel, Herr Bohnert ...

etw./es gehört zum Wesen des Menschen/eines Raubtiers/ der Zivilisation/... (zu .../daß ...) *form* · it is part of human nature to ..., it is human nature to ..., it is in the nature of civilisation to/that/...

... Der Machttrieb gehört nun einmal zum Wesen des Menschen, da kann man so viel diskutieren, wie man will. Den kann man nicht ausmerzen und kann man nicht wegerziehen. – Und der Besitztrieb – gehört der auch zur Natur des Menschen?

es/etw. liegt im Wesen des Menschen/der Germanen/... (begründet) (zu .../daß ...) *form* · it is in the nature of human beings/the Germans/... to do s.th./..., it is part of the character of Germans/... to do s.th.

Liegt es wirklich im Wesen des Deutschen, der sogenannten Obrigkeit gegenüber besonders willfährig zu sein und einen übertriebenen Ordnungsfimmel zu haben? Oder sind das nur sekundäre, historisch anerzogene Verhaltensformen?

sich sein natürliches Wesen bewahren *form* · to remain natural, to remain o.s.

Es dürfte nicht so ganz einfach sein, sich als Minister, Kanzler oder als 'First Lady' sein natürliches Wesen zu bewahren! – Natürlich nicht. Deswegen wirken die meisten von diesen Leuten doch auch so gekünstelt.

es/das/(etw.) **liegt im Wesen der Sache (begründet)** (daß/ etw. zu tun/...) *form selten* – es/das/(etw.) liegt in der **Natur** der Sache/(Dinge) (daß/etw. zu tun/...) · it is in the nature of things that ..., it is (perfectly) normal/natural/... to ...

sein Wesen treiben *form* · 1. to make an area/... unsafe, to terrorise an area/..., 2. to be at work
1. vgl. – (eher:) die Gegend/... unsicher **machen**
2. vgl. – (eher:) am **Werk(e)** sein (2)

(nicht) viel Wesens um etw./(jn.) **machen** *form* – (eher:) (nicht) viel/kein **Aufhebens** um jn./etw./von jm./etw. machen · (not) to make a lot of fuss about s. o./s. th.

wesentlich: das Wesentliche vom Unwesentlichen unterscheiden/(trennen) · to distinguish essential/important/... points/ aspects/... from inessential/unimportant/... points/aspects/ details/...
... Nicht auf die Quantität kommt es an, erklärte er seinen Studenten, sondern auf die Qualität. Vor allem müssen Sie lernen, das Wesentliche vom Unwesentlichen zu unterscheiden. Es ist doch nicht alles gleich wichtig! ...

im wesentlichen ... · basically ..., essentially ..., + the gist of it is ...
... Kannst du mir kurz erklären, worum es bei der Sache geht? – Wenn ich dir das in allen Einzelheiten darlegen wollte, müßte ich eine halbe Stunde reden. Im wesentlichen geht es um folgendes: ...

nichts Wesentliches · nothing important
... Du sagst, der Paul hat angerufen? Was wollte er? – Ach, nichts Wesentliches. Er fragt, ob wir das Werk von Baudelaire haben. Er braucht da eine Stelle ...

um ein wesentliches besser/kleiner/... *form selten* · considerably better/further/...
... Der letzte Roman von dem Koberg ist natürlich immer noch keine Weltliteratur, aber er ist um ein wesentliches besser als alles, was er vorher geschrieben hat. – Ich finde den Unterschied nicht so groß.

Wespennest: sich in ein Wespennest setzen *ugs selten* · to bring a hornets' nest about one's ears
Muß dieser Krause denn nun ausgerechnet bei diesen stockkonservativen Löbachs die Vorzüge des Kommunismus preisen? Da muß er die Leute doch gegen sich aufbringen! – Hat er sich da in ein Wespennest gesetzt – oder wollte er die Leute schockieren?

in ein Wespennest stechen/(greifen) *ugs* · to stir up a hornets' nest
... War das ein Theater! – Wieso? Was ist denn los? – Es ging um die Frage, ob Beitragserhöhung oder nicht. Und da habe ich – ahnungslos, wie ich bin – gefragt, ob der Kassierer denn schon die Abrechnungen der vergangenen zwei Jahre vorgelegt hätte. – Ja, da hast du natürlich in ein Wespennest gestochen! Die kommen doch durch ihre Abrechnungen gar nicht mehr durch.

Wespentaille: eine Wespentaille haben *Frauen und Mädchen ugs selten* · to have a wasp waist
... Die Sandra hat eine richtige Wespentaille! – Ich weiß, aber ich stehe nicht auf Frauen, die so dünn sind wie eine Bohnenstange.

Weste: eine reine/saubere/weiße/(blütenweiße) **Weste haben** *ugs* · 1. 2. to have a clean slate, to have a clean record
1. Der Roleder gibt sich zwar nach wie vor als makelloser Staatsbürger; aber ich glaube nicht, daß er eine reine Weste hat. Ein Freund von mir hat mir jedenfalls erzählt, daß er in mehrere sehr unangenehme Affären verstrickt war.
2. vgl. – ≠ **Dreck** am Stecken haben

jm. etw. unter die Weste drücken/(schieben) *sal selten* · 1. to shift s. th. on to s. o., to saddle s. o. with s. th., 2. to pin s. th. on s. o., to put the blame on s. o. (for s. th.) *n*
1. Wie es dem Hartmann doch immer wieder gelingt, seinen Mitarbeitern die unangenehmsten Pflichten unter die Weste zu drücken, ohne daß die protestieren. – Ach, die verstehen doch meist erst, wie unangenehm die Dinge sind, wenn sie sie schon gemacht haben. Der präsentiert da alles so geschickt ...

2. ... Das hab' ich gern, daß mich da so ein hergelaufener Bursche von der Seite anquatscht und mir unter die Weste drücken will, ich wäre dafür verantwortlich, daß die Unterlagen verschwunden sind! – Wie, hat er dir das denn vorwerfen wollen? – Wollen? Er hat mir das vorgehalten – obwohl er doch ganz genau weiß – oder wissen muß –, daß das nicht stimmt

jm. etw. unter die Weste jubeln *sal* · 1. to push s. th. on to s. o., to get s. o. to do s. th. *n*, 2. to pin s. th. on s. o., to put the blame on s. o. (for s. th.) *n*
1. ... Immer wieder gelingt es diesem Mann, auch Leuten eine Rezension unter die Weste zu jubeln, die partout keine machen wollen! Irgendwie bringt er sie dahin! – Dann ist er ja der gegebene Herausgeber einer wissenschaftlichen Zeitschrift.
2. vgl. – jm. etw. unter die **Weste** drücken/(schieben)

Westen: in den/(nach dem) **Westen gehen/**kommen/... *Pol* · 1. 2. to go to the West, to flee to the West
1. Sind Sie vor oder nach dem Bau der Berliner Mauer in den Westen gekommen? – Genau drei Wochen vorher bin ich aus der ehemaligen DDR/aus Leipzig/... weggegangen.
2. Millionen und Millionen von Flüchtlingen sind in den letzten Kriegsjahren und nach dem Krieg in den Westen gezogen.

Westentasche: etw. aus der Westentasche bezahlen/zahlen (können) *sal* · to (be able to) pay for s. th. out of one's loose change, to (be able to) pay for s. th. easily/effortlessly/no bother/...
... Aber kann sich der Alfons einen solchen Wagen denn überhaupt leisten? Der kostet 35.000,– Mark! – Ja, und? Die zahlt der/den bezahlt der aus der Westentasche. Der Alfons verdient an die 15.000,– Mark im Monat; 35.000,– Mark, das merkt der gar nicht.

etw. wie seine Westentasche kennen *sal* – jn./etw. in- und auswendig (inwendig und auswendig) **kennen** (1) · to know s. th. inside out/like the back of one's hand/...

Westentaschenformat: im Westentaschenformat *ugs* · pocket-sized
... Wenn das ja noch ein richtiger Kassettenrecorder wäre! Aber so ein Ding im Westentaschenformat kann man doch nicht ernst nehmen! – Warum nicht? Je kleiner, um so handlicher! Für unterwegs doch ideal!

wett: wir sind/ihr seid/... **wett** *ugs veraltend selten* – wir sind/ ihr seid/... **quitt** (1; u. U. 2) · we're/you're/... quits

Wettbewerb: unlauterer Wettbewerb *Wirtschaft* · unfair competition
... Unlauterer Wettbewerb, erklärte er, ist es zum Beispiel, wenn jemand behauptet, sein Produkt sei besser als das der Konkurrenz; oder wenn ein Unternehmen ein Produkt der Konkurrenz schlecht macht ...

außer Wettbewerb laufen/fahren/... *form selten* – außer **Konkurrenz** laufen/fahren/... · to be an unofficial competitor, to participate hors concours

mit einer Firma/... **im Wettbewerb stehen** *form* · to be in competition with s. o./a company/..., to compete with s. o./a company/...
... Nicht nur die zehn großen Industriestaaten, dozierte er, auch die sogenannten Schwellenländer – Brasilien, Venezuela usw. –, sie stehen doch alle miteinander im Wettbewerb; der eine macht dem anderen Konkurrenz.

mit jm./einem Unternehmen/... **in Wettbewerb treten** *form* · to enter into competition with s. o./a company/...
... Wenn du mit deinen Artikeln – und dazu gehören auch Bücher! – mit anderen nicht in Wettbewerb treten willst, brauchst du gar nicht erst zu produzieren; denn der Wettbewerb mit Ideen und Dingen ist doch der Kern unseres gesellschaftlichen Lebens.

Wette: was gilt die Wette? *ugs* · how much do you want to bet?
... Ich bin fest davon überzeugt, daß die Münchener das Spiel gewinnen? – Was?! Auf keinen Fall! – Was gilt die Wette? 100,– Mark? – Du weißt doch, ich wette nicht, aber ...

um die Wette laufen/fahren/schreiben/… · to race s.o., to race each other at writing/swimming/…, to try to outdo each other at singing/…

Wer von euch beiden kann denn schneller rennen, der Moritz oder du, Karl? – Ich weiß nicht. – Wollen wir mal um die Wette laufen, Moritz? Komm! Eins, zwei, drei …

jede Wette eingehen, daß … *ugs* · 1. 2. to bet (s.o.) any money that …, to bet s.o. anything that …

1. … Ich gehe jede Wette ein, daß die Münchener heute gewinnen. – Du, so sicher würde ich da nicht sein.

2. Der Klaus geht jede Wette ein, daß Schalke heute verliert. – Den nehm' ich beim Wort! … Klaus! Ich höre, du willst dein Geld verlieren. Der Heinz sagt, du wettest, daß Schalke verliert. Um wieviel wettest du? Ich halte dagegen. 300,– Mark? … *seltener*

wetten: eins gegen/zu zehn/100/… **wetten, daß** … *ugs* – jede **Wette** eingehen, daß … (1) · to bet s.o. any money that …, to bet s.o./to give s.o. ten to one/a hundred to one/… that …

darauf kannst du/könnt ihr/… **wetten!** *ugs* – (eher:) darauf kannst du **Gift** nehmen · + it's a dead cert, + it's an absolute certainty, you can bet your life on it/put your life savings on it/…

ich möchte wetten/wette, daß … *ugs* · I bet that …

Ich wollte wetten, daß der Herbert heute abend wieder nicht erscheint! – Wie kommst du darauf? Hat er sich in dieser Richtung geäußert? – Das nicht. Aber ich bin fest davon überzeugt, der kommt nicht mehr zu den Beratungen.

Wetter: alle Wetter! *ugs veraltend* – (eher:) alle **Achtung** · hats off to you/him/…!, bravo!, well done!

schlagende/(böse/matte) **Wetter** *Bergbau/Grube/explosives Gasgemisch* · firedamp

… Sind solche schlagenden Wetter denn lebensgefährlich? – Du kannst vielleicht Fragen stellen! Wenn es zu schweren Explosionen kommt, – Hunderte von Metern unter der Erde –, dann ist es natürlich aus.

js. Launen/(…) **sind (so) (veränderlich) wie das Wetter** · s.o.'s moods/… are as changeable as the weather

Bei dem Moser kannst du nie wissen, wie er gerade reagiert. Du weißt doch: dessen Launen sind wie das Wetter: heute heiter, morgen wolkig! – Der Mann ist wie eine Primadonna, wirklich! Launenhaft ist ja ganz schön! Aber so …!

um gut'/(gutes) **Wetter anhalten** (bei jm.) *ugs* – (eher:) gut' **Wetter** machen (wollen/…) (bei jm./in/…) (1) · to try to get on the right side of s.o., to try to get in with s.o.

zu etw. gehören wie das wendische Wetter zum April *selten* · it's/s.th. is part and parcel of the job/…

… Wenn du in einem Steinbruch arbeitest, gibt's Staub, das läßt sich nicht vermeiden. Der gehört zu einem Steinbruch wie das wendische Wetter zum April.

um gut'/(gutes) **Wetter bitten** *ugs* – (eher:) gut' **Wetter** machen (wollen/…) (bei jm./in/…) (1) · to try to get on the right side of s.o., to try to get in with s.o.

(das ist) ein Wetter/(Wetterchen) **zum Eierlegen** *sal* · it's marvellous/superb/cracking/… weather

… Was soll das bedeuten: 'ein Wetter zum Eierlegen', kannst du mir das sagen? – 'Ein prächtiges Wetter' – ganz einfach! – Gut, das weiß ich. Aber warum 'zum Eierlegen'?

(das ist) ein Wetter/(Wetterchen) **zum Heldenzeugen** *sal selten* – (das ist) ein **Wetter/**(Wetterchen) zum Eierlegen · it's marvellous/superb/cracking/… weather

gut' Wetter machen (wollen/…) (bei jm./in/…) *sal* · 1. 2. to (try to) make up to s.o., to (try to) butter s.o. up, to (try to) get into s.o.'s good books, to (try to) get on the right side of s.o.

1. … Jetzt hör' doch endlich mal auf, den Rolf Hägele zu kritisieren! In den letzten Wochen hat er sich doch ganz hervorragend verhalten! – Ja klar, der versucht jetzt, gut Wetter zu machen. Er weiß ganz genau, daß er rausfliegt, wenn er sich nochmal so was leistet.

2. Du brauchst gar nicht zu versuchen, beim Chef gut' Wetter zu machen, mein Lieber! Der weiß ganz genau, was er von deinen Reiseabrechnungen zu halten hat. Meinst du, wenn du jetzt ganz nett zu dem bist, dann vergißt der, daß du dauernd die Firma betrügst?

Wetterfahne: (unbeständig) wie eine Wetterfahne/(ein Wetterhahn) **(sein)** *ugs selten* · to be like a weathercock, to be unreliable

… Nein, wir brauchen loyale und zuverlässige Mitarbeiter, auf deren Überzeugung man bauen kann. Leute, die wie eine Wetterfahne sind, heute dieser und morgen jener (politischen) Meinung anhängen, sind hier nicht gefragt!

eine richtige/regelrechte/… **Wetterfahne (sein)** *ugs selten* – (eher:) (unbeständig) wie eine **Wetterfahne/**(ein Wetterhahn) (sein) · to be a real weathercock

(so) beständig wie eine Wetterfahne/(ein Wetterhahn) **(sein)** *ugs iron selten* – (unbeständig) wie eine **Wetterfahne/**(ein Wetterhahn) (sein) · to be like a weathercock, to be unreliable, to swim with the tide

sich drehen wie eine Wetterfahne/(ein Wetterhahn) *ugs selten* – (eher:) (unbeständig) wie eine **Wetterfahne/**(ein Wetterhahn) (sein) · to be like a weathercock

Wettergott: der Wettergott hat (endlich/doch/…) **ein Einsehen** (mit jm.) *path – iron* · the weather god is on our side (at last/after all/…) *para*, the weather god means well with us (at last/after all/…) *para*

Na, da hat der Wettergott ja doch nochmal ein Einsehen (mit uns) gehabt! Bis gestern habe ich gefürchtet, unsere Fahrt würde buchstäblich ins Wasser fallen. Aber siehe da: heute strahlt die Sonne.

wetterwendisch: wetterwendisch sein *form* · to be as changeable as the weather, to be moody, to be capricious

… Ah, heute ist klares Wetter, da wird sie wohl guter Laune sein. – Wie, ist die Karin so wetterwendisch? – Die ist schlimmer als ein Barometer.

Wetterwolke: von einer (dunklen) Wetterwolke überschattet werden *form – path selten* – von einer (dunklen) **Wolke** überschattet werden · to be overshadowed by storm clouds/dark clouds

Wetteufel: vom Wetteufel besessen sein *path* · to have/to have been bitten by the gambling bug *coll*

… Seltsame Leidenschaft: wer weiß wieviel Geld darauf zu verwetten, welches Pferd als erstes durchs Ziel rennt! Oder verstehst du das, daß so viele Leute vom Wetteufel besessen sind? – Hm, wettest du nie? Nimmst du auch nie an einer Lotterie teil?

Wettlauf: ein Wettlauf gegen die/mit der Zeit · a race against time

… Wenn wir das Gut nicht rasch modernisieren, modernisieren wir es nie – dann laufen uns die Preise davon. – Du meinst, das ist ein Wettlauf mit der Zeit? – Ganz sicher.

wettmachen: etw. wettmachen · to make up for s.th.

… Leute, reißt euch zusammen! Heute müssen wir die Schlappe/ (Niederlage) vom letzten Sonntag (wieder) wettmachen. Heute müssen wir gewinnen, koste es, was es wolle!

Wettstreit: mit jm. im Wettstreit liegen *form selten* · to compete with s.o.

(Über zwei Tennisspieler:) Seit Jahren liegen die beiden im Wettstreit miteinander, wer der Beste hier im Klub ist. – Mit welchem Ergebnis? – Bisher hat keiner das Duell definitiv zu seinen Gunsten entscheiden können. Mal liegt der eine vorn, mal der andere.

mit jm. in Wettstreit treten *form* · to enter into competition with s.o.

(Ein neuer Spieler:) Wenn der Körner bei euch hier bisher auf Platz 1 gestanden hat und ihr ihn für den Besten haltet, dann soll das auch in Zukunft so bleiben. Ich habe nicht den Ehrgeiz, mit ihm in Wettstreit zu treten.

Wichs: in vollem/im vollen Wichs *von Studenten bestimmter Verbindungen (Korporationen) veraltend* · in full dress, in full regalia
… Zu einer 'Kneipe' sollten die Leute in vollem Wichs erscheinen, das ist doch klar! Zu welch einem Anlaß sollten sie sich sonst so kleiden, wie die Tradition es für die Korporationsstudenten bei Feierlichkeiten vorschreibt, wenn nicht zu einer Kneipe?

Wichse: (alles) eine Wichse sein *sal selten* – **ein** und derselbe/ein und dieselbe/ein und dasselbe (2) · it/s.th. is all the same dogwash

Wichse kriegen/(bekommen) *sal* – den **Buckel** vollkriegen (1; a. 2) · to get a good hiding/leathering/…

wichsen: jm. eine wichsen *sal* – jm. eine **Ohrfeige** geben · to clout s.o. one

sich einen wichsen *vulg* – sich einen **runterholen** · to wank/to jerk/to toss o.s. off, to give o.s. one off the wrist, to whack off, to beat one's meat

jm. ein paar wichsen *sal* – jm. ein paar **Ohrfeigen** geben · to clout s.o. one

Wicht: ein armer Wicht (sein) *ugs veraltend selten* – ein armer **Teufel** (sein) · (to be) a poor wretch

ein (ganz) elender Wicht *sal veraltend selten* · a miserable/… creature, a miserable/… specimen
… Mit dem Dattler möchte ich nichts mehr zu tun haben – nie mehr! Das ist ein ganz elender Wicht, dieser Mann! Der scheut doch vor keiner Manipulation, keiner Lüge, keiner Gemeinheit zurück! – Was ist denn los? …

ein kleiner Wicht *ugs selten* · a little fellow, a little rascal
… Da ist der Rudi Schröder und möchte mit dir sprechen. – Der Jüngste von Schröders gegenüber? Das ist doch ein ausgemachter Stromer, nicht? Was will denn der kleine Wicht von mir? – Was weiß ich?! …

Wichtigeres: Wichtigeres zu tun haben (als …) · to have better things to do than …, to have more important things to do than …
(Ein Vater:) Wenn der Junge ohne Kontrolle nicht vernünftig arbeiten kann, dann läßt er's! Er hat den Schaden, nicht ich! Ich werde doch meine Zeit nicht damit vertun aufzupassen, ob der seine Schularbeiten macht oder nicht. Ich habe Wichtigeres zu tun (als den Aufpasser zu spielen)!

j. hat nichts Wichtigeres zu tun, als zu … – j. hat nichts **Eiligeres** zu tun, als zu … · + the first thing s.o. does is to …, s.o. has nothing better to do than to …

Wichtigkeit: jm./e-r S. (große/keine/keinerlei/…) Wichtigkeit beimessen *form* – (eher:) jm./e-r S. (viel/wenig/keinerlei/…) **Bedeutung** beimessen/(zumessen) · to attach a lot of/little/no/… importance to s.o./s.th.

Wickel: jn. am/beim Wickel haben *sal* · 1. to have (got) s.o. by the scruff of his neck, 2. to ask s.o. to explain himself, to have it out with s.o. (about …), to take s.o. to task (about …)
1. … Konnte der Bursche mit dem Geld noch entkommen? – Nein! Der Heinz kam gerade die Treppe herunter, als er die Hintertür aufmachte, und hat ihn festgehalten. Er hat ihn da draußen im Hof am Wickel und wartet auf die Polizei.
2. vgl. – jn. zur **Rede** stellen (wegen …)

etw. am Wickel haben *sal selten* · to be working on s.th. *n*
Worüber arbeitet eigentlich euer Gerd zurzeit? – Ach, der hat so eine Untersuchung der Lebensverhältnisse der Landbevölkerung in Süditalien am Wickel – eine ziemlich mühselige Geschichte, die ihn bestimmt noch ein Jahr beschäftigen wird.

jn. beim/(am/an den) Wickel kriegen/(bekommen) *oft: wenn ich … sal selten* · if I/… get hold of s.o. …, if I/… get my hands on s.o. …
Wer ist denn da wieder über den Zaun geklettert und hat mir meine Blumen kaputtgetreten? Wenn ich den beim Wickel kriege, dann kann er was erleben!

jn. am Wickel nehmen *sal selten* · 1. 3. to grab s.o. by the scruff of the neck, 2. to make s.o. explain himself, to have it out with s.o.
1. vgl. – jn. am/beim **Kanthaken** packen/(fassen) (1)
2. vgl. – (stärker als:) jn. zur **Rede** stellen (wegen …)
3. vgl. – jn. am/beim **Arsch** und Kragen packen/fassen/nehmen und …

jn. am/beim Wickel packen *sal selten* · 1. 2. 3. to grab hold of s.o., to catch/to grab/… s.o. by the scruff of the neck
1. … Der Besitzer kam gerade in dem Augenblick in seinen Obstgarten, als ein Bursche von etwa 16 Jahren mit ein paar Kilo Kirschen durch die Hinterpforte verschwand. Er versuchte noch, den Dieb am Wickel zu packen; aber zu spät.
2. vgl. – jn. am/beim **Kanthaken** packen/(fassen)
3. vgl. – jn. am/beim **Arsch** und Kragen packen/fassen/nehmen und …

Wickelkind: kein Wickelkind mehr sein *sal* – kein **Baby** mehr sein · not to be a baby any more

Wicken: in die Wicken gehen *sal selten* – (eher:) kaputt **gehen** (2; a. 1) · to get lost, to get broken/bust/…

Widerhall: keinen/nur geringen/… Widerhall finden/starken/nur schwachen/kläglichen/… Widerhall finden (in …/bei …/…) *form* – (eher:) kein/nur geringes/… **Echo** finden/(ein) starkes/lebhaftes/schwaches/klägliches/… Echo finden (in …/bei …/…) · (not) to meet with a positive/lively/strong/weak/… response, to meet with no/a poor/not much of a/a weak/… response, to make/have no/not much of/a powerful/(…) impact

widerlegen: etw. schlagend widerlegen · to refute s.th. convincingly
… Siehst du, es war doch gut, daß wir dem Erich gesagt haben, er sollte mit dem Anton Wells über die Abrechnungen in unser aller Gegenwart sprechen. Den Vorwurf, in seine eigene Tasche gewirtschaftet zu haben, hat er heute doch schlagend widerlegt! – Allerdings! Überzeugender kann man das kaum machen.

Widerpart: jm. Widerpart geben *form selten* · to stand up to s.o., to resist s.o.
… Nein, wenn der Teuber dir so kommt, dann mußt du ihm Widerpart geben! Das darfst du dir unter keinen Umständen gefallen lassen. Bei aller Achtung vor seiner Leistung: wenn er die anderen unanständig behandelt, muß man sich widersetzen.

Widerrede: …, (da gibt's) keine Widerrede!/ohne Widerrede! *ugs* · no arguing!, don't contradict! *n*, no backchat!
… Jetzt ist es spät genug! Ihr geht jetzt sofort ins Bett! Los! Da gibt's keine Widerrede! – Aber Mama … – Ohne Widerrede, hab' ich gesagt!

keine Widerrede dulden *form* · not to brook contradiction, not to tolerate contradiction
Wenn der Krollmann etwas sagt, dich kritisiert, dann hältst du besser den Mund. Der Mann duldet keine Widerrede. Wenn du auch nur den geringsten Einwand vorbringst, wird er geradezu wild.

Widerruf: bis auf Widerruf gültig sein/… Bestimmungen · to be valid/… unless/until cancelled/revoked/withdrawn/(…)
… Ein Gesetz wird doch im Normalfall nicht widerrufen! Warum heißt es dann so oft: bis auf Widerruf gültig? – Gesetze werden in der Regel neu erlassen; Verfügungen oder Bestimmungen dagegen können auch noch heute widerrufen werden, wenn das auch selten ist.

Widerspiel: im Widerspiel mit … *form selten* · to be in contrast to s.th., to form a contrast with s.th.
… Allein würden die grauen Vorhänge wahrscheinlich etwas matt wirken. Aber im Widerspiel mit den herrlichen Granitfliesen und dem alten Holz kommen sie ganz wunderbar zur Geltung.

Widerspruch: keinen Widerspruch dulden – keine **Widerrede** dulden · not to tolerate any contradiction, not to tolerate any arguing back

Widerspruch erheben (gegen etw.) *form* · to object to s.th., to raise an objection to s.th., to protest against s.th.

(Der Vorsitzende eines Schwimmclubs in einer Vorstandssitzung:) Und was den Bau eines neuen Schwimmbeckens angeht, schlage ich vor, wir warten noch zwei, drei Jahre. Erhebt jemand gegen eine solche Entscheidung Widerspruch? Sonst können wir zum nächsten Punkt der Tagesordnung übergehen.

in Widerspruch geraten zu etw. · to come into conflict with s.th., to contradict s.th.

... Daß jemand Kommunist ist, kann ich verstehen. Aber daß man die kommunistischen Parteien verteidigen kann ...! Die stehen doch alle im Widerspruch zu ihrer eigenen Doktrin. – Sind denn die christlichen 'christlich', die liberalen 'liberal' oder die sozialistischen 'sozialistisch'?

zum Widerspruch reizen · to invite contradiction

Es gibt nicht nur Thesen, die zum Widerspruch reizen, meint unser Rolf, es gibt auch Menschen, bei denen man sich, sobald sie den Mund aufmachen, gedrängt fühlt zu widersprechen.

sich (mit etw.) **in Widerspruch zu** etw./(jm.) **setzen** · to go against s.th., to contradict s.th.

... Wenn du auf der Jahresversammlung gegen den Bau eines neuen Schwimmbeckens stimmst, Robert, setzt du dich doch in Widerspruch zu deinen eigenen Erklärungen! Du hast doch im vergangenen Jahr mehrmals eindringlich für ein neues Becken plädiert.

im Widerspruch stehen zu etw./in krassem/(...) Widerspruch stehen zu etw. · one thing/... flatly/... contradicts another

Alle Welt spricht von Frieden und Abrüstung, und alle Welt rüstet auf. Das eine steht doch in krassem Widerspruch zum andern!

auf Widerspruch stoßen · to meet with opposition, to meet with protests

... Seine Pläne sind auf dem Parteitag ja doch auf starken Widerspruch gestoßen. Daß so viele dagegen sprechen würden, hätte ich (doch) nicht geglaubt.

sich in Widersprüche verstricken/(verfangen) *form* · to become entangled in contradictions, to become entrapped in contradictions

... Wenn sich der Angeklagte in Widersprüche verstrickt hat, beweist das doch noch nicht, daß er schuldig ist! Er kann ganz einfach durcheinander gewesen sein. Oder er kann jemanden schützen/decken wollen ...

Widerstand: js. **Widerstand brechen** · to break s.o.'s resistance

... Mit Gewalt wirst du Gerds Widerstand nie brechen! Dafür ist er viel zu hartnäckig, ja stur. Du mußt versuchen, ihn durch Überzeugung zu deiner Meinung zu bekehren ...

jm./(e-r S.) (scharfen/schärfsten/...) **Widerstand leisten/**(entgegensetzen) · 1. 2. to resist s.o./s.th. fiercely, to put up fierce/bitter/... resistance to s.o./s.th.

1. ... Wenn man überfallen wird, muß man sich wehren! – Wie soll eine ältere Dame einem kräftigen Mann Widerstand leisten?
2. Wenn der Albert Küpper versucht, euch mehr oder weniger zu seinen Dienern zu machen, dann müßt ihr ihm Widerstand leisten. Das könnt ihr euch auf keinen Fall bieten/gefallen lassen. *seltener*

Widerstand gegen die Staatsgewalt *jur* · obstructing a police officer in the course of his duties, resisting the state authorities

Gegen einen Polizisten darfst du dich in keinster Weise wehren! Wenn der sagt, du sollst mit auf die Wache gehen, mußt du mitgehen. Sonst zeigt er dich wegen Widerstand gegen die Staatsgewalt an, und dann kriegst du eine saftige Strafe.

auf Widerstand stoßen (mit etw.) · 1. 2. to meet with resistance

1. ... Wider alle Vorhersagen stieß unsere Armee auf den hartnäckigen Widerstand der Partisanen. Erst nach mühevollen Kämpfen gelang es ...
2. ... Er ist mit seinen Plänen in der Hauptversammlung offensichtlich auf sehr starken Widerstand gestoßen. – Er wird sie also nicht durchsetzen können? – Das ist noch nicht heraus. Vielleicht nicht.

seine (eigenen) inneren Widerstände überwinden *form selten* · to overcome one's reluctance (to do s.th.), to overcome one's inhibitions about doing s.th.

... Es liegt der Waltraud einfach nicht, Schulden zu machen – auch wenn es sich um Kredite handelt und die für die Instandsetzung des Hauses nötig sind. Sie muß also bei diesen Kreditanträgen immer ihre eigenen inneren Widerstände überwinden.

widerstehen: einer Versuchung/... **nicht widerstehen können** · not to be able to resist a temptation/...

(Ein Vater zu seiner Frau:) Wenn der Herr Martin unserer Christa anbietet, sie im August zusammen mit seinen Kindern ans Meer mitzunehmen, ist das natürlich verlockend, das ist doch klar! Da kann sie nicht widerstehen und sagt 'ja' – obwohl sie natürlich weiß, daß wir lieber hätten, wenn sie mit uns fahren würde.

Widerstreit: im Widerstreit der Gefühle ... *form* · in a conflict of feelings/opinions/...

... Auf der einen Seite war ich für das Projekt, auf der anderen wollte ich aber nicht gegen meinen Bruder stimmen, der ganz entschieden dagegen war. In diesem Widerstreit der Gefühle hielt ich es für das Beste, gar nicht zu der Versammlung hinzugehen.

in/im Widerstreit zu etw. **stehen** *form selten* · to conflict with s.th.

... Ich bin da nicht so sicher, ob der Alte zum Kauf der neuen Maschinen seinen Segen gibt. Denn das Projekt steht im Widerstreit zu seinem Grundsatz, erst dann in neue Anlagen zu investieren, wenn die alten unrentabel geworden sind.

Widerworte: Widerworte geben *ugs* · to answer back, to give s.o. backchat

(Eine Mutter:) Wenn dieser Junge doch nur ein einziges Mal in seinem Leben einen Ratschlag annehmen oder eine Anordnung befolgen würde, ohne Widerworte zu geben! Ständig muß er motzen, wenn man ihm etwas sagt oder ihn um etwas bittet.

wie: und wie! · 1. 2. and how!, 1. you bet I/he/... was!, 2. s.o. sure did/...

1. ... Du warst von seinem Vorschlag ja wohl ziemlich überrascht, was? – Und wie! Ich hatte mit allem gerechnet, nur damit nicht.
2. ... Hat er sich auch angestrengt? – Und wie! Er hat geschuftet wie ein Berserker.

klug/vorsichtig/..., **wie ich bin**/er ist/... *ugs* · being the clever/careful/... man/person/... he is/...

... Vorsichtig, wie mein Vater nun einmal ist, hat er in den Kaufvertrag über den Flügel auch eine Klausel über verdeckte Mängel aufnehmen lassen. – Dein Vater denkt wirklich an alles.

das Wie, Wann und Wo *form – path* · to clarify/to sort out/to decide on/... how, when and where

... Gut, im Prinzip bin ich damit einverstanden, daß wir die Verhandlungen gemeinsam führen. Jetzt müssen wir nur noch das Wie, Wann und Wo klären.

Wiedehopf: stinken wie ein Wiedehopf *sal selten* · to stink like a hoopoe *tr*, to stink something rotten/like nobody's business/like buggery *sl*

Mein Gott, mit der alten Weigand kann man sich nicht mehr unterhalten. Die stinkt aus dem Hals wie eine Kuh aus dem Arsch. – Herbert! Die Frau ist magenkrank. – Ich halt' so einen durchdringenden Gestank nicht aus. Aber gut: sagen wir, sie stinkt wie ein Wiedehopf. – Du bist wirklich unmöglich!

wieder: immer wieder – immer wieder · again and again

immer und immer wieder *path* · 1. 2. again and again, over and over again

1. vgl. **immer** und immer (wieder)
2. vgl. **immer** wieder

nie wieder – nie wieder · never again

einmal und nie wieder! – **einmal** und nie wieder! · once and never again, that's the last time I'll/... do s.th.

j. **möchte**/will/... etw. **und möchte**/will/... **es auch wieder nicht** *form* · s.o. wants to/... and then again he doesn't

... Will der Peter wirklich Musik studieren? – Er will es – und will es auch wieder nicht. – Er ist sich also immer noch nicht schlüssig? – Nein. Bald neigt er mehr zu einem Ja, bald mehr zu einem Nein.

das/(etw.) **ist auch wieder wahr**/richtig/(...) · it/that is true/right/...
(In einer Diskussion:) Wenn die Petra mehr arbeitet, dann verdient sie auch mehr! Ich hier auf dem Land nicht! – Das ist auch wieder wahr. Aber du lebst nun einmal hier.

wieder und wieder *form – path* · 1. 2. again and again, over and over again
1. vgl. – (eher:) **immer** wieder
2. vgl. – (eher:) **immer** und immer (wieder)

Wiederholungsfall: im Wiederholungfall *form* · should it re-cur, in case of recurrence, if it happens again/a second time
(Ein Kollege zu einem Richter:) Ein Mal kann man vielleicht ein Auge zudrücken. Im Wiederholungsfall muß man dann natürlich hart durchgreifen. Sonst meinen die Leute nachher, Zechpreller zu spielen wäre ein Kavaliersdelikt, das das Gericht nicht ernstnimmt.

Wiederhören: auf Wiederhören *am Telefon* · goodbye
... Wer sagt denn von den jüngeren Leuten am Telefon heute noch auf Wiederhören? 'Tschüß' sagen die! – Auch zu einem älteren Professor? – Natürlich.

wiederinstandsetzen: etw. wiederinstandsetzen *form* – etw. (wieder) instand **setzen** · to repair s. th., to fix s. th.

wiederkauen: den Unterrichtsstoff/... **wiederkauen**/(wieder-käuen) *ugs* · to go over the same material/texts/... again and again, to harp on about s. th.
(Ein junger Lehrer zu einem Kollegen:) Ein Mal richtig erklärt – und Schluß! Sobald man anfängt, die Sachen wiederzukauen, hört kein Mensch mehr zu. – Ich sage nicht: dauernd dasselbe machen. Aber wiederholen und vertiefen – das wird man doch wohl machen müssen.

Wiederschauen: auf Wiederschauen *eher süddt* – auf **Wiedersehen!** · goodbye!

Wiedersehen: auf Wiedersehen! · goodbye!
... Auf Wiedersehen, Herr Heinze. Bis übermorgen in der Kommissionssitzung, nicht? – Ach ja, ist wahr. Bis übermorgen. Schönen Abend noch, Herr Laube.

(na) denn/dann auf Wiedersehen! *sal* · we can say goodbye to that, we can forget ...
... Der Apparat ist kaputt?! Na, dann auf Wiedersehen! – Was heißt 'auf Wiedersehen'? – Dann können wir unsere Feier morgen abend wohl in den Mond schreiben!

auf baldiges Wiedersehen! · see you soon!
(Beim Abschied in den Ferien:) Ja, alles Gute, Herr Teuber! Auf baldiges Wiedersehen in Mainz! – Ist wahr, wir sehen uns ja schon übernächste Woche dort auf dem Kongreß. Alles Gute bis dahin, Herr Lauff! ...

Wiedersehen macht Freude! *sal* · I would like to have/get/(...) it back again *n*, I would be glad to have/get/... it back *n*, I hope to get it back some time *n*
Kannst du mir bis nächste Woche deinen 'Larousse' leihen? – Hier hast du ihn. (Aber:) Wiedersehen macht Freude! – Hab' ich dir schon irgendwann mal etwas nicht zurückgegeben?

jm. auf Wiedersehen sagen · to say goodbye to s. o.
... Nur weil du ihm in der Sitzung widersprochen hast, hat er dir nicht einmal auf Wiedersehen gesagt? Welch ein Mangel an Niveau!

Wiedersehensfeier: eine (große/...) **Wiedersehensfeier veran-stalten/machen** · to hold a party to celebrate/to mark/... s. o.'s return
... Wenn der Ernst aus Peru zurückkommt, machen wir eine große Wiedersehensfeier, ja?! Mit Musik und allem Drum und Dran. Ein-verstanden?

Wiedervorlage: zur Wiedervorlage *form* · for re-submission, to be re-submitted
(In einem Unternehmen; zur Sekretärin:) Der Chef hat auf die Ak-ten, die ich Ihnen hier einreiche, 'zur Wiedervorlage' geschrieben. Er will sie also zu einem gegebenen Zeitpunkt nochmal sehen. Halten Sie sie deshalb griffbereit.

Wiederwahl: sich zur Wiederwahl stellen *form* · to stand for re-election
... Ob sich der Bundespräsident nach den unerfreulichen Ausein-andersetzungen um seine Person im nächsten Jahr nochmal zur Wie-derwahl stellt? – Nein, der kandidiert nicht nochmal! Das halte ich für ausgeschlossen.

wiederzuerkennen: nicht (mehr) wiederzuerkennen sein · s. o. has changed out of all recognition/beyond all recognition
Seitdem der Ernst in Peru war, ist er nicht mehr wiederzuerkennen. Er ist viel lockerer, heiterer, auch weitherziger als früher; das ist gar nicht mehr derselbe Mensch.

Wiege: j. lag (damals/zu jener Zeit/...) **noch in der Wiege, als** .../... *ugs* – j. lag/(steckte) (damals/zu jener Zeit/...) noch in den **Windeln,** als .../... · s. o. was still in the cradle when ...

von der Wiege an *form – path* · from the day he was born ...
Wenn man von der Wiege an daran gewöhnt ist, daß alle möglichen Leute um einen herumspringen und einen bedienen, kann man sich natürlich schlecht umstellen und mit 30 oder 40 alles allein machen.

von der Wiege bis zur Bahre *geh – form path selten* · from the cradle to the grave
Von der Wiege bis zur Bahre kämpft der Mensch gegen die Widrig-keiten des Daseins! – Wie war das? Wiederhol' das nochmal! – Ich übersetz' es für dich: von der Geburt bis zum Tod haben wir mit allen möglichen Widrigkeiten zu kämpfen. Kapiert?

etw. ist jm. (schon) (gleich) in die Wiege gelegt worden *form od. iron* · + s. o. inherited it/his talents/...
... Wir sind eben keine Genies, Werner! Damit mußt du dich abfin-den! Was einem Goethe gleich in die Wiege gelegt wurde, müssen wir uns erst mühsam erarbeiten.

mir/ihm/dem Peter/... **ist (auch/(schließlich/...)) nicht an der Wiege gesungen worden, daß** .../das ist mir/... worden, daß .../... *path – iron* · I/he/Peter/... would never have dreamt that ..., + I/he/Peter/... could never have foreseen/imag-ined/guessed/predicted/... that ...
... Hm, das ist dir ja auch nicht an der Wiege gesungen worden, daß du dein halbes Leben in Spanien verbringen würdest! – Weiß Gott nicht. Noch mit 25 Jahren hätte ich mir das nicht träumen lassen.

von der Wiege bis zum Grab *geh path selten* – von der Wie-ge bis zur Bahre · from the cradle to the grave

js. Wiege stand in ... *path* · + s. o. was born in London/...
... Wo ist der Kanzler geboren, sagten Sie? – Seine Wiege stand in Elmshorn. – So so!

wiegen: (nicht) schwer wiegen *form* · (not) to carry weight, (not) to be serious, (not) to count
... Es kommt nicht nur auf die Zahl, es kommt vor allem auch auf die Art der Fehler an, die einer macht! Die drei oder vier (dicken) grammatischen Fehler, die du gemacht hast, Paul, wiegen sehr schwer. Selbst wenn alles andere richtig wäre, hättest du schon keine 'Zwei' mehr.

sich in der trügerischen Hoffnung/in der (trügerischen) An-nahme/in der Illusion/in dem Wahn/... **wiegen, daß** ... *form – path* · to nurture the false/... hope that ..., to nurture false hopes
Der Ulli hat sich immer in dem Wahn gewiegt, der Chef würde ihn nicht rausschmeißen – ganz egal, was vorfällt ... Jetzt steht er da! – Er hat sich aber auch wirklich zu viel geleistet! – Natürlich! Weil er meinte, ihm würde sowieso nichts passieren.

Wiehern: das/(etw.) **ist (ja) zum Wiehern** *sal* – das/(etw.) ist (ja) zum **Brüllen** · it/that is a scream!

wienern: jm. eine wienern *sal selten* – jm. eine **Ohrfeige** geben · to belt s. o.

jm. ein paar wienern *sal selten* – jm. ein paar **Ohrfeigen** geben · to belt s. o.

Wiese: auf der grünen Wiese *ugs iron* · out in the country, out in the countryside

So ein Kaufhaus oder Supermarkt auf der grünen Wiese hat doch was für sich: man hat Platz genug, um seinen Wagen zu parken, man kann das Einkaufen mit einem kleinen Spaziergang verbinden … – Die Manager wissen schon, warum sie aus den Städten herausziehen.

Wiesel: flink/(schnell) wie ein Wiesel (sein) *ugs* · to be (very/…) nimble, to run like a hare, to be as quick as a flash, to be like greased lightning

… Ja, ja klein ist die Isabell, das stimmt; aber sie ist flink wie ein Wiesel! Du mußt sie mal beobachten, wenn sie draußen Verstecken spielt oder Fangen. Die kriegt keiner (von den anderen Kindern).

rennen/(laufen/…) (können) wie ein Wiesel *ugs* · to run like a hare

… Den Kurt, den holst du nie ein! Und wenn du bis übermorgen hinter ihm herläufst! Der rennt wie ein Wiesel.

Wiesen: (durch) Wiesen und Wälder (streifen/…) *form – path veraltend* · to roam/… through woods and fields, to wander/… through woods and meadows

Wenn uns die 'Grünen' gestern beobachtet hätten, hätten sie an uns ihre helle Freude gehabt. Vom frühen Morgen bis zum späten Abend sind wir durch Wiesen und Wälder gestreift … – Wo wart ihr denn? – Im Schwarzwald.

Wieser: ein (ganz) Wieser (sein) *sal selten* – ein **Neunmalkluger/**(Neunmalschlauer) (sein) · (to be) a right clever dick/smart aleck

wievielte: der wievielte ist heute/war gestern/…/den wievielten haben wir heute/hatten wir gestern/… · what's the date?, what is/was/… the date today/yesterday/…

Den wievielten haben wir heute eigentlich? – Den 14. – Schon den 14.? Wie die Zeit vergeht!

wild: (ganz) wild sein auf etw. *ugs – path* – (ganz) **versessen** sein auf etw. · to be mad/wild/… about s.o./s.th.

halb so wild sein *ugs* – halb so **schlimm** sein · it/s.th. is not so bad, it/s.th. is not the end of the world

nicht so wild sein *ugs* – halb so **schlimm** sein · it/s.th. is not so bad, it/s.th. is not the end of the world

wie wild losrennen/draufschlagen/arbeiten/… *ugs – path* – rennen/rasen/…/draufschlagen/…/lügen/stehlen/… wie nur **etwas** (1, 2) · to do s.th. wildly/like a madman/like a lunatic/ like nobody's business/…

Wildbahn: in/(auf) freier Wildbahn … · in the wild

Eine Sache ist es, die Tiere im Zoo zu beobachten, eine andere, sie in freier Wildbahn zu erleben! – Aber Löwen kann ich hier nun einmal nicht in freier Wildbahn beobachten. – Da mußt du eine Safari mitmachen.

Wilder: wie ein Wilder etw. **tun** *ugs – path* – rennen/rasen/…/ draufschlagen/…/lügen/stehlen/… wie nur **etwas** (1, 2) · to do s.th. wildly/like a madman/like a lunatic/like nobody's business/…

brüllen/(…) **wie ein Wilder** *ugs – path* – (eher:) schreien/ brüllen/…, als ob man im **Messer** steckte/stecken würde/ (stäke) · to scream like a maniac, to bawl one's head off

toben/sich gebärden wie ein Wilder *ugs – path* · to rant and rave like a lunatic

Du hättest sehen sollen, wie der Bayer heute getobt hat! Wie ein Wilder! Das wäre eine Unverschämtheit, seine Autorität derart zu mißachten; er werde sich das nicht länger bieten lassen; wir würden das noch bereuen … Ein Wutausbruch, ein Spektakel, wie ich es noch nicht erlebt habe.

sich wie ein Wilder/die Wilden auf jn./etw. **stürzen** *ugs – path* · to rush at s.o./s.th./to pounce on s.o./s.th./to gobble s.th. up/… like savages

Von dem langen Marsch waren wir alle ziemlich ausgehungert. Aber du hättest die Kinder sehen sollen: wie die Wilden stürzten sie sich auf das Essen, als wir zu Hause ankamen.

Wildfang: ein ausgesprochener/(regelrechter/…) **Wildfang sein** *ugs* · to be a real/… little devil, to be a real/… little scamp, to be a real/… tomboy *girl*

… Ob die Cornelia lebhaft ist? Und ob! Das ist ein ausgesprochener Wildfang. Wenn sie könnte, wie sie wollte, würde sie von morgens bis abends nur herumtollen.

will: wenn man so will/wenn du so willst/Sie so wollen/(…) *ugs* · if you like …

(In einer politischen Diskussion:) Wenn man so will, gibt es heute im Verhältnis genau so viele Arme wie früher – nur ist arm und reich heute weniger nach Ständen oder Klassen als nach Ländern geteilt. Grundsätzlich hat sich also wenig geändert. – Ich weiß nicht, ob man das so sehen sollte …

das/etw. will gelernt/durchgearbeitet/verstanden/… **sein** · 1. it/s.th. takes practice, 2. it/s.th. needs to be learnt

1. … Mit welch einer Sicherheit und Eleganz sie die Übungen macht! – Ja, das will gelernt sein! Ich möchte nicht wissen, wie viele Jahre sie tagtäglich trainiert hat, um das so zu können.
2. … Meine lieben Leute, ich will in den Arbeiten kein leeres Gerede! Die Problematik will verstanden sein! Das müßt ihr euch also zu Hause mal in Ruhe durch den Kopf gehen lassen, durchdenken …

das/eine solche Entscheidung/… **will genau/reiflich überlegt/** bedacht/(…) **sein** *form* · it/s.th./a decision/… requires serious consideration

(Ein Vater zu seinem Sohn:) Wenn du deinen Beruf unbedingt wechseln willst, tu das – aber nicht, ohne Für und Wider genau abzuwägen. Den Beruf wechselt man schließlich nicht alle Tage. Eine solch gravierende Entscheidung will reiflich überlegt sein.

ich will mal nichts gehört/gesehen/gemerkt/… **haben** *ugs* · I'll overlook it this time (but …), I didn't see anything

(Ein Junge zu seinem Vater:) Denk' dir, wir klauen da alle in dem Garten neben dem Schulhof fleißig Erdbeeren, da kommt unser Klassenlehrer da vorbei! – Und wie hat er reagiert? – »Kerls!«, hat er gesagt, »ich will mal nichts gesehen haben. Aber nichts wie weg!« – Na ja, da habt ihr ja nochmal Glück gehabt!

was willst du/(will er/sie/…) **(es ist doch …/…)** *ugs* · what do you want – he/she/… did the job after all/…

… Was willst du, er hat die Arbeit doch gemacht! – Aber nicht, wann ich gesagt habe! – Da konnte er sie auch nicht machen, da hatte er etwas anderes zu tun. Auf jeden Fall ist sie gemacht, und darauf kommt es doch wohl an. Ich weiß gar nicht, warum du dich so aufregst!

was willst du/will der Karl/… **mehr**?! *ugs* · what more do you/does he/does John/… want?

… Der Junge ist fleißig, gewissenhaft und ehrlich – was will der Ingo mehr? Oder dürfen seine Kinder keine Fehler haben?

was willst du/will er/der Peter/… **denn noch mehr**?! *ugs* · 1. 2. what more do you/does he/does Peter/… want?

1. … Ach, die jungen Leute können doch heute gar nicht mehr richtig arbeiten! – Aber Richard, deine Kinder beispielsweise haben in der Schule noch nie die geringsten Schwierigkeiten gehabt. Im Gegenteil: fast immer bringen sie, wenn es Zeugnisse gibt, noch eine Belobigung mit nach Hause. Was willst du denn noch mehr?
2. vgl. – …, was **willst** du/will er/der Peter/… denn noch?!

ob er/sie/der Peter/… **will oder nicht,** … · whether you/he/ John/… likes/… it or not

… Der Alex wird sich mit der Problematik wohl auseinandersetzen müssen, ob er will oder nicht. Glaubt er etwa, den anderen machte das Spaß, wochenlang irgendwelche obskuren Steuerparagraphen zu studieren? Aber es wird eben verlangt.

…, was willst du/will er/der Peter/… **denn noch**?! *ugs* · what more do you/does he/does John/… want?

… Der Junge hat sein Examen doch bestanden. Was willst du denn noch? – Aber … – Aber, aber …! Du bist aber auch nie zufrieden!

willst du wohl/wollt ihr wohl …! *ugs* · will you please take your elbows of the table/…!

Raimund, jetzt hab' ich dir schon dreimal gesagt, du sollst beim Essen die Ellenbogen vom Tisch tun! … Raimund!! Willst du wohl sofort die Ellenbogen vom Tisch tun!! Verflixt nochmal!

willen: um js./e-r S. **willen** *form* · (to do s.th.) for s.o.'s sake/
for the sake of s.th.
Wenn der Holger im Sommer in den Schwarzwald fährt, dann um
seiner Eltern/seiner Gesundheit willen. Wenn er könnte, wie er wollte, würde er nach Südamerika fahren.

Wille(n): das/es/(etw.) **ist nicht/kein böser Wille (wenn …)** ·
there is no ill-will intended (when …), there is no ill-will behind it (when …), + s.o. does not mean any harm (when …)
Wenn die Silke immer gerade kocht, was ihr Mann nicht gerne ißt,
dann ist das kein böser Wille; sie denkt einfach nicht dran. – Gut,
von Boshaftigkeit hat ja auch keiner geredet. Aber von einem Übermaß an Liebe und Verständnis zeugt das natürlich auch nicht.

ein eiserner Wille · (to have) an iron will/a will of iron
Übermäßig intelligent ist der Stephan vielleicht nicht. Aber er hat
einen eisernen Willen. Wenn er sich etwas vornimmt, dann macht er
es – egal, was dazwischen kommt.

es/das/(etw.) **ist** js. **freier Wille** · + s.o. does s.th. of his own
free will
… Wenn der Werner sich da falsch entschieden hat, dann hat er sich
das selbst zuzuschreiben. Es war sein freier Wille. Niemand hat ihn
zu dieser Entscheidung gezwungen oder auch nur überredet.

ein bißchen guter Wille gehört (schon/natürlich/…) dazu
(etw. zu tun)/… · + with a little bit of goodwill it's.th. can be
done, + with a certain amount of goodwill it's.th. can be done
… Ist es wirklich so schwer, für ein paar Tage die Mutter zu vertreten, das Essen vorzubereiten …? Ein bißchen guter Wille gehört
natürlich dazu, klar! Aber ist das ein Grund, so ein Theater aufzu-
führen?

es ist js. **Letzter Wille, daß** …/(der Letzte Wille) · it is
s.o.'s last will that …
Wenn es Alberts Letzter Wille war, daß euer Ältester die Firma allein
weiterführt, dann solltet ihr euch auch alle daran halten. An dem,
was jemand vor seinem Tod festlegt, sollte man nicht rütteln.

wo ein Wille ist, ist auch ein Weg · where there's a will,
there's a way
Wie, hat der Wolfgang es doch geschafft, aus eurem Gut eine Erd-
beerfarm zu machen? Das hätte ich nicht gedacht! Bei all den
Schwierigkeiten … – Er hat sich halt angestrengt. Wo ein Wille ist,
ist auch ein Weg.

etw. (ganz) aus freiem Willen tun · 1. 2. s.o. does s.th. of
his own free will 1. + it is s.o.'s own decision to do s.th.
1. … Er hat die Übersetzung aus freiem Willen gemacht; gezwungen
hat ihn dazu kein Mensch. – Wie, sie war nicht aufgegeben? – Aber
nein!
2. vgl. – (eher:) (ganz) aus freien **Stücken** etw. tun

mit ein wenig gutem Willen ist das schnell gemacht/… ·
with a little bit of/a certain amount of/… goodwill it can be
done quickly/in no time/…
… 'Keine Zeit! Keine Zeit!' Mit ein wenig gutem Willen würde er uns
schon helfen können! – Aber wenn er diesen Willen nun einmal nicht
hat, müssen wir uns damit abfinden, Ute!

etw. mit Willen tun *form* · to do s.th. deliberately, to do
s.th. on purpose
… Aber der Junge hat die Vase doch nicht mit Willen auf die Erde
gestoßen! Herrgott nochmal! Ist dir das noch nie passiert, Bettina,
daß du versehentlich etwas fallen läßt oder umstößt?

jeder/… **nach seinem Willen** · everyone (can do s.th.) as he
sees fit/however he wants/likes/…
… Es muß doch allgemeine verbindliche Richtlinien geben, verflixt
nochmal! Wenn das so weitergeht, dann kommen wir noch dahin,
daß jeder nach seinem Willen einen Universitätskurs gestaltet.

wider seinen Willen/(wider Willen) etw. tun · to do s.th.
against one's will
… Hat der Udo auch unterschrieben? – Ja, unterschrieben hat er,
aber wider seinen Willen. Er sah halt keinen anderen Ausweg …

jm. (immer/andauernd/zu sehr/…) **zu Willen sein** *form* · 1.
to comply with everything s.o. wants, to do everything s.o.
wants, 2. to yield to s.o.
1. Wenn man jemanden liebt, Doris, dann heißt das nicht, daß man
immer und überall nach seiner Pfeife tanzt. Wenn du dem Herbert

immer zu Willen bist, nimmt der dich nachher gar nicht mehr ernst.
Du mußt ihn schon merken lassen, daß du deinen eigenen Willen,
deine eigenen Vorstellungen hast.
2. … Gut, gut, sie hat mit ihm diese Reise da gemacht. Das weiß ich.
Aber ist sie ihm auch zu Willen gewesen? – Wie soll ich wissen, ob sie
mit ihm geschlafen hat, Otto! Ich kann sie schließlich schlecht danach fragen … *euphem selten*

den Willen haben, etw. zu tun · to have the will to do s.th.,
to have the willpower to do s.th.
… Wenn sie absolut nicht lernen will, dann mußt du sie eben von der
Schule nehmen. – Den Willen hat sie; aber es fehlt ihr die Kraft, die
Ausdauer. – Das nenne ich nicht 'Wille', wenn einer nur sagt: »das
möchte ich«, es aber dann doch nicht tut.

einen/seinen (gar/überhaupt) **keinen eigenen Willen haben** ·
(not) to have a will of one's own (at all/…)
… Nun laß die Veronika mal ganz schön allein entscheiden, ob sie
mitgeht oder nicht! Sie hat doch einen eigenen Willen! Sie braucht
doch nicht immer jemanden, der ihr vorbläst, was sie zu tun oder zu
lassen hat.

(immer/…) seinen Willen haben/kriegen (wollen/müs-
sen/…)/j. muß immer/… seinen Willen haben/kriegen *ugs* –
(immer/…) seinen **Kopf** durchsetzen (wollen/müssen/…) ·
to (always/…) (want to) get/have one's own way, to (al-
ways/…) (have to) decide

(gut/…) j. **soll seinen Willen haben!** *ugs* · to let s.o. have his
way, all right, let him/… have his/… way
… Aber wenn es dem Anton so viel Spaß macht, Mutter, mit seinen
Freunden ans Meer zu gehen, dann laß ihn doch! – Gut, dann soll er
meinetwegen seinen Willen haben! Aber er soll mir nachher nur nicht
kommen und sagen, daß er sich bei dem kalten Wetter eine Erkältung geholt hat!

(immer/…) **auf seinem Willen beharren/bestehen** *ugs selten* –
(immer/…) auf seinem **Kopf** beharren · to (always/…) want
one's own way, to insist on doing things one's own way

js. **Willen brechen** · 1. 2. to break s.o.'s will
1. Mit dem Udo zu reden hat überhaupt gar keinen Sinn. Wenn der
sich etwas in den Kopf gesetzt hat, kann man machen, was man will,
dann bringt man ihn nicht mehr davon ab. Dann kann man seinen
Willen höchstens mit Gewalt brechen.
2. … Ihr müßt den Willen des Jungen nicht brechen, ihr müßt ihn
lenken! Freut euch, daß er einen starken Willen hat und unternehmungslustig ist. Darauf müßt ihr bei eurer Erziehung aufbauen!
Wenn ihr ihm einfach verbietet zu tun, was er tun möchte, zerstört
ihr ihn.

(immer/…) **seinen Willen durchsetzen/**(durchkriegen) **(wol-
len/müssen/**…) *ugs* – (immer/…) seinen **Kopf** durchsetzen
(wollen/müssen/…) · to (always/…) (want to) get/have
one's own way, to (always/…) (have to) decide

einen Willen fest wie Eisen haben *form – path selten* · to
have a will of iron, to have an iron will
Seinen lebenslangen Erfolg verdankt der Walter vor allem dem Umstand, daß er einen Willen fest wie Eisen hat.

es/etw. muß immer/… **nach** js. **Willen gehen** *ugs* – es/etw.
muß immer/… nach js. **Kopf** gehen · + he/she/John/… al-
ways/… wants/… to have things/all his/her/… own way

jm. seinen Willen lassen · to let s.o. have his way
… Wenn du dem Jungen immer seinen Willen läßt, dann darfst du
dich nachher nicht wundern, wenn er dich gar nicht mehr ernstnimmt und nur noch tut, was ihm gerade in den Kopf kommt! Man
muß auch mal etwas verbieten können!

sich jn. **zu Willen machen** *form veraltend selten* – (sich) jn.
gefügig **machen** · to make s.o. submit to one's will, to bend
s.o. to one's will

beim besten Willen nicht (tun) können/… · 1. I/… cannot
with the best will in the world change/… s.th., 2. I/… don't for
the life of me know what to do/…, I/… really don't know what
to do/…
1. … So leid es mir tut und so hart es Ihren Jungen trifft, Frau
Berger, ich kann ihm beim besten Willen keine ausreichende Note

mehr geben. Es geht einfach nicht. Es wäre auch eine Ungerechtig-keit den anderen gegenüber.
2. ... Ich weiß beim besten Willen nicht, was ich da tun soll! Es tut mir leid, aber ...

jm. seinen Willen tun *form* · 1. 2. to let s.o. have his way
1. ... Wenn du deinem Jungen immer seinen Willen tust, Katja, wird er irgendwann nie niemanden mehr hören. So allmählich kommt er in ein Alter, in dem er lernen muß, der Vernunft zu folgen.
2. ... Und wenn du dem Hubert in der Tat seinen Willen tust und mit ihm in die Berge fährst statt ans Meer, täte das eurer Ehe vielleicht gut. – Ich denke gar nicht dran! Unsere Ehe ist doch gerade deswe-gen in einer Dauerkrise, weil mein lieber Mann meint, er könnte ständig seinen Dickkopf durchsetzen.

jm. jeden/(allen) Willen tun · to do everything s.o. wants
... Ihr müßt auch mal machen, was d u willst, nicht immer nur, was e r will. Oder meint ihr, die Ehe besteht darin, daß die Frau dem Mann jeden Willen tut!

guten Willens sein · to be full of good intentions, to do one's best
... Man kann der Heike beim besten Willen keine Vorwürfe machen. Sie ist guten Willens – sie paßt auf, strengt sich an ... Es ist einfach zu schwer für sie.

willens: willens sein, etw. zu tun *form – path* · to be willing to do s.th.
... Aber ist der Christian denn überhaupt willens, eine so umfang-reiche Forschungsarbeit durchzuführen, alle Opfer in Kauf zu neh-men, die so etwas erfordert? – Eine Arbeit schreiben will er schon. Ob er allerdings weiß was für Opfer dafür auf sich nimmt, das weiß ich nicht.

willfährig: jm. willfährig sein *form selten* – jm. (immer/an-dauernd/zu sehr/...) zu **Willen** sein · to comply with s.o.'s wishes, to submit to s.o., to be subservient to s.o.

willkommen: jm. (jederzeit/...) willkommen sein · 1. s.o. is always/... welcome (at s.o.'s home/...), 2. s.o.'s support/... is always/... welcome
1. ... Und wenn Sie einmal Ferien hier auf diesem Gut verbringen wollen: sie sind uns jederzeit herzlich willkommen! – Vielen Dank! Vielleicht mache ich von diesem freundlichen Angebot in der Tat einmal Gebrauch.
2. ... Wenn der Anton mir helfen will ... – seine Unterstützung ist mir selbstverständlich immer willkommen.

(sei/...) herzlich willkommen (in/bei/...)! · welcome to Mun-ich/...
(Zu einem Gast, bei der Begrüßung:) Seien Sie herzlich willkommen in München, Herr Schlosser! Ich hoffe, Ihr Besuch wird nicht we-niger erfolgreich sein als das letzte Mal ...

Willkommen: jm. ein Willkommen bieten (in einer Stadt/...) *form selten* – jn. willkommen **heißen** (2) · to bid s.o. wel-come (to a town/...)

Wimmern: das/es ist zum Wimmern (mit jm./etw.) *sal selten* – das/es ist zum **Davonlaufen** (mit jm./etw.) · it/s.th. is enough to make one/you (want to) weep

Wimper: ohne mit der Wimper zu zucken *ugs* · 1. 2. (to do s.th.) without batting an eyelid, 1. 2. 3. (to do s.th.) without turning a hair
1. ... Der Junge hat eine Selbstbeherrschung, das ist phantastisch! Ohne mit der Wimper zu zucken, läßt sich die unangenehmsten Spritzen geben, Einläufe machen ...
2. Wie, du meinst, der Chef wäre fähig, den Hubert zu entlassen, wenn er auf seinem Willen beharrt? – Ohne mit der Wimper zu zuc-ken! Wenn der Hubert in der Tat seinen Dickkopf durchsetzen will, schmeißt der ihn raus, eiskalt; da zögert er keinen Augenblick.
3. vgl. – (eher:) ohne eine **Miene** zu verziehen, erklären/...

mit den Wimpern klimpern *ugs – iron selten* · to flutter one's eyelashes
Wenn die Iris da anfängt, mit den Wimpern zu klimpern, könnte ich mich kaputtlachen. Kokett sollen junge Mädchen ja ruhig sein. Aber derart lächerliche Augenaufschläge ... – ich weiß gar nicht, wo sie das her hat.

sich nicht an den Wimpern klimpern lassen *sal selten* · 1. 2. not to let s.o. shove one about, not to let s.o. boss one about
1. ... Wer sich in diesem Laden nicht wehren kann, ist verloren/... Du machst dir keine Vorstellung, wie rüde die mit den Leuten umsprin-gen. – Da braucht man bei dem Toni keine Sorge zu haben. Der läßt sich nicht an den Wimpern klimpern. Im Gegenteil: eher nimmt er die andern in die Mangel.
2. Der Braun behauptet, du hättest ultimativ gefordert, daß er ent-lassen wird. – Aber klar! Er hat überall herumposaunt, ich hätte an dem Perugeschäft persönlich verdient. Ich laß mir doch nicht an den Wimpern klimpern.

Wind: guten/schlechten/... Wind haben *Jagd* · + the wind is in s.o.'s favour/against s.o./...
(Ein Jäger zu einem andern:) Wir haben sehr guten Wind heute. Wenn wir die letzte Stunde von Süden in den Wald gehen, kann uns kein Reh und kein Hase wahrnehmen/wittern/...

(ah/ach so/...) daher bläst/(pfeift/weht) (also) **der Wind** *ugs* · 1. 2. (ah/...I see/...) that's the way the wind is blowing, (ah/..., I see/...) that's what's going on
1. ... Ah, daher bläst der Wind, jetzt verstehe ich: du willst nicht in die Schule, weil ihr morgen eine Klassenarbeit schreibt. Deshalb bist du 'krank'. – Nein, ich fühle mich wirklich schlecht. – Natürlich! ...
2. ... Ach so, daher bläst der Wind! Jetzt wird mir endlich klar, warum der Heinz mir aus dem Wege geht. Er meint, ich nähme ihm übel, daß er mit der Hildegard ausgeht. Hm, hm ...

laufen (können) wie der Wind *ugs – path selten* · to (be able to) run like the wind
Euer Rainer nimmt auch an den Endläufen teil, habe ich gelesen? Das hätte ich dem Jungen nicht zugetraut! – Hm, den mußt du mal laufen sehen! Der läuft wie der Wind.

rennen wie der Wind *ugs – path selten* – laufen (können) wie der **Wind** · to run like the wind

schieß/schießt/... in den Wind! *sal* – **Leine** ziehen (1) · get lost! *coll*, buzz off! *coll*, get out of here! *coll*, take a walk! *coll*, hop it! *coll*

schnell/(geschwind) **wie der Wind** fahren/daherrauschen/... *path selten* · to rush off/... like the wind
Wer holt mir mal eben ein Mittel gegen Kopfschmerzen in der Apo-theke? Aber schnell wie der Wind! – Ich fahr' eben runter, Vater; ich bin im Nu wieder da.

es weht (in einer Firma/...) (jetzt/...) **ein anderer Wind** *ugs* · things have changed/have got tougher/have tightened up (in a company/...)
Seit wir einen neuen Chef haben, weht bei uns ein anderer Wind. Da gibt's kein Zuspätkommen mehr, keine Schlampereien ...

es weht (in einer Firma/...) (jetzt/...) **ein frischer Wind** *ugs* · a fresh wind is blowing in the place/..., there is a fresh feel to the place/...
Seit die den neuen Manager da eingestellt haben, weht bei Schuckert ein frischer Wind. Da merkst du nichts mehr von der alten Gemüt-lichkeit, diesem Zug von Schlamperei, den die immer hatten ... Der hat Schwung in den Laden gebracht.

es weht (in einer Firma/...) (jetzt/...) **ein neuer Wind** *ugs* · 1. things have tightened up in a company/... now, there's a (much/...) tougher regime in a company/... now, 2. a new spirit is making itself felt
1. vgl. – es weht (in einer Firma/...) (jetzt/...) ein anderer **Wind**
2. vgl. – es weht (in einer Firma/...) (jetzt/...) ein frischer **Wind**

es weht (in einer Firma/...) **ein scharfer Wind** *ugs* · things are pretty/... regimented here/in a company/..., + they/ we/... run a tight ship here/in a company/..., things are pret-ty/... strict here/in a company/...
Mann, in diesem Ministerium weht aber ein scharfer Wind! Ver-dammt nochmal, das ist ja geradezu eine preußische Ordnung, ein preußischer Drill! – Es ist bisher noch keiner daran gestorben.

es weht (in einer Firma/...) (jetzt/...) **ein schärferer Wind** *ugs* – es weht (in einer Firma/...) (jetzt/...) ein anderer **Wind** · things have got tougher/have tightened up (in a company)

gegen den Wind segeln/fahren/fliegen/laufen/... · to sail/to drive/... into the wind
Ist das nicht schwer, so gegen den Wind zu segeln? – Leicht ist es nicht. Aber für einen, der so gut segelt wie der Rudi ...

wie der Wind war j. weg/fort/(davonrennen/irgendwohin rasen/...) *ugs – path selten* · 1. s. o. ran off/... like a shot, s. o. ran off/... like the wind, 2. to be off/... like a shot
1. Ach, diese Hitze ... Hier hast du zwei Mark, Junge. Wenn du dir ein Eis kaufen willst ... – Wie der Wind war der Junge weg. Es dauerte keine zehn Sekunden, da war er schon um die Ecke verschwunden.
2. vgl. – (so) (schnell) wie der **Blitz** davonrennen/wegsein/irgendwohin rasen/...

Wind bekommen *Wild* · to get wind (of hunters)
(Ein Jäger zu einem andern:) Ob die Rehe Wind bekommen haben? Sonst wechseln sie immer zu dieser Zeit an dieser Stelle.

Wind von etw. **bekommen** *ugs* · to get wind of s. th.
... Der Coup war zwar perfekt vorbereitet, aber irgendwie muß die Polizei Wind davon bekommen haben. Jedenfalls wurde die Bank von allen Seiten bewacht und waren in dem ganzen Viertel zahlreiche Beamte möglichst unauffällig postiert ...

frischen/(neuen) **Wind in** etw. **bringen** *ugs* · to give a club/a team/... a new lease of life, to liven s. th. up, to breathe new life into s. th.
... Das muß man dem neuen Trainer lassen: er hat eindeutig wieder frischen Wind in die Mannschaft gebracht. – Das war auch bitter nötig. Die Leute waren ja derart bequem geworden, derart lahm!

der Wind hat sich (spürbar/...) **gedreht**/(dreht sich) *ugs* · the wind/the atmosphere has changed (noticeably/...)
Seit der Amtsübernahme des neuen Finanzministers hat sich der Wind spürbar gedreht. Mit der Verschwendung von Geldern ist es vorbei. Jetzt herrscht wieder eine konservative Geldpolitik.

bei jm./da/... **ist** jedes Wort/jede Ermahnung/.../**alles**/ (etw.) **in den Wind geredet** *ugs* · every word/every warning/... in .../to s. o./... is a waste of breath
... Bei diesem Bengel ist jedes Wort in den Wind geredet. Der reagiert nur auf handfeste, drastische Maßnahmen.

die 500,– Mark/... **sind**/das Geld ist/... **in den Wind geschissen** *sal* · it's DM 500/... down the drain
Na, wie war der Faschingsball am Samstag? – Vergiß es! Die hundert Mark für die Eintrittskarten waren voll in den Wind geschissen. Die Veranstaltung war ein Riesenreinfall!

jm. **bläst der Wind ins Gesicht** · things have turned against us/him/the government/..., + we/he/the government/... are/ is/... up against it *coll*
Seitdem die Konjunktur nachläßt, bläst der Regierungspartei ganz offensichtlich der Wind ins Gesicht. – Die Auseinandersetzungen werden schärfer, ja. Wenn die Entwicklung so weiter geht, dürfte sie die nächste Wahl wohl kaum gewinnen.

frischen Wind (in e-e S.) **hineinbringen** *ugs* – (eher:) frischen/ (neuen) **Wind in** etw. **bringen** · to smarten a place up, to shake a place up, to introduce changes

vor dem Wind kreuzen *Segelschiffel...* · to tack against the wind
... Der Gegenwind war einfach zu stark! – Deshalb kreuzten die Segelboote vor dem Wind, um zu warten, ob der Wind sich nicht drehen würde? – Ah! ...

Wind von etw. **kriegen** *ugs* – (eher:) **Wind** von etw. **bekommen** · to get wind of s. th.

jetzt pfeift der Wind aus einem anderen Loch *ugs* · things have tightened up now, things have become much stricter/ tougher/...
... Hören Sie, Herr Wolter, diese Nachlässigkeiten haben jetzt ein Ende! Jetzt pfeift der Wind aus einem anderen Loch. Auch Ihnen dürfte doch inzwischen klar geworden sein, daß die neue Geschäftsleitung hart durchgreift.

mal wieder/vielleicht einen/... **Wind machen** *sal* · to make a big/... fuss (about s. th.), to make a big/... deal out of s. th.
War eure Bergtour wirklich so anstrengend und schwer, wie der Paul sagt? – Ach, der macht mal wieder Wind. Du kennst ihn doch. Natürlich, leicht war sie nicht. Aber deshalb braucht man doch nicht gleich so zu tun, als hätte man den Mount Everest bezwungen.

(immer/...) (so) **viel Wind machen**/(vielleicht) einen Wind machen (um etw./jn.) *sal* · 1. 2. to make a big fuss (about s. th.), 2. to make a lot of fuss about s. th.
1. Ich versteh' gar nicht, der Paul macht immer so viel Wind! Das paßt doch gar nicht zu seiner harmlosen Erscheinung – und zu dem lächerlichen Posten, den er hier hat. – Ja, eben deshalb! Er muß sich aufspielen, sonst bemerkt ihn keiner.
2. vgl. – (nicht) viel/(kein) **Aufhebens** um jn./etw./von jm./etw. machen

sich (erstmal/...) **ein bißchen Wind/den Wind um die Nase wehen lassen** *ugs* · to see a bit of life (first/...)
Bevor der Junge in die Firma einsteigt, sollte er sich erst einmal ein bißchen Wind um die Nase wehen lassen! So direkt von der Universität in den Beruf – das ist nichts! Er muß sich erstmal umsehen in der Welt, Erfahrungen sammeln, zusehen, daß er ein wenig mehr Menschenkenntnis kriegt ...

sich anderen Wind um die Nase wehen lassen *ugs* · to have a change of scene, to have a change of surroundings
... Nur allzu gern nahm der Walter das Angebot der Geschäftsleitung an, die Filiale in Augsburg zu übernehmen. Er wollte sich schon lange mal wieder anderen Wind um die Nase wehen lassen. Jahrelang immer in demselben Haus hier in Ulm – das ging ihm sowieso schon auf die Nerven.

sich (erstmal/...) **ein bißchen Wind/den Wind um die Ohren pfeifen**/(wehen) **lassen** *ugs* – (eher:) sich (erstmal/...) ein bißchen **Wind**/den Wind um die Nase wehen lassen · to get out and see the world a bit, to see a bit of life

sich anderen Wind um die Ohren pfeifen/(wehen) **lassen** *ugs* – (eher:) sich anderen **Wind** um die Nase wehen lassen · to have a change of scene/surroundings

in den Wind reden *ugs* · 1. s. o. is wasting his breath, 2. every word/every warning/... in .../to s. o./... is a waste of breath
1. Der Kurt hört überhaupt gar nicht mehr auf mit seinen sozialistischen Vorschlägen, seinen Erklärungen, historischen Parallelen ... Er merkt überhaupt gar nicht, daß er in den Wind redet: die anderen hören seit geraumer Zeit gar nicht mehr zu. *seltener*
2. bei jm./da/... ist jedes Wort/jede Ermahnung/.../alles/(etw.) in den **Wind** geredet

jetzt pfeift der Wind aus einer anderen Richtung *ugs* – (eher:) jetzt pfeift der **Wind** aus einem anderen Loch · things have tightened up considerably, things have got much tougher

Warnungen/Mahnungen/Ratschläge/... **in den Wind schlagen** · to turn a deaf ear to warnings/advice/..., to pay no heed to warnings/advice/..., to disregard/to ignore/to pay no attention to/... warnings/advice/...
... Der Richard ist von allen möglichen Leuten auf die Gefahren aufmerksam gemacht worden. Aber er hat alle Warnungen in den Wind geschlagen. Wenn die Sache jetzt schief geht, hat er das nur seinem Leichtsinn und seinem Eigensinn zuzuschreiben.

das/das Geld/die Tasche/... **kannst du** /kann dein Bruder/... **in den Wind schreiben** *sal* (eher:) vgl. – das/das Geld/die Tasche/... kannst du/kann dein Bruder/... in den **Mond** schreiben · you/your brother/... can write off the money/can forget the money/the wallet

etw. **ist Wind in** js. **Segel** *selten* · 1. 2. s. th. is grist to s. o.'s mill *coll*
1. Wenn jetzt überall wieder mehr Wert auf die 'Nation' gelegt wird, ist das natürlich auch Wind in die Segel unserer Rechten! – Da bin ich nicht so sicher. Der Nationalgedanke muß doch nicht unbedingt die Rechtsparteien fördern.

2. vgl. – (eher:) was j. sagt/…, ist (noch) **Wasser** auf deine/seine/… Mühle/(auf die Mühle meines Onkels/…)

(keinen) Wind in den Segeln haben · to have the/(no) wind in one's sails
All die Schiffe liegen da völlig unbeweglich auf dem See … – Wenn sie keinen Wind in den Segeln haben, können sie nicht fahren. – Das wird ja eine herrliche Regatta werden heute Nachmittag.

jm. **den Wind aus den Segeln nehmen** (mit einem Argument/ Entgegenkommen/…) · to take the wind out of s.o.'s sails (with an argument/concessions/…)
Tja, du hattest vor, anständig mit der Faust auf den Tisch zu hauen … Aber jetzt kannst du nichts mehr sagen. Mit seiner Bemerkung 'Ich bin auch schon lange der Meinung, Herr Schuster, daß die Leitung des Einkaufs anders geregelt werden muß', hat dein Kollege dir den Wind aus den Segeln genommen.

gegen den Wind segeln selten – gegen/(wider) den **Strom** schwimmen · to swim against the tide

mit dem Wind segeln selten – mit dem **Strom** schwimmen · to swim with the current, to swim with the tide, to go with the tide

einen Wind streichen/(fahren) lassen sal euphem selten – einen **fahren** lassen · to break wind

sich wie der Wind verbreiten – (eher:) sich wie ein **Lauffeuer** verbreiten · to spread like wildfire

jm. (mal wieder/…) **Wind vormachen** ugs selten – jm. (mal wieder/…) blauen **Dunst** vormachen · to throw dust in s.o.'s eyes, to pull the wool over s.o.'s eyes

…, **und wie der Wind war er/sie/… (wieder) weg** ugs – path selten – und schon/(husch) war er/sie/… (wieder) **weg** · and then in a flash he/she/… was off

merken/…, woher der Wind weht ugs · to notice/to realise/… which way the wind is blowing, to notice/to realise/… what is going on n
… Ja, ja, du brauchst mir gar nicht zu sagen, warum ich die Bestellung mit unterschreiben soll! Ich hab' schon gemerkt, woher der Wind weht. Euch ist bei der ganzen Sache nicht ganz wohl, und wenn etwas schiefgeht, dann soll ich mit drinstecken.

nicht wissen/sich fragen/(endlich) merken/…, woher der Wind weht/pfeift ugs – nicht wissen/sich fragen/(endlich) merken/… aus welchem **Loch** der Wind pfeift/weht · not to know/to wonder/… what the score is

bei Wind und Wellen … form – path selten · (to go out/…) in all weathers
(Beim Anblick ausfahrender Fischkutter:) Das ist ja auch kein Vergnügen, bei so einem Wetter wie heute – bei Wind und Wellen, wie die hier sagen – mit so einem kleinen Kahn aufs offene Meer rauszufahren!

dem Wind und den Wellen preisgegeben sein form – path selten · to be at the mercy of the wind and waves, to be tossed by the wind and waves
(Am Meer, bei Sturm:) Schau dir das kleine Boot da draußen an – dem Wind und den Wellen preisgegeben. Die werden doch nicht untergehen?!

bei Wind und Wetter … form · (to go out/to work/…) in all weathers, (to go out/to work/…) come rain come shine
Angenehm ist das nicht, so bei Wind und Wetter jeden Tag von morgens bis abends auf dem Feld zu arbeiten.

Wind und Wetter ausgesetzt sein form · to be exposed to the weather/the elements
… Wenn du auf dem Bau arbeitest, dann sitzt du nicht in der warmen Stube – wie so ein Studienrat. Dann bist du Wind und Wetter ausgesetzt.

vor/gegen Wind und Wetter geschützt sein form · to be sheltered from wind and weather/the elements
… Und dann müssen wir bei dem Steinbruch noch eine Baracke bauen oder einen Container hinstellen, sodaß die Leute gegen Wind

und Wetter geschützt sind. – Der Wind macht nichts aus! Aber Regen – davor müssen sie sich in der Tat schützen können.

Winde abgehen lassen sal euphem · to break wind, to let rip
»Vor allen Leuten läßt man doch keine Winde abgehen!«, schalt die Mutter ihren Sohn, der seine Blähungen nicht zurückhielt.

js. **Anhänger/Freunde/… sind in alle Winde zerstoben**/eine Gruppe/… hat sich … zerstoben form selten · s.o.'s friends/supporters/… are scattered all over the place
… Ach, weißt du, während der zehn Jahre, die ich im Ausland war, sind meine Freunde in alle Winde zerstoben. Der eine lebt in München, der andere in Hamburg, der dritte ist in Frankreich … Kurz: ich seh' von denen kaum noch einen.

in alle (vier) Winde zerstreut sein · to be scattered to the four winds, to be scattered to the four corners of the earth
… Wohnen Ihre Kinder eigentlich alle in der Nähe? – Nein, leider nicht. Ganz und gar nicht! Unsere Familie ist in alle vier Winde zerstreut, wissen Sie: unser Ältester lebt in Toronto, die älteste Tochter in München, ein zweiter Sohn in Hamburg …

in alle (vier) Winde zerstreut werden selten · to be scattered to the four winds, to (all) go one's separate ways n
Bis zum Abitur war unsere Klasse eigentlich ein Herz und eine Seele. Aber nachher wurden wir in alle vier Winde zerstreut: der eine studierte hier, der andere da, der dritte gar nicht … So verloren sich selbst die besten Freunde immer mehr aus den Augen.

Windei: jm. **ein Windei ins Nest legen** sal selten – jm. ein **Ei** ins Nest legen · to play a mean/dirty/snide/… trick on s.o.

Windeln: j. **lag/(steckte) (damals/zu jener Zeit/…) noch in den Windeln, als …/…** sal · you/he/… were/was/… still in nappies then/at the time/…
… Wann ist denn das passiert? – Da lagst du noch in den Windeln: 1942. Da warst du gerade/ganze anderthalb Jahre alt.

kaum aus den Windeln (heraus) sein sal selten · to be still wet behind the ears
… Kaum ist er aus den Windeln heraus, da meint er schon, er könnte allein in der Weltgeschichte herumreisen! – Wie alt ist der Jürgen denn? – Na, gerade fünfzehn. – Für eine Fahrt nach Irland, allein, in der Tat ein bißchen jung.

j. **hat (damals/zu jener Zeit/…) noch in die Windeln geschissen, als …** sal – j. lag/(steckte) (damals/zu jener Zeit/…) noch in den **Windeln**, als …/… · s.o. was still crapping in his nappies when …

Windeseile: in/(mit) Windeseile … form – path · like a shot n, in no time at all n, in a flash n
Wer von euch könnte mir mal ganz schnell ein paar Gurken aus dem Garten holen? – – In Windeseile rasten die beiden jüngsten Kinder davon und im Nu waren sie mit einer Handvoll Gurken wieder zurück.

sich mit/(in) Windeseile verbreiten Neuigkeiten/… form – path · to spread like wildfire
… Der Außenminister in eine Schwarze verliebt? Das gibt's doch nicht! Das Gerücht verbreitete sich mit Windeseile im Ministerium; man sprach von nichts anderem …

windet: j. **windet sich** vor Verlegenheit/Scham/Schmerzen/… form – path · to squirm (with embarrassment/shame/…)
… Solche Gerichtsszenen sind nicht nur peinlich, sie sind im Grunde widerlich! Man spricht doch über seine Liebesbeziehungen nicht in der Öffentlichkeit! Sieh nur, wie sich diese arme Frau vor Verlegenheit windet! Sie weiß doch gar nicht, was und wie sie antworten soll.

Windmühlen: (den Eindruck haben/…) gegen Windmühlen/ (Windmühlenflügel) (zu) kämpfen/an-(-zu-)-kämpfen · to tilt at windmills/(to have the feeling/impression/… that) one is tilting at windmills
… In dieser Firma kannst du machen, was du willst, da gibt es immer jemanden, der deine Anstrengungen hintenherum wieder zunichte macht. Deshalb hat man in diesem Laden richtig den Eindruck, gegen Windmühlen zu kämpfen. Man kommt nicht weiter, kriegt Gegner und Schwierigkeiten gar nicht (richtig) zu fassen.

Windsbraut: wie die Windsbraut daherjagen/(daherrasen/…) *geh – path selten* · to race along/to tear along/… like a whirlwind *n*
Guck' dir das an, wie die Christa mit ihrem neuen Fahrrad daherjagt – wie die Windsbraut! – Wie wer? – Wie die Windsbraut. Da weißt du natürlich wieder nicht, was das ist. Das ist ein poetisches Wort für 'Wirbelwind'.

Windschatten: im Windschatten eines Berges/…/der Weltpolitik/(…) **liegen/fahren/…** · 1. to be in the lee of a mountain, 2. to ride/to drive/… in the slipstream of a car/…, to tailgate a car/…, 3. to be remote from world politics/…
1. (Ein Besucher zu den Hausbesitzern:) Seltsam, bei euch ist es immer windstill! Als ich eben herkam, war auf der Straße da oben ein Sturm … – Wir liegen hier im Windschatten des Moorenpasses. Das ist ganz ganz selten, daß hier einmal ein Lüftchen weht.
2. … Du, das gewöhne dir aber schleunigst ab, im Windschatten eines Autos zu fahren! Was machst du, wenn der Wagen mal plötzlich bremst? Dann rauschst du mit deinem Rad hinten herein.
3. … Du hast recht, bis zum zweiten Weltkrieg lag das Land im Windschatten der großen Politik. Man fühlte sich dort zwar abseits vom Weltgeschehen, aber man genoß auch die Vorteile, die so etwas hat. Heute hat die Politik auch dieses Ländchen vereinnahmt, und es herrscht dort dasselbe Theater wie überall sonst.

Wink: auf den leisesten Wink (hin) gehorchen/… · to obey/… at the least sign
… Bei der Mutter macht die Kleine, was sie will, aber bei dem Vater gehorcht sie auf den leisesten Wink. Der braucht nur ein Zeichen mit dem Kopf oder den Augen zu geben, dann spurt sie schon.

jm. **einen Wink geben** · to give s.o. a sign, to give s.o. a tip
… Als ich den Saal betrat, war ich ein wenig unsicher, fast verlegen: ich wußte nicht, wer die Dame des Hauses war … Gott sei Dank gab mir ein Bekannter, der meine Unsicherheit bemerkte, verstohlen einen Wink. Jetzt wußte ich Bescheid: die Dame in hellblau …

ein Wink Gottes/(des Schicksals) – (eher:) ein **Fingerzeig** Gottes/(des Schicksals) · (s.th. is) a sign from above

(etw. **ist) ein Wink mit dem Zaunpfahl/**jm. einen … geben *ugs* · to give s.o. a broad hint, to give s.o. a strong hint
»Könntest du uns nicht eine Schachtel Zigaretten besorgen?«, fragte er seinen Bruder, den Arm um seine neue Freundin Brigitte gelegt. Der Bruder verstand den Wink mit dem Zaunpfahl und ließ sich eine Stunde nicht blicken.

jm. **einen Wink mit dem Zaunpfahl geben** *ugs* · to drop a broad hint, to give s.o. a broad hint
… Der Hinweis von Professor Krüger, es sei vielleicht ganz nützlich, sich nochmals mit der Bilanzanalyse zu beschäftigen, war sicherlich ein Wink mit dem Zaunpfahl für die Prüfung.

Winkel: im rechten/spitzen Winkel nach rechts/links abbiegen/… · it/s.th. branches off/it turns/… to the right/… at a sharp/right angle
… Wenn du am Fuß des Berges ankommst, geht ein kleiner Weg im spitzen Winkel rechts herauf – ganz scharf, man hat den Eindruck, er geht wieder zurück … Den mußt du nehmen.

im/in einem toten Winkel liegen (zwischen … und …) · 1. to be (a bit/…) off the beaten track, to be (a bit/…) out of the way, 2. to be in a blind spot
1. … Ich fahre häufiger nach München; da komme ich dann natürlich auch über Ulm und Augsburg. Aber Donauwörth? Das liegt in einem toten Winkel – zwischen allen Autobahnen … – Na, da führen einige große Landstraßen hin …
2. … Wie konnte es denn zu dem Unfall kommen? – Ich hatte vor dem Wechsel nach links nicht nach hinten gesehen, sondern mich nur auf meinen Rückspiegel verlassen. Der mich überholende Wagen befand sich fast auf gleicher Höhe mit meinem Fahrzeug und war daher im toten Winkel meines Spiegels …

in einem vergessenen Winkel (des Hauses/…) etw. **finden/**… *form selten* · to find s.th./… in a remote corner (of the house)
… Ich weiß gar nicht mehr, wo ich den Ring überall gesucht habe – bis ich ihn dann aus Zufall in einem vergessenen Winkel fand. – Wo war er denn? – In einer alten Kommode, die wir in einem Abstellraum untergebracht haben.

sich in einen Winkel verkriechen/sich in den hintersten Winkel des Zimmers/… verkriechen · to creep/to slink/… into a corner/into the furthest corner of the room/…
… Als er merkte, daß sein Vater von der eingeschlagenen Fensterscheibe Bescheid wußte, verkroch er sich in den hintersten Winkel der Wohnung. Er verzog sich in das sogenannte 'Strickzimmer' – ein Zimmer, das seit den Zeiten seiner Großmutter kaum noch benutzt wurde.

in allen Winkeln (des Hauses/…) **suchen/**… *selten* · to look/to search/… in every nook and cranny
(Eine Hausfrau:) Wo ist denn bloß die Kehrichtschaufel geblieben? Ich habe in allen Winkeln gesucht – ich kann sie nicht finden!

winken: jn. zu sich winken · to beckon s.o. over to one
(Auf einem Cocktail:) Plötzlich winkte der Botschafter – ohne daß es jemand sehen sollte – meinen Bruder zu sich. Was wollte er wohl von ihm? … Mein Bruder bemerkte das Zeichen und ging so unauffällig wie möglich zu ihm …

jm. **winkt** eine Belohnung/Tracht Prügel/… · + s.o. will receive a reward/…, + s.o. can expect a reward/…, + s.o. is in for a good hiding
(Auf einer Polizeistation:) Wenn Sie uns in der Tat auf die Fährte dieser gefährlichen Einbrecher bringen können, Herr Scherber, winkt Ihnen eine stattliche Belohnung. Was Sie vielleicht nicht wissen: es sind auf die Leute 50.000,– Mark ausgesetzt.

winseln: um Gnade/… **winseln** *path* · to grovel for money/…, to beg and whine for mercy/…, to cringe for money
… Widerlich, dieses ganze Schauspiel!, schimpfte er. Wenn sie an der Macht sind, gehen sie mit den Menschen um wie mit Dreck, und wenn sie dann nach einem Umsturz zur Rechenschaft gezogen werden, winseln sie (geradezu) (wie ein elender Hund) um Gnade.

Winter: im tiefen/mitten im Winter · in the depths of winter, in the middle of winter
… Ich werde doch nicht mitten im Winter draußen schwimmen gehen! – Warum denn nicht? Wenn das Wasser geheizt ist …

(gut/(…)) **durch/**(über) **den Winter kommen** · 1. 2. to survive/to get through the winter, 2. to weather the storm
1. … Ist die arme Frau in ihrer zugigen Wohnung denn wenigstens einigermaßen durch den Winter gekommen?
2. … Das wird eine herrliche Rezession werden! Hoffentlich dauert sie nicht zu lange! – Na, ihr habt ja Rücklagen angesammelt, ihr werdet schon über den Winter kommen. Schlimm sind die dran, die von der Hand in den Mund leben. *ugs seltener*

Winterfrische: in die Winterfrische gehen/zur Winterfrische fahren *form selten* · to go on/… one's winter holidays
Machst du im Sommer Urlaub oder gehst du in die Winterfrische? – Das letztere: ich geh' zum Skilaufen.

Winterquartier: Winterquartier beziehen *mil* · to move into/… winter quarters
(Ein Kommandant zu einem Offizier:) Während der schneefreien Monate werden die Truppen natürlich mit in den Bergen bleiben. Aber wo werden wir am besten Winterquartier beziehen?

winters: winters wie sommers *form – path selten* – **sommers** wie winters · summer and winter

Winterschlaf: (seinen) Winterschlaf halten · to hibernate
Der Rolf kommt mir manchmal vor wie irgend so ein Tier, das seinen Winterschlaf hält. Wirklich! Sobald es kalt wird, ist mit dem nichts mehr los. Erst im Frühjahr taut er dann wieder auf.

Wintersport: in den Wintersport fahren *form* · to go on a winter sports holiday, to go skiing
… Wie jedes Jahr um die Weihnachtszeit, so fährt der Albert auch diesmal wieder in den Wintersport. – Er macht Skilanglauf, nicht? – Ja, in Cortina.

Winzigkeit: eine Winzigkeit mehr/anders/… *form – path selten* · to have a tiny bit more humour/…, *n*, to be a tiny bit different/…
… Wenn der Boris auch nur eine Idee, nein, eine Winzigkeit mehr Humor hätte, dann wär' ich schon zufrieden! – Du bist ja bescheiden heute, Albert.

Wirbel: es gibt einen großen Wirbel, wenn …/als …, da gab's …/wenn …, dann gibt's …/… *ugs – path selten* – (eher:) es gibt **Theater** (wenn …, dann gibt's …/als …, da gab's …/…) · there's going to be big trouble when/if …, all hell is going to break loose when/if/…

im Wirbel der Ereignisse untergehen/… *ugs – path selten* – (eher:) im **Strudel** der Ereignisse untergehen/… · to be lost/to go unnoticed/… in the whirl of events

viel/vielleicht einen/(…) **Wirbel um** jn./etw. **machen** *ugs – path* · 1. 2. to (really/…) make a big/huge/… fuss about s. o./s. th.
1. Die machen vielleicht einen Wirbel um den neuen Mittelstürmer, den die Hamburger aus aus England eingekauft haben. Wenn der nur halb so gut ist, wie die Zeitungen schreiben, dann werden die wohl jedes Spiel mit drei, vier Toren Differenz gewinnen.
2. vgl. – (nicht) viel/(kein) **Aufhebens** um jn./etw./von jm./etw. machen

großen Wirbel machen *sal selten* – **Theater** machen (1) · to make/to kick up/… a big fuss

viel/allerhand Wirbel machen/für … sorgen *sal* · to cause a big/… sensation *n*, to cause a big/… stir *n*
(Von einem Fußballspieler:) Der Fröhlich sorgt ja in Mailand für allerhand Wirbel. Mal erwischt man ihn betrunken am Steuer, mal heißt es, er hätte mit der Drogenmafia zu tun … – Wenn die geahnt hätten, daß das so viel Theater/(Skandale) gibt, hätten die den natürlich nie gekauft.

sich in den Wirbel des Faschings/… **stürzen** *ugs – path selten* · to throw o. s./… into the hurly-burly of a party/celebration/festivities/…
… Wenn du es nötig hast, dich in den Wirbel der Karnevalsveranstaltungen zu stürzen – ich habe nichts dagegen. Mir sagt dieser ganze Trubel nichts. Nimm mir also nicht übel, wenn ich nicht mitgehe!

ein Gentleman/… **vom Wirbel bis zur Zehe sein** *form – path selten* – etw. **durch** und durch sein/ein durch und durch … sein/ein … durch und durch sein (6; a. 4) · to be a gentleman/… through and through, to be an artist/… to one's fingertips

Wirbelwind: wie ein/(der) **Wirbelwind davonrasen/**dahergerast kommen … *ugs – path* · to come rushing up/… like a whirlwind
Schau mal, wer da wie ein Wirbelwind angerast kommt: dein jüngster Enkel! Der kann dem Opa gar nicht schnell genug guten Tag sagen.

wird: aus jm. **wird nichts/**etwas Bedeutendes/etwas/(allerhand/viel)/(…) · 1. 2. s. o. will achieve great things/go places/make his mark, s. o. will get somewhere/will not get anywhere in life, 3. s. o. did not achieve anything/get anywhere/… in life, 4. what became of s. o./s. o. became a good technician/…, s. o. turned out to be a good technician
1. … Ja, ein bißchen mehr könnte er in der Tat tun! – Ein bißchen mehr? Du bist aber gut! Aus dem Jungen wird nie etwas, wenn er sich nicht völlig umstellt. Der tut doch gar nichts!
2. … Aus dem Karl Schubart wird mal etwas/was (Bedeutendes)! Der Junge ist selten intelligent, hat eine ungewöhnliche Arbeitskraft, ist sympathisch …
3. Hat der Alfons Dattler eigentlich eine gute Karriere gemacht? – Nein, aus dem ist nichts geworden. Er ist nach wie vor Bürovorsteher bei Schuckert.
4. vgl. – was ist aus jm. **geworden/**aus jm. ist ein guter Techniker/… geworden (1)

aus etw. **wird etwas/**nichts/eine große Sache/(allerhand/viel)/… · 1. 2. nothing came/will come/… of his/… plans/…, 2. + s. th. falls through, 3. + the company/… is going to be big/successful/…
1. … Der Rudi war immer ein Phantast! Aus all seinen großartigen Plänen ist nie etwas geworden.

2. Wir hatten uns alle so auf die Reise nach Griechenland gefreut! Wirklich ein Elend, daß daraus nichts wird! – Und warum fällt sie ins Wasser? – Meine Schwester ist schwer krank geworden.

3 … Aus dieser Firma wird einmal etwas ganz Großes. Du wirst sehen: das wird einmal eines der bedeutendsten Unternehmen dieser Region.

und was wird mit dir/ihm/Herbert/…? · 1. 2. + what are/… we/… going to do about him/John/…?, + what about him/John/…?
1. (Nach dem plötzlichen Tod eines Ehepaares; die Verwandten:) … Gut, für die Kinder ist jetzt gesorgt. Aber was wird mit dem alten Dienstmädchen? – Hat sie keine Pension? …
2. (Bei der Ankunft einer Jugendgruppe in einer Herberge; der Leiter zu einem Mädchen, das als einziges noch kein Bett hat:) Und was wird mit dir, Karin? Es muß doch noch irgendwo ein Bett aufzutreiben sein. Wir hatten doch 17 Personen angemeldet! …

jm. **wird angst und bange bei** etw./wenn/… *path* – jm. **wird angst** und bange bei etw./wenn/… · + to be (very/dead/…) scared/frightened/… when …

(na/nun) **wird's bald/**(endlich)?! *ugs drohend* · get a move on!, hurry up! *n*, come on!, I'm still waiting!
(Bei einer Klassenarbeit, der Lehrer plötzlich, scharf:) Krause, her mit dem Pfuschzettel/Spickzettel! Los! … Na, wird's bald?! Oder muß ich den Direktor holen lassen? – Zögernd langte unser armer Sünder in die Tasche und zog ein kleines Papier hervor …

es wird jm. **schlecht** – es wird jm. **übel** · + to feel sick

es wird jm. **übel** – es wird jm. **übel** · + to feel sick

das/(es) **wird schon wieder!** *ugs selten* – das/(es) wird schon wieder **werden!** · everything/it/… is going to be all right

wirft: etw./es **wirft etwas/**viel/nichts/… **ab** *Wirtschaft* · to bring in a lot of money/profit/…, to yield/to return/… a large sum/good profits/…
… Wenn das Geschäft nichts mehr abwirft, mach' den Laden dicht! – Was heißt 'nichts mehr'? Etwas verdien' ich natürlich noch. Aber es ist nichts mehr im Vergleich zu früher.

wirken: etw. auf sich wirken lassen · to take s. th. in, to let s. th. sink in
Kaum hatten sie die Kathedrale in Bourges betreten, da fragte er seinen Vetter: »Na, was sagst du zu diesen herrlichen Fenstern?« – »Nun warte doch ab! Der Gerd hatte ja noch gar keine Zeit, sie auf sich wirken zu lassen!«, fuhr sein Vater dazwischen.

wirklich: wirklich und wahrhaftig *form – path* · really and truly, actually
Der Herr Käutner ist doch wirklich und wahrhaftig persönlich zur Schule gegangen, um mit den Lehrern wegen der Probleme zu sprechen, die sein ältester Sohn hat! Das hätte ich nie für möglich gehalten, daß der alte Herr da selbst hingeht!

Wirklichkeit: in Wirklichkeit … · in reality, in fact
Der Schünemann tut immer so, als müßte er mit dem Geld rechnen. In Wirklichkeit ist er steinreich.

die nackte/rauhe **Wirklichkeit** · harsh reality, the hard facts
… Natürlich sind Wunder, Hoffnungen, Illusionen schön – auch und gerade in der Politik. Nur sieht die nackte Wirklichkeit leider anders aus: da zählen nur Interessen.

der Wirklichkeit/(…) **ins Auge sehen/**(schauen/blicken) · 1. to face up to reality, to face facts, 2. to face up to danger/…, to look danger/… in the face
1. Man muß der Wirklichkeit ins Auge sehen, Claudia, die Dinge so sehen, wie sie sind! Mit Illusionen kommt man nicht weiter!
2. vgl. – einer Gefahr/… ins **Auge** sehen (schauen/blicken)

die/js. Phantasie/Darstellung/… **wird von der Wirklichkeit** (weit) **übertroffen** · + reality surpasses the creations of the imagination *para*, + truth is far stranger than fiction/imagination/…
… So viel Phantasie jemand auch hat, meinte er nachdenklich, sie wird von der Wirklichkeit immer übertroffen. Das übersehen die Autoren, die meinen, sie brauchten nicht zu beobachten, sie könnten ja alles erfinden. …

Gedanken/Pläne/... **in die Wirklichkeit umsetzen** · to implement plans/projects/..., to put plans/schemes/... into practice

... Pläne haben kostet nichts – weder Geld noch Anstrengung! Anders wird's, wenn du die Pläne in die Wirklichkeit umsetzen willst!

Wirkung: mit sofortiger Wirkung *oft jur* · with immediate effect, to take immediate effect, effective immediately

... Können die den Vertrag denn überhaupt mit sofortiger Wirkung lösen? – Wenn sie mir für den Rest der Vertragszeit das Gehalt weiterzahlen, ohne daß ich arbeite, ja; dann hab' ich ab sofort da nichts mehr zu sagen.

mit Wirkung vom 1. 8. 89/25. 3. 91/... *form* · as of 1.1.93/..., with effect from 1.1.93/...

(Aus einem Brief einer Bank:) Aufgrund Ihrer unregelmäßigen Kontoführung in den letzten drei Monaten müssen wir den Ihnen eingeräumten Kredit leider mit Wirkung vom 15. des Monats kündigen. ...

keine/keinerlei Wirkung haben/zeitigen/(zeigen) *form od. iron* · to have no effect, to produce no result

... Der Friedel ist doch gestern noch ermahnt worden und heute macht er schon wieder so einen Unsinn? – Mahnungen zeitigen bei diesem Jungen keinerlei Wirkung. Wenn du bei dem etwas erreichen willst, mußt du zu handfesten Strafen greifen.

eine unerwartete/... Wirkung haben/zeitigen/(zeigen) *form* · to have a surprising/... effect, to have a surprising/... result

Ist der Friedel nicht gestern noch ermahnt worden? – Ja, aber diese Ermahnung hat eine ziemlich unerwartete Wirkung gezeigt: statt sich jetzt vernünftiger und vorsichtiger zu geben, macht er erst recht Unsinn.

ohne Wirkung bleiben · to have no effect, to prove ineffectual

... Wenn auch das beste Beispiel ohne Wirkung bleibt, gibt natürlich jeder irgendwann auf, oder? – Ich weiß nicht! Moralische Kategorien haben ihren Wert in sich, nicht aufgrund ihrer Wirkung.

zur Wirkung kommen · to have an impact, to strike the eye, to be effective

Nur auf einem schlichten einfarbigen Kleid und ohne anderen Schmuck kommt diese Kette zur Wirkung, Christa. Auf bunten Kleidern merkt man sie kaum oder wirkt sie sogar störend.

seine Wirkung tun *form* · to have an effect

Wenn der Karlheinz sieht, daß er mit seiner Arroganz bei den anderen nur an Ansehen und Beliebtheit verliert, wird das schon seine Wirkung tun. – Du meinst, er ändert sein Verhalten dann?

seine Wirkung (nicht) verfehlen · (not) to have the desired effect

Die eindringlichen Mahnungen ihres Vaters haben ihre Wirkung nicht verfehlt: die Heike will es sich doch noch einmal überlegen, ob es sinnvoll ist, schon mit 17 Jahren zu heiraten.

Wirkungsbereich: einen großen/... Wirkungsbereich haben *form* – einen großen/... **Wirkungskreis** haben · to have a wide/... range of action

Wirkungskreis: einen großen/... Wirkungskreis haben *form* · to have a wide/... range of action/sphere of activity

Wenn man einen so großen Wirkungskreis hat wie unser Benno in Hamburg, wird man doch nicht zu einer Filiale nach Neumünster wechseln! Da hätte er nur die Kunden dieser Kleinstadt zu betreuen, weiter nichts.

wirst: da kannst du/kann er/der Maier/... **warten**/(stehen/sitzen/...), **bis du**/er/... **schwarz wirst**/wird/... *sal* – (stärker als:) da kannst du/kann er/kann der Herr Maier/... lange **warten**!/wenn ..., dann ... (1; u. U. 2) · you/he/Smith/... can wait/sit there/... till you're/... blue in the face

Wirt: den Wirt um die Zeche prellen – die **Zeche** prellen/den Wirt um die Zeche prellen · to do a runner *coll*

Wirtschaft: (in) die (freie) Wirtschaft (gehen) · 1. 2. to go into industry/commerce, to go into business, to become a businessman

1. ... Als Beamter ist man einfach zu weisungsgebunden. Schon aus diesem Grund zieht mein Bruder die freie Wirtschaft vor.

2. Geht dein Bruder nach dem Examen in den Staatsdienst oder die (freie) Wirtschaft?

(es herrscht in/bei/...) **eine polnische Wirtschaft** *sal selten* · it's a real shambles in his house/... *vulg*, it's chaotic in ... *n*

Bei den Möllers geht alles drunter und drüber. Da gibt es andauernd finanzielle Probleme – obwohl der Vater doch gar nicht schlecht verdient –, die Wohnung ist ständig durcheinander, die Kinder sind schlampig angezogen ... Eine regelrechte polnische Wirtschaft!

das ist (ja) eine schöne/saubere Wirtschaft/was ist denn das für eine Wirtschaft! *ugs selten* · this is a fine state of affairs, this is a fine mess

Was ist das denn für eine Wirtschaft hier? So eine Unordnung und so eine Schlamperei habe ich ja nun doch nicht erwartet! Bei allem Verständnis: das geht wirklich zu weit! Kann man euch wirklich nicht allein lassen!

jm./für jn. die Wirtschaft führen/besorgen *form veraltend selten* – jm. das **Haus** führen · to keep house for s.o.

getrennte Wirtschaft führen *form selten* – getrennte **Kasse** führen/(haben/machen) · to have separate accounts

wirtschaften: etw./(jn.) zugrunde wirtschaften · to ruin s.o./a company/..., to bring a company/... to rack and ruin

Wie können die da bloß einen Mann als Geschäftsführer einstellen, der zwei Unternehmen zugrunde gewirtschaftet hat? – Bist du sicher, daß Schuckert und Maiser pleite gemacht haben, weil er schlecht gearbeitet hat? Das kann schließlich auch andere Gründe gehabt haben.

Wirtshaus: ständig/... im Wirtshaus sitzen · to be in the pub all the time/..., to be down the pub all the time/...

... Wenn einer ständig im Wirtshaus sitzt und Skat spielt, kann er natürlich nicht anständig arbeiten; das liegt doch auf der Hand.

wischen: jm. eine wischen *sal selten* – jm. eine **Ohrfeige** geben · to belt s.o., to clout s.o.

jm. **ein paar wischen** *sal selten* – jm. ein paar **Ohrfeigen** geben · to belt s.o., to clout s.o.

(nur) zum Wischen sein *sal selten* · to be fit only for use as rags, s.th. is worth bugger-all *vulg*

... Diese Hemden sind wirklich nur zum Wischen! Nach der ersten Wäsche kann man sie wegwerfen, so zerknittert und farblos sind sie! Eine miserable Qualität!

wissen: nicht mehr aus noch ein/nicht mehr ein noch aus/ (weder aus noch ein/weder ein noch aus/nicht aus und ein/ nicht ein und aus) **wissen** *form – path* · 1. 2. not to know where to turn, to be at one's wits' end, 1. to be at the end of one's tether, 2. not to know what to do

1. Hat der Ulrich immer noch keine Stelle gefunden? – Nein. Und dazu ist seine jüngste Tochter schwer erkrankt. Der arme Kerl weiß nicht mehr aus noch ein. Er ist mit den Nerven völlig am Ende. – Siehst du einen Weg, wie man ihm helfen könnte?

2. ... Ach, die kommen heute mit diesem Plan und morgen mit jenem. Die wissen doch nicht mehr aus noch ein! – Den Eindruck muß man in der Tat haben: die Probleme sind ihnen völlig über den Kopf gewachsen, und sie sehen genau so wenig einen Ausweg wie du oder ich.

etw. auswendig wissen – (eher:) etw. auswendig **können** · to know s.th. by heart

sich (in e-r S.) mit jm. einig/(eins) wissen *form* · to know that one is in agreement with s.o. (on s.th.)

(Ein Universitätsprofessor zu streikenden Studenten:) Die große Mehrzahl der Dozenten, meine Damen und Herren, beklagt die Bedingungen, unter denen heute in vielen Fächern studiert wird, wenigstens so sehr wie Sie. Aber ein Streik wird daran erfahrungsgemäß wenig ändern. In diesem Punkt weiß ich mich im übrigen einig mit der Universitätleitung, die in der Sache auf Ihrer Seite ist, den Streik aber als unangemessene Form der akademischen Auseinandersetzung ablehnt.

so genau wollte ich/wollten wir/.../(wollte er/der Karl/...) **es nun auch wieder/gar nicht wissen** *ugs* · + (you can) spare me/him/John/... the details

... Wie kann das Geschäft vernünftig über die Bühne gehen, wenn die Sachen viel zu spät fertig werden? Und dann hat der alte Herr

Schuckert die Dinge kompliziert. Erst hat er den Leuten die Einhaltung des Termins fest zugesagt, dann ... – So genau wollte ich es gar nicht wissen, Herr Breuer. Mich interessierte nur, warum der Auftrag nicht durchgeführt wurde. Die persönlichen Dinge gehen mich nichts an.

..., man kann nie wissen! *ugs* · you never know
(Nach einem Prozeß:) Behalte die Unterlagen lieber! Man kann nie wissen! – Wie, meinst du, die Sache ist immer noch nicht ausgestanden? – Sicher ist sicher!

etw. positiv wissen *ugs eher 1. Pers* · to know s.th. for a fact, to know for a fact that ..., to know for sure that ...
... Ich weiß positiv, daß der Jupp bei Schuckert gekündigt hat! – Hat er dir das selber erzählt? – Ich weiß es von seinem Bruder. Es ist also überhaupt kein Zweifel möglich.

sich mit etw. viel wissen *form – geh selten* · to have a high opinion of o.s./one's merits/one's abilities *para* , to be very proud of one's novel/... *n*
... Das brauchst du dem Trautmann nicht erst zu sagen, daß er auf seinen letzten Roman stolz sein kann. Der weiß sich auch so viel (mit dem Opus). – Ja, eine Tendenz zum Angeben hat er, das stimmt.

nicht (mehr) weiter wissen · 1. not to know what to say next, not to know what to do next, 2. 3. to be at one's wit's end
1. 'Ich will euch was erzählen – gewichtig spricht's der kleine Mann. Und wenn er nicht mehr weiter weiß, fängt er nochmal von vorne an. (Aus einem Kinderbuch)
2. vgl. – (eher:) nicht mehr aus noch ein/nicht mehr ein noch aus/ (weder aus noch ein/weder ein noch aus/nicht aus und ein/nicht ein und aus) **wissen** (2)
3. vgl. – mit seiner **Kunst** am Ende sein

wie/woher soll ich/er/der Peter/das/etw. denn wissen? – ich/ der Peter/... kann das/etw. doch nicht **riechen** · how am/... I/John/... to know that ...?

jetzt/dann/... will es j. (aber) wissen · 1. to want to put s.th./o.s. to the test, 1. to want to know the score, to want to force a decision, 2. to go for it *coll*, to go for a result
1. ... So, jetzt will ich es aber wissen! Heute nachmittag gehe ich zum Baudezernat und verlange eine Entscheidung. – Und wenn sie die Sache verzögern? – Dann wird geklagt! So oder anders: eine Entscheidung wird jetzt herbeigeführt.
2. ... Bis eine halbe Stunde vor Schluß war das Spiel uninteressant und lahm. Aber plötzlich wollten es die Hamburger wissen: sie legten einen Endspurt vor, als ob es um die Meisterschaft ginge, und innerhalb von zwanzig Minuten schossen sie zwei Bilderbuchtore, die alles entschieden.

wissen, wie man mit dem Leben/solchen Leuten/derartigen Aufgaben/... **fertig wird** · 1. 2. to know how to deal with these people/problems/difficulties/...
1. Der Herrlitz droht, er würde die Karin vor allen Leuten bloßstellen, wenn wir ihn nicht unterstützten. – Laß den Freddy mal mit ihm reden. Der weiß, wie man mit solchen Erpressern fertig wird.
2. ... Natürlich ist die Lage verzwickt! Deshalb muß endlich ein fähiger Institutsdirektor dran. Sollen sie den Dr. Reichelbach dran lassen; der weiß, wie man mit solchen Schwierigkeiten fertig wird.
3. vgl. – wissen, wie man mit dem **Leben** fertig wird.

(nicht) wissen, was sich gehört · (not) to know how to behave
... Es ist doch keine Art, einfach wegzugehen, ohne sich von der Dame des Hauses zu verabschieden! So sympathisch der Jürgen auch ist: er weiß einfach nicht, was sich gehört.

nicht wissen, wie man aus etw. **herauskommen soll** – aus etw./da (nicht) **herauskommen**/(nicht wissen/..., wie man aus etw./da herauskommen soll/sieh zu/... wie du/... da herauskommst/...!) (4) · not to know how to get out of s.th., + it's up to s.o. to get out of s.th.

nicht mehr wissen, wo hinten und vorne ist *ugs – path* · not to know (any more) whether one is coming or going
... Bei dieser ewigen Diskutiererei weiß man bald nicht mehr, was hinten und vorne ist! – Das ist doch gerade der Sinn der Übung. Die wollen uns nur durcheinanderbringen.

nicht wissen, ob man kalt oder warm ist *sal* – weder **kalt** noch warm sein/(nicht kalt und nicht warm sein) · not to be able to make up one's mind

wissen, wo es langgeht *ugs* · to know the score
... Ah, dem Mauritzen kannst du nichts vormachen! Der ist seit über zwanzig Jahren in diesem Geschäft; der weiß, wo es langgeht.

jn. wissen lassen, daß .../(jn. etw. wissen lassen) *form* · to let s.o. know s.th., to inform s.o. that ...
... Kurz, bevor der Vertrag auslief, hat der Herr Schuckert den Hartmann dann über einen Anwalt wissen lassen, daß eine Vertragsneuerung nicht in Frage kommt. – Das ist ja keine sehr schöne Art, seine engeren Mitarbeiter zu informieren.

nicht mehr wissen, was oben und (was) unten ist/(was unten und (was) oben ist) *sal* – nicht mehr **wissen**, was rechts und (was) links ist/(was links und (was) rechts ist)/wo rechts und links/links und rechts ist · not to know whether one is coming or going (any more)

nicht mehr wissen, was rechts und (was) links ist/(was links und (was) rechts ist)/wo rechts und links/links und rechts ist *sal* · 1. 2. not to know whether one is coming or going (any more)
1. Wenn du jetzt nicht ruhig bist, dann knall' ich dir eine, daß du nicht mehr weißt, wo rechts und links ist! – Versuch's mal! Das wird dir übel bekommen!
2. ... Er taumelte. Der Schlag hatte ihn voll getroffen. Einen Augenblick lang wußte er nicht mehr, was rechts und was links ist. Aber dann fing er sich wieder und ... *seltener*

ich möchte nicht wissen, wie/wieviel/... · I hate to think how often/how many/...
... Die Christa und ehrlich? Ich möchte nicht wissen, wie oft die ihre Eltern schon belogen hat!

(genau/...) wissen, was man will · to know exactly/... what one wants
Um den Gerd brauchst du dir keine Sorgen zu machen, der weiß genau, was er will. Leute wie er kommen immer durchs Leben.

zwar nicht wissen, was man will, aber das ganz genau *ugs iron* · to know only that one doesn't want what s.o. suggests/... *para*, not to know what one wants *n*
... Die Rosemarie ist wirklich schwierig. Ganz egal, was man ihr vorschlägt – sie ist dagegen; aber eigene Vorschläge macht sie keine. – Ja, ja, ein starker Widerspruchsgeist, der zwar nicht weiß, was er will, aber das ganz genau!

(schon) (gar) nicht (mehr) wissen, wohin damit *ugs* · not to know where to put s.th.
Ach, Karl, willst du wirklich noch mehr Bücher kaufen? Wir wissen doch schon jetzt nicht mehr, wohin damit. Alle Zimmer voller Bücher, der Keller voller Bücher ... Wo willst du die denn noch lassen?

nichts/nichts (mehr) wissen wollen von jm./etw. · 1. 2. 3. not to be interested in s.o./s.th. (any more), not to want to know about s.o./s.th. (any more)
1. ... Nein, ich weiß auch nicht, warum der Peter nicht mehr kommt. – Es scheint, er will nichts mehr von dir wissen, was? – Kann sein. Aber wenn er sich einbildet, daß ich ihm nachlaufe, dann ist er auf dem Holzweg ...
2. ... Hör' auf damit! Ich will von dieser ganzen Geschichte nichts mehr wissen!
3. ... Erst verspricht er mir, sich mit seinem ganzen Einfluß für das Projekt einzusetzen, und jetzt, wo die Sache schwierig wird, will er nichts mehr davon wissen!

nicht/nie wissen, woran man bei/mit jm./etw. **ist**/wo man ... dran ist/(woran man ...)/bei/mit jm. nicht wissen, woran/ wodran man ist · 1. not/never to know where one is with s.o./s.th., 2. not to be able to make head nor tail of s.th.
1. Bei dem Hans Börner weiß man nie, woran man ist/man weiß nie, woran/wodran man bei dem Hans ist: ist er mir gut gesonnen oder verhält er sich nur 'gut erzogen', betrachtet er mich als Freund oder nur als Kollegen, würde er mir helfen, wenn es nötig wäre, oder nicht – ich weiß es nicht, niemand weiß es. Der Mann ist ein Rätsel für alle, die mit ihm umgehen.

2. ... Ich weiß beim besten Willen nicht, woran ich mit diesem Gesetz bin! Das ist derart unklar formuliert, daß jede Interpretation möglich ist!

Wissen: wider/(gegen) besseres Wissen aussagen/etw. erklären/etw. tun *form* · to do/to say/... s.th. against one's better judgement

... Ich verstehe nicht, wie man bei einem solchen Schurken, wie es der Herr Häusler ist, wider besseres Wissen erklären kann, daß man ihn für anständig und ehrlich hält. Der Kurt hätte doch bedenken müssen, daß er sich damit nur selbst schädigt.

etw. geschieht/... mit js. Wissen *form* · s.th. is done/... with s.o.'s knowledge

... Hat der Schumacher denn die Preise mit Wissen des Chefs geändert? – Ich bitte dich! Der Chef wußte davon natürlich nichts

ohne mein/dein/... Wissen *form* · without my/your/... knowledge

... Wenn der Walter ohne mein Wissen weggefahren ist, kann ich dich schlecht informieren, Iris!

nach bestem Wissen und Gewissen aussagen/handeln/... *form – path* · 1. to give evidence/... to the best of one's knowledge and belief, 2. to act/... to the best of one's knowledge and belief

1. ... Der Zeuge schilderte den Hergang der Handlung nach bestem Wissen und Gewissen – ohne auch nur eine Einzelheit zu verschweigen und jedes Wort sorgfältig abwägend ...

2. ... Der Junge hat doch nach bestem Wissen und Gewissen gehandelt. Wenn er sich trotzdem geirrt haben sollte, kann man ihm keinen Vorwurf machen!

mit js. Wissen und Willen (etw. tun) *form – path* · (to do s.th.) with s.o.'s knowledge and consent

... Er hat die Bestellung doch schließlich nicht auf eigene Faust herausgeschickt, sondern mit Wissen und Willen des Chefs! Also hat er auch einen Anspruch darauf, daß die Geschäftsleitung ihn jetzt, wo die Sache zu Komplikationen geführt hat, deckt.

ohne js. Wissen und Willen etw. tun *form – path* · to do s.th. without s.o.'s knowledge and consent

... Wenn das herauskommt! Du mußt immer bedenken, daß der Albert die Entscheidung ohne Wissen und Willen des Chefs getroffen hat. – Wie, der weiß nichts davon? – Nein, und der hätte das auch nie genehmigt.

meines Wissens/(seines/... Wissens) *form* · 1. 2. to my/his/... knowledge, as far as I/he/... know/..., to the best of my/his/... knowledge

1. ... Meines Wissens hat der Chef den Brief mitunterschrieben. Aber ganz sicher bin ich nicht.

2. vgl. – (eher:) soviel ich **weiß** (1)

Wissenschaft: das/(etw.) ist eine Wissenschaft für sich *ugs* · it/that/s.th. is a science in itself

... Hm, das Ablösen und Einordnen der Briefmarken überlasse ich lieber meinem Bruder. Das ist eine Wissenschaft für sich, weißt du; das kann nicht jeder.

Wissensdurst: seinen Wissensdurst stillen *path od. iron* · to satisfy/to quench/... one's thirst for knowledge

... Abonnier' dem Jungen eine gute Fachzeitschrift, da kann er seinen Wissensdurst stillen! Es ist doch nur zu begrüßen, wenn er über die neusten Entwicklungen informiert sein will.

Wissensschatz: einen großen/... Wissensschatz haben *form* · to have a huge/an enormous/... store of knowledge

... Hat denn der Herr Schramm von griechischer Kultur auch Ahnung? – Der Mann hat einen großen Wissensschatz, das ist fast beängstigend. Den kannst du fragen, was du willst, der weiß einfach alles.

wittern: Gefahr/Ärger/... in etw. wittern · to sense trouble/danger/... in s.th., to smell trouble/danger/... in s.th.

... Ich weiß nicht so recht: die Stinklaune von unserem Chef heute morgen, die außerordentliche Abteilungsbesprechung morgen mittag, das alles verheißt nicht Gutes. Irgendwie wittere ich Ärger! ...

in allem etwas wittern *ugs* – in allem etwas **suchen** · to suspect intrigue/malice/... in everything

Witterung: eine gute/feine/scharfe/... Witterung haben *Hund o.ä.* · to have a keen sense of smell, to have a good nose

Dein Hund hat aber eine tolle Witterung! Der hat die Rehe schon bemerkt, da waren wir noch am Rand des Waldes.

Witterung aufnehmen/bekommen/(...) *v. Wild* · to pick up the scent of s.o./s.th., to pick up s.o.'s scent

(Auf einer Jagd; ein Gast zu einem Jäger:) Die Rehe bekommen doch von uns hier keine Witterung? – Nein, bei dieser Windrichtung auf keinen Fall, da können sie uns nicht wittern/merken/spüren.

Witterung von etw. kriegen/bekommen · 1. to get wind of s.th., 2. to pick up s.o.'s scent, to take scent of s.o.

1. (Zwei Polizisten nach einer Razzia:) Irgendwie müssen die Jungs Witterung von unserem Einsatz bekommen haben. Wir haben nichts gefunden außer ein paar Gramm Marihuana. Ich möchte wetten, daß wir in unseren Reihen jemanden haben, der die informiert hat. *ugs*

2. (Zwei Jäger:) Wir sollten besser durch die Beechtesheimer Senke zum Hochstand gehen, sonst laufen wir Gefahr, daß das Wild Witterung von uns bekommt/aufnehmen kann. *Jägerspr*

Witwe: eine grüne Witwe *iron* · a lonely suburban housewife, a grass widow

Wie kommt man bloß auf 'grün' in dem Ausdruck 'grüne Witwe'. Eine Frau, die sich, allein zu Hause, tagsüber langweilt, ist doch nicht 'grün'. – Gemeint ist: eine gutsituierte Ehefrau, die außerhalb der Stadt, 'im Grünen' wohnt. – Ah! Da liegt der Witz?!

Witz: etw. ist ein Witz *ugs* · s.th. is a joke, s.th. is ridiculous

... Und dann sein Schlips! Ein Witz, sag' ich dir! So ein groteskes Ding von einem Schlips hab' ich mein Lebtag noch nicht gesehen.

das/(etw.) ist (doch) wohl (nur) ein Witz?! *sal* · + you/... must be joking, that's a joke *coll*

... Was, du willst kündigen, nachdem du 18 Jahre bei dieser Firma gearbeitet hast? Das ist doch wohl ein Witz?

ist das nicht ein Witz?! *sal* · it's a joke, isn't it? *coll*, it's a laugh, isn't it? *coll*

... Erst reden sie monatelang, machen die unterschiedlichsten Vorschläge, dann einigen sie sich auf ein Programm – und am Ende erklären sie, die Wirkung dieses Programms sei wahrscheinlich gleich Null. Ist das nicht ein Witz?

ist das nicht ein Witz?/**das soll wohl ein Witz sein!/mach' keine Witze!/...** *ugs* · it's a joke, isn't it?, it's ridiculous, isn't it?

Der Klaiber will zurücktreten, weil ihm in der Diskussion gestern ein paar Mitglieder widersprochen haben. Ist das nicht ein Witz? – Natürlich ist das lächerlich. Ein Mann, der so denkt, hätte erst gar nicht Vorsitzender werden dürfen.

attischer Witz/etw. mit attischem Witz erzählen/würzen/... *geh selten* · Attic wit, Attic salt

Der Herr Söll versteht es, seine Anekdoten mit attischem Witz zu erzählen. Man muß nicht nur herzhaft lachen – das hat Geist, Niveau!

diese Steuerpläne/... sind (doch) ein einziger Witz *ugs* · it/s.th. is a complete joke, it/s.th. is a joke from start to finish

Wenn man die neue Programm des 'freien Linksbundes' liest, weiß man nicht, ob man lachen oder weinen soll. Das Ding ist ein einziger Witz: von Liberalität keine Spur; ein Widerspruch nach dem andern; ein Potpourri aller möglichen Ideologien ... Indiskutabel!

(das/(etw.) ist (doch) (wohl) (nur/...)) ein fauler/(schlechter) Witz! *sal* · 1. s.th. is a sick joke, 2. to tell/... crude/poor/bad/lousy/... jokes

1. ... Wie bitte?? Du hast meinen neuen Wagen in einen Straßengraben gefahren? Das ist doch wohl ein fauler Witz, was?

2. ... Der Kurt versucht in Gesellschaft immer krampfhaft, die Leute mit seinen faulen Witzen zum Lachen zu bringen. Mit geringem Erfolg, wie man sich denken kann.

das ist der ganze Witz *ugs* · that's all there is to it

… Ach, Rolf, kannst du so gut sein und mir nochmal zeigen, wie man mit diesem Tonband umgeht? – Du brauchst nur darauf zu achten, daß du den Knopf hier links zuerst drückst; das ist der ganze Witz. Alles andere ergibt sich dann von selbst …

(und) wo steckt/(liegt) (da) der Witz? *wenn j. einen Witz, eine Anekdote oder etwas, worüber die Zuhörer lachen 'sollen', erzählt ugs* · what's the joke?, what's so funny?

(Bericht eines Jungen von einem Klassenabend:) Plötzlich geht der Herr Klein nach vorn und bringt einen Song mit dem Refrain: … und die ganze Blamage … am Age … Das war vielleicht ein Gelächter, sag' ich dir. – Und wo steckt der Witz? – Komm', sei nicht blöd!

wo steckt/liegt denn da/(...) der Witz? *ugs* · what's funny about it?, what's the joke?

… Erst behandeln sie ihn ein ganzes Jahr, schicken ihn in alle möglichen Kuren und am Ende operieren sie ihn dann doch. Ha, ha, ha. – Wo liegt denn da der Witz? Findest du das lustig?! Ich nicht!

einen sprühenden Witz haben · to have a sparkling wit

… Die Jutta hat wirklich einen sprühenden Witz, der geradezu ansteckend ist! Wenn die erscheint, ist der Abend gerettet. Langeweile, eine trockene Atmosphäre oder gar eine müde Stimmung gibt's bei der nicht.

(das/(etw.) ist) ein Witz von einem Wissenschaftler/.../einer Doktorarbeit/... *sal* · 1. s.o. is a joke as a politician/..., 2. it's.th. is a joke of a dissertation/...

1. … Und dieser Mann will Politiker sein?! Da muß man sich ja totlachen! Das ist ein Witz von einem Politiker, dieser Kerl! Der versteht von Politik genauso viel wie mein sechsjähriger Bruder!

2. … Und so einen Witz von einer Doktorarbeit haben die da angenommen?! Das ist ja unglaublich. Das ist doch von vorne bis hinten dummes Zeug, was der da schreibt. *seltener*

der ganze Witz der Steuerpläne/... **liegt darin**/ist (doch nur)/... *ugs* · the great/... thing about it is ..., the whole point about it is ...

Ich weiß nicht, warum die Leute so heftig über die Gesetze zum Schwangerschaftsabbruch diskutieren. Der ganze Witz liegt doch nur darin, daß man Geld sparen, mehr Kinder haben und zugleich die Moral pachten möchte, ohne etwas dafür zu tun. – Ich weiß nicht, ob man das so einfach sehen kann.

(und) was ist der Witz dabei? *ugs* · 1. 2. where's the clever bit?, what's the joke?, what's so funny?

1. vgl. – (eher:) (und) wo steckt/(liegt) (da) der **Witz?**

2. vgl. – (eher:) wo steckt/liegt denn da/(...) der **Witz?**

sich einen schlechten/(üblen) Witz mit jm. erlauben – sich einen schlechten/üblen **Scherz** mit jm. erlauben/leisten · to play a nasty joke on s.o., to play a nasty trick on s.o.

(genau) das/etw. **ist der Witz der Sache** *ugs* · that is exactly the point

… Die Maschinen sind im Grunde alle gleichwertig, und auch bei den Preisen gibt es keine großen Differenzen. Nur, was die Haltbarkeit angeht – da gibt's enorme Unterschiede. – Genau das ist der Witz der Sache, Herbert! Darauf müssen wir achten.

der Witz bei der Sache/der Witz dabei/der ganze Witz (bei der Sache/dabei) **ist (der), daß** ... *ugs* · 1. the strange thing is that ..., the crazy thing is that ..., 2. the thing is that ..., the great thing about it is that ...

1. Nach monatelangen Debatten hin und her haben sie nun endlich ein Beschäftigungsprogramm auf die Beine gestellt. – Ja, aber der Witz bei der Sache ist, daß sie selbst nicht daran glauben.

2. … An sich ist das alles gar nicht so kompliziert, wie es aussieht. Wenn jemand ein bißchen Erfahrung mit landwirtschaftlichen Maschinen hat, müßte er da ohne Schwierigkeiten zurechtkommen. Der ganze Witz der Sache ist halt nur der, daß man sich auf die Mentalität der Schwarzen einstellt …

(viel) Witz versprühen *form od. iron* · to sparkle with wit, to show/(...) sparkling wit

… Ja, wenn jüngere Damen dabei sind, dann kann der Mende viel Witz versprühen! – Sie meinen: nur dann – während er sonst weniger geistreich ist? – Das haben Sie gesagt!

mach'/macht/... **keine Witze!** *sal* · you're joking!, don't give me that!

Hast du schon gehört: die Karin ist im Examen durchgefallen. – Mach' keine Witze! – Im Ernst! Sie hat in Französisch die schriftliche Arbeit völlig verhauen.

mach'/macht/... **keine faulen/(schlechten) Witze!** *sal* – das/(etw.) ist (doch) (wohl) (nur/...) ein fauler/(schlechter) **Witz!** (1) · you're having me on, is this some kind of joke?

Witze erzählen/reißen · to tell jokes, to crack jokes

Wenn der Otto ein Gläschen zuviel getrunken hat, kann er stundenlang Witze reißen. – Hat er so viele auf Lager? – Hunderte.

über jn./etw. Witze machen *ugs* · to keep on making/to make/... jokes about s.th./s.o. *n*

… Ihr werdet doch jetzt über die Schwierigkeiten, die euer Bruder hat, nicht noch Witze machen! – Wir machen doch gar keine Witze! – Das seh' ich! Warum lacht ihr denn so? Etwa, weil ihr mit ihm Mitleid habt?

j. muß über jn./etw. mal wieder/(...) seine Witze machen *ugs* · s.o. has to make jokes about s.o./s.th., s.o. has to joke about s.o./s.th. *n*

… Müßt ihr über die Schwierigkeiten, die euer Bruder hat, mal wieder eure Witze machen? Ist es wirklich nötig, den Rudolf mit eurem Spott noch niedergeschlagener zu machen, als er sowieso schon ist?

witzig: das/(etw.) **ist (gar/überhaupt) nicht witzig**/ich finde/ (er/der Peter/... findet) das/(etw.) gar nicht witzig *ugs* – wo steckt/liegt denn da/(...) der **Witz?** · it/that/(s.th.) isn't funny at all/isn't a bit funny/...

sehr witzig! *sal* · very funny!, very witty!

… Diese ganze Regierung ist doch ein Verein von Strohköppen! – Sehr witzig! – Ja, ist doch wahr, Mensch! – Du wärst ein glänzender Kanzler, Udo! Du weißt, wo's lang geht …

wo: ach, wo! *ugs* – **ach, was!** · of course not

i wo! *ugs* – *path* – **ach, was!** · of course not, + you're joking

Woche: während/unter/in der Woche · during the week, in the week, on weekdays

… Wann könnten Sie denn einmal vorbeikommen? – Während der Woche habe ich fast nie Zeit. Könnte es auch sonntags sein?

die Woche über – während/unter/in der **Woche** · during the week, in the week, on weekdays

Woche für/(um) Woche – Jahr **für** Jahr/Tag für Tag/Woche für Woche/Monat für Monat/... · week for week, week in, week out

in die Wochen kommen *form veraltend selten* · + to be nearing one's time, to be brought to bed

… Man merkt, daß die Stephanie so langsam in die Wochen kommt. Sie bewegt sich schon ziemlich schwerfällig … – Es fehlen nur noch knapp zwei Monate bis zur Geburt. Ich finde, dafür bewegt sie sich sogar noch sehr gut.

in den Wochen liegen/(sein) *veraltend selten* – im **Kindbett** liegen/(sein) · to be confined, to lie in

es vergehen/... Wochen und Monate, bis/... *form* · it will take weeks and months (for s.th. to happen), weeks and months will go by before s.th. happens

… Und wann werden wir die Unterlagen bekommen? – Ach, bis dahin vergehen noch Wochen und Monate. Wenn alles gut geht, im Juni. – Im Juni? Jetzt ist Februar …

Wochenbett: im Wochenbett liegen/(sein) *form veraltend* – im **Kindbett** liegen/(sein) · to be lying in

im Wochenbett sterben *form veraltend selten* – im **Kindbett** sterben · to die in childbed/childbirth

Wochenende: ein langes Wochenende · 1. 2. a long weekend

1. … Diesmal haben wir ein langes Wochenende, nicht? – Ja? Was ist denn los? – Freitag ist Fronleichnam und Montag ist der 17. Juni. – Hm, gleich zwei Feiertage, die goldrichtig liegen! Hatte ich gar nicht gemerkt.

2. vgl. – (eher:) ein verlängertes **Wochenende** (1)

ein verlängertes Wochenende · 1. 2. a long weekend
1. ... Daß der Mann aber auch immer montags fehlen muß! – Er schätzt halt ein verlängertes Wochenende.
2. vgl. – (eher:) ein langes **Wochenende** (1)

Wogen: die Wogen der Begeisterung/des Jubels/... **gehen hoch**/... *path* – hohe **Wellen** schlagen (1) · there is a great surge/outburst of enthusiasm/...

die Wogen (wieder) glätten · 1. to calm things down, 2. to pour oil on troubled waters
1. vgl. – die **Wellen** (wieder) glätten
2. vgl. – **Öl** auf die Wogen gießen

die Wogen glätten sich (wieder) – die **Wellen** glätten sich (wieder) · things calm down

woher: ach, woher! *ugs* – **ach**, was! · of course not!

Wohl: auf dein/euer/... **Wohl!** *form* · your health!
... Wollen wir mal das Bier antrinken. Auf dein Wohl! – Warum auf mein Wohl? Auf u n s e r Wohl? – Nein, nein, auf deins! Du hast dein Examen bestanden, nicht ich! Also: ich hoffe, daß weiterhin alles gut klappt! – Danke. Prost, Andreas!

zum Wohl! *form* · cheers!
... »Zum Wohl!«, sagte er feierlich, indem er sein Glas hob. »Prost!«, erwiderte sie kühl.

mit jm. auf js. **Wohl anstoßen** *form* – (eher:) mit jm. auf js. **Gesundheit** anstoßen · to drink to s.o.'s health, to drink a toast to s.o.

sein Glas/... **auf** js. **Wohl erheben** *form* · to toast s.o.'s health, to raise one's glass to s.o.'s health
(Bei einer Jubiläumsfeier:) Und jetzt, meine Damen und Herren, wollen wir unser Glas auf das Wohl unseres verehrten Jubilars erheben. Auf Ihr Wohl, Herr Kaulbach! Auf daß Sie die Firma noch lange mit Gesundheit und Kraft leiten mögen ...!

sein Glas/... **auf** js. **Wohl leeren** *form* · to drink to s.o.'s health
(Bei einer Jubiläumsfeier:) Und jetzt, meine Damen und Herren, darf ich Sie bitten, sich von Ihren Plätzen zu erheben und Ihr Glas auf das Wohl unseres verehrten Jubilars zu leeren. Herr Kaulbach: auf Ihr Wohl!

zum Wohl(e) der Menschheit ... *path* · for the benefit of mankind
... Wenn die Leute da zum Wohle der Menschheit Pflanzen entwickeln, die gegen Krankheiten resistent sind und weit höhere Erträge geben, sollte man das doch gebührend anerkennen! – Viele Leute füchten halt, daß diese Pflanzen mehr Schaden als Nutzen stiften.

für das/js. **leibliche(s) Wohl sorgen** *iron* · to provide food and drink (for s.o.), to provide for s.o.'s physical comfort
... Wer sorgt denn für dein leibliches Wohl, wenn du da so ganz allein in einem Zimmer lebst? – Frühstück und Abendessen mach' ich mir selbst; mittags geh' ich draußen essen.

auf js. **Wohl trinken** *form* – mit jm. auf js. **Gesundheit** anstoßen · to drink to s.o.'s health, to drink a toast to s.o.

es geht/... **um** js./**um unser**/... **Wohl oder Wehe** *form – path selten* · it is a matter of our/... weal or woe *rare*
... Wenn die einen meinen, bei den Entscheidungen um die Atomenergie gehe es um das Wohl und Wehe der ganzen Menschheit, dann halten die anderen dagegen, daß viele anderen – zum Teil alternativen – Folgen der Industrialisierung noch schlimmer sein können, unsere Zukunft also so und anders auf dem Spiel steht ...

das Wohl und Wehe (des **Volkes**/...) (hängt ab von .../...) *form – path selten* · the weal or woe (of the people/...) depends on/... *rare*
... Wenn man sich überlegt, daß das Wohl und Wehe der halben Menschheit von so einem Präsidenten abhängt, daß so ein Mann das Schicksal spielt für Millionen und Millionen von Leuten, die er nie gesehen hat, von denen er gar keine Vorstellung hat ...

jm. **auf Wohl und Wehe ausgeliefert sein** *form – path* – (eher:) jm. auf **Gnade** und/(oder) Ungnade ausgeliefert sein · to be completely at s.o.'s mercy

wohl: jm. **ist bei** dem Gedanken/der Vorstellung/... (daß ...) **nicht (so recht**/...) **wohl** · + not to be very happy at the idea/... of (doing) s.th., + to have misgivings/reservations/doubts/... about s.th.
... Bist du eigentlich gegen den Vorschlag? Oder warum bist du so still? – Um ehrlich zu sein: mir ist bei dem Gedanken, daß die Eltern der Schüler für eine Fahrt von fünf Tagen 530,– Mark bezahlen müssen, nicht recht wohl. Mir scheint, das ist für manche einfach zu viel.

nun wohl! *ugs selten* – nun **denn!** · all right then

wohl dem, der ...! *form* · happy the man who ..., happy is he who ...
... Ja, ja, die Zeiten werden schwieriger. Wohl dem, der vorgesorgt hat! Wer das nicht getan hat, dürfte in den nächsten Jahren seine Probleme haben ...

es sich/sich's wohl sein lassen *form selten* – es sich gut/ (wohl) **gehen** lassen · to have a good time, to enjoy life

etw. **wohl oder übel tun müssen**/... – jm. **bleibt** nichts (anderes) übrig (als etw. zu tun) · to (have to) do s.th. whether one wants to or not

wohlauf: nicht ganz wohlauf sein *form veraltend selten* · not to be feeling (very) well
(Bei einem Besuch:) Guten Tag, Frau Schönberg. ... Meine Schwester läßt sich entschuldigen, sie ist heute nicht ganz wohlauf. – Aber es ist doch nichts Ernstes? – Nein, das wohl nicht. ...

wohlberaten: wohlberaten sein bei/wenn/... *form* – gut/ schlecht/... **beraten** sein bei/wenn/... · to be well-advised to do s.th.

Wohlgefallen: sein Wohlgefallen an jm./etw. **haben** *form – path veraltend selten* · to take pleasure in s.th., to have a great liking for s.o.
... Ich weiß nicht, warum du das negativ findest! Wenn der Rudolf an seiner Ältesten sein Wohlgefallen hat, ist das doch gut! Die ist doch in der Tat nicht nur hübsch, sondern auch sehr strebsam und gewissenhaft. Da muß man als Vater doch seine Freude dran haben.

sich in Wohlgefallen auflösen *ugs* · 1. to vanish into thin air, to be gone, 2. to fall apart (at the seams), to come apart, to disintegrate, 3. to come to nothing, to go up in smoke
1. Wo ist denn der Schneemann, den wir gestern abend gebaut haben? – Er hat sich in Wohlgefallen aufgelöst, Junge. Die Sonne ist herausgekommen, und da ist er geschmolzen.
2. Ich habe den Eindruck, diese billige Hose löst sich bei dieser Wanderung in Wohlgefallen auf. Erst ist sie hinten geplatzt, jetzt reißt sie am linken Bein – wenn das so weitergeht, besteht sie bald nur noch aus Fetzen.
3. Was ist denn aus deinen Griechenlandplänen geworden? – Sie haben sich in Wohlgefallen aufgelöst. Unsere Finanzen erlauben eine solche Reise einfach nicht.

Wohlgefallen empfinden bei etw./wenn ... *form – path* · to take pleasure in s.th.
... Ein bißchen eitel mag der alte Schramberg schon gewirkt haben. Aber daß ein Vater Wohlgefallen empfindet, wenn sein Sohn öffentlich geehrt wird, ist doch normal. – Es geht nicht um das innere Glück; es geht darum, wie der Alte das äußerte ...

wohlgehen: es sich wohlgehen lassen/sich's wohlgehen lassen *form* – es sich gut/(wohl) **gehen** lassen · to have a whale of a time, to really enjoy o.s./live it up

wohlgelitten: wohlgelitten sein (bei jm./in/...) *form – path veraltend* · to be well-liked (by one's colleagues/...), to be well thought of
... Über Ihren Sohn hört man hier wirklich nur das Beste, Herr Krauss; er ist bei allen Leuten hier wohlgelitten. – Auch beim Chef? – Ja, auch der Chef kann ihn gut leiden. Sehr gut sogar.

Wohlgerüche: sämtliche Wohlgerüche Arabiens *scherzh n.*
Shakespeare · all the perfumes of Araby
… Mensch, wenn man in dieses Restaurant hereinkommt, wehen
einem am Eingang sofort sämtliche Wohlgerüche Arabiens entgegen!
Ob die die Küchentür nicht geschlossen halten können?

wohlgesinnt: jm. wohlgesinnt sein · to be well-disposed towards s. o.
… Junge, wenn du dich jetzt ein bißchen anstrengst, dann schaffst
du's auch! Deine Lehrer sind dir doch wirklich alle wohlgesinnt. Das
habe ich in den Gesprächen im Anschluß an den Elternabend richtig
gemerkt. Die mögen dich und wollen dein Bestes. Also jetzt …

wohlgesonnen: jm. wohlgesonnen sein – jm. **wohlgesinnt** sein
· to be well-disposed towards s. o.

Wohlleben: ein Wohlleben führen *form – path od. iron selten –*
herrlich und in **Freuden** leben · to enjoy the good life

Wohlsein: (zum) Wohlsein! *form* – (eher:) zum **Wohl**! ·
cheers!, your health!

auf Ihr/(…)/zum Wohlsein *form* – *path* – auf dein/euer/…
Wohl! · your health

wohlsein: sich's/es sich wohlsein lassen *form* – es sich gut/
(wohl) **gehen** lassen · to take it easy, to sit back and enjoy
life

**Wohlstand: bei dir/dem/… ist wohl der Wohlstand ausgebro-
chen!** *ugs – iron* · have/… you/… come into money?, has a
rich uncle died?, have/… you/… struck it rich?, have/…
you/… won the pools?
… Du hast dir einen BMW gekauft? Bei dir ist wohl der Wohlstand
ausgebrochen?! – Von wegen! Den hab' ich auf Kreditbasis gekauft. –
Warum wählst du dann ein so teures Modell?

im Wohlstand leben · to live in affluence
… Ach, weißt du, die Völker, die im Wohlstand leben, können sich
gar nicht vorstellen, wie die denken und empfinden, denen es
schlecht/dreckig geht. Die Armen und die Reichen leben eben immer
wieder aneinander vorbei …

Wohltat: ist das eine Wohltat! *path* · it's/s. th. is good, it's/s. th. is
a blessed relief, that does a body good
(Nach einem Spaziergang durch die Hitze, wenn einem ein Bier vorgesetzt wird:) Ist das eine Wohltat! Wenn man richtig Durst hat, geht
nichts über ein gut gekühltes Bier!

jm. eine Wohltat erweisen *form* – *path* · to do s. o. a favour,
to do s. o. a good turn
… Kannst du dir vorstellen, daß auch nur ein einziger aus diesem
ganzen Viertel einem Fremden schon einmal eine Wohltat erwiesen
hat – in der Not geholfen, ohne Interesse etwas geschenkt oder so?
Ich nicht. Reden können die. Aber Gutes tun? …

wohltun: jm. wohltun – jm. **guttun** (2) · to do s. o. good

wohlwollen: jm. wohlwollen *form selten* – jm. **wohlgesinnt** sein
· to be well-disposed to s. o.

Wohnung: freie Wohnung (und Verpflegung) bei jm. **haben**
form · to have free board (and lodging) with s. o.
… Wenn du freie Wohnung und Verpflegung bei einem Onkel hast,
mußt du doch mit 300,– Mark im Monat auskommen! Nur fürs
Essen und Schlafen zahlen die anderen Studenten doch bestimmt
schon rund 800/900,– Mark. Du hast also im Grunde mehr als 1.000,–
Mark im Monat.

in einem Hotel/… Wohnung nehmen *form veraltend selten* ·
to take up residence in a hotel/…
… Und wo nahm er Wohnung, als er in dieser Stadt weilte? – Im
ersten Hotel am Ort natürlich: im 'Kaiserhof'.

immer/… in der Wohnung sitzen/hocken *ugs* – (eher:) im-
mer/… in der **Bude** sitzen · to be always stuck at home, to
be a real stay-at-home

Wolf: fressen wie ein Wolf *ugs selten* – fressen/(essen) wie ein
Scheunendrescher · to eat like a wolf

hungrig wie ein Wolf sein *ugs – path selten –* einen **Bärenhunger** haben · to be famished, to be starving,, I/he/…
could eat a horse

Fleisch/Wurst/… durch den Wolf drehen *selten* · to put
meat/… through the mincer
… Habt ihr das Fleisch schon durch den Wolf gedreht? – Du meinst,
kleingemacht, zu Gehacktem? – Ja, in der 'Mühle' – die nennt man
'Wolf'.

jn. (regelrecht/…) durch den Wolf drehen *sal* · 1. 2. to put
s. o. through it, to put s. o. through the mill, to put s. o. through
his paces *n*
1. … Ja, das ist ein aufreibender Job da bei Schuckert; da muß man
Nerven wie Drahtseile haben. Und wer sich nicht wehren kann, den
drehen die da durch den Wolf, da ist alles dran. Menschen zählen für
die nicht.
2. vgl. – (eher:) jn. (regelrecht/…) durch die **Mühle** drehen

der Wolf in der Fabel *lit selten* – **lupus** in fabula · talk of the
devil and he appears

wie durch den Wolf gedreht sein *ugs* – *path selten* – wie
gerädert sein/aufwachen/… · to be dead beat/shattered/
whacked, to feel like a wet rag

sich einen Wolf laufen/reiten *selten* · to get intertrigo, to get
sore between the legs from running/walking/…
… Das ist unangenehm, weißt du, wenn man sich so einen Wolf läuft
oder reitet … – Du meinst, zwischen den Oberschenkeln, wenn die
Haut da gegeneinander reibt und wund wird? …

ein Wolf im Schafspelz/(Schafskleid) (sein) *form* · (to be) a
wolf in sheep's clothing
… Laß dich durch seine Freundlichkeit bloß nicht irreführen! Er
nimmt im Anfang alle Leute durch seine Liebenswürdigkeit für sich
ein. Aber wenn er ihr Vertrauen einmal gewonnen hat, nutzt er sie
aus, arbeitet hintenherum gegen sie … Das ist ein Wolf im Schafs-
pelz, dieser Mann!

unter die Wölfe geraten (sein) *ugs* – *path selten* · to have
entered/… a den of thieves
(Auf einer Messe:) Mein Gott, hier ist ja der eine schlimmer als der
andere! Die Preise sind ja horrend! Und dann weiß man nie genau,
woran man bei den Leuten ist – inwieweit sie bluffen, inwieweit ihre
Angebote ernst gemeint sind … – Du meinst also, du bist unter die
Wölfe geraten? – Allerdings.

mit den Wölfen heulen (müssen) *ugs* · to (have to) run with
the pack
… Nein, wenn du einmal in so einer Partei drin bist, ist es aus mit
der freien Entscheidung, mit der Unabhängigkeit. Da mußt du mit
den Wölfen heulen, da bleibt dir gar nichts anderes übrig. Da kannst
du keine abweichenden Meinungen mehr äußern.

Wolfshunger: einen Wolfshunger haben *ugs – path selten –*
(eher:) einen **Bärenhunger** haben · to be ravenous, s. o.
could eat a horse

Wölkchen: von keinem Wölkchen getrübt sein *form – path* ·
to be completely/… unclouded
… Ihre Hochzeitsreise, sagt die Christa, war von keinem Wölkchen
getrübt. – Na, das wollen wir hoffen, daß sich die beiden wenigstens
in den Flitterwochen richtig glücklich fühlen.

kein Wölkchen trübt js. **Glück** *form – path* · + s. o.'s hap-
piness/… is completely unclouded
… In den ersten beiden Ehejahren trübte kein Wölkchen ihr gemeinsames Glück. Aber als es dann mit Georgs beruflicher Situation
Schwierigkeiten gab und finanzielle Sorgen aufkamen, gab es auch
die ersten Ehekrisen …

kein Wölkchen trübt den Himmel *oft Imp form* – *path* ·
there is not a cloud in the sky
War das ein Tag gestern da in der Algarve! Kein Wölkchen trübte
den Himmel, eine glasklare Atmosphäre – von einer Transparenz, wie
man sie in Mitteleuropa kaum kennt –, ein Blau – nein 'azur' –, wie
man es nur selten sieht …

Wolke: das ist eine/(die) Wolke! *ugs path selten* – das ist eine **Wucht!** · it's magic/a cracker/brill/…

eine Wolke von einem Kleid/… *ugs path selten* · + a fantastic dress/…, a dream of a dress/…
… Als die Gertrud in ihrem supermodernen Ballkleid – eine Wolke von einem Kleid, sag' ich dir – in dem Saal erschien, waren die Leute zunächst einmal weg. Ganz einfach baff!

eine Wolke von Mücken/Stechfliegen/… *form – path* · a cloud of midges/gnats/…
… Und plötzlich ging eine ganze Wolke von Mücken auf uns nieder! So hatte ich mir den Aufenthalt an einem finnischen See ja nun nicht vorgestellt: daß man vor lauter Mücken gar nicht zur Ruhe kommt.

(schon/…) auf Wolke neun sein *sal selten* · to be six feet under
… Ach, eh' die sich hier zu einer Modernisierung entschließen, (da) bin ich schon auf Wolke neun! – Willst du so schnell sterben?

wie eine drohende Wolke über jm. **schweben** *form – path selten* · to hang over s.o.'s head like a dark cloud
… Wenn die Betrügereien ans Licht kämen, erklärte man ihr, könnte ihr Mann ins Gefängnis kommen. Wie eine drohende Wolke schwebte diese Gefahr von nun an über ihr – um so drückender, als sie mit niemandem darüber reden konnte.

sich fühlen wie auf Wolke sieben/auf Wolke sieben schweben *sal selten* – sich (wie) im (siebten/siebenten) **Himmel** fühlen · to be in the seventh heaven, to be on cloud nine

von einer (dunklen) Wolke überschattet werden *form path* · s.o.'s happiness/good mood/… is overshadowed
… Plötzlich wurde ihre Ausgelassenheit von einer Wolke überschattet: sie dachte an ihre kranke Schwester; die lag jetzt im Krankenhaus – während sie hier tanzte …

den Rauch/… in dichten/(dicken) Wolken von sich blasen *path od. iron* · to puff/to surround o.s. with/… clouds of smoke
Wenn ich den Roland da mit seiner Zigarre sehe, wie er genußvoll dicke Wolken vor sich hin bläst, hab' ich immer den Eindruck, er hüllt sich in den Rauch ein wie in eine Schutzwand.

schwarze Wolken stehen am Ehehimmel *form – path selten* · storm clouds are gathering in their/… marriage
Sehr besonnen war es ja nicht gerade von ihm, seine Sekretärin mit zum Abendessen nach Hause zu nehmen, wo sowieso schon schwarze Wolken am Ehehimmel standen. – Hm, so ganz ungetrübt war deren Ehe nie, weißt du …

aus allen Wolken fallen · 1. 2. to be flabbergasted *coll*
1. … Da fällst du aus allen Wolken, was?! Dein Bruder und Chef einer 5.000 Mann starken Firma! Damit hättest du nicht gerechnet, daß ich über Nacht zu einem hohen Tier avancieren könnte?! Nun, du bist nicht der einzige, der davon mehr als überrascht wurde.
2. … Also, erklärte sie unvermittelt, ab Montag wohne ich in einer eigenen Wohnung. Es ist bereits alles geregelt. – Ihre Eltern fielen aus allen Wolken. Daß ihre Tochter so lange bei ihnen leben würde, wie sie nicht verheiratet war, war für sie immer selbstverständlich gewesen …

in dicke/dichte Wolken (von Rauch) gehüllt sein *form – path* · to be surrounded by thick clouds of smoke
… Mein Gott, ist das eine Luft in diesem Raum! Wenn man von draußen hereinkommt, erscheinen einem die Leute in dicke Wolken von Tabakqualm gehüllt.

in den/(über den/auf (den)) Wolken schweben/(sein) *ugs* · 1. to have one's head in the clouds, 2. to be daydreaming *n*
1. Wenn man den Hubert anredet, braucht er immer erst eine ganze Zeit, bis er vernünftig reagiert. Man hat immer den Eindruck, daß er mit seinen Gedanken ganz woanders ist … – Der schwebt immer in den Wolken, der Hubert: er träumt von seiner nächsten Segeltour, einer neuen Reise nach Brasilien …
2. Reinhard! … Reinhard!! Du schwebst mal wieder in den Wolken, was?! Wie haben wir gerade definiert, was eine 'Präposition' ist? – Hm, hm …

es ballen sich drohende Wolken über jm./einem Land/… **zusammen** *form – path* · storm clouds are gathering over s.o.'s head/a country/…
… Man wird leider den Eindruck nicht los, daß ein Land nach dem andern in ernste wirtschaftliche Schwierigkeiten gerät und sich über dem ganzen Kontinent drohende Wolken zusammenballen. Ich kann nur hoffen, daß ich die Lage zu kritisch, zu bedrohlich sehe.

Wolkenbruch: es klart sich auf zum (nächsten) **Wolkenbruch** *scherzh* · it has cleared up until it rains again/until the next cloudburst *para*
… Ach, das Wetter wird wieder besser, Karl! Guck, da hinten vor den Bergen klart es schon auf. – Klar! Es klart sich auf zum nächsten Wolkenbruch! – Ja, willst du denn den ganzen Urlaub hier im Hotel verbringen? – Nein, draußen im Regen!

Wolkendecke: unter einer dichten Wolkendecke liegen *form* · to be under a thick/heavy/… layer of cloud
… Wie üblich, lag Frankfurt mal wieder unter einer dichten Wolkendecke, als wir da ankamen! – Wenn man über den Wolken fliegt und in den strahlenden Himmel guckt und dann plötzlich in diese Decke ein- und darunter taucht, wird die Welt plötzlich eine andere, nicht? – Allerdings. In jedem Sinn 'düster'!

Wolkenkuckucksheim: in Wolkenkuckucksheim leben/(sein) *ugs scherzh selten* · 1. to live in cloud-cuckoo land, 2. to have one's head in the clouds
1. … Seine Zerstreutheit ist grenzenlos. Er lebt immer in Wolkenkuckucksheim.
2. vgl. – in den/(über den/auf (den)) **Wolken** schweben/(sein) (1)

Wolle: sich in der Wolle haben (wegen etw.) *ugs* – sich in den **Haaren** liegen (wegen etw.) · to be at loggerheads with s.o. about s.th.

sich mit jm. **in der Wolle haben** *ugs* · to squabble/to be (always/…) squabbling with s.o. *n*, to be at loggerheads with s.o., to be (always/…) quarrelling/fighting/rowing/… with s.o. *n*
Was schimpft denn der Hubert da wieder herum? Hat er sich schon wieder mit der Ingrid in der Wolle? Herrgott, kaum ist er von der Schule zurück, da hat er schon wieder Streit mit der Ingrid!

jn. in die Wolle bringen *ugs selten* – jn. auf **achtzig** bringen · to make s.o. hopping mad, to make s.o.'s blood boil

in der Wolle gefärbt sein *form veraltend selten* · to be dyed in the wool
… Ja, das waren noch echte Pullover! Handgestrickt, in der Wolle gefärbt – nicht nachher, wenn sie fertig sind, mit der Maschine, wie heute …

nicht bis in die Wolle gefärbt sein *ugs selten* · s.th. has not quite sunk in *n*
(Ein Mathematiklehrer, der eine schwierige Aufgabe zum dritten Mal erklärt hat:) Ich habe leider den Eindruck, die Sache/das Ganze/die Problematik ist noch nicht bis in die Wolle gefärbt, oder irre ich mich und ist das jetzt richtig verstanden/sitzt das jetzt richtig?

ein in der Wolle gefärbter Berliner/Schwabe/… *ugs veraltend selten* – ein **waschechter** Berliner/Schwabe/… · a dyed-in-the-wool Bavarian/…, a genuine Bavarian/…, a true-blue Bavarian/…, a Bavarian/… through and through

in die Wolle kommen/geraten *ugs selten* – (inch zu:) auf **achtzig** sein · to start to get hopping mad/ratty/…

sich in die Wolle kriegen/(geraten) *ugs* – sich/(einander) in die **Haare** kriegen/geraten/(kommen/fahren) · to start quarrelling/squabbling

(warm) in der Wolle sitzen *ugs veraltend selten* – weich gebettet sein · to have a cushy life, to be feather-bedded

wollen: komme/(geschehe), was da wolle *form* – komme, was da wolle · come what may

(es) sei dem, wie ihm wolle *form* – (eher:) wie dem auch sei · be that as it may jm. **(doch nur/…) gut wollen** · to mean well with s.o.

… Was hast du denn gegen den Ralf? Er will dir doch nur gut! – An seinen guten Absichten habe ich nie gezweifelt. Ich mag ihn einfach nicht.

hoch hinaus/(obenhinaus) **wollen** – (zu) hoch **hinauswollen** · to aim high, to set one's sights high

du/der Fritz/… **hast**/hat/… **(hier**/da/…) **gar**/überhaupt **nichts**/nicht das mindeste/… **zu wollen** *sal* · you/John/… have/… (got) no say (at all/…) here/in this matter/…

… Also, mein Wille ist, wir entscheiden so, daß … – Moment mal, Thomas! Du entscheidest überhaupt gar nichts und du hast in der Sache auch gar nichts zu wollen! Denn als es darum ging, die ganzen Geschäftsbeziehungen mit Schuckert erst mal aufzubauen, haben wir von deinem Willen gar nichts vernommen …

da/in/bei/… **ist nichts zu wollen** *ugs* · 1. there's no point in trying, it's/s.th. is a waste of time *n*, 2. there's nothing to be done (about it)

1. … Hast du denn schon einmal mit dem Chef in der Sache verhandelt? – Bei dem ist gar nichts zu wollen. Da ist jede Bitte und jedes Gesuch überflüssig.

2. … Können wir das denn nicht anders regeln, die einengenden Klauseln einfach weglassen? Das muß doch möglich sein! – Nein, da ist nichts zu wollen. Die gesetzlichen Vorschriften sind da ganz präzise; daran kommen wir nicht vorbei.

obenhinaus wollen *selten* – hoch **hinauswollen** · to want to get right to the top

ohne es zu wollen etw. tun/geschehen – (eher:) (ganz) aus **Versehen** (etw. tun/geschehen) · to do s.th. by accident, to do s.th. without meaning/intending to

na, dann wollen wir mal! *ugs* · 1. 2. right, let's get started, right, let's get going/cracking/…

1. (Vor einer Wanderung; der Lehrer:) Alle da? Na, dann wollen wir mal! Je pünktlicher wir losgehen, um so besser.

2. (Vor einem Vortrag:) Na, dann wollen wir mal! – Sie wollen anfangen? – Ich denke, es ist Zeit, oder?

js. Augen/Ohren/Beine/… **wollen nicht mehr** *ugs* · s.o.'s legs/his eyes/… are not up to it, s.o.'s legs/… are playing him up

… Dem Heinz geht es nicht gut? – Nein. Sein Herz will nicht mehr. – Aber er kann noch aufstehen, laufen? – Ja; aber mit Mühe.

er/sie/der Peter/… **mag wollen oder nicht**, … *form* – (eher:) ob er/sie/der Peter/… **will** oder nicht, … · whether he/she/ John/… wants to or not

zwischen Wollen und Können besteht noch ein großer Unterschied/Wollen und Können sind zweierlei/… · there's a big difference between wanting to do something and being able to do it, wanting and doing are two different things

… Ja, der Ulrich will sofort nach seinem Examen das ganze Gut modernisieren. – Mein Lieber, Wollen und Können, das sind verschiedene Dinge. Daß er das Gut modernisieren will, daran zweifle ich nicht. Aber ob er das kann, ob er die Mittel und die Fähigkeiten dazu hat – daran zweifle ich sehr.

Wollust: etw. **mit wahrer/einer wahren Wollust tun** *ugs* – *path* · to take a real/… delight in doing s.th.

Es macht dem Klaus einen Mordsspaß, wenn er in einer Diskussion andere aufs Glatteis führen kann. Mit einer wahren Wollust stellt er den Leuten Fangfragen, führt sie auf falsche Fährten …

Wonne: etw. **mit Wonne tun** *path* · + it is a joy to do s.th., + it gives me/… the greatest pleasure to do s.th.

… Du hast den Jungen geohrfeigt?! – Mit Wonne, sag' ich dir! Wenn jemand ein wehrloses junges Mädchen derart gemein schikaniert wie dieser Kerl, empfinde ich eine schallende Orfeige als eine geradezu befreiende Tat.

etw. **ist eine wahre Wonne**/es ist eine wahre Wonne, etw. zu tun/…, eine wahre Wonne sein *path* · 1. 2. 3. it's a sheer delight (to do s.th.), it's a joy (to do s.th.)

1. … Das Wasser hier ist eine wahre Wonne. Wenn wir zu Hause so ein Wasser hätten, tränke ich kein Bier mehr! – Wer's glaubt, wird selig.

2. Es ist eine wahre Wonne, den Albert Klavier spielen zu hören. Der Junge spielt …! Konzertreif!

3. … Der Kleine da spielt Fußball, das ist eine wahre Wonne. Da, schau dir das an! Es ist ein Vergnügen, ihm zuzusehen.

vor Wonne zergehen/zerfließen/vergehen *path od. iron* · to dissolve/… with delight, to dissolve/… with joy, to be lost in rapture

… Ja, ja, komm', mach's kurz, Christl! Als du ihn dann endlich wiedersahst, zergingst du in seinen Armen vor Wonne, nicht? – Ich erzähl' dir nichts mehr. Wenn du nur ironisch reagieren kannst …

die Wonnen der Liebe *path od. iron* · the joys of love, the delights of love, the raptures of love, the transports of love

… Was zeigen die denn da wieder für Nacktszenen im Fernsehen? – Die Wonnen der Liebe, Vater! – Ah, so!

woran: (nicht) wissen/(nicht mehr) verstehen/…, **woran man mit** jm./(etw.) **ist** – (nicht) wissen/(nicht mehr) verstehen/…, wo man mit jm./etw. **dran** ist/(bei jm./etw. dran ist) · (not) to know where one is with s.o./s.th. (any more)

Wort: (…) auf ein Wort! · could I/we/… have a word (with you) please?

(Nach einem Vortrag:) Herr Krause, auf ein Wort! – Ich komm' sofort. Einen Moment, bitte. – Es ist nur eine Sekunde, ein, zwei Sätze …

das ist ein Wort! · you're on!, that's a good idea!

… Wenn du mir für den Druck meiner Arbeit 10 bis 12.000,– Mark leihst, mach' ich dir die Revision deines Wörterbuchs. – Du, Richard, das ist ein Wort! Ich brauch' in der Tat jemanden, der mir da hilft. Abgemacht?

mit einem Wort: – **kurz** und gut: · in a word, in short

das erlösende Wort sprechen/finden/… · to say/to find/… a word that relieves/eases/(…) the tension *para*, to say something to relieve/ease/… the tension *para*

… Die Karin kam immer wieder auf den Ausgangspunkt ihrer Überlegung zurück, die 'gefühlsmäßige Übereinstimmung', während der Dieter auf die 'Grundüberzeugungen', die zwei Menschen, die verheiratet sind, verbinden sollten, den entscheidenden Wert legte. So stritten sie eine ganze Weile und verbissen sich immer mehr, bis unser Alfred das erlösende Wort sprach: »Ihr beiden Kampfhähne merkt gar nicht, das der eine in 'Überzeugung' das Gefühl und der andere in 'Gefühl' die Überzeugung mitmeint.« Alle lachten und …

ich gebe dir/Ihnen/euch **mein Wort (drauf)!** *form* – jm. sein **Wort geben** (2) · I give you my word (on it)

ein geflügeltes Wort · a familiar quotation/saying, a standard quotation/saying

Ein oft wiederholtes Zitat, einen häufig zitierten Spruch oder ähnliches nennt man ein geflügeltes Wort. Stimmt das?

das gesprochene/geschriebene/gedruckte Wort *form* · the spoken/written/printed word

… Das würde ich nicht mündlich mit dem Rohlfs besprechen, das würde ich schriftlich klären! Das geschriebene Wort hat doch ein ganz anderes Gewicht!

ein hartes Wort · it is a harsh word (to use/…), it is a strong word (to use/…)

… Gut, ganz sauber ist er nicht immer, das gebe ich zu. Aber 'verlogen'- das ist ein hartes Wort. – Einverstanden. Aber darauf läuft es hinaus.

es kostet jn. **nur ein Wort**/es würde … kosten, **um/…** · + s.o. only needs/would only need/… to say the word and …, + all s.o. needs/would need/… to do is say the word and …

… Mein Gott, es würde den Blumenberg nur ein Wort kosten, und der Bernhard wäre gewählt. Der brauchte in der Kommission nur ein Mal zu sagen: Das ist mein Mann. Aber wie es scheint, will er sich aus der Sache ganz heraushalten.

das/etw. **ist** js. **letztes Wort** · that/s.th. is my/his/… last word

… Und du meinst, das ist sein letztes Wort? Er wird seine Entscheidung/Stellungnahme nicht mehr ändern? – Ich fürchte in der Tat, das ist endgültig …

(auf) mein Wort! *path* – jm. sein **Wort** geben (2) · I give you my word

das/(etw.) ist ein wahres Wort *path* · that's only too true, how true!

… Diese ganze Politik, das ist doch alles nur Macht – oder Dummenfang! – Das ist ein wahres Wort! Aber sag' das mal laut, dann gibt's Theater! – Weil es stimmt!

an dem, was j. sagt/…, ist kein wahres Wort (dran)/es ist kein wahres Wort an dem, was j. sagt/…/an js. Behauptungen/… *path* · there is not a word of truth in what he says/…

… Aber an dem, was der Herr Wollmann da vorbringt, ist doch kein wahres Wort dran! – Wie, Sie wollen behaupten, daß Herr Wollmann die Unwahrheit sagt? – Seine Ausführungen sind von vorne bis hinten erlogen …

von etw. weiß j. kein Wort · s.o. doesn't know a thing about it/s.th., s.o. hasn't heard a word about it/s.th.

… Ja, hat man Sie von dem Disput zwischen Herrn Baier und Herrn Rauschnik nicht informiert? – Nein! Davon weiß ich kein Wort.

jedes dritte Wort von jm./(bei jm.) **ist** 'Besserwisserei'/'Manipulation'/'…' · 1. 2. every other word s.o. says is …

1. … Der Udo meint, es hätte gar keinen Zweck, mit den Leuten zu diskutieren; sie wären sowieso manipuliert. – Der Udo hat's neuerdings mit der Manipulation. Jedes dritte Wort von ihm ist 'manipuliert', 'Manipulation'. Das ist schon eine richtige Manie.

2. Gerd, jedes dritte Wort bei dir ist 'Arschloch'. Das geht einfach nicht. Das kann man mal sagen. Aber doch nicht immer!

bei jm. **im Wort sein** · to have promised s.o. (s.th.), to have given s.o. one's word

… Vielleicht könntest du die Werkzeuge statt bei Herrn Rabendorf woanders kaufen. – Nein! Ich bin bei Herrn Rabendorf im Wort. Ich habe ihm fest zugesagt, die Sachen bei ihm zu kaufen; und mein Wort halte ich.

das Wort haben *form* · + it is s.o.'s turn to speak

(Der Vorsitzende auf einer Sitzung:) Meine Damen und Herren, ich darf um Ihre Aufmerksamkeit bitten! Das Wort hat unser verehrter Herr Neumüller, Ehrenpräsident unseres Verbandes. Herr Neumüller … – Meine Damen und Herren …

js. Wort haben · + to have promised s.o. (s.th.), + to have given s.o. one's word

… Vielleicht könntest du die Werkzeuge statt bei Herrn Rabendorf … – Nein, Herr Rabendorf hat mein Wort, und was ich versprochen habe, halte ich.

das erste Wort haben *form* · + the first speaker is …

(Zu Beginn einer Sitzung; der Vorsitzende:) Hiermit eröffne ich die heutige Sitzung … Das erste Wort hat der Abgeordnete der CDU, Herr Morbach. Herr Morbach, bitte!

das letzte Wort haben (in e-r S.) · to have the final say in a matter, to make the final decision in a matter

… Was uns angeht, Herr Baumann, so haben Sie unsere Unterstützung. Aber wir können das nicht endgültig entscheiden. Das letzte Wort (in der Sache) hat Herr Direktor Heupel. …

immer das letzte Wort haben wollen/müssen *ugs* · to want to/to have to have the last word

… Ich kann dieses rechthaberische Weibsbild überhaupt nicht mehr ausstehen! Immer und immer muß sie das letzte Wort haben.

kein Wort von etw. **erzählen**/erwähnen/verstehen/… · not to say a word about s.th.

Woher weiß der Murner, daß ich krank war? – Keine Ahnung, Alfons. Ich habe jedenfalls kein Wort davon erwähnt – niemandem gegenüber.

jm. **das Wort abnehmen**, zu schweigen/dafür zu stimmen/… · to make s.o. promise to do s.th.

… Und wird der Alfons auch dichthalten? – Ich hab' ihm das Wort abgenommen, nichts davon weiterzuerzählen. – Und auf sein Wort ist Verlaß? – Was er verspricht, hält er; daran zweifle ich nicht.

jm. **das Wort abschneiden** · to cut s.o. short, to interrupt s.o., to butt in *coll*

… Der Herr Hartmann wollte schon eine Dummheit machen, indem er anfing, die Intentionen der Geschäftsleitung darzulegen. Aber

Direktor Rausch schnitt ihm kurzerhand das Wort ab: er sagte »das gehört nicht hierhin« und lenkte die Diskussion auf ein anderes Thema. …

(in einer Debatte/…) **das/ein Wort aufnehmen/aufgreifen** · to take up/to pounce on/… a word (in a debate/…)

… Endlich war das Wort 'Zuschuß' gefallen. Unser Delegierter nahm es sofort auf und brachte geschickt unseren Antrag vor. …

das Wort vom »…« (noch einmal) **aufnehmen/aufgreifen** *form* · to take up a word/a term/an expression/…, to come back to a word/a term/an expression/…

(Während einer Diskussion über den Schwangerschaftsabbruch:) Wenn ich das Wort von der 'sozialen Verantwortung der Frau', das einer der jüngeren Herren eben brauchte, nochmal aufgreifen darf: was heißt da 'sozial'? Geht es um …

das letzte Wort behalten · to have the last word, to be proved right

(In einer Diskussion:) A: … Diese Entwicklung kann nur zu einem Atomkrieg führen, zur Vernichtung der Menschheit. – B: Hoffen wir, daß Herr Bautel mit dieser pessimistischen Einschätzung nicht das letzte Wort behält. – C: Ja, hoffen wir, daß die Dinge schon bald alle pessimistischen Vorhersagen Lügen strafen.

immer das letzte Wort behalten wollen *ugs* – (eher:) immer das letzte **Wort** haben wollen/müssen · to always want to have the last word, to insist on having the last word

in Wort und Bild berichten über/… *form* · to report/… an event/… in words and pictures

Guck' mal, was hier in der Zeitung steht: 'Aufgrund der Überschwemmung in der Bretagne – wir haben darüber in unserer gestrigen Ausgabe in Wort und Bild berichtet – ' … Hast du das gelesen? – Natürlich. Es gab einen langen Artikel darüber und eine ganze Reihe Aufnahmen.

ums Wort bitten · to ask to speak

(In einer Parlamentsdebatte; der Vorsitzende:) Ums Wort bittet der Abgeordnete Dr. Rusch. Ich darf Sie bitten, Herr Rusch, Ihre Zwischenfrage so kurz wie möglich zu formulieren.

sein Wort brechen · to break one's word

… Was der Karl verspricht, das hält er. Ich habe noch nie erlebt, so lange ich ihn kenne, daß er sein Wort bricht.

dein/sein/… **Wort/das Wort deines Vaters/… in Ehren, aber …/…** *form* · + I/we/… do not doubt his/… word, but …, with all due respect to your/his/… word/assurances/…, …

… Das brauchen wir doch nicht schriftlich zu fixieren! Wir können doch wohl noch auf die mündliche Zusage unserer Geschäftsfreunde vertrauen! – Ihr Wort in Ehren, Her Leitner; aber leider haben wir mit den mündlichen Zusagen der Firma Schuckert u. Co. sehr schlechte Erfahrungen gemacht …

mit keinem Wort auf etw. **eingehen** · not to mention s.th. at all, not to say/… a single word about s.th., not to go into s.th. at all

(Zu einer Romankritik:) Der Roman schildert die Liebe zweier erwachsener verheirateter Menschen im Spanien Francos, d.h. einer Welt, in der die Ehescheidung nicht möglich war. Der Kritiker geht auf diesen Hintergund – vor dem vieles in der 'Liebesgeschichte' erst verständlich wird – leider mit keinem Wort ein.

ein gutes Wort für jn. **einlegen** (bei jm.) · 1. 2. to put in a good word for s.o.

1. … Dein Vater hat doch Beziehungen zu dieser Firma, oder? – Ja, er kennt den Personaldirektor. – Könnte er nicht bei dem für mich ein gutes Wort einlegen? Wenn sich da keiner für mich einsetzt, habe ich da keine Chance.

2. … Natürlich, eine solche Bemerkung hätte der Klaus nie machen dürfen. Aber der Chef sollte ihm das auch nicht so übelnehmen. Der Junge hat das schließlich nicht so gemeint. Könntest du für ihn nicht ein gutes Wort einlegen? Du kennst den Alten doch persönlich …

jm. **das Wort entziehen** *form* · to ask s.o. to stop speaking, to rule s.o. out of order

(In einer Parlamentsdebatte; der Vorsitzende:) Herr Abgeordneter Werner, wenn Sie noch einmal das Wort 'Schweinerei' benutzen, muß ich Ihnen, so leid es mir tut, das Wort entziehen.

ein Wort ergibt das andere – ein **Wort** gibt das andere · one thing leads to another

das Wort ergreifen *form* · to take the floor, to begin to speak

Kaum war der Kanzler hereingekommen, da ergriff er auch schon das Wort. »Meine Damen und Herren«, so setzte er ein, »ich habe heute morgen in der 'Frankfurter Allgemeinen' gelesen …«

das Wort erhalten *form* · to receive permission to speak, to be called upon to speak

… Ja, und als ich dann endlich das Wort erhielt, hatte sich das meiste von dem, was ich ursprünglich sagen wollte, bereits erledigt. – Wahrscheinlich hat dir der Raimund gerade deswegen das Wort erst gegen Ende der Sitzung gegeben.

jm. **das Wort erteilen** *form* – jm. das **Wort** geben · to call upon s.o. to speak

etw. **mit keinem Wort erwähnen** · not to say a thing about s.th., not to say anything about s.th., not to mention anything at all about s.th.

… Aber hat der Ulrich dir das denn nicht gesagt, daß euer Vater dagegen ist? – Nein, er hat das mit keinem Wort erwähnt. – Er hat überhaupt nicht davon gesprochen? – Nein.

jm. **ins Wort fallen** · to interrupt s.o., to butt in *coll*

… Wenn ich sagte, daß die moderne Rüstung gefährlich ist … – Jede Rüstung ist gefährlich, nicht nur die moderne! – Hochverehrter Herr Kollege, wenn Sie mir jetzt nochmal ins Wort fallen, breche ich die Diskussion ab; ich schätze es nicht, wenn man jemanden einfach unterbricht.

über etw. **kein Wort fallen lassen** *ugs* · 1. 2. not to say a word about s.th.

1. vgl. – (eher:) über etw./(jn.) kein **Wort** verlieren

2. vgl. – (eher:) über etw. kein **Wort** verlauten lassen

jm. **aufs Wort folgen** *form* – jm. aufs **Wort** gehorchen · to obey s.o. to the letter/implicitly, to obey s.o.'s every word

das Wort führen · to lead the discussion

… Solange der Alfons in den Diskussionen/in der Gruppe das Wort führt, wird man nie zu vernünftigen Ergebnissen kommen! – Warum das denn nicht? – Weil die anderen sich zu sehr zurückhalten, wenn er dauernd redet, alles steuert …

das große Wort führen *ugs* · 1. to dominate/to monopolise the discussion, 2. 3. to shoot one's mouth off

1. … Wer in der Diskussion das große Wort geführt hat, war mal wieder der Dickmann. Der redet und dirigiert die anderen, als ob er alles allein wüßte und allein zu entscheiden hätte.

2. vgl. – die/(eine) große **Klappe** schwingen

3. vgl. – eine große **Klappe** riskieren

allein/**immer**/… **das große Wort führen** (wollen/müssen) · to (always/…) monopolise the discussion *coll*

Wenn der Anton dabei ist, kommt nie eine richtige Diskussion zustande. – Weil er immer allein das große Wort führt? – Klar! Er läßt doch niemanden zu Wort kommen.

jm. **das Wort geben** *form* · to call upon s.o. to speak

… Ja, und als mir der Vorsitzende dann endlich das Wort gab, hatte sich das meiste von dem, was ich ursprünglich sagen wollte, bereits erledigt. – Da konntest du dich ja kurz fassen. – Du bist gut!

jm. **sein Wort geben** · 1. 2. to give s.o. one's word

1. … Der Paul hat mir sein Wort gegeben zu schweigen. Er hat sich bei seiner Ehre verpflichtet, nichts von dem weiterzuerzählen, was ich ihm vertraulich gesagt habe.

2. … Stimmt das wirklich, was du da sagst? – Ich gebe dir mein Wort. Es ist alles haargenau so, wie ich es erzähle. Ehrenwort!/(Mein Wort!)

auf js. **Wort nicht viel geben können** – auf js. **Worte** nicht viel geben können · not to be able to rely on what s.o. says

über etw. **ist kein**/noch kein/… **Wort gefallen** · 1. 2. nothing/not a single word/… was/… said about s.th., it/s.th. has not been mentioned/discussed/…

1. … Und was wurde zu den Einfuhrzöllen gesagt? – Darüber ist kein Wort gefallen. – Das stand doch auf der Tagesordnung. – Ja, aber das Thema/der Punkt wurde nicht angesprochen.

2. (Jemand, der zu spät zu einer Versammlung kommt, zu seinem Nachbarn:) Ist die Rede schon auf die Ausländerproblematik gekommen? – Nein, darüber ist noch kein Wort gefallen. Wenn es Ihnen darum geht, haben Sie noch nichts verpaßt.

zwischen ihm/… **und mir**/… **ist noch kein hartes**/**böses Wort gefallen** · not a harsh/angry/… word has been/… said between him/… and me/…, not a word has been spoken in anger between him/… and me/…

Der Olaf und die Sabine sind jetzt schon mehr als zehn Jahre verheiratet. Aber sie gehen miteinander um, als hätten sie sich am Vortag ineinander verliebt. Ich glaube, zwischen den beiden ist in den ganzen zehn Jahren noch kein böses Wort gefallen.

niemals/… **ist darüber**/über etw. **das leiseste Wort gefallen** *path* · not a single word has been said about s.th.

… Aber habt ihr während all der Sitzungen denn nicht auch über die juristische Seite der Angelegenheit gesprochen? – Darüber ist bisher nicht das leiseste Wort gefallen. Das Thema ist offensichtlich tabu.

jm. **aufs Wort gehorchen** · to obey s.o. to the letter/implicitly, to obey s.o.'s every word

… Ja, bei der Mutter erlaubt er sich einiges. Aber dem Vater gehorcht er aufs Wort. – Wenn er da nicht sofort parieren würde, gäbe es ja auch wohl anständige Strafen, was? Mit dem alten Herrn ist ja bekanntlich nicht zu spaßen.

du sprichst/**er**/**der Peter**/… **spricht (da) ein großes Wort gelassen aus** *iron Zit* · that's a dramatic way of putting it, isn't it?, that's a bit over the top

… Wer sein Leben dransetzt, um ein neues Medikament zu entwickeln … – Sein Leben dransetzt – Sie sprechen da ein großes Wort gelassen aus, Herr Reimann. – Herr Kirschner, es ging bei dem Versuch um nichts weniger als das: unser Kollege Nagel hat dabei seine Gesundheit riskiert, letztlich sein Leben.

darüber/(darin)/über diese/(in dieser) Angelegenheit/… **ist das letzte Wort noch nicht gesprochen**/(gesagt) · the final decision (about s.th./in this matter/…) has not yet been made

… Aber wenn der Chef dagegen ist, werden wir mit unserem Antrag wohl kaum durchkommen. – Seien Sie beruhigt, Herr Berger, darüber ist das letzte Wort noch nicht gesprochen. Wenn der Chef die näheren Einzelheiten erfährt, kann er seine Haltung sehr wohl ändern.

da hast du/hat er/hat der Peter/… **ein wahres Wort gesprochen!** *path* – das/(etw.) ist ein wahres **Wort** · how true!

ein Wort gibt das andere *oft Imp* · one thing leads to another

Der Karl-Heinz und der Christoph haben sich gestern mal wieder die härtesten Schimpfwörter an den Kopf geworfen. Der Karl-Heinz verteidigte den Kapitalismus, der Christoph die liberale Marktwirtschaft. Die Diskussion wurde immer hitziger – du weißt wie das geht, ein Wort gibt das andere – und schließlich nannte der eine den anderen 'Saukapitalisten', 'Kommunistenschwein' usw.

jm. **aufs Wort glauben** · to believe every word s.o. says, to believe s.o.'s every word, to believe s.o. implicitly

… Aber bist du da wirklich davon überzeugt, daß das alles genauso stimmt, wie es die Barbara erzählt? – Der Barbara glaube ich aufs Wort. Ich halte sie für unfähig, auch nur eine Kleinigkeit falsch wiederzugeben.

jedes Wort glauben, das j. **sagt**/…/(jm. jedes Wort glauben)** · to believe every word s.o. says

… Du, wenn du jedes Wort glaubst, das dir die Berta erzählt, wirst du noch böse Überraschungen erleben. – Willst du damit sagen, sie lügt?

kein Wort glauben von dem, was j. **sagt**/… · not to believe a word s.o. says/…

Der Kurt sagt … – Du, was der Kurt sagt, interessiert mich absolut nicht. Von dem, was der erzählt, glaub' ich kein Wort. Das ist doch immer alles von vorne bis hinten erlogen und erstunken.

(bei jm.) jedes Wort auf die Goldwaage legen (müssen) – jedes Wort/… auf die **Goldwaage** legen · to (have to) watch every word with s.o.

das Wort Gottes *path* · the word of God

… Ganz egal, wie man zur Religion steht: eine Gesellschaft, die es verbietet, das Wort Gottes zu verkünden, kann man doch nicht tolerant nennen!

dein/euer/… **Wort in Gottes Ohr!** *form od. iron selten* · + let's hope so, + let's hope it happens/comes about/…, + let's hope you're right

… Du meinst also, man sollte endlich den arbeitsfreien Montag einführen? Dein Wort in Gottes Ohr! Das wünschen wir uns alle schon seit Jahren.

etw. **nicht Wort haben wollen** *form selten* · to deny having said something, to claim that one did not say something

… Er hat es im Beisein meiner Schwester und meines Bruders gesagt, und jetzt will er es nicht Wort haben! Unfaßlich, wie jemand abstreiten/leugnen kann, was er in Gegenwart von drei erwachsenen Personen lauthals verkündet hat.

jm. **bleibt das Wort im Hals(e) stecken** *ugs* – jm. bleiben die **Worte** im Hals(e) stecken · the words stick in s.o.'s throat

sein Wort halten · to keep one's word

… Sein Wort muß man halten, Gerd! Wenn du das dem Heribert versprochen hast, mußt du es auch tun.

vor Verlegenheit/Erregung/… **kaum ein Wort herausbringen/hervorbringen (können)** · to be hardly able to say/to get out/to utter/… a word

… Wie willst du eine Kandidatin vernünftig prüfen und ihr eine gerechte Note geben, wenn sie vor lauter Nervosität kaum ein Wort herausbringt?

vor Schreck/Scheu/… **kein (einziges) Wort herausbringen/hervorbringen** · not to be able to say/utter/… a word for fright/…, not to be able to speak for fright/nervousness/…

… Und was hat er auf die Frage geantwortet? – Gar nichts! Er war derart nervös und eingeschüchtert, daß er kein Wort hervorbrachte. – Welch eine Blamage! Ein vierzehnjähriger Junge …

das ist das erste Wort (davon/(…)), das ich höre/(…) · that is the first I've heard of it

… Was sagst du da, Onkel Herbert hat seine Zustimmung zurückgezogen? – Ja, wußtest du das denn nicht? – Aber nein! Das ist das erste Wort, das ich davon höre! Wann hat er das denn getan?

kein Wort hören wollen (von jm./etw.**)** · not to want to hear another word about s.th. (from s.o.)

… Jetzt hör' auf mit diesem ewigen Gerede von der Benachteiligung der Frau! Ich will kein Wort mehr davon hören! – Aber es stimmt doch! – Kann sein, kann auch nicht sein – wir werden uns da nicht einigen. Aber verschone mich mit dem Thema – ein für allemale!

nicht zu Wort(e) kommen · 1. (not) to speak, (not) to get to speak, 2. (not) to get a word in edgeways

1. … Und was hat der Herr Henze auf der Sitzung zu diesem Problem gesagt? – Der ist gar nicht zu Wort gekommen. – Wie, den haben sie gar nicht reden lassen? – Nein.

2. … Ach, der Ralf Dirks kommt auch? – Ja, warum? – Dann bleib' ich zu Hause? – Wieso das denn? – Wenn der erscheint, kommt wieder keiner zu Wort; dann redet der wieder den ganzen Abend allein.

die anderen nicht/niemanden/… **zu Wort kommen lassen** · not to let s.o. else/others/… speak, not to give s.o. else the chance to speak

… Nun laß die anderen doch auch mal zu Wort kommen, Ernst! Du kannst doch nicht immer nur alleine reden! Was du von der Sache denkst, das wissen wir jetzt; jetzt wollen wir mal die anderen hören.

das Wort kriegen – (eher:) das **Wort** erhalten · to be called upon to speak

jm. **erstirbt das Wort auf den Lippen** *oft Imp form* – *path selten* · the words die on s.o.'s lips

… Die Christa hatte weitererzählt, daß er sich scheiden lassen wollte? Wütend ging er in das Zimmer seiner Tochter, um ihr die Meinung zu sagen. Aber als er dann in ihre traurigen Augen blickte, erstarb ihm das Wort auf den Lippen. Erst jetzt verstand er, was es für seine Kinder bedeutete, daß die Eltern auseinandergingen.

kein/… **Wort (der Kritik/Klage/…) kommt über** js. **Lippen** *form* – *path* · not a word of criticism/complaint/… crosses s.o.'s lips

… 35 Jahre lang hat der Biermann seine Frau nur tyrannisiert. Aber meinst du, auch nur ein einziges Mal wäre ein kritisches Wort über ihren Mann über ihre Lippen gekommen? Nie!

vor Schreck/Scheu/… **kein (einziges) Wort über die Lippen bringen** *form* – *path* – vor Schreck/Scheu/… kein (einziges) **Wort** herausbringen/hervorbringen · not to be able to say/utter/… a word for fright/…, not to be able to speak for fright/nervousness/…

kein Wort mehr (von …/davon**)!** · not another word (about it/…)!

… Und dann wollte ich noch darauf hinweisen … – Kein Wort mehr von dieser Geschichte! Hören Sie?! Ich will kein Wort mehr davon hören!

in/bei/… **versteht man sein eigenes Wort nicht mehr** *vor Lärm* · in/at/… one cannot hear o.s. speak, in/at/… one cannot hear a word one is saying

Mein Gott, das ist ja ein ohrenbetäubender Lärm hier! Man versteht ja sein eigenes Wort nicht mehr!

sich zu Wort/(Worte)/(zum Wort) **melden** *form* · to say/to indicate/… that one wishes to speak, to wish to add s.th.

(Auf einer Sitzung; der Vorsitzende:) Ja, wenn sich niemand mehr zu Wort meldet, dann kann ich diesen Tagungspunkt abschließen. Es will also niemand mehr dazu etwas sagen? (Jemand streckt die Hand) Doch noch jemand? Ja, bitte …

in dieser Sache/**hierin**/…/(über diese Sache/hierüber/…) **hat** j. **auch noch ein Wort mitzureden** – in dieser Sache/hierin/…/(über diese Sache/hierüber/…) hat j. auch noch ein **Wörtchen** mitzureden · s.o. also has a say in this matter/…

ein Wort, das j. **beständig**/… **im Munde führt**/das Wort … beständig/… im Munde führen *form* · to be constantly/… using a word/the word …

… Du kennst das Wort 'Tüttelkram' nicht. Das ist doch ein Wort, das dein jüngerer Bruder beständig im Munde führt. Alles und jedes, was dem nicht paßt, ist für ihn 'Tüttelkram'.

jm. **das Wort im Mund(e) herumdrehen** *ugs* · 1. 2. to twist s.o.'s words

1. (In einer Diskussion:) Und wenn Sie behaupten, unsere Vorschläge seien absurd … – Das habe ich nicht behauptet! Bitte, drehen Sie mir das Wort nicht im Munde herum! Ich habe behauptet: die Vorschläge sind nicht genügend vorbereitet, abgesichert, durch Fakten belegt – nicht mehr und nicht weniger.

2. Bei dem Moser mußt du sehr genau aufpassen, was du sagst. Der dreht einem das Wort im Mund herum. – Das stimmt. Wenn man bei dem nicht höllisch aufpaßt, dann weiß man nachher selbst kaum noch, was man gesagt hat und was man nicht gesagt hat.

jm. **das Wort aus dem Mund nehmen** *ugs* · to take the words out of s.o.'s mouth

… Mensch, du nimmst mir das Wort aus dem Mund! Genau das wollte ich gerade sagen: die Ursel ist zu schüchtern. Genau das ist's.

jm. **muß man jedes Wort einzeln aus der Nase ziehen** *sal* · to have to worm something/information/… out of s.o., to have to drag every single word out of s.o.

(Der Vater zu seinem Sohn, der bei einem Unfug erwischt wurde:) Nun antworte doch, Helmut! Sonst redest du wie ein Wasserfall, und heute muß man dir jedes Wort einzeln aus der Nase ziehen! Also: wer von euch hat nun den Ball da in die Scheibe geschossen?

das Wort nehmen *form* – (eher:) das **Wort** ergreifen · to begin to speak

jn. **beim Wort nehmen** · to take s.o. at his word

… Was sagst du? Wenn es ein Minusgeschäft wird, willst du persönlich die Differenz tragen? Ich nehme dich beim Wort! Wir machen den Vertrag. Und wenn das schiefgeht, bezahlst du aus deiner eigenen Tasche, was wir eingebüßt haben. Einverstanden.

bei diesem Lärm/… **versteht man (ja) sein eigenes Wort nicht** – bei diesem Lärm/… kann man (ja) sein eigenes Wort nicht verstehen/versteht man … nicht · it's so loud in here/… that one can't hear o.s. speak

aufs Wort parieren *form veraltend* · to obey instantly, to jump to it
… Ja, bei der Mutter erlaubt er sich einiges. Aber es genügt, daß der Vater in der Nähe ist, dann pariert er aufs Wort.

bei jm. (für jn./daß etw. stimmt/…) **sein Wort als Pfand geben** *form – path veraltend* – (eher:) bei jm. (für jn./daß etw. stimmt/…) sein Wort verpfänden · to pledge one's word that s.th./what s.o. says/… is true

e-r S./(jm.) **das Wort reden** *form* · to speak in favour of s.o./s.th., to plead for s.o./s.th.
Es genügt nicht, auf politischen Veranstaltungen der Hilfe der Dritten Welt wohlmeinend das Wort zu reden. Man muß auch etwas dafür tun!

kein Wort (mehr) mit jm./miteinander **reden/sprechen** · not to speak to s.o./each other (again)
… Mit dem Schubert rede ich kein Wort mehr! So was Unerzogenes … – Was ist denn schon wieder los? – Dieser Kerl hat doch die Stirn, mir in der Sitzung vor allen Leuten vorzuwerfen, meine Abrechnungen seien nicht korrekt! Den laß ich in Zukunft total links liegen.

(noch/…) ein Wort mit jm. **reden (müssen)** *selten* · to (have to) have a word with s.o.
(Nach der Messe, ein Mann zu seiner Frau:) Wartest du nur einen Moment hier auf mich, Hilde? Ich muß noch ein Wort mit dem Herrn Kreuzer reden – wegen der Musikkapelle. Nur zwei, drei Sätze.

ein offenes Wort (mit jm.) **reden** (können/müssen/…) · 1. 2. to (have to/…) have a frank talk with s.o., to (have to/…) talk openly to s.o. about s.th.
1. … Wenn wir unter uns sind, werden wir ja wohl noch ein offenes Wort (miteinander) reden können. Es genügt schon, daß wir auf den offiziellen Sitzungen jedes Wort auf die Goldwaage legen müssen! …
2. … Sollte man mit dem Kurt nicht einmal ein offenes Wort reden? – Das ist schwierig. Er ist sehr empfindlich. Die ganze Sache ist sehr verfahren … – Einverstanden. Aber so kann das nicht weitergehen. Es muß ihm doch einmal jemand offen und ehrlich sagen, wie die Lage ist …

kein (einziges)/… **vernünftiges Wort reden** · not to speak a word of sense
… Diese ganze Versammlung war reiner Zeitverlust! Absolut sinnlos. Den ganzen Abend ist auch nicht ein einziges vernünftiges Wort geredet worden.

das Wort an jn. **richten** *form* · to address s.o., to speak to s.o.
… Und plötzlich richtete der Chef das Wort an mich: »Und was halten Sie von dem Vorschlag?« – Warum wandte er sich gerade an dich? – Keine Ahnung!

(schon mal/…) ein Wort riskieren/sagen/wagen (können) *ugs* · 1. 2. to speak out, to risk speaking one's mind, (not) to dare to say a word
1. Wenn man immer anständig gearbeitet hat und einen guten Ruf genießt, dann kann man in kritischen Situationen auch mal ein Wort riskieren. Aber wenn man nur als Faulenzer und Drückeberger bekannt ist, dann schweigt man natürlich besser.
2. vgl. – (schon mal/…) eine **Lippe** riskieren (können)

ein offenes Wort riskieren (können/…) – ein offenes Wort (mit jm.) reden (können/müssen/…) (1) · to have a frank talk with s.o., to talk openly to s.o. about s.th.

ohne ein Wort zu sagen … · 1. 2. without saying a word
1. … Als er merkte, daß die Diskussion in eine Kritik an seinem Cousin ausartete, stand er auf und verließ, ohne ein Wort zu sagen, den Saal.
2. So etwas Stilles wie deine Schwester! Den ganzen Abend saß sie auf der Couch, ohne ein Wort zu sagen.

ein offenes Wort sagen (können/…) – ein offenes Wort (mit jm.) reden (können/müssen/…) (1) · to (be able to) speak frankly/openly/… to s.o.

(eine Sprache) in Wort und Schrift beherrschen *form* · to have a written and spoken command of a language
… Eine Sache ist es, Paul, sich in einer Sprache unterhalten zu können, eine andere, sie in Wort und Schrift zu beherrschen! Kaum einer der älteren sogenannten Gastarbeiter spricht und schreibt korrekt Deutsch.

ein ernstes Wort mit jm. **sprechen (müssen)** · to (have to) have a serious talk with s.o.
… Mit dem Herrn Walters muß ich doch mal ein ernstes Wort sprechen. Ich weiß nicht, was mit dem in letzter Zeit los ist. Er kommt laufend zu spät zum Dienst; seine Briefe und Abrechnungen sind voller Fehler … Das kann so einfach nicht weitergehen, das muß man ihm klarmachen.

vor Scheu/… kein Wort zu sprechen wagen *form* · not to dare to say a word, to be too frightened/nervous/… to speak/ to say a word
… Aber hat die Anna denn nicht gesagt, daß das alles ganz anders war, als die beiden Jungen behaupten? – Die Anna hat vor lauter Angst gar kein Wort zu sprechen gewagt. – Angst? Vor wem? – Vor den beiden.

bei jm. **im Wort stehen** *form* · to have made a promise to s.o.
… Alle, sagte er, stehen wir bei dem Alten im Wort. Als er uns seinerzeit fragte, ob wir in einer Notsituation auch am Wochenende arbeiten würden, hat keiner von uns 'nein' gesagt. Jetzt ist die Notlage da! …

zu seinem Wort stehen · 1. 2. to keep one's word, to keep one's promise, to stick to one's promise
1. … Ja, natürlich hat der Alfons zugesagt. Aber ob er jetzt, wo die Lage derart schwierig geworden ist, noch zu seinem Wort steht, das weiß ich nicht.
2. Auf Herrn Bürger kannst du dich absolut verlassen! Das ist ein Mann, der immer voll und ganz zu seinem Wort steht, ein Mann von Charakter.

über ein Wort stolpern *ugs* · 1. to be shocked/offended/… by a word/expression/… *n*, 2. to be puzzled by a word/ sentence/… *n*, to be baffled by a word/sentence/… *n*
1. … Der Terminus 'schusselig' ist zur Qualifizierung des Eindrucks, den ein Kardinal macht, nicht angemessen, das stimmt schon. Aber trotzdem braucht man sich doch nicht gleich so aufzuregen! Dein Vater stolpert mal wieder über ein Wort.
2. … Der Text war doch so leicht! – Ja, war er? Ich bin über das Wort 'nursery' gestolpert. Da ich das nicht kannte, hab' ich den Sinn des ganzen Paragraphen nicht genau verstanden, ich wurde nervös – und dann war es aus!

(jm.) (in/mit) Wort und Tat (zur Seite stehen) *form – path* · to support s.o./… in word and deed
… Auf den Ronald Mösner habe ich mich in all den schweren Jahren stets verlassen können. Er hat mir immer mit Wort und Tat zur Seite gestanden.

noch ein Wort, und … (es gibt eine saftige Strafe/ich knall dir eine/…) *ugs* · another word out of you and … (you'll get a smack/feel the back of my hand/get a clip round the ear-hole/…), another peep out of you and … (you'll get a smack/…)
… Jetzt bist du ruhig! Absolut ruhig! Hörst du?! Noch ein Wort, und ich knall' dir eine, du Frechdachs!

(j. kann) jedes Wort (das j. sagt) **unterschreiben** · to agree with every word (that s.o. says)
… Herr Stelzer, würden Sie mit dem, was Herr Direktor Kreuder gerade dargelegt hat, übereinstimmen? – Aber ja! Ich kann da jedes Wort unterschreiben. – Und Sie, Herr Dollinger? – So uneingeschränkt wie Herr Stelzer würde ich da nicht zustimmen …

jm. **das Wort verbieten**/sich (von jm.) (doch) das Wort nicht verbieten lassen · 1. 2. to forbid s.o. to speak, to tell s.o. to shut up *sl*
1. (In einer hitzigen Diskussion:) Was haben Sie denn mit dieser Angelegenheit zu tun? Halten Sie sich doch da heraus! – Ich rede,

wann und worüber ich will, das ist doch wohl klar?! Oder meinen Sie etwa, ich lasse mir hier von Ihnen das Wort verbieten?!
2. ... Ich laß mir doch von Ihnen das Wort nicht verbieten!

über etw. **kein Wort verlauten lassen** *ugs* · 1. 2. to say nothing about s.th., not to say a word about s.th.
1. (Auf einer Sitzung mit den Abteilungsleitern; der Chef:) Und dann noch eins, meine Herren: was wir hier besprechen, bleibt unter uns. Darüber werden Sie in Ihren Abteilungen kein Wort verlauten lassen!
2. vgl. – (eher:) über etw./(jn.) kein **Wort** verlieren

über etw./(jn.) **kein Wort verlieren** *ugs* · not to say a word about s.th., not to mention s.th.
... Aber der Klaus hat dir doch erzählt, was auf der Sitzung besprochen wurde! Da muß er doch auch den Antrag von Herrn Bachmann erwähnt haben! – Er hat mir in der Tat ausführlich von den Diskussionen berichtet; aber über den Antrag hat er kein Wort verloren. – Den hat er überhaupt nicht erwähnt? – Nein.

über etw. **braucht man/... kein Wort zu verlieren** *ugs* · + it/ s.th. goes without saying (that ...)
... Daß man zu einer solchen hochoffiziellen Veranstaltung in geschlossenem Anzug geht, ist doch selbstverständlich. Darüber braucht man kein Wort zu verlieren.

bei jm. **(für jn./daß etwas stimmt/...) sein Wort verpfänden** *path veraltend* · to pledge one's word (that s.th. is true/...)
... Wenn ich dir sage: der Rolf nimmt dein Angebot an, dann nimmt er das an! Ich verpfände ein mein Wort. – Dir glaube ich auch so, Norbert. Aber bei dem Rolf bin ich skeptisch; für dessen Entscheidung kannst du gar keine Garantie übernehmen.

kein Wort verstehen (von dem, was j. sagt/...) · 1. 2. not to understand a word (s.o. says/is saying/...)
1. Verstehst du, was der sagt? – Kein Wort. – Das ist aber auch ein Lärm hier!
2. Von dem ganzen Vortrag habe ich kein (einziges) Wort verstanden. Kannst du mir nicht wenigstens andeuten, um welches Thema es da ging? – Stell' dich nicht dümmer, als du bist! – Von Mathematik verstehe ich nichts, das weißt du doch.

bei diesem Lärm/... **kann man (ja) sein eigenes Wort nicht verstehen/**versteht man ... nicht · one cannot hear o.s. speak with this noise/...
(Auf einem Bierfest:) Komm', Christa, wir gehen wieder. Bei diesem Rummel hier versteht man ja sein eigenes Wort nicht. Ich bin allergisch gegen so einen Lärm!

auf js. **Wort vertrauen** · to take s.o. at his word, to believe that s.o. will keep his promise
... Der Paul hatte mir fest versprochen, sich in der Kommission für mich einzusetzen! Und dann hat er das doch nicht getan?! Ich hatte auf sein Wort vertraut. Sonst hätte ich jemand anders gebeten.

an dem, was j. **sagt/..., ist kein Wort wahr** *path* – an dem, was j. sagt/..., ist kein wahres **Wort** (dran)/es ist kein wahres Wort an dem, was j. sagt/.../an js. Behauptungen/... · there is not a word of truth in what s.o. says/...

kein Wort weiter (von .../davon)! *selten* – kein **Wort** mehr (von .../davon)! · not another word (about it/...!)

etw. **Wort für Wort durchgehen/**kontrollieren/... · to go through/to check/... a text/... word for word
... Haben Sie auch genau kontrolliert, ob der Text keine Fehler mehr hat? – Ich bin ihn Wort für Wort durchgegangen; mir scheint, es ist alles richtig.

Wort an Wort fügen *form selten* · to string words together
... So wie ein begnadeter Maler gleichsam mühelos eine Zeichnung aufs Papier wirft, so fügt dieser Mann in einem naturhaft-gleichförmigen Arbeitsrhythmus Wort an Wort, bis das Werk vollendet ist.

das rechte Wort zur rechten Zeit *path* · the right word at the right time/moment
(Von einem Elternabend:) Und plötzlich steht der Herr Baumanns auf und sagt: »Wenn schon gespart werden soll, dann würde ich sagen, an den Skiausflügen, den Klassenfahrten und ähnlichem; aber nicht an den Lehrbüchern!« – Ein rechtes Wort zur rechten Zeit!

jm. **liegt das Wort auf der Zunge/**(ein Wort auf der Zunge haben) · it/the word/... is on the tip of s.o.'s tongue
... Verdammt nochmal, wie hieß das Material noch? Mir liegt das Wort auf der Zunge, Mensch! Schlu ... – Klu ... – Flu ... – Plutose! Genau! Plutose – in Anlehnung an Pluto! Also, du kaufst von dieser Plutose ...

jm. **das Wort von der Zunge nehmen** *ugs* – (eher:) jm. das **Wort** aus dem Mund nehmen · to take the words right out of s.o.'s mouth

zwei Menschen/... **geben sich ihr Wort zurück** *form* · 1. to break off one's engagement, 2. to release each other from their word
1. ... Die beiden haben ihre Verlobung gelöst? – Ja, sie haben sich ihr Wort zurückgegeben; sie sind zu dem Schluß gekommen, daß es so besser ist.
2. ... Sie hatten sich gegenseitig fest versprochen, das Geschäft zusammen zu leiten, bei allen Schwierigkeiten zusammenzustehen. Aber es klappte dann offensichtlich doch nicht so mit ihrer Zusammenarbeit, wie sie sich das vorgestellt hatten. Deshalb haben sie sich ihr Wort zurückgegeben. – Und wie wollen sie das jetzt regeln? – Sie teilen die Aufgaben auf.

jm. **sein Wort zurückgeben** *form* · to release s.o. from his word
... Aber ich hatte dir versprochen ... – Ja, ja ... Aber wenn es nicht geht. – Ich geb' dir dein Wort zurück. Ich will nicht, daß du dich an ein Versprechen gebunden fühlst, das du nicht halten kannst!

sein Wort zurücknehmen · to go back on one's word, to go back on one's promise
Es tut mir leid: aber bei seinem Verhalten sehe ich mich gezwungen, mein Wort zurückzunehmen: der Junge fährt in den Ferien nicht nach Frankreich, er arbeitet! – Sie wollen Ihr Wort brechen, Herr Schuster? – Ich breche mein Wort nicht, ich nehme es zurück: ich habe die Zusage unter Bedingungen gegeben, die der Junge nicht eingehalten hat. Da fühle ich mich an mein Versprechen nicht mehr gebunden.

Wörtchen: in dieser Sache/hierin/... **will** j. (natürlich/...) **auch ein Wörtchen mitreden** *ugs* · (of course/...) s.o. wants to have a say in s.th./the matter/...
... Peter, du gehst schließlich bei dem Projekt auch um die Umgestaltung des Hofs meiner Eltern. Es ist doch mehr als verständlich, daß mein Vater da auch ein Wörtchen mitreden will. – Kein Mensch will deinen Vater bei der Entscheidung übergehen, Robert! Aber noch ist die Sache nicht soweit! ...

in dieser Sache/**hierin/**.../(über diese Sache/hierüber/...) **hat** j. **auch noch ein Wörtchen mitzureden** *ugs* · s.o. has some say in a matter/...
... Wenn es um die Neugestaltung des Geländes um den Röderhof geht, hat unsere Familie ja wohl auch noch ein Wörtchen mitzureden. Ein Teil des Geländes gehört der Familie meiner Mutter seit Jahrhunderten! Die Stadt kann doch nicht einfach über die Besitzer hinweggehen.

mit jm. **noch ein Wörtchen zu reden haben** *ugs* · to want (to have) a word with s.o., to have a bone to pick with s.o.
... Schicken Sie mir doch mal den Herrn Laible herauf, mit dem habe ich noch ein Wörtchen zu reden. – Wie, hat er schon wieder eine Dummheit gemacht? – Schlimmer als das! Aber ... Dem muß ich mal deutlich die Meinung sagen ...

mit jm. **noch ein Wörtchen zur sprechen haben** *ugs selten* – mit jm. noch ein **Wörtchen** zu reden haben · to have a bone to pick with s.o., to want (to have) a word with s.o.

(ja) wenn das Wörtchen 'wenn' nicht wär' (dann wär' die ganze Welt nicht mehr) *ugs* · if ifs and ans were pots and pans
... Der Kurt meint, wenn du ihn früher benachrichtigt hättest, dann hätte er vielleicht was für dich tun können. Aber jetzt sei das schwer! – Ja, wenn! ... Davon hab' ich (jetzt) nichts. Im übrigen: das ist auch nur eine Ausrede. Du weißt ja: wenn das Wörtchen wenn nicht wär'! ...

Worte: es fallen harte/laute/scharfe/beleidigende/... **Worte** · there is some pretty tough talking, + they/... do not mince their/... words, harsh words are spoken

... Wie man hört, sollen die Bischöfe beim Regierungschef vorgesprochen haben, um auf eine Verschärfung der Gesetze über den Schwangerschaftsabbruch zu drängen. Es sollen scharfe Worte gefallen sein.

jm. **fehlen die Worte**, um jm. zu schildern/... *oft 1. Pers* – (gar) keine **Worte** haben für .../um zu ... · words fail me/(...) (when/...), + s.o. just can't describe how magnificent/...

geflügelte Worte – ein geflügeltes **Wort** · a familiar quotation/saying, a standard quotation/saying, a dictum

genug der Worte!/der Worte sind genug gewechselt/(genug der vielen Worte!) (jetzt laßt uns/wollen wir/... Taten sehen/...) *path od. iron* · enough of words, we've/... done enough talking

... Wenn Sie wollen, können wir das Für und Wider der Gebührenerhöhung ja nochmal diskutieren. – Ach, genug der Worte! Die Sachlage ist doch eindeutig: die Gebührenerhöhung ist ungesetzlich. Statt jetzt noch wer weiß wie lange zu diskutieren, wäre es besser, mit allen verfügbaren Mitteln juristisch dagegen vorzugehen.

das sind/... **goldene Worte** *path* · that's/these words are/... music to s.o.'s ears, those are/... words of gold/words of wisdom

... Wenn wir alle zusammenhalten, werden wir den Hof auch retten! – Das sind goldene Worte, mein Junge! Ich vertraue darauf, daß ihr euch alle in den kommenden Auseinandersetzungen mit der Stadt dementsprechend verhalten werdet.

hast du Worte! *ugs* – *path* – hast du **Töne**! · well I never!, did you ever?, that's unbelievable, that takes the biscuit

(das/(etw.) sind) (nur/bloß) hohle Worte · they/... are just empty words, they/... are just empty phrases

'Kampf dem Kommunismus'- 'Widerstand gegen die reaktionären Kräfte'... – das sind doch alles hohle Worte. Man kann diese abgedroschenen Phrasen doch gar nicht mehr hören.

(das/(etw.) sind) (nur/bloß) leere/schöne Worte · they/... are just empty/fine-sounding words

... Der Ulli sagt, er liebt dich und er würde dir immer beistehen, ganz egal, was kommt. – Ach, das sind doch alles nur leere Worte. Theoretisch liebt er mich; aber wenn Situationen kommen, wo sich die Liebe beweisen muß, dann merkt man nichts davon.

nichts als Worte! · it's all hot air *sl*, it's nothing but hot air *sl*, it's just words, (it is) nothing but talk, (it is) nothing but words, it's all talk

... Seit vier oder fünf Jahren reden sie jetzt von der neuen Steuergesetzgebung! Und was ist konkret passiert – nichts! Nichts als Worte, das Ganze!

ohne viel(e) Worte (zu machen) · without further ado/any fuss

... Wirklich sympathisch, wie der Willi so, ohne viel Worte zu machen, das Portemonnaie aus der Tasche zog und dem Jungen einen Zehnmarkschein zusteckte! Als wenn es das Selbstverständlichste von der Welt wäre, ihm den Film zu finanzieren! Wirklich prima!

das/(etw.) waren/(...) js. letzte Worte · these/... were his/... last words

... Gegen fünf Uhr morgens wurde sie dann endlich von ihrem Leiden erlöst. »Gott behüte die Kinder!«, waren ihre letzten Worte.

die passenden Worte (für etw.) **finden** · to find the right words (for s.th.)

... Wie sollte er seiner Mutter beibringen, daß er eine Schwarze liebte? Aber gesagt werden mußte es nun einmal. Es fiel ihm schwer, die passenden Worte zu finden ...

spar' dir deine/spart euch eure/... **Worte**/du kannst dir/... deine/... sparen *ugs* · don't waste your/... breath, save your/... breath

(Ein Junge, der sich gegenüber seinem Vater rechtfertigt:) Das war wirklich so, Papa! Der Rolf hat zuerst angefangen zu schlagen. –

Komm', spar' dir deine Worte, Junge! Der Rolf und seine Mutter haben mir gerade genau das Gegenteil erzählt. Besser schweigst du, als daß du da so Lügengespinste aufbaust.

versöhnende Worte (sprechen/...) · (to says./... a few/...) conciliatory words

(Eine alte Frau zu ihrem Mann:) Daß sich die Kinder aber auch immer wieder derart bitter streiten müssen! Kannst du nicht mal ein paar versöhnende Worte sprechen, Hubert? Auf dich hören sie doch sonst alle. Vielleicht bringst du sie auch heute wieder zusammen. ...

(gar) keine Worte haben für .../um zu ... *oft 1. Pers path* · 1. + words fail me (when/...), 2. s.o. just can't describe how magnificent/..., not to have/not to be able to find/... words to express

1. ... So eine Unverschämtheit ist mir in meinem ganzen Leben noch nicht vorgekommen! Ich hab' gar keine Worte, um Ihnen verständlich zu machen, was ich empfunden habe, als ich das hörte.

2. ... Eine Schönheit ... eine Weite ... von einer Erhabenheit, sage ich dir; ich hab' gar keine Worte, um dir das zu schildern.

js. **Worte sind Balsam auf** js. **Wunde**/(auf js. wundes Herz) *path* · s.o.'s words are like balm on s.o.'s wounds

... »Der Kronenberg, dein Erzfeind, hat doch auch nicht besser abgeschnitten als du!« Diese Worte seines Bruders waren Balsam auf seine Wunde! Wenn der Kronenberg aus dem Turnier auch herausgeflogen war, dann war sein Ruf vielleicht doch noch zu retten ...

nicht/nur schwer/... **in Worte fassen können**, was einen bewegt/... *form* · + it is difficult/impossible/... to put one's feelings/impressions/... into words

... Was hast du denn da so empfunden, als du nach zehn Jahren mal wieder nach Brasilien kamst? – Es fällt mir schwer, meine Eindrücke in Worte zu fassen. Sie waren sehr widersprüchlich. Auf der einen Seite ...

j. **kann** seine Eindrücke/... **kaum in Worte fassen** *form* · s.o. can hardly put his feelings/... into words

... Eine Schönheit ... eine Weite ... von einer Erhabenheit, sage ich dir. Ich kann meine Eindrücke kaum in Worte fassen! Du mußt es einfach sehen ...

die Worte fließen jm. **leicht aus der Feder** *form* · the words flow effortlessly from s.o.'s pen

... Wie, der Robert hat den ganzen Text schon aufgesetzt? – Das geht bei dem sehr schnell; die Worte fließen ihm sehr leicht aus der Feder. – Und sein Stil, wie ist der? – Flüssig, sogar von einer gewissen Eleganz.

keine Worte finden, um auszudrücken/... · 1. 2. to find no words to thank s.o./..., to find no words to express one's feelings/...

1. ... Vor lauter Rührung fand er keine Worte, um seiner Mutter zu danken. So eine Überraschung! ...

2. vgl. – (eher:) (gar) keine **Worte** haben für .../um zu ...

jm. **böse Worte geben** *form selten* · to say nasty things/words to s.o.

... Aber sag' mal, Hermann, wer schimpft denn da ein junges Mädchen so aus? – Sie hat angefangen, sie hat mich beleidigt ... – Und da meinst du, du kannst ihr so mitten auf der Straße böse Worte geben?

jm. **gute Worte geben** (damit er etw. tut/...) *form selten* · to try to cajole s.o. into doing s.th.

... Die Gisela im Haushalt helfen? Nie! Der kannst du gute Worte geben, soviel wie du willst: im Haushalt hilft die nicht. Das hält sie für unter ihrer Würde.

auf js. **Worte nicht viel geben können** · 1. 2. not to be able to rely on what s.o. says/..., not to be able to set much store by what s.o. says/...

1. ... Aber Herr Börner sagt ... – Ach, Herr Börner! Auf Herrn Börners Worte kann man leider nicht viel geben. Der sagt heute dies und morgen jenes – jenachdem, was gerade in der Luft liegt.

2. ... Ich weiß nicht, ob man auf Alfreds Worte viel geben kann. Er sagt so oft die Unwahrheit, verdreht so oft die Tatsachen ...

noch keine drei Worte mit jm. **gewechselt haben** · to have hardly spoken to s.o.

Kennst du den Herrn Werner näher? – Nein, nur von Ansehen. Ich habe noch keine drei Worte mit ihm gewechselt. Wir begegnen uns halt nur häufiger, wenn wir zur Arbeit gehen.

js. **Worte auf die Goldwaage legen** – (eher:) jedes Wort/...
auf die **Goldwaage** legen (1) · to take every word s. o. says/
s. o.'s words/... too literally/seriously/...

(bei jm.**) seine Worte auf die Goldwaage legen (müssen)** –
(eher:) jedes Wort/... auf die **Goldwaage** legen (2) · to have
to watch one's words carefully with s. o.

deine/eure/... Worte in Gottes Ohr! *form od. iron* – (eher:)
dein/euer/... **Wort** in Gottes Ohr! · + let's hope so, + let's
hope it happens/comes about/..., + let's hope you're right

jm. **bleiben die Worte im Hals(e) stecken** *ugs* – *path* · the
words stick in s. o.'s throat
... Ich wollte ihm gerade erklären, warum er als Kandidat für den
Posten nicht in Frage kam. Aber als ich sah, wie entsetzt er mich
ansah, blieben mir die Worte im Halse stecken. – Da hast du einfach
gar nichts mehr gesagt? – Ich habe nichts mehr herausgekriegt.

auf js. **Worte hören** *form* – (eher:) auf jn. **hören** · to heed
s. o.'s words/what s. o. says, to mark s. o.'s words *often: mark
my words*

(die) Worte kauen *selten* – (die) **Silben** kauen · to mouth
one's words

etw. **in Worte kleiden** *form* · to put s. th. into words, to express s. th. in words
... Natürlich hat der Junge einen Sinn für die Schönheit der Landschaft – genau wie du oder ich. Es fällt ihm halt nur schwer, das, was
er empfindet, in Worte zu kleiden. Es sind nun einmal nicht alle
Leute so sprachgewandt wie du.

etw. **in schöne/wohlklingende/höhere/... Worte kleiden** *form*
– *iron* · to express s. th. in fine-sounding/... words
Inhaltlich steckt in seinen Reden nicht viel (drin), das stimmt. Aber
er versteht es ganz ausgezeichnet, selbst die banalsten Dinge in wohl-
klingende Worte zu kleiden. Das hört sich immer wunderbar an, was
er vorbringt.

die Worte fließen jm. **leicht von den Lippen** *form* · the
words trip (lightly/easily/...) off s. o.'s tongue
... Selbst über ein so schwieriges Thema redet der Krämer ohne jede
Mühe! – Ja, ihm fließen die Worte leicht von den Lippen. Das macht
die Übung. Wenn man alle zwei Tage eine Rede hält, dann kann man
das halt.

große Worte machen *ugs* · to shoot one's mouth off
... Große Worte machen, ja, das kann er! Aber hast du schon einmal
gesehen, daß er auch nur eine einzige Arbeit vernünftig gemacht
hätte? – Er hat seine Kraft eben im Wort. – Kraft?! Hochtrabendes
Pathos, weiter gar nichts!

schöne Worte machen *ugs* · to express/... s. th. in fine
words, to be mealy-mouthed
... Statt die Dinge beim Namen zu nennen und ein kritisches Referat
über die Arbeit des Vorsitzenden zu halten, hat der Albert mal wieder schöne Worte gemacht! – Er will es mit dem Vorsitzenden nicht
verderben. – Aber deswegen braucht er doch nicht vor lauter Artigkeiten fast zum Schmeichler zu werden.

j. **will nicht viel(e) Worte machen/schätzt es nicht, viele
Worte zu machen/...** · 1. to be brief, not to beat about the
bush, 2. not to talk a lot, not to be long-winded
1. ... Ich will nicht viele Worte machen, ich will nur in zwei, drei
Sätzen kurz erklären, worum es bei der Sache geht. Also: ...
2. ... Nein, der Erich schätzt es nicht, viel Worte zu machen; das ist
ein Mann der Tat. Vom Reden hält er wenig.

jm. **die Worte im Mund(e) herumdrehen** *ugs* – jm. das **Wort**
im Mund(e) herumdrehen · to twist s. o.'s words

jm. **die Worte aus dem Mund nehmen** *ugs* – (eher:) jm. das
Wort aus dem Mund nehmen · to take the words right out
of s. o.'s mouth

unverständliche Worte (vor sich hin/...) **murmeln** · to mutter incomprehensible words to oneself
... Statt klar und unverworren, was er meint und was er
will, murmelt der Tobias da so ein paar unverständliche Worte vor
sich hin! Ist doch ganz klar, daß die Leute dann sagen: so ein schüch-
terner Mann wird nie etwas verkaufen.

js. **Worte noch im Ohr haben** · + s. o.'s words are still ringing in his/my/... ears, I/... can still hear s. o. saying ...
... Ich habe ihre Wort noch im Ohr: »Keine Angst, mir passiert
schon nichts!« Nun ist es also doch passiert ...

js. (schöne/...) **Worte sind (nichts als) Schall und Rauch** *path*
· 1. s. o.'s fine/... words are nothing but empty noise, s. o.'s
fine/... words do not mean anything, 2. it/s. th. does not
mean anything, it/s. th. is a waste of breath/ink/... *coll*, it/
s. th. is nothing but hollow words
1. ... Was habe ich von seinen schönen Worten? Sie sind nichts als
Schall und Rauch! Hilfe brauche ich, keine schönen Reden.
2. vgl. – (nichts als/...) **Schall** und Rauch (sein)

über etw. **braucht man/... keine Worte zu verlieren** *ugs* –
(eher:) über etw. braucht man/... kein **Wort** zu verlieren ·
not to (need to) say another word about s. th.

js. **eigene Worte als Waffe gegen** jn. **benutzen** · to use s. o.'s
own words against him, to beat/... s. o. with his own words
... Der Karsten hält mir vor, ich hätte im vergangenen Jahr selbst
gesagt, auf ein paar Hunderttausend (Mark) mehr oder weniger Umsatz käme es nicht an. – Er benutzt also deine eigenen Worte als
Waffe gegen dich? Und stimmt das? Hast du das gesagt? ...

seine Worte (genau/mit Bedacht/...) **wählen** · to choose
one's words carefully/...
... Wahrscheinlich hat der Alte das nicht so gemeint! Das Wort 'Intrigant' ist ihm wohl so herausgerutscht ... – Herausgerutscht? Hast
du eine Ahnung! Der wählt seine Worte ganz genau. Wenn der so
einen Ausdruck benutzt, dann kannst du sicher sein, daß er sich
vorher genau überlegt hat, warum.

seine Worte geschickt wählen/zu wählen verstehen/... · to
choose one's words skilfully/carefully/...
... Hm, das ist eine sehr verfahrene Situation! Und die Leute sind
auch alle so empfindlich! Wenn da jemand seine Worte nicht sehr gut
zu wählen versteht, fühlt sich sofort irgendjemand beleidigt, schok-
kiert, benachteiligt ... Man geht da geradezu wie auf Glatteis.

ein paar/einige Worte mit jm. **wechseln** · to exchange a few
words with s. o.
... Worüber hast du dich mit Herrn Schramm denn nach dem Vortrag noch so lange unterhalten? – Lange unterhalten? Ich habe nur
ein paar Worte mit ihm gewechselt. Wir haben ein paar Höflichkeits-
floskeln ausgetauscht, weiter nichts.

jm. **goldene Worte mit auf den Weg geben** *form od. iron* · to
give s. o. a few words of advice (when he leaves/...)
Was hat dir deine Mutter denn noch so lange gesagt, bevor wir ab-
fuhren? – Ach, das Übliche: ich soll beim Baden im Meer auf Ebbe
und Flut achten, mich warm genug anziehen, abends nicht allein
herumlaufen, ein bißchen lesen während der Ferien ... – Sie hat dir
also, wie man so schön sagt, goldene Worte mit auf den Weg gegeben. Ich hoffe, du richtest dich daran. – Jetzt spotte noch!

js. **Worte in Zweifel ziehen** *form* · to doubt s. o.'s words
... Ich weiß nicht, was Sie auf der Sitzung gestern vorgebracht haben. – Ich erkläre Ihnen doch gerade: ich habe gesagt ... – Ich war
nicht dabei. – Aber Sie werden doch jetzt meine Worte nicht in Zweifel ziehen! Wenn ich Ihnen ausdrücklich erkläre: ...

mit anderen Worten · in other words
... Ja, der Herr Kaufmann hat da in der Tat eine Stellungnahme in
diesem Sinn abgegeben. Aber er arbeitet erst seit kurzer Zeit auf
diesem Gebiet ... – Mit anderen Worten: er versteht von der Sache
nichts?

(jm.**)** etw. **in drei Worten erklären** (können/...) · to explain
s. th. to s. o. in a few words
... Mein Gott, um das zu erklären, braucht man keine langen Reden
zu halten! Das kann man in drei Worten sagen!

(etw.**) mit** (ein paar/...) **dürren/(nackten) Worten erklären/
skizzieren/...** · to explain/to outline/... s. th. in a few bare
words, to explain/... s. th. in a few bald/meagre/... words
... Kein Mensch erwartet, daß jemand in einer solchen Situation
lange Reden hält! Aber nur mit ein paar dürren Worten erklären:
»Ein so tragischer Unfall darf sich nicht wiederholen! Passen Sie in
Zukunft auf!« – das scheint mir doch ein bißchen zu lakonisch.

etw. **in hochtönenden Worten loben/**(…) *ugs – path* · to praise s.th. in high-sounding words

… Wenn die da in hochtönenden Worten ihren neuen politischen Stil anpreisen, kann man doch nur lachen! Dieser neue Stil bringt noch mehr Phrasen als der alte.

etw. **(nur/…) in knappen Worten/**mit ein paar/… knappen Worten **andeuten/**… · to outline/to explain/… s.th. in a few brief words

… Wenn du die Zusammenhänge ausführlich erklärt hättest, statt die Probleme nur mit ein paar knappen Worten anzudeuten, dann hätte die Mehrheit bestimmt für deinen Antrag gestimmt. Aber so wußte doch kein Mensch genau, woran er war.

(jm.) **in/**(mit) (ein paar/…) **kurzen Worten mitteilen/**… · to mention s.th. briefly (to s.o.), to mention briefly (to s.o.) that …

… Nein, über die Einzelheiten bin ich leider auch nicht informiert. Mein Bruder hat mir lediglich in ein paar kurzen Worten mitgeteilt, daß die Verhandlungen mit einem sehr guten Ergebnis abgeschlossen wurden.

mäßigen Sie sich/(mäßige dich/…) **in Ihren/**(deinen/…) **Worten!** *form – path* · tone down your language!, watch your language!

… Ich werde doch diesen Tünnes nicht umsonst bezahlen! – Mäßigen Sie sich in Ihren Worten, Herr Kreuder! Mein Sohn ist für Sie kein Tünnes – ganz egal, was da vorgefallen ist! Also: …

jm. **mit warmen Worten danken/**erklären, wie dankbar/gerührt/… man ist/… *form – path* · to thank s.o. warmly

… Natürlich hilft man anderen nicht, weil man Lohn oder Dank erwartet. Aber trotzdem tut es gut, wenn einem jemand mit warmen Worten erklärt, wie wichtig unsere Hilfe für ihn war, wie dankbar er dafür ist … Das ist nur menschlich.

ein Mann/Mensch/… **von wenigen Worten sein** *form od. iron* · to be a man/woman/… of few words

… Und, hat der Klose dir versprochen, deinen Antrag zu unterstützen? – Er hat nur trocken gesagt: ich will sehen, was ich tun kann. – Dann ist alles in Ordnung, Klaus. Der Klose ist ein Mann von wenigen Worten. Wenn er das so gesagt hat, kannst du sicher sein, daß er alles tut, was in seiner Macht steht.

etw. **mit wenigen Worten klären/**erklären/… · to explain/… s.th. in a few words

… Ach, da braucht man doch keine langen Diskussionen zu führen; das ist mit wenigen Worten geklärt. Es genügt zu wissen, wer für die Fahrt ist, wer dagegen. Da genügen drei Sätze, um das klarzustellen.

in wohlgesetzten Worten etw. **darlegen/**jm. danken/… *form – iron* · to explain s.th./to thank s.o./… with well-chosen words

… Alle Achtung, der Junge weiß, wie man sich benimmt. Wie er der Dame des Hauses da in wohlgesetzten Worten für die Einladung gedankt hat … – das war wirklich prima; das hätte kein Minister besser machen können.

jm. **mit schönen/**(ein paar) **leeren/nichtssagenden Worten abspeisen** *ugs* · to fob s.o. off with empty phrases/…

… Wenn die Genehmigung jetzt nicht kommt, dann schreibe ich einen offiziellen Beschwerdebrief an die Stadt. Irgendetwas müssen die dann ja sagen. – Ach, die speisen dich mit ein paar nichtssagenden Worten ab. Die erklären dir, grundsätzlich sei die Rechtslage natürlich geregelt, die Einzelheiten seien aber sehr komplizierten Ausführungsbestimmungen zu entnehmen …

jm. **mit leeren/nichtssagenden Worten hinhalten** · to put s.o. off/(…) with empty phrases

… Wie rechtfertigen die das denn, daß das so lange dauert? – Sie sagen, der Fachmann, der diese Dinge bearbeitet, sei seit längerer Zeit krank. – Kurz und gut: die halten dich mit leeren Worten hin. Und du läßt dir das gefallen?

nach Worten ringen *path* · to struggle for words

Es gibt Leute, die reden gut, und es gibt Leute, die reden weniger gut. Aber daß jemand derart nach Worten ringt wie dieser Herr Kroll, das habe ich bei einem Politiker noch nicht erlebt. Mein Gott, der bringt ja keinen einzigen Satz heraus, ohne einem geradezu leidzutun mit seinem Gestammel …

jn. **mit seinen eigenen Worten schlagen** · to turn s.o.'s own words against him, to beat s.o. at his own game

… Wenn der Herr Krause das vor zwei oder drei Monaten selbst gesagt hat, daß es bei diesem Geschäft nicht auf den Diskontsatz ankommt, ja überhaupt nicht auf Einzelheiten, sondern nur auf einen positiven Abschluß – dann kann er das jetzt nicht kritisieren. Dann kannst du ihn doch mit seinen eigenen Worten schlagen.

(nur) mit Worten spielen · to (merely/just/…) play with words, to (merely/just/…) make puns

(Aus einer Vorlesung über die portugiesische Literatur:) Die sogenannten 'trocadilhos' sind zunächst einmal ganz einfach Ausdruck der Freude daran, mit Worten zu spielen; mit den verschiedenen Bedeutungen, die jedes Wort hat, den Assoziationen, die es weckt, den Lauten, die es mit anderen verbindet …

nach (den geeigneten/…) **Worten suchen** · to search for words, to try to find the right words, to be at a loss for words

… Es war nicht so ganz einfach, den Leuten zu erklären, warum die Firma Kurzarbeit machen mußte. Er suchte nach den passenden Worten. Die Arbeiter mußten den Ernst der Lage verstehen; aber sie durften nicht entmutigt werden …

seinen Worten Taten folgen lassen *path od. iron* · to follow one's words with deeds, to suit the action to the word

… Gut, der Klose hatte dir versprochen, deinen Antrag bei der Stadt zu unterstützen. Das weiß ich. Aber hat er seinen Worten auch Taten folgen lassen? Hat er dich nun wirklich unterstützt?

jn. **mit seinen eigenen Worten widerlegen** *selten* – jn. mit seinen eigenen **Worten** schlagen · to turn s.o.'s own words against him, to beat s.o. at his own game

Wörterbuch: ein lebendes/(wandelndes) **Wörterbuch (sein)** *ugs* – (eher:) ein wandelndes **Konversationslexikon** (sein) · to be a walking dictionary

Wortführer: sich zum Wortführer einer Gruppe/…/(e-r S.) **machen** · to set o.s. up as a spokesman for a group/…

(Von einem Elternabend:) Im Grunde waren alle Eltern – im Gegensatz zu den Lehrern – für die Reise. Nur, wie üblich, hatte niemand den Mut, etwas zu sagen – bis sich der Herr Wolters zu Wort meldete und im Namen aller Eltern die Lehrer bat, ihre Stellungnahme nochmal zu überdenken. – Ach, hat der sich also zum Wortführer der Eltern gemacht? – So kann man das nennen.

Wortlaut: sich an den Wortlaut (eines Textes/…) **halten/**sich nach … richten – sich (sehr/zu stark/…) **an den Buchstaben** halten · to stick to/to abide by/… the (exact/…) wording (of the text/…)

Wortmeldungen: es liegen noch/noch vier/keine weiteren/… **Wortmeldungen vor** · + there are three or four people/… who wish to speak/there is no one else who wishes to speak/…, + three or four people/… have requested leave to speak

(In einer Ausschußsitzung; der Diskussionsleiter:) Wenn keine weiteren Wortmeldungen mehr vorliegen, darf ich die Debatte schließen. Ich danke allen Rednern für ihr Engagement und Ihnen allen, meine Damen und Herren, für Ihre Aufmerksamkeit. …

Wortschwall: jn. mit einem (wahren) Wortschwall überschütten/empfangen/… *path* · + to be overwhelmed/submerged/… by a real/… torrent of words

… Mein Gott, nun laßt den hohen Gast sich doch erst mal in Ruhe setzen! Und dann einer nach dem andern! Wenn ihr ihn so mit einem wahren Wortschwall empfangt, weiß er gar nicht, wie er auf all die Fragen und Bemerkungen am sinnvollsten eingehen soll …

Wortwechsel: es gibt einen (unangenehmen/…) Wortwechsel zwischen … **und** …/in einen (heftigen/…) Wortwechsel (mit jm.) **geraten/**… · + to get into/to get involved in/… an unpleasant/… argument, + to get into/to get involved in/… an unpleasant/… exchange of words

… Hüte dich, Herbert, mit dem Trautner aufs neue in einen Wortwechsel zu geraten! Der nimmt so etwas übel. Schon eure heftige Diskussion vom vergangenen Mittwoch wird der dir so schnell nicht vergessen.

wozu: wozu klagen/weinen/.../**wozu das Klagen**/Weinen/...?! *path od. resign* – was **soll** das Klagen/Weinen/...?! · what is the point of all this moaning/groaning/whingeing/...?

Wrack: (schon/...) **ein** (richtiges/ziemliches/...) **Wrack** (sein) *sal – path* · to be a complete/... wreck
... Der Mann ist völlig kaputt! – Kein Wunder! Sieben Jahre harte Drogen ... – Man weiß es, ja. Und doch nimmt es einen immer wieder mit, einen jungen Menschen vor sich zu haben, der ein richtiges Wrack ist.

(**nur noch**/...) **ein** (menschliches) **Wrack** (sein) *sal – path* · to be (nothing but/...) a (physical) wreck
... Wenn du aus so einer politischen Haft herauskommst – nach zig Jahren –, dann bist du nur noch ein Wrack; dann bist du physisch und psychisch fertig. – Nicht alle ...

Wucher: das/(etw.) **ist Wucher** · that/s.th. is daylight robbery, that/s.th. is a real/... rip-off *sl*
... Was hat er für die Reparatur der Schuhe genommen? – 46,– Mark. – 46,– Mark? Das ist ja Wucher! Dafür kriegt man ja fast ein Paar neue Schuhe!

Wucher treiben *path* · to charge extortionate prices for s.th., to profiteer
... Schau dir bloß mal diese Preise an: ein Oberhemd 98,– Mark, ein Anzug 1.785,– Mark, ein Mantel 2.350,– Mark. Diese Leute treiben Wucher! – Wenn sie genügend Dumme finden, die das zahlen ...

Wucht: das ist eine **Wucht**! *ugs – path* · that's great!, that's fantastic!
... Was? Wir kriegen von Papa für die Ferien den Wagen? Das ist eine Wucht! Mensch! Das hätte ich im Traum nicht gedacht. Toll! Wirklich toll!

mit aller/voller Wucht gegen etw. **prallen**/... · to hit s.th./to collide with s.th./to crash against s.th./... with one's full weight, to hit s.th./to collide with s.th./... with full force, to push s.th./to hit s.th./to collide with s.th./... with all one's might
... Wenn er beim Reinsetzen mit aller Wucht gegen die Garagentür gefahren ist, dann ist doch klar, daß sowohl die Tür wie der Kotflügel lädiert sind. – Daß die Tür aber auch halb zu sein mußte! – Ist das ein Grund, voll dagegen zu preschen?!

jm. **eine Wucht geben**/(verpassen) *sal* – nach **Strich** und Faden regnen/jn. anschnauzen/verhauen/... (2) · to give s.o. a real ticking-off, to give s.o. a right bollocking

Wunde: eine offene **Wunde** (sein) *path* · to be a (very/...) sore point for s.o., to be a painful memory for s.o.
... Von seiner Frau spricht du nicht, wenn der Bertold heute abend kommt! Sie ist zwar jetzt schon über fünf Jahre tot, aber das ist nach wie vor eine offene Wunde, an die man nicht rühren darf.

eine (alte) **Wunde** wieder **aufreißen** *form* · to open up an old wound
... Du, ich bin froh, daß die Christa den Schock über ihre Scheidung endlich einigermaßen überwunden hat. Du wirst also von deiner Bekanntschaft mit ihrem ehemaligen Mann nichts erwähnen. Es hat keinen Sinn, alte Wunden wieder aufzureißen ...

an js. **Wunde rühren**/(an eine alte Wunde rühren) *form* – (eher:) einen wunden **Punkt** (bei jm.) berühren · to touch on a sore point (with s.o.)

eine **Wunde muß noch**/... **vernarben** *form* · a wound takes time to heal
... Das ist doch mehr als verständlich, daß er den Tod seiner Mutter noch nicht verwunden hat. Das ist doch erst sieben Monate her, und er hing sehr an seiner Mutter. So eine Wunde braucht Jahre, um zu vernarben.

seine/sich die Wunden lecken *path* · to lick one's wounds
... Die bayrische SPD leckt ihre Wunden. Hätte man doch wenigstens 1% zugelegt, dann ließe sich die Niederlage ja verschmerzen. Aber so? ... – Sie wird an dieser Niederlage noch lange zu würgen haben.

tiefe **Wunden schlagen in**/bei/... *path* · to cause terrible damage in/to/..., to cause terrible/great/... destruction in/to/...
... Im ganzen Land hat der Krieg tiefe Wunden geschlagen, nicht nur in den Städten! Denk' an die Vertreibungen, an die wirtschaftlichen Schwierigkeiten und anderes mehr! Das hat alles die Landbevölkerung genauso getroffen wie die der Städte.

wunder: es nimmt mich/... **wunder, daß** ... *form od. iron* · it surprises me/... that ...
... Natürlich weiß ich, daß der Rainer anderen nicht gerne hilft. Und trotzdem nimmt es mich wunder, daß er sich nicht wenigstens für seinen Sohn einsetzt. Wundert dich das etwa nicht?

Wunder: es grenzt an ein **Wunder, daß** .../(etw. grenzt ...) · it/s.th. borders on the miraculous (that ...), it/s.th. verges on the miraculous (that ...)
Daß der Albert nach so langer Krankheit sein Examen doch noch geschafft hat, grenzt an ein Wunder. Wenn man bedenkt, daß er nie ein überdurchschnittlicher Student war ...

es/das/(etw.) **ist kein Wunder** · it's no wonder that ..., it's hardly surprising/no surprise/... that ...
... Es ist kein Wunder, daß er erkältet ist! Wenn er den halben Tag mit nassen Füßen herumläuft, kann er nichts anderes erwarten!

es/das/(etw.) **ist ein reines Wunder** (daß ...) *path* · it/that/(s.th.) is a sheer miracle (that he is still alive/...), it/that/(s.th.) is an absolute miracle (that he is still alive/...)
... Es ist ein reines Wunder, daß er überhaupt noch lebt! Wenn man den Wagen sieht, kann man sich nur fragen: wie ist das möglich? – Wie ist der Unfall denn eigentlich passiert?

etw. **ist ein Wunder an** ... *path* · it/s.th. is a miracle of precision/elegance/..., it/s.th. is a marvel of precision/...
... Der Herr Matthes schwärmt geradezu von seiner Baudelaire–Übersetzung. Er meint, das wäre ein Wunder an Präzision, Einfühlungsvermögen, Eleganz ... – Na ja, hoffen wir, daß er recht hat.

was Wunder, daß .../wenn ... · (it's) no wonder that ..., small wonder that/if ..., it's hardly surprising that ...
... Ja, ja, alle zwei, drei Tage schreiben die Kinder eine Klassenarbeit! Zwei Monate lang! Was Wunder, wenn sich niemand mehr für das Fach interessiert, sondern alle nur noch auf die Note gucken! Ein solches System kann doch gar keine anderen Folgen haben.

wie durch ein Wunder gerettet werden/heil davonkommen/... · to be rescued/to escape/... (as if) by a miracle
... Plötzlich brach der Hauptmast und das Boot trieb auf den sturmgepeitschten Wellen wie eine Nußschale umher. Es war nur eine Frage der Zeit, wann es untergehen würde. – Und die Insassen? – Sie konnten wie durch ein Wunder gerettet werden. Von einem Helikopter aus hatte man die Verzweifelten endeckt ...

mit jm./e-r S. **wirst du**/wird er/der Peter/... **noch dein**/sein/... **blaues Wunder erleben** *ugs – path* · 1. 2. he/you/... will get the shock of his/... life if/when ..., he/you/... is/... in for a nasty shock
1. ... Wenn ihr den Jungen weiterhin so verwöhnt, werdet ihr mit ihm noch euer blaues Wunder erleben, das kann ich euch sagen! Schon jetzt ist er schwierig – um es vorsichtig auszudrücken. Wartet nur ab! Mit dem werdet ihr noch euren Spaß haben!
2. Der Roland wird mit seinem Hausbau noch sein blaues Wunder erleben! – Wieso meinst du das? – Das wird wenigstens doppelt so teuer, wie der Architekt jetzt sagt. Und bürokratische Scherereien wird er auch noch eine Menge haben.

das Wunder vollbringen, zu ... *form – path* · to perform the miracle of doing s.th.
Stell' dir vor, unser Harald hat das Wunder vollbracht, in zehn Monaten zu promovieren.

Wunder wirken (bei jm./in/...) · to perform miracles (with s.o./in/...), to work wonders (with s.o./in/...)
... So ein Fachmann kann die einschlägigen Analysen machen, kann bestimmte Behandlungsmethoden empfehlen. Aber Wunder wirken kann natürlich niemand, auch er nicht. Wenn sich der Boden für die Pflanzen in der Tat nicht eignet, nützt auch die Hilfe eines Fachmanns nicht viel.

Wunderbare: das …,/was …,/(etw.) grenzt ans Wunderbare
path · 1. 2. it/s.th. borders on the miraculous, it/s.th. verges on the miraculous
1. Was die da heute im Geräteturnen leisten, (das) grenzt ans Wunderbare. Wenn ich das nicht mit eigenen Augen gesehen hätte, würde ich das gar nicht für möglich halten.
2. vgl. – (eher:) es grenzt an ein **Wunder**, daß …/(etw. …)

wundern: du wirst dich/er/der Peter/… wird sich/… (noch) wundern! *ugs* – du wirst dich/er/der Peter wird sich/… (noch) **umgucken!** · you/he/John/… are/is/… in for a shock

ich muß mich doch sehr wundern (daß …) *ugs – iron* · (well) I am really surprised (that …) *n*
… Was höre ich? Du hast deine Klassenlehrerin belogen? Ich muß mich doch sehr wundern. Das hätte ich von dir nicht erwartet. Erst Unsinn machen und dann, wenn man erwischt wird, noch lügen …

wunders: meinen/glauben …, j./etw. wäre/… wunders was …/ wie …/(…) *ugs* · 1. s.o. thinks/… he's incredibly/terribly/ amazingly/… strong/…, 2. s.o. thinks/… he has done something brilliant/incredible/fantastic/amazing/…, 3. to expect/… incredible/fantastic/… results
1. … Hör' dir diesen kleinen Kerl an, wie der angibt! Der glaubt wohl, er wäre wunders wie stark, was? Dabei braucht man ihn nur anzupusten, dann kippt er um.
2. Der Peter bildet sich ein, wunders was geleistet zu haben! Das ist zwar nicht schlecht, was er gemacht hat, das gebe ich zu. Aber so toll, wie er meint, ist das nun auch wieder nicht.
3. Du darfst da nicht wunders was für Ergebnisse erwarten! Wenn zwei, drei gute Aufsätze dabei heauskommen, dann ist das schon sehr gut.

meinen/glauben/…, man wäre wunders was/wer/sich wunders was einbilden/… *ugs* – meinen/glauben/…, man wäre **wer weiß** wer/was · to think one is the cat's whiskers, to think that one is someone/something really special

Wundertat: (mit etw.) (geradezu/…) **eine Wundertat vollbringen** *form – path* · to perform a miracle
Der Herr Matthes meint, mit dieser Baudelaire-Übersetzung hättest du geradezu eine Wundertat vollbracht. Sie sei zugleich exakt und elegant, getreu und poetisch – kurz, dir sei mit dieser Arbeit die Quadratur des Kreises gelungen.

Wundertier: jn. **anstarren/… wie ein Wundertier** *ugs path – iron selten* · to stare at s.o. like he was a monster/a creature from outer space/a weird and wonderful animal *para*
Das hättest du sehen sollen, wie die Leute im Dorf den Karl-Heinz in seinen Knickerbockers angestiert haben – wie ein Wundertier! – Das ist aber auch vielleicht eine Idee, in diesem abgelegenen Eifelnest in so einer Kniehose herumzulaufen, die aussieht, als wenn sie einer aufgeblasen hätte.

Wunsch: es ist/war/(…) (schon immer/…) js. Wunsch, zu …/ daß … · + s.o. has always wanted to …
Wie froh der Georg ist, daß wir im Sommer nach Spanien fahren! – Ja natürlich! Es war schon immer sein Wunsch, einmal für längere Zeit nach Spanien zu fahren. Nur hatte sich bisher nie die Gelegenheit ergeben.

das/(etw.) ist ein frommer Wunsch *ugs* · it/s.th. is (just/…) wishful thinking, it/s.th. is (just/…) a pious hope, it/s.th. is (just/…) a pipe-dream
Wenn die Ingrid nur eine Stunde mehr tut am Tag, dann hat sie in der Schule bestimmt keine Schwierigkeiten mehr. – Die Ingrid mehr arbeiten? Das ist ein frommer Wunsch! – Wie, nicht einmal eine Stunde …? – Schön wär's!

nur/bloß den einen Wunsch haben, zu …/daß … · 1. 2. all s.o. wants is to …, + my/his/… only wish is to …
1. … Ich habe bloß den einen Wunsch, daß wir im Sommer ans Meer fahren. Alles andere ist mir egal; das kannst du regeln, wie du willst. …
2. … Er hatte nur noch den einen Wunsch, aus dieser Schule herauszukommen. Dieses Gebäude, diese Leute nie wieder sehen – dieser Gedanke beschäftigte ihn von morgens bis abends.

es geht/läuft/verläuft/(…) alles/(…) nach Wunsch · everything is going according to plan
Na, was machen die Vorbereitungen für eure große Südamerikareise? – Bisher läuft alles nach Wunsch. – Hoffen wir, daß es so weitergeht.

auf vielfachen/(vielfach geäußerten) Wunsch … *form* · by popular request, by popular demand
(Auf einem Plakat:) Auf vielfachen/(vielfach geäußerten) Wunsch wird der Zirkus Krone sein Gastspiel in unserer Stadt um 14 Tage verlängern. …

auf Wunsch meines Bruders/… · at my/… brother's/… wish
… Wenn wir den Urlaub vorverlegen, dann auf Wunsch meines Vaters. Wenn es nach meiner Mutter und den Kindern ginge, würden wir, wie vorgesehen, erst im September fahren.

jm. jeden Wunsch von/(an) den Augen ablesen · to anticipate s.o.'s every wish, to read s.o.'s every wish in his eyes
»Mein Mann ist himmlisch«, schwärmte sie, »er liest mir jeden Wunsch von den Augen ab.«. – Wielange seid ihr verheiratet? – Seit drei Wochen. – Na, dann …

Ihr/dein/… Wunsch ist/(sei) mir Befehl *oft iron* · your/… wish is my/… command
Könntest du so gut sein, Heike, und den Hermann heute abend für mich anrufen? – Dein Wunsch ist mir Befehl! – Du bist ja sehr entgegenkommend gestimmt heute. – Bin ich das sonst nicht? Tu ich nicht immer ganz treu, was du willst?

von dem Wunsch beseelt sein, etw. zu tun *form – path* · to be filled with the desire to do s.th., to be inspired with the desire to do s.th.
Daß meine Mutter mir helfen will, finde ich natürlich prima, ganz prima sogar. Aber daß sie dann immer mit ihren überpädagogischen Ratschlägen kommen muß … – Deine Mutter ist von dem Wunsch beseelt, dir in diesen schweren Monaten beizustehen, alles zu tun, daß es wieder aufwärts geht …

einen Wunsch im Busen hegen *form – path selten* · to cherish the wish to …
… Endlich konnte er seine so lang ersehnte Reise in die Südsee antreten. Jahrelang hatte er diesen Wunsch im Busen gehegt; aber nie hatte es sich realisieren lassen. Nun war es soweit …

wenn … geschieht/…, (dann) hat j. keinen Wunsch mehr auf Erden *form – path* · if s.th. happens, s.o. will wish for nothing more in this world/in this life/…
Wenn der Robert in der Tat da zum Aufsichtsratsvorsitzenden gewählt wird, hat der keinen Wunsch mehr auf Erden. – Ah, Christa! Dessen Ehrgeiz ist unstillbar!

du hast/ihr habt/… einen Wunsch frei *ugs* · you/… have one wish
(Der Vater zu seinem Sohn:) Ich hab' mir deine Staatsarbeit mal durchgelesen. Ganz vorzüglich! Das verdient eine gute Belohnung. Wie ich zu sagen pflegte, als ihr noch kleiner wart: einen Wunsch hast du frei! – Ach, Vater, herzlichen Dank. Wenn ich mir in der Tat was wünschen darf, dann …

den (stillen) Wunsch hegen, zu …/… *form selten* · to cherish the desire to …
Du machst dir kein Bild, wie froh die Ursel war, als ich sagte, wir führen im Sommer nach Spanien. – Das glaub' ich. Sie hat schon lange den Wunsch gehegt/sie hegt schon lange den Wunsch, nach Spanien zu fahren; nur scheute sie sich immer, etwas zu sagen …

auf vielfachen Wunsch eines einzelnen Herrn/einer einzelnen Dame *iron* · at the repeated request of a certain gentleman/ lady *tr*
… Auf vielfachen Wunsch eines einzelnen Herrn findet unser nächstes Training schon am Montag statt. Peter muß am Dienstag zu einer Fortbildung.

da/(bei/…) ist der Wunsch der Vater des Gedankens *ugs iron* · the wish is father to the thought
… Was sagt sie? Die Schule soll 14 Tage später beginnen? Da ist der Wunsch Vater des Gedankens, was? – Nein, es gibt irgendsoeine Epidemie; die Ferien werden in der Tat um 14 Tage verlängert.

jm. **seine Wünsche von/(an) den Augen ablesen** – (eher:) jm. jeden **Wunsch** von/(an) den Augen ablesen · to anticipate s.o.'s every wish, to read s.o.'s every wish in his eyes

viele/noch manche/keine/... Wünsche offenlassen · to leave something/a lot/... to be desired

... Die Übersetzung ist zwar nicht schlecht; aber sie läßt doch noch manche Wünsche offen. Vor allem hätte man sich eine getreuere Wiedergabe der Bilder gewünscht.

wünschen: (ich) wünsche, wohl geruht zu haben *iron* · I hope you slept well

(Nach einem Vortrag:) Na, Friedel, ich wünsche, wohl geruht zu haben! – Wieso? – Ich hab' drei, vier Mal zu dir rübergeguckt – aber unser Friedel saß da mit Augen und schlief. – Von wegen! Ich hab' mich konzentriert. – Ah, so!

ganz, wie Sie wünschen/(wie du wünschst/...)! *mst iron* · just as you like

(Ein jüngerer Assistent zu einem Professor:) Könnten wir heute die Hörsäle vielleicht tauschen, Herr Tiedtke? Ich habe eine Einführungsübung, da kommen bestimmt über 40, 50 Studenten ... – Ganz, wie Sie wünschen, Herr Kraus. Mir ist es völlig gleichgültig, in welchem Raum ich mein Seminar abhalte. Ich kann auch ins Archiv ziehen. – Aber nein! ...

alles, was man sich nur wünschen kann *form – path* · everything one could possibly/... wish for

... So ein Kaufhaus bietet einem doch alles, was man sich nur wünschen kann. Man muß bloß das nötige Kleingeld haben! – Dieses 'bloß' übersehen die Kinder halt gern – und nicht nur sie. Das ist eine Verführung! ...

allerhand/viel/nichts/... zu wünschen übriglassen · 1. 2. to leave something/a great deal/a lot/... to be desired, 3. to leave nothing to be desired

1. Deine Fahrkünste lassen noch allerhand zu wünschen übrig, Klaus. Wenn du die Führerscheinprüfung bestehen willst, mußt du noch viel lernen.

2. Die Leistungen Ihrer Tochter, Herr Bertram, lassen leider nach wie vor viel zu wünschen übrig. Wenn sie sich nicht wesentlich bessert, wird sie das Klassenziel wohl nicht erreichen.

3. ... Wie seine Seminararbeit ist? Hervorragend! Eine Arbeit, die nichts zu wünschen übrig läßt. – Na, das hört man gerne. *seltener*

Wunschtraum: etw. ist js. Wunschtraum/es ist ..., zu ... *form – path* · it has always been s.o.'s dream to ...

Was hat er zu Weihnachten bekommen? Eine Spiegelreflexkamera mit Teleobjektiv? Das ist ja toll! Eine solche Kamera war doch immer schon sein Wunschtraum, nicht?

(immer) **noch/... den Wunschtraum hegen**, zu ... *form – path selten* · to (still/...) cherish the dream of doing s.th.

... Aber hegt denn der Walter immer noch den Wunschtraum, nach München versetzt zu werden? – Aber natürlich! Er wünscht sich nach wie vor nichts sehnlicher – und er wird die Hoffnung auch so schnell nicht aufgeben.

Wuppdich: mit einem Wuppdich aus dem Bett sein/... *ugs selten* · to be/to get/... out of bed/... with a whoomph, to be/to get/... out of bed in one bound/in a flash/...

»Wenn du mitfahren willst an den Strand«, sagte der Vater zu seiner zehnjährigen Tochter, die immer noch im Bett lag, »dann mußt du in einer Viertelstunde fertig sein! Punkt halb neun hauen wir ab!« Mit einem Wuppdich war die Kleine auf den Beinen, im Nu gewaschen und angezogen ...

Würde: etw. ist unter js. Würde/es ist ..., zu ... · 1. 2. it is beneath s.o.'s dignity to do s.th.

1. ... Die Babette könnte ihrer Mutter ja auch mal ein bißchen beim Hausputz helfen! Oder meint sie, das wäre unter ihrer Würde? – Nein, das ist nicht der Grund. Sie ist einfach bequem, sonst nichts.

2. ... Es ist wohl unter deiner Würde, selber einkaufen zu gehen, was?!

das/etw. ist unter aller Würde *ugs* – das/etw. ist unter aller/ (jeder) **Kritik** (2) · it's/s.th. is beneath contempt

es/etw. **für unter seiner Würde halten** (zu ...) · to consider/... s.th. beneath one's dignity, to consider/... s.th. beneath one, to consider it beneath one's dignity to do s.th.

Hält die Christl es für unter ihrer Würde, ihrer Mutter beim Hausputz zu helfen? Oder warum muß die alte Frau immer alles allein machen? – Sie ist einfach faul, weiter nichts.

es/(etw.) **mit Würde (er)tragen** *oft Imp iron* · 1. to take s.th. like a man, 2. to bear s.th. with dignity

1. ... Jetzt haben sie mir doch in der Tat meinen Wohngeldzuschuß wieder gestrichen! – Ertrag' es mit Würde, Franz! – Du hast gut spotten. Die Pfennige fehlen mir.

2. Der Holger ist wohl ziemlich niedergeschlagen, nachdem sie seine Kandidatur abgelehnt haben, was? – Er trägt es mit Würde. Nur an seinen gelegentlichen Ironien über die 'Scheiß-Kakademiker' merkt man, wie nahe es ihm geht. *seltener*

würdigen: jn. keines Wortes/keiner Antwort/keines Blikkes/... **würdigen** · not to deign to look at/to answer/... s.o.

... Und wie hat der alte Herr Schramm auf den unsachlichen Einwurf von dem Robert reagiert? – Ach, er hat diesen Querulanten nicht einmal einer Antwort gewürdigt! So, als wenn nichts wäre, fuhr er fort: dann ...

etw. **zu würdigen wissen** *form od. iron* · to (be able to) appreciate s.th.

... Und was willst du ihm als Aperitif anbieten? Einen guten Portwein? Weiß er den zu würdigen? – Der Walter? Das ist ein Spezialist auf diesem Gebiet!

Wurf: ein glücklicher Wurf sein *selten* · s.th. is a lucky hit, s.th. is a lucky strike

... Wie bist du denn überhaupt an diesen Posten gekommen? – Ich habe einfach auf Verdacht mehrere Firmen der Branche angeschrieben, und von Schuckert u. Co. haben sie mir dann eine positive Antwort gegeben. Der Verkaufsleiter war genau wie ich sechs Jahre in England ... – Na, das war ja ein glücklicher Wurf dann! ...

ein großer Wurf sein/es gelingt jm. mit e-r S. ein großer Wurf *path* · 1. 2. to be/to score a great success

1. Sein neuester Roman ist wirklich ein großer Wurf. Er ist glänzend geschrieben, großzügig in der Anlage ... Man merkt: der Autor hat etwas gewagt – und gewonnen.

2. Mit der Eröffnung dieser neuen Filiale in Frankfurt ist dem Robert wirklich ein großer Wurf gelungen. In dieser einen Filiale verdient er mehr als in allen übrigen zusammen.

einen eleganten/... Wurf haben *Röcke/Kleider/...* *form selten* · (to have) an elegant/... fall

Ein Rock, den du bei einer Schneiderin machen läßt, hat doch einen anderen Wurf als diese von der Stange gekauften Dinger. Achtest du nicht auf die Falten? Du mußt doch merken, ob ein Kleidungsstück richtig fällt oder nicht!

auf einen Wurf sofort mehrere Dinge erledigen/... *selten* · to do several things/... in one go

Wenn du statt Militärdienst in einem Krankenhaus, Altersheim oder so ableistest, kannst du auf einen Wurf zwei Vorteile verbuchen: einmal hilfst du Menschen, die es nötig haben, und lernst noch was dabei; und zum andern hast du abends Zeit, Geige zu spielen.

alles auf einen Wurf setzen *path selten* – aufs **Ganze** gehen · to stake everything in one/a single/... throw, to go the whole hog *coll*, to risk all or nothing

Würfel: die Würfel sind gefallen · the die is cast

Die Würfel sind gefallen: mein Bruder hat die Stelle bekommen. – Ach ja? Wann war denn die Sitzung? – Gestern abend. Die Mehrheit hat sich endlich eindeutig entschieden, und diese Entscheidung ist verbindlich.

etw. **in Würfel schneiden** · to dice s.th.

(Ein Besucher:) Schneidet ihr den Käse immer so schön in Würfel? – Wenn wir ihn aufs Brot tun, natürlich nicht. Aber sonst legt meine Mutter Wert darauf, daß die Stücke schon regelmäßige Würfel bilden.

Würfelhusten: Würfelhusten haben *sal selten* · to toss one's cookies, to throw up *coll*, to puke

... Eines von den Bierchen gestern abend muß wohl schlecht gewesen sein. Ich habe den ganzen Morgen schon den Würfelhusten; ich komm' aus dem Kotzen gar nicht mehr raus.

würgen: an etw. **zu würgen haben** *path selten* – an etw. zu **beißen** haben (1) · to have a real headache with s.th., to really/… struggle with s.th., to have one's work cut out to do s.th.

Würgegriff: im Würgegriff der Mafia/… sein *form* – *path selten* · to be in the strangehold of the mafia/…

… Ach, der Mann kann doch keinen einzigen Schritt mehr frei tun! Der ist doch völlig in der Hand der Drogenbosse. – Im Würgegriff des Syndikats, wie das gestern ein jüngerer Kollege nannte? – Haargenau!

Wurm: ein armer Wurm *path* – (eher:) ein armes **Würmchen** · (to be) a sad case, (to be) a sad/pathetic/… specimen

einen Wurm haben · 1. the apple/… is worm-eaten, the apple/… is full of maggots, the apple/… has worms, the apple/… is maggoty, 2. + there is something odd/fishy/weird/… about this/this business/…

1. … Der Apfel hat einen Wurm? Dann ist das ein Beweis, daß er nicht gespritzt wurde. – Das ist auch ein Trost.
2. vgl. – (u. U. da/in dieser Sache/… steckt/ist/(sitzt) der **Wurm** drin

sich krümmen wie ein Wurm *path* · 1. to twist and turn (like a worm), 2. to wriggle like an eel, to squirm, to twist and turn like an eel

1. … Die Stiche in der Seite waren unerträglich. Er krümmte sich wie ein Wurm. Ohne sein schmerzverzerrtes Gesicht hätte man über die Verrenkungen lachen müssen … *selten*
2. vgl. – (eher:) sich (drehen und) winden/sich krümmen wie ein **Aal**

einen (nagenden) Wurm in sich/(im Herzen) haben *form* – *path selten* · to be consumed/eaten up with resentment/bitterness/… about s.o./s.th.

… Ja, du hast Recht: gegen den Anwalt hat die Marlies einen nagenden Wurm in sich! – Aber will sie dem Mann denn ihr ganzes Leben übelnehmen, daß er sie nicht richtig verteidigt hat?! – Was heißt übelnehmen? Das ist ein innerer Groll, über den sie nicht wegkommt.

sich winden wie ein (getretener) Wurm *form* – *path* – sich (drehen und) winden/sich krümmen wie ein **Aal** · to wriggle/to squirm/to twist and turn/… like an eel

den Wurm baden *ugs selten* · to go fishing

… Den lieben langen Tag da an diesem Flüßchen stehen und den Wurm baden – ich weiß nicht, welchen Reiz das haben soll. – Dir sagt das vielleicht nichts. Aber es gibt Millionen von Menschen, die sich nirgends so gut entspannen wie beim Angeln.

da/in dieser Sache/… steckt/ist/(sitzt) der Wurm drin *ugs* · 1. there is something odd/fishy/strange/… going on, there is something odd/fishy/wrong/… about it, 2. there is a jinx on s.th.

1. Na, wie läuft das mit deinem Kreditgesuch? – Mensch, sei ruhig! Da steckt der Wurm drin, in dieser verdammten Geschichte. – Wieso? Was ist denn los? – Irgendwas stimmt da nicht. Ich weiß nur nicht, was. Das geht überhaupt nicht weiter …
2. … In diesen Verhandlungen steckt der Wurm drin! Jedesmal, wenn man meint, man käme endlich zu konkreten Ergebnissen, kommt sofort wieder irgendetwas dazwischen.

der nagende Wurm des Gewissens *path selten* · (the) pangs of conscience

Der Peter ist dir gegenüber so überfreundlich in letzter Zeit! – Der soll mir gestohlen bleiben mit seiner Freundlichkeit! Der nagende Wurm des Gewissens, weiter nichts! Der weiß ganz genau, wie sehr er mich mit seinen Intrigen geschädigt hat!

jm. **den Wurm schneiden** *ugs veraltend selten* · to knock an idea out of s.o.'s head, to dissuade s.o. from doing s.th. *n*, to talk s.o. out of doing s.th. *n*

… Der Junge will absolut Sportflieger werden! Das ist eine richtige Manie! Als wenn es keine Sportarten gäbe, die auch interessant, aber weniger teuer und gefährlich sind! So was Verrücktes! Ich weiß gar nicht, wie ich dem den Wurm schneiden soll.

jm. **den Wurm segnen** *ugs veraltend selten* – jm. (gehörig/…) die **Meinung** sagen · to give s.o. a piece of one's mind, to give s.o. a good/… ticking-off

vor jm. **wie ein Wurm im Staub(e) kriechen** *path veraltend selten* · to cringe to s.o., to grovel to s.o.

Der Schrumpeter hat überhaupt gar kein Ehrgefühl! Wie der den anderen nach dem Mund redet, sich vor dem Chef erniedrigt! – Dieser Mann ist eine jener nichtswürdigen Kreaturen, die vor den anderen wie ein Wurm im Staube kriechen, wenn sie ihren Vorteil darin sehen!

jn. **wie einen Wurm zertreten** *form* – *path veraltend selten* · to crush s.o., to make mincemeat of s.o., to grind s.o. into the ground

(Ein cholerischer Chef:) Wenn mir dieser Schuster noch ein einziges Mal dazwischenfährt, zertret' ich diesen Kerl wie einen Wurm! Vor versammelter Mannschaft mach' ich den so fertig, daß nichts mehr von ihm übrigbleibt. Der ist für alle Zeiten erledigt! …

Würmchen: ein armes Würmchen *sal selten* · (to be) a sad case, (to be) a sad/pathetic/… specimen

… Du hast die Bemerkung von dem Heiner gestern doch nicht übelgenommen? – Dem Heiner kann ich überhaupt nichts übelnehmen. Im Grunde ist er doch ein ganz armes Würmchen. Ständig unter der Knute dieses elenden Chefs, ständig in Geldsorgen, ständig auch zu Hause mit Konflikten belastet … Der kann einem doch nur leidtun.

Würmer: die Würmer baden *ugs selten* – den **Wurm** baden · to bait the hook, to go fishing

jm. **die Würmer aus der Nase ziehen** *sal* · 1. 2. to (have to) drag information/… out of s.o., to (have to) worm information out of s.o.

1. … Nun sag' doch etwas, Kind, sprich'! Und laß dir nicht so die Würmer aus der Nase ziehen! Herrgott, jede einzelne Sache muß man mit der größten Mühe aus dir herausquetschen! Los, nun rede!
2. … Dieser Roland kann einen verrückt machen mit seiner Fragerei! Was der alles wissen will! – Ja, der zieht einem die Würmer aus der Nase.

wurmt: es/etw. wurmt jn. *ugs* · to bug s.o., to annoy s.o., to get s.o.'s goat, to rankle with s.o. *n*

… Na, wie lief's in der Linguistik-Klausur? – Eigentlich ganz gut, aber es wurmt mich wahnsinnig, daß ich es vergessen habe, die letzten beiden Aufgaben zu bearbeiten. Deswegen könnte ich mich/mir echt in den Arsch beißen!

Wursch: j./etw. ist jm. **Wursch** *sal* · 1. + s.o. doesn't give a damn about s.o./s.th., + s.o. doesn't give a hoot about s.o./s.th., it's all the same to s.o., + s.o. doesn't give a toss/a monkey's toss/a monkey's about s.o./s.th., + s.o. couldn't care less about s.o./s.th., 2. s.o. doesn't care a damn about s.th.

1. … Gut, dann lehne ich das Angebot eben ab! – Das ist mir Wurscht! – Das ist Ihnen egal?? – Schnurzegal!
2. vgl. – sich einen **Dreck** um jn./etw. kümmern

Wurscht wider Wurscht! *sal* – wie du **mir**, so ich dir · tit for tat, I'll get my own back

Wurst: j./etw. ist jm. **Wurst** *sal* – (eher:) j./etw. ist jm. **Wursch** · + s.o. doesn't give a damn about s.o./s.th., + s.o. doesn't give a hoot about s.o./s.th., it's all the same to s.o., + s.o. doesn't give a toss/a monkey's toss/a monkey's about s.o./s.th., + s.o. couldn't care less about s.o./s.th., s.o. doesn't care a damn about s.th.

es geht um die Wurst/(Wurscht) *oft: diesmal/heute/jetzt/… geht's um die Wurst/Wurscht sal* – es geht ums **Ganze** (1; a. 2) · it's all or nothing, everything is at stake

jm. **nicht die Wurst auf dem Brot gönnen** *ugs selten* – jm. nicht das **Schwarze** unter dem Nagel/unter den Nägeln gönnen · to begrudge s.o. the air he breathes

sich die Wurst nicht vom Brot nehmen lassen *ugs selten* – sich den **Käse** nicht vom Brot nehmen lassen · s.o. does not let anyone put one over on him/take him for a ride/...

mit einer Wurst nach einer Seite Speck angeln *ugs selten* – mit der **Wurst** nach der Speckseite/(dem Schinken) werfen · to use a sprat to catch a mackerel

mit der Wurst nach der Speckseite/(dem Schinken) **werfen** *ugs selten* · to use a sprat to catch a mackerel

Wenn der Heinemann dem Chef aus Brasilien ein paar Edelsteine mitbringt, dann weiß er, warum. – Du meinst: er wirft mit der Wurst nach der Speckseite? – Natürlich! Er will Direktor vom Ein- und Verkauf werden.

(komm'!/...) **verschwinde wie die Wurst im Spinde!** *ugs scherzh selten* · buzz off!

(Der Vater, am Schreibtisch, zu seinem Sohn, der ins Zimmer kommt:) Rudi, verschwinde wie die Wurst im Spinde! Ich kann in den nächsten zwei, drei Stunden niemanden hier gebrauchen. – Ich wollte bloß ... – Raus, sage ich! Kerl nochmal, ich brauch' jetzt Ruhe!

Wurst wider Wurst! *sal* – wie du **mir**, so ich dir · tit for tat, I'll get my own back

Würstchen: ein armes/(...) **Würstchen (sein)** *sal* · (to be) a (complete/...) nonentity, (to be) a (complete/...) nonentity, (to be) a squirt, (to be) a miserable/pathetic/... specimen

... Und der Reinhold will sich auch gegen den Chef wenden und eine Revision der Verfügung beantragen! – Der Reinhold?! Daß ich nicht lache! Als ob dieses arme Würstchen auch nur das Geringste ausrichten könnte! Schon die Kollegen nehmen dieses Männchen nicht ernst; viel weniger (noch) der Chef.

Würstel: da/hier/... gibt's kein Würstel *ugs österr* · + I'm/... not making any exceptions *n*, + no one is getting special treatment *n*

(Der Lehrer zu einem Schüler:) Ganz egal, ob du am Montag kommst oder nicht: den Hausaufsatz über den 'Werther' schreibt jeder! Da gibt's kein Würstel. Wenn ich mit Ausnahmen anfange, macht nachher kein Mensch mehr den Aufsatz.

Wurststandpunkt: sich auf den Wurststandpunkt stellen *sal selten* – sich auf den **Leck'**-mich-am-Arsch-Standpunkt stellen · to adopt/to take an I couldn't care less/an I don't care/a what do I care?/an I don't give a shit/... attitude

Wurzel: die erste/zweite/... **Wurzel aus neun/**100/... (ziehen) *Math* · 1. 2. to work out/to calculate/... the square/cubic/fourth/... root of a number

1. Die Wurzel – oder genauer – die Quadratwurzel aus neun ist drei; die Kubikwurzel oder dritte Wurzel aus 27 ist ebenfalls drei ...
2. Habt ihr schon gelernt, Wurzel zu ziehen? – Ja. – Wieviel ist denn die vierte Wurzel aus 16?

etw. **mit der Wurzel ausrotten/**(ausreißen) – das **Übel/**(etw.) mit der Wurzel ausrotten/(ausreißen) · to eradicate an evil/..., to pull s.th. out by the root

das **Übel/**(...) **bei der Wurzel packen** – das **Übel** bei der Wurzel packen · to get down to the root of the problem/...

die Wurzel allen Übels (ist ...) – der **Grund** allen Übels (ist ...) · the root of all evil (is ...)

in/(...) ... **Wurzeln schlagen** · to put down roots in a town/village/...

Ich glaube, ich kann in dieser Stadt so lange leben, wie ich will, ich werde hier nie Wurzeln schlagen. – Liegen dir die Leute nicht, oder warum wirst du hier nicht heimisch?

die Wurzel von neun/16/... **ziehen**/Wurzel(n) ziehen *Math* · to find/to extract the square/cube/fourth/... root of a number

(Der Mathematiklehrer:) Im Verhältnis zur Potenzrechnung ist Wurzeln ziehen also nichts anderes als die umgekehrte Rechenoperation. Wenn zwei zum Quadrat vier ist, dann ist die Wurzel aus vier zwei, wenn vier hoch drei 64 ist, dann ist die dritte Wurzel aus 64 vier, usw.

Wurzeln treiben *Pflanzen* · to grow roots, to develop roots

Schau' mal, die Setzlinge, die wir vor vierzehn Tagen mitgebracht haben, fangen schon an, Wurzeln zu treiben. – Na, dann schlagen sie also doch an. Ich hatte schon gefürchtet, sie würden eingehen.

wüßte: nicht, daß ich wüßte *ugs* · not that I know of, not to my knowledge

Hat sich dein Bruder da wirklich nicht beworben? – Nicht, daß ich wüßte. Und er würde mir das doch wohl erzählen.

(ja/tja) **wenn ich/**(er/der Peter/...) **das wüßte!** *ugs* · I/he/... wish I/... knew, if I/... only knew

... Und meinst du, die Konjunktur wird wenigstens in deiner Branche bald wieder besser? – Tja, wenn ich das wüßte! Dann wäre ich schon einen schönen Schritt weiter. Das weiß kein Mensch, Klaus!

ich/(er/der Peter/...) **wüßte/**..., **was ich/**(er/...) **lieber täte/**... *ugs* · I/he/... can/could think of better things to do

... Du, jetzt laß mich bloß zufrieden mit deinen blödsinnigen Verbesserungsvorschlägen! Es reicht mir gerade, daß ich hier den ganzen Tag das Holz laden muß! Oder meinst du etwa, das macht mir Spaß? Ich wüßte, was ich lieber täte!

ich wüßte nicht, was ich lieber täte! (als zu ...) *ugs oft iron* · I could not think of better things to do (than ...), + there's nothing I'd enjoy more (than ...), + there's nothing I'd like better (than ...)

... Du, Paul, könntest du mir heute aus der Stadt ein Buch mitbringen? – Ach, Gerda, ich wüßte gar nicht, was ich lieber täte, als bei dem herrlichen Wetter in der Stadt noch durch die Büchereien zu pilgern! – Entschuldige. Aber ich hab' wirklich keine Zeit und brauch' das unbedingt. – Schon gut. Also: wie heißt das Ding? ...

Wust: dieser/... **(ganze) Wust von** Kleidern/Papieren/... *ugs – path* · this pile of clothes/papers/..., this jumble of clothes/papers/...

... Ich würde an deiner Stelle diesen ganzen Wust von alten Kleidungsstücken, der hier noch im Schrank herumhängt, kurz entschlossen wegschmeißen.

wüst: wüst und leer/(öd) **sein** *Bibel path* · (the earth/... is) without form, and void

... 'Und die Erde war wüst und leer', heißt es in der Bibel. An dies Wort mußte ich denken, als ich in die verlassene Berggegend da oben im Norden Portugals kam: riesige Granitberge in einer Hochebene, kalt, öde, verlassen ... Ein durchaus biblischer Eindruck.

Wüste: ein Land/... **zur/**zu einer richtigen/... **Wüste machen** *path selten* · to devastate a town/country/..., to turn a town/country/... into a wasteland

... Die haben doch mit ihrem grauenhaften Bombenhagel die meisten Städte zu einer richtigen Wüste gemacht! – Einer Steinwüste. – Ja. Es ist entsetzlich.

in der Wüste predigen *ugs* – (vor) tauben **Ohren** predigen · to be a voice in the wilderness, to preach to deaf ears

jn. **in die Wüste schicken** *ugs* · to send s.o. packing, to give s.o. the push

... In den Jahren, in denen sie Personal brauchten, schimpfte er, haben sie aus allen möglichen Ländern Arbeiter angeworben. Jetzt, wo die wirtschaftliche Entwicklung rückläufig ist, tun sie alles, um die Leute, mit denen sie ihren Reichtum verdient haben, in die Wüste zu schicken.

Wut: außer sich sein vor Wut *path* – auf **achtzig** sein · to be beside o.s. with rage

blind vor Wut sein *path* · to be blind with rage, to be in a blind fury

... Der Albert hat den Brief des Hauswirts vor dessen Augen zerrissen?! Ist der denn wahnsinnig? – Er war blind vor Wut. Er hat den angebrüllt, so einen unverfrorenen Brief hätte er noch nie bekommen ... – Der Junge schädigt sich doch nur selbst. Jetzt kommt natürlich eine Kündigung. ...

rot vor Wut sein *path* · to be red-faced with rage/anger/(...)

... So wütend hab' ich den Ernst noch nie gesehen. Er war rot vor Wut!

Z

Zack: auf Zack sein *ugs* · 1. 2. to be on the ball, to be on one's toes

1. An dem Gerd kannst du dir ein Beispiel nehmen: der ist pünktlich, ordentlich, gewissenhaft, und der hat Zug in seiner Arbeit! Der ist auf Zack, wirklich! Das geht alles mit einem Schwung! – So richtig preußisch!

2. vgl. – (eher:) auf **Draht** sein

jn./etw. **auf Zack bringen** *ugs* · 1. 2. to lick s.th. into shape, 1. to knock s.o./s.th. into shape, to bring s.o. up to scratch, 2. to brush s.th. up, to polish s.th. up

1. ... Die Abteilung hat jetzt gut ein halbes Jahr ohne jede Orientierung gearbeitet; da geht alles drunter und drüber. Es dürfte für den neuen Abteilungsleiter nicht ganz einfach sein, die wieder auf Zack zu bringen.

2. vgl. – jn./etw. auf **Vordermann** bringen

(jetzt aber/...) (mal/...) **zack zack!** *ugs* – **dalli**, dalli! · make it snappy!, at/on the double!, get a move on!, look smart!

Zacken: einen ganz schönen/... Zacken draufhaben *sal* – (eher:) einen tollen **Zahn**/vielleicht einen Zahn draufhaben (1) · to go like the clappers, to be really/... moving/shifting/motoring/..., to be going some, to be going at a fair lick

jm. **bricht/**(fällt) **kein Zacken/**(keine Zacke) **aus der Krone** (wenn/...) *ugs* – (eher:) jm. fällt keine **Perle** aus der Krone (wenn/...) · + s.o. won't lose face by doing s.th., it won't/wouldn't hurt s.o. to do s.th., it's not infra dig for s.o. to do s.th.

sich keinen Zacken aus der Krone brechen (wenn/...) *ugs* – (eher:) jm. fällt keine **Perle** aus der Krone (wenn/...) · s.o. won't lose face by doing s.th., + it won't/wouldn't hurt s.o. to do s.th., + it's not infra dig for s.o. to do s.th.

einen Zacken weghaben/(haben) *sal selten* – (ganz schön) einen in der **Krone** haben · to be well-oiled, to have had a drop too much

zackig: ..., aber/und zwar/(...) **ein bißchen zackig** *sal veraltend* · ..., and make it snappy!, jump to it!, look lively!

(Der Chef zu ein paar Arbeitern, die träge vor einigen Paketen stehen, die sie einzuladen haben:) In zehn Minuten will ich diesen ganzen Schwindel im Wagen sehen. Jetzt aber ran an die Arbeit, und zwar ein bißchen zackig! Ihr seid wohl noch nicht ausgeschlafen, was?!

Zahl: eine einstellige/zweistellige/dreistellige/... **Zahl** · a three/four/five/... figure sum/salary/...

... Tja, wenn man sein Monatsgehalt in einer fünfstelligen Zahl angeben kann ... – Fünfstelligen Zahl? Der Herbert verdient doch keine 10.000,– Mark im Monat! – Hast du eine Ahnung!

100/1.000/10.000/... **an der Zahl** *path selten* · 100/1000/10000/... (in number)

... Ich weiß gar nicht, wieviel Leute sich in unserem Betrieb für dieses blödsinnige Fußballspiel freigenommen haben! Bestimmt hundert an der Zahl!

... **ohne Zahl** *path selten* · countless people/injuries/deaths/..., innumerable people/injuries/deaths/..., applications/injuries/... without number

... Ein Angriff nach dem andern, Bombenabwürfe, Tote, Verletzte ohne Zahl – nein, das ist eine Schlachterei, kein Krieg.

in großer Zahl herbeiströmen/an etw. teilnehmen/... · to flock into a town/city/..., to come/to appear/... in large numbers

In großer Zahl waren die Bewohner der umliegenden Städte und Dörfer herbeigeströmt, um den amerikanischen Präsidenten zu sehen. Auf dem Marktplatz waren mehr als 100.000 Menschen versammelt; bestimmt die Hälfte davon kam von auswärts ...

in voller Zahl erscheinen/... *eher: vollzählig ...* · + there is a full turn-out (for the meeting/...)

Denk' dir, zu der Jahreshauptversammlung sind die Mitglieder unseres Klubs diesmal in voller Zahl erschienen. Nicht ein einziger hat gefehlt.

fünf eine gerade Zahl sein lassen *ugs* – (eine) **fünf** gerade sein lassen · to turn a blind eye to s.th., to stretch a point

die/seine/ihre Zahl ist/war Legion *form* – *path selten* · the number of unemployed/injured/... is legion

Wenn man liest, wieviele Jugendliche allein in Europa auf der Straße liegen/keine Arbeit haben! Die/ihre Zahl ist Legion! – Wenn ich mich nicht irre, habe ich vor einigen Tagen in der Zeitung gelesen: 25.000.000 – Ist das nicht eine ungeheure Menge?

Zahl oder Wappen *dir. R veraltend selten* · heads or tails?

... Wenn ihr euch partout nicht einigen könnt, müßt ihr losen. Ich habe per Zufall eine alte Münze bei mir, die können wir in die Luft werfen. Was wählst du, Klaus, Zahl oder Wappen?

Zahlemann: wenn/..., dann heißt es/(...) **Zahlemann und Söhne** *sal selten* · if ..., you/... (soon) have to cough up/pay up/...

... In dieser Stadt brauchst du nur fünf Minuten irgendwo falsch zu parken, dann heißt es schon Zahlemann und Söhne! 20,– Mark bist du dann wenigstens los.

Zahlen: natürliche Zahlen · natural numbers

... Nein, 'unnatürliche Zahlen' gibt es natürlich nicht, Gerd. Aber in der Natur findest du keinen 1/3 Baum und keine 1/17 Blume und auch keine – 35 Pilze. Deshalb nennt man nur die ganzen und positiven Zahlen die natürlichen Zahlen.

aus den roten Zahlen herauskommen · to get out of the red

... Durch die zusätzliche Nachfrage aus den fünf neuen Bundesländern werden in diesem Jahr die Unternehmen der Automobilbranche endlich aus den roten Zahlen herauskommen, die ihnen der Absatzeinbruch der letzten Jahre beschert hat.

aus den roten Zahlen heraussein · to be out of the red

... Wie läuft dein Geschäft, Hans? – Nun, da ich gerade erst eröffnet habe, bin ich natürlich noch weit von der Gewinnzone entfernt. Aber ich schätze, daß ich nach ca. eineinhalb bis zwei Jahren aus den roten Zahlen heraus bin.

in die roten Zahlen kommen/geraten · to get into the red

(Aus einem Artikel einer Fachzeitschrift:) Durch die anhaltenden harten Preiskämpfe auf dem Computermarkt sind im letzten Jahr viele Unternehmen der Branche in die roten Zahlen gekommen. Marktbeobachter rechnen damit, daß ein Drittel der Anbieter in diesem Jahr vom Markt verschwinden wird.

wieder/... in die schwarzen Zahlen kommen · to get into the black again/...

(Ein Firmenchef:) Wenn die Konjunkturentwicklung so weitergeht wie in den ersten beiden Quartalen dieses Jahres, wird es uns in diesem Geschäftsjahr gelingen, wieder in die schwarzen Zahlen zu kommen. Ein weiteres Verlustjahr würde die Firma auch kaum überstehen.

schwarze Zahlen schreiben · to be in the black

... Natürlich sind die Zeiten schwerer geworden. Aber das war doch auch zu erwarten. – Ihr schreibt aber nach wie vor schwarze Zahlen, wenn ich richtig deute, was du sagst? – Wir haben im letzten Jahr sogar mit einem höheren Gewinn abgeschlossen als in den beiden Jahren davor.

in den roten Zahlen stecken/(stehen)/(rote Zahlen schreiben) *ugs* · to be in the red

Geht die Entwicklung bei Schuckert inzwischen wieder aufwärts oder stecken die immer noch in den roten Zahlen? – Die haben auch in diesem Jahr wieder Minus gemacht.

zählen: (mir scheint/...,) j. **kann nicht bis drei/fünf/zehn zählen** *sal* · s.o. is/must be/... incredibly stupid, s.o. is/must be/... too stupid for words

... So eine Dummheit! Ein Haus in dieser Lage so billig zu verkaufen! Mir scheint, dieser Kerl kann nicht bis drei zählen! Selbst der größte Schafskopf weiß doch heute, daß ein Haus in dieser Lage schon wegen des Grundstücks wenigstens 10 – 20% im Jahr an Wert steigt!

(und) ehe man/(ich/der Peter/...) bis drei zählen kann *oft Imp ugs selten* · before you/... can say Jack Robinson, he/... is off/..., before I/... know/... where I/... am/..., he/... is off/...

... Und ehe man bis drei zählen konnte, war der Junge um die Ecke verschwunden. Keine zehn Sekunden hatte das gedauert.

auf jn. (immer) zählen können – mit jm. (immer) **rechnen können** · to be (always/...) able to count on s.o.

(so) tun/sich anstellen/..., als wenn man nicht bis drei/fünf/zehn zählen könnte *sal* · to act dumb, to pretend that one is stupid/feeble-minded/... *n*

... Paß auf bei dem alten Fredersdorf! Der tut immer so, als könnte er nicht bis drei zählen. Aber das ist alles nur Maske. Hinter dieser scheinbaren Einfalt und Dummheit verbirgt sich ein gehöriges Maß Raffinesse.

js. Vergehen/... **zählen nach** Hunderten/Tausenden/... *form – path selten* · to run into hundreds/thousands/...

... Der Mutzer? Der hat nicht einen oder zwei Schecks gefälscht und auch nicht 20; dessen Scheckfälschungen zählen nach Hunderten.

Zahlenangaben: keine genauen Zahlenangaben machen (können) *form* · not to (be able to) give any precise figures

(Frage an einen Referenten eines Kultusministeriums:) Und können Sie uns nicht sagen, wieviel abgewiesene Junglehrer in einen anderen Beruf gewechselt sind und wieviel arbeitslos sind? – Dazu kann ich Ihnen leider keine genauen Zahlenangaben machen.

Zahlengedächtnis: ein gutes/schlechtes/... Zahlengedächtnis haben · to have a good/a poor/... memory for figures

... Du hast meine Telefonnummer im Kopf?! – Ja, warum denn etwa nicht? Ich habe alle Telefonnummern im Kopf, die ich häufiger brauche. – Dann hast du aber ein gutes Zahlengedächtnis. Ich könnte mir so viele Zahlen nie merken.

Zahlung: etw. in Zahlung geben *form* · to trade s.th. in, to give s.th. in part-exchange

Wenn du dir einen neuen Wagen kaufst, gibst du den alten in Zahlung? – Ich denke schon. Den rechnen sie mir dann mit etwa 3.000,– Mark auf den Preis des neuen an.

eine Zahlung leisten *form* · to make a payment

... Hat der Erich den Fernseher denn schon ganz bezahlt? – Ich glaube nicht. – Dann soll er die Zahlungen erst mal leisten, ehe er sich zu einem neuen Ratenkauf entschließt.

etw. in Zahlung nehmen *form* · to take s.th. in part-exchange

... Wenn ich bei Ihnen einen neuen Opel kaufe, nehmen Sie meinen alten dann in Zahlung? – Ja; wir rechnen Ihnen 3.000,– Mark dafür an.

an Zahlungs Statt *form selten* · in lieu of payment, instead of payment

... Wer bekommt schon gern an Zahlungs Statt eine Schulderklärung oder sowas?! – Immer noch besser eine eindeutige Unterlage als gar nichts – wenn der Möllers schon nicht zahlen kann.

Zahlungsschwierigkeiten: in Zahlungsschwierigkeiten geraten *form* · to be in/to get into/... financial difficulties, to be struggling financially

... Schuckert hat Konkurs angemeldet? Das hätte ich nicht für möglich gehalten. Mir war zwar vor einigen Monaten aus Bankkreisen zu Ohren gekommen, daß die Firma in gewisse Zahlungsschwierigkeiten geraten war. Aber ich hatte das für eine kurze Durststrecke gehalten.

Zahn: das/(etw.) ist gerade etwas für den hohlen Zahn/das/(etw.) reicht gerade/nur/... für den hohlen Zahn/(das/(etw.) ist nur für den hohlen Zahn) *sal* · it/s.th. is a pretty mingy/meagre/paltry/... portion, it's hardly enough for a mouse/to feed a sparrow, it's just a snack

... Was? So ein Würstchen mit ein bißchen Salat soll mein ganzes Mittagessen sein? Das reicht gerade für den hohlen Zahn!

ein steiler Zahn *sal selten* · a cracker, a smasher, a piece of hot stuff

... Die Katharina wird noch manchem Mann den Kopf verdrehen. Das ist ein steiler Zahn, die! Die ist nicht nur hübsch, die hat Feuer im Hintern!

einen tollen Zahn/vielleicht einen Zahn draufhaben *sal* · 1. to be going/to go like the clappers, to be going at a fair lick, to be going some, to drive at breakneck speed, 2. to drive (so) fast *n*

1. ... Er hatte einen tollen Zahn drauf; selbst mit unserem Sportwagen konnten wir ihm nur mit Mühe folgen. 170, 180 fuhr er bestimmt.

2. ... Hast du immer so einen tollen Zahn drauf? – Gehe ich dir zu schnell? – Du rast ja daher, als wenn die Polizei hinter dir her wäre! *seltener*

jm. **auf den Zahn fühlen** *ugs* · 1. to sound s.o. out about s.th., 2. to grill s.o.

1. Meinst du, der Detlev hätte hintenherum etwas von unseren Plänen erfahren? – Ich weiß nicht. Du kannst ihm ja mal auf den Zahn fühlen. Wenn du ihm ein paar unverfängliche Fragen stellst ... Vielleicht fällt er drauf rein/(herein).

2. ... Um herauszubekommen, wie weit seine Vorkenntnisse reichen und ob er für den Posten geeignet ist, fühlte der Alte ihm einmal gründlich auf den Zahn. – Wonach hat er den Peter denn alles gefragt?

jm. **tut kein Zahn mehr weh** *sal* · 1. s.o. has snuffed it/ kicked the bucket/popped off/..., s.o. has gone to a better place *euphem*, 2. + that's put paid to s.o., + we'll hear no more from him/...

1. Der Alfons hat einen schweren Unfall gehabt, hörte ich? – Ja, dem tut kein Zahn mehr weh. – Was sagst du? Er ist tot?

2. vgl. – keinen **Mucks** mehr von sich geben/(machen) (2)

der Zahn der Zeit/an etw. nagt der Zahn der Zeit *ugs* · 1. 2. the ravages of time, + time leaves its mark on s.th., + time takes its toll on s.th.

1. ... Der Wagen ist ja auch nicht mehr das, was er war! – Der Zahn der Zeit ...! Er hat jetzt elf oder zwölf Jahre auf dem Buckel; das merkt man halt!

2. ... Alles verfallen! Selbst diese Granithäuser sind nur noch Ruinen. Der Zahn der Zeit ..., dem widersteht nichts.

den Zahn mußt du dir/er/der Peter sich/... ziehen lassen/den Zahn werden wir/... ihm/... ziehen/... *sal* · 1. you/he/ John/... can put that idea (right) out of your/... head, 2. to knock an idea out of s.o.'s head, to put paid to s.o.'s idea (of doing s.th.)

1. ... Wo willst du studieren? In Paris? Den Zahn mußt du dir ziehen lassen/den Zahn laß dir mal ziehen! Als Ausländer und dann im ersten Semester kommst du da nicht an.

2. Der Paul bildet sich ein, wenn der Walter zurücktritt, würde er zum Vorsitzenden gewählt. – Den Zahn werden sie ihm ziehen, und zwar schon bald!

einen Zahn zulegen *sal* · 1. 2. to step on it, to speed up, to get a move on *coll*, 3. to pull one's finger out

1. ... Kannst du nicht einen Zahn zulegen? Wenn wir weiterhin nur 70 fahren, kommen wir erst nach dem Abendessen zu Hause an.

2. ... Wir müssen schon einen Zahn zulegen. Wenn wir in diesem Schritt weitergehen, ist der Zug weg, wenn wir am Bahnhof ankommen.

3. ... Kannst du nicht schneller arbeiten? Komm', leg' mal einen Zahn zu, sonst werden wir nie fertig.

die dritten Zähne *scherzh* · one's third set of teeth *para*, dentures, false teeth
(Ein Kind zu seiner Mutter:) Der Opa spricht da von seinen dritten Zähnen. Was soll das denn sein? – Die ersten Zähne bekommst du als Baby, die zweiten als Mädchen oder Junge und die dritten setzt dir der Zahnarzt ein – wenn die zweiten nicht mehr wollen

sich an etw./(jm.) **die Zähne ausbeißen** *ugs* · to have one's work cut out to do s.th., to find s.th. a tough nut to crack
… Die Übersetzung ist wirklich sehr schwierig. An der wirst du dir die Zähne ausbeißen. – Das wollen wir mal sehen. Wir werden sie schon hinkriegen.

bis an die Zähne/(bis zu den Zähnen) **bewaffnet (sein)** *path* · to be armed to the teeth
… Die drei Banditen waren bis an die Zähne bewaffnet. Jeder Widerstand war völlig sinnlos …

jetzt bist du ruhig/machst du die Arbeit/… **oder ich schlag' dir die Zähne ein/**wenn …, dann … *sal* · shut your trap/get cracking/… or I'll punch your teeth in
… So, jetzt bin ich den überhebliches Getue satt. Jetzt packst du hier mit an, oder ich schlag' dir die Zähne ein! – Ja, versuch's mal, komm' mal ran! Dann schlag' ich dir mal eins in dein Mondgesicht …

die Zähne fletschen · 1. to bare its teeth, to snarl, 2. to grin, to show one's teeth, to bare one's teeth
1. … Du, jetzt reiz' den Hund nicht noch mehr! Guck', wie der schon die Zähne fletscht. Gleich beißt er dich.
2. … Ich kann dieses ewige blöde Lächeln dieser Politiker-Durchschnittsgesichter überhaupt gar nicht mehr sehen! Schau' dir bloß mal diesen Schnude an, wie der die Zähne fletscht auf dieser Aufnahme hier. Wie ein Bernhardiner! *sal*

schon seit/… nichts/nichts Vernünftiges/… **mehr zwischen die Zähne gekriegt/**(bekommen) **haben/**jetzt muß j. aber endlich mal etwas/etwas Vernünftiges/… zwischen die Zähne kriegen/… *sal* · not to have got s.th. to eat/not to have had a bite to eat/a solid meal/… for several/… hours/… *n*
(Auf einer Wanderung:) So, jetzt müssen wir sehen, daß wir irgendwo ein vernünftiges Kotelett zwischen die Zähne kriegen. Ich habe vielleicht einen Kohldampf.

die Zähne heben *ugs selten* – lange **Zähne** machen · to pick at one's food

frieren, daß einem die Zähne klappern *sal selten* · to chatter with cold *n*
Mein Gott, du frierst ja, daß dir die Zähne klappern! Was ist denn mit dir los? So kalt ist es doch nun wirklich nicht.

lange Zähne machen *ugs selten* · to pick at one's food
(Eine Mutter zu ihrer Tochter:) Wenn sich dein guter Freund Kurt nochmal beim Essen so wählerisch gibt, kriegt er nichts mehr. Sag' ihm das! Es ist doch keine Art, wenn man irgendwo zum Essen eingeladen wird, demonstrativ lange Zähne zu machen.

Zähne (weiß/gleichmäßig/glänzend) **wie Perlen** *path* · (to have) teeth (that gleam/…) like pearls
… Und Zähne hat die, wie Perlen, sag' ich dir! – So, so? – Bestimmt! So ein schönes Gebiß hast du bestimmt noch nicht gesehen.

durch die Zähne pfeifen *selten* · to whistle through one's teeth
… Was macht denn der Friedel da wieder für komische Geräusche? – Der pfeift durch die Zähne. – Na ja, wenn es ihm Spaß macht. Immer noch besser als durch die Nase.

jm. die Zähne zeigen (müssen) *ugs* · 1. 2. to (have to) show one's teeth
1. Wenn der Krause meint, er kann mit mir machen, was er will, dann ist er schief gewickelt. Dem werd' ich mal die Zähne zeigen! Jetzt mach' ich nur noch die Arbeiten, zu denen ich nach den Regelungen offiziell verpflichtet bin. Bei allen anderen sag' ich kategorisch nein. Der beißt jetzt auf Granit bei mir!
2. vgl. – jm. (mal/…) seine/(die) **Krallen** zeigen (müssen) (2)

die Zähne zusammenbeißen (und …) *ugs* · 1. 2. to grit one's teeth and …
1. … Sie bandagierten ihm den gebrochenen Fuß. Er biß die Zähne zusammen, um nicht vor Schmerz zu schreien …
2. … Natürlich ist das schwer! Das weiß ich auch. Da muß man die Zähne zusammenbeißen und durchhalten! Ihr seid doch keine Großmütter! Ein halbes Jahr Anspannung und einen scharfen Rhythmus – das werdet ihr doch wohl noch aushalten!

zähneknirschend: sich **zähneknirschend** mit etw. abfinden (müssen)/zähneknirschend zustimmen/… *form – path* · to do s.th. with a bad grace/under protest, to resign o.s. to s.th. with a bad grace/under protest
… Sauer oder nicht sauer: wenn der Chef dem Heinz unmißverständlich den Auftrag gibt, die Firma Schuckert zu besuchen, muß er sie besuchen – ob ihm das paßt oder nicht. – So ist's. Deshalb ist der Heinz ja auch zähneknirschend losgefahren.

Zähnen: etw. **mit zusammengebissenen Zähnen tun** *ugs – path selten* · to grit one's teeth and start work/…
… Mit zusammengebissenen Zähnen machte sie sich an die Arbeit. Es mußte sein, ob sie wollte oder nicht. Was hatte es für einen Sinn zu klagen? Also ran!

mit langen Zähnen essen *ugs selten* – lange **Zähne** machen · to pick at one's food

mit den Zähnen klappern *sal* · 1. 2. + s.o.'s teeth are chattering (with cold/fright/…) *n*
1. … Mein Gott, wenn ich dich da so im Regen stehen und mit den Zähnen klappern sehe …! Wie eine Großmutter! – Danke! Freu' dich, daß du nicht so frierst.
2. … Guck' dir den Baldur an! Dieser Kerl mit seinem germanischen Namen hat Schiß wie der Deubel. Paß auf, gleich klappert er mit den Zähnen! – Sei nicht so boshaft, Werner!

etw. mit Zähnen und Klauen verteidigen *ugs – path* · to defend s.th. tooth and nail
Hast du schon gehört, daß die Stadt den Paul enteignen will? Es soll eine neue Durchgangsstraße durch sein Grundstück geführt werden. – Na, der wird das alte Haus doch bestimmt mit Zähnen und Klauen verteidigen! – Natürlich! Aber ob ihm das was nutzt, weiß ich nicht.

mit den Zähnen knirschen *ugs* · to grind one's teeth
… Vor Wut knirschte er mit den Zähnen. …

etw. zwischen den Zähnen knurren *sal* · to mutter s.th. between one's teeth
… Er wurde gelb vor Wut! »Tu das noch einmal und du wirst es bereuen«, knurrte er zwischen den Zähnen. …

etw. zwischen den Zähnen sagen *ugs selten* – etw. zwischen den **Zähnen** knurren · to mutter s.th. between one's teeth

zwischen den Zähnen sprechen · to talk through one's teeth
… Mädchen, du mußt deutlich sprechen! Wenn du so zwischen den Zähnen sprichst, versteht dich kein Mensch. Mach' den Mund auf … Kerl nochmal! Bist du zu faul zum Reden?! …

sich in den Zähnen stochern/herumstochern · to pick one's teeth
… Wenn man den Zahnstocher benutzt, hält man sich die Hand vor den Mund, Paul! Wie sieht das denn aus, sich vor allen Leuten da genüßlich in den Zähnen herumzustochern!

Zahnfleisch: bei/wenn …, dann/… **gehst/läufst/(kriechst) du/** geht/… man/der/die Karin/… **auf dem Zahnfleisch** *sal nicht 1. Pers* – bei/wenn …, dann/… gehst du/geht man/geht der/die Karin/… am **Stock!** (1; a. 2) · if/when …, you/he/Mary/… will be absolutely knackered

(nur noch) auf dem Zahnfleisch gehen/laufen/kriechen *sal* · to be completely/… shattered, to be completely/… knackered/whacked/…, to be on one's last legs *coll*
… Volle zwei Stunden dauerte das Tennismatch. Bei schärfstem Tempo. Danach krochen wir (nur noch) auf dem Zahnfleisch. Wie eine Großmutter wankten wir in die Umkleidekabinen …

Zange: jn. **in der Zange haben** *ugs – path* · to have got s.o. where one wants him *coll*, to have got s.o. by the short and curlies *sl*, to have s.o. over a barrel

Wenn der Hermann schriftlich zugesichert hat, daß er die Bestellung der Werkzeuge zu den vereinbarten Bedingungen bis Ende Juli ausführt, haben die den doch jetzt in der Zange. Wenn er das nicht macht, klagen sie auf Schadensersatz. Also wird er das wohl machen müssen, ob er will oder nicht.

die/... muß man (ja/...)/würde ich/mein Bruder/... nicht/... mit der Zange anfassen/anpacken (so häßlich ist die/...) *sal* – die/... muß man (ja/...)/würde ich/mein Bruder/... nicht/... mit der **Kneifzange** anfassen/anpacken (so häßlich ist die/...) · (s.o. is so ugly/...) I/he/she/... wouldn't touch him/her/... with a bargepole

ein Baby/Kind/... wird mit der Zange geholt *veraltend* · + to deliver a child using forceps, + to use forceps to deliver a child

... Wird in den hochindustriellen Ländern überhaupt noch ein Baby mit der Zange geholt? – Ich glaube kaum. Heute macht man in solchen Fällen einen Kaiserschnitt; eine Zangengeburt hat zu viele Risiken.

jn. **in die Zange nehmen** *ugs* · 1. to sandwich s.o., 2. to put the screws on s.o., to put s.o. through the mill, to put s.o. through it

1. (Nach einem Fußballspiel:) Ja, ja, die beiden haben den Ulli doch so richtig in die Zange genommen! Der Rennert kam von rechts angerast, der Kröner von links, da war der Ulli so richtig eingekeilt/eingeklemmt ... Ich verstehe gar nicht, daß der Schiedsrichter da nicht sofort gepfiffen hat.

2. ... Das war ein Verhör, sag' ich dir! Die haben den Robert so richtig in die Zange genommen, ihm mit ihren harten Fragen, ihren dauernden Einwürfen, ihren konsequenten Folgerungen jede Ausflucht unmöglich gemacht.

Zangengeburt: etw. **ist die reinste Zangengeburt** *ugs – form – path selten* · it's/s.th. is a really/... tough job, it's/s.th. is hard graft

... Uff! Bin ich froh, endlich diese Übersetzung hinter mir zu haben! Ich erinnere mich nicht, so lange an einem Text herumgedoktert zu haben. Das war die reinste Zangengeburt!

Zank: es gibt/herrscht/... **Zank und Streit** *form – path* · it will lead to/there will be/... quarrelling, it will (only) lead to a row/to bickering/...

... Wenn wir heute abend zu Onkel Hermann gehen, sprichst du aber nicht über Politik, nein? Das gibt doch nur Zank und Streit!

Zankapfel: das/etw. **ist ein ewiger/... Zankapfel zwischen** ... *form – geh* · to be a permanent/... bone of contention (beween A and B)

... Jetzt haben sich die beiden doch schon wieder in der Wolle, wer das entscheiden darf! Die Exportfragen sind ein ewiger Zankapfel zwischen ihnen. Seitdem ich in dieser Firma arbeite, streiten sie sich jedesmal darüber, wer zu entscheiden hat, wenn ein Auftrag aus dem Ausland kommt.

Zapfen: **über den Zapfen hauen/wichsen** *sal beim Militär* · to stay out after the time to return to barracks *para*

... Was kriegt ihr denn für eine Strafe da in eurer Einheit, wenn ihr über den Zapfen haut? – Wenn jemand ohne begründete Entschuldigung erst nach dem Zapfenstreich erscheint, ist Arrest fällig.

Zapfenstreich: um ... Uhr/jetzt/... **ist Zapfenstreich** · 1. when is taps in your/... regiment?, when do you have to be back in barracks?, 2. lights out at 12 o'clock/...

1. ... Und wann ist Zapfenstreich bei euch? – Um zehn Uhr muß jeder Soldat in der Kaserne sein. *mil*

2. ... Gut, ich stell' euch den Raum für eure Abschlußfeier zur Verfügung. Ihr könnt da so viel Musik machen, wie ihr wollt. Aber um Mitternacht ist Zapfenstreich, klar? – Einverstanden. Um Punkt zwölf ist Schluß. *sal seltener*

den/zum Zapfenstreich blasen *mil* · to sound the tattoo

... Blasen die bei euch auch abends den Zapfenstreich? – Natürlich. Abends um zehn, wenn jeder Soldat in der Kaserne sein muß.

zappeln: jn. **zappeln lassen** *ugs* · to keep s.o. in suspense, to keep s.o. on tenterhooks

Der Walter weiß noch gar nicht, daß er die Prüfung bestanden hat, nicht? – Nein. – Dann wollen wir ihn noch ein bißchen zappeln lassen. Er hat so wenig dafür gearbeitet, da kann er ruhig noch ein wenig zittern. – Das ist gemein, ihn so auf die Folter zu spannen!

Zappelphilipp: ein **Zappelphilipp (sein)** *ugs* · (to be) a real/... fidget *n*

(Die Mutter beim Mittagessen:) Nun bleib' doch wenigstens mal drei Minuten ruhig sitzen, Sigi! Nur drei Minuten! Herrgott, (was) bist du ein Zappelphilipp!

zappenduster: wenn ..., **dann ist (aber) zappenduster!** *sal* · 1. 2. + if you/... do/... that/..., you'll/... be in trouble/you'll/... be in shtook/you've/... had it/you're/... in for it

1. Wenn du mich nochmal so hereinlegst, ist aber zappenduster, das kann ich dir sagen! Dann ist meine Geduld mit dir endgültig am Ende. Dann werd' ich dir zeigen, daß ich genauso bösartig sein kann wie du!

2. vgl. – wenn ..., (dann) kann j. was/etwas **erleben**!

zartblau: **zartblau/zartgrün/zartgelb/...** · pale blue/green/yellow/...

Kannst du mir mal den Unterschied zwischen blaßblau und zartblau erklären? – Du willst mich wohl verarschen, was? – Nein! Wirkt das eine wirklich 'blaß und das andere 'zart'?

Zauber: (das/(etw.) ist) (doch) (alles) (nur) **fauler Zauber** *sal* · 1. 2. it's all bogus, it's all a (big/...) con, it's all a load of baloney/hogwash/...

1. Hat dich das Festival etwa beeindruckt? Das war doch alles nur fauler Zauber! Wirklich neue Dinge waren nicht dabei; die Preise waren astronomisch; das meiste war auf Schau gemacht, ohne Qualität ... Ein Schwindel, das ganze, von vorne bis hinten!

2. ... Ach, dieser ganze Parteienkram ist doch nur fauler Zauber! Die versuchen, den Leuten einzureden, daß das Beste ist, was ihnen gerade nützt, weiter nichts. Als ob irgendein vernünftiger Mensch an so einen Schwindel glauben könnte! – Hast du lieber eine Diktatur?

mach'/macht/... keinen faulen Zauber *sal* · cut out the baloney, cut out the nonsense *coll*, stop messing about *coll*

... Komm', Fritz, mach' keinen faulen Zauber! Daß die Schuhe 200,– Mark gekostet haben, glaubst du doch selbst nicht. Wo ist das Wechselgeld?

der ganze Zauber *sal* – der ganze **Kram** · the whole lot, the whole business/thing/caboodle

den Zauber kenn' ich/kennt der Paul/... *sal* – das **kenn'** ich! · I/we/(...) know all about that!

Zauberhand: wie von/durch **Zauberhand geschehen/...** *form selten* · to happen/... as if by magic

... Monatelang hab' ich vergeblich versucht, die Genehmigungen zu kriegen, und jetzt klappt das plötzlich alles, wie durch Zauberhand, im Nu! Seltsam! – Da hat bestimmt dein Vater nachgeholfen; der kennt doch die Leute da in der Stadtverwaltung. – Meinst du?

zaubern: ich kann/du kannst/... **doch nicht zaubern** *sal* – (eher:) ich kann/du kannst/... doch nicht **hexen/**j. meint/... ich könnte/du könntest/... hexen (1; a. 2) · I/you/he/... can't work/perform miracles, I/you/he/... haven't/... got a magic wand

Zauberschlag: wie durch einen **Zauberschlag passieren/**etw. hinkriegen/weg sein/... *form selten* · to happen/to get s.th. done/to disappear/... as if by magic

... Monatelang haben wir uns vergeblich um die Genehmigung bemüht und plötzlich, wie durch einen Zauberschlag, läuft alles nach Wunsch. Bei diesen Ämtern hier weiß man wirklich nicht, wo man dran ist.

Zaum(e): (einem Pferd) **den Zaum anlegen** · to put the bridle on a horse, to bridle a horse

Hast du dem Pferd schon den Zaum angelegt? – Ja, es ist alles fertig. Du kannst aufsitzen und losreiten.

seinen Zorn/Unmut/seine Leidenschaften/... **im Zaum(e) halten** *form* · to bridle/to restrain/to curb/to control/... one's passions/anger/...
Daß du dich über Ottos ironische Bemerkungen geärgert hast, verstehe ich mehr als gut. Aber wenn man irgendwo eingeladen ist, muß man seinen Zorn im Zaume halten können. Du hast dich mit deinem Wutausbruch ja regelrecht blamiert.

jn. (nicht) im Zaum(e) halten *form selten* · (not) to keep s.o. under control/in check
... Wenn der Schlosser nicht einmal seine zwei Kinder im Zaum halten kann, wie will er dann eine aufgebrachte Belegschaft von mehr als hundert Leuten zügeln? Die werden mit dem Mann in dieser hitzigen Tarifauseinandersetzung Katze und Maus spielen, davon bin ich fest überzeugt.

sich (nicht) im Zaum(e) halten *form selten* – sich (nicht) in der **Gewalt** haben · (not) to be able to restrain o.s., (not) to be able to control o.s.

Zaun: einen Streit/Krieg/Diskussionen/... **vom Zaun(e) brechen** · to start a quarrel/a discussion/a war, to pick a quarrel
... Natürlich bin ich nicht daran interessiert, einen Streit vom Zaune zu brechen. Aber dem Mann muß doch jemand mal die Meinung sagen...

Zaungast: (nur) **ein Zaungast** (sein) · (to be) only an onlooker/a mere onlooker/..., to be a non-paying spectator, to watch a game/spectacle/... free
... Wieviele Zuschauer waren denn wohl bei dem Spiel? – Bestimmt 25.000. Und dann mußt du noch die zahllosen Zaungäste dazurechnen, die rings um das Stadion in den Bäumen oder in den Fenstern der umliegenden Häuser hingen...

Zaunpfahl: jm. **mit dem Zaunpfahl winken** *ugs selten* – (etw. ist) ein **Wink** mit dem Zaunpfahl/jm. einen ... geben · to give s.o. a broad hint, to drop a broad hint

Zebra: gestreift wie ein Zebra *selten* · with stripes like a zebra
... Findest du so einen Pulli in Zebrastreifen schön? – Der Pulli sieht nicht schlecht aus; aber ich würde nicht gern gestreift wie ein Zebra durch die Stadt marschieren.

Zeche: eine große Zeche machen *selten* · to (really/...) splash out *coll*, to run up a big/... bill, to go on a spree
... Der Albert hat gestern mal wieder eine große Zeche gemacht. Wenn man alles zusammenrechnet – das Essen, den Wein, den Sekt ... – 300,– Mark waren das bestimmt. – Ich versteh' nicht, wie der andauernd solche Summen (in Restaurants) ausgeben kann!

die Zeche prellen/den Wirt um die Zeche prellen *selten eher: ein Zechpreller (sein)* · to leave a pub/a restaurant/... without paying the bill, to do a runner *coll*
Kommt das eigentlich häufig vor, daß jemand in einem Restaurant (ißt und) trinkt und dann nicht zahlt – die Zeche prellt, wie es so schön heißt? – Ich glaub', nicht.

die Zeche zahlen/bezahlen (müssen) *ugs* · 1. 2. to pay the bill *n*, to foot the bill, to pick up the tab
1. ... Und wer muß die Zeche bezahlen, wenn ihr die Scheiben mit eurem Fußball einschießt oder die Lampen zertrümmert? Dafür ist dann wieder der Papa da, nicht?!
2. ... Der Werner macht den Unsinn, und ich soll die Zeche bezahlen? Nein! So nicht! Den Schaden, den er angerichtet hat, zahlt er selbst. Ich habe ihn rechtzeitig gewarnt...

Zeh: etw. (so) **im kleinen Zeh spüren** *ugs scherzh selten* – etw. (so) im **Urin** haben/(spüren) · to feel s.th. in one's bones

jm. **auf den dicken/großen Zeh**/(die dicke/große Zehe) **treten** *oft: sich auf den dicken Zeh getreten fühlen sal* · 1. to offend s.o., to tread on s.o.'s toes, 2. to give s.o. a rocket/a good ticking-off
1. vgl. – jm. auf den **Schlips** treten
2. vgl. – jm. auf die **Hühneraugen** treten (2) *selten*

auf Zehen stehen/gehen/schleichen/... *selten* – auf den **Zehenspitzen** stehen/gehen/schleichen/... · to walk/... on tip-toe, to tip-toe

sich auf die Zehen stellen *selten* – sich auf die **Zehenspitzen** stellen · to stand on tip-toe

jm. **auf die Zehen treten** *oft: sich auf die Zehen getreten fühlen sal* · 1. 2. to tread on s.o.'s toes, 1. to step on s.o.'s toes, to get on to s.o. to do s.th., 2. to offend s.o.
1. ... Wenn das mit dem Schwimmbad absolut keine Fortschritte macht, mußt du dem verantwortlichen Bauingenieur mal anständig auf die Zehen treten. – Ah, unter Druck macht der schon gar nichts. *seltener*
2. vgl. – (eher:) jm. auf den **Schlips** treten

Zehenspitzen: auf den Zehenspitzen stehen/gehen/schleichen/... · to walk on tip-toe, to tip-toe
... Drei Uhr nachts ..., leise, auf Zehenspitzen, schlich er sich ins Zimmer, damit sein Vater ihn ja nicht hörte. Sonst würde es noch in der Nacht Theater geben...

sich auf die Zehenspitzen stellen · to stand on tip-toe
... Und wenn du dich auf die Zehenspitzen stellst, kannst du dann auch nichts sehen? – Nein, dann kann ich immer noch nicht über die Leute vor mir weggucken.

Zehntausend: die oberen Zehntausend · the upper ten thousand, the elite of society, high society
... Gut, die oberen Zehntausend können sich natürlich auch, wenn es mit der Wirtschaft bergab geht, einen dicken Wagen, eine große Wohnung, Ferien im Ausland und was weiß ich noch leisten. Aber 90% der Bevölkerung nicht mehr.

Zeichen: ein schlechtes Zeichen sein · it's/s.th. is a bad sign
Der Alfred fehlt schon wieder, sagst du? Drei Wochen, nachdem er vom Arzt gesundgeschrieben wurde ... Das ist ein schlechtes Zeichen. Er war oder ist also wohl doch nicht so gesund, wie die Ärzte sagten.

ein untrügliches Zeichen (für etw.) **sein** · it's/s.th. is an unmistakable sign of .../that ..., it's/s.th. is a sure sign of .../that ...
(In einer Bank, ein Angestellter zu einem Kollegen:) Wenn der Schreiber seine Kreditverpflichtungen immer wieder bricht, ist das für mich ein untrügliches Zeichen dafür, daß er ernste geschäftliche Schwierigkeiten hat. Denn der Mann ist absolut ehrlich. Man kann das also nach meiner Ansicht gar nicht anders deuten.

zum Zeichen, daß ... *form* · as a sign that ..., to prove/to show/... that ...
(Die Großmutter, die zu Besuch kommt:) Und dann habe ich dir, Paul, zum Zeichen, daß ich auch an deinen Geburtstag gedacht habe, ein Buch über die 'Lebensalter' mitgebracht. ...

etw. ist ein Zeichen der/von Güte/Anerkennung/Dankbarkeit/... · it's/s.th. is a token of respect/gratitude/..., it's/s.th. is a mark of gratitude/recognition/..., it's/s.th. is a sign of respect/...
... Wenn der Dr. Bierwe den langen Weg nicht gescheut und zur Beerdigung unseres Vaters gekommen ist, dann ist das ein Zeichen der/(von) Anerkennung und auch der/(von) Dankbarkeit. – War er auch ein Schüler von Vater? – Er hat bei ihm promoviert.

wir leben heute/... im Zeichen der Ideologien/... *form* · we live in an age of ideologies/..., we live in an age dominated/characterised/(...) by ideologies
Wenn in früheren Epochen Religion und Kirche das freie Urteil des Einzelnen einengten, dann leben wir heute im Zeichen der Ideologien! – Meinst du, die engen das Urteil genauso ein? – Aber natürlich!

zum Zeichen der Ablehnung/Zustimmung mit den Füßen scharren/den Kopf schütteln/... *form* · to shake one's head/to shuffle one's feet/to thump the table/... to show/to signal/as a sign of/... agreement/disapproval/...
... Als der Redner dann auf die Gefahren der Aufrüstung zu sprechen kam, klopften die Studenten zum Zeichen ihrer Zustimmung mit der Faust auf den Tisch...

das Zeichen zum Angriff/Start/... **(geben/...)** – das **Signal** zum Angriff/Aufbruch/... (geben/...) · to give the signal to attack/leave/...

das Zeichen zum Aufbruch geben · to give the signal to leave

»Los, Christian«, sagte seine Frau, indem sie ihm mit dem Ellenbogen in die Seite stieß, »gib das Zeichen zum Aufbruch; es ist zwei Uhr, spät genug …«. Eine Viertelstunde ließ der alte Kaufmann noch vergehen; dann erhob er sich umständlich, rückte seine Jacke zurecht, nickte den Gastgebern zu und meinte: »Ein herrlicher Abend …« In demselben Augenblick standen auch die übrigen Gäste auf und …

(jm.) (ein) Zeichen geben · 1. 2. to give a signal to s.o.

1. (In einem Wald; mehrere Jungen:) Gut, wir bleiben hier stehen, Manfred, und du gehst in diese Schlucht da unten. Wenn du unten bist, gibst du ein Zeichen – du rufst drei Mal: 'hallo' –, und wir müssen dich suchen.

2. … Wenn meine Mutter der Christa nicht unbemerkt ein Zeichen (mit den Augen) gegeben hätte, hätte die doch in der Tat in Gegenwart des Besuchs erzählt, daß man sie bei Schuckert an die frische Luft gesetzt hat.

im Zeichen der Venus/… geboren sein form · to be born under the sign of Venus/…

Glaubst du an die Astrologie? – Was heißt 'glauben'? – Ja, ist es dir beispielsweise egal, ob du im Zeichen der Venus, Saturns oder unter sonst einem Sternbild geboren bist? Oder meinst du, das hat Einfluß auf dein Leben, deine 'Lebensbahn'?

das/etw. ist ein Zeichen des Himmels form – path · it/s.th. is a sign from heaven/from above

Jetzt ist der alte Schuckert doch schon zum zweiten Mal krank, wenn ich in die Firma komme! – Das ist ein Zeichen des Himmels, Herbert! Es ist wahrscheinlich das Beste für dich, mit dem Mann gar keinen Vertrag zu machen. – Meinst du, Anna?

das Zeichen des Kreuzes machen/(schlagen) form selten – das **Kreuzzeichen** machen · to make the sign of the cross

ein Zeichen machen (an …/…) · to draw a sign on s.th., to make a sign on s.th., to make a mark on s.th.

… Ich habe ein Zeichen an der Tür gemacht – wir haben da so Geheimzeichen –, sodaß meine Mutter schon weiß, daß ich nicht zum Mittagessen komme.

sich ein Zeichen machen (an einer Stelle/in einem Buch/…) · to mark the place/the page in a book/…

Mach' dir ein Zeichen auf der Seite – ein leichtes Kreuz mit einem Bleistift oder so –, dann brauchst du das Buch nicht die ganze Zeit offen hier liegen zu lassen, um die Stelle wiederzufinden.

etw. als/zum Zeichen für js. Liebe/Treue/… **nehmen** form – path mst Imp: Nimm dies als Zeichen … · to take/… s.th. as a token of s.o.'s love/devotion/…

… Nimm diesen Ring als Zeichen meiner Freundschaft, Bettina!

ein Zeichen/Zeichen setzen (mit etw.) form – ein **Signal**/Signale setzen (mit etw.) · to start a trend with s.th., to blaze a new trail with s.th.

unter einem/keinem glücklichen/günstigen/(guten) Zeichen stehen form – (eher:) unter einem/keinem glücklichen/günstigen/guten **Stern** stehen · + to be/to have been born under a lucky/an unlucky/… star

im/(unter dem) Zeichen von etw. **stehen**/(geschehen/leben/…) form · to be marked/characterised/dominated/… by s.th., to be heavily/… influenced by s.th.

… Nicht nur dies Städtchen – das Leben der ganzen Gegend hier steht nach wie vor im Zeichen einer sehr lebendigen Volksfrömmigkeit. Wenn du hier etwas machst, was die Leute in ihren religiösen Gefühlen verletzt, bist du erledigt.

im Zeichen der/des …/(von …) stehen form · 1. to be dominated by/to revolve around/(…) s.th., 2. to be overshadowed by s.th.

1. Die Außenpolitik, die die USA seit geraumer Zeit betreiben, scheint unter anderem im Zeichen der Annäherung an China zu stehen.

2. … Der ganze Abend stand im Zeichen der Nachricht von dem plötzlichen Tod unseres Großvaters. Eine gelöste Stimmung konnte da selbstverständlich nicht aufkommen.

im Zeichen des Krebses/Widders/… stehen · to be in the sign of Cancer/Aries/…

Weißt du, von wann bis wann die Sonne im Zeichen des Krebses, des Widders usw. steht? – Nein, was die Sternbilder angeht, bin ich ein ausgesprochener Laie.

die Zeichen stehen auf Sturm ugs · + there is trouble brewing, + there is a storm brewing

… Nein, leider habe ich keineswegs den Eindruck, daß die beiden Institutsleiter sich in der Sache noch einigen werden. Ganz im Gegenteil: die Zeichen stehen auf Sturm. Du wirst sehen, in den nächsten Tagen und Wochen wird es hier zu ganz heftigen Auseinandersetzungen kommen.

wenn nicht alle Zeichen trügen, … · + unless I am very much mistaken, + if I'm not seriously mistaken, + if I read the signs correctly

Wenn nicht alle Zeichen trügen, gibt es diesmal einen sehr harten Wahlkampf. Meinst du nicht auch? – Ja, darauf deutet in der Tat alles hin.

es geschehen (noch/doch noch/…) Zeichen und Wunder path · wonders will never cease

… Was?? Dieser alte Geizkragen hat seinem Schwiegersohn einen neuen Wagen gekauft? Es geschehen noch Zeichen und Wunder!

j. glaubt (in der Tat/…) noch an Zeichen und Wunder ugs – path · s.o. (really/…) believes in miracles

Der Schorsch meint nach wie vor, daß die Regierung mit ihrer neuen Wirtschaftspolitik die Arbeitslosen von der Straße wegkriegt. – Der glaubt wohl immer noch an Zeichen und Wunder, was? Diese sogenannte neue Wirtschaftspolitik besteht doch nur aus Worten! Und die lösen bekanntlich gar nichts.

man möchte an Zeichen und Wunder glauben, wenn man hört/liest/… ugs – path selten · + it's enough to make one believe in miracles when one hears/reads/…

Wenn man sieht, wie da eine Diktatur nach der anderen zusammenbricht, möchte man an Zeichen und Wunder glauben! – Hoffentlich nehmen die Dinge jetzt auch die positive Entwicklung, die wir alle wünschen!

auf Zeichen und Wunder hoffen ugs – path · to hope for miracles

… Du mußt dich selbst bemühen, selbst etwas unternehmen – statt da herumzulamentieren und auf Zeichen und Wunder zu hoffen.

ein Zeichen der Zeit (sein) · (to be) a sign of the times

… Ist es nicht ein Zeichen der Zeit, daß immer mehr Leute vom Staat die Lösung ihrer Probleme erwarten, statt selbst die Initiative zu ergreifen? – Meinst du, das wäre gerade für unsere Epoche charakteristisch?

die Zeichen der Zeit erkennen/zu deuten wissen/verstehen/… · to be able to read/interpret/understand/… the signs of the times, to know which way the wind is blowing

… Wie der Kowalski an seinen Reichtum gekommen ist? Er hat nach dem Krieg sofort die Zeichen der Zeit erkannt, sich selbstständig gemacht, frühzeitig einen Exportmarkt aufgebaut … – kurz: er war den Konkurrenten immer um eine Nasenlänge voraus.

seines Zeichens Uhrmacher/Universitätsprofessor/… iron · a clock-maker/… by trade, a teacher/… by profession

… Herr Eberhard Schulze, seines Zeichens Steueroberinspektor, pflegte am Samstag nachmittag mit seiner Familie einen längeren Spaziergang durch die Wälder der näheren Umgebung zu machen. …

Zeichnen: technisches Zeichnen · technical drawing

… Wer Architekt oder so etwas werden will, hat in der Ausbildung ein Fach, das heißt 'technisches Zeichnen'. Wußtest du das wirklich nicht? – Den Terminus kannte ich nicht. Also: Häuser, Straßen usw. zeichnen? – Die Projekte nicht aus freier Hand und (nur) nach der Imagination, sonder mit Zirkel, Lineal usw. und nach bestimmten Regeln zeichnen.

zeichnen: für etw. verantwortlich zeichnen · 1. to sign and to take responsibility for s.th., to sign for s.th., 2. to take the responsibility for s.th.

1. »Wer zeichnet für den Antrag verantwortlich?«, fragte der Richter den Angeklagten. – Sie meinen, wer die Bestellung unterschrieben hat? – Ja. – Ich. Aber auf Veranlassung der Geschäftsleitung. … jur

2. »Für diesen Verlust zeichnen Sie verantwortlich«, sagte der Chef auf der Sitzung plötzlich zu seinem Einkaufsleiter, »ich hatte immer gewarnt …«. – »Ich lehne die Verantwortung dafür auch nicht ab«, erwiderte er; »ich hätte es nie für möglich gehalten, daß dies Geschäft daneben gehen könnte«. … *form*

zeigen: so/in diesem Aufzug/… **kann ich**/(j.) **mich**/(sich) (doch/…) **nicht zeigen** · I/(…) can't be seen in a dress/ jacket/… like this
(Eine Frau zu ihrem Mann:) Wenn ich absolut mit auf diesen Cocktail gehen soll, muß ich mir erst mal ein neues Kleid kaufen. In meinem alten Kostüm kann ich mich da beim besten Willen nicht zeigen.

dem/der/dem Richard/… **werd' ich's** (noch) **zeigen!** *ugs* – der/die/der Richard/… soll/wird mich/(ihn, die Gerda/…) (noch) **kennenlernen!** · I'll show him/her/John/…

jm. **wird** j. **es** (aber) (mal) **zeigen** *ugs* – jm. wird j. (aber) was/(etwas) **erzählen** · s.o. will give him/… a piece of his mind, s.o. will give him/… what for

das wird sich zeigen/es wird sich zeigen, ob/wann/wie/… · time will tell if/when/how/…, + let's wait and see if/how/…
… Die Übersetzung ist doch viel zu schwer für den Hansgerd! – Das wird sich zeigen! Laß ihn doch erst mal anfangen! Ob er dann damit fertig wird oder nicht, wird man ja sehen.

sich jm. (für etw.) **erkenntlich zeigen** *form* · to show one's gratitude to s.o. (for s.th.), to show one's appreciation to s.o. (for s.th.)
… Wenn der Herr Moritz dir so sehr geholfen hat, solltest du dich ihm auch erkenntlich zeigen! – Aber wie? Ich kann ihm doch nichts schenken. – Kannst du ihm nicht bei der Vorbereitung des Kongresses die eine oder andere Arbeit abnehmen?

sich öffentlich zeigen *form (eher:) sich in der Öffentlichkeit sehen lassen* · to appear in public, to be seen in public
Ich glaube, seitdem der Kanzler diese Krebsgeschichte hat, hat er sich öffentlich nicht mehr gezeigt, nicht? – Nein, er hat alle öffentlichen Auftritte abgesagt, und sein Rücktritt ist nur noch eine Frage der Zeit.

Zeiger: jm. (mit etw.) **auf den/auf'n Zeiger gehen** *sal Neol* – jm. (mit etw.) auf die **Nerven** fallen/gehen (1; u. U. 2) · to get on s.o.'s nerves with s.th.

man kann die Zeiger der Uhr nicht zurückstellen/niemand/… kann … *form selten* – man kann das **Rad** der Geschichte/(Entwicklung) nicht zurückdrehen/anhalten/ niemand/… kann … · + the march of time/history/progress/… cannot be halted, one cannot put the clock back

Zeile: (noch/bisher/…) **keine (einzige) Zeile** (von jm./einem Buch/…) **gelesen haben** · not to have read a (single) line of a book/an article/… (yet/so far/…)
… Nein, zu dem Artikel von dem Rolf Berthel kann ich bisher gar nichts sagen; ich hab' davon noch keine einzige Zeile gelesen.

ein paar Zeilen (an jn.) **schreiben**/… · to write a few lines (to s.o.)
… Dann schreib' doch wenigstens eine Karte! – Nein! Ich hab' doch keine Lust, wenn ich mal eine Woche nicht arbeite, die Hälfte meiner Zeit mit nichtssagender Korrespondenz zu verlieren! – Christa! Es muß doch kein langer Brief sein! Ein paar Zeilen genügen … Unsere Eltern würden sich so freuen …

zwischen den Zeilen (zu) lesen (verstehen)/merken/… · to (be able to/…) read between the lines
… Das stimmt, wenn man nach dem Buchstaben geht, gibt der Artikel dem Kanzler in der Sache recht. Aber zwischen den Zeilen merkt man doch ganz deutlich, daß der Autor mit der allgemeinen Orientierung der Politik nicht einverstanden ist. – Ich weiß nicht, ob man das aus dem Text herauslesen kann.

Zeilen schinden · to churn out lineage, to pad s.th. out
… Mein Gott, was der hier auf fünf Seiten erklärt, kann man in drei Sätzen sagen! – Kann man es einem freien Mitarbeiter einer Zeitung verdenken, wenn er Zeilen schindet? Je länger der Text, um so höher sein Gehalt.

Zeilenabstand: einen Text/… **mit einfachem/doppeltem Zeilenabstand** schreiben/tippen/… *Typographie* · to type/… with single/double spacing
… Einfacher oder doppelter Zeilenabstand? – Diesen Auszug können Sie ruhig mit einfachem Zeilenabstand tippen; dann geht mehr auf eine Seite.

Zeisig: ein lockerer Zeisig (sein) *ugs selten* – ein lockerer/ loser **Vogel** (sein) · to be quite a wag, to be a gay spark

Zeit: es ist Zeit, etw. **zu tun**/daß …/zu … · 1. 2. 3. it is time to go/to leave/to start thinking of going home/…
1. … Elf Uhr … Es ist Zeit, daß wir gehen. Morgen müssen wir wieder früh aus dem Bett. …
2. … Elf Uhr … Ich glaub', es ist Zeit zum Aufbruch. …
3. … Elf Uhr … Es ist Zeit, so langsam an den Heimweg zu denken. …

es ist an der Zeit, etw. **zu tun**/daß … *form* · 1. 2. it is high time to do s.th., it is high time we/… did s.th.
1. … Meinst du nicht, es ist an der Zeit, daß wir den Jungen zu einem Fachmann schicken? Wenn wir noch länger warten, ist es zu spät.
2. … Ich glaube, es ist an der Zeit, mit ihm einmal ein ernstes Wort zu reden. So kann das auf keinen Fall weitergehen.

es ist noch sehr viel/… Zeit/noch Zeit genug (bis/um etw. zu tun/…) · there is time enough/plenty of time/… until …
(Ein Student zu einem anderen:) Jetzt ist es gerade neun Uhr. Da ist doch noch Zeit genug, um diesen Text zu übersetzen; das Seminar ist doch erst heute nachmittag um vier.

Zeit haben · 1. to have (plenty of/…) time, 2. + there is plenty of time, + there is no rush
1. (In einer kleinen Gemeinde, vor einem Amt:) Wenn schon jemand warten muß, dann doch wohl am besten der Herr Krause! Der hat schließlich Zeit – er ist Rentner; alle anderen, die hier stehen, müssen arbeiten.
2. (Bei einem Buchbinder:) Und brauchen Sie das Buch dringend? – Nein, das hat Zeit. Vor den Semesterferien komme ich sowieso nicht dazu, es zu lesen.

eine Stunde/zehn Minuten/… Zeit haben · to have an hour/ten minutes/… to spare
(Zu einem Geschäftspartner:) Hast du nicht wenigstens eine Viertelstunde Zeit heute, daß wir die Sache Schuckert endlich mal gemeinsam durchsprechen?

es hat (noch) **Zeit, bis** …/das/etw. hat (noch) Zeit/mit etw. hat es (noch) Zeit · 1. + there is plenty of time, + there is no rush, 2. + … can it/s.th. wait?, 3. + that won't be for some time/a while/… yet
1. … Und bis wann brauchst du die Übersetzung? – Das/die hat Zeit/ (damit hat es Zeit). Das ist überhaupt nicht dringend. Wenn du sie mir nach fünf, sechs Wochen gibst, reicht das durchaus.
2. … Muß die Übersetzung sofort gemacht werden, oder hat es damit noch Zeit? – Sofort nicht. Aber allzu lange sollte es auch nicht dauern.
3. … Aber wenn ich Direktor bin, dann werde ich … – Damit hat es noch Zeit, mein Lieber. Das kann noch Jahre dauern! *seltener*

in absehbarer Zeit · in the foreseeable future
… Nein, in absehbarer Zeit werde ich hier von München wohl nicht wegziehen. Warum? – Mutter fragte danach. Ob du vielleicht nicht doch mit dem Gedanken spielst, nach Essen zurückzugehen …

all die Zeit *path selten* – die ganze **Zeit** (über) … · the whole time, all the time

für alle Zeit *selten* – für alle **Zeiten** (1) · for all time

eine Geschichte/ein Märchen/… aus alter Zeit *Märchenspr* · a story/a fairy tale/… from the old days …
… »Jetzt werd' ich euch mal eine Geschichte aus alter Zeit erzählen«, sagte der Großvater plötzlich, als sich seine Enkel um den Nachtisch stritten. »Also, als ich so um die acht, neun Jahre war – in dem Alter also, in dem ihr jetzt seid –, wir wohnten damals in der Nähe von Köln –, da gab es plötzlich eine Kältewelle …

ein Vertrag/eine Regelung/... **auf Zeit** *form* · a fixed-term contract/..., an arrangement/... lasting for a fixed period

... Du bist da Beamter auf Lebenszeit? – Nein, ich habe einen Vertrag/eine Anstellung auf Zeit. Die können mich/mir jedes Jahr kündigen.

außer der Zeit kommen/stattfinden/... · to come/to take place/... outside the fixed/appointed/... hours

(Eine Studentin zu einem Professor:) Zu Ihren Sprechstunden dienstags und donnerstags nachmittag kann ich leider nicht kommen; da arbeite ich. – Ah, dann schauen Sie außer der Zeit mal herein. – Dürfte ich das? – Ja. Sie müssen dann nur in Kauf nehmen, daß ich u.U. nicht da oder mit anderen Dingen in Beschlag genommen bin ...

auf (eine) bestimmte Zeit ... *form selten* · for a fixed/definite period

... Hm, auf eine bestimmte Zeit wird der dir den Kompressor schon leihen. Wenn er nicht den Eindruck hat, daß es zu lange ist.

alles braucht seine Zeit/die Dinge brauchen ihre Zeit/... – Rom wurde (auch) nicht an einem Tag gebaut/(erbaut) · things take time, Rome wasn't built in a day

das/etw. dauert seine Zeit · it/s.th. takes time

... Nein, so völlig neue Handelsbeziehungen kannst du natürlich nicht von heute auf morgen aufbauen! So etwas dauert seine Zeit. Mit zwei, drei Jahren wirst du da schon rechnen müssen ...

um diese Zeit ... · 1. 2. at this time, 1. at this hour

1. ... Es ist zehn Uhr! Um diese Zeit können wir bei dem Ulrich doch nicht mehr klingeln! – Warum denn nicht? Der geht immer sehr spät ins Bett ...

2. ... Mitte Juni. Um diese Zeit ist es immer sehr schwierig, noch einen Platz auf den Überseedampfern zu bekommen ...

morgen/... um diese Zeit · this time tomorrow/next week/...

... Sieben Uhr. Morgen um diese Zeit sind wir schon in Lissabon. – Wann kommt die Maschine da an? – 18.25 Uhr.

seit einiger Zeit · for some time

Früher war die Iris immer so frisch und offenherzig! Aber seit einiger Zeit ist sie ganz still und verschlossen. Ist was Besonderes vorgefallen?

vor einiger Zeit ... · some time ago, a while ago

... Vor einiger Zeit – es ist noch gar nicht so lange her – sagte mir der Walter Hartmann ...

in nicht allzu ferner Zeit · not too long from now

... In der Tat: dieses kleine Nest wird einem auf die Dauer wirklich ein bißchen eng. Aber ich hoffe, in nicht allzu ferner Zeit in München zu sein. – Ah ja? Wirst du dahin versetzt? Wann denn? – Das genaue Datum steht noch nicht fest. Aber länger als zwei, drei Jahre dürfte das nicht mehr dauern ...

zur festgesetzten Zeit *form* · at the agreed time, at the appointed time

... Zur festgesetzten Zeit erschien er dann auch zur Verhandlung: am Freitag nachmittag, pünktlich um vier Uhr, betrat er feierlich den Sitzungssaal ...

(es ist) noch früh an der Zeit *form selten* · it is still early days, there is still plenty of time to go/left

... Noch fehlen vier oder fünf Wochen bis zum Ende der Frist! – Das ist doch nicht viel! – Na, um den Antrag aufzusetzen, brauche ich höchstens drei Tage. Es ist also noch früh an der Zeit.

die ganze Zeit (über) ... · the whole time

... Plötzlich ergriff der Karl-Heinz das Wort. Er hatte die ganze Zeit geschwiegen, weil er sich in den Streit nicht einmischen wollte. Aber als die Rede auf seinen Bruder kam, mußte er eingreifen ...

zu gegebener/(zur gegebenen) Zeit ... · 1. 2. in due course, at the appropriate time

1. (Aus einem Bescheid:) Der monatliche Betrag ist 87,30 Mark. Es wird Ihnen zu gegebener Zeit mitgeteilt werden, auf welches Konto Sie diesen Betrag einzuzahlen haben.

2. ... Nein, dafür habe ich jetzt beim besten Willen keine Zeit. Aber sei unbesorgt: das werde ich zu gegebener Zeit schon erledigen. – Zu gegebener Zeit, zu gegebener Zeit ... Nachher stehe ich wieder mit

dieser Sache allein da. Heute, wo du einmal hier bist ... – Aber du brauchst das doch vorläufig gar nicht. Wenn es soweit ist, helfe ich dir; ganz bestimmt.

hast du/haben Sie/... genaue Zeit? · have you got the right time?, have you got the exact time?

... Entschuldigung, haben Sie genaue Zeit? – Ja. Einen Augenblick ... Es ist jetzt genau 3.19 Uhr.

(es verging/...) geraume Zeit/nach geraumer Zeit/... form · some (considerable) time later, a good while later

... Zunächst schien es, als sei mit diesem scharfen Wortwechsel das Thema zwischen ihnen tabu. Aber geraume Zeit nachher kam Alfons dann doch noch einmal darauf zu sprechen. – Wielange denn wohl nach dieser Unterhaltung? – Vielleicht so ein halbes Jahr.

seit geraumer Zeit *form* · for some time now, for quite a while now, for a considerable time now

... Früher war der Schumacher immer blendend vorbereitet; entsprechend interessant waren seine Vorlesungen. Aber seit geraumer Zeit läßt er es ziemlich gemütlich gehen.

vor geraumer Zeit *form selten* – vor längerer **Zeit** · a considerable time ago

zur gleichen Zeit · 1. 2. at the same time

1. ... Die Doris und ich, wir kamen genau zur gleichen Zeit an, genau um viertel vor acht.

2. ... Wo fand der Kongreß statt? – In München. – Zur gleichen Zeit gab es da doch auch einen Philatelistenkongreß, nicht? – (Es) kann sein, ich hab' nichts davon gemerkt. In München gibt es soviele Veranstaltungen auf einmal, weißt du ...

die gute alte Zeit *form od. iron* · the good old days

... Ja, früher ...! Nicht, Tante Gertrud? früher, in der guten alten Zeit ... – Für meine Tante, mußt du wissen, war früher alles besser, schöner, anständiger ...

aus der guten alten Zeit (stammen/(sein/...)) *form od. iron* · (to be/to come/...) from the good old days

Leg' doch mal eine Platte mit Musik aus der guten alten Zeit auf, Dieter! – Eine mit Songs von Marlene Dietrich!

die heutige Zeit *form* · today, nowadays, these days

... Ob es in der heutigen Zeit, meinte er nachdenklich, prinzipiell leichter oder schwerer ist als früher, ein glückliches Leben zu führen, weiß ich nicht. – Zunächst schien war in früheren Zeiten manches leichter und heute anderes/Wahrscheinlich war es in früheren Zeiten für manche leichter und heute für andere.

es ist/wird höchste/allerhöchste Zeit (daß ...) · 1. 2. it is high time we/you/... left/we started working/...

1. ... Es ist halb sieben, der Zug fährt um sieben; es ist höchste Zeit, daß wir gehen. Los Bernd, beeil' dich! Vater und ich gehen schon mal vor.

2. Es ist höchste Zeit, daß du dir die Haare schneiden läßt! – Findest du? Sie sind doch noch gar nicht so lang.

es ist hohe Zeit (daß ...) *selten* – (weniger stark als:) es ist/wird höchste/allerhöchste **Zeit** (daß ...) · it is high time that ...

zu jeder Zeit ... · at any time

Wenn du ein ernstes Anliegen hast, kannst du zu jeder Zeit beim Chef anklopfen. Er hat immer ein Ohr für jemanden, der mit wichtigen Dingen zu ihm kommt. Nur wegen Kleinigkeiten, wegen Lappalien läßt er sich ungern stören ...

in jüngster Zeit *form* · recently

... Bis vor ein, zwei Jahren hat der Mann jede Rechnung pünktlich bezahlt. Aber in jüngster Zeit schiebt er die Zahlungen immer länger hinaus. – Ich hab' schon von anderer Seite gehört, daß es mit seinem Unternehmen in den letzten Monaten bergab geht ...

zu keiner Zeit ... · never, at no time

... Natürlich ist es heute schwer, eine Stelle zu finden. Aber leicht war das Leben nie, weißt du, zu keiner Zeit.

in kurzer Zeit ... · 1. in a short time, quickly, 2. shortly, soon

1. Wie lange hat er für die Arbeit gebraucht? – Sechs oder sieben Tage. – Hm, das hat er ja in kurzer Zeit geschafft. Alle Achtung!

2. … In kurzer Zeit schon werdet ihr sehen, daß die Maßnahmen genau das Gegenteil von dem bewirken, was ihr anstrebt. Schon in einigen Wochen wird man das erkennen können.

(schon) in (ganz) kurzer Zeit … – (stärker als:) in kurzer **Zeit** … (2) · in a (very) short while

seit kurzer Zeit – seit **kurzem** · for a short/little while

vor kurzer Zeit – vor **kurzem** · recently, a short while ago

in kürzester Zeit · in a very short time
… Wir hatten angenommen, der Erich würde für die Ausarbeitung des ganzen Projekts wenigstens ein halbes Jahr brauchen. Aber in kürzester Zeit war er fertig. Nach drei oder vier Wochen kam er eines Abends strahlend an und sagte: »also, …«

auf lange Zeit *form* · in the long term, for a long period, for a long time
… Wenn es dir gelingen sollte, mit Schuckert einen festen Abnahmevertrag zu machen, wäre der Verkauf unseres Gerätes ja auf lange Zeit gesichert. – Ja, für Jahre!

für lange Zeit – auf lange **Zeit** · in the long term, for a long period, for a long time

seit langer Zeit · for a long time
Was macht eigentlich der Klaus Böttcher, weißt du das? Ich hab' den schon seit langer Zeit nicht mehr gesehen.

vor langer Zeit … · a long time ago
… Entschuldigung, ich suche eine Schneiderei Bieber … – Ach ja, die war vor langer Zeit mal in diesem Haus, das stimmt. Aber der alte Herr Bieber ist schon vor fast zehn Jahren gestorben.

vor noch nicht langer Zeit *form* · not long ago
… Der Mann hat Zahlungsschwierigkeiten? Vor noch nicht langer Zeit zählte er doch zu den solidesten Industriellen der Stadt. – Ja, noch auf der letzten Jahresfeier des Tennisclubs war das die allgemeine Meinung. Da sieht man, wie schnell die Dinge sich ändern können.

vor nicht allzu langer Zeit *form* · not so long ago, not that long ago
… Vor nicht allzu langer Zeit habe ich den Jens Peterson in Hamburg getroffen. – Wie lange ist das ungefähr her? – Etwa ein, zwei Monate.

seit längerer Zeit … · for quite a long time …
… Ja, das stimmt, früher kam der Herr Huber jede Woche wenigstens ein Mal hierher zum Schwimmen. Aber seit längerer Zeit schon haben wir ihn nicht mehr hier gesehen. Bestimmt schon drei, vier Monate ist er nicht mehr hier gewesen.

vor längerer Zeit · a quite long time ago
… Ach, den Friedel, den hab' ich bestimmt schon fünfzehn Jahre nicht mehr gesehen. – Ich habe ihn vor längerer Zeit mal in der Stadt getroffen, so vor zwei, drei Jahren etwa …

in der letzten Zeit – (eher:) in letzter **Zeit** (2; a. 1) · recently

in letzter Zeit · 1. 2. recently
1. … Du siehst in letzter Zeit so schlecht aus! Was ist los? – H e u t e sehe ich vielleicht schlecht aus! – Nein, schon seit mehreren Wochen beobachte ich das …
2. … Früher war die Erika die Pünktlichste von uns allen. Aber in letzter Zeit kommt sie andauernd zu spät.

(ach) du liebe Zeit! *ugs* – (ach) du lieber **Gott!** · oh Lord!, oh no!

mit der Zeit … – (so) **nach** und nach · little by little, gradually, with time

nach Zeit bezahlt werden/ … · to be paid by the hour
… Wir werden doch für solche Reparaturen jetzt keine Pauschale zahlen! Wie bisher auch, werden die Leute, die hier was reparieren, nach Zeit bezahlt – d. h. pro Stunde soundso viel!

für die nächste Zeit – (eher:) fürs **erste** (2) · for the time being, for some time to come

in nächster Zeit … · in the near future
(In einem Elektrogeschäft:) Nein, diesen Apparat haben wir im Augenblick leider nicht da/vorrätig. – Werden Sie ihn denn in nächster Zeit hereinbekommen? – So bald, fürchte ich, nicht.

zu nachtschlafender Zeit *form – path* · at a time when most people are in bed/asleep/…, in the middle of the night
… Plötzlich ging das Fenster in der ersten Etage des Nachbarhauses auf: »Könnten Sie sich nicht ein bißchen leiser da vor Ihrer Haustür unterhalten, wenn Sie schon zu nachtschlafender Zeit da draußen wer weiß wie lange diskutieren müssen?!« – Diese herrliche Stimme gehört unserem lieben Nachbarn Dr. Schmidt, flüsterte Rudi. Wieviel Uhr ist es denn eigentlich? – Kurz vor Mitternacht.

in neuerer Zeit *selten* · 1. in modern times, 2. recently
1. … Gut, früher vor zwei, drei Generationen, da mögen die jungen Leute so gedacht haben, wie du sagst. Aber in neuerer Zeit …
2. … Nein, in neuerer Zeit … – Entschuldige, was nennst du 'in neuerer Zeit'? – Sagen wir: seit dem ersten Weltkrieg. – Ah, ich dachte an die letzten Jahrzehnte …

in neu(e)ster Zeit *selten* · recently, in recent times
… Natürlich ging es den Gewerkschaften Jahrzehnte und Jahrzehnte – ja seit dem 19. Jh. – in erster Linie um die Arbeiter. Aber ob das in neuster Zeit noch gilt, weiß ich nicht. In den letzten Jahren werden aus den 'Sozialisten' überall 'Sozialdemokraten' …

zur rechten Zeit … · 1. 2. at the right time
1. … Was, nur das bißchen habt ihr mir von dem Pudding übriggelassen? – Warum kommst du auch immer zu spät? 'Wer nicht kommt zur rechten Zeit, muß nehmen, was übrig bleibt', heißt es, oder? *form*
2. … Du kommst genau zur rechten Zeit! Wir wollten dich gerade anrufen, um dich zu bitten, zu uns zu kommen, um uns bei der Übersetzung zu helfen.

alles zu seiner Zeit!/(man muß … tun/…) · 1. 2. all in good time
1. Wenn wir im nächsten Jahr nach Spanien wollen, könnten wir uns schon mal um Hotels kümmern. – Nur/bloß nichts überhasten! Alles zu seiner Zeit! Bis dahin ist es doch fast noch ein ganzes Jahr.
2. … Alles zu seiner Zeit – nicht zu früh und nicht zu spät –, das ist Peters Lebensmaxime.

zur selben Zeit – zur gleichen **Zeit** · at the same time

schon einen Monat/… über die Zeit sein · to be a month/a week/… overdue
… Wann ist die Geburt? – Ah, ich bin schon mehr als eine Woche über die Zeit. Nach den Berechnungen des Arztes hätte das Kind schon Ende des letzten Monats kommen müssen. …

auf unabsehbare Zeit … · for some considerable time, for the foreseeable future
… Ja, der Neubert wird auf unabsehbare Zeit mit Sicherheit keine Veranstaltungen und Examina durchführen können. Nach einem Herzinfarkt … – Wenn er überhaupt wieder arbeitsfähig sein wird.

auf unbegrenzte Zeit *form selten* – auf unbestimmte **Zeit** · indefinitely, for an indefinite period, sine die

auf unbestimmte Zeit · indefinitely, for an indefinite period, sine die
… Schau mal: 'auf unbestimmte Zeit geschlossen' steht hier an der Eingangstür. Was ist denn los, daß die Schultes ihr Geschäft schließen, und dann, ohne zu sagen, bis wann? Die hören doch wohl nicht auf?

vor undenklicher Zeit *path selten* – vor undenklichen **Zeiten** · ages ago, an eternity ago, ages and ages ago

seit uralter Zeit *path selten* – (eher:) seit uralten **Zeiten** (1) · since time immemorial

vor längst vergangener Zeit *Märchenspr* – vor grauen **Zeiten** (1) · a long long time ago

vor der Zeit … *form selten* · to be premature
… Das Kind ist vor der Zeit gekommen. … – Es war eine Frühgeburt? – Ja, das Baby wurde im siebten Monat geboren. …

im Jahre 500/750/... **vor unserer Zeit** *form selten* – im Jahre 500/750/... vor **Christus**/(Christi Geburt) · in the year 500/750/... before Christ/B. C.

vor meiner/deiner//... **Zeit**/vor der Zeit meines Vaters/... · before my/your/my father's/... time

... Früher machte Schuckert auch Korbwaren. – Ah, das ist aber schon sehr lange her. – Ja, das war vor unserer Zeit. Als wir da anfingen (zu arbeiten), hatten sie die Fertigung von Korbwaren bestimmt schon zehn Jahre eingestellt.

es wird Zeit, etw. zu tun/daß .../zum ... · 1. 2. 3. it is time to do s.th.

1. ... Los, Alfons, es wird Zeit! Wenn wir jetzt nicht gehen, kriegen wir den Zug nicht mehr. Also, beeil' dich!

2. ... Kinder, es wird Zeit zum Schlafengehen. Noch ein Spiel, und dann geht ihr ins Bett.

3. ... So allmählich wird es Zeit, daß wir uns um die Unterlagen kümmern. Jetzt fehlen noch drei Monate bis zu unserer Abreise. Wir sollten das eigentlich nicht mehr länger aufschieben.

es wird höchste/allerhöchste Zeit (daß ...) · 1. it is high time that you/... started/..., 2. it is high time that you/she/Mary/... did/... s. th.

1. Es wird höchste Zeit, daß du für die Schule anständig arbeitest. Wenn du nicht sofort damit beginnst, bleibst du garantiert sitzen. Du hast jetzt schon viel zu lange nichts getan.

2. ... Hast du denn nie für deine Kleidung sorgen müssen? – Nie. – Dann wird es aber höchste Zeit; sonst lernst du das nie mehr.

es wird (so) langsam Zeit, etw. zu tun *ugs* · it's about time I/John/... started/went/...

... So langsam wird es Zeit, mit den Examensvorbereitungen einzusetzen. Wenn ich jetzt nicht allmählich anfange, wird's knapp. – Ja, dann los! Was hindert dich denn?

zur Zeit ... – (eher:) **zurzeit** · at the moment, at present

zu meiner/deiner/... **Zeit**/zur Zeit meines Vaters/... · 1. 2. in my/your/your father's/... day

1. ... Ja, ja, heute macht Schuckert ja sozusagen alles, von Maschinenwerkzeugen über Plastikartikel bis zu Korbwaren. Zu meiner Zeit war das anders. Als ich da arbeitete/als ich da Direktor war/..., wurden nur Maschinen gebaut.

2. (Ein Vater zu seinen Kindern:) Ach, ihr wißt heute ja gar nicht mehr, was es heißt, etwas auswendig zu lernen. Zu meiner Zeit lernte man in der Schule Gedichte von der Länge 'der Glocke' auswendig – zehn, zwölf und mehr Seiten.

eine ruhige Zeit (im Geschäft/...) **haben** · to have a quiet period, to have a lull

... Das Weihnachtsgeschäft war in diesem Jahr besonders stürmisch. Dafür haben wir aber seit Januar eine ausgesprochen ruhige Zeit.

die längste Zeit etw. **getan haben**/geherrscht haben/... *sal* · 1. 2. to be/to have done s.th./... long enough *n*, 2. s. o. is not going to be head of sales/... much longer *coll*

1. ... Was sagt der Klaus? Er sieht nicht ein, warum e r das tun soll? Der wird sich wundern! Den habe ich die längste Zeit in seinem Studium unterstützt. Der soll nochmal kommen und mich auch nur um einen Pfennig bitten, dem werd' ich ganz was anderes erzählen. Das ist aus, ein für allemal!

2. ... Was hat der Baumanns da gesagt? Wenn er nicht wäre, dann wäre die Firma schon lange ruiniert? Der ist die längste Zeit Einkaufsleiter gewesen! Der Chef setzt den sofort an die Luft, wenn er das hört! Schon lange hat er den dick sitzen, diesen Baumanns.

die Zeit abnehmen *Sport* · to record s. o.'s time/speed/(...), to stop s. o.'s time

Habt ihr jemanden, der die Zeit abnimmt, wenn ihr heute nachmittag den 100-Meterlauf trainiert? – Ja, der Peter Vollmer wird (die Zeit) stoppen; er hat eine ganz neue Stoppuhr ...

die Zeit nicht abwarten können (bis ...) – (eher:) es (gar/überhaupt) nicht **abwarten** können (bis ...) (2) · not to be able to wait until ...

nicht wissen, was man mit der Zeit anfangen soll · not to know what to do with one's time

Herrgott, in diesem elenden Nest ist aber auch gar nichts los! Hier weiß man überhaupt gar nicht, was man mit der Zeit anfangen soll! –

Wenn du dich langweilst, übersetz' schon mal einen Teil des Romans. – Ich bin doch nicht in dieses Feriendorf gefahren, um zu übersetzen!

die Zeit arbeitet für jn. · time is on s. o.'s side

... Je länger die Kommissionssitzungen sich hinziehen, um so besser für den Erich, denn seine neuste Arbeit über den 'Sprachwandel' steht ganz kurz vor dem Abschluß, und die dürfte die Kommission sehr für ihn einnehmen. Die Zeit arbeitet also diesmal für ihn.

js. Zeit ist kurz/knapp bemessen *form* – kurz/knapp **bemessen** (sein) · s. o.'s time is limited

für Zeit und Ewigkeit ... *form selten* – für alle **Zeiten** ... (2) · for all time, for ever and a day

jm. **zwei Stunden/vier Tage/sechs Wochen/... Zeit geben** · to give s. o. two weeks/three months/... to do s. th.

... Und wieviel Wochen Zeit hat er euch für die Arbeit gegeben? – Sechs Wochen. Am ersten August müssen wir sie abgeben.

nicht an eine/an keine bestimmte Zeit gebunden sein · not to have to be done/to be held/... at any particular time

... Und wann sollen die Übungen jeweils stattfinden? – Sie sind an keine bestimmte Zeit gebunden. Das könnte morgens sein, nachmittags und sogar noch am frühen Abend – je nachdem wie es Ihnen am besten liegt.

mit der Zeit gehen · to move with the times

... 'Man muß immer mit der Zeit gehen', das ist ihre Devise. Deshalb richtet sie ihre Wohnung alle fünf, sechs Jahre ganz neu ein, im neusten Stil. – Man kann auch übertreiben!

js. Zeit ist gekommen · 1. 2. s. o.'s moment/hour has come

1. vgl. – (eher:) js. **Stunde** ist gekommen (1)

2. vgl. – js. **Stunde** hat geschlagen (3)

auf kurze Zeit gesehen *form* – (eher:) auf kurze **Sicht** · in the short term

auf lange Zeit gesehen *form* – (eher:) auf lange/(weite) **Sicht** · in the long term

auf längere Zeit gesehen *form* – (eher:) auf längere **Sicht** · in the long/longer term

drei Monate/ein Jahr/... **Zeit gewinnen** · to gain a month/a year/...

... Wenn du die Mitteilung von der Entscheidung des Gerichts erhalten hast, hast du das Recht, innerhalb von sechs Wochen Widerspruch einzulegen. Das kannst du ja tun, und zwar am letzten Tag dieser Sechswochenfrist. Die Bearbeitung des Widerspruchs dauert dann wenigstens zwei, drei Monate. Alles in allem gewinnst du also vier, fünf Monate Zeit. In diesen Monaten kannst du dir dann überlegen, wie du definitiv vorgehst ...

(versuchen/...) Zeit (zu) gewinnen · to (try/... to) gain time

... Was bezweckt der Klaus mit dieser Eingabe denn überhaupt? – Ich glaube, er will lediglich Zeit gewinnen. Er ist sich im Augenblick wohl selbst nicht im klaren, wie er am besten aus der Sache herauskommt, und sagt sich: 'Kommt Zeit, kommt Rat'.

sich kaum (die) Zeit zum Essen/... gönnen/(nehmen) · not to stop even to eat, not to take a moment's rest

... Dieser Mann ist immer in Hetze. In den letzten Wochen ist es ganz schlimm, da gönnt er sich kaum noch die Zeit zum Essen.

die Zeit heilt vieles/manches/... *form* · time is a great healer

... Im Augenblick sieht es natürlich so aus, als wenn die Ursel ihm das nie verzeihen könnte. Aber die Zeit heilt so manches, weißt du; man sollte da nicht zu früh die Hoffnung aufgeben ...

über die Zeit kommen *oft Sport* · to go the (full) distance, to hold out till the end of the game/contest/...

(Bei einem Boxkampf:) Die Überlegenheit von Rocky wird von Runde zu Runde erdrückender. Jetzt geht der Forster schon zum dritten Mal zu Boden. Mal gespannt, ob der über die Zeit kommt (ohne k. o. zu gehen).

einige Zeit lang ... – (eher:) eine **Zeitlang ...** · for a while jm. **wird die Zeit** (doch/doch ein bißchen/...) **lang** – jm. wird es/das/etw. (doch/doch ein bißchen/...) **lang** (1) · to go on/to last/... too long for s.o.'s liking

jm. **(keine) Zeit lassen** · (not) to give s.o. time to do s.th.
Ist der Kurt mit der Übersetzung immer noch nicht fertig? – Nun laß ihm doch Zeit! Diese Manie, die Leute immer zu drängen! Sogar, wenn es gar nicht nötig ist!

sich Zeit lassen (mit etw.) · 1. 2. 3. to take one's time (with s.th.)
1. Der Dieter läßt sich aber Zeit! Um sechs Uhr wollte er hier sein. Jetzt ist es acht, und er ist immer noch nicht da.
2. Was meinst du, wie lange wird der Helmut für die Übersetzung brauchen? – Im allgemeinen läßt er sich mit seinen Arbeiten Zeit. Drei, vier Wochen mußt du also schon rechnen. Aber dafür kannst du sicher sein, daß alles richtig übersetzt ist.
3. ... Meine Güte, die Leute hier lassen sich aber Zeit. Wenn man sieht, wie gemütlich die arbeiten ... – Bei dem Hungerlohn, den die kriegen, würde ich mir auch kein Bein ausreißen.

nur noch/nicht mehr/... lange Zeit/noch **kurze Zeit**/... **zu leben haben** – (eher:) noch/nicht mehr/... lange zu **leben** haben · to have only a short time/not to have much longer/... to live

Zeit seines Lebens ... – zeit seines **Lebens** · all his life, throughout his life

sich Zeit nehmen (mit etw.) – sich **Zeit** lassen (mit etw.) (2) · to take one's time (with s.th.)

sich für jn./etw. **viel**/reichlich/wenig/keine/genügend/... **Zeit nehmen** · to devote a lot of/little/... time to s.th./s.o.
... Ein Professor, der sich für seine Studenten keine Zeit nimmt, meinte er, hat seinen Beruf verfehlt! Wissenschaftliche Arbeiten kann man doch nur in Muße besprechen; sonst kommt dabei doch gar nichts heraus.

Zeit nehmen (müssen) *Boxen sal* · to (have to) take a count
... Nachdem er dann den dritten linken Haken einstecken mußte, war es dann soweit: unser Schorsch fiel um wie ein Sack. Er versuchte zwar, sich wieder aufzurappeln – aber nein, er mußte Zeit nehmen.

in Zeit von nichts *ugs* – im **Nu**/(in einem Nu) · in no time, in next to no time

in Zeit von Null Komma nichts *sal* – im **Nu**/(in einem Nu) · in no time, in next to no time

seine Zeit (für jn./etw.**) opfern** · to give up one's time (for s.o./s.th.)
... Wenn ich schon meine Zeit für derart komplizierte Verhandlungen opfer', dann will ich natürlich auch ein Ergebnis sehen! – Was heißt:'opfern'. Irgendeiner muß die Verhandlungen nun einmal führen; und es ist 'deine' Zeit, sondern die Zeit der Firma. Du führst die Verhandlungen doch schließlich nicht im Urlaub.

Zeit und Ort (werden noch bekanntgegeben/...) *form* · time and place (to be announced/...)
... Schon jetzt möchten wir darauf hinweisen, daß im kommenden Monat in unserem Institut ein Vortrag von Prof. Mautz über die 'Energiequellen und -vorräte in Afrika' stattfinden wird. Zeit und Ort werden in Kürze bekannt gegeben. ...

kommt Zeit, kommt Rat · time will bring a solution, time will bring an answer
... Mach' dir keine Sorgen, Ursula: kommt Zeit, kommt Rat. Jetzt im Augenblick könnte ich zwar auch nicht sagen, was ich an deiner Stelle tun würde; aber wenn wir die Sache in Ruhe angehen, wird sich schon eine vernünftige Lösung ergeben.

jm. **die Zeit rauben** *selten* – jm. die **Zeit** stehlen · to waste s.th.'s time

die Zeit ist (noch) nicht reif für etw. · the time is not yet ripe for s.th.
... Die Zeit ist halt noch nicht reif für den 'Bewußtseinswandel', von dem so viel geredet wird! – Wenn die Leute jetzt, angesichts der vielfachen Bedrohungen der Menschheit, nicht dafür gewonnen werden können, dann können sie es wohl niemals – oder wieder erst, wenn es zu spät ist.

den Vorsprung/... **über die Zeit retten** *mst Sport* · to keep/to maintain/to defend/... one's lead/...
... Obwohl die Münchener die letzte halbe Stunde fast nur noch auf ein Tor spielten, konnten die Krefelder das glückliche 2 : 1 über die Zeit retten.

sich über die Zeit retten *mst Sport* · to play for time
(Bei einem Fußballspiel:) Die Krefelder kicken den Ball ja nur noch hin und her! Das ist doch kein Spiel mehr! – Die versuchen halt mit allen Mitteln, sich über die Zeit zu retten.

Zeit schinden · 1. 2. to try to make s.th. last, to drag s.th. out
1. So wie viele freie Mitarbeiter bei einer Zeitung oder Zeitschrift Zeilen schinden, so schindet der Fuchs Zeit! Was man in fünf Minuten dolmetschen kann, erklärt er langatmig in zehn oder 15. – Weil er nach Zeit bezahlt wird? – Klar!
2. (Während einer Klausur:) Herr Popper, können sie uns noch zehn Minuten mehr geben? – Meine Herrschaften, bitte versuchen Sie jetzt nicht wieder, Zeit zu schinden! Die Klausur ist in der vorgegebenen Zeit bequem zu schaffen!

auf Zeit spielen · to play for time
(Der Chef zu seinen Unterhändlern:) Wenn jetzt absolut keine Aussicht besteht, bei den Verhandlungen unsere Ansichten durchzusetzen, wir mit Schuckert aber trotzdem im Gespräch bleiben wollen, müssen wir halt auf Zeit spielen. Reagieren Sie also auf alle Fragen und Anregungen ausweichend. Die Konstellation auf dem Granitmarkt kann sich ja schon bald wieder ändern.

aus der guten alten Zeit stammen/(sein) *path* · to come from/to date back to/... the good old times
... Ja, dieser Eichentisch, sagte er strahlend, stammt noch aus der guten alten Zeit, in der ein Tischler sich in solchen Möbelstücken richtig 'verwirklichte'!

jm. **die Zeit stehlen** · to waste s.o.'s time
... Du solltest lieber selbst etwas arbeiten, statt mit deinem Geschwätz hier anderen Leuten die Zeit zu stehlen!

die Zeit stoppen *Sport* – (eher:) die **Zeit** abnehmen · to record/to stop s.o.'s time

Zeit und Stunde vereinbaren/... *form* · to agree on a time, to fix a time
(Ein Bankdirektor zu einem Kollegen:) Die Sache Südafrika müßten wir einmal außerhalb der Dienstzeit ausführlich durchsprechen. – Sehr gern. Sollten wir dann nicht schon jetzt Zeit und Stunde vereinbaren? – Wir wär's, nächsten Mittwoch um sieben?

die Zeit totschlagen *ugs* · to kill time
... Ja, um die Zeit bis zur Ankunft des Zuges totzuschlagen, haben wir uns im Bahnhofskino einen Sexfilm angeguckt. ...

die ganze Zeit über ... – (eher:) die ganze **Zeit** (über) ... · all the time, the whole time

die Zeit überschreiten · to exceed the time limit, to overrun one's time, to be running over time
... Wenn alle Teilnehmer an dem Wettbewerb zwei Stunden zur Beantwortung der Fragen haben, muß sich natürlich jeder an diese Frist halten. Wenn einer die Zeit überschreitet, wird er ausgeschlossen – das geht doch gar nicht anders. Ich versteh' nicht, wie sich der Paul da beschweren kann.

wenn Zeit und Umstände es erfordern/erlauben/gestatten/... *form* · if you have time, if circumstances demand/permit/... it, if the situation requires it
... Wenn Zeit und Umstände es erlauben, werde ich Sie gern in Portugal besuchen, Herr Greiner. Im Augenblick habe ich aber derart viel zu tun, daß an Reisen überhaupt gar kein Denken ist.

sich die Zeit verkürzen (mit etw.) *form selten* – sich die **Zeit** vertreiben (mit etw.) · to while away the time with s.th./(doing s.th.), to pass the time (doing s.th.)

keine Zeit zu verlieren haben · to have no time to lose
(Ein Vater zu seinem Sohn:) Wenn du mit deiner Examensarbeit terminmäßig fertig werden willst, dann hast du keine Zeit mehr zu verlieren; dann kannst du dir jetzt keine Reisen mehr erlauben!

seine/die Zeit verplempern *ugs* · 1. 2. to waste one's time, to fritter away one's time

1. … Ich würde an deiner Stelle in der Abschlußprüfung nicht die Zeit damit verplempern, den Text nochmals abzuschreiben. Du hast mehr davon, stattdessen deine Übersetzung noch einige Male durchzulesen. – seine/die **Zeit** vertrödeln

2. vgl. – seine/die **Zeit** vertrödeln

sich die Zeit vertreiben (mit etw.) · to while away the time with s.th./(doing s.th.), to pass the time (doing s.th.)

… Und was habt ihr die ganzen Stunden gemacht, bis das Schiff endlich kam? – Wir haben uns die Zeit mit Kreuzworträtseln vertrieben.

seine/die Zeit vertrödeln *ugs* · to fritter away one's time, to waste one's time *n*

Den Ulli versteh' ich nicht. Er sagt, er weiß gar nicht, wo ihm der Kopf steht vor lauter Arbeit – und dann vertrödelt er seine Zeit hier im Café. – Vielleicht tut es ihm gut, wenn er mal abschaltet, an nichts denkt …

seine Zeit unnütz vertun · to waste one's time *n*

… Statt den Spanienaufenthalt dazu zu nutzen, Spanisch zu lernen, hat der Junge seine ganze Zeit da unnütz vertan. – Er hat Land und Leute studiert! Ist das etwa nicht nützlich?! – Verteidige ihn noch! …

die Zeit heilt (alle) **Wunden** *form* – die **Zeit** heilt vieles/manches/… · time is a great healer

von Zeit zu Zeit – (so) **ab** und zu (mal) · from time to time

Zeitalter: das Goldene Zeitalter · the Golden Age

… Ja, meinte er, während der Gedanke von der klassenlosen Gesellschaft den idealen Zustand der Menschheitsgeschichte in die Zukunft verlegt, sah ihn die Antike in einer fernen Vergangenheit verwirklicht; in diesem Sinn spricht sie vom Goldenen Zeitalter.

das Saturnische Zeitalter *selten* · the Saturnian age

… Du weißt, was das 'Goldene Zeitalter' ist? Entsprechend nannten die Römer die ins Ideale verklärte, sagenhafte Vergangenheit auch das Saturnische Zeitalter.

das Zeitalter der Moderne *form* · the modern age, this day and age

… Solche Vorstellungen waren vielleicht im Mittelalter erlaubt, Mutter, aber doch nicht im Zeitalter der Moderne! – Du kannst mich ruhig für rückständig halten, Christian: hier im Haus werden die Dinge nach meinen Vorstellungen entschieden. Auch wenn sie für dich nicht zur Moderne passen!

Zeitbombe: das/etw. ist eine Zeitbombe *ugs – path* – die **Zeitbombe** tickt · it/s.th. is a time-bomb

die Zeitbombe tickt *ugs – path* · the/a time-bomb is ticking away

… Wenn die Bevölkerungszunahme in diesem Land nicht rasch gestoppt wird, kann das nur zu einer Hungerkatastrophe führen! Und zwar schon sehr bald! – Sie meinen also: die Zeitbombe tickt? – Ja, so ist es. Leider. Jeder Monat, der nicht genutzt wird, erhöht den Druck.

Zeitdruck: in Zeitdruck sein · to be pressed for time, to be under pressure, to be short of/running out of/… time

… Verflixt nochmal, jetzt fehlt nur noch knapp eine Woche bis zum Abgabetermin, und ich muß noch ein ganzes Kapitel schreiben! – Du bist aber auch immer in Zeitdruck, Klaus! Kannst du nicht besser disponieren?

in Zeitdruck geraten/kommen · to be pressed for time, to be under pressure

… An deiner Stelle würde ich vom ersten Tag an voll an der Examensarbeit arbeiten. Sonst ergeht es dir noch wie unserem Albert, dann kommst du noch in Zeitdruck. – Euer Albert ist aber doch rechtzeitig fertig geworden. – Ja, aber wie?! Die letzte Woche vor dem Abgabetermin hat er sozusagen nicht mehr geschlafen.

unter Zeitdruck stehen *form* – in **Zeitdruck** sein · to be pressed for time, to be under pressure

Zeiten: für alle Zeiten · 1. 2. for ever, 1. for good, 2. for all time

1. … Nach dem, was der sich geleistet hat, ist er für mich für alle Zeiten erledigt! Mit dem will ich in meinem ganzen Leben nichts mehr zu tun haben.

2. … Gut, gut, aber ist dieses Gesetz denn immer noch gültig? Solche Bestimmungen gelten doch nicht für alle Zeiten! – Das Gesetz wurde zwar schon 1917 erlassen; aber es wurde nie widerrufen und nie durch ein neues ersetzt. Also ist es nach wie vor gültig.

zu allen Zeiten · at all times, in all periods

… Überfälle hat es zu allen Zeiten gegeben, Mensch, das ist doch nichts Neues. Die machen vielleicht ein Theater.

der beste/größte/… Spieler/Fachmann/… aller Zeiten *form – path od. iron* · the greatest tennis-player/… of all time

… Der Köpke spielt nicht gut Tischtennis, Rolf, und auch nicht sehr gut – das ist hier der beste Tischtennisspieler aller Zeiten!

von den alten Zeiten erzählen/… *ugs – path* · to talk/to tell stories/… about the old days

(Ein alter Mann zu einem ehemaligen Arbeitskollegen, den er im Stadtpark trifft:) Ach, es tut gut, einmal wieder von den alten Zeiten zu reden! Ist (es) nicht wahr, Richard? – Ja. Es waren schöne Jahre da bei Schuckert. Nicht so hektisch wie heute; persönlicher …

die guten alten Zeiten *form od. iron* – (eher:) die gute alte **Zeit** · the good old days

aus den guten alten Zeiten stammen/(sein/…) *form od. iron* – (eher:) aus der guten alten **Zeit** stammen/(sein/…) · to come from/to date back to/… the good old days

(…) **in seinen/ihren besten Zeiten** · 1. 2. at his/their/… peak

1. (Ein Zuschauer bei einem Tennisspiel:) Mensch, der Sigle spielt heute wie Boris in seinen besten Zeiten! So gut hat er noch nie gespielt. – Den würde heute selbst der Boris in Bestform nur mit Mühe schlagen.

2. … Wieviel läuft – oder lief – der Wuschke denn auf 100 m? – In seinen besten Zeiten lief er zehn Komma neun; zur Zeit läuft er vielleicht elf Komma fünf, elf Komma sechs.

(das sind/…) **böse Zeiten** *form – path* · (these are/…) bad times

… Hohe Inflation, eine sehr kritische Auftragslage in der Industrie, eine Staatsverschuldung in nie gekannten Ausmaßen, eine labile außenpolitische Situation …: es kommen böse Zeiten auf uns zu, Christoph.

seit ewigen Zeiten *ugs – path* – seit **eh** und je · for donkey's years, for ages, since the year dot

in fernen Zeiten *path* · in the distant future

… Ob man diese Hast nach Geld, diese ausschließlich ökonomische Perspektive, in fernen Zeiten überhaupt versteht? – Sie meinen, das könnte den Menschen in einer späteren Epoche so unverständlich sein, wie uns das Mittelalter im Grunde unverständlich ist?

in früheren Zeiten … *form* · in the past, in past ages

… Früher! Früher! Glaubst du denn, in früheren Zeiten hätten die Leute stundenlang am Tag über Für und Wider einer bestimmten Staatsform diskutiert, wie heute? Da wurde gearbeitet!

das waren goldene Zeiten! *path* · those were the days!, those were great times

… Das waren goldene Zeiten, damals, was Erich?! Wir hatten Zeit, wir hatten Geld, wir waren jung – im Grunde waren diese Studentenjahre in München doch eine einzige Feier. Wenn ich da an die Bedingungen denke, unter denen die meisten Studenten heute studieren …

vor grauen Zeiten *path od. Märchenspr* · 1. in the dim and distant past, 2. ages ago, yonks ago *coll*

1. Vor grauen Zeiten lebte in diesem Tal einmal …

2. Wann hast du den Bernhard das letzte Mal gesehen? – Och, vor grauen Zeiten! Warte mal … so vor sieben, acht Jahren vielleicht. *selten*

alle heiligen Zeiten (mal/einmal) **vorkommen/etw. tun/…** *österr ugs* – alle **Jubeljahre** (mal/einmal) vorkommen/etw. tun/… · to happen/… once in a blue moon

die heutigen Zeiten *form* – (eher:) die heutige **Zeit** · today, nowadays, these days

kommende/künftige/spätere Zeiten *form* · future ages, future generations

… Ob künftige Zeiten überhaupt Verständnis dafür aufbringen können, daß in so wenigen Jahrzehnten derart viel Rohstoffe verbraucht wurden? Ob kommende Generationen dafür einen Sinn haben?

vor langen Zeiten *path* · a long time ago

… Ja, vor langen Zeiten wohnte hier mal ein russischer Pianist. Das ist aber bestimmt schon 30, 40 Jahre her. …

das waren noch Zeiten! *path od. iron* · those were the days!

(Ein älterer Dozent privat zu einigen Studenten:) Sie besuchen heute 20, 25 und mehr Veranstaltungen in der Woche, müssen alle möglichen Prüfungen machen … Als ich studierte, wurde ein Semester anerkannt, wenn Sie pro Fach drei Wochenstunden attestiert bekamen. Drei Stunden! Das waren noch Zeiten! Da konnte man noch in Muße etwas durcharbeiten. …

in diesen/… teuren Zeiten *path* · these days – with prices so high, in these days of high prices/…

… Wer sich in diesen teuren Zeiten ein Haus in München kaufen kann, muß schon reich sein! – Ein Haus zu kaufen, Richard, war immer ein teurer Spaß, nicht nur heute.

seit undenklichen Zeiten *form – path selten –* seit uralten **Zeiten** (1) · from/since time immemorial

vor undenklichen Zeiten *form – path selten* · ages ago, an eternity ago, ages and ages ago

… Wann die Erde entstanden ist, Kind? … Och, vor undenklichen Zeiten! Vor Millionen von Jahren.

seit unvordenklichen Zeiten *form – path selten –* seit uralten **Zeiten** (1) · from/since time immemorial

seit uralten Zeiten *path* · 1. from/since time immemorial, 2. for donkey's years *coll*, for ages, since the year dot

1. … Seit uralten Zeiten wohnen in diesen Bergen Menschen. Es gibt Funde, die sind wenigstens 15.000 Jahre alt. …

2. vgl. – seit **eh** und je *iron*

aus uralten Zeiten erzählen/… *path* – (eher:) von längst vergangenen **Zeiten** erzählen/… · to talk/to tell stories/… about times long ago

seit urewigen Zeiten *form – path selten –* seit uralten **Zeiten** · from/since time immemorial

von längst vergangenen Zeiten erzählen/… *path* – (stärker als:) von den alten **Zeiten** erzählen/… · to talk/to tell stories/… about times long ago

vor Zeiten *Märchenspr* · once upon a time …

Vor Zeiten gab es in dieser Schlucht einmal eine steinerne Mühle. In ihr wohnte …

zu Goethes/Großmutters/… **Zeiten** *form* · in Goethe's/grandmother's/… day, in the age of Goethe/…

… Du kannst doch die Arbeitsbedingungen eines Schriftstellers, Geisteswissenschaftlers usw. von heute nicht mit denen von früher vergleichen. Zu Großvaters Zeiten hatte jeder, der zu diesem Stand gehörte, eine große Wohnung, Personal, Dienstmädchen …

die Zeiten ändern sich · (the) times are changing

… Früher war jeder, der studiert hatte, ein gemachter Mann! Aber heute … – Ja, die Zeiten ändern sich – in manchem zum Guten, in anderem zum Bösen.

goldenen Zeiten entgegensehen/(entgegengehen/…) *path* · + golden days are coming, + golden days are ahead of us

Vor nicht allzu langer Zeit hieß es noch, wir sähen goldenen Zeiten entgegen; und jetzt gibt es plötzlich Abertausende von Arbeitslosen, für die man keine Hilfe findet.

schweren/… Zeiten entgegensehen/(entgegengehen/…) *path* – ≠ goldenen **Zeiten** entgegensehen/(entgegengehen/…) · to face hard/tough/… times, + there are hard/tough/… times ahead of us

(auch) schon mal/einmal bessere Zeiten gesehen haben *ugs* · to have seen better days

… Der Herr Häusermann hat ja auch schon einmal bessere Zeiten gesehen! – Und ob! Er hatte eine gutgehende Firma und führte einen

ziemlich aufwendigen Lebenswandel. – Eben! Wenn man sieht, wie miserabel es ihm heute geht … Wie wankelmütig das Schicksal doch ist!

jn./sich seit ewigen Zeiten nicht mehr gesehen haben/sehen *ugs* – jn./sich seit einer **Ewigkeit**/(eine Ewigkeit) nicht mehr sehen/gesehen haben · not to have seen s.o./each other for ages

auf bessere Zeiten hoffen *ugs* · to hope for better days, to hope for better times

… Im Augenblick sehe ich für das Projekt auch keine Chance. – Das heißt: es bleibt uns nichts anderes übrig, als auf bessere Zeiten zu hoffen? – So ist es.

auf bessere Zeiten warten *ugs* · to wait for better times, to wait for things to improve/to look up/…

… In der augenblicklichen Situation würde ich an seiner Stelle mein Geschäft auch nicht vergrößern; da würde ich – genau wie er – auch auf bessere Zeiten warten. – Es fragt sich nur, ob die Zeiten sich wirklich bessern. – Wenn es nicht wieder aufwärts geht, lohnt sich eine Erweiterung noch weniger.

Zeitenwende: (im Jahre 500/750/…) **nach der Zeitenwende** *form* – (eher:) im Jahre 500/750/… nach **Christus**/(Christi Geburt) · (in the year 500/750/…) A.D.

(im Jahre 500/750/…) **vor der Zeitenwende** *form* – (eher:) im Jahre 500/750/… vor **Christus**/(Christi Geburt) · (in the year 500/750/…) B.C.

Zeitfrage: (daß/ob …/…) **das ist (nur/…) eine Zeitfrage** – (eher:) (daß/ob …/…) das ist (nur/…) eine **Frage** der Zeit/des Geldes/… · it is (only/…) a question of time (whether/before/…), it's.th. is (only/…) a question of time

Zeitgenosse: ein seltsamer/komischer Zeitgenosse (sein) *sal* – ein sonderbarer/komischer/wunderlicher **Heiliger** (sein) · (to be) a queer fish/bird

Zeitlang: eine Zeitlang … · for a while

… Eine Zeitlang hat sie in der Schule Schwierigkeiten gehabt, das ist wahr. Aber das ist vorbei. So nach einem Jahr etwa war das alles überwunden.

zeitlebens: zeitlebens · 1. 2. all my/your/… life, throughout my/your/… life

1. … Wir haben zeitlebens hart arbeiten müssen. Warum soll der Robert dann nicht wenigstens mal ein, zwei Jahre anständig rangehen?

2. vgl. – zeit seines **Lebens**

Zeitliche: das Zeitliche segnen *iron* – seinen/den **Geist** aufgeben (2) · to depart this life, to pass on

Zeitlohn: Zeitlohn bekommen/kriegen *form selten* · to be paid by the hour

… Wer kriegt heute schon Zeitlohn? Die Leute sind doch alle fest angestellt. – Das meinst du! Es gibt immer noch eine ganze Menge von Leuten, die (nur) nach ihrer Arbeitszeit bezahlt werden.

Zeitlupe: etw. in Zeitlupe zeigen/auf dem Bildschirm verfolgen/… *form* · to see s.th. in slow-motion, to see a slow-motion replay of s.th.

Hast du mal Skispringen in Zeitlupe gesehen? Im Fernsehen oder im Kino? Das ist interessant, nicht? Wenn da so jede Bewegung ganz langsam gemacht wird, sodaß man jede Einzelheit genau verfolgen kann …

Zeitlupentempo: im Zeitlupentempo etw. tun/ablaufen/… *ugs oft iron* · to do s.th./… in slow motion, to do s.th. at a snail's pace

Wenn du die Übersetzung weiterhin wie bisher so im Zeitlupentempo machst, wirst du wohl übernächste Weihnachten damit fertig, was?!

Zeitmangel: etw. aus Zeitmangel nicht tun/absagen/… · not to do s.th./to cancel s.th./… because of lack of time

Zu seinem großen Bedauern muß der Chef seine Südamerikareise aus Zeitmangel um einige Monate verschieben. – Aber wird er dann eher Zeit haben als jetzt?

Zeitpunkt: etw. **zum richtigen/falschen/**(...) **Zeitpunkt** tun · to do s.th. at the right/wrong/an inopportune time, to do s.th. at the right/wrong/... moment

... Daß du den Prof. Hartmann danach fragen wolltest, war völlig in Ordnung. Aber du hast die Frage zum falschen Zeitpunkt gestellt. Wenn man den ganzen Morgen diskutiert hat und alle schon mit ihren Gedanken beim Mittagessen sind, dann kommt man nicht mit einem so unangenehmen Problem ...

den günstigen/günstigsten Zeitpunkt verpassen · to miss the right/the opportune/favourable/... moment/time/(...) to do s.th., to miss the right/favourable/... opportunity to do s.th.

... Den günstigsten Zeitpunkt hast du verpaßt! Du hättest den Hartmann am Freitag in der Sitzung offiziell fragen müssen. In Gegenwart der anderen Gesellschafter hätte er da klipp und klar antworten müssen. So eine gute Gelegenheit, ihn zu einer klaren Meinungsäußerung zu zwingen, wird sich so bald nicht wieder ergeben ...

Zeitraffer: etw. **im Zeitraffer zeigen/**auf dem Bildschirm verfolgen/... *form* – etw. in **Zeitlupe** zeigen/auf dem Bildschirm verfolgen/... · to show s.th. in quick motion/speeded up

Zeitraum: in einem Zeitraum von mehreren Monaten/... · to change one's mind/... in (the space of) a month/a week/...

... In einem Zeitraum von vierzehn Tagen hat der Bodo seine Ansicht völlig geändert. Es ist unglaublich, wie jemand in so kurzer Zeit so diametral entgegengesetzte Meinungen vertreten kann.

Zeitrechnung: (im Jahre 500/750/...) **nach unserer Zeitrechnung** *form* – (eher:) im Jahre 500/750/... nach **Christus/** (Christi Geburt) · (in the year 500/750/...) A.D.

(im Jahre 500/750/...) **vor unserer Zeitrechnung** *form* – (eher:) im Jahre 500/750/... vor **Christus/**(Christi Geburt) · (in the year 500/750/...) B.C.

Zeitung: etw. **in die Zeitung setzen** · to put s.th. in the newspapers, to write s.th. in the newspapers

... Was das alles für einen Blödsinn in die Zeitung setzen! – Was liest du denn da gerade?

durch alle Zeitungen gehen · to be in all the newspapers, to go through the whole press

... Wie, du hast von dem Bauskandal gar nichts mitgekriegt? Der ist doch durch alle Zeitungen gegangen. Welche Zeitung habt ihr denn zu Hause? – Das Mörsinger Generalblatt. – Auch in diesem Käseblatt hat bestimmt was davon gestanden.

Zeitungsente: eine Zeitungsente (sein) *ugs* · (to be) a hoax, (to be) a canard, (to be) a false report

... Wo hast du das gelesen? – Im Überkinger Generalanzeiger. – Eine Zeitungsente, Mensch! Als wenn der Kahl zurücktritt! Unmöglich! – Du meinst, die setzen das in die Zeitung, ohne daß da was dran ist?

Zeitverlust: ohne Zeitverlust · without wasting time, without losing time, without loss of time

... Wenn sie dich zum Ehrenvorsitzenden wählen, wirst du natürlich auch häufiger eingeladen, daß ist klar. Ganz ohne Zeitverlust geht so etwas also nicht ab. Aber allzu viel Zeit verlierst du mit solchen gesellschaftlichen Verpflichtungen sicherlich nicht.

Zeitvertreib: (nur/...) **zum/aus Zeitvertreib** (etw. tun) · to do s.th. (just/...) to pass the time

Daß jemand jeden Tag stundenlang Finanzberichte liest, weil er die Angaben beruflich braucht, kann ich verstehen. Aber nur zum Zeitvertreib? Da wüßte ich, was ich lieber lesen würde.

Zellen: die (kleinen) grauen Zellen *sal* · the grey matter, the grey cells

... Stell dir vor, daß sich der Rolf innerhalb von einer Viertelstunde schon zum dritten Mal verrechnet! Es scheint, seine grauen Zellen funktionieren nicht mehr so richtig. – Er hat zu viel gesoffen, das ist alles.

Zelte: die/seine Zelte abbrechen *ugs* · to pack one's bags, to pack up and go, to up sticks and go, to decamp

... So, und ihr wollt die Zelte hier abbrechen? Wo zieht ihr denn hin? – Nach Hamburg. Mein Vater arbeitet jetzt in Hamburg.

seine Zelte aufschlagen *ugs* · 1. to settle down, 2. to take up residence in ...

1. ... Ja, und ihr habt jetzt hier in Hamburg eure Zelte aufgeschlagen? – Ja. Wir wollten eigentlich nicht in eine Großstadt ziehen. Aber mein Mann arbeitet hier bei der Bank; auf die Dauer wurde der Weg – jeden Tag hin und zurück nach Elmshorn – doch zu weit ...

2. vgl. – ein/das/sein **Lager** aufschlagen (3)

Zenit: im Zenit des/seines Lebens stehen *path* · to be at the peak of one's life, to be at the zenith of one's life, to be at one's peak

Mit 40, 45, sagte man früher, steht ein Mann im Zenit seines Lebens. – Hm, dann mußt du ja aufpassen; dann geht es mit dir – bei deinen 50 Jahren – ja schon wieder bergab.

im Zenit seines Ruhmes stehen *path* – (eher:) auf der **Höhe** seines Ruhmes stehen/(sein) · to be at the peak of one's fame

im Zenit stehen *Gestirne* · the sun/... is at its zenith

... Wieviel Uhr ist es? – Es muß zwölf (Uhr) sein – die Sonne steht genau im Zenit. – Soweit sie in diesen Breiten genau im Zenit stehen kann. – Klar, Mensch.

Zensur: von der Zensur verboten werden/... *Theaterstücke/Filme/Bücher/...* · to be banned by the censors, to be censored

... Wenn man sich überlegt, daß die Stücke von Brecht in zahlreichen europäischen Ländern noch vor wenigen Jahren von der Zensur verboten wurden ... Heute ist er ein Klassiker, geradezu harmlos. Wie schnell so etwas geht!

durch die Zensur gehen *Post/Theaterstücke/Filme/Bücher/...* *form* · to be censored, to get past the censor

... Es wundert mich, daß dieses Stück nicht durch die Zensur gegangen ist! – Warum? Der Inhalt ist doch politisch völlig harmlos!

der Zensur unterliegen *form* · to be subject to censorship

Unterlag eigentlich in der Salazarzeit jedes Theaterstück der Zensur? – Natürlich. Es wurde kein Stück aufgeführt, das nicht vorher von der Zensur geprüft worden wäre. Du kannst dir das kaum vorstellen, nicht?

Zentnerlast: jm. fällt eine Zentnerlast von der Seele/(vom Herzen) *ugs path* – *iron* – jm. fällt ein **Stein** vom Herzen · + it/that/s.th. is a great load off s.o.'s mind

Zentrum: im Zentrum (des Interesses/der Aufmerksamkeit/...) stehen – im **Mittelpunkt** (des Interesses/...) stehen (1, 3) · to be the focus of interest/attention/...

Zepter: das Zepter niederlegen *form selten* – die **Krone** niederlegen · to lay down the sceptre, to abdicate

das Zepter schwingen/(führen) *ugs iron selten* · 1. 2. to wield the sceptre, to rule the roost

1. ... Na, schwingt bei euch immer noch der Alte das Zepter? Oder hat der Sohn inzwischen die Leitung des Geschäfts übernommen?

2. ... Es macht dem Alten offensichtlich immer noch Spaß, das Zepter zu schwingen, was? – Aber natürlich. Wenn er mal nicht mehr herumkommandieren kann, ist er ein gebrochener Mann. *seltener*

zerbrechen: an etw. zerbrechen *path* · to be broken by s.th., to be destroyed by s.th.

... Für einen sensiblen und gewissenhaften Menschen ist es natürlich eine enorme Belastung, dauernd nach außen etwas vertreten zu müssen, woran man innerlich gar nicht glaubt. Ich kann also schon sehr gut verstehen, daß der Albert Schöne an diesem Konflikt zerbrochen ist. – Meinst du nicht, daß er sich wieder fängt?

zerfallen: mit jm. zerfallen sein *form* · to have fallen out with s.o.

Seitdem die Anette mit dem Franzosen zusammenlebt, ist sie mit ihrem Vater zerfallen. Seit vier Jahren haben die beiden kein Wort mehr miteinander gewechselt.

mit sich selbst zerfallen sein *form selten* · to be at odds with oneself

... Schlimmer als die finanzielle Krise ist die moralische Krise, in der er steckt: seit seiner Ehescheidung ist er mit sich selbst zerfallen. Er hat überhaupt kein Selbstvertrauen mehr, macht sich alle möglichen Vorwürfe, entwickelt die seltsamsten Komplexe ...

zerfließen: vor Rührung/Mitleid/... **zerfließen** *ugs – path* · to dissolve with/to be overcome with pity/emotion/...

(Eine Frau zu ihrem Mann:) Du kannst die Ingrid so viel bedauern, wie du willst – meinetwegen kannst du vor Mitleid zerfließen! –, mir tut das Mädchen kein bißchen leid! Sie ist rechtzeitig gewarnt worden und wollte nicht hören! – Sei nicht so hartherzig, Marta!

zerlegt: jn./etw. **hat's ganz schön/(...) zerlegt** *ugs selten* · 1. + to get smashed up, + to break a lot of bones, 2. to smash s.th. to pieces, to smash up a car

1. ... Der Manfred hat gestern einen Motorradunfall gehabt. Den hat's ganz schön zerlegt. Der Gute hat ein halbes Dutzend Knochenbrüche.

2. ... Gestern hat mein Vater seinen Wagen zerlegt. Er kam ins Schleudern und ist gegen eine Mauer geprallt. Die Karre ist völlig im Eimer.

zerquetschte: 100/5.000/... **und ein paar zerquetschte** *sal* – 100/5.000/... und ein paar **kleine** · 100/... marks/... and a bit, just over 100/... marks/...

zerreißen: sich für jn. **zerreißen** *path* · to kill o.s. for s.o./to help s.o./..., to bend over backwards to help/... s.o., to go to no end of trouble for s.o./to help s.o./...

... »Eine Sache ist es«, fiel unsere Irmgard plötzlich ein, »für jemanden viel zu tun, ihm die Stange zu halten, für ihn Opfer zu bringen, eine andere, sich für ihn zu zerreißen, die Christa macht sich für den Udo buchstäblich kaputt.«

j. **kann sich (doch/schließlich/...) nicht zerreißen**/j. meint/..., j. könnte ... *ugs – path selten* · 1. I/you/... can't do two/several/... things at once, 2. I/you/... can't be in two/several/... places at once

1. ... Wenn ich ein Wörterbuch mache, mache ich ein Wörterbuch – und nicht zugleich eine 'Spanienkunde'. Ich kann mich schließlich nicht zerreißen.

2. ... Ich weiß gar nicht, was der alte Schuckert sich denkt! Du kannst doch nicht zugleich nach Wien und nach Hamburg fahren! – Der meint wahrscheinlich, ich könnte mich zerreißen.

so viel zu tun haben/derart mit Arbeit eingedeckt sein/..., **daß man sich zerreißen könnte** *ugs – path selten* · to be up to one's eyeballs in work, not to have a moment to call one's own

... Aber vielleicht könnte der Richard Mertens die Sachen mit seinem Wagen nach Lübeck bringen. – Den kann ich unmöglich bitten. Der ist im Augenblick derart mit Arbeit eingedeckt, daß er sich zerreißen könnte. Der weiß kaum noch, wo ihm der Kopf steht.

Zerreißprobe: etw. **ist eine/wird zu einer Zerreißprobe** (für js. Nerven/Widerstandskraft/Freundschaft/...) *ugs – path* · to be a real/crucial/... test of s.th., to be the acid test of s.th.

(Aus einem Gespräch über ein befreundetes Ehepaar, in dem die Frau schwer erkrankt ist:) Sicher, Helga, solch eine lange Krankheitsphase kann dann natürlich sehr leicht zu einer Zerreißprobe für die Opferbereitschaft, für die Liebe der Partner sein. Ich möchte nicht wissen, wieviele Liebesbeziehungen wegen Krankheiten in die Brüche gegangen sind.

js. Nerven/... (mit ...) **auf eine/(die) Zerreißprobe stellen** *ugs – path* · to put s.o.'s nerves/... to the test, to try s.th. to breaking point, to try s.th. to the limits

... Unser Nachbar übt jetzt schon seit zwei Stunden auf seiner Trompete. Der Mann stellt meine Nerven auf eine Zerreißprobe.

zerrinnen: zu nichts **zerrinnen** *form selten* · 1. 2. to burst like soap-bubbles, to go up in smoke, to come to nothing

1. vgl. – wie **Seifenblasen** zerplatzen/(platzen)

2. vgl. – (eher:) sich in **Wohlgefallen** auflösen (3)

zerrissen: innerlich **zerrissen (sein)** *form path* – mit sich selbst (nicht) **eins** sein · to be at odds with o.s.

Zerrspiegel: wie in einem **Zerrspiegel** ... *form* – wie in einem **Vexierspiegel** ... · (to see s.th.) as if in a distorting mirror

zerrupft: (ganz schön/...) **zerrupft aussehen**/(...) *ugs selten* · 1. 2. to look the worse for wear, to look as if one has been in the wars, to look as if one has been dragged through a hedge backwards

1. ... Der Gerd sieht ganz schön zerrupft aus! – Ja, er hatte kürzlich einen Autounfall.

2. ... Du siehst etwas zerrupft aus! Was ist denn los mit dir? – Ich konnte heut' nacht nicht pennen. Ich fühle mich irgendwie auch hundeelend.

zerschlagen: sich **zerschlagen** *Pläne u.ä.* · to fall through, to come to nothing

... Du sagst, euer Griechenlandprojekt hat sich zerschlagen. Was ist denn dazwischen gekommen? – Ich kann dieses Jahr keine drei, vier Wochen Urlaub machen; die angespannte geschäftliche Lage läßt das einfach nicht zu.

ganz/(wie) zerschlagen sein *ugs – path* · 1. 2. to be/to wake up/... absolutely/... deadbeat/shattered/whacked/...

1. vgl. – **fix** und fertig sein (2)

2. vgl. – wie **gerädert** sein/aufwachen/... (1; u.U. 2)

wie zerschlagen aufwachen/... *ugs – path* – (eher:) wie **gerädert** sein/aufwachen/... (2) · to be/to wake up/... absolutely/... deadbeat/shattered/whacked/...

zerschmettern: jn. (regelrecht/...) **zerschmettern** *Nachrichten u.ä. path selten* · to shatter s.o.

... Die Nachricht, daß sein Bruder tödlich abgestürzt ist, hat den Werner regelrecht zerschmettert. Mit dem Mann ist überhaupt nichts mehr anzufangen.

zersetzen: eine Gemeinschaft/... (moralisch) **zersetzen** *form – path* · to undermine a society/community/..., to corrupt/to subvert/... a society/community/...

... Man kann versuchen, einen Feind mit Waffengewalt zu besiegen oder gar zu vernichten; man kann aber auch versuchen, ihn innerlich zu zersetzen – indem man die Brüchigkeit seiner Moral aufdeckt, die Verlogenheit der Regierung zeigt usw. – Ein religiös geeintes oder/und ein patriotisch gesinntes Volk wird seinen Zusammenhalt von außen so leicht nicht unterminieren lassen.

Zerstörungswerk: sein **Zerstörungswerk vollenden** *form – path* · to complete one's work of destruction

... Diese elende Regierung hat es sich in den Kopf gesetzt, das 'Friedensinstitut' mit allen Mitteln zu vernichten, und sie wird nicht eher ruhen, bis sie ihr Zerstörungswerk vollendet hat.

zerteilen: **so viel zu tun haben**/derart mit Arbeit eingedeckt sein/..., **daß man sich zerteilen könnte** *ugs – path selten* – so viel zu tun haben/derart mit Arbeit eingedeckt sein/..., daß man sich **zerreißen** könnte · to be up to one's eyeballs in work

zerwerfen: sich mit jm. **zerwerfen** *form selten* – sich (mit jm.) **überwerfen** · to fall out with s.o.

Zeter: **Zeter und Mordio schreien** *path selten* · to scream/to cry blue murder, to raise a hue and cry

... Was ist denn da los? Was schreit denn die Frau dahinten Zeter und Mordio? ... Ah, es scheint, daß man ihr die Handtasche weggerissen hat. Guck', der junge Kerl dort rennt in aller Eile davon ... Ich dachte schon, da stirbt jemand ...

Zetergeschrei: ein lautes/großes **Zetergeschrei anstimmen** *ugs path selten* · to make a hullaballo (about s.th.), to make an uproar (about s.th.), to kick up a fuss about s.th.

... Erst gibt er an, er wüßte schon, wie man so was macht, und ist wer weiß wie leichtsinnig! Und wenn die Sache dann schiefläuft, stimmt er ein lautes Zetergeschrei an! So als wenn die Welt untergehen würde!

Zetermordio: **Zetermordio schreien** *path selten* – **Zeter** und Mordio schreien · to scream blue murder

Zettelwirtschaft: (das/(etw.) ist) eine **Zettelwirtschaft** *ugs* · + (to have) bits of paper everywhere/all over the place/...

(Der Vater zu seinem Ältesten:) Was ist das denn für eine Zettelwirtschaft hier auf deinem Schreibtisch?! Eine Notiz hier, eine andere da; Papiere, Blöcke, Notizbücher ... Kommst du durch dieses ganze Durcheinander überhaupt noch durch?

Zeug: das/etw./was j. sagt/.../macht/... **ist (doch) (alles) dummes Zeug** *ugs* – das/etw./was j. sagt/..., ist (doch) (alles) **Käse** · it's/s.th./what s.o. says is (all) nonsense/rubbish/...

was j. sagt/tut, ist krauses Zeug *ugs* · to talk nonsense *n*, to talk in a muddled/confused/... way *n*

... Das hat doch überhaupt keine innere Logik, was der Schlüter da erzählt, keinerlei erkennbaren Zusammenhang! – Aber Sie werden das doch nicht einfach als krauses Zeug abtun? – Leider bleibt mir gar nichts anderes übrig.

das Zeug zu etw. haben/dazu haben, zu ... · 1. 2. to have (got) what it takes to be a minister/barrister/..., to have the makings of a minister/barrister/..., to have it in one to be a minister/barrister/..., to have the stuff that ministers/barristers/... are made of

1. ... Dumm ist der Karl nicht, das gebe ich zu; aber ob er das Zeug zu einem Minister hat ... – Du hast ganz recht: einer solchen Aufgabe ist er weder fachlich noch menschlich gewachsen.

2. ... Du solltest deinen Sohn Jura studieren lassen. Mir scheint, er hat das Zeug dazu, einmal ein Staranwalt zu werden. Er ist hochintelligent, sieht die Zusammenhänge sofort, weiß, worauf es ankommt – und er kann gut reden!

mein/dein/... Zeug · my/your/... things, my/your/... stuff

Babette, du mußt dein Zeug besser in Ordnung halten! Wir können nicht andauernd neue Wäsche kaufen!

das ganze Zeug *sal* – der ganze **Kram** · the whole lot, the whole business/thing/caboodle

nutzloses Zeug *ugs* – unnützes **Zeug** · useless stuff

in jm. **steckt das Zeug zu** etw./etw. zu tun – (eher:) das **Zeug** zu etw. haben/dazu haben, zu ... · + s.o. has it in him/her/... to do s.th.

ungenießbares Zeug *sal* · inedible stuff *n*

... Nein, so ein ungenießbares Zeug werde ich doch nicht essen! – Herbert! Die Christl hat sich solche Mühe gegeben! ... – Das merkt man! – Wenn du das nicht ißt: was anderes gibt es nicht. – Lieber hungern als so einen Schlangenfraß runterwürgen!

unnützes Zeug *ugs* · useless stuff *n*

... Was lernt man in diesem Fach schon? Unnützes Zeug! – So kraß würde ich das nicht sagen! – Ach, in der Praxis kann man das nie brauchen, und bilden tut es auch nicht. Welchen Wert soll das also haben?

abgedroschenes Zeug reden/... *sal* · 1. 2. to trot out hackneyed/trite/... stuff

1. vgl. – (eher:) leeres **Stroh** dreschen (1)
2. vgl. – (eher:) **Phrasen** dreschen (1)

(viel/...) dummes Zeug reden/... *ugs* · to talk/... nonsense/crap/rubbish/drivel/...

... Redet der Schubert immer so ein dummes Zeug? Das kann man ja gar nicht anhören, was der da verzapft!

zusammenhangloses/wirres/ungereimtes Zeug (daher-)reden/... *ugs* · to talk nonsense *n*, to talk in a rambling/incoherent/... way *n*, to babble (about s.th.) *n*

... Die Studentin ... Polizei ... einen Knacks ... – was redet der denn da für ein zusammenhangloses Zeug? Ist er besoffen? – Der arme Kerl ist völlig durcheinander. Er wurde von der Polizei mit einem Terroristen verwechselt ...

jm. etwas am/(ans) Zeug flicken *ugs* · to find fault with s.o., to be always picking at s.o., to pick holes in what s.o. does/...

... Andauernd versucht der Otto, seinen Kollegen etwas am Zeug zu flicken: der eine ist nicht ehrlich, der andere faul, der dritte unzuverlässig ... In Wirklichkeit leistet er von allen am wenigsten und ist am unzuverlässigsten.

(lauter/...) unverdautes Zeug von sich geben *sal* · to talk a lot of half-baked twaddle/rubbish/nonsense/...

... Ach, davon versteht der Werner doch überhaupt gar nichts. Unverdautes Zeug ist das, was er da von sich gibt! Er hat sich da irgendwo schnell etwas angelesen und meint, uns jetzt große Vorträge halten zu können.

für jn./etw. **ins Zeug gehen** *ugs selten* · to go flat out for s.o./s.th., to put all one has got into s.th.

Wenn die Anette für den Herbert wie für den Bodo ins Zeug gehen würde, dann würde sie die Kongreßvorbereitungen schon schaffen. Aber für den Herbert reißt sie sich nun mal kein Bein aus! – Sie kann sich schließlich nicht für jeden wer weiß wie anstrengen!

laufen/rasen/..., was das Zeug hält *ugs* – *path* · to run/... like mad/like crazy, to run for all one is worth

Wenn wir den Bus wirklich noch kriegen wollen, dann müssen wir jetzt rennen, was das Zeug hält. – Ich renn' doch jetzt nicht durch die Straßen wie ein Wilder! Dann nehmen wir halt den nächsten Bus.

schuften/arbeiten/..., was das Zeug hält *ugs* – *path* – schuften/arbeiten/... wie ein **Berserker** · to work/... like mad, to work like billy-o

nur/nichts als/... dummes Zeug im Kopf haben *ugs* – nur/nichts als/... **Dummheiten** im Kopf haben · s.o.'s head is full of silly ideas/nonsense/mischief/...

sich anständig/ordentlich/... ins Zeug legen *form* · to (really/...) get down to it *coll*, to give it all one has got *coll*, to go flat out

... Los, Kinder! Wenn wir uns anständig ins Zeug legen, sind wir gegen sieben Uhr mit der Arbeit fertig. Aber nur, wenn wir alle ordentlich rangehen.

sich für jn./etw. **ins Zeug legen** *form selten* · to do one's utmost for s.o., to do everything one can for s.o., to stand up for s.o.

Es ist nett von dir Christa, daß du dich so für den Robert ins Zeug legst. Aber er ist für diesen Posten beim besten Willen nicht geeignet. Ich kann seine Bewerbung daher guten Gewissens nicht unterstützen – auch wenn du dich so engagiert für ihn einsetzt, nicht.

dummes Zeug machen *ugs* – **Unsinn** machen · to mess about/around, to fool about/around

Zeugen: jn. zum/(als) Zeugen (dafür) anrufen (daß ...) *form* – *path* · to call s.o. as witness that ...

(Bei Gericht; der Angeklagte:) Sogar den Anwalt der Gegenpartei kann ich zum Zeugen dafür anrufen, daß ich die Wahrheit sage! Herr Anwalt Kremer: haben Sie mir vor drei Monaten am Telefon nicht selbst gesagt, daß es Ihrem Mandanten nur darum geht, das Haus frei zu bekommen, um umzubauen? ...

Zeugenstand: in den Zeugenstand treten *bei Gericht jur* · to go into the witness box, to take the stand

Lustig, daß man seine Aussagen als Zeuge bei Gericht nicht an einem beliebigen Platz machen darf, sondern 'in den Zeugenstand treten' muß. Als wenn der Ort etwas mit dem Inhalt der Aussage zu tun hätte! – Das wird ja heute auch nicht mehr so ernst genommen wie früher.

Zeugnis: Zeugnis ablegen/(geben) von etw. *form* – *path* · to testify to the fact that ..., to prove s.th., to demonstrate s.th.

Wenn die den Hausmann in einem offiziellen Bericht derart loben, dann legt das doch Zeugnis davon ab, mit welch einem Engagement er da gearbeitet hat! – Das weiß ich nicht. Das kann auch nur bedeuten, daß sie weitere Kritik vermeiden wollen, um andere Leute zu decken.

(ein) falsches/(falsch) Zeugnis ablegen (wider/(gegen jn.)) *Bibel form* · to bear false witness (against s.o.)

... Bei Gericht hat man die Wahrheit zu sagen – nur die Wahrheit. Denk' an das Bibelwort: du sollst kein falsches Zeugnis ablegen wider deinen Nächsten, d.h. keine falschen Aussagen machen, die ihn belasten, ihn schädigen.

j. kann jm. **nur das beste Zeugnis ausstellen** *form* · l/he/... cannot speak too highly of s.o.

... Was Sie da über den Jungen sagen, überrascht mich! Ich kann ihm nur das beste Zeugnis ausstellen. Hier in der Firma hat er immer hervorragende Arbeit geleistet, zu seinen Kollegen immer das beste Verhältnis gehabt. Ich kann also nur Gutes über ihn sagen.

Zeus: was tun, sprach/(spricht) Zeus *ugs iron* · what now? *n*, what do we do now? *n*, what shall we do now? *n*

... Verflixt nochmal, das war die letzte Straßenbahn, die uns da vor der Nase wegfährt! Was tun, sprach Zeus. Sollen wir jetzt laufen?

Oder wollen wir unsere letzten Pfennige zusammenschmeißen und ein Taxi nehmen?

Zicken: nur/nichts als/... **Zicken im Kopf haben** *sal selten* – nur/nichts als/... **Dummheiten** im Kopf haben · + s.o.'s head is full of nonsense, s.o. is always up to/planning/... monkey business

Zicken machen *sal selten* · 1. 2. to make trouble *n*, to make a nuisance of oneself *n*, to make a fuss *n*
1. ... Was die Christina da zu Hause für Zicken macht! Nichts wie Schwierigkeiten, Dickköpfigkeit, Anstellerei, Geheule ... – einfach unausstehlich!
2. vgl. – vielleicht/... ein **Theater** machen

Zickzack: im Zickzack laufen/fliegen/... · to zigzag, to run/fly/... in a zigzag
Was fliegt denn dieses Flugzeug da im Zickzack herum? – Die machen eine militärische Übung.

zickzackförmig: zickzackförmig verlaufen/... · to zigzag, to form/to look like/... a zigzag
... Wenn man den Verlauf der einzelnen Etappen der Verhandlungen graphisch darstellen würde, ergäbe das eine zickzackförmig verlaufende Linie: mal waren alle gut gestimmt und optimistisch, mal drauf und dran aufzugeben.

Zickzackkurs: ein Zickzackkurs · a zigzag line
... Ach, dieser Mann hat doch in seiner Politik überhaupt keine Linie!, schimpfte er. Heute entscheidet er so und morgen anders. Das war doch ein einziger Zickzackkurs in den letzten Jahren.

im Zickzackkurs fahren/steuern/... *selten* · to zigzag, to drive/... in a zigzag
... Du kannst mit dem Wagen doch nicht im Zickzackkurs den Berg herauffahren. Denk' dir, es kommt einer entgegen! – Die Straße ist so glatt/vereist/..., daß man da gerade nicht heraufkommt.

Ziege: eine dumme/blöde/alberne Ziege (sein) *sal* – eine dumme/blöde/alberne **Gans** (sein) · (to be) a stupid cow

ziegelrot: ziegelrot · brick-red
... Nein, für ein Wohnhaus ist mir dieses 'Ziegelrot' zu knallig. Überhaupt rot – egal, welcher Ton! –, finde ich, paßt nicht zu einem Wohnhaus.

Ziegenfutter: meckere/(meckert/...) **nicht, Ziegenfutter ist knapp** *Wortspiel mit der doppelten Bedeutung von meckern: 1. 'Sprache' der Ziege; 2. 'kritisieren' sal* · stop moaning! *n*, stop bitching!, stop grumbling/grousing/...
... Meckere nicht, Mensch, Ziegenfutter ist knapp! Oder kann man dir wirklich nichts zum Essen vorsetzen, ohne daß du daran herumnörgeln mußt/ohne daß du irgendetwas daran auszusetzten hast?!

ziehen: jn. **beiseite ziehen** (um ihm vertraulich ...) *form selten* – jn. auf die **Seite** ziehen (um ihm vertraulich ...) · to take s.o. to one side (to tell him in confidence that ...)

alles/die Dinge/(die Unterhaltung/das Thema/...) **ins** Ironische/Lächerliche/(...) **ziehen** *form* · to ridicule/to be ironical about/... everything/...
... Ich weiß nicht, Otto, warum du alles ins Ironische ziehen mußt! Das Thema der Freundschaft ist doch nun wirklich ernst genug! – Entschuldige, Berta: wenn ich euch hier 'Freundschaft' sagen höre, habe ich das Gefühl, es geht um eine 'amitié amoureuse'. Daher meine Ironie.

den kürzeren ziehen · 1. 2. to come off second best, to come off worse, to get the worst of it, 2. to draw the short straw
1. Der Klaus hatte fest damit gerechnet, bei der Stichwahl zwischen dem Herbert Baumann und ihm würde er gewählt; aber dann hat er doch den kürzeren gezogen.
2. Die Christl hat nicht nur von ihren Eltern weniger zu Weihnachten geschenkt bekommen als ihre Geschwister; sie hat auch bei den Großeltern und den übrigen Verwandten den kürzeren gezogen.

die Aufmerksamkeit/Blicke/... **auf sich ziehen** *form* · to attract attention
... Das ist doch klar, daß sie mit einem derartigen Décolleté die Aufmerksamkeit aller Leute auf sich zieht! – Das will sie doch gerade.

js. Haß/Zorn/... **auf sich ziehen** *form* · to bring s.o.'s wrath/hatred/... down upon one, to incur s.o.'s wrath/hatred/...
(Ein älterer Mitarbeiter:) Ich würde mich an Ihrer Stelle ganz aus dieser leidigen Geschichte heraushalten, Herr Nußbaum. Oder wollen Sie den Zorn des Alten auf sich ziehen? Seien Sie doch froh, daß seine Einstellung Ihnen gegenüber nach wie vor ungetrübt ist.

etw. **nach sich ziehen** *Folgen/...* · to bring s.th./(consequences/...) with it, to have unpleasant/... consequences/..., to involve s.th., to entail s.th.
... Seine Versetzung von München nach Ulm hat natürlich eine ganze Reihe von unangenehmen Folgen nach sich gezogen: die Kinder fühlen sich in der neuen Umgebung gar nicht wohl; die meisten seiner Freunde sieht er jetzt nur noch sehr selten ...

jn. **nach unten ziehen** · to drag/to pull/... s.o. down
(Ein Vater zu seiner Tochter:) Wenn der Hanspeter dich nach unten zieht – wie Mutter sagt –, solltest du wohl mit ihm brechen, Margreth. Ein Mensch, den wir lieben, soll die guten Seiten in uns fördern, nicht die schlechten. – Ach, Vater, 'sollte' ... Als wenn die Liebe danach fragte!

jn. (**ungern/**mit Freuden/...) **ziehen lassen** *ugs* · to be glad/delighted/sad/... to see s.o. go
Der Schraudorf hat bei Schuckert gekündigt? – Gott sei Dank. Den läßt der Alte mit Freuden ziehen. Sowohl persönlich als auch sachlich hat dieser Mann in der Firma in den letzten Jahren nur Schwierigkeiten gemacht.

einen ziehen lassen *euphem sal selten* – einen **fahren** lassen · to let one go, to let off

es zieht · there is a draught
(Im Auto:) Kann ich hier vorne das Fenster aufmachen oder zieht es dann da hinten zu sehr? – Wir machen dann hier hinten alles zu. Wenn es keinen Durchzug gibt ...

das/etw. **zieht (bei** jm.) *Drohung/...* *ugs* · to impress s.o., to work with s.o., it/s.th. works/does not work with s.o., it/s.th. has an/no impact/effect/... on s.o., not to cut any ice with s.o., not to wash with s.o.
... Nein, die Drohung, mit Arrest, zieht bei der Klasse nicht. Das glauben die sowieso nicht. Die wissen doch, daß die Lehrer nachmittags auch nicht gern kommen.

es zieht jn. **nach** .../von einem Ort weg/... *form* · + to feel drawn to a place, + to feel an urge/a yen/... to get away from a place
Ich glaube nicht, daß der Kurt noch lange hier bleibt. Es zieht ihn in den Süden. Du wirst sehen, über kurz oder lang kommt er mit einem Angebot aus Spanien, Portugal oder Südfrankreich ... Seitdem er ein Mal so lange da war, läßt ihn die Sehnsucht dahin nicht mehr los.

jn. **zieht nichts nach** .../(von einem Ort weg/...) · + I'm/you are/... not that wild about going/moving/... to Hamburg/.../about leaving here/...
... Wenn aus deiner Bewerbung nichts wird, wird auch aus unserem Umzug nach Hamburg nichts. – Das ist das Wenigste, Klara! Mich zieht jedenfalls nichts nach Hamburg; ich fühle mich hier in Köln pudelwohl.

Ziel: am Ziel sein · to be/to have reached one's destination, to be there
... So, sagte er, als die Gruppe an der Jugendherberge ankam, wir sind am Ziel. Etwas später als erwartet – aber wir sind glücklich (hier) gelandet.

etw. **zum Ziel haben** *form* · to be designed to do s.th., to have s.th. as one's goal/aim/object/...
... Haben seine dauernden Sticheleien und Kritisierereien zum Ziel, die Annemarie und den Klaus auseinanderzubringen, oder warum macht er das?

als erster/zweiter/... **durchs Ziel gehen/**laufen/rennen/... · to be/to come in/... first/second/third/..., to be first/... past the tape, to be first/... past the post *horse-racing*, to cross the finishing line first/..., to go through the tape first/...
(Was) war das ein Rennen! Drei Läufer gingen gleichzeitig durchs Ziel! Stell' dir das vor! Drei Mann laufen genau dieselbe Zeit!

ein erstrebenswertes/gutes/... Ziel abgeben (für jn.) *form* · 1. to be a goal worth striving for, to be a worthwhile goal, 2. to be a wonderful/... target for s.o./s.th.

1. Ich weiß nicht, meinte er nachdenklich, ob das Studium heute noch für so viele junge Leute ein erstrebenswertes Ziel abgeben kann. Wenn man sich überlegt, daß man nach so vielen Jahren Ausbildung oft immer noch nichts Sicheres in der Hand hat, muß man sich doch fragen, ob die Zeit für viele nicht falsch investiert ist.

2. ... Aufgrund seiner dauernden Affären gibt dieser Politiker natürlich ein blendendes Ziel für die Oppositionsparteien ab. Die sind ja geradezu dankbar für jeden, auf den sie so ungestört 'schießen' können.

(endlich/...) am Ziel angelangt sein · to have (finally/...) reached one's goal (at last), to have (finally/...) achieved one's goal (at last)

... Jahrelang hat der Günther an diesem Buch gesessen. Aber jetzt ist er endlich am Ziel angelangt: es ist fertig! Und nicht nur das: es hat ein blendendes Echo gefunden.

ein Ziel vor Augen haben · to have a goal clearly in one's mind, to have a definite goal before one

Wer ein Ziel vor Augen hat, meint mein Vater, kann nie frustriert sein. Frustriert, das ist seine These, können nur Menschen sein, die plan- und ziellos durchs Leben gehen.

ein unverrückbares Ziel vor Augen haben *path* · to have an unchanging/unalterable/... goal before one, to have one's sights fixed firmly on a goal

In all seinen Unternehmungen, Kämpfen, Auseinandersetzungen hat der Hans immer ein unverrückbares Ziel vor Augen gehabt: aus seinem Bauernhof ein modernes Landgut zu machen. Jahrelang war das sein innerer Leitstern.

noch weit vom Ziel entfernt sein · to have still a long way to go, to be a long way from achieving one's goal

... Obwohl der Karl-Heinz schon über drei Jahre an dem Projekt arbeitet, ist er immer noch weit vom Ziel entfernt, sagst du? – Ja. Er wird bestimmt nochmal genau so lange brauchen, bis er fertig ist.

sein Ziel erreichen · to reach one's goal, to achieve one's goal, to achieve one's aim/objective/...

Der Klaus hat sein Ziel erreicht: er hat sein Abitur mit Eins bestanden und kann jetzt Medizin studieren.

(nicht) zum Ziel führen *Methoden/...* · (not) to achieve the desired effect, (not) to be the right way to go about s.th., (not) to lead to the (desired) goal

Mein Gott, der neue Chef schnauzt die Leute vielleicht an! – Er sagt, er will diesen schlampigen Laden endlich auf Vordermann bringen. – Ich weiß nicht, ob solche Methoden zum Ziel führen. Mir scheint, er schafft sich damit nur Feinde und die Arbeit wird dann noch schlechter gemacht.

zum Ziel gelangen/(kommen) · to achieve one's goal/...

Wenn der Holger schon die Universitätskarriere eingeschlagen hat, dann will er natürlich auch zum Ziel gelangen. – D.h. Ordinarius werden? – Natürlich.

übers Ziel hinausschießen/(schießen) (mit etw) · 1. to overstep the mark, to go over the top, 2. to go too far

1. ... Im Grunde hat der Albert mit seiner Kritik völlig recht. Nur schießt er mit seinen scharfen Formulierungen halt immer wieder übers Ziel hinaus. Wenn er den Herrn Kolberg beispielsweise einen 'finanztechnischen Waisenknaben' nennt, kann man ihm nicht mehr zustimmen; denn so schlecht der Kolberg auch arbeitet: von Finanzen versteht er etwas.

2. ... Es ist ja nur zu begrüßen, daß der Herbert die Kontrollen der Anträge sorgfältig durchführt; das ist schließlich seine Aufgabe. Aber manchmal, habe ich den Eindruck, schießt er doch übers Ziel hinaus. So ist es zum Beispiel sinnlos, einen Antrag nur deswegen zurückzuweisen, weil ein paar Rechtschreibefehler darin sind.

das Ziel der Klasse (nicht) erreichen *form Schulspr* – das **Klassenziel** (nicht) erreichen · (not) to make the grade, (not) to reach the required standard, (not) to get through

stracks/schnurgerade/ohne Umwege/... **auf sein Ziel lossteuern** · to go straight for one's goal, to pursue one's goal/objective/aim unswervingly/unerringly/singlemindedly

... Von der ersten Minute an, wo er das Thema für seine Doktorarbeit hatte, ist der Junge unbeirrbar und ohne jeden Umweg auf sein Ziel losgesteuert. Bei einer solchen Zielstrebigkeit ist es kein Wunder, daß er schon nach anderthalb Jahren fertig war.

jm./sich ein Ziel setzen *form* · to set s.o./o.s. a goal

Du mußt dir ein Ziel setzen, Richard! Wenn du so plan- und orientierungslos vor dich hinarbeitest, kommst du natürlich zu nichts, fühlst du dich frustriert ...

sich das Ziel setzen, zu ... *form* · to set o.s. the goal of doing s.th.

Der Robert hat sich das Ziel gesetzt, die Firma bis zum Ende des Jahres schuldenfrei zu haben. Und du kennst doch den Robert: wenn der sich etwas vornimmt, schafft er das auch.

sich etw. **zum Ziel setzen/sich zum Ziel setzen, zu ...** *form* · 1. 2. to set o.s. the goal of doing s.th., 1. to set one's mind on s.th.

1. ... Er hat sich nun einmal das Medizinstudium zum Ziel gesetzt. Und wenn er Medizin studieren und nicht wer weiß wie lange auf einen Studienplatz warten will, dann muß er sein Abitur mit 'Eins' machen.

2. vgl. – sich das **Ziel** setzen, zu ...

jm./sich ein Ziel stecken *form selten* – jm./sich ein **Ziel** setzen · to set s.o./o.s. a goal

sich sein Ziel zu hoch/so hoch, daß ... stecken · to set one's sights too high

... Ehrgeizig soll man schon sein, das ist richtig. Aber es hat doch keinen Sinn, sich sein Ziel so hoch zu stecken, daß man es auch bei bester Leistung nicht erreichen kann.

(genau/mitten) ins Ziel treffen (mit etw.) – (mitten/genau) ins **Schwarze** treffen (mit etw.) (1) · to hit the bull's eye

neben das Ziel treffen *iron* – ≠ (mitten/genau) ins **Schwarze** treffen (mit etw.) (1) · to miss the target

sein Ziel verfehlen · to fail to achieve one's goal, not to achieve one's goal

... Wenn es wirklich seine Absicht war, ohne jede Wartezeit Medizin zu studieren, dann hat er sein Ziel verfehlt: er hat sein Abitur mit Einskommaneun gemacht; das reicht nicht, um sofort einen Studienplatz zu bekommen.

ein (bestimmtes/...) **Ziel verfolgen** (mit etw.) · to pursue a (certain/specific/...) goal

... Welche Ziele verfolgt der Schliermann eigentlich mit seinen Intrigen? Will er den Kruse hier unmöglich machen? – Ich weiß nicht. Ich weiß überhaupt nicht, ob er ein bestimmtes Ziel damit verfolgt. Ich habe eher den Eindruck, er kann gar nicht anders als intrigieren ...

am Ziel seiner Wünsche (angelangt) **sein** *ugs* · to have got where one wanted to get *coll*, to have got what one wanted *coll*, to have achieved one's goal *n*

Na, jetzt ist der Schröder ja endlich Minister! Damit ist er ja wohl am Ziel seiner Wünsche angelangt, oder? – Keine Ahnung! Ob er noch weitere Ambitionen hat – ich weiß nicht.

stracks/schnurgerade/ohne Umwege/... **auf sein Ziel zusteuern** – stracks/schnurgerade/ohne Umwege/... auf sein **Ziel** lossteuern · to go straight for one's goal, to pursue one's goal/objective/aim unswervingly/singlemindedly/...

einem Ziel zustreben *form* · to pursue a goal, to head for a goal

Wenn jemand einem bestimmten Ziel zustrebt, meint mein Vater, dann kann es so etwas wie Frustration eigentlich nicht geben. – Wenn er diesem Ziel innerlich zustrebt, nicht. Aber das muß doch nicht unbedingt der Fall sein.

ein Leben/... ohne Ziel und Zweck *form – path* · a life without goal and purpose, a futile existence

... Das Leben, das der Fritz in den letzten Jahren führt, das ist ein Leben ohne Ziel und Zweck. Er interessiert sich für nichts, nimmt an nichts mehr Anteil ...

Ziel und Zweck e-r S. (ist es/...) *form – path –* (eher:) **Sinn und Zweck** e-r S. (ist es/...) · the object of s. th. is to ...

sich ehrgeizige Ziele setzen · to set o.s. ambitious goals
In fünf Jahren wollen Sie aus einem alten Bauernhof ein modernes Landgut machen? Sie setzen sich ja ehrgeizige Ziele! – Mal sehen, ob ich das schaff'. Aber mein Ziel ist es.

Zielscheibe: Zielscheibe des Spotts/... sein · to be the target of s.o.'s derision/mockery/ridicule, to be a laughing-stock
Wegen seines Bierbauchs ist der Oswald natürlich Zielscheibe des Spotts all seiner Kollegen. – Das ist ja nicht gerade nett, sich über den armen Kerl so lustig zu machen.

Zielscheibe der Kritik sein · to be the object/butt/target of criticism
Seit seiner unbedachten Äußerungen im Fernsehen ist der Innenminister Zielscheibe der Kritik in der gesamten Presse. – Wenn jemand als Minister so einen Unsinn redet, darf er sich nicht wundern, wenn nachher die Medien über ihn herfallen.

ziemlich: so ziemlich alle Leute/die ganze Belegschaft/... *ugs* · pretty well all the voters/staff/..., practically all the voters/ staff/...
... Inzwischen, habe ich den Eindruck, ist so ziemlich jeder, der bei der letzten Wahl der Regierung die Stimme gegeben hat, enttäuscht, wenn nicht verbittert! – Ja, 70, 80% sicherlich! – Mehr! Fast alle! ...

zig: zig Leute/zigmal/... *ugs* · 1. 2. umpteen people/times/...
1. ... Jetzt habe ich dir schon zigmal gesagt: Stiel mit 'ie' ist der Besenstiel usw. – und nicht der Stil, in dem jemand schreibt. Und immer wieder schreibst du die beiden Wörter falsch.
2. ... Hat dich denn schon einmal jemand danach gefragt? – Ja, zig Leute haben mich schon gefragt: wie es nur möglich, daß ...

Zigaretten: sich seine Zigaretten selbst/selber drehen · to roll one's own (cigarettes)
... Rauchst du Filterzigaretten oder drehst du dir deine Zigaretten selbst? – Ich dreh' selbst.

Zigarettenlänge: auf eine Zigarettenlänge etw. tun *ugs* · to come in/come over/... for a smoke/for a moment, to go out for a smoke
(Am Telefon, zu einem Kollegen in einem anderen Zimmer:) Du, Bodo, könntest du auf eine Zigarettenlänge mal eben zu mir herüberkommen? Ich muß mit dir noch kurz die Bedingungen für das Geschäft mit Schuckert besprechen.

Zigarre: jm. eine Zigarre verpassen *ugs selten* · 1. to give s. o. a dressing down, to give s. o. a rocket, 2. to give s. o. a ticking-off
1. Der Moser ist heute so mißmutig. – Der Alte hat ihm eine Zigarre verpaßt. Er hatte gestern vergessen, eine Korrespondenz vorzulegen, und es war ein Brief dabei, den der Alte unbedingt lesen wollte. Heute morgen, bei der Besprechung der Post, hat der Chef, in seiner ironischen Art, dann gemeint, bei dem einen lasse das Gedächtnis schon früher nach als bei dem andern, und dem Moser empfohlen, sich einen größeren Kalender zuzulegen.
2. vgl. – (eher:) jm. einen **Rüffel** verpassen/geben

eine Zigarre verpaßt kriegen/(bekommen) *ugs* · 1. 2. to get a dressing down/rocket/ticking-off
1. Stimmt es, daß der Moser von dem Alten eine Zigarre verpaßt gekriegt hat, weil er vergessen hatte, ihm gestern den Brief von Schuckert und Co. vorzulegen? – Ja, der Alte hat ihm ironisch gesagt, vielleicht wäre es doch angebracht, einen Computer zu kaufen, um die eingehende Post zu sortieren.
2. vgl. – (eher:) einen (anständigen/tüchtigen/...) **Rüffel** kriegen/bekommen

Zigeunerleben: ein Zigeunerleben (führen) *ugs* · to lead a nomadic existence *n*, to lead a rootless life *n*
... »Ich bin es einfach satt, so ein Zigeunerleben zu führen«, sagte er eines Tages plötzlich; »heute hier, morgen in Hamburg, übermorgen in Tokio – eine Woche Spanien, 10 Tage Dänemark ...; nein, ich suche einen anderen Job, bei dem man an einem Ort bleiben und Wurzeln schlagen kann«.

Zimmer: das Zimmer hüten (müssen) *form* – (eher:) das **Haus** hüten (müssen) · to (have to) stay in, to (have to) stay at home

ein Zimmer mit Vollpension haben/wählen/nehmen/... *form* – **Vollpension** haben/wählen/nehmen/... · to have/... full board and lodging

Zimmerlautstärke: das Radio/... auf Zimmerlautstärke stellen · to turn the radio/TV/... down to a low volume, to turn the radio/... down to a reasonable volume
Gerd, stell' das Radio leiser! Du weißt, daß die Hausordnung vorschreibt, Radio, Fernsehen usw. auf Zimmerlautstärke zu stellen. Ich würde auch nicht gern immer mithören, wenn Müllers oben ihren Apparat an haben.

Zimmermann: jm. zeigen, wo der Zimmermann das Loch gelassen hat *ugs* · to show s.o. the door, to kick s.o. out
... Wenn du jetzt keinen anderen Ton anschlägst, Otto, sehe ich mich zu meinem großen Bedauern gezwungen, dir zu zeigen, wo der Zimmermann das Loch gelassen hat. Ich habe doch keine Lust, mich von dir in diesem Ton anfahren zu lassen. Also: ein anderer Ton oder du fliegst raus.

Zimt: der ganze Zimt *sal selten* – der ganze **Kram** (2) · the whole caboodle, the whole thing

Zinnober: der ganze Zinnober *sal selten* – der ganze **Kram** (2; a. 1) · the whole caboodle, the whole thing

der übliche Zinnober *sal selten* – der übliche **Kram** · the usual stuff

vielleicht/... einen Zinnober machen *sal selten* – vielleicht/... ein **Theater** machen · to make/to kick up/... a big fuss

einen fürchterlichen/entsetzlichen/... Zinnober machen *sal selten* – vielleicht/... ein **Theater** aufstellen/aufführen · to make a (real/...) song and dance (about s.th.), to make an awful/... hullaballoo (about s.th.)

vielleicht/... einen Zinnober reden *sal selten* – (viel/...) dummes **Zeug** reden/... · to talk a load of rubbish/twaddle/ nonsense/...

Zinnsoldat: da stehen/marschieren/... wie ein Zinnsoldat/wie die Zinnsoldaten *ugs veraltend selten* – da stehen/marschieren/... wie ein **Bleisoldat**/wie die Bleisoldaten · to stand there/to march/... like a tin soldier/like tin soldiers

Zins: jm. etw. mit Zins und Zinseszinsen heimzahlen *ugs – path* – (stärker als:) jm. etw. mit **Zinsen** heimzahlen/vergelten · to get one's own back on s.o. with a vengeance, to make s.o. pay dearly for s.th.

jm. etw. mit Zins und Zinseszinsen zurückzahlen/zurückgeben · 1. to pay s.th. back to s.o. with interest and compound interest *para*, 2. to get one's own back on s.o. with a vengeance, to make s.o. pay dearly for s.th.
1. ... Denk' daran, daß dir Onkel Richard damals die 200.000,– Mark geliehen hat! Ohne das Geld hättest du nie eine Anwaltspraxis eröffnen können. – Diese 200.000,– Mark habe ich ihm mit Zins und Zinseszinsen zurückgezahlt. Ich habe ihm sogar mehr gegeben, als er bekommen hätte, wenn er das Geld auf der Bank angelegt hätte.
2. vgl. – (u.U. stärker als:) jm. etw. mit **Zinsen** heimzahlen/vergelten *ugs – path*

Zinsen: Zinsen bringen – (eher:) **Zinsen** geben (1) · to earn/ to pay interest, to yield interest

Zinsen geben · 1. 2. to earn interest, to pay interest, to yield interest
1. ... Gut, im Augenblick kannst du an das Geld nicht ran, weil du es angelegt hast. Aber dafür gibt es doch auch Zinsen. Am Ende des Jahres hast du 10.000,– Mark oder wieviel verdient, ohne einen Finger dafür gekrümmt zu haben.
2. (Zu einem Bankbeamten:) Gut, wenn ich diese 63.000,– Mark, wie Sie vorschlagen, für sechs Jahre anlege, wieviel Zinsen gibt das dann insgesamt? Könnten Sie mir das mal eben ausrechnen?

jm. etw. **mit Zinsen heimzahlen/vergelten** *ugs – path selten* ·
to get one's own back on s.o. with a vengeance, to make
s.o. pay dearly for s.th.
Der Krause ist so sauer auf deinen Bruder ... – Ja, er hatte einmal
wieder gegen meinen Bruder beim Chef intrigiert. Mein Bruder ist
diese ewigen Intrigen satt und hat ihm das mit Zinsen heimgezahlt:
für die Verhandlungen mit Schuckert und Co. hat er dem Krause ein
paar wichtige Akten vorenthalten, sodaß dieser – im Beisein des
Chefs – eine ganz jämmerliche Figur abgegeben hat.

von den Zinsen leben (können) · to (be able to) live on/off
the interest
... Junge, wenn du 500.000,– Mark auf der Bank hast, macht das gut
50.000,– Mark Zinsen. Dann kannst du von den Zinsen leben. Das
heißt: dann brauchst du dein Kapital – die 500.000,Mark – gar nicht
anzugreifen.

Kapital/... **auf Zinsen legen** *form* – (eher:) Kapital/... so
anlegen, daß es **Zinsen** trägt · to invest capital/... at interest, to invest capital/... so that it earns interest

Zinsen tragen *form* – **Zinsen** geben (1) · + to earn/to pay
interest, to yield interest

Kapital/... **so anlegen, daß es Zinsen trägt** *form* · to invest
capital/... at interest, to invest capital/... so that it earns interest
... Ja, natürlich ist der Schulte reich. Aber er kann an sein Geld nicht
dran! Er hat sein ganzes Kapital so angelegt, daß es möglichst viel
Zinsen trägt. – Das nenne ich Kapitalismus: das ganze Geld dazu
verwenden, um noch mehr Geld daraus zu machen – und sich dafür
krumm zu legen!

Zinshahn: rot wie ein Zinshahn sein/werden *path veraltend
selten* · to be/to go/to turn/... as red as a beetroot
... Jetzt bist du endlich ruhig, Axel! Siehst du nicht, daß der Opa
schon rot wird vor Zorn! – Der kann meinetwegen so rot wie ein
Zinshahn werden, deshalb werd' ich doch meine Meinung sagen. –
Du benimmst dich immer mehr wie ein ausgemachter Flegel, Junge!

Zipfel: jn. **so gerade noch/... am/an einem Zipfel seiner Jak-
ke/... zu packen/fassen/kriegen/...** *selten* · to (just/...)
catch/grab/... s.o. by the tail of his jacket
... Kaum hörte er Schritte auf der Treppe, wollte der Kerl natürlich
ausreißen. Ich hab' ihn so eben noch am Zipfel seiner Jacke festhalten können. – Wie alt war er denn? – Gerade 16 Jahre. Ein Junge,
der von Diebstählen lebt ...

**alles/die Dinge/die Probleme/... am/(beim) falschen/(ver-
kehrten) Zipfel anpacken/anfassen/**(packen) *form selten* –
alles/die Dinge/die Probleme/... am/(beim) falschen/(verkehrten) **Ende** anpacken/anfassen · to go about/to set ab-
out/to tackle/... everything/s.th./problems/... the wrong way

**alles/die Dinge/die Probleme/... am/(beim) richtigen/(rech-
ten) Zipfel anpacken/anfassen/**(packen) *form selten* – alles/
die Dinge/die Probleme/... am/(beim) richtigen **Ende** an-
packen/anfassen · to go about/to set about/to tackle/...
everything/s.th./problems/... the right way

etw. **an/bei allen vier Zipfeln haben** *ugs selten* · to have a
safe hold of s.th. *n*, to have sure hold of s.th. *n*
... Hast du das Paket auch fest in der Hand? – An allen vier Zipfeln!
Mach' dir keine Sorgen, das kann nicht fallen. – Du weißt, da sind
ein paar ganz teure Porzellanteile drin.

Zirkus: das/etw. **ist ein regelrechter/der reinste/... Zirkus/**so
ein Zirkus/dieser Zirkus/... *sal* · 1. it/s.th. is pure chaos, it/
s.th. is bedlam, 2. it/s.th. is an incredible carry-on
1. ... Hör' dir mal diesen Lärm und guck' dir mal dieses Durcheinander an! Das ist ja der reinste Zirkus hier! Komm', wir hauen wieder ab.
2. ... Nein, zu so einer Parteiversammlung gehe ich nie wieder hin.
Das ist ja ein regelrechter Zirkus! Statt vernünftig zu argumentieren,
kloppen die da ihre Parteisprüche herunter; wenn jemand eine unangenehme Frage stellt, antworten sie auf etwas ganz anderes, was der
Betreffende gar nicht gefragt hat und was ihn überhaupt nicht interessiert. ... Nein, das ist eine Zumutung für einen erwachsenen
Menschen, so ein Blödsinn!

einen richtigen/... Zirkus machen/veranstalten *sal* · to put
on a chaotic performance
... Mensch, wenn die schon einen Diskussionsabend zur Frage der
'Abtreibung' veranstalten, dann sollten sie wenigstens einen vernünftigen Diskussionsleiter haben. Was die da veranstaltet haben, das
war kein Diskussionsabend, das war ein regelrechter Zirkus! So einen Wirrwarr von Meinungen und so ein Theater im Saal erlebt man
nicht alle Tage.

zischen: einen zischen *sal* – einen **saufen** · to knock back a
drink

jm. **eine zischen** *sal selten* – jm. eine **Ohrfeige** geben · to
belt s.o.

jm. **ein paar zischen** *sal selten* – jm. ein paar **Ohrfeigen**
geben · to belt s.o.

Zislaweng: etw. **mit einem Zislaweng** in die richtige Bahn
bringen/hinkriegen/lösen/... *sal selten* · to sort s.th. out/to
arrange s.th./to solve s.th./... just like that/in no time/in a
trice/... *n*
Monatelang hatten wir uns alle vergeblich bemüht: die wollten uns
die Genehmigung einfach nicht geben. Da kommt zufällig der Norbert Schleske zu Besuch, ich erzähle ihm die Sache – und der bringt
mit einem Zislaweng alles in Ordnung. Eine Woche – und wir hatten
die Papiere. – Der weiß, wie man solche Sachen/die Leute da/...
anpackt.

Zitrone: jn. **ausquetschen/auspressen wie eine Zitrone** *ugs* –
path – jn. bis aufs **Blut** aussaugen · to bleed s.o. dry

sich ausgelutscht wie eine/'ne Zitrone fühlen *sal selten* · to
feel shattered/knackered/dead-beat/...
... Mann, bin ich fertig! So 'ne vierstündige Klausur zehrt echt an
den Nerven. Ich fühl' mich ausgelutscht wie eine Zitrone. Ich hau'
mich jetzt erst mal ins Bett!

**da/in der Sache/... habe ich/hat der Peter/... mit Zitronen
gehandelt** *ugs selten* · there/in that matter/... I/you/John/...
had really bad luck
... Na, und was ist aus dem Kubageschäft geworden? – Mensch, sei
ruhig! Da haben wir mit Zitronen gehandelt. – Wie, das war kein
Erfolg? – Da ist so ungefähr alles schiefgelaufen, was schieflaufen
konnte.

zittern: das große Zittern haben/kriegen/... *path od. sal selten*
· to have/to get/... the shakes
... Nach seinem Schlaganfall hat unser Großvater, wie mein Bruder
sagt, das große Zittern! – Dein Bruder ist ja nicht gerade feinfühlig. –
Er beschreibt, was er sieht. In der Tat zittert Großvater seither am
ganzen Körper, und zwar sehr stark.

zittern und beben (vor Angst/...) *form* – *path selten* – an
allen **Gliedern** zittern/(schlottern) (2) · to tremble and shake (all over)

zittern und zagen *form* – *path selten* · to shake and tremble
Die Ursel hat vielleicht eine Angst vor dem Examen! – Das ist klar,
sie hat nie etwas getan. – Aber was hat es für einen Sinn, jetzt zu
zittern und zu zagen? Da wird doch alles noch schlimmer.

mit Zittern und Zagen einer Prüfung entgegensehen/...
form – *path selten* · 1. to face s.th./... with fear and trembling, 2. to face s.th./... quivering with fear/trembling/shaking
and trembling
1. ... Das ist doch klar, daß die Ursel so eine Angst/so einen Bammel
vor dem Examen hat! Wenn ich monatelang nichts getan hätte, würde ich der Prüfung auch mit Zittern und Zagen entgegensehen.
2. ... Mit Zittern und Zagen stand sie da und jammerte: »Hoffentlich
dauert das Gewitter nicht mehr lange ...«

Zivil: in Zivil (sein) · 1. 2. to be in civilian clothes, to be in
plain clothes, to be in civvies *coll*
1. ... Aber hatte er Uniform an? – Nein, er war in Zivil.
2. ... Nein, nein, nur wenn er in Uniform ist, kann dich ein Schutzmann belangen. In Zivil ist er genau so ein gewöhnlicher Bundesbürger wie du und ich.

ziviler: ein ziviler Preis/(...) *ugs* – ein ziviler **Preis** · a reasonable/decent price/...

Zoff: Zoff haben/machen (wegen/...) *sal* – **Stunk** haben/machen (wegen/...) · to get/to cause aggro, to cause trouble

zoffen: sich (mit jm.) **zoffen** *sal* · to row with s. o. *n*, to squabble with s. o. *n*, to bicker with s. o. *n*, to have a set-to with s. o. *coll*

(Die Mutter zu ihren Kindern:) Ich möchte es einmal erleben, daß ihr euch nicht in den Haaren liegt! Ständig müßt ihr euch zoffen!

Zölibat: im Zölibat leben *form kath Priester* · to be celibate
... Natürlich muß ein katholischer Priester im Zölibat leben! Aber was hat das mit Keuschheit zu tun?! Wenn jemand nicht heiraten darf – oder auch nicht will –, heißt das doch nicht, daß er keusch ist.

Zoll: jeder Zoll/(in jedem Zoll/Zoll für Zoll) **ein König/**ein Gentleman/... *path selten* · every inch a gentleman/a king/...
... Der Graf Gaudissun, ja, das ist ein Grandseigneur, wie man ihn heute kaum noch sieht – jeder Zoll ein H e r r!

Zollbreit: keinen Zollbreit zurückweichen/von der Stelle weichen *form – path selten* – keinen/(nicht einen) **Fußbreit** (von der Stelle) weichen/zurückweichen · not to budge an inch

Zoon: ein Zoon politikon *form – geh* · a zoon politikon, a political animal *n*
... Wenn die antike Philosophie den Menschen als Zoon politikon – als ein gesellschaftliches Wesen also – definiert, dann denkt sie doch nicht an 'Politik' in unserem (landläufigen) Sinn, Karl-Heinz! In heutiger Terminologie bedeutet das: erst in kommunikativen Akten konstituiert sich das Wesen Mensch. – Sehr schön, Klaus! Prächtig.

Zopf: ein alter Zopf *ugs veraltend selten* · (it's. th. is) an antiquated custom
... Ist das wirklich noch angebracht, daß wir unsere Vollversammlungen im Frack oder Smoking abhalten? Ich finde, das ist so ein alter Zopf, den wir endlich mal abschneiden sollten.

den alten Zopf/die alten Zöpfe abschneiden *ugs veraltend selten* · to do away with/to abolish/... an antiquated custom/antiquated customs
... Dieser völlig überholte Frackzwang auf den Presseballen ...! Könnte man diesen alten Zopf nicht endlich mal abschneiden?!

Zores: Zores machen *oft: mach'l/macht keinen Zores! sal selten* · to make a fuss *n*
... Komm', jetzt mach' hier keinen Zores, Ulli! Wenn sich alle andern auf den Kompromiß einigen, dann brauchst du nicht wieder für Ärger und Aufruhr zu sorgen, indem du, wie üblich, dagegen herumwetterst/herumschimpfst.

Zorn: außer sich sein vor Zorn – auf **achtzig** sein · to be beside o. s. with anger

(vielleicht/...) **einen Zorn auf** jn./(über etw.) **haben** – eine Wut/einen Zorn/(einen Ärger) im **Bauch** haben (auf jn./über etw.) · to be livid with s. o. (about s. th.)

außer sich geraten vor Zorn – in die **Luft** gehen (2) · to blow up, to fly into a rage

kochen vor Zorn *ugs – path* – (stärker als:) auf **achtzig** sein · to seethe with anger

jn. **packt der Zorn** *ugs* – (eher:) jn. packt die **Wut** · + to fly into a rage

jn. **packt ein heiliger Zorn** *iron od. path* · + to be seized with righteous anger
Als er sah, wie lieblos sie mit dem Ring umging, den er ihr zum Geburtstag geschenkt hatte, (da) packte ihn ein heiliger Zorn. »Ich spar' da wer weiß wie, um dir eine Freude zu machen, und du läßt den Ring achtlos da herumfliegen«, schimpfte er! »Nie wieder kauf' ich dir ein Geschenk!«

fast platzen vor Zorn *ugs – path* · to be bursting with anger/rage
... Man sah ihm an, daß er fast platzte vor Zorn und daß es ihm nur mit größter Mühe gelang, sich wenigstens einigermaßen zu beherrschen.

seinen Zorn an jm. **auslassen** – seine Wut/seinen Zorn/Ärger/... an jm. **auslassen** · to take out one's anger/frustration/... on s. o., to vent one's anger/frustration/... on s. o.

einen Zorn im Bauch/Leib haben (auf jn./über etw.) *ugs* – eine Wut/einen Zorn/(einen Ärger) im **Bauch** haben (auf jn./über etw.) · to be livid with s. o. (about s. th.)

jn. **in Zorn bringen** – jn. auf **achtzig** bringen · to make s. o. hopping mad, to make s. o.'s blood boil

in Zorn geraten – jn. packt die **Wut** (2) · to fly into a rage

sich vor Zorn nicht mehr kennen *ugs path* – wenn/(...), dann/(...) **kennt** sich j. nicht mehr (vor Wut/...) · if/when/..., s. o. loses his temper completely/..., if/when/..., s. o. loses his self-control completely/...

sich (immer mehr) in Zorn reden *ugs* – (eher:) sich (immer mehr) in **Wut** reden · to work o. s. up into a rage

js. **Zorn ist verflogen** – js. **Zorn** ist verraucht · s. o.'s anger has blown over

js. **Zorn ist verraucht** *ugs* · s. o.'s anger has blown over
(Ein Mädchen zu ihrem Bruder:) Kann man schon wieder ins Wohnzimmer gehen oder ist Papa immer noch so sauer? – Nein, sein Zorn ist verraucht. Nachdem er gemerkt hat, daß du offensichtlich keine Schuld hattest, ist seine Wut sofort verflogen.

Zornesader: jm. schwillt die Zornesader/(Zornader) **an** *path* · the veins stand out on s. o.'s head
... Du, paß auf, Ernst, dem Krause schwillt schon die Zornesader an. Wenn du noch ein Wort mehr sagst, dann platzt er; dann gibt's Theater. – Und dann? Meinst du, ich hätte Angst vor dessen Wutausbrüchen?

Zornesblitze: Zornesblitze auf jn. **schießen** *geh path* – wütende/... **Blicke** schießen auf jn. · to flash angry looks at s. o.

Zornesröte: etw. treibt jm./einem die **Zornesröte ins Gesicht** *geh path* · to make s. o. flush with anger
... »Ob Ihre Mutter krank ist oder nicht, Herr Heinz Heubert, interessiert hier nicht! Hier haben Sie wie jeder andere auch Ihre Pflicht zu tun!« – Die Kälte, mit der der Abteilungsleiter von der Krankheit seiner Mutter sprach, und die Verachtung, mit der er ihn 'Heinz Heubert' titulierte, trieben ihm die Zornesröte ins Gesicht. Am liebsten hätte er ihn geohrfeigt ...

Zoten: Zoten reißen · to tell dirty jokes
... Das ist doch keine Art, in Gegenwart junger Mädchen Zoten zu reißen! Wenn der Franz seine schlechten Witze unbedingt loswerden muß, dann soll er wenigstens warten, bis er unter seinen Freunden ist.

zu: das/(etw.) **ist doch zu stark/**dumm/blöd/... · it is so stupid/ridiculous/...
... Nur wegen Altfranzösisch im Examen durchzufallen – das ist doch wirklich zu dumm! Wegen einem Gebiet, das ich in meinem ganzen Leben nie mehr brauche! Blöder geht's kaum!

zu sein · 1. 2. to be closed, to be shut, 3. to be canned/sloshed/blotto/...
1. ... Ist die Tür zu oder auf? – Die Haustür? – Ja. – Sie ist immer geschlossen, wenn keiner da ist.
2. Sind die Geschäfte heute zu? – Nein, heute ist langer Samstag; heute sind alle Geschäfte bis 18 Uhr geöffnet.
3. vgl. – (ganz schön) einen in der **Krone** haben *sal*

zu haben – zu **haben** · to be closed, to be shut

Tür **zu!**/Fenster zu!/... *ugs* · close the door/window/..., shut the door/window/...
... Tür zu, Mensch! Habt ihr zu Hause Säcke vor den Türen? Verdammt nochmal, jeder, der hereinkommt, läßt die Tür auf!

na, denn mal/(man) **zu!** *ugs* · 1. right, off we go!, right, get on with it then!, 2. let's get down to it then
1. ... In einem Jahr müßten wir das doch schaffen können! – Na, denn mal zu! Ich wünsch' euch viel Spaß bei der Arbeit! An Elan fehlt es euch ja nicht.

2. vgl. – na, dann **wollen** wir mal!

nur zu! *ugs* · 1. go ahead, 2. get down to it/work
1. vgl. – nur **Mut**!
2. vgl. – (eher:) ran an die **Arbeit**!

immer nur zu/nur zu! *form selten* – nur **immer** zu! · go ahead (and try)

etw. **zu lassen/-machen/-knallen/...** · to leave the door/... closed, to slam the door/..., to shut the door/...
... Herrgott, knall' doch die Tür nicht immer so zu, Herbert! Die kann man doch auch vernünftig zumachen/(schließen)!

jm. **weder zu- noch abraten** (wollen/...) · not to want to advise s.o. one way or the other
... Was würdest du denn an meiner Stelle machen, Aloys? Mal ehrlich! – Ich weiß es nicht, Helmut, ich weiß es wirklich nicht. Ich will und kann dir in diesem Fall weder zu- noch abraten.

Zubehör: ein Fahrrad/Auto/Zelt/... **mit/(samt) allem Zubehör** *form* · a car/a bicycle/... with all the accessories
... Sein Vater hat ihm zum Geburtstag ein Rad mit allem Zubehör geschenkt: mit Trommelbremsen, Gangschaltung, Licht – kurz, mit allem, was man heute zu einem guten Rad dazurechnet.

Zubrot: sich ein Zubrot verdienen als/mit ... *form – veraltend* · to earn some extra income as .../doing s.th., to earn a bit on the side as .../doing s.th. *coll*, to earn an extra crust as .../doing s.th.
... Nur von dem Gehalt als Lehrer kann der José in Lissabon seine Familie nicht ernähren. Deswegen verdient er sich als Fremdenführer ein Zubrot.

zubuttern: zubuttern *ugs* – (zu etw.) (etwas/...) **zuschießen** (2) · to chip in

Zucht: eine Klasse/.../(jn.) **in Zucht halten** *form veraltend* · to keep a class/s.o./... under control
Gelingt es der Elly eigentlich, ihre Klassen in Zucht zu halten? Bei den allgemeinen Disziplinschwierigkeiten heute dürfte das doch für eine junge Lehrerin nicht so einfach sein.

jn. **in (die) Zucht nehmen** *form selten* – (schwächer als:) jn. in strenge **Zucht** nehmen · to take s.o. firmly in hand

jn. **in strenge Zucht nehmen** *form selten* · to take s.o. firmly in hand, to subject s.o. to tough/firm/... discipline
... Nein, das ist gar nicht so schlimm, wenn der Herbert in dem Internat endlich mal in strenge Zucht genommen wird. Zu Hause hat er nie gelernt, was Ordnung und Disziplin ist; dafür waren seine Eltern viel zu weich.

(hier/...) (herrscht/...) **Zucht und Ordnung** *path od. iron* · discipline is strict here/..., there is good discipline here/...
... Wie, um sechs Uhr müßt ihr schon ins Haus? – Ja. Um sieben ist Abendessen. Zwischen sechs und sieben müssen wir unser Zimmer aufräumen, die Sachen für den nächsten Morgen vorbereiten, usw. – Mann, bei euch herrscht ja Zucht und Ordnung. – Das Internat ist bekannt für seine Disziplin.

jn. (muß man wohl/...) **an Zucht und Ordnung gewöhnen** *path od. iron veraltend* · to (have to) teach s.o. discipline, to (have to) get s.o. used to order and discipline
(Von einem Jungen, der zu Besuch ist:) Mein Gott, was sieht das Zimmer aus! Wenn das bei dem zu Hause immer so ein Durcheinander ist ... Den muß man wohl erst mal an Zucht und Ordnung gewöhnen, ehe man ihn einlädt.

in Züchten auftreten/... *form veraltend selten heute iron* · to behave properly/decently/respectably/...
(Ein junges Mädchen zu einem Onkel:) Kannst du mich nicht mal auf so einen Empfang mitnehmen? – Warum nicht? Wenn du dich da in Züchten benimmst. – Wie? – Siehst du, du weißt nicht einmal, was das ist! Anständig; so, wie es sich (für ein Mädchen) gehört.

Zuchtrute: die Zuchtrute schwingen *veraltend iron* · to rule with a rod of iron
... Die Geschäftsleitung müßte einfach strenger durchgreifen! Auf diese sanfte Tour wird sie bei dem unwilligen Personal nichts erreichen. – Der Seniorchef hat bis zu seiner Pensionierung hier die Zuchtrute geschwungen – und es hat auch nicht besser funktioniert.

die Zuchtrute zu spüren bekommen/kriegen *path od. iron selten* – die **Rute** zu spüren bekommen/kriegen · to get the rod, to be given the cane

unter js. **Zuchtrute stehen/sein** *path veraltend selten* – unter js. **Fuchtel** stehen/(sein) · to be under s.o.'s thumb

Zuck: in einem Zuck ... *ugs selten* · in a flash, like a shot
Hast du gemerkt, wie die kleine Helga ihrer Mutter das Stück Zucker weggtiebitzt hat? Blitzartig schnell – so in einem Zuck. Kaum hatte die Mutter das gesehen, da hatte die Kleine das Stückchen schon im Mund.

Zuckeltrab: im Zuckeltrab daherreiten/... *ugs selten* · to jogtrot
... Nichts Schöneres, als an einem sonnigen Sonntagmorgen so ganz gemächlich – im Zuckeltrab – durch unseren Wald zu reiten!

Zucker: Zucker sein *ugs – path* · 1. to be a (real/...) cracker, to be (really/...) tasty, 2. to be marvellous/fantastic/wonderful/...
1. ... Schau dir diese Biene da drüben an! Zucker, was?! – Wie du von den Mädchen redest! – Komm', nun sag' doch schon: ist die nicht toll?
2. ... Ob die Idee von dem Otto Zucker ist oder nicht, will ich hier gar nicht entscheiden. Ich will nur sagen: wenn ihr sie alle so toll findet, dann stimme ich dem Vorschlag zu. *selten*

Zucker haben *ugs* · to have diabetes *n*, to be a diabetic *n*
... Hat deine Frau schon lange Zucker? – Kindheitsdiabetes. Er wurde mit zwölf oder dreizehn Jahren festgestellt. ...

j. **ist doch nicht aus Zucker** *ugs – iron* · s.o. shouldn't/... be so soft/such a softie
... Bei diesem Wetter einen Spaziergang durch den Wald?! Ohne mich! – Mein Gott, stell' dich doch nicht immer so an, Doris! Du bist doch nicht aus Zucker!

j. **bläst jm.** (noch/...) **Zucker in den Arsch/**(Hintern) *vulg – iron selten* · to suck up to s.o. *sl*, to kiss s.o.'s arse
... Ich weiß überhaupt gar nicht, wie diese Frau sich vorstellt! Bei Regen kann 'ihr Kläuschen' nicht in die Schule; wenn er einen Schnupfen hat, sowieso nicht; nach Möglichkeit muß Papi ihn mit dem Auto hinfahren; die Lehrer sind alle viel zu streng ... Meint die, wir sollen ihrem Söhnchen hier Zucker in den Arsch blasen?!

Zuckerbrot: jn. **mit Zuckerbrot und Peitsche behandeln/...** *ugs* · to treat s.o./... with a carrot and a stick
... Ein seltsamer Chef: bald ist er zu seinen Leuten geradezu katzenfreundlich, bald donnert er sie aus den nichtigsten Gründen an. – Das heißt: er behandelt seine Angestellten wie ein Diktator: mit Zuckerbrot und Peitsche, oder?

Zuckerguß: einen Kuchen/... **mit Zuckerguß überziehen** · to put icing on a cake/..., to ice/to sugarcoat a cake/...
... Meinetwegen brauchst du diese Nußtorte nicht noch mit Zuckerguß zu überziehen, Mutti! Ich eß sie auch so. – Die Ingrid hat so eine Glasur aber sehr gerne, schon wegen des Aussehens.

Zuckerlecken: das/etw. **ist kein Zuckerlecken/(Zuckerschlecken)** *ugs* – ... etw. zu tun ..., das ist kein **Spaß** · it/s.th. is not a bed of roses, it/s.th. is no cakewalk/not that easy/not a bag of laughs

zuckersüß: zuckersüß reagieren/... *ugs* · to react/... sugarsweet, to react/... as sweet as sugar
... Die junge Frau Schreiber hat doch bis gestern nur unerzogen, ja patzig mit dir geredet – und heute so zuckersüß?! – Der Chef hat sie gestern bei ihrem patzigen Ton überrascht und ihr eine Wucht gegeben. – Ah! Alles klar!

zuende-: etw. **zuende-lesen/-schreiben/-übersetzen/...** – etw. zu **Ende** lesen/schreiben/übersetzen/... · to finish reading/ translating/... s.th.

zuendeführen: etw. **zuendeführen** · to finish s.th., to see s.th. through to the end
Der Dieter hat die unangenehme Eigenschaft, daß er alle zwei Tage etwas Neues anfängt, aber nur selten etwas zuendeführt.

zuendekommen: mit etw. (**gut**/glänzend/...) **zuendekommen** *selten* – gut/glänzend/... schlecht/... mit etw./jm. **fertigwerden** (1) · to manage/to cope with/... s. th. well/brilliantly/...

Zufall: aus/per **Zufall** · to meet/... by chance, to happen to meet/...

... Hattet ihr euch hier verabredet? – Nein, wir haben uns aus Zufall getroffen.

(**es ist**/...) **ein glücklicher Zufall** (**daß** ...) · it is/... a stroke of luck that ..., it is/... a lucky/fortunate/... coincidence that ...

... Oh, Bernd! Wie geht's dir? Das ist (ja) ein glücklicher Zufall, daß wir uns hier treffen! Ich wollte dich nämlich schon anrufen. Ich brauch' da ...

ein unglücklicher Zufall (**wollte es, daß**/...) · (it was) a piece of/bit of/... bad luck (that s. o. failed the exam/...)

Wenn der Peter in der Zwischenprüfung durchgefallen ist, dann war das ein unglücklicher Zufall, weiter nichts. Diese Prüfungen sagen doch über die wirklichen Kenntnisse und Leistungen der Studenten nur sehr bedingt etwas aus.

da hat der Zufall seine Hand im Spiel (gehabt) · it was just a matter of chance

(In einer port. Provinzstadt:) Mal braucht ein Brief von München hierher drei Tage, mal fünf, mal sieben oder neun. Kannst du mir sagen, woran das liegt? – Ach weißt du: es dürfte nicht viel bringen, da in jedem einzelnen Fall nach Gründen zu suchen. Da hat der Zufall seine Hand im Spiel.

etw. **dem Zufall überlassen** · to leave s. th. to chance

... Nein, nein, so eine wichtige Angelegenheit sollte man nicht dem Zufall überlassen. Das sollte man schon vorher ganz genau planen.

etw. **dem** (reinen) **Zufall verdanken** · to owe s. th. to (pure/sheer/...) chance

Wenn der Humbert in München im Patentamt untergekommen ist, verdankt er das dem Zufall. Ein guter Bekannter von mir, der dort eine leitende Stellung hat, traf den Humbert bei uns auf einer Fête und erzählte ihm, die brauchten da einen Fachmann für Präzisionsmaschinen ...

(**und**) **wie es der Zufall** (**manchmal**) (**so**) **will** · (and) as chance will (sometimes) have it, (and) as chance would (sometimes) have it

... An sich sprach gar nichts dafür, daß ausgerechnet der Paul Vorsitzender würde. Aber wie es der Zufall so will: kurz vor der Abstimmung sagt einer der Direktoren – mehr aus Spaß als im Ernst: »Der Herr Bäumler wäre doch bestimmt ein sehr geeigneter Vorsitzender«. Alle haben nur noch den Namen Bäumler im Kopf – und unser Paul wird gewählt.

zufleiß: jm zufleiß etw. tun *österr süddt selten* · to do s. th. to spite s. o., to do s. th. out of spite towards s. o.

... Wie, du meinst, die Marta hätte nur ihrer Mutter zufleiß die Tür nicht abgeschlossen? – Aber natürlich! Sie meint, die Mutter wäre übertrieben ängstlich, und will sie mit solchen Reaktionen nur ärgern.

zufliegen: jm. nur so/(...) **zufliegen** *ugs* · 1. + to win s. o. over n, + to charm s. o. n, 2. everything/... comes easily to s. o.

1. Während die meisten Menschen eine gewisse Mühe haben, andere für sich einzunehmen, fliegen meinem Bruder die Sympathien nur so zu. Kaum erscheint er irgendwo, da ist er schon bei allen beliebt.

2. ... Es gibt nun einmal Menschen, Karin, denen fliegen die Dinge nur so zu. Die brauchen nicht lange zu lernen. Das muß man anerkennen!

Zuflucht: du bist meine (er/der Karl ist ihre/...) **letzte Zuflucht** *mst iron* · you/... are/... my/... last hope

... Oh, Rudi, kannst du mir nicht für ein, zwei Monate 1000 Mark leihen?! Du bist meine letzte Zuflucht, Mensch! Mein Vater hat schon abgelehnt, meine Mutter brauch' ich gar nicht zu fragen, meine Geschwister haben selber nichts ... Komm', sei kein Frosch! Ich steck' da in einer sehr dummen Lage ...

bei jm./in einem abgelegenen Schloß/... **Zuflucht finden** *form selten* · to find refuge with s. o./in s th./...

Was wäre aus dem alten Herrn Obermaier geworden, wenn er während der Judenverfolgungen nicht bei dem Herrn von Hintze in die-

sem Urlaubshäuschen im Bayrischen Wald Zuflucht gefunden hätte? Man hätte ihn ins Konzentrationslager gebracht.

(**seine**) **Zuflucht nehmen zu** etw. *form* · to resort to s. th., to have recourse to s. th., to take refuge in doing s. th.

... Hm, und als er dann von allen Seiten bedrängt wurde, nahm er seine Zuflucht zu handfesten Lügen, nicht? – Wie sollte er sonst aus der Sache herauskommen?

Zuflucht suchen (vor Verfolgungen/.../(Kälte/Gewitter/...)) *form* · 1. 2. to seek shelter from cold/storms/..., 1. to seek refuge from persecution/..., 2. to take shelter from s. o./s. th.

1. ... Und dann suchten alle 40 oder 50 Menschen, die auf dem Schiff waren, Zuflucht in dem einzigen Rettungsboot, das es gab. Das konnte ja nicht gutgehen ...

2. vgl. – (stärker als:) **Schutz** suchen vor Verfolgungen/Kälte/Regen/...

zufrieden: es zufrieden sein *form veraltend* · + that is all right with me/..., I/... don't mind

Heute kommen zwei Freunde von mir, Oma; wir wollen zusammen Musik hören. Ist dir das recht? – Gut, ich bin's zufrieden, Kind. Wenn ihr den Plattenspieler nicht allzu laut stellt ...

sich zufrieden geben (mit jm./etw.) – sich zufrieden **geben** (mit jm./etw.) · to accept s. th., to be satisfied with s. th., to settle for s. th.

Zufriedenheit: zu js. **vollen Zufriedenheit** etw. tun/verlaufen/... *form – path* · to do s. th./... to s. o.'s complete/greatest/... satisfaction

(Ein Lehrer zu einem Vater:) Die letzten Male, die ich Ihren Sohn im Mündlichen drangenommen habe, war er immer zu meiner vollen Zufriedenheit vorbereitet/hat zu meiner vollen Zufriedenheit übersetzt. Wenn er immer so gearbeitet hätte, hätte er nie Schulschwierigkeiten bekommen.

zufriedenlassen: jn. zufriedenlassen/laß mich/laßt ihn/... **zufrieden** *ugs* – jn. in **Ruhe** lassen (mit jm./etw.) · to leave s. o./leave me/leave him/... in peace with s. th.

zufriedenstellen: jn. (mit etw.) **zufriedenstellen** · to satisfy s. o. (with s. th.), to please s. o. (with s. th.)

... Und? Ist es dem Heinz gelungen, den Prof. Hartmann mit seiner Arbeit zufriedenzustellen? Der ist immer so anspruchsvoll. – Nach dem, was mir der Heinz erzählt hat, war Prof. Hartmann diesmal sogar hoch zufrieden.

Zug: ein(en) Zug (machen)/(tun) *Tischspiele wie Dame/Mühle usw.* · to make a move, to take a turn

(In einer Diskussion beim 'Mensch-ärger'-dich-nicht':) Wenn du den Stein angefaßt hast, mußt du ihn auch ziehen. Da kannst du keinen Zug mehr mit einem anderen Stein machen!

in etw. **ist** (**kein**) **Zug** (**drin**) *ugs* · there is (no) pep/life/go/... in s. th.

... Nein, in dieser Firma möchte ich nicht arbeiten! Da ist doch gar kein Zug drin, in diesem Laden! Du machst dir keine Vorstellung, wie lahmarschig es da zugeht! – Dann könntest du die Leute ja mal auf Vordermann bringen.

am Zug sein *beim Spiel usw.* – (eher:) **dran** sein · + it is s. o.'s turn/go

jetzt/... **am Zug sein** · + now it is s. o.'s turn

Na, siehst du, jetzt sind endlich die Sozialisten am Zug. Das hab' ich doch immer gesagt, daß die Wahl gewinnen! – Wollen wir mal sehen, ob die mit der Macht besser umgehen als die bisherigen Regierungen.

im besten Zug sein (mit etw.) *ugs selten* – (stärker als:) gut im **Zug** sein (mit etw.) · to be getting on really/... well with s. th.

(**gerade**/...) **im besten Zug(e) sein, als**/da/... *Redner*/... *form selten* · just as s. o. is in full flow ..., just as s. o. gets going ..., just as s. o. gets/is getting/... into the swing of it ...

Na, wie war die Rede von dem Kahl? – Das war ein Unternehmen mit Hindernissen. – Wieso? – Zunächst fing es sehr stockend, ja lahm an – das war schon eine Enttäuschung. Dann steigerte er sich allerdings beträchtlich, wurde immer lebendiger, interessanter ...; doch als er dann gerade im besten Zug war, da fiel der Lautsprecher aus.

gut im Zug sein (mit etw.) *ugs selten* · to be getting on well (with s. th.), to be making good progress (with s. th.), to be making good headway (with s. th.)
Kommt euer Walter mit seiner Baudelaire-Übersetzung gut voran? – Zur Zeit ist er gut im Zug, sehr gut sogar. Aber bei den ersten Prosagedichten ging es sehr mühsam und schleppend.

das/etw. **ist ein schöner**/häßlicher/... **Zug (von** jm.) · it/ s. th. is one of s. o.'s good/bad/... traits, it/s. th. is one of the nice/nasty/... sides of s. o.'s character
... Wenn der Klaus helfen kann, dann hilft er. Das ist wirklich ein schöner Zug (von ihm)! – In vielen Dingen ist er ja schwierig; aber daß er selten hilfsbereit ist, das kann ihm keiner absprechen, da hast du recht. Und das finde ich auch sehr schön.

der beherrschende Zug (an/(bei) jm. **ist ...)** · s. o.'s dominant chcrcteristic is ..., s. o.'s outstanding characteristic is ...
... Ja, das stimmt schon, zeitweilig ist der Bert ziemlich unbeherrscht und aufbrausend. Aber der beherrschende Zug an ihm ist doch seine Großmütigkeit. Die bewundere ich immer wieder.

Zug haben *ugs* · to have drive, to have pep
... Wenn auch nur ein Viertel der Leute in diesem Institut so viel Zug hätte wie der alte Merkel, dann würde das hier anders laufen! Der hat doch mit seinen 62 Jahren mehr Schwung, Zielstrebigkeit und Willen als drei, vier andere zusammen!

einen guten/kräftigen/... **Zug haben**/vielleicht einen Zug haben *ugs* · to (really/...) be able to knock it back, to (really/...) be able to put it away
Mann, der Alfons hat vielleicht einen Zug! Guck' dir das an: der setzt so einen Literkrug an den Mund, und schon ist er leer.

(so) einen seltsamen/schwermütigen/... **Zug haben** · to tend to be melancholic/..., to have a tendency to be melancholic/...
Bei allem Temperament, das der Axel Haudrich entwickelt: er hat so einen melancholischen Zug ... – da erscheint die ganze Aktivität plötzlich nichtig. – Davon darf man sich nicht anstecken lassen.

(so) einen schwermütigen/... **Zug um den Mund**/... **haben** · to have a bitter/sarcastic/ironic/... expression around one's mouth, to have a bitter/... line around one's mouth
Wenn der Klaus jemanden anguckt, den er nicht leiden kann, dann kann er richtig unsympathisch wirken. Dann hat er einen derart ironischen, ja sarkastischen Zug um den Mund – widerlich! – Hat er diesen Zug nicht immer? – Nein, das finde ich nun wieder nicht.

jn. **auf dem Zug haben** *sal* · 1. to have got it in for s. o., 2. to be fed up with s. o.
1. vgl. – jn. auf dem **Kieker** haben
2. vgl. – jn. dick **sitzen** haben

nicht genug Zug haben *Ofen u. ä.* · not to get enough air
Dieser Ofen wird nie vernünftig brennen, da kann man sich so viel bemühen, wie man will! Er hat einfach nicht genug Zug! Das Rohr ist zu eng und der Kamin falsch gesetzt; das Feuer kriegt viel zu wenig Luft ...

jn. **gut im Zug haben** *form selten* · to have s. o. well under control, to have s. o. well trained
(Ein Meister:) Wenn mein Kollege Schröder mit seinen Lehrlingen und jungen Gesellen nicht zurandekommt, muß er sich das selbst ankreiden. Er hat die Leute nicht richtig erzogen. Ich behandel' die Jungen sehr freundlich, verlange aber vom ersten Tag an Disziplin und korrekte Pflichterfüllung. Und ich habe seit Jahren jeden gut im Zug.

im Zug(e) der Reformen/Umbauarbeiten/... *form* · in the course of the reforms/..., as part of the reforms/..., during the reforms/...
Ihr habt bei euch in der Firma rationalisiert? – Und ob! Im übrigen wurde im Zuge dieser Rationalisierungsmaßnahmen auch ein Computer angeschafft, der die ausgefüllten Merkblätter auswertet. Das brauche ich jetzt nicht mehr zu machen.

in/mit einem/(auf einen) **Zug** das Glas leeren/... · to empty/... a glass/... in one gulp/in one go
Das hättest du sehen sollen, wie der Rainer da mit einem Zug den Literkrug leertrank! Ohne auch nur ein einziges Mal abzusetzen!

(alles/mehrere Dinge/...) in einem Zug erledigen/... · (eher:) alles/mehrere Dinge/... in einem **Abwasch**/(Abwaschen) erledigen/... · to do s. th./everything/several things/... in/at one go/all at once/...

einen Zug ins Lächerliche/Kleinliche/.../zum Lächerlichen/ Kleinlichen/... · to tend to be petty/ridiculous/...
... An sich arbeite ich mit dem Axel sehr gern zusammen. Aber ich finde, er hat einen Zug ins Kleinliche. Das stört mich manchmal doch etwas. – Findest du wirklich? – Ja, ja, etwas kleinlich ist er; das läßt sich leider nicht leugnen.

der Zug ist (schon) **abgefahren**/..., dann ist der Zug abgefahren/... *ugs* · 1. 2. + to miss the boat, + to have missed the boat
1. ... Wenn du wirklich ernsthaft vorhast, in den diplomatischen Dienst zu gehen, dann mußt du das jetzt tun. Sonst ist der Zug abgefahren. Du bist jetzt 25 oder 26; ein, zwei Jahre später kommst du da nicht mehr rein. Das ist jetzt die letzte Gelegenheit.
2. ... Der Paul hatte geglaubt, die wirtschaftlichen Verhältnisse würden immer so gut bleiben, und wollte erstmal ein wenig von der Welt sehen, ehe er sich beruflich endgültig festlegte. Aber als er dann nach vier oder fünf Jahren aus Peru zurückkam, war – wenigstens was die Universitätslaufbahn anging – der Zug abgefahren. Da waren alle Stellen auf Jahre hinaus besetzt. ...

Zug abkriegen/(abbekommen) · to get/to catch/... a cold/a chill/... from sitting/... in a draught
... Schon wieder verschnupft? – Ja. Ich habe gestern Zug abgekriegt; das Fenster bei den Wörners war ganz offensichtlich undicht. – Bist du so empfindlich gegen Zugluft?

Zug in etw. **bringen** *ugs* · to shake s. th./s. o. up, to bring some pep into a place/...
Herrgott, in diese Abteilung mußt du mal Zug bringen! So etwas Lahmes und so etwas Unordentliches, ja Schlampiges – das kannst du auf die Dauer doch nicht durchgehen lassen! – Vielleicht bringst du die Leute auf Vordermann.

einen Zug durch die Gemeinde machen *sal* · to do the rounds of the pubs/..., to go on a pub crawl
(Der Vater zu seiner Frau:) Der Rudolf war doch gestern wieder total besoffen, oder? Der hat doch bestimmt wieder einen Zug durch die Gemeinde gemacht. – Die hatten eine Feier im Hockeyclub. – Ach, und da meint er, er muß anschließend mit ein paar Saufbrüdern von einer Wirtschaft zur andern ziehen und sich vollaufen lassen?!

einen Zug von Größe haben · to have a touch of greatness
Ob der Herr Kramm in seinem Beruf ein bedeutender Mann ist oder nicht, kann ich nicht beurteilen. Aber menschlich, finde ich, hat er einen Zug von Größe.

ein Zug von Größe ist jm. eigen *form – path selten* – einen **Zug** von Größe haben · s. o. has a touch of greatness

einen Zug zum Großen haben *form* – (eher:) einen **Hang** zum Großen haben · to like to do things in style

dem Zug seines Herzens folgen *iron* · to follow the dictates of one's heart
(Ein Onkel, leicht amüsiert:) Ja, und dann folgte euer Vater – wie das so zu gehen pflegt – dem Zug seines Herzens und heiratete die Inge Scholze. – Und wenn Mutti nein gesagt hätte?

(nicht) zum Zug(e) kommen · 1. 2. (not) to get a chance to do s. th., (not) to get a look-in, (not) to get a word in edgeways
1. Ich verstehe nicht, daß der Helmut in seiner Abteilung nicht durchgreift! – Er kommt gar nicht zum Zug! Die haben seine Aktionsmöglichkeiten durch alle möglichen Bestimmungen derart eingeengt, daß er beim besten Willen nicht mehr machen kann, als er macht.
2. ... Und warum hast du nicht mal anständig auf die Pauke gehauen? – Das hatte ich vor. Sonst wäre ich ja gar nicht zu diesem Elternabend gegangen. Aber ich bin gar nicht zum Zug gekommen.

Erst hat der Klassenlehrer eine Stunde unverbindliches Zeug geredet, dann der Mathematiklehrer ..., und so ging das weiter, bis es plötzlich hieß: leider ist es schon zehn Uhr ... und dann war Sense.

jn. (nicht) zum Zug(e) kommen lassen · (not) to give s.o. a chance to do s.th., (not) to give s.o. a look-in

Wenn der Grundmann erstmal Direktor ist, dann wird sich hier einiges ändern; der greift durch! – Mach' dir keine Illusionen: die anderen lassen den erst gar nicht zum Zuge kommen; die werden ihm so viele Fesseln anlegen, daß ihm sein ganzer Schwung und seine ganze Tatkraft gar nichts nützen.

einen kräftigen Zug aus dem Becher/Glas/... machen/(nehmen/tun) · to take a big gulp of s.th.

... So, jetzt laß mich erst mal einen kräftigen Zug aus diesem Glas machen, Paul, ehe wir zu deinem Schulproblem kommen. Ich verdurste schon fast – nach dieser langen Wanderung durch die Sonne. – Genieß ruhig erst mal das Bier; dann gehst du gestärkt an die Diskussion.

einen Zug an einer Zigarette/... machen/(tun) · to have a puff of a cigarette/..., to have/to take a pull on a cigarette/... *coll*, to have a drag of a cigarette/... *coll*

(Das Kind zu seinem Vater:) Darf ich mal einen Zug (an deiner Zigarre) machen? – Aber nur e i n e n Zug, die Zigarre ist sehr stark, weißt du.

im Zug sitzen/stehen · to sit/to stand/... in a draught

... Bist du schon wieder erkältet? – Die zehn Minuten, die ich da im Auto im Zug gesessen habe, haben genügt, mir wieder eine Erkältung zu verpassen. Das ist immer so bei mir; ich bin ungeheuer empfindlich gegen Durchzug.

im falschen Zug sitzen *ugs selten* · to be on the wrong track, to have taken the wrong turning

... Wenn ich heute im falschen Zug sitze, dann nur deswegen, weil ich Philologie studiert habe und nicht – wie mein Vater wollte – Betriebswissenschaft! – Aber das war doch deine Entscheidung! – Natürlich! Aber sie war falsch. Deshalb habe ich heute so viele Schwierigkeiten.

keinen Zug vertragen · not to be able to stand draughts, to be very/... susceptible to draughts

Wenn du mit der Eisenbahn fährst, dann achte darauf, daß die Fenster geschlossen sind. Du weißt, daß du keinen Zug verträgst. Du brauchst nur fünf Minuten bei offenem Fenster zu sitzen, dann bist du wieder erkältet.

ein Zug der Zeit (sein) – **ein Zeichen der Zeit (sein)** · (to be) a sign of the times

dem Zug der Zeit folgen · to follow the modern trend

... Ich weiß, ein Zug der Zeit folgen soll, muß ich die Leute auch mit 'hallo' begrüßen und mit 'tschüß' verabschieden – auch wenn ich sie gar nicht näher kenne! – Und warum nicht? – Weil es mir nicht liegt! Man braucht doch nicht in allem mit der Mode zu gehen. – Man braucht aber auch nicht hinter dem Zeitgeist zurückzubleiben.

etw. Zug um Zug erledigen/... · to do one thing after the other, to do s.th. step by step

... Das war schon beeindruckend, wie der Willi da ein Problem nach dem andern Zug um Zug löste – mit einer Energie und einem Rhythmus, sag' ich dir, daß die anderen nur noch staunten. ...

Zugang: (keinen) Zugang haben zu bestimmten Leuten/Kreisen/... · to have (no) access to s.o./s.th.

... Was die sogenannten Top-Manager davon halten, kann ich dir nicht sagen; zu diesen Kreisen habe ich keinen Zugang.

(nur) schwer/keinen Zugang finden zu etw./jm. · 1. + modern music/... means nothing to me, + modern music/... does nothing for me, s.o. can't get on with modern music/..., 2. (not) to be able to make contact with s.o., (not) to be able to get on with s.o.

1. ... Musik – gut, da habe ich keine Schwierigkeiten. Aber zur modernen Malerei finde ich einfach keinen Zugang. Das ist für mich ein Buch mit sieben Siegeln.

2. ... Der Christoph findet zu den Leuten hier offensichtlich keinen Zugang. Ich weiß nicht, ob das an ihm liegt oder ... – Nein, die Leute hier sind sehr schwierig. Für jemanden, der von außen kommt, ist es sehr schwer, Kontakt zu finden/'reinzukommen'.

zugange: in/bei/auf/... zugange sein *ugs* · to be messing around in/at/with/..., to be busy doing s.th. n, to be working at s.th. n

(Die Mutter:) Wo ist denn die Claudia? – Die ist immer noch oben in ihrem Zimmer zugange. – Wie, ist die mit dem Aufräumen immer noch nicht fertig?

mit jm./etw. zugange sein *ugs* · 1. to be busy on s.th., to be working on s.th. n, 2. to be going on at s.o.

1. ... Seit Monaten ist der Otto nun mit der Baudelaire-Übersetzung zugange! Und die wird und wird nicht fertig! – Vielleicht arbeitet er zuviel daran; vielleicht wäre es besser, mal eine Pause einzulegen.

2. (Ein Schüler:) Mein Gott, der Strobel ist immer noch mit der Christa zugange! Als wenn es nicht genügte, jemanden kurz zurechtzuweisen, wenn er eine Dummheit gemacht hat.

zugänglich: schwer zugänglich sein/ein schwer zugänglicher Mensch/... sein *form* · (not) to be (very) approachable

... Natürlich kannst du dich in der Sache an den Herrn Brode wenden – der ist Fachmann auf dem Gebiet. Nur: der Mann ist äußerst schwer zugänglich! Seine Schwester sagte mir mal: mein Bruder riegelt sich vor den anderen regelrecht ab. – Aus psychischen oder aus sozialen Gründen?

zugeben: etw. unumwunden zugeben – etw. **unumwunden** zugeben/(gestehen/...) · to confess/... s.th. frankly

etw. schlecht zugeben/(...) können · s.o. can hardly admit that ..., you/one/... can hardly expect s.o. to admit that ...

Seltsam, für dieselben Werkzeuge, die ich bei Schuckert für 56,– Mark kaufe, bezahlt der Peter Bangemann 64,– Mark. Mir scheint, der Einkäufer ist einfach nicht informiert. – Der Mann ist ein ausgesprochener Stümper. – Aber der Peter behauptet, nein. – Er kann schlecht zugeben, daß sein eigenes Geschäft nicht funktioniert.

zugedenken: jm. etw. zugedenken *form od. iron selten* · to intend s.th. for s.o., + to be intended for s.o., + to be meant for s.o.

... Und was hast du der Frau Neumann als Geschenk zugedacht? – Der bring' ich ein Buch über Spanien mit. Die ist so spanienbegeistert. – Das ist eine gute Idee.

zugegebenermaßen: zugegebenermaßen *form* · admittedly

(Auf einem Amt:) Zugegebenermaßen haben wir Ihnen, Herr Müller, den Bewilligungsbescheid ein bißchen verspätet zugeschickt. Aber ... – Es ist nett von Ihnen, Frau Reibmann, daß sie das wenigstens zugeben. Nur kann ich mir leider nichts dafür kaufen, wie man so schön sagt. Für das Geschäft kam die Sache zu spät.

zugegen: zugegen sein *form* · to be present (at a meeting/discussion/...)

War der Kanzler auf der Parteiversammlung, auf der seine Politik so scharf kritisiert wurde, selber auch zugegen? – Ja, er war selbst da; das machte die Sache ja so brisant.

zugehen: spitz/... zugehen *selten* – spitz/... zulaufen · to taper (to a point)

auf jn. zugehen · 1. to approach s.o., 2. to make an effort to get to know people/..., to try to make contact with people/...

1. ... Wenn du in anständiger Form auf den Prof. Warnig zugehst und ihm erklärst, daß du lange krank warst, wird er bestimmt mit sich reden lassen und die Frist verlängern. Du mußt ihn halt nur in der richtigen Form ansprechen.

2. Du mußt auf die anderen auch ein bißchen zugehen, Ulrike! Jemand, der sich verschließt, ist natürlich irgendwann allein.

auf die 60/70/... zugehen · to be getting on for 60/70/...

... Wie alt ist dein Vater eigentlich? 58, 59? – Von wegen! Der geht auf die 70 zu; 68. – Das sieht man ihm nicht an.

wissen/..., wie es im Leben/in der Welt/... **zugeht** · to know what life is all about, to know what the world is like

... Ach, so ein Philologe weiß doch überhaupt gar nicht, wie es im Leben zugeht! Der denkt sich da was aus und meint, das wäre die Welt. – Ich weiß nicht, was du unter 'Welt' verstehst. Nur die Welt der Wirtschaft oder der Politik?

zugeknöpft: zugeknöpft sein *ugs* · 1. 2. to be reserved *n*, to be close *n*, to be uncommunicative *n*

1. Ist der Bertram immer so zugeknöpft oder nur heute? – Er ist immer sehr wortkarg und macht immer den Eindruck, als nähme er es den Leuten übel, wenn sie ihn ansprechen. – Genau das! Er wirkt direkt abweisend.

2. Der Paul ist so zugeknöpft heute ... – Er ist im Examen durchgefallen. Am liebsten würde er heute mit niemandem reden.

Zügel: dem Pferd/Gaul/... die Zügel anlegen · to put a horse/... on the reins, to put the reins on a horse/...

... Es wäre schon besser, wenn du dem Schimmel den Zügel anlegen würdest. Er ist zwar normalerweise sehr zahm; aber man kann nie wissen ... So ohne Zügel – das ist immer riskant.

seiner Leidenschaft/Schwatzsucht/Begierde/... Zügel anlegen *form* · to curb one's urge to chatter/one's exuberance/..., to bridle one's desires/urges/...

... Mein lieber Junge, wenn du deiner dauernden Schwatzsucht jetzt nicht endlich Zügel anlegst, werde ich ungemütlich. In deinem Alter muß man sich doch ein bißchen beherrschen können!

die Zügel (straffer) anziehen · 1. to draw in the reins, 2. to keep a tighter rein on s.o./s.th.

1. ... Mit einem Ruck zog der Reiter die Zügel an und blieb direkt neben uns stehen ...

2. Wenn die Leute in deiner Abteilung es ausnutzen, daß du so kameradschaftlich und generös mit ihnen umgehst, mußt du halt die Zügel ein bißchen anziehen. Und zwar rechtzeitig. Wenn du nicht früh genug härter durchgreifst, tanzen sie dir nachher auf dem Kopf herum.

jm./mit/(bei) jm. gehen die Zügel durch · + to lose control, + to lose one's rag *sl*, + to flip one's lid *sl*

... Jetzt tut es dem Hermann natürlich leid, daß er die Barbara so angeschnauzt hat. Aber hat ihn in ihrer kokett-ironischen Art derart provoziert und aufgeregt, daß die Zügel mit ihm durchgegangen sind. – Bei einem jungen Mann von 25 Jahren darf das eigentlich nicht mehr passieren, daß er derart die Selbstbeherrschung verliert.

die Zügel ergreifen *form – path selten* – das **Steuer** in die Hand nehmen/(ergreifen/übernehmen) · to take over, to take control

(einem durchgehenden Pferd) in die Zügel fallen · to slow down/to stop a horse by seizing the reins, to rein in a horse

... Wenn ich dem Gaul nicht sofort in die Zügel gefallen wäre, hätte ich den überhaupt nicht mehr zum Stehen gekriegt. Der war derart wild ...

ein Pferd am Zügel führen · to lead a horse by the reins

... Warum führt er das Pferd denn am Zügel, warum reitet er nicht?

jn./etw. am langen Zügel führen *selten* · to give s.o. a free rein

... Einen angehenden Pinanisten kann man doch nicht wie einen Schreinerlehrling ausbilden! Der braucht Entfaltungsspielraum, Luft, auch Zeit für andere Dinge ... Sonst kann er sich nicht entfalten. – Im Prinzip hast du schon recht: ein guter Klavierlehrer sollte seine guten Schüler am langen Zügel führen! Nur, daß viele dann nicht mehr richtig arbeiten ...

bei jm. die Zügel kurz halten · to keep s.o. on a tight rein

Bei dem Karl muß man die Zügel kurz halten. Der verträgt es einfach nicht, wenn man ihm zuviel Freiheit gibt. Das nutzt er sofort aus, wird stolz und faul ... Bei dem muß man ein ziemlich straffes Regiment führen, ob man will oder nicht.

die Zügel lose halten *selten* · to slacken the reins, to relax, to let up

(Ein älterer Firmenchef zu der Schwester eines Junior-Chefs:) Ganz egal, wie man persönlich denkt: ein Chef kann es sich nicht leisten, die Zügel lose zu halten; er muß durchgreifen. – Dann wird mein Bruder nie ein guter Chef werden; der ist von Natur aus derart nachgiebig ...

die Zügel straff halten · 1. 2. to be firmly in control, to keep a tight rein

1. vgl. – (eher:) die **Zügel** (fest) in der Hand halten (1)

2. vgl. – (eher:) die **Zügel** (fest) in der Hand haben

die Zügel (fest) in der Hand haben · to have things firmly in hand, to have things firmly under control, to be in the driving seat

Der Niermann? Der hat die Zügel fest in der Hand. – Aber er ist doch beliebt? – Natürlich! Er wird obwohl, sondern weil er streng ist und durchgreift. Die Leute arbeiten gern bei ihm, weil bei der Arbeit etwas herauskommt.

die Zügel (fest) in der Hand behalten · to keep things (firmly) under control, to keep things (firmly) in hand

... Natürlich ist er inzwischen 73 und könnte seinem Sohn die Leitung der Firma überlassen. Aber wie das so geht: er will die Zügel offensichtlich bis zu seinem Lebensende in der Hand behalten.

die Zügel aus der Hand geben · to hand over the reins of power (to s.o.), to hand over power to s.o.

... Ich glaube nicht, daß der Alte die Zügel so bald aus der Hand gibt und seinem Sohn die Leitung der Firma anvertraut. Einmal ist er gern Chef und zum anderen traut er seinem Sohn auch nicht zu, daß er sich durchsetzt.

die Zügel (fest) in der Hand halten · 1. to be (firmly/...) in control, 2. to have things firmly in hand, to have things firmly under control, to be in the driving seat

1. ... Als Leiter eines solchen Instituts mußt du die Zügel fest in der Hand halten. Das hat nichts mit persönlichen Charaktereigenschaften zu tun; das ist einfach notwendig. Wenn du dir da von anderen reinreden läßt und nicht durchgreifst, wo es nötig ist, macht nachher jeder, was er will.

2. vgl. – die **Zügel** (fest) in der Hand haben

die Zügel in die Hand nehmen · to take over the reins

... Das Durcheinander und die Schlamperei da in der Firma werden schlagartig aufhören, wenn der Juniorchef im nächsten Monat die Zügel in die Hand nimmt. Der ist anders als sein Vater; der greift durch.

die Zügel fest in die Hand nehmen · to take matters/things/... firmly in hands

... Wenn dich das Durcheinander und die Schlamperei in der Firma wirklich so stören, dann mußt du die Zügel halt fest in die Hand nehmen. Solange du deine Rolle als Chef nicht ernst nimmst, kann sich das nicht ändern.

die Zügel lockern/(lockerlassen) · to slacken the reins, to ease up on s.o.

... Sobald man dem Bert ein bißchen mehr Freiheit läßt, die Zügel ein wenig lockert, nutzt er das aus und tut nichts mehr.

(versuchen/...) die Zügel an sich (zu) reißen · to (try to/...) take control, to (try to/...) take over, to (try to/...) seize the reins

Während der langen Krankheit des Parteivorsitzenden versuchte der zweite Vorsitzende, die Zügel an sich zu reißen. Vergeblich. Die Mehrheit der Parteiversammlung stand unverbrüchlich hinter dem Vorsitzenden.

mit verhängtem Zügel reiten · to ride with a loose rein, to ride at a long rein

... Ist das denn nicht gefährlich, so mit verhängtem Zügel zu reiten? Wenn die da so locker runterhängen und das Pferd plötzlich losrast ... – Nein, da hat man die Zügel schon schnell wieder in der Hand.

bei jm./(in .../...) die Zügel schießen lassen · to slacken the reins (on s.o.), to give s.o. a free rein

... Du kannst den Jungen nicht bis zu seinem 18. Lebensjahr wer weiß wie streng erziehen und dann von einem Tag auf den anderen die Zügel schießen lassen. Aufsicht und Kontrolle braucht er auch jetzt noch – nur schrittweise weniger.

seinem Zorn/(seinen Gefühlen) die Zügel schießen lassen *form* · to give full vent to one's feelings/anger/..., to give free rein to one's anger/...

Du kannst dir nicht vorstellen, wie sauer der Kurt auf den Juniorchef ist, wieviel Groll sich da in den letzten Monaten aufgestaut hat. Wenn er einmal seinem Zorn die Zügel schießen läßt, ist es aus. Dann wird er dem Mann ein paar Wahrheiten an den Kopf werfen, daß ihm Hören und Sehen vergeht.

(bei jm./in .../...) **die Zügel schleifen lassen** · to let things slide

... Wenn jemand die Zügel so schleifen läßt wie der Klaus, dann braucht er sich nicht zu wundern, wenn keine Ordnung herrscht. – Ist er denn so nachlässig als Chef? – Seit November oder Dezember kümmert er sich um nichts mehr richtig.

die Zügel verlieren (bei etw.) *selten* · to lose control (of s. th.)

... Solange der Körber jung und dynamisch war, hat er hier bestimmt, was gemacht wird, und der Laden funktionierte. Aber seit einigen Jahren hat er zunehmend die Zügel verloren, so daß jeder macht, was er will, kein Zug mehr in dem Ganzen ist ... – kurz, das Institut nur noch die Routinearbeit notdürftig erledigt.

Zügen: etw. in großen/groben Zügen schildern/... – etw. (nur) in (groben) **Umrissen** andeuten/zeichnen/schildern/sehen/... (1) · to give s.o. a rough outline of s. th.

etw. **in kurzen/knappen Zügen schildern**/... · to describe s. th. briefly, to give a brief outline of s. th.

... Wenn ihr mir in kurzen, knappen Zügen erklären könntet, worum es in der Sache geht – so in drei, vier Sätzen ...

die reine Luft/Bergluft/... **in kräftigen Zügen einatmen** *path* · to take deep breaths of fresh air/mountain air/...

(Auf einer Wanderung in den Bergen:) Atmen wir diese herrliche Luft in kräftigen Zügen ein! Morgen haben wir wieder den Qualm/die stickige Luft von Dortmund!

etw. **in vollen Zügen genießen** *path* · to enjoy s. th. to the full

Diesmal werde ich in den Ferien nichts tun, aber auch gar nichts. Diesmal werde ich sie in vollen Zügen genießen. – Das sagst du immer! – Du wirst sehen: ich werde schwimmen, reiten, Tennis spielen, tanzen ... – kurz, vom frühen Morgen bis zum späten Abend nur tun, was mir Spaß macht.

in den letzten Zügen liegen *ugs* · 1. to be at death's door, to be close to death *n*, to be dying *n*, 2. to be on one's last legs

1. Als wir in das Krankenzimmer traten, sahen wir auf den ersten Blick, daß Großvater in den letzten Zügen lag. Der Chefarzt hatte wohl doch Recht: »Ihr Herr Vater kann jeden Augenblick sterben«, hatte er zu meinem Vater gesagt. ... *selten*

2. Du willst dem Otto 10.000,– Mark leihen? Bist du verrückt? Dessen Firma liegt in den letzten Zügen. Noch ein paar Monate, dann ist er pleite. Jeder Pfennig, den du da noch hereinsteckst, ist weggeworfenes Geld.

etw. **in vollen Zügen trinken** · to drink deep draughts of s. th.

Ah, was war das eine Wohltat! Nach dieser langen Wanderung durch die Hitze dieses herrliche Quellwasser! ... Er trank in vollen Zügen und leerte den Krug, ohne auch nur ein einziges Mal abzusetzen.

zugeneigt: jm. sehr/herzlich/(...) zugeneigt sein *form od. iron selten* – jm./dem Wein/... **zugetan** sein (1) · to be very fond of/attached to s.o.

zugerichtet: übel zugerichtet sein *form Verletzter* · to be badly beaten up, to be really battered, to have been really knocked about

(Nach einem Boxkampf:) Mein Gott, was sah der Rocky nach diesem Kampf aus!: die Augen blutunterlaufen, die Lippen aufgeplatzt und angeschwollen, mehrere Zähne raus ... War der in seiner Karriere überhaupt schon einmal so übel zugerichtet (worden)?

zugeschnitten: zugeschnitten sein auf jn./etw. · to be geared to s. th., to be tailored to s. th., to be tailor-made for s.o./s. th.

... Der Text ist hochinteressant, aber er ist ganz auf die Verhältnisse in Peru zugeschnitten. Für unser Land wären andere Prämissen anzusetzen und auch andere Folgerungen zu ziehen.

zugeschrieben: etw. wird jm. zugeschrieben · s. th. is attributed to s.o., s. th. is ascribed to s.o., + s. th. is said to have been written/... by s.o.

Der Hetzartikel gegen den Kahl in der 'Süddeutschen' wird dem Pamphletisten Mauritz zugeschrieben. Ob der dafür wirklich verantwortlich ist/ob der den wirklich verbrochen hat?

zugesellen: sich einer Gruppe/... **zugesellen** *form od. iron selten* · to join a group/...

... Bis auf den Rotenberg haben wir die Wanderung nur zu sechs Leuten gemacht. Aber da oben hat uns dann noch eine ganze Reihe Freunde und Bekannte zugesellt. – Warum haben die sich denn erst da oben angeschlossen? – Die haben uns da rein zufällig getroffen.

zugestandernermaßen: zugestandenermaßen *form selten* – **zugegebenermaßen** · admittedly

zugetan: jm./dem Wein/... zugetan sein *form od. iron* · 1. 2. to be fond of s.o./s. th.

1. ... Der Wolfgang ist dir sehr zugetan, oder? – Hm, ja, der mag mich. Hast du das auch schon gemerkt? *selten*

2. Der alte Herr Kreuner, höre ich, ist dem Wein zugetan? – Er trinkt ganz gern einen guten Tropfen, aber er übertreibt nicht.

Zugluft: Zugluft abkriegen/(abbekommen) *form* – **Zug** abkriegen/(abbekommen) · to get/to catch/... a cold/a chill/... from sitting/... in a draught

Zugnummer: die Zugnummer sein · to be the crowd-puller, s.o./s. th. really/... pulls them in

... Wenn die da den Clown nicht hätten, würde doch kaum jemand die Veranstaltungen besuchen! Der Clown ist die Zugnummer! – Der ist auch wirklich phantastisch, der Mann! – Natürlich! Deshalb ist es ja immer so voll.

zugreifen: (sofort/entschlossen/überall/...) **zugreifen** *Angebot/Polizei/...* · 1. to act at once, to get in quickly, to grab the chance/opportunity/..., 2. to jump at the chance, to act at once

1. Wenn die dir in der Tat eine Stelle in Peru anbieten, wirst du doch zugreifen, oder? – Welch eine Frage! Mit Kußhand!

2. Warum hat die Polizei denn nicht zugegriffen, als der Terrorist in der Innenstadt gesichtet wurde? – Sie hoffen, über den Mann noch auf andere Spuren zu kommen. *seltener*

kräftig/tüchtig/(herzhaft) **zugreifen** *ugs* – kräftig/tüchtig/(herzhaft) **zulangen** · to tuck in, to take/to help o.s./... to (really/...) big portions

Zugriff: sich dem Zugriff der Polizei/... **entziehen** *form* · to escape the clutches of the police/..., to evade justice/...

... Natürlich hat er versucht, sich dem Zugriff der Polizei zu entziehen! Deswegen lebte er ja unter falschem Namen. Aber irgendwann schnappen die in diesem geordneten Staat jeden, weißt du.

sich etw. **durch raschen**/sofortigen/entschlossenen/... **Zugriff sichern** *form* · to secure s. th. by grasping the opportunity, to secure s. th. by quick action, to secure/to get/... s. th. by acting fast/quickly/...

... Der Heinz hat sich die Stelle doch durch entschlossenen Zugriff gesichert, oder? – Nein! Stell' dir vor, er hat sich Bedenkzeit ausbeten – und dann haben sie einen anderen gewählt. – Welch eine Dummheit, da nicht sofort zuzugreifen!

zugrundegehen: (an etw.) zugrundegehen · 1. to perish, to decline, to wane, 2. to break up

1. ... Kulturen gehen zugrunde, wie Pflanzen eingehen: sie entstehen, wachsen, blühen – und vergehen. – Eine Kultur ist doch kein biologisches Gebilde, Herbert!

2. (Ein Lehrer, der einen Schüler korrigiert:) 'Ehen' gehen zugrunde, ja! Aber 'Freundschaften'? Die gehen höchstens kaputt.

zugrundelegen: etw. e-r S. zugrundelegen · + to base s. th. on s. th.

... Welche Statistiken haben Sie den Berechnungen zugrundegelegt, die der UNESCO oder die der Bundesregierung? – Ich bin von denen der Bundesregierung ausgegangen.

zugrundeliegen: e-r S. zugrundeliegen · 1. s. th. forms the basis of s. th., + the calculations are based on the statistics/..., 2. + s. th. is based on the assumption that ...

1. ... Den Berechnungen liegen die Statistiken der UNESCO zugrunde. – Diese Grundlage ist leider falsch, denn ...

2. ... Den Voraussagen für die weitere Entwicklung liegt die Annahme zugrunde, daß die Konjunktur nicht unter drei bis vier Prozent

sinkt. Wenn sich diese Annahme als Irrtum erweisen sollte, ist natürlich allen Voraussagen der Boden entzogen.

zugrunderichten: jn./etw. **zugrunderichten** · 1. 2. 3. to ruin s.o./s.th., to destroy s.o./s.th.

1. ... In drei Jahren haben die Söhne die Firma, die ihnen ihr Vater in einem blendenden Zustand hinterlassen hatte, zugrundegerichtet. – Sind sie derart unfähig? – Unfähig und faul.

2. ... Sein luxuriöser Lebenswandel hat den Maxl zugrundegerichtet und nicht die allgemeine wirtschaftliche Rezession. – Hat es jetzt viel Sinn, über die Ursachen seines Ruins zu debattieren? Besser ist, wir helfen ihm. *seltener*

3. ... Mit solch einem Lebenswandel richtet er seine ganze Gesundheit zugrunde! – Sag' ihm das mal!

zugunsten: **zugunsten von** jm. + *Gen* · 1. 2. in s.o.'s favour, in favour of s.o., 2. to s.o.'s advantage

1. ... Du beschwerst dich noch? Ich habe mich doch zugunsten von deinem Vater/zugunsten deines Vaters verrechnet. Statt 270,– Mark hat er 290,– Mark bekommen.

2. vgl. – (eher:) zu js. **Gunsten**

zugutehalten: jm. etw. **zugutehalten (müssen)** · to (have to) take s.th. into account (when judging/criticising/... s.o.), to (have to) say s.th. in s.o.'s defence

... Ja, der Schlosser wirkt in der Tat häufig sehr unfreundlich. Aber ich kann ihm das nicht übelnehmen; ich finde, man muß ihm die schweren Probleme zugutehalten, die er mit seiner Frau und seinem ältesten Sohn hat. Wer ist bei solchen Problemen noch fähig, ausgeglichen und freundlich zu wirken?

sich etwas/allerhand/(viel/...) **zugutehalten auf** etw. · 1. 2. to pride o.s. (greatly/enormously/...) on s.th.

1. Eure Marta hält sich ja allerhand auf ihre Kochkünste zugute, was? – Das kann man wohl sagen. Seitdem mein Vater sie mehrere Male vor allen anderen gelobt hat, meint sie, sie wäre die beste Köchin der Welt.

2. Eure Marta hält sich ja allerhand auf ihre Kochkünste zugute, was? – Das kann man wohl sagen! Die meint, weil sie gut kocht, könnte sie alle anderen Arbeiten im Haus nachlässig machen. *seltener*

zugutekommen: jm. **zugutekommen** – jm. zugute **kommen** · to be useful to s.o., to be an advantage to s.o., to benefit s.o., it helps that s.o. is ...

jm. etw. **zugutekommen lassen** *form* · to give s.o. s.th., to let s.o. have s.th., to donate s.th. to s.o., to let s.o. have the benefit of s.th.

(Der Chef zu seiner Sekretärin:) Der Bollmann hat sich in diesem Jahr derart verdient gemacht, dem wollen wir zu Weihnachten mal eine Extragratifikation zugutekommen lassen. Veranlassen Sie bitte, daß man ihm zusätzlich 3.000,– Mark überweist! ...

zuguterletzt: **zuguterletzt doch**/doch noch/dann doch/ schließlich doch/dann/... etw. tun · to do s.th. finally/in the end (after all)

... Nachdem wir gemeinsam eine halbe Stunde lang auf den Paul eingeredet hatten, hat er sich zuguterletzt (dann) doch bereit erklärt, mit uns zu dem Fest zu gehen. Wir hatten die Hoffnung schon fast aufgegeben, ihn noch umstimmen zu können.

zugutetun: sich etwas **zugutetun** *form veraltend selten* · to give o.s. a treat, to treat o.s. to s.th.

(Eine ältere Dame zu einer Freundin:) Du, ich hab' im Lotto 200,– Mark gewonnen. Damit werden wir uns Sonntag mal etwas zugutetun. Wie wär's, wenn wir nach Garmisch fahren, einen schönen Spaziergang machen, schön Kaffee trinken gehen ...

sich etwas/allerhand/(viel/...) **zugutetun auf** etw. *form selten* – sich etwas/allerhand/(viel/...) **zugutehalten auf** etw. · to pride o.s. (greatly/enormously/...) on s.th.

Zugzwang: im Zugzwang sein · to have to/to be forced to/... respond/make a move/...

... Wenn es mehrere Bewerber gibt und man ihn schriftlich gefragt hat, welches seine Gehaltsvorstellungen sind, ist der Friedhelm jetzt im Zugzwang. Da kann er es sich nicht mehr leisten, die Entscheidung weiter aufzuschieben.

in Zugzwang geraten · to be/to come under pressure to take action/to come under pressure to make a move/to make a decision/...

... Entweder du übernimmst jetzt den Auftrag zu den Bedingungen, die man dir anbietet, oder die Sache geht an die Konkurrenz. Wenn du beizeiten verhandelt hättest, wären vielleicht bessere Bedingungen drin gewesen. Jetzt bist du in Zugzwang geraten, jetzt mußt du schlucken, was man dir bietet.

jn. **in Zugzwang bringen** · to force s.o. to make a move

... Ich weiß gar nicht, wielange der alte Schuckert die Entscheidung noch hinauszögern will! – Ihr müßt ihn in Zugzwang bringen. – Und wie? – Indem ihr Verhandlungen mit anderen Firmen führt und Termine setzt. – Der hält uns für unfähig, jemand anderem den Auftrag zu geben.

unter Zugzwang stehen – im **Zugzwang** sein · to be forced to respond/to make a move/...

zuhanden: jm. **zuhanden sein** *form veraltend selten* · to be (easily/...) available to s.o., to be within easy reach, to be at s.o.'s disposal

... Ob es Möbel sind, ob es sich um Schmuck handelt, um Kleidung, um Lebensmittel – aus aller Herren Länder kommen (die) Sachen hierher. Nie hat es eine Zeit gegeben, in der den Leuten so wie heute alles zuhanden war.

jm. **zuhanden kommen** *form veraltend selten* – jm. in die **Hände** fallen/(geraten) (2) · to come into s.o.'s hands

zuhauf: zuhauf *form veraltend* · to receive piles and piles of applications/..., to receive applications/... galore, to receive huge numbers of applications/...

(Ein bekannter Unternehmer:) Bewerbungen kriegen wir natürlich zuhauf – manchmal flattern mir an einem einzigen Tag vier oder fünf auf den Tisch! Aber geeignete, qualifizierte Bewerber, die können Sie mit der Stecknadel suchen!

Zuhilfenahme: unter **Zuhilfenahme** e-r S./(von e-r S.)/(e-r P.) *form od. iron* · 1. 2. with the aid of s.th., with the help of s.th., by using s.th.

1. ... Unter Zuhilfenahme eines Brecheisens gelang es ihm schließlich, die Haustür aufzukriegen. – Leichter wäre es natürlich gewesen, er hätte daran gedacht, den Schlüssel mitzunehmen.

2. vgl. – (eher:) mit js. **Hilfe**/mit Hilfe e-r S./mit Hilfe von jm./etw. (2)

zuhinterst: zuhinterst sitzen/stehen/... *form veraltend selten* · to sit/to stand/... right at the back/at the very back

(Ein Lehrer, auf einem Theaterabend:) Setzt euch doch der Größe nach, dann kann jeder etwas sehen! In der ersten Reihe die jungen Sextaner usw., dahinter die Mittelstufe, zuhinterst die Großen ...

zuhören: jm. **gebannt/gefesselt zuhören** · to listen spellbound/ enthralled/... to s.o.

... Wie solche Diktatoren doch immer wieder Massen finden, die ihnen/ihren pathetischen Reden gebannt zuhören! Seltsam! – Tja, die Macht des Wortes! – Oder die Leidenschaften und der Verführbarkeit!

jm. **stundenlang zuhören können** · I/one/... can/could listen to s.o. for hours (on end)

Wenn der Schöller über die Verschachtelung der Wirtschaft heute redet, kann man dem Mann stundenlang zuhören. Der bringt das derart faszinierend, daß man gar nicht merkt, wie die Zeit vergeht.

zuinnerst: zuinnerst *path veraltend selten* · deep down, in one's heart of hearts

... Als er hörte, wie abfällig seine Schwester über ihre Mutter sprach, fühlte er sich zuinnerst getroffen. Wie konnte man Außenstehenden gegenüber nur seine Mutter sprechen! Es war ein richtiger Schock für ihn, sie da so reden zu hören.

zukommen: jm. Vergünstigungen/... **zukommen lassen** *form* · to give s.o. s.th., to grant/to give/... s.o. privileges/favours

... Als Beamter hat er ohne Ansehen der Person zu entscheiden. Wenn man einem Freund bestimmte Vergünstigungen hat zukommen lassen – steuerliche Vorteile oder so –, dann müßte das strenggenommen ein Disziplinarverfahren nach sich ziehen.

die Dinge/... **auf sich zukommen lassen** – die Dinge/... an sich **herankommen** lassen · to wait and see, to cross that bridge when one comes to it, to take things as they come

Zukunft: keine Zukunft haben · 1. 2. it/s.th. has no future, + there is no future in it/s.th.

1. ... Nein, in dieser Firma hast du keine Zukunft. Ich will nicht gerade sagen, daß sie dich herausschmeißen. Aber einen vernünftigen Posten bekommst du da nie.

2. ... Hier eine Firma zu gründen war einfach Unsinn. – Wie, sie klappt doch gut! – Im Augenblick vielleicht. Aber sie hat doch keine Zukunft. Der Markt ist viel zu klein. Du wirst sehen: nach spätestens drei, vier Jahren fangen die Schwierigkeiten an.

jm./e-r S. **gehört die Zukunft** · + s.th. is the thing of the future, the future belongs to s.o./s.th.

... Ich weiß nicht, ob der Popmusik die Zukunft gehört, Junge! Ich würde mich nicht wundern, wenn die Mode irgendwann wieder umschlagen würde und die klassische Musik wieder 'in' wäre.

das/etw. **gilt/... für alle Zukunft** *path* · it/s.th. applies/... without exception from now on

Der Chef hat angeordnet, daß kein Brief rausgeht, den er nicht vorher gelesen hat. Das gilt für alle Zukunft. Es braucht also niemand mehr zu fragen: kann ich den schon wegschicken oder nicht ...?

in ferner Zukunft – in fernen **Zeiten** · in the distant future

in nicht allzu ferner Zukunft – in nicht allzu ferner **Zeit** · in the not too distant future

in Zukunft ... · in future

... Gut, einmal kann sowas passieren! Aber in Zukunft paßt du auf! Wenn das nochmal vorkommt, kannst du nicht mehr mit meiner Nachsicht rechnen. – Keine Sorge, Vater! Das kommt nicht mehr vor.

ein Mensch/e-e S. **mit Zukunft sein** – ≠ ein Mensch/e-e S. ohne **Zukunft** sein · to be a person/... with a future

in nächster Zukunft *form* · in the near future

... Vorläufig wirst du aber doch nicht von hier wegziehen? – Nein, in nächster Zukunft nicht. Was in einigen Jahren wird, weiß ich natürlich noch nicht ...

in naher Zukunft (nicht ...) – ≠ in fernen **Zeiten** · in the near future

ein Mensch/e-e S. **ohne Zukunft sein** · s.o. has no future

... Nein, das ist ein Pianist ohne Zukunft! Ganz egal, wie gut seine Technik ist! Wer so ausdruckslos interpretiert, kann als Solist keine Karriere machen.

beruhigt/(...) in die Zukunft schauen/sehen/blicken können · to look to/to look forward to/to face/... the future with confidence

Jetzt, nachdem er seine Pensionsberechtigung in der Tasche hat, kann der Ernst ja beruhigt in die Zukunft schauen. Jetzt kann ihm doch nichts mehr passieren.

besorgt/... in die Zukunft schauen/sehen/blicken · to be worried about the future

(Ein Sohn zu seiner Mutter:) Ich verstehe nicht, warum Vater so besorgt in die Zukunft schaut. Ihm kann doch in seiner Stellung gar nichts passieren.

du mußt/er/der Peter muß/... an die Zukunft denken · you/he/Peter/... must think of the future

... Junge, du kannst nicht nur davon ausgehen, was du jetzt verdienst, wieviel Stunden am Tag du jetzt arbeiten mußt ..., du mußt an die Zukunft denken.

(nicht) in die Zukunft gucken/schauen/(sehen/blicken) (können) · (not) (to be able) to look into the future, (not) (to be able) to see into the future

... Ach, Junge, in die Zukunft gucken kann natürlich kein Mensch – auch wenn manche das tun. Im Augenblick sieht es halt nur sehr kritisch aus; und man muß fürchten, daß die nächsten/kommenden Jahre sehr schwer werden.

die Zukunft wird es lehren *form selten* – die **Zukunft** wird es zeigen/wird zeigen, wer recht hat/ob .../... · time will tell (who was right/whether .../if ...)

etw. **bleibt der Zukunft überlassen**/muß ... bleiben · it/that/... remains to be seen

... Ob wir hier besser ein Schwimmbad bauen oder ein Tenniszentrum errichten, können wir im Augenblick nicht übersehen; das/diese Entscheidung muß (einstweilen) der Zukunft überlassen bleiben.

die Zukunft wird es zeigen/wird zeigen, wer recht hat/ob .../... · time will tell who was right/whether .../if ...

... Ob du recht hast oder ich, das können wir jetzt nicht entscheiden; das wird die Zukunft zeigen. In drei, vier Jahren wissen wir Bescheid.

Zukünftige: meine/deine/... Zukünftige/mein/dein/... Zukünftiger *iron* · my/... future wife/husband, my husband-to-be/wife-to-be, my intended *dated hum*

... Na, was macht denn dein Zukünftiger? – Du meinst den Richard? – Ja, hast du denn jemanden, den du heiraten willst? – Du Spötter! ... Dem Richard geht's gut, sogar blendend ...

Zukunftsmusik: das/etw. **ist** (noch) **Zukunftsmusik** *ugs* · it's all pie in the sky, it's all in the future

... und dann haben sie dem Herbert noch versprochen, daß er nach zwei Jahren Einarbeitungszeit mit größter Wahrscheinlichkeit in die Exportabteilung wechseln kann. Das würde bedeuten: er kann reisen, auch ins Ausland ... – Aber das ist Zukunftsmusik, oder? Ob das wirklich so kommt, das steht doch noch in den Sternen? ...

Zukunftspläne: Zukunftspläne machen/schmieden · to make plans for the future

(Ein Vater zu seiner Frau über ihren Sohn:) Statt da nur wer weiß was für tolle Zukunftspläne zu schmieden, sollte der Junge lieber hier und jetzt seine Arbeit vernünftig machen! Denn was die Zukunft angeht, sagt man zu recht: erstens kommt es, zweitens anders, drittens, als man denkt.

zulande: bei uns zulande *veraltend selten* · (back) where I/you/... come from, where I/you/... live, in my/... country, in my/... part of the country

... Und wie haltet ihr das in Oberbayern mit der Sonntagsmesse? – Bei uns zulande geht immer noch ein sehr großer Teil der Bevölkerung sonntags in die Kirche.

zulangen: kräftig/tüchtig/(herzhaft) **zulangen** *ugs* · 1. to tuck in, to take/to help o.s./... to (really/...) big portions, 2. 3. to really get stuck in, 2. to (really/...) lay in to s.o., 3. to (really/...) get down to it

1. (Die Mutter vor einem Ausflug:) Langt kräftig zu, Kinder! Ihr wißt: vor heute abend spät kriegt ihr nichts mehr zu essen. Unterwegs wird nichts gekauft. Eßt euch also jetzt richtig satt!

2. Gestern Abend gab's im Jugendzentrum eine Schlägerei. Aber der Klaus hat dem Spuk schnell ein Ende bereitet. Der langt ganz gut zu. Er hat ruck-zuck drei oder vier Typen aufgemischt. Die anderen haben dann ganz schnell Ruhe gegeben.

3. Der Florian ist einer meiner besten Arbeiter. Der kann noch so richtig zulangen. Er scheut sich auch nicht vor schwerer körperlicher Arbeit.

Zulässige: etw. geht über das Zulässige hinaus *form od. iron* · 1. to exceed the permitted weight/level/amount/number/..., to be higher than the permitted number/..., 2. that/it is going too far

1. ... Die Ladung des Lastwagens geht weit über das Zulässige hinaus. Er hat bestimmt 200 bis 300 Kilo mehr geladen als erlaubt ist.

2. vgl. – (eher:) (bei jm./mit etw.) das **geht** zu weit (1; u.U. 2)

Zulauf: großen/starken Zulauf haben *Theaterstück/Film/... form* · to be very popular, to draw large crowds, to be (very much) in demand

... Ja, in der Tat, das Stück hat sehr starken Zulauf. Ich hätte gar nicht gedacht, daß Schiller heute noch so viele Leute anzieht.

zulaufen: spitz/... zulaufen · to taper, to taper off, to taper to a point

... Unten ist das Rohr ziemlich breit und oben läuft es dann spitz zu; die Öffnung hat oben einen Umfang von rund 17 cm, während er unten 154 cm beträgt. ...

zulegen: zulegen *selten* · 1. to chip in, to make a contribution, 2. to step on it, to get a move on, 3. to put on 5 kilos/a lot of weight/...

1. vgl. – (zu etw.) (etwas/...) **zuschießen** (2)

2. vgl. – einen **Zahn** zulegen (3)

3. Ich glaube, ich muß mit dem Essen mal etwas kürzer treten. Über die Feiertage habe ich bestimmt zwei, drei Kilo zugelegt.

zuleide: jm. **etwas/viel/... zuleide tun** · 1. 2. to harm s.o., to do a great deal/a lot of/... harm to s.o.

1. Wenn die Rede auf die Berta kommt, reagiert der Alfons immer ganz verbittert ...! – Das kann ich verstehen. Sie hat ihm viel zuleide getan. Wenn ich denke, was er unter dieser Frau gelitten hat! ...

2. Ich weiß gar nicht, warum die Birte immer so negativ von dem Walter spricht. Hat er ihr schon einmal etwas zuleide getan?

jm. **nichts/niemandem etwas/... zuleide tun (können)** – niemandem/keinem ein/jm. nie ein/kein **Härchen** krümmen · he/John/... wouldn't hurt a fly, not to do s.o. any harm

zuletzt: ... **(und) nicht zuletzt** ... · (and) not least ...

(Beim Abschied:) Haben Sie ganz herzlichen Dank, Herr Frank, für Ihre freundliche Einladung, die vielen beruflichen Tips – und nicht zuletzt für Ihr Buchgeschenk. Ich werde den Roman morgen sofort lesen ...

zuliebe: jm. **zuliebe** etw. tun · to do s.th. for s.o.'s sake/just for s.o.

... Du hast doch dem Kauf des Hauses genauso zugestimmt wie ich, Christa! Und jetzt soll ich an unseren finanziellen Problemen allein schuld sein?! – Dir zuliebe habe ich zugestimmt, Werner, das weißt du ganz genau, nur dir zuliebe. Ich hätte mich nie zu diesem Kauf entschlossen, wenn ich nicht gesehen hätte, wie sehr er dir am Herzen lag.

niemandem zuliebe und niemandem zuleide (etw. tun) *path veraltend selten* · to do s.th./to decide s.th./... without favour

... Der Chef hat das niemandem zuliebe und niemandem zuleide so entschieden, sondern aus völlig sachlichen Erwägungen. Es schien ihm einfach so am günstigsten!

zum: **das/(etw.) ist zum** Lachen/Wiehern/Weinen/Heulen/ Verrücktwerden/Wahnsinnig-werden/Beineausreißen/Be-baumölen/... · it/that is enough to make you/... laugh/to drive you/... crazy/...

... Was der Felix sich da zusammenübersetzt, ist wirklich zum Heulen.

zumal: zumal ... · especially as, especially since, particularly as, particularly since

... Nein, sie verspürte beim besten Willen keine Lust, sich nochmals mit jenem Mann zu treffen – zumal/(um so weniger als) er sich nach ihrem gemeinsamen – mißglückten – Skiausflug noch (Dritten gegenüber) negativ über sie geäußert hatte. Schon so hätte sie sehr gezögert; aber nach dieser Kritik war es ganz aus ...

zumindest: zumindest · 1. 2. at least

1. Daß der Alfons keine Lust hat, in den Ferien lange Briefe zu schreiben, liegt auf der Hand. Aber er hätte zumindest einen kurzen Kartengruß schicken können.

2. ... Der Chef ist gar nicht dagegen, daß du die Exportabteilung übernimmst. Zumindest habe ich seine Ausführungen so verstanden. – Hoffentlich hast du sie richtig verstanden.

zumute: jm. **ist gut/schlecht/(ausgezeichnet/miserabel/...) zumute** – (eher:) sich gut/glänzend/ausgezeichnet/schlecht/ miserabel/... **fühlen** · + s.o. feels/is feeling good/ bad/(great/miserable/...)

jm. **ist seltsam/komisch/... zumute** · + to feel strange, + to have a strange feeling

Als ich nach fast zwanzig Jahren wieder in meine alte Schule kam, war mir doch etwas seltsam zumute, das muß ich schon zugeben. – So erging es mir, als ich nach 30 Jahren mein Elternhaus wiedersah; da hatte ich auch so ein ganz eigenartiges Gefühl.

jm. **ist/wird** (bei etw.) **mulmig zumute** *ugs* · + to have an uneasy/unpleasant feeling n, + to feel queasy, + to feel weak at the knees

... Als unser Ernst plötzlich anfing, über unsere Steuertricks zu reden, wurde mir doch etwas mulmig zumute. Wenn uns einer der Zuhörer mal reinlegen will ... – Ah, ist das möglich? – Man weiß nie!

jm. **ist** (bei etw.) **nicht** (gerade/ganz) **wohl zumute** · + s.o. does not feel right about s.th., + s.o. has an uneasy feeling about s.th.

... Ganz wohl war mir nicht zumute, als ich den Vertrag unterschrieb. Ich hatte das unbestimmte Gefühl, daß da irgendetwas juristisch nicht in Ordnung war. Aber da ich meinen Bruder nicht noch länger hinhalten wollte, unterschrieb ich trotz meiner Bedenken.

jm. **ist (nicht) danach zumute, etw. zu tun/(jm. ist (nicht) nach etw. zumute)** · 1. 2. + (not) to feel like doing s.th., + (not) to feel in the mood for doing s.th.

1. ... So, jetzt laß uns erstmal einen anständigen Schnaps trinken! – Du, mir ist heute nicht danach zumute zu feiern. Der Besuch bei dem Pinneberg war derart unangenehm ... – Mein Gott, auch wenn du nicht gerade glänzend gestimmt bist, kannst du doch ein Schnäpschen trinken.

2. ... Laß die Ursel mal mit deinen Witzchen in Ruhe, Junge! Der ist heute nicht danach zumute, Possen zu reißen/der ist heute nicht nach Witzchen zumute! – Was ist denn passiert, daß ihr heute so ernst seid? Ist jemand gestorben?

zumuten: jm. **viel/allerhand/zuviel/... zumuten** · to expect a lot/... from s.o., to ask a lot/... of s.o.

... Soll der Junge trotz seiner Grippe nach München fahren? Du mutest deinen Kindern ja allerhand zu! – Was sein muß, muß sein.

sich **allerhand/viel/zuviel/... zumuten** · to overtax o.s., to overdo things, to take too much on

... Der Willi wirkt in der letzten Zeit doch ziemlich ausgelaugt. – Das ist kein Wunder. Der Mann mutet sich seit Jahren zuviel zu! Allein die nervliche Belastung ist auf die Dauer zu stark.

jm. etw. **nicht zumuten können** · one/you/he/... cannot expect s.o. to do s.th.

... Aber du kannst doch der Frau Wirtz nicht zumuten, Junge, ihren freien Sonntagmorgen zu opfern, um die Taschen deiner Hose zu nähen! – Sie hat gesagt, sie tut das gerne für mich.

Zumutung: das/etw. **ist eine Zumutung** · it/s.th. is a cheek, it/ s.th. is an impertinence

... Samstag nachmittag eine Sitzung? Das ist eine Zumutung! – Wenn die Entwicklung so weitergeht, mein Lieber, dann ist für den modernen Spießbürger jede Anstrengung außerhalb der geregelten 39-Stunden-Woche zu viel/unzumutbar. – Danke!

zunächst: zunächst einmal ... · first of all ..., for a start/kickoff *coll*

(Aus einer Rede:) Zunächst einmal ist es abwegig, von vornherein anzunehmen, daß die Lage im nächsten Jahr besser ist als jetzt. Vor allem aber müssen wir doch folgendes beachten:

zünden: jm. **eine zünden** *ugs* – jm. eine **Ohrfeige** geben · to clout s.o.

Zunder: (...,) **sonst gibt's Zunder!** *sal selten* – (...) sonst **gibt's/(gibt es) was!** · otherwise there'll be trouble/aggro/ bother/hell to pay/...

wenn ..., dann gibt's Zunder! *sal selten* – wenn ..., dann **gibt's/(gibt es) was!** (1) · if ..., there'll be trouble/hell to pay/...

wie Zunder brennen *selten* – wie **Stroh** brennen · to burn like straw, to go up like dry tinder

jm. **Zunder geben** *sal* · 1. to lay into s.o., 2. to give s.o. a rocket, 3. to make s.o. get a move on

1. vgl. – jm. den **Buckel** vollhauen/vollschlagen *selten*

2. vgl. – jm. den **Marsch** blasen

3. vgl. – jm. **Dampf** machen

Zunder kriegen/(bekommen) *sal selten* · 1. to get a hiding, 2. 3. to get it in the neck
1. vgl. – den **Buckel** vollkriegen
2. vgl. – (passiv zu:) jm. den **Marsch** blasen
3. vgl. – unter **Beschuß** stehen (1) *Soldatenspr*

Zuneigung: Zuneigung zu jm. **fassen** *form veraltend selten* · to take a liking to s.o., to grow fond of s.o.
Was hat die Elly – Zuneigung zu dem Richard gefaßt? Herrlich! Ich dachte, sie hätte sich verliebt. – Nein, so stark ist es nicht. – Ich verstehe …

Zunft: von der Zunft sein *form eher neg selten* – vom **Fach** sein · to be one of them, to be one of the … fraternity

Zunge: ein Wort/einen Namen/… auf der Zunge haben – ein Wort/ein Name/… liegt jm. auf der **Zunge** · + a name/a word/… is on the tip of s.o.'s tongue

eine belegte Zunge haben · to have a coated tongue, to have a furred tongue
… Wenn die Helga dauernd eine belegte Zunge hat, müßt ihr mit ihr zum Arzt gehen, Werner! So dünn so ein Belag auch ist: er zeigt doch an, daß irgendetwas nicht stimmt.

eine beredte Zunge haben *selten* · to be eloquent, to have the gift of the gab, to be silvertongued
Inhaltlich hat der Scherf nicht viel zu bieten, natürlich nicht. Aber er hat eine beredte Zunge. Es gelingt ihm immer wieder, seine Zuhörer dahin zu bringen, wo er sie hinhaben will. – Ein Schwätzer ist das! – Aber ein gekonnter Schwätzer!

eine böse/(boshafte) Zunge haben · to have an evil/a malicious/a spiteful/a wicked/… tongue, to be a malicious gossip
… Hm, ich traue diesem Weibsbild schon zu, daß sie das zu unserem Nachbarn gesagt hat! Wir wissen doch alle, daß sie eine böse Zunge hat. Nichts macht ihr mehr Spaß, als über andere zu tratschen, anderen etwas am Zeug zu flicken.

eine falsche Zunge haben *selten* · not to be altogether honest *para*
Sei vorsichtig bei dem, was der Heimann sagt. Wir haben die Erfahrung gemacht, daß er eine falsche Zunge hat. – Er lügt? – Ehrlich ist er nicht …

eine feine Zunge haben · to be a gourmet, to have a delicate palate
Wenn dir der Peter Büchner ein Restaurant empfiehlt, dann kannst du dich auf diesen Rat verlassen. Er ist bekannt dafür, daß er eine feine Zunge hat. Für den ist das Beste gerade gut genug.

eine feurige Zunge haben *path selten* · to be a passionate/fiery/… speaker
Der Morsch hätte bei weitem nicht so viele Anhänger, wenn er nicht so eine feurige Zunge hätte! Mit seinen flammenden Reden schlägt er die Leute immer wieder in seinen Bann.

eine flinke Zunge haben *ugs selten* – ein flinkes/(gutes) **Mundwerk** haben · to be a smooth talker, to be a fast talker, to have the gift of the gab

eine freche Zunge haben *ugs selten* · to be cheeky
Mein Gott, was hat dieser Junge eine freche Zunge! Was der alles für Ausdrücke braucht, wie er mit den Leuten redet! Unmöglich!

eine giftige Zunge haben *ugs* · to have an evil/a malicious/… tongue
Die Ursel hat vielleicht eine giftige Zunge! Vor deren spitzen Bemerkungen ist niemand sicher.

eine (so/derart/…) **glatte Zunge haben** *selten* · 1. 2. to be glib
1. Den Achim kann man nicht so leicht mundtot machen. Dazu hat er eine viel zu glatte Zunge.
2. … Bei dem Armin mach' dir mal keine Sorgen, der findet immer eine Ausrede. Der hat eine derart glatte Zunge, dem fällt immer etwas ein.

eine gute Zunge haben · 1. to have a discriminating palate, to have a fine palate, 2. to be a gourmet, to have a delicate palate
1. Wie, schmeckt der Manfred das denn durch, ob der Wein gesüßt ist oder nicht? – Der Manfred hat eine gute Zunge und er versteht etwas von Wein. Das wird er schon durchschmecken.

2. vgl. – (eher:) eine feine **Zunge** haben

eine lose Zunge haben *ugs selten* – ein loses/(lockeres) **Maul** haben (1; a. 2) · to be cheeky, to say things regardless, + nothing is sacred for s.o.

eine scharfe Zunge haben · 1. 2. to have a sharp tongue
1. … Wie hat er den Parteivorsitzenden genannt? – 'Speck-Biermann'. – Eine scharfe Zunge hat der, dieser Kerl! – Aber man muß zugeben: er hat auch Humor.
2. vgl. – (eher:) eine spitze **Zunge** haben (1)

eine schwere Zunge haben · 1. to slur one's words, 2. to speak slowly and ponderously
1. Mein Gott, der Sigi kann ja schon gar nicht mehr deutlich sprechen! – Wenn du soviel von dem Wein getrunken hättest wie er, hättest du auch eine schwere Zunge; ja, wahrscheinlich würdest du nur noch lallen.
2. Der alte Fiedler hat eine schwere Zunge, nicht? – Was willst du damit sagen? – Der spricht immer so langsam, bedächtig, schwerfällig. Kann er nicht anders? – Offensichtlich nicht. *selten*

eine spitze Zunge haben · 1. 2. to have a sharp tongue
1. … Wie hat die Petra Krumm vom 'Mörsburger Tageblatt' die Rede von unserem Ernst Hoffmann kommentiert? – Seine Ausführungen wären 'von einer einsäuselnden Lieblichkeit und anmutigen Harmlosigkeit eines Bergbachs im Mondschein' gewesen. Die hat eine spitze Zunge. Wenn du kein neues Opfer davon werden willst, mußt du heute eine bessere Rede halten.
2. vgl. – (eher:) eine scharfe **Zunge** haben (1)

eine verwöhnte Zunge haben · 1. to have a spoilt palate, to have a pampered palate, 2. to be a gourmet, to have a delicate palate
1. … Der Peter meinte, das Fleisch als solches wäre gut gewesen; aber die Heike verstünde nichts vom Würzen. – Ach, der Peter hat eine verwöhnte Zunge; der ißt geschäftlich zu oft in teuren Restaurants.
2. vgl. – (eher:) eine feine **Zunge** haben

ein Wort/einen Namen/… auf der Zunge haben – ein Wort/ein Name/… liegt jm. auf der **Zunge** · + a word/a name/… is on the tip of s.o.'s tongue

alle Völker/… portugiesischer/deutscher/… Zunge *form selten* · German-speaking/Portuguese-speaking/… nations/…
Alle Völker französischer Zunge sind sich wohl in einem nach wie vor einig: die französische Sprache in der Welt so weit zu fördern wie eben möglich.

mit beredter/feuriger Zunge verteidigen/… *path* · to defend s.o. eloquently/passionately
… Wenn der Sigi seine Schwester mit beredter Zunge verteidigt, ist das doch nur positiv! – Ich sage nicht das Gegenteil! Aber etwas weniger gewandt und leidenschaftlich wäre vielleicht überzeugender. – Das finde ich gerade nicht.

ein Geheimnis/… brennt jm. **auf der Zunge** *path* · + to be dying to tell (s.o.) a secret/…
(Ein sechsjähriges Mädchen zur Mutter:) Und darf ich der Ulrike jetzt sagen …? – Das Geheimnis brennt dir auf der Zunge, was? Du kannst es gar nicht abwarten, bis du der Ulrike alles erzählt hast! Na, dann mal los, wenn es unbedingt sein muß … – Weißt du Ulrike, der Paul hat gesagt …

mit hängender Zunge angerast kommen/… *ugs – path* · to come rushing up/… with one's tongue hanging out
(Der Vater zu seiner Frau:) Guck dir unseren Freddy an, wie der da angerast kommt – war der Lumpi von unseren lieben Nachbarn, mit hängender Zunge! – Du bist wirklich böse, Alfons!

etw. lähmt jm. **die Zunge** *Schreck path selten* · to make/to render s.o. speechless, to dumbfound s.o.
… Er stand da mit offenem Mund und brachte kein Wort hervor. Der Schreck hatte ihm die Zunge gelähmt.

ein Wort/ein Name/… liegt jm. **auf der Zunge** · a word/a name/… is on the tip of s.o.'s tongue
… Warte, wie heißt noch der Kultusminister von Baden-Württemberg? … Mann, mir liegt der Name auf der Zunge … Ra …, Ha … – Hahnenfuß! – Hahnenfuß, richtig! …

etw. **zergeht** (einem) **auf der Zunge**/etw. ist so zart/…, daß
es auf der Zunge zergeht *Fleisch/…* · to melt in the mouth
Ein herrlicher Salm! Der zergeht auf der Zunge!

bei einem Wort/… **bricht man/j. sich (fast) die Zunge ab**/
(kann man sich die Zunge abbrechen) *ugs* · + this word/…
is a real tongue-twister, to tie one's tongue in knots
… Nochmal! Wie heißt dieser Facharzt? – Otorrinolaringologista. –
Moment: Otorrinalo- – Nein: Otorrinola … – Ah, ja: Otorrinolorin-
Nein: Otorrinolaringo … – Herrgott: bei diesem Wort bricht man
sich ja (fast) die Zunge ab/kann man sich ja die Zunge abbrechen.
Daß ihr das überhaupt aussprechen könnt! Seltsam!

j. **würde sich lieber/eher die Zunge abbeißen**/(bisse sich lie-
ber/eher die Zunge ab) **als etw. zu sagen**/als daß er etw.
sagte *ugs* · 1. 2. s.o. would do anything rather than …, s.o.
would die rather than …, s.o. would bite his tongue off rather
than … *para*
1. Eher würde sich der Schorsch die Zunge abbeißen als der Polizei
das Versteck verraten, in dem sich seine Gefährten verborgen halten.
2. … Lieber würde sie sich die Zunge abbeißen, als daß sie ihren
Mann um einen Gefallen bäte. – Ist ihr Verhältnis so schlecht?

mit der Zunge anstoßen *ugs – iron selten* · to lisp
… Der Junge lispelt, nicht wahr? – Ja, er stößt mit der Zunge an, der
Arme, wie man scherzhaft sagt.

seine Zunge beherrschen – seine **Zunge** hüten · to mind
one's tongue, to mind what one says, to watch what one
says

sich auf die Zunge beißen (um etw. nicht zu sagen/Reak-
tionen zu vermeiden)) · 1. 2. to have to bite one's tongue
(to stop/to avoid/… saying/laughing at/s.th.), to check o.s.
1. … »Ja aber …«, setzte er schon an und wollte schon sagen, daß er
besser informiert war als sein Kollege. Aber dann biß er sich auf die
Zunge. Würde der ihn nicht fragen, woher er das alles wußte? Und
dann würden seine geheimen Kontakte herauskommen …
2. … Du machst dir keine Vorstellung, welch unglaublich drolligen
Dinge unsere dreijährige Tochter oft mit todernstem Gesicht sagt.
Meine Frau und ich sehen uns oft an und beißen uns auf die Zunge,
um nicht loszulachen/loszuprusten/loszuplatzen.

j. **hätte sich auf die Zunge beißen mögen** (sobald er etw.
gesagt hatte/…) · s.o. could have kicked himself for saying
s.th., s.o. could have bitten his tongue, s.o. wished he
hadn't said s.th.
Kaum war das 'so ein Esel/Schafskopf/Schussel' heraus, da hätte ich
mich auf die Zunge beißen mögen. Aber da war es zu spät. Die
Atmosphäre war verdorben …

jm. **auf der Zunge brennen** *path* – ein Geheimnis/… brennt
jm. auf der **Zunge** · + to be dying to tell (s.o.) a secret/…

die Zunge klebt jm. **am Gaumen** *vor Durst ugs* · + to be
parched
Endlich hatten wir die Raststätte erreicht. Die Zunge klebte uns am
Gaumen nach dieser langen Wanderung durch die pralle Sonne, und
alles stürzte an den Wasserhahn.

jm. **leicht/glatt/schwer/… von der Zunge gehen** *form selten*
· to trip easily off the tongue, + to find it difficult to say
s.th./to talk about s.th./…
… Die Edith redet halt nicht gern über ihre familiären Probleme.
Vor allem, wenn fremde Personen dabei sind, geht ihr jedes Wort
schwer von der Zunge!

die Zunge hängt jm. **aus dem Hals** *ugs* · s.o.'s tongue is
hanging out
… In dem entscheidenden Spiel auf dem Basketballturnier wurde
dann doch deutlich, wie jämmerlich unsere Kondition war. Schon
nach etwa einer halben Stunde hing uns die Zunge (buchstäblich) aus
dem Hals, während unsere Gegner nicht den geringsten Mangel an
Luft zu erkennen gaben.

die Zunge hängt jm. **zum Hals heraus** *ugs* · 1. s.o.'s tongue
is hanging out, 2. + s.o. has a fierce thirst, + s.o. is parched
1. vgl. – (eher:) die **Zunge** hängt jm. aus dem Hals

2. vgl. – (u. U. stärker als:) die **Zunge** klebt jm. am Gaumen

sich die Zunge aus dem Hals rennen *ugs* · to run o.s. into
the ground
(Eine Frau zu ihrem Mann:) Statt zu spotten 'die armen Kerle rennen sich die Zunge aus dem Hals' solltest du lieber selbst Sport treiben! – Soll ich da x-mal um den Platz rasen?! Für wen hältst du
mich?

jm. **die Zunge herausstrecken** *ugs* · to stick one's tongue out
at s.o.
… Aber Rudi, man streckt doch den anderen Leuten nicht die Zunge
heraus! – Der Egon hat mir auch die Zunge herausgestreckt. – Ihr
habt ja feine Umgangsformen!

seine Zunge hüten · 1. 2. to mind one's tongue, to mind
what one says, to watch what one says
1. Hüte deine Zunge, mein Lieber! Noch ein Mal so eine unverschämte Bemerkung, und ich knall' dir eine!
2. Du mußt deine Zunge ein bißchen besser hüten, Junge! Vorlaute
Leute können wir bei den Beratungen nicht gebrauchen. Du redest,
wenn du gefragt wirst; sonst hältst du ganz schön deinen Mund.
Klar?!

seiner/der Zunge freien Lauf lassen · to talk freely, to say
what one likes
… Hier riskieren Sie nichts, hier dürfen Sie Ihrer Zunge freien Lauf
lassen, frei sagen, was Sie denken, wie Sie empfinden …

jm. **auf der Zunge liegen**/(schweben) – ein Wort/ein Na-
me/… liegt jm. auf der **Zunge** · a word/a name/… is on the
tip of s.o.'s tongue

jm. **die Zunge lösen** · 1. 2. to loosen s.o.'s tongue, to make
s.o. speak
1. … Na, endlich hat dir der Wein die Zunge gelöst! Ich dachte
schon, du würdest den ganzen Abend kein einziges Wort sagen!
2. (Über die Behandlung von politischen Häftlingen in einer Diktatur:) Man geht halt davon aus: wenn die Leute nicht freiwillig die
Namen ihrer Kampfgefährten angeben, dann wird ihnen die Folter
die Zunge schon lösen.

die Zunge aus dem Mund strecken *ugs* · to stick one's tongue out
… Aber Junge, man streckt doch nicht die Zunge aus dem Mund! –
Das hab' ich doch gar nicht extra gemacht, und schon gar nicht hab'
ich den Herrn Reimann damit gemeint! – Das sah aber sehr danach
aus.

mit gespaltener Zunge reden *selten* · 1. 2. to speak with a
forked tongue, to be two-faced, to talk falsely
1. … Dem Wolfgang kann man leider nicht vertrauen, der redet mit
gespaltener Zunge; der erzählt dem einen dies und dem anderen das –
je nachdem wie es ihm gerade günstiger erscheint. …
2. … Was sagst du da: 'der Anton ist verlogen?' – Der Anton redet
mit gespaltener Zunge, jawohl! Ich habe jetzt schon mehrere Male
erlebt, wie er glatt die Unwahrheit gesagt hat. Aber immer so geschickt … *seltener*

soweit die deutsche/englische/… **Zunge reicht/klingt** *form* ·
wherever the German/English/… tongue is spoken
… Soweit die spanische Zunge reicht, ist mir kein Land bekannt, das
so spießbürgerlich wäre wie ein mitteleuropäisches Land. – Danke!
… Übrigens: kennst du auch nur die Hälfte der Länder, in denen
Spanisch gesprochen wird?

mit der Zunge schnalzen · to click one's tongue
… Bei dem Anblick des herrlichen Büffetts schnalzte unser Bernd so
laut mit der Zunge, daß eine Dame, die neben ihm stand, schallend
lachte.

die Zunge sträubt sich, zu … *form – path selten* · + one
hesitates to say/repeat/… s.th., + one is reluctant to say/
repeat/… s.th.
… Wenn du mitangehört hättest, wie der Walter über seine Mutter
gesprochen hat! Unmöglich! – Was hat er denn gesagt? – Ach, Marlies, die Zunge sträubt sich, so was zu wiederholen!

sich die Zunge verbrennen *ugs* · to say too much, to blab, to put one's foot in it

… Du wirst aber der Frau Kürschner gleich nicht erzählen, daß wir gestern zusammen in der 'Molly-Bar' waren! – Hältst du mich für blöd? Ich werde mir doch die Zunge nicht verbrennen. Die hätte doch nichts besseres zu tun, als das deiner und meiner Frau brühwarm weiterzuerzählen.

bei einem Wort/… **verrenkt man sich die Zunge**/muß/kann man sich die Zunge verrenken *ugs* – bei einem Wort/… bricht man/j. sich (fast) **die Zunge** ab/(kann man sich die Zunge abbrechen) · + this word/… is a real tongue-twister

seine Zunge (an anderen Leuten) **wetzen** *ugs selten* – (eher:) den **Schnabel** (gern) (an anderen Leuten/…) wetzen · to pick holes in s.o./in other people's behaviour/…, to find fault with s.o., to slag s.o. off, to tear strips off s.o

seine/die Zunge im Zaum(e) halten · 1. 2. to mind one's tongue, to mind what one says, 1. to keep s.th. to o.s., 2. to watch what one says

1. … Nein, dem Dieter darfst du davon auf keinen Fall etwas erzählen! Der kann seine Zunge nicht im Zaum halten; der erzählt das sofort weiter.

2. vgl. – seine Zunge hüten (2; u. U. 1)

etw. **auf der Zunge zergehen lassen** · to let s.th. melt in one's mouth

… Diese Schokoladenplätzchen darfst du nicht kauen, die mußt du ganz langsam auf der Zunge zergehen lassen; dann hast du den richtigen Genuß davon.

seine Zunge zügeln *selten* – seine **Zunge** hüten · to mind one's tongue, to mind what one says, to watch what one says

böse/die bösen Zungen behaupten/… · wicked tongues are saying …, evil tongues are saying …

Böse Zungen behaupten, der Friedel wäre entlassen worden, weil er Unterschriften gefälscht hat. Glaubst du das? – Unmöglich! Solche Verdächtigungen können nur von Leuten stammen, die ihre Freude daran haben, anderen etwas anzuhängen/anderen etwas am Zeug zu flicken.

etw. **mit tausend Zungen predigen** *form – path* · to preach s.th. over and over again, to keep repeating/promising/… that …

… Ja, ja, klar, die predigen jetzt natürlich mit 1.000 Zungen, daß die Steuererhöhung nötig und nur für kurze Zeit ist. Aber um so mehr sie das beteuern, um so weniger glauben ihnen die Leute das.

(j. kann/(…)) **mit tausend Zungen reden**, (es wird doch nicht/…) *form – path* · to tell s.o. (s.th.) a thousand times

… Ach, bei dem Rolf Meyers kannst du soviel sagen, wie du willst, mit tausend Zungen kannst du bei dem reden, das nützt doch nichts; der macht doch, was er will.

Zungenschlag: ein falscher Zungenschlag ist bei dem, was j. **sagt/…/(mit einem falschen Zungenschlag reden/…)** · there is something false about what s.o. says, + what s.o. says does not ring true

… Ja, so im ersten Augenblick hört sich das alles ganz prima, ganz überzeugend an, was der Schweikert sagt. Aber ich weiß nicht …, irgendein falscher Zungenschlag ist dabei. Irgendwas stimmt da nicht. Er muß irgendwelche Hintergedanken haben, irgendetwas verschweigen …

Zünglein: das Zünglein an der Waage sein/(bilden) · to tip the scales, to be the decisive factor

… Ich weiß nicht, wer von den beiden größere Chancen hat, gewählt zu werden. Das Zünglein an der Waage dürfte die Konfession sein – da das letzte Mal ein Protestant gewählt wurde, wird diesmal das katholische Gesangbuch den Ausschlag geben.

zunichte: zunichte sein *Pläne, Hoffnungen form* · to be shattered, to be destroyed, to be wrecked, to be ruined, to be dashed

… Wenn eine Rezession kommt, sind unsere Pläne zunichte, das ist klar. Aber damit wollen wir jetzt nicht rechnen. Das wird schon klappen.

etw. **zunichte machen** *Pläne/Hoffnungen/… form* – etw. zunichte **machen** · to shatter/to destroy/to dash s.o.'s hopes/…, to ruin/to put paid to/… s.o.'s plans

zunichte werden *Pläne/Hoffnungen/… form* – zunichte **werden** · to be dashed/destroyed/shattered/ruined/…

zunutze: sich etw. zunutze machen *form* – sich etw. zunutze **machen** · to make use of s.th., to take advantage of s.th.

zuoberst: zuoberst *path veraltend selten* – ≠ **zuunterst** · (to be) right at the top

zupaß: jm. (sehr/…/nicht/…) zupaß kommen *form veraltend selten* – (eher:) jm. (sehr/…/nicht/…) **gelegen** kommen · (not) to suit s.o., (not) to come at the right moment

zurandekommen: mit jm./etw. **zurandekommen** – mit jm./etw. zurande **kommen** · to cope with s.o./s.th.

Zuraten: auf js. **Zuraten (hin)** etw. tun *form selten* – auf js. **Rat** hin etw. tun · to do s.th. on s.o.'s advice

zurecht: zurecht (etw. tun) – zu **Recht** (etw. tun) · to do s.th. rightly/with justification, to be justified in doing s.th.

zurechtbiegen: etw. (wieder) zurechtbiegen *ugs* – (eher:) etw. **geradebiegen** · to straighten s.th. out, to put s.th. right

zurechtbringen: etw. wieder zurechtbringen *form selten* – etw. **geradebiegen** · to straighten s.th. out, to put s.th. right

zurechtfeilen: etw. zurechtfeilen *ugs selten* – etw. **geradebiegen** · to straighten s.th. out, to put s.th. right

zurechtfinden: sich zurechtfinden in …/… · to find one's way around in London/…

… Laß den Egon ruhig fahren! Ein Junge in diesem Alter muß sich auch in London allein zurechtfinden können.

sich mit etw. zurechtfinden (müssen) *selten* – mit jm./etw. zurande **kommen** (1) · to (have to) learn to cope with s.th.

zurechtflicken: etw. (so) (notdürftig/…) zurechtflicken *ugs* · to patch s.th. up as best one can/more or less

Hast du die Mißverständnisse, die zwischen dem Hartmann und dem Chef aufgekommen waren, ausräumen können? – Es waren ja nicht nur einzelne Mißverständnisse – die ganze Zusammenarbeit klappte nicht mehr. Na, so einigermaßen habe ich das wohl zurechtgeflickt. Aber ob das jetzt für immer gutgeht, das weiß ich natürlich nicht.

zurechtkommen: (nicht/gut/schlecht/…) zurechtkommen in/bei/mit/… · 1. 2. (not) (to be able) to cope (well/…) with s.o./s.th., (not) (to be able) to manage (well/…) with s.o./s.th.

1. Der Herbert war doch ein so glänzender Verkaufschef bei uns! Aber bei Schuckert kommt er nicht zurecht. – Und woran liegt das? – Ich weiß auch nicht. Ob es die anderen Arbeitsbedingungen sind, die etwas kalte Atmosphäre … Wie dem auch sei: es läuft nicht.

2. vgl. – mit jm./etw. zurande **kommen**

zurechtlegen: sich etw. zurechtlegen · to marshal one's arguments/…, to organise one's arguments/…, to set s.th. up in such a way that …

… Klar, der Anwalt legt sich die Argumente natürlich so zurecht, daß sie möglichst günstig für seinen Mandanten wirken. – Du meinst, in der Anordnung, im Aufbau seines Plädoyers also? – Nicht nur! Auch in der Perspektive, in der er jedes einzelne Argument präsentiert.

zurechtmachen: sich (noch ein bißchen/…) **zurechtmachen** · to smarten o.s. up (a bit/…), to put on one's make-up

… Nein, in diesem Kleid kann ich da unmöglich erscheinen! Wenn du wirklich Wert darauf legst, daß ich dich zu der Cocktailparty begleite, mußt du schon die Geduld aufbringen zu warten, während ich mich ein bißchen zurechtmache. – Aber du wirst doch jetzt nicht den halben Abend damit verbringen, Toilette zu machen/dich zu stylen.

zurechtrücken: etw. (wieder) zurechtrücken *ugs* · 1. to put s.th. straight, to sort s.th. out, 2. to remedy s.th., to do something about s.th.

1. … Du bringst da mit deinen Wutausbrüchen die ganze Abteilung durcheinander und ich soll das wieder zurechtrücken?! Nein, herzlichen Dank! Jetzt sieh mal selbst zu, wie du das wieder geradebiegst.

2. … Es geht ja nun wirklich nicht an, Herbert, daß hier die jungen Leute anfangen zu bestimmen, was zu machen ist und wie, und sich dabei den Älteren gegenüber noch wer weiß was für einen Ton erlauben! Wenn der Chef in der Betriebsversammlung versucht hat, diese Dinge zurechtzurücken, hat er doch Recht! – Mal gespannt, ob das jetzt wirklich besser wird.

zurechtschneidern: ein Programm/(…) **zurechtschneidern** *ugs* · to put s.th. together *n*, to cobble s.th. together, to throw s.th. together

… Was die hier für ein Messeprogramm ausgeben, das ist kein Programm, das ist ein Potpourri! – Das haben die vor drei Monaten in aller Eile zurechtgeschneidert. Unter den Bedingungen, unter denen es entstanden ist, war nicht Besseres zu erwarten.

zurechtschustern: etw. **zurechtschustern** *sal* · to do a botch job on s.th.

… Der Mann hat die Maschine nicht repariert, er hat sie zurechtgeschustert – das ist etwas anderes! – Wie? … – Die Ersatzteile, die er eingesetzt hat, sind alt/gebraucht; die Abdichtungen sind immer noch nicht, wie sie sein müssen … – kurz, die Maschine läuft zwar, aber wahrscheinlich nicht lange.

zurechtstauchen: jn. (**anständig**/ordentlich/…) **zurechtstauchen** *sal* – jm. (mal/…) anständig/tüchtig/ordentlich/… den **Kopf** waschen · to really/… tear s.o. off a strip

zurechtweisen: jn. **zurechtweisen** · 1. to take s.o. to task, to give s.o. a good talking-to *coll*, to rebuke s.o., 2. to tell s.o. off

1. Unsere Verkäufer nehmen sich in letzter Zeit zu viele Freiheiten heraus. Ich glaube, wir müssen sie einmal ordentlich zurechtweisen.
2. … Mit 18 Jahren läßt man sich halt nicht gern dauernd ermahnen, zurechtweisen … Sogar dann – ja, besonders dann –, wenn der Tadel berechtigt ist.

zurechtzimmern: (**sich**) eine Ideologie/… **zurechtzimmern** *ugs* · to think s.th. up, to dream s.th. up, to put s.th. together

… Heute diese Theorie, morgen jene – immer mit demselben Ernst vorgetragen! Zum Schießen, das Ganze! Welchen vernünftigen Menschen kann ein sog. Gedankengebäude interessieren, das sich so ein weltfremder Philologe in seinen vier Wänden zurechtzimmert?!

zureden: jm. **gut zureden** · to (try to/…) talk s.o. into doing s.th. (for his own good), to (try to/…) persuade s.o. to do s.th., to keep trying to persuade s.o. to do s.th.

… Wenn der Gerd die Stelle nimmt, dann nimmt er sie; wenn nicht, läßt er's bleiben! Ich habe keine Lust, ihm dauernd gut zuzureden. Er macht mich verrückt mit seinem ewigen 'wenn' und 'aber'. – Ein Mal noch, Heinz! Tu' mir den Gefallen! Sprich noch ein Mal mit dem Jungen und versuch', ihm klarzumachen, was das für eine Chance für ihn ist!

zurichten: jn. **übel**/(anständig/ganz schön/…) **zurichten** *oft Perf* · to beat s.o. up badly, to give s.o. a terrible/… beating, to (really/…) knock s.o. about

Mann, Junge, wie siehst du denn aus? – Wir haben ein bißchen geboxt. – Ein bißchen …?! Guck' dich mal im Spiegel an! … Mit wem hast du denn geboxt? – Mit dem Karl-Heinz. – Der hat dich aber ganz schön zugerichtet! Tut dir das denn nicht weh, dieses blaue Auge, die Wunde an der Stirn …?

zurück: zurück sein (in etw.)/(mit etw.) · 1. 2. to be back, 3. to be behind in a subject/with payments/…, 4. to be backward, to be a late developer, 5. to be late (in developing), 6. to be behindhand with work

1. … Ich fahre eben in die Stadt. Ich bin in spätestens einer Stunde (wieder) zurück. – Ist gut. Bis gleich.
2. Dein Vater ist auf Geschäftsreise? – Ja. – Ist er denn Sonntag schon (wieder) zurück? – Das möchte ich annehmen.
3. … In Französisch ist Ihr Sohn noch etwas zurück, aber in allen anderen Fächern steht er jetzt auf dem Niveau des Klassendurchschnitts. …
4. … Ich finde, die Ursel ist in ihrer Entwicklung zurück. Für ihr Alter wirkt sie immer noch ungeheuer kindlich. …
5. In diesem Jahr ist die Natur noch sehr zurück. Wir haben jetzt schon Mai, und die Pflanzen sind wie sonst im April.

6. … Der Chef war einige Zeit nicht da, zwei leitende Angestellte waren krank … Kurz: wir sind mit der Arbeit/mit der Korrespondenz/… sehr zurück. – Und wielange werdet ihr brauchen, bis ihr den Rückstand aufgeholt habt? – Na, wenigstens vier Wochen.

hinter jm. **zurück sein** · to be behind s.o.

… Wie hat Ihr Sohn denn den Schulwechsel verkraftet? – In Mathematik ist er noch ein bißchen hinter den anderen zurück; aber in allen anderen Fächern liegt er inzwischen wenigstens auf dem Niveau des Klassendurchschnitts.

es gibt da/bei …/… **kein Zurück (mehr)** · there is no going/turning back

… Jetzt haben wir unterschrieben, jetzt gibt's kein Zurück mehr. Das hätten wir uns eher überlegen müssen. Jetzt, wo die Sache entschieden ist, kann man nichts mehr machen.

zurückbleiben: hinter jm. **zurückbleiben** · to be behind the rest of the class/…, to lose ground on s.o., to fall behind s.o.

Durch die häufigen Krankheiten ist die Renate immer mehr hinter ihren Klassenkameraden zurückgeblieben. Inzwischen ist der Rückstand so groß, daß ich nicht weiß, ob sie ihn bis zu den Zeugnissen noch aufholen kann.

hinter den Erwartungen/… **zurückbleiben** *form* · not to come up to expectations

… Als das Projekt genehmigt wurde, waren die Stadt und der Bauherr fest davon überzeugt, daß ein Schwimmbad mit Heilquellen für alle Teile etwas sehr Schönes und Nützliches wäre. Aber leider ist einmal der Architekt weit hinter den Erwartungen zurückgeblieben – das Bad lockt in seiner jetzigen Form zu wenig Leute an; und dann entspricht auch die Qualität des Wassers nicht ganz dem, was wir uns damals davon versprochen hatten.

zurückblicken: auf eine langjährige/zehnjährige/… Tätigkeit in/bei/…/Erfahrung als/…/Praxis/… **zurückblicken** (können) *form* · 1. to have 10 years'/… experience/practice/… behind one, 2. to look back on s.th.

1. … Dem Dr. Meinert wirst du so leicht keine neuen Fälle präsentieren können, der blickt auf eine mehr als zehnjährige Erfahrung als Internist in einer Großstadt zurück. In den zehn Jahren dürfte ihm so ziemlich alles vorgekommen sein, was es an Krankheiten hier in München so gibt.
2. vgl. – (eher:) auf seine Kindheit/… **zurückschauen**

zurückdenken: solange/soweit ich **zurückdenken kann**/du zurückdenken kannst/… – solange ich mich **erinnere**/er sich erinnert/… · as far as I can recall/you can recall/…

zurückfahren: vor Schreck/(…) **zurückfahren** · to start back (with fright/…), to shrink back in terror, to recoil (in horror/…)

… »Rudi!«, brüllte er plötzlich mitten in die diskutierende Gruppe hinein; seine Schwester fuhr vor Schreck einen halben Meter zurück, alle verstummten … Was war denn da plötzlich in ihn gefahren?

zurückfallen: (auf den 17. Platz/in seine alten Fehler/…) **zurückfallen** · 1. to drop from 1st/… to 10th/… place, 2. to fall behind, 3. to fall back into old ways/habits/…

1. … Nach der Niederlage in Mönchengladbach sind die Bochumer vom zwölften auf den fünfzehnten Platz/(Tabellenplatz) zurückgefallen.
2. … Durch seine lange Krankheit ist der Werner in Mathematik doch sehr zurückgefallen. Es wird für den Jungen nicht einfach sein, das wieder aufzuholen.
3. … Klar, wenn der Walter in einer anderen Umgebung ist, sich wohlfühlt, dann trinkt und raucht er auch nicht so viel. Aber du wirst sehen: sobald er wieder zu Hause ist, fällt er wieder in seine alten Fehler zurück.

auf jn./ihn/sie/… **selbst zurückfallen** Ungerechtigkeit u. ä. · s.o.'s bad behaviour/… will reflect on him, s.o.'s bad behaviour/… will rebound on him

… Wenn der Klaus da falsche Angaben gemacht hat, kann das nur auf ihn selbst zurückfallen. Jeder weiß, daß er selbst die Erklärungen abgegeben hat und daß ihn niemand dazu gezwungen hat; wenn da nachher etwas nicht stimmt, wird man sich also an ihn halten/wird man ihn zur Rechenschaft ziehen.

sich in die Couch/... **zurückfallen lassen** · to collapse into an armchair/on to a sofa/..., to slump into an armchair/on to a sofa/...

(Ein Firmenbesitzer, der erschöpft nach Hause kommt:) »Uff!«, sagte er und ließ sich in einen seiner herrlichen Clubsessel zurückfallen, »jetzt laß mich erst mal ausatmen, Bettina! So eine anstrengende Sitzung habe ich selten mitgemacht ...« – Soll ich dir etwas zu essen machen, Karl, während du dich da entspannst? ...

zurückfinden: zu sich selbst zurückfinden *form* · to find o.s., to regain one's peace of mind

... Die finanziellen Schwierigkeiten wird der Kurt schon lösen. Viel kritischer scheint mir die Frage, ob er wieder zu sich selbst zurückfindet. Seitdem seine Beziehung mit der Gisela in die Brüche gegangen ist, hat man doch immer mehr den Eindruck, einen fremden – gleichsam aufgesetzten – Menschen vor sich zu haben.

zurückführen: auf etw. **zurückzuführen sein**/(etw. auf etw. zurückführen) · to be attributed to s.th., to be caused by s.th., to be put down to s.th., it/s.th. can be put down to the fact that ...

... Ob das unregelmäßige Wetter wirklich auf die Atomversuche zurückzuführen ist? – Wer weiß? Ich habe den Eindruck, es kommt da kein Mensch mehr durch. Es gibt so viele Erklärungsmöglichkeiten, so viele Einflüsse, die sich überlagern ...

zurückgeben: jm. etw. **hundertfach/tausendfach/... zurückgeben** *form – path* · to repay s.o. a hundred/thousand/... times over

Der Walter Hauritz hat meinem Bruder am Anfang seiner Karriere sehr geholfen, das ist wahr. Aber mein Bruder hat ihm das hundertfach zurückgegeben. Wenn du wüßtest, was der für den Walter in den letzten Jahren alles gemacht hat! ...

zurückgeblieben: geistig/körperlich zurückgeblieben sein *form od. iron* · to be mentally retarded, to be backward in one's development

... Du sagst, die Käthe Schräubner ist geistig zurückgeblieben. Willst du damit sagen, daß sie wirklich behindert ist oder nur, daß sie in ihrer Entwicklung (ein wenig) zurück ist? – Das, was sie zurück ist, wird sie nie wieder aufholen, Christa; ein bißchen defizient ist sie also schon.

zurückgehen: auf etw. **zurückgehen** · to go back to s.th., s.th. can be traced back to s.th.

... Seine Krankheit geht natürlich auf seinen übertriebenen Alkoholgenuß zurück, das ist doch klar! – Einverstanden! Aber das Trinken hat doch auch wieder Gründe. Du mußt doch weiterfragen ...

nicht vor und nicht zurückgehen/weder vor noch zurückgehen · to be deadlocked

Die Verhandlungen sind in ein kritisches Stadium getreten. Im Augenblick geht es/gehen sie weder vor noch zurück. – Bestehen denn wenigstens Aussichten, daß sie wieder in Gang kommen?

Waren/... **zurückgehen lassen** · to send goods/... back

... Du kannst das Paket doch nicht einfach zurückgehen lassen! – Was soll ich denn machen, wenn ich kein Geld im Haus habe?

zurückgesetzt: sich zurückgesetzt fühlen · to feel neglected, to feel discriminated against, to feel passed over

... Wenn ihr immer nur die Mädchen mitnehmt, muß euer Rudi sich doch zurückgesetzt fühlen! – Aber unsere beiden Töchter sehen Ballett halt so gern! – Das mag sein. Aber der Junge vielleicht auch. Und abgesehen davon: er möchte halt auch gern mal mit den Eltern 'ausgehen'...

zurückgreifen: auf seine Machtmittel/... **zurückgreifen (müssen)** · to (have to) resort to harsh/tougher/... methods/measures/..., to (have to) fall back on tougher methods/..., to fall back on one's savings/...

(Ein Chef zu seiner Sekretärin über einen Angestellten:) Wenn der Mann sich absolut nicht daran gewöhnen kann oder will, regelmäßig zu arbeiten, müssen wir halt, so leid uns das tut, auf die vom Gesetz vorgesehenen Disziplinierungsmittel zurückgreifen. Schreiben Sie dem Häusler also, wir sähen uns gezwungen, ihm mitzuteilen ...

weit zurückgreifen *form* – (eher:) weit (in der Vergangenheit/...) **ausholen** · to go back a long way

zurückhalten: mit seiner Meinung/seinem Unmut/seinen Vorwürfen/... **zurückhalten** · not to express one's opinion/anger/..., to refrain from expressing one's opinion/anger/..., to keep in the background, to keep a low profile

... Es hätte überhaupt keinen Sinn, Fritz, da mit meiner Meinung zurückzuhalten – die wissen doch bei Schuckert, daß wir befreundet sind. Wenn ich also schweige, ist für die klar, daß ich im Grunde dagegen bin und nur deswegen nichts sage, weil ich dich nicht schädigen will. Also ist es doch viel besser, ich diskutiere von Anfang an offen – und offensiv – die Vor- und Nachteile deines Projekts.

sich sehr/schwer/(...) **zurückhalten müssen, um nicht** ... · to have to restrain o.s. from laughing/...

... Erzählt der Windig da doch vor versammelter Mannschaft, wie die Ärzte seine Verdauungsprobleme gelöst haben! Wir mußten uns natürlich alle schwer zurückhalten, um nicht laut loszulachen.

Zurückhaltung: sich (ein wenig/...) **Zurückhaltung auferlegen** *form* · to exercise (a bit of/...) restraint

... Wenn du mit deinen Freunden redest, Werner, kannst du meinetwegen schonungslos Kritik üben. Aber einem erfahrenen alten Mann (wie dem Herrn Schuckert) gegenüber solltest du dir schon ein wenig Zurückhaltung auferlegen. – Aber ich hab' doch nur ganz vorsichtig ... – Bitte! ...

zurückkommen: auf etw. (wieder/...) **zurückkommen** · to come back to a topic/... (again/...)

(Zu einem Vortrag:) Nach einem längerem Exkurs über die Bevölkerungsprobleme Südamerikas kam er dann auf den Ausgangspunkt seiner Überlegungen zurück: den Nord-Süd-Gegensatz ...

zurückkönnen: nicht mehr/(...) zurückkönnen · not to be able to go back, + there is no going back

... Mit 20, 22 Jahren hätte er sein Studienfach wechseln können – von der Musik etwa zur Medizin. Aber heute kann er doch gar nicht mehr zurück. Heute muß er sein Leben mit der Musik finanzieren, ob er will oder nicht.

zurücklassen: jn. **weit hinter sich zurücklassen** *oft Perf* · to leave s.o. (far/...) behind, to (completely/...) outdistance s.o.

(Bei einem 10.000-Meterlauf:) Bis zur sechsten oder siebten Runde lagen alle noch auf gleicher Höhe. Aber dann hat der Kremer die anderen weit hinter sich zurückgelassen. Schau mal, er führt jetzt bestimmt mit einem Vorsprung von 200 Metern ...

zurückliegen: weit zurückliegen · 1. to be way/well/far/... behind s.o., 2. to be a long time/20 years/... ago

1. (Von/bei einem 5.000-Meter-Lauf:) Wenn der Wilbert nach den ersten vier Runden schon so weit zurückliegt, daß er den Abstand nie wieder aufholen kann, dürfte er wohl über kurz oder lang aufgeben.

2. ... Wielange ist das jetzt eigentlich her, daß du in Brasilien warst? – Oh, das liegt (schon) weit zurück. Ich hab' da von 71 bis 73 gearbeitet, d.h. vor 20 Jahren.

zurücknehmen: etw. **zurücknehmen** · to take back an insult/an accusation/a remark/...

... Entweder nehmen Sie das zurück oder ich verklage Sie wegen Beleidigung! – Klagen Sie ruhig! Ich nehme kein Wort zurück von dem, was ich gesagt habe.

zurückpfeifen: jn. **zurückpfeifen** *ugs* · to bring s.o. back into line, to reprimand s.o. for going too far *n*, to whistle s.o. back

... Mit seiner Bemerkung, die Amerikaner wären u.U. in Europa wirklich überflüssig, war der Wirtschaftsminister in der Tat zu weit vorgeprescht – wenn er damit auch nur ausdrückte, was zahllose Menschen in unserem Land denken. Außenpolitisch war das offiziell beim besten Willen nicht zu decken. Der Kanzler mußte ihn also zurückpfeifen.

zurückschauen: auf seine Kindheit/... **zurückschauen** · 1. to look back on one's childhood/youth, 2. to have 10 years'/... experience/practice/... behind one

1. »... Wenn ich heute auf meine Kinder- und Jugendjahre im Ruhrgebiet zurückschaue«, sagte er, »dann will mir scheinen, daß ich in diesen Jahren die für mein ganzes Leben grundlegenden Erfahrungen gemacht habe ...«

2. vgl. – (eher:) auf eine langjährige/zehnjährige/... Tätigkeit in/ bei/.../Erfahrung als/.../Praxis/... **zurückblicken** (können)

zurückscheuen: **vor nichts/**(etw.) **zurückscheuen** – (eher:) vor etw./nichts/... **zurückschrecken** · to stop at nothing

zurückschießen: **zurückschießen** *ugs* · to hit back, to retaliate *n*, to give as good as one gets
... Wenn der Heubert mich auf der Versammlung scharf angreift, schieß ich scharf zurück, das ist doch wohl klar!

zurückschnellen: **zurückschnellen** · to dart back, to jump back, to spring back
(In einem Boxkampf:) Wie ein Florettfechter schnellt der Marco zurück, wenn der Rocky zu einem Haken ansetzt. Ich sehe nicht, wie der den jemals erwischen soll.

zurückschrauben: seine Ansprüche/... **zurückschrauben** *ugs* · to cut down on expenditure *n*, to reduce one's consumption *n*, to lower one's expectations *n*
Wenn man weniger Geld hat, sagte er plötzlich lakonisch, muß man seine Ansprüche halt zurückschrauben! – Das ist leichter gesagt als getan. Wer schränkt sich schon gerne ein, macht in seinem sog. Lebensstandard schon gern einen Rückschritt? ...

zurückschrecken: **zurückschrecken** · vor Schreck/(...) **zurückfahren** · to start back, to recoil from s.th.

vor etw./nichts/... **zurückschrecken** · to stop at nothing
... Bei dem Häusler mußt du aufpassen: der schreckt vor keiner Lüge, keiner Verdrehung, keinem Betrug zurück!

zurücksetzen: jn. **gegenüber** jm./anderen gegenüber/... **zurücksetzen** *selten* – (trans zu:) sich **zurückgesetzt** fühlen · to put s.o. to a disadvantage compared with others, to penalise s.o., to discriminate against s.o.

zurückstecken: (etwas/ein wenig/...) **zurückstecken** (müssen) *ugs* · 1. to (have to) come down a peg or two, 2. to (have to) cut back *n*, to (have to) lower one's expectations *n*, to have to set one's sights lower *n*
1. ... Jetzt, wo sein Vater wieder da ist, muß der Willy zurückstecken. Da kann er zu Hause nicht mehr in allem und jedem seinen Willen durchsetzen. – Das wurde auch Zeit. In den letzten Wochen wurde er schon zu selbstherrlich.
2. ... Wenn es ihm finanziell nicht mehr so blendend geht wie früher, muß er (in seinen Ansprüchen) halt etwas zurückstecken. – Wenn das so einfach wäre! Du weißt doch, wie das ist: es kostet eine ungeheuere Überwindung, auf Vorteile und Annehmlichkeiten, an die man sich gewöhnt hat, wieder zu verzichten.

zurückstehen: (nicht) (**hinter** jm./etw.) **zurückstehen** (in etw.) · 1. 2. (not) to be outdone by s.o., 2. (not) to be left behind, 3. (not) to take second place
1. ... Als bekannt wurde, daß die Familie Otto für den Bau der neuen Kirche rd. 20.000,– Mark gestiftet hatte, wurden die anderen Gemeindemitglieder freigebiger. – Es wollte keiner zurückstehen. – Eben!
2. Es kann sich heute kein ernstzunehmendes Unternehmen mehr leisten, in der technischen Ausrüstung hinter der Konkurrenz zurückzustehen. Das 'System' zwingt jeden, mit den anderen Schritt zu halten.
3. ... Im Augenblick muß unser Detlev seine ganze Zeit und seine ganze Energie der Examensvorbereitung widmen. Dahinter müssen alle anderen Fragen/Probleme (fürs erste) zurückstehen.

hinter seinen früher erbrachten Leistungen/... **zurückstehen** *form* · to drop below one's previous standard/level/(...), to fall below one's previous standard/level/(...)
... Im vergangenen Jahr hatte der Junge einen Notendurchschnitt von Einskommadrei bis Zweikommavier. – Wenn er hinter seinen Vorjahrsnoten zurücksteht, liegt die Erklärung dafür doch auf der Hand: die schwere Erkrankung seiner Mutter hat ihn sehr in Mitleidenschaft gezogen.

hinter jm. **zurückstehen müssen** · to have to take second place (to s.o.), to miss out (on s.th.)
... Es ist doch gar nicht einzusehen, warum der Junge immer hinter seinen beiden Schwestern zurückstehen soll! Wenn die abends fernsehen dürfen, warum darf er das dann nicht auch?!

zurückstellen: Bedenken/Pläne/... **zurückstellen** · 1. to put aside reservations/doubts/misgivings/..., 2. to postpone (plans/...), to put (plans/...) on ice, to shelve (projects/ plans/...)
1. ... Wenn du deinem Bruder wirklich helfen willst, muß es sofort sein! – Und wenn aus seinem Projekt nichts wird? – Diese Zweifel mußt du fürs erste zurückstellen. Denn sonst hilfst du ihm nie – oder so spät, daß die Hilfe nichts mehr nützt.
2. ... Den Plan, nach Algerien zu exportieren, Herr Grüber, geben wir nicht auf; wir stellen ihn nur zurück. D. h. sobald die allgemeine politische Entwicklung günstiger ist, werden wir auf diesen Plan zurückkommen.

zurückstufen: jn. **zurückstufen** *form* · to downgrade s.o.
... Wenn Sie einmal zum Oberstudienrat ernannt sind, sind Sie Oberstudienrat – da kann das Ministerium Sie nicht einfach wieder zum 'Studienrat' zurückstufen. Es sei denn, Sie hätten silberne Löffel gestohlen.

zurücktreten: **hinter** jm. (**ganz**) **zurücktreten** *form* · to take second place to s.o., to efface o.s.
... Wenn der Außenminister hinter dem Kanzler zurücktritt, dann wohl nicht so sehr, weil er ihm dienen will und ihm den Ruhm gönnt, sondern weil er sich auf längere Sicht einen Vorteil davon verspricht. Wenn die Entscheidungen vor allem dem Kanzler zugeschrieben werden, dann wird auch jeder Mißerfolg zuerst zu seinen Lasten ausgelegt werden.

hinter anderen Erwägungen/... **zurücktreten (müssen)** · + other considerations/... must take second place
... Jetzt müssen wir zunächst einmal dafür sorgen, daß der Junge wieder ganz gesund wird! Dahinter müssen alle anderen Dinge zurücktreten – auch die Frage, wie teuer das wird, oder die möglichen Schulprobleme. Das ist jetzt zunächst alles sekundär.

zurückversetzen: sich in seine Kindheit/... **zurückversetzen** · to think o.s. back to one's childhood/...
... Natürlich ist es leicht, sich einige Grundlinien der Kindheit ins Gedächtnis zurückzurufen. Aber sich so richtig in die damalige Zeit, die Atmosphäre, das eigene Empfinden zurückzuversetzen – gelingt dir das?

zurückwerfen: jn. (um Wochen/...) **zurückwerfen** · to set s.o. back (weeks/...)
... Die Arbeit an seinem Wörterbuch ging so gut voran, und es sah wirklich danach aus, daß alle Fristen einhalten würde. Aber seine dumme Nierengeschichte hat ihn dann um Monate zurückgeworfen. Seit der Zeit kämpft er eigentlich nur noch gegen die Uhr.

zurückzahlen: jm. etw. **zurückzahlen** *selten* – jm. etw. **heimzahlen** · to get even with s.o. (for s.th.), to pay s.o. back in his own coin

zurückziehen: sich von jm. **zurückziehen** · to dissociate o.s. from s.o., to abandon s.o., to drop s.o. *coll*
Wenn du angesehen bist, reich, Einfluß hast, dann ist an sog. Freunden bekanntlich kein Mangel! Aber wenn es dir dreckig geht, dann wirst du feststellen, daß sich einer nach dem andern von dir zurückzieht.

zurzeit: **zurzeit** · at the moment, at present
... Ich weiß nicht, warum du noch klagst! Zurzeit geht es dir doch gut! – Im Augenblick ja. Aber das kann sich von heute auf morgen wieder ändern.

Zusage: jm. **eine (feste/(...)) Zusage machen** – (eher:) jm. etw. (fest/(...)) **zusagen** · to make s.o. a (definite) offer, to give s.o. a firm commitment

zusagen: jm. etw. (**fest/(...)**) **zusagen** · to promise (firmly/...) to do s.th.
Wenn Schuckert euch fest zugesagt hat, die Artikel bis zum Ende des Monats zu liefern, werden sie diese Zusage doch auch wohl halten, oder? – Die sind leider in letzter Zeit nicht immer zuverlässig.

zusammen: (**sie**) **nicht alle zusammen haben** *sal* – nicht (so) (ganz/(recht)) bei **Trost** sein (1) · not to be (quite) with it

(**sie**) **nicht mehr alle zusammen haben** *sal* – nicht (so) (ganz/ (recht)) bei **Trost** sein (2) · to be a bit gaga, to have lost one's marbles

jn. **zusammen-schlagen/-hauen/-wichsen/**... *sal* · to beat s.o. up *n*

... Wenn die Polizei den Jungen – wie in der Zeitung behauptet wird – in der Tat regelrecht zusammengeschlagen hat, würde ich als Vater auch mit allen mir zur Verfügung stehenden Mitteln gegen die Beamten vorgehen. – Aber der Junge hat einen Polizisten tätlich angegriffen. – Das ist kein Grund, ihn krankenhausreif/halb tot/windelweich zu schlagen.

sich ein Vermögen/... **zusammen-malen/-schreiben/-übersetzen/-spielen/**... *ugs* · to earn a fortune from writing/painting/...

... Kann man vom Malen denn überhaupt leben? – Das kommt darauf an, wie gut du malst – und ob du bekannt oder gar berühmt wirst oder nicht. Viele Maler haben sich Millionen zusammengemalt.

sich da was/(etwas) **zusammen-reden/-lesen/-laufen/-schreiben/-rechnen/-fabrizieren/**... *ugs* · 1. to talk/... a load/a pile/... of rubbish, 2. to swim/... badly/pathetically/dreadfully/..., 3. to write/... a load of/... rubbish, 4. to add up wrongly, to get one's sums completely wrong

1. ... Der Schubert redet sich da vielleicht was zusammen! Mein Gott, (was) ist das ein Blödsinn, was der sich da verzapft!

2. ... Guck' dir das an! Die Bärbel schwimmt sich da vielleicht was zusammen! Um so eine kümmerliche Vorstellung zu geben, hätte sie gar nicht zu trainieren brauchen. So schwimm' ich auch.

3. ... Der Kurt schreibt sich da vielleicht ein dummes Zeug zusammen! Kerl nochmal!

4. ... Was die Olga sich da zusammenrechnet!

zusammenbeißen: zusammenbeißen (müssen) *ugs selten* – sich **zusammenraufen** (müssen) · to quarrel and then settle one's differences/make up/...

zusammenbomben: ganze Städte/... **zusammenbomben** *ugs* · to bomb entire/... cities/... to smithereens, to completely/... destroy entire/... cities/... by bombing

... Du erinnerst dich doch: draufhauen, draufhauen!, war die Devise, und dementsprechend bombten sie dann Häuser, Brücken, Krankenhäuser – und natürlich auch Waffenlager zusammen.

zusammenbrauen: ein Getränk/(...) **zusammenbrauen** *ugs* · to concoct s.th., to brew s.th. up

(Bei einer Einladung:) Was hast du denn da zusammengebraut, Dieter? Das schmeckt ja wie eine Mischung aus Bier, Wein, Wasser, Coca und Kaffee! – Und Kaffee? – Ja, entschuldige, so ähnlich jedenfalls. Was ist das denn?

sich zusammenbrauen *ugs* · to be brewing

Die Unstimmigkeiten in der Geschäftsführung und die finanziellen Engpässe werden da bei Schuckert immer größer. Wenn die nicht sehr aufpassen, dann braut sich da in der nächsten Zeit eine ganz bedrohliche Lage zusammen.

zusammenbrechen: (tot/...) **zusammenbrechen** · to drop down (dead/...), to collapse, to break down

... Wie kann ein so robuster Mann wie der Herr Mühlbach so völlig unerwartet tot zusammenbrechen? – Gehirnschlag.

unter der Last der Beweise/(...) **zusammenbrechen** und ein Geständnis ablegen/... *path* · to break down (and make a confession under the weight of evidence/...)

... So lange wie möglich versuchte der Angeklagte, die Tat zu leugnen – bis er unter der Last der Beweise zusammenbrach und gestand, den Überfall mit einem jüngeren Griechen geplant und durchgeführt zu haben.

bis zum Zusammenbrechen arbeiten/... *path selten* – arbeiten/..., bis man **zusammenbricht** · to work/... until one drops

zusammenbricht: arbeiten/..., bis man **zusammenbricht** *path* · to work/... until one drops

... Eine Sache ist es, fleißig zu sein, Junge, eine andere, zu schuften, bis man zusammenbricht. Du übertreibst! Es hat doch keinen Sinn, Raubbau mit seiner Gesundheit zu treiben.

zusammenbringen: keine drei vernünftigen Sätze/die Verse nicht mehr/... **zusammenbringen** *ugs* · not to be able to put/to string two/three/... coherent/... sentences/... together

(Ein Professor zu seinen Studenten:) Ruhen Sie sich aus in den letzten Tagen vor dem Examen, sodaß Sie das, was Sie wissen, auch klar und geordnet darstellen können! Viele erscheinen da völlig übermüdet und nervös, sodaß sie selbst über Dinge, die sie wissen, keine zehn vernünftigen Sätze zusammenbringen.

zusammenbrüllen: das ganze Haus/die ganze Nachbarschaft/... **zusammenbrüllen** *ugs* – *path* · to scream the house/(...) down

... Natürlich tut das weh, wenn das Schultergelenk herausspringt. Schrecklich weh sogar – das brauchst du mir nicht zu sagen. Aber muß man deswegen die halbe Nachbarschaft zusammenbrüllen?! Man muß sich doch schämen vor den Leuten!

zusammenfahren: vor Schreck/(...) **zusammenfahren** *path* · to start (with fright/...), to jump (with fright/...)

... Plötzlich gab es – ganz in der Nähe! – eine Explosion. Erschreckt fuhren wir zusammen. War das in den Schuckert-Werken? Immer noch zitternd, gingen wir hinaus auf die Straße und schauten ...

etw. **zusammenfahren** *ugs* · to drive into and to smash s.th. completely/...

... Dem Mertens kann man den alten Lastwagen beim besten Willen nicht anvertrauen. Gestern hat er beim Zurücksetzen den halben Gartenzaun unserer Nachbarn zusammengefahren. – Wirklich? – Ja, guck' ihn dir mal an! Das ist nur noch eine Erinnerung an einen Zaun.

zusammenfallen: zusammenfallen *Daten* · to coincide, to fall on the same date

Hast du schon gemerkt?: in diesem Jahr fallen der Semester- und der Frühlingsbeginn zusammen: beides ist am 21. März.

in sich zusammenfallen *Argumente/Pläne/**... · 1. to collapse, 2. to collapse like a house of cards

(Von einem Anwalt:) Seine ganze Strategie ging von der Annahme aus, daß die Gegenpartei über die politischen Hintergründe der Affäre seines Mandanten nicht informiert war. Als der gegnerische Anwalt diese Hintergründe in aller Ruhe aufdeckte, fiel seine ganze Argumentationsbasis in sich zusammen.

2. vgl. – wie ein **Kartenhaus** zusammenstürzen/zusammenfallen/einstürzen

zusammenflicken: jn. **zusammenflicken** *sal* · to patch s.o. up

... Ich weiß gar nicht, wieviele Knochenbrüche der Heinzen nach dem Unfall hatte. Und es ist wirlich bewundernswürdig, daß es den Chirurgen gelang, ihn wieder zusammenzuflicken. – Zusammenzuflicken? – Ja, wie willst du das sonst nennen?

zusammengefallen: ganz/sehr **zusammengefallen sein/aussehen/**... *ugs* · to look pretty/... decrepit

Was ist denn mit dem Herrn Gerner los? Der ist ja ganz zusammengefallen! Der hat doch nicht etwa Krebs? – Der war vor vier oder fünf Jahren schon einmal so abgemagert, erinnerst du dich?

zusammengenommen: alles zusammengenommen – (eher:) **alles** in allem · all in all

zusammengeraten: (heftig/...) (mit jm.) **zusammengeraten** *ugs* – (eher:) (heftig/...) (mit jm.) **aneinandergeraten** · to clash (head on/violently/...) with s.o., to have a real/... set-to with s.o.

zusammengewürfelt: eine (bunt) zusammengewürfelte Gesellschaft/... · a motley crowd/crew, a mixed group/...

... Na, wer war denn da alles auf der Cocktailparty gestern? – Ach, wie immer, eine ziemlich bunt zusammengewürfelte Gesellschaft: zunächst ein Schwung Diplomaten, klar; einige Politiker, dann eine Handvoll Leute aus der Wirtschaft ... Ein Teil war dann überhaupt gar nicht einzuordnen ...

zusammenhaben: die erforderliche Summe/... **zusammenhaben** · 1. 2. to have raised enough money (to do s.th./to buy s.th./...), to have got hold of enough money (to do s.th./to buy s.th.)

1. (In einer Kirchengemeinde:) Ihr habt am letzten Sonntag doch für ein neues Altarkreuz gesammelt, nicht? – Ja. – Habt ihr denn das nötige Geld nun zusammen? – Es fehlen uns noch 300,Mark.

2. ... Hast du denn bald genügend Geld zusammen, um dir einen neuen Flügel kaufen zu können, oder mußt du noch lange sparen?

zusammenhalten: sein Geld/seine Pfennige/... **zusammenhalten (müssen)** · to (have to) be careful with one's money
Wenn der Klaus von seinen Ersparnissen ein ganzes Studium finanzieren will, muß er seine Kröten zusammenhalten. Da kann er nicht mehr so großzügig leben wie bisher. – Wenn er will, kann er auch sparsam sein.

eine Gruppe/die Klasse/... **nur schwer/... zusammenhalten können** · to find it hard/... to keep control of a group/class/..., to find it hard/... to cope with a group/class/..., to have problems keeping a group/... together
... Daß es einer jüngeren Lehrerin schwer fällt, so einen Haufen wie diese Sexta C zusammenzuhalten, ist doch klar! Selbst ein erfahrener Lehrer hat alle Mühe, sich da durchzusetzen/mit diesen Rüpeln fertigzuwerden.

Zusammenhang: etw. **im Zusammenhang sehen**/beurteilen/... (müssen) · to (have to) see/understand/... the connection between a and b, to (have to) see/... s. th. in context
... Du mußt das im Zusammenhang sehen: die Verknappung des Geldes, die Wirtschaftskonzentration, die steigenden Arbeitslosenzahlen, die politischen Unwägbarkeiten, die heutigen technischen Möglichkeiten fast totaler Kontrolle ... Das eine stützt und verstärkt doch das andere!

etw. **mit** etw. **in Zusammenhang bringen** · to see/to understand/... the connection between a and b, to see a in the context of b
... Du darfst die Schulschwierigkeiten der Berta nicht isoliert sehen! Du mußt das in Zusammenhang bringen mit den Eheschwierigkeiten ihrer Eltern, mit der Tatsache, daß sie oft den ganzen Tag allein zu Hause ist ... Das eine kann man doch vom andern nicht trennen.

etw. **aus dem Zusammenhang reißen** · to take s.th. out of context
... Ja, so, aus dem Zusammenhang gerissen, ergibt der Satz natürlich nicht viel Sinn! Du mußt ihn in seinem Kontext lesen!

in/(**im**) **Zusammenhang stehen mit** etw. · to be connected with s.th.
... Steht dieser Einbruch eigentlich im Zusammenhang mit dem Überfall auf die Zweigstelle der Firma am selben Abend? – Bisher hat die Polizei nicht klären können, ob zwischen diesen beiden Delikten eine Verbindung besteht oder nicht.

im/in einem ursächlichen Zusammenhang stehen mit etw. *form* · + there is a causal connection between a and b, + there is a causal relation between a and b
(Aus einer Zeitungsnachricht:) Die Radikalisierung in den Fußballstadien und die soziologischen Bedingungen der Randalierer muß man zusammen sehen: das eine steht in einem ursächlichen Zusammenhang mit dem anderen. Wer ohne Rückhalt, ohne Bindungen, ungesichert aufwächst, sucht gewaltsam 'Echo'.

zusammenhängen: dauernd/... zusammenhängen *ugs* – dauernd/... **zusammenstecken** · to be always/... together with s.o., to be always/... knocking around with s.o.

zusammenhängt: alles/mit allem/(...), **was damit**/(mit etw.) **zusammenhängt** · 1. everything connected with s.th., 2. everything that goes with it
1. (Zu einem Doktoranden:) Wenn Sie sich in Ihrer Darstellung nicht nur auf die wesentlichen Grundzüge der Sozialverfassung Nigerias beschränken wollen, sondern alles bringen wollen, was damit zusammenhängt, dürfte das ja ein monumentales Opus werden.
2. vgl. – (eher:) mit allem, was drum und dran **hängt** (1)

zusammenhauen: jn. **zusammenhauen** *ugs selten* – jn. **zusammenschlagen** · to beat s.o. up

einen Schrank/Aufsatz/... **zusammenhauen** *sal* · 1. 2. to cobble s.th. together, 1. to put s.th. together *n*, to knock s.th. together, 2. to dash s.th. off, to scribble s.th. down *n*
1. ... Wenn der Albert da unter dem Druck des Vaters in einer Viertelstunde ein Bücherregal zusammenhaut, verdient das wohl noch nicht den Namen 'Möbelstück', oder?! – Ja, wie soll ich das denn dann nennen? – Ein Brettergestell.

2. ... Für die Festschrift seines ehemaligen Doktorvaters – dem er im Grunde seine ganze Karriere verdankt – hätte der Alfons ja schon einen vernünftigen Beitrag schreiben können. Da so in drei, vier Tagen einen Artikel zusammenhauen ... – nein!

zusammenketten: mehrere Menschen/... **zusammenketten** *path selten* · to chain people/... together
... Offensichtlich hat der Haß die beiden genau so stark zusammengekettet wie ihre Liebe – wenn es die je gab. Sei dem, wie es wolle: sie kommen nicht mehr voneinander los.

zusammenkitten: (sich nicht) (mehr) **zusammenkitten (lassen)** *ugs* · s.th. cannot/can be patched up (again/...)
... Warum willst du diese Ehe absolut wieder zusammenkitten? Wenn sie einfach nicht miteinander auskommen ... – Und die Kinder? – Meinst du, es ist für die Kinder nicht genau so belastend, wenn sie tagtäglich sehen, daß die Eltern sich gegenseitig das Leben nur schwer machen? Die beiden haben sich völlig auseinandergelebt; da ist nichts mehr zu heilen.

zusammenklappen: zusammenklappen *sal* · 1. 2. to break down, to crack up, to collapse
1. Wenn der Paul sich nicht bald entschließt, ein bißchen kürzer zu treten, klappt er irgendwann zusammen. Diesen Rhythmus hält doch auf die Dauer kein Mensch/Pferd aus!
2. vgl. – wie ein **Taschenmesser** zusammenklappen

zusammenklauben: Geld/... **zusammenklauben** *ugs* · to get hold of money/... from several different sources/...
... Ich weiß gar nicht, wo er das Geld für den Flügel überall zusammengeklaubt hat! Einiges hatte er gespart, anderes hat die Familie zugeschossen, wieder eine andere Summe hat ihm eine Bank als Kredit gegeben, einiges haben Freunde ihm geliehen ...

zusammenknallen: mit jm. **zusammenknallen** *sal* – (heftig/...) (mit jm.) **aneinandergeraten** · to clash (head on/violently/...) with s.o.

zusammenknüppeln: jn. **zusammenknüppeln** *sal* · to beat s.o. up with truncheons/sticks/...
... Was sagst du, die Polizei hat den Häftling in der Zelle zusammengeschlagen? – Ja, mit Stöcken! Sie haben den Mann krankenhausreif zusammengeknüppelt. – Entsetzlich!

zusammenkrachen: zusammenkrachen *ugs* · to crash down, to come down with a crash
... Das ist schon ein seltsames Gefühl, wenn sie so ein altes Haus abbrechen, Wände, in denen du Jahre und Jahre gelebt hast, (unter lautem Getöse) zusammenkrachen ...

zusammenkratzen: seine letzten Pfennige/... **zusammenkratzen** *sal* · to scrape money/... together
(Zwei Freunde, unterwegs:) Wenn wir alles zusammenkratzen, was wir noch (bei uns) haben, reicht es vielleicht noch so gerade für ein Abendessen. Zähl' du mal genau nach, was du noch im Portemonnaie hast, im Auto sind auch noch ein paar Markstücke, in meiner Lederjacke vielleicht auch ...

zusammenläppern: sich (so) zusammenläppern/das läppert ... *ugs* · to add up, to mount up, it all adds up
... Viel ist das ja nicht gerade, was er mit seinen Gelegenheitsarbeiten verdient! – Hm, das läppert sich so zusammen, weißt du: hier ein Hundertmarkschein, dort zweihundert Mark ... Jeder einzelne Betrag ist wenig; aber wenn man alles zusammennimmt, wird er im Monat nicht weniger haben als du oder ich.

zusammenleben: zusammenleben · to live together
... Sie leben zusammen, ohne verheiratet zu sein?! – Stell' dir das vor, Elise: sie leben zusammen, ohne verheiratet zu sein!

zusammenlegen: (für etw.) **zusammenlegen** *ugs* · to pool one's money (for s.th./to buy s.th.), to club together (for s.th./to buy s.th.)
... Wenn alle fünf Kinder zusammenlegen, müßte es/das Geld doch eigentlich reichen, um den Eltern zu Weihnachten einen neuen Wohnzimmerschrank zu kaufen!

zusammenlügen: sich eine Menge/... **zusammenlügen** *ugs* · to make up stories/..., to concoct stories/..., to tell a pack of lies
... Als wenn mich das auch nur im geringsten interessierte, was sich dieser Linksanwalt da zusammenlügt! – Zusammenlügt? – Ja, es stimmt doch kein einziges Wort von dem, was der erzählt!

zusammennehmen: sich zusammennehmen – sich am **Riemen** reißen · to pull o.s. together, to get a grip on o.s.

zusammenraffen: sich zusammenraffen *ugs* · to get down to it, to really/... put one's back into it, to pull o.s. together
... Wenn wir weiter so faul und träge sind, werden wir mit der Übersetzung wohl nie mehr fertig. – Du meinst, wir sollten uns endlich zusammenraffen und rangehen?

zusammenraufen: sich zusammenraufen (müssen) *ugs* · to (have to) achieve a working relationship after many rows and difficulties *para*,to settle one's differences and establish a working relationship *para*
... Ja, ihre ersten Ehejahre waren ein wenig schwierig. – Kein Wunder bei der unterschiedlichen Erziehung, den unterschiedlichen Erfahrungen und wahrscheinlich auch unterschiedlichen Erwartungshaltungen – und bei ihrem Temperament! – Eben! Sie mußten sich (erst) zusammenraufen. Aber seitdem klappt es ganz vorzüglich.

zusammenreden: allerhand dummes Zeug/... zusammenreden *sal* – (viel/...) dummes **Zeug** reden/... · to talk a load of rubbish/...

zusammenreimen: sich etw. (auch) nicht (mehr) zusammenreimen können *ugs* – (eher:) sich keinen/(einen) **Reim** auf etw. machen können (1, 2) · not to be able to make s.th. out/to make head nor tail of s.th.

zusammenreißen: sich zusammenreißen *ugs* – *path* – sich am **Riemen** reißen · to pull o.s. together, to get a grip on o.s.

zusammenrotten: sich zusammenrotten *sal* · to band together, to form a pack, to form a mob
... Herbert, eine Meute von Wölfen rottet sich zusammen und nicht die Mitglieder einer Partei! – Ich weiß nicht, ob der Unterschied so groß ist, Richard. Wenn du siehst, wie sie sich 'zusammenfinden', wenn es darum geht, andere kaputtzumachen ...

zusammensacken: zusammensacken *sal* – (stärker als:) (in sich) **zusammensinken** · to collapse, to slump

zusammenscheißen: jn. zusammenscheißen *vulg* – jm. (mal/...) anständig/tüchtig/ordentlich/... den **Kopf** waschen · to give s.o. a right bollocking, to tear s.o. off a strip

zusammenschießen: eine Truppe/... zusammenschießen *sal* · to mow s.o. down *n*, to shoot s.o. down *n*, to riddle s.o. with bullets *n*
... Wenn die da vom Flugzeug aus Hunderte, ja Tausende von Soldaten, Zivilisten, Männern, Frauen, Kindern zusammenschießen – hat das noch etwas mit dem zu tun, was man 'Krieg' nennt?

zusammenschlagen: jn. zusammenschlagen *ugs* · to beat s.o. up, to work s.o. over
... Die Polizei, sagst du, hat den Häftling in der Zelle zusammengeschlagen?! Das ist doch nicht möglich! – Er mußte ins Krankenhaus eingeliefert werden.

über jn. zusammenschlagen *Unglück/Verhängnis/... path selten* · to engulf s.o., to descend on s.o., to overwhelm s.o.
... Vor einem Jahr der Tod seiner Frau, vor einem halben der seiner Tochter, jetzt der Zusammenbruch seiner Firma – ich glaube, über niemanden in diesem Städtchen ist das Unglück je so arg zusammengeschlagen wie über den Herrn Meinert.

zusammenschmeißen: (für etw.) zusammenschmeißen *sal* – (für etw.) **zusammenlegen** · to club together for s.th.

zusammenschmelzen: (bis auf einen Rest/arg/...) zusammenschmelzen · to dwindle (to almost nothing/...), to melt away
... Natürlich hatten wir noch einen Überschuß von ca. 25.000,– Mark. Aber mit den vielen Nebenausgaben in den letzten Wochen und den Feiern ist der auf kümmerliche 790,30 Mark zusammengeschmolzen.

zusammenschmieden: eine Gruppe/... zusammenschmieden *path* – (eher:) eine Gruppe/... **zusammenschweißen** · to weld a group/... together, to weld a group/... into a unit

zusammenschrecken: zusammenschrecken *path veraltend* – vor Schreck/(...) **zusammenfahren** · to start back (with fright/...)

zusammenschrumpfen: zusammenschrumpfen *ugs* · to dwindle (to ...)
... Mit unseren Nebenausgaben und Feiern schrumpft unser Überschuß vom vergangenen Jahr immer mehr zusammen. Wenn das in diesem Rhythmus weitergeht, sind wir in drei Monaten bei Null.

zusammenschustern: etw. (notdürftig/...) (wieder) zusammenschustern *sal* · 1. to throw/to cobble s.th. together, 2. to put s.th. together again *n*, 3. to patch s.th. up *coll*
1. ... Der Junge hat den Fernseher nicht repariert, Mensch, er hat ihn so recht und schlecht wieder zusammengeschustert. Du wirst sehen: in ein paar Tagen ist er wieder kaputt!
2. ... Ihr nehmt den Apparat auseinander und ich soll ihn wieder zusammenschustern, was?! Das könnte euch so passen!
3. Guck' dir mal die Jacke an, die der Walter da anhat, Karin! Kannst du die nicht mit deiner Maschine wenigstens notdürftig wieder zusammenschustern? Sonst fällt die auf unserem Ausflug ganz auseinander.

zusammenschweißen: eine Gruppe/... zusammenschweißen *path* · to weld a group/a team/... together
Manchmal scheint es mir, daß gemeinsam ertragenes Leid, gemeinsam ertragene Sorgen die Menschen viel stärker zusammenschweißen als gemeinsam erlebte schöne Stunden. – Mag sein. Am stärksten verbindet die Menschen vielleicht gemeinsam bestandene existentielle Schwierigkeiten, oder?

zusammensein: (mit jm.) zusammensein · 1. to be together with s.o., 2. to sleep with s.o. *coll, euphem*
1. ... Seit wann sind die Ulrike und der Heiner eigentlich zusammen? – Eng befreundet sind sie bestimmt schon fast zehn Jahre. Aber zusammenleben – ich glaube, seit anderthalb oder zwei Jahren.
2. ... Als wenn so ein Arzt feststellen oder festlegen könnte, wie oft ein junges Ehepaar im Monat oder der Woche – oder in einer einzigen Nacht – zusammensein 'sollte'! Das hängt doch von so vielen Faktoren ab. Frag' diesen Dr. Kreuzer doch mal, wie oft er seine Frau beglückt. *euphem*

zusammensetzen: sich (mit jm.) zusammensetzen und .../um/... · to get together (and do s.th.), to get together to do s.th.
... In den Grundlinien ist der Vertrag fertig. Gott sei Dank! Der Herr Scholz und ich, wir müssen uns nur nochmal zusammensetzen und/um ein paar Einzelheiten zu klären. Ich denke, wir werden uns Ende nächster Woche treffen ...

zusammensinken: (in sich) zusammensinken *path* · to slump to the ground
... Von einem linken Haken seines übermächtigen Gegners voll getroffen, sank Peter Roy wie ein lebloser Sack in sich zusammen. K. O. in der zweiten Runde.

zusammensparen: sich etw. zusammensparen *ugs* · to save up for s.th. *n*, to save up to buy/... s.th. *n*, to save enough to do s.th. *n*
... Du sagst immer, sparen führt zu nichts. Denk' an Onkel Walter! Der hat sich zwei Häuser zusammengespart. – Und dafür 45 Jahre krummgelegen!

zusammenstauchen: jn. zusammenstauchen *sal* – jm. (mal/...) anständig/tüchtig/ordentlich/... den **Kopf** waschen · to give s.o. a right bollocking, to tear s.o. off a strip

zusammenstecken: dauernd/... zusammenstecken *ugs* · to be inseparable *n*, to be always/constantly together *n*
... Seit einiger Zeit stecken euer Paul und unser Sigi ja permanent zusammen! Ich glaube, die beiden gehen inzwischen mit niemand anders mehr um.

zusammenstimmen: (nicht) zusammenstimmen · (not) to fit together, (not) to harmonise with one another
... Heute diese Richtlinie, morgen jene, übermorgen wieder eine andere ... – schaut eigentlich kein Mensch mehr darauf, ob all die Verfügungen, die dauernd erlassen werden, auch zusammenstimmen?

zusammenstoppeln: etw. **zusammenstoppeln** *ugs* · to cobble s.th. together

... Ich weiß nicht, ob man das ein 'Buch' nennen kann! Du siehst doch selbst, Herbert, daß sowohl der Text wie die Bilder aus zahlreichen verschiedenen Quellen – Zeitschriften, Sammlungen, Mappen – zusammengestoppelt sind. Einen inneren Zusammenhang oder einen gemeinsamen Faden sucht man in so einem Machwerk vergeblich.

Zusammenstoß: einen **Zusammenstoß haben mit** jm. *ugs* – *form* · to have a row with s.o. *n*, to clash with s.o. *n*

Heute hatte ich doch schon wieder einen Zusammenstoß mit dem Kruse! – Warum seid ihr denn jetzt schon wieder aneinandergeraten? – Er kritisierte meine Entscheidung in dem Venezuelageschäft; ich sagte ihm, damit hätte er doch gar nichts zu tun – und schon war der Streit/die Auseinandersetzung da.

zusammenstoßen: (mit jm.) **zusammenstoßen** *ugs* – (eher:) (heftig/...) (mit jm.) **aneinandergeraten** · to clash with s.o.

zusammenstreichen: einen Etat/... **zusammenstreichen** · to cut expenditure/..., to cut down on s.th., to reduce the budget for s.th.

... Für Waffen gibt's natürlich Geld, aber die Etats der Bibliotheken werden von Jahr zu Jahr mehr zusammengestrichen. Reell haben wir in unserem Institut heute vielleicht noch ein Drittel von dem, was wir vor zehn Jahren für Bücher zur Verfügung hatten.

zusammenstückeln: etw. **zusammenstückeln** *ugs* – etw. **zusammenstoppeln** · to cobble s.th. together

zusammentrommeln: mehrere Leute/... **zusammentrommeln** *sal* · to round s.o. up, to get hold of several people/...

... Wie will der Schlüter denn all die Leute von einem Tag auf den anderen zu der so überraschend anberaumten Sitzung zusammentrommeln? – Das wirst du schon sehen. Im äußersten Fall läßt er die Leute einzeln abholen.

zusammentun: sich (mit jm.) **zusammentun** (um ...) · to get together with s.o., to combine forces with s.o.

... Für einen allein ist der Beruf des Übersetzers heute wirklich sehr schwer. Warum tust du dich nicht mit einem oder zwei Kollegen zusammen/warum tut ihr euch nicht (zu mehreren) zusammen und macht gemeinsam ein Übersetzerbüro auf?

zusammenwachsen: **zusammenwachsen** · to grow together, to knit

... Dorfgemeinschaften, die über Jahrhunderte zusammengewachsen sind, aus rein wirtschaftlichen Erwägungen gewaltsam auseinanderzureißen ist doch einfach unmenschlich!

zusammenwerfen: mehrere Gedanken/... **zusammenwerfen** · to lump ideas/theories/... together

... Du kannst doch nicht Gedanken, die aus der Logik kommen, und Ideen, die die moderne Soziolinguistik entwickelt hat, einfach so zusammenwerfen! Das sind doch völlig verschiedene Ebenen und Perspektiven.

zusammenzimmern: etw. **zusammenzimmern** *ugs* · 1. 2. to knock s.th. together, to cobble s.th. together

1. vgl. – einen Schrank/Aufsatz/... **zusammenhauen**
2. vgl. – (sich) eine Ideologie/... **zurechtzimmern**

zuschanden: etw. **zuschanden machen** *form path selten* – etw. **zunichte machen** · to ruin s.th.

zuschanden werden *form path selten* – zunichte **werden** · to come to nothing, to be dashed/shattered/...

zuschandenarbeiten: j. **wird sich noch/... zuschandenarbeiten** *form path selten* · to work o.s. to death, to kill o.s. by working, to work o.s. to the bone

Fleißig sein ist ja sehr schön. Aber der Wohrmann kennt wirklich nur arbeiten, arbeiten, arbeiten. Der Sinn des Lebens kann doch nicht darin liegen, sich zuschandenzuarbeiten. – Na, vorläufig lebt er ja noch und ist er auch noch gesund. – Wollen wir mal sehen, wie lange noch.

zuschandenfahren: einen Wagen/... **zuschandenfahren** *form path selten* · to wreck a car

Der Peter hat einen neuen Wagen? Nun, er hat die beiden vorherigen im Nu zuschanden gefahren – es wird auch der neue nicht sehr lange halten.

zuschandenreiten: ein Pferd/... **zuschandenreiten** *form path selten* · to ride a horse into the ground, to ruin a horse by bad riding

(Aus einer hist. Novelle:) Drei Pferde ritt der Bote zuschanden, ehe er, zu Tode erschöpft, am Schloß ankam und der Königin die Nachricht vom Tod des Königs überbrachte.

zuschanzen: jm. etw. **zuschanzen** *ugs* · to wangle s.th. for s.o.

... Die besten Posten schanzen sie natürlich ihren Parteifreunden zu! – Wie soll man das vermeiden?

zuschießen: (zu etw.) (etwas/...) **zuschießen** *ugs* · 1. to chip in, to contribute money towards s.th. *n*, to give s.o. 100/... marks/... towards s.th. *n*, to put money towards s.th. *n*, 2. to subsidise s.th. *n*

1. ... Wenn der Onkel Robert wenigstens in den ersten beiden Monaten etwas zuschießen könnte, kämen wir vielleicht über die Runden. Wenn er – sagen wir – zehn bis fünfzehntausend Mark beisteuern könnte, müßte das reichen, um alle Unkosten zu bezahlen.
2. ... Wenn ihr bei dem ganzen Kiwianbau schon nichts verdient habt ... – ihr habt aber doch wenigstens kein Minus gemacht? – Doch, leider: wir haben (rund 10.000,– Mark) zugeschossen.

auf jn./etw. **zuschießen** *ugs* – *path* · to rush up to s.o./s.th. *n*, to shoot up to s.o./s.th.

Die Kinder hatten ihren Opa kaum gesehen, da schossen sie auf ihn zu. Im Nu hatte er sie in seinen Armen.

zuschlagen: **zuschlagen** *ugs* · 1. to strike *n*, 2. to act at once *n*, 3. to tuck in, to get stuck in

1. ... Wenn die schon die Armee da einrücken lassen, dann schlägt die natürlich auch zu – und zwar 'ohne Rücksicht auf Verluste', wie man so plastisch sagt.
2. vgl. – (eher:) sofort/entschlossen/überall/... **zugreifen** (2)
3. Ich bin jetzt echt pappsatt! – Du hast ja auch ganz schön zugeschlagen! Um nicht zu sagen, du hast gefressen wie ein Scheunendrescher.

Zuschnitt: ein Mann/... **von diesem/... Zuschnitt** *form selten* · a man/... of this calibre

... Dem Häusermann kannst du keinen Termin stellen und keine finanziellen Vorgaben machen! Ein Mann von diesem Zuschnitt läßt sich so etwas nicht bieten. Dafür ist der viel zu stolz und viel zu sehr auf seine Unabhängigkeit bedacht.

zuschreiben: das/(etw.) **kannst du**/kann dein Vater/... dem Hermann/**dir selbst**/dem unseligen Einfluß deiner Schwester/... **zuschreiben** · you/your father/John/... only have/... yourself/... to blame for s.th., you/he/your father can blame the bad influence of your/... sister/... for that

... Wenn die den Peter bei Schuckert nicht genommen haben, kann er das nur sich selbst/seiner eigenen Dummheit/seiner Arroganz/... zuschreiben. Man kommt doch zu einem Vorstellungsgespräch nicht eine halbe Stunde zu spät/in einem Khaki-Hemd!

zuschulden: sich etwas/Nachlässigkeiten/nichts/... **zuschulden kommen lassen** – sich etwas/Nachlässigkeiten/nichts/... zuschulden **kommen** lassen · (not) to be guilty of an offence/an act of negligence, (not) to do wrong

Zuschußbetrieb: ein **Zuschußbetrieb (sein)** *ugs* · + to run on subsidies, (to be) a loss-making concern/business/operation/... *n*

... Man kann wissenschaftliche Institutionen doch nicht rein marktwirtschaftlich beurteilen, Holger! Rein betriebswirtschaftlich gesehen ist jede Universität ein Zuschußbetrieb. – Aber volkswirtschaftlich darf sie das auf die Dauer nicht sein. D.h., was ein Land dafür aufbringt, muß in irgendeiner Form für dieses Land auch wieder hereinkommen.

zuschustern: jm. etw. **zuschustern** *sal* – jm. etw. **zuschanzen** · to wangle s.th. for s.o., to line s.th. up for s.o., to organise a job/... for s.o.

Zusehen: bei näherem **Zusehen** ... *form* – von nahem **betrachtet** · on closer inspection

zusehen: kannst du/kann er/der Peter **ruhig zusehen, wie** ...?/daß du/... ruhig zusehen kannst/..., wie ...!/... · can you/can he/... stand idly/calmly/... by and watch while ...?

... Kannst du ruhig zusehen, wie der Junge mit seinem unmöglichen Lebenswandel seine Gesundheit immer stärker ruiniert? – Was kann ich denn machen? – Da muß einfach etwas geschehen! So kann das doch nicht weitergehen!

ohnmächtig zusehen (müssen), wie/... · to have to stand by and watch s.th. happen, to look on helplessly as/while/... s.th. happens

... Entsetzlich, ohnmächtig zusehen zu müssen, wie jemand ertrinkt!

tatenlos zusehen, wie ... · to stand by and do nothing while s.o. drowns/..., to watch s.th. happening without doing anything about it/without taking action/without trying to help

... Man kann doch nicht tatenlos zusehen, wie jemand ertrinkt! – Wenn man einfach nichts machen kann ... Bei diesem aufgewühlten Meer da reinspringen? ... – reiner Selbstmord!

zusehen müssen, wie man mit etw. fertig wird/aus e-r S. wieder herauskommt/.../jetzt/dann/... muß/soll j. zusehen, wie ... · 1. to have to just get on with (doing) s.th./s.o. will have to just get out of a difficult situation/... as best he can/..., 2. it's up to him/... to see how ..., it's his/... problem how ...

1. ... Wenn du keinen findest, der dir dabei hilft, (dann) mußt du halt zusehen, wie du allein mit der Sache fertig wirst!

2. ... Die Annemarie hat den Unsinn gemacht, nicht ich! Jetzt muß/soll sie zusehen, wie sie aus der Geschichte wieder herauskommt! – Du meinst, sie muß die Suppe auslöffeln, die sie sich eingebrockt hat? – Ganz genau!

zusehends: zusehends (besser/kritischer/unsympathischer/... werden/...) · visibly/noticeably/rapidly/... better/more critical/...

Unsere Tochter wird im Klavierspielen zusehends besser. – Das finde ich auch. Die Fortschritte, die sie macht, sind gewaltig.

zusetzen: zusetzen *selten* – (zu etw.) (etwas/...) **zuschießen** (2) · to contribute to s.th., to chip in

jm. (sehr) **zusetzen** · to badly affect s.o., s.th. takes a lot out of s.o., s.th. hits s.o. hard

... Die Annemarie will sich das zwar nicht anmerken lassen; aber die schwere Erkrankung ihres Vaters setzt ihr doch sehr zu. Du weißt doch, wie sehr sie immer an ihrem Vater gehangen hat!

jm. **sehr**/arg/heftig/... **zusetzen** · to lean heavily on s.o., to press s.o. hard, to pester s.o., to badger s.o.

... Der Breitner hat den ganzen Betrag, den er mir schuldete, in der Tat innerhalb von zwei Monaten bezahlt. – Mein Bruder hat ihm aber auch sehr zugesetzt. Er hat ihm klargemacht, daß du das Geld unbedingt brauchst, ihm gedroht, nicht länger bei ihm zu bestellen, wenn er die Zahlung weiter hinauszögert ...

jm. **hart zusetzen** · 1. to put s.o. under a lot of/heavy/... pressure, to harass s.o., to give s.o. a hard time, 2. to pester s.o., to badger s.o., to go on at s.o. (until he agrees to do s.th.)

1. ... Das Spiel war nicht so leicht für die Münchener, wie sie vorher angenommen hatten. Die Bielefelder setzten ihnen über eine Halbzeit hart zu. Aber am Ende siegte dann doch die bessere Kondition und die spielerische Überlegenheit.

2. ... Du glaubst gar nicht, wie hart sie dem Chef zugesetzt haben, bis er seine Einwilligung dazu gab, daß der Leiter der Verkaufsabteilung entlassen wird. – Was hatten sie denn für Mittel, um ihn so zu bedrängen?

zuspielen: jm. etw. zuspielen *ugs* · to pass s.th. on to s.o. *n*, to leak information/secrets/... to the press/...

Ich möchte doch zu gern (mal) wissen, wer dem Mertens die Geheimunterlagen zugespielt hat. Ob das jemand aus dem Ministerium war? – Wahrscheinlich. Wer sollte sonst ein Interesse daran haben? Und wer hätte sonst die Möglichkeiten dazu?

zuspitzen: etw. **zuspitzen** · 1. to concentrate on s.th., to focus obsessively/... on s.th., to make a big thing/issue of s.th. *coll*, 2. to go too far, to go to extremes

1. ... Hat es wirklich Sinn, Erich, die Frage, ob wir das neue Gerät nun im Herbst oder im Winter kaufen, immer weiter zuzuspitzen –

bis es am Ende so aussieht, als käme es mehr auf das Einkaufsdatum an als auf den Nutzen, den das Gerät für uns hat?

2. vgl. – es/die Dinge/eine Diskussion/... auf die **Spitze** treiben (2)

sich (auf etw.) zuspitzen · 1. to intensify, to become bitter, to come to a head, 2. to revolve around a topic/..., to concentrate on/to focus on/... a topic/...

1. Die Diskussionen um den Schwangerschaftsabbruch spitzen sich leider immer weiter zu. Statt eine für alle akzeptable Kompromißlösung anzusteuern, verbeißen sich die Parteien immer mehr in extreme Positionen.

2. Die Verhandlungen um die Ostgrenze spitzen sich in letzter Zeit zunehmend auf die Frage zu, ob Bleiberg von uns abgetreten wird oder nicht. Als ob sich alles um Bleiberg drehen müßte, wenn es um die Grenzziehung zwischen unseren beiden Ländern und ihre vielfältigen Folgen geht!

zusprechen: jm. jn./etw. zusprechen · 1. to grant s.o. custody of a child/..., to award s.o. custody of a child/..., 2. to award s.o. an inheritance/...

1. ... Ja, Babys und kleinere Kinder spricht das Gericht bei einer Trennung oder Scheidung in der Regel der Mutter zu.

2. ... Wie kann ein Gericht einem solchen Schurken wie dem Rolf Schütt ein Erbe zusprechen, das so viel Verantwortungssinn erfordert wie ein literarischer Verlag?! – Wenn die Gesetzeslage eindeutig ist, mußten sie zu seinen Gunsten entscheiden.

dem Essen/dem Bier/Wein/... **fleißig zusprechen** *iron* · 1. 2. to partake liberally/... of food/drink, 2. to tuck into food/... *coll*

1. Na, spricht dein Bruder immer noch dem Whisky so fleißig zu? – Mensch, sei ruhig! Es genügt gerade, wenn der so viel säuft; da brauche ich nicht noch Leute, die mich deswegen durch den Kakao ziehen.

2. Na, heute hast du dem Essen ja fleißig zugesprochen. Wenn du immer so reinhauen würdest, wärst du bestimmt nicht so schlank.

Zuspruch: großen/überraschenden/ziemlichen/(...) **Zuspruch finden**/(haben) (bei jm.) *form* – (keinen/großen/starken/...) **Anklang** finden (bei jm.) · to be hugely/surprisingly/quite/... popular with s.o., to go down well with s.o.

sich (keinen/nicht gerade) **großen Zuspruchs erfreuen** *form od. iron* · (not) to be (exactly/...) popular, (not) to (exactly/...) draw the crowds, (not) to be (exactly/...) crowd-pullers

Die Vorlesungen von Prof. Schramm scheinen sich nicht gerade großen Zuspruchs zu erfreuen. Er hat auch in diesem Semester wieder nur eine Handvoll Hörer.

Zustand: das/so etwas/so was/(etw.) **ist doch kein Zustand!**/es ..., wenn/daß ... *ugs* · 1. it's/s.th. is a poor show/a crying shame/..., 2. it's/s.th. is intolerable/unacceptable/out of order/... *n*

1. ... Schau dir mal das Zimmer an, wie das aussieht! Das Bett nicht gemacht, die Schulbücher auf der Erde, dein Zeug auf dem Sofa ... Das ist doch kein Zustand! Ein vierzehnjähriges Mädchen und so ein Durcheinander!

2. ... Unregelmäßigkeiten kommen in jeder Regierung vor, das ist klar. Aber es ist doch kein Zustand, wenn zu jedem zweiten Problem ein Minister etwas anderes erklärt als der andere und der Kanzler weder dem einen noch dem anderen Recht gibt. Eine solche Regierung ist auf die Dauer einfach nicht mehr tragbar.

in unversehrtem Zustand ... *form* · undamaged, intact, in perfect condition

... Hier bringe ich Ihnen Ihre Filmkamera zurück, Herr Merz, die Sie mir liebenswürdigerweise geliehen haben. In unversehrtem Zustand! – Das will ich meinen, Ulrich. Wenn ich angenommen hätte, daß da was dran käme/(daß du sie kaputtmachen/(beschädigen) würdest), hätte ich sie dir ja nicht geliehen.

in volltrunkenem Zustand ... *form – path od. iron* · while (completely) under the influence of alcohol, completely inebriated

... In volltrunkenem Zustand, sagst du, haben die den Alfred am Steuer erwischt? Und wie hat er reagiert? – Er hat die Polizisten noch angepflaumt: »Ich fahr' total blau immer noch besser als ihr nüchtern!«

das sind Zustände! *ugs* · it's terrible *n*, it's dreadful *n*, it's a crying shame

… Erst heiratet er mit 18 Jahren, gegen den Willen seiner Eltern. Dann läßt er sich nach gut einem Jahr scheiden. Danach lebt er mit zwei Frauen auf einmal zusammen … Das sind Zustände!

das/so was/… sind doch keine Zustände! *ugs* · that/it just won't do, that/it is out of order

… Unregelmäßigkeiten kommen in jeder Regierung vor, das ist selbstverständlich. Aber es kann doch nicht dauernd ein Minister das Gegenteil von dem erklären, was ein anderer gerade verkündet hat. Das sind doch keine Zustände! Das kann man doch einfach nicht akzeptieren!

ich/er/Peter/… kriege/kriegt/…/(bekomme/bekommt/…) Zustände, wenn …/(…) *ugs path* · 1. 2. + it's th. drives s.o. wild/mad/crazy/round the bend/round the twist *sl*, + it's th. gets s.o.'s goat, s.o. could throw a fit when … *sl*

1. Mein Gott, wenn ich dieses blöde antikommunistische Geschwätz hier höre, kriege ich Zustände! Das ist ja zum Wahnsinnigwerden!
2. … Wenn du den Unsinn siehst, den die da machen, kriegst du Zustände. Wirklich. Wenn du das jeden Tag mitmachen mußt, wirst du verrückt.

(das sind) unhaltbare Zustände *path* · it/s th. is an intolerable state of affairs, it/s th. is an absolute disgrace

(Ein Vater auf einem Elternabend:) Biologie fällt ganz aus, da es keinen Lehrer gibt; Französisch wurde um eine Stunde gekürzt; Musik hat die Klasse nur alle vierzehn Tage … – Das sind unhaltbare Zustände! – Machen Sie eine Eingabe beim Kultusministerium, Herr Meyer. Die Schulleitung erreicht da nichts.

(das sind) Zustände wie im alten Rom! *sal oft iron* – (stärker als:) das sind **Zustände!** · it's a right mess, it's a fine state of affairs, it's chaotic, it's like Sodom and Gomorrah

zustandebringen: etw. **zustandebringen** – etw. zustande **bringen** · to manage to do s.th., to bring s.th. about

zustandekommen: **zustandekommen** – zustande **kommen** · to come into being, to come about

zuständig: (für etw.) **zuständig sein** · to be responsible for s.th., to be the civil servant/official responsible for s.th., to be the civil servant/official in charge of s.th.

(In einem Amt:) Wenn Sie eine Baugenehmigung brauchen, sind Sie hier falsch; dafür ist unsere Abteilung nicht zuständig. Da müssen Sie sich an das Baudezernat wenden.

zustatten: jm. **zustatten kommen** *form* – jm. zustatten **kommen** · to be useful to s.o., + to come in handy (for s.o.), to be an advantage to s.o., to benefit s.o., it helps that s.o. is …

zustecken: jm. etw. **zustecken** · to slip s.o. a note/…

(Während einer Parlamentsdebatte:) Da steckt doch der Finanzminister seinem Nachbarn rechts, dem Außenminister, schon wieder einen Zettel zu! Die scheinen sich ja bestens zu verstehen und zu informieren.

zusteuern: ein paar Pfennige/… (zu etw.) **zusteuern** *ugs* · to contribute a few pence/… to s.th./s.o. *n*

… Wenn der Onkel Robert wenigstens in den ersten beiden Monaten ein paar Tausender zusteuern könnte, kämen wir vielleicht über die Runden.

geradewegs/… auf jn. zusteuern *ugs* · to make a bee-line for s.o., to go straight up to s.o., to head for s.o.

… Kaum war unser Chef auf dem Empfang erschienen, da steuerte er auch schon geradewegs auf den englischen Botschafter zu. So als wenn die ganze Gesellschaft für ihn überhaupt nicht zählte. – So war es wohl auch. Er war halt nur deswegen gekommen, weil er den Botschafter sprechen wollte.

zustößt: wenn/… jm. **etwas zustößt**/jm. ist (doch nicht etwa/…) etwas zugestoßen?/… · if anything should happen to me/…, has something happened to him/…?

(In einer Diskussion mit einem Versicherungsvertreter:) Ja, gerade für den Fall, daß einem etwas zustößt, schließt man eine Lebensversicherung ab! Sonst braucht man keine! Also: nennen Sie mir mal

genau die Summen, die im Todesfall, bei schweren Unfällen, bei Arbeitsunfähigkeit usw. fällig werden.

zustreben: auf jn. **zustreben** *oft iron* – (weniger scharf als:) geradewegs/… auf jn. **zusteuern** · to make a bee-line for s.o., to go straight up to s.o., to head for s.o.

Zustrom: großen/starken/… **Zustrom haben** *Veranstaltungen form selten* – großen/starken **Zulauf haben** · + to be very popular, + to be greatly in demand, to have a great influx of people in/at/…

zutage: (ganz) **offen zutage liegen** *form* – (ganz) offen zutage **liegen** · to be (absolutely) clear/plain/obvious/…

zuteil: jm. **zuteil werden** *form* – jm. zuteil **werden** · + to have the honour of s.th.

jm. etw. **zuteil werden lassen** *Vergünstigungen/… form* – jm. etw. zuteil **werden** lassen · to bestow favours/… on s.o., to grant privileges to s.o.

zutiefst: **zutiefst** gerührt/getroffen/… *path* · (to be) deeply saddened/moved/affected/… (by s.th.)

… Mir scheint, den Herbert interessiert die Krankheit meines Vaters gar nicht. – Der Herbert kennt deinen Vater doch persönlich gar nicht, Monika. Da kannst du doch nicht erwarten, daß er dir zutiefst gerührt sein Mitgefühl ausdrückt, wenn du ihm von der Erkrankung erzählst. Im übrigen: er zeigt grundsätzlich seine Gefühle nur ungern.

zutragen: jm. etw. **zutragen** *oft: etw. ist jm. zugetragen worden form* · s.o. reports it/information/… to s.o., s.o. informs s.o. about s.th.

… Woher wollen Sie das denn überhaupt wissen, Herr Namester, daß mein Bruder für die DDR gearbeitet hat? – Das ist mir zugetragen worden. – Von wem? – Sie werden verstehen, daß ich Ihnen das nicht sagen kann. – Wenn Ihnen da ein x-beliebiger Mann hintenherum eine Information zukommen läßt, dann schenken Sie dem mehr Glauben als den Aussagen langjähriger Mitarbeiter?

zuträglich: jm./e-e S. **nicht zuträglich sein** *form* · 1. not to be healthy for s.o., not to be salubrious for s.o., 2. not to be beneficial to s.th./s.o.

1. … Nein, auf der Terrasse sollten wir vielleicht nicht essen. Es weht doch immer noch ein leichter Wind, und der ist Großmutter wirklich nicht zuträglich. – Du meinst, sie erkältet sich? – Sie ist sehr empfindlich, was die Lunge …
2. … Zuviele Zitate, erklärte er, sind einem Text einfach nicht zuträglich. Das stört den Gedankenfluß, die Einheitlichkeit, der Leser fängt an zu stolpern …

Zutrauen: zu jm. **Zutrauen fassen** *form* – (eher:) zu jm. **Vertrauen** fassen · to start/to begin to have confidence in s.o.

zutrauen: jm. etw./**etwas/viel/nichts/… zutrauen** *ugs* · 1. to credit s.o. with the ability/… to do s.th. *n*, to consider s.o. capable of doing s.th. *n*, 2. to think a lot of s.o./of s.o.'s ability/talent/…, I/… wouldn't put it past him/… *neg iron*

1. … Deinem Bruder, ja, dem traue ich eine gute Baudelaire-Übersetzung zu! Aber der Fritz Unger bringt dazu nach meiner Meinung nicht die notwendigen Fähigkeiten mit.
2. Meinst du, mein Bruder hat die notwendigen sprachlichen und ästhetischen Fähigkeiten, um Baudelaire ins Deutsche zu übersetzen? – Deinem Bruder traue ich schon allerhand/einiges/eine Menge zu. Ich könnte mir gut vorstellen, daß er mit dieser Aufgabe fertig wird.

sich etw./etwas/viel/nichts/… zutrauen *ugs* · 1. to consider o.s. capable of doing s.th. *n*, to believe that one is capable of doing s.th. *n*, 2. to have a high/an exaggerated/… opinion of one's ability/…, + s.o. is really taking on s.th. big/a big task/…

1. … Die Übersetzung eines Gedichts von Baudelaire traut sich mein Bruder schon zu! – Ich will Ihrem Bruder in keinster Weise zu nahe treten, Frau Weber; aber ich weiß nicht, ob er sich die richtigen Vorstellungen von den ästhetischen Problemen macht, die eine solche Übersetzung mit sich bringt.
2. … Dein Bruder will Baudelaire ins Deutsche übersetzen? Der traut sich ja allerhand zu! – Warum meinst du das? Findest du, das ist zu schwer für ihn?

Zutritt: Zutritt haben zu jm./(bei Hofe/(...)) *form* · 1. 2. to have access to s.o./s.th.
1. ... Der Alfons, hab' ich gehört, hat Zutritt zum Kanzler? Wußtest du das? – Ja. In wichtigen Dingen – die sein Fach betreffen, klar –, kann er um eine persönliche Unterredung bitten. Bei den Entscheidungen um die Schnellen Brüter kam das mehrere Male vor.
2. ... Corneille, ja, das war nicht irgendein Dichter der Zeit. Er hatte Zutritt bei Hofe ... *veraltend*

freien Zutritt haben zu etw. *form* · to get in free (to an event), to be admitted to an event free of charge
... Haben die Schauspieler denn wenigstens freien Zutritt zu allen Veranstaltungen, an denen sie nicht selbst aktiv teilnehmen? Oder müssen sie auch bezahlen? – Bezahlem müssen sie nicht. Aber sie kriegen meistens keine Karten – zumindest für die interessanten Vorstellungen.

sich (gewaltsam/...) Zutritt verschaffen (zu ...) *form* · (to use force/violence/...) to gain admission (to s.th.)
(Ein Ordinarius während eines Streiks:) Die Studenten haben sich gewaltsam Zutritt zum Sekretariat verschafft? Das ist doch nicht möglich! – Sie haben die Tür aufgebrochen. ...

jm. den Zutritt verwehren/verweigern *form* · to refuse s.o. admission to s.th.
(Ein Institutsleiter:) Die können Ermittlungen anstellen, so viel sie wollen, verdammt nochmal – die können mir doch nicht den Zutritt zu meinem eigenen Archiv verwehren! – Natürlich können die das. Das Archiv ist doch nicht Ihr Eigentum! Wenn die Universität die einschlägigen Schritte veranlaßt, kommen Sie da nicht herein.

Zutun: ohne js. Zutun etw. realisieren/... *form* · to do s.th. without s.o.'s help/assistance, s.o. does not have a hand in the matter
... Was Herr Mertens zu der Veranstaltungsreihe sagt, ist mir ziemlich gleichgültig. Wir haben sie schließlich ohne sein Zutun geplant und durchgeführt. Da brauchen wir auch jetzt sein Urteil nicht. – Wie, er hat gar nicht daran mitgewirkt? – Er hat keinen Finger gerührt.

zuungunsten: zuungunsten von jm. + *Gen* · to the disadvantage of s.o., to s.o.'s disadvantage
... Ich verstehe schon, daß sich der Herbert beschwert. Ich habe mich in der Tat zuungunsten von seinem Vater/zuungunsten seines Vaters verrechnet. Statt der 2.900,– Mark, die ihm zustanden, hat er nur 2.700 bekommen.

zuunterst: zuunterst *path veraltend selten* · right at the bottom
... Oben steht 'Philosophie', darunter 'Geschichte', und ganz zuunterst (im Regal) hat er dann die 'linguistischen Werke'.

Zuviel: ein Zuviel an ... *form selten* · an excess of praise/..., too much praise/...
... Ein Zuviel an Lob ist natürlich schädlich! – Besser, man lobt Kinder zuviel als zuwenig, Paula!

zuviel: jm. ist etw./alles zuviel · 1. 2. it's too much for me/you/John/..., 3. it's all too much for me/... today/...
1. ... Du weißt ganz genau, daß ich gern Besuch habe. Aber diese ganzen Vorbereitungen – das ist mir zuviel. Wenn wir eine Hilfe hätten ... Aber so allein ..., da genießt man den Besuch überhaupt gar nicht mehr.
2. ... An sich hat sie die Arbeit wohl ganz gern. Aber sie meint, es wäre doch ein bißchen viel ... – Ach, der Karin ist alles zuviel! Sobald die sich mal ein wenig anstrengen muß, beklagt sie sich.
3. ... Ich weiß nicht, was mit mir los ist! Heute ist mir alles zuviel. Die geringste Anstrengung ist mir schon lästig.

was zuviel ist, ist zuviel! · enough is enough, there's a limit to everything
... Hin und wieder Streit – gut, das nehme ich ja noch in Kauf. Aber ständig Schreiereien? Nein! Was zuviel ist, ist zuviel! Irgendwann ist jeder mit seiner Geduld am Ende. Jetzt ist Schluß!

besser zuviel als zuwenig · better too much than too little
... Wieviel Brötchen hast du für die Feier bestellt? 200? – Ja, ich finde, besser zuviel als zuwenig. Wenn etwas übrig bleibt, können wir das morgen und übermorgen noch aufessen.

zuvorkommen: jm. zuvorkommen (mit etw.) · 1. to beat s.o. to it, to get in before s.o., to get there first, 2. to anticipate objections/problems/dangers/... *form*, to forestall criticism/... *form*
1. ... Noch ehe der Herr Rainhard bezahlen konnte, war ihm Vater zuvorgekommen. – Gott sei Dank! Denn er ist schließlich unseretwegen hergekommen. Da kann er nicht auch noch sein Essen bezahlen.
2. ... Mit seiner Rede ist der Kanzler natürlich der erwarteten Kritik an seiner Entscheidung zuvorgekommen, die Steuern für ein Jahr zu erhöhen. – Sehr geschickt. Jetzt, wo er die Opfer zugegeben, aber ihre Notwendigkeit erklärt hat, wirkt eine Kritik natürlich kaum noch.

zuvortun: es jm. in Freigebigkeit/Hilfsbereitschaft/... **zuvortun** *form selten* · to surpass s.o./to excel s.o./to have the edge over s.o. in generosity/helpfulness/...
... Der Klaus ist intelligenter und vielseitiger als die Rosa, das finde ich auch. Aber in Hilfsbereitschaft und menschlichem Verständnis tut sie es ihm zuvor.

Zuwachs: Zuwachs bekommen/(kriegen) *sal* · to have/to be expecting/... an addition to the family
Die Meyers bekommen Zuwachs, wußtest du das? – Ach ja? Nein, das wußte ich nicht. Wann soll das Baby denn kommen?

Zuwachs erwarten *sal* · to be expecting an addition to the family
(Nach einem nachbarlichen Gespräch:) Erwarten die Laubes Zuwachs oder warum sprechen sie von einem Kinderzimmer? – Wie es scheint, ist Frau Laube im dritten Monat ...

auf Zuwachs genäht sein/... *form veraltend selten* · (clothes/...) big enough to allow for growth, (clothes/...) big enough for children to grow into
... Natürlich haben wir alle früher Kleider, Hosen usw. getragen, die unsere Eltern auf Zuwachs nähten. – Ich verstehe die Logik nicht. Wenn man wer weiß wielange Sachen trägt, die zu groß sind, sind sie doch schon kaputt, wenn sie einem passen! – Sie werden dann eben geflickt.

zuwege: gut/schlecht/... zuwege sein *form veraltend selten* · 1. (not) to be in good shape, to be in a bad way, 2. (not) to be on form
1. vgl. – sich (nicht) (richtig/...) (wieder) in **Schuß** fühlen (1)
2. vgl. – (nicht) (ganz/...) wieder auf der **Höhe** sein (1)

zuwegebringen: etw. zuwegebringen *form veraltend selten* – etw. zuwege **bringen** · to manage to do s.th., to bring s.th. about

zuwegekommen: mit etw./(jm.) zuwegekommen *form veraltend selten* – mit jm./etw. zurande **kommen** · to (be able to) cope with s.th.

Zuwenig: ein Zuwenig an ... *form selten* – ≠ ein **Zuviel** an ... · too little ..., not enough ...

zuwider: jm. zuwider sein · + to detest s.th., + to loathe s.th., + to be sick of s.th.
... Aber warum willst du denn nicht zu der Jahresversammlung? Ist doch nicht gut, wenn du dich da nie sehen läßt! – Ach, mir sind diese ewigen Diskussionen da einfach zuwider. Diese dauernden Streitereien, dieser dumme Ehrgeiz ..., das kotzt mich an.

zuwiderhandeln: einer Bestimmung/... zuwiderhandeln *form* · to contravene a regulation/..., to violate a law/principle/..., to defy a ban/prohibition/...
... Es besteht nun einmal eine Verfügung, die besagt: in öffentlichen Anlagen sind Hunde anzuleinen. Also kann jeder, der dieser Verfügung zuwiderhandelt, bestraft werden.

zuwiderlaufen: einer Absicht/(...) zuwiderlaufen *form* · to run counter to s.th., to go against s.th.
Wenn die Vertreter der Arbeiterschaft von Schuckert keinerlei Erhöhung der Arbeitszeit akzeptieren, dann läuft das der erklärten Absicht der Geschäftsleitung zuwider, den Umsatz zu steigern, ohne neues Personal einzustellen.

zuzahlen: zuzahlen – (zu etw.) (etwas/…) **zuschießen** (2) · to contribute s.th. to s.th., to chip s.th. in

zuziehen: sich js. Zorn/Unwillen/… **zuziehen** *form* · to incur s.o.'s anger/wrath/disfavour/…, to bring s.o.'s anger/… down on oneself
… Auch wenn du mit dem, was der Kortner sagt, partout nicht einverstanden bist: halt' um Gottes willen deinen Mund! Oder willst du dir jetzt kurz vor dem Examen seinen Unwillen zuziehen?! Das kann dir doch nur schaden.

zuzwinkern: jm. **zuzwinkern** *ugs* – jm. **Äugschen** knipsen · to wink at s.o.

Zwang: etw. **unter Zwang tun** · to do s.th. under compulsion, to do s.th. under duress, to do s.th. under pressure
… Wenn die Bettina das nicht freiwillig getan hat, brauchst du ihr nicht zu danken. Was man unter Zwang tut, verdient doch keinen Dank! Apropos: wer hat ihr das denn befohlen? – Vater.

seinen Gefühlen/(Empfindungen/…) **keinen Zwang an(—zu-)tun** (brauchen) *ugs* · 1. not to (need to/…) hide one's feelings, 2. to feel free to do s.th.
1. … Der Ulrich? Der tut seinen Gefühlen keinen Zwang an. Was der zu sagen hat, das sagt er, da mach' dir mal keine Sorge!
2. … Du brauchst deinen Gefühlen hier keinen Zwang anzutun. Wenn du hier partout nackt baden willst, kannst du das tun. Der Strand ist sozusagen leer.

sich keinen Zwang antun *ugs* – seinen Gefühlen/(Empfindungen/…) keinen **Zwang** an(-zu-)tun (brauchen) (2; u.U. 1) · to feel free to do s.th., not to (need to/…) hide one's feelings

Zwang auf jn. **ausüben** *selten* – (stärker als:) **Druck** auf jn. ausüben · to force s.o.'s hand, to exert pressure on s.o.

einem inneren Zwang folgen · to follow an inner compulsion
… Warum der Christoph da immer noch arbeitet, obwohl der Alte ihn derart miserabel behandelt, weiß er offenbar selbst nicht. Er folgt da offensichtlich einem inneren Zwang, von dem er sich nicht lösen kann. – Er verdankt dem Chef fachlich und auch menschlich sehr viel, weißt du …

unter Zwang stehen *form selten* · to be under duress
… Nein, diesen Brief hat der Mann nicht aus eigenem Antrieb geschrieben! Der hat mit Sicherheit unter Zwang gestanden. – Das glaub' ich auch. Der Salz – so heißt sein Vorgesetzter – hat ihm bestimmt gesagt: den Brief schreiben Sie so …!

Zwangsjacke: jn. **in eine Zwangsjacke stecken** *ugs selten* · to put s.o. in a straitjacket
… Was? Der Olaf hat schon wieder eine Vase kaputtgeschmissen?! Diesen Kerl müßte man in eine Zwangsjacke stecken – so wie man das in einer Irrenanstalt macht. – Du scheinst mir irrer als der Junge, mein lieber Rainer.

Zwangslage: in einer Zwangslage stecken · to be in a predicament, to be in a position where one is forced to do s.th./where one has no choice/alternative/option/(…) but to do s.th.
… Von außen zu urteilen ist leicht! Was würdest du denn tun, wenn du in einer solchen Zwangslage stecken würdest?! Die Soldaten mußten doch die Partisanen erschießen – sonst wären sie selbst erschossen worden.

zwar: lies das Buch/… **und zwar** ganz/gründlich/mit Muße/ von vorne bis hinten/… · read the book (and read it) so that … *often not translated*
(Ein Vater zu seinem Sohn:) Diese Grammatikregeln lernst du jetzt! Und zwar so, daß du sie vorwärts und rückwärts runterbeten kannst! Es wäre doch gelacht, wenn du nicht einmal eine solch läppische Grammatikarbeit hinkriegen würdest!

Zweck: einen/keinen Zweck haben – einen/keinen/seinen **Sinn** haben (2) · + there is a/no point in (doing) s.th., s.th. is pointless

etw. **seinem Zweck entfremden** *form – iron* · to use s.th. for a different pupose, to use s.th. in a way in which it wasn't intended to be used *para*
(In einem Archiv:) Ich weiß nicht, ob wir diese Bücher einfach ihrem Zweck entfremden und damit einen Tisch für den Computer bauen können! – Die liest sowieso keiner; damit können wir bauen/machen, was wir wollen.

seinen Zweck erfüllen · 1. 2. to serve its purpose
1. … Die Maschine braucht nicht schön auszusehen. Sie muß ihren Zweck erfüllen, weiter nichts.
2. … Ja, neu ist der Apparat nicht mehr, aber er erfüllt seinen Zweck, und das genügt mir. Solange er funktioniert, gibt es keinen Grund, einen neuen zu kaufen.

der Zweck heiligt die Mittel · the end justifies the means
… Ich versteh' nicht, daß ein kirchlich gebundener Mann wie der Robert sagen kann: der Zweck heiligt die Mittel. Da hört doch jede Moral auf.

das/etw. ist nicht der Zweck der Übung *sal* – das/(etw.) ist nicht der **Sinn** der Sache (2; u.U. 1) · it/that is not the purpose of the exercise, it/that is not the point of the thing

seinen Zweck nicht verfehlen · to achieve its purpose, to do what it set out to do
Der scharfe Brief, den der Klaus an die Bank geschrieben hat, hat seinen Zweck offenbar nicht verfehlt: im Gegensatz zu den beiden letzten Malen hat sie diesmal sofort geantwortet und ihm eine Ausweitung des Kreditrahmens in Aussicht gestellt.

einen (bestimmten/…) **Zweck verfolgen** (mit etw.) – ein (bestimmtes/…) **Ziel** verfolgen (mit etw.) · to pursue a (certain/specific/…) goal

ein Leben/… **ohne Zweck und Ziel** *form – path* – (eher:) ein Leben/… ohne **Ziel** und Zweck · a life/… without goal and purpose, an aimless/a futile/… life/…

etw. **zu hinterlistigen Zwecken/für hinterlistige Zwecke brauchen/benutzen/…** *Wortspiel: hinterlistig – Hintern sal* · to use s.th. as toilet paper *n*, to use s.th. for posterior purposes *para*
(Auf einer Reise:) Wirf das Papier nicht weg, Gerda; das können wir noch gebrauchen. – Wofür denn? – Für hinterlistige Zwecke. – Ach, hast du kein Toilettenpapier eingesteckt? – Das hab' ich vergessen.

zwei: dazu gehören zwei! *ugs* – dazu **gehören** zwei! · it takes two to do s.th., it takes two to tango

für zwei essen/trinken/reden/… *ugs* · 1. to talk nineteen to the dozen, 2. to eat like a horse, to drink like a fish
1. … Mein Gott, die Klara redet für zwei! Wenn sie einmal anfängt, hört sie nicht mehr auf.
2. vgl. – fressen/(essen) wie ein **Scheunendrescher**

Versprechen und Halten/verstehen und Verständnis haben/… **ist/(sind) zweierlei** · to make and to keep a promise/… are two different things
Ach, Gerd! Von Moral reden kann jeder, das ist keine Kunst! Aber Moral predigen und moralisch leben ist bekanntlich zweierlei.

so sicher sein wie zweimal zwei vier ist – so sicher sein/ kommen wie das **Amen** in der Kirche · s.th. is as sure as eggs is eggs

Zweifel: sich im Zweifel sein, ob … · to have one's doubts (about) whether …, not to be sure if/whether/…
… Kandidierst du etwa nicht für den Vorsitz? – Doch. Aber ich bin mir wirklich im Zweifel, ob ich gut daran getan habe, mich als Kandidat aufstellen zu lassen. Wenn ich nur die internen Meinungsverschiedenheiten und Streitigkeiten sehe …

es besteht kein Zweifel (darüber, daß …) · there is no doubt that …
… Daß der Rötlon etwas von Finanzen versteht, darüber besteht überhaupt gar kein Zweifel. Aber das Leben besteht nicht nur aus Wirtschaft. Mir scheint, das übersieht er zu leicht.

... ohne Zweifel ... · without doubt

(Ein Lehrer zu einem Vater:) Ihr Sohn ist ohne Zweifel hochintelligent, Herr Schuhmacher. Aber ebenso gewiß ist leider, daß er die Arbeit meidet wie die Pest.

ohne jeden Zweifel ... – (stärker als:) ... ohne Zweifel ... · without any doubt (whatsoever)

das/eins/(etw.) steht außer Zweifel *form* – das/eins/(etw.) steht/(ist) außer **Frage** · + there is no doubt (at all) about it/ that question

es unterliegt keinem Zweifel, daß ... *form* · there is no doubt that ...

... Daß der Bodo ein vorzüglicher Finanzmann ist, unterliegt überhaupt keinem Zweifel. Die Frage ist nur, ob er die finanziellen Probleme genügend in ihrem Zusammenhang mit den anderen politischen Fragen sieht.

über jeden/(allen) Zweifel erhaben sein *form – path* · 1. 2. 3. to be above suspicion/reproach/...

1. vgl. – über jeden/(allen) **Verdacht** erhaben sein (1)
2. vgl. – über allen/jeden **Zweifel/jede Kritik/(jede mögliche Beschuldigung/...) erhaben** sein (1; u. U. 3)

jn. **über** etw. **im Zweifel lassen** *form* – jn. (über etw.) im **ungewissen** lassen · to leave s. o. in the dark about s. th.

(js. Worte/was j. sagt/...) **in Zweifel ziehen** *form* · to question s. th., to challenge s. th., to call s. th. into question, to cast doubt on s. th.

... Wenn ich Ihnen sage, daß wir Ihnen diesmal vier Prozent Rabatt bieten und nicht nur drei Prozent! Sie werden doch jetzt meine Worte nicht in Zweifel ziehen! – Entschuldigen Sie, Herr Krüger, ich zweifle nicht an der Aufrichtigkeit Ihres Angebots. Aber gestern nachmittag noch hat Ihr Chef hier angerufen und gesagt ...

Zweifelsfall: im Zweifelsfall ... · in case of doubt

... Solange wir nicht sicher sein können, daß der Riemann die Gelder veruntreut hat, muß er als unschuldig gelten. Wie es in der Justiz ganz richtig heißt: im Zweifelsfall für den Angeklagten.

zweifelsohne: zweifelsohne ... *oft iron* – ... ohne **Zweifel** ... · without doubt, undoubtedly

Zweig: auf keinen/nicht/nie auf einen grünen Zweig kommen (bei jm./in .../...) *ugs* · 1. s. o. will never get anywhere (with s. o./in/at/...), 2. s. o. will never get on/get ahead/make any progress (with s. o./in/at/...) *n*, 3. s. o. will never get anywhere with s. o.

1. ... Ja, ja, die arbeitet sich tot, die Ursel! Aber wenn ihr Mann das Geld zum Fenster herausschmeißt, kommen sie natürlich nie auf einen grünen Zweig. Das werden sie immer Schwierigkeiten haben.
2. ... Solange der Baumann bei euch Direktor ist, kommst du auf keinen grünen Zweig. Mach' dir da keine Illusionen! Solange der da ist, wirst du nichts.
3. ... Bei diesem Lehrer kommt der Junge nie auf einen grünen Zweig, da kann er sich anstrengen, soviel wie er will! Ganz egal, was er macht: der wird das immer für schlecht oder unzureichend halten.

zweigleisig: zweigleisig vorgehen/zu Werke gehen/fahren/... – doppelgleisig vorgehen/zu Werke gehen/fahren/... · to adopt a two-pronged approach, to follow a dual-track policy

Zweihundert-Prozentiger: ein Zweihundertprozentiger/200—Prozentiger sein *ugs* – ein **Hundertfünfzigprozentiger**/150—Prozentiger sein · to be a real two-hundred percenter

zweite(r): jeder/jede/jedes zweite + *Subst* · 1. every other day/..., every second day/..., 2. every second person/..., every second one/...

1. ... Also, Sie kommen jeden zweiten Tag, nicht? – Ja, dienstags, donnerstags und samstags; den Sonntag zählen wir nicht.
2. ... So, jetzt stellt ihr euch alle in einer Reihe auf, alle hintereinander, und dann tritt jeder zweite nach links heraus – der erste, der dritte, der fünfte usw.

j. **kann arbeiten**/singen/Fußball spielen/... interpretiert ein Stück/versteht sein Handwerk/... **wie kein Zweiter** *form – path* · 1. 3. s. o. can work/play/sing/... as no one

else can, s. o. can work/play football/sing/... like nobody else, 2. 3. s. o. can work/play football/sing/... incomparably well, s. o. can work/play football/sing/... brilliantly

1. Ist der Fred Blechner wirklich ein so guter Arbeiter, wie die Bettina sagt? – Ja, der Mann kann arbeiten wie kein Zweiter. Vom frühen Morgen bis zum späten Abend – und immer mit derselben Genauigkeit, derselben Ruhe ...
2. ... Der Bertram interpretiert diese Sonate wie kein Zweiter. Geradezu traumhaft.
3. Ob der Rudi mit der Mähmaschine umgehen kann? Was für eine Frage! Der kann das Ding bedienen wie kein Zweiter. Der Rudi hat bei seinem Onkel genau dieses Modell schon x-mal gefahren.

ein zweiter Caruso/Gründgens/Balzac/... sein *oft iron* · 1. 2. to be another Caruso/Olivier/Balzac/...

1. ... Da, hörst du? Onkel Otto schmettert mal wieder seine Studentenlieder durchs ganze Haus. Die Ursel hat schon recht: das ist ein zweiter Caruso. Nur nicht ganz so nuanciert! ...
2. ... Der hat eine Phantasie, der Paul! Unglaublich. Das ist ein zweiter Balzac.

Zwerchfell: aufs Zwerchfell wirken *ugs* – auf die **Lachmuskeln** wirken · to raise a laugh, to make s. o. laugh

zwerchfellerschütternd: zwerchfellerschütternd (sein/lachen/...) *path – iron selten* · (to tell/...) side-splitting (jokes/...)

(In einem Lokal:) Was lachen die denn da vorne wie verrückt? – Ach, der Erich hat bestimmt mal wieder einen seiner zwerchfellerschütternden Witze erzählt.

Zwetschgen: seine (sieben) Zwetschgen (ein-)packen/zusammenpacken und abhauen/... *sal selten* – seine (sieben) **Sachen** zusammenpacken und abhauen/abschieben/gehen/... · to pack one's things and go/leave/...

zwicken: jn. zwicken und zwacken *ugs – path selten* · to pinch s. o.

... Was ist das denn für eine Art, dauernd die kleinen Mädchen zu zwicken und zu zwacken?! – Was heißt, zu zwicken und zu zwacken? Ist das denn so schlimm, wenn man sie mal ein bißchen in den Hintern oder so kneift?

Zwickmühle: in einer (richtigen/...) **Zwickmühle stecken**/sich in ... befinden *ugs* · to be in a catch–22 situation, to be in a dilemma *n*

... Wenn er nicht kandidiert, sagen die Leute, er drückt sich; und wenn er kandidiert, werfen sie ihm vor, daß der Ehrgeiz mal wieder mit ihm durchgeht. – Genau. Er steckt in einer richtigen Zwickmühle: was er auch tut, es ist immer ungünstig.

in eine Zwickmühle geraten *ugs* · to get into a catch–22 situation

Wenn du nicht in eine Zwickmühle geraten willst, Walter, würde ich dir raten, auf der nächsten Sitzung – auf der der Vorsitzende gewählt wird – gar nicht zu erscheinen. Denn wenn du nicht kandidierst, heißt es, du willst dich drücken. Aber wenn du kandidierst, werfen sie dir wieder vor, du wärst zu ehrgeizig.

zwickt: jn. zwickt und zwackt es überall/... *ugs – path selten* · to have pains all over, + to have twinges all over

... Ich weiß gar nicht, was mit mir los ist seit gestern! Mich zwickt und zwackt es an allen möglichen und unmöglichen Stellen – so, als wenn ich in Brennesseln gelegen hätte. – Du hast dir doch bei der Feier gestern nicht irgendwas geholt?

zwiebeln: jn. (so lange/...) **zwiebeln** (bis er nachgibt/...) *sal* · to lean on s. o./to pressure s. o./to keep on at s. o./... (until he gives in/...)

... Der Kurt wird die Unterlagen nicht herausrücken! – Die werden den da im Gefängnis so lange zwiebeln, bis er sich das anders überlegt. – Was können die schon machen? – Die haben ihre Methoden, jemanden unter Druck zu setzen. Der Kurt wäre nicht der erste, den sie kleinkriegen.

Zwielicht: jn. ins Zwielicht bringen · to present s. o. in an unfavourable light, to show s. o. in an unfavourable light, to cast suspicion on s. o.

... Warum erwähnt der Leibniz in dem Prozeß eigentlich ständig seine Kontakte zum Außenminister? – Er möchte den auch ins

Zwielicht bringen, das ist doch klar. – Und was hat er davon, wenn die Öffentlichkeit den Außenminister mit einer Waffenaffäre in Zusammenhang bringt?

ins Zwielicht geraten/kommen · to appear in an unfavourable light, to lay o.s. open to suspicion
… Was du da bei Gericht erzählst, Walter, ist deine Sache. Nur eins: meinen Namen erwähnst du in dem ganzen Zusammenhang bitte gar nicht – weder positiv noch negativ. Sonst komme ich – und kommt unser Institut – in dieser unschönen Affäre auch noch ins Zwielicht. Du weißt doch, wie das ist.

Zwiespalt: mit sich selbst im Zwiespalt sein *form selten* – mit sich selbst (nicht) **eins** sein · to be at odds with o.s.

jn. in einen Zwiespalt bringen/(stürzen) · to present s.o. with a dilemma
… Das Angebot nach Nigeria ist wirklich verlockend. Es hat den Alfons in einen Zwiespalt gebracht. Er möchte die Familie zwar nicht allein hier lassen; aber so ein Angebot ablehnen, das fällt ihm auch schwer. Mal gespannt, wie er sich endgültig entscheiden wird.

in einem Zwiespalt stecken · to be in a conflict with oneself/ in an inner conflict about s.th., to be in two minds about s.th./whether to do s.th.
… Ja, der Alfons steckt in einem Zwiespalt. Auf der einen Seite möchte er nicht von seiner Familie weg; auf der anderen ist das Angebot nach Nigeria derart verlockend … Er weiß überhaupt nicht, wie er sich entscheiden soll.

Zwiesprache: mit jm./(der Natur/…) **Zwiesprache halten**/ (führen) *form path selten* · to have a heart-to-heart talk with s.o. about s.th., to commune with nature
… So kann das beim besten Willen nicht weitergehen. Ich muß jetzt einmal mit dem Jungen Zwiesprache halten. – Das wäre das Beste. Wenn ihr euch einmal vertraulich miteinander unterhaltet, muß das doch zu klären sein!

mit sich selbst Zwiesprache halten *form path selten* – (eher:) mit sich (selbst) zu **Rate** gehen · to think s.th. over, to reflect on s.th.

Zwietracht: Zwietracht säen/stiften (unter den Leuten/…) *form* · to sow discord (among people/…)
… Überall, wo dieser Mann erscheint, muß er Zwietracht säen. Kaum ist er da, gibt's Streit.

Zwillinge: siamesische Zwillinge · Siamese twins
… Sind Kinder, die zusammengewachsen sind, immer eineiige Zwillinge? D.h.: gibt es nur eineiige siamesische Zwillinge? – Ich denke schon, Renate.

Zwirnsfaden: dünn wie ein Zwirnsfaden (sein) *ugs iron* · 1. 2. (to be) as thin as a rake
1. Mein Gott, die Ursel wird immer schmaler! Bald ist sie so dünn wie ein Zwirnsfaden.
2. … Kind, du bist ja dünn wie ein Zwirnsfaden! Kriegst du in dem Heim nicht genug zu essen? Oder fühlst du dich nicht gut? …

an einem (dünnen) Zwirnsfaden hängen *ugs – path selten* – an einem seidenen/dünnen **Faden** hängen · + it is touch and go with s.o./in s.th., s.o.'s life is hanging from a thread

(zuletzt noch/…) über einen Zwirnsfaden stolpern *ugs – path* – (zuletzt noch/…) über einen **Strohhalm** stolpern · to come to grief over a trifle, to stumble over a straw, to fail at s.th. easy *para*

Zwischenbilanz: eine Zwischenbilanz ziehen · to take stock provisionally, to produce/to draw up/… an interim balance
(Zu einem Bauherrn:) Jetzt ist etwa die Hälfte des Ganzen fertig. Wenn Sie nun eine Zwischenbilanz ziehen: sind Sie mit dem Rhythmus der Arbeit, den Leuten, den Kosten zufrieden? – Im ganzen ja. Wenn der zweite Teil genauso abläuft, haben wir keinen Grund zur Klage.

zwischendurch: zwischendurch mal kurz herausgehen/etwas essen/… · to do s.th. between times, to do s.th. in between

… Wie wirst du es denn mit dem Abendessen halten, wenn die Vorträge auf dem Kongreß am Nachmittag beginnen und sich, wie du annimmst, bis in die Nacht hinziehen? – Ich werde zwischendurch irgendwann in die Bar gehen und eine Kleinigkeit essen.

Zwischenfall: ohne Zwischenfall/Zwischenfälle verlaufen · to pass off/… without incident
(Ein Lehrer zu einem Kollegen:) Was bin ich froh, daß diese Klassenfahrt vorbei ist und ohne Zwischenfall verlaufen ist! – Das kann ich dir nachfühlen. Denn wenn auch nur das Geringste passiert, wird der Lehrer sofort von allen Seiten angegriffen.

Zwischenstadium: sich in einem Zwischenstadium befinden · to be at an intermediate stage
… Ja, so ist es: er hat sein Musikstudium beendet, aber er konzertiert noch nicht. – Der Junge befindet sich also in einem Zwischenstadium? – So kann man es nennen: er ist nicht mehr in der Ausbildung, aber auch noch nicht im Beruf.

Zwischenstation: Zwischenstation in/bei/… machen · to stop off in London/at s.o.'s house/…
Macht ihr wieder in Augsburg bei deinem Bruder Zwischenstation, wenn ihr nach München fahrt? – Ja, wir bleiben dort einen Tag.

Zwischenzeit: in der Zwischenzeit · meanwhile, in the meantime
… Ich muß nur rasch die Koteletts braten. Wenn du in der Zwischenzeit den Tisch decken würdest, dann geht das ruck-zuck. Du sagtest ja, daß du eilig bist …

Zwist: den Zwist begraben *selten* – das **Kriegsbeil** begraben · to bury the hatchet

(mit jm.) **in Zwist geraten** (wegen/über) *form selten* · to become involved in/to get into/… a dispute (with s.o.) (about s.th.)
… Aber du wirst mit dem Herrn Hofmann doch wegen einer so lächerlichen politischen Kleinigkeit nicht in Zwist geraten, Waldemar! Ihr habt euch bisher immer so gut verstanden … – Keine Sorge, Manfred, das war nur eine kleine Meinungsverschiedenheit.

mit jm. **in Zwist leben** *form selten* · to live in discord with s.o.
… Dieser Mann hat nicht nur mit dir Streit, der lebt mit allen Leuten in Zwist. Ohne Streit zu haben, scheint es, kann er überhaupt gar nicht leben.

zwitschern: jm. eine zwitschern *sal selten* – jm. eine **Ohrfeige** geben · to belt s.o.

jm. **ein paar zwitschern** *sal selten* – jm. ein paar **Ohrfeigen** geben · to belt s.o.

einen zwitschern *sal* – einen **saufen** · to knock back a few, to have a few drinks

Zwitterstellung: (so) eine Zwitterstellung einnehmen · to have/to occupy/… an ambiguous position
… Der Hofmeister ist hier weder Abteilungsleiter noch einfacher Angestellter. Der nimmt so eine Zwitterstellung ein. – Will die Geschäftsleitung ihn nicht befördern? – Ich weiß nicht, warum der so dazwischenhängt.

zwölf: fünf nach zwölf *ugs oft iron* · (to do s.th.) too late *n*, to miss the deadline for s.th. *n*
Wenn jemand alles in der letzten Minute erledigt, dann ist das schon unangenehm. Aber schlimmer ist es, wenn jemand – wie unser Axel – alles erst fünf n a c h zwölf macht. Jetzt will er schon wieder einige Unterlagen einreichen, nachdem der Termin schon vier, fünf Tage verstrichen ist.

fünf vor zwölf *ugs* – (eher:) fünf **Minuten** vor zwölf · (it is) the eleventh hour, (it is) high time (to do s.th./that s.th. was done), (we are/…) on the brink